KODEX

DES ÖSTERREICHISCHEN RECHTS

Herausgeber: Univ.-Prof. Dr. Werner Doralt

Redaktion: Dr. Veronika Doralt

ENERGIERECHT

bearbeitet von

Mag.ª Katharina Šarić-Gruber, BA

Bundesministerium für Klimaschutz, Umwelt, Energie, Mobilität, Innovation und Technologie

Rubbeln Sie Ihren persönlichen Code frei und laden Sie diesen Kodexband kostenlos in die Kodex App!

RUBBELN!

Linde

KODEX

DES ÖSTERREICHISCHEN RECHTS

VERFASSUNGSRECHT	STEUER-ERLÄSSE
EU-VERFASSUNGSRECHT	EStG-RICHTLINIENKOMMENTAR
VÖLKERRECHT	LSt-RICHTLINIENKOMMENTAR
EINFÜHRUNGSGESETZE ABGB UND	KStG-RICHTLINIENKOMMENTAR
B-VG	UmgrStG-RICHTLINIENKOMMENTAR
PARLAMENTSRECHT	UStG-RICHTLINIENKOMMENTAR
BÜRGERLICHES RECHT	GebG-RICHTLINIENKOMMENTAR
FAMILIENRECHT	DOPPELBESTEUERUNGSABKOMMEN
UNTERNEHMENSRECHT	VERRECHNUNGSPREISE
ZIVILGERICHTLICHES VERFAHREN	FINANZPOLIZEI
INTERNATIONALES PRIVATRECHT	ZOLLRECHT UND VERBRAUCH-
WIRTSCHAFTSPRIVATRECHT	STEUERN
SCHIEDSVERFAHREN	RECHNUNGSLEGUNG UND PRÜFUNG
STRAFRECHT	INTERNATIONALE RECHNUNGS-
IT-STRAFRECHT	LEGUNG
LEGAL TECH	VERBRAUCHERRECHT
IP-/IT-RECHT	VERKEHRSRECHT
GERICHTSORGANISATION	WEHRRECHT
ANWALTS- UND GERICHTSTARIFE	ÄRZTERECHT
NOTARIATSRECHT	KRANKENANSTALTENGESETZE
JUSTIZGESETZE	VETERINÄRRECHT
WOHNUNGSGESETZE	GESUNDHEITSBERUFE
FINANZMARKTRECHT	UMWELTRECHT
VERSICHERUNGSRECHT	EU-UMWELTRECHT
WIRTSCHAFTSGESETZE	WASSERRECHT
UWG	ABFALLRECHT UND ÖKO-AUDIT
TELEKOMMUNIKATION	CHEMIKALIENRECHT
KARTELLRECHT	EU-CHEMIKALIENRECHT
VERGABEGESETZE	LEBENSMITTELRECHT
COMPLIANCE FÜR UNTERNEHMEN	SCHULGESETZE
GLÜCKSSPIEL- UND WETTRECHT	UNIVERSITÄTSRECHT
ARBEITSRECHT	ASYL- UND FREMDENRECHT
EU-ARBEITSRECHT	BESONDERES VERWALTUNGSRECHT
ARBEITNEHMERSCHUTZ	VERWALTUNGSVERFAHRENSGESETZE
SOZIALVERSICHERUNG	INNERE VERWALTUNG
SOZIALVERSICHERUNG DURCH-	POLIZEIRECHT
FÜHRUNGSVORSCHRIFTEN	LANDESRECHT TIROL
PERSONALVERRECHNUNG	LANDESRECHT VORARLBERG
STEUERGESETZE	BAURECHT TIROL

ISBN 978-3-7073-4773-9
LINDE VERLAG Ges. m. b. H., 1210 Wien, Scheydgasse 24
Telefon: 01/24 630 Serie, Telefax: 01/24 630-23 DW

Satz und Layout: Linde Verlag Ges. m. b. H.

Druck und Bindung: Hans Jentzsch & Co. Ges. m. b. H., 1210 Wien, Scheydgasse 31

Vorwort

Die 3. Auflage des Kodex Energierecht trägt den energierechtlichen Entwicklungen des letzten Jahres Rechnung und folgt einer neuen Struktur. Das neue Kapitel Energielenkung und Energiekrisenrecht umfasst jene Rechtstexte, die von besonderer Relevanz für die Energiekrise 2022 waren und teils eigens zu deren Bewältigung verabschiedet wurden. Das ebenfalls neue Kapitel Erneuerbare und Förderrecht führt die Rechtstexte für den Ausbau und die Förderung Erneuerbarer Energien zusammen.

Innerhalb der einzelnen Kapitel reihen sich Bundesgesetze, darauf basierende Verordnungen, allfällige Landesgesetze und Unionsrechtsakte aneinander.

Wenngleich der Kodex den Anspruch erhebt, das geltende Energierecht umfassend darzustellen, ist es der Weite der Rechtsmaterie geschuldet, dass nicht alle Texte auch abgedruckt werden konnten. Auf einige der nicht abgedruckten Gesetze und Verordnungen sei ergänzend hingewiesen:

- Verrechnungsstellengesetz;
- Netzbenutzerkategorien-Verordnung;
- Netzengpassentgelt-Verordnung (NEP-VO);
- Kapazitätsberechnungsmethoden-Verordnung 2022;
- Strom-NBK-VO;
- Ratenzahlungs-Verordnung;
- Datenformat- und Verbrauchsinformationsdarstellungsverordnung 2012;
- Lastprofilverordnung 2018;
- GAS-NBK-VO;
- Erdgas-Clearingentgelt-Verordnung 2021;
- Clearinggebühr-Verordnung 2021;

Sollten Sie auf Fehler stoßen oder Anregungen für Verbesserungen haben, bin ich für Hinweise an die Adresse katharinasaricgruber@gmail.com dankbar.

Katharina Šarić-Gruber

Inhaltsverzeichnis

1. Elektrizitätswirtschafts- und -organisationsgesetz 2010

Bundesgesetz, mit dem die Organisation auf dem Gebiet der Elektrizitätswirtschaft neu geregelt wird

StF: BGBl. I Nr. 110/2010

Letzte Novellierung: BGBl. I Nr. 94/2023

GLIEDERUNG

1. Teil
Grundsätze

Kompetenzgrundlage und Vollziehung

§ 1. (Verfassungsbestimmung) Die Erlassung, Aufhebung und Vollziehung von Vorschriften, wie sie in § 2, § 3, § 8, § 9, § 10a, § 11, § 16 Abs. 2, § 16a bis § 16e, § 17a, § 18a, § 19, § 19a, § 20, § 22 Abs. 1, § 22a, § 23a bis § 23d, § 24 bis § 36, § 37 Abs. 7, § 38, § 39, § 48 bis § 65, § 69, § 72, § 73 Abs. 2 und 3, § 76, § 76a, § 77a bis § 79, § 81 bis § 84a, § 88 Abs. 2 bis 8, § 89, § 92 bis § 94, § 99 bis § 103, § 109 Abs. 2 bis 7, § 110 bis § 112, § 113 Abs. 1 und § 114 Abs. 1 und 3 enthalten sind, sind auch in den Belangen Bundessache, hinsichtlich deren das B-VG etwas anderes bestimmt. Die in diesen Vorschriften geregelten Angelegenheiten können in unmittelbarer Bundesverwaltung besorgt werden.

Bezugnahme auf Unionsrecht

§ 2. Durch dieses Bundesgesetz werden, unter Berücksichtigung der Verordnung 2009/713/EG zur Gründung einer Agentur für die Zusammenarbeit der Energieregulierungsbehörden, ABl. Nr. L 211 vom 14.08.2009 S. 1,

1. die Richtlinie 2009/72/EG über gemeinsame Vorschriften für den Elektrizitätsbinnenmarkt und zur Aufhebung der Richtlinie 2003/54/EG,

ABl. Nr. L 211 vom 14.08.2009 S. 55, (Elektrizitätsbinnenmarktrichtlinie),
2. die Richtlinie 2004/8/EG über die Förderung einer am Nutzwärmebedarf orientierten Kraft-Wärme-Kopplung im Energiebinnenmarkt und zur Änderung der Richtlinie 92/42/EWG, ABl. Nr. L 52 vom 21.02.2004 S. 50, (KWK-Richtlinie),
3. die Richtlinie 2006/32/EG über Endenergieeffizienz und Energiedienstleistungen, ABl. Nr. L 114 vom 27.04.2006 S. 64, und
4. die Richtlinie 2008/27/EG zur Förderung von Energie aus erneuerbaren Quellen, ABl. Nr. L 140 vom 05.06.2009 S. 16, umgesetzt sowie
5. die in der Verordnung (EG) Nr. 714/2009 über die Netzzugangsbedingungen für den grenzüberschreitenden Stromhandel und zur Aufhebung der Verordnung (EG) Nr. 1228/2003, ABl. Nr. L 211 vom 14.08.2009 S. 15, und
6. die in der Verordnung (EU) Nr. 1227/2011 über die Integrität und Transparenz des Energiegroßhandelsmarkts, ABl. Nr. L 326 vom 08.12.2011 S. 1,

der Durchführung durch die Mitgliedstaaten vorbehaltenen Bestimmungen durchgeführt.

Geltungsbereich

§ 3. Dieses Bundesgesetz hat zum Gegenstand:

1. die Erlassung von Bestimmungen für die Erzeugung, Übertragung, Verteilung von und Versorgung mit Elektrizität sowie die Organisation der Elektrizitätswirtschaft;
2. die Regelung des Systemnutzungsentgelts sowie Vorschriften über die Rechnungslegung, die innere Organisation, Entflechtung und Transparenz der Buchführung von Elektrizitätsunternehmen;
3. die Festlegung von sonstigen Rechten und Pflichten für Elektrizitätsunternehmen.

Ziele

§ 4. (Grundsatzbestimmung) Ziel dieses Bundesgesetzes ist es,

1. der österreichischen Bevölkerung und Wirtschaft kostengünstige Elektrizität in hoher Qualität zur Verfügung zu stellen;
2. eine Marktorganisation für die Elektrizitätswirtschaft gemäß dem EU-Primärrecht und den Grundsätzen des Elektrizitätsbinnenmarktes gemäß der Richtlinie 2009/72/EG über gemeinsame Vorschriften für den Elektrizitätsbinnenmarkt und zur Aufhebung der Richtlinie 2003/54/EG, ABl. Nr. L 211 vom 14.08.2009 S. 55, (Elektrizitätsbinnenmarktrichtlinie) zu schaffen;
3. das Potenzial der Kraft-Wärme-Kopplung (KWK) und KWK-Technologien gemäß Anlage II als Mittel zur Energieeinsparung und Gewährleistung der Versorgungssicherheit nachhaltig zu nutzen;
4. durch die Schaffung geeigneter Rahmenbedingungen die Netz- und Versorgungssicherheit zu erhöhen und nachhaltig zu gewährleisten;
5. die Weiterentwicklung der Elektrizitätserzeugung aus erneuerbaren Energiequellen zu unterstützen und den Zugang zum Elektrizitätsnetz aus erneuerbaren Quellen zu gewährleisten;
6. einen Ausgleich für gemeinwirtschaftliche Verpflichtungen im Allgemeininteresse zu schaffen, die den Elektrizitätsunternehmen auferlegt wurden und die sich auf die Sicherheit, einschließlich der Versorgungssicherheit, die Regelmäßigkeit, die Qualität und den Preis der Lieferungen sowie auf den Umweltschutz beziehen.
7. das öffentliche Interesse an der Versorgung mit elektrischer Energie, insbesondere aus heimischen, erneuerbaren Ressourcen, bei der Bewertung von Infrastrukturprojekten zu berücksichtigen.

Gemeinwirtschaftliche Verpflichtungen

§ 5. (Grundsatzbestimmung) (1) Die Ausführungsgesetze haben den Netzbetreibern nachstehende gemeinwirtschaftliche Verpflichtungen im Allgemeininteresse aufzuerlegen:

1. die diskriminierungsfreie Behandlung aller Kunden eines Netzes;
2. den Abschluss von privatrechtlichen Verträgen mit Netzbenutzern über den Anschluss an ihr Netz (Allgemeine Anschlusspflicht);
3. die Errichtung und Erhaltung einer für die inländische Elektrizitätsversorgung oder für die Erfüllung völkerrechtlicher Verpflichtungen ausreichenden Netzinfrastruktur.

(2) Die Ausführungsgesetze haben den Elektrizitätsunternehmen nachstehende gemeinwirtschaftliche Verpflichtungen im Allgemeininteresse aufzuerlegen:

1. die Erfüllung der durch Rechtsvorschriften auferlegten Pflichten im öffentlichen Interesse;
2. die Mitwirkung an Maßnahmen zur Beseitigung von Netzengpässen und an Maßnahmen zur Gewährleistung der Versorgungssicherheit.

(3) Die Ausführungsgesetze haben vorzusehen, dass Elektrizitätsunternehmen die bestmögliche Erfüllung der ihnen im Allgemeininteresse auferlegten Verpflichtungen mit allen ihnen zur Verfügung stehenden Mitteln anzustreben haben.

Grundsätze beim Betrieb von Elektrizitätsunternehmen

§ 6. (Grundsatzbestimmung) Die Ausführungsgesetze haben vorzusehen, dass Elektrizitätsunternehmen als kunden- und wettbewerbsorientierte Anbieter von Energiedienstleistungen nach den Grundsätzen einer sicheren, kostengünstigen, umweltverträglichen und effizienten Bereitstellung der nachgefragten Dienstleistungen sowie eines wettbewerbsorientierten und wettbewerbsfähigen Elektrizitätsmarktes agieren. Diese Grundsätze sind als Unternehmensziele zu verankern.

Begriffsbestimmungen

§ 7. (Grundsatzbestimmung) (1) Im Sinne dieses Bundesgesetzes bezeichnet der Ausdruck

1. „Agentur" die Agentur für die Zusammenarbeit der Energieregulierungsbehörden gemäß Verordnung 2009/713/EG zur Gründung einer Agentur für die Zusammenarbeit der Energieregulierungsbehörden, ABl. Nr. L 211 vom 14.08.2009 S. 1;
2. „Anschlussleistung" jene für die Netznutzung an der Übergabestelle vertraglich vereinbarte Leistung;

2a. „Ausfallsreserve" jenen Anteil der Sekundärregelung, der automatisch oder manuell angesteuert werden kann und vorrangig der Abdeckung des Ausfalls des größten Kraftwerkblocks in der Regelzone dient;

3. „Ausgleichsenergie" die Differenz zwischen dem vereinbarten Fahrplanwert und dem tatsächlichen Bezug oder der tatsächlichen Lieferung der Bilanzgruppe je definierter Messperiode, wobei die Energie je Messperiode tatsächlich erfasst oder rechnerisch ermittelt werden kann;
4. „Bilanzgruppe" die Zusammenfassung von Lieferanten und Kunden zu einer virtuellen Gruppe, innerhalb derer ein Ausgleich zwischen Aufbringung (Bezugsfahrpläne, Einspeisungen) und Abgabe (Lieferfahrpläne, Ausspeisungen) erfolgt;
5. „Bilanzgruppenkoordinator" eine natürliche oder juristische Person oder eingetragene Personengesellschaft, die eine Verrechnungsstelle betreibt;
6. „Bilanzgruppenverantwortlicher" eine gegenüber anderen Marktteilnehmern und dem Bilanzgruppenkoordinator zuständige Stelle einer Bilanzgruppe, welche die Bilanzgruppe vertritt;

6a. „Bürgerenergiegemeinschaft" eine Rechtsperson, die elektrische Energie erzeugt, verbraucht, speichert oder verkauft, im Bereich der Aggregierung tätig ist oder Energiedienstleistungen für ihre Mitglieder erbringt und von Mitgliedern bzw. Gesellschaftern gemäß § 16b Abs. 3 kontrolliert wird;

7. „dezentrale Erzeugungsanlage" eine Erzeugungsanlage, die an ein öffentliches Mittel- oder Niederspannungs-Verteilernetz (Bezugspunkt Übergabestelle) angeschlossen ist und somit Verbrauchernähe aufweist oder eine Erzeugungsanlage, die der Eigenversorgung dient;

7a. „Demonstrationsprojekt" ein Vorhaben, das eine in der Union völlig neue Technologie („first of its kind") demonstriert, die eine wesentliche, weit über den Stand der Technik hinausgehende Innovation darstellt;

8. „Direktleitung" entweder eine Leitung, die einen einzelnen Produktionsstandort mit einem einzelnen Kunden verbindet oder eine Leitung, die einen Elektrizitätserzeuger und ein Elektrizitätsversorgungsunternehmen zum Zwecke der direkten Versorgung mit ihrer eigenen Betriebsstätte, Tochterunternehmen und zugelassenen Kunden verbindet; Leitungen innerhalb von Wohnhausanlagen gelten nicht als Direktleitungen;
9. „Drittstaaten" Staaten, die nicht dem Abkommen über den Europäischen Wirtschaftsraum beigetreten oder nicht Mitglied der Europäischen Union sind;
10. „Einspeiser" einen Erzeuger oder ein Elektrizitätsunternehmen, der oder das elektrische Energie in ein Netz abgibt;
11. „Elektrizitätsunternehmen" eine natürliche oder juristische Person oder eine eingetragene Personengesellschaft, die in Gewinnabsicht von den Funktionen der Erzeugung, der Übertragung, der Verteilung, der Lieferung oder des Kaufs von elektrischer Energie mindestens eine wahrnimmt und die kommerzielle, technische oder wartungsbezogene Aufgaben im Zusammenhang mit diesen Funktionen wahrnimmt, mit Ausnahme der Endverbraucher;

11a. „endgültige Stilllegungen" Maßnahmen, die den Betrieb der Erzeugungsanlage endgültig ausschließen oder bewirken, dass eine Anpassung der Einspeisung nicht mehr angefordert werden kann;

12. „Endverbraucher" eine natürliche oder juristische Person oder eingetragene Personengesellschaft, die Elektrizität für den Eigenverbrauch kauft;
13. „Energieeffizienz/Nachfragesteuerung" ein globales oder integriertes Konzept zur Steuerung der Höhe und des Zeitpunkts des Elektrizitätsverbrauchs, das den Primärenergieverbrauch senken und Spitzenlasten verringern soll, indem Investitionen zur Steigerung der Energieeffizienz oder anderen Maßnahmen wie unterbrechbaren Lieferverträgen Vorrang vor Investitionen zur Steigerung der Erzeugungskapazität eingeräumt wird, wenn sie unter Berücksichtigung der positiven Auswirkungen eines geringeren Energieverbrauchs auf die Umwelt und der damit verbundenen Aspekte einer größeren Versorgungssicherheit und geringerer Verteilungskosten die wirksamste und wirtschaftlichste Option darstellen;

13a. „Engpassmanagement" die Gesamtheit von kurz-, mittel- und langfristigen Maßnahmen, welche nach Maßgabe der systemtechnischen Anforderungen ergriffen werden können, um unter Berücksichtigung der Netz- und Versorgungssicherheit Engpässe im Übertragungsnetz zu vermeiden oder zu beseitigen;

14. „Entnehmer" einen Endverbraucher oder einen Netzbetreiber, der elektrische Energie aus

einem Übertragungs- oder Verteilernetz entnimmt;
15. „ENTSO (Strom)" der Europäische Verbund der Übertragungsnetzbetreiber für Strom gemäß Art. 5 der Verordnung 2009/714/EG;
15a. „Erneuerbare-Energie-Gemeinschaft" eine Rechtsperson, die es ermöglicht, die innerhalb der Gemeinschaft erzeugte Energie gemeinsam zu nutzen; deren Mitglieder oder Gesellschafter müssen im Nahebereich gemäß § 16c Abs. 2 angesiedelt sein;
16. „erneuerbare Energiequelle" eine erneuerbare, nichtfossile Energiequelle (Wind, Sonne, Erdwärme, Wellen- und Gezeitenenergie, Wasserkraft, Biomasse, Deponiegas, Klärgas und Biogas);
17. „Erzeuger" eine juristische oder natürliche Person oder eine eingetragene Personengesellschaft, die Elektrizität erzeugt;
18. „Erzeugung" die Produktion von Elektrizität;
19. „Erzeugung aus Kraft-Wärme-Kopplung (KWK-Erzeugung)" die Summe von Strom, mechanischer Energie und Nutzwärme aus KWK;
20. „Erzeugungsanlage" ein Kraftwerk oder Kraftwerkspark;
21. „Fahrplan" jene Unterlage, die angibt, in welchem Umfang elektrische Leistung als prognostizierter Leistungsmittelwert in einem konstanten Zeitraster (Messperioden) an bestimmten Netzpunkten eingespeist und entnommen oder zwischen Bilanzgruppen ausgetauscht wird;
22. „funktional verbundenes Netz" ein Netz, welches direkt oder indirekt über ein anderes Netz oder mehrere Netze in den Netzebenen 3 bis 7 transformatorisch oder galvanisch an ein Höchstspannungsnetz angeschlossen ist. Ist ein Netz indirekt über mehrere Netze an das Höchstspannungsnetz angeschlossen, so gilt es als mit jenem funktional verbunden, zu dem eine direkte transformatorische oder galvanische Verbindung besteht. Treffen diese Merkmale auf mehrere Netze zu, so gilt ein Netz mit jenem als funktional verbunden, welches eine größere jährliche Energiemenge an Endverbraucher abgibt.
23. „galvanisch verbundene Netzbereiche" Netzbereiche, die elektrisch leitend verbunden sind;
23a. „gemeinschaftliche Erzeugungsanlagen" Erzeugungsanlagen, die elektrische Energie zur Deckung des Verbrauchs der teilnehmenden Berechtigten erzeugen;
24. „Gesamtwirkungsgrad" die Summe der jährlichen Erzeugung von Strom, mechanischer Energie und Nutzwärme im Verhältnis zum Brennstoff, der für die in KWK erzeugte Wärme und die Bruttoerzeugung von Strom und mechanischer Energie eingesetzt wurde;
24a. „Hauptleitung" die Verbindungsleitung zwischen Hausanschlusskasten und den Zugangsklemmen der Vorzählersicherungen;
25. „Haushaltskunden" Kunden, die Elektrizität für den Eigenverbrauch im Haushalt kaufen; dies schließt gewerbliche und berufliche Tätigkeiten nicht mit ein;
26. „Hilfsdienste" alle Dienstleistungen, die zum Betrieb eines Übertragungs- oder Verteilernetzes erforderlich sind;
27. „hocheffiziente Kraft-Wärme-Kopplung" die KWK, die den in Anlage IV festgelegten Kriterien entspricht;
28. „horizontal integriertes Elektrizitätsunternehmen" ein Unternehmen, das mindestens eine der Funktionen kommerzielle Erzeugung, Übertragung, Verteilung von oder Versorgung mit Elektrizität wahrnimmt und das außerdem eine weitere Tätigkeit außerhalb des Elektrizitätsbereichs ausübt;
29. „in KWK erzeugter Strom" Strom, der in einem Prozess erzeugt wurde, der an die Erzeugung von Nutzwärme gekoppelt ist und der gemäß der in Anlage III festgelegten Methode berechnet wird;
30. „integriertes Elektrizitätsunternehmen" ein vertikal oder horizontal integriertes Elektrizitätsunternehmen;
31. „intelligentes Messgerät" eine technische Einrichtung die den tatsächlichen Energieverbrauch und Nutzungszeitraum zeitnah misst, und die über eine fernauslesbare, bidirektionale Datenübertragung verfügt;
32. „kennzeichnungspflichtiges Werbematerial" jedes an Endverbraucher gerichtete Werbematerial, das auf den Verkauf von elektrischer Energie ausgerichtet ist. Hierunter fallen
a) Werbemittel für den Produktenverkauf für Einzelkunden, wie etwa Produktenbroschüren;
b) sonstige standardisierte Produkt-Printmedien, welche für den Verkauf ausgerichtet sind;
c) online bezogene Produktwerbung;
32a. „Kleinsterzeugungsanlagen" eine oder mehrere Erzeugungsanlagen, deren Engpassleistung in Summe weniger als 0,8 kW pro Anlage eines Netzbenutzers beträgt;
33. „Kleinunternehmen" Unternehmen im Sinne des § 1 Abs. 1 Z 1 KSchG, die weniger als 50 Personen beschäftigen, weniger als 100 000 kWh/Jahr an Elektrizität verbrauchen und einen Jahresumsatz oder eine Jahresbilanzsumme von höchstens 10 Millionen Euro haben;
34. „Kontrolle" Rechte, Verträge oder andere Mittel, die einzeln oder zusammen unter Berücksichtigung aller tatsächlichen oder rechtlichen Umstände die Möglichkeit gewähren, einen bestimmenden Einfluss auf die Tätigkeit eines Unternehmens auszuüben, insbesondere durch;

a) Eigentums- oder Nutzungsrechte an der Gesamtheit oder an Teilen des Vermögens des Unternehmens;
b) Rechte oder Verträge, die einen bestimmenden Einfluss auf die Zusammensetzung, die Beratungen oder Beschlüsse der Organe des Unternehmens gewähren;

35. „Kostenwälzung" ein kalkulatorisches Rechenverfahren, welches angewendet wird, um einem Verbraucherkollektiv die Kosten jener Anschlussnetzebene, an der es direkt angeschlossen ist, sowie die Kosten aller darüberliegenden Netzebenen anteilig zuzuordnen;
a) „Kostenwälzung nach der Bruttobetrachtung" eine Kostenwälzung, bei der die Kosten einer Netzebene auf die Netzinanspruchnahme aller unmittelbar und mittelbar, dh. insbesondere auch in allen unterlagerten Netzebenen, angeschlossenen Entnehmer und Einspeiser bezogen werden. Leistungs- und Energieflüsse zwischen den Netzebenen werden nicht einbezogen;
b) „Kostenwälzung nach der Nettobetrachtung" eine Kostenwälzung, bei der sich der Aufteilungsschlüssel für die zu wälzenden Kosten nicht aus der summarischen Netzinanspruchnahme in der jeweiligen und allen unterlagerten Ebenen ergibt, sondern ausschließlich aus der Inanspruchnahme durch direkt angeschlossene Entnehmer und Einspeiser und der Schnittstelle zur direkt unterlagerten Netzebene;

36. „Kraft-Wärme-Kopplung (KWK)" die gleichzeitige Erzeugung thermischer Energie und elektrischer und/oder mechanischer Energie in einem Prozess;
37. „Kraft-Wärme-Verhältnis" (Stromkennzahl) das anhand der Betriebsdaten des spezifischen Blocks berechnete Verhältnis von KWK-Strom zu Nutzwärme im vollständigen KWK-Betrieb;
38. „Kraftwerk" eine Anlage, die dazu bestimmt ist, durch Energieumwandlung elektrische Energie zu erzeugen. Sie kann aus mehreren Erzeugungseinheiten bestehen und umfasst auch alle zugehörigen Hilfsbetriebe und Nebeneinrichtungen;
39. „Kraftwerkspark" eine Gruppe von Kraftwerken, die über einen gemeinsamen Netzanschluss verfügt;
40. „Kunden" Endverbraucher, Stromhändler sowie Elektrizitätsunternehmen, die elektrische Energie kaufen;
41. „KWK-Block" einen Block, der im KWK-Betrieb betrieben werden kann;
42. „KWK-Kleinstanlage" eine KWK-Anlage mit einer Kapazität von höchstens 50 kW;
43. „KWK-Kleinanlagen" KWK-Blöcke mit einer installierten Kapazität unter 1 MW;
44. „Lastprofil" eine in Zeitintervallen dargestellte Bezugsmenge oder Liefermenge eines Einspeisers oder Entnehmers;
45. „Lieferant" eine natürliche oder juristische Person oder eingetragene Personengesellschaft, die Elektrizität anderen natürlichen oder juristischen Personen zur Verfügung stellt. Soweit Energie von einer gemeinschaftlichen Erzeugungsanlage und innerhalb einer Bürgerenergiegemeinschaft sowie einer Erneuerbare-Energie-Gemeinschaft den Mitgliedern bzw. den teilnehmenden Berechtigten zur Verfügung gestellt wird, begründet dieser Vorgang keine Lieferanteneigenschaft;
46. „Marktregeln" die Summe alle Vorschriften, Regelungen und Bestimmungen auf gesetzlicher oder vertraglicher Basis, die Marktteilnehmer im Elektrizitätsmarkt einzuhalten haben, um ein geordnetes Funktionieren dieses Marktes zu ermöglichen und zu gewährleisten;
47. „Marktteilnehmer" Bilanzgruppenverantwortliche, Versorger, Stromhändler, Erzeuger, Lieferanten, Netzbenutzer, Kunden, Endverbraucher, Erneuerbare-Energie-Gemeinschaften, Bürgerenergiegemeinschaften, Bilanzgruppenkoordinatoren, Strombörsen, Übertragungsnetzbetreiber, Verteilernetzbetreiber und Regelzonenführer;

47a. „Herkunftsnachweis" eine Bestätigung, die den Primärenergieträger, aus dem eine bestimmte Einheit elektrischer Energie erzeugt wurde, belegt. Hierunter fallen insbesondere Herkunftsnachweise für Strom aus fossilen Energiequellen, Herkunftsnachweise für Strom aus hocheffizienter KWK sowie Herkunftsnachweise gemäß § 10 ÖSG 2012 und § 83 Erneuerbaren-Ausbau-Gesetz (EAG);

48. „Netzanschluss" die physische Verbindung der Anlage eines Kunden oder Erzeugers von elektrischer Energie mit dem Netzsystem;
49. „Netzbenutzer" jede natürliche oder juristische Person oder eingetragene Personengesellschaft, die Elektrizität in ein Netz einspeist oder aus einem Netz entnimmt;
50. „Netzbereich" jener Teil eines Netzes, für dessen Benutzung dieselben Preisansätze gelten;
51. „Netzbetreiber" Betreiber von Übertragungs- oder Verteilernetzen mit einer Nennfrequenz von 50 Hz;
52. „Netzebene" einen im wesentlichen durch das Spannungsniveau bestimmten Teilbereich des Netzes;

52a. „Netzreserve" die Vorhaltung von zusätzlicher Erzeugungsleistung oder reduzierter Verbrauchsleistung zur Beseitigung von Engpässen im Übertragungsnetz im Rahmen des Engpassmanagements, welche gesichert innerhalb von 10 Stunden Vorlaufzeit aktivierbar ist;

52b. „Netzreservevertrag“ ein Vertrag, der zwischen dem Regelzonenführer und einem Anbieter abgeschlossen wird und die Erbringung von Netzreserve gemäß Z 52a zum Inhalt hat;
53. „Netzzugang“ die Nutzung eines Netzsystems;
54. „Netzzugangsberechtigter“ eine natürliche oder juristische Person oder eingetragene Personengesellschaft, die Netzzugang begehrt, insbesondere auch Elektrizitätsunternehmen, soweit dies zur Erfüllung ihrer Aufgaben erforderlich ist;
55. „Netzzugangsvertrag“ die individuelle Vereinbarung zwischen dem Netzzugangsberechtigten und einem Netzbetreiber, der den Netzanschluss und die Inanspruchnahme des Netzes regelt;
56. „Netzzutritt“ die erstmalige Herstellung eines Netzanschlusses oder die Erhöhung der Anschlussleistung eines bestehenden Netzanschlusses;
57. „Nutzwärme“ die in einem KWK-Prozess zur Befriedigung eines wirtschaftlich vertretbaren Wärme- oder Kühlbedarfs erzeugte Wärme;
58. „Primärregelung“ eine automatisch wirksam werdende Wiederherstellung des Gleichgewichtes zwischen Erzeugung und Verbrauch mit Hilfe eines definierten frequenzabhängigen Verhaltens von Erzeugungs- und/oder Verbrauchseinheiten, welche im Zeitbereich bis höchstens 30 Sekunden nach Störungseintritt vollständig aktivierbar sein muss;
59. „Regelzone“ die kleinste Einheit des Verbundsystems, die mit einer Leistungs-Frequenz-Regelung ausgerüstet und betrieben wird;
60. „Regelzonenführer“ denjenigen, der für die Leistungs-Frequenz-Regelung in einer Regelzone verantwortlich ist, wobei diese Funktion auch seitens eines dritten Unternehmens, das seinen Sitz in einem anderen Mitgliedstaat der Europäischen Union hat, erfüllt werden kann;
61. „Reservestrom“ den Strom, der über das Elektrizitätsnetz in den Fällen geliefert wird, in denen der KWK-Prozess unter anderem durch Wartungsarbeiten unterbrochen oder abgebrochen ist;
61a. „saisonaler Netzreservevertrag“ ein Netzreservevertrag gemäß Z 52b, der für den Zeitraum einer Winter- oder Sommersaison abgeschlossen wird. Als Sommersaison gilt dabei der Zeitraum gemäß Z 66b, die Wintersaison hingegen umfasst den Zeitraum von jeweils 1. Oktober eines Kalenderjahres bis jeweils 30. April des darauffolgenden Kalenderjahres. In beiden Fällen besteht für Beginn und Ende des Vertrags eine Toleranzbandbreite von jeweils einem Kalendermonat nach oben sowie nach unten;
62. „Sekundärregelung“ die automatisch wirksam werdende und erforderlichenfalls ergänzend manuell angesteuerte Rückführung der Frequenz und der Austauschleistung mit anderen Regelzonen auf die Sollwerte nach Störung des Gleichgewichtes zwischen erzeugter und verbrauchter Wirkleistung mit Hilfe von zentralen oder dezentralen Einrichtungen. Die Sekundärregelung umfasst auch die Ausfallsreserve. Die Wiederherstellung der Sollfrequenz kann im Bereich von mehreren Minuten liegen;
63. „Sicherheit“ sowohl die Sicherheit der Elektrizitätsversorgung und –bereitstellung als auch die Betriebssicherheit;
64. „standardisiertes Lastprofil“ ein durch ein geeignetes Verfahren für eine bestimmte Einspeiser- oder Entnehmergruppe charakteristisches Lastprofil;
65. „Stromhändler“ eine natürliche oder juristische Person oder eingetragene Personengesellschaft, die Elektrizität in Gewinnabsicht verkauft;
66. „Systembetreiber“ einen Netzbetreiber, der über die technisch-organisatorischen Einrichtungen verfügt, um alle zur Aufrechterhaltung des Netzbetriebes notwendigen Maßnahmen setzen zu können;
66a. „teilnehmender Berechtigter“ eine juristische oder natürliche Person oder eingetragene Personengesellschaft, die mit ihrer Verbrauchsanlage einer gemeinschaftlichen Erzeugungsanlage zugeordnet ist;
66b. „temporäre saisonale Stilllegungen“ temporäre Stilllegungen gemäß Z 66c, die von einem Betreiber einer Erzeugungsanlage für den Zeitraum von jeweils 1. Mai bis jeweils 30. September eines Kalenderjahres gemäß § 23a verbindlich angezeigt werden. Für die Festlegung von Beginn und Ende des Stilllegungszeitraums steht dem Betreiber der Erzeugungsanlage eine Toleranzbandbreite von jeweils einem Monat nach oben sowie nach unten zu;
66c. „temporäre Stilllegungen“ vorläufige Maßnahmen mit Ausnahme von Revisionen und technisch bedingten Störungen, die bewirken, dass die Erzeugungsanlage innerhalb von 72 Stunden nicht mehr anfahrbereit gehalten wird, aber wieder betriebsbereit gemacht werden kann. Hiermit wird keine Betriebseinstellung der Anlage bewirkt;
67. „Tertiärregelung“ das längerfristig wirksam werdende, manuell oder automatisch ausgelöste Abrufen von elektrischer Leistung, die zur Unterstützung bzw. Ergänzung der Sekundärregelung bzw. zur längerfristigen Ablösung von bereits aktivierter Sekundärregelleistung dient (Minutenreserve);
68. „Übertragung“ den Transport von Elektrizität über ein Höchstspannungs- und Hochspannungsverbundnetz zum Zwecke der Belieferung von Endkunden oder Verteilern, jedoch mit Ausnahme der Versorgung;
69. „Übertragungsnetz“ ein Hochspannungsverbundnetz mit einer Spannungshöhe von 110 kV und darüber, das dem überregionalen Transport von elektrischer Energie dient;

70. „Übertragungsnetzbetreiber" eine natürliche oder juristische Person oder eingetragene Personengesellschaft, die verantwortlich für den Betrieb, die Wartung sowie erforderlichenfalls den Ausbau des Übertragungsnetzes und gegebenenfalls der Verbindungsleitungen zu anderen Netzen sowie für die Sicherstellung der langfristigen Fähigkeit des Netzes, eine angemessene Nachfrage nach Übertragung von Elektrizität zu befriedigen, ist; Übertragungsnetzbetreiber sind die Verbund-Austrian Power Grid AG, die TIWAG-Netz AG und die VKW-Übertragungsnetz AG;
71. „Verbindungsleitungen" Anlagen, die zur Verbundschaltung von Elektrizitätsnetzen dienen;
72. „verbundenes Elektrizitätsunternehmen"
a) ein verbundenes Unternehmen im Sinne des § 228 Abs. 3 Unternehmensgesetzbuch (UGB),
b) ein assoziiertes Unternehmen im Sinne des § 263 Abs. 1 UGB oder
c) zwei oder mehrere Unternehmen, deren Aktionäre ident sind;
73. „Verbundnetz" eine Anzahl von Übertragungs- und Verteilernetzen, die durch eine oder mehrere Verbindungsleitungen miteinander verbunden sind;
74. „Versorger" eine natürliche oder juristische Person oder eingetragene Personengesellschaft, die die Versorgung wahrnimmt;
75. „Versorgung" den Verkauf einschließlich des Weiterverkaufs von Elektrizität an Kunden;
76. „Verteilernetzbetreiber" eine natürliche oder juristische Person oder eingetragene Personengesellschaft, die verantwortlich ist für den Betrieb, die Wartung sowie erforderlichenfalls den Ausbau des Verteilernetzes in einem bestimmten Gebiet und gegebenenfalls der Verbindungsleitungen zu anderen Netzen sowie für die Sicherstellung der langfristigen Fähigkeit des Netzes, eine angemessene Nachfrage nach Verteilung von Elektrizität zu befriedigen;
77. „Verteilung" den Transport von Elektrizität über Hoch-, Mittel- oder Niederspannungs-Verteilernetze zum Zwecke der Belieferung von Kunden, jedoch mit Ausnahme der Versorgung;
78. „vertikal integriertes Elektrizitätsunternehmen" ein Unternehmen oder eine Gruppe von Unternehmen, in der dieselbe Person berechtigt ist, direkt oder indirekt Kontrolle auszuüben, wobei das betreffende Unternehmen bzw. die betreffende Gruppe mindestens eine der Funktionen Übertragung oder Verteilung und mindestens eine der Funktionen Erzeugung von oder Versorgung mit Elektrizität wahrnimmt;
79. „Wirkungsgrad" den auf der Grundlage des unteren Heizwerts der Brennstoffe berechneten Wirkungsgrad;
80. „Wirkungsgrad-Referenzwerte für die getrennte Erzeugung" die Wirkungsgrade einer alternativen getrennten Erzeugung von Wärme und Strom, die durch KWK ersetzt werden soll;
81. „wirtschaftlich vertretbarer Bedarf" den Bedarf, der die benötigte Wärme- oder Kühlungsleistung nicht überschreitet und der sonst durch andere Energieproduktionsprozesse als KWK zu Marktbedingungen gedeckt würde;
82. „wirtschaftlicher Vorrang" die Rangfolge der Elektrizitätsquellen nach wirtschaftlichen Gesichtspunkten;
83. „Zählpunkt" die Einspeise- bzw. Entnahmestelle, an der eine Strommenge messtechnisch erfasst und registriert wird. Dabei sind in einem Netzbereich liegende Zählpunkte eines Netzbenutzers zusammenzufassen, wenn sie der Anspeisung von kundenseitig galvanisch oder transformatorisch verbundenen Anlagen, die der Straßenbahnverordnung 1999, BGBl. II Nr. 76/2000, in der Fassung BGBl. II Nr. 127/2018, unterliegen, dienen; im Übrigen ist eine Zusammenfassung mehrerer Zählpunkte nicht zulässig;
83a. „Zeitreihe" der zeitliche Verlauf der entnommenen oder eingespeisten Energie in Viertelstundenwerten über eine zeitliche Periode;
84. „Zusatzstrom" den Strom, der über das Elektrizitätsnetz in den Fällen geliefert wird, in denen die Stromnachfrage die elektrische Erzeugung des KWK-Prozesses übersteigt.

(2) Soweit in diesem Bundesgesetz auf Bestimmungen anderer Bundesgesetze oder auf unmittelbar anwendbares Unionsrecht verwiesen wird, sind diese Bestimmungen in ihrer jeweils geltenden Fassung anzuwenden.

(3) Personenbezogene Begriffe haben keine geschlechtsspezifische Bedeutung. Sie sind bei der Anwendung auf bestimmte Personen in der jeweils geschlechtsspezifischen Form anzuwenden.

2. Teil
Rechnungslegung, Vertraulichkeit, Auskunfts- und Einsichtsrechte, Verbot von Diskriminierung und Quersubventionen
Rechnungslegung, Verbot von Quersubventionen

§ 8. (1) Elektrizitätsunternehmen haben, ungeachtet ihrer Eigentumsverhältnisse und ihrer Rechtsform, Jahresabschlüsse zu erstellen, diese von einem Abschlussprüfer überprüfen zu lassen und, soweit sie hierzu nach den Bestimmungen des Rechnungslegungsgesetzes verpflichtet sind, zu veröffentlichen. Die Prüfung der Jahresabschlüsse hat sich auch auf die Untersuchung zu beziehen, ob die Verpflichtung zur Vermeidung von missbräuchlichen Quersubventionen gemäß Abs. 2 eingehalten wird. Die Erstellung, die Prüfung sowie die Veröffentlichung der Jahresabschlüsse haben nach den Bestimmungen des

Rechnungslegungsgesetzes zu erfolgen. Elektrizitätsunternehmen, die zur Veröffentlichung ihrer Jahresabschlüsse gesetzlich nicht verpflichtet sind, haben am Sitz des Unternehmens eine Ausfertigung des Jahresabschlusses zur Verfügung der Öffentlichkeit zu halten.

(2) Der Netzbetreiber hat Quersubventionen zu unterlassen. Zur Vermeidung von Diskriminierung, Quersubventionen und Wettbewerbsverzerrungen sind Elektrizitätsunternehmen daher verpflichtet, im Rahmen ihrer internen Buchführung

1. eigene Konten im Rahmen von getrennten Rechnungskreisen für ihre
   a) Erzeugungs-, Stromhandels- und Versorgungstätigkeiten,
   b) Übertragungstätigkeiten,
   c) Verteilungstätigkeiten und
   d) sonstigen Tätigkeiten zu führen;
2. die Bilanzen und Ergebnisrechnungen der einzelnen Elektrizitätsbereiche sowie deren Zuweisungsregeln entsprechend Abs. 3 zu veröffentlichen;
3. konsolidierte Konten für ihre Tätigkeiten außerhalb des Elektrizitätsbereiches zu führen und eine Bilanz sowie eine Ergebnisrechnung entsprechend Abs. 1 zu veröffentlichen.

Die interne Buchführung hat für jede Tätigkeit eine Bilanz sowie eine Ergebnisrechnung zu enthalten. Weiters sind in der internen Buchhaltung – unbeschadet der handelsrechtlichen und steuerrechtlichen Vorschriften – jene Regeln, einschließlich der Abschreibungsregeln, anzugeben, nach denen die Gegenstände des Aktiv- und Passivvermögens sowie die ausgewiesenen Aufwendungen und Erträge den gemäß Z 1 getrennt geführten Rechnungskreisen zugewiesen werden. Änderungen dieser Regeln sind nur in Ausnahmefällen zulässig. Diese Änderungen müssen erwähnt und ordnungsgemäß begründet werden. Einnahmen aus dem Eigentum am Übertragungs- bzw. Verteilernetz sind in den Konten gesondert auszuweisen.

(3) Im Anhang zum Jahresabschluss sind Geschäfte, deren Leistung, Entgelt oder sonstiger wirtschaftlicher Vorteil einen Wert von einer Million Euro übersteigt und die mit verbundenen Elektrizitätsunternehmen (§ 7 Abs. 1 Z 72) getätigt worden sind, gesondert aufzuführen. Besteht der Geschäftsgegenstand aus mehreren Teilen, für die jeweils ein gesondertes Geschäft abgeschlossen wird, so muss bei der Errechnung des Schwellenwertes der Wert eines jeden Teilgeschäftes berücksichtigt werden.

Verbot von Diskriminierung

§ 9. Netzbetreibern ist es untersagt jene Personen, die ihre Anlagen nutzen oder zu nutzen beabsichtigen oder bestimmten Kategorien dieser Personen, insbesondere zugunsten vertikal integrierter Elektrizitätsunternehmen, diskriminierend zu behandeln.

Auskunfts- und Einsichtsrechte

§ 10. Elektrizitätsunternehmen sind verpflichtet, den Behörden, einschließlich der Regulierungsbehörde, jederzeit Einsicht in alle betriebswirtschaftlich relevanten Unterlagen und Aufzeichnungen zu gewähren sowie Auskünfte über alle, den jeweiligen Vollzugsbereich betreffenden Sachverhalte zu erteilen. Diese Pflicht zur Duldung der Einsichtnahme und Erteilung der Auskunft besteht ohne konkreten Anlassfall auch dann, wenn diese Unterlagen oder Auskünfte zur Klärung oder zur Vorbereitung der Klärung entscheidungsrelevanter Sachverhalte in künftig durchzuführenden Verfahren erforderlich sind. Insbesondere haben Elektrizitätsunternehmen alle Informationen zur Verfügung zu stellen, die der Behörde eine sachgerechte Beurteilung ermöglichen. Kommt das Elektrizitätsunternehmen dieser Verpflichtung nicht nach, kann die Behörde ihrer Beurteilung eine Schätzung zugrunde legen.

Mitteilung von Insider-Informationen

§ 10a. Jeder Marktteilnehmer, der im Sinne des Art. 4 der Verordnung (EU) Nr. 1227/2011 zur Veröffentlichung von Insider-Informationen verpflichtet ist, hat die zu veröffentlichenden Tatsachen zeitgleich mit der Veröffentlichung auch der E-Control mitzuteilen.

Vertraulichkeit

§ 11. Unbeschadet gesetzlicher Verpflichtungen sowie von Verpflichtungen, die sich aus der Verordnung 2009/714/EG und der in ihrer Durchführung erlassenen Rechtsakte ergeben, zur Offenlegung von Informationen haben Netzbetreiber wirtschaftlich sensible Informationen sowie Geschäfts- und Betriebsgeheimnisse, von denen sie bei der Ausübung ihrer Geschäftstätigkeit Kenntnis erlangen, vertraulich zu behandeln. Sie haben zu verhindern, dass Informationen über ihre Tätigkeiten, die wirtschaftliche Vorteile bringen können, in diskriminierender Weise, insbesondere zugunsten vertikal integrierter Elektrizitätsunternehmen, offengelegt werden.

3. Teil
Erzeugungsanlagen und Stromlieferungsverträge
Errichtungsgenehmigung und Betriebsbewilligung

§ 12. (1) **(Grundsatzbestimmung)** Die Ausführungsgesetze haben jedenfalls die für die Errichtung und Inbetriebnahme von Erzeugungsanlagen sowie die für die Vornahme von Vorarbeiten geltenden Voraussetzungen auf Grundlage objektiver, transparenter und nichtdiskriminierender Kriterien im Sinne der Art. 7 und 8 der Richtlinie 2009/72/EG festzulegen.

(2) **(Grundsatzbestimmung)** Die Ausführungsgesetze können vorsehen, dass dezentrale Erzeugungsanlagen, Anlagen, die elektrische Energie aus erneuerbaren Energien oder Abfällen erzeugen, und Anlagen, die nach dem Prinzip der Kraft-Wärme-Kopplung arbeiten, bis zu einer bestimmten Leistung einem vereinfachten Verfahren oder einer Anzeigepflicht zu unterziehen sind. Anlagen, die nach den Bestimmungen der Gewerbeordnung 1994 bewilligungs- oder anzeigepflichtig sind, sind jedenfalls von einer Bewilligungspflicht auszunehmen.

Stromlieferungsverträge bei Strombezug aus Drittstaaten

§ 13. Stromlieferungsverträge, die den Bezug von elektrischer Energie zur inländischen Bedarfsdeckung aus Drittstaaten zum Gegenstand haben,

1. die zur Deckung ihres Bedarfes elektrische Energie auch in Anlagen erzeugen, die nicht dem Stand der Technik entsprechen oder von denen eine unmittelbare oder mittelbare Gefahr für das Leben oder die Gesundheit von im Staatsgebiet befindlichen Menschen, Tieren und Pflanzen ausgeht oder
2. die nicht den Nachweis der ordnungsgemäßen Entsorgung der bei der Erzeugung elektrischer Energie anfallenden Abfälle erbringen und kein Konzept für künftig aus der Erzeugung anfallende Abfälle erstellen,

sind unzulässig.

Meldepflicht von Stromlieferungsverträgen

§ 14. Stromlieferungsverträge mit einer ein Jahr übersteigenden Laufzeit und einem Umfang von mehr als 500 Millionen kWh im Jahr, die den Bezug von elektrischer Energie aus dem Gebiet der Europäischen Union zur inländischen Bedarfsdeckung zum Gegenstand haben, sind der Regulierungsbehörde zu melden. Die Regulierungsbehörde hat diese Stromlieferungsverträge zu verzeichnen.

4. Teil
Der Betrieb von Netzen
1. Hauptstück
Allgemeine Rechte und Pflichten der Netzbetreiber

Gewährung des Netzzuganges

§ 15. (Grundsatzbestimmung) Netzbetreiber sind durch die Ausführungsgesetze zu verpflichten, Netzzugangsberechtigten den Netzzugang zu den genehmigten Allgemeinen Bedingungen und bestimmten Systemnutzungsentgelten zu gewähren.

Organisation des Netzzuganges

§ 16. (1) **(Grundsatzbestimmung)** Die Ausführungsgesetze haben einen Rechtsanspruch der Berechtigten gemäß § 15 vorzusehen, auf Grundlage der genehmigten Allgemeinen Bedingungen und den von der Regulierungsbehörde bestimmten Systemnutzungsentgelten die Benutzung des Netzes zu verlangen (geregeltes Netzzugangssystem).

(2) Jeder Zählpunkt ist durch den Netzbetreiber einer Netzbenutzerkategorie zuzuordnen. Die Regulierungsbehörde hat mit Verordnung Netzbenutzerkategorien, jeweils getrennt nach Einspeisern und Entnehmern, und den Zeitrahmen für diese Zuordnung festzulegen.

Gemeinschaftliche Erzeugungsanlagen

§ 16a. (1) Netzzugangsberechtigte haben einen Rechtsanspruch gegenüber Netzbetreibern, gemeinschaftliche Erzeugungsanlagen unter den Voraussetzungen von Abs. 2 bis 7 zu betreiben. Die freie Lieferantenwahl der Endverbraucher darf dadurch nicht eingeschränkt werden.

(2) Der Anschluss von gemeinschaftlichen Erzeugungsanlagen zur privaten oder gewerblichen Nutzung ist nur an gemeinschaftliche Leitungsanlagen, über die auch die teilnehmenden Berechtigten angeschlossen sind (Hauptleitungen), im Nahebereich der Anlagen der teilnehmenden Berechtigten (Verbrauchsanlage) zulässig. Der direkte Anschluss der gemeinschaftlichen Erzeugungsanlage an Anlagen im Eigentum des Netzbetreibers oder die Durchleitung von eigenerzeugter Energie durch Anlagen des Netzbetreibers an teilnehmende Berechtigte ist unzulässig.

(3) Die teilnehmenden Berechtigten können einen Betreiber der gemeinschaftlichen Erzeugungsanlage bestimmen, der sich vertraglich zum Betrieb der gemeinschaftlichen Erzeugungsanlage für die teilnehmenden Berechtigten verpflichtet und dem Netzbetreiber angezeigt wird.

(4) Die teilnehmenden Berechtigten und, sofern die gemeinschaftliche Erzeugungsanlage nicht von den teilnehmenden Berechtigten selbst betrieben wird, der Betreiber der gemeinschaftlichen Erzeugungsanlage, schließen einen Errichtungs- und Betriebsvertrag, der zumindest die folgenden Regelungen enthalten muss:

1. Allgemein verständliche Beschreibung der Funktionsweise der gemeinschaftlichen Erzeugungsanlage;
2. Anlagen der teilnehmenden Berechtigten und Zählpunktnummern;
3. jeweiliger ideeller Anteil der Anlagen der teilnehmenden Berechtigten (Verbrauchsanlage) an der gemeinschaftlichen Erzeugungsanlage;
4. Anlagenverantwortlicher für die gemeinschaftliche Erzeugungsanlage;
5. Betrieb, Erhaltung und Wartung der Anlage sowie die Kostentragung;
6. Haftung;
7. Datenverwaltung und Datenbearbeitung der Energiedaten der gemeinschaftlichen Erzeugungsanlage und der Anlagen der teilnehmenden Berechtigten durch den Netzbetreiber;
8. Aufteilung der erzeugten Energie;

9. Aufnahme und Ausscheiden teilnehmender Berechtigter samt Kostenregelungen im Fall des Ausscheidens (insbesondere Rückerstattung etwaiger Investitionskostenanteile, Aufteilung laufender Kosten und Erträge auf die verbleibenden teilnehmenden Berechtigten);
10. Beendigung des Vertragsverhältnisses sowie die Demontage der gemeinschaftlichen Erzeugungsanlage;
11. allfällige Versicherungen.

(5) Der Netzbetreiber hat

1. die Einspeisung in die Hauptleitung und den Bezug der gemeinschaftlichen Erzeugungsanlage mit einem Lastprofilzähler oder unterhalb der Grenzen des § 17 Abs. 2 mit einem intelligenten Messgerät gemäß § 7 Abs. 1 Z 31 zu messen. Sind die Verbrauchsanlagen nicht mit intelligenten Messgeräten ausgestattet, hat der Netzbetreiber diese binnen sechs Monaten zu installieren oder, falls er nicht alle Verbrauchsanlagen mit intelligenten Messgeräten ausstatten kann, abweichend von den übrigen Bestimmungen dieses Absatzes sowie der Absätze 6 und 7 die Energiewerte der gemeinschaftlichen Erzeugungsanlage nach einem zwischen den teilnehmenden Berechtigten vereinbarten Aufteilungsschlüssel zumindest jährlich mit den jeweiligen Verbrauchswerten zu saldieren;
2. den Bezug der Kundenanlagen der teilnehmenden Berechtigten mit einem Lastprofilzähler oder unterhalb der Grenzen des § 17 Abs. 2 mit einem intelligenten Messgerät gemäß § 7 Abs. 1 Z 31 zu messen;
3. die gemessenen Viertelstundenwerte der gemeinschaftlichen Erzeugungsanlage und der Anlagen der teilnehmenden Berechtigten seiner Rechnungslegung an die teilnehmenden Berechtigten zugrunde zu legen sowie nach Maßgabe der Marktregeln den Lieferanten sowie dem Betreiber der gemeinschaftlichen Erzeugungsanlage, sofern ein solcher gemäß Abs. 3 bestimmt wurde, zur Verfügung zu stellen.

Die verbleibende Energieeinspeisung pro Viertelstunde, welche nicht den teilnehmenden Berechtigten zugeordnet ist, gilt als in das öffentliche Netz eingespeist und ist der Bilanzgruppe des Stromhändlers, mit dem der Abnahmevertrag abgeschlossen wurde, zuzuordnen.

(6) Bei Verwendung von intelligenten Messgeräten müssen die Energiewerte pro Viertelstunde gemessen und ausgelesen werden.

(7) Der Netzbetreiber hat den zwischen den teilnehmenden Berechtigten vertraglich vereinbarten statischen oder dynamischen Anteil an der erzeugten Energie den jeweiligen Anlagen der teilnehmenden Berechtigten zuzuordnen. Bei Verwendung dynamischer Anteile können diese zwischen den teilnehmenden Berechtigten viertelstündlich neu zugeordnet werden. Die Ermittlung der Werte erfolgt nach Maßgabe folgender Regelungen:

1. die Zuordnung hat pro Viertelstunde zu erfolgen und ist mit dem Energieverbrauch der jeweiligen Anlage des teilnehmenden Berechtigten in der jeweiligen Viertelstunde begrenzt;
2. der Messwert des Energieverbrauchs pro Viertelstunde am Zählpunkt der Anlage des teilnehmenden Berechtigten ist um die zugeordnete erzeugte Energie zu reduzieren;
3. der Messwert der Energieeinspeisung in die Hauptleitung pro Viertelstunde am Zählpunkt der gemeinschaftlichen Erzeugungsanlage ist um die Summe der zugeordneten Energie zu vermindern.

Bürgerenergiegemeinschaften

§ 16b. (1) Die Bürgerenergiegemeinschaft darf elektrische Energie erzeugen und die eigenerzeugte Energie verbrauchen, speichern oder verkaufen. Weiters darf sie im Bereich der Aggregierung tätig sein und für ihre Mitglieder Energiedienstleistungen, wie etwa Energieeffizienzdienstleistungen oder Ladedienstleistungen für Elektrofahrzeuge, erbringen. Die für die jeweilige Tätigkeit geltenden Bestimmungen sind dabei zu beachten. Die Rechte und Pflichten der teilnehmenden Netzbenutzer, insbesondere die freie Lieferantenwahl, bleiben dadurch unberührt.

(2) Mitglieder oder Gesellschafter einer Bürgerenergiegemeinschaft dürfen natürliche sowie juristische Personen und Gebietskörperschaften sein. Eine Bürgerenergiegemeinschaft hat aus zwei oder mehreren Mitgliedern oder Gesellschaftern zu bestehen und ist als Verein, Genossenschaft, Personen- oder Kapitalgesellschaft oder eine ähnliche Vereinigung mit Rechtspersönlichkeit zu organisieren. Ihr Hauptzweck darf nicht im finanziellen Gewinn liegen; dies ist, soweit es sich nicht schon aus der Gesellschaftsform ergibt, in der Satzung festzuhalten. Die Bürgerenergiegemeinschaft hat ihren Mitgliedern oder den Gebieten, in denen sie tätig ist, vorrangig ökologische, wirtschaftliche oder sozialgemeinschaftliche Vorteile zu bringen. Die Teilnahme an einer Bürgerenergiegemeinschaft ist freiwillig und offen.

(3) Die Kontrolle innerhalb einer Bürgerenergiegemeinschaft ist auf folgende Mitglieder bzw. Gesellschafter beschränkt:

1. natürliche Personen,
2. Gebietskörperschaften und
3. kleine Unternehmen, sofern diese nicht die Funktion eines Elektrizitätsunternehmens im Sinne des § 7 Abs. 1 Z 11 wahrnehmen.

Kontrolle im Sinne dieses Absatzes ist jedenfalls dann gegeben, wenn die für die gewählte Gesellschaftsform vorgesehene satzungsändernde Mehrheit bei den Mitgliedern bzw. Gesellschaftern nach Z 1 bis 3 liegt.

(4) Anlagen von Bürgerenergiegemeinschaften können unter Beachtung der geltenden Voraussetzungen nach den Bestimmungen des 2. Hauptstücks des 2. Teils EAG gefördert werden. Die Bürgerenergiegemeinschaft hat für jede von ihr betriebene Anlage, gegebenenfalls samt Stromspeicher, jeweils einen Antrag gemäß § 55 EAG in Verbindung mit § 56, § 56a, 57 oder § 57a EAG einzubringen.

(5) Innerhalb einer Bürgerenergiegemeinschaft erzeugte, jedoch nicht verbrauchte Strommengen aus erneuerbaren Quellen können unter Beachtung der geltenden Voraussetzungen nach den Bestimmungen des 1. Hauptstücks des 2. Teils EAG bis zu einem Ausmaß von maximal 50% der innerhalb einer Bürgerenergiegemeinschaft insgesamt erzeugten Strommenge durch Marktprämie gefördert werden. Die Berechnung der Marktprämie erfolgt auf Basis der von einer Bürgerenergiegemeinschaft vermarkteten und in das öffentliche Elektrizitätsnetz eingespeisten Strommenge. Für die von den Mitgliedern oder Gesellschaftern verbrauchten oder diesen zugeordneten Erzeugungsmengen gebührt keine Marktprämie.

(6) Die Bestimmungen der Gewerbeordnung 1994, BGBl. Nr. 194, sind auf Bürgerenergiegemeinschaften nicht anzuwenden.

Erneuerbare-Energie-Gemeinschaften

§ 16c. (1) Für Erneuerbare-Energie-Gemeinschaften gelten die Bestimmungen des § 79 Abs. 1 und 2 EAG. § 79 Abs. 2 letzter Satz EAG gilt mit der Maßgabe, dass Erzeuger, die elektrische Energie in ein Netz im Lokal- oder Regionalbereich gemäß Abs. 2 abgeben, an einer Erneuerbare-Energie-Gemeinschaft teilnehmen dürfen, sofern sie nicht von einem Versorger, Lieferanten oder Stromhändler im Sinne dieses Bundesgesetzes kontrolliert werden.

(2) Innerhalb einer Erneuerbare-Energie-Gemeinschaft müssen die Verbrauchsanlagen der Mitglieder oder Gesellschafter mit den Erzeugungsanlagen über ein Niederspannungs-Verteilernetz und den Niederspannungsteil der Transformatorstation (Lokalbereich) oder über das Mittelspannungsnetz und die Mittelspannungs-Sammelschiene im Umspannwerk (Regionalbereich) im Konzessionsgebiet eines Netzbetreibers verbunden sein. Die Durchleitung von Energie aus Erzeugungsanlagen oder Speichern zu Verbrauchsanlagen unter Inanspruchnahme der Netzebenen 1 bis 4, ausgenommen die Mittelspannungs-Sammelschiene im Umspannwerk, oder durch Netze anderer Netzbetreiber ist unzulässig.

(3) Netzbenutzer gemäß Abs. 1 letzter Satz und § 79 Abs. 2 EAG haben binnen 14 Tagen Auskunft darüber zu bekommen, an welchen Teil des Verteilernetzes ihre Verbrauchs- bzw. Erzeugungsanlagen angeschlossen sind.

Gemeinsame Bestimmungen für Energiegemeinschaften

§ 16d. (1) Netzbenutzer gemäß § 16b Abs. 2, § 16c Abs. 1 letzter Satz sowie § 79 Abs. 2 EAG haben einen Rechtsanspruch gegenüber Netzbetreibern, an einer Energiegemeinschaft gemäß § 16b oder § 16c teilzunehmen.

(2) Die betroffenen Netzbetreiber sind über die Gründung einer Energiegemeinschaft sowie folgende Inhalte und allfällige Änderungen dieser Inhalte zu informieren:

1. Beschreibung der Funktionsweise der Erzeugungsanlagen (allenfalls Speicheranlagen) unter Angabe der Zählpunktnummern;
2. Verbrauchsanlagen der teilnehmenden Netzbenutzer unter Angabe der Zählpunktnummern;
3. jeweiliger ideeller Anteil der teilnehmenden Netzbenutzer an der Erzeugungsanlage sowie die Aufteilung der erzeugten Energie;
4. Zuordnung der nicht von den teilnehmenden Netzbenutzern verbrauchten Energieeinspeisung pro Viertelstunde;
5. Aufnahme und Ausscheiden von teilnehmenden Netzbenutzern;
6. Beendigung oder Auflösung der Erneuerbare–Energie–Gemeinschaft sowie die Demontage der Erzeugungsanlagen.

Die Netzbetreiber sind verpflichtet, die Inhalte gemäß Z 1 bis 6 der Regulierungsbehörde unverzüglich für die in Abs. 4 genannten Zwecke zur Verfügung zu stellen.

(3) Die Energiegemeinschaft hat darüber hinaus Vereinbarungen zu treffen, die zumindest folgende Inhalte umfassen:

1. Datenverwaltung und Datenbearbeitung der Energiedaten der Erzeugungsanlagen und der Verbrauchsanlagen der teilnehmenden Netzbenutzer durch den Netzbetreiber;
2. Betrieb, Erhaltung und Wartung der Erzeugungsanlagen sowie die Kostentragung;
3. Haftung;
4. allfällige Versicherungen.

(4) Zum Zweck der stichprobenartigen oder anlassfallbezogenen Überprüfung der Einhaltung der gesetzlichen Vorgaben durch die Regulierungsbehörde hat die Energiegemeinschaft der Regulierungsbehörde die über Abs. 2 hinaus erforderlichen Daten und Informationen auf Verlangen zu übermitteln. Bei Nichteinhaltung der gesetzlichen Vorgaben kann die Regulierungsbehörde mit Bescheid gemäß § 24 E-ControlG die Herstellung des rechtmäßigen Zustandes auftragen. Die Regulierungsbehörde hat jährlich einen Bericht über in Österreich gegründete Energiegemeinschaften, insbesondere über die Anzahl und regionale Verteilung von Energiegemeinschaften, zu veröffentlichen.

(5) Die Betriebs- und Verfügungsgewalt über die Erzeugungsanlagen liegt bei der Energiegemeinschaft. Hinsichtlich der Betriebsführung und Wartung ihrer Erzeugungsanlagen kann sich die Energiegemeinschaft eines Dritten bedienen.

(6) Die Energiegemeinschaft hat sich eines konzessionierten Netzbetreibers zu bedienen.

Messung und Verrechnung bei Energiegemeinschaften

§ 16e. (1) Der Netzbetreiber hat

1. den Bezug der Verbrauchsanlagen der teilnehmenden Netzbenutzer sowie die Einspeisung und den Bezug der Erzeugungsanlagen mit einem Lastprofilzähler oder unterhalb der Grenzen des § 17 Abs. 2 mit einem intelligenten Messgerät gemäß § 7 Abs. 1 Z 31 zu messen. Sind die Verbrauchsanlagen nicht mit einem intelligenten Messgerät ausgestattet, so hat der Netzbetreiber diese binnen zwei Monaten zu installieren. Bei Verwendung von intelligenten Messgeräten müssen die Energiewerte pro Viertelstunde gemessen, ausgelesen und reduziert um die zugeordnete erzeugte Energie für das Clearing gemäß § 23 Abs. 5 verwendet werden.
2. die gemessenen Viertelstundenwerte der Erzeugungsanlagen und der Verbrauchsanlagen der teilnehmenden Netzbenutzer nach Maßgabe der Marktregeln ehestmöglich, spätestens am Folgetag, den Lieferanten sowie der Energiegemeinschaft zur Verfügung zu stellen. Bei Bürgerenergiegemeinschaften hat dies unter Berücksichtigung des Datenaustausches gemäß Abs. 2 zu erfolgen. Diese Werte sind der Energiegemeinschaft und ihren Teilnehmern außerdem über ein kundenfreundliches Web-Portal in einem maschinenlesbaren Format kostenlos zur Verfügung zu stellen. Dazu haben die Netzbetreiber Vorkehrungen für eine sichere Identifizierung und Authentifizierung der Energiegemeinschaft auf dem Web-Portal sowie für eine verschlüsselte Übermittlung der Daten nach dem Stand der Technik zu treffen. In den sonstigen Marktregeln können Fristen zur Umsetzung dieser Bestimmung vorgesehen werden.

(2) Für Bürgerenergiegemeinschaften gilt außerdem, dass die Daten, Zähl- und Messwerte der Verbrauchsanlagen der teilnehmenden Netzbenutzer sowie der Erzeugungsanlagen allen anderen Netzbetreibern zur Verfügung zu stellen sind, in deren Konzessionsgebiet ebenfalls Erzeugungsanlagen der jeweiligen Bürgerenergiegemeinschaft und/oder Verbrauchsanlagen teilnehmender Netzbenutzer angeschlossen sind. Die Netzbetreiber sind – soweit dies technisch möglich ist – verpflichtet, sich zu diesem Zweck bestehender automationsunterstützter Datenverarbeitungsprozesse (Plattformen) zu bedienen. Die gemessenen sowie die gemäß diesem Absatz berechneten Zähl- und Messwerte sind dem Lieferanten nach Maßgabe der Marktregeln ehestmöglich, spätestens am Folgetag, zu übermitteln. In den sonstigen Marktregeln können Fristen zur Umsetzung dieser Bestimmung vorgesehen werden.

(3) Der Netzbetreiber hat den zwischen den teilnehmenden Netzbenutzern vereinbarten statischen oder dynamischen Anteil an der erzeugten Energie den jeweiligen Anlagen der teilnehmenden Netzbenutzer zuzuordnen. Bei Bürgerenergiegemeinschaften hat dies unter Berücksichtigung des Datenaustausches gemäß Abs. 2 zu erfolgen. Bei Verwendung dynamischer Anteile können diese zwischen den teilnehmenden Netzbenutzern viertelstündlich neu zugeordnet werden. Die Ermittlung der Werte erfolgt nach Maßgabe folgender Regelungen:

1. die Zuordnung hat pro Viertelstunde zu erfolgen und ist mit dem Energieverbrauch der jeweiligen Anlage des teilnehmenden Netzbenutzers in der jeweiligen Viertelstunde begrenzt;
2. der dem Zählpunkt der Anlage des teilnehmenden Netzbenutzers zugeordnete statische oder dynamische Anteil an der erzeugten Energie ist gesondert zu erfassen und auf der Rechnung darzustellen.

Bedingungen des Netzzuganges

§ 17. (Grundsatzbestimmung) (1) Die Bedingungen für den Zugang zum System dürfen nicht diskriminierend sein. Sie dürfen keine missbräuchlichen Praktiken oder ungerechtfertigten Beschränkungen enthalten und nicht die Versorgungssicherheit und die Dienstleistungsqualität gefährden.

(2) Die Ausführungsgesetze haben vorzusehen, dass die Netzbetreiber einer Regelzone ihre Allgemeinen Bedingungen auf einander abstimmen. Für jene Endverbraucher, welche an die an Netzebenen gemäß § 63 Z 6 und 7 angeschlossen sind, die weniger als 100 000 kWh Jahresverbrauch oder weniger als 50 kW Anschlussleistung aufweisen, sind jedenfalls standardisierte Lastprofile zu erstellen. Es ist auch die Form der Erstellung und Anpassung (synthetisch, analytisch) dieser standardisierten Lastprofile zu bestimmen. Es ist vorzusehen, dass diese standardisierten Lastprofile in geeigneter Form veröffentlicht werden. Für Einspeiser mit weniger als 100 000 kWh jährlicher Einspeisung oder weniger als 50 kW Anschlussleistung sind ebenfalls standardisierte Lastprofile vorzusehen.

(3) Die Allgemeinen Bedingungen haben insbesondere zu enthalten:

1. die Rechte und Pflichten der Vertragspartner, insbesondere zur Einhaltung der Sonstigen Marktregeln;
2. die den einzelnen Netzbenutzern zugeordneten standardisierten Lastprofile;

3. die technischen Mindestanforderungen für den Netzzugang;
4. die verschiedenen von den Verteilerunternehmen im Rahmen des Netzzugangs zur Verfügung zu stellenden Dienstleistungen;
5. den Zeitraum, innerhalb dessen Kundenanfragen jedenfalls zu beantworten sind;
6. die Ankündigung von geplanten Versorgungsunterbrechungen;
7. die Mindestanforderungen bezüglich Terminvereinbarungen mit Netzbenutzern;
8. jenen Standard, der bei der Datenübermittlung an Marktteilnehmer einzuhalten ist;
9. das Verfahren und die Modalitäten für Anträge auf Netzzugang;
10. die von den Netzbenutzern zu liefernden Daten;
11. einen Hinweis auf gesetzlich vorgesehene Streitbeilegungsverfahren;
12. eine Frist von höchstens 14 Tagen ab Einlangen, innerhalb der das Verteilerunternehmen das Begehren auf Netzzugang zu beantworten hat;
13. die grundlegenden Prinzipien für die Verrechnung sowie die Art und Form der Rechnungslegung;
14. die Verpflichtung von Netzzugangsberechtigten zur Vorauszahlung oder Sicherheitsleistung (Barsicherheit, Bankgarantie, Hinterlegung von nicht vinkulierten Sparbüchern) in angemessener Höhe, insoweit nach den Umständen des Einzelfalles zu erwarten ist, dass der Netzbenutzer seinen Zahlungsverpflichtungen nicht oder nicht zeitgerecht nachkommt;
15. Modalitäten, zu welchen der Netzbenutzer verpflichtet ist, Teilbetragszahlungen zu leisten, wobei eine Zahlung zumindest zehn Mal jährlich jedenfalls anzubieten ist;
16. etwaige Entschädigungs- und Erstattungsregelungen bei Nichteinhaltung der vertraglich vereinbarten Leistungsqualität.

In den Allgemeinen Verteilernetzbedingungen können auch Normen und Regelwerke der Technik (Regeln der Technik) in ihrer jeweils geltenden Fassung für verbindlich erklärt werden.

(4) Die Ausführungsgesetze haben vorzusehen, dass die Netzbetreiber die Kunden vor Vertragsabschluss über die wesentlichen Inhalte der Allgemeinen Bedingungen zu informieren haben. Zu diesem Zweck ist dem Kunden ein Informationsblatt auszuhändigen. Die Ausführungsgesetze haben weiters sicher zu stellen, dass die im Anhang I der Richtlinie 2009/72/EG festgelegten Maßnahmen zum Schutz der Kunden eingehalten werden. Die Allgemeinen Netzbedingungen sind den Kunden über Verlangen auszufolgen.

(5) Die Ausführungsgesetze haben vorzusehen, dass Netzbenutzer transparente Informationen über geltende Preise und Tarife sowie über die Allgemeinen Bedingungen erhalten.

Vereinfachter Netzzutritt und Netzzugang für kleine Anlagen auf Basis erneuerbarer Energieträger

§ 17a. (1) Erzeugungsanlagen oder Erzeugungseinheiten auf Basis erneuerbarer Energieträger und Demonstrationsprojekte im Bereich erneuerbarer Energie mit einer Engpassleistung bis 20 kW sind auf entsprechende Anzeige an den Verteilernetzbetreiber hin an das Verteilernetz anzuschließen.

(2) Eine vollständige Anzeige nach Abs. 1 hat zumindest folgende Angaben zu enthalten:

1. Name und Anschrift des Netzbenutzers und Anschrift der anzuschließenden Anlage;
2. bei neu zu errichtenden Anlagen: Lageplan;
3. gewünschter Beginn der Einspeisung;
4. Höchstleistung der Anlage in kW, die den tatsächlichen Kapazitätsbedürfnissen des Netzbenutzers entspricht;
5. Anzahl und Lage der Zählerplätze;
6. Anlagen- und Betriebsart (wie zB Photovoltaikanlage, Kleinwasserkraftwerk, Voll- oder Überschusseinspeisung);
7. prognostizierte Jahresmenge in kWh;
8. bei gemeinschaftlichen Erzeugungsanlagen die in § 16a genannten Informationen.

(3) Eine Anlage gemäß Abs. 1 ist anzuschließen, wenn der Verteilernetzbetreiber dem Netzbenutzer den Anschluss im Sinne des Abs. 5 schriftlich bestätigt oder nach Ablauf von 4 Wochen ab vollständiger Anzeige durch den Netzbenutzer keine Entscheidung des Verteilernetzbetreibers erfolgt ist. Sind die Angaben des Antragstellers für die Bestätigung durch den Verteilernetzbetreiber nicht ausreichend, hat dieser die benötigten weiteren Angaben umgehend schriftlich vom Netzbenutzer anzufordern.

(4) Der Verteilernetzbetreiber kann binnen 4 Wochen nach vollständiger Anzeige durch den Netzbenutzer den Netzzutritt wegen begründeter Sicherheitsbedenken oder technischer Inkompatibilität der Systemkomponenten verweigern und einen anderen Netzanschlusspunkt vorschlagen. Die Verweigerungsgründe sind in den Marktregeln näher zu definieren. Die Verweigerung ist dem Netzbenutzer gegenüber nachvollziehbar zu begründen.

(5) Sofern keine Verweigerungsgründe gemäß Abs. 4 vorliegen, hat der Verteilernetzbetreiber innerhalb einer Frist von 4 Wochen nach vollständiger Anzeige durch den Netzbenutzer mit einer Anschlussbestätigung zu reagieren. In dieser Bestätigung hat der Verteilernetzbetreiber den jeweiligen Netzbenutzer über die wesentlichen Inhalte der Allgemeinen Bedingungen für den Netzzugang zu informieren sowie transparente Informationen

über geltende Preise und Tarife zur Verfügung zu stellen.

(6) Photovoltaikanlagen mit einer Engpassleistung bis 20 kW, die über einen bestehenden Anschluss als Entnehmer an das Netz angeschlossen werden, sind zu 100% des vereinbarten Ausmaßes der Netznutzung an das Verteilernetz anzuschließen, ohne dass hiefür ein zusätzliches Netzzutrittsentgelt anfällt. Diese Anlagen haben – unbeschadet der geltenden Marktregeln – ein Recht auf Einspeisung der eigenerzeugten Energie in das Netz im Ausmaß von bis zu 100% des vereinbarten Ausmaßes der Netznutzung.

Änderung von Netzbedingungen

§ 18. (Grundsatzbestimmung) Werden neue Allgemeine Netzbedingungen genehmigt, hat der Netzbetreiber dies binnen vier Wochen nach der Genehmigung den Netzbenutzern in einem persönlich an sie gerichteten Schreiben bekannt zu geben und ihnen diese auf deren Wunsch zuzusenden. In diesem Schreiben oder auf der Rechnung sind die Änderungen der Allgemeinen Bedingungen und die Kriterien, die bei der Änderung nach diesem Bundesgesetz einzuhalten sind, nachvollziehbar wiederzugeben. Die Änderungen gelten ab dem nach Ablauf von drei Monaten folgenden Monatsersten als vereinbart.

Allgemeine technische Anforderungen

§ 18a. (1) Die Netzbetreiber legen der Regulierungsbehörde einen gemeinsamen Vorschlag für allgemeine technische Anforderungen oder für die Methode zur Berechnung und Festlegung der allgemeinen technischen Anforderungen, die nach den auf Basis der Verordnung (EG) Nr. 714/2009 erlassenen Leitlinien und Netzkodizes nicht abschließend festgelegt und auszuarbeiten sind, vor.

(2) Die Ausarbeitung des Vorschlages erfolgt gemeinsam durch die Netzbetreiber nach Anhörung und Berücksichtigung der Stellungnahmen betroffener Marktteilnehmer.

(3) Die Regulierungsbehörde ist verpflichtet, durch Verordnung die allgemeinen technischen Anforderungen oder die Methode zur Berechnung und Festlegung der allgemein technischen Anforderungen auf Grundlage des nach Abs. 1 und 2 erstellten Vorschlags zu bestimmen. Die Verordnung ist für die Dauer von höchstens fünf Jahren zu erlassen. Für eine Neuerlassung oder Änderungen der Verordnung gelten Abs. 1 und 2.

Qualitätsstandards für die Netzdienstleistung

§ 19. (1) Die Regulierungsbehörde hat über die in diesem Gesetz festgelegten Aufgaben und Pflichten der Netzbetreiber hinaus Standards für Netzbetreiber bezüglich der Sicherheit, Zuverlässigkeit und Qualität der gegenüber den Netzbenutzern und anderen Marktteilnehmern erbrachten Dienstleistungen und Kennzahlen zur Überwachung der Einhaltung der Standards mit Verordnung festzulegen. Es sind etwaige Entschädigungs- und Erstattungsregelungen bei Nichteinhaltung der Standards für Netzbetreiber in der Verordnung festzulegen, wenn die Einhaltung der festgelegten Standards ansonsten nicht vollständig gewährleistet ist. Der Verordnungserlassung hat ein allgemeines Begutachtungsverfahren voranzugehen, bei dem insbesondere den betroffenen Netzbetreiber Gelegenheit zur Stellungnahme einzuräumen ist.

(2) Diese Standards können insbesondere umfassen:

1. Sicherheit und die Zuverlässigkeit des Netzbetriebes einschließlich Dauer und Häufigkeit der Versorgungsunterbrechungen;
2. Fristen für die Herstellung von Anschlüssen an das Netz und die Vornahmen von Reparaturen bzw. die Ankündigung von Versorgungsunterbrechungen;
3. Fristen zur Beantwortung von Anfragen zur Erbringung der Netzdienstleistung;
4. Beschwerdemanagement;
5. die einzuhaltende Kennzahlen betreffend die Spannungsqualität.

(3) Auf die in der Verordnung festzulegenden Standards für Netzbetreiber ist in deren Allgemeinen Bedingungen zu verweisen, insoweit sie die Rechte und Pflichten des Netzbetreibers gegenüber den Netzzugangsberechtigten betreffen.

(4) Die Netzbetreiber haben die in der Verordnung festgelegten Kennzahlen jährlich der Regulierungsbehörde zu übermitteln und zu veröffentlichen.

Datenaustausch durch Netzbetreiber

§ 19a. Die Netzbetreiber haben die Erfüllung der in den §§ 40 und 45 angeführten Pflichten auf der Grundlage einer gemeinsamen Datenkommunikation derart sicherzustellen, dass ein effizienter und sicherer Datenzugang und -austausch sowie Datenschutz und -sicherheit gewährleistet werden. Die zu übermittelnden Daten werden den Endkunden und berechtigten Parteien auf diskriminierungsfreie Weise zur Verfügung gestellt. Zur Gewährleistung der Interoperabilität und der Koordinierung der gemeinsamen Datenkommunikation sind die Netzbetreiber berechtigt, gemeinsam eine dritte Person mit der Datenverwaltung, insbesondere dem Aufbau, der Weiterentwicklung, der Prozesskoordination und der Betreuung der Infrastruktur für den Datenaustausch sowie den niederschwelligen Zugang zu dieser, zu beauftragen. Die von der Regulierungsbehörde veröffentlichten sonstigen Marktregeln in Bezug auf die technischen Dokumentationen von Geschäftsprozessen, Datenformaten und der Datenübertragung sind einzuhalten. In den sonstigen Marktregeln können Fristen zur Umsetzung dieser Bestimmung vorgesehen werden.

Transparenz bei nicht ausreichenden Kapazitäten

§ 20. (1) Die Netzbetreiber haben verfügbare und gebuchte Kapazitäten je Umspannwerk (Netzebene 4) zu veröffentlichen und mindestens quartalsweise zu aktualisieren. Auf die tatsächliche Verfügbarkeit der veröffentlichten Kapazitäten besteht kein Rechtsanspruch.

(2) Die begehrte Kapazität kann innerhalb eines Monats ab Beantwortung des Netzzutrittsantrags durch den Netzbetreiber durch Leistung einer Anzahlung (Reugeld) auf das (voraussichtliche) Netzzutrittsentgelt reserviert werden. Weitere Festlegungen zur Anzahlung können in den Allgemeinen Bedingungen gemäß § 17 erfolgen. Die Reservierung erlischt und die Anzahlung verfällt, wenn die begehrte Kapazität nicht innerhalb von zwölf Monaten ab Reservierung in Anspruch genommen wird, es sei denn, der Netzzugangsberechtigte kann glaubhaft machen, dass die Ursache für die Nichtinanspruchnahme außerhalb seines Einflussbereichs liegt und das Vorhaben innerhalb angemessener Frist abgeschlossen werden kann. Anzahlungen, die auf Grund dieser Bestimmung verfallen, fließen dem im Rahmen der EAG–Förderabwicklungsstelle eingerichteten Fördermittelkonto gemäß § 77 EAG zu.

(3) Die Methode für die Berechnung der verfügbaren Kapazitäten ist bundesweit einheitlich auszugestalten. Die Netzbetreiber haben einen Vorschlag für die Methode zu erstellen und der Regulierungsbehörde vorzulegen. Die Regulierungsbehörde kann eine Verordnung erlassen, in der die Methode für die Berechnung der verfügbaren Kapazitäten festgesetzt wird, wobei die Regulierungsbehörde diesbezüglich nicht an den Vorschlag der Netzbetreiber gebunden ist.

Verweigerung des Netzzuganges

§ 21. (1) **(Grundsatzbestimmung)** Die Ausführungsgesetze haben vorzusehen, dass Netzzugangsberechtigten der Netzzugang aus nachstehenden Gründen verweigert werden kann:

1. außergewöhnliche Netzzustände (Störfälle) sowie
2. mangelnde Netzkapazitäten.

(Anm.: Z 3 und 4 aufgehoben durch BGBl. I Nr. 150/2021)

Die Verweigerung ist gegenüber dem Netzzugangsberechtigten zu begründen.

(2) **(Verfassungsbestimmung)** Die Regulierungsbehörde hat über Antrag desjenigen, der behauptet, durch die Verweigerung des Netzzuganges in seinem gesetzlich eingeräumten Recht auf Gewährung des Netzzuganges verletzt worden zu sein, innerhalb eines Monats festzustellen, ob die Voraussetzungen für die Verweigerung eines Netzzuganges gemäß Abs. 1 vorliegen. Der Netzbetreiber hat das Vorliegen der Verweigerungstatbestände (Abs. 1) nachzuweisen. Die Regulierungsbehörde hat in jeder Lage des Verfahrens auf eine gütliche Einigung zwischen Netzzugangsberechtigtem und Netzbetreiber hinzuwirken.

(3) **(Grundsatzbestimmung)** Die Ausführungsgesetze haben vorzusehen, dass für die Beurteilung der Netzzugangsberechtigung diejenigen Rechtsvorschriften Anwendung zu finden haben, die in jenem Land gelten, in dem derjenige, der einen Antrag gemäß Abs. 2 stellt, seinen Sitz (Hauptwohnsitz) hat. Bezüglich der Beurteilung der Netzzugangsverweigerungsgründe haben die Ausführungsgesetze die Anwendung jener Rechtsvorschriften vorzusehen, die am Sitz des Netzbetreibers, der den Netzzugang verweigert hat, gelten.

Streitbeilegungsverfahren

§ 22. (1) In Streitigkeiten zwischen Netzzugangsberechtigten und Netzbetreibern über die Rechtmäßigkeit der Verweigerung des Netzzuganges entscheidet – sofern keine Zuständigkeit des Kartellgerichtes gemäß Kartellgesetz 2005 vorliegt – die Regulierungsbehörde.

(2) In allen übrigen Streitigkeiten zwischen

1. Netzzugangsberechtigten und Netzbetreibern über die aus diesem Verhältnis entspringenden Verpflichtungen,
2. dem unabhängigen Netzbetreiber gemäß § 25 und dem Eigentümer des Übertragungsnetzes gemäß § 27,
3. dem vertikal integrierten Elektrizitätsunternehmen und dem Übertragungsnetzbetreiber gemäß § 28
4. sowie in Angelegenheiten der Abrechnung der Ausgleichsenergie

entscheiden die Gerichte. Eine Klage eines Netzzugangsberechtigten gemäß Z 1 sowie eine Klage gemäß Z 2 bis 4 kann erst nach Zustellung des Bescheides der Regulierungsbehörde im Streitschlichtungsverfahren innerhalb der in § 12 Abs. 4 E-ControlG vorgesehenen Frist eingebracht werden. Falls ein Verfahren gemäß Z 1 bei der Regulierungsbehörde anhängig ist, kann bis zu dessen Abschluss in gleicher Sache kein Gerichtsverfahren anhängig gemacht werden.

(3) Unbeschadet der Bestimmung des Abs. 2 kann eine Klage wegen Ansprüchen, die sich auf eine Verweigerung des Netzzuganges gründen, erst nach Rechtskraft der Entscheidung der Regulierungsbehörde über die Rechtmäßigkeit der Verweigerung des Netzzuganges eingebracht werden; bildet eine solche Entscheidung eine Vorfrage für das gerichtliche Verfahren, so ist dieses bis zur

Rechtskraft der Entscheidung der Regulierungsbehörde zu unterbrechen.

Betrieb von Anlagen zur Umwandlung von Strom in Wasserstoff oder synthetisches Gas

§ 22a. (1) Verteiler- und Übertragungsnetzbetreiber können Eigentümer von Anlagen zur Umwandlung von Strom in Wasserstoff oder synthetisches Gas sein oder diese Anlagen errichten, verwalten oder betreiben, wenn

1. die Anlage eine Leistung von höchstens 50 MW aufweist,
2. bei der Planung einer solchen Anlage sichergestellt wird, dass bei der Standortwahl der Aspekt der Sektorkopplung und Sektorintegration berücksichtigt wird und die Anlage in der Lage ist, den produzierten Wasserstoff oder das produzierte synthetische Gas ebenso in Reinform abzugeben, und
3. es sich um eine vollständig integrierte Netzkomponente handelt und eine Genehmigung der Regulierungsbehörde gemäß Abs. 2 vorliegt oder die Bedingungen des Abs. 3 erfüllt sind.

(2) Die Regulierungsbehörde hat eine Genehmigung gemäß Abs. 1 Z 3 erster Fall zu erteilen, sofern die Anlage zur Umwandlung von Strom in Wasserstoff oder synthetisches Gas

1. in das Übertragungs- oder Verteilernetz integriert ist,
2. nicht dem Regelenergie- und/oder Engpassmanagement dient und
3. zur Aufrechterhaltung eines leistungsfähigen, zuverlässigen und sicheren Netzbetriebs beiträgt und insofern ein technischer Bedarf gegeben ist.

(3) Die Errichtung von Anlagen zur Umwandlung von Strom in Wasserstoff oder synthetisches Gas und die Verwaltung sowie der Betrieb solcher Anlagen ist gemäß Abs. 1 Z 3 zweiter Fall zulässig, wenn folgende Bedingungen erfüllt sind:

1. Nach Durchführung eines Ausschreibungsverfahrens des Netzbetreibers ist keinem Teilnehmer eines solchen Verfahrens das Recht eingeräumt worden, Eigentümer solcher Anlagen zu sein oder diese Anlagen zu errichten, zu verwalten oder zu betreiben. Dem ist gleichzuhalten, wenn die ausgeschriebene Leistung durch keinen Teilnehmer zu angemessenen Kosten oder rechtzeitig erbracht werden könnte. Das Ausschreibungsverfahren hat offen, transparent und diskriminierungsfrei zu sein.
2. Solche Anlagen sind notwendig, damit die Netzbetreiber ihre Verpflichtungen zur Aufrechterhaltung eines leistungsfähigen, zuverlässigen und sicheren Netzbetriebs erfüllen können und werden nicht verwendet, um Energie auf Energiemärkten zu kaufen oder zu verkaufen.
3. Die Regulierungsbehörde hat das Ausschreibungsverfahren einschließlich seiner Bedingungen zu bewerten und zu überprüfen sowie ihre Genehmigung zu erteilen. Die Regulierungsbehörde kann Leitlinien oder Auftragsvergabeklauseln für das Ausschreibungsverfahren ausarbeiten.

In den Fällen des Abs. 1 Z 3 zweiter Fall führt die Regulierungsbehörde mindestens alle fünf Jahre eine öffentliche Konsultation zu den vorhandenen Anlagen zur Umwandlung von Strom in Wasserstoff oder synthetisches Gas durch, um zu prüfen, ob ein Potential für und Interesse an Investitionen in solche Anlagen besteht. Deutet die öffentliche Konsultation – gemäß der Bewertung durch die Regulierungsbehörde – darauf hin, dass Dritte in kosteneffizienter Weise in der Lage sind, Eigentümer solcher Anlagen zu sein bzw. solche Anlagen zu errichten, zu betreiben oder zu verwalten, so stellt die Regulierungsbehörde sicher, dass die darauf gerichteten Tätigkeiten der Verteiler- und Übertragungsnetzbetreiber binnen 18 Monaten schrittweise eingestellt werden. Als Teil der Bedingungen dieses Verfahrens kann die Regulierungsbehörde vorsehen, dass die Verteiler- und Übertragungsnetzbetreiber einen angemessenen Ausgleich für den Restwert ihrer Investitionen erhalten.

(4) Die mit dem Betrieb von Anlagen zur Umwandlung von Strom in Wasserstoff oder synthetisches Gas verbundenen, angemessenen Kosten sind bei der Festsetzung der Systemnutzungsentgelte gemäß den Bestimmungen des 5. Teils anzuerkennen. Allfällige Erlöse der Netzbetreiber aus dem Betrieb solcher Anlagen sind bei der Entgeltbestimmung zugrunde zu legen.

2. Hauptstück
Regelzonen
Einteilung der Regelzonen

§ 23. (1) **(Grundsatzbestimmung)** Die Ausführungsgesetze haben für den Bereich, der von den Übertragungsnetzen abgedeckt wird, die von der Verbund-Austrian Power Grid AG, der TIWAG-Netz AG und der VKW-Übertragungsnetz AG betrieben werden, vorzusehen, dass jeweils eine Regelzone gebildet wird. Die Verbund-Austrian Power Grid AG, die TIWAG-Netz AG und die VKW-Übertragungsnetz AG oder deren Rechtsnachfolger werden als Regelzonenführer benannt. Die Zusammenfassung von Regelzonen in Form eines gemeinsamen Betriebs durch einen Regelzonenführer ist zulässig.

(2) **(Grundsatzbestimmung)** Die Ausführungsgesetze haben dem Regelzonenführer folgende Pflichten aufzuerlegen:

1. die Bereitstellung der Systemdienstleistung (Leistungs-Frequenz-Regelung) entsprechend

den technischen Regeln, wie etwa der ENTSO (Strom), wobei diese Systemdienstleistung von dritten Unternehmen erbracht werden kann;
2. die Fahrplanabwicklung mit anderen Regelzonen;
3. die Organisation und den Einsatz der Regelenergie entsprechend der Bieterkurve;
4. Messungen von elektrischen Größen an Schnittstellen seines Elektrizitätsnetzes und Übermittlung der Daten an den Bilanzgruppenkoordinator und andere Netzbetreiber;
5. die Ermittlung von Engpässen in Übertragungsnetzen sowie die Durchführung von Maßnahmen zur Vermeidung, Beseitigung und Überwindung von Engpässen in Übertragungsnetzen, weiters die Aufrechterhaltung der Versorgungssicherheit. Sofern für die Vermeidung oder Beseitigung eines Netzengpasses erforderlich, schließen die Regelzonenführer in Abstimmung mit den betroffenen Betreibern von Verteilernetzen im erforderlichen Ausmaß und für den erforderlichen Zeitraum mit Erzeugern oder Entnehmern Verträge, wonach diese zu gesicherten Leistungen (Erhöhung oder Einschränkung der Erzeugung oder des Verbrauchs) gegen Ersatz der wirtschaftlichen Nachteile und Kosten, die durch diese Leistungen verursacht werden, verpflichtet sind; dabei sind die Vorgaben gemäß Art. 13 der Verordnung (EU) 2019/943 über den Elektrizitätsbinnenmarkt, ABl. Nr. L 158 vom 14.06.2019 S. 54, einzuhalten. Soweit darüber hinaus auf Basis einer Systemanalyse der Bedarf nach Vorhaltung zusätzlicher Erzeugungsleistung oder reduzierter Verbrauchsleistung besteht (Netzreserve), ist diese gemäß den Vorgaben des § 23b zu beschaffen. In diesen Verträgen können Erzeuger oder Entnehmer auch zu gesicherten Leistungen, um zur Vermeidung und Beseitigung von Netzengpässen in anderen Übertragungsnetzen beizutragen, verpflichtet werden. Zur Nutzung von Erzeugungsanlagen oder Anlagen von Entnehmern im europäischen Elektrizitätsbinnenmarkt und der Schweizerischen Eidgenossenschaft zur Vermeidung, Beseitigung und Überwindung von Engpässen in österreichischen Übertragungsnetzen können die Regelzonenführer Verträge mit anderen Übertragungsnetzbetreibern abschließen. Bei der Bestimmung der Systemnutzungsentgelte sind den Regelzonenführern die Aufwendungen, die ihnen aus der Erfüllung dieser Verpflichtungen entstehen, anzuerkennen;
6. den Abruf der Erzeugungsanlagen zur Aufbringung von Regelenergie;
7. die Durchführung einer Abgrenzung von Regelenergie zu Ausgleichsenergie nach transparenten und objektiven Kriterien;
8. den physikalischen Ausgleich zwischen Aufbringung und Bedarf in dem von ihnen abzudeckenden System sicherzustellen;
9. die Verrechnung der Ausgleichsenergie über eine zur Ausübung dieser Tätigkeit befugte Verrechnungsstelle durchzuführen und dieser sowie den Bilanzgruppenverantwortlichen die zur Durchführung der Verrechnung erforderlichen Daten zur Verfügung zu stellen, wobei insbesondere die Kosten für Regelenergie und –leistung sowie jene Zählwerte zu übermitteln sind, die für die Berechnung der Fahrplanabweichungen und der Abweichung vom Lastprofil jeder Bilanzgruppe benötigt werden;
10. die Erstellung einer Lastprognose zur Erkennung von Engpässen;
11. Verträge über den Datenaustausch mit anderen Netzbetreibern, den Bilanzgruppenverantwortlichen sowie den Bilanzgruppenkoordinatoren und anderen Marktteilnehmern entsprechend den Marktregeln abzuschließen;
12. die Benennung des Bilanzgruppenkoordinators und deren Anzeige an die Behörde;
13. die Veröffentlichung der in Anspruch genommenen Primärregelleistung und Sekundärregelleistung hinsichtlich Dauer und Höhe sowie der Ergebnisse des Ausschreibungsverfahrens gemäß § 67 sowie gemäß § 69;
14. die Systeme der Datenübermittlung und Auswertung für zeitgleich übermittelte Daten von Erzeugungsanlagen gemäß § 66 Abs. 3 so zu gestalten und zu betreiben, dass eine Weitergabe dieser Informationen an Dritte auszuschließen ist;
15. ein Gleichbehandlungsprogramm zu erstellen, durch das gewährleistet wird, dass die Verpflichtungen gemäß Z 14 eingehalten werden;
16. mit der Agentur sowie der Regulierungsbehörde zusammenzuarbeiten, um die Kompatibilität der regional geltenden Regulierungsrahmen und damit die Schaffung eines Wettbewerbsbinnenmarkts für Elektrizität zu gewährleisten;
17. für Zwecke der Kapazitätsvergabe und der Überprüfung der Netzsicherheit auf regionaler Ebene über ein oder mehrere integrierte Systeme zu verfügen, die sich auf einen oder mehrere Mitgliedstaaten erstrecken;
18. regional und überregional die Berechnungen von grenzüberschreitenden Kapazitäten und deren Vergabe gemäß den Vorgaben der Verordnung 2009/714/EG zu koordinieren;
19. Maßnahmen, die der Markttransparenz dienen, grenzüberschreitend abzustimmen;
20. die Vereinheitlichung zum Austausch von Regelenergieprodukten durchzuführen;
21. in Zusammenarbeit mit anderen Regelzonenführern eine regionale Bewertung bzw. Prognose der Versorgungssicherheit vorzunehmen;

22. in Zusammenarbeit mit anderen Regelzonenführern unter Austausch der erforderlichen Daten eine regionale Betriebsplanung durchzuführen und koordinierte Netzbetriebssicherheitssysteme zu verwenden;
23. die Vorlage der Regeln für das Engpassmanagement einschließlich der Kapazitätszuweisung an den grenzüberschreitenden Leitungen sowie jede Änderung dieser Regeln zur Genehmigung an die Regulierungsbehörde;
24. Angebote für Regelenergie einzuholen, zu übernehmen und eine Abrufreihenfolge als Vorgabe für Regelzonenführer zu erstellen;
25. besondere Maßnahmen zu ergreifen, wenn keine Angebote für Regelenergie vorliegen.

(3) **(Grundsatzbestimmung)** Die Ausführungsgesetze haben vorzusehen, dass von der Tätigkeit eines Bilanzgruppenkoordinators Unternehmen ausgeschlossen sind, die unter einem bestimmenden Einfluss von Unternehmen oder einer Gruppe von Unternehmen stehen, die mindestens eine der Funktionen der kommerziellen Erzeugung, Übertragung, Verteilung oder Versorgung mit Elektrizität wahrnehmen. Darüber hinaus ist sicher zu stellen, dass

1. der Bilanzgruppenkoordinator die ihm gemäß Abs. 4 und 5 zur Besorgung zugewiesenen Aufgaben in sicherer und kostengünstiger Weise zu erfüllen vermag; eine kostengünstige Besorgung der Aufgaben ist jedenfalls dann anzunehmen, wenn bei der Ermittlung der Kostenbasis für die Verrechnungsstelle die für die Bestimmung der Systemnutzungsentgelte anzuwendenden Verfahren und Grundsätze zu Grunde gelegt werden;
2. die Personen, die eine qualifizierte Beteiligung am Bilanzgruppenkoordinator halten, den im Interesse einer soliden und umsichtigen Führung des Unternehmens zu stellenden Ansprüchen genügen;
3. bei keinem der Vorstände des Bilanzgruppenkoordinators ein Ausschließungsgrund im Sinne des § 13 Abs. 1 bis 6 GewO 1994 vorliegt;
4. der Vorstand des Bilanzgruppenkoordinators auf Grund seiner Vorbildung fachlich geeignet ist und die für den Betrieb des Unternehmens erforderlichen Eigenschaften und Erfahrungen hat. Die fachliche Eignung eines Vorstandes setzt voraus, dass dieser in ausreichendem Maße theoretische und praktische Kenntnisse in der Abrechnung von Ausgleichsenergie sowie Leitungserfahrung hat; die fachliche Eignung für die Leitung einer Verrechnungsstelle ist anzunehmen, wenn eine zumindest dreijährige leitende Tätigkeit auf dem Gebiet der Tarifierung oder des Rechnungswesens nachgewiesen wird;
5. mindestens ein Vorstand den Mittelpunkt seiner Lebensinteressen in Österreich hat;
6. kein Vorstand einen anderen Hauptberuf außerhalb des Bilanzgruppenkoordinators ausübt, der geeignet ist, Interessenkonflikte hervorzurufen;
7. der Sitz und die Hauptverwaltung des Bilanzgruppenkoordinators im Inland liegen und der Bilanzgruppenkoordinator über eine seinen Aufgaben entsprechende Ausstattung verfügt;
8. das zur Verfügung stehende Abwicklungssystem den Anforderungen eines zeitgemäßen Abrechnungssystems genügt;
9. die Neutralität, Unabhängigkeit und die Datenvertraulichkeit gegenüber Marktteilnehmern gewährleistet sind.

(4) **(Grundsatzbestimmung)** Die Ausführungsgesetze haben vorzusehen, dass die Aufgaben des Bilanzgruppenkoordinators folgende Tätigkeiten zu umfassen haben:

1. die Vergabe von Identifikationsnummern der Bilanzgruppen;
2. die Bereitstellung von Schnittstellen im Bereich Informationstechnologie;
3. die Verwaltung der Fahrpläne zwischen Bilanzgruppen;
4. die Übernahme der von den Netzbetreibern in vorgegebener Form übermittelten Messdaten, deren Auswertung und Weitergabe an die betroffenen Marktteilnehmer und anderen Bilanzgruppenverantwortlichen entsprechend den in den Verträgen enthaltenen Vorgaben;
5. die Übernahme von Fahrplänen der Bilanzgruppenverantwortlichen und die Weitergabe an die betroffenen Marktteilnehmer (andere Bilanzgruppenverantwortliche) entsprechend den in den Verträgen enthaltenen Vorgaben;
6. die Bonitätsprüfung der Bilanzgruppenverantwortlichen;
7. die Mitarbeit bei der Ausarbeitung und Adaptierung von Regelungen im Bereich Kundenwechsel, Abwicklung und Abrechnung;
8. die Abrechnung und organisatorische Maßnahmen bei Auflösung von Bilanzgruppen;
9. die Aufteilung und Zuweisung der sich auf Grund der Verwendung von standardisierten Lastprofilen ergebenden Differenz auf die am Netz eines Netzbetreibers angeschlossenen Marktteilnehmer nach Vorliegen der Messwerte nach transparenten Kriterien;
10. die Verrechnung der Clearinggebühren an die Bilanzgruppenverantwortlichen;
11. die Berechnung und Zuordnung der Ausgleichsenergie;
12. der Abschluss von Verträgen

a) mit Bilanzgruppenverantwortlichen, anderen Regelzonenführern, Netzbetreibern und Stromlieferanten (Erzeugern und Händlern);
b) mit Einrichtungen zum Zwecke des Datenaustausches zur Erstellung eines Indexes;
c) mit Strombörsen über die Weitergabe von Daten;

d) mit Lieferanten (Erzeugern und Stromhändlern) über die Weitergabe von Daten.

(4a) Der Bilanzgruppenkoordinator hat bei der Übernahme und Auswertung der Messdaten gemäß Abs. 4 Z 4 eine getrennte Bilanzierung der Erzeugungsdaten in von der Regulierungsbehörde mit Verordnung festzulegende Netzbenutzerkategorien vorzunehmen. Betreiber von Verteilernetzen haben dazu bei der Erfüllung ihrer Pflichten gemäß § 45 Z 1 die für die unterschiedliche Kategorisierung und Bilanzierung der erzeugten Einspeisemengen erforderlichen Daten zur Verfügung zu stellen. Die Bundesministerin für Klimaschutz, Umwelt, Energie, Mobilität, Innovation und Technologie sowie die Regulierungsbehörde sind ermächtigt, auf die gemäß Satz 1 ausgewerteten Daten zuzugreifen.

(5) **(Grundsatzbestimmung)** Im Rahmen der Berechnung und Zuordnung der Ausgleichsenergie sind vom Bilanzgruppenkoordinator – sofern nicht besondere Regelungen im Rahmen von Verträgen gemäß § 113 Abs. 2 bestehen – jedenfalls

1. die Differenz von Fahrplänen zu Messdaten zu übernehmen und daraus Ausgleichsenergie zu ermitteln, zuzuordnen und zu verrechnen;
2. die Preise für Ausgleichsenergie entsprechend dem im § 10 Verrechnungsstellengesetz beschriebenen Verfahren zu ermitteln und in geeigneter Form ständig zu veröffentlichen;
3. die Entgelte für Ausgleichsenergie zu berechnen und den Bilanzgruppenverantwortlichen und Regelzonenführern mitzuteilen;
4. die verwendeten standardisierten Lastprofile zu verzeichnen, zu archivieren und in geeigneter Form zu veröffentlichen;
5. Informationen über die zur Sicherung eines transparenten und diskriminierungsfreien und möglichst liquiden Regelenergiemarktes erforderlichen Maßnahmen den Marktteilnehmern zu gewähren. Dazu zählt die Veröffentlichung der in Anspruch genommenen Primärregelleistung und Sekundärregelleistung hinsichtlich Dauer und Höhe sowie der Ergebnisse des Ausschreibungsverfahrens gemäß § 67 sowie gemäß § 69.

(6) **(Grundsatzbestimmung)** Die Ausführungsgesetze haben vorzusehen, dass die Regelzonenführer die erfolgte Benennung des Bilanzgruppenkoordinators der Behörde anzuzeigen haben. Erstreckt sich die Tätigkeit eines Regelzonenführers über mehrere Länder, ist die Benennung allen in ihrem Wirkungsbereich berührten Landesregierungen zur Anzeige zu bringen. Liegen die gemäß Abs. 3 nachzuweisenden Voraussetzungen nicht vor, hat die Behörde dies mit Bescheid festzustellen. Vor Erlassung eines Bescheides hat die Behörde mit jenen Landesregierungen das Einvernehmen herzustellen, in deren Wirkungsbereich die Regelzone liegt.

(7) **(Grundsatzbestimmung)** Wird innerhalb von sechs Monaten nach Anzeige gemäß Abs. 6 kein Feststellungsbescheid erlassen, haben die Ausführungsgesetze vorzusehen, dass der Benannte berechtigt ist, die Tätigkeit eines Bilanzgruppenkoordinators auszuüben. Die Ausführungsgesetze haben vorzusehen, dass die Berechtigung zur Ausübung einer Tätigkeit eines Bilanzgruppenkoordinators abzuerkennen ist, wenn die Voraussetzungen gemäß Abs. 3 nicht mehr vorliegen. Das im Abs. 6 letzter Satz vorgesehene Verfahren ist anzuwenden.

(8) **(Grundsatzbestimmung)** In den Fällen, in denen

1. keine Anzeige eines Bilanzgruppenkoordinators gemäß Abs. 6 erfolgt ist oder
2. die Behörde einen Feststellungsbescheid gemäß Abs. 6 erlassen hat oder
3. die Berechtigung zur Ausübung der Tätigkeit eines Bilanzgruppenkoordinators aberkannt worden ist,

hat die Behörde von Amts wegen eine geeignete Person unter Berücksichtigung der im Abs. 3 bestimmten Ausübungsvoraussetzungen auszuwählen und zu verpflichten, die Aufgaben eines Bilanzgruppenkoordinators vorläufig zu übernehmen. Die Behörde hat mit jenen Landesregierungen das Einvernehmen herzustellen, in deren Wirkungsbereich sich die Regelzone erstreckt. Die Behörde hat diesen Bescheid aufzuheben, sobald vom Regelzonenführer ein geeigneter Bilanzgruppenkoordinator benannt wird. Vor Aufhebung dieses Bescheides hat die Behörde mit jenen Landesregierungen das Einvernehmen herzustellen, in deren Wirkungsbereich sich die Regelzone erstreckt.

(9) **(Verfassungsbestimmung)** Wenn Netzengpässe im Übertragungsnetz der Regelzone auftreten und für deren Beseitigung Leistungen der Erzeuger erforderlich sind und eine vertragliche Vereinbarung gemäß Abs. 2 Z 5 nicht vorliegt, haben die Erzeuger auf Anordnung des Regelzonenführers, in Abstimmung mit den betroffenen Betreibern von Verteilernetzen, Leistungen (Erhöhung oder Einschränkung der Erzeugung, Veränderung der Verfügbarkeit von Erzeugungsanlagen) zu erbringen. Das Verfahren zur Ermittlung des angemessenen Entgelts für diese Leistungen ist in einer Verordnung der Regulierungsbehörde festzulegen, wobei als Basis die wirtschaftlichen Nachteile und Kosten der Erzeuger, die durch diese Leistungen verursacht werden, heranzuziehen sind. Dabei ist auch sicherzustellen, dass bei der Einspeisung von Elektrizität auf der Grundlage von erneuerbaren Energiequellen ein Vorrang einzuräumen ist und bei Anweisungen gegenüber Betreibern von KWK-Anlagen die Sicherheit der Fernwärmeversorgung nicht gefährdet wird. Abs. 2 Z 5 letzter Satz gilt sinngemäß.

Anzeigepflichten und Systemanalyse

§ 23a. (1) Betreiber von Erzeugungsanlagen mit einer Engpassleistung von mehr als 20 MW sind verpflichtet, jährlich bis 30. September temporäre, temporäre saisonale und endgültige Stilllegungen ihrer Anlage oder von Teilkapazitäten ihrer Anlage für den Zeitraum ab 1. Oktober des darauffolgenden Kalenderjahres dem Regelzonenführer verbindlich anzuzeigen. Die Anzeige hat den Zeitpunkt des Beginns und die voraussichtliche Dauer der Stilllegung und die Vorlaufzeit für eine allfällige Wiederinbetriebnahme verpflichtend zu enthalten. Ebenso ist anzugeben, ob und inwieweit die Stilllegung aus rechtlichen, technischen oder betriebswirtschaftlichen Gründen erfolgt.

(2) Der Regelzonenführer hat bis 31. Dezember jedes Jahres eine Systemanalyse durchzuführen, um festzustellen, welche Leistung für die Netzreserve ab 1. Oktober erforderlich ist. Der Feststellung des Netzreservebedarfs ist ein Betrachtungszeitraum von zwei Jahren zugrunde zu legen. Dabei sind insbesondere

1. Differenzierungen nach geographischen Kriterien hinsichtlich der Wirksamkeit von Engpassmanagementmaßnahmen vorzunehmen;
2. die angezeigten temporären, temporären saisonalen und endgültigen Stilllegungen gemäß Abs. 1 zu berücksichtigen;
3. Einsätze ausländischer Kraftwerke und die resultierenden Handelsflüsse zwischen den Gebotszonen zu berücksichtigen;
4. Ausbauprojekte auf Basis des aktuellen Netzentwicklungsplans einzubeziehen;
5. Besonderheiten aufgrund spezieller Wetter- oder anderer klimatologischer Situationen, Nachfragesituationen, Kraftwerksverfügbarkeiten (zB Revisionen) und geplante und nicht geplante Nicht-Verfügbarkeiten von Netzbetriebsmitteln im Netzgebiet des Regelzonenführers oder im benachbarten Ausland einzukalkulieren und
6. Potentiale flexibler Verbrauchsanlagen zu berücksichtigen, die geeignet sind, den Netzreservebedarf zu minimieren.

(3) Die jährliche Systemanalyse hat auf Grundlage einer mit der Regulierungsbehörde abgestimmten Methode und Eingangsdaten zu erfolgen. Die Systemanalyse ist nach Fertigstellung der Regulierungsbehörde und der Bundesministerin für Klimaschutz, Umwelt, Energie, Mobilität, Innovation und Technologie vorzulegen. Die Ergebnisse der Analyse sowie die dieser zu Grunde liegenden Annahmen, Parameter, Szenarien und Methoden sind nach abgeschlossener Kontrahierung gemäß § 23b Abs. 6 zu veröffentlichen.

Beschaffung der Netzreserve

§ 23b. (1) Der Regelzonenführer hat den festgestellten Netzreservebedarf gemäß § 23a Abs. 2 mittels eines transparenten, nichtdiskriminierenden und marktorientierten Ausschreibungsverfahrens gemäß den nachstehenden Absätzen zu beschaffen. Teilnahmeberechtigte Anbieter sind

1. Betreiber von inländischen Erzeugungsanlagen mit einer Engpassleistung von mindestens 1 MW, deren Stilllegung im Falle von Erzeugungsanlagen gemäß § 23a Abs. 1 innerhalb des jeweiligen Ausschreibungszeitraums angezeigt wurde;
2. Entnehmer mit einer Engpassleistung von mindestens 1 MW, die durch Anpassung ihrer Verbrauchsanlagen ihren Verbrauch temporär, zumindest aber für 6 Stunden, reduzieren oder zeitlich verlagern können;
3. Aggregatoren, die mehrere Erzeugungs- oder Verbrauchseinheiten zu einem gesamthaft abrufbaren Pool mit einer Engpassleistung von mindestens 1 MW zusammenfassen, sowie
4. Betreiber von Erzeugungsanlagen mit einer Engpassleistung von mindestens 1 MW im europäischen Elektrizitätsbinnenmarkt und der Schweizerischen Eidgenossenschaft, sofern das betroffene Übertragungsnetz mit einer österreichischen Regelzone unmittelbar galvanisch verbunden ist und der betroffene Übertragungsnetzbetreiber vom österreichischen Regelzonenführer über einen abzuschließenden Engpassmanagementvertrag zur Erbringung von Engpassmanagement unmittelbar verhalten werden kann. Betreiber von Erzeugungsanlagen mit einer Engpassleistung von mehr als 20 MW sind teilnahmeberechtigt, wenn sie Stilllegungen ihrer Anlagen in vergleichbarer Weise wie § 23a Abs. 1 ihrem zuständigen Übertragungsnetzbetreiber oder der Regulierungsbehörde für den jeweiligen Ausschreibungszeitraum angezeigt haben.

(2) Der Regelzonenführer hat die Anbieter in einem zweistufigen Verfahren auszuwählen. Zu diesem Zweck hat der Regelzonenführer technische Eignungskriterien für die Netzreserve in Abstimmung mit der Regulierungsbehörde bis Ende Februar jedes Jahres festzulegen und in geeigneter Form zur Interessensbekundung aufzurufen. Im Aufruf zur Interessensbekundung hat der Regelzonenführer folgende Informationen bekanntzugeben:

1. den maximalen Netzreservebedarf in MW für das erste Jahr des Betrachtungszeitraums gemäß § 23a Abs. 2 zweiter Satz;
2. den Zeitraum, in dem ein Netzreservebedarf gemäß § 23a Abs. 2 festgestellt wurde;
3. die Produkte, die auf Basis der angezeigten Stilllegungen gemäß § 23a Abs. 1 sowie der Ergebnisse der Systemanalyse gemäß § 23a Abs. 2 zur Deckung des festgestellten Netzreservebedarfs gemäß den nachstehenden Absätzen zu beschaffen sind.

Als Produkte gemäß Z 3 kommen Netzreserveverträge mit einer Laufzeit von zwei Jahren, Netzreserveverträge mit einer Laufzeit von einem

Jahr sowie saisonale Netzreserveverträge in Betracht. Bei der Festlegung der Produkte sind laufende Netzreserveverträge sowie die Kriterien des Abs. 7 Z 1 bis Z 4 zu berücksichtigen.

(3) Alle Interessenten, die ihr Teilnahmeinteresse binnen vierwöchiger Frist bekundet haben, sind vom Regelzonenführer hinsichtlich ihrer Eignung zur Erbringung von Engpassmanagement und zur Erfüllung der Kriterien gemäß Abs. 1 und Abs. 2 zweiter Satz sowie Abs. 4 zu prüfen. In der zweiten Verfahrensstufe sind die Betreiber der als geeignet eingestuften Anlagen zur Angebotslegung binnen vierwöchiger Frist aufzufordern. Betreiber der als nicht geeignet eingestuften Anlagen sind zu informieren. Betreiber von Erzeugungsanlagen gemäß § 23a Abs. 1, die ein Angebot für einen zweijährigen Netzreservevertrag legen möchten, sind verpflichtet, auch ein Angebot für einen einjährigen Netzreservevertrag zu legen.

(4) Erzeugungsanlagen dürfen nur dann als geeignet eingestuft werden, wenn ihre Emissionen nicht mehr als 550 g CO_2 je kWh Elektrizität betragen und keine radioaktiven Abfälle entstehen. Außerdem darf eine Vergütung für die Erbringung von Netzreserve nicht an Unternehmen in Schwierigkeiten im Sinne der Leitlinien für staatliche Beihilfen zur Rettung und Umstrukturierung nichtfinanzieller Unternehmen in Schwierigkeiten, ABl. Nr. C 249 vom 31.07.2014 S. 1, gewährt werden.

(5) Die eingelangten Angebote werden auf Basis eines Referenzwertes überprüft, welcher sich durch den mengengewichteten Durchschnitt aller Angebote errechnet. Die teuersten 10 % der angebotenen Leistung werden nicht in der Durchschnittsbildung berücksichtigt. Sollte ein Angebot diesen Referenzwert signifikant überschreiten, hat der Regelzonenführer diese Überschreitung der Regulierungsbehörde zu melden. Die Beurteilung der Signifikanz wird auf Basis der gebotenen Preise pro MW und pro Monat vom Regelzonenführer unter Berücksichtigung des Berichtes gemäß Abs. 10 vorgenommen und in der zweiten Verfahrensstufe gemäß Abs. 3 bekanntgegeben. Kann der für das erste Jahr des Betrachtungszeitraums gemäß § 23a Abs. 2 zweiter Satz festgestellte Netzreservebedarf mit den, den Referenzwert nicht signifikant überschreitenden Angeboten, nicht gedeckt werden, hat der Regelzonenführer alle Anbieter zur neuerlichen Abgabe von Angeboten innerhalb von 10 Tagen aufzufordern. Dabei müssen die Gebotspreise unter jenem des erstmalig abgegebenen Gebotspreises liegen. Falls neuerlich eine signifikante Überschreitung des Referenzwertes vorliegt, werden die betreffenden Angebote vom Verfahren nach dieser Bestimmung ausgeschlossen.

(6) Auf Grundlage der geprüften und nicht ausgeschlossenen Angebote hat der Regelzonenführer jene Angebote auszuwählen, die es ermöglichen, den Netzreservebedarf im ersten Jahr des Betrachtungszeitraums gemäß § 23a Abs. 2 zweiter Satz zu den geringsten Kosten zu decken. Die Auswahl ist der Regulierungsbehörde zur Genehmigung vorzulegen. Die Regulierungsbehörde hat die Auswahl anhand der in Abs. 1 erster Satz genannten Grundsätze zu prüfen und innerhalb von acht Wochen mit Bescheid an den Regelzonenführer zu genehmigen, wobei die Genehmigung unter Vorschreibung von Auflagen, Bedingungen und Befristungen erfolgen kann. Die Genehmigung gilt als erteilt, wenn die Regulierungsbehörde die Frist ungenützt verstreichen lässt. Einer Beschwerde gegen den Bescheid kommt keine aufschiebende Wirkung zu.

(7) Nach erfolgter Genehmigung hat der Regelzonenführer mit den ausgewählten Anbietern Netzreserveverträge nach Maßgabe folgender Kriterien abzuschließen:

1. Verträge mit Betreibern von Erzeugungsanlagen gemäß Abs. 1 Z 1 und Z 4 dürfen längstens für die Dauer des gemäß § 23a Abs. 1 angekündigten Stilllegungszeitraums abgeschlossen werden.
2. Zweijährige Netzreserveverträge dürfen nur abgeschlossen werden, wenn für den gesamten Vertragszeitraum ein kontinuierlicher Netzreservebedarf gemäß § 23a Abs. 2 festgestellt wurde.
3. Für jene Zeiträume, in denen zweijährige Netzreserveverträge bestehen, dürfen keine weiteren zweijährigen Netzreserveverträge abgeschlossen werden.
4. Saisonale Netzreserveverträge dürfen nur für die Dauer einer einzelnen Winter- oder Sommersaison abgeschlossen werden.

Es besteht kein Rechtsanspruch auf Abschluss eines Netzreservevertrags. Im Netzreservevertrag ist jedenfalls eine Rückforderungsklausel zugunsten des Regelzonenführers aufzunehmen. Mit erfolgter Kontrahierung haben Betreiber von Erzeugungsanlagen gemäß Abs. 1 Z 1 und Z 4 diese mit Ausnahme von Revisionszeiträumen ausschließlich für das Engpassmanagement zur Verfügung zu stellen; die Marktteilnahme ist für die Dauer des Netzreservevertrags unzulässig. Betreibern von Verbrauchsanlagen ist eine Marktteilnahme zur Deckung ihres Verbrauchs erlaubt; die kontrahierte Leistung zur Verbrauchsanpassung ist für die Dauer des Netzreservevertrags jedoch ausschließlich für das Engpassmanagement zur Verfügung zu stellen.

(8) Kann der für das erste Jahr des Betrachtungszeitraums gemäß § 23a Abs. 2 zweiter Satz festgestellte Netzreservebedarf aufgrund der gelegten und nicht ausgeschiedenen Angebote nicht gedeckt werden oder wurden weniger als drei Gebote von unterschiedlichen Unternehmen gelegt, so sind die noch nicht ausgewählten Betreiber geeigneter Erzeugungsanlagen durch die Regulierungsbehörde zur Bekanntgabe ihrer Aufwendungen

und Kosten gemäß § 23c Abs. 3 binnen angemessener, drei Wochen nicht überschreitender, Frist aufzufordern. Die Regulierungsbehörde hat diese Kosten nach Maßgabe des § 23c Abs. 3 und 4 zu prüfen und die Anlagen nach den erfolgten Kostenangaben zu reihen. Für diese Zwecke ist vom Betreiber unter sinngemäßer Anwendung des § 8 ein getrennter Rechnungskreis zu führen. Die Regulierungsbehörde hat darin volle Einsichts- und Auskunftsrechte. Der Regelzonenführer hat sodann den ausstehenden Bedarf durch Abschluss von Netzreserveverträgen zu den geringsten Kosten zu decken. Dabei gilt Abs. 7 mit der Maßgabe, dass keine zweijährigen Netzreserveverträge abgeschlossen werden dürfen.

(9) Wird der Betreiber einer Erzeugungsanlage gemäß Abs. 1 Z 1 nicht ausgewählt, hat dieser die Anlage für den gemäß § 23a Abs. 1 angekündigten Stilllegungszeitraum außer Betrieb zu nehmen, es sei denn § 23c Abs. 1 oder § 23d Abs. 3 sind anwendbar.

(10) Zumindest alle zwei Jahre hat die Regulierungsbehörde einen Bericht über die Situation am österreichischen Strommarkt in Bezug auf die Erbringung einer Netzreserveleistung zu erstellen und zu veröffentlichen. Dabei hat diese die Wettbewerbsintensität am relevanten Strommarkt anhand von Preisvergleichen, des Produktangebots und seiner Nutzung, der Marktkonzentration (Angebot und Nachfrage) unter Berücksichtigung der Verfügbarkeit alternativer Lieferquellen sowie der Verfügbarkeit von Erzeugungsanlagen in Verhältnis zur Nachfrage zu beurteilen, die Signifikanz gemäß Abs. 5 zu analysieren und diesbezüglich gegebenenfalls eine Empfehlung auszusprechen. Der Bericht hat überdies die Berichte der Netzbetreiber gemäß Art. 13 Abs. 4 der Verordnung (EU) 2019/943 zu berücksichtigen. Die Ergebnisse des Berichts sind bei der Ausgestaltung der technischen Eignungskriterien und der Ausschreibung gemäß Abs. 2 bis 5 sowie der Vertragsgestaltung gemäß Abs. 6 bis 8 zu berücksichtigen.

Stilllegungsverbot

§ 23c. (1) Zeigt sich, dass der für das erste Jahr des Betrachtungszeitraums gemäß § 23a Abs. 2 zweiter Satz festgestellte Netzreservebedarf unter Berücksichtigung aller gemäß § 23b Abs. 3 erfolgten Interessensbekundungen oder erstmalig gelegten Angebote nicht gedeckt werden kann, oder kann trotz Vertragsabschluss gemäß § 23b Abs. 7 und 8 der festgestellte Netzreservebedarf nicht gedeckt werden, kann die Regulierungsbehörde auf begründeten Vorschlag des Regelzonenführers Betreiber von Erzeugungsanlagen, die gemäß § 23a Abs. 1 ihre Stilllegung angezeigt haben, mit Bescheid dazu verpflichten, ihre Anlagen für die Dauer von einem Jahr, höchstens jedoch für die Dauer des gemäß § 23a Abs. 1 angekündigten Stilllegungszeitraums, ausschließlich für Zwecke des Engpassmanagements in Betrieb zu halten. Die Marktteilnahme ist in diesem Zeitraum unzulässig. Die Auswahl der Erzeugungsanlagen hat nach ihrer wirtschaftlichen und technischen Eignung unter Anwendung des § 23b Abs. 8 zu erfolgen. Einer Beschwerde gegen ein von der Regulierungsbehörde ausgesprochenes Stilllegungsverbot kommt keine aufschiebende Wirkung zu.

(2) Der Regelzonenführer hat mit den gemäß Abs. 1 verpflichteten Betreibern Verträge unter Anwendung des § 23b Abs. 4 und 8 abzuschließen.

(3) Den Betreibern sind die mit der Erbringung der Netzreserve verbundenen wirtschaftlichen Nachteile und Kosten im Vergleich zu den mit der Stilllegung verbundenen Kosten jährlich abzugelten. Abzugelten sind nur folgende Positionen:

1. operative Aufwendungen und Kosten, die für die Vorhaltung von betriebsbereiten Kraftwerken erforderlich sind, wobei jene Aufwendungen und Kosten, die im Stillstands- bzw. Stilllegungsszenario anfallen würden, abzuziehen sind. Folgende Bestandteile mit Fixkostencharakter sind jedenfalls davon umfasst:
   a) Materialkosten,
   b) Personalkosten und
   c) Instandhaltungskosten, die im direkten Zusammenhang mit der Leistungserbringung stehen;
2. allfällige operative Aufwendungen und Kosten, die zur Wiederherstellung der Betriebsbereitschaft aus dem Zustand der Stilllegung oder einer Konservierung des Kraftwerks notwendig sind;
3. nachweislich notwendige Neu- oder Erhaltungsinvestitionen zur Erbringung der Leistungsvorhaltung sowie Gewährleistung der Betriebsbereitschaft für den Zeitraum des Stilllegungsverbotes. Diese sind nur anteilig für den Zeitraum des Stilllegungsverbotes zu berücksichtigen und angemessen zu verzinsen;
4. ein allfälliger Wertverbrauch aufgrund der Alterung und Abnutzung des Kraftwerks im Zeitraum des Stilllegungsverbotes, auf Grundlage der nachweisbaren Buchwerte zum Stichtag des 31. Dezember des Vorjahres.

(4) Nicht anerkennungsfähig sind folgende Kostenbestandteile:

1. Aufwendungen und Kosten, die im Rahmen eines Vertrags gemäß § 23 Abs. 2 Z 5 zweiter Satz abgegolten werden;
2. Finanzierungs- bzw. Kapitalkosten;
3. allfällige Erlöse aus Zinsgewinnen, die dem Betreiber aus der Veräußerung von Betriebsmitteln des Kraftwerks im Fall einer endgültigen Stilllegung entgangen wären;
4. Opportunitätskosten jeglicher Art;
5. Betriebs- und periodenfremde sowie außerordentliche Aufwendungen;
6. Aufwendungen und Kosten, welche vom Kraftwerksbetreiber schuldhaft verursacht wurden;

7. etwaige Buchwertveränderungen, die auf vergangene Kompensationen von Leistungsvorhaltungen zurückzuführen sind.

(5) Für den Zeitraum des Stilllegungsverbots ist vom Erzeuger unter sinngemäßer Anwendung des § 8 ein getrennter Rechnungskreis zu führen. Die Regulierungsbehörde sowie der Regelzonenführer haben darin volle Einsichts- und Auskunftsrechte. Sämtliche abzugeltende Investitionen, insbesondere jene gemäß Abs. 3 Z 3, sind vom Erzeuger mit dem Regelzonenführer abzustimmen.

(6) Die Kosten sind über das durch Verordnung gemäß den §§ 49 und 51 zu bestimmende Entgelt aufzubringen.

Änderungen

§ 23d. (1) Auf Ersuchen eines gemäß § 23b Abs. 7 oder 8 ausgewählten Betreibers einer Erzeugungsanlage kann der Regelzonenführer die Dauer des Vertrags einmalig verkürzen, soweit durch den Betreiber sichergestellt wird, dass die Anlage für das Engpassmanagement unter den gleichen Verfügbarkeitsbedingungen bis zum Ablauf der ursprünglichen Laufzeit zur Verfügung steht. Die Verkürzung ist der Regulierungsbehörde anzuzeigen. In diesem Fall sind dem Regelzonenführer alle für die Netzreserve bezogenen Entgelte rückzuerstatten, mit Ausnahme der von der Regulierungsbehörde festgestellten angemessenen Kosten.

(2) Auf Antrag eines gemäß § 23c Abs. 1 verpflichteten Betreibers kann die Dauer des Stilllegungsverbots einmalig verkürzt werden, soweit durch den Betreiber sichergestellt wird, dass die Anlage für das Engpassmanagement unter den gleichen Verfügbarkeitsbedingungen bis zum Ablauf der ursprünglichen Laufzeit zur Verfügung steht. Die Genehmigung erfolgt, erforderlichenfalls unter Festsetzung von Bedingungen, Auflagen und Befristungen, durch Bescheid der Regulierungsbehörde. Dem Regelzonenführer kommt in diesem Verfahren Parteistellung zu. Im Falle einer Genehmigung ist der Vertrag gemäß § 23c Abs. 2 entsprechend anzupassen. In diesem Fall sind dem Regelzonenführer alle für die Netzreserve bezogenen Entgelte rückzuerstatten, mit Ausnahme der von der Regulierungsbehörde festgestellten angemessenen Kosten.

(3) Auf Antrag eines gemäß § 23b Abs. 9 zur Stilllegung seiner Anlage verpflichteten Betreibers kann von der Stilllegung Abstand genommen oder die Dauer der vorübergehenden Stilllegung verkürzt werden, sofern dies von der Regulierungsbehörde durch Bescheid genehmigt wird. Die Genehmigung erfolgt, erforderlichenfalls unter Festsetzung von Bedingungen, Auflagen und Befristungen, durch Bescheid der Regulierungsbehörde und ist nur dann zu erteilen, wenn sich die für die Stilllegung ursprünglich maßgeblichen Gründe und Umstände wesentlich geändert haben. Die Umstandsänderung und deren Wesentlichkeit sind durch den jeweiligen Betreiber darzulegen, wobei dieser sämtliche für die Beurteilung erforderlichen Unterlagen der Regulierungsbehörde vorzulegen hat. Dem Regelzonenführer kommt in diesem Verfahren Parteistellung zu.

3. Hauptstück

Entflechtung von Übertragungsnetzbetreibern

1. Abschnitt

Eigentumsrechtliche Entflechtung von Übertragungsnetzbetreibern

Voraussetzungen

§ 24. (1) Der Übertragungsnetzbetreiber muss Eigentümer des Übertragungsnetzes sein.

(2) Ein und dieselbe Person ist nicht berechtigt,

1. direkt oder indirekt die Kontrolle über ein Unternehmen auszuüben, das eine der Funktionen der Erzeugung oder der Versorgung wahrnimmt, und direkt oder indirekt die Kontrolle über einen Übertragungsnetzbetreiber auszuüben oder Rechte an einem Übertragungsnetzbetreiber auszuüben;
2. direkt oder indirekt die Kontrolle über einen Übertragungsnetzbetreiber auszuüben und direkt oder indirekt die Kontrolle über ein Unternehmen auszuüben, das eine der Funktionen Erzeugung oder Versorgung wahrnimmt, oder Rechte an einem Unternehmen, das eine dieser Funktionen wahrnimmt, auszuüben;
3. Mitglieder des Aufsichtsrates oder der zur gesetzlichen Vertretung berufenen Organe eines Übertragungsnetzbetreibers zu bestellen und direkt oder indirekt die Kontrolle über ein Unternehmen auszuüben, das eine der Funktionen Erzeugung oder Versorgung wahrnimmt, oder Rechte an einem Unternehmen, das eine dieser Funktionen wahrnimmt, auszuüben;
4. Mitglied des Aufsichtsrates oder der zur gesetzlichen Vertretung berufenen Organe sowohl eines Unternehmens, das eine der Funktionen Erzeugung oder Versorgung wahrnimmt, als auch eines Übertragungsnetzbetreibers oder eines Übertragungsnetzes zu sein.

(3) Die in Abs. 2 genannten Rechte schließen insbesondere Folgendes ein:

1. die Befugnis zur Ausübung von Stimmrechten;
2. die Befugnis, Mitglieder des Aufsichtsrates oder der zur gesetzlichen Vertretung berufenen Organe zu bestellen;
3. das Halten einer Mehrheitsbeteiligung.

(4) Die Verpflichtung des Abs. 1 gilt als erfüllt, wenn zwei oder mehr Unternehmen, die Eigentümer von Übertragungsnetzen sind, ein Gemeinschaftsunternehmen gründen, das in zwei oder mehr Mitgliedstaaten als Übertragungsnetzbetreiber für die betreffenden Übertragungsnetze tätig

ist. Kein anderes Unternehmen darf Teil des Gemeinschaftsunternehmens sein, es sei denn, es wurde gemäß § 25 als unabhängiger Netzbetreiber oder gemäß § 28 als unabhängiger Übertragungsnetzbetreiber zugelassen.

(5) Handelt es sich bei der in Abs. 2 genannten Person um den Mitgliedstaat oder eine andere öffentliche Stelle, so gelten zwei voneinander getrennte öffentlich-rechtliche Stellen, die einerseits die Kontrolle über einen Übertragungsnetzbetreiber und andererseits über ein Unternehmen, das eine der Funktionen Erzeugung oder Versorgung wahrnimmt, ausüben, nicht als ein und dieselbe Person.

(6) Abs. 2 Z 1 und 2 umfasst auch Erdgasunternehmen im Sinne des § 6 Z 13 des Gaswirtschaftsgesetzes 2010.

(7) Personal und wirtschaftlich sensible Informationen, über die ein Übertragungsnetzbetreiber verfügt, der Teil eines vertikal integrierten Elektrizitätsunternehmens war, dürfen nicht an Unternehmen weitergegeben werden, die eine der Funktionen Erzeugung oder Versorgung wahrnehmen. § 11 bleibt davon unberührt.

2. Abschnitt
Unabhängiger Netzbetreiber (Independent System Operator – ISO)
Voraussetzungen

§ 25. (1) In den Fällen, in denen das Übertragungsnetz am 3. September 2009 im Eigentum eines vertikal integrierten Elektrizitätsunternehmens gestanden hat, besteht die Möglichkeit die eigentumsrechtliche Entflechtung nach § 24 nicht anzuwenden und stattdessen auf Vorschlag des Eigentümers des Übertragungsnetzes einen unabhängigen Netzbetreiber zu benennen.

(2) Der unabhängige Netzbetreiber muss folgende Nachweise erbringen:

1. Er entspricht § 24 Abs. 2;
2. er verfügt über die erforderlichen finanziellen, technischen, personellen und materiellen Ressourcen;
3. er verpflichtet sich, einen von der Regulierungsbehörde überwachten Netzentwicklungsplan umzusetzen;
4. er muss in der Lage sein, seinen Verpflichtungen gemäß der Verordnung 2009/714/EG, auch bezüglich der Zusammenarbeit der Übertragungsnetzbetreiber auf europäischer und regionaler Ebene, nachzukommen;
5. der Eigentümer des Übertragungsnetzes muss in der Lage sein, seinen Verpflichtungen gemäß § 26 Abs. 2 nachzukommen. Zu diesem Zweck sind sämtliche Vereinbarungen, insbesondere mit dem unabhängigen Netzbetreiber, der Regulierungsbehörde vorzulegen.

Pflichten

§ 26. (1) Jeder unabhängige Netzbetreiber ist verantwortlich für die Gewährung und Regelung des Zugangs Dritter, einschließlich der Erhebung von Zugangsentgelten sowie der Einnahme von Engpasserlösen und Zahlungen im Rahmen des Ausgleichsmechanismus zwischen Übertragungsnetzbetreibern gemäß Art. 13 der Verordnung 2009/714/EG, für Betrieb, Wartung und Ausbau des Übertragungsnetzes sowie für die Gewährleistung der langfristigen Fähigkeit des Netzes, im Wege einer Investitionsplanung eine angemessene Nachfrage zu befriedigen. Beim Ausbau des Übertragungsnetzes ist der unabhängige Netzbetreiber für Planung (einschließlich Genehmigungsverfahren), Bau und Inbetriebnahme der neuen Infrastruktur verantwortlich. Hierzu handelt der unabhängige Netzbetreiber als Übertragungsnetzbetreiber im Einklang mit den diesbezüglichen Bestimmungen. Der Übertragungsnetzeigentümer darf weder für die Gewährung und Regelung des Zugangs Dritter noch für die Investitionsplanung verantwortlich sein.

(2) Der Eigentümer des Übertragungsnetzes ist zu Folgendem verpflichtet:

1. Er arbeitet im erforderlichen Maße mit dem unabhängigen Netzbetreiber zusammen und unterstützt ihn bei der Wahrnehmung seiner Aufgaben, indem er insbesondere alle sachdienlichen Informationen liefert;
2. er finanziert die vom unabhängigen Netzbetreiber beschlossenen und von der Regulierungsbehörde genehmigten Investitionen oder erteilt seine Zustimmung zur Finanzierung durch eine andere interessierte Partei, einschließlich des unabhängigen Netzbetreibers. Die einschlägigen Finanzierungsvereinbarungen unterliegen der Genehmigung durch die Regulierungsbehörde. Vor ihrer Genehmigung konsultiert die Regulierungsbehörde den Eigentümer des Übertragungsnetzes sowie die anderen interessierten Parteien;
3. er sichert die Haftungsrisiken im Zusammenhang mit den Netzvermögenswerten ab, mit Ausnahme derjenigen Haftungsrisiken, die die Aufgaben des unabhängigen Netzbetreibers betreffen;
4. er stellt die Garantien, die zur Erleichterung der Finanzierung eines etwaigen Netzausbaus erforderlich sind, mit Ausnahme derjenigen Investitionen, bei denen er gemäß Z 2 einer Finanzierung durch eine interessierte Partei, einschließlich des unabhängigen Netzbetreibers, zugestimmt hat.

Unabhängigkeit des Übertragungsnetzeigentümers

§ 27. (1) Der Übertragungsnetzeigentümer, der Teil eines vertikal integrierten Elektrizitätsunternehmens ist, muss zumindest hinsichtlich seiner

Rechtsform, Organisation und Entscheidungsgewalt unabhängig von den übrigen Tätigkeiten sein, die nicht mit der Übertragung zusammenhängen.

(2) Die Unabhängigkeit eines Übertragungsnetzeigentümers ist auf Grundlage folgender Kriterien sicherzustellen:

1. in einem vertikal integriertes Elektrizitätsunternehmen dürfen die für die Leitung des Übertragungsnetzeigentümers zuständigen Personen nicht betrieblichen Einrichtungen des vertikal integrierten Elektrizitätsunternehmens angehören, die direkt oder indirekt für den laufenden Betrieb in den Bereichen Elektrizitätserzeugung, –verteilung und –versorgung zuständig sind;
2. es sind geeignete Maßnahmen zu treffen, damit die berufsbedingten Interessen der für die Leitung des Übertragungsnetzeigentümers zuständigen Personen so berücksichtigt werden, dass ihre Handlungsunabhängigkeit gewährleistet ist;
3. der Übertragungsnetzeigentümer stellt ein Gleichbehandlungsprogramm auf, aus dem hervorgeht, welche Maßnahmen zum Ausschluss diskriminierenden Verhaltens getroffen werden, und gewährleistet die ausreichende Beobachtung der Einhaltung dieses Programms. In dem Gleichbehandlungsprogramm ist festgelegt, welche besonderen Pflichten die Mitarbeiter im Hinblick auf die Erreichung dieser Ziele haben. Die für die Beobachtung des Gleichbehandlungsprogramms zuständige Person oder Stelle (der Gleichbehandlungsbeauftragte) legt der Regulierungsbehörde jährlich einen Bericht über die getroffenen Maßnahmen vor, der veröffentlicht wird. Im Hinblick auf den Kündigungs- und Entlassungsschutz ist der Gleichbehandlungsbeauftragte für die Dauer seiner Bestellung, wenn er Beschäftigter des Übertragungsnetzbetreibers ist, einer Sicherheitsfachkraft (§ 73 Abs. 1 des ArbeitnehmerInnenschutzgesetzes) gleichgestellt.

3. Abschnitt
Unabhängiger Übertragungsnetzbetreiber (Independent Transmission Operator – ITO)
Vermögenswerte, Unabhängigkeit, Dienstleistungen, Verwechslungsgefahr

§ 28. (1) In den Fällen, in denen das Übertragungsnetz am 3. September 2009 im Eigentum eines vertikal integrierten Elektrizitätsunternehmens gestanden hat, besteht die Möglichkeit, die eigentumsrechtliche Entflechtung nach § 24 nicht anzuwenden und stattdessen einen unabhängigen Übertragungsnetzbetreiber zu benennen.

(2) Der unabhängige Übertragungsnetzbetreiber muss über alle personellen, technischen, materiellen und finanziellen Ressourcen verfügen, die zur Erfüllung seiner Pflichten und für die Geschäftstätigkeit des Übertragungsnetzes erforderlich sind. Unbeschadet der Entscheidungen des Aufsichtsorgans sind dem unabhängigen Übertragungsnetzbetreiber angemessene finanzielle Ressourcen für künftige Investitionsprojekte und für den Ersatz vorhandener Vermögenswerte nach entsprechender Anforderung durch den unabhängigen Übertragungsnetzbetreiber rechtzeitig vom vertikal integrierten Elektrizitätsunternehmen bereitzustellen. Für den Geschäftsbetrieb des Übertragungsnetzes ist insbesondere Folgendes erforderlich:

1. Der unabhängige Übertragungsnetzbetreiber muss Eigentümer des Übertragungsnetzes sowie der Vermögenswerte sein. Der Betrieb fremder Kraftwerksleitungen ist zulässig.
2. Das Personal muss beim unabhängigen Übertragungsnetzbetreiber angestellt sein. Der unabhängige Übertragungsnetzbetreiber muss insbesondere über eine eigene Rechtsabteilung, Buchhaltung und über eigene IT-Dienste verfügen.
3. Die Erbringung von Dienstleistungen, einschließlich Personalleasing, durch das vertikal integrierte Elektrizitätsunternehmen für den unabhängigen Übertragungsnetzbetreiber ist untersagt. Ein unabhängiger Übertragungsnetzbetreiber darf für das vertikal integrierte Elektrizitätsunternehmen Dienstleistungen, einschließlich Personalleasing, erbringen, sofern dabei nicht zwischen Nutzern diskriminiert wird, die Dienstleistungen allen Nutzern unter den gleichen Vertragsbedingungen zugänglich sind und der Wettbewerb bei der Erzeugung und Versorgung nicht eingeschränkt, verzerrt oder unterbunden wird.

(3) Tochterunternehmen des vertikal integrierten Elektrizitätsunternehmens, die die Funktionen Erzeugung oder Versorgung wahrnehmen, dürfen weder direkt noch indirekt Anteile am Unternehmen des unabhängigen Übertragungsnetzbetreibers halten. Der unabhängige Übertragungsnetzbetreiber darf weder direkt noch indirekt Anteile an Tochterunternehmen des vertikal integrierten Elektrizitätsunternehmens, die die Funktionen Erzeugung oder Versorgung wahrnehmen, halten und darf keine Dividenden oder andere finanzielle Zuwendungen von diesen Tochterunternehmen erhalten. Die gesamte Verwaltungsstruktur und die Unternehmenssatzung des unabhängigen Übertragungsnetzbetreibers gewährleisten seine tatsächliche Unabhängigkeit. Das vertikal integrierte Elektrizitätsunternehmen darf das Wettbewerbsverhalten des unabhängigen Übertragungsnetzbetreibers in Bezug auf dessen laufende Geschäfte und die Netzverwaltung oder in Bezug auf die notwendigen Tätigkeiten zur Aufstellung des Netzentwicklungsplans gemäß § 37 weder direkt noch indirekt beeinflussen.

(4) Der unabhängige Übertragungsnetzbetreiber muss in seinem gesamten Außenauftritt und seinen Kommunikationsaktivitäten sowie in seiner Markenpolitik dafür Sorge tragen, dass eine Verwechslung mit der eigenen Identität des vertikal integrierten Elektrizitätsunternehmens oder irgendeines Teils davon ausgeschlossen ist. Der unabhängige Übertragungsnetzbetreiber darf daher nur Zeichen, Abbildungen, Namen, Buchstaben, Zahlen, Formen und Aufmachungen verwenden, die geeignet sind, die Tätigkeit oder Dienstleistung des Übertragungsnetzbetreibers von denjenigen des vertikal integrierten Elektrizitätsunternehmens zu unterscheiden, und die keine Verweise auf die Zugehörigkeit zum vertikal integrierten Elektrizitätsunternehmen enthalten.

(5) Der unabhängige Übertragungsnetzbetreiber unterlässt die gemeinsame Nutzung von IT-Systemen oder –ausrüstung, Büroräumlichkeiten und Zugangskontrollsystemen mit jeglichem Unternehmensteil des vertikal integrierten Elektrizitätsunternehmens.

(6) Der unabhängige Übertragungsnetzbetreiber gewährleistet, dass er in Bezug auf IT-Systeme oder –ausrüstung und Zugangskontrollsysteme nicht mit denselben Beratern und externen Auftragnehmern wie das vertikal integrierte Elektrizitätsunternehmen zusammenarbeitet.

(7) Die Rechnungslegung von unabhängigen Übertragungsnetzbetreibern ist von anderen Wirtschaftsprüfern als denen, die die Rechnungsprüfung beim vertikal integrierten Elektrizitätsunternehmen oder bei dessen Unternehmensteilen vornehmen, zu prüfen. Soweit zur Erteilung des Konzernbestätigungsvermerks im Rahmen der Vollkonsolidierung des vertikal integrierten Elektrizitätsunternehmens oder sonstigen wichtigen Gründen erforderlich, kann der Wirtschaftsprüfer des vertikal integrierten Elektrizitätsunternehmens Einsicht in Teile der Bücher des unabhängigen Übertragungsnetzbetreibers nehmen, sofern die Regulierungsbehörde keine Einwände aus Gründen der Wahrung der Unabhängigkeit mit Bescheid dagegen erhebt. Die wichtigen Gründe sind vorab schriftlich der Regulierungsbehörde mitzuteilen. Der Wirtschaftsprüfer hat diesbezüglich die Verpflichtung, wirtschaftlich sensible Informationen vertraulich zu behandeln und insbesondere nicht dem vertikal integriertes Elektrizitätsunternehmen mitzuteilen.

(8) Die Geschäftstätigkeit des unabhängigen Übertragungsnetzbetreibers beinhaltet neben den in § 40 aufgeführten Aufgaben mindestens die folgenden Tätigkeiten:

1. die Vertretung des unabhängigen Übertragungsnetzbetreibers und die Funktion des Ansprechpartners für Dritte und für die Regulierungsbehörden;
2. die Vertretung des unabhängigen Übertragungsnetzbetreibers innerhalb des ENTSO (Strom);
3. die Gewährung und Regelung des Zugangs Dritter nach dem Grundsatz der Nichtdiskriminierung zwischen Netzbenutzern oder Kategorien von Netzbenutzern;
4. die Erhebung aller übertragungsnetzbezogenen Gebühren, einschließlich Zugangsentgelten, Ausgleichsentgelten für Hilfsdienste wie zB Erwerb von Leistungen (Ausgleichskosten, Energieverbrauch für Verluste);
5. den Betrieb, die Wartung und den Ausbau eines sicheren, effizienten und wirtschaftlichen Übertragungsnetzes;
6. die Investitionsplanung zur Gewährleistung der langfristigen Fähigkeit des Netzes, eine angemessene Nachfrage zu decken, und der Versorgungssicherheit;
7. die Gründung geeigneter Gemeinschaftsunternehmen, auch mit einem oder mehreren Übertragungsnetzbetreibern, von Strombörsen und anderen relevanten Akteuren, mit dem Ziel, die Schaffung von Regionalmärkten zu fördern oder den Prozess der Liberalisierung zu erleichtern.

(9) Für den unabhängigen Übertragungsnetzbetreiber gelten die in Art. 1 der Richtlinie 68/151/EWG in der Fassung der Richtlinie 2006/99/EG genannten Rechtsformen.

Unabhängigkeit des Übertragungsnetzbetreibers

§ 29. (1) Unbeschadet der Entscheidungen des Aufsichtsorgans muss der unabhängige Übertragungsnetzbetreiber in Bezug auf Vermögenswerte oder Ressourcen, die für den Betrieb, die Wartung und den Ausbau des Übertragungsnetzes erforderlich sind, wirksame Entscheidungsbefugnisse haben, die er unabhängig von dem vertikal integriertes Elektrizitätsunternehmen ausübt und die Befugnis haben, Geld auf dem Kapitalmarkt, insbesondere durch Aufnahme von Darlehen oder Kapitalerhöhung zu beschaffen.

(2) Der unabhängige Übertragungsnetzbetreiber stellt sicher, dass er jederzeit über die Mittel verfügt, die er benötigt, um das Übertragungsnetzgeschäft ordnungsgemäß und effizient zu führen und um ein leistungsfähiges, sicheres und wirtschaftliches Übertragungsnetz aufzubauen und aufrechtzuerhalten.

(3) Für die kommerziellen und finanziellen Beziehungen zwischen dem vertikal integrierten Elektrizitätsunternehmen und dem unabhängigen Übertragungsnetzbetreiber, einschließlich der Gewährung von Krediten durch den unabhängige Übertragungsnetzbetreiber an das vertikal integrierte Elektrizitätsunternehmen, sind die marktüblichen Bedingungen einzuhalten. Der unabhän-

gige Übertragungsnetzbetreiber führt ausführliche Aufzeichnungen über diese kommerziellen und finanziellen Beziehungen und stellt sie der Regulierungsbehörde auf Verlangen zur Verfügung. Er hat überdies der Regulierungsbehörde sämtliche kommerziellen und finanziellen Vereinbarungen mit dem vertikal integriertes Elektrizitätsunternehmen zur Genehmigung vorzulegen. Die Regulierungsbehörde hat bei Vorliegen von marktüblichen und nicht diskriminierenden Bedingungen innerhalb von vier Wochen diese mit Bescheid zu genehmigen. Nach Ablauf dieser Frist gilt die Zustimmung als erteilt.

(4) Der unabhängige Übertragungsnetzbetreiber meldet der Regulierungsbehörde die Finanzmittel gemäß § 28 Abs. 2, die ihm für künftige Investitionsprojekte oder für den Ersatz vorhandener Vermögenswerte und Ressourcen zur Verfügung stehen.

(5) Das vertikal integrierte Elektrizitätsunternehmen unterlässt jede Handlung, die die Erfüllung der Verpflichtungen des unabhängigen Übertragungsnetzbetreibers behindern oder gefährden würde, und verlangt vom unabhängigen Übertragungsnetzbetreiber nicht, bei der Erfüllung dieser Verpflichtungen die Zustimmung des vertikal integrierten Elektrizitätsunternehmens einzuholen.

Unabhängigkeit der Unternehmensleitung und der Beschäftigten

§ 30. (1) Personen der Unternehmensleitung müssen beruflich unabhängig sein. Es gilt dabei insbesondere Folgendes:

1. Sie dürfen bei anderen Unternehmensteilen des vertikal integrierten Elektrizitätsunternehmens oder bei dessen Mehrheitsanteilseignern weder direkt noch indirekt berufliche Positionen bekleiden oder berufliche Aufgaben wahrnehmen oder Interessens- oder Geschäftsbeziehungen zu ihnen unterhalten.
2. Sie dürfen in den letzten drei Jahren vor einer Bestellung beim vertikal integrierten Elektrizitätsunternehmen, einem seiner Unternehmensteile oder bei anderen Mehrheitsanteilseignern als dem unabhängigen Übertragungsnetzbetreiber weder direkt noch indirekt berufliche Positionen bekleidet oder berufliche Aufgaben wahrgenommen haben noch Interessens- oder Geschäftsbeziehungen zu ihnen unterhalten.
3. Sie dürfen nach Beendigung des Vertragsverhältnisses zum unabhängigen Übertragungsnetzbetreiber für mindestens vier Jahre bei anderen Unternehmensteilen des vertikal integrierten Elektrizitätsunternehmens als dem unabhängigen Übertragungsnetzbetreiber oder bei dessen Mehrheitsanteilseignern keine beruflichen Positionen bekleiden oder berufliche Aufgaben wahrnehmen oder Interessens- oder Geschäftsbeziehungen zu ihnen unterhalten.
4. Sie dürfen weder direkt noch indirekt Beteiligungen an Unternehmensteilen des vertikal integrierten Elektrizitätsunternehmens halten noch finanzielle Zuwendungen von diesem erhalten. Ihre Vergütung darf nicht an die Tätigkeiten oder Betriebsergebnisse des vertikal integrierten Elektrizitätsunternehmens, soweit sie nicht den unabhängigen Übertragungsnetzbetreiber betreffen, gebunden sein.

(2) Der unabhängige Übertragungsnetzbetreiber hat unverzüglich alle Namen und die Bedingungen in Bezug auf Funktion, Vertragslaufzeit und –beendigung sowie die Gründe für die Bestellung oder für die Vertragsbeendigung von Personen der Unternehmensleitung der Regulierungsbehörde mitzuteilen.

(3) Die Regulierungsbehörde kann in Bezug auf Personen der Unternehmensleitung Einwände mittels Bescheid von Amts wegen oder auf Antrag einer Person der Unternehmensleitung oder des Gleichbehandlungsbeauftragen innerhalb von drei Wochen erheben,

1. wenn Zweifel an der beruflichen Unabhängigkeit im Sinne des Abs. 1 bei der Bestellung, den Beschäftigungsbedingungen einschließlich Vergütung bestehen oder
2. wenn Zweifel an der Berechtigung einer vorzeitigen Vertragsbeendigung bestehen. Unrechtmäßig ist eine vorzeitige Vertragsbeendigung dann, wenn die vorzeitige Vertragsbeendigung auf Umstände zurückzuführen ist, die nicht im Einklang mit den Vorgaben betreffend die Unabhängigkeit vom vertikal integrierten Elektrizitätsunternehmen gestanden sind. Eine Klage einer Person der Unternehmensleitung kann erst nach Zustellung des Bescheides der Regulierungsbehörde im Streitschlichtungsverfahren gemäß § 12 Abs. 4 E-ControlG oder nach Ablauf der Entscheidungsfrist der Regulierungsbehörde eingebracht werden.

(4) Abs. 1 Z 2 gilt für die Mehrheit der Personen der Unternehmensleitung des unabhängigen Übertragungsnetzbetreibers. Die Personen der Unternehmensleitung des unabhängigen Übertragungsnetzbetreibers, für die Abs. 1 Z 2 nicht gilt, dürfen in den letzten sechs Monaten vor ihrer Ernennung bei dem vertikal integriertes Elektrizitätsunternehmen keine Führungstätigkeit oder andere einschlägige Tätigkeit ausgeübt haben.

(5) Abs. 1 Z 1 findet auf alle Beschäftigten des unabhängigen Übertragungsnetzbetreibers gleichermaßen Anwendung.

(6) Abs. 1 Z 1, 3, 4 sowie Abs. 3 Z 2 finden auf die der Unternehmensleitung direkt unterstellten Personen in den Bereichen Betrieb, Wartung und

Entwicklung des Netzes gleichermaßen Anwendung.

Unabhängigkeit des Aufsichtsorgans

§ 31. (1) Aufgabe des Aufsichtsorgans des unabhängigen Übertragungsnetzbetreibers ist es, Entscheidungen zu treffen, die von erheblichem Einfluss auf den Wert der Vermögenswerte der Anteilseigner beim unabhängigen Übertragungsnetzbetreiber sind, insbesondere Entscheidungen im Zusammenhang mit der Genehmigung der jährlichen und der langfristigen Finanzpläne, der Höhe der Verschuldung des unabhängigen Übertragungsnetzbetreibers und der Höhe der an die Anteilseigner auszuzahlenden Dividenden. Entscheidungen, die Bestellung, Wiederbestellung, Beschäftigungsbedingungen einschließlich Vergütung und Vertragsbeendigung der Personen der Unternehmensleitung des unabhängigen Übertragungsnetzbetreibers betreffen, werden vom Aufsichtsorgan des Übertragungsnetzbetreibers getroffen, sofern nicht andere gesetzliche Bestimmungen anderes bestimmen. Das Aufsichtsorgan hat keine Entscheidungsbefugnis in Bezug auf die laufenden Geschäfte des unabhängigen Übertragungsnetzbetreibers und die Netzverwaltung und in Bezug auf die notwendigen Tätigkeiten zur Aufstellung des Netzentwicklungsplans gemäß § 37.

(2) § 30 Abs. 1 bis 3 finden auf die Hälfte der Mitglieder des Aufsichtsorgans abzüglich eines Mitgliedes gleichermaßen Anwendung.

Gleichbehandlungsprogramm und Gleichbehandlungsbeauftragter

§ 32. (1) Die unabhängigen Übertragungsnetzbetreiber müssen ein Gleichbehandlungsprogramm aufstellen, aus dem hervorgeht, welche Maßnahmen zum Ausschluss diskriminierenden Verhaltens getroffen werden. In dem Gleichbehandlungsprogramm ist festzulegen, welche besonderen Pflichten die Mitarbeiter im Hinblick auf die Erreichung dieser Ziele haben. Das Programm bedarf der Genehmigung durch die Regulierungsbehörde. Die Einhaltung des Programms wird von einem Gleichbehandlungsbeauftragten kontrolliert.

(2) Der Gleichbehandlungsbeauftragte wird vom Aufsichtsorgan ernannt, vorbehaltlich der Bestätigung durch die Regulierungsbehörde mit Bescheid. Die Regulierungsbehörde kann der Ernennung des Gleichbehandlungsbeauftragten ihre Bestätigung nur aus Gründen mangelnder Unabhängigkeit oder mangelnder fachlicher Eignung mit Bescheid verweigern. Der Gleichbehandlungsbeauftragte kann eine natürliche oder juristische Person oder eingetragene Personengesellschaft sein. § 30 Abs. 1 bis 3 findet auf den Gleichbehandlungsbeauftragten gleichermaßen Anwendung.

(3) Die Aufgaben des Gleichbehandlungsbeauftragten sind:

1. fortlaufende Kontrolle der Durchführung des Gleichbehandlungsprogramms;
2. Erarbeitung eines Jahresberichts, in dem die Maßnahmen zur Durchführung des Gleichbehandlungsprogramms dargelegt werden, und dessen Übermittlung an die Regulierungsbehörde;
3. Berichterstattung an das Aufsichtsorgan und Abgabe von Empfehlungen zum Gleichbehandlungsprogramm und seiner Durchführung;
4. Unterrichtung der Regulierungsbehörde über erhebliche Verstöße bei der Durchführung des Gleichbehandlungsprogramms;
5. Berichterstattung an die Regulierungsbehörde über kommerzielle und finanzielle Beziehungen zwischen dem vertikal integriertes Elektrizitätsunternehmen und dem Übertragungsnetzbetreiber.

(4) Der Gleichbehandlungsbeauftragte übermittelt die vorgeschlagenen Entscheidungen zum Investitionsplan oder zu Einzelinvestitionen im Netz an die Regulierungsbehörde. Dies erfolgt spätestens dann, wenn die Unternehmensleitung des unabhängigen Übertragungsnetzbetreibers diese Unterlagen dem Aufsichtsorgan übermittelt.

(5) Hat das vertikal integrierte Elektrizitätsunternehmen in der Hauptversammlung oder durch ein Votum der von ihm ernannten Mitglieder des Aufsichtsorgans die Annahme eines Beschlusses verhindert, wodurch Netzinvestitionen, die nach dem Netzentwicklungsplan in den folgenden drei Jahren durchgeführt werden sollten, unterbunden oder hinausgezögert werden, so meldet der Gleichbehandlungsbeauftragte dies der Regulierungsbehörde, die dann gemäß § 39 tätig wird.

(6) Die Regelungen zum Mandat und zu den Beschäftigungsbedingungen des Gleichbehandlungsbeauftragten, einschließlich der Dauer seines Mandats, bedürfen der Genehmigung durch die Regulierungsbehörde mit Bescheid. Diese Regelungen müssen die Unabhängigkeit des Gleichbehandlungsbeauftragten gewährleisten und entsprechend sicherstellen, dass ihm die zur Erfüllung seiner Aufgaben erforderlichen Ressourcen zur Verfügung stehen. Der Gleichbehandlungsbeauftragte darf während der Laufzeit seines Mandats bei Unternehmensteilen des vertikal integrierten Elektrizitätsunternehmens oder deren Mehrheitsanteilseignern weder direkt noch indirekt berufliche Positionen bekleiden oder berufliche Aufgaben wahrnehmen oder Interessensbeziehungen zu ihnen unterhalten.

(7) Der Gleichbehandlungsbeauftragte erstattet der Regulierungsbehörde regelmäßig mündlich oder schriftlich Bericht und ist befugt, dem Aufsichtsorgan des Übertragungsnetzbetreibers regelmäßig mündlich oder schriftlich Bericht zu erstatten.

(8) Der Gleichbehandlungsbeauftragte ist berechtigt, an allen Sitzungen der Unternehmensleitung des unabhängigen Übertragungsnetzbetreibers sowie des Aufsichtsorgans und der Hauptversammlung bzw. Generalversammlung teilzunehmen. Der Gleichbehandlungsbeauftragte nimmt an allen Sitzungen teil, in denen folgende Fragen behandelt werden:

1. Netzzugangsbedingungen nach Maßgabe der Verordnung 2009/714/EG, insbesondere Tarife, Leistungen im Zusammenhang mit dem Zugang Dritter, Kapazitätszuweisung und Engpassmanagement, Transparenz, Ausgleich und Sekundärmärkte;
2. Projekte für den Betrieb, die Wartung und den Ausbau des Übertragungsnetzes, einschließlich der Investitionen in neue Transportverbindungen, in die Kapazitätsausweitung und in die Optimierung der vorhandenen Kapazität;
3. Verkauf oder Erwerb von Energie für den Betrieb des Übertragungsnetzes.

(9) Der Gleichbehandlungsbeauftragte kontrolliert die Einhaltung des § 8 durch den unabhängigen Übertragungsnetzbetreiber.

(10) Der Gleichbehandlungsbeauftragte hat Zugang zu allen einschlägigen Daten und zu den Geschäftsräumen des unabhängigen Übertragungsnetzbetreibers sowie zu allen Informationen, die er zur Erfüllung seiner Aufgaben benötigt. Der Gleichbehandlungsbeauftragte erhält ohne Vorankündigung Zugang zu den Geschäftsräumen des unabhängigen Übertragungsnetzbetreibers.

(11) Nach vorheriger bescheidmäßiger Zustimmung der Regulierungsbehörde kann das Aufsichtsorgan den Gleichbehandlungsbeauftragten abberufen. Eine Abberufung hat auch auf bescheidmäßiges Verlangen der Regulierungsbehörde aus Gründen mangelnder Unabhängigkeit oder mangelnder fachlicher Eignung zu erfolgen.

(12) Im Hinblick auf den Kündigungs- und Entlassungsschutz ist der Gleichbehandlungsbeauftragte für die Dauer seiner Bestellung, wenn er Beschäftigter des Übertragungsnetzbetreibers ist, einer Sicherheitsfachkraft (§ 73 Abs. 1 des ArbeitnehmerInnenschutzgesetzes) gleichgestellt.

4. Abschnitt
Wirksamere Unabhängigkeit des Übertragungsnetzbetreibers
Voraussetzungen

§ 33. In den Fällen, in denen das Übertragungsnetz am 3. September 2009 im Eigentum eines vertikal integrierten Elektrizitätsunternehmens gestanden hat, und Regelungen bestehen, die eindeutig eine wirksamere Unabhängigkeit des Übertragungsnetzbetreibers gewährleisten als die Bestimmungen zum unabhängigen Übertragungsnetzbetreiber (§ 28 bis § 32), besteht die Möglichkeit, die Entflechtungsvorschriften des § 24 nicht anzuwenden.

5. Abschnitt
Verfahren in Bezug auf Übertragungsnetzbetreiber
Verfahren zur Zertifizierung und Benennung von Übertragungsnetzbetreibern

§ 34. (1) Der Regulierungsbehörde obliegt die ständige Beobachtung der Einhaltung der Entflechtungsvorschriften (§ 24 bis § 33). Sie hat einen Übertragungsnetzbetreiber mittels Feststellungsbescheides zu zertifizieren

1. als eigentumsrechtlich entflochtenen Übertragungsnetzbetreiber im Sinne des § 24 oder
2. als unabhängigen Netzbetreiber im Sinne der § 25 bis § 29 oder
3. als unabhängigen Übertragungsnetzbetreiber im Sinne der § 28 bis § 32 oder
4. als Übertragungsnetzbetreiber im Sinne des § 33.

(2) Ein Zertifizierungsverfahren ist einzuleiten

1. über Antrag eines Übertragungsnetzbetreibers gemäß Abs. 3 Z 1;
2. von Amts wegen, wenn
   a) ein Übertragungsnetzbetreiber keinen Antrag auf Zertifizierung gemäß Abs. 3 Z 1 stellt oder
   b) die Regulierungsbehörde Kenntnis von einer geplanten Änderung erlangt, die eine Neubewertung der Zertifizierung erforderlich macht und zu einem Verstoß gegen die Entflechtungsvorschriften führen kann oder bereits geführt hat;
3. über Anzeige der Europäischen Kommission.

Artikel 3 der Verordnung 2009/714/EG findet auf das Zertifizierungsverfahren Anwendung.

(3) Der Übertragungsnetzbetreiber ist verpflichtet,

1. einen Antrag auf Zertifizierung unverzüglich zu stellen, sofern der Übertragungsnetzbetreiber noch nicht zertifiziert ist, sowie
2. der Regulierungsbehörde alle geplanten Änderungen, die eine Neubewertung der Zertifizierung erforderlich machen, unverzüglich anzuzeigen.

Der Übertragungsnetzbetreiber hat seinen Eingaben an die Regulierungsbehörde sowie auf deren Ersuchen alle zur Beurteilung des Sachverhaltes erforderlichen Unterlagen beizuschließen.

(4) Die Regulierungsbehörde hat einen begründeten Entscheidungsentwurf binnen vier Monaten ab Einleitung eines Verfahrens über die Zertifizierung eines Übertragungsnetzbetreibers bzw. ab Vorliegen der vollständigen Unterlagen des Übertragungsnetzbetreibers an die Europäische Kommission zu übermitteln. Erfolgt eine Stellungnahme der Europäischen Kommission, ist diese von

der Regulierungsbehörde beim Zertifizierungsverfahren gemäß Abs. 1 Z 1 und 3 so weit wie möglich zu berücksichtigen und ist eine allfällige Abweichung von der Stellungnahme der Kommission zu begründen. Die Regulierungsbehörde hat nach dem Einlangen der Stellungnahme der Europäischen Kommission binnen zwei Monaten mit Bescheid über den Antrag auf Zertifizierung zu entscheiden. Die Zertifizierung kann unter Vorschreibung von Auflagen und Bedingungen erteilt werden, soweit diese zur Erfüllung der Zielsetzungen dieses Gesetzes erforderlich sind.

(5) In Abweichung von Abs. 4 gilt Folgendes:

1. beim Zertifizierungsverfahren gemäß Abs. 1 Z 2 hat die Regulierungsbehörde der Entscheidung der Europäischen Kommission nachzukommen.
2. beim Zertifizierungsverfahren gemäß Abs. 1 Z 4 prüfen die Regulierungsbehörde und die Europäische Kommission, ob die bestehenden Regelungen eindeutig eine wirksamere Unabhängigkeit des Übertragungsnetzbetreibers gewährleisten als die Bestimmungen zum unabhängigen Übertragungsnetzbetreiber (§ 28 bis § 32); die Regulierungsbehörde hat der Entscheidung der Europäischen Kommission nachzukommen.

(6) Die Regulierungsbehörde hat alle im Rahmen des Verfahrens gemäß Art. 3 der Verordnung 2009/714/EG mit der Europäischen Kommission gepflogenen Kontakte ausführlich zu dokumentieren. Die Dokumentation ist dem Unternehmen, das die Ausstellung der Bescheinigung verlangt hat sowie der Bundesministerin für Klimaschutz, Umwelt, Energie, Mobilität, Innovation und Technologie zu Kenntnis zu bringen. Der Feststellungsbescheid ist samt Begründung von der Regulierungsbehörde zu veröffentlichen, wobei jedoch Stellen, die wirtschaftlich sensible Informationen enthalten, unkenntlich zu machen sind. Die Stellungnahme der Kommission ist, soweit sie nicht in der Begründung des Feststellungsbescheides wiedergegeben wird, ebenfalls zu veröffentlichen.

(7) Übertragungsnetzbetreiber und Unternehmen, die eine der Funktionen Erzeugung oder Versorgung wahrnehmen, sind verpflichtet, der Regulierungsbehörde und der Europäischen Kommission sämtliche für die Erfüllung ihrer Aufgaben relevanten Informationen unverzüglich zu übermitteln.

(8) Die Benennung eines Übertragungsnetzbetreibers nach erfolgter Zertifizierung gemäß Abs. 1 erfolgt durch Kundmachung durch die Bundesministerin für Klimaschutz, Umwelt, Energie, Mobilität, Innovation und Technologie im Bundesgesetzblatt. Die Bundesministerin für Klimaschutz, Umwelt, Energie, Mobilität, Innovation und Technologie hat die Benennung eines Übertragungsnetzbetreibers der Europäischen Kommission mitzuteilen, sobald die Regulierungsbehörde die Zertifizierung eines Übertragungsnetzbetreibers durch Bescheid festgestellt hat. Die Benennung eines unabhängigen Netzbetreibers gemäß Abs. 1 Z 2 und 4 bedarf vorab der Zustimmung der Europäischen Kommission. Wenn die Regulierungsbehörde durch Bescheid feststellt, dass die Voraussetzungen für eine Zertifizierung aufgrund eines Verstoßes gegen die Entflechtungsvorschriften nicht mehr vorliegen, ist die Benennung durch die Bundesministerin für Klimaschutz, Umwelt, Energie, Mobilität, Innovation und Technologie durch Kundmachung zu widerrufen.

Verfahren zur Zertifizierung von Übertragungsnetzbetreibern in Bezug auf Drittländer

§ 35. (1) Beantragt ein Übertragungsnetzbetreiber, welcher von einer oder mehreren Personen aus einem oder mehreren Drittländern kontrolliert wird, eine Zertifizierung, so kommt § 34 mit nachfolgenden Abweichungen zur Anwendung.

(2) Die Regulierungsbehörde teilt unverzüglich der Europäischen Kommission und der Bundesministerin für Klimaschutz, Umwelt, Energie, Mobilität, Innovation und Technologie

1. den Antrag auf Zertifizierung eines Übertragungsnetzbetreibers, welcher von einer oder mehreren Personen aus einem oder mehreren Drittländern kontrolliert wird, mit;
2. alle Umstände mit, die dazu führen würden, dass eine oder mehrere Personen aus einem oder mehreren Drittländern die Kontrolle über einen Übertragungsnetzbetreiber erhalten.

(3) Die Bundesministerin für Klimaschutz, Umwelt, Energie, Mobilität, Innovation und Technologie hat sicherzustellen, dass die Erteilung der Zertifizierung durch die Regulierungsbehörde die Sicherheit der Energieversorgung Österreichs und der Gemeinschaft nicht gefährdet. Bei der Prüfung der Frage, ob die Sicherheit der Energieversorgung Österreichs und der Gemeinschaft gefährdet ist, berücksichtigt die Bundesministerin für Klimaschutz, Umwelt, Energie, Mobilität, Innovation und Technologie

1. die Rechte und Pflichten der Gemeinschaft gegenüber diesem Drittland, die aus dem Völkerrecht – auch aus einem Abkommen mit einem oder mehreren Drittländern, dem die Gemeinschaft als Vertragspartei angehört und in dem Fragen der Energieversorgungssicherheit behandelt werden – erwachsen;
2. die Rechte und Pflichten der Republik Österreich gegenüber diesem Drittland, die aus den mit diesem geschlossenen Abkommen erwachsen, soweit sie mit dem Gemeinschaftsrecht in Einklang stehen sowie

3. andere spezielle Gegebenheiten des Einzelfalls und des betreffenden Drittlands.

(4) Nach Prüfung der Frage, ob die Sicherheit der Energieversorgung Österreichs und der Gemeinschaft gefährdet ist, teilt die Bundesministerin für Klimaschutz, Umwelt, Energie, Mobilität, Innovation und Technologie ihre Bewertung der Regulierungsbehörde mit. Die Regulierungsbehörde hat die Bewertung der Bundesministerin für Klimaschutz, Umwelt, Energie, Mobilität, Innovation und Technologie bei ihrem Entscheidungsentwurf sowie bei ihrer Entscheidung zu berücksichtigen.

4. Hauptstück
Kombinationsnetzbetreiber

Kombinationsnetzbetreiber

§ 36. Der gleichzeitige Betrieb eines Übertragungsnetzes und eines Verteilernetzes ist durch die Regulierungsbehörde zu genehmigen, sofern die in den § 24 bis § 33 vorgesehenen Kriterien erfüllt werden.

5. Hauptstück
Betrieb von Übertragungsnetzen

Netzentwicklungsplan

§ 37. (1) **(Grundsatzbestimmung)** Die Landesgesetze haben unter Berücksichtigung der Abs. 2 bis 6 vorzusehen, dass die Übertragungsnetzbetreiber der Regulierungsbehörde alle zwei Jahre einen zehnjährigen Netzentwicklungsplan für das Übertragungsnetz zur Genehmigung vorlegen, der sich auf die aktuelle Lage und die Prognosen im Bereich von Angebot und Nachfrage stützt.

(2) **(Grundsatzbestimmung)** Zweck des Netzentwicklungsplans ist es insbesondere,

1. den Marktteilnehmern Angaben darüber zu liefern, welche wichtigen Übertragungsinfrastrukturen in den nächsten zehn Jahren errichtet oder ausgebaut werden müssen,
2. alle bereits beschlossenen Investitionen aufzulisten und die neuen Investitionen zu bestimmen, die in den nächsten drei Jahren durchgeführt werden müssen, und
3. einen Zeitplan für alle Investitionsprojekte vorzugeben.

(3) **(Grundsatzbestimmung)** Ziel des Netzentwicklungsplans ist es insbesondere,

1. der Deckung der Nachfrage an Leitungskapazitäten zur Versorgung der Endverbraucher unter Berücksichtigung von Notfallszenarien,
2. der Erzielung eines hohen Maßes an Verfügbarkeit der Leitungskapazität (Versorgungssicherheit der Infrastruktur), und
3. der Nachfrage nach Leitungskapazitäten zur Erreichung eines europäischen Binnenmarktes

nachzukommen.

(4) **(Grundsatzbestimmung)** Bei der Erarbeitung des Netzentwicklungsplans legt der Übertragungsnetzbetreiber angemessene Annahmen über die Entwicklung der Erzeugung, der Versorgung, des Verbrauchs und des Stromaustauschs mit anderen Ländern unter Berücksichtigung der Investitionspläne für regionale Netze gemäß Art. 12 Abs. 1 der Verordnung 2009/714/EG und für gemeinschaftsweite Netze gemäß Art. 8 Abs. 3 lit. b der Verordnung 2009/714/EG zugrunde. Der Netzentwicklungsplan hat wirksame Maßnahmen zur Gewährleistung der Angemessenheit des Netzes und der Erzielung eines hohen Maßes an Verfügbarkeit der Leitungskapazität (Versorgungssicherheit der Infrastruktur) zu enthalten.

(5) **(Grundsatzbestimmung)** Der Übertragungsnetzbetreiber hat bei der Erstellung des Netzentwicklungsplans die technischen und wirtschaftlichen Zweckmäßigkeiten, die Interessen aller Marktteilnehmer sowie die Kohärenz mit dem integrierten Netzinfrastrukturplan gemäß § 94 EAG und dem gemeinschaftsweiten Netzentwicklungsplan zu berücksichtigen. Überdies hat er den koordinierten Netzentwicklungsplan gemäß § 63 GWG 2011 und die langfristige und integrierte Planung gemäß § 22 GWG 2011 zu berücksichtigen. Vor Einbringung des Antrages auf Genehmigung des Netzentwicklungsplans hat der Übertragungsnetzbetreiber alle relevanten Marktteilnehmer zu konsultieren.

(6) **(Grundsatzbestimmung)** In der Begründung des Antrages auf Genehmigung des Netzentwicklungsplans haben die Übertragungsnetzbetreiber, insbesondere bei konkurrierenden Vorhaben zur Errichtung, Erweiterung, Änderung oder dem Betrieb von Leitungsanlagen, die technischen und wirtschaftlichen Gründe für die Befürwortung oder Ablehnung einzelner Vorhaben darzustellen und die Beseitigung von Netzengpässen anzustreben.

(7) Alle Marktteilnehmer haben dem Übertragungsnetzbetreiber auf dessen schriftliches Verlangen die für die Erstellung des Netzentwicklungsplans erforderlichen Daten, insbesondere Grundlagendaten, Verbrauchsprognosen, Änderungen der Netzkonfiguration, Messwerte und technische sowie sonstige relevante Projektunterlagen zu geplanten Anlagen, die errichtet, erweitert, geändert oder betrieben werden sollen, innerhalb angemessener Frist zur Verfügung zu stellen. Der Übertragungsnetzbetreiber kann unabhängig davon zusätzlich andere Daten heranziehen, die für den Netzentwicklungsplan zweckmäßig sind.

Genehmigung des Netzentwicklungsplans

§ 38. (1) Die Regulierungsbehörde genehmigt den Netzentwicklungsplan durch Bescheid. Voraussetzung für die Genehmigung ist der Nachweis der technischen Notwendigkeit, Angemessenheit und Wirtschaftlichkeit der Investitionen durch den Übertragungsnetzbetreiber. Die Genehmigung kann unter Vorschreibung von Auflagen und Bedingungen erteilt werden, soweit diese zur Erfüllung der Zielsetzungen dieses Gesetzes erforderlich sind.

(2) Die Regulierungsbehörde hat vor Bescheiderlassung Konsultationen zum Netzentwicklungsplan mit den Interessenvertretungen der Netzbenutzer durchzuführen. Sie hat das Ergebnis der Konsultationen zu veröffentlichen und insbesondere auf etwaigen Investitionsbedarf zu verweisen.

(3) Die Regulierungsbehörde hat insbesondere zu prüfen, ob der Netzentwicklungsplan den gesamten im Zuge der Konsultationen ermittelten Investitionsbedarf erfasst und ob die Kohärenz mit dem integrierten Netzinfrastrukturplan gemäß § 94 EAG, dem gemeinschaftsweiten Netzentwicklungsplan gemäß Art. 8 Abs. 3 lit. b der Verordnung 2009/714/EG, dem koordinierten Netzentwicklungsplan gemäß § 63 GWG 2011 sowie der langfristigen und integrierten Planung gemäß § 22 GWG 2011, gewahrt ist. Bestehen Zweifel an der Kohärenz mit dem gemeinschaftsweiten Netzentwicklungsplan, so hat die Regulierungsbehörde die Agentur zu konsultieren.

(4) Die mit der Umsetzung von Maßnahmen, die im Netzentwicklungsplan vorgesehen sind, verbundenen angemessenen Kosten sind, inklusive Vorfinanzierungskosten, bei der Festsetzung der Systemnutzungsentgelte gemäß den Bestimmungen des 5. Teils anzuerkennen.

(5) Die Regulierungsbehörde kann vom Übertragungsnetzbetreiber zu jedem Zeitpunkt die Änderung seines bereits vorgelegten und noch nicht genehmigten Netzentwicklungsplans verlangen. Anträge auf Änderung des zuletzt genehmigten Netzentwicklungsplans sind zulässig, sofern wesentliche Änderungen der Planungsgrundlagen eine neue Beurteilung notwendig machen.

Überwachung des Netzentwicklungsplans

§ 39. (1) Die Regulierungsbehörde überwacht und evaluiert die Durchführung des Netzentwicklungsplans und kann vom Übertragungsnetzbetreiber die Änderung des Netzentwicklungsplans verlangen.

(2) Hat der Übertragungsnetzbetreiber aus anderen als zwingenden, von ihm nicht zu beeinflussenden Gründen eine Investition, die nach dem Netzentwicklungsplan in den folgenden drei Jahren durchgeführt werden musste, nicht durchgeführt, so ist die Regulierungsbehörde, sofern die Investition unter Zugrundelegung des jüngsten Netzentwicklungsplans noch relevant ist, verpflichtet, mindestens eine der folgenden Maßnahmen zu ergreifen, um die Durchführung der betreffenden Investition zu gewährleisten:

1. die Regulierungsbehörde fordert den Übertragungsnetzbetreiber zur Durchführung der betreffenden Investition auf;
2. die Regulierungsbehörde leitet ein Ausschreibungsverfahren zur Durchführung der betreffenden Investition ein, das allen Investoren offen steht, wobei die Regulierungsbehörde einen Dritten beauftragen kann, das Ausschreibungsverfahren durchzuführen;
3. oder die Regulierungsbehörde verpflichtet den Übertragungsnetzbetreiber, einer Kapitalerhöhung im Hinblick auf die Finanzierung der notwendigen Investitionen zuzustimmen und unabhängigen Investoren eine Kapitalbeteiligung zu ermöglichen.

(3) Leitet die Regulierungsbehörde ein Ausschreibungsverfahren gemäß Abs. 2 Z 2 ein, kann sie den Übertragungsnetzbetreiber dazu verpflichten, eine oder mehrere der folgenden Maßnahmen zu akzeptieren:

1. Finanzierung durch Dritte;
2. Errichtung durch Dritte;
3. Errichtung der betreffenden neuen Anlagen durch den Übertragungsnetzbetreiber selbst;
4. Betrieb der betreffenden neuen Anlagen durch den Übertragungsnetzbetreiber selbst.

(4) Der Übertragungsnetzbetreiber stellt den Investoren alle erforderlichen Unterlagen für die Durchführung der Investition zur Verfügung, stellt den Anschluss der neuen Anlagen an das Übertragungsnetz her und unternimmt alles, um die Durchführung des Investitionsprojekts zu erleichtern. Die einschlägigen Finanzierungsvereinbarungen bedürfen der Genehmigung durch die Regulierungsbehörde.

(5) Macht die Regulierungsbehörde von ihren Befugnissen gemäß Abs. 2 Z 1 bis 3 Gebrauch, so werden die Kosten der Investitionen durch die jeweiligen Tarife gedeckt.

Pflichten der Betreiber von Übertragungsnetzen

§ 40. (Grundsatzbestimmung) (1) Die Ausführungsgesetze haben Betreiber von Übertragungsnetzen zu verpflichten,

1. das von ihnen betriebene System sicher, zuverlässig, leistungsfähig und unter Bedachtnahme auf den Umweltschutz zu betreiben und zu erhalten;
2. die zum Betrieb des Systems erforderlichen technischen Voraussetzungen sicherzustellen;
3. die zur Durchführung der Verrechnung und Datenübermittlung gemäß § 23 Abs. 2 Z 9 erforderlichen vertraglichen Maßnahmen vorzusehen;
4. dem Betreiber eines anderen Netzes, mit dem sein eigenes Netz verbunden ist, ausreichende Informationen zu liefern, um den sicheren und leistungsfähigen Betrieb, den koordinierten

Ausbau und die Interoperabilität des Verbundsystems sicherzustellen;
5. die genehmigten Allgemeinen Bedingungen und die gemäß §§ 51 ff bestimmten Systemnutzungsentgelte zu veröffentlichen;
6. Verträge über den Datenaustausch mit anderen Netzbetreibern, den Bilanzgruppenverantwortlichen sowie den Bilanzgruppenkoordinatoren und anderen Marktteilnehmern entsprechend den Marktregeln abzuschließen;
7. auf lange Sicht die Fähigkeit des Netzes zur Befriedigung einer angemessenen Nachfrage nach Übertragung von Elektrizität langfristig sicherzustellen, und unter wirtschaftlichen Bedingungen und unter gebührender Beachtung des Umweltschutzes sichere, zuverlässige und leistungsfähige Übertragungsnetze zu betreiben, zu warten und auszubauen;
8. durch entsprechende Übertragungskapazität und Zuverlässigkeit des Netzes, einen Beitrag zur Versorgungssicherheit zu leisten;
9. sich jeglicher Diskriminierung von Netzbenutzern oder Kategorien von Netzbenutzern, insbesondere zugunsten der mit ihm verbundenen Unternehmen, zu enthalten;
10. den Netzbenutzern die Informationen zur Verfügung zu stellen, die sie für einen effizienten Netzzugang benötigen;
11. Engpässe im Netz zu ermitteln und Maßnahmen zu setzen, um Engpässe zu vermeiden oder zu beseitigen sowie die Versorgungssicherheit aufrecht zu erhalten. Sofern für die Netzengpassbeseitigung oder Aufrechterhaltung der Versorgungssicherheit dennoch Leistungen der Erzeuger (Erhöhung oder Einschränkung der Erzeugung sowie Veränderung der Verfügbarkeit von Erzeugungsanlagen) erforderlich sind, ist dies vom Übertragungsnetzbetreiber unter Bekanntgabe aller notwendigen Daten unverzüglich dem Regelzonenführer zu melden, der erforderlichenfalls weitere Anordnungen zu treffen hat (§ 23 Abs. 2 Z 5);
12. die zur Verfügung Stellung der zur Erfüllung der Dienstleistungsverpflichtungen erforderlichen Mittel zu gewährleisten;
13. unter der Aufsicht der nationalen Regulierungsbehörde Engpasserlöse und Zahlungen im Rahmen des Ausgleichsmechanismus zwischen Übertragungsnetzbetreibern gemäß Art. 13 der Verordnung 2009/714/EG einzunehmen, Dritten Zugang zu gewähren und deren Zugang zu regeln sowie bei Verweigerung des Zugangs begründete Erklärungen abzugeben; bei der Ausübung ihrer im Rahmen dieser Bestimmung festgelegten Aufgaben haben die Übertragungsnetzbetreiber in erster Linie die Marktintegration zu erleichtern. Engpasserlöse sind für die in Art. 16 Abs. 6 der Verordnung 2009/714/EG genannten Zwecke zu verwenden;
14. die Übertragung von Elektrizität durch das Netz unter Berücksichtigung des Austauschs mit anderen Verbundnetzen zu regeln;
15. ein sicheres, zuverlässiges und effizientes Elektrizitätsnetz zu unterhalten, dh. die Bereitstellung aller notwendigen Hilfsdienste, einschließlich jener, die zur Befriedigung der Nachfrage erforderlich sind, zu gewährleisten, sofern diese Bereitstellung unabhängig von jedwedem anderen Übertragungsnetz ist, mit dem das Netz einen Verbund bildet, und Maßnahmen für den Wiederaufbau nach Großstörungen des Übertragungsnetzes zu planen und zu koordinieren, indem er vertragliche Vereinbarungen im technisch notwendigen Ausmaß sowohl mit direkt als auch indirekt angeschlossenen Kraftwerksbetreibern abschließt, um die notwendige Schwarzstart- und Inselbetriebsfähigkeit ausschließlich durch die Übertragungsnetzbetreiber sicherzustellen;
16. einen Netzentwicklungsplan gemäß § 37 zu erstellen und zur Genehmigung bei der Regulierungsbehörde einzureichen;
17. der Regulierungsbehörde jährlich schriftlich Bericht darüber zu legen, welche Maßnahmen sie zur Wahrnehmung ihrer im Rahmen der Verordnung 2009/714/EG und sonstiger unmittelbar anwendbarer Bestimmungen des Unionsrechts auferlegten Transparenzverpflichtungen gesetzt haben. Der Bericht hat insbesondere eine Spezifikation der veröffentlichten Informationen, die Art der Veröffentlichung (zB Internetadressen, Zeitpunkte und Häufigkeit der Veröffentlichung sowie qualitative oder quantitative Beurteilung der Datenzuverlässigkeit der Veröffentlichung) zu enthalten;
18. der Regulierungsbehörde jährlich schriftlich Bericht darüber zu legen, welche Maßnahmen sie zur Wahrnehmung ihrer im Rahmen der Richtlinie 2009/72/EG und sonstiger unmittelbar anwendbarer Bestimmungen des Unionsrechts auferlegten Verpflichtungen zur technischen Zusammenarbeit mit Übertragungsnetzbetreibern der Europäischen Union sowie Drittländern gesetzt haben. Der Bericht hat insbesondere auf die mit den Übertragungsnetzbetreibern vereinbarten Prozesse und Maßnahmen hinsichtlich länderübergreifender Netzplanung und –betrieb sowie auf vereinbarte Daten für die Überwachung dieser Prozesse und Maßnahmen einzugehen;
19. Unterstützung der ENTSO (Strom) bei der Erstellung des gemeinschaftsweiten Netzentwicklungsplans;
20. zur Einrichtung einer besonderen Bilanzgruppe für die Ermittlung der Netzverluste, die nur die dafür notwendigen Kriterien einer Bilanzgruppe zu erfüllen hat;

21. Energie, die zur Deckung von Energieverlusten und Kapazitätsreserven im Übertragungsnetz verwendet wird, nach transparenten, nichtdiskriminierenden und marktorientierten Verfahren zu beschaffen.

(1a) Betreiber von Übertragungsnetzen mit einer Nennspannung ab 380 kV sind zur Forschung und Entwicklung im Bereich alternativer Leitungstechnologien (etwa 380 kV Wechselspannung-Erdkabel) in großtechnischer Anwendung verpflichtet. Die Ergebnisse dieser Forschung und Entwicklung sind im Rahmen von Variantenuntersuchungen unter Bedachtnahme einer besonderen wirtschaftlichen Bewertung für neue Netzverbindungen zu berücksichtigen. Ihre Anwendbarkeit ist in ausgewählten Pilotprojekten gemäß § 40a, die im Netzentwicklungsplan zu kennzeichnen sind, zu erproben.

(2) Wirkt ein Übertragungsnetzbetreiber, der Teil eines vertikal integrierten Elektrizitätsunternehmens ist, an einem zur Umsetzung der regionalen Zusammenarbeit geschaffenen gemeinsamen Unternehmen mit, verpflichten die Ausführungsgesetze dieses gemeinsame Unternehmen ein Gleichbehandlungsprogramm aufzustellen und es durchzuführen. Darin sind die Maßnahmen aufgeführt, mit denen sichergestellt wird, dass diskriminierende und wettbewerbswidrige Verhaltensweisen ausgeschlossen werden. In diesem Gleichbehandlungsprogramm ist festgelegt, welche besonderen Pflichten die Mitarbeiter im Hinblick auf die Erreichung des Ziels der Vermeidung diskriminierenden und wettbewerbswidrigen Verhaltens haben. Das Programm bedarf der Genehmigung durch die Agentur. Die Einhaltung des Programms wird durch die Gleichbehandlungsbeauftragten des Übertragungsnetzbetreibers kontrolliert.

Pilotprojekte für Erdkabel

§ 40a. (1) Die Bundesministerin für Klimaschutz, Umwelt, Energie, Mobilität, Innovation und Technologie hat die Übertragungsnetzbetreiber aufzufordern, über die Ergebnisse der Forschung und Entwicklung sowie die dazu durchgeführten Pilotprojekte gemäß § 40 Abs. 1a regelmäßig zu berichten. Ein solcher Bericht ist jedenfalls innerhalb von fünf Jahren zu erstatten.

(2) Erweist sich nach sachverständiger Beurteilung der gemäß Abs. 1 bekanntgegebene Forschungs- und Entwicklungsstand als ungenügend, kann die Bundesministerin für Klimaschutz, Umwelt, Energie, Mobilität, Innovation und Technologie einen fachlich geeigneten Dritten mit der Ausarbeitung eines Pilotprojektes nach vorheriger Ankündigung und unter Setzung einer angemessenen Nachfrist beauftragen. Dieses Pilotprojekt ist in den Netzentwicklungsplan aufzunehmen.

Genehmigung der Allgemeinen Bedingungen

§ 41. (Verfassungsbestimmung) Für die Genehmigung sowie für jede Änderung der Allgemeinen Bedingungen für die Betreiber von Übertragungsnetzen ist die Regulierungsbehörde zuständig. Die Genehmigung ist erforderlichenfalls unter Auflagen oder Bedingungen zu erteilen, soweit dies zur Erfüllung der Vorschriften dieses Gesetzes erforderlich ist. Die Betreiber von Übertragungsnetzen haben auf Verlangen der Regulierungsbehörde Änderungen der Allgemeinen Bedingungen vorzunehmen.

6. Hauptstück

Betrieb von Verteilernetzen

Ausübungsvoraussetzungen für Verteilernetze

§ 42. (Grundsatzbestimmung) (1) Der Betrieb eines Verteilernetzes innerhalb eines Landes bedarf einer Konzession.

(2) Die Ausführungsgesetze haben insbesondere die Konzessionsvoraussetzungen und die Parteistellung bei der Konzessionserteilung sowie die für die Erteilung einer Konzession für den Betrieb von Verteilernetzen erforderlichen besonderen Verfahrensbestimmungen zu regeln.

(3) Für Verteilernetzbetreiber, an deren Netz mindestens 100 000 Kunden angeschlossen sind, haben die Ausführungsgesetze als Konzessionsvoraussetzung vorzusehen, dass Konzessionswerber, die zu einem vertikal integrierten Unternehmen gehören, zumindest in ihrer Rechtsform, Organisation und Entscheidungsgewalt unabhängig von den übrigen Tätigkeitsbereichen sein müssen, die nicht mit der Verteilung zusammenhängen. Weiters haben die Ausführungsgesetze vorzusehen, dass im Falle einer Konzessionserteilung, insbesondere auch durch entsprechende Auflagen oder Bedingungen, sichergestellt wird, dass der Verteilernetzbetreiber hinsichtlich seiner Organisation und Entscheidungsgewalt unabhängig von den übrigen Tätigkeitsbereichen eines vertikal integrierten Unternehmens ist, die nicht mit der Verteilung zusammenhängen. Zur Sicherstellung dieser Unabhängigkeit in einem integrierten Elektrizitätsunternehmen ist insbesondere vorzusehen,

1. dass die für die Leitung des Verteilernetzbetreibers zuständigen Personen nicht betrieblichen Einrichtungen des integrierten Elektrizitätsunternehmens angehören, die direkt oder indirekt für den laufenden Betrieb in den Bereichen Elektrizitätserzeugung und –versorgung zuständig sind;
2. dass die berufsbedingten Interessen der für die Leitung des Verteilernetzbetreibers zuständigen Personen (Gesellschaftsorgane) in einer Weise berücksichtigt werden, dass deren Handlungsunabhängigkeit gewährleistet ist, wobei

insbesondere die Gründe für die Abberufung eines Gesellschaftsorgans des Verteilernetzbetreibers in der Gesellschaftssatzung des Verteilernetzbetreibers klar zu umschreiben sind;
3. dass der Verteilernetzbetreiber über die zur Erfüllung seiner Aufgabe erforderlichen Ressourcen, einschließlich der personellen, technischen, materiellen und finanziellen Mittel verfügt, die für den Betrieb, die Wartung oder den Ausbau des Netzes erforderlich sind und gewährleistet ist, dass der Verteilernetzbetreiber über die Verwendung dieser Mittel unabhängig von den übrigen Bereichen des integrierten Unternehmens entscheiden kann;
4. dass der Verteilernetzbetreiber ein Gleichbehandlungsprogramm aufstellt, aus dem hervorgeht, welche Maßnahmen zum Ausschluss diskriminierenden Verhaltens getroffen werden; weiters sind Maßnahmen vorzusehen, durch die die ausreichende Überwachung der Einhaltung dieses Programms gewährleistet wird. In diesem Programm ist insbesondere festzulegen, welche Pflichten die Mitarbeiter im Hinblick auf die Erreichung dieses Ziels haben. Der für die Aufstellung und Überwachung der Einhaltung des Gleichbehandlungsprogramms gegenüber der Landesregierung benannte Gleichbehandlungsverantwortliche hat dieser und der Regulierungsbehörde jährlich einen Bericht über die getroffenen Maßnahmen vorzulegen und zu veröffentlichen. Die für die Überwachung des Gleichbehandlungsprogramms zuständige Landesregierung hat der Regulierungsbehörde jährlich einen zusammenfassenden Bericht über die getroffenen Maßnahmen vorzulegen und diesen Bericht zu veröffentlichen.

(4) Abs. 3 Z 1 steht der Einrichtung von Koordinierungsmechanismen nicht entgegen, durch die sichergestellt wird, dass die wirtschaftlichen Befugnisse des Mutterunternehmens und seine Aufsichtsrechte über das Management im Hinblick auf die Rentabilität eines Tochterunternehmens geschützt werden. Insbesondere ist zu gewährleisten, dass ein Mutterunternehmen den jährlichen Finanzplan oder ein gleichwertiges Instrument des Verteilernetzbetreibers genehmigt und generelle Grenzen für die Verschuldung seines Tochterunternehmens festlegt. Weisungen bezüglich des laufenden Betriebs oder einzelner Entscheidungen über den Bau oder die Modernisierung von Verteilerleitungen, die über den Rahmen des genehmigten Finanzplans oder eines gleichwertigen Instruments nicht hinausgehen, sind unzulässig.

(5) Die Ausführungsgesetze haben vorzusehen, dass dem Aufsichtsrat von Verteilernetzbetreibern, die zu einem integrierten Unternehmen gehören, mindestens zwei Mitglieder angehören, die von der Muttergesellschaft unabhängig sind.

(6) Die Ausführungsgesetze haben sicher zu stellen, dass ein Verteilernetzbetreiber, der Teil eines vertikal integrierten Unternehmens ist, von der Landesregierung beobachtet wird, dass er diesen Umstand nicht zur Verzerrung des Wettbewerbs nutzen kann. Insbesondere haben die Ausführungsgesetze Maßnahmen vorzusehen, durch die gewährleistet ist, dass vertikal integrierten Verteilernetzbetreiber in ihrer Kommunikations- und Markenpolitik dafür Sorge tragen, dass eine Verwechslung in Bezug auf die eigene Identität der Versorgungssparte des vertikal integrierten Unternehmens ausgeschlossen ist.

(7) Die Ausführungsgesetze haben sicherzustellen, dass der Gleichbehandlungsbeauftragte des Verteilernetzbetreibers völlig unabhängig ist und Zugang zu allen Informationen hat, über die der Verteilernetzbetreiber und etwaige verbundene Unternehmen verfügen und die der Gleichbehandlungsbeauftragte benötigt um seine Aufgaben zu erfüllen.

(8) Die Ausführungsgesetzgebung hat die Landesregierung zu verpflichten, allfällige Verstöße von Verteilerunternehmen gegen die in Ausführung der vorstehenden Absätze erlassenen Landesgesetze unverzüglich der Regulierungsbehörde mitzuteilen.

Übergang und Erlöschen der Berechtigung zum Netzbetrieb

§ 43. (Grundsatzbestimmung) (1) Die Ausführungsgesetze haben als Endigungstatbestände einer Konzession für ein Verteilernetz vorzusehen:

1. die Entziehung,
2. den Verzicht,
3. den Untergang des Unternehmens sowie
4. den Konkurs des Rechtsträgers.

(2) Die Entziehung ist jedenfalls dann vorzusehen, wenn der Konzessionsträger seinen Pflichten nicht nachkommt und eine gänzliche Erfüllung der dem Systembetreiber auferlegten Verpflichtungen auch nicht zu erwarten ist oder der Systembetreiber dem Auftrag der Behörde auf Beseitigung der hindernden Umstände nicht nachkommt.

(3) Die Ausführungsgesetze haben vorzusehen, dass bei Übertragung von Unternehmen und Teilunternehmen durch Umgründung (insbesondere durch Verschmelzungen, Umwandlungen, Einbringungen, Zusammenschlüssen, Spaltungen und Realteilungen) die zur Fortführung des Betriebes erforderlichen Konzessionen auf den Nachfolgeunternehmer übergehen und die bloße Umgründung keinen Endigungstatbestand darstellt, insbesondere keine Entziehung rechtfertigt. Vorzusehen ist weiters, dass der Nachfolgeunternehmer der Landesregierung den Übergang unter Anschluss eines Firmenbuchauszugs und der zur Herbeiführung der Eintragung im Firmenbuch einge-

reichten Unterlagen in Abschrift innerhalb angemessener Frist anzuzeigen hat.

Recht zum Netzanschluss

§ 44. (Grundsatzbestimmung) (1) Die Ausführungsgesetze haben – unbeschadet der Bestimmungen betreffend Direktleitungen sowie bestehender Netzanschlussverhältnisse – das Recht des Betreibers eines Verteilernetzes vorzusehen, innerhalb des von seinem Verteilernetz abgedeckten Gebietes alle Endverbraucher und Erzeuger an sein Netz anzuschließen (Recht zum Netzanschluss).

(2) Vom Recht gemäß Abs. 1 sind jedenfalls jene Kunden auszunehmen, denen elektrische Energie mit einer Nennspannung von über 110 kV übergeben wird.

Pflichten der Verteilernetzbetreiber

§ 45. (Grundsatzbestimmung) Die Ausführungsgesetze haben Betreiber von Verteilernetzen zu verpflichten:

1. ihre Verteilernetze vorausschauend und im Sinne der nationalen und europäischen Klima- und Energieziele weiterzuentwickeln;
2. die zur Durchführung der Berechnung und Zuordnung der Ausgleichsenergie erforderlichen Daten zur Verfügung zu stellen, wobei insbesondere jene Zählwerte zu übermitteln sind, die für die Berechnung der Fahrplanabweichungen und der Abweichung vom Lastprofil jeder Bilanzgruppe benötigt werden;
3. Netzzugangsberechtigten zu den genehmigten Allgemeinen Bedingungen und bestimmten Systemnutzungsentgelten den Zugang zu ihrem System zu gewähren;
4. die für den Netzzugang genehmigten Allgemeinen Bedingungen und bestimmten Systemnutzungsentgelte zu veröffentlichen;
5. die zur Durchführung der Verrechnung und Datenübermittlung gemäß Z 1 erforderlichen vertraglichen Maßnahmen vorzusehen;
6. zum Betrieb und der Instandhaltung des Netzes;
7. zur Abschätzung der Lastflüsse und Prüfung der Einhaltung der technischen Sicherheit des Netzes;
8. zur Führung einer Evidenz über alle in seinem Netz tätigen Bilanzgruppen und Bilanzgruppenverantwortlichen;
9. zur Führung einer Evidenz aller in seinem Netz tätigen Lieferanten;
10. zur Messung der Bezüge, Leistungen, Lastprofile der Netzbenutzer, Prüfung deren Plausibilität und die Weitergabe von Daten im erforderlichen Ausmaß an die Bilanzgruppenkoordinatoren, betroffene Netzbetreiber sowie Bilanzgruppenverantwortliche;
11. zur Messung der Leistungen, Strommengen, Lastprofile, an den Schnittstellen zu anderen Netzen und Weitergabe der Daten an betroffene Netzbetreiber, und die Bilanzgruppenkoordinatoren;
12. Engpässe im Netz zu ermitteln und Handlungen zu setzen, um diese zu vermeiden;
13. zur Entgegennahme und Weitergabe von Meldungen über Lieferanten- sowie Bilanzgruppenwechsel;
14. zur Einrichtung einer besonderen Bilanzgruppe für die Ermittlung der Netzverluste, die nur die dafür notwendigen Kriterien einer Bilanzgruppe zu erfüllen hat;
15. Energie, die zur Deckung von Energieverlusten und Kapazitätsreserven im Verteilernetz verwendet wird, nach transparenten, nichtdiskriminierenden und marktorientierten Verfahren zu beschaffen;
16. zur Einhebung der Entgelte für Netznutzung;
17. zur Zusammenarbeit mit dem Bilanzgruppenkoordinator, den Bilanzgruppenverantwortlichen und sonstigen Marktteilnehmern bei der Aufteilung der sich aus der Verwendung von standardisierten Lastprofilen ergebenden Differenzen nach Vorliegen der Messergebnisse;
18. zur Bekanntgabe der eingespeisten Ökoenergie an die Regulierungsbehörde;
19. Verträge über den Datenaustausch mit anderen Netzbetreibern, den Bilanzgruppenverantwortlichen sowie den Bilanzgruppenkoordinatoren und anderen Marktteilnehmern entsprechend den Marktregeln abzuschließen;
20. sich jeglicher Diskriminierung von Netzbenutzern oder Kategorien von Netzbenutzern, insbesondere zugunsten der mit ihm verbundenen Unternehmen, zu enthalten;
21. den Netzbenutzern die Informationen zur Verfügung zu stellen, die sie für einen effizienten Netzzugang benötigen;
22. bei der Planung des Verteilernetzausbaus Energieeffizienz-, Nachfragesteuerungsmaßnahmen oder dezentrale Erzeugungsanlagen, durch die sich die Notwendigkeit einer Nachrüstung oder eines Kapazitätsersatzes erübrigen könnte, zu berücksichtigen;
23. den Übertragungsnetzbetreiber zum Zeitpunkt der Feststellung des technisch geeigneten Anschlusspunktes über die geplante Errichtung von Erzeugungsanlagen mit einer Leistung von über 50 MW zu informieren;
24. Optionen zur Einbindung von ab- oder zuschaltbaren Lasten für den Netzbetrieb in ihrem Netzgebiet zu prüfen und bei Bedarf im Zuge des integrierten Netzinfrastrukturplans gemäß § 94 EAG an die Bundesministerin für Klimaschutz, Umwelt, Energie, Mobilität, Innovation und Technologie und an die Regulierungsbehörde zu melden;
25. der Regulierungsbehörde Auskunft über Netzzutrittsanträge und Netzzutrittsanzeigen zu geben. Das betrifft insbesondere auch Informationen über die Anschlussleistung sowie über ab-

geschlossene Netzzutritts- und Netzzugangsverträge samt allfälliger Fristen für bevorstehende Anschlüsse.

Allgemeine Anschlusspflicht

§ 46. (Grundsatzbestimmung) (1) Die Ausführungsgesetze haben Betreiber von Verteilernetzen zu verpflichten, Allgemeine Bedingungen zu veröffentlichen und zu diesen Bedingungen mit Endverbrauchern und Erzeugern privatrechtliche Verträge über den Anschluss abzuschließen (Allgemeine Anschlusspflicht).

(2) Die Ausführungsgesetze haben vorzusehen, dass die Allgemeine Anschlusspflicht auch dann besteht, wenn eine Einspeisung oder Abnahme von elektrischer Energie erst durch die Optimierung, Verstärkung oder den Ausbau des Verteilernetzes möglich wird.

(3) Die Ausführungsgesetze können wegen begründeter Sicherheitsbedenken oder wegen technischer Inkompatibilität Ausnahmen von der Allgemeinen Anschlusspflicht vorsehen. Die Gründe für die Ausnahme von der Allgemeinen Anschlusspflicht sind in den Marktregeln näher zu definieren.

(4) Die Ausführungsgesetze haben Betreiber von Verteilernetzen zu verpflichten, im Netzzugangsvertrag einen Zeitpunkt der Inbetriebnahme der Anlage des Netzzugangsberechtigten zu bestimmen, der den tatsächlichen und vorhersehbaren zeitlichen Erfordernissen für die Errichtung oder Ertüchtigung der Anschlussanlage oder für notwendige Verstärkungen oder Ausbauten des vorgelagerten Verteilernetzes entspricht. Dieser Zeitpunkt darf spätestens ein Jahr nach Abschluss des Netzzugangsvertrags für die Netzebenen 7 bis 5 und spätestens drei Jahre nach Abschluss des Netzzugangsvertrags für die Netzebenen 4 und 3 liegen. Sofern für die beabsichtigten Maßnahmen behördliche Genehmigungen oder Verfahren benötigt werden, ist die Verfahrensdauer nicht in diese Frist einzurechnen.

Allgemeine Bedingungen

§ 47. (Verfassungsbestimmung) Für die Genehmigung sowie für jede Änderung der Allgemeinen Bedingungen für die Betreiber von Verteilernetzen ist die Regulierungsbehörde zuständig. Die Betreiber von Verteilernetzen haben, soweit dies zur Erreichung eines wettbewerbsorientierten Marktes erforderlich ist, auf Verlangen der Regulierungsbehörde Änderungen der Allgemeinen Bedingungen vorzunehmen. Die Regulierungsbehörde kann auch verlangen, dass die Frist innerhalb derer auf Verlangen eines Kunden dessen Zählpunktsbezeichnung ihm oder einem Bevollmächtigten in einem gängigen Datenformat in elektronischer Form zur Verfügung zu stellen ist oder ein Lieferantenwechsel durchzuführen ist in die Allgemeinen Bedingungen aufgenommen wird. Soweit dies zur Erfüllung der Vorschriften dieses Gesetzes erforderlich ist, ist die Genehmigung erforderlichenfalls unter Auflagen oder Bedingungen zu erteilen.

5. Teil
Systemnutzungsentgelt

1. Hauptstück
Verfahren zur Festsetzung der Systemnutzungsentgelte

Feststellung der Kostenbasis

§ 48. (1) Die Regulierungsbehörde hat die Kosten, die Zielvorgaben und das Mengengerüst von Netzbetreibern mit einer jährlichen Abgabemenge an Entnehmer von mehr als 50 GWh im Kalenderjahr 2008 von Amts wegen periodisch mit Bescheid festzustellen. Die Kosten und das Mengengerüst der übrigen Netzbetreiber können von Amts wegen mit Bescheid festgestellt werden.

(2) Der Wirtschaftskammer Österreich, der Landwirtschaftskammer Österreich, der Bundesarbeitskammer und dem Österreichischen Gewerkschaftsbund ist vor Abschluss des Ermittlungsverfahrens Gelegenheit zur Stellungnahme zu geben. Die Regulierungsbehörde hat deren Vertretern Auskünfte zu geben und Einsicht in den Verfahrensakt zu gewähren. Wirtschaftlich sensible Informationen, von denen die Vertreter bei der Ausübung ihrer Einsichtsrechte Kenntnis erlangen, sind vertraulich zu behandeln. Die Wirtschaftskammer Österreich sowie die Bundesarbeitskammer können gegen Entscheidungen der Regulierungsbehörde gemäß Abs. 1 wegen Verletzung der in § 59 bis § 61 geregelten Vorgaben Beschwerde an das Bundesverwaltungsgericht sowie in weiterer Folge gemäß Art. 133 B-VG Revision an den Verwaltungsgerichtshof erheben.

Systemnutzungsentgelte und Ausgleichszahlungen

§ 49. (1) Die Systemnutzungsentgelte werden unter Berücksichtigung einer Kostenwälzung gemäß § 62 auf Basis der festgestellten Kosten und des Mengengerüsts mit Verordnung der Regulierungsbehörde bestimmt.

(2) Erforderlichenfalls werden in der Verordnung Ausgleichszahlungen zwischen Netzbetreibern eines Netzbereiches bestimmt.

(3) Der Verordnungserlassung hat ein Stellungnahmeverfahren voranzugehen, das insbesondere den betroffenen Netzbetreibern, Netzbenutzern und den in § 48 Abs. 2 genannten Interessenvertretungen die Möglichkeit zur Stellungnahme innerhalb angemessener Frist sicherstellt.

(4) Nach Abschluss des Stellungnahmeverfahrens sind über Verlangen sämtliche Unterlagen dem Regulierungsbeirat vorzulegen. Der Vorsitzende kann zur Beratung im Regulierungsbeirat auch Sachverständige beiziehen. Bei Gefahr im

Verzug kann die Anhörung durch den Regulierungsbeirat entfallen. Dieser ist jedoch nachträglich unverzüglich mit der Angelegenheit zu befassen.

(5) Die Regulierungsbehörde und Netzbetreiber haben dem Regulierungsbeirat sämtliche für die Beurteilung des Verordnungsentwurfes notwendigen Unterlagen zu übermitteln sowie Auskünfte zu geben.

Regulierungskonto

§ 50. (1) Differenzbeträge zwischen den tatsächlich erzielten und den der Systemnutzungsentgelte-Verordnung zu Grunde liegenden Erlösen sind bei der Feststellung der Kostenbasis für die nächsten zu erlassenden Systemnutzungsentgelte-Verordnungen auszugleichen.

(2) Maßgebliche außergewöhnliche Erlöse oder Aufwendungen können über das Regulierungskonto über einen angemessen Zeitraum verteilt werden.

(3) Wurde ein Kostenbescheid aufgehoben, ist eine abweichende Kostenfeststellung im Ersatzbescheid bei der Feststellung der Kostenbasis für die nächsten Entgeltperioden gemäß Abs. 1 zu berücksichtigen.

(4) Wurde ein Kostenbescheid vom Bundesverwaltungsgericht abgeändert, ist eine abweichende Kostenfeststellung im Erkenntnis des Bundesverwaltungsgerichts bei der Feststellung der Kostenbasis für die nächsten Entgeltperioden zu berücksichtigen.

(5) Wird eine Systemnutzungsentgelte-Verordnung oder eine aufgrund des § 25 Elektrizitätswirtschafts- und –organisationsgesetzes, BGBl. I Nr. 143/1998, erlassene Verordnung vom Verfassungsgerichtshof aufgehoben oder hat der Verfassungsgerichtshof ausgesprochen, dass eine Verordnung gesetzwidrig war, und ergeben sich daraus Minder- oder Mehrerlöse, sind diese bei der Feststellung der Kostenbasis über einen angemessenen Zeitraum zu berücksichtigen.

(6) Netzbetreiber, deren Kosten nicht festgestellt wurden, können binnen drei Monaten nach In-Kraft-Treten der jeweiligen Systemnutzungsentgelte-Verordnung einen Antrag auf Kostenfeststellung für die zur Festsetzung der Systemnutzungsentgelte herangezogene Kostenperiode stellen. Stellt ein Netzbetreiber einen Antrag auf Kostenfeststellung, sind die Kosten sämtlicher Netzbetreiber des Netzbereichs für diese Kostenperiode von Amts wegen festzustellen. Die festgestellten Kosten sind bei der Festsetzung der Systemnutzungsentgelte und der Ausgleichszahlungen für die nächste Entgeltperiode im betroffenen Netzbereich zu berücksichtigen.

(7) Die Ansprüche und Verpflichtungen, die vom Regulierungskonto erfasst werden, und Ansprüche und Verpflichtungen, die die Netzverlustenergiebeschaffung und die Beschaffung der Sekundärregelung betreffen, sind im Rahmen des Jahresabschlusses zu aktivieren oder zu passivieren. Die Bewertung der Posten richtet sich nach den geltenden Rechnungslegungsvorschriften.

2. Hauptstück
Entgeltkomponenten

Bestimmung der Systemnutzungsentgelte

§ 51. (1) Zur Erbringung aller Leistungen, die von den Netzbetreibern und Regelzonenführen in Erfüllung der ihnen auferlegten Verpflichtungen erbracht werden, haben die Netzbenutzer ein Systemnutzungsentgelt zu entrichten. Das Systemnutzungsentgelt besteht aus den in Abs. 2 Z 1 bis 7 bezeichneten Bestandteilen. Eine über die im Abs. 2 Z 1 bis 8 angeführten Entgelte hinausgehende Verrechnung in unmittelbarem Zusammenhang mit dem Netzbetrieb ist, unbeschadet gesonderter Bestimmungen dieses Bundesgesetzes, unzulässig. Das Systemnutzungsentgelt hat dem Grundsatz der Gleichbehandlung aller Systembenutzer, der Kostenorientierung und weitestgehenden Verursachungsgerechtigkeit zu entsprechen und zu gewährleisten, dass elektrische Energie effizient genutzt wird und das Volumen verteilter oder übertragener elektrischer Energie nicht unnötig erhöht wird.

(2) Das Systemnutzungsentgelt bestimmt sich aus dem

1. Netznutzungsentgelt;
2. Netzverlustentgelt;
3. Netzzutrittsentgelt;
4. Netzbereitstellungsentgelt;
5. Systemdienstleitungsentgelt;
6. Entgelt für Messleistungen;
7. Entgelt für sonstige Leistungen sowie
8. gegebenenfalls dem Entgelt für internationale Transaktionen und für Verträge für den Transport von Energie gemäß § 113 Abs. 1.

Die in den Z 1, 2, 4, 5, 6 und 7 angeführten Entgelte sind durch Verordnung der Regulierungsbehörde zu bestimmen, wobei die Entgelte gemäß Z 1, 2, 4, 5 und 7 als Festpreise zu bestimmen sind. Das Entgelt gemäß Z 6 ist als Höchstpreis zu bestimmen. Die Entgelte sind in Euro bzw. Cent pro Verrechnungseinheit angegeben.

(3) Die Regulierungsbehörde hat jedenfalls Systemnutzungsentgelte für Entnehmer und Einspeiser von elektrischer Energie durch Verordnung zu bestimmen, die auf den Netzbereich sowie die Netzebene zu beziehen sind, an der die Anlage angeschlossen ist. Vorgaben hinsichtlich der Netzebenenzuordnung der Anlagen, der Verrechnungsmodalitäten sowie besondere Vorschriften

für temporäre Anschlüsse sind in dieser Verordnung festzulegen.

Netznutzungsentgelt

§ 52. (1) Durch das Netznutzungsentgelt werden dem Netzbetreiber die Kosten für die Errichtung, den Ausbau, die Instandhaltung und den Betrieb des Netzsystems abgegolten. Das Netznutzungsentgelt ist von Entnehmern pro Zählpunkt zu entrichten. Es ist entweder arbeitsbezogen oder arbeits- und leistungsbezogen festzulegen und regelmäßig in Rechnung zu stellen. Der leistungsbezogene Anteil des Netznutzungsentgeltes ist grundsätzlich auf einen Zeitraum eines Jahres zu beziehen. Die Regulierungsbehörde kann Netznutzungsentgelte unter Berücksichtigung einheitlicher Tarifstrukturen zeitvariabel und/oder lastvariabel gestalten. Zur Ermittlung der Basis für die Verrechnung des leistungsbezogenen Anteils des Netznutzungsentgeltes ist das arithmetische Mittel der im Abrechnungszeitraum monatlich gemessenen höchsten viertelstündlichen Leistung heranzuziehen. In den Netzebenen gemäß § 63 Z 1 und 2 kann das 3-Spitzenmittel herangezogen werden. Für eine kürzere Inanspruchnahme als ein Jahr sowie bei gänzlicher oder teilweiser nicht durchgehender Inanspruchnahme des Netzsystems können abweichende Netznutzungsentgelte verordnet werden.

(2) Pauschalierte leistungsbezogene Netznutzungsentgelte sind auf einen Zeitraum von einem Jahr zu beziehen. Ist der Abrechnungszeitraum kürzer oder länger als ein Jahr, dann ist der für den leistungsbezogenen Netznutzungstarif verordnete Pauschalbetrag tageweise zu aliquotieren.

(2a) Das Netznutzungsentgelt ist für teilnehmende Netzbenutzer einer Erneuerbare–Energie–Gemeinschaft gemäß § 16c, bezogen auf jenen Verbrauch, der durch zugeordnete eingespeiste Energie einer Erzeugungsanlage gemäß § 16c abgedeckt ist, gesondert festzulegen. Bei der Festlegung des Entgelts sind die Kosten gemäß § 52 Abs. 1 erster Satz der Netzebene 7 (Lokalbereich) oder, wenn von der Erneuerbare-Energie-Gemeinschaft auch die Netzebene 5 in Anspruch genommen wird, die Kosten gemäß § 52 Abs. 1 erster Satz der Netzebenen 5, 6 und 7 (Regionalbereich) heranzuziehen, wobei die gewälzten Kosten gemäß § 62 der jeweils überlagerten Netzebenen nicht zu berücksichtigen sind. Diese Entgelte sind als prozentuelle Abschläge auf die verordneten Netznutzungsentgelte nur für den arbeitsbezogenen Anteil des jeweils anzuwendenden Netznutzungsentgeltes zu bestimmen. Die Regulierungsbehörde hat dabei für den Lokal- und Regionalbereich jeweils einen bundesweit einheitlichen Wert auf Basis einer Durchschnittsbetrachtung der gewälzten Kosten zu bestimmen. Nach erstmaliger Festsetzung ist nur bei wesentlichen Änderungen der zu Grunde liegenden Basisdaten eine Aktualisierung der Werte durchzuführen. Für den leistungsbezogenen Anteil des Netznutzungsentgelts ist für die Viertelstunden-Leistungswerte gemäß § 52 Abs. 1 die am Zählpunkt aus dem öffentlichen Netz bezogene Leistung verringert um die Leistung in der jeweiligen Viertelstunde, die aus der Erneuerbare-Energie-Gemeinschaft bezogen wird, maßgeblich.

(3) Nicht im Netznutzungsentgelt berücksichtigt ist eine Blindleistungsbereitstellung, die gesonderte Maßnahmen erfordert, individuell zuordenbar ist und innerhalb eines definierten Zeitraums für Entnehmer mit einem Leistungsfaktor (cos φ), dessen Absolutbetrag kleiner als 0,9 ist, erfolgt. Die Aufwendungen dafür sind den Netzbenutzern gesondert zu verrechnen.

(4) Ist für die Abrechnung eine rechnerische Ermittlung des Verbrauchs notwendig, so ist diese bei Zählpunkten ohne Lastprofilzähler vom Netzbetreiber ausschließlich anhand der geltenden, standardisierten Lastprofile transparent und nachvollziehbar durchzuführen. Netzbetreiber mit einer jährlichen Abgabemenge von maximal 10 GWh können zur Verwaltungsvereinfachung vereinfachte Verfahren anwenden. Weicht eine rechnerische Verbrauchswertermittlung von den tatsächlichen Werten ab, so ist eine unentgeltliche Rechnungskorrektur vorzunehmen.

Netzverlustentgelt

§ 53.[a)] (1) Durch das Netzverlustentgelt werden jene Kosten abgegolten, die dem Netzbetreiber für die transparente und diskriminierungsfreie Beschaffung von angemessenen Energiemengen zum Ausgleich physikalischer Netzverluste entstehen, bei der Ermittlung angemessener Energiemengen sind Durchschnittsbetrachtungen zulässig. Das Netzverlustentgelt ist von Entnehmern und Einspeisern zu entrichten. Einspeiser, einschließlich Kraftwerksparks, mit einer Anschlussleistung bis inklusive fünf MW sind von der Entrichtung des Netzverlustentgelts befreit.

(2) Das Netzverlustentgelt ist arbeitsbezogen festzulegen und regelmäßig in Rechnung zu stellen. Sofern die Eigentumsgrenze einer Anlage in einer anderen Netzebene liegt als die Messeinrichtung, ist für die Bemessung des Netzverlustentgelts jene Netzebene maßgeblich, in der sich die Messeinrichtung befindet.

(3) Ist für die Abrechnung eine rechnerische Ermittlung des Verbrauchs notwendig, so ist diese bei Zählpunkten ohne Lastprofilzähler vom Netzbetreiber ausschließlich anhand der geltenden, standardisierten Lastprofile transparent und nachvollziehbar durchzuführen. Netzbetreiber mit einer jährlichen Abgabemenge von maximal 10 GWh können zur Verwaltungsvereinfachung vereinfachte Verfahren anwenden. Weicht eine rechnerische Verbrauchswertermittlung von den tat-

sächlichen Werten ab, so ist eine unentgeltliche Rechnungskorrektur vorzunehmen.

(4) **(Verfassungsbestimmung)** Kosten für die Beschaffung von Netzverlustenergie für das Jahr 2023 werden im Ausmaß von 186 Euro pro MWh durch Bundesmittel bedeckt. Die dafür benötigten Bundesmittel werden im Rahmen des Budgetvollzugs 2023 bereitgestellt. Der Bund hat die Mittel den Netzbetreibern bedarfsgerecht zur Verfügung zu stellen. Wird die Netzverlustenergie für mehrere Netzbetreiber über eine gemeinsame Beschaffung zentral beschafft, können die Mittel auch direkt jenem Unternehmen, dem die gemeinsame Beschaffung obliegt, zur Verfügung gestellt werden. In den Verfahren zur Feststellung der Kostenbasis gemäß § 48 sind lediglich jene Kosten und Mengen festzustellen, die nicht aus Bundesmitteln bedeckt werden. Im Verfahren zur Bestimmung der Systemnutzungsentgelte gemäß § 49 sind die nach diesem Absatz bereitgestellten Bundesmittel ausschließlich bei der Festlegung der Netzverlustentgelte für Entnehmer zu berücksichtigen.

[a] Tritt mit Ablauf des 31. Dezember 2023 außer Kraft.

Netzverlustentgelt

§ 53.[a] (1) Durch das Netzverlustentgelt werden jene Kosten abgegolten, die dem Netzbetreiber für die transparente und diskriminierungsfreie Beschaffung von angemessenen Energiemengen zum Ausgleich physikalischer Netzverluste entstehen, bei der Ermittlung angemessener Energiemengen sind Durchschnittsbetrachtungen zulässig. Das Netzverlustentgelt ist von Entnehmern und Einspeisern zu entrichten. Einspeiser, einschließlich Kraftwerksparks, mit einer Anschlussleistung bis inklusive fünf MW sind von der Entrichtung des Netzverlustentgelts befreit.

(2) Das Netzverlustentgelt ist arbeitsbezogen festzulegen und regelmäßig in Rechnung zu stellen. Sofern die Eigentumsgrenze einer Anlage in einer anderen Netzebene liegt als die Messeinrichtung, ist für die Bemessung des Netzverlustentgelts jene Netzebene maßgeblich, in der sich die Messeinrichtung befindet.

(3) Ist für die Abrechnung eine rechnerische Ermittlung des Verbrauchs notwendig, so ist diese bei Zählpunkten ohne Lastprofilzähler vom Netzbetreiber ausschließlich anhand der geltenden, standardisierten Lastprofile transparent und nachvollziehbar durchzuführen. Netzbetreiber mit einer jährlichen Abgabemenge von maximal 10 GWh können zur Verwaltungsvereinfachung vereinfachte Verfahren anwenden. Weicht eine rechnerische Verbrauchswertermittlung von den tatsächlichen Werten ab, so ist eine unentgeltliche Rechnungskorrektur vorzunehmen.

(Anm.: Abs. 4 mit Ablauf des 31.12.2023 außer Kraft getreten)

[a] Tritt mit 1. Jänner 2024 in Kraft.

Netzzutrittsentgelt

§ 54. (1) Durch das Netzzutrittsentgelt werden dem Netzbetreiber alle angemessenen und den marktüblichen Preisen entsprechenden Aufwendungen abgegolten, die mit der erstmaligen Herstellung eines Anschlusses an ein Netz oder der Abänderung eines Anschlusses infolge Erhöhung der Anschlussleistung eines Netzbenutzers unmittelbar verbunden sind. Das Netzzutrittsentgelt ist einmalig zu entrichten und dem Netzbenutzer auf transparente und nachvollziehbare Weise darzulegen. Sofern die Kosten für den Netzanschluss vom Netzbenutzer selbst getragen werden, ist die Höhe des Netzzutrittsentgelts entsprechend zu vermindern.

(2) Das Netzzutrittsentgelt ist aufwandsorientiert zu verrechnen, wobei der Netzbetreiber eine Pauschalierung für vergleichbare Netzbenutzer einer Netzebene vorsehen kann.

(3) Für den Anschluss von Erzeugungsanlagen auf Basis erneuerbarer Energieträger auf den Netzebenen 3 bis 7 ist ein nach der Engpassleistung gestaffeltes, pauschales Netzzutrittsentgelt nach Maßgabe des Abs. 4 zu verrechnen.

(4) Das pauschale Netzzutrittsentgelt für Erzeugungsanlagen gemäß Abs. 3 beträgt:

Anlagengröße	Entgelt
0 bis 20 kW	10 Euro pro kW
21 bis 250 kW	15 Euro pro kW
251 bis 1.000 kW	35 Euro pro kW
1.001 bis 20.000 kW	50 Euro pro kW
mehr als 20.000 kW	70 Euro pro kW

Sollten die tatsächlichen Kosten für den Anschluss der Erzeugungsanlage mehr als 175 Euro pro kW betragen, können die diesen Betrag überschreitenden Kosten dem Netzbenutzer gesondert in Rechnung gestellt werden. Der Netzbetreiber hat in diesem Fall dem Netzbenutzer mit der Rechnung eine detaillierte Kostenaufstellung vorzulegen und darin auch zu begründen, warum ein Anschluss zu geringeren Kosten nicht möglich ist. Das pauschale Netzzutrittsentgelt nach diesem Absatz wird bis zum 31. Dezember 2025 und sodann alle fünf Jahre durch die Regulierungsbehörde evaluiert. Die Regulierungsbehörde hat das Ergebnis der Evaluierung dem Tätigkeitsbericht gemäß § 28 Abs. 1 E-ControlG beizulegen.

(5) Für Erzeugungsanlagen gemäß Abs. 3 mit einer Engpassleistung bis 250 kW kann im Netzzugangsvertrag vorgesehen werden, dass die Einspeiseleistung am Zählpunkt der betreffenden Anlage zeitweise oder generell auf einen vereinbarten Maximalwert eingeschränkt werden kann, sofern dies für einen sicheren und effizienten Netzbetrieb notwendig ist. Die vereinbarte Einschränkung darf ein Ausmaß von 1% der Maximalkapazität am Netzanschlusspunkt nicht überschreiten.

(6) Für Anlagen zur Umwandlung von Strom in Wasserstoff oder synthetisches Gas, die eine Mindestleistung von 1 MW aufweisen ist bis zu einem Netzanschlussquotienten von 200 lfm/MW_{el} vereinbarter Leistung kein Netzzutrittsentgelt zu entrichten, sofern diese ausschließlich erneuerbare elektrische Energie beziehen und nicht in das Gasnetz einspeisen. Überschreitet der Netzanschlussquotient 200 lfm/MW_{el} vereinbarter Leistung, sind für die darüber hinausgehenden Leitungslängen 50% der Kosten vom Betreiber der Anlage zu tragen. Die beim Netzbetreiber daraus anfallenden Kosten sind bei der Festsetzung der Systemnutzungsentgelte gemäß den Bestimmungen des 5. Teils anzuerkennen.

Netzbereitstellungsentgelt

§ 55. (1) Das Netzbereitstellungsentgelt wird Entnehmern bei Erstellung des Netzanschlusses oder bei Überschreitung des vereinbarten Ausmaßes der Netznutzung als leistungsbezogener Pauschalbetrag für den bereits erfolgten sowie notwendigen Ausbau des Netzes zur Ermöglichung des Anschlusses verrechnet. Es bemisst sich nach dem vereinbarten Ausmaß der Netznutzung. Wurde kein Ausmaß der Netznutzung vereinbart oder wurde das vereinbarte Ausmaß der Netznutzung überschritten, bemisst sich das Netzbereitstellungsentgelt am tatsächlich in Anspruch genommenen Ausmaß der Netznutzung. Jedenfalls ist das Netzbereitstellungsentgelt in Höhe der Mindestleistung gemäß Abs. 7 zu verrechnen.

(2) Das geleistete Netzbereitstellungsentgelt ist auf Verlangen des Entnehmers innerhalb von fünfzehn Jahren ab dem Zeitpunkt der Bezahlung nach einer mindestens drei Jahre ununterbrochen dauernden Verringerung der tatsächlichen Ausnutzung des vereinbarten Ausmaßes der Netznutzung oder drei Jahre nach Stilllegung des Netzanschlusses, dem Entnehmer anteilig, entsprechend dem Ausmaß der Verringerung der Ausnutzung des vereinbarten Ausmaßes der Netznutzung, rückzuerstatten. Die Rückerstattung einer bis zum 31. Dezember 2008 vertraglich vereinbarten Mindestleistung bzw. der Mindestleistung im Sinne des Abs. 7 sowie eines vor dem 19. Februar 1999 erworbenen Ausmaßes der Netznutzung ist nicht möglich.

(3) Die Berechnung des Netzbereitstellungsentgelts hat sich an den durchschnittlichen Ausbaukosten für neue und für die Verstärkung von bestehenden Übertragungs- und Verteilnetzen zu orientieren.

(4) Wird die Netznutzung innerhalb des Netzes eines Netzbetreibers örtlich übertragen, ist das bereits geleistete Netzbereitstellungsentgelt in jenem Ausmaß anzurechnen, in dem sich die vereinbarte weitere Netznutzung gegenüber der bisherigen tatsächlich nicht ändert. Die örtliche Übertragung einer bis zum 31. Dezember 2008 vertraglich vereinbarten Mindestleistung, der Mindestleistung im Sinne des Abs. 7 oder eines vor dem 19. Februar 1999 erworbenen Ausmaßes der Netznutzung ist nicht möglich.

(5) Wird die Netzebene gewechselt, ist die Differenz zwischen dem nach dem 19. Februar 1999 bereits geleisteten Netzbereitstellungsentgelt und dem auf der neuen Netzebene zum Zeitpunkt des Netzebenenwechsels zu leistenden Netzbereitstellungsentgelts rückzuerstatten bzw. durch den Entnehmer nachzuzahlen. Das bis zum 19. Februar 1999 erworbene Ausmaß der Netznutzung in kW wird im Falle eines Wechsels der Netzebene unverändert übertragen, ohne dass es zu einem finanziellen Ausgleich kommt.

(6) Die tatsächlich vereinnahmten Netzbereitstellungsentgelte sind über einen Zeitraum von 20 Jahren, bezogen auf die jeweiligen Netzebenen aufzulösen, sodass sie sich kostenmindernd auf das Netznutzungsentgelt auswirken.

(7) Die Mindestleistungswerte betragen

1. maximal 15 kW für die Netzebene 7;
2. 100 kW für die Netzebene 6;
3. 400 kW für die Netzebene 5;
4. 5000 kW für die Netzebenen 3 und 4;
5. 200 MW für die Netzebenen 1 und 2.

(8) Ausgenommen von der Entrichtung des Netzbereitstellungsentgelts aus Anlass des erstmaligen Abschlusses des Netzzugangsvertrages sind Betreiber jener Anlagen auf Netzebene 1 und Netzebene 2, für die bis zum 31. Dezember 2008 alle für die Errichtung der Anlage notwendigen behördlichen Genehmigungen in erster Instanz vorliegen. Als bis zum 1. Jänner 2009 bereits erworbenes Ausmaß der Netznutzung gilt, sofern

vertraglich nichts anderes vereinbart, der höhere der folgenden Werte: Das vor dem 19. Februar 1999 erworbene Ausmaß der Netznutzung in kW oder der arithmetische Mittelwert der höchsten einviertelstündlichen monatlichen Durchschnittsbelastung von Oktober 2007 bis September 2008 in kW.

(9) Für Entnehmer in den Netzbereichen Steiermark und Graz gilt: Als bis zum 30. Juni 2009 bereits erworbenes Ausmaß der Netznutzung gilt für leistungsgemessene Kunden, sofern vertraglich nichts anderes vereinbart, der höhere der folgenden Werte: Das vor dem 19. Februar 1999 erworbene Ausmaß der Netznutzung in kW oder der arithmetische Mittelwert der höchsten einviertelstündlichen monatlichen Durchschnittsbelastung von Oktober 2007 bis September 2008 in kW. Für nicht leistungsgemessene Kunden gilt, sofern vertraglich bis 31. Dezember 2008 nicht anders vereinbart, eine Leistung von 4 kW als erworben. Bei temporären Anschlüssen und Baustromanschlüssen, bei denen die gesamte Anschlussanlage oder ein überwiegender Teil der Anschlussanlage bereits im Zuge des temporären Anschlusses im Hinblick auf den späteren Anschluss bis zum 30. Juni 2009 dauerhaft ausgeführt wurde, gilt, sofern vertraglich bis 30. Juni 2009 nicht anders vereinbart, eine Leistung von 4 kW als erworben.

(10) Betreiber von Anlagen zur Umwandlung von Strom in Wasserstoff oder synthetisches Gas haben für eine solche Anlage kein Netzbereitstellungsentgelt zu entrichten, sofern diese ausschließlich erneuerbare elektrische Energie bezieht, nicht in das Gasnetz einspeist und eine Mindestleistung von 1 MW aufweist.

Systemdienstleistungsentgelt

§ 56. (1) Durch das Systemdienstleistungsentgelt werden dem Regelzonenführer jene Kosten abgegolten, die sich aus dem Erfordernis ergeben, Lastschwankungen durch eine Sekundärregelung auszugleichen. Das Systemdienstleistungsentgelt beinhaltet die Kosten für die Bereithaltung der Leistung und jenen Anteil der Kosten für die erforderliche Arbeit, der nicht durch die Entgelte für Ausgleichsenergie aufgebracht wird.

(2) Das Systemdienstleistungsentgelt ist arbeitsbezogen zu bestimmen und ist von Einspeisern, einschließlich Kraftwerksparks, mit einer Anschlussleistung von mehr als fünf MW regelmäßig zu entrichten.

(3) Bemessungsgrundlage ist die Bruttoerzeugung (an den Generatorklemmen) der jeweiligen Anlage bzw. des Kraftwerksparks. Sofern die Verbindungsleitung(en) der Anlage zum öffentlichen Netz eine geringere Kapazität aufweist (aufweisen) als die Nennleistung der Erzeugungsanlagen, so ist die Bemessungsgrundlage die Anzahl der Betriebsstunden der Anlage multipliziert mit der Nennleistung (Absicherung der Zuleitung) der Verbindungsleitung zum öffentlichen Netz.

(4) Die zur Verrechnung des Systemdienstleistungsentgelts notwendigen Daten sind von den zur Zahlung verpflichteten Erzeugern dem Regelzonenführer jährlich bekannt zu geben.

Entgelt für Messleistungen

§ 57. (1) Durch das vom Netzbenutzer zu entrichtende Entgelt für Messleistungen werden dem Netzbetreiber jene direkt zuordenbaren Kosten abgegolten, die mit der Errichtung und dem Betrieb von Zähleinrichtungen einschließlich notwendiger Wandler, der Eichung und der Datenauslesung verbunden sind.

(2) Die festgesetzten Entgelte für Messleistungen sind Höchstpreise und gelten für die jeweils eingesetzte Art der Messung. Das Entgelt für Messleistungen ist regelmäßig sowie grundsätzlich aufwandsorientiert zu verrechnen. Soweit Messeinrichtungen von den Netzbenutzern selbst beigestellt werden, ist es entsprechend zu vermindern.

(3) Das Entgelt für Messleistungen ist auf einen Zeitraum von einem Monat zu beziehen und ist im Zuge von nicht monatlich erfolgenden Abrechnungen tageweise zu aliquotieren.

(4) Eine Ab- bzw. Auslesung der Zähleinrichtung hat – mit Ausnahme von Lastprofilzählern, die vom Netzbetreiber jedenfalls zumindest monatlich ausgelesen werden, sowie intelligenten Messgeräten, die gemäß § 84 Abs. 1 ausgelesen werden, – zumindest einmal jährlich zu erfolgen. Dabei hat mindestens alle drei Jahre eine Ab- bzw. Auslesung durch den Netzbetreiber selbst zu erfolgen. Werden die Ablesung und die Übermittlung der Messdaten durch den Netzbenutzer erledigt, so ist der Netzbetreiber zur Durchführung einer Plausibilitätskontrolle der übermittelten Daten verpflichtet. Eine rechnerische Ermittlung der Messwerte ist nur in jenen Fällen zulässig, in denen der Netzbenutzer von der ihm angebotenen Möglichkeit zur Selbstablesung und Übermittlung der Daten an den Netzbetreiber keinen Gebrauch gemacht hat und ein Ableseversuch durch den Netzbetreiber, aus einem Grund, der dem Verantwortungsbereich des Netzbenutzers zuzuordnen ist, erfolglos blieb.

Entgelt für sonstige Leistungen

§ 58. Die Netzbetreiber sind berechtigt, Netzbenutzern für die Erbringung sonstiger Leistungen, die nicht durch die Entgelte gemäß § 51 Abs. 2 Z 1 bis 6 und 8 abgegolten sind, und vom Netzbenutzer unmittelbar verursacht werden, ein gesondertes Entgelt zu verrechnen. Hiervon ausgenommen sind die sonstigen Leistungen der Netzbetreiber, die diese im Zusammenhang mit § 16a Abs. 5 und 7, § 16c Abs. 3 sowie § 16e erbringen. Die Entgelte für sonstige Leistungen sind von der Regulierungsbehörde durch Verordnung in angemessener Höhe festzulegen, wobei über die in Abs. 1 festgelegten Grundsätze hinausgehend auf die soziale

Verträglichkeit Bedacht zu nehmen ist. Entgelte für sonstige Leistungen sind insbesondere für Mahnspesen, sowie die vom Netzbenutzer veranlassten Änderungen der Messeinrichtung festzusetzen. Das für die Abschaltung gemäß § 82 Abs. 3 und Wiederherstellung des Netzzuganges zu entrichtende Entgelt darf insgesamt 30 Euro nicht übersteigen.

Ausnahmen von Systemnutzungsentgelten für Forschungs-und Demonstrationsprojekte

§ 58a. (1) Die Regulierungsbehörde kann für bestimmte Forschungs- und Demonstrationsprojekte, die die Voraussetzungen der nachstehenden Absätze erfüllen, mit Bescheid Systemnutzungsentgelte festlegen, die von den Bestimmungen des 5. Teils oder einer Verordnung gemäß den §§ 49 und 51 abweichen (Ausnahmebescheid).

(2) Forschungs- und Demonstrationsprojekte im Sinne dieser Bestimmung sind Projekte, die mindestens zwei der folgenden Ziele verfolgen

1. Systemintegration von erneuerbaren Energietechnologien sowie von Speicher- und Energieeffizienztechnologien, etwa durch den Einsatz neuer und innovativer Geschäftsmodelle;
2. Ausbau und verstärkte Nutzung von erneuerbaren Energieträgern, insbesondere auch im Zuge von dezentralen und regionalen Versorgungskonzepten;
3. Digitalisierung des Energiesystems und intelligente Nutzung von Energie;
4. Stärkung der gesellschaftlichen Akzeptanz der Energiewende und der hiefür notwendigen Transformationsprozesse;
5. Verbesserung der Umwandlung oder Speicherung von elektrischer Energie sowie Umsetzung von Sektorkopplung und Sektorintegration durch Realisierung der dafür erforderlichen Konversionsanlagen und -prozesse;
6. Anhebung von markt- oder netzseitigen Flexibilitätspotenzialen;
7. Steigerung der Effizienz oder Sicherheit des Netzbetriebs oder der Versorgung mit elektrischer Energie, insbesondere durch Erbringung von Flexibilitätsdienstleistungen;
8. Vereinfachung bzw. Beschleunigung des künftigen Netzausbaus sowie Reduktion des Netzausbaubedarfs auf Verteilernetzebene.

(3) Anträge auf Erteilung einer Ausnahme nach Abs. 1 können nur Forschungs- und Demonstrationsprojekte stellen, die über eine Förderungsentscheidung gemäß § 16 Forschungs- und Technologieförderungsgesetz, BGBl. Nr. 434/1982, oder über eine Förderungsentscheidung im Rahmen eines äquivalenten Förderprogramms verfügen.

(4) Die Äquivalenz eines Förderprogramms liegt vor, wenn das betreffende Förderprogramm in seiner Zielsetzung zumindest zwei der unter Abs. 2 genannten Ziele adressiert und denselben Standards und Anforderungen unterliegt, wie dies im Rahmen des Forschungs- und Technologieförderungsgesetzes und der darauf basierenden Förderrichtlinien für nationale Programme festgelegt ist. Dies gilt insbesondere für Anforderungen hinsichtlich

1. Innovationsgehalt, Eignung der Projektbeteiligten und Qualität des Vorhabens,
2. Transparenz (inklusive Informationsübermittlung) und Monitoring sowie
3. Bewertungsverfahren.

(5) Der Antrag auf Erteilung einer Ausnahme nach Abs. 1 muss zumindest folgende Angaben und Unterlagen enthalten:

1. Name, Anschrift, Telefonnummer und E–Mail-Adresse des Projektwerbers bzw. Projektwerber-Konsortiums; bei Personengesellschaften und juristischen Personen zusätzlich den Sitz und die Firmenbuchnummer sowie den Namen einer vertretungsbefugten natürlichen Person;
2. Beschreibung des Projekts im Hinblick auf den Beitrag zur Zielerreichung nach Abs. 2;
3. Beschreibung der am Projekt beteiligten Erzeugungs- und Verbrauchsanlagen unter Angabe der jeweiligen Zählpunktnummern;
4. Art und Umfang der beantragten Ausnahme nach Abs. 1;
5. Nachweis über die erfolgte Förderungsentscheidung gemäß § 16 des Forschungs- und Technologieförderungsgesetzes oder über die erfolgte Förderungsentscheidung im Rahmen eines äquivalenten Förderprogramms samt der hiefür erforderlichen Unterlagen.

Die Regulierungsbehörde hat spätestens binnen drei Monaten nach Einlangen eines vollständigen und formgültigen Antrags einen Ausnahmebescheid nach Abs. 1 zu erlassen.

(6) Die Regulierungsbehörde kann einen Ausnahmebescheid nach Abs. 1 unter Vorschreibung von Auflagen, Bedingungen oder Befristungen erlassen, sofern dies zur Erfüllung der Ziele nach dieser Bestimmung erforderlich ist. Der Ausnahmebescheid ist den Netzbetreibern zu Kenntnis zu bringen, in deren Konzessionsgebieten das von der Ausnahme erfasste Forschungs- oder Demonstrationsprojekt durchgeführt wird. Sofern von einem Forschungs- oder Demonstrationsprojekt Systemdienstleistungsentgelte zu entrichten sind, ist der Ausnahmebescheid auch dem Regelzonenführer zu Kenntnis zu bringen.

(7) Die Regulierungsbehörde kann von den in Abs. 1 genannten Bestimmungen hinsichtlich der Entgeltstruktur, der Bemessungsgrundlage oder des abrechnungsrelevanten Zeitraums abweichen oder auch eine betragsmäßige Reduktion bis hin zu einer vollständigen Befreiung von Systemnutzungsentgelten vorsehen. Dabei hat die Regulierungsbehörde die Förderungsentscheidung gemäß Abs. 3 und den Antrag gemäß Abs. 5 entsprechend zu berücksichtigen. Eine Ausnahme nach

Abs. 1 gilt nur für die am Projekt beteiligten Netzbenutzer im Rahmen der Durchführung des Projekts und wird für höchstens drei Jahre sowie ausschließlich für jene Zeiträume gewährt, in denen die Voraussetzungen der Abs. 2 und 3 gegeben sind.

(8) Ausnahmen gemäß Abs. 1 werden unter den Voraussetzungen der Verordnung (EU) Nr. 1407/2013 über die Anwendung der Artikel 107 und 108 des Vertrags über die Arbeitsweise der Europäischen Union auf De-minimis-Beihilfen, ABl. Nr. L 352 vom 24.12.2013 S. 1, als de–minimis-Förderungen gewährt.

3. Hauptstück
Grundsätze der Kosten- und Mengenermittlung
Kostenermittlung

§ 59. (1) Die den Entgelten zugrunde liegenden Kosten haben dem Grundsatz der Kostenwahrheit zu entsprechen und sind differenziert nach Netzebenen zu ermitteln. Dem Grunde und der Höhe nach angemessene Kosten sind zu berücksichtigen. Der Netzsicherheit, der Versorgungssicherheit unter Berücksichtigung von Qualitätskriterien, der Marktintegration sowie der Energieeffizienz ist Rechnung zu tragen. Die Bestimmung der Kosten unter Zugrundelegung einer Durchschnittsbetrachtung, die von einem rationell geführten, vergleichbaren Unternehmen ausgeht, ist zulässig. Investitionen sind in angemessener Weise ausgehend von den ursprünglichen Anschaffungskosten sowie den Finanzierungskosten zu berücksichtigen. Außerordentliche Aufwendungen oder Erträge können über einen mehrjährigen Zeitraum anteilig verteilt werden. Die bei einer effizienten Implementierung neuer Technologien entstehenden Kosten sind in den Entgelten unter Berücksichtigung der beschriebenen Grundsätze und der Nutzung von Synergieeffekten angemessen zu berücksichtigen. Internationale Transaktionen und Verträge für den Transport von Energie gemäß § 113 Abs. 1 sind bei der Kostenermittlung zu berücksichtigen.

(2) Für die Ermittlung der Kosten sind Zielvorgaben zugrunde zu legen, die sich am Einsparungspotential der Unternehmen orientieren. Dabei sind die festgestellten Kosten sowohl um generelle Zielvorgaben, die sich an Produktivitätsentwicklungen orientieren, als auch um die netzbetreiberspezifische Teuerungsrate anzupassen. Individuelle Zielvorgaben können aufgrund der Effizienz der Netzbetreiber berücksichtigt werden. Die dabei anzuwendenden Methoden haben dem Stand der Wissenschaft zu entsprechen. Bei der Ermittlung der individuellen Zielvorgaben können neben einer Gesamtunternehmensbetrachtung bei sachlicher Vergleichbarkeit auch einzelne Teilprozesse herangezogen werden. Dabei ist sicher zu stellen, dass für die Übertragungs- und Verteilernetzbetreiber Anreize bestehen, die Effizienz zu steigern und notwendige Investitionen angemessen durchführen zu können.

(3) Der Zeitraum zur Realisierung der Zielvorgaben (Zielerreichungszeitraum) kann durch die Regulierungsbehörde im jeweiligen Kostenbescheid in ein- oder mehrjährige Regulierungsperioden unterteilt werden. Zum Ende einer Regulierungsperiode können die unternehmensindividuellen Effizienzfortschritte einer Evaluierung unterzogen werden. Nach einer Regulierungsperiode kann neuerlich ein Effizienzvergleich oder ein alternatives dem Stand der Wissenschaft entsprechendes Regulierungssystem zur Ermittlung der Netznutzungsentgelte umgesetzt werden.

(4) Beeinflusst das vertikal integrierte Elektrizitätsunternehmen die Kosten des Netzbetreibers durch Verrechnungen, muss der Netzbetreiber diese Kosten ausreichend belegen. Auf Verlangen der Regulierungsbehörde hat das vertikal integrierte Elektrizitätsunternehmen die Kalkulationsgrundlage für die Verrechnungen vorzulegen.

(5) Zur Abdeckung der netzbetreiberspezifischen Teuerungsrate ist ein Netzbetreiberpreisindex zu berücksichtigen. Dieser setzt sich aus veröffentlichten Teilindices zusammen, die die durchschnittliche Kostenstruktur der Netzbetreiber repräsentieren.

(6) Zielvorgaben gemäß Abs. 2 sowie die netzbetreiberspezifische Teuerungsrate gemäß Abs. 5 wirken ausschließlich auf die vom Unternehmen beeinflussbaren Kosten. Nicht beeinflussbare Kosten sind insbesondere Kosten:

1. die mit der Umsetzung von Maßnahmen entstehen, die auf Grund von Netzentwicklungsplänen von der Regulierungsbehörde genehmigt worden sind;
2. für die Nutzung funktional verbundener Netze im Inland;
3. zur Deckung von Netzverlusten auf Basis transparenter und diskriminierungsfreier Beschaffung;
4. für die Bereitstellung von Primär- und Sekundärregelung auf Basis transparenter und diskriminierungsfreier Beschaffung;
5. für Landesabgaben zur Nutzung öffentlichen Grundes (Gebrauchsabgabe);
6. aufgrund gesetzlicher Vorschriften im Zuge von Ausgliederungen, welche dem Grunde nach zum Zeitpunkt der Vollliberalisierung des Elektrizitätsmarktes mit 1. Oktober 2001 bestanden haben. Die näheren Kostenarten sind spätestens nach Ablauf von 3 Monaten ab Inkrafttreten dieses Gesetzes durch eine Verordnung der Regulierungskommission festzulegen.

(7) Die Kosten für die Bestimmung der Netzverlust- und Netznutzungsentgelte sind bezogen auf die jeweiligen Netzebenen auf Basis der festgestellten Gesamtkosten abzüglich vereinnahmter Messentgelte, Entgelte für sonstige Leistungen sowie der anteiligen Auflösung von passivierten Netzbereitstellungs- und Netzzutrittsentgelten sowie unter angemessener Berücksichtigung etwaiger Erlöse aus grenzüberschreitenden Transporten zu ermitteln. Die festgestellten Gesamtkosten sind um vereinnahmte Förderungen und Beihilfen zu reduzieren.

(8) Sofern die angewandte Regulierungssystematik für ein- oder mehrjährige Regulierungsperioden gemäß Abs. 1 bis Abs. 6 einen Zeitverzug in der Abgeltung durch die Systemnutzungsentgelte bewirkt, können entsprechende Differenzbeträge im Rahmen des Jahresabschlusses aktiviert werden bzw. sind diese im Rahmen des Jahresabschlusses als Rückstellung zu passivieren. Die Bewertung der Posten richtet sich nach den geltenden Rechnungslegungsvorschriften.

Finanzierungskosten

§ 60. (1) Finanzierungskosten haben die angemessenen Kosten für die Verzinsung von Eigen- und Fremdkapital zu umfassen, wobei die Verhältnisse des Kapitalmarktes und die Kosten für Ertragsteuern zu berücksichtigen sind. Geförderte Finanzierungen sind angemessen zu berücksichtigen.

(2) Die Finanzierungskosten sind durch Multiplikation des angemessenen Finanzierungskostensatzes mit der zu verzinsenden Kapitalbasis zu ermitteln. Hierbei ist der verzinsliche Rückstellungsbestand unter Berücksichtigung der Finanzierungstangente, welche im Personalaufwand verbucht ist, kostenmindernd anzusetzen.

(3) Der Finanzierungskostensatz ist aus einem gewichteten durchschnittlichen Kapitalkostensatz unter Zugrundelegung einer Normkapitalstruktur sowie der Ertragsteuer zu bestimmen. Die Normkapitalstruktur hat sowohl generelle branchenübergreifende als auch signifikante unternehmensindividuelle Faktoren zu berücksichtigen, welche den Eigenkapitalanteil um mehr als 10% unterschreiten. Eine marktgerechte Risikoprämie für das Eigen- und Fremdkapital, die Rahmenbedingungen des Kapitalmarktes sowie ein risikoloser Zinssatz sind zu berücksichtigen. Bei der Ermittlung des risikolosen Zinssatzes kann ein mehrjähriger Durchschnitt herangezogen werden.

(4) Die verzinsliche Kapitalbasis ist durch die der Kostenfestlegung zugrunde liegende Bilanz im Sinne des § 8 für die Übertragungs- und Verteilungstätigkeit zu bestimmen. Sie ergibt sich aus dem für den Netzbetrieb nötigen Sachanlagevermögen und dem immateriellen Vermögen abzüglich passivierter Netzzutritts- und Netzbereitstellungsentgelte (Baukostenzuschüsse) und etwaiger Firmenwerte. Im Falle von Zusammenschlüssen von Netzbetreibern kann eine erhöhte Kapitalbasis anerkannt werden, sofern aus diesem Zusammenschluss erzielte Synergieeffekte unmittelbar zu einer Reduktion der Gesamtkosten führen.

Ermittlung des Mengengerüsts

§ 61. Die den Entgelten zugrunde liegenden Mengen sind auf Basis der Abgabe- und Einspeisemengen in kWh, des arithmetischen Mittels der im Betrachtungszeitraum monatlich ermittelten bzw. gemessenen höchsten einviertelstündlichen Leistungen in kW und Zählpunkte des zuletzt verfügbaren Geschäftsjahres pro Netzebene zu ermitteln. Aktuelle oder erwartete erhebliche Effekte bei der Mengenentwicklung, sowohl bei der Mengen- als auch bei der Leistungskomponente sowie bei der Anzahl der Zählpunkte, können berücksichtigt werden.

4. Hauptstück
Grundsätze der Entgeltermittlung
Entgeltermittlung und Kostenwälzung

§ 62. (1) Das Systemnutzungsentgelt ist auf den Netzbereich sowie die Netzebene, an der die Anlage angeschlossen ist, pro Zählpunkt zu beziehen. Die Ermittlung der Systemnutzungsentgelte erfolgt auf Basis der festgestellten gewälzten Kosten und des festgestellten Mengengerüsts.

(2) Bei mehreren Netzbetreibern innerhalb eines Netzbereiches sind zur Ermittlung der Systemnutzungssentgelte die festgestellten Kosten und das festgestellte Mengengerüst dieser Netzbetreiber je Netzebene zusammenzufassen. Differenzen zwischen den festgestellten Kosten und der Erlöse auf Basis des festgestellten Mengengerüsts pro Netzbetreiber sind innerhalb des Netzbereiches auszugleichen. Entsprechende Ausgleichszahlungen zwischen den Netzbetreibern eines Netzbereichs, für die die Kosten festgestellt wurden, sind in der Verordnung gemäß § 51 Abs. 3 festzusetzen.

(3) Das bei der Bestimmung der Entgelte des Höchstspannungsnetzes zugrunde zu legende Verfahren der Kostenwälzung ist von der Regulierungsbehörde unter angemessener Berücksichtigung von Gesichtspunkten einer Brutto- und Nettobetrachtung durch Verordnung gemäß § 51 Abs. 3 zu bestimmen. Kosten für die Vorhaltung der Sekundärregelleistung, sowie für die Bereitstellung von Netzverlusten sind in der Brutto- und Nettobetrachtung nicht zu berücksichtigen. Bei der Brutto- und Nettobetrachtung ist ein Anteil von 70% für die Netzkosten im Verhältnis der Gesamtgabe und Einspeisung nach elektrischer Arbeit nach der Kostenwälzung gemäß der Bruttobetrachtung nicht zu überschreiten. Kosten für die Erbringung von Netzreserve gemäß den §§ 23b bis 23d sind zur Gänze in der Nettobetrachtung zu berücksichtigen. Die Bruttokomponente für die

Höchstspannungsebene ist in den arbeitsbezogenen Tarifen für die Netznutzung getrennt zu berücksichtigen und ist in einem in der Verordnung gemäß § 51 Abs. 3 zu bestimmenden Verfahren den Netzbetreibern des Netzbereichs weiter zu verrechnen.

(4) Bei der Bestimmung der Entgelte der Netzebenen und Netzbereiche gemäß § 63 Z 3 bis 7 ist ebenfalls eine Kostenwälzung durchzuführen, wobei die Netzkosten der jeweiligen Netzebene zuzüglich dem aus der überlagerten Netzebene abgewälzten Kostenanteil auf die direkt an der Netzebene des Netzbereichs angeschlossenen Entnehmer und Einspeiser und auf alle den untergelagerten Netzebenen angeschlossenen Entnehmer und Einspeiser aufzuteilen sind. Bei der Wälzung ist zusätzlich die eingespeiste Energie aus Erzeugungsanlagen auf den einzelnen Netzebenen zu berücksichtigen. Die Wälzung hat unter Anwendung eines angemessenen Verhältnisses zwischen Leistung (kW) und Arbeit (kWh) zu erfolgen.

(5) Die für die Kostenwälzung zu verwendenden elektrischen Leistungen ergeben sich nach einem anerkannten Ermittlungsverfahren, wie etwa aus dem 3-Spitzenmittel oder dem Höchstlastverfahren, beim Höchstspannungsnetz jedenfalls aus dem arithmetischen Mittel der in den Perioden Jänner bis März, April bis September und Oktober bis Dezember aus dem Höchstspannungsnetz bezogenen höchsten Halbstunden-Durchschnittsleistung. Die für die Kostenwälzung zu verwendende elektrische Arbeit ergibt sich aus der Summe der Einzelbezüge aller an der jeweiligen Netzebene angeschlossenen Endverbraucher und der daraus versorgten Netzbereiche sowie der an die nächste Netzebene abgegebenen elektrischen Arbeit. Der Eigenbedarf des Netzes ist von der Kostenwälzung für die Bestimmung der Netznutzungsentgelte auszunehmen.

Netzebenen

§ 63. Als Netzebenen, von denen bei der Bildung der Systemnutzungsentgelte auszugehen ist, werden bestimmt:

1. Netzebene 1: Höchstspannung (380 kV und 220 kV, einschließlich 380/220-kV-Umspannung);
2. Netzebene 2: Umspannung von Höchst- zu Hochspannung;
3. Netzebene 3: Hochspannung (110 kV, einschließlich Anlagen mit einer Betriebsspannung zwischen mehr als 36 kV und 220 kV);
4. Netzebene 4: Umspannung von Hoch- zu Mittelspannung;
5. Netzebene 5: Mittelspannung (mit einer Betriebsspannung zwischen mehr als 1 kV bis einschließlich 36 kV sowie Zwischenumspannungen);
6. Netzebene 6: Umspannung von Mittel- zu Niederspannung;
7. Netzebene 7: Niederspannung (1 kV und darunter).

Netzbereiche

§ 64. Als Netzbereiche werden bestimmt:

1. Für die Netzebenen 1 (Höchstspannung) und 2 (Umspannung von Höchst- zu Hochspannung):
   a) Österreichischer Bereich: das Höchstspannungsnetz sowie die Umspannung von Höchst- zu Hochspannung der Verbund-Austrian Power Grid AG;
   b) Tiroler Bereich: die Höchstspannungsnetze sowie die Umspannung von Höchst- zu Hochspannung der TIWAG-Netz AG;
   c) Vorarlberger Bereich: die Höchstspannungsnetze sowie die Umspannung von Höchst- zu Hochspannung der VKW-Netz AG;
2. für die anderen Netzebenen, soweit Z 3 und 4 nicht anderes vorsehen, die jeweiligen, durch die Netze in den Netzebenen 3 bis 7 der in der Anlage I angeführten Unternehmen sowie von sämtlichen über diese Netze indirekt an das Höchstspannungsnetz angeschlossenen funktional verbundenen Netzen anderer Unternehmen abgedeckten Gebiete mit Ausnahme der in Z 3 und 4 umschriebenen Netzbereiche, wobei die der WIEN ENERGIE Stromnetz GmbH und der EVN Netz GmbH eigenen Höchstspannungsanlagen sowie die Umspannung von Höchst- zu Hochspannung der Netzebene 3 (Hochspannung) diesen Netzbereichen (Netzbereich der WIEN ENERGIE Stromnetz GmbH bzw. der EVN Netz GmbH) kostenmäßig zuzuordnen sind;
3. für das Bundesland Oberösterreich für die Netzebene 3 das durch die Netze der Energie AG Oberösterreich Netz GmbH, der LINZ STROM Netz GmbH und der Verbund-Austrian Power Grid AG gemeinsam abgedeckte Gebiet; für die Netzebenen 4 bis 7 die durch die Netze der Energie AG Oberösterreich Netz GmbH und der LINZ STROM Netz GmbH sowie von sämtlichen über diese Netze indirekt an das Höchstspannungsnetz angeschlossenen funktional verbundenen Netzen anderer Unternehmen abgedeckten Gebiete;
4. für die Netzebene 4 die durch die Netze der Innsbrucker Kommunalbetriebe Aktiengesellschaft und der Energie Klagenfurt GmbH abgedeckten Gebiete; für die Netzebenen 5 bis 7 die durch die Netze der Stromnetz Graz GmbH, der Innsbrucker Kommunalbetriebe Aktiengesellschaft, der Energie Klagenfurt GmbH und der Energieversorgung Kleinwalsertal GesmbH abgedeckten Gebiete, sofern dies aus geographischen, wirtschaftlichen oder netztechnischen Gegebenheiten erforderlich ist.

Leitungsanlagen, deren Kostenabgeltung im Rahmen von Verträgen gemäß § 113 Abs. 2 geregelt ist, sind in keinen der Netzbereiche aufzunehmen. Für die Inanspruchnahme von Leitungsanlagen im Rahmen von Verträgen gemäß § 113 Abs. 2 bestimmt sich das Entgelt für die Netzbenutzung aus der in diesen Verträgen geregelten Kostenabgeltung. Sofern darüber hinaus solche Leitungsanlagen nicht im Rahmen von Verträgen gemäß § 113 Abs. 2 genutzt werden, kommen die jeweiligen Systemnutzungsentgelte des österreichischen Bereiches (Netzebene 1 und 2) bzw. des Bereiches Vorarlberg (ab Netzebene 3) zur Anwendung. Durch die Zuordnung zu einem Netzbereich wird nicht in das Versorgungsgebiet, in Eigentumsrechte, in Investitionsentscheidungen, in die Betriebsführung, in die Netzplanung oder in die Netzhoheit anderer Netzbetreiber eingegriffen.

6. Teil
Pflichten der Lieferanten und Stromhändler
Datenaustausch

§ 65. (1) Stromhändler und sonstige Lieferanten, die Endverbraucher beliefern, sind verpflichtet, Verträge über den Datenaustausch mit dem Verantwortlichen der Bilanzgruppe, deren Mitglieder sie beliefern, dem Netzbetreiber, an dessen Netz der Kunde angeschlossen ist, sowie mit dem zuständigen Bilanzgruppenkoordinator abzuschließen.

(2) Stromhändler und sonstige Lieferanten, die Endverbraucher beliefern, sind verpflichtet,

1. unverzüglich nach Verfügbarkeit die erforderlichen, aktuellen Informationen zu ihren Standardprodukten für die Lieferung von Strom unter Verwendung eindeutig nachvollziehbarer Produktbezeichnungen und Angabe des Angebotsbeginns sowie allfällige automatische Preisanpassungen und die hierfür relevanten Stichtage und
2. jene Produkte für die Lieferung von Strom, die jeweils von mindestens 3 % der von ihnen versorgten Verbraucher im Sinne des § 1 Abs. 1 Z 2 KSchG sowie Kleinunternehmen in Anspruch genommen werden

der Regulierungsbehörde zu melden und die dafür erforderlichen Daten in einer von dieser vorgegebenen elektronischen Form für die Eingabe in den Tarifkalkulator (§ 22 Z 3 E-ControlG) zu übermitteln. Stromhändler und sonstige Lieferanten, die Endverbraucher beliefern, sind verpflichtet, die Daten erforderlichenfalls umgehend zu aktualisieren. Im Tarifkalkulator der Regulierungsbehörde sind alle Wettbewerber gleich zu behandeln und alle der Regulierungsbehörde zur Verfügung gestellten Konditionen transparent und nichtdiskriminierend zu veröffentlichen.

7. Teil
Erzeuger
Erzeuger

§ 66. (Grundsatzbestimmung) (1) Die Ausführungsgesetze haben Erzeuger zu verpflichten:

1. sich einer Bilanzgruppe anzuschließen oder eine eigene Bilanzgruppe zu bilden;
2. Daten in erforderlichem Ausmaß betroffenen Netzbetreibern, dem Bilanzgruppenkoordinator, dem Bilanzgruppenverantwortlichen und anderen betroffenen Marktteilnehmern zur Verfügung zu stellen;
3. Erzeugungsfahrpläne vorab an die betroffenen Netzbetreiber, den Regelzonenführer und den Bilanzgruppenverantwortlichen in erforderlichem Ausmaß bei technischer Notwendigkeit zu melden;
4. bei Verwendung eigener Zähleinrichtungen und Einrichtungen für die Datenübertragung die technischen Vorgaben der Netzbetreiber einzuhalten;
5. bei Teillieferungen die Bekanntgabe von Erzeugungsfahrplänen an die betroffenen Bilanzgruppenverantwortlichen;
6. nach Maßgabe vertraglicher Vereinbarungen auf Anordnung des Regelzonenführers zur Netzengpassbeseitigung oder zur Aufrechterhaltung der Versorgungssicherheit Leistungen (Erhöhung oder Einschränkung der Erzeugung sowie Veränderung der Verfügbarkeit von Erzeugungsanlagen) zu erbringen. Es ist sicher zu stellen, dass bei Anweisungen der Regelzonenführer gegenüber Betreibern von KWK-Anlagen die Fernwärmeversorgung gewährleistet bleibt;
7. auf Anordnung der Regelzonenführer gemäß § 23 Abs. 9 zur Netzengpassbeseitigung oder zur Aufrechterhaltung der Versorgungssicherheit die Erhöhung und/oder Einschränkung der Erzeugung somit die Veränderung der Verfügbarkeit von Erzeugungsanlagen vorzunehmen, soweit dies nicht gemäß Z 6 vertraglich sichergestellt werden konnte;
8. auf Anordnung des Regelzonenführers haben Erzeuger mit technisch geeigneten Erzeugungsanlagen bei erfolglos verlaufener Ausschreibung gegen Ersatz der tatsächlichen Aufwendungen die Sekundärregelung bereit zu stellen und zu erbringen.

(2) Die Ausführungsgesetze haben vorzusehen, dass Betreiber von Erzeugungsanlagen mit einer Engpassleistung von mehr als fünf MW verpflichtet sind:

1. die Kosten für die Primärregelung zu übernehmen;
2. soweit diese zur Erbringung der Primärregelleistung imstande sind, diese auf Anordnung des Regelzonenführers zu erbringen, für den Fall, dass die Ausschreibung gemäß § 67 erfolglos blieb;

3. Nachweise über die Erbringung der Primärregelleistung dem Regelzonenführer in geeigneter und transparenter Weise zu erbringen;
4. zur Befolgung der im Zusammenhang mit der Erbringung der Primärregelleistung stehenden Anweisungen des Regelzonenführers insbesondere die Art und den Umfang der zu übermittelnden Daten betreffend.

(Anm.: Abs. 2a aufgehoben durch BGBl. I Nr. 17/2021)

(3) Die Ausführungsgesetze haben vorzusehen, dass Betreiber von Erzeugungsanlagen, die an die Netzebenen gemäß § 63 Z 1 bis 3 angeschlossen sind oder über eine Engpassleistung von mehr als 50 MW verfügen, verpflichtet sind, dem jeweiligen Regelzonenführer zur Überwachung der Netzsicherheit zeitgleich Daten über die jeweils aktuelle Einspeiseleistung dieser Erzeugungsanlagen in elektronischer Form zu übermitteln.

(4) Die Ausführungsgesetze haben vorzusehen, dass Betreiber von Erzeugungsanlagen mit einer Engpassleistung von mehr als 20 MW verpflichtet sind, der Landesregierung zur Überwachung der Versorgungssicherheit regelmäßig Daten über die zeitliche Verfügbarkeit der Erzeugungsanlagen zu übermitteln.

Kleinsterzeugungsanlagen

§ 66a. (Grundsatzbestimmung) (1) Die Ausführungsgesetze haben vorzusehen, dass für Kleinsterzeugungsanlagen kein eigener Zählpunkt vergeben wird.

(2) Die Ausführungsgesetze haben vorzusehen, dass Netzbenutzer, die in ihrer Anlage eine Kleinsterzeugungsanlage betreiben und für die gemäß Abs. 1 kein Zählpunkt eingerichtet wurde, hinsichtlich der Kleinsterzeugungsanlage von den Verpflichtungen gemäß § 66 Abs. 1 und § 85 ausgenommen sind.

Ausschreibung der Primärregelleistung

§ 67. (Grundsatzbestimmung) (1) Die Ausführungsgesetze haben vorzusehen, dass die Bereitstellung der Primärregelleistung mittels einer vom jeweiligen Regelzonenführer oder einem von ihm Beauftragten regelmäßig, jedoch mindestens halbjährlich, durchzuführenden Ausschreibung erfolgt.

(2) Die Ausführungsgesetze haben vorzusehen, dass die Regelzonenführer regelmäßig ein transparentes Präqualifikationsverfahren zur Ermittlung der für die Teilnahme an der Ausschreibung interessierten Anbieter von Primärregelleistung durchzuführen haben. Die in den Präqualifikationsverfahren als geeignet eingestuften Anbieter von Primärregelleistung sind zur Teilnahme an der Ausschreibung berechtigt.

(3) Die Ausführungsgesetze haben vorzusehen, dass die Höhe der bereitzustellenden Leistung den Anforderungen des Europäischen Verbundbetriebes entspricht.

(4) Die Ausführungsgesetze haben vorzusehen, dass bei der Ausschreibung die im Primärregelsystem pro Anlage vorzuhaltende Leistung mindestens 2 MW zu betragen hat.

(5) Die Ausführungsgesetze haben vorzusehen, dass der jeweilige Regelzonenführer bei erfolglos verlaufener Ausschreibung die gemäß Abs. 2 geeigneten Anbieter von Primärregelleistung gegen Ersatz der tatsächlichen Aufwendungen zur Bereitstellung der Primärregelleistung zu verpflichten hat.

Aufbringung der Mittel für die Bereitstellung der Primärregelleistung

§ 68. (Grundsatzbestimmung) (1) Die Ausführungsgesetze haben vorzusehen, dass die Betreiber von Erzeugungsanlagen mit einer Engpassleistung von mehr als 5 MW zur Aufbringung der Mittel für die Bereitstellung der Primärregelleistung im Verhältnis ihrer Jahreserzeugungsmengen verpflichtet sind. Bei Erzeugungsanlagen, deren Engpassleistung größer als die Anschlussleistung an das jeweilige Netz ist, ist diese Anschlussleistung multipliziert mit den Betriebsstunden der Anlage heranzuziehen.

(2) Die Verrechnung und Einhebung der Mittel gemäß Abs. 1 erfolgt vierteljährlich durch die Regelzonenführer.

Ausschreibung der Sekundärregelung

§ 69. (1) Die Beschaffung der Sekundärregelung erfolgt mittels wettbewerblich organisierter Ausschreibungen, die durch den jeweiligen Regelzonenführer regelmäßig durchgeführt werden. Die Bedingungen für die Beschaffung der Sekundärregelung sind von der Regulierungsbehörde bescheidmäßig zu genehmigen. Gegenstand der Ausschreibung ist der Preis für die Vorhaltung der Leistung und für die tatsächliche Erbringung der Arbeit. Für die Reihung der Angebote sind Leistungs- und Arbeitspreis maßgeblich. Durch das Systemdienstleistungsentgelt sind 78% der Kosten für die Sekundärregelung aufzubringen, die restlichen Kosten werden über die Verrechnung der Ausgleichsenergie aufgebracht.

(2) Die Regelzonenführer haben regelmäßig ein transparentes Präqualifikationsverfahren zur Ermittlung der für die Teilnahme an der Ausschreibung interessierten Anbieter von Sekundärregelung durchzuführen. Ziel soll dabei eine Teilnahme einer möglichst großen Anzahl von geeigneten Anbietern bei dem Ausschreibungsprozess sein. Die in den Präqualifikationsverfahren als geeignet eingestuften Anbieter von Sekundärregelung sind zur Teilnahme an der Ausschreibung berechtigt.

(3) Die Höhe der auszuschreibenden und bereitzustellenden Leistung hat den Anforderungen des Europäischen Verbundbetriebes zu entsprechen und ist vom Regelzonenführer festzulegen.

(4) Bei erfolglos verlaufener Ausschreibung hat der Regelzonenführer die Erzeuger mit technisch geeigneten Erzeugungsanlagen gegen Ersatz der tatsächlichen Aufwendungen zur Bereitstellung und Erbringung der Sekundärregelung zu verpflichten. Die tatsächlichen Aufwendungen sind im Einzelfall von der Regulierungsbehörde zu bestimmen.

(5) Die Mittel für die Beschaffung der Sekundärregelung sind gemäß § 56 im Wege des Systemdienstleistungsentgeltes und der Entgelte für Ausgleichsenergie aufzubringen.

Versorgung über Direktleitungen

§ 70. (Grundsatzbestimmung) Die Ausführungsgesetze haben die Möglichkeit zur Errichtung und zum Betrieb von Direktleitungen vorzusehen.

8. Teil
Herkunftsnachweise für Strom aus fossilen Energiequellen

Besondere Bestimmungen über Herkunftsnachweise für Strom aus hocheffizienter KWK

§ 71. (Grundsatzbestimmung) (1) Zur Bestimmung der Effizienz der KWK nach Anlage IV können die Ausführungsgesetze die Behörde ermächtigen, Wirkungsgrad-Referenzwerte für die getrennte Erzeugung von Strom und Wärme festzulegen. Diese Wirkungsgrad-Referenzwerte haben aus einer Matrix von Werten, aufgeschlüsselt nach relevanten Faktoren wie Baujahr und Brennstofftypen zu bestehen, und müssen sich auf eine ausführlich dokumentierte Analyse stützen, bei der unter anderem die Betriebsdaten bei realen Betriebsbedingungen, der grenzüberschreitende Stromhandel, der Energieträgermix, die klimatischen Bedingungen und die angewandten KWK-Technologien gemäß den Grundsätzen in Anlage IV zu berücksichtigen sind.

(2) Bei der Bestimmung der Wirkungsgrad-Referenzwerte gemäß Abs. 1 sind die von der Europäischen Kommission gemäß Art. 4 der KWK-Richtlinie in der Entscheidung 2007/74/EG festgelegten harmonisierten Wirkungsgrad-Referenzwerte zu berücksichtigen.

(3) Die Landesregierung hat auf Grundlage der harmonisierten Wirkungsgrad-Referenzwerte gemäß Abs. 2 auf Antrag mit Bescheid jene KWK-Anlagen zu benennen, für die vom Netzbetreiber, an dessen Netz die Anlage angeschlossen ist, Herkunftsnachweise für Strom aus hocheffizienter Kraft-Wärme-Kopplung gemäß § 7 Abs. 1 Z 27, entsprechend der Menge an erzeugter Energie aus hocheffizienter KWK gemäß Anlage III und gemäß der Entscheidung 2008/952/EG der Europäischen Kommission, auf Basis der Vorgaben gemäß § 72 Abs. 2 ausgestellt werden dürfen. Die erfolgten Benennungen von Anlagen sind der Regulierungsbehörde unverzüglich mitzuteilen.

Herkunftsnachweise für Strom aus fossilen Energiequellen

§ 72. (1) Für die Ausstellung, die Überwachung der Übertragung und Entwertung der Herkunftsnachweise wird die Regulierungsbehörde als zuständige Stelle benannt. Die Regulierungsbehörde hat für die Zwecke dieser Bestimmung eine automationsunterstützte Datenbank (Herkunftsnachweisdatenbank) einzurichten.

(2) An das öffentliche Netz angeschlossene Einspeiser von Strom aus fossilen Energiequellen sind vom Anlagenbetreiber, einem Anlagenbevollmächtigten oder durch einen vom Anlagenbetreiber beauftragten Dritten bis zur Inbetriebnahme der Anlage in der Herkunftsnachweisdatenbank gemäß Abs. 1 zu registrieren. Bei bestehenden Anlagen ist die Registrierung binnen drei Monaten ab Inkrafttreten dieser Bestimmung vorzunehmen. Bei der Registrierung sind folgende Mindestangaben erforderlich:

1. Anlagenbetreiber und Anlagenbezeichnung;
2. Standort der Anlage;
3. die Art und Engpassleistung der Anlage;
4. die Zählpunktnummer;
5. Bezeichnung des Netzbetreibers, an dessen Netz die Anlage angeschlossen ist;
6. die Menge der erzeugten Energie;
7. die eingesetzten Energieträger;
8. Art und Umfang von Investitionsbeihilfen;
9. Art und Umfang etwaiger weiterer Förderungen;
10. Datum der Inbetriebnahme der Anlage;
11. Datum der Außerbetriebnahme der Anlage.

Die Angaben sind durch den abgeschlossenen Netzzugangsvertrag sowie weitere geeignete Nachweise zu belegen. Die Regulierungsbehörde ist berechtigt, zur Überprüfung der übermittelten Informationen entsprechende Unterlagen nachzufordern; hierzu zählen insbesondere Anlagenaudits und Anlagenbescheide.

(3) Betreiber von Anlagen zur Erzeugung von Energie aus fossilen Quellen, die Energie für die Eigenversorgung erzeugen und die erzeugte Elektrizität nicht oder nur teilweise in das öffentliche Netz einspeisen, haben ihre Anlagen in der Herkunftsnachweisdatenbank der Regulierungsbehörde gemäß Abs. 1 zu registrieren. Hinsichtlich der Registrierung gelten die Bestimmungen des Abs. 2 sinngemäß. Der Eigenversorgungsanteil ist bei Erzeugungsanlagen mit einer Engpassleistung von mehr als 100 kW mit einem intelligenten Messgerät zu messen. Sind bestehende Erzeugungsanlagen nicht mit einem intelligenten Messgerät ausgestattet, sind diese binnen sechs Monaten ab Inkrafttreten dieser Bestimmung zu

installieren. Der jeweilige Zählerstand ist vom Anlagenbetreiber oder von einem vom Anlagenbetreiber beauftragten Dienstleister einmal jährlich an die Regulierungsbehörde zu melden.

(4) Die Netzbetreiber haben Anlagenbetreiber beim Netzzutritt über deren Registrierungspflicht in der Herkunftsnachweisdatenbank zu informieren. Fehlende oder mangelhafte Eintragungen sind vom Netzbetreiber an die Regulierungsbehörde zu melden.

(5) Von Einspeisern beauftragte, nach dem Akkreditierungsgesetz 2012, BGBl. I Nr. 28/2012, zugelassene Überwachungs-, Prüf- oder Zertifizierungsstellen oder die Netzbetreiber, an deren Netze Einspeiser von Strom aus fossilen Energiequellen angeschlossen sind, haben über die aus diesen Anlagen in ihr Netz eingespeisten Mengen an elektrischer Energie auf Verlangen des Anlagenbetreibers durch Eingabe der in das öffentliche Netz eingespeisten Nettostromerzeugungsmengen in der Herkunftsnachweisdatenbank die Ausstellung von Herkunftsnachweisen bzw. Herkunftsnachweisen gemäß § 71 durch die Regulierungsbehörde anzufordern. Alle Einspeiser, für deren Anlage kein Bescheid gemäß § 71 Abs. 3 erlassen wurde, haben zu diesem Zweck eine Zertifizierung ihrer Anlage vorzunehmen. Die Zertifizierung ist von einer nach dem Akkreditierungsgesetz 2012 zugelassenen Überwachungs-, Prüf- oder Zertifizierungsstelle vorzunehmen.

(6) Der Herkunftsnachweis gemäß Abs. 5 hat zu umfassen:

1. die Menge an erzeugter Energie;
2. die Bezeichnung, Art und Engpassleistung der Erzeugungsanlage;
3. den Zeitraum und den Ort der Erzeugung;
4. die eingesetzten Primärenergieträger;
5. das Datum der Inbetriebnahme der Anlage;
6. die Bezeichnung der ausstellenden Behörde und des ausstellenden Staates;
7. das Ausstellungsdatum und eine eindeutige Kennnummer.

(7) Zusätzlich zu den Angaben des Abs. 6 haben Nachweise gemäß § 71 Abs. 3 folgende Informationen zu enthalten:

1. den unteren Heizwert des Primärenergieträgers;
2. die Nutzung der zusammen mit dem Strom erzeugten Wärme;
3. die Primärenergieeinsparungen, die gemäß Anlage IV auf der Grundlage der in § 71 Abs. 2 genannten, von der Europäischen Kommission festgelegten harmonisierten Wirkungsgrad-Referenzwerte berechnet worden sind;
4. genaue Angaben über allenfalls erhaltene Förderungen und die Art der Förderregelung.

(8) Herkunftsnachweise gelten zwölf Monate ab der Erzeugung der betreffenden Energieeinheit. Ein Herkunftsnachweis ist nach seiner Verwendung zu entwerten. Herkunftsnachweise, die nicht entwertet wurden, werden spätestens 18 Monate nach der Erzeugung der entsprechenden Energieeinheit in der Nachweisdatenbank mit dem Status „verfallen" versehen.

(9) Für jede Einheit erzeugte Energie darf nur ein Herkunftsnachweis ausgestellt werden. Ein Herkunftsnachweis gilt standardmäßig für 1 MWh, wobei eine Untergliederung bis zur dritten Nachkommastelle zulässig ist. Mit der Ausstellung von Herkunftsnachweisen ist kein Recht auf Inanspruchnahme von Fördermechanismen verbunden.

(10) Bei der Rückverstromung von erneuerbaren Gasen sind die damit verbundenen Herkunftsnachweise vorzuweisen, um für die erzeugte elektrische Energie Herkunftsnachweise mit der entsprechenden Technologie und den Umweltauswirkungen ausstellen zu können. Die Abwicklung und Vorgehensweise dazu erfolgt gemäß § 78 Abs. 7 in der Herkunftsnachweisdatenbank der Regulierungsbehörde.

(11) Bei automationsunterstützter Ausstellung der Herkunftsnachweise ist monatlich eine Bescheinigung auf Basis des ersten Clearings auszustellen und an die Einspeiser zu übermitteln.

(12) Die Einspeiser haften für die Richtigkeit ihrer Angaben über die eingesetzten Energieträger.

(13) Die in der Herkunftsnachweisdatenbank der Regulierungsbehörde registrierten Betreiber einer Erzeugungsanlage werden von der Regulierungsbehörde in einem Anlagenregister veröffentlicht. Dabei werden folgende Daten öffentlich zugänglich gemacht:

1. zum Einsatz kommende Energiequellen;
2. installierte Leistung der Anlage;
3. Jahreserzeugung;
4. technische Eigenschaften der Anlage und
5. Postleitzahl des Standortes der Anlage, sofern durch die Angabe der Postleitzahl die Identifizierung eines Anlagenbetreibers nicht möglich ist; andernfalls ist das Bundesland anzugeben.

Anerkennung von Herkunftsnachweisen aus anderen Staaten

§ 73. (1) **(Grundsatzbestimmung)** Herkunftsnachweise für Strom aus hocheffizienter Kraft-Wärme-Kopplung aus Anlagen mit Standort in einem anderen EU–Mitgliedstaat oder EWR–Vertragsstaat gelten als Herkunftsnachweis im Sinne dieses Gesetzes, wenn sie zumindest den Anforderungen des Anhangs X der Richtlinie 2012/27/EU entsprechen. Im Zweifelsfall hat die Regulierungsbehörde über Antrag oder von Amts wegen mit Bescheid festzustellen, ob die Voraussetzungen für die Anerkennung vorliegen.

(2) Herkunftsnachweise aus Anlagen mit Standort in einem anderen EU–Mitgliedstaat oder einem EWR–Vertragsstaat gelten als Herkunftsnachweise im Sinne dieses Bundesgesetzes, wenn sie zumindest den Anforderungen des § 72 Abs. 6 und 7 entsprechen. Herkunftsnachweise aus Anlagen mit Standort in einem Drittstaat gelten als Herkunftsnachweise im Sinne dieses Bundesgesetzes, wenn die Europäische Union mit diesem Drittland ein Abkommen über die gegenseitige Anerkennung von in der Union ausgestellten Herkunftsnachweisen und in diesem Drittland eingerichteten kompatiblen Herkunftsnachweissystemen geschlossen hat und Energie direkt ein- oder ausgeführt wird. Im Zweifelsfalle hat die Regulierungsbehörde über Antrag oder von Amts wegen mit Bescheid festzustellen, ob die Voraussetzungen für die Anerkennung vorliegen. Sie kann durch Verordnung Staaten benennen, in denen Herkunftsnachweise für Strom aus fossilen Energiequellen die Voraussetzungen gemäß Satz 1 erfüllen.

(3) Betreffend die Anerkennung von Herkunftsnachweisen für die Zwecke der Stromkennzeichnung sind die Bedingungen in der Verordnung gemäß § 79 Abs. 8 ElWOG 2010 festzulegen.

Berichtswesen

§ 74. (Grundsatzbestimmung) (1) Die Landesregierungen haben der Bundesministerin für Klimaschutz, Umwelt, Energie, Mobilität, Innovation und Technologie jährlich vorzulegen:

1. eine im Einklang mit der in Anlage III und der Entscheidung 2008/952/EG der Europäischen Kommission dargelegten Methode erstellte Statistik über die nationale Erzeugung von Strom und Wärme aus KWK und
2. eine Statistik über die KWK-Kapazitäten sowie die für KWK eingesetzten Brennstoffe.

(2) Die Landesregierungen haben der Bundesministerin für Klimaschutz, Umwelt, Energie, Mobilität, Innovation und Technologie jährlich einen Bericht über ihre Tätigkeit gemäß § 71 vorzulegen. Der Bericht hat insbesondere jene Maßnahmen, die ergriffen wurden, um die Zuverlässigkeit des Nachweissystems zu gewährleisten, zu enthalten.

9. Teil
Pflichten gegenüber Kunden
Netzzugangsberechtigung

§ 75. (Grundsatzbestimmung) (1) Die Ausführungsgesetze haben vorzusehen, dass alle Kunden berechtigt sind, mit Erzeugern, Stromhändlern sowie Elektrizitätsunternehmen Verträge über die Lieferung von elektrischer Energie zur Deckung ihres Bedarfes zu schließen und hinsichtlich dieser Strommengen Netzzugang zu begehren.

(2) Elektrizitätsunternehmen können den Netzzugang im Namen ihrer Kunden begehren.

Verfahren für Wechsel, Anmeldung, Abmeldung und Widerspruch

§ 76. (1) Verbraucher im Sinne des § 1 Abs. 1 Z 2 KSchG und Kleinunternehmen können Verträge mit ihrem Lieferanten unter Einhaltung einer Frist von zwei Wochen kündigen, ohne einen gesonderten Kündigungstermin einhalten zu müssen. Lieferanten können Verträge mit Verbrauchern im Sinne des § 1 Abs. 1 Z 2 KSchG und Kleinunternehmen nur unter Einhaltung einer Frist von zumindest acht Wochen kündigen. Sind Bindungsfristen vertraglich vereinbart, so ist die ordentliche Kündigung spätestens zum Ende des ersten Vertragsjahres und in weiterer Folge für Verbraucher im Sinne des § 1 Abs. 1 Z 2 KSchG und Kleinunternehmen unter Einhaltung einer Frist von zwei Wochen sowie für Lieferanten unter Einhaltung einer Frist von zumindest acht Wochen möglich.

(2) Die Dauer des für den Lieferantenwechsel maßgeblichen Verfahrens darf, unbeschadet weiterer bestehender zivilrechtlicher Verpflichtungen, höchstens drei Wochen, gerechnet ab Kenntnisnahme des Lieferantenwechsels durch den Netzbetreiber, in Anspruch nehmen. Bei der Ausgestaltung des Verfahrens ist insbesondere auf die im Zusammenhang mit einem Wechsel vom Netzbetreiber zu treffenden technischen und organisatorischen Vorkehrungen, die Vereinbarkeit der Fristen und Termine mit der Bilanzierung nach dem Bilanzgruppensystem, die Gewährleistung der Versorgungssicherheit sowie die Durchsetzung des Kundenwillens zu achten. Der Lieferantenwechsel ist für den Endverbraucher mit keinen gesonderten Kosten verbunden.

(3) Endverbraucher ohne Lastprofilzähler können für die Einleitung und Durchführung des Wechsels relevante Willenserklärungen gegenüber Lieferanten elektronisch über von diesen anzubietende Websites zu jeder Zeit formfrei vornehmen. Wird ein Lieferant durch den Endverbraucher zur Abgabe von Willenserklärungen bevollmächtigt, so ist die Bevollmächtigung Netzbetreibern und anderen Lieferanten glaubhaft zu machen. Der Netzbetreiber hat den Endverbraucher unverzüglich über die Einleitung des Wechselprozesses in Kenntnis zu setzen. Die Lieferanten haben benutzerfreundliche Vorkehrungen zu treffen, welche die Identifikation und Authentizität des Endverbrauchers sicherstellen. Die Regulierungsbehörde hat im Rahmen des Tarifkalkulators (§ 22 E-ControlG) durch Setzung von Hyperlinks eine Auffindung der Websites der Lieferanten zu ermöglichen. Die Lieferanten haben die hiefür erforderlichen, aktuellen Informationen der Regulierungsbehörde unaufgefordert zur Verfügung zu stellen.

(4) Sämtliche für die Vornahme des Wechsels, der Neuanmeldung, der Abmeldung und des Widerspruchs erforderlichen Prozesse werden elektronisch im Wege der von der Verrechnungsstelle zu betreibenden Plattform durchgeführt. Dies gilt insbesondere für die Endverbraucheridentifikation, die Bindungs- und Kündigungsabfrage sowie die Datenaktualisierung und Verbrauchsdatenübermittlung. Netzbetreiber und Lieferanten haben ausschließlich die für die genannten Verfahren notwendigen Daten, nämlich bei der Endverbraucheridentifikation Name, Adresse, Zählpunktbezeichnung, Lastprofiltyp, Zählertyp, bestehender Lieferant, sowie bei der Bindungs- und Kündigungsfristenabfrage Kündigungsfristen, Kündigungstermine sowie Bindungsfristen über die durch die Verrechnungsstelle zu betreibende Plattform dezentral in nicht diskriminierender Weise sämtlichen bevollmächtigten Lieferanten in standardisierter, elektronisch strukturierter Form auf Anfrage zur Verfügung zu stellen. Netzbetreiber und Lieferanten sind ebenfalls verpflichtet, sich an diese Plattform anzubinden. Lieferanten dürfen keine in diesem Absatz genannten Prozesse ohne Willenserklärung eines Endverbrauchers einleiten.

(5) Das für die Plattform (Abs. 4) eingesetzte Datenkommunikationsverfahren (Kommunikationsprotokoll) ist nach dem Stand der Technik methodisch zu entwickeln und unabhängig zu überprüfen. Die Verrechnungsstelle hat insbesondere Vorkehrungen zu treffen, welche die Identifizierung und Authentifizierung der anfragenden neuen Netzbetreiber und Lieferanten sicherstellen.

(6) Die Verrechnungsstelle sowie die Netzbetreiber und Lieferanten haben jede über die Plattform nach Abs. 4 durchgeführte Anfrage und Auskunftserteilung betreffend Endverbraucherdaten revisionssicher zu protokollieren. Diese Protokollierung hat auf Seiten der Verrechnungsstelle die Vornahme sämtlicher über die Wechselplattform vorzunehmender Verfahrensschritte, insbesondere die Dauer der Verfahrensschritte, die Inanspruchnahme der für die Verfahrensschritte vorgesehenen Fristen für eine etwaige Vollmachtsprüfung, die Zugriffe durch authentifizierte Personen sowie die Verfügbarkeit der Schnittstellen der IT-Systeme der Lieferanten und Netzbetreiber mit der Plattform zu umfassen. Netzbetreiber und Lieferanten haben Datum und Uhrzeit der Anfrage und Auskunftserteilung, die anfragende und auskunftserteilende Stelle sowie den Zweck der Anfrage bzw. Auskunftserteilung zu erfassen. Lieferanten haben zusätzlich Angaben zur Identifizierung des betroffenen Endverbrauchers sowie eine eindeutige Kennung, welche eine Identifizierung der Person ermöglicht, die eine Anfrage nach Abs. 4 durchgeführt oder veranlasst hat, zu erfassen. Sämtliche Protokolldaten sind drei Jahre ab Entstehung aufzubewahren und dürfen ausschließlich zu Zwecken der Kontrolle der Rechtmäßigkeit einer Anfrage, zur Auskunftserteilung und zu Zwecken des Verwaltungsstrafrechts sowie des § 24 und § 26 E-Control-Gesetz verwendet werden. Die Verrechnungsstelle hat bei Verdacht missbräuchlicher Anfragen sowie davon unabhängig in regelmäßigen Abständen stichprobenartige Überprüfungen der getätigten Anfragen auf ihre Rechtmäßigkeit durchzuführen. Über die Ergebnisse dieser Prüfung hat sie alle zwei Jahre einen Bericht an die Regulierungsbehörde zu legen; diese hat den Bericht in anonymisierter Form zu veröffentlichen.

(7) Die Regulierungsbehörde ist ermächtigt, sämtliche für den Lieferantenwechsel sowie die für die Neuanmeldung und die Abmeldung von Endverbrauchern maßgeblichen Verfahren durch Verordnung näher zu regeln. Die Regulierungsbehörde ist weiters ermächtigt, die Art und den Umfang der in Abs. 4 genannten Daten und die zur Erfüllung der genannten Zielsetzungen darüber hinausgehend erforderlichen weiteren Datenarten durch Verordnung zu regeln. Ebenso ist die Regulierungsbehörde ermächtigt, Mindestsicherheitsstandards für die Form der Datenübermittlung (Abs. 4 und 5) von Netzbetreibern und Lieferanten über die durch die Verrechnungsstelle betriebene Plattform sowie Einzelheiten der erforderlichen Datensicherheitsmaßnahmen, insbesondere der Protokollierung, durch Verordnung näher zu regeln. Die Regulierungsbehörde ist weiters ermächtigt, bestimmte Prozesse von der gemäß Abs. 4 erster und zweiter Satz vorgesehenen verpflichtenden, im Wege der von der Verrechnungsstelle zu betreibenden Plattform erfolgenden elektronischen Durchführung auszunehmen, wenn ihr die für eine einfachere und kosteneffizientere Abwicklung erforderlich scheint.

Information der Kunden über Wechselmöglichkeiten

§ 76a.[a)] (1) Lieferanten haben ihre Kunden einmal jährlich in einem persönlich an sie gerichteten, gesonderten Informationsschreiben oder auf ihren Wunsch elektronisch auf die Möglichkeit eines Wechsels gemäß § 76 sowie den Tarifkalkulator der Regulierungsbehörde (§ 22 Z 3 E-ControlG) hinzuweisen.

(2) Sind Bindungsfristen gemäß § 76 Abs. 1 3. Satz vertraglich vereinbart, haben Lieferanten ihre Kunden in einem persönlich an sie gerichteten, gesonderten Informationsschreiben oder auf ihren Wunsch elektronisch über das bevorstehende Ende der vertraglichen Bindung zu informieren. Die Information hat auf die Möglichkeit eines Wechsels gemäß § 76 sowie den Tarifkalkulator der Regulierungsbehörde (§ 22 Z 3 E-ControlG) hinzuweisen und zumindest vier Wochen vor Ende der Bindungsfrist zu erfolgen.

(3) Sofern Lieferanten zum Zeitpunkt einer Information nach Abs. 1 oder 2 über ein Stan-

dardprodukt verfügen, welches im Hinblick auf den Energieverbrauch des jeweiligen Kunden während des letzten Vertragsjahres im Tarifkalkulator der Regulierungsbehörde als günstiger als das aktuell vereinbarte Produkt ausgewiesen ist, haben sie dem jeweiligen Kunden in der Information nach Abs. 1 oder 2 einen Umstieg auf dieses Standardprodukt anzubieten.

(4) Abweichend von Abs. 1 und 2 können Informationen nach diesen Absätzen auch ohne ausdrücklichen Kundenwunsch elektronisch übermittelt werden, sofern die adressierten Kunden ihrem Lieferanten bereits den ausdrücklichen Wunsch mitgeteilt haben, dass sie Informationen gemäß § 80 Abs. 2 oder 2a oder § 81 Abs. 5 und Rechnungen gemäß § 81 Abs. 1 elektronisch übermittelt erhalten wollen.

[a] Tritt mit 1. September 2023 in Kraft.

Grundversorgung

§ 77. (Grundsatzbestimmung) (1) Stromhändler und sonstige Lieferanten, zu deren Tätigkeitsbereich die Versorgung von Haushaltskunden zählt, haben ihren Allgemeinen Tarif für die Grundversorgung von Haushaltskunden in geeigneter Weise (zB Internet) zu veröffentlichen. Sie sind verpflichtet, zu ihren geltenden Allgemeinen Geschäftsbedingungen und zu diesem Tarif Verbraucher im Sinne des § 1 Abs. 1 Z 2 KSchG und Kleinunternehmen, die sich ihnen gegenüber auf die Grundversorgung berufen, mit elektrischer Energie zu beliefern (Pflicht zur Grundversorgung). Die Ausführungsgesetze haben nähere Bestimmungen über die Verbraucher im Sinne des § 1 Abs. 1 Z 2 KSchG für die Grundversorgung vorzusehen.

(2) Der Allgemeine Tarif der Grundversorgung für Verbraucher im Sinne des § 1 Abs. 1 Z 2 KSchG darf nicht höher sein als jener Tarif, zu dem die größte Anzahl ihrer Kunden, die Verbraucher im Sinne des § 1 Abs. 1 Z 2 KSchG sind, versorgt werden. Der Allgemeine Tarif der Grundversorgung für Unternehmer im Sinne des § 1 Abs. 1 Z 1 KSchG darf nicht höher sein als jener Tarif, der gegenüber vergleichbaren Kundengruppen Anwendung findet. Dem Verbraucher im Sinne des § 1 Abs. 1 Z 2 KSchG der sich auf die Grundversorgung beruft, darf im Zusammenhang mit der Aufnahme der Belieferung keine Sicherheitsleistung oder Vorauszahlung abverlangt werden, welche die Höhe einer Teilbetragszahlung für einen Monat übersteigt.

(3) Gerät der Verbraucher während sechs Monaten nicht in weiteren Zahlungsverzug, so ist ihm die Sicherheitsleistung rückzuerstatten und von einer Vorauszahlung abzusehen, solange nicht erneut ein Zahlungsverzug eintritt.

(4) Bei Berufung von Verbrauchern im Sinne des § 1 Abs. 1 Z 2 KSchG und Kleinunternehmen auf die Pflicht zur Grundversorgung sind Netzbetreiber, unbeschadet bis zu diesem Zeitpunkt vorhandener Zahlungsrückstände, zur Netzdienstleistung verpflichtet. Verbrauchern darf im Zusammenhang mit dieser Netzdienstleistung keine Sicherheitsleistung oder Vorauszahlung abverlangt werden, welche die Höhe einer Teilbetragszahlung für einen Monat übersteigt. Abs. 3 gilt sinngemäß. Im Falle eines nach Berufung auf die Pflicht zur Grundversorgung erfolgenden erneuten Zahlungsverzuges, sind Netzbetreiber bis zur Bezahlung dieser ausstehenden Beträge zur physischen Trennung der Netzverbindung berechtigt, es sei denn der Kunde verpflichtet sich zur Vorausverrechnung mittels Prepaymentzahlung für künftige Netznutzung und Lieferung. § 82 Abs. 3 gilt im Falle des erneuten Zahlungsverzugs sinngemäß. Die Verpflichtung der Prepaymentzahlung besteht nicht für Kleinunternehmen mit einem Lastprofilzähler.

(5) Eine im Rahmen der Grundversorgung eingerichtete Prepaymentfunktion ist auf Kundenwunsch zu deaktivieren, wenn der Endverbraucher seine im Rahmen der Grundversorgung angefallenen Zahlungsrückstände beim Lieferanten und Netzbetreiber beglichen hat oder wenn ein sonstiges schuldbefreiendes Ereignis eingetreten ist.

Ersatzversorgung mit Energie

§ 77a. (1) Kündigt eine Verrechnungsstelle den Vertrag mit dem Bilanzgruppenverantwortlichen oder löst das Vertragsverhältnis mit sofortiger Wirkung auf, hat der Bilanzgruppenkoordinator das Ende des Vertragsverhältnis und den Zeitpunkt der Vertragsbeendigung der Regulierungsbehörde und den Netzbetreibern mitzuteilen, in deren Netz sich betroffene Zählpunkte befinden. Das gilt sinngemäß auch für eine Beendigung des Vertragsverhältnisses zwischen dem Lieferanten und dem Bilanzgruppenverantwortlichen, wobei in diesem Fall der Bilanzgruppenverantwortliche die Verständigungen durchzuführen hat.

(2) Für jeden Netzbereich, in dem der betroffene Lieferant Kunden hat, hat die Regulierungsbehörde mit Losentscheid zu bestimmen, welchem Lieferanten die in der Bilanzgruppe verbleibenden Zählpunkte zuzuordnen sind. Der jeweilige Netzbetreiber ist zur Mitwirkung verpflichtet, insbesondere hat er der Regulierungsbehörde umgehend mitzuteilen, welche Lieferanten im Netzbereich tätig sind. Der Losentscheid ist zwischen allen verbleibenden Lieferanten vorzunehmen, die im jeweiligen Netzbereich Kunden versorgen. Sollte ein Lieferant mitteilen, dass er die betroffenen Kunden nicht versorgen möchte, ist der Losentscheid zu wiederholen. Eine Ablehnung der Versorgung nur hinsichtlich eines Teiles der Kunden ist unzulässig.

(3) Die betroffenen Kunden sind vom neuen Lieferanten zu informieren. Die Netzbetreiber haben dem neuen Lieferanten die Daten, die bei einem Lieferantenwechsel zu übermitteln sind, elektronisch zu übermitteln.

(4) Bis zum Beginn der Wirksamkeit der Ersatzversorgung sind allfällige Ausgleichsenergiemengen, die sich aus der fehlenden Energieaufbringung des Lieferanten ergeben, aus den beim Bilanzgruppenkoordinator erliegenden individuellen Sicherheiten zu befriedigen. Wenn diese nicht ausreichen, sind die entstehenden Aufwendungen in die Ausgleichsenergieverrechnung über ein Jahr verteilt einzupreisen.

(5) Der neue Lieferant hat die zugeordneten Kunden zu angemessenen Preisen zu versorgen, wobei Haushaltskunden nicht zu höheren Preisen versorgt werden dürfen als die Kunden, die zu den Haushaltstarifen des jeweiligen Lieferanten versorgt werden.

(6) Wird über einen Zählpunkt eingespeist, übernimmt der neue Lieferant die eingespeiste Energie zu Marktpreisen abzüglich der aliquoten Aufwendungen für Ausgleichsenergie für die eingespeiste Energie.

(7) Die Versorgung der zugeordneten Kunden erfolgt zu den bei der Behörde angezeigten Allgemeinen Bedingungen, soweit diese Bedingungen auf die jeweilige Kundengruppe anwendbar sind. In den Allgemeinen Bedingungen enthaltene Bindungsfristen, Fristen und Termine für eine Kündigung des Vertrages gelten nicht.

(8) Der zugeordnete Kunde kann den Vertrag jedenfalls unter Einhaltung einer zweiwöchigen Frist kündigen. Der neue Lieferant kann den Vertrag unter Einhaltung einer achtwöchigen Frist kündigen.

(9) Alle betroffenen Marktteilnehmer haben sich wechselseitig nach bestem Vermögen zu unterstützen, um die lückenlose Versorgung der betroffenen Kunden sicherzustellen.

Versorgung nach Marktaustritt eines Lieferanten

§ 77b.[a)] (1) Kündigt ein Lieferant alle Verträge mit Verbrauchern im Sinne des § 1 Abs. 1 Z 2 KSchG, hat der Lieferant die Kündigung der Vertragsverhältnisse und den Zeitpunkt der Vertragsbeendigung der Regulierungsbehörde und den Netzbetreibern, in deren Netz sich betroffene Zählpunkte befinden, mindestens acht Wochen vor Marktaustritt mitzuteilen. Mindestens vier Wochen vor Ende des Vertragsverhältnisses hat der Lieferant jene Kunden, für die noch kein Verfahren gemäß § 76 eingeleitet wurde, schriftlich an das Ende des Vertragsverhältnisses zu erinnern und über die notwendigen Schritte für den Abschluss eines neuen Liefervertrages zu informieren.

(2) Kunden, die bis zum Ende des Vertragsverhältnisses keinen Vertrag mit einem neuen Lieferanten abgeschlossen haben, sind mit dem auf das Ende des Vertragsverhältnisses folgenden Tag von jenem Lieferanten zu versorgen, der zum 31. Dezember des Vorjahres über die größte Anzahl an Kunden gemäß Abs. 1 im Netzbereich verfügte. Die Regulierungsbehörde hat den betroffenen Lieferanten über den Eintritt der Versorgung nach Marktaustritt zu informieren.

(3) Jeder Netzbetreiber hat der Regulierungsbehörde zu melden, welcher Lieferant in seinem Netzgebiet zum Stichtag 31. Dezember über die größte Anzahl an Kunden gemäß Abs. 1 verfügt und wie hoch diese Anzahl ist. Die Meldung hat jeweils bis zum 15. Februar des Folgejahres bei der Regulierungsbehörde einzugehen. Bis zum Einlangen dieser Meldung gilt die Meldung des Vorjahres. Die Regulierungsbehörde hat den Lieferanten gemäß Abs. 2 je Netzbereich auf ihrer Internetseite zu veröffentlichen.

(4) Lieferanten gemäß Abs. 2 haben die ihnen zugeordneten Kunden zu angemessenen Preisen zu versorgen, wobei sie nicht zu höheren Preisen versorgt werden dürfen als die Kunden, die zu den Haushaltstarifen des jeweiligen Lieferanten versorgt werden.

(5) Lieferanten gemäß Abs. 2 haben die ihnen zugeordneten Kunden unverzüglich über das Bestehen, die Dauer und die wesentlichen Inhalte des neuen Vertragsverhältnisses sowie darüber, dass der Kunde jederzeit zu einem Lieferanten seiner Wahl wechseln kann, zu informieren.

(6) Wird über einen Zählpunkt eingespeist, übernimmt der neue Lieferant die eingespeiste Energie zu Marktpreisen abzüglich der aliquoten Aufwendungen für Ausgleichsenergie für die eingespeiste Energie.

(7) Die Versorgung der zugeordneten Kunden erfolgt zu den bei der Behörde angezeigten Allgemeinen Bedingungen. In den Allgemeinen Bedingungen enthaltene Bindungsfristen, Fristen und Termine für eine Kündigung des Vertrages gelten nicht.

(8) Netzbetreiber, in deren Netzgebiet Kunden gemäß Abs. 2 zugeordnet werden, haben dem Lieferanten gemäß Abs. 2 die Anzahl der betroffenen Zählpunkte sowie alle Daten, die für die Zwecke der Versorgung gemäß Abs. 2 notwendig sind, spätestens zum Zeitpunkt des Vertragsendes elektronisch zu übermitteln.

(9) Die Versorgung gemäß Abs. 2 endet spätestens nach drei Monaten. Der zugeordnete Kunde kann den Vertrag jedenfalls unter Einhaltung einer zweiwöchigen Frist kündigen.

(10) Alle betroffenen Marktteilnehmer haben sich wechselseitig nach bestem Vermögen zu unterstützen, um die lückenlose Versorgung der betroffenen Kunden sicherzustellen.

[a)] Tritt mit Ablauf des 31. Dezember 2024 außer Kraft.

Verpflichtende Ausweisung der Herkunft (Labeling)

§ 78. (1) Stromhändler und sonstige Lieferanten, die in Österreich Endverbraucher beliefern, sind verpflichtet, einmal jährlich auf ihrer Stromrechnung sowie auf relevantem Informationsmaterial und ihrer Internetseite für Endverbraucher den Versorgermix auszuweisen, der die gesamte Stromaufbringung des Stromhändlers für Endverbraucher berücksichtigt. Diese Verpflichtung besteht auch hinsichtlich des an Endverbraucher gerichteten kennzeichnungspflichtigen Werbematerials. Die Ausweisung hat auf Basis der gesamten, im vorangegangenen Kalenderjahr vom Versorger an Endverbraucher verkauften, elektrischen Energie (Versorgermix) zu erfolgen.

(2) Die in Abs. 1 bestimmte Ausweisung des Versorgermixes hat auf Basis folgender Kategorien zu erfolgen:

1. Technologie,
2. Ursprungsland der Herkunftsnachweise und
3. Ausmaß des gemeinsamen Handels von Strom und Herkunftsnachweisen.

Die Darstellung dieser Ausweisung wird einheitlich für alle Versorger aus der Herkunftsnachweisdatenbank der Regulierungsbehörde generiert und in geeigneter und elektronisch verwertbarer Form zur Verfügung gestellt.

(3) Stromhändler und sonstige Lieferanten, die in Österreich Endverbraucher beliefern, sind darüber hinaus verpflichtet, auf ihrer Internetseite bzw. auf Wunsch per Zusendung einmal jährlich eine vollumfassende Kennzeichnung auszuweisen. Die Kennzeichnung hat nach einer prozentmäßigen Aufschlüsselung, auf Basis der an Endverbraucher gelieferten elektrischen Energie (kWh), der Primärenergieträger in feste oder flüssige Biomasse, erneuerbare Gase, geothermische Energie, Wind- und Sonnenenergie, Wasserkraft, Erdgas, Erdöl und dessen Produkte zu erfolgen. Eine vollumfassende Kennzeichnung umfasst auch die Ausweisung der Umweltauswirkungen, zumindest über CO2–Emissionen und radioaktiven Abfall aus der durch den Versorgermix erzeugten Elektrizität.

(4) Sofern ein Versorger im Rahmen des Verkaufs an Endverbraucher eine ergänzende Produktdifferenzierung mit unterschiedlichem Energiemix vornimmt, muss der Produktmix dem Kunden, der ihn bezieht, dargestellt werden. Für die Produkte gelten die Abs. 1 bis 3.

(5) Die Überwachung der Richtigkeit der Angaben der Unternehmen hat durch die Regulierungsbehörde zu erfolgen. Bei unrichtigen Angaben ist der betroffene Stromhändler mit Bescheid aufzufordern, die Angaben richtig zu stellen.

(6) Lieferanten, mit weniger als 500 Zählpunkten, die ausschließlich Strom aus eigenen Kraftwerken liefern, müssen für ihre Stromkennzeichnung keine Herkunftsnachweise als Grundlage einsetzen.

(7) In Abweichung von Abs. 1 bis 6 und § 79 gilt, dass für jene Strommengen, die an Pumpspeicherkraftwerke, Stromspeicher und Anlagen zur Umwandlung von Strom in Wasserstoff oder synthetisches Gas, sofern diese Energieträger nicht ins Gasnetz eingespeist werden, geliefert werden, Herkunftsnachweise durch den Stromhändler bzw. sonstigen Lieferanten dem Betreiber dieser Kraftwerke in der Herkunftsnachweisdatenbank zu übertragen sind. Dabei sind je nach Wirkungsgrad der Anlagen die Herkunftsnachweise entsprechend zu löschen. Hiefür müssen auf Verlangen der Regulierungsbehörde entsprechende Gutachten vorgelegt werden, die den Wirkungsgrad belegen. Die Pumpspeicherkraftwerke, Stromspeicher und Betreiber von Anlagen zur Umwandlung von Strom in Wasserstoff oder synthetisches Gas haben bei der Erzeugung der elektrischen Energie die abgenommenen Strommengen durch den Stromhändler bzw. sonstigen Lieferanten mit den übertragenen Herkunftsnachweisen in der Stromkennzeichnung zu belegen.

(8) Stromspeicher mit einer Speicherkapazität von unter 250 kWh sind von den Bestimmungen gemäß Abs. 1 bis 7 und § 79 ausgenommen.

Besondere Bestimmungen zum Labeling

§ 79. (1) Die Kennzeichnung gemäß § 78 hat deutlich lesbar zu erfolgen. Andere Vermerke und Hinweise dürfen nicht geeignet sein, zur Verwechslung mit der Kennzeichnung zu führen.

(2) Stromhändler haben die Grundlagen zur Kennzeichnung zu dokumentieren. In der Dokumentation muss die Aufbringung der von ihnen an Endverbraucher gelieferten Mengen, gegliedert nach den Primärenergieträgern, schlüssig dargestellt werden.

(3) Die Dokumentation muss, sofern der Stromhändler eine Gesamtabgabe an Endverbraucher von 100 GWh nicht unterschreitet, von einem Wirtschaftsprüfer, einem Ingenieurkonsulenten oder Zivilingenieur für Elektrotechnik, oder einem allgemein beeideten und gerichtlich zertifizierten Sachverständigen aus dem Gebiet der Elektrotechnik geprüft sein. Das Ergebnis ist in übersichtlicher Form und vom Prüforgan bestätigt in einem Anhang zum Geschäftsbericht des Stromhändlers zu veröffentlichen.

(4) Ab 1. Jänner 2015 sind den an Endverbraucher in einem Kalenderjahr gelieferten Mengen Herkunftsnachweise für Strom, der in diesem Kalenderjahr erzeugt wurde, zuzuordnen. Als Herkunftsnachweise für die Dokumentation gemäß Abs. 3 können ausschließlich Herkunftsnachweise, die gemäß § 83 EAG, § 10 Ökostromgesetz 2012, § 71 oder gemäß § 72 ausgestellt bzw. gemäß § 84 EAG, § 11 Ökostromgesetz 2012 oder gemäß § 73 anerkannt wurden, verwendet werden.

(5) Das Ergebnis der Dokumentation, die spätestens drei Monate nach Ablauf des Kalenderjahres oder des tatsächlichen Lieferzeitraumes erstellt sein muss, ist auf die Dauer von drei Jahren zur Einsicht durch Endverbraucher am Sitz bzw. Hauptwohnsitz des Stromhändlers oder – liegt dieser im Ausland – am Sitz des inländischen Zustellungsbevollmächtigten bereitzuhalten.

(6) Stromhändler haben auf Verlangen der Regulierungsbehörde innerhalb einer angemessenen Frist die Nachweise gemäß Abs. 2 bis 4 und alle notwendigen Unterlagen vorzulegen, die erforderlich sind, um die Richtigkeit der Angaben überprüfen zu können.

(7) Stromhändler oder sonstige Lieferanten haben, sofern eine Pflicht zur Veröffentlichung von Jahresabschlüssen gemäß § 8 Abs. 1 besteht, in diesen Jahresabschlüssen den Versorgermix gemäß § 78 Abs. 1, unter Angabe der jeweilig verkauften oder abgegebenen Mengen an elektrischer Energie, anzugeben.

(8) Die Regulierungsbehörde hat durch Verordnung nähere Bestimmungen über die Stromkennzeichnung zu erlassen. Dabei sind insbesondere der Umfang der gemäß § 78 Abs. 1 bis 3 bestehenden Verpflichtungen sowie die Vorgaben für die Ausgestaltung der Herkunftsnachweise zu den verschiedenen Primärenergieträgern und der Stromkennzeichnung gemäß dieser Rechtsvorschrift näher zu bestimmen.

(9) Die Regulierungsbehörde veröffentlicht jährlich einen Bericht zu den Ergebnissen der Prüfung der Stromkennzeichnungsdokumentationen.

Allgemeine Geschäftsbedingungen für die Belieferung mit elektrischer Energie

§ 80. (1) **(Grundsatzbestimmung)** Versorger haben Allgemeine Geschäftsbedingungen für die Belieferung mit elektrischer Energie für Kunden, deren Verbrauch nicht über einen Lastprofilzähler gemessen wird, zu erstellen. Die Allgemeinen Geschäftsbedingungen sowie ihre Änderungen sind der Regulierungsbehörde vor ihrem In-Kraft-Treten in elektronischer Form anzuzeigen und in geeigneter Form zu veröffentlichen.

(2) Änderungen der Geschäftsbedingungen und der vertraglich vereinbarten Entgelte sind dem Kunden schriftlich in einem persönlich an ihn gerichteten Schreiben oder auf dessen Wunsch elektronisch mitzuteilen. In diesem Schreiben sind die Änderungen der Allgemeinen Bedingungen nachvollziehbar wiederzugeben. Gleichzeitig ist der Kunde darauf hinzuweisen, dass er berechtigt ist, die Kündigung des Vertrags binnen vier Wochen ab Zustellung des Schreibens kostenlos und ungeachtet allfälliger vertraglicher Bindungen zu erklären.

(2a) Änderungen der vertraglich vereinbarten Entgelte von Verbrauchern im Sinne des § 1 Abs. 1 Z 2 KSchG und Kleinunternehmern mit unbefristeten Verträgen müssen in einem angemessenen Verhältnis zum für die Änderung maßgebenden Umstand stehen. Bei Änderung oder Wegfall des Umstands für eine Entgelterhöhung hat eine entsprechende Entgeltsenkung zu erfolgen. Verbraucher und Kleinunternehmer müssen über Anlass, Voraussetzung, Umfang und erstmalige Wirksamkeit der Entgeltänderungen auf transparente und verständliche Weise mindestens ein Monat vor erstmaliger Wirksamkeit der Änderungen schriftlich in einem persönlich an sie gerichteten Informationsschreiben oder auf ihren Wunsch elektronisch informiert werden. Gleichzeitig sind Verbraucher und Kleinunternehmer darauf hinzuweisen, dass sie berechtigt sind, die Kündigung des Vertrags binnen vier Wochen ab Zustellung des Schreibens kostenlos und ungeachtet allfälliger vertraglicher Bindungen zu erklären. Versorger haben dabei von der Regulierungsbehörde zur Verfügung gestellte Musterformulierungen zu verwenden.

(2b) Im Falle einer Kündigung gemäß Abs. 2 oder 2a endet das Vertragsverhältnis zu den bisherigen Vertragsbedingungen bzw. Entgelten mit dem nach einer Frist von drei Monaten folgenden Monatsletzten ab Wirksamkeit der Änderungen, sofern der Kunde bzw. Verbraucher oder Kleinunternehmer nicht zu einem früheren Zeitpunkt einen neuen Lieferanten (Versorger) namhaft macht und von diesem beliefert wird. Der Versorger hat Verbraucher in einem gesonderten Schreiben über das Recht der Inanspruchnahme der Grundversorgung gemäß § 77 transparent und verständlich aufzuklären, wobei in diesem auch die Kontaktdaten der Anlauf- und Beratungsstellen gemäß § 82 Abs. 7 sowie der Schlichtungsstelle der Regulierungsbehörde anzuführen sind. Für das Schreiben sind von der Regulierungsbehörde zur Verfügung gestellte Musterformulierungen zu verwenden.

(3) **(Grundsatzbestimmung)** Allgemeine Geschäftsbedingungen oder Vertragsformblätter zwischen Versorgern und Kunden haben zumindest zu enthalten:

1. Name und Anschrift des Versorgers;
2. erbrachte Leistungen und angebotene Qualität sowie den voraussichtlichen Zeitpunkt für den Beginn der Belieferung;
3. den Energiepreis in Cent pro kWh, inklusive etwaiger Zuschläge und Abgaben;
4. Vertragsdauer, Bedingungen für eine Verlängerung und Beendigung der Leistungen und des Vertragsverhältnisses, Vorhandensein eines Rücktrittsrechts;
5. etwaige Entschädigungs- und Erstattungsregelungen bei Nichteinhaltung der vertraglich vereinbarten Leistungsqualität, einschließlich fehlerhafter und verspäteter Abrechnung;
6. Hinweis auf die zur Verfügung stehenden Beschwerdemöglichkeiten;
7. die Bedingungen, zu denen eine Belieferung im Sinne des § 77 erfolgt;

8. Modalitäten, zu welchen der Kunde verpflichtet ist, Teilbetragszahlungen zu leisten, wobei eine Zahlung zumindest zehn Mal jährlich jedenfalls anzubieten ist;
9. Modalitäten, zu welchen Verbrauchern im Sinne des § 1 Abs. 1 Z 2 KSchG und Kleinunternehmern für den Fall einer aus einer Jahresabrechnung resultierenden Nachzahlung die Möglichkeit einer Ratenzahlung gemäß § 82 Abs. 2a einzuräumen ist.

(4) **(Grundsatzbestimmung)** Die Versorger haben ihre Kunden nachweislich vor Abschluss eines Vertrages über die wesentlichen Vertragsinhalte zu informieren. Zu diesem Zweck ist dem Kunden ein Informationsblatt auszuhändigen. Dies gilt auch, wenn der Vertragsabschluss durch einen Vermittler angebahnt wird.

(4a) Bietet ein Versorger Lieferverträge an, welche die Preisschwankungen auf den Spotmärkten, einschließlich der Day-Ahead- und Intraday-Märkte, in Intervallen widerspiegeln, die mindestens den Abrechnungsintervallen des jeweiligen Marktes entsprechen (Floater-Tarif), muss er Verbraucher im Sinne des § 1 Abs. 1 Z 2 KSchG und Kleinunternehmer nachweislich vor Abschluss des Vertrags über Chancen sowie Kosten und Risiken von Floater-Tarifen informieren. Der Abschluss eines solchen Liefervertrags ist nur mit ausdrücklicher Zustimmung der Verbraucher und Kleinunternehmen zulässig. Während der Vertragslaufzeit hat der Lieferant über auftretende Risiken sowie für seine Kunden nachteilige Preisentwicklungen und -erwartungen rechtzeitig und auf verständliche Weise zu informieren. Verträge nach dieser Bestimmung dürfen jederzeit unter Einhaltung der Frist gemäß § 76 Abs. 1 gekündigt werden

(5) Durch die Regelungen der Abs. 1 bis 4 bleiben die Bestimmungen des ABGB unberührt. Vorbehaltlich des Abs. 2a bleiben auch die Bestimmungen des KSchG unberührt.

Mindestanforderungen an Rechnungen und Informations- und Werbematerial

§ 81.[a)] (1) An Endverbraucher gerichtetes Informations- und Werbematerial sowie Rechnungen sind transparent und konsumentenfreundlich zu gestalten. Soweit über das Systemnutzungsentgelt und den Preis für die elektrische Energie gemeinsam informiert, diese gemeinsam beworben oder der Abschluss eines gemeinsamen Vertrages angeboten wird oder ein solcher abgerechnet werden soll, sind die Komponenten des Systemnutzungsentgelts, die Zuschläge für Steuern und Abgaben sowie der Preis für elektrische Energie in transparenter Weise getrennt auszuweisen. Die Angabe des Energiepreises hat jedenfalls in Cent/kWh sowie unter Anführung eines allfälligen Grundpreises zu erfolgen. Eine elektronische Übermittlung der Rechnungen ist über Kundenwunsch zulässig, das Recht des Kunden auf Rechnungslegung in Papierform darf jedoch vertraglich nicht ausgeschlossen werden. Für die Rechnungslegung in Papierform dürfen dem Kunden keinerlei Mehrkosten verrechnet werden.

(2) Endverbrauchern ist auf Anfrage eine unterjährige Abrechnung zu gewähren.

(3) Auf Rechnungen über die Systemnutzung sind Steuern, Abgaben und Zuschläge auf Grund bundes- oder landesgesetzlicher Vorschriften gesondert auszuweisen. Die einzelnen Komponenten des Systemnutzungsentgelts sind einmal jährlich gesondert auszuweisen. Darüber hinaus sind insbesondere folgende Informationen anzugeben:

1. die Zuordnung der Kundenanlagen zu den Netzebenen gemäß § 63;
2. das vereinbarte bzw. erworbene Ausmaß für die Inanspruchnahme des Netzes in kW;
3. die Zählpunktsbezeichnungen;
4. die Zählerstände, die für die Abrechnung herangezogen wurden;
5. Informationen über die Art der Zählerstandsermittlung; es ist dabei anzugeben, ob eine Zählerablesung durch den Netzbetreiber, eine Selbstablesung durch den Kunden, eine Fernablesung oder eine rechnerische Ermittlung von Zählerständen vorgenommen wurde;
6. der Energieverbrauch im Abrechnungszeitraum je Tarifzeit sowie den Vergleich zum Vorjahreszeitraum;
7. die Möglichkeit der Selbstablesung durch den Kunden;
8. telefonische Kontaktdaten für Störfälle;
9. Vorgehen zur Einleitung von Streitbeilegungsverfahren gemäß § 26 Energie-ControlG.

(4) Netzbetreiber und Lieferanten haben Verbrauchs- und Abrechnungsdaten für eine Dauer von drei Jahren ab Verfügbarkeit für Zwecke der nachträglichen Kontrolle der Richtigkeit, Rechtmäßigkeit und für Auskünfte gegenüber berechtigten Endverbrauchern aufzubewahren und unentgeltlich an ihn und nur bei ausdrücklicher Anweisung durch den Endverbraucher an einen genannten Dritten zu übermitteln. Dies gilt unbeschadet der Befugnisse der Landesregierungen und der Regulierungsbehörde nach § 88, sofern diese Daten unmittelbar nach deren Auslesung mit Daten von anderen Endverbrauchern weitestmöglich aggregiert und anschließend anonymisiert werden und nur in dieser anonymisierten Form verwendet werden.

(5) Teilbeträge sowohl für die Netznutzung als auch für die Energielieferung sind auf sachliche und angemessene Weise auf Basis des Letztjahresverbrauches zu berechnen. Liegt kein Jahresverbrauch vor, so sind die Teilbeträge auf Basis des zu erwartenden Stromverbrauchs, aufgrund der Schätzung des Verbrauchs vergleichbarer Kunden, zu berechnen. Die der Teilbetragsberechnung zugrundliegende Menge in kWh ist dem Kunden schriftlich oder auf dessen Wunsch elektronisch mitzuteilen.

(6) Sind intelligente Messgeräte installiert, haben Endverbraucher das Wahlrecht zwischen einer monatlichen Rechnung und einer Jahresrechnung. Auf dieses sind sie bei Vertragsabschluss samt einer Information über die damit verbundenen Auswirkungen auf die Verrechnung hinzuweisen.

(7) Die Regulierungsbehörde kann bei begründetem Verdacht auf intransparentes Marktverhalten in Bezug auf Mehrfachtarifzeiten in Verbindung mit intelligenten Messgeräten mit Verordnung Vorgaben zur Transparenz dieser Tarife für Lieferanten vorschreiben. Außerdem kann die Regulierungsbehörde vorgeben, dass Lieferanten jedenfalls einen zeitunabhängigen Tarif anbieten müssen.

(8) Lieferanten haben auf der Rechnung über die Möglichkeit eines Streitbeilegungsverfahrens gemäß § 26 Energie-ControlG zu informieren.

[a] Tritt mit Ablauf des 31. August 2023 außer Kraft.

Mindestanforderungen an Rechnungen und Informations- und Werbematerial

§ 81.[a] (1) An Endverbraucher gerichtetes Informations- und Werbematerial sowie Rechnungen sind transparent und konsumentenfreundlich zu gestalten. Soweit über das Systemnutzungsentgelt und den Preis für die elektrische Energie gemeinsam informiert, diese gemeinsam beworben oder der Abschluss eines gemeinsamen Vertrages angeboten wird oder ein solcher abgerechnet werden soll, sind die Komponenten des Systemnutzungsentgelts, die Zuschläge für Steuern und Abgaben sowie der Preis für elektrische Energie in transparenter Weise getrennt auszuweisen. Die Angabe des Energiepreises hat jedenfalls in Cent/kWh sowie unter Anführung eines allfälligen Grundpreises zu erfolgen. Eine elektronische Übermittlung der Rechnungen ist über Kundenwunsch zulässig, das Recht des Kunden auf Rechnungslegung in Papierform darf jedoch vertraglich nicht ausgeschlossen werden. Für die Rechnungslegung in Papierform dürfen dem Kunden keinerlei Mehrkosten verrechnet werden.

(2) Endverbrauchern ist auf Anfrage eine unterjährige Abrechnung zu gewähren.

(3) Auf Rechnungen über die Systemnutzung sind Steuern, Abgaben und Zuschläge auf Grund bundes- oder landesgesetzlicher Vorschriften gesondert auszuweisen. Die einzelnen Komponenten des Systemnutzungsentgelts sind einmal jährlich gesondert auszuweisen. Darüber hinaus sind insbesondere folgende Informationen anzugeben:

1. die Zuordnung der Kundenanlagen zu den Netzebenen gemäß § 63;
2. das vereinbarte bzw. erworbene Ausmaß für die Inanspruchnahme des Netzes in kW;
3. die Zählpunktsbezeichnungen;
4. die Zählerstände, die für die Abrechnung herangezogen wurden;
5. Informationen über die Art der Zählerstandsermittlung; es ist dabei anzugeben, ob eine Zählerablesung durch den Netzbetreiber, eine Selbstablesung durch den Kunden, eine Fernablesung oder eine rechnerische Ermittlung von Zählerständen vorgenommen wurde;
6. der Energieverbrauch im Abrechnungszeitraum je Tarifzeit sowie den Vergleich zum Vorjahreszeitraum;
7. die Möglichkeit der Selbstablesung durch den Kunden;
8. telefonische Kontaktdaten für Störfälle;
9. Vorgehen zur Einleitung von Streitbeilegungsverfahren gemäß § 26 Energie-ControlG.

(4) Netzbetreiber und Lieferanten haben Verbrauchs- und Abrechnungsdaten für eine Dauer von drei Jahren ab Verfügbarkeit für Zwecke der nachträglichen Kontrolle der Richtigkeit, Rechtmäßigkeit und für Auskünfte gegenüber berechtigten Endverbrauchern aufzubewahren und unentgeltlich an ihn und nur bei ausdrücklicher Anweisung durch den Endverbraucher an einen genannten Dritten zu übermitteln. Dies gilt unbeschadet der Befugnisse der Landesregierungen und der Regulierungsbehörde nach § 88, sofern diese Daten unmittelbar nach deren Auslesung mit Daten von anderen Endverbrauchern weitestmöglich aggregiert und anschließend anonymisiert werden und nur in dieser anonymisierten Form verwendet werden.

(5) Teilbeträge sowohl für die Netznutzung als auch für die Energielieferung sind auf sachliche und angemessene Weise auf Basis des Letztjahresverbrauches zu berechnen und auf Verlangen von Verbrauchern im Sinne des § 1 Abs. 1 Z 2 KSchG sowie Endverbrauchern mit einem Jahresverbrauch von bis zu 100.000 kWh zumindest halbjährlich an den aktuellen Verbrauch und das aktuell vertraglich vereinbarte Entgelt anzupassen. Bei der Berechnung der Teilbeträge für die Energielieferung sind einmalige und wiederkehrende Rabatte, die auf den Energiepreis wirken, zu berücksichtigen. Liegt kein Jahresverbrauch vor, so sind die Teilbeträge auf Basis des zu erwartenden Stromverbrauchs, aufgrund der Schätzung des Verbrauchs vergleichbarer Kunden, zu berechnen. Die der Teilbetragsberechnung zugrundliegende Menge in kWh ist dem Kunden schriftlich oder auf dessen Wunsch elektronisch mitzuteilen.

(6) Sind intelligente Messgeräte installiert, haben Endverbraucher das Wahlrecht zwischen einer monatlichen Rechnung und einer Jahresrechnung. Auf dieses sind sie bei Vertragsab-

schluss samt einer Information über die damit verbundenen Auswirkungen auf die Verrechnung hinzuweisen.

(7) Die Regulierungsbehörde kann bei begründetem Verdacht auf intransparentes Marktverhalten in Bezug auf Mehrfachtarifzeiten in Verbindung mit intelligenten Messgeräten mit Verordnung Vorgaben zur Transparenz dieser Tarife für Lieferanten vorschreiben. Außerdem kann die Regulierungsbehörde vorgeben, dass Lieferanten jedenfalls einen zeitunabhängigen Tarif anbieten müssen.

(8) Lieferanten haben auf der Rechnung über die Möglichkeit eines Streitbeilegungsverfahrens gemäß § 26 Energie-ControlG zu informieren.

[a] Tritt mit 1. September 2023 in Kraft.

Verbrauchs- und Stromkosteninformation bei Messung durch intelligente Messgeräte

§ 81a. (1) Endverbrauchern, deren Verbrauch mithilfe eines intelligenten Messgeräts gemessen wird, ist vom Lieferanten monatlich innerhalb von einer Woche nach Übermittlung der durch ein intelligentes Messgerät erfassten Messwerte gemäß § 84 Abs. 1 eine aufgrund der gemessenen Tageswerte oder, soweit sie verrechnungsrelevant sind, der Viertelstundenwerte erstellte, detaillierte, klare und verständliche Verbrauchs- und Stromkosteninformation über die Gesamtkosten kostenlos auf elektronischem Wege zu übermitteln. Auf ausdrücklichen Wunsch des Endverbrauchers ist diese Verbrauchs- und Stromkosteninformation nicht zu übermitteln. Dem Endverbraucher ist die Wahlmöglichkeit einzuräumen, die Verbrauchs- und Stromkosteninformation auf Verlangen wahlweise auch kostenlos in Papierform zu erhalten.

(2) Im Fall einer gesonderten Rechnungslegung durch den Netzbetreiber gilt Abs. 1 für diesen sinngemäß.

(3) Endverbraucher sind über ihre Rechte auf Zugang zu ihren Verbrauchsdaten nach Abs. 1 transparent, verständlich und kostenlos zu informieren.

(4) Die Regulierungsbehörde kann mit Verordnung die Mindestanforderungen an den Detaillierungsgrad und die Form der Bereitstellung der Verbrauchs- und Stromkosteninformation gemäß Abs. 1 und Abs. 2 festlegen. Sie hat dabei die Verständlichkeit sowie die Eignung der Information zur Bewirkung von Effizienzsteigerungen zu berücksichtigen.

Verbrauchs- und Stromkosteninformation ohne Messung durch intelligente Messgeräte

§ 81b. Endverbrauchern ohne Lastprofilzähler, deren Verbrauch nicht mithilfe eines intelligenten Messgeräts gemessen wird, ist eine detaillierte, klare und verständliche Verbrauchs- und Stromkosteninformation mit der Rechnung zu übermitteln. Darüber hinaus hat der Netzbetreiber diesen Endverbrauchern die Möglichkeit einzuräumen, einmal vierteljährlich Zählerstände bekannt zu geben. Der Netzbetreiber ist im Fall der Zählerstandsbekanntgabe verpflichtet, dem Lieferanten unverzüglich, spätestens jedoch binnen zehn Tagen nach Übermittlung durch den Endverbraucher, die Verbrauchsdaten zu senden. Dem Endverbraucher ist innerhalb von zwei Wochen eine detaillierte, klare und verständliche Verbrauchs- und Stromkosteninformation kostenlos auf elektronischem Wege zu übermitteln. § 81a gilt sinngemäß. Auf ausdrücklichen Wunsch des Endverbrauchers ist diese Verbrauchs- und Stromkosteninformation nicht zu übermitteln.

Abschaltung der Netzverbindung und Information der Kunden

§ 82. (1) Netzbetreiber haben Endverbrauchern folgende Informationen einfach und unmittelbar zugänglich im Internet sowie im Rahmen eines einmal jährlich einer Rechnung beizulegenden Informationsblattes kostenlos zur Verfügung zu stellen:

1. Name und Anschrift des Unternehmens,
2. erbrachte Leistungen und angebotene Qualitätsstufen sowie Zeitpunkt für den Erstanschluss,
3. Art der angebotenen Wartungsdienste,
4. Art und Weise, wie aktuelle Informationen über alle geltenden Tarife erhältlich sind,
5. Vertragsdauer, Bedingungen für eine Verlängerung und Beendigung der Leistungen und des Vertragsverhältnisses, Rücktrittsrechte,
6. etwaige Entschädigungs- und Erstattungsregelungen bei Nichteinhaltung der vertraglich vereinbarten Leistungsqualität, einschließlich fehlerhafter und verspäteter Abrechnung,
7. über das Recht auf Versorgung gemäß § 77, wobei hierfür eine von der Regulierungsbehörde zur Verfügung gestellte Musterformulierung zu verwenden ist,
8. etwaige Ausführungen der Europäischen Kommission über die Rechte der Energieverbraucher,
9. Informationen über die Rechte der Endverbraucher gemäß § 81b,
10. Informationen über die Rechte der Endverbraucher gemäß § 84.

(2) Lieferanten haben Endverbrauchern folgende Informationen einfach und unmittelbar zugänglich im Internet sowie im Rahmen eines einmal jährlich einer Rechnung beizulegenden Informationsblattes kostenlos zur Verfügung zu stellen:

1. Name und Anschrift des Unternehmens,
2. Art und Weise, wie aktuelle Informationen über alle geltenden Preise erhältlich sind,

3. Vertragsdauer, Bedingungen für eine Verlängerung und Beendigung der Leistungen und des Vertragsverhältnisses, Rücktrittsrechte,
4. Informationen über die Rechte der Endverbraucher gemäß § 81b,
5. über das Recht auf Versorgung gemäß § 77, wobei hierfür eine von der Regulierungsbehörde zur Verfügung gestellte Musterformulierung zu verwenden ist,
6. etwaige Entschädigungs- und Erstattungsregelungen bei Nichteinhaltung der vertraglich vereinbarten Leistungsqualität, einschließlich fehlerhafter und verspäteter Abrechnung,
7. etwaige Ausführungen der Europäischen Kommission über die Rechte der Energieverbraucher.

(2a) Netzbetreiber und Lieferanten haben Verbrauchern im Sinne des § 1 Abs. 1 Z 2 KSchG und Kleinunternehmern für den Fall einer aus einer Jahresabrechnung resultierenden Nachzahlung die Möglichkeit einer Ratenzahlung für die Dauer von bis zu 18 Monaten einzuräumen. Die Regulierungsbehörde kann nähere Modalitäten der Ratenzahlung binnen drei Monaten ab Inkrafttreten dieser Bestimmung durch Verordnung festlegen. Die Regulierungsbehörde hat diese Bestimmung zwei Jahre nach Inkrafttreten auf deren soziale Treffsicherheit zu evaluieren.

(3) Der Netzbetreiber ist in Fällen der Vertragsverletzung, insbesondere bei Zahlungsverzug oder Nichtleistung einer Vorauszahlung oder Sicherheitsleistung, verpflichtet zumindest zweimal inklusive einer jeweils mindestens zweiwöchigen Nachfristsetzung zu mahnen. Die zweite Mahnung hat auch eine Information über die Folge einer Abschaltung des Netzzuganges nach Verstreichen der zweiwöchigen Nachfrist sowie über die damit einhergehenden voraussichtlichen Kosten einer allfälligen Abschaltung zu enthalten. Die letzte Mahnung hat mit eingeschriebenem Brief zu erfolgen. Netzbetreiber haben bei jeder Mahnung im Sinne des ersten Satzes auf die Möglichkeit zur Inanspruchnahme von Beratungsstellen gemäß Abs. 7 sowie auf das Recht auf Versorgung gemäß § 77 hinzuweisen, wobei hierfür eine von der Regulierungsbehörde zur Verfügung gestellte Musterformulierung zu verwenden ist. Wurde der Vertrag zur Belieferung mit elektrischer Energie (Energieliefervertrag) verletzt, so hat der Lieferant dieses Mahnverfahren einzuhalten.

(4) Im Falle der Beendigung eines Energieliefervertrages aufgrund ordentlicher Kündigung, Zeitablauf oder Widerspruch gemäß § 80 Abs. 2 ist weder durch Netzbetreiber noch durch Lieferanten ein Mahnverfahren gemäß Abs. 3 durchzuführen. Dies gilt auch bei missbräuchlichem Verhalten des Endverbrauchers, wie etwa Manipulation von Messeinrichtungen.

(4a) Wird ein Energieliefervertrag aus anderen Gründen als einer Vertragsverletzung (Abs. 3) durch den Lieferanten beendet, jedenfalls in den Fällen des Abs. 4, sind Netzbetreiber dazu verpflichtet, Endverbraucher, die in offener Kündigungsfrist noch keinen neuen Energielieferanten namhaft gemacht oder keinen neuen Energieliefervertrag abgeschlossen haben, schriftlich darüber zu informieren, dass im Falle eines fehlenden Energieliefervertrages die Abschaltung droht; auf den letzten Tag der Belieferung auf Grundlage des noch aufrechten Energieliefervertrages und die notwendigen Schritte für den Abschluss eines neuen Energieliefervertrages ist explizit hinzuweisen. Dieses Informationsschreiben hat mittels eingeschriebenem Brief zeitgerecht vor Ende des noch aufrechten Energieliefervertrages zu erfolgen.

(5) Wird eine Sicherheitsleistung oder Vorauszahlung durch den Netzbetreiber oder Lieferanten gefordert, hat jeder Endverbraucher ohne Lastprofilzähler, unbeschadet der ihm gemäß § 77 eingeräumten Rechte, stattdessen das Recht auf Nutzung eines Zählgerätes mit Prepaymentfunktion.

(6) Netzbetreiber und bisheriger Lieferant haben dem Kunden spätestens sechs Wochen nach Vollziehung des Lieferantenwechsels oder nach Vertragsbeendigung die Rechnung zu legen. Der Netzbetreiber hat die Rechnung für die Netznutzung innerhalb von drei Wochen an den bisherigen Lieferanten zu übermitteln, sofern der bisherige Lieferant auch die Rechnung für die Netznutzung legt.

(7) Lieferanten, die mehr als 49 Beschäftigte und einen Umsatz von über 10 Millionen Euro oder eine Bilanzsumme von über 10 Millionen Euro aufweisen, haben ab 1. Jänner 2015 eine Anlauf- und Beratungsstelle für ihre Kunden für Fragen zu den Themen Stromkennzeichnung, Lieferantenwechsel, Energieeffizienz, Stromkosten und Energiearmut einzurichten.

(8) Abschaltungen von Anlagen von Haushaltskunden und Kleinunternehmen in Folge von Zahlungsverzug dürfen nicht am letzten Arbeitstag vor Wochenenden oder gesetzlichen Feiertagen vorgenommen werden.

Intelligente Messgeräte

§ 83. (1) Die Bundesministerin für Klimaschutz, Umwelt, Energie, Mobilität, Innovation und Technologie kann nach Durchführung einer Kosten/Nutzanalyse die Einführung intelligenter Messeinrichtungen festlegen. Dies hat nach Anhörung der Regulierungsbehörde und der Vertreter des Konsumentenschutzes durch Verordnung zu erfolgen. Die Netzbetreiber sind im Fall der Erlassung dieser Verordnung zu verpflichten, jene Endverbraucher, deren Verbrauch nicht über einen Lastprofilzähler gemessen wird, mit intelligenten Messgeräten auszustatten, über die Einführung, insbesondere auch über die Kostensituation, die Netzsituation, Datenschutz und Datensicherheit und Verbrauchsentwicklung bei den Endverbrauchern, Bericht zu erstatten und die Endverbraucher zeitnah über den Einbau eines intelligenten Messgeräts sowie die damit verbundenen Rahmenbedingungen zu informieren. Im Rahmen der durch die Verordnung bestimmten Vorgaben für die Installation intelligenter Messgeräte hat der Netzbetreiber den Wunsch eines Endverbrauchers, kein intelligentes Messgerät zu erhalten, zu berücksichtigen. Die Regulierungsbehörde hat die Aufgabe, die Endverbraucher über allgemeine Aspekte der Einführung von intelligenten Messgeräten zu informieren und über die Einführung von intelligenten Messgeräten, insbesondere auch über die Kostensituation, die Netzsituation, Datenschutz und Datensicherheit, soweit bekannt, den Stand der Entwicklungen auf europäischer Ebene und über die Verbrauchsentwicklung bei den Endverbrauchern, jährlich einen Bericht zu erstatten.

(2) Die Regulierungsbehörde hat jene Anforderungen durch Verordnung zu bestimmen, denen diese intelligenten Messgeräte zu entsprechen haben und gemäß § 59 bei der Ermittlung der Kostenbasis für die Entgeltbestimmung in Ansatz zu bringen. Die Verordnung hat zumindest jene Mindestfunktionalitäten vorzuschreiben, die intelligente Messgeräte enthalten müssen, um die in Abs. 3 bis Abs. 5 sowie in § 84 und § 84a festgelegten Aufgaben zu erfüllen. Die intelligenten Messgeräte sind jedenfalls dahingehend auszustatten, dass eine Messung und Speicherung von Zählerständen in einem Intervall von 15 Minuten möglich ist, die Speicherung der Werte für 60 Kalendertage im intelligenten Messgerät erfolgt, eine Fernauslesung der im Gerät gespeicherten Messdaten über eine bidirektionale Kommunikationsschnittstelle sowie eine Unterbrechung und Freigabe der Anlage aus der Ferne möglich ist und eine Abrufbarkeit der Daten durch den Endverbraucher über eine unidirektionale Kommunikationsschnittstelle erfolgen kann. Die Regulierungsbehörde hat die Vertreter des Konsumentenschutzes sowie die Datenschutzbehörde und den Datenschutzrat weitestmöglich einzubinden. Der Betrieb von intelligenten Messgeräten sowie ihre Kommunikation, auch zu externen Geräten, sind nach anerkanntem Stand der Technik abzusichern, um Unberechtigten den Zugriff über den aktuellen Zählerstand hinaus nicht zu ermöglichen. Der Betrieb von intelligenten Messgeräten hat den maß- und eichgesetzlichen und datenschutzrechtlichen Bestimmungen sowie dem anerkannten Stand der Technik zu entsprechen.

(3) Die Sichtanzeige am intelligenten Messgerät ist standardmäßig so zu konfigurieren, dass nur der aktuelle Zählerstand abgelesen werden kann. Zu Zwecken der Überprüfung von darüber hinausgehenden, im Messgerät gespeicherten verrechnungsrelevanten Werten ist auf Kundenwunsch die Anzeige des intelligenten Messgerätes dahingehend freizugeben, dass eine Überprüfung dieser Werte anhand der Anzeige des intelligenten Messgeräts selbst ermöglicht wird. Diese Freigabe hat kostenlos und ohne unverhältnismäßigen Zusatzaufwand für den Endverbraucher zu erfolgen. Auf ausdrücklichen Wunsch des Endverbrauchers ist die Sichtanzeige zeitnah und kostenlos wieder in ihren ursprünglichen Konfigurationsstand zurückzusetzen.

(4) Es sind insbesondere im Falle von Wechsel oder Auflösung des Vertragsverhältnisses mit dem Netzbetreiber die Anzeige der historischen Messwerte der vorhergehenden Vertragsverhältnisse, sofern vorhanden, dahingehend abzusichern, dass eine Ablesung anhand der Anzeige oder Auslesung anhand einer unidirektionalen Schnittstelle des intelligenten Messgerätes durch Nichtberechtigte verhindert wird. Diese Sperrung ist unverzüglich und kostenlos aufzuheben, sobald keine Messwerte des vorhergehenden Vertragsverhältnisses mehr im intelligenten Messgerät selbst zur Verfügung stehen. Davon unabhängig sind jedoch die aus gesetzlichen Vorschriften und aus dem gegenwärtigen Vertragsverhältnis entstehenden Verpflichtungen des Netzbetreibers zur Bereitstellung der Werte gemäß § 84 Abs. 1 und Abs. 2 und der Übermittlung an den Lieferanten gemäß § 84a Abs. 2.

(5) Die Verpflichtung des Netzbetreibers zur Absicherung der im intelligenten Messgerät gespeicherten Messwerte gegen einen Zugriff Nichtberechtigter im Sinne des Abs. 2 gilt sinngemäß auch für alle weiteren vorhandenen Schnittstellen des Gerätes.

(6) Sofern es die Gewährleistung von Datenschutz und Datensicherheit im Zusammenhang mit dem Betrieb von intelligenten Messsystemen erfordert, kann die Bundesministerin für Klimaschutz, Umwelt, Energie, Mobilität, Innovation und Technologie im Einvernehmen mit dem Bundeskanzler mit Verordnung unter Bedachtnahme auf die relevanten internationalen Vorschriften sowie die technische und wirtschaftlich vertretbare Umsetzbarkeit nähere Bestimmungen zum Stand der Technik festlegen, denen ein Netzbetreiber zu entsprechen hat. Dabei sind insbesondere die jährlichen Berichte der Regulierungsbehörde nach Abs. 1 sowie internationale Sicherheitsstandards zu berücksichtigen.

Messdaten von intelligenten Messgeräten

§ 84. (1) Netzbetreiber haben dafür zu sorgen, dass spätestens sechs Monate ab dem Zeitpunkt der Installation eines intelligenten Messgeräts beim jeweiligen Endverbraucher einmal täglich ein Verbrauchswert sowie sämtliche Viertelstundenwerte im intelligenten Messgerät erfasst und zur Verfügbarkeit für den Kunden für 60 Kalendertage im intelligenten Messgerät zu Zwecken der Verrechnung, Kundeninformation (§ 81a), Energieeffizienz, der Energiestatistik und der Aufrechterhaltung eines sicheren und effizienten Netzbetriebes gespeichert werden. Jedes installierte intelligente Messgerät ist dabei einer Netzbenutzerkategorie gemäß § 16 Abs. 2 zuzuordnen.

(2) Netzbetreiber sind verpflichtet, jenen Endverbrauchern, deren Verbrauch über ein intelligentes Messgerät gemessen wird, jedenfalls die täglichen Verbrauchswerte sowie, auf ausdrücklichen Wunsch je nach vertraglicher Vereinbarung oder Zustimmung, Viertelstundenwerte spätestens zwölf Stunden nach deren Auslesung aus dem Messgerät jedenfalls über ein kundenfreundliches Web-Portal kostenlos zur Verfügung zu stellen. Die Auslesung dieser Verbrauchswerte aus dem Messgerät hat dabei zumindest einmal täglich zu erfolgen. Dazu haben die Netzbetreiber Vorkehrungen für eine sichere Identifizierung und Authentifizierung der Endverbraucher auf dem Web-Portal sowie für eine verschlüsselte Übermittlung der Daten nach dem Stand der Technik zu treffen. Endverbrauchern, die über keinen Internetzugang verfügen oder die nur auf unzumutbare Weise Zugang zum Internet haben, ist nach Möglichkeit ein vergleichbarer Informationsstand zu ermöglichen.

(3) Die Endverbraucher sind im Falle der Inanspruchnahme der Informationsmöglichkeiten über den Weg des Web-Portal gemäß Abs. 2 durch einen ausdrücklichen Hinweis transparent zu informieren, dass die Inanspruchnahme dieser Möglichkeit die Fernauslesung ihrer Verbrauchsdaten aus dem intelligenten Messgerät zur Voraussetzung hat und die Datenbereitstellung im Web-Portal jeweils nach Ablauf von 36 Monaten ab Verfügbarkeit sowie im Falle der Auflösung des Vertragsverhältnisses mit dem Netzbetreiber endet. Dieser ausdrückliche Hinweis hat zumindest in den Allgemeinen Bedingungen von Netzbetreibern sowie gleichlautend unmittelbar bei der Registrierung im Web-Portal zu erfolgen.

(4) Endverbrauchern ist die Möglichkeit einzuräumen, ihr Nutzerkonto im Web-Portal gemäß Abs. 2 kostenfrei jederzeit wieder vollständig entweder selbständig oder durch den Netzbetreiber ohne unverhältnismäßigen Mehraufwand für den Endverbraucher zu löschen. Diesfalls hat für Zwecke der Bereitstellung im Web-Portal die weitere Auslesung und Verarbeitung von Verbrauchsdaten aus dem intelligenten Messgerät des betroffenen Endverbrauchers zu unterbleiben. Darüber hinaus ist den Endverbrauchern auch die Möglichkeit einzuräumen, im Web-Portal Verbrauchswerte zumindest monatsweise nach Kenntnisnahme zu löschen, wobei Gelegenheit zur lokalen Sicherung im Hinblick auf die Rechnungsprüfung zu bieten ist.

(5) Endverbrauchern ist vom Netzbetreiber darüber hinaus auf ausdrücklichen Wunsch die Möglichkeit einzuräumen, über eine unidirektionale Kommunikationsschnittstelle des intelligenten Messgeräts alle in diesem Gerät erfassten Messwerte auszulesen. Es sind dabei sämtliche im Messgerät erfassten Daten über diese Schnittstelle in einem derart zeitnahen Zyklus auszugeben, dass die in der Anlage des Endverbrauchers verfügbaren Anwendungen, welche diesbezügliche Daten benötigen, sinnvoll und effizient betrieben werden können. Der Zugriff sowie die Spezifikationen dieser Kommunikationsschnittstelle sind auf Wunsch allen Berechtigten, diskriminierungsfrei und kostenlos zur Verfügung zu stellen.

(6) Endverbraucher sind über ihre Rechte gemäß Abs. 1 bis Abs. 5 auf Zugang zu ihren Verbrauchsdaten durch den Netzbetreiber transparent und verständlich zu informieren.

(7) Die Regulierungsbehörde kann mit Verordnung die Anforderungen an den Detaillierungsgrad und die Form der Bereitstellung der Verbrauchsinformation im Web-Portal gemäß Abs. 2 feststellen. Erforderlichenfalls kann die Regulierungsbehörde den Detaillierungsgrad der Daten, die von der Schnittstelle gemäß Abs. 5 bereitgestellt werden, festlegen. Sie hat dabei die Verständlichkeit sowie die Eignung der Information zur Bewirkung von Effizienzsteigerungen zu berücksichtigen. Weiters kann die Regulierungsbehörde Anforderungen an die standardisierte Übermittlung der Daten sowie deren Format vom Netzbetreiber an den Endverbraucher oder an vom Endverbraucher bevollmächtigte Dritte festlegen, wobei ein Direktzugriff Dritter auf das Web-Portal jedenfalls unzulässig ist.

§ 84a. (1) Eine Auslesung samt Verwendung von Viertelstundenwerten der Endverbraucher durch den Netzbetreiber ist nur bei ausdrücklicher Zustimmung des Endverbrauchers oder zur Erfüllung von Pflichten aus einem vom Kunden gewählten, auf Viertelstundenwerten basierenden Liefervertrag zulässig. Davon abgesehen dürfen Netzbetreiber diese Daten in begründeten lokalen Einzelfällen auch ohne Zustimmung des Endverbrauchers aus dem intelligenten Messgerät auslesen, soweit dies für den Zweck der Aufrechterhaltung eines sicheren und effizienten Netzbetriebes unabdingbar ist. Die bezüglichen Daten sind unverzüglich zu löschen, sobald sie für die Erfüllung des Zwecks nicht mehr benötigt werden. Netzbetreiber haben der Regulierungsbehörde jährlich einen Bericht über die Anlassfälle für derartige Datenauslesungen zu legen. Weiters dürfen Viertelstundenwerte auf Anordnung der Bundesministerin für Klimaschutz, Umwelt, Energie, Mobilität, Innovation und Technologie zum Zweck der Elektrizitätsstatistik gemäß § 92, insbesondere zu dem Zweck, Entwicklungen der tageszeitlichen Schwankungen (Tagesganglinien) der Erzeugung aus erneuerbaren Energieträgern sowie Entwicklungen der tageszeitlichen Schwankungen der Stromabnahme aus dem öffentlichen Netz auszuwerten, und auf Anordnung der Regulierungsbehörde zum Zweck der Energielenkung gemäß Energielenkungsgesetz 2012 sowie zum Zweck der Überwachung nach § 88 aus dem intelligenten Messgerät ausgelesen werden, sofern sie unmittelbar nach deren Auslesung mit Daten von anderen Endverbrauchern weitestmöglich aggregiert werden und anschließend anonymisiert und nur in dieser anonymisierten Form verwendet werden. Daten dürfen aus einem intelligenten Messgerät für Zwecke der Statistik nur dann ausgelesen werden, wenn bei Netzbetreibern die hierfür erforderlichen statistischen Daten nicht vorhanden sind. Der Endverbraucher ist im Falle einer Auslesung der Viertelstundenwerte ohne Einwilligung zeitnah darüber zu informieren.

(2) Netzbetreiber sind verpflichtet, am Beginn des darauffolgenden Kalendermonats unverzüglich, spätestens jedoch zum Fünften dieses Monats, alle täglich erhobenen Verbrauchswerte jener Endverbraucher, deren Verbrauch mithilfe eines intelligenten Messgeräts gemessen wird, an die jeweiligen Lieferanten zu den in § 81a genannten Zwecken sowie zu Zwecken der Verrechnung zu übermitteln; Viertelstundenwerte dürfen nur nach ausdrücklicher Zustimmung des Endverbrauchers oder zur Erfüllung vertraglicher Pflichten an den Lieferanten übermittelt werden. Die Regulierungsbehörde kann mit Verordnung die Anforderungen an die standardisierte Übermittlung dieser Daten sowie deren Format vom Netzbetreiber an den Lieferanten oder an vom Endverbraucher bevollmächtigte Dritte festlegen.

(3) Erfordert ein Vertrag die Auslesung samt Verwendung von Viertelstundenwerten oder erteilt der Endverbraucher seine Zustimmung zur Auslesung samt Verwendung von Viertelstundenwerten unter Angabe deren Zwecks, so ist der Endverbraucher durch einen ausdrücklichen Hinweis transparent zu informieren, dass mit Vertragsabschluss bzw. mit Erteilung der Zustimmung die Datenverwendung zulässig ist. Dieser ausdrückliche Hinweis hat unter Angabe des Zwecks der Datenverwendung in den Allgemeinen Bedingungen von Netzbetreibern sowie in den Allgemeinen Bedingungen und im Vertragsformblatt der Lieferanten zu erfolgen.

(4) Erfolgt die Installation eines intelligenten Messgerätes gemäß § 83 Abs. 1 bei einem Endverbraucher mit aufrechtem Vertragsverhältnis, dessen Weiterführung aufgrund einer bestehenden tageszeitabhängigen Verrechnung zwingend die Auslesung von Verbrauchswerten, die über einen täglichen Verbrauchswert hinausgehen, erfordern würde, so ist der Endverbraucher über diesen Umstand nachweislich, transparent und verständlich zu informieren. Weiters ist der Endverbraucher über die Möglichkeit des Umstiegs auf eine Verrechnung, die nur die Auslesung von täglichen Verbrauchswerten erfordert, nachweislich, transparent und verständlich zu informieren. Für die Fortsetzung des Vertragsverhältnisses zu den ursprünglichen Bedingungen bedarf es der ausdrücklichen Zustimmung des Endverbrauchers.

(5) Eine Verwendung von mittels intelligenten Messgeräten gemessenen Verbrauchsdaten für andere als die in Abs. 1 bis Abs. 4 sowie § 76, § 81, § 81a, und § 84 genannten Zwecke, für verwaltungsrechtliche, verwaltungsgerichtliche oder zivilgerichtliche Verfahren, die sich nicht unmittelbar auf Zwecke dieses Gesetzes beziehen, ist unzulässig.

10. Teil
Bilanzgruppen
Zusammenfassung der Netzbenutzer in Bilanzgruppen

§ 85. (Grundsatzbestimmung) (1) Netzbenutzer sind durch die Ausführungsgesetze zu verpflichten, sich einer Bilanzgruppe anzuschließen oder eine eigene Bilanzgruppe zu bilden.

(2) Netzbenutzer sind verpflichtet, entsprechend ihren gesetzlichen und vertraglichen Verpflichtungen

1. Daten, Zählerwerte und sonstige, zur Ermittlung ihres Stromverbrauches dienende Angaben an Netzbetreiber, Bilanzgruppenverantwortliche sowie den Bilanzgruppenkoordinator gemäß den sich aus den vertraglichen Vereinbarungen ergebenden Verpflichtungen bereitzustellen und zu übermitteln, soweit dies zur Aufrechterhaltung eines wettbewerbsorientierten Elektrizitätsmarktes und zur Wahrung des Konsumentenschutzes erforderlich ist;
2. bei Verwendung eigener Zähleinrichtungen und Anlagen zur Datenübertragung die technischen Vorgaben der Netzbetreiber einzuhalten;
3. Meldungen bei Lieferanten- und Bilanzgruppenwechsel abzugeben sowie die hiefür vorgesehenen Fristen einzuhalten;
4. Vertragsdaten an Stellen zu melden, die mit der Erstellung von Indizes betraut sind;
5. bei technischer Notwendigkeit Erzeugungs- und Verbrauchsfahrpläne an den Netzbetreiber und die Regelzonenführer zu melden;
6. Verträge über den Datenaustausch mit anderen Netzbetreibern, den Bilanzgruppenverantwortlichen sowie den Bilanzgruppenkoordinatoren und anderen Marktteilnehmern entsprechend den Marktregeln abzuschließen.

Bilanzgruppenverantwortlicher

§ 86. (1) **(Grundsatzbestimmung)** Bilanzgruppen können innerhalb jeder Regelzone gebildet werden. Die Bildung und Veränderung von Bilanzgruppen erfolgt durch den Bilanzgruppenverantwortlichen.

(2) **(Grundsatzbestimmung)** Der Bilanzgruppenverantwortliche muss den Anforderungen, die zur Erfüllung seiner Aufgaben und Pflichten erforderlich sind, insbesondere in rechtlicher, administrativer und kommerzieller Hinsicht entsprechen.

(3) **(Grundsatzbestimmung)** Die Ausführungsgesetze haben vorzusehen, dass der Bilanzgruppenverantwortliche den Nachweis seiner fachlichen Befähigung zu erbringen hat. Zur Sicherstellung der Leistungsfähigkeit für die Erfüllung seiner Verpflichtungen haben die Ausführungsgesetze weiters Vorschriften über die finanzielle Ausstattung zu erlassen.

(4) **(Grundsatzbestimmung)** Der Bilanzgruppenverantwortliche ist weiters zur Erfüllung seiner Aufgaben und Pflichten sowie der Einhaltung der Marktregeln verpflichtet. Kommt der Bilanzgruppenverantwortliche seinen Verpflichtungen nicht nach, haben die Ausführungsgesetze die Untersagung seiner Tätigkeit vorzusehen.

(5) **(Verfassungsbestimmung)** Die Aufsicht über Bilanzgruppenverantwortliche erfolgt durch die Regulierungsbehörde. Die Überwachung der Einhaltung der in den Ausführungsgesetzen enthaltenen Vorschriften ist der Regulierungsbehörde zur Besorgung zugewiesen. Die Beurteilung der fachlichen Befähigung sowie eine Untersagung der Tätigkeit der Bilanzgruppenverantwortlichen richtet sich nach den Rechtsvorschriften, die an deren Sitz gelten. Die Zuweisung von Lieferanten oder Kunden, die keiner Bilanzgruppe angehören oder keine eigene Bilanzgruppe bilden, zu einer Bilanzgruppe hat durch die Regulierungsbehörde zu erfolgen.

Aufgaben und Pflichten der Bilanzgruppenverantwortlichen

§ 87. (1) **(Grundsatzbestimmung)** Die Ausführungsgesetze haben den Bilanzgruppenverantwortlichen folgende Aufgaben zuzuweisen:

1. die Erstellung von Fahrplänen und Übermittlung derer an die Verrechnungsstelle und die betroffenen Regelzonenführer;
2. den Abschluss von Vereinbarungen betreffend Reservehaltung sowie die Versorgung von Bilanzgruppenmitgliedern, die ihnen von der Regulierungsbehörde zugewiesen wurden;
3. die Meldung bestimmter Erzeugungs- und Verbrauchsdaten für technische Zwecke;
4. die Meldung von Erzeugungs- und Abnahmefahrplänen von Großabnehmern und Einspeisern nach definierten Regeln für technische Zwecke;
5. die Entrichtung von Entgelten (Gebühren) an die Bilanzgruppenkoordinatoren;
6. die Entrichtung der Entgelte für Ausgleichsenergie an den Bilanzgruppenkoordinator sowie die Weiterverrechnung der Entgelte an die Bilanzgruppenmitglieder.

(2) **(Grundsatzbestimmung)** Die Bilanzgruppenverantwortlichen sind zu verpflichten:

1. Verträge mit dem Bilanzgruppenkoordinator, den Netzbetreibern und den Bilanzgruppenmitgliedern über den Datenaustausch abzuschließen;
2. eine Evidenz der Bilanzgruppenmitglieder zu führen;
3. entsprechend den Marktregeln Daten an die Bilanzgruppenkoordinatoren, die Netzbetreiber und die Bilanzgruppenmitglieder weiterzugeben;
4. Fahrpläne zwischen Bilanzgruppen zu erstellen und dem Bilanzgruppenkoordinator bis zu einem von diesem festgesetzten Zeitpunkt zu melden;
5. Ausgleichsenergie für die Bilanzgruppenmitglieder – im Sinne einer Versorgung mit dieser – zu beschaffen;
6. Alle Vorkehrungen zu treffen, die erforderlich sind, um die Aufwendungen der Ökostromabwicklungsstelle für Ausgleichsenergie zu minimieren.

(3) **(Grundsatzbestimmung)** Wechselt ein Bilanzgruppenmitglied die Bilanzgruppe oder den Lieferanten, sind die Daten des Bilanzgruppenmitgliedes der neuen Bilanzgruppe oder dem neuen Lieferanten weiterzugeben.

(4) **(Verfassungsbestimmung)** Der Bilanzgruppenverantwortliche hat der Regulierungsbehörde die Allgemeinen Bedingungen zu Genehmigung vorzulegen und über Aufforderung dieser abzuändern, sofern dies zur Erreichung eines wettbewerbsorientierten Marktes oder zur Übernahme des den Stromhändlern zugewiesenen Ökostroms erforderlich ist. Die Regulierungsbehörde kann dabei insbesondere auch die zur Minimierung der Aufwendungen der Ökostromabwicklungsstelle für Ausgleichsenergie erforderliche Änderung der zeitlichen Rahmenbedingungen für die Fahrplanzuweisung veranlassen.

11. Teil

Überwachungsaufgaben

Überwachungsaufgaben

§ 88. (1) **(Grundsatzbestimmung)** Die Ausführungsgesetze haben folgende Überwachungsaufgaben für die Landesregierungen im Rahmen ihrer den Elektrizitätsmarkt betreffenden Überwachungsfunktionen vorzusehen. Insbesondere umfassen diese,

1. die Versorgungssicherheit in Bezug auf Zuverlässigkeit und Qualität des Netzes, sowie die kommerzielle Qualität der Netzdienstleistungen,
2. den Grad der Transparenz am Elektrizitätsmarkt unter besonderer Berücksichtigung der Großhandelspreise,
3. den Grad und die Wirksamkeit der Marktöffnung und den Umfang des Wettbewerbs auf Großhandelsebene und Endverbraucherebene einschließlich etwaiger Wettbewerbsverzerrungen oder –beschränkungen,
4. etwaige restriktive Vertragspraktiken einschließlich Exklusivitätsbestimmungen, die

große gewerbliche Kunden daran hindern können, gleichzeitig mit mehreren Anbietern Verträge zu schließen, oder ihre Möglichkeiten dazu beschränken,

5. die Dauer und Qualität der von Übertragungs- und Verteilernetzbetreibern vorgenommenen Neuanschluss-, Wartungs- und sonstiger Reparaturdienste,
6. die Investitionen in die Erzeugungskapazitäten mit Blick auf die Versorgungssicherheit,

laufend zu beobachten.

(2) Die Regulierungsbehörde ist ermächtigt, zur Wahrnehmung der in Abs. 1 genannten Aufgaben durch die Landesregierungen und zur Erfüllung der Aufgaben der Regulierungsbehörde, Erhebungsmasse, -einheiten, und -merkmale, Merkmalsausprägung, Datenformat, Häufigkeit, Zeitabstände und Verfahren der laufenden Datenerhebung sowie Bestimmung des auskunftspflichtigen Personenkreises durch Verordnung näher zu regeln. Die Verordnung hat hierbei jedenfalls die Erhebung folgender Daten zu bestimmen:

1. von Netzbetreibern: Zahl der Neuanschlüsse inklusive jeweils hierfür benötigter Zeit; durchgeführte Wartungs- und Reparaturdienste inklusive jeweils hierfür eingehobener Gebühren und benötigter Zeit; Anzahl der geplanten und ungeplanten Versorgungsunterbrechungen inklusive Anzahl der davon betroffenen Endverbraucher, Leistung, Dauer der Versorgungsunterbrechungen, Ursache und betroffene Spannungsebenen; Merkmale der Spannung in öffentlichen Elektrizitätsversorgungsnetzen; Anzahl der Netzzutritts- und Netzzugangsanträge sowie deren durchschnittliche Bearbeitungsdauer;
2. von Verteilernetzbetreibern: Anzahl der Versorgerwechsel sowie gewechselte Mengen (kWh), jeweils getrennt nach Netzebenen und Lieferanten; Abschaltraten, unter gesonderter Ausweisung von Abschaltungen bei Aussetzung bzw. Vertragsauflösung wegen Verletzung vertraglicher Pflichten; Zahl der Neuan- und Abmeldungen; Anzahl der eingesetzten Vorauszahlungszähler; durchgeführte Anzahl der eingeleiteten Wechsel, die dem Netzbetreiber bekannt gemacht wurden, inklusive Anzahl der nicht erfolgreich abgeschlossenen Wechsel; Anzahl der Wiederaufnahmen der Belieferung nach Unterbrechung aufgrund von Zahlungsverzug; Zahl der Endabrechnungen und Anteil der Rechnungen, die später als sechs Wochen nach Beendigung des Vertrages ausgesandt wurden; Anzahl der Kundenbeschwerden und -anfragen samt Gegenstand (zB Rechnung und Rechnungshöhe oder Zähler, Ablesung und Verbrauchsermittlung) sowie die durchschnittliche Bearbeitungsdauer der Beschwerden;
3. von Versorgern: Verrechnete Energiepreise in Eurocent/kWh je definierter Kundengruppe; Anzahl der Versorgerwechsel sowie gewechselte Mengen (kWh), jeweils getrennt nach Kundengruppen; Anzahl der eingegangenen Beschwerden samt Beschwerdegründen; Anzahl der versorgten Endverbraucher samt Abgabemenge je definierter Kundengruppe.

(Anm.: Aufgrund der Novellierungsanweisung Art. 2 Z 24, BGBl. I Nr. 108/2017 würden die Z 1 bis 3 des bisherigen 2. Satzes entfallen. Aber Vergleiche dazu Textgegenüberstellung (https://www.parlament.gv.at/PAKT/VHG/XXV/I/I_01519/imfname_618849.pdf) *Seite 38 in den Parlamentarischen Materialien* (https://www.parlament.gv.at/PAKT/VHG/XXV/I/I_01519/index.shtml).*)*

(3) Im Rahmen ihrer den Elektrizitätsmarkt betreffenden Überwachungsfunktion hat die Regulierungsbehörde die Aufgabe,

1. die Einhaltung der Vorschriften betreffend die Aufgaben und Verantwortlichkeiten der Übertragungsnetzbetreiber, Verteilernetzbetreiber, Versorgungsunternehmen und Kunden sowie anderer Marktteilnehmer gemäß der Verordnung 2009/714/EG,
2. die Durchführung von Lenkungsmaßnahmen im Sinne des § 10 des Energielenkungsgesetzes,
3. die Investitionspläne der Übertragungsnetzbetreiber,
4. das Engpassmanagement im Sinne des § 23 Abs. 2 Z 5 und die Verwendung der Engpasserlöse
5. die technische Zusammenarbeit zwischen Übertragungsnetzbetreibern mit Sitz im Inland und Übertragungsnetzbetreibern mit Sitz in der Europäischen Union bzw. in Drittstaaten, laufend zu beobachten und
6. von Regelzonenführern aggregierte Informationen aus sämtlichen Beschaffungen von Regelenergieprodukten (dh. Primär-, Sekundär- und Tertiärregelung, ungewollten Austausch), wie periodische Kosten, beschaffte Mengen, Anzahl der Bieter, sowie Informationen über die Ausgleichsenergiesituation in der Regelzone wie Preise der Bilanzgruppen für in Anspruch genommene Ausgleichsenergie, Leistungsabweichung der gesamten Regelzone und Einsatz der Regelenergieprodukte, Abweichungen der Bilanzgruppen zu erheben.

(4) Stromhändler sind verpflichtet, durch die Regulierungsbehörde mit Verordnung näher zu regelnde Transaktionsdaten über Transaktionen mit anderen Stromhändlern und Übertragungsnetzbetreibern für eine Dauer von fünf Jahren aufzubewahren und der Regulierungsbehörde, der Bundeswettbewerbsbehörde sowie der Europäischen Kommission zur Erfüllung ihrer Aufgaben

bei Bedarf jederzeit in einer von der Regulierungsbehörde vorgegebenen Form zur Verfügung zu stellen. Die Verordnung hat hierbei jedenfalls die Aufbewahrung und Übermittlung folgender Daten zu bestimmen: Merkmale und Produktspezifikationen für jede finanzielle und physische Transaktion, insbesondere Zeitpunkt des Abschlusses der Transaktion, Vertragsdauer, Strombörse oder anderer Handelsplatz an dem die Transaktion getätigt wurde, erstmaliger Lieferzeitpunkt, Identität von Käufer und Verkäufer, Transaktionsmenge und –preis bzw. Preisanpassungsklauseln.

(5) Weigert sich ein Meldepflichtiger, Daten gemäß Abs. 2, 3 und 4 zu melden, kann die Regulierungsbehörde die Meldung der Daten mit Bescheid anordnen.

(6) Die Regulierungsbehörde kann zur Evaluierung der Angaben der Netzbetreiber zur Dienstleistungs- und Versorgungsqualität unabhängige Erhebungen der Kundenzufriedenheit durchführen oder veranlassen. Die Netzbetreiber sind zur Kooperation und zur Unterstützung dieser Erhebungen verpflichtet.

(7) Die Regulierungsbehörde ist ermächtigt, Datenaustauschabkommen mit Regulierungsbehörden anderer Mitgliedstaaten abzuschließen und hierdurch gewonnene Daten zu Zwecken der in Abs. 1 genannten Aufgaben zu verwenden. Die Regulierungsbehörde ist betreffend die übermittelten Daten an den gleichen Grad der Vertraulichkeit gebunden wie die Auskunft erteilende Behörde.

(8) Die in der Verordnung der Regulierungsbehörde gemäß Abs. 2 genannten Meldepflichtigen haben die Daten gemäß dieser Verordnung bis spätestens 31. März des jeweiligen Folgejahres an die Regulierungsbehörde zu übermitteln. Die Regulierungsbehörde hat aus diesen Daten jährlich einen zusammenfassenden Bericht je Land an die jeweilige Landesregierung zu übermitteln. Bei Bedarf erhalten die Landesregierungen Zugang zu den jeweiligen landesspezifischen Daten gemäß Abs. 2. Weiters sind unter sinngemäßer Anwendung des ersten Satzes folgende Daten an die Regulierungsbehörde zu übermitteln:

1. von Regelzonenführern: Daten zu Ausschreibungen grenzüberschreitender Kapazitäten, so insbesondere angebotene und vergebene sowie von Marktteilnehmern als Fahrplan angemeldete Kapazitäten für Jahres-, Monats- und Tagesvergaben, tatsächliche physische Leitungsflüsse, Sicherheitsmargen bei Kapazitätsberechnungen, Informationen über Reduktionen bereits vergebener Kapazitäten;
2. von den jeweils die Ausschreibung im Zusammenhang mit dem Bezug von Ausgleichsenergie (dh. Primär-, Sekundär- und Tertiärregelung, ungewollten Austausch) vornehmenden Personen: Je Gebot angegebener Leistungspreis (Euro/MW), Arbeitspreis (Euro/MWh), angebotene Leistung (MW), Erteilung des Zuschlags und Regelzonenanbindung.

*(Anm.: Aufgrund der Novellierungsanweisung Art. 2
Z 25, BGBl. I Nr. 108/2017 würden die Z 1 und 2 des bisherigen 2. Satzes entfallen. Aber vergleiche dazu Textgegenüberstellung* (https://www.parlament.gv.at/PAKT/VHG/XXV/I/I_01519/imfname_618849.pdf) *Seite 38 in den Parlamentarischen Materialien* (https://www.parlament.gv.at/PAKT/VHG/XXV/I/I_01519/index.shtml).*)*

11a. Teil
Versorgungssicherheitsstrategie
Versorgungssicherheitsstrategie

§ 88a. (1) Zur Sicherstellung der wirksamen Gestaltung der Stromversorgungssicherheit und der Prävention von Stromversorgungskrisen hat die Bundesministerin für Klimaschutz, Umwelt, Energie, Mobilität, Innovation und Technologie in Abstimmung mit der Regulierungsbehörde und dem Regelzonenführer eine Versorgungssicherheitsstrategie im Elektrizitätsbereich zu erstellen.

(2) Die Versorgungssicherheitsstrategie gemäß Abs. 1 berücksichtigt insbesondere

1. das Verhältnis zwischen voraussichtlichem Angebot und voraussichtlicher Nachfrage im ENTSO-E Raum, einschließlich Österreich unter Anwendung angemessener und üblicher Szenarien;
2. die voraussichtliche Nachfrageentwicklung und das verfügbare Angebot;
3. die in der Planung und im Bau befindlichen zusätzlichen Erzeugungsanlagen, Energiespeicheranlagen und Netze unter Berücksichtigung des Zeitraums der nächsten fünf Jahre;
4. die Qualität und den Umfang der Netzwartung sowie der geplanten bzw. in Bau befindlichen Netzinfrastruktur;
5. Maßnahmen zur Bedienung von Nachfragespitzen und zur Bewältigung von Ausfällen eines oder mehrerer Betriebsmittel sowie Erzeugungsanlagen bzw. Versorger;
6. die Verfügbarkeit sowie Nichtverfügbarkeiten von Erzeugungsanlagen, Energiespeicheranlagen und Netzinfrastruktur;
7. die Erkenntnisse aus dem durch die Regulierungsbehörde gemäß § 15 Abs. 2 Energielenkungsgesetz 2012 durchzuführenden Monitoring der Versorgungssicherheit im Elektrizitätsbereich;
8. den gemäß Art. 10 VO (EU) 2019/941 zu erstellenden Risikovorsorgeplan;
9. den integrierten österreichischen Netzinfrastrukturplan gemäß § 94 EAG;
10. den Netzentwicklungsplan gemäß § 37 sowie

11. die Erkenntnisse aus dem Bericht der Regulierungsbehörde über die Situation am österreichischen Strommarkt in Bezug auf die Erbringung einer Netzreserveleistung gemäß § 23b Abs. 10.

(3) Die Erstellung der Versorgungssicherheitsstrategie erfolgt unter Annahme von

1. Indikatoren, die zur Bewertung der Versorgungssicherheit an den europäischen Elektrizitätsmärkten mit Auswirkungen auf das Gebiet der Republik Österreich als Teil des Elektrizitätsbinnenmarktes geeignet sind;
2. Schwellenwerten, bei deren Überschreiten oder Unterschreiten eine Prüfung und bei Bedarf die Ausarbeitung angemessener Maßnahmen zur Gewährleistung der Versorgungssicherheit erfolgt.

(4) Marktteilnehmer, insbesondere die Regelzonenführer, Verteilernetzbetreiber, Bilanzgruppenkoordinatoren, Bilanzgruppenverantwortliche, Betreiber von Erzeugungsanlagen, Energiespeicheranlagen, Erneuerbaren-Energie-Gemeinschaften sowie Stromhändler haben auf Verlangen der Regulierungsbehörde sowie der Bundesministerin für Klimaschutz, Umwelt, Energie, Mobilität, Innovation und Technologie die zur Beobachtung und Bewertung der Versorgungssicherheit notwendigen Daten zu übermitteln. Die Regulierungsbehörde hat der Bundesministerin für Klimaschutz, Umwelt, Energie, Mobilität, Innovation und Technologie auf Verlangen die zur Beobachtung und Bewertung der Versorgungssicherheit notwendigen Daten zu übermitteln.

(5) Die Versorgungssicherheitsstrategie ist bis zum 30. Juni 2023 zu erstellen und in geeigneter Weise auf der Internetseite des Bundesministeriums für Klimaschutz, Umwelt, Energie, Mobilität, Innovation und Technologie zu veröffentlichen. Sie ist danach alle fünf Jahre zu aktualisieren.

12. Teil
Behörden

Behördenzuständigkeit in sonstigen Angelegenheiten, die durch unmittelbar anwendbares Bundesrecht geregelt werden

§ 89. (1) Sofern im Einzelfall nichts anderes bestimmt ist, ist Behörde im Sinne der unmittelbar anwendbaren bundesrechtlichen Bestimmungen dieses Bundesgesetzes die Regulierungsbehörde.

(2) Verwaltungsstrafen gemäß § 99 bis § 102 sind von der gemäß § 26 VStG zuständigen Bezirksverwaltungsbehörde zu verhängen. Die Regulierungsbehörde hat in diesen Verfahren Parteistellung. Sie ist berechtigt, die Einhaltung von Rechtsvorschriften, die dem Schutz der Einhaltung von der von ihr wahrzunehmenden öffentlichen Interessen dienen, als subjektives Recht im Verfahren geltend zu machen und Beschwerde an das Verwaltungsgericht des Landes zu erheben.

(3) Die Regulierungsbehörde kann Verpflichtete, die Pflichten nach diesem Bundesgesetz verletzen, darauf hinweisen und ihnen auftragen, den gesetzmäßigen Zustand innerhalb einer von ihr festgelegten angemessenen Frist herzustellen, wenn Gründe zur Annahme bestehen, dass auch ohne Straferkenntnis ein rechtskonformes Verhalten erfolgen wird. Dabei hat sie auf die mit einer solchen Aufforderung verbundenen Rechtsfolgen hinzuweisen.

(4) Verpflichtete sind nicht zu bestrafen, wenn sie den gesetzmäßigen Zustand innerhalb der von der Regulierungsbehörde gesetzten Frist herstellen.

(5) Geldbußen gemäß § 104 bis § 107 sind vom Kartellgericht zu verhängen.

Behördenzuständigkeit in Elektrizitätsangelegenheiten

§ 90. (Grundsatzbestimmung) Sofern im Einzelfall nichts anderes bestimmt ist, ist Behörde im Sinne der Grundsatzbestimmungen dieses Bundesgesetzes die Landesregierung.

13. Teil
Besondere organisatorische Bestimmungen

Landeselektrizitätsbeirat

§ 91. (Grundsatzbestimmung) (1) Zur Beratung der Landesregierung in grundsätzlichen elektrizitätswirtschaftlichen Angelegenheiten können die Ausführungsgesetze einen Elektrizitätsbeirat vorsehen.

(2) Die Ausführungsgesetze haben Personen, die an einem auf Grund eines Ausführungsgesetzes durchgeführten Verfahren teilnehmen, zur Verschwiegenheit zu verpflichten.

Anordnung und Durchführung statistischer Erhebungen

§ 92. (1) Die Bundesministerin für Klimaschutz, Umwelt, Energie, Mobilität, Innovation und Technologie wird ermächtigt, auf Grundlage eines Vorschlags der Regulierungsbehörde statistische Erhebungen, einschließlich Preiserhebungen und Erhebungen sonstiger Marktdaten, insbesondere Wechselzahlen und Neukundenzahlen nach Kundengruppen und sonstige statistische Arbeiten über Elektrizität anzuordnen. Die Durchführung der statistischen Erhebungen und sonstigen statistischen Arbeiten hat durch die Regulierungsbehörde zu erfolgen.

(2) Die Bundesministerin für Klimaschutz, Umwelt, Energie, Mobilität, Innovation und Technologie hat durch Verordnung statistische Erhebungen anzuordnen. Die Verordnung hat neben der Anordnung von statistischen Erhebungen insbesondere zu enthalten:

1. die Erhebungsmasse;
2. statistische Einheiten;
3. die Art der statistischen Erhebung;

4. Erhebungsmerkmale;
5. Merkmalsausprägung;
6. Häufigkeit und Zeitabstände der Datenerhebung;
7. die Bestimmung des Personenkreises, der zur Auskunft verpflichtet ist;
8. ob und in welchem Umfang die Ergebnisse der statistischen Erhebungen zu veröffentlichen sind, wobei die Bestimmungen des § 19 Abs. 2 des Bundesstatistikgesetzes 2000 zu beachten sind.

(3) Weigert sich ein Meldepflichtiger, Daten zu melden, kann die Regulierungsbehörde die Meldepflicht mit Bescheid feststellen und die Meldung der Daten mit Bescheid anordnen.

(4) Die Weitergabe von Einzeldaten an die Bundesanstalt „Statistik Österreich" für Zwecke der Bundesstatistik ist zulässig.

(5) Die Durchführung der Erhebungen sowie die Verarbeitung der auf Grund dieser Erhebungen beschafften Daten hat unter sinngemäßer Anwendung der Bestimmungen des Bundesstatistikgesetzes 2000 zu erfolgen.

(6) Die von der Regulierungsbehörde erhobenen statistischen Daten sind zu veröffentlichen.

Automationsunterstützter Datenverkehr

§ 93. (1) Personenbezogene Daten, die für die Durchführung von Verfahren in Angelegenheiten, die in diesem Bundesgesetz durch unmittelbar anwendbares Bundesrecht geregelt sind, erforderlich sind, die die Behörde in Erfüllung ihrer Aufsichtstätigkeit benötigt oder die der Behörde gemäß § 10 zur Kenntnis gelangt sind, dürfen gemäß den Bestimmungen des Datenschutzgesetzes automationsunterstützt ermittelt und verarbeitet werden.

(2) Die Bundesministerin für Klimaschutz, Umwelt, Energie, Mobilität, Innovation und Technologie und die Regulierungsbehörde sind ermächtigt, bearbeitete Daten im Rahmen von Verfahren in Angelegenheiten, die in diesem Bundesgesetz durch unmittelbar anwendbares Bundesrecht geregelt sind, zu übermitteln an

1. die Beteiligten an diesem Verfahren;
2. Sachverständige, die dem Verfahren beigezogen werden;
3. die Mitglieder des Regulierungs- bzw. Energiebeirates;
4. ersuchte oder beauftragte Behörden (§ 55 AVG);
5. die für die Durchführung des elektrizitätsrechtlichen Genehmigungsverfahrens zuständige Behörde, soweit diese Daten im Rahmen dieses Verfahrens benötigt werden.

Verpflichtung zur Weitergabe von Abgabensenkungen

§ 94. Entfallen in den Preisen von Sachgütern oder Leistungen enthaltene Steuern, Abgaben oder Zollbeträge ganz oder teilweise, so sind die Preise um diese Beträge herabzusetzen.

Auskunftsrechte

§ 95. (Grundsatzbestimmung) Die Ausführungsgesetze haben sicherzustellen, dass die Landesregierungen in jeder Lage des Verfahrens Auskunft über alles zu verlangen berechtigt sind, was für die Durchführung dieser Verfahren erforderlich ist und zu diesem Zweck auch in die Wirtschafts- und Geschäftsaufzeichnungen Einsicht nehmen können.

Automationsunterstützter Datenverkehr in der Ausführungsgesetzgebung

§ 96. (Grundsatzbestimmung) Die Ausführungsgesetze haben sicherzustellen, dass personenbezogene Daten, die für die Durchführung von Verfahren in Elektrizitätsangelegenheiten erforderlich sind, die die Behörden in Erfüllung ihrer Aufsichtstätigkeit benötigen oder die der Landesregierung zur Kenntnis zu bringen sind, automationsunterstützt ermittelt und verarbeitet werden dürfen, sowie nach den sich aus § 93 ergebenden Grundsätzen die Weitergabe von bearbeiteten Daten an Dritte zu regeln.

14. Teil
Strafbestimmungen und Geldbußen
1. Hauptstück
Allgemeine Verpflichtung der Länder

Allgemeine Verpflichtung der Länder

§ 98. (Grundsatzbestimmung) Die Ausführungsgesetze haben wirksame, verhältnismäßige, abschreckende Sanktionen gegen Elektrizitätsunternehmen bezüglich der aus dem Ausführungsgesetz erwachsenden Verpflichtungen vorzusehen, wobei für Verstöße

1. von Unternehmen, an deren Netz mindestens 100 000 Kunden angeschlossen sind, gegen die Bestimmung des § 66 Abs. 2, § 67 Abs. 2 oder § 88 Abs. 2 eine Mindeststrafe von 10 000 Euro,
2. von Unternehmen, an deren Netz mindestens 100 000 Kunden angeschlossen sind, gegen die Bestimmung des § 21 Abs. 1, § 23 Abs. 2 oder 5, § 37 Abs. 1, § 40, § 42 Abs. 1, 3, 5, 6 oder 7, § 45, § 77, § 80 Abs. 1, 3 oder 4 oder § 87 Abs. 1, 2 oder 3 eine Mindeststrafe von 50 000 Euro und
3. von allen übrigen Unternehmen gegen die Bestimmung des § 21 Abs. 1, § 23 Abs. 2 oder 5, § 37 Abs. 1, § 40, § 42 Abs. 1, 3, 5, 6 oder 7, § 45, § 66 Abs. 2, § 67 Abs. 2 § 77, § 80 Abs. 1, 3 oder 4, § 87 Abs. 1, 2 oder 3 oder § 88 Abs. 2 eine wirksame, verhältnismäßige und abschreckende Sanktion festzulegen ist.

2. Hauptstück
Verwaltungsübertretungen
Allgemeine Strafbestimmungen

§ 99. (1) Sofern die Tat nicht den Tatbestand einer in die Zuständigkeit der Gerichte fallenden strafbaren Handlung oder einen Geldbußentatbestand bildet oder nach anderen Verwaltungsstrafbestimmungen mit strengerer Strafe bedroht ist, begeht eine Verwaltungsübertretung und ist mit Geldstrafe bis zu 50 000 Euro zu bestrafen, wer

1. seinen Verpflichtungen als Netzbetreiber gemäß § 16a Abs. 5 oder 7 oder § 16e Abs. 1, 2 oder 3 nicht nachkommt;

1a. den in § 17 Abs. 4, 5 oder 6 oder § 18 festgelegten Verpflichtungen nicht nachkommt;

2. den im § 27 Abs. 2 Z 3 festgelegten Verpflichtungen nicht nachkommt;
3. den in § 32 Abs. 1 festgelegten Verpflichtungen nicht nachkommt;
4. bewirkt, dass die in § 76 Abs. 2 vorgesehene Wechselfrist nicht eingehalten wird;
5. entgegen § 76 Abs. 4 letzter Satz einen Prozess ohne Willenserklärung eines Endverbrauchers einleitet;
6. seinen Verpflichtungen gemäß § 76 Abs. 5 bis Abs. 7 nicht entspricht;

6a. seinen Verpflichtungen gemäß § 76a nicht nachkommt;

7. entgegen Art. 4 Abs. 1 der Verordnung (EU) Nr. 1227/2011 eine Insider-Information nicht, nicht richtig, nicht vollständig, nicht effektiv oder nicht rechtzeitig bekannt gibt;
8. entgegen Art. 4 Abs. 2 der Verordnung (EU) Nr. 1227/2011 eine Insider-Information nicht, nicht richtig, nicht vollständig oder nicht unverzüglich übermittelt;
9. entgegen Art. 4 Abs. 3 der Verordnung (EU) Nr. 1227/2011 die zeitgleiche, vollständige und tatsächliche Bekanntgabe einer Information nicht sicherstellt;
10. entgegen Art. 8 Abs. 1 der Verordnung (EU) Nr. 1227/2011 in Verbindung mit einem Durchführungsrechtsakt nach Art. 8 Abs. 2 der Verordnung (EU) Nr. 1227/2011 eine dort genannte Aufzeichnung nicht, nicht richtig, nicht rechtzeitig oder nicht vollständig übermittelt;
11. entgegen Art. 8 Abs. 5 der Verordnung (EU) Nr. 1227/2011 in Verbindung mit einem Durchführungsrechtsakt nach Art. 8 Abs. 6 der Verordnung (EU) Nr. 1227/2011 eine dort genannte Information nicht, nicht richtig, nicht rechtzeitig oder nicht vollständig übermittelt;
12. sich entgegen Art. 9 Abs. 1 in Verbindung mit Abs. 4 der Verordnung (EU) Nr. 1227/2011 nicht oder nicht rechtzeitig bei der Regulierungsbehörde registrieren lässt;
13. sich entgegen Art. 9 Abs. 1 Unterabsatz 2 der Verordnung (EU) Nr. 1227/2011 bei mehr als einer nationalen Regulierungsbehörde registrieren lässt;
14. entgegen Art. 9 Abs. 5 der Verordnung (EU) Nr. 1227/2011 eine Änderung hinsichtlich der für die Registrierung erforderlichen Informationen nicht unverzüglich mitteilt;
15. entgegen Art. 15 der Verordnung (EU) Nr. 1227/2011 nicht, nicht richtig, nicht vollständig oder nicht rechtzeitig die Regulierungsbehörde informiert;
16. auf die in Art. 3 Abs. 1 der Verordnung (EU) Nr. 1227/2011 bezeichnete Weise, jedoch ohne den Vorsatz, sich oder einem Dritten einen Vermögensvorteil zu verschaffen, Insider-Information verwendet und damit dem Verbot des Insider-Handels zuwiderhandelt, sofern er gemäß Art. 3 Abs. 2 lit. e der Verordnung (EU) Nr. 1227/2011 wissen oder wissen müsste, dass es sich um Insider-Informationen im Sinne des Art. 2 Z 1 der Verordnung (EU) Nr. 1227/2011 handelt.

(2) Sofern die Tat nicht den Tatbestand einer in die Zuständigkeit der Gerichte fallenden strafbaren Handlung oder einen Geldbußentatbestand bildet oder nach anderen Verwaltungsstrafbestimmungen mit strengerer Strafe bedroht ist, begeht eine Verwaltungsübertretung und ist mit Geldstrafe bis zu 75 000 Euro zu bestrafen, wer

1. den in § 8 Abs. 1, 2 oder 3 oder § 9 festgelegten Verpflichtungen nicht nachkommt;
2. seiner Verpflichtung zur Auskunft und Gewährung der Einsichtnahme gemäß § 10 nicht nachkommt;
3. entgegen § 11, § 48 Abs. 2, § 76 oder § 84 Daten widerrechtlich offenbart;
4. seiner Anzeigepflicht gemäß § 14 oder § 80 Abs. 2 nicht nachkommt;
5. den aufgrund einer Verordnung der Regulierungsbehörde gemäß § 19 festgelegten Verpflichtungen nicht entspricht;
6. seinen Verpflichtungen zur Datenübermittlung gemäß § 19 Abs. 4 oder § 76 Abs. 4 nicht nachkommt;

6a. seinen gesetzlichen oder vertraglichen Verpflichtungen als Erzeuger oder Entnehmer gemäß § 23 Abs. 2 Z 5 nicht nachkommt;

6b. seiner Verpflichtung als Erzeuger zur Anzeige einer Stilllegung gemäß § 23a Abs. 1 nicht ordnungsgemäß nachkommt;

6c. als Erzeuger gegen die gesetzlichen Verpflichtungen gemäß § 23b Abs. 7 und 9 sowie § 23c Abs. 1 verstößt oder den auf Grund dieser Bestimmungen geschlossenen Verträgen oder erlassenen Bescheiden nicht entspricht;

6d. Aufwendungen entgegen § 23c Abs. 3 oder 4 angibt oder verrechnet;

6e. als Erzeuger keinen eigenen Rechnungskreis gemäß § 23b Abs. 8 oder § 23c Abs. 5 führt oder dem Regelzonenführer oder der Regulierungsbehörde keine Einsicht oder bloß unvollständige Auskünfte gewährt;

6f. als Regelzonenführer eine Systemanalyse entgegen den Bestimmungen in § 23a Abs. 2 und 3 vornimmt;
7. seiner Verpflichtung als Erzeuger gemäß § 23 Abs. 9 nicht nachkommt;
8. seiner Verpflichtung gemäß § 37 Abs. 7 nicht nachkommt;
9. seinen Verpflichtungen gemäß § 69 nicht nachkommt;
10. seinen Verpflichtungen als Lieferant oder Stromhändler gemäß § 65 oder § 78 Abs. 1 oder 2 nicht nachkommt;
11. seiner Verpflichtung gemäß § 79 nicht entspricht;
12. seinen Verpflichtungen gemäß § 81 bis § 81b nicht nachkommt;
13. den aufgrund einer Verordnung gemäß § 81a, § 81b, § 83, § 84 oder § 84a festgelegten Verpflichtungen nicht entspricht;
14. seinen Verpflichtungen gemäß § 82 oder § 83 nicht nachkommt;
15. seinen Verpflichtungen gemäß § 84 nicht entspricht;
16. seinen Verpflichtungen gemäß § 84a nicht entspricht;
17. seiner Verpflichtung gemäß § 87 Abs. 4 nicht nachkommt;
18. seiner Verpflichtung gemäß § 88 Abs. 4, 5, 6 oder 8 nicht nachkommt;
19. den auf Grund einer Verordnung gemäß § 92 Abs. 2 angeordneten statistischen Erhebungen nicht nachkommt;
20. den auf Grund der § 24 Abs. 2 des E–ControlG für den Geltungsbereich dieses Bundesgesetzes erlassenen Bescheiden oder den darin enthaltenen Bedingungen, Befristungen und Auflagen nicht entspricht.

(Anm.: Abs. 3 aufgehoben durch Art. 2 Z 28, BGBl. I Nr. 108/2017)

(4) Sofern die Tat nicht den Tatbestand einer in die Zuständigkeit der ordentlichen Gerichte fallenden strafbaren Handlung oder einen Geldbußentatbestand bildet oder nach anderen Verwaltungsstrafbestimmungen mit strengerer Strafe bedroht ist, begeht eine Verwaltungsübertretung und ist mit Geldstrafe bis zu 150 000 Euro zu bestrafen, wer

1. entgegen Art. 5 in Verbindung mit Art. 2 Z 2 und 3 der Verordnung (EU) Nr. 1227/2011 eine Marktmanipulation oder den Versuch einer Marktmanipulation vornimmt;
2. auf die in Art. 3 Abs. 1 der Verordnung (EU) Nr. 1227/2011 bezeichnete Weise mit dem Vorsatz, sich oder einem Dritten einen Vermögensvorteil zu verschaffen, Insider-Informationen verwendet und damit dem Verbot des Insider-Handels zuwiderhandelt, sofern er gemäß Art. 3 Abs. 2 lit. e der Verordnung (EU) Nr. 1227/2011 wissen oder wissen müsste, dass es sich um Insider-Informationen im Sinne des Art. 2 Z 1 der Verordnung (EU) Nr. 1227/2011 handelt.

(5) Sofern die Tat nicht den Tatbestand einer in die Zuständigkeit der ordentlichen Gerichte fallenden strafbaren Handlung oder einen Geldbußentatbestand bildet oder nach anderen Verwaltungsstrafbestimmungen mit strengerer Strafe bedroht ist, begeht eine Verwaltungsübertretung und ist mit Geldstrafe bis zu 10 000 Euro zu bestrafen, wer

1. seinen Verpflichtungen zur Mitteilung von Insider-Informationen gemäß § 10a nicht nachkommt;
2. den auf Grund einer Verordnung gemäß § 25a Abs. 2 E-ControlG angeordneten Datenübermittlungen nicht nachkommt;
3. seinen Informations- und Kooperationsverpflichtungen gemäß § 25a Abs. 3 E-ControlG nicht nachkommt;
4. nach vorangegangener Mahnung durch die Regulierungsbehörde der Verpflichtung zur Registrierung in der Herkunftsnachweisdatenbank gemäß § 72 nicht nachkommt;
5. der Verpflichtung zur Anforderung der Ausstellung von Herkunftsnachweisen gemäß § 72 nicht nachkommt;
6. der Meldepflicht gemäß § 72 Abs. 3 nicht nachkommt.

Einbehaltung von Abgabensenkungen

§ 100. Wer dem § 94 zuwiderhandelt oder wer zwar die Preise dem § 94 entsprechend herabsetzt, die Auswirkung der Senkung von Steuern, Abgaben oder Zöllen aber dadurch umgeht, dass er, ohne dass dies durch entsprechende Kostenerhöhungen verursacht ist, die Senkung der genannten Eingangsabgaben durch eine Preiserhöhung ganz oder teilweise unwirksam macht, begeht eine Verwaltungsübertretung und ist mit Geldstrafe bis zu 50 000 Euro zu bestrafen.

Betrieb ohne Zertifizierung

§ 101. Eine Verwaltungsübertretung begeht und ist mit Geldstrafe bis zu 150 000 Euro zu bestrafen, wer keinen Antrag auf Zertifizierung gemäß § 34 Abs. 3 Z 1 oder § 35 als Übertragungsnetzbetreiber stellt oder nach der rechtskräftigen Abweisung eines solchen Antrages auf Zertifizierung den Betrieb des Übertragungsnetzes ohne Zertifizierung führt.

Preistreiberei

§ 102. (1) Sofern die Tat nicht den Tatbestand einer in die Zuständigkeit der Gerichte fallenden strafbaren Handlung bildet oder nach anderen Verwaltungsstrafbestimmungen mit strengerer Strafe bedroht ist, begeht eine Verwaltungsübertretung, wer für eine Netzdienstleistung einen höheren Preis als den von der Regulierungsbehörde nach diesem Bundesgesetz bestimmten Höchst- oder Festpreis oder einen niedrigeren Preis als den von der Regulierungsbehörde nach diesem Bundesgesetz bestimmten Mindest- oder Festpreis auszeichnet, fordert, annimmt oder sich versprechen lässt, und ist mit Geldstrafe bis zu 100 000 Euro zu bestrafen.

(2) Der unzulässige Mehrbetrag ist für verfallen zu erklären.

Besondere Bestimmungen über Verwaltungsstrafverfahren

§ 103. (1) Die Verjährungsfrist (§ 31 Abs. 2 VStG) für Verwaltungsübertretungen gemäß § 99 bis § 102 beträgt ein Jahr.

(2) Der Versuch ist strafbar. Ein erzielter Vermögensvorteil ist als verfallen zu erklären.

3. Hauptstück
Geldbußen
Diskriminierung und weitere Geldbußentatbestände

§ 104. (1) Über Antrag der Regulierungsbehörde hat das Kartellgericht mit Beschluss im Verfahren außer Streitsachen Geldbußen bis zu einem Höchstbetrag von 10% des im vorausgegangen *(Anm.: richtig: vorausgegangenen)* Geschäftsjahr erzielten Jahresumsatzes über einen Übertragungsnetzbetreiber oder ein Unternehmen, das Teil eines vertikal integrierten Elektrizitätsunternehmens ist, zu verhängen, der bzw. das vorsätzlich oder grob fahrlässig

1. den in § 8 Abs. 1, 2 oder 3 oder § 9 festgelegten Verpflichtungen nicht nachkommt;
2. entgegen § 11, § 48 Abs. 2, § 76 oder § 84 Daten widerrechtlich offenbart;
3. seinen Verpflichtungen gemäß § 39 Abs. 1, 2, 3 oder 4 nicht nachkommt;
4. Bestimmungen der Verordnung 2009/714/EG oder der Verordnung 2009/713/EG oder der auf Grund dieser Verordnungen erlassenen Leitlinien nicht entspricht;
5. Entscheidungen, die auf Bestimmungen der Verordnung 2009/714/EG oder der Verordnung 2009/713/EG oder der darauf basierenden Leitlinien beruhen, nicht nachkommt;
6. Bestimmungen der auf Grund der Richtlinien 2009/72/EG oder 2009/73/EG erlassenen Leitlinien oder Netzkodizes nicht entspricht;
7. Entscheidungen, die auf Leitlinien oder Netzkodizes, die auf Grund der Richtlinien 2009/72/EG oder 2009/73/EG erlassenen *(Anm.: richtig: erlassen)* wurden, beruhen, nicht entspricht.
8. den für eigentumsrechtlich entflochtene Übertragungsnetzbetreiber in § 24, § 25, § 26 oder § 27 festgelegten Verpflichtungen, mit Ausnahme von § 27 Abs. 2 Z 3, nicht nachkommt;
9. den für unabhängige Übertragungsnetzbetreiber in § 28, § 29, § 30, § 31 oder § 32 festgelegten Verpflichtungen, mit Ausnahme von § 30 Abs. 1 Z 3 und § 32 Abs. 1, nicht nachkommt;
10. den in § 30 Abs. 1 Z 3 und § 33 festgelegten Verpflichtungen nicht nachkommt;
11. den im Feststellungsbescheid nach § 34 Abs. 1 oder § 35 Abs. 1 festgelegten Auflagen nicht nachkommt;
12. den in § 34 Abs. 3 Z 2 oder § 34 Abs. 7 festgelegten Anzeigepflichten nicht nachkommt;
13. den in § 26 Abs. 2 festgelegten Verpflichtungen nicht nachkommt;
14. den in § 28 Abs. 3 festgelegten Verpflichtungen nicht nachkommt.

(2) Über Antrag der Regulierungsbehörde hat das Kartellgericht mit Beschluss im Verfahren außer Streitsachen Geldbußen bis zu einem Höchstbetrag von 5% des im vorausgegangen *(Anm.: richtig: vorausgegangenen)* Geschäftsjahr erzielten Jahresumsatz über Netzbetreiber zu verhängen, wenn er

1. den Gleichbehandlungsbeauftragten an der Erfüllung seiner Aufgaben behindert;
2. den Anschluss unter Berufung auf mögliche künftige Einschränkung der verfügbaren Netzkapazitäten ablehnt und diese Ablehnung nicht den tatsächlichen Gegebenheiten entspricht;
3. seinen ihm durch die Verordnung 2009/714/EG auferlegten Verpflichtungen zur Bereitstellung von Informationen oder seinen Berichtspflichten nicht entspricht;
4. den auf Grund der Verordnung 2009/714/EG ergangenen Entscheidungen der Regulierungsbehörde nicht entspricht;
5. seine Verpflichtungen auf Grund der im Anhang der Verordnung 2009/714/EG enthaltenen Leitlinien nicht erfüllt.

(3) Die Regulierungsbehörde hat in Verfahren gemäß Abs. 1 und 2 Parteistellung.

Beteiligte Unternehmen und Rechtsnachfolge

§ 105. (1) Nicht nur der Netzbetreiber begeht die Geldbußentatbestände des § 104 Abs. 1 und 2 sondern auch jedes Unternehmen, das den Netzbetreiber zur Ausführung bestimmt oder sonst zu ihrer Ausführung beiträgt.

(2) Hinsichtlich der Rechtsnachfolge gilt § 10 des Verbandsverantwortlichkeitsgesetzes sinngemäß.

Bemessung

§ 106. (1) Handelt es sich um einen Netzbetreiber, der Bestandteil eines vertikal integrierten Elektrizitätsunternehmens ist, ist die Geldbuße vom Jahresumsatz des vertikal integrierten Elektrizitätsunternehmens zu berechnen.

(2) Bei der Bemessung der Geldbuße ist insbesondere auf die Schwere und die Dauer der Rechtsverletzung, auf die durch die Rechtsverletzung erzielte Bereicherung, auf den Grad des Verschuldens und die wirtschaftliche Leistungsfähigkeit

sowie auf die Mitwirkung an der Aufklärung der Rechtsverletzung Bedacht zu nehmen.

Verjährung

§ 107. Eine Geldbuße darf nur verhängt werden, wenn der Antrag binnen fünf Jahren ab Beendigung der Rechtsverletzung gestellt wurde.

4. Hauptstück
Gerichtlich strafbare Handlungen
Missbrauch einer Insider-Information

§ 108a. (1) Personen im Sinne des Art. 3 Abs. 2 lit. a bis lit. d der Verordnung (EU) Nr. 1227/2011, das sind

1. Mitglieder der Verwaltungs-, Geschäftsführungs- und Aufsichtsorgane eines Unternehmens,
2. Personen mit Beteiligung am Kapital eines Unternehmens,
3. Personen, die im Rahmen der Ausübung ihrer Arbeit oder ihres Berufes oder der Erfüllung ihrer Aufgaben Zugang zu Informationen haben und
4. Personen, die sich diese Informationen auf kriminelle Weise beschafft haben,

die Insider-Informationen im Sinne des Art. 2 Z 1 der Verordnung (EU) Nr. 1227/2011 in Bezug auf Strom betreffende Energiegroßhandelsprodukte im Sinne des Art. 2 Z 4 der Verordnung (EU) Nr. 1227/2011 mit dem Vorsatz ausnützen, sich oder einem Dritten einen Vermögensvorteil zu verschaffen, indem sie

a. diese Informationen im Wege des Erwerbs oder der Veräußerung derartiger Energiegroßhandelsprodukte, auf die sich die Information bezieht, für eigene oder fremde Rechnung direkt oder indirekt nutzen,
b. diese Informationen an Dritte weitergeben, soweit dies nicht im normalen Rahmen der Ausübung ihrer Arbeit oder ihres Berufes oder der Erfüllung ihrer Aufgaben geschieht, oder
c. auf der Grundlage von Insider-Informationen anderen Personen empfehlen oder andere Personen dazu verleiten, derartige Energiegroßhandelsprodukte, auf die sich die Information bezieht, zu erwerben oder zu veräußern,

sind vom Gericht mit einer Freiheitsstrafe bis zu drei Jahren zu bestrafen.

(2) Wer als Insider gemäß Abs. 1 Z 1 bis 4 eine Insider-Information im Sinne des Art. 2 Z 1 der Verordnung (EU) Nr. 1227/2011 in Bezug auf Strom betreffende Energiegroßhandelsprodukte im Sinne des Art. 2 Z 4 der Verordnung (EU) Nr. 1227/2011 auf die in Abs. 1 bezeichnete Weise, jedoch ohne den Vorsatz, sich oder einem Dritten einen Vermögensvorteil zu verschaffen, verwendet, ist vom Gericht mit Freiheitsstrafe bis zu sechs Monaten oder mit Geldstrafe bis zu 360 Tagessätzen zu bestrafen.

(3) Die Tat ist nach Abs. 1 und 2 nicht strafbar, wenn

1. ein Übertragungsnetzbetreiber im Sinne des Art. 3
Abs. 3 der Verordnung (EU) Nr. 1227/2011 Strom kauft, um den sicheren Netzbetrieb zu gewährleisten, oder
2. die jeweils in Art. 3 Abs. 4 lit. a bis c der Verordnung (EU) Nr. 1227/2011 genannten Marktteilnehmer in der dort beschriebenen Weise tätig werden.

(4) Die Zuständigkeit zur Durchführung des Hauptverfahrens wegen Missbrauchs einer Insider- Information obliegt dem Landesgericht für Strafsachen Wien. Dies gilt auch für das Verfahren wegen einer Tat, die zugleich den Tatbestand des Missbrauchs einer Insider-Information und den einer gerichtlich strafbaren Handlung anderer Art erfüllt.

15. Teil
Übergangs- und Schlussbestimmungen
Inkrafttreten und Aufhebung von Rechtsvorschriften des Bundes

§ 109. (1) **(Verfassungsbestimmung)** § 1, § 21 Abs. 2, § 23 Abs. 9, § 41, § 47, § 86 Abs. 5, § 87 Abs. 4, § 88 Abs. 8, § 97, § 109 Abs. 1, § 113 Abs. 2 und § 114 Abs. 2 treten mit 3. März 2011 in Kraft; gleichzeitig treten § 12 Abs. 3, § 20 Abs. 2, § 22 Abs. 2 Z 5a, § 22a Abs. 5, § 24, § 31, § 46 Abs. 5, § 47 Abs. 4, § 61, § 66b, § 70 Abs. 2 und § 71 Abs. 3 sowie 9 bis 11 des Elektrizitätswirtschafts- und –organisationsgesetzes, BGBl. I Nr. 143/1999 *(Anm.: richtig: BGBl. I Nr. 143/1998)*, in der Fassung des Bundesgesetzes BGBl. I Nr. 112/2008, außer Kraft. § 1 samt Überschrift in der Fassung des Bundesgesetzes BGBl. I Nr. 108/2017 tritt mit dem der Kundmachung folgenden Tag in Kraft. § 53 Abs. 4 tritt mit Ablauf des 31. Dezember 2023 außer Kraft.

(2) Die Bestimmungen unmittelbar anwendbaren Bundesrechts dieses Bundesgesetzes treten, soweit Abs. 3 nichts anderes bestimmt, mit 3. März 2011 in Kraft; gleichzeitig treten die Bestimmungen unmittelbar anwendbaren Bundesrechts des Elektrizitätswirtschafts- und –organisationsgesetzes, BGBl. I Nr. 143/1999 *(Anm.: richtig: BGBl. I Nr. 143/1998)*, in der Fassung des Bundesgesetzes BGBl. I Nr. 112/2008, mit Ausnahme von § 68a Abs. 6 und § 69, außer Kraft.

(3) § 112 Abs. 1 tritt mit dem der Kundmachung folgenden Tag in Kraft. § 35 tritt mit 3. März 2013 in Kraft. § 59 Abs. 6 Z 6 tritt mit 1. Jänner 2013 in Kraft.

(4) § 2 Z 5 und 6 samt Schlussteil, § 10a, § 99 Abs. 1 Z 7 bis Z 16, § 99 Abs. 4 und 5 und § 108a in der Fassung des Bundesgesetzes BGBl. I Nr. 174/2013, treten mit dem, der Kundmachung folgenden Monatsersten in Kraft. § 48 Abs. 2, § 50 Abs. 4 und § 89 Abs. 2, in der Fassung des Bundesgesetzes BGBl. I Nr. 174/2013, treten am 1. Jänner 2014 in Kraft

(5) Das Inhaltsverzeichnis, § 16a, § 18a Abs. 1 und 2 samt Überschrift, § 19 Abs. 3, § 28 Abs. 4, § 64, § 88 Abs. 2 und Abs. 8, § 99 Abs. 2 und § 104 Abs. 1 treten mit Ablauf des Tages der Kundmachung in Kraft; zugleich treten § 30 Abs. 1 Z 2 letzter Satz, § 31 Abs. 2 zweiter Satz, § 99 Abs. 3, § 108 samt Überschrift und § 109 Abs. 3 außer Kraft.

(6) § 92 Abs. 1 tritt am 1. Jänner 2018 in Kraft.

(7) § 16b Abs. 6, § 80 Abs. 2 bis 2b, Abs. 3 Z 9 und Abs. 5, § 82 Abs. 1 Z 7, Abs. 2 Z 5, Abs. 2a und 3 in der Fassung des Bundesgesetzes BGBl. I Nr. 7/2022 treten mit Ablauf des Tages der Kundmachung in Kraft.

(8) § 77b tritt mit Ablauf des 31. Dezember 2024 außer Kraft.

(9) § 65 Abs. 2, § 80 Abs. 4a, § 81 Abs. 6 und § 99 Abs. 1 in der Fassung des Bundesgesetzes BGBl. I Nr. 94/2023 treten mit Ablauf des Tages der Kundmachung in Kraft.

(10) § 76a und § 81 Abs. 5 in der Fassung des Bundesgesetzes BGBl. I Nr. 94/2023 treten mit 1. September 2023 in Kraft.

Inkrafttreten von Grundsatzbestimmungen und Ausführungsgesetzen

§ 110. (1) Die als Grundsatzbestimmungen bezeichneten Bestimmungen dieses Bundesgesetzes treten mit 3. März 2011 in Kraft; gleichzeitig treten die als Grundsatzbestimmungen bezeichneten Bestimmungen des Elektrizitätswirtschaftsgesetzes, BGBl. I Nr. 143/1999 *(Anm.: richtig: BGBl. I Nr. 143/1998)*, in der Fassung des Bundesgesetzes BGBl. I Nr. 112/2008, mit Ausnahme von § 68a Abs. 1 bis 3, außer Kraft.

(2) Die Ausführungsgesetze der Länder sind binnen sechs Monaten nach dem der Kundmachung folgenden Tag zu erlassen.

(3) § 23 Abs. 7 und § 90, in der Fassung des Bundesgesetzes BGBl. I Nr. 174/2013, treten am 1. Jänner 2014 in Kraft.

(4) Die als Grundsatzbestimmungen bezeichneten Bestimmungen des Bundesgesetzes BGBl. I Nr. 108/2017 treten mit dem der Kundmachung folgenden Tag in Kraft.

Übergangsbestimmungen

§ 111. (1) Die auf Grund des Elektrizitätswirtschafts- und –organisationsgesetzes, BGBl. I Nr. 143/1998, vor Inkrafttreten dieses Bundesgesetzes erlassenen Verordnungen bleiben bis zur Neuregelung der entsprechenden Sachgebiete durch Verordnungen auf Grund dieses Bundesgesetzes in Geltung. Die aufgrund von Rechtsvorschriften dieses Bundesgesetzes erlassenen Verordnungen bleiben im Fall der Novelle dieses Bundesgesetzes weiterhin in Geltung.

(2) Auf Verfahren betreffend Verwaltungsübertretungen, die vor dem Inkrafttreten dieses Bundesgesetzes begangen wurden, finden weiterhin die Bestimmungen des Elektrizitätswirtschafts- und –organisationsgesetzes, BGBl. I Nr. 143/1998, in der zum Zeitpunkt der Begehung der Tat anwendbaren Fassung Anwendung.

(3) Pumpspeicherkraftwerke und Anlagen zur Umwandlung von Strom in Wasserstoff oder synthetisches Gas haben ab Inbetriebnahme für 15 Jahre keine der für den Bezug von erneuerbarer elektrischer Energie verordneten Netznutzungsentgelte und Netzverlustentgelte zu entrichten, sofern die jeweilige Anlage eine Mindestleistung von 1 MW aufweist.

(4) Stilllegungen von Erzeugungsanlagen oder von Teilkapazitäten von Anlagen gemäß § 23a Abs. 1 für den Zeitraum ab 1. Oktober 2021 sind dem Regelzonenführer erstmals bis 31. Jänner 2021 verbindlich anzuzeigen. Die Systemanalyse gemäß § 23a Abs. 2 ist erstmals bis 28. Februar 2021 fertigzustellen.

(5) Das Ausschreibungsverfahren zur Beschaffung der Netzreserve gemäß § 23b ist erstmals 2021 durchzuführen. Dabei gilt Folgendes:

1. die technischen Eignungskriterien für die Netzreserve sind in der ersten Ausschreibung, abweichend von § 23b Abs. 2, bis 31. März 2021 festzulegen;
2. in der ersten Ausschreibung ist eine Überschreitung des Referenzwertes um 100 % signifikant im Sinne von § 23b Abs. 5.

(6) Der Bericht über die Situation am österreichischen Strommarkt in Bezug auf die Erbringung einer Netzreserveleistung gemäß § 23b Abs. 10 ist von der Regulierungsbehörde erstmals bis 31. Dezember 2021 zu erstellen.

(7) Die Kennzeichnung auf Grundlage des Kalenderjahres gemäß § 78 Abs. 1 hat erstmals für das Jahr 2022 zu erfolgen. Die Kennzeichnung gemäß § 78 Abs. 1 in Verbindung mit Abs. 2 Z 3 hat erstmals ab dem 1. Juli 2024 zu erfolgen. Die Regulierungsbehörde gibt auf ihrer Internetseite die Vorgehensweise zur Umstellung vom Wirtschaftsjahr auf das Kalenderjahr gemäß § 79 Abs. 5 bekannt.

(8) Ab dem 1. Jänner 2024 ist die Mitgliedschaft mit einer Verbrauchs- oder Erzeugungsanlage an mehr als einer gemeinschaftlichen Erzeugungsanlage, Bürgerenergiegemeinschaft oder Erneuerbare-Energie-Gemeinschaft zulässig.

Übergangsregelung in Zusammenhang mit Entflechtung und Netzentwicklungsplan

§ 112. (1) Die im Zusammenhang mit der Entflechtung durchzuführenden Umstrukturierungen durch Umgründungen jeder Art erfolgen im Wege der Gesamtrechtsnachfolge; dies gilt insbesondere für Einbringungen. Die Umgründungsvorgänge sind von allen bundesgesetzlich geregelten Steuern, Abgaben und Gebühren befreit, die mit der Gründung oder einer Vermögensübertragung verbunden sind. Diese Befreiungen gelten auch für anlässlich der Umstrukturierung begründete Rechtsverhältnisse, insbesondere Bestandverträge, Dienstbarkeiten, sowie Darlehens- und Kreditverträge. Die Umgründungsvorgänge gelten als nicht steuerbare Umsätze im Sinne des UStG 1994, BGBl. Nr. 663/1994, in der geltenden Fassung; der Übernehmer tritt für den Bereich der Umsatzsteuer unmittelbar in die Rechtsstellung des Übertragenden ein. Im Übrigen gelten die Bestimmungen des Umgründungssteuergesetzes, BGBl. Nr. 699/1991, in der geltenden Fassung, mit der Maßgabe, dass das Umgründungssteuergesetz auch dann anzuwenden ist, wenn kein Teilbetrieb im Sinne des Umgründungssteuergesetzes vorliegt. Die Ausführungsgesetze gemäß § 22 oder § 42 schließen die Fortsetzung oder Begründung einer Organschaft gemäß § 2 Umsatzsteuergesetz und § 9 Körperschaftsteuergesetz nicht aus.

(2) Übertragungsnetzbetreiber haben den Bestimmungen der § 24 bis § 34 bis 3. März 2012 nachzukommen.

(3) Der Netzentwicklungsplan gemäß § 37 ist erstmals sechs Monate nach Inkrafttreten dieses Bundesgesetzes zur Genehmigung einzureichen.

Schlussbestimmungen

§ 113. (1) Privatrechtliche Vereinbarungen, die den Bezug, die Lieferung und den Austausch oder den Transport von Elektrizität regeln, bleiben, soweit sie mit dem Unionsrecht vereinbar sind, durch die Regelungen dieses Bundesgesetzes unberührt.

(2) **(Verfassungsbestimmung)** Der Landesvertrag 1926 in der Fassung 1940 und der Tiroler Landesvertrag 1949 mit seiner Ergänzung 1962, das Illwerkevertragswerk 1952 und das Illwerkevertragswerk 1988 bleiben durch die Regelungen dieses Bundesgesetzes unberührt.

(3) Soweit auf einer Starkstromleitung, die die Staatsgrenze gegenüber einem Drittstaat überschreitet, ein marktorientiertes Verfahren zur Kapazitätszuteilung betrieben wird, sind Energielieferungen, die ausschließlich der Erfüllung von zum Zeitpunkt des Inkrafttretens dieses Gesetzes bestehenden völkerrechtlichen Verpflichtungen gegenüber dem betreffenden Drittstaat dienen, von dem Verfahren zur Kapazitätszuteilung ausgenommen, soweit die Energielieferung 10 vH der technisch verfügbaren Kapazität der Leitung nicht übersteigt.

Vollziehung

§ 114. (1) Mit der Wahrnehmung der Rechte des Bundes gemäß Art. 15 Abs. 8 B-VG ist hinsichtlich der in diesem Bundesgesetz enthaltenen Grundsatzbestimmungen die Bundesministerin für Klimaschutz, Umwelt, Energie, Mobilität, Innovation und Technologie betraut.

(2) **(Verfassungsbestimmung)** Mit der Vollziehung von § 1, § 21 Abs. 2, § 23 Abs. 9, § 41, § 47, § 53 Abs. 4, § 86 Abs. 5, § 87 Abs. 4, § 109 Abs. 1, § 113 Abs. 2 und § 114 Abs. 2 ist die Bundesregierung betraut.

(3) Mit der Vollziehung der Bestimmungen unmittelbar anwendbaren Bundesrechts sind betraut:

1. hinsichtlich § 22 Abs. 2 und 3 sowie § 104 bis § 108 die Bundesministerin für Justiz;
2. hinsichtlich § 112 Abs. 1 der Bundesminister für Finanzen;
3. im Übrigen die Bundesministerin für Klimaschutz, Umwelt, Energie, Mobilität, Innovation und Technologie.

Anlage I
(zu § 64 Abs. 1 Z 2)
Die Unternehmen, auf die in § 64 Abs. 1 Z 2 Bezug genommen wird, sind:

1. die BEWAG Netz GmbH für das Bundesland Burgenland,
2. die KELAG Netz GmbH für das Bundesland Kärnten,
3. die EVN Netz GmbH für das Bundesland Niederösterreich,
4. die Salzburg Netz GmbH für das Bundesland Salzburg,
5. die Stromnetz Steiermark GmbH für das Bundesland Steiermark,
6. die TIWAG-Netz AG für das Bundesland Tirol,
7. die VKW-Netz AG für das Bundesland Vorarlberg und
8. die WIEN ENERGIE Stromnetz GmbH für das Bundesland Wien.

Anlage II
(zu § 4 Z 3 und § 71 Abs. 1)

KWK-Technologien im Sinne des § 4 Z 3 ElWOG

a) Gasturbine mit Wärmerückgewinnung (kombinierter Prozess)
b) Gegendruckdampfturbine
c) Entnahme-Kondensationsdampfturbine
d) Gasturbine mit Wärmerückgewinnung
e) Verbrennungsmotor
f) Mikroturbinen
g) Stirling-Motoren
h) Brennstoffzellen
i) Dampfmotoren
j) Rankine-Kreislauf mit organischem Fluidum
k) Jede andere Technologie oder Kombination von Technologien, für die die Begriffsbestimmung des § 7 Abs. 1 Z 36 gilt.

Anlage III
(zu § 71)

Berechnung des KWK-Stroms

Die Werte für die Berechnung des KWK-Stroms sind auf der Grundlage des tatsächlichen oder erwarteten Betriebs des Blocks unter normalen Einsatzbedingungen zu bestimmen. Für Mikro-KWK-Anlagen kann die Berechnung auf zertifizierten Werten beruhen.

a) Die Stromerzeugung aus KWK ist in folgenden Fällen mit der jährlichen Gesamtstromerzeugung des Blocks, gemessen an den Klemmen der Hauptgeneratoren, gleichzusetzen:

i) bei KWK-Blöcken des Typs gemäß Anlage II lit. b und d bis h mit einem von der Regulierungsbehörde festgelegten jährlichen Gesamtwirkungsgrad von mindestens 75 % und

ii) bei KWK-Blöcken des Typs gemäß Anlage II lit. a und c mit einem von der Regulierungsbehörde festgelegten jährlichen Gesamtwirkungsgrad von mindestens 80 %.

b) Bei KWK-Blöcken mit einem jährlichen Gesamtwirkungsgrad unter dem in lit. a sublit. i genannten Wert (KWK-Blöcke des Typs gemäß Anlage II lit. b und d bis h oder mit einem jährlichen Gesamtwirkungsgrad unter dem in lit. a sublit. ii genannten Wert (KWK-Blöcke des Typs gemäß Anlage II lit. a und c wird die KWK nach folgender Formel berechnet:

$$E_{KWK} = Q_{KWK}\, C$$

- Hierbei ist:
- EKWK die Strommenge aus KWK
- C die Stromkennzahl
- QKWK die Nettowärmeerzeugung aus KWK (zu diesem Zweck berechnet als Gesamtwärmeerzeugung, vermindert um eventuelle Wärmemengen, die in getrennten Kesselanlagen oder mittels Frischdampfentnahme aus dem Dampferzeuger vor der Turbine erzeugt werden).

Bei der Berechnung des KWK-Stroms ist die tatsächliche Stromkennzahl zugrunde zu legen. Ist die tatsächliche Stromkennzahl eines KWK-Blocks nicht bekannt, können, insbesondere zu statistischen Zwecken, die nachstehenden Standardwerte für Blöcke des Typs gemäß Anlage II lit. a bis e verwendet werden, soweit der berechnete KWK-Strom die Gesamtstromerzeugung des Blocks nicht überschreitet:

Typ	Standardstromkennzahl C
Gasturbine mit Wärmerückgewinnung (kombinierter Prozess)	0,95
Gegendruckdampfturbine	0,45
Entnahme-Kondensationsdampfturbine	0,45
Gasturbine mit Wärmerückgewinnung	0,55
Verbrennungsmotor	0,75

Werden Standardwerte für die Stromkennzahl in Blöcken des Typs gemäß Anlage II lit. f bis k angewendet, so sind diese zu veröffentlichen und der Europäischen Kommission mitzuteilen.

c) Wird ein Teil des Energieinhalts der Brennstoffzufuhr zum KWK-Prozess in chemischer Form rückgewonnen und wieder verwertet, so kann dieser Anteil von der Brennstoffzufuhr abgezogen werden, bevor der unter den lit. a und b genannte Gesamtwirkungsgrad berechnet wird.

d) Die Stromkennzahl kann als das Verhältnis zwischen Strom und Nutzwärme bestimmt werden, wenn der Betrieb im KWK-Modus bei geringerer Leistung erfolgt, und dabei Betriebsdaten des entsprechenden Blocks zugrunde legen.

e) Für die Berechnungen nach den lit. a und b können andere Berichtszeiträume als ein Jahr verwendet werden.

Anlage IV
(zu § 71)

Verfahren zur Bestimmung der Effizienz des KWK-Prozesses

Die Werte für die Berechnung des Wirkungsgrades der KWK und der Primärenergieeinsparungen sind auf der Grundlage des tatsächlichen oder erwarteten Betriebs des Blocks unter normalen Einsatzbedingungen zu bestimmen.

a) Hocheffiziente KWK

– Im Rahmen dieser Richtlinie muss „hocheffiziente KWK“ folgende Kriterien erfüllen:
– die KWK-Erzeugung in KWK-Blöcken ermöglicht gemäß lit. b berechnete Primärenergieeinsparungen von mindestens 10 % im Vergleich zu den Referenzwerten für die getrennte Strom- und Wärmeerzeugung;
– die Erzeugung in KWK-Klein- und Kleinstanlagen, die Primärenergieeinsparungen erbringen, kann als hocheffiziente KWK gelten.

b) Berechnung der Primärenergieeinsparungen

– Die Höhe der Primärenergieeinsparungen durch KWK gemäß Anlage III ist anhand folgender Formel zu berechnen:

$$PEE = \left(1 - \frac{1}{\frac{KWK\ W\eta}{Ref\ W\eta} + \frac{KWK\ E\eta}{Ref\ E\eta}} \right) \times 100\,\%$$

– PEE Primärenergieeinsparung.
– KWK W η Wärmewirkungsgrad-Referenzwert der KWK-Erzeugung, definiert als jährliche Nutzwärmeerzeugung im Verhältnis zum Brennstoff, der für die Erzeugung der Summe von KWK-Nutzwärmeleistung und KWK-Stromerzeugung eingesetzt wurde.
– Ref W η Wirkungsgrad-Referenzwert für die getrennte Wärmeerzeugung.
– KWK E η elektrischer Wirkungsgrad der KWK, definiert als jährlicher KWK-Strom im Verhältnis zum Brennstoff, der für die Erzeugung der Summe von KWK-Nutzwärmeleistung und KWK-Stromerzeugung eingesetzt wurde. Wenn ein KWK-Block mechanische Energie erzeugt, so kann der jährlichen KWK-Stromerzeugung ein Zusatzwert hinzugerechnet werden, der der Strommenge entspricht, die der Menge der mechanischen Energie gleichwertig ist. Dieser Zusatzwert berechtigt nicht dazu, Herkunftsnachweise gemäß § 72 auszustellen.
– Ref E η Wirkungsgrad-Referenzwert für die getrennte Stromerzeugung.

c) Berechnung der Energieeinsparung unter Verwendung alternativer Berechnungsmethoden nach Art. 12 Abs. 2 der Richtlinie 2004/8/EG.

– Werden die Primärenergieeinsparungen für einen Prozess gemäß Art. 12 Abs. 2 der Richtlinie 2004/8/EG berechnet, so sind sie gemäß der Formel unter lit. b dieses Anhangs zu berechnen, wobei „KWK W η “ durch „W η “ und „KWK E η “ durch „E η “ ersetzt wird.
– W η bezeichnet den Wärmewirkungsgrad des Prozesses, definiert als jährliche Wärmeerzeugung im Verhältnis zum Brennstoff, der für die Erzeugung der Summe von Wärmeerzeugung und Stromerzeugung eingesetzt wurde.
– E η bezeichnet den elektrischen Wirkungsgrad des Prozesses, definiert als jährliche Stromerzeugung im Verhältnis zum Brennstoff, der für die Summe von Wärme und Stromerzeugung eingesetzt wurde. Wenn ein KWK-Block mechanische Energie erzeugt, so kann der jährlichen KWK-Stromerzeugung ein Zusatzwert hinzugerechnet werden, der der Strommenge entspricht, die der Menge der mechanischen Energie gleichwertig ist. Dieser Zusatzwert berechtigt nicht dazu, Herkunftsnachweis gemäß § 72 auszustellen.

d) Für die Berechnung nach den lit. b und c können andere Berichtszeiträume als ein Jahr verwendet werden.

e) Für KWK-Kleinstanlagen kann die Berechnung von Primärenergieeinsparungen auf zertifizierten Daten beruhen.

f) Wirkungsgrad-Referenzwerte für die getrennte Erzeugung von Strom und Wärme.

Anhand der Grundsätze für die Festlegung der Wirkungsgrad-Referenzwerte für die getrennte Erzeugung von Strom und Wärme gemäß § 71 und der Formel unter lit. b dieser Anlage ist der Betriebswirkungsgrad der getrennten Erzeugung von Strom und Wärme zu ermitteln, die durch KWK ersetzt werden soll.

Die Wirkungsgrad-Referenzwerte werden nach folgenden Grundsätzen berechnet:

1. Beim Vergleich von KWK-Blöcken gemäß Art. 3 mit Anlagen zur getrennten Stromerzeugung gilt der Grundsatz, dass die gleichen Kategorien von Primärenergieträgern verglichen werden.
2. Jeder KWK-Block wird mit der besten, im Jahr des Baus dieses KWK-Blocks auf dem Markt erhältlichen und wirtschaftlich vertretbaren Technologie für die getrennte Erzeugung von Wärme und Strom verglichen.
3. Die Wirkungsgrad-Referenzwerte für KWK-Blöcke, die mehr als zehn Jahre alt sind, werden auf der Grundlage der Referenzwerte von Blöcken festgelegt, die zehn Jahre alt sind.
4. Die Wirkungsgrad-Referenzwerte für die getrennte Erzeugung von Strom und Wärme müssen die klimatischen Unterschiede zwischen den Mitgliedstaaten widerspiegeln.

2. NetzdienstleistungsVO Strom 2012

Verordnung des Vorstands der E-Control über die Qualität der Netzdienstleistungen

StF: BGBl. II Nr. 477/2012

Letzte Novellierung: BGBl. II Nr. 192/2013

Auf Grund des § 19 Elektrizitätswirtschafts- und -organisationsgesetz 2010 – ElWOG 2010, BGBl. I Nr. 110/2010, iVm § 7 Abs. 1 Energie-Control-Gesetz – E-ControlG, BGBl. I Nr. 110/2010 idF BGBl. I Nr. 51/2012, wird verordnet:

GLIEDERUNG

1. Abschnitt
Allgemeines
Regelungsgegenstand

§ 1. Diese Verordnung bestimmt Standards für Verteilernetzbetreiber bezüglich der Sicherheit, Zuverlässigkeit und Qualität der gegenüber den Netzbenutzern und anderen Marktteilnehmern zu erbringenden Dienstleistungen sowie Kennzahlen zur Überwachung der Einhaltung dieser Standards.

Begriffsbestimmungen

§ 2. (1) Im Sinne dieser Verordnung bezeichnet der Ausdruck

1. „Abschaltung" eine physische Trennung der Netzverbindung eines Netzbenutzers in Folge einer Vertragsverletzung durch den Netzbenutzer;
2. „Anfrage" ein vom Netzbenutzer an den Verteilernetzbetreiber gerichtetes telefonisches oder schriftliches Ersuchen um Auskunft;
3. „Bearbeitungsdauer" den Zeitraum zwischen dem Einlangen vollständiger Informationen beim Verteilernetzbetreiber und dem vollständigen Abschluss des jeweiligen Prozesses;
4. „Beschwerde" eine vom Netzbenutzer an den Verteilernetzbetreiber gerichtete Beanstandung in Bezug auf die Netzdienstleistung;
5. „Netzdienstleistung" die Gesamtheit der im Rahmen des jeweiligen zwischen dem Verteilernetzbetreiber und dem Netzbenutzer sowie anderen Marktteilnehmern abgeschlossenen Vertrags zu erbringenden Dienstleistungen;
6. „regional außergewöhnliche Ereignisse" Ereignisse, mit denen erfahrungsgemäß in einer bestimmten Region nicht zu rechnen ist und denen auch mit hinreichender Sorgfalt errichtete und betriebene Anlagen nicht störungsfrei standhalten würden;
7. „Versorgungsunterbrechung" eine zufällige und/oder störungsbedingte (ungeplante) oder vorgesehene und/oder betrieblich notwendige (geplante) Unterbrechung der Versorgung oder der Einspeisemöglichkeit eines oder mehrerer Netzbenutzer.

(2) Im Übrigen gelten die Begriffsbestimmungen gemäß § 7 Abs. 1 ElWOG 2010.

(3) Personenbezogene Begriffe haben keine geschlechtsspezifische Bedeutung. Sie sind bei der Anwendung auf bestimmte Personen in der jeweils geschlechtsspezifischen Form anzuwenden.

(4) Soweit in dieser Verordnung auf Bestimmungen anderer Bundesgesetze oder Verordnungen verwiesen wird, sind die Bestimmungen in ihrer jeweils geltenden Fassung anzuwenden.

2. Abschnitt
Standards
Netzzutritt

§ 3. (1) Der Verteilernetzbetreiber hat dem Netzbenutzer oder dem von ihm Bevollmächtigten innerhalb von vierzehn Tagen ab Einlangen einer vollständigen schriftlichen Anfrage für den definierten Leistungsumfang einen schriftlichen Kostenvoranschlag gemäß § 5 Konsumentenschutzgesetz, BGBl. Nr. 140/1979, für das Netzbereitstellungsentgelt auf Basis von Preisen je Leistungseinheit und für das Netzzutrittsentgelt entsprechend der individuellen Inanspruchnahme auf Basis von Preisen je Arbeits- bzw. Mengeneinheit zu übermitteln. Bei Netzbenutzern, die auf den Netzebenen 1 bis 6 anzuschließen sind, verlängert sich diese Frist auf einen Monat. Der Kostenvoranschlag hat – außer im Falle einer Pauschalierung gemäß § 54 Abs. 2 ElWOG 2010 – die wesentlichen Komponenten des zu entrichtenden Netzzutrittsentgeltes zu beinhalten.

(2) Der Verteilernetzbetreiber hat auf vollständige schriftliche Anträge auf Netzzutritt innerhalb angemessener, vierzehn Tage nicht überschreitender Frist ab Einlangen mit einem konkreten Vorschlag die weitere Vorgangsweise betreffend zu reagieren. Bei Netzbenutzern, die auf den Netzebenen 1 bis 6 anzuschließen sind, verlängert sich diese Frist auf einen Monat. Er hat dabei in beiden Fällen insbesondere eine Ansprechperson zu benennen und über die voraussichtliche Bearbeitungsdauer der Herstellung des Netzanschlusses oder der Erhöhung der Anschlussleistung zu informieren.

(3) Bei Vorliegen folgender Mindestinformationen ist der Antrag als vollständig zu betrachten:

1. Name und Anschrift des Antragstellers bzw. des Netzzugangsberechtigten und Anschrift des anzuschließenden Objekts;
2. Bei neu zu errichtenden Anlagen: Lageplan (falls für Planung des Verteilernetzbetreibers notwendig);
3. Gewünschter Beginn der Belieferung oder Einspeisung;
4. Bei Netzbenutzern mit der Ausnahme von Haushaltskunden: Höchstleistung in kW, die den tatsächlichen Kapazitätsbedürfnissen des Netzbenutzers entspricht;
5. Bei Netzbenutzern der Netzebenen 1 bis 6 zusätzlich: Projektpläne und technische Unterlagen, je nach Anforderung des Verteilernetzbetreibers;
6. Anzahl und Lage der Zählerplätze (falls bekannt).

(4) Sind die Angaben des Antragstellers für die Beantwortung durch den Verteilernetzbetreiber nicht ausreichend, hat dieser die benötigten weiteren Angaben umgehend schriftlich vom Netzbenutzer anzufordern.

(5) Sind umfangreichere technische Erhebungen für die Bearbeitung der in Abs. 1 und 2 genannten Anträge und Anfragen durch den Verteilernetzbetreiber notwendig, so hat dieser innerhalb der in diesen Absätzen genannten jeweiligen Fristen zumindest eine Ansprechperson zu benennen und einen konkreten Vorschlag zur weiteren Vorgangsweise zu unterbreiten.

(6) Der Verteilernetzbetreiber hat mit dem Netzbenutzer eine angemessene und verbindliche Frist für die Durchführung des Netzzutritts zu vereinbaren. Wird der Netzzutritt in Abwesenheit des Netzbenutzers hergestellt, ist dieser über die Durchführung umgehend schriftlich zu informieren. Ist für die Durchführung des Netzzutritts die Anwesenheit des Netzbenutzers erforderlich, gilt § 11 Satz 1 sinngemäß.

Netzzugang

§ 4. (1) Der Verteilernetzbetreiber hat dem Netzbenutzer oder dem von ihm Bevollmächtigten auf vollständige Anträge auf Netzzugang innerhalb angemessener, vierzehn Tage nicht überschreitender Frist ab Einlangen mit einem konkreten Vorschlag betreffend die weitere Vorgangsweise – insbesondere unter Angabe einer Ansprechperson und der voraussichtlichen Dauer der Herstellung des Netzzugangs – zu antworten.

(2) Bei Vorliegen folgender Mindestangaben ist der Antrag als vollständig zu betrachten:

1. Name und Anschrift des Antragstellers bzw. des Netzzugangsberechtigten und Anschrift der anzuschließenden Anlage;
2. Gewünschter Beginn der Belieferung und Lieferant (sofern bereits bekannt) oder gewünschter Beginn der Einspeisung und Abnehmer (sofern bereits bekannt);
3. Bei Netzbenutzern mit der Ausnahme von Haushaltskunden: Höchstleistung in kW, die den tatsächlichen Kapazitätsbedürfnissen des Netzbenutzers entspricht;
4. Art des Netzbenutzers: Haushalt, Gewerbe, Landwirtschaft, Einspeiser;
5. Bei maßgeblichen Änderungen der Anlage: Fertigstellungsmeldung eines konzessionierten Befugten.

(3) Sind die Angaben des Antragstellers für die Beantwortung durch den Verteilernetzbetreiber nicht ausreichend, hat dieser die benötigten weiteren Angaben umgehend schriftlich vom Netzbenutzer anzufordern.

(4) Spätestens nach Inbetriebnahme der Anlage durch den Verteilernetzbetreiber hat dieser den Netzzugangsvertrag umgehend dem Netzbenutzer oder dem von ihm Bevollmächtigten zu übermitteln.

(5) Bei Anlagen, bei denen keine Messeinrichtung vorhanden ist, sind der Einbau eines Zählers und – sofern anwendbar – die Zuweisung eines standardisierten Lastprofils bei Vorlage eines

Netzzugangsantrags sowie eines Nachweises über das Vorliegen eines aufrechten Elektrizitätsliefer- bzw. -abnahmevertrags innerhalb der folgenden Fristen vorzunehmen:

1. drei Arbeitstage nach Abschluss der Neuanmeldung gemäß Punkt 3.3.1 Anhang zur Wechselverordnung Strom 2012, BGBl. Nr. II 197/2012, bei Netzbenutzern mit Standardlastprofil;
2. acht Arbeitstage nach Abschluss der Neuanmeldung gemäß Punkt 3.3.1 Anhang zur Wechselverordnung Strom 2012, BGBl. Nr. II 197/2012, bei Netzbenutzern, die mit Lastprofilzähler zu messen sind;

(6) Ist eine Messeinrichtung bei Netzbenutzern mit Standardlastprofil vorhanden, hat der Verteilernetzbetreiber die Anlage innerhalb von zwei Arbeitstagen in Betrieb zu nehmen.

Netzrechnungslegung

§ 5. (1) Der Verteilernetzbetreiber hat die Fristen des § 12 Abs. 1 Systemnutzungsentgelte-Verordnung 2012, BGBl. Nr. II 440/2011, einzuhalten.

(2) Sofern alle für die Durchführung erforderlichen Informationen vorliegen, hat der Verteilernetzbetreiber binnen zwei Arbeitstagen ab Einlangen des Ansuchens des Netzbenutzers in seinem Abrechnungssystems eine Rechnungskorrektur vorzunehmen und dem Netzbenutzer die korrigierte Rechnung umgehend zu übermitteln.

(3) Sind die Informationen für die Bearbeitung des Ansuchens auf Rechnungskorrektur nicht ausreichend, hat der Verteilernetzbetreiber die benötigten weiteren Angaben umgehend vom Netzbenutzer anzufordern.

(4) Nach Vollziehung des Lieferantenwechsels oder Beendigung des Vertragsverhältnisses und nach Vorliegen der vom Netzbenutzer für die Rechnungserstellung zu liefernden Daten, hat der Verteilernetzbetreiber innerhalb von sechs Wochen eine Endabrechnung durchzuführen und dem Netzbenutzer umgehend zu übermitteln. Der Verteilernetzbetreiber hat die Rechnung für die Netznutzung innerhalb von drei Wochen an den bisherigen Lieferanten zu übermitteln, sofern der bisherige Lieferant auch die Rechnung für Netznutzung legt.

Abschaltung und Wiederherstellung des Netzzugangs

§ 6. (1) Der Verteilernetzbetreiber ist verpflichtet, dem Netzbenutzer die Wiederherstellung des Netzzugangs nach Abschaltung spätestens am nächsten Arbeitstag nach Wegfall der Vertragsverletzung durch den Netzbenutzer und unter der Voraussetzung der Kenntnis des Verteilernetzbetreibers über den Bestand eines aufrechten Liefervertrags bzw. nach Beauftragung durch den Lieferanten anzubieten und durchzuführen.

(2) Dem Netzbenutzer ist vom Verteilernetzbetreiber die Möglichkeit zur Barzahlung offener Forderungen sowie einer allfälligen Sicherheitsleistung oder Vorauszahlung zumindest innerhalb der allgemeinen Geschäftszeiten des Verteilernetzbetreibers einzuräumen. Für die Inanspruchnahme der Barzahlungsmöglichkeit dürfen dem Netzbenutzer keine Kosten verrechnet werden.

(3) Abschaltungen von Anlagen von Haushaltskunden und Kleinunternehmen in Folge von Zahlungsverzug dürfen nicht am letzten Arbeitstag vor Wochenenden oder gesetzlichen Feiertagen vorgenommen werden.

Versorgungsunterbrechungen

§ 7. (1) Bei geplanten Versorgungsunterbrechungen sind die betroffenen Netzbenutzer vom Verteilernetzbetreiber mindestens fünf Tage vor Beginn in geeigneter Weise zu verständigen und über die voraussichtliche Dauer der Versorgungsunterbrechung zu informieren. Ist das Einvernehmen über eine geplante Versorgungsunterbrechung mit dem Netzbenutzer im Einzelfall hergestellt, kann die Benachrichtigung auch kurzfristiger erfolgen.

(2) Bei ungeplanten Versorgungsunterbrechungen sind vom Verteilernetzbetreiber die unbedingt erforderlichen Arbeiten zur deren Behebung unverzüglich zu beginnen und ehestmöglich zu beenden sowie die betroffenen Netzbenutzer über die voraussichtliche oder tatsächliche Dauer der Versorgungsunterbrechung in geeigneter Weise zu informieren.

(3) Für die Behebung von im Netz des Verteilernetzbetreibers auftretende ungeplante Versorgungsunterbrechungen und für Maßnahmen zur Beseitigung von Gefahren in technischen Anlagen im Rahmen seiner gesetzlichen Verpflichtungen hat der Netzbetreiber einen 24-Stunden Notdienst sicherzustellen, der unverzüglich Maßnahmen zur Gefahrenabwehr bzw. zur Wiederaufnahme der Versorgung einleitet.

(4) Der Verteilernetzbetreiber hat sicherzustellen, dass der Netzbetrieb eine Versorgungssicherheit aufweist, die einem durchschnittlichen kundengewichtet ermittelten Nichtverfügbarkeitswert (SAIDI, System Average Interruption Duration Index) basierend auf einem gleitenden 3-Jahres-Durchschnitt von jährlich weniger als 170 Minuten entspricht.

(5) Der Verteilernetzbetreiber hat sicherzustellen, dass der Netzbetrieb eine Versorgungssicherheit aufweist, die einem durchschnittlichen leistungsgewichtet ermittelten Nichtverfügbarkeitswert (ASIDI, Average System Interruption Duration Index) basierend auf einem gleitenden 3-Jahres-Durchschnitt von jährlich weniger als 150 Minuten entspricht.

Spannungsqualität

§ 8. Der Verteilernetzbetreiber hat für jeden Netzbenutzer in seinem Netzgebiet die Spannungsqualität an der Übergabestelle entsprechend der Norm EN 50160 sicherzustellen.

Datenübermittlung, -bereitstellung und -sicherheit

§ 9. (1) Der Verteilernetzbetreiber hat sämtliche in den Marktregeln vorgesehenen Datenübermittlungen und –bereitstellungen in der jeweils vorgesehenen Art und Weise durchzuführen.

(2) Der Verteilernetzbetreiber hat sämtliche Prozesse, insbesondere in Bezug auf die von ihm eingesetzte Informationstechnik, gegen unberechtigten Zugriff und Manipulation gemäß dem Stand der Technik abzusichern. Dies gilt insbesondere für alle Prozesse im Zusammenhang mit dem Einsatz intelligenter Messgeräte.

Zählerstandsermittlung und Messgeräte

§ 10. (1) Der Verteilernetzbetreiber hat allen Netzbenutzern eine zuverlässige, den gesetzlichen Bestimmungen entsprechende Erfassung der Verbrauchswerte durch die dem Netzbenutzer zugeordneten Messgeräte zu gewährleisten.

(2) Der Verteilernetzbetreiber hat den Netzbenutzer über die Ablesung der Messeinrichtungen rechtzeitig, mindestens jedoch vierzehn Tage im Voraus in geeigneter Weise zu informieren, wenn die Anwesenheit des Netzbenutzers erforderlich ist.

(3) Erfolgt die Ablesung unangekündigt und in Abwesenheit des Netzbenutzers, so hat der Verteilernetzbetreiber den Netzbenutzer über die durchgeführte Ablesung umgehend in geeigneter Weise zu informieren. Der Verteilernetzbetreiber hat den abgelesenen Zählerstand innerhalb von fünf Arbeitstagen unter den Daten gemäß § 12 Abs. 4 Z 8 einzutragen.

(4) Der Verteilernetzbetreiber hat dem Netzbenutzer bei Selbstablesung jederzeit die Möglichkeit einzuräumen, den Zählerstand auch in elektronischer Form zu übermitteln.

(5) Der Zugriff auf die Schnittstellen eines intelligenten Messgerätes gem. § 3 Z 5 und Z 6 IMA-VO 2011, BGBl. II Nr. 339/2011 ist innerhalb von längstens fünf Arbeitstagen ab dem Zeitpunkt der entsprechenden Anfrage des Netzbenutzers oder des von ihm Bevollmächtigten beim Netzbetreiber zu gewähren.

(6) Innerhalb der Frist gemäß Abs. 5 sind dem Netzbenutzer oder dem von ihm Bevollmächtigten auf Anfrage die genauen Spezifikationen der Schnittstellen diskriminierungsfrei und kostenlos zur Verfügung zu stellen.

Termineinhaltung

§ 11. Ist für die Durchführung von Reparaturen und Wartungen die Anwesenheit des Netzbenutzers erforderlich, hat der Verteilernetzbetreiber mit dem Netzbenutzer Zeitfenster von zwei Stunden zu vereinbaren und dabei Terminwünsche des Netzbenutzers möglichst zu berücksichtigen. Ist die Anwesenheit des Netzbenutzers bei der Ablesung erforderlich, ist diesem in der Information über den Termin der Ablesung gemäß § 10 Abs. 2 ebenfalls ein zweistündiges Zeitfenster anzugeben.

Kundeninformation und Beschwerdemanagement

§ 12. (1) Der Verteilernetzbetreiber hat die Einbringung von Anfragen und Beschwerden jedenfalls schriftlich und telefonisch zu ermöglichen und den Netzbenutzer darüber zu informieren. Als Mindeststandard muss die Erreichbarkeit des Verteilernetzbetreibers über eine Kundenhotline innerhalb der allgemeinen Geschäftszeiten gewährleistet sein.

(2) Anfragen und Beschwerden von Netzbenutzern an den Verteilernetzbetreiber sind von diesem binnen fünf Arbeitstagen ab Einlagen zu beantworten und dabei abschließend zu erledigen. Ist eine Erledigung innerhalb dieser Frist nicht möglich, so hat die Beantwortung zumindest über die weitere Vorgangsweise, die voraussichtliche Bearbeitungsdauer sowie die Kontaktdaten einer Ansprechperson zu informieren.

(3) Im Falle einer für den Netzbenutzer nicht zufriedenstellenden Erledigung seiner Beschwerde hat der Verteilernetzbetreiber den Netzbenutzer über die Möglichkeit der Einleitung eines Schlichtungsverfahrens gemäß § 26 E-ControlG in geeigneter Weise zu informieren.

(4) Der Verteilernetzbetreiber ist verpflichtet, dem Netzbenutzer online die folgenden verrechnungsrelevanten Daten übersichtlich zur Verfügung zu stellen oder die Anforderung dieser Daten über ein Kontaktformular auf der Internetpräsenz des Verteilernetzbetreibers zu ermöglichen und diese binnen fünf Arbeitstagen elektronisch beziehungsweise auf Wunsch des Netzbenutzers auf dem Postweg zu übermitteln. Zusätzlich ist dem Netzbenutzer die Möglichkeit einzuräumen, die Übermittlung dieser Daten schriftlich oder telefonisch anzufragen.

1. Name und Vorname bzw. Firma und Anschrift des Netzbenutzers;
2. Anschrift der Anlage;
3. einheitliche und eindeutige Zählpunktbezeichnung;
4. Kennung/Identifikationsnummer des Lieferanten;
5. Zählertyp;
6. zugeordneter Lastprofiltyp;
7. Verbrauch und – sofern anwendbar – verrechnete Leistung der letzten drei Abrechnungsperioden;
8. Zählerstände, die in den letzten drei Abrechnungsperioden zur Abgrenzungen durch den Verteilernetzbetreiber herangezogen wurden;
9. Netzebene;
10. Abrechnungszeitraum.

(5) Der Verteilernetzbetreiber hat dem Netzbenutzer online einen direkten Verweis auf das Kontaktformular zur Einholung von Informationen zu den verrechnungsrelevanten Daten des Netzbenutzers gemäß Abs. 4 anzugeben.

(6) Der Verteilernetzbetreiber hat den Netzbenutzer in geeigneter Weise, zumindest auf dem der Rechnung gemäß § 82 Abs. 1 ElWOG 2010 beizulegenden Informationsblatt, über die Möglichkeit der Selbstablesung bei Änderungen des Energiepreises bzw. der Systemnutzungsentgelte sowie beim Lieferantenwechsel zu informieren.

(7) Der Verteilernetzbetreiber hat dem Netzbenutzer einmal jährlich in geeigneter Weise Informationen über die Standards gemäß § 3 bis § 12 zu übermitteln.

(8) Der Verteilernetzbetreiber hat den Netzbenutzer schriftlich und zeitnah über den Einbau eines intelligenten Messgeräts gemäß Intelligente MessgeräteEinführungsverordnung, BGBl. II Nr. 138/2012, und die damit verbundenen Rahmenbedingungen, insbesondere im Hinblick auf Datenschutz sowie Bereitstellung und Übermittlung der Informationen gemäß § 84 ElWOG 2010 zu informieren.

Erfüllung der Standards

§ 13. Die in §§ 3 bis 6, 7 Abs. 1 bis 3 sowie §§ 10 bis 12 festgelegten Standards gelten als erfüllt, wenn sie vom Verteilernetzbetreiber in 95 % oder mehr der entsprechenden Fälle je Standard eingehalten werden.

3. Abschnitt
Kennzahlen

Überwachung der Einhaltung der Standards

§ 14. (1) Zur Überwachung der Einhaltung der im 2. Abschnitt definierten Standards sind folgende Kennzahlen von Verteilernetzbetreibern zu erheben, jährlich zum 31. März für das vorangegangene Kalenderjahr an die Regulierungsbehörde zu übermitteln sowie in geeigneter Weise, jedenfalls aber auf der Internetpräsenz des Verteilernetzbetreibers, von jedem Verteilernetzbetreiber individuell zu veröffentlichen:

1. Anteil (in %) der Nichteinhaltung der in §§ 3 bis 6, 7 Abs. 1 bis 3 und §§ 9 bis 12 genannten Standards sowie Angabe von Gründen bei Nichteinhaltung;
2. Anzahl der vollständigen Anträge auf Netzzutritt unter Angabe der Bearbeitungsdauer getrennt nach Netzebenen;
3. Anzahl der Anträge auf Netzzugang unter Angabe der Bearbeitungsdauer getrennt nach Netzebenen und Lastprofiltyp sowie Art des Anschlusses (aktiv, inaktiv, neu);
4. Anzahl der Anfragen für Kostenvoranschläge gemäß § 3 Abs. 1 unter Angabe der Bearbeitungsdauer aufgeschlüsselt nach Netzebenen und Lastprofiltyp sowie Art des Kostenvoranschlags (pauschaliert, kostenorientiert);
5. Anzahl der durchgeführten Netzrechnungskorrekturen mit Bearbeitungsdauer;
6. Anteil (in %) der korrigierten Rechnungen bezogen auf die Gesamtzahl der gelegten Rechnungen;
7. die durchschnittliche kundengewichtet ermittelte Nichtverfügbarkeit SAIDI gerechnet auf Basis der ungeplanten Versorgungsunterbrechungen basierend auf einem gleitenden 3-Jahres-Durchschnitt gemäß folgender Formel: $SAIDI = \Sigma(r_i{*}N_i)/N_T$. Versorgungsunterbrechungen bedingt durch regional außergewöhnliche Ereignisse sind nicht zu berücksichtigen.
8. die durchschnittliche leistungsgewichtet ermittelte Nichtverfügbarkeit ASIDI gerechnet auf Basis der ungeplanten Versorgungsunterbrechungen basierend auf einem gleitenden 3-Jahres-Durchschnitt gemäß folgender Formel: $ASIDI = \Sigma(r_i{*}L_i)/L_T$. Versorgungsunterbrechungen bedingt durch regional außergewöhnliche Ereignisse sind nicht zu berücksichtigen.

(2) Der Verteilernetzbetreiber hat der Regulierungsbehörde die gemäß § 7 Abs. 4 und 5 vorgegebenen Standards in geeigneter Weise nachzuweisen. Dafür sind die folgenden Daten für jede Versorgungsunterbrechung auf der Hoch- und Mittelspannungsebene von mehr als einer Sekunde zu erheben und der Regulierungsbehörde jährlich zum 31. März für das vorangegangene Kalenderjahr zu übermitteln: Angabe ob geplante oder ungeplante Versorgungsunterbrechung unter Angabe der Ursache, der verursachenden und betroffenen Netz- und Spannungsebene(n), des Beginns und der Dauer, der Anzahl und installierte Leistung (MVA) der betroffenen Umspanner (Anlagen), der Anzahl der betroffenen Netzbenutzer und der jeweils betroffenen Leistung und Energie, jeweils getrennt nach Spannungsebenen.

(3) Der Verteilernetzbetreiber hat der Regulierungsbehörde den gemäß § 8 vorgegebenen Standard jährlich zum 31. März für das vorangegangene Kalenderjahr in geeigneter Weise nachzuweisen. Jeder Verteilernetzbetreiber, der keine eigene Messung durchführt, hat zumindest eine für sein Netzgebiet repräsentative Messung nachzuweisen. Koordinierte Messungen der Verteilernetzbetreiber im gesamten Bundesgebiet sind zulässig. Die Messungen sind in folgendem Modus durchzuführen

1. Es sind jährlich Messungen an 360 verschiedenen Messstellen im gesamten Bundesgebiet für mindestens drei auf einander folgende Wochen durchzuführen. Die Auswahl dieser Messstellen erfolgt jährlich basierend auf einem statistischen, dem Stand der Technik entsprechenden Auswahlverfahren, das der Regulierungsbehörde vorzulegen und mit ihr abzustimmen ist. 40 weitere Messstellen sind jedes Jahr in den gleichen drei Kalenderwochen zu messen. Die Auswahl dieser Messstellen ist

zu begründen und der Regulierungsbehörde vorzulegen und mit ihr abzustimmen.
2. In allen Umspannwerken des gesamten Bundesgebiets sind gemäß § 16 Abs. 3 die Messungen von Spannungseinbrüchen, -erhöhungen sowie -unterbrechungen ganzjährig und durchgehend durchzuführen.

(4) Sämtliche Daten, die zur Berechnung der in den Absätzen 1 bis 3 aufgelisteten Kennzahlen notwendig sind, hat der Verteilernetzbetreiber für einen Zeitraum von sieben Jahren aufzubewahren und der Regulierungsbehörde auf Nachfrage zu übermitteln.

4. Abschnitt
Inkrafttreten und Übergangsbestimmungen

Inkrafttreten

§ 15. (1) Diese Verordnung tritt mit 1. Juli 2013 in Kraft, soweit § 16 nichts anderes bestimmt.

(2) § 2 Abs. 1 Z 7, § 2 Abs. 4, § 3 Abs. 6, § 11, § 12 Abs. 2, § 14 Abs. 3 Z 1 und 2, § 16 Abs. 1 und § 16 Abs. 3 in der Fassung der Verordnung BGBl. II Nr. 192/2013 treten mit 1. Juli 2013 in Kraft.

Übergangsbestimmung

§ 16. (1) Netzbetreiber haben der Verpflichtung zur Veröffentlichung und Übermittlung an die Regulierungsbehörde gemäß § 14 Abs. 1 Z 1 bis 6 sowie der Verpflichtung zur Übermittlung der in § 14 Abs. 2 und 3 genannten Kennzahlen erstmals am 31. März 2015 auf Basis der im Jahr 2014 erhobenen Daten nachzukommen. Die Kennzahlen gemäß § 14 Abs. 1 Z 7 und 8 sind erstmals bis 31. März 2015 auf Basis der Daten der Jahre 2012 bis 2014 zu veröffentlichen und an die Regulierungsbehörde zu übermitteln.

(2) Anstelle der Zurverfügungstellung bzw. Übermittlung der Daten der letzten drei Abrechnungsjahre gemäß § 12 Abs. 4 Z 7 und Z 8 sind im Jahr 2013 die Daten aus dem Jahr 2012 und im Jahr 2014 jene aus den Jahren 2012 und 2013 zur Verfügung zu stellen.

(3) Messungen gemäß § 14 Abs. 3 Z 2 haben in 10 % der Umspannwerke ab 1. Jänner 2014 zu erfolgen, in 50 % der Umspannwerke ab 1. Jänner 2016 und in 100 % der Umspannwerke ab 1. Jänner 2020. Die jeweilige Auswahl der Messstellen ist mit der Regulierungsbehörde abzustimmen.

3. Systemnutzungsentgelte-Verordnung 2018

Verordnung der Regulierungskommission der E-Control, mit der die Entgelte für die Systemnutzung bestimmt werden

StF: BGBl. II Nr. 398/2017

Letzte Novellierung: BGBl. II Nr. 52/2023

Auf Grund von § 49 und § 51 des Elektrizitätswirtschafts- und -organisationsgesetzes 2010 (ElWOG 2010), BGBl. I Nr. 110/2010, zuletzt geändert durch das Bundesgesetz BGBl. I Nr. 108/2017, sowie § 12 Abs. 2 Z 1 des Energie-Control-Gesetzes (E-ControlG), BGBl. I Nr. 110/2010, zuletzt geändert durch das Bundesgesetz BGBl. I Nr. 108/2017, wird verordnet:

GLIEDERUNG

Regelungsgegenstand

§ 1. Diese Verordnung enthält Vorschriften über die Festlegung und Verrechnung von Systemnutzungsentgelten gemäß § 52 bis § 58 ElWOG 2010, ihre Verrechnungsmodalitäten, Vorgaben hinsichtlich der Netzebenenzuordnung der Anlagen und hinsichtlich temporärer Anschlüsse sowie der Kostenwälzung gemäß § 62 ElWOG 2010.

Begriffsbestimmungen

§ 2. (1) Im Sinne dieser Verordnung bezeichnet der Ausdruck

1. „Blindstromzählung" die Messung von elektrischer Blindarbeit ohne Erfassung von Leistungswerten;
2. „Direkt Lastprofilzählung" die Messung von elektrischer Arbeit unter zusätzlicher Erfassung aller einviertelstündlichen Durchschnittsbelastungen (Leistungswerte) einer Periode für eine oder zwei Energierichtungen;
3. „Leistungspreis (LP)" die auf die Verrechnungsleistung der Netznutzung bezogenen Preisansätze pro Leistungseinheit kW. Für Netzbenutzer in der Netzebene 7, bei denen keine Messung der Leistung vorgenommen wird, wird für das leistungsbezogene Netznutzungsentgelt eine Pauschale pro Kalenderjahr bestimmt;
4. „Mittelspannungswandler – Lastprofilzählung" die Messung von elektrischer Arbeit unter zusätzlicher Erfassung aller einviertelstündlichen Durchschnittsbelastungen (Leistungswerte) einer Periode für eine oder zwei Energierichtungen bei Messstellen der Netzebene 4 oder 5;
5. „Niederspannungswandler – Lastprofilzählung" die Messung von elektrischer Arbeit unter zusätzlicher Erfassung aller einviertelstündlichen Durchschnittsbelastungen (Leistungswerte) einer Periode für eine oder zwei Energierichtungen bei Messstellen der Netzebene 6 oder 7 unter Einsatz von Wandlern;
6. „Niederspannungswandler – Viertelstundenmaximumzählung" die Messung von elektrischer Arbeit unter zusätzlicher Erfassung der höchsten einviertelstündlichen Durchschnittsbelastung (Leistung) innerhalb eines Kalendermonats bei Messstellen der Netzebene 6 oder 7 unter Einsatz von Wandlern;
7. „Prepaymentzählung" eine Zusatzfunktion zur Messung von elektrischer Arbeit ohne Erfassung von Leistungswerten, die in der Vorausverrechnung bzw. als Vorkasse zur Anwendung kommt;
8. „Sommer Hochtarifzeit (SHT)" die Uhrzeit von 06.00 Uhr bis 22.00 Uhr im Kalenderzeitraum vom 1. April bis 30. September, wobei die Preisansätze auf die elektrische Arbeitseinheit kWh bezogen sind;
9. „Sommer Niedertarifzeit (SNT)" die Uhrzeit von 22.00 Uhr bis 06.00 Uhr des Folgetages im Kalenderzeitraum vom 1. April bis 30. September, wobei die Preisansätze auf die elektrische Arbeitseinheit kWh bezogen sind;

10. „Tarif – Drehstromzählung“ die Messung von elektrischer Arbeit ohne Erfassung von Leistungswerten für eine oder mehrere Tarifzeiten in einem 4-Leiter Drehstromsystem;
11. „Tarif – Wechselstromzählung“ die Messung von elektrischer Arbeit ohne Erfassung von Leistungswerten für eine oder mehrere Tarifzeiten in einem 2-Leiter System;
12. „Tarifschaltung“ eine Zusatzfunktion zur Aktivierung und Deaktivierung von unterbrechbaren Anlagen, sowie zur Tarifumschaltung;
13. „unterbrechbar“ der Preisansatz für Entnehmer, bei denen der Netzbetreiber berechtigt und technisch dazu in der Lage ist, die Nutzung des Netzes jederzeit oder zu vertraglich vorherbestimmten Zeiten zu unterbrechen;
14. „Viertelstundenmaximumzählung“ die Messung von elektrischer Arbeit unter zusätzlicher Erfassung der höchsten einviertelstündlichen Durchschnittsbelastung (Leistung) innerhalb eines Kalendermonats;
15. „Winter Hochtarifzeit (WHT)“ die Uhrzeit von 06.00 Uhr bis 22.00 Uhr im Kalenderzeitraum vom 1. Oktober bis zum 31. März des Folgejahres, wobei die Preisansätze auf die elektrische Arbeitseinheit kWh bezogen sind;
16. „Winter Niedertarifzeit (WNT)“ die Uhrzeit von 22.00 Uhr bis 06.00 Uhr des Folgetages im Kalenderzeitraum vom 1. Oktober bis zum 31. März des Folgejahres, wobei die Preisansätze auf die elektrische Arbeitseinheit kWh bezogen sind.

(2) Im Übrigen gelten die Begriffsbestimmungen gemäß § 7 ElWOG 2010.

(3) Personenbezogene Begriffe haben keine geschlechtsspezifische Bedeutung. Sie sind bei der Anwendung auf bestimmte Personen in der jeweils geschlechtsspezifischen Form anzuwenden.

Kostenwälzung

§ 3. (1) Für die Bestimmung der Netzentgelte der Übertragungsnetze werden folgende Kostenanteile, nach Abzug der Kosten für Sekundärregelung, Netzverluste und Netzebene 3, im Verhältnis der Gesamtabgabe nach elektrischer Arbeit (kWh) nach dem Brutto-Wälzverfahren berücksichtigt:

1. für den Bereich Österreich ....41 vH;
2. für den Bereich Tirol .... 40 vH;
3. für den Bereich Vorarlberg .... 55 vH.

Die verbleibenden Kostenanteile der jeweiligen Bereiche werden auf die direkt angeschlossenen Entnehmer nach den elektrischen Leistungen und nach der elektrischen Arbeit zugeteilt.

(2) Bei der Wälzung der Netzkosten der Verteilernetzbereiche in den jeweiligen durch § 63 Z 3 bis 7 ElWOG 2010 umschriebenen Netzebenen auf die Endverbraucher sind die Netzkosten je Netzebene zuzüglich dem aus der übergelagerten Netzebene abgewälzten Kostenanteil auf die direkt aus der Netzebene des Netzbereichs versorgten Endverbraucher und zur Entgeltentrichtung verpflichteten Einspeiser sowie auf die dieser Netzebene untergelagerten Endverbraucher und zur Entgeltentrichtung verpflichteten Einspeiser aufzuteilen. Die für die Kostenwälzung zu verwendenden elektrischen Leistungen ergeben sich aus dem arithmetischen Mittel der im Abrechnungszeitraum monatlich gemessenen höchsten viertelstündlichen Leistung.

Allgemeine Vorgaben für Netznutzungsentgelt

§ 4. Für die Festsetzung des Netznutzungsentgelts gelten, sofern nicht gesondert geregelt, folgende Vorgaben:

1. für die Entgelte gemäß § 5 Abs. 1 Z 1 und 2 ist das 3-Spitzenmittel für die Leistungsermittlung heranzuziehen;
2. die Bruttokomponente für die Höchstspannungsebene ist als arbeitsbezogenes Entgelt für die Netznutzung des Höchstspannungsnetzes zu entrichten; die für die Netzebene 1 festgelegte Bruttokomponente ist von den an die Netzebenen 1 oder 2 angeschlossenen Entnehmern zu bezahlen. Als Verrechnungsmenge ist bei den Endverbrauchern die bezogene Energiemenge und bei den Netzbetreibern die im gesamten eigenen und nachgelagerten Netzgebieten an Endverbraucher abgegebene Energiemengen heranzuziehen. Den Netzbetreibern, die nicht an die Netzebene 1 oder 2 angeschlossen sind und über einen eigenen Netzbereich verfügen, ist die Bruttokomponente in deren Netzgebiet auf Basis der gesamten Abgabe weiterzuverrechnen. Die Gesamtabgabe in kWh im Netzgebiet jedes Netzbetreibers ist den jeweils vorgelagerten Netzbetreibern sowie der Regulierungsbehörde getrennt nach Netzebenen zu übermitteln;
3. die Nettokomponente Arbeit ist der Anteil je kWh, der gemäß den Parametern der Kostenwälzung gemäß § 3 an die Netzbenutzer, die an die Netzebene 1 und 2 angeschlossen sind, überwälzt wird.
4. die Nettokomponente Leistung ist der Anteil je kW, der gemäß den Parametern der Kostenwälzung gemäß § 3 an die Netzbenutzer, die an die Netzebene 1 und 2 angeschlossen sind, überwälzt wird. Nutzt ein Kunde mehrere Umspannwerke, ist keine zeitgleiche Bestimmung der Werte der Leistungsspitzen vorzunehmen;
5. Entnahmen für den Eigenverbrauch des Netzes – das ist die elektrische Energie von Hilfs-und Nebenanlagen, die für den Betrieb des Netzes notwendig ist – sind von der Verrechnung des Netznutzungsentgelts ausgenommen;
6. die Netzebene für die Verrechnung des Netznutzungsentgeltes ist von der Eigentumsgrenze zwischen den Anlagen des Netzbenutzers und des Netzbetreibers abhängig;

7. liegt die Eigentumsgrenze im Niederspannungsnetz des Netzbetreibers, gilt das Netznutzungsentgelt der Netzebene 7;
8. stehen alle Anlagen bis zur kundenseitigen Klemme des Niederspannungsleitungsschaltfeldes in der Umspannanlage im Eigentum des Netzbenutzers, gilt das Netznutzungsentgelt der Netzebene 6;
9. steht der Umspanner von Mittel- zu Niederspannung im Eigentum des Netzbenutzers, gilt das Netznutzungsentgelt der Netzebene 5;
10. stehen alle Anlagen bis zur kundenseitigen Klemme des Mittelspannungsleitungsschaltfeldes in der Umspannanlage im Eigentum des Netzbenutzers, gilt das Netznutzungsentgelt der Netzebene 4;
11. steht der Umspanner von Hoch- zu Mittelspannung im Eigentum des Netzbenutzers, gilt das Netznutzungsentgelt der Netzebene 3.

Netznutzungsentgelt

§ 5. (1) Das von Entnehmern pro Zählpunkt zu entrichtende Netznutzungsentgelt wird in Cent wie folgt bestimmt:

1. Netznutzungsentgelt für die Netzebene 1:

a) Bereich Österreich	Bruttokomponente:	Cent	0,3130 / kWh
	Nettokomponente Arbeit:	Cent	0,3050 / kWh
	Nettokomponente Leistung:	Cent	1.325,0 / kW
b) Bereich Tirol:	Bruttokomponente:	Cent	0,3270 / kWh
	Nettokomponente Arbeit:	Cent	0,2840 / kWh
	Nettokomponente Leistung:	Cent	2.221,0 / kW
c) Bereich Vorarlberg:	Bruttokomponente:	Cent	0,0920 / kWh
	Nettokomponente Arbeit:	Cent	0,0310 / kWh
	Nettokomponente Leistung:	Cent	306,0 / kW

2. Netznutzungsentgelt für die Netzebene 2:

a) Bereich Österreich	Nettokomponente Arbeit:	Cent	0,4950 / kWh
	Nettokomponente Leistung:	Cent	1.600,0 / kW
b) Bereich Tirol:	sind in den Tarifen der Ebene 3 enthalten		
c) Bereich Vorarlberg:	sind in den Tarifen der Ebene 3 enthalten		

3. Netznutzungsentgelt für die Netzebene 3:

	LP	**SHT**	**SNT**	**WHT**	**WNT**
a) Bereich Burgenland:	2.688	0,52	0,52	0,52	0,52
b) Bereich Kärnten:	4.740	0,77	0,77	0,77	0,77
c) Bereich Niederösterreich:	3.276	0,51	0,51	0,51	0,51
d) Bereich Oberösterreich:	1.980	0,54	0,52	0,54	0,52
e) Bereich Salzburg:	3.588	0,51	0,51	0,51	0,51
f) Bereich Steiermark:	2.988	0,54	0,54	0,54	0,54
g) Bereich Tirol:	3.252	0,51	0,36	0,51	0,36
h) Bereich Vorarlberg:	1.320	0,41	0,31	0,43	0,32
i) Bereich Wien:	4.080	0,52	0,52	0,52	0,52

4. Netznutzungsentgelt für die Netzebene 4:

	LP	**SHT**	**SNT**	**WHT**	**WNT**
a) Bereich Burgenland:	4.392	1,03	1,03	1,03	1,03
b) Bereich Kärnten:	5.508	0,83	0,83	0,83	0,83
c) Bereich Klagenfurt:	3.816	1,08	1,08	1,08	1,08
d) Bereich Niederösterreich:	3.998	0,72	0,72	0,72	0,72
e) Bereich Oberösterreich:	2.916	0,80	0,72	0,84	0,75
f) Bereich Linz:	3.360	0,87	0,80	0,87	0,80
g) Bereich Salzburg:	3.948	0,85	0,85	0,85	0,85

	LP	SHT	SNT	WHT	WNT
h) Bereich Steiermark:	3.552	0,99	0,99	0,99	0,99
i) Bereich Tirol:	4.380	0,74	0,48	0,74	0,48
j) Bereich Innsbruck:	3.564	1,30	0,96	1,30	0,96
k) Bereich Vorarlberg:	1.668	0,60	0,49	0,64	0,51
l) Bereich Wien:	4.608	0,76	0,76	0,76	0,76

5. Netznutzungsentgelt für die Netzebene 5:

	LP	SHT	SNT	WHT	WNT
a) Bereich Burgenland:					
aa) gemessene Leistung	6.180	1,83	1,83	1,83	1,83
bb) unterbrechbar		1,70	1,70	1,70	1,70
b) Bereich Kärnten:	6.072	1,72	1,30	1,98	1,30
c) Bereich Klagenfurt:					
aa) gemessene Leistung	5.856	1,46	1,46	1,46	1,46
bb) unterbrechbar		1,46	1,46	1,46	1,46
d) Bereich Niederösterreich:					
aa) gemessene Leistung	4.884	1,01	1,01	1,01	1,01
bb) unterbrechbar		1,01	1,01	1,01	1,01
e) Bereich Oberösterreich:	4.488	1,04	0,83	1,16	0,94
f) Bereich Linz:	4.380	1,39	0,99	1,39	0,99
g) Bereich Salzburg:	4.800	1,25	1,25	1,25	1,25
h) Bereich Steiermark:	4.752	1,54	1,54	1,54	1,54
i) Bereich Graz:	3.720	1,20	1,20	1,20	1,20
j) Bereich Tirol:	5.040	1,37	0,99	1,37	0,99
k) Bereich Innsbruck:	4.080	2,15	1,62	2,15	1,62
l) Bereich Vorarlberg:	2.424	1,03	0,79	1,07	0,82
m) Bereich Wien:	5.532	1,31	1,31	1,31	1,31
n) Bereich Kleinwalsertal:	5.040	5,43	5,43	5,43	5,43

6. Netznutzungsentgelt für die Netzebene 6:

	LP	SHT	SNT	WHT	WNT
a) Bereich Burgenland:					
aa) gemessene Leistung	6.036	2,60	2,60	2,60	2,60
bb) unterbrechbar		2,60	2,60	2,60	2,60
b) Bereich Kärnten:	6.240	1,84	1,20	2,39	1,39
c) Bereich Klagenfurt:					
aa) gemessene Leistung	5.856	2,16	2,16	2,16	2,16
bb) unterbrechbar		2,16	2,16	2,16	2,16
d) Bereich Niederösterreich:					
aa) gemessene Leistung	5.004	1,72	1,72	1,72	1,72
bb) unterbrechbar		1,72	1,72	1,72	1,72
e) Bereich Oberösterreich:	5.052	1,65	1,61	1,65	1,61
f) Bereich Linz:	4.500	1,95	1,25	1,95	1,25
g) Bereich Salzburg:	5.088	2,18	2,18	2,18	2,18
h) Bereich Steiermark:					
aa) gemessene Leistung	4.848	2,67	1,71	2,67	1,71
bb) unterbrechbar		2,44	1,64	2,44	1,64
i) Bereich Graz:	3.528	2,29	1,39	2,29	1,39
j) Bereich Tirol:	5.352	2,37	1,71	2,37	1,71
k) Bereich Innsbruck:	5.040	2,69	2,06	2,69	2,06

		LP	SHT	SNT	WHT	WNT
l)	Bereich Vorarlberg:	3.792	1,67	1,23	1,70	1,27
m)	Bereich Wien:	5.628	1,82	1,82	1,82	1,82
n)	Bereich Kleinwalsertal:					
	aa) gemessene Leistung	9.948	6,22	6,22	6,22	6,22
	bb) unterbrechbar		4,75	4,75	4,75	4,75

7. Netznutzungsentgelt für die Netzebene 7:

		LP	SHT	SNT	WHT	WNT
a)	Bereich Burgenland:					
	aa) gemessene Leistung	5.232	3,99	3,99	3,99	3,99
	bb) nicht gemessene Leist.	3.600 /Jahr	5,83	5,83	5,83	5,83
	cc) unterbrechbar		3,55	3,55	3,55	3,55
b)	Bereich Kärnten:					
	aa) gemessene Leistung	7.980	3,96	2,17	4,97	2,30
	bb) nicht gemessene Leist.	3.600 /Jahr	7,03	7,03	7,03	7,03
	cc) unterbrechbar		4,03	4,03	4,03	4,03
c)	Bereich Klagenfurt:					
	aa) gemessene Leistung	6.804	3,12	3,12	3,12	3,12
	bb) nicht gemessene Leist.	3.600 /Jahr	4,89	4,89	4,89	4,89
	cc) unterbrechbar		3,12	3,12	3,12	3,12
d)	Bereich Niederösterreich:					
	aa) gemessene Leistung	3.540	4,19	4,19	4,19	4,19
	bb) nicht gemessene Leist.	3.600 /Jahr	5,37	5,37	5,37	5,37
	cc) unterbrechbar		4,19	4,19	4,19	4,19
e)	Bereich Oberösterreich:					
	aa) gemessene Leistung	4.248	3,68	3,51	3,93	3,60
	bb) nicht gemessene Leist.	3.600 /Jahr	5,12	5,12	5,12	5,12
	cc) unterbrechbar		2,82	2,82	2,82	2,82
f)	Bereich Linz:					
	aa) gemessene Leistung	4.620	2,38	1,45	2,38	1,45
	bb) nicht gemessene Leist.	3.600 /Jahr	3,80	3,80	3,80	3,80
	cc) unterbrechbar		3,42	3,42	3,42	3,42
g)	Bereich Salzburg:					
	aa) gemessene Leistung	5.184	2,83	2,83	2,83	2,83
	bb) nicht gemessene Leist.	3.600 /Jahr	5,29	5,29	5,29	5,29
	cc) unterbrechbar		2,61	2,61	2,61	2,61
h)	Bereich Steiermark:					
	aa) gemessene Leistung	5.088	4,76	3,68	4,76	3,68
	bb) nicht gemessene Leist.	3.600 /Jahr	6,13	6,13	6,13	6,13
	cc) unterbrechbar		4,96	2,87	4,96	2,87
	dd) nicht gem. Leistung, Doppeltarif	3.600 /Jahr	6,89	3,44	6,89	3,44
i)	Bereich Graz:					
	aa) gemessene Leistung	4.392	4,56	3,40	4,56	3,40
	bb) nicht gemessene Leist.	3.600 /Jahr	5,03	5,03	5,03	5,03
	cc) unterbrechbar		4,44	2,83	4,44	2,83
	dd) nicht gem. Leistung, Doppeltarif	3.600 /Jahr	5,85	2,82	5,85	2,82
j)	Bereich Tirol:					
	aa) gemessene Leistung	5.124	2,93	2,09	2,93	2,09
	bb) nicht gemessene Leist.	3.600 /Jahr	5,02	5,02	5,02	5,02

	cc) unterbrechbar		5,58	3,89	5,58	3,89
	dd) nicht gem. Leistung, Doppeltarif	3.600 /Jahr	5,85	3,47	5,85	3,47
k)	Bereich Innsbruck:					
	aa) gemessene Leistung	6.132	4,16	3,06	4,16	3,06
	bb) nicht gemessene Leist.	3.600 /Jahr	6,04	6,04	6,04	6,04
	cc) unterbrechbar		3,06	3,06	3,06	3,06
l)	Bereich Vorarlberg:					
	aa) gemessene Leistung	4.104	1,82	1,82	1,82	1,82
	bb) nicht gemessene Leist.	3.600 /Jahr	3,68	3,68	3,68	3,68
	cc) unterbrechbar		2,70	2,70	2,70	2,70
	dd) gemessene Leistung, Doppeltarif	4.104	1,92	1,57	1,92	1,57
	ee) nicht gem. Leistung, Doppeltarif	3.600 /Jahr	3,73	1,99	3,73	1,99
m)	Bereich Wien:					
	aa) gemessene Leistung	5.916	2,91	2,91	2,91	2,91
	bb) nicht gemessene Leist.	3.600 /Jahr	5,00	5,00	5,00	5,00
	cc) unterbrechbar		2,77	2,77	2,77	2,77
n)	Bereich Kleinwalsertal:					
	aa) gemessene Leistung	11.868	7,41	7,41	7,41	7,41
	bb) nicht gemessene Leist.	3.600 /Jahr	11,86	11,86	11,86	11,86
	cc) unterbrechbar		5,65	5,65	5,65	5,65

8. Netznutzungsentgelt für Pumpspeicherkraftwerke

Das Netznutzungsentgelt für Pumpspeicherkraftwerke wird für alle Netzbereiche wie folgt bestimmt:

Arbeit:	0,3050/kWh
Leistung:	100,00 /kW

9. Netznutzungsentgelt für Regelreserve

a) Das Netznutzungsentgelt für Erbringer von Regelreserve Sekundärregelung, Tertiärregelung) wird für Arbeit und zusätzliche Leistung gemäß § 52 Abs. 1 ElWOG 2010, die durch die Aktivierung der Regelenergiereserven verursacht werden, für alle Netzebenen wie folgt bestimmt und kommt auf Antrag des Regelreserveanbieters beim Netzbetreiber zur Anwendung:

Erbrachte Arbeit:	0,085 /kWh
Zusätzliche Leistung:	100,00 /kW

Auf den Netzebenen 5 bis 7 kann der Regelreserveanbieter die Verrechnung dieses Entgelts beim Netzbetreiber frühestens nach Vorliegen der Präqualifikation der Anlage durch den Regelzonenführer beantragen. In diesem Fall hat der Netzbetreiber die Verrechnung ehestmöglich, spätestens aber für Netzebene 5 und 6 sechs Monate und für Netzebene 7 zwölf Monate nach der Antragstellung vorzunehmen.

b) Der Regelzonenführer hat dem Regelreserveanbieter die Viertelstundenwerte der durch die Aktivierung der Regelreserven erbrachten Arbeit zu übermitteln. Der Regelreserveanbieter hat diese Daten auf die einzelnen Zählpunkte, über die Regelenergie zur Verfügung gestellt wurde, aufzuteilen und dem jeweiligen Netzbetreiber zu übermitteln, auch für Viertelstunden, in denen keine Aktivierung erfolgt ist. Der Netzbetreiber hat dem Regelzonenführer diese Daten aggregiert je Regelreserveanbieter zu übermitteln. Für Zählpunkte, die nicht gemäß lit. a verrechnet werden, sind die aggregierten Werte aller Zählpunkte getrennt nach Sekundär- und Tertiärregelenergie direkt an den Regelzonenführer zu übermitteln.

(1a) Die Arbeitspreise für das Netznutzungsentgelt gemäß Abs. 1 werden für teilnehmende Netzbenutzer einer Erneuerbare-Energie-Gemeinschaft in Bezug auf jenen Verbrauch, der durch zugeordnete eingespeiste Energie einer Erzeugungsanlage gemäß § 16c ElWOG 2010 abgedeckt ist,

1. im Lokalbereich für die Netzebenen 6 und 7 um 57 %,
2. im Regionalbereich
   a) für die Netzebenen 6 und 7 um 28 %,
   b) für die Netzebenen 4 und 5 um 64 %

reduziert. Die reduzierten Arbeitspreise sind im Zuge der Abrechnung in Cent/kWh anzugeben und auf zwei Kommastellen kaufmännisch zu runden.

(2) Für die Netznutzung der Netzebene 3 der Austrian Power Grid AG sind folgende Jahresbeträge (in tausend Euro – TEUR) in zwölf gleichen Teilbeträgen monatlich zu leisten, wobei alle Rechnungen am 15. des dem Leistungserbringungsmonats folgenden Monats fällig sind:

1.	WIENER NETZE GmbH zahlt an Austrian Power Grid AG	2.761,0;
2.	Netz Niederösterreich GmbH zahlt an Austrian Power Grid AG	1.261,6;
3.	Energienetze Steiermark GmbH zahlt an Austrian Power Grid AG	1.303,7;
4.	Netz Oberösterreich GmbH zahlt an Austrian Power Grid AG	12.782,0;
5.	KNG-Kärnten Netz GmbH zahlt an Austrian Power Grid AG	9.085,6;
6.	Salzburg Netz GmbH zahlt an Austrian Power Grid AG	1.808,3;
7.	TINETZ-Tiroler Netze GmbH erhält von Austrian Power Grid AG	43,6.

(3) Für die Netznutzung der Netzebene 3 des Verteilernetzes der Netz Oberösterreich GmbH ist ein Jahresbetrag von TEUR 6.859,2 in zwölf gleichen Teilbeträgen monatlich von der Linz Netz GmbH an die Netz Oberösterreich GmbH zu leisten.

Netzverlustentgelt

§ 6. Für das von Entnehmern und Einspeisern pro Zählpunkt zu entrichtende Netzverlustentgelt werden jeweils folgende Entgelte je Netzebene (NE) in Cent/kWh bestimmt:

a) Für den Zeitraum von 1. Jänner 2023 bis 28. Februar 2023 beträgt das Netzverlustentgelt für Entnehmer und Einspeiser:

Netzbereich	NE 1	NE 2	NE 3	NE 4	NE 5	NE 6	NE 7
1. Österreich:	0,520	0,820	-	-	-	-	-
2. Burgenland:	-	-	0,443	0,522	0,654	1,027	2,474
3. Kärnten:	-	-	0,758	0,836	0,979	1,885	2,519
4. Klagenfurt:	-	-	-	0,673	1,102	1,724	2,303
5. Niederösterreich:	-	-	1,037	1,040	1,107	1,890	2,225
6. Oberösterreich:	-	-	0,533	0,662	0,954	2,095	2,521
7. Linz:	-	-	-	0,244	0,430	1,038	1,736
8. Salzburg:	-	-	0,772	0,779	0,795	1,477	1,724
9. Steiermark:	-	-	0,670	0,750	0,786	1,411	2,328
10. Graz:	-	-	-	-	1,133	1,445	2,851
11. Tirol:	0,520	*	0,343	0,906	1,206	2,319	2,690
12. Innsbruck:	-	-	-	0,405	0,513	1,161	2,584
13. Vorarlberg:	0,106	*	0,493	0,558	0,781	1,174	2,080
14. Wien:	-	-	0,504	0,658	0,805	1,412	2,914
15. Kleinwalsertal:	-	-	-	-	0,723	1,424	1,932

* in NE3 enthalten

b) Für den Zeitraum von 1. März 2023 bis 31. Dezember 2023 beträgt das Netzverlustentgelt

aa) für Entnehmer:

Netzbereich	NE 1	NE 2	NE 3	NE 4	NE 5	NE 6	NE 7
1. Österreich:	0,093	0,158	-	-	-	-	-
2. Burgenland:	-	-	0,048	0,057	0,071	0,112	0,269
3. Kärnten:	-	-	0,120	0,132	0,155	0,298	0,398
4. Klagenfurt:	-	-	-	0,152	0,249	0,389	0,520
5. Niederösterreich:	-	-	0,153	0,154	0,164	0,279	0,329
6. Oberösterreich:	-	-	0,126	0,156	0,225	0,494	0,594
7. Linz:	-	-	-	0,053	0,094	0,227	0,380
8. Salzburg:	-	-	0,083	0,084	0,086	0,159	0,186
9. Steiermark:	-	-	0,111	0,125	0,131	0,234	0,387

10. Graz:	-	-	-	-	0,305	0,388	0,766
11. Tirol:	0,093	*	0,077	0,203	0,271	0,520	0,604
12. Innsbruck:	-	-	-	0,101	0,127	0,288	0,642
13. Vorarlberg:	0,064	*	0,146	0,165	0,231	0,347	0,616
14. Wien:	-	-	0,102	0,134	0,164	0,287	0,593
15. Kleinwalsertal:	-	-	-	-	0,239	0,471	0,640

* in NE 3 enthalten

bb) Für Einspeiser:

Netzbereich	**NE 1**	**NE 2**	**NE 3**	**NE 4**	**NE 5**	**NE 6**	**NE 7**
1. Österreich:	0,425	0,725	-	-	-	-	-
2. Burgenland:	-	-	0,382	0,449	0,563	0,883	2,129
3. Kärnten:	-	-	0,650	0,717	0,839	1,616	2,160
4. Klagenfurt:	-	-	-	0,575	0,941	1,473	1,968
5. Niederösterreich:	-	-	0,887	0,889	0,947	1,617	1,903
6. Oberösterreich:	-	-	0,455	0,566	0,816	1,791	2,155
7. Linz:	-	-	-	0,208	0,367	0,885	1,480
8. Salzburg:	-	-	0,665	0,671	0,685	1,273	1,485
9. Steiermark:	-	-	0,577	0,646	0,677	1,215	2,004
10. Graz:	-	-	-	-	0,970	1,236	2,439
11. Tirol:	0,425	*	0,293	0,773	1,030	1,979	2,296
12. Innsbruck:	-	-	-	0,346	0,438	0,991	2,206
13. Vorarlberg:	0,095	*	0,421	0,477	0,668	1,004	1,779
14. Wien:	-	-	0,431	0,562	0,688	1,206	2,489
15. Kleinwalsertal:	-	-	-	-	0,622	1,224	1,661

* in NE 3 enthalten

Netzbereitstellungsentgelt

§ 7. (1) Das von Entnehmern zu entrichtende Netzbereitstellungsentgelt wird je Netzebene (NE) in Euro/kW wie folgt bestimmt:

Netzbereich	**NE1**	**NE2**	**NE3**	**NE4**	**NE5**	**NE6**	**NE7**
1. Burgenland:	-	-	12,00	44,00	107,00	152,00	238,00
2. Kärnten:	-	-	13,98	67,75	76,12	152,24	239,15
3. Klagenfurt:	-	-	-	49,49	61,16	208,48	265,33
4. Niederösterreich:	-	-	22,40	44,09	101,48	132,27	210,65
5. Obersterreich:	-	-	11,80	45,67	97,50	150,00	208,00
6. Linz:	-	-	-	49,45	113,32	171,01	226,63
7. Salzburg:	-	-	21.68	78,55	136,86	152,69	293,63
8. Steiermark:	-	-	11,40	44,70	90,50	133,80	198,90
9. Graz:	-	-	-	-	90,50	139,00	202,40
10. Tirol:	-	9,80	20,00	68,00	133,00	173,00	193,00
11. Innsbruck:	-	-	-	67,95	105,87	141,10	176,42
12. Vorarlberg:	-	9,80	29,00	48,00	79,00	107,00	167,00
13. Wien:	-	-	10,29	52,76	90,26	113,81	235,47
14. Kleinwalsertal:	-	-	-	-	79,18	106,83	166,74
15. Österreichischer Bereich:	8,70	9,80	-	-	-	-	-

Besondere Vorschriften für temporäre Anschlüsse

§ 8. (1) Temporäre Anschlüsse im Sinne dieser Verordnung sind für höchstens fünf Jahre beabsichtigte Anschlüsse an das Netz. Zu unterscheiden sind:

1. temporäre Anschlüsse, die nach einer bestimmten Zeit durch endgültige Anschlüsse ersetzt werden;
2. temporäre Anschlüsse, die einmalig, für einen bestimmten Zeitraum, vorübergehend an das Netz angeschlossen sind.

Sofern die Entnahme von Strom aus dem Netz über einen temporären Anschluss erfolgt, sind bei der Verrechnung des Netzzutritts-, Netznutzungs- bzw. des Netzbereitstellungsentgelts, abweichend von den dafür geltenden allgemeinen Vorschriften, die nachstehenden Vorschriften anzuwenden.

(2) Der Entnehmer hat das Wahlrecht entweder für die Bestandsdauer temporärer Anschlüsse gemäß Abs. 1 ein um 50 % erhöhtes Netznutzungsentgelt aus dem arbeitsbezogenen Anteil des Netznutzungsentgelts zu bezahlen oder das Netzbereitstellungsentgelt für das vereinbarte Ausmaß zu entrichten. § 52 Abs. 2 ElWOG 2010 bleibt unberührt.

(3) Entrichtet der Entnehmer das Netzbereitstellungsentgelt gemäß § 55 ElWOG 2010, so ist das vertraglich vereinbarte Ausmaß der Netznutzung für temporäre Anschlüsse im Sinne von Abs. 1 Z 1 auf die endgültigen Anschlüsse in vollem Umfang zu übertragen.

(4) Für temporäre Anschlüsse im Sinne von Abs. 1 Z 2, die an einen bereits vorhandenen Anschlusspunkt an das Netz angeschlossen werden, darf, im Falle einer Pauschalierung, das zu verrechnende Netzzutrittsentgelt nicht höher sein als jenes, das vom Netzbetreiber für die Wiederinbetriebsetzung stillgelegter Anlagen oder Anlagenteile verrechnet wird.

Systemdienstleistungsentgelt

§ 9. Für das von Einspeisern, einschließlich Kraftwerksparks, mit einer Anschlussleistung von mehr als fünf MW zu entrichtende Systemdienstleistungsentgelt werden folgende Entgelte in Cent bestimmt:

a) Bereich Österreich: 0,1510/kWh;
b) Bereich Tirol: 0,1510/kWh;
c) Bereich Vorarlberg: .... 0,1510/kWh.

Entgelt für Messleistungen

§ 10. (1) Für das von Netzbenutzern zu entrichtende Entgelt für Messleistungen in der Niederspannung werden folgende Höchstpreise in Euro pro Kalendermonat und Messrichtung bestimmt:

1. Drehstromzählung und andere Niederspannungszählungen (exkl. Wandler und Lastprofilzähler) 2,40;
2. Wechselstromzählung 1,00;

Eine gesonderte Verrechnung einer Blindstrommessung ist nicht zulässig.

(2) Für die Lastprofilzählung, die Wandler und für Geräte, die sonstige Funktionen im Zusammenhang mit Messleistungen erfüllen, die nicht unter Abs. 1 genannt werden, dürfen insgesamt höchstens 1,5 % des Wertes des Gerätes, das diese Funktion erfüllt, pro Kalendermonat als Entgelt verrechnet werden. Der Netzbetreiber ist berechtigt, Durchschnittswerte vergleichbarer Zählerkategorien als Bemessungsbasis heranzuziehen. Eine gesonderte Verrechnung einer Blindstrommessung ist nicht zulässig.

(3) Für folgende zusätzliche Leistungen, die im Zusammenhang mit Messleistungen erbracht werden, dürfen insgesamt höchstens folgende Höchstpreise in Euro pro Kalendermonat verrechnet werden:

1. Tarifschaltung 1,00;
2. Prepaymentzählung, soweit sie durch ein intelligentes Messgerät erfolgt, ... 0,00.
3. sonstige Prepaymentzählung .... 1,60.

(4) Wird eine Messeinrichtung von den Netzbenutzern selbst beigestellt, so reduziert sich der Höchstpreis um 15 % des verrechneten Entgelts gemäß Abs. 1 bzw. Abs. 2. Werden Wandler von den Netzbenutzern selbst beigestellt, ist eine gesonderte Verrechnung nicht zulässig.

(5) Für die vom Netzbenutzer veranlasste Montage, Demontage oder Austausch von Messeinrichtungen, welche im Eigentum des Netzbetreibers stehen, werden folgende Höchstpreise in Euro bestimmt: 1. 2.

1. Messeinrichtungen gemäß Abs. 1 .... 20,00;
2. Messeinrichtungen gemäß Abs. 2 .... 150,00.

Wird die Leistung auf Wunsch des Netzbenutzers im Zeitraum von Montag bis Freitag, 19.00 Uhr bis 7.00 Uhr, sowie an Samstagen, Sonntagen und gesetzlichen Feiertagen erbracht, ist das Zweifache des jeweiligen Entgelts zu verrechnen.

Entgelte für sonstige Leistungen

§ 11. (1) Netzbetreiber sind berechtigt, für die Erbringung sonstiger Leistungen, die nicht durch die Entgelte gemäß § 51 Abs. 2 Z 1 bis Z 6 und Z 8 ElWOG 2010 abgegolten und vom Netzbenutzer unmittelbar verursacht sind, folgende Entgelte in Euro zu verrechnen:

1. Entgelte für Mahnungen:
   a) erste Mahnung 0,00;
   b) jede weitere Mahnung 1,50;
   c) letzte Mahnung gemäß § 82 Abs. 3 ElWOG 2010 .... 5,00.
2. Abschaltung und Wiedereinschaltung:
   a) Abschaltung und Wiederherstellung des Netzzugangs gemäß § 82 Abs. 3 ElWOG 2010 vor Ort 25,00;
   b) Abschaltung oder Wiedereinschaltung vor Ort aus Gründen einer sonstigen Vertragsverletzung oder auf Wunsch des Kunden .... 30,00.
   c) Abschaltung oder Wiedereinschaltung aus der Ferne 0,00
   d) Einschaltung bei Vertragsbeginn bzw. Abschaltung bei Vertragsende .... 0,00.
3. Ablesung von Messeinrichtungen und Zwischenabrechnung auf Wunsch des Netzbenutzers
   a) Ablesung vor Ort mit Zwischenabrechnung 15,00;
   b) nur Ablesung vor Ort ohne Zwischenabrechnung 10,00;
   c) nur Zwischenabrechnung ohne Ablesung vor Ort .... 5,00.
4. Überprüfung von Messeinrichtungen im Eigentum des Netzbetreibers auf Wunsch des Netzbenutzers
   a) vor Ort 40,00;
   b) hinsichtlich der Verkehrsfehlergrenze gemäß Maß- und Eichgesetz nach Ausbau der Messeinrichtung .... 70,00.

   Die Verrechnung dieser Leistung ist bei defekten Messeinrichtungen unzulässig. Wird die Leistung auf Wunsch des Kunden im Zeitraum von Montag bis Freitag, 19.00 Uhr bis 7.00 Uhr, sowie an Samstagen, Sonntagen und gesetzlichen Feiertagen erbracht, ist das Zweifache des jeweiligen Entgelts zu verrechnen.
5. (aufgehoben)

Die Entgelte gemäß lit. a und lit. c sind jedem teilnehmenden Berechtigten sowie dem Betreiber der Erzeugungsanlage zu verrechnen; die Entgelte gemäß lit. b jedem aus dem genannten Personenkreis, für den sich eine Änderung des Aufteilungsschlüssels des von der gemeinschaftlichen Erzeugungsanlage erzeugten Stroms ergibt.

(2) Die Entgelte gemäß Abs. 1 sind jeweils im Anlassfall zu verrechnen.

Verrechnung und Veröffentlichung der Entgelte

§ 12. (1) Die Rechnungslegung hat spätestens sechs Wochen nach der für die Abrechnungsperiode relevanten Zählerstandsermittlung zu erfolgen. Der Netzbetreiber hat die Rechnung über die Systemnutzungsentgelte innerhalb von drei Wochen an den Lieferanten zu übermitteln, sofern der Lieferant auch die Rechnung über die Netznutzung legt.

(2) Die zur Anwendung kommenden Entgelte für Messleistungen sind vom Netzbetreiber in geeigneter Form, jedenfalls im Internet, zu veröffentlichen.

(3) Nimmt der Netzbetreiber bei der Verrechnung des Netzzutrittsentgelts eine Pauschalierung gemäß § 54 Abs. 2 ElWOG 2010 für vergleichbare Netzbenutzer vor, sind die zur Anwendung kommenden Pauschalen in geeigneter Form, jedenfalls im Internet, zu veröffentlichen.

(4) Entgelte für sonstige Funktionen im Zusammenhang mit Messleistungen gemäß § 10 Abs. 3 sind in geeigneter Form, jedenfalls im Internet, zu veröffentlichen.

(5) Sofern der Netzbetreiber die Arbeiten an der Hausanschlussleitung oder an Messeinrichtungen selbst vornimmt bzw. vornehmen lässt, hat der Netzbetreiber dem Kunden, sofern die Kosten vom Netzbenutzer verursacht wurden, einen Kostenvoranschlag für diese Maßnahme zu übermitteln. Übersteigen die Kosten für die Errichtung der Zähleinrichtung(en) am Zählpunkt 200 Euro, so ist es dem Kunden freizustellen, diese Kosten durch eine Einmalzahlung oder in Raten zu erstatten.

Ausgleichszahlungen

§ 13. Die Ausgleichszahlungen werden als Nettozahlungen in TEUR, die Jahresbeträge darstellen, festgelegt und sind in pro festgelegtem Zeitraum jeweils gleichen Teilbeträgen monatlich wie folgt zu leisten:

1. Netzbereich Niederösterreich:
   a) Für den Zeitraum von 1. Jänner 2023 bis 28. Februar 2023:

	in TEUR	Zahler	
		wüsterstrom E-Werk GmbH	Netz Niederösterreich GmbH
Empfänger	Stadtwerke Amstetten	152,8	275,6
	Stadtbetriebe Mariazell GmbH	103,4	186,8
	Anton Kittel Mühle Plaika GmbH	22,0	39,8
	E-Werk Schwaighofer GmbH	28,8	51,9
	Heinrich Polsterer & Mitgesellschafter GesnbR	5,3	9,4
	Elektrizitätswerke Eisenhuber GmbH & Co KG	100,2	180,9
	Forstverwaltung Seehof GmbH	13,9	25,0

   b) Für den Zeitraum von 1. März 2023 bis 31. Dezember 2023:

	in TEUR	Zahler	
		wüsterstrom E-Werk GmbH	Netz Niederösterreich GmbH
Empfänger	Stadtwerke Amstetten	76,61	199,38
	Stadtbetriebe Mariazell GmbH	77,97	202,91
	Anton Kittel Mühle Plaika GmbH	11,41	29,68
	E-Werk Schwaighofer GmbH	38,26	99,57
	Heinrich Polsterer & Mitgesellschafter GesnbR	3,80	9,89
	Elektrizitätswerke Eisenhuber GmbH & Co KG	59,18	154,01
	Forstverwaltung Seehof GmbH	9,54	24,82

2. Netzbereich Steiermark:
   a) Für den Zeitraum von 1. Jänner 2023 bis 28. Februar 2023:

	in TEUR	Zahler				
		Energienetze Steiermark GmbH	E-Werk Gösting Stromversorgungs GmbH	Stadtwerke Hartberg Energieversorgungs GmbH	STGD Kindberg E-Werk Nebenbetriebe	Stadtwerke Köflach GmbH
Empfänger	Feistritzwerke-STEWEAG-GmbH	1.586,0	143,4	295,2	49,0	1,1
	Stadtwerke Judenburg Aktiengesellschaft	572,0	51,7	106,5	17,7	0,4
	Stadtwerke Kapfenberg GmbH	330,4	29,9	61,5	10,2	0,2
	Stadtwerke Bruck an der Mur GmbH	66,6	6,0	12,3	2,1	0,1
	Stadtwerke Mürzzuschlag Gesellschaft m.b.H.	699,7	63,3	130,2	21,6	0,5
	Stadtwerke Voitsberg GmbH	815,5	73,7	151,8	25,2	0,6

b) Für den Zeitraum von 1. März 2023 bis 31. Dezember 2023:

	in TEUR	Zahler			
		Energienetze Steiermark GmbH	E-Werk Gösting Strom-versorgungs GmbH	Stadtwerke Hartberg Energie-versorgungs GmbH	STGD Kindberg E-Werk Neben-betriebe
Empfänger	Feistritzwerke-STEWEAG-GmbH	520,77	95,54	108,36	10,65
	Stadtwerke Judenburg Aktiengesellschaft	502,76	92,24	104,61	10,28
	Stadtwerke Kapfenberg GmbH	170,08	31,19	35,39	3,48
	Stadtwerke Bruck an der Mur GmbH	80,57	14,78	16,77	1,65
	Stadtwerke Mürzzuschlag Gesellschaft m.b.H.	455,06	83,49	94,69	9,30
	Stadtwerke Voitsberg GmbH	501,21	91,95	104,30	10,25
	Stadtwerke Köflach GmbH	245,76	45,09	51,14	5,01

3. Netzbereich Tirol:

a) Für den Zeitraum von 1. Jänner 2023 bis 28. Februar 2023:

	in TEUR	Zahler	
		HALLAG Kommunal GmbH	Stadtwerke Schwaz GmbH
Empfänger	TINETZ-Tiroler Netze GmbH	321,3	83,4
	Elektrizitätswerke Reutte AG	221,3	57,4
	Kraftwerk Haim K.G.	494,0	128,2
	Stadtwerke Kitzbühel e.U.	1.056,7	274,2
	Stadtwerke Kufstein GmbH	85,3	22,2
	Stadtwerke Wörgl GmbH	102,6	26,6
	Elektrizitätswerk Schattwald e.U.	320,5	83,1

b) Für den Zeitraum von 1. März 2023 bis 31. Dezember 2023:

	in TEUR	Zahler		
		HALLAG Kommunal GmbH	Stadtwerke Schwaz GmbH	TINETZ-Tiroler Netze GmbH
Empfänger	Elektrizitätswerke Reutte AG	865,44	157,10	635,57
	Kraftwerk Haim K.G.	289,37	52,53	212,51
	Stadtwerke Kitzbühel e.U.	421,33	76,48	309,43
	Stadtwerke Kufstein GmbH	154,42	28,03	113,41
	Stadtwerke Wörgl GmbH	43,69	7,93	32,09
	Elektrizitätswerk Schattwald e.U.	307,90	55,89	226,12

4. Netzbereich Vorarlberg:

a) Für den Zeitraum von 1. Jänner 2023 bis 28. Februar 2023:

	in TEUR	Empfänger	
		Vorarlberger Energienetze GmbH	Elektrizitätswerke Frastanz Gesellschaft m.b.H.
Zahler	Montafonerbahn Aktiengesellschaft	73,2	139,8
	Stadtwerke Feldkirch	357,7	683,4

b) Für den Zeitraum von 1. März 2023 bis 31. Dezember 2023:

	in TEUR	Empfänger	
		Vorarlberger Energienetze GmbH	Elektrizitätswerke Frastanz Gesellschaft m.b.H.
Zahler	Montafonerbahn Aktiengesellschaft	55,56	164,60
	Stadtwerke Feldkirch	187,52	555,53

5. Netzbereich Oberösterreich:

a) Für den Zeitraum von 1. Jänner 2023 bis 28. Februar 2023:

a) Zahler:	**TEUR**
aa) eww AG	3.911,6
bb) Energie Ried GmbH	810,4
b) Empfänger:	**TEUR**
aa) E-Werk Rankleiten	48,2
bb) E-Werk Redlmühle Bernhard Drack	36,9
cc) E-Werk Dietrichschlag eGen	65,1
dd) K.u.F. Drack GmbH & Co KG	49,1
ee) E-Werk Altenfelden GmbH	16,8
ff) Energieversorgungs GmbH	47,8
gg) KARLSTROM e.U.	37,2
hh) Kraftwerk Glatzing-Rüstorf eGen	346,9
ii) Revertera'sches Elektrizitätswerk	42,6
jj) EVU Gerald Mathe e.U.	73,9
kk) Schwarz, Wagendorffer & Co, Elektrizitätswerk GmbH	51,7
ll) Netz Oberösterreich GmbH	3.905,8

b) Für den Zeitraum von 1. März 2023 bis 31. Dezember 2023:

a) Zahler:	**TEUR**
aa) eww AG	3.202,10
bb) Energie Ried GmbH	575,14
b) Empfänger:	**TEUR**
aa) E-Werk Rankleiten	64,91
bb) E-Werk Redlmühle Bernhard Drack	36,75
cc) E-Werk Dietrichschlag eGen	59,70
dd) K.u.F. Drack GmbH & Co KG	103,49
ee) E-Werk Altenfelden GmbH	6,27
ff) Energieversorgungs GmbH	44,31
gg) KARLSTROM e.U.	28,05
hh) Kraftwerk Glatzing-Rüstorf eGen	536,85
ii) Revertera'sches Elektrizitätswerk	52,28
jj) EVU Gerald Mathe e.U.	62,77
kk) Schwarz, Wagendorffer & Co, Elektrizitätswerk GmbH	7,01
ll) Netz Oberösterreich GmbH	2.774,85

6. Netzbereich Linz:
   a) Für den Zeitraum von 1. Jänner 2023 bis 28. Februar 2023:

a) Zahler:	TEUR
aa) LINZ NETZ GmbH	1.487,0
b) Empfänger:	**TEUR**
aa) Ebner Strom GmbH	1.302,2
bb) Elektrizitätswerk Clam Carl-Philip Clam-Martinic e.U.	14,7
cc) Elektrizitätswerk Perg GmbH	150,7
dd) E-Werk Sarmingstein Ing. H. Engelmann & Co KG	19,4

   b) Für den Zeitraum von 1. März 2023 bis 31. Dezember 2023:

a) Zahler:	TEUR
aa) LINZ NETZ GmbH	1.337,86
b) Empfänger:	**TEUR**
aa) Ebner Strom GmbH	1.241,24
bb) Elektrizitätswerk Clam Carl-Philip Clam-Martinic e.U.	11,02
cc) Elektrizitätswerk Perg GmbH	67,02
dd) E-Werk Sarmingstein Ing. H. Engelmann & Co KG	18,58

Inkrafttreten

§ 14. (1) Diese Verordnung tritt mit 1. Jänner 2018 in Kraft. Zu diesem Zeitpunkt tritt die SNE-VO 2012 außer Kraft.

(2) Die Bestimmungen der SNE-V 2018 – Novelle 2019, BGBl. II Nr. 354/2018, treten mit 1. Jänner 2019 in Kraft.

(3) Die Bestimmungen der SNE-V 2018 – Novelle 2020, BGBl. II Nr. 424/2019, treten mit 1. Jänner 2020 in Kraft.

(4) § 5 Abs. 1 Z 1 bis 8, § 5 Abs. 2 und 3, § 6 Z 1 bis 15, § 9 lit. a bis c sowie § 13 Abs. 1 Z 1 bis 6 in der Fassung der SNE-V 2018 – Novelle 2021, BGBl. II Nr. 578/2020, treten mit 1. Jänner 2021 in Kraft.

(5) § 5 Abs. 1a und § 11 in der Fassung der Verordnung BGBl. II Nr. 438/2021 treten mit 1. November 2021 in Kraft.

(6) § 3 Abs. 1 Z 1, § 5 Abs. 1 Z 1 bis 8, § 5 Abs. 2 und 3, § 6 Z 1 bis 15, § 9 lit. a bis c, § 10 Abs. 1, § 10 Abs. 3 Z 2 und 3, § 11 Abs. 1 Z 2 lit. b bis d sowie § 13 Abs. 1 Z 1 bis 6 in der Fassung der SNEV 2018 – Novelle 2022, BGBl. II Nr. 558/2021, treten mit 1. Jänner 2022 in Kraft.

(7) § 3 Abs. 1 Z 1, § 5 Abs. 1 Z 1 bis 8, § 5 Abs. 2 und 3, § 6 Z 1 bis 15, § 9 lit. a bis c sowie § 13 Abs. 1 Z 1 bis 6, jeweils in der Fassung der SNE-V 2018 – Novelle 2023, BGBl. II Nr. 466/2022, treten mit 1. Jänner 2023 in Kraft.

(8) § 6 und § 13, jeweils in der Fassung der SNE-V 2018 – 2. Novelle 2023, BGBl. II Nr. 52/2023, treten mit 1. März 2023 in Kraft.

4. Stromkennzeichnungsverordnung 2022

Verordnung der E-Control über die Regelungen zur Stromkennzeichnung und zur Ausweisung der Herkunft nach Primärenergieträgern

StF: BGBl. II Nr. 48/2022

Auf Grund des § 79 Abs. 8 Elektrizitätswirtschafts- und -organisationsgesetz 2010 (ElWOG 2010), BGBl. I Nr. 110/2010, zuletzt geändert durch das Bundesgesetz BGBl. I Nr. 150/2021, wird verordnet:

GLIEDERUNG

1. Abschnitt
Allgemeines

Regelungsgegenstand

§ 1. Die Verordnung hat den Umfang und die Ausgestaltung der gemäß § 78 und § 79 ElWOG 2010 für Stromhändler verpflichtenden Stromkennzeichnung, welche die Ausweisung der Technologie, des Ursprungslandes, eines allfälligen gemeinsamen Handels und der Umweltauswirkungen umfasst, sowie die Vorgaben für die Ausgestaltung der Nachweise zu den verschiedenen Primärenergieträgern zum Gegenstand.

Begriffsbestimmungen

§ 2. (1) Im Sinne dieser Verordnung bezeichnet der Ausdruck

1. „Stromhändler" Stromhändler und sonstige Lieferanten, die in Österreich Endverbraucher beliefern und gemäß § 78 und § 79 ElWOG 2010 zur Stromkennzeichnung verpflichtet sind;
2. „Stromspeicher" sind Pumpspeicherkraftwerke und sonstige Stromspeichertechnologien mit einer Speicherkapazität ab 250 kWh
3. „Stromspeicherbetreiberkonto" ein in der Herkunftsnachweis-Registerdatenbank für jeden Stromspeicher oder jeden aus Stromspeichern bestehenden Kraftwerkspark eingerichtetes Konto;
4. „Produktmix" ein Stromprodukt, welches nur ein Teil der Endverbraucher eines Stromhändlers erhält, dessen Zusammensetzung von den Primärenergieträgeranteilen des Versorgermixes abweicht;
5. „Versorgermix" die Summe aller Primärenergieträgeranteile für die gesamte Stromaufbringung eines Stromhändlers für die Belieferung von Endverbraucher in Österreich;
6. „primäre Stromkennzeichnung" die vereinfachte Ausweisung der Herkunft auf Basis der drei in § 78 Abs. 2 ElWOG 2010 genannten Kategorien
7. „sekundäre Stromkennzeichnung" die vollumfassende Stromkennzeichnung gemäß § 78 Abs. 3 ElWOG 2010.

(2) Im Übrigen gelten die Begriffsbestimmungen gemäß § 7 Abs. 1 ElWOG 2010.

(3) Personenbezogene Begriffe haben keine geschlechtsspezifische Bedeutung. Sie sind bei der Anwendung auf bestimmte Personen in der jeweils geschlechtsspezifischen Form anzuwenden.

2. Abschnitt
Ausgestaltung der Stromkennzeichnung

Primäre Stromkennzeichnung

§ 3. (1) Die primäre Stromkennzeichnung hat gemäß § 78 Abs. 2 ElWOG 2010 auf Basis folgender drei Kategorien zu erfolgen:

1. Technologie: die Aufschlüsselung der Primärenergieträger hat grundsätzlich in die Unterkategorien Wasserkraft, Windenergie, Sonnenenergie, geothermische Energie, feste oder flüssige Biomasse, erneuerbare Gase, fossile Energieträger und Nuklearenergie zu erfolgen. Er-

neuerbare Energieträger mit einem Anteil von kleiner 10 % sind zur Unterkategorie „sonstige Erneuerbare Energieträger" zusammenzufassen. Kohle, fossiles Gas und Erdölderivate sind ausschließlich zur Unterkategorie „fossile Energieträger" zusammenzufassen. Abfall mit hohem biogenen Anteil, Klärschlamm, Tiermehl und Ablauge sind unter „feste oder flüssige Biomasse" zusammenzufassen. Deponiegas, Klärgas und Biogas sind unter „erneuerbare Gase" zusammenzufassen."

2. Ursprungsland der Herkunftsnachweise: es hat eine prozentuelle Aufschlüsselung der Ursprungsländer, aus denen die eingesetzten Herkunftsnachweise stammen, zu erfolgen. Ursprungsländer mit einem Anteil von kleiner 10 % sind zur Unterkategorie „sonstige Länder" zusammenzufassen.
3. Ausmaß des gemeinsamen Handels von Strom und Herkunftsnachweisen: es hat eine Angabe des Anteils jenes gelieferten Stroms, der gemeinsam mit den Herkunftsnachweisen gehandelt wurde, zu erfolgen.

(2) Der gemeinsame Handel ist auf Basis von bestehenden Prozessen in der Herkunftsnachweis-Registerdatenbank und Wirtschaftsprüferberichten zu belegen. Die einen gemeinsamen Handel belegenden Vertragsbeziehungen sind der Regulierungsbehörde zum Zwecke der stichprobenartigen Überprüfung über Aufforderung offenzulegen.

(3) Die Angaben der drei Kategorien in Abs. 1 haben sowohl in graphischer als auch textlicher Form in einer entsprechenden Druckqualität sowie in einer lesbaren und erkennbaren Größe zu erfolgen. Gemäß § 78 Abs. 2 ElWOG 2010 wird die Darstellung für alle Versorger einheitlich aus der Herkunftsnachweis-Registerdatenbank der Regulierungsbehörde generiert (farbig und schwarzweiß) und ist dann gemäß den entsprechenden Vorgaben zu verwenden.

(4) Die Stromhändler haben die Darstellung gemäß Abs. 3 um einen Hinweis zu ergänzen, wo die sekundäre Stromkennzeichnung gemäß § 4 abgerufen bzw. angefordert werden kann. Dieser Hinweis kann als Link zu einer Website, einer kostenfreien Telefonnummer oder einer Postadresse des Stromhändlers angeführt werden.

(5) Die primäre Stromkennzeichnung und deren Darstellung gemäß Abs. 1 und Abs. 2 hat einmal jährlich auf Rechnungen sowie permanent auf Werbematerialien zu erfolgen. Die primäre Stromkennzeichnung muss sowohl für den Versorgermix als auch für etwaige Produktmixe permanent auf den Websites der Versorger dargestellt werden.

Sekundäre Stromkennzeichnung

§ 4. (1) Die sekundäre Stromkennzeichnung hat gemäß § 4 bis § 6 in vollumfassender Form zu erfolgen. Die Kennzeichnung hat nach einer prozentmäßigen Aufschlüsselung, auf Basis der an Endverbraucher gelieferten elektrischen Energie (kWh), der Primärenergieträger in feste oder flüssige Biomasse, erneuerbare Gase, geothermische Energie, Windenergie, Sonnenenergie, Wasserkraft, Erdgas, Erdöl und dessen Produkte sowie Nuklearenergie zu erfolgen. Abfall ohne hohen biogenen Anteil ist unter „sonstige fossile Energieträger" gemäß § 4 Abs. 5 auszuweisen. Abfall mit hohem biogenen Anteil, Klärschlamm, Tiermehl und Ablauge sind unter „feste oder flüssige Biomasse" zusammenzufassen. Deponiegas, Klärgas und Biogas sind unter „erneuerbare Gase" zusammenzufassen. Eine vollumfassende Kennzeichnung umfasst auch die Ausweisung der Umweltauswirkungen, zumindest über CO_2-Emissionen und radioaktiven Abfall aus der durch den Versorgermix erzeugten Elektrizität.

(2) Die Darstellung der vollumfassenden Stromkennzeichnung hat deutlich lesbar sowie in übersichtlicher und verständlicher Form zu erfolgen.

(3) Sämtliche Informationen zur Ausweisung der Herkunft des Stromes und die Umweltauswirkungen der Stromerzeugung gemäß § 5 sind in tabellarischer Form vorzunehmen. Zusätzlich hat die Darstellung in Form eines leicht verständlichen und übersichtlichen Diagrammes zu erfolgen.

(4) Das der Stromkennzeichnung zugrunde liegende Kalenderjahr ist am Anfang der Darstellung der Stromkennzeichnung anzuführen.

(5) Als gesetzliche Grundlagen bei der Ausweisung der sekundären Stromkennzeichnung sind § 78 und § 79 ElWOG 2010 sowie die Ken-V anzuführen.

(6) In der Ausweisung der sekundären Stromkennzeichnung sind Anteile aus verschiedenen erneuerbaren Energieträgern, die jeweils weniger als ein Prozent betragen, zur Unterkategorie „sonstige erneuerbare Energieträger" zusammenzufassen. Weiters sind die Anteile aus verschiedenen fossilen Energieträgern, die jeweils weniger als ein Prozent betragen, zur Unterkategorie „sonstige fossile Energieträger" zusammenzufassen.

(7) Die prozentuale Verteilung der Herkunftsländer der Nachweise muss angeführt werden und hat analog zu § 3 Abs. 1 Z 2 zu erfolgen.

(8) Die Ausweisung des Ausmaßes des gemeinsamen Handels von Strom und Herkunftsnachweisen hat analog zu den Anforderungen in § 3 Abs. 1 Z 3 zu erfolgen.

Ausweisung der Umweltauswirkungen

§ 5. (1) Die Ausweisung der Umweltauswirkungen der Stromerzeugung hat gemäß § 78 Abs. 3 ElWOG 2010 zu erfolgen. Angaben zu CO_2-Emission müssen in Gramm je $kWh_{(el)}$ [g/kWh] gemacht werden. Radioaktiver Abfall ist in Milligramm je $kWh_{(el)}$ [mg/kWh] auszuweisen.

(2) Für den Fall, dass anlagenspezifische Werte vorliegen, die von einer nach dem Akkreditierungsgesetz 2012 für relevante Fachgebiete zugelassenen Überwachungs-, Prüf- oder Zertifizierungsstelle bestätigt wurden, sind diese für die Ausweisung der Umweltauswirkungen zu verwenden. Die Datenquellen solcher anlagenspezifischen Werte sind anzuführen. Sofern keine anlagenspezifischen Daten vorliegen, sind die von der E-Control veröffentlichten Durchschnittswerte zu verwenden.

(3) Sofern ein (Versorger-/Produkt)Mix zu 100% aus erneuerbaren Strom besteht, müssen Stromhändler die Nullwerte für CO_2-Emissionen und radioaktivem Abfall nicht anführen, sondern können in einem Satz erläutern, dass bei der Erzeugung des vorliegenden Versorger-/Produktmixes keine Umweltauswirkungen gemäß der KenV anfallen.

(4) Die Ausweisung der Umweltauswirkungen hat unter der Ausweisung des Versorgermixes bzw. in unmittelbarem Zusammenhang mit dem Versorgermix zu erfolgen.

Versorger- und Produktmix

§ 6. (1) Gemäß § 78 Abs. 4 ElWOG 2010 müssen Stromhändler im Falle einer ergänzenden Produktdifferenzierung neben einem Versorgermix auch noch einen Produktmix anführen.

(2) Die primäre Stromkennzeichnung gemäß § 3 ist sowohl für den Versorger- als auch den Produktmix anzuführen. Der Versorgermix ist als solches auch zu bezeichnen. Der Produktmix kann mit dem spezifischen Namen des jeweiligen Produktes bezeichnet werden und ist unmittelbar nachgeordnet und um 25% kleiner als der Versorgermix auf Rechnungen und Werbematerialien darzustellen.

(3) Die sekundäre Stromkennzeichnung gemäß § 4, als auch die Umweltauswirkungen gemäß § 6 sind sowohl für den Versorger- als auch den Produktmix anzuführen und zur Verfügung zu stellen. Für die Darstellung wird keine einheitliche Vorgabe in der Herkunftsnachweis-Registerdatenbank generiert. Die Darstellung des Produktmixes darf nicht größer als die Darstellung des Versorgermixes sein und ist diesem nachgeordnet anzuführen.

3. Abschnitt
Nachweise

Anerkennung von Herkunftsnachweisen für Strom aus nicht-österreichischer Erzeugung

§ 7. (1) Eine Anerkennung von Herkunftsnachweisen von Strom aus erneuerbaren Energiequellen aus Anlagen mit Standort in einem anderen EU-Mitgliedstaat, einem EWR-Vertragsstaat oder in einem Drittstaat für die Stromkennzeichnung in Österreich ist nur dann möglich, wenn die Vorgaben gemäß Art. 19 der Richtlinie (EU) 2018/2001 und § 84 Abs. 1 Erneuerbaren-Ausbau-Gesetz (EAG), BGBl. I Nr. 150/2021, zuletzt geändert durch das Bundesgesetz BGBl. I Nr. 181/2021, eingehalten wurden.

(2) Eine Anerkennung von Herkunftsnachweisen von Strom aus hocheffizienter Kraft-Wärme-Kopplung aus Anlagen mit Standort in einem anderen EU-Mitgliedstaat, oder einem EWR-Vertragsstaat für die Stromkennzeichnung in Österreich ist nur dann möglich, wenn die Vorgaben gemäß § 73 Abs. 1 ElWOG 2010 eingehalten wurden.

(3) Eine Anerkennung von Herkunftsnachweisen von Strom aus sonstigen Energiequellen aus Anlagen mit Standort in einem anderen EU-Mitgliedstaat, einem EWR-Vertragsstaat oder in einem Drittstaat für die Stromkennzeichnung in Österreich ist nur dann möglich, wenn die Vorgaben gemäß § 73 Abs. 2 ElWOG 2010 eingehalten wurden und ein Stromkennzeichnungssystem besteht, das sicherstellt, dass dieselbe Einheit von Energie nur einmal berücksichtigt wird.

Gültigkeit von Nachweisen

§ 8. (1) Wird von der zuständigen Behörde festgestellt, dass ein Nachweis nicht den bundes- oder landesgesetzlichen Vorgaben oder den Bestimmungen dieser Verordnung entspricht, wird dieser Nachweis von der Regulierungsbehörde nicht für die in den § 78 und § 79 ElWOG 2010 und die in dieser Verordnung vorgesehenen Zwecke anerkannt.

(2) Nachweise müssen spätestens in dem der Erzeugung der entsprechenden Energieeinheit folgenden Kalenderjahr verwendet werden.

(3) Gemäß § 79 Abs. 5 ElWOG 2010 hat die Dokumentation spätestens drei Monate nach Ablauf des Kalenderjahres zu erfolgen. Sollte die Einhaltung dieser Frist aufgrund von technischen oder organisatorischen Gründen nicht möglich sein, dann ist dies der Regulierungsbehörde entsprechend zu melden und schlüssig zu begründen.

Registerdatenbank

§ 9. (1) Zur transparenten elektronischen Abwicklung betreibt die Regulierungsbehörde eine Herkunftsnachweis-Registerdatenbank, die für die Ausstellung, Übertragung und Entwertung der Nachweise zur Verwendung für die Stromkennzeichnung zu nutzen ist.

(2) Dem Wirtschaftsprüfer oder dem gerichtlich zertifizierten Sachverständigen, der die Dokumentation gemäß § 79 ElWOG 2010 überprüft, ist zum Zwecke der Nachvollziehbarkeit der entwerteten Nachweise Einblick in die Konten der jeweiligen Stromhändler in der Herkunftsnachweis-

Registerdatenbank der Regulierungsbehörde zu gewähren.

Nachweise für die Erzeugung elektrischer Energie aus Stromspeichern

§ 10. (1) Jeder Netzbetreiber, an dessen Netz ein Stromspeicher mit einer Speicherkapazität ab 250 kWh angeschlossen ist, hat in der Herkunftsnachweis-Registerdatenbank binnen eines Monats für jeden Stromspeicher jene Mengen an Elektrizität zu melden,

1. die im Vormonat für den Speichervorgang geliefert wurden sowie
2. die durch den jeweiligen Speicher wieder erzeugt bzw. in das öffentliche Netz abgegeben wurden.

(2) Der Betreiber des Stromspeichers muss sicherstellen, dass binnen 14 Tagen nach Meldung gemäß Abs. 1 Z 1 gültige Nachweise in der Höhe der abgegebenen Meldung auf sein Stromspeicherbetreiberkonto transferiert wurden.

(3) Der individuelle Wirkungsgrad des Stromspeichers muss in der Stromnachweisdatenbank gemeldet werden. Im Rahmen des Speicher- und Ausspeichervorgangs sind Herkunftsnachweise entsprechend dem Wirkungsgrad der Anlage zu löschen. Liegen keine speicheranlagenspezifischen Wirkungsgrade vor, können technologiespezifische Referenzwerte verwendet werden.

(4) Die gemäß Abs. 2 auf das Stromspeicherbetreiberkonto transferierten Nachweise, abzüglich der gemäß Abs. 3 gelöschten Nachweise, sind als Nachweise für die Abgabe bzw. Erzeugung elektrischer Energie aus Stromspeichern heranzuziehen. Erfolgt keine Auswahl bestimmter auf das Stromspeicherbetreiberkonto transferierter Nachweise durch den Betreiber des Stromspeichers, werden die Nachweise mit dem ältesten Erzeugungsdatum zuerst herangezogen.

(5) Nachweise, die auf das Stromspeicherkonto transferiert wurden, können vom Betreiber jederzeit mit gültigen Nachweisen für Strom aus dem gleichen Primärenergieträger ersetzt werden.

(6) Für jene Menge an elektrischer Energie, die durch natürlichen Zufluss bei Pumpspeicherkraftwerken erzeugt wird, gilt § 83 EAG. Dies gilt sinngemäß auch für andere direkt von Erzeugungsanlagen erzeugte Strommengen, die über einen sonstigen Stromspeicher in das öffentliche Netz abgegeben werden.

Ausnahmebestimmung für kleine Stromhändler

§ 11. Stromhändler, mit weniger als 500 Zählpunkten und einer Gesamtabgabemenge von unter 100 MWh pro Kalenderjahr, die ausschließlich Strom aus eigenen Kraftwerken liefern, müssen für ihre Stromkennzeichnung keine Herkunftsnachweise als Grundlage einsetzen. Die Herkunftsnachweise aus den entsprechenden Anlagen sind dazu in der Herkunftsnachweis-Registerdatenbank gesondert anzuführen und automatisch zu entwerten. Eine entsprechende Meldung des Stromhändlers samt Bestätigung durch einen Wirtschaftsprüfer hat drei Wochen vor Ablauf jedes Kalenderjahres an die E-Control zu erfolgen.

4. Abschnitt
Schlussbestimmungen

Übergangsbestimmungen

§ 12. (1) Die primäre und sekundäre Stromkennzeichnung gemäß § 3 bis § 6 hat, mit Ausnahme der Ausweisung des gemeinsamen Handels, erstmalig im Jahr 2023 für die im Kalenderjahr 2022 gelieferten Strommengen zu erfolgen. Für die im Kalenderjahr 2021 gelieferten Strommengen ist die Stromkennzeichnungsverordnung, BGBl. II Nr. 310/2011, zuletzt geändert durch die Verordnung BGBl. II Nr. 467/2013, weiterhin anzuwenden.

(2) Die Stromkennzeichnung unter Einschluss der Angaben über einen gemeinsamen Handel gemäß § 3 Abs. 1 Z 3 und § 4 Abs. 8 hat erstmalig im Jahr 2024 für die im Kalenderjahr 2023 gelieferten Strommengen zu erfolgen.

Inkrafttreten

§ 13. Mit Inkrafttreten dieser Verordnung tritt die Stromkennzeichnungsverordnung, BGBl. II Nr. 310/2011, außer Kraft.

5. Intelligente Messgeräte-Einführungsverordnung

Verordnung des Bundesministers für Wirtschaft, Familie und Jugend, mit der die Einführung intelligenter Messgeräte festgelegt wird

StF: BGBl. II Nr. 138/2012

Letzte Novellierung: BGBl. II Nr. 9/2022 [CELEX-Nr.: 32019L0944]

Auf Grund des § 83 Abs. 1 des Elektrizitätswirtschafts- und organisationsgesetzes 2010 (ElWOG 2010), BGBl. I Nr. 110/2010, wird verordnet:

Einführung intelligenter Messgeräte („smart meters")

§ 1. (1) Jeder Netzbetreiber gemäß § 7 Abs. 1 Z 51 ElWOG 2010 hat

1. bis Ende 2015 einen Projektplan über die stufenweise Einführung von intelligenten Messgeräten samt Angabe eines Zielerreichungspfades vorzulegen,
2. im Rahmen der technischen Machbarkeit, bis Ende 2024 mindestens 95 vH der an sein Netz angeschlossenen Zählpunkte als intelligente Messgeräte (§ 7 Abs. 1 Z 31 ElWOG 2010) gemäß den Vorgaben der Verordnung der E-Control, mit der die Anforderungen an intelligente Messgeräte bestimmt werden (Intelligente Messgeräte-AnforderungsVO 2011), auszustatten, wobei eine leitungsgebundene Übertragung in Betracht zu ziehen ist.

(1a) Netzbetreiber, die bis Ende 2022 nicht mindestens 40 vH der an ihr Netz angeschlossenen Zählpunkte als intelligente Messgeräte gemäß den Vorgaben der Intelligente Messgeräte–AnforderungsVO 2011 ausgestattet haben, haben im Rahmen ihrer Berichtspflicht gemäß § 2 Abs. 1 eine begründete Stellungnahme an die E–Control zu übermitteln, aus welcher hervorgeht, warum das Ausrollungsziel nach dieser Bestimmung nicht erreicht wurde und wie die Einhaltung des Ausrollungsziels gemäß Abs. 1 Z 2 sichergestellt wird. Die E–Control hat im Rahmen ihres Berichts gemäß § 2 Abs. 3 eine Liste jener Netzbetreiber zu veröffentlichen, die das Ausrollungsziel nach dieser Bestimmung nicht erreicht haben.

(2) Jene intelligenten Messgeräte, welche bereits vor Inkrafttreten der Intelligente Messgeräte-AnforderungsVO 2011 beschafft oder eingebaut wurden und die darin enthaltenen Anforderungen nicht erfüllen, können weiterhin in Betrieb gehalten und auf die in Abs. 1 festgelegten Zielverpflichtungen angerechnet werden. Ebenso können intelligente oder digitale Messgeräte, welche vor Inkrafttreten der Novelle der Intelligente Messgeräte-Einführungsverordnung, BGBl. II Nr. 383/2017, eingebaut wurden, weiterhin in Betrieb gehalten und auf die in Abs. 1 festgelegten Zielverpflichtungen angerechnet werden, auch wenn sie technisch nicht in der Lage sind alle Funktionen und Funktionsänderungen gemäß Abs. 6 zu erbringen.

(3) Von der Verpflichtung gemäß Abs. 1 sind Netzbetreiber hinsichtlich jener Endverbraucher ausgenommen, deren Verbrauch über einen Lastprofilzähler gemessen wird.

(4) Die Netzbetreiber haben die Endverbraucher zeitnah über den Einbau eines intelligenten Messgerätes sowie die damit verbundenen Rahmenbedingungen zu informieren. Die Regulierungsbehörde kann in Bezug auf diese Information Mindestinhalte vorgeben.

(5) Der Netzbetreiber hat, ungeachtet des Projektplans über die stufenweise Einführung von intelligenten Messgeräten nach Abs. 1, Endverbraucher auf Wunsch mit einem intelligenten Messgerät auszustatten. Sofern nicht anders bestimmt, hat die Installation ehestmöglich, spätestens binnen zwei Monaten, zu erfolgen. Ist in technisch begründeten Einzelfällen die Einhaltung dieser Frist nicht möglich, hat der Netzbetreiber die Gründe gegenüber dem Endverbraucher sowie der E–Control in einer von der E-Control bestimmten Form darzulegen und einen Termin für die Installation bekanntzugeben. Der Zeitraum zwischen Äußerung des Kundenwunsches und Installationstermin darf fünf Monate nicht überschreiten.

(6) Lehnt ein Endverbraucher die Messung mittels eines intelligenten Messgerätes ab, hat der Netzbetreiber diesem Wunsch zu entsprechen. Der Netzbetreiber hat in diesem Fall einzubauende oder bereits eingebaute intelligente Messgeräte derart zu konfigurieren, dass keine Monats-, Tages- und Viertelstundenwerte gespeichert und übertragen werden und die Abschaltfunktion sowie Leistungsbegrenzungsfunktion deaktiviert sind, wobei die jeweilige Konfiguration der Funktionen für den Endverbraucher am Messgerät ersichtlich sein muss. Eine Auslesung und Übertragung des für Abrechnungszwecke oder für Verbrauchsabgrenzungen notwendigen Zählerstandes und, soweit das Messgerät technisch dazu in der Lage ist, der höchsten einviertelstündlichen Durchschnittsbelastung (Leistung) innerhalb eines Kalenderjahres muss möglich sein. Derart konfigurierte digitale Messgeräte werden auf die in

Abs. 1 festgelegten Zielverpflichtungen angerechnet, soweit sie die Anforderungen der Intelligenten Messgeräte-Anforderungsverordnung 2011, BGBl. II Nr. 339/2011, bei entsprechender Aktivierung bzw. Programmierung, die auf Wunsch des Endverbrauchers umgehend vorzunehmen ist, erfüllen.

(7) Zählpunkte, an die ein öffentlich zugänglicher Ladepunkt angeschlossen ist, sind unterhalb der Grenzen des § 17 Abs. 2 ElWOG 2010 jedenfalls mit einem intelligenten Messgerät auszustatten.

(Abs.: Abs. 8 aufgehoben durch BGBl. II Nr. 9/2022)

Berichts- und Monitoringpflichten

§ 2. (1) Die Netzbetreiber haben der E-Control die aktuellen Projektpläne über die Einführung von intelligenten Messgeräten sowie jeweils zum 31. März eines Kalenderjahres einen Bericht insbesondere über den Fortschritt der Installation von intelligenten Messgeräten, zu den angefallenen Kosten, zu den bei der Installation gemachten Erfahrungen, zum Datenschutz, zur Verbrauchsentwicklung bei den Endverbrauchern und zur Netzsituation in einer von der E-Control vorzugebenden Form zu übermitteln. Der Bundesministerin für Klimaschutz, Umwelt, Energie, Mobilität, Innovation und Technologie ist jederzeit Einsicht in die an die E-Control übermittelten Projektpläne zu gewähren und Auskunft über die Anzahl der bereits eingereichten Projektpläne zu erteilen.

(2) Die E-Control hat die Einführung intelligenter Messgeräte durch die Netzbetreiber zu überwachen.

(3) Die E-Control hat auf Grundlage der Berichte der Netzbetreiber gemäß Abs. 1 einen jährlichen Bericht zur Einführung von intelligenten Messgeräten zu erstellen, diesen der Bundesministerin für Klimaschutz, Umwelt, Energie, Mobilität, Innovation und Technologie vorzulegen und auf ihrer Internetseite zu veröffentlichen. Dieser Bericht hat insbesondere Ausführungen zum Fortschritt der Installation von intelligenten Messgeräten, zur Kostenentwicklung, zu den gemachten Erfahrungen, zur Verbrauchsentwicklung und zu den Effizienzsteigerungen bei den Endverbrauchern, zu der Netzsituation, zum Datenschutz und zur Strompreisentwicklung zu enthalten.

Inkrafttreten

§ 3. (1) Diese Verordnung tritt mit dem der Kundmachung folgenden Tag in Kraft.

(2) § 1 Abs. 1, 1a, 5 und § 2 Abs. 1 und 3 in der Fassung der Verordnung BGBl. II Nr. 9/2021 treten mit Ablauf des Tages der Kundmachung dieser Verordnung in Kraft.

6. Intelligente Messgeräte-AnforderungsVO 2011

Verordnung der E-Control, mit der die Anforderungen an intelligente Messgeräte bestimmt werden

StF: BGBl. II Nr. 339/2011

Auf Grund § 83 Abs. 2 Elektrizitätswirtschafts- und -organisationsgesetz 2010 (ElWOG 2010), BGBl. I Nr. 110/2010, wird verordnet:

Regelungsgegenstand

§ 1. Diese Verordnung bestimmt die Anforderungen, denen intelligente Messgeräte gemäß § 7 Abs. 1 Z 31 ElWOG 2010 zu entsprechen haben und gemäß § 59 ElWOG 2010 bei der Ermittlung der Kostenbasis für die Entgeltbestimmung in Ansatz zu bringen sind.

Anwendungsbereich

§ 2. Die Anforderungen gemäß § 3 betreffen jene Messgeräte gemäß § 83 Abs. 1 ElWOG 2010, mit denen Endverbraucher auszustatten sind, deren Verbrauch nicht über einen Lastprofilzähler gemessen wird.

Anforderungen an intelligente Messgeräte

§ 3. Intelligente Messgeräte gemäß § 7 Abs. 1 Z 31 ElWOG 2010 haben folgenden Mindestfunktionsanforderungen zu entsprechen:

1. Die intelligenten Messgeräte haben über eine bidirektionale Kommunikationsanbindung zu verfügen.
2. Die intelligenten Messgeräte sind dahingehend auszustatten, dass eine Messung und Speicherung von Zählerständen, Leistungsmittelwerten oder Energieverbrauchswerten in einem Intervall von 15 Minuten möglich ist. Die Messung bezieht sich dabei auf Bezug und Lieferung von Wirkenergie oder Wirkleistung. Weiters sind die Geräte so auszustatten, dass sie die Speicherung des zum erfassten Zählerstands, Leistungsmittelwerts oder Energieverbrauchwerts gehörenden Zeitstempels und des entsprechenden Datums ermöglichen. Die intelligenten Messgeräte haben zudem die Möglichkeit zu bieten, einen täglichen Verbrauchswert zu speichern.
3. Die intelligenten Messgeräte haben die Möglichkeit zu bieten, alle in Z 2 angeführten Daten der maximal letzten 60 Kalendertage im Gerät selbst abzulegen. Die Geräte sollen weiters gewährleisten, dass im Falle eines Ausfalls der Versorgungsspannung alle Daten solange erhalten bleiben, dass eine lückenlose Rekonstruktion möglich ist.
4. Die intelligenten Messgeräte haben die Möglichkeit zu bieten, über eine Kommunikationsschnittstelle einmal täglich alle bis Mitternacht des jeweiligen Kalendertages gemäß Z 2 erfassten Daten bis spätestens 12:00 Uhr des darauffolgenden Kalendertages an den Netzbetreiber auszugeben.
5. Die intelligenten Messgeräte haben die Möglichkeit zu bieten, über eine Kommunikationsschnittstelle mit jedenfalls vier externen Mengenmessgeräten die Kommunikation in beide Richtungen aufzubauen und die Datenübertragungen für diese externen Geräte zu gewährleisten. Sollten über diese Kommunikationsschnittstelle externe batteriebetriebene Mengenmessgeräte kommunizieren, ist dies unter möglichster Maximierung der Batterielebensdauer dieser externen Mengenmessgeräte zu gewährleisten. Der Zugriff sowie die Spezifikationen dieser Schnittstelle sind bei gemeinsamer Nutzung mit anderen Sparten mit allen Berechtigten ab Einbau zu harmonisieren und auf Anfrage der Berechtigten diesen diskriminierungsfrei zur Verfügung zu stellen.
6. Die intelligenten Messgeräte sind dahingehend auszustatten, dass sie über eine Kommunikationsschnittstelle mit in der Kundenanlage vorhandenen externen Geräten kommunizieren sowie mindestens alle gemäß Z 2 erfassten Daten unidirektional ausgeben können. Der Zugriff sowie die Spezifikationen dieser Schnittstelle sind bei Bedarf allen Berechtigten auf deren Anfrage ab Einbau des intelligenten Messgerätes diskriminierungsfrei zur Verfügung zu stellen. Diese Schnittstelle ist zur unidirektionalen Ausgabe von Daten und Informationen zu konfigurieren. Eine über die oben beschriebene Nutzung hinausgehende Verwendung dieser Schnittstelle zur Steuerung des Zählers ist nicht vorzusehen.
7. Die intelligenten Messgeräte sowie ihre Kommunikation, auch zu externen Geräten gemäß Z 5 und 6, sind nach anerkanntem Stand der Technik abzusichern und zu verschlüsseln, um Unberechtigten den Zugriff nicht zu ermöglichen. Die Kommunikation, auch zu externen Geräten gemäß Z 5 und 6, ist nach dem Stand der Technik mit einem individuellen kundenbezogenen Schlüssel zu authentisieren und zu verschlüsseln.
8. Die intelligenten Messgeräte sind dahingehend auszustatten, dass die Möglichkeit besteht, die Kundenanlage von der Ferne abzusperren oder für die Wiedereinschaltung und Freigabe durch den Kunden aus der Ferne zu unterstützen sowie deren maximalen Bezug an elektrischer Leistung zu begrenzen.

9. Die intelligenten Messgeräte sind mit einer internen Uhr sowie einer Kalenderfunktion auszustatten. Zudem haben die Messgeräte die Möglichkeit zu bieten, eine Fernsynchronisation der internen Uhr und Kalenderfunktion vorzusehen.
10. Die intelligenten Messgeräte haben ein Status- bzw. Fehlerprotokoll und ein Zugriffsprotokoll zu unterstützen. Zudem sind die Geräte mit einer Manipulationserkennung auszustatten.
11. Die Möglichkeit eines Softwareupdates aus der Ferne ist unter Einhaltung der eichrechtlichen Vorschriften vorzusehen.
12. Die intelligenten Messgeräte haben den maß- und eichgesetzlichen und datenschutzrechtlichen Bestimmungen sowie dem anerkannten Stand der Technik zu entsprechen.

Inkrafttreten

§ 4. Diese Verordnung tritt mit 1. November 2011 in Kraft.

7. Elektrizitäts-Monitoring-Verordnung 2022

Verordnung des Vorstands der E-Control über die Datenerhebung zur Wahrnehmung der Überwachungsaufgaben durch die Landesregierungen und zur Erfüllung der Aufgaben der Regulierungsbehörde

StF: BGBl. II Nr. 351/2022

Aufgrund des § 88 Abs. 2 des Elektrizitätswirtschafts- und -organisationsgesetzes 2010 – ElWOG 2010, BGBl. I Nr. 110/2010, zul02etzt geändert durch das Bundesgesetz BGBl. I Nr. 7/2022, und des § 7 Abs. 1 des Energie-Control-Gesetzes – E-ControlG, BGBl. I Nr. 110/2010, zuletzt geändert durch das Bundesgesetz BGBl. I Nr. 7/2022, wird verordnet:

GLIEDERUNG

1. Abschnitt
Allgemeine Bestimmungen
Begriffsbestimmungen

§ 1. (1) Im Sinne dieser Verordnung bezeichnet der Begriff:

1. „Abgabe an Endverbraucher" jene Mengen elektrischer Energie, die ein Endverbraucher für den eigenen Bedarf aus dem öffentlichen Netz bezieht;
2. „Abmeldung" die Beendigung des Energieliefervertrages und des Netznutzungsvertrages;
3. „Anmeldung" den Abschluss eines Energieliefervertrages in Zusammenhang mit einem neuen Netznutzungsvertrag;
4. „Bearbeitungsdauer" den Zeitraum zwischen dem Einlangen vollständiger Informationen und dem vollständigen Abschluss des jeweiligen Prozesses;
5. „Endabrechnung" eine dem Kunden nach Vollziehung des Lieferantenwechsels oder Beendigung des Vertragsverhältnisses zu legende Rechnung;
6. „Erhebungsperiode" jenen Zeitraum, über den zu meldende Daten zu aggregieren sind;
7. „Erhebungsstichtag" den Tag und Zeitpunkt, auf den sich die Erhebung zu beziehen hat;
8. „Gesamterzeugung" die Netto-Einspeisung der Kraftwerke in die Regelzone;
9. „Gesamtlast" die gesamte Abgabe an Endverbraucher in der Regelzone;
10. „Größenklasse des Bezugs" jene auf den Bezug aus dem öffentlichen Netz im letzten Kalenderjahr bezogenen Mengen elektrischer Energie, welche für Einstufungen von Endverbrauchern herangezogen werden;
11. „Neuanschluss" die erstmalige Herstellung eines Netzanschlusses;
12. „öffentliches Netz" ein Elektrizitätsnetz mit 50 Hz-Nennfrequenz, zu dem Netzzugang gemäß den landesrechtlichen Ausführungsgesetzen zu § 15 des Elektrizitätswirtschafts- und –organisationsgesetzes 2010, BGBl. I Nr. 110/2010, in der Fassung des Bundesgesetzes BGBl. I Nr. 7/2022 (ElWOG 2010), zu gewähren ist;
13. „Öffentlicher Erzeuger" alle Erzeuger elektrischer Energie mit Ausnahme der Eigenerzeuger;
14. „Prepaymentzählung" eine Zusatzfunktion zur Messung von elektrischer Arbeit ohne Erfassung von Leistungswerten, die in der Vorausverrechnung bzw. als Vorkasse zur Anwendung kommt;
15. „Präqualifizierte Leistung" jene elektrische Kraftwerksleistung, mit welcher nach Abschluss der technischen Präqualifikation durch den Regelzonenführer an den Ausschreibungen der verschiedenen Regelreservearten teilgenommen werden kann;
16. „Versorgungsunterbrechung" jenen Zustand, in dem die Spannung an der Übergabestelle weniger als 5 % der Nennspannung bzw. der vereinbarten Spannung beträgt;

(2) „Verbraucherkategorien" im Sinne dieser Verordnung sind:

1. „Haushalte", das sind Endverbraucher, die elektrische Energie vorwiegend für private Zwecke verwenden;
2. „Nicht-Haushalte", das sind Endverbraucher, die elektrische Energie vorwiegend für Zwecke der eigenen wirtschaftlichen Tätigkeit verwenden.

Die Zuteilung oder Nichtzuteilung eines Standardlastprofils ist für Zwecke dieser Verordnung keine zwingende Bedingung, um einer der beiden Verbraucherkategorien zugeordnet zu werden.

(3) „Kraftwerkstypen" im Sinne dieser Verordnung sind:

1. Wasserkraftwerke:

a) Laufkraftwerke mit und ohne Schwellbetrieb;
b) Speicherkraftwerke, untergliedert in Tages-, Wochen- und Jahresspeicherkraftwerke, jeweils mit und ohne Pumpspeicherung.

2. Wärmekraftwerke:

a) mit Kraft-Wärme-Kopplung;
b) ohne Kraft-Wärme-Kopplung.

3. Photovoltaik-Anlagen;
4. Windkraftwerke;
5. geothermische Anlagen.

(4) „Regelreservearten" im Sinne dieser Verordnung sind:

1. Primärregelung;
2. Sekundärregelung:

a) Positive Sekundärregelung;
b) Negative Sekundärregelung.

3. Tertiärregelung:

a) Positive Tertiärregelung;
b) Negative Tertiärregelung.

(5) Die regionale Klassifikation von Versorgungsgebieten erfolgt unter sinngemäßer Anwendung des Verstädterungsgrades der statistischen Stelle der Europäischen Union (Eurostat) und unterscheidet:

1. überwiegend ländliche Gebiete;
2. intermediäre Gebiete;
3. überwiegend städtische Gebiete.

(6) Für alle anderen Begriffe gelten die Begriffsbestimmungen des § 7 Abs. 1 ElWOG 2010 sowie des § 1 der Elektrizitäts-Energielenkungsdaten-Verordnung 2017 (E-EnLD-VO 2017).

(7) Soweit in dieser Verordnung auf Bestimmungen anderer Verordnungen der E-Control verwiesen wird, sind die Bestimmungen in ihrer jeweils geltenden Fassung anzuwenden.

(8) Personenbezogene Begriffe haben keine geschlechtsspezifische Bedeutung. Sie sind bei der Anwendung auf bestimmte Personen in der jeweils geschlechtsspezifischen Form anzuwenden.

2. Abschnitt
Erhebungen
Netzbetreiber

§ 2. (1) Die Netzbetreiber haben bis zum 20. des dem Erhebungszeitraum oder dem Erhebungsstichtag folgenden Monats für die Erhebungsperiode eines Kalendermonats jeweils getrennt nach Verbraucherkategorien zu melden:

1. die Anzahl der durchgeführten Lieferantenwechsel und davon die Anzahl der durchgeführten Lieferantenwechsel der Einspeisezählpunkte getrennt nach im Netzgebiet tätigen Lieferanten und getrennt in Zu- und Abgänge;
2. die Anzahl und durchschnittliche Bearbeitungsdauer in Arbeitstagen der eingegangenen Anfragen und Beschwerden von Netzkunden jeweils unter Angabe des jeweiligen Grunds (Rechnung oder Rechnungshöhe, technischer Grund oder sonstiger Grund);
3. die Anzahl der letzten Mahnungen mit eingeschriebenem Brief gemäß § 82 Abs. 3 ElWOG 2010 getrennt nach im Netzgebiet tätigen Lieferanten;
4. die Anzahl der Ratenzahlungsvereinbarungen gemäß § 82 Abs. 2a ElWOG 2010, getrennt nach beantragten, abgeschlossenen und vor Laufzeitende durch den Netzbetreiber aufgrund einer Verletzung der Ratenzahlungsvereinbarung aufgelösten Ratenzahlungsvereinbarungen sowie die durchschnittliche Höhe und effektive Verzinsung der Nachzahlungen, welche den Ratenzahlungsvereinbarungen zugrunde liegen;
5. die Anzahl der Abschaltungen wegen Verletzung vertraglicher Pflichten des Netznutzungsvertrages durch den Netzbenutzer, getrennt nach Aussetzung und Auflösung des Netznutzungsvertrages, sowie getrennt nach im Netzgebiet tätigen Lieferanten;
6. die Anzahl der Wiederaufnahmen der Belieferung nach Aussetzung des Netznutzungsvertrages getrennt nach im Netzgebiet tätigen Lieferanten;
7. die Anzahl der zum jeweiligen Monatsletzten versorgten Endverbraucher unter Berufung auf Grundversorgung;
8. die Anzahl der Messgeräte, welche zum jeweiligen Monatsletzten die Prepaymentzählung aktiviert haben.

(2) Die Netzbetreiber mit einer Abgabemenge an Endverbraucher von weniger als 50 000 000 kWh im letzten Kalenderjahr können Monatswerte gemäß § 2 Abs. 1 Z 2 bis 8 für die Erhebungsperioden 1. Jänner bis 30. Juni und 1. Juli bis 31. Dezember auch gesammelt bis zum 20. des der jeweiligen Erhebungsperiode folgenden Monats jeweils getrennt nach Verbraucherkategorien melden.

(3) Die Netzbetreiber haben bis zum 20. des dem Erhebungsstichtag folgenden Monats für den

Erhebungsstichtag 30. Juni 24:00 Uhr und 31. Dezember 24:00 Uhr jeweils getrennt nach im Netzgebiet tätiger Erneuerbarer-Energiegemeinschaft zu melden:

1. die Anzahl der teilnehmenden Bezugszählpunkte getrennt nach Verbraucherkategorie und nach Lieferanten;
2. die Anzahl der teilnehmenden Bezugszählpunkte, die einem Netzbenutzer zugeordnet sind, dem mindestens einen Einspeisezählpunkt mit Überschusseinspeisung zugeordnet ist, getrennt nach Verbraucherkategorie;
3. die Anzahl der teilnehmenden Einspeisezählpunkte mit Volleinspeisung und teilnehmenden (stand-alone) Speicheranlagen.

(4) Die Netzbetreiber haben bis zum 20. des dem Erhebungszeitraum folgenden Monats für die Erhebungsperioden 1. Jänner 00:00 Uhr bis 30. Juni 24:00 Uhr und 1. Juli 00:00 Uhr bis 31. Dezember 24:00 Uhr jeweils getrennt nach im Netzgebiet tätiger Erneuerbarer-Energiegemeinschaft zu melden:

1. die von teilnehmenden Erzeugungsanlagen in die Erneuerbare-Energie-Gemeinschaft eingebrachten Erzeugungsmengen, die an teilnehmende Endverbraucher zugewiesen wurden, getrennt nach Verbraucherkategorien;
2. die von teilnehmenden Erzeugungsanlagen ins öffentliche Netz eingespeisten Erzeugungsmengen;
3. die Abgabemengen an Endverbraucher aus dem öffentlichen Netz, getrennt nach Verbraucherkategorien;
4. die Anzahl der jeweils aufgenommen und ausgeschiedenen teilnehmenden Zählpunkte.

(5) Die Netzbetreiber haben bis zum 20. des dem Erhebungszeitraum folgenden Monats für die Erhebungsperioden 1. Jänner 00:00 Uhr bis 30. Juni 24:00 Uhr und 1. Juli 00:00 Uhr bis 31. Dezember 24:00 Uhr die Anzahl durchgeführter Lieferantenwechsel innerhalb im Netzgebiet tätiger Erneuerbarer-Energiegemeinschaft, getrennt nach Verbraucherkategorien zu melden.

(6) Die Netzbetreiber haben jeweils bis zum 15. Februar des dem Erhebungszeitraum folgenden Jahres für die Erhebungsperiode vom 1. Jänner 0.00 Uhr bis zum 31. Dezember 24.00 Uhr zu melden:

1. die Anzahl der eingegangenen vollständigen Anträge auf Netzzutritt sowie deren gesamte Bearbeitungsdauer in Arbeitstagen getrennt nach Netzebenen sowie Bezug und Einspeisung;
2. die Anzahl der eingegangenen vollständigen Anträge auf Netzzugang sowie deren gesamte Bearbeitungsdauer in Arbeitstagen getrennt nach Netzebenen sowie Bezug und Einspeisung;
3. die Anzahl der durchgeführten Neuanschlüsse sowie die gesamte Bearbeitungsdauer in Arbeitstagen für deren Herstellung getrennt nach Netzebenen sowie Bezug und Einspeisung;
4. die Anzahl der durchgeführten Wartungs- und Reparaturdienste sowie die gesamte dafür aufgewandte Bearbeitungsdauer in Stunden;
5. die Anzahl der gestellten Endabrechnungen unter Angabe, wie viele davon nach Verstreichen der Frist gemäß § 82 Abs. 6 ElWOG 2010 übermittelt wurde;
6. die Anzahl der Anmeldungen und Abmeldungen von Zählpunkten getrennt nach im Netzgebiet tätigen Lieferanten und nach Verbraucherkategorien;
7. die Anzahl der nicht erfolgreich abgeschlossenen Lieferantenwechsel unterschieden nach Gründen der Ablehnung und getrennt nach im Netzgebiet tätigen Lieferanten. Die Gründe der Ablehnung sind zu gliedern in:

a) aufrechte vertragliche Bindung;
b) mangelhafter Antrag;
c) sonstige.

8. die gesamte Abgabe an Endverbraucher getrennt nach im Netzgebiet tätigen Lieferanten und nach Verbraucherkategorien;

(7) Die Netzbetreiber haben jeweils bis zum 15. Februar des dem Erhebungszeitraum oder dem Erhebungsstichtag folgenden Jahres getrennt nach Bundesländern zu melden:

1. für die Erhebungsperiode vom 1. Jänner 0 Uhr bis zum 31. Dezember 24 Uhr die Abgabe an Endverbraucher;
2. für den Erhebungsstichtag 31. Dezember 24 Uhr die Anzahl der Endverbraucher sowie der Bezugszählpunkte.

(8) Die Netzbetreiber haben jeweils bis zum 15. Februar des dem Erhebungsstichtag folgenden Jahres für den Erhebungsstichtag 31. Dezember 24 Uhr zu melden:

1. die Anzahl der Zählpunkte und davon die Anzahl der Einspeisezählpunkte getrennt nach im Netzgebiet tätigen Lieferanten und nach Verbraucherkategorien;
2. die Anzahl der Endverbraucher getrennt nach im Netzgebiet tätigen Lieferanten und nach Verbraucherkategorien;

(9) Die Netzbetreiber haben bis zum 15. Februar des dem Erhebungszeitraum folgenden Jahres für die Erhebungsperiode vom 1. Jänner 0 Uhr bis zum 31. Dezember 24 Uhr jede Versorgungsunterbrechung von mehr als einer Sekunde Dauer jeweils unter Angabe

1. der Ursache der Unterbrechung;
2. der verursachenden und betroffenen Netz- und Spannungsebenen;
3. des Beginns und der Dauer der Versorgungsunterbrechung;
4. der Anzahl und Leistung der betroffenen Umspanner (Anlagen);

5. der Anzahl der betroffenen Netzbenutzer;
6. der jeweils betroffenen Leistung und Energie,

jeweils getrennt nach Spannungsebenen, nach der regionalen Klassifikation von Versorgungsgebieten sowie nach Verbraucherkategorien zu melden.

(10) Ist die Menge der durch den Ausfall betroffenen elektrischen Energie gemäß Abs. 5 Z 6 nicht ermittelbar, so ist sie durch geeignete Verfahren zu schätzen.

(11) Die Netzbetreiber haben spätestens bis 14 Uhr des folgenden Werktages für die Erhebungsperiode von 0 Uhr bis 24 Uhr des Berichtstages als viertelstündliche Energiemengen zu melden:

1. die eingespeiste Erzeugung von Kraftwerken, die direkt an den Netzebenen gemäß § 63 Z 1 bis Z 3 ElWOG 2010 angeschlossen sind oder die eine Brutto-Engpassleistung von zumindest 10 MW haben, jeweils getrennt nach Kraftwerken;
2. für Windkraftwerke die gesamte eingespeiste Erzeugung;
3. die physikalischen Importe und Exporte über Leitungen der Netzebenen gemäß § 63 Z 1 bis Z 3 ElWOG 2010 und der Hoch- und Höchstspannung, jeweils getrennt nach Leitungen.

(12) Die Netzbetreiber haben spätestens bis zum 20. Kalendertag des Folgemonats für die Erhebungsperiode vom Monatsersten 0 Uhr bis zum Monatsletzten 24 Uhr als viertelstündliche Energiemengen die Abgabe an Großverbraucher jeweils getrennt nach Zählpunkten zu melden.

Regelzonenführer

§ 3. Die Regelzonenführer haben spätestens bis 4 Uhr des Folgetages für die Erhebungsperiode von 0 Uhr bis 24 Uhr des Berichtstages als viertelstündliche Energiemengen zu melden:

1. die Gesamtlast;
2. die Gesamterzeugung;
3. die mit ausländischen Regelzonen realisierten Austauschfahrpläne getrennt nach Bilanzgruppen und ausländischen Regelzonen.

Bilanzgruppenkoordinatoren

§ 4. Die Bilanzgruppenkoordinatoren haben spätestens bis zum 20. Kalendertag des Folgemonats für die Erhebungsperiode vom Monatsersten 0 Uhr bis zum Monatsletzten 24 Uhr als viertelstündliche Energiemengen jeweils getrennt nach Netzbetreibern für die jeweilige Regelzone zu melden:

1. die gesamte Abgabe an Endverbraucher;
2. die gesamte Abgabe an Endverbraucher außerhalb des österreichischen Bundesgebiets;
3. die gesamte Abgabe für Pumpspeicherung;
4. die Netzverluste (Abgabe an die Bilanzgruppe Netzverluste);
5. die Netzverluste außerhalb des österreichischen Bundesgebiets;
6. die gesamte eingespeiste Erzeugung;
7. die gesamte eingespeiste Erzeugung außerhalb des österreichischen Bundesgebiets.

Lieferanten

§ 5. (1) Die Lieferanten, die inländische Endverbraucher beliefern, haben bis zum 20. des dem Erhebungszeitraum folgenden Monats für die Erhebungsperiode eines Kalendermonats getrennt nach Verbrauchergruppen zu melden:

1. die Anzahl und durchschnittliche Bearbeitungsdauer in Arbeitstagen eingegangener Anfragen und Beschwerden von Endverbrauchern jeweils getrennt unter Angabe des jeweiligen Grunds (Rechnung oder Rechnungshöhe, technischer Grund oder sonstiger Grund);
2. die Anzahl der letzten Mahnungen mit eingeschriebenem Brief gemäß § 82 Abs. 3 ElWOG 2010;
3. die Anzahl der Ratenzahlungsvereinbarungen gemäß § 82 Abs 2a ElWOG 2010, gesondert nach beantragten, abgeschlossenen und vor Laufzeitende durch den Lieferanten aufgrund einer Verletzung der Ratenzahlungsvereinbarung aufgelösten Ratenzahlungsvereinbarungen sowie die durchschnittliche Höhe, und effektive Verzinsung der Nachzahlungen, welche der Ratenzahlungsvereinbarungen zugrunde liegen;
4. die Anzahl der Vertragsauflösungen durch den Lieferanten aufgrund ordentlicher Kündigung sowie aufgrund außerordentlicher Kündigung wegen Verletzung vertraglicher Pflichten;
5. die Anzahl der Veranlassungen von Abschaltungen durch den Lieferanten beim entsprechenden Netzbetreiber wegen Verletzung vertraglicher Pflichten des Liefervertrags durch den Endverbraucher, bei Aussetzung des Liefervertrags;
6. die Anzahl der zum jeweiligen Monatsletzten versorgten Endverbraucher unter Berufung auf Grundversorgung.

(2) Die Lieferanten mit einer Abgabemenge an Endverbraucher im letzten Kalenderjahr von weniger als 50 000 000 kWh haben die Möglichkeit, Monatswerte gemäß § 5 Abs. 1 Z 1-6 bis zum 20. des dem Erhebungszeitraum folgenden Monats für die Erhebungsperioden Jänner bis Juni und Juli bis Dezember jeweils getrennt nach Verbraucherkategorien zu melden.

(3) Die Lieferanten haben bis zum 20. des dem Erhebungszeitraum folgenden Monats für die Erhebungsperioden Jänner bis Juni und Juli bis Dezember den mengengewichteten durchschnittlichen Energiepreis ohne Steuern und Abgaben in Eurocent/kWh, getrennt nach Verbraucherkategorien und Größenklassen des Bezugs zu melden;

(4) Die Lieferanten haben bis zum 15. Februar des dem Erhebungszeitraum folgenden Jahres für die Erhebungsperiode vom 1. Jänner 0.00 Uhr bis zum 31. Dezember 24.00 Uhr, jeweils getrennt

nach Verbraucherkategorien und Größenklassen des Bezugs zu melden:

1. die Anzahl der Zu- und Abgänge von belieferten Zählpunkten unter jeweiliger Angabe der Anzahl der Lieferantenwechsel;
2. die prognostizierte Jahresabgabemenge laut Wechselinformation jeweils von zu- und abgegangenen Zählpunkten von Endverbrauchern und davon die prognostizierte Jahresabgabemenge von Zählpunkten von Endverbrauchern, die einen Lieferantenwechsel vollzogen haben;
3. die Abgabe an Endverbraucher.

(5) Die Lieferanten haben bis zum 15. Februar des dem Erhebungsstichtag folgenden Jahres zum jeweiligen Erhebungsstichtag 31. Dezember 24.00 Uhr die Anzahl der belieferten Zählpunkte und Endverbraucher, jeweils getrennt nach Verbraucherkategorien und Größenklassen des Bezugs zu melden.

Erzeuger

§ 6. (1) Erzeuger haben spätestens bis zum 20. Kalendertag des Folgemonats für die Erhebungsperiode vom Monatsersten 0 Uhr bis zum Monatsletzten 24 Uhr als viertelstündliche Energiemengen zu melden:

1. die direkt in ausländische Regelzonen eingespeiste Erzeugung sowie den direkten Bezug aus ausländischen Regelzonen für Pumpspeicherung und Eigenbedarf jeweils getrennt nach Kraftwerken;
2. die physikalischen Importe und Exporte über Leitungen der Netzebenen gemäß § 63 Z 1 bis Z 3 ElWOG 2010 bzw. der Hoch- und Höchstspannung jeweils getrennt nach Leitungen.

(2) Täglich spätestens bis 16 Uhr haben die öffentlichen Erzeuger für den vorangegangenen Erhebungszeitpunkt 24 Uhr zu melden:

1. den jeweils auf die Hauptstufe bezogenen Energieinhalt von Speichern, deren Wasser in Kraftwerken, die direkt an den Netzebenen gemäß § 63 Z 1 bis Z 3 ElWOG 2010 angeschlossen sind oder die eine Brutto-Engpassleistung von zumindest 10 MW haben, abgearbeitet werden kann, getrennt nach Speichern. Anteile, die etwa durch Verträge mit ausländischen Partnern, die eine Laufzeit von zumindest zwölf Monaten haben, nicht für die inländische Bedarfsdeckung verfügbar sind, sind getrennt auszuweisen;
2. den Lagerstand der für die Erzeugung elektrischer Energie und Wärme bestimmten fossilen Primärenergieträger für Wärmekraftwerke, die direkt an den Netzebenen gemäß § 63 Z 1 bis Z 3 ElWOG 2010 angeschlossen sind oder die eine Brutto-Engpassleistung von zumindest 10 MW haben, unter Angabe von Art und Menge, jeweils getrennt nach Kraftwerken bzw. Standorten.

(3) Erzeuger, die im Berichtsmonat zumindest ein Kraftwerk betreiben, das direkt an den Netzebenen gemäß § 63 Z 1 bis Z 3 ElWOG 2010 angeschlossen ist, oder das eine Brutto-Engpassleistung von zumindest 10 MW hat, haben spätestens bis zum 20. Kalendertag des Folgemonats für die Erhebungsperiode jeweils eines Kalendermonats für alle ihre Kraftwerke zu melden:

1. bei Wasserkraftwerken die gesamte Brutto-Stromerzeugung getrennt nach Kraftwerkstypen;
2. bei Speicherkraftwerken darüber hinaus den gesamten Verbrauch für Pumpspeicherung unter Angabe der entsprechenden Bezüge aus dem öffentlichen Netz;
3. bei Wärmekraftwerken die gesamte Brutto-Stromerzeugung sowie bei Anlagen mit Kraft-Wärme-Kopplung darüber hinaus die Netto-Wärmeerzeugung und die Wärmeabgabe jeweils getrennt nach Kraftwerksblöcken und Primärenergieträgern;
4. bei Windkraftwerken (Windparks), Photovoltaik-Anlagen und geothermischen Anlagen die Stromerzeugung (eingespeiste Erzeugung) getrennt nach Kraftwerkstypen;
5. den Bezug aus dem öffentlichen Netz, den direkten Bezug aus Fremdkraftwerken und die Einspeisung in das öffentliche Netz.

(4) Die Erzeuger haben, unabhängig von anderen Erhebungsgrenzen, spätestens bis zum 20. Kalendertag des Folgemonats für die Erhebungsperiode jeweils eines Kalendermonats den Summenwert des physikalischen Stromaustauschs mit dem benachbarten Ausland (Importe und Exporte) jeweils getrennt nach Nachbarstaaten zu melden.

(5) Die Erzeuger, die zum 31. Dezember des Berichtsjahres zumindest ein Kraftwerk mit einer Brutto-Engpassleistung von zumindest 1 MW betreiben, haben spätestens bis zum 15. Februar des dem Berichtsjahr folgenden Jahres für die Erhebungsperiode vom 1. Jänner 0 Uhr bis zum 31. Dezember, 24 Uhr für Kraftwerke, die direkt an den Netzebenen gemäß § 63 Z 1 bis Z 3 ElWOG 2010 angeschlossen sind oder die eine Brutto-Engpassleistung von zumindest 10 MW haben, für Wärmekraftwerke jeweils getrennt nach Kraftwerksblöcken und für alle anderen Kraftwerkstypen jeweils getrennt nach Kraftwerken zu melden:

1. bei Wärmekraftwerken die Brutto-Stromerzeugung getrennt nach eingesetzten Primärenergieträgern sowie den Bezug für Eigenbedarf aus dem öffentlichen Netz;
2. bei Wärmekraftwerken mit Kraftwärmekopplung darüber hinaus die Netto-Wärmeerzeugung sowie die Wärmeabgabe in ein Fernwärmenetz jeweils getrennt nach eingesetzten Primärenergieträgern;

3. bei Wasserkraftwerken die Brutto-Stromerzeugung sowie den Bezug für Eigenbedarf aus dem öffentlichen Netz;
4. bei Speicherkraftwerken darüber hinaus den Eigenverbrauch für Pumpspeicherung unter Angabe der entsprechenden Bezüge aus dem öffentlichen Netz;
5. bei Windkraftwerken und Windparks, Photovoltaik-Anlagen und geothermischen Kraftwerken die eingespeiste Erzeugung;
6. für alle Kraftwerke darüber hinaus den Bezug aus dem öffentlichen Netz, den direkten Bezug aus Fremdkraftwerken und die Einspeisung in das öffentliche Netz sowie die physikalischen Importe und Exporte jeweils getrennt nach Nachbarstaaten.

(6) Die Erzeuger, die zum 31. Dezember des Berichtsjahres zumindest ein Kraftwerk mit einer Brutto-Engpassleistung von zumindest 1 MW betreiben, haben spätestens bis zum 15. Februar des dem Erhebungsstichtag folgenden Jahres zum jeweiligen Erhebungszeitpunkt 31. Dezember, 24 Uhr für alle ihre Kraftwerke, bei Wärmekraftwerken jeweils bezogen auf einzelne Kraftwerksblöcke, bei allen anderen Kraftwerkstypen jeweils getrennt nach Kraftwerken zu melden:

1. die Brutto- und Nettoengpassleistung sowie das Datum der Inbetriebnahme und des letzten Umbaus;
2. bei Speicherkraftwerken die installierte Pumpleistung;
3. bei Speichern den auf die Hauptstufe bezogenen Nennenergieinhalt, jeweils getrennt nach Speichern;
4. bei Wärmekraftwerken die maximale Netto-Heizleistung getrennt nach Kraftwerksblöcken und die maximale Lagerkapazität von Primärenergieträgern getrennt nach Primärenergieträgern;
5. die Bilanzgruppe, welcher das Kraftwerk angehört, sowie das Datum seit welchem das Kraftwerk der jeweiligen Bilanzgruppe angehört;
6. die präqualifizierte Leistung des Kraftwerks zur Erbringung von Regelreserve je Regelreserveart.

(7) Die Eigenerzeuger haben spätestens bis zum 20. Kalendertag des Folgemonats für jeden dritten Mittwoch eines Kalendermonats für die Erhebungsperiode von 0 Uhr bis 24 Uhr als viertelstündliche Energiemengen zu melden:

1. jeweils je Standort mit zumindest einem Kraftwerk, das direkt an den Netzebenen gemäß § 63 Z 1 bis Z 3 ElWOG 2010 angeschlossen ist oder das eine Brutto-Engpassleistung von zumindest 10 MW hat:
a) für alle Kraftwerke des Standorts die Brutto-Stromerzeugung, getrennt nach Kraftwerkstypen;
b) die eingespeiste Erzeugung sowie den Bezug aus dem öffentlichen Netz;
c) den direkten Bezug aus fremden Kraftwerken getrennt nach Kraftwerkstypen;
d) den Verbrauch für Pumpspeicherung.
2. unabhängig von anderen Erhebungsgrenzen den Summenwert der physikalischen Importe und Exporte jeweils getrennt nach Nachbarstaaten.

3. Abschnitt
Datenmeldungen
Durchführung der Erhebungen

§ 7. (1) Die Erhebungen im Rahmen dieser Verordnung erfolgen durch

1. Heranziehung von Verwaltungsdaten der E-Control;
2. Heranziehung von Verwaltungsdaten der Bilanzgruppenkoordinatoren;
3. periodische Meldungen der meldepflichtigen Unternehmen.

(2) Die Meldung jener Daten gemäß §§ 2 bis 7 die für die Wechselplattform verwendet werden, kann mit Einwilligung der jeweiligen meldepflichtigen Unternehmen direkt unter Einhaltung der Qualität, der Meldetermine und der Datenformate für die Zwecke dieser Verordnung von den Bilanzgruppenkoordinatoren gesammelt an die E-Control erfolgen.

Meldepflichten

§ 8. (1) Meldepflichtig ist der Inhaber oder das nach außen vertretungsbefugte Organ eines meldepflichtigen Unternehmens.

(2) Meldepflichtige Unternehmen im Sinne dieser Verordnung sind:

1. die Netzbetreiber;
2. der Regelzonenführer;
3. die Bilanzgruppenkoordinatoren;
4. die Lieferanten;
5. die Erzeuger.

Meldetermine
Datenformate, Verfahren der laufenden Datenerhebung

§ 9. Die den Gegenstand der Meldepflicht bildenden Daten sind in elektronischer Form unter Verwendung der von der E-Control vorgegebenen Formate auf elektronischem Wege (E-Mail oder andere von der E-Control definierte Schnittstellen) der E-Control zu übermitteln.

4. Abschnitt
Schlussbestimmungen

§ 10. Diese Verordnung tritt mit 1. Jänner 2023 in Kraft.

(2) Mit Inkrafttreten dieser Verordnung tritt die Elektritzitäts-Monitoring-Verordnung, EMO-V, BGBl. II Nr. 403/2017, außer Kraft. Sie ist jedoch auf anhängige Meldepflichten für den Zeitraum vom 1. Jänner 2022 bis 31. Dezember 2022 weiterhin anzuwenden.

8. Burgenländisches Elektrizitätswesengesetz 2006

Gesetz vom 28. September 2006 über die Regelung des Elektrizitätswesens im Burgenland

StF: LGBl. Nr. 59/2006

Letzte Novellierung: LGBl. Nr. 42/2022

Der Landtag hat in Ausführung des Elektrizitätswirtschafts- und -organisationsgesetzes, BGBl. I Nr. 143/1998, in der Fassung des Gesetzes BGBl. I Nr. 44/2005, beschlossen:

GLIEDERUNG

1. Hauptstück
Allgemeine Bestimmungen
§ 1
Geltungsbereich, Ziele

(1) Dieses Gesetz regelt die Erzeugung, Umwandlung, Speicherung, Übertragung, Verteilung von und Versorgung mit elektrischer Energie im Burgenland.

(2) Dieses Gesetz findet nicht in Angelegenheiten Anwendung, die nach Art. 10 B-VG oder nach besonderen bundesverfassungsrechtlichen Bestimmungen in Gesetzgebung und Vollziehung Bundessache sind. Soweit durch Bestimmungen dieses Gesetzes der Zuständigkeitsbereich des Bundes berührt wird, sind sie so auszulegen, dass sich keine über die Zuständigkeit des Landes hinausgehende rechtliche Wirkung ergibt.

(3) Ziel dieses Gesetzes ist es,

1. der Bevölkerung und der Wirtschaft elektrische Energie umweltfreundlich, kostengünstig, ausreichend, sicher und in hoher Qualität zur Verfügung zu stellen,
2. eine Marktorganisation für die Elektrizitätswirtschaft gemäß dem EU-Primärrecht und den Grundsätzen des Elektrizitätsbinnenmarktes gemäß der Elektrizitätsbinnenmarktrichtlinie zu schaffen,
3. durch die Schaffung geeigneter Rahmenbedingungen die Netz- und Versorgungssicherheit zu erhöhen und nachhaltig zu gewährleisten,
4. einen Ausgleich für gemeinwirtschaftliche Verpflichtungen im Allgemeininteresse zu schaffen, die den Elektrizitätsunternehmen auferlegt werden und die sich auf die Sicherheit, einschließlich der Versorgungssicherheit, die Regelmäßigkeit, die Qualität, die Lieferung und auf den Umweltschutz beziehen,
5. die Weiterentwicklung der Erzeugung von elektrischer Energie aus erneuerbaren Energiequellen zu unterstützen und den Zugang zum Elektrizitätsnetz aus erneuerbaren Energiequellen zu gewährleisten,
6. die Bevölkerung und die Umwelt vor Gefährdungen und unzumutbaren Belästigungen durch Erzeugungsanlagen zu schützen,
7. die bei der Erzeugung zum Einsatz gelangende Energie möglichst effizient einzusetzen,und
8. das Potential der Kraft-Wärme-Kopplung (KWK) und KWK-Technologien gemäß Anlage II ElWOG 2010 als Mittel zur Energieeinsparung und Gewährleistung der Versorgungssicherheit nachhaltig zu nutzen und
9. das öffentliche Interesse an der Versorgung mit elektrischer Energie, insbesondere aus heimischen, erneuerbaren Ressourcen, bei der Bewertung von Infrastrukturprojekten zu berücksichtigen.

§ 2
Begriffsbestimmungen, Verweisungen

(1) Im Sinne dieses Gesetzes bezeichnet der Ausdruck

1. „Agentur“: die Agentur für die Zusammenarbeit der Energieregulierungsbehörden gemäß Verordnung (EG) Nr. 2009/713/EG;
2. „Anschlussleistung“: jene für die Netznutzung an der Übergabestelle vertraglich vereinbarte Leistung;
3. „Ausgleichsenergie“: die Differenz zwischen dem vereinbarten Fahrplanwert und dem tatsächlichen Bezug oder der tatsächlichen Lieferung der Bilanzgruppe je definierter Messperiode, wobei die elektrische Energie je Messperiode tatsächlich erfasst oder rechnerisch ermittelt werden kann;
4. „Betriebsstätte“: jenes räumlich zusammenhängende Gebiet, auf dem regelmäßig eine auf Gewinn oder sonstigen wirtschaftlichen Vorteil gerichtete Tätigkeit selbstständig ausgeübt wird;
5. „Bilanzgruppe“: die Zusammenfassung von Lieferanten und Kunden zu einer virtuellen Gruppe, innerhalb derer ein Ausgleich zwischen Aufbringung (Bezugsfahrpläne, Einspeisungen) und Abgabe (Lieferfahrpläne, Ausspeisungen) erfolgt;
6. „Bilanzgruppenkoordinator“: eine natürliche oder juristische Person oder eingetragene Personengesellschaft, die eine Verrechnungsstelle betreibt;
7. „Bilanzgruppenverantwortlicher“: eine gegenüber anderen Marktteilnehmern und dem Bilanzgruppenkoordinator zuständige Stelle einer Bilanzgruppe, welche die Bilanzgruppe vertritt;

7a. “Bürgerenergiegemeinschaft“: eine Rechtsperson, die elektrische Energie erzeugt, verbraucht, speichert oder verkauft, im Bereich der Aggregierung tätig ist oder Energiedienstleistungen für ihre Mitglieder erbringt und von Mitgliedern bzw. Gesellschaftern gemäß § 16b Abs. 3 ElWOG 2010 kontrolliert wird;

7b. “Demonstrationsprojekt“: ein Vorhaben, das eine in der Union völlig neue Technologie („first of its kind“) demonstriert, die eine wesentliche, weit über den Stand der Technik hinausgehende Innovation darstellt;

8. „dezentrale Erzeugungsanlage“: eine Erzeugungsanlage, die an ein öffentliches Mittel- oder Niederspannungsverteilernetz (Bezugspunkt Übergabestelle) angeschlossen ist und somit Verbrauchernähe aufweist oder eine Erzeugungsanlage, die überwiegend der Eigenversorgung dient;
9. „Direktleitung“: entweder eine Leitung, die einen einzelnen Produktionsstandort mit einem einzelnen Kunden verbindet oder eine Leitung, die einen Erzeuger und ein Elektrizitätsversorgungsunternehmen zum Zwecke der direkten Versorgung mit ihrer eigenen Betriebsstätte, Tochterunternehmen und zugelassenen Kunden verbindet; Leitungen innerhalb von Wohnhausanlagen gelten nicht als Direktleitungen;
10. „Drittstaaten“: Staaten, die nicht dem Abkommen über den Europäischen Wirtschaftsraum beigetreten und nicht Mitglied der Europäischen Union sind;
11. „Einspeiser“: einen Erzeuger oder ein Elektrizitätsunternehmen, der oder das elektrische Energie in ein Netz abgibt;
12. „Elektrizitätsunternehmen“: eine natürliche oder juristische Person oder eine eingetragene Personengesellschaft, die in Gewinnabsicht von den Funktionen der Erzeugung, der Übertragung, der Verteilung, der Lieferung oder des Kaufs von elektrischer Energie mindestens eine wahrnimmt und die kommerzielle, technische oder wartungsbezogene Aufgaben im Zusammenhang mit diesen Funktionen wahrnimmt, mit Ausnahme der Endverbraucher;

12a. “endgültige Stilllegungen“: Maßnahmen, die den Betrieb der Erzeugungsanlage endgültig ausschließen oder bewirken, dass eine Anpassung der Einspeisung nicht mehr angefordert werden kann;

13. „Endverbraucher“: eine natürliche oder juristische Person oder eine eingetragene Personengesellschaft, die elektrische Energie für den Eigenverbrauch kauft;
14. „Energieeffizienz/Nachfragesteuerung“: ein globales oder integriertes Konzept zur Steuerung der Höhe und des Zeitpunkts des Verbrauches an elektrischer Energie, das den Primärenergieverbrauch senken und Spitzenlasten verringern soll, indem Investitionen zur Steigerung der Energieeffizienz oder anderen Maßnahmen wie unterbrechbaren Lieferverträgen Vorrang vor Investitionen zur Steigerung der Erzeugungskapazität eingeräumt wird, wenn sie unter Berücksichtigung der positiven Auswirkungen eines geringeren Energieverbrauches auf die Umwelt und der damit verbundenen Aspekte einer größeren Versorgungssicherheit und geringerer Verteilungskosten die wirksamste und wirtschaftlichste Option darstellen;

14a. „Energiespeicherung im Elektrizitätsnetz“: die Verschiebung der endgültigen Nutzung elektrischer Energie auf einen späteren Zeitpunkt als den ihrer Erzeugung oder die Umwandlung elektrischer Energie in eine speicherbare Energieform, die Speicherung solcher Energie und ihre anschließende Rückumwandlung in elektrische Energie oder Nutzung als ein anderer Energieträger;

14b. „Energiespeicheranlage im Elektrizitätsnetz“: eine Anlage, in der Energiespeicherung erfolgt;

15. „Engpassleistung“: die durch den leistungsschwächsten Teil begrenzte, höchstmögliche elektrische Dauerleistung der gesamten Erzeugungsanlage mit allen Maschinensätzen;

15a. “Engpassmanagement“: die Gesamtheit von kurz-, mittel- und langfristigen Maßnahmen, welche nach Maßgabe der systemtechnischen Anforderungen ergriffen werden können, um unter Berücksichtigung der Netz- und Versorgungssicherheit Engpässe im Übertragungsnetz zu vermeiden oder zu beseitigen;

16. „Entnehmer“: einen Endverbraucher oder einen Netzbetreiber, der elektrische Energie aus dem Netz entnimmt;
17. „ENTSO (Strom)“: den Europäischen Verbund der Übertragungsnetzbetreiber für Strom gemäß Art. 5 der Verordnung (EG) Nr. 2009/714/EG;

17a. „Erneuerbare-Energie-Gemeinschaft“: eine Rechtsperson, die es ermöglicht, die innerhalb der Gemeinschaft erzeugte Energie gemeinsam zu nutzen; deren Mitglieder oder Gesellschafter müssen im Nahebereich gemäß § 16c Abs. 2 ElWOG 2010 angesiedelt sein;

18. „erneuerbare Energiequelle“: eine erneuerbare, nichtfossile Energiequelle (Wind, Sonne, Erdwärme, aerothermische Energie, hydrothermische Energie, Wellen- und Gezeitenenergie, Wasserkraft, Biomasse, Deponiegas, Klärgas und Biogas);
19. „Erzeuger“: eine natürliche oder juristische Person oder eine eingetragene Personengesellschaft, die elektrische Energie erzeugt;
20. „Erzeugung“: die Produktion von elektrischer Energie;
21. „Erzeugung aus Kraft-Wärme-Kopplung (KWK-Erzeugung)“: die Summe von elektrischer Energie, mechanischer Energie und Nutzwärme aus KWK;
22. „Erzeugungsanlage“: ein Kraftwerk oder Kraftwerkspark;
23. „Erzeugungsanlage im Sinne der IPPC-Richtlinie“: eine Anlage gemäß Z 35 mit einer Brennstoffwärmeleistung von mehr als 50 MW;
24. „Fahrplan“: jene Unterlage, die angibt, in welchem Umfang elektrische Leistung als prognostizierter Leistungsmittelwert in einem konstanten Zeitraster (Messperioden) an bestimmten Netzpunkten eingespeist oder entnommen wird oder zwischen Bilanzgruppen ausgetauscht wird;
25. „Gesamtwirkungsgrad“: die Summe der jährlichen Erzeugung von elektrischer Energie, mechanischer Energie und Nutzwärme im Verhältnis zum Brennstoff, der für die in KWK erzeugte Wärme und die Bruttoerzeugung von elektrischer und mechanischer Energie eingesetzt wurde;
26. „Herkunftsnachweis für KWK-Anlagen“: eine Bescheinigung, die belegt, dass die in das öffentliche Netz eingespeiste bzw. an Dritte gelieferte elektrische Energie aus einer hocheffizienten KWK-Anlage erzeugt worden ist;
27. „Haushaltskunde“: einen Endverbraucher, der elektrische Energie für den Eigenverbrauch im Haushalt kauft; dies schließt gewerbliche und berufliche Tätigkeiten nicht mit ein;
28. „Hilfsdienste“: alle Dienstleistungen, die zum Betrieb eines Übertragungs- oder Verteilernetzes erforderlich sind;
29. „hocheffiziente Kraft-Wärme-Kopplung“: jene KWK, die den in Anhang IV ElWOG 2010 festgelegten Kriterien entspricht;
30. „in KWK erzeugter Strom“: elektrische Energie, die in einem Prozess erzeugt wurde, der an die Erzeugung von Nutzwärme gekoppelt ist und die gemäß der in Anhang III ElWOG 2010 festgelegten Methode berechnet wird;

30a. „Inselbetrieb“: Verbindung einzelner Stromproduktionsstandorte mit jeweils einzelnen Kunden ohne jegliche Anbindung des Erzeugers oder Kunden an das öffentliche Netz;

31. „Kleinunternehmen“: Unternehmen im Sinne des § 1 Abs. 1 Z 1 Konsumentenschutzgesetz - KSchG, die weniger als 50 Personen beschäftigen, weniger als 100 000 kWh/Jahr an elektrischer Energie verbrauchen und einen Jahresumsatz oder eine Jahresbilanzsumme von höchstens 10 Millionen Euro haben;
32. „Kontrolle“: Rechte, Verträge oder andere Mittel, die einzeln oder zusammen unter Berücksichtigung aller tatsächlichen oder rechtlichen Umstände die Möglichkeit gewähren, einen bestimmenden Einfluss auf die Tätigkeit eines Unternehmens auszuüben, insbesondere durch
    a) Eigentums- oder Nutzungsrechte an der Gesamtheit oder an Teilen des Vermögens des Unternehmens,
    b) Rechte oder Verträge, die einen bestimmenden Einfluss auf die Zusammensetzung, die Beratungen oder Beschlüsse der Organe des Unternehmens gewähren;
33. „Kraft-Wärme-Kopplung (KWK)“: die gleichzeitige Erzeugung thermischer Energie und elektrischer Energie und/oder mechanischer Energie in einem Prozess;
34. „Kraft-Wärme-Verhältnis (Stromkennzahl)“: das anhand der Betriebsdaten des spezifischen Blocks berechnete Verhältnis von KWK-Strom zu Nutzwärme im vollständigen KWK-Betrieb;
35. „Kraftwerk“: eine Erzeugungsanlage von elektrischer Energie mit einer Leistung von mehr als 100 Watt bei einer Spannung von mehr als 42 Volt (Starkstrom) mit allen der Erzeugung, Übertragung und Verteilung dienenden Hilfsbetriebe und Nebeneinrichtungen (zB Anlagen zur Umformung von elektrischer Energie, Schaltanlagen, soweit sie nicht unter das Bgld. Starkstromwegegesetz, LGBl. Nr. 10/1971, in der jeweils geltenden Fassung, fallen. Sie kann aus mehreren Erzeugungseinheiten bestehen;
36. „Kraftwerkspark“: eine Gruppe von Erzeugungsanlagen, die über einen gemeinsamen Netzanschluss verfügt;

37. „Kunde“: Endverbraucher, Stromhändler oder Elektrizitätsunternehmen, die elektrische Energie kaufen;
38. „KWK-Block“: einen Block, der im KWK-Betrieb betrieben werden kann;
39. „KWK-Kleinstanlage“: eine KWK-Anlage mit einer Engpassleistung von höchstens 50 kW;
40. „KWK-Kleinanlagen“: KWK-Blöcke mit einer installierten Engpassleistung unter 1 MW;
41. „Lastprofil“: eine in Zeitintervallen dargestellte Bezugsmenge oder Liefermenge eines Einspeisers oder Entnehmers;
42. „Lieferant“: eine natürliche oder juristische Person oder eine eingetragene Personengesellschaft, die elektrische Energie anderen zur Verfügung stellt. Soweit Energie von einer gemeinschaftlichen Erzeugungsanlage und innerhalb einer Bürgerenergiegemeinschaft sowie einer Erneuerbare-Energie-Gemeinschaft den Mitgliedern bzw. den teilnehmenden Berechtigten zur Verfügung gestellt wird, begründet dieser Vorgang keine Lieferanteneigenschaft;
43. „Marktregeln“: die Summe aller Vorschriften, Regelungen und Bestimmungen auf gesetzlicher oder vertraglicher Basis, die Marktteilnehmer im Elektrizitätsmarkt einzuhalten haben, um ein geordnetes Funktionieren dieses Marktes zu ermöglichen und zu gewährleisten;
44. „Marktteilnehmer“: Bilanzgruppenverantwortliche, Versorger, Erzeuger, Lieferanten, Netzbenutzer, Kunden, Erneuerbare-Energie-Gemeinschaften, Bürgerenergiegemeinschaften, Bilanzgruppenkoordinator, Strombörsen, Netzbetreiber und Regelzonenführer;
44a. “Herkunftsnachweis”: eine Bestätigung, die den Primärenergieträger, aus dem eine bestimmte Einheit elektrischer Energie erzeugt wurde, belegt. Hierunter fallen insbesondere Herkunftsnachweise für Strom aus fossilen Energiequellen, Herkunftsnachweise für Strom aus hocheffizienter KWK sowie Herkunftsnachweise gemäß § 10 ÖSG 2012 und § 83 EAG;
45. „Netzanschluss“: die physische Verbindung der Anlage eines Netzzugangsberechtigten mit dem Netz; diese kann auch durch Mitbenutzungsrechte an gemeinschaftlichen elektrischen Anlagen im Ausmaß des jeweiligen Eigenverbrauches des Netzzugangsberechtigten gegeben sein;
46. „Netzanschlusspunkt“: die technisch geeignete Stelle des zum Zeitpunkt des Vertragsabschlusses für die Herstellung des Anschlusses bestehenden Netzes, an der elektrische Energie eingespeist oder entnommen wird, unter Berücksichtigung der wirtschaftlichen Interessen der Netzbenutzer;
47. „Netzbenutzer“: jede natürliche oder juristische Person oder eingetragene Personengesellschaft, die elektrische Energie in ein Netz einspeist oder aus dem Netz entnimmt;
48. „Netzbereich“: jenen Teil eines Netzes, für dessen Benutzung dieselben Preisansätze gelten;
49. „Netzbetreiber“: ein Elektrizitätsunternehmen, das ein Übertragungs- oder Verteilernetz mit einer Nennfrequenz von 50 Hz betreibt;
50. „Netzebene“: einen im Wesentlichen durch das Spannungsniveau bestimmten Teilbereich des Netzes;
50a. “Netzreserve”: die Vorhaltung von zusätzlicher Erzeugungsleistung oder reduzierter Verbrauchsleistung zur Beseitigung von Engpässen im Übertragungsnetz im Rahmen des Engpassmanagements, welche gesichert innerhalb von zehn Stunden Vorlaufzeit aktivierbar ist;
50b. “Netzreservevertrag”: ein Vertrag, der zwischen dem Regelzonenführer und einem Anbieter abgeschlossen wird und die Erbringung von Netzreserve gemäß Z 50a zum Inhalt hat;
51. „Netzzugang“: die Nutzung eines Netzes;
52. „Netzzugangsberechtigter“: eine natürliche oder juristische Person oder eine eingetragene Personengesellschaft, die Netzzugang begehrt, insbesondere auch Elektrizitätsunternehmen, soweit dies zur Erfüllung ihrer Aufgaben erforderlich ist;
53. „Netzzugangsvertrag“: die individuelle Vereinbarung zwischen einem Netzzugangsberechtigten und einem Netzbetreiber, die die Inanspruchnahme des Netzes und - falls erforderlich - den Netzanschluss regelt;
54. „Netzzutritt“: die erstmalige Herstellung eines Netzanschlusses oder die Erhöhung der Anschlussleistung eines bestehenden Netzanschlusses;
55. „Nutzwärme“: die in einem KWK-Prozess zur Befriedigung eines wirtschaftlich vertretbaren Wärme- oder Kühlbedarfs erzeugte Wärme;
56. „Primärregelung“: eine automatisch wirksam werdende Wiederherstellung des Gleichgewichtes zwischen Erzeugung und Verbrauch mit Hilfe der Turbinendrehzahlregler gemäß eingestellter Statikkennlinie von Maschinen im Zeitbereich bis höchstens 30 Sekunden nach Störungseintritt;
57. „Regelzone“: die kleinste Einheit des Verbundnetzes, die mit einer Leistungs-Frequenz-Regelung ausgerüstet und betrieben wird;
58. „Regelzonenführer“: eine natürliche oder juristische Person oder eingetragene Personengesellschaft, die für die Leistungs-Frequenz-Regelung in einer Regelzone verantwortlich ist;
58a. “saisonaler Netzreservevertrag“: ein Netzreservevertrag gemäß Z 50b, der für den Zeitraum einer Winter- oder Sommersaison abgeschlossen wird. Als Sommersaison gilt dabei der Zeitraum gemäß Z 63a, die Wintersaison hingegen umfasst den Zeitraum von jeweils 1. Oktober eines Kalenderjahres bis jeweils 30. April des darauffolgenden Kalenderjahres. In beiden Fällen besteht für Beginn und Ende

des Vertrages eine Toleranzbandbreite von jeweils einem Kalendermonat nach oben sowie nach unten;

59. „Sekundärregelung“: automatisch wirksam werdende Wiederherstellung der Sollfrequenz nach Störung des Gleichgewichtes zwischen erzeugter und verbrauchter Wirkleistung mit Hilfe von zentralen oder dezentralen Regeleinrichtungen. Die Wiederherstellung der Sollfrequenz kann im Bereich von mehreren Minuten liegen;

60. „Sicherheit“: sowohl die Sicherheit der Elektrizitätsversorgung und -bereitstellung als auch die Betriebssicherheit;

61. „standardisiertes Lastprofil“: ein durch ein geeignetes Verfahren ermitteltes und für eine bestimmte Einspeiser- oder Entnehmergruppe charakteristisches Lastprofil;

62. „Stromhändler“: eine natürliche oder juristische Person oder eine eingetragene Personengesellschaft, die elektrische Energie in Gewinnabsicht verkauft;

63. „Systembetreiber“: einen Netzbetreiber, der über die technisch-organisatorischen Einrichtungen verfügt, um alle zur Aufrechterhaltung des Netzbetriebes notwendigen Maßnahmen setzen zu können;

63a. "temporäre saisonale Stilllegungen": temporäre Stilllegungen gemäß Z 63b, die von einem Betreiber einer Erzeugungsanlage für den Zeitraum von jeweils 1. Mai bis jeweils 30. September eines Kalenderjahres gemäß § 23a ElWOG 2010 verbindlich angezeigt werden. Für die Festlegung von Beginn und Ende des Stilllegungszeitraumes steht dem Betreiber einer Erzeugungsanlage eine Toleranzbandbreite von jeweils einem Monat nach oben sowie nach unten zu;

63b. "temporäre Stilllegungen": vorläufige Maßnahmen mit Ausnahme von Revisionen und technisch bedingten Störungen, die bewirken, dass die Erzeugungsanlage innerhalb von 72 Stunden nicht mehr anfahrbereit gehalten wird, aber wieder betriebsbereit gemacht werden kann. Hiermit wird keine Betriebseinstellung der Anlage bewirkt;

64. „Tertiärregelung“: das längerfristig wirksam werdende, manuell oder automatisch ausgelöste Abrufen von elektrischer Leistung, die zur Unterstützung bzw. Ergänzung der Sekundärregelung bzw. zur längerfristigen Ablösung von bereits aktivierter Sekundärregelleistung dient (Minutenreserve);

65. „Übertragung“: den Transport von elektrischer Energie über ein Höchstspannungs- und Hochspannungsverbundnetz zum Zwecke der Belieferung von Endverbrauchern oder Verteilern, jedoch mit Ausnahme der Versorgung;

66. „Übertragungsnetz“: ein Höchstspannungs- und Hochspannungsverbundnetz mit einer Spannungshöhe von 110 kV und darüber, das dem überregionalen Transport von elektrischer Energie dient;

67. „Übertragungsnetzbetreiber“: eine natürliche oder juristische Person oder eine eingetragene Personengesellschaft, die verantwortlich ist für den Betrieb, die Wartung sowie erforderlichenfalls den Ausbau des Übertragungsnetzes und gegebenenfalls der Verbindungsleitungen zu anderen Netzen sowie für die Sicherstellung der langfristigen Fähigkeit des Netzes, eine angemessene Nachfrage nach Übertragung von elektrischer Energie zu befriedigen; Übertragungsnetzbetreiber im Burgenland ist die Austrian Power Grid AG oder deren Rechtsnachfolger;

68. „Verbindungsleitung“: eine Anlage, die zur Verbundschaltung von Elektrizitätsnetzen dient;

69. „verbundenes Unternehmen“:

a) ein verbundenes Unternehmen im Sinne des § 228 Abs. 3 Unternehmensgesetzbuch (UGB),

b) ein assoziiertes Unternehmen im Sinne des § 263 Abs. 1 UGB oder

c) ein oder mehrere Unternehmen, deren Aktionäre ident sind;

70. „Verbundnetz“: eine Anzahl von Übertragungs- und Verteilernetzen, die durch eine oder mehrere Verbindungsleitungen miteinander verbunden sind;

71. „Versorger“: eine natürliche oder juristische Person oder eine eingetragene Personengesellschaft, die die Versorgung wahrnimmt;

72. „Versorgung“: den Verkauf einschließlich des Weiterverkaufs von elektrischer Energie an Kunden;

73. „Verteilernetzbetreiber“: eine natürliche oder juristische Person oder eine eingetragene Personengesellschaft, die verantwortlich ist für den Betrieb, die Wartung sowie erforderlichenfalls den Ausbau des Verteilernetzes in einem bestimmten Gebiet und gegebenenfalls der Verbindungsleitungen zu anderen Netzen sowie für die Sicherstellung der langfristigen Fähigkeit des Netzes, eine angemessene Nachfrage nach Verteilung von elektrischer Energie zu befriedigen;

74. „Verteilung“: den Transport von elektrischer Energie über Hoch-, Mittel- oder Niederspannungsverteilernetze zum Zwecke der Belieferung von Kunden mit elektrischer Energie, jedoch mit Ausnahme der Versorgung;

75. „vertikal integriertes Elektrizitätsunternehmen“: ein Unternehmen oder eine Gruppe von Unternehmen, in der dieselbe Person berechtigt ist, direkt oder indirekt Kontrolle auszuüben, wobei das betreffende Unternehmen bzw. die betreffende Gruppe mindestens eine der Funktionen Übertragung oder Verteilung und eine der Funktionen Erzeugung von oder

Versorgung mit elektrischer Energie wahrnimmt;

76 „Wirkungsgrad“: den auf der Grundlage des unteren Heizwerts der Brennstoffe berechneten Wirkungsgrad;

77. „Wirkungsgrad-Referenzwerte für die getrennte Erzeugung“: die Wirkungsgrade einer alternativen Erzeugung von Wärme und elektrischer Energie, die durch KWK ersetzt werden soll;

78. “Zählpunkt”: die Einspeise- bzw. Entnahmestelle, an der eine Strommenge messtechnisch erfasst und registriert wird. Dabei sind in einem Netzbereich liegende Zählpunkte eines Netzbenutzers zusammenzufassen, wenn sie der Anspeisung von kundenseitig galvanisch oder transformatorisch verbundenen Anlagen, die der Straßenbahnverordnung 1999, BGBl. II Nr. 76/2000, in der Fassung der Verordnung BGBl. II Nr. 127/2018, unterliegen, dienen; im Übrigen ist eine Zusammenfassung mehrerer Zählpunkte nicht zulässig.

(2) Verweisungen auf Bundesgesetze sind in folgender Fassung zu verstehen:

1. Allgemeines Verwaltungsverfahrensgesetz 1991 - AVG, BGBl. Nr. 51/1991 in der Fassung BGBl. I Nr. 100/2011,
2. Eisenbahn-Enteignungsentschädigungsgesetz, BGBl. Nr. 71/1954 in der Fassung BGBl. I Nr. 111/2010,
3. Elektrizitätswirtschafts- und -organisationsgesetz 2010 - ElWOG 2010, BGBl. I Nr. 110/2010 in der Fassung des Bundesgesetzes BGBl. I Nr. 150/2021,

3a. Erneuerbaren-Ausbau-Gesetz - EAG, BGBl. I Nr. 150/2021,

4. Finanzstrafgesetz, BGBl. Nr. 129/1958 in der Fassung BGBl. I Nr. 104/2010,

4a. Gaswirtschaftsgesetz 2011 - GWG 2011, BGBl. I Nr. 107/2011 in der Fassung des Bundesgesetzes BGBl. I Nr. 150/2021,

5. Gewerbeordnung 1994, BGBl. Nr. 194/1994 in der Fassung BGBl. I Nr. 35/2012,
6. Konsumentenschutzgesetz - KSchG, BGBl. Nr. 140/1979 in der Fassung BGBl. I Nr. 100/2011,
7. Ökostromgesetz 2012, BGBl. I Nr. 75/2011 in der Fassung BGBl. I Nr. 11/2012,
8. Umweltverträglichkeitsprüfungsgesetz 2000 - UVP-G 2000, BGBl. I Nr. 697/1993 in der Fassung BGBl. I Nr. 144/2011,
9. Unternehmensgesetzbuch - UGB, dRGBl. S 219/1897 in der Fassung BGBl. I Nr. 35/2012,
10. Bundesgesetz, mit dem die Ausübungsvoraussetzungen, die Aufgaben und die Befugnisse der Verrechnungsstellen für Transaktionen und Preisbildung für die Ausgleichsenergie geregelt werden, BGBl. I Nr. 121/2000 in der Fassung BGBl. I Nr. 25/2004,
11. Wohnungseigentumsgesetz 2002 - WEG 2002, BGBl. I Nr. 70/2002 in der Fassung BGBl. I Nr. 30/2012.

(3) Verweisungen auf Rechtsakte und Entscheidungen der Europäischen Union sind in folgender Fassung zu verstehen:

1. Elektrizitätsbinnenmarktrichtlinie: Richtlinie 2009/72/EG über gemeinsame Vorschriften für den Elektrizitätsbinnenmarkt und zur Aufhebung der Richtlinie 2003/54/EG, ABl. Nr. L 211 vom 14. August 2009 S. 55ff,
2. Informationsrichtlinie: Richtlinie 98/34/EG über ein Informationsverfahren auf dem Gebiet der Normen und technischen Vorschriften, ABl. Nr. L 204 vom 21. Juli 1998 S. 37ff in der Fassung der Richtlinie 2006/96/EG, ABl. Nr. L 363 vom 20. Dezember 2006 S. 81ff,
3. KWK-Richtlinie: Richtlinie 2004/8/EG über die Förderung einer am Nutzwärmebedarf orientierten Kraft-Wärme-Kopplung im Energiebinnenmarkt und zur Änderung der Richtlinie 92/42/EWG, ABl. Nr. L 52 vom 21. Februar 2004 S. 50ff, in der Fassung der Verordnung (EG) Nr. 219/2009, ABl. Nr. L 87 vom 31. März 2009 S. 109ff,
4. Verordnung (EG) Nr. 2009/713/EG: Verordnung zur Gründung einer Agentur für die Zusammenarbeit der Energieregulierungsbehörden, ABl. Nr. L 211 vom 14. August 2009 S. 1ff,
5. Verordnung (EG) Nr. 2009/714/EG: Verordnung über die Netzzugangsbedingungen für den grenzüberschreitenden Stromhandel und zur Aufhebung der Verordnung 2003/1228/EG, ABl. Nr. L 211 vom 14. August 2009 S. 15ff,
6. Verordnung (EG) Nr. 2009/1221/EG: Verordnung über die freiwillige Teilnahme von Organisationen an einem Gemeinschaftssystem für Umweltmanagement und Umweltbetriebsprüfung und zur Aufhebung der Verordnung (EG) Nr. 761/2001, sowie der Beschlüsse der Kommission 2001/681/EG und 2006/193/EG, ABl. Nr. L 342 vom 22. Dezember 2009 S. 1ff,
7. Entscheidung 2008/952/EG: Entscheidung der Kommission vom 19. November 2008 zur Festlegung detaillierter Leitlinien für die Umsetzung und Anwendung des Anhangs II der Richtlinie 2004/8/EG des Europäischen Parlaments und des Rates, ABl. Nr. L 338 vom 17. Dezember 2008 S. 55ff,
8. Entscheidung 2007/74/EG: Entscheidung der Kommission vom 21. Dezember 2006 zur Festlegung harmonisierter Wirkungsgrad-Referenzwerte für die getrennte Erzeugung von Strom und Wärme in Anwendung der Richtlinie 2004/8/EG des Europäischen Parlaments und des Rates, ABl. Nr. L 32 vom 6. Februar 2007 S. 183ff,

9. “Energieeffizienzrichtlinie“:
Richtlinie 2012/27/EU des Europäischen Parlaments und des Rates vom 25. Oktober 2012 zur Energieeffizienz, zur Änderung der Richtlinien 2009/125/EG und 2010/30/EU und zur Aufhebung der Richtlinien 2004/8/EG und 2006/32/EG, ABl. Nr. L 315 vom 14.11.2012 S. 1 ff, zuletzt geändert durch die Richtlinie (EU) 2018/2002 des Europäischen Parlaments und des Rates vom 11. Dezember 2018 zur Änderung der Richtlinie 2012/27/EU zur Energieeffizienz, ABl. Nr. L 328 vom 21.12.2018 S. 210 ff.

§ 3
Gemeinwirtschaftliche Verpflichtungen

(1) Den Netzbetreibern werden nachstehende gemeinwirtschaftliche Verpflichtungen im Allgemeininteresse auferlegt:

1. die diskriminierungsfreie Behandlung aller Kunden,
2. der Abschluss von privatrechtlichen Verträgen mit Netzbenutzern über den Anschluss an ihr Netz (Allgemeine Anschlusspflicht) nach Maßgabe dieses Gesetzes,
3. die Errichtung und Erhaltung einer für die inländische Versorgung mit elektrischer Energie oder für die Erfüllung völkerrechtlicher Verpflichtungen ausreichenden Netzinfrastruktur,
4. die Erfüllung der durch Rechtsvorschriften auferlegten Pflichten im öffentlichen Interesse.

(2) Den Elektrizitätsunternehmen werden nachstehende gemeinwirtschaftliche Verpflichtungen im Allgemeininteresse auferlegt:

1. die Erfüllung der durch Rechtsvorschriften auferlegten Pflichten im öffentlichen Interesse, wie Haushaltskundinnen und Haushaltskunden unter den Voraussetzungen des § 39 Abs. 4 mit elektrischer Energie zu versorgen (Grundversorgung) und
2. die Mitwirkung an Maßnahmen zur Beseitigung von Netzengpässen und an Maßnahmen zur Gewährleistung der Versorgungssicherheit.

(3) Die Elektrizitätsunternehmen haben die bestmögliche Erfüllung der ihnen gemäß Abs. 1 und 2 im Allgemeininteresse auferlegten Verpflichtungen mit allen ihnen zur Verfügung stehenden Mitteln anzustreben.

§ 4
Grundsätze beim Betrieb von Elektrizitätsunternehmen

Elektrizitätsunternehmen haben als kundinnen- bzw. kunden- sowie wettbewerbsorientierte Anbieter von Energiedienstleistungen nach den Grundsätzen einer kostengünstigen, sicheren, umweltverträglichen und effizienten Bereitstellung der nachgefragten Dienstleistungen sowie eines wettbewerbsorientierten und wettbewerbsfähigen Elektrizitätsmarktes zu agieren. Diese Grundsätze sind als Unternehmensziele zu verankern.

2. Hauptstück
Erzeugungsanlagen
1. Abschnitt
Genehmigungs- und Anzeigeverfahren
§ 5
Genehmigungspflicht

(1) Unbeschadet der nach anderen Vorschriften erforderlichen Genehmigungen oder Bewilligungen bedarf die Errichtung, wesentliche Änderung und der Betrieb

1. einer Erzeugungsanlage mit einer Engpassleistung von mehr als 500 Kilowatt (kW), bei Photovoltaikanlagen von mehr als 500 kWpeak, soweit sich aus den Abs. 2, 3 oder 4 nichts anderes ergibt,
2. einer Anlage zur Umwandlung von Strom in Wasserstoff oder synthetisches Gas und
3. einer Energiespeicheranlage mit einer Kapazität von mehr als 1 MWh

nach Maßgabe der folgenden Bestimmungen einer elektrizitätsrechtlichen Genehmigung (Anlagengenehmigung).

(2) Genehmigungspflichtige Anlagen nach Abs. 1, für deren Errichtung und Betrieb eine Genehmigung oder Bewilligung nach abfall-, berg-, fernmelde-, gewerbe-, luftreinhalte- oder verkehrsrechtlichen Vorschriften erforderlich ist, unterliegen nicht dem 2. Hauptstück.

(3) Von der Bewilligungs- und Anzeigepflicht sind nicht stationäre Erzeugungsanlagen für eine vorgesehene Bestandsdauer von längstens sechs Monaten am selben Standort und Notstromanlagen ausgenommen.

(4) Genehmigungspflichtige Anlagen nach Abs. 1, die auch der mit dieser Tätigkeit in wirtschaftlichem und fachlichem Zusammenhang stehenden Gewinnung und Abgabe von Wärme dienen, unterliegen nicht dem 2. Hauptstück, wenn für diese Erzeugungsanlagen eine Genehmigungspflicht nach der GewO 1994 besteht.

(5) Im Zweifel hat die Behörde auf Antrag mit Bescheid festzustellen, ob eine Änderung im Sinne des Abs. 1 einer Genehmigung bedarf. Wesentlich sind jedenfalls Änderungen des Zwecks, der Betriebsweise, des Umfangs der Erzeugungsanlage, der verwendeten Primärenergien und der Einrichtungen oder Ausstattungen, wenn sie geeignet sind, größere oder andere Gefährdungen oder Belästigungen herbeizuführen. Der Austausch von gleichartigen Maschinen und Geräten sowie Maßnahmen zur Instandhaltung oder Instandsetzung gelten nicht als wesentliche Änderungen.

(6) Weist eine nach Abs. 2 genehmigte oder bewilligte genehmigungspflichtige Anlage nach Abs. 1 nicht mehr den Charakter einer abfall-,

berg- , fernmelde-, gewerbe-, luftreinhalte- oder verkehrsrechtlichen Anlage auf, so hat dies der Betreiber der Anlage der nunmehr zur Genehmigung zuständigen Behörde anzuzeigen. Ab dem Einlangen dieser Anzeige gilt die Genehmigung oder Bewilligung gemäß Abs. 2 als Genehmigung nach diesem Gesetz.

§ 6
Antragsunterlagen

(1) Die Erteilung der elektrizitätsrechtlichen Genehmigung ist bei der Behörde schriftlich zu beantragen.

(2) Dem Antrag sind folgende Unterlagen, erstellt von nach den berufsrechtlichen Vorschriften hiezu Befugten, in zweifacher Ausfertigung anzuschließen:

1. ein technischer Bericht mit Angaben über Zweck, Umfang, Betriebsweise und technische Ausführung der geplanten Erzeugungsanlage; insbesondere über Primärenergien, Energieumwandlung, Engpassleistung und Spannung; Pläne über die Ausführung,
2. ein Plan, aus welchem der Standort der genehmigungspflichtigen Anlage nach § 5 Abs. 1 und die betroffenen Grundstücke mit ihren Grundstücksnummern ersichtlich sind,
3. ein Verzeichnis der von der genehmigungspflichtigen Anlage nach § 5 Abs. 1 berührten fremden Anlagen, wie Eisenbahnen, Versorgungsleitungen und dergleichen, mit Namen und Anschrift der Eigentümer,
4. die sich aus dem zum Zeitpunkt der Antragstellung aktuellen Grundbuchstand ergebenden Eigentümerinnen und Eigentümer der Grundstücke,

a) auf welchen die genehmigungspflichtige Anlage nach § 5 Abs. 1 errichtet werden soll - einschließlich der dinglich Berechtigten mit Ausnahme der Hypothekargläubigerinnen und Hypothekargläubiger - und
b) die unmittelbar an den Standort der genehmigungspflichtigen Anlage nach § 5 Abs. 1 angrenzen und die in einem Abstand von nicht mehr als 500 m von der Anlage liegen,

wenn diese Eigentümerinnen und Eigentümer Wohnungseigentümerinnen und Wohnungseigentümer im Sinne des WEG 2002 sind, Name und Anschrift der jeweiligen Vertretung der Eigentümergemeinschaft (§ 18 WEG 2002),

5. ein Ausschnitt aus dem rechtskräftigen Flächenwidmungsplan, aus welchem die Widmung der von der genehmigungspflichtigen Anlage nach § 5 Abs. 1 betroffenen und der an die Anlage unmittelbar angrenzenden Grundstücke ersichtlich ist sowie Angaben über allfällige rechtswirksame Festlegungen der überörtlichen Raumplanung,
6. ein Verzeichnis allfälliger Bergbaugebiete, in denen die genehmigungspflichtige Anlage nach § 5 Abs. 1 liegt oder zu liegen kommt, samt Namen und Anschrift der Bergbauberechtigten,
7. eine Begründung für die Wahl des Standortes unter Berücksichtigung der tatsächlichen örtlichen Verhältnisse,
8. eine Beschreibung und Beurteilung der voraussichtlichen Gefährdungen und Belästigungen im Sinne des § 11 Abs. 1,
9. eine Beschreibung der Maßnahmen, mit denen Gefährdungen oder Belästigungen des Vorhabens beseitigt, verringert oder ausgeglichen werden sollen,
10. eine Beschreibung, auf welche Art und Weise die bei der Erzeugung zum Einsatz gelangenden Energien effizient genutzt und auf welche Art und Weise Rückstände verwertet, gelagert oder entsorgt werden sollen,
11. Angaben über den Netzanschlusspunkt, Darstellung der Anschlussanlage,
12. ein Verzeichnis der unmittelbar angrenzenden Gemeinden bei genehmigungspflichtigen Anlagen nach § 5 Abs. 1 mit einer Engpassleistung von mehr als 500 kW und Ausschnitte aus den rechtskräftigen Flächenwidmungsplänen dieser Gemeinden, wenn eine genehmigungspflichtige Anlage nach § 5 Abs. 1 Auswirkungen im Sinne des § 11 Abs. 1 Z 2 und 3 auf im Bau- oder Grünland wohnende Personen dieser Gemeinden haben kann,
13. der Nachweis des Eigentums an den Grundstücken, die von Maßnahmen zur Errichtung oder Änderung von genehmigungspflichtigen Anlagen nach § 5 Abs. 1 dauernd in Anspruch genommen werden sollen oder, wenn die Eigentümerin oder der Eigentümer nicht Antragstellerin oder Antragsteller ist, die Zustimmungserklärung dieser Grundeigentümerinnen oder Grundeigentümer, soweit sie erlangt werden konnten,
14. Angaben über den Beitrag der Erzeugungskapazitäten zur Erreichung des Zieles der Europäischen Union, die Deckung des Bruttoenergieverbrauches durch Energie aus erneuerbaren Energiequellen zu erhöhen,
15. Angaben über den Beitrag von Erzeugungskapazitäten zur Verringerung der Emissionen,
16. bei Errichtung oder wesentlicher Änderung einer thermischen genehmigungspflichtigen Anlage nach § 5 Abs. 1 mit einer Brennstoffwärmeleistung von mehr als 20 MW: eine im Einklang mit den Grundsätzen im Anhang IX der Richtlinie 2012/27/EU zur Energieeffizienz, zur Änderung der Richtlinien 2009/125/EG und 2010/30/EU und zur Aufhebung der Richtlinien 2004/8/EG und 2006/32/EG, ABl. Nr. L 315 vom 14.11.2012 S. 1 erstellte Kosten-Nutzen-Analyse, wobei die Kosten und der Nutzen von Vorkehrungen

für den Betrieb der Anlage als hocheffiziente KWK-Anlage oder für die Umrüstung zu einer hocheffizienten KWK-Anlage zu bewerten sind. Die Behörde kann mit Verordnung nähere Bestimmungen zur Methode der wirtschaftlichen Kosten-Nutzen-Analyse erlassen.

(3) Die Behörde kann von der Beibringung einzelner im Abs. 2 angeführter Unterlagen absehen, wenn diese für das Genehmigungsverfahren entbehrlich sind. Insbesondere kann sie festlegen, dass Unterlagen erst vor Baubeginn oder vor der Inbetriebnahme vorzulegen sind, weil sie für die Beurteilung des Schutzes der gemäß § 11 Abs. 1 Z 2 und 3 wahrzunehmenden Interessen nicht zwingend erforderlich sind und absehbar ist, dass sie rechtzeitig vorgelegt werden können. Sie kann die Beibringung weiterer Unterlagen verlangen, wenn diese für die Beurteilung des Vorhabens im Genehmigungsverfahren erforderlich sind.

(4) Die Behörde kann die Vorlage zusätzlicher Ausfertigungen aller oder einzelner nach Abs. 2 oder 3 erforderlichen Unterlagen oder Angaben verlangen, wenn dies zur Beurteilung durch sonstige öffentliche Dienststellen oder zur Begutachtung durch Sachverständige notwendig ist.

§ 7
Anzeigeverfahren

Die geplante Errichtung, wesentliche Änderungen oder Erweiterung von Erzeugungsanlagen mit einer installierten Leistung

1. im Allgemeinen von mehr als 50 kW und höchstens 500 kW oder
2. bei Photovoltaikanlagen von mehr als 100 und höchstens 500 kWpeak

ist der Landesregierung anzuzeigen. Die Anzeige hat unter Anschluss der erforderlichen Unterlagen (§ 6) rechtzeitig vor Beginn der Ausführung zu erfolgen. Wird die Anzeige nicht innerhalb von drei Monaten nach ihrem Einlangen zurückgewiesen, gelten die angezeigten Anlagen als bewilligt. Bei Unvollständigkeit der Unterlagen beginnt die Frist erst mit Einlangen der fehlenden Unterlagen zu laufen. Die Landesregierung kann die Anzeige, erforderlichenfalls auch unter Vorschreibung von Auflagen und Bedingungen, vor Ablauf dieser Frist mit Bescheid zur Kenntnis nehmen. Die Anzeige ist zurückzuweisen, wenn sich aus den Anzeigeunterlagen oder aus der Art und Weise der Ausführung der Anlagen Zweifel am Vorliegen der für eine Anzeige erforderlichen Voraussetzungen ergeben. Nach einer solchen Zurückweisung kann für das Vorhaben die Durchführung eines Bewilligungsverfahrens beantragt werden.

§ 8
Genehmigungsverfahren, Anhörungsrechte

(1) Die Behörde hat, ausgenommen in den Fällen des § 7, auf Grund eines Antrages um Genehmigung der Errichtung und des Betriebes einer Anlage nach § 5 Abs. 1 oder um Genehmigung der Änderung einer genehmigten Anlage nach § 5 Abs. 1 eine mündliche Verhandlung anzuberaumen. Gegenstand, Zeit und Ort der mündlichen Verhandlung sowie die Voraussetzungen zur Aufrechterhaltung der Parteistellung der Nachbarinnen und Nachbarn sind durch Anschlag an der Amtstafel in der Standortgemeinde und - falls eine genehmigungspflichtige Anlage nach § 5 Abs. 1 mit einer Engpassleistung von mehr als 500 kW auch Auswirkungen im Sinne des § 11 Abs. 1 Z 2 und 3 auf im Bau- oder Grünland wohnende Personen unmittelbar angrenzender Gemeinden haben kann - auch durch Anschlag an der Amtstafel in diesen Gemeinden bekannt zu geben. Die Eigentümerinnen und Eigentümer der unmittelbar an den Standort der genehmigungspflichtigen Anlage nach § 5 Abs. 1 angrenzenden Grundstücke, die im Abstand von nicht mehr als 500 m von der Anlage liegen, und die im § 10 Abs. 1 Z 1, 2 und 4 genannten Personen sind persönlich zu laden. Wenn diese Eigentümerinnen und Eigentümer oder die Grundeigentümerinnen und Grundeigentümer gemäß § 10 Abs. 1 Z 2 Wohnungseigentümerinnen oder Wohnungseigentümer im Sinne des WEG 2002 sind, sind die im zweiten Satz angeführten Angaben der Vertretung der Eigentümergemeinschaft (§ 18 WEG 2002) nachweislich schriftlich mit dem Auftrag zur Kenntnis zu bringen, diese Angaben den Wohnungseigentümerinnen und Wohnungseigentümern unverzüglich zB durch Anschlag im Hause bekannt zu geben.

(2) Ist die Gefahr der Verletzung eines Kunst-, Betriebs- oder Geschäftsgeheimnisses (§ 40 AVG) gegeben, so ist den Nachbarinnen und Nachbarn die Teilnahme am Augenschein nur mit Zustimmung der Genehmigungswerberin oder des Genehmigungswerbers gestattet, doch ist ihr allfälliges Recht auf Parteiengehör zu wahren.

(3) Werden von Nachbarinnen oder Nachbarn privatrechtliche Einwendungen gegen die genehmigungspflichtige Anlage nach § 5 Abs. 1 vorgebracht, so hat die Verhandlungsleiterin oder der Verhandlungsleiter auf eine Einigung hinzuwirken; die etwa herbeigeführte Einigung ist in der Niederschrift über die Verhandlung festzuhalten. Im Übrigen ist die Nachbarin oder der Nachbar mit solchen Vorbringen auf den Zivilrechtsweg zu verweisen.

(4) Soweit die Interessen der Netzbetreiber durch die Errichtung und den Betrieb einer genehmigungspflichtigen Anlage nach § 5 Abs. 1 berührt werden, sind sie zu hören.

(5) Die Standortgemeinde ist im Verfahren zur Erteilung der elektrizitätsrechtlichen Genehmigung zum Schutz der öffentlichen Interessen im Sinne des § 11 Abs. 1 Z 2 und 3 im Rahmen ihres Wirkungsbereiches zu hören.

(6) Bedürfen genehmigungspflichtige Vorhaben einer Genehmigung, Bewilligung oder Anzeige nach anderen landesgesetzlichen Vorschriften, so

haben die zuständigen Behörden das Einvernehmen herzustellen und nach Möglichkeit die Verfahren gleichzeitig durchzuführen.

(7) In den Genehmigungsverfahren nach Abs. 1 sind auch die Genehmigungsvoraussetzungen des Burgenländischen Naturschutz- und Landschaftspflegegesetzes - NG 1990, LGBl. Nr. 27/1991, in der jeweils geltenden Fassung, sowie der auf Basis dieses Gesetzes erlassenen Verordnungen anzuwenden (mitanzuwendende Vorschriften). Dem Ansuchen um Bewilligung sind auch die nach dem Burgenländischen Naturschutz- und Landschaftspflegegesetz erforderlichen Unterlagen anzuschließen. Die Erteilung der Bewilligung gilt auch als Naturschutzbewilligung.

(8) Die Beiziehung von nichtamtlichen Sachverständigen in Verfahren nach diesem Gesetz ist auch ohne das Vorliegen der Voraussetzungen des § 52 Abs. 2 und 3 AVG zulässig. Es können auch fachlich einschlägige Anstalten, Institute oder Unternehmen als Sachverständige bestellt werden. Kosten, die der Behörde bei der Durchführung der Verfahren nach diesem Gesetz erwachsen, wie Gebühren oder Honorare für Sachverständige, sind von der Genehmigungswerberin oder vom Genehmigungswerber zu tragen. Die Behörde kann der Genehmigungswerberin oder dem Genehmigungswerber durch Bescheid auftragen, diese Kosten nach Prüfung der sachlichen und rechnerischen Richtigkeit durch die Behörde direkt zu bezahlen.

(9) Stehen verschiedene vollständige Genehmigungsanträge in Widerstreit, so hat das später beantragte Vorhaben das früher beantragte Vorhaben zu berücksichtigen. Der Genehmigungsantrag des später eingereichten Vorhabens ist von der Behörde abzuweisen, wenn sich in Bezug auf das früher eingereichte Vorhaben ergibt, dass der Schutz der gemäß § 11 Abs. 1 Z 2 und 3 wahrzunehmenden Interessen nicht hinreichend gewährleistet ist.

§ 9
Nachbarinnen, Nachbarn

(1) Nachbarinnen und Nachbarn sind alle Personen, die durch die Errichtung, den Bestand oder den Betrieb einer genehmigungspflichtigen Anlage nach § 5 Abs. 1 gefährdet oder belästigt oder deren Eigentum oder sonstige dingliche Rechte gefährdet werden könnten. Als Nachbarinnen und Nachbarn gelten nicht Personen, die sich vorübergehend in der Nähe der genehmigungspflichtigen Anlage nach § 5 Abs. 1 aufhalten und nicht im Sinne des vorherigen Satzes dinglich berechtigt sind. Als Nachbarinnen und Nachbarn gelten jedoch die Betreiberinnen und Betreiber von Einrichtungen, in denen sich - wie etwa in Beherbergungsbetrieben, Krankenanstalten und Heimen - regelmäßig Personen vorübergehend aufhalten, hinsichtlich des Schutzes dieser Personen und die Erhalter von Schulen hinsichtlich des Schutzes der Schülerinnen und Schüler, der Lehrerinnen und Lehrer und der sonst in Schulen ständig beschäftigten Personen.

(2) Als Nachbarinnen und Nachbarn sind auch die im Abs. 1 erster Satz genannten Personen zu behandeln, die auf grenznahen Grundstücken im Ausland wohnen, wenn in dem betreffenden Staat österreichische Nachbarinnen und Nachbarn in den entsprechenden Verfahren rechtlich oder doch tatsächlich den gleichen Nachbarschutz genießen.

§ 10
Parteien

(1) In Verfahren gemäß § 8 haben Parteistellung:

1. die Genehmigungswerberin und der Genehmigungswerber,
2. alle Grundeigentümerinnen und Grundeigentümer, deren Grundstücke samt ihrem darunter befindlichen Boden oder darüber befindlichen Luftraum von Maßnahmen zur Errichtung oder Änderung von genehmigungspflichtigen Anlagen nach § 5 Abs. 1 dauernd in Anspruch genommen werden sowie die an diesen Grundstücken dinglich Berechtigten - ausgenommen Hypothekargläubigerinnen und Hypothekargläubiger - und die Bergbauberechtigten,
3. die Nachbarinnen und Nachbarn hinsichtlich des Schutzes der gemäß § 11 Abs. 1 Z 2 und 3 wahrzunehmenden Interessen,
4. die Burgenländische Landesumweltanwaltschaft nach Maßgabe des § 3 des Bgld. L-UAG, LGBl. Nr. 78/2002.

(2) Die im Abs. 1 Z 2 bis 3 genannten Personen verlieren ihre Parteistellung, wenn sie nicht fristgerecht begründete Einwendungen erheben.

§ 11
Voraussetzungen für die Erteilung der elektrizitätsrechtlichen Genehmigung

(1) Genehmigungspflichtige Anlagen nach § 5 Abs. 1 sind entsprechend dem Stand der Technik so zu errichten, zu ändern und zu betreiben, dass durch die Errichtung und den Betrieb der Anlage oder durch die Lagerung von Betriebsmitteln oder Rückständen und dergleichen

1. das Leben oder die Gesundheit der Betreiberin oder des Betreibers der genehmigungspflichtigen Anlage nach § 5 Abs. 1,
2. das Leben oder die Gesundheit oder das Eigentum oder sonstige dingliche Rechte der Nachbarinnen und Nachbarn nicht gefährdet werden,
3. Nachbarinnen oder Nachbarn durch Lärm, Geruch, Erschütterung, Wärme, Schwingungen, Blendung oder in anderer Weise nicht unzumutbar belästigt werden,

3a. Keinen Immissionsschutz im Sinne der Z 3 haben Eigentümer von Grundstücken im Grünland, wenn für dieses Grundstück noch keine

Baubewilligung für ein Gebäude mit Aufenthaltsraum erteilt wurde,
4. die zum Einsatz gelangende Energie unter Bedachtnahme auf die Wirtschaftlichkeit effizient eingesetzt wird und
5. der Standort geeignet ist.

(2) Eine Gefährdung im Sinne des Abs. 1 Z 1 und Z 2 ist jedenfalls dann nicht anzunehmen, wenn die Wahrscheinlichkeit eines voraussehbaren Schadenseintritts niedriger liegt als das gesellschaftlich akzeptierte Risiko. Unter einer Gefährdung des Eigentums im Sinne des Abs. 1 Z 2 ist die Möglichkeit einer bloßen Minderung des Verkehrswerts des Eigentums nicht zu verstehen.

(3) Ob Belästigungen im Sinne des Abs. 1 Z 3 zumutbar sind, ist danach zu beurteilen, wie sich die durch die genehmigungspflichtige Anlage nach § 5 Abs. 1 verursachten Änderungen der tatsächlichen örtlichen Verhältnisse auf ein gesundes, normal empfindendes Kind und auf einen gesunden, normal empfindenden Erwachsenen auswirken.

(4) Der Standort ist jedenfalls dann nicht geeignet, wenn das Errichten oder Betreiben der genehmigungspflichtigen Anlage nach § 5 Abs. 1 zum Zeitpunkt der Entscheidung durch raumordnungsrechtliche Vorschriften verboten ist. Ein Standort ist jedenfalls dann geeignet, wenn er zum Zeitpunkt der Entscheidung in rechtswirksamen Festlegungen der überörtlichen Raumplanung ausdrücklich vorgesehen ist.

§ 12
Erteilung der Genehmigung

(1) Die genehmigungspflichtige Anlage nach § 5 Abs. 1 ist mit schriftlichem Bescheid zu genehmigen, wenn die Voraussetzungen gemäß § 11 Abs. 1 erfüllt sind; insbesondere, wenn nach dem Stande der Technik und dem Stande der medizinischen und der sonst in Betracht kommenden Wissenschaften zu erwarten ist, dass überhaupt oder bei Einhaltung der erforderlichenfalls vorzuschreibenden bestimmten geeigneten Auflagen, die nach den Umständen des Einzelfalls voraussehbaren Gefährdungen vermieden und Belästigungen auf ein zumutbares Maß beschränkt werden. Können die Voraussetzungen auch durch solche Auflagen nicht erfüllt werden, ist die elektrizitätsrechtliche Genehmigung zu versagen.

(1a) Bescheide nach Abs. 1 sind auf der Internetseite der Behörde kundzumachen und dort für die Dauer von sechs Wochen bereitzustellen. Mit Ablauf von zwei Wochen nach Kundmachung auf der Internetseite der Behörde gilt der Bescheid gegenüber allen Rechtspersonen als zugestellt, die sich am Verfahren nicht oder nicht rechtzeitig beteiligt haben. Ab dem Tag der Kundmachung auf der Internetseite der Behörde ist diesen Rechtspersonen, soweit sie ihre Rechtsmittelbefugnis glaubhaft machen, Einsicht in den Verwaltungsakt zu gewähren.

(1b) Beschwerden an das Landesverwaltungsgericht gegen Bescheide nach Abs. 1 kommt keine aufschiebende Wirkung zu. Die Behörde hat jedoch auf Antrag einer beschwerdeführenden Partei die aufschiebende Wirkung mit Bescheid zuzuerkennen, wenn dem nicht zwingende öffentliche Interessen entgegenstehen und nach Abwägung der berührten öffentlichen Interessen und Interessen anderer Parteien mit der Ausübung der durch den angefochtenen Bescheid eingeräumten Berechtigung für die beschwerdeführende Partei ein unverhältnismäßiger Nachteil verbunden wäre. Eine dagegen erhobene Beschwerde hat keine aufschiebende Wirkung. Dasselbe gilt sinngemäß ab Vorlage der Beschwerde für das Landesverwaltungsgericht.

(2) Die Behörde kann im Genehmigungsbescheid anordnen, dass die Betreiberin oder der Betreiber vor Baubeginn eine geeignete Bauführerin oder einen geeigneten Bauführer zu bestellen hat, wenn es Art oder Umfang des Vorhabens erfordert oder es zur Wahrung der im § 11 Abs. 1 Z 1 bis 3 festgelegten Interessen sich als notwendig erweist. Die bestellte Bauführerin oder der bestellte Bauführer hat die Errichtung der Anlage nach § 5 Abs. 1 zu überwachen.

(2a) Die Behörde kann im Genehmigungsbescheid anordnen, dass bis zum Baubeginn oder bis zur Inbetriebnahme Unterlagen vorzulegen sind, soweit diese für die Beurteilung des Schutzes der gemäß § 11 Abs. 1 Z 2 und 3 wahrzunehmenden Interessen nicht zwingend erforderlich sind und absehbar ist, dass sie von der Antragstellerin oder dem Antragsteller rechtzeitig vorgelegt werden können.

(3) Die Behörde hat Emissionen nach dem Stand der Technik durch geeignete Auflagen zu begrenzen.

(4) Die Behörde kann zulassen, dass bestimmte Auflagen erst ab einem dem Zeitaufwand der hiefür erforderlichen Maßnahmen entsprechend festzulegenden Zeitpunkt nach Inbetriebnahme der Anlage oder von Teilen der Anlage eingehalten werden müssen, wenn dagegen keine Bedenken vom Standpunkt des Schutzes der im § 11 Abs. 1 umschriebenen Interessen bestehen.

(5) Stand der Technik ist der auf den einschlägigen wissenschaftlichen Erkenntnissen beruhende Entwicklungsstand fortschrittlicher technologischer Verfahren, Einrichtungen, Bau- oder Betriebsweisen, deren Funktionstüchtigkeit erprobt und erwiesen ist. Bei der Bestimmung des Standes der Technik sind insbesondere vergleichbare Verfahren, Einrichtungen, Bau- oder Betriebsweisen heranzuziehen und ist die Verhältnismäßigkeit zwischen dem Aufwand für die erforderlichen technischen Maßnahmen und dem dadurch bewirkten Nutzen für die jeweils zu schützenden Interessen zu berücksichtigen.

(6) Durch einen Wechsel in der Person der Betreiberin oder des Betreibers der genehmigten Anlage nach § 5 Abs. 1 wird die Wirksamkeit der Genehmigung nicht berührt. Der Genehmigung kommt insoferne dingliche Wirkung zu, als daraus erwachsende Rechte auch von der Rechtsnachfolgerin oder vom Rechtsnachfolger geltend gemacht werden können und daraus erwachsende Pflichten auch von der Rechtsnachfolgerin oder vom Rechtsnachfolger zu erfüllen sind. Die Rechtsnachfolgerin oder der Rechtsnachfolger hat unverzüglich die Behörde vom Wechsel zu verständigen.

(7) Soweit Änderungen einer Genehmigung bedürfen, hat diese Genehmigung auch die bereits genehmigte Anlage nach § 5 Abs. 1 soweit zu umfassen, als es wegen der Änderung zur Wahrung der im § 11 Abs. 1 umschriebenen Interessen gegenüber der bereits genehmigten Anlage erforderlich ist.

(8) Die im Zuge eines nach diesem Gesetz durchgeführten Verfahrens getroffenen Übereinkommen sind auf Antrag einer oder eines Beteiligten von der Behörde im Bescheid zu beurkunden.

(9) Die Fertigstellung der genehmigten Anlage nach § 5 Abs. 1 ist von der Betreiberin oder dem Betreiber der Behörde schriftlich anzuzeigen. Mit dieser Anzeige erhält die Betreiberin oder der Betreiber das Recht, mit dem Betrieb zu beginnen, sofern sich aus § 14 Abs. 1 nichts anderes ergibt. Die Fertigstellung eines Teiles einer genehmigten Anlage nach § 5 Abs. 1 darf dann angezeigt werden, wenn dieser Teil für sich allein dem genehmigten Verwendungszweck und den diesen Teil betreffenden Auflagen oder Aufträgen entspricht. Der Fertigstellungsanzeige ist eine Bestätigung, ausgestellt von einer akkreditierten Stelle, einer Zivilingenieurin oder einem Zivilingenieur, einem Technischen Büro oder einer anderen fachlich geeigneten Stelle anzuschließen, in der eine Aussage über die projektsgemäße Ausführung und die Erfüllung der vorgeschriebenen Auflagen oder Aufträge getroffen ist.

(10) Die Behörde kann von Amts wegen Überprüfungen vornehmen, insbesondere ist sie berechtigt, die Übereinstimmung der Ausführung mit der Genehmigung zu überprüfen. Werden bei der Überprüfung Mängel festgestellt, hat die Behörde deren Behebung innerhalb angemessener Frist anzuordnen und wenn notwendig bis dahin die Fertigstellung der Arbeiten an den davon betroffenen Teilen zu untersagen.

§ 13
Betriebsleitung

(1) Hat die Behörde Grund zur Annahme, dass die Betreiberin oder der Betreiber der genehmigten Anlage nach § 5 Abs. 1 fachlich nicht befähigt ist, den Betrieb zu leiten und zu überwachen, hat sie die Betreiberin oder den Betreiber mit Bescheid aufzufordern, binnen angemessener Frist für die technische Leitung und Überwachung des Betriebes eine Betriebsleiterin oder einen Betriebsleiter zu bestellen, die oder der verlässlich und fachlich befähigt sein muss. § 47 Abs. 4 bis 7 gilt sinngemäß. Die bestellte Betriebsleiterin oder der bestellte Betriebsleiter ist der Behörde unter Vorlage entsprechender Unterlagen bekannt zu geben.

(2) Die fachliche Befähigung ist anzunehmen, wenn nach dem Bildungsgang und der bisherigen Tätigkeit angenommen werden kann, dass die vorgesehene Person die Kenntnisse, Fähigkeiten und Erfahrungen besitzt, die erforderlich sind, um die Anlage entsprechend den gesetzlichen Bestimmungen und den nach diesem Gesetz erteilten Genehmigungen zu leiten und zu überwachen.

(3) Ein Wechsel in der Person der Betriebsleiterin oder des Betriebsleiters ist von der Betreiberin oder vom Betreiber der genehmigten Anlage nach § 5 Abs. 1 unter Anschluss der erforderlichen Unterlagen unverzüglich anzuzeigen.

(4) Die Behörde hat zu prüfen, ob die bestellte Betriebsleiterin oder der bestellte Betriebsleiter verlässlich ist und die fachliche Befähigung besitzt. Liegen diese Voraussetzungen nicht vor, so hat sie dies mit Bescheid festzustellen.

(5) Wird der Aufforderung gemäß Abs. 1 nicht entsprochen oder wird festgestellt, dass die Betriebsleiterin oder der Betriebsleiter nicht verlässlich oder fachlich befähigt ist, hat die Behörde mit Bescheid den Betrieb zu untersagen. Liegen die Voraussetzungen für die Untersagung nicht mehr vor, hat die Behörde den Untersagungsbescheid zu widerrufen.

§ 13a
Besondere Verfahrensbestimmungen für Erzeugungsanlagen von erneuerbarer Energie, Anlaufstelle

(1) Zur Beratung und Unterstützung von Antragstellern zur Erlangung der erforderlichen Bewilligung für Anlagen zur Erzeugung von Energie aus erneuerbaren Quellen wird im Amt der Burgenländischen Landesregierung eine Anlaufstelle im Sinn des Art. 16 Abs. 1 und 2 der Richtlinie (EU) 2018/2001 eingerichtet. Die Anlaufstelle leistet auf Ersuchen des Antragstellers während des gesamten Bewilligungsverfahrens Beratung und Unterstützung im Hinblick auf die Beantragung und die Erteilung der elektrizitätsrechtlichen Bewilligung für die Errichtung oder den Betrieb von Anlagen zur Produktion von Energie aus erneuerbaren Quellen nach diesem Gesetz sowie hinsichtlich der dafür sonst noch erforderlichen zusätzlichen Bewilligungen oder Genehmigungen, die nach anderen Gesetzen vorgesehen sind.

(2) Die Anlaufstelle erstellt ein Verfahrenshandbuch. Das Verfahrenshandbuch hat alle nötigen Informationen für Projektwerber im Bereich der Produktion von Energie aus erneuerbarer Energie

zur Verfügung zu stellen. Das Verfahrenshandbuch ist bei Bedarf zu aktualisieren und auf der Internetseite des Landes zu veröffentlichen. Im Verfahrenshandbuch ist auf kleinere Projekte durch entsprechende Informationen besonders Bedacht zu nehmen. Im Verfahrenshandbuch ist auf die Einrichtung und das Informationsangebot der Anlaufstelle hinzuweisen.

(3) Die Anlaufstelle hat auf eine zügige Verfahrensabwicklung der zuständigen Behörden hinzuwirken. Zu diesem Zweck ist die Anlaufstelle berechtigt, bei den Behörden Zeitpläne über die voraussichtliche Verfahrensdauer und die Verfahrensabwicklung anzufordern und dem Antragsteller zur Verfügung zu stellen.

(4) Interessenkonflikte, die im Verfahren zwischen dem Antragsteller und anderen Parteien oder Beteiligten auftreten, sind nach Möglichkeit einer gütlichen Einigung zuzuführen. Die Behörde kann aus diesem Anlass das Verfahren zur Einschaltung eines Mediationsverfahrens unterbrechen. Die Ergebnisse des Mediationsverfahrens können der Behörde übermittelt und von dieser im Rahmen der gesetzlichen Möglichkeiten im weiteren Genehmigungsverfahren und in der Entscheidung berücksichtigt werden. Das Mediationsverfahren hat auf Kosten des Antragstellers zu erfolgen. Der Antragsteller kann jederzeit einen Antrag auf Fortführung des Anzeige- oder Genehmigungsverfahrens stellen.

§ 14

Betriebsgenehmigung, Probebetrieb

(1) Die Behörde kann in der elektrizitätsrechtlichen Genehmigung (§§ 7 Abs. 1, 12 Abs. 1) anordnen, dass die Anlage nach § 5 Abs. 1 oder Teile von ihr erst auf Grund einer Betriebsgenehmigung in Betrieb genommen werden dürfen, wenn im Zeitpunkt der Genehmigung nicht ausreichend beurteilt werden kann, ob die die Auswirkungen der genehmigten Anlage oder von Teilen dieser Anlage betreffenden Auflagen oder Aufträgen des Genehmigungsbescheides die gemäß § 11 Abs. 1 Z 1 bis 3 wahrzunehmenden Interessen hinreichend schützen oder zur Erreichung dieses Schutzes andere oder zusätzliche Auflagen oder Aufträge erforderlich sind; sie kann zu diesem Zweck nötigenfalls unter Vorschreibung von Auflagen oder Aufträgen einen befristeten Probebetrieb zulassen oder anordnen. Der Beginn des Probebetriebes ist der Behörde schriftlich anzuzeigen. Der Probebetrieb darf höchstens zwei Jahre und im Falle einer beantragten Fristverlängerung insgesamt höchstens drei Jahre dauern; die Behörde darf eine Fristverlängerung nur einmal und nur um höchstens ein Jahr zulassen oder anordnen, wenn der Zweck des Probebetriebes diese Verlängerung erfordert; der Antrag auf Fristverlängerung bzw. auf Betriebsgenehmigung ist vor Ablauf des befristeten Probebetriebes zu stellen; durch einen rechtzeitig gestellten Antrag wird der Ablauf der Frist bis zur rechtskräftigen Entscheidung gehemmt.

(2) Für Anlagen nach § 5 Abs. 1 oder Teile derselben, die erst auf Grund einer Betriebsgenehmigung in Betrieb genommen werden dürfen, können bei Erteilung der Betriebsgenehmigung auch andere oder zusätzliche Auflagen oder Aufträge vorgeschrieben werden. Die Behörde hat solche Auflagen nicht vorzuschreiben, wenn sie unverhältnismäßig sind, vor allem wenn der mit der Erfüllung der Auflagen verbundene Aufwand außer Verhältnis zu dem mit den Auflagen angestrebten Erfolg steht. Dabei sind insbesondere die Nutzungsdauer und die technischen Besonderheiten zu berücksichtigen.

(3) Im Verfahren zur Erteilung der Betriebsgenehmigung haben außer dem Genehmigungswerber nur jene im § 10 Abs. 1 Z 2 bis 4 genannten Personen Parteistellung, deren Parteistellung im Verfahren gemäß §§ 7 oder 8 aufrecht geblieben ist.

(4) Vor Erteilung der Betriebsgenehmigung hat sich die Behörde an Ort und Stelle zu überzeugen, dass die im Genehmigungsbescheid enthaltenen Angaben und Auflagen oder Aufträge erfüllt sind. Weicht das ausgeführte Vorhaben von der Errichtungsgenehmigung ab und stellt diese Abweichung keine wesentliche Änderung dar, so ist die Betriebsgenehmigung im Umfang der vorgenommenen Änderungen zu erteilen.

§ 15

Abweichungen vom Genehmigungsbescheid, Änderungen

(1) Die Behörde hat auf Antrag von der Verpflichtung zur Herstellung des dem Anlagengenehmigungsbescheid oder dem Betriebsgenehmigungsbescheid entsprechenden Zustands dann Abstand zu nehmen, wenn es außer Zweifel steht, dass die Abweichungen die durch den Anlagengenehmigungsbescheid oder Betriebsgenehmigungsbescheid getroffene Vorsorge nicht verringern. Die Behörde hat die Zulässigkeit der Abweichungen mit Bescheid auszusprechen.

(2) Im Verfahren gemäß Abs. 1 haben außer dem Betreiber nur jene im § 10 Abs. 1 Z 2 bis 4 genannten Personen Parteistellung, deren Parteistellung im Verfahren gemäß § 7 oder gemäß § 8 aufrecht geblieben ist.

(3) Sonstige Änderungen, die nicht unter Abs. 1 oder § 5 Abs. 1 fallen, hat die Behörde nach schriftlicher Anzeige mit Bescheid unter Vorschreibung allfälliger Auflagen zur Erfüllung der im § 11 Abs. 1 festgelegten Anforderungen zur Kenntnis zu nehmen. Dieser Bescheid bildet einen Bestandteil des Genehmigungsbescheides.

(4) Im Genehmigungsbescheid vorgeschriebene Aufträge oder Auflagen sind über Antrag mit Bescheid aufzuheben oder abzuändern, wenn und

soweit die Voraussetzungen für deren Vorschreibung nicht mehr vorliegen.

§ 16
Nachträgliche Vorschreibungen

(1) Ergibt sich nach der Genehmigung der Anlage nach § 5 Abs. 1, dass die gemäß § 11 Abs. 1 Z 1 bis 3 zu wahrenden Interessen trotz Einhaltung der in der elektrizitätsrechtlichen Genehmigung oder in einer allfälligen Betriebsgenehmigung vorgeschriebenen Auflagen nicht hinreichend geschützt sind, so hat die Behörde die nach dem Stand der Technik und dem Stand der medizinischen und der sonst in Betracht kommenden Wissenschaften zur Erreichung dieses Schutzes erforderlichen anderen oder zusätzlichen Auflagen vorzuschreiben. Die Behörde hat solche Auflagen nicht vorzuschreiben, wenn sie unverhältnismäßig sind, vor allem wenn der mit der Erfüllung der Auflagen verbundene Aufwand außer Verhältnis zu dem mit den Auflagen angestrebten Erfolg steht. Dabei sind insbesondere die Nutzungsdauer und die technischen Besonderheiten zu berücksichtigen.

(2) Zu Gunsten von Personen, die erst nach Genehmigung der Anlage nach § 5 Abs. 1 Nachbarn (§ 9) geworden sind, sind Auflagen gemäß Abs. 1 nur soweit vorzuschreiben, als diese zur Vermeidung einer Gefährdung des Lebens oder der Gesundheit dieser Personen notwendig sind. Auflagen im Sinne des Abs. 1 zur Vermeidung einer über die unmittelbare Nachbarschaft hinausreichenden beträchtlichen Belästigung im Sinne des § 11 Abs. 1 Z 3 sind, sofern sie nicht unter den ersten Satz fallen, zu Gunsten solcher Personen nur dann vorzuschreiben, wenn diese Auflagen im Sinne des Abs. 1 verhältnismäßig sind.

(3) Die Behörde hat ein Verfahren gemäß Abs. 1 von Amts wegen oder nach Maßgabe des Abs. 4 auf Antrag einer Nachbarin oder eines Nachbarn einzuleiten.

(4) Die Nachbarin oder der Nachbar muss in ihrem bzw. seinem Antrag gemäß Abs. 3

1. glaubhaft machen, dass sie oder er als Nachbarin bzw. Nachbar vor den Auswirkungen der genehmigten Anlage nach § 5 Abs. 1 nicht hinreichend geschützt ist, und
2. nachweisen, dass sie oder er bereits im Zeitpunkt der Genehmigung der Anlage nach § 5 Abs. 1 oder der betreffenden Änderung Nachbarin oder Nachbar im Sinne des § 9 Abs. 1 oder 2 war.

Durch die Einbringung dieses Antrages erlangt die Nachbarin oder der Nachbar Parteistellung.

(5) Die gemäß Abs. 1 vorgeschriebenen Auflagen sind auf Antrag der Betreiberin oder des Betreibers der genehmigten Anlage nach § 5 Abs. 1 aufzuheben oder abzuändern, wenn und soweit die Voraussetzungen für ihre Vorschreibung nicht mehr vorliegen.

(6) Für Anlagen, die keiner Genehmigung nach § 5 Abs. 1 und 3 bedürfen, gelten die Abs. 1, 3 bis 5 und 7 sinngemäß.

(7) Die Nachbarin oder der Nachbar ist nicht gemäß § 76 AVG zur Kostentragung verpflichtet, wenn auf Grund ihres oder seines Antrages andere oder zusätzliche Auflagen vorgeschrieben werden.

(8) Könnte der hinreichende Schutz der gemäß § 11 Abs. 1 Z 1 bis 3 wahrzunehmenden Interessen nach Abs. 1 oder Abs. 2 nur durch die Vorschreibung solcher anderer oder zusätzlicher Auflagen erreicht werden, durch die die genehmigte Anlage nach § 5 Abs. 1 in ihrem Wesen verändert würde, so hat die Behörde der Betreiberin oder dem Betreiber der Anlage mit Bescheid aufzutragen, ein Sanierungskonzept für die Anlage nach § 5 Abs. 1 zur Erreichung des hinreichenden Interessensschutzes und der Begrenzung der Emissionen nach dem Stand der Technik innerhalb einer dem hiefür erforderlichen Zeitaufwand angemessenen Frist zur Genehmigung vorzulegen; für dieses Sanierungskonzept ist der Grundsatz der Verhältnismäßigkeit (Abs. 1) maßgebend. Im Bescheid, mit dem die Sanierung genehmigt wird, hat die Behörde, erforderlichenfalls unter Vorschreibung bestimmter Auflagen, eine dem Zeitaufwand für die vorgesehenen Sanierungsmaßnahmen entsprechende Frist zur Durchführung der Sanierung festzulegen. § 5 Abs. 5 ist auf diese Sanierung nicht anzuwenden.

(9) Die vorstehenden Absätze gelten auch sinngemäß für Erzeugungsanlagen, die dem § 7 unterliegen. Im Verfahren gemäß Abs. 1 haben - sofern sich aus Abs. 4 nichts anderes ergibt - außer der Betreiberin oder dem Betreiber nur jene im § 10 Abs. 1 Z 2 bis 4 genannten Personen Parteistellung, deren Parteistellung im Verfahren gemäß § 7 oder gemäß § 8 aufrecht geblieben ist.

§ 17
Überwachung

(1) Die Betreiberin oder der Betreiber einer genehmigten Anlage nach § 5 Abs. 1 hat diese regelmäßig wiederkehrend zu prüfen oder prüfen zu lassen, ob sie dem Genehmigungsbescheid oder anderen nach dem 2. Hauptstück dieses Gesetzes ergangenen Bescheiden entspricht. Sofern im Genehmigungsbescheid oder in einem anderen nach dem 2. Hauptstück dieses Gesetzes ergangenen Bescheid nichts anderes bestimmt ist, betragen die Fristen für die wiederkehrenden Prüfungen zehn Jahre.

(2) Zur Durchführung der wiederkehrenden Prüfungen gemäß Abs. 1 sind von der Betreiberin oder vom Betreiber der Anlage nach § 5 Abs. 1 Anstalten des Bundes oder eines Bundeslandes, akkreditierte Stellen im Rahmen des fachlichen Umfanges ihrer Akkreditierung, staatlich autorisierte Anstalten, Ziviltechniker, gerichtlich zertifizierte Sachverständige oder Gewerbetreibende,

jeweils im Rahmen ihrer Befugnisse heranzuziehen; wiederkehrende Prüfungen dürfen auch von der Betreiberin oder vom Betreiber der Anlage nach § 5 Abs. 1 - sofern sie oder er geeignet und fachkundig ist - und von sonstigen geeigneten und fachkundigen Betriebsangehörigen vorgenommen werden. Als geeignet und fachkundig sind Personen anzusehen, wenn sie nach ihrem Bildungsgang und ihrer bisherigen Tätigkeit die für die jeweilige Prüfung notwendigen fachlichen Kenntnisse und Erfahrungen besitzen und auch die Gewähr für eine gewissenhafte Durchführung der Prüfungsarbeiten bieten.

(3) Über jede wiederkehrende Prüfung ist eine Prüfbescheinigung auszustellen, die insbesondere festgestellte Mängel und Vorschläge zu deren Behebung zu enthalten hat. Die Prüfbescheinigung und sonstige die Prüfung betreffenden Schriftstücke sind, sofern im Genehmigungsbescheid oder in einem anderen Bescheid nichts anderes bestimmt ist, von der Betreiberin oder vom Betreiber der Anlage bis zur nächsten wiederkehrenden Prüfung der Anlage aufzubewahren.

(4) Sind in einer Prüfbescheinigung bei der wiederkehrenden Prüfung festgestellte Mängel festgehalten, so hat die Betreiberin oder der Betreiber der Anlage unverzüglich eine Zweitschrift oder Ablichtung dieser Prüfbescheinigung und innerhalb angemessener Frist eine Darstellung der zur Mängelbehebung getroffenen Maßnahmen der Behörde zu übermitteln.

(5) Die Betreiberin oder der Betreiber einer genehmigten Anlage nach § 5 Abs. 1 entspricht seiner Verpflichtung gemäß Abs. 1 auch dann, wenn

1. er die Anlage einer Umweltbetriebsprüfung im Sinne der Verordnung (EG) Nr. 1221/2009, über die freiwillige Beteiligung von Organisationen an einem Gemeinschaftssystem für das Umweltmanagement und die Umweltbetriebsprüfung oder einer Umweltbetriebsprüfung im Sinne der ÖNORM EN ISO 14001:1996 (Ausgabedatum Dezember 1996) über Umweltmanagementsysteme (erhältlich beim Österreichischen Normungsinstitut, Heinestraße 38, 1021 Wien) unterzogen hat,
2. die Unterlagen über die Umweltbetriebsprüfung nicht älter als drei Jahre sind und
3. aus den Unterlagen über diese Umweltbetriebsprüfung hervorgeht, dass im Rahmen dieser Prüfung auch die Übereinstimmung der Anlage mit dem Genehmigungsbescheid und den sonst für die Anlage geltenden Vorschriften geprüft wurde. Abs. 3 zweiter Satz und Abs. 4 gelten sinngemäß.

(6) Die Behörde kann zum Zwecke der Überwachung jederzeit Überprüfungen vornehmen oder vornehmen lassen. § 12 Abs. 10 gilt sinngemäß.

§ 18
Auflassung, Unterbrechung, Vorkehrungen

(1) Beabsichtigt die Betreiberin oder der Betreiber einer genehmigten Anlage nach § 5 Abs. 1 die Auflassung oder die Unterbrechung des Betriebes seiner Anlage oder eines Teiles seiner Anlage, so hat sie oder er die notwendigen Vorkehrungen zur Vermeidung einer Gefährdung oder Belästigung im Sinne des § 11 Abs. 1 Z 1 bis 3 zu treffen.

(2) Die Betreiberin oder der Betreiber der Anlage nach § 5 Abs. 1 hat den Beginn der Auflassung und seine Vorkehrungen anlässlich der Auflassung der Behörde vorher anzuzeigen. Sie oder er hat die Betriebsunterbrechung und ihre bzw. seine Vorkehrungen der Behörde innerhalb eines Monats nach Eintritt der Betriebsunterbrechung anzuzeigen, wenn diese Unterbrechung zumindest einen für die Erfüllung des Anlagenzweckes wesentlichen Teil der Anlage betrifft und voraussichtlich länger als ein Jahr dauern wird.

(3) Reichen die von der Betreiberin oder vom Betreiber gemäß Abs. 2 angezeigten Vorkehrungen nicht aus, um den Schutz der im § 11 Abs. 1 Z 1 bis 3 umschriebenen Interessen bei Auflassung zu gewährleisten oder hat die Betreiberin oder der Betreiber oder die ehemalige Betreiberin oder der ehemalige Betreiber die zur Erreichung dieses Schutzes notwendigen Vorkehrungen nicht oder nur unvollständig getroffen, so hat die Behörde ihr oder ihm die notwendigen Vorkehrungen mit Bescheid aufzutragen. Im Falle der Auflassung einer Windkraftanlage hat sie jedenfalls die Entfernung der oberirdischen Teile anzuordnen. Ist die Betreiberin oder der Betreiber nicht feststellbar, ist sie oder er zur Erfüllung des Auftrages rechtlich nicht im Stande oder kann sie oder er aus sonstigen Gründen nicht beauftragt werden, so ist der Auftrag jenen Eigentümerinnen bzw. Eigentümern zu erteilen, auf deren Grundstücken die Anlage nach § 5 Abs. 1 errichtet ist.

(4) Durch einen Wechsel in der Person der Betreiberin oder des Betreibers der Anlage nach § 5 Abs. 1 oder der Eigentümerinnen oder der Eigentümer, auf deren Grundstücken die Anlage nach § 5 Abs. 1 errichtet ist, wird die Wirksamkeit des bescheidmäßigen Auftrages gemäß Abs. 3 nicht berührt.

(5) Der Behörde ist anzuzeigen, dass die gemäß Abs. 2 angezeigten oder die von der Behörde gemäß Abs. 3 aufgetragenen Vorkehrungen getroffen worden sind.

(6) Reichen die getroffenen Vorkehrungen aus, um den Schutz der im Abs. 3 umschriebenen Interessen zu gewährleisten, und sind keine weiteren Vorkehrungen im Sinne des Abs. 3 mit Bescheid aufzutragen, so hat die Genehmigungsbehörde dies mit Bescheid festzustellen. Mit Eintritt der Rechtskraft dieses Feststellungsbescheides ist die Auflassung beendet und erlischt im Falle der gänzlichen Auflassung der Anlage die Genehmigung.

§ 19
Erlöschen der elektrizitätsrechtlichen Genehmigung

(1) Die elektrizitätsrechtliche Genehmigung erlischt, wenn

1. die Fertigstellung bei der Behörde nicht innerhalb von fünf Jahren nach rechtskräftiger Erteilung aller erforderlichen Bewilligungen und Genehmigungen angezeigt wird,
2. nicht zeitgerecht vor Ablauf des befristeten Probebetriebes um Erteilung der Betriebsgenehmigung angesucht wird,
3. der Betrieb nicht innerhalb eines Jahres nach Anzeige der Fertigstellung oder nach Rechtskraft der Betriebsgenehmigung aufgenommen wird,
4. der Betrieb der gesamten Anlage nach § 5 Abs. 1 durch mehr als fünf Jahre unterbrochen ist,
5. das Sanierungskonzept nach § 16 Abs. 8 nicht rechtzeitig eingebracht wird oder
6. die Auflassung gemäß § 18 Abs. 6 beendet ist.

(2) Die Behörde hat die Fristen gemäß Abs. 1 Z 1, 3 und 4 auf Grund eines vor Ablauf der Fristen gestellten Antrages angemessen zu verlängern, wenn es Art und Umfang des Vorhabens erfordert oder die Fertigstellung oder die Inbetriebnahme des Vorhabens unvorhergesehenen Schwierigkeiten begegnet. Durch den Antrag wird der Ablauf der Frist bis zur Entscheidung gehemmt.

(3) Das Erlöschen der elektrizitätsrechtlichen Genehmigung gemäß Abs. 1 Z 1 bis 5 ist mit Bescheid festzustellen. § 18 gilt sinngemäß.

§ 20
Nicht genehmigte Anlagen nach § 5 Abs. 1

(1) Wird eine genehmigungspflichtige Anlage nach § 5 Abs. 1 ohne Genehmigung errichtet, eine Anlage nach § 5 Abs. 1 ohne Genehmigung wesentlich geändert oder eine Anlage, für deren Betrieb die Genehmigung vorbehalten wurde - ausgenommen ein Probebetrieb - ohne Betriebsgenehmigung betrieben, so hat die Behörde mit Bescheid die zur Herstellung des gesetzmäßigen Zustandes erforderlichen Maßnahmen, wie die Einstellung der Bauarbeiten, die Einstellung des Betriebes, die Beseitigung der nicht genehmigten Anlage oder Anlagenteile, anzuordnen. Dabei ist auf eine angemessene Frist zur Durchführung der erforderlichen Arbeiten Bedacht zu nehmen.

(2) Die Beseitigung von Anlagen oder Anlagenteilen darf jedoch nicht verfügt werden, wenn zwischenzeitig die Erteilung der erforderlichen Genehmigung beantragt wurde und der Antrag nicht zurückgewiesen oder abgewiesen wurde.

§ 21
Einstweilige Sicherheitsmaßnahmen

(1) Um die durch eine diesem Gesetz unterliegende genehmigungspflichtige Anlage nach § 5 Abs. 1 verursachte Gefahr für das Leben oder die Gesundheit von Menschen oder für das Eigentum oder sonstige dingliche Rechte der Nachbarinnen oder Nachbarn abzuwehren oder um die durch eine nicht genehmigte oder nicht genehmigungspflichtige Anlage nach § 5 Abs. 1 oder eine nicht genehmigte wesentliche Änderung verursachte unzumutbare Belästigung der Nachbarinnen oder Nachbarn abzustellen, hat die Behörde entsprechend dem Ausmaß der Gefährdung oder Belästigung mit Bescheid die gänzliche oder teilweise Stilllegung der Anlage nach § 5 Abs. 1, die Stilllegung von Maschinen oder sonstige die Anlage betreffende Sicherheitsmaßnahmen oder Vorkehrungen zu verfügen. Hat die Behörde Grund zur Annahme, dass zur Gefahrenabwehr Sofortmaßnahmen an Ort und Stelle erforderlich sind, so darf sie nach Verständigung der Betreiberin oder des Betreibers der Anlage nach § 5 Abs. 1, der Betriebsleiterin oder des Betriebsleiters oder der Eigentümerin oder des Eigentümers der Anlage oder, wenn eine Verständigung dieser Person nicht möglich ist, einer Person, die tatsächlich die Betriebsführung wahrnimmt, solche Maßnahmen auch ohne vorausgegangenes Verfahren und vor Erlassung eines Bescheides an Ort und Stelle treffen; hierüber ist jedoch binnen zwei Wochen ein schriftlicher Bescheid zu erlassen, widrigenfalls die getroffene Maßnahme als aufgehoben gilt. Beschwerden gegen schriftliche Bescheide kommt keine aufschiebende Wirkung zu.

(2) Bescheide gemäß Abs. 1 sind sofort vollstreckbar. Sie treten mit Ablauf eines Jahres - vom Tage ihrer Rechtskraft an gerechnet - außer Kraft, soferne keine kürzere Frist im Bescheid festgesetzt wurde. Durch einen Wechsel in der Person der Betreiberin oder des Betreibers der von Maßnahmen gemäß Abs. 1 betroffenen Anlagen, Anlagenteile oder Gegenstände wird die Wirksamkeit dieser Bescheide nicht berührt.

(3) Liegen die Voraussetzungen für die Erlassung eines Bescheides gemäß Abs. 1 nicht mehr vor und ist zu erwarten, dass in Hinkunft jene Vorschriften, deren Nichteinhaltung für die Maßnahmen nach Abs. 1 bestimmend war, von der Person eingehalten werden, die die genehmigungspflichtige Anlage nach § 5 Abs. 1 betreiben will, so hat die Behörde auf Antrag dieser Person die mit Bescheid gemäß Abs. 1 getroffenen Maßnahmen ehestens zu widerrufen.

§ 22
Vorarbeiten zur Errichtung einer Anlage nach § 5 Abs. 1

(1) Zur Vornahme von Vorarbeiten für die Errichtung oder Änderung einer genehmigungspflichtigen Anlage nach § 5 Abs. 1 hat die Behörde auf Antrag die vorübergehende Inanspruchnahme fremder Grundstücke zu genehmigen.

(2) Im Antrag sind die Art und Dauer der beabsichtigten Vorarbeiten anzugeben. Weiters ist

dem Antrag eine Übersichtskarte in geeignetem Maßstab beizuschließen, in welcher das von den Vorarbeiten berührte Gebiet ersichtlich zu machen ist.

(3) In der Genehmigung ist der Antragstellerin bzw. dem Antragsteller das Recht einzuräumen, fremde Grundstücke zu betreten und auf diesen die zur Vorbereitung des Bauentwurfes der Anlage nach § 5 Abs. 1 erforderlichen Bodenuntersuchungen und sonstigen technischen Arbeiten vorzunehmen. Den Grundeigentümerinnen oder Grundeigentümern und dinglich Berechtigten kommt keine Parteistellung zu.

(4) Bei der Durchführung der Vorarbeiten hat die oder der Berechtigte mit möglichster Schonung bestehender Rechte vorzugehen und darauf Bedacht zu nehmen, dass der bestimmungsgemäße Gebrauch der betroffenen Grundstücke nach Möglichkeit nicht behindert wird.

(5) Die Genehmigung ist zu befristen. Die Frist ist unter Bedachtnahme auf die Art und den Umfang sowie die geländemäßigen Voraussetzungen der Vorarbeiten festzusetzen. Sie ist zu verlängern, soweit die Vorbereitung des Bauentwurfes dies erfordert.

(6) Den Gemeinden, in welchen die Vorarbeiten durchgeführt werden sollen, hat die Behörde eine Ausfertigung der Genehmigung zuzustellen, die unverzüglich durch Anschlag an der Amtstafel kundzumachen ist. Die Kundmachungsfrist beträgt vier Wochen. Mit den Vorarbeiten darf erst nach Ablauf der Kundmachungsfrist begonnen werden.

(7) Die oder der zur Vornahme der Vorarbeiten Berechtigte hat unbeschadet der Bestimmungen des Abs. 6 die Eigentümerin oder den Eigentümer oder die Nutzungsberechtigten der betroffenen Liegenschaften sowie allfällige Bergbauberechtigte mindestens vier Wochen vorher vom beabsichtigten Beginn der Vorarbeiten schriftlich in Kenntnis zu setzen.

(8) Die oder der zur Vornahme der Vorarbeiten Berechtigte hat die Eigentümerinnen und Eigentümer der betroffenen Grundstücke, die an diesen Grundstücken dinglich Berechtigten - ausgenommen Hypothekargläubigerinnen oder Hypothekargläubiger - und allfällige Bergbauberechtigte für alle mit den Vorarbeiten unmittelbar verbundenen Beschränkungen ihrer zum Zeitpunkt der Genehmigung ausgeübten Rechte angemessen zu entschädigen. Soweit hierüber keine Vereinbarung zu Stande kommt, ist die Entschädigung auf Antrag durch die Behörde festzusetzen. Für das Entschädigungsverfahren gilt § 23 Abs. 5 sinngemäß.

§ 23
Enteignung

(1) Die Behörde hat auf Antrag die für die Errichtung und den Betrieb einer genehmigungspflichtigen Anlage nach § 5 Abs. 1 notwendigen Beschränkungen von Grundeigentum oder anderen dinglichen Rechten einschließlich der Entziehung des Eigentums (Enteignung) gegen angemessene Entschädigung auszusprechen, wenn die Errichtung der Anlage im öffentlichen Interesse liegt, die vorgesehene Situierung aus zwingenden technischen oder wirtschaftlichen Gründen geboten ist, zwischen demjenigen, der die Anlage zu errichten und zu betreiben beabsichtigt und der Grundeigentümerin oder dem Grundeigentümer oder der Inhaberin bzw. dem Inhaber anderer dinglicher Rechte eine Einigung darüber nicht zu Stande kommt und nach keiner anderen gesetzlichen Bestimmung eine Enteignung möglich ist.

(2) Im Antrag gemäß Abs. 1 sind die betroffenen Grundstücke mit Grundstücksnummer, die Katastralgemeindenummer und die Einlagezahl, die Eigentümerin oder der Eigentümer und sonstige dinglich Berechtigte mit Ausnahme der Hypothekargläubigerinnen und Hypothekargläubiger und der Inhalt der beanspruchten Rechte anzuführen. Werden durch die Enteignung Bergbauberechtigungen berührt, ist im Antrag auch die oder der Bergbauberechtigte anzuführen.

(3) Die Enteignung kann umfassen:

1. die Einräumung von Dienstbarkeiten an unbeweglichen Sachen oder
2. die Abtretung des Eigentums an Grundstücken oder
3. die Abtretung, Einschränkung oder Aufhebung anderer dinglicher Rechte an unbeweglichen Sachen und solcher Rechte, deren Ausübung an einen bestimmten Ort gebunden ist.

(4) Von der Enteignung nach Abs. 3 Z 2 ist von der Behörde nur Gebrauch zu machen, wenn die übrigen in Abs. 3 angeführten Maßnahmen nicht ausreichen.

(5) Auf das Enteignungsverfahren und die behördliche Ermittlung der Entschädigung sind die Bestimmungen des Eisenbahn-Enteignungsentschädigungsgesetzes sinngemäß mit nachstehenden Abweichungen anzuwenden:

1. Die Enteignungsgegnerin oder der Enteignungsgegner kann im Zuge des Enteignungsverfahrens die Einlösung der durch Dienstbarkeiten oder andere dingliche Rechte gemäß Abs. 3 in Anspruch zu nehmenden unverbauten Grundstücke oder Teile von solchen gegen Entschädigung, welche von der Enteignungswerberin oder vom Enteignungswerber zu bezahlen ist, verlangen, wenn diese durch die Belastung die zweckmäßige Benutzbarkeit verlieren. Verliert ein Grundstück durch die Enteignung eines Teiles desselben für die Eigentümerin oder den Eigentümer die zweckmäßige Benutzbarkeit, so ist auf Verlangen der Eigentümerin oder des Eigentümers das ganze Grundstück einzulösen.

2. Über die Zulässigkeit, den Inhalt, den Gegenstand und den Umfang der Enteignung sowie über die Entschädigung entscheidet die Behörde nach Anhörung der für den Enteignungsgegenstand zuständigen gesetzlichen Interessensvertretung.
3. Die Höhe der Entschädigung ist auf Grund der Schätzung wenigstens einer oder eines allgemein beeideten und gerichtlich zertifizierten Sachverständigen im Enteignungsbescheid oder in einem gesonderten Bescheid zu bestimmen; im letzteren Fall ist ohne weitere Erhebungen im Enteignungsbescheid ein vorläufiger Sicherstellungsbetrag festzulegen.
4. Einer Beschwerde gegen die Enteignung und die Höhe der Entschädigung kommt keine aufschiebende Wirkung zu.
5. Auf Antrag der oder des Enteigneten kann an Stelle einer Geldentschädigung eine in Form einer gleichartigen und gleichwertigen Naturalleistung treten, wenn diese der oder dem Enteignungswerber unter Abwägung des Einzelfalles wirtschaftlich zugemutet werden kann. Hierüber entscheidet die Behörde in einem gesonderten Bescheid gemäß Z 3. Z 4 gilt sinngemäß.

3. Hauptstück
Betrieb von Netzen, Regelzonen
1. Abschnitt
Allgemeine Rechte und Pflichten der Netzbetreiber

§ 24
Geregelter Netzzugang

(1) Netzbetreiber sind verpflichtet, den Netzzugangsberechtigten den Netzzugang zu den jeweils genehmigten Allgemeinen Netzbedingungen (Allgemeine Bedingungen für Netznutzung und Netzbetrieb) und den jeweils bestimmten Systemnutzungstarifen einschließlich allfälliger behördlich festgesetzter Abgaben, Förderbeiträge, Zuschläge etc., deren Einhebung durch die Netzbetreiber vorgesehen ist, auf Grund privatrechtlicher Verträge (Netzzugangsvertrag) zu gewähren.

(2) Die Netzzugangsberechtigten haben einen Rechtsanspruch, auf Grundlage der jeweils genehmigten Allgemeinen Netzbedingungen und der von der Regulierungsbehörde jeweils bestimmten Systemnutzungsentgelte einschließlich allfälliger behördlich festgesetzter Abgaben, Förderbeiträge, Zuschläge etc., deren Einhebung durch die Netzbetreiber vorgesehen ist, die Nutzung der Netze zu begehren.

§ 25

(Anm.: entfallen mit LGBl. Nr. 23/2022)

§ 26
Verweigerung des Netzzugangs

(1) Ein Netzbetreiber kann den Netzzugangsberechtigten den Netzzugang aus nachstehenden Gründen ganz oder teilweise verweigern:
1. bei außergewöhnlichen Netzzuständen (Störfälle) sowie
2. bei mangelnden Netzkapazitäten.

(2) Der Netzbetreiber, an dessen Netz die Kundenanlage angeschlossen ist, hat die Verweigerung der oder dem Netzzugangsberechtigten unter Berücksichtigung der gemeinwirtschaftlichen Verpflichtungen schriftlich zu begründen.

(3) Hat ein Netzbetreiber wegen mangelnder Netzkapazitäten den Netzzugang verweigert, so hat er auf schriftliches Verlangen eines Netzzugangsberechtigten auch bekannt zu geben, welche konkreten Maßnahmen zum Ausbau des Netzes im einzelnen erforderlich wären, um den Netzzugang durchzuführen, und aus welchen Gründen diese noch nicht erfolgt sind. Für diese Begründung kann der Netzbetreiber ein angemessenes Entgelt verlangen, wenn er die Netzzugangsberechtigte oder den Netzzugangsberechtigten auf die Entstehung von Kosten zuvor ausdrücklich hingewiesen hat.

(4) Für die Beurteilung der Netzzugangsberechtigung sind diejenigen Rechtsvorschriften anzuwenden, die in jenem Land gelten, in dem diejenige Person, die einen Antrag gemäß § 21 Abs. 2 ElWOG 2010 stellt, ihren Sitz (Hauptwohnsitz) hat. Für die Beurteilung der Netzzugangsverweigerungsgründe sind jene Rechtsvorschriften anzuwenden, die am Sitz des Netzbetreibers gelten, der den Netzzugang verweigert hat.

§ 27
Allgemeine Netzbedingungen

(1) Die Netzbetreiber haben die Netzzugangsberechtigten vor Vertragsabschluss über die wesentlichen Inhalte der Allgemeinen Bedingungen zu informieren. Zu diesem Zweck ist dem Netzzugangsberechtigten ein Informationsblatt auszuhändigen. Die Allgemeinen Bedingungen sind den Netzzugangsberechtigten auf Verlangen kostenlos zur Verfügung zu stellen.

(2) Die Allgemeinen Netzbedingungen dürfen nicht diskriminierend sein und keine missbräuchlichen Praktiken oder ungerechtfertigten Beschränkungen enthalten und weder die Versorgungssicherheit noch die Dienstleistungsqualität gefährden. Insbesonders sind sie so zu gestalten, dass
1. die Erfüllung der dem Netzbetreiber obliegenden Aufgaben gewährleistet ist,
2. die Leistungen der Netzzugangsberechtigten mit den Leistungen des Netzbetreibers in einem sachlichen Zusammenhang stehen,
3. die wechselseitigen Verpflichtungen ausgewogen und verursachungsgerecht zugewiesen sind,

4. sie Festlegungen über technische Anforderungen für den Anschluss an das Netz im Netzanschlusspunkt und alle Vorkehrungen, um störende Rückwirkungen auf das System des Netzbetreibers oder anderer Anlagen zu verhindern, enthalten,
5. sie objektive Kriterien für den Parallelbetrieb von Erzeugungsanlagen mit dem Netz und die Einspeisung von Elektrizität aus Erzeugungsanlagen in das Netz sowie die Nutzung von Verbindungsleitungen festlegen,
6. sie Regelungen über die Kostentragung des Netzanschlusses enthalten, die sich an der Kostenverursachung orientieren,
7. sie klar und übersichtlich gefasst sind,
8. sie Definitionen der nicht allgemein verständlichen Begriffe enthalten.

(3) Die Allgemeinen Bedingungen haben insbesondere zu enthalten:

1. Name und Anschrift des Netzbetreibers;
2. die Rechte und Pflichten der Vertragspartner, insbesondere jene zur Einhaltung der sonstigen Marktregeln, die sich aus den Bestimmungen der §§ 25, 27, 32, 35, 37, 40, 41 und 45 ergeben;
3. die im Anhang I der Elektrizitätsbinnenmarktrichtlinie festgelegten Maßnahmen zum Schutz der Kunden;
4. die den einzelnen Netzbetreibern zugeordneten standardisierten Lastprofile;
5. die technischen Mindestanforderungen für den Netzzugang;
6. die verschiedenen von den Netzbetreibern im Rahmen des Netzzuganges zur Verfügung zu stellenden Dienstleistungen und angebotene Qualität;
7. den Zeitraum, innerhalb dessen Kundenanfragen jedenfalls zu beantworten sind;
8. die Ankündigung von geplanten Versorgungsunterbrechungen;
9. die Mindestanforderungen bezüglich Terminvereinbarungen mit den Netzbenutzern;
10. jenen Standard, der bei der Datenübermittlung an Marktteilnehmer einzuhalten ist;
11. das Verfahren und die Modalitäten für Anträge auf Netzzugang;
12. die von den Netzbenutzern zu liefernden Daten;
13. etwaige Entschädigungs- und Erstattungsregelungen bei Nichteinhaltung der vertraglich vereinbarten Leistungsqualität sowie einen Hinweis auf gesetzlich vorgesehene Streitbeilegungsverfahren;
14. eine Frist von höchstens 14 Tagen ab Einlangen, innerhalb der der Netzbetreiber das Begehren auf Netzzugang zu beantworten hat;
15. die grundlegenden Prinzipien für die Verrechnung sowie die Art und Form der Rechnungslegung;
16. Modalitäten, zu welchen der Netzbenutzer verpflichtet ist, Teilzahlungen zu leisten, wobei eine Zahlung zumindest zehn Mal jährlich anzubieten ist;
17. die Verpflichtung von Netzzugangsberechtigten zur Vorauszahlung oder Sicherheitsleistung (Barsicherheit, Bankgarantie, Hinterlegung von nicht vinkulierten Sparbüchern) in angemessener Höhe, insoweit nach den Umständen des Einzelfalls zu erwarten ist, dass der Netzbenutzer seinen Zahlungsverpflichtungen nicht oder nicht zeitgerecht nachkommt. Anstelle einer Vorauszahlung oder einer Sicherheitsleistung kann auch ein Vorauszahlungszähler zur Verwendung gelangen;
18. das Zustimmungserfordernis des Verteilernetzbetreibers, wenn nach Inkrafttreten der Bgld. ElWG-Novelle 2012 ein Dritter an die Kundenanlage angeschlossen werden soll.

(4) In den Allgemeinen Netzbedingungen können auch Normen und Regelwerke der Technik in der jeweils geltenden Fassung für verbindlich erklärt werden.

(5) Die Netzbetreiber einer Regelzone haben ihre Allgemeinen Netzbedingungen aufeinander abzustimmen.

(6) Die in Ausführung der im Abs. 2 Z 4 und 5 erfolgten Regelungen in den Allgemeinen Netzbedingungen sind der Kommission der Europäischen Gemeinschaft gemäß Art. 8 der Informationsrichtlinie mitzuteilen. Dies gilt nicht, soweit diesem Erfordernis bereits entsprochen ist.

(7) Werden neue Allgemeine Netzbedingungen bzw. Änderungen von der Regulierungsbehörde genehmigt, hat der Netzbetreiber dies binnen vier Wochen nach der Genehmigung den Netzbenutzern in einem persönlich an sie gerichteten Schreiben oder über Wunsch des Netzbenutzers elektronisch bekanntzugeben und ihnen diese auf Wunsch zuzusenden (zB elektronisch). In diesem Schreiben oder auf der Rechnung sind die neuen Allgemeinen Bedingungen bzw. die Änderungen und die Kriterien, die bei der Änderung einzuhalten sind, nachvollziehbar wiederzugeben. Die neuen Allgemeinen Netzbedingungen bzw. die Änderungen gelten ab dem nach Ablauf von drei Monaten folgenden Monatsersten als vereinbart.

(8) Der Netzbetreiber hat dem Netzbenutzer oder künftigen Netzbenutzer transparente Informationen über geltende Preise und Tarife sowie über die Allgemeinen Bedingungen über Anforderung kostenlos zur Verfügung zu stellen.

(9) Die Behörde ist ermächtigt, mit Verordnung die im Abs. 3 enthaltenen Anforderungen näher zu regeln.

§ 28

Lastprofile, Kosten des Netzanschlusses

(1) Für jene Endverbraucherinnen und Endverbraucher, welche an die Netzebenen gemäß § 63 Z 6 und 7 ElWOG 2010 angeschlossen sind und weniger als 100 000 kWh Jahresverbrauch oder weniger als 50 KW Anschlussleistung aufweisen, sind von den Netzbetreibern standardisierte Lastprofile zu erstellen, wobei auch die Form der Erstellung und Anpassung (synthetisch, analytisch) der standardisierten Profile zu bestimmen ist.

(2) Für Einspeiserinnen und Einspeiser mit weniger als 100 000 kWh jährlicher Einspeisung oder weniger als 50 KW Anschlussleistung sind ebenfalls standardisierte Lastprofile vorzusehen.

(3) Die standardisierten Lastprofile sind innerhalb einer Regelzone aufeinander abzustimmen und durch die Netzbetreiber in geeigneter Form zu veröffentlichen.

(4) Die Netzbetreiber sind berechtigt, bei Neuanschlüssen oder bei Erhöhungen der Anschlussleistung (Netzzutritt) die zur Abgeltung der notwendigen Aufwendungen für die Errichtung und Ausgestaltung von Leitungsanlagen im Sinne des § 2 Abs. 1 des Bgld. Starkstromwegegesetzes, LGBl. Nr. 10/1971 in der jeweils geltenden Fassung, die Voraussetzung für die Versorgung von Kunden oder für die Einspeisung aus Erzeugungsanlagen sind, erforderlichen Kosten zu verlangen. Die bestimmten Systemnutzungsentgelte und Netzbereitstellungsentgelte bleiben unberührt.

(5) Der Netzbetreiber hat den Netzzugangsberechtigten auf deren Verlangen einen detaillierten Kostenvoranschlag über die Netzanschlussarbeiten vorzulegen.

§ 29

Technische Betriebsleiterin, technischer Betriebsleiter

(1) Netzbetreiber sind verpflichtet, vor Aufnahme des Betriebes eines Netzes eine natürliche Person als Betriebsleiterin oder Betriebsleiter für die technische Leitung und Überwachung des Betriebes der Netze zu bestellen.

(2) Die Betriebsleiterin oder der Betriebsleiter muss den Voraussetzungen nach § 47 Abs. 3 Z 1 entsprechen, fachlich befähigt sein, den Betrieb von Netzen zu leiten und zu überwachen und überwiegend in inländischen Unternehmen tätig sein. § 47 Abs. 10 gilt sinngemäß.

(3) Der Nachweis der fachlichen Befähigung wird durch das Vorliegen des nach der GewO 1994 für die Ausübung des Gewerbes der Elektrotechniker erforderlichen Befähigungsnachweises erbracht.

(4) Vom Erfordernis des Abs. 3 kann die Behörde über Antrag des Netzbetreibers Nachsicht erteilen, wenn

1. nach dem Bildungsgang und der bisherigen Tätigkeit angenommen werden kann, dass die vorgesehene Betriebsleiterin oder der vorgesehene Betriebsleiter die Kenntnisse, Fähigkeiten und Erfahrungen besitzt, die zur Erfüllung seiner Aufgaben erforderlich sind, oder
2. eine hinreichende tatsächliche Befähigung angenommen werden kann.

Die Wirtschaftskammer Burgenland ist vor Erteilung der Nachsicht zu hören.

(5) Die Bestellung der Betriebsleiterin oder des Betriebsleiters bedarf der Genehmigung der Behörde. Der Antrag ist vom Betreiber des Netzes einzubringen. Die Genehmigung ist zu erteilen, wenn die Betriebsleiterin oder der Betriebsleiter die Voraussetzungen gemäß Abs. 2 erfüllt. Die Genehmigung ist zu widerrufen, wenn auch nur eine dieser Voraussetzungen weggefallen ist oder begründete Zweifel an seiner Zuverlässigkeit bestehen.

(6) Scheidet die Betriebsleiterin oder der Betriebsleiter aus oder wird die Genehmigung ihrer oder seiner Bestellung widerrufen, so darf der Betrieb des Netzes bis zur Bestellung einer neuen Betriebsleiterin oder eines neuen Betriebsleiters, längstens jedoch während zweier Monate weiter ausgeübt werden. Das Ausscheiden der Betriebsleiterin oder des Betriebsleiters sowie das Wegfallen einer Voraussetzung für die Genehmigung ihrer oder seiner Bestellung ist der Behörde vom Netzbetreiber unverzüglich schriftlich anzuzeigen.

(7) Ist der Netzbetreiber eine natürliche Person und erfüllt sie oder er die Voraussetzungen gemäß Abs. 2, so kann auch die Netzbetreiberin oder der Netzbetreiber als Betriebsleiterin oder Betriebsleiter bestellt werden.

§ 30

Aufrechterhaltung der Leistung

Die Netzbetreiber dürfen die vertraglich zugesicherten Leistungen nur unterbrechen oder einstellen, wenn die Netzbenutzerin oder der Netzbenutzer ihre oder seine vertraglichen Verpflichtungen gröblich verletzt oder wenn unerlässliche technische Maßnahmen in den Übertragungs-, Anschluss- oder Verteileranlagen des Netzbetreibers vorzunehmen sind oder zur Vermeidung eines drohenden Netzzusammenbruches eine Einstellung der Leistungen erforderlich ist. Störungen sind unverzüglich zu beheben. Bei voraussehbaren Leistungsunterbrechungen sind die Netzbenutzer rechtzeitig vorher in ortsüblicher Weise zu verständigen.

§ 31
Herkunftsnachweise für elektrische Energie aus hocheffizienten KWK-Anlagen

(1) Die Netzbetreiber, an deren Netzen benannte KWK-Anlagen angeschlossen sind, haben über die aus diesen Anlagen in ihr Netz eingespeisten Mengen an elektrischer Energie der Betreiberin oder dem Betreiber der Anlage auf dessen Verlangen eine Bescheinigung auszustellen. Die Ausstellung kann mittels automationsunterstützter Datenverarbeitung erfolgen, wobei eine Abwicklungsstelle herangezogen werden kann. Der Betreiber der KWK-Anlage hat mit dem Verlangen die zur Ausstellung der Bescheinigung erforderlichen Daten, bestätigt durch eine fachlich geeignete Person im Sinne des § 17 Abs. 2, dem Netzbetreiber vorzulegen, soweit diese Daten dem Netzbetreiber nicht zur Verfügung stehen.

(2) Der vom Netzbetreiber gemäß Abs. 1 auszustellende Herkunftsnachweis hat zu enthalten:

1. die Menge an erzeugter elektrischer Energie aus hocheffizienter KWK gemäß Anlage III ElWOG 2010 und gemäß der Entscheidung 2008/952/EG der Europäischen Kommission;
2. die Bezeichnung, Art und Engpassleistung der Erzeugungsanlage;
3. den Zeitraum und den Ort der Erzeugung;
4. die eingesetzten Primärenergieträger;
5. den unteren Heizwert des Primärenergieträgers;
6. die Nutzung der zusammen mit dem Strom erzeugten Wärme;
7. die Primärenergieeinsparungen, die gemäß Anlage IV ElWOG 2010 auf der Grundlage der im § 59 genannten von der Europäischen Kommission festgelegten harmonisierten Wirkungsgrad-Referenzwerte berechnet worden sind;
8. das Datum der Inbetriebnahme der Erzeugungsanlage;
9. genaue Angaben über erhaltene Förderungen und die Art der Förderungsregelung;
10. die Bezeichnung des Ausstellers und des ausstellenden Staates;
11. das Ausstellungsdatum des Herkunftsnachweises.

Mit der Ausstellung von Herkunftsnachweisen ist kein Recht auf Inanspruchnahme von Fördermechanismen verbunden.

(3) Die Behörde hat die Ausstellung der Herkunftsnachweise regelmäßig zu überwachen.

(4) Betreiberinnen und Betreiber benannter KWK-Anlagen, Stromhändler und sonstige Lieferanten, die elektrische Energie aus diesen Anlagen einem Dritten veräußern, sind über Verlangen dieses Dritten verpflichtet, die der verkauften Menge entsprechenden Herkunftsnachweise (mittels automationsunterstützter Datenverarbeitung) kostenlos (ohne Transaktionskosten) und nachweislich diesem Dritten zu überlassen.

(5) Herkunftsnachweise für elektrische Energie aus hocheffizienten KWK-Anlagen mit Standort in einem anderen EU-Mitgliedstaat, einem EWR-Vertragsstaat oder einem Drittstaat gelten als Herkunftsnachweise im Sinne dieses Gesetzes, wenn sie zumindest den Anforderungen des Art. 5 der KWK-Richtlinie entsprechen.

(6) Die Behörde hat im Zweifelsfall über Antrag oder von Amts wegen festzustellen, ob die Voraussetzungen gemäß Abs. 1 oder Abs. 5 vorliegen.

(7) Die Ausstellung eines Herkunftsnachweises nach diesem Gesetz ist unzulässig, wenn für dieselbe KWK-Strommenge ein Herkunftsnachweis nach dem Ökostromgesetz ausgestellt wird.

2. Abschnitt
Betreiber von Verteilernetzen

§ 32
Pflichten der Verteilernetzbetreiber

(1) Zusätzlich zu den im 1. Abschnitt festgelegten Pflichten sind Verteilernetzbetreiber verpflichtet,

1. das von ihnen betriebene Netz sicher, zuverlässig und leistungsfähig unter Bedachtnahme auf den Umweltschutz zu betreiben und zu erhalten sowie für die Bereitstellung aller unentbehrlichen Hilfsdienste zu sorgen,
2. das von ihnen betriebene Netz bedarfsgerecht auszubauen, um auf lange Sicht die Fähigkeit des Verteilernetzes sicherzustellen, die voraussehbare Nachfrage nach Verteilung zu befriedigen,
3. die zum Betrieb des Netzes erforderlichen technischen Voraussetzungen sicherzustellen,
4. dem Betreiber eines anderen Netzes, mit dem sein eigenes Netz verbunden ist, ausreichende Informationen zu liefern, um den sicheren und leistungsfähigen Betrieb, den koordinierten Ausbau und die Interoperabilität des Verbundnetzes sicherzustellen,
5. wirtschaftlich sensible Informationen, von denen sie in Ausübung ihrer Tätigkeit Kenntnis erlangt haben, vertraulich zu behandeln,
6. sich jeglicher Diskriminierung von Netzbenutzern oder Kategorien von Netzbenutzern, insbesondere zugunsten der mit ihnen verbundenen Unternehmen, zu enthalten und den Netzbenutzern die Information zur Verfügung zu stellen, die sie für einen effizienten Netzzugang benötigen,
7. die zur Durchführung der Berechnung und Zuordnung der Ausgleichsenergie erforderlichen Daten zur Verfügung zu stellen, wobei insbesondere jene Zählwerte zu übermitteln sind, die für die Berechnung der Fahrplanabweichungen und der Abweichungen von den Lastprofilen jeder Bilanzgruppe benötigt werden,

8. Netzzugangsberechtigten zu den jeweils genehmigten Allgemeinen Netzbedingungen und jeweils bestimmten Systemnutzungsentgelten einschließlich allfälliger behördlich festgesetzter Abgaben, Förderbeiträge, Zuschläge etc., deren Einhebung durch die Netzbetreiber vorgesehen ist, Netzzugang zu ihren Systemen zu gewähren,
9. die genehmigten Allgemeinen Netzbedingungen und die bestimmten Systemnutzungsentgelte in geeigneter Weise (zB Internet) zu veröffentlichen,
10. die zur Durchführung der Verrechnung und Datenübermittlung gemäß Z 7 erforderlichen vertraglichen Maßnahmen vorzusehen,
11. zur Abschätzung der Lastflüsse und Prüfung der Einhaltung der technischen Sicherheit des Netzes,
12. zur Führung einer Evidenz über alle in ihren Netzen tätigen Bilanzgruppen und Bilanzgruppenverantwortlichen,
13. zur Führung einer Evidenz aller in ihren Netzen tätigen Stromhändler und sonstigen Lieferanten,
14. zur Messung der Bezüge, Leistungen, Lastprofile der Netzbenutzer, zur Prüfung der Plausibilität der Lastprofile und zur Weitergabe von Daten, insbesondere in Form von Online-Daten (Echtzeitdaten) im für die Versorgungssicherheit erforderlichen Ausmaß an den Bilanzgruppenkoordinator, die betroffenen Netzbetreiber sowie Bilanzgruppenverantwortlichen,
15. zur Messung der Leistungen, der Strommengen und der Lastprofile an den Schnittstellen zu anderen Netzen und Weitergabe der Daten an betroffene Netzbetreiber und an den Bilanzgruppenkoordinator,
16. Engpässe im Verteilernetz zu ermitteln und Handlungen zu setzen, um diese zu vermeiden,
17. zur Entgegennahme und Weitergabe von Meldungen über Stromhändler-, Lieferanten- sowie Bilanzgruppenwechsel,
18. zur Einrichtung einer besonderen Bilanzgruppe für die Ermittlung der Netzverluste, wobei diese Bilanzgruppe gemeinsam mit anderen Netzbetreibern eingerichtet werden kann,
19. zur Einhebung der Entgelte für Netznutzung und zur Einhebung allfälliger behördlich festgesetzter Abgaben, Förderbeiträge, Zuschläge etc.,
20. zur Zusammenarbeit mit dem Bilanzgruppenkoordinator, den Bilanzgruppenverantwortlichen und sonstigen Marktteilnehmerinnen und Marktteilnehmern bei der Aufteilung der sich aus der Verwendung von standardisierten Lastprofilen ergebenden Differenzen nach Vorliegen der Messergebnisse,
21. Verträge über den Datenaustausch mit anderen Netzbetreibern, den Bilanzgruppenverantwortlichen sowie dem Bilanzgruppenkoordinator und anderen Marktteilnehmerinnen und Marktteilnehmern entsprechend den in den Allgemeinen Netzbedingungen festgelegten Marktregeln abzuschließen,
22. zur Führung von Aufzeichnungen über den Zeitpunkt des Verlangens nach Netzanschluss von Erzeugungsanlagen,
23. wenn an das Netz mehr als 100 000 Kundinnen und Kunden angeschlossen sind, ein Gleichbehandlungsprogramm zu erstellen, aus dem hervorgeht, welche Maßnahmen zum Ausschluss diskriminierenden Verhaltens getroffen werden und welche Maßnahmen vorgesehen sind, durch die die ausreichende Überwachung der Einhaltung dieses Programms gewährleistet wird. In diesem Programm ist insbesondere festzulegen, welche Pflichten die Mitarbeiterinnen und Mitarbeiter im Hinblick auf die Erreichung dieses Ziels haben,
24. den Wechsel des Versorgers ohne gesondertes Entgelt zu ermöglichen und
25. bei der Planung des Verteilernetzausbaus Energieeffizienz-, Nachfragesteuerungsmaßnahmen oder dezentraler Erzeugungsanlagen, durch die sich die Notwendigkeit einer Nachrüstung oder eines Kapazitätsersatzes erübrigen könnte, zu berücksichtigen,
26. elektrische Energie, die zur Deckung von Verlusten inklusive Kapazitätsreserven im Verteilernetz verwendet wird, nach transparenten, nicht diskriminierenden, marktkonformen und marktorientierten Verfahren zu beschaffen,
27. zur Bekanntgabe der eingespeisten Ökoenergie an die gemäß Ökostromgesetz zuständigen Stelle,
28. den Übertragungsnetzbetreiber zum Zeitpunkt der Feststellung des technisch geeigneten Anschlusspunktes über die geplante Errichtung von Erzeugungsanlagen mit einer Leistung ab 50 MW zu informieren,
29. als ein vertikal integrierter Verteilernetzbetreiber, an dessen Verteilernetz mindestens 100 000 Kunden angeschlossen sind, Vorsorge zu treffen, dass in der Kommunikations- und Markenpolitik eine Verwechslung in Bezug auf die eigene Identität der Versorgungssparte des vertikal integrierten Unternehmens ausgeschlossen ist. § 48 Abs. 5 gilt sinngemäß,
30. die Anforderungen des Anhangs XII der Energieeffizienzrichtlinie zu erfüllen,
31. ihre Verteilernetze vorausschauend und im Sinne der nationalen und europäischen Klima- und Energieziele weiterzuentwickeln,
32. Optionen zur Einbindung von ab- oder zuschaltbaren Lasten für den Netzbetrieb in ihrem Netzgebiet zu prüfen und bei Bedarf im Zuge des integrierten Netzinfrastrukturplans gemäß § 94 EAG an die Bundesministerin für Klimaschutz, Umwelt, Energie, Mobilität, Innovation und Technologie und an die Regulierungsbehörde zu melden,

33. der Regulierungsbehörde Auskunft über Netzzutrittsanträge und Netzzutrittsanzeigen zu geben. Das betrifft insbesondere auch Informationen über die Anschlussleistung sowie über abgeschlossene Netzzutritts- und Netzzugangsverträge samt allfälliger Fristen für bevorstehende Anschlüsse.

(2) Der Betreiber eines vertikal integrierten Verteilernetzes, an dessen Netz mindestens 100 000 Kunden angeschlossen sind, hat für die Aufstellung und Überwachung der Einhaltung des Gleichbehandlungsprogramms einen völlig unabhängigen Gleichbehandlungsbeauftragten zu benennen. § 48 Abs. 4 gilt sinngemäß. Die Bestellung des Gleichbehandlungsbeauftragten lässt die Verantwortung der Leitung des Verteilernetzbetreibers für die Einhaltung dieses Gesetzes unberührt.

(3) Die Benennung des Gleichbehandlungsbeauftragten ist der Behörde unter Darlegung der im Abs. 2 geforderten Anforderungen anzuzeigen. Sind die Anforderungen nicht erfüllt, hat dies die Behörde mit Bescheid festzustellen.

(4) Das Gleichbehandlungsprogramm ist über begründetes Verlangen der Behörde zu ändern.

§ 33
Recht zum Netzanschluss

(1) Verteilernetzbetreiber haben - unbeschadet der Bestimmungen betreffend Direktleitungen sowie bestehender Netzanschlussverhältnisse - das Recht, innerhalb des von ihrem Verteilernetz abgedeckten Gebietes alle Netzzugangsberechtigten an ihr Netz anzuschließen.

(2) Vom Recht zum Netzanschluss sind Netzzugangsberechtigte ausgenommen, denen elektrische Energie mit einer Nennspannung von über 110 kV übergeben werden soll oder die als Erzeuger elektrische Energie mit einer Nennspannung von über 110 kV übergeben.

§ 34
Allgemeine Anschlusspflicht

(1) Verteilernetzbetreiber sind verpflichtet, zu den jeweils genehmigten Allgemeinen Netzbedingungen mit Netzzugangsberechtigten innerhalb des von ihrem Verteilernetz abgedeckten Gebietes privatrechtliche Verträge über den Anschluss an ihr Netz abzuschließen.

(1a) Die Allgemeine Anschlusspflicht besteht auch dann, wenn eine Einspeisung oder Abnahme von elektrischer Energie erst durch die Optimierung, Verstärkung oder den Ausbau des Verteilernetzes möglich wird.

(2) Die Allgemeine Anschlusspflicht besteht nicht:

1. bei technischer Inkompatibilität oder bei begründeten Sicherheitsbedenken. Die Gründe für die Ausnahmen sind in den Marktregeln näher zu definieren,
2. gegenüber Netzzugangsberechtigten, denen elektrische Energie mit einer Nennspannung von über 110 kV übergeben werden soll und
3. gegenüber Erzeugern, die elektrische Energie mit einer Nennspannung von über 110 kV übergeben.

(3) Ob die Allgemeine Anschlusspflicht besteht, hat die Behörde auf Antrag eines Netzzugangsberechtigten oder eines Verteilernetzbetreibers mit Bescheid festzustellen.

(4) Die Verteilernetzbetreiber sind verpflichtet, im Netzzugangsvertrag einen Zeitpunkt der Inbetriebnahme der Anlage des Netzzugangsberechtigten zu bestimmen, der den tatsächlichen und vorhersehbaren zeitlichen Erfordernissen für die Errichtung oder Ertüchtigung der Anschlussanlage oder für notwendige Verstärkungen oder Ausbauten des vorgelagerten Verteilernetzes entspricht. Dieser Zeitpunkt darf spätestens ein Jahr nach Abschluss des Netzzugangsvertrags für die Netzebenen 7 bis 5 im Sinne des § 63 ElWOG 2010 und spätestens drei Jahre nach Abschluss des Netzzugangsvertrags für die Netzebenen 4 und 3 im Sinne des § 63 ElWOG 2010 liegen. Sofern für die beabsichtigten Maßnahmen behördliche Genehmigungen oder Verfahren benötigt werden, ist die Verfahrensdauer nicht in diese Frist einzurechnen.

3. Abschnitt
Betreiber von Übertragungsnetzen, Regelzonen

§ 35
Pflichten der Übertragungsnetzbetreiber

(1) Zusätzlich zu den im 1. Abschnitt festgelegten Pflichten sind die Übertragungsnetzbetreiber verpflichtet,

1. das von ihnen betriebene Netz sicher, zuverlässig, leistungsfähig und unter Bedachtnahme auf den Umweltschutz zu betreiben und zu erhalten,
2. auf lange Sicht die Fähigkeit des Netzes zur Befriedigung einer angemessenen Nachfrage nach Übertragung von elektrischer Energie langfristig sicherzustellen und unter wirtschaftlichen Bedingungen sowie unter gebührender Beachtung des Umweltschutzes sichere, zuverlässige und leistungsfähige Übertragungsnetze zu betreiben, zu warten und auszubauen sowie durch entsprechende Übertragungskapazität und Zuverlässigkeit des Netzes einen Beitrag zur Versorgungssicherheit zu gewährleisten,
3. die zum Betrieb des Netzes erforderlichen technischen Voraussetzungen sicherzustellen,
4. die zur Durchführung der Verrechnung und Datenübermittlung gemäß § 37 Abs. 2 Z 9 erforderlichen vertraglichen Maßnahmen vorzusehen,

5. dem Betreiber eines anderen Netzes, mit dem ihr eigenes Netz verbunden ist, ausreichende Informationen zu liefern, um den sicheren und leistungsfähigen Betrieb, den koordinierten Ausbau und die Interoperabilität des Verbundnetzes sicherzustellen,
6. die genehmigten Allgemeinen Netzbedingungen und die bestimmten Systemnutzungsentgelte in geeigneter Weise (zB Internet) zu veröffentlichen,
7. Verträge über den Datenaustausch mit anderen Netzbetreibern, den Bilanzgruppenverantwortlichen sowie dem Bilanzgruppenkoordinator und anderen Marktteilnehmern entsprechend den in den Allgemeinen Netzbedingungen festgelegten Marktregeln abzuschließen,
8. wirtschaftlich sensible Informationen, von denen sie in Ausübung ihrer Tätigkeit Kenntnis erlangt haben, vertraulich zu behandeln,
9. sich jeglicher Diskriminierung von Netzbenutzerinnen oder Netzbenutzern oder Kategorien von Netzbenutzerinnen oder Netzbenutzern, insbesondere zugunsten der mit ihnen verbundenen Unternehmen, zu enthalten und den Netzbenutzern die Informationen zur Verfügung zu stellen, die sie für einen effizienten Netzzugang benötigen,
10. Netzzugangsberechtigten zu den jeweils genehmigten Allgemeinen Netzbedingungen und jeweils bestimmten Systemnutzungstarifen einschließlich allfälliger behördlich festgesetzter Abgaben, Förderbeiträge, Zuschläge etc., deren Einhebung durch den Netzbetreiber vorgesehen ist, Netzzugang zu ihren Systemen zu gewähren,
11. zur Abschätzung der Lastflüsse und Prüfung der Einhaltung der technischen Sicherheit des Netzes,
12. zur Messung der Leistungen, der Strommengen und der Lastprofile an den Schnittstellen zu anderen Netzen und Weitergabe der Daten, insbesondere in Form von Online-Daten (Echtzeitdaten), an betroffene Netzbetreiber und an den Bilanzgruppenkoordinator,
13. Engpässe im Netz zu ermitteln und Maßnahmen zu setzen, um Engpässe zu vermeiden oder zu beseitigen sowie die Versorgungssicherheit aufrecht zu erhalten. Sofern für die Netzengpassbeseitigung oder Aufrechterhaltung der Versorgungssicherheit dennoch Leistungen der Erzeuger (Erhöhung oder Einschränkung der Erzeugung sowie Veränderung der Kraftwerksverfügbarkeit) erforderlich sind, ist dies vom Übertragungsnetzbetreiber unter Bekanntgabe aller notwendigen Daten unverzüglich dem Regelzonenführer zu melden, der erforderlichenfalls weitere Anordnungen zu treffen hat,
14. zur Einrichtung einer besonderen Bilanzgruppe für die Ermittlung der Netzverluste, wobei diese Bilanzgruppe gemeinsam mit anderen Netzbetreibern eingerichtet werden kann,
15. zur Einhebung der Entgelte für Netznutzung und Einhebung allfälliger behördlich festgesetzter Abgaben, Förderbeiträge, Zuschläge etc.,
16. zur Führung von Aufzeichnungen über den Zeitpunkt des Verlangens nach Netzanschluss von Erzeugungsanlagen,
17. die Zurverfügungstellung der zur Erfüllung der Dienstleistungsverpflichtungen erforderlichen Mittel zu gewährleisten,
18. unter der Aufsicht der nationalen Regulierungsbehörde Engpasserlöse und Zahlungen im Rahmen des Ausgleichsmechanismus zwischen Übertragungsnetzbetreibern gemäß Art. 13 der Verordnung (EG) Nr. 2009/714/EG einzunehmen, Dritten Zugang zu gewähren und deren Zugang zu regeln sowie bei Verweigerung des Zuganges begründete Erklärungen abzugeben; bei der Ausübung ihrer im Rahmen dieser Bestimmung festgelegten Aufgaben haben die Übertragungsnetzbetreiber in erster Linie die Marktintegration zu erleichtern. Engpasserlöse sind für die in Art. 16 Abs. 6 der Verordnung (EG) Nr. 2009/714/EG genannten Zwecke zu verwenden,
19. die Übertragung von elektrischer Energie durch das Netz unter Berücksichtigung des Austausches mit anderen Verbundnetzen zu regeln,
20. ein sicheres, zuverlässiges und effizientes Elektrizitätsnetz zu unterhalten, dh die Bereitstellung aller notwendigen Hilfsdienste, einschließlich jener, die zur Befriedigung der Nachfrage erforderlich sind, zu gewährleisten, sofern diese Bereitstellung unabhängig von jedwedem anderen Übertragungsnetz ist, mit dem das Netz einen Verbund bildet, und Maßnahmen für den Wiederaufbau nach Großstörungen des Übertragungsnetzes zu planen und zu koordinieren, indem er vertragliche Vereinbarungen im technisch notwendigen Ausmaß sowohl mit direkt als auch indirekt angeschlossenen Kraftwerksbetreibern abschließt, um die notwendige Schwarzstart- und Inselbetriebsfähigkeit durch die Übertragungsnetzbetreiber in Kooperation mit den Verteilernetzbetreibern sicherzustellen,
21. einen Netzentwicklungsplan gemäß § 36 zu erstellen und zur Genehmigung bei der Regulierungsbehörde einzureichen,
22. der Regulierungsbehörde jährlich schriftlich Bericht darüber zu legen, welche Maßnahmen sie zur Wahrnehmung ihrer im Rahmen der Verordnung (EG) Nr. 2009/714/EG und sonstiger unmittelbar anwendbarer Bestimmungen des Unionsrechts auferlegten Transparenzverpflichtungen gesetzt haben. Der Bericht hat insbesondere eine Spezifikation der veröffentlichten Informationen, die Art der Veröffentlichung (zB Internetadressen, Zeitpunkte und

Häufigkeit der Veröffentlichung sowie qualitative oder quantitative Beurteilung der Datenzuverlässigkeit der Veröffentlichung) zu enthalten,

23. der Regulierungsbehörde jährlich schriftlich Bericht darüber zu legen, welche Maßnahmen sie zur Wahrnehmung ihrer im Rahmen der Richtlinie 2009/72/EG und sonstiger unmittelbar anwendbarer Bestimmungen des Unionsrechts auferlegten Verpflichtungen zur technischen Zusammenarbeit mit Übertragungsnetzbetreibern der Europäischen Union sowie Drittländern gesetzt haben. Der Bericht hat insbesondere auf die mit den Übertragungsnetzbetreibern vereinbarten Prozesse und Maßnahmen hinsichtlich länderübergreifender Netzplanung und -betrieb sowie auf vereinbarte Daten für die Überwachung dieser Prozesse und Maßnahmen einzugehen,
24. Unterstützung der ENTSO (Strom) bei der Erstellung des gemeinschaftsweiten Netzentwicklungsplans,
25. zur Einrichtung einer besonderen Bilanzgruppe für die Ermittlung der Netzverluste, die nur die dafür notwendigen Kriterien einer Bilanzgruppe zu erfüllen hat,
26. elektrische Energie, die ausschließlich zur Deckung von Energieverlusten inklusive Kapazitätsreserven im Übertragungsnetz verwendet wird, nach transparenten, nichtdiskriminierenden und marktorientierten Verfahren zu beschaffen. Falls eine Beschaffung für Dritte erfolgt, sind die Beschaffungsmengen täglich bis spätestens 9 Uhr in transparenter Weise im Internet zu veröffentlichen. Die Veröffentlichung umfasst die Darstellung des bereits abgeschlossenen Einkaufs für den Vortag und der für den Folgetag bereits beschafften bzw. noch zu beschaffenden elektrischen Energie. Eine getrennte Unterteilung nach der Beschaffung am Terminmarkt, Spotmarkt, Intra-day-Markt und Ausgleichsenergiemarkt ist dabei jeweils vorzunehmen.

(2) Wirkt ein Übertragungsnetzbetreiber, der Teil eines vertikal integrierten Elektrizitätsunternehmens ist, an einem zur Umsetzung der regionalen Zusammenarbeit geschaffenen gemeinsamen Unternehmen mit, ist dieses gemeinsame Unternehmen verpflichtet, ein Gleichbehandlungsprogramm aufzustellen und es durchzuführen. Darin sind die Maßnahmen aufzuführen, mit denen sichergestellt wird, dass diskriminierende und wettbewerbswidrige Verhaltensweisen ausgeschlossen werden. In diesem Gleichbehandlungsprogramm ist festzulegen, welche besonderen Pflichten die Mitarbeiter im Hinblick auf die Erreichung des Ziels der Vermeidung diskriminierenden und wettbewerbswidrigen Verhaltens haben. Das Programm bedarf der Genehmigung durch die Agentur. Die Einhaltung des Programms ist durch den Gleichbehandlungsbeauftragten des Übertragungsnetzbetreibers zu kontrollieren.

(3) Übertragungsnetzbetreiber sind verpflichtet, zu den jeweils genehmigten Allgemeinen Netzbedingungen mit Netzzugangsberechtigten innerhalb des von ihrem Übertragungsnetz abgedeckten Gebietes privatrechtliche Verträge über den Anschluss an ihr Netz mit Netzzugangsberechtigten abzuschließen, wenn ihnen elektrische Energie mit einer Nennspannung von über 110 kV übergeben werden soll und der Verteilernetzbetreiber technisch oder wirtschaftlich nicht in der Lage ist, innerhalb des von seinem Verteilernetz abgedeckten Gebietes privatrechtliche Verträge über den Netzanschluss abzuschließen.

(4) Die Allgemeine Anschlusspflicht besteht nicht, soweit der Anschluss dem Übertragungsnetzbetreiber unter Beachtung der Interessen der Gesamtheit der Netzbenutzer im Einzelfall technisch oder wirtschaftlich nicht zumutbar ist.

(5) Ob die Allgemeine Anschlusspflicht besteht, hat die Behörde auf Antrag eines Netzzugangsberechtigten oder eines Übertragungsnetzbetreibers mit Bescheid festzustellen.

§ 36
Netzentwicklungsplan

(1) Die Übertragungsnetzbetreiber haben der Regulierungsbehörde alle zwei Jahre einen zehnjährigen Netzentwicklungsplan für das Übertragungsnetz zur Genehmigung vorzulegen, der sich auf die aktuelle Lage und die Prognosen im Bereich von Angebot und Nachfrage stützt.

(2) Zweck des Netzentwicklungsplans ist es insbesondere,

1. den Marktteilnehmern Angaben darüber zu liefern, welche wichtigen Übertragungsinfrastrukturen in den nächsten zehn Jahren errichtet oder ausgebaut werden müssen,
2. alle bereits beschlossenen Investitionen aufzulisten und die neuen Investitionen zu bestimmen, die in den nächsten drei Jahren durchgeführt werden müssen, und
3. einen Zeitplan für alle Investitionsprojekte vorzugeben.

(3) Ziel des Netzentwicklungsplans ist es insbesondere,

1. der Deckung der Nachfrage an Leitungskapazitäten zur Versorgung der Endverbraucher unter Berücksichtigung von Notfallszenarien,
2. der Erzielung eines hohen Maßes an Verfügbarkeit der Leitungskapazität (Versorgungssicherheit der Infrastruktur), und
3. der Nachfrage nach Leitungskapazitäten zur Erreichung eines europäischen Binnenmarktes

nachzukommen.

(4) Bei der Erarbeitung des Netzentwicklungsplans hat der Übertragungsnetzbetreiber angemessene Annahmen über die Entwicklung der Erzeugung, der Versorgung, des Verbrauches und des Stromaustausches mit anderen Staaten unter Berücksichtigung der Investitionspläne für regionale Netze gemäß Art. 12 Abs. 1 der Verordnung (EG) Nr. 2009/714/EG und für gemeinschaftsweite Netze gemäß Art. 8 Abs. 3 lit. b der Verordnung (EG) Nr. 2009/714/EG zugrunde zu legen. Der Netzentwicklungsplan hat wirksame Maßnahmen zur Gewährleistung der Angemessenheit des Netzes und der Erzielung eines hohen Maßes an Verfügbarkeit der Leitungskapazität (Versorgungssicherheit der Infrastruktur) zu enthalten.

(5) Der Übertragungsnetzbetreiber hat bei der Erstellung des Netzentwicklungsplans die technischen und wirtschaftlichen Zweckmäßigkeiten, die Interessen aller Marktteilnehmer sowie die Kohärenz mit dem integrierten Netzinfrastrukturplan gemäß § 94 EAG und dem gemeinschaftsweiten Netzentwicklungsplan zu berücksichtigen. Überdies hat er den koordinierten Netzentwicklungsplan gemäß § 63 GWG 2011 und die langfristige und integrierte Planung gemäß § 22 GWG 2011 zu berücksichtigen. Vor Einbringung des Antrages auf Genehmigung des Netzentwicklungsplans hat der Übertragungsnetzbetreiber alle relevanten Marktteilnehmer zu konsultieren.

(6) In der Begründung des Antrags auf Genehmigung des Netzentwicklungsplans haben die Übertragungsnetzbetreiber, insbesondere bei konkurrierenden Vorhaben zur Errichtung, Erweiterung, Änderung oder dem Betrieb von Leitungsanlagen, die technischen und wirtschaftlichen Gründe für die Befürwortung oder Ablehnung einzelner Vorhaben darzustellen und die Beseitigung von Netzengpässen anzustreben.

§ 37
Regelzonen, Aufgaben

(1) Der vom Übertragungsnetz der Austrian Power Grid AG im Burgenland abgedeckte Netzbereich ist Bestandteil eines Regelzonenbereiches. Der Betreiber dieses Übertragungsnetzes ist auch Regelzonenführer (wird als Regelzonenführer benannt).

(2) Zusätzlich zu den im § 35 auferlegten Pflichten obliegen dem Regelzonenführer folgende Aufgaben:

1. die Bereitstellung der Systemdienstleistung (Leistungs-Frequenz-Regelung) entsprechend den technischen Regeln, wie etwa jene der ENTSO (Strom), wobei diese Systemdienstleistung von einem dritten Unternehmen erbracht werden kann,
2. die Fahrplanabwicklung mit anderen Regelzonen,
3. die Organisation und den Abruf der Ausgleichsenergie entsprechend der Bieterkurve,
4. die Durchführung der Messungen von elektrischen Größen an Schnittstellen seines Übertragungsnetzes und Übermittlung der Daten an den Bilanzgruppenkoordinator und andere Netzbetreiber,
5. die Ermittlung von Engpässen in Übertragungsnetzen sowie die Durchführung von Maßnahmen zur Vermeidung, Beseitigung und Überwindung von Engpässen in Übertragungsnetzen, weiters die Aufrechterhaltung der Versorgungssicherheit. Sofern für die Vermeidung oder Beseitigung eines Netzengpasses erforderlich, schließen die Regelzonenführer in Abstimmung mit den betroffenen Betreibern von Verteilernetzen im erforderlichen Ausmaß und für den erforderlichen Zeitraum mit Erzeugern oder Entnehmern Verträge, wonach diese zu gesicherten Leistungen (Erhöhung oder Einschränkung der Erzeugung oder des Verbrauchs) gegen Ersatz der wirtschaftlichen Nachteile und Kosten, die durch diese Leistungen verursacht werden, verpflichtet sind; dabei sind die Vorgaben gemäß Art. 13 der Verordnung (EU) 2019/943 über den Elektrizitätsbinnenmarkt, ABl. Nr. L 158 vom 14.06.2019 S. 54, einzuhalten. Soweit darüber hinaus auf Basis einer Systemanalyse der Bedarf nach Vorhaltung zusätzlicher Erzeugungsleistung oder reduzierter Verbrauchsleistung besteht (Netzreserve), ist diese gemäß den Vorgaben des § 23b ElWOG 2010 zu beschaffen. In diesen Verträgen können Erzeuger oder Entnehmer auch zu gesicherten Leistungen verpflichtet werden, um zur Vermeidung und Beseitigung von Netzengpässen in anderen Übertragungsnetzen beizutragen. Zur Nutzung von Erzeugungsanlagen oder Anlagen von Entnehmern im europäischen Elektrizitätsbinnenmarkt und der Schweizerischen Eidgenossenschaft zur Vermeidung, Beseitigung und Überwindung von Engpässen in österreichischen Übertragungsnetzen können die Regelzonenführer Verträge mit anderen Übertragungsnetzbetreibern abschließen. Bei der Bestimmung der Systemnutzungsentgelte sind den Regelzonenführern die Aufwendungen, die ihnen aus der Erfüllung dieser Verpflichtungen entstehen, anzuerkennen,“
6. der Abruf der Erzeugungsanlagen zur Aufbringung von Regelenergie,
7. die Durchführung einer Abgrenzung von Regelenergie zu Ausgleichsenergie nach transparenten und objektiven Kriterien,
8. die Sicherstellung des physikalischen Ausgleichs zwischen Aufbringung und Bedarf in dem von ihm abzudeckenden System,
9. die Durchführung der Verrechnung der Ausgleichsenergie über eine zur Ausübung dieser Tätigkeit befugte und zuständige Verrechnungsstelle und die Zurverfügungstellung der

zur Durchführung der Verrechnung erforderlichen Daten an die Verrechnungsstelle und den Bilanzgruppenverantwortlichen, wobei insbesondere jene Zählwerte zu übermitteln sind, die für die Berechnung der Fahrplanabweichungen und der Abweichungen von den Lastprofilen jeder Bilanzgruppe benötigt werden,

10. die Erstellung einer Lastprognose zur Erkennung von Engpässen,
11. Verträge über den Datenaustausch mit anderen Netzbetreibern, den Bilanzgruppenverantwortlichen und dem Bilanzgruppenkoordinator und anderen Marktteilnehmerinnen und Marktteilnehmern entsprechend den in den Allgemeinen Netzbedingungen festgelegten Marktregeln abzuschließen,
12. die Befolgung der Anweisungen des Bilanzgruppenkoordinators, wenn keine Angebote für die Ausgleichsenergie vorliegen,
13. die Benennung des Bilanzgruppenkoordinators und dessen Anzeige an die Behörde (§§ 45, 68 Abs. 14),
14. die Veröffentlichung der in Anspruch genommenen Primärregelleistung und Sekundärregelleistung hinsichtlich Dauer und Höhe sowie der Ergebnisse der Ausschreibungsverfahren gemäß Abs. 3 und § 69 ElWOG 2010,
15. die Systeme der Datenübermittlung und Auswertung für zeitgleich übermittelte Daten von Erzeugungsanlagen gemäß § 40 Abs. 6 so zu gestalten und zu betreiben, dass eine Weitergabe dieser Informationen an Dritte auszuschließen ist,
16. ein Gleichbehandlungsprogramm zu erstellen, durch das gewährleistet wird, dass die Verpflichtungen gemäß Z 15 eingehalten werden. Das Gleichbehandlungsprogramm ist der Behörde vorzulegen und auf deren Verlangen zu ändern,
17. mit der Agentur sowie der Regulierungsbehörde zusammenzuarbeiten, um die Kompatibilität der regional geltenden Regulierungsrahmen und damit die Schaffung eines Wettbewerbsbinnenmarktes für Elektrizität zu gewährleisten,
18. für Zwecke der Kapazitätsvergabe und der Überprüfung der Netzsicherheit auf regionaler Ebene über ein oder mehrere integrierte Systeme zu verfügen, die sich auf einen oder mehrere Mitgliedstaaten erstrecken,
19. regional und überregional die Berechnungen von grenzüberschreitenden Kapazitäten und deren Vergabe gemäß den Vorgaben der Verordnung (EG) Nr. 2009/714/EG zu koordinieren,
20. Maßnahmen, die der Markttransparenz dienen, grenzüberschreitend abzustimmen,
21. die Vereinheitlichung zum Austausch von Regelenergieprodukten durchzuführen,
22. in Zusammenarbeit mit anderen Regelzonenführern eine regionale Bewertung bzw. Prognose der Versorgungssicherheit vorzunehmen,
23. in Zusammenarbeit mit anderen Regelzonenführern unter Austausch der erforderlichen Daten eine regionale Betriebsplanung durchzuführen und koordinierte Netzbetriebssicherheitssysteme zu verwenden,
24. die Vorlage der Regeln für das Engpassmanagement einschließlich der Kapazitätszuweisung an den grenzüberschreitenden Leitungen sowie jede Änderung dieser Regeln zur Genehmigung an die Regulierungsbehörde,
25. Angebote für Regelenergie einzuholen, zu übernehmen und eine Abrufreihenfolge als Vorgabe für Regelzonenführer zu erstellen. Die Ausschreibebedingungen haben transparent und diskriminierungsfrei zu sein und haben einer möglichst großen Anzahl von geeigneten Anbietern eine Teilnahme an der Ausschreibung zu ermöglichen. Potentielle Marktteilnehmer sind in den Prozess der Ausschreibungsbedingungen einzubinden,
26. besondere Maßnahmen zu ergreifen, wenn keine Angebote für Regelenergie vorliegen.

(3) Die Bereitstellung der Primärregelleistung hat mittels einer vom Regelzonenführer oder einem von ihm Beauftragten regelmäßig, jedoch mindestens halbjährlich, durchzuführenden Ausschreibung zu erfolgen. Die Höhe der jeweils auszuschreibenden Leistungen hat den Anforderungen des Europäischen Verbundbetriebes (ENTSO) zu entsprechen.

(4) Der Regelzonenführer hat regelmäßig ein transparentes und diskriminierungsfreies Präqualifikationsverfahren zur Ermittlung der für die Teilnahme an der Ausschreibung interessierten Anbieter von Primärregelleistung durchzuführen, indem er alle Erzeuger, die technisch geeignete Erzeugungsanlagen betreiben, zur Teilnahme an der Ausschreibung einlädt. Die in den Präqualifikationsverfahren als geeignet eingestuften Anbieter von Primärregelleistung sind zur Teilnahme an der Ausschreibung berechtigt. Das Recht zur Teilnahme am Präqualifikationsverfahren oder an der Ausschreibung kann durch Vereinbarungen nicht ausgeschlossen werden. Die Details des Präqualifikationsverfahrens sind in Allgemeinen Bedingungen zu regeln, die in geeigneter Weise (zB Internet) zu veröffentlichen sind.

(5) Bei der Ausschreibung hat die im Primärregelsystem pro Anlage vorzuhaltende Leistung mindestens 2 MW zu betragen.

(6) Der Regelzonenführer hat bei erfolglos verlaufender Ausschreibung die gemäß Abs. 4 geeigneten Anbieter von Primärregelleistung gegen Ersatz der tatsächlichen Aufwendungen zur Bereitstellung der Primärregelleistung zu verpflichten.

(7) Die Bereitstellung der Primärregelleistung hat mittels einer vom Regelzonenführer, oder einer oder einem von ihm Beauftragten, regelmäßig, jedoch mindestens halbjährlich, durchzuführenden Ausschreibung zu erfolgen. Die Höhe der jeweils auszuschreibenden bereitzustellenden Leistung hat den Anforderungen des Europäischen Verbundbetriebs (UCTE) zu entsprechen.

(8) Der Regelzonenführer hat regelmäßig ein transparentes und diskriminierungsfreies Präqualifikationsverfahren zur Ermittlung der für die Teilnahme an der Ausschreibung interessierten Anbieter von Primärregelleistung durchzuführen, indem er alle Erzeuger, die technisch geeignete Erzeugungsanlagen betreiben, zur Teilnahme an der Ausschreibung einlädt. Die in den Präqualifikationsverfahren als geeignet eingestuften Anbieter von Primärregelleistung sind zur Teilnahme an der Ausschreibung berechtigt. Das Recht zur Teilnahme am Präqualifikationsverfahren oder an der Ausschreibung kann durch Vereinbarungen nicht ausgeschlossen werden. Die Details des Präqualifikationsverfahrens sind in Allgemeinen Bedingungen zu regeln, die in geeigneter Weise (zB Internet) zu veröffentlichen sind.

(9) Bei der Ausschreibung hat die im Primärregelsystem pro Anlage vorzuhaltende Leistung mindestens 2 MW zu betragen.

(10) Der Regelzonenführer hat bei erfolglos verlaufender Ausschreibung die gemäß Abs. 8 geeigneten Anbieter von Primärregelleistung gegen Ersatz der tatsächlichen Aufwendungen zur Bereitstellung der Primärregelleistung zu verpflichten.

4. Hauptstück
Netzzugangsberechtigte, Stromhändler

§ 38
Rechte der Kundinnen und Kunden

(1) Alle Kundinnen und Kunden sind berechtigt, mit Stromhändlern und sonstigen Lieferanten Verträge über die Lieferung von elektrischer Energie zur Deckung ihres Bedarfes zu schließen und hinsichtlich dieser Mengen Netzzugang zu begehren.

(2) Stromhändler und sonstige Lieferanten können den Netzzugang im Namen ihrer Kundinnen und Kunden begehren.

§ 39
Pflichten der Stromhändler und sonstigen Lieferanten, Versorger letzter Instanz

(1) Stromhändler und sonstige Lieferanten haben Allgemeine Geschäftsbedingungen für die Belieferung mit elektrischer Energie für Kunden, deren Verbrauch nicht über einen Lastprofilzähler gemessen wird, zu erstellen. Die Allgemeinen Geschäftsbedingungen sowie ihre Änderungen sind der Regulierungsbehörde vor ihrem Inkrafttreten in elektronischer Form anzuzeigen und in geeigneter Form (zB Internet) zu veröffentlichen.

(2) Allgemeine Geschäftsbedingungen oder Vertragsformblätter zwischen Stromhändlern oder sonstigen Lieferanten und Kunden haben zumindest zu enthalten:

1. Name und Anschrift des Stromhändlers oder sonstiger Lieferanten;
2. erbrachte Leistungen und angebotene Qualität sowie den voraussichtlichen Zeitpunkt für den Beginn der Lieferung;
3. den Energiepreis in Cent/kWh inklusive etwaiger Zuschläge und Abgaben;
4. Vertragsdauer, Bedingungen für eine Verlängerung und Beendigung der Leistungen und des Vertragsverhältnisses, Vorhandensein eines Rücktrittsrechts;
5. Modalitäten der Zahlungen, wobei zumindest zwei Zahlungsformen anzubieten sind;
6. etwaige Entschädigungs- und Erstattungsregelungen bei Nichteinhaltung der vertraglich vereinbarten Leistungsqualität, einschließlich fehlerhafter und verspäteter Abrechnung;
7. Hinweis auf die zur Verfügung stehenden Beschwerdemöglichkeiten;
8. die Bedingungen, zu denen eine Belieferung im Sinne der Abs. 4 bis 6 erfolgt;
9. Modalitäten, zu welchen der Kunde verpflichtet ist, Teilbetragszahlungen zu leisten, wobei eine Zahlung zumindest zehn Mal jährlich anzubieten ist.

(3) Die Stromhändler und sonstige Lieferanten haben ihre Kunden nachweislich vor Abschluss eines Vertrags über die wesentlichen Vertragsinhalte zu informieren. Zu diesem Zweck ist dem Kunden ein Informationsblatt auszuhändigen. Dies gilt auch, wenn der Vertragsabschluss durch einen Vermittler angebahnt wird. Dem Kunden sind anlässlich des Vertragsabschlusses die Allgemeinen Geschäftsbedingungen kostenlos auszufolgen. Bei mündlich abgeschlossenen Verträgen hat der Kunde das vor Abschluss des Vertrags besprochene Informationsblatt und die Allgemeinen Geschäftsbedingungen spätestens mit der Vertragsbestätigung zu erhalten.

(4) Stromhändler und sonstige Lieferanten, zu deren Tätigkeitsbereich die Versorgung von Haushaltskunden zählt und die im Burgenland tätig sind, haben ihren Allgemeinen Tarif für die Versorgung in letzter Instanz von Haushaltskunden und Kleinunternehmen in geeigneter Weise (zB Internet) zu veröffentlichen. Sie sind verpflichtet, im Landesgebiet zu ihren geltenden Allgemeinen Geschäftsbedingungen und zu diesem Tarif Verbraucher im Sinne des § 1 Abs. 1 Z 2 KSchG und Kleinunternehmen, die sich ihnen gegenüber auf die Grundversorgung berufen, mit elektrischer Energie zu beliefern (Pflicht zur Grundversorgung).

(5) Der Allgemeine Tarif der Grundversorgung für Verbraucher im Sinne des § 1 Abs. 1 Z 2

KSchG darf nicht höher sein als jener Tarif, zu dem die größte Anzahl ihrer Kunden im Burgenland, die Verbraucher im Sinne des § 1 Abs. 1 Z 2 KSchG sind, versorgt werden. Der Allgemeine Tarif der Grundversorgung für Kleinunternehmer darf nicht höher sein als jener Tarif, der gegenüber vergleichbaren Kundengruppen im Burgenland Anwendung findet. Dem Verbraucher im Sinne des § 1 Abs. 1 Z 2 KSchG, der sich auf die Grundversorgung beruft, darf im Zusammenhang mit der Aufnahme der Belieferung keine Sicherheitsleistung (Barsicherheit, Bankgarantie, Hinterlegung von nicht vinkulierten Sparbüchern) oder Vorauszahlung abverlangt werden, welche die Höhe einer Teilzahlung für ein Monat übersteigt. Gerät der Verbraucher während sechs Monaten nicht in weiteren Zahlungsverzug, so ist ihm die Sicherheitsleistung zurückzuerstatten und von einer Vorauszahlung abzusehen, solange nicht erneut ein Zahlungsverzug eintritt. Anstelle einer Vorauszahlung oder Sicherheitsleistung kann auch ein Vorauszahlungszähler zur Verwendung gelangen.

(6) Stromhändler und sonstige Lieferanten sind berechtigt, das Vertragsverhältnis zur Grundversorgung aus wichtigem Grund durch Kündigung zu beenden. Ein wichtiger Grund liegt insbesondere vor, wenn ein Stromhändler oder sonstiger Lieferant bereit ist, einen Liefervertrag außerhalb der Grundversorgung abzuschließen. Davon unberührt bleibt das Recht des Stromhändlers oder sonstiger Lieferanten, seine Verpflichtungen aus dem Vertragsverhältnis für den Fall einer nicht bloß geringfügigen und anhaltenden Zuwiderhandlung, wie zB Missachtung mehrmaliger Mahnungen, so lange auszusetzen, als die Zuwiderhandlung andauert.

(7) Die Behörde kann einem Stromhändler oder sonstigen Lieferanten, der Endverbraucher beliefert, diese Tätigkeit untersagen, wenn er

1. mindestens drei Mal wegen Übertretung dieses Gesetzes oder des Ökostromgesetzes rechtmäßig bestraft worden ist und die Untersagung im Hinblick auf die Übertretung nicht unverhältnismäßig ist oder
2. nicht die erforderliche Verlässlichkeit besitzt. § 47 Abs. 4 bis 8 gilt sinngemäß.

Von der Untersagung ist der Bilanzgruppenverantwortliche zu verständigen.

§ 40
Netzbenutzer

(1) Netzbenutzer haben sich einer Bilanzgruppe anzuschließen oder unter Beachtung des 5. Hauptstückes eine eigene Bilanzgruppe zu bilden.

(2) Netzbenutzer sind verpflichtet,

1. Daten, Zählerwerte und sonstige zur Ermittlung ihres Verbrauches an elektrischer Energie dienende Angaben an Netzbetreiber, Bilanzgruppenverantwortliche und den Bilanzgruppenkoordinator gemäß den sich aus den vertraglichen Vereinbarungen ergebenden Verpflichtungen bereitzustellen und zu übermitteln, soweit dies zur Aufrechterhaltung eines wettbewerbsorientierten Elektrizitätsmarktes und zur Wahrung des Konsumentenschutzes erforderlich ist,
2. die technischen Vorgaben der Netzbetreiber bei Verwendung eigener Zähleinrichtungen und Anlagen zur Datenübertragung einzuhalten,
3. Meldungen bei Stromhändler-, sonstigem Lieferanten- sowie Bilanzgruppenwechsel abzugeben sowie die hiefür vorgesehenen Fristen einzuhalten,
4. Vertragsdaten an Stellen zu melden, die mit der Erstellung von Indizes betraut sind,
5. bei technischer Notwendigkeit Erzeugungs- und Verbrauchsfahrpläne im erforderlichen Ausmaß an den Netzbetreiber, den Bilanzgruppenverantwortlichen und den Regelzonenführer zu melden,
6. Verträge über den Datenaustausch mit anderen Netzbetreibern, den Bilanzgruppenverantwortlichen sowie dem Bilanzgruppenkoordinator und anderen Marktteilnehmern entsprechend den in den Allgemeinen Netzbedingungen festgelegten Marktregeln abzuschließen.

(3) Zusätzlich zu den in den Abs. 1 und 2 festgelegten Pflichten sind Erzeuger verpflichtet:

1. Daten im erforderlichen Ausmaß betroffenen Netzbetreibern, dem Bilanzgruppenkoordinator, dem jeweiligen Bilanzgruppenverantwortlichen und anderen betroffenen Marktteilnehmerinnen und Marktteilnehmern zur Verfügung zu stellen,
2. Erzeugerfahrpläne vorab an die betroffenen Netzbetreiber, den Regelzonenführer und den Bilanzgruppenverantwortlichen im erforderlichen Ausmaß bei technischer Notwendigkeit zu melden, sofern sich durch das Ökostromgesetz nicht anderes ergibt,
3. zur Bekanntgabe von Erzeugungsfahrplänen an die betroffenen Bilanzgruppenverantwortlichen und Netzbetreiber bei Teillieferungen,
4. nach Maßgabe vertraglicher Vereinbarungen auf Anordnung des Regelzonenführers zur Netzenergieengpassbeseitigung oder zur Aufrechterhaltung der Versorgungssicherheit Leistungen (Erhöhung oder Einschränkung der Erzeugung sowie Veränderung der Verfügbarkeit von Energieerzeugungsanlagen) zu erbringen, wobei sicher zu stellen ist, dass bei Anweisungen des Regelzonenführers gegenüber Betreibern von KWK-Anlagen die Fernwärmeversorgung gewährleistet bleibt,
5. auf Anordnung des Regelzonenführers gemäß § 23 Abs. 9 ElWOG 2010 zur Netzengpassbeseitigung oder zur Aufrechterhaltung der Versorgungssicherheit die Erhöhung und/oder

Einschränkung der Erzeugung sowie die Veränderung der Verfügbarkeit von Erzeugungsanlagen vorzunehmen, soweit dies nicht gemäß Z 4 vertraglich sichergestellt werden konnte,

6. auf Anordnung des Regelzonenführers mit technisch geeigneten Erzeugungsanlagen bei erfolglos verlaufender Ausschreibung gegen Ersatz der tatsächlichen Aufwendungen die Sekundärregelung bereit zu stellen und zu erbringen.

(4) Erzeuger haben einen Rechtsanspruch auf Errichtung und Betrieb von Direktleitungen.

(5) Betreiber von Erzeugungsanlagen (Kraftwerkparks) mit einer Engpassleistung von mehr als fünf MW sind weiters verpflichtet:

1. die Kosten für die Primärregelung zu übernehmen;
2. soweit diese zur Erbringung der Primärregelung imstande sind, diese auf Anordnung des Regelzonenführers zu erbringen, für den Fall, dass die Ausschreibung gemäß § 37 Abs. 4 erfolglos bleibt;
3. Nachweise über die tatsächliche Bereitstellung bzw. über die Erbringung der Primärregelleistung dem Regelzonenführer in geeigneter und transparenter Weise, zB durch Übertragung der Messwerte, zu erbringen;
4. zur Befolgung der im Zusammenhang mit der Erbringung der Primärregelleistung stehenden Anweisungen des Regelzonenführers, insbesondere die Art und den Umfang der zu übermittelnden Daten betreffend.

(6) Betreiber von Erzeugungsanlagen (Kraftwerkparks), die an die Netzebenen gemäß § 63 Z 1 bis 3 ElWOG 2010 angeschlossen sind oder über eine Engpassleistung von mehr als 50 MW verfügen, sind verpflichtet, dem Regelzonenführer zur Überwachung der Netzsicherheit zeitgleich Daten über die jeweils aktuelle Einspeiseleistung dieser Erzeugungsanlagen in elektronischer Form zu übermitteln.

(7) Betreiber von Erzeugungsanlagen mit einer Engpassleistung von mehr als 20 MW sind verpflichtet, der Behörde zur Überwachung der Versorgungssicherheit regelmäßig Daten über die zeitliche Verfügbarkeit der Erzeugungsanlagen zu übermitteln.

(8) Die Betreiber von Erzeugungsanlagen (Kraftwerkparks) mit einer Engpassleistung von mehr als 5 MW sind zur Aufbringung der Mittel für die Bereitstellung der Primärregelleistung im Verhältnis ihrer im laufenden Kalenderjahr erbrachten Jahreserzeugungsmengen verpflichtet. Bei Erzeugungsanlagen, deren Engpassleistung größer als die Anschlussleistung an das jeweilige Netz ist, ist diese Anschlussleistung multipliziert mit den im Kalenderjahr erbrachten Betriebsstunden der Anlage heranzuziehen.

(9) Die Verrechnung und Einhebung der Mittel erfolgt vierteljährlich durch den Regelzonenführer. Der Regelzonenführer ist berechtigt, die Mittel gemäß Abs. 8 vorab zu pauschalieren und vierteljährlich gegen nachträgliche jährliche Abrechnung einzuheben. Die Betreiber von Erzeugungsanlagen (Kraftwerkparks) haben dem Regelzonenführer die für die Bemessung der Mittel gemäß Abs. 8 erforderlichen Daten zur Verfügung zu stellen.

5. Hauptstück
Bilanzgruppen, Bilanzgruppenverantwortliche, Bilanzgruppenkoordinator

1. Abschnitt
Bilanzgruppen

§ 41
Bildung und Aufgaben von Bilanzgruppen

(1) Bilanzgruppen können innerhalb jeder Regelzone gebildet werden. Die Bildung und Veränderung einer Bilanzgruppe erfolgt durch den Bilanzgruppenverantwortlichen.

(2) Die Bilanzgruppenverantwortlichen haben - sofern sich aus Abs. 5 nichts anderes ergibt - folgende Aufgaben:

1. die Erstellung von Fahrplänen und Übermittlung dieser an den Bilanzgruppenkoordinator und den Regelzonenführer,
2. den Abschluss von Vereinbarungen betreffend Reservehaltung sowie die Versorgung von Bilanzgruppenmitgliedern, die ihnen von der Regulierungsbehörde zugewiesen wurden,
3. die Meldung bestimmter Erzeugungs- und Verbrauchsdaten für technische Zwecke,
4. die Meldung von Erzeugungs- und Abnahmefahrplänen von Großabnehmerinnen und Großabnehmern sowie Einspeiserinnen und Einspeisern nach definierten Regeln für technische Zwecke,
5. die Entrichtung von Entgelten (Gebühren) an den Bilanzgruppenkoordinator,
6. die Entrichtung der Entgelte für Ausgleichsenergie an den Regelzonenführer und die Weiterverrechnung der Entgelte an die Bilanzgruppenmitglieder.

(3) Die Bilanzgruppenverantwortlichen sind - sofern sich aus Abs. 5 nichts anderes ergibt - verpflichtet:

1. Verträge mit dem Bilanzgruppenkoordinator, den Netzbetreibern und den Bilanzgruppenmitgliedern über den Datenaustausch abzuschließen,
2. eine Evidenz der Bilanzgruppenmitglieder zu führen,
3. entsprechend den Marktregeln Daten an den Bilanzgruppenkoordinator, die Netzbetreiber und die Bilanzgruppenmitglieder weiterzugeben,

4. Fahrpläne zwischen Bilanzgruppen zu erstellen und dem Bilanzgruppenkoordinator bis zu einem von diesem festgesetzten Zeitpunkt zu melden,
5. Ausgleichsenergie für die Bilanzgruppenmitglieder - im Sinne einer Versorgung mit dieser - zu beschaffen,
6. die genehmigten Allgemeinen Netzbedingungen der Netzbetreiber, insbesondere die Marktregeln einzuhalten,
7. Allgemeine Bedingungen der Regulierungsbehörde zur Genehmigung vorzulegen und
8. alle Vorkehrungen zu treffen, die erforderlich sind, um die Aufwendungen der Ökostromabwicklungsstelle für Ausgleichsenergie zu minimieren.

(4) Der Abschluss von Verträgen mit Bilanzgruppenmitgliedern hat zu den genehmigten Allgemeinen Bedingungen zu erfolgen.

(5) Für Bilanzgruppen zur Ermittlung der Netzverluste gelten nur die in Abs. 2 Z 5 und Abs. 3 Z 1 und 3 aufgezählten Aufgaben und Pflichten.

(6) Wechselt ein Bilanzgruppenmitglied die Bilanzgruppe, den Stromhändler oder Lieferanten sind die Daten des Bilanzgruppenmitgliedes vom Bilanzgruppenverantwortlichen der neuen Bilanzgruppe, dem neuen Stromhändler oder Lieferanten weiter zu geben.

§ 42
Allgemeine Bedingungen

(1) Die Allgemeinen Bedingungen für Bilanzgruppenverantwortliche sowie deren Änderungen bedürfen der Genehmigung der Regulierungsbehörde. Die Genehmigung ist unter Auflagen zu erteilen, falls dies zur Erfüllung der Vorschriften dieses Gesetzes notwendig ist.

(2) Die Allgemeinen Bedingungen dürfen nicht diskriminierend sein und keine missbräuchlichen Praktiken oder ungerechtfertigten Beschränkungen enthalten. Insbesondere sind sie unter Berücksichtigung der §§ 27 Abs. 3 Z 2 bis 8 sowie 41 Abs. 2 und 3 so zu gestalten, dass

1. die Erfüllung der dem Bilanzgruppenverantwortlichen obliegenden Aufgaben gewährleistet ist,
2. die Leistungen der Bilanzgruppenmitglieder mit den Leistungen des Bilanzgruppenverantwortlichen in einem sachlichen Zusammenhang stehen,
3. die wechselseitigen Verpflichtungen ausgewogen und verursachungsgerecht zugewiesen sind.

2. Abschnitt
Bilanzgruppenverantwortliche, Bilanzgruppenkoordinator

§ 43
Bilanzgruppenverantwortliche

(1) Die Tätigkeit eines Bilanzgruppenverantwortlichen darf eine natürliche oder juristische Person oder eine eingetragene Personengesellschaft ausüben.

(2) Die Tätigkeit eines Bilanzgruppenverantwortlichen bedarf einer Genehmigung durch die Regulierungsbehörde. Ein Bilanzgruppenverantwortlicher, dem eine Genehmigung nach den Vorschriften eines anderen in Ausführung des ElWOG erlassenen Landesgesetzes erteilt worden ist, darf auch im Burgenland tätig werden.

(3) Dem Antrag auf Erteilung der Genehmigung sind nachstehende Unterlagen anzuschließen:

1. Vereinbarungen mit dem Bilanzgruppenkoordinator und dem Regelzonenführer, die zur Erfüllung seiner Aufgaben und Verpflichtungen, insbesondere in administrativer und kommerzieller Hinsicht, erforderlich sind,
2. Nachweise über die Eintragung ins Firmenbuch (Firmenbuchauszug) und über den Sitz (Hauptwohnsitz),
3. Nachweise, dass beim Antragsteller bzw. seinen nach außen vertretungsbefugten Organen die persönlichen Voraussetzungen im Sinne des § 47 Abs. 3 Z 1 lit. a und b und keine Ausschließungsgründe im Sinne des § 47 Abs. 4 bis 8 vorliegen,
4. Nachweise, dass der Bilanzgruppenverantwortliche, mindestens ein Gesellschafter bzw. Komplementär oder mindestens eine Geschäftsführerin oder ein Geschäftsführer oder ein Vorstand oder eine leitende Angestellte oder ein leitender Angestellter fachlich geeignet ist,
5. Nachweis, dass der Bilanzgruppenverantwortliche für die Ausübung seiner Tätigkeit als Bilanzgruppenverantwortlicher über ein Haftungskapital von mindestens 50 000 Euro zB in Form einer Bankgarantie oder einer entsprechenden Versicherung, verfügt, unbeschadet einer auf Grund der Art und des Umfanges der Geschäftstätigkeit allenfalls erforderlichen höheren Kapitalausstattung gemäß der nach Z 1 vorzulegenden Vereinbarung.

(4) Die fachliche Eignung ist gegeben, wenn im ausreichenden Maße theoretische und praktische Kenntnisse in der Abwicklung von Stromgeschäften oder in einer leitenden Tätigkeit auf dem Gebiet der Elektrizitätswirtschaft, insbesondere im Stromhandel, in der Erzeugung von elektrischer Energie oder im Betrieb eines Netzes, vorliegen.

(5) Die Genehmigung ist erforderlichenfalls unter Auflagen zu erteilen, wenn alle Voraussetzungen gemäß Abs. 3 vorliegen. Ab Vorliegen der

vollständigen Antragsunterlagen hat die Regulierungsbehörde binnen zwei Monaten zu entscheiden, andernfalls ist der Antragsteller berechtigt, die Tätigkeit als Bilanzgruppenverantwortlicher vorläufig auszuüben. Eine Untersagung der Tätigkeit erfolgt in sinngemäßer Anwendung des § 44.

(6) Die Bestimmungen der vorstehenden Absätze gelten nicht für Netzbetreiber, die eine Bilanzgruppe zur Ermittlung der Netzverluste bilden. Die Einrichtung einer solchen Bilanzgruppe hat der Netzbetreiber der Regulierungsbehörde anzuzeigen.

§ 44

Widerruf der Genehmigung, Erlöschen

(1) Die Regulierungsbehörde kann die dem Bilanzgruppenverantwortlichen erteilte Genehmigung widerrufen, wenn er

1. seine Tätigkeit nicht innerhalb von sechs Monaten nach der Erteilung der Genehmigung aufnimmt oder
2. seine Tätigkeit länger als ein Monat nicht ausübt.

(2) Die Regulierungsbehörde hat die dem Bilanzgruppenverantwortlichen erteilte Genehmigung zu widerrufen, wenn

1. der Genehmigungsbescheid gemäß § 43 Abs. 5 auf unrichtigen Angaben oder täuschenden Handlungen beruht,
2. eine im § 43 Abs. 3 festgelegte Voraussetzung nicht oder nicht mehr vorliegt oder
3. er zumindest drei Mal wegen Verletzung seiner Aufgaben und Pflichten (§ 41) rechtskräftig bestraft worden und der Widerruf im Hinblick auf die Übertretungen nicht unverhältnismäßig ist.

(3) Die Genehmigung erlischt, wenn über das Vermögen des Bilanzgruppenverantwortlichen ein Konkurs- oder Ausgleichsverfahren oder ein Schuldenregulierungsverfahren eröffnet wird oder wenn der Antrag auf Konkurseröffnung mangels eines zur Deckung der Kosten des Konkursverfahrens hinreichenden Vermögens rechtskräftig abgewiesen wird.

§ 45

Bilanzgruppenkoordinator

(1) Von der Tätigkeit eines Bilanzgruppenkoordinators sind Unternehmen ausgeschlossen, die unter einem bestimmenden Einfluss von Unternehmen oder einer Gruppe von Unternehmen stehen, die mindestens eine der Funktionen der kommerziellen Erzeugung, Übertragung, Verteilung oder Versorgung mit Elektrizität wahrnehmen. Darüber hinaus ist sicher zu stellen, dass

1. der Bilanzgruppenkoordinator die ihm gemäß Abs. 2 und 3 zur Besorgung zugewiesenen Aufgaben in sicherer und kostengünstiger Weise zu erfüllen vermag; eine kostengünstige Besorgung der Aufgaben ist jedenfalls dann anzunehmen, wenn bei der Ermittlung der Kostenbasis für die Verrechnungsstelle die für die Bestimmung der Systemnutzungstarife anzuwendenden Verfahren und Grundsätze zu Grunde gelegt werden,
2. die Personen, die eine qualifizierte Beteiligung am Bilanzgruppenkoordinator halten, den im Interesse einer soliden und umsichtigen Führung des Unternehmens zu stellenden Ansprüchen genügen,
3. bei keinem der Vorstände ein Ausschließungsgrund im Sinne des § 13 Abs. 1 bis 6 GewO 1994 vorliegt,
4. die Vorständin bzw. der Vorstand auf Grund ihrer bzw. seiner Vorbildung fachlich geeignet ist und die für den Betrieb des Unternehmens erforderlichen Eigenschaften und Erfahrungen hat. Die fachliche Eignung einer Vorständin bzw. eines Vorstandes setzt voraus, dass in ausreichendem Maße theoretische und praktische Kenntnisse in der Abrechnung von Ausgleichsenergie sowie in der Leitungserfahrung hat; die fachliche Eignung für die Leitung einer Verrechnungsstelle ist anzunehmen, wenn eine zumindest dreijährige leitende Tätigkeit auf dem Gebiet der Tarifierung oder des Rechnungswesens nachgewiesen wird,
5. mindestens eine Vorständin oder ein Vorstand den Mittelpunkt seiner Lebensinteressen in einem EU-Mitgliedstaat oder EWR-Vertragsstaat hat,
6. keine Vorständin bzw. kein Vorstand einen anderen Hauptberuf ausübt, der geeignet ist, Interessenskonflikte hervorzurufen,
7. der Sitz und die Hauptverwaltung in einem EU-Mitgliedstaat oder EWR-Vertragsstaat liegen und der Bilanzgruppenkoordinator über eine seinen Aufgaben entsprechende Ausstattung verfügt,
8. das zur Verfügung stehende Abwicklungssystem den Anforderungen eines zeitgemäßen Abrechnungssystems genügt,
9. die Neutralität, Unabhängigkeit und die Datenvertraulichkeit gegenüber Marktteilnehmerinnen und Marktteilnehmern gewährleistet sind.

(2) Der Bilanzgruppenkoordinator hat folgende Aufgaben:

1. die Vergabe von Identifikationsnummern der Bilanzgruppen;
2. die Bereitstellung von Schnittstellen im Bereich Informationstechnologie;
3. die Verwaltung der Fahrpläne zwischen Bilanzgruppen;
4. die Übernahme der von den Netzbetreibern in vorgegebener Form übermittelten Messdaten, deren Auswertung und Weitergabe an die betroffenen Marktteilnehmer und anderen

Bilanzgruppenverantwortlichen entsprechend den in den Verträgen enthaltenen Vorgaben;
5. die Übernahme von Fahrplänen der Bilanzgruppenverantwortlichen und die Weitergabe an die betroffenen Marktteilnehmer (andere Bilanzgruppenverantwortliche) entsprechend den in den Verträgen enthaltenen Vorgaben;
6. die Bonitätsprüfung der Bilanzgruppenverantwortlichen;
7. die Mitarbeit bei der Ausarbeitung und Adaptierung von Regelungen im Bereich Kundinnen- und Kundenwechsel, Abwicklung und Abrechnung;
8. die Abrechnung und organisatorische Maßnahmen bei Auflösung von Bilanzgruppen;
9. die Aufteilung und Zuweisung der sich auf Grund der Verwendung von standardisierten Lastprofilen ergebenden Differenz auf die am Netz eines Netzbetreibers angeschlossenen Marktteilnehmerinnen und Marktteilnehmer nach Vorliegen der Messwerte nach transparenten Kriterien;
10. die Verrechnung der Clearinggebühren an die Bilanzgruppenverantwortlichen;
11. die Berechnung und Zuordnung der Ausgleichsenergie;
12. der Abschluss von Verträgen
a) mit Bilanzgruppenverantwortlichen, anderen Regelzonenführern, Netzbetreibern, Stromhändlern, Lieferanten und Erzeugern,
b) mit Einrichtungen zum Zwecke des Datenaustausches zur Erstellung eines Indexes,
c) mit Strombörsen über die Weitergabe von Daten,
d) mit Netzbetreibern, Stromhändlern, Lieferanten und Erzeugern über die Weitergabe von Daten.

(3) Im Rahmen der Berechnung und Zuordnung der Ausgleichsenergie sind - soferne nicht besondere Regelungen im Rahmen von Verträgen gemäß § 113 Abs. 2 ElWOG 2010 bestehen - jedenfalls
1. die Differenz von Fahrplänen zu Messdaten zu übernehmen und daraus Ausgleichsenergie zu ermitteln, zuzuordnen und zu verrechnen;
2. die Preise für Ausgleichsenergie entsprechend dem im § 10 Verrechnungsstellengesetz beschriebenen Verfahren zu ermitteln und in geeigneter Form zu veröffentlichen;
3. die Entgelte für Ausgleichsenergie zu berechnen und den Bilanzgruppenverantwortlichen und Regelzonenführern mitzuteilen;
4. die verwendeten standardisierten Lastprofile zu verzeichnen, zu archivieren und in geeigneter Form zu veröffentlichen;
5. Informationen über die zur Sicherung eines transparenten und diskriminierungsfreien und möglichst liquiden Ausgleichsenergiemarktes erforderlichen Maßnahmen den Marktteilnehmern zu gewähren. Dazu zählen jedenfalls eine aktuelle Darstellung der eingelangten Angebote für Regelenergie und -leistung (ungewollter Austausch, Primär-, Sekundär- und Tertiärregelung) oder ähnliche Marktinstrumente sowie eine aktuelle Darstellung der abgerufenen Angebote.

(4) Der Regelzonenführer hat der Behörde die erfolgte Benennung des Bilanzgruppenkoordinators anzuzeigen. Mit der Anzeige sind Nachweise vorzulegen, dass der benannte Bilanzgruppenkoordinator die in den Abs. 2 und 3 festgelegten Aufgaben kostengünstig und effizient zu erfüllen vermag und den im Abs. 1 festgelegten Voraussetzungen entspricht.

(5) Liegen die gemäß Abs. 1, 2 und 3 nachzuweisenden Voraussetzungen nicht vor, hat die Behörde dies mit Bescheid festzustellen. Vor Erlassung eines Bescheides hat die Behörde mit jenen Landesregierungen das Einvernehmen herzustellen, in deren Wirkungsbereich sich die Regelzone erstreckt.

(6) Wird innerhalb von sechs Monaten nach Anzeige gemäß Abs. 4 kein Feststellungsbescheid erlassen und stellt innerhalb dieser Frist keine Landesregierung einen Antrag gemäß Art. 15 Abs. 7 B-VG, ist der Benannte berechtigt, die Tätigkeit eines Bilanzgruppenkoordinators ausüben.

(7) In den Fällen, in denen
1. keine Anzeige eines Bilanzgruppenkoordinators gemäß Abs. 4 erfolgt ist oder
2. die Behörde einen Feststellungsbescheid gemäß Abs. 5 erlassen hat oder
3. die Berechtigung zur Ausübung der Tätigkeit eines Bilanzgruppenkoordinators aberkannt worden ist,

hat die Behörde von Amts wegen eine geeignete Person unter Berücksichtigung der im Abs. 1, 2 und 3 festgelegten Voraussetzungen auszuwählen und zu verpflichten, die Aufgaben eines Bilanzgruppenkoordinators zu übernehmen. Die Behörde hat mit jenen Landesregierungen das Einvernehmen herzustellen, in deren Wirkungsbereich sich die Regelzone erstreckt. Die Behörde hat diesen Bescheid aufzuheben, sobald vom Regelzonenführer ein geeigneter Bilanzgruppenkoordinator benannt wird. Vor Erlassung dieses Bescheides hat die Behörde mit jenen Landesregierungen das Einvernehmen herzustellen, in deren Wirkungsbereich sich die Regelzone erstreckt.

(8) Liegen die Voraussetzungen gemäß Abs. 1, 2 und 3 nicht mehr vor, hat die Behörde die Berechtigung zur Ausübung der Tätigkeit eines Bilanzgruppenkoordinators abzuerkennen. Vor Erlassung des Bescheides hat die Behörde mit jenen Landesregierungen das Einvernehmen herzustellen, in deren Wirkungsbereich sich die Regelzone erstreckt.

6. Hauptstück
Ausübgungsvoraussetzungen für Regelzonenführer und Verteilernetze
1. Abschnitt
Regelzonenführer
§ 46
Voraussetzungen, Feststellungsverfahren

(1) Die Zusammenfassung von Regelzonen in Form eines gemeinsamen Betriebes durch Regelzonenführer ist zulässig.

(2) Der Übertragungsnetzbetreiber kann mit der Funktion des Regelzonenführers auch ein drittes Unternehmen betrauen, das auch seinen Sitz in einem anderen Mitgliedstaat der Europäischen Union haben kann, wenn dieses Unternehmen geeignet ist, die Aufgaben gemäß § 37 zu erfüllen. Zur Sicherstellung der Unabhängigkeit dieses Unternehmens sind die Bestimmungen des § 48 Abs. 2 Z 1 bis 4 sinngemäß einzuhalten. Die beabsichtigte Betrauung ist der Behörde anzuzeigen.

(3) Über Aufforderung der Behörde hat der Übertragungsnetzbetreiber Unterlagen zum Nachweis der Erfüllung der in Abs. 2 festgelegten Voraussetzungen binnen angemessener Frist vorzulegen. Über das Ergebnis der Überprüfung hat die Behörde einen Feststellungsbescheid zu erlassen. Vor Erlassung dieses Feststellungsbescheides hat die Behörde mit jenen Landesregierungen das Einvernehmen herzustellen, in deren Wirkungsbereich sich die Regelzone erstreckt.

(4) Hat die Behörde mit Bescheid festgestellt, dass die Voraussetzungen gemäß Abs. 2 nicht vorliegen, gilt die Betrauung als zurückgenommen.

2. Abschnitt
Verteilernetze
§ 47
Elektrizitätswirtschaftliche Konzession, Allgemeine Voraussetzungen für die Konzessionserteilung

(1) Der Betrieb eines Verteilernetzes bedarf einer elektrizitätswirtschaftlichen Konzession.

(2) Die elektrizitätswirtschaftliche Konzession darf nur erteilt werden, wenn

1. die Konzessionswerberin oder der Konzessionswerber in der Lage ist,
a) eine kostengünstige, ausreichende und sichere Verteilung zu gewährleisten und
b) den Pflichten des 3. Hauptstückes nachzukommen und
2. für das örtlich umschriebene bestimmte Gebiet keine Konzession zum Betrieb eines Verteilernetzes besteht.

(3) Die Erteilung der elektrizitätswirtschaftlichen Konzession setzt ferner voraus, dass die Konzessionswerberin oder der Konzessionswerber

1. sofern es sich um eine natürliche Person handelt,
a) eigenberechtigt ist und das 24. Lebensjahr vollendet hat,
b) die österreichische Staatsbürgerschaft besitzt oder Staatsangehörige oder Staatsangehöriger eines anderen EU-Mitgliedstaates oder EWR-Vertragsstaates ist,
c) ihren oder seinen Hauptwohnsitz im Inland oder einem anderen EU-Mitgliedstaat oder EWR-Vertragsstaat hat und
d) von der Ausübung der Konzession nicht ausgeschlossen ist,
2. sofern es sich um eine juristische Person oder um eine eingetragene Personengesellschaft handelt,
a) seinen Sitz im Inland oder einem anderen EU-Mitgliedstaat oder EWR-Vertragsstaat hat,
b) für die Ausübung der Konzession eine Geschäftsführerin oder einen Geschäftsführer oder eine Pächterin oder einen Pächter bestellt hat.

(4) Von der Ausübung einer Konzession ist ausgeschlossen, wer von einem ordentlichen Gericht zu einer drei Monate übersteigenden Freiheitsstrafe oder zu einer Geldstrafe von mehr als 180 Tagessätzen verurteilt worden ist, wenn die Verurteilung weder getilgt ist noch der Beschränkung der Auskunft aus dem Strafregister unterliegt. Dies gilt auch, wenn mit dem angeführten Ausschlussgrund vergleichbare Tatbestände im Ausland verwirklicht wurden.

(5) Wer wegen der Finanzvergehen des Schmuggels, der Hinterziehung von Eingangs- oder Ausgangsabgaben, der Abgabenhehlerei nach § 37 Abs. 1 lit. a des Finanzstrafgesetzes der Hinterziehung von Monopoleinnahmen, des vorsätzlichen Eingriffes in ein staatliches Monopolrecht oder der Monopolhehlerei nach § 46 Abs. 1 lit. a des Finanzstrafgesetzes bestraft worden ist, ist von der Ausübung einer Konzession ausgeschlossen, wenn über ihn wegen eines solchen Finanzvergehens eine Geldstrafe von mehr als 7 300 Euro oder neben einer Geldstrafe eine Freiheitsstrafe verhängt wurde und wenn seit der Bestrafung noch nicht 5 Jahre vergangen sind. Dies gilt auch, wenn mit den angeführten Ausschlussgründen vergleichbare Tatbestände im Ausland verwirklicht wurden.

(6) Rechtsträger, über deren Vermögen bereits einmal der Konkurs oder ein Ausgleichsverfahren eröffnet wurde oder gegen die der Antrag auf Konkurseröffnung gestellt, der Antrag aber mangels eines zur Deckung der Kosten des Konkursverfahrens voraussichtlich hinreichenden Vermögens abgewiesen wurde, sind von der Ausübung einer Konzession ausgeschlossen. Dies gilt auch, wenn mit den angeführten Ausschlussgründen vergleichbare Tatbestände im Ausland verwirklicht wurden.

(7) Eine natürliche Person ist von der Ausübung einer Konzession ausgeschlossen, wenn über ihr Vermögen ein Konkurs- oder Ausgleichsverfahren oder ein Schuldenregulierungsverfahren eröffnet wird oder wenn der Antrag auf Konkurseröffnung mangels eines zur Deckung der Kosten des Konkursverfahrens hinreichenden Vermögens rechtskräftig abgewiesen wurde, oder ihr ein maßgebender Einfluss auf den Betrieb der Geschäfte eines anderen Rechtsträgers als einer juristischen Person zusteht oder zugestanden ist, auf die der Abs. 6 anzuwenden ist oder anzuwenden war.

(8) Die Bestimmungen der Abs. 4 bis 7 sind auf andere Rechtsträger als natürliche Personen sinngemäß anzuwenden, wenn die Voraussetzungen der Abs. 4 bis 7 auf eine natürliche Person zutreffen, der ein maßgebender Einfluss auf den Betrieb der Geschäfte zusteht.

(9) Geht die Eigenberechtigung verloren, so kann die Konzession durch einen von der gesetzlichen Vertreterin oder vom gesetzlichen Vertreter bestellten Geschäftsführerin oder Geschäftsführer weiter ausgeübt werden oder die weitere Ausübung der Konzession einem von der gesetzlichen Vertreterin oder vom gesetzlichen Vertreter bestellten Pächterin oder Pächter übertragen werden.

(10) Die Behörde hat über Antrag vom Erfordernis der Vollendung des 24. Lebensjahres, der österreichischen Staatsbürgerschaft oder der Staatsangehörigkeit eines anderen EU-Mitgliedstaates oder EWR-Vertragsstaates sowie vom Erfordernis des Hauptwohnsitzes im Inland oder in einem anderen EU-Mitgliedstaats oder EWR-Vertragsstaat Nachsicht zu gewähren, wenn der Betrieb des Verteilernetzes für die Versorgung der Bevölkerung und der Wirtschaft mit Elektrizität im öffentlichen Interesse gelegen ist.

(11) Das Erfordernis des Hauptwohnsitzes im Inland oder einem anderen EU-Mitgliedstaat oder EWR-Vertragsstaat entfällt, wenn eine Geschäftsführerin bzw. ein Geschäftsführer oder eine Pächterin bzw. ein Pächter bestellt ist.

§ 48

Besondere Konzessionsvoraussetzungen

(1) Konzessionswerber, an deren Verteilernetz mehr als 100 000 Kundinnen und Kunden angeschlossen werden, und die zu einem vertikal integrierten Unternehmen gehören, müssen zumindest in ihrer Rechtsform, Organisation und Entscheidungsgewalt unabhängig von den übrigen Tätigkeitsbereichen sein, die nicht mit der Verteilung zusammenhängen.

(2) Zur Sicherstellung dieser Unabhängigkeit in einem integrierten Elektrizitätsunternehmen muss insbesondere gewährleistet sein, dass

1. die für die Leitung des Verteilernetzbetreibers zuständigen Personen nicht betrieblichen Einrichtungen des integrierten Elektrizitätsunternehmens angehören, die direkt oder indirekt für den laufenden Betrieb in den Bereichen Elektrizitätserzeugung und -versorgung zuständig sind,
2. die berufsbedingten Interessen der für die Leitung des Verteilernetzbetreibers zuständigen Personen (Gesellschaftsorgane) in einer Weise berücksichtigt werden, dass deren Handlungsunabhängigkeit gewährleistet ist, wobei insbesondere die Gründe für die Abberufung eines Gesellschaftsorgans des Verteilernetzbetreibers in der Gesellschaftssatzung des Verteilernetzbetreibers klar zu umschreiben sind,
3. der Verteilernetzbetreiber über die zur Erfüllung seiner Aufgaben erforderlichen Ressourcen, einschließlich der personellen, technischen, materiellen und finanziellen Mittel verfügt, die für den Betrieb, die Wartung oder den Ausbau des Verteilernetzes erforderlich sind und gewährleistet ist, dass der Verteilernetzbetreiber über die Verwendung dieser Mittel unabhängig von den übrigen Bereichen des integrierten Unternehmens entscheiden kann,
4. aus dem Gleichbehandlungsprogramm hervorgeht, welche Maßnahmen zum Ausschluss diskriminierenden Verhaltens getroffen werden; weiters sind Maßnahmen vorzusehen, durch die die ausreichende Überwachung der Einhaltung dieses Programms gewährleistet wird. In diesem Programm ist insbesondere festzulegen, welche Pflichten die Mitarbeiter im Hinblick auf die Erreichung dieses Ziels haben.
5. dem Aufsichtsrat von Verteilernetzbetreibern, die zu einem integrierten Unternehmen gehören, mindestens zwei Mitglieder angehören, die von der Muttergesellschaft unabhängig sind.

(3) Abs. 2 Z 1 steht der Einrichtung von Koordinierungsmechanismen nicht entgegen, durch die sichergestellt wird, dass die wirtschaftlichen Befugnisse des Mutterunternehmens und seine Aufsichtsrechte über das Management im Hinblick auf die Rentabilität eines Tochterunternehmens geschützt werden. Insbesondere ist zu gewährleisten, dass ein Mutterunternehmen den jährlichen Finanzplan oder ein gleichwertiges Instrument des Verteilernetzbetreibers genehmigt und generelle Grenzen für die Verschuldung seines Tochterunternehmens festlegt. Weisungen bezüglich des laufenden Betriebs oder einzelner Entscheidungen über den Bau oder die Modernisierung von Verteilerleitungen, die über den Rahmen des genehmigten Finanzplans oder eines gleichwertigen Instruments nicht hinausgehen, sind unzulässig.

(4) Für die Aufstellung und Überwachung der Einhaltung des Gleichbehandlungsprogramms ist gegenüber der Behörde ein Gleichbehandlungsbeauftragter zu benennen. Der Verteilernetzbetreiber hat sicherzustellen, dass der Gleichbehandlungsbeauftragte völlig unabhängig ist und Zugang zu allen Informationen hat, über die der Verteilernetzbetreiber und etwaige verbundene Unter-

nehmen verfügen und die der Gleichbehandlungsbeauftragte benötigt, um seine Aufgaben zu erfüllen. Die Unabhängigkeit ist jedenfalls gewährleistet, wenn der Gleichbehandlungsbeauftragte während der Laufzeit seines Mandats beim vertikal integrierten Elektrizitätsunternehmen oder deren Mehrheitsanteilseignern weder direkt noch indirekt leitende berufliche Positionen bekleidet. Der benannte Gleichbehandlungsbeauftragte darf nur mit Zustimmung der Behörde abberufen werden.

(5) Ein Verteilernetzbetreiber, an dessen Netz mindestens 100 000 Kunden angeschlossen sind und der Teil eines vertikal integrierten Unternehmens ist, darf diesen Umstand nicht zur Verzerrung des Wettbewerbs nutzen. Vertikal integrierte Verteilernetzbetreiber haben in ihrer Kommunikations- und Markenpolitik dafür Sorge zu tragen, dass eine Verwechslung in Bezug auf die eigene Identität der Versorgungssparte des vertikal integrierten Unternehmens ausgeschlossen ist. Der Name des Verteilernetzbetreibers hat jedenfalls einen Hinweis auf die Verteilertätigkeit zu enthalten.

§ 49
Verfahren zur Konzessionserteilung, Parteistellung, Anhörungsrechte

(1) Die Erteilung der elektrizitätswirtschaftlichen Konzession ist bei der Behörde schriftlich zu beantragen.

(2) Dem Antrag sind zur Feststellung der Voraussetzungen gemäß §§ 47 und 48 anzuschließen:

1. Urkunden, die dem Nachweis über Vor- und Nachname der Person, ihr Alter und ihre Staatsangehörigkeit dienen,
2. bei juristischen Personen, deren Bestand nicht offenkundig ist, der Nachweis ihres Bestandes; bei eingetragenen Personengesellschaften ein Auszug aus dem Firmenbuch, der nicht älter als 6 Monate sein darf,
3. ein Plan in zweifacher Ausfertigung über das vorgesehene Verteilergebiet mit Darstellung der Verteilergebietsgrenzen im Maßstab 1:25 000,
4. Angaben über die Struktur, die Anzahl der Kundinnen und Kunden und über die zu erwartenden Kosten der Verteilung der Elektrizität sowie darüber, ob die vorhandenen oder geplanten Verteileranlagen eine kostengünstige, ausreichende und sichere Verteilung erwarten lassen,
5. falls zutreffend, Unterlagen zum Nachweis der Erfüllung der im § 48 aufgezählten Voraussetzungen,
6. bei mehr als 100 000 Kundinnen und Kunden ein Gleichbehandlungsprogramm, aus dem hervorgeht, welche Maßnahmen zum Ausschluss diskriminierenden Verhaltens getroffen werden und welche Maßnahmen vorgesehen sind, durch die die ausreichende Überwachung der Einhaltung dieses Programms gewährleistet wird. In diesem Programm ist insbesondere festzulegen, welche Pflichten die Mitarbeiterinnen und Mitarbeiter im Hinblick auf die Erreichung dieses Ziels haben und wer unabhängige Gleichbehandlungsbeauftragte oder unabhängiger Gleichbehandlungsbeauftragter ist.

(3) Sofern zur Prüfung der Voraussetzungen gemäß §§ 47 und 48 weitere Unterlagen erforderlich sind, kann die Behörde die Vorlage weiterer Unterlagen unter Setzung einer angemessenen Frist verlangen.

(4) Im Verfahren um Erteilung der elektrizitätswirtschaftlichen Konzession kommt

1. der Konzessionswerberin oder dem Konzessionswerber und
2. jenen Betreibern eines Verteilernetzes, die eine Verteilnetzkonzession für das in Betracht kommende Gebiet besitzen,

Parteistellung zu.

(5) Liegen mehrere Anträge auf Erteilung einer elektrizitätswirtschaftlichen Konzession für ein bestimmtes Gebiet vor, so hat die Behörde in einem Verfahren über alle Anträge abzusprechen und hat jede Antragsstellerin und jeder Antragsteller Parteistellung.

(6) Vor der Entscheidung über den Antrag um Erteilung der elektrizitätswirtschaftlichen Konzession sind

1. die Wirtschaftskammer Burgenland,
2. die Kammer für Arbeiter und Angestellte für Burgenland,
3. die Burgenländische Landwirtschaftskammer und
4. die Interessenvertretungen der Gemeinden im Sinne des § 95 Gemeindeordnung, LGBl. Nr. 55/2003, zu hören.

§ 50
Erteilung der elektrizitätswirtschaftlichen Konzession

(1) Über den Antrag auf Erteilung der elektrizitätswirtschaftlichen Konzession ist mit schriftlichem Bescheid zu entscheiden.

(2) Wenn sich die beabsichtigte Tätigkeit der Konzessionswerberin oder des Konzessionswerbers über zwei oder mehrere Bundesländer erstrecken soll, hat die Behörde mit den übrigen zuständigen Landesregierungen das Einvernehmen zu pflegen.

(3) Die Konzession ist unter Auflagen und Bedingungen zu erteilen, soweit dies zur Sicherung der Erfüllung der Vorschriften dieses Gesetzes

erforderlich ist. Insbesondere ist auch durch entsprechende Auflagen oder Bedingungen sicherzustellen, dass die Verteilernetzbetreiberin oder der Verteilernetzbetreiber hinsichtlich ihrer bzw. seiner Organisation und Entscheidungsgewalt unabhängig von den übrigen Tätigkeitsbereichen eines vertikal integrierten Unternehmens ist, die nicht mit der Verteilung zusammenhängen.

(4) In der Konzession ist eine angemessene, mindestens jedoch sechsmonatige und höchstens zwölfmonatige Frist für die Aufnahme des Betriebes festzusetzen. Dabei sind auf anhängige Bewilligungsverfahren nach anderen Vorschriften und auch auf einen allmählichen (zB stufenweisen) Ausbau Bedacht zu nehmen. Die Frist ist auf Antrag in angemessenem Verhältnis, höchstens jedoch um insgesamt fünf Jahre, zu verlängern, wenn sich die Aufnahme des Betriebes ohne Verschulden der Konzessionsinhaberin oder des Konzessionsinhabers verzögert hat. Dieser Antrag auf Fristverlängerung ist vor Ablauf der Frist bei der Behörde einzubringen. Die Aufnahme des Betriebes ist der Behörde anzuzeigen.

(5) Ist die Betreiberin oder der Betreiber einer Konzession aufgrund einer privatrechtlichen Vereinbarung berechtigt, in einem von einer anderen Konzession umfassten Gebiet ein Verteilernetz ganz oder teilweise zu betreiben, so hat die Behörde auf dessen Antrag die jeweiligen Konzessionsbescheide entsprechend zu ändern, wenn die Voraussetzungen nach § 47 Abs. 2 vorliegen. Dem Antrag auf Änderung der Konzessionsbescheide sind die im § 49 Abs. 2 Z 3 und 4 aufgezählten Unterlagen anzuschließen. § 49 Abs. 3 bis 6 gilt sinngemäß.

§ 51
Ausübung

(1) Das Recht zum Betrieb eines Verteilernetzes auf Grund einer elektrizitätswirtschaftlichen Konzession ist ein persönliches Recht, das unübertragbar ist. Die Ausübung durch Dritte ist nur zulässig, soferne dieses Gesetz hiefür besondere Vorschriften enthält.

(2) Besteht nach diesem Gesetz eine Verpflichtung zur Bestellung

1. einer Geschäftsführerin bzw. eines Geschäftsführers oder
2. einer Pächterin bzw. eines Pächters

und scheidet die Person im Sinne der Z 1 oder 2 aus, so darf die Konzession bis zur Bestellung einer neuen Person im Sinne der Z 1 oder 2, längstens jedoch während sechs Monaten, weiter ausgeübt werden. Die Behörde hat diese Frist zu verkürzen, wenn mit der weiteren Ausübung dieses Rechtes ohne einer Person im Sinne der Z 1 oder 2 eine besondere Gefahr für das Leben oder die Gesundheit von Menschen verbunden ist oder in den vorangegangenen zwei Jahren vor dem Ausscheiden einer Person im Sinne der Z 1 oder 2 der Betrieb insgesamt länger als sechs Monate ohne einer Person im Sinne der Z 1 oder 2 ausgeübt wurde.

§ 52
Geschäftsführerin, Geschäftsführer

(1) Die Konzessionsinhaberin bzw. der Konzessionsinhaber oder die Pächterin bzw. der Pächter kann für die Ausübung der elektrizitätswirtschaftlichen Konzession eine Geschäftsführerin oder einen Geschäftsführer bestellen, die oder der der Behörde gegenüber für die Einhaltung der für Verteilernetzbetreiber festgelegten Pflichten dieses Gesetzes verantwortlich ist. Die Konzessionsinhaberin bzw. der Konzessionsinhaber oder die Pächterin bzw. der Pächter bleibt jedoch insoweit verantwortlich, als sie oder er Rechtsverletzungen der Geschäftsführung wissentlich duldet oder es bei der Auswahl der Geschäftsführerin oder des Geschäftsführers an der erforderlichen Sorgfalt hat fehlen lassen.

(2) Die Bestellung einer Geschäftsführerin oder eines Geschäftsführers bedarf der Genehmigung der Behörde. Diese ist zu erteilen, wenn die zu bestellende Geschäftsführerin oder der zu bestellende Geschäftsführer

1. die gemäß § 47 Abs. 3 Z 1 und - falls zutreffend – sinngemäß die gemäß § 48 Abs. 2 Z 1 und 2 erforderlichen Voraussetzungen erfüllt,
2. sich entsprechend betätigen kann und eine selbstverantwortliche Anordnungsbefugnis besitzt,
3. ihrer oder seiner Bestellung und der Erteilung der Anordnungsbefugnis nachweislich zugestimmt hat und
4. im Falle einer juristischen Person außerdem
   a) dem zur gesetzlichen Vertretung berufenen Organ angehört oder
   b) eine Arbeitnehmerin oder ein Arbeitnehmer ist, die oder der mindestens die Hälfte der nach arbeitsrechtlichen Vorschriften geltenden wöchentlichen Normalarbeitszeit im Betrieb beschäftigt ist, oder
5. im Falle einer eingetragenen Personengesellschaft persönlich haftende Gesellschafterin oder persönlich haftender Gesellschafter ist, die oder der nach dem Gesellschaftsvertrag zur Geschäftsführung und zur Vertretung der Gesellschaft berechtigt ist.

§ 47 Abs. 10 gilt sinngemäß.

(3) Ist eine juristische Person persönlich haftende Gesellschafterin einer eingetragenen Personengesellschaft, so wird dem Abs. 2 Z 5 auch entsprochen, wenn zum Geschäftsführer dieser Personengesellschaft eine natürliche Person bestellt wird, die dem zur gesetzlichen Vertretung berufenen Organ der betreffenden juristischen Person angehört oder eine Arbeitnehmerin oder ein Arbeitnehmer ist, der mindestens die Hälfte der nach arbeitsrechtlichen Vorschriften geltenden wöchentlichen Normalarbeitszeit im Betrieb beschäftigt ist.

(4) Ist eine eingetragene Personengesellschaft persönlich haftende Gesellschafterin einer anderen solchen Personengesellschaft, so wird dem Abs. 2 Z 5 auch entsprochen, wenn zur Geschäftsführerin bzw. zum Geschäftsführer eine natürliche Person bestellt wird, die eine persönlich haftende Gesellschafterin oder ein persönlich haftender Gesellschafter der betreffenden Mitgliedgesellschaft ist und die innerhalb dieser Mitgliedgesellschaft die im Abs. 2 Z 5 für die Geschäftsführerin oder den Geschäftsführer vorgeschriebene Stellung hat. Dieser Mitgliedgesellschaft muss innerhalb der eingetragenen Personengesellschaft die im Abs. 2 Z 5 für die Geschäftsführerin oder den Geschäftsführer vorgeschriebene Stellung zukommen.

(5) Ist eine juristische Person persönlich haftende Gesellschafterin einer eingetragenen Personengesellschaft und ist diese eingetragene Personengesellschaft persönlich haftende Gesellschafterin einer anderen solchen Personengesellschaft, so wird dem Abs. 2 Z 5 auch entsprochen, wenn zur Geschäftsführerin oder zum Geschäftsführer der zuletzt genannten Personengesellschaft eine Person bestellt wird, die dem zur gesetzlichen Vertretung befugten Organ der juristischen Person angehört, wenn weiters die juristische Person innerhalb der Mitgliedgesellschaft die im Abs. 2 Z 5 vorgeschriebene Stellung hat und wenn schließlich dieser Mitgliedgesellschaft innerhalb ihrer Mitgliedgesellschaft ebenfalls die im Abs. 2 Z 5 vorgeschriebene Stellung zukommt.

(6) Die Genehmigung ist zu widerrufen, wenn die Geschäftsführerin oder der Geschäftsführer eine der Voraussetzungen gemäß Abs. 2 bis 5 nicht mehr erfüllt. Dies sowie das Ausscheiden der Geschäftsführerin oder des Geschäftsführers hat die Konzessionsinhaberin bzw. der Konzessionsinhaber oder die Pächterin bzw. der Pächter der Behörde unverzüglich anzuzeigen.

§ 53
Pächterin, Pächter

(1) Die Konzessionsinhaberin oder der Konzessionsinhaber kann die Ausübung der Konzession einer Pächterin oder einem Pächter übertragen, die oder der sie im eigenen Namen und auf eigene Rechnung ausübt.

(2) Die Pächterin oder der Pächter muss, wenn sie oder er eine natürliche Person ist, die gemäß § 47 Abs. 3 Z 1 erforderlichen Voraussetzungen erfüllen, wobei § 47 Abs. 10 und 11 sinngemäß gilt.

(3) Wird die Konzession an eine juristische Person oder eine eingetragene Personengesellschaft verpachtet, muss diese entweder ihren Sitz im Inland oder in einem anderen EU-Mitgliedstaat oder EWR-Vertragsstaat haben und ist eine Geschäftsführerin oder ein Geschäftsführer zu bestellen.

(4) Eine Weiterverpachtung ist unzulässig. Sind an das Verteilernetz mehr als 100 000 Kundinnen und Kunden angeschlossen, so hat die Pächterin bzw. der Pächter oder die Geschäftsführerin bzw. der Geschäftsführer auch § 48 sinngemäß zu erfüllen.

(5) Die Bestellung einer Pächterin oder eines Pächters bedarf der Genehmigung der Behörde. Die Genehmigung ist zu erteilen, wenn die Pächterin oder der Pächter die Voraussetzungen gemäß Abs. 1 bis 4 erfüllt. § 49 Abs. 2 Z 1, 2, 3, 5 und 6 gilt sinngemäß. Die Genehmigung ist zu widerrufen, wenn die Pächterin oder der Pächter eine dieser Voraussetzungen nicht mehr erfüllt. Das Ausscheiden der Pächterin oder des Pächters sowie das Wegfallen einer Voraussetzung für die Genehmigung ihrer oder seiner Bestellung ist der Behörde von der Konzessionsinhaberin oder vom Konzessionsinhaber schriftlich anzuzeigen.

§ 54
Fortbetriebsrechte

(1) Das Recht, ein Verteilernetz auf Grund der Berechtigung einer anderen Person fortzuführen (Fortbetriebsrecht), steht zu:

1. der Verlassenschaft nach der Konzessionsinhaberin bzw. dem Konzessionsinhaber,
2. der überlebenden Ehegattin oder dem überlebenden Ehegatten oder dem überlebenden Partner, in deren oder dessen rechtlichen Besitz das Verteilerunternehmen der Konzessionsinhaberin bzw. des Konzessionsinhabers auf Grund einer Rechtsnachfolge von Todes wegen oder einer Schenkung auf den Todesfall ganz oder teilweise übergeht,
3. unter den Voraussetzungen der Z 2 auch den Nachkommen und den Nachkommen der Wahlkinder der Konzessionsinhaberin oder des Konzessionsinhabers,
4. der Masseverwalterin oder dem Masseverwalter für Rechnung der Konkursmasse,
5. der oder dem vom ordentlichen Gericht bestellten Zwangsverwalterin bzw. Zwangsverwalter oder Zwangspächterin bzw. Zwangspächter.

(2) Die oder der Fortbetriebsberechtigte hat die gleichen Rechte und Pflichten wie die Konzessionsinhaberin oder der Konzessionsinhaber.

(3) Wenn das Fortbetriebsrecht nicht einer natürlichen Person zusteht, oder zwar einer natürlichen Person zusteht, die die Voraussetzungen gemäß § 47 Abs. 3 Z 1 oder die besonderen Voraussetzungen gemäß § 48 Abs. 1 und 2 Z 1 und 2 nicht nachweisen kann oder der eine Nachsicht nicht erteilt wurde, so ist von der oder dem Fortbetriebsberechtigten - falls sie oder er nicht geschäftsfähig ist, von der gesetzlichen Vertreterin oder vom gesetzlichen Vertreter - ohne unnötigen Aufschub eine Geschäftsführerin bzw. ein Geschäftsführer oder Pächterin bzw. Pächter zu bestellen. § 47 Abs. 10 und 11 gilt sinngemäß.

§ 55
Ausübung der Fortbetriebsrechte

(1) Das Fortbetriebsrecht der Verlassenschaft entsteht mit dem Tod der Konzessionsinhaberin oder des Konzessionsinhabers. Die Vertreterin oder der Vertreter der Verlassenschaft hat der Behörde den Fortbetrieb ohne unnötigen Aufschub schriftlich anzuzeigen.

(2) Das Fortbetriebsrecht der Verlassenschaft endet:

1. mit der Beendigung der Verlassenschaftsabhandlung durch Einantwortung,
2. mit dem Zeitpunkt der Übernahme des Verteilerunternehmens durch die Vermächtnisnehmerin oder den Vermächtnisnehmer oder durch die oder den auf den Todesfall Beschenkte bzw. Beschenkten,
3. mit der Verständigung der Erben und Noterben, dass eine Verlassenschaftsabhandlung von Amts wegen nicht eingeleitet wird,
4. mit der Überlassung des Nachlasses an Zahlungs statt,
5. mit der Eröffnung des Konkurses über die Verlassenschaft oder
6. mit dem Zeitpunkt, in dem das Verteilerunternehmen der Konzessionsinhaberin oder des Konzessionsinhabers auf Grund einer Verfügung des Verlassenschaftsgerichtes ganz oder teilweise in den Besitz einer Rechtsnachfolgerin oder eines Rechtsnachfolgers von Todes wegen übergeht.

(3) Das Fortbetriebsrecht der überlebenden Ehegattin oder des überlebenden Ehegatten oder des überlebenden Partners und der Nachkommen sowie der Nachkommen der Wahlkinder der Konzessionsinhaberin oder des Konzessionsinhabers entstehen mit dem Zeitpunkt, in dem das Fortbetriebsrecht der Verlassenschaft gemäß Abs. 2 endet. Der Fortbetrieb durch die Ehegattin oder den Ehegatten oder durch den überlebenden Partner ist von dieser oder diesem, der Fortbetrieb durch die Nachkommen sowie die Nachkommen der Wahlkinder von ihrer gesetzlichen Vertreterin oder ihrem gesetzlichen Vertreter, falls sie aber geschäftsfähig sind, von ihnen selbst der Behörde ohne unnötigen Aufschub schriftlich anzuzeigen. Das Fortbetriebsrecht der überlebenden Ehegattin oder des überlebenden Ehegatten oder des überlebenden Partners endet spätestens mit dessen Tod, das Fortbetriebsrecht der Nachkommen sowie der Nachkommen der Wahlkinder endet spätestens mit dem Tag, an dem sie das 28. Lebensjahr vollenden.

(4) Hinterlässt die Konzessionsinhaberin oder der Konzessionsinhaber sowohl eine fortbetriebsberechtigte Ehegattin oder einen fortbetriebsberechtigten Ehegatten oder einen fortbetriebsbrechtigten Partner als auch fortbetriebsberechtigte Nachkommen und Nachkommen der Wahlkinder, so steht ihnen das Fortbetriebsrecht gemeinsam zu.

(5) Die fortbetriebsberechtigte Ehegattin oder der fortbetriebsberechtigte Ehegatte oder der fortbetriebsbrechtigten Partner und die fortbetriebsberechtigten Nachkommen und die Nachkommen der Wahlkinder können spätestens einen Monat nach der Entstehung ihres Fortbetriebsrechtes auf dieses mit der Wirkung verzichten, dass das Fortbetriebsrecht für ihre Person als nicht entstanden gilt. Ist die oder der Fortbetriebsberechtigte nicht eigenberechtigt, so kann für sie oder ihn nur ihre oder seine gesetzliche Vertretung mit Zustimmung des ordentlichen Gerichtes rechtswirksam auf das Fortbetriebsrecht verzichten. Die Verzichtserklärung ist gegenüber der Behörde schriftlich abzugeben und ist unwiderruflich.

(6) Das Fortbetriebsrecht der Masseverwalterin bzw. des Masseverwalters entsteht mit der Eröffnung des Konkurses über das Vermögen der Konzessionsinhaberin oder des Konzessionsinhabers. Die Masseverwalterin bzw. der Masseverwalter hat den Fortbetrieb der Behörde ohne unnötigen Aufschub schriftlich anzuzeigen. Das Fortbetriebsrecht der Masseverwalterin bzw. des Masseverwalters endet mit der Aufhebung des Konkurses.

(7) Das Fortbetriebsrecht der Zwangsverwalterin oder des Zwangsverwalters entsteht mit der Bestellung durch das ordentliche Gericht, das Fortbetriebsrecht der Zwangspächterin oder des Zwangspächters mit dem Beginn des Pachtverhältnisses. Das ordentliche Gericht hat die Zwangsverwalterin bzw. den Zwangsverwalter oder die Zwangspächterin bzw. den Zwangspächter der Behörde bekannt zu geben. Das Fortbetriebsrecht der Zwangsverwalterin bzw. des Zwangsverwalters endet mit der Einstellung der Zwangsverwaltung, das Fortbetriebsrecht der Zwangspächterin bzw. des Zwangspächters mit der Beendigung des Pachtverhältnisses.

§ 56
Endigung der Konzession

(1) Die elektrizitätswirtschaftliche Konzession für den Betrieb eines Verteilernetzes endet:

1. durch den Tod der Konzessionsinhaberin oder des Konzessionsinhabers, wenn diese oder dieser eine natürliche Person ist, im Falle eines Fortbetriebsrechtes aber erst mit Ende des Fortbetriebsrechtes,
2. durch den Untergang der juristischen Person oder mit der Auflassung der eingetragenen Personengesellschaft, sofern sich aus Abs. 2 bis 7 nichts anderes ergibt,
3. durch Zurücklegung der Konzession, im Falle von Fortbetriebsrechten gemäß § 54 Abs. 1 Z 1 bis 3 mit der Zurücklegung der Fortbetriebsrechte,
4. durch Entzug der Konzession,
5. durch Untersagung gemäß § 58 Abs. 2.

(2) Bei Übertragung von Unternehmen und Teilunternehmen durch Umgründung (insbesondere durch Verschmelzungen, Umwandlungen, Einbringungen, Zusammenschlüsse, Realteilungen und Spaltungen) gehen die zur Fortführung des Betriebes erforderlichen Konzessionen auf das Nachfolgeunternehmen (Rechtsnachfolger) nach Maßgabe der in den Abs. 3 und 4 festgelegten Bestimmungen über. Die bloße Umgründung stellt keinen Endigungstatbestand dar, insbesondere rechtfertigt sie keine Entziehung.

(3) Die Berechtigung zur weiteren Ausübung der Konzession im Sinne des Abs. 2 entsteht mit dem Zeitpunkt der Eintragung der Umgründung im Firmenbuch, wenn das Nachfolgeunternehmen die Voraussetzungen für die Ausübung der Konzession gemäß den §§ 47 Abs. 3 und 48 Abs. 1 und 2 erfüllt. Das Nachfolgeunternehmen hat der Behörde den Übergang unter Anschluss eines Firmenbuchauszugs und der zur Herbeiführung der Eintragung im Firmenbuch eingereichten Unterlagen in Abschrift längstens innerhalb von sechs Monaten nach Eintragung im Firmenbuch anzuzeigen.

(4) Die Berechtigung des Nachfolgeunternehmens endet nach Ablauf von sechs Monaten ab Eintragung der Umgründung im Firmenbuch, wenn es innerhalb dieser Frist den Rechtsübergang nicht angezeigt hat oder im Falle des § 47 Abs. 3 Z 2 lit. b keine Geschäftsführerin bzw. kein Geschäftsführer oder Pächterin bzw. Pächter innerhalb dieser Frist bestellt wurde.

(5) Die Umwandlung einer offenen Handelsgesellschaft in eine Kommanditgesellschaft oder einer Kommanditgesellschaft in eine offene Handelsgesellschaft berührt nicht die Konzession. Die Gesellschaft hat die Umwandlung innerhalb von vier Wochen nach der Eintragung der Umwandlung in das Firmenbuch der Behörde anzuzeigen.

(6) (Anm.: entfallen mit LGBl. Nr. 52/2009)

(7) Die Konzession einer eingetragenen Personengesellschaft endet, wenn keine Liquidation stattfindet, mit der Auflösung der Gesellschaft, sonst im Zeitpunkt der Beendigung der Liquidation; die Konzession einer einbetragenen Personengesellschaft endigt nicht, wenn die Gesellschaft fortgesetzt wird. Die Liquidatorin oder der Liquidator hat die Beendigung der Liquidation innerhalb von zwei Wochen der Behörde anzuzeigen.

(8) Die Zurücklegung der Konzession wird mit dem Tag wirksam, an dem die schriftliche Anzeige über die Zurücklegung bei der Behörde einlangt, sofern nicht die Konzessionsinhaberin oder der Konzessionsinhaber die Zurücklegung für einen späteren Zeitpunkt anzeigt. Die Anzeige ist nach dem Zeitpunkt ihres Einlangens bei der Behörde unwiderruflich. Die Anzeige über die Zurücklegung durch die Konzessionsinhaberin oder den Konzessionsinhaber berührt nicht das etwaige Fortbetriebsrecht der Konkursmasse, der Zwangsverwalterin bzw. des Zwangsverwalters oder der Zwangspächterin bzw. des Zwangspächters.

§ 57

Entziehung der Konzession

(1) Die elektrizitätswirtschaftliche Konzession für den Betrieb eines Verteilernetzes ist von der Behörde zu entziehen, wenn

1. der Betrieb nicht innerhalb der gemäß § 50 Abs. 4 festgesetzten Frist aufgenommen worden ist,
2. die für die Erteilung der elektrizitätswirtschaftlichen Konzession erforderlichen Voraussetzungen gemäß § 47 Abs. 2 bis 8 oder § 48 nicht mehr vorliegen oder
3. die Konzessionsinhaberin oder der Konzessionsinhaber oder die Geschäftsführerin oder der Geschäftsführer mindestens drei Mal wegen Übertretungen dieses Gesetzes rechtskräftig bestraft worden ist, ein weiteres vorschriftswidriges Verhalten zu befürchten ist und die Entziehung im Hinblick auf die Übertretungen nicht unverhältnismäßig ist.

(2) Erstreckt sich das Verteilernetz über zwei oder mehrere Bundesländer, hat die Behörde mit den übrigen zuständigen Landesregierungen das Einvernehmen zu pflegen.

(3) Das Wirksamwerden des Entzuges ist so festzusetzen, dass der ordnungsgemäße Betrieb des Netzes gewährleistet ist.

(4) Beziehen sich die in Abs. 1 Z 1 bis 3 angeführten Entziehungsgründe auf die Person der Pächterin oder des Pächters, so hat die Behörde die Genehmigung der Übertragung der Ausübung der Konzession an die Pächterin oder den Pächter zu widerrufen.

(5) Die Behörde hat von der im Abs. 1 Z 2 vorgeschriebenen Entziehung wegen Eröffnung des Konkurses, des Ausgleichsverfahrens oder Abweisung eines Antrages auf Konkurseröffnung mangels eines zur Deckung der Kosten des Konkursverfahrens voraussichtlich hineinreichenden Vermögens abzusehen, wenn die Ausübung vorwiegend im Interesse der Gläubigerinnen und Gläubiger gelegen und sichergestellt ist, dass die Betreiberin oder der Betreiber des Verteilernetzes in der Lage ist, den Pflichten des 3. Hauptstückes nachzukommen.

§ 58

Maßnahmen zur Sicherung des Netzbetriebes

(1) Kommt die Betreiberin oder der Betreiber eines Verteilernetzes ihren bzw. seinen Pflichten gemäß dem 3. Hauptstück nicht nach, hat ihr bzw. ihm die Behörde aufzutragen, die hindernden Umstände innerhalb einer angemessenen Frist zu beseitigen.

(2) Soweit dies zur Beseitigung einer Gefahr für das Leben oder die Gesundheit von Menschen

oder zur Abwehr schwerer volkswirtschaftlicher Schäden notwendig ist, kann die Behörde einen anderen geeigneten Netzbetreiber zur vorübergehenden Erfüllung der Aufgaben der Betreiberin oder des Betreibers des Verteilernetzes ganz oder teilweise heranziehen (Einweisung).

Sind

1. die hindernden Umstände derart, dass eine gänzliche Erfüllung der gesetzlichen Pflichten der Betreiberin oder des Betreibers des Verteilernetzes in absehbarer Zeit nicht zu erwarten ist oder
2. kommt die Betreiberin oder der Betreiber des Verteilernetzes dem Auftrag der Behörde auf Beseitigung der hindernden Umstände nicht nach,

so ist dieser Netzbetreiberin bzw. diesem Netzbetreiber der Betrieb ganz oder teilweise zu untersagen und unter Bedachtnahme auf die Bestimmungen des 3. Hauptstückes eine andere Netzbetreiberin oder ein anderer Netzbetreiber zur dauernden Übernahme zu verpflichten. Die Verpflichtung zur dauernden Übernahme gilt als Erteilung der elektrizitätswirtschaftlichen Konzession.

(3) Die oder der gemäß Abs. 2 Verpflichtete tritt in die Rechte und Pflichten aus den Verträgen des Unternehmens, das von der Untersagung betroffen wird, ein.

(4) Der oder dem gemäß Abs. 2 Verpflichteten hat die Behörde auf deren oder dessen Antrag den Gebrauch des Verteilernetzes des Unternehmens, das von der Untersagung betroffen wird, gegen angemessene Entschädigung soweit zu gestatten, als dies zur Erfüllung der Aufgaben notwendig ist.

(5) Nach Rechtskraft des Bescheides gemäß Abs. 2 hat die Behörde auf Antrag der oder des Verpflichteten das in Gebrauch genommene Verteilernetz zu deren oder dessen Gunsten gegen angemessene Entschädigung zu enteignen.

(6) Auf das Enteignungsverfahren und die behördliche Ermittlung der Entschädigungen sind die Bestimmungen des Eisenbahn-Enteignungsentschädigungsgesetzes sinngemäß anzuwenden. Bei der Bemessung der Entschädigung sind die bis zur Einweisung von den Kundinnen und Kunden bereits geleisteten Kosten des Netzzutritts zu berücksichtigen.

(7) Die Bestimmungen der Abs. 2 bis 6 sind für den Fall, dass bei Endigung oder Entzug der elektrizitätswirtschaftlichen Konzession der ordnungsgemäße Betrieb des Netzes mit elektrischer Energie nicht gesichert ist, sinngemäß anzuwenden.

(8) Erstreckt sich das Verteilernetz über zwei oder mehrere Bundesländer, hat die Behörde mit den übrigen zuständigen Landesregierungen das Einvernehmen zu pflegen.

7. Hauptstück
KWK-Anlagen, Behörde, Auskunftspflicht, Strafbestimmungen

1. Abschnitt
KWK-Anlagen

§ 59
Wirkungsgrad-Referenzwerte

(1) Zur Bestimmung der Effizienz der KWK nach Anlage IV ElWOG 2010 ist die Behörde ermächtigt, Wirkungsgrad-Referenzwerte für die getrennte Erzeugung von Strom und Wärme mit Verordnung festzulegen. Diese Wirkungsgrad-Referenzwerte haben aus einer Matrix von Werten, aufgeschlüsselt nach relevanten Faktoren wie Baujahr und Brennstofftypen, zu bestehen, und müssen sich auf eine ausführlich dokumentierte Analyse stützen, bei der unter anderem die Betriebsdaten bei realen Betriebsbedingungen, der grenzüberschreitende Stromhandel, der Energieträgermix, die klimatischen Bedingungen und die angewandte KWK-Technologien gemäß den Grundsätzen in Anlage IV ElWOG 2010 zu berücksichtigen sind.

(2) Bei der Bestimmung der Wirkungsgrad-Referenzwerte gemäß Abs. 1 sind die von der Europäischen Kommission gemäß Art. 4 der KWK-Richtlinie in der Entscheidung 2007/74/EG festgelegten harmonisierten Wirkungsgrad-Referenzwerte angemessen zu berücksichtigen.

§ 60
Benennung

(1) Die Behörde hat auf der Grundlage der harmonisierten Wirkungsgrad-Referenzwerte auf Antrag des Betreibers mit Bescheid jene KWK-Anlagen zu benennen, für die vom Netzbetreiber, an dessen Netz die Anlage angeschlossen ist, Herkunftsnachweise für Strom aus hocheffizienter Kraft-Wärme-Kopplung gemäß § 2 Abs. 1 Z 29, entsprechend der Menge an erzeugter Energie aus hocheffizienter KWK gemäß Anlage III ElWOG 2010 und gemäß der Entscheidung 2008/952/EG der Europäischen Kommission, auf Basis der Vorgaben gemäß § 72 Abs. 2 ElWOG 2010 ausgestellt werden dürfen. Die erfolgten Benennungen von Anlagen sind der Regulierungsbehörde unverzüglich mitzuteilen. Die Benennung ist erforderlichenfalls unter Auflagen oder befristet auszusprechen, soweit dies zur Erfüllung der Voraussetzungen dieses Gesetzes erforderlich ist. Die Benennung ist zu widerrufen, wenn die Voraussetzungen für die Benennung nicht mehr vorliegen.

(2) Ist kein Wirkungsgrad-Referenzwert gemäß § 59 Abs. 1 mit Verordnung festgelegt, sind der Benennung die gemäß Art. 4 der KWK-Richtlinie in der Entscheidung 2007/74/EG festgelegten harmonisierten Wirkungsgrad-Referenzwerte zu Grunde zu legen.

(3) Herkunftsnachweise für Strom aus hocheffizienter Kraft-Wärme-Kopplung aus Anlagen mit Standort in einem anderen EU-Mitgliedstaat oder EWR-Vertragsstaat gelten als Herkunftsnachweis im Sinne dieses Gesetzes, wenn sie zumindest den Anforderungen des Anhangs X der Energieeffizienzrichtlinie entsprechen. Im Zweifelsfalle hat die Regulierungsbehörde über Antrag oder von Amts wegen festzustellen, ob die Voraussetzungen für die Benennung vorliegen.

2. Abschnitt
Behörde, Auskunftspflicht, Strafbestimmungen

§ 61
Behörde, Eigener Wirkungsbereich der Gemeinde

(1) Sofern im Einzelfall nichts anderes bestimmt ist, ist die sachlich und örtlich zuständige Behörde im Sinne dieses Gesetzes die Landesregierung.

(2) Die in dem § 8 Abs. 5 geregelten Aufgaben der Gemeinden sind solche des eigenen Wirkungsbereiches.

§ 62
Auskunftspflicht

(1) Die Behörde kann von Erzeugerinnen und Erzeugern, Stromhändlerinnen und Stromhändlern und sonstigen Elektrizitätsunternehmen jede Auskunft verlangen, deren Kenntnis zur Erfüllung der ihr nach diesem Gesetz obliegenden Aufgaben erforderlich ist. Diese sind verpflichtet, diese Auskünfte innerhalb der von der Behörde festgesetzten Frist zu erteilen, auf Verlangen der Behörde die Entnahme von Proben zu gewähren. Gesetzlich anerkannte Verschwiegenheitspflichten werden von der Auskunftspflicht nicht berührt.

(2) Die in Abs. 1 genannten Personen haben den Organen der Behörde zur Erfüllung der ihr nach diesem Gesetz obliegenden Aufgaben jederzeit ungehindert Zutritt zu den Erzeugungs-, Übertragungs- und Verteileranlagen zu gewähren.

(3) Wer nach diesem Gesetz oder auf Grund darauf beruhender behördlicher Anordnungen verpflichtet ist, Messungen oder andere geeignete Verfahren zur Bestimmung von Emissionen aus seiner genehmigungspflichtigen Anlage nach § 5 Abs. 1 durchzuführen und darüber Aufzeichnungen zu führen, hat diese Aufzeichnungen auf Aufforderung der Behörde zu übermitteln, soweit dies zur Erfüllung gemeinschaftsrechtlicher Berichtspflichten erforderlich ist.

(4) Ein Anspruch auf Ersatz der mit der Auskunftserteilung verbundenen Kosten besteht nicht.

§ 63
Automationsunterstützter Datenverkehr

(1) Personenbezogene Daten, die für die Durchführung von Verfahren nach diesem Gesetz erforderlich sind, die die Behörde in Erfüllung ihrer Aufsichtstätigkeit benötigt oder die der Behörde zur Kenntnis zu bringen sind, dürfen automationsunterstützt ermittelt und verarbeitet werden.

(2) Die Behörde ist ermächtigt, bearbeitete Daten im Rahmen von Verfahren nach diesem Gesetz, soweit sie für die Besorgung der Aufgaben benötigt werden, zu übermitteln an:

1. die Parteien eines Verfahrens, ausgenommen Daten im Sinne des § 17 Abs. 3 AVG,
2. Sachverständige, die einem Verfahren beigezogen werden,
3. ersuchte oder beauftragte Behörden (§ 55 AVG),
4. (Anm: entfallen mit LGBl. Nr. 38/2015),
5. die Bundesministerin bzw. den Bundesminister für Wirtschaft, Familie und Jugend
6. die Regulierungsbehörden.

§ 64
Strafbestimmungen

(1) Eine Verwaltungsübertretung, die von der Bezirksverwaltungsbehörde mit einer Geldstrafe bis zu 25 000 Euro, im Falle der Uneinbringlichkeit mit einer Ersatzfreiheitsstrafe bis zu drei Wochen, zu bestrafen ist, begeht, wer, sofern sich aus den Abs. 2 oder 3 nichts anderes ergibt,

1. eine nach § 5 Abs. 1 genehmigungspflichtige Anlage ohne Genehmigung errichtet, wesentlich ändert oder betreibt,

1a. eine nach § 7 anzeigepflichtige Erzeugungsanlage ohne Anzeige oder ohne vollständige Anzeige errichtet, wesentlich ändert, erweitert oder betreibt,

2. als Rechtsnachfolger die Behörde vom Wechsel nicht verständigt (§ 12 Abs. 6), ohne Fertigstellungsanzeige (§ 12 Abs. 9) eine genehmigungspflichtige Anlage nach § 5 Abs. 1 in Betrieb nimmt oder der Fertigstellungsanzeige keine entsprechende Bestätigung anschließt (§ 12 Abs. 9),
3. trotz Aufforderung durch die Behörde (§ 13 Abs. 1) keinen Betriebsleiter bekannt gibt, keine entsprechenden Unterlagen vorlegt, einen Wechsel in der Person des Betriebsleiters (§ 13 Abs. 3) nicht bekannt gibt oder den Betrieb der Anlage trotz Untersagung gemäß § 13 Abs. 5 aufrecht hält,
4. die genehmigungspflichtige Anlage nach § 5 Abs. 1 ohne die gemäß § 14 Abs. 1 erforderliche Betriebsgenehmigung - ausgenommen Probebetrieb - betreibt,
5. den Bestimmungen der §§ 16 Abs. 8, 17, 18, 20 Abs. 1, 21 Abs. 1, zuwider handelt,

6. den Eigentümer oder den Nutzungsberechtigten eines betroffenen Grundstückes oder allfällige Bergbauberechtigte nicht oder nicht rechtzeitig über den Beginn der Vorarbeiten in Kenntnis setzt (§ 22 Abs. 7),
7. den Netzzugang zu nicht genehmigten Allgemeinen Netzbedingungen gewährt (§ 24 Abs. 1) oder die Verweigerung des Netzzuganges nicht schriftlich begründet (§ 26 Abs. 2 oder Abs. 3),
8. den Netzzugangsberechtigten auf deren Verlangen keinen detaillierten Kostenvoranschlag über die Netzanschlusskosten vorlegt (§ 28 Abs. 5),
9. den Betrieb eines Netzes ohne Bestellung eines geeigneten Betriebsleiters aufnimmt, die Bestellung des Betriebsleiters nicht genehmigen lässt, das Ausscheiden sowie das Wegfallen einer Voraussetzung für die Genehmigung seiner Bestellung nicht schriftlich anzeigt (§ 29),
10. den Pflichten gemäß den §§ 27 Abs. 1, 7 oder 8, 30 Abs. 2, 31, 32 Abs. 1, 35, 36 Abs. 1 oder 5, 37, 41 Abs. 2, 3, 4 oder 6, 42, 45 Abs. 2, 3 oder 4, 46 Abs. 1, 2 oder 3, 48 Abs. 2, 4 oder 5 nicht entspricht,
11. der als bestehend festgestellten Anschlusspflicht (§§ 34 Abs. 3, 36 Abs. 3) nicht entspricht oder das Recht zum Netzanschluss (§ 33) verletzt,
12. den Pflichten gemäß den §§ 39 Abs. 1, 2, 3, 4 oder 5 oder 40 Abs. 5 nicht entspricht,
13. die Tätigkeit eines Bilanzgruppenverantwortlichen ohne Genehmigung gemäß § 43 Abs. 2 oder die Tätigkeit eines Bilanzgruppenkoordinators ohne Berechtigung (§ 45) ausübt,
14. ein Verteilernetz ohne elektrizitätsrechtliche Konzession betreibt (§ 47 Abs. 1),
15. die elektrizitätswirtschaftliche Konzession entgegen den Vorschriften dieses Gesetzes durch Dritte ausüben lässt (§ 51 Abs. 1),
16. trotz der gemäß § 47 Abs. 3 Z 2 oder Abs. 9, § 53 Abs. 3 oder § 54 Abs. 3 bestehenden Verpflichtung zur Bestellung einer Geschäftsführerin bzw. eines Geschäftsführers oder Pächterin bzw. Pächters die elektrizitätswirtschaftliche Konzession ausübt, ohne die Genehmigung der Bestellung einer Geschäftsführerin bzw. eines Geschäftsführers (§ 52 Abs. 2) oder der Übertragung der Ausübung an eine Pächterin bzw. einen Pächter (§ 53 Abs. 5) erhalten zu haben,
17. die Bestellung einer Pächterin bzw. eines Pächters (§ 53 Abs. 5) oder einer Geschäftsführerin bzw. eines Geschäftsführers (§ 52 Abs. 2) nicht genehmigen lässt oder das Ausscheiden der Pächterin bzw. des Pächters oder der Geschäftsführerin bzw. des Geschäftsführers oder das Wegfallen einer Voraussetzung für die Genehmigung nicht unverzüglich schriftlich anzeigt,
18. den in Bescheiden, welche auf Grund dieses Gesetzes erlassen worden sind, enthaltenen Auflagen, Aufträgen oder Bedingungen zuwider handelt oder die in den Bescheiden enthaltenen Fristen nicht einhält,
19. entgegen den Bestimmungen des § 62 Abs. 1 die Erteilung einer Auskunft verweigert, die Einsichtnahme, den Zutritt oder die Entnahme einer Probe gemäß § 62 Abs. 1 oder Abs. 2 nicht gewährt oder den Pflichten gemäß § 62 Abs. 3 nicht entspricht,
20. den Pflichten gemäß § 67 Abs. 2 oder 5 nicht nachkommt,
21. den Vorschriften gemäß § 68 Abs. 2, 5, 7, 8, 9, 13, 14, 16 oder 18, nicht entspricht,
22. die Prüfbescheinigung gemäß § 17 Abs. 3 nicht, unvollständig oder mit unrichtigen Angaben erstellt.

(2) Eine Verwaltungsübertretung, die von der Bezirksverwaltungsbehörde mit einer Geldstrafe von mindestens 10 000 Euro und höchstens 50 000 Euro, im Falle der Uneinbringlichkeit mit einer Ersatzfreiheitsstrafe bis zu vier Wochen, zu bestrafen ist, begeht, wer als Verantwortlicher eines Verteilernetzbetreibers, an dessen Verteilernetz mindestens 100 000 Kunden angeschlossen sind, den Pflichten gemäß den §§ 37 Abs. 4, 40 Abs. 5 und 67 Abs. 2 nicht entspricht.

(3) Eine Verwaltungsübertretung, die von der Bezirksverwaltungsbehörde mit einer Geldstrafe von mindestens 50 000 Euro und höchstens 75 000 Euro, im Falle der Uneinbringlichkeit mit einer Ersatzfreiheitsstrafe bis zu sechs Wochen, zu bestrafen ist, begeht, wer als Verantwortlicher eines Verteilernetzbetreibers, an dessen Verteilernetz mindestens 100 000 Kunden angeschlossen sind, den Pflichten gemäß den §§ 26 Abs. 1, 32 Abs. 1, 2, 3 oder 4, 35 Abs. 1 oder 2, 36 Abs. 1, 37, 39 Abs. 1, 2, 3, 4 oder 5, 41 Abs. 2, 3, 4 oder 6, 45 Abs. 3, 47 Abs. 1, 48 Abs. 2, 4 oder 5, 67 Abs. 5, 68 Abs. 17 oder 18 nicht entspricht.

(4) Der Versuch ist strafbar.

(5) Wurde die Übertragung der Ausübung der elektrizitätswirtschaftlichen Konzession an eine Pächterin oder einen Pächter genehmigt, so ist dieser verantwortlich.

(6) Eine Verwaltungsübertretung liegt nicht vor, wenn eine im Abs. 1, 2 oder 3 bezeichnete Tat den Tatbestand einer mit strafgerichtlicher Strafe bedrohten Handlung bildet.

8. Hauptstück
Berichtspflicht

§ 65

(Anm.: entfallen mit LGBl. Nr. 41/2007)

§ 66

(Anm: entfallen mit LGBl. Nr. 38/2015)

§ 67

Berichts- und Überwachungspflichten

(1) Die Behörde hat spätestens bis 30. Juni jeden Jahres der Bundesministerin für Klimaschutz, Umwelt, Energie, Mobilität, Innovation und Technologie

a) einen Erfahrungsbericht über das Funktionieren des Elektrizitätsbinnenmarktes und der Vollziehung dieses Gesetzes,
b) eine im Einklang mit der in Anlage III ElWOG 2010 dargelegten Methode erstellte Statistik über die nationale Erzeugung von Strom und Wärme aus KWK,
c) eine Statistik über KWK-Kapazitäten sowie die für die KWK eingesetzten Brennstoffe und
d) einen Bericht über die Überwachungstätigkeit gemäß § 31 Abs. 3, der insbesondere jene Maßnahmen zu enthalten hat, die ergriffen wurden, um die Zuverlässigkeit des Nachweissystems zu gewährleisten,

vorzulegen.

(2) Der für die Aufstellung und Überwachung des Gleichbehandlungsprogramms gegenüber der Behörde benannte Gleichbehandlungsverantwortliche hat der Behörde und der Regulierungsbehörde jährlich, spätestens bis 31. März des Folgejahres einen Bericht über die dokumentierten Beschwerdefälle und über die getroffenen Maßnahmen vorzulegen und in geeigneter Weise zu veröffentlichen. Die Behörde hat der Regulierungsbehörde jährlich einen zusammenfassenden Bericht über die getroffenen Maßnahmen vorzulegen und diesen Bericht in geeigneter Weise (zB Internet) zu veröffentlichen.

(3) Die Behörde hat folgende Überwachungsaufgaben im Rahmen ihrer den Elektrizitätsmarkt betreffenden Überwachungsfunktionen. Insbesondere umfassen diese,

1. die Versorgungssicherheit in Bezug auf Zuverlässigkeit und Qualität des Netzes, sowie die kommerzielle Qualität der Netzdienstleistungen,
2. den Grad der Transparenz am Elektrizitätsmarkt unter besonderer Berücksichtigung der Großhandelspreise,
3. den Grad und die Wirksamkeit der Marktöffnung und den Umfang des Wettbewerbs auf Großhandelsebene und Endverbraucherebene einschließlich etwaiger Wettbewerbsverzerrungen oder -beschränkungen,
4. etwaige restriktive Vertragspraktiken einschließlich Exklusivitätsbestimmungen, die große gewerbliche Kunden daran hindern können, gleichzeitig mit mehreren Anbietern Verträge zu schließen, oder ihre Möglichkeiten dazu beschränken,
5. die Dauer und Qualität der von Übertragungs- und Verteilernetzbetreibern vorgenommenen Neuanschluss-, Wartungs- und sonstiger Reparaturdienste,
6. die Investitionen in die Erzeugungskapazitäten mit Blick auf die Versorgungssicherheit

laufend zu beobachten.

(4) Zur Wahrnehmung der in Abs. 3 genannten Aufgaben sind für statistische Zwecke folgende Daten zu erheben:

1. von Netzbetreibern: Zahl der Neuanschlüsse inklusive jeweils hierfür benötigter Zeit; durchgeführte Wartungs- und Reparaturdienste inklusive jeweils hierfür eingehobener Gebühren und benötigter Zeit; Anzahl der geplanten und ungeplanten Versorgungsunterbrechungen inklusive Anzahl der davon betroffenen Endverbraucher, Leistung, Dauer der Versorgungsunterbrechungen, Ursache und betroffene Spannungsebenen; Merkmale der Spannung in öffentlichen Elektrizitätsversorgungsnetzen; Anzahl der Netzzutritts- und Netzzugangsanträge sowie deren durchschnittliche Bearbeitungsdauer;
2. von Verteilernetzbetreibern: Anzahl der Versorgerwechsel sowie gewechselte Mengen (kWh), jeweils getrennt nach Netzebenen und Lieferanten; Abschaltraten, unter gesonderter Ausweisung von Abschaltungen bei Aussetzung bzw. Vertragsauflösung wegen Verletzung vertraglicher Pflichten; Zahl der Neuan- und Abmeldungen; Anzahl der eingesetzten Vorauszahlungszähler; durchgeführte Anzahl der eingeleiteten Wechsel, die dem Netzbetreiber bekannt gemacht wurden, inklusive Anzahl der nicht erfolgreich abgeschlossenen Wechsel; Anzahl der Wiederaufnahmen der Belieferung nach Unterbrechung aufgrund von Zahlungsverzug; Zahl der Endabrechnungen und Anteil der Rechnungen, die später als sechs Wochen nach Beendigung des Vertrags ausgesandt wurden; Anzahl der Kundenbeschwerden und -anfragen samt Gegenstand (zB Rechnung und Rechnungshöhe oder Zähler, Ablesung und Verbrauchsermittlung) sowie die durchschnittliche Bearbeitungsdauer der Beschwerden;
3. von Versorgern: getrennt nach Standard-Lastprofil und nicht Standard-Lastprofil gemessene Kunden: verrechnete Energiepreise in Eurocent/kWh; Anzahl der Versorgerwechsel sowie gewechselte Mengen (kWh); Anzahl der eingegangenen Beschwerden samt Beschwerdegründen; Anzahl der versorgten Endverbraucher samt Abgabemenge.

(5) Der im Abs. 4 genannte Personenkreis ist verpflichtet, der Behörde die Daten gemäß Abs. 4 bis spätestens 31. März des jeweiligen Folgejahres elektronisch zu übermitteln.

(6) Die Behörde kann mit Verordnung die Erhebungsmasse, -einheiten und -merkmale, Merkmalsausprägung, Häufigkeit, Zeitabstände und Verfahren der laufenden Datenerhebung näher regeln.

(7) Ein Verteilernetzbetreiber, an dessen Verteilernetz mindestens 100 000 Kunden angeschlossen sind und der Teil eines vertikal integrierten Unternehmens ist, ist von der Behörde laufend zu beobachten, dass er diesen Umstand nicht zur Verzerrung des Wettbewerbs nutzen kann.

(8) Die Behörde hat allfällige Verstöße von vertikal integrierten Verteilerunternehmen gegen die Bestimmungen der §§ 32 Abs. 1 Z 29, 32 Abs. 3 und 4, 48, 67 Abs. 7 sowie 68 Abs. 16 und 18 unverzüglich der Regulierungsbehörde mitzuteilen.

9. Hauptstück
Übergangsbestimmungen, Schlussbestimmungen

§ 68
Übergangsbestimmungen

(1) Elektrizitätsunternehmen, die im Zeitpunkt des Inkrafttretens dieses Gesetzes im Besitze einer Gebietskonzession sind, gelten im Umfang ihrer bisherigen Tätigkeit als Verteilernetzbetreiber konzessioniert. Die Rechte und Pflichten, die Ausübung, die Endigung und der Entzug der Konzession richten sich nach den Bestimmungen dieses Gesetzes. Bestehen Zweifel über den Umfang der bisherigen Tätigkeit, so hat über Antrag eines Betreibers eines Verteilernetzes die Behörde den Umfang der bisherigen Tätigkeit mit Bescheid festzustellen. Die im Zeitpunkt des Inkrafttretens dieses Gesetzes anhängigen Konzessionsverfahren sind nach den bisher geltenden Bestimmungen zu beenden.

(2) Vertikal integrierte Elektrizitätsunternehmen oder Unternehmen, die zu einem vertikal integrierten Unternehmen gehören und die am 1. Juli 2004 Träger einer elektrizitätswirtschaftlichen Konzession waren, haben bis spätestens 1. Jänner 2006 der Behörde ein Unternehmen zu benennen, auf das die Konzession bei Erfüllung der Konzessionsvoraussetzungen zu übertragen ist. Bei Erfüllung der Konzessionsvoraussetzungen hat das benannte Unternehmen einen Rechtsanspruch auf Erteilung der Konzession in dem am 21. Juni 2004 bestehenden Umfang. Die Benennung der bisherigen Konzessionsträgerin bzw. des bisherigen Konzessionsträgers ist zulässig, wenn die gesetzlich vorgesehenen besonderen Konzessionsvoraussetzungen erfüllt werden. Das Konzessionserteilungsverfahren hat in Anwendung der §§ 47 bis 50 zu erfolgen. Erstreckt sich das Verteilernetz über zwei oder mehrere Länder, haben die beteiligten Landesregierungen gemäß Art. 15 Abs. 7 B-VG vorzugehen.

(3) Abs. 2 findet keine Anwendung auf vertikal integrierte Elektrizitätsunternehmen oder Unternehmen, die zu einem vertikal integrierten Unternehmen gehören, wenn die Anzahl der an das Netz angeschlossenen Kundinnen und Kunden 100 000 nicht übersteigt.

(4) Kommt ein vertikal integriertes Elektrizitätsunternehmen seiner Verpflichtung zur Benennung einer geeigneten Konzessionsträgerin oder eines geeigneten Konzessionsträgers gemäß Abs. 2 nicht nach, hat die Behörde gegen die bisherige Konzessionsträgerin oder den bisherigen Konzessionsträger ein Konzessionsentziehungsverfahren gemäß § 57 einzuleiten und darüber der Bundesministerin bzw. dem Bundesminister für Wirtschaft und Arbeit zu berichten. Zur Aufrechterhaltung des Netzbetriebes kann auch ein anderes Elektrizitätsunternehmen in das Verteilernetz des bisherigen Konzessionsträgers unter sinngemäßer Anwendung des § 58 eingewiesen werden. Erstreckt sich das Verteilernetz über zwei oder mehrere Länder, haben die beteiligten Länder gemäß Art. 15 Abs. 7 B-VG vorzugehen.

(5) Unbeschadet der im Abs. 2 enthaltenen Regelung müssen Verteilernetzbetreiber, an deren Verteilernetz mehr als 100 000 Kundinnen und Kunden angeschlossen sind, bereits ab Inkrafttreten dieses Gesetzes hinsichtlich ihrer Organisation und Entscheidungsgewalt unabhängig von den übrigen Tätigkeitsbereichen eines vertikal integrierten Unternehmens sein, die nicht mit der Verteilung zusammenhängen. Die zur Sicherung dieser Unabhängigkeit erforderlichen Maßnahmen gemäß § 48 müssen ab Inkrafttreten dieses Gesetzes getroffen sein.

(6) Bescheide, die im Widerspruch zu § 46 stehen, treten spätestens sechs Monate nach Inkrafttreten dieses Gesetzes außer Kraft. Verträge, die von einer Netzbetreiberin oder einem Netzbetreiber unter Zugrundelegung von Allgemeinen Netzbedingungen für den Zugang zum Übertragungsnetz abgeschlossen worden sind, gelten ab dem Zeitpunkt des Inkrafttretens dieses Gesetzes als Verträge, denen die geltenden Allgemeinen Bedingungen für den Zugang zu einem Verteilernetz der betreffenden Netzbetreiberin bzw. des betreffenden Netzbetreibers zugrunde liegen.

(7) Die im Zeitpunkt des Inkrafttretens dieses Gesetzes rechtmäßig eingesetzten Pächterinnen bzw. Pächter oder Geschäftsführerinnen bzw. Geschäftsführer im Sinne des 2. Abschnitts des 6. Hauptstücks gelten als nach diesem Gesetz genehmigt. Ein vertikal integrierter Verteilernetzbetreiber mit mehr als 100 000 Kundinnen und Kunden hat bis spätestens 1. Jänner 2006 der Behörde nachzuweisen, dass die bestellte Geschäftsführung die gemäß § 48 Abs. 2 Z 1 und 2 oder eine Pächterin bzw. ein Pächter die gemäß § 48 festgesetzten Voraussetzungen erfüllt. Die §§ 52 Abs. 6 und 53 Abs. 5 gelten sinngemäß.

(8) Fehlt einem Verteilernetzbetreiber, der gemäß § 47 Abs. 3 Z 2

1. einer Geschäftsführerin bzw. eines Geschäftsführers oder
2. einer Pächterin bzw. eines Pächters

bedarf, eine Person im Sinne der Z 1 und 2, so hat dieser innerhalb von sechs Monaten nach dem Inkrafttreten dieses Gesetzes eine Person im Sinne der Z 1 und 2 zu bestellen und innerhalb dieser Frist um Genehmigung der Bestellung anzusuchen. Fehlt einer Pächterin bzw. einem Pächter, die oder der gemäß § 53 Abs. 3 einer Geschäftsführerin oder eines Geschäftsführers bedarf, eine solche Geschäftsführung, so hat die Pächterin bzw. der Pächter innerhalb von sechs Monaten nach dem Inkrafttreten dieses Gesetzes eine Geschäftsführerin oder einen Geschäftsführer zu bestellen und innerhalb dieser Frist um die Genehmigung der Bestellung anzusuchen.

(9) Die im Zeitpunkt des Inkrafttretens dieses Gesetzes rechtmäßig bestellten technischen Betriebsleiterinnen und Betriebsleiter gelten als nach diesem Gesetz genehmigt. Fehlt einer Betreiberin oder einem Betreiber eines Netzes die erforderliche Betriebsleitung, so hat die Betreiberin oder der Betreiber des Netzes innerhalb von drei Monaten nach Inkrafttreten dieses Gesetzes die gemäß § 29 erforderliche Betriebsleiterin bzw. den erforderlichen Betriebsleiter zu bestellen und innerhalb dieser Frist um Genehmigung der Bestellung anzusuchen.

(10) Auf bestehende Verträge über den Anschluss und die Netznutzung sind die jeweils nach diesem Gesetz genehmigten Allgemeinen Netzbedingungen anzuwenden. Dies gilt nicht, wenn die Netzbenutzerin bzw. der Netzbenutzer dagegen binnen acht Wochen ab ihrer Veröffentlichung beim Betreiber des Netzes Einspruch erhebt.

(11) Die im Zeitpunkt des Inkrafttretens dieses Gesetzes genehmigten Allgemeinen Netzbedingungen gelten als nach diesem Gesetz genehmigt.

(12) Erzeugungsanlagen, die im Zeitpunkt des Inkrafttretens dieses Gesetzes rechtmäßig bestehen und betrieben werden oder rechtmäßig errichtet werden können, gelten als nach diesem Gesetz genehmigt. Die §§ 12 Abs. 9 und 10, 13 bis 23 sind auf diese Erzeugungsanlagen anzuwenden.

(13) Der Regelzonenführer hat binnen eines Monats nach Inkrafttreten eine Kapitalgesellschaft zu benennen, die die Tätigkeit eines Bilanzgruppenverantwortlichen ab 1. Juli 2005 ausüben soll. Mit der Anzeige sind Nachweise vorzulegen, dass der benannte Bilanzgruppenverantwortliche die im § 45 Abs. 2 und 3 festgelegten Aufgaben kostengünstig und effizient zu erfüllen vermag und den im § 45 Abs. 1 festgelegten Voraussetzungen entspricht.

(14) Ist bis zum 1. Juli 2005 die Sechs-Monats-Frist gemäß § 45 Abs. 6 nicht abgelaufen oder stellt eine Landesregierung einen Antrag gemäß Art. 15 Abs. 7 B-VG, so darf der benannte Bilanzgruppenkoordinator seine Tätigkeit vorläufig ausüben. Erfolgt keine Anzeige eines Bilanzgruppenkoordinators gemäß § 45 Abs. 4 oder hat die Behörde einen Feststellungsbescheid gemäß § 45 Abs. 5 erlassen oder tritt ein Ausführungsgesetz erst nach dem 1. Juli 2005 in Kraft, so darf der am 30. Juni 2005 konzessionierte Bilanzgruppenkoordinator seine Tätigkeit vorläufig weiter ausüben.

(15) Die im Zeitpunkt des Inkrafttretens dieses Gesetzes bestellten Vertreterinnen und Vertreter des Burgenländischen Elektrizitätsbeirates gelten als bestellt nach diesem Gesetz.

(16) Die Übertragungsnetzbetreiber sind verpflichtet, bis 1. Jänner 2006 eine Gleichbehandlungsbeauftragte oder einen Gleichbehandlungsbeauftragten der Behörde zu benennen und das Gleichbehandlungsprogramm vorzulegen (§ 35 Abs. 2 und 3).

(17) Wenn im Zusammenhang mit der Durchführung der Entflechtung auch das Eigentum am betreffenden Netz einschließlich der dazugehörigen Hilfseinrichtungen auf den Netzbetreiber übertragen wird, gehen vertraglich oder behördlich begründete Dienstbarkeits- und Leitungsrechte an Liegenschaften und sonstige für den sicheren Betrieb und den Bestand des Netzes einschließlich der dazugehörigen Hilfseinrichtungen erforderlichen Rechte auf den Netzbetreiber von Gesetzes wegen über. Wenn zum Zweck der Durchführung der Entflechtung andere, zur Gewährleistung der Funktion des Netzbetreibers notwendige Nutzungsrechte übertragen werden, sind sowohl der Netzeigentümer als auch der diese anderen Nutzungsrechte Ausübende berechtigt, die Nutzungsrechte in Anspruch zu nehmen.

(18) Der Regelzonenführer ist verpflichtet, binnen zwei Monaten nach Inkrafttreten der Novelle das Gleichbehandlungsprogramm der Behörde vorzulegen.

(19) Unternehmen, die im Zeitpunkt des Inkrafttretens des Bgld. ElWG 2001 elektrische Energie auf einem Betriebsgelände (§ 7 Z 25 ElWOG, BGBl. I Nr. 143/1998) verteilten, gelten als Endverbraucher, wenn die Voraussetzungen des § 7 Z 26 ElWOG, BGBl. I Nr. 143/1998, ausgenommen das Erfordernis des eigenen Netzes, vorliegen.

(20) Vertikal integrierte Verteilernetzbetreiber, an deren Netz mindestens 100 000 Kunden angeschlossen sind, sind verpflichtet, binnen drei Monaten nach Inkrafttreten dieser Novelle ein den Bestimmungen dieser Novelle entsprechendes Gleichbehandlungsprogramm der Behörde vorzulegen. Mit der Vorlage ist auch der völlig unabhängige Gleichbehandlungsbeauftragte der Behörde bekanntzugeben (§ 32 Abs. 2 und 3).

(21) Vertikal integrierte Verteilernetzbetreiber, an deren Netz mindestens 100 000 Kunden angeschlossen sind, sind verpflichtet, binnen drei Monaten nach Inkrafttreten dieser Novelle jene Maßnahmen mitzuteilen, durch die gewährleistet ist, dass in ihrer Kommunikations- und Markenpolitik eine Verwechslung in Bezug auf die eigene

Identität der Versorgungssparte des vertikal integrierten Unternehmens ausgeschlossen ist.

(22) Am 31. Dezember 2013 bei einem ordentlichen Gericht anhängige Entschädigungsverfahren nach § 23 sind nach den Vorschriften vor LGBl. Nr. 79/2013 zu beenden.

§ 69

Schlussbestimmungen, umgesetzte Richtlinien der Europäischen Union

(1) Die Bestimmungen dieses Gesetzes treten mit dem der Kundmachung folgenden Tag in Kraft. Gleichzeitig tritt das Burgenländische Elektrizitätswesengesetz 2001, LGBl. Nr. 41/2001, in der Fassung des Gesetzes LGBl. Nr. 60/2002, außer Kraft.

(2) § 31 tritt sechs Monate nach Festlegung der in Art. 4 Abs. 1 der KWK-Richtlinie genannten harmonisierten Wirkungsgrad-Referenzwerte durch die Kommission der Europäischen Gemeinschaft in Kraft.

(3) Durch dieses Gesetz werden folgende Richtlinien der Europäischen Union umgesetzt:

1. Richtlinie 2009/72/EG des Europäischen Parlaments und des Rates vom 13. Juli 2009 über gemeinsame Vorschriften für den Elektrizitätsbinnenmarkt und zur Aufhebung der Richtlinie 2003/54/EG, ABl. Nr. L 211 vom 14. August 2009 S. 55ff, soweit diese nicht durch das ElWOG 2010 umgesetzt wird,
2. Richtlinie 2009/28/EG des Europäischen Parlaments und des Rates vom 23. April 2009 zur Förderung der Nutzung von Energie aus erneuerbaren Quellen und zur Änderung und anschließenden Aufhebung der Richtlinien 2001/77/EG und 2003/30/EG, ABl. Nr. L 140 vom 5. Juni 2009 S. 16ff, soweit diese nicht durch das Ökostromgesetz umgesetzt wird,
3. Richtlinie 2004/8/EG des Europäischen Parlaments und des Rates vom 11. Februar 2004 über die Förderung einer am Nutzwärmebedarf orientierten Kraft-Wärme-Kopplung im Energiebinnenmarkt und zur Änderung der Richtlinie 92/42/EWG, ABl. Nr. L 52 vom 21. Feber 2004 S. 50ff, soweit diese nicht durch das Ökostromgesetz umgesetzt wird,
4. Richtlinie 2006/123/EG des Europäischen Parlaments und des Rates vom 12. Dezember 2006 über Dienstleistungen im Binnenmarkt, ABl. Nr. L 376 vom 27. Dezember 2006 S. 36 ff,
5. Richtlinie 2006/32/EG des Europäischen Parlaments und des Rates vom 5. April 2006 über Endenergieeffizienz und Energiedienstleistungen und zur Aufhebung der Richtlinie 93/76/EWG des Rates, ABl. Nr. L 114 vom 27. April 2006 S. 64,
6. Richtlinie 2012/27/EU des Europäischen Parlaments und des Rates vom 25. Oktober 2012 zur Energieeffizienz, zur Änderung der Richtlinien 2009/125/EG und 2010/30/EU und zur Aufhebung der Richtlinien 2004/8/EG und 2006/32/EG, ABl. Nr. L 315 vom 14.11.2012 S. 1 ff, zuletzt geändert durch die Richtlinie (EU) 2018/2002 des Europäischen Parlamentes und des Rates vom 11. Dezember 2018 zur Änderung der Richtlinie 2012/27/EU zur Energieeffizienz, ABl. Nr. L 328 vom 21.12.2018 S. 210 ff,
7. Richtlinie 2018/2001/EU des Europäischen Parlaments und des Rates vom 11. Dezember 2018 zur Förderung der Nutzung von Energie aus erneuerbaren Quellen, ABl. 2018 Nr. L 328 S. 82.
8. Richtlinie 2019/944/EU des Europäischen Parlaments und des Rates mit gemeinsamen Vorschriften für den Elektrizitätsbinnenmarkt und zur Änderung der Richtlinie 2012/27/EU, ABl. Nr. L 158 vom 14.06.2019 S. 125.

(4) Die Vermeidung und Sanierung von Umweltschäden im Sinne der Richtlinie 2004/35/EG des Europäischen Parlaments und des Rates vom 21. April 2004 über Umwelthaftung zur Vermeidung und Sanierung von Umweltschäden, ABl. Nr. L 143 vom 30. April 2004 S. 56, wird im Burgenländischen Umwelthaftungsgesetz - Bgld. UHG, LGBl. Nr. 5/2010, geregelt.

(5) § 21 Abs. 1, § 23 Abs. 5, § 47 Abs. 4, § 54 Abs. 1, § 55 Abs. 5 und 7, § 64 Abs. 6 sowie § 68 Abs. 22 in der Fassung des Gesetzes LGBl. Nr. 79/2013 treten mit 1. Jänner 2014 in Kraft.

(6) Die die Einträge zum 8. Hauptstück und § 66 betreffenden Änderungen im Inhaltsverzeichnis sowie die Überschrift des 8. Hauptstückes in der Fassung des Gesetzes LGBl. Nr. 38/2015 treten mit dem der Kundmachung folgenden Tag in Kraft; § 63 Abs. 2 Z 4 und § 66 treten auf Grund des Gesetzes LGBl. Nr. 38/2015 mit dem der Kundmachung folgenden Tag außer Kraft.

(7) Das Inhaltsverzeichnis, § 5 Abs. 1 und 3, §§ 7, 8 Abs. 7 und § 10 Abs. 1, treten mit dem der Kundmachung folgenden Tag in Kraft.

(8) Die Änderung des § 6 Abs. 2 Z 15, § 6 Abs. 2 Z 16, die Änderung des § 69 Abs. 3 Z 5 und § 69 Abs. 3 Z 6 in der Fassung des Gesetzes LGBl. Nr. 88/2019 treten mit dem der Kundmachung folgenden Tag in Kraft.

(9) Die Änderung im Inhaltsverzeichnis und § 23a in der Fassung des Gesetzes LGBl. Nr. 25/2020 treten mit dem der Kundmachung folgenden Tag in Kraft und mit Ablauf des 31. Dezember 2020 außer Kraft.

(10) Die Änderung im Inhaltsverzeichnis und § 23a in der Fassung des Gesetzes LGBl. Nr. 83/2020 treten mit 1. Jänner 2021 in Kraft und mit Ablauf des 31. Dezember 2021 außer Kraft.

(11) Das Inhaltsverzeichnis, § 2 Abs. 1 Z 7a und Z 7b, Z 9, Z 12a, Z 15a, Z 17a, Z 30a, Z 42, Z 44,

Z 44a, Z 50a und Z 50b, Z 58a, Z 63a und Z 63b sowie Z 78, § 2 Abs. 2 Z 3, Z 3a, Z 4a, § 2 Abs. 3 Z 8 und Z 9, die Überschrift zum 1. Abschnitt des 2. Hauptstücks, § 11 Abs. 1 Z 3a, § 11 Abs. 2, §§ 13a, 25, 26 Abs. 1 Z 1, Z 2 und Z 3, § 32 Abs. 1 Z 29 und Z 30 bis Z 33, § 34 Abs. 1a, § 34 Abs. 2 Z 1, § 34 Abs. 4, § 36 Abs. 1 und 5, § 37 Abs. 2 Z 5, § 60 Abs. 1 und 3, § 64 Abs. 1 Z 1a, Z 21 und Z 22, § 67 Abs. 1 und § 69 Abs. 3 Z 6 und Z 7 in der Fassung des Gesetzes LGBl. Nr. 23/2022 treten mit dem der Kundmachung folgenden Tag in Kraft.

(12) Das Inhaltsverzeichnis, § 1 Abs. 1, § 2 Abs. 1, § 5 Abs. 1, 2, 4 und 6, § 6 Abs. 2 und 3, § 8 Abs. 1, 3, 4, 8 und 9, § 9 Abs. 1, § 10 Abs. 1, § 11 Abs. 1, 3 und 4, § 12 Abs. 1, 1a, 1b, 2, 2a, 6, 7 und 9, § 13 Abs. 1 und 3, § 14 Abs. 1 und 2, § 16 Abs. 1, 2, 4, 5, 6 und 8, § 17 Abs. 1, 2 und 5, § 18 Abs. 1, 2, 3 und 4, § 19 Abs. 1, die Überschrift zu § 20, § 20 Abs. 1, § 21 Abs. 1 und 3, die Überschrift zu § 22, § 22 Abs. 1 und 3, § 23 Abs. 1, § 62 Abs. 3 sowie § 64 Abs. 1 in der Fassung des Gesetzes LGBl. Nr. 42/2022 treten mit dem der Kundmachung folgenden Tag in Kraft.

9. Kärntner Elektrizitätswirtschafts- und -organisationsgesetz

Gesetz vom 16. Dezember 2011, über die Erzeugung, Übertragung und Verteilung von Elektrizität sowie die Organisation der Elektrizitätswirtschaft in Kärnten
StF: LGBl Nr 10/2012
Letzte Novellierung: LGBl Nr 87/2022

GLIEDERUNG

1. Hauptstück:
Allgemeine Bestimmungen

§ 1
Geltungsbereich

Dieses Gesetz regelt die Erzeugung, Übertragung und Verteilung von und Versorgung mit Elektrizität sowie die Organisation der Elektrizitätswirtschaft in Kärnten und legt die sonstigen Rechte und Pflichten der Elektrizitätsunternehmen fest.

§ 2
Ziele

Ziele dieses Gesetzes sind:

a) der Bevölkerung und Wirtschaft in Kärnten Elektrizität kostengünstig, ausreichend, dauerhaft, sicher und in hoher Qualität zur Verfügung zu stellen;
b) eine Marktorganisation für die Elektrizitätswirtschaft gemäß dem EU-Primärrecht und den Grundsätzen des Elektrizitätsbinnenmarktes gemäß der Elektrizitätsbinnenmarktrichtlinie (§ 73 Abs. 3 lit. a) zu schaffen;
c) das Potential der Kraft-Wärme-Kopplung (KWK) und KWK-Technologien gemäß Anlage II des Elektrizitätswirtschafts- und –organisationsgesetzes 2010 als Mittel zur Energieeinsparung und Gewährleistung der Versorgungssicherheit nachhaltig zu nutzen;
d) durch die Schaffung geeigneter Rahmenbedingungen die Netz- und Versorgungssicherheit zu erhöhen und nachhaltig zu gewährleisten;
e) die Weiterentwicklung der Elektrizitätserzeugung aus erneuerbaren Energiequellen zu unterstützen und den Zugang der Erzeugung aus erneuerbaren Energiequellen zum Elektrizitätsnetz zu gewährleisten;
f) die Schaffung eines Ausgleiches für gemeinwirtschaftliche Verpflichtungen im Allgemeininteresse, die den Elektrizitätsunternehmen auferlegt wurden, und die sich auf die Sicherheit, einschließlich der Versorgungssicherheit, die Regelmäßigkeit, die Qualität und den Preis der Lieferungen sowie auf den Umweltschutz beziehen;
g) die Bevölkerung und die Umwelt in Kärnten vor Gefährdungen und unzumutbaren Belästigungen durch Erzeugungsanlagen zu schützen;

h) die beim Betrieb von Erzeugungsanlagen eingesetzten Primärenergieträger bestmöglich zu nutzen (Energieeffizienz);
i) die Berücksichtigung des öffentlichen Interesses an der Versorgung mit elektrischer Energie, insbesondere aus heimischen, erneuerbaren Ressourcen, bei der Bewertung von Infrastrukturprojekten.

§ 3
Begriffsbestimmungen

(1) Im Sinne dieses Gesetzes oder des Elektrizitätswirtschafts- und –organisationsgesetzes 2010 – ElWOG 2010 bezeichnet der Ausdruck:

1. „Agentur" die Agentur für die Zusammenarbeit der Energieregulierungsbehörden gemäß der Verordnung (EU) 2019/942 über eine Agentur für die Zusammenarbeit der Energieregulierungsbehörden (§ 73 Abs. 4 lit. b);
1a. „aerothermische Energie" Energie, die in Form von Wärme in der Umgebungsluft gespeichert ist;
2. „Anschlussleistung" jene zwischen Netzbenutzer und Netzbetreiber an der Übergabestelle vertraglich vereinbarte Leistung;
2a. „Ausfallsreserve" jenen Teil der Sekundärregelung, der automatisch oder manuell gesteuert werden kann und vorrangig der Abdeckung des Ausfalls des größten Kraftwerkblocks in der Regelzone dient;
3. „Ausgleichsenergie" die Differenz zwischen dem vereinbarten Fahrplanwert und dem tatsächlichen Bezug oder der tatsächlichen Lieferung der Bilanzgruppe je definierter Messperiode, wobei die Energie je Messperiode tatsächlich erfasst oder rechnerisch ermittelt werden kann;
4. „Bilanzgruppe" die Zusammenfassung von Lieferanten und Kunden zu einer virtuellen Gruppe, innerhalb derer ein Ausgleich zwischen Aufbringung (Bezugsfahrpläne, Einspeisungen) und Abgabe (Lieferfahrpläne, Ausspeisungen) erfolgt;
5. „Bilanzgruppenkoordinator" eine natürliche oder juristische Person oder eingetragene Personengesellschaft, die eine Verrechnungsstelle betreibt sowie berechtigt und verpflichtet ist, die Bilanzgruppen einer Regelzone bezüglich Ausgleichsenergie in organisatorischer und abrechnungstechnischer Hinsicht zu verwalten;
6. „Bilanzgruppenverantwortlicher" eine gegenüber anderen Marktteilnehmern und dem Bilanzgruppenkoordinator zuständige Stelle einer Bilanzgruppe, welche die Bilanzgruppe vertritt;
6a. „Bürgerenergiegemeinschaft" eine Rechtsperson, die elektrische Energie erzeugt, verbraucht, speichert oder verkauft, im Bereich der Aggregierung tätig ist oder Energiedienstleistungen für ihre Mitglieder erbringt und von den Mitgliedern bzw. Gesellschaftern gemäß § 16b Abs. 3 ElWOG 2010 kontrolliert wird;
6b. „Demonstrationsprojekt" ein Vorhaben, das eine in der Europäischen Union völlig neue Technologie („first of its kind") demonstriert, die eine wesentliche, weit über den Stand der Technik hinausgehende Innovation darstellt;
7. „dezentrale Erzeugungsanlage" eine Erzeugungsanlage, die an ein öffentliches Mittel- oder Niederspannungs-Verteilernetz (Bezugspunkt Übergabestelle) angeschlossen ist und somit Verbrauchernähe aufweist, oder eine Erzeugungsanlage, die der Eigenversorgung dient;
8. „Direktleitung" entweder eine Leitung, die einen einzelnen Produktionsstandort mit einem einzelnen Kunden verbindet, oder eine Leitung, die einen Elektrizitätserzeuger und ein Elektrizitätsversorgungsunternehmen zum Zwecke der direkten Versorgung mit ihrer eigenen Betriebsstätte, Tochterunternehmen oder zugelassenen Kunden verbindet; Leitungen innerhalb von Wohnhausanlagen gelten nicht als Direktleitungen;
9. „Drittstaaten" Staaten, die nicht Vertragsstaaten des Abkommens über den Europäischen Wirtschaftsraum sind;
10. „Einspeiser" einen Erzeuger oder ein Elektrizitätsunternehmen, der oder das elektrische Energie in ein Netz abgibt;
11. „Elektrizitätsunternehmen" eine natürliche oder juristische Person oder eine eingetragene Personengesellschaft, die in Gewinnabsicht von den Funktionen der Erzeugung, der Übertragung, der Verteilung, der Lieferung oder des Kaufs von elektrischer Energie mindestens eine wahrnimmt und die kommerzielle, technische oder wartungsbezogene Aufgaben im Zusammenhang mit diesen Funktionen wahrnimmt, mit Ausnahme der Endverbraucher;
11a. „endgültige Stilllegungen" Maßnahmen, die den Betrieb der Erzeugungsanlage endgültig ausschließen oder bewirken, dass eine Anpassung der Einspeisung nicht mehr angefordert werden kann;
12. „Endverbraucher" eine natürliche oder juristische Person oder eingetragene Personengesellschaft, die Elektrizität für den Eigenverbrauch kauft;
13. „Energieeffizienz / Nachfragesteuerung" ein globales oder integriertes Konzept zur Steuerung der Höhe und des Zeitpunktes des Elektrizitätsverbrauchs, das den Primärenergieverbrauch senken und Spitzenlasten verringern soll, indem Investitionen zur Steigerung der Energieeffizienz oder anderen Maßnahmen, wie unterbrechbaren Lieferverträgen, Vorrang vor Investitionen zur Steigerung der Erzeugungskapazität eingeräumt wird, wenn sie unter Berücksichtigung der positiven Auswirkungen eines geringeren Energieverbrauches auf

die Umwelt und der damit verbundenen Aspekte einer größeren Versorgungssicherheit und geringerer Verteilungskosten die wirksamste und wirtschaftlichste Option darstellen;

13a. „Engpassmanagement“ die Gesamtheit von kurz-, mittel- und langfristigen Maßnahmen, welche nach Maßgabe der systemtechnischen Anforderungen ergriffen werden können, um unter Berücksichtigung der Netz- und Versorgungssicherheit Engpässe im Übertragungsnetz zu vermeiden oder zu beseitigen;

14. „Entnehmer“ einen Endverbraucher oder einen Netzbetreiber, der elektrische Energie aus einem Übertragungs- oder Verteilernetz entnimmt;

15. „ENTSO (Strom)“ den Europäischen Verbund der Übertragungsnetzbetreiber für Strom gemäß Art. 29 der Verordnung (EU) 2019/943 über den Elektrizitätsbinnenmarkt (§ 73 Abs. 4
lit. a);

15a. „Erneuerbare-Energie-Gemeinschaft“ eine Rechtsperson, die es ermöglicht, die innerhalb der Gemeinschaft erzeugte Energie gemeinsam zu nutzen; deren Mitglieder oder Gesellschafter müssen im Nahbereich gemäß § 16c Abs. 2 ElWOG 2010 angesiedelt sein;

16. „erneuerbare Energiequelle“ eine erneuerbare, nichtfossile Energiequelle (Wind, Sonne [Solarthermie und Photovoltaik], geothermische Energie, Umgebungsenergie, Gezeiten-, Wellen- und sonstige Meeresenergie, Wasserkraft, Biomasse, Deponie-, Klär- und Biogas);

17. „Erzeuger“ eine juristische oder natürliche Person oder eine eingetragene Personengesellschaft, die Elektrizität erzeugt;

18. „Erzeugung“ die Produktion von Elektrizität;

19. „Erzeugung aus Kraft-Wärme-Kopplung (KWK-Erzeugung)“ die Summe von Strom, mechanischer Energie und Nutzwärme aus KWK;

20. „Erzeugungsanlage“ ein Kraftwerk oder Kraftwerkspark;

21. „Fahrplan“ jene Unterlage, die angibt, in welchem Umfang elektrische Leistung als prognostizierter Leistungsmittelwert in einem konstanten Zeitraster (Messperioden) an bestimmten Netzpunkten eingespeist und entnommen oder zwischen Bilanzgruppen ausgetauscht wird;

22. „funktional verbundenes Netz“ ein Netz, welches direkt oder indirekt über ein anderes Netz oder über mehrere Netze in den Netzebenen 3 bis 7 transformatorisch oder galvanisch an ein Höchstspannungsnetz angeschlossen ist; ist ein Netz indirekt über mehrere Netze an das Höchstspannungsnetz angeschlossen, so gilt es als mit jenem funktional verbunden, zu dem eine direkte transformatorische oder galvanische Verbindung besteht; treffen diese Merkmale auf mehrere Netze zu, so gilt ein Netz mit jenem als funktional verbunden, welches eine größere jährliche Energiemenge an Endkunden abgibt;

23. „galvanisch verbundene Netzbereiche“ Netzbereiche, die elektrisch leitend verbunden sind;

23a. „gemeinschaftliche Erzeugungsanlagen“ (§ 16a ElWOG 2010) Erzeugungsanlagen, die elektrische Energie zur Deckung des Verbrauchs der teilnehmenden Berechtigten erzeugen;

24. „Gesamtwirkungsgrad“ die Summe der jährlichen Erzeugung von Strom, mechanischer Energie und Nutzwärme im Verhältnis zum Brennstoff, der für die in KWK erzeugte Wärme und die Bruttoerzeugung von Strom und mechanischer Energie eingesetzt wurde;

24a. „Hauptleitung“ die Verbindungsleitung zwischen Hausanschlusskasten und den Zugangsklemmen der Vorzählersicherungen;

25. „Haushaltskunden“ Kunden, die Elektrizität für den Eigenverbrauch im Haushalt kaufen; dies schließt gewerbliche und berufliche Tätigkeiten nicht mit ein;

26. „Hilfsdienst“ alle Dienstleistungen, die zum Betrieb eines Übertragungs- oder Verteilernetzes erforderlich sind;

27. „hocheffiziente Kraft-Wärme-Kopplung“ die KWK, die den in der Anlage IV des Elektrizitätswirtschafts- und –organisationsgesetzes 2010 (ElWOG 2010) festgelegten Kriterien entspricht;

28. „horizontal integriertes Elektrizitätsunternehmen“ ein Unternehmen, das mindestens eine der Funktionen der kommerziellen Erzeugung, Übertragung, Verteilung von oder Versorgung mit Elektrizität wahrnimmt und das außerdem eine weitere Tätigkeit außerhalb des Elektrizitätsbereiches ausübt;

28a. „hydrothermische Energie“ Energie, die in Form von Wärme in Oberflächengewässern gespeichert ist;

29. „in KWK erzeugter Strom“ Strom, der in einem Prozess erzeugt wurde, der an die Erzeugung von Nutzwärme gekoppelt ist und der gemäß der in der Anlage III des ElWOG 2010 festgelegten Methode berechnet wird;

30. „integriertes Elektrizitätsunternehmen“ ein vertikal oder horizontal integriertes Elektrizitätsunternehmen;

31. „intelligentes Messgerät“ eine technische Einrichtung, die den tatsächlichen Energieverbrauch und Nutzungszeitraum zeitnah misst, und die über eine fernauslesbare, bidirektionale Datenübertragung verfügt;

32. „kennzeichnungspflichtiges Werbematerial“ jedes an Endverbraucher gerichtete Werbematerial, das auf den Verkauf von elektrischer Energie ausgerichtet ist; hierunter fallen

a) Werbemittel für den Produktenverkauf für Einzelkunden, wie etwa Produktenbroschüren,
b) sonstige standardisierte Produkt-Printmedien, welche für den Verkauf ausgerichtet sind,
c) online bezogene Produktwerbung;

32a. „Kleinsterzeugungsanlagen“ eine oder mehrere Erzeugungsanlagen, deren Engpassleistung in Summe weniger als 0,8 kW pro Anlage eines Netzbenutzers beträgt;

33. „Kleinunternehmen“ Unternehmen im Sinne des § 1 Abs. 1 Z 1 Konsumentenschutzgesetz (KSchG), die weniger als 50 Personen beschäftigen, weniger als 100.000 kWh/Jahr an Elektrizität verbrauchen und einen Jahresumsatz oder eine Jahresbilanzsumme von höchstens 10 Mio. Euro haben;

34. „Kontrolle“ Rechte, Verträge und andere Mittel, die einzeln oder zusammen unter Berücksichtigung aller tatsächlichen oder rechtlichen Umstände die Möglichkeit gewähren, einen bestimmenden Einfluss auf die Tätigkeit des Unternehmens auszuüben, insbesondere durch:
a) Eigentums- oder Nutzungsrechte an der Gesamtheit oder an Teilen des Vermögens des Unternehmens,
b) Rechte oder Verträge, die einen bestimmenden Einfluss auf die Zusammensetzung, die Beratungen oder die Beschlüsse der Organe des Unternehmens gewähren;

35. „Kostenwälzung“ ein kalkulatorisches Rechenverfahren, welches angewendet wird, um einem Verbraucherkollektiv die Kosten jener Anschlussnetzebene, an der es direkt angeschlossen ist, sowie die Kosten aller darüber liegenden Netzebenen anteilig zuzuordnen;
a) „Kostenwälzung nach der Bruttobetrachtung“ eine Kostenwälzung, bei der die Kosten einer Netzebene auf die Netzinanspruchnahme aller unmittelbar und mittelbar, dh. insbesondere auch aller unterlagerten Netzebenen, angeschlossenen Entnehmer und Einspeiser bezogen werden; Leistungs- und Energieflüsse zwischen den Netzebenen werden nicht einbezogen,
b) „Kostenwälzung nach der Nettobetrachtung“ eine Kostenwälzung, bei der sich der Aufteilungsschlüssel für die zu wälzenden Kosten nicht aus der summarischen Netzinanspruchnahme in der jeweiligen und allen unterlagerten Ebenen ergibt, sondern ausschließlich aus der Inanspruchnahme durch direkt angeschlossene Entnehmer und Einspeiser und der Schnittstelle zur direkt unterlagerten Netzebene;

36. „Kraft-Wärme-Kopplung (KWK)“ die gleichzeitige Erzeugung thermischer Energie und elektrischer und/oder mechanischer Energie in einem Prozess;

37. „Kraft-Wärme-Verhältnis“ (Stromkennzahl) das anhand der Betriebsdaten des spezifischen Blocks berechnete Verhältnis von KWK-Strom zu Nutzwärme im vollständigen KWK-Betrieb;

38. „Kraftwerk“ eine Anlage, die dazu bestimmt ist, durch Energieumwandlung elektrische Energie zu erzeugen; sie kann aus mehreren Erzeugungseinheiten bestehen und umfasst auch alle zugehörigen Hilfsbetriebe und Nebeneinrichtungen;

39. „Kraftwerkspark“ eine Gruppe von Kraftwerken, die über einen gemeinsamen Netzanschluss verfügt;

40. „Kunden“ Endverbraucher, Stromhändler oder Elektrizitätsunternehmen, die elektrische Energie kaufen;

41. „KWK-Block“ einen Block, der im KWK-Betrieb betrieben werden kann;

42. „KWK-Kleinanlagen“ KWK-Blöcke mit einer installierten Kapazität unter 1 MW;

43. „KWK-Kleinstanlage“ eine KWK-Anlage mit einer Kapazität von höchstens 50 kW;

44. „Lastprofil“ eine in Zeitintervallen dargestellte Bezugsmenge oder Liefermenge eines Einspeisers oder Entnehmers;

45. „Lieferant“ eine natürliche oder juristische Person oder eingetragene Personengesellschaft, die Elektrizität anderen natürlichen oder juristischen Personen zur Verfügung stellt. Soweit Energie von einer gemeinschaftlichen Erzeugungsanlage und innerhalb einer Bürgerenergiegemeinschaft sowie einer Erneuerbare-Energie-Gemeinschaft den Mitgliedern bzw. den teilnehmenden Berechtigten zur Verfügung gestellt wird, begründet dieser Vorgang keine Lieferanteneigenschaft;

46. „Marktregeln“ die Summe aller Vorschriften, Regelungen oder Bestimmungen auf gesetzlicher oder vertraglicher Basis, die Marktteilnehmer im Elektrizitätsmarkt einzuhalten haben, um ein geordnetes Funktionieren dieses Marktes zu ermöglichen und zu gewährleisten;

47. „Marktteilnehmer“ Bilanzgruppenverantwortliche, Versorger, Stromhändler, Erzeuger, Lieferanten, Netzbenutzer, Kunden, Endverbraucher, Erneuerbare-Energie-Gemeinschaften, Bürgerenergiegemeinschaften, Bilanzgruppenkoordinatoren, Strombörsen, Übertragungsnetzbetreiber, Verteilernetzbetreiber und Regelzonenführer;

47a. „Herkunftsnachweis“ eine Bestätigung, die den Primärenergieträger, aus dem eine bestimmte Einheit elektrischer Energie erzeugt wurde, belegt. Hierunter fallen insbesondere Herkunfts-nachweise für Strom aus fossilen Energiequellen, Herkunftsnachweise für Strom aus Hoch-effizienter KWK sowie Herkunftsnachweise gemäß § 10 Ökostromgesetz 2012 und § 83 Erneuerbaren-Ausbau-Gesetz;

48. „Netzanschluss“ die physische Verbindung der Anlage eines Kunden oder Erzeugers von elektrischer Energie mit dem Netzsystem;
49. „Netzbenutzer“ eine natürliche oder juristische Person oder eingetragene Personengesellschaft, die Elektrizität in ein Netz einspeist oder aus einem Netz entnimmt;
50. „Netzbereich“ jenen Teil eines Netzes, für dessen Benutzung dieselben Preisansätze gelten;
51. „Netzbetreiber“ einen Betreiber von Übertragungs- oder Verteilernetzen mit einer Nennfrequenz von 50 Hz;
52. „Netzebene“ einen im Wesentlichen durch das Spannungsniveau bestimmten Teilbereich des Netzes;
52a. „Netzreserve“ die Vorhaltung von zusätzlicher Erzeugungsleistung oder reduzierter Verbrauchsleistung zur Beseitigung von Engpässen im Übertragungsnetz im Rahmen des Engpassmanagements, welche gesichert innerhalb von zehn Stunden Vorlaufzeit aktivierbar ist;
53. „Netzzugang“ die Nutzung eines Netzsystems;
54. „Netzzugangsberechtigter“ eine natürliche oder juristische Person oder eingetragene Personengesellschaft, die Netzzugang begehrt, insbesondere auch Elektrizitätsunternehmen, soweit dies zur Erfüllung ihrer Aufgaben erforderlich ist;
55. „Netzzugangsvertrag“ die individuelle Vereinbarung zwischen einem Netzzugangsberechtigten und einem Netzbetreiber, der den Netzanschluss und die Inanspruchnahme des Netzes regelt;
56. „Netzzutritt“ die erstmalige Herstellung eines Netzanschlusses oder die Erhöhung der Anschlussleistung eines bestehenden Netzanschlusses;
57. „Nutzwärme“ die in einem KWK-Prozess zur Befriedigung eines wirtschaftlich vertretbaren Wärme- oder Kühlbedarfs erzeugte Wärme;
58. „Primärregelung“ eine automatisch wirksam werdende Wiederherstellung des Gleichgewichtes zwischen Erzeugung und Verbrauch mit Hilfe eines definierten frequenzabhängigen Verhaltens von Erzeugungs- und/oder Verbrauchseinheiten, welche im Zeitbereich bis höchstens 30 Sekunden nach Störungseintritt vollständig aktivierbar sein muss;
59. „Regelzone“ die kleinste Einheit des Verbundsystems, die mit einer Leistungs-Frequenz-Regelung ausgerüstet und betrieben wird;
60. „Regelzonenführer“ denjenigen, der für die Leistungs-Frequenz-Regelung in einer Regelzone verantwortlich ist, wobei diese Funktion auch seitens eines dritten Unternehmens, das seinen Sitz in einem anderen Vertragsstaat des Abkommens über den Europäischen Wirtschaftsraum hat, erfüllt werden kann;
61. „Reservestrom“ den Strom, der über das Elektrizitätsnetz in den Fällen geliefert wird, in denen der KWK-Prozess unter anderem durch Wartungsarbeiten unterbrochen oder abgebrochen ist;
62. „Sekundärregelung“ die automatisch wirksam werdende und erforderlichenfalls ergänzend manuell gesteuerte Rückführung der Frequenz und der Austauschleistung mit anderen Regelzonen auf die Sollwerte nach Störung des Gleichgewichtes zwischen erzeugter und verbrauchter Wirkleistung mit Hilfe von zentralen oder dezentralen Einrichtungen. Die Sekundärregelung umfasst auch die Ausfallsreserve. Die Wiederherstellung der Sollfrequenz kann im Bereich von mehreren Minuten liegen;
63. „Sicherheit“ sowohl die Sicherheit der Elektrizitätsversorgung und –bereitstellung als auch die Betriebssicherheit;
64. „standardisiertes Lastprofil“ ein durch ein geeignetes Verfahren ermitteltes und für eine bestimmte Einspeiser- oder Entnehmergruppe charakteristisches Lastprofil;
65. „Stromhändler“ eine natürliche oder juristische Person oder eingetragene Personengesellschaft, die Elektrizität in Gewinnabsicht verkauft;
66. „Systembetreiber“ einen Netzbetreiber, der über die technisch-organisatorischen Einrichtungen verfügt, um alle zur Aufrechterhaltung des Netzbetriebes notwendigen Maßnahmen setzen zu können;
66a. „teilnehmender Berechtigter“ eine juristische oder natürliche Person oder eingetragene Personengesellschaft, die mit ihrer Verbrauchsanlage einer gemeinschaftlichen Erzeugungsanlage zugeordnet ist;
66b. „temporäre saisonale Stilllegungen“ temporäre Stilllegungen gemäß § 3 Abs. 1 Z 66c, die von einem Betreiber einer Erzeugungsanlage für den Zeitraum von jeweils 1. Mai bis jeweils 30. September eines Kalenderjahres gemäß § 23a ElWOG 2010 verbindlich angezeigt werden. Für die Festlegung von Beginn und Ende des Stilllegungszeitraums steht dem Betreiber der Erzeugungsanlage eine Toleranzbandbreite von jeweils einem Monat nach oben sowie nach unten zu;
66c. „temporäre Stilllegungen“ vorläufige Maßnahmen mit Ausnahme von Revisionen und technisch bedingten Störungen, die bewirken, dass die Erzeugungsanlage innerhalb von 72 Stunden nicht mehr anfahrbereit gehalten wird, aber wieder betriebsbereit gemacht werden kann;
67. „Tertiärregelung“ das langfristig wirksam werdende, manuell oder automatisch ausgelöste Abrufen von elektrischer Leistung, die zur Unterstützung bzw. Ergänzung der Sekundärregelung bzw. zur längerfristigen Ablösung von bereits aktivierter Sekundärregelleistung dient (Minutenreserve);
68. „Übertragung“ den Transport von Elektrizität über ein Höchstspannungs- und Hochspannungsverbundnetz zum Zweck der Belieferung

von Endkunden oder Verteilern, jedoch mit Ausnahme der Versorgung;

69. „Übertragungsnetz“ ein Hochspannungsverbundnetz mit einer Spannungshöhe von 110 kV und darüber, das dem überregionalen Transport von elektrischer Energie dient;
70. „Übertragungsnetzbetreiber“ eine natürliche oder juristische Person oder eingetragene Personengesellschaft, die verantwortlich für den Betrieb, die Wartung sowie erforderlichenfalls den Ausbau des Übertragungsnetzes und gegebenenfalls der Verbindungsleitungen zu anderen Netzen sowie für die Sicherstellung der langfristigen Fähigkeit des Netzes, eine angemessene Nachfrage nach Übertragung von Elektrizität zu befriedigen, ist; Übertragungsnetzbetreiber ist die Verbund-Austrian Power Grid AG;
71. „Verbindungsleitungen“ Anlagen, die zur Verbundschaltung von Elektrizitätsnetzen dienen;
72. „verbundenes Elektrizitätsunternehmen“:
   a) ein verbundenes Unternehmen im Sinne des § 228 Abs. 3 Unternehmensgesetzbuch (UGB),
   b) ein assoziiertes Unternehmen im Sinne des § 263 Abs. 1 UGB oder
   c) zwei oder mehrere Unternehmen, deren Aktionäre ident sind;
73. „Verbundnetz“ eine Anzahl von Übertragungs- und Verteilernetzen, die durch eine oder mehrere Verbindungsleitungen miteinander verbunden sind;
74. „Versorger“ eine natürliche oder juristische Person oder eingetragene Personengesellschaft, die die Versorgung wahrnimmt;
75. „Versorgung“ den Verkauf einschließlich des Weiterverkaufs von Elektrizität an Kunden;
76. „Verteilernetzbetreiber“ eine natürliche oder juristische Person oder eingetragene Personengesellschaft, die verantwortlich ist für den Betrieb, die Wartung sowie erforderlichenfalls den Ausbau des Verteilernetzes in einem bestimmten Gebiet und gegebenenfalls der Verbindungsleitungen zu anderen Netzen sowie für die Sicherstellung der langfristigen Fähigkeit des Netzes, eine angemessene Nachfrage nach Verteilung von Elektrizität zu befriedigen;
77. „Verteilung“ den Transport von Elektrizität über Hoch-, Mittel- oder Niederspannungs-Verteilernetze zum Zwecke der Belieferung von Kunden, jedoch mit Ausnahme der Versorgung;
78. „vertikal integriertes Elektrizitätsunternehmen“ ein Unternehmen oder eine Gruppe von Unternehmen, in der dieselbe Person berechtigt ist, direkt oder indirekt Kontrolle auszuüben, wobei das betreffende Unternehmen bzw. die betreffende Gruppe mindestens eine der Funktionen Übertragung oder Verteilung und mindestens eine der Funktionen Erzeugung von oder Versorgung mit Elektrizität wahrnimmt;
79. „Wirkungsgrad“ den auf der Grundlage des unteren Heizwerts der Brennstoffe berechneten Wirkungsgrad;
80. „Wirkungsgrad-Referenzwerte für die getrennte Erzeugung“ die Wirkungsgrade einer alternativen getrennten Erzeugung von Wärme und Strom, die durch KWK ersetzt werden soll;
81. „wirtschaftlicher Vorrang“ die Rangfolge der Elektrizitätsquellen nach wirtschaftlichen Gesichtspunkten;
82. „wirtschaftlich vertretbarer Bedarf“ den Bedarf, der die benötigte Wärme- oder Kühlleistung nicht überschreitet und der sonst durch andere Energieproduktionsprozesse als KWK zu Marktbedingungen gedeckt würde;
83. „Zählpunkt“ die Einspeise- bzw. Entnahmestelle, an der die Strommenge messtechnisch erfasst und registriert wird; eine Zusammenfassung mehrerer Zählpunkte ist nicht zulässig;

83a. „Zeitreihe“ der zeitliche Verlauf der entnommenen oder eingespeisten Energie in Viertelstundenwerten über eine zeitliche Periode;

84. „Zusatzstrom“ den Strom, der über das Elektrizitätsnetz in den Fällen geliefert wird, in denen die Stromnachfrage die elektrische Erzeugung des KWK-Prozesses übersteigt.

(2) Darüber hinaus gelten als

1. „Betriebsstätte“ jenes räumlich zusammenhängende Gebiet, auf dem regelmäßig eine auf Gewinn oder sonstigen wirtschaftlichen Vorteil gerichtete Tätigkeit selbständig ausgeübt wird;
2. „Energie aus erneuerbaren Quellen“ oder „erneuerbare Energie“ Elektrizität aus erneuerbaren, nicht fossilen Quellen im Sinne des Abs. 1 Z 16;
3. „Modernisierung (Repowering)“ die Modernisierung von Erzeugungsanlagen für erneuerbare Energie einschließlich des vollständigen oder teilweisen Austauschs von Anlagen oder Betriebssystemen und -geräten zum Austausch von Kapazität oder zur Steigerung der Effizienz oder Kapazität der Anlage.

Im Übrigen gelten die Begriffsbestimmungen des § 5 des Bundes-Energieeffizienzgesetzes.

(3) Abweichend vom Verbot des Abs. 1 Z 83 sind in einem Netzbereich liegende Zählpunkte eines Netzbenutzers zusammenzufassen, wenn sie der Anspeisung von kundenseitig galvanisch oder transformatorisch verbundenen Anlagen, die der Straßenbahnverordnung 1999, BGBl. II Nr.

76/2000, zuletzt geändert durch die Verordnung BGBl. II Nr. 127/2018, unterliegen, dienen.

§ 4
Gemeinwirtschaftliche Verpflichtungen

(1) Den Netzbetreibern werden entsprechend ihrem Tätigkeitsbereich nachstehende gemeinwirtschaftliche Verpflichtungen im Allgemeininteresse auferlegt:

a) die diskriminierungsfreie Behandlung aller Kunden eines Netzes;
b) der Abschluss von privatrechtlichen Verträgen mit Netzbenutzern über den Anschluss an ihr Netz (Allgemeine Anschlusspflicht);
c) die Errichtung und Erhaltung einer für die inländische Elektrizitätsversorgung oder für die Erfüllung völkerrechtlicher Verpflichtungen ausreichenden Netzinfrastruktur.

(2) Den Elektrizitätsunternehmen werden entsprechend ihrem Tätigkeitsbereich die nachstehenden gemeinwirtschaftlichen Verpflichtungen im Allgemeininteresse auferlegt:

a) die Erfüllung der durch Rechtsvorschriften auferlegten Pflichten im öffentlichen Interesse;
b) die Mitwirkung an Maßnahmen zur Beseitigung von Netzengpässen und an Maßnahmen zur Gewährleistung der Versorgungssicherheit.

(3) Die Elektrizitätsunternehmen haben die bestmögliche Erfüllung der ihnen im Allgemeininteresse auferlegten Verpflichtungen mit allen ihnen zur Verfügung stehenden Mitteln anzustreben.

§ 5
Grundsätze für den Betrieb von Elektrizitätsunternehmen

Die Elektrizitätsunternehmen haben als kunden- und wettbewerbsorientierte Anbieter von Energiedienstleistungen nach den Grundsätzen einer sicheren, kostengünstigen, umweltverträglichen und effizienten Bereitstellung der nachgefragten Dienstleistungen sowie eines wettbewerbsorientierten und wettbewerbsfähigen Elektrizitätsmarktes zu agieren. Diese Grundsätze haben sie als Unternehmensziele zu verankern.

2. Hauptstück:
Errichtung und Betrieb von Erzeugungsanlagen

§ 6
Genehmigungspflicht

(1) Die Errichtung und der Betrieb einer Erzeugungsanlage mit einer elektrischen Engpassleistung von mehr als 5 kW bedürfen, unbeschadet der nach anderen Rechtsvorschriften erforderlichen Bewilligungen, einer elektrizitätswirtschaftsrechtlichen Genehmigung.

(2) Die elektrizitätswirtschaftsrechtliche Genehmigungspflicht besteht nicht

a) für die Errichtung und den Betrieb von Erzeugungsanlagen, deren Errichtung und Betrieb einer Bewilligung nach abfallrechtlichen, eisenbahnrechtlichen, gewerberechtlichen, luftfahrt-rechtlichen, mineralrohstoffrechtlichen, schifffahrtsrechtlichen oder straßenrechtlichen Vorschriften bedarf,
b) für die Aufstellung und den Betrieb mobiler Erzeugungsanlagen, die der Notstromversorgung dienen oder die in nicht ortsfesten Betriebseinrichtungen betrieben werden, dic über eine Bewilligung nach dem 3. Abschnitt des Kärntner Veranstaltungsgesetzes 2010 verfügen,
c) für in die Gebäudehülle integrierte oder unmittelbar daran befestigte Photovoltaikanlagen und
d) für nicht unter lit. c fallende Photovoltaikanlagen bis zu einer Fläche von 100 m².

(2a) Abs. 2 lit. a gilt jedenfalls auch für Erzeugungsanlagen, die auch der mit dieser Tätigkeit in wirtschaftlichem und fachlichem Zusammenhang stehenden Gewinnung, Nutzung und Abgabe von Wärme dienen.

(3) Die Änderung einer genehmigten Erzeugungsanlage bedarf neben den nach anderen Rechtsvorschriften erforderlichen Bewilligungen einer elektrizitätswirtschaftsrechtlichen Genehmigung, wenn sich dadurch zusätzliche Gefährdungen oder Belästigungen im Sinne des § 10 Abs. 1 lit. a ergeben können. Die Genehmigungspflicht bezieht sich auch auf bereits genehmigte Erzeugungsanlagen oder –anlagenteile, soweit sich die Änderungen auf sie auswirken.

(3a) Änderungen, die keine zusätzlichen Gefährdungen oder Belästigungen im Sinne des § 10 Abs. 1 lit. a verursachen, sind der Behörde schriftlich anzuzeigen. Dieser Anzeige ist eine Darstellung eines Zivilingenieurs oder eines Ingenieurbüros der einschlägigen Fachrichtung anzuschließen, warum sich durch die Änderung keine zusätzlichen Gefährdungen oder Belästigungen im Sinne des § 10 Abs. 1 lit. a ergeben können. Die Behörde hat diese Anzeige, erforderlichenfalls unter Vorschreibung allfälliger Auflagen, zur Kenntnis zu nehmen. Die Zurkenntnisnahme bildet einen Bestandteil der Genehmigung.

(4) Verliert eine nach den in Abs. 2 lit. a angeführten Rechtsvorschriften bewilligte Erzeugungsanlage ihren Charakter als abfallrechtliche, eisenbahnrechtliche, gewerberechtliche, luftfahrtrechtliche, mineralrohstoffrechtliche oder schifffahrtsrechtliche Anlage, so hat der Betreiber der Anlage dies der nach diesem Gesetz zuständigen Behörde anzuzeigen. Stellt die Behörde mit schriftlichem Bescheid fest, dass die Erzeugungsanlage die Voraussetzungen nach § 10 erfüllt, gilt die Bewilligung nach den angeführten Rechtsvorschriften als Genehmigung der Erzeugungsanlage nach diesem Gesetz.

(5) Unbeschadet der Genehmigungspflicht ist vor der Errichtung oder wesentlichen Änderung einer Stromerzeugungsanlage mit dem Netzbetreiber, in dessen Netz die Anlage einspeist oder einspeisen soll, das Einvernehmen herzustellen.

(6) Im Zweifel hat die Behörde auf Antrag des Inhabers der elektrizitätswirtschaftsrechtlichen Genehmigung mit Bescheid festzustellen, ob eine Änderung der Erzeugungsanlage einer Genehmigung nach diesem Gesetz bedarf. Maßnahmen zur Instandhaltung oder Instandsetzung gelten nicht als genehmigungspflichtige Änderung.

§ 7

Antrag auf Erteilung der elektrizitätswirtschaftsrechtlichen Genehmigung

(1) Die elektrizitätswirtschaftsrechtliche Genehmigung zur Errichtung und zum Betrieb einer Erzeugungsanlage ist bei der Behörde schriftlich zu beantragen.

(2) Dem Antrag sind Unterlagen in zweifacher Ausfertigung anzuschließen, die jedenfalls zu umfassen haben:

a) eine technische Beschreibung der Erzeugungsanlage mit Angaben über Zweck, Umfang, Betriebsweise und technische Ausführung der Anlage;
b) Pläne über die Lage, den Umfang und alle wesentlichen Teile der Erzeugungsanlage;
c) einen Übersichtsplan im Katastermaßstab, aus dem der Standort der Erzeugungsanlage und die betroffenen Grundstücke mit ihren Parzellennummern ersichtlich sind;
d) ein Verzeichnis der betroffenen Grundstücke mit Namen und Anschriften der Eigentümer und der an diesen Grundstücken sonst dinglich berechtigten Personen sowie gegebenenfalls des beanspruchten öffentlichen Gutes unter Angabe der zuständigen Verwaltungen;
da) den Nachweis des Eigentums an den Grundstücken, die von Maßnahmen zur Errichtung oder Änderung von Erzeugungsanlagen dauernd in Anspruch genommen werden sollen, oder, wenn der Eigentümer nicht der Antragsteller ist, die Zustimmung dieser Grundeigentümer, soweit sie erlangt werden konnte,
e) ein Verzeichnis der an die betroffenen Grundstücke unmittelbar angrenzenden Grundstücke mit Namen und Anschriften der Eigentümer und der an diesen Grundstücken sonst dinglich berechtigten Personen, mit Ausnahme der Hypothekargläubiger;
f) ein Verzeichnis der offenkundig berührten fremden Erzeugungs- und –leitungsanlagen mit Namen und Anschriften der Eigentümer oder der zuständigen Verwaltungen;
g) eine Darstellung der abschätzbaren Gefährdungen und Belästigungen im Sinne des § 10 Abs. 1 lit. a sowie der sonstigen nachteiligen Umweltauswirkungen;
h) Angaben über die Art der eingesetzten Primärenergieträger und die geplanten Maßnahmen der Energieeffizienz;
i) Angaben über den Beitrag der Erzeugungskapazitäten zur Erreichung des Zieles der Europäischen Union, die Deckung des Bruttoenergieverbrauchs durch Energie aus erneuerbaren Energiequellen zu erhöhen;
j) Angaben zum Beitrag der Erzeugungskapazitäten zur Verringerung der Emissionen;
k) eine schriftliche Stellungnahme der Gemeinde, dass im Örtlichen Entwicklungskonzept (OEK) für das Vorhaben kein ausdrücklicher Ausschließungsgrund enthalten ist, bei Photovoltaikanlagen darüber, dass das Vorhaben dem Flächenwidmungsplan entspricht;
l) bei der Errichtung oder einer wesentlichen Änderung einer nicht hocheffizienten thermischen Erzeugungsanlage mit einer thermischen Gesamtnennleistung von mehr als 20 MW: eine Bewertung der Kosten und des Nutzens von Vorkehrungen für den Betrieb bzw. eine Umrüstung der Anlage als hocheffiziente KWK-Anlage;
m) eine Stellungnahme des jeweiligen Netzbetreibers, in dessen Netz die Anlage einspeist;
n) Angaben zu Alternativen zur Schaffung neuer Erzeugungskapazitäten, zB durch Laststeuerung oder Energiespeicherung;
o) im Falle von Windenergieanlagen eine schriftliche Stellungnahme der für die Angelegenheiten der Raumordnung zuständigen Abteilung des Amtes der Landesregierung über die Einhaltung der raumordnungsrechtlichen Bestimmungen.

(2a) Die wirtschaftliche Kosten-Nutzen-Analyse gemäß Abs. 2 lit. l ist im Einklang mit den Grundsätzen des Anhangs IX Teil 2 der Energieeffizienzrichtlinie zu erstellen. Die Landesregierung kann mit Verordnung nähere Bestimmungen zur Methodik der wirtschaftlichen Kosten-Nutzen-Analyse gemäß Abs. 2 lit. l erlassen, wenn dies zur Umsetzung von Rechtsvorschriften der Europäischen Union erforderlich ist.

(3) Kann aufgrund der dem Antrag auf elektrizitätswirtschaftsrechtliche Genehmigung anzuschließenden Projektunterlagen eine ausreichende Beurteilung des Projektes nicht vorgenommen werden, darf die Behörde binnen angemessen festzusetzender Frist die Vorlage zusätzlicher Unterlagen verlangen.

(4) Sind einzelne dem Antrag auf elektrizitätswirtschaftsrechtliche Genehmigung anzuschließende Projektunterlagen für eine ausreichende Beurteilung des Projektes im Rahmen des Genehmigungsverfahrens entbehrlich, darf die Behörde im Einzelfall von der Beibringung dieser Projektunterlagen absehen.

(5) Die Behörde darf dieVorlage zusätzlicher Ausfertigungen aller oder einzelner nach Abs. 2

oder Abs. 3 erforderlicher Unterlagen verlangen, wenn dies zur Übermittlung an öffentliche Dienststellen oder zur Begutachtung durch Sachverständige im Rahmen des Genehmigungsverfahrens erforderlich ist.

§ 8
Genehmigungsverfahren

(1) Die Behörde hat – ausgenommen in den Fällen des § 9 – aufgrund des Antrages auf Erteilung der elektrizitätswirtschaftsrechtlichen Genehmigung eine mündliche Verhandlung durchzuführen. Gegenstand, Zeit und Ort der Verhandlung sind durch Anschlag in der Gemeinde (§ 41 AVG) bekannt zu geben.

(2) Persönlich zu laden sind:

a) der Antragsteller,
b) die Eigentümer der Grundstücke, auf denen die Erzeugungsanlage errichtet werden soll, und
c) die Eigentümer der an die Grundstücke gemäß lit. b unmittelbar angrenzenden Grundstücke, für die Gefährdungen und Belästigungen im Sinne des § 10 Abs. 1 lit. a eintreten können.

(3) Nachbarn im Sinne dieses Gesetzes sind alle Personen, die wegen ihres räumlichen Naheverhältnisses zur Erzeugungsanlage durch deren Errichtung, Bestand oder Betrieb gefährdet oder belästigt oder deren Eigentum oder sonstige dingliche Rechte gefährdet werden könnten. Nicht als Nachbarn gelten Personen, die sich vorübergehend in der Nähe der Erzeugungsanlage aufhalten und nicht im Sinne des vorherigen Satzes dinglich berechtigt sind. Als Nachbarn gelten jedoch die Inhaber von Einrichtungen, in denen sich regelmäßig Personen vorübergehend aufhalten, wie etwa in Beherbergungsbetrieben, Krankenanstalten und Heimen, hinsichtlich des Schutzes dieser Personen und die Erhalter von Schulen hinsichtlich des Schutzes der Schüler, der Lehrer und der sonstigen in Schulen ständig beschäftigten Personen.

(4) Die Behörden, Ämter und öffentlichrechtlichen Körperschaften, die zur Wahrnehmung der öffentlichen Interessen berufen sind, mit denen das Vorhaben abzustimmen ist (§ 11 Abs. 4), sind im Genehmigungsverfahren insoweit zu hören, als diese Interessen berührt werden. Überdies sind die Eigentümer von Erzeugungs- und -leitungsanlagen sowie die Standortgemeinde und benachbarte Gemeinden, die von Auswirkungen der Erzeugungs-anlage betroffen sein können, zu hören.

(5) Die mündliche Verhandlung nach Abs. 1 ist nach Möglichkeit mit nach anderen Bundes- und Landesgesetzen erforderlichen mündlichen Verhandlungen zu verbinden.

§ 9
Vereinfachtes Verfahren

(1) Erzeugungsanlagen,

a) die ausschließlich zur ortsfesten Notstromversorgung bestimmt sind oder
b) deren elektrische Erzeugungsleistung höchstens 500 kW beträgt,

sind elektrizitätswirtschaftsrechtlich in einem vereinfachten Verfahren zu genehmigen.

(2) Die Behörde hat das Projekt durch Anschlag in der Gemeinde (§ 41 AVG) mit dem Hinweis bekannt zu geben, dass die Projektunterlagen innerhalb eines bestimmten, vier Wochen nicht überschreitenden Zeitraumes bei der Behörde zur Einsichtnahme aufliegen und dass die Nachbarn innerhalb dieses Zeitraumes Einwendungen im Sinne des § 10 Abs. 1 lit. a erheben können. Nach Ablauf des im Anschlag angeführten Zeitraumes hat die Behörde unter Bedachtnahme auf die eingelangten Einwendungen der Nachbarn mit Bescheid festzustellen, dass es sich bei dem Projekt um eine Erzeugungsanlage nach Abs. 1 lit. a oder b handelt, und gegebenenfalls die erforderlichen Auflagen zum Schutz der nach § 10 Abs. 1 wahrzunehmenden Interessen vorzuschreiben. Dieser Bescheid hat auch die Angaben gemäß § 11 Abs. 1 zweiter Satz zu enthalten. Können durch Auflagen die nach § 10 Abs. 1 wahrzunehmenden Interessen nicht ausreichend gewahrt werden, ist der Antrag auf Erteilung der elektrizitätswirtschaftsrechtlichen Genehmigung im Rahmen des vereinfachten Verfahrens mit schriftlichem Bescheid abzuweisen.

(3) Der Bescheid nach Abs. 2 zweiter Satz gilt als Genehmigungsbescheid für die Elektrizitätserzeugungsanlage.

(4) Änderungen einer genehmigten Erzeugungsanlage sind im Rahmen des vereinfachten Verfahrens zu genehmigen, wenn die Erzeugungsanlage einschließlich der geplanten Änderungen die Voraussetzungen nach Abs. 1 lit. a oder b erfüllt.

§ 9a
Genehmigung von Erzeugungsanlagen von erneuerbarer Energie

(1) Das Verfahren zur Genehmigung von Erzeugungsanlagen von erneuerbarer Energie ist gestrafft und beschleunigt und auf Grund vorhersehbarer Zeitpläne durchzuführen, um zur Umsetzung des Prinzips Energieeffizienz an erster Stelle beizutragen.

(2) Die Modernisierung (Repowering) von Erzeugungsanlagen erneuerbarer Energie sind bei Vorliegen der Voraussetzungen nach dem Verfahren des § 6 Abs. 3a in Verbindung mit Abs. 6 zu genehmigen. Gegebenenfalls ist § 9 Abs. 4 anzuwenden.

(3) Beim Amt der Landesregierung ist eine Anlaufstelle im Sinne des Art. 16 Abs. 1 der Erneuerbaren-Richtlinie (§ 73 Abs. 5 lit. e) einzurichten. Der Anlaufstelle obliegt für die Durchführung der gesamten erforderlichen landesgesetzlich geregelten Genehmigungsverfahren auf Ersuchen des Antragstellers die Beratung, Unterstützung

und Information für die Errichtung, die Modernisierung und den Betrieb von Erzeugungsanlagen erneuerbarer Energie einschließlich des Netzzugangs. Die Anlaufstelle hat auch die bei anderen Behörden erforderlichen Verfahren einzubeziehen. Die Antragsteller können bei der Anlaufstelle die Unterlagen auch in elektronischer Form einbringen, soweit die Anlaufstelle über die erforderlichen technischen und organisatorischen Voraussetzungen dafür verfügt.

(4) Die Anlaufstelle hat zu den Aufgaben gemäß Abs. 1 ein österreichweit nach einheitlichen Grundsätzen erstelltes Verfahrenshandbuch zur Verfügung zu stellen und dieses auch auf der Homepage des Landes Kärnten zu veröffentlichen. In diesem Handbuch sind kleine Anlagen sowie Anlagen von Eigenversorgern gesondert zu berücksichtigen. Auf allenfalls zuständige andere Anlaufstellen ist hinzuweisen.

(5) Unbeschadet des § 73 AVG gelten für die Behörde folgende Entscheidungsfristen für Erzeugungsanlagen erneuerbarer Energie:

1. für Genehmigungsverfahren gemäß § 8, die nicht unter Z 2 fallen, zwei Jahre und
2. für Genehmigungsverfahren für Erzeugungsanlagen bis 150 kW, das vereinfachte Verfahren gemäß § 9 für dezentrale Erzeugungsanlagen sowie für die Modernisierung (Repowering) von Erzeugungsanlagen, ein Jahr.

Diese Fristen dürfen in durch außergewöhnliche Umstände hinreichend begründeten Fällen um ein Jahr verlängert werden, wie zB aus übergeordneten Sicherheitsgründen bei wesentlichen Auswirkungen auf das Netz, oder die ursprüngliche Kapazität, Größe oder Leistung der Anlage.

(6) Die Entscheidungsfristen des Abs. 5 verlängern sich überdies für die Dauer von Verfahrensschritten zur Erfüllung von aus dem Unionsumweltrecht abgeleiteten Verpflichtungen der Behörde.

(7) Zeigen sich in einem Genehmigungsverfahren gemäß diesem Hauptstück große Interessenskonflikte zwischen dem Genehmigungswerber und den sonstigen Parteien oder Beteiligten, kann die Behörde das Verfahren auf Antrag des Projektwerbers zur Einschaltung eines Mediationsverfahrens unterbrechen. Das Mediationsverfahren hat auf Kosten des Projektwerbers zu erfolgen. Der Projektwerber kann jederzeit einen Antrag zur Fortführung des Verfahrens stellen. Die Entscheidungsfristen des Abs. 5 verlängern sich um die Dauer der Mediation.

§ 10
Voraussetzungen für die Erteilung der elektrizitätswirtschaftsrechtlichen Genehmigung

(1) Die Voraussetzungen für die Erteilung der elektrizitätswirtschaftsrechtlichen Genehmigung zur Errichtung und zum Betrieb einer Erzeugungsanlage sind, dass

a) nach dem Stand der Technik sowie dem Stand der medizinischen und der sonst in Betracht kommenden Wissenschaften erwartet werden kann, dass
1. durch die Errichtung und den Betrieb der Anlage oder durch die Lagerung von Betriebsmitteln oder Rückständen und dergleichen vorhersehbare Gefährdungen des Lebens oder der Gesundheit von Menschen oder Gefährdungen des Eigentums oder sonstiger dinglicher Rechte der Nachbarn nach fachmännischer Voraussicht nicht zu erwarten sind und
2. durch den Betrieb der Anlage Belästigungen von Nachbarn durch Lärm, Erschütterungen, Schwingungen, Blendungen oder in ähnlicher Weise auf ein zumutbares Maß beschränkt bleiben;

b) eine effiziente Energiegewinnung bestmöglich gewährleistet ist und gegebenenfalls der wirtschaftlichen Kosten-Nutzen-Analyse gemäß § 7 Abs. 2 lit. l Rechnung getragen wird (Energieeffizienz), und
c) für die Errichtung oder den Betrieb der Erzeugungsanlage eine Stellungnahme der Gemeinde gemäß § 7 Abs. 2 lit. k vorliegt.

(2) Unter einer Gefährdung des Eigentums im Sinne des Abs. 1 lit. a Z 1 ist die Möglichkeit einer Minderung des Verkehrswertes des Eigentums nicht zu verstehen.

(3) Ob Belästigungen der Nachbarn im Sinne des Abs. 1 lit. a Z 2 zumutbar sind, ist danach zu beurteilen, wie sich die durch die Erzeugungsanlage verursachten Änderungen der tatsächlichen örtlichen Verhältnisse auf ein gesundes, normal empfindendes Kind und einen gesunden, normal empfindenden Erwachsenen auswirken.

(4) Der Stand der Technik im Sinne dieses Gesetzes ist der auf den einschlägigen wissenschaftlichen Erkenntnissen beruhende Entwicklungsstand fortschrittlicher Verfahren, Einrichtungen, Bau- oder Betriebsweisen, deren Funktionstüchtigkeit erprobt und erwiesen ist. Bei der Bestimmung des Standes der Technik sind insbesondere jene vergleichbaren Verfahren, Einrichtungen, Bau- oder Betriebsweisen heranzuziehen, welche am wirksamsten zur Erreichung eines allgemein hohen Schutzniveaus für die Umwelt insgesamt sind; weiters sind unter Beachtung der sich aus einer bestimmten Maßnahme ergebenden Kosten und ihres Nutzens und des Grundsatzes der Vorsorge und Vorbeugung im Allgemeinen wie auch im Einzelfall die Kriterien der Anlage 6 zur Gewerbeordnung 1994 zu berücksichtigen.

(5) Durch die Errichtung und den Betrieb der Anlage soll nach Möglichkeit ein Beitrag zu den

gemäß § 7 Abs. 2 lit. i, j und n festgelegten Zielen erreicht werden.

§ 11
Erteilung der elektrizitätswirtschaftsrechtlichen Genehmigung

(1) Die elektrizitätswirtschaftsrechtliche Genehmigung zur Errichtung, zum Betrieb und zur Änderung einer Erzeugungsanlage ist schriftlich zu erteilen, wenn die Voraussetzungen nach § 10 vorliegen. Diese Voraussetzungen liegen insbesondere vor, wenn nach dem Stand der Technik zu erwarten ist, dass überhaupt oder unter Einhaltung der erforderlichenfalls vorzuschreibenden bestimmten geeigneten Auflagen die nach den Umständen des Einzelfalls vorhersehbaren Gefährdungen ausgeschlossen und Belästigungen auf ein zumutbares Maß beschränkt werden. Können diese Voraussetzungen auch durch Auflagen nicht herbeigeführt werden, ist die elektrizitätswirtschaftliche Genehmigung zu versagen. Die Genehmigung hat jedenfalls Angaben über die elektrische Engpassleistung sowie die Art der eingesetzten Energieträger zu enthalten.

(2) Die Auflagen haben erforderlichenfalls auch Maßnahmen für den Fall der Unterbrechung des Betriebes und den Fall der Auflassung der Erzeugungsanlage zu umfassen.

(3) Die Behörde darf festlegen, dass bestimmte Auflagen erst ab einem dem Zeitaufwand der hiefür erforderlichen Maßnahmen entsprechend festzulegenden Zeitpunkt nach der Inbetriebnahme der Erzeugungsanlage oder von Teilen der Anlage eingehalten werden müssen, wenn dagegen keine Bedenken vom Standpunkt der in § 10 Abs. 1 umschriebenen Interessen bestehen.

(4) Bei der Erteilung der elektrizitätswirtschaftsrechtlichen Genehmigung ist auf die sonstigen öffentlichen Interessen, insbesondere auf die Interessen der Landwirtschaft, des Forstwesens, der Wildbach- und Lawinenverbauung, der Raumordnung, des Natur-, Landschafts- und Denkmalschutzes, der Wasserwirtschaft und des Wasserrechts, des Bergbaues, des öffentlichen Verkehrs und der Landesverteidigung, Bedacht zu nehmen.

(5) Die sich aus elektrizitätswirtschaftsrechtlichen Genehmigungen ergebenden Rechte und Pflichten gehen auf den jeweiligen Betreiber der Erzeugungsanlage über. Der Wechsel des Betreibers der Erzeugungsanlage ist vom neuen Betreiber der Behörde unverzüglich anzuzeigen.

§ 12
Überprüfungen

(1) Besteht der begründete Verdacht, dass eine genehmigte Erzeugungsanlage nicht entsprechend der Genehmigung errichtet wurde oder betrieben wird und hat dies Auswirkungen auf die gemäß § 10 Abs. 1 zu wahrenden Interessen, hat die Behörde die Erzeugungsanlage zu überprüfen.

(2) Die Behörde darf eine genehmigte Erzeugungsanlage jährlich überprüfen, wenn diese Anlage aufgrund ihrer Eigenschaften besonders geeignet ist, die Gesundheit, das Leben oder das Eigentum eines Dritten zu gefährden und die Überprüfung notwendig ist, um die nach § 10 Abs. 1 zu wahrenden Interessen hinreichend zu schützen.

(3) Wird bei einer Überprüfung gemäß Abs. 1 oder 2 festgestellt, dass die genehmigte Erzeugungsanlage nicht entsprechend der Genehmigung errichtet wurde oder betrieben wird, hat die Behörde den Inhaber der elektrizitätswirtschaftsrechtlichen Genehmigung zur Herstellung des der Genehmigung entsprechenden Zustandes innerhalb einer angemessenen Frist aufzufordern. Kommt der Inhaber dieser Aufforderung innerhalb der gesetzten Frist nicht nach, hat die Behörde § 19 anzuwenden.

§ 13
Nachträgliche Vorschreibungen

(1) Ergibt sich nach der elektrizitätswirtschaftsrechtlichen Genehmigung der Erzeugungsanlage, dass die nach § 10 Abs. 1 zu wahrenden Interessen trotz Einhaltung der in der Genehmigung vorgeschriebenen Auflagen nicht hinreichend geschützt sind, so hat die Behörde die nach dem Stand der Technik und dem Stand der medizinischen oder der sonst in Betracht kommenden Wissenschaften erforderlichen anderen oder zusätzlichen Auflagen vorzuschreiben; die Auflagen haben gegebenenfalls auch die zur Erreichung dieses Schutzes erforderliche Beseitigung eingetretener Folgen von nachteiligen Auswirkungen der Erzeugungsanlage zu umfassen. Die Behörde hat Auflagen nicht vorzuschreiben, wenn sie unverhältnismäßig sind, vor allem, wenn der mit der Erfüllung der Auflagen verbundene Aufwand unverhältnismäßig zu dem mit den Auflagen angestrebten Erfolg ist.

(2) Zugunsten von Personen, die erst nach der elektrizitätswirtschaftsrechtlichen Genehmigung der Erzeugungsanlage Nachbarn geworden sind, sind Auflagen nach Abs. 1 nur so weit vorzuschreiben, als sie zur Vermeidung einer Gefährdung des Lebens oder der Gesundheit dieser Menschen erforderlich sind.

§ 14
Beginn und Ende des Betriebes

(1) Der Inhaber der elektrizitätswirtschaftsrechtlichen Genehmigung hat die Fertigstellung der Erzeugungsanlage der Behörde und dem Netzbetreiber, an dessen Netz die Erzeugungsanlage angeschlossen ist, anzuzeigen. Der Anzeige ist eine Bestätigung, ausgestellt von einer akkreditierten Stelle, einem Zivilingenieur, einem Ingenieurbüro oder einer anderen fachlich geeigneten Stelle anzuschließen, in der eine Aussage über die projektgemäße Ausführung und die Erfüllung der vorgeschriebenen Auflagen getroffen ist. Vor dem

Einlangen dieser Anzeige bei der Behörde darf der Genehmigungsinhaber mit dem Betrieb der Erzeugungsanlage nicht beginnen.

(2) Der Inhaber der elektrizitätswirtschaftsrechtlichen Genehmigung hat die Stilllegung der Erzeugungsanlage der Behörde und dem Netzbetreiber, an dessen Netz die Erzeugungsanlage angeschlossen ist, anzuzeigen.

§ 15
Erlöschen der elektrizitätswirtschaftsrechtlichen Genehmigung

(1) Die elektrizitätswirtschaftsrechtliche Genehmigung erlischt, wenn

a) mit der Errichtung der Erzeugungsanlage nicht innerhalb von drei Jahren ab der Rechtskraft des Genehmigungsbescheides begonnen wird;
b) die Voraussetzungen für den Betrieb der Erzeugungsanlage nach Ablauf von fünf Jahren ab der Rechtskraft des Genehmigungsbescheides noch nicht vorliegen;
c) der Betrieb nicht innerhalb eines Jahres nach Vorliegen der Voraussetzungen für die Inbetriebnahme aufgenommen wird;
d) der Inhaber der Genehmigung nach § 14 Abs. 2 anzeigt, dass die Erzeugungsanlage stillgelegt wird, oder
e) der Betrieb der Erzeugungsanlage ohne sachlich gerechtfertigten Grund durch mehr als fünf Jahre unterbrochen wird.

(2) Die Behörde darf die Fristen nach Abs. 1 lit. a bis lit. c und lit. e erstrecken, wenn der Inhaber der elektrizitätswirtschaftsrechtlichen Genehmigung glaubhaft nachweist, dass die Fristerstreckung wegen der erforderlichen Planungs- oder Bauarbeiten oder aus betriebstechnischen Gründen erforderlich ist.

(3) Die Behörde hat das Erlöschen der elektrizitätswirtschaftsrechtlichen Genehmigung für eine Erzeugungsanlage mit schriftlichem Bescheid festzustellen. Im Bescheid hat die Behörde, wenn und soweit dies im öffentlichen Interesse erforderlich ist, dem bisherigen Inhaber der Genehmigung die Beseitigung der Erzeugungsanlage binnen angemessener Frist aufzutragen. Soweit dies wirtschaftlich zumutbar ist, darf auch die Wiederherstellung des früheren Zustandes aufgetragen werden.

§ 16
Vorarbeiten

(1) Zur Vornahme der erforderlichen Vorarbeiten für die Errichtung oder Änderung einer Erzeugungsanlage hat die Behörde auf Antrag die vorübergehende Inanspruchnahme fremder Grundstücke zu genehmigen.

(2) Im Antrag sind die Art und die voraussichtliche Dauer der beabsichtigten Vorarbeiten anzugeben. Dem Antrag ist ein Übersichtsplan im geeigneten Maßstab, in dem die von den Vorarbeiten betroffenen Grundstücke ersichtlich zu machen sind, und ein Verzeichnis der Eigentümer sowie der an diesen Grundstücken sonst dinglich berechtigten Personen mit Namen und Anschriften anzuschließen.

(3) In der Genehmigung von Vorarbeiten darf die Behörde dem Antragsteller das Recht einräumen, fremde Grundstücke zu betreten und auf diesen die zur Vorbereitung der Errichtung oder Änderung einer Erzeugungsanlage erforderlichen Bodenuntersuchungen – ausgenommen Geländeveränderungen – und sonstigen technischen Arbeiten vorzunehmen. Die Bewilligung ist zu befristen; die Frist ist unter Bedachtnahme auf die Art und die voraussichtliche Dauer der beabsichtigten Vorarbeiten festzusetzen. Die Behörde darf die Frist erstrecken, wenn der Antragsteller glaubhaft nachweist, dass die Vorarbeiten aus Gründen, die nicht vom Antragsteller verschuldet sind, nicht fristgerecht abgeschlossen werden konnten.

(4) Die Behörde hat der Gemeinde, in der die Vorarbeiten durchgeführt werden sollen, eine Ausfertigung der Genehmigung zur Kundmachung durch Anschlag an der Amtstafel zuzustellen. Die Kundmachungsfrist beträgt zwei Wochen. Mit der Durchführung der Vorarbeiten darf erst nach Ablauf der Kundmachungsfrist begonnen werden.

(5) Die vom Inhaber der Genehmigung zur Durchführung von Vorarbeiten beauftragten Personen haben sich den Eigentümern der betroffenen Grundstücke und den daran sonst dinglich berechtigten Personen gegenüber auf Verlangen mit einer Ausfertigung der Genehmigung sowie durch eine entsprechende Beauftragung des Genehmigungsinhabers auszuweisen.

(6) Bei der Durchführung der Vorarbeiten hat der Inhaber der Genehmigung mit möglichster Schonung bestehender Rechte vorzugehen und darauf Bedacht zu nehmen, dass der bestimmungsgemäße Gebrauch der betroffenen Grundstücke nach Möglichkeit nicht behindert wird.

(7) Der Inhaber der Genehmigung zur Durchführung von Vorarbeiten hat die Eigentümer der betroffenen Grundstücke sowie die an diesen Grundstücken dinglich berechtigten Personen, ausgenommen Hypothekargläubiger, für alle mit der Durchführung der Vorarbeiten unmittelbar verbundenen Beschränkungen ihrer im Zeitpunkt der Genehmigung ausübbaren Rechte angemessen zu entschädigen. Soweit darüber keine Vereinbarung zustande kommt, ist die Entschädigung auf Antrag der Entschädigungsberechtigten durch die Behörde festzusetzen. Für das Entschädigungsverfahren gilt § 18 lit. a bis c sinngemäß.

§ 17
Zwangsrechte

(1) Die Behörde darf auf Antrag für die Errichtung, die Änderung oder den Betrieb einer Erzeugungsanlage unter gleichzeitiger Festlegung

einer dafür zu leistenden angemessenen Entschädigung oder eines vorläufigen Sicherstellungsbetrages Zwangsrechte einräumen, wenn

a) die Errichtung oder der Betrieb einer Erzeugungsanlage für die Sicherung oder Aufrechterhaltung der Elektrizitätsversorgung erforderlich ist,
b) die vorgesehene Situierung aus zwingenden wirtschaftlichen oder technischen Gründen geboten ist, und
c) die Einräumung von Zwangsrechten nach anderen Rechtsvorschriften nicht in Betracht kommt.

(2) Die Einräumung von Zwangsrechten kann umfassen:

a) die Abtretung des Eigentums an Grundstücken,
b) die Einräumung von Dienstbarkeiten an Grundstücken oder
c) die Abtretung, Einschränkung oder Aufhebung sonstiger dinglicher Rechte an Grundstücken.

(3) Zwangsrechte nach Abs. 2 lit. a dürfen nur eingeräumt werden, wenn Maßnahmen nach Abs. 2 lit. b oder c nicht ausreichen und der Antragsteller glaubhaft macht, dass er erfolglos versucht hat, eine privatrechtliche Vereinbarung über die Abtretung des Eigentums und die dafür zu leistende Entschädigung mit den betroffenen Grundeigentümern zu erzielen.

§ 18
Verfahren zur Einräumung von Zwangsrechten

Auf das Verfahren zur Einräumung von Zwangsrechten und die behördliche Festsetzung der dafür zu leistenden Entschädigung sind die Bestimmungen des Eisenbahn-Enteignungsentschädigungsgesetzes mit nachstehenden Abweichungen sinngemäß anzuwenden:

a) über den Inhalt, den Gegenstand und den Umfang der Einräumung von Zwangsrechten sowie über die Festsetzung der Entschädigung hat die Behörde zu entscheiden;
b) die Höhe der Entschädigung ist aufgrund der Schätzung wenigstens eines beeidigten Sachverständigen im Bescheid über die Einräumung von Zwangsrechten oder in einem gesonderten Bescheid zu bestimmen; im zweiten Fall ist ohne weitere Erhebungen im Bescheid über die Einräumung von Zwangsrechten ein vorläufiger Sicherstellungsbetrag festzulegen;
c) eine Entscheidung, mit der Zwangsrechte eingeräumt worden sind, ist erst vollstreckbar, wenn der bescheidmäßig festgesetzte Entschädigungsbetrag oder der festgelegte vorläufige Sicherstellungsbetrag an den Anspruchsberechtigten ausbezahlt oder bei einem ordentlichen Gericht hinterlegt worden ist;
d) erlischt die elektrizitätswirtschaftsrechtliche Genehmigung einer Erzeugungsanlage, zu deren Errichtung, Änderung oder Betrieb im Weg der Einräumung von Zwangsrechten eine Dienstbarkeit bestellt worden ist, so hat die Behörde den Eigentümer des belasteten Grundstückes oder seinen Rechtsnachfolger zu verständigen. Auf

dessen Antrag ist die Dienstbarkeit unter Vorschreibung einer der geleisteten Entschädigung angemessenen Rückvergütung durch Bescheid aufzuheben;

e) wird die Erzeugungsanlage, zu deren Errichtung oder Betrieb im Weg der Einräumung von Zwangsrechten die Abtretung des Eigentums an Grundstücken verfügt worden ist, nachträglich beseitigt, so hat die Behörde auf Antrag des früheren Eigentümers oder seines Rechtsnachfolgers die Rückübereignung gegen angemessene Rückvergütung auszusprechen. Ein solcher Antrag muss innerhalb eines Jahres nach der Beseitigung der Anlage gestellt werden.

§ 19
Herstellung des rechtmäßigen Zustandes

(1) Wird eine genehmigungspflichtige Erzeugungsanlage ohne die erforderliche Genehmigung oder abweichend von der Genehmigung errichtet, wesentlich geändert oder betrieben, hat die Behörde – unabhängig von der Einleitung eines Strafverfahrens nach § 71 Abs. 3 lit. a oder b – mit Bescheid die zur Herstellung des gesetzmäßigen Zustandes erforderlichen Maßnahmen, wie insbesondere die Einstellung von Bauarbeiten, die Einstellung des Betriebes oder die Beseitigung von nicht genehmigten Anlagen oder Anlagenteilen, innerhalb einer angemessen festzusetzenden Frist vorzuschreiben.

(2) Die Beseitigung der Anlage oder von Anlagenteilen darf nicht vorgeschrieben werden, wenn nachträglich die elektrizitätswirtschaftsrechtliche Genehmigung beantragt wird und die Erteilung der beantragten Genehmigung nicht von vornherein ausgeschlossen ist.

(3) Die Vorschreibung nach Abs. 1 wird vollstreckbar, wenn innerhalb der gesetzten Frist kein Antrag nach Abs. 2 gestellt wird. Wird die nachträgliche Genehmigung beantragt, der Antrag aber in der Folge zurückgezogen, zurückgewiesen oder abgewiesen, so wird die Vorschreibung nach Abs. 1 nach neuerlichem Ablauf der gesetzten Frist, gerechnet ab der Zurückziehung des Antrags oder Rechtskraft der Entscheidung, vollstreckbar.

§ 20
Einstweilige Verfügungen

(1) Die Behörde hat mit Bescheid die gänzliche oder teilweise Stilllegung einer Erzeugungsanlage oder von einzelnen Anlagenteilen oder sonstige die Anlage betreffende Sicherheitsmaßnahmen

oderVorkehrungen zu verfügen, wenn durch die Erzeugungsanlage eine Gefährdung des Lebens oder der Gesundheit von Menschen oder eine Gefährdung des Eigentums droht oder bereits eingetreten ist.

(2) Hat die Behörde Grund zur Annahme, dass zur Abwehr der Gefährdungen nach Abs. 1 Sofortmaßnahmen an Ort und Stelle zu setzen sein werden, so darf sie nach Verständigung des Inhabers der elektrizitätswirtschaftsrechtlichen Genehmigung und des Betriebsleiters, wenn eine Verständigung dieser Personen nicht möglich ist, einer Person, die die tatsächliche Betriebsführung wahrnimmt, die in Abs. 1 angeführten Maßnahmen und Vorkehrungen auch ohne vorangegangenes Verfahren und ohne Erlassung eines Bescheides verfügen; wird hinsichtlich der verfügten Maßnahmen nicht innerhalb eines Monats ein schriftlicher Bescheid erlassen, treten die verfügten Maßnahmen außer Kraft.

(3) Bescheide und Amtshandlungen nach Abs. 1 und 2 sind sofort vollstreckbar. Sie treten nach Ablauf eines Jahres außer Kraft, sofern keine kürzere Frist festgesetzt worden ist. Durch einen Wechsel in der Person des Inhabers der elektrizitätswirtschaftsrechtlichen Genehmigung für die Erzeugungsanlage wird die Wirksamkeit der Bescheide und Amtshandlungen nach Abs. 1 und 2 nicht berührt.

(4) Liegen die Voraussetzungen für die Erlassung von Bescheiden oder von Amtshandlungen nach Abs. 1 oder 2 nicht mehr vor und ist zu erwarten, dass die Gefährdungen oder Belästigungen nach Abs. 1 nicht mehr drohen, hat die Behörde auf Antrag des Inhabers der elektrizitätswirtschaftsrechtlichen Genehmigung für die Erzeugungsanlage unverzüglich Bescheide nach Abs. 1 und 2 aufzuheben und Amtshandlungen nach Abs. 2 außer Wirksamkeit zu setzen.

§ 21
Parteistellung

(1) In Verfahren nach § 8 kommt die Parteistellung zu:

1. dem Genehmigungswerber oder gegebenenfalls dem Inhaber der elektrizitätswirtschaftsrechtlichen Bewilligung und
2. Nachbarn (§ 8 Abs. 3) und Grundeigentümern (§ 8 Abs. 2 lit. a bis c), die spätestens in der mündlichen Verhandlung nach § 8 begründete Einwendungen gegen die Errichtung oder Änderung der Erzeugungsanlage hinsichtlich des Schutzes der gemäß § 10 Abs. 1 lit. a wahrzunehmenden Interessen erhoben haben.

(2) In Verfahren nach § 9 kommt die Parteistellung zu:

1. dem Genehmigungswerber oder gegebenenfalls dem Inhaber der elektrizitätswirtschaftsrechtlichen Bewilligung und
2. Nachbarn (§ 8 Abs. 3) und Grundeigentümern (§ 8 Abs. 2 lit. a bis c), die innerhalb des Anschlagszeitraums nach § 9 Abs. 2 begründete Einwendungen gegen die Errichtung oder Änderung der Erzeugungsanlage hinsichtlich des Schutzes der gemäß § 10 Abs. 1 lit. a wahrzunehmenden Interessen erhoben haben.

(3) In Verfahren nach § 13 kommt die Parteistellung zu:

1. dem Inhaber der elektrizitätswirtschaftsrechtlichen Bewilligung sowie
2. solchen Nachbarn im Sinne des § 8 Abs. 2 lit. c und Abs. 3, deren Interessen gemäß § 10 Abs. 1 lit. a berührt sind.

(4) In Verfahren nach den §§ 16 Abs. 7, 17 und 18 kommt die Parteistellung zu:

1. dem Antragsteller sowie
2. den Grundeigentümern der betroffenen Grundstücke und den sonstigen dinglich berechtigten Personen, ausgenommen Hypothekargläubigern.

3. Hauptstück: Betrieb von Netzen

1. Abschnitt
Rechte und Pflichten der Netzbetreiber

§ 22
Geregelter Netzzugang

(1) Die Netzbetreiber sind verpflichtet, den Netzzugangsberechtigten den Netzzugang zu den genehmigten Allgemeinen Bedingungen und von der Regulierungsbehörde bestimmten Systemnutzungsentgelten zu gewähren.

(2) Die Netzzugangsberechtigten gemäß Abs. 1 haben einen Rechtsanspruch, auf Grundlage der genehmigten Allgemeinen Bedingungen und bestimmten Systemnutzungsentgelte von dem in Betracht kommenden Netzbetreiber die Benutzung des Netzes zu verlangen (geregeltes Netzzugangssystem).

(3) Die Bedingungen für den Zugang zum System dürfen nicht diskriminierend sein. Sie dürfen keine missbräuchlichen Praktiken oder ungerechtfertigten Beschränkungen enthalten und nicht die Versorgungssicherheit und die Dienstleistungsqualität gefährden.

§ 23
Lastprofile

(1) Die Netzbetreiber haben

a) für Endverbraucher, die an die Netzebenen „Umspannung von Mittel- zu Niederspannung" und „Niederspannung" (§ 63 Z 6 und 7 des Elektrizitätswirtschafts- und –organisationsgesetzes 2010) angeschlossen sind und weniger als 100.000 kWh Jahresverbrauch oder weniger als 50 kW Anschlussleistung aufweisen, und

b) für Einspeiser mit weniger als 100.000 kWh jährlicher Einspeisung oder weniger als 50 kW Anschlussleistung

standardisierte Lastprofile zu erstellen, wobei auch die Form der Erstellung und Anpassung (synthetisch, analytisch) der standardisierten Lastprofile zu bestimmen ist.

(2) Die standardisierten Lastprofile sind durch die Netzbetreiber in geeigneter Form zu veröffentlichen.

(3) Nähere Regelungen über die standardisierten Lastprofile sind in den Allgemeinen Bedingungen (§ 24 Abs. 1) zu treffen wobei die Netzbetreiber einer Regelzone ihre Allgemeinen Bedingungen aufeinander abzustimmen haben.

§ 24
Allgemeine Bedingungen

(1) Die Netzbetreiber sind verpflichtet, Allgemeine Bedingungen für den Zugang zum System festzulegen. Diese haben insbesondere zu enthalten:

a) die Rechte und Pflichten der Vertragspartner, insbesondere zur Einhaltung der sonstigen Marktregeln;
b) die den einzelnen Netzbenutzern zugeordneten standardisierten Lastprofile;
c) die technischen Mindestanforderungen für den Netzzugang;
d) die verschiedenen von den Verteilerunternehmen im Rahmen des Netzzuganges zur Verfügung zu stellenden Dienstleistungen;
e) den Zeitraum, innerhalb dessen Kundenanfragen jedenfalls zu beantworten sind;
f) die Ankündigung von geplanten Versorgungsunterbrechungen;
g) die Mindestanforderungen bezüglich Terminvereinbarungen mit Netzbenutzern;
h) jenen Standard, der bei der Datenübermittlung an Marktteilnehmer einzuhalten ist;
i) das Verfahren und die Modalitäten für Anträge auf Netzzugang;
j) die von den Netzbenutzern zu liefernden Informationen und personenbezogenen Daten;
k) einen Hinweis auf gesetzlich vorgesehene Streitbeilegungsverfahren;
l) eine Frist von höchstens 14 Tagen ab Einlangen, innerhalb der das Verteilerunternehmen das Begehren auf Netzzugang zu beantworten hat;
m) die grundlegenden Prinzipien für die Verrechnung sowie die Art und Form der Rechnungslegung;
n) die Verpflichtung von Netzzugangsberechtigten zur Vorauszahlung oder Sicherheitsleistung (Barsicherheit, Bankgarantie, Hinterlegung von nicht vinkulierten Sparbüchern) in angemessener Höhe, insoweit nach den Umständen des Einzelfalles zu erwarten ist, dass der Netzbenutzer seinen Zahlungsverpflichtungen nicht oder nicht rechtzeitig nachkommt;
o) die Modalitäten, zu welchen der Netzbenutzer verpflichtet ist, Teilbetragszahlungen zu leisten, wobei eine Zahlung mindestens zehn Mal Jährlich jedenfalls anzubieten ist;
p) etwaige Entschädigungs- und Erstattungsregelungen bei Nichteinhaltung der vertraglich vereinbarten Leistungsqualität;
q) Regelungen für die Übernahme und Teilung der Kosten für technische Anpassungen, wie Netzanschlüsse und -verstärkungen, und Regelungen über einen verbesserten Netzbetrieb und für die nichtdiskriminierende Einbindung neuer Produzenten, die aus erneuerbaren Energiequellen erzeugte Energie in das Netz einspeisen.

(2) Die Allgemeinen Bedingungen und ihre Änderung bedürfen nach §§ 41 und 47 des Elektrizitätswirtschafts- und –organisationsgesetzes 2010 der Genehmigung der Regulierungsbehörde.

(3) In den Allgemeinen Verteilernetzbedingungen können auch Normen und Regelwerke der Technik (Regeln der Technik), in ihrer jeweils geltenden Fassung, für verbindlich erklärt werden.

(4) Die Netzbetreiber haben die Kunden vor Vertragsabschluss über die wesentlichen Inhalte der Allgemeinen Bedingungen zu informieren. Zu diesem Zweck ist den Kunden ein Informationsblatt auszuhändigen. Die Allgemeinen Bedingungen haben jedenfalls die Maßnahmen zum Schutz der Kunden nach Art. 10 Abs. 2 bis 12 der Elektrizitätsbinnenmarktrichtlinie (§ 73 Abs. 3 lit. a) zu enthalten. Die Allgemeinen Netzbedingungen sind den Kunden über Verlangen auszufolgen.

(5) Die Netzbetreiber haben sicherzustellen, dass die Netzbenutzer transparente Informationen über die geltenden Preise und Tarife und die Allgemeinen Bedingungen erhalten können. Zu diesem Zweck sind diese Informationen jedenfalls im Internet zu veröffentlichen und den Netzbenutzern auf Verlangen zuzusenden.

(6) Netzbetreiber haben neue Erzeuger von Strom aus hocheffizienter KWK, die einen Netzanschluss wünschen, über Abs. 1 hinaus in umfassender Weise die dazu erforderlichen Informationen bereitzustellen, insbesondere

a) einen umfassenden und detaillierten Kostenvoranschlag für den Anschluss,
b) einen Zeitplan für die Entgegennahme und die Bearbeitung des Antrags auf den Anschluss ans Netz und
c) einen angemessenen Richtzeitplan für jeden vorgeschlagenen Netzanschluss, wobei die Dauer des Gesamtverfahrens zur Erlangung eines Netzanschlusses 24 Monate nicht übersteigen sollte.

Darüber hinaus haben die Netzbetreiber standardisierte und vereinfachte Verfahren für Anschluss dezentraler Erzeuger von Strom aus hocheffizienter KWK bereitzustellen und deren Netzanschluss zu erleichtern. Abs. 1 lit. q ist mit der Maßgabe anzuwenden, dass die objektiven, transparenten und nichtdiskriminierenden Kriterien, insbesondere sämtliche Kosten und Vorteile des Anschlusses der Erzeuger von Strom aus hocheffizienter KWK an das Netz zu berücksichtigen haben.

§ 25
Änderung von Netzbedingungen

Werden neue Allgemeine Netzbedingungen genehmigt, hat der Netzbetreiber dies binnen vier Wochen nach der Genehmigung den Netzbenutzern in einem persönlich an sie gerichteten Schreiben oder über Wunsch des Netznutzers auch elektronisch, bekannt zu geben und ihnen diese auf deren Wunsch zuzusenden. In diesem Schreiben oder auf der Rechnung sind die Änderungen der Allgemeinen Bedingungen und die Kriterien, die bei Änderungen nach diesem Gesetz und dem Elektrizitätswirtschafts- und –organisationsgesetz 2010 einzuhalten sind, nachvollziehbar wiederzugeben. Die Änderungen gelten ab dem nach Ablauf von drei Monaten folgenden Monatsersten als vereinbart.

§ 26
(entfällt)

§ 27
Verweigerung des Netzzuganges

(1) Ein Netzbetreiber darf einem Netzzugangsberechtigten den Netzzugang nur aus nachstehenden Gründen verweigern:

a) bei außergewöhnlichen Netzzuständen (Störfällen);
b) bei mangelnden Netzkapazitäten.

(2) Der Netzbetreiber hat die Verweigerung gegenüber dem Netzzugangsberechtigten schriftlich zu begründen.

(3) Bei der Beurteilung der Netzzugangsberechtigung sind die Rechtsvorschriften jenes Landes anzuwenden, in dem die Person ihren Hauptwohnsitz oder Sitz hat, die bei der Regulierungsbehörde den Antrag auf Feststellung der Unrechtmäßigkeit der Netzzugangsverweigerung eingebracht hat. Hinsichtlich der Beurteilung der Netzzugangsverweigerungsgründe sind die Rechtsvorschriften jenes Landes anzuwenden, in dem der Netzbetreiber, der den Netzzugang verweigert hat, seinen Sitz hat.

2. Abschnitt:
Regelzonen

§ 28
Regelzone, Aufgaben des Regelzonenführers

(1) Der vom Übertragungsnetz der Verbund-Austrian Power Grid AG in Kärnten abgedeckte Netzbereich ist Bestandteil einer Regelzone. Für dieses Übertragungsnetz wird die Verbund – Austrian Power Grid AG oder ihr Rechtnachfolger als Regelzonenführer benannt. Die Zusammenfassung von Regelzonen in der Form eines gemeinsamen Betriebs durch einen Regelzonenführer ist zulässig.

(2) Der Regelzonenführer hat das in seiner Verfügungsmacht befindliche Übertragungsnetz in seiner Regelzone zu betreiben und folgende Aufgaben zu erfüllen:

a) die Bereitstellung der Systemdienstleistung (Leistungs-Frequenz-Regelung) entsprechend den technischen Regeln, wie etwa der ENTSO (Strom), wobei diese Systemdienstleistung von dritten Unternehmen erbracht werden kann;
b) die Fahrplanabwicklung mit anderen Regelzonen;
c) die Organisation und den Einsatz der Regelenergie entsprechend der Bieterkurve;
d) Messungen von elektrischen Größen an Schnittstellen seines Elektrizitätsnetzes und Übermittlung der Daten an den Bilanzgruppenkoordinator und andere Netzbetreiber;
e) die Ermittlung von Engpässen in Übertragungsnetzen sowie die Durchführung von Maßnahmen zur Vermeidung, Beseitigung und Überwindung von Engpässen in Übertragungsnetzen, weiters die Aufrechterhaltung der Versorgungssicherheit;
f) den Abruf der Erzeugungsanlagen zur Aufbringung von Regelenergie;
g) die Durchführung einer Abgrenzung von Regelenergie zu Ausgleichsenergie nach transparenten und objektiven Kriterien;
h) den physikalischen Ausgleich zwischen Aufbringung und Bedarf in dem von ihm abzudeckenden System sicherzustellen;
i) die Verrechnung der Ausgleichsenergie über eine zur Ausübung dieser Tätigkeit befugte Verrechnungsstelle durchzuführen und dieser sowie den Bilanzgruppenverantwortlichen die zur Durchführung der Verrechnung erforderlichen Daten zur Verfügung zu stellen, wobei insbesondere die Kosten für Regelenergie und –leistung sowie jene Zählwerte zu übermitteln sind, die für die Berechnung der Fahrplanabweichungen und der Abweichung vom Lastprofil jeder Bilanzgruppe benötigt werden;
j) die Erstellung einer Lastprognose zur Erkennung von Engpässen;
k) Verträge über den Datenaustausch mit anderen Netzbetreibern, den Bilanzgruppenverantwortlichen sowie den Bilanzgruppenkoordinatoren und anderen Marktteilnehmern entsprechend den Marktregeln abzuschließen;
l) die Benennung des Bilanzgruppenkoordinators und dessen Anzeige an die Behörde;

m) die Veröffentlichung der in Anspruch genommenen Primärregelleistung und Sekundärregelleistung hinsichtlich Dauer und Höhe sowie die Ergebnisse des Ausschreibungsverfahrens gemäß § 48 sowie gemäß § 69 Elektrizitätswirtschafts- und –organisationsgesetz 2010; die Veröffentlichung der Ergebnisse der Ausschreibungen umfasst mindestens die Anzahl der abgegebenen Anbote, die Anzahl der Teilnehmer, der maximalen Leistungspreise (€/MW), den Grenzleistungspreis (€/MW), sowie eine anonymisierte Übersicht der Einzelanbote;
n) die Systeme der Datenübermittlung und Auswertung für zeitgleich übermittelte Daten von Erzeugungsanlagen gemäß § 47 Abs. 5 so zu gestalten und zu betreiben, dass eine Weitergabe dieser Informationen an Dritte auszuschließen ist;
o) ein Gleichbehandlungsprogramm zu erstellen, durch das gewährleistet wird, dass die Verpflichtungen gemäß lit. n eingehalten werden;
p) mit der Agentur sowie der Regulierungsbehörde zusammenzuarbeiten, um die Kompatibilität der regional geltenden Regulierungsmaßnahmen und damit die Schaffung eines Wettbewerbsbinnenmarkts für Elektrizität zu gewährleisten;
q) für Zwecke der Kapazitätsvergabe und der Überprüfung der Netzsicherheit auf regionaler Ebene über ein oder mehrere integrierte Systeme zu verfügen, die sich auf einen oder mehrere Mitgliedstaaten erstrecken;
r) regional und überregional die Berechnungen von grenzüberschreitenden Kapazitäten und deren Vergabe gemäß den Vorgaben der Verordnung (EU) 2019/943 über den Elektrizitätsbinnenmarkt zu koordinieren;
s) Maßnahmen, die der Markttransparenz dienen, grenzüberschreitend abzustimmen;
t) die Vereinheitlichung zum Austausch von Regelenergieprodukten durchzuführen;
u) in Zusammenarbeit mit anderen Regelzonenführern eine regionale Bewertung bzw. Prognose der Versorgungssicherheit vorzunehmen;
v) in Zusammenarbeit mit anderen Regelzonenführern unter Austausch der erforderlichen Daten eine regionale Betriebsplanung durchzuführen und koordinierte Netzbetriebssicherheitssysteme zu verwenden;
w) die Vorlage der Regeln für das Engpassmanagement einschließlich der Kapazitätszuweisung an den grenzüberschreitenden Leitungen sowie jede Änderung dieser Regeln zur Genehmigung an die Regulierungsbehörde;
x) Angebote für Regelenergie einzuholen, zu übernehmen und eine Abrufreihenfolge als Vorgabe für den Regelzonenführer zu erstellen;
y) besondere Maßnahmen zu ergreifen, wenn keine Anbote für Regelenergie vorliegen.

(3) Sofern für die Vermeidung oder Beseitigung eines Netzengpasses erforderlich, schließen die Regelzonenführer in Abstimmung mit den betroffenen Betreibern von Verteilernetzen im erforderlichen Ausmaß und für den erforderlichen Zeitraum mit den Erzeugern oder Entnehmern Verträge, wonach diese zu gesicherten Leistungen (Erhöhung oder Einschränkung der Erzeugung oder des Verbrauchs) gegen Ersatz der wirtschaftlichen Nachteile und Kosten, die durch diese Leistungen verursacht werden, verpflichtet sind; dabei sind die Vorgaben gemäß Art. 13 der Verordnung (EU) 2019/943 über den Elektrizitätsbinnenmarkt einzuhalten. Soweit darüber hinaus auf Basis einer Systemanalyse der Bedarf nach Vorhaltung zusätzlicher Erzeugungsleistung oder reduzierter Verbrauchsleistung besteht (Netzreserve), ist diese gemäß den Vorgaben des § 23b des Elektrizitätswirtschafts- und -organisationsgesetzes 2010 zu beschaffen. In diesen Verträgen können Erzeuger oder Entnehmer auch zu gesicherten Leistungen verpflichtet werden, um zur Vermeidung und Beseitigung von Netzengpässen in anderen Übertragungsnetzen beizutragen. Zur Nutzung von Erzeugungsanlagen oder Anlagen von Entnehmern im europäischen Elektrizitätsbinnenmarkt und der Schweizerischen Eidgenossenschaft zur Vermeidung, Beseitigung und Überwindung von Engpässen in österreichischen Übertragungsnetzen können die Regelzonenführer Verträge mit anderen Übertragungsnetzbetreibern abschließen. Bei der Bestimmung der Systemnutzungsentgelte sind den Regelzonenführern die Aufwendungen, die ihnen aus der Erfüllung dieser Verpflichtungen entstehen, anzuerkennen.

§ 29
Ausübungsvoraussetzungen für Bilanzgruppenkoordinatoren

(1) Der Regelzonenführer hat der Behörde die erfolgte Benennung des Bilanzgruppenkoordinators anzuzeigen. Erstreckt sich die Tätigkeit eines Regelzonenführers über mehrere Länder, ist die Benennung allen in ihrem Wirkungsbereich berührten Landesregierungen zur Anzeige zu bringen. Liegen die gemäß Abs. 3 bis 7 nachzuweisenden Voraussetzungen nicht vor, hat die Behörde dies mit Bescheid festzustellen. Vor der Erlassung eines Bescheides hat die Behörde mit jenen Landesregierungen das Einvernehmen herzustellen, in deren Wirkungsbereich die Regelzone liegt.

(2) Wird innerhalb von sechs Monaten nach der Anzeige gemäß Abs. 1 kein Feststellungsbescheid erlassen, ist der Benannte berechtigt, die Tätigkeit eines Bilanzgruppenkoordinators auszuüben. Die Berechtigung zur Ausübung der Tätigkeit eines Bilanzgruppenkoordinators ist abzuerkennen,

wenn die Voraussetzungen gemäß Abs. 3 bis 7 nicht mehr vorliegen. Das in Abs. 1 letzter Satz vorgesehene Verfahren ist anzuwenden.

(3) Von der Tätigkeit eines Bilanzgruppenkoordinators sind Unternehmen ausgeschlossen, die unter einem bestimmenden Einfluss von Unternehmen oder einer Gruppe von Unternehmen stehen, die mindestens eine der Funktionen der kommerziellen Erzeugung, Übertragung, Verteilung oder Versorgung mit Elektrizität wahrnehmen.

(4) Die Tätigkeit eines Bilanzgruppenkoordinators darf überdies nur ausgeübt werden, wenn sichergestellt ist, dass

a) der Bilanzgruppenkoordinator die ihm gemäß § 30 zur Besorgung zugewiesenen Aufgaben in sicherer und kostengünstiger Weise zu erfüllen vermag;
b) Personen, die eine qualifizierte Beteiligung am Bilanzgruppenkoordinator halten, den im Interesse einer soliden und umsichtigen Führung des Unternehmens zu stellenden Ansprüchen genügen;
c) bei keinem der Vorstände des Bilanzgruppenkoordinators ein Ausschließungsgrund im Sinne des § 13 Abs. 1 bis 6 der Gewerbeordnung 1994 vorliegt;
d) der Vorstand auf Grund seiner Vorbildung fachlich geeignet ist und die für den Betrieb des Unternehmens erforderlichen Eigenschaften und Erfahrungen hat;
e) mindestens ein Vorstand den Mittelpunkt seiner Lebensinteressen in Österreich oder einem Vertragsstaat des Abkommens über den Europäischen Wirtschaftsraum hat;
f) kein Vorstand einen anderen Hauptberuf außerhalb des Bilanzgruppenkoordinators ausübt, der geeignet ist, Interessenkonflikte hervorzurufen;
g) der Sitz und die Hauptverwaltung des Bilanzgruppenkoordinators im Inland oder einem Vertragsstaat des Abkommens über den Europäischen Wirtschaftsraum liegt und der Bilanzgruppenkoordinator über eine seinen Aufgaben entsprechende Ausstattung verfügt;
h) das zur Verfügung stehende Abwicklungssystem den Anforderungen eines zeitgemäßen Abrechnungssystems genügt;
i) die Neutralität, Unabhängigkeit und die Datenvertraulichkeit gegenüber den Marktteilnehmern gewährleistet sind.

(5) Eine im Sinne des Abs. 4 lit. a kostengünstige Besorgung der Aufgaben ist jedenfalls dann anzunehmen, wenn bei der Ermittlung der Kostenbasis für die Verrechnungsstelle die für die Bestimmung der Systemnutzungsentgelte anzuwendenden Verfahren und Grundsätze zu Grunde gelegt werden.

(6) Die fachliche Eignung des Vorstandes im Sinne des Abs. 4 lit. d setzt voraus, dass dieser in ausreichendem Maße theoretische und praktische Kenntnisse in der Abrechnung von Ausgleichsenergie sowie Leitungserfahrung hat. Die fachliche Eignung zur Leitung einer Verrechnungsstelle ist anzunehmen, wenn eine zumindest dreijährige Tätigkeit auf dem Gebiet der Tarifierung oder des Rechnungswesens nachgewiesen wird.

(7) In den Fällen, in denen

a) keine Anzeige eines Bilanzgruppenkoordinators gemäß Abs. 1 erfolgt ist,
b) die Behörde einen Feststellungsbescheid gemäß Abs. 1 erlassen hat oder
c) die Berechtigung zur Ausübung der Tätigkeit eines Bilanzgruppenkoordinators aberkannt worden ist,

hat die Behörde von Amts wegen eine geeignete Person unter Berücksichtigung der in den Abs. 3 bis 6 festgelegten Voraussetzungen auszuwählen und mit Bescheid zu verpflichten, die Aufgaben eines Bilanzgruppenkoordinators vorläufig zu übernehmen. Abs. 1 letzter Satz ist anzuwenden.

(8) Die Behörde hat die Entscheidung gemäß Abs. 7 aufzuheben, sobald vom Regelzonenführer ein geeigneter Bilanzgruppenkoordinator benannt wird. Vor der Aufhebung der Entscheidung ist Abs. 1 letzter Satz anzuwenden.

§ 30

Aufgaben des Bilanzgruppenkoordinators

(1) Der Bilanzgruppenkoordinator hat folgende Aufgaben:

a) die Vergabe von Identifikationsnummern der Bilanzgruppen;
b) die Bereitstellung von Schnittstellen im Bereich der Informationstechnologie;
c) die Verwaltung der Fahrpläne zwischen Bilanzgruppen;
d) die Übernahme der von den Netzbetreibern in vorgegebener Form übermittelten Messdaten, deren Auswertung und Weitergabe an die betroffenen Marktteilnehmer und anderen Bilanzgruppenverantwortlichen entsprechend den in den Verträgen enthaltenen Vorgaben;
e) die Übernahme von Fahrplänen der Bilanzgruppenverantwortlichen und die Weitergabe an die betroffenen Marktteilnehmer (andere Bilanzgruppenverantwortliche) entsprechend den in den Verträgen enthaltenen Vorgaben;
f) die Bonitätsprüfung der Bilanzgruppenverantwortlichen;
g) die Mitarbeit bei der Ausarbeitung und Adaptierung von Regelungen im Bereich Kundenwechsel, Abwicklung und Abrechnung;
h) die Abrechnung und organisatorische Maßnahmen bei Auflösung von Bilanzgruppen;
i) die Aufteilung und Zuweisung der sich auf Grund der Verwendung von standardisierten Lastprofilen ergebenden Differenz auf die am Netz eines Netzbetreibers angeschlossenen Marktteilnehmer nach Vorliegen der Messwerte nach transparenten Kriterien;

j) die Verrechnung der Clearinggebühren an die Bilanzgruppenverantwortlichen;
k) die Berechnung und Zuordnung der Ausgleichsenergie;
l) der Abschluss von Verträgen
1. mit Bilanzgruppenverantwortlichen, anderen Regelzonenführern, Netzbetreibern und Stromlieferanten (Erzeugern und Händlern),
2. mit Einrichtungen zum Zwecke des Datenaustausches zur Erstellung eines Indexes,
3. mit Strombörsen und Lieferanten (Erzeugern und Stromhändlern) über die Weitergabe von Informationen und personenbezogenen Daten.

(2) Im Rahmen der Berechnung und Zuordnung von Ausgleichsenergie sind vom Bilanzgruppenkoordinator – sofern nicht besondere Regelungen im Rahmen von Verträgen gemäß § 113 Abs. 2 des Elektrizitätswirtschafts- und –organisationsgesetzes 2010 bestehen – jedenfalls
a) die Differenz von Fahrplänen zu Messdaten zu übernehmen und daraus Ausgleichsenergie zu ermitteln, zuzuordnen und zu verrechnen;
b) die Preise für Ausgleichsenergie entsprechend dem im § 10 des Verrechnungsstellengesetzes beschriebenen Verfahren zu ermitteln und in geeigneter Form ständig zu veröffentlichen;
c) die Entgelte für Ausgleichsenergie zu berechnen und den Bilanzgruppenverantwortlichen und Regelzonenführern mitzuteilen;
d) die verwendeten standardisierten Lastprofile zu verzeichnen, zu archivieren und in geeigneter Form zu veröffentlichen;
e) den Marktteilnehmern Informationen über die zur Sicherung eines transparenten und diskriminierungsfreien und möglichst liquiden Regelenergiemarktes erforderlichen Maßnahmen zu gewähren (Abs. 3).

(3) Zu den Informationen gemäß Abs. 2 lit. e zählt die Veröffentlichung der in Anspruch genommenen Primärregelleistung und Sekundärregelleistung hinsichtlich der Dauer und der Höhe sowie der Ergebnisse des Ausschreibungsverfahrens gemäß § 48 dieses Gesetzes sowie gemäß § 69 des Elektrizitätswirtschafts- und -organisationsgesetzes 2010.

3. Abschnitt: Betrieb von Übertragungsnetzen

§ 31 Netzentwicklungsplan

(1) Die Übertragungsnetzbetreiber haben der Regulierungsbehörde unter Berücksichtigung der Abs. 2 bis 6 alle zwei Jahre einen zehnjährigen Netzentwicklungsplan für das Übertragungsnetz zur Genehmigung vorzulegen, der sich auf die aktuelle Lage und die Prognosen im Bereich von Angebot und Nachfrage stützt.

(2) Zweck des Netznutzungsplans ist es insbesondere,
a) den Marktteilnehmern Angaben darüber zu liefern, welche wichtigen Übertragungsinfrastrukturen in den nächsten zehn Jahren errichtet oder ausgebaut werden müssen;
b) alle bereits beschlossenen Investitionen aufzulisten und die neuen Investitionen zu bestimmen, die in den nächsten drei Jahren durchgeführt werden müssen, und
c) einen Zeitplan für alle Investitionsprojekte vorzugeben.

(3) Ziel des Netzentwicklungsplans ist es insbesondere,
a) der Deckung der Nachfrage an Leitungskapazitäten zur Versorgung der Endverbraucher unter Berücksichtigung von Notfallszenarien,
b) der Erzielung eines hohen Maßes an Verfügbarkeit der Leitungskapazität (Versorgungssicherheit der Infrastruktur), und
c) der Nachfrage nach Leitungskapazitäten zur Erreichung eines europäischen Binnenmarktes

nachzukommen.

(4) Bei der Erarbeitung des Netzentwicklungsplans hat der Übertragungsnetzbetreiber angemessene Annahmen über die Entwicklung der Erzeugung, der Versorgung, des Verbrauchs und des Stromaustauschs mit anderen Staaten unter Berücksichtigung der Investitionspläne für regionale Netze gemäß Art. 34 der Verordnung (EU) Nr. 2019/943 über den Elektrizitätsbinnenmarkt (§ 73 Abs. 4 lit. a) und für unionsweite Netze gemäß Art. 30 Abs. 1 lit. b der Verordnung (EU) Nr. 2019/943 zugrunde zu legen. Der Netzentwicklungsplan hat wirksame Maßnahmen zur Gewährleistung der Angemessenheit des Netzes und der Erzielung eines hohen Maßes an Verfügbarkeit der Leitungskapazität (Versorgungssicherheit der Infrastruktur) zu enthalten.

(5) Der Übertragungsnetzbetreiber hat bei der Erstellung des Netzentwicklungsplanes die technischen und wirtschaftlichen Zweckmäßigkeiten, die Interessen aller Marktteilnehmer sowie die Kohärenz mit dem integrierten Netzinfrastrukturplan gemäß § 94 Erneuerbaren-Ausbau-Gesetz und dem gemeinschaftsweiten Netzentwicklungsplan zu berücksichtigen und auf die im Sinne des § 2 lit. g verfolgten Ziele des Schutzes der Bevölkerung und der Umwelt in Kärnten vor Gefährdungen und unzumutbaren Belästigungen sowie auf die im Sinne des § 7 Abs. 2 lit. g abschätzbaren Gefährdungen, Belästigungen und sonstigen nachteiligen Auswirkungen auf die Umwelt und Eigentum Bedacht zu nehmen. Überdies hat er den koordinierten Netzentwicklungsplan gemäß § 63 des Gaswirtschaftsgesetzes 2011 – GWG 2011 und die langfristige und integrierte Planung gemäß § 22 GWG 2011 zu berücksichtigen. Vor der Einbringung des Antrags auf Genehmigung des Netzentwicklungsplans hat der Übertragungsnetzbetreiber alle relevanten Marktteilnehmer zu konsultieren.

(6) In der Begründung des Antrags auf Genehmigung des Netzentwicklungsplans haben die Übertragungsnetzbetreiber, insbesondere bei konkurrierenden Vorhaben zur Errichtung, Erweiterung, Änderung oder dem Betrieb von Leitungsanlagen, die technischen und wirtschaftlichen Gründe für die Befürwortung oder Ablehnung einzelner Vorhaben darzustellen und die Beseitigung von Netzengpässen anzustreben.

§ 32
Pflichten der Betreiber von Übertragungsnetzen

(1) Die Betreiber von Übertragungsnetzen haben zusätzlich zu den im 1. Abschnitt festgelegten Pflichten für Netzbetreiber

a) das von ihnen betriebene System sicher, zuverlässig, leistungsfähig und unter Bedachtnahme auf den Umweltschutz zu betreiben und zu erhalten;
b) die zum Betrieb des Systems erforderlichen technischen Voraussetzungen sicherzustellen;
c) die zur Durchführung der Verrechnung und Datenübermittlung nach § 28 Abs. 2 lit. i erforderlichen vertraglichen Maßnahmen vorzusehen;
d) dem Betreiber eines anderen Netzes, mit dem sein eigenes Netz verbunden ist, ausreichende Informationen zu liefern, um den sicheren und leistungsfähigen Betrieb, den koordinierten Ausbau und die Interoperabilität des Verbundsystems sicherzustellen;
e) die genehmigten Allgemeinen Bedingungen und die gemäß §§ 51 ff des Elektrizitätswirtschafts- und –organisationsgesetzes 2010 bestimmten Systemnutzungsentgelte in geeigneter Form zu veröffentlichen;
f) Verträge über den Datenaustausch mit anderen Netzbetreibern, den Bilanzgruppenverantwortlichen sowie den Bilanzgruppenkoordinatoren und anderen Marktteilnehmern entsprechend den Marktregeln abzuschließen;
g) auf lange Sicht die Fähigkeit des Netzes zur Befriedigung einer angemessenen Nachfrage nach Übertragung von Elektrizität langfristig sicherzustellen und unter wirtschaftlichen Bedingungen und unter gebührender Beachtung des Umweltschutzes sichere, zuverlässige und leistungsfähige Übertragungsnetze zu betreiben, zu warten und auszubauen;
h) durch entsprechende Übertragungskapazität und Zuverlässigkeit des Netzes einen Beitrag zur Versorgungssicherheit zu leisten;
i) sich jeglicher Diskriminierung von Netzbenutzern oder Kategorien von Netzbenutzern, insbesondere zu Gunsten der mit ihm verbundenen Unternehmen, zu enthalten;
j) den Netzbenutzern die Informationen zur Verfügung zu stellen, die sie für einen effizienten Netzzugang benötigen;
k) Engpässe im Netz zu ermitteln und Maßnahmen zu setzen, um Engpässe zu vermeiden oder zu beseitigen sowie die Versorgungssicherheit aufrechtzuerhalten;
l) die Zurverfügungstellung der zur Erfüllung der Dienstleistungsverpflichtungen erforderlichen Mittel zu gewährleisten;
m) unter der Aufsicht der nationalen Regulierungsbehörden Engpasserlöse und Zahlungen im Rahmen des Ausgleichsmechanismus zwischen Übertragungsnetzbetreibern gemäß Art. 13 der Verordnung (EG) Nr. 714/2009 über den grenzüberschreitenden Stromhandel (§ 73 Abs. 4 lit. a) einzunehmen, Dritten Zugang zu gewähren und deren Zugang zu regeln sowie bei Verweigerung des Zugangs begründete Erklärungen abzugeben;
n) die Übertragung von Elektrizität durch das Netz unter Berücksichtigung des Austauschs mit anderen Verbundnetzen zu regeln;
o) ein sicheres, zuverlässiges und effizientes Elektrizitätsnetz zu unterhalten;
p) einen Netzentwicklungsplan gemäß § 31 zu erstellen und zur Genehmigung bei der Regulierungsbehörde einzureichen;
q) der Regulierungsbehörde jährlich schriftlich Bericht darüber zu legen, welche Maßnahmen sie zur Wahrnehmung ihrer im Rahmen der Verordnung (EG) Nr. 714/2009 und sonstiger unmittelbar anwendbarer unionsrechtlicher Bestimmungen auferlegten Transparenzverpflichtungen gesetzt haben;
r) der Regulierungsbehörde jährlich schriftlich Bericht darüber zu legen, welche Maßnahmen sie zur Wahrnehmung ihrer im Rahmen der Elektrizitätsbinnenmarktrichtlinie und sonstiger unmittelbar anwendbarer unionsrechtlicher Bestimmungen auferlegten Verpflichtungen zur technischen Zusammenarbeit mit Übertragungsnetzbetreibern der Europäischen Union und Drittstaaten gesetzt haben;
s) die ENTSO (Strom) bei der Erstellung des unionsweiten Netzentwicklungsplans zu unterstützen;
t) eine besondere Bilanzgruppe für die Ermittlung der Netzverluste zu errichten, die nur die dafür notwendigen Kriterien einer Bilanzgruppe zu erfüllen hat;
u) Energie, die zur Deckung von Energieverlusten und Kapazitätsreserven im Übertragungsnetz verwendet wird, nach transparenten und marktorientierten Verfahren zu beschaffen.

(2) Sofern für die Netzengpassbeseitigung oder Aufrechterhaltung der Versorgungssicherheit gemäß Abs. 1 lit. k dennoch Leistungen der Erzeuger (Erhöhung oder Einschränkung der Erzeugung sowie Veränderung der Verfügbarkeit von Erzeugungsanlagen) erforderlich sind, ist dies

vom Übertragungsnetzbetreiber unter Bekanntgabe aller notwendigen Daten unverzüglich dem Regelzonenführer zu melden, der erforderlichenfalls weitere Anordnungen zu treffen hat (§ 28 Abs. 2 lit. e und Abs. 3).

(3) Bei der Ausübung der Aufgaben gemäß Abs. 1 lit. m im Rahmen der gemäß Art. 13 der Verordnung (EG) Nr. 714/2009 festgelegten Aufgaben haben die Übertragungsnetzbetreiber in erster Linie die Marktintegration zu erleichtern. Engpasserlöse sind für die in Art. 16 Abs. 6 der Verordnung (EG) Nr. 714/2009 genannten Zwecke zu verwenden.

(4) Abs. 1 lit. o umfasst die Verpflichtung, zur Bereitstellung aller notwendigen Hilfsdienste, einschließlich jener, die zur Befriedigung der Nachfrage erforderlich sind, zu gewährleisten, sofern diese Bereitstellung unabhängig von jedwedem anderen Übertragungsnetz ist, mit dem das Netz einen Verbund bildet, und Maßnahmen für den Wiederaufbau nach Großstörungen des Übertragungsnetzes zu planen und zu koordinieren, indem er vertragliche Vereinbarungen im technisch notwendigen Ausmaß sowohl mit direkt als auch indirekt angeschlossenen Kraftwerksbetreibern abschließt, um die notwendige Schwarzstart- und Inselbetriebsfähigkeit ausschließlich durch die Übertragungsnetzbetreiber sicherzustellen;

(5) Der Bericht gemäß Abs. 1 lit. q hat insbesondere eine Spezifikation der veröffentlichten Informationen und die Art der Veröffentlichung (z. B. Internetadressen, Zeitpunkte und Häufigkeit der Veröffentlichung sowie qualitative oder quantitative Beurteilung der Datenzuverlässigkeit der Veröffentlichung) zu enthalten.

(6) Der Bericht gemäß Abs. 1 lit. r hat insbesondere auf die mit den Übertragungsnetzbetreibern vereinbarten Prozesse und Maßnahmen hinsichtlich staatenübergreifender Netzplanung und –betrieb sowie auf vereinbarte Daten für die Überwachung dieser Prozesse und Maßnahmen einzugehen.

(6a) Die Betreiber von Übertragungsnetzen mit einer Nennspannung ab 380 kV sind zur Forschung und Entwicklung im Bereich alternativer Leitungstechnologien (etwa 380 kV Wechselspannung-Erdkabel) in großtechnischer Anwendung verpflichtet. Die Ergebnisse dieser Forschung und Entwicklung sind im Rahmen von Variantenuntersuchungen unter Bedachtnahme einer besonderen wirtschaftlichen Bewertung für neue Netzverbindungen zu berücksichtigen. Ihre Anwendbarkeit ist in ausgewählten Pilotprojekten gemäß § 40a Elektrizitätswirtschafts- und -organisationsgesetz 2010, die im Netzentwicklungsplan zu kennzeichnen sind, zu erproben.

(7) Wirkt ein Übertragungsnetzbetreiber, der Teil eines vertikal integrierten Elektrizitätsunternehmens ist, an einem zur Umsetzung der regionalen Zusammenarbeit geschaffenen gemeinsamen Unternehmen mit, ist dieses gemeinsame Unternehmen verpflichtet, ein Gleichbehandlungsprogramm aufzustellen und es durchzuführen. Darin sind die Maßnahmen anzuführen, mit denen sichergestellt wird, dass diskriminierende und wettbewerbswidrige Maßnahmen ausgeschlossen werden. In diesem Maßnahmenprogramm ist festzulegen, welche besonderen Pflichten die Mitarbeiter im Hinblick auf die Erreichung des Ziels der Vermeidung diskriminierenden und wettbewerbswidrigen Verhaltens haben. Das Programm bedarf der Genehmigung durch die Agentur. Die Einhaltung des Programms ist durch die Gleichbehandlungsbeauftragten des Übertragungsnetzbetreibers zu kontrollieren.

4. Abschnitt:
Betrieb von Verteilernetzen

§ 33
Konzessionserfordernis für Verteilernetze

Der Betrieb eines Verteilernetzes innerhalb eines bestimmten Gebietes des Landes Kärnten bedarf einer Konzession.

§ 34
Voraussetzungen für die Erteilung der Konzession

(1) Die Konzession darf nur erteilt werden, wenn

a) für das vorgesehene Gebiet keine Konzession besteht;
b) die vorhandenen oder geplanten Anlagen eine kostengünstige, ausreichende, dauerhafte, sichere und qualitativ hochstehende Elektrizitätsversorgung erwarten lassen;
c) die öffentlichen Interessen an der Aufrechterhaltung der Elektrizitätsversorgung (Anschlusspflicht sowie Versorgungssicherheit) nicht beeinträchtigt werden;
d) erwartet werden kann, dass der Konzessionswerber wirtschaftlich in der Lage sein wird, die erforderlichen Anlagen zu errichten, zu betreiben und zu erhalten;
e) erwartet werden kann, dass der Konzessionswerber in der Lage sein wird, seine im 1. Abschnitt festgelegten Verpflichtungen zu erfüllen, und
f) bei einem Netz, an das mehr als 100.000 Kunden angeschlossen sind, der Konzessionswerber, der zu einem vertikal integrierten Unternehmen gehört, zumindest in seiner Rechtsform, Organisation und Entscheidungsgewalt unabhängig von den übrigen Tätigkeitsbereichen ist, die nicht mit der Verteilung zusammenhängen.

(2) Zur Sicherstellung der Unabhängigkeit im Sinne des Abs. 1 lit. f muss in einem vertikal integrierten Elektrizitätsunternehmen gewährleistet sein, dass

a) die für die Leitung des Verteilernetzbetreibers zuständigen Personen nicht betrieblichen Einrichtungen des integrierten Elektrizitätsunternehmens angehören, die direkt oder indirekt für den laufenden Betrieb in den Bereichen Elektrizitätserzeugung und –versorgung zuständig sind;
b) die berufsbedingten Interessen der für die Leitung des Verteilernetzbetreibers zuständigen Personen (Gesellschaftsorgane) in einer Weise berücksichtigt werden, dass deren Handlungsunabhängigkeit gewährleistet ist, wobei insbesondere die Gründe für die Abberufung eines Gesellschaftsorgans des Verteilernetzbetreibers in der Gesellschaftssatzung des Verteilernetzbetreibers klar zu umschreiben sind;
c) der Verteilernetzbetreiber über die zur Erfüllung seiner Aufgabe erforderlichen Ressourcen einschließlich der personellen, technischen, materiellen und finanziellen Mittel verfügt, die für den Betrieb, die Wartung oder den Ausbau des Netzes erforderlich sind und gewährleistet ist, dass der Verteilernetzbetreiber über die Verwendung dieser Mittel unabhängig von den übrigen Bereichen des integrierten Unternehmens entscheiden kann;
d) der Verteilernetzbetreiber ein Gleichbehandlungsprogramm aufstellt, aus dem hervorgeht, welche Maßnahmen zum Ausschluss diskriminierenden Verhaltens gegenüber den Netzzugangsberechtigten getroffen wurden;
e) Maßnahmen vorgesehen sind, durch die eine ausreichende Überwachung der Einhaltung dieses Programms, insbesondere durch Dokumentation der Beschwerdefälle und Bestellung eines dafür verantwortlichen Gleichbehandlungsbeauftragten, gewährleistet wird und festgelegt wird, welche Pflichten die Mitarbeiter zur Erreichung dieses Ziels haben;
f) dem Aufsichtsrat eines Verteilernetzbetreibers mindestens zwei Mitglieder angehören, die von der Muttergesellschaft unabhängig sind.

(3) Abs. 2 lit. a steht der Einrichtung von Koordinierungsmechanismen nicht entgegen, durch die sichergestellt wird, dass die wirtschaftlichen Befugnisse des Mutterunternehmens und seine Aufsichtsrechte über das Management im Hinblick auf die Rentabilität eines Tochterunternehmens geschützt werden. Insbesondere ist zu gewährleisten, dass ein Mutterunternehmen den jährlichen Finanzplan oder ein gleichwertiges Instrument des Verteilernetzbetreibers genehmigt und generelle Grenzen für die Verschuldung eines Tochterunternehmens festlegt. Weisungen bezüglich des laufenden Betriebs oder einzelner Entscheidungen über den Bau oder die Modernisierung von Verteilerleitungen, die über den Rahmen des genehmigten Finanzplans oder eines gleichwertigen Instruments nicht hinausgehen, sind unzulässig.

(4) Die Erteilung einer Konzession setzt voraus, dass der Konzessionswerber,

a) sofern es sich um eine natürliche Person handelt,
   1. die volle Geschäftsfähigkeit besitzt,
   2. die für die Ausübung der Konzession erforderliche Zuverlässigkeit besitzt,
   3. die österreichische Staatsbürgerschaft oder die Staatsangehörigkeit eines Vertragsstaates des Abkommens über den Europäischen Wirtschaftsraum besitzt,
   4. seinen Wohnsitz im Inland oder in einem Vertragsstaat des Abkommens über den Europäischen Wirtschaftsraum und
   5. nicht von der Ausübung eines Gewerbes nach § 13 der Gewerbeordnung 1994

   auszuschließen wäre;
b) sofern es sich um eine juristische Person oder um eine eingetragene Personengesellschaft handelt,
   1. seinen Sitz im Inland oder in einem Vertragsstaat des Abkommens über den Europäischen Wirtschaftsraum hat und
   2. aus dem Kreis der vertretungsbefugten Organe einen oder mehrere Geschäftsführer (§ 39), von denen keiner nach § 13 der Gewerbeordnung 1994 von der Ausübung des Gewerbes auszuschließen wäre,

bestellt hat.

(5) Von den Erfordernissen nach Abs. 4 lit. a Z 3 und lit. b Z 1 darf die Behörde Nachsicht gewähren, wenn mit der Versagung der Konzession volkswirtschaftliche Nachteile, insbesondere hinsichtlich der Versorgung des Landes mit Elektrizität, zu erwarten wären.

(6) Das Erfordernis nach Abs. 4 lit. a Z 4 entfällt, wenn ein oder mehrere Geschäftsführer (§ 38) bestellt sind.

§ 35

Konzessionsverfahren für Verteilernetze

(1) Die Erteilung der Konzession hat der Konzessionswerber bei der Behörde schriftlich zu beantragen. Dem Antrag sind die erforderlichen Unterlagen anzuschließen, aus denen zu ersehen ist, ob die in § 34 festgelegten Voraussetzungen vorliegen. Weiters sind ein Plan des vom Verteilernetz des Konzessionswerbers abgedeckten Gebietes sowie eine Beschreibung über Art und Umfang der Versorgung in zweifacher Ausfertigung anzuschließen. Im Falle des § 34 Abs. 1 lit. f sind auch ein Gleichbehandlungsprogramm sowie eine Darstellung der zur Überwachung geplanten Maßnahmen gemäß § 34 Abs. 2 lit. d und e anzuschließen.

(2) Die Behörde hat vor der Erteilung der Konzession Gelegenheit zur Stellungnahme innerhalb einer angemessen festzusetzenden Frist zu geben:
a) der Kammer für Arbeiter und Angestellte für Kärnten;
b) der Wirtschaftskammer Kärnten;
c) der Kammer für Land- und Forstwirtschaft in Kärnten;
d) der Landarbeiterkammer für Kärnten und
e) den Gemeinden, die in dem vom Verteilernetz des Konzessionswerbers abgedeckten Gebiet liegen.

§ 36
Erteilung der Konzession für Verteilernetze

(1) Die Behörde hat über einen Antrag auf Erteilung der Konzession mit schriftlichem Bescheid zu entscheiden.

(2) Die Konzession ist unter Bedingungen, mit Beschränkungen oder mit Auflagen zu erteilen, wenn die in § 34 festgelegten Erfordernisse nur bei Erfüllung dieser Bedingungen und bei Einhaltung dieser Beschränkungen und Auflagen gewährleistet sind. Insbesondere ist im Falle des § 34 Abs. 1 lit. f sicherzustellen, dass der Verteilernetzbetreiber hinsichtlich seiner Organisation und Entscheidungsgewalt unabhängig von den Tätigkeitsbereichen eines vertikal integrierten Unternehmens ist, die nicht mit der Verteilung zusammenhängen.

(3) Die Konzession darf befristet erteilt werden, wenn die in § 34 festgelegten Erfordernisse nicht auf Dauer gewährleistet sind.

(4) Im Bescheid über die Erteilung der Konzession ist eine Frist festzusetzen, innerhalb der der Betrieb des Verteilernetzes aufzunehmen ist. Diese Frist darf nicht kürzer als sechs Monate und nicht länger als drei Jahre sein. Die Frist ist auf Antrag des Konzessionsinhabers zu verlängern, wenn vom Konzessionsinhaber nicht verschuldete Umstände der fristgerechten Aufnahme des Betriebes entgegenstehen.

§ 37
Pächter

(1) Der Betreiber eines Verteilernetzes darf die Ausübung der Konzession einer Person übertragen, die sie auf eigene Rechnung und im eigenen Namen ausübt (Pächter). Der Pächter ist der Behörde gegenüber für die Einhaltung der Bestimmungen dieses Gesetzes verantwortlich.

(2) Der Pächter muss die für die Erteilung der Konzession nach § 34 Abs. 1 lit. d bis f sowie Abs. 4 festgelegten Voraussetzungen erfüllen.

(3) Die Übertragung der Ausübung der Konzession auf einen Pächter bedarf der Genehmigung der Behörde. Die Genehmigung ist zu erteilen, wenn der Pächter die Voraussetzungen nach Abs. 2 erfüllt. Die Bewilligung ist zu widerrufen, wenn eine dieser Voraussetzungen weggefallen ist. Der Betreiber eines Verteilernetzes hat den Wegfall einer dieser Voraussetzungen sowie das Ende des Pachtverhältnisses der Behörde schriftlich anzuzeigen.

§ 38
Geschäftsführer

(1) Soweit sich nicht aus § 34 Abs. 4 lit. B Z 2 eine Verpflichtung dazu ergibt, steht es dem Verteilernetzbetreiber oder Pächter frei, für die Ausübung des Rechtes zum Netzbetrieb einen oder mehrere Geschäftsführer zu bestellen. Diese sind der Behörde gegenüber an Stelle des Netzbetreibers oder des Pächters für die Einhaltung der Bestimmungen dieses Gesetzes verantwortlich. Wenn mehrere Geschäftsführer bestellt werden und jedem ein klar abgegrenzter Aufgabenbereich zugewiesen wird, trägt jeder Geschäftsführer lediglich für seinen Aufgabenbereich die Verantwortung. Der Netzbetreiber oder Pächter bleibt insoweit verantwortlich, als er Rechtsverletzungen eines Geschäftsführers wissentlich duldet oder es bei der Auswahl des Geschäftsführers an der erforderlichen Sorgfalt fehlen hat lassen.

(2) Die Bestellung eines Geschäftsführers bedarf der Genehmigung der Behörde. Diese ist zu erteilen, wenn der Geschäftsführer
a) die gemäß § 34 Abs. 4 lit. a erforderlichen persönlichen Voraussetzungen erfüllt sowie fachlich befähigt und auch tatsächlich in der Lage ist, die mit dieser Funktion verbundenen Aufgaben wahrzunehmen;
b) seiner Bestellung nachweislich zugestimmt hat und
c) über eine seiner Verantwortung entsprechende Anordnungsbefugnis verfügt.

(3) Die Genehmigung ist zu widerrufen, wenn der Geschäftsführer die Voraussetzungen nach Abs. 2 nicht mehr erfüllt. Der Netzbetreiber oder Pächter hat den Wegfall dieser Voraussetzungen sowie das Ausscheiden eines Geschäftsführers aus seiner Funktion unverzüglich der Behörde anzuzeigen.

(4) Besteht nach § 34 Abs. 4 lit. b Z 2 eine Verpflichtung zur Bestellung eines Geschäfts-führers, so hat der Netzbetreiber oder der Pächter unverzüglich, längstens jedoch innerhalb eines Monats, nachdem der Geschäftsführer aus seiner Funktion ausgeschieden oder die Genehmigung seiner Bestellung widerrufen worden ist, eine andere geeignete Person zum Geschäftsführer zu bestellen und dafür die Genehmigung der Behörde zu beantragen.

§ 39
Vertikal integrierte Unternehmen

(1) Die Behörde hat sicherzustellen, dass ein Verteilernetzbetreiber, der Teil eines vertikal integrierten Unternehmens ist (§ 34 Abs. 1 lit. f), diesen Umstand nicht zur Verzerrung des Wettbewerbs nutzen kann. Durch die Maßnahmen

gemäß Abs. 2 und 3 ist zu gewährleisten, dass vertikal integrierte Verteilernetzbetreiber in ihrer Kommunikations- und Markenpolitik dafür Sorge tragen, dass eine Verwechslung in Bezug auf die eigene Identität der Versorgungssparte des vertikal integrierten Unternehmens ausgeschlossen ist. Der Name des Verteilernetzbetreibers hat jedenfalls einen Hinweis auf die Verteilertätigkeit zu enthalten.

(2) Der Gleichbehandlungsbeauftragte des Verteilernetzbetreibers ist in Ausübung seiner Aufgaben weisungsfrei und unabhängig. Er kann nur nach vorheriger Zustimmung der Behörde abberufen werden.

(3) Dem Gleichbehandlungsbeauftragten ist Zugang zu allen einschlägigen personenbezogenen Daten sowie allen Informationen zu gewähren, über die der Verteilernetzbetreiber und etwaige verbundene Unternehmen verfügen und die der Gleichbehandlungsbeauftragte benötigt, um seine Aufgaben zu erfüllen. Ihm ist Zugang zu Geschäftsräumen des Verteilernetzbetreibers zu gewähren.

(4) Die Behörde hat allfällige Verstöße von Verteilerunternehmen gegen § 34 sowie gegen die Abs. 1 bis 3 unverzüglich der Regulierungsbehörde mitzuteilen.

§ 40
Enden der Konzession für den Betrieb eines Verteilernetzes

(1) Die Konzession für den Betrieb eines Verteilernetzes endet

a) durch Auflösung oder Untergang des Konzessionsinhabers – ausgenommen die Übertragung von Unternehmen oder Teilunternehmen durch Umgründung (Abs. 2) –, sofern es sich um eine juristische Person oder um eine eingetragene Personengesellschaft handelt;
b) durch den Tod des Konzessionsinhabers, sofern es sich um eine natürliche Person handelt;
c) durch die Zurücklegung der Konzession durch den Konzessionsinhaber;
d) durch die Entziehung der Konzession durch die Behörde;
e) durch die Schließung des Unternehmens im Rahmen eines Insolvenzverfahrens oder wenn das Insolvenzverfahren mangels kostendeckenden Vermögens rechtskräftig nicht eröffnet oder aufgehoben wurde, oder
f) durch die gänzliche oder teilweise Untersagung des Betriebes eines Verteilernetzes nach § 41 Abs. 3 in dem Umfang, in dem der Betrieb untersagt wird.

(2) Bei der Übertragung von Unternehmen oder Teilunternehmen durch Umgründung, insbesondere durch Verschmelzung, Umwandlung, Einbringung, Zusammenschluss, Spaltung oder Realteilung, gehen die zur Fortführung des Betriebes des Verteilernetzes erforderlichen Konzessionen auf das Nachfolgeunternehmen (Rechtsnachfolger) über. Die bloße Umgründung bildet keinen Grund für die Entziehung der Konzession. Das Nachfolgeunternehmen hat der Behörde den Übergang unter Anschluss eines Firmenbuchauszuges und der zur Herbeiführung der Eintragung im Firmenbuch eingereichten Unterlagen in Abschrift innerhalb von sechs Monaten nach der Eintragung im Firmenbuch anzuzeigen.

(3) Der Konzessionsinhaber hat die Zurücklegung der Konzession der Behörde anzuzeigen; sie wird mit dem in der Anzeige angegebenen Tag wirksam, frühestens jedoch sechs Monate nachdem die Anzeige bei der Behörde eingelangt ist.

(4) Die Behörde hat die Konzession zu entziehen, wenn

a) der Betrieb des Verteilernetzes nicht innerhalb der nach § 36 Abs. 4 festgesetzten, gegebenenfalls innerhalb der verlängerten Frist, aufgenommen wird;
b) der Betrieb des Verteilernetzes ohne ausreichenden Grund durch mehr als sechs Monate unterbrochen oder eingestellt wird;
c) die für die Erteilung der Konzession erforderlichen Voraussetzungen nicht mehr vorliegen oder
d) der Konzessionsinhaber wiederholt wegen Verwaltungsübertretungen nach diesem Gesetz oder dem Ökostromgesetz 2012 rechtskräftig bestraft worden ist und die Entziehung im Hinblick auf die Verwaltungsübertretungen nicht unverhältnismäßig ist.

(5) Die Behörde darf die Konzession nach vorheriger Androhung entziehen, wenn der Konzessionsinhaber

a) seiner Verpflichtung, Allgemeine Bedingungen festzulegen (§ 24) oder die dafür erforderliche Genehmigung einzuholen, nicht nachkommt;
b) seiner Verpflichtung, einen Geschäftsführer zu bestellen (§ 34 Abs. 4 lit. b Z 2) oder die dafür erforderliche Genehmigung einzuholen (§ 38 Abs. 2), nicht nachkommt;
c) seiner Verpflichtung zur Bestellung eines Betriebsleiters (§ 44) nicht nachkommt oder
d) die Ausübung der Konzession einer anderen Person ohne Genehmigung übertragen hat oder trotz Widerrufs der Genehmigung die Übertragung aufrechterhält.

§ 41
Maßnahmen zur Sicherung der Elektrizitätsversorgung

(1) Kommt der Betreiber eines Verteilernetzes seinen Verpflichtungen nach diesem Gesetz nicht nach, hat ihm die Behörde mit schriftlichem Bescheid aufzutragen, die hindernden Umstände innerhalb einer angemessen festzusetzenden Frist zu beseitigen.

(2) Soweit dies zur Beseitigung einer Gefahr für das Leben oder die Gesundheit von Menschen oder zur Abwehr schwerer volkswirtschaftlicher Schäden erforderlich ist, hat die Behörde einen anderen geeigneten Netzbetreiber zur vorübergehenden Erfüllung der Aufgaben des Netzbetreibers ganz oder teilweise mit schriftlichem Bescheid heranzuziehen (Einweisung).

(3) Die Behörde hat den Netzbetrieb ganz oder teilweise zu untersagen, wenn

a) die hindernden Umstände derart sind, dass eine gänzliche Erfüllung der gesetzlichen Verpflichtungen des Netzbetreibers nach Abs. 1 nicht zu erwarten ist, oder
b) der Netzbetreiber dem Auftrag der Behörde zur Beseitigung der hindernden Umstände nicht nachkommt.

Gleichzeitig ist unter Bedachtnahme auf den 1. Abschnitt ein anderer Netzbetreiber, der dazu tatsächlich in der Lage ist, mit schriftlichem Bescheid zur dauernden Übernahme des Systems zu verpflichten.

(4) Der verpflichtete Netzbetreiber tritt in die Rechte und Pflichten aus den Verträgen des Netzbetreibers, der von der Untersagung betroffen ist, ein.

(5) Auf Antrag des verpflichteten Netzbetreibers hat die Behörde diesem den Gebrauch des Verteilernetzes des Netzbetreibers, der von der Untersagung betroffen ist, gegen angemessene Entschädigung insoweit zu gestatten, als dies zur Erfüllung seiner Aufgaben erforderlich ist.

(6) Nach Rechtskraft des Untersagungsbescheides nach Abs. 3 hat die Behörde auf Antrag des verpflichteten Netzbetreibers das in Gebrauch genommene Verteilernetz zu dessen Gunsten gegen angemessene Entschädigung zu enteignen. Auf das Enteignungsverfahren und die behördliche Ermittlung der Entschädigung ist § 18 lit. a bis c sinngemäß anzuwenden.

(7) Abs. 2 bis 6 sind im Fall des Endens der Konzession (§ 40 Abs. 1) sinngemäß anzuwenden, wenn ansonsten die ordnungsgemäße Versorgung mit Elektrizität gefährdet wäre.

5. Abschnitt:
Rechte und Pflichten der Betreiber von Verteilernetzen

§ 42
Recht zum Netzanschluss

(1) Die Betreiber von Verteilernetzen haben – unbeschadet der Bestimmungen betreffend Direktleitungen sowie bestehender Netzanschlussverhältnisse – das Recht, innerhalb des von ihrem Verteilernetz abgedeckten Gebietes alle Endverbraucher und Erzeuger an ihr Netz anzuschließen (Recht zum Netzanschluss).

(2) Vom Recht zum Netzanschluss ausgenommen sind Kunden, denen elektrische Energie mit einer Nennspannung von über 110 kV übergeben wird.

§ 43
Pflichten der Betreiber von Verteilernetzen

Die Betreiber von Verteilernetzen haben zusätzlich zu den im 1. und 4. Abschnitt festgelegten Pflichten für Netzbetreiber

a) die zur Durchführung der Berechnung und Zuordnung der Ausgleichsenergie erforderlichen Informationen und personenbezogenen Daten zur Verfügung zu stellen, wobei insbesondere jene Zählwerte zu übermitteln sind, die für die Berechnung der Fahrplanabweichungen und der Abweichung vom Lastprofil jeder Bilanzgruppe benötigt werden;
b) ihre Verteilernetze vorausschauend und im Sinne der nationalen und europäischen Klima- und Energieziele weiterzuentwickeln;
c) Netzzugangsberechtigten zu den genehmigten Allgemeinen Bedingungen und den bestimmten Systemnutzungsentgelten den Zugang zu ihrem System zu gewähren;
d) die für den Netzzugang genehmigten Allgemeinen Bedingungen und bestimmten Systemnutzungsentgelte zu veröffentlichen;
e) die zur Durchführung der Verrechnung und Datenübermittlung gemäß lit. a erforderlichen vertraglichen Maßnahmen vorzusehen;
f) das Netz zu betreiben und instand zu halten;
g) die Lastflüsse abzuschätzen und die Einhaltung der technischen Sicherheit des Netzes zu prüfen;
h) eine Evidenz über alle in ihrem Netz tätigen Bilanzgruppen und Bilanzgruppenverantwortlichen zu führen;
i) eine Evidenz aller in ihrem Netz tätigen Lieferanten zu führen;
j) die Bezüge, Leistungen, Lastprofile der Netzbenutzer zu messen, deren Plausibilität zu prüfen und die Informationen und personenbezogenen Daten im erforderlichen Ausmaß an die Bilanzgruppenkoordinatoren, betroffenen Netzbetreiber sowie Bilanzgruppenverantwortlichen weiterzugeben;
k) die Leistungen, Strommengen, Lastprofile an den Schnittstellen zu anderen Netzen zu messen und die Daten an betroffene Netzbetreiber und die Bilanzgruppenkoordinatoren weiterzugeben;
l) Engpässe im Netz zu ermitteln und Handlungen zu setzen, um diese zu vermeiden;
m) Meldungen über Lieferanten- sowie Bilanzgruppenwechsel entgegenzunehmen und weiterzugeben;
n) eine besondere Bilanzgruppe für die Ermittlung der Netzverluste einzurichten, die nur die dafür notwendigen Kriterien einer Bilanzgruppe zu erfüllen hat;

o) Energie, die zur Deckung von Energieverlusten und Kapazitätsreserven im Verteilernetz verwendet wird, nach transparenten, nichtdiskriminierenden und marktorientierten Verfahren zu beschaffen;
p) die Entgelte für die Netznutzung einzuheben;
q) mit dem Bilanzgruppenkoordinator, den Bilanzgruppenverantwortlichen und den sonstigen Marktteilnehmern bei der Aufteilung der sich aus der Verwendung von standardisierten Lastprofilen ergebenden Differenzen nach Vorliegen der Messergebnisse zusammenzuarbeiten;
r) die eingespeiste Ökoenergie an die Regulierungsbehörde bekannt zu geben;
s) Verträge über den Datenaustausch mit anderen Netzbetreibern, den Bilanzgruppenverantwortlichen und dem Bilanzgruppenkoordinator sowie anderen Marktteilnehmern entsprechend den Marktregeln abzuschließen;
t) sich jeglicher Diskriminierung von Netzbenutzern oder Kategorien von Netzbenutzern, insbesondere zu Gunsten der mit ihm verbundenen Unternehmen, zu enthalten;
u) den Netzbenutzern die Informationen zur Verfügung zu stellen, die sie für einen effizienten Netzzugang benötigen;
v) bei der Planung des Verteilernetzausbaues Energieeffizienz-, Nachfragesteuerungsmaßnahmen oder dezentrale Erzeugungsanlagen, durch die sich die Notwendigkeit einer Nachrüstung oder eines Kapazitätsersatzes erübrigen könnte, zu berücksichtigen;
w) den Übertragungsnetzbetreiber zum Zeitpunkt der Feststellung des technisch geeigneten Anschlusspunktes über die geplante Errichtung von Erzeugungsanlagen mit einer Leistung von über 50 MW zu informieren;
x) Optionen zur Einbindung von ab- oder zuschaltbaren Lasten für den Netzbetrieb in ihrem Netzgebiet zu prüfen und bei Bedarf im Zuge des integrierten Netzinfrastrukturplans gemäß § 94 Erneuerbaren-Ausbau-Gesetz an den zuständigen Bundesminister und an die Regulierungsbehörde zu melden;
y) der Regulierungsbehörde Auskunft über Netzzutrittsanträge und Netzzutrittsanzeigen zu geben. Das betrifft insbesondere auch Informationen über die Anschlussleistung sowie über abgeschlossene Netzzutritts- und Netzzugangsverträge samt allfälliger Fristen für bevor-stehende Anschlüsse.

§ 44

Betriebsleiter

(1) Die Verteilernetzbetreiber sind verpflichtet, für die technische Leitung und Überwachung des Netzbetriebes eine Person zu bestellen, welche die hiefür erforderliche fachliche Eignung besitzt (Betriebsleiter). Diese muss sich in dem zur Erfüllung ihrer Aufgaben erforderlichen Umfang im Elektrizitätsunternehmen betätigen.

(2) Die Bestellung eines Betriebsleiters sowie sein Ausscheiden sind der Behörde anzuzeigen. Die Behörde hat die Bestellung innerhalb eines Monats mit schriftlichem Bescheid zu untersagen, wenn der als BetriebsleiterVorgesehene die Voraussetzungen nach Abs. 1 nicht erfüllt und die Behörde vom Erfordernis der fachlichen Eignung keine Nachsicht nach Abs. 4 erteilt hat. Scheidet ein Betriebsleiter aus seiner Funktion aus oder erfüllt er die Voraussetzungen nach Abs. 1 nicht mehr, ist unverzüglich, längstens jedoch innerhalb eines Monats, ein neuer Betriebsleiter zu bestellen.

(3) Die fachliche Eignung ist anzunehmen, wenn der Betriebsleiter über

a) die Befähigung zur Ausübung des Gewerbes der Elektrotechniker oder eines facheinschlägigen technischen Büros verfügt oder
b) eine Anerkennung der Befähigung gemäß lit. a in Anwendung der Bestimmungen des Kärntner Berufsqualifikationen-Anerkennungsgesetzes verfügt oder
c) ein abgeschlossenes facheinschlägiges technisches Universitätsstudium verfügt.

(4) Vom Erfordernis der fachlichen Eignung nach Abs. 3 darf die Behörde über Antrag des Netzbetreibers mit Bescheid die Nachsicht erteilen, wenn nach dem Bildungsgang und der bisherigen Tätigkeit sowie aufgrund einer Befragung angenommen werden kann, dass der als Betriebsleiter Vorgesehene ausreichende Kenntnisse, Fähigkeiten und Erfahrungen besitzt, die zur Erfüllung seiner Aufgaben erforderlich sind.

§ 45

Allgemeine Anschlusspflicht

(1) Die Betreiber von Verteilernetzen sind verpflichtet, Allgemeine Bedingungen zu veröffentlichen und zu diesen Bedingungen mit Endverbrauchern und Erzeugern privatrechtliche Verträge über den Anschluss abzuschließen (Allgemeine Anschlusspflicht).

(2) Die Allgemeine Anschlusspflicht besteht auch dann, wenn eine Einspeisung oder Abnahme von elektrischer Energie erst durch die Optimierung, Verstärkung oder den Ausbau des Verteilernetzes möglich wird.

(3) Die Allgemeine Anschlusspflicht besteht nicht,

1. wenn begründete Sicherheitsbedenken (wie etwa Überschreitungen der zulässigen technischen Werte, zB Spannungshub) bestehen,
2. aufgrund technischer Inkompatibilität,
3. gegenüber Netzzugangsberechtigten, die vom Recht auf Netzanschluss ausgenommen sind (§ 42 Abs. 2), oder
4. soweit durch den Anschluss eine Weiterleitung elektrischer Energie an Dritte – unbeschadet der Bestimmungen über Direktleitungen sowie bis zum 19. Februar 1999 bestehende Netzanschluss-verhältnisse – stattfinden soll.

Die Gründe für die Ausnahme von der Allgemeinen Anschlusspflicht sind in den Marktregeln näher zu definieren.

(4) Ob die Allgemeine Anschlusspflicht im Einzelfall besteht, hat die Behörde auf Antrag des Anschlusswerbers oder des Betreibers des Verteilernetzes mit Bescheid festzustellen.

(5) Die Verteilernetzbetreiber sind verpflichtet, im Netzzugangsvertrag einen Zeitpunkt der Inbetriebnahme der Anlage des Netzzugangsberechtigten zu bestimmen, der den tatsächlichen und vorhersehbaren zeitlichen Erfordernissen für die Errichtung oder Ertüchtigung der Anschlussanlage oder für notwendige Verstärkungen oder Ausbauten des vorgelagerten Verteilernetzes entspricht. Dieser Zeitpunkt darf spätestens ein Jahr nach Abschluss des Netzzugangsvertrags für die Netzebenen 7 bis 5 und spätestens drei Jahre nach Abschluss des Netzzugangsvertrags für die Netzebenen 4 und 3 liegen. Sofern für die beabsichtigten Maßnahmen behördliche Genehmigungen oder Verfahren benötigt werden, ist die Verfahrensdauer nicht in diese Frist einzurechnen. Nähere Bestimmungen sind in den Marktregeln zu definieren.

§ 46
Aufrechterhaltung der Leistungen

(1) Die Verteilernetzbetreiber dürfen die vertraglich zugesicherte Leistung nur unterbrechen oder einstellen, wenn

a) der Netzbenutzer seine vertraglichen Verpflichtungen nicht erfüllt, gemäß § 82 Abs. 3 des Elektrizitätswirtschafts- und –organisationsgesetzes 2010;
b) unerlässliche technische Maßnahmen in den Übertragungs-, Anschluss- oder Verteileranlagen des Netzbetreibers vorzunehmen sind oder
c) zur Vermeidung eines drohenden Zusammenbruches die Einstellung der Leistungen erforderlich ist.

(2) Die Verteilernetzbetreiber haben die Netzbenutzer von einer vorhersehbaren Unterbrechung von Netzleistungen umgehend zu verständigen und Störungen von Netzleistungen umgehend zu beheben.

4. Hauptstück:
Erzeuger und KWK-Anlagen, Stromhändler
1. Abschnitt
Rechte und Pflichten der Erzeuger
§ 47
Erzeuger

(1) Erzeugern ist der Netzzugang zu gewähren, um ihre eigenen Betriebsstätten und Konzernunternehmen durch die Nutzung des Verbundsystems mit Elektrizität zu versorgen.

(2) Erzeuger sind zur Errichtung und zum Betrieb von Direktleitungen berechtigt.

(3) Erzeuger sind verpflichtet,

a) sich einer Bilanzgruppe anzuschließen oder eine eigene Bilanzgruppe zu bilden;
b) Informationen und personenbezogene Daten in erforderlichem Ausmaß betroffenen Netzbetreibern, dem Bilanzgruppenkoordinator, dem Bilanzgruppenverantwortlichen und anderen betroffenen Marktteilnehmern zur Verfügung zu stellen;
c) Erzeugungsfahrpläne vorab an die betroffenen Netzbetreiber, den Regelzonenführer und den Bilanzgruppenverantwortlichen in erforderlichem Ausmaß bei technischer Notwendigkeit zu melden;
d) bei Verwendung eigener Zählereinrichtungen und Einrichtungen für die Datenübertragung die technischen Vorgaben der Netzbetreiber einzuhalten;
e) bei Teillieferungen Erzeugungsfahrpläne an die betroffenen Bilanzgruppenverantwortlichen bekannt zu geben;
f) nach Maßgabe vertraglicher Vereinbarungen auf Anordnung des Regelzonenführers zur Netzengpassbeseitigung oder zur Aufrechterhaltung der Versorgungssicherheit Leistungen (Erhöhung oder Einschränkung der Erzeugung oder Veränderung der Verfügbarkeit von Erzeugungsanlagen) zu erbringen; es ist sicherzustellen, dass bei Anweisungen der Regelzonenführer gegenüber Betreibern von KWK-Anlagen die Fernwärmeversorgung gewährleistet bleibt;
g) auf Anordnung des Regelzonenführers gemäß § 23 Abs. 9 des Elektrizitätswirtschafts- und –organisationsgesetzes 2010 (ElWOG 2010) zur Netzengpassbeseitigung oder zur Aufrechterhaltung der Versorgungssicherheit die Erhöhung und/oder Einschränkung der Erzeugung sowie die Veränderung der Verfügbarkeit von Erzeugungsanlagen vorzunehmen, soweit dies nicht gemäß lit. f vertraglich sichergestellt werden konnte;
h) auf Anordnung des Regelzonenführers haben Erzeuger mit technisch geeigneten Erzeugungsanlagen bei erfolglos verlaufener Ausschreibung gegen Ersatz der tatsächlichen Aufwendungen die Sekundärregelung bereit zu stellen und zu erbringen.

(4) Betreiber von Erzeugungsanlagen mit einer Engpassleistung von mehr als fünf MW sind verpflichtet:

a) die Kosten für die Primärregelung zu übernehmen;
b) für den Fall, dass die Ausschreibung gemäß § 48 erfolglos blieb und soweit diese zur Erbringung der Primärregelleistung im Stande sind, diese auf Anordnung des Regelzonenführers zu erbringen;
c) dem Regelzonenführer Nachweise über die Bereitstellung der Primärregelleistungen in geeigneter und transparenter Weise zu erbringen;

d) die im Zusammenhang mit der Erbringung der Primärregelleistung stehenden Anweisungen des Regelzonenführers, insbesondere betreffend die Art und den Umfang der zu ermittelnden Daten, zu befolgen.

(5) Betreiber von Erzeugungsanlagen, die an die Netzebenen gemäß § 63 Z 1 bis 3 ElWOG 2010 angeschlossen sind oder die über eine Engpassleistung von mehr als 50 MW verfügen, sind verpflichtet, dem Regelzonenführer zur Überwachung der Netzsicherheit zeitgleich Daten über die jeweils aktuelle Einspeiseleistung dieser Erzeugungsanlagen in elektronischer Form zu übermitteln.

(6) Betreiber von Erzeugungsanlagen mit einer Engpassleistung von mehr als 20 MW sind verpflichtet:

a) der Behörde zur Überwachung der Versorgungssicherheit regelmäßig Daten über die zeitliche Verfügbarkeit der Erzeugungsanlagen zu übermitteln;
b) (entfällt)

§ 47a
Kleinsterzeugungsanlagen

(1) Für Kleinsterzeugungsanlagen ist kein eigener Zählpunkt zu vergeben.

(2) Netzbenutzer, die in ihrer Anlage eine Kleinsterzeugungsanlage betreiben, für die gemäß Abs. 1 kein Zählpunkt eingerichtet wurde, sind hinsichtlich der Kleinsterzeugungsanlage von den Verpflichtungen gemäß § 47 Abs. 3 und § 58 ausgenommen.

§ 48
Ausschreibung der Primärregelleistung

(1) Die Bereitstellung der Primärregelleistung hat mittels einer vom Regelzonenführer oder einem von ihm Beauftragten regelmäßig, jedoch mindestens halbjährlich, durchzuführenden Ausschreibung zu erfolgen.

(2) Der Regelzonenführer hat regelmäßig ein transparentes Präqualifikationsverfahren zur Ermittlung der für die Teilnahme an der Ausschreibung interessierten Anbieter von Primärregelleistung durchzuführen. Die in den Präqualifikationsverfahren als geeignet eingestuften Anbieter von Primärregelleistung sind zur Teilnahme an der Ausschreibung berechtigt. Die Details des Präqualifikationsverfahrens sind in den Allgemeinen Netzbedingungen des Betreibers des Übertragungsnetzes zu regeln.

(3) Die Höhe der bereitzustellenden Leistung hat den Anforderungen des europäischen Verbundbetriebes [(ENTSO) Strom] zu entsprechen.

(4) Bei der Ausschreibung hat die im Primärregelungssystem pro Anlage vorzuhaltende Leistung mindestens 2 MW zu betragen.

(5) Der Regelzonenführer hat bei erfolglos verlaufener Ausschreibung die gemäß Abs. 2 geeigneten Anbieter von Primärregelleistung gegen Ersatz der tatsächlichen Aufwendungen zur Bereitstellung der Primärregelleistung zu verpflichten.

§ 49
Aufbringung der Mittel für die Bereitstellung der Primärregelleistung

(1) Die Betreiber von Erzeugungsanlagen mit einer Engpassleistung von mehr als 5 MW sind zur Aufbringung der Mittel für die Bereitstellung der Primärregelleistung im Verhältnis ihrer im laufenden Kalenderjahr erbrachten Jahreserzeugungsmengen verpflichtet. Bei Erzeugungsanlagen, deren Engpassleistung größer als die Anschlussleistung an das jeweilige Netz ist, ist diese Anschlussleistung multipliziert mit den im Kalenderjahr erbrachten Betriebsstunden der Anlage heranzuziehen.

(2) Die Verrechnung und Einhebung der Mittel gemäß Abs. 1 hat vierteljährlich durch den Regelzonenführer zu erfolgen. Der Regelzonenführer ist berechtigt, die Mittel gemäß Abs. 1 vorab zu pauschalieren und vierteljährlich gegen nachträgliche jährliche Abrechnung einzuheben. Die Betreiber von Erzeugungsanlagen haben dem Regelzonenführer die für die Bemessung der Mittel gemäß Abs. 1 erforderlichen Daten zur Verfügung zu stellen.

2. Abschnitt
KWK-Anlagen
§ 50
Kriterien für den Wirkungsgrad der KWK

(1) Zur Bestimmung der Effizienz der KWK nach der Anlage IV des Elektrizitätswirtschafts- und –organisationsgesetzes 2010 (ElWOG 2010) kann die Behörde mit Verordnung Wirkungsgrad-Referenzwerte für die getrennte Erzeugung von Strom und Wärme festlegen. Diese Wirkungsgrad-Referenzwerte haben aus einer Matrix von Werten, aufgeschlüsselt nach relevanten Faktoren, wie Baujahr und Brennstofftypen, zu bestehen und müssen sich auf eine ausführlich dokumentierte Analyse stützen, bei der unter anderem die Betriebsdaten bei realen Betriebsbedingungen, der grenzüberschreitende Stromhandel, der Energieträgermix, die klimatischen Bedingungen und die angewandten KWK-Technologien gemäß den Grundsätzen der Anlage IV des ElWOG 2010 zu berücksichtigen sind. Dabei ist eine abgestimmte Vorgangsweise mit den anderen Bundesländern anzustreben.

(2) Bei der Bestimmung der Wirkungsgrad-Referenzwerte gemäß Abs. 1 sind die von der Kommission in der delegierten Verordnung (EU) 2015/2402 gemäß der Energieeffizienz-Richtlinie

2012/27/EU (§ 73 Abs. 3 lit. e) festgelegten harmonisierten Wirkungsgrad-Referenzwerte zu berücksichtigen.

§ 51
Herkunftsnachweis für Strom aus hocheffizienter KWK

(1) Die Behörde hat auf Grundlage der harmonisierten Wirkungsgrad-Referenzwerte gemäß § 50 Abs. 2 auf Antrag mit Bescheid jene KWK-Anlagen zu benennen, für die vom Netzbetreiber, an dessen Netz die Anlage angeschlossen ist, Herkunftsnachweise für Strom aus hocheffizienter KWK gemäß § 3 Abs. 1 Z 27 ausgestellt werden dürfen. Die erfolgten Benennungen von Anlagen sind der Regulierungsbehörde unverzüglich mitzuteilen.

(2) bis (5) entfallen

§ 52
Anerkennung von Herkunftsnachweisen aus anderen Staaten

(1) Herkunftsnachweise für Strom aus hocheffizienter KWK aus Anlagen mit Standort in einem Vertragsstaat des Abkommens über den Europäischen Wirtschaftsraum gelten als Herkunftsnachweise im Sinne dieses Gesetzes, wenn sie mindestens den Anforderungen gemäß Anhang X der Energieeffizienz-Richtlinie 2012/27/EU (§ 73 Abs. 3 lit. e) entsprechen.

(2) Im Zweifelsfall hat die Regulierungsbehörde über Antrag oder von Amts wegen mit Bescheid festzustellen, ob die Voraussetzungen für die Anerkennung vorliegen.

§ 53
Berichtswesen

(1) Die Behörde hat dem zuständigen Bundesminister jährlich vorzulegen:

a) eine im Einklang mit der in der Anlage III des Elektrizitätswirtschafts- und –organisationsgesetzes 2010 und der Entscheidung 2008/952/EG der Europäischen Kommission (§ 73 Abs. 3 lit. d) dargelegten Methode erstellte Statistik über die Erzeugung von Strom und Wärme aus KWK in Kärnten und
b) eine Statistik über die KWK-Kapazitäten sowie die für KWK eingesetzten Brennstoffe.

(2) Die Behörde hat dem zuständigen Bundesminister jährlich einen Bericht über ihre Tätigkeit gemäß §§ 50 und 51 vorzulegen. Der Bericht hat insbesondere jene Maßnahmen, die ergriffen wurden, um die Zuverlässigkeit des Nachweissystems zu gewährleisten, zu enthalten.

3. Abschnitt
Stromhändler

§ 54
Tätigkeit der Stromhändler

(1) Die Tätigkeit eines Stromhändlers, der Endverbraucher in Kärnten beliefert, ist der Behörde vor Aufnahme der Tätigkeit anzuzeigen.

(2) Liegt der Wohnsitz oder der Sitz im Ausland, ist der Stromhändler verpflichtet, vor Aufnahme seiner Tätigkeit einen inländischen Zustellbevollmächtigten (§ 9 Zustellgesetz) zu bestellen und der Behörde Name und Anschrift des Zustellbevollmächtigten mitzuteilen, sofern die Zustellung im Sitz- oder Wohnsitzstaat nicht durch Staatsverträge oder auf andere Weise sichergestellt ist.

(3) Änderungen des Wohnsitzes oder Sitzes und Änderungen in der Person des Zustellbevollmächtigten sind der Behörde unverzüglich anzuzeigen.

(4) Die Behörde hat einem Stromhändler im Sinne des Abs. 1 diese Tätigkeit zu untersagen, wenn er

a) wiederholt wegen Verwaltungsübertretungen nach § 99 Abs. 2 Z 9 des Elektrizitätswirtschafts- und -organisationsgesetzes 2010, § 71 Abs. 3 lit. p dieses Gesetzes oder nach dem Ökostromgesetz 2012 rechtskräftig bestraft worden ist und die Untersagung im Hinblick auf die Verwaltungsübertretungen nicht unverhältnismäßig ist oder
b) von der Ausübung eines Gewerbes nach § 13 der Gewerbeordnung 1994 auszuschließen wäre.

5. Hauptstück:
Pflichten gegenüber Kunden

§ 55
Netzzugangsberechtigung

(1) Alle Kunden sind berechtigt, mit Erzeugern, Stromhändlern und mit Elektrizitätsunternehmen Verträge über die Lieferung elektrischer Energie zur Deckung ihres Bedarfes zu schließen und hinsichtlich dieser Strommengen Netzzugang zu begehren.

(2) Elektrizitätsunternehmen dürfen den Netzzugang im Namen ihrer Kunden begehren.

§ 56
Grundversorgung

(1) Stromhändler und sonstige Lieferanten, zu deren Tätigkeitsbereich die Versorgung von Haushaltskunden zählt und die in Kärnten tätig sind, haben ihren allgemeinen Tarif für die Grundversorgung von Haushaltskunden in geeigneter Weise (zB im Internet) zu veröffentlichen. Sie sind verpflichtet, zu ihren geltenden Allgemeinen Geschäftsbedingungen und zu diesem TarifVerbraucher im Sinne des § 1 Abs. 1 Z 2 des Konsumentenschutzgesetzes (KSchG) und Kleinunterneh-

men, die sich ihnen gegenüber auf die Grundversorgung berufen, mit elektrischer Energie zu beliefern (Pflicht zur Grundversorgung).

(2) Der Allgemeine Tarif der Grundversorgung für

a) Verbraucher im Sinne des § 1 Abs. 1 Z 2 KSchG darf nicht höher sein als jener Tarif, zu dem die größte Anzahl der Kunden in Kärnten, die Verbraucher im Sinne des § 1 Abs. 1 Z 2 KSchG sind, versorgt werden;
b) für Unternehmer im Sinne des § 1 Abs. 1 Z 1 KSchG darf nicht höher sein als jener Tarif, der gegenüber vergleichbarer Kundengruppen in Kärnten Anwendung findet.

(3) Dem Verbraucher im Sinne des § 1 Abs. 1 Z 2 KSchG, der sich auf die Grundversorgung beruft, darf im Zusammenhang mit der Aufnahme der Belieferung keine Sicherheitsleistung oder Vorauszahlung abverlangt werden, welche die Höhe einer Teilbetragszahlung für einen Monat übersteigt. Anstelle einer Vorauszahlung oder Sicherheitsleistung kann auch auf Verlangen des Verbrauchers ein Vorauszahlungszähler zur Anwendung gelangen. Der Verbraucher ist vor dem Einsatz des Vorauszahlungszählers über die konkreten Kosten des Vorauszahlungszählers nachweislich zu informieren. Eine Sicherheitsleistung, Vorauszahlung oder die Anwendung eines Vorauszahlungszählers dürfen nur für die künftige Belieferung mit elektrischer Energie verlangt werden.

(4) Gerät der Verbraucher während sechs Monaten nicht in weiteren Zahlungsverzug, so ist ihm die Sicherheitsleistung rückzuerstatten und von einer Vorauszahlung abzusehen, solange nicht erneut ein Zahlungsverzug eintritt.

(5) Unbeschadet der Bestimmungen der Abs. 1 und 4 hat die Grundversorgung nur zu erfolgen wenn sie zumutbar ist. Die Grundversorgung ist nach Maßgabe des § 82 Abs. 3 des Elektrizitätswirtschafts- und –organisationsgesetzes 2010 für die Dauer einer nicht bloß geringfügigen und anhaltenden Zuwiderhandlung gegen wesentliche Verpflichtungen aus dem Vertragsverhältnis der Grundversorgung nicht zumutbar.

(6) Bei Berufung von Verbrauchern im Sinne des § 1 Abs. 1 Z 2 des KSchG und Kleinunternehmen auf die Pflicht zur Grundversorgung sind Netzbetreiber, unbeschadet bis zu diesem Zeitpunkt vorhandener Zahlungsrückstände, zur Netzdienstleistung verpflichtet. Verbrauchern darf im Zusammenhang mit dieser Netzdienstleistung keine Sicherheitsleistung oder Vorauszahlung abverlangt werden, welche die Höhe einer Teilbetragszahlung für einen Monat übersteigt. Abs. 4 gilt sinngemäß. Im Falle eines nach Berufung auf die Pflicht zur Grundversorgung erfolgenden erneuten Zahlungsverzuges sind Netzbetreiber bis zur Bezahlung dieser ausstehenden Beträge zur physischen Trennung der Netzverbindung berechtigt, es sei denn, der Kunde verpflichtet sich zur Vorausverrechnung mittels Prepaymentzahlung für künftige Netznutzung und Lieferung. § 82 Abs. 3 des Elektrizitätswirtschafts- und –organisationsgesetzes 2010 gilt im Falle des erneuten Zahlungsverzugs sinngemäß. Die Verpflichtung der Prepaymentzahlung besteht nicht für Kleinunternehmen mit einem Lastprofilzähler.

(7) Eine im Rahmen der Grundversorgung eingerichtete Prepaymentfunktion ist auf Kundenwunsch zu deaktivieren, wenn der Endverbraucher seine im Rahmen der Grundversorgung angefallenen Zahlungsrückstände beim Lieferanten und Netzbetreiber beglichen hat oder wenn ein sonstiges schuldbefreiendes Ereignis eingetreten ist.

§ 57
Allgemeine Geschäftsbedingungen für die Belieferung mit elektrischer Energie

(1) Versorger haben Allgemeine Geschäftsbedingungen für die Belieferung mit elektrischer Energie für Kunden, deren Verbrauch nicht über einen Lastprofilzähler gemessen wird, zu erstellen. Die Allgemeinen Geschäftsbedingungen sowie ihre Änderungen sind der Regulierungsbehörde vor ihrem Inkrafttreten in elektronischer Form anzuzeigen und in geeigneter Form zu veröffentlichen.

(2) Allgemeine Geschäftsbedingungen oder Vertragsformblätter zwischen Versorgern und Kunden haben zumindest zu enthalten:

a) Name und Anschrift des Versorgers;
b) erbrachte Leistungen und angebotene Qualität sowie den voraussichtlichen Zeitpunkt für den Beginn der Belieferung;
c) den Energiepreis in Eurocent pro kWh, inklusive etwaiger Zuschläge und Abgaben;
d) die Vertragsdauer, Bedingungen für eine Verlängerung und Beendigung der Leistungen und des Vertragsverhältnisses; das Vorhandensein eines Rücktrittrechts;
e) etwaige Entschädigungs- und Erstattungsregelungen bei Nichteinhaltung der vertraglich vereinbarten Leistungsqualität, einschließlich fehlerhafter und verspäteter Abrechnung;
f) einen Hinweis auf die zur Verfügung stehenden Beschwerdemöglichkeiten;
g) die Bedingungen, zu denen eine Belieferung im Sinne des § 56 erfolgt;
h) die Modalitäten zu welchen der Kunde verpflichtet ist, Teilzahlungen zu leisten, wobei eine Zahlung zumindest zehn Mal jährlich jedenfalls anzubieten ist;
i) die Modalitäten, zu welchen Verbraucher im Sinne des § 1 Abs. 1 Z 2 des Konsumenten-schutzgesetzes und Kleinunternehmern für den Fall einer aus einer Jahresabrechnung resultierenden Nachzahlung die Möglichkeit einer Ratenzahlung gemäß § 82 Abs. 2a Elektrizitätswirtschafts-

und -organisationsgesetz 2010 einzuräumen ist.

(3) Die Versorger haben ihre Kunden nachweislich vor Abschluss eines Vertrages über die wesentlichen Vertragsinhalte zu informieren. Zu diesem Zweck ist dem Kunden ein Informationsblatt auszuhändigen. Dies gilt auch, wenn der Vertragsabschluss durch einen Vermittler angebahnt wird.

6. Hauptstück: Bilanzgruppen

§ 58 Netzbenutzer

(1) Alle Netzbenutzer haben sich einer Bilanzgruppe anzuschließen oder eine eigene Bilanzgruppe zu bilden.

(2) Die Netzbenutzer sind verpflichtet, entsprechend ihren gesetzlichen und vertraglichen Verpflichtungen

a) Informationen, personenbezogene Daten, Zählerwerte und sonstige zur Ermittlung ihres Stromverbrauches dienende Angaben an Netzbetreiber, Bilanzgruppenverantwortliche sowie den Bilanzgruppenkoordinator gemäß den sich aus den vertraglichen Vereinbarungen ergebenden Verpflichtungen bereitzustellen und zu übermitteln, soweit dies zur Aufrechterhaltung eines wettbewerbsorientierten Elektrizitätsmarktes und zur Wahrung des Konsumentenschutzes erforderlich ist;
b) bei Verwendung eigener Zähleinrichtungen und Anlagen zur Datenübertragung die technischen Vorgaben der Netzbetreiber einzuhalten;
c) Meldungen bei Lieferanten- und Bilanzgruppenwechsel abzugeben sowie die hiefür vorgesehenen Fristen einzuhalten;
d) Vertragsdaten an Stellen zu melden, die mit der Erstellung von Indizes betraut sind;
e) bei technischer Notwendigkeit Erzeugungs- und Verbrauchsfahrpläne an den Netzbetreiber und die Regelzonenführer zu melden;
f) Verträge über den Datenaustausch mit anderen Netzbetreibern, den Bilanzgruppenverantwortlichen sowie den Bilanzgruppenkoordinatoren und anderen Marktteilnehmern entsprechend den Marktregeln abzuschließen.

§ 59 Bildung von Bilanzgruppen

(1) Die Bildung und Veränderung von Bilanzgruppen erfolgen durch den Bilanzgruppenverantwortlichen.

(2) Bilanzgruppen dürfen nur innerhalb einer Regelzone gebildet werden.

§ 60 Ausübungsvoraussetzungen für Bilanzgruppenverantwortliche

(1) Die Tätigkeit eines Bilanzgruppenverantwortlichen darf eine natürliche oder juristische Person oder eine eingetragene Personengesellschaft ausüben, wenn sie den Hauptwohnsitz oder Sitz in Österreich oder einem Vertragsstaat des Abkommens über den Europäischen Wirtschaftsraum hat.

(2) Die Tätigkeit eines Bilanzgruppenverantwortlichen bedarf der Genehmigung durch die Regulierungsbehörde. Hat der Bilanzgruppenverantwortliche seinen Hauptwohnsitz oder seinen Sitz in Kärnten, so hat die Regulierungsbehörde bei der Erteilung der Genehmigung dieses Landesgesetz anzuwenden.

(3) Die Tätigkeit eines Bilanzgruppenverantwortlichen, dem eine Genehmigung im Sinne des Abs. 2 nach den Vorschriften eines anderen in Ausführung des Elektrizitätswirtschafts- und –organisationsgesetzes 2010 (ElWOG 2010) ergangenen Landesgesetzes erteilt wurde, gilt als nach diesem Landesgesetz genehmigt.

(4) Dem Antrag auf Erteilung der Genehmigung sind nachstehende Unterlagen anzuschließen:

a) Vereinbarungen mit dem zuständigen Bilanzgruppenkoordinator und dem Regelzonenführer, die zur Erfüllung der in diesem Landesgesetz, dem ElWOG 2010 und dem Verrechnungsstellengesetz festgelegten Aufgaben und Verpflichtungen, insbesondere in administrativer und kommerzieller Hinsicht, erforderlich sind;
b) ein aktueller Firmenbuchauszug;
c) ein Nachweis, dass beim Antragsteller bzw. seinen nach außen vertretungsbefugten Organen die persönlichen Voraussetzungen nach § 8 der Gewerbeordnung 1994 und keine Ausschließungsgründe nach § 13 der Gewerbeordnung 1994 vorliegen;
d) ein Nachweis, dass der Bilanzgruppenverantwortliche, mindestens ein Gesellschafter oder ein Komplementär oder mindestens ein Geschäftsführer oder ein Vorstand oder ein leitender Angestellter fachlich geeignet ist;
e) ein Nachweis, dass der Bilanzgruppenverantwortliche für die Ausübung seiner Tätigkeit als Bilanzgruppenverantwortlicher über ein Haftungskapital von mindestens 50.000 Euro, etwa in der Form einer Bankgarantie oder einer entsprechenden Versicherung verfügt, unbeschadet einer aufgrund der Art und des Umfanges der Geschäftstätigkeit allenfalls erforderlichen höheren Kapitalausstattung gemäß der nach lit. a vorzulegenden Vereinbarung.

(5) Die fachliche Eignung ist gegeben, wenn in ausreichendem Maße theoretische und praktische Kenntnisse in der Abwicklung von Stromgeschäften oder einer leitenden Tätigkeit auf dem Gebiet der Elektrizitätswirtschaft, insbesondere im Stromhandel, in der Stromerzeugung oder im Betrieb eines Netzes, vorliegen. Die Genehmigung ist, erforderlichenfalls unter Auflagen, zu erteilen, wenn die Voraussetzungen nach Abs. 4 vorliegen. Ab Vorliegen der vollständigen Antragsunterlagen

hat die Regulierungsbehörde binnen zwei Monaten zu entscheiden, andernfalls ist der Antragsteller berechtigt, die Tätigkeit als Bilanzgruppenverantwortlicher vorläufig auszuüben. Eine Untersagung der Tätigkeit erfolgt in sinngemäßer Anwendung der Abs. 7 bis 10.

(6) Die Bestimmungen der Abs. 1 bis 5 gelten nicht für Netzbetreiber, die eine Bilanzgruppe zur Ermittlung der Netzverluste bilden. Die Einrichtung solcher Bilanzgruppen hat der Netzbetreiber der Regulierungsbehörde anzuzeigen.

(7) Die Regulierungsbehörde darf die dem Bilanzgruppenverantwortlichen erteilte Genehmigung widerrufen, wenn

a) er seine Tätigkeit nicht innerhalb von sechs Monaten nach der Erteilung der Genehmigung aufnimmt oder
b) er seine Tätigkeit länger als einen Monat nicht ausübt.

(8) Die Regulierungsbehörde hat die dem Bilanzgruppenverantwortlichen erteilte Genehmigung zu widerrufen, wenn

a) der Genehmigungsbescheid nach Abs. 2 auf unrichtigen Angaben oder täuschenden Handlungen des Antragstellers beruht,
b) eine in Abs. 4 festgelegte Voraussetzung für die Erteilung der Genehmigung nicht oder nicht mehr vorliegt,
c) der Bilanzgruppenverantwortliche seine Aufgaben und Verpflichtungen nicht erfüllt und deswegen zumindest drei Mal wegen schwerwiegender Übertretungen nach § 71 Abs. 3 in Verbindung mit § 62 oder nach dem Ökostromgesetz 2012 rechtskräftig bestraft worden ist und der Wiederruf der Genehmigung im Hinblick auf diese Übertretungen nicht unverhältnismäßig ist.

(9) Die Regulierungsbehörde hat beim Widerruf der Genehmigung die Rechtsvorschriften desjenigen Landes anzuwenden, in dem der Bilanzgruppenverantwortliche seinen Hauptwohnsitz oder Sitz hat.

(10) Die Genehmigung erlischt, wenn über das Vermögen des Bilanzgruppenverantwortlichen ein Insolvenzverfahren oder ein Schuldenregulierungsverfahren eröffnet wird oder das Insolvenzverfahren mangels kostendeckenden Vermögens rechtskräftig nicht eröffnet oder aufgehoben wird.

(11) Die Regulierungsbehörde hat die Landesregierung von jeder Genehmigung oder Untersagung der Tätigkeit eines Bilanzgruppenverantwortlichen unter Anschluss der Abschrift der jeweiligen Entscheidung zu verständigen.

§ 61
Allgemeine Bedingungen

(1) Der Bilanzgruppenverantwortliche ist verpflichtet, Allgemeine Bedingungen festzulegen.

(2) Die Allgemeinen Bedingungen haben Marktregeln festzulegen und dürfen weder diskriminierend sein noch dürfen sie missbräuchliche Praktiken oder ungerechtfertigte Beschränkungen enthalten.

(3) Die Allgemeinen Bedingungen sowie die Änderung derselben bedürfen nach § 87 Abs. 4 des Elektrizitätswirtschafts- und – organisationsgesetzes 2010 der Genehmigung der Regulierungsbehörde.

§ 62
Aufgaben und Pflichten des Bilanzgruppenverantwortlichen

(1) Der Bilanzgruppenverantwortliche hat folgende Aufgaben zu erfüllen:

a) die Erstellung von Fahrplänen und die Übermittlung derselben an die Verrechnungsstelle und die betroffenen Regelzonenführer;
b) den Abschluss von Vereinbarungen betreffend Reservehaltung sowie die Versorgung von Bilanzgruppenmitgliedern, die ihm von der Regulierungsbehörde zugewiesen wurden;
c) die Meldung bestimmter Erzeugungs- und Verbrauchsdaten für technische Zwecke;
d) die Meldung von Erzeugungs- und Abnahmefahrplänen von Großabnehmern und Einspeisern nach definierten Regeln für technische Zwecke;
e) die Entrichtung von Entgelten (Gebühren) an die Bilanzgruppenkoordinatoren;
f) die Entrichtung der Entgelte für Ausgleichsenergie an den Bilanzgruppenkoordinator sowie die Weiterverrechnung der Entgelte an die Bilanzgruppenmitglieder.

(2) Der Bilanzgruppenverantwortliche ist verpflichtet,

a) Verträge mit dem Bilanzgruppenkoordinator, den Netzbetreibern und den Bilanzgruppenmitgliedern über den Datenaustausch abzuschließen;
b) eine Evidenz der Bilanzgruppenmitglieder zu führen;
c) entsprechend den Marktregeln Informationen und personenbezogene Daten an die Bilanzgruppenkoordinatoren, die Netzbetreiber und die Bilanzgruppenmitglieder weiterzugeben;
d) Fahrpläne zwischen Bilanzgruppen zu erstellen und dem Bilanzgruppenkoordinator bis zu einem von diesem festgesetzten Zeitpunkt zu melden;
e) Ausgleichsenergie für die Bilanzgruppenmitglieder – im Sinne einer Versorgung mit dieser – zu beschaffen;
f) alle Vorkehrungen zu treffen, die erforderlich sind, um die Aufwendungen der Ökostromabwicklungsstelle für Ausgleichsenergie zu minimieren.

§ 63

Wechsel der Bilanzgruppe, Zuweisung

(1) Wechselt ein Bilanzgruppenmitglied die Bilanzgruppe oder den Lieferanten, sind die Daten und personenbezogenen Daten des Bilanzgruppenmitgliedes der neuen Bilanzgruppe oder dem neuen Lieferanten weiterzugeben.

(2) Die Regulierungsbehörde hat nach § 86 Abs. 5 des Elektrizitätswirtschafts- und –organisationsgesetzes 2010 die Lieferanten und Kunden, die keiner Bilanzgruppe angehören oder keine eigene Bilanzgruppe bilden, einer Bilanzgruppe zuzuweisen.

7. Hauptstück: Organisatorische Bestimmungen

1. Abschnitt Zuständigkeiten

§ 64

Zuständigkeit

Sofern im Einzelfall nichts anderes bestimmt ist, ist Behörde im Sinne dieses Gesetzes die Landesregierung.

§ 65

Überwachung

(1) Die Aufgaben der Behörde im Rahmen ihrer den Elektrizitätsmarkt betreffenden Überwachungsfunktion umfassen insbesondere die laufende Beobachtung

a) der Versorgungssicherheit in Bezug auf Zuverlässigkeit und Qualität des Netzes sowie der kommerziellen Qualität von Netzdienstleistungen;
b) des Grads der Transparenz am Elektrizitätsmarkt unter besonderer Berücksichtigung der Großhandelspreise;
c) des Grads der Wirksamkeit der Marktöffnung und des Umfangs des Wettbewerbs auf Großhandelsebene und Endverbraucherebene einschließlich etwaiger Wettbewerbsverzerrungen oder –beschränkungen;
d) etwaiger restriktiver Vertragspraktiken einschließlich Exklusivitätsbestimmungen, die große gewerbliche Kunden daran hindern können, gleichzeitig mit mehreren Anbietern Verträge zu schließen, oder die ihre Möglichkeit dazu beschränken;
e) der Dauer und Qualität der von Übertragungs- und Verteilernetzbetreibern vorgenommenen Neuanschluss-, Wartungs- und sonstigen Reparaturdienste;
f) der Investitionen in die Erzeugungskapazitäten mit Blick auf die Versorgungssicherheit.

(2) Zur Wahrnehmung der Aufgaben gemäß Abs. 1 hat die Behörde die gemäß § 88 Abs. 2 des Elektrizitätswirtschafts- und -organisationsgesetzes 2010 (ElWOG 2010) von der Regulierungsbehörde erhobenen Informationen und personenbezogenen Daten auf der Grundlage

1. des jährlichen zusammenfassenden Berichts der Regulierungsbehörde an das Land Kärnten (§ 88 Abs. 8 zweiter Satz ElWOG 2010) und
2. der im Einzelfall gemäß § 88 Abs. 8 dritter Satz ElWOG 2010 von der Regulierungsbehörde zu übermittelnden Daten

heranzuziehen.

(3) (entfällt)

(4) (entfällt)

(5) (entfällt)

(6) (entfällt)

§ 66

Auskunftsrechte und Berichtspflichten

(1) Die Behörde darf von Elektrizitätsunternehmen jederzeit und unentgeltlich die Erteilung von Auskünften und die Übermittlung von Unterlagen, Verträgen und dergleichen verlangen, die zur Erfüllung der ihr nach diesem Gesetz obliegenden Aufgaben erforderlich sind. Die Elektrizitätsunternehmen sind verpflichtet, solchen Verlangen innerhalb einer angemessen festzusetzenden Frist zu entsprechen.

(2) Die Behörde darf von Elektrizitätsunternehmen jederzeit und unentgeltlich Einsicht in ihre Wirtschafts- und Geschäftsaufzeichnungen verlangen. Gesetzlich anerkannte Verschwiegenheitspflichten werden dadurch nicht berührt.

(3) Die Elektrizitätsunternehmen haben den Organen der Behörde zur Erfüllung der ihnen nach diesem Gesetz obliegenden Aufgaben jederzeit ungehindert Zutritt zu den Erzeugungs-, Leitungs-, Übertragungs- und Verteileranlagen zu gewähren.

(4) Die Netzbetreiber haben der Behörde jährlich bis 31. März über die Erfüllung der Pflichten nach den §§ 32 und 43 unter Anschluss der erforderlichen Unterlagen zu berichten.

(5) Die Verteilernetzbetreiber haben der Behörde die Bestellung des und jede Änderung in der Person des Gleichbehandlungsbeauftragten (§ 34 Abs. 2 lit. e) anzuzeigen. Dieser hat der Behörde und der Regulierungsbehörde jährlich bis 31. März einen Bericht über die im Rahmen der Aufstellung und Überwachung des Gleichbehandlungsprogramms getroffenen Maßnahmen vorzulegen und diesen zu veröffentlichen.

(6) Die Behörde hat der Regulierungsbehörde jährlich einen zusammenfassenden Bericht über die im Rahmen der Überwachung des Gleichbehandlungsprogramms (§ 34 Abs. 2 lit. d) getroffe-

nen Maßnahmen vorzulegen und diesen zu veröffentlichen.

§ 67
Automationsunterstützter Datenverkehr

(1) Personenbezogene Daten, die

a) für die Durchführung von Verfahren nach diesem Gesetz erforderlich sind,
b) die Behörde zur Erfüllung der ihr nach diesem Gesetz obliegenden Aufgaben benötigt oder
c) der Behörde nach diesem Gesetz zur Kenntnis zu bringen und die von ihr evident zu halten sind,

dürfen automationsunterstützt ermittelt und verarbeitet werden.

(2) Die Behörde und die verwaltende Stelle (§ 69 Abs. 4) sind ermächtigt, verarbeitete personenbezogene Daten im Rahmen von Verfahren nach diesem Gesetz an

a) die Beteiligten an diesem Verfahren,
b) Sachverständige, die dem Verfahren beigezogen werden,
c) die Mitglieder des Landeselektrizitätsbeirates (§ 70),
d) ersuchte und beauftragte Behörden (§ 55 Allgemeines Verwaltungsverfahrensgesetz 1991) und Gerichte,
e) den Bundesminister für Wissenschaft, Forschung und Wirtschaft und
f) die Regulierungsbehörde

zu übermitteln, soweit solche Daten von diesen für die Besorgung ihrer Aufgaben oder im Rahmen der jeweiligen Verfahren benötigt werden.

2. Abschnitt
Besondere organisatorische Bestimmungen

§ 68
Koordinierung der Verfahren

Die zur Erteilung von Genehmigungen nach diesem Gesetz und die gegebenenfalls nach anderen Rechtsvorschriften erforderlichen Amtshandlungen, insbesondere mündliche Verhandlungen, sind tunlichst gleichzeitig durchzuführen.

§ 69
Fonds zur Förderung erneuerbarer Energien

(1) Beim Amt der Landesregierung wird ein Verwaltungsfonds eingerichtet, der die Bezeichnung „Fonds zur Förderung erneuerbarer Energien“ führt.

(2) Der Fonds zur Förderung erneuerbarer Energien hat die Aufgabe, finanzielle Mittel für die Erhöhung des Anteils der Elektrizität aus erneuerbaren Energiequellen, die in Ökostromanlagen erzeugt werden, in der Elektrizitätswirtschaft in Kärnten, einschließlich der Forschungsvorhaben auf diesem Gebiet und für Energieeffizienzprogramme, bereitzustellen.

(3) Der Fonds erhält seine Mittel aus

a) dem Anteil am Förderungsbeitrag, der dem Land Kärnten zur Förderung von neuen Technologien zur Ökostromerzeugung sowie zur Förderung von Energieeffizienzprogrammen nach § 43 des Ökostromgesetzes 2012 (ÖSG 2012) zur Verfügung gestellt wird;
b) dem Zinsertrag der veranlagten Fondsmittel und
c) sonstigen Zuwendungen.

(4) Der Fonds zur Förderung erneuerbarer Energien wird von der Landesregierung verwaltet und besitzt keine Rechtspersönlichkeit. Die ihm nach Abs. 3 zur Verfügung stehenden Mittel sind als ein gesondertes Vermögen zu verwalten. Die Mittel nach Abs. 3 lit. a sowie der daraus erwachsende Zinsertrag dürfen nur für die Zwecke nach § 43 des ÖSG 2012 verwendet werden.

§ 70
(entfällt)

8. Hauptstück:
Straf-, Schluss- und Übergangsbestimmungen

§ 71
Strafbestimmungen

(1) Sofern die Tat nicht nach anderen Verwaltungsstrafbestimmungen mit strengerer Strafe bedroht ist, begehen Unternehmen, an deren Netz mindestens 100.000 Kunden angeschlossen sind und die gegen die Bestimmungen der §§ 47 Abs. 4, 48 Abs. 2 oder 65 Abs. 3 bis 5 verstoßen, eine Verwaltungsübertretung und sind mit einer Geldstrafe bis zu 50.000 Euro, mindestens jedoch 10.000 Euro, zu bestrafen.

(2) Sofern die Tat nicht nach anderen Verwaltungsstrafbestimmungen mit strengerer Strafe bedroht ist, begehen Unternehmen, an deren Netz mindestens 100.000 Kunden angeschlossen sind, die gegen die Bestimmungen der §§ 27 Abs. 1, 28 Abs. 2, 30 Abs. 2, 31 Abs. 1, 32, 33, 34 Abs. 2, 39 Abs. 1 bis 3, 43, 56, 57, 62 und 63 Abs. 1 verstoßen, eine Verwaltungsübertretung und sind mit einer Geldstrafe bis zu 75.000 Euro, mindestens jedoch 50.000 Euro zu bestrafen.

(3) Sofern die Tat nicht nach Abs. 1 oder 2 oder anderen Verwaltungsstrafbestimmungen mit strengerer Strafe bedroht ist, begeht eine Verwaltungsübertretung und ist mit einer Geldstrafe bis zu 20.000 Euro zu bestrafen, wer

a) eine nach § 6 Abs. 1 genehmigungspflichtige Erzeugungsanlage ohne Genehmigung oder abweichend von der Genehmigung errichtet oder betreibt;
b) eine nach § 6 Abs. 3 genehmigungspflichtige Änderung einer Erzeugungsanlage ohne Genehmigung vornimmt;
c) eine Überprüfung gemäß § 12 Abs. 1 be- oder verhindert, die Fertigstellung gemäß § 14 nicht vollständig anzeigt oder mit dem Betrieb der

Erzeugungsanlage vor dem Einlangen der Anzeige bei der Behörde beginnt;
d) als Netzbetreiber entgegen § 23 keine standardisierten Lastprofile erstellt oder entgegen § 27 Abs. 1 den Netzzugang verweigert;
e) als Regelzonenführer gegen die Verpflichtungen gemäß § 28 Abs. 2 verstößt;
f) die Tätigkeit eines Bilanzgruppenkoordinators entgegen § 29 trotz der Erlassung eines Feststellungsbescheides oder vor Ablauf von sechs Monaten ausübt oder gegen seine Verpflichtungen gemäß § 30 Abs. 2 verstößt;
g) als Übertragungsnetzbetreiber entgegen § 31 Abs. 1 keinen Netzentwicklungsplan vorlegt oder gegen die Verpflichtungen gemäß § 32 verstößt;
h) als Betreiber eines Verteilernetzes entgegen § 33 sein Netz ohne Konzession betreibt;
i) als vertikal integriertes Elektrizitätsunternehmen gegen die Verpflichtungen gemäß § 34 Abs. 2 und § 39 Abs. 1 bis 3 verstößt;
j) als Verteilernetzbetreiber entgegen § 34 Abs. 4 lit. b Z 2 seiner Pflicht zur Bestellung eines Geschäftsführers nicht nachkommt oder gegen die Pflichten gemäß § 43 verstößt;
k) als Verteilernetzbetreiber entgegen § 37 Abs. 3 die Ausübung der Konzession zum Betrieb des Netzes ohne behördliche Genehmigung einem Pächter überträgt;
l) als Verteilernetzbetreiber entgegen § 44 keinen Betriebsleiter bestellt;
m) als Verteilernetzbetreiber entgegen § 46 vertraglich zugesicherte Leistungen ohne sachliche Rechtfertigung unterbricht oder einstellt;
n) als Betreiber von Erzeugungsanlagen seinen Verpflichtungen gemäß § 47 Abs. 4 bis 6 nicht nachkommt;
o) als Regelzonenführer seinen Verpflichtungen gemäß § 48 nicht nachkommt;
p) als Stromhändler seinen Verpflichtungen gemäß § 54 nicht nachkommt;
q) als Versorger gegen die Verpflichtungen gemäß §§ 56 und 57 verstößt;
r) als Netzbenutzer entgegen § 58 seinen Pflichten nicht nachkommt;
s) als Bilanzgruppenverantwortlicher die Tätigkeit entgegen § 60 Abs. 7 oder Abs. 8 trotz behördlicher Untersagung ausübt oder gegen die Verpflichtungen gemäß § 62 und § 63 Abs. 1 verstößt;
t) (entfällt)
u) als Netzbetreiber entgegen § 66 Abs. 4 seinen Berichtspflichten nicht nachkommt;
v) als Netzbetreiber seiner Anzeigepflicht oder als Gleichbehandlungsbeauftragter seiner Berichtspflicht entgegen § 66 Abs. 5 nicht nachkommt;
w) Entscheidungen der Behörde aufgrund dieses Gesetzes nicht oder nicht fristgerecht nachkommt.

(4) Sofern die Tat nicht nach Abs. 1 bis 3 oder anderen Verwaltungsstrafbestimmungen mit strengerer Strafe bedroht ist, begeht eine Verwaltungsübertretung und ist mit einer Geldstrafe bis zu 10.000 Euro zu bestrafen, wer andere Gebote und Verbote nach diesem Gesetz nicht beachtet.

(5) Eine Ersatzfreiheitsstrafe für den Fall der Uneinbringlichkeit einer verhängten Geldstrafe ist nicht festzusetzen.

(6) Der Versuch ist strafbar.

§ 72

Eigener Wirkungsbereich

Die in den §§ 8 Abs. 3 und 35 Abs. 2 lit. e geregelten Aufgaben der Gemeinden sind solche des eigenen Wirkungsbereiches.

§ 73

Verweisungen und Umsetzungshinweise

(1) Soweit in diesem Gesetz auf andere Landesgesetze verwiesen wird, sind diese in ihrer jeweils geltenden Fassung anzuwenden.

(2) Verweise in diesem Gesetz auf Bundesgesetze sind alsVerweise auf die nachstehend angeführten Fassungen dieser Gesetze zu verstehen:

a) Bundes-Energieeffizienzgesetz – EEffG, BGBl. I Nr. 72/2014, zuletzt in der Fassung BGBl. I Nr. 68/2020;
b) Bundes-Verfassungsgesetz (B-VG), BGBl. Nr. 1/1930, zuletzt in der Fassung BGBl. I Nr. 235/2021;
c) Eisenbahn-Enteignungsentschädigungsgesetz (EisbEG), BGBl. Nr. 71/1954, zuletzt in der Fassung BGBl. I Nr. 111/2010;
d) Elektrizitätswirtschafts- und -organisationsgesetz 2010 (ElWOG 2010), BGBl. I Nr. 110/2010, zuletzt in der Fassung BGBl. I Nr. 7/2022;
e) Gewerbeordnung 1994 (GewO 1994), BGBl. Nr. 194, zuletzt in der Fassung BGBl. I Nr. 65/2020;
f) Konsumentenschutzgesetz (KSchG), BGBl. Nr. 140/1979, zuletzt in der Fassung BGBl. I Nr. 36/2022;
g) Ökostromgesetz 2012 (ÖSG 2012), BGBl. I Nr. 75/2011, zuletzt in der Fassung BGBl. I Nr. 150/2021;
h) Unternehmensgesetzbuch (UGB), dRGBl. S 219/1897, zuletzt in der Fassung BGBl. I Nr. 86/2021;
i) Bundesgesetz, mit dem die Ausübungsvoraussetzungen, die Aufgaben und die Befugnisse der Verrechnungsstellen für Transaktionen und Preisbildung für Ausgleichsenergie geregelt werden (Verrechnungsstellengesetz), BGBl. I Nr. 121/2000, zuletzt in der Fassung BGBl. I Nr. 107/2017;
j) Umweltverträglichkeitsprüfungsgesetz 2000 – UVP-G 2000, BGBl. Nr. 697/1993, zuletzt in der Fassung BGBl. I Nr. 80/2018;

j) Erneuerbaren-Ausbau-Gesetz – EAG, BGBl. I Nr. 150/2021, in der Fassung BGBl. I Nr. 13/2022;
k) Gaswirtschaftsgesetz 2011 – GWG 2011, BGBl. I Nr. 107/2011, zuletzt in der Fassung BGBl. I Nr. 38/2022.

(3) Verweise in diesem Gesetz auf unionsrechtliche Bestimmungen sind als Verweise auf die nachstehend angeführte Fassung dieser unionsrechtlichen Bestimmungen zu verstehen:
a) Elektrizitätsbinnenmarktrichtlinie: Richtlinie (EU) 2019/944 des Europäischen Parlaments und des Rates vom 5. Juni 2019 mit gemeinsamen Vorschriften für den Elektrizitätsbinnenmarkt und zur Änderung der Richtlinie 2012/27/EU, ABl. Nr. L 158 vom 14.6.2019, S 125, berichtigt durch ABl. Nr. L 15 vom 20.1.2020, S 8;
b) (entfällt)
c) (entfällt)
d) Entscheidung 2008/952/EG der Europäischen Kommission vom 19. November 2008 zur Festlegung detaillierter Leitlinien für die Umsetzung und Anwendung des Anhangs II der Richtlinie 2004/8/EG, ABl. Nr. L 338 vom 17. 12. 2007, S 55;
e) Energieeffizienzrichtlinie: Richtlinie 2012/27/EU des Europäischen Parlaments und des Rates vom 25. Oktober 2012 zur Energieeffizienz, zur Änderung der Richtlinien 2009/125/EG und 2010/3/EU und zur Aufhebung der Richtlinien 2004/8/EG und 2006/32/EG, ABl. Nr. L 315 vom 4. 11. 2012, S. 1, in der Fassung der Berichtigung durch ABl. Nr. L 15 vom 20.1.2020, S 8;

(4) Soweit in diesem Gesetz auf Verordnungen (EG) Bezug genommen wird, sind darunter zu verstehen:
a) als Verordnung (EU) 2019/943 über den Elektrizitätsbinnenmarkt, die Verordnung (EU) 2019/943 des Europäischen Parlaments und des Rates vom 5. Juni 2019 über den Elektrizitäts-binnenmarkt, ABl. Nr. L 158 vom 14.6.2019, S 54;
b) als Verordnung (EU) 2019/942 über eine Agentur für die Zusammenarbeit der Energieregulierungsbehörden, die Verordnung (EU) 2019/942 des Europäischen Parlaments und des Rates vom 5. Juni 2019 zur Gründung einer Agentur der Europäischen Union für die Zusammenarbeit der Energieregulierungsbehörden, ABl. Nr. L 158 vom 14.6.2019, S 22.
c) als delegierte Verordnung (EU) 2015/2402 über harmonisierte Wirkungsgrad-Referenzwerte, die delegierte Verordnung (EU) 2015/2402 der Kommission vom 12. Oktober 2015 zur Überarbeitung der harmonisierten Wirkungsgrad-Referenzwerte für die getrennte Erzeugung von Strom und Wärme gemäß der Richtlinie 2012/27/EU des Europäischen Parlaments und des Rates und zur Aufhebung des Durchführungsbeschlusses 2011/877/EU der Kommission, ABl. Nr. L 333 vom 19.12.2015, S. 54.

(5) Mit diesem Gesetz werden umgesetzt:
a) die im Abs. 3 lit. a genannte Elektrizitätsbinnenmarktrichtlinie,
b) Richtlinie 2005/36/EG des Europäischen Parlaments und des Rates vom 7. September 2005 über die Anerkennung von Berufsqualifikationen, ABl. Nr. L 255 vom 30.9.2005, S 22, zuletzt geändert durch den delegierten Beschluss (EU) 2016/790 der Kommission vom 13. Jänner 2016, ABl. Nr. L 134 vom 24.5.2016, S. 135;
c) Richtlinie 2005/89/EG des Europäischen Parlaments und des Rates vom 18. Januar 2006 über Maßnahmen zur Gewährleistung der Sicherheit der Elektrizitätsversorgung und von Infrastrukturinvestitionen, ABl. Nr. L 33 vom 4.2.2006, S 22;
d) Richtlinie 2006/123/EG des Europäischen Parlaments und des Rates vom 12. Dezember 2006 über Dienstleistungen im Binnenmarkt, ABl. Nr. L 376 vom 27. 12. 2006, S 36, und
e) Richtlinie (EU) 2018/2001 des Europäischen Parlaments und des Rates vom 11. Dezember 2018 zur Förderung der Nutzung von Energie aus erneuerbaren Quellen, ABl. Nr. L 328 vom 21.12.2018, S 82 (Erneuerbaren-Richtlinie);
f) die im Abs. 3 lit. e genannte Energieeffizienzrichtlinie;
g) Richtlinie 2014/94/EU des Europäischen Parlaments und des Rates vom 22. Oktober 2014 über den Aufbau der Infrastruktur für alternative Kraftstoffe, ABl. Nr. L 307 vom 28.10.2014, S. 1.

§ 74

Übergangsbestimmungen

(1) Elektrizitätsunternehmen, die am 19. Feber 1999 ein Verteilernetz rechtmäßig betrieben haben, gelten im Umfang ihrer bisherigen Tätigkeit als konzessioniert. Unternehmen, die am 19. Feber 1999 Elektrizität auf einer Betriebsstätte verteilt haben, gelten auch dann als Endverbraucher (§ 3 Abs. 1 Z 12), wenn nicht sämtliche Voraussetzungen nach § 3 Abs. 1 Z 49 vorliegen.

(2) Die im Zeitpunkt des In-Kraft-Tretens dieses Gesetzes anhängigen Verfahren sind nach bisher geltenden Bestimmungen zu Ende zu führen.

(3) Vertikal integrierte Elektrizitätsunternehmen oder Unternehmen, die zu einem vertikal integrierten Unternehmen im Sinne des § 3 Abs. 1 Z 78 gehören und die am 1. Juli 2004 Träger einer Konzession gemäß § 33 sind, haben bis spätestens 1. Jänner 2006 der Behörde ein Unternehmen zu benennen, auf das die Konzession bei Erfüllung der Konzessionsvoraussetzungen zu übertragen ist. Bei Erfüllung der Konzessionsvoraussetzungen (§ 34) hat das benannte Unternehmen einen Rechtsanspruch auf Erteilung der Konzession in

dem am 22. Juni 2004 bestehenden Umfang. Die Benennung des bisherigen Konzessionsträgers ist zulässig, wenn die Konzessionsvoraussetzungen des § 34 erfüllt werden. Die Konzessionserteilung hat in Anwendung der §§ 33 bis 36 zu erfolgen. Erstreckt sich das Verteilernetz über das Land Kärnten hinaus, ist gemäß Art. 15 Abs. 7 B-VG vorzugehen.

(4) Abs. 3 findet keine Anwendung auf vertikal integrierte Elektrizitätsunternehmen oder Unternehmen im Sinne des § 3 Abs. 1 Z 78, wenn die Anzahl der an das Netz angeschlossenen Kunden 100.000 nicht übersteigt.

(5) Kommt ein vertikal integriertes Elektrizitätsunternehmen seiner Verpflichtung zur Benennung eines geeigneten Konzessionsträgers gemäß Abs. 3 nicht nach, hat die Behörde gegen den bisherigen Konzessionsinhaber ein Konzessionsentziehungsverfahren gemäß § 40 einzuleiten und dies dem Bundesminister für Wirtschaft, Familie und Jugend mitzuteilen. Zur Aufrechterhaltung des Netzbetriebes kann auch ein anderes Elektrizitätsunternehmen in das Netz des bisherigen Konzessionsträgers eingewiesen werden. Abs. 3 letzter Satz ist anzuwenden.

§ 75

Inkrafttreten und Außerkrafttreten

(1) Dieses Gesetz tritt an dem der Kundmachung folgenden Monatsersten in Kraft. (1.3.2012)

(2) Mit dem In-Kraft-Treten dieses Gesetzes tritt das Kärntner Elektrizitätswirtschafts- und –organisationsgesetz – K-ElWOG, LGBl. Nr. 24/2006, in der Fassung der Gesetze LGBl. Nr. 48/2008 und 31/2010, außer Kraft.

10. NÖ Elektrizitätswesengesetz 2005

NÖ Elektrizitätswesengesetz 2005

StF: LGBl. 7800-0

Letzte Novellierung: LGBl. Nr. 34/2022

Der Landtag von Niederösterreich hat am 28. April 2022 in Ausführung des Elektrizitätswirtschafts- und -organisationsgesetzes 2010 – ElWOG 2010, BGBl. I Nr. 110/2010 in der Fassung BGBl. I Nr. 7/2022, beschlossen:

GLIEDERUNG

Hauptstück I
Allgemeine Bestimmungen
§ 1
Geltungsbereich, Ziele

(1) Dieses Gesetz regelt die **Erzeugung, Übertragung, Verteilung** von und Versorgung mit elektrischer Energie in Niederösterreich.

(2) Dieses Gesetz findet nicht in Angelegenheiten Anwendung, die nach Art. 10 B-VG oder nach besonderen bundesverfassungsrechtlichen Bestimmungen in Gesetzgebung und Vollziehung Bundessache sind. Soweit durch Bestimmungen dieses Gesetzes der Zuständigkeitsbereich des Bundes berührt wird, sind sie so auszulegen, dass sich keine über die Zuständigkeit des Landes hinausgehende rechtliche Wirkung ergibt.

(3) **Ziel** dieses Gesetzes ist es,

1. der Bevölkerung und der Wirtschaft elektrische Energie umweltfreundlich, kostengünstig, ausreichend, sicher und in hoher Qualität zur Verfügung zu stellen,
2. eine Marktorganisation für die Elektrizitätswirtschaft gemäß dem EU-Primärrecht und den Grundsätzen des Elektrizitätsbinnenmarktes gemäß der Elektrizitätsbinnenmarktrichtlinie zu schaffen,
3. durch die Schaffung geeigneter Rahmenbedingungen die Netz- und Versorgungssicherheit zu erhöhen und nachhaltig zu gewährleisten,
4. einen Ausgleich für gemeinwirtschaftliche Verpflichtungen im Allgemeininteresse zu schaffen, die den Elektrizitätsunternehmen auferlegt werden und die sich auf die Sicherheit, einschließlich der Versorgungssicherheit, die Regelmäßigkeit, die Qualität, die Lieferung und auf den Umweltschutz beziehen,
5. die Weiterentwicklung der Erzeugung von elektrischer Energie aus erneuerbaren Energiequellen zu unterstützen und den Zugang zum Elektrizitätsnetz aus erneuerbaren Energiequellen zu gewährleisten,
6. die Bevölkerung und die Umwelt vor Gefährdungen und unzumutbaren Belästigungen durch Erzeugungsanlagen zu schützen,
7. die bei der Erzeugung zum Einsatz gelangende Energie möglichst effizient einzusetzen,
8. das Potential der Kraft-Wärme-Kopplung (KWK) und KWK-Technologien gemäß Anlage II ElWOG 2010 als Mittel zur Energieein-

sparung und Gewährleistung der Versorgungssicherheit nachhaltig zu nutzen und
9. das öffentliche Interesse an der Versorgung mit elektrischer Energie, insbesondere aus heimischen, erneuerbaren Ressourcen, bei der Bewertung von Infrastrukturprojekten zu berücksichtigen.

§ 2

Begriffsbestimmungen, Verweisungen

(1) Im Sinne dieses Gesetzes bezeichnet der Ausdruck

1. **"Agentur"**: die Agentur für die Zusammenarbeit der Energieregulierungsbehörden gemäß Verordnung (EG) Nr. 2009/713/EG;
2. **"Anschlussleistung"**: jene für die Netznutzung an der Übergabestelle vertraglich vereinbarte Leistung;
3. **"Ausgleichsenergie"**: die Differenz zwischen dem vereinbarten Fahrplanwert und dem tatsächlichen Bezug oder der tatsächlichen Lieferung der Bilanzgruppe je definierter Messperiode, wobei die elektrische Energie je Messperiode tatsächlich erfasst oder rechnerisch ermittelt werden kann;

3a. **"Ausfallsreserve"**: jenen Anteil der Sekundärregelung, der automatisch oder manuell angesteuert werden kann und vorrangig der Abdeckung des Ausfalls des größten Kraftwerksblocks in der Regelzone dient;

4. **"Betriebsstätte"**: jenes räumlich zusammenhängende Gebiet, auf dem regelmäßig eine auf Gewinn oder sonstigen wirtschaftlichen Vorteil gerichtete Tätigkeit selbstständig ausgeübt wird;
5. **"Bilanzgruppe"**: die Zusammenfassung von Lieferanten und Kunden zu einer virtuellen Gruppe, innerhalb derer ein Ausgleich zwischen Aufbringung (Bezugsfahrpläne, Einspeisungen) und Abgabe (Lieferfahrpläne, Ausspeisungen) erfolgt;
6. **"Bilanzgruppenkoordinator"**: eine natürliche oder juristische Person oder eingetragene Personengesellschaft, die eine Verrechnungsstelle betreibt;
7. **"Bilanzgruppenverantwortlicher"**: eine gegenüber anderen Marktteilnehmern und dem Bilanzgruppenkoordinator zuständige Stelle einer Bilanzgruppe, welche die Bilanzgruppe vertritt;

7a. **"Bürgerenergiegemeinschaft"**: eine Rechtsperson, die elektrische Energie erzeugt, verbraucht, speichert oder verkauft, im Bereich der Aggregierung tätig ist oder Energiedienstleistungen für ihre Mitglieder erbringt und von Mitgliedern bzw. Gesellschaftern gemäß § 16b Abs. 3 ElWOG 2010 kontrolliert wird;

7b. **"Demonstrationsprojekt"**: ein Vorhaben, das eine in der Union völlig neue Technologie („first of its kind") demonstriert, die eine wesentliche, weit über den Stand der Technik hinausgehende Innovation darstellt;

8. **"dezentrale Erzeugungsanlage"**: eine Erzeugungsanlage, die an ein öffentliches Mittel- oder Niederspannungsverteilernetz (Bezugspunkt Übergabestelle) angeschlossen ist und somit Verbrauchernähe aufweist oder eine Erzeugungsanlage, die überwiegend der Eigenversorgung dient;
9. **"Direktleitung"**: entweder eine Leitung, die einen einzelnen Produktionsstandort mit einem einzelnen Kunden verbindet oder eine Leitung, die einen Erzeuger und ein Elektrizitätsunternehmen zum Zwecke der direkten Versorgung mit ihrer eigenen Betriebsstätte, Tochterunternehmen oder Kunden verbindet; Leitungen innerhalb von Wohnhausanlagen gelten nicht als Direktleitungen;
10. **"Drittstaaten"**: Staaten, die nicht dem Abkommen über den Europäischen Wirtschaftsraum beigetreten und nicht Mitglied der Europäischen Union sind;
11. **"Einspeiser"**: einen Erzeuger oder ein Elektrizitätsunternehmen, der oder das elektrische Energie in ein Netz abgibt;
12. **"Elektrizitätsunternehmen"**: eine natürliche oder juristische Person oder eine eingetragene Personengesellschaft, die in Gewinnabsicht von den Funktionen der Erzeugung, der Übertragung, der Verteilung, der Lieferung oder des Kaufs von elektrischer Energie mindestens eine wahrnimmt und die kommerzielle, technische oder wartungsbezogene Aufgaben im Zusammenhang mit diesen Funktionen wahrnimmt, mit Ausnahme der Endverbraucher;

12a. **"endgültige Stilllegungen"**: Maßnahmen, die den Betrieb der Erzeugungsanlage endgültig ausschließen oder bewirken, dass eine Anpassung der Einspeisung nicht mehr angefordert werden kann;

13. **"Endverbraucher"**: eine natürliche oder juristische Person oder eine eingetragene Personengesellschaft, die elektrische Energie für den Eigenverbrauch kauft;
14. **"Energieeffizienz/Nachfragesteuerung"**: ein globales oder integriertes Konzept zur Steuerung der Höhe und des Zeitpunkts des Verbrauchs an elektrischer Energie, das den Primärenergieverbrauch senken und Spitzenlasten verringern soll, indem Investitionen zur Steigerung der Energieeffizienz oder anderen Maßnahmen wie unterbrechbaren Lieferverträgen Vorrang vor Investitionen zur Steigerung der Erzeugungskapazität eingeräumt wird, wenn sie unter Berücksichtigung der positiven Auswirkungen eines geringeren Energieverbrauchs auf die Umwelt und der damit verbundenen Aspekte einer größeren Versorgungssicherheit und geringerer Verteilungskosten die wirksamste und wirtschaftlichste Option darstellen;

15. **"Engpassleistung":** die durch den leistungsschwächsten Teil begrenzte, höchstmögliche elektrische Dauerleistung der gesamten Erzeugungsanlage mit allen Maschinensätzen;
15a. **"Engpassmanagement":** die Gesamtheit von kurz-, mittel- und langfristigen Maßnahmen, welche nach Maßgabe der systemtechnischen Anforderungen ergriffen werden können, um unter Berücksichtigung der Netz- und Versorgungssicherheit Engpässe im Übertragungsnetz zu vermeiden oder zu beseitigen;
16. **"Entnehmer":** einen Endverbraucher oder einen Netzbetreiber, der elektrische Energie aus dem Netz entnimmt;
17. **"ENTSO (Strom)":** den Europäischen Verbund der Übertragungsnetzbetreiber für elektrische Energie gemäß Art. 5 der Verordnung (EG) Nr. 2009/714/EG;
17a. **"erhebliche Modernisierung":** eine Modernisierung, deren Kosten mehr als 50 % der Investitionskosten für eine neue vergleichbare Anlage betragen;
17b. **"Erneuerbare-Energie-Gemeinschaft":** eine Rechtsperson, die es ermöglicht, die innerhalb der Gemeinschaft erzeugte Energie gemeinsam zu nutzen; deren Mitglieder oder Gesellschafter müssen im Nahebereich gemäß § 16c Abs. 2 ElWOG 2010 angesiedelt sein;
18. "**erneuerbare Energiequelle**": eine erneuerbare, nichtfossile Energiequelle (Wind, Sonne, aerothermische, geothermische, hydrothermische Energie, Meeresenergie, Erdwärme, Wellen- und Gezeitenenergie, Wasserkraft, Biomasse, Deponiegas, Klärgas und Biogas), wobei aerothermische Energie eine Energie ist, die in Form von Wärme in der Umgebungsluft gespeichert ist, geothermische Energie eine Energie, die in Form von Wärme unter der festen Erdoberfläche gespeichert ist und hydrothermische Energie eine Energie, die in Form von Wärme in Oberflächengewässern gespeichert ist;
19. **"Erzeuger":** eine natürliche oder juristische Person oder eine eingetragene Personengesellschaft, die elektrische Energie erzeugt;
20. **"Erzeugung":** die Produktion von elektrischer Energie;
21. **"Erzeugung aus Kraft-Wärme-Kopplung (KWK-Erzeugung)":** die Summe von elektrischer Energie, mechanischer Energie und Nutzwärme aus KWK;
22. **"Erzeugungsanlage":** ein Kraftwerk oder Kraftwerkspark;
23. (entfällt)
24. **"Fahrplan":** jene Unterlage, die angibt, in welchem Umfang elektrische Leistung als prognostizierter Leistungsmittelwert in einem konstanten Zeitraster (Messperioden) an bestimmten Netzpunkten eingespeist oder entnommen oder zwischen Bilanzgruppen ausgetauscht wird;
25. **"Gesamtwirkungsgrad":** die Summe der jährlichen Erzeugung von elektrischer Energie, mechanischer Energie und Nutzwärme im Verhältnis zum Brennstoff, der für die in KWK erzeugte Wärme und die Bruttoerzeugung von elektrischer und mechanischer Energie eingesetzt wurde;
26. **"Herkunftsnachweis für KWK-Anlagen":** eine Bescheinigung, die belegt, dass die in das öffentliche Netz eingespeiste bzw. an Dritte gelieferte elektrische Energie aus einer hocheffizienten KWK-Anlage erzeugt worden ist;
27. **"Haushaltskunde":** einen Endverbraucher, der elektrische Energie für den Eigenverbrauch im Haushalt kauft; dies schließt gewerbliche und berufliche Tätigkeiten nicht mit ein;
28. **"Hilfsdienste":** alle Dienstleistungen, die zum Betrieb eines Übertragungs- oder Verteilernetzes erforderlich sind;
29. **"hocheffiziente Kraft-Wärme-Kopplung":** jene KWK, die den in Anlage IV ElWOG 2010 festgelegten Kriterien entspricht;
30. **"in KWK erzeugter Strom":** elektrische Energie, die in einem Prozess erzeugt wurde, der an die Erzeugung von Nutzwärme gekoppelt ist und die gemäß der in Anlage III ElWOG 2010 festgelegten Methode berechnet wird;
30a. **"Kleinsterzeugungsanlagen":** eine oder mehrere Erzeugungsanlagen, deren Engpassleistung in Summe weniger als 0,8 kW pro Anlage eines Netzbenutzers beträgt;
31. **"Kleinunternehmen":** Unternehmen im Sinne des § 1 Abs. 1 Z 1 KSchG, die weniger als 50 Personen beschäftigen, weniger als 100 000 kWh/Jahr an elektrischer Energie verbrauchen und einen Jahresumsatz oder eine Jahresbilanzsumme von höchstens 10 Millionen Euro haben;
32. **"Kontrolle":** Rechte, Verträge oder andere Mittel, die einzeln oder zusammen unter Berücksichtigung aller tatsächlichen oder rechtlichen Umstände die Möglichkeit gewähren, einen bestimmenden Einfluss auf die Tätigkeit eines Unternehmens auszuüben, insbesondere durch
a) Eigentums- oder Nutzungsrechte an der Gesamtheit oder an Teilen des Vermögens des Unternehmens,
b) Rechte oder Verträge, die einen bestimmenden Einfluss auf die Zusammensetzung, die Beratungen oder Beschlüsse der Organe des Unternehmens gewähren;
33. **"Kraft-Wärme-Kopplung (KWK)":** die gleichzeitige Erzeugung thermischer Energie und elektrischer Energie und/oder mechanischer Energie in einem Prozess;
34. **"Kraft-Wärme-Verhältnis":** (Stromkennzahl) das anhand der Betriebsdaten des spezifischen Blocks berechnete Verhältnis von

KWK-Strom zu Nutzwärme im vollständigen KWK-Betrieb;
35. **“Kraftwerk”:** eine Erzeugungsanlage von elektrischer Energie mit einer Leistung von mehr als 100 Watt bei einer Spannung von mehr als 42 Volt (Starkstrom) mit allen der Erzeugung, Übertragung und Verteilung dienenden Hilfsbetrieben und Nebeneinrichtungen (z. B. Anlagen zur Umformung von elektrischer Energie, Schaltanlagen), soweit sie nicht unter das NÖ Starkstromwegegesetz, LGBl. 7810, fallen. Sie kann aus mehreren Erzeugungseinheiten bestehen;
36. **“Kraftwerkspark”:** eine Gruppe von Erzeugungsanlagen, die über einen gemeinsamen Netzanschluss verfügt;
37. **“Kunde”:** Endverbraucher, Stromhändler oder Elektrizitätsunternehmen, die elektrische Energie kaufen;
38. **“KWK-Block”:** einen Block, der im KWK-Betrieb betrieben werden kann;
39. **“KWK-Kleinstanlage”:** eine KWK-Anlage mit einer Engpassleistung von höchstens 50 kW;
40. **“KWK-Kleinanlagen”:** KWK-Blöcke mit einer installierten Engpassleistung unter 1 MW;
41. **“Lastprofil”:** eine in Zeitintervallen dargestellte Bezugsmenge oder Liefermenge eines Einspeisers oder Entnehmers;
42. **“Lieferant”:** eine natürliche oder juristische Person oder eine eingetragene Personengesellschaft, die elektrische Energie anderen zur Verfügung stellt. Soweit Energie von einer gemeinschaftlichen Erzeugungsanlage und innerhalb einer Bürgerenergiegemeinschaft sowie einer Erneuerbare-Energie-Gemeinschaft den Mitgliedern bzw. den teilnehmenden Berechtigten zur Verfügung gestellt wird, begründet dieser Vorgang keine Lieferanteneigenschaft;
43. **“Marktregeln”:** die Summe aller Vorschriften, Regelungen und Bestimmungen auf gesetzlicher oder vertraglicher Basis, die Marktteilnehmer im Elektrizitätsmarkt einzuhalten haben, um ein geordnetes Funktionieren dieses Marktes zu ermöglichen und zu gewährleisten;
44. **“Marktteilnehmer”**: Bilanzgruppenverantwortliche, Versorger, Erzeuger, Lieferanten, Netzbenutzer, Kunden, Erneuerbare-Energie-Gemeinschaften, Bürgerenergiegemeinschaften, Bilanzgruppenkoordinator, Strombörsen, Netzbetreiber und Regelzonenführer;
44a. **“Herkunftsnachweis”:** eine Bestätigung, die den Primärenergieträger, aus dem eine bestimmte Einheit elektrischer Energie erzeugt wurde, belegt. Hierunter fallen insbesondere Herkunftsnachweise für Strom aus fossilen Energiequellen, Herkunftsnachweise für Strom aus hocheffizienter KWK sowie Herkunftsnachweise gemäß § 10 ÖSG 2012 und § 83 EAG;
45. **“Netzanschluss”:** die physische Verbindung der Anlage eines Netzzugangsberechtigten mit dem Netz; diese kann auch durch Mitbenutzungsrechte an gemeinschaftlichen elektrischen Anlagen im Ausmaß des jeweiligen Eigenverbrauches des Netzzugangsberechtigten gegeben sein;
46. **“Netzanschlusspunkt”:** die technisch geeignete Stelle des zum Zeitpunkt des Vertragsabschlusses für die Herstellung des Anschlusses bestehenden Netzes, an der elektrische Energie eingespeist oder entnommen wird, unter Berücksichtigung der wirtschaftlichen Interessen der Netzbenutzer;
47. **“Netzbenutzer”:** jede natürliche oder juristische Person oder eingetragene Personengesellschaft, die elektrische Energie in ein Netz einspeist oder aus dem Netz entnimmt;
48. **“Netzbereich”:** jenen Teil eines Netzes, für dessen Benutzung dieselben Preisansätze gelten;
49. **“Netzbetreiber”:** ein Elektrizitätsunternehmen, das ein Übertragungs- oder Verteilernetz mit einer Nennfrequenz von 50 Hz betreibt;
50. **“Netzebene”:** einen im Wesentlichen durch das Spannungsniveau bestimmten Teilbereich des Netzes;
50a. **“Netzreserve”:** die Vorhaltung von zusätzlicher Erzeugungsleistung oder reduzierter Verbrauchsleistung zur Beseitigung von Engpässen im Übertragungsnetz im Rahmen des Engpassmanagements, welche gesichert innerhalb von 10 Stunden Vorlaufzeit aktivierbar ist;
50b. **“Netzreservevertrag”:** ein Vertrag, der zwischen dem Regelzonenführer und einem Anbieter abgeschlossen wird und die Erbringung von Netzreserve gemäß Z 50a zum Inhalt hat;
51. **“Netzzugang”:** die Nutzung eines Netzes;
52. **“Netzzugangsberechtigter”:** eine natürliche oder juristische Person oder eine eingetragene Personengesellschaft, die Netzzugang begehrt, insbesondere auch Elektrizitätsunternehmen, soweit dies zur Erfüllung ihrer Aufgaben erforderlich ist;
53. **“Netzzugangsvertrag”:** die individuelle Vereinbarung zwischen einem Netzzugangsberechtigten und einem Netzbetreiber, die die Inanspruchnahme des Netzes und – falls erforderlich – den Netzanschluss regelt;
54. **“Netzzutritt”:** die erstmalige Herstellung eines Netzanschlusses oder die Erhöhung der Anschlussleistung eines bestehenden Netzanschlusses;
55. **“Nutzwärme”:** die in einem KWK-Prozess zur Befriedigung eines wirtschaftlich vertretbaren Wärme- oder Kühlbedarfs erzeugte Wärme;
56. **“Primärregelung“:** eine automatisch wirksam werdende Wiederherstellung des Gleichgewichtes zwischen Erzeugung und Verbrauch

mit Hilfe eines definierten frequenzabhängigen Verhaltens von Erzeugungs- und/oder Verbrauchseinheiten, welche im Zeitbereich bis höchstens 30 Sekunden nach Störungseintritt vollständig aktivierbar sein muss;

57. **“Regelzone”:** die kleinste Einheit des Verbundnetzes, die mit einer Leistungs-Frequenz-Regelung ausgerüstet und betrieben wird;

58. **“Regelzonenführer”:** eine natürliche oder juristische Person oder eingetragene Personengesellschaft, die für die Leistungs-Frequenz-Regelung in einer Regelzone verantwortlich ist;

58a. **“saisonaler Netzreservevertrag”:** ein Netzreservevertrag gemäß Z 50b, der für den Zeitraum einer Winter- oder Sommersaison abgeschlossen wird. Als Sommersaison gilt dabei der Zeitraum gemäß Z 63a, die Wintersaison hingegen umfasst den Zeitraum von jeweils 1. Oktober eines Kalenderjahres bis jeweils 30. April des darauffolgenden Kalenderjahres. In beiden Fällen besteht für Beginn und Ende des Vertrages eine Toleranzbandbreite von jeweils einem Kalendermonat nach oben sowie nach unten;

59. “Sekundärregelung“: die automatisch wirksam werdende und erforderlichenfalls ergänzend manuell angesteuerte Rückführung der Frequenz und der Austauschleistung mit anderen Regelzonen auf die Sollwerte nach Störung des Gleichgewichtes zwischen erzeugter und verbrauchter Wirkleistung mit Hilfe von zentralen oder dezentralen Einrichtungen. Die Sekundärregelung umfasst auch die Ausfallsreserve. Die Wiederherstellung der Sollfrequenz kann im Bereich von mehreren Minuten liegen;

60. **“Sicherheit”:** sowohl die Sicherheit der Elektrizitätsversorgung und -bereitstellung als auch die Betriebssicherheit;

61. **“standardisiertes Lastprofil”:** ein durch ein geeignetes Verfahren ermitteltes und für eine bestimmte Einspeiser- oder Entnehmergruppe charakteristisches Lastprofil;

62. **“Stromhändler”:** eine natürliche oder juristische Person oder eine eingetragene Personengesellschaft, die elektrische Energie in Gewinnabsicht verkauft;

63. **“Systembetreiber”:** einen Netzbetreiber, der über die technischorganisatorischen Einrichtungen verfügt, um alle zur Aufrechterhaltung des Netzbetriebes notwendigen Maßnahmen setzen zu können;

63a. **“temporäre saisonale Stilllegungen”:** temporäre Stilllegungen gemäß Z 63b, die von einem Betreiber einer Erzeugungsanlage für den Zeitraum von jeweils 1. Mai bis jeweils 30. September eines Kalenderjahres gemäß § 23a ElWOG 2010 verbindlich angezeigt werden. Für die Festlegung von Beginn und Ende des Stilllegungszeitraumes steht dem Betreiber einer Erzeugungsanlage eine Toleranzbandbreite von jeweils einem Monat nach oben sowie nach unten zu;

63b. **“temporäre Stilllegungen”:** vorläufige Maßnahmen mit Ausnahme von Revisionen und technisch bedingten Störungen, die bewirken, dass die Erzeugungsanlage innerhalb von 72 Stunden nicht mehr anfahrbereit gehalten wird, aber wieder betriebsbereit gemacht werden kann. Hiermit wird keine Betriebseinstellung der Anlage bewirkt;

64. **“Tertiärregelung”:** das längerfristig wirksam werdende, manuell oder automatisch ausgelöste Abrufen von elektrischer Leistung, die zur Unterstützung bzw. Ergänzung der Sekundärregelung bzw. zur längerfristigen Ablösung von bereits aktivierter Sekundärregelleistung dient (Minutenreserve);

65. **“Übertragung”:** den Transport von elektrischer Energie über ein Höchstspannungs- und Hochspannungsverbundnetz zum Zwecke der Belieferung von Endverbrauchern oder Verteilern, jedoch mit Ausnahme der Versorgung;

66. **“Übertragungsnetz”:** ein Höchstspannungs- und Hochspannungsverbundnetz mit einer Spannungshöhe von 110 kV und darüber, das dem überregionalen Transport von elektrischer Energie dient;

67. **“Übertragungsnetzbetreiber”:** eine natürliche oder juristische Person oder eine eingetragene Personengesellschaft, die verantwortlich ist für den Betrieb, die Wartung sowie erforderlichenfalls den Ausbau des Übertragungsnetzes und gegebenenfalls der Verbindungsleitungen zu anderen Netzen sowie für die Sicherstellung der langfristigen Fähigkeit des Netzes, eine angemessene Nachfrage nach Übertragung von elektrischer Energie zu befriedigen; Übertragungsnetzbetreiber in NÖ ist die Austrian Power Grid AG oder deren Rechtsnachfolger;

68. **“Verbindungsleitung”:** eine Anlage, die zur Verbundschaltung von Elektrizitätsnetzen dient;

69. **“verbundenes Unternehmen”:**

a) ein verbundenes Unternehmen im Sinne des § 228 Abs. 3 Unternehmensgesetzbuch (UGB),
b) ein assoziiertes Unternehmen im Sinne des § 263 Abs. 1 UGB oder
c) zwei oder mehrere Unternehmen, deren Aktionäre ident sind;

70. **“Verbundnetz”:** eine Anzahl von Übertragungs- und Verteilernetzen, die durch eine oder mehrere Verbindungsleitungen miteinander verbunden sind;

71. **“Versorger”:** eine natürliche oder juristische Person oder eine eingetragene Personengesellschaft, die die Versorgung wahrnimmt;

72. **"Versorgung":** den Verkauf einschließlich des Weiterverkaufs von elektrischer Energie an Kunden;
73. **"Verteilernetzbetreiber":** eine natürliche oder juristische Person oder eine eingetragene Personengesellschaft, die verantwortlich ist für den Betrieb, die Wartung sowie erforderlichenfalls den Ausbau des Verteilernetzes in einem bestimmten Gebiet und gegebenenfalls der Verbindungsleitungen zu anderen Netzen sowie für die Sicherstellung der langfristigen Fähigkeit des Netzes, eine angemessene Nachfrage nach Verteilung von elektrischer Energie zu befriedigen;
74. **"Verteilung":** den Transport von elektrischer Energie über Hoch-, Mittel- oder Niederspannungsverteilernetze zum Zwecke der Belieferung von Kunden mit elektrischer Energie, jedoch mit Ausnahme der Versorgung;
75. **"vertikal integriertes Elektrizitätsunternehmen":** ein Unternehmen oder eine Gruppe von Unternehmen, in der dieselbe Person berechtigt ist, direkt oder indirekt Kontrolle auszuüben, wobei das betreffende Unternehmen bzw. die betreffende Gruppe mindestens eine der Funktionen Übertragung oder Verteilung und mindestens eine der Funktionen Erzeugung von oder Versorgung mit elektrischer Energie wahrnimmt;
76. **"Wirkungsgrad":** den auf der Grundlage des unteren Heizwerts der Brennstoffe berechneten Wirkungsgrad;
77. **"Wirkungsgrad-Referenzwerte für die getrennte Erzeugung":** die Wirkungsgrade einer alternativen Erzeugung von Wärme und elektrischer Energie, die durch KWK ersetzt werden soll.
78. **"Zählpunkt":** die Einspeise- bzw. Entnahmestelle, an der eine Strommenge messtechnisch erfasst und registriert wird. Dabei sind in einem Netzbereich liegende Zählpunkte eines Netzbenutzers zusammenzufassen, wenn sie der Anspeisung von kundenseitig galvanisch oder transformatorisch verbundenen Anlagen, die der Straßenbahnverordnung 1999, BGBl. II Nr. 76/2000 in der Fassung BGBl. II Nr. 127/2018, unterliegen, dienen; im Übrigen ist eine Zusammenfassung mehrerer Zählpunkte nicht zulässig;

(2) Verweisungen auf Bundesgesetze sind in folgender Fassung zu verstehen:

1. Eisenbahn-Enteignungsentschädigungsgesetz: BGBl. Nr. 71/1954 in der Fassung BGBl. I Nr. 111/2010,
2. Elektrizitätswirtschafts- und -organisationsgesetz 2010 – ElWOG 2010: BGBl. I Nr. 110/2010 in der Fassung BGBl. I Nr. 150/2021,

2a. Erneuerbaren-Ausbau-Gesetz – EAG: BGBl. I Nr. 150/2021,

3. Finanzstrafgesetz: BGBl. Nr. 129/1958 in der Fassung BGBl. I Nr. 136/2017,

3a. Gaswirtschaftsgesetz 2011 – GWG 2011: BGBl. I Nr. 107/2011 in der Fassung BGBl. I Nr. 150/2021,

4. Gewerbeordnung 1994: BGBl. Nr. 194/1994 in der Fassung BGBl. I Nr. 107/2017,
5. Konsumentenschutzgesetz – KSchG: BGBl. Nr. 140/1979 in der Fassung BGBl. I Nr. 50/2017,
6. Ökostromgesetz 2012 – ÖSG 2012: BGBl. I Nr. 75/2011 in der Fassung BGBl. I Nr. 108/2017,
7. Unternehmensgesetzbuch: dRGBl. S 219/1987 in der Fassung BGBl. I Nr. 107/2017,
8. Verrechnungsstellengesetz: BGBl. I Nr. 121/2000 in der Fassung BGBl. I Nr. 107/2017,
9. Wohnungseigentumsgesetz 2002 – WEG 2002: BGBl. I Nr. 70/2002 in der Fassung BGBl. I Nr. 87/2015.

(3) Verweisungen auf unionsrechtliche Bestimmungen sind in folgender Fassung zu verstehen:

1. Elektrizitätsbinnenmarktrichtlinie: Richtlinie 2009/72/EG über gemeinsame Vorschriften für den Elektrizitätsbinnenmarkt und zur Aufhebung der Richtlinie 2003/54/EG, ABl.Nr. L 211 vom 14. August 2009, S. 55ff,
2. Informationsrichtlinie: Richtlinie (EU) 2015/1535 über ein Informationsverfahren auf dem Gebiet der technischen Vorschriften und den Vorschriften für die Dienste der Informationsgesellschaft, ABl. L 241 vom 17. September 2015, S. 1ff,
3. "Energieeffizienzrichtlinie": Richtlinie 2012/27/EU des Europäischen Parlaments und des Rates vom 25. Oktober 2012 zur Energieeffizienz, zur Änderung der Richtlinien 2009/125/EG und 2010/30/EU und zur Aufhebung der Richtlinien 2004/8/EG und 2006/32/EG, ABl. Nr. L 315 vom 14. November 2012, S. 1 ff, geändert durch die Richtlinie (EU) 2018/2002 des Europäischen Parlaments und des Rates vom 11. Dezember 2018 zur Änderung der Richtlinie 2012/27/EU zur Energieeffizienz, ABl. Nr. L 328 vom 21. Dezember 2018, S. 210 ff,
4. (entfällt)
5. KWK-Richtlinie: Richtlinie 2004/8/EG über die Förderung einer am Nutzwärmebedarf orientierten Kraft-Wärme-Kopplung im Energiebinnenmarkt und zur Änderung der Richtlinie 92/42/EWG, ABl.Nr. L 52 vom 21. Februar 2004, S. 50ff, in der Fassung der Verordnung (EG) Nr. 219/2009, ABl.Nr. L 87 vom 31. März 2009, S. 109ff,
6. Verordnung (EG) Nr. 2009/713/EG: Verordnung zur Gründung einer Agentur für die

Zusammenarbeit der Energieregulierungsbehörden, ABl.Nr. L 211 vom 14. August 2009, S.1ff,
7. Verordnung (EG) Nr. 2009/714/EG: Verordnung über die Netzzugangsbedingungen für den grenzüberschreitenden Stromhandel und zur Aufhebung der Verordnung (EG) Nr. 2003/1228/EG, ABl.Nr. 211 vom 14. August 2009, S. 15ff,
8. Verordnung (EG) Nr. 2009/1221/EG: Verordnung über die freiwillige Teilnahme von Organisationen an einem Gemeinschaftssystem für Umweltmangagement und Umweltbetriebsprüfung und zur Aufhebung der Verordnung (EG) Nr. 761/2001, sowie der Beschlüsse der Kommission 2001/681/EG und 2006/193/EG, ABl.Nr. L 342 vom 22. Dezember 2009, S. 1ff,
9. Entscheidung 2008/952/EG: Entscheidung der Kommission vom 19. November 2008 zur Festlegung detaillierter Leitlinien für die Umsetzung und Anwendung des Anhangs II der Richtlinie 2004/8/EG des Europäischen Parlaments und des Rates, ABl.Nr. L 338 vom 17. Dezember 2008, S. 55ff,
10. Entscheidung 2007/74/EG: Entscheidung der Kommission vom 21. Dezember 2006 zur Festlegung harmonisierter Wirkungsgrad-Referenzwerte für die getrennte Erzeugung von Strom und Wärme in Anwendung der Richtlinie 2004/8/EG des Europäischen Parlaments und des Rates, ABl.Nr. L 32 vom 6. Februar 2007, S. 183ff,
11. MCP-Richtlinie: Richtlinie (EU) 2015/2193 des Europäischen Parlaments und des Rates vom 25. November 2015 zur Begrenzung der Emissionen bestimmter Schadstoffe aus mittelgroßen Feuerungsanlagen in die Luft, ABl.Nr. 313 vom 28. November 2015, S. 1ff.

§ 3

Gemeinwirtschaftliche Verpflichtungen

(1) Den Netzbetreibern werden nachstehende **gemeinwirtschaftliche Verpflichtungen** im Allgemeininteresse **auferlegt:**

1. die diskriminierungsfreie Behandlung aller Kunden,
2. der Abschluss von privatrechtlichen Verträgen mit Netzbenutzern über den Anschluss an ihr Netz (Allgemeine Anschlusspflicht) nach Maßgabe dieses Gesetzes,
3. die Errichtung und Erhaltung einer für die inländische Versorgung mit elektrischer Energie oder für die Erfüllung völkerrechtlicher Verpflichtungen ausreichenden Netzinfrastruktur,
4. die Erfüllung der durch Rechtsvorschriften auferlegten Pflichten im öffentlichen Interesse.

(2) Den Elektrizitätsunternehmen werden nachstehende gemeinwirtschaftliche Verpflichtungen im Allgemeininteresse auferlegt:

1. die Erfüllung der durch Rechtsvorschriften auferlegten Pflichten im öffentlichen Interesse, wie Haushaltskunden unter den Voraussetzungen des § 45 Abs. 4 mit elektrischer Energie zu versorgen (Grundversorgung),
2. die Mitwirkung an Maßnahmen zur Beseitigung von Netzengpässen und an Maßnahmen zur Gewährleistung der Versorgungssicherheit.

(3) Die Elektrizitätsunternehmen haben die bestmögliche Erfüllung der ihnen gemäß Abs. 1 und 2 im Allgemeininteresse auferlegten Verpflichtungen mit allen ihnen zur Verfügung stehenden Mitteln anzustreben.

§ 4

Grundsätze beim Betrieb von Elektrizitätsunternehmen

Elektrizitätsunternehmen haben als kunden- und wettbewerbsorientierte Anbieter von **Energiedienstleistungen** nach den Grundsätzen einer kostengünstigen, sicheren, umweltverträglichen und effizienten Bereitstellung der nachgefragten Dienstleistungen sowie eines wettbewerbsorientierten und wettbewerbsfähigen Elektrizitätsmarktes zu agieren. Diese Grundsätze sind als **Unternehmensziele** zu verankern.

Hauptstück II

Erzeugungsanlagen

§ 5

Genehmigungspflicht

(1) Unbeschadet der nach anderen Vorschriften erforderlichen Genehmigungen oder Bewilligungen bedarf die Errichtung, wesentliche Änderung und der Betrieb einer **Erzeugungsanlage**, soweit sich aus den Abs. 2, 3, 4 oder 7 nichts anderes ergibt, nach Maßgabe der folgenden Bestimmungen einer elektrizitätsrechtlichen **Genehmigung** (Anlagengenehmigung).

(2) Keiner Anlagengenehmigung nach Abs. 1 bedürfen:

1. Wasserkraftanlagen;
2. Erzeugungsanlagen mit einer Engpassleistung von höchstens 200 Kilowatt (kW);
3. Photovoltaikanlagen mit einer Modulspitzenleistung von höchstens 1 MW_{peak} und die mit diesen Anlagen zusammenhängenden Speicheranlagen, wenn sie von befugten Unternehmen errichtet werden;
4. die Aufstellung, Bereithaltung und der Betrieb von mobilen Erzeugungsanlagen;
5. ausschließlich zur Notstromversorgung bestimmte Erzeugungsanlagen, wenn sie von befugten Unternehmen errichtet werden.

(3) Auf Erzeugungsanlagen, die abfall-, berg-, fernmelde-, gewerbe-, luftreinhalte- oder straßen- bzw. verkehrsrechtlichen Vorschriften unterliegen, findet Hauptstück II keine Anwendung.

(4) Erzeugungsanlagen, die auch der mit dieser Tätigkeit in wirtschaftlichem und fachlichem Zusammenhang stehenden Gewinnung und Abgabe von Wärme dienen, unterliegen nicht dem Hauptstück II, wenn für diese Erzeugungsanlagen eine Genehmigungspflicht nach der Gewerbeordnung 1994 besteht.

(5) Im Zweifel hat die Behörde auf Antrag mit Bescheid festzustellen, ob eine Änderung im Sinne des Abs. 1 einer Genehmigung bedarf. Wesentlich sind jedenfalls Änderungen des Zwecks, der Betriebsweise, des Umfangs der Erzeugungsanlage, der verwendeten Primärenergien und der Einrichtungen oder Ausstattungen, wenn sie geeignet sind, größere oder andere Gefährdungen oder Belästigungen herbeizuführen. Der Austausch von gleichartigen Maschinen und Geräten sowie Maßnahmen zur Instandhaltung oder Instandsetzung gelten nicht als wesentliche Änderungen.

(6) Weist eine dem Abs. 3 unterliegende Erzeugungsanlage nicht mehr den Charakter einer abfall-, berg-, fernmelde-, gewerbe-, luftreinhalte- oder straßen- bzw. verkehrsrechtlichen Anlage auf, so hat dies der Betreiber der Anlage der nunmehr zuständigen Behörde anzuzeigen. Ab dem Einlangen der Anzeige gilt eine allfällige Genehmigung oder Bewilligung nach den in Abs. 3 angeführten Vorschriften als Genehmigung nach diesem Gesetz. Nach den in Abs. 3 angeführten Vorschriften genehmigungsfreie oder bewilligungsfreie Erzeugungsanlagen bedürfen keiner Genehmigung nach diesem Gesetz.

(7) Die Behörde kann für bestimmte Arten von Erzeugungsanlagen Ausnahmen von der Genehmigungspflicht gemäß Abs. 1 durch Verordnung bestimmen, wenn erwartet werden kann, dass die gemäß § 11 Abs. 1 wahrzunehmenden Interessen hinreichend geschützt sind.

§ 6

Antragsunterlagen

(1) Die Erteilung der elektrizitätsrechtlichen Genehmigung ist bei der Behörde schriftlich zu beantragen.

(2) Dem Antrag sind folgende **Unterlagen**, erstellt von einem nach den berufsrechtlichen Vorschriften hiezu Befugten, in zweifacher Ausfertigung und, soweit technisch möglich, auch elektronisch anzuschließen:

1. ein technischer Bericht mit Angaben über Zweck, Umfang, Betriebsweise und technische Ausführung der geplanten Erzeugungsanlage; insbesondere über Primärenergien, Energieumwandlung, Engpassleistung und Spannung; Pläne über die Ausführung,
2. ein Plan, aus welchem der Standort der Erzeugungsanlage und die betroffenen Grundstücke mit ihren Grundstücksnummern ersichtlich sind,
3. ein Verzeichnis der von der Erzeugungsanlage berührten fremden Anlagen, wie Eisenbahnen, Versorgungsleitungen und dergleichen, mit Namen und Anschrift der Eigentümer,
4. die sich aus dem zum Zeitpunkt der Antragstellung aktuellen Grundbuchstand ergebenden Namen und Anschriften der Eigentümer der Grundstücke, auf welchen die Erzeugungsanlage errichtet werden soll, einschließlich der dinglich Berechtigten mit Ausnahme der Hypothekargläubiger, und der Eigentümer der unmittelbar an den Standort der Erzeugungsanlage angrenzenden Grundstücke, die in einem Abstand von nicht mehr als 500 m von der Anlage liegen; wenn diese Eigentümer Wohnungseigentümer im Sinne des Wohnungseigentumsgesetzes 2002 sind, die Namen und Anschriften des jeweiligen Vertreters der Eigentümergemeinschaft (§ 18 WEG 2002),
5. ein Ausschnitt aus dem rechtskräftigen Flächenwidmungsplan, aus welchem die Widmung der von der Erzeugungsanlage betroffenen und der an die Anlage unmittelbar angrenzenden Grundstücke ersichtlich ist,
6. ein Verzeichnis allfälliger Bergbaugebiete, in denen die Erzeugungsanlage liegt oder zu liegen kommt, samt Namen und Anschrift der Bergbauberechtigten,
7. eine Begründung für die Wahl des Standortes unter Berücksichtigung der tatsächlichen örtlichen Verhältnisse,
8. bei Erzeugungsanlagen mit einer Engpassleistung von mehr als 500 kW zur Beurteilung der im § 56 NÖ Bauordnung 2014, LGBl. Nr. 1/2015 in der geltenden Fassung, begründeten öffentlichen Interessen eine planliche Darstellung unter Berücksichtigung der Blickbeziehungen und Sichtachsen, eine Photomontage, eine Beschreibung der Gestaltungscharakteristik der nächst gelegenen Orte sowie eine perspektivische Ansicht,
9. eine Beschreibung und Beurteilung der voraussichtlichen Gefährdungen und Belästigungen im Sinne des § 11 Abs. 1,
10. eine Beschreibung der Maßnahmen, mit denen Gefährdungen oder Belästigungen des Vorhabens beseitigt, verringert oder ausgeglichen werden sollen, und eine Beschreibung der Maßnahmen zum Schutz der Gewässer,
11. eine Beschreibung, auf welche Art und Weise die bei der Erzeugung zum Einsatz gelangenden Energien effizient genutzt und auf welche Art und Weise Rückstände verwertet, gelagert oder entsorgt werden sollen,
12. Angaben über den Netzanschlusspunkt, Darstellung der Anschlussanlage,

13. ein Verzeichnis der unmittelbar angrenzenden Gemeinden bei Erzeugungsanlagen mit einer Engpassleistung von mehr als 500 kW und Ausschnitte aus den rechtskräftigen Flächenwidmungsplänen dieser Gemeinden, wenn eine Erzeugungsanlage Auswirkungen im Sinne des § 11 Abs. 1 Z 2 und 3 auf im Bau- oder Grünland wohnende Personen dieser Gemeinden haben kann,
14. der Nachweis des Eigentums an den Grundstücken, die von Maßnahmen zur Errichtung oder Änderung von Erzeugungsanlagen dauernd in Anspruch genommen werden sollen oder, wenn der Eigentümer nicht Antragsteller ist, die Zustimmungserklärung dieser Grundeigentümer, soweit sie erlangt werden konnten,
15. Angaben über den Beitrag der Erzeugungskapazitäten zur Erreichung des Zieles der Europäischen Union, die Deckung des Bruttoenergieverbrauches durch Energie aus erneuerbaren Energiequellen zu erhöhen,
16. Angaben über den Beitrag von Erzeugungskapazitäten zur Verringerung der Emissionen,
17. bei Errichtung bzw. wesentlicher Änderung einer thermischen Erzeugungsanlage mit einer Brennstoffwärmeleistung von mehr als 20 MW: eine im Einklang mit den Grundsätzen im Anhang IX der Energieeffizienzrichtlinie erstellte Kosten-Nutzen-Analyse, wobei die Kosten und der Nutzen von Vorkehrungen für den Betrieb der Anlage als hocheffiziente KWK-Anlage bzw. für die Umrüstung zu einer hocheffizienten KWK-Anlage zu bewerten sind.

(3) Die Behörde kann von der Beibringung einzelner im Abs. 2 angeführter Unterlagen absehen, wenn diese für das Genehmigungsverfahren entbehrlich sind. Sie kann die Beibringung weiterer Unterlagen verlangen, wenn diese für die Beurteilung des Vorhabens im Genehmigungsverfahren erforderlich sind.

(4) Die Behörde kann die Vorlage zusätzlicher Ausfertigungen aller oder einzelner nach Abs. 2 oder 3 erforderlichen Unterlagen oder Angaben verlangen, wenn dies zur Beurteilung durch sonstige öffentliche Dienststellen oder zur Begutachtung durch Sachverständige notwendig ist.

(5) Die Behörde kann mit Verordnung nähere Bestimmungen zur Methode der wirtschaftlichen Kosten-Nutzenanalyse gemäß Abs. 2 Z 17 erlassen.

(6) Die Vorlage von Urkunden nach Abs. 2 entfällt, wenn die zu beweisenden Tatsachen und Rechtsverhältnisse durch Einsicht in die der Behörde zur Verfügung stehenden Register, insbesondere durch Abfrage des Grundbuchs (§ 6 des Grundbuchsumstellungsgesetzes – GUG, BGBl. Nr. 550/1980), festgestellt werden können.

§ 7

Vereinfachtes Verfahren

(1) Ergibt sich aus dem Genehmigungsantrag und dessen Unterlagen, dass die Erzeugungsanlage eine Engpassleistung von höchstens **500 kW** ausweist, so hat – sofern das Errichten oder der Betrieb im vorgesehenen Standort durch landesrechtliche Vorschriften nicht verboten ist – die Behörde das Projekt durch Anschlag an der Amtstafel in der Standortgemeinde mit dem Hinweis bekannt zu geben, dass die Projektunterlagen innerhalb eines bestimmten, vier Wochen nicht überschreitenden Zeitraumes bei der Standortgemeinde zur Einsichtnahme bereit gehalten werden und dass Nachbarn innerhalb dieses Zeitraumes von ihrem Recht Gebrauch machen können, begründete Einwendungen im Sinne des § 11 Abs. 1 Z 2 und 3 gegen die Erzeugungsanlage bei der Behörde zu erheben; nach Ablauf der im Anschlag angeführten Frist hat die Behörde unter Bedachtnahme auf die eingelangten Einwendungen der Nachbarn die die Anwendung des vereinfachten Verfahrens begründende Beschaffenheit der Anlage mit Bescheid festzustellen und erforderlichenfalls Aufträge zum Schutz der gemäß § 11 Abs. 1 wahrzunehmenden Interessen zu erteilen; dieser Bescheid gilt als Genehmigungsbescheid für die Erzeugungsanlage.Die Behörde hat diesen Bescheid **binnen drei Monaten** nach Einlangen des Antrages und der erforderlichen Unterlagen zum Antrag zu erlassen. Können auch durch Aufträge die gemäß § 11 Abs. 1 wahrzunehmenden Interessen nicht hinreichend geschützt werden, ist der Antrag abzuweisen.

(2) Den Eigentümern der unmittelbar an den Standort der Erzeugungsanlage angrenzenden Grundstücke, die in einem Abstand von nicht mehr als 500 m von der Anlage liegen, den im § 8 Abs. 4 genannten Netzbetreibern und den im § 10 Abs. 1 Z 2, 4 und 5 genannten Personen ist der Inhalt des Anschlags **nachweislich** schriftlich zur Kenntnis zu bringen. § 8 Abs. 1 vierter Satz gilt sinngemäß.

(3) Genehmigungspflichtige Änderungen einer Erzeugungsanlage gemäß Abs. 1 sind dem vereinfachten Verfahren zu unterziehen, wenn auch für die durch die Änderung entstehende Anlage ein vereinfachtes Verfahren zulässig ist.

§ 8

Genehmigungsverfahren, Anhörungsrechte

(1) Die Behörde hat, ausgenommen in den Fällen des § 7, auf Grund eines Antrages um Genehmigung der Errichtung und des Betriebes einer Erzeugungsanlage oder um Genehmigung der Änderung einer genehmigten Erzeugungsanlage eine mündliche **Verhandlung** anzuberaumen. Gegenstand, Zeit und Ort der mündlichen Verhandlung

sowie die Voraussetzungen zur Aufrechterhaltung der Parteistellung der Nachbarn sind durch Anschlag an der Amtstafel in der Standortgemeinde und – falls eine Erzeugungsanlage mit einer Engpassleistung von mehr als 500 kW auch Auswirkungen im Sinne des § 11 Abs. 1 Z 2 und 3 auf im Bau- oder Grünland wohnende Personen unmittelbar angrenzender Gemeinden haben kann – auch durch Anschlag an der Amtstafel in diesen Gemeinden bekannt zu geben. Die Eigentümer der unmittelbar an den Standort der Erzeugungsanlage angrenzenden Grundstücke, die im Abstand von nicht mehr als 500 m von der Anlage liegen, und die im § 10 Abs. 1 Z 1, 2, 4, 5 und 6 genannten Personen sind persönlich zu laden. Wenn diese Eigentümer oder die Grundeigentümer gemäß § 10 Abs. 1 Z 2 Wohnungseigentümer im Sinne des Wohnungseigentumsgesetzes 2002 sind, sind die im zweiten Satz angeführten Angaben dem Vertreter der Eigentümergemeinschaft (§ 18 WEG 2002) nachweislich schriftlich mit dem Auftrag zur Kenntnis zu bringen, diese Angaben den Wohnungseigentümern unverzüglich z. B. durch Anschlag im Hause bekannt zu geben. Die Anberaumung einer mündlichen Verhandlung ist zusätzlich durch Veröffentlichung auf der Internetseite der Behörde kundzumachen.

(2) Ist die Gefahr der Verletzung eines Kunst-, Betriebs- oder Geschäftsgeheimnisses (§ 40 AVG) gegeben, so ist den Nachbarn die Teilnahme am Augenschein nur mit Zustimmung des Genehmigungswerbers gestattet, doch ist ihr allfälliges Recht auf Parteiengehör zu wahren.

(3) Werden von Nachbarn **privatrechtliche Einwendungen** gegen die Erzeugungsanlage vorgebracht, so hat der Verhandlungsleiter auf eine Einigung hinzuwirken; die etwa herbeigeführte Einigung ist in der Niederschrift über die Verhandlung festzuhalten. Im Übrigen ist der Nachbar mit solchen Vorbringen auf den Zivilrechtsweg zu verweisen.

(3a) Interessenkonflikte, die im Verfahren zwischen dem Genehmigungswerber und den sonstigen Parteien oder Beteiligten auftreten, sind nach Möglichkeit einer gütlichen Einigung zuzuführen. Die Behörde kann aus diesem Anlass auf Antrag des Genehmigungswerbers das Verfahren zur Einschaltung eines **Mediationsverfahrens** aussetzen. Ab dem Zeitpunkt der Aussetzung durch die Behörde werden Beginn und Fortlauf von gesetzlichen und behördlichen Fristen des jeweiligen Genehmigungsverfahrens gehemmt. Die Ergebnisse des Mediationsverfahrens können der Behörde übermittelt und von dieser im Rahmen der gesetzlichen Möglichkeiten im weiteren Genehmigungsverfahren und in der Entscheidung berücksichtigt werden. Auf Antrag des Genehmigungswerbers ist das Genehmigungsverfahren fortzuführen. Ab Einlangen des Fortführungsantrages bei der Behörde werden die gesetzlichen und behördlichen Fristen fortgesetzt. Die Teilnahme am Mediationsverfahren ist freiwillig. Die Kosten des Mediationsverfahrens trägt der Genehmigungswerber. Die Parteien und Beteiligten haben keinen Anspruch auf Kostenersatz im Mediationsverfahren.

(4) Soweit die Interessen der Netzbetreiber durch die Errichtung und den Betrieb einer Erzeugungsanlage berührt werden, sind sie zu hören.

(5) Die **Standortgemeinde** ist im Verfahren zur Erteilung der elektrizitätsrechtlichen Genehmigung zum Schutz der öffentlichen Interessen im Sinne des § 11 Abs. 1 Z 2 und 3 im Rahmen ihres Wirkungsbereiches zu **hören**.

(6) Bedürfen genehmigungspflichtige Vorhaben einer Genehmigung, Bewilligung oder Anzeige nach anderen landesgesetzlichen Vorschriften, so haben die zuständigen Behörden das Einvernehmen herzustellen und nach Möglichkeit die Verfahren gleichzeitig durchzuführen.

(7) Die Beiziehung von nichtamtlichen Sachverständigen in Verfahren für Erzeugungsanlagen mit einer Engpassleistung von mehr als 500 kW ist ohne Vorliegen der Voraussetzungen des § 52 Abs. 2 und 3 AVG, BGBl. Nr. 51/1991 in der Fassung BGBl. I Nr.161/2013, zulässig. Es können auch fachlich einschlägige Anstalten, Institute oder Unternehmen als Sachverständige bestellt werden.

(8) Gebühren oder Honorare für Sachverständige sind vom Antragsteller zu tragen. Die Behörde kann dem Antragsteller durch Bescheid auftragen, diese Kosten nach Prüfung der sachlichen und rechnerischen Richtigkeit direkt zu bezahlen.

§ 8a
Besondere Verfahrensbestimmungen betreffend erneuerbare Energien

(1) Zur Beratung und Unterstützung von Genehmigungswerbern zur Erlangung der Genehmigung für Erzeugungsanlagen zur Stromerzeugung aus erneuerbaren Energiequellen wird im Amt der NÖ Landesregierung eine **Anlaufstelle** eingerichtet. Die Anlaufstelle leistet auf Ersuchen des Antragstellers während des gesamten Bewilligungsverfahrens Beratung und Unterstützung im Hinblick auf die Beantragung und die Erteilung der elektrizitätsrechtlichen Bewilligung für die Errichtung sowie den Betrieb von Anlagen zur Produktion von Energie aus erneuerbaren Quellen nach diesem Gesetz sowie hinsichtlich der dafür sonst noch erforderlichen Bewilligungen oder Genehmigungen, die nach anderen Gesetzen vorgesehen sind und die durch das Land zu vollziehen sind. Die Antragsteller können bei der Anlaufstelle die Unterlagen auch in elektronischer Form einbringen, soweit die Anlaufstelle über die erforderlichen technischen und organisatorischen Voraussetzungen dafür verfügt.

(2) Das Land Niederösterreich kann sich zur Unterstützung bei der Besorgung der Aufgaben der Anlaufstelle eines **privaten Rechtsträgers**

bedienen. In diesem Fall hat das Land Niederösterreich mit dem betreffenden Rechtsträger einen Vertrag abzuschließen, der insbesondere nähere Regelungen über den Inhalt und Umfang seiner Tätigkeit, die Kontrolle und Aufsicht durch das Land Niederösterreich sowie die Gebarung und das zu leistende Entgelt zu enthalten hat.

(3) Die Anlaufstelle stellt ein gemeinsam mit der Behörde zu erstellendes **Verfahrenshandbuch** bereit. Das Verfahrenshandbuch hat alle nötigen Informationen für Antragsteller im Bereich der Stromerzeugung aus erneuerbarer Energie zur Verfügung zu stellen. Das Verfahrenshandbuch ist bei Bedarf zu aktualisieren und im Internet zu veröffentlichen. Im Verfahrenshandbuch ist auf kleinere Projekte und Projekte von Eigenversorgern durch entsprechende Informationen besonders Bedacht zu nehmen. Im Verfahrenshandbuch ist auf die Einrichtung und das Informationsangebot der Anlaufstelle hinzuweisen.

(4) Die Anlaufstelle hat auf eine zügige Verfahrensabwicklung der zuständigen Behörden hinzuwirken.

(5) Die Behörde hat für typische Genehmigungsverfahren betreffend Erzeugungsanlagen zur Stromerzeugung aus erneuerbaren Energiequellen vorhersehbare **Zeitpläne** zu erstellen und diese im Internet zu veröffentlichen.

§ 9
Nachbarn

(1) Nachbarn sind alle **Personen**, die durch die Errichtung, den Bestand oder den Betrieb einer Erzeugungsanlage **gefährdet** oder **belästigt** oder deren Eigentum oder sonstige dingliche Rechte gefährdet werden könnten. Als Nachbarn gelten nicht Personen, die sich vorübergehend in der Nähe der Erzeugungsanlage aufhalten und nicht im Sinne des vorherigen Satzes dinglich berechtigt sind. Als Nachbarn gelten jedoch die Betreiber von Einrichtungen, in denen sich, wie etwa in Beherbergungsbetrieben, Krankenanstalten und Heimen, regelmäßig Personen vorübergehend aufhalten, hinsichtlich des Schutzes dieser Personen und die Erhalter von Schulen hinsichtlich des Schutzes der Schüler, der Lehrer und der sonst in Schulen ständig beschäftigen Personen.

(2) Als Nachbarn sind auch die im Abs. 1 erster Satz genannten Personen zu behandeln, die auf grenznahen Grundstücken im Ausland wohnen, wenn in dem betreffenden Staat österreichische Nachbarn in den entsprechenden Verfahren rechtlich oder doch tatsächlich den gleichen Nachbarschutz genießen.

§ 10
Parteien

(1) In Verfahren gemäß den §§ 7 und 8 haben **Parteistellung**:

1. der Genehmigungswerber,
2. alle Grundeigentümer, deren Grundstücke samt ihrem darunter befindlichen Boden oder darüber befindlichen Luftraum von Maßnahmen zur Errichtung oder Änderung von Erzeugungsanlagen dauernd in Anspruch genommen werden sowie die an diesen Grundstücken dinglich Berechtigten – ausgenommen Hypothekargläubiger – und die Bergbauberechtigten,
3. die Nachbarn hinsichtlich des Schutzes der gemäß § 11 Abs. 1 Z 2 und 3 wahrzunehmenden Interessen,
4. die NÖ Umweltanwaltschaft nach Maßgabe des § 5 des NÖ Umweltschutzgesetzes, LGBl. 8050,
5. die Standortgemeinde zur Wahrung der in den §§ 20 Abs. 1 Z 1 und 56 der NÖ Bauordnung 2014, LGBl. Nr. 1/2015 in der geltenden Fassung, begründeten öffentlichen Interessen,
6. eine unmittelbar angrenzende Gemeinde, wenn durch eine Erzeugungsanlage mit einer Engpassleistung von mehr als 500 kW die im § 56 der NÖ Bauordnung 2014, LGBl. Nr. 1/2015 in der geltenden Fassung, begründeten öffentlichen Interessen dieser Gemeinde wesentlich beeinträchtigt werden können.

(2) Die in Abs. 1 Z 2 bis 6 genannten Personen verlieren ihre Parteistellung, wenn sie

1. nicht innerhalb der in der Kundmachung gemäß § 7 Abs. 1 oder der in der persönlichen Verständigung gemäß § 7 Abs. 2 festgelegten Frist oder
2. bei Anberaumung einer mündlichen Verhandlung gemäß § 8 Abs. 1 nicht spätestens am Tag vor Beginn der Verhandlung während der Amtsstunden bei der Behörde oder während der Verhandlung

Einwendungen erheben.

§ 11
Voraussetzungen für die Erteilung der elektrizitätsrechtlichen Genehmigung

(1) **Erzeugungsanlagen** sind unter Berücksichtigung der Interessen des Gewässerschutzes entsprechend dem Stand der Technik so zu errichten, zu ändern und zu betreiben, dass durch die Errichtung und den Betrieb der Anlage oder durch die Lagerung von Betriebsmitteln oder Rückständen und dergleichen

1. voraussehbare Gefährdungen für das Leben oder die Gesundheit des Betreibers der Erzeugungsanlage vermieden werden,
2. voraussehbare Gefährdungen für das Leben oder die Gesundheit oder das Eigentum oder sonstige dingliche Rechte der Nachbarn vermieden werden,
3. Nachbarn durch Lärm, Geruch, Staub, Abgase, Erschütterungen und Schwingungen, im Falle von Windkraftanlagen auch durch Schattenwurf, nicht unzumutbar belästigt werden,

4. die zum Einsatz gelangende Energie unter Bedachtnahme auf die Wirtschaftlichkeit effizient eingesetzt wird,
5. kein Widerspruch zum Flächenwidmungsplan besteht und
6. sichergestellt ist, dass das Ergebnis der Kosten-Nutzen-Analyse berücksichtigt wird, sofern eine solche gemäß § 6 Abs. 2 Z. 17 beizubringen war.

(2) Unter Gefährdungen im Sinne des Abs. 1 Z 1 und 2 sind nur jene zu verstehen, die über solche hinausgehen, die von Bauwerken (z. B. Hochhäuser, Sendemasten, Windkraftanlagen) üblicherweise ausgehen. Eine Gefährdung ist jedenfalls dann nicht anzunehmen, wenn die Wahrscheinlichkeit eines voraussehbaren Schadenseintrittes niedriger liegt als das gesellschaftlich akzeptierte Risiko. Unter einer Gefährdung des Eigentums im Sinne des Abs. 1 Z 2 ist die Möglichkeit einer bloßen Minderung des Verkehrswertes nicht zu verstehen.

(3) Ob **Belästigungen** im Sinne des Abs. 1 Z 3 zumutbar sind, ist danach zu beurteilen, wie sich die durch die Erzeugungsanlage verursachten Änderungen der tatsächlichen örtlichen Verhältnisse auf ein gesundes, normal empfindendes Kind und auf einen gesunden, normal empfindenden Erwachsenen auswirken.

(4) Ist für eine Erzeugungsanlage keine Bewilligung nach der NÖ Bauordnung 2014, LGBl. Nr. 1/2015 in der geltenden Fassung, erforderlich, sind die bautechnischen Bestimmungen, die Bestimmungen über die Gesamtenergieeffizienz von Gebäuden, die Bestimmung des § 56 und die zur Umsetzung der MCP-Richtlinie getroffenen Bestimmungen der NÖ Bauordnung 2014 sinngemäß anzuwenden.

(5) Die Behörde ist ermächtigt, durch Verordnung nähere Bestimmungen über die Genehmigungsvoraussetzungen gemäß Abs. 1 zu erlassen.

§ 12
Erteilung der Genehmigung

(1) Die Erzeugungsanlage ist zu genehmigen, wenn die Voraussetzungen gemäß § 11 Abs. 1 erfüllt sind; insbesondere, wenn nach dem Stande der Technik und dem Stande der medizinischen und der sonst in Betracht kommenden Wissenschaften zu erwarten ist, dass überhaupt oder bei Einhaltung der erforderlichenfalls vorzuschreibenden bestimmten geeigneten **Auflagen**, die nach den Umständen des Einzelfalls voraussehbaren Gefährdungen vermieden und Belästigungen auf ein zumutbares Maß beschränkt werden. Dabei hat eine Abstimmung mit den Interessen des Gewässerschutzes zu erfolgen, soweit diese Interessen betroffen sind. Können die Voraussetzungen auch durch solche Auflagen nicht erfüllt werden, ist die elektrizitätsrechtliche Genehmigung zu versagen.

(1a) Hat sich im Verfahren ergeben, dass die genehmigte Anlage fremden Grund in einem für den Betroffenen unerheblichen Ausmaß in Anspruch nimmt, und ist weder vom Grundeigentümer eine Einwendung erhoben noch von diesem oder vom Genehmigungswerber ein Antrag auf ausdrückliche Einräumung einer Dienstbarkeit nach § 23 noch eine ausdrückliche Vereinbarung über die Einräumung einer solchen getroffen worden, so ist mit der Erteilung der elektrizitätsrechtlichen Genehmigung die erforderliche Dienstbarkeit im Sinne des § 23 Abs. 3 Z 1 als eingeräumt anzusehen. Allfällige Entschädigungsansprüche aus diesem Grunde können in Ermangelung einer Übereinkunft binnen Jahresfrist nach Fertigstellung der Erzeugungsanlage geltend gemacht werden.

(2) Die Behörde kann in der Genehmigung anordnen, dass der Betreiber vor Baubeginn einen geeigneten Bauführer zu bestellen hat, wenn es Art oder Umfang des Vorhabens erfordert oder es zur Wahrung der im § 11 Abs. 1 Z 1 bis 3 und § 12 Abs. 1 zweiter Satz festgelegten Interessen sich als notwendig erweist. Der bestellte Bauführer hat die Errichtung der Erzeugungsanlage zu überwachen.

(3) Die Behörde hat Emissionen nach dem Stand der Technik durch geeignete Auflagen zu begrenzen.

(4) Die Behörde kann zulassen, dass bestimmte Auflagen erst ab einem dem Zeitaufwand der hiefür erforderlichen Maßnahmen entsprechend festzulegenden Zeitpunkt nach Inbetriebnahme der Anlage oder von Teilen der Anlage eingehalten werden müssen, wenn dagegen keine Bedenken vom Standpunkt des Schutzes der im § 11 Abs. 1 umschriebenen Interessen bestehen.

(5) **Stand der Technik** ist der auf den einschlägigen wissenschaftlichen Erkenntnissen beruhende Entwicklungsstand fortschrittlicher technologischer Verfahren, Einrichtungen, Bau- oder Betriebsweisen, deren Funktionstüchtigkeit erprobt und erwiesen ist. Bei der Bestimmung des Standes der Technik sind insbesondere jene vergleichbaren Verfahren, Einrichtungen, Bau- und Betriebsweisen heranzuziehen, welche am wirksamsten zur Erreichung eines allgemein hohen Schutzniveaus für die Umwelt insgesamt sind.

(6) Durch einen **Wechsel** in der Person des Betreibers der Erzeugungsanlage wird die Wirksamkeit der Genehmigung nicht berührt. Der Genehmigung kommt insoferne dingliche Wirkung zu, als daraus erwachsende Rechte auch vom Rechtsnachfolger geltend gemacht werden können und daraus erwachsende Pflichten auch vom Rechtsnachfolger zu erfüllen sind. Der Rechtsnachfolger hat unverzüglich die Behörde vom Wechsel zu verständigen.

(7) Soweit Änderungen einer Genehmigung bedürfen, hat diese Genehmigung auch die bereits

genehmigte Erzeugungsanlage soweit zu umfassen, als es wegen der Änderung zur Wahrung der im § 11 Abs. 1 umschriebenen Interessen gegenüber der bereits genehmigten Anlage erforderlich ist.

(8) Die im Zuge eines nach diesem Gesetz durchgeführten Verfahrens getroffenen Übereinkommen sind auf Antrag eines Beteiligten von der Behörde in der Entscheidung zu beurkunden.

(9) Die **Fertigstellung** der Erzeugungsanlage ist vom Betreiber der Behörde schriftlich anzuzeigen. Mit dieser Anzeige erhält der Betreiber das Recht, mit dem Betrieb zu beginnen, sofern sich aus § 14 Abs. 1 nichts anderes ergibt. Die Fertigstellung eines Teiles einer genehmigten Erzeugungsanlage darf dann angezeigt werden, wenn dieser Teil für sich allein dem genehmigten Verwendungszweck und den diesen Teil betreffenden Auflagen oder Aufträgen entspricht. Der Fertigstellungsanzeige ist eine Bestätigung, ausgestellt von einer akkreditierten Stelle, einem Zivilingenieur, einem Technischen Büro oder einer anderen fachlich geeigneten Stelle anzuschließen, in der eine Aussage über die projektsgemäße Ausführung und die Erfüllung der vorgeschriebenen Auflagen oder Aufträge getroffen ist.

(10) Die Behörde kann von Amts wegen Überprüfungen vornehmen, insbesondere ist sie berechtigt, die Übereinstimmung der Ausführung mit der Genehmigung zu überprüfen. Werden bei der Überprüfung Mängel festgestellt, hat die Behörde deren Behebung innerhalb angemessener Frist anzuordnen und wenn notwendig bis dahin die Fertigstellung der Arbeiten an den davon betroffenen Teilen zu untersagen. § 8 Abs. 7 und 8 gelten sinngemäß.

§ 13
Betriebsleiter

(1) Hat die Behörde Grund zur Annahme, dass der Betreiber der Erzeugungsanlage fachlich nicht befähigt ist, den Betrieb zu leiten und zu überwachen, hat sie den Betreiber aufzufordern, binnen angemessener Frist für die technische Leitung und Überwachung des Betriebes einen **Betriebsleiter** zu bestellen, der verlässlich und fachlich befähigt sein muss. § 53 Abs. 4 bis 7 gilt sinngemäß. Der bestellte Betriebsleiter ist der Behörde unter Vorlage entsprechender Unterlagen bekannt zu geben.

(2) Die fachliche **Befähigung** ist anzunehmen, wenn nach dem Bildungsgang und der bisherigen Tätigkeit angenommen werden kann, dass die vorgesehene Person die Kenntnisse, Fähigkeiten und Erfahrungen besitzt, die erforderlich sind, um die Anlage entsprechend den gesetzlichen Bestimmungen und den nach diesem Gesetz erteilten Genehmigungen zu leiten und zu überwachen.

(3) Ein **Wechsel** in der Person des Betriebsleiters ist vom Betreiber der Erzeugungsanlage unter Anschluss der erforderlichen Unterlagen unverzüglich anzuzeigen.

(4) Die **Behörde** hat zu prüfen, ob der bestellte Betriebsleiter verlässlich ist und die fachliche **Befähigung** besitzt. Liegen diese Voraussetzungen nicht vor, so hat sie dies festzustellen.

(5) Wird der Aufforderung gemäß Abs. 1 nicht entsprochen oder wird festgestellt, dass der Betriebsleiter nicht verlässlich oder fachlich befähigt ist, hat die Behörde den Betrieb zu untersagen. Liegen die Voraussetzungen für die Untersagung nicht mehr vor, hat die Behörde die Untersagung zu widerrufen.

§ 14
Betriebsgenehmigung, Probebetrieb

(1) Die Behörde kann in der elektrizitätsrechtlichen Genehmigung (§§ 7 Abs. 1, 12 Abs. 1) anordnen, dass die Erzeugungsanlage oder Teile von ihr erst auf Grund einer **Betriebsgenehmigung** in Betrieb genommen werden dürfen, wenn im Zeitpunkt der Genehmigung nicht ausreichend beurteilt werden kann, ob die die Auswirkungen der genehmigten Anlage oder von Teilen dieser Anlage betreffenden Auflagen oder Aufträgen der Genehmigung die gemäß § 11 Abs. 1 Z 1 bis 3 und § 12 Abs. 1 zweiter Satz wahrzunehmenden Interessen hinreichend schützen oder zur Erreichung dieses Schutzes andere oder zusätzliche Auflagen oder Aufträge erforderlich sind; sie kann zu diesem Zweck nötigenfalls unter Vorschreibung von Auflagen oder Aufträgen einen befristeten **Probebetrieb** zulassen oder anordnen. Der **Beginn** des Probebetriebes ist der Behörde schriftlich **anzuzeigen**. Der Probebetrieb darf höchstens zwei Jahre und im Falle einer beantragten Fristverlängerung insgesamt höchstens drei Jahre dauern; die Behörde darf eine Fristverlängerung nur einmal und nur um höchstens ein Jahr zulassen oder anordnen, wenn der Zweck des Probebetriebes diese Verlängerung erfordert; der Antrag auf Fristverlängerung bzw. auf Betriebsgenehmigung ist vor Ablauf des befristeten Probebetriebes zu stellen; durch einen rechtzeitig gestellten Antrag wird der Ablauf der Frist bis zur rechtskräftigen Entscheidung gehemmt.

(2) Für Erzeugungsanlagen oder Teile derselben, die erst auf Grund einer Betriebsgenehmigung in Betrieb genommen werden dürfen, können bei Erteilung der Betriebsgenehmigung auch **andere** oder **zusätzliche** Auflagen oder Aufträge vorgeschrieben werden.

(3) Im Verfahren zur Erteilung der Betriebsgenehmigung haben außer dem Genehmigungswerber nur jene im § 10 Abs. 1 Z 2 bis 4 genannten Personen Parteistellung, deren Parteistellung im Verfahren gemäß §§ 7 oder 8 aufrecht geblieben ist.

(4) Vor Erteilung der Betriebsgenehmigung hat sich die Behörde an Ort und Stelle zu überzeugen, dass die in der Genehmigung enthaltenen

Angaben und Auflagen oder Aufträge erfüllt sind. Weicht das angeführte Vorhaben von der Errichtungsgenehmigung ab und stellt diese Abweichung keine wesentliche Änderung dar, so ist die Betriebsgenehmigung im Umfang der vorgenommenen Änderungen zu erteilen.

§ 15
Abweichungen von der Genehmigung, Änderungen

(1) Die Behörde hat auf Antrag von der Verpflichtung zur Herstellung des der Anlagengenehmigung oder der Betriebsgenehmigung entsprechenden Zustands dann Abstand zu nehmen, wenn es außer Zweifel steht, dass die Abweichungen die durch die Anlagengenehmigung oder Betriebsgenehmigung getroffene Vorsorge nicht verringern. Die Behörde hat die Zulässigkeit der Abweichungen auszusprechen.

(2) Im Verfahren gemäß Abs. 1 haben außer dem Betreiber nur jene im § 10 Abs. 1 Z 2 bis 4 genannten Personen Parteistellung, deren Parteistellung im Verfahren gemäß § 7 oder gemäß § 8 aufrecht geblieben ist.

(3) Sonstige Änderungen, die nicht unter Abs. 1 oder § 5 Abs. 1 fallen, hat die Behörde nach schriftlicher Anzeige unter Vorschreibung allfälliger Aufträge oder Auflagen zur Erfüllung der im § 11 Abs. 1 festgelegten Anforderungen zur Kenntnis zu nehmen. Die Zurkenntnisnahme bildet einen Bestandteil der Genehmigung.

(4) In der Genehmigung vorgeschriebene Aufträge oder Auflagen sind über Antrag aufzuheben oder abzuändern, wenn und soweit die Voraussetzungen für die Vorschreibung nicht mehr vorliegen.

§ 16
Nachträgliche Vorschreibungen

(1) Ergibt sich nach der Genehmigung der Erzeugungsanlage, dass die gemäß § 11 Abs. 1 Z 1 bis 3 und § 12 Abs. 1 zweiter Satz zu wahrenden Interessen trotz Einhaltung der in der elektrizitätsrechtlichen Genehmigung oder in einer allfälligen Betriebsgenehmigung vorgeschriebenen Auflagen nicht hinreichend geschützt sind, so hat die Behörde die nach dem Stand der Technik und dem Stand der medizinischen und der sonst in Betracht kommenden Wissenschaften zur Erreichung dieses Schutzes erforderlichen **anderen** oder **zusätzlichen Auflagen** vorzuschreiben. Die Behörde hat solche Auflagen nicht vorzuschreiben, wenn sie unverhältnismäßig sind, vor allem wenn der mit der Erfüllung der Auflagen verbundene Aufwand außer Verhältnis zu dem mit den Auflagen angestrebten Erfolg steht. Dabei sind insbesondere die Nutzungsdauer und die technischen Besonderheiten zu berücksichtigen.

(2) Zu Gunsten von Personen, die erst nach Genehmigung der Erzeugungsanlage Nachbarn (§ 9) geworden sind, sind Auflagen gemäß Abs. 1 nur soweit vorzuschreiben, als diese zur Vermeidung einer Gefährdung des Lebens oder der Gesundheit dieser Personen notwendig sind. Auflagen im Sinne des Abs. 1 zur Vermeidung einer über die unmittelbare Nachbarschaft hinausreichenden beträchtlichen Belästigung im Sinne des § 11 Abs. 1 Z 3 sind, sofern sie nicht unter den ersten Satz fallen, zu Gunsten solcher Personen nur dann vorzuschreiben, wenn diese Auflagen im Sinne des Abs. 1 verhältnismäßig sind.

(3) Die Behörde hat ein Verfahren gemäß Abs. 1 **von Amts wegen** oder nach Maßgabe des Abs. 4 auf **Antrag** eines Nachbarn einzuleiten.

(4) Der Nachbar muss in seinem Antrag gemäß Abs. 3 glaubhaft machen, dass er als Nachbar vor den Auswirkungen der Erzeugungsanlage nicht hinreichend geschützt ist, und nachweisen, dass er bereits im Zeitpunkt der Genehmigung der Erzeugungsanlage oder der betreffenden Änderung Nachbar im Sinne des § 9 Abs. 1 oder 2 war. Durch die Einbringung dieses Antrages erlangt der Nachbar Parteistellung.

(5) Die gemäß Abs. 1 vorgeschriebenen Auflagen sind auf Antrag des Betreibers der Erzeugungsanlage aufzuheben oder abzuändern, wenn und soweit die Voraussetzungen für ihre Vorschreibung nicht mehr vorliegen.

(6) Für Erzeugungsanlagen, die keiner Genehmigung nach § 5 Abs. 1 bedürfen, gelten die Abs. 1, 3 bis 5 und 7 sinngemäß. Für diese Erzeugungsanlagen ist ein Verfahren gemäß Abs. 1 auch über Antrag der NÖ Umweltanwaltschaft einzuleiten. Durch die Einbringung des Antrages erlangt die NÖ Umweltanwaltschaft nach Maßgabe des § 5 des NÖ Umweltschutzgesetzes, LGBl. 8050, Parteistellung.

(7) Der Nachbar ist nicht gemäß § 76 AVG zur Kostentragung verpflichtet, wenn auf Grund seines Antrages andere oder zusätzliche Auflagen vorgeschrieben werden.

(8) Könnte der hinreichende Schutz der gemäß § 11 Abs. 1 Z 1 bis 3 und § 12 Abs. 1 zweiter Satz wahrzunehmenden Interessen nach Abs. 1 oder Abs. 2 nur durch die Vorschreibung solcher anderer oder zusätzlicher Auflagen erreicht werden, durch die die genehmigte Erzeugungsanlage in ihrem Wesen verändert würde, so hat die Behörde dem Betreiber der Anlage aufzutragen, ein **Sanierungskonzept** für die Erzeugungsanlage zur Erreichung des hinreichenden Interessensschutzes und der Begrenzung der Emissionen nach dem Stand der Technik innerhalb einer dem hiefür erforderlichen Zeitaufwand angemessenen Frist zur Genehmigung vorzulegen; für dieses Sanierungskonzept ist der Grundsatz der Verhältnismäßigkeit (Abs. 1) maßgebend. In der Entscheidung, mit der die Sanierung genehmigt wird, hat die Behörde,

erforderlichenfalls unter Vorschreibung bestimmter Auflagen, eine dem Zeitaufwand für die vorgesehenen Sanierungsmaßnahmen entsprechende Frist zur Durchführung der Sanierung festzulegen. § 5 Abs. 5 ist auf diese Sanierung nicht anzuwenden.

(9) Die vorstehenden Absätze gelten auch sinngemäß für Erzeugungsanlagen, die dem § 7 unterliegen. Im Verfahren gemäß Abs. 1 haben – sofern sich aus Abs. 4 nichts anderes ergibt – außer dem Betreiber nur jene im § 10 Abs. 1 Z 2 bis 4 genannten Personen Parteistellung, deren Parteistellung im Verfahren gemäß § 7 oder gemäß § 8 aufrecht geblieben ist.

§ 17
Überwachung

(1) Der Betreiber einer genehmigten Erzeugungsanlage hat diese **regelmäßig** wiederkehrend zu prüfen oder prüfen zu lassen, ob sie der Genehmigung oder anderen nach dem Hauptstück II dieses Gesetzes ergangenen Entscheidungen entspricht. Sofern in der Genehmigung, in einer Verordnung oder in einer anderen nach dem Hauptstück II dieses Gesetzes ergangenen Entscheidung nichts anderes bestimmt ist, betragen die Fristen für die wiederkehrenden Prüfungen zehn Jahre.

(2) Zur Durchführung der wiederkehrenden Prüfungen gemäß Abs. 1 sind vom Betreiber der Erzeugungsanlage Anstalten des Bundes oder eines Bundeslandes, akkreditierte Stellen im Rahmen des fachlichen Umfanges ihrer Akkreditierung, staatlich autorisierte Anstalten, Ziviltechniker, gerichtlich zertifizierte Sachverständige oder Gewerbetreibende, jeweils im Rahmen ihrer Befugnisse heranzuziehen; wiederkehrende Prüfungen dürfen auch vom Betreiber der Erzeugungsanlage, sofern er geeignet und fachkundig ist, und von sonstigen geeigneten und fachkundigen Betriebsangehörigen vorgenommen werden. Als geeignet und fachkundig sind Personen anzusehen, wenn sie nach ihrem Bildungsgang und ihrer bisherigen Tätigkeit die für die jeweilige Prüfung notwendigen fachlichen Kenntnisse und Erfahrungen besitzen und auch die Gewähr für eine gewissenhafte Durchführung der Prüfungsarbeiten bieten.

(3) Über jede wiederkehrende Prüfung ist eine **Prüfbescheinigung** auszustellen, die insbesondere festgestellte Mängel und Vorschläge zu deren Behebung zu enthalten hat. Die Prüfbescheinigung und sonstige die Prüfung betreffende Schriftstücke sind, sofern in der Genehmigung oder in einer anderen Entscheidung nichts anderes bestimmt ist, vom Betreiber der Anlage bis zur nächsten wiederkehrenden Prüfung der Anlage aufzubewahren. Sofern sich aus Abs. 4 nichts anderes ergibt, ist für Erzeugungsanlagen auf Basis flüssiger, gasförmiger und fester Brennstoffe, ausgenommen Erzeugungsanlagen für die Notstromversorgung, eine vom Prüfer bestätigte Zusammenfassung des Ergebnisses der Prüfung oder eine Ablichtung der Prüfbescheinigung unverzüglich der Behörde zu übermitteln.

(4) Sind in einer Prüfbescheinigung bei der wiederkehrenden Prüfung festgestellte **Mängel** festgehalten, so hat der Betreiber der Anlage unverzüglich eine Zweitschrift oder Ablichtung dieser Prüfbescheinigung und innerhalb angemessener Frist eine Darstellung der zur Mängelbehebung getroffenen **Maßnahmen** der Behörde zu übermitteln.

(5) Der Betreiber einer genehmigten Erzeugungsanlage entspricht seiner Verpflichtung gemäß Abs. 1 auch dann, wenn

1. er die Anlage einer Umweltbetriebsprüfung im Sinne der Verordnung (EG) Nr. 1221/2009, über die freiwillige Beteiligung von Organisationen an einem Gemeinschaftssystem für das Umweltmanagement und die Umweltbetriebsprüfung oder einer Umweltbetriebsprüfung im Sinn der ÖNORM EN ISO 14001:1996 (Ausgabedatum Dezember 1996) über Umweltmanagementsysteme (erhältlich beim Österreichischen Normungsinstitut, Heinestraße 38, 1021 Wien) unterzogen hat,
2. die Unterlagen über die Umweltbetriebsprüfung nicht älter als drei Jahre sind und
3. aus den Unterlagen über diese Umweltbetriebsprüfung hervorgeht, dass im Rahmen dieser Prüfung auch die Übereinstimmung der Erzeugungsanlage mit der Entscheidung und den sonst für die Erzeugungsanlage geltenden Vorschriften geprüft wurde. Abs. 3 zweiter Satz und Abs. 4 gelten sinngemäß.

(6) Die Behörde kann zum Zwecke der Überwachung jederzeit Überprüfungen vornehmen oder vornehmen lassen. § 12 Abs. 10 gilt sinngemäß.

§ 18
Auflassung, Unterbrechung, Vorkehrungen

(1) Beabsichtigt der Betreiber einer genehmigten Erzeugungsanlage die Auflassung oder die Unterbrechung des Betriebes seiner Anlage oder eines Teiles seiner Anlage, so hat er die notwendigen **Vorkehrungen** zur Vermeidung einer Gefährdung oder Belästigung im Sinne des § 11 Abs. 1 Z 1 bis 3 und § 12 Abs. 1 zweiter Satz zu treffen. Bei Auflassung hat der Betreiber auch die notwendigen Vorkehrungen zur Wahrung der im § 56 NÖ Bauordnung 2014 begründeten öffentlichen Interessen zu treffen.

(2) Der Betreiber der Erzeugungsanlage hat den **Beginn** der Auflassung und seine Vorkehrungen anlässlich der Auflassung der Behörde vorher **anzuzeigen.** Er hat die Betriebsunterbrechung und seine Vorkehrungen der Behörde innerhalb **eines** Monats nach Eintritt der Betriebsunterbrechung **anzuzeigen**, wenn diese Unterbrechung zumindest einen für die Erfüllung des Anlagenzweckes wesentlichen Teil der Anlage betrifft und voraussichtlich länger als ein Jahr dauern wird.

(3) Reichen die vom Betreiber gemäß Abs. 2 angezeigten Vorkehrungen **nicht** aus, um den Schutz der im § 11 Abs. 1 Z 1 bis 3 und § 12 Abs. 1 zweiter Satz umschriebenen Interessen oder der im § 56 NÖ Bauordnung 2014 begründeten öffentlichen Interessen bei Auflassung zu gewährleisten oder hat der Betreiber oder der ehemalige Betreiber die zur Erreichung dieses Schutzes **notwendigen** Vorkehrungen nicht oder nur unvollständig getroffen, so hat ihm die Behörde die notwendigen Vorkehrungen aufzutragen. Im Falle der Auflassung einer Photovoltaikanlage auf einer landwirtschaftlich genutzten Fläche oder einer Fläche im Grünland oder der Auflassung einer Windkraftanlage hat sie jedenfalls die Entfernung der oberirdischen Teile anzuordnen. Ist der Betreiber nicht feststellbar, ist er zur Erfüllung des Auftrages rechtlich nicht im Stande oder kann er aus sonstigen Gründen nicht beauftragt werden, so ist der Auftrag jenen Eigentümern, auf deren Grundstücken die Erzeugungsanlage errichtet ist, zu erteilen. § 8 Abs. 7 und 8 gelten sinngemäß.

(4) Durch einen Wechsel in der Person des Betreibers der Erzeugungsanlage oder der Eigentümer, auf deren Grundstücken die Erzeugungsanlage errichtet ist, wird die Wirksamkeit des Auftrages gemäß Abs. 3 nicht berührt.

(5) Der Behörde ist anzuzeigen, dass die gemäß Abs. 2 angezeigten oder die von der Behörde gemäß Abs. 3 aufgetragenen Vorkehrungen getroffen worden sind.

(6) Reichen die getroffenen Vorkehrungen aus, um den Schutz der im Abs. 3 umschriebenen Interessen zu gewährleisten, und sind keine weiteren Vorkehrungen im Sinne des Abs. 3 aufzutragen, so hat die Genehmigungsbehörde dies **festzustellen**. Mit Eintritt der Rechtskraft dieser Feststellung ist die Auflassung beendet und **erlischt** im Falle der gänzlichen Auflassung der Anlage die Genehmigung.

§ 19
Erlöschen der elektrizitätsrechtlichen Genehmigung

(1) Die elektrizitätsrechtliche Genehmigung **erlischt**, wenn

1. die Fertigstellung bei der Behörde nicht innerhalb von fünf Jahren nach rechtskräftiger Erteilung aller erforderlichen Bewilligungen und Genehmigungen angezeigt wird,
2. (Entfällt durch LGBl. Nr. 12/2018)
3. der Betrieb nicht innerhalb eines Jahres nach Anzeige der Fertigstellung oder nach Rechtskraft der Betriebsgenehmigung aufgenommen wird,
4. der Betrieb der gesamten Erzeugungsanlage durch mehr als fünf Jahre unterbrochen ist,
5. das Sanierungskonzept nach § 16 Abs. 8 nicht rechtzeitig eingebracht wird oder
6. die Auflassung gemäß § 18 Abs. 6 beendet ist.

(2) Die Behörde hat die Fristen gemäß Abs. 1 Z 1, 3 und 4 auf Grund eines vor Ablauf der Fristen gestellten Antrages angemessen zu **verlängern**, wenn es Art und Umfang des Vorhabens erfordert oder die Fertigstellung oder die Inbetriebnahme des Vorhabens unvorhergesehenen Schwierigkeiten begegnet. Durch den Antrag wird der Ablauf der Frist bis zur Entscheidung gehemmt.

(3) Das Erlöschen der elektrizitätsrechtlichen Genehmigung gemäß Abs. 1 Z 1 bis 5 ist **festzustellen**. § 18 gilt sinngemäß.

§ 20
Nicht genehmigte Erzeugungsanlagen

(1) Wird eine genehmigungspflichtige Erzeugungsanlage ohne Genehmigung errichtet, eine Erzeugungsanlage **ohne Genehmigung** wesentlich geändert oder eine Anlage, für deren Betrieb die Genehmigung vorbehalten wurde – ausgenommen ein Probebetrieb – ohne Betriebsgenehmigung betrieben, so hat die Behörde die zur Herstellung des gesetzmäßigen Zustandes **erforderlichen Maßnahmen,** wie die Einstellung der Bauarbeiten, die Einstellung des Betriebes, die Beseitigung der nicht genehmigten Anlage oder Anlagenteile, **anzuordnen**. Dabei ist auf eine angemessene Frist zur Durchführung der erforderlichen Arbeiten Bedacht zu nehmen.

(2) Die Beseitigung von Anlagen oder Anlagenteilen darf jedoch nicht verfügt werden, wenn zwischenzeitig die Erteilung der erforderlichen Genehmigung beantragt wurde und der Antrag nicht zurückgewiesen oder abgewiesen wurde.

§ 21
Einstweilige Sicherheitsmaßnahmen

(1) Um die durch eine diesem Gesetz unterliegende Erzeugungsanlage verursachte **Gefahr** für das Leben oder die Gesundheit von Menschen oder für das Eigentum oder sonstige dingliche Rechte der Nachbarn **abzuwehren** oder um die durch eine nicht genehmigte oder nicht genehmigungspflichtige Erzeugungsanlage oder eine nicht genehmigte wesentliche Änderung verursachte **unzumutbare Belästigung** der Nachbarn **abzustellen,** hat die Behörde entsprechend dem Ausmaß der Gefährdung oder Belästigung die gänzliche oder teilweise **Stilllegung** der Erzeugungsanlage, die Stilllegung von Maschinen oder sonstige die Anlage betreffende Sicherheitsmaßnahmen oder Vorkehrungen zu **verfügen**. Hat die Behörde Grund zur Annahme, dass zur Gefahrenabwehr **Sofortmaßnahmen** an Ort und Stelle erforderlich sind, so darf sie nach Verständigung des Betreibers der Erzeugungsanlage, des Betriebsleiters oder des Eigentümers der Anlage oder, wenn eine Verständigung dieser Person nicht möglich ist, einer Person, die tatsächlich die Betriebsführung wahrnimmt, solche Maßnahmen auch ohne vorausgegangenes Verfahren und vor Erlassung einer Entscheidung an Ort und Stelle treffen; hierüber

ist jedoch binnen zwei Wochen eine schriftliche Entscheidung zu erlassen, widrigenfalls die getroffene Maßnahme als aufgehoben gilt.

(2) Entscheidungen gemäß Abs. 1 sind **sofort** vollstreckbar. Sie treten mit Ablauf eines Jahres – vom Tage ihrer Rechtskraft an gerechnet – außer Kraft, soferne keine kürzere Frist festgesetzt wurde. Durch einen Wechsel in der Person des Betreibers der von Maßnahmen gemäß Abs. 1 betroffenen Anlagen, Anlagenteile oder Gegenstände wird die Wirksamkeit dieser Entscheidungen nicht berührt.

(3) Liegen die Voraussetzungen für die Erlassung einer Entscheidung gemäß Abs. 1 nicht mehr vor und ist zu erwarten, dass in Hinkunft jene Vorschriften, deren Nichteinhaltung für die Maßnahmen nach Abs. 1 bestimmend war, von der Person eingehalten werden, die die Erzeugungsanlage betreiben will, so hat die Behörde auf Antrag dieser Person die gemäß Abs. 1 getroffenen Maßnahmen ehestens zu **widerrufen.**

§ 22

Vorarbeiten zur Errichtung einer Erzeugungsanlage

(1) Zur Vornahme von Vorarbeiten für die Errichtung oder Änderung einer genehmigungspflichtigen Erzeugungsanlage hat die Behörde auf Antrag die vorübergehende Inanspruchnahme fremder Grundstücke zu genehmigen.

(2) Im Antrag sind die Art und Dauer der beabsichtigten Vorarbeiten anzugeben. Weiters ist dem Antrag eine **Übersichtskarte** in geeignetem Maßstab beizuschließen, in welcher das von den Vorarbeiten berührte Gebiet ersichtlich zu machen ist.

(3) In der Genehmigung ist dem Antragsteller das Recht einzuräumen, fremde Grundstücke zu betreten und auf diesen die zur Vorbereitung des Bauentwurfes der Erzeugungsanlage erforderlichen Bodenuntersuchungen und sonstigen technischen Arbeiten vorzunehmen. Den Grundeigentümern und dinglich Berechtigten kommt keine Parteistellung zu.

(4) Bei der Durchführung der Vorarbeiten hat der Berechtigte mit möglichster Schonung bestehender Rechte vorzugehen und darauf Bedacht zu nehmen, dass der bestimmungsgemäße Gebrauch der betroffenen Grundstücke nach Möglichkeit nicht behindert wird.

(5) Die Genehmigung ist zu befristen. Die Frist ist unter Bedachtnahme auf die Art und den Umfang sowie die geländemäßigen Voraussetzungen der Vorarbeiten festzusetzen. Sie ist zu verlängern, soweit die Vorbereitung des Bauentwurfes dies erfordert.

(6) Den Gemeinden, in welchen die Vorarbeiten durchgeführt werden sollen, hat die Behörde eine Ausfertigung der Genehmigung zuzustellen, die unverzüglich durch Anschlag an der Amtstafel **kundzumachen** ist. Die Kundmachungsfrist beträgt vier Wochen. Mit den Vorarbeiten darf erst nach Ablauf der Kundmachungsfrist begonnen werden.

(7) Der zur Vornahme der Vorarbeiten Berechtigte hat unbeschadet der Bestimmungen des Abs. 6 die **Eigentümer** oder die **Nutzungsberechtigten** der betroffenen Liegenschaften sowie allfällige Bergbauberechtigte mindestens vier Wochen vorher vom beabsichtigten Beginn der Vorarbeiten schriftlich in Kenntnis zu setzen.

(8) Der zur Vornahme der Vorarbeiten Berechtigte hat die Eigentümer der betroffenen Grundstücke, die an diesen Grundstücken dinglich Berechtigten – ausgenommen Hypothekargläubiger – und allfällige Bergbauberechtigte für alle mit den Vorarbeiten unmittelbar verbundenen Beschränkungen ihrer zum Zeitpunkt der Genehmigung ausgeübten Rechte angemessen zu **entschädigen.** Soweit hierüber keine Vereinbarung zu Stande kommt, ist die Entschädigung auf Antrag durch die Behörde festzusetzen. Für das Entschädigungsverfahren gilt § 23 Abs. 5 sinngemäß.

§ 23

Enteignung

(1) Die Behörde hat auf Antrag die für die Errichtung und den Betrieb einer Erzeugungsanlage notwendigen Beschränkungen von Grundeigentum oder anderen dinglichen Rechten einschließlich der Entziehung des Eigentums (Enteignung) gegen angemessene **Entschädigung** auszusprechen, wenn die Errichtung der Erzeugungsanlage im **öffentlichen Interesse** liegt, die beantragten Beschränkungen von Grundeigentum für die Durchführung des Projektes zwingend erforderlich sind, zwischen demjenigen, der die Erzeugungsanlage zu errichten und zu betreiben beabsichtigt und dem Grundeigentümer oder dem Inhaber anderer dinglicher Rechte eine Einigung darüber nicht zustande kommt und nach keiner anderen gesetzlichen Bestimmung eine Enteignung möglich ist.

(2) Im Antrag gemäß Abs. 1 sind die betroffenen Grundstücke mit Grundstücksnummer, die Katastralgemeindenummer und die Einlagezahl, die Eigentümer und sonstigen dinglich Berechtigten mit Ausnahme der Hypothekargläubiger und der Inhalt der beanspruchten Rechte anzuführen. Werden durch die Enteignung Bergbauberechtigungen berührt, ist im Antrag auch der Bergbauberechtigte anzuführen.

(3) Die **Enteignung** kann umfassen:

1. die Einräumung von Dienstbarkeiten an unbeweglichen Sachen,
2. die Abtretung des Eigentums an Grundstücken oder
3. die Abtretung, Einschränkung oder Aufhebung anderer dinglicher Rechte an unbeweglichen Sachen und solcher Rechte, deren Ausübung an einen bestimmten Ort gebunden ist.

(4) Von der Enteignung nach Abs. 3 Z 2 ist von der Behörde nur Gebrauch zu machen, wenn die übrigen in Abs. 3 angeführten Maßnahmen nicht ausreichen.

(5) Auf das Enteignungsverfahren und die behördliche Ermittlung der Entschädigung sind die Bestimmungen des **Eisenbahn-Enteignungsentschädigungsgesetzes** sinngemäß mit nachstehenden **Abweichungen** anzuwenden:

1. Der Enteignungsgegner kann im Zuge des Enteignungsverfahrens die Einlösung der durch Dienstbarkeiten oder andere dingliche Rechte gemäß Abs. 3 in Anspruch zu nehmenden unverbauten Grundstücke oder Teile von solchen gegen Entschädigung, welche vom Enteignungswerber zu bezahlen ist, verlangen, wenn diese durch die Belastung die zweckmäßige Benutzbarkeit verlieren. Verliert ein Grundstück durch die Enteignung eines Teiles desselben für den Eigentümer die zweckmäßige Benutzbarkeit, so ist auf Verlangen des Eigentümers das ganze Grundstück einzulösen.
2. Über die Zulässigkeit, den Inhalt, den Gegenstand und den Umfang der Enteignung sowie über die Entschädigung entscheidet die Behörde nach Anhörung der für den Enteignungsgegenstand zuständigen gesetzlichen Interessensvertretung.
3. Die Höhe der Entschädigung ist auf Grund der Schätzung wenigstens eines allgemein beeideten und gerichtlich zertifizierten Sachverständigen im Enteignungsbescheid oder in einem gesonderten Bescheid zu bestimmen; im letzteren Fall ist ohne weitere Erhebungen im Enteignungsbescheid ein vorläufiger Sicherstellungsbetrag festzulegen.
4. Jede der beiden Parteien kann binnen drei Monaten ab Zustellung des die Entschädigung bestimmenden Bescheides (Z 3) die Feststellung des Entschädigungsbetrages bei jenem Landesgericht begehren, in dessen Sprengel sich der Gegenstand der Enteignung befindet. Der Bescheid tritt hinsichtlich des Ausspruches über die Entschädigung mit Anrufung des Gerichtes außer Kraft. Der Antrag an das Gericht auf Feststellung der Entschädigung kann nur mit Zustimmung des Antragsgegners zurückgezogen werden. Bei Zurücknahme des Antrages gilt der im Enteignungsbescheid bestimmte Entschädigungsbetrag als vereinbart.
5. Auf Antrag des Enteigneten kann an Stelle einer Geldentschädigung eine in Form einer gleichartigen und gleichwertigen Naturalleistung treten, wenn diese dem Enteignungswerber unter Abwägung des Einzelfalles wirtschaftlich zugemutet werden kann. Hierüber entscheidet die Behörde in einem gesonderten Bescheid gemäß Z 3. Z 4 gilt sinngemäß.

Abschnitt 2
(entfällt)
§§ 24 - 26
(entfallen)
Abschnitt 3
(entfällt)
§§ 27 - 29
(entfallen)

Hauptstück III
Betrieb von Netzen, Regelzonen

Abschnitt 1
Allgemeine Rechte und Pflichten der Netzbetreiber

§ 30
Geregelter Netzzugang

(1) Netzbetreiber sind verpflichtet, den **Netzzugangsberechtigten** den **Netzzugang** zu den jeweils genehmigten Allgemeinen Netzbedingungen (Allgemeine Bedingungen für Netznutzung und Netzbetrieb) und den jeweils bestimmten Systemnutzungstarifen einschließlich allfälliger behördlich festgesetzter Abgaben, Förderbeiträge, Zuschläge etc., deren Einhebung durch die Netzbetreiber vorgesehen ist, auf Grund privatrechtlicher Verträge (Netzzugangsvertrag) zu **gewähren**.

(2) Die Netzzugangsberechtigten haben einen **Rechtsanspruch**, auf Grundlage der jeweils genehmigten Allgemeinen Netzbedingungen und der von der Regulierungsbehörde jeweils bestimmten Systemnutzungsentgelte einschließlich allfälliger behördlich festgesetzter Abgaben, Förderbeiträge, Zuschläge etc., deren Einhebung durch die Netzbetreiber vorgesehen ist, die **Nutzung** der Netze zu begehren.

§ 31
(entfällt)

§ 32
Verweigerung des Netzzugangs

(1) Ein Netzbetreiber kann den Netzzugangsberechtigten den Netzzugang aus nachstehenden **Gründen** ganz oder teilweise **verweigern**:

1. bei außergewöhnlichen Netzzuständen (Störfälle) sowie
2. bei mangelnden Netzkapazitäten.
3. (entfällt durch LGBl. Nr. 68/2021)

(2) Der **Netzbetreiber,** an dessen Netz die Kundenanlage angeschlossen ist, hat die Verweigerung dem Netzzugangsberechtigten unter Berücksichtigung der gemeinwirtschaftlichen Verpflichtungen schriftlich zu **begründen.**

(3) Hat ein Netzbetreiber wegen mangelnder Netzkapazitäten den Netzzugang verweigert, so hat er auf schriftliches Verlangen eines Netzzugangsberechtigten auch bekannt zu geben, welche konkreten Maßnahmen zum Ausbau des Netzes

im einzelnen erforderlich wären, um den Netzzugang durchzuführen, und aus welchen Gründen diese noch nicht erfolgt sind. Für diese Begründung kann der Netzbetreiber ein angemessenes Entgelt verlangen, wenn er den Netzzugangsberechtigten auf die Entstehung von Kosten zuvor ausdrücklich hingewiesen hat.

(4) Für die Beurteilung der Netzzugangsberechtigung sind diejenigen Rechtsvorschriften anzuwenden, die in jenem Land gelten, in dem derjenige, der einen Antrag gemäß § 21 Abs. 2 ElWOG 2010 stellt, seinen Sitz (Hauptwohnsitz) hat. Für die Beurteilung der Netzzugangsverweigerungsgründe sind jene Rechtsvorschriften anzuwenden, die am Sitz des Netzbetreibers gelten, der den Netzzugang verweigert hat.

§ 33
Allgemeine Netzbedingungen

(1) Die Netzbetreiber haben die Netzzugangsberechtigten vor Vertragsabschluss über die wesentlichen Inhalte der Allgemeinen Bedingungen zu informieren. Zu diesem Zweck ist dem Netzzugangsberechtigten ein Informationsblatt auszuhändigen. Die Allgemeinen Bedingungen sind den Netzzugangsberechtigten auf Verlangen kostenlos zur Verfügung zu stellen.

(2) Die Allgemeinen **Netzbedingungen** dürfen nicht diskriminierend sein und keine missbräuchlichen Praktiken oder ungerechtfertigten Beschränkungen enthalten und weder die Versorgungssicherheit noch die Dienstleistungsqualität gefährden. Insbesonders sind sie so zu gestalten, dass

1. die Erfüllung der dem Netzbetreiber obliegenden Aufgaben gewährleistet ist,
2. die Leistungen der Netzzugangsberechtigten mit den Leistungen des Netzbetreibers in einem sachlichen Zusammenhang stehen,
3. die wechselseitigen Verpflichtungen ausgewogen und verursachungsgerecht zugewiesen sind,
4. sie Festlegungen über technische Anforderungen für den Anschluss an das Netz im Netzanschlusspunkt und alle Vorkehrungen, um störende Rückwirkungen auf das System des Netzbetreibers oder anderer Anlagen zu verhindern, enthalten,
5. sie objektive Kriterien für den Parallelbetrieb von Erzeugungsanlagen mit dem Netz und die Einspeisung von Elektrizität aus Erzeugungsanlagen in das Netz sowie die Nutzung von Verbindungsleitungen festlegen,
6. sie Regelungen über die Kostentragung des Netzanschlusses enthalten, die sich an der Kostenverursachung orientieren,
7. sie klar und übersichtlich gefasst sind,
8. sie Definitionen der nicht allgemein verständlichen Begriffe enthalten.

(3) Die Allgemeinen Bedingungen haben insbesondere zu enthalten:

1. Name und Anschrift des Netzbetreibers;
2. die Rechte und Pflichten der Vertragspartner, insbesondere jene zur Einhaltung der sonstigen Marktregeln, die sich aus den Bestimmungen der §§ 31, 33, 38, 41, 43, 46, 47, 51 ergeben;
3. die im Anhang I der Elektrizitätsbinnenmarktrichtlinie festgelegten Maßnahmen zum Schutz der Kunden;
4. die den einzelnen Netzbenutzern zugeordneten standardisierten Lastprofile;
5. die technischen Mindestanforderungen für den Netzzugang;
6. die verschiedenen von den Netzbetreibern im Rahmen des Netzzugangs zur Verfügung zu stellenden Dienstleistungen und angebotene Qualität;
7. den Zeitraum, innerhalb dessen Kundenanfragen jedenfalls zu beantworten sind;
8. die Ankündigung von geplanten Versorgungsunterbrechungen;
9. die Mindestanforderungen bezüglich Terminvereinbarungen mit Netzbenutzern;
10. jenen Standard, der bei der Datenübermittlung an Marktteilnehmer einzuhalten ist;
11. das Verfahren und die Modalitäten für Anträge auf Netzzugang;
12. die von den Netzbenutzern zu liefernden Daten;
13. etwaige Entschädigungs- und Erstattungsregelungen bei Nichteinhaltung der vertraglich vereinbarten Leistungsqualität sowie einen Hinweis auf gesetzlich vorgesehene Streitbeilegungsverfahren;
14. eine Frist von höchstens 14 Tagen ab Einlangen, innerhalb der der Netzbetreiber das Begehren auf Netzzugang zu beantworten hat;
15. die grundlegenden Prinzipien für die Verrechnung sowie die Art und Form der Rechnungslegung;
16. Modalitäten, zu welchen der Netzbenutzer verpflichtet ist, Teilzahlungen zu leisten, wobei eine Zahlung zumindest zehn Mal jährlich anzubieten ist;
17. die Verpflichtung von Netzzugangsberechtigten zur Vorauszahlung oder Sicherheitsleistung (Barsicherheit, Bankgarantie, Hinterlegung von nicht vinkulierten Sparbüchern) in angemessener Höhe, insoweit nach den Umständen des Einzelfalles zu erwarten ist, dass der Netzbenutzer seinen Zahlungsverpflichtungen nicht oder nicht zeitgerecht nachkommt. Anstelle einer Vorauszahlung oder einer Sicherheitsleistung kann auch ein Vorauszahlungszähler zur Verwendung gelangen;
18. das Zustimmungserfordernis des Verteilernetzbetreibers, wenn nach Inkrafttreten der NÖ ElWG-Novelle 2011 ein Dritter an die Kundenanlage angeschlossen werden soll.

(4) In den Allgemeinen Netzbedingungen können auch **Normen** und **Regelwerke** der Technik in der jeweils geltenden Fassung für verbindlich erklärt werden.

(5) Die Netzbetreiber einer Regelzone haben ihre Allgemeinen Netzbedingungen aufeinander abzustimmen.

(6) Die in Ausführung der im Abs. 2 Z 4 und 5 erfolgten Regelungen in den Allgemeinen Netzbedingungen sind der Europäischen Kommission gemäß Art. 5 der Informationsrichtlinie mitzuteilen. Dies gilt nicht, soweit diesem Erfordernis bereits entsprochen ist.

(7) Werden neue Allgemeine Netzbedingungen bzw. Änderungen von der Regulierungsbehörde genehmigt, hat der Netzbetreiber dies binnen vier Wochen nach der Genehmigung den Netzbenutzern in einem persönlich an sie gerichteten Schreiben oder über Wunsch des Netzbenutzers elektronisch bekannt zu geben und ihnen diese auf deren Wunsch zuzusenden (z. B. elektronisch). In diesem Schreiben oder auf der Rechnung sind die neuen Allgemeinen Bedingungen bzw. die Änderungen und die Kriterien, die bei der Änderung einzuhalten sind, nachvollziehbar wiederzugeben. Die neuen Allgemeinen Netzbedingungen bzw. die Änderungen gelten ab dem nach Ablauf von drei Monaten folgenden Monatsersten als vereinbart.

(8) Der Netzbetreiber hat dem Netzbenutzer oder künftigen Netzbenutzer transparente Informationen über geltende Preise und Tarife sowie über die Allgemeinen Bedingungen über Anforderung kostenlos zur Verfügung zu stellen.

(9) Die Behörde ist ermächtigt, mit Verordnung die im Abs. 3 enthaltenen Anforderungen näher zu regeln.

§ 34
Lastprofile, Kosten des Netzanschlusses

(1) Für jene Endverbraucher, welche an die Netzebenen gemäß § 63 Z 6 und 7 ElWOG 2010 angeschlossen sind und weniger als **100 000 kWh** Jahresverbrauch oder weniger als **50 kW** Anschlussleistung aufweisen, sind von den Netzbetreibern standardisierte Lastprofile zu erstellen, wobei auch die Form der Erstellung und Anpassung (synthetisch, analytisch) der standardisierten Profile zu bestimmen ist.

(2) Für Einspeiser mit weniger als 100 000 kWh jährlicher Einspeisung oder weniger als 50 kW Anschlussleistung sind ebenfalls standardisierte Lastprofile vorzusehen.

(3) Die standardisierten Lastprofile sind innerhalb einer Regelzone aufeinander abzustimmen und durch die Netzbetreiber in geeigneter Form zu veröffentlichen.

(4) Die Netzbetreiber sind berechtigt, bei Neuanschlüssen oder bei Erhöhungen der Anschlussleistung (Netzzutritt) die zur Abgeltung der notwendigen **Aufwendungen** für die Errichtung und Ausgestaltung von Leitungsanlagen im Sinne des § 2 Abs. 1 des NÖ Starkstromwegegesetzes, LGBl. 7810, die Voraussetzung für die Versorgung von Kunden oder für die Einspeisung aus Erzeugungsanlagen sind, erforderlichen Kosten zu **verlangen**. Die bestimmten Systemnutzungsentgelte und Netzbereitstellungsentgelte bleiben unberührt.

(5) Der Netzbetreiber hat den Netzzugangsberechtigten auf deren Verlangen einen detaillierten Kostenvoranschlag über die Netzanschlussarbeiten vorzulegen.

§ 35
Technischer Betriebsleiter

(1) Netzbetreiber sind verpflichtet, vor Aufnahme des Betriebes eines Netzes eine natürliche Person als **Betriebsleiter** für die technische Leitung und Überwachung des Betriebes der Netze zu bestellen.

(2) Der Betriebsleiter muss den Voraussetzungen nach § 53 Abs. 3 Z 1 entsprechen, fachlich **befähigt** sein, den Betrieb von Netzen zu leiten und zu überwachen und überwiegend in inländischen Unternehmen tätig sein. § 53 Abs. 10 gilt sinngemäß.

(3) Der **Nachweis** der fachlichen Befähigung wird durch das Vorliegen des nach der Gewerbeordnung 1994 für die Ausübung des Gewerbes der Elektrotechniker erforderlichen Befähigungsnachweises erbracht.

(4) Vom Erfordernis des Abs. 3 kann die Behörde über Antrag des Netzbetreibers **Nachsicht** erteilen, wenn

1. nach dem Bildungsgang und der bisherigen Tätigkeit angenommen werden kann, dass der vorgesehene Betriebsleiter die Kenntnisse, Fähigkeiten und Erfahrungen besitzt, die zur Erfüllung seiner Aufgaben erforderlich sind, oder
2. eine hinreichende tatsächliche Befähigung angenommen werden kann.

Die Wirtschaftskammer Niederösterreich ist vor Erteilung der Nachsicht zu hören.

(5) Die Bestellung des Betriebsleiters bedarf der **Genehmigung** der Behörde. Der Antrag ist vom Betreiber des Netzes einzubringen. Die Genehmigung ist zu erteilen, wenn der Betriebsleiter die Voraussetzungen gemäß Abs. 2 erfüllt. Die Genehmigung ist zu widerrufen, wenn auch nur eine dieser Voraussetzungen weggefallen ist oder begründete Zweifel an seiner Zuverlässigkeit bestehen.

(6) Scheidet der Betriebsleiter aus oder wird die Genehmigung seiner Bestellung widerrufen, so darf der Betrieb des Netzes bis zur Bestellung

eines neuen Betriebsleiters, längstens jedoch während **zweier** Monate weiter ausgeübt werden. Das Ausscheiden des Betriebsleiters sowie das Wegfallen einer Voraussetzung für die Genehmigung seiner Bestellung ist der Behörde vom Netzbetreiber unverzüglich schriftlich anzuzeigen.

(7) Ist der Netzbetreiber eine natürliche Person und erfüllt er die Voraussetzungen gemäß Abs. 2, so kann auch der Netzbetreiber als Betriebsleiter bestellt werden.

§ 36
Aufrechterhaltung der Leistung

Die Netzbetreiber dürfen die vertraglich zugesicherten Leistungen **nur** unterbrechen oder einstellen, wenn der Netzbenutzer seine vertraglichen Verpflichtungen gröblich verletzt oder wenn unerlässliche technische Maßnahmen in den Übertragungs-, Anschluss- oder Verteileranlagen des Netzbetreibers vorzunehmen sind oder zur Vermeidung eines drohenden Netzzusammenbruches eine Einstellung der Leistungen erforderlich ist. Störungen sind unverzüglich zu **beheben**. Bei voraussehbaren Leistungsunterbrechungen sind die Netzbenutzer rechtzeitig vorher in ortsüblicher Weise zu **verständigen.**

§ 37
(entfällt)

Abschnitt 2
Betreiber von Verteilernetzen

§ 38
Pflichten der Verteilernetzbetreiber

(1) Zusätzlich zu den im Abschnitt 1 festgelegten Pflichten sind **Verteilernetzbetreiber verpflichtet**,

1. das von ihnen betriebene Netz sicher, zuverlässig und leistungsfähig unter Bedachtnahme auf den Umweltschutz zu betreiben und zu erhalten sowie für die Bereitstellung aller unentbehrlichen Hilfsdienste zu sorgen,
2. das von ihnen betriebene Netz bedarfsgerecht auszubauen, um auf lange Sicht die Fähigkeit des Verteilernetzes sicherzustellen, die voraussehbare Nachfrage nach Verteilung zu befriedigen,
3. die zum Betrieb des Netzes erforderlichen technischen Voraussetzungen sicherzustellen,
4. dem Betreiber eines anderen Netzes, mit dem sein eigenes Netz verbunden ist, ausreichende Informationen zu liefern, um den sicheren und leistungsfähigen Betrieb, den koordinierten Ausbau und die Interoperabilität des Verbundnetzes sicherzustellen,
5. wirtschaftlich sensible Informationen, von denen sie in Ausübung ihrer Tätigkeit Kenntnis erlangt haben, vertraulich zu behandeln,
6. sich jeglicher Diskriminierung von Netzbenutzern oder Kategorien von Netzbenutzern, insbesondere zugunsten der mit ihnen verbundenen Unternehmen, zu enthalten und den Netzbenutzern die Informationen zur Verfügung zu stellen, die sie für einen effizienten Netzzugang benötigen,
7. die zur Durchführung der Berechnung und Zuordnung der Ausgleichsenergie erforderlichen Daten zur Verfügung zu stellen, wobei insbesondere jene Zählwerte zu übermitteln sind, die für die Berechnung der Fahrplanabweichungen und der Abweichungen von den Lastprofilen jeder Bilanzgruppe benötigt werden,
8. Netzzugangsberechtigten zu den jeweils genehmigten Allgemeinen Netzbedingungen und jeweils bestimmten Systemnutzungsentgelten einschließlich allfälliger behördlich festgesetzter Abgaben, Förderbeiträge, Zuschläge etc., deren Einhebung durch die Netzbetreiber vorgesehen ist, Netzzugang zu ihren Systemen zu gewähren,
9. die genehmigten Allgemeinen Netzbedingungen und die bestimmten Systemnutzungsentgelte in geeigneter Weise (z. B. Internet) zu veröffentlichen,
10. die zur Durchführung der Verrechnung und Datenübermittlung gemäß Z 7 erforderlichen vertraglichen Maßnahmen vorzusehen,
11. zur Abschätzung der Lastflüsse und Prüfung der Einhaltung der technischen Sicherheit des Netzes,
12. zur Führung einer Evidenz über alle in ihren Netzen tätigen Bilanzgruppen und Bilanzgruppenverantwortlichen,
13. zur Führung einer Evidenz aller in ihren Netzen tätigen Stromhändler und sonstigen Lieferanten,
14. zur Messung der Bezüge, Leistungen, Lastprofile der Netzbenutzer, zur Prüfung der Plausibilität der Lastprofile und zur Weitergabe von Daten, insbesondere in Form von Online-Daten (Echtzeitdaten) im für die Versorgungssicherheit erforderlichen Ausmaß an den Bilanzgruppenkoordinator, die betroffenen Netzbetreiber sowie Bilanzgruppenverantwortlichen,
15. zur Messung der Leistungen, der Strommengen und der Lastprofile an den Schnittstellen zu anderen Netzen und Weitergabe der Daten an betroffene Netzbetreiber und an den Bilanzgruppenkoordinator,
16. Engpässe im Verteilernetz zu ermitteln und Handlungen zu setzen, um diese zu vermeiden,
17. zur Entgegennahme und Weitergabe von Meldungen über Stromhändler-, Lieferanten sowie Bilanzgruppenwechsel,
18. zur Einrichtung einer besonderen Bilanzgruppe für die Ermittlung der Netzverluste, wobei diese Bilanzgruppe gemeinsam mit anderen Netzbetreibern eingerichtet werden kann,

19. zur Einhebung der Entgelte für Netznutzung und zur Einhebung allfälliger behördlich festgesetzter Abgaben, Förderbeiträge, Zuschläge etc.,
20. zur Zusammenarbeit mit dem Bilanzgruppenkoordinator, den Bilanzgruppenverantwortlichen und sonstigen Marktteilnehmern bei der Aufteilung der sich aus der Verwendung von standardisierten Lastprofilen ergebenden Differenzen nach Vorliegen der Messergebnisse,
21. Verträge über den Datenaustausch mit anderen Netzbetreibern, den Bilanzgruppenverantwortlichen sowie dem Bilanzgruppenkoordinator und anderen Marktteilnehmern entsprechend den in den Allgemeinen Netzbedingungen festgelegten Marktregeln abzuschließen,
22. zur Führung von Aufzeichnungen über den Zeitpunkt des Verlangens nach Netzanschluss von Erzeugungsanlagen,
23. wenn an das Netz mindestens 100.000 Kunden angeschlossen sind, ein Gleichbehandlungsprogramm zu erstellen, aus dem hervorgeht, welche Maßnahmen zum Ausschluss diskriminierenden Verhaltens getroffen werden und welche Maßnahmen vorgesehen sind, durch die die ausreichende Überwachung der Einhaltung dieses Programms gewährleistet wird. In diesem Programm ist insbesondere festzulegen, welche Pflichten die Mitarbeiter im Hinblick auf die Erreichung dieses Ziels haben,
24. den Wechsel des Versorgers ohne gesondertes Entgelt zu ermöglichen,
25. bei der Planung des Verteilernetzausbaus Energieeffizienz-, Nachfragesteuerungsmaßnahmen oder dezentrale Erzeugungsanlagen, durch die sich die Notwendigkeit einer Nachrüstung oder eines Kapazitätsersatzes erübrigen könnte, zu berücksichtigen,
26. elektrische Energie, die zur Deckung von Verlusten inklusive Kapazitätsreserven im Verteilernetz verwendet wird, nach transparenten, nicht diskriminierenden, marktkonformen und marktorientierten Verfahren zu beschaffen,
27. zur Bekanntgabe der eingespeisten Ökoenergie an die gemäß Ökostromgesetz zuständigen Stelle,
28. den Übertragungsnetzbetreiber zum Zeitpunkt der Feststellung des technisch geeigneten Anschlusspunktes über die geplante Errichtung von Erzeugungsanlagen mit einer Leistung von 50 MW zu informieren,
29. als ein vertikal integrierter Verteilernetzbetreiber, an dessen Verteilernetz mindestens 100.000 Kunden angeschlossen sind, Vorsorge zu treffen, dass in der Kommunikations- und Markenpolitik eine Verwechslung in Bezug auf die eigene Identität der Versorgungssparte des vertikal integrierten Unternehmens ausgeschlossen ist. § 54 Abs. 5 gilt sinngemäß,
30. die Anforderungen des Anhangs XII der Energieeffizienzrichtlinie zu erfüllen,
31. ihre Verteilernetze vorausschauend und im Sinne der nationalen und europäischen Klima- und Energieziele weiterzuentwickeln,
32. Optionen zur Einbindung von ab- oder zuschaltbaren Lasten für den Netzbetrieb in ihrem Netzgebiet zu prüfen und bei Bedarf im Zuge des integrierten Netzinfrastrukturplans gemäß § 94 EAG an die Bundesministerin für Klimaschutz, Umwelt, Energie, Mobilität, Innovation und Technologie und an die Regulierungsbehörde zu melden,
33. der Regulierungsbehörde Auskunft über Netzzutrittsanträge und Netzzutrittsanzeigen zu geben. Das betrifft insbesondere auch Informationen über die Anschlussleistung sowie über abgeschlossene Netzzutritts- und Netzzugangsverträge samt allfälliger Fristen für bevorstehende Anschlüsse.

(2) Der Betreiber eines vertikal integrierten Verteilernetzes, an dessen Netz mindestens 100.000 Kunden angeschlossen sind, hat für die Aufstellung und Überwachung der Einhaltung des Gleichbehandlungsprogramms einen völlig unabhängigen Gleichbehandlungsbeauftragten zu benennen. § 54 Abs. 4 gilt sinngemäß. Die Bestellung des Gleichbehandlungsbeauftragten lässt die Verantwortung der Leitung des Verteilernetzbetreibers für die Einhaltung dieses Gesetzes unberührt.

(3) Die Benennung des Gleichbehandlungsbeauftragten ist der Behörde unter Darlegung der im Abs. 2 geforderten Anforderungen anzuzeigen. Sind die Anforderungen nicht erfüllt, hat dies die Behörde festzustellen.

(4) Das Gleichbehandlungsprogramm ist über begründetes Verlangen der Behörde zu ändern.

§ 39
Recht zum Netzanschluss

(1) Verteilernetzbetreiber haben – unbeschadet der Bestimmungen betreffend Direktleitungen sowie bestehender Netzanschlussverhältnisse – das Recht, innerhalb des von ihrem **Verteilernetz abgedeckten Gebietes** alle Netzzugangsberechtigten an ihr Netz anzuschließen.

(2) Vom Recht zum Netzanschluss sind Netzzugangsberechtigte **ausgenommen**, denen elektrische Energie mit einer Nennspannung von über 110 kV übergeben werden soll oder die als Erzeuger elektrische Energie mit einer Nennspannung von über 110 kV übergeben.

§ 40
Allgemeine Anschlusspflicht

(1) Verteilernetzbetreiber sind **verpflichtet,** zu den jeweils genehmigten Allgemeinen Netzbedingungen mit Netzzugangsberechtigten innerhalb des von ihrem Verteilernetz abgedeckten Gebietes privatrechtliche **Verträge** über den Anschluss an ihr Netz **abzuschließen.**

(1a) Die Allgemeine Anschlusspflicht besteht auch dann, wenn eine Einspeisung oder Abnahme von elektrischer Energie erst durch die Optimierung, Verstärkung oder den Ausbau des Verteilernetzes möglich wird.

(2) Die Allgemeine **Anschlusspflicht** besteht **nicht**:

1. bei technischer Inkompatibilität oder bei begründeten Sicherheitsbedenken. Die Gründe für die Ausnahmen sind in den Marktregeln näher zu definieren.
2. gegenüber Netzzugangsberechtigten, denen elektrische Energie mit einer Nennspannung von über 110 kV übergeben werden soll und
3. gegenüber Erzeugern, die elektrische Energie mit einer Nennspannung von über 110 kV übergeben.

(3) Ob die Allgemeine Anschlusspflicht besteht, hat die Behörde auf **Antrag** eines Netzzugangsberechtigten oder eines Verteilernetzbetreibers **festzustellen**.

(4) Die Verteilernetzbetreiber sind verpflichtet, im Netzzugangsvertrag einen Zeitpunkt der Inbetriebnahme der Anlage des Netzzugangsberechtigten zu bestimmen, der den tatsächlichen und vorhersehbaren zeitlichen Erfordernissen für die Errichtung oder Ertüchtigung der Anschlussanlage oder für notwendige Verstärkungen oder Ausbauten des vorgelagerten Verteilernetzes entspricht. Dieser Zeitpunkt darf spätestens ein Jahr nach Abschluss des Netzzugangsvertrags für die Netzebenen 7 bis 5 im Sinne des § 63 ElWOG 2010 und spätestens drei Jahre nach Abschluss des Netzzugangsvertrags für die Netzebenen 4 und 3 im Sinne des § 63 ElWOG 2010 liegen. Sofern für die beabsichtigten Maßnahmen behördliche Genehmigungen oder Verfahren benötigt werden, ist die Verfahrensdauer nicht in diese Frist einzurechnen.

Abschnitt 3
Betreiber von Übertragungsnetzen, Regelzonen

§ 41

Pflichten der Übertragungsnetzbetreiber

(1) Zusätzlich zu den im Abschnitt 1 festgelegten Pflichten sind die **Übertragungsnetzbetreiber verpflichtet,**

1. das von ihnen betriebene Netz sicher, zuverlässig, leistungsfähig und unter Bedachtnahme auf den Umweltschutz zu betreiben und zu erhalten,
2. auf lange Sicht die Fähigkeit des Netzes zur Befriedigung einer angemessenen Nachfrage nach Übertragung von elektrischer Energie langfristig sicherzustellen und unter wirtschaftlichen Bedingungen sowie unter gebührender Beachtung des Umweltschutzes sichere, zuverlässige und leistungsfähige Übertragungsnetze zu betreiben, zu warten und auszubauen sowie durch entsprechende Übertragungskapazität und Zuverlässigkeit des Netzes einen Beitrag zur Versorgungssicherheit zu leisten,
3. die zum Betrieb des Netzes erforderlichen technischen Voraussetzungen sicherzustellen,
4. die zur Durchführung der Verrechnung und Datenübermittlung gemäß § 43 Abs. 2 Z 9 erforderlichen vertraglichen Maßnahmen vorzusehen,
5. dem Betreiber eines anderen Netzes, mit dem ihr eigenes Netz verbunden ist, ausreichende Informationen zu liefern, um den sicheren und leistungsfähigen Betrieb, den koordinierten Ausbau und die Interoperabilität des Verbundnetzes sicherzustellen,
6. die genehmigten Allgemeinen Netzbedingungen und die bestimmten Systemnutzungsentgelte in geeigneter Weise (z. B. Internet) zu veröffentlichen,
7. Verträge über den Datenaustausch mit anderen Netzbetreibern, den Bilanzgruppenverantwortlichen sowie dem Bilanzgruppenkoordinator und anderen Marktteilnehmern entsprechend den in den Allgemeinen Netzbedingungen festgelegten Marktregeln abzuschließen,
8. wirtschaftlich sensible Informationen, von denen sie in Ausübung ihrer Tätigkeit Kenntnis erlangt haben, vertraulich zu behandeln,
9. sich jeglicher Diskriminierung von Netzbenutzern oder Kategorien von Netzbenutzern, insbesondere zugunsten der mit ihnen verbundenen Unternehmen, zu enthalten und den Netzbenutzern die Informationen zur Verfügung zu stellen, die sie für einen effizienten Netzzugang benötigen,
10. Netzzugangsberechtigten zu den jeweils genehmigten Allgemeinen Netzbedingungen und jeweils bestimmten Systemnutzungstarifen einschließlich allfälliger behördlich festgesetzter Abgaben, Förderbeiträge, Zuschläge etc., deren Einhebung durch den Netzbetreiber vorgesehen ist, Netzzugang zu ihren Systemen zu gewähren,
11. zur Abschätzung der Lastflüsse und Prüfung der Einhaltung der technischen Sicherheit des Netzes,
12. zur Messung der Leistungen, der Strommengen und der Lastprofile an den Schnittstellen zu anderen Netzen und Weitergabe der Daten, insbesondere in Form von Online-Daten (Echtzeitdaten), an betroffene Netzbetreiber und an den Bilanzgruppenkoordinator,
13. Engpässe im Netz zu ermitteln und Maßnahmen zu setzen, um Engpässe zu vermeiden oder zu beseitigen sowie die Versorgungssicherheit aufrecht zu erhalten. Sofern für die Netzengpassbeseitigung oder Aufrechterhaltung der Versorgungssicherheit dennoch

Leistungen der Erzeuger (Erhöhung oder Einschränkung der Erzeugung sowie Veränderung der Kraftwerksverfügbarkeit) erforderlich sind, ist dies vom Übertragungsnetzbetreiber unter Bekanntgabe aller notwendigen Daten unverzüglich dem Regelzonenführer zu melden, der erforderlichenfalls weitere Anordnungen zu treffen hat,

14. zur Einrichtung einer besonderen Bilanzgruppe für die Ermittlung der Netzverluste, wobei diese Bilanzgruppe gemeinsam mit anderen Netzbetreibern eingerichtet werden kann,
15. zur Einhebung der Entgelte für Netznutzung und Einhebung allfälliger behördlich festgesetzter Abgaben, Förderbeiträge, Zuschläge etc.,
16. zur Führung von Aufzeichnungen über den Zeitpunkt des Verlangens nach Netzanschluss von Erzeugungsanlagen,
17. die zur Verfügung Stellung der zur Erfüllung der Dienstleistungsverpflichtungen erforderlichen Mittel zu gewährleisten,
18. unter der Aufsicht der nationalen Regulierungsbehörde Engpasserlöse und Zahlungen im Rahmen des Ausgleichsmechanismus zwischen Übertragungsnetzbetreibern gemäß Art. 13 der Verordnung (EG) Nr. 2009/714/EG einzunehmen, Dritten Zugang zu gewähren und deren Zugang zu regeln sowie bei Verweigerung des Zugangs begründete Erklärungen abzugeben; bei der Ausübung ihrer im Rahmen dieser Bestimmung festgelegten Aufgaben haben die Übertragungsnetzbetreiber in erster Linie die Marktintegration zu erleichtern. Engpasserlöse sind für die in Art. 16 Abs. 6 der Verordnung (EG) Nr. 2009/714/EG genannten Zwecke zu verwenden,
19. die Übertragung von elektrischer Energie durch das Netz unter Berücksichtigung des Austauschs mit anderen Verbundnetzen zu regeln,
20. ein sicheres, zuverlässiges und effizientes Elektrizitätsnetz zu unterhalten, d.h. die Bereitstellung aller notwendigen Hilfsdienste, einschließlich jener, die zur Befriedigung der Nachfrage erforderlich sind, zu gewährleisten, sofern diese Bereitstellung unabhängig von jedwedem anderen Übertragungsnetz ist, mit dem das Netz einen Verbund bildet, und Maßnahmen für den Wiederaufbau nach Großstörungen des Übertragungsnetzes zu planen und zu koordinieren, indem er vertragliche Vereinbarungen im technisch notwendigen Ausmaß sowohl mit direkt als auch indirekt angeschlossenen Kraftwerksbetreibern abschließt, um die notwendige Schwarzstart- und Inselbetriebsfähigkeit durch die Übertragungsnetzbetreiber in Kooperation mit den Verteilernetzbetreibern sicherzustellen,
21. einen Netzentwicklungsplan gemäß § 42 zu erstellen und zur Genehmigung bei der Regulierungsbehörde einzureichen,
22. der Regulierungsbehörde jährlich schriftlich Bericht darüber zu legen, welche Maßnahmen sie zur Wahrnehmung ihrer im Rahmen der Verordnung (EG) Nr. 2009/714/EG und sonstiger unmittelbar anwendbarer Bestimmungen des Unionsrechts auferlegten Transparenzverpflichtungen gesetzt haben. Der Bericht hat insbesondere eine Spezifikation der veröffentlichten Informationen, die Art der Veröffentlichung (z. B. Internetadressen, Zeitpunkte und Häufigkeit der Veröffentlichung sowie qualitative oder quantitative Beurteilung der Datenzuverlässigkeit der Veröffentlichung) zu enthalten,
23. der Regulierungsbehörde jährlich schriftlich Bericht darüber zu legen, welche Maßnahmen sie zur Wahrnehmung ihrer im Rahmen der Richtlinie 2009/72/EG und sonstiger unmittelbar anwendbarer Bestimmungen des Unionsrechts auferlegten Verpflichtungen zur technischen Zusammenarbeit mit Übertragungsnetzbetreibern der Europäischen Union sowie Drittstaaten gesetzt haben. Der Bericht hat insbesondere auf die mit den Übertragungsnetzbetreibern vereinbarten Prozesse und Maßnahmen hinsichtlich länderübergreifender Netzplanung und -betrieb sowie auf vereinbarte Daten für die Überwachung dieser Prozesse und Maßnahmen einzugehen,
24. Unterstützung der ENTSO (Strom) bei der Erstellung des gemeinschaftsweiten Netzentwicklungsplans,
25. zur Einrichtung einer besonderen Bilanzgruppe für die Ermittlung der Netzverluste, die nur die dafür notwendigen Kriterien einer Bilanzgruppe zu erfüllen hat,
26. elektrische Energie, die ausschließlich zur Deckung von Energieverlusten inklusive Kapazitätsreserven im Übertragungsnetz verwendet wird, nach transparenten, nichtdiskriminierenden und marktorientierten Verfahren zu beschaffen. Falls eine Beschaffung für Dritte erfolgt, sind die Beschaffungsmengen täglich bis spätestens 9 Uhr in transparenter Weise im Internet zu veröffentlichen. Die Veröffentlichung umfasst die Darstellung des bereits abgeschlossenen Einkaufs für den Vortag und der für den Folgetag bereits beschafften bzw. noch zu beschaffenden elektrischen Energie. Eine getrennte Unterteilung nach der Beschaffung am Terminmarkt, Spotmarkt, Intra-day-Markt und Ausgleichsenergiemarkt ist dabei jeweils vorzunehmen,
27. die Anforderungen des Anhangs XII der Energieeffizienzrichtlinie zu erfüllen.

(2) Wirkt ein Übertragungsnetzbetreiber, der Teil eines vertikal integrierten Elektrizitätsunternehmens ist, an einem zur Umsetzung der regionalen Zusammenarbeit geschaffenen gemeinsamen Unternehmen mit, ist dieses gemeinsame Unternehmen verpflichtet, ein Gleichbehandlungsprogramm aufzustellen und es durchzuführen. Darin sind die Maßnahmen aufzuführen, mit denen sichergestellt wird, dass diskriminierende und wettbewerbswidrige Verhaltensweisen ausgeschlossen werden. In diesem Gleichbehandlungsprogramm ist festzulegen, welche besonderen Pflichten die Mitarbeiter im Hinblick auf die Erreichung des Ziels der Vermeidung diskriminierenden und wettbewerbswidrigen Verhaltens haben. Das Programm bedarf der Genehmigung durch die Agentur. Die Einhaltung des Programms ist durch den Gleichbehandlungsbeauftragten des Übertragungsnetzbetreibers zu kontrollieren.

(3) Übertragungsnetzbetreiber sind verpflichtet, zu den jeweils genehmigten Allgemeinen Netzbedingungen mit Netzzugangsberechtigten innerhalb des von ihrem Übertragungsnetz abgedeckten Gebietes privatrechtliche Verträge über den Anschluss an ihr Netz mit Netzzugangsberechtigten abzuschließen, wenn ihnen elektrische Energie mit einer Nennspannung von über 110 kV übergeben werden soll und der Verteilernetzbetreiber technisch oder wirtschaftlich nicht in der Lage ist, innerhalb des von seinem Verteilernetz abgedeckten Gebietes privatrechtliche Verträge über den Netzanschluss abzuschließen.

(4) Die Allgemeine Anschlusspflicht besteht nicht, soweit der Anschluss dem Übertragungsnetzbetreiber unter Beachtung der Interessen der Gesamtheit der Netzbenutzer im Einzelfall technisch oder wirtschaftlich nicht zumutbar ist.

(5) Ob die Allgemeine Anschlusspflicht besteht, hat die Behörde auf Antrag eines Netzzugangsberechtigten oder eines Übertragungsnetzbetreibers festzustellen.

§ 42
Netzentwicklungsplan

(1) Die Übertragungsnetzbetreiber haben der Regulierungsbehörde alle zwei Jahre einen zehnjährigen Netzentwicklungsplan für das Übertragungsnetz zur Genehmigung vorzulegen, der sich auf die aktuelle Lage und die Prognosen im Bereich von Angebot und Nachfrage stützt.

(2) Zweck des Netzentwicklungsplans ist es insbesondere,

1. den Marktteilnehmern Angaben darüber zu liefern, welche wichtigen Übertragungsinfrastrukturen in den nächsten zehn Jahren errichtet oder ausgebaut werden müssen,
2. alle bereits beschlossenen Investitionen aufzulisten und die neuen Investitionen zu bestimmen, die in den nächsten drei Jahren durchgeführt werden müssen, und
3. einen Zeitplan für alle Investitionsprojekte vorzugeben.

(3) Ziel des Netzentwicklungsplans ist es insbesondere,

1. der Deckung der Nachfrage an Leitungskapazitäten zur Versorgung der Endverbraucher unter Berücksichtigung von Notfallszenarien,
2. der Erzielung eines hohen Maßes an Verfügbarkeit der Leitungskapazität (Versorgungssicherheit der Infrastruktur) und
3. der Nachfrage nach Leitungskapazitäten zur Erreichung eines europäischen Binnenmarktes

nachzukommen.

(4) Bei der Erarbeitung des Netzentwicklungsplans hat der Übertragungsnetzbetreiber angemessene Annahmen über die Entwicklung der Erzeugung, der Versorgung, des Verbrauchs und des Stromaustauschs mit anderen Staaten unter Berücksichtigung der Investitionspläne für regionale Netze gemäß Art. 12 Abs.1 der Verordnung (EG) Nr. 2009/714/EG und für gemeinschaftsweite Netze gemäß Art.8 Abs.3 lit.b der Verordnung (EG) Nr. 2009/714/EG zugrunde zu legen. Der Netzentwicklungsplan hat wirksame Maßnahmen zur Gewährleistung der Angemessenheit des Netzes und der Erzielung eines hohen Maßes an Verfügbarkeit der Leitungskapazität (Versorgungssicherheit der Infrastruktur) zu enthalten.

(5) Der Übertragungsnetzbetreiber hat bei der Erstellung des Netzentwicklungsplans die technischen und wirtschaftlichen Zweckmäßigkeiten, die Interessen aller Marktteilnehmer sowie die Kohärenz mit dem integrierten Netzinfrastrukturplan gemäß § 94 EAG und dem gemeinschaftsweiten Netzentwicklungsplan zu berücksichtigen. Überdies hat er den koordinierten Netzentwicklungsplan gemäß § 63 GWG 2011 und die langfristige und integrierte Planung gemäß § 22 GWG 2011 zu berücksichtigen. Vor Einbringung des Antrages auf Genehmigung des Netzentwicklungsplans hat der Übertragungsnetzbetreiber alle relevanten Marktteilnehmer zu konsultieren.

(6) In der Begründung des Antrages auf Genehmigung des Netzentwicklungsplans haben die Übertragungsnetzbetreiber, insbesondere bei konkurrierenden Vorhaben zur Errichtung, Erweiterung, Änderung oder dem Betrieb von Leitungsanlagen, die technischen und wirtschaftlichen Gründe für die Befürwortung oder Ablehnung einzelner Vorhaben darzustellen und die Beseitigung von Netzengpässen anzustreben.

§ 43
Regelzonen Aufgaben

(1) Der vom Übertragungsnetz der Austrian Power Grid AG in NÖ abgedeckte Netzbereich ist Bestandteil eines Regelzonenbereiches. Der Betreiber dieses Übertragungsnetzes ist auch Regelzonenführer (wird als Regelzonenführer benannt).

(2) Zusätzlich zu den im § 41 auferlegten Pflichten obliegen dem Regelzonenführer folgende **Aufgaben**:

1. die Bereitstellung der Systemdienstleistung (Leistungs-Frequenz-Regelung) entsprechend den technischen Regeln, wie etwa jene der ENTSO (Strom), wobei diese Systemdienstleistung von einem dritten Unternehmen erbracht werden kann,
2. die Fahrplanabwicklung mit anderen Regelzonen,
3. die Organisation und den Abruf der Ausgleichsenergie entsprechend der Bieterkurve,
4. die Durchführung der Messungen von elektrischen Größen an Schnittstellen seines Übertragungsnetzes und Übermittlung der Daten an den Bilanzgruppenkoordinator und andere Netzbetreiber,
5. die Ermittlung von Engpässen in Übertragungsnetzen sowie die Durchführung von Maßnahmen zur Vermeidung, Beseitigung und Überwindung von Engpässen in Übertragungsnetzen, weiters die Aufrechterhaltung der Versorgungssicherheit. Sofern für die Vermeidung oder Beseitigung eines Netzengpasses erforderlich, schließen die Regelzonenführer in Abstimmung mit den betroffenen Betreibern von Verteilernetzen im erforderlichen Ausmaß und für den erforderlichen Zeitraum mit Erzeugern oder Entnehmern Verträge, wonach diese zu gesicherten Leistungen (Erhöhung oder Einschränkung der Erzeugung oder des Verbrauchs) gegen Ersatz der wirtschaftlichen Nachteile und Kosten, die durch diese Leistungen verursacht werden, verpflichtet sind; dabei sind die Vorgaben gemäß Art. 13 der Verordnung (EU) 2019/943 über den Elektrizitätsbinnenmarkt, ABl. Nr. L 158 vom 14. Juni 2019 S. 54, einzuhalten. Soweit darüber hinaus auf Basis einer Systemanalyse der Bedarf nach Vorhaltung zusätzlicher Erzeugungsleistung oder reduzierter Verbrauchsleistung besteht (Netzreserve), ist diese gemäß den Vorgaben des § 23b ElWOG 2010 zu beschaffen. In diesen Verträgen können Erzeuger oder Entnehmer auch zu gesicherten Leistungen verpflichtet werden, um zur Vermeidung und Beseitigung von Netzengpässen in anderen Übertragungsnetzen beizutragen. Zur Nutzung von Erzeugungsanlagen oder Anlagen von Entnehmern im europäischen Elektrizitätsbinnenmarkt und der Schweizerischen Eidgenossenschaft zur Vermeidung, Beseitigung und Überwindung von Engpässen in österreichischen Übertragungsnetzen können die Regelzonenführer Verträge mit anderen Übertragungsnetzbetreibern abschließen. Bei der Bestimmung der Systemnutzungsentgelte sind den Regelzonenführern die Aufwendungen, die ihnen aus der Erfüllung dieser Verpflichtungen entstehen, anzuerkennen,

5a. (entfällt)

6. der Abruf der Erzeugungsanlagen zur Aufbringung von Regelenergie,
7. die Durchführung einer Abgrenzung von Regelenergie zu Ausgleichsenergie nach transparenten und objektiven Kriterien,
8. die Sicherstellung des physikalischen Ausgleichs zwischen Aufbringung und Bedarf in dem von ihm abzudeckenden System,
9. die Durchführung der Verrechnung der Ausgleichsenergie über eine zur Ausübung dieser Tätigkeit befugte und zuständige Verrechnungsstelle und die Zurverfügungstellung der zur Durchführung der Verrechnung erforderlichen Daten an die Verrechnungsstelle und den Bilanzgruppenverantwortlichen, wobei insbesondere jene Zählwerte zu übermitteln sind, die für die Berechnung der Fahrplanabweichungen und der Abweichungen von den Lastprofilen jeder Bilanzgruppe benötigt werden,
10. die Erstellung einer Lastprognose zur Erkennung von Engpässen,
11. Verträge über den Datenaustausch mit anderen Netzbetreibern, den Bilanzgruppenverantwortlichen und dem Bilanzgruppenkoordinator und anderen Marktteilnehmern entsprechend den in den Allgemeinen Netzbedingungen festgelegten Marktregeln abzuschließen,
12. die Befolgung der Anweisungen des Bilanzgruppenkoordinators, wenn keine Angebote für die Ausgleichsenergie vorliegen,
13. die Benennung des Bilanzgruppenkoordinators und dessen Anzeige an die Behörde (§§ 51, 74 Abs. 18),
14. die Veröffentlichung der in Anspruch genommenen Primärregelleistung und Sekundärregelleistung hinsichtlich Dauer und Höhe sowie der Ergebnisse der Ausschreibungsverfahren gemäß Abs. 3 und § 69 ElWOG 2010,
15. die Systeme der Datenübermittlung und Auswertung für zeitgleich übermittelte Daten von Erzeugungsanlagen gemäß § 46 Abs. 6 so zu gestalten und zu betreiben, dass eine Weitergabe dieser Informationen an Dritte auszuschließen ist,
16. ein Gleichbehandlungsprogramm zu erstellen, durch das gewährleistet wird, dass die Verpflichtungen gemäß Z 15 eingehalten werden. Das Gleichbehandlungsprogramm ist der Behörde vorzulegen und auf deren Verlangen zu ändern,
17. mit der Agentur sowie der Regulierungsbehörde zusammenzuarbeiten, um die Kompatibilität der regional geltenden Regulierungsrahmen und damit die Schaffung eines Wettbewerbsbinnenmarkts für Elektrizität zu gewährleisten,
18. für Zwecke der Kapazitätsvergabe und der Überprüfung der Netzsicherheit auf regionaler Ebene über ein oder mehrere integrierte Systeme zu verfügen, die sich auf einen oder mehrere Mitgliedstaaten erstrecken,

19. regional und überregional die Berechnungen von grenzüberschreitenden Kapazitäten und deren Vergabe gemäß den Vorgaben der Verordnung (EG) Nr. 2009/714/EG zu koordinieren,
20. Maßnahmen, die der Markttransparenz dienen, grenzüberschreitend abzustimmen,
21. die Vereinheitlichung zum Austausch von Regelenergieprodukten durchzuführen,
22. in Zusammenarbeit mit anderen Regelzonenführern eine regionale Bewertung bzw. Prognose der Versorgungssicherheit vorzunehmen,
23. in Zusammenarbeit mit anderen Regelzonenführern unter Austausch der erforderlichen Daten eine regionale Betriebsplanung durchzuführen und koordinierte Netzbetriebssicherheitssysteme zu verwenden,
24. die Vorlage der Regeln für das Engpassmanagement einschließlich der Kapazitätszuweisung an den grenzüberschreitenden Leitungen sowie jeder Änderung dieser Regeln zur Genehmigung an die Regulierungsbehörde,
25. Angebote für Regelenergie einzuholen, zu übernehmen und eine Abrufreihenfolge als Vorgabe für Regelzonenführer zu erstellen. Die Ausschreibebedingungen haben transparent und diskriminierungsfrei zu sein und haben einer möglichst großen Anzahl von geeigneten Anbietern eine Teilnahme an der Ausschreibung zu ermöglichen. Potentielle Marktteilnehmer sind in den Prozess der Ausschreibungsbedingungen einzubinden,
26. besondere Maßnahmen zu ergreifen, wenn keine Angebote für Regelenergie vorliegen.

(3) Die Bereitstellung der Primärregelleistung hat mittels einer vom Regelzonenführer oder einem von ihm Beauftragten regelmäßig, jedoch mindestens halbjährlich, durchzuführenden Ausschreibung zu erfolgen. Die Höhe der jeweils auszuschreibenden bereit zu stellenden Leistung hat den Anforderungen des Europäischen Verbundbetriebes (ENTSO) zu entsprechen.

(4) Der Regelzonenführer hat regelmäßig ein transparentes und diskriminierungsfreies Präqualifikationsverfahren zur Ermittlung der für die Teilnahme an der Ausschreibung interessierten Anbieter von Primärregelleistung durchzuführen, indem er alle Erzeuger, die technisch geeignete Erzeugungsanlagen betreiben, zur Teilnahme an der Ausschreibung einlädt. Die in den Präqualifikationsverfahren als geeignet eingestuften Anbieter von Primärregelleistung sind zur Teilnahme an der Ausschreibung berechtigt. Das Recht zur Teilnahme am Präqualifikationsverfahren oder an der Ausschreibung kann durch Vereinbarungen nicht ausgeschlossen werden. Die Details des Präqualifikationsverfahrens sind in Allgemeinen Bedingungen zu regeln, die in geeigneter Weise (z. B. Internet) zu veröffentlichen sind.

(5) Bei der Ausschreibung hat die im Primärregelsystem pro Anlage vorzuhaltende Leistung mindestens 2 MW zu betragen.

(6) Der Regelzonenführer hat bei erfolglos verlaufender Ausschreibung die gemäß Abs. 4 geeigneten Anbieter von Primärregelleistung gegen Ersatz der tatsächlichen Aufwendungen zur Bereitstellung der Primärregelleistung zu verpflichten.

Hauptstück IV
Netzzugangsberechtigte, Stromhändler

§ 44
Rechte der Kunden

(1) Alle **Kunden** sind **berechtigt**, mit Stromhändlern und sonstigen Lieferanten Verträge über die Lieferung von elektrischer Energie zur Deckung ihres Bedarfes zu schließen und hinsichtlich dieser Mengen Netzzugang zu begehren.

(2) Stromhändler und sonstige Lieferanten können den Netzzugang im Namen ihrer Kunden begehren.

§ 45
Pflichten der Stromhändler und sonstigen Lieferanten, Grundversorgung

(1) Stromhändler und sonstige Lieferanten haben Allgemeine Geschäftsbedingungen für die Belieferung mit elektrischer Energie für Kunden, deren Verbrauch nicht über einen Lastprofilzähler gemessen wird, zu erstellen. Die Allgemeinen Geschäftsbedingungen sowie ihre Änderungen sind der Regulierungsbehörde vor ihrem Inkrafttreten in elektronischer Form anzuzeigen und in geeigneter Form (z. B. Internet) zu veröffentlichen.

(2) Allgemeine Geschäftsbedingungen oder Vertragsformblätter zwischen Stromhändlern oder sonstigen Lieferanten und Kunden haben zumindest zu enthalten:

1. Name und Anschrift des Stromhändlers oder sonstigen Lieferanten;
2. erbrachte Leistungen und angebotene Qualität sowie den voraussichtlichen Zeitpunkt für den Beginn der Belieferung;
3. den Energiepreis in Cent/kWh inklusive etwaiger Zuschläge und Abgaben;
4. Vertragsdauer, Bedingungen für eine Verlängerung und Beendigung der Leistungen und des Vertragsverhältnisses, Vorhandensein eines Rücktrittsrechts;
5. Modalitäten der Zahlungen, wobei zumindest zwei Zahlungsformen anzubieten sind;
6. etwaige Entschädigungs- und Erstattungsregelungen bei Nichteinhaltung der vertraglich vereinbarten Leistungsqualität, einschließlich fehlerhafter und verspäteter Abrechnung;
7. Hinweis auf die zur Verfügung stehenden Beschwerdemöglichkeiten;
8. die Bedingungen, zu denen eine Belieferung im Sinne der Abs. 4 bis 6 erfolgt;

9. Modalitäten, zu welchen der Kunde verpflichtet ist, Teilbetragszahlungen zu leisten, wobei eine Zahlung zumindest zehn Mal jährlich anzubieten ist.

(3) Die Stromhändler und sonstige Lieferanten haben ihre Kunden nachweislich vor Abschluss eines Vertrages über die wesentlichen Vertragsinhalte zu informieren. Zu diesem Zweck ist dem Kunden ein Informationsblatt auszuhändigen. Dies gilt auch, wenn der Vertragsabschluss durch einen Vermittler angebahnt wird. Dem Kunden sind anlässlich des Vertragsabschlusses die Allgemeinen Geschäftsbedingungen kostenlos auszufolgen. Bei mündlich abgeschlossenen Verträgen hat der Kunde das vor Abschluss des Vertrages besprochene Informationsblatt und die Allgemeinen Geschäftsbedingungen spätestens mit der Vertragsbestätigung zu erhalten.

(4) Stromhändler und sonstige Lieferanten, zu deren Tätigkeitsbereich die Versorgung von Haushaltskunden zählt und die im Land NÖ tätig sind, haben ihren Allgemeinen Tarif für die Grundversorgung von Haushaltskunden und Kleinunternehmen in geeigneter Weise (z. B. Internet) zu veröffentlichen. Sie sind verpflichtet, im Landesgebiet zu ihren geltenden Allgemeinen Geschäftsbedingungen und zu diesem Tarif Verbraucher im Sinne des § 1 Abs. 1 Z 2 KSchG und Kleinunternehmen, die sich ihnen gegenüber auf die Grundversorgung berufen, mit elektrischer Energie zu beliefern (Pflicht zur Grundversorgung).

(5) Der Allgemeine Tarif der Grundversorgung für Verbraucher im Sinne des § 1 Abs. 1 Z 2 KSchG darf nicht höher sein als jener Tarif, zu dem die größte Anzahl ihrer Kunden im Land NÖ, die Verbraucher im Sinne des § 1 Abs. 1 Z 2 KSchG sind, versorgt werden. Der Allgemeine Tarif der Grundversorgung für Kleinunternehmer darf nicht höher sein als jener Tarif, der gegenüber vergleichbaren Kundengruppen im Land NÖ Anwendung findet. Dem Verbraucher im Sinne des § 1 Abs. 1 Z 2 KSchG, der sich auf die Grundversorgung beruft, darf im Zusammenhang mit der Aufnahme der Belieferung keine Sicherheitsleistung (Barsicherheit, Bankgarantie, Hinterlegung von nicht vinkulierten Sparbüchern) oder Vorauszahlung abverlangt werden, welche die Höhe einer Teilzahlung für einen Monat übersteigt. Gerät der Verbraucher während sechs Monaten nicht in weiteren Zahlungsverzug, so ist ihm die Sicherheitsleistung zurückzuerstatten und von einer Vorauszahlung abzusehen, solange nicht erneut ein Zahlungsverzug eintritt. Anstelle einer Vorauszahlung oder Sicherheitsleistung kann mit Zustimmung des Verbrauchers oder des Kleinunternehmers auch ein Vorauszahlungszähler zur Verwendung gelangen.

(6) Stromhändler und sonstige Lieferanten sind berechtigt, das Vertragsverhältnis zur Grundversorgung aus wichtigem Grund durch Kündigung zu beenden. Ein wichtiger Grund liegt insbesondere vor, wenn ein Stromhändler oder sonstiger Lieferant bereit ist, einen Liefervertrag außerhalb der Grundversorgung abzuschließen. Davon unberührt bleibt das Recht des Stromhändlers oder sonstigen Lieferanten, seine Verpflichtungen aus dem Vertragsverhältnis für den Fall einer nicht bloß geringfügigen und anhaltenden Zuwiderhandlung, wie z. B. Missachtung mehrmaliger Mahnungen, so lange auszusetzen, als die Zuwiderhandlung andauert.

(7) Bei Berufungen von Verbrauchern im Sinne des § 1 Abs. 1 Z 2 KSchG und Kleinunternehmen auf die Pflicht zur Grundversorgung sind Netzbetreiber, unbeschadet bis zu diesem Zeitpunkt vorhandener Zahlungsrückstände, zur Netzdienstleistung verpflichtet. Verbrauchern darf im Zusammenhang mit dieser Netzdienstleistung keine Sicherheitsleistung oder Vorauszahlung abverlangt werden, welche die Höhe einer Teilbetragszahlung für einen Monat übersteigt. Abs. 5 vorletzter Satz gilt sinngemäß. Im Falle eines nach Berufung auf die Pflicht zur Grundversorgung erfolgenden erneuten Zahlungsverzuges, sind Netzbetreiber bis zur Bezahlung dieser ausstehenden Beträge zur physischen Trennung der Netzverbindung berechtigt, es sei denn der Kunde verpflichtet sich zur Vorausverrechnung mittels Prepaymentzahlung für künftige Netznutzung und Lieferung. § 82 Abs. 3 ElWOG 2010 gilt im Falle des erneuten Zahlungsverzugs sinngemäß. Die Verpflichtung der Prepaymentzahlung besteht nicht für Kleinunternehmen mit einem Lastprofilzähler.

(8) Eine im Rahmen der Grundversorgung eingerichtete Prepaymentfunktion ist auf Kundenwunsch zu deaktivieren, wenn der Endverbraucher seine im Rahmen der Grundversorgung angefallenen Zahlungsrückstände beim Lieferanten und Netzbetreiber beglichen hat oder wenn ein sonstiges schuldbefreiendes Ereignis eingetreten ist.

(9) Die Behörde kann einem Stromhändler oder sonstigen Lieferanten, der Endverbraucher beliefert, diese Tätigkeit **untersagen**, wenn er

1. mindestens drei Mal wegen Übertretung dieses Gesetzes oder des Ökostromgesetzes rechtmäßig bestraft worden ist und die Untersagung im Hinblick auf die Übertretungen nicht unverhältnismäßig ist oder
2. nicht die erforderliche Verlässlichkeit besitzt. § 53 Abs. 4 bis 8 gilt sinngemäß.

Von der Untersagung ist der Bilanzgruppenverantwortliche zu verständigen.

§ 46

Netzzugangsberechtigte

(1) Netzbenutzer haben sich einer **Bilanzgruppe** anzuschließen oder unter Beachtung des Hauptstückes V eine eigene Bilanzgruppe zu bilden.

(2) **Netzbenutzer** sind verpflichtet,

1. Daten, Zählerwerte und sonstige zur Ermittlung ihres Verbrauches an elektrischer Energie dienende Angaben an Netzbetreiber, Bilanzgruppenverantwortliche und den Bilanzgruppenkoordinator gemäß den sich aus den vertraglichen Vereinbarungen ergebenden Verpflichtungen bereitzustellen und zu übermitteln, soweit dies zur Aufrechterhaltung eines wettbewerbsorientierten Elektrizitätsmarktes und zur Wahrung des Konsumentenschutzes erforderlich ist,
2. die technischen Vorgaben der Netzbetreiber bei Verwendung eigener Zähleinrichtungen und Anlagen zur Datenübertragung einzuhalten,
3. Meldungen bei Stromhändler-, sonstigem Lieferanten- sowie Bilanzgruppenwechsel abzugeben sowie die hiefür vorgesehenen Fristen einzuhalten,
4. Vertragsdaten an Stellen zu melden, die mit der Erstellung von Indizes betraut sind,
5. bei technischer Notwendigkeit Erzeugungs- und Verbrauchsfahrpläne im erforderlichen Ausmaß an den Netzbetreiber, den Bilanzgruppenverantwortlichen und den Regelzonenführer zu melden,
6. Verträge über den Datenaustausch mit anderen Netzbetreibern, den Bilanzgruppenverantwortlichen sowie dem Bilanzgruppenkoordinator und anderen Marktteilnehmern entsprechend den in den Allgemeinen Netzbedingungen festgelegten Marktregeln abzuschließen.

(3) Zusätzlich zu den in den Abs. 1 und 2 festgelegten Pflichten sind Erzeuger verpflichtet:

1. Daten im erforderlichen Ausmaß betroffenen Netzbetreibern, dem Bilanzgruppenkoordinator, dem jeweiligen Bilanzgruppenverantwortlichen und anderen betroffenen Marktteilnehmern zur Verfügung zu stellen,
2. Erzeugerfahrpläne vorab an die betroffenen Netzbetreiber, den Regelzonenführer und den Bilanzgruppenverantwortlichen im erforderlichen Ausmaß bei technischer Notwendigkeit zu melden, sofern sich durch das Ökostromgesetz nicht anderes ergibt,
3. zur Bekanntgabe von Erzeugungsfahrplänen an die betroffenen Bilanzgruppenverantwortlichen und Netzbetreiber bei Teillieferungen,
4. nach Maßgabe vertraglicher Vereinbarungen auf Anordnung des Regelzonenführers zur Netzengpassbeseitigung oder zur Aufrechterhaltung der Versorgungssicherheit Leistungen (Erhöhung oder Einschränkung der Erzeugung sowie Veränderung der Verfügbarkeit von Erzeugungsanlagen) zu erbringen, wobei sicher zu stellen ist, dass bei Anweisungen des Regelzonenführers gegenüber Betreibern von KWK-Anlagen die Fernwärmeversorgung gewährleistet bleibt,
5. auf Anordnung des Regelzonenführers gemäß § 23 Abs. 9 ElWOG 2010 zur Netzengpassbeseitigung oder zur Aufrechterhaltung der Versorgungssicherheit die Erhöhung und/oder Einschränkung der Erzeugung somit die Veränderung der Verfügbarkeit von Erzeugungsanlagen vorzunehmen, soweit dies nicht gemäß Z 4 vertraglich sichergestellt werden konnte,
6. auf Anordnung des Regelzonenführers mit technisch geeigneten Erzeugungsanlagen bei erfolglos verlaufender Ausschreibung gegen Ersatz der tatsächlichen Aufwendungen die Sekundärregelung bereit zu stellen und zu erbringen.

(4) Erzeuger haben einen Rechtsanspruch zur Errichtung und zum Betrieb von Direktleitungen.

(5) Betreiber von Erzeugungsanlagen (Kraftwerkparks) mit einer Engpassleistung von mehr als fünf MW sind weiters verpflichtet:

1. die Kosten für die Primärregelung zu übernehmen;
2. soweit diese zur Erbringung der Primärregelleistung imstande sind, diese auf Anordnung des Regelzonenführers zu erbringen, für den Fall, dass die Ausschreibung gemäß § 43 Abs. 4 erfolglos blieb;
3. Nachweise über die tatsächliche Bereitstellung bzw. über die Erbringung der Primärregelleistung dem Regelzonenführer in geeigneter und transparenter Weise, z. B. durch Übertragung der Messwerte, zu erbringen;
4. zur Befolgung der im Zusammenhang mit der Erbringung der Primärregelleistung stehenden Anweisungen des Regelzonenführers insbesondere die Art und den Umfang der zu übermittelnden Daten betreffend.

(6) Betreiber von Erzeugungsanlagen (Kraftwerksparks), die an die Netzebenen gemäß § 63 Z 1 bis 3 ElWOG 2010 angeschlossen sind oder über eine Engpassleistung von mehr als 50 MW verfügen, sind verpflichtet, dem Regelzonenführer zur Überwachung der Netzsicherheit zeitgleich Daten über die jeweils aktuelle Einspeiseleistung dieser Erzeugungsanlagen in elektronischer Form zu übermitteln.

(7) Betreiber von Erzeugungsanlagen mit einer Engpassleistung von mehr als 20 MW sind verpflichtet, der Behörde zur Überwachung der Versorgungssicherheit regelmäßig Daten über die zeitliche Verfügbarkeit der Erzeugungsanlagen zu übermitteln.

(8) Die Betreiber von Erzeugungsanlagen (Kraftwerkparks) mit einer Engpassleistung von mehr als 5 MW sind zur Aufbringung der Mittel für die Bereitstellung der Primärregelleistung im Verhältnis ihrer im laufenden Kalenderjahr erbrachten Jahreserzeugungsmengen verpflichtet. Bei Erzeugungsanlagen, deren Engpassleistung größer als die Anschlussleistung an das jeweilige

Netz ist, ist diese Anschlussleistung multipliziert mit den im Kalenderjahr erbrachten Betriebsstunden der Anlage heranzuziehen.

(9) Die Verrechnung und Einhebung der Mittel erfolgt vierteljährlich durch den Regelzonenführer. Der Regelzonenführer ist berechtigt, die Mittel gemäß Abs. 8 vorab zu pauschalieren und vierteljährlich gegen nachträgliche jährliche Abrechnung einzuheben. Die Betreiber von Erzeugungsanlagen (Kraftwerkparks) haben dem Regelzonenführer die für die Bemessung der Mittel gemäß Abs. 8 erforderlichen Daten zur Verfügung zu stellen.

(10) (entfällt durch LGBl. Nr. 68/2021)

§ 46a
Kleinsterzeugungsanlagen

(1) An Kleinsterzeugungsanlagen ist kein eigener Zählpunkt zu vergeben, es sei denn der Netzbenutzer verlangt schriftlich einen solchen.

(2) Netzbenutzer, die in ihrer Anlage eine Kleinsterzeugungsanlage betreiben und für die gemäß Abs. 1 kein Zählpunkt eingerichtet ist, sind hinsichtlich der Kleinsterzeugungsanlage von den Verpflichtungen gemäß § 46 Abs. 1, 2 und 3 ausgenommen.

Hauptstück V
Bilanzgruppen, Bilanzgruppenverantwortliche, Bilanzgruppenkoordinator
Abschnitt 1
Bilanzgruppen
§ 47
Bildung und Aufgaben von Bilanzgruppen

(1) **Bilanzgruppen** können innerhalb jeder Regelzone gebildet werden. Die Bildung und Veränderung einer Bilanzgruppe erfolgt durch den Bilanzgruppenverantwortlichen.

(2) Die **Bilanzgruppenverantwortlichen** haben – sofern sich aus Abs. 5 nichts anderes ergibt – folgende Aufgaben:

1. die Erstellung von Fahrplänen und Übermittlung dieser an den Bilanzgruppenkoordinator und den Regelzonenführer,
2. den Abschluss von Vereinbarungen betreffend Reservehaltung sowie die Versorgung von Bilanzgruppenmitgliedern, die ihnen von der Regulierungsbehörde zugewiesen wurden,
3. die Meldung bestimmter Erzeugungs- und Verbrauchsdaten für technische Zwecke,
4. die Meldung von Erzeugungs- und Abnahmefahrplänen von Großabnehmern und Einspeisern nach definierten Regeln für technische Zwecke,
5. die Entrichtung von Entgelten (Gebühren) an den Bilanzgruppenkoordinator,
6. die Entrichtung der Entgelte für Ausgleichsenergie an den Regelzonenführer und die Weiterverrechnung der Entgelte an die Bilanzgruppenmitglieder.

(3) Die Bilanzgruppenverantwortlichen sind – sofern sich aus Abs. 5 nichts anderes ergibt – **verpflichtet:**

1. Verträge mit dem Bilanzgruppenkoordinator, den Netzbetreibern und den Bilanzgruppenmitgliedern über den Datenaustausch abzuschließen,
2. eine Evidenz der Bilanzgruppenmitglieder zu führen,
3. entsprechend den Marktregeln Daten an den Bilanzgruppenkoordinator, die Netzbetreiber und die Bilanzgruppenmitglieder weiterzugeben,
4. Fahrpläne zwischen Bilanzgruppen zu erstellen und dem Bilanzgruppenkoordinator bis zu einem von diesem festgesetzten Zeitpunkt zu melden,
5. Ausgleichsenergie für die Bilanzgruppenmitglieder – im Sinne einer Versorgung mit dieser – zu beschaffen,
6. die genehmigten Allgemeinen Netzbedingungen der Netzbetreiber, insbesondere die Marktregeln einzuhalten,
7. Allgemeine Bedingungen der Regulierungsbehörde zur Genehmigung vorzulegen,
8. alle Vorkehrungen zu treffen, die erforderlich sind, um die Aufwendungen der Ökostromabwicklungsstelle für Ausgleichsenergie zu minimieren.

(4) Der Abschluss von Verträgen mit Bilanzgruppenmitgliedern hat zu den genehmigten Allgemeinen Bedingungen zu erfolgen.

(5) Für Bilanzgruppen zur Ermittlung der Netzverluste gelten nur die in Abs. 2 Z 5 und Abs. 3 Z 1und 3 aufgezählten Aufgaben und Pflichten.

(6) Wechselt ein Bilanzgruppenmitglied die Bilanzgruppe, den Stromhändler oder Lieferanten sind die Daten des Bilanzgruppenmitgliedes vom Bilanzgruppenverantwortlichen der neuen Bilanzgruppe, dem neuen Stromhändler oder Lieferanten weiter zu geben.

§ 48
Allgemeine Bedingungen

(1) Die Allgemeinen Bedingungen für Bilanzgruppenverantwortliche sowie deren Änderungen bedürfen der **Genehmigung** der Regulierungsbehörde. Die Genehmigung ist unter Auflagen zu erteilen, falls dies zur Erfüllung der Vorschriften dieses Gesetzes notwendig ist.

(2) Die Allgemeinen Bedingungen dürfen nicht diskriminierend sein und keine missbräuchlichen Praktiken oder ungerechtfertigten Beschränkungen enthalten. Insbesondere sind sie unter Berücksichtigung der §§ 33 Abs. 3 Z 2 bis 8 sowie 47 Abs. 2 und 3 so zu gestalten, dass

1. die Erfüllung der dem Bilanzgruppenverantwortlichen obliegenden Aufgaben gewährleistet ist,
2. die Leistungen der Bilanzgruppenmitglieder mit den Leistungen des Bilanzgruppenverantwortlichen in einem sachlichen Zusammenhang stehen,
3. die wechselseitigen Verpflichtungen ausgewogen und verursachungsgerecht zugewiesen sind.

Abschnitt 2
Bilanzgruppenverantwortliche, Bilanzgruppenkoordinator

§ 49
Bilanzgruppenverantwortliche

(1) Die Tätigkeit eines Bilanzgruppenverantwortlichens darf eine natürliche oder juristische Person oder eine eingetragene Personengesellschaft ausüben.

(2) Die Tätigkeit eines Bilanzgruppenverantwortlichens bedarf einer Genehmigung durch die Regulierungsbehörde. Ein Bilanzgruppenverantwortlicher, dem eine Genehmigung nach den Vorschriften eines anderen in Ausführung des ElWOG 2010 erlassenen Landesgesetzes erteilt worden ist, darf auch in NÖ tätig werden.

(3) Dem Antrag auf Erteilung der Genehmigung sind nachstehende Unterlagen anzuschließen:

1. Vereinbarungen mit dem Bilanzgruppenkoordinator und dem Regelzonenführer, die zur Erfüllung seiner Aufgaben und Verpflichtungen, insbesondere in administrativer und kommerzieller Hinsicht, erforderlich sind,
2. Nachweise über die Eintragung ins Firmenbuch (Firmenbuchauszug) und über den Sitz (Hauptwohnsitz),
3. Nachweise, dass beim Antragsteller bzw. seinen nach außen vertretungsbefugten Organen die persönlichen Voraussetzungen im Sinne des § 53 Abs. 3 Z 1 lit.a und b und keine Ausschließungsgründe im Sinne des § 53 Abs. 4 bis 8 vorliegen,
4. Nachweise, dass der Bilanzgruppenverantwortliche, mindestens ein Gesellschafter bzw. Komplementär oder mindestens ein Geschäftsführer oder ein Vorstand oder ein leitender Angestellter fachlich geeignet ist,
5. Nachweis, dass der Bilanzgruppenverantwortliche für die Ausübung seiner Tätigkeit als Bilanzgruppenverantwortlicher über ein Haftungskapital von mindestens € 50.000 z. B. in Form einer Bankgarantie oder einer entsprechenden Versicherung, verfügt, unbeschadet einer auf Grund der Art und des Umfanges der Geschäftstätigkeit allenfalls erforderlichen höheren Kapitalausstattung gemäß der nach Z 1 vorzulegenden Vereinbarung.

(4) Die **fachliche Eignung** ist gegeben, wenn im ausreichenden Maße theoretische und praktische Kenntnisse in der Abwicklung von Stromgeschäften oder in einer leitenden Tätigkeit auf dem Gebiet der Elektrizitätswirtschaft, insbesondere im Stromhandel, in der Erzeugung von elektrischer Energie oder im Betrieb eines Netzes, vorliegen.

(5) Die Genehmigung ist erforderlichenfalls unter Auflagen zu erteilen, wenn alle Voraussetzungen gemäß Abs. 3 vorliegen. Ab Vorliegen der vollständigen Antragsunterlagen hat die Regulierungsbehörde binnen zwei Monaten zu entscheiden, andernfalls ist der Antragsteller berechtigt, die Tätigkeit als Bilanzgruppenverantwortlicher vorläufig auszuüben. Eine Untersagung der Tätigkeit erfolgt in sinngemäßer Anwendung des § 50.

(6) Die Bestimmungen der vorstehenden Absätze gelten nicht für Netzbetreiber, die eine Bilanzgruppe zur Ermittlung der Netzverluste bilden. Die Einrichtung einer solchen Bilanzgruppe hat der Netzbetreiber der Regulierungsbehörde anzuzeigen.

§ 50
Widerruf der Genehmigung, Erlöschen

(1) Die Regulierungsbehörde **kann** die dem Bilanzgruppenverantwortlichen erteilte Genehmigung widerrufen, wenn er

1. seine Tätigkeit nicht innerhalb von sechs Monaten nach der Erteilung der Genehmigung aufnimmt oder
2. seine Tätigkeit länger als ein Monat nicht ausübt.

(2) Die Regulierungsbehörde **hat** die dem Bilanzgruppenverantwortlichen erteilte Genehmigung zu widerrufen, wenn

1. die Genehmigung gemäß § 49 Abs. 5 auf unrichtigen Angaben oder täuschenden Handlungen beruht,
2. eine im § 49 Abs. 3 festgelegte Voraussetzung nicht oder nicht mehr vorliegt oder
3. er zumindest drei Mal wegen Verletzung seiner Aufgaben und Pflichten (§ 47) rechtskräftig bestraft worden und der Widerruf im Hinblick auf die Übertretungen nicht unverhältnismäßig ist.

(3) Die Genehmigung erlischt, wenn über das Vermögen des Bilanzgruppenverantwortlichens ein Konkurs- oder Ausgleichsverfahren oder ein Schuldenregulierungsverfahren eröffnet wird oder wenn der Antrag auf Konkurseröffnung mangels eines zur Deckung der Kosten des Konkursverfahrens hinreichenden Vermögens rechtskräftig abgewiesen wird.

§ 51
Bilanzgruppenkoordinator

(1) Von der Tätigkeit eines Bilanzgruppenkoordinators sind **Unternehmen** ausgeschlossen, die

unter einem bestimmenden Einfluss von Unternehmen oder einer Gruppe von Unternehmen stehen, die mindestens eine der Funktionen der kommerziellen Erzeugung, Übertragung, Verteilung oder Versorgung mit Elektrizität wahrnehmen. Darüber hinaus ist sicher zu stellen, dass

1. der Bilanzgruppenkoordinator die ihm gemäß Abs. 2 und 3 zur Besorgung zugewiesenen Aufgaben in sicherer und kostengünstiger Weise zu erfüllen vermag; eine kostengünstige Besorgung der Aufgaben ist jedenfalls dann anzunehmen, wenn bei der Ermittlung der Kostenbasis für die Verrechnungsstelle die für die Bestimmung der Systemnutzungstarife anzuwendenden Verfahren und Grundsätze zu Grunde gelegt werden,
2. die Personen, die eine qualifizierte Beteiligung am Bilanzgruppenkoordinator halten, den im Interesse einer soliden und umsichtigen Führung des Unternehmens zu stellenden Ansprüchen genügen,
3. bei keinem der Vorstände ein Ausschließungsgrund im Sinne des § 13 Abs. 1 bis 6 GewO 1994 vorliegt,
4. der Vorstand auf Grund seiner Vorbildung fachlich geeignet ist und die für den Betrieb des Unternehmens erforderlichen Eigenschaften und Erfahrungen hat. Die fachliche Eignung eines Vorstandes setzt voraus, dass in ausreichendem Maße theoretische und praktische Kenntnisse in der Abrechnung von Ausgleichsenergie sowie in der Leitungserfahrung hat; die fachliche Eignung für die Leitung einer Verrechnungsstelle ist anzunehmen, wenn eine zumindest dreijährige leitende Tätigkeit auf dem Gebiet der Tarifierung oder des Rechnungswesens nachgewiesen wird,
5. mindestens ein Vorstand den Mittelpunkt seiner
   Lebensinteressen in einem EU-Mitgliedsstaat oder EWR-Vertragsstaat hat,
6. kein Vorstand einen anderen Hauptberuf ausübt, der geeignet ist, Interessenskonflikte hervorzurufen,
7. der Sitz und die Hauptverwaltung in einem EU-Mitgliedsstaat oder EWR-Vertragsstaat liegen und der Bilanzgruppenkoordinator über eine seinen Aufgaben entsprechende Ausstattung verfügt,
8. das zur Verfügung stehende Abwicklungssystem den Anforderungen eines zeitgemäßen Abrechnungssystems genügt,
9. die Neutralität, Unabhängigkeit und die Datenvertraulichkeit gegenüber Marktteilnehmern gewährleistet sind.

(2) Der Bilanzgruppenkoordinator hat folgende **Aufgaben**:

1. die Vergabe von Identifikationsnummern der Bilanzgruppen;
2. die Bereitstellung von Schnittstellen im Bereich Informationstechnologie;
3. die Verwaltung der Fahrpläne zwischen Bilanzgruppen;
4. die Übernahme der von den Netzbetreibern in vorgegebener Form übermittelten Messdaten, deren Auswertung und Weitergabe an die betroffenen Marktteilnehmer und anderen Bilanzgruppenverantwortlichen entsprechend den in den Verträgen enthaltenen Vorgaben;
5. die Übernahme von Fahrplänen der Bilanzgruppenverantwortlichen und die Weitergabe an die betroffenen Marktteilnehmer (andere Bilanzgruppenverantwortliche) entsprechend den in den Verträgen enthaltenen Vorgaben;
6. die Bonitätsprüfung der Bilanzgruppenverantwortlichen;
7. die Mitarbeit bei der Ausarbeitung und Adaptierung von Regelungen im Bereich Kundenwechsel, Abwicklung und Abrechnung;
8. die Abrechnung und organisatorische Maßnahmen bei Auflösung von Bilanzgruppen;
9. die Aufteilung und Zuweisung der sich auf Grund der Verwendung von standardisierten Lastprofilen ergebenden Differenz auf die am Netz eines Netzbetreibers angeschlossenen Marktteilnehmer nach Vorliegen der Messwerte nach transparenten Kriterien;
10. die Verrechnung der Clearinggebühren an die Bilanzgruppenverantwortlichen;
11. die Berechnung und Zuordnung der Ausgleichsenergie;
12. der Abschluss von Verträgen

a) mit Bilanzgruppenverantwortlichen, anderen Regelzonenführern, Netzbetreibern, Stromhändlern, Lieferanten und Erzeugern,
b) mit Einrichtungen zum Zwecke des Datenaustausches zur Erstellung eines Indexes,
c) mit Strombörsen über die Weitergabe von Daten,
d) mit Netzbetreibern, Stromhändlern, Lieferanten und Erzeugern über die Weitergabe von Daten.

(3) Im Rahmen der Berechnung und Zuordnung der Ausgleichsenergie sind – soferne nicht besondere Regelungen im Rahmen von Verträgen gemäß § 113 Abs. 2 ElWOG 2010 bestehen – jedenfalls

1. die Differenz von Fahrplänen zu Messdaten zu übernehmen und daraus Ausgleichsenergie zu ermitteln, zuzuordnen und zu verrechnen;
2. die Preise für Ausgleichsenergie entsprechend dem im § 10 Verrechnungsstellengesetz beschriebenen Verfahren zu ermitteln und in geeigneter Form ständig zu veröffentlichen;
3. die Entgelte für Ausgleichsenergie zu berechnen und den Bilanzgruppenverantwortlichen und Regelzonenführer mitzuteilen;
4. die verwendeten standardisierten Lastprofile zu verzeichnen, zu archivieren und in geeigneter Form zu veröffentlichen;

5. Informationen über die zur Sicherung eines transparenten und diskriminierungsfreien und möglichst liquiden Ausgleichsenergiemarktes erforderlichen Maßnahmen den Marktteilnehmern zu gewähren. Dazu zählt die Veröffentlichung der in Anspruch genommenen Primärregelleistung und Sekundärregelleistung hinsichtlich Dauer und Höhe sowie der Ergebnisse des Ausschreibungsverfahrens gemäß § 43 Abs. 3 bis 6 und gemäß § 69 ElWOG 2010.

(4) Der **Regelzonenführer** hat der Behörde die erfolgte Benennung des Bilanzgruppenkoordinators anzuzeigen. Mit der Anzeige sind Nachweise vorzulegen, dass der benannte Bilanzgruppenkoordinator die in den Abs. 2 und 3 festgelegten Aufgaben kostengünstig und effizient zu erfüllen vermag und den im Abs. 1 festgelegten Voraussetzungen entspricht.

(5) Liegen die gemäß Abs. 1, 2 und 3 nachzuweisenden Voraussetzungen nicht vor, hat die Behörde dies festzustellen. Vor einer Entscheidung hat die Behörde mit jenen Landesregierungen das Einvernehmen herzustellen, in deren Wirkungsbereich sich die Regelzone erstreckt.

(6) Wird innerhalb von sechs Monaten nach Anzeige gemäß Abs. 4 keine Feststellung erlassen, ist der Benannte berechtigt, die Tätigkeit eines Bilanzgruppenkoordinators auszuüben.

(7) In den Fällen, in denen

1. keine Anzeige eines Bilanzgruppenkoordinators gemäß Abs. 4 erfolgt ist oder
2. die Behörde eine Feststellung gemäß Abs. 5 erlassen hat oder
3. die Berechtigung zur Ausübung der Tätigkeit eines Bilanzgruppenkoordinators aberkannt worden ist,

hat die Behörde von Amts wegen eine geeignete Person unter Berücksichtigung der im Abs. 1, 2 und 3 festgelegten Voraussetzungen auszuwählen und zu verpflichten, die Aufgaben eines Bilanzgruppenkoordinators zu übernehmen. Die Behörde hat mit jenen Landesregierungen das Einvernehmen herzustellen, in deren Wirkungsbereich sich die Regelzone erstreckt. Die Behörde hat diese Entscheidung aufzuheben, sobald vom Regelzonenführer ein geeigneter Bilanzgruppenkoordinator benannt wird. Vor Erlassung dieser Entscheidung hat die Behörde mit jenen Landesregierungen das Einvernehmen herzustellen, in deren Wirkungsbereich sich die Regelzone erstreckt.

(8) Liegen die Voraussetzungen gemäß Abs. 1, 2 und 3 nicht mehr vor, hat die Behörde die Berechtigung zur Ausübung der Tätigkeit eines Bilanzgruppenkoordinators abzuerkennen. Vor Erlassung der Entscheidung hat die Behörde mit jenen Landesregierungen das Einvernehmen herzustellen, in deren Wirkungsbereich sich die Regelzone erstreckt.

Hauptstück VI
Ausübungsvoraussetzungen für Regelzonenführer und Verteilernetze

Abschnitt 1
Regelzonenführer

§ 52
Voraussetzungen, Feststellungsverfahren

(1) Die Zusammenfassung von Regelzonen in Form eines gemeinsamen Betriebs durch Regelzonenführer ist zulässig.

(2) Der Übertragungsnetzbetreiber kann mit der Funktion des Regelzonenführers auch ein drittes Unternehmen betrauen, das auch seinen Sitz in einem anderen Mitgliedstaat der Europäischen Union haben kann, wenn dieses Unternehmen geeignet ist, die Aufgaben gemäß § 43 zu erfüllen. Zur Sicherstellung der Unabhängigkeit dieses Unternehmens sind die Bestimmungen des § 54 Abs. 2 Z 1 bis 4 sinngemäß einzuhalten. Die beabsichtigte Betrauung ist der Behörde anzuzeigen.

(3) Über Aufforderung der Behörde hat der Übertragungsnetzbetreiber Unterlagen zum Nachweis der Erfüllung der in Abs. 2 festgelegten Voraussetzungen binnen angemessener Frist vorzulegen. Über das Ergebnis der Überprüfung hat die Behörde eine Feststellung zu erlassen. Vor Erlassung dieser Feststellung hat die Behörde mit jenen Landesregierungen das Einvernehmen herzustellen, in deren Wirkungsbereich sich die Regelzone erstreckt.

(4) Hat die Behörde festgestellt, dass die Voraussetzungen gemäß Abs. 2 nicht vorliegen, gilt die Betrauung als zurückgenommen.

Abschnitt 2
Verteilernetze

§ 53
Elektrizitätswirtschaftliche Konzession, Allgemeine Voraussetzungen für die Konzessionserteilung

(1) Der **Betrieb** eines Verteilernetzes bedarf einer elektrizitätswirtschaftlichen Konzession.

(2) Die elektrizitätswirtschaftliche Konzession darf nur erteilt werden, wenn

1. der Konzessionswerber in der Lage ist,
   a) eine kostengünstige, ausreichende und sichere Verteilung zu gewährleisten und
   b) den Pflichten des Hauptstückes III nachzukommen und
2. für das örtlich umschriebene bestimmte Gebiet keine Konzession zum Betrieb eines Verteilernetzes besteht.

(3) Die **Erteilung** der elektrizitätswirtschaftlichen Konzession setzt ferner **voraus**, dass der Konzessionswerber

1. sofern es sich um eine natürliche Person handelt,

a) entscheidungsfähig ist und das 24. Lebensjahr vollendet hat,
b) die österreichische Staatsbürgerschaft besitzt oder Staatsangehöriger eines anderen EU-Mitgliedstaates oder EWR-Vertragsstaates ist,
c) seinen Hauptwohnsitz im Inland oder einem anderen EU-Mitgliedstaat oder EWR-Vertragsstaat hat und
d) von der Ausübung der Konzession nicht ausgeschlossen ist,
2. sofern es sich um eine juristische Person oder eine eingetragene Personengesellschaft handelt,
a) seinen Sitz im Inland oder einem anderen EU-Mitgliedstaat oder EWR-Vertragsstaat hat,
b) für die Ausübung der Konzession einen Geschäftsführer oder Pächter bestellt hat.

(4) Von der Ausübung einer Konzession ist **ausgeschlossen**, wer von einem Gericht zu einer drei Monate übersteigenden Freiheitsstrafe oder zu einer Geldstrafe von mehr als 180 Tagessätzen verurteilt worden ist, wenn die Verurteilung weder getilgt ist noch der Beschränkung der Auskunft aus dem Strafregister unterliegt. Dies gilt auch, wenn mit dem angeführten Ausschlussgrund vergleichbare Tatbestände im Ausland verwirklicht wurden.

(5) Wer wegen der Finanzvergehen des Schmuggels, der Hinterziehung von Eingangs- oder Ausgangsabgaben, der Abgabenhehlerei nach § 37 Abs. 1 lit.a des Finanzstrafgesetzes der Hinterziehung von Monopoleinnahmen, des vorsätzlichen Eingriffes in ein staatliches Monopolrecht oder der Monopolhehlerei nach § 46 Abs. 1 lit.a des Finanzstrafgesetzes bestraft worden ist, ist von der Ausübung einer Konzession ausgeschlossen, wenn über ihn wegen eines solchen Finanzvergehens eine Geldstrafe von mehr als 7.300 Euro oder neben einer Geldstrafe eine Freiheitsstrafe verhängt wurde und wenn seit der Bestrafung noch nicht 5 Jahre vergangen sind. Dies gilt auch, wenn mit den angeführten Ausschlussgründen vergleichbare Tatbestände im Ausland verwirklicht wurden.

(6) Rechtsträger, über deren Vermögen bereits einmal der Konkurs oder ein Ausgleichsverfahren eröffnet wurde oder gegen die der Antrag auf Konkurseröffnung gestellt, der Antrag aber mangels eines zur Deckung der Kosten des Konkursverfahrens voraussichtlich hinreichenden Vermögens abgewiesen wurde, sind von der Ausübung einer Konzession ausgeschlossen. Dies gilt auch, wenn mit den angeführten Ausschlussgründen vergleichbare Tatbestände im Ausland verwirklicht wurden.

(7) Eine natürliche Person ist von der Ausübung einer Konzession ausgeschlossen, wenn über ihr Vermögen ein Schuldenregulierungsverfahren eröffnet wurde, oder ihr ein maßgebender Einfluss auf den Betrieb der Geschäfte eines anderen Rechtsträgers als einer juristischen Person zusteht oder zugestanden ist, auf die der Abs. 6 anzuwenden ist oder anzuwenden war.

(8) Die Bestimmungen der Abs. 4 bis 7 sind auf andere Rechtsträger als natürliche Personen sinngemäß anzuwenden, wenn die Voraussetzungen der Abs. 4 bis 7 auf eine natürliche Person zutreffen, der ein maßgebender Einfluss auf den Betrieb der Geschäfte zusteht.

(9) Geht die **Entscheidungsfähigkeit** verloren, so kann die Konzession durch einen vom gesetzlichen Vertreter bestellten Geschäftsführer weiter ausgeübt werden oder die weitere Ausübung der Konzession einem vom gesetzlichen Vertreter bestellten Pächter übertragen werden.

(10) Die Behörde hat über **Antrag** vom Erfordernis der Vollendung des 24. Lebensjahres, der österreichischen Staatsbürgerschaft oder der Staatsangehörigkeit eines anderen EU-Mitgliedstaates oder EWR-Vertragsstaates sowie vom Erfordernis des Hauptwohnsitzes im Inland oder in einem anderen EU-Mitgliedstaates oder EWR-Vertragsstaat **Nachsicht** zu gewähren, wenn der Betrieb des Verteilernetzes für die Versorgung der Bevölkerung und der Wirtschaft mit Elektrizität im öffentlichen Interesse gelegen ist.

(11) Das Erfordernis des Hauptwohnsitzes im Inland oder einem anderen EU-Mitgliedstaat oder EWR-Vertragsstaat entfällt, wenn ein Geschäftsführer oder Pächter bestellt ist.

(12) (entfällt)

§ 54

Besondere Konzessionsvoraussetzungen

(1) Konzessionswerber, an deren Verteilernetz mindestens **100.000 Kunden** angeschlossen werden, und die zu einem vertikal integrierten Unternehmen gehören, müssen zumindest in ihrer Rechtsform, Organisation und Entscheidungsgewalt unabhängig von den übrigen Tätigkeitsbereichen sein, die nicht mit der Verteilung zusammenhängen.

(2) Zur Sicherstellung dieser Unabhängigkeit in einem integrierten Elektrizitätsunternehmen muss insbesondere gewährleistet sein, dass

1. die für die Leitung des Verteilernetzbetreibers zuständigen Personen nicht betrieblichen Einrichtungen des integrierten Elektrizitätsunternehmens angehören, die direkt oder indirekt für den laufenden Betrieb in den Bereichen Elektrizitätserzeugung und -versorgung zuständig sind,
2. die berufsbedingten Interessen der für die Leitung des Verteilernetzbetreibers zuständigen Personen (Gesellschaftsorgane) in einer Weise berücksichtigt werden, dass deren Handlungsunabhängigkeit gewährleistet ist, wobei insbesondere die Gründe für die Abberufung

eines Gesellschaftsorgans des Verteilernetzbetreibers in der Gesellschaftssatzung des Verteilernetzbetreibers klar zu umschreiben sind,

3. der Verteilernetzbetreiber über die zur Erfüllung seiner Aufgaben erforderlichen Ressourcen, einschließlich der personellen, technischen, materiellen und finanziellen Mittel verfügt, die für den Betrieb, die Wartung oder den Ausbau des Verteilernetzes erforderlich sind, und gewährleistet ist, dass der Verteilernetzbetreiber über die Verwendung dieser Mittel unabhängig von den übrigen Bereichen des integrierten Unternehmens entscheiden kann,
4. aus dem Gleichbehandlungsprogramm hervorgeht, welche Maßnahmen zum Ausschluss diskriminierenden Verhaltens getroffen werden; weiters sind Maßnahmen vorzusehen, durch die die ausreichende Überwachung der Einhaltung dieses Programms gewährleistet wird. In diesem Programm ist insbesondere festzulegen, welche Pflichten die Mitarbeiter im Hinblick auf die Erreichung dieses Ziels haben,
5. dem Aufsichtsrat von Verteilernetzbetreibern, die zu einem integrierten Unternehmen gehören, mindestens zwei Mitglieder angehören, die von der Muttergesellschaft unabhängig sind.

(3) Abs. 2 Z 1 steht der Einrichtung von Koordinierungsmechanismen nicht entgegen, durch die sichergestellt wird, dass die wirtschaftlichen Befugnisse des Mutterunternehmens und seine Aufsichtsrechte über das Management im Hinblick auf die Rentabilität eines Tochterunternehmens geschützt werden. Insbesondere ist zu gewährleisten, dass ein Mutterunternehmen den jährlichen Finanzplan oder ein gleichwertiges Instrument des Verteilernetzbetreibers genehmigt und generelle Grenzen für die Verschuldung seines Tochterunternehmens festlegt. Weisungen bezüglich des laufenden Betriebs oder einzelner Entscheidungen über den Bau oder die Modernisierung von Verteilerleitungen, die über den Rahmen des genehmigten Finanzplans oder eines gleichwertigen Instruments nicht hinausgehen, sind unzulässig.

(4) Für die Aufstellung und Überwachung der Einhaltung des Gleichbehandlungsprogramms ist gegenüber der Behörde ein Gleichbehandlungsbeauftragter zu benennen. Der Verteilernetzbetreiber hat sicherzustellen, dass der Gleichbehandlungsbeauftragte völlig unabhängig ist und Zugang zu allen Informationen hat, über die der Verteilernetzbetreiber und etwaige verbundene Unternehmen verfügen und die der Gleichbehandlungsbeauftragte benötigt, um seine Aufgaben zu erfüllen. Die Unabhängigkeit ist jedenfalls gewährleistet, wenn der Gleichbehandlungsbeauftragte während der Laufzeit seines Mandats bei Unternehmensteilen des vertikal integrierten Elektrizitätsunternehmens oder deren Mehrheitsanteilseignern weder direkt noch indirekt leitende berufliche Positionen bekleidet. Der benannte Gleichbehandlungsbeauftragte darf nur mit Zustimmung der Behörde abberufen werden.

(5) Ein Verteilernetzbetreiber, an dessen Netz mindestens 100.000 Kunden angeschlossen sind und der Teil eines vertikal integrierten Unternehmens ist, darf diesen Umstand nicht zur Verzerrung des Wettbewerbs nutzen. Vertikal integrierte Verteilernetzbetreiber haben in ihrer Kommunikations- und Markenpolitik dafür Sorge zu tragen, dass eine Verwechslung in Bezug auf die eigene Identität der Versorgungssparte des vertikal integrierten Unternehmens ausgeschlossen ist. Der Name des Verteilernetzbetreibers hat jedenfalls einen Hinweis auf die Verteilertätigkeit zu enthalten.

§ 55
Verfahren zur Konzessionserteilung, Parteistellung, Anhörungsrechte

(1) Die Erteilung der elektrizitätswirtschaftlichen Konzession ist bei der Behörde schriftlich zu beantragen.

(2) Dem **Antrag** sind zur Feststellung der Voraussetzungen gemäß §§ 53 und 54 **anzuschließen:**

1. Urkunden, die dem Nachweis über Vor- und Nachname der Person, ihr Alter und ihre Staatsangehörigkeit dienen,
2. bei juristischen Personen, deren Bestand nicht offenkundig ist, der Nachweis ihres Bestandes; bei Personengesellschaften des Handelsrechtes ein Auszug aus dem Firmenbuch, der nicht älter als 6 Monate sein darf,
3. ein Plan in zweifacher Ausfertigung über das vorgesehene Verteilergebiet mit Darstellung der Verteilergebietsgrenzen im Maßstab 1:25.000,
4. Angaben über die Struktur, die Anzahl der Kunden und über die zu erwartenden Kosten der Verteilung der Elektrizität sowie darüber, ob die vorhandenen oder geplanten Verteileranlagen eine kostengünstige, ausreichende und sichere Verteilung erwarten lassen,
5. falls zutreffend, Unterlagen zum Nachweis der Erfüllung der im § 54 aufgezählten Voraussetzungen,
6. bei mindestens 100.000 Kunden ein Gleichbehandlungsprogramm, aus dem hervorgeht, welche Maßnahmen zum Ausschluss diskriminierenden Verhaltens getroffen werden und welche Maßnahmen vorgesehen sind, durch die die ausreichende Überwachung der Einhaltung dieses Programms gewährleistet wird. In diesem Programm ist insbesondere festzulegen, welche Pflichten die Mitarbeiter im Hinblick auf die Erreichung dieses Ziels haben und wer unabhängiger Gleichbehandlungsbeauftragter ist.

(3) Sofern zur Prüfung der Voraussetzungen gemäß §§ 53 und 54 **weitere** Unterlagen erforderlich sind, kann die Behörde die Vorlage weiterer Unterlagen unter Setzung einer angemessenen Frist verlangen.

(4) Im Verfahren um Erteilung der elektrizitätswirtschaftlichen Konzession kommt

1. dem Konzessionswerber und
2. jenen Betreibern eines Verteilernetzes, die eine Verteilnetzkonzession für das in Betracht kommende Gebiet besitzen,

Parteistellung zu.

(5) Liegen mehrere Anträge auf Erteilung einer elektrizitätswirtschaftlichen Konzession für ein bestimmtes Gebiet vor, so hat die Behörde in **einem** Verfahren über alle Anträge abzusprechen und hat jeder Antragsteller Parteistellung.

(6) Vor der Entscheidung über den Antrag um Erteilung der elektrizitätswirtschaftlichen Konzession sind

1. die Wirtschaftskammer Niederösterreich,
2. die Kammer für Arbeiter und Angestellte für Niederösterreich,
3. die Niederösterreichische Landes-Landwirtschaftskammer und
4. die im § 119 NÖ Gemeindeordnung, LGBl. 1000, genannten Interessenvertretungen der NÖ Gemeinden

zu **hören**.

(6) Die Vorlage von Urkunden nach Abs. 2 entfällt, wenn die zu beweisenden Tatsachen und Rechtsverhältnisse durch Einsicht in die der Behörde zur Verfügung stehenden Register, insbesondere durch Abfrage im Zentralen Staatsbürgerschaftsregister (ZSR, § 56a des Staatsbürgerschaftsgesetzes 1985 – StbG, BGBl Nr. 311/1985), festgestellt werden können.

§ 56
Erteilung der elektrizitätswirtschaftlichen Konzession

(1) Über den Antrag auf Erteilung der elektrizitätswirtschaftlichen Konzession ist schriftlich zu entscheiden.

(2) Wenn sich die beabsichtigte Tätigkeit des Konzessionswerbers über zwei oder mehrere Bundesländer erstrecken soll, hat die Behörde mit den übrigen zuständigen Landesregierungen das **Einvernehmen** zu pflegen.

(3) Die Konzession ist unter **Auflagen und Bedingungen** zu erteilen, soweit dies zur Sicherung der Erfüllung der Vorschriften dieses Gesetzes erforderlich ist. Insbesondere ist auch durch entsprechende Auflagen oder Bedingungen sicherzustellen, dass der Verteilernetzbetreiber hinsichtlich seiner Organisation und Entscheidungsgewalt unabhängig von den übrigen Tätigkeitsbereichen eines vertikal integrierten Unternehmens ist, die nicht mit der Verteilung zusammenhängen.

(4) In der Konzession ist eine angemessene, mindestens jedoch sechsmonatige und höchstens zwölfmonatige Frist für die **Aufnahme** des Betriebes festzusetzen. Dabei sind auf anhängige Bewilligungsverfahren nach anderen Vorschriften und auch auf einen allmählichen (z. B. stufenweisen) Ausbau Bedacht zu nehmen. Die Frist ist auf Antrag in angemessenem Verhältnis, höchstens jedoch um insgesamt fünf Jahre, zu **verlängern**, wenn sich die Aufnahme des Betriebes ohne Verschulden des Konzessionsinhabers verzögert hat. Dieser Antrag auf Fristverlängerung ist vor Ablauf der Frist bei der Behörde einzubringen. Die Aufnahme des Betriebes ist der Behörde anzuzeigen.

(5) Ist der Betreiber einer Konzession aufgrund einer privatrechtlichen Vereinbarung berechtigt, in einem von einer anderen Konzession umfassten Gebiet ein Verteilernetz ganz oder teilweise zu betreiben, so hat die Behörde auf dessen Antrag die jeweiligen Konzessionen entsprechend zu ändern, wenn die Voraussetzungen nach § 53 Abs. 2 vorliegen. Dem Antrag auf Änderung der Konzessionen sind die im § 55 Abs. 2 Z 3 und 4 aufgezählten Unterlagen anzuschließen. § 55 Abs. 3 bis 6 gilt sinngemäß.

§ 57
Ausübung

(1) Das Recht zum Betrieb eines Verteilernetzes auf Grund einer elektrizitätswirtschaftlichen Konzession ist ein **persönliches** Recht, das unübertragbar ist. Die Ausübung durch Dritte ist nur zulässig, soferne dieses Gesetz hiefür besondere Vorschriften enthält.

(2) Besteht nach diesem Gesetz eine **Verpflichtung** zur Bestellung eines Geschäftsführers oder Pächters und scheidet der Geschäftsführer oder der Pächter aus, so darf die Konzession bis zur Bestellung eines neuen Geschäftsführers oder Pächters, längstens jedoch während sechs Monaten, weiter ausgeübt werden. Die Behörde hat diese Frist zu verkürzen, wenn mit der weiteren Ausübung dieses Rechtes ohne Geschäftsführer oder Pächter eine besondere Gefahr für das Leben oder die Gesundheit von Menschen verbunden ist oder in den vorangegangenen zwei Jahren vor dem Ausscheiden des Geschäftsführers oder Pächters der Betrieb insgesamt länger als sechs Monate ohne Geschäftsführer oder Pächter ausgeübt wurde.

§ 58
Geschäftsführer

(1) Der Konzessionsinhaber oder Pächter **kann** für die Ausübung der elektrizitätswirtschaftlichen Konzession einen Geschäftsführer bestellen, der der Behörde gegenüber für die Einhaltung der für Verteilernetzbetreiber festgelegten Pflichten dieses Gesetzes verantwortlich ist. Der Konzessionsinhaber oder Pächter bleibt jedoch insoweit **verantwortlich**, als er Rechtsverletzungen des Geschäftsführers wissentlich duldet oder es bei der

Auswahl des Geschäftsführers an der erforderlichen Sorgfalt hat fehlen lassen.

(2) Die Bestellung eines Geschäftsführers bedarf der **Genehmigung** der Behörde. Diese ist zu erteilen, wenn der zu bestellende Geschäftsführer

1. die gemäß § 53 Abs. 3 Z 1 und – falls zutreffend – sinngemäß die gemäß § 54 Abs. 2 Z 1 und 2 erforderlichen Voraussetzungen erfüllt,
2. sich entsprechend betätigen kann und eine selbstverantwortliche Anordnungsbefugnis besitzt,
3. seiner Bestellung und der Erteilung der Anordnungsbefugnis nachweislich zugestimmt hat und
4. im Falle einer juristischen Person außerdem
   a) dem zur gesetzlichen Vertretung berufenen Organ angehört oder
   b) ein Arbeitnehmer ist, der mindestens die Hälfte der nach arbeitsrechtlichen Vorschriften geltenden wöchentlichen Normalarbeitszeit im Betrieb beschäftigt ist, oder
5. im Falle einer eingetragenen Personengesellschaft persönlich haftender Gesellschafter ist, der nach dem Gesellschaftsvertrag zur Geschäftsführung und zur Vertretung der Gesellschaft berechtigt ist.

§ 53 Abs. 10 gilt sinngemäß.

(3) Ist eine juristische Person persönlich haftende Gesellschafterin einer eingetragenen Personengesellschaft, so wird dem Abs. 2 Z 5 auch entsprochen, wenn zum Geschäftsführer dieser Personengesellschaft eine natürliche Person bestellt wird, die dem zur gesetzlichen Vertretung berufenen Organ der betreffenden juristischen Person angehört oder ein Arbeitnehmer ist, der mindestens die Hälfte der nach arbeitsrechtlichen Vorschriften geltenden wöchentlichen Normalarbeitszeit im Betrieb beschäftigt ist.

(4) Ist eine eingetragene Personengesellschaft persönlich haftende Gesellschafterin einer anderen solchen Personengesellschaft, so wird dem Abs. 2 Z 5 auch entsprochen, wenn zum Geschäftsführer eine natürliche Person bestellt wird, die ein persönlich haftender Gesellschafter der betreffenden Mitgliedgesellschaft ist und die innerhalb dieser Mitgliedgesellschaft die im Abs. 2 Z 5 für den Geschäftsführer vorgeschriebene Stellung hat. Dieser Mitgliedgesellschaft muss innerhalb der eingetragenen Personengesellschaft die im Abs. 2 Z 5 für den Geschäftsführer vorgeschriebene Stellung zukommen.

(5) Ist eine juristische Person persönlich haftende Gesellschafterin einer eingetragenen Personengesellschaft und ist diese eingetragene Personengesellschaft persönlich haftende Gesellschafterin einer anderen solchen Personengesellschaft, so wird dem Abs. 2 Z 5 auch entsprochen, wenn zum Geschäftsführer der zuletzt genannten Personengesellschaft eine Person bestellt wird, die dem zur gesetzlichen Vertretung befugten Organ der juristischen Person angehört, wenn weiters die juristische Person innerhalb der Mitgliedgesellschaft die im Abs. 2 Z 5 vorgeschriebene Stellung hat und wenn schließlich dieser Mitgliedgesellschaft innerhalb ihrer Mitgliedgesellschaft ebenfalls die im Abs. 2 Z 5 vorgeschriebene Stellung zukommt.

(6) Die Genehmigung ist zu **widerrufen**, wenn der Geschäftsführer eine der Voraussetzungen gemäß Abs. 2 bis 5 nicht mehr erfüllt. Dies sowie das Ausscheiden des Geschäftsführers hat der Konzessionsinhaber oder Pächter der Behörde unverzüglich anzuzeigen.

§ 59
Pächter

(1) Der Konzessionsinhaber kann die Ausübung der Konzession einem Pächter übertragen, der sie im **eigenen** Namen und auf **eigene** Rechnung ausübt. Der Pächter muss, wenn er eine natürliche Person ist, die gemäß § 53 Abs. 3 Z 1 erforderlichen Voraussetzungen erfüllen, wobei § 53 Abs. 10 und 11 sinngemäß gilt. Ist der Pächter eine juristische Person oder eine eingetragene Personengesellschaft, muss er entweder seinen Sitz im Inland oder in einem anderen EU-Mitgliedstaat oder EWR-Vertragsstaat haben und ist ein Geschäftsführer zu bestellen. Eine Weiterverpachtung ist unzulässig. Sind an das Verteilernetz mindestens 100.000 Kunden angeschlossen, so hat der Pächter oder der Geschäftsführer auch § 54 sinngemäß zu erfüllen.

(2) Die Bestellung eines Pächters bedarf der **Genehmigung** der Behörde. Die Genehmigung ist zu erteilen, wenn der Pächter die Voraussetzungen gemäß Abs. 1 erfüllt. § 55 Abs. 2 Z 1, 2, 3, 5 und 6 gilt sinngemäß. Die Genehmigung ist zu widerrufen, wenn der Pächter eine dieser Voraussetzungen nicht mehr erfüllt. Das Ausscheiden des Pächters sowie das Wegfallen einer Voraussetzung für die Genehmigung seiner Bestellung ist der Behörde vom Konzessionsinhaber schriftlich anzuzeigen.

§ 60
Fortbetriebsrechte

(1) Das **Recht**, ein Verteilernetz auf Grund der Berechtigung einer anderen Person fortzuführen (Fortbetriebsrecht), steht zu:

1. der Verlassenschaft nach dem Konzessionsinhaber,
2. dem überlebenden Ehegatten oder dem überlebenden eingetragenen Partner, in dessen rechtlichen Besitz das Verteilerunternehmen des Konzessionsinhabers auf Grund einer Rechtsnachfolge von Todes wegen oder einer Schenkung auf den Todesfall ganz oder teilweise übergeht,
3. unter den Voraussetzungen der Z 2 auch den Nachkommen und den Nachkommen der Wahlkinder des Konzessionsinhabers,

4. dem Masseverwalter für Rechnung der Konkursmasse,
5. dem vom Gericht bestellten Zwangsverwalter oder Zwangspächter.

(2) Der Fortbetriebsberechtigte hat die gleichen Rechte und Pflichten wie der Konzessionsinhaber.

(3) Wenn das Fortbetriebsrecht nicht einer natürlichen Person zusteht, oder zwar einer natürlichen Person zusteht, die die Voraussetzungen gemäß § 53 Abs. 3 Z 1 oder die besonderen Voraussetzungen gemäß § 54 Abs. 1 und 2 Z 1 und 2 nicht nachweisen kann oder der eine Nachsicht nicht erteilt wurde, so ist vom Fortbetriebsberechtigten – falls er nicht geschäftsfähig ist, vom gesetzlichen Vertreter – ohne unnötigen Aufschub ein Geschäftsführer oder Pächter zu bestellen. § 53 Abs. 10 und 11 gilt sinngemäß.

§ 61
Ausübung der Fortbetriebsrechte

(1) Das Fortbetriebsrecht der Verlassenschaft **entsteht** mit dem Tod des Konzessionsinhabers. Der Vertreter der Verlassenschaft hat der Behörde den Fortbetrieb ohne unnötigen Aufschub schriftlich anzuzeigen.

(2) Das Fortbetriebsrecht der Verlassenschaft **endet:**

1. mit der Beendigung der Verlassenschaftsabhandlung durch Einantwortung,
2. mit dem Zeitpunkt der Übernahme des Verteilerunternehmens durch den Vermächtnisnehmer oder durch den auf den Todesfall Beschenkten,
3. mit der Verständigung der Erben und Noterben, dass eine Verlassenschaftsabhandlung von Amts wegen nicht eingeleitet wird,
4. mit der Überlassung des Nachlasses an Zahlungs statt,
5. mit der Eröffnung des Konkurses über die Verlassenschaft oder
6. mit dem Zeitpunkt, in dem das Verteilerunternehmen des Konzessionsinhabers auf Grund einer Verfügung des Verlassenschaftsgerichtes ganz oder teilweise in den Besitz eines Rechtsnachfolgers von Todes wegen übergeht.

(3) Das Fortbetriebsrecht des überlebenden Ehegatten oder des überlebenden eingetragenen Partners und der Nachkommen sowie der Nachkommen der Wahlkinder des Konzessionsinhabers entstehen mit dem Zeitpunkt, in dem das Fortbetriebsrecht der Verlassenschaft gemäß Abs. 2 endet. Der Fortbetrieb durch den Ehegatten oder durch den eingetragenen Partner ist von diesem, der Fortbetrieb durch die Nachkommen sowie die Nachkommen der Wahlkinder von ihrem gesetzlichen Vertreter, falls sie aber geschäftsfähig sind, von ihnen selbst der Behörde ohne unnötigen Aufschub schriftlich anzuzeigen. Das Fortbetriebsrecht des überlebenden Ehegatten oder des überlebenden eingetragenen Partners endet spätestens mit dessen Tod, das Fortbetriebsrecht der Nachkommen sowie der Nachkommen der Wahlkinder endet spätestens mit dem Tag, an dem sie das 28. Lebensjahr vollenden.

(4) Hinterlässt der Konzessionsinhaber sowohl einen fortbetriebsberechtigten Ehegatten oder einen fortbetriebsberechtigten eingetragenen Partner als auch fortbetriebsberechtigte Nachkommen und Nachkommen der Wahlkinder, so steht ihnen das Fortbetriebsrecht gemeinsam zu.

(5) Der fortbetriebsberechtigte Ehegatte oder der fortbetriebsberechtigte eingetragene Partner und die fortbetriebsberechtigten Nachkommen und die Nachkommen der Wahlkinder können spätestens einen Monat nach der Entstehung ihres Fortbetriebsrechtes auf dieses mit der Wirkung verzichten, dass das Fortbetriebsrecht für ihre Person als nicht entstanden gilt. Ist der Fortbetriebsberechtigte nicht entscheidungsfähig, so kann für ihn nur sein gesetzlicher Vertreter mit Zustimmung des Gerichts rechtswirksam auf das Fortbetriebsrecht verzichten. Die Verzichtserklärung ist gegenüber der Behörde schriftlich abzugeben und ist unwiderruflich.

(6) Das Fortbetriebsrecht des Masseverwalters entsteht mit der Eröffnung des Konkurses über das Vermögen des Konzessionsinhabers. Der Masseverwalter hat den Fortbetrieb der Behörde ohne unnötigen Aufschub schriftlich anzuzeigen. Das Fortbetriebsrecht des Masseverwalters endet mit der Aufhebung des Konkurses.

(7) Das Fortbetriebsrecht des Zwangsverwalters entsteht mit der Bestellung durch das Gericht, das Fortbetriebsrecht des Zwangspächters mit dem Beginn des Pachtverhältnisses. Das Gericht hat den Zwangsverwalter oder den Zwangspächter der Behörde bekannt zu geben. Das Fortbetriebsrecht des Zwangsverwalters endet mit der Einstellung der Zwangsverwaltung, das Fortbetriebsrecht des Zwangspächters mit der Beendigung des Pachtverhältnisses.

§ 62
Endigung der Konzession

(1) Die elektrizitätswirtschaftliche Konzession für den Betrieb eines Verteilernetzes endet:

1. durch den Tod des Konzessionsinhabers, wenn dieser eine natürliche Person ist, im Falle eines Fortbetriebsrechtes aber erst mit Ende des Fortbetriebsrechtes,
2. durch den Untergang der juristischen Person oder mit der Auflassung der eingetragenen Personengesellschaft, sofern sich aus Abs. 2 bis 7 nichts anderes ergibt,
3. durch Zurücklegung der Konzession, im Falle von Fortbetriebsrechten gemäß § 60 Abs. 1 Z 1 bis 3 mit der Zurücklegung der Fortbetriebsrechte,
4. durch Entzug der Konzession,
5. durch Untersagung gemäß § 64 Abs. 2.

(2) Bei Übertragung von Unternehmen und Teilunternehmen durch **Umgründung** (insbesondere durch Verschmelzungen, Umwandlungen, Einbringungen, Zusammenschlüsse, Realteilungen und Spaltungen) gehen die zur Fortführung des Betriebes erforderlichen Konzessionen auf den Nachfolgeunternehmer (Rechtsnachfolger) nach Maßgabe der in den Abs. 3 und 4 festgelegten Bestimmungen über. Die bloße Umgründung stellt keinen Endigungstatbestand dar, insbesondere rechtfertigt sie keine Entziehung.

(3) Die Berechtigung zur weiteren Ausübung der Konzession im Sinne des Abs. 2 **entsteht** mit dem Zeitpunkt der Eintragung der Umgründung im Firmenbuch, wenn der Nachfolgeunternehmer die Voraussetzungen für die Ausübung der Konzession gemäß den §§ 53 Abs. 3 und 54 Abs. 1 und 2 erfüllt. Der Nachfolgeunternehmer hat der Behörde den Übergang unter Anschluss eines Firmenbuchauszugs und der zur Herbeiführung der Eintragung im Firmenbuch eingereichten Unterlagen in Abschrift längstens innerhalb von sechs Monaten nach Eintragung im Firmenbuch anzuzeigen.

(4) Die Berechtigung des Nachfolgeunternehmers **endet** nach Ablauf von sechs Monaten ab Eintragung der Umgründung im Firmenbuch, wenn er innerhalb dieser Frist den Rechtsübergang nicht angezeigt hat oder im Falle des § 53 Abs. 3 Z 2 lit.b kein Geschäftsführer oder Pächter innerhalb dieser Frist bestellt wurde.

(5) Die **Umwandlung** einer offenen Handelsgesellschaft in eine Kommanditgesellschaft oder einer Kommanditgesellschaft in eine offene Handelsgesellschaft berührt nicht die Konzession. Die Gesellschaft hat die Umwandlung innerhalb von vier Wochen nach der Eintragung der Umwandlung in das Firmenbuch der Behörde anzuzeigen.

(6) Abs. 5 gilt auch für die Umwandlung einer offenen Erwerbsgesellschaft in eine Kommandit-Erwerbsgesellschaft, einer Kommandit-Erwerbsgesellschaft in eine offene Erwerbsgesellschaft, einer Personengesellschaft des Handelsrechtes in eine eingetragene Erwerbsgesellschaft oder einer eingetragenen Erwerbsgesellschaft in eine Personengesellschaft des Handelsrechtes.

(7) Die Konzession einer eingetragenen Personengesellschaft **endet**, wenn keine Liquidation stattfindet, mit der Auflösung der Gesellschaft, sonst im Zeitpunkt der Beendigung der Liquidation; die Konzession einer Personengesellschaft des Handelsrechtes endigt nicht, wenn die Gesellschaft fortgesetzt wird. Der Liquidator hat die Beendigung der Liquidation innerhalb von zwei Wochen der Behörde anzuzeigen.

(8) Die **Zurücklegung** der Konzession wird mit dem Tag wirksam, an dem die schriftliche Anzeige über die Zurücklegung bei der Behörde einlangt, sofern nicht der Konzessionsinhaber die Zurücklegung für einen späteren Zeitpunkt anzeigt. Die Anzeige ist nach dem Zeitpunkt ihres Einlangens bei der Behörde unwiderruflich. Die Anzeige über die Zurücklegung durch den Konzessionsinhaber berührt nicht das etwaige Fortbetriebsrecht der Konkursmasse, des Zwangsverwalters oder des Zwangspächters.

§ 63
Entziehung der Konzession

(1) Die elektrizitätswirtschaftliche Konzession für den Betrieb eines Verteilernetzes ist von der Behörde zu **entziehen**, wenn

1. der Betrieb nicht innerhalb der gemäß § 56 Abs. 3 festgesetzten Frist aufgenommen worden ist,
2. die für die Erteilung der elektrizitätswirtschaftlichen Konzession erforderlichen Voraussetzungen gemäß § 53 Abs. 3 oder § 54 nicht mehr vorliegen oder
3. der Konzessionsinhaber mindestens drei Mal wegen Übertretungen dieses Gesetzes bestraft worden ist, ein weiteres vorschriftswidriges Verhalten zu befürchten und die Entziehung im Hinblick auf die Übertretungen nicht unverhältnismäßig ist. Übertretungen sind nicht zu berücksichtigen, wenn sie getilgt oder geringfügig sind. Beziehen sich die Entziehungsgründe auf die Person des Pächters oder des Geschäftsführers, ist anstelle der Entziehung der Konzession die Genehmigung der Bestellung zu widerrufen.

(2) Erstreckt sich das Verteilernetz über zwei oder mehrere Bundesländer, hat die Behörde mit den übrigen zuständigen Landesregierungen das Einvernehmen zu pflegen.

(3) Das Wirksamwerden des Entzuges ist so festzusetzen, dass der ordnungsgemäße Betrieb des Netzes gewährleistet ist.

(4) Beziehen sich die in Abs. 1 Z 1 bis 3 angeführten Entziehungsgründe auf die Person des Pächters, so hat die Behörde die Genehmigung der Übertragung der Ausübung der Konzession an den Pächter zu widerrufen.

(5) Die Behörde hat von der im Abs. 1 Z 2 vorgeschriebenen Entziehung wegen Eröffnung des Konkurses, des Ausgleichsverfahrens oder Abweisung eines Antrages auf Konkurseröffnung mangels eines zur Deckung der Kosten des Konkursverfahrens voraussichtlich hineinreichenden Vermögens abzusehen, wenn die Ausübung vorwiegend im Interesse der Gläubiger gelegen und

sichergestellt ist, dass der Betreiber des Verteilernetzes in der Lage ist, den Pflichten des III. Hauptstückes nachzukommen.

§ 64
Maßnahmen zur Sicherung des Netzbetriebes

(1) Kommt der Betreiber eines Verteilernetzes seinen Pflichten gemäß dem Hauptstück III **nicht** nach, hat ihm die Behörde **aufzutragen**, die hindernden Umstände innerhalb einer angemessenen Frist zu beseitigen.

(2) Soweit dies zur Beseitigung einer Gefahr für das Leben oder die Gesundheit von Menschen oder zur Abwehr schwerer volkswirtschaftlicher Schäden notwendig ist, kann die Behörde einen anderen geeigneten Netzbetreiber zur vorübergehenden Erfüllung der Aufgaben des Betreibers des Verteilernetzes ganz oder teilweise heranziehen (Einweisung). Sind

1. die hindernden Umstände derart, dass eine gänzliche Erfüllung der gesetzlichen Pflichten des Betreibers des Verteilernetzes in absehbarer Zeit nicht zu erwarten ist oder
2. kommt der Betreiber des Verteilernetzes dem Auftrag der Behörde auf Beseitigung der hindernden Umstände nicht nach,

so ist diesem Netzbetreiber der Betrieb ganz oder teilweise zu **untersagen** und unter Bedachtnahme auf die Bestimmungen des Hauptstückes III ein anderer Netzbetreiber zur dauernden Übernahme zu **verpflichten**. Die Verpflichtung zur dauernden Übernahme gilt als Erteilung der elektrizitätswirtschaftlichen Konzession.

(3) Der gemäß Abs. 2 verpflichtete Netzbetreiber tritt in die Rechte und Pflichten aus den Verträgen des Unternehmens, das von der Untersagung betroffen wird, ein.

(4) Dem gemäß Abs. 2 verpflichteten Netzbetreiber hat die Behörde auf dessen **Antrag** den Gebrauch des Verteilernetzes des Unternehmens, das von der Untersagung betroffen wird, gegen angemessene Entschädigung soweit zu **gestatten**, als dies zur Erfüllung der Aufgaben notwendig ist.

(5) Nach Rechtskraft der Entscheidung gemäß Abs. 2 hat die Behörde auf Antrag des verpflichteten Netzbetreibers das in Gebrauch genommene Verteilernetz zu dessen Gunsten gegen angemessene Entschädigung zu **enteignen**.

(6) Auf das Enteignungsverfahren und die behördliche Ermittlung der Entschädigungen sind die Bestimmungen des Eisenbahn-Enteignungsentschädigungsgesetzes sinngemäß anzuwenden. Bei der Bemessung der Entschädigung sind die bis zur Einweisung von den Kunden bereits geleisteten Kosten des Netzzutritts zu berücksichtigen.

(7) Die Bestimmungen der Abs. 2 bis 6 sind für den Fall, dass bei Endigung oder Entzug der elektrizitätswirtschaftlichen Konzession der ordnungsgemäße Betrieb des Netzes mit elektrischer Energie nicht gesichert ist, sinngemäß anzuwenden.

(8) Erstreckt sich das Verteilernetz über zwei oder mehrere Bundesländer, hat die Behörde mit den übrigen zuständigen Landesregierungen das Einvernehmen zu pflegen.

Hauptstück VII
KWK-Anlagen, Behörde, Auskunftspflicht, Strafbestimmungen

Abschnitt 1
KWK-Anlagen

§ 65
Wirkungsgrad-Referenzwerte

(1) Zur Bestimmung der Effizienz der KWK nach Anlage IV ElWOG 2010 ist die Behörde ermächtigt, Wirkungsgrad-Referenzwerte für die getrennte Erzeugung von Strom und Wärme mit Verordnung festzulegen. Diese Wirkungsgrad-Referenzwerte haben aus einer Matrix von Werten, aufgeschlüsselt nach relevanten Faktoren wie Baujahr und Brennstofftypen, zu bestehen, und müssen sich auf eine ausführlich dokumentierte Analyse stützen, bei der unter anderem die Betriebsdaten bei realen Betriebsbedingungen, der grenzüberschreitende Stromhandel, der Energieträgermix, die klimatischen Bedingungen und die angewandten KWK-Technologien gemäß den Grundsätzen in Anlage IV ElWOG 2010 zu berücksichtigen sind.

(2) Bei der Bestimmung der Wirkungsgrad-Referenzwerte gemäß Abs. 1 sind die von der Europäischen Kommission gemäß Artikel 4 der KWK-Richtlinie in der Entscheidung 2007/74/EG festgelegten harmonisierten Wirkungsgrad-Referenzwerte angemessen zu berücksichtigen.

§ 66
Benennung

(1) Die Behörde hat auf der Grundlage der harmonisierten Wirkungsgrad-Referenzwerte auf Antrag des Betreibers jene KWK-Anlagen zu benennen, für die vom Netzbetreiber, an dessen Netz die Anlage angeschlossen ist, Herkunftsnachweise für Strom aus hocheffizienter Kraft-Wärme-Kopplung gemäß § 2 Abs. 1 Z 29, entsprechend der Menge an erzeugter Energie aus hocheffizienter KWK gemäß Anlage III ElWOG 2010 und gemäß der Entscheidung 2008/952/EG der Europäischen Kommission, auf Basis der Vorgaben gemäß § 72 Abs. 2 ElWOG 2010 ausgestellt werden dürfen. Die erfolgten Benennungen von Anlagen sind der Regulierungsbehörde unverzüglich mitzuteilen. Die Benennung ist erforderlichenfalls unter Auflagen oder befristet auszusprechen, soweit dies zur Erfüllung der Voraussetzungen dieses Gesetzes erforderlich ist. Die Benennung ist

zu widerrufen, wenn die Voraussetzungen für die Benennung nicht mehr vorliegen.

(2) Ist kein Wirkungsgrad-Referenzwert gemäß § 65 Abs. 1 mit Verordnung festgelegt, sind der Benennung die gemäß Artikel 4 der KWK-Richtlinie in der Entscheidung 2007/74/EG festgelegten harmonisierten Wirkungsgrad-Referenzwerte zu Grunde zu legen.

(3) Herkunftsnachweise für Strom aus hocheffizienter Kraft-Wärme-Kopplung aus Anlagen mit Standort in einem anderen EU-Mitgliedstaat oder EWR-Vertragsstaat gelten als Herkunftsnachweis im Sinne dieses Gesetzes, wenn sie zumindest den Anforderungen des Anhangs X der Energieeffizienzrichtlinie entsprechen. Im Zweifelsfalle hat die Regulierungsbehörde über Antrag oder von Amts wegen festzustellen, ob die Voraussetzungen für die Benennung vorliegen.

Abschnitt 2
Behörde, Auskunftspflicht, Strafbestimmungen

§ 67
Behörde, Eigener Wirkungsbereich der Gemeinde

(1) Sofern im Einzelfall nichts anderes bestimmt ist, ist die sachlich und örtlich zuständige Behörde im Sinne dieses Gesetzes die **Landesregierung**.

(2) Die in den §§ 8 Abs. 5 und 10 Abs. 1 Z 5 und 6 geregelten Aufgaben der Gemeinden sind solche des eigenen Wirkungsbereiches.

§ 68
Auskunftspflicht

(1) Die Behörde kann von Erzeugern, Stromhändlern und sonstigen Elektrizitätsunternehmen jede Auskunft verlangen, deren Kenntnis zur Erfüllung der ihr nach diesem Gesetz obliegenden Aufgaben erforderlich ist. Diese sind **verpflichtet**, diese Auskünfte innerhalb der von der Behörde festgesetzten Frist zu erteilen, auf Verlangen der Behörde die Entnahme von Proben zu gewähren. Gesetzlich anerkannte Verschwiegenheitspflichten werden von der Auskunftspflicht nicht berührt.

(2) Die in Abs. 1 genannten Personen haben den Organen der Behörde zur Erfüllung der ihr nach diesem Gesetz obliegenden Aufgaben jederzeit ungehindert **Zutritt** zu den Erzeugungs-, Übertragungs- und Verteileranlagen zu gewähren.

(3) Wer nach diesem Gesetz oder auf Grund darauf beruhender behördlicher Anordnungen verpflichtet ist, Messungen oder andere geeignete Verfahren zur Bestimmung von Emissionen aus seiner Erzeugungsanlage durchzuführen und darüber Aufzeichnungen zu führen, hat diese Aufzeichnungen auf Aufforderung der Behörde zu übermitteln, soweit dies zur Erfüllung gemeinschaftsrechtlicher Berichtspflichten erforderlich ist.

(4) Ein Anspruch auf Ersatz der mit der Auskunftserteilung verbundenen Kosten besteht nicht.

§ 69Datenverarbeitung

(1) **Personenbezogene Daten** dürfen **erhoben und verarbeitet** werden, wenn sie

1. für die Durchführung von Verfahren nach diesem Gesetz erforderlich sind,
2. von der Behörde zur Erfüllung ihrer Aufsichtstätigkeit benötigt werden oder
3. der Behörde zur Kenntnis zu bringen sind.

(2) Die Behörde ist ermächtigt, verarbeitete personenbezogene Daten im Rahmen von Verfahren nach diesem Gesetz, soweit sie für die Besorgung der Aufgaben benötigt werden, zu **übermitteln** an:

1. die Parteien eines Verfahrens, ausgenommen Informationen aus Aktenbestandteilen im Sinne des § 17 Abs. 3 AVG,
2. Sachverständige, die einem Verfahren beigezogen werden,
3. ersuchte oder beauftragte Behörden (§ 55 AVG),
4. den Bundesminister für Nachhaltigkeit und Tourismus und
5. die Regulierungsbehörden.

§ 70
Strafbestimmungen

(1) Eine Verwaltungsübertretung, die von der Bezirksverwaltungsbehörde mit einer Geldstrafe bis zu 25.000 Euro, im Falle der Uneinbringlichkeit mit einer Ersatzfreiheitsstrafe bis zu zwei Wochen, zu bestrafen ist, **begeht**, wer, sofern sich aus den Absätzen 2 oder 3 nichts anderes ergibt,

1. eine nach § 5 Abs. 1 genehmigungspflichtige Erzeugungsanlage ohne Genehmigung errichtet, wesentlich ändert oder betreibt,
2. als Rechtsnachfolger die Behörde vom Wechsel nicht verständigt (§ 12 Abs. 6), ohne Fertigstellungsanzeige (§ 12 Abs. 9) eine Erzeugungsanlage in Betrieb nimmt oder der Fertigstellungsanzeige keine entsprechende Bestätigung anschließt (§ 12 Abs. 9),
3. trotz Aufforderung durch die Behörde (§ 13 Abs. 1) keinen Betriebsleiter bekannt gibt, keine entsprechenden Unterlagen vorlegt, einen Wechsel in der Person des Betriebsleiters (§ 13 Abs.3) nicht bekannt gibt oder den Betrieb der Anlage trotz Untersagung gemäß § 13 Abs. 5 aufrecht hält,
4. die Erzeugungsanlage ohne die gemäß § 14 Abs. 1 erforderliche Betriebsgenehmigung – ausgenommen Probebetrieb – betreibt,
5. den Bestimmungen der §§ 16 Abs. 8, 17, 18, 20 Abs. 1 oder 21 Abs. 1 zuwider handelt,
6. den Eigentümer oder den Nutzungsberechtigten eines betroffenen Grundstückes oder allfällige Bergbauberechtigte nicht oder nicht rechtzeitig über den Beginn der Vorarbeiten in Kenntnis setzt (§ 22 Abs. 7),

7. (entfällt)
8. (entfällt)
9. (entfällt)
10. (entfällt)
11. (entfällt)
12. (entfällt)
13. den Netzzugang zu nicht genehmigten Allgemeinen Netzbedingungen gewährt (§ 30 Abs. 1) oder die Verweigerung des Netzzugangs nicht schriftlich begründet (§ 32 Abs. 2 oder Abs. 3),
14. den Netzzugangsberechtigten auf deren Verlangen keinen detaillierten Kostenvoranschlag über die Netzanschlusskosten vorlegt (§ 34 Abs. 5),
15. den Betrieb eines Netzes ohne Bestellung eines geeigneten Betriebsleiters aufnimmt, die Bestellung des Betriebsleiters nicht genehmigen lässt, das Ausscheiden sowie das Wegfallen einer Voraussetzung für die Genehmigung seiner Bestellung nicht schriftlich anzeigt (§ 35),
16. den Pflichten gemäß den §§ 33 Abs. 1, 7 oder 8, 36, 38, 41, 42 Abs. 1 oder 5, 43, 47 Abs. 2, 3, 4 oder 6, 48, 51 Abs. 2, 3 oder 4, 52 Abs. 1, 2 oder 3, 54 Abs. 2, 4 oder 5 nicht entspricht,
17. der als bestehend festgestellten Anschlusspflicht (§ 40 Abs. 3) nicht entspricht oder das Recht zum Netzanschluss (§ 39) verletzt,
18. den Pflichten gemäß den §§ 45 Abs. 1, 2, 3, 4 oder 5 oder 46 Abs. 5 nicht entspricht,
19. die Tätigkeit eines Bilanzgruppenverantwortlichen ohne Genehmigung gemäß § 49 Abs. 2 oder die Tätigkeit eines Bilanzgruppenkoordinators ohne Berechtigung (§ 51) ausübt,
20. ein Verteilernetz ohne elektrizitätsrechtliche Konzession betreibt (§ 53 Abs. 1),
21. die elektrizitätswirtschaftliche Konzession entgegen den Vorschriften dieses Gesetzes durch Dritte ausüben lässt (§ 57 Abs. 1),
22. trotz der gemäß § 53 Abs. 3 Z 2 oder Abs. 9, § 59 Abs. 1 oder § 60 Abs. 3 bestehenden Verpflichtung zur Bestellung eines Geschäftsführers oder Pächters die elektrizitätswirtschaftliche Konzession ausübt, ohne die Genehmigung der Bestellung eines Geschäftsführers (§ 58 Abs. 2) oder der Übertragung der Ausübung an einen Pächter (§ 59 Abs. 2) erhalten zu haben,
23. die Bestellung eines Pächters (§ 59 Abs. 2) oder Geschäftsführers (§ 58 Abs. 2) nicht genehmigen lässt oder das Ausscheiden des Pächters oder Geschäftsführers oder das Wegfallen einer Voraussetzung für die Genehmigung nicht unverzüglich schriftlich anzeigt,
24. den in Entscheidungen, welche auf Grund dieses Gesetzes erlassen worden sind, enthaltenen Auflagen, Aufträgen oder Bedingungen zuwider handelt oder die in den Entscheidungen enthaltenen Fristen nicht einhält,
25. entgegen den Bestimmungen des § 68 Abs. 1 die Erteilung einer Auskunft verweigert, die Einsichtnahme, den Zutritt oder die Entnahme einer Probe gemäß § 68 Abs. 1 oder Abs. 2 nicht gewährt oder den Pflichten gemäß § 68 Abs. 3 nicht entspricht,
26. den Pflichten gemäß § 73 Abs. 2 oder 7 nicht nachkommt,
27. den Vorschriften gemäß § 74 Abs. 7, 8, 9, 14, 25 oder 26 nicht entspricht.

(2) Eine Verwaltungsübertretung, die von der Bezirksverwaltungsbehörde mit einer Geldstrafe von mindestens 10.000 Euro und höchstens 50.000 Euro, im Falle der Uneinbringlichkeit mit einer Ersatzfreiheitsstrafe bis zu vier Wochen, zu bestrafen ist, **begeht**, wer als Verantwortlicher eines Verteilernetzbetreibers, an dessen Verteilernetz mindestens 100.000 Kunden angeschlossen sind, den Pflichten gemäß den §§ 43 Abs. 4und 46 Abs. 5 nicht entspricht.

(3) Eine Verwaltungsübertretung, die von der Bezirksverwaltungsbehörde mit einer Geldstrafe von mindestens 50.000 Euro und höchstens 75.000 Euro, im Falle der Uneinbringlichkeit mit einer Ersatzfreiheitsstrafe bis zu sechs Wochen zu bestrafen ist, **begeht**, wer als Verantwortlicher eines Verteilernetzbetreibers, an dessen Verteilernetz mindestens 100.000 Kunden angeschlossen sind, den Pflichten gemäß den §§ 32 Abs. 1, 38 Abs. 1, 2, 3 oder 4, 41 Abs. 1 oder 2, 42 Abs. 1, 43, 45 Abs. 1, 2, 3, 4 oder 5, 47 Abs. 2, 3, 4 oder 6, 51 Abs. 3, 53 Abs. 1, 54 Abs. 2, 4 oder 5, 74 Abs. 25 oder 26 nicht entspricht.

(4) Der Versuch ist strafbar.

(5) Wurde die Übertragung der **Ausübung** der elektrizitätswirtschaftlichen Konzession an einen Pächter genehmigt, so ist dieser verantwortlich.

(6) Eine Verwaltungsübertretung liegt nicht vor, wenn eine im Abs. 1, 2 oder 3 bezeichnete Tat den Tatbestand einer mit gerichtlicher Strafe bedrohten Handlung bildet.

Hauptstück VIII
Ökofonds, Berichtspflicht
§ 71
Einrichtung und Verwaltung eines Ökofonds

(1) Zur **Förderung** von Ökostromanlagen mit Standort in NÖ und zur Förderung von Energieeffizienzprogrammen wird ein Verwaltungsfonds eingerichtet. Die Mittel des Ökofonds werden aufgebracht:

1. aus den Zuweisungen gemäß Ökostromgesetz,
2. aus Strafbeträgen gemäß § 70,
3. aus sonstigen Zuwendungen.

(2) Das Vermögen des Fonds ist zinsbringend anzulegen. Die Zinsen sind zur Abdeckung der mit der Verwaltung des Fonds entstehenden Personal- und Sachkosten zu verwenden. Sollten die Zinsen

nicht ausreichen, können die Personal- und Sachkosten aus dem sonstigen Vermögen des Fonds getragen werden.

(3) Die Leistungen des Ökofonds erfolgen nach Maßgabe der zur Verfügung stehenden Mittel im Rahmen der **Privatwirtschaftsverwaltung**. Auf die Gewährung einer Förderung, die aus einem nicht rückzahlbarem Darlehen besteht, besteht kein Rechtsanspruch.

(4) Die Gewährung von Förderungen erfolgt auf der Grundlage von **Förderrichtlinien**, die von der NÖ Landesregierung festzulegen sind.

(5) Die Förderrichtlinien haben insbesondere folgende **Kriterien** zu berücksichtigen:

1. Verfahren bei der Gewährung von Förderungen,
2. Voraussetzungen für die Gewährung von Förderungen,
3. Antragsunterlagen,
4. Reihungskriterien wie Beitrag zur Reduktion der klimarelevanten Emissionen, Wirtschaftlichkeit des Projektes, Berücksichtigung sonstiger gewährter oder zugesagter Förderungen,
5. Bonität des Förderungswerbers,
6. Voraussetzungen für die Rückerstattung gewährter Fördermittel.

(6) (entfällt)

§ 72
(entfällt)

§ 73
Berichts- und Überwachungspflichten

(1) Die Behörde hat bis spätestens 30. Juni jeden Jahres dem der Bundesministerin für Klimaschutz, Umwelt, Energie, Mobilität, Innovation und Technologie

a) (entfällt)
b) eine im Einklang mit der in Anlage III ElWOG 2010 und der Entscheidung 2008/952/EG der Europäischen Kommission dargelegten Methode erstellte Statistik über die nationale Erzeugung von Strom und Wärme aus KWK,
c) eine Statistik über die KWK-Kapazitäten sowie die für KWK eingesetzten Brennstoffe und
d) einen Bericht über die Überwachungstätigkeit gemäß §§ 65 und 66, der insbesondere jene Maßnahmen zu enthalten hat, die ergriffen wurden, um die Zuverlässigkeit des Nachweissystems zu gewährleisten,

vorzulegen.

(2) Der für die Aufstellung und Überwachung der Einhaltung des Gleichbehandlungsprogramms gegenüber der Behörde benannte Gleichbehandlungsverantwortliche hat der Behörde und der Regulierungsbehörde jährlich, spätestens bis 31. März des Folgejahres, einen Bericht über die dokumentierten Beschwerdefälle und über die getroffenen Maßnahmen vorzulegen und in geeigneter Weise zu veröffentlichen. Die Behörde hat der Regulierungsbehörde jährlich einen zusammenfassenden Bericht über die getroffenen Maßnahmen vorzulegen und diesen Bericht in geeigneter Weise (z. B. Internet) zu veröffentlichen.

(3) Die Behörde hat folgende Überwachungsaufgaben im Rahmen ihrer den Elektrizitätsmarkt betreffenden Überwachungsfunktionen. Insbesondere umfassen diese,

1. die Versorgungssicherheit in Bezug auf Zuverlässigkeit und Qualität des Netzes, sowie die kommerzielle Qualität der Netzdienstleistungen,
2. den Grad der Transparenz am Elektrizitätsmarkt unter besonderer Berücksichtigung der Großhandelspreise,
3. den Grad und die Wirksamkeit der Marktöffnung und den Umfang des Wettbewerbs auf Großhandelsebene und Endverbraucherebene einschließlich etwaiger Wettbewerbsverzerrungen oder -beschränkungen,
4. etwaige restriktive Vertragspraktiken einschließlich Exklusivitätsbestimmungen, die große gewerbliche Kunden daran hindern können, gleichzeitig mit mehreren Anbietern Verträge zu schließen, oder ihre Möglichkeiten dazu beschränken,
5. die Dauer und Qualität der von Übertragungs- und Verteilernetzbetreibern vorgenommenen Neuanschluss-, Wartungs- und sonstiger Reparaturdienste,
6. die Investitionen in die Erzeugungskapazitäten mit Blick auf die Versorgungssicherheit

laufend zu beobachten.

(4) (Entfällt durch LGBl. Nr. 12/2018)

(5) (Entfällt durch LGBl. Nr. 12/2018)

(6) (Entfällt durch LGBl. Nr. 12/2018)

(7) Ein Verteilernetzbetreiber, an dessen Verteilernetz mindestens 100.000 Kunden angeschlossen sind und der Teil eines vertikal integrierten Unternehmens ist, ist von der Behörde laufend zu beobachten, dass er diesen Umstand nicht zur Verzerrung des Wettbewerbs nutzen kann.

(8) Die Behörde hat allfällige Verstöße von vertikal integrierten Verteilerunternehmen gegen die Bestimmungen der §§ 38 Abs. 1 Z 29, 38 Abs. 3 und 4, 54, 73 Abs. 7 sowie 74 Abs. 25 und 26 unverzüglich der Regulierungsbehörde mitzuteilen.

Hauptstück IX
Übergangsbestimmungen, Schlussbestimmungen

§ 74
Übergangsbestimmungen

(1) **Elektrizitätsunternehmen,** die im Zeitpunkt des Inkrafttretens dieses Gesetzes im Besitze einer Gebietskonzession sind, gelten im Um-

fang ihrer bisherigen Tätigkeit als Verteilernetzbetreiber **konzessioniert**. Die Rechte und Pflichten, die Ausübung, die Endigung und der Entzug der Konzession richten sich nach den Bestimmungen dieses Gesetzes. Bestehen Zweifel über den Umfang der bisherigen Tätigkeit, so hat über Antrag eines Betreibers eines Verteilernetzes die Behörde den Umfang der bisherigen Tätigkeit mit Bescheid festzustellen. Die im Zeitpunkt des Inkrafttretens dieses Gesetzes anhängigen Konzessionsverfahren sind nach den bisher geltenden Bestimmungen zu beenden.

(2) (entfällt)

(3) (entfällt)

(4) (entfällt)

(5) (entfällt)

(6) (entfällt)

(7) Die im Zeitpunkt des Inkrafttretens dieses Gesetzes rechtmäßig eingesetzten **Pächter** oder **Geschäftsführer** im Sinne des 2. Abschnitts des Hauptstücks VI gelten als nach diesem Gesetz **genehmigt**. Ein vertikal integrierter Verteilernetzbetreiber mit mehr als 100 000 Kunden hat bis spätestens 1. Jänner 2006 der Behörde nachzuweisen, dass ein bestellter Geschäftsführer die gemäß § 54 Abs. 2 Z 1 und 2 oder ein Pächter die gemäß 54 festgesetzten Voraussetzungen erfüllt. Die §§ 58 Abs. 6 und 59 Abs. 2 gelten sinngemäß.

(8) Fehlt einem Verteilernetzbetreiber, der gemäß § 53 Abs. 3 Z 2 eines Geschäftsführers oder Pächters bedarf, ein Geschäftsführer oder Pächter, so hat dieser innerhalb von **sechs** Monaten nach dem Inkrafttreten dieses Gesetzes einen Geschäftsführer oder Pächter zu bestellen und innerhalb dieser Frist um Genehmigung der Bestellung anzusuchen. Fehlt einem Pächter, der gemäß § 58 Abs. 1 eines Geschäftsführers bedarf, ein solcher Geschäftsführer, so hat der Pächter innerhalb von sechs Monaten nach dem Inkrafttreten dieses Gesetzes einen Geschäftsführer zu bestellen und innerhalb dieser Frist um die Genehmigung der Bestellung anzusuchen.

(9) Die im Zeitpunkt des Inkrafttretens dieses Gesetzes rechtmäßig bestellten technischen **Betriebsleiter** gelten als nach diesem Gesetz genehmigt. Fehlt einem Betreiber eines Netzes der erforderliche Betriebsleiter, so hat der Betreiber des Netzes innerhalb von **drei** Monaten nach Inkrafttreten dieses Gesetzes den gemäß § 35 erforderlichen Betriebsleiter zu bestellen und innerhalb dieser Frist um Genehmigung der Bestellung des Betriebsleiters anzusuchen.

(10) Auf bestehende **Verträge** über den Anschluss und die Netznutzung sind die jeweils nach diesem Gesetz genehmigten Allgemeinen Netzbedingungen anzuwenden. Dies gilt nicht, wenn der Netzbenutzer dagegen binnen acht Wochen ab ihrer Veröffentlichung beim Betreiber des Netzes Einspruch erhebt.

(11) (entfällt)

(12) Erzeugungsanlagen, die im Zeitpunkt des Inkrafttretens dieses Gesetzes rechtmäßig bestehen und betrieben werden oder rechtmäßig errichtet werden können, gelten als nach diesem Gesetz genehmigt. Die §§ 12 Abs. 9 und 10, 13 bis 23 sind auf diese Erzeugungsanlagen anzuwenden.

(13) (entfällt)

(14) (entfällt)

(15) (entfällt)

(16) (entfällt)

(17) (entfällt)

(18) (entfällt)

(19) (entfällt)

(20) (entfällt)

(21) (entfällt)

(22) Wenn im Zusammenhang mit der Durchführung der Entflechtung auch das Eigentum am betreffenden Netz einschließlich der dazugehörigen Hilfseinrichtungen auf den Netzbetreiber übertragen wird, gehen vertraglich oder behördlich begründete Dienstbarkeits- und Leitungsrechte an Liegenschaften und sonstige für den sicheren Betrieb und den Bestand des Netzes einschließlich der dazugehörigen Hilfseinrichtungen erforderlichen Rechte auf den Netzbetreiber von Gesetzes wegen über. Wenn zum Zweck der Durchführung der Entflechtung andere, zur Gewährleistung der Funktion des Netzbetreibers notwendigen Nutzungsrechte am betreffenden Netz übertragen werden, sind sowohl der Netzeigentümer als auch der diese anderen Nutzungsrechte Ausübende berechtigt, die Nutzungsrechte in Anspruch zu nehmen.

(23) (entfällt)

(24) Unternehmen, die im Zeitpunkt des Inkrafttretens des NÖ ElWG 1999 elektrische Energie auf einem Betriebsgelände (§ 7 Z 25 ElWOG, BGBl. I Nr. 143/1998) verteilten, gelten als Endverbraucher, wenn die Voraussetzungen des § 7 Z 26 ElWOG, BGBl. I Nr. 143/1998, ausgenommen das Erfordernis des eigenen Netzes, vorliegen.

(25) Die §§ 6 Abs. 2 Z 10 und 17 und 8 Abs. 1 in der Fassung des Landesgesetzes LGBl. Nr. 94/2015 sind auf im Zeitpunkt des Inkrafttretens des Landesgesetzes LGBl. Nr. 94/2015 anhängige Verfahren nicht anzuwenden.

(26) Die §§ 5 und 7 in der Fassung des Landesgesetzes LGBl. Nr. 34/2022 sind auf im Zeitpunkt des Inkrafttretens des Landesgesetzes LGBl. Nr. 34/2022 anhängige Verfahren nicht anzuwenden.

§ 75

Schlussbestimmungen, Geschlechtsspezifische Bezeichnung, Umgesetzte EU-Richtlinien

(1) Die Bestimmungen dieses Gesetzes treten mit dem der Kundmachung folgenden Tag in

Kraft. Gleichzeitig tritt das NÖ Elektrizitätswesengesetz 2001, LGBl. 7800–1, außer Kraft.

(2) § 37 tritt sechs Monate nach Festlegung der in Art. 4 Abs. 1 der KWK-Richtlinie genannten harmonisierten Wirkungsgrad-Referenzwerte durch die Kommission der Europäischen Gemeinschaft in Kraft.

(3) Personen bezogene Begriffe haben keine geschlechtsspezifische Bedeutung. Sie sind bei der Anwendung auf bestimmte Personen in der jeweils geschlechtsspezifischen Form zu verwenden.

(4) Durch dieses Gesetz werden folgende Richtlinien der Europäischen Union umgesetzt:

1. Richtlinie 2009/72/EG des Europäischen Parlaments und des Rates vom 13. Juli 2009 über gemeinsame Vorschriften für den Elektrizitätsbinnenmarkt und zur Aufhebung der Richtlinie 2003/54/EG, ABl. L 211 vom 14. August 2009, S. 55ff, soweit diese nicht durch das ElWOG 2010 umgesetzt wird,
2. Richtlinie 2009/28/EG des Europäischen Parlaments und des Rates vom 23. April 2009 zur Förderung der Nutzung von Energie aus erneuerbaren Quellen und zur Änderung und anschließenden Aufhebung der Richtlinien 2001/77/EG und 2003/30/EG, ABl. L 140 vom 5. Juni 2009, S. 16ff, soweit diese nicht durch das Ökostromgesetz umgesetzt wird,
3. Richtlinie 2004/8/EG des Europäischen Parlaments und des Rates vom 11. Februar 2004 über die Förderung einer am Nutzwärmebedarf orientierten Kraft-Wärme-Kopplung im Energiebinnenmarkt und zur Änderung der Richtlinie 92/42/EWG, ABl. L 52 vom 21.2.2004, S. 50ff, soweit diese nicht durch das Ökostromgesetz umgesetzt wird,
4. Richtlinie (EU) 2018/2001 des europäischen Parlaments und des Rates vom 11. Dezember 2018 zur Förderung der Nutzung von Energie aus erneuerbaren Quellen, ABl. Nr. L 328 vom 21. Dezember 2018 S. 82, in der Fassung der Berichtigung, ABl. Nr. L 041 vom 22. Februar 2022, S. 37,
5. Richtlinie 2003/35/EG des Europäischen Parlaments und des Rates vom 26. Mai 2003 über die Beteiligung der Öffentlichkeit bei der Ausarbeitung bestimmter umweltbezogener Pläne und Programme und zur Änderung der Richtlinien 85/337/EWG und 96/61/EG des Rates in Bezug auf die Öffentlichkeitsbeteiligung und den Zugang zu Gerichten, ABl. L 156 vom 25. Juni 2003, S. 17, soweit Erzeugungsanlagen mit einer Brennstoffwärmeleistung von über 50 MW dem Hauptstück II dieses Gesetzes unterliegen,
6. Richtlinie 2009/28/EG des Europäischen Parlaments und des Rates vom 23. April 2009 zur Förderung der Nutzung von Energie aus erneuerbaren Quellen und zur Änderung und anschließenden Aufhebung der Richtlinien 2001/77/EG und 2003/30/EG, ABl. Nr. L 140 vom 5. Juni 2009, S. 16 ff,
7. Richtlinie 2012/27/EU des Europäischen Parlaments und des Rates vom 25. Oktober 2012 zur Energieeffizienz, zur Änderung der Richtlinien 2009/125/EG und 2010/30/EU und zur Aufhebung der Richtlinien 2004/8/EG und 2006/32/EG, ABl. Nr. L 315 vom 14. November 2012, S. 1 ff, zuletzt geändert durch die Richtlinie (EU) 2018/2002 des Europäischen Parlamentes und des Rates vom 11. Dezember 2018 zur Änderung der Richtlinie 2012/27/EU zur Energieeffizienz, ABl. Nr. L 328 vom 21. Dezember 2018, S. 210 ff,
8. Richtlinie 2006/123/EG des Europäischen Parlaments und des Rates vom 12. Dezember 2006 über Dienstleistungen im Binnenmarkt, ABl. L 376 vom 27. Dezember 2006, S. 36ff,
9. Richtlinie 2006/32/EG des Europäischen Parlaments und des Rates vom 5. April 2006 über Endenergieeffizienz und Energiedienstleistungen und zur Aufhebung der Richtlinie 93/76/EWG des Rates, ABl. L 114 vom 27. April 2006, S. 64.

(5) Die Vermeidung und Sanierung von Umweltschäden im Sinne der Richtlinie 2004/35/EG des Europäischen Parlaments und des Rates vom 21. April 2004 über Umwelthaftung zur Vermeidung und Sanierung von Umweltschäden, ABl. L Nr. 143, S. 56 vom 30. April 2004, wird im NÖ Umwelthaftungsgesetz (NÖ UHG), LGBl. 6200, geregelt.

(6) Das Inhaltsverzeichnis und § 69 in der Fassung des Landesgesetzes LGBl. Nr. 23/2018 treten am 25. Mai 2018 in Kraft.

11. Oö. Elektrizitätswirtschafts- und -organisationsgesetz 2006

Landesgesetz, mit dem das Oö. Elektrizitätswirtschafts- und -organisationsgesetz 2006 erlassen wird

StF: LGBl.Nr. 1/2006

Letzte Novellierung: LGBl.Nr. 112/2022

GLIEDERUNG

1. TEIL
ALLGEMEINE BESTIMMUNGEN

§ 1
Geltungsbereich

(1) Dieses Landesgesetz regelt die Erzeugung, die Übertragung, die Verteilung von und die Versorgung mit elektrischer Energie sowie die Organisation der Elektrizitätswirtschaft in Oberösterreich.

(2) Sofern durch Bestimmungen dieses Landesgesetzes der Zuständigkeitsbereich des Bundes berührt wird, sind sie so auszulegen, dass sich keine über die Zuständigkeit des Landes hinausgehende rechtliche Wirkung ergibt.

§ 2
Begriffsbestimmungen

Im Sinn dieses Landesgesetzes bedeutet:

1. **Aerothermische Energie:** Energie, die in Form von Wärme in der Umgebungsluft gespeichert ist;

1a. **Agentur:** Die Agentur für die Zusammenarbeit der Energieregulierungsbehörden gemäß Verordnung 2009/713/EG zur Gründung einer Agentur für die Zusammenarbeit der Energieregulierungsbehörden, ABl. Nr. L 211 vom 14.8.2009, S 1;

2. **Anschlussleistung:** Jene für die Netznutzung an der Übergabestelle vertraglich vereinbarte Leistung;

2a. **Ausfallsreserve:** Jener Anteil der Sekundärregelung, der automatisch oder manuell angesteuert werden kann und vorrangig der Abdeckung des Ausfalls des größten Kraftwerkblocks in der Regelzone dient;

3. **Ausgleichsenergie:** Die Differenz zwischen dem vereinbarten Fahrplanwert und dem tatsächlichen Bezug oder der tatsächlichen Lieferung der Bilanzgruppe je definierter Messperiode, wobei die Energie je Messperiode tatsächlich erfasst oder rechnerisch ermittelt werden kann;

4. **Betriebsstätte:** Jenes räumlich zusammenhängende Gebiet, auf dem regelmäßig eine auf Gewinn oder sonstigen wirtschaftlichen Vorteil gerichtete Tätigkeit selbständig ausgeübt wird;

5. **Bilanzgruppe:** Die Zusammenfassung von Lieferanten und Kundinnen bzw. Kunden zu einer virtuellen Gruppe, innerhalb derer ein Ausgleich zwischen Aufbringung (Bezugsfahrpläne, Einspeisungen) und Abgabe (Lieferfahrpläne, Ausspeisungen) erfolgt;

6. **Bilanzgruppenkoordinator:** Eine natürliche oder juristische Person oder eingetragene Personengesellschaft, die eine Verrechnungsstelle betreibt;

7. **Bilanzgruppenverantwortlicher:** Eine gegenüber anderen Marktteilnehmern und dem Bilanzgruppenkoordinator zuständige Stelle einer Bilanzgruppe, welche die Bilanzgruppe vertritt;
7a. **Bürgerenergiegemeinschaft:** Eine Rechtsperson, die elektrische Energie erzeugt, verbraucht, speichert oder verkauft, im Bereich der Aggregierung tätig ist, oder Energiedienstleistungen für ihre Mitglieder erbringt und von Mitgliedern bzw. Gesellschaftern gemäß § 16b Abs. 3 ElWOG 2010 kontrolliert wird;
7b. **Demonstrationsprojekt:** Ein Vorhaben, das eine in der Europäischen Union völlig neue Technologie („first of its kind") demonstriert, die eine wesentliche, weit über den Stand der Technik hinausgehende Innovation darstellt;
8. **Dezentrale Erzeugungsanlage:** Eine Erzeugungsanlage, die an ein öffentliches Mittel- oder Niederspannungs-Verteilernetz (Bezugspunkt Übergabestelle) angeschlossen ist und somit Verbrauchernähe aufweist oder eine Erzeugungsanlage, die der Eigenversorgung dient;
9. **Direktleitung:** Entweder eine Leitung, die einen einzelnen Produktionsstandort mit einer einzelnen Kundin bzw. einem einzelnen Kunden verbindet oder eine Leitung, die einen Elektrizitätserzeuger und ein Elektrizitätsversorgungsunternehmen zum Zweck der direkten Versorgung mit seiner eigenen Betriebsstätte, Tochterunternehmen und zugelassenen Kunden verbindet; Leitungen innerhalb von Wohnhausanlagen gelten nicht als Direktleitungen;
10. **Drittstaaten:** Staaten, die nicht dem Abkommen über den Europäischen Wirtschaftsraum beigetreten oder nicht Mitglied der Europäischen Union sind;
11. **Einspeiser:** Ein Erzeuger oder ein Elektrizitätsunternehmen, der oder das elektrische Energie in ein Netz abgibt;
12. **Elektrizitätsunternehmen:** Eine natürliche oder juristische Person oder eine eingetragene Personengesellschaft, die in Gewinnabsicht von den Funktionen der Erzeugung, der Übertragung, der Verteilung, der Lieferung oder des Kaufs von elektrischer Energie mindestens eine wahrnimmt und die kommerzielle, technische oder wartungsbezogene Aufgaben im Zusammenhang mit diesen Funktionen wahrnimmt, mit Ausnahme der Endverbraucher;
12a. **Endgültige Stilllegung:** Maßnahmen, die den Betrieb der Erzeugungsanlage endgültig ausschließen oder bewirken, dass eine Anpassung der Einspeisung nicht mehr angefordert werden kann;
13. **Endverbraucher:** Eine natürliche oder juristische Person oder eingetragene Personengesellschaft, die Elektrizität für den Eigenverbrauch kauft;
14. **Energiedienstleistung:** Der physische Nutzeffekt für Energieendverbraucher, der sich aus der Kombination von Energie und energienutzender Technologie sowie in bestimmten Fällen aus den zur Erbringung der Dienstleistung nötigen Betriebs- und Instandhaltungsaktivitäten ergibt (zB Gebäudeheizung, Beleuchtung, Heißwasserbereitung, Kühlung, Produktherstellung);
15. **Energieeffizienz:** Die bestmögliche Nutzung und Verwertung der eingesetzten Primärenergie, somit ein möglichst geringer Energieeinsatz zur Erzielung einer Energiedienstleistung mit einem hohen Wirkungsgrad (Quotient aus der abgegebenen und der zugeführten Leistung) und einem hohen Nutzungsgrad (Quotient aus der abgegebenen nutzbaren und der zugeführten Energie während des definierten Zeitraums) unter Berücksichtigung ökonomischer und ökologischer Aspekte;
16. **Energieeffizienz/Nachfragesteuerung:** Ein globales oder integriertes Konzept zur Steuerung der Höhe und des Zeitpunkts des Elektrizitätsverbrauchs, das den Primärenergieverbrauch senken und Spitzenlasten verringern soll, indem Investitionen zur Steigerung der Energieeffizienz oder anderen Maßnahmen wie unterbrechbaren Lieferverträgen Vorrang vor Investitionen zur Steigerung der Erzeugungskapazität eingeräumt wird, wenn sie unter Berücksichtigung der positiven Auswirkungen eines geringeren Energieverbrauchs auf die Umwelt und der damit verbundenen Aspekte einer größeren Versorgungssicherheit und geringerer Verteilungskosten die wirksamste und wirtschaftlichste Option darstellen;
17. **Energiewirtschaftliches Planungsorgan:** Die für die Umsetzung der Energiestrategie des Landes zuständige Abteilung des Amtes der Landesregierung;
18. **Engpassleistung:** Die durch den leistungsschwächsten Teil begrenzte, höchstmögliche elektrische Dauerleistung der gesamten Erzeugungsanlage mit allen Maschinensätzen;
18a. **Engpassmanagement:** Die Gesamtheit von kurz-, mittel- und langfristigen Maßnahmen, welche nach Maßgabe der systemtechnischen Anforderungen ergriffen werden können, um unter Berücksichtigung der Netz- und Versorgungssicherheit Engpässe im Übertragungsnetz zu vermeiden oder zu beseitigen;
19. **Entnehmer:** Ein Endverbraucher oder ein Netzbetreiber, der elektrische Energie aus einem Übertragungs- oder Verteilernetz entnimmt;
20. **ENTSO (Strom):** Der Europäische Verbund der Übertragungsnetzbetreiber für Strom gemäß Art. 5 der Verordnung 2009/714/EG;
20a. **Erhebliche Modernisierung:** Eine Modernisierung, deren Kosten mehr als 50 % der

Investitionskosten für eine neue vergleichbare Anlage betragen;

20b. **Erneuerbare Energiegemeinschaft:** Eine Rechtsperson, die es ermöglicht, die innerhalb der Gemeinschaft erzeugte Energie gemeinsam zu nutzen; deren Mitglieder oder Gesellschafter müssen im Nahebereich gemäß § 16c Abs. 2 ElWOG 2010 angesiedelt sein;

21. **Erneuerbare Energiequelle:** Eine erneuerbare, nichtfossile Energiequelle (Wind, Sonne, Erdwärme, Wellen- und Gezeitenenergie, Wasserkraft, aero- und hydrothermische Energie, Biomasse, Deponiegas, Klärgas und Biogas);

22. **Erzeuger:** Eine juristische oder natürliche Person oder eine eingetragene Personengesellschaft, die Elektrizität erzeugt;

23. **Erzeugung:** Die Produktion von Elektrizität;

24. **Erzeugung aus Kraft-Wärme-Kopplung (KWK-Erzeugung):** Die Summe von Strom, mechanischer Energie und Nutzwärme aus KWK;

25. **Erzeugungsanlage:** Ein Kraftwerk oder Kraftwerkspark;

26. **Fahrplan:** Jene Unterlage, die angibt, in welchem Umfang elektrische Leistung als prognostizierter Leistungsmittelwert in einem konstanten Zeitraster (Messperioden) an bestimmten Netzpunkten eingespeist und entnommen oder zwischen Bilanzgruppen ausgetauscht wird;

27. **Gesamtwirkungsgrad:** Die Summe der jährlichen Erzeugung von Strom, mechanischer Energie und Nutzwärme im Verhältnis zum Brennstoff, der für die in KWK erzeugte Wärme und die Bruttoerzeugung von Strom und mechanischer Energie eingesetzt wurde;

28. **Haushaltskundinnen bzw. Haushaltskunden: Kundinnen bzw.** Kunden, die Elektrizität für den Eigenverbrauch im Haushalt kaufen; ein Haushalt stellt eine wirtschaftlich zusammenhängende Einheit dar; dies schließt gewerbliche und berufliche Tätigkeiten nicht mit ein;

29. **Hilfsdienste:** Alle Dienstleistungen, die zum Betrieb eines Übertragungs- oder Verteilernetzes erforderlich sind;

30. **Hocheffiziente Kraft-Wärme-Kopplung:** Die KWK, die den in Anlage IV zum ElWOG 2010 festgelegten Kriterien entspricht;

30a. **Hydrothermische Energie:** Energie, die in Form von Wärme in Oberflächengewässern gespeichert ist;

31. **In KWK erzeugter Strom:** Strom, der in einem Prozess erzeugt wurde, der an die Erzeugung von Nutzwärme gekoppelt ist und der gemäß der in Anlage III zum ElWOG 2010 festgelegten Methode berechnet wird;

32. **Integriertes Elektrizitätsunternehmen:** Ein vertikal oder horizontal integriertes Elektrizitätsunternehmen;

32a. **Kleinsterzeugungsanlagen:** Eine oder mehrere Erzeugungsanlagen, deren Engpassleistung in Summe weniger als 0,8 kW pro Anlage eines Netzbenutzers beträgt;

33. **Kleinunternehmen:** Unternehmen im Sinn des § 1 Abs. 1 Z 1 KSchG, die weniger als 50 Personen beschäftigen, weniger als 100.000 kWh/Jahr an Elektrizität verbrauchen und einen Jahresumsatz oder eine Jahresbilanzsumme von höchstens 10 Millionen Euro haben;

34. **Kontrolle:** Rechte, Verträge oder andere Mittel, die einzeln oder zusammen unter Berücksichtigung aller tatsächlichen oder rechtlichen Umstände die Möglichkeit gewähren, einen bestimmenden Einfluss auf die Tätigkeit eines Unternehmens auszuüben, insbesondere durch

a) Eigentums- oder Nutzungsrechte an der Gesamtheit oder an Teilen des Vermögens des Unternehmens,

b) Rechte oder Verträge, die einen bestimmenden Einfluss auf die Zusammensetzung, die Beratungen oder Beschlüsse der Organe des Unternehmens gewähren;

35. **Konzernunternehmen:** Rechtlich selbständiges Unternehmen, das mit einem anderen rechtlich selbständigen Unternehmen im Sinn des § 228 Abs. 3 Unternehmensgesetzbuch verbunden ist;

36. **Kraft-Wärme-Kopplung (KWK):** Die gleichzeitige Erzeugung thermischer Energie und elektrischer und/oder mechanischer Energie in einem Prozess;

37. **Kraft-Wärme-Verhältnis (Stromkennzahl):** Das anhand der Betriebsdaten des spezifischen Blocks berechnete Verhältnis von KWK-Strom zu Nutzwärme im vollständigen KWK-Betrieb;

38. **Kraftwerk:** Eine Anlage, die dazu bestimmt ist, durch Energieumwandlung elektrische Energie zu erzeugen; sie kann aus mehreren Erzeugungseinheiten bestehen und umfasst auch alle zugehörigen Hilfsbetriebe und Nebeneinrichtungen;

39. **Kraftwerkspark:** Eine Gruppe von Kraftwerken, die über einen gemeinsamen Netzanschluss verfügt;

40. **Kundinnen bzw. Kunden:** Endverbraucher, Stromhändler sowie Elektrizitätsunternehmen, die elektrische Energie kaufen;

41. **KWK-Block:** Ein Block, der im KWK-Betrieb betrieben werden kann;

42. **KWK-Kleinstanlage:** Eine KWK-Anlage mit einer Kapazität von höchstens 50 kW;

43. **KWK-Kleinanlagen:** KWK-Blöcke mit einer installierten Kapazität unter 1 MW;

44. **Lastprofil:** Eine in Zeitintervallen dargestellte Bezugsmenge oder Liefermenge eines Einspeisers oder Entnehmers;

45. **Lieferant:** Eine natürliche oder juristische Person oder eingetragene Personengesellschaft, die Elektrizität anderen natürlichen oder juristischen Personen zur Verfügung stellt. Soweit Energie von einer gemeinschaftlichen Erzeugungsanlage und innerhalb einer Bürgerenergiegemeinschaft sowie einer Erneuerbare-Energie-Gemeinschaft den Mitgliedern bzw. den teilnehmenden Berechtigten zur Verfügung gestellt wird, begründet dieser Vorgang keine Lieferanteneigenschaft;
46. **Marktregeln:** Die Summe aller Vorschriften, Regelungen und Bestimmungen auf gesetzlicher oder vertraglicher Basis, die Marktteilnehmer im Elektrizitätsmarkt einzuhalten haben, um ein geordnetes Funktionieren dieses Marktes zu ermöglichen und zu gewährleisten;
47. **Marktteilnehmer:** Bilanzgruppenverantwortliche, Versorger, Stromhändler, Erzeuger, Lieferanten, Netzbenutzer, Kundinnen bzw. Kunden, Endverbraucher, Erneuerbare-Energie-Gemeinschaften, Bürgerenergiegemeinschaften, Bilanzgruppenkoordinatoren, Strombörsen, Übertragungsnetzbetreiber, Verteilernetzbetreiber und Regelzonenführer;
47a. **Herkunftsnachweis:** Eine Bestätigung, die den Primärenergieträger, aus dem eine bestimmte Einheit elektrischer Energie erzeugt wurde, belegt. Hierunter fallen insbesondere Herkunftsnachweise für Strom aus fossilen Energiequellen, Herkunftsnachweise für Strom aus hocheffizienter KWK sowie Herkunftsnachweise gemäß § 10 ÖSG 2012 und § 83 Erneuerbaren-Ausbau-Gesetz (EAG);
48. **(n-1)-Kriterium und (n-1)-Sicherheit in Übertragungs- und Verteilernetzen:** Technische Größen, die für die Planung und den sicheren Betrieb dieser Netze verwendet werden; das (n-1)-Kriterium und die (n-1)-Sicherheit in Netzen von mehr als 36 kV (Hoch- und Höchstspannungsnetze) ist dann erfüllt, wenn nach Ausfall eines Betriebsmittels keine daraus resultierende Versorgungsunterbrechung, keine thermische Überlastung von Betriebsmitteln, keine Verletzung von Spannungstoleranzen, keine Verletzung von Grenzen der Kurzschlussleistung und dergleichen eintreten; das (n-1)-Kriterium und die (n-1)-Sicherheit in Mittelspannungsnetzen (von mehr als 1 kV bis einschließlich 36 kV) ist dann erfüllt, wenn nach Ausfall eines Betriebsmittels eine daraus resultierende Versorgungsunterbrechung durch Umschaltungen oder andere Maßnahmen in zumutbarer Zeit beendet werden können, ohne dass die bei den Hoch- und Höchstspannungsnetzen genannten Überlastungszustände eintreten;
49. **Netzanschluss:** Die physische Verbindung der Anlage einer Kundin bzw. eines Kunden oder Erzeugers von elektrischer Energie mit dem Netzsystem;
50. **Netzbenutzer:** Jede natürliche oder juristische Person oder eingetragene Personengesellschaft, die Elektrizität in ein Netz einspeist oder aus einem Netz entnimmt;
51. **Netzbereich:** Jener Teil eines Netzes, für dessen Benutzung die selben Preisansätze gelten;
52. **Netzbetreiber:** Betreiber von Übertragungs- oder Verteilernetzen mit einer Nennfrequenz von 50 Hz;
53. **Netzebene:** Ein im Wesentlichen durch das Spannungsniveau bestimmter Teilbereich des Netzes;
53a. **Netzreserve:** Die Vorhaltung von zusätzlicher Erzeugungsleistung oder reduzierter Verbrauchsleistung zur Beseitigung von Engpässen im Übertragungsnetz im Rahmen des Engpassmanagements, welche gesichert innerhalb von zehn Stunden Vorlaufzeit aktivierbar ist;
53b. **Netzreservevertrag:** Ein Vertrag, der zwischen dem Regelzonenführer und einem Anbieter abgeschlossen wird und die Erbringung einer Netzreserve gemäß Z 53a zum Inhalt hat;
54. **Netzzugang:** Die Nutzung eines Netzsystems;
55. **Netzzugangsberechtigter:** Eine natürliche oder juristische Person oder eingetragene Personengesellschaft, die Netzzugang begehrt, insbesondere auch Elektrizitätsunternehmen, soweit dies zur Erfüllung ihrer Aufgaben erforderlich ist;
56. **Netzzugangsvertrag:** Die individuelle Vereinbarung zwischen dem Netzzugangsberechtigten und einem Netzbetreiber, der den Netzanschluss und die Inanspruchnahme des Netzes regelt;
57. **Netzzutritt:** Die erstmalige Herstellung eines Netzanschlusses oder die Erhöhung der Anschlussleistung eines bestehenden Netzanschlusses;
58. **Nutzwärme:** Die in einem KWK-Prozess zur Befriedigung eines wirtschaftlich vertretbaren Wärme- oder Kühlbedarfs erzeugte Wärme;
59. **Ökostrom:** Elektrische Energie aus erneuerbaren Energieträgern;
60. **Primärregelung:** Eine automatisch wirksam werdende Wiederherstellung des Gleichgewichts zwischen Erzeugung und Verbrauch mit Hilfe eines definierten frequenzabhängigen Verhaltens von Erzeugungs- und/oder Verbrauchseinheiten, welche im Zeitbereich bis höchstens 30 Sekunden nach Störungseintritt vollständig aktivierbar sein muss;
61. **Regelzone:** Die kleinste Einheit des Verbundsystems, die mit einer Leistungs-Frequenz-Regelung ausgerüstet und betrieben wird;
62. **Regelzonenführer:** Derjenige, der für die Leistungs-Frequenz-Regelung in einer Regelzone verantwortlich ist, wobei diese Funktion auch seitens eines dritten Unternehmens, das

seinen Sitz in einem anderen Mitgliedstaat der Europäischen Union hat, erfüllt werden kann;

63. **Reserveversorgung:** Vorübergehende Versorgung, wenn ein laufend durch Eigenerzeugung oder Fremdbezug gedeckter Bedarf bei Ausfall dieser Bezugsquelle kurzfristig durch eine andere Bezugsquelle gedeckt wird;

63a. **Saisonaler Netzreservevertrag:** Ein Netzreservevertrag gemäß Z 53b, der für den Zeitraum einer Winter- oder Sommersaison abgeschlossen wird. Als Sommersaison gilt dabei der Zeitraum gemäß Z 69a, die Wintersaison hingegen umfasst den Zeitraum von jeweils 1. Oktober eines Kalenderjahres bis jeweils 30. April des darauffolgenden Kalenderjahres. In beiden Fällen besteht für Beginn und Ende des Vertrags eine Toleranzbreite von jeweils einem Kalendermonat nach oben sowie nach unten;

64. **Sekundärregelung:** Die automatisch wirksam werdende und erforderlichenfalls ergänzend manuell angesteuerte Rückführung der Frequenz und der Austauschleistung mit anderen Regelzonen auf die Sollwerte nach Störung des Gleichgewichts zwischen erzeugter und verbrauchter Wirkleistung mit Hilfe von zentralen oder dezentralen Einrichtungen. Die Sekundärregelung umfasst auch die Ausfallsreserve. Die Wiederherstellung der Sollfrequenz kann im Bereich von mehreren Minuten liegen;

65. **Sicherheit:** Sowohl die Sicherheit der Elektrizitätsversorgung und -bereitstellung als auch die Betriebssicherheit;

66. **Standardisiertes Lastprofil:** Ein durch ein geeignetes Verfahren für eine bestimmte Einspeiser- oder Entnehmergruppe charakteristisches Lastprofil;

67. **Stand der Technik:** Der auf den einschlägigen wissenschaftlichen Erkenntnissen beruhende Entwicklungsstand fortschrittlicher technologischer Verfahren, Einrichtungen, Bau- oder Betriebsweisen, deren Funktionstüchtigkeit erprobt und erwiesen ist; bei der Bestimmung des Stands der Technik sind insbesondere vergleichbare Verfahren, Einrichtungen, Bau- oder Betriebsweisen heranzuziehen;

68. **Stromhändler:** Eine natürliche oder juristische Person oder eingetragene Personengesellschaft, die Elektrizität in Gewinnabsicht verkauft;

69. **Systembetreiber:** Ein Netzbetreiber, der über die technisch-organisatorischen Einrichtungen verfügt, um alle zur Aufrechterhaltung des Netzbetriebs notwendigen Maßnahmen setzen zu können;

69a. **Temporäre saisonale Stilllegungen:** Temporäre Stilllegungen gemäß Z 69b, die von einem Betreiber einer Erzeugungsanlage für den Zeitraum von jeweils 1. Mai bis jeweils 30. September eines Kalenderjahres gemäß § 23a ElWOG 2010 verbindlich angezeigt werden. Für die Festlegung vom Beginn und Ende des Stilllegungszeitraums steht dem Betreiber der Erzeugungsanlage eine Toleranzbreite von jeweils einem Monat nach oben sowie nach unten zu;

69b. **Temporäre Stilllegungen:** Vorläufige Maßnahmen mit Ausnahme von Revisionen und technisch bedingten Störungen, die bewirken, dass die Erzeugungsanlage innerhalb von 72 Stunden nicht mehr anfahrbereit gehalten wird, aber wieder betriebsbereit gemacht werden kann. Hiermit wird keine Betriebseinstellung der Anlage bewirkt;

70. **Tertiärregelung:** Das längerfristig wirksam werdende, manuell oder automatisch ausgelöste Abrufen von elektrischer Leistung, die zur Unterstützung bzw. Ergänzung der Sekundärregelung bzw. zur längerfristigen Ablösung von bereits aktivierter Sekundärregelleistung dient (Minutenreserve);

71. **Übertragung:** Der Transport von Elektrizität über ein Höchstspannungs- und Hochspannungsverbundnetz zum Zwecke der Belieferung von Endverbrauchern oder Verteilern, jedoch mit Ausnahme der Versorgung;

72. **Übertragungsnetz:** Ein Hochspannungsverbundnetz mit einer Spannungshöhe von 110 kV und darüber, das dem überregionalen Transport von elektrischer Energie dient;

73. **Übertragungsnetzbetreiber:** Eine natürliche oder juristische Person oder eingetragene Personengesellschaft, die verantwortlich für den Betrieb, die Wartung sowie erforderlichenfalls den Ausbau des Übertragungsnetzes und gegebenenfalls der Verbindungsleitungen zu anderen Netzen sowie für die Sicherstellung der langfristigen Fähigkeit des Netzes, eine angemessene Nachfrage nach Übertragung von Elektrizität zu befriedigen, ist; Übertragungsnetzbetreiber sind die Austrian Power Grid AG, die TIWAG-Netz AG und die VKW-Übertragungsnetz AG;

74. **Verbindungsleitungen:** Anlagen, die zur Verbundschaltung von Elektrizitätsnetzen dienen;

75. **Verbundenes Elektrizitätsunternehmen:**

a) Ein verbundenes Unternehmen im Sinn des § 228 Abs. 3 Unternehmensgesetzbuch (UGB),
b) ein assoziiertes Unternehmen im Sinn des § 263 Abs. 1 UGB oder
c) zwei oder mehrere Unternehmen, deren Aktionäre ident sind;

76. **Verbundnetz:** Eine Anzahl von Übertragungs- und Verteilernetzen, die durch eine oder mehrere Verbindungsleitungen miteinander verbunden sind;

77. **Versorger:** Eine natürliche oder juristische Person oder eingetragene Personengesellschaft, die die Versorgung wahrnimmt;
78. **Versorgung:** Der Verkauf einschließlich des Weiterverkaufs von Elektrizität an Kundinnen bzw. Kunden;
79. **Versorgungssicherheit:** Die Fähigkeit eines Gesamtsystems von Kraftwerken und Netzen, Endverbrauchern elektrische Energie physikalisch mit definierter Zuverlässigkeit und Qualität nachhaltig zur Verfügung zu stellen;
80. **Verteilernetz:** Mehrere zusammenhängende Leitungen mit einer hohen, mittleren oder niedrigen Spannungshöhe innerhalb eines räumlich abgegrenzten bestimmten Gebiets, die der Verteilung von elektrischer Energie dienen und untereinander mit einer oder mehreren Verbindungsleitungen verbunden sind;
81. **Verteilernetzbetreiber:** Eine natürliche oder juristische Person oder eingetragene Personengesellschaft, die verantwortlich ist für den Betrieb, die Wartung sowie erforderlichenfalls den Ausbau des Verteilernetzes in einem bestimmten Gebiet und gegebenenfalls der Verbindungsleitungen zu anderen Netzen sowie für die Sicherstellung der langfristigen Fähigkeit des Netzes, eine angemessene Nachfrage nach Verteilung von Elektrizität zu befriedigen;
82. **Verteilung:** Der Transport von Elektrizität über Hoch-, Mittel- oder Niederspannungs-Verteilernetze zum Zwecke der Belieferung von Kundinnen bzw. Kunden, jedoch mit Ausnahme der Versorgung;
83. **Vertikal integriertes Elektrizitätsunternehmen:** Ein Unternehmen oder eine Gruppe von Unternehmen, in der die selbe Person berechtigt ist, direkt oder indirekt Kontrolle auszuüben, wobei das betreffende Unternehmen bzw. die betreffende Gruppe mindestens eine der Funktionen Übertragung oder Verteilung und mindestens eine der Funktionen Erzeugung von oder Versorgung mit Elektrizität wahrnimmt;
84. **Windpark:** Mehr als zwei Windkraftanlagen in räumlicher Nähe zueinander, die untereinander in einem funktionellen, wirtschaftlichen und technischen Zusammenhang stehen;
85. **Wirkungsgrad:** Der auf der Grundlage des unteren Heizwerts der Brennstoffe berechnete Wirkungsgrad;
86. **Wirkungsgrad-Referenzwerte für die getrennte Erzeugung:** Die Wirkungsgrade einer alternativen getrennten Erzeugung von Wärme und Strom, die durch KWK ersetzt werden soll;
87. **Zählpunkt:** Die Einspeise- bzw. Entnahmestelle, an der eine Strommenge messtechnisch erfasst und registriert wird. Dabei sind in einem Netzbereich liegende Zählpunkte eines Netzbenutzers zusammenzufassen, wenn sie der Anspeisung von kundenseitig galvanisch oder transformatorisch verbundenen Anlagen, die der Straßenbahnverordnung 1999 unterliegen, dienen; im Übrigen ist eine Zusammenfassung mehrerer Zählpunkte nicht zulässig;
88. **Zusatzstrom:** Der Strom, der über das Elektrizitätsnetz in den Fällen geliefert wird, in denen die Stromnachfrage die elektrische Erzeugung des KWK-Prozesses übersteigt.

(Anm: LGBl.Nr. 48/2012, 20/2014, 103/2014, 46/2018, 95/2020, 36/2022)

§ 3

Ziele

Ziel dieses Landesgesetzes ist es,

1. der Bevölkerung und der Wirtschaft in Oberösterreich elektrische Energie kostengünstig, ausreichend, dauerhaft, flächendeckend, sicher und in hoher Qualität zur Verfügung zu stellen;
2. eine Marktorganisation für die Elektrizitätswirtschaft gemäß dem EU-Primärrecht und den Grundsätzen der Elektrizitätsbinnenmarktrichtlinie zu schaffen;
3. die Weiterentwicklung der Elektrizitätserzeugung aus erneuerbaren Energiequellen zu unterstützen und den Zugang zum Elektrizitätsnetz aus erneuerbaren Quellen zu gewährleisten;
4. einen Ausgleich für gemeinwirtschaftliche Verpflichtungen im Allgemeininteresse zu schaffen, die den Elektrizitätsunternehmen auferlegt werden und die sich auf die Sicherheit, einschließlich der Versorgungssicherheit, die Regelmäßigkeit, die Qualität und den Preis der Lieferungen sowie auf den Umweltschutz beziehen;
5. Stromerzeugungsanlagen in allen ihren Teilen nach dem jeweiligen Stand der Technik so zu errichten, zu betreiben und aufzulassen, dass dadurch

a) die Bevölkerung und die Umwelt vor Gefährdungen und unzumutbaren Belästigungen durch Stromerzeugungsanlagen geschützt und
b) die beim Betrieb einer Stromerzeugungsanlage eingesetzten Primärenergieträger bestmöglich genutzt werden (Energieeffizienz);

6. den Import von Atomstrom möglichst hintan zu halten;
7. das Potential der Kraft-Wärme-Kopplung (KWK) und KWK-Technologien gemäß Anlage II zum ElWOG 2010 als Mittel zur Energieeinsparung und Gewährleistung der Versorgungssicherheit nachhaltig zu nutzen;
8. durch die Schaffung geeigneter Rahmenbedingungen die Netz- und Versorgungssicherheit zu erhöhen und nachhaltig zu gewährleisten;

9. das öffentliche Interesse an der Versorgung mit elektrischer Energie, insbesondere aus heimischen, erneuerbaren Ressourcen, bei der Bewertung von Infrastrukturprojekten zu berücksichtigen;
10. die bestmögliche Erfüllung der in der Energiestrategie des Landes definierten Zielsetzungen zu erreichen;
11. Augenmerk auf die Beachtung des Prinzips der Energieeffizienz an erster Stelle („energy efficiency first“) im Sinn der Vorgaben europarechtlicher Regelungen zu legen.

(Anm: LGBl.Nr. 72/2008, 48/2012, 103/2014, 36/2022)

§ 4
Grundsätze beim Betrieb von Elektrizitätsunternehmen

(1) Elektrizitätsunternehmen haben als kunden- und wettbewerbsorientierte Anbieter von Energiedienstleistungen nach den Grundsätzen einer sicheren, kostengünstigen, umweltverträglichen und effizienten Bereitstellung der nachgefragten Dienstleistungen sowie eines wettbewerbsorientierten und wettbewerbsfähigen Elektrizitätsmarkts zu agieren. Diese Grundsätze sind als Unternehmensziele zu verankern.

(2) Elektrizitätsunternehmen haben die bestmögliche Erfüllung der ihnen im Allgemeininteresse auferlegten Verpflichtungen mit allen ihnen zur Verfügung stehenden Mitteln anzustreben.

(3) Elektrizitätsunternehmen haben auf den Bezug von elektrischer Energie aus Stromerzeugungsanlagen, die den in der Europäischen Union geltenden Umweltvorschriften entsprechen, sowie auf die Verringerung von Stromimporten aus Drittstaaten, unbeschadet der sich aus den Abkommen zwischen der Europäischen Union und Drittstaaten ergebenden Verpflichtungen Österreichs, hinzuwirken.

§ 5
Gemeinwirtschaftliche Verpflichtungen

(1) Netzbetreiber haben nachstehende gemeinwirtschaftliche Verpflichtungen im Allgemeininteresse zu erfüllen:

1. Die diskriminierungsfreie Behandlung aller Kunden eines Netzes;
2. den Abschluss von privatrechtlichen Verträgen mit Netzbenutzern über den Anschluss an ihr Netz (Allgemeine Anschlusspflicht);
3. die Errichtung und Erhaltung einer für die inländische Elektrizitätsversorgung oder für die Erfüllung völkerrechtlicher Verpflichtungen ausreichenden Netzinfrastruktur.

(Anm: LGBl.Nr. 72/2008)

(2) Elektrizitätsunternehmen haben folgende gemeinwirtschaftliche Verpflichtungen im Allgemeininteresse:

1. Erfüllung der durch Rechtsvorschriften auferlegten Pflichten im öffentlichen Interesse;
2. Mitwirkung an Maßnahmen zur Beseitigung von Netzengpässen und an Maßnahmen zur Gewährleistung der Versorgungssicherheit.

(Anm: LGBl.Nr. 72/2008)

(3) Elektrizitätsunternehmen haben die bestmögliche Erfüllung der ihnen gemäß Abs. 1 und 2 im Allgemeininteresse auferlegten Verpflichtungen mit allen ihnen zur Verfügung stehenden Mitteln anzustreben. *(Anm: LGBl.Nr. 72/2008)*

2. TEIL
ERRICHTUNG UND BETRIEB VON STROMERZEUGUNGSANLAGEN SOWIE PFLICHTEN DER STROMERZEUGER

§ 6
Bewilligungspflicht

(1) Die Errichtung, wesentliche Änderung und der Betrieb von Stromerzeugungsanlagen bedürfen einer elektrizitätsrechtlichen Bewilligung.

(2) Keiner elektrizitätsrechtlichen Bewilligung nach Abs. 1 bedürfen:

1. Wasserkraftanlagen mit einer installierten Engpassleistung bis 400 kW;
1a. Photovoltaikanlagen mit einer installierten Engpassleistung bis 1.000 kW;
2. sonstige Stromerzeugungsanlagen mit einer installierten Engpassleistung bis zu 5 kW;
2a. Stromerzeugungsanlagen, die ausschließlich zur Reserveversorgung bestimmt sind, mit einer installierten Engpassleistung bis 400 kW;
3. Stromerzeugungsanlagen in Krankenanstalten gemäß dem Oö. Krankenanstaltengesetz 1997 und mobile Stromerzeugungsanlagen, jeweils für die Dauer einer Reserveversorgung;
4. Stromerzeugungsanlagen, die bergrechtlichen, eisenbahnrechtlichen oder gewerberechtlichen Vorschriften unterliegen;
5. Stromerzeugungsanlagen, die auch der mit dieser Tätigkeit in wirtschaftlichem und fachlichem Zusammenhang stehenden Gewinnung und Abgabe von Wärme dienen, wenn für diese Erzeugungsanlagen eine Genehmigungspflicht nach der Gewerbeordnung 1994 besteht.

Weist eine Stromerzeugungsanlage nicht mehr den Charakter einer solchen vom Geltungsbereich dieses Landesgesetzes ausgenommenen Anlage gemäß Z 4 und 5 auf und wurde sie ursprünglich nach Vorschriften im Sinn der Z 4 und 5 genehmigt bzw. unterlag sie im Zeitpunkt ihrer Errichtung den genannten Vorschriften, so ist - sofern die Stromerzeugungsanlage gemäß diesen Vorschriften nunmehr bewilligungspflichtig wäre - eine Bewilligung im Sinn dieses Landesgesetzes für den rechtmäßigen Weiterbestand der Stromerzeugungsanlage nicht erforderlich. *(Anm: LGBl.Nr. 103/2014, 46/2018, 36/2022, 112/2022)*

(3) Die im § 12 Abs. 1 Z 1 bis 3 und bei Photovoltaikanlagen mit einer installierten Engpassleistung von mehr als 400 kW auch die im § 12 Abs. 1 Z 5 sowie bei Windkraftanlagen auch die im § 12 Abs. 2 genannten Voraussetzungen müssen auch bei der Errichtung, bei wesentlicher Änderung und dem Betrieb von Stromerzeugungsanlagen, die gemäß Abs. 2 Z 1, 1a, 2 und 2a der Bewilligungspflicht nicht unterliegen, eingehalten werden. *(Anm: LGBl.Nr. 103/2014, 112/2022)*

(4) Vor Errichtung oder wesentlicher Änderung einer Stromerzeugungsanlage gemäß Abs. 2 Z 1, 1a, 2 und 2a ist mit dem Netzbetreiber, in dessen Netz die Anlage einspeist oder einspeisen soll, das Einvernehmen herzustellen. Weiters sind vor Inbetriebnahme der Stromerzeugungsanlage die Einhaltung der netzschutztechnischen Anforderungen und der Zeitpunkt der Inbetriebnahme mit dem Netzbetreiber abzustimmen. *(Anm: LGBl.Nr. 103/2014, 46/2018, 112/2022)*

(5) Wesentlich ist eine Änderung insbesondere dann, wenn sie geeignet ist, Gefährdungen oder erhebliche Belästigungen von Menschen oder Beeinträchtigungen der öffentlichen Interessen gemäß § 12 Abs. 1 Z 1 herbeizuführen. Erforderlichenfalls hat die Behörde auf Antrag oder von Amts wegen mit Bescheid festzustellen, ob eine Änderung einer Bewilligung bedarf. *(Anm: LGBl.Nr. 103/2014)*

(Anm: LGBl.Nr. 48/2012)

§ 7

Antrag

(1) Der Antrag auf Erteilung einer elektrizitätsrechtlichen Bewilligung ist schriftlich einzubringen. Dem Antrag ist ein von einer fachkundigen Person erstelltes Projekt anzuschließen, das jedenfalls zu enthalten hat:

1. Eine technische Beschreibung mit Angaben über Standort, Zweck, Umfang, Betriebsweise und technische Ausführung der Stromerzeugungsanlage (einschließlich der Sicherheit der elektrischen Systeme, Anlagen und zugehörigen Ausrüstungen);
2. einen Übersichtsplan, einen Katasterplan, aus dem der Standort der Stromerzeugungsanlage und die betroffenen Grundstücke mit ihren Parzellennummern ersichtlich sind, sowie eine Kopie des betreffenden Auszugs aus dem Flächenwidmungsplan;

2a. eine Bestätigung der Gemeinde, womit die Übereinstimmung des Vorhabens mit dem rechtswirksamen Flächenwidmungsplan nachgewiesen wird;

3. Lagepläne über Standort, Umfang und alle wesentlichen Teile der Stromerzeugungsanlage sowie über die Abstände von den öffentlichen Verkehrsflächen und den übrigen Nachbargrundstücken;
4. Schnitte der Gesamtanlage und der wesentlichen Anlagenteile;
5. die Namen und Anschriften der Eigentümer und der dinglich Berechtigten, ausgenommen Hypothekargläubiger, der Grundstücke, auf denen die Stromerzeugungsanlage errichtet oder wesentlich geändert werden soll, sowie der Eigentümer jener Grundstücke, die von den Erzeugungseinheiten der Stromerzeugungsanlage bzw. von ihren Hilfsbetrieben oder Nebeneinrichtungen, sofern von diesen Hilfsbetrieben oder Nebeneinrichtungen Gefährdungen oder erhebliche Belästigungen ausgehen können, höchstens 50 m entfernt sind;
6. eine Darlegung der zu erwartenden Immissionen und Umweltauswirkungen;
7. Angaben über die Art der eingesetzten Primärenergieträger und die Maßnahmen der Energieeffizienz;
8. eine Stellungnahme des jeweiligen Netzbetreibers, in dessen Netz die Anlage einspeist.

(Anm: LGBl.Nr. 48/2012, 103/2014, 111/2022)

(2) Die Behörde kann im Einzelfall die Vorlage weiterer Unterlagen anordnen, wenn die nach Abs. 1 anzuschließenden Unterlagen zur Beurteilung des Vorhabens nicht ausreichen. Sie kann aber auch von der Beibringung einzelner im Abs. 1 angeführter Angaben oder Unterlagen absehen, soweit diese für das Bewilligungsverfahren entbehrlich sind.

(3) Bei der Planung einer neuen oder erheblichen Modernisierung einer vorhandenen thermischen Stromerzeugungsanlage mit einer thermischen Gesamtnennleistung von mehr als 20 MW ist eine Kosten-Nutzen-Analyse nach Maßgabe des Anhangs IX Teil 2 der Richtlinie 2012/27/EU zur Energieeffizienz durchzuführen und als Antragsunterlage vorzulegen. Dabei sind bei einer neuen Anlage die Kosten und Nutzen von Vorkehrungen für den Betrieb als hocheffiziente KWK-Anlage und bei der Modernisierung einer Anlage die Kosten und der Nutzen einer Umrüstung zu einer hocheffizienten KWK-Anlage zu bewerten. Die Landesregierung kann mit Verordnung Grundsätze erlassen, um die Methodik der Kosten-Nutzen-Analyse nach Maßgabe des Anhangs IX Teil 2 der Richtlinie 2012/27/EU näher zu regeln. Spitzenlast- und Reserve-Stromerzeugungsanlagen, die im gleitenden Durchschnitt über einen Zeitraum von fünf Jahren unter 1.500 Betriebsstunden jährlich in Betrieb sein sollen, sind von der in diesem Absatz festgelegten Verpflichtung freigestellt, wenn in einem Verifizierungsverfahren sichergestellt worden ist, dass das Freistellungskriterium erfüllt ist. *(Anm: LGBl.Nr. 46/2018, 95/2020)*

(4) Antrag, Pläne, Beschreibungen und Unterlagen gemäß Abs. 1 und 3 können der Behörde entweder physisch (in Papier) oder elektronisch übermittelt werden. Je nach dem gilt:

1. Im Fall einer physischen Einbringung kann die Behörde je nach Erforderlichkeit innerhalb von zwei Wochen auch die Vorlage weiterer Ausfertigungen oder, sofern technisch möglich, auch die Übermittlung einer elektronischen Ausfertigung verlangen.
2. Im Fall der elektronischen Einbringung ist der jeweiligen Behörde von der antragstellenden Person mit der Antragstellung mitzuteilen, ob sie im Teilnehmerverzeichnis registriert ist und an der elektronischen Zustellung mit Zustellnachweis oder am Elektronischen Rechtsverkehr teilnimmt; erfolgt eine solche Mitteilung nicht, kann die Behörde je nach Erforderlichkeit innerhalb von zwei Wochen auch die Vorlage weiterer physischer Ausfertigungen verlangen; dasselbe gilt sinngemäß, wenn sich trotz ursprünglich gegenteiliger Mitteilung erst während des Verfahrens herausstellt, dass die antragstellende Person an der elektronischen Zustellung mit Zustellnachweis nicht teilnimmt.

(Anm: LGBl.Nr. 111/2022)

(5) Mit einem elektronischen Antrag gemäß Abs. 4 Z 2 vorgelegte Beilagen, die keine inhaltliche Einheit bilden, sind als getrennte Anhänge zu übermitteln. Beilagen sind mit einer Bezeichnung zu versehen, die ihren Inhalt zum Ausdruck bringt. Antrag und Beilagen dürfen nur dann in gescannter Form eingebracht werden, wenn diese nicht in originär elektronischer Form zur Verfügung stehen. *(Anm: LGBl.Nr. 111/2022*

(6) Der Antrag gilt nur dann als vollständig eingebracht, wenn allfällige von der Behörde gemäß Abs. 4 Z 1 oder 2 rechtzeitig verlangte Ausfertigungen übermittelt werden. *(Anm: LGBl.Nr. 111/2022)*

§ 8
Parteien

Im Bewilligungsverfahren haben Parteistellung:

1. Der Antragsteller;
2. die Nachbarn;
3. die Eigentümer sowie dinglich Berechtigte ausgenommen Hypothekargläubiger der Grundstücke, auf denen die Stromerzeugungsanlage errichtet, betrieben oder wesentlich geändert werden soll;
4. die Gemeinde, auf deren Gebiet die Stromerzeugungsanlage errichtet oder wesentlich geändert werden soll (Standortgemeinde);
5. die Oö. Umweltanwaltschaft nach Maßgabe des § 5 Abs. 1 des Oö. Umweltschutzgesetzes 1996;
6. der Betreiber des Verteilernetzes, in dessen Versorgungsgebiet die Stromerzeugungsanlage errichtet, betrieben oder wesentlich geändert werden soll.

(Anm: LGBl.Nr. 72/2008)

§ 9
Nachbarn

Nachbarn sind alle Personen, die durch die Errichtung, den Bestand oder den Betrieb einer Stromerzeugungsanlage gefährdet oder belästigt oder deren Eigentum oder sonstige dingliche Rechte gefährdet werden könnten. Als Nachbarn gelten nicht Personen, die sich vorübergehend in der Nähe der Stromerzeugungsanlage aufhalten und nicht im Sinn des vorherigen Satzes dinglich berechtigt sind. Als Nachbarn gelten jedoch Inhaber von Einrichtungen, in denen sich, wie etwa in Beherbergungsbetrieben, Krankenanstalten und Heimen, regelmäßig Personen vorübergehend aufhalten, hinsichtlich des Schutzes dieser Personen, und die Erhalter von Schulen hinsichtlich des Schutzes der Schüler, der Lehrer und der sonst in Schulen ständig beschäftigten Personen.

§ 10
Bewilligungsverfahren

(1) Bei Stromerzeugungsanlagen mit einer installierten Engpassleistung von mehr als 400 kW ist eine mündliche Verhandlung durchzuführen. Dazu sind jedenfalls persönlich zu laden:

1. Die im § 8 Z 1 und 3 bis 6 genannten Parteien;
2. die Eigentümer der Grundstücke, die von den Erzeugungseinheiten der Stromerzeugungsanlage bzw. von ihren Hilfsbetrieben oder Nebeneinrichtungen, sofern von diesen Hilfsbetrieben oder Nebeneinrichtungen Gefährdungen oder erhebliche Belästigungen ausgehen können, höchstens 50 m entfernt sind.

(Anm: LGBl.Nr. 103/2014, 46/2018)

(2) Die Ladung kann auch für bekannte Beteiligte durch Anschlag der Kundmachung in den betroffenen Häusern an einer den Hausbewohnern zugänglichen Stelle (Hausflur) erfolgen; die Eigentümer der betroffenen Häuser haben derartige Anschläge in ihren Häusern zu dulden.

(3) Werden von Nachbarn privatrechtliche Einwendungen gegen die Stromerzeugungsanlage vorgebracht, hat die Behörde auf eine Einigung hinzuwirken; eine herbeigeführte Einigung ist in der Niederschrift über die Verhandlung zu beurkunden. Im Übrigen ist der Nachbar mit solchen Vorbringen auf den Zivilrechtsweg zu verweisen.

(4) Die Standortgemeinde kann - ungeachtet einer allfälligen Parteistellung als Träger von Privatrechten - Einwendungen in Bezug auf die ihr im eigenen Wirkungsbereich zukommenden Angelegenheiten vorbringen. Darüber hinaus sind jene Gemeinden zu hören, auf deren Gebiet mit von der Anlage ausgehenden relevanten Immissionen zu rechnen ist, bei Windkraftanlagen jedenfalls jene Gemeinden, auf deren Gebiet sich eine Fläche oder ein solches Gebäude befindet, für die bzw. das der Mindestabstand gemäß § 12 Abs. 2 gilt. *(Anm: LGBl.Nr. 72/2008, 48/2012)*

(5) Der Betreiber des Verteilernetzes gemäß § 8 Z 6 kann Einwendungen nur hinsichtlich technischer Auswirkungen auf das Verteilernetz vorbringen.

(6) Die Behörde hat dem energiewirtschaftlichen Planungsorgan hinsichtlich der Erreichung der in der Energiestrategie des Landes definierten Zielsetzungen Gelegenheit zu geben, binnen vier Wochen nach Einlangen des Antrags, im Fall einer mündlichen Verhandlung spätestens bei dieser, eine Stellungnahme abzugeben. *(Anm: LGBl.Nr. 48/2012)*

§ 11

Anlagen zur Erzeugung erneuerbarer Energie

(1) Verfahren betreffend die Errichtung, den Betrieb oder die Änderung einer Stromerzeugungsanlage, die mit Energien aus erneuerbaren Energiequellen betrieben wird oder nach dem Prinzip der Kraft-Wärme-Kopplung arbeitet, sind gestrafft und beschleunigt durchzuführen. Dazu ist von der Bewilligungsbehörde nach Vorliegen aller erforderlichen Antragsunterlagen ein vorhersehbarer Zeitplan aufzustellen.

(2) In Verfahren gemäß Abs. 1 ist von der im § 7 Abs. 2 eingeräumten Möglichkeit des Absehens von der Beibringung von Unterlagen, die für das konkrete Bewilligungsverfahren entbehrlich sind, Gebrauch zu machen.

(3) Die Modernisierung von Anlagen zur Erzeugung erneuerbarer Energie einschließlich des vollständigen oder teilweisen Austauschs von Anlagen oder Betriebssystemen und -geräten zum Austausch von Kapazität oder zur Steigerung der Effizienz oder der Kapazität der Anlage („Repowering“) ist nur dann bewilligungspflichtig, wenn sie geeignet ist, Gefährdungen oder erhebliche Belästigungen von Menschen oder erhebliche Beeinträchtigungen der öffentlichen Interessen gemäß § 12 Abs. 1 Z 1 herbeizuführen. § 6 Abs. 5 zweiter Satz gilt sinngemäß.

(Anm: LGBl.Nr. 36/2022)

§ 12

Elektrizitätsrechtliche Bewilligung

(1) Die elektrizitätsrechtliche Bewilligung gemäß § 10 ist schriftlich – erforderlichenfalls unter Bedingungen, Befristungen oder Auflagen – zu erteilen, wenn

1. die Stromerzeugungsanlage dem Stand der Technik entspricht und durch die Errichtung, den Betrieb oder die wesentliche Änderung der Stromerzeugungsanlage oder durch die Lagerung von Betriebsmitteln oder Rückständen und dergleichen nach dem Stand der Technik und dem Stand der medizinischen und der sonst in Betracht kommenden Wissenschaften zu erwarten ist, dass die nach den Umständen des Einzelfalls voraussehbaren Gefährdungen des Lebens oder der Gesundheit von Menschen oder eine Gefährdung des Eigentums oder sonstiger dinglicher Rechte der Nachbarn vermieden und Belästigungen von Nachbarn, wie Immissionen, Geruch, Lärm, Erschütterungen, Wärme, Schwingungen, Blendung und dergleichen auf ein zumutbares Maß beschränkt werden,
2. eine effiziente Ausnutzung der Energieträger gewährleistet wird,

2a. das Ergebnis einer allenfalls gemäß § 7 Abs. 3 erforderlichen Kosten-Nutzen-Analyse berücksichtigt wird,

3. die Sicherheit der elektrischen Systeme, Anlagen und zugehörigen Ausrüstungen gewährleistet ist,
4. die Stromerzeugungsanlage bautechnischen Vorschriften nicht widerspricht,
5. für Anlagen über 400 kW installierter Engpassleistung ein Betriebsleiter gemäß § 44 bestellt wird.

(Anm: LGBl.Nr. 72/2008, 48/2012, 103/2014, 46/2018, 95/2020)

(2) Bei Windkraftanlagen ist ein Mindestabstand

1. zu überwiegend für Wohnzwecke genutzten Gebäuden im Grünland,
2. zu Flächen, die als Bauland gewidmet sind und
3. zu Flächen, die gemäß dem örtlichen Entwicklungskonzept als künftiger Baulandbedarf festgelegt sind,

einzuhalten. Davon ausgenommen sind Flächenwidmungen für Betriebsbaugebiete, Industriegebiete, Gebiete für Geschäftsbauten und Flächen, die dazu bestimmt sind, Betriebe aufzunehmen, die unter den Anwendungsbereich der SEVESO II-Richtlinie fallen (§ 22 Abs. 6 und 7 und § 23 Abs. 3 und 4 Z 3 Oö. ROG 1994). Der jedenfalls einzuhaltende Abstand beträgt bei Windkraftanlagen mit einer installierten Engpassleistung

- bis zu 30 kW:	mindestens 100 m
- über 30 kW bis zu 0,5 MW:	mindestens 500 m
- über 0,5 MW und Windparks:	bei wesentlichen Änderungen am gleichbleibenden Standort mindestens 800 m; bei Neuerrichtungen mindestens 1.000 m.

Gegebenenfalls ist ein größerer Abstand einzuhalten, wenn dies gemäß Abs. 1 Z 1 erforderlich ist. *(Anm: LGBl.Nr. 48/2012, 46/2018)*

(3) Ob die Belästigungen der Nachbarn zumutbar sind, ist danach zu beurteilen, wie sich die durch die Stromerzeugungsanlage verursachten Änderungen der tatsächlichen örtlichen Verhältnisse auf ein gesundes, normal empfindendes Kind und auf einen gesunden, normal empfindenden Erwachsenen auswirken.

(3a) Vom Erfordernis der Berücksichtigung der Ergebnisse der Kosten-Nutzen-Analyse kann abgesehen werden, wenn es auf Grund von Rechtsvorschriften, Eigentumsverhältnissen oder der Finanzlage des Betreibers zwingende Gründe gibt, die der Errichtung bzw. der erheblichen Modernisierung einer hocheffizienten KWK-Anlage entgegenstehen. *(Anm: LGBl.Nr. 95/2020)*

(4) Vor dem Eintritt der Rechtskraft der Bewilligung darf mit der Errichtung oder wesentlichen Änderung der Stromerzeugungsanlage nicht begonnen werden.

(5) Mit der Bewilligung kann eine angemessene Frist für den Beginn oder die Fertigstellung des Vorhabens festgesetzt werden.

§ 13

Koordinierung der Verfahren

(1) Die zur Erteilung von Bewilligungen nach diesem Landesgesetz und die allenfalls nach anderen Gesetzen erforderlichen Amtshandlungen sind tunlichst gleichzeitig durchzuführen.

(2) Für Stromerzeugungsanlagen, die einer elektrizitätsrechtlichen Bewilligung bedürfen, ist eine Bewilligung nach dem Oö. Luftreinhalte- und Energietechnikgesetz 2002 nicht erforderlich; dessen Bestimmungen sind jedoch im elektrizitätsrechtlichen Bewilligungsverfahren anzuwenden. *(Anm: LGBl.Nr. 48/2012)*

§ 14

Nachträgliche Auflagen

(1) Werden bei bewilligten Stromerzeugungsanlagen trotz Einhaltung der vorgeschriebenen Auflagen Beeinträchtigungen im Sinn des § 12 Abs. 1 Z 1 von Nachbarn, von der Standortgemeinde oder von der Oö. Umweltanwaltschaft eingewendet, hat die Behörde diese Einwendungen zu überprüfen und erforderlichenfalls die zur Beseitigung dieser Beeinträchtigungen erforderlichen (zusätzlichen) Auflagen auch nach Erteilung der Bewilligung vorzuschreiben. Soweit solche Auflagen nicht zur Vermeidung einer Gefährdung des Lebens oder der Gesundheit von Menschen erforderlich sind, dürfen sie nur vorgeschrieben werden, wenn sie nicht unverhältnismäßig sind, vor allem wenn der mit der Erfüllung der Auflagen verbundene Aufwand nicht außer Verhältnis zu dem mit den Auflagen angestrebten Erfolg steht.

(2) Zu Gunsten von Personen, die erst nach Erteilung der Bewilligung Nachbarn geworden sind, sind Auflagen gemäß Abs. 1 nur soweit vorzuschreiben, als dies zur Vermeidung einer Gefahr für das Leben oder die Gesundheit dieser Menschen erforderlich ist.

(3) Die Abs. 1 und 2 gelten sinngemäß auch für Stromerzeugungsanlagen im Sinn des § 6 Abs. 2.

(4) Vorgeschriebene Auflagen sind mit Bescheid aufzuheben oder abzuändern, wenn sich nach der Vorschreibung von Auflagen ergibt, dass die vorgeschriebenen Auflagen für die nach § 12 Abs. 1 Z 1 wahrzunehmenden Interessen nicht erforderlich sind oder für die Wahrnehmung dieser Interessen auch mit den Betreiber der Stromerzeugungsanlage weniger belastenden Auflagen das Auslangen gefunden werden kann. Die Behörde hat dieses Verfahren auf Antrag des Betreibers der Stromerzeugungsanlage einzuleiten. Im Antrag ist das Vorliegen der Voraussetzungen glaubhaft zu machen, andernfalls der Antrag zurückzuweisen ist. *(Anm: LGBl.Nr. 46/2018)*

§ 15

Betriebseinstellung und Betriebsunterbrechung

(1) Der Betreiber einer bewilligten Stromerzeugungsanlage hat die beabsichtigte Einstellung des Betriebs der Anlage spätestens drei Monate vorher der Behörde anzuzeigen. Mit dieser Anzeige sind gleichzeitig die beabsichtigten letztmaligen Vorkehrungen (z. B. Abtragungen, Rekultivierungsmaßnahmen) zur Hintanhaltung möglicher Missstände sowie zur Sicherung der Interessen gemäß § 12 Abs. 1 Z 1 darzulegen.

(2) Auf Grund dieser Anzeige hat die Behörde die Stromerzeugungsanlage unter Beiziehung von Sachverständigen zu überprüfen und dem Betreiber der Anlage erforderlichenfalls Maßnahmen gemäß § 16 Abs. 4 aufzutragen.

(3) Der Betreiber einer Stromerzeugungsanlage hat Betriebsunterbrechungen dem Betreiber des Verteilernetzes, in dessen Netz die Stromerzeugungsanlage elektrische Energie liefert, unverzüglich mitzuteilen.

§ 16

Erlöschen der Bewilligung

(1) Die elektrizitätsrechtliche Bewilligung erlischt, wenn

1. die Fertigstellung der Stromerzeugungsanlage nicht innerhalb von fünf Jahren nach Rechtskraft der Bewilligung angezeigt wird oder
2. der regelmäßige Betrieb nicht innerhalb eines Jahres nach Fertigstellung der Stromerzeugungsanlage aufgenommen wird oder
3. der Betrieb der gesamten Stromerzeugungsanlage durch mehr als fünf Jahre unterbrochen wird oder
4. die gemäß § 12 Abs. 5 festgesetzte Frist abgelaufen ist oder

5. der Betreiber die dauerhafte Einstellung des Betriebs der Stromerzeugungsanlage der Behörde anzeigt.

(Anm: LGBl.Nr. 72/2008, 46/2018)

(2) Die Behörde hat eine Frist gemäß Abs. 1 auf Grund eines vor Ablauf dieser Frist gestellten Antrags zu verlängern, wenn es Art und Umfang des Vorhabens erfordern oder die Fertigstellung oder die Inbetriebnahme des Vorhabens unvorhergesehenen Schwierigkeiten begegnet. Durch den Antrag wird der Ablauf der Frist bis zur Entscheidung gehemmt. In diesem Verfahren kommt nur dem Inhaber der Stromerzeugungsanlage Parteistellung zu.

(3) Die Behörde hat auf Antrag oder, soweit dies im öffentlichen Interesse erforderlich ist, von Amts wegen das Erlöschen der Bewilligung mit Bescheid festzustellen.

(4) Besteht Grund zur Annahme, dass nach dem Erlöschen der Bewilligung Missstände auftreten werden, die mit den Schutzinteressen des § 12 Abs. 1 Z 1 unvereinbar sind, hat die Behörde die erforderlichen Vorkehrungen oder Maßnahmen zur Hintanhaltung oder Beseitigung der Missstände einschließlich der Entfernung der vorhandenen Anlagen oder Anlagenteile dem Bewilligungsinhaber unter Setzung einer angemessenen Frist mit Bescheid aufzutragen. Hinsichtlich der Parteistellung in diesem Verfahren gilt § 8 sinngemäß.

§ 17
Vorarbeiten

Zur Ermöglichung notwendiger Vorarbeiten für den Bau einer Stromerzeugungsanlage kann die Behörde auf Antrag die Bewilligung erteilen, fremde Grundstücke zu betreten oder zu befahren und auf diesen Bodenuntersuchungen und sonstige technische Maßnahmen auszuführen. Als Folge derartiger Vorarbeiten entstandene Schäden sind vom Antragsteller zu ersetzen. Für die Festsetzung der Höhe der Entschädigung ist § 46 Abs. 3 sinngemäß anzuwenden. Vor dem Betreten oder Befahren von fremden Grundstücken hat der Antragsteller den Grundeigentümer rechtzeitig zu verständigen.

§ 18
Betriebsbewilligung, Probebetrieb

(1) Die Behörde kann in der elektrizitätsrechtlichen Bewilligung anordnen, dass die Anlage oder Teile der Anlage erst auf Grund einer eigenen Bewilligung (Betriebsbewilligung) in Betrieb genommen werden dürfen, wenn dies mit Rücksicht auf die Art oder Größe der Anlage geboten ist, um eine konsensgemäße Ausführung und die Hintanhaltung unzulässiger Auswirkungen auf die Umgebung und das Verteilernetz sicherzustellen. In diesem Fall hat der Bewilligungsinhaber nach Fertigstellung der bewilligten Anlage (des bewilligten Vorhabens) ohne unnötigen Aufschub um die Erteilung der Betriebsbewilligung bei der Behörde schriftlich anzusuchen. Dem Ansuchen sind allenfalls vorliegende Befunde über durchgeführte Kontrollen (wie Emissionsbefunde) anzuschließen. *(Anm: LGBl.Nr. 103/2014)*

(2) Die Behörde hat über das Ansuchen um Betriebsbewilligung ohne unnötigen Aufschub zu entscheiden. Sie kann vor ihrer Entscheidung einen Probebetrieb zulassen oder anordnen, wenn dies, insbesondere im Hinblick auf die verwendete Technik, zur Beurteilung erforderlich ist. Der Probebetrieb kann für die Dauer höchstens eines Jahres zugelassen bzw. angeordnet und für die Dauer höchstens eines weiteren Jahres verlängert werden. Die Betriebsbewilligung ist zu erteilen, wenn die Anlage (das Vorhaben) den Vorschriften dieses Landesgesetzes und der erteilten Bewilligung entspricht. Erforderlichenfalls kann diese Voraussetzung auch durch entsprechende Bedingungen oder Auflagen im Rahmen der Betriebsbewilligung sichergestellt werden.

(3) In der Betriebsbewilligung können auch zusätzliche oder andere Auflagen als in der elektrizitätsrechtlichen Bewilligung vorgeschrieben werden, wenn und soweit dies zur Erfüllung der Voraussetzungen gemäß § 12 Abs. 1 erforderlich ist.

(4) Im Verfahren betreffend die Erteilung der Betriebsbewilligung ist nur der Bewilligungswerber Partei. Sollten jedoch Auflagen gemäß Abs. 3 vorgeschrieben werden, sind dem Verfahren auch jene Parteien und Beteiligten des Bewilligungsverfahrens (§ 10) beizuziehen, die durch die Abweichung von der elektrizitätsrechtlichen Bewilligung in ihren Rechten berührt werden können. Im Verfahren betreffend die Erteilung der Betriebsbewilligung können die Parteien, abgesehen vom Bewilligungswerber, nur insoweit Einwendungen erheben, als mit der Betriebsbewilligung zusätzliche oder andere Auflagen als in der elektrizitätsrechtlichen Bewilligung vorgeschrieben werden sollen. Nachbarn, die solche Einwendungen erheben, sind Parteien, und zwar vom Zeitpunkt der Erhebung ihrer Einwendungen an.

§ 19
Herstellung des gesetzmäßigen Zustands

(1) Wird eine Stromerzeugungsanlage ohne erforderliche elektrizitätsrechtliche Bewilligung errichtet, betrieben oder wesentlich geändert, ist dem Betreiber von der Behörde unabhängig von einer allfälligen Bestrafung aufzutragen, innerhalb einer nach den Umständen angemessenen Frist entweder

1. um die nachträgliche Erteilung der Bewilligung anzusuchen oder
2. die gesetzten Maßnahmen zu beseitigen bzw. die betreffenden Tätigkeiten einzustellen.

Die Möglichkeit nach Z 1 ist nicht einzuräumen, wenn nach der maßgeblichen Rechtslage eine Bewilligung nicht erteilt werden kann. *(Anm: LGBl.Nr. 48/2012)*

(2) Der Auftrag gemäß Abs. 1 Z 2 wird vollstreckbar, wenn innerhalb der gesetzten Frist kein Antrag nach Abs. 1 Z 1 gestellt wurde. Wenn gemäß Abs. 1 Z 1 um die nachträgliche Erteilung der Bewilligung angesucht, der Antrag aber zurückgezogen, zurückgewiesen oder abgewiesen wurde, wird der Auftrag gemäß Abs. 1 Z 2 mit der Maßgabe vollstreckbar, dass die im Bescheid gemäß Abs. 1 Z 2 gesetzte Frist mit der Rechtswirksamkeit der Zurückziehung, der Zurückweisung oder der Abweisung beginnt.

(3) Erlangt die Behörde davon Kenntnis, dass eine gemäß § 6 Abs. 2 Z 1, 1a, 2 und 2a der Bewilligungspflicht nicht unterliegende Stromerzeugungsanlage entgegen § 6 Abs. 3 errichtet, wesentlich geändert oder betrieben wird, ist dem Betreiber von der Behörde unabhängig von einer allfälligen Bestrafung aufzutragen, innerhalb einer angemessenen Frist entweder

1. den gesetzmäßigen Zustand herzustellen oder
2. die gesetzten Maßnahmen zu beseitigen bzw. die betreffenden Tätigkeiten einzustellen.

(Anm: LGBl.Nr. 48/2012, 103/2014, 112/2022)

(4) Die Aufträge gemäß Abs. 3 Z 2 werden vollstreckbar, wenn innerhalb der gesetzten Frist der gesetzmäßige Zustand nicht nachweislich hergestellt wird. *(Anm: LGBl.Nr. 48/2012)*

§ 20
Einstweilige Sicherheitsmaßnahmen

(1) Um die durch eine diesem Landesgesetz unterliegende Stromerzeugungsanlage verursachte Gefahr für das Leben oder die Gesundheit von Menschen oder für das Eigentum oder sonstige dingliche Rechte abzuwehren oder um die durch eine nicht bewilligte oder nicht bewilligungspflichtige Stromerzeugungsanlage verursachte unzumutbare Belästigung abzustellen, hat die Behörde entsprechend dem Ausmaß der Gefährdung oder Belästigung mit Bescheid die gänzliche oder teilweise Stilllegung der Stromerzeugungsanlage, die Stilllegung von Maschinen oder Anlagenteilen, eine eingeschränkte Betriebsweise oder sonst erforderliche Sicherheitsmaßnahmen zu verfügen.

(2) Hat die Behörde Grund zur Annahme, dass zur Gefahrenabwehr Sofortmaßnahmen an Ort und Stelle erforderlich sind, darf sie nach Verständigung des Inhabers der Stromerzeugungsanlage, des Betriebsleiters oder des Eigentümers der Anlage oder, wenn eine Verständigung dieser Personen nicht möglich ist, einer Person, die tatsächlich die Betriebsführung wahrnimmt, solche Maßnahmen auch ohne vorausgegangenes Verfahren und vor Erlassung eines Bescheids an Ort und Stelle treffen; hierüber ist jedoch binnen zwei Wochen ein schriftlicher Bescheid zu erlassen, widrigenfalls die getroffene Maßnahme als aufgehoben gilt.

(3) Bescheide gemäß Abs. 1 und Abs. 2 sind sofort vollstreckbar. Sie treten mit Ablauf eines Jahres - vom Tag ihrer Rechtskraft an gerechnet - außer Kraft, sofern keine kürzere Frist im Bescheid festgesetzt wurde. Durch einen Wechsel in der Person des Inhabers der betroffenen Anlagen, Anlagenteile oder Gegenstände wird die Wirksamkeit dieser Bescheide nicht berührt.

(4) Liegen die Voraussetzungen für die Erlassung eines Bescheids gemäß Abs. 1 und Abs. 2 nicht mehr vor und ist zu erwarten, dass in Hinkunft jene Vorschriften, deren Nichteinhaltung für die getroffenen Maßnahmen bestimmend waren, von der Person eingehalten werden, die die Stromerzeugungsanlage betreiben will, hat die Behörde auf Antrag dieser Person die getroffenen Maßnahmen ehestens zu widerrufen.

§ 20a
Automationsunterstützte Datenverarbeitung

(1) Die Behörde ist zum Zweck der Vorbereitung und Durchführung eines Verfahrens nach diesem Landesgesetz, insbesondere zur Beurteilung des Antrags und zum Erheben der Grundstücke und der betroffenen Grundeigentümerinnen und Grundeigentümer und anders dinglich oder obligatorisch berechtigter Personen mit Ausnahme der Hypothekargläubigerinnen und Hypothekargläubiger, zur Abfrage folgender Register mittels automationsunterstützter Datenverarbeitung und zur weiteren Verarbeitung befugt:

1. Zentrales Melderegister: Familienname, Vorname, Geburtsdatum, Geburtsort, Geschlecht, Staatsangehörigkeit und Wohnsitz; die Berechtigung zur Abfrage des Zentralen Melderegisters umfasst auch Verknüpfungsabfragen nach dem Kriterium Wohnsitz nach § 16a Abs. 3 Meldegesetz 1991,
2. Insolvenzdatei: Familienname, Vorname, Adresse, Geburtsdatum, Firmenbuchnummer über Insolvenzverfahren,
3. Grundbuch: Familienname, Vorname, Geburtsdatum, Grundstücksnummer, Grundbuchs- und Einlagezahl,
4. Digitale Katastralmappe und Grundstücksverzeichnisse: Grundstücksnummer, Grundbuchs- und Einlagezahl,
5. Firmenbuch, Zentrales Vereinsregister, Ergänzungsregister und Unternehmensregister: die Stammdaten, Kennziffern und Identifikationsmerkmale sowie die vertretungs- und zeichnungsbefugten Personen,

soweit vorhanden jeweils einschließlich der Verarbeitung der verschlüsselten bereichsspezifischen Personenkennzeichen (bPK) nach § 9 E–Government-Gesetz, wobei Näheres durch Verordnung der Landesregierung festgelegt werden kann.

(2) Die automationsunterstützte Datenverarbeitung kann im Weg der jeweiligen Schnittstellen der registerführenden Stellen zum Register- und Systemverbund nach § 1 Abs. 3 Z 2 iVm. § 6 Abs. 2 des Unternehmensserviceportalgesetzes erfolgen.

(Anm: LGBl.Nr. 111/2022)

§ 21
Pflichten der Stromerzeuger

(1) Stromerzeuger sind verpflichtet:

1. Sich einer Bilanzgruppe anzuschließen oder eine eigene Bilanzgruppe zu bilden;
2. Daten in erforderlichem Ausmaß betroffenen Netzbetreibern, dem Bilanzgruppenkoordinator, dem Bilanzgruppenverantwortlichen und anderen betroffenen Marktteilnehmern zur Verfügung zu stellen;
3. Erzeugungsfahrpläne vorab an die betroffenen Netzbetreiber, den Regelzonenführer und den Bilanzgruppenverantwortlichen in erforderlichem Ausmaß bei technischer Notwendigkeit zu melden;
4. bei Verwendung eigener Zähleinrichtungen und Einrichtungen für die Datenübertragung die technischen Vorgaben der Netzbetreiber einzuhalten;
5. bei Teillieferungen Erzeugungsfahrpläne an die betroffenen Bilanzgruppenverantwortlichen bekannt zu geben;
6. nach Maßgabe vertraglicher Vereinbarungen auf Anordnung des Regelzonenführers zur Netzengpassbeseitigung oder zur Aufrechterhaltung der Versorgungssicherheit Leistungen (Erhöhung oder Einschränkung der Erzeugung sowie Veränderung der Kraftwerksverfügbarkeit) zu erbringen. Es ist sicherzustellen, dass bei Anweisungen der Regelzonenführer gegenüber Betreibern von KWK-Anlagen die Fernwärmeversorgung gewährleistet bleibt;
7. auf Anordnung der Regelzonenführer gemäß § 50 Z 5 zur Netzengpassbeseitigung oder zur Aufrechterhaltung der Versorgungssicherheit die Erhöhung und/oder Einschränkung der Erzeugung, somit die Veränderung der Kraftwerksverfügbarkeit des Kraftwerksbetreibers vorzunehmen, soweit dies nicht gemäß § 50 Z 5 vertraglich sichergestellt werden konnte;
8. auf Anordnung des Regelzonenführers mit technisch geeigneten Erzeugungsanlagen bei erfolglos verlaufender Ausschreibung gegen Ersatz der tatsächlichen Aufwendungen die Sekundärregelung bereitzustellen und zu erbringen.

(Anm: LGBl.Nr. 72/2008, 48/2012)

(2) Die näheren Bestimmungen zu den im Abs. 1 festgelegten Pflichten sind in den Allgemeinen Bedingungen für den Netzzugang und Netzbetrieb und in den Allgemeinen Bedingungen für Bilanzgruppenverantwortliche festzulegen.

(3) Die Betreiber von Elektrizitätserzeugungsanlagen (Kraftwerksparks) mit einer Engpassleistung von mehr als 5 MW sind verpflichtet,

1. die Kosten für die Primärregelung zu übernehmen;
2. soweit diese zur Erbringung der Primärregelleistung imstande sind, diese auf Anordnung des Regelzonenführers zu erbringen, für den Fall, dass die Ausschreibung gemäß § 50a erfolglos blieb;
3. Nachweise über die Erbringung der Primärregelleistung dem Regelzonenführer in geeigneter und transparenter Weise zu erbringen;
4. Anweisungen des Regelzonenführers im Zusammenhang mit der Erbringung der Primärregelleistung, insbesondere betreffend die Art und den Umfang der zu übermittelnden Daten, zu befolgen.

(Anm: LGBl.Nr. 72/2008)

(4) Betreiber von Elektrizitätserzeugungsanlagen (Kraftwerksparks), die an die Netzebene gemäß § 63 Z 1 bis 3 ElWOG 2010 angeschlossen sind oder über eine Engpassleistung von mehr als 50 MW verfügen, sind verpflichtet, dem jeweiligen Regelzonenführer zur Überwachung der Netzsicherheit zeitgleich Daten über die jeweils aktuelle Einspeisung dieser Erzeugungsanlagen in elektronischer Form zu übermitteln. *(Anm: LGBl.Nr. 72/2008, 48/2012)*

(5) Betreiber von Elektrizitätserzeugungsanlagen mit einer Engpassleistung von mehr als 20 MW sind verpflichtet, der Landesregierung zur Überwachung der Versorgungssicherheit regelmäßig Daten über die zeitliche Verfügbarkeit der Erzeugungsanlagen zu übermitteln. *(Anm: LGBl.Nr. 72/2008)*

(Anm: LGBl.Nr. 36/2022)

§ 21a
Kleinsterzeugungsanlagen

(1) Für Kleinsterzeugungsanlagen wird kein eigener Zählpunkt vergeben.

(2) Netzbenutzer, die in ihrer Anlage eine Kleinsterzeugungsanlage betreiben und für die gemäß Abs. 1 kein Zählpunkt eingerichtet wurde, sind hinsichtlich der Kleinsterzeugungsanlage von den Verpflichtungen gemäß § 21 und § 23 ausgenommen.

(Anm: LGBl.Nr. 46/2018)

3. TEIL
BETRIEB VON NETZEN (ÜBERTRAGUNGSNETZE, VERTEILERNETZE)
1. HAUPTSTÜCK
NETZZUGANG

§ 22
Netzzugangsberechtigung

(1) Alle Kunden sind berechtigt, mit Erzeugern, Stromhändlern sowie Elektrizitätsunternehmen Verträge über die Lieferung von elektrischer Energie zur Deckung ihres Bedarfs zu schließen und haben einen Rechtsanspruch, hinsichtlich dieser Strommengen unter Berücksichtigung der folgenden Bestimmungen Netzzugang zu begehren.

(2) Elektrizitätsunternehmen können den Netzzugang im Namen ihrer Kunden begehren.

§ 23
Netzbenutzer

(1) Netzbenutzer sind verpflichtet, sich einer Bilanzgruppe anzuschließen oder eine eigene Bilanzgruppe zu bilden.

(2) Netzbenutzer sind verpflichtet, entsprechend ihren gesetzlichen und vertraglichen Verpflichtungen

1. Daten, Zählerwerte und sonstige zur Ermittlung ihres Stromverbrauchs dienende Angaben an Netzbetreiber, Bilanzgruppenverantwortliche sowie den Bilanzgruppenkoordinator gemäß den sich aus den vertraglichen Vereinbarungen ergebenden Verpflichtungen bereitzustellen und zu übermitteln bzw. die Aufstellung und Ablesung von Zählern durch den Netzbetreiber zu dulden, soweit dies zur Aufrechterhaltung eines wettbewerbsorientierten Elektrizitätsmarkts und zur Wahrung des Konsumentenschutzes erforderlich ist,
2. bei Verwendung eigener Zähleinrichtungen und Anlagen zur Datenübertragung die technischen Vorgaben der Netzbetreiber einzuhalten,
3. Meldungen bei Lieferanten- und Bilanzgruppenwechsel abzugeben sowie die hiefür vorgesehenen Fristen einzuhalten,
4. Vertragsdaten an Stellen zu melden, die mit der Erstellung von Indices betraut sind,
5. bei technischer Notwendigkeit Erzeugungs- und Verbrauchsfahrpläne an den Netzbetreiber und die Regelzonenführer zu melden und
6. Verträge über den Datenaustausch mit anderen Netzbetreibern, den zuständigen Bilanzgruppenverantwortlichen sowie den Bilanzgruppenkoordinatoren und anderen Marktteilnehmern entsprechend den in den Allgemeinen Bedingungen für den Netzzugang und Netzbetrieb festgelegten Marktregeln abzuschließen.

(3) Die näheren Bestimmungen zu den im Abs. 2 festgelegten Pflichten sind in den Allgemeinen Bedingungen für den Netzzugang und Netzbetrieb und in den Allgemeinen Bedingungen für Bilanzgruppenverantwortliche festzulegen.

§ 24
Gewährung des Netzzugangs

Netzbetreiber sind verpflichtet, Netzzugangsberechtigten auf Grundlage der genehmigten Allgemeinen Bedingungen und den von der Regulierungsbehörde bestimmten Systemnutzungsentgelten die Benutzung des Netzes zu gewähren (geregeltes Netzzugangssystem).

(Anm: LGBl.Nr. 48/2012)

§ 25
Bedingungen des Netzzugangs

(1) Die Bedingungen für den Zugang zum Netzsystem dürfen nicht diskriminierend sein. Sie dürfen keine missbräuchlichen Praktiken oder ungerechtfertigten Beschränkungen enthalten und nicht die Versorgungssicherheit und die Dienstleistungsqualität gefährden.

(2) Die Allgemeinen Bedingungen der Netzbetreiber einer Regelzone sind mit den anderen Netzbetreibern der Regelzone aufeinander abzustimmen. *(Anm: LGBl.Nr. 48/2012)*

(3) Für jene Endverbraucher, die an den Netzebenen

1. Umspannung von Mittelspannung (mit einer Betriebsspannung zwischen mehr als 1 kV bis einschließlich 36 kV) zu Niederspannung (1 kV und darunter),
2. Niederspannung (1 kV und darunter)

angeschlossen sind, die weniger als 100.000 kWh Jahresverbrauch oder weniger als 50 kW Anschlussleistung aufweisen, sind von den Netzbetreibern jedenfalls standardisierte Lastprofile zu erstellen und dabei auch die Form der Erstellung und Anpassung (synthetisch, analytisch) dieser standardisierten Profile zu bestimmen.

(4) Für Einspeiser mit weniger als 100.000 kWh jährlicher Einspeisung oder weniger als 50 kW Anschlussleistung sind ebenfalls von den Netzbetreibern, an denen die Einspeiser angeschlossen sind, standardisierte Lastprofile zu erstellen.

(5) Die Allgemeinen Bedingungen für den Netzzugang haben insbesondere zu enthalten:

1. die Rechte und Pflichten der Vertragspartner, insbesondere zur Einhaltung der Sonstigen Marktregeln;
2. die den einzelnen Netzbenutzern zugeordneten standardisierten Lastprofile;
3. die technischen Mindestanforderungen für den Netzzugang;
4. die verschiedenen von den Verteilerunternehmen im Rahmen des Netzzugangs zur Verfügung zu stellenden Dienstleistungen und die angebotene Qualität;

5. den Zeitraum, innerhalb dessen Kundenanfragen jedenfalls zu beantworten sind;
6. die Ankündigung von geplanten Versorgungsunterbrechungen;
7. die Mindestanforderungen bezüglich Terminvereinbarungen mit Netzbenutzern;
8. jenen Standard, der bei der Datenübermittlung an Marktteilnehmer einzuhalten ist;
9. das Verfahren und die Modalitäten für Anträge auf Netzzugang;
10. die von den Netzbenutzern zu liefernden Daten;
11. eine Frist von höchstens 14 Tagen ab Einlangen, innerhalb der das Verteilerunternehmen das Begehren auf Netzzugang zu beantworten hat;
12. die grundlegenden Prinzipien für die Verrechnung sowie die Art und Form der Rechnungslegung;
13. die Verpflichtung von Netzzugangsberechtigten zur Vorauszahlung oder Sicherheitsleistung (Barsicherheit, Bankgarantie, Hinterlegung von nicht vinkulierten Sparbüchern) in angemessener Höhe, insoweit nach den Umständen des Einzelfalls zu erwarten ist, dass der Netzbenutzer seinen Zahlungsverpflichtungen nicht oder nicht zeitgerecht nachkommt;
14. einen Hinweis auf gesetzlich vorgesehene Streitbeilegungsverfahren;
15. Modalitäten, zu welchen der Netzbenutzer verpflichtet ist, Teilbetragszahlungen zu leisten, wobei eine Zahlung zumindest zehnmal jährlich anzubieten ist.

In den Allgemeinen Bedingungen für den Netzzugang können auch Normen und Regelwerke der Technik (Regeln der Technik) in ihrer jeweils geltenden Fassung für verbindlich erklärt werden. Die Bestimmungen der Energieeffizienzrichtlinie, insbesondere auch im Hinblick auf KWK-Anlagen, sind in den Allgemeinen Bedingungen für den Netzzugang zu berücksichtigen. *(Anm: LGBl.Nr. 72/2008, 48/2012, 46/2018)*

(6) Die Allgemeinen Bedingungen für den Netzzugang sind durch die Regulierungsbehörde zu genehmigen und gemeinsam mit den gemäß Abs. 3 und 4 zu erstellenden standardisierten Lastprofilen sowie den Standardregeln für die Übernahme und Teilung der Kosten für technische Anpassungen, wie Netzanschlüsse und Netzverstärkungen, verbesserter Netzbetrieb und Regeln für die nichtdiskriminierende Anwendung der Netzkodizes, die zur Einbindung neuer Produzenten erneuerbarer Energie notwendig sind, vom Netzbetreiber im Internet zu veröffentlichen. *(Anm: LGBl.Nr. 48/2012, 20/2014, 111/2022)*

(7) Netzbetreiber haben die Netzzugangsberechtigten vor Vertragsabschluss über die wesentlichen Inhalte der Allgemeinen Bedingungen zu informieren. Zu diesem Zweck ist den Netzzugangsberechtigten ein Informationsblatt auszuhändigen. Weiters sind die im Anhang I der Elektrizitätsbinnenmarktrichtlinie festgelegten Maßnahmen zum Schutz der Kundinnen und Kunden einzuhalten. *(Anm: LGBl.Nr. 72/2008, 48/2012)*

(8) Werden neue Allgemeine Bedingungen genehmigt, hat der Netzbetreiber dies binnen vier Wochen nach der Genehmigung den Netzbenutzern in einem persönlich an sie gerichteten Schreiben bekanntzugeben und ihnen diese auf deren Wunsch zuzusenden. In diesem Schreiben oder auf der Rechnung sind die Änderungen der allgemeinen Bedingungen und die Kriterien, die bei der Änderung nach dem ElWOG 2010 einzuhalten sind, nachvollziehbar wiederzugeben. Die Änderungen gelten ab dem nach Ablauf von drei Monaten folgenden Monatsersten als vereinbart. *(Anm: LGBl.Nr. 48/2012)*

(9) Netzbetreiber haben den Netzbenutzern transparente Informationen über geltende Preise und Tarife sowie über die Allgemeinen Bedingungen über Anforderung kostenlos zur Verfügung zu stellen. *(Anm: LGBl.Nr. 72/2008)*

§ 26
Transparenz bei nicht ausreichenden Kapazitäten

(1) Die Netzbetreiber haben verfügbare und gebuchte Kapazitäten je Umspannwerk (Netzebene 4) zu veröffentlichen und mindestens quartalsweise zu aktualisieren. Auf die tatsächliche Verfügbarkeit der veröffentlichen Kapazitäten besteht kein Rechtsanspruch.

(2) Die begehrte Kapazität kann innerhalb eines Monats ab Beantwortung des Netzzutrittsantrags durch den Netzbetreiber durch Leistung einer Anzahlung (Reugeld) auf das (voraussichtliche) Netzzutrittsentgelt reserviert werden. Weitere Festlegungen zur Anzahlung können in den Allgemeinen Bedingungen gemäß § 17 ElWOG 2010 erfolgen. Die Reservierung erlischt und die Anzahlung verfällt, wenn die begehrte Kapazität nicht innerhalb von zwölf Monaten ab Reservierung in Anspruch genommen wird, es sei denn, der Netzzugangsberechtigte kann glaubhaft machen, dass die Ursache für die Nichtinanspruchnahme außerhalb seines Einflussbereichs liegt und das Vorhaben innerhalb angemessener Frist abgeschlossen werden kann. Anzahlungen, die auf Grund dieser Bestimmung verfallen, fließen dem im Rahmen der EAG-Förderabwicklungsstelle eingerichteten Fördermittelkonto gemäß § 77 EAG zu.

(3) Die Methode für die Berechnung der verfügbaren Kapazitäten ist bundesweit einheitlich auszugestalten. Die Netzbetreiber haben einen Vorschlag für die Methode zu erstellen und der Regulierungsbehörde vorzulegen. Die Regulierungsbehörde kann eine Verordnung erlassen, in der die Methode für die Berechnung der verfügbaren Kapazitäten festgesetzt wird, wobei die Regulierungsbehörde diesbezüglich nicht an den Vorschlag der Netzbetreiber gebunden ist.

(Anm: LGBl.Nr. 36/2022)

§ 27

Verweigerung des Netzzugangs

(1) Netzzugangsberechtigten kann der Netzzugang aus nachstehenden Gründen verweigert werden:

1. Außergewöhnliche Netzzustände (Störfälle) sowie
2. mangelnde Netzkapazitäten.

(Anm: LGBl.Nr. 36/2022)

(2) Die Verweigerung ist gegenüber dem Netzzugangsberechtigten zu begründen.

(3) Gemäß § 21 Abs. 2 ElWOG 2010 hat die Regulierungsbehörde über Antrag desjenigen, der behauptet, durch die Verweigerung des Netzzugangs in seinem gesetzlich eingeräumten Recht auf Gewährung des Netzzugangs verletzt worden zu sein, innerhalb eines Monats festzustellen, ob die Voraussetzungen für die Verweigerung eines Netzzugangs gemäß Abs. 1 vorliegen. Der Netzbetreiber hat das Vorliegen der Verweigerungstatbestände (Abs. 1) nachzuweisen. Die Regulierungsbehörde hat in jeder Lage des Verfahrens auf eine gütliche Einigung zwischen Netzzugangsberechtigtem und Netzbetreiber hinzuwirken. *(Anm: LGBl.Nr. 48/2012, 103/2014, 46/2018)*

(4) Für die Beurteilung der Netzzugangsberechtigung sind die Rechtsvorschriften jenes Landes anzuwenden, in dem der Antragsteller gemäß Abs. 3 seinen Sitz (Hauptwohnsitz) hat. Bezüglich der Beurteilung der Netzzugangsverweigerungsgründe sind jene Rechtsvorschriften anzuwenden, die am Sitz des Netzbetreibers, der den Netzzugang verweigert hat, gelten.

2. HAUPTSTÜCK
ÜBERTRAGUNGSNETZE

§ 28

Übertragungsnetzbetreiber

(1) Übertragungsnetzbetreiber in Oberösterreich ist die Verbund-Austrian Power Grid AG.

(2) Übertragungsnetzbetreiber, die zu einem vertikal integrierten Unternehmen gehören, müssen zumindest hinsichtlich ihrer Rechtsform, Organisation und Entscheidungsgewalt unabhängig von den übrigen Tätigkeitsbereichen sein, die nicht mit der Übertragung zusammenhängen. Zur Sicherstellung der Unabhängigkeit des Übertragungsnetzbetreibers sind die Grundsätze gemäß § 33 Abs. 5 Z 1 bis 5 auch auf den Übertragungsnetzbetreiber sinngemäß anzuwenden.

§ 29

Pflichten der Betreiber von Übertragungsnetzen

(1) Betreiber von Übertragungsnetzen sind verpflichtet:

1. das von ihnen betriebene System sicher, zuverlässig, leistungsfähig und unter Bedachtnahme auf den Umweltschutz zu betreiben und zu erhalten;
2. die zum Betrieb des Systems erforderlichen technischen Voraussetzungen sicherzustellen;
3. dem Betreiber eines anderen Netzes, mit dem sein eigenes Netz verbunden ist, ausreichende Informationen zu liefern, um den sicheren und leistungsfähigen Betrieb, den koordinierten Ausbau und die Interoperabilität des Verbundsystems sicherzustellen;
4. die zur Durchführung der Verrechnung und Datenübermittlung gemäß § 50 Z 9 erforderlichen vertraglichen Maßnahmen vorzusehen;
5. die genehmigten Allgemeinen Bedingungen und die gemäß § 51 bis § 58 ElWOG 2010 bestimmten Systemnutzungsentgelte zu veröffentlichen;
6. Verträge über den Datenaustausch mit anderen Netzbetreibern, den Bilanzgruppenverantwortlichen sowie den Bilanzgruppenkoordinatoren und anderen Marktteilnehmern entsprechend den Marktregeln abzuschließen;
7. auf lange Sicht die Fähigkeit des Netzes zur Befriedigung einer angemessenen Nachfrage nach Übertragung von Elektrizität langfristig sicherzustellen und unter wirtschaftlichen Bedingungen und gebührender Beachtung des Umweltschutzes sichere, zuverlässige und leistungsfähige Übertragungsnetze zu betreiben, zu warten und auszubauen;
8. durch entsprechende Übertragungskapazität und Zuverlässigkeit des Netzes einen Beitrag zur Versorgungssicherheit zu leisten;
9. sich jeglicher Diskriminierung von Netzbenutzern oder Kategorien von Netzbenutzern, insbesondere zugunsten der mit ihm verbundenen Unternehmen, zu enthalten;
10. den Netzbenutzern die Informationen zur Verfügung zu stellen, die sie für einen effizienten Netzzugang benötigen;
11. Engpässe im Netz zu ermitteln und Maßnahmen zu setzen, um Engpässe zu vermeiden oder zu beseitigen sowie die Versorgungssicherheit aufrecht zu erhalten. Sofern für die Netzengpassbeseitigung oder Aufrechterhaltung der Versorgungssicherheit dennoch Leistungen der Erzeuger (Erhöhung oder Einschränkung der Erzeugung sowie Veränderung der Kraftwerksverfügbarkeit) erforderlich sind, ist dies vom Übertragungsnetzbetreiber unter Bekanntgabe aller notwendigen Daten unverzüglich dem Regelzonenführer zu melden, der erforderlichenfalls weitere Anordnungen zu treffen hat;
12. die Zurverfügungstellung der zur Erfüllung der Dienstleistungsverpflichtungen erforderlichen Mittel zu gewährleisten;

13. unter der Aufsicht der nationalen Regulierungsbehörde Engpasserlöse und Zahlungen im Rahmen des Ausgleichsmechanismus zwischen Übertragungsnetzbetreibern gemäß Art. 13 der Verordnung 2009/714/EG einzunehmen, Dritten Zugang zu gewähren und deren Zugang zu regeln sowie bei Verweigerung des Zugangs begründete Erklärungen abzugeben; bei der Ausübung ihrer im Rahmen dieser Bestimmung festgelegten Aufgaben haben die Übertragungsnetzbetreiber in erster Linie die Marktintegration zu erleichtern. Engpasserlöse sind für die im Art. 16 Abs. 6 der Verordnung 2009/714/EG genannten Zwecke zu verwenden;
14. die Übertragung von Elektrizität durch das Netz unter Berücksichtigung des Austauschs mit anderen Verbundnetzen zu regeln;
15. ein sicheres, zuverlässiges und effizientes Elektrizitätsnetz zu unterhalten, dh. die Bereitstellung aller notwendigen Hilfsdienste, einschließlich jener, die zur Befriedigung der Nachfrage erforderlich sind, zu gewährleisten, sofern diese Bereitstellung unabhängig von jedwedem anderen Übertragungsnetz ist, mit dem das Netz einen Verbund bildet, und Maßnahmen für den Wiederaufbau nach Großstörungen des Übertragungsnetzes zu planen und zu koordinieren, indem sie vertragliche Vereinbarungen im technisch notwendigen Ausmaß sowohl mit direkt als auch indirekt angeschlossenen Kraftwerksbetreibern abschließen, um die notwendige Schwarzstart- und Inselbetriebsfähigkeit ausschließlich durch die Übertragungsnetzbetreiber sicherzustellen;
16. einen Netzentwicklungsplan gemäß § 29a zu erstellen und zur Genehmigung bei der Regulierungsbehörde einzureichen;
17. der Regulierungsbehörde jährlich schriftlich Bericht darüber zu legen, welche Maßnahmen sie zur Wahrnehmung ihrer im Rahmen der Verordnung 2009/714/EG und sonstiger unmittelbar anwendbarer Bestimmungen des Unionsrechts auferlegten Transparenzverpflichtungen gesetzt haben. Der Bericht hat insbesondere eine Spezifikation der veröffentlichten Informationen, die Art der Veröffentlichung (zB Internetadressen, Zeitpunkte und Häufigkeit der Veröffentlichung sowie qualitative oder quantitative Beurteilung der Datenzuverlässigkeit der Veröffentlichung) zu enthalten;
18. der Regulierungsbehörde jährlich schriftlich Bericht darüber zu legen, welche Maßnahmen sie zur Wahrnehmung ihrer im Rahmen der Richtlinie 2009/72/EG und sonstiger unmittelbar anwendbarer Bestimmungen des Unionsrechts auferlegten Verpflichtungen zur technischen Zusammenarbeit mit Übertragungsnetzbetreibern der Europäischen Union sowie Drittländern gesetzt haben. Der Bericht hat insbesondere auf die mit den Übertragungsnetzbetreibern vereinbarten Prozesse und Maßnahmen hinsichtlich länderübergreifender Netzplanung und -betrieb sowie auf vereinbarte Daten für die Überwachung dieser Prozesse und Maßnahmen einzugehen;
19. Unterstützung der ENTSO (Strom) bei der Erstellung des gemeinschaftsweiten Netzentwicklungsplans;
20. zur Einrichtung einer besonderen Bilanzgruppe für die Ermittlung der Netzverluste, die nur die dafür notwendigen Kriterien einer Bilanzgruppe zu erfüllen hat;
21. Energie, die zur Deckung von Energieverlusten und Kapazitätsreserven im Übertragungsnetz verwendet wird, nach transparenten, nichtdiskriminierenden und marktorientierten Verfahren zu beschaffen;
22. die Marktteilnehmer über geplante und laufende Vorhaben zur Harmonisierung der Marktregeln auf der Homepage des Übertragungsnetzbetreibers zu informieren.

(2) Wirkt ein Übertragungsnetzbetreiber, der Teil eines vertikal integrierten Elektrizitätsunternehmens ist, an einem zur Umsetzung der regionalen Zusammenarbeit geschaffenen gemeinsamen Unternehmen mit, hat dieses Unternehmen ein Gleichbehandlungsprogramm aufzustellen und es durchzuführen. Darin sind die Maßnahmen anzuführen, mit denen sichergestellt wird, dass diskriminierende und wettbewerbswidrige Verhaltensweisen ausgeschlossen werden. In diesem Gleichbehandlungsprogramm ist festgelegt, welche besonderen Pflichten die Mitarbeiter im Hinblick auf die Erreichung des Ziels der Vermeidung des diskriminierenden und wettbewerbswidrigen Verhaltens haben. Das Programm bedarf der Genehmigung durch die Agentur. Die Einhaltung des Programms wird durch die Gleichbehandlungsbeauftragten des Übertragungsnetzbetreibers kontrolliert.

(Anm: LGBl.Nr. 48/2012)

29a
Netzentwicklungsplan:

(1) Der Übertragungsnetzbetreiber hat der Regulierungsbehörde alle zwei Jahre einen zehnjährigen Netzentwicklungsplan für das Übertragungsnetz unter Berücksichtigung der Planungen der Verteilernetzbetreiber ab der 110 kV-Ebene (§ 47 Abs. 1 Z 3) zur Genehmigung vorzulegen, der sich auf die aktuelle Lage und die Prognosen im Bereich von Angebot und Nachfrage stützt. *(Anm: LGBl.Nr. 36/2022)*

(2) Zweck des Netzentwicklungsplans ist es insbesondere,

1. den Marktteilnehmern Angaben darüber zu liefern, welche wichtigen Übertragungsinfrastrukturen in den nächsten zehn Jahren errichtet oder ausgebaut werden müssen,
2. alle bereits beschlossenen Investitionen aufzulisten und die neuen Investitionen zu bestimmen, die in den nächsten drei Jahren durchgeführt werden müssen, und
3. einen Zeitplan für alle Investitionsprojekte vorzugeben.

(3) Ziel des Netzentwicklungsplans ist es insbesondere,

1. der Deckung der Nachfrage an Leitungskapazitäten zur Versorgung der Endverbraucher unter Berücksichtigung von Notfallszenarien,
2. der Erzielung eines hohen Maßes an Verfügbarkeit der Leitungskapazität (Versorgungssicherheit der Infrastruktur) und
3. der Nachfrage nach Leitungskapazitäten zur Erreichung eines europäischen Binnenmarkts

nachzukommen.

(4) Bei der Erarbeitung des Netzentwicklungsplans hat der Übertragungsnetzbetreiber angemessene Annahmen über die Entwicklung der Erzeugung, der Versorgung, des Verbrauchs und des Stromaustauschs mit anderen Ländern unter Berücksichtigung der Investitionspläne für regionale Netze gemäß Art. 12 Abs. 1 der Verordnung 2009/714/EG und für gemeinschaftsweite Netze gemäß Art. 8 Abs. 3 lit. b der Verordnung 2009/714/EG zugrunde zu legen. Der Netzentwicklungsplan hat wirksame Maßnahmen zur Gewährleistung der Angemessenheit des Netzes und der Erzielung eines hohen Maßes an Verfügbarkeit der Leitungskapazität (Versorgungssicherheit der Infrastruktur) zu enthalten.

(5) Der Übertragungsnetzbetreiber hat bei der Erstellung des Netzentwicklungsplans die technischen und wirtschaftlichen Zweckmäßigkeiten, die Interessen aller Marktteilnehmer sowie die Kohärenz mit dem integrierten Netzinfrastrukturplan gemäß § 94 EAG und dem gemeinschaftsweiten Netzentwicklungsplan zu berücksichtigen. Überdies hat er den koordinierten Netzentwicklungsplan gemäß § 63 GWG 2011 und die langfristige integrierte Planung gemäß § 22 GWG 2011 zu berücksichtigen. Vor Einbringung des Antrags auf Genehmigung des Netzentwicklungsplans hat der Übertragungsnetzbetreiber alle relevanten Marktteilnehmer zu konsultieren. *(Anm: LGBl.Nr. 36/2022)*

(6) In der Begründung des Antrags auf Genehmigung des Netzentwicklungsplans haben die Übertragungsnetzbetreiber, insbesondere bei konkurrierenden Vorhaben zur Errichtung, Erweiterung, Änderung oder dem Betrieb von Leitungsanlagen die technischen und wirtschaftlichen Gründe für die Befürwortung oder Ablehnung einzelner Vorhaben darzustellen und die Beseitigung von Netzengpässen anzustreben.

(Anm: LGBl.Nr. 48/2012)

§ 30
Genehmigung der Allgemeinen Bedingungen

(1) Für die Genehmigung sowie für jede Änderung der Allgemeinen Bedingungen für die Betreiber von Übertragungsnetzen ist gemäß § 41 ElWOG 2010 die Regulierungsbehörde zuständig. Die Betreiber von Übertragungsnetzen haben, soweit dies zur Erreichung eines wettbewerbsorientierten Markts erforderlich ist, auf Verlangen der Regulierungsbehörde Änderungen der Allgemeinen Bedingungen vorzunehmen. *(Anm: LGBl.Nr. 48/2012)*

(2) Der Übertragungsnetzbetreiber hat die Genehmigung der Allgemeinen Bedingungen samt Beilagen sowie Änderungen dieser Allgemeinen Bedingungen der Behörde zur Kenntnis zu bringen.

3. HAUPTSTÜCK
VERTEILERNETZE
KONZESSION, BETRIEB

§ 31
Betrieb von Verteilernetzen

Der Betrieb eines Verteilernetzes innerhalb eines räumlich abgegrenzten bestimmten Gebiets bedarf einer Konzession.

§ 32
Konzessionsverfahren

(1) Der Antrag auf Erteilung der Konzession ist bei der Behörde schriftlich einzubringen. Dem Antrag sind anzuschließen:

1. Eine Beschreibung der Art und des Umfangs des bestehenden oder geplanten Netzes;
2. ein Plan des vorgesehenen Netzgebiets mit Darstellung der Gebietsgrenze (Konzessionsplan).

(Anm: LGBl.Nr. 111/2022)

(2) Vor der Entscheidung über den Antrag auf Erteilung der Konzession sind jedenfalls zu hören:

1. Die Wirtschaftskammer OÖ.;
2. die Kammer für Arbeiter und Angestellte für Oberösterreich;
3. die Landwirtschaftskammer für Oberösterreich;
4. die Kammer der Arbeiter und Angestellten in der Land- und Forstwirtschaft für Oberösterreich (Landarbeiterkammer);
5. die Gemeinden, die im vorgesehenen Versorgungsgebiet, wenn auch nur teilweise, liegen;
6. jene Betreiber von Verteilernetzen, die an das vorgesehene Versorgungsgebiet angrenzen, und der Übertragungsnetzbetreiber nach § 28 Abs. 1.

§ 33
Konzessionserteilung

(1) Die Behörde hat über einen Antrag auf Erteilung der Konzession mit schriftlichem Bescheid zu entscheiden.

(2) Die Konzession ist zu erteilen, wenn

1. für das vorgesehene Gebiet keine Konzession besteht,
2. der Verteilernetzbetreiber über die zur Erfüllung seiner Aufgabe erforderlichen Ressourcen einschließlich der personellen, technischen, materiellen und finanziellen Mittel verfügt, die für den Betrieb, die Wartung oder den Ausbau des Netzes erforderlich sind und gewährleistet ist, dass der Verteilernetzbetreiber über die Verwendung dieser Mittel unabhängig von den übrigen Bereichen des integrierten Unternehmens entscheiden kann,
3. die Voraussetzungen für den Ausschluss des Konzessionswerbers von der Ausübung eines Gewerbes gemäß § 13 Gewerbeordnung 1994 nicht vorliegen und
4. der Konzessionswerber, sofern er eine natürliche Person ist, voll geschäftsfähig ist.

(Anm: LGBl.Nr. 48/2012)

(3) Bei einem Verteilernetz, an dem mehr als 100.000 Kunden angeschlossen sind, hat der Konzessionswerber, soweit er zu einem vertikal integrierten Unternehmen gehört, zumindest in seiner Rechtsform, Organisation und Entscheidungsgewalt unabhängig von den übrigen Tätigkeitsbereichen zu sein, die nicht mit der Verteilung zusammenhängen. *(Anm: LGBl.Nr. 48/2012)*

(4) Im Konzessionsbescheid ist insbesondere auch durch entsprechende Auflagen oder Bedingungen sicherzustellen, dass ein Verteilernetzbetreiber, an dessen Netz mehr als 100.000 Kundinnen bzw. Kunden angeschlossen sind, unabhängig im Sinn von Abs. 3 von den übrigen Tätigkeitsbereichen eines vertikal integrierten Unternehmens ist, die nicht mit der Verteilung zusammenhängen. *(Anm: LGBl.Nr. 48/2012)*

(5) Zur Sicherstellung der Unabhängigkeit in einem integrierten Elektrizitätsunternehmen, an dessen Verteilernetz mehr als 100.000 Kundinnen bzw. Kunden angeschlossen sind, wird insbesondere bestimmt,

1. dass die für die Leitung des Verteilernetzbetreibers zuständigen Personen nicht betrieblichen Einrichtungen des integrierten Elektrizitätsunternehmens angehören, die direkt oder indirekt für den laufenden Betrieb in den Bereichen Elektrizitätserzeugung und -versorgung zuständig sind, wobei jedoch Koordinierungsmechanismen zulässig sind, durch die sichergestellt wird, dass die wirtschaftlichen Befugnisse des Mutterunternehmens und seine Aufsichtsrechte über das Management im Hinblick auf die Rentabilität eines Tochterunternehmens geschützt werden; insbesondere ist zu gewährleisten, dass ein Mutterunternehmen den jährlichen Finanzplan oder ein gleichwertiges Instrument des Verteilernetzbetreibers genehmigt und generelle Grenzen für die Verschuldung seines Tochterunternehmens festlegt; Weisungen bezüglich des laufenden Betriebs oder einzelner Entscheidungen über den Bau oder die Modernisierung von Verteilerleitungen, die über den Rahmen des genehmigten Finanzplans oder eines gleichwertigen Instruments nicht hinausgehen, sind unzulässig;
2. dass die berufsbedingten Interessen der für die Leitung des Verteilernetzbetreibers zuständigen Personen (Gesellschaftsorgane) in einer Weise berücksichtigt werden, dass deren Handlungsunabhängigkeit gewährleistet ist, wobei insbesondere die Gründe für die Abberufung eines Gesellschaftsorgans des Verteilernetzbetreibers in der Gesellschaftssatzung des Verteilernetzbetreibers klar zu umschreiben sind;
3. dass für Vermögenswerte, die für den Betrieb, die Wartung oder den Ausbau des Netzes erforderlich sind, die tatsächliche Entscheidungsbefugnis des Verteilernetzbetreibers gewährleistet ist, wobei insbesondere sicher zu stellen ist, dass diese unabhängig von den übrigen Bereichen des integrierten Elektrizitätsunternehmens ausgeübt wird;
4. dass der Verteilernetzbetreiber ein Gleichbehandlungsprogramm aufstellt, aus dem hervorgeht, welche Maßnahmen zum Ausschluss diskriminierenden Verhaltens getroffen werden; weiters sind Maßnahmen vorzusehen, durch die die ausreichende Überwachung der Einhaltung dieses Programms gewährleistet wird; in diesem Programm ist insbesondere festzulegen, welche Pflichten die Mitarbeiter im Hinblick auf die Erreichung dieses Ziels haben;
5. dass zur Aufstellung und Überwachung der Einhaltung des Gleichbehandlungsprogramms gemäß Z 4 gegenüber der Behörde ein Gleichbehandlungsverantwortlicher zu benennen ist. Dieser hat der Behörde und der Regulierungsbehörde jährlich einen Bericht über die nach Z 4 getroffenen Maßnahmen vorzulegen und zu veröffentlichen; die Behörde hat der Regulierungsbehörde jährlich einen zusammenfassenden Bericht über die getroffenen Maßnahmen vorzulegen und diesen Bericht zu veröffentlichen;
6. dass dem Aufsichtsrat des Verteilernetzbetreibers mindestens zwei Mitglieder anzugehören haben, die von der Muttergesellschaft unabhängig sind;
7. dass ein Verteilernetzbetreiber, der Teil eines vertikal integrierten Unternehmens ist, diesen Umstand nicht zur Verzerrung des Wettbewerbs nutzen darf. Vertikal integrierte Verteilernetzbetreiber haben in ihrer Kommunikations- und Markenpolitik, insbesondere durch einen Hinweis auf die Netzbetreibereigenschaft, dafür Sorge zu tragen, dass

eine Verwechslung in Bezug auf die eigene Identität der Versorgungssparte des vertikal integrierten Unternehmens ausgeschlossen ist;
8. dass der Verteilernetzbetreiber sicherzustellen hat, dass der Gleichbehandlungsbeauftragte des Verteilernetzbetreibers völlig unabhängig ist und Zugang zu allen Informationen hat, über die der Verteilernetzbetreiber und etwaige verbundene Unternehmen verfügen und die der Gleichbehandlungsbeauftragte benötigt, um seine Aufgaben zu erfüllen.

(Anm: LGBl.Nr. 48/2012)

(5a) Die Behörde hat allfällige Verstöße von Verteilerunternehmen gegen die Bestimmungen der vorstehenden Absätze unverzüglich der Regulierungsbehörde mitzuteilen. *(Anm: LGBl.Nr. 48/2012)*

(6) Die Konzession kann befristet erteilt werden, wenn das Vorliegen einzelner Voraussetzungen gemäß Abs. 2 nicht auf Dauer gewährleistet ist. Die Konzession ist erforderlichenfalls unter Bedingungen oder Auflagen zu erteilen.

(7) In der Konzession ist eine angemessene, mindestens jedoch sechsmonatige Frist für die Aufnahme des Betriebs durch das Verteilerunternehmen festzusetzen. Die Frist ist auf Antrag des Konzessionsinhabers angemessen, höchstens jedoch um insgesamt fünf Jahre zu verlängern, wenn sich die Aufnahme des Betriebs auf Grund unvorhergesehener Schwierigkeiten verzögert hat und der Antrag auf Fristverlängerung vor dem Ablauf der Frist eingebracht wurde.

§ 34
Erlöschen der Konzession

(1) Die Konzession erlischt durch:
1. Ablauf der gemäß § 33 Abs. 6 und 7 festgesetzten Fristen;
2. Tod oder Untergang des Konzessionsinhabers, soweit nicht § 36 Anwendung findet;
3. Entziehung;
4. Verzicht;
5. Konkurs des Konzessionsinhabers oder Abweisung des Konkursantrags mangels kostendeckenden Vermögens.

(2) Bis die Versorgungssicherheit nach dem Erlöschen einer Konzession gemäß Abs. 1 durch einen Konzessionsinhaber gewährleistet ist, haben die über das Verteilernetz Verfügungsberechtigten den Betrieb des Verteilernetzes fortzuführen. Kommt der Verfügungsberechtigte dieser Pflicht nicht nach, ist § 42 sinngemäß anzuwenden.

§ 35
Entziehung der Konzession

(1) Die Konzession ist zu entziehen, wenn
1. dem Betreiber die Fortführung des Betriebs gemäß § 42 Abs. 2 untersagt wurde oder
2. die für die Erteilung der Konzession erforderlichen Voraussetzungen des § 33 Abs. 2 nicht mehr vorliegen oder
3. der Konzessionsinhaber mindestens dreimal wegen vorsätzlicher Übertretung der Bestimmungen dieses Landesgesetzes oder wegen Beihilfe zur Begehung einer Verwaltungsübertretung nach diesem Landesgesetz bestraft worden ist und nach der Eigenart der strafbaren Handlung und nach der Person des Bestraften die Begehung der gleichen oder einer ähnlichen Straftat bei der Ausübung der Konzession zu befürchten ist oder
4. der Konzessionsinhaber das Pachtverhältnis mit einem Pächter aufrecht erhält, dessen Bestellung von der Behörde nicht genehmigt oder widerrufen wurde oder
5. der Konzessionsinhaber seiner Verpflichtung zur Bestellung eines Betriebsleiters gemäß § 44 trotz schriftlicher Aufforderung durch die Behörde nicht nachkommt.

(2) Das Wirksamwerden des Entzugs ist so festzusetzen, dass die Einhaltung der Pflichten des Verteilernetzbetreibers sichergestellt ist.

§ 36
Umgründung und Fortbetrieb

(1) Bei Übertragung von Unternehmen und Teilunternehmen durch Umgründung, insbesondere durch Verschmelzungen, Umwandlungen, Einbringungen, Zusammenschlüsse, Realteilungen und Spaltungen gemäß dem Umgründungssteuergesetz, gehen die zur Fortführung des Betriebs erforderlichen Konzessionen auf den Nachfolgeunternehmer über, wenn der Nachfolgeunternehmer die Voraussetzungen für die Konzessionserteilung erfüllt.

(2) Der Nachfolgeunternehmer hat der Behörde den Übergang der Konzession und der zur Herbeiführung der Eintragung im Firmenbuch eingereichten Unterlagen in Abschrift innerhalb von vier Wochen nach Eintragung im Firmenbuch anzuzeigen. *(Anm: LGBl.Nr. 111/2022)*

(3) Unbeschadet des § 34 Abs. 2 finden hinsichtlich der Fortbetriebsrechte die §§ 41 bis 45 Gewerbeordnung 1994 sinngemäß Anwendung. *(Anm: LGBl.Nr. 54/2012, 46/2018)*

§ 37
Verpachtung

(1) Der Inhaber einer Konzession für den Betrieb eines Verteilernetzes kann die Ausübung der Konzession einem Pächter übertragen, der sie im eigenen Namen und auf eigene Rechnung ausübt. Der Pächter muss die Voraussetzungen für die Erteilung der Konzession erfüllen. Eine Weiterverpachtung ist nicht zulässig.

(2) Die Bestellung eines Pächters ist der Behörde unter Anschluss der erforderlichen Unterlagen binnen zwei Wochen nach Bestellung anzuzeigen.

Die Behörde hat innerhalb von acht Wochen nach Einbringung der Anzeige die Bestellung zu untersagen, wenn der Pächter die Voraussetzungen gemäß Abs. 1 nicht erfüllt; andernfalls gilt die Bestellung als genehmigt. *(Anm: LGBl.Nr. 72/2008)*

(3) Das Ausscheiden des Pächters sowie das Wegfallen einer Voraussetzung für die Genehmigung seiner Bestellung ist der Behörde vom Konzessionsinhaber unverzüglich schriftlich anzuzeigen. Die Genehmigung ist zu widerrufen, wenn auch nur eine dieser Voraussetzungen entfallen oder das Nichtvorliegen der Voraussetzungen nachträglich hervorgekommen ist.

§ 38

Allgemeine Anschlusspflicht

(1) Die Betreiber von Verteilernetzen sind verpflichtet, Allgemeine Bedingungen zu veröffentlichen und - unbeschadet der Bestimmungen betreffend Direktleitungen sowie bestehender Netzanschlussverhältnisse - zu diesen Bedingungen mit allen Endverbrauchern und Erzeugern innerhalb des von ihrem Verteilernetz abgedeckten Gebiets privatrechtliche Verträge über den Anschluss an ihr Netz abzuschließen (Allgemeine Anschlusspflicht).

(2) Die Allgemeine Anschlusspflicht besteht auch dann, wenn eine Einspeisung oder Abnahme von elektrischer Energie erst durch die Optimierung, Verstärkung oder den Ausbau des Verteilernetzes möglich wird.

(3) Die Betreiber von Verteilernetzen sind verpflichtet, im Netzzugangsvertrag einen Zeitpunkt der Inbetriebnahme der Anlage des Netzzugangsberechtigten zu bestimmen, der den tatsächlichen und vorhersehbaren zeitlichen Erfordernissen für die Errichtung oder Ertüchtigung der Anschlussanlage oder für notwendige Verstärkungen oder Ausbauten des vorgelagerten Verteilernetzes entspricht. Dieser Zeitpunkt darf spätestens ein Jahr nach Abschluss des Netzzugangsvertrags für die Netzebenen 7 bis 5 und spätestens drei Jahre nach Abschluss des Netzzugangsvertrags für die Netzebenen 4 und 3 liegen. Sofern für die beabsichtigten Maßnahmen behördliche Genehmigungen oder Verfahren benötigt werden, ist die Verfahrensdauer nicht in diese Frist einzurechnen.

(Anm: LGBl.Nr. 36/2022)

§ 39

Ausnahmen von der Allgemeinen Anschlusspflicht

Ausnahmen von der Anschlussplicht bestehen bei Vorliegen begründeter Sicherheitsbedenken oder wegen technischer Inkompatibilität. Die Gründe für die Ausnahme von der Allgemeinen Anschlusspflicht sind in den Marktregeln näher zu definieren.

(Anm: LGBl.Nr. 36/2022)

§ 39a

Entscheidung über die Anschlusspflicht

Ob die Anschlusspflicht gemäß § 38 besteht, hat die Behörde auf Antrag eines Endverbrauchers oder einer Endverbraucherin oder eines Erzeugers oder eines Verteilernetzbetreibers mit Bescheid festzustellen. Wird dieser Verpflichtung nicht nachgekommen, hat die Behörde mit Bescheid die Herstellung des Anschlusses binnen angemessener Frist vorzuschreiben.

(Anm: LGBl.Nr. 46/2018)

§ 40

Pflichten der Betreiber von Verteilernetzen

Betreiber von Verteilernetzen sind verpflichtet:

1. Die zur Durchführung der Berechnung und Zuordnung der Ausgleichsenergie erforderlichen Daten zur Verfügung zu stellen, wobei insbesondere jene Zählwerte zu übermitteln sind, die für die Berechnung der Fahrplanabweichungen und der Abweichung vom Lastprofil jeder Bilanzgruppe benötigt werden;

1a. Ihre Verteilernetze vorausschauend und im Sinn der nationalen und europäischen Klima- und Energieziele weiterzuentwickeln;

2. Allgemeine Bedingungen zu veröffentlichen und zu diesen Bedingungen mit Endverbrauchern und Erzeugern privatrechtliche Verträge über den Anschluss abzuschließen (Allgemeine Anschlusspflicht);
3. Netzzugangsberechtigten zu den genehmigten Allgemeinen Bedingungen und bestimmten Systemnutzungsentgelten den Zugang zu ihrem System zu gewähren;
4. die für den Netzzugang genehmigten Allgemeinen Bedingungen und bestimmten Systemnutzungsentgelte zu veröffentlichen;
5. die zur Durchführung der Verrechnung und Datenübermittlung gemäß Z 1 erforderlichen vertraglichen Maßnahmen vorzusehen;
6. zur Abschätzung der Lastflüsse und Prüfung der Einhaltung der technischen Sicherheit des Netzes;
7. zur Führung einer Evidenz über alle in ihren Netzen tätigen Bilanzgruppen und Bilanzgruppenverantwortlichen;
8. zur Führung einer Evidenz aller in ihren Netzen tätigen Lieferanten;
9. zur Messung der Bezüge, Leistungen und Lastprofile der Netzbenutzer, zur Prüfung von deren Plausibilität und zur Weitergabe von Daten im erforderlichen Ausmaß an die Bilanzgruppenkoordinatoren, betroffene Netzbetreiber sowie Bilanzgruppenverantwortliche;
10. zur Messung der Leistungen, Strommengen, Lastprofile, an den Schnittstellen zu anderen Netzen und Weitergabe der Daten an betroffene Netzbetreiber und die Bilanzgruppenkoordinatoren;

10a. Energie, die zur Deckung von Energieverlusten und Kapazitätsreserven im Verteilernetz verwendet wird, nach transparenten, nichtdiskriminierenden und marktorientierten Verfahren zu beschaffen;
11. Engpässe im Netz zu ermitteln und Maßnahmen zu setzen, um Engpässe zu vermeiden oder zu beseitigen sowie die Versorgungssicherheit aufrecht zu erhalten. Sofern für die Netzengpassbeseitigung erforderlich, haben die Verteilernetzbetreiber in Abstimmung mit betroffenen Netzbetreibern mit den Netzbenutzern (Erzeuger und Entnehmer), deren Anlagen für Engpassmanagement geeignet sind, Verträge abzuschließen, wonach diese zu Leistungen (Erhöhung oder Einschränkung der Erzeugung oder der Entnahme, Veränderung der Kraftwerksverfügbarkeit) gegen Ersatz der wirtschaftlichen Nachteile und Kosten, die durch diese Leistungen verursacht werden, verpflichtet sind; dabei ist auch sicherzustellen, dass bei Anweisungen gegenüber Betreibern von KWK-Anlagen die Sicherheit der Fernwärmeversorgung nicht gefährdet wird. Die Aufwendungen, die den Verteilernetzbetreibern aus der Erfüllung dieser Verpflichtung entstehen, sind ihnen angemessen abzugelten;
11a. wenn Netzengpässe auftreten und für deren Beseitigung Leistungen der Erzeuger erforderlich sind und eine vertragliche Vereinbarung gemäß Z 11 nicht vorliegt, haben die Erzeuger auf Anordnung des Verteilernetzbetreibers in Abstimmung mit den betroffenen Netzbetreibern Leistungen (Erhöhung oder Einschränkung der Erzeugung, Veränderung der Kraftwerksverfügbarkeit) zu erbringen. Dabei ist auch sicherzustellen, dass bei Anweisungen gegenüber Betreibern von KWK-Anlagen die Sicherheit der Fernwärmeversorgung nicht gefährdet wird. Z 11 letzter Satz gilt sinngemäß;
12. zur Entgegennahme und Weitergabe von Meldungen über Lieferanten- sowie Bilanzgruppenwechsel;
13. zur Einrichtung einer besonderen Bilanzgruppe für die Ermittlung der Netzverluste;
14. zur Einhebung der Entgelte für Netznutzung und allfälliger Zuschläge und Abführung der Zuschläge an die durch Gesetz oder Verordnung eingerichteten Stellen;
15. zur Zusammenarbeit mit dem zuständigen Bilanzgruppenkoordinator, den Bilanzgruppenverantwortlichen und sonstigen Marktteilnehmern bei der Aufteilung der sich aus der Verwendung von standardisierten Lastprofilen ergebenden Differenzen nach Vorliegen der Messergebnisse;
16. zur Bekanntgabe der eingespeisten Energie aus Ökoanlagen, aus Kleinwasserkraftwerksanlagen und Kraftwärmekopplungsanlagen an die Regulierungsbehörde und an die Behörde;
17. Verträge über den Datenaustausch mit anderen Netzbetreibern, den Bilanzgruppenverantwortlichen sowie den Bilanzgruppenkoordinatoren und anderen Marktteilnehmern entsprechend den Marktregeln abzuschließen;
18. den Netzbenutzern die Informationen zur Verfügung zu stellen, die sie für einen effizienten Netzzugang benötigen;
19. bei der Planung des Verteilernetzausbaus Maßnahmen betreffend die Energieeffizienz/Nachfragesteuerung und/oder dezentrale Erzeugungsanlagen, durch die sich die Notwendigkeit einer Nachrüstung oder eines Kapazitätsersatzes erübrigen könnte, zu berücksichtigen;
20. den Übertragungsnetzbetreiber zum Zeitpunkt der Feststellung des technisch geeigneten Anschlusspunkts über die geplante Errichtung von Erzeugungsanlagen mit einer Leistung von über 50 MW zu informieren;
21. Optionen zur Einbindung von ab- oder zuschaltbaren Lasten für den Netzbetrieb in ihrem Netzgebiet zu prüfen und bei Bedarf im Zuge des integrierten Netzinfrastrukturplans gemäß § 94 EAG an das zuständige Bundesministerium und an die Regulierungsbehörde zu melden;
22. der Regulierungsbehörde Auskunft über Netzzutrittsanträge und Netzzutrittsanzeigen zu geben. Das betrifft insbesondere auch Informationen über die Anschlussleistung sowie über abgeschlossene Netzzutritts- und Netzzugangsverträge samt allfälliger Fristen für bevorstehende Anschlüsse.

(Anm: LGBl.Nr. 72/2008, 48/2012, 36/2022)

§ 41

Allgemeine Bedingungen

(1) Für die Genehmigung sowie für jede Änderung der Allgemeinen Bedingungen für die Betreiber von Verteilernetzen (Netzzugang und Netzbetrieb) ist gemäß § 47 ElWOG 2010 die Regulierungsbehörde zuständig. Die Betreiber von Verteilernetzen haben, soweit dies zur Erreichung eines wettbewerbsorientierten Markts erforderlich ist, auf Verlangen der Regulierungsbehörde Änderungen der Allgemeinen Bedingungen vorzunehmen. *(Anm: LGBl.Nr. 48/2012)*

(2) Der Verteilernetzbetreiber hat die Genehmigung der Allgemeinen Bedingungen samt Beilagen sowie etwaige Änderungen dieser Allgemeinen Bedingungen der Behörde zur Kenntnis zu bringen.

§ 42

Einweisung

(1) Kommt ein Verteilernetzbetreiber seinen Pflichten nicht nach, hat ihm die Behörde mit Bescheid aufzutragen, die hindernden Umstände innerhalb einer angemessenen Frist zu beseitigen.

(2) Kommt ein Verteilernetzbetreiber einem Auftrag gemäß Abs. 1 nicht nach oder sind die hindernden Umstände derart, dass die Erfüllung der gesetzlichen Pflichten eines Verteilernetzbetreibers auf Dauer nicht zu erwarten ist, ist diesem Verteilernetzbetreiber der Betrieb ganz oder teilweise zu untersagen und ein anderer Verteilernetzbetreiber zur Übernahme des Betriebs des Verteilernetzes zu verpflichten. In diesem Bescheid hat die Behörde auch die erforderlichen Anordnungen bezüglich der Rechte und Pflichten der beteiligten Verteilernetzbetreiber zu treffen.

(3) Nach Rechtskraft des Bescheids gemäß Abs. 2 hat die Behörde auf Antrag des verpflichteten Verteilernetzbetreibers das in Gebrauch genommene Netz zu dessen Gunsten gegen angemessene Entschädigung zu enteignen, wobei für das diesbezügliche Verfahren § 46 sinngemäß gilt.

§ 43
Direktleitung

Erzeuger haben einen Rechtsanspruch auf Errichtung und Betrieb einer Direktleitung.

(Anm: LGBl.Nr. 46/2018)

4. HAUPTSTÜCK
BETRIEBSLEITER

§ 44
Betriebsleiter

(1) Netzbetreiber sind verpflichtet, vor Aufnahme des Betriebs eine natürliche Person als Betriebsleiter zu bestellen. Der Betriebsleiter ist neben dem Netzbetreiber für die Einhaltung der den Netzbetreiber treffenden Verpflichtungen verantwortlich. Er hat weiters für die Sicherheit und die Ordnung des Betriebs des Elektrizitätsunternehmens sowie für die Einhaltung der elektrizitätsrechtlichen Bestimmungen und der durch Bescheid vorgeschriebenen Auflagen und Bedingungen zu sorgen.

(2) Der Betriebsleiter muss voll geschäftsfähig und fachlich befähigt sein, den Betrieb der Anlagen zu leiten und zu überwachen.

(3) Der Nachweis der fachlichen Befähigung wird erbracht durch

1. das Vorliegen
a) der für die Ausübung des Gewerbes des Elektrotechnikers erforderlichen fachlichen Befähigung unter Berücksichtigung der Spannungsebenen der vom Elektrizitätsunternehmen betriebenen elektrischen Anlagen oder
b) eines abgeschlossenen einschlägigen technischen Universitätsstudiums oder abgeschlossenen einschlägigen technischen Fachhochschulstudiums und
2. eine dreijährige Tätigkeit auf dem Gebiet der Elektrotechnik.

(Anm: LGBl.Nr. 36/2022)

(4) Die Behörde kann unter Berücksichtigung der Ausbildungsdauer und Ausbildungsinhalte der nach Abs. 3 geforderten Ausbildungen sowie der Erfahrungen der Wissenschaft durch Verordnung bestimmen, inwieweit auch durch Zeugnisse bzw. Befähigungsnachweise, die nach anderen Ausbildungsvorschriften erworben wurden, der Nachweis der fachlichen Befähigung erbracht werden kann.

(5) *Entfallen (Anm: LGBl.Nr. 72/2008)*

(6) *Entfallen (Anm: LGBl.Nr. 72/2008)*

(7) Die Bestellung des Betriebsleiters ist der Behörde unter Anschluss der erforderlichen Unterlagen binnen zwei Wochen nach Bestellung anzuzeigen. Die Behörde hat innerhalb von acht Wochen nach Einbringung der Anzeige die Bestellung zu untersagen, wenn der Betriebsleiter die Voraussetzungen gemäß Abs. 2 nicht erfüllt; andernfalls gilt die Bestellung als genehmigt. *(Anm: LGBl.Nr. 72/2008)*

(8) Das Ausscheiden des Betriebsleiters sowie das Wegfallen einer Voraussetzung für die Genehmigung seiner Bestellung ist der Behörde vom Netzbetreiber unverzüglich schriftlich anzuzeigen. Die Genehmigung ist zu widerrufen, wenn auch nur eine dieser Voraussetzungen entfallen oder das Nichtvorliegen der Voraussetzungen nachträglich hervorgekommen ist.

(9) Scheidet der Betriebsleiter aus oder wird die Genehmigung seiner Bestellung widerrufen, darf der Betrieb bis zur Bestellung eines neuen Betriebsleiters, längstens jedoch während zwei Monaten, weiter ausgeübt werden. Die Behörde kann diese Frist auf Antrag des Netzbetreibers bis auf sechs Monate verlängern, wenn ein gefahrloser und ordnungsgemäßer Betrieb des Elektrizitätsunternehmens auch ohne Betriebsleiter gewährleistet ist.

(10) Die Bestellung eines Betriebsleiters kann unterbleiben, wenn der Netzbetreiber eine natürliche Person ist und selbst die Voraussetzungen gemäß Abs. 2 erfüllt. In diesem Fall hat der Netzbetreiber das Unterbleiben der Bestellung eines Betriebsleiters der Behörde schriftlich anzuzeigen; Abs. 7 und 8 gelten sinngemäß.

§ 44a
Anerkennung von ausländischen Berufsqualifikationen

Für die Anerkennung von Berufsqualifikationen im Rahmen dieses Landesgesetzes gilt das Oö. Berufsqualifikationen-Anerkennungsgesetz (Oö. BAG), soweit nicht in diesem Landesgesetz ausdrücklich anderes normiert ist.

(Anm: LGBl.Nr. 49/2017)

5. HAUPTSTÜCK
VERSORGUNGSSICHERHEIT

§ 45
Sicherstellung der Stromversorgung

Wenn die Errichtung von Stromerzeugungsanlagen, insbesondere solcher, die mit erneuerbaren Energieträgern betrieben werden, als Maßnahme für die langfristige Sicherstellung und Aufrechterhaltung der Stromversorgung in Oberösterreich - auch unter Berücksichtigung des Strommarkts und der Nutzung erneuerbarer Energieträger - notwendig ist, können für die Errichtung von Stromerzeugungsanlagen Zwangsrechte gegen angemessene Entschädigung eingeräumt werden.

§ 46
Verfahren zur Sicherstellung der Stromversorgung

(1) Die für die Sicherstellung der Stromversorgung notwendigen Zwangsrechte können umfassen:

1. Die Bestellung von Dienstbarkeiten an unbeweglichen Sachen;
2. die Abtretung des Eigentums an unbeweglichen Sachen;
3. die Abtretung, Einschränkung oder Aufhebung anderer dinglicher Rechte an unbeweglichen Sachen und solcher Rechte, deren Ausübung an einen bestimmten Ort gebunden ist.

(2) Beim Antrag auf Einräumung von Zwangsrechten hat der Antragsteller glaubhaft zu machen, dass in geeigneter Weise, aber erfolglos versucht wurde, eine privatrechtliche Vereinbarung über die gemäß Abs. 1 zulässigen Eingriffe und die zu leistende Entschädigung zu erzielen.

(3) Auf das Verfahren für die Einräumung von Zwangsrechten und die behördliche Festsetzung der Entschädigung ist § 19 des Oö. Starkstromwegegesetzes 1970 sinngemäß anzuwenden.

§ 47
Versorgungssicherheit bei Übertragungs- und Verteilernetzen

(1) Netzbetreiber haben

1. ein sicheres, zuverlässiges und leistungsfähiges Übertragungs- oder Verteilernetz unter Bedachtnahme auf den Umweltschutz zu betreiben und zu erhalten und in diesem Zusammenhang für die Bereitstellung der Hilfsdienste zu sorgen, wobei das (n-1)- Kriterium bei der Errichtung, beim Betrieb und der Erhaltung der Höchst-, Hoch- und Mittelspannungsnetze anzustreben ist,
2. die zum Betrieb des Netzsystems erforderlichen technischen Voraussetzungen sicherzustellen,
3. langfristige Planungen für den Netzausbau durchzuführen und den Betreibern der anderen Netze, mit denen ihr eigenes Netz verbunden ist, ausreichende Informationen zu liefern, um den sicheren und leistungsfähigen Betrieb, den koordinierten Ausbau und die Interoperabilität des Verbundsystems sicherzustellen; die langfristige Planung für den Netzausbau ist entsprechend dem tatsächlichen und prognostizierten Verbrauch an elektrischer Energie jährlich zu aktualisieren und der Behörde auf Verlangen vorzulegen,
4. sich jeglicher Diskriminierung gegenüber den Netzbenutzern oder den Kategorien von Netzbenutzern, insbesondere zu Gunsten ihrer Konzernunternehmen oder Aktionäre, zu enthalten und
5. einen Betriebsleiter gemäß § 44 zu bestellen.

(Anm: LGBl.Nr. 72/2008)

(2) Zur Sicherstellung der den Netzbetreibern im Abs. 1 Z 1 bis 3 auferlegten Pflichten können unter Bedachtnahme auf den Stand der Technik durch Verordnung technische Mindestanforderungen festgelegt werden, die bei der Errichtung, dem Betrieb und der Erhaltung von Netzen einzuhalten sind. In einer solchen Verordnung können auch technische Normen und Regelwerke für verbindlich erklärt werden. Wenn es diese festgelegten technischen Mindestanforderungen verlangen, kann erforderlichenfalls auch die Errichtung neuer Leitungsanlagen bzw. die Verstärkung bestehender Leitungsanlagen durch Bescheid angeordnet werden. *(Anm: LGBl.Nr. 72/2008)*

(3) Der Übertragungsnetzbetreiber hat neben den Pflichten nach Abs. 1 mit den Netzsystemen der Verteilernetzbetreiber zu kooperieren, soweit es die Aufrechterhaltung der Versorgungssicherheit erfordert.

(4) Soweit nicht die Bestimmungen des Energielenkungsgesetzes 2012 zur Anwendung kommen, sind, wenn es die Sicherstellung der Versorgung mit elektrischer Energie in Oberösterreich erfordert und die in diesem Landesgesetz vorgesehenen kooperativen bzw. vertraglichen Maßnahmen beim Betrieb der Übertragungsnetze und Verteilernetze nicht ausreichen, jene technischen und wirtschaftlichen Maßnahmen gegenüber Übertragungsnetzbetreibern, Verteilernetzbetreibern, Bilanzgruppenverantwortlichen und Betreibern von Stromerzeugungsanlagen durch Verordnung oder Bescheid festzulegen, die erforderlich sind, die Aufrechterhaltung der Versorgung mit elektrischer Energie in Oberösterreich zu gewährleisten. Dabei können insbesondere die bei der Betriebsführung, Durchführung von Schalthandlungen und Störungsbehebung erforderlichen Maßnahmen zur Koordinierung zwischen den Übertragungsnetzbetreibern und Verteilernetzbetreibern vorgesehen sowie langfristige Netzplanungen angeordnet werden und Verantwortungsbereiche für einzelne Tätigkeiten bestimmt bzw. zusammen-

gefasste Tätigkeitsbereiche eingerichtet werden. *(Anm: LGBl.Nr. 72/2008, 103/2014)*

§ 48

Entfallen (Anm: LGBl.Nr. 72/2008)

6. HAUPTSTÜCK
REGELZONEN

§ 49

Regelzonenführer

(1) Das Gebiet des Bundeslandes Oberösterreich ist Teil einer über das Bundesland hinausgehenden Regelzone.

(2) Für das Gebiet des Bundeslandes Oberösterreich wird die Verbund-Austrian Power Grid AG als Regelzonenführer benannt.

(3) Die Zusammenfassung von Regelzonen in Form eines gemeinsamen Betriebs durch einen Regelzonenführer ist zulässig. *(Anm: LGBl.Nr. 48/2012)*

§ 50

Pflichten des Regelzonenführers

Der Regelzonenführer hat folgende Pflichten:

1. die Bereitstellung der Systemdienstleistung (Leistungs-Frequenz-Regelung) entsprechend den technischen Regeln, wie etwa der ENTSO (Strom), wobei diese Systemdienstleistung von dritten Unternehmen erbracht werden kann;
2. die Fahrplanabwicklung mit anderen Regelzonen;
3. die Organisation und den Einsatz der Ausgleichsenergie entsprechend der Bieterkurve im Zusammenwirken mit dem Bilanzgruppenkoordinator;
4. Messungen von elektrischen Größen an Schnittstellen seines Elektrizitätsnetzes und Übermittlung der Daten an den Bilanzgruppenkoordinator und andere Netzbetreiber;
5. die Ermittlung von Engpässen in Übertragungsnetzen sowie die Durchführung von Maßnahmen zur Vermeidung, Beseitigung und Überwindung von Engpässen in Übertragungsnetzen, weiters die Aufrechterhaltung der Versorgungssicherheit. Sofern für die Vermeidung oder Beseitigung eines Netzengpasses erforderlich, schließen die Regelzonenführer in Abstimmung mit den betroffenen Betreibern von Verteilernetzen im erforderlichen Ausmaß und für den erforderlichen Zeitraum mit den Erzeugern Verträge, wonach diese zu gesicherten Leistungen (Erhöhung oder Einschränkung der Erzeugung, Veränderung der Verfügbarkeit von Erzeugungsanlagen, Vorhaltung von Leistung mit geeigneter Vorlaufzeit) gegen Ersatz der wirtschaftlichen Nachteile und Kosten, die durch diese Leistungen verursacht werden, verpflichtet sind; dabei ist Erzeugungsanlagen, in denen erneuerbare Energiequellen eingesetzt werden, der Vorrang zu geben und sicherzustellen, dass bei Anweisungen gegenüber Betreibern von KWK-Anlagen die Sicherheit der Fernwärmeversorgung nicht gefährdet wird. In diesen Verträgen können Erzeuger auch zu gesicherten Leistungen, um zur Vermeidung und Beseitigung von Netzengpässen in anderen Übertragungsnetzen beizutragen, verpflichtet werden. Bei der Bestimmung der Systemnutzungsentgelte sind den Regelzonenführern die Aufwendungen, die ihnen aus der Erfüllung dieser Verpflichtungen entstehen, anzuerkennen;

5a. *Entfallen*

6. den Abruf der Kraftwerke zur Aufbringung von Ausgleichsenergie gemäß den Vorgaben des Bilanzgruppenkoordinators;
7. die Durchführung einer Abgrenzung von Regelenergie zu Ausgleichsenergie nach transparenten und objektiven Kriterien;
8. die Sicherstellung des physikalischen Ausgleichs zwischen Aufbringung und Bedarf in dem von ihm abzudeckenden Netzsystem;
9. die Verrechnung der Ausgleichsenergie über eine zur Ausübung dieser Tätigkeit befugte Verrechnungsstelle durchzuführen und dieser sowie den Bilanzgruppenverantwortlichen die zur Durchführung der Verrechnung erforderlichen Daten zur Verfügung zu stellen, wobei insbesondere jene Zählwerte zu übermitteln sind, die für die Berechnung der Fahrplanabweichungen und der Abweichung vom Lastprofil jeder Bilanzgruppe benötigt werden;
10. die Erstellung einer Lastprognose zur Erkennung von Engpässen;
11. Verträge über den Datenaustausch mit anderen Netzbetreibern, den Bilanzgruppenverantwortlichen sowie den Bilanzgruppenkoordinatoren und anderen Marktteilnehmern entsprechend den Marktregeln abzuschließen;
12. die Benennung des Bilanzgruppenkoordinators und deren Anzeige an die Behörde;
13. *Entfallen*
14. die Veröffentlichung der in Anspruch genommenen Primärregelleistungen hinsichtlich Dauer und Höhe sowie der Ergebnisse des Ausschreibungsverfahrens gemäß § 40 ElWOG 2010;
15. die Systeme der Datenübermittlung und Auswertung für zeitgleich übermittelte Daten von Erzeugungsanlagen gemäß § 21 Abs. 4 so zu gestalten und zu betreiben, dass eine Weitergabe dieser Information an Dritte auszuschließen ist;
16. ein Gleichbehandlungsprogramm zu erstellen, durch das gewährleistet wird, dass die Verpflichtungen gemäß Z 15 eingehalten werden;
17. mit der Agentur sowie der Regulierungsbehörde zusammenzuarbeiten, um die Kompatibilität der regional geltenden Regulierungsrahmen und damit die Schaffung eines Wettbewerbsbinnenmarkts für Elektrizität zu gewährleisten;

18. für Zwecke der Kapazitätsvergabe und der Überprüfung der Netzsicherheit auf regionaler Ebene über ein oder mehrere integrierte Systeme zu verfügen, die sich auf einen oder mehrere Mitgliedstaaten erstrecken;
19. regional und überregional die Berechnungen von grenzüberschreitenden Kapazitäten und deren Vergabe gemäß den Vorgaben der Verordnung 2009/714/EG zu koordinieren;
20. Maßnahmen, die der Markttransparenz dienen, grenzüberschreitend abzustimmen;
21. die Vereinheitlichung zum Austausch von Regelenergieprodukten durchzuführen;
22. in Zusammenarbeit mit anderen Regelzonenführern eine regionale Bewertung bzw. Prognose der Versorgungssicherheit vorzunehmen;
23. in Zusammenarbeit mit anderen Regelzonenführern unter Austausch der erforderlichen Daten eine regionale Betriebsplanung durchzuführen und koordinierte Netzbetriebssicherheitssysteme zu verwenden;
24. die Vorlage der Regeln für das Engpassmanagement einschließlich der Kapazitätszuweisung an den grenzüberschreitenden Leitungen sowie jede Änderung dieser Regeln zur Genehmigung an die Regulierungsbehörde;
25. Angebote für Regelenergie einzuholen, zu übernehmen und eine Abrufreihenfolge als Vorgabe für Regelzonenführer zu erstellen;
26. besondere Maßnahmen zu ergreifen, wenn keine Angebote für Regelenergie vorliegen.

(Anm: LGBl.Nr. 72/2008, 48/2012, 103/2014, 46/2018)

§ 50a
Ausschreibung der Primärregelleistung

(1) Der jeweilige Regelzonenführer oder ein von ihm Beauftragter hat regelmäßig, jedoch mindestens halbjährlich, eine Ausschreibung durchzuführen, mittels welcher die Bereitstellung der Primärregelleistung erfolgt.

(2) Die Regelzonenführer haben regelmäßig ein transparentes Präqualifikationsverfahren zur Ermittlung der für die Teilnahme an der Ausschreibung interessierten Anbieter von Primärregelleistung durchzuführen. Die in den Präqualifikationsverfahren als geeignet eingestuften Anbieter von Primärregelleistung sind zur Teilnahme an der Ausschreibung berechtigt.

(3) Die Höhe der bereitzustellenden Leistung hat den Anforderungen des Europäischen Verbundbetriebs zu entsprechen.

(4) Die bei der Ausschreibung im Primärregelsystem pro Anlage vorzuhaltende Leistung hat mindestens 2 MW zu betragen.

(5) Der jeweilige Regelzonenführer hat nach erfolglosem Verlauf der Ausschreibung die gemäß Abs. 2 geeigneten Anbieter von Primärregelleistung gegen Ersatz der tatsächlichen Aufwendungen zur Bereitstellung der Primärregelleistung zu verpflichten.

(Anm: LGBl.Nr. 72/2008)

§ 50b
Aufbringung der Mittel für die Bereitstellung der Primärregelleistung

(1) Die Betreiber von Erzeugungsanlagen (Kraftwerksparks) mit einer Engpassleistung von mehr als 5 MW sind zur Aufbringung der Mittel für die Bereitstellung der Primärregelleistung im Verhältnis ihrer Jahreserzeugungsmenge verpflichtet. Bei Erzeugungsanlagen, deren Engpassleistung größer als die Anschlussleistung an das jeweilige Netz ist, ist diese Anschlussleistung multipliziert mit den Betriebsstunden der Anlage heranzuziehen.

(2) Die Verrechnung und Einhebung der Mittel gemäß Abs. 1 hat vierteljährlich durch die Regelzonenführer zu erfolgen.

(Anm: LGBl.Nr. 72/2008)

§ 50c

Entfallen (Anm: LGBl.Nr. 48/2012)

4. TEIL
ELEKTRIZITÄTSMARKT
1. HAUPTSTÜCK
PFLICHTEN GEGENÜBER KUNDEN

§ 51

Entfallen *(Anm: LGBl.Nr. 46/2018)*

§ 51a
Grundversorgung

(1) Stromhändler und sonstige Lieferanten, zu deren Tätigkeitsbereich die Versorgung von Haushaltskundinnen bzw. Haushaltskunden zählt und die im Landesgebiet tätig sind, haben ihren Allgemeinen Tarif für die Grundversorgung von Haushaltskundinnen bzw. Haushaltskunden und Kleinunternehmen in geeigneter Weise (zB im Internet) zu veröffentlichen. Sie sind verpflichtet, zu ihren geltenden Allgemeinen Geschäftsbedingungen und zu diesem Tarif Verbraucher im Sinn des § 1 Abs. 1 Z 2 KSchG und Kleinunternehmen, die sich ihnen gegenüber auf die Grundversorgung berufen, mit elektrischer Energie zu beliefern (Pflicht zur Grundversorgung). *(Anm: LGBl.Nr. 103/2014)*

(2) Der Allgemeine Tarif der Grundversorgung für Verbraucherinnen bzw. Verbraucher im Sinn des § 1 Abs. 1 Z 2 KSchG darf nicht höher sein als jener Tarif, zu dem die größte Anzahl ihrer Kundinnen bzw. Kunden im Landesgebiet, die Verbraucherinnen bzw. Verbraucher im Sinn des § 1 Abs. 1 Z 2 KSchG sind, versorgt wird. Der Allgemeine Tarif der Grundversorgung für Kleinunternehmer darf nicht höher sein als jener Tarif,

der gegenüber vergleichbaren Kundinnen- bzw. Kundengruppen im Landesgebiet Anwendung findet.

(3) Der Verbraucherin bzw. dem Verbraucher im Sinn des § 1 Abs. 1 Z 2 KSchG, die bzw. der sich auf die Grundversorgung beruft, darf im Zusammenhang mit der Aufnahme der Belieferung keine Sicherheitsleistung oder Vorauszahlung abverlangt werden, welche die Höhe einer Teilbetragszahlung für einen Monat übersteigt. *(Anm: LGBl.Nr. 103/2014)*

(4) Gerät die Verbraucherin bzw. der Verbraucher nach erstmaligem Zahlungsverzug während sechs Monaten nicht in weiteren Zahlungsverzug, so ist ihr bzw. ihm die Sicherheitsleistung zurückzuerstatten und von einer Vorauszahlung abzusehen, solange nicht erneut ein Zahlungsverzug eintritt. *(Anm: LGBl.Nr. 103/2014)*

(5) Bei Berufung von Verbraucherinnen bzw. Verbrauchern im Sinn des § 1 Abs. 1 Z 2 KSchG und Kleinunternehmen auf die Pflicht zur Grundversorgung sind Netzbetreiber, unbeschadet bis zu diesem Zeitpunkt vorhandener Zahlungsrückstände, zur Netzdienstleistung verpflichtet. Verbraucherinnen bzw. Verbrauchern darf im Zusammenhang mit dieser Netzdienstleistung keine Sicherheitsleistung oder Vorauszahlung abverlangt werden, welche die Höhe einer Teilbetragszahlung für einen Monat übersteigt. Abs. 4 gilt sinngemäß. Im Fall eines nach Berufung auf die Pflicht zur Grundversorgung erfolgenden erneuten Zahlungsverzugs sind Netzbetreiber bis zur Bezahlung dieser ausstehenden Beträge zur physischen Trennung der Netzverbindung berechtigt, es sei denn, die Kundin bzw. der Kunde verpflichtet sich zur Vorausverrechnung mittels Prepaymentzahlung für künftige Netznutzung und Lieferung. § 82 Abs. 3 ElWOG 2010 gilt im Fall des erneuten Zahlungsverzugs sinngemäß. Die Verpflichtung der Prepaymentzahlung besteht nicht für Kleinunternehmen mit einem Lastprofilzähler. *(Anm: LGBl.Nr. 103/2014)*

(6) Eine im Rahmen der Grundversorgung eingerichtete Prepaymentfunktion ist auf Kundenwunsch zu deaktivieren, wenn die Endverbraucherin bzw. der Endverbraucher ihre oder seine im Rahmen der Grundversorgung angefallenen Zahlungsrückstände beim Lieferanten und Netzbetreiber beglichen hat oder wenn ein sonstiges schuldbefreiendes Ereignis eingetreten ist. *(Anm: LGBl.Nr. 103/2014)*

(Anm: LGBl.Nr. 48/2012)

§ 51b
Allgemeine Geschäftsbedingungen für die Belieferung mit elektrischer Energie

(1) Versorger haben Allgemeine Geschäftsbedingungen für die Belieferung mit elektrischer Energie für Kunden, deren Verbrauch nicht über einen Lastprofilzähler gemessen wird oder deren jährlicher Stromverbrauch weniger als 100.000 kWh beträgt, zu erstellen. Die Allgemeinen Geschäftsbedingungen sowie ihre Änderungen sind der Energie-Control-Kommission vor ihrem Inkrafttreten in elektronischer Form anzuzeigen und in geeigneter Form zu veröffentlichen.

(2) Allgemeine Geschäftsbedingungen oder Vertragsformblätter zwischen Versorgern und Kunden haben zumindest zu enthalten:

1. Name und Anschrift des Versorgers;
2. erbrachte Leistungen und angebotene Qualität sowie den voraussichtlichen Zeitpunkt für den Beginn der Belieferung;
3. den Energiepreis in Cent pro kWh, inklusive etwaiger Zuschläge und Abgaben;
4. Vertragsdauer, Bedingungen für eine Verlängerung und Beendigung der Leistungen und des Vertragsverhältnisses, Vorhandensein eines Rücktrittsrechts;
5. Hinweis auf die zur Verfügung stehenden Beschwerdemöglichkeiten;
6. die Bedingungen, zu denen eine Belieferung im Rahmen der Grundversorgung (§ 51a) erfolgt;
7. Modalitäten, zu welchen die Kundin bzw. der Kunde verpflichtet ist, Teilbetragszahlungen zu leisten, wobei eine Zahlung zumindest zehnmal jährlich anzubieten ist.

(Anm: LGBl.Nr. 48/2012)

(3) Versorger haben ihre Kunden nachweislich vor Abschluss eines Vertrags über die wesentlichen Vertragsinhalte zu informieren. Zu diesem Zweck ist den Kunden ein Informationsblatt auszuhändigen. Dies gilt auch, wenn der Vertragsabschluss durch einen Vermittler angebahnt wird.

(Anm: LGBl.Nr. 72/2008)

2. HAUPTSTÜCK
BILANZGRUPPEN

§ 52
Bildung von Bilanzgruppen

(1) Bilanzgruppen können innerhalb jeder Regelzone gebildet werden. Die Bildung und Veränderung von Bilanzgruppen erfolgt durch den Bilanzgruppenverantwortlichen.

(2) Die Zuweisung von Kunden, die keiner Bilanzgruppe angehören oder keine eigene Bilanzgruppe bilden, zu einer Bilanzgruppe hat gemäß § 86 Abs. 5 letzter Satz ElWOG 2010 durch die Regulierungsbehörde zu erfolgen. *(Anm: LGBl.Nr. 48/2012)*

(3) Hinsichtlich des Wechsels der Bilanzgruppe gilt § 54 Abs. 3 sinngemäß.

§ 53
Bilanzgruppenverantwortliche

(1) Bilanzgruppenverantwortliche sind von der Regulierungsbehörde mit Bescheid, erforderlichenfalls unter Vorschreibung von Auflagen, zu bestellen. Dieses Recht ist ein persönliches Recht,

das nicht übertragbar ist. Der Bilanzgruppenverantwortliche hat die Behörde von jeder Bestellung und jeder Änderung der Bestellung durch Übermittlung des jeweiligen Bescheids zu verständigen. Wurde einem Bilanzgruppenverantwortlichen eine entsprechende Berechtigung nach einem anderen in Ausführung des ElWOG 2010 ergangenen Landesgesetz erteilt, darf dieser auch in Oberösterreich tätig werden. *(Anm: LGBl.Nr. 48/2012, 103/2014)*

(2) Die Bestellung hat zu erfolgen, wenn der Bilanzgruppenverantwortliche folgenden Anforderungen entspricht:

1. Rechtliche Anforderungen:

a) Antragsteller müssen mit der Antragstellung nachweisen, dass sie im Bereich der Regelzone eine Niederlassung haben.

b) Antragsteller haben nachzuweisen, dass sie selbst oder ihre persönlich haftenden Gesellschafter oder ihre nach außen vertretungsbefugten Organe die persönlichen Voraussetzungen im Sinn des § 8 Gewerbeordnung 1994 erfüllen und nicht von der Ausübung eines Gewerbes im Sinn des § 13 Gewerbeordnung 1994 ausgeschlossen sind.

c) Antragsteller haben einen aktuellen Firmenbuchauszug vorzulegen.

2. Wirtschaftliche Anforderungen:

Der Antragsteller hat zur Sicherstellung der Leistungsfähigkeit für die Erfüllung der Verpflichtungen des Bilanzgruppenverantwortlichen nachzuweisen, dass er über ein der Art und dem Umfang der Geschäftstätigkeit entsprechendes Haftungskapital in Form einer Bankgarantie, einer entsprechenden Versicherung oder in einer sonst geeigneten Form verfügt. Der Mindestbetrag von 50.000 Euro darf dabei keinesfalls unterschritten werden.

3. Fachliche Anforderungen:

a) Der Antragsteller hat nachzuweisen, dass er selbst oder ein persönlich haftender Gesellschafter oder ein Mitglied des nach außen vertretungsbefugten Organs oder ein leitender Mitarbeiter auf Grund seiner Vorbildung fachlich geeignet ist. Die fachliche Eignung setzt voraus, dass in ausreichendem Maß theoretische und praktische Kenntnisse in der Abwicklung von Stromgeschäften vorliegen; die fachliche Eignung ist jedenfalls dann anzunehmen, wenn eine leitende Tätigkeit auf dem Gebiet der Elektrizitätswirtschaft, insbesondere des Stromhandels bzw. der Stromerzeugung oder des Netzbetriebs nachgewiesen werden kann.

b) Mindestens eine auf Grund ihrer Vorbildung fachlich geeignete natürliche Person ist als vertretungsberechtigter Ansprechpartner für den Bilanzgruppenverantwortlichen gegenüber der Verrechnungsstelle und den Netzbetreibern zu nennen (Name, Anschrift, Funktion beim Bilanzgruppenverantwortlichen, Vertretung im Abwesenheitsfall).

c) Der Antragsteller hat Vereinbarungen mit dem zuständigen Bilanzgruppenkoordinator und dem Regelzonenführer vorzulegen, die zur Erfüllung der in diesem Landesgesetz und dem ElWOG 2010 festgelegten Aufgaben und Verpflichtungen, insbesondere in administrativer und kommerzieller Hinsicht, erforderlich sind.

(Anm: LGBl.Nr. 103/2014)

(3) Ab Vorliegen der vollständigen Antragsunterlagen hat die Regulierungsbehörde binnen zwei Monaten zu entscheiden. Kommt sie dieser Verpflichtung nicht fristgerecht nach, ist der Antragsteller ab Fristablauf berechtigt, die Tätigkeit als Bilanzgruppenverantwortlicher bis zur Entscheidung der Regulierungsbehörde vorläufig auszuüben. *(Anm: LGBl.Nr. 48/2012)*

(4) Der Bilanzgruppenverantwortliche ist zur Erfüllung seiner Aufgaben und Pflichten sowie zur Einhaltung der Marktregeln bei der Bestellung zu verpflichten.

(5) Die Aufsicht über Bilanzgruppenverantwortliche erfolgt durch die Regulierungsbehörde. Kommt der Bilanzgruppenverantwortliche seinen Aufgaben und Pflichten nicht nach bzw. erfüllt er nicht mehr alle Anforderungen gemäß Abs. 2, hat die Regulierungsbehörde dies unverzüglich schriftlich der Behörde anzuzeigen. *(Anm: LGBl.Nr. 48/2012)*

(6) Die Regulierungsbehörde kann die Bestellung des Bilanzgruppenverantwortlichen widerrufen, wenn er

1. seine Tätigkeit nicht innerhalb von sechs Monaten nach der Bestellung aufnimmt oder
2. seine Tätigkeit länger als einen Monat nicht ausübt.

(Anm: LGBl.Nr. 48/2012)

(7) Die Regulierungsbehörde hat die Bestellung des Bilanzgruppenverantwortlichen zu widerrufen, wenn er

1. drei Mal wegen Verletzung seiner Aufgaben und Pflichten gemäß § 54 rechtskräftig bestraft worden ist, sofern die Untersagung unter Bedachtnahme auf die im § 3 genannten Ziele nicht unverhältnismäßig ist, oder
2. die Bestellungsvoraussetzungen nach Abs. 2 nicht oder nicht mehr erfüllt.

(Anm: LGBl.Nr. 48/2012)

(8) Die Bestellung erlischt, wenn über das Vermögen des Bilanzgruppenverantwortlichen ein Konkurs- oder Ausgleichsverfahren oder ein Schuldenregulierungsverfahren eröffnet wird oder die Konkurseröffnung mangels Masse rechtskräftig abgewiesen wird.

(9) Die vorstehenden Absätze gelten nicht für Netzbetreiber, die eine Bilanzgruppe zur Ermittlung der Netzverluste bilden. Die Bildung

einer derartigen Bilanzgruppe ist der Regulierungsbehörde lediglich anzuzeigen. *(Anm: LGBl.Nr. 48/2012)*

§ 54
Aufgaben und Pflichten der Bilanzgruppenverantwortlichen

(1) Die Bilanzgruppenverantwortlichen haben folgende Aufgaben:

1. Die Erstellung von Fahrplänen und deren Übermittlung an den zuständigen Bilanzgruppenkoordinator sowie den zuständigen Regelzonenführer;
2. den Abschluss von Vereinbarungen betreffend Reservehaltung sowie die Versorgung von Bilanzgruppenmitgliedern, die ihnen von der Regulierungsbehörde zugewiesen wurden;
3. die Meldung bestimmter Erzeugungs- und Verbrauchsdaten für technische Zwecke;
4. die Meldung von Erzeugungs- und Abnahmefahrplänen von Einspeisern und Großabnehmern nach definierten Regeln für technische Zwecke;
5. die Entrichtung von Entgelten (Gebühren) an den zuständigen Bilanzgruppenkoordinator;
6. die Entrichtung der Entgelte für Ausgleichsenergie an die Regelzonenführer sowie die Weiterverrechnung der Entgelte an die Bilanzgruppenmitglieder.

(Anm: LGBl.Nr. 48/2012)

(2) Die Bilanzgruppenverantwortlichen sind verpflichtet:

1. Verträge mit dem zuständigen Bilanzgruppenkoordinator, den Netzbetreibern und den Bilanzgruppenmitgliedern über den Datenaustausch abzuschließen;
2. eine Evidenz der Bilanzgruppenmitglieder zu führen;
3. entsprechend den Marktregeln Daten an die Bilanzgruppenkoordinatoren, die Netzbetreiber und die Bilanzgruppenmitglieder weiterzugeben;
4. Fahrpläne zwischen Bilanzgruppen zu erstellen und dem Bilanzgruppenkoordinator bis zu einem von diesem festgesetzten Zeitpunkt zu melden;
5. Ausgleichsenergie für die Bilanzgruppenmitglieder – im Sinn einer Versorgung mit dieser – zu beschaffen;
6. die Versorgungssicherheit für die Bilanzgruppenmitglieder durch Vereinbarungen über Reservehaltung und geeignete Maßnahmen sicherzustellen;
7. die diskriminierungsfreie Versorgung der Bilanzgruppenmitglieder sicherzustellen;
8. alle Vorkehrungen zu treffen, die erforderlich sind, um die Aufwendungen der Ökostromabwicklungsstelle für Ausgleichsenergie zu minimieren.

(Anm: LGBl.Nr. 72/2008)

(3) Wechselt ein Bilanzgruppenmitglied die Bilanzgruppe oder den Stromhändler, sind die Daten des Bilanzgruppenmitglieds durch den Bilanzgruppenverantwortlichen der neuen Bilanzgruppe oder dem neuen Stromhändler weiterzugeben.

(4) Der Bilanzgruppenverantwortliche hat der Regulierungsbehörde gemäß § 47 Abs. 4 ElWOG 2010 die Allgemeinen Bedingungen zur Genehmigung vorzulegen und über Aufforderung der Energie-Control GmbH abzuändern, sofern dies zur Erreichung eines wettbewerbsorientierten Markts erforderlich ist. *(Anm: LGBl.Nr. 48/2012, 103/2014)*

(5) In die Allgemeinen Bedingungen nach Abs. 4 sind Regeln für den Wechsel eines Bilanzgruppenmitglieds von einer Bilanzgruppe in die andere sowie genauere Anforderungen hinsichtlich der Abrechnung des Bilanzgruppenverantwortlichen mit dem Bilanzgruppenkoordinator aufzunehmen.

3. HAUPTSTÜCK
BILANZGRUPPENKOORDINATOR

§ 55
Bilanzgruppenkoordinator (Verrechnungsstelle)

(1) Der Regelzonenführer hat die erfolgte Benennung des Bilanzgruppenkoordinators (§ 50 Z 12) der Behörde anzuzeigen. Mit der Anzeige sind Nachweise vorzulegen, dass der benannte Bilanzgruppenkoordinator die im Abs. 3 und 4 festgelegten Aufgaben kostengünstig und effizient zu erfüllen vermag und den im Abs. 2 festgelegten Voraussetzungen entspricht. Erstreckt sich die Tätigkeit eines Regelzonenführers über mehrere Länder, ist die Benennung allen in ihrem Wirkungsbereich berührten Landesregierungen zur Anzeige zu bringen.

(2) Von der Tätigkeit eines Bilanzgruppenkoordinators sind Unternehmen ausgeschlossen, die unter einem bestimmenden Einfluss von Unternehmen oder einer Gruppe von Unternehmen stehen, die mindestens eine der Funktionen der kommerziellen Erzeugung, Übertragung, Verteilung oder Versorgung mit Elektrizität wahrnehmen. Darüber hinaus ist sicher zu stellen, dass

1. der Bilanzgruppenkoordinator die ihm gemäß Abs. 3 und 4 zur Besorgung zugewiesenen Aufgaben in sicherer und kostengünstiger Weise zu erfüllen vermag; eine kostengünstige Besorgung der Aufgaben ist jedenfalls dann anzunehmen, wenn bei der Ermittlung der Kostenbasis für die Verrechnungsstelle die für die Bestimmung der Systemnutzungstarife anzuwendenden Verfahren und Grundsätze zu Grunde gelegt werden;
2. die Personen, die eine qualifizierte Beteiligung am Bilanzgruppenkoordinator halten, den im Interesse einer soliden und umsichtigen Führung des Unternehmens zu stellenden Ansprüchen genügen;

3. bei keinem der Vorstände des Bilanzgruppenkoordinators ein Ausschließungsgrund im Sinn des § 13 Abs. 1 bis 6 Gewerbeordnung 1994 vorliegt;
4. der Vorstand des Bilanzgruppenkoordinators auf Grund seiner Vorbildung fachlich geeignet ist und die für den Betrieb des Unternehmens erforderlichen Eigenschaften und Erfahrungen hat. Die fachliche Eignung eines Vorstands setzt voraus, dass dieser in ausreichendem Maß theoretische und praktische Kenntnisse in der Abrechnung von Ausgleichsenergie sowie Leitungserfahrung hat; die fachliche Eignung für die Leitung einer Verrechnungsstelle ist anzunehmen, wenn eine zumindest dreijährige leitende Tätigkeit auf dem Gebiet der Tarifierung oder des Rechnungswesens nachgewiesen wird;
5. mindestens ein Vorstand den Mittelpunkt seiner
Lebensinteressen in einem EU-Mitgliedstaat oder EWR-Vertragsstaat hat;
6. kein Vorstand einen anderen Hauptberuf außerhalb des Bilanzgruppenkoordinators ausübt, der geeignet ist, Interessenkonflikte hervorzurufen;
7. der Sitz und die Hauptverwaltung des Bilanzgruppenkoordinators in einem EU-Mitgliedstaat oder EWR-Vertragsstaat liegen und der Bilanzgruppenkoordinator über eine seinen Aufgaben entsprechende Ausstattung verfügt;
8. das zur Verfügung stehende Abwicklungssystem den Anforderungen eines zeitgemäßen Abrechnungssystems genügt;
9. die Neutralität, Unabhängigkeit und die Datenvertraulichkeit gegenüber Marktteilnehmern gewährleistet ist.

(Anm: LGBl.Nr. 48/2012)

(3) Der Bilanzgruppenkoordinator hat folgende Aufgaben:

1. Die Vergabe von Identifikationsnummern der Bilanzgruppen;
2. die Bereitstellung von Schnittstellen im Bereich Informationstechnologie;
3. die Verwaltung der Fahrpläne zwischen Bilanzgruppen;
4. die Übernahme der von den Netzbetreibern in vorgegebener Form übermittelten Messdaten, deren Auswertung und Weitergabe an die betroffenen Marktteilnehmer und anderen Bilanzgruppenverantwortlichen entsprechend den in den Verträgen enthaltenen Vorgaben;
5. die Übernahme von Fahrplänen der Bilanzgruppenverantwortlichen und die Weitergabe an die betroffenen Marktteilnehmer (andere Bilanzgruppenverantwortliche) entsprechend den in den Verträgen enthaltenen Vorgaben;
6. die Bonitätsprüfung der Bilanzgruppenverantwortlichen;
7. die Mitarbeit bei der Ausarbeitung und Adaptierung von Regelungen im Bereich Kundenwechsel, Abwicklung und Abrechnung;
8. die Abrechnung und organisatorische Maßnahmen bei Auflösung von Bilanzgruppen;
9. die Aufteilung und Zuweisung der sich auf Grund der Verwendung von standardisierten Lastprofilen ergebenden Differenz auf die am Netz eines Netzbetreibers angeschlossenen Marktteilnehmer nach Vorliegen der Messwerte nach transparenten Kriterien;
10. die Verrechnung der Clearinggebühren an die Bilanzgruppenverantwortlichen;
11. die Berechnung und Zuordnung der Ausgleichsenergie;
12. der Abschluss von Verträgen
a) mit Bilanzgruppenverantwortlichen, anderen Regelzonenführern, Netzbetreibern und Stromlieferanten (Erzeugern und Händlern);
b) mit Einrichtungen zum Zweck des Datenaustausches zur Erstellung eines Indexes;
c) mit Strombörsen über die Weitergabe von Daten;
d) mit Lieferanten (Erzeugern und Stromhändlern) über die Weitergabe von Daten.

(4) Im Rahmen der Berechnung und Zuweisung der Ausgleichsenergie sind - sofern nicht besondere Regelungen im Rahmen von Verträgen gemäß § 113 Abs. 2 ElWOG 2010 bestehen - jedenfalls

1. Angebote für Ausgleichsenergie einzuholen, zu übernehmen und eine Abrufreihenfolge als Vorgabe für Regelzonenführer zu erstellen;
2. die Differenz von Fahrplänen zu Messdaten zu übernehmen und daraus Ausgleichsenergie zu ermitteln, zuzuordnen und zu verrechnen;
3. die Preise für Ausgleichsenergie entsprechend dem im § 10 Verrechnungsstellengesetz beschriebenen Verfahren zu ermitteln und in geeigneter Form ständig zu veröffentlichen;
4. die Entgelte für Ausgleichsenergie zu berechnen und den Bilanzgruppenverantwortlichen und Regelzonenführern mitzuteilen;
5. besondere Maßnahmen zu ergreifen, wenn keine Angebote für Ausgleichsenergie vorliegen;
6. die verwendeten standardisierten Lastprofile zu verzeichnen, zu archivieren und in geeigneter Form zu veröffentlichen;
7. Informationen über die zur Sicherung eines transparenten und diskriminierungsfreien und möglichst liquiden Ausgleichsenergiemarkts erforderlichen Maßnahmen den Marktteilnehmern zu gewähren. Dazu zählen jedenfalls eine aktuelle Darstellung der eingelangten Angebote für Regelenergie (ungewollter Austausch, Sekundärregelung, Minutenreserveabruf), Marketmaker oder ähnliche Marktinstrumente sowie eine aktuelle Darstellung der abgerufenen Angebote.

(Anm: LGBl.Nr. 48/2012)

(5) Liegen die gemäß Abs. 2 nachzuweisenden Voraussetzungen nicht vor, hat die Behörde dies mit Bescheid festzustellen. Vor Erlassung eines Bescheids hat die Behörde mit jenen Landesregierungen das Einvernehmen herzustellen, in deren Wirkungsbereich sich die Regelzone erstreckt.

(6) Wird innerhalb von sechs Monaten nach Anzeige gemäß Abs. 1 kein Feststellungsbescheid erlassen, ist der benannte Bilanzgruppenkoordinator berechtigt, die Tätigkeit auszuüben. Die Berechtigung zur Ausübung der Tätigkeit eines Bilanzgruppenkoordinators ist abzuerkennen, wenn die Voraussetzungen gemäß Abs. 2 nicht mehr vorliegen. Das in Abs. 5 letzter Satz vorgesehene Verfahren ist anzuwenden. *(Anm: LGBl.Nr. 90/2013)*

(7) In den Fällen, in denen

1. keine Anzeige eines Bilanzgruppenkoordinators erfolgt ist oder
2. die Behörde einen Feststellungsbescheid nach Abs. 5 erlassen hat oder
3. die Berechtigung zur Ausübung der Tätigkeit eines Bilanzgruppenkoordinators aberkannt worden ist,

hat die Behörde von Amts wegen eine geeignete Person unter Berücksichtigung der im Abs. 2 festgelegten Ausübungsvoraussetzungen auszuwählen und zu verpflichten, die Aufgaben eines Bilanzgruppenkoordinators vorläufig zu übernehmen. Vor Erlassung eines Bescheids hat die Behörde mit jenen Landesregierungen das Einvernehmen herzustellen, in deren Wirkungsbereich sich die Regelzone erstreckt. Die Behörde hat diesen Bescheid aufzuheben, sobald vom Regelzonenführer ein geeigneter Bilanzgruppenkoordinator benannt wird. Vor Aufhebung dieses Bescheids hat die Behörde mit jenen Landesregierungen das Einvernehmen herzustellen, in deren Wirkungsbereich sich die Regelzone erstreckt.

5. TEIL
ÖKOSTROM

§ 56
Öko-Programm

(1) Das Land Oberösterreich richtet zur Förderung erneuerbarer Energieträger, zur Förderung von neuen Technologien zur Ökostromerzeugung sowie zur Steigerung der Energieeffizienz ein Programm mit der Bezeichnung "Öko-Programm" ein. Dieses Programm dient ausschließlich den genannten, gemeinnützigen Zwecken.

(2) Die Mittel des Programms bestehen aus

1. Fördermitteln gemäß dem Ökostromgesetz,
2. Zinserträgnissen der veranlagten Mittel,
3. Zuwendungen des Landes, der Gemeinden, anderer öffentlichrechtlicher Körperschaften und Elektrizitätsunternehmen,
4. freiwilligen Beiträgen, sonstigen Zuwendungen und sonstigen Einkünften.

(Anm: LGBl.Nr. 72/2008)

(3) Die Maßnahmen des Programms können bestehen in der

1. Gewährung niedrig verzinslicher Darlehen,
2. Gewährung einmaliger nicht rückzahlbarer Bauzuschüsse,
3. sonstigen Förderung von Einrichtungen, die der Stromerzeugung aus erneuerbaren Energieträgern dienen.

(4) Die Landesregierung kann die Verwaltung des Programms oder Teile davon, insbesondere die laufende Veranlagung der Mittel, an einen anderen öffentlichen oder privaten Rechtsträger übertragen.

(5) Die Landesregierung hat Richtlinien des Programms zu erlassen und zu veröffentlichen.

(6) Die Landesregierung hat jährlich einen Rechenschaftsbericht über die Gebarung des Programms zu erstellen und zu veröffentlichen.

6. TEIL
ORGANISATORISCHE BESTIMMUNGEN

§ 57
Behörden

(1) Behörde im Sinn dieses Landesgesetzes ist die Landesregierung.

(2) Ist für eine Stromerzeugungsanlage auch eine Bewilligung, Genehmigung oder Anzeige nach anderen gesetzlichen Bestimmungen erforderlich, zu deren Erteilung die Bezirksverwaltungsbehörde zuständig ist, kann die Landesregierung die Bezirksverwaltungsbehörde zur Durchführung des Bewilligungsverfahrens und zur Entscheidung in ihrem Namen ermächtigen, wenn dies im Interesse der raschen und kostengünstigen Verfahrensabwicklung zweckmäßig scheint. In diesem Fall hat die Koordinierung gemäß § 13 durch die Bezirksverwaltungsbehörde zu erfolgen.

§ 58

Entfallen (Anm: LGBl.Nr. 48/2012)

§ 59
Landeselektrizitätsbeirat

(1) Zur Beratung der Landesregierung in grundsätzlichen elektrizitätswirtschaftlichen Angelegenheiten kann beim Amt der Landesregierung ein Landeselektrizitätsbeirat eingerichtet werden. Der Landeselektrizitätsbeirat übt seine Aufgabe durch Abgabe von Stellungnahmen, Vorschlägen und Gutachten aus. *(Anm: LGBl.Nr. 103/2014)*

(2) Dem Landeselektrizitätsbeirat gehören als Mitglieder an:

1. Das für die Angelegenheiten des Energiewesens zuständige Mitglied der Landesregierung als Vorsitzender;
2. je ein Vertreter auf Vorschlag der im Landtag vertretenen Parteien;

3. je ein Vertreter der mit der Vollziehung des Energierechts und des Umweltrechts betrauten Abteilungen des Amtes der Landesregierung auf Vorschlag des jeweils zuständigen Mitglieds der Landesregierung;
4. ein Bediensteter des Amtes der Landesregierung, der über qualifizierte Fachkenntnisse auf dem Gebiet der Energiewirtschaft verfügt;
5. ein Bediensteter des Amtes der Landesregierung, der über qualifizierte Fachkenntnisse auf dem Gebiet der Elektrotechnik und des Energiewesens verfügt;
6. der Landesenergiebeauftragte des Landes Oberösterreich;

6a. ein Vertreter des energiewirtschaftlichen Planungsorgans des Landes Oberösterreich;

7. der Oö. Umweltanwalt;
8. ein Mitglied auf Vorschlag des Energiesparverbandes für Oberösterreich;
9. ein Mitglied auf Vorschlag des Übertragungsnetzbetreibers;
10. fünf Mitglieder aus dem Kreis der Verteilernetzbetreiber, wobei diese Netzbetreiber nicht bereits durch das Mitglied nach Z 9 vertreten sein dürfen;
11. ein Vertreter auf Vorschlag der Wirtschaftskammer OÖ;
12. ein Vertreter auf Vorschlag der Kammer für Arbeiter und Angestellte für Oberösterreich;
13. ein Vertreter auf Vorschlag der Landwirtschaftskammer für Oberösterreich;
14. ein Vertreter auf Vorschlag der Kammer der Arbeiter und Angestellten in der Land- und Forstwirtschaft für Oberösterreich (Landarbeiterkammer);
15. ein Vertreter auf Vorschlag des Österreichischen Gewerkschaftsbundes, Landesexekutive Oberösterreich;
16. ein Vertreter auf Vorschlag der Industriellenvereinigung Oberösterreich;
17. ein Vertreter auf Vorschlag des Oberösterreichischen Gemeindebundes;
18. ein Vertreter auf Vorschlag des Österreichischen Städtebundes, Landesgruppe Oberösterreich;
19. ein Vertreter auf Vorschlag des Österreichischen Vereins zur Förderung von Kleinkraftwerken, Landesgruppe Oberösterreich;
20. ein Vertreter der Umweltorganisationen auf Vorschlag der Präsidialkonferenz des Landtags.

(Anm: LGBl.Nr. 48/2012)

(3) Die Mitglieder nach Abs. 2 Z 2 bis 20 werden mit ihrer Zustimmung von der Landesregierung auf die Dauer von sechs Jahren bestellt. Für jedes dieser Mitglieder ist ein Ersatzmitglied zu bestellen. Ist die Bestellung von Mitgliedern auf Vorschlag erforderlich, hat die Landesregierung die Vorschlagsberechtigten schriftlich zur Nominierung aufzufordern; wird ein solcher Vorschlag nicht binnen vier Wochen erstattet, entscheidet die Landesregierung ohne Vorschlag.

(4) Dem Landeselektrizitätsbeirat können zur Behandlung besonderer Angelegenheiten fallweise Personen mit beratender Stimme beigezogen werden, die auf dem betreffenden Gebiet besondere Fachkenntnisse besitzen.

(5) Der Landeselektrizitätsbeirat ist vom Vorsitzenden nach Bedarf, mindestens aber einmal jährlich, zu Sitzungen einzuberufen. Die Sitzungen sind nicht öffentlich. Der Landeselektrizitätsbeirat ist nur bei Anwesenheit von mindestens drei Viertel der Mitglieder beschlussfähig; er beschließt mit Stimmenmehrheit.

(6) Das Amt als Mitglied oder Ersatzmitglied ist ein unbesoldetes Ehrenamt.

(7) Ein Mitglied oder Ersatzmitglied darf ein Geschäfts- oder Betriebsgeheimnis, das ihm in dieser Funktion anvertraut wurde oder zugänglich geworden ist, während der Dauer seiner Bestellung und nach Erlöschen seines Amts nicht offenbaren oder verwerten. Die Bestimmungen über die Amtsverschwiegenheit bleiben unberührt.

(8) Das Amt als Mitglied oder Ersatzmitglied endet, abgesehen vom Fall der Enthebung, durch Ablauf der Amtsdauer, Verzicht, Tod oder rechtskräftige Verhängung einer Disziplinarstrafe nach einem gesetzlich geregelten Disziplinarrecht oder rechtskräftige Verurteilung durch ein Gericht, die den Verlust der öffentlichen Ämter zur Folge hat. Bis zur Neubestellung der Mitglieder oder Ersatzmitglieder bleiben die bisherigen Mitglieder oder Ersatzmitglieder im Amt. Eine neuerliche Bestellung ist zulässig.

(9) Ein Mitglied oder Ersatzmitglied kann aus wichtigen Gründen, durch die eine ordnungsgemäße Ausübung des Amts nicht gewährleistet erscheint, von der Landesregierung seines Amts enthoben werden.

(10) Scheidet ein Mitglied oder Ersatzmitglied vor dem Ablauf der Amtsdauer aus, ist für den Rest dieser Amtsdauer ein Mitglied oder Ersatzmitglied nachzubestellen.

(11) Die näheren Bestimmungen über die Geschäftsführung des Landeselektrizitätsbeirats sind in einer Geschäftsordnung, die der Beirat selbst beschließt, zu regeln; diese Geschäftsordnung bedarf der Genehmigung der Landesregierung.

§ 59a

Überwachungsaufgaben

(1) Zur Wahrnehmung ihrer den Elektrizitätsmarkt betreffenden Überwachungsfunktionen hat die Behörde Überwachungsaufgaben. Insbesondere umfassen diese,

1. die Versorgungssicherheit in Bezug auf Zuverlässigkeit und Qualität des Netzes, sowie die kommerzielle Qualität der Netzdienstleistungen,

2. den Grad der Transparenz am Elektrizitätsmarkt unter besonderer Berücksichtigung der Großhandelspreise,
3. den Grad und die Wirksamkeit der Marktöffnung und den Umfang des Wettbewerbs auf Großhandelsebene und Endverbraucherebene einschließlich etwaiger Wettbewerbsverzerrungen oder -beschränkungen,
4. etwaige restriktive Vertragspraktiken einschließlich Exklusivitätsbestimmungen, die große gewerbliche Kundinnen bzw. Kunden daran hindern können, gleichzeitig mit mehreren Anbietern Verträge zu schließen, oder ihre Möglichkeit dazu beschränken,
5. die Dauer und Qualität der von Übertragungs- und Verteilernetzbetreibern vorgenommenen Neuanschlüsse-, Wartungs- und sonstiger Reparaturdienste,
6. die Investitionen in die Erzeugungskapazitäten mit Blick auf die Versorgungssicherheit, laufend zu beobachten.

(2) Die Regulierungsbehörde ist ermächtigt, zur Wahrnehmung der im Abs. 1 genannten Aufgaben durch die Landesregierung und zur Erfüllung der Aufgaben der Regulierungsbehörde, Erhebungsmasse,
-einheiten, und -merkmale, Merkmalsausprägung, Datenformat, Häufigkeit, Zeitabstände und Verfahren der laufenden Datenerhebung sowie Bestimmung des auskunftspflichtigen Personenkreises durch Verordnung näher zu regeln. Die Verordnung hat hiebei jedenfalls die Erhebung folgender Daten zu bestimmen:

1. Von Netzbetreibern: Zahl der Neuanschlüsse inklusive hiefür benötigte Zeit; durchgeführte Wartungs- und Reparaturdienste inklusive jeweils hiefür eingehobener Gebühren und benötigter Zeit; Anzahl der geplanten und ungeplanten Versorgungsunterbrechungen inklusive Anzahl der davon betroffenen Endverbraucher, Leistung, Dauer der Versorgungsunterbrechungen, Ursache und betroffene Spannungsebenen; Merkmale der Spannung in öffentlichen Elektrizitätsversorgungsnetzen; Anzahl der Netzzutritts- und Netzzugangsanträge sowie deren durchschnittliche Bearbeitungsdauer;
2. von Verteilernetzbetreibern: Anzahl der Versorgerwechsel sowie gewechselte Mengen (kWh), jeweils getrennt nach Netzebenen und Lieferanten; Abschaltraten, unter gesonderter Ausweisung von Abschaltungen bei Aussetzungen bzw. Vertragsauflösung wegen Verletzung vertraglicher Pflichten; Zahl der Neuan- und Abmeldungen; Anzahl der eingesetzten Vorauszahlungszähler; durchgeführte Anzahl der eingeleiteten Wechsel, die dem Netzbetreiber bekannt gemacht wurden, inklusive Anzahl der nicht erfolgreich abgeschlossenen Wechsel; Anzahl der Wiederaufnahmen der Belieferung nach Unterbrechung auf Grund von Zahlungsverzug; Zahl der Endabrechnungen und Anteil der Rechnungen, die später als sechs Wochen nach Beendigung des Vertrags ausgesandt wurden; Anzahl der Kundinnen- bzw. Kundenbeschwerden und -anfragen samt Gegenstand (zB Rechnung und Rechnungshöhe oder Zähler, Ablesung und Verbrauchsermittlung) sowie die durchschnittliche Bearbeitungsdauer der Beschwerden;
3. von Versorgern: Verrechnete Energiepreise in Eurocent/kWh je definierter Kundinnen- bzw. Kundengruppe; Anzahl der Versorgerwechsel sowie gewechselte Mengen (kWh), jeweils getrennt nach Kundinnen- bzw. Kundengruppen; Anzahl der eingegangenen Beschwerden samt Beschwerdegründen; Anzahl der versorgten Endverbraucher samt Abgabemenge je definierter Kundinnen- bzw. Kundengruppe.

(Anm: LGBl.Nr. 46/2018)

(3) Zur Wahrnehmung der im Abs. 1 genannten Aufgaben hat sich die Behörde insbesondere des Berichts der Regulierungsbehörde gemäß § 88 Abs. 8 ElWOG 2010 zu bedienen. *(Anm: LGBl.Nr. 46/2018)*

(Anm: LGBl.Nr. 48/2012, 46/2018)

§ 60
Auskunftsrecht und Berichtspflicht

(1) Die Behörde kann von den Elektrizitätsunternehmen Auskünfte über deren technische und wirtschaftliche Verhältnisse, über Verfahren bei Bundesbehörden und Bundesdienststellen sowie über anhängige oder abgeschlossene Überprüfungen durch Bundes- oder Landesorgane verlangen, soweit es die Vollziehung dieses Landesgesetzes erfordert. Das Elektrizitätsunternehmen ist verpflichtet, solche Anfragen einschließlich der Vorlage der erforderlichen Unterlagen, Verträge und dgl. innerhalb angemessener Frist schriftlich zu beantworten bzw. zu übermitteln oder die entgegenstehenden Gründe bekannt zu geben. Unterlagen, die nach Auffassung des Elektrizitätsunternehmens Geschäfts- oder Betriebsgeheimnisse enthalten, sind als solche zu kennzeichnen.

(2) Den Organen der Behörde und des Landesverwaltungsgerichts ist jederzeit ungehindert Zutritt zu allen Teilen der Erzeugungs-, Übertragungs- und Verteileranlagen zu gewähren und es sind alle erforderlichen Auskünfte zu erteilen. Die Organe haben sich unter möglichster Schonung von Rechten der jeweils geeigneten noch zum Ziel führenden Mittel zu bedienen. *(Anm: LGBl.Nr. 90/2013)*

(3) Die Netzbetreiber haben bis spätestens 31. März jeden Jahres der Behörde über die Erfüllung der Pflichten gemäß § 29 und § 40 unter Anschluss der erforderlichen Unterlagen zu berichten. In diesen Bericht ist auch eine Aufstellung der Entwicklung des Stromverbrauchs im jeweiligen Übertragungs- oder Verteilernetz, in

einer Gesamtsicht und gegliedert nach Netzebenen, aufzunehmen.

(4) Elektrizitätsunternehmen haben

1. den Abschluss von Stromlieferungsverträgen, die den Bezug von elektrischer Energie zur oberösterreichischen Bedarfsdeckung aus Drittstaaten zum Gegenstand haben, oder
2. Stromlieferungen mit einem Umfang von mehr als 50 Millionen kWh im Kalenderjahr, die den Bezug von elektrischer Energie zur oberösterreichischen Bedarfsdeckung aus dem Gebiet des Europäischen Wirtschaftsraums zum Gegenstand haben,

unverzüglich der Behörde mitzuteilen.

(5) Ein Anspruch auf Ersatz der mit der Auskunftserteilung oder Berichterstattung verbundenen Kosten besteht nicht.

(6) Elektrizitätsunternehmen sind gemäß § 10 ElWOG 2010 verpflichtet, den Behörden einschließlich der Regulierungsbehörde, jederzeit Einsicht in alle Unterlagen und Aufzeichnungen zu gewähren sowie Auskünfte über alle den jeweiligen Vollzugsbereich betreffenden Sachverhalte zu erteilen. Diese Pflicht zur Duldung der Einsichtnahme und Erteilung der Auskunft besteht ohne konkreten Anlassfall auch dann, wenn diese Unterlagen oder Auskünfte zur Klärung oder zur Vorbereitung der Klärung entscheidungsrelevanter Sachverhalte in künftig durchzuführenden Verfahren erforderlich sind. *(Anm: LGBl.Nr. 48/2012, 103/2014)*

(7) Die Prüfung der Jahresabschlüsse von Elektrizitätsunternehmen, die gemäß § 8 Abs. 1 ElWOG 2010 Jahresabschlüsse zu veröffentlichen bzw. eine Ausfertigung der Jahresabschlüsse zur Verfügung der Öffentlichkeit zu halten haben, hat sich auch auf die Untersuchung zu beziehen, ob die Verpflichtung zur Vermeidung von missbräuchlichen Quersubventionen eingehalten wird. *(Anm: LGBl.Nr. 103/2014)*

§ 61

Verarbeitung personenbezogener Daten

(1) Personenbezogene Daten, die für die Durchführung von Verfahren nach diesem Landesgesetz erforderlich sind und die die Behörde in Erfüllung ihrer Aufsichtstätigkeit benötigt oder die ihr zur Kenntnis zu bringen sind, dürfen automationsunterstützt ermittelt und verarbeitet werden.

(2) Die Behörde ist ermächtigt, verarbeitete personenbezogene Daten im Rahmen von Verfahren nach diesem Landesgesetz zu übermitteln an:

1. Die Beteiligten an diesen Verfahren;
2. Sachverständige, die einem Verfahren beigezogen werden;
3. ersuchte oder beauftragte Behörden;
4. die Mitglieder des Landeselektrizitätsbeirats;
5. das für Elektrizitätswesen zuständige Bundesministerium.

(Anm: LGBl.Nr. 103/2014, 46/2018)

§ 62

Berichte

Die Behörde hat bis spätestens 30. Juni jeden Jahres dem für Elektrizitätswesen zuständigen Bundesministerium einen Bericht über die Erfahrungen über das Funktionieren des Elektrizitätsbinnenmarkts im Sinn der Elektrizitätsbinnenmarktrichtlinie und der Vollziehung dieses Landesgesetzes vorzulegen. Gleichzeitig ist dieser Bericht dem Oberösterreichischen Landtag zur Kenntnis zu bringen. *(Anm: LGBl.Nr. 103/2014, 46/2018)*

6a. TEIL

KWK-ANLAGEN

§ 62a

Besondere Bestimmungen für Herkunftsnachweise für Strom aus hocheffizienter KWK

(1) Zur Bestimmung der Effizienz der KWK nach Anlage IV zum ElWOG 2010 kann die Landesregierung Wirkungsgrad-Referenzwerte für die getrennte Erzeugung von Strom und Wärme mit Verordnung festlegen. Diese Wirkungsgrad-Referenzwerte haben aus einer Matrix von Werten, aufgeschlüsselt nach relevanten Faktoren wie Baujahr und Brennstofftypen zu bestehen, und müssen sich auf eine ausführlich dokumentierte Analyse stützen, bei der unter anderem die Betriebsdaten bei realen Betriebsbedingungen, der grenzüberschreitende Stromhandel, der Energieträgermix, die klimatischen Bedingungen und die angewandten KWK-Technologien gemäß den Grundsätzen in der Anlage IV zum ElWOG zu berücksichtigen sind. *(Anm: LGBl.Nr. 103/2014)*

(2) Bei der Bestimmung der Wirkungsgrad-Referenzwerte gemäß Abs. 1 sind die von der Europäischen Kommission gemäß Art. 4 der KWK-Richtlinie in der Entscheidung 2007/74/EG festgelegten harmonisierten Wirkungsgrad-Referenzwerte zu berücksichtigen. *(Anm: LGBl.Nr. 48/2012)*

(Anm: LGBl.Nr. 72/2008, 103/2014, 36/2022)

§ 62b

Benennung von KWK-Anlagen

Die Landesregierung hat auf Grundlage der harmonisierten Wirkungsgrad-Referenzwerte gemäß § 62a Abs. 2 auf Antrag mit Bescheid jene KWK-Anlagen zu benennen, für die vom Netzbetreiber, an dessen Netz die Anlage angeschlossen ist, Herkunftsnachweise für Strom aus hocheffizienter Kraft-Wärme-Kopplung, entsprechend der Menge an erzeugter Energie aus hocheffizienter KWK gemäß Anlage III zum ElWOG 2010 und gemäß der Entscheidung 2008/952/EG der Europäischen Kommission, auf Basis der Vorgaben gemäß § 72 Abs. 2 ElWOG 2010 ausgestellt werden dürfen. Die erfolgten Benennungen von Anlagen sind der

Regulierungsbehörde unverzüglich mitzuteilen. *(Anm: LGBl.Nr. 48/2012, 103/2014, 36/2022)*

(Anm: LGBl.Nr. 72/2008)

§ 62c

Anerkennung von Herkunftsnachweisen aus anderen Staaten

Herkunftsnachweise für Strom aus hocheffizienter Kraft-Wärme-Kopplung aus Anlagen mit Standort in einem anderen EU-Mitgliedstaat oder EWR-Vertragsstaat gelten als Herkunftsnachweis im Sinn dieses Landesgesetzes, wenn sie zumindest den Anforderungen des Anhangs X der Richtlinie 2012/27/EU entsprechen. Im Zweifelsfall hat die Regulierungsbehörde über Antrag oder von Amts wegen mit Bescheid festzustellen, ob die Voraussetzungen für die Anerkennung vorliegen.

(Anm: LGBl.Nr. 36/2022)

§ 62d

Berichtspflichten KWK

(1) Die Landesregierung hat dem für Elektrizitätswesen zuständigen Bundesministerium jährlich vorzulegen:

1. eine im Einklang mit der in Anlage III zum ElWOG 2010 und der Entscheidung 2008/952/EG der Europäischen Kommission dargelegten Methode erstellte Statistik über die nationale Erzeugung von Strom und Wärme aus KWK und
2. eine Statistik über die KWK-Kapazitäten sowie die für KWK eingesetzten Brennstoffe.

(Anm: LGBl.Nr. 48/2012, 103/2014, 46/2018)

(2) Die Landesregierung hat dem für Elektrizitätswesen zuständigen Bundesministerium jährlich einen Bericht über ihre Tätigkeit gemäß § 62a und § 62b vorzulegen. Der Bericht hat insbesondere jene Maßnahmen, die ergriffen wurden, um die Zuverlässigkeit des Nachweissystems zu gewährleisten, zu enthalten. *(Anm: LGBl.Nr. 103/2014, 46/2018)*

(Anm: LGBl.Nr. 72/2008)

7. TEIL

STRAFBESTIMMUNGEN

§ 63

Strafbestimmungen

(1) Eine Verwaltungsübertretung begeht und ist von der Bezirksverwaltungsbehörde mit Geldstrafe von mindestens 50.000 Euro bis zu 100.000 Euro zu bestrafen, wer

1. entgegen § 24 in Verbindung mit § 27 Abs. 1 seinen Pflichten gegenüber Netzzugangsberechtigten nicht nachkommt,
2. entgegen § 29 seinen Pflichten als Übertragungsnetzbetreiber nicht nachkommt,
3. entgegen § 29a Abs. 1 seinen Pflichten als Übertragungsnetzbetreiber nicht nachkommt,
4. entgegen § 31 als Verteilernetzbetreiber, an dessen Netz mindestens 100.000 Kundinnen bzw. Kunden angeschlossen sind, ein Verteilernetz ohne Konzession betreibt,
5. entgegen § 33 Abs. 2 Z 2 seinen Pflichten als Verteilernetzbetreiber, an dessen Netz mindestens 100.000 Kundinnen bzw. Kunden angeschlossen sind, nicht nachkommt,
6. entgegen § 33 Abs. 5 Z 1, 2, 4 und Z 6 bis 8 seinen Pflichten als Verteilernetzbetreiber, an dessen Netz mindestens 100.000 Kundinnen bzw. Kunden angeschlossen sind, nicht nachkommt,
7. entgegen § 40 seinen Pflichten als Verteilernetzbetreiber, an dessen Netz mindestens 100.000 Kundinnen bzw. Kunden angeschlossen sind, nicht nachkommt,
8. entgegen § 47 Abs. 1 Z 4 seinen Pflichten als Netzbetreiber an dessen Netz mindestens 100.000 Kundinnen bzw. Kunden angeschlossen sind, nicht nachkommt,
9. entgegen § 50 seinen Pflichten als Regelzonenführer, an dessen Netz mindestens 100.000 Kundinnen bzw. Kunden angeschlossen sind, nicht nachkommt,
10. entgegen § 51a seinen Pflichten als Stromhändler, an dessen Netz mindestens 100.000 Kundinnen bzw. Kunden angeschlossen sind, nicht nachkommt,
11. entgegen § 51b seinen Pflichten als Versorger, an dessen Netz mindestens 100.000 Kundinnen bzw. Kunden angeschlossen sind, nicht nachkommt,
12. entgegen § 54 Abs. 1 seinen Pflichten als Bilanzgruppenverantwortlicher, an dessen Netz mindestens 100.000 Kundinnen bzw. Kunden angeschlossen sind, nicht nachkommt,
13. entgegen § 54 Abs. 2 Z 1 bis 5 und Z 8 seinen Pflichten als Bilanzgruppenverantwortlicher, an dessen Netz mindestens 100.000 Kundinnen bzw. Kunden angeschlossen sind, nicht nachkommt,
14. entgegen § 54 Abs. 3 seinen Pflichten als Bilanzgruppenverantwortlicher, an dessen Netz mindestens 100.000 Kundinnen bzw. Kunden angeschlossen sind, nicht nachkommt,
15. entgegen § 55 Abs. 4 Z 2 bis 4 und Z 6 bis 7 seinen Pflichten als Bilanzgruppenkoordinator, an dessen Netz mindestens 100.000 Kundinnen bzw. Kunden angeschlossen sind, nicht nachkommt.

(2) Eine Verwaltungsübertretung begeht und ist von der Bezirksverwaltungsbehörde mit einer Geldstrafe bis zu 50.000 Euro zu bestrafen, wer entgegen § 25 Abs. 7 bis 9 seinen Pflichten als Netzbetreiber nicht oder nicht rechtzeitig nachkommt.

(3) Eine Verwaltungsübertretung begeht und ist von der Bezirksverwaltungsbehörde mit einer Geldstrafe bis zu 20.000 Euro zu bestrafen, wer

1. entgegen § 6 Abs. 1 und 3 eine Stromerzeugungsanlage errichtet, wesentlich ändert oder betreibt oder entgegen § 6 Abs. 4 seinen Pflichten als Anlagenerrichter bzw. Betreiber oder Netzbetreiber nicht nachkommt,
1a. Auflagen oder Bedingungen, die gemäß § 12 Abs. 1 oder § 14 vorgeschrieben wurden, nicht einhält,
2. entgegen § 21 seinen Pflichten als Stromerzeuger nicht nachkommt, wobei bei Verstößen gegen § 21 Abs. 3 die Mindeststrafe mindestens 10.000 Euro beträgt,
3. entgegen § 23 seinen Pflichten als Netzbenutzer nicht nachkommt,
4. entgegen § 29 seinen Pflichten als Übertragungsnetzbetreiber nicht nachkommt,
5. entgegen § 31 ein Verteilernetz ohne Konzession betreibt,
6. entgegen § 36 Abs. 2 als Nachfolgeunternehmer den Übergang der Konzession nicht oder nicht rechtzeitig anzeigt,
7. entgegen § 37 Abs. 2 und 3 seinen Pflichten als Inhaber einer Konzession nicht nachkommt,
8. entgegen § 40 seinen Pflichten als Verteilernetzbetreiber nicht nachkommt,
9. entgegen § 50 seinen Pflichten als Regelzonenführer nicht nachkommt,
10. entgegen § 50a Abs. 2 seinen Pflichten als Regelzonenführer nicht nachkommt, wobei die Mindeststrafe 10.000 Euro beträgt,
11. entgegen § 53 Abs. 1 den Auflagen im Zulassungsbescheid als Bilanzgruppenverantwortlicher nicht nachkommt,
12. entgegen § 54 seinen Aufgaben und Pflichten als Bilanzgruppenverantwortlicher nicht nachkommt,
13. entgegen § 55 seinen Aufgaben und Pflichten als Bilanzgruppenkoordinator nicht nachkommt.

(Anm: LGBl.Nr. 103/2014, 46/2018)

(4) Eine Verwaltungsübertretung begeht und ist von der Bezirksverwaltungsbehörde mit Geldstrafe bis zu 2.000 Euro zu bestrafen, wer

1. entgegen § 15 Abs. 1 (Betriebseinstellung) und § 44 Abs. 7, 8 und 10 (Betriebsleiter) seiner Anzeigepflicht nicht oder nicht rechtzeitig nachkommt,
2. entgegen § 47 Abs. 1 Z 3 die langfristige Planung nicht vorlegt,
3. entgegen § 59a Abs. 4 seinen Pflichten als Netzbetreiber, Verteilernetzbetreiber oder Versorger nicht nachkommt,
4. entgegen § 60 Abs. 1 und 2 eine verlangte Auskunft ohne ausreichende Gründe innerhalb der festgesetzten Frist nicht oder nicht vollständig erteilt oder Organen der Behörde den Zutritt verweigert oder seiner Berichts- oder Mitteilungspflicht gemäß § 60 Abs. 3 und 4 nicht nachkommt.

(Anm: LGBl.Nr. 48/2012, 90/2013, 46/2018)

8. TEIL
SCHLUSS- UND ÜBERGANGSBESTIMMUNGEN

§ 64
Verweisungen

(1) Soweit in diesem Landesgesetz auf Rechtsvorschriften des Bundes verwiesen wird, sind diese in folgender Fassung anzuwenden:

- Bundesgesetz über den Ausbau von Energie aus erneuerbaren Quellen (Erneuerbaren-Ausbau-Gesetz – EAG), BGBl. I Nr. 150/2021, in der Fassung des Bundesgesetzes BGBl. I Nr. 181/2021;
- Elektrizitätswirtschafts- und -organisationsgesetz 2010 (ElWOG 2010), BGBl. I Nr. 110/2010, in der Fassung des Bundesgesetzes BGBl. I Nr. 150/2021;
- Energielenkungsgesetz 2012 (EnLG 2012), BGBl. I Nr. 41/2013, in der Fassung des Bundesgesetzes BGBl. I Nr. 150/2021);
- Gewerbeordnung 1994 (GewO 1994), BGBl. Nr. 194/1994, in der Fassung des Bundesgesetzes BGBl. I Nr. 65/2020;
- Gaswirtschaftsgesetz 2011 (GWG 2011), BGBl. I Nr. 107/2011, in der Fassung des Bundesgesetzes BGBl. I Nr. 150/2021;
- Konsumentenschutzgesetz (KSchG), BGBl. Nr. 140/1979, in der Fassung des Bundesgesetzes BGBl. I Nr. 175/2021;
- Niederlassungs- und Aufenthaltsgesetz (NAG), BGBl. I Nr. 100/2005, in der Fassung des Bundesgesetzes BGBl. I Nr. 110/2021;
- Ökostromgesetz 2012 (ÖSG 2012), BGBl. I Nr. 75/2011, in der Fassung des Bundesgesetzes BGBl. I Nr. 150/2021;
- Straßenbahnverordnung 1999, BGBl. II Nr. 76/2000, in der Fassung der Verordnung BGBl. II Nr. 127/2018;
- Umgründungssteuergesetz (UmgrStG), BGBl. Nr. 699/1991, in der Fassung des Bundesgesetzes BGBl. I Nr. 1/2020;
- Unternehmensgesetzbuch (UGB), dRGBl. S 219/1897, in der Fassung des Bundesgesetzes BGBl. I Nr. 86/2021;
- „Verrechnungsstellengesetz“: Bundesgesetz, mit dem die Ausübungsvoraussetzungen, die Aufgaben und die Befugnisse der Verrechnungsstellen für Transaktionen und Preisbildung für die Ausgleichsenergie geregelt werden, BGBl. I Nr. 121/2000, in der Fassung des Bundesgesetzes BGBl. I Nr. 107/2017.

(2) Soweit in diesem Landesgesetz auf unionsrechtliche Bestimmungen verwiesen wird, sind diese in folgender Fassung anzuwenden:

- „Elektrizitätsbinnenmarktrichtlinie“: Richtlinie (EU) 2019/944 des Europäischen Parlaments und des Rates vom 5. Juni 2019 mit gemeinsamen Vorschriften für den Elektrizitätsbinnenmarkt und zur Änderung der Richtlinie

2012/27/EU, ABl. Nr. L 158 vom 14.6.2019, S 125;

- „Erneuerbaren-Richtlinie“: Richtlinie (EU) 2018/2001 des Europäischen Parlaments und des Rates vom 11. Dezember 2018 zur Förderung der Nutzung von Energie aus erneuerbaren Quellen (Neufassung), ABl. Nr. L 328 vom 21.12.2018, S 82, in der Fassung der Berichtigung ABl. Nr. L 311 vom 25.9.2020, S 11;
- „KWK-Richtlinie“: Richtlinie 2004/8/EG des Europäischen Parlaments und des Rates über die Förderung einer am Nutzwärmebedarf orientierten Kraft-Wärme-Kopplung im Energiebinnenmarkt und zur Änderung der Richtlinie 92/42/EWG, ABl. Nr. L 52 vom 21.2.2004, S 50, in der Fassung der Verordnung (EG) Nr. 219/2009, ABl. Nr. L 87 vom 31.3.2009, S 109;
- Verordnung (EU) 2019/942 des Europäischen Parlaments und des Rates zur Gründung einer Agentur für die Zusammenarbeit der Energieregulierungsbehörden, ABl. Nr. L 158, S 22;
- Richtlinie 2012/27/EU des Europäischen Parlaments und des Rates zur Energieeffizienz, zur Änderung der Richtlinien 2009/15/EG und 2010/30/EU und zur Aufhebung der Richtlinien 2004/8/EG und 2006/32/EG, ABl. Nr. L 315 vom 14.11.2012, S 1, zuletzt geändert durch die Richtlinie des Europäischen Parlaments und des Rates 2019/944/EU, ABl. Nr. L 158 vom 14.6.2019, S 125;
- Richtlinie 2006/123/EG des Europäischen Parlaments und des Rates über Dienstleistungen im Binnenmarkt, ABl. Nr. L 376 vom 27.12.2006, S 36;
- Delegierte Verordnung (EU) 2015/2402 der Kommission zur Überarbeitung der harmonisierten Wirkungsgrad-Referenzwerte für die getrennte Erzeugung von Strom und Wärme gemäß der Richtlinie 2012/27/EU des Europäischen Parlaments und des Rates und zur Aufhebung des Durchführungsbeschlusses 2011/877/EU der Kommission, ABl. Nr. L 333 vom 19.12.2015, S 54.

(Anm: LGBl.Nr. 36/2022)

§ 65

Übergangsbestimmungen

(1) Die in den nachstehenden Absätzen zitierten Bestimmungen des Oö. ElWOG 2006 sind in der Fassung des Landesgesetzes LGBl. Nr. 1/2006 anzuwenden. *(Anm: LGBl.Nr. 72/2008)*

(1a) Elektrizitätswirtschaftliche Bewilligungen und Feststellungen nach § 37 des Oö. Elektrizitätsgesetzes sowie nach dem Oö. ElWOG und dem Oö. ElWOG 2001 gelten als elektrizitätsrechtliche Bewilligungen bzw. Feststellungen nach diesem Landesgesetz. Auf Stromerzeugungsanlagen sind die §§ 14 bis 20, 45, 46 sowie § 60 Abs. 6 anzuwenden. *(Anm: LGBl.Nr. 72/2008)*

(2) Stromerzeugungsanlagen, die gemäß § 22 Abs. 3 Oö. Elektrizitätsgesetz sowie nach Oö. ElWOG und dem Oö. ElWOG 2001 keiner elektrizitätswirtschaftlichen Bewilligung bedurften, gelten im bisherigen Umfang als elektrizitätsrechtlich bewilligt.

(3) Die Mitglieder des Landeselektrizitätsbeirats gemäß § 50 Oö. ElWOG und gemäß § 72 Oö. ElWOG 2001 gelten mit In-Kraft-Treten dieses Landesgesetzes für eine volle Funktionsperiode von sechs Jahren als Mitglieder des Landeselektrizitätsbeirats gemäß § 59 bestellt.

(4) Betriebsleiter, die zum Zeitpunkt des In-Kraft-Tretens dieses Landesgesetzes rechtmäßig bestellt sind, gelten als nach diesem Landesgesetz genehmigt. Ist zum Zeitpunkt des In-Kraft-Tretens dieses Landesgesetzes bei einem Netzbetreiber der nach diesem Landesgesetz erforderliche Betriebsleiter nicht bestellt, hat der Netzbetreiber innerhalb von zwei Monaten ab In-Kraft-Treten dieses Landesgesetzes einen Betriebsleiter zu bestellen und dies der Behörde gemäß § 44 Abs. 7 anzuzeigen.

(5) Elektrizitätsunternehmen, die im Zeitpunkt des In-Kraft-Tretens dieses Landesgesetzes im Besitz einer Gebietskonzession waren, gelten im Umfang ihrer bisherigen Tätigkeit als Verteilernetzbetreiber konzessioniert, soweit nicht die Abs. 7 bis 9 und § 33 Abs. 3 anzuwenden sind. Die Rechte und Pflichten, die Ausübung, die Endigung und der Entzug der Konzession richten sich nach den Bestimmungen dieses Landesgesetzes. Bestehen Zweifel über den Umfang der bisherigen Tätigkeit, hat über Antrag eines Betreibers eines Verteilernetzes die Behörde den Umfang der bisherigen Tätigkeit mit Bescheid festzustellen. Anhängige Verfahren sind nach den bisherigen Rechtsvorschriften zu Ende zu führen.

(6) Stromerzeugungsanlagen, die zum Zeitpunkt des In-Kraft-Tretens dieses Landesgesetzes nach der Gewerbeordnung 1994 bewilligt sind, bedürfen keiner Bewilligung nach diesem Landesgesetz. Im Fall einer wesentlichen Änderung einer solchen Stromerzeugungsanlage nach In-Kraft-Treten dieses Landesgesetzes sind die §§ 6 ff anzuwenden.

(7) Vertikal integrierte Elektrizitätsunternehmen oder Unternehmen, die zu einem vertikal integrierten Unternehmen im Sinn des § 2 Z 11 gehören und die am 1. Juli 2004 Träger einer Gebietskonzession waren, haben bis spätestens 1. Jänner 2006 der Behörde ein Unternehmen zu benennen, auf das die Konzession bei Erfüllung der Konzessionsvoraussetzungen zu übertragen ist. Bei Erfüllung der Konzessionsvoraussetzungen hat das benannte Unternehmen einen Rechtsanspruch auf Erteilung der Konzession in dem am 21. Juni 2004 bestehenden Umfang. Die Benennung des bisherigen Konzessionsträgers ist

zulässig, wenn die gesetzlich vorgesehenen Konzessionsvoraussetzungen erfüllt werden. Die Konzessionserteilung hat in Anwendung der §§ 32 ff zu erfolgen. Erstreckt sich das Verteilernetz über zwei oder mehrere Länder, haben die beteiligten Länder gemäß Art. 15 Abs. 7 B-VG vorzugehen. Bis zur Erteilung dieser Konzession gelten diese Unternehmen als konzessioniert im Sinn des Oö. ElWOG 2001.

(8) Abs. 7 findet keine Anwendung auf vertikal integrierte Elektrizitätsunternehmen oder Unternehmen, die zu einem vertikal integrierten Unternehmen im Sinn des § 2 Z 11 gehören, wenn die Anzahl der an das Netz angeschlossenen Kunden 100.000 nicht übersteigt.

(9) Kommt ein vertikal integriertes Elektrizitätsunternehmen seiner Verpflichtung zur Benennung eines geeigneten Konzessionsträgers gemäß Abs. 7 nicht nach, hat die Behörde gegen den bisherigen Konzessionsträger ein Konzessionsentziehungsverfahren gemäß § 35 einzuleiten und darüber dem Bundesminister für Wirtschaft und Arbeit zu berichten. Zur Aufrechterhaltung des Netzbetriebes kann auch ein anderes Elektrizitätsunternehmen in das Netz des bisherigen Konzessionsträgers eingewiesen werden. Erstreckt sich das Verteilernetz über zwei oder mehrere Länder, haben die beteiligten Länder gemäß Art. 15 Abs. 7 B-VG vorzugehen.

(10) Bescheide, die im Widerspruch zu § 2 Z 48 stehen, treten spätestens sechs Monate nach In-Kraft-Treten dieses Landesgesetzes außer Kraft. Verträge, die von einem Netzbetreiber unter Zugrundelegung von Allgemeinen Netzbedingungen für den Zugang zum Übertragungsnetz abgeschlossen wurden, gelten ab dem Zeitpunkt des In-Kraft-Tretens dieses Landesgesetzes als Verträge, denen die geltenden Allgemeinen Bedingungen für den Zugang zu einem Verteilernetz des betreffenden Netzbetreibers zu Grunde liegen.

(11) Die Anzeige gemäß § 55 Abs. 1 hat unverzüglich nach In-Kraft-Treten dieses Landesgesetzes zu erfolgen. Bis eine Berechtigung zur Ausübung einer Tätigkeit eines Bilanzgruppenkoordinators nach § 55 erworben wird, darf der am 30. Juni 2005 konzessionierte Bilanzgruppenkoordinator seine Tätigkeit vorläufig weiter ausüben.

(12) Entfallen (Anm: LGBl.Nr. 72/2008)

§ 66

Schlussbestimmungen

(1) Dieses Landesgesetz tritt mit dem der Kundmachung im Landesgesetzblatt für Oberösterreich folgenden Monatsersten in Kraft.

(2) Mit In-Kraft-Treten dieses Landesgesetzes tritt das Oö. Elektrizitätswirtschafts- und -organisationsgesetz 2001 - Oö. ElWOG 2001, LGBl. Nr. 88/2001, zuletzt geändert durch LGBl. Nr. 84/2002, außer Kraft.

12. Salzburger Landeselektrizitätsgesetz 1999

Salzburger Landeselektrizitätsgesetz 1999 - LEG
StF: LGBl Nr 75/1999
Letzte Novellierung: LGBl Nr 114/2022

GLIEDERUNG

1. Hauptstück
Allgemeines

Anwendungsbereich

§ 1

(1) Dieses Gesetz regelt die Erzeugung, Übertragung und Verteilung von sowie die Versorgung mit elektrischer Energie (Elektrizität, Strom) im Land Salzburg.

(2) Dieses Gesetz findet hinsichtlich der Vorschriften über Leitungsanlagen nur auf Leitungsanlagen für elektrischen Strom mit einer Spannung über 42 Volt oder einer Leistung von mehr als 100 Watt Anwendung, die sich nicht über das Gebiet des Landes Salzburg hinaus erstrecken. Vom Anwendungsbereich sind jedoch Leitungsanlagen ausgenommen, die sich innerhalb des dem Eigentümer dieser elektrischen Leitungsanlage gehörenden Geländes befinden oder ausschließlich dem ganzen oder teilweisen Betrieb von Eisenbahnen sowie dem Betrieb des Bergbaues, der Luftfahrt, der Schifffahrt, den technischen Einrichtungen der Post, der Landesverteidigung oder Fernmeldezwecken dienen.

(3) Im Übrigen findet dieses Gesetz nicht auf Angelegenheiten Anwendung, die nach Art 10 Abs 1 B-VG oder nach besonderen bundesverfassungsrechtlichen Bestimmungen in Gesetzgebung und Vollziehung Bundessache sind.

Zielsetzung

§ 2

Die Ziele dieses Gesetzes sind:

1. Der Bevölkerung und Wirtschaft im Land Salzburg elektrische Energie kostengünstig, sicher und in hoher Qualität zur Verfügung zu stellen.
2. Eine Marktorganisation für die Elektrizitätswirtschaft gemäß dem EU-Primärrecht und den Grundsätzen des Elektrizitätsbinnenmarktes gemäß der Richtlinie 2009/72/EG zu schaffen.
3. Den hohen Anteil erneuerbarer Energie in der Salzburger Elektrizitätswirtschaft weiter zu

erhöhen und die erneuerbare Energie Wasserkraft optimal zu verwerten sowie die Weiterentwicklung der Elektrizitätserzeugung aus erneuerbaren Energiequellen zu unterstützen und den Zugang zum Elektrizitätsnetz aus erneuerbaren Quellen zu gewährleisten.

4. Einen Ausgleich für gemeinwirtschaftliche Verpflichtungen im Allgemeininteresse zu schaffen, die den Elektrizitätsunternehmen in Bezug auf Sicherheit einschließlich Versorgungssicherheit, Regelmäßigkeit, Qualität und Preis der Lieferungen sowie den Umweltschutz auferlegt werden.
5. Die Bevölkerung, die Natur und die Umwelt vor Gefährdungen und unzumutbaren Belästigungen durch Erzeugungs- und Leitungsanlagen zu schützen.
6. Eine effiziente Energiegewinnung beim Betrieb von Erzeugungsanlagen zu gewährleisten.
7. Das Potenzial der Kraft-Wärme-Kopplung (KWK) und KWK-Technologien gemäß Anlage II des ElWOG 2010 als Mittel zur Energieeinsparung und Gewährleistung der Versorgungssicherheit nachhaltig zu nutzen.
8. Durch die Schaffung geeigneter Rahmenbedingungen die Netz- und Versorgungssicherheit zu erhöhen und nachhaltig zu gewährleisten.
9. Das öffentliche Interesse an der Versorgung mit elektrischer Energie insbesondere aus heimischen, erneuerbaren Ressourcen bei der Bewertung von Infrastrukturprojekten zu berücksichtigen.

Grundsätze für den Betrieb von Elektrizitätsunternehmen

§ 3

Elektrizitätsunternehmen haben als kunden- und wettbewerbsorientierte Anbieter von Dienstleistungen nach den Grundsätzen einer sicheren, kostengünstigen, natur- und umweltverträglichen und effizienten Bereitstellung der nachgefragten Dienstleistungen sowie eines wettbewerbsorientierten und wettbewerbsfähigen Elektrizitätsmarktes zu agieren. Diese Grundsätze sind als Unternehmensziele zu verankern.

Erfüllung gemeinwirtschaftlicher Verpflichtungen

§ 4

(1) Elektrizitätsunternehmen haben nachstehende gemeinwirtschaftliche Verpflichtungen im Allgemeininteresse zu erfüllen:

1. die Erfüllung der durch Rechtsvorschriften auferlegten Pflichten im öffentlichen Interesse;
2. die Mitwirkung an Maßnahmen zur Beseitigung von Netzengpässen und an Maßnahmen zur Gewährleistung der Versorgungssicherheit.

(2) Netzbetreiber haben überdies nachstehende gemeinwirtschaftliche Verpflichtungen im Allgemeininteresse zu erfüllen:

1. die diskriminierungsfreie Behandlung aller Kunden eines Netzes;
2. den Abschluss von privatrechtlichen Verträgen mit Netzbenutzern über den Anschluss an ihr Netz (allgemeine Anschlusspflicht);
3. die Errichtung und Erhaltung einer für die inländische Elektrizitätsversorgung oder für die Erfüllung völkerrechtlicher Verpflichtungen ausreichenden Netzinfrastruktur.

(3) Die Elektrizitätsunternehmen haben die bestmögliche Erfüllung der ihnen gemäß Abs. 1 und 2 im Allgemeininteresse auferlegten Verpflichtungen mit allen ihnen zur Verfügung stehenden Mitteln anzustreben.

Begriffsbestimmungen

§ 5

Im Sinn dieses Gesetzes gelten als:

1. Agentur: die Agentur für die Zusammenarbeit der Energieregulierungsbehörden gemäß Verordnung 2009/713/EG;
2. Anschlussleistung: die für die Netznutzung an der Übergabestelle vertraglich vereinbarte Leistung;

2a. Ausfallsreserve: jener Anteil der Sekundärregelung, der automatisch oder manuell angesteuert werden kann und vorrangig der Abdeckung des Ausfalls des größten Kraftwerkblocks in der Regelzone dient;

3. Ausgleichsenergie: die Differenz zwischen dem vereinbarten Fahrplanwert und dem tatsächlichen Bezug oder der tatsächlichen Lieferung der Bilanzgruppe je definierter Messperiode, wobei die Energie je Messperiode tatsächlich erfasst oder rechnerisch ermittelt werden kann;
4. Bilanzgruppe: die Zusammenfassung von Lieferanten und Kunden zu einer virtuellen Gruppe, innerhalb der ein Ausgleich zwischen Aufbringung (Bezugsfahrpläne, Einspeisungen) und Abgabe (Lieferfahrpläne, Ausspeisungen) erfolgt;
5. Bilanzgruppenkoordinator: eine natürliche oder juristische Person oder eingetragene Personengesellschaft, die eine Verrechnungsstelle betreibt;
6. Bilanzgruppenverantwortlicher: eine gegenüber anderen Marktteilnehmern und dem Bilanzgruppenkoordinator zuständige Stelle einer Bilanzgruppe, welche die Bilanzgruppe vertritt;

6a. Bürgerenergiegemeinschaft: eine Rechtsperson, die elektrische Energie erzeugt, verbraucht, speichert oder verkauft, im Bereich der Aggregierung tätig ist oder Energiedienstleistungen für ihre Mitglieder erbringt und von Mitgliedern bzw Gesellschaftern gemäß § 16b Abs 3 ElWOG 2010 kontrolliert wird;

6b. Demonstrationsprojekt: ein Vorhaben, das eine in der Europäischen Union völlig neue Technologie („first of its kind“) demonstriert, die eine wesentliche, weit über den Stand der Technik hinausgehende Innovation darstellt;
7. dezentrale Erzeugungsanlage: eine Erzeugungsanlage, die an ein öffentliches Mittel- oder Niederspannungs-Verteilernetz (Bezugspunkt Übergabestelle) angeschlossen ist und somit Verbrauchernähe aufweist, oder eine Erzeugungsanlage, die der Eigenversorgung dient;
8. Direktleitung: entweder eine Leitung, die einen einzelnen Produktionsstandort mit einem einzelnen Kunden verbindet, oder eine Leitung, die einen Elektrizitätserzeuger und ein Elektrizitätsversorgungsunternehmen zum Zweck der direkten Versorgung mit ihrer eigenen Betriebsstätte, ihrem Tochterunternehmen und ihren zugelassenen Kunden verbindet; Leitungen innerhalb von Wohnhausanlagen gelten nicht als Direktleitungen;
9. Drittstaaten: Staaten, die nicht Mitgliedstaaten der Europäischen Union oder Vertragsstaaten des Abkommens über den Europäischen Wirtschaftsraum (EWR-Vertragsstaat) sind;
10. Einspeiser: ein Erzeuger oder ein Elektrizitätsunternehmen, der bzw das elektrische Energie in ein Netz abgibt;
11. Elektrizitätsunternehmen: eine natürliche oder juristische Person oder eine eingetragene Personengesellschaft, die in Gewinnabsicht von den Tätigkeiten der Erzeugung, der Übertragung, der Verteilung, der Lieferung oder des Kaufs von elektrischer Energie mindestens eine ausübt und die kommerziellen, technischen oder wartungsbezogenen Aufgaben im Zusammenhang mit diesen Tätigkeiten wahrnimmt, mit Ausnahme der Endverbraucher;
11a. endgültige Stilllegungen: Maßnahmen, die den Betrieb der Erzeugungsanlage endgültig ausschließen oder bewirken, dass eine Anpassung der Einspeisung nicht mehr angefordert werden kann;
12. Endverbraucher: eine natürliche oder juristische Person oder eingetragene Personengesellschaft, die Elektrizität für den Eigenverbrauch kauft;
13. Energieeffizienz/Nachfragesteuerung: ein globales oder integriertes Konzept zur Steuerung der Höhe und des Zeitpunkts des Elektrizitätsverbrauchs, das den Primärenergieverbrauch senken und Spitzenlasten verringern soll, indem Investitionen zur Steigerung der Energieeffizienz oder anderen Maßnahmen wie unterbrechbaren Lieferverträgen Vorrang vor Investitionen zur Steigerung der Erzeugungskapazität eingeräumt wird, wenn sie unter Berücksichtigung der positiven Auswirkungen eines geringeren Energieverbrauchs auf die Umwelt und der damit verbundenen Aspekte einer größeren Versorgungssicherheit und geringerer Verteilungskosten die wirksamste und wirtschaftlichste Option darstellen;
13a. Engpassmanagement: die Gesamtheit von kurz-, mittel- und langfristigen Maßnahmen, welche nach Maßgabe der systemtechnischen Anforderungen ergriffen werden können, um unter Berücksichtigung der Netz- und Versorgungssicherheit Engpässe im Übertragungsnetz zu vermeiden oder zu beseitigen;
14. Entnehmer: ein Endverbraucher oder ein Netzbetreiber, der elektrische Energie aus einem Übertragungs- oder Verteilernetz entnimmt;
15. ENTSO (Strom): der Europäische Verbund der Übertragungsnetzbetreiber für Strom gemäß Art 5 der Verordnung 2009/714/EG;
15a. Erneuerbare-Energie-Gemeinschaft: eine Rechtsperson, die es ermöglicht, die innerhalb der Gemeinschaft erzeugte Energie gemeinsam zu nutzen; deren Mitglieder oder Gesellschafter müssen im Nahebereich gemäß § 16c Abs 2 ElWOG 2010 angesiedelt sein;
16. erneuerbare Energiequelle: eine erneuerbare, nichtfossile Energiequelle (Wind, Sonne, aerothermische, geothermische und hydrothermische Energie, Erdwärme, Wellen- und Gezeitenenergie, Wasserkraft, Biomasse, Deponiegas, Klärgas und Biogas);
17. Erzeuger: eine juristische oder natürliche Person oder eine eingetragene Personengesellschaft, die elektrische Energie erzeugt;
18. Erzeugung: die Produktion von elektrische Energie;
19. Erzeugung aus Kraft-Wärme-Kopplung (KWK-Erzeugung): die Summe von elektrischer Energie, mechanischer Energie und Nutzwärme aus KWK;
20. Erzeugungsanlage: ein Kraftwerk oder Kraftwerkspark;
21. Fahrplan: die Unterlage, die angibt, in welchem Umfang elektrische Leistung als prognostizierter Leistungsmittelwert in einem konstanten Zeitraster (Messperioden) an bestimmten Netzpunkten eingespeist und entnommen oder zwischen Bilanzgruppen ausgetauscht wird;
22. funktional verbundenes Netz: ein Netz, welches direkt oder indirekt über ein anderes Netz oder mehrere Netze in den Netzebenen 3 bis 7 transformatorisch oder galvanisch an ein Höchstspannungsnetz angeschlossen ist. Ist ein Netz indirekt über mehrere Netze an das Höchstspannungsnetz angeschlossen, so gilt es als mit jenem funktional verbunden, zu dem eine direkte transformatorische oder galvanische Verbindung besteht. Treffen diese Merkmale auf mehrere Netze zu, so gilt ein Netz mit jenem als funktional verbunden, das eine größere jährliche Energiemenge an Endverbraucher abgibt;

23. galvanisch verbundene Netzbereiche: Netzbereiche, die elektrisch leitend verbunden sind;
23a. gemeinschaftliche Erzeugungsanlagen: Erzeugungsanlagen, die elektrische Energie zur Deckung des Verbrauchs der teilnehmenden Berechtigten erzeugen;
24. Gesamtwirkungsgrad: die Summe der jährlichen Erzeugung von elektrischer Energie, mechanischer Energie und Nutzwärme im Verhältnis zum Brennstoff, der für die in KWK erzeugte Wärme und die Bruttoerzeugung von elektrischer Energie und mechanischer Energie eingesetzt wird;
24a. Hauptleitung: die Verbindungsleitung zwischen Hausanschlusskasten und den Zugangsklemmen der Vorzählersicherungen;
25. Haushaltskunden: Kunden, die elektrische Energie für den Eigenverbrauch im Haushalt kaufen; dies schließt gewerbliche und berufliche Tätigkeiten nicht mit ein;
25a. Herkunftsnachweis: eine Bestätigung, die den Primärenergieträger, aus dem eine bestimmte Einheit elektrischer Energie erzeugt wurde, belegt. Hierunter fallen insbesondere Herkunftsnachweise für Strom aus fossilen Energiequellen, Herkunftsnachweise für Strom aus hocheffizienter KWK sowie Herkunftsnachweise gemäß § 10 ÖSG 2012 und § 83 EAG;
26. Hilfsdienste: alle Dienstleistungen, die zum Betrieb eines Übertragungs- oder Verteilernetzes erforderlich sind;
27. hocheffiziente Kraft-Wärme-Kopplung: die KWK, die den in Anlage IV des ElWOG 2010 festgelegten Kriterien entspricht;
28. horizontal integriertes Elektrizitätsunternehmen: ein Unternehmen, das mindestens eine der Tätigkeiten kommerzielle Erzeugung, Übertragung, Verteilung von oder Versorgung mit elektrischer Energie und außerdem eine weitere Tätigkeit außerhalb des Elektrizitätsbereichs ausübt;
29. in KWK erzeugter Strom: elektrische Energie, die in einem Prozess erzeugt wird, der an die Erzeugung von Nutzwärme gekoppelt ist, und gemäß der in Anlage III des ElWOG 2010 festgelegten Methode berechnet wird;
30. integriertes Elektrizitätsunternehmen: ein vertikal oder horizontal integriertes Elektrizitätsunternehmen;
31. intelligentes Messgerät: eine technische Einrichtung, die den tatsächlichen Energieverbrauch und Nutzungszeitraum zeitnah misst und über eine fernablesbare, bidirektionale Datenübertragung verfügt;
32. kennzeichnungspflichtiges Werbematerial: jedes an Endverbraucher gerichtete Werbematerial, das auf den Verkauf von elektrischer Energie ausgerichtet ist. Darunter fallen:
a) Werbemittel für den Produktenverkauf für Einzelkunden, wie etwa Produktenbroschüren;
b) sonstige standardisierte Produkt-Printmedien, die auf den Verkauf ausgerichtet sind;
c) online bezogene Produktwerbung;
32a. Kleinsterzeugungsanlagen: eine oder mehrere Erzeugungsanlagen, deren Engpassleistung in Summe weniger als 0,8 kW pro Anlage eines Netzbenutzers beträgt;
33. Kleinunternehmen: Unternehmen im Sinn des § 1 Abs 1 Z 1 KSchG, die weniger als 50 Personen beschäftigen, weniger als 100.000 kWh/Jahr an elektrischer Energie verbrauchen und einen Jahresumsatz oder eine Jahresbilanzsumme von höchstens 10 Mio Euro haben;
34. Kontrolle: Rechte, Verträge oder andere Mittel, die einzeln oder zusammen unter Berücksichtigung aller tatsächlichen oder rechtlichen Umstände die Möglichkeit gewähren, einen bestimmenden Einfluss auf die Tätigkeit eines Unternehmens auszuüben, insbesondere durch:
a) Eigentums- oder Nutzungsrechte an der Gesamtheit oder an Teilen des Vermögens des Unternehmens;
b) Rechte oder Verträge, die einen bestimmenden Einfluss auf die Zusammensetzung, die Beratungen oder Beschlüsse der Organe des Unternehmens gewähren;
35. Kostenwälzung: ein kalkulatorisches Rechenverfahren, welches angewendet wird, um einem Verbraucherkollektiv die Kosten jener Anschlussnetzebene, an der es direkt angeschlossen ist, sowie die Kosten aller darüberliegenden Netzebenen anteilig zuzuordnen, und zwar
a) nach einer Bruttobetrachtung: eine Kostenwälzung, bei der die Kosten einer Netzebene auf die Netzinanspruchnahme aller unmittelbar und mittelbar, dh insbesondere auch in allen unterlagerten Netzebenen, angeschlossenen Entnehmer und Einspeiser bezogen werden. Leistungs- und Energieflüsse zwischen den Netzebenen werden nicht einbezogen;
b) nach einer Nettobetrachtung: eine Kostenwälzung, bei der sich der Aufteilungsschlüssel für die weiter zu verrechnenden Kosten nicht aus der summarischen Netzinanspruchnahme in der jeweiligen und allen darunter liegenden Ebenen ergibt, sondern ausschließlich aus der Inanspruchnahme durch direkt angeschlossene Entnehmer und Einspeiser und der Schnittstelle zur direkt darunter liegenden Netzebene;
36. Kraft-Wärme-Kopplung (KWK): die gleichzeitige Erzeugung thermischer Energie und elektrischer und/oder mechanischer Energie in einem Prozess;
37. Kraft-Wärme-Verhältnis (Stromkennzahl): das anhand der Betriebsdaten des spezifischen Blocks berechnete Verhältnis von

KWK-Elektrizität zu Nutzwärme im vollständigen KWK-Betrieb;

38. Kraftwerk: eine Anlage, die dazu bestimmt ist, durch Energieumwandlung elektrische Energie zu erzeugen. Sie kann aus mehreren Erzeugungseinheiten bestehen und umfasst auch alle zugehörigen Hilfsbetriebe und Nebeneinrichtungen;
39. Kraftwerkspark: eine Gruppe von Kraftwerken, die über einen gemeinsamen Netzanschluss verfügt;
40. Kunden: Endverbraucher, Stromhändler sowie Elektrizitätsunternehmen, die elektrische Energie kaufen;
41. KWK-Block: ein Block, der im KWK-Betrieb betrieben werden kann;
42. KWK-Kleinanlagen: KWK-Blöcke mit einer installierten Kapazität von über 50 kW bis 1 MW;
43. KWK-Kleinstanlage: eine KWK-Anlage mit einer Kapazität bis 50 kW;
44. Lastprofil: eine in Zeitintervallen dargestellte Bezugsmenge oder Liefermenge eines Einspeisers oder Entnehmers;
45. Lieferant: eine natürliche oder juristische Person oder eingetragene Personengesellschaft, die elektrische Energie anderen natürlichen oder juristischen Personen zur Verfügung stellt. Soweit Energie von einer gemeinschaftlichen Erzeugungsanlage und innerhalb einer Bürgerenergiegemeinschaft sowie einer Erneuerbare-Energie-Gemeinschaft den Mitgliedern bzw den teilnehmenden Berechtigten zur Verfügung gestellt wird, begründet dieser Vorgang keine Lieferanteneigenschaft;
46. Marktregeln: die Summe alle Vorschriften, Regelungen und Bestimmungen auf gesetzlicher oder vertraglicher Basis, die Marktteilnehmer im Elektrizitätsmarkt einzuhalten haben, um ein geordnetes Funktionieren dieses Marktes zu ermöglichen und zu gewährleisten;
47. Marktteilnehmer: Bilanzgruppenkoordinatoren, Bilanzgruppenverantwortliche, Erzeuger, Lieferanten, Versorger, Stromhändler, Strombörsen, Übertragungsnetzbetreiber, Verteilernetzbetreiber, Regelzonenführer, Netzbenutzer, Kunden, Endverbraucher, Erneuerbare-Energie-Gemeinschaften und Bürgerenergiegemeinschaften;

47a. *(Anm: entfallen auf Grund LGBl Nr 115/2021)*

48. Netzanschluss: die physische Verbindung der Anlage eines Erzeugers von elektrischer Energie oder Kunden mit dem Netzsystem;
49. Netzbenutzer: jede natürliche oder juristische Person oder eingetragene Personengesellschaft, die elektrische Energie in ein Netz einspeist oder aus einem Netz entnimmt;
50. Netzbereich: der Teil eines Netzes, für dessen Benutzung dieselben Preisansätze gelten;
51. Netzbetreiber: Betreiber von Übertragungs- oder Verteilernetzen mit einer Nennfrequenz von 50 Hz;
52. Netzebene: ein im Wesentlichen durch das Spannungsniveau bestimmter Teilbereich des Netzes;

52a. Netzreserve: die Vorhaltung von zusätzlicher Erzeugungsleistung oder reduzierter Verbrauchsleistung zur Beseitigung von Engpässen im Übertragungsnetz im Rahmen des Engpassmanagements, welche gesichert innerhalb von 10 Stunden Vorlaufzeit aktivierbar ist;

52b. Netzreservevertrag: ein Vertrag, der zwischen dem Regelzonenführer und einem Anbieter abgeschlossen wird und die Erbringung von Netzreserve gemäß Z 52a zum Inhalt hat;

53. Netzzugang: die Nutzung eines Netzsystems;
54. Netzzugangsberechtigter: eine natürliche oder juristische Person oder eingetragene Personengesellschaft, die Netzzugang begehrt, insbesondere auch Elektrizitätsunternehmen, soweit dies zur Erfüllung ihrer Aufgaben erforderlich ist;
55. Netzzugangsvertrag: die individuelle Vereinbarung zwischen dem Netzzugangsberechtigten und einem Netzbetreiber, der den Netzanschluss und die Inanspruchnahme des Netzes regelt;
56. Netzzutritt: die erstmalige Herstellung eines Netzanschlusses oder die Erhöhung der Anschlussleistung eines bestehenden Netzanschlusses;
57. Nutzwärme: die in einem KWK-Prozess zur Befriedigung eines wirtschaftlich vertretbaren Wärme- oder Kühlbedarfs erzeugte Wärme;
58. Primärregelung: eine automatisch wirksam werdende Wiederherstellung des Gleichgewichtes zwischen Erzeugung und Verbrauch mit Hilfe eines definierten frequenzabhängigen Verhaltens von Erzeugungs- und/oder Verbrauchseinheiten, welche im Zeitbereich bis höchstens 30 Sekunden nach Störungseintritt vollständig aktivierbar sein muss;
59. Regelzone: die kleinste Einheit des Verbundsystems, die mit einer Leistungs-Frequenz-Regelung ausgerüstet und betrieben wird;
60. Regelzonenführer: der für die Leistungs-Frequenz-Regelung in einer Regelzone Verantwortliche, diese Funktion kann auch seitens eines dritten Unternehmens, das seinen Sitz in einem anderen Mitgliedstaat der Europäischen Union oder EWR-Vertragsstaat hat, erfüllt werden;
61. Regulierungsbehörde: die nach § 2 Energie-Control-Gesetz eingerichtete Behörde;

61a. Repowering: die Modernisierung von Kraftwerken, die erneuerbare Energie produzieren, einschließlich des vollständigen oder teilweisen Austauschs von Anlagen oder Betriebssystemen und -geräten zum Austausch von Kapazität oder zur Steigerung der Effizienz oder der Kapazität der Anlage;

62. Reservestrom: die elektrische Energie, die über das Elektrizitätsnetz in den Fällen geliefert wird, in denen der KWK-Prozess ua durch Wartungsarbeiten unterbrochen oder abgebrochen ist;
62a. saisonaler Netzreservevertrag: ein Netzreservevertrag gemäß Z 52b, der für den Zeitraum einer Winter- oder Sommersaison abgeschlossen wird. Als Sommersaison gilt dabei der Zeitraum gemäß Z 67b, die Wintersaison hingegen umfasst den Zeitraum von jeweils 1. Oktober eines Kalenderjahres bis jeweils 30. April des darauffolgenden Kalenderjahres. In beiden Fällen besteht für Beginn und Ende des Vertrags eine Toleranzbandbreite von jeweils einem Monat nach oben sowie nach unten;
63. Sekundärregelung: die automatisch wirksam werdende und erforderlichenfalls ergänzend manuell angesteuerte Rückführung der Frequenz und der Austauschleistung mit anderen Regelzonen auf die Sollwerte nach Störung des Gleichgewichts zwischen erzeugter und verbrauchter Wirkleistung mit Hilfe von zentralen und dezentralen Einrichtungen. Die Sekundärregelung umfasst auch die Ausfallsreserve. Die Wiederherstellung der Sollfrequenz kann im Bereich von mehreren Minuten liegen;
64. Sicherheit: sowohl die Sicherheit der Elektrizitätsversorgung und -bereitstellung als auch die Betriebssicherheit;
65. standardisiertes Lastprofil: ein durch ein geeignetes Verfahren für eine bestimmte Einspeiser- oder Entnehmergruppe charakteristisches Lastprofil;
66. Stromhändler: eine natürliche oder juristische Person oder eingetragene Personengesellschaft, die elektrische Energie in Gewinnabsicht verkauft;
67. Systembetreiber: ein Netzbetreiber, der über die technisch-organisatorischen Einrichtungen verfügt, um alle zur Aufrechterhaltung des Netzbetriebes notwendigen Maßnahmen setzen zu können;
67a. teilnehmender Berechtigter: eine juristische oder natürliche Person oder eingetragene Personengesellschaft, die mit ihrer Verbrauchsanlage einer gemeinschaftlichen Erzeugungsanlage zugeordnet ist;
67b. temporäre saisonale Stilllegungen: temporäre Stilllegungen gemäß Z 67c, die von einem Betreiber einer Erzeugungsanlage für den Zeitraum von jeweils 1. Mai bis jeweils 30. September eines Kalenderjahres gemäß § 23a ElWOG 2010 verbindlich angezeigt werden. Für die Festlegung von Beginn und Ende des Stilllegungszeitraums steht dem Betreiber der Erzeugungsanlage eine Toleranzbandbreite von jeweils einem Monat nach oben sowie nach unten zu;
67c. temporäre Stilllegungen: vorläufige Maßnahmen mit Ausnahme von Revisionen und technisch bedingten Störungen, die bewirken, dass die Erzeugungsanlage innerhalb von 72 Stunden nicht mehr anfahrbereit gehalten wird, aber wieder betriebsbereit gemacht werden kann. Hiermit wird keine Betriebseinstellung der Anlage bewirkt;
68. Tertiärregelung: das längerfristig wirksam werdende, manuell oder automatisch ausgelöste Abrufen von elektrischer Leistung, die zur Unterstützung oder Ergänzung der Sekundärregelung oder zur längerfristigen Ablösung von bereits aktivierter Sekundärregelleistung dient (Minutenreserve);
69. Übertragung: den Transport von elektrischer Energie über ein Höchstspannungs- und Hochspannungsverbundnetz zum Zweck der Belieferung von Verteilern oder Endkunden, jedoch mit Ausnahme der Versorgung;
70. Übertragungsnetz: ein Hochspannungsverbundnetz mit einer Spannungshöhe von 110 kV und darüber, das dem überregionalen Transport von elektrischer Energie dient;
71. Übertragungsnetzbetreiber: eine natürliche oder juristische Person oder eingetragene Personengesellschaft, die verantwortlich ist für den Betrieb, die Wartung sowie erforderlichenfalls den Ausbau des Übertragungsnetzes und gegebenenfalls der Verbindungsleitungen zu anderen Netzen sowie für die Sicherstellung der langfristigen Fähigkeit des Netzes, eine angemessene Nachfrage nach Übertragung von elektrischer Energie zu befriedigen;
72. Verbindungsleitung: eine Anlage, die zur Verbundschaltung von Elektrizitätsnetzen dient;
73. verbundenes Elektrizitätsunternehmen:
a) ein verbundenes Unternehmen im Sinn des § 189a Z 8 UGB,
b) ein assoziiertes Unternehmen im Sinn des § 189a Z 9 UGB oder
c) zwei oder mehrere Unternehmen, deren Aktionäre ident sind;
74. Verbundnetz: eine Anzahl von Übertragungs- und Verteilernetzen, die durch eine oder mehrere Verbindungsleitungen miteinander verbunden sind;
75. Versorger: eine natürliche oder juristische Person oder eingetragene Personengesellschaft, die die Versorgung wahrnimmt;
76. Versorgung: der Verkauf einschließlich Weiterverkauf von elektrischer Energie an Kunden;
77. Verteilernetzbetreiber: eine natürliche oder juristische Person oder eingetragene Personengesellschaft, die verantwortlich ist für den Betrieb, die Wartung sowie erforderlichenfalls den Ausbau des Verteilernetzes in einem bestimmten Gebiet und gegebenenfalls der Verbindungsleitungen zu anderen Netzen sowie

für die Sicherstellung der langfristigen Fähigkeit des Netzes, eine angemessene Nachfrage nach Verteilung von elektrischer Energie zu befriedigen;
78. Verteilung: der Transport von elektrischer Energie über Hoch-, Mittel- oder Niederspannungs-Verteilernetze zum Zweck der Belieferung von Kunden, jedoch mit Ausnahme der Versorgung;
79. vertikal integriertes Elektrizitätsunternehmen: ein Unternehmen oder eine Gruppe von Unternehmen, in der dieselbe Person berechtigt ist, direkt oder indirekt Kontrolle auszuüben, wobei das betreffende Unternehmen bzw die betreffende Gruppe mindestens eine der Tätigkeiten Übertragung oder Verteilung und mindestens eine der Tätigkeiten Erzeugung von oder Versorgung mit elektrischer Energie ausübt;
80. Wirkungsgrad: der auf der Grundlage des unteren Heizwerts der Brennstoffe berechnete Wirkungsgrad;
81. Wirkungsgrad-Referenzwerte für die getrennte Erzeugung: die Wirkungsgrade einer alternativen getrennten Erzeugung von Wärme und elektrischer Energie, die durch KWK ersetzt werden soll;
82. wirtschaftlicher Vorrang: die Rangfolge der Elektrizitätsquellen nach wirtschaftlichen Gesichtspunkten;
83. wirtschaftlich vertretbarer Bedarf: der Bedarf, der die benötigte Wärme- oder Kühlleistung nicht überschreitet und der sonst durch andere Energieproduktionsprozesse als KWK zu Marktbedingungen gedeckt würde;
84. Zählpunkt: die Einspeise- bzw Entnahmestelle, an der eine Strommenge messtechnisch erfasst und registriert wird. Dabei sind in einem Netzbereich liegende Zählpunkte eines Netzbenutzers zusammenzufassen, wenn sie der Anspeisung von kundenseitig galvanisch oder transformatorisch verbundenen Anlagen, die der Straßenbahnverordnung 1999 unterliegen, dienen; im Übrigen ist eine Zusammenfassung mehrerer Zählpunkte nicht zulässig;
84a. Zeitreihe: der zeitliche Verlauf der entnommenen oder eingespeisten Energie in Viertelstundenwerten über eine zeitliche Periode;
85. Zusatzstrom: die elektrische Energie, die über das Elektrizitätsnetz in den Fällen geliefert wird, in denen die Nachfrage nach elektrischer Energie die elektrische Erzeugung des KWK-Prozesses übersteigt.

Verweisungen auf Bundesrecht

§ 6

Die in diesem Gesetz enthaltenen Verweisungen auf bundesrechtliche Vorschriften gelten, soweit nicht ausdrücklich anderes bestimmt wird, als Verweisungen auf die letztzitierte Fassung:

1. Bundesgesetz, mit dem die Ausübungsvoraussetzungen, die Aufgaben und die Befugnisse der Verrechnungsstellen für Transaktionen und Preisbildung für die Ausgleichsenergie geregelt werden (im Folgenden kurz als ‚Verrechnungsstellengesetz' bezeichnet), BGBl I Nr 121/2000; Gesetz BGBl I Nr 107/2017;
2. Eisenbahn-Enteignungsentschädigungsgesetz – EisbEG, BGBl Nr 71/1954; Gesetz BGBl I Nr 111/ 2010;
3. Elektrizitätswirtschafts- und -organisationsgesetz 2010 – ElWOG 2010, BGBl I Nr 110; Gesetz BGBl I Nr 150/2021;
4. Energie-Control-Gesetz – E-ControlG, BGBl I Nr 110/2010; Gesetz BGBl I Nr 150/2021;
5. Erneuerbaren-Ausbau-Gesetz – EAG, BGBl I Nr 150/2021; Gesetz BGBl I Nr 181/2021;
6. Gaswirtschaftsgesetz 2011 – GWG 2011, BGBl I Nr 107; Gesetz BGBl I Nr 150/2021;
7. Gewerbeordnung 1994 – GewO 1994, BGBl Nr 194; Gesetz BGBl I Nr 65/2020;
8. Konsumentenschutzgesetz – KSchG, BGBl Nr 140/1979; Gesetz BGBl I Nr 175/2021;
9. Ökostromgesetz 2012 – ÖSG 2012, BGBl I Nr 75/2011; Gesetz BGBl I Nr 150/2021;
10. Straßenbahnverordnung 1999 – StrabVO, BGBl II Nr 76/2000; Verordnung BGBl II Nr 127/2018;
11. Unternehmensgesetzbuch – UGB, dRGBl S 219/1897; Gesetz BGBl I Nr 86/2021.

2. Hauptstück
Betrieb von Netzen
1. Teil
Übertragungsnetze
Anzeigepflicht und Feststellung

§ 7

(1) Der Betrieb eines Übertragungsnetzes ist der Landesregierung vorausgehend anzuzeigen.

(2) Der Anzeige gemäß Abs. 1 sind die zum Nachweis der Person des Betreibers erforderlichen Unterlagen sowie eine Beschreibung der Art und des Umfanges der Stromübertragung und ein Plan des vorgesehenen Übertragungsnetzes im Maßstab 1 : 25.000, in dem auch die angrenzenden und zusammenhängenden Verteilernetze und Verbindungsleitungen eingetragen sind, in zweifacher Ausfertigung anzuschließen.

(3) Die Landesregierung hat über Antrag festzustellen, ob ein Übertragungsnetz vorliegt oder nicht. Die Feststellung kann auch von Amts wegen getroffen werden.

Pflichten der Betreiber von Übertragungsnetzen

§ 7a

(1) Die Betreiber von Übertragungsnetzen sind verpflichtet:

1. das von ihnen betriebene System sicher, zuverlässig, leistungsfähig und unter Bedachtnahme auf den Umweltschutz und die Interessen der Gesamtheit der Netzzugangsberechtigten zu betreiben und zu erhalten sowie bedarfsgerecht auszubauen;
2. die zum Betrieb des Systems erforderlichen technischen Voraussetzungen sicherzustellen;
3. die zur Durchführung der Verrechnung und Datenübermittlung gemäß § 8b Abs 1 Z 9 erforderlichen vertraglichen Maßnahmen zu treffen;
4. dem Betreiber eines anderen Netzes, mit dem ihr eigenes Netz verbunden ist, ausreichende Informationen zu liefern, um den sicheren und leistungsfähigen Betrieb, den koordinierten Ausbau und die Interoperabilität des Verbundsystems sicherzustellen;
5. Verträge über den Datenaustausch mit anderen Netzbetreibern, den Bilanzgruppenverantwortlichen sowie den Bilanzgruppenkoordinatoren und anderen Marktteilnehmern entsprechend den Marktregeln abzuschließen;
6. die genehmigten Allgemeinen Bedingungen und die gemäß §§ 51 ff ElWOG 2010 bestimmten Systemnutzungsentgelte zu veröffentlichen;
7. sich jeglicher Diskriminierung von Netzbenutzern oder Kategorien von Netzbenutzern, insbesondere zugunsten der mit ihnen verbundenen Unternehmen, zu enthalten;
8. auf lange Sicht die Fähigkeit des Netzes zur Befriedigung einer angemessenen Nachfrage nach Übertragung von Elektrizität langfristig sicherzustellen und unter wirtschaftlichen Bedingungen und unter gebührender Beachtung des Umweltschutzes sichere, zuverlässige und leistungsfähige Übertragungsnetze zu betreiben, zu warten und auszubauen;
9. durch entsprechende Übertragungskapazität und Zuverlässigkeit des Netzes einen Beitrag zur Versorgungssicherheit zu leisten;
10. den Netzbenutzern die Informationen zur Verfügung zu stellen, die sie für einen effizienten Netzzugang benötigen;
11. Engpässe im Netz zu ermitteln und Maßnahmen zu setzen, um Engpässe zu vermeiden oder zu beseitigen sowie die Versorgungssicherheit aufrecht zu erhalten; wenn für die Netzengpassbeseitigung oder Aufrechterhaltung der Versorgungssicherheit dennoch Leistungen der Erzeuger (Erhöhung oder Einschränkung der Erzeugung sowie Veränderung der Verfügbarkeit von Erzeugungsanlagen) erforderlich sind, ist dies vom Übertragungsnetzbetreiber unter Bekanntgabe aller notwendigen Daten unverzüglich dem Regelzonenführer zu melden, der erforderlichenfalls weitere Anordnungen zu treffen hat (§ 8b Abs 1 Z 5);
12. die zur Verfügungstellung der zur Erfüllung der Dienstleistungsverpflichtungen erforderlichen Mittel zu gewährleisten;
13. unter der Aufsicht der Regulierungsbehörde Engpasserlöse und Zahlungen im Rahmen des Ausgleichsmechanismus zwischen Übertragungsnetzbetreibern gemäß Art 13 der Verordnung 2009/714/EG einzunehmen, Dritten Zugang zu gewähren und deren Zugang zu regeln sowie bei Verweigerung des Zugangs begründete Erklärungen abzugeben; bei der Ausübung seiner im Rahmen dieser Bestimmung festgelegten Aufgaben hat der Übertragungsnetzbetreiber in erster Linie die Marktintegration zu erleichtern; Engpasserlöse sind für die im Art 16 Abs 6 der Verordnung 2009/714/EG genannten Zwecke zu verwenden;
14. die Übertragung von elektrischer Energie durch das Netz unter Berücksichtigung des Austauschs mit anderen Verbundnetzen zu regeln;
15. ein sicheres, zuverlässiges und effizientes Elektrizitätsnetz zu unterhalten; dies ist durch die Bereitstellung aller notwendigen Hilfsdienste einschließlich jener, die zur Befriedigung der Nachfrage erforderlich sind, zu gewährleisten, wobei diese Bereitstellung unabhängig von jedwedem anderen Übertragungsnetz, mit dem ihr Netz einen Verbund bildet, erfolgen muss; weiters sind Maßnahmen für den Wiederaufbau nach Großstörungen des Übertragungsnetzes zu planen und zu koordinieren, indem die Übertragungsnetzbetreiber vertragliche Vereinbarungen im technisch notwendigen Ausmaß sowohl mit direkt als auch indirekt angeschlossenen Kraftwerksbetreibern abschließen, um die notwendige Schwarzstart- und Inselbetriebsfähigkeit ausschließlich durch die Übertragungsnetzbetreiber sicherzustellen;
16. einen Netzentwicklungsplan gemäß § 8 zu erstellen und zur Genehmigung bei der Regulierungsbehörde einzureichen;
17. der Regulierungsbehörde jährlich schriftlich Bericht darüber zu legen, welche Maßnahmen zur Wahrnehmung ihrer im Rahmen der Verordnung 2009/714/EG und anderer unmittelbar anwendbarer Bestimmungen des Unionsrechts auferlegten Transparenzverpflichtungen gesetzt worden sind; der Bericht hat insbesondere eine Spezifikation der veröffentlichten Informationen, die Art der Veröffentlichung (wie Internetadressen, Zeitpunkte und Häufigkeit der Veröffentlichung sowie qualitative oder quantitative Beurteilung der Datenzuverlässigkeit der Veröffentlichung) zu enthalten;
18. der Regulierungsbehörde jährlich schriftlich Bericht darüber zu legen, welche Maßnahmen zur Wahrnehmung ihrer im Rahmen der Richtlinie 2009/72/EG und anderer unmittelbar anwendbarer Bestimmungen des Unionsrechts

auferlegten Verpflichtungen zur technischen Zusammenarbeit mit Übertragungsnetzbetreibern der Europäischen Union sowie Drittländern gesetzt worden sind; der Bericht hat insbesondere auf die mit den Übertragungsnetzbetreibern vereinbarten Prozesse und Maßnahmen hinsichtlich der länderübergreifenden Netzplanung und des Netzbetriebs sowie auf vereinbarte Daten für die Überwachung dieser Prozesse und Maßnahmen einzugehen;

19. zur Unterstützung der ENTSO (Strom) bei der Erstellung des gemeinschaftsweiten Netzentwicklungsplans;
20. zur Einrichtung einer besonderen Bilanzgruppe für die Ermittlung der Netzverluste, die nur die dafür notwendigen Kriterien einer Bilanzgruppe zu erfüllen hat;
21. elektrische Energie, die zur Deckung von Energieverlusten und Kapazitätsreserven im Übertragungsnetz verwendet wird, nach transparenten, nichtdiskriminierenden und marktorientierten Verfahren zu beschaffen.

(2) Wirkt ein Übertragungsnetzbetreiber, der Teil eines vertikal integrierten Elektrizitätsunternehmens ist, an einem zur Umsetzung der regionalen Zusammenarbeit geschaffenen gemeinsamen Unternehmen mit, ist dieses gemeinsame Unternehmen verpflichtet, ein Gleichbehandlungsprogramm aufzustellen und durchzuführen. Darin sind die Maßnahmen aufzuführen, mit denen sichergestellt wird, dass diskriminierende und wettbewerbswidrige Verhaltensweisen ausgeschlossen werden. In diesem Gleichbehandlungsprogramm ist festzulegen, welche besonderen Pflichten die Mitarbeiter und Mitarbeiterinnen im Hinblick auf die Erreichung des Ziels der Vermeidung diskriminierenden und wettbewerbswidrigen Verhaltens haben. Das Programm bedarf der Genehmigung durch die Agentur. Die Einhaltung des Programms ist durch den Gleichbehandlungsbeauftragten des Übertragungsnetzbetreibers zu kontrollieren.

Netzentwicklungsplan

§ 8

(1) Die Betreiber eines Übertragungsnetzes haben der Regulierungsbehörde alle zwei Jahre einen zehnjährigen Netzentwicklungsplan für das Übertragungsnetz zur Genehmigung vorzulegen, der sich auf die aktuelle Lage und die Prognosen im Bereich von Angebot und Nachfrage stützt.

(2) Zweck des Netzentwicklungsplans ist insbesondere:

1. den Marktteilnehmern Angaben darüber zu liefern, welche wichtigen Übertragungsinfrastrukturen in den nächsten zehn Jahren errichtet oder ausgebaut werden müssen;
2. alle bereits beschlossenen Investitionen aufzulisten und die neuen Investitionen zu bestimmen, die in den nächsten drei Jahren durchgeführt werden müssen;
3. einen Zeitplan für alle Investitionsprojekte vorzugeben.

(3) Die Ziele des Netzentwicklungsplans sind insbesondere:

1. die Deckung der Nachfrage an Leitungskapazitäten zur Versorgung der Endverbraucher unter Berücksichtigung von Notfallszenarien;
2. die Erzielung eines hohen Maßes an Verfügbarkeit der Leitungskapazität (Versorgungssicherheit der Infrastruktur);
3. die Deckung der Nachfrage nach Leitungskapazitäten zur Erreichung eines europäischen Binnenmarktes.

(4) Bei der Erarbeitung des Netzentwicklungsplans hat der Übertragungsnetzbetreiber angemessene Annahmen über die Entwicklung der Erzeugung, der Versorgung, des Verbrauchs und des Stromaustauschs mit anderen Staaten unter Berücksichtigung der Investitionspläne für regionale Netze gemäß Art 12 Abs 1 der Verordnung 2009/714/EG und für gemeinschaftsweite Netze gemäß Art 8 Abs 3 lit b der Verordnung 2009/714/EG zugrunde zu legen. Der Netzentwicklungsplan hat wirksame Maßnahmen zur Gewährleistung der Angemessenheit des Netzes und der Erzielung eines hohen Maßes an Verfügbarkeit der Leitungskapazität (Versorgungssicherheit der Infrastruktur) zu enthalten.

(5) Der Übertragungsnetzbetreiber hat bei der Erstellung des Netzentwicklungsplans die technischen und wirtschaftlichen Zweckmäßigkeiten, die Interessen aller Marktteilnehmer sowie die Kohärenz mit dem integrierten Netzinfrastrukturplan gemäß § 94 EAG und dem gemeinschaftsweiten Netzentwicklungsplan zu berücksichtigen. Überdies hat er den koordinierten Netzentwicklungsplan gemäß § 63 GWG 2011 und die langfristige und integrierte Planung gemäß § 22 GWG 2011 zu berücksichtigen. Vor Einbringung des Antrages auf Genehmigung des Netzentwicklungsplans hat der Übertragungsnetzbetreiber alle relevanten Marktteilnehmer zu konsultieren.

(6) In der Begründung des Antrages auf Genehmigung des Netzentwicklungsplans haben die Übertragungsnetzbetreiber, insbesondere bei konkurrierenden Vorhaben zur Errichtung, Erweiterung, Änderung oder dem Betrieb von Leitungsanlagen, die technischen und wirtschaftlichen Gründe für die einzelnen Vorhaben darzustellen und die Beseitigung von Netzengpässen anzustreben.

Einteilung der Regelzonen

§ 8a

(1) Der im Land Salzburg liegende Teil des Übertragungsnetzes der VERBUND – Austrian

Power Grid AG ist Bestandteil der von dieser Gesellschaft gebildeten Regelzone. Als Regelzonenführer wird die VERBUND – Austrian Power Grid AG benannt. Die Zusammenfassung der Regelzone mit anderen Regelzonen in Form eines gemeinsamen Betriebs durch einen Regelzonenführer ist zulässig.

(2) Der Regelzonenführer muss nachweislich den zur unabhängigen Erfüllung seiner Aufgaben und Pflichten notwendigen Anforderungen insbesondere in rechtlicher, administrativer und kommerzieller Hinsicht entsprechen.

Aufgaben und Pflichten des Regelzonenführers

§ 8b

(1) Der Regelzonenführer hat folgende Aufgaben und Pflichten:

1. die Bereitstellung der Systemdienstleistung (Frequenz-/ Leistungsregelung) entsprechend anerkannter technischer Regeln, wie etwa der ENTSO (Strom). Diese Systemdienstleistung kann auch von einem dritten Unternehmen erbracht werden;
2. die Fahrplanabwicklung mit anderen Regelzonen;
3. die Organisation und den Abruf der Regelenergie entsprechend der Bieterkurve;
4. die Durchführung der Messungen von elektrischen Größen an Schnittstellen des Übertragungsnetzes und die Übermittlung der Daten an den Bilanzgruppenkoordinator und andere Netzbetreiber;
5. die Ermittlung von Engpässen in Übertragungsnetzen sowie die Durchführung von Maßnahmen zur Vermeidung, Beseitigung und Überwindung von Engpässen in Übertragungsnetzen, weiters die Aufrechterhaltung der Versorgungssicherheit. Sofern für die Vermeidung oder Beseitigung eines Netzengpasses erforderlich, schließen die Regelzonenführer in Abstimmung mit den betroffenen Betreibern von Verteilernetzen im erforderlichen Ausmaß und für den erforderlichen Zeitraum mit Erzeugern oder Entnehmern Verträge, wonach diese zu gesicherten Leistungen (Erhöhung oder Einschränkung der Erzeugung oder des Verbrauchs) gegen Ersatz der wirtschaftlichen Nachteile und Kosten, die durch diese Leistungen verursacht werden, verpflichtet sind; dabei sind die Vorgaben gemäß Art 13 der Verordnung (EU) 2019/943 einzuhalten. Soweit darüber hinaus auf Basis einer Systemanalyse der Bedarf nach Vorhaltung zusätzlicher Erzeugungsleistung oder reduzierter Verbrauchsleistung besteht (Netzreserve), ist diese gemäß den Vorgaben des § 23b ElWOG 2010 zu beschaffen. In diesen Verträgen können Erzeuger oder Entnehmer auch zu gesicherten Leistungen, um zur Vermeidung und Beseitigung von Netzengpässen in anderen Übertragungsnetzen beizutragen, verpflichtet werden. Zur Nutzung von Erzeugungsanlagen oder Anlagen von Entnehmern im europäischen Elektrizitätsbinnenmarkt und der Schweizerischen Eidgenossenschaft zur Vermeidung, Beseitigung und Überwindung von Engpässen in österreichischen Übertragungsnetzen können die Regelzonenführer Verträge mit anderen Übertragungsnetzbetreibern abschließen. Bei der Bestimmung der Systemnutzungsentgelte sind den Regelzonenführern die Aufwendungen, die ihnen aus der Erfüllung dieser Verpflichtungen entstehen, anzuerkennen;
6. der Abruf der Kraftwerke zur Aufbringung von Ausgleichsenergie gemäß den Vorgaben (Bieterkurve) des Bilanzgruppenkoordinators;
7. die Durchführung der Abgrenzung von Regelenergie zu Ausgleichsenergie nach transparenten und objektiven Kriterien entsprechend den Vorgaben des Bilanzgruppenkoordinators;
8. die Sicherstellung des physikalischen Ausgleichs zwischen Aufbringung und Bedarf in dem von ihm abzudeckenden System;
9. die Verrechnung der Ausgleichsenergie über eine zur Ausübung dieser Tätigkeit befugte und zuständige Verrechnungsstelle und die Zurverfügungstellung der zur Durchführung der Verrechnung erforderlichen Daten an die Verrechnungsstelle und den Bilanzgruppenverantwortlichen. Insbesondere sind jene Zählwerte zu übermitteln, die für die Berechnung der Fahrplanabweichungen und der Abweichungen vom Lastprofil jeder Bilanzgruppe benötigt werden;
10. die Erstellung einer Lastprognose zur Erkennung von Engpässen;
11. Verträge über den Datenaustausch mit anderen Netzbetreibern, den Bilanzgruppenverantwortlichen und dem Bilanzgruppenkoordinator sowie anderen Marktteilnehmern entsprechend den in den Allgemeinen Netzbedingungen festgelegten Marktregeln abzuschließen;
12. die Einsetzung des Bilanzgruppenkoordinators;
13. die Veröffentlichung der in Anspruch genommenen Primärregelleistung hinsichtlich Dauer und Höhe sowie der Ergebnisse des Ausschreibungsverfahrens gemäß § 31;
14. die Systeme der Datenübermittlung und Auswertung für zeitgleich übermittelte Daten von Erzeugungsanlagen gemäß § 30 Abs 4 so zu gestalten und zu betreiben, dass eine Weitergabe dieser Information an Dritte auszuschließen ist;
15. ein Gleichbehandlungsprogramm zu erstellen, durch das gewährleistet wird, dass die Verpflichtungen gemäß Z 15 eingehalten werden;

16. mit der Agentur sowie der Regulierungsbehörde zusammen zu arbeiten, um die Kompatibilität der regional geltenden Regulierungsmaßnahmen und damit die Schaffung eines Wettbewerbsbinnenmarkts für Elektrizität zu gewährleisten;
17. für Zwecke der Kapazitätsvergabe und der Überprüfung der Netzsicherheit auf regionaler Ebene über ein oder mehrere integrierte Systeme zu verfügen, die sich auf einen oder mehrere Mitgliedstaaten erstrecken;
18. regional und überregional die Berechungen von grenzüberschreitenden Kapazitäten und deren Vergabe gemäß den Vorgaben der Verordnung 2009/714/EG zu koordinieren;
19. Maßnahmen, die der Markttransparenz dienen, grenzüberschreitend abzustimmen;
20. die Vereinheitlichung zum Austausch von Regelenergieprodukten durchzuführen;
21. in Zusammenarbeit mit anderen Regelzonenführern eine regionale Bewertung bzw Prognose der Versorgungssicherheit vorzunehmen;
22. in Zusammenarbeit mit anderen Regelzonenführern unter Austausch der erforderlichen Daten eine regionale Betriebsplanung durchzuführen und koordinierte Netzbetriebssicherheitssysteme zu verwenden;
23. die Regeln für das Engpassmanagement einschließlich der Kapazitätszuweisung an den grenzüberschreitenden Leitungen sowie jede Änderung dieser Regeln der Regulierungsbehörde zur Genehmigung vorzulegen;
24. Angebote für Regelenergie einzuholen, zu übernehmen und eine Abrufreihenfolge als Vorgabe für Regelzonenführer zu erstellen;
25. besondere Maßnahme zu ergreifen, wenn keine Angebote für Regelenergie vorliegen.

(2) Die näheren Bestimmungen zu den im Abs 1 festgelegten Aufgaben und Pflichten sind in den Allgemeinen Netzbedingungen festzulegen.

(3) Die Aufnahme der Tätigkeit als Regelzonenführer ist der Landesregierung vorausgehend anzuzeigen. Der Anzeige sind die Nachweise für die Unabhängigkeit des Regelzonenführers und der sonst gemäß § 8a Abs 2 bestehenden Anforderungen anzuschließen.

(4) Erfüllt der Regelzonenführer nicht die gemäß § 8a Abs 2 bestehenden Anforderungen oder kommt der Regelzonenführer seinen Aufgaben und Pflichten gemäß Abs 1 nicht nach, hat die Landesregierung seine Tätigkeit zu untersagen.

Einweisung

§ 9

(1) Zeigt sich der Betreiber eines Übertragungsnetzes außer Stande, die ihm gesetzlich auferlegten Pflichten, insbesondere seine Übertragungsaufgaben zu erfüllen, ist ihm von der Landesregierung aufzutragen, die hindernden Umstände innerhalb angemessener Frist zu beseitigen. Ungeachtet dessen kann die Landesregierung, soweit dies zur Beseitigung einer Gefahr für das Leben oder die Gesundheit von Menschen oder zur Abwehr schwerer volkswirtschaftlicher Schäden notwendig ist, ein anderes Elektrizitätsunternehmen zur vorübergehenden Abgabe elektrischer Energie gegen entsprechende Schadloshaltung heranziehen.

(2) Sind die hindernden Umstände derart, dass eine Wiederaufnahme der ordnungsgemäßen Übertragung von elektrischer Energie durch den Netzbetreiber in absehbarer Zeit nicht zu erwarten ist oder kommt der Netzbetreiber dem gemäß Abs 1 erteilten Auftrag nicht nach, kann die Landesregierung diesem Elektrizitätsunternehmen den Betrieb ganz oder teilweise untersagen und ein anderes Elektrizitätsunternehmen zur dauernden Übernahme der Übertragung verpflichten (Einweisung). Die Verpflichtung kann mit Auflagen verbunden werden.

(3) Das gemäß Abs 2 verpflichtete Elektrizitätsunternehmen tritt in die Rechte und Pflichten aus den Verträgen des Unternehmens, dem der Betrieb (teilweise) untersagt worden ist, ein.

(4) Die Landesregierung hat dem gemäß Abs 2 verpflichteten Elektrizitätsunternehmen auf dessen Antrag gegen angemessene Entschädigung den Gebrauch des Netzes des Unternehmens, dem der Betrieb (teilweise) untersagt worden ist, so weit zu gestatten, wie dies zur Erfüllung der Übertragungsaufgaben notwendig ist. Dem verpflichteten Unternehmen kann außerdem gestattet werden, die zur Sicherstellung der Übertragung erforderlichen Änderungen an diesen Anlagen vorzunehmen.

(5) Die Landesregierung kann nach Erlassung des Bescheides gemäß Abs 2 auf Antrag des verpflichteten Elektrizitätsunternehmens zu dessen Gunsten das in Gebrauch genommenen Netz sowie die damit verbundenen Rechte am Grundeigentum gegen angemessene Entschädigung im notwendigen Ausmaß enteignen.

(6) Auf das Enteignungsverfahren und die behördliche Ermittlung der Entschädigung finden die Bestimmungen des § 68 Abs 1 lit a bis d und Abs 2 Anwendung. Die Landesregierung hat über den Antrag des enteigneten früheren Konzessionsinhabers oder seines Rechtsnachfolgers, der innerhalb eines Jahres nach der Betriebseinstellung durch das verpflichtete Elektrizitätsunternehmen zu stellen ist, zu dessen Gunsten die Rückübereignung gegen angemessene Entschädigung auszusprechen. Für die Feststellung dieser Entschädigung gilt § 68 Abs 1 lit c.

(7) Im Verfahren gemäß Abs 2 kommt allen Betreibern von Übertragungsnetzen im Land Salzburg Parteistellung zu.

Recht zur Versorgung über Direktleitungen

§ 10

Die Betreiber von angezeigten Übertragungsnetzen haben das Recht, ihre Betriebsstätten, Konzernunternehmen und Netzzugangsberechtigten gegebenenfalls auch in Versorgungsgebieten von Betreibern von Verteilernetzen über Direktleitungen zu versorgen.

2. Teil
Verteilernetze
1. Abschnitt
Elektrizitätswirtschaftliche Konzession

Konzessionspflicht

§ 11

Der Betrieb eines Verteilernetzes bedarf einer elektrizitätswirtschaftlichen Konzession der Landesregierung.

Voraussetzungen

§ 12

(1) Die Erteilung der Konzession setzt voraus, dass der Konzessionswerber

1. als juristische Person
a) seinen Sitz, seine Hauptverwaltung oder Hauptniederlassung in einem EWR-Staat hat;
b) für die Ausübung der Konzession einen Geschäftsführer oder Pächter (§ 15) bestellt hat; und
c) von der Ausübung der Konzession nicht ausgeschlossen ist;
2. als natürliche Person
a) eigenberechtigt ist;
b) die österreichische Staatsbürgerschaft besitzt oder Staatsangehöriger eines unter Z 1 lit a fallenden Staates ist;
c) seinen Hauptwohnsitz im Inland oder einem anderen unter
Z 1 lit a fallenden Staat hat; und
d) von der Ausübung der Konzession nicht ausgeschlossen ist.

(2) Der Konzessionswerber, Pächter oder Geschäftsführer muss die fachliche Befähigung für die Ausübung des Gewerbes der Elektrotechniker (§ 94 Z 16 GewO 1994) aufweisen.

(3) Die Konzession setzt weiter voraus, dass

1. erwartet werden kann, dass der Konzessionswerber wirtschaftlich in der Lage ist, die erforderlichen Anlagen zu errichten, zu betreiben und zu erhalten sowie eine ausreichende, sichere und kostengünstige Verteilung der elektrischen Energie im Konzessionsgebiet zu gewährleisten;
2. die dem Elektrizitätsunternehmen zu Grunde liegenden Vorhaben und dazu erforderlichen Anlagen grundsätzlich zur Verwirklichung geeignet erscheinen, insbesondere nicht im unvereinbaren Widerspruch zu den Interessen der Raumplanung und des Natur- und des Umweltschutzes stehen und eine sichere Betriebsführung erwarten lassen;
3. die öffentlichen Interessen an der Aufrechterhaltung der Stromversorgung (Verteilung, Anschlusspflicht und Versorgungssicherheit) nicht beeinträchtigt werden;
4. für das vorgesehene Verteilungsgebiet keine Konzession nach den Bestimmungen dieses Abschnittes besteht;
5. erwartet werden kann, dass der Konzessionswerber seinen Pflichten nach diesem Gesetz nachkommt.

(4) Sind am Netz eines Verteilernetzbetreibers mehr als 100.000 Kunden angeschlossen, muss der Konzessionswerber, wenn er zu einem vertikal integrierten Unternehmen gehört, zumindest in seiner Rechtsform, Organisation und Entscheidungsgewalt unabhängig von den übrigen Tätigkeitsbereichen sein, die nicht mit der Verteilung elektrischer Energie zusammenhängen. Eine gemeinsame Betriebsführung von Netzen für elektrische Energie, Erdgas und sonstige leitungsgebundene Sparten in einem Unternehmen ist zulässig.

(5) Zur Sicherstellung der im Abs 4 geforderten Unabhängigkeit ist es insbesondere erforderlich,

1. dass die für die Leitung des Verteilernetzbetreibers zuständigen Personen nicht betrieblichen Einrichtungen des integrierten Elektrizitätsunternehmens angehören, die direkt oder indirekt für den laufenden Betrieb in den Bereichen Erzeugung und Versorgung von bzw mit elektrischer Energie zuständig sind;
2. dass die berufsbedingten Interessen der für die Leitung des Verteilernetzbetreibers zuständigen Personen (Gesellschaftsorgane) in einer Weise berücksichtigt werden, dass deren Handlungsunabhängigkeit gewährleistet ist, wobei insbesondere die Gründe für die Abberufung eines Gesellschaftsorgans des Verteilernetzbetreibers in der Gesellschaftssatzung des Verteilernetzbetreibers klar zu umschreiben sind;
3. dass der Verteilernetzbetreiber über die zur Erfüllung seiner Aufgaben erforderlichen Ressourcen, einschließlich der personellen, technischen, materiellen und finanziellen Mittel verfügt, die für den Betrieb, die Wartung oder den Ausbau des Netzes erforderlich sind, und gewährleistet ist, dass der Verteilernetzbetreiber über die Verwendung dieser Mittel unabhängig von den übrigen Bereichen des integrierten Unternehmens entscheiden kann;
4. dass der Verteilernetzbetreiber ein Gleichbehandlungsprogramm aufstellt, aus dem hervorgeht, welche Maßnahmen zum Ausschluss diskriminierenden Verhaltens getroffen werden;

weiters sind Maßnahmen vorzusehen, durch die eine ausreichende Überwachung der Einhaltung dieses Programms gewährleistet wird. In diesem Programm ist insbesondere festzulegen, welche Pflichten die Mitarbeiter und Mitarbeiterinnen im Hinblick auf die Erreichung dieses Ziels haben. Der für die Aufstellung und Überwachung der Einhaltung des Gleichbehandlungsprogramms gegenüber der Landesregierung namhaft zu machende Gleichbehandlungsverantwortliche hat dieser und der Regulierungsbehörde jährlich bis spätestens 31. März des Folgejahres einen Bericht über die dokumentierten Beschwerdefälle und die getroffenen Maßnahmen vorzulegen und zu veröffentlichen. Die für die Überwachung des Gleichbehandlungsprogramms zuständige Landesregierung hat der Regulierungsbehörde jährlich einen zusammenfassenden Bericht über die getroffenen Maßnahmen vorzulegen und diesen Bericht zu veröffentlichen.

(6) Abs 5 Z 1 steht der Einrichtung von Koordinierungsmechanismen nicht entgegen, durch die sichergestellt wird, dass die wirtschaftlichen Befugnisse des Mutterunternehmens und seine Aufsichtsrechte über das Management im Hinblick auf die Rentabilität eines Tochterunternehmens geschützt werden. Insbesondere ist zu gewährleisten, dass ein Mutterunternehmen den jährlichen Finanzplan oder ein gleichwertiges Instrument des Verteilernetzbetreibers genehmigt und generelle Grenzen für die Verschuldung seines Tochterunternehmens festlegt. Weisungen bezüglich des laufenden Betriebs oder einzelner Entscheidungen über den Bau oder die Modernisierung von Verteilerleitungen, die über den Rahmen des genehmigten Finanzplans oder eines gleichwertigen Instruments nicht hinausgehen, sind unzulässig.

(7) Dem Aufsichtsrat von Verteilernetzbetreibern im Sinn des Abs 4 müssen mindestens zwei Mitglieder angehören, die von der Muttergesellschaft unabhängig sind.

(8) Ein Verteilernetzbetreiber, der Teil eines vertikal integrierten Unternehmens ist, ist von der Landesregierung dahingehend zu beobachten, dass er diesen Umstand nicht zur Verzerrung des Wettbewerbs nutzen kann. Vertikal integrierte Verteilernetzbetreiber haben in ihrer Kommunikations- und Markenpolitik dafür Sorge zu tragen, dass eine Verwechslung in Bezug auf die eigene Identität der Versorgungssparte des vertikal integrierten Unternehmens ausgeschlossen ist.

(9) Der Gleichbehandlungsbeauftragte des Verteilernetzbetreibers ist völlig unabhängig und hat Zugang zu allen Informationen, über die der Verteilernetzbetreiber und etwaige verbundene Unternehmen verfügen und die der Gleichbehandlungsbeauftragte benötigt, um seine Aufgaben zu erfüllen.

(10) Die Landesregierung hat allfällige Verstöße von Verteilernetzbetreibern gegen die Abs 4 bis 9 unverzüglich der Regulierungsbehörde mitzuteilen.

Konzessionsverfahren
§ 13

(1) Dem schriftlichen Ansuchen um Erteilung der Konzession sind die zum Nachweis bzw zur Glaubhaftmachung der im § 12 angeführten Voraussetzungen dienenden Unterlagen, eine Beschreibung über Art und Umfang der Stromverteilung und ein Plan des vorgesehenen Verteilungsgebietes mit klarer Darstellung der Gebietsgrenzen in dreifacher Ausfertigung anzuschließen.

(2) Im Verfahren zur Erteilung der Konzession hat neben dem Konzessionswerber jenes Elektrizitätsunternehmen, das eine Konzession zur Verteilung elektrischer Energie im beantragten Verteilungsgebiet besitzt, Parteistellung.

(3) Im Konzessionsverfahren sind jedenfalls die Wirtschaftskammer Salzburg, die Kammer für Arbeiter und Angestellte für Salzburg, die Kammer für Land- und Forstwirtschaft in Salzburg und die Landarbeiterkammer für Salzburg sowie die im beantragten Verteilungsgebiet liegenden Gemeinden zu hören.

(4) Wenn sich das vorgesehene Verteilernetz über zwei oder mehrere Bundesländer erstrecken soll, hat die Landesregierung im Einvernehmen mit den anderen zuständigen Landesregierungen vorzugehen.

Konzessionsbescheid
§ 14

(1) Die Konzession ist mit schriftlichem Bescheid zu erteilen, wenn die Voraussetzungen des § 12 vorliegen. Der Plan des Verteilungsgebietes (Konzessionsplan) ist Bestandteil der Konzession.

(2) Im Konzessionsbescheid ist eine Frist für die Aufnahme des Betriebes festzulegen, die mindestens sechs Monate betragen muss. Die Frist ist auf Ansuchen, das vor deren Ablauf einzubringen ist, zu verlängern, wenn vom Konzessionsinhaber nicht verschuldete Hindernisse der Fertigstellung des Vorhabens innerhalb der festgelegten Frist entgegenstehen.

(3) Die Konzession ist unter Bedingungen und Auflagen zu erteilen, die zur Wahrung der öffentlichen Interessen an einer geordneten Verteilung elektrischer Energie erforderlich sind. Erforderlichenfalls ist ebenso sicherzustellen, dass der Verteilernetzbetreiber hinsichtlich seiner Organisation und Entscheidungsgewalt unabhängig von den übrigen Tätigkeitsbereichen eines vertikal inte-

grierten Unternehmens ist, die nicht mit der Verteilung elektrischer Energie zusammenhängen.

Ausübung der Konzession

§ 15

(1) Der Konzessionsinhaber kann die Ausübung der Konzession einer Person übertragen, die sie im eigenen Namen und auf eigene Rechnung ausübt (Pächter). Eine Weiterverpachtung ist unzulässig. Die Wahrnehmung sämtlicher Pflichten eines Verteilernetzbetreibers kann auch im Weg einer Betriebsführung auf fremde Rechnung erfolgen. Davon unberührt bleiben die sich aus § 12 Abs. 4 bis 6 ergebenden Voraussetzungen für die Konzessionserteilung.

(2) Der Konzessionsinhaber und bei Verpachtung der Pächter können für die Ausübung der Konzession einen Geschäftsführer bestellen. Konzessionsinhaber, die keine Verpachtung der Konzession vorgenommen haben, und Pächter haben einen Geschäftsführer zu bestellen, wenn sie die im § 12 Abs. 2 geforderte fachliche Befähigung nicht aufweisen oder den Hauptwohnsitz oder Sitz (Hausverwaltung, Hauptniederlassung) nicht im Inland haben.

(3) Die Bestellung eines Pächters oder Geschäftsführers bedarf zu ihrer Rechtswirksamkeit der Genehmigung der Landesregierung. Sie ist zu erteilen, wenn die geforderten Voraussetzungen (§ 12 Abs. 2 und für Pächter sinngemäß auch Abs. 3 Z 1, 3 und 5) vorliegen. Die Genehmigung ist zu widerrufen, wenn eine der Voraussetzungen nachträglich weggefallen ist. Dies und das Ausscheiden des Pächters oder Geschäftsführers hat der Konzessionsinhaber bzw Pächter der Konzession unverzüglich der Landesregierung anzuzeigen.

Ende der Konzession

§ 16

(1) Die Konzession endet in den im § 85 Z 1 bis 9 und 11 GewO 1994 aufgezählten Fällen sowie bei Eröffnung des Insolvenzverfahrens über das Vermögen des Konzessionsinhabers. Die Konzession ist von der Landesregierung außer in den Fällen des § 87 Abs 1 Z 1 und 2 GewO 1994 zu entziehen, wenn

a) eine der im § 12 geforderten Voraussetzungen nicht mehr vorliegt;
b) der Konzessionsinhaber den Betrieb des Elektrizitätsunternehmens ohne ausreichenden Grund nicht innerhalb der nach § 14 Abs 2 festgelegten Frist aufgenommen hat;
c) der Konzessionsinhaber seinen Pflichten nicht nachkommt und eine gänzliche Erfüllung der dem Systembetreiber auferlegten Verpflichtungen auch nicht zu erwarten ist oder der Systembetreiber dem Auftrag der Behörde auf Beseitigung der hindernden Umstände nicht nachkommt;
d) und soweit ein anderes Elektrizitätsunternehmen zur Erfüllung der Aufgaben des Systembetreibers gemäß § 9 eingewiesen worden ist;
e) sich der Konzessionsinhaber trotz wiederholter Aufforderung weigert, allgemeine Bedingungen für den Zugang zum Verteilernetz, gegebenenfalls mit einem dem Versagungsbescheid oder behördlichen Auftrag entsprechenden Inhalt, vorzulegen (§ 21 Abs 2);
f) der Konzessionsinhaber infolge schwer wiegender Verstöße gegen dieses Gesetz die für die Ausübung der Konzession erforderliche Zuverlässigkeit nicht besitzt;
g) der Konzessionsinhaber wegen Beihilfe zur Begehung der Verwaltungsübertretung gemäß § 73 Abs 1 Z 1 bestraft worden ist und diesbezüglich ein weiteres vorschriftswidriges Verhalten zu befürchten ist; oder
h) der Konzessionsinhaber das Pachtverhältnis aufrechthält, dessen Begründung von der Behörde nicht genehmigt oder widerrufen worden ist.

(2) Bezieht sich ein Entziehungsgrund gemäß Abs 1 lit b, c, e, f oder g auf die Person des Pächters, hat die Behörde die nach § 13 Abs 1 erteilte Genehmigung zu widerrufen.

Anwendung der Gewerbeordnung 1994

§ 17

Soweit in diesem Abschnitt keine besonderen Bestimmungen getroffen sind, finden die §§ 8 bis 15 (allgemeine Voraussetzungen), 16, 17, 22 und 23 (Befähigungsnachweis), 26 und 27 (Nachsicht), 39 (Geschäftsführer), 40 in der Fassung vor dem Gesetz BGBl I Nr 111/2002 (Pächter), 41 bis 45 (Fortbetriebsrechte) sowie 85 bis 93 (Endigung und Ruhen) der Gewerbeordnung 1994 mit der Maßgabe sinngemäß Anwendung, dass die zuständige Behörde die Landesregierung ist.

2. Abschnitt
Rechte und Pflichten der Betreiber von Verteilernetzen

Pflichten der Verteilernetzbetreiber

§ 18

(1) Die Verteilernetzbetreiber sind verpflichtet:

1. ihre Verteilernetze vorausschauend und im Sinn der nationalen und europäischen Klima- und Energieziele weiterzuentwickeln;
2. die zur Durchführung der Berechnung und Zuordnung der Ausgleichsenergie erforderlichen Daten zur Verfügung zu stellen, wobei insbesondere jene Zählwerte zu übermitteln sind, die für die Berechnung der Fahrplanabweichungen und der Abweichung vom Lastprofil jeder Bilanzgruppe benötigt werden;
3. Netzzugangsberechtigten zu den genehmigten allgemeinen Bedingungen und bestimmten Systemnutzungsentgelten den Zugang zu ihrem System zu gewähren;

4. die für den Netzzugang genehmigten allgemeinen Bedingungen und bestimmten Systemnutzungsentgelte zu veröffentlichen;
5. die zur Durchführung der Verrechnung und Datenübermittlung gemäß Z 1 erforderlichen vertraglichen Maßnahmen zu treffen;
6. zum effizienten Betrieb und zur Instandhaltung des Netzes;
7. zur Abschätzung der Lastflüsse und Prüfung der Einhaltung der technischen Sicherheit des Netzes;
8. zur Führung einer Evidenz über alle in seinem Netz tätigen Bilanzgruppen und Bilanzgruppenverantwortlichen;
9. zur Führung einer Evidenz aller in seinem Netz tätigen Lieferanten;
10. zur Messung der Bezüge, Leistungen, Lastprofile der Netzbenutzer, Prüfung deren Plausibilität und die Weitergabe von Daten im erforderlichen Ausmaß an die Bilanzgruppenkoordinatoren, betroffene Netzbetreiber sowie Bilanzgruppenverantwortliche;
11. zur Messung der Leistungen, Strommengen und Lastprofile an den Schnittstellen zu anderen Netzen und Weitergabe der Daten an betroffene Netzbetreiber und die Bilanzgruppenkoordinatoren;
12. Engpässe im Netz zu ermitteln und Handlungen zu setzen, um diese zu vermeiden;
13. zur Entgegennahme und Weitergabe von Meldungen über Lieferanten- sowie Bilanzgruppenwechsel;
14. zur Einrichtung einer besonderen Bilanzgruppe für die Ermittlung der Netzverluste, die nur die dafür notwendigen Kriterien einer Bilanzgruppe zu erfüllen hat;
15. Energie, die zur Deckung von Energieverlusten und Kapazitätsreserven im Verteilernetz verwendet wird, nach transparenten, nichtdiskriminierenden und marktorientierten Verfahren zu beschaffen;
16. zur Einhebung der Entgelte für Netznutzung;
17. zur Zusammenarbeit mit dem Bilanzgruppenkoordinator, den Bilanzgruppenverantwortlichen und sonstigen Marktteilnehmern bei der Aufteilung der sich aus der Verwendung von standardisierten Lastprofilen ergebenden Differenzen nach Vorliegen der Messergebnisse;
18. zur Bekanntgabe der eingespeisten Ökoenergie an die Regulierungsbehörde;
19. Verträge über den Datenaustausch mit anderen Netzbetreibern, den Bilanzgruppenverantwortlichen sowie den Bilanzgruppenkoordinatoren und anderen Marktteilnehmern entsprechend den Marktregeln abzuschließen;
20. sich jeglicher Diskriminierung von Netzbenutzern oder Kategorien von Netzbenutzern, insbesondere zugunsten der mit ihm verbundenen Unternehmen, zu enthalten;
21. den Netzbenutzern die Informationen zur Verfügung zu stellen, die sie für einen effizienten Netzzugang benötigen;
22. bei der Planung des Verteilernetzausbaus Energieeffizienz-, Nachfragesteuerungsmaßnahmen oder dezentrale Erzeugungsanlagen, durch die sich die Notwendigkeit einer Nachrüstung oder eines Kapazitätsersatzes erübrigen könnte, zu berücksichtigen;
23. den Übertragungsnetzbetreiber zum Zeitpunkt der Feststellung des technisch geeigneten Anschlusspunktes über die geplante Errichtung von Erzeugungsanlagen mit einer Leistung von über 50 MW zu informieren;
24. Optionen zur Einbindung von ab- oder zuschaltbaren Lasten für den Netzbetrieb in ihrem Netzgebiet zu prüfen und bei Bedarf im Zuge des integrierten Netzinfrastrukturplans gemäß § 94 EAG an den für Energieversorgungsangelegenheiten des Bundes zuständigen Bundesminister und an die Regulierungsbehörde zu melden;
25. der Regulierungsbehörde Auskunft über Netzzutrittsanträge und Netzzutrittsanzeigen zu geben. Das betrifft insbesondere auch Informationen über die Anschlussleistung sowie über abgeschlossene Netzzutritts- und Netzzugangsverträge samt allfälliger Fristen für bevorstehende Anschlüsse.

(2) Die näheren Bestimmungen zu den im Abs 1 festgelegten Pflichten sind in allgemeinen Netzbedingungen festzulegen.

(3) Bei Nichterfüllung der auferlegten Pflichten durch die Betreiber von Verteilernetzen findet § 9 mit der Maßgabe Anwendung, dass im Verfahren nach § 9 Abs 2 allen Betreibern von Verteilernetzen im Land Salzburg Parteistellung zukommt.

Recht zum Netzanschluss

§ 20

(1) Die Betreiber von Verteilernetzen haben – unbeschadet der Bestimmungen betreffend Direktleitungen sowie bestehender Netzanschlussverhältnisse – das Recht, innerhalb des von ihren Verteilernetzen jeweils abgedeckten Gebietes alle Endverbraucher und Erzeuger an ihr Netz anzuschließen.

(2) Vom Recht auf Netzanschluss sind jene Kunden ausgenommen, denen elektrische Energie mit einer Nennspannung von über 110 kV übergeben wird.

Allgemeine Anschlussbedingungen

§ 21

(1) Die Allgemeinen Anschlussbedingungen sind so zu gestalten, dass unter Bedachtnahme auf die wirtschaftlichen Verhältnisse die Erfüllung der dem Betreiber des Verteilernetzes obliegenden Pflichten gewährleistet ist und die Interessen der Endverbraucher und der Erzeuger ausreichend berücksichtigt sind. Zu diesem Zweck haben die Allgemeinen Anschlussbedingungen

1. die wechselseitigen Verpflichtungen ausgewogen und verursachungsgerecht zuzuweisen;

2. die Leistungen der Endverbraucher in einem sachlichen Zusammenhang mit den Leistungen des Betreibers des Verteilernetzes zu regeln.

(2) Die Allgemeinen Anschlussbedingungen sowie deren Änderungen bedürfen der Genehmigung der Regulierungsbehörde. Die Genehmigung ist zu erteilen, wenn die vorgesehenen Regelungen den Bestimmungen des Abs 1 entsprechen. Die genehmigten Allgemeinen Anschlussbedingungen sind in geeigneter Weise zu veröffentlichen und vom Elektrizitätsunternehmen den Endverbrauchern auf deren Verlangen auszufolgen und zu erläutern.

(3) Soweit dies zur Erreichung eines wettbewerbsorientierten Marktes erforderlich ist, sind auf Verlangen der Regulierungsbehörde Änderungen in den Allgemeinen Anschlussbedingungen vorzunehmen.

Allgemeine Anschlusspflicht

§ 22

(1) Die Verteilernetzbetreiber sind verpflichtet, Allgemeine Bedingungen zu veröffentlichen und zu diesen Bedingungen mit Endverbrauchern und Erzeugern privatrechtliche Verträge über den Anschluss abzuschließen (Allgemeine Anschlusspflicht).

(2) Die Allgemeine Anschlusspflicht besteht auch dann, wenn eine Einspeisung oder Abnahme von elektrischer Energie erst durch die Optimierung, Verstärkung oder den Ausbau des Verteilernetzes möglich wird.

(3) Die Allgemeine Anschlusspflicht besteht nicht, wenn dem Anschluss begründete Sicherheitsbedenken entgegenstehen oder eine technische Inkompatibilität vorliegt. Die Gründe für die Ausnahme von der Allgemeinen Anschlusspflicht sind in den Allgemeinen Verteilernetzbedingungen näher zu definieren.

(4) Die Verteilernetzbetreiber sind verpflichtet, im Netzzugangsvertrag einen Zeitpunkt der Inbetriebnahme der Anlage des Netzzugangsberechtigten zu bestimmen, der den tatsächlichen und vorhersehbaren zeitlichen Erfordernissen für die Errichtung oder Ertüchtigung der Anschlussanlage oder für notwendige Verstärkungen oder Ausbauten des vorgelagerten Verteilernetzes entspricht. Dieser Zeitpunkt darf spätestens ein Jahr nach Abschluss des Netzzugangsvertrags für die Netzebenen 7 bis 5 und spätestens drei Jahre nach Abschluss des Netzzugangsvertrags für die Netzebenen 4 und 3 liegen. Sofern für die beabsichtigten Maßnahmen behördliche Genehmigungen oder Verfahren benötigt werden, ist die Verfahrensdauer nicht in diese Frist einzurechnen.

Unterbrechung oder Einstellung der Verteilung

§ 24

Elektrizitätsunternehmen dürfen die Verteilung nicht willkürlich, sondern nur im Fall unerlässlicher technischer Maßnahmen im Verteilernetz oder nach Mahnung bei grober Verletzung der Allgemeinen Anschlussbedingungen durch den Stromabnehmer unterbrechen bzw einstellen. Störungen im Verteilernetz sind unverzüglich zu beheben.

Rechtsstreitigkeiten

§ 25

Die Landesregierung hat auf Antrag des Elektrizitätsunternehmens oder des Anschlusswerbers im Einzelfall zu entscheiden, ob die Allgemeine Anschlusspflicht besteht. Über Rechtsstreitigkeiten aus den übrigen Bestimmungen der §§ 21 bis 24 entscheiden die ordentlichen Gerichte.

Recht zur Versorgung über Direktleitungen

§ 26

Das Recht zur Versorgung über Direktleitungen gemäß § 10 gilt auch für die konzessionierten Betreiber von Verteilernetzen.

3. Teil
Netzzugang

Recht auf Netzzugang

§ 27

(1) Netzzugangsberechtigte haben Anspruch darauf, dass die Netzbetreiber ihnen auf der Grundlage der genehmigten Allgemeinen Bedingungen für den Netzzugang (§ 28) und zu den gemäß § 51 ff ElWOG 2010 bestimmten Systemnutzungsentgelten die Benutzung ihrer Netzsysteme gestatten und ermöglichen (geregelter Netzzugang). Dieser Anspruch schließt den Zugang auf einer höheren Spannungsebene als jener, die auch anderen Netzzugangsberechtigten mit gleicher Abnahmecharakteristik in der Umgebung zur Verfügung steht, nicht ein.

(2) Können sich ein Netzbetreiber und ein Netzzugangsberechtigter über den Netzanschlusspunkt nicht einigen, hat die Landesregierung über Antrag des Netzbetreibers oder des Netzzugangsberechtigten die technisch geeignete und wirtschaftlich günstigste Übergabestelle im Netz mit Bescheid zu bestimmen.

Allgemeine Bedingungen für den Netzzugang

§ 28

(1) Die Netzbetreiber haben für den Zugang zu ihren Systemen allgemeine Bedingungen festzulegen. Diese haben die notwendigen Grundlagen für die Einspeisung von elektrischer Energie und die

Benutzung der Systeme durch die Netzzugangsberechtigten zu enthalten, insbesondere

1. den Namen und die Anschrift des Netzbetreibers;
2. die Rechte und Pflichten der Vertragspartner, insbesondere zur Einhaltung der sonstigen Marktregeln;
3. die im Anhang I der Richtlinie 2009/72/EG festgelegten Maßnahmen zum Schutz der Kunden;
4. die den einzelnen Netzbenutzern zugeordneten standardisierten Lastprofile;
5. die technischen Mindestanforderungen für den Netzzugang;
6. die verschiedenen von den Verteilerunternehmen im Rahmen des Netzzugangs zur Verfügung zu stellenden Dienstleistungen und deren angebotene Qualität;
7. die Frist, innerhalb der Kundenanfragen jedenfalls zu beantworten sind;
8. die Art und Weise der Ankündigung von geplanten Versorgungsunterbrechungen;
9. die Mindestanforderungen für Terminvereinbarungen mit Netzbenutzern;
10. jenen Standard, der bei der Datenübermittlung an Marktteilnehmer einzuhalten ist;
11. die Modalitäten für Begehren auf Netzzugang und die weitere Abwicklung, insbesondere eine Frist von höchstens 14 Tagen ab Einlangen, innerhalb der das Verteilerunternehmen das Begehren auf Netzzugang zu beantworten hat;
12. die von den Netzbenutzern zu liefernden Daten;
13. die grundlegenden Prinzipien für die Verrechnung sowie die Art und Form der Rechnungslegung;
14. die Verpflichtung von Netzzugangsberechtigten zur Vorauszahlung oder Sicherheitsleistung (Barsicherheit, Bankgarantie, Hinterlegung von nicht vinkulierten Sparbüchern) in angemessener Höhe, insoweit nach den Umständen des Einzelfalles zu erwarten ist, dass der Netzbenutzer seinen Zahlungsverpflichtungen nicht oder nicht zeitgerecht nachkommt;
15. etwaige Entschädigungs- und Erstattungsregelungen für den Fall der Nichteinhaltung der vertraglich vereinbarten Leistungsqualität;
16. einen Hinweis auf das Streitbeilegungsverfahren nach § 22 ElWOG 2010;
17. die Modalitäten, zu welchen der Netzbenutzer verpflichtet ist, Teilbetragszahlungen zu leisten, wobei eine Zahlung zumindest zehnmal im Jahr jedenfalls anzubieten ist;
18. das Zustimmungserfordernis des Verteilernetzbetreibers, wenn ein Dritter an die Kundenanlage angeschlossen werden soll.

(2) Die Allgemeinen Netzbedingungen dürfen nicht diskriminierend sein und keine missbräuchlichen Praktiken oder ungerechtfertigten Beschränkungen enthalten und weder die Versorgungssicherheit noch die Dienstleistungsqualität gefährden. Sie sind insbesondere so zu gestalten, dass

1. die Erfüllung der dem Netzbetreiber obliegenden Aufgaben gewährleistet ist;
2. die Leistungen der Netzzugangsberechtigten mit den Leistungen des Netzbetreibers in einem sachlichen Zusammenhang stehen;
3. die wechselseitigen Verpflichtungen ausgewogen und verursachungsgerecht zugewiesen sind;
4. die technischen Anforderungen für den Anschluss an das Netz im Netzanschlusspunkt und für alle Vorkehrungen störende Rückwirkungen auf das System des Netzbetreibers oder anderer Anlagen verhindern;
5. objektive Kriterien für den Parallelbetrieb von Erzeugungsanlagen mit dem Netz und die Einspeisung von elektrischer Energie aus Erzeugungsanlagen in das Netz sowie die Nutzung von Verbindungsleitungen gelten;
6. sie Regelungen über die Kostentragung des Netzanschlusses enthalten, die sich an der Kostenverursachung orientieren;
7. sie verständlich und übersichtlich gefasst sind, insbesondere Definitionen der nicht allgemein verständlichen Begriffe enthalten.

(3) In den Allgemeinen Netzbedingungen können auch Normen und Regelwerke der Technik in der jeweils geltenden Fassung für verbindlich erklärt werden.

(4) Die Netzbetreiber einer Regelzone haben ihre Allgemeinen Netzbedingungen aufeinander abzustimmen. Für jene Endverbraucher, welche an die Netzebenen gemäß § 63 Z 6 oder 7 ElWOG 2010 angeschlossen sind und weniger als 100.000 kWh Jahresverbrauch oder weniger als 50 kW Anschlussleistung aufweisen, sind von den Netzbetreibern jedenfalls standardisierte Lastprofile zu erstellen, wobei auch die Form der Erstellung und Anpassung (synthetisch, analytisch) der standardisierten Profile zu bestimmen ist. Für Einspeiser mit weniger als 100.000 kWh jährlicher Einspeisung oder weniger als 50 kW Anschlussleistung sind ebenfalls standardisierte Lastprofile vorzusehen.

(5) Die gemäß Abs 2 Z 4 und 5 in den Allgemeinen Netzbedingungen getroffenen Regelungen sind der Europäischen Kommission gemäß Art 5 der Richtlinie (EU) 2015/1535 des Europäischen Parlaments und des Rates vom 9. September 2015 über ein Informationsverfahren auf dem Gebiet der technischen Vorschriften und der Vorschriften für die Dienste der Informationsgesellschaft mitzuteilen.

(6) Die Allgemeinen Netzbedingungen sowie deren Änderungen bedürfen der Genehmigung der Regulierungsbehörde. Die Genehmigung ist zu erteilen, wenn die vorgesehenen Regelungen den Bestimmungen der Abs 1 bis 4 entsprechen. Die genehmigten Allgemeinen Netzbedingungen

sind vom Netzbetreiber in geeigneter Weise zu veröffentlichen.

(7) Soweit dies zur Erreichung eines wettbewerbsorientierten Marktes erforderlich ist, sind auf Verlangen der Regulierungsbehörde Änderungen in den Allgemeinen Netzbedingungen vorzunehmen.

(8) Die Netzbetreiber haben die Netzzugangsberechtigten vor Vertragsabschluss über die wesentlichen Inhalte der Allgemeinen Bedingungen zu informieren. Zu diesem Zweck ist dem Netzzugangsberechtigten ein Informationsblatt auszuhändigen. Auf Anforderung sind dem Netzzugangsberechtigten die Allgemeinen Bedingungen kostenlos zuzusenden.

(9) Werden neue Allgemeine Netzbedingungen genehmigt, hat der Netzbetreiber dies binnen vier Wochen nach der Genehmigung den Netzbenutzern in einem persönlich an sie gerichteten Schreiben bekannt zu geben und ihnen diese auf deren Wunsch kostenlos zuzusenden. In diesem Schreiben oder auf der Rechnung sind die Änderungen der Allgemeinen Bedingungen und die Kriterien, die bei der Änderung einzuhalten sind, wiederzugeben. Die Änderungen gelten ab dem nach Ablauf von drei Monaten folgenden Monatsersten als vereinbart.

(10) Die Netzbetreiber haben den Netzzugangsberechtigten und Netzbenutzern auf Anforderung transparente Informationen über die geltenden Preise und Tarife kostenlos zuzusenden.

§ 28a

(Anm: entfallen auf Grund LGBl Nr 115/2021)

Verweigerung des Netzzugangs

§ 29

(1) Der Netzzugang kann von einem Netzbetreiber aus folgenden Gründen ganz oder teilweise verweigert werden:

1. bei außergewöhnlichen Netzzuständen (Störfälle) sowie
2. wegen nicht ausreichender Netzkapazitäten.

(2) Reichen die vorhandenen Netzkapazitäten für Regelzonen überschreitende Lieferungen nicht aus, um allen Anträgen auf Nutzung eines Systems zu entsprechen, ist der Netzzugang, soweit bei grenzüberschreitenden Lieferungen keine mit ausländischen Netzbetreibern abgestimmten, entgegenstehenden Regelungen bestehen, unter Einhaltung folgender Grundsätze (Reihung nach Prioritäten) zu gewähren:

1. Vorrang haben Transporte auf Grund bestehender und an deren Stelle tretender vertraglicher Verpflichtungen.
2. Den unter Z 1 fallenden Transporten sind Transporte zur Belieferung von Kunden aus Wasserkraftwerken nachgeordnet.
3. Den unter Z 2 fallenden Transporten sind Elektrizitätstransite im Sinn der Elektrizitätstransitrichtlinie nachgeordnet.
4. Die danach verbleibenden Kapazitäten sind unter den übrigen Berechtigten im Verhältnis der angemeldeten Leistungen aufzuteilen.

(3) Der Netzbetreiber hat die Verweigerung dem Netzzugangsberechtigten unter Berücksichtigung der gemeinwirtschaftlichen Verpflichtungen schriftlich zu begründen.

(4) Über die Rechtmäßigkeit der Verweigerung des Netzzugangs entscheidet, wenn nicht das Kartellgericht zuständig ist, die Regulierungsbehörde. In allen anderen Streitigkeiten zwischen Netzzugangsberechtigten und Netzbetreibern über die Rechte und Pflichten, insbesondere auf Grund der allgemeinen Bedingungen für den Netzzugang und der Systemnutzungsentgelte, entscheiden die Gerichte.

(5) Für die Beurteilung der Netzzugangsberechtigung finden die Bestimmungen jenes Bundeslandes Anwendung, in dem derjenige seinen Sitz (Hauptwohnsitz) hat, der einen Antrag gemäß § 21 Abs 2 ElWOG 2010 stellt. Für die Beurteilung der Netzzugangsverweigerungsgründe sind die Bestimmungen jenes Landes anzuwenden, in dem der Netzbetreiber seinen Sitz (Hauptwohnsitz) hat, der den Netzzugang verweigert hat.

3. Hauptstück

Erzeuger

1. Teil

Allgemeines

Pflichten der Erzeuger

§ 30

(1) Die Erzeuger elektrischer Energie sind verpflichtet:

1. sich einer Bilanzgruppe anzuschließen oder eine eigene Bilanzgruppe zu bilden;
2. den betroffenen Netzbetreibern, dem Bilanzgruppenkoordinator, dem Bilanzgruppenverantwortlichen und anderen betroffenen Marktteilnehmern die erforderlichen Daten zur Verfügung zu stellen;
3. bei technischer Notwendigkeit die Erzeugungsfahrpläne im erforderlichen Ausmaß vorab an die betroffenen Netzbetreiber, den Regelzonenführer und den Bilanzgruppenverantwortlichen zu melden;
4. bei Verwendung eigener Zähleinrichtungen und Einrichtungen für die Datenübertragung die technischen Vorgaben der Netzbetreiber einzuhalten;
5. bei Teillieferungen die Erzeugungsfahrpläne im erforderlichen Ausmaß an die betroffenen Bilanzgruppenverantwortlichen bekannt zu geben;
6. nach Maßgabe von Verträgen auf Anordnung des Regelzonenführers zur Netzengpassbeseitigung oder zur Aufrechterhaltung der Versorgungssicherheit Leistungen (Erhöhung oder

Einschränkung der Erzeugung sowie Veränderung der Verfügbarkeit von Erzeugungsanlagen) zu erbringen. Durch eine derartige Inanspruchnahme von Betreibern von KWK-Anlagen darf die Sicherheit der Fernwärmeversorgung nicht gefährdet werden;

7. auf Anordnung des Regelzonenführers gemäß § 23 Abs 9 ElWOG 2010 zur Netzengpassbeseitigung oder zur Aufrechterhaltung der Versorgungssicherheit die Erhöhung und/oder Einschränkung der Erzeugung sowie die Veränderung der Kraftwerksverfügbarkeit des Kraftwerksbetreibers vorzunehmen, soweit dies nicht gemäß Z 6 sichergestellt werden konnte.
8. auf Anordnung des Regelzonenführers bei erfolglos verlaufener Ausschreibung gegen Ersatz der tatsächlichen Aufwendungen die Sekundärregelung bereitzustellen und zu erbringen, soweit die Erzeuger über technisch geeignete Erzeugungsanlagen verfügen.

(2) Die näheren Bestimmungen zu den im Abs 1 festgelegten Pflichten sind in den Allgemeinen Netzbedingungen und in den Allgemeinen Bedingungen für Bilanzgruppenverantwortliche festzulegen.

(2a) *(Anm: entfallen auf Grund LGBl Nr 115/2021).*

(3) Die Betreiber von Erzeugungsanlagen mit einer Engpassleistung von mehr als fünf MW sind weiters verpflichtet:

1. die Kosten für die Primärregelung zu übernehmen;
2. zur Erbringung der Primärregelleistung auf Anordnung des Regelzonenführers für den Fall, dass die Ausschreibung gemäß § 31 erfolglos geblieben ist, soweit sie dazu imstande sind;
3. Nachweise über die tatsächliche Bereitstellung bzw über die Erbringung der Primärregelleistung dem Regelzonenführer in geeigneter und transparenter Weise (zB durch Übertragung der Messwerte) zur Verfügung zu stellen;
4. die im Zusammenhang mit der Erbringung der Primärregelleistung stehenden Anordnungen des Regelzonenführers, insbesondere betreffend die Art und den Umfang der zu übermittelnden Daten, zu befolgen.

(4) Die Betreiber von Erzeugungsanlagen, die an die Netzebenen gemäß § 63 Z 1 bis 3 ElWOG 2010 angeschlossen sind oder eine Engpassleistung von mehr als 50 MW aufweisen, sind verpflichtet, dem Regelzonenführer zur Überwachung der Netzsicherheit zeitgleich Daten über die jeweils aktuelle Einspeiseleistung dieser Erzeugungsanlagen in elektronischer Form zu übermitteln.

(5) Die Betreiber von Elektrizitätserzeugungsanlagen mit einer Engpassleistung von mehr als 20 MW sind verpflichtet, der Landesregierung zur Überwachung der Versorgungssicherheit regelmäßig Daten über die zeitliche Verfügbarkeit der Erzeugungsanlagen zu übermitteln.

Kleinsterzeugungsanlagen

§ 30a

(1) Für Kleinsterzeugungsanlagen ist kein eigener Zählpunkt zu vergeben, sofern keine entgeltliche Einspeisung in das öffentliche Verteilernetz erfolgen soll. Diesfalls kann der Netzbenutzer die Vergabe eines Zählpunktes begehren.

(2) Netzbenutzer, die in ihrer Anlage eine Kleinsterzeugungsanlage betreiben, für die gemäß Abs 1 kein Zählpunkt eingerichtet wurde, sind hinsichtlich der Kleinsterzeugungsanlage von den Verpflichtungen gemäß § 30 Abs 1 und § 36 ausgenommen.

Ausschreibung der Primärregelleistung

§ 31

(1) Die Bereitstellung der Primärregelleistung ist vom Regelzonenführer oder von einem von ihm Beauftragten regelmäßig, jedoch mindestens halbjährlich auszuschreiben. Die Höhe der jeweils auszuschreibenden bereitzustellenden Leistung hat den Anforderungen des Europäischen Verbundbetriebes (UCTE) zu entsprechen. Die im Primärregelsystem pro Anlage vorzuhaltende Leistung hat mindestens zwei MW zu betragen.

(2) Der Regelzonenführer hat regelmäßig ein transparentes und diskriminierungsfreies Präqualifikationsverfahren durchzuführen. Am Präqualifikationsverfahren können alle Erzeuger teilnehmen; dieses Recht kann vertraglich nicht ausgeschlossen werden. Die in den Präqualifikationsverfahren im Hinblick auf ihre Anlagen als geeignet eingestuften Erzeuger sind zur Teilnahme an der Ausschreibung berechtigt. Die Details des Präqualifikationsverfahrens sind in Allgemeinen Bedingungen zu regeln, die in geeigneter Weise (zB Internet) zu veröffentlichen sind.

(3) Der Regelzonenführer hat bei erfolglos verlaufener Ausschreibung die gemäß Abs. 2 geeigneten Erzeuger gegen Ersatz der tatsächlichen Aufwendungen zur Bereitstellung der Primärregelleistung zu verpflichten.

Aufbringung der Kosten für die Bereitstellung der Primärregelleistung

§ 32

(1) Die Betreiber von Erzeugungsanlagen mit einer Engpassleistung von mehr als fünf MW sind zur Aufbringung der Kosten für die Bereitstellung der Primärregelleistung im Verhältnis ihrer im vergangenen Kalenderjahr erbrachten Erzeugungsmengen verpflichtet. Bei Erzeugungsanlagen, deren Engpassleistung größer als die Anschlussleistung an das jeweilige Netz ist, ist diese Anschlussleistung multipliziert mit den im vergangenen Kalenderjahr erbrachten Betriebsstunden der Anlage heranzuziehen.

(2) Die Verrechnung und Einhebung der Kostenbeiträge gemäß Abs 1 erfolgt vierteljährlich durch den Regelzonenführer. Der Regelzonenführer ist berechtigt, die Kostenbeiträge vorab zu pauschalieren und vierteljährlich gegen nachträgliche jährliche Abrechnung einzuheben. Die Erzeuger haben dem Regelzonenführer die für die Bemessung der Kostenbeiträge erforderlichen Daten zur Verfügung zu stellen.

Recht zur Versorgung über Direktleitungen

§ 33

Die Erzeuger haben das Recht zur Errichtung und zum Betrieb von Direktleitungen.

2. Teil

KWK-Anlagen

Besondere Bestimmungen über Nachweise für Strom aus hocheffizienten Kraft-Wärme-Kopplungsanlagen

§ 33a

(1) Zur Bestimmung der Effizienz einer Kraft-Wärme-Kopplung nach Anlage IV zum ElWOG 2010 kann die Landesregierung Wirkungsgrad-Referenzwerte für die getrennte Erzeugung von Strom und Wärme mit Verordnung festlegen. Diese Wirkungsgrad-Referenzwerte haben aus einer Matrix von Werten, aufgeschlüsselt nach relevanten Faktoren wie Baujahr und Brennstofftypen, zu bestehen und müssen sich auf eine ausführlich dokumentierte Analyse stützen, bei der ua die Betriebsdaten bei realen Betriebsbedingungen, der grenzüberschreitende Stromhandel, der Energieträgermix, die klimatischen Bedingungen und die angewandten KWK-Technologien nach den Grundsätzen der Anlage IV zum ElWOG 2010 zu berücksichtigen sind.

(2) Bei der Bestimmung der Wirkungsgrad-Referenzwerte gemäß Abs 1 sind die von der Europäischen Kommission gemäß Art 4 der Richtlinie 2004/8/EG in der Entscheidung 2007/74/EG festgelegten harmonisierten Wirkungsgrad-Referenzwerte angemessen zu berücksichtigen.

(3) Die Landesregierung hat auf Grundlage der harmonisierten Wirkungsgrad-Referenzwerte gemäß Abs 2 auf Antrag mit Bescheid jene KWK-Anlagen zu benennen, für die vom Netzbetreiber, an dessen Netz die Anlage angeschlossen ist, Herkunftsnachweise für Strom aus hocheffizienter Kraft-Wärme-Kopplung gemäß § 5 Z 27 entsprechend der Menge an erzeugter Energie aus hocheffizienter Kraft-Wärme-Kopplung gemäß Anlage III zum ElWOG 2010 und gemäß der Entscheidung 2008/952/EG der Europäischen Kommission auf Basis der Vorgaben gemäß § 72 Abs 2 ElWOG 2010 ausgestellt werden dürfen. Die erfolgten Benennungen von Anlagen sind der Regulierungsbehörde unverzüglich mitzuteilen.

Anerkennung von Herkunftsnachweisen aus anderen Staaten

§ 33b

Herkunftsnachweise für Strom aus hocheffizienter Kraft-Wärme-Kopplung aus Anlagen mit Standort in einem anderen EU-Mitgliedstaat oder EWR-Vertragsstaat gelten als Herkunftsnachweis im Sinn dieses Gesetzes, wenn sie zumindest den Anforderungen des Anhangs X der Richtlinie 2012/27/EU entsprechen. Im Zweifelsfall hat die Regulierungsbehörde über Antrag oder von Amts wegen mit Bescheid festzustellen, ob die Voraussetzungen für die Anerkennung vorliegen.

Berichtswesen

§ 33c

(1) Die Landesregierung hat dem für Energieversorgungsangelegenheiten des Bundes zuständigen Bundesminister jährlich zu übermitteln:

1. eine im Einklang mit der im Anhang III zum ElWOG 2010 und der Entscheidung 2008/952/EG der Europäischen Kommission dargelegten Methode erstellte Statistik über die im Land Salzburg erfolgte Erzeugung von elektrischer Energie und Wärme aus Kraft-Wärme-Kopplung,
2. eine Statistik über die KWK-Kapazitäten sowie die für KWK eingesetzten Primärenergieträger.

(2) Die Landesregierung hat dem für Energieversorgungsangelegenheiten des Bundes zuständigen Bundesminister jährlich über ihre Tätigkeit gemäß § 33a zu berichten. Der Bericht hat insbesondere jene Maßnahmen zu enthalten, die ergriffen worden sind, um die Zuverlässigkeit des Nachweissystems zu gewährleisten.

4. Hauptstück

Versorgung und Netzzugang

Freie Wahl des Stromlieferanten und Recht auf Netzzugang

§ 34

(1) Alle Kunden sind berechtigt, mit Erzeugern, Stromhändlern sowie Elektrizitätsunternehmen Verträge über die Lieferung von elektrischer Energie zur Deckung ihres Bedarfs zu schließen und hinsichtlich dieser Mengen Netzzugang zu verlangen.

(2) Elektrizitätsunternehmen können den Netzzugang im Namen ihrer Kunden begehren.

Grundversorgung

§ 35

(1) Stromhändler und sonstige Lieferanten, zu deren Tätigkeitsbereich die Versorgung von Haushaltskunden zählt und die im Land Salzburg tätig sind, haben ihren geltenden Allgemeinen Ta-

rif für die Grundversorgung von Haushaltskunden in geeigneter Weise (zB Internet) zu veröffentlichen. Sie sind verpflichtet, zu diesem Tarif und zu ihren geltenden Allgemeinen Geschäftsbedingungen Verbraucher im Sinn des § 1 Abs 1 Z 2 KSchG und Kleinunternehmen, die sich ihnen gegenüber auf die Grundversorgung berufen, mit elektrischer Energie zu beliefern (Pflicht zur Grundversorgung).

(2) Der allgemeine Tarif der Grundversorgung für Verbraucher im Sinn des § 1 Abs 1 Z 2 KSchG darf nicht höher sein als jener Tarif, zu dem die größte Anzahl ihrer Kunden im Landesgebiet, die Verbraucher im Sinn des § 1 Abs 1 Z 2 KSchG sind, versorgt werden. Der allgemeine Tarif der Grundversorgung für Kleinunternehmer im Landesgebiet darf nicht höher sein als jener Tarif, der gegenüber vergleichbaren Kundengruppen Anwendung findet. Dem Verbraucher im Sinn des § 1 Abs 1 Z 2 KSchG, der sich auf die Grundversorgung beruft, darf im Zusammenhang mit der Aufnahme der Belieferung keine Sicherheitsleistung (Barsicherheit, Bankgarantie, Hinterlegung von nicht vinkulierten Sparbüchern) oder Vorauszahlung abverlangt werden, welche die Höhe einer Teilbetragszahlung für einen Monat übersteigt. Gerät der Verbraucher während sechs Monaten nicht in weiteren Zahlungsverzug, so ist ihm die Sicherheitsleistung umgehend rückzuerstatten und von einer Vorauszahlung abzusehen, solange nicht erneut ein Zahlungsverzug eintritt. Anstelle einer Vorauszahlung oder Sicherheitsleistung kann über Wunsch des Endverbrauchers, soweit dies vor Ort technisch möglich ist, auch ein Münzzähler oder ein diesem gleichzusetzender Abrechnungsapparat (Prepaymentzähler) zur Verwendung gelangen. Mehraufwendungen durch die Verwendung eines solchen Zählers können dem Kunden gesondert in Rechnung gestellt werden, wenn er darüber individuell informiert worden ist. Im Übrigen haben Stromhändler und sonstige Lieferanten die näheren Regelungen betreffend Sicherheitsleistung in ihren allgemeinen Geschäftsbedingungen transparent und nachvollziehbar festzulegen.

(3) Stromhändler und sonstige Lieferanten sind berechtigt, das Vertragsverhältnis zur Grundversorgung aus wichtigem Grund durch Kündigung zu beenden. Ein wichtiger Grund liegt insbesondere vor, wenn ein Stromhändler oder sonstiger Lieferant bereit ist, einen Liefervertrag außerhalb der Grundversorgung abzuschließen. Das Recht des Stromhändlers oder sonstigen Lieferanten, seine Verpflichtung aus dem Vertragsverhältnis für den Fall einer nicht bloß geringfügigen und anhaltenden Zuwiderhandlung (zB Missachtung mehrmaliger Mahnungen) so lange auszusetzen, als die Zuwiderhandlung andauert, bleibt davon unberührt.

(4) Bei Berufung von Verbrauchern im Sinn des § 1 Abs 1 Z 2 KSchG und Kleinunternehmen auf die Pflicht zur Grundversorgung sind Netzbetreiber unbeschadet bis zu diesem Zeitpunkt vorhandener Zahlungsrückstände zur Netzdienstleistung verpflichtet. Verbrauchern darf im Zusammenhang mit dieser Netzdienstleistung keine Sicherheitsleistung oder Vorauszahlung abverlangt werden, welche die Höhe einer Teilbetragszahlung für einen Monat übersteigt. Abs 2 vierter Satz gilt sinngemäß. Im Fall eines nach Berufung auf die Pflicht zur Grundversorgung erfolgenden erneuten Zahlungsverzugs sind Netzbetreiber bis zur Bezahlung dieser ausstehenden Beträge zur physischen Trennung der Netzverbindung berechtigt, es sei denn, der Kunde verpflichtet sich zur Vorausverrechnung mittels Prepaymentzahlung für künftige Netznutzung und Lieferung. § 82 Abs 3 ElWOG 2010 gilt im Fall des erneuten Zahlungsverzugs sinngemäß. Die Verpflichtung zur Prepaymentzahlung besteht nicht für Kleinunternehmen mit einem Lastprofilzähler.

(5) Eine im Rahmen der Grundversorgung eingerichtete Prepaymentfunktion ist auf Kundenwunsch zu deaktivieren, wenn der Endverbraucher seine im Rahmen der Grundversorgung angefallenen Zahlungsrückstände beim Lieferanten und Netzbetreiber beglichen hat oder ein sonstiges schuldbefreiendes Ereignis eingetreten ist.

Pflichten der Netzbenutzer

§ 36

(1) Die Netzbenutzer sind verpflichtet:

1. sich einer Bilanzgruppe anzuschließen oder eine eigene Bilanzgruppe zu bilden;
2. Daten, Zählerwerte und sonstige zur Ermittlung ihres Verbrauchs an elektrischer Energie dienende Angaben an Netzbetreiber, Bilanzgruppenverantwortliche und den Bilanzgruppenkoordinator gemäß den von ihnen abgeschlossenen Verträgen bereitzustellen und zu übermitteln, soweit dies zur Aufrechterhaltung eines wettbewerbsorientierten Elektrizitätsmarktes und zur Wahrung des Konsumentenschutzes erforderlich ist;
3. bei Verwendung eigener Zählereinrichtungen und Anlagen zur Datenübertragung die technischen Vorgaben der Netzbetreiber einzuhalten;
4. den Wechsel von Lieferanten oder Bilanzgruppen innerhalb der dafür vorgesehenen Fristen zu melden;
5. Vertragsdaten an Stellen zu melden, die mit der Erstellung von Indizes betraut sind;
6. bei technischer Notwendigkeit Erzeugungs- und Verbrauchsfahrpläne im erforderlichen Ausmaß an den Netzbetreiber, den Bilanzgruppenverantwortlichen und den Regelzonenführer zu melden;
7. Verträge über den Datenaustausch mit anderen Netzbetreibern, den Bilanzgruppenverantwortlichen und dem Bilanzgruppenkoordinator sowie anderen Marktteilnehmern entsprechend den in den Allgemeinen Netzbedingungen festgelegten Marktregeln abzuschließen.

(2) Die näheren Bestimmungen zu den im Abs. 1 festgelegten Pflichten sind in den Allgemeinen Netzbedingungen und in den Allgemeinen Bedingungen für Bilanzgruppenverantwortliche festzulegen.

Allgemeine Geschäftsbedingungen für die Belieferung mit elektrischer Energie

§ 36a

(1) Versorger haben Allgemeine Geschäftsbedingungen für die Belieferung mit elektrischer Energie für Kunden, deren Verbrauch nicht über einen Lastprofilzähler gemessen wird, zu erstellen. Die Allgemeinen Geschäftsbedingungen und ihre Änderungen sind vor ihrem Inkrafttreten der Energie-Control Kommission in elektronischer Form mitzuteilen und in geeigneter Form zu veröffentlichen.

(2) Die Allgemeinen Geschäftsbedingungen oder Formblätter für Verträge zwischen Versorgern und Kunden haben zumindest zu enthalten:

1. den Namen und die Anschrift des Versorgers;
2. die angebotene Qualität und den voraussichtlichen Zeitpunkt für den Beginn der Belieferung sowie die bis dahin erbrachten Leistungen;
3. den Energiepreis in Cent pro kWh einschließlich aller Zuschläge und Abgaben;
4. die Vertragsdauer, die Bedingungen für eine Verlängerung und Beendigung des Vertragsverhältnisses und der Belieferung, das Bestehen eines Rücktrittsrechts;
5. die Bedingungen, zu denen eine Belieferung im Sinn des § 35 erfolgt;
6. einen Hinweis auf die zur Verfügung stehenden Beschwerdemöglichkeiten;
7. etwaige Entschädigungs- und Erstattungsregelungen bei Nichteinhaltung der vertraglich vereinbarten Leistungsqualität einschließlich fehlerhafter und verspäteter Abrechnung;
8. Modalitäten, zu welchen der Kunde verpflichtet ist, Teilbetragszahlungen zu leisten, wobei eine Zahlung zumindest zehnmal im Jahr jedenfalls anzubieten ist.

(3) Die Versorger haben ihre Kunden nachweislich vor Abschluss des Vertrages über dessen wesentliche Inhalte zu informieren. Zu diesem Zweck ist dem Kunden ein Informationsblatt auszuhändigen. Dies gilt auch, wenn der Vertragsabschluss durch einen Vermittler angebahnt wird. Auf Verlangen sind dem Kunden die Allgemeinen Geschäftsbedingungen bei Abschluss des Vertrages kostenlos auszufolgen. Bei mündlich abgeschlossenen Verträgen hat der Kunde das Informationsblatt spätestens mit der Vertragsbestätigung zu erhalten.

§ 37

(entfallen auf Grund LGBl Nr 50/2017)!

§ 38

(entfallen auf Grund LGBl Nr 50/2017)!

5. Hauptstück

Bilanzgruppen

Bildung von Bilanzgruppen

§ 39

Bilanzgruppen können innerhalb jeder Regelzone gebildet werden. Die Bildung und Veränderung von Bilanzgruppen erfolgt durch den Bilanzgruppenverantwortlichen.

Voraussetzungen für die Tätigkeit als Bilanzgruppenverantwortlicher

§ 40

(1) Die Tätigkeit als Bilanzgruppenverantwortlicher bedarf der Genehmigung der Regulierungsbehörde. Dies gilt nicht für Netzbetreiber, die eine Bilanzgruppe zur Ermittlung der Netzverluste bilden, oder für Verteilernetzbetreiber, die eine Bilanzgruppe für Ökoenergie bilden. Die Einrichtung solcher Bilanzgruppen hat der Netzbetreiber der Regulierungsbehörde anzuzeigen.

(2) Die Tätigkeit als Bilanzgruppenverantwortlicher dürfen nur natürliche oder juristische Personen, die Vollkaufmann sind, oder Personengesellschaften des Handelsrechts mit Hauptwohnsitz bzw Sitz im Inland, in einem anderen EU-Mitgliedsstaat oder EWR-Vertragsstaat, ausüben. Die Erteilung der Genehmigung setzt weiter voraus, dass

1. der Antragsteller bzw seine nach außen vertretungsbefugten Organe die persönlichen Voraussetzungen gemäß § 8 GewO 1994 erfüllen und keine Ausschließungsgründe gemäß § 13 GewO 1994 vorliegen;
2. der Antragsteller bzw mindestens ein Gesellschafter oder Komplementär oder mindestens ein Geschäftsführer oder ein Vorstandsmitglied oder ein leitender Angestellter für die Tätigkeit als Bilanzgruppenverantwortlicher fachlich geeignet ist. Die fachliche Eignung ist gegeben, wenn die betreffende Person in ausreichendem Maß theoretische und praktische Kenntnisse in der Abwicklung von Stromgeschäften oder einer leitenden Tätigkeit auf dem Gebiet der Elektrizitätswirtschaft, insbesondere im Stromhandel, in der Stromerzeugung oder im Betrieb eines Netzes, aufweist;
3. der Bilanzgruppenverantwortliche über ein Haftungskapital von mindestens 50.000 € verfügt; und
4. der Bilanzgruppenverantwortliche mit dem Bilanzgruppenkoordinator und dem Regelzonenführer Vereinbarungen abgeschlossen hat, soweit dies zur Erfüllung der in diesem Gesetz und dem Verrechnungsstellengesetz festgelegten Aufgaben und Pflichten, insbesondere in

administrativer und kommerzieller Hinsicht, erforderlich ist.

(3) Dem schriftlichen Antrag auf Erteilung der Genehmigung sind ein aktueller Firmenbuchauszug und die zum Nachweis bzw zur Glaubhaftmachung der im Abs 2 angeführten Voraussetzungen dienenden Unterlagen anzuschließen.

(4) Die Genehmigung ist mit schriftlichem Bescheid, erforderlichenfalls unter Auflagen, zu erteilen, wenn die Voraussetzungen gemäß Abs 2 vorliegen. Die Regulierungsbehörde hat über den Genehmigungsantrag binnen zwei Monaten ab vollständigem Vorliegen der Antragsunterlagen zu entscheiden; andernfalls ist der Antragsteller zur Tätigkeit als Bilanzgruppenverantwortlicher auch ohne Genehmigung berechtigt. Die Regulierungsbehörde hat die Landesregierung von der Erteilung der Genehmigung oder Nichtentscheidung binnen zwei Monaten ab Antragstellung zu verständigen.

Aufgaben und Pflichten der Bilanzgruppenverantwortlichen
§ 40a

Die Bilanzgruppenverantwortlichen haben folgende Aufgaben und Pflichten:

1. die Erstellung von Fahrplänen und deren Übermittlung an die Verrechnungsstelle und die betroffenen Regelzonenführer;
2. Vereinbarungen betreffend die Reservehaltung sowie die Versorgung von Bilanzgruppenmitgliedern, die ihnen von der Regulierungsbehörde zugewiesen wurden, abzuschließen;
3. die Meldung bestimmter Erzeugungs- und Verbrauchsdaten für technische Zwecke;
4. die Meldung von Erzeugungs- und Abnahmefahrplänen von Großabnehmern und Einspeisern nach definierten Regeln für technische Zwecke;
5. Verträge mit dem Bilanzgruppenkoordinator, den Netzbetreibern und den Bilanzgruppenmitgliedern über den Datenaustausch abzuschließen;
6. entsprechend den Marktregeln Daten an die Bilanzgruppenkoordinatoren, die Netzbetreiber und die Bilanzgruppenmitglieder weiterzugeben;
7. Fahrpläne zwischen Bilanzgruppen zu erstellen und dem Bilanzgruppenkoordinator bis zu einem von diesem festgelegten Zeitpunkt zu melden;
8. Entgelte (Gebühren) an die Bilanzgruppenkoordinatoren zu entrichten;
9. Ausgleichsenergie zur Versorgung von Bilanzgruppenmitgliedern zu beschaffen;
10. Entgelte für Ausgleichsenergie an die Regelzonenführer zu entrichten und an die Bilanzgruppenmitglieder weiterzuverrechnen;
11. eine Evidenz der Bilanzgruppenmitglieder zu führen;
12. bei Wechsel eines Bilanzgruppenmitgliedes zu einer anderen Bilanzgruppe oder zu einem anderen Stromhändler die Daten des Bilanzgruppenmitgliedes der neuen Bilanzgruppe oder dem neuen Stromhändler weiterzugeben;
13. alle Vorkehrungen zu treffen, die erforderlich sind, um die Aufwendungen der Ökostromabwicklungsstelle für Ausgleichsenergie zu minimieren.

Aufhebung und Erlöschen der Genehmigung sowie Untersagung der Tätigkeit als Bilanzgruppenverantwortlicher
§ 40b

(1) Die Regulierungsbehörde hat die einem Bilanzgruppenverantwortlichen erteilte Genehmigung aufzuheben, wenn

1. eine im § 40 Abs 2 festgelegte Voraussetzung nicht oder nicht mehr vorliegt; oder
2. der Bilanzgruppenverantwortliche seine Aufgaben und Pflichten nicht erfüllt und die Aufhebung nicht unverhältnismäßig ist.

(2) Die Regulierungsbehörde kann die dem Bilanzgruppenverantwortlichen erteilte Genehmigung aufheben, wenn

1. dieser seine Tätigkeit nicht innerhalb von sechs Monaten nach der Erteilung der Genehmigung aufnimmt; oder
2. dieser seine Tätigkeit länger als ein Monat nicht ausübt.

(3) Die Genehmigung erlischt in den im § 85 Z 1 bis 9 und 11 GewO 1994 aufgezählten Fällen.

(4) Auf Bilanzgruppenverantwortliche, die ihre Tätigkeit auf Grund des § 40 Abs 4 vorletzter Satz ausüben, finden die Abs 1 und 2 zur Untersagung der Tätigkeit sinngemäß Anwendung. In den von Abs 3 erfassten Fällen hat der Bilanzgruppenverantwortliche seine Tätigkeit unverzüglich zu beenden.

(5) Die Regulierungsbehörde hat die Landesregierung von der Aufhebung der Genehmigung bzw Untersagung der Tätigkeit gemäß den Abs 1, 2 oder 4 zu verständigen.

Bilanzgruppenkoordinator
§ 40c

(1) Die Regelzonenführer haben den eingesetzten Bilanzgruppenkoordinator der Behörde namhaft zu machen und dabei das Vorliegen der Voraussetzungen gemäß Abs 3 nachzuweisen. Erstreckt sich die Tätigkeit eines Regelzonenführers über mehrere Länder, ist der eingesetzte Bilanzgruppenkoordinator allen in ihrem Wirkungsbereich berührten Landesregierungen namhaft zu machen. Das Nichtvorliegen der Voraussetzungen hat die Behörde mit Bescheid festzustellen. Vor Erlassung eines solchen Bescheides hat die Behörde das Einvernehmen mit den Landesregierungen herzustellen, in deren Wirkungsbereich die Regelzone liegt.

(2) Das gemäß Abs 1 der Behörde namhaft gemachte Unternehmen ist berechtigt, die Tätigkeit eines Bilanzgruppenkoordinators auszuüben (Bilanzgruppenkoordinator-Unternehmen), wenn innerhalb von sechs Monaten ab Namhaftmachung kein Feststellungsbescheid erlassen worden ist.

(3) Von der Tätigkeit eines Bilanzgruppenkoordinators sind Unternehmen ausgeschlossen, die unter einem bestimmenden Einfluss von Unternehmen oder einer Gruppe von Unternehmen stehen, die mindestens eine der Funktionen der kommerziellen Erzeugung, Übertragung, Verteilung oder Versorgung von bzw mit elektrischer Energie wahrnehmen. Darüber hinaus muss das Vorliegen folgender Voraussetzungen sichergestellt sein:

1. Das Bilanzgruppenkoordinator-Unternehmen vermag die ihm gemäß Abs 4 und 5 zur Besorgung zugewiesenen Aufgaben in sicherer und kostengünstiger Weise zu erfüllen. Eine kostengünstige Besorgung der Aufgaben ist jedenfalls dann anzunehmen, wenn bei der Ermittlung der Kostenbasis für die Verrechnungsstelle die für die Bestimmung der Systemnutzungsentgelte anzuwendenden Verfahren und Grundsätze zugrunde gelegt werden.
2. Die Personen, die eine qualifizierte Beteiligung am Bilanzgruppenkoordinator-Unternehmen halten, genügen den im Interesse einer soliden und umsichtigen Führung des Unternehmens zu stellenden Ansprüchen.
3. Bei keinem der Vorstände des Bilanzgruppenkoordinator-Unternehmens liegt ein Ausschließungsgrund im Sinn des § 13 Abs 1 bis 6 GewO 1994 vor.
4. Der Vorstand des Bilanzgruppenkoordinator-Unternehmens ist auf Grund seiner Vorbildung fachlich geeignet und hat die für den Betrieb des Unternehmens erforderlichen Eigenschaften und Erfahrungen. Die fachliche Eignung eines Vorstandes ist gegeben, wenn dieser in ausreichendem Maß über theoretische und praktische Kenntnisse in der Abrechnung von Ausgleichsenergie sowie Leitungserfahrung verfügt. Die fachliche Eignung für die Leitung einer Verrechnungsstelle ist anzunehmen, wenn eine zumindest dreijährige leitende Tätigkeit auf dem Gebiet der Tarifierung oder des Rechnungswesens nachgewiesen wird.
5. Mindestens ein Vorstand hat den Mittelpunkt seiner Lebensinteressen im Inland.
6. Kein Vorstand übt einen anderen Hauptberuf außerhalb des Bilanzgruppenkoordinator-Unternehmens aus, der geeignet ist, Interessenkonflikte hervorzurufen.
7. Der Sitz und die Hauptverwaltung des Bilanzgruppenkoordinator-Unternehmens liegt in einem EWR-Staat und seine Ausstattung entspricht den auf Grund seiner Aufgaben zu stellenden Anforderungen.
8. Das zur Verfügung stehende Abwicklungssystem genügt den Anforderungen eines zeitgemäßen Abrechnungssystems.
9. Die Neutralität, Unabhängigkeit und Datenvertraulichkeit gegenüber Marktteilnehmern ist gewährleistet.

(4) Die Aufgaben des Bilanzgruppenkoordinators umfassen folgende Tätigkeiten:

1. die Vergabe von Identifikationsnummern der Bilanzgruppen;
2. die Bereitstellung von Schnittstellen im Bereich der Informationstechnologie;
3. die Verwaltung der Fahrpläne zwischen Bilanzgruppen;
4. die Übernahme der von den Netzbetreibern in vorgegebener Form übermittelten Messdaten, deren Auswertung und Weitergabe an die betroffenen Marktteilnehmer und anderen Bilanzgruppenverantwortlichen entsprechend den in den Verträgen enthaltenen Vorgaben;
5. die Übernahme von Fahrplänen der Bilanzgruppenverantwortlichen und die Weitergabe an die betroffenen Marktteilnehmer (andere Bilanzgruppenverantwortliche) entsprechend den in den Verträgen enthaltenen Vorgaben;
6. die Bonitätsprüfung der Bilanzgruppenverantwortlichen;
7. die Mitarbeit bei der Ausarbeitung und Adaptierung von Regelungen im Bereich Kundenwechsel, Abwicklung und Abrechnung;
8. die Abrechnung und organisatorische Maßnahmen bei Auflösung von Bilanzgruppen;
9. die Aufteilung und Zuweisung der sich auf Grund der Verwendung von standardisierten Lastprofilen ergebenden Differenz auf die am Netz eines Netzbetreibers angeschlossenen Marktteilnehmer nach Vorliegen der Messwerte nach transparenten Kriterien;
10. die Verrechnung der Clearinggebühren an die Bilanzgruppenverantwortlichen;
11. die Berechnung und Zuordnung der Ausgleichsenergie;
12. der Abschluss von Verträgen
    a) mit Bilanzgruppenverantwortlichen, anderen Regelzonenführern, Netzbetreibern und Stromlieferanten (Erzeugern und Händlern),
    b) mit Einrichtungen zum Zweck des Datentausches zur Erstellung eines Index,
    c) mit Strombörsen über die Weitergabe von Daten,
    d) mit Lieferanten (Erzeugern und Stromhändlern) über die Weitergabe von Daten.

(5) Im Rahmen der Berechnung und Zuordnung der Ausgleichsenergie sind, soweit nicht besondere Regelungen im Rahmen von Verträgen gemäß § 113 Abs 2 ElWOG 2010 bestehen, jedenfalls

1. die Differenz von Fahrplänen und Messdaten zu übernehmen und daraus die Ausgleichsenergie zu ermitteln, zuzuordnen und zu verrechnen;
2. die Preise für Ausgleichsenergie entsprechend dem im § 10 Verrechnungsstellengesetz beschriebenen Verfahren zu ermitteln und in geeigneter Form ständig zu veröffentlichen;
3. die Entgelte für Ausgleichsenergie zu berechnen und den Bilanzgruppenverantwortlichen und Regelzonenführern mitzuteilen;
4. die verwendeten standardisierten Lastprofile zu verzeichnen, zu archivieren und in geeigneter Form zu veröffentlichen;
5. Informationen über die zur Sicherung eines transparenten, diskriminierungsfreien und möglichst liquiden Regelenergiemarktes erforderlichen Maßnahmen den Marktteilnehmern zu geben. Dazu zählt die Veröffentlichung der in Anspruch genommenen Primär- und Sekundärregelleistung hinsichtlich Dauer und Höhe sowie der Ergebnisse des Ausschreibungsverfahrens gemäß § 31 und gemäß § 69 ElWOG 2010.

(6) Liegen die Voraussetzungen gemäß Abs 3 nicht mehr vor, hat die Behörde die Berechtigung zur Ausübung der Tätigkeit des Bilanzgruppenkoordinators mit Bescheid abzuerkennen. Dabei ist Abs 1 letzter Satz anzuwenden.

(7) Die Behörde hat von Amts wegen ein geeignetes Unternehmen unter Berücksichtigung der Voraussetzungen gemäß Abs 3 auszuwählen und zu verpflichten, die Aufgaben eines Bilanzgruppenkoordinators vorläufig zu übernehmen und auszuüben, wenn

1. kein Bilanzgruppenkoordinator gemäß Abs 1 namhaft gemacht worden ist;
2. die Behörde einen Feststellungsbescheid gemäß Abs 1 erlassen hat oder
3. die Berechtigung zur Ausübung der Tätigkeit eines Bilanzgruppenkoordinators aberkannt worden ist.

Die Behörde hat diesen Bescheid aufzuheben, sobald vom Regelzonenführer ein geeigneter Bilanzgruppenkoordinator namhaft gemacht wird. Die Behörde hat vor der Erlassung eines solchen Verpflichtungsbescheides und dessen Aufhebung das Einvernehmen mit den Landesregierungen herzustellen, in deren Wirkungsbereich die Regelzone liegt.

6. Hauptstück
Marktüberwachung
Überwachungsaufgaben
§ 41

Die Landesregierung hat den Elektrizitätsmarkt laufend zu überwachen, insbesondere

1. die Versorgungssicherheit in Bezug auf Zuverlässigkeit und Qualität des Netzes sowie die kommerzielle Qualität der Netzdienstleistungen,
2. den Grad der Transparenz am Elektrizitätsmarkt unter besonderer Berücksichtigung der Großhandelspreise,
3. den Grad und die Wirksamkeit der Marktöffnung und den Umfang des Wettbewerbs auf Großhandelsebene und Endverbraucherebene einschließlich etwaiger Wettbewerbsverzerrungen oder -beschränkungen,
4. etwaige restriktive Vertragspraktiken einschließlich Exklusivitätsbestimmungen, die große gewerbliche Kunden daran hindern können, gleichzeitig mit mehreren Anbietern Verträge zu schließen oder ihre Möglichkeiten dazu beschränken,
5. die Dauer und Qualität der von Übertragungs- und Verteilernetzbetreibern vorgenommenen Neuanschluss-, Wartungs- und sonstiger Reparaturdienste,
6. die Investitionen in die Erzeugungskapazitäten mit Blick auf die Versorgungssicherheit.

7. Hauptstück
Elektrizitätsrechtliche Bewilligungsverfahren für Anlagen zur Erzeugung elektrischer Energie
Bewilligungs- und Anzeigepflicht
§ 45

(1) Unbeschadet der nach anderen Vorschriften erforderlichen Bewilligungen udgl bedarf die Errichtung oder Erweiterung einer Erzeugungsanlage mit einer installierten Leistung von mehr als 500 kW einer elektrizitätsrechtlichen Bewilligung. Für die Erteilung der Bewilligung ist die Landesregierung zuständig.

(2) Die geplante Errichtung oder Erweiterung von Erzeugungsanlagen mit einer installierten Leistung von mehr als 150 kW und höchstens 500 kW ist der Landesregierung anzuzeigen; ebenso ist der Landesregierung die geplante Modernisierung (Repowering) von Erzeugungsanlagen, die elektrische Energie aus erneuerbaren Quellen erzeugen, bei einer installierten Leistung von mehr als 150 kW anzuzeigen. Die Anzeige hat unter Anschluss der erforderlichen Unterlagen (§ 46) rechtzeitig vor Beginn der Ausführung zu erfolgen. Wird die Anzeige nicht innerhalb von drei Monaten nach ihrem Einlangen zurückgewiesen, gelten die angezeigten Anlagen als bewilligt. Bei Unvollständigkeit der Unterlagen beginnt die Frist erst mit Einlangen der fehlenden Unterlagen zu laufen. Die Landesregierung kann die Anzeige, erforderlichenfalls auch unter Vorschreibung von Auflagen und Bedingungen, vor Ablauf dieser Frist mit Bescheid zur Kenntnis nehmen. Die Anzeige ist zurückzuweisen, wenn sich aus den Anzeigeunterlagen oder aus der Art und Weise der Ausführung der Anlagen Zweifel am Vorliegen der für eine Bewilligung erforderlichen Voraussetzungen ergeben. Nach einer solchen Zurückweisung kann

für das Vorhaben die Durchführung eines Bewilligungsverfahrens beantragt werden.

(3) Von der Bewilligungs- und Anzeigepflicht sind nicht stationäre Erzeugungsanlagen für eine vorgesehene Bestandsdauer von längstens sechs Monaten am selben Standort und Notstromanlagen ausgenommen. Von der Bewilligungs- und Anzeigepflicht sind weiters Photovoltaikanlagen und die mit diesen Anlagen zusammenhängenden Speicheranlagen ausgenommen, wenn sie von befugten Unternehmen errichtet werden.

(4) Die Abs 1 und 2 gelten auch für wesentliche Änderungen von Erzeugungsanlagen.

(5) Abweichend zu Abs 2 erster Satz ist die geplante Errichtung oder Erweiterung von Wasserkraftanlagen mit einer installierten Leistung von mehr als 150 kW und höchstens 500 kW der Bezirksverwaltungsbehörde anzuzeigen, sofern zur Durchführung des wasserrechtlichen Verfahrens im Einzelfall nicht die Zuständigkeit des Landeshauptmannes gegeben ist. Soweit die Errichtung und Erweiterung von Wasserkraftanlagen der Bezirksverwaltungsbehörde anzuzeigen sind, tritt in den Bestimmungen dieses Abschnitts diese Behörde an die Stelle der Landesregierung.

Konzentriertes Bewilligungsverfahren für Windkraftanlagen

§ 45a

(1) Im Verfahren und bei der Bewilligung betreffend die Errichtung und Änderung von Windkraftanlagen mit einer installierten Leistung von mehr als 500 kW und einer Jahresauslastung ab 2.150 Volllaststunden auf Standorten, die im Flächenwidmungsplan als Grünland-Windkraftanlagen ausgewiesen sind, sind neben den Bestimmungen dieses Abschnitts auch die Bestimmungen des Salzburger Naturschutzgesetzes 1999 (NSchG) und des Jagdgesetzes 1993 sowie der auf Basis dieser Gesetze erlassenen Verordnungen anzuwenden (mitanzuwendende Vorschriften).

(2) Dem Ansuchen um Bewilligung einer unter Abs 1 fallenden Anlage sind neben den Beilagen gemäß § 46 auch die nach dem Salzburger Naturschutzgesetz 1999 und dem Jagdgesetz 1993 erforderlichen Unterlagen anzuschließen.

(3) Die Erteilung der Bewilligung für eine unter Abs 1 fallende Anlage setzt weiters voraus, dass die Errichtung oder Erweiterung der Anlage auch nach den Bestimmungen des Salzburger Naturschutzgesetzes 1999 und des Jagdgesetzes 1993 sowie der auf Basis dieser Gesetze erlassenen Verordnungen bewilligt werden kann. Die Bewilligung gilt auch als naturschutz- und jagdrechtliche Bewilligung.

Bewilligungsansuchen

§ 46

(1) Dem Ansuchen um Erteilung der Bewilligung sind folgende Beilagen anzuschließen:

a) ein technischer Bericht mit Angaben über Bezeichnung, Standort, Zweck, Umfang, Betriebsweise und technische Ausführung der geplanten Erzeugungsanlage, insbesondere über Antriebsart, Leistungsausmaß, Stromart, Frequenz, Maschinenspannung und Maßnahmen zur Energieeffizienz;
b) die entsprechenden Bau- und Schaltpläne;
c) eine Kopie der Katastralmappe, aus der ersichtlich sind
aa) der Standort der Erzeugungsanlage einschließlich den Nebenanlagen,
bb) die betroffenen Grundstücke mit ihren Parzellennummern,
cc) die Ausweisungen für das betreffende Gebiet im Flächenwidmungsplan und nach den Verhältnissen in der Natur die Bau-, Wald-, Gewässer- und Verkehrsflächen (Straßen, Wege, Eisenbahnen einschließlich Seilbahnen, Seilwege udgl);
d) ein Verzeichnis der durch das Projekt berührten fremden Anlagen mit Namen und Anschriften der Eigentümer oder der zuständigen Verwaltungen, im Anzeigeverfahren auch Zustimmungserklärungen zum Vorhaben der vom Projekt berührten Eigentümer fremder Anlagen und Grundstücke oder der zuständigen Verwaltungen;
e) ein Verzeichnis der in Anspruch zu nehmenden Zwangsrechte sowie der davon betroffenen Grundstücke mit Katastral- und Grundbuchsbezeichnung samt Einlagezahl, Namen und Anschriften der grundbücherlichen Eigentümer und der daran sonst dinglich Berechtigten unter kurzer Angabe ihrer Berechtigung sowie des beanspruchten öffentlichen Gutes unter Angabe der zuständigen Verwaltungen;
f) bei Errichtung bzw wesentlicher Änderung einer thermischen Erzeugungsanlage mit einer Brennstoffwärmeleistung von mehr als 20 MW außerdem eine im Einklang mit den Grundsätzen im Anhang IX Teil 2 der Richtlinie 2012/27/EU zur Energieeffizienz erstellte Kosten-Nutzen-Analyse, wobei die Kosten und der Nutzen von Vorkehrungen für den Betrieb der Anlage als hocheffiziente KWK-Anlage bzw für die Umrüstung zu einer hocheffizienten KWK-Anlage zu bewerten sind. Die Landesregierung kann mit Verordnung Leitgrundsätze für die Methodik, die Annahmen und den zeitlichen Rahmen der wirtschaftlichen Analyse nach Anhang IX Teil 2 der Richtlinie erlassen.

(2) Die im Abs 1 bezeichneten Beilagen sind grundsätzlich in digitaler Form vorzulegen. Wenn das Bauvorhaben das Gebiet von mehr als einer Gemeinde berührt, sind zusätzliche, für die jeweilige Gemeinde bedeutungsvolle Unterlagen (zB Planausschnitte, Teilverzeichnisse) ebenfalls grundsätzlich in digitaler Form vorzulegen.

(3) Im Einzelfall kann die Landesregierung die Vorlage weiterer Unterlagen, wie zB von Grundbuchsauszügen, Detailplänen bzw - zeichnungen, anordnen, wenn dies zur einwandfreien Beurteilung des Projektes notwendig erscheint. Gleichzeitig wird die Zahl der erforderlichen Ausfertigungen dieser Unterlagen bestimmt.

(4) Die Landesregierung kann von der Beibringung einzelner im Abs 1 angeführter Angaben und Unterlagen absehen, sofern diese für das Bewilligungsverfahren nicht erforderlich sind.

Bewilligungsverfahren

§ 47

(1) Im Verfahren zur Erteilung der Bewilligung nach § 45 Abs. 1 haben außer dem Antragsteller die Eigentümer der im § 46 Abs. 1 lit. d genannten Anlagen sowie die Personen, gegenüber denen ein Zwangsrecht in Anspruch zu nehmen erforderlich ist, Parteistellung.

(2) Die Landesregierung hat das Vorhaben durch die davon betroffenen Gemeinden auf die für deren allgemein verbindliche Anordnungen vorgesehene Art und Weise durch drei Wochen kundzumachen und die für die nachbarlichen Interessen (§ 48 Abs 1 Z 3) bedeutsamen Teile des Projektentwurfes währenddessen zur allgemeinen Einsicht bereithalten zu lassen, worauf in der Kundmachung hinzuweisen ist.

(3) Innerhalb der genannten Kundmachungsfrist steht es jedermann frei, vom Standpunkt seiner nachbarlichen Interessen (§ 48 Abs. 1 Z 3) eine Stellungnahme schriftlich bei der Gemeinde einzubringen. Nach Ablauf der Kundmachungsfrist sind diese Stellungnahmen gesammelt der Landesregierung zu übermitteln. Sie sind in die Beurteilung der im § 48 Abs. 1 Z 3 angeführten Tatbestände einzubeziehen.

(4) Im Bewilligungsverfahren sind die Wirtschaftskammer Salzburg, die Kammer für Arbeiter und Angestellte für Salzburg, die Kammer für Land- und Forstwirtschaft in Salzburg und die Salzburger Landarbeiterkammer, die von der geplanten Erzeugungsanlage betroffenen Gemeinden sowie die zur Wahrung der im § 48 Abs. 1 Z 2 genannten Interessen berufenen Behörden, Ämter und öffentlich-rechtlichen Körperschaften zu hören.

Besondere Bestimmungen für Anlagen zur Erzeugung von elektrischer Energie aus erneuerbaren Quellen

§ 47a

(1) Im Verfahren über die Bewilligung der Errichtung, der Modernisierung oder des Betriebes von Anlagen zur Erzeugung von elektrischer Energie aus erneuerbaren Quellen leistet die Anlaufstelle gemäß § 15 des S.EU-Rechtsvorschriften-Begleitgesetzes Beratung und Unterstützung.

(2) Bei Interessenkonflikten, die im Bewilligungsverfahren gemäß Abs 1 zwischen dem Antragsteller und anderen Parteien oder Beteiligten auftreten, ist § 16 des S.EU-Rechtsvorschriften-Begleitgesetzes zu beachten.

Voraussetzungen, Energieeffizienz an erster Stelle, Kosten-Nutzen-Analyse

§ 48

(1) Der Errichtung oder Erweiterung der Erzeugungsanlage ist die Bewilligung zu erteilen, wenn

1. das Vorhaben eine effiziente Energiegewinnung nach dem jeweiligen Stand der Technik gewährleistet und keine nachteiligen Auswirkungen auf den Betrieb des Verteilernetzes hat (bestmögliche Verbundwirtschaft);
2. das Vorhaben nicht im unvereinbaren Widerspruch zu den Erfordernissen der Landeskultur, des Forstwesens, der Wildbach- und Lawinenverbauung, der Raumplanung, des Natur- und Denkmalschutzes, der Wasserwirtschaft und des Wasserrechtes, des öffentlichen Verkehrs, der sonstigen öffentlichen Versorgung, der Landesverteidigung, der Sicherheit des Luftraumes, der gewerblichen Wirtschaft, insbesondere des Fremdenverkehrs, und des Dienstnehmerschutzes steht. Dabei ist durch entsprechende Bedingungen und Auflagen auf eine Abstimmung mit diesen Interessen Bedacht zu nehmen;
3. der technische Bauentwurf zur Ausführung geeignet ist und insbesondere überhaupt oder bei Einhaltung der Auflagen erwarten lässt, dass eine Gefährdung des Lebens oder der Gesundheit von Personen oder von Eigentum oder sonstigen dinglichen Rechten ausgeschlossen ist und Belästigungen von Nachbarn durch Geruch, Lärm, Rauch, Staub, Erschütterungen oder in anderer Weise auf ein zumutbares Maß beschränkt bleiben. Unter einer Gefährdung des Eigentums ist die Möglichkeit einer bloßen Gefährdung des Verkehrswertes des Eigentums nicht zu verstehen. Ob Belästigungen der Nachbarn zumutbar sind, ist nach den Maßstäben eines gesunden, normal empfindenden Menschen und auf Grund der örtlichen Verhältnisse zu beurteilen, wobei auch die für die Widmung der Liegenschaften maßgeblichen Vorschriften zu berücksichtigen sind;
4. bei Vorhaben nach § 46 Abs 1 lit f gewährleistet ist, dass die zum Einsatz gelangenden Energieträger unter Bedachtnahme auf die Wirtschaftlichkeit effizient eingesetzt werden und das Ergebnis der Kosten-Nutzen-Analyse berücksichtigt wird.

Bei Anlagen mit einer installierten Leistung bis 200 kW findet eine Beurteilung nach Z 2 nicht statt. Insoweit für das Vorhaben Bewilligungen oder Genehmigungen nach anderen Verwaltungsvorschriften vorliegen, die im Einzelnen die Wahrung der in den Z 2 und 3 genannten Interessen bezwecken, entfällt eine weitere diesbezügliche Beurteilung des Vorhabens.

(2) Ist aus besonderen Sicherheitsgründen vor Inbetriebnahme der Erzeugungsanlage eine behördliche Überprüfung ihrer bewilligungsgemäßen Ausführung erforderlich, muss eine solche im Bewilligungsbescheid vorbehalten werden. Ebenso kann ein Probebetrieb zugelassen oder angeordnet werden. Das Ergebnis dieser Überprüfung ist durch Bescheid auszusprechen. Werden dabei oder sonst wie Mängel in der Ausführung oder Abweichungen von der Bewilligung festgestellt, ist ihre Beseitigung zu veranlassen und, insoweit diese eine Inbetriebnahme aus Sicherheitsgründen nicht zulassen, die Inbetriebnahme bis zu ihrer Behebung zu untersagen und einer neuerlichen Überprüfung vorzubehalten. Von der Verpflichtung zur Herstellung des der Bewilligung entsprechenden Zustandes ist jedoch auf Antrag Abstand zu nehmen, wenn durch die Abweichungen die in der Bewilligung getroffenen Vorsorgen nicht wesentlich beeinträchtigt werden.

(3) Ergibt sich nach der Bewilligung der Erzeugungsanlage, dass die gemäß Abs. 1 zu wahrenden Interessen trotz Einhaltung der im Bewilligungsbescheid vorgeschriebenen Auflagen nicht hinreichend geschützt sind, hat die Behörde andere oder zusätzliche Auflagen vorzuschreiben; soweit solche Auflagen nicht zur Vermeidung einer Gefährdung des Lebens oder der Gesundheit von Menschen erforderlich sind, müssen sie dem Bewilligungsinhaber wirtschaftlich zumutbar sein. Zu Gunsten von Personen, die erst nach Genehmigung der Anlage Nachbarn im Sinn des Abs. 1 Z 3 geworden sind, sind solche Auflagen nur so weit vorzuschreiben, als diese zur Vermeidung einer Gefährdung des Lebens oder der Gesundheit dieser Personen notwendig sind.

(4) Durch einen Wechsel in der Person des Inhabers der Anlage wird die Wirksamkeit der Bewilligung nicht berührt.

Betriebsbeginn und Betriebsende
§ 49

(1) Der Bewilligungsinhaber hat die Fertigstellung der Erzeugungsanlage oder ihrer wesentlichen Teile der Landesregierung anzuzeigen. Wurde eine vorausgehende Überprüfung nicht vorbehalten oder die Aufnahme des Betriebes nicht untersagt (§ 48 Abs. 2), ist der Bewilligungsinhaber nach der Anzeige über die Fertigstellung berechtigt, mit dem regelmäßigen Betrieb zu beginnen.

(2) Der Bewilligungsinhaber hat die dauernde Außerbetriebnahme (Stilllegung) der bewilligten Erzeugungsanlage der Landesregierung anzuzeigen.

(3) Im Fall einer Außerbetriebnahme (Stilllegung) einer Erzeugungsanlage hat die Landesregierung die notwendigen Vorkehrungen anzuordnen. Im Fall einer Außerbetriebnahme (Stilllegung) einer Windkraftanlage oder einer Freiflächenphotovoltaikanlage ist jedenfalls die Entfernung der oberirdischen Anlagenteile anzuordnen.

Erlöschen der Bewilligung
§ 50

(1) Die Bewilligung erlischt, wenn

a) mit dem Bau nicht innerhalb von drei Jahren ab Erlassung der Bewilligung begonnen wird;
b) die Fertigstellungsanzeige (§ 49 Abs. 1) nicht innerhalb von fünf Jahren oder der festgesetzten längeren Frist ab Erlassung der Bewilligung erstattet wird;
c) der regelmäßige Betrieb nicht innerhalb eines Jahres oder der festgesetzten längeren Frist ab Fertigstellungsanzeige, bei vorbehaltener Überprüfung (§ 48 Abs. 2) ab Erlassung des Überprüfungsbescheides aufgenommen wird;
d) der Bewilligungsinhaber anzeigt, dass die Erzeugungsanlage dauernd außer Betrieb genommen wird; oder
e) der Betrieb der Erzeugungsanlage nach Feststellung der Landesregierung unbegründet durch mehr als drei Jahre unterbrochen wurde.

(2) Die Fristen nach Abs. 1 lit. a bis c können von der Landesregierung verlängert werden, wenn die Planungs- oder Bauarbeiten dies erfordern und darum vor Fristablauf angesucht wird; bei Vorliegen entsprechender energiewirtschaftlicher Gründe sind sie zu verlängern.

(3) Nach Erlöschen der Bewilligung hat der letzte Bewilligungsinhaber die Erzeugungsanlage umgehend abzutragen und den früheren Zustand nach Möglichkeit wieder herzustellen, wenn dies die im § 48 Abs. 1 genannten Interessen erforderlich erscheinen lassen oder es im Fall des Eigentumsüberganges zufolge eines Enteignungsbescheides der frühere Grundeigentümer oder dessen Rechtsnachfolger nachweislich verlangt und dies nicht durch privatrechtliche Vereinbarung über das Belassen der Erzeugungsanlage ausgeschlossen wurde. Dabei ist mit tunlichster Schonung und unter Ermöglichung des widmungsgemäßen Gebrauches der betroffenen Grundflächen vorzugehen.

Enteignung
§ 51

Zur Sicherstellung des aus zwingenden technischen oder wirtschaftlichen Gründen gebotenen dauernden Bestandes einer für die öffentliche Elektrizitätsversorgung vorgesehenen Erzeugungsanlage an einem bestimmten Ort ist die Enteignung zulässig.

8. Hauptstück
Bestimmungen über Leitungsanlagen
Bewilligung von Leitungsanlagen
§ 52

(1) Die Errichtung und Inbetriebnahme von Leitungsanlagen bedarf der Bewilligung der Landesregierung. Das Gleiche gilt für wesentliche Änderungen von Leitungsanlagen.

(2) Sofern keine Zwangsrechte gemäß § 57 oder § 64 in Anspruch genommen werden, sind von der Bewilligungspflicht folgende Leitungsanlagen ausgenommen:

1. elektrische Leitungsanlagen bis 45.000 Volt, nicht jedoch Freileitungen über 1.000 Volt;
2. unabhängig von der Betriebsspannung zu Eigenkraftanlagen gehörige elektrische Leitungsanlagen;
3. Kabelauf- und -abführungen sowie dazugehörige Freileitungstragwerke einschließlich jener Freileitungen bis 45.000 Volt, die für die Anbindung eines Freileitungstragwerkes mit Kabelauf- oder -abführungen notwendig sind und ausschließlich dem Zweck der Anbindung dienen;
4. Leitungsanlagen, die ausschließlich der Ableitung von Ökoenergie dienen;
5. Leitungsanlagen zur Stromversorgung von Bauprovisorien für die Bauzeit;
6. kurzfristige Leitungsprovisorien für die Dauer von längstens sechs Monaten zur Behebung von Störungen und Ausführung von Reparaturen an bewilligten Anlagen;
7. die Aufstellung mobiler Trafostationen samt dazugehöriger Leitungsanlagen zur Stromversorgung von Konzerten, Jahrmärkten udgl.

(3) Falls bei Leitungsanlagen nach Abs 2 die Einräumung von Zwangsrechten gemäß § 57 oder § 64 erforderlich ist, besteht ein Antragsrecht des Projektwerbers auf Einleitung, Durchführung und Entscheidung des Bewilligungsverfahrens.

(4) Die vom Netzbetreiber evident zu haltende Leitungsdokumentation von bestehenden elektrischen Leitungsanlagen unterliegt den Auskunfts- und Einsichtsrechten nach § 10 ElWOG 2010.

Bewilligungsansuchen
§ 53

(1) Dem Ansuchen um Bewilligung sind folgende Beilagen anzuschließen:

a) ein technischer Bericht mit Angaben über Zweck, Umfang, Betriebsweise und technische Ausführung der geplanten Leitungsanlage;
b) eine Kopie der Katastralmappe, aus welcher ersichtlich sind
aa) die Trassenführung,
bb) mit ihren Parzellennummern die betroffenen Grundstücke und die in einer Zone von 25 m beiderseits der Leitungsachse befindlichen Grundstücke,
cc) nach den Verhältnissen in der Natur die Wald-, Gewässer-, Garten-, Sport- und Verkehrsflächen (Straßen, Wege, Plätze, Eisenbahnen einschließlich Seilbahnen, Seilwege udgl),
dd) jede Art von Bauwerken,
ee) Kabel und Freileitungen;
c) bei Umspann-, Umform- und Schaltanlagen entsprechende Pläne und Schaltschemata;
d) ein Verzeichnis der betroffenen Grundstücke mit Katastral- und Grundbuchsbezeichnung, Namen und Anschriften der grundbücherlichen Eigentümer sowie des beanspruchten öffentlichen Gutes unter Angabe der zuständigen Verwaltungen;
e) ein Verzeichnis der durch das Projekt berührten fremden Anlagen mit Namen und Anschriften der Eigentümer oder der zuständigen Verwaltungen;
f) die Bekanntgabe der in Anspruch zu nehmenden Zwangsrechte und ein Verzeichnis der davon betroffenen Grundstücke mit den Namen und Anschriften der daran dinglich Berechtigten und mit kurzer Angabe der Berechtigung.

(2) Im Einzelfall kann die Landesregierung die Vorlage weiterer Unterlagen, wie zB von Grundbuchsauszügen, Detailplänen bzw - zeichnungen, anordnen, wenn dies zur einwandfreien Beurteilung des Projektes notwendig erscheint.

(3) Die im Abs 1 bezeichneten Beilagen sind grundsätzlich in digitaler Form vorzulegen. Wenn das Bauvorhaben das Gebiet von mehr als einer Gemeinde berührt, sind zusätzliche, für die jeweilige Gemeinde bedeutungsvolle Unterlagen (zB Planausschnitte, Teilverzeichnisse) ebenfalls grundsätzlich in digitaler Form vorzulegen.

(4) Die Landesregierung kann von der Beibringung einzelner im Abs. 1 angeführter Angaben und Unterlagen absehen, sofern diese für das Bewilligungsverfahren nicht erforderlich sind.

Bau- und Betriebsbewilligung
§ 54

(1) Für Leitungsanlagen, welche dem öffentlichen Interesse an der Versorgung der Bevölkerung oder eines Teiles derselben mit elektrischer Energie nicht widersprechen, ist die Bau- und Betriebsbewilligung zu erteilen. Dabei ist durch entsprechende Auflagen auf eine Abstimmung mit bereits vorhandenen oder bewilligten anderen Energieversorgungseinrichtungen sowie mit den Erfordernissen der Landeskultur, des Forstwesens, der Wildbach- und Lawinenverbauung, der Raumplanung, des Natur- und des Denkmalschutzes, der Wasserwirtschaft und des Wasserrechtes, des öffentlichen Verkehrs, der sonstigen öffentlichen Versorgung, der Landesverteidigung, der Sicherheit des Luftraumes, der gewerblichen Wirtschaft, insbesondere des Fremdenverkehrs, und des Dienstnehmerschutzes Bedacht zu nehmen.

Die zur Wahrung dieser Interessen berufenen Behörden und öffentlich-rechtlichen Körperschaften sind im Ermittlungsverfahren zu hören.

(2) Bei Auflagen, deren Einhaltung aus Sicherheitsgründen vor Inbetriebnahme der Leitungsanlage einer Überprüfung bedarf, kann zunächst nur die Baubewilligung erteilt, die Erteilung der Betriebsbewilligung jedoch einem Zeitpunkt nach gänzlicher oder teilweiser Ausführung der Leitungsanlage vorbehalten werden. In diesem Fall ist nach der Fertigstellungsanzeige (§ 55 Abs. 1) die sofortige Aufnahme des regelmäßigen Betriebes zu bewilligen, sofern die Auflagen der Baubewilligung erfüllt wurden. Findet vor Erteilung der Betriebsbewilligung eine mündliche Verhandlung statt, sind dazu jedenfalls der Inhaber der Baubewilligung und Sachverständige zu laden.

(3) Parteien im Bau- und Betriebsbewilligungsverfahren sind außer dem Antragsteller die Eigentümer der von der Leitungsanlage unter Berücksichtigung der erforderlichen Sicherheitsmaßnahmen berührten Grundstücke, Anlagen und Bauwerke.

Erdverkabelung

§ 54a

(1) Als ein öffentliches Interesse, das in Verfahren zur Erteilung der Bau- und Betriebsbewilligung von Leitungsanlagen Beachtung zu finden hat, gilt auch die Vermeidung von Nutzungskonflikten.

(2) Zur Wahrung des öffentlichen Interesses gemäß Abs. 1 dürfen zur Errichtung kommende Leitungsanlagen mit einer Nennspannung von mehr als 110 kV in sensiblen Bereichen auf technisch und wirtschaftlich effizienten Teilabschnitten nur als Erdkabel ausgeführt werden.

(3) Als sensible Bereiche gelten Bereiche, in denen der von der Achse einer Leitungsanlage gemessene Abstand unterschreiten würde:

1. 400 m zwischen einer Freileitung und dem im Flächenwidmungsplan der Gemeinde ausgewiesenen Bauland der Kategorien des § 30 Abs. 1 Z 1 bis 5 und 9 des Salzburger Raumordnungsgesetzes 2009;
2. 200 m zwischen einer Freileitung und einzelnen der dauernden Wohnnutzung dienenden Bauten auf Flächen, die nicht gemäß § 30 Abs. 1 Z 1 bis 5 und 9 ROG 2009 gewidmet sind.

(4) Ein Erdkabel-Teilabschnitt ist technisch und wirtschaftlich effizient, wenn

a) als Stand der Technik die elektrotechnische Realisierbarkeit der Erdkabelleitung unter Berücksichtigung der Erfordernisse eines sicheren Betriebes feststeht;
b) die Bodenbeschaffenheit im betreffenden Teilabschnitt eine Erdverkabelung ohne Gefährdung eines sicheren Betriebes zulässt;
c) der mit der Erdverkabelung im Vergleich zu einer Freileitung, die das öffentliche Interesse gemäß Abs. 1 unter Berücksichtigung der Erfordernisse eines sicheren Betriebes und der wirtschaftlichen Vertretbarkeit des Aufwandes nur im geringst möglichen Maß beeinträchtigt, allenfalls entstehende Zusatzaufwand verhältnismäßig ist; bei der Prüfung dieser Verhältnismäßigkeit sind insbesondere auch der Mehrwert der Erdverkabelung im Hinblick auf den Tourismus, die Liegenschaftswerte im sensiblen Bereich, die Raumersparnis sowie die raschere Projektverwirklichung auf Grund der Konfliktvermeidung entsprechend den örtlichen Gegebenheiten zu berücksichtigen.

(5) Einem Ansuchen, das auf die Bewilligung einer Freileitung mit einer Nennspannung von mehr als 110 kV in sensiblen Bereichen gerichtet ist, sind auch Unterlagen über das Nichtvorliegen einer der Voraussetzungen für eine Erdverkabelung gemäß Abs. 4 lit. a bis c anzuschließen. Die Bewilligung darf in einem solchen Fall nur erteilt werden, wenn die Leitungsanlage das öffentliche Interesse gemäß Abs. 1 unter Berücksichtigung der Erfordernisse eines sicheren Betriebes und der wirtschaftlichen Vertretbarkeit des Aufwandes nur im geringst möglichen Maß beeinträchtigt.

(6) Die Abs. 1 bis 5 gelten auch für wesentliche Änderungen einer bestehenden Freileitung mit einer Nennspannung von mehr als 110 kV. Wesentliche Änderungen sind dabei auch Verschwenkungen der Leitungstrasse um mindestens 10 m auf einer durchgehenden Länge von 5 km, wobei kürzere Abschnitte innerhalb einer Leitungsanlage auch dann zusammenzurechnen sind, wenn die einzelnen Abschnitte zwar getrennt, aber innerhalb eines Zeitraums von 10 Jahren geändert werden, sowie die Erhöhung der Nennspannungsebene oder eine wesentliche Erhöhung der Übertragungskapazität.

Betriebsbeginn und Betriebsende

§ 55

(1) Der Bewilligungsinhaber hat die Fertigstellung der Leitungsanlage oder ihrer wesentlichen Teile der Landesregierung anzuzeigen. Wenn die Betriebsbewilligung bereits erteilt wurde (§ 54 Abs. 1), ist er nach der Anzeige über die Fertigstellung berechtigt, mit dem regelmäßigen Betrieb zu beginnen.

(2) Der Bewilligungsinhaber hat die dauernde Außerbetriebnahme einer bewilligten Leitungsanlage der Landesregierung anzuzeigen.

Erlöschen der Bewilligung

§ 56

(1) Die Baubewilligung erlischt, wenn

a) mit dem Bau nicht innerhalb von drei Jahren ab Rechtskraft der Baubewilligung begonnen wird; oder

b) die Fertigstellungsanzeige (§ 55 Abs. 1) nicht innerhalb von fünf Jahren ab Rechtskraft der Baubewilligung erstattet wird.

(2) Die Betriebsbewilligung erlischt, wenn

a) der regelmäßige Betrieb nicht innerhalb eines Jahres ab Fertigstellungsanzeige, in den Fällen der Erteilung einer gesonderten Betriebsbewilligung gemäß § 54 Abs. 2 ab Rechtskraft derselben aufgenommen wird;
b) der Bewilligungsinhaber anzeigt, dass die Leitungsanlage dauernd außer Betrieb genommen wird; oder
c) der Betrieb der Leitungsanlage nach Feststellung der Landesregierung unbegründet durch mehr als drei Jahre unterbrochen wurde.

(3) Die Fristen nach Abs. 1 und Abs. 2 lit. a können von der Landesregierung verlängert werden, wenn die Planungs- oder Bauarbeiten oder energiewirtschaftliche Überlegungen dies erfordern und darum vor Fristablauf angesucht wird.

(4) Nach Erlöschen der Bau- oder Betriebsbewilligung hat der letzte Bewilligungsinhaber die Leitungsanlage über nachweisliche Aufforderung des Grundstückseigentümers umgehend abzutragen und den früheren Zustand nach Möglichkeit wieder herzustellen, es sei denn, dass dies durch privatrechtliche Vereinbarungen über das Belassen der Leitungsanlage ausgeschlossen wurde. Dabei ist mit tunlichster Schonung und Ermöglichung des bestimmungsgemäßen Gebrauches der betroffenen Grundstücke vorzugehen.

Leitungsrechte

§ 57

(1) Jedem, der eine Leitungsanlage betreiben will, sind von der Landesregierung auf Antrag an Grundstücken einschließlich der Privatgewässer, der öffentlichen Straßen und Wege sowie des sonstigen öffentlichen Gutes Leitungsrechte einzuräumen, wenn und so weit dies durch die Errichtung, Änderung oder Erweiterung einer Leitungsanlage notwendig wird.

(2) Dem Antrag ist nicht zu entsprechen, wenn

a) der dauernde Bestand der Leitungsanlage an einem bestimmten Ort aus zwingenden technischen Gründen oder mit Rücksicht auf die unverhältnismäßigen Kosten ihrer Verlegung die Enteignung erfordert (§ 64);
b) ihm öffentliche Interessen (§ 54 Abs. 1) entgegenstehen; oder
c) über die Grundbenützung schon privatrechtliche Vereinbarungen vorliegen.

Inhalt der Leitungsrechte

§ 58

(1) Die Leitungsrechte umfassen das Recht

a) auf Errichtung und Erhaltung sowie auf Betrieb von Leitungsstützpunkten, Schalt- und Umspannanlagen, sonstigen Leitungsobjekten und anderem Zubehör;
b) auf Führung mit Erhaltung sowie auf Betrieb von Leitungsanlagen im Luftraum oder unter der Erde;
c) auf Ausästung, worunter auch die Beseitigung von hinderlichen Baumpflanzungen und das Fällen einzelner Bäume zu verstehen ist, sowie auf Vornahme von Durchschlägen durch Waldungen, wenn sich keine andere wirtschaftliche Möglichkeit der Leitungsführung ergibt und die Erhaltung und forstmäßige Bewirtschaftung des Waldes dadurch nicht gefährdet wird;
d) auf den Zugang und die Zufahrt vom öffentlichen Wegenetz zu der auf einem Grundstück ausgeführten Anlage.

(2) Der Inhalt des jeweiligen Leitungsrechtes ergibt sich aus dem Bewilligungsbescheid.

Ausästung und Durchschläge

§ 59

(1) Die Ausästung und Durchschläge (§ 58 Abs. 1 lit. c) können nur in dem für die Errichtung und Instandhaltung der Leitungsanlagen und zur Verhinderung von Betriebsstörungen unumgänglich notwendigen Umfang beansprucht werden.

(2) Der Leitungsberechtigte hat vorerst den durch das Leitungsrecht Belasteten nachweislich aufzufordern, die Ausästungen oder Durchschläge vorzunehmen; gleichzeitig hat er den Belasteten auf allenfalls zu beachtende elektrotechnische Sicherheitsvorschriften hinzuweisen. Besteht Gefahr im Verzug oder kommt der Belastete der Aufforderung innerhalb eines Monats nach Empfang nicht nach, kann der Leitungsberechtigte nach vorheriger Anzeige an diesen Belasteten selbst die Ausästung oder den Durchschlag vornehmen. Einschlägige forstrechtliche Bestimmungen sind dabei zu berücksichtigen.

(3) Die Kosten der Ausästung und der Vornahme von Durchschlägen sind vom Leitungsberechtigten zu tragen, es sei denn, dass sie bei der Einräumung des Leitungsrechtes bereits entsprechend abgegolten wurden.

Ausübung der Leitungsrechte

§ 60

(1) Bei der Ausübung von Leitungsrechten ist mit tunlichster Schonung der benützten Grundstücke und der Rechte Dritter vorzugehen. Insbesondere hat der Leitungsberechtigte während der Ausführung der Arbeiten auf seine Kosten für die tunlichste Ermöglichung des widmungsgemäßen Gebrauchs des benutzten Grundstückes zu sorgen. Nach Beendigung der Arbeiten hat er einen Zustand herzustellen, der keinen Anlass zu begründeten Beschwerden gibt. In Streitfällen entscheidet die Landesregierung.

(2) Durch die Leitungsrechte darf der widmungsgemäße Gebrauch der zu benutzenden Grundstücke nur unwesentlich behindert werden. Die Landesregierung hat auf Antrag des durch das

Leitungsrecht Belasteten dem Leitungsberechtigten die Leitungsrechte zu entziehen, wenn dieser Belastete nachweist, dass die auf seinem Grundstück befindlichen Leitungsanlagen oder Teile derselben die von ihm beabsichtigte zweckmäßige Nutzung des Grundstückes entweder erheblich erschweren oder überhaupt unmöglich machen.

(3) Sofern die für die Entziehung des Leitungsrechtes geltend gemachte Benützung nicht innerhalb von 18 Monaten ab Rechtskraft des Entziehungsbescheides erfolgt, ist dem bisherigen Leitungsberechtigten vom bisherigen durch das Leitungsrecht Belasteten für den erlittenen Schaden Vergütung zu leisten. § 66 Abs. 7 gilt sinngemäß.

Auswirkung der Leitungsrechte

§ 61

(1) Die Leitungsrechte gehen samt den mit ihnen verbundenen Verpflichtungen auf jeden Erwerber der Leitungsanlage, für die sie eingeräumt worden sind, über.

(2) Sie sind gegen jeden Eigentümer des in Anspruch genommenen Grundstückes und sonstige daran dinglich Berechtigte wirksam. Auch steht ein Wechsel eines Eigentümers oder sonstigen dinglich Berechtigten nach ordnungsgemäßer Ladung zur mündlichen Verhandlung der Wirksamkeit des ein Leitungsrecht einräumenden Bescheides nicht im Weg.

(3) Die Leitungsrechte bilden keinen Gegenstand grundbücherlicher Eintragung. Sie können weder durch Ersitzung erworben noch durch Verjährung aufgehoben werden. Die Leitungsrechte verlieren ihre Wirksamkeit gleichzeitig mit dem Erlöschen der Bewilligung der Leitungsanlage.

Einräumung von Leitungsrechten

§ 62

(1) In den Anträgen auf Einräumung von Leitungsrechten sind die betroffenen Grundstücke mit ihrer Katastral- und Grundbuchsbezeichnung sowie deren Eigentümer und sonstige dinglich Berechtigte mit Ausnahme der Hypothekargläubiger samt Inhalt (§ 58) der beanspruchten Rechte anzuführen.

(2) Leitungsrechte (§ 57) sind durch Bescheid einzuräumen.

(3) Anträge gemäß Abs. 1 können auch nach Einbringung des Ansuchens um Bewilligung der Leitungsanlage (§ 53) gestellt werden.

Entschädigung für die Einräumung von Leitungsrechten

§ 63

Der Leitungsberechtigte hat die Grundstückseigentümer und die an den Grundstücken dinglich Berechtigten für alle mit dem Bau, der Erhaltung, dem Betrieb, der Änderung und der Beseitigung der Leitungsanlagen unmittelbar verbundenen Beschränkungen ihrer zum Zeitpunkt der Bewilligung ausgeübten Rechte angemessen zu entschädigen. Für das Verfahren gilt § 68 Abs. 1 lit. a bis d sinngemäß.

Enteignung

§ 64

(1) Sofern durch die Einräumung von Leitungsrechten ein aus zwingenden technischen Gründen oder mit Rücksicht auf die unverhältnismäßigen Kosten der Verlegung (Errichtung oder Umlegung) gebotener dauernder Bestand einer Leitungsanlage an einem bestimmten Ort nicht sichergestellt werden kann, ist die Enteignung zulässig.

(2) Als zwingender technischer Grund im Sinn des Abs. 1 ist insbesondere auch die Sicherstellung eines unter Bedachtnahme auf die Geländeverhältnisse möglichst kurzen und zweckmäßigen Verlaufes der Leitungsanlage oder ihrer einzelnen Abschnitte anzusehen.

9. Hauptstück
Organisatorische und verfahrensrechtliche Bestimmungen

1. Abschnitt
Gemeinsame Bestimmungen für elektrische Anlagen

Vorprüfungsverfahren

§ 65

(1) Bei Vorliegen eines Ansuchens um eine Bewilligung gemäß den §§ 45 Abs. 1, 52 Abs. 1 oder § 66 Abs. 1 oder einer Anzeige gemäß § 45 Abs. 2 kann die Landesregierung über Antrag oder von Amts wegen ein Vorprüfungsverfahren durchführen, wenn eine wesentliche Beeinträchtigung von öffentlichen Interessen nach § 48 Abs. 1 bzw § 54 Abs. 1 zu befürchten ist.

(2) In diesem Vorprüfungsverfahren sind der Landesregierung durch den Einschreiter über Aufforderung folgende Unterlagen vorzulegen:

a) ein Bericht über die technische Konzeption der geplanten Anlage;
b) ein Übersichtsplan im Maßstab 1 : 50.000 mit der vorläufig beabsichtigten Lage bzw Trasse und den offenkundig berührten, öffentlichen Interessen dienenden Anlagen.

(3) Diese Unterlagen sind grundsätzlich dreifach vorzulegen. Wird jedoch durch das Bauvorhaben das Gebiet von mehr als einer Gemeinde berührt, ist für jede weitere Gemeinde eine weitere Ausfertigung der Unterlagen vorzulegen, wobei jedoch – insbesondere beim Übersichtsplan – eine Beschränkung auf das Gebiet der jeweils in Betracht kommenden Gemeinde vorgenommen werden kann.

(4) Im Rahmen eines Vorprüfungsverfahrens sind sämtliche Behörden und öffentlich-rechtliche Körperschaften, welche die durch die geplante

elektrische Anlage berührten öffentlichen Interessen (§ 48 Abs. 1, § 54 Abs. 1) vertreten, zu hören.

(5) Nach Abschluss des Vorprüfungsverfahrens ist mit Bescheid festzustellen, ob, in welchen Teilen und unter welchen Bedingungen die geplante elektrische Anlage den berührten öffentlichen Interessen nicht widerspricht.

(6) Auf die Dauer des Vorprüfungsverfahrens ist die Frist gemäß § 45 Abs. 2 unterbrochen.

Vorarbeiten
§ 66

(1) Die Landesregierung kann auf Antrag eines Elektrizitätsunternehmens diesem für eine angemessene, aus triftigen Gründen verlängerbare Frist eine vorübergehende Inanspruchnahme fremden Grundes zur Vornahme erforderlicher Vorarbeiten für die Errichtung elektrischer Anlagen mit Bescheid bewilligen. Um eine Fristverlängerung ist vor Ablauf anzusuchen.

(2) Das Gebiet, innerhalb dessen die Vornahme der Vorarbeiten vorgenommen werden darf, ist von der Landesregierung durch Verordnung festzusetzen.

(3) Bei Erteilung der Bewilligung und Erlassung der Verordnung ist auf etwaige Belange der Landesverteidigung Rücksicht zu nehmen.

(4) Unbeschadet der Kundmachungsvorschriften für Verordnungen der Landesregierung ist ein Abdruck einer Verordnung gemäß Abs. 2 auch in den Gemeinden des Gebietes der zugelassenen Vorarbeiten spätestens eine Woche vor Aufnahme der Vorarbeiten durch Anschlag kundzumachen. Bei Leitungsanlagen ist eine Übersichtskarte mit der vorläufig beabsichtigten Trassenführung zur allgemeinen Einsichtnahme in den Gemeindeämtern der in Betracht kommenden Gemeinden aufzulegen.

(5) Die Bewilligung von Vorarbeiten gibt dem in Betracht kommenden Elektrizitätsunternehmen das Recht, in dem durch die Verordnung bestimmten Gebiet fremden Grund zu betreten und darauf die zur Vorbereitung des Bauentwurfes erforderlichen Bodenuntersuchungen und sonstigen technischen Arbeiten vorzunehmen. Die Vorarbeiten sind unter tunlichster Schonung und Ermöglichung des bestimmungsmäßigen Gebrauches des betroffenen Grundes durchzuführen.

(6) Die Eigentümer der in einem solchen Gebiet gelegenen Grundstücke und die daran Beteiligten sind auf Grund der Verordnung gemäß Abs. 2 verpflichtet, die Vornahme von Vorarbeiten durch ein Elektrizitätsunternehmen, das im Besitz einer Bewilligung gemäß Abs. 1 ist, zu dulden. Das Elektrizitätsunternehmen hat vor Beginn der Vorarbeiten die in Betracht kommenden Verpflichteten rechtzeitig zu verständigen.

(7) Das zur Vornahme der Vorarbeiten berechtigte Elektrizitätsunternehmen hat die in Betracht kommenden Grundstückseigentümer und an Grundstücken dinglich Berechtigten für alle mit den Vorarbeiten unmittelbar verbundenen Beschränkungen ihrer zum Zeitpunkt des Inkrafttretens der im Abs. 2 angeführten Verordnung ausgeübten Rechte angemessen zu entschädigen. Ein darauf abzielender Antrag ist bei sonstigem Verlust des Anspruches auf Entschädigung innerhalb einer Frist von drei Monaten ab Kenntnis des Schadens bei der Landesregierung einzubringen. Im Übrigen gilt für das Verfahren § 68 Abs. 1 lit. a bis d sinngemäß.

(8) Im Verfahren gemäß Abs. 1 ist der Antragsteller, im Entschädigungsverfahren sind außer dem zur Vornahme der Vorarbeiten berechtigten Elektrizitätsunternehmen jene Personen, denen nach Abs. 7 ein Entschädigungsanspruch zukommt, Partei.

Gegenstand der Enteignung
§ 67

(1) Die Enteignung kann umfassen:

a) die Bestellung von Dienstbarkeiten an unbeweglichen Sachen;
b) die Abtretung von Eigentum an Grundstücken;
c) die Abtretung, Einschränkung oder Aufhebung anderer dinglicher Rechte an unbeweglichen Sachen und solcher Rechte, deren Ausübung an einen bestimmten Ort gebunden ist.

(2) Von einer Enteignung gemäß Abs. 1 lit. b darf nur Gebrauch gemacht werden, wenn die übrigen im Abs. 1 angeführten Maßnahmen nicht ausreichen.

(3) Würde durch die Enteignung eines Teiles eines Grundstückes oder durch die Bestellung einer Dienstbarkeit das Grundstück für den Eigentümer die zweckmäßige Benutzbarkeit verlieren, ist auf dessen Verlangen das ganze Grundstück abzulösen. Bei der Beurteilung der zweckmäßigen Benutzbarkeit ist insbesondere auch das Vorliegen einer Baubewilligung, Bauplatzerklärung oder eines Flächenwidmungsplanes zu berücksichtigen.

Durchführung von Enteignungen
§ 68

(1) Auf das Enteignungsverfahren und die behördliche Ermittlung der Entschädigung sind die Bestimmungen des Eisenbahn-Enteignungsentschädigungsgesetzes mit nachstehenden Abweichungen sinngemäß anzuwenden:

a) Über den Inhalt, den Gegenstand und den Umfang der Enteignung sowie über die Entschädigung entscheidet die Landesregierung.
b) Die Höhe der Entschädigung ist auf Grund der Schätzung wenigstens eines beeideten Sachverständigen im Enteignungsbescheid oder in einem gesonderten Bescheid zu bestimmen; letzterenfalls ist ohne weitere Erhebungen im Enteignungsbescheid ein vorläufiger Sicherstellungsbetrag festzusetzen.

c) Jede der beiden Parteien kann binnen drei Monaten ab Erlassung des die Entschädigung bestimmenden Bescheides (lit b) die Feststellung des Entschädigungsbetrages bei jenem Bezirksgericht begehren, in dessen Sprengel sich der Gegenstand der Enteignung befindet. Der Bescheid der Landesregierung tritt hinsichtlich des Ausspruches über die Entschädigung mit Anrufung des Gerichtes außer Kraft. Der Antrag an das Gericht auf Feststellung der Entschädigung kann nur mit Zustimmung des Antragsgegners zurückgezogen werden.
d) Ein erlassener Enteignungsbescheid ist erst vollstreckbar, sobald der im Enteignungsbescheid oder in einem gesonderten Bescheid bestimmte Entschädigungsbetrag oder der im Enteignungsbescheid festgelegte vorläufige Sicherstellungsbetrag (lit b) gerichtlich hinterlegt oder an den Enteigneten ausbezahlt ist.
e) Auf Antrag des Enteigneten kann an die Stelle einer Geldentschädigung eine Entschädigung in Form einer dem Gegenstand der Enteignung gleichartigen und gleichwertigen Naturalleistung treten, wenn diese dem Enteignungswerber unter Abwägung des Einzelfalles wirtschaftlich zugemutet werden kann. Darüber entscheidet die Landesregierung in einem gesonderten Bescheid gemäß lit. b.
f) Vom Erlöschen der Bewilligung gemäß § 48 Abs. 1 bzw § 54 Abs. 1 ist der Eigentümer des belasteten Gutes zu verständigen. Er kann die ausdrückliche Aufhebung der für diese elektrische Anlage im Weg der Enteignung eingeräumten Dienstbarkeiten bei der Landesregierung beantragen. Die Landesregierung hat auf Grund dessen die für die Anlage im Enteignungsweg eingeräumten Dienstbarkeiten unter Vorschreibung einer der geleisteten Entschädigung angemessenen Rückvergütung durch Bescheid aufzuheben.
g) Hat zufolge eines Enteignungsbescheides die Übertragung des Eigentums an einem Grundstück für Zwecke einer elektrischen Anlage stattgefunden, hat die Landesregierung über binnen einem Jahr ab Abtragung der Anlage gestellten Antrag des früheren Eigentümers oder seines Rechtsnachfolgers zu dessen Gunsten die Rückübereignung gegen angemessene Entschädigung auszusprechen. Für die Feststellung dieser Entschädigung gilt lit. c.

(2) Die Einleitung und die Einstellung eines Enteignungsverfahrens, das sich auf verbücherte Liegenschaften oder verbücherte Rechte bezieht, sind durch die Landesregierung dem Grundbuchsgericht bekannt zu geben.

2. Abschnitt
Sonstige gemeinsame Bestimmungen

§ 69

Alle im Zug eines elektrizitätsrechtlichen Verfahrens getroffenen Übereinkommen sind durch die Behörde zu beurkunden.

Sachverständige und Verfahrenskosten

§ 69a

(1) Die Beiziehung von nicht amtlichen Sachverständigen in Verfahren nach diesem Gesetz ist auch ohne das Vorliegen der Voraussetzungen des § 52 Abs 2 und 3 AVG zulässig. Es können auch fachlich einschlägige Anstalten, Institute oder Unternehmen als Sachverständige bestellt werden.

(2) Die Kosten, die der Behörde bei der Durchführung der Verfahren erwachsen, wie beispielsweise Gebühren oder Honorare für Sachverständige, sind vom Projektwerber zu tragen. Die Behörde kann dem Projektwerber durch Bescheid auftragen, diese Kosten nach Prüfung der sachlichen und rechnerischen Richtigkeit direkt zu bezahlen.

Elektrizitätsbeirat

§ 70

(1) Zur Beratung in wichtigen und grundsätzlichen elektrizitätswirtschaftlichen Angelegenheiten und bei Einzelentscheidungen von besonderer Bedeutung in Vollziehung dieses Gesetzes (zB nach § 22) kann beim Amt der Landesregierung ein Elektrizitätsbeirat eingerichtet werden. Der Beirat übt seine Aufgabe durch Abgabe von Stellungnahmen und Erstattung von Vorschlägen aus.

(2) Dem Elektrizitätsbeirat gehören als Mitglieder an:

1. das für die Angelegenheiten des Elektrizitätswesens zuständige Mitglied der Landesregierung als Vorsitzender;
2. ein Bediensteter des Amtes der Landesregierung, der über qualifizierte Fachkenntnisse auf dem Gebiet der Elektrizitätswirtschaft verfügt;
3. ein Bediensteter des Amtes der Landesregierung, der über qualifizierte Fachkenntnisse auf dem Gebiet der Elektrotechnik und des Energiewesens verfügt;
4. je ein Vertreter der Salzburg AG für Energie, Verkehr und Telekommunikation, der Salzburg Netz GmbH und der Verbund-Austrian Hydro Power AG;
5. je ein Vertreter des Österreichischen Vereins zur Förderung von Kleinkraftwerken und des Österreichischen Biomasseverbandes;
6. je ein Vertreter der Wirtschaftskammer Salzburg, der Kammer für Arbeiter und Angestellte für Salzburg, der Kammer für Land- und Forstwirtschaft in Salzburg und der Landarbeiterkammer für Salzburg.

(3) Die Mitglieder gemäß Abs. 2 Z 2 und 3 sind von der Landesregierung zu bestellen. Die Mitglieder gemäß Abs. 2 Z 4 bis 6 werden jeweils von der berechtigten Einrichtung entsendet. Die Bestellung und Entsendung erfolgt auf die Dauer von jeweils fünf Jahren, eine Nachbestellung und -entsendung auf die restliche Funktionsdauer des Beirates. Für die Mitglieder gemäß Abs. 2 Z 2 bis 6 ist in gleicher Weise für den Fall der Verhinderung jeweils ein Ersatzmitglied zu bestellen bzw zu entsenden.

(4) Den Beratungen des Elektrizitätsbeirates können je nach Beratungsgegenstand Experten mit beratender Stimme beigezogen werden.

(5) Der Elektrizitätsbeirat wird zu seinen Sitzungen nach Bedarf einberufen. Der Beirat ist beschlussfähig, wenn nach ordnungsgemäßer Einberufung an der Sitzung außer dem Vorsitzenden (Vertreter) mindestens drei Viertel der Mitglieder (Ersatzmitglieder) anwesend sind, und fasst seine Beschlüsse mit unbedingter Stimmenmehrheit.

(6) Die Mitglieder und Ersatzmitglieder des Elektrizitätsbeirates dürfen ein Geschäfts- oder Betriebsgeheimnis, das ihnen in dieser Funktion anvertraut oder zugänglich wird, während der Dauer und nach Ende ihrer Funktion nicht offenbaren oder verwerten.

(7) Die näheren Bestimmungen über die Geschäftsführung des Elektrizitätsbeirates hat dieser in einer Geschäftsordnung zu treffen, die der Genehmigung der Landesregierung vom Standpunkt ihrer Gesetzmäßigkeit bedarf.

Auskunftspflicht

§ 71

(1) Die Landesregierung kann von den Elektrizitätsunternehmen jede Auskunft über ihre wirtschaftlichen und technischen Verhältnisse verlangen, deren Kenntnis zur Erfüllung der ihr nach diesem Gesetz obliegenden Aufgaben erforderlich ist. Die Elektrizitätsunternehmen sind verpflichtet, die Auskünfte innerhalb der angemessen festzusetzenden Frist schriftlich zu erteilen und auf Verlangen der Landesregierung Einsicht in die Wirtschafts- und Geschäftsaufzeichnungen zu gewähren.

(2) Die Elektrizitätsunternehmen haben weiter den Organen der Landesregierung zur Erfüllung der dieser obliegenden Aufgaben jederzeit ungehindert zu allen zugänglichen Teilen der Erzeugungs-, Übertragungs- und Verteileranlagen Zutritt zu gewähren; dabei sind ihnen alle einschlägigen Auskünfte zu erteilen.

(3) Ein Anspruch auf Ersatz der mit der Erfüllung der Verpflichtungen gemäß Abs. 1 und 2 verbundenen Kosten besteht nicht.

Betretungsrecht

§ 71a

(1) Soweit dies zur Vollziehung dieses Gesetzes erforderlich ist, sind die Organe der mit der Vollziehung betrauten Behörde im Rahmen ihrer Zuständigkeiten sowie die von diesen herangezogenen Sachverständigen befugt, Grundstücke und Anlagen zur Vornahme eines Augenscheines zu betreten.

(2) Der Eigentümer des Grundstückes, der Inhaber der Anlage oder der Vertreter dieser Personen ist spätestens beim Betreten des Grundstückes nach Tunlichkeit zu verständigen. Bei Gefahr im Verzug oder wenn weder der Eigentümer des Grundstückes noch der Inhaber der Anlage noch der Vertreter dieser Personen erreichbar ist, genügt die nachträgliche Verständigung. Die Organe und Sachverständigen haben sich auf Verlangen auszuweisen und jede nicht unbedingt erforderliche Störung oder Behinderung der Nutzungsrechte zu vermeiden.

(3) Der Eigentümer des Grundstückes, der Inhaber der Anlage oder der Vertreter dieser Personen ist verpflichtet, Handlungen nach Abs 1 zu dulden.

Verarbeitung personenbezogener Daten

§ 72

(1) Personenbezogene Daten, die für die Durchführung von Verfahren nach diesem Gesetz erforderlich sind oder die die Landesregierung in Erfüllung ihrer Aufsichtstätigkeit benötigt oder ihr zur Kenntnis zu bringen sind, dürfen automationsunterstützt verarbeitet werden.

(2) Die Landesregierung ist ermächtigt, verarbeitete Daten im Rahmen von Verfahren nach diesem Gesetz zu übermitteln an:

1. die Beteiligten an diesem Verfahren;
2. Sachverständige, die einem Verfahren beigezogen werden;
3. ersuchte oder beauftragte Behörden;
4. den für Energieversorgungsangelegenheiten des Bundes zuständigen Bundesminister.

10. Hauptstück

Schlussbestimmungen

Strafbestimmungen

§ 73

(1) Sofern die Tat nicht nach anderen Verwaltungsvorschriften mit strengerer Strafe bedroht ist, begeht eine Verwaltungsübertretung, wer

1. entgegen § 7 Abs 1 den Betrieb eines Übertragungsnetzes nicht anzeigt;

1a. als Betreiber eines Übertragungsnetzes seinen Pflichten nach § 7a nicht nachkommt;

1b. entgegen § 8 Abs 1 der Regulierungsbehörde nicht alle zwei Jahre einen zehnjährigen Netzentwicklungsplan für das Übertragungsnetz zur Genehmigung vorlegt;

1c. als Regelzonenführer seinen Aufgaben und Pflichten nach § 8b Abs 1 nicht nachkommt;

2. entgegen § 11 ein Verteilernetz ohne die erforderliche Konzession betreibt;

2a. als vertikal integrierter Verteilernetzbetreiber entgegen § 12 Abs 5 nicht die Unabhängigkeit von den übrigen Tätigkeitsbereichen sicherstellt;
2b. als vertikal integrierter Verteilernetzbetreiber entgegen § 12 Abs 7 nicht dafür sorgt, dass dem Aufsichtsrat mindestens zwei Mitglieder angehören, die von der Muttergesellschaft unabhängig sind;
2c. als vertikal integrierter Verteilernetzbetreiber entgegen
§ 12 Abs 8 in seiner Kommunikations- und Markenpolitik nicht dafür sorgt, dass eine Verwechslung in Bezug auf die eigene Identität der Versorgungssparte des vertikal integrierten Unternehmens ausgeschlossen ist;
2d. als Verteilernetzbetreiber entgegen § 12 Abs 9 dem Gleichbehandlungsbeauftragten nicht Zugang zu allen Informationen gewährt, über die er und etwaige verbundene Unternehmen verfügen und die der Gleichbehandlungsbeauftragte zur Erfüllung seiner Aufgaben benötigt;
3. entgegen § 15 Abs 2 die Konzession ohne den erforderlichen genehmigten Pächter oder Geschäftsführer ausübt;
4. als Verteilernetzbetreiber entgegen § 18 Abs 1 seinen Pflichten nicht nachkommt;
5. die beabsichtigte Tätigkeit als Regelzonenführer nicht gemäß § 8b Abs 3 anzeigt oder die jeweilige Tätigkeit trotz Untersagung (§ 8b Abs 4) weiter ausübt;
6. entgegen § 29 Abs 1 einem Netzbetreiber den Netzzugang ganz oder teilweise verweigert;
6a. gegen Verpflichtungen gemäß § 30 Abs 3 bis 5 verstößt;
6b. als Regelzonenführer einer Pflicht nach § 31 Abs 2 nicht nachkommt;
6c. als Stromhändler einer Pflicht nach § 35 Abs 1 oder 2 nicht nachkommt;
6d. als Versorger einer Pflicht nach § 36a nicht nachkommt;
7. die Tätigkeit als Bilanzgruppenverantwortlicher ohne Genehmigung oder trotz Aufhebung oder Erlöschen der Genehmigung oder Untersagung der Tätigkeit ausübt (§ 40 Abs 1, § 40b bzw § 77 Abs 4) oder entgegen § 40b Abs 4 zweiter Satz nicht beendet;
8. als Bilanzgruppenverantwortlicher einer Aufgabe oder Pflicht nach § 40a nicht nachkommt;
9. als Bilanzgruppenkoordinator einer Pflicht nach § 40c Abs 5 nicht nachkommt;
9a. (Anm: entfallen auf Grund LGBl Nr 39/2018);
10. entgegen § 45 eine bewilligungs- oder anzeigepflichtige Erzeugungsanlage errichtet, erweitert oder ändert;
11. entgegen § 48 Abs 2 eine Erzeugungsanlage ohne vorausgehender Überprüfung betreibt;
12. entgegen § 49 die Fertigstellung der Erzeugungsanlage nicht anzeigt;
13. entgegen § 50 Abs 3 eine Erzeugungsanlage nicht abträgt und den früheren Zustand nicht wiederherstellt;
14. entgegen § 52 Abs 1 eine bewilligungspflichtige Leitungsanlage errichtet, erweitert, ändert oder in Betrieb nimmt;
15. entgegen § 55 die dauernde Außerbetriebnahme der Leitungsanlage nicht anzeigt;
16. entgegen § 56 Abs 4 eine Leitungsanlage nicht abträgt und den früheren Zustand nicht wiederherstellt;
17. entgegen § 71 Auskünfte, Einsicht in Unterlagen bzw Zutritt verweigert;
18. gegen die Verpflichtung gemäß § 71a Abs 3 verstößt;
19. gegen Nebenbestimmungen in Bescheiden auf Grund dieses Gesetzes verstößt.

(2) Verwaltungsübertretungen gemäß Abs 1 sind, soweit sich nicht aus Abs 3 Anderes ergibt, mit Geldstrafe bis zu 30.000 € und für den Fall der Uneinbringlichkeit mit Ersatzfreiheitsstrafe bis sechs Wochen zu ahnden.

(3) Verwaltungsübertretungen gemäß Abs 1 Z 3, 12, 13 und 15 bis 19 sind mit Geldstrafe bis zu 10.000 € zu ahnden. Verwaltungsübertretungen gemäß Abs 1 Z 6a betreffend § 30 Abs 3 oder gemäß Abs 1 Z 6b durch Unternehmen, an deren Netz mindestens 100.000 Kunden angeschlossen sind, sind mit einer Mindeststrafe von 10.000 € zu ahnden. Verwaltungsübertretungen gemäß Z 1a, 1b, 1c, 2, 2a, 2b, 2c, 2d, 4, 6, 6c, 6d, 8 oder 9 durch Unternehmen, an deren Netz mindestens 100.000 Kunden angeschlossen sind, sind mit einer Geldstrafe von 50.000 € bis 100.000 € zu ahnden.

(4) In den Fällen des Abs 1 Z 2, 3, 10 und 14 endet der strafbare Tatbestand jeweils erst mit der Beseitigung des rechtswidrigen Zustandes.

Wiederherstellung des gesetzmäßigen Zustandes
§ 74

Wird oder wurde eine elektrische Anlage ohne die erforderliche Bewilligung oder unter erheblichen Abweichungen von der erteilten Bewilligung errichtet, erweitert oder abgeändert, hat die Landesregierung dem Veranlasser unter allfälliger Verfügung der Einstellung der Ausführung der Maßnahme aufzutragen, binnen einer angemessenen Frist entweder um die nachträgliche Bewilligung anzusuchen oder die Maßnahme zu beseitigen. Liegt unter Berücksichtigung der elektrizitätsrechtlichen Vorschriften offenkundig ein unbehebbarer Versagungsgrund vor, ist lediglich die Beseitigung der Maßnahme Gegenstand des Auftrages. Wird eine nachträgliche Bewilligung versagt, gilt der gemäß dem ersten Satz erteilte Auftrag mit der Maßgabe als Auftrag zur Beseitigung der Maßnahme, dass die darin bestimmte

Frist ab der Erlassung des Versagungsbescheides zu laufen beginnt.

Verwaltungsabgaben

§ 75

(1) Maßnahmen auf Grund des § 9 bzw § 18 Abs. 3 sind von der Entrichtung von Verwaltungsabgaben befreit.

(2) (entfallen auf Grund LGBl Nr 10/2018)

Inkrafttreten nach der Wiederverlautbarung 1999 novellierter Bestimmungen und Übergangsbestimmungen dazu

§ 76

Die §§ 73 Abs. 1 und 75 Abs. 2 in der Fassung des Gesetzes LGBl Nr 46/2001 treten mit 1. Jänner 2002 in Kraft.

§ 77

(1) Die §§ 4 bis 6, 8, 8a, 8b, 10, 18 bis 22, 24, 25, 26, 27 Abs. 1, 28 bis 44, 45 bis 76 in der Fassung des Gesetzes LGBl Nr 81/2001 treten mit 1. Oktober 2001 in Kraft.

(2) § 19 Abs. 7 tritt mit Ablauf des 31. Dezember 2004 außer Kraft.

(3) Die Ausgabe von Kleinwasserkraftzertifikaten (§ 32 Abs. 3) kann mit Wirksamkeit frühestens ab dem 1. Jänner 2002 erfolgen. Die Nachweise gemäß § 35 Abs. 1 oder § 37 Abs. 2 sind erstmals für den Zeitraum vom 1. Jänner bis 30. September 2002 zu erbringen.

(4) Anträge auf Genehmigung der Tätigkeit eines Bilanzgruppenverantwortlichen können bereits nach Kundmachung des Gesetzes LGBl Nr 81/2001 bei der Elektrizitäts-Control GmbH eingebracht werden. Sind sie vor der Kundmachung eingebracht worden, gelten sie als Anträge im Sinn dieses Gesetzes. Über solche Anträge kann bereits vor dem 1. Oktober 2001 entschieden werden; erteilte Genehmigungen werden jedoch erst mit diesem Zeitpunkt wirksam. Bilanzgruppenverantwortliche, die Anträge vor dem 1. Oktober 2001 einbringen, sind bis zur rechtskräftigen Entscheidung zur Tätigkeit als Bilanzgruppenverantwortlicher berechtigt. Auf die Untersagung und Beendigung der Tätigkeit ist § 40b Abs. 1, 2, 4 und 5 anzuwenden.

(5) Die Ausgleichsabgabe (§§ 41 ff) ist erstmals für den Zeitraum vom 1. Jänner bis 30. September 2002 zu entrichten. Dieser Zeitraum gilt auch für die Feststellung der Minderbezüge gemäß § 42 Abs. 2.

§ 77a

(1) Die §§ 2, 5, 8 Abs. 3, 8a Abs. 1, 8b Abs. 1 und 5, 12 Abs. 3 bis 7, 13, 14 Abs. 1 und 3, 15 Abs. 1, 16 Abs. 1, 18 Abs. 3 und 4, 21 Abs. 2, 23 Abs. 1 bis 3, 24, 40c, 45 und 48 Abs. 1 in der Fassung des Gesetzes LGBl Nr 18/2006 (Landeselektrizitätsgesetz-Novelle 2005) treten mit 1. März 2006 in Kraft. Gleichzeitig tritt § 11 Abs. 2 außer Kraft.

(2) Vertikal integrierte Elektrizitätsunternehmen oder Unternehmen, die zu einem vertikal integrierten Unternehmen im Sinn des § 5 Z 54 gehören, an deren Netz mehr als 100.000 Kunden angeschlossen sind und die am 1. Juli 2004 Träger einer Konzession im Sinn des § 11 waren, haben bis spätestens 1. Jänner 2006 der Landesregierung ein Unternehmen zu benennen, auf das die Konzession bei Erfüllung der Konzessionsvoraussetzungen zu übertragen ist. Bei Erfüllung der Konzessionsvoraussetzungen hat das benannte Unternehmen einen Rechtsanspruch auf Erteilung der Konzession in dem zum 22. Juni 2004 bestehenden Umfang. Die Benennung des bisherigen Konzessionsträgers ist zulässig, wenn die Voraussetzungen nach § 12 erfüllt werden. Die Konzessionserteilung hat unter Anwendung der §§ 13 und 14 zu erfolgen. Erstreckt sich das Verteilernetz über zwei oder mehrere Länder, hat die Landesregierung gemäß Art. 15 Abs. 7 B-VG vorzugehen.

(3) Kommt ein vertikal integriertes Elektrizitätsunternehmen seiner Verpflichtung zur Benennung eines geeigneten Konzessionsträgers gemäß Abs. 2 nicht nach, hat die Landesregierung gegen den bisherigen Konzessionsträger ein Konzessionsentziehungsverfahren gemäß § 16 einzuleiten und darüber dem Bundesminister für Wirtschaft und Arbeit zu berichten. Zur Aufrechterhaltung des Netzbetriebes kann auch ein anderes Elektrizitätsunternehmen in das Netz des bisherigen Konzessionsträgers eingewiesen werden. Dafür gilt Abs. 2 letzter Satz.

(4) Bescheide, die im Widerspruch zu § 5 Z 48a stehen, treten sechs Monate nach dem im Abs. 1 bestimmten Zeitpunkt außer Kraft.

(5) Verträge, die von einem Netzbetreiber unter Zugrundelegung von Allgemeinen Netzbedingungen für den Zugang zum Übertragungsnetz abgeschlossen wurden, gelten ab dem im Abs. 1 bestimmten Zeitpunkt als Verträge, denen die Allgemeinen Bedingungen für den Zugang zu einem Verteilernetz des betreffenden Netzbetreibers zugrunde liegen.

(6) Die Namhaftmachung des Bilanzgruppenkoordinators gemäß § 40c Abs. 1 hat bis spätestens 1. Jänner 2006 zu erfolgen. Bis zur Aufnahme seiner Tätigkeit darf der am 30. Juni 2005 konzessionierte Bilanzgruppenkoordinator seine Tätigkeit vorläufig weiter ausüben. Dies gilt auch für den Fall, dass die Namhaftmachung im Sinn des ersten Satzes unterbleibt.

§ 77b

(1) Die §§ 1 Abs 1, 2, 4, 5, 6, 8 Abs 1, 8a Abs 1, 8b Abs 1, 8c, 9 Abs 1, 2, 4 und 6, 12 Abs 2, 13 Abs 3, 16 Abs 1, 17, 18 Abs 1, 27, 28 Abs 1, 5, 8, 9 und 10, 28a, 30 bis 33d, 35, 36a, 37, 38, 40 Abs 2, 40a, 54a, 57 Abs 1, 69, 70 Abs 2 und 73

in der Fassung des Gesetzes LGBl Nr 29/2009 treten mit dem auf die Kundmachung dieses Gesetzes folgenden Tag in Kraft. Gleichzeitig treten die §§ 19, 21 Abs 4, 23 und 41 bis 44 außer Kraft. Freileitungen, deren Errichtung oder wesentliche Änderung zu diesem Zeitpunkt nach diesem Gesetz rechtskräftig bewilligt ist, bleiben von § 54a unberührt, wenn mit der Ausführung der Freileitung innerhalb von fünf Jahren ab diesem Zeitpunkt begonnen wird.

(2) Die §§ 5, 12 Abs 1, 40c Abs 3 und 78 Abs 1 in der Fassung des Gesetzes LGBl Nr 20/2010 treten mit 28. Dezember 2009 in Kraft.

(3) Die §§ 2, 5, 6, 7a, 8, 8a Abs 1, 8b Abs 1, 9 Abs 1, 12 Abs 5, 8, 9 und 10, 16 Abs 1, 18, 21 Abs 2 und 3, 27 Abs 1, 28 Abs 1, 4, 5, 6, 7 und 9, 28a, 29 Abs 4 und 5, 30 Abs 1, 3 und 4, 32 Abs 1, 33a Abs 1 und 2, 33b Abs 1 und 2, 33d Abs 1, 35 Abs 1 und 2, 36a Abs 2, 40 Abs 1 und 4, 40a, 40b Abs 1, 2 und 5, 40c Abs 3 und 5, 41, 73 Abs 1, 2 und 3 sowie 78 Abs 1 in der Fassung des Gesetzes LGBl Nr 14/2012 treten mit 10. Februar 2012 in Kraft. Gleichzeitig treten die §§ 8b Abs 5 und 8c außer Kraft.

(4) Die §§ 33a, 45 Abs 1, 2 und 5 sowie 45a in der Fassung des Gesetzes LGBl Nr 32/2013 treten mit 1. Mai 2013 in Kraft.

(5) Die §§ 5, 6, 33a Abs 3, 33b, 33c, 35 Abs 1, 4 und 5, 40c Abs 2 und 5, 45 Abs 2, 45a, 49 Abs 3 und 72 Abs 2 in der Fassung des Gesetzes LGBl Nr 73/2014 treten mit dem auf dessen Kundmachung folgenden Tag in Kraft.

(6) Die §§ 5, 6, 28 Abs 5, 68 Abs 1, 70 Abs 1 und 2 sowie 73 Abs 1 in der Fassung des Gesetzes LGBl Nr 50/2017 treten mit 19. Juli 2017 in Kraft. Gleichzeitig treten die §§ 37 und 38 außer Kraft.

(7) § 75 in der Fassung des Gesetzes LGBl Nr 10/2018 tritt mit 1. Jänner 2018 in Kraft. Die in der Landes- und Gemeinde-Verwaltungsabgabenverordnung 2012, LGBl Nr 91/2011, in der Fassung der Verordnung LGBl Nr 30/2016, für die Durchführung von Amtshandlungen nach dem Salzburger Landeselektrizitätsgesetz 1999 festgelegten Tarife sind bis zu ihrem Außerkrafttreten weiterhin anzuwenden. Bis zu ihrem Außerkrafttreten sind die Valorisierungen der in der Landes- und Gemeinde-Verwaltungsabgabenverordnung 2012 festgelegten Beträge für Amtshandlungen nach dem Salzburger Landeselektrizitätsgesetz 1999 weiterhin auf der Grundlage des § 3 Abs 4 des Salzburger Landes- und Gemeindeverwaltungsabgabengesetzes 1969, LGBl Nr 77, in der Fassung des Gesetzes LGBl Nr 48/2014 sowie der Kundmachung LGBl Nr 107/2015, vorzunehmen.

(8) Die §§ 1 Abs 2 und 3, (§) 5, 6, 8b Abs 1, 20, 28 Abs 2, 30 Abs 2a, 30a, 41, 45 Abs 2 und 5, 46 Abs 1, 69a, 71a sowie 73 Abs 1 und 3 in der Fassung des Gesetzes LGBl Nr 39/2018 treten mit dem auf die Kundmachung dieses Gesetzes folgenden Monatsersten in Kraft.

(9) § 72 in der Fassung des Gesetzes LGBl Nr 82/2018 tritt mit dem auf die Kundmachung folgenden Tag in Kraft.

(10) Die §§ 6, 46 Abs 1, 48 Abs 1 und 78 Abs 1 in der Fassung des Gesetzes LGBl Nr 40/2019 treten mit dem auf die Kundmachung dieses Gesetzes folgenden Monatsersten in Kraft.

(11) § 48 Abs 1 in der Fassung des Gesetzes LGBl Nr 76/2019 tritt mit dem auf die Kundmachung folgenden Tag in Kraft.

§ 77c

(1) Die §§ 2, 5, 6, 8 Abs 1 und 5, 8b Abs 1, 18 Abs 1, 22, 29 Abs 1, 33a Abs 3, 33b, 45 Abs 1 bis 3 und Abs 5, 46 Abs 1 und 2, 47 Abs 2, 48 Abs 1, 52 Abs 2 bis 4, 53 Abs 3, 69a, 73 Abs 1 und 3 sowie 78 Abs 1 in der Fassung des Gesetzes LGBl Nr 115/2021 treten mit 1. Jänner 2022 in Kraft. Gleichzeitig treten die §§ 28a und 30 Abs 2a außer Kraft.

(2) Auf Verfahren nach den §§ 52 ff, die vor Inkrafttreten dieses Gesetzes gemäß Abs 1 anhängig waren, finden die Änderungen keine Anwendung; diese Verfahren sind nach den bis dahin geltenden Vorschriften zu beenden.

(3) Auf Bau- und Betriebsbewilligungen nach den §§ 52 ff, die vor Inkrafttreten dieses Gesetzes gemäß Abs 1 mit Bescheid erteilt wurden und die nach Inkrafttreten dieses Gesetzes auf Grund der Bewilligungsfreistellung nicht mehr einzuholen wären, finden die §§ 55 Abs 1 und 56 Abs 1 keine Anwendung.

(4) Die §§ 47a und 78 Abs 1 in der Fassung des Gesetzes LGBl Nr 114/2022 treten mit dem auf die Kundmachung folgenden Tag in Kraft.

Umsetzungs- und Informationsverfahrenshinweise

§ 78

(1) Dieses Gesetz dient der Umsetzung folgender Richtlinien, soweit sie in die Landeskompetenz fallen:

1. Richtlinie 2009/72/EG des Europäischen Parlaments und des Rates vom 13. Juli 2009 über gemeinsame Vorschriften für den Elektrizitätsbinnenmarkt und zur Aufhebung der Richtlinie 2003/54/EG, ABl Nr L 211 vom 14. August 2009;
2. Richtlinie 2004/8/EG des Europäischen Parlaments und des Rates vom 11. Februar 2004 über die Förderung einer am Nutzwärmebedarf orientierten Kraft-Wärme-Kopplung im Energiebinnenmarkt und zur Änderung der Richtlinie 92/42/EWG, ABl Nr L 52 vom 21. Februar 2004, S 50;
3. Richtlinie 2006/32/EG des Europäischen Parlaments und des Rates vom 5. April 2006 über Endenergieeffizienz und Energiedienstleistungen, ABl Nr L 114 vom 27. April 2006;

4. Richtlinie 2006/123/EG des Europäischen Parlaments und des Rates vom 12. Dezember 2006 über Dienstleistungen im Binnenmarkt, ABl L 376 vom 27. Dezember 2006, S 36;
5. Richtlinie 2009/28/EG des Europäischen Parlaments und des Rates vom 23. April 2009 zur Förderung von Energie aus erneuerbaren Quellen und zur Änderung und anschließenden Aufhebung der Richtlinien 2001/77/EG und 2003/30/EG, ABl Nr L 140 vom 5. Juni 2009;
6. Richtlinie 2012/27/EU des Europäischen Parlaments und des Rates vom 25. Oktober 2012 zur Energieeffizienz, zur Änderung der Richtlinien 2009/125/EG und 2010/30/EU und zur Aufhebung der Richtlinien 2004/8/EG und 2006/32/EG, ABl Nr L 315 vom 14. November 2012, in der Fassung der Richtlinie (EU) 2018/2002 des Europäischen Parlamentes und des Rates vom 11. Dezember 2018 zur Änderung der Richtlinie 2012/27/EU zur Energieeffizienz, ABl Nr L 328 vom 21. Dezember 2018;
7. Richtlinie (EU) 2018/2001 des Europäischen Parlaments und des Rates vom 11. Dezember 2018 zur Förderung der Nutzung von Energie aus erneuerbaren Quellen, ABl Nr L 328 vom 21. Dezember 2018, berichtigt durch ABl Nr L 311 vom 25. September 2020 und ABl Nr L 41 vom 22. Februar 2022.

(2) Die Kundmachung der Elektrizitätsgesetz-Novelle 1999, LGBl Nr 9, und der Landeselektrizitätsgesetz-Novelle 2001, LGBl Nr 81, erfolgte nach Durchführung des Verfahrens auf Grund der Richtlinie 98/34/EG des Europäischen Parlaments und des Rates vom 22. Juni 1998 über ein Informationsverfahren auf dem Gebiet der Normen und technischen Vorschriften (Notifikationsnummern 98/454/A bzw 2001/165/A).

13. Stmk. Elektrizitätswirtschafts- u. -organisationsgesetz 2005

Gesetz vom 19. April 2005, mit dem die Organisation auf dem Gebiet der Elektrizitätswirtschaft im Land Steiermark geregelt wird

Stammfassung: LGBl. Nr. 70/2005 (XIV. GPStLT RV EZ 2121/1 AB EZ 2121/3)

Letzte Novellierung: LGBl. Nr. 73/2023

GLIEDERUNG

Hauptstück I
Allgemeine Bestimmungen

§ 1
Geltungsbereich, Ziele

(1) Dieses Gesetz regelt die Erzeugung, Übertragung und Verteilung von elektrischer Energie in der Steiermark.

(2) Dieses Gesetz findet nicht in Angelegenheiten Anwendung, die nach Artikel 10 B-VG oder nach besonderen bundesverfassungsrechtlichen Bestimmungen in Gesetzgebung und Vollziehung Bundessache sind. Soweit durch Bestimmungen dieses Gesetzes der Zuständigkeitsbereich des Bundes berührt wird, sind sie so auszulegen, dass sich keine über die Zuständigkeit des Landes hinausgehende rechtliche Wirkung ergibt.

(3) Ziel dieses Gesetzes ist es,

1. der österreichischen Bevölkerung und Wirtschaft kostengünstige Elektrizität in hoher Qualität zur Verfügung zu stellen;
2. eine Marktorganisation für die Elektrizitätswirtschaft gemäß dem EU-Primärrecht und den Grundsätzen des Elektrizitätsbinnenmarktes gemäß der Richtlinie 2009/72/EG über gemeinsame Vorschriften für den Elektrizitätsbinnenmarkt und zur Aufhebung der Richtlinie 2003/54/EG, ABl. Nr. L 211 vom 14.08.2009, S. 55 (Elektrizitätsbinnenmarktrichtlinie) zu schaffen
3. das Potenzial der Kraft-Wärme-Kopplung (KWK) und KWK-Technologien gemäß Anhang II ELWOG als Mittel zur Energieeinsparung und Gewährleistung der Versorgungssicherheit nachhaltig zu nutzen;
4. einen Ausgleich für gemeinwirtschaftliche Verpflichtungen im Allgemeininteresse zu

schaffen, die den Elektrizitätsunternehmen auferlegt wurden und die sich auf die Sicherheit einschließlich der Versorgungssicherheit, die Regelmäßigkeit, die Qualität und den Preis der Lieferungen sowie auf den Umweltschutz beziehen;
5. die langfristige Versorgungssicherheit zu gewährleisten;
6. den hohen Anteil erneuerbarer Energieträger in der Elektrizitätswirtschaft weiter zu erhöhen;
7. die Bevölkerung und die Umwelt vor Gefährdungen und unzumutbaren Belästigungen durch Erzeugungsanlagen zu schützen
8. die bei der Erzeugung zum Einsatz gelangende Energie möglichst effizient einzusetzen und
9. das öffentliche Interesse an der Versorgung mit elektrischer Energie, insbesondere aus heimischen, erneuerbaren Ressourcen, bei der Bewertung von Infrastrukturprojekten zu berücksichtigen.

Anm.: in der Fassung LGBl. Nr. 25/2007, LGBl. Nr. 89/2011

§ 2

Begriffsbestimmungen

Im Sinne dieses Gesetzes bedeutet:

1. „Agentur" die Agentur für die Zusammenarbeit der Energieregulierungsbehörden gemäß Verordnung (EU) 2019/942 zur Gründung einer Agentur für die Zusammenarbeit der Energieregulierungsbehörden;
2. „Anrainerin/Anrainer" die Eigentümerin/der Eigentümer jener Grundstücke, die an das Grundstück, auf welchem eine Erzeugeranlage errichtet werden soll, angrenzen;
3. „Anschlussleistung" jene für die Netznutzung an der Übergabestelle vertraglich vereinbarte Leistung;

3a. „Ausfallreserve" jener Anteil der Sekundärregelung, der automatisch oder manuell angesteuert werden kann und vorrangig der Abdeckung des Ausfalls des größten Kraftwerkblocks in der Regelzone dient;

4. „Ausgleichsenergie" die Differenz zwischen dem vereinbarten Fahrplanwert und dem tatsächlichen Bezug oder der tatsächlichen Lieferung der Bilanzgruppe je definierter Messperiode, wobei die Energie je Messperiode tatsächlich erfasst oder rechnerisch ermittelt werden kann;
5. „Betriebsstätte" jenes räumlich zusammenhängende Gebiet, auf dem regelmäßig eine auf Gewinn oder sonstigen wirtschaftlichen Vorteil gerichtete Tätigkeit selbstständig ausgeübt wird;
6. „Bilanzgruppe" die Zusammenfassung von Lieferantinnen/Lieferanten und Kundinnen/Kunden zu einer virtuellen Gruppe, innerhalb derer ein Ausgleich zwischen Aufbringung (Bezugsfahrpläne, Einspeisungen) und Abgabe (Lieferfahrpläne, Ausspeisungen) erfolgt;
7. „Bilanzgruppenkoordinator" eine natürliche oder juristische Person oder eingetragene Personengesellschaft, die eine Verrechnungsstelle betreibt;
8. „Bilanzgruppenverantwortlicher" eine gegenüber anderen Marktteilnehmerinnen/Marktteilnehmern und dem Bilanzgruppenkoordinator zuständige Stelle einer Bilanzgruppe, welche die Bilanzgruppe vertritt;

8a. „Bürgerenergiegemeinschaft" eine Rechtsperson, die elektrische Energie erzeugt, verbraucht, speichert oder verkauft, im Bereich der Aggregierung tätig ist oder Energiedienstleistungen für ihre Mitglieder erbringt und von Mitgliedern bzw. Gesellschaftern gemäß § 16b Abs. 3 ElWOG 2010 kontrolliert wird;

8b. „Demonstrationsprojekt" ein Vorhaben, das eine in der Europäischen Union völlig neue Technologie („first of its kind") demonstriert, die eine wesentliche, weit über den Stand der Technik hinausgehende Innovation darstellt;

9. „dezentrale Erzeugungsanlage" eine Erzeugungsanlage, die an ein öffentliches Mittel- oder Niederspannungs-Verteilernetz (Bezugspunkt Übergabestelle) angeschlossen ist und somit Verbrauchernähe aufweist oder eine Erzeugungsanlage, die der Eigenversorgung dient;
10. „Direktleitung" entweder eine Leitung, die einen einzelnen Produktionsstandort mit einer/einem einzelnen Kundin/Kunden verbindet oder eine Leitung, die eine Elektrizitätserzeugerin/einen Elektrizitätserzeuger und ein Elektrizitätsunternehmen zum Zwecke der direkten Versorgung mit ihrer/seiner eigenen Betriebsstätte, Tochterunternehmen und zugelassenen Kunden verbindet; Leitungen innerhalb von Wohnhausanlagen gelten nicht als Direktleitungen;
11. „Einspeiserin/Einspeiser" eine Erzeugerin/einen Erzeuger oder ein Elektrizitätsunternehmen, die/der oder das elektrische Energie in ein Netz abgibt;
12. „Elektrizitätsunternehmen" eine natürliche oder juristische Person oder eine eingetragene Personengesellschaft, die in Gewinnabsicht von den Funktionen der Erzeugung, der Übertragung, der Verteilung, der Lieferung oder des Kaufs von elektrischer Energie mindestens eine wahrnimmt und die kommerzielle, technische oder wartungsbezogene Aufgaben im Zusammenhang mit diesen Funktionen wahrnimmt, mit Ausnahme der Endverbraucherin/Endverbraucher;

12a. „endgültige Stilllegungen" Maßnahmen, die den Betrieb der Erzeugungsanlage endgültig ausschließen oder bewirken, dass eine Anpassung der Einspeisung nicht mehr angefordert werden kann;

13. „Endverbraucherin/Endverbraucher“ eine natürliche oder juristische Person oder eingetragene Personengesellschaft, die Elektrizität für den Eigenverbrauch kauft;
14. „Energieeffizienz/Nachfragesteuerung“ ein globales oder integriertes Konzept zur Steuerung der Höhe und des Zeitpunkts des Elektrizitätsverbrauchs, das den Primärenergieverbrauch senken und Spitzenlasten verringern soll, indem Investitionen zur Steigerung der Energieeffizienz oder anderen Maßnahmen wie unterbrechbaren Lieferverträgen Vorrang vor Investitionen zur Steigerung der Erzeugungskapazität eingeräumt wird, wenn sie unter Berücksichtigung der positiven Auswirkungen eines geringeren Energieverbrauchs auf die Umwelt und der damit verbundenen Aspekte einer größeren Versorgungssicherheit und geringerer Verteilungskosten die wirksamste und wirtschaftlichste Option darstellen;
14a. „Engpassmanagement“ die Gesamtheit von kurz-, mittel- und langfristigen Maßnahmen, welche nach Maßgabe der systemtechnischen Anforderungen ergriffen werden können, um unter Berücksichtigung der Netz- und Versorgungssicherheit Engpässe im Übertragungsnetz zu vermeiden oder zu beseitigen;
15. „Entnehmerin/Entnehmer“ eine Endverbraucherin/einen Endverbraucher oder eine Netzbetreiberin/einen Netzbetreiber, die/der elektrische Energie aus einem Übertragungs- oder Verteilernetz entnimmt;
16. „ENTSO (Strom)“ der Europäische Verbund der Übertragungsnetzbetreiber für Strom gemäß Art. 5 der Verordnung (EU) 2019/943;
16a. „Erneuerbare-Energie-Gemeinschaft“ eine Rechtsperson, die es ermöglicht, die innerhalb der Gemeinschaft erzeugte Energie gemeinsam zu nutzen; deren Mitglieder oder Gesellschafter müssen im Nahebereich gemäß § 16c Abs. 2 ElWOG 2010 angesiedelt sein;
17. „erneuerbare Energiequelle“ eine erneuerbare, nichtfossile Energiequelle (Wind, Sonne, Erdwärme, aerothermische Energie, hydrothermische Energie, Wellen- und Gezeitenenergie, Wasserkraft, Biomasse, Deponiegas, Klärgas und Biogas);
18. „Erzeugerin/Erzeuger“ eine juristische oder natürliche Person oder eine eingetragene Personengesellschaft, die Elektrizität erzeugt;
19. „Erzeugung“ die Produktion von Elektrizität;
20. „Erzeugung aus Kraft-Wärme-Kopplung (KWK-Erzeugung)“ die Summe von Strom, mechanischer Energie und Nutzwärme aus KWK;
21. „Erzeugungsanlage“ eine Anlage zur Erzeugung von elektrischer Energie mit einer Leistung von mehr als 100 Watt bei einer Spannung von mehr als 42 Volt (Starkstrom) mit allen der unmittelbaren Erzeugung, Übertragung und Verteilung dienenden Nebenanlagen (z. B. Anlagen zur Umformung von elektrischer Energie, Schaltanlagen), ausgenommen sind Verfahren betreffend das Recht zum Netzanschluss (§ 28), wo unter „Erzeugungsanlage“ nicht die der Übertragung und Verteilung dienenden Nebenanlagen zu verstehen sind; stehen zwei oder mehrere funktional-technisch voneinander getrennte Anlagen unter Verwendung des gleichen Energieträgers in unmittelbarem örtlichen Zusammenhang (z. B. gleiches Grundstück, gleiche Dachfläche), so ist von einer Erzeugungsanlage im Sinne dieses Gesetzes auszugehen;
22. „Fahrplan“ jene Unterlage, die angibt, in welchem Umfang elektrische Leistung als prognostizierter Leistungsmittelwert in einem konstanten Zeitraster (Messperioden) an bestimmten Netzpunkten eingespeist und entnommen oder zwischen Bilanzgruppen ausgetauscht wird;
22a. „gemeinschaftliche Erzeugungsanlage“ eine Erzeugungsanlage, die elektrische Energie zur Deckung des Verbrauchs der teilnehmenden Berechtigten erzeugt;
23. „Gesamtwirkungsgrad“ die Summe der jährlichen Erzeugung von Strom, mechanischer Energie und Nutzwärme im Verhältnis zum Brennstoff, der für die in KWK erzeugte Wärme und die Bruttoerzeugung von Strom und mechanischer Energie eingesetzt wurde;
23a. „Hauptleitung“ eine Verbindungsleitung zwischen Hausanschlusskasten und den Zugangsklemmen der Vorzählersicherungen;
24. „Haushaltskundinnen/Haushaltskunden“ Kundinnen/Kunden, die Elektrizität für den Eigenverbrauch im Haushalt kaufen; dies schließt gewerbliche und berufliche Tätigkeiten nicht mit ein;
24a. „Herkunftsnachweis“ eine Bestätigung, die den Primärenergieträger, aus dem eine bestimmte Einheit elektrischer Energie erzeugt wurde, belegt. Hierunter fallen insbesondere Herkunftsnachweise für Strom aus fossilen Energiequellen, Herkunftsnachweise für Strom aus hocheffizienter KWK sowie Herkunftsnachweise gemäß § 10 ÖSG 2012 und § 83 EAG;
25. „Herkunftsnachweis für KWK-Anlagen“ eine Bescheinigung, die belegt, dass die in das öffentliche Netz eingespeiste bzw. an Dritte gelieferte elektrische Energie in einer hocheffizienten KWK-Anlage erzeugt worden ist;
26. „Hilfsdienste“ alle Dienstleistungen, die zum Betrieb eines Übertragungs- oder Verteilernetzes erforderlich sind;
27. „hocheffiziente Kraft-Wärme-Kopplung“ die KWK, die den in Anlage IV ElWOG festgelegten Kriterien entspricht;
28. „in KWK erzeugter Strom“ Strom, der in einem Prozess erzeugt wurde, der an die Erzeugung von Nutzwärme gekoppelt ist und der

gemäß der in Anlage III ElWOG festgelegten Methode berechnet wird;

28a. „intelligentes Messgerät“ eine technische Einrichtung, die den tatsächlichen Energieverbrauch und Nutzungszeitraum zeitnah misst und die über eine fernauslesbare, bidirektionale Datenübertragung verfügt;

28b. „Kleinsterzeugungsanlage“ eine oder mehrere Erzeugungsanlagen, deren Engpassleistung in Summe weniger als 0,8 kW pro Anlage eines Netzbenutzers/einer Netzbenutzerin beträgt;

29. „Kleinunternehmen“ Unternehmen im Sinne des § 1 Abs. 1 Z 1 KSchG, die weniger als 50 Personen beschäftigen, weniger als 100 000 kWh/Jahr an Elektrizität verbrauchen und einen Jahresumsatz oder eine Jahresbilanzsumme von höchstens 10 Millionen Euro haben;

30. „Kontrolle“ Rechte, Verträge oder andere Mittel, die einzeln oder zusammen unter Berücksichtigung aller tatsächlichen oder rechtlichen Umstände die Möglichkeit gewähren, einen bestimmenden Einfluss auf die Tätigkeit eines Unternehmens auszuüben, insbesondere durch:

a) Eigentums- oder Nutzungsrechte an der Gesamtheit oder an Teilen des Vermögens des Unternehmens;

b) Rechte oder Verträge, die einen bestimmenden Einfluss auf die Zusammensetzung, die Beratungen oder Beschlüsse der Organe des Unternehmens gewähren;

31. „Kraft-Wärme-Kopplung (KWK)“ die gleichzeitige Erzeugung thermischer Energie und elektrischer und/oder mechanischer Energie in einem Prozess;

32. „Kraft-Wärme-Verhältnis (Stromkennzahl)“ das anhand der Betriebsdaten des spezifischen Blocks berechnete Verhältnis von KWK-Strom zu Nutzwärme im vollständigen KWK-Betrieb;

33. „Kraftwerk“ eine Anlage, die dazu bestimmt ist, durch Energieumwandlung elektrische Energie zu erzeugen. Sie kann aus mehreren Erzeugungseinheiten bestehen und umfasst auch alle zugehörigen Hilfsbetriebe und Nebeneinrichtungen;

34. „Kraftwerkspark“ eine Gruppe von Kraftwerken, die über einen gemeinsamen Netzanschluss verfügt;

35. „Kundinnen/Kunden“ Endverbraucherinnen/Endverbraucher, Stromhändlerinnen/Stromhändler sowie Elektrizitätsunternehmen, die elektrische Energie kaufen;

36. „KWK-Block“ einen Block, der im KWK-Betrieb betrieben werden kann;

37. „KWK-Kleinstanlage“ eine KWK-Anlage mit einer Kapazität von höchstens 50 kW;

38. „KWK-Kleinanlagen“ KWK-Blöcke mit einer installierten Kapazität unter 1 MW;

39. „Lastprofil“ eine in Zeitintervallen dargestellte Bezugsmenge oder Liefermenge einer/eines Einspeiserin/Einspeisers oder Entnehmerin/Entnehmers;

40. „Lieferantin/Lieferant“ eine natürliche oder juristische Person oder eingetragene Personengesellschaft, die Elektrizität anderen natürlichen oder juristischen Personen zur Verfügung stellt. Soweit Energie von einer gemeinschaftlichen Erzeugungsanlage und innerhalb einer Bürgerenergiegemeinschaft sowie einer Erneuerbare-Energie-Gemeinschaft den Mitgliedern bzw. den teilnehmenden Berechtigten zur Verfügung gestellt wird, begründet dieser Vorgang keine Lieferanteneigenschaft;

41. „Marktregeln“ die Summe alle Vorschriften, Regelungen und Bestimmungen auf gesetzlicher oder vertraglicher Basis, die Marktteilnehmerinnen/Marktteilnehmer im Elektrizitätsmarkt einzuhalten haben, um ein geordnetes Funktionieren dieses Marktes zu ermöglichen und zu gewährleisten;

42. „Marktteilnehmerin/Marktteilnehmer“ Bilanzgruppenverantwortliche, Versorgerinnen/Versorger, Stromhändlerinnen/Stromhändler, Erzeugerinnen/Erzeuger, Lieferantinnen/Lieferanten, Netzbenutzerinnen/Netzbenutzer, Kundinnen/Kunden, Endverbraucherinnen/Endverbraucher, Erneuerbare-Energie-Gemeinschaften, Bürgerenergiegemeinschaften, Bilanzgruppenkoordinatoren, Strombörsen, Übertragungsnetzbetreiberinnen/Übertragungsnetzbetreiber, Verteilernetzbetreiberinnen/Verteilernetzbetreiber und Regelzonenführer;

42a. „Modernisierung (Repowering)“ die Modernisierung von Erzeugungsanlagen für erneuerbare Energie einschließlich des vollständigen oder teilweisen Austauschs von Anlagen oder Betriebssystemen und –geräten zum Austausch von Kapazität oder zur Steigerung der Effizienz oder der Kapazität der Anlage;

42b. „Nachweis“ eine Bestätigung, die den Primärenergieträger, aus dem eine bestimmte Einheit elektrischer Energie erzeugt wurde, belegt. Hierunter fallen insbesondere Nachweise für Strom aus fossilen Energiequellen, Herkunftsnachweise für Strom aus hocheffizienter KWK sowie Herkunftsnachweise gemäß § 10 ÖSG 2012;

43. „Netzanschluss“ die physische Verbindung der Anlage einer/eines Kundin/Kunden oder Erzeugers von elektrischer Energie mit dem Netzsystem;

44. „Netzanschlusspunkt“ die technisch geeignete Stelle des zum Zeitpunkt des Vertragsabschlusses für die Herstellung des Anschlusses bestehenden Netzes, an der elektrische Energie eingespeist oder entnommen wird, unter Berücksichtigung der wirtschaftlichen Interessen der/des Netzzugangsberechtigten sowie

den sonstigen in den Allgemeinen Bedingungen für den Zugang zum Verteilernetz enthaltenen Kriterien; ein Recht auf Änderung der Netzebene oder auf Anschluss an eine bestimmte Netzebene kann davon nicht abgeleitet werden;

45. „Netzbenutzerin/Netzbenutzer" jede natürliche oder juristische Person oder eingetragene Personengesellschaft, die Elektrizität in ein Netz einspeist oder aus einem Netz entnimmt;
46. „Netzbereich" jener Teil eines Netzes, für dessen Benutzung dieselben Preisansätze gelten;
47. „Netzbetreiberin/Netzbetreiber" Betreiberin/Betreiber von Übertragungs- oder Verteilernetzen mit einer Nennfrequenz von 50 Hz;
48. „Netzebene" einen im Wesentlichen durch das Spannungsniveau bestimmten Teilbereich des Netzes;

48a. „Netzreserve" die Vorhaltung von zusätzlicher Energieleistung oder reduzierter Verbrauchsleistung zur Beseitigung von Engpässen im Übertragungsnetz im Rahmen des Engpassmanagements, welche gesichert innerhalb von 10 Stunden Vorlaufzeit aktivierbar ist;

48b. „Netzreservevertrag" ein Vertrag, der zwischen der Regelzonenführerin/dem Regelzonenführer und einer Anbieterin/einem Anbieter abgeschlossen wird und die Erbringung der Netzreserve gemäß Z 48a zum Inhalt hat;

49. „Netzzugang" die Nutzung eines Netzsystems;
50. „Netzzugangsberechtigte/Netzzugangsberechtigter" eine natürliche oder juristische Person oder eingetragene Personengesellschaft, die Netzzugang begehrt, insbesondere auch Elektrizitätsunternehmen, soweit dies zur Erfüllung ihrer Aufgaben erforderlich ist;
51. „Netzzugangsvertrag" die individuelle Vereinbarung zwischen der Nutzungsberechtigten/dem Netzzugangsberechtigten und einer Netzbetreiberin/einem Netzbetreiber, die/der den Netzanschluss und die Inanspruchnahme des Netzes regelt;
52. „Netzzutritt" die erstmalige Herstellung eines Netzanschlusses oder die Erhöhung der Anschlussleistung eines bestehenden Netzanschlusses;
53. „Nutzwärme" die in einem KWK-Prozess zur Befriedigung eines wirtschaftlich vertretbaren Wärme- oder Kühlbedarfs erzeugte Wärme;
54. „Primärregelung" eine automatisch wirksam werdende Wiederherstellung des Gleichgewichtes zwischen Erzeugung und Verbrauch mit Hilfe eines definierten frequenzabhängigen Verhaltens von Erzeugungs- und/oder Verbrauchseinheiten, welche im Zeitbereich bis höchstens 30 Sekunden nach Störungseintritt vollständig aktivierbar sein muss;
55. „Regelzone" die kleinste Einheit des Verbundsystems, die mit einer Leistungs-Frequenz-Regelung ausgerüstet und betrieben wird;
56. „Regelzonenführer" denjenigen, der für die Leistungs-Frequenz-Regelung in einer Regelzone verantwortlich ist, wobei diese Funktion auch seitens eines dritten Unternehmens, das seinen Sitz in einem anderen Mitgliedstaat der Europäischen Union hat, erfüllt werden kann;

56a. „saisonaler Netzreservevertrag" ein Netzreservevertrag gemäß Z 48b, der für den Zeitraum einer Winter- oder Sommersaison abgeschlossen wird. Als Sommersaison gilt dabei der Zeitraum gemäß Z 61b, die Wintersaison hingegen umfasst den Zeitraum von jeweils 1. Oktober eines Kalenderjahres bis jeweils 30. April des darauffolgenden Kalenderjahres. In beiden Fällen besteht für Beginn und Ende des Vertrags eine Toleranzbreite von jeweils einem Kalendermonat nach oben wie nach unten;

57. „Sekundärregelung" die automatisch wirksam werdende und erforderlichenfalls ergänzend manuell angesteuerte Rückführung der Frequenz und der Austauschleistung mit anderen Regelzonen auf die Sollwerte nach Störung des Gleichgewichtes zwischen erzeugter und verbrauchter Wirkleistung mit Hilfe von zentralen oder dezentralen Einrichtungen. Die Sekundärregelung umfasst auch die Ausfallreserve. Die Wiederherstellung der Sollfrequenz kann im Bereich von mehreren Minuten liegen;
58. „Sicherheit" sowohl die Sicherheit der Elektrizitätsversorgung und -bereitstellung als auch die Betriebssicherheit;
59. „standardisiertes Lastprofil" ein durch ein geeignetes Verfahren für eine bestimmte Einspeiser- oder Entnehmergruppe charakteristisches Lastprofil;
60. „Stromhändlerin/Stromhändler" eine natürliche oder juristische Person oder eingetragene Personengesellschaft, die Elektrizität in Gewinnabsicht verkauft;
61. „Systembetreiberin/Systembetreiber" eine Netzbetreiberin/einen Netzbetreiber, die/der über die technisch-organisatorischen Einrichtungen verfügt, um alle zur Aufrechterhaltung des Netzbetriebes notwendigen Maßnahmen setzen zu können;

61a. „teilnehmender Berechtigter" eine juristische oder natürliche Person oder eingetragene Personengesellschaft, die mit ihrer Verbrauchsanlage einer gemeinschaftlichen Erzeugungsanlage zugeordnet ist;

61b. „temporäre saisonale Stilllegungen" temporäre Stilllegungen gemäß Z 61c, die von einer Betreiberin/einem Betreiber einer Erzeugungsanlage für den Zeitraum von jeweils 1. Mai bis jeweils 30. September eines Kalenderjahres gemäß § 23a ElWOG 2010 verbindlich angezeigt werden. Für die Festlegung von Beginn und Ende des Stilllegungszeitraums steht der Betreiberin/dem Betreiber der Erzeugungsanlage eine Toleranzbreite von jeweils einem Monat nach oben wie nach unten zu;

61c. „temporäre Stilllegungen" vorläufige Maßnahmen mit Ausnahme von Revisionen und technisch bedingten Störungen, die bewirken, dass die Erzeugungsanlage innerhalb von 72 Stunden nicht mehr auffahrbereit gehalten wird, aber betriebsbereit gemacht werden kann. Hiermit wird keine Betriebseinstellung der Anlage bewirkt;

62. „Tertiärregelung" das längerfristig wirksam werdende, manuell oder automatisch ausgelöste Abrufen von elektrischer Leistung, die zur Unterstützung bzw. Ergänzung der Sekundärregelung bzw. zur längerfristigen Ablösung von bereits aktivierter Sekundärregelleistung dient (Minutenreserve);

63. „Übertragung" den Transport von Elektrizität über ein Höchstspannungs- und Hochspannungsverbundnetz zum Zwecke der Belieferung von Endverbraucherinnen/Endverbraucher oder Verteilerinnen/Verteilern, jedoch mit Ausnahme der Versorgung;

64. „Übertragungsnetz" ein Hochspannungsverbundnetz mit einer Spannungshöhe von 110 kV und darüber, das dem überregionalen Transport von elektrischer Energie dient;

65. „Übertragungsnetzbetreiberin/Übertragungsnetzbetreiber" eine natürliche oder juristische Person oder eingetragene Personengesellschaft, die verantwortlich für den Betrieb, die Wartung sowie erforderlichenfalls den Ausbau des Übertragungsnetzes und gegebenenfalls der Verbindungsleitungen zu anderen Netzen sowie für die Sicherstellung der langfristigen Fähigkeit des Netzes, eine angemessene Nachfrage nach Übertragung von Elektrizität zu befriedigen, ist;

66. „Verbindungsleitungen" Anlagen, die zur Verbundschaltung von Elektrizitätsnetzen dienen;

67. „Verbrauchsstätte" ein oder mehrere zusammenhängende im Eigentum oder in der Verfügungsgewalt einer von der örtlichen konzessionierten Verteilernetzbetreiberin/eines vom örtlichen konzessionierten Verteilernetzbetreiber verschiedenen Dritten stehendes Betriebsgelände (ein geografischer Raum, in dessen Bereich Unternehmen ihre Tätigkeit ausüben), auf dem ein von dieser/diesem verschiedener Dritter bereits zum Zeitpunkt des Inkrafttretens des Stmk. Elektrizitätswirtschafts- und -organisationsgesetzes 1999,
LGBl. Nr. 32/2000, elektrische Energie bezogen und über ein in seiner Verfügungsgewalt stehendes Netz an auf diesem Betriebsgelände tätige Unternehmen bzw. Objekte weiterverteilt hat; eine Verbrauchsstätte im Sinne dieses Gesetzes liegt auch dann vor, wenn zum vorgenannten Zeitpunkt eine Betriebsstätte sowie Einrichtungen, die eine einheitliche Betriebsanlage darstellen, vorhanden waren, ohne dass bereits ein eigenes Netz zur Weiterverteilung in Betrieb gestanden ist;

68. „Verbundnetz" eine Anzahl von Übertragungs- und Verteilernetzen, die durch eine oder mehrere Verbindungsleitungen miteinander verbunden sind;

69. „Versorgerin/Versorger" eine natürliche oder juristische Person oder eingetragene Personengesellschaft, die die Versorgung wahrnimmt;

70. „Versorgung" den Verkauf einschließlich des Weiterverkaufs von Elektrizität an Kundinnen/Kunden;

71. „Verteilernetzbetreiberin/Verteilernetzbetreiber" eine natürliche oder juristische Person oder eingetragene Personengesellschaft, die verantwortlich ist für den Betrieb, die Wartung sowie erforderlichenfalls den Ausbau des Verteilernetzes in einem bestimmten Gebiet und gegebenenfalls der Verbindungsleitungen zu anderen Netzen sowie für die Sicherstellung der langfristigen Fähigkeit des Netzes, eine angemessene Nachfrage nach Verteilung von Elektrizität zu befriedigen;

72. „Verteilung" den Transport von Elektrizität über Hoch-, Mittel- oder Niederspannungs-Verteilernetze zum Zwecke der Belieferung von Kundinnen/Kunden, jedoch mit Ausnahme der Versorgung;

73. „vertikal integriertes Elektrizitätsunternehmen" ein Unternehmen oder eine Gruppe von Unternehmen, in der dieselbe Person berechtigt ist, direkt oder indirekt Kontrolle auszuüben, wobei das betreffende Unternehmen bzw. die betreffende Gruppe mindestens eine der Funktionen Übertragung oder Verteilung und mindestens eine der Funktionen Erzeugung von oder Versorgung mit Elektrizität wahrnimmt;

74. „Wirkungsgrad" den auf der Grundlage des unteren Heizwerts der Brennstoffe berechneten Wirkungsgrad;

75. „Wirkungsgrad-Referenzwerte für die getrennte Erzeugung" die Wirkungsgrade einer alternativen getrennten Erzeugung von Wärme und Strom, die durch KWK ersetzt werden soll;

76. „wirtschaftlich vertretbarer Bedarf" der Bedarf, der die benötigte Wärme- oder Kühlungsleistung nicht überschreitet und der sonst durch andere Energieproduktionsprozesse als KWK zu Marktbedingungen gedeckt würde;

77. „wirtschaftlicher Vorrang" die Rangfolge der Elektrizitätsquellen nach wirtschaftlichen Gesichtspunkten;

78. „Zählpunkt" die Einspeise- bzw. Entnahmestelle, an der eine Strommenge messtechnisch erfasst und registriert wird. Dabei sind in einem Netzbereich liegende Zählpunkte eines Netzbenutzers zusammenzufassen, wenn sie der Anspeisung von kundenseitig galvanisch oder transformatorisch verbundenen Anlagen,

die der Straßenbahnverordnung 1999 unterliegen, dienen; im Übrigen ist eine Zusammenfassung mehrerer Zählpunkte nicht zulässig;
79. „Zeitreihe“ der zeitliche Verlauf der entnommenen oder eingespeisten Energie in Viertelstundenwerten über eine zeitliche Periode;
80. „Zusatzstrom“ der Strom, der über das Elektrizitätsnetz in den Fällen geliefert wird, in denen die Stromnachfrage die elektrische Erzeugung des KWK-Prozesses übersteigt.

Anm.: in der Fassung LGBl. Nr. 25/2007, LGBl. Nr. 13/2010, LGBl. Nr. 89/2011, LGBl. Nr. 45/2014, LGBl. Nr. 25/2018, LGBl. Nr. 47/2022

§ 3
Gemeinwirtschaftliche Verpflichtungen

(1) Den Netzbetreiberinnen/Netzbetreibern sind nachstehende gemeinwirtschaftliche Verpflichtungen im Allgemeininteresse auferlegt:

1. die diskriminierungsfreie Behandlung aller Kundinnen/Kunden und Erzeugerinnen/Erzeuger eines Netzes;
2. der Abschluss von privatrechtlichen Verträgen mit Netzbenutzerinnen/Netzbenutzern über den Anschluss an ihr Netz (Allgemeine Anschlusspflicht);
3. die Errichtung und Erhaltung einer für die inländische Elektrizitätsversorgung oder für die Erfüllung völkerrechtlicher Verpflichtungen ausreichenden Netzinfrastruktur.

(2) Den Elektrizitätsunternehmen sind nachstehende gemeinwirtschaftliche Verpflichtungen im Allgemeininteresse auferlegt:

1. die Erfüllung der durch Rechtsvorschriften auferlegten Pflichten im öffentlichen Interesse;
2. die Mitwirkung an Maßnahmen zur Beseitigung von Netzengpässen und an Maßnahmen zur Gewährleistung der Versorgungssicherheit.

(3) Die Elektrizitätsunternehmen haben die bestmögliche Erfüllung der ihnen gemäß Abs. 1 und 2 im Allgemeininteresse auferlegten Verpflichtungen mit allen ihnen zur Verfügung stehenden Mitteln anzustreben.

(4) Elektrizitätsunternehmen, zu deren Tätigkeitsbereich die Versorgung von Endverbraucherinnen/Endverbrauchern zählt, haben die gemeinwirtschaftliche Verpflichtung, Endverbraucherinnen/Endverbraucher mit elektrischer Energie der Standardqualität zu angemessenen, leicht und eindeutig vergleichbaren und transparenten Preisen zu versorgen (Grundversorgung).“

Anm.: in der Fassung LGBl. Nr. 25/2007, LGBl. Nr. 89/2011

§ 4
Grundsätze beim Betrieb von Elektrizitätsunternehmen

(1) Elektrizitätsunternehmen haben als kunden- und wettbewerbsorientierte Anbieter von Dienstleistungen nach den Grundsätzen einer kostengünstigen, sicheren, umweltverträglichen und effizienten Bereitstellung der nachgefragten Energiedienstleistungen unter Berücksichtigung aller angebots- und nachfrageseitigen Möglichkeiten sowie eines wettbewerbsorientierten und wettbewerbsfähigen Elektrizitätsmarktes zu agieren. Diese Grundsätze sind als Unternehmensziele zu verankern.

(2) *(Anm.: entfallen)*

Anm.: in der Fassung LGBl. Nr. 89/2011

Hauptstück II
Erzeugungsanlagen

§ 5
Genehmigungspflicht

(1) Die Errichtung, wesentliche Änderung und der Betrieb einer Erzeugungsanlage mit einer installierten elektrischen Engpassleistung von mehr als 500 Kilowatt bedarf, soweit sich aus Abs. 2 nichts anderes ergibt, nach Maßgabe der folgenden Bestimmungen dieses Hauptstückes einer elektrizitätsrechtlichen Genehmigung.

(2) Der Genehmigungspflicht nach Abs. 1 unterliegen nicht:

1. Erzeugungsanlagen, die abfall-, verkehrs-, berg-, oder gewerberechtlichen Vorschriften unterliegen;
2. die Aufstellung und der Betrieb von mobilen Erzeugungsanlagen, z. B. mobile Notstromaggregate;
3. Erzeugungsanlagen, die auch der mit dieser Tätigkeit in wirtschaftlichem und fachlichem Zusammenhang stehenden Gewinnung und Abgabe von Wärme dienen, wenn für diese Erzeugungsanlagen eine Genehmigungspflicht nach der Gewerbeordnung 1994 oder dem Emissionsschutzgesetz für Kesselanlagen – EG-K besteht;
4. Kabelleitungen zur Energieableitung, soweit diese keiner Bewilligungspflicht nach dem Steiermärkischen Starkstromwegegesetz 1971 unterliegen;
5. Photovoltaikanlagen mit einer installierten elektrischen Engpassleistung von weniger als 1 000 kW_p und die mit diesen Anlagen zusammenhängenden Speicheranlagen.

(3) Wesentliche Änderungen – einschließlich der Modernisierung (Repowering) – liegen vor, wenn diese geeignet sind, größere Gefährdungen oder Belästigungen herbeizuführen. Wesentliche Änderungen liegen ebenso vor, wenn die Ausführung einer Photovoltaikanlage einer Bestätigung

nach § 6 Abs. 2a oder Festlegungen der überörtlichen Raumordnung (§ 10 Abs. 4) widerspricht. Im Zweifel hat die Behörde auf Antrag des Genehmigungswerbers mit Bescheid binnen drei Monaten festzustellen, ob eine Änderung einer Genehmigung bedarf.

(4) Weist eine nach Abs. 2 genehmigte Erzeugungsanlage nicht mehr den Charakter einer abfall-, verkehrs-, berg-, oder gewerberechtlichen Betriebsanlage auf, so hat dies der Inhaber der Anlage der bisher zuständigen Behörde und der nunmehr für die Genehmigung zuständigen Behörde (§ 58) anzuzeigen. Ab dem Einlangen dieser Anzeige gilt die Genehmigung oder Bewilligung gemäß Abs. 2 als Genehmigung nach diesem Gesetz.

Anm.: in der Fassung LGBl. Nr. 89/2011, LGBl. Nr. 47/2022, LGBl. Nr. 73/2023

§ 6
Antragsunterlagen

(1) Die Erteilung der elektrizitätsrechtlichen Genehmigung ist bei der Behörde schriftlich zu beantragen.

(2) Dem Antrag sind folgende Unterlagen in dreifacher Ausfertigung anzuschließen:

1. ein technischer Bericht mit Angaben über Zweck, Umfang, Betriebsweise und technische Ausführung der geplanten Erzeugungsanlage; insbesondere über Primärenergien, Energieumwandlung, Stromart, Frequenz und Spannung,
2. ein Plan, aus welchem der Standort der Erzeugungsanlage, die betroffenen Grundstücke, auf denen die Anlage errichtet werden soll und die Grundstücksnummern ersichtlich sind,
3. ein Verzeichnis der von der Erzeugungsanlage berührten fremden Anlagen, wie Eisenbahnen, Versorgungsleitungen und dergleichen, mit Namen und Anschriften der Eigentümerinnen/Eigentümer
4. die sich aus dem zum Zeitpunkt der Antragstellung aktuellen Grundbuchstand ergebenden Namen und Anschriften der Eigentümerinnen/Eigentümer der Grundstücke, auf welchen die Erzeugungsanlage errichtet werden soll, einschließlich der dinglich Berechtigten mit Ausnahme der Hypothekargläubigerin/Hypothekargläubiger
5. ein Verzeichnis der an die Grundstücke, auf welchen die Stromerzeugungsanlage errichtet werden soll, anrainenden Grundstücke und der jeweiligen Eigentümerinnen/Eigentümer dieser anrainenden Grundstücke samt Anschriften (nicht älter als drei Monate),
6. ein Verzeichnis allfälliger Bergbaugebiete, in denen die Erzeugungsanlage liegt oder zu liegen kommt, samt Namen und Anschrift der Bergbauberechtigten,
7. eine Begründung für die Wahl des Standortes unter Berücksichtigung der tatsächlichen örtlichen Verhältnisse,
8. eine Beschreibung und Beurteilung der voraussichtlichen Gefährdungen und Belästigungen im Sinne des § 10 Abs. 1,
9. eine Beschreibung der Maßnahmen, mit denen Gefährdungen oder Belästigungen des Vorhabens beseitigt, verringert oder ausgeglichen werden sollen
10. Angaben über den Beitrag der Erzeugungskapazitäten zur Erreichung des Zieles der Europäischen Union, den Bruttoenergieverbrauch durch Energie aus erneuerbaren Energiequellen zu erhöhen,
11. Angaben zum Beitrag der Erzeugungskapazitäten zur Verringerung der Emissionen,
12. bei thermischen Erzeugungsanlagen mit einer thermischen Gesamtnennleistung von mehr als 20 MW die Kosten-Nutzen-Analyse nach Abs. 5.

Diese Dokumente sind, soweit technisch möglich, auch in elektronischer Form zu übermitteln.

(2a) Einem Antrag auf Errichtung, wesentliche Änderung und Betrieb einer Photovoltaikanlage ist darüber hinaus eine Bestätigung der Baubehörde anzuschließen, mit der die Übereinstimmung des Vorhabens mit dem örtlichen Entwicklungskonzept und dem Flächenwidmungsplan nachgewiesen wird. Eine Bestätigung der Baubehörde ist nicht erforderlich für Flächen, für die im Rahmen eines Entwicklungsprogrammes der Landesregierung überörtliche Widmungsfestlegungen getroffen wurden.

(2b) Die Baubehörde hat über ein Ansuchen um Ausstellung einer Bestätigung gemäß Abs. 2a binnen einem Monat zu entscheiden. Dem Ansuchen sind die für die Prüfung notwendigen Unterlagen anzuschließen. Bei Vorliegen der Voraussetzungen ist eine Bestätigung auszustellen. Liegen die Voraussetzungen für die Bestätigung nicht vor, so hat die Baubehörde diesen Umstand mit Bescheid festzustellen. Gegen einen Feststellungsbescheid der Baubehörde ist die Berufung ausgeschlossen.

(3) Wenn die im Abs. 2 angeführten Unterlagen eine ausreichende Beurteilung des Projektes nicht zulassen, sind auf Verlangen der Behörde weitere Unterlagen zu erbringen. Die Behörde kann von der Beibringung einzelner, im Abs. 2 angeführter Unterlagen absehen, sofern diese für das Genehmigungsverfahren entbehrlich sind.

(4) Auf Verlangen der Behörde sind zusätzliche Ausfertigungen aller oder einzelner nach Abs. 2 oder 3 erforderlicher Unterlagen vorzulegen, wenn dies zur Beurteilung durch sonstige öffentliche Dienststellen oder zur Begutachtung durch Sachverständige notwendig ist.

(5) Bei der Neuplanung oder erheblichen Modernisierung einer vorhandenen thermischen Stromerzeugungsanlage mit einer thermischen Gesamtnennleistung von mehr als 20 MW ist eine Kosten-Nutzen-Analyse nach Maßgabe der Anlage 1 dieses Gesetzes durchzuführen. Dabei sind die Kosten und der Nutzen einer thermischen Erzeugungsanlage mit einer vergleichbaren hocheffizienten KWK-Anlage gegenüberzustellen und zu bewerten.

(6) Eine Modernisierung ist erheblich, wenn deren Kosten mehr als 50 % der Investitionskosten für eine neue vergleichbare Anlage betragen.

(7) Die Behörde hat das Ergebnis der Kosten-Nutzen-Analyse bei der Genehmigung des Vorhabens zu berücksichtigen.

(8) Vom Erfordernis der Berücksichtigung der Ergebnisse der Kosten-Nutzen-Analyse kann abgesehen werden, wenn zwingende Gründe vorliegen, dass aufgrund von Rechtsvorschriften, von Eigentumsverhältnissen oder der Finanzlage des Betreibers die Errichtung und der Betrieb einer hocheffizienten KWK-Anlage nicht möglich ist.

(9) Die Landesregierung kann durch Verordnung nähere Bestimmungen zur Methodik der Kosten-Nutzen-Analyse samt den zugrunde zu legenden Annahmen und dem zeitlichen Rahmen der wirtschaftlichen Analyse erlassen.

Anm.: in der Fassung LGBl. Nr. 89/2011, LGBl. Nr. 25/2018, LGBl. Nr. 59/2020, LGBl. Nr. 47/2022, LGBl. Nr. 73/2023

§ 6a
Genehmigung von Erzeugungsanlagen von erneuerbarer Energie

(1) Zur Beratung und Unterstützung von Antragstellerinnen/Antragstellern zur Erlangung der erforderlichen Bewilligung für Anlagen zur Erzeugung von Energie aus erneuerbaren Quellen wird im Amt der Steiermärkischen Landesregierung eine Anlaufstelle im Sinn des Art. 16 Abs. 1 und 2 der Richtlinie (EU) 2018/2001 eingerichtet. Die Anlaufstelle leistet auf Ersuchen der Antragstellerin/des Antragstellers während des gesamten Bewilligungsverfahrens Beratung und Unterstützung im Hinblick auf die Beantragung und die Erteilung der elektrizitätsrechtlichen Bewilligung für die Errichtung oder den Betrieb von Anlagen zur Produktion von Energie aus erneuerbaren Quellen nach diesem Gesetz sowie hinsichtlich der dafür sonst noch erforderlichen zusätzlichen Bewilligungen oder Genehmigungen, die nach anderen Gesetzen vorgesehen sind.

(2) Die Anlaufstelle erstellt ein Verfahrenshandbuch. Das Verfahrenshandbuch hat alle nötigen Informationen für Projekte im Bereich der Produktion von Energie aus erneuerbarer Energie zur Verfügung zu stellen. Das Verfahrenshandbuch ist bei Bedarf zu aktualisieren und auf der Internetseite des Landes zu veröffentlichen. Im Verfahrenshandbuch ist auf kleinere Projekte durch entsprechende Informationen besonders Bedacht zu nehmen. Im Verfahrenshandbuch ist auf die Einrichtung und das Informationsangebot der Anlaufstelle hinzuweisen.

(3) Die Anlaufstelle hat auf eine zügige Verfahrensabwicklung der zuständigen Behörden hinzuwirken. Zu diesem Zweck ist die Anlaufstelle berechtigt, bei den Behörden Zeitpläne über die voraussichtliche Verfahrensdauer und die Verfahrensabwicklung anzufordern und der Antragstellerin/dem Antragsteller zur Verfügung zu stellen.

(4) Interessenkonflikte, die im Verfahren zwischen der Antragstellerin/dem Antragsteller und anderen Parteien oder Beteiligten auftreten, sind nach Möglichkeit einer gütlichen Einigung zuzuführen. Die Behörde kann aus diesem Anlass das Verfahren zur Einschaltung eines Mediationsverfahrens unterbrechen. Die Ergebnisse des Mediationsverfahrens können der Behörde übermittelt und von dieser im weiteren Genehmigungsverfahren berücksichtigt werden. Das Mediationsverfahren hat auf Kosten des Antragstellers zu erfolgen. Der Antragsteller kann jederzeit einen Antrag auf Fortführung des Bewilligungs- oder Genehmigungsverfahrens stellen.

Anm.: in der Fassung LGBl. Nr. 47/2022

§ 8
Mündliche Verhandlung, Genehmigungsverfahren, Anhörungsrechte

(1) Im Falle einer mündlichen Verhandlung sind die in § 9 genannten Personen zu laden; wenn diese Wohnungseigentümerinnen/Wohnungseigentümer sind, ist die Kundmachung der Verwalterin/dem Verwalter der Eigentümergemeinschaft nachweislich schriftlich mit dem Auftrag zur Kenntnis zu bringen, die Kundmachung den Wohnungseigentümerinnen/Wohnungseigentümern unverzüglich z. B. durch gut sichtbaren Anschlag im Hause bekannt zu geben.

(2) Im Ermittlungsverfahren ist auf folgende öffentliche Interessen Bedacht zu nehmen, sofern diese Interessen nicht in gesonderten materienrechtlichen Verfahren gewahrt werden: Bautechnik, Forstwesen, Wildökologie, Wildbach- und Lawinenverbauung, Raumordnung, Naturschutz, Denkmalschutz, Wasserwirtschaft, Wasserrecht, Bergbau, öffentlicher Verkehr, Sicherheit des Luftraumes, sonstige Ver- und Entsorgung, Landesverteidigung und Arbeitnehmerschutz. Die Behörden und öffentlich-rechtlichen Körperschaften, die zur Wahrung der oben erwähnten öffentlichen Interessen berufen sind, sind – soweit deren Interessen berührt werden – im Genehmigungsverfahren zu hören.

(3) In jedem Falle sind vor Erteilung der Bewilligung zu hören:

1. die Kammer für Arbeiter und Angestellte für Steiermark, die Wirtschaftskammer Steiermark, die Landeskammer für Land- und Forstwirtschaft in Steiermark und die Steiermärkische Kammer für Arbeitnehmer in der Land- und Forstwirtschaft;
2. jene Gemeinde im Rahmen ihres Wirkungsbereiches, in deren Gebiet eine Erzeugungsanlage errichtet und betrieben werden soll, zum Schutz der öffentlichen Interessen im Sinne des Abs. 2;
3. die Steiermärkische Umweltanwältin/der Steiermärkische Umweltanwalt und die Verteilernetzbetreiberin/der Verteilernetzbetreiber, in deren/dessen Gebiet eine Erzeugungsanlage errichtet und betrieben werden soll.

Anm.: in der Fassung LGBl. Nr. 89/2011, LGBl. Nr. 47/2022, LGBl. Nr. 73/2023

§ 9

Parteien

Im Verfahren gemäß § 8 haben Parteistellung:

1. die Genehmigungswerberin/der Genehmigungswerber,
2. alle Grundeigentümerinnen/Grundeigentümer, deren Grundstücke samt ihrem darunter befindlichen Boden oder darüber befindlichen Luftraum von Maßnahmen zur Errichtung, Änderung oder Erweiterung von Erzeugungsanlagen dauernd oder vorübergehend in Anspruch genommen werden sowie die an diesen Grundstücken dinglich Berechtigten – ausgenommen Hypothekargläubigerin/Hypothekargläubiger – und die Bergbauberechtigten
3. Anrainerinnen/Anrainer hinsichtlich ihrer subjektivöffentlich rechtlichen Interessen.

Anm.: in der Fassung LGBl. Nr. 89/2011

§ 10

Voraussetzungen für die Erteilung der elektrizitätsrechtlichen Genehmigung

(1) Die Erteilung der elektrizitätsrechtlichen Genehmigung setzt voraus, dass durch die Errichtung und den Betrieb der Anlage oder durch die Lagerung von Betriebsmitteln oder Rückständen und dergleichen

1. eine Gefährdung des Lebens oder der Gesundheit von Menschen oder eine Gefährdung des Eigentums oder sonstiger dinglicher Rechte der Parteien nicht zu erwarten ist und
2. Belästigungen von Anrainerinnen/Anrainern (wie Geruch, Lärm, Erschütterung, Wärme, Schwingungen, Blendung und dergleichen) sowie Beeinträchtigungen öffentlicher Interessen im Sinne des § 8 Abs. 2 – sofern diese von der Elektrizitätsbehörde wahrzunehmen sind – auf ein zumutbares Maß beschränkt bleiben und
3. die zum Einsatz kommende Energie unter Berücksichtigung der Wirtschaftlichkeit und dem Ergebnis der Kosten-Nutzen-Analyse nach Maßgabe der Anlage 1 dieses Gesetzes effizient eingesetzt wird.

(2) Unter einer Gefährdung des Eigentums im Sinne des Abs. 1 Z 1 ist die Möglichkeit einer bloßen Minderung des Verkehrswertes des Eigentums nicht zu verstehen.

(3) Ob Belästigungen der Parteien im Sinne des Abs. 1 Z 2 zumutbar sind, ist danach zu beurteilen, wie sich die durch die Erzeugungsanlage verursachten Änderungen der tatsächlichen örtlichen Verhältnisse auf ein gesundes, normal empfindendes Kind und auf einen gesunden, normal empfindenden Erwachsenen auswirken.

(4) Die Erteilung der elektrizitätsrechtlichen Genehmigung für Photovoltaikanlagen setzt überdies voraus, dass das Vorhaben den Festlegungen der überörtlichen Raumordnung entspricht.

Anm.: in der Fassung LGBl. Nr. 89/2011, LGBl. Nr. 25/2018, LGBl. Nr. 59/2020, LGBl. Nr. 47/2022, LGBl. Nr. 73/2023

§ 11

Erteilung der Genehmigung

(1) Die Erzeugungsanlage ist mit schriftlichem Bescheid zu genehmigen, wenn die Voraussetzungen gemäß § 10 erfüllt sind; insbesondere, wenn nach dem Stande der Technik zu erwarten ist, dass überhaupt oder bei Einhaltung der erforderlichenfalls vorzuschreibenden bestimmten geeigneten Auflagen, die nach den Umständen des Einzelfalls voraussehbaren Gefährdungen ausgeschlossen, Belästigungen sowie Beeinträchtigungen auf ein zumutbares Maß beschränkt werden und das Vorhaben den überörtlichen Festlegungen zur Errichtung von Photovoltaikanlagen entspricht. Die nach dem ersten Satz vorzuschreibenden Auflagen haben erforderlichenfalls auch Maßnahmen für den Fall der Unterbrechung des Betriebes und der Auflassung der Anlage zu umfassen. Können die Voraussetzungen auch durch solche Auflagen nicht erfüllt werden, ist die elektrizitätsrechtliche Genehmigung zu versagen.

(2) Die Behörde hat Emissionen jedenfalls nach dem Stand der Technik zu begrenzen.

(3) Die Behörde kann zulassen, dass bestimmte Auflagen erst ab einem dem Zeitaufwand der hiefür erforderlichen Maßnahmen entsprechend festzulegenden Zeitpunkt nach Inbetriebnahme der Anlage oder von Teilen der Anlage eingehalten werden müssen, wenn dagegen keine Bedenken vom Standpunkt des Schutzes der im § 10 Abs. 1 umschriebenen Interessen bestehen.

(4) Stand der Technik (Abs. 1) ist der auf den einschlägigen wissenschaftlichen Erkenntnissen beruhende Entwicklungsstand fortschrittlicher technologischer Verfahren, Einrichtungen und Betriebsweisen, deren Funktionstüchtigkeit erprobt

und erwiesen ist. Bei der Bestimmung des Standes der Technik sind insbesondere vergleichbare Verfahren, Einrichtungen oder Betriebsweisen heranzuziehen.

(5) Durch einen Wechsel in der Person der Inhaberin/des Inhabers der Erzeugungsanlage wird die Wirksamkeit der Genehmigung nicht berührt. Der Rechtsvorgänger ist verpflichtet, der Rechtsnachfolgerin/dem Rechtsnachfolger alle erforderlichen Unterlagen auszuhändigen.

(6) Soweit Änderungen einer Genehmigung bedürfen, hat diese Genehmigung auch die bereits genehmigte Erzeugungsanlage soweit zu umfassen, als es wegen der Änderung zur Wahrung der im § 10 Abs. 1 umschriebenen Interessen gegenüber der bereits genehmigten Anlage erforderlich ist.

(7) Die im Zuge eines nach diesem Gesetz durchgeführten Verfahrens getroffenen Übereinkommen sind von der Behörde im Bescheid zu beurkunden.

(8) Die Fertigstellung und Inbetriebnahme sind der Behörde schriftlich anzuzeigen.

Anm.: in der Fassung LGBl. Nr. 73/2023

§ 12
Fertigstellung, fachlich geeignete Person

(1) Die Fertigstellung und Inbetriebnahme der Erzeugungsanlage sind der Behörde schriftlich anzuzeigen. Mit dieser Anzeige erhält die Betreiberin/der Betreiber das Recht, mit dem Betrieb zu beginnen. Mit der Fertigstellungsanzeige ist eine fachlich geeignete natürliche Person bekannt zu geben, die die Betreiberin/der Betreiber der Anlage für die technische Leitung und Überwachung des Betriebes zu bestellen hat. Über die fachliche Eignung sind entsprechende Unterlagen vorzulegen.

(2) Die fachliche Eignung ist anzunehmen, wenn nach dem Bildungsgang oder der bisherigen Tätigkeit angenommen werden kann, dass die vorgesehene Person die Kenntnisse, Fähigkeiten und Erfahrungen besitzt, die erforderlich sind, um die Anlage entsprechend den gesetzlichen Bestimmungen und den nach diesem Gesetz erteilten Genehmigungen zu leiten und zu überwachen.

(3) Ein Wechsel der in Abs. 1 genannten Person ist von der Betreiberin/vom Betreiber der Erzeugungsanlage unter Anschluss der erforderlichen Unterlagen unverzüglich bekannt zu geben.

(4) Die Behörde hat zu prüfen, ob die bekannt gegebene Person die fachliche Eignung besitzt. Liegt diese nicht vor, so hat sie dies mit Bescheid festzustellen. Der Betrieb der Anlage darf bis zur Bekanntgabe einer neuen fachlich geeigneten Person, längstens jedoch während zweier Monate, weiter ausgeübt werden.

(5) Erfüllt die Betreiberin/der Betreiber der Erzeugungsanlage die Voraussetzungen gemäß Abs. 2, so kann auch die Betreiberin/der Betreiber als fachlich geeignete Person bekannt gegeben werden.

(6) Die Betreiberin/der Betreiber einer nicht genehmigungspflichtigen Photovoltaikanlage (§ 5 Abs. 2 Z 5) mit einer installierten elektrischen Engpassleistung von mehr als 500 kW_p hat eine fachlich geeignete natürliche Person (Abs. 2) zu bestellen, die für die technische Leitung und Überwachung des Betriebes verantwortlich ist.

Anm.: in der Fassung LGBl. Nr. 73/2023

§ 13
Betriebsgenehmigung, Probebetrieb

(1) Die Behörde kann in der elektrizitätsrechtlichen Genehmigung anordnen, dass die Erzeugungsanlage oder Teile von ihr erst auf Grund einer gesonderten Betriebsgenehmigung in Betrieb genommen werden dürfen, wenn im Zeitpunkt der Genehmigung nicht ausreichend beurteilt werden kann, ob die Auswirkungen der genehmigten Anlage oder von Teilen dieser Anlage betreffenden Auflagen des Genehmigungsbescheides die gemäß § 10 Abs. 1 wahrzunehmenden Interessen hinreichend schützen oder zur Erreichung dieses Schutzes andere oder zusätzliche Auflagen erforderlich sind; sie kann zu diesem Zweck nötigenfalls unter Vorschreibung von Auflagen einen befristeten Probebetrieb zulassen oder anordnen. Der Beginn des Probebetriebes ist der Behörde schriftlich anzuzeigen. Der Probebetrieb darf höchstens zwei Jahre und im Falle einer beantragten Fristverlängerung insgesamt höchstens drei Jahre dauern; die Behörde darf eine Fristverlängerung nur einmal und nur um höchstens ein Jahr zulassen oder anordnen, wenn der Zweck des Probebetriebes diese Verlängerung erfordert; der Antrag auf Fristverlängerung ist spätestens drei Monate vor Ablauf der Frist zu stellen; durch einen rechtzeitig gestellten Antrag auf Fristverlängerung wird der Ablauf der Frist bis zur rechtskräftigen Entscheidung gehemmt.

(2) Für Erzeugungsanlagen oder Teile derselben, die erst auf Grund einer Betriebsgenehmigung in Betrieb genommen werden dürfen, können bei Erteilung der Betriebsgenehmigung auch andere oder zusätzliche Auflagen vorgeschrieben werden.

(3) Im Verfahren zur Erteilung der Betriebsgenehmigung haben die im § 9 Z 2 und 3 genannten Personen Parteistellung. Vor Erteilung der Betriebsgenehmigung hat sich die Behörde an Ort und Stelle zu überzeugen, dass die im Genehmigungsbescheid enthaltenen Angaben und Auflagen erfüllt sind.

Anm.: in der Fassung LGBl. Nr. 47/2022

§ 14
Abweichungen von der Genehmigung

(1) Die Behörde hat auf Antrag von der Verpflichtung zur Herstellung des der Anlagengenehmigung oder der Betriebsgenehmigung entsprechenden Zustands dann Abstand zu nehmen, wenn die Abweichungen die durch die Anlagengenehmigung oder Betriebsgenehmigung getroffene Vorsorge nicht verringern.

(2) Vorgeschriebene Auflagen sind von der Behörde mit Bescheid aufzuheben oder abzuändern, wenn nach Abs. 1 festgestellt wird, dass diese nicht mehr erforderlich sind und die durch die Anlagengenehmigung oder Betriebsgenehmigung getroffene Vorsorge dadurch nicht verringert wird. Die Parteistellung im Verfahren zur nachträglichen Aufhebung oder Abänderung von Auflagen entspricht jener des Genehmigungsverfahrens.

Anm.: in der Fassung LGBl. Nr. 87/2013, LGBl. Nr. 47/2022, LGBl. Nr. 73/2023

§ 15
Amtswegige Überprüfung

(1) Hält die Behörde auf Grund von Beschwerden, Anbringen von Anrainerinnen/Anrainern oder amtlicher Wahrnehmungen eine Überprüfung für erforderlich, so hat sie eine Überprüfung anzuordnen oder selbst durchzuführen.

(2) Ergeben sich bei dieser Überprüfung Abweichungen vom konsensgemäßen Zustand und sind die Abweichungen derart, dass die Anrainerinnen/Anrainer unzumutbar im Sinne des § 10 Abs. 1 belästigt werden, so hat die Behörde anzuordnen, dass der Betrieb der Erzeugungsanlage eingeschränkt oder eingestellt wird, bis der vorschriftsmäßige Betrieb wieder möglich ist.

(3) In allen anderen als den im Abs. 2 angegebenen Fällen hat die Behörde eine angemessene Frist einzuräumen, innerhalb der der konsensgemäße Zustand der Erzeugungsanlage hergestellt werden muss. Wird dieser Anordnung trotz Setzung einer angemessenen Nachfrist nicht entsprochen, so ist sinngemäß gemäß Abs. 2 vorzugehen.

Anm.: in der Fassung LGBl. Nr. 89/2011

§ 16
Auflassung, Vorkehrungen

(1) Beabsichtigt die Betreiberin/der Betreiber einer genehmigten Erzeugungsanlage die Auflassung oder die Unterbrechung des Betriebes ihrer/seiner Anlage oder eines Teiles ihrer/seiner Anlage, so hat sie/er die notwendigen Vorkehrungen zur Vermeidung einer Gefährdung oder Belästigung im Sinne des § 10 Abs. 1 zu treffen.

(2) Die Betreiberin/der Betreiber der Erzeugungsanlage hat den Beginn der Auflassung und ihre/seine Vorkehrungen anlässlich der Auflassung der Behörde vorher anzuzeigen.

(3) Reichen die von der Anlageninhaberin/vom Anlageninhaber gemäß Abs. 2 angezeigten Vorkehrungen nicht aus, so hat ihr/ihm die Behörde die notwendigen Vorkehrungen aufzutragen. Im Falle der Auflassung einer Windkraftanlage oder einer Freiflächenphotovoltaikanlage hat sie jedenfalls die Entfernung der oberirdischen Teile anzuordnen. Ist die Betreiberin/der Betreiber nicht feststellbar, ist sie/er zur Erfüllung des Auftrages rechtlich nicht im Stande oder kann sie/er aus sonstigen Gründen nicht beauftragt werden, so ist der Auftrag jenen Eigentümern, auf deren Grundstücken die Erzeugungsanlage errichtet ist, zu erteilen.

(4) Durch einen Wechsel in der Person der Betreiberin/des Betreibers der Erzeugungsanlage wird die Wirksamkeit des bescheidmäßigen Auftrages gemäß Abs. 3 nicht berührt.

(5) Die Betreiberin/der Betreiber der Erzeugungsanlage hat der Behörde anzuzeigen, dass sie/er die gemäß Abs. 2 angezeigten oder die von der Behörde gemäß Abs. 3 aufgetragenen Vorkehrungen getroffen hat.

Anm.: in der Fassung LGBl. Nr. 45/2014

§ 17
Erlöschen der elektrizitätsrechtlichen Genehmigung

(1) Die elektrizitätsrechtliche Genehmigung erlischt, wenn

1. die Fertigstellung und die Inbetriebnahme bei der Behörde nicht innerhalb von fünf Jahren nach rechtskräftiger Erteilung der Genehmigung schriftlich angezeigt werden (§ 11 Abs. 8),
2. der Betrieb der gesamten Erzeugungsanlage durch mehr als fünf Jahre unterbrochen ist oder
3. der Behörde gegenüber schriftlich durch die Bewilligungsinhaberin/den Bewilligungsinhaber eine Verzichtserklärung abgegeben wird.

(2) Die Behörde hat eine Frist gemäß Abs. 1 auf Grund eines vor Ablauf dieser Fristen gestellten Antrages zu verlängern, wenn es Art und Umfang des Vorhabens erfordert oder die Fertigstellung oder die Inbetriebnahme des Vorhabens unvorhergesehenen Schwierigkeiten begegnet. Durch den Antrag wird der Ablauf der Frist bis zur Entscheidung gehemmt.

(3) Das Erlöschen der elektrizitätsrechtlichen Genehmigung ist im Zweifelsfall über Antrag oder von Amts wegen mit Bescheid festzustellen. § 16 gilt sinngemäß.

(4) Die Inhaberin/Der Inhaber einer genehmigten Erzeugungsanlage, deren/dessen Betrieb gänzlich oder teilweise unterbrochen ist, hat die notwendigen Vorkehrungen zu treffen, um eine sich aus der Betriebsunterbrechung ergebende Gefährdung oder Belästigung im Sinne des § 10 Abs. 1 zu vermeiden. Sie/Er hat die Betriebsunterbrechung und ihre/seine Vorkehrungen anlässlich der

Betriebsunterbrechung der Behörde innerhalb eines Monats nach Eintritt der Betriebsunterbrechung anzuzeigen, wenn diese Unterbrechung zumindest einen für die Erfüllung des Anlagenzweckes wesentlichen Teil der Anlage betrifft und voraussichtlich länger als ein Jahr dauern wird. Reichen die angezeigten Vorkehrungen nicht aus, um den Schutz der in § 10 Abs. 1 umschriebenen Interessen zu gewährleisten, oder hat die Inhaberin/der Inhaber der Anlage anlässlich der Betriebsunterbrechung die zur Erreichung dieses Schutzes notwendigen Vorkehrungen nicht oder nur unvollständig getroffen, so hat ihr/ihm die Behörde die notwendigen Vorkehrungen mit Bescheid aufzutragen. Durch einen Wechsel in der Person der Inhaberin/des Inhabers der Anlage wird die Wirksamkeit dieses bescheidmäßigen Auftrages nicht berührt.

(5) Im Verfahren gemäß Abs. 2 kommt nur der Inhaberin/dem Inhaber der Erzeugungsanlage Parteistellung zu.

Anm.: in der Fassung LGBl. Nr. 25/2018, LGBl. Nr. 47/2022

§ 18

Nicht genehmigte Erzeugungsanlagen

(1) Wird eine genehmigungspflichtige Erzeugungsanlage ohne Genehmigung errichtet, eine Erzeugungsanlage ohne Genehmigung wesentlich geändert oder eine Anlage, für deren Betrieb die Genehmigung vorbehalten wurde – ausgenommen ein Probebetrieb – ohne Betriebsgenehmigung betrieben, so hat die Behörde mit Bescheid die zur Herstellung des gesetzmäßigen Zustandes erforderlichen Maßnahmen, wie die Einstellung der Bauarbeiten, die Einstellung des Betriebes, die Beseitigung der nicht genehmigten Anlage oder Anlagenteile, anzuordnen. Dabei ist auf eine angemessene Frist zur Durchführung der erforderlichen Arbeiten Bedacht zu nehmen.

(2) Die Beseitigung von Anlagen oder Anlagenteilen darf jedoch nicht verfügt werden, wenn zwischenzeitig die Erteilung der erforderlichen Genehmigung beantragt wurde und der Antrag nicht zurückgewiesen oder abgewiesen wurde.

§ 19

Einstweilige Sicherheitsmaßnahmen

(1) Um die durch eine diesem Gesetz unterliegende Erzeugungsanlage verursachte Gefahr für das Leben oder die Gesundheit von Menschen oder für das Eigentum oder sonstige dingliche Rechte der Nachbarinnen/Nachbarn abzuwehren oder um die durch eine nicht genehmigte oder nicht genehmigungspflichtige Erzeugungsanlage oder eine nicht genehmigte wesentliche Änderung verursachte unzumutbare Belästigung der Nachbarinnen/Nachbarn abzustellen, hat die Behörde entsprechend dem Ausmaß der Gefährdung oder Belästigung mit Bescheid die gänzliche oder teilweise Stilllegung der Erzeugungsanlage, die Stilllegung von Maschinen oder sonstige die Anlage betreffende Sicherheitsmaßnahmen oder Vorkehrungen zu verfügen. Hat die Behörde Grund zur Annahme, dass zur Gefahrenabwehr Sofortmaßnahmen an Ort und Stelle erforderlich sind, so darf sie nach Verständigung der Betreiberin/des Betreibers der Erzeugungsanlage, der Betriebsleiterin/des Betriebsleiters oder der Eigentümerin/des Eigentümers der Anlage oder, wenn eine Verständigung dieser Person nicht möglich ist, einer Person, die tatsächlich die Betriebsführung wahrnimmt, solche Maßnahmen auch ohne vorausgegangenes Verfahren und vor Erlassung eines Bescheides an Ort und Stelle treffen; hierüber ist jedoch binnen zwei Wochen ein schriftlicher Bescheid zu erlassen, widrigenfalls die getroffene Maßnahme als aufgehoben gilt.

(2) Bescheide gemäß Abs. 1 sind sofort vollstreckbar. Sie treten mit Ablauf eines Jahres – vom Tage ihrer Rechtskraft an gerechnet – außer Kraft, sofern keine kürzere Frist im Bescheid festgesetzt wurde. Durch einen Wechsel in der Person der Betreiberin/des Betreibers der von Maßnahmen gemäß Abs. 1 betroffenen Anlagen, Anlagenteile oder Gegenstände wird die Wirksamkeit dieser Bescheide nicht berührt.

(3) Liegen die Voraussetzungen für die Erlassung eines Bescheides gemäß Abs. 1 nicht mehr vor und ist zu erwarten, dass in Hinkunft jene Vorschriften, deren Nichteinhaltung für die Maßnahmen nach Abs. 1 bestimmend war, von der Person eingehalten werden, die die Erzeugungsanlage betreiben will, so hat die Behörde auf Antrag dieser Person die mit Bescheid gemäß Abs. 1 getroffenen Maßnahmen ehestens zu widerrufen.

Anm.: in der Fassung LGBl. Nr. 89/2011

§ 19a

Enteignung

(1) Die Behörde hat auf Antrag die für die Errichtung und den Betrieb einer Erzeugungsanlage notwendigen Beschränkungen von Grundeigentum oder anderen dinglichen Rechten einschließlich der Entziehung des Eigentums (Enteignung) gegen angemessene Entschädigung auszusprechen, wenn die Errichtung der Erzeugungsanlage im öffentlichen Interesse liegt, die vorgesehene Situierung aus zwingenden technischen oder wirtschaftlichen Gründen geboten ist, zwischen derjenigen/demjenigen, die/der die Erzeugungsanlage zu errichten und zu betreiben beabsichtigt, und der Grundeigentümerin/dem Grundeigentümer oder der Inhaberin/dem Inhaber anderer dinglicher Rechte eine Einigung darüber nicht zu Stande kommt und nach keiner anderen gesetzlichen Bestimmung eine Enteignung möglich ist.

(2) Im Antrag gemäß Abs. 1 sind die betroffenen Grundstücke mit Grundstücksnummer, die Katastralgemeindenummer und die Einlagezahl,

die Eigentümerinnen/Eigentümer und sonstigen dinglich Berechtigten mit Ausnahme der Hypothekargläubigerinnen/Hypothekargläubiger und der Inhalt der beanspruchten Rechte anzuführen. Werden durch die Enteignung Bergbauberechtigungen berührt, ist im Antrag auch die Bergbauberechtigte/der Bergbauberechtigte anzuführen.

(3) Die Enteignung kann umfassen:

1. die Einräumung von Dienstbarkeiten an unbeweglichen Sachen,
2. die Abtretung des Eigentums an Grundstücken oder
3. die Abtretung, Einschränkung oder Aufhebung anderer dinglicher Rechte an unbeweglichen Sachen und solcher Rechte, deren Ausübung an einen bestimmten Ort gebunden ist.

(4) Von der Enteignung nach Abs. 3 Z 2 ist von der Behörde nur Gebrauch zu machen, wenn die übrigen in Abs. 3 angeführten Maßnahmen nicht ausreichen.

(5) Auf das Verfahren und die Durchführung der Enteignung ist § 19 Steiermärkisches Starkstromwegegesetz 1971, LGBl. Nr. 14/1971, mit der Maßgabe anzuwenden, dass in der lit. g) und h) der Begriff elektrische Leitungsanlage durch den Begriff Erzeugungsanlage ersetzt wird.

Anm.: in der Fassung LGBl. Nr. 89/2011

Hauptstück III

Betrieb von Netzen, Regelzonen

Abschnitt 1

Netzzugang, Allgemeine Rechte und Pflichten der Netzbetreiberinnen/Netzbetreiber

§ 20

Geregelter Netzzugang

(1) Netzbetreiberinnen/Netzbetreiber sind verpflichtet, den Netzzugangsberechtigten den Netzzugang zu den genehmigten allgemeinen Netzbedingungen und zu den bestimmten Systemnutzungstarifen auf Grund privatrechtlicher Verträge zu gewähren.

(2) Die Netzzugangsberechtigten haben unter Bedachtnahme auf Abs. 1 einen Rechtsanspruch, auf Grundlage der jeweils genehmigten allgemeinen Netzbedingungen und den von der Regulierungsbehörde bestimmten Systemnutzungstarifen die Benutzung des Netzes auf Grund privatrechtlicher Verträge zu begehren (Geregeltes Netzzugangssystem). Sie müssen jedoch dafür Sorge tragen, dass die technischen Voraussetzungen für den Netzzutritt in der Kundenanlage gegeben sind, ohne dass dadurch andere Kunden oder das beanspruchte Netz beeinträchtigt werden.

Anm.: in der Fassung LGBl. Nr. 89/2011

§ 21

Netzzugang bei nicht ausreichenden Kapazitäten

(1) Die Netzbetreiberinnen/Netzbetreiber haben verfügbare und gebuchte Kapazitäten je Umspannwerk (Netzebene 4) zu veröffentlichen und mindestens quartalsweise zu aktualisieren. Auf die tatsächliche Verfügbarkeit der veröffentlichten Kapazitäten besteht kein Rechtsanspruch.

(2) Die begehrte Kapazität kann innerhalb eines Monats ab Beantwortung des Netzzutrittsantrags durch die Netzbetreiberin/den Netzbetreiber durch Leistung einer Anzahlung (Reuegeld) auf das (voraussichtliche) Netzzutrittsentgelt reserviert werden. Weitere Festlegungen zur Anzahlung können in den Allgemeinen Bedingungen nach § 36 erfolgen. Die Reservierung erlischt und die Anzahlung verfällt, wenn die begehrte Kapazität nicht innerhalb von zwölf Monaten ab Reservierung in Anspruch genommen wird, es sei denn, die Netzzugangsberechtigte/der Netzzugangsberechtigte kann glaubhaft machen, dass die Ursache für die Nichtinanspruchnahme außerhalb seines Einflussbereichs liegt und das Vorhaben innerhalb angemessener Frist abgeschlossen werden kann. Anzahlungen, die auf Grund dieser Bestimmungen verfallen, fließen dem im Rahmen der EAG-Förderabwicklungsstelle eingerichteten Fördermittelkonto nach § 77 EAG zu.

(3) Netzbetreiberinnen/Netzbetreiber haben einen Vorschlag für die Methode zur Berechnung der verfügbaren Kapazitäten nach Abs. 1 zu erstellen und der Regulierungsbehörde vorzulegen. Die Regulierungsbehörde kann – soweit dies zur Sicherstellung einer bundesweit einheitlichen Methode zur Berechnung erforderlich ist – eine Verordnung erlassen, in der die Methode für die Berechnung der verfügbaren Kapazitäten festgelegt wird; die Regulierungsbehörde ist diesbezüglich nicht an den Vorschlag der Netzbetreiberinnen/Netzbetreiber gebunden.

Anm.: in der Fassung LGBl. Nr. 25/2007, LGBl. Nr. 89/2011, LGBl. Nr. 47/2022

§ 22

Netzzugangsberechtigung und -verweigerung

(1) Alle Kundinnen/Kunden sind berechtigt, mit Erzeugerinnen/Erzeugern, Stromhändlerinnen/Stromhändlern sowie Elektrizitätsunternehmen Verträge über die Lieferung von elektrischer Energie zur Deckung ihres Bedarfes zu schließen und hinsichtlich dieser Strommengen Netzzugang zu begehren.

(2) Elektrizitätsunternehmen können den Netzzugang im Namen ihrer Kundinnen/Kunden begehren.

(3) Eine Netzbetreiberin/ein Netzbetreiber kann den Netzzugang aus nachstehenden Gründen ganz oder teilweise verweigern:

1. bei außergewöhnlichen Netzzuständen (Störfälle);
2. bei mangelnden Netzkapazitäten.
3. *(Anm.: entfallen)*
4. *(Anm.: entfallen)*

Die Verweigerung ist gegenüber der/dem Netzzugangsberechtigten zu begründen.

(4) Die Regulierungsbehörde hat über Antrag derjenigen/desjenigen, die/der behauptet, durch die Verweigerung des Netzzuganges in ihrem/seinem gesetzlich eingeräumten Recht auf Gewährung des Netzzuganges verletzt worden zu sein, innerhalb eines Monats festzustellen, ob die Voraussetzungen für die Verweigerung eines Netzzuganges gemäß Abs. 3 vorliegen. Die Netzbetreiberin/Der Netzbetreiber hat das Vorliegen der Verweigerungstatbestände (Abs. 3) nachzuweisen. Die Regulierungsbehörde hat in jeder Lage des Verfahrens auf eine gütliche Einigung zwischen Netzzugangsberechtigter/Netzzugangsberechtigtem und Netzbetreiberin/Netzbetreiber hinzuwirken.

(5) Für die Beurteilung der Netzzugangsberechtigung finden diejenigen Rechtsvorschriften Anwendung, die in jenem Land gelten, in dem diejenige/derjenige ihren/seinen ordentlichen Wohnsitz oder Sitz hat, die/der einen Antrag auf Feststellung stellt, ob die Voraussetzungen für die Verweigerung des Netzzuganges vorliegen. Hinsichtlich der Beurteilung der Netzzugangsverweigerungsgründe sind weiters jene Rechtsvorschriften anzuwenden, die am Sitz der Netzbetreiberin/des Netzbetreibers gelten, die/der den Netzzugang verweigert hat.

Anm.: in der Fassung LGBl. Nr. 89/2011, LGBl. Nr. 47/2022

§ 23
Allgemeine Netzbedingungen

(1) Die allgemeinen Netzbedingungen sowie deren Änderungen bedürfen der Genehmigung der Regulierungsbehörde.

(2) Die allgemeinen Netzbedingungen dürfen nicht diskriminierend sein und keine missbräuchlichen Praktiken oder ungerechtfertigten Beschränkungen enthalten und weder die Versorgungssicherheit noch die Dienstleistungsqualität gefährden. Insbesondere sind sie so zu gestalten, dass

1. die Erfüllung der der Netzbetreiberin/dem Netzbetreiber obliegenden Aufgaben gewährleistet ist,
2. die Leistungen der Netzzugangsberechtigten mit den Leistungen der Netzbetreiberin/des Netzbetreibers in einem sachlichen Zusammenhang stehen,
3. die wechselseitigen Verpflichtungen ausgewogen und verursachungsgerecht zugewiesen sind,
4. sie Festlegungen über technische Anforderungen für den Anschluss an das Netz im Netzanschlusspunkt und für alle Vorkehrungen, um störende Rückwirkungen auf das System der Netzbetreiberin/des Netzbetreibers oder anderer Anlagen zu verhindern, enthalten,
5. sie objektive Kriterien für den Parallelbetrieb von Erzeugungsanlagen mit dem Netz und die Einspeisung von Elektrizität aus Erzeugungsanlagen in das Netz sowie die Nutzung von Verbindungsleitungen festlegen,
6. sie Regelungen über die Zuordnung der Kosten des Netzanschlusses enthalten, die sich an der Kostenverursachung orientieren,
7. sie klar und übersichtlich gefasst sind,
8. sie Definitionen der nicht allgemein verständlichen Begriffe enthalten.

(3) Die Allgemeinen Bedingungen haben insbesondere zu enthalten:

1. die Rechte und Pflichten der Vertragspartner, insbesondere zur Einhaltung der Sonstigen Marktregeln;
2. die den einzelnen Netzbenutzerinnen/Netzbenutzern zugeordneten standardisierten Lastprofile;
3. die technischen Mindestanforderungen für den Netzzugang;
4. die verschiedenen von den Verteilerunternehmen im Rahmen des Netzzugangs zur Verfügung zu stellenden Dienstleistungen;
5. den Zeitraum, innerhalb dessen Kundinnen- und Kundenanfragen jedenfalls zu beantworten sind;
6. die Ankündigung von geplanten Versorgungsunterbrechungen;
7. die Mindestanforderungen bezüglich Terminvereinbarungen mit Netzbenutzerinnen/Netzbenutzern;
8. jenen Standard, der bei der Datenübermittlung an Marktteilnehmerinnen/Marktteilnehmer einzuhalten ist;
9. das Verfahren und die Modalitäten für Anträge auf Netzzugang;
10. die von den Netzbenutzerinnen/Netzbenutzern zu liefernden Daten;
11. einen Hinweis auf gesetzlich vorgesehene Streitbeilegungsverfahren;
12. eine Frist von höchstens 14 Tagen ab Einlangen, innerhalb der das Verteilerunternehmen das Begehren auf Netzzugang zu beantworten hat;
13. die grundlegenden Prinzipien für die Verrechnung sowie die Art und Form der Rechnungslegung;
14. die Verpflichtung von Netzzugangsberechtigten zur Vorauszahlung oder Sicherheitsleistung (Barsicherheit, Bankgarantie, Hinterlegung von nicht vinkulierten Sparbüchern) in angemessener Höhe, insoweit nach den Umständen des Einzelfalles zu erwarten ist, dass

die Netzbenutzerin/der Netzbenutzer ihren/seinen Zahlungsverpflichtungen nicht oder nicht zeitgerecht nachkommt;
15. Modalitäten, zu welchen die Netzbenutzerin/der Netzbenutzer verpflichtet ist, Teilbetragszahlungen zu leisten, wobei eine Zahlung zumindest zehn Mal jährlich jedenfalls anzubieten ist;
16. etwaige Entschädigungs- und Erstattungsregelungen bei Nichteinhaltung der vertraglich vereinbarten Leistungsqualität.

(4) In den allgemeinen Netzbedingungen können auch Normen und Regelwerke der Technik in der jeweils geltenden Fassung für verbindlich erklärt werden.

(5) Die Netzbetreiberinnen/Netzbetreiber einer Regelzone haben ihre allgemeinen Netzbedingungen aufeinander abzustimmen. Insbesondere ist eine abgestimmte Vorgangsweise bei drohenden Engpässen im Netz, die Auswirkungen auf andere Netze der Regelzone haben können, festzulegen.

(6) Die in Ausführung der im Abs. 2 Z 4 und 5 erfolgten Regelungen in den allgemeinen Netzbedingungen sind der Kommission der Europäischen Gemeinschaft gemäß Artikel 8 der Informationsrichtlinie mitzuteilen. Dies gilt nicht, soweit diesem Erfordernis bereits entsprochen ist.

(7) Können sich eine Netzbetreiberin/ein Netzbetreiber und eine Netzzugangsberechtigte/Netzzugangsberechtigter über den Netzanschlusspunkt nicht einigen, so hat die Behörde über Antrag der Netzbetreiberin/des Netzbetreibers oder der/des Netzzugangsberechtigten den Netzanschlusspunkt mit Bescheid festzustellen.

(8) Die Netzbetreiberinnen/Netzbetreiber haben die Kundinnen/Kunden vor Vertragsabschluss über die wesentlichen Inhalte der Allgemeinen Bedingungen zu informieren. Zu diesem Zweck ist der Kundin/dem Kunden ein Informationsblatt auszuhändigen. Die im Anhang I der Richtlinie 2019/944/EU festgelegten Maßnahmen zum Schutz der Kundinnen/Kunden sind einzuhalten.

(9) Werden neue Allgemeine Netzbedingungen genehmigt, hat die Netzbetreiberin/der Netzbetreiber dies binnen vier Wochen nach der Genehmigung den Netzbenutzerinnen/Netzbenutzern in einem persönlich an sie gerichteten Schreiben bekannt zu geben und ihnen diese auf deren Wunsch zuzusenden. In diesem Schreiben oder auf der Rechnung sind die Änderungen der Allgemeinen Bedingungen und die Kriterien, die bei der Änderung nach diesem Gesetz einzuhalten sind, nachvollziehbar wiederzugeben. Die Änderungen gelten ab dem nach Ablauf von drei Monaten folgenden Monatsersten als vereinbart.

(10) Netzbetreiberinnen/Netzbetreiber haben Netzbenutzerinnen/Netzbenutzern transparente Informationen über geltende Preise und Tarife sowie über die Allgemeinen Bedingungen zur Verfügung zu stellen.

Anm.: in der Fassung LGBl. Nr. 25/2007, LGBl. Nr. 89/2011, LGBl. Nr. 47/2022

§ 24
Lastprofile

(1) Für jene Endverbraucherinnen/Endverbraucher, welche an die Netzebenen gemäß § 63 Z 6. und 7. ElWOG 2010 angeschlossen sind und weniger als 100.000 kWh Jahresverbrauch oder weniger als 50 kW Anschlussleistung aufweisen, sind von den Netzbetreiberinnen/Netzbetreibern standardisierte Lastprofile zu erstellen, wobei auch die Form der Erstellung und Anpassung (synthetisch, analytisch) dieser standardisierten Profile zu bestimmen ist.

(2) Für Einspeiserinnen/Einspeiser mit weniger als 100.000 kWh jährlicher Einspeisung oder weniger als 50 kW Anschlussleistung sind ebenfalls standardisierte Lastprofile vorzusehen.

(3) Die standardisierten Lastprofile sind durch die Netzbetreiberinnen/Netzbetreiber in geeigneter Form zu veröffentlichen.

(4) Die nähere Regelung über die standardisierten Lastprofile hat in den Allgemeinen Netzbedingungen zu erfolgen.

Anm.: in der Fassung LGBl. Nr. 89/2011

§ 25
Kosten des Netzanschlusses

(1) Die Netzbetreiberinnen/Netzbetreiber sind berechtigt, bei Neuanschlüssen und bei Erhöhungen der Anschlussleistung (Netzzutritt) die zur Abgeltung der notwendigen Aufwendungen für die Errichtung und Ausgestaltung von Leitungsanlagen im Sinne des § 2 Abs. 1 des Stmk. Starkstromwegegesetzes 1971, LGBl. Nr. 14, die Voraussetzung für die Versorgung von Kunden oder für die Einspeisung aus Erzeugungsanlagen sind, erforderlichen Kosten zu begehren. Die Netzbetreiberinnen/Netzbetreiber sind weiters berechtigt, für die von ihnen bereits errichteten und vorfinanzierten Anschlussanlagen einen aliquoten Kostenersatz zu begehren. Für bereits von der Netzbetreiberin/vom Netzbetreiber errichtete und vorfinanzierte Leitungsanlagen des der Anschlussanlage vorgelagerten Netzes ist die Netzbetreiberin/der Netzbetreiber berechtigt, ein Netzbereitstellungsentgelt zu begehren (Netzbereitstellung).

(2) Die nähere Regelung der Kosten des Netzanschlusses hat in den Allgemeinen Netzbedingungen zu erfolgen.

(3) Den Netzzugangsberechtigten ist anlässlich der Vorschreibung der Kosten des Netzanschlusses eine für die Beurteilung ausreichende Kostenaufgliederung auszuhändigen.

Anm.: in der Fassung LGBl. Nr. 89/2011

§ 26
Technische Betriebsleiterin/Technischer Betriebsleiter

(1) Netzbetreiberinnen/Netzbetreiber sind verpflichtet, vor Aufnahme des Betriebes eines Netzes eine natürliche Person als Betriebsleiterin/Betriebsleiter für die technische Leitung und Überwachung des Betriebes der Netze zu bestellen, damit die Netze zum Zwecke der Gewährleistung einer gesicherten Elektrizitätsversorgung ordnungsgemäß betrieben, gewartet und instand gehalten werden.

(2) Die Betriebsleiterin/Der Betriebsleiter muss den Voraussetzungen nach § 44 Abs. 3 Z 1 entsprechen, fachlich befähigt sein, den Betrieb von Netzen zu leiten und zu überwachen und überwiegend in inländischen Unternehmen tätig sein. § 44 Abs. 11 gilt sinngemäß.

(3) Der Nachweis der fachlichen Befähigung wird durch das Vorliegen eines für die Ausübung des Gewerbes der Elektrotechniker erforderlichen Befähigungsnachweises erbracht.

(4) Vom Erfordernis des Abs. 3 kann die Behörde über Antrag der Netzbetreiberin/des Netzbetreibers Nachsicht erteilen, wenn

1. nach dem Bildungsgang und der bisherigen Tätigkeit angenommen werden kann, dass die vorgesehene Betriebsleiterin/der vorgesehene Betriebsleiter die Kenntnisse, Fähigkeiten und Erfahrungen besitzt, die zur Erfüllung seiner Aufgaben erforderlich sind, oder
2. eine hinreichende tatsächliche Befähigung angenommen werden kann und
3. die Erbringung des vorgeschriebenen Befähigungsnachweises wegen des Alters, der mangelnden Gesundheit oder aus sonstigen, in der Person der Betriebsleiterin/des Betriebsleiters gelegenen wichtigen Gründen nicht zuzumuten ist.

(5) Die Bestellung der Betriebsleiterin/des Betriebsleiters bedarf der Genehmigung der Behörde. Der Antrag ist von der Betreiberin/vom Betreiber des Netzes einzubringen. Die Genehmigung ist zu erteilen, wenn die Betriebsleiterin/der Betriebsleiter die Voraussetzungen gemäß Abs. 2 erfüllt. Die Genehmigung ist zu widerrufen, wenn auch nur eine dieser Voraussetzungen weggefallen ist oder begründete Zweifel an seiner Zuverlässigkeit bestehen.

(6) Scheidet die Betriebsleiterin/der Betriebsleiter aus oder wird die Genehmigung ihrer/seiner Bestellung widerrufen, so darf der Betrieb des Netzes bis zur Bestellung einer neuen Betriebsleiterin/eines neuen Betriebsleiters, längstens jedoch während zweier Monate weiter ausgeübt werden. Das Ausscheiden der Betriebsleiterin/des Betriebsleiters sowie das Wegfallen einer Voraussetzung für die Genehmigung ihrer/seiner Bestellung ist der Behörde von der Netzbetreiberin/vom Netzbetreiber unverzüglich schriftlich anzuzeigen.

(7) Ist die Netzbetreiberin/der Netzbetreiber eine natürliche Person und erfüllt er die Voraussetzungen gemäß Abs. 2, so kann auch die Netzbetreiberin/der Netzbetreiber als Betriebsleiter bestellt werden.

§ 27
Aufrechterhaltung der Leistung

Die Netzbetreiberinnen/Netzbetreiber dürfen die vertraglich zugesicherten Leistungen nur unterbrechen oder einstellen, wenn die Netzbenutzerin/der Netzbenutzer ihre/seine vertraglichen Verpflichtungen gröblich verletzt oder wenn unerlässliche technische Maßnahmen in den Übertragungs-, Anschluss- oder Verteileranlagen des Netzbetreibers vorzunehmen sind oder zur Vermeidung eines drohenden Netzzusammenbruches eine Einstellung der Leistungen erforderlich ist. Störungen sind unverzüglich zu beheben. Bei voraussehbaren Leistungsunterbrechungen sind die Netzbenutzerinnen/Netzbenutzer rechtzeitig vorher in ortsüblicher Weise zu verständigen.

Abschnitt 2
Betreiberinnen/Betreiber von Verteilernetzen

§ 28
Recht zum Netzanschluss

(1) Die Betreiberin/Der Betreiber eines Verteilernetzes hat – unbeschadet der Bestimmungen über Direktleitungen (§ 31) sowie bestehender Netzanschlussverhältnisse – das Recht, innerhalb ihres/seines vom Verteilernetz abgedeckten Gebietes alle Endverbraucherinnen/Endverbraucher und Erzeugerinnen/Erzeuger an ihr/sein Netz anzuschließen (Recht zum Netzanschluss).

(2) Vom Recht zum Netzanschluss sind jene Kunden ausgenommen, denen elektrische Energie mit einer Nennspannung von über 110 kV übergeben wird.

§ 29
Pflichten der Betreiberinnen/Betreiber von Verteilernetzen

(1) Die Betreiberinnen/Betreiber von Verteilernetzen sind verpflichtet,

1. die zur Durchführung der Berechnung und Zuordnung der Ausgleichsenergie erforderlichen Daten zur Verfügung zu stellen, wobei insbesondere jene Zählwerte zu übermitteln sind, die für die Berechnung der Fahrplanabweichungen und der Abweichung vom Lastprofil jeder Bilanzgruppe benötigt werden;
2. Allgemeine Bedingungen zu veröffentlichen und zu diesen Bedingungen mit Endverbraucherinnen/Endverbrauchern und Erzeugerinnen/Erzeugern privatrechtliche Verträge über den Anschluss abzuschließen (Allgemeine Anschlusspflicht);

3. Netzzugangsberechtigten zu den genehmigten Allgemeinen Bedingungen und bestimmten Systemnutzungsentgelten den Zugang zu ihrem System zu gewähren;
4. die für den Netzzugang genehmigten Allgemeinen Bedingungen und bestimmten Systemnutzungsentgelte zu veröffentlichen;
5. die zur Durchführung der Verrechnung und Datenübermittlung gemäß Z 1 erforderlichen vertraglichen Maßnahmen vorzusehen;
6. zum Betrieb und der Instandhaltung des Netzes;
7. zur Abschätzung der Lastflüsse und Prüfung der Einhaltung der technischen Sicherheit des Netzes;
8. zur Führung einer Evidenz über alle in ihrem/seinem Netz tätigen Bilanzgruppen und Bilanzgruppenverantwortlichen;
9. zur Führung einer Evidenz aller in ihrem/seinem Netz tätigen Lieferantinnen/Lieferanten;
10. zur Messung der Bezüge, Leistungen, Lastprofile der Netzbenutzerinnen/Netzbenutzer, Prüfung deren Plausibilität und die Weitergabe von Daten im erforderlichen Ausmaß an die Bilanzgruppenkoordinatoren, betroffene Netzbetreiberinnen/Netzbetreiber sowie Bilanzgruppenverantwortliche;
11. zur Messung der Leistungen, Strommengen, Lastprofile an den Schnittstellen zu anderen Netzen und Weitergabe der Daten an betroffene Netzbetreiberinnen/Netzbetreiber und die Bilanzgruppenkoordinatoren;
12. Engpässe im Netz zu ermitteln und Handlungen zu setzen, um diese zu vermeiden;
13. zur Entgegennahme und Weitergabe von Meldungen über Lieferantinnen-/Lieferanten- sowie Bilanzgruppenwechsel;
14. zur Einrichtung einer besonderen Bilanzgruppe für die Ermittlung der Netzverluste, die nur die dafür notwendigen Kriterien einer Bilanzgruppe zu erfüllen hat;
15. Energie, die zur Deckung von Energieverlusten und Kapazitätsreserven im Verteilernetz verwendet wird, nach transparenten, nichtdiskriminierenden und marktorientierten Verfahren zu beschaffen;
16. zur Einhebung der Entgelte für Netznutzung;
17. zur Zusammenarbeit mit dem Bilanzgruppenkoordinator, den Bilanzgruppenverantwortlichen und sonstigen Marktteilnehmerinnen/Marktteilnehmern bei der Aufteilung der sich aus der Verwendung von standardisierten Lastprofilen ergebenden Differenzen nach Vorliegen der Messergebnisse;
18. zur Bekanntgabe der eingespeisten Ökoenergie an die Regulierungsbehörde;
19. Verträge über den Datenaustausch mit anderen Netzbetreiberinnen/Netzbetreibern, den Bilanzgruppenverantwortlichen sowie den Bilanzgruppenkoordinatoren und anderen Marktteilnehmerinnen/Marktteilnehmern entsprechend den Marktregeln abzuschließen;
20. sich jeglicher Diskriminierung von Netzbenutzerinnen/Netzbenutzern oder Kategorien von Netzbenutzerinnen/Netzbenutzern, insbesondere zugunsten der mit ihr/ihm verbundenen Unternehmen, zu enthalten;
21. den Netzbenutzerinnen/Netzbenutzern die Informationen zur Verfügung zu stellen, die sie für einen effizienten Netzzugang benötigen;
22. bei der Planung des Verteilernetzausbaus Energieeffizienz-, Nachfragesteuerungsmaßnahmen oder dezentrale Erzeugungsanlagen, durch die sich die Notwendigkeit einer Nachrüstung oder eines Kapazitätsersatzes erübrigen könnte, zu berücksichtigen;
23. der Übertragungsnetzbetreiberin/den Übertragungsnetzbetreiber zum Zeitpunkt der Feststellung des technisch geeigneten Anschlusspunktes über die geplante Errichtung von Erzeugungsanlagen mit einer Leistung von über 50 MW zu informieren;
24. die Anforderungen des Anhangs XII der Richtlinie 2012/27/EU zur Energieeffizienz zu erfüllen;
24a. zum effizienten Betrieb und zur Instandhaltung des Netzes;
25. sich jeder Tätigkeit zu enthalten, die die Nachfrage nach und die Bereitstellung von Energiedienstleistungen oder sonstigen Energieeffizienzmaßnahmen beeinträchtigt oder die Entwicklung von Märkten für solche Dienstleistungen oder Maßnahmen behindern könnte, wozu auch die Abschottung des Marktes gegen Wettbewerber oder der Missbrauch einer marktbeherrschenden Stellung gehören;
26. die Verteilernetze vorausschauend und im Sinne der nationalen und europäischen Klima- und Energieziele weiterzuentwickeln;
27. Optionen zur Einbindung von ab- oder zuschaltbaren Lasten für den Netzbetrieb in ihrem Netzgebiet zu prüfen und bei Bedarf im Zuge des integrierten Netzinfrastrukturplans gemäß § 94 EAG an die zuständige Bundesministerin/den zuständigen Bundesminister und an die Regulierungsbehörde zu melden;
28. der Regulierungsbehörde Auskunft über Netzzutrittsanträge und Netzzutrittsanzeigen zu geben. Dies betrifft insbesondere auch Informationen über die Anschlussleistung sowie über abgeschlossene Netzzutritts- und Netzzugangsverträge samt allfälliger Fristen für bevorstehende Anschlüsse;
29. einen Zeitpunkt der Inbetriebnahme der Anlage der Netzzugangsberechtigten/des Netzzugangsberechtigten zu bestimmen. Dieser hat den tatsächlichen und vorhersehbaren zeitlichen Erfordernissen für die Errichtung oder Ertüchtigung der Anschlussanlage oder für notwendige Verstärkungen oder Ausbauten des vorgelagerten Verteilernetzes zu entsprechen und ist im Netzzugangsvertrag festzuhalten. Dieser Zeitpunkt darf spätestens ein Jahr nach Abschluss des Netzzugangsvertrags für die

Netzebenen 7 bis 5 und spätestens drei Jahre nach Abschluss des Netzzugangsvertrags für die Netzebenen 4 und 3 liegen. Sofern für die beabsichtigten Maßnahmen behördliche Genehmigungen oder Verfahren benötigt werden, ist die Verfahrensdauer nicht in diese Frist einzurechnen.

(2) Eine Allgemeine Anschlusspflicht besteht auch dann, wenn die Einspeisung oder Abnahme von elektrischer Energie erst durch die Optimierung, Verstärkung oder den Ausbau des Verteilernetzes möglich wird.

Anm.: in der Fassung LGBl. Nr. 25/2007, LGBl. Nr. 89/2011, LGBl. Nr. 25/2018, LGBl. Nr. 47/2022

§ 30
Ausnahmen von der allgemeinen Anschlusspflicht

(1) Die allgemeine Anschlusspflicht besteht nicht:

1. soweit der Anschluss der Betreiberin/dem Betreiber des Verteilernetzes unter Beachtung der Interessen der Gesamtheit der Kunden im Einzelfall wirtschaftlich und technisch nicht zumutbar ist,
2. für Betriebsstätten und Konzernunternehmen von Netzbetreiberinnen/Netzbetreibern und Erzeugerinnen/Erzeugern, sofern diese über eine Direktleitung versorgt werden,
3. für Endverbraucherinnen/Endverbraucher, die innerhalb einer Verbrauchsstätte von einer Endverbraucherin/einem Endverbraucher Elektrizität beziehen und
4. wenn die/der Netzzugangsberechtigte in ihrer/seiner Kundenanlage nicht dafür Sorge trägt, dass die technischen Voraussetzungen für den Netzzutritt gegeben sind, ohne dass dadurch die Netzbetreiberin/der Netzbetreiber oder andere Kunden beeinträchtigt werden.

(2) Ob und unter welchen Voraussetzungen die Allgemeine Anschlusspflicht sowie das Recht zum Netzanschluss im Sinne des § 28 besteht, hat die Behörde auf Antrag der Endverbraucherin/des Endverbrauchers bzw. der/des Netzzugangsberechtigten oder der Betreiberin/des Betreibers des Verteilernetzes mit Bescheid festzustellen.

(3) Über Rechtsstreitigkeiten, die sich zwischen der Betreiberin/dem Betreiber eines Verteilernetzes und ihren/seinen Endverbrauchern aus dem Anschluss und der Versorgung ergeben, haben die ordentlichen Gerichte zu entscheiden.

Anm.: in der Fassung LGBl. Nr. 89/2011

§ 31
Versorgung über Direktleitungen

Erzeugerinnen/Erzeuger und Elektrizitätsversorgungsunternehmen sind zur Errichtung und zum Betrieb von Direktleitungen berechtigt.

Anm.: in der Fassung LGBl. Nr. 25/2007

Abschnitt 3
Betreiberinnen/Betreiber von Übertragungsnetzen, Regelzonen

§ 32
Pflichten der Übertragungsnetzbetreiberinnen/Übertragungsnetzbetreiber

(1) Zusätzlich zu den im Abschnitt 1 festgelegten Verpflichtungen sind die Übertragungsnetzbetreiberinnen/Übertragungsnetzbetreiber verpflichtet,

1. das von ihnen betriebene System sicher, zuverlässig, leistungsfähig und unter Bedachtnahme auf den Umweltschutz zu betreiben und zu erhalten;
2. die zum Betrieb des Systems erforderlichen technischen Voraussetzungen sicherzustellen;
3. die zur Durchführung der Verrechnung und Datenübermittlung gemäß § 33 Abs. 3 Z 9 erforderlichen vertraglichen Maßnahmen vorzusehen;
4. der Betreiberin/dem Betreiber eines anderen Netzes, mit dem ihr/sein eigenes Netz verbunden ist, ausreichende Informationen zu liefern, um den sicheren und leistungsfähigen Betrieb, den koordinierten Ausbau und die Interoperabilität des Verbundsystems sicherzustellen;
5. die genehmigten Allgemeinen Bedingungen und die gemäß §§ 51 ff ElWOG 2010 bestimmten Systemnutzungsentgelte zu veröffentlichen;
6. Verträge über den Datenaustausch mit anderen Netzbetreiberinnen/Netzbetreibern, den Bilanzgruppenverantwortlichen sowie den Bilanzgruppenkoordinatoren und anderen Marktteilnehmerinnen/Marktteilnehmern entsprechend den Marktregeln abzuschließen;
7. auf lange Sicht die Fähigkeit des Netzes zur Befriedigung einer angemessenen Nachfrage nach Übertragung von Elektrizität langfristig sicherzustellen und unter wirtschaftlichen Bedingungen und unter gebührender Beachtung des Umweltschutzes sichere, zuverlässige und leistungsfähige Übertragungsnetze zu betreiben, zu warten und auszubauen;
8. durch entsprechende Übertragungskapazität und Zuverlässigkeit des Netzes einen Beitrag zur Versorgungssicherheit zu leisten;
9. sich jeglicher Diskriminierung von Netzbenutzerinnen/Netzbenutzern oder Kategorien von Netzbenutzerinnen/Netzbenutzern, insbesondere zugunsten der mit ihnen verbundenen Unternehmen, zu enthalten;
10. den Netzbenutzerinnen/Netzbenutzern die Informationen zur Verfügung zu stellen, die sie für einen effizienten Netzzugang benötigen;

11. Engpässe im Netz zu ermitteln und Maßnahmen zu setzen, um Engpässe zu vermeiden oder zu beseitigen sowie die Versorgungssicherheit aufrechtzuerhalten. Sofern für die Netzengpassbeseitigung oder Aufrechterhaltung der Versorgungssicherheit dennoch Leistungen der Erzeugerinnen/Erzeuger (Erhöhung oder Einschränkung der Erzeugung sowie Veränderung der Verfügbarkeit von Erzeugungsanlagen) erforderlich sind, ist dies von der Übertragungsnetzbetreiberin/vom Übertragungsnetzbetreiber unter Bekanntgabe aller notwendigen Daten unverzüglich dem Regelzonenführer zu melden, der erforderlichenfalls weitere Anordnungen zu treffen hat (§ 33 Abs. 3 Z 5);
12. die Zurverfügungstellung der zur Erfüllung der Dienstleistungsverpflichtungen erforderlichen Mittel zu gewährleisten;
13. unter der Aufsicht der nationalen Regulierungsbehörde Engpasserlöse und Zahlungen im Rahmen des Ausgleichsmechanismus zwischen Übertragungsnetzbetreiberinnen/Übertragungsnetzbetreibern gemäß Art. 49 der Verordnung (EU) 2019/943 einzunehmen, Dritten Zugang zu gewähren und deren Zugang zu regeln sowie bei Verweigerung des Zugangs begründete Erklärungen abzugeben; bei der Ausübung ihrer im Rahmen dieser Bestimmung festgelegten Aufgaben haben die Übertragungsnetzbetreiberinnen/Übertragungsnetzbetreiber in erster Linie die Marktintegration zu erleichtern. Engpasserlöse sind für die in Art. 19 Abs. 2 und 3 der Verordnung (EU) 2019/943 genannten Zwecke zu verwenden;
14. die Übertragung von Elektrizität durch das Netz unter Berücksichtigung des Austauschs mit anderen Verbundnetzen zu regeln;
15. ein sicheres, zuverlässiges und effizientes Elektrizitätsnetz zu unterhalten, d. h. die Bereitstellung aller notwendigen Hilfsdienste, einschließlich jener, die zur Befriedigung der Nachfrage erforderlich sind, zu gewährleisten, sofern diese Bereitstellung unabhängig von jedwedem anderen Übertragungsnetz ist, mit dem das Netz einen Verbund bildet, und Maßnahmen für den Wiederaufbau nach Großstörungen des Übertragungsnetzes zu planen und zu koordinieren, indem sie vertragliche Vereinbarungen im technisch notwendigen Ausmaß sowohl mit direkt als auch indirekt angeschlossenen Kraftwerksbetreiberinnen/Kraftwerksbetreibern abschließen, um die notwendige Schwarzstart- und Inselbetriebsfähigkeit ausschließlich durch die Übertragungsnetzbetreiberinnen/Übertragungsnetzbetreiber sicherzustellen;
16. einen Netzentwicklungsplan gemäß § 33a zu erstellen und zur Genehmigung bei der Regulierungsbehörde einzureichen;
17. der Regulierungsbehörde jährlich schriftlich Bericht darüber zu legen, welche Maßnahmen sie zur Wahrnehmung ihrer im Rahmen der Verordnung (EU) 2019/943 und sonstiger unmittelbar anwendbarer Bestimmungen des Unionsrechts auferlegten Transparenzverpflichtungen gesetzt haben. Der Bericht hat insbesondere eine Spezifikation der veröffentlichten Informationen, die Art der Veröffentlichung (z. B. Internetadressen, Zeitpunkte und Häufigkeit der Veröffentlichung sowie qualitative oder quantitative Beurteilung der Datenzuverlässigkeit der Veröffentlichung) zu enthalten;
18. der Regulierungsbehörde jährlich schriftlich Bericht darüber zu legen, welche Maßnahmen sie zur Wahrnehmung ihrer im Rahmen der Richtlinie 2019/944/EU und sonstiger unmittelbar anwendbarer Bestimmungen des Unionsrechts auferlegten Verpflichtungen zur technischen Zusammenarbeit mit Übertragungsnetzbetreiberinnen/Übertragungsnetzbetreibern der Europäischen Union sowie Drittländern gesetzt haben. Der Bericht hat insbesondere auf die mit den Übertragungsnetzbetreiberinnen/Übertragungsnetzbetreibern vereinbarten Prozesse und Maßnahmen hinsichtlich länderübergreifender Netzplanung und -betrieb sowie auf vereinbarte Daten für die Überwachung dieser Prozesse und Maßnahmen einzugehen;
19. Unterstützung der ENTSO (Strom) bei der Erstellung des gemeinschaftsweiten Netzentwicklungsplans;
20. zur Einrichtung einer besonderen Bilanzgruppe für die Ermittlung der Netzverluste, die nur die dafür notwendigen Kriterien einer Bilanzgruppe zu erfüllen hat;
21. Energie, die zur Deckung von Energieverlusten und Kapazitätsreserven im Übertragungsnetz verwendet wird, nach transparenten, nichtdiskriminierenden und marktorientierten Verfahren zu beschaffen;
22. die Anforderungen des Anhangs XII der Richtlinie 2012/27/EU zur Energieeffizienz zu erfüllen;
23. sich jeder Tätigkeit zu enthalten, die die Nachfrage nach und die Bereitstellung von Energiedienstleistungen oder sonstigen Energieeffizienzmaßnahmen beeinträchtigt oder die Entwicklung von Märkten für solche Dienstleistungen oder Maßnahmen behindern könnte, wozu auch die Abschottung des Markts gegen Wettbewerber oder der Missbrauch einer marktbeherrschenden Stellung gehören.

(2) Die nähere Regelung der im Abs. 1 enthaltenen Bestimmungen hat in den allgemeinen Netzbedingungen zu erfolgen.

(3) Wirkt eine/ein Übertragungsnetzbetreiberin/Übertragungsnetzbetreiber, die/der Teil eines

vertikal integrierten Elektrizitätsunternehmens ist, an einem zur Umsetzung der regionalen Zusammenarbeit geschaffenen gemeinsamen Unternehmen mit, sind diese gemeinsamen Unternehmen verpflichtet, ein Gleichbehandlungsprogramm aufzustellen und es durchzuführen. Darin sind die Maßnahmen aufzuführen, mit denen sichergestellt ist, dass diskriminierende und wettbewerbswidrige Verhaltensweisen ausgeschlossen sind. In diesem Gleichbehandlungsprogramm ist festzulegen, welche besonderen Pflichten die Mitarbeiterinnen/Mitarbeiter im Hinblick auf die Erreichung des Ziels der Vermeidung diskriminierenden und wettbewerbswidrigen Verhaltens haben. Das Programm bedarf der Genehmigung durch die Agentur. Die Einhaltung des Programms wird durch die Gleichbehandlungsbeauftragten der Übertragungsnetzbetreiberin/des Übertragungsnetzbetreibers kontrolliert.

(4) Übertragungsnetzbetreiberinnen/Übertragungsnetzbetreiber sind verpflichtet, zu den jeweils genehmigten Allgemeinen Netzbedingungen mit Netzzugangsberechtigten innerhalb des von ihrem Übertragungsnetz abgedeckten Gebietes privatrechtliche Verträge über den Anschluss an ihr Netz mit Netzzugangsberechtigten abzuschließen, wenn ihnen elektrische Energie mit einer Nennspannung von über 110 kV übergeben werden soll und die Verteilernetzbetreiberin/der Verteilernetzbetreiber technisch oder wirtschaftlich nicht in der Lage ist, innerhalb des von ihrem/seinem Verteilernetz abgedeckten Gebietes privatrechtliche Verträge über den Netzanschluss abzuschließen.

(5) Die Allgemeine Anschlusspflicht besteht nicht, soweit der Anschluss der Übertragungsnetzbetreiberin/dem Übertragungsnetzbetreiber unter Beachtung der Interessen der Gesamtheit der Netzbenutzerinnen/Netzbenutzer im Einzelfall technisch oder wirtschaftlich nicht zumutbar ist.

(6) Ob die Allgemeine Anschlusspflicht besteht, hat die Behörde auf Antrag einer/eines Netzzugangsberechtigten oder einer Übertragungsnetzbetreiberin/eines Übertragungsnetzbetreibers mit Bescheid festzustellen.

(7) Über Rechtsstreitigkeiten, die sich zwischen der Übertragungsnetzbetreiberin/dem Übertragungsnetzbetreiber und den Netzzugangsberechtigten aus dem Vertrag über die Regelung des Netzanschlusses ergeben, haben die ordentlichen Gerichte zu entscheiden.

Anm.: in der Fassung LGBl. Nr. 25/2007, LGBl. Nr. 89/2011, LGBl. Nr. 25/2018, LGBl. Nr. 47/2022

§ 33

Einteilung der Regelzonen, Aufgaben

(1) Das Gebiet des Bundeslandes Steiermark ist dem von der Austrian Power Grid AG gebildeten Regelzonenbereich (Regelzone Ost) zugeordnet.

(2) Für den Bereich, der von den Übertragungsnetzen abgedeckt wird, die von der Austrian Power Grid AG, der TIWAG-Netz AG und der VKW-Übertragungsnetz AG betrieben wird, ist jeweils eine Regelzone zu bilden. Die Austrian Power Grid AG, die TIWAG-Netz AG und die VKW-Übertragungsnetz AG oder deren Rechtsnachfolger werden als Regelzonenführer benannt. Die Zusammenfassung von Regelzonen in Form eines gemeinsamen Betriebs durch einen Regelzonenführer ist zulässig.

(3) Dem Regelzonenführer obliegen folgende Aufgaben:

1. die Bereitstellung der Systemdienstleistung (Leistungs-Frequenz-Regelung) entsprechend den technischen Regeln, wie etwa der ENTSO (Strom), wobei diese Systemdienstleistung von dritten Unternehmen erbracht werden kann;
2. die Fahrplanabwicklung mit anderen Regelzonen;
3. die Organisation und den Einsatz der Regelenergie entsprechend der Bieterkurve;
4. Messungen von elektrischen Größen an Schnittstellen seines Elektrizitätsnetzes und Übermittlung der Daten an den Bilanzgruppenkoordinator und andere Netzbetreiberinnen/Netzbetreiber;
5. zur Ermittlung von Engpässen in Übertragungsnetzen, zur Durchführung von Maßnahmen zur Vermeidung, Beseitigung und Überwindung von Engpässen in Übertragungsnetzen, weiters die Aufrechterhaltung der Versorgungssicherheit. Sofern für die Vermeidung oder Beseitigung eines Netzengpasses erforderlich, schließen die Regelzonenführerinnen/Regelzonenführer in Abstimmung mit den betroffenen Betreiberinnen/Betreibern von Verteilernetzen im erforderlichen Ausmaß und für den erforderlichen Zeitraum mit Erzeugerinnen/Erzeugern oder Entnehmerinnen/Entnehmern Verträge, wonach diese zu gesicherten Leistungen (Erhöhung oder Einschränkung der Erzeugung oder des Verbrauchs) gegen Ersatz der wirtschaftlichen Nachteile und Kosten, die durch diese Leistungen verursacht werden, verpflichtet sind; dabei sind die Vorgaben gemäß Art. 13 der Verordnung (EU) 2019/943 einzuhalten. Soweit darüber hinaus auf Basis einer Systemanalyse der Bedarf nach Vorhaltung zusätzlicher Erzeugungsleistung oder reduzierter Verbrauchsleistung besteht (Netzreserve), ist diese gemäß

den Vorgaben des § 23b ElWOG 2010 zu beschaffen. In diesen Verträgen können Erzeugerinnen/Erzeuger oder Entnehmerinnen/Entnehmer auch zu gesicherten Leistungen, um zur Vermeidung und Beseitigung von Netzengpässen in anderen Übertragungsnetzen beizutragen, verpflichtet werden. Zur Nutzung von Erzeugungsanlagen oder Anlagen von Entnehmerinnen/Entnehmern im europäischen Elektrizitätsbinnenmarkt und der Schweizerischen Eidgenossenschaft zur Vermeidung, Beseitigung und Überwindung von Engpässen in österreichischen Übertragungsnetzen können die Regelzonenführerinnen/Regelzonenführer Verträge mit anderen Übertragungsnetzbetreiberinnen/Übertragungsnetzbetreibern abschließen. Bei der Bestimmung der Systemnutzungsentgelte sind den Regelzonenführerinnen/Regelzonenführern die Aufwendungen, die ihnen aus der Erfüllung dieser Verpflichtungen entstehen, anzuerkennen;

6. den Abruf der Erzeugungsanlagen zur Aufbringung von Regelenergie;
7. die Durchführung einer Abgrenzung von Regelenergie zu Ausgleichsenergie nach transparenten und objektiven Kriterien;
8. den physikalischen Ausgleich zwischen Aufbringung und Bedarf in dem von ihnen abzudeckenden System sicherzustellen;
9. die Verrechnung der Ausgleichsenergie über eine zur Ausübung dieser Tätigkeit befugte Verrechnungsstelle durchzuführen und dieser sowie den Bilanzgruppenverantwortlichen die zur Durchführung der Verrechnung erforderlichen Daten zur Verfügung zu stellen, wobei insbesondere die Kosten für Regelenergie und -leistung sowie jene Zählwerte zu übermitteln sind, die für die Berechnung der Fahrplanabweichungen und der Abweichung vom Lastprofil jeder Bilanzgruppe benötigt werden;
10. die Erstellung einer Lastprognose zur Erkennung von Engpässen;
11. Verträge über den Datenaustausch mit anderen Netzbetreiberinnen/Netzbetreibern, den Bilanzgruppenverantwortlichen sowie den Bilanzgruppenkoordinatoren und anderen Marktteilnehmerinnen/Marktteilnehmern entsprechend den Marktregeln abzuschließen;
12. die Benennung des Bilanzgruppenkoordinators und deren Anzeige an die Behörde;
13. die Veröffentlichung der in Anspruch genommenen Primärregelleistung und Sekundärregelleistung hinsichtlich Dauer und Höhe sowie der Ergebnisse des Ausschreibungsverfahrens gemäß § 33b sowie gemäß § 69 ElWOG 2010;
14. die Systeme der Datenübermittlung und Auswertung für zeitgleich übermittelte Daten von Erzeugungsanlagen gemäß § 37 Abs. 3 so zu gestalten und zu betreiben, dass eine Weitergabe dieser Informationen an Dritte auszuschließen ist;
15. ein Gleichbehandlungsprogramm zu erstellen, durch das gewährleistet wird, dass die Verpflichtungen gemäß Z 14 eingehalten werden;
16. mit der Agentur sowie der Regulierungsbehörde zusammenzuarbeiten, um die Kompatibilität der regional geltenden Regulierungsrahmen und damit die Schaffung eines Wettbewerbsbinnenmarkts für Elektrizität zu gewährleisten;
17. für Zwecke der Kapazitätsvergabe und der Überprüfung der Netzsicherheit auf regionaler Ebene über ein oder mehrere integrierte Systeme zu verfügen, die sich auf einen oder mehrere Mitgliedstaaten erstrecken;
18. regional und überregional die Berechnungen von grenzüberschreitenden Kapazitäten und deren Vergabe gemäß den Vorgaben der Verordnung (EU) 2019/943 zu koordinieren;
19. Maßnahmen, die der Markttransparenz dienen, grenzüberschreitend abzustimmen;
20. die Vereinheitlichung zum Austausch von Regelenergieprodukten durchzuführen;
21. in Zusammenarbeit mit anderen Regelzonenführern eine regionale Bewertung bzw. Prognose der Versorgungssicherheit vorzunehmen;
22. in Zusammenarbeit mit anderen Regelzonenführern unter Austausch der erforderlichen Daten eine regionale Betriebsplanung durchzuführen und koordinierte Netzbetriebssicherheitssysteme zu verwenden;
23. die Vorlage der Regeln für das Engpassmanagement einschließlich der Kapazitätszuweisung an den grenzüberschreitenden Leitungen sowie jede Änderung dieser Regeln zur Genehmigung an die Regulierungsbehörde;
24. Angebote für Regelenergie einzuholen, zu übernehmen und eine Abrufreihenfolge als Vorgabe für Regelzonenführer zu erstellen;
25. besondere Maßnahmen zu ergreifen, wenn keine Angebote für Regelenergie vorliegen.

(4) Die näheren Bestimmungen zu den im Abs. 3 übertragenen Aufgaben sind in den allgemeinen Bedingungen für Übertragungsnetzbetreiberinnen/ Übertragungsnetzbetreiber zu treffen.

Anm.: in der Fassung LGBl. Nr. 25/2007, LGBl. Nr. 89/2011, LGBl. Nr. 25/2018, LGBl. Nr. 47/2022

§ 33a

Netzentwicklungsplan

(1) Die Übertragungsnetzbetreiberinnen/Übertragungsnetzbetreiber haben der Regulierungsbehörde alle zwei Jahre einen zehnjährigen Netzentwicklungsplan für das Übertragungsnetz zur Genehmigung unter Berücksichtigung der Planungen der Verteilernetzbetreiberinnen/Verteilernetzbetreiber ab der 110-kV-Ebene vorzulegen, der sich auf die aktuelle Lage und die Prognosen im Bereich von Angebot und Nachfrage stützt.

(2) Zweck des Netzentwicklungsplans ist es insbesondere,

1. den Marktteilnehmerinnen/Marktteilnehmern Angaben darüber zu liefern, welche wichtigen Übertragungsinfrastrukturen in den nächsten zehn Jahren errichtet oder ausgebaut werden müssen,
2. alle bereits beschlossenen Investitionen aufzulisten und die neuen Investitionen zu bestimmen, die in den nächsten drei Jahren durchgeführt werden müssen, und
3. einen Zeitplan für alle Investitionsprojekte vorzugeben.

(3) Ziel des Netzentwicklungsplans ist es insbesondere,

1. der Deckung der Nachfrage an Leitungskapazitäten zur Versorgung der Endverbraucherinnen/Endverbraucher unter Berücksichtigung von Notfallszenarien,
2. der Erzielung eines hohen Maßes an Verfügbarkeit der Leitungskapazität (Versorgungssicherheit der Infrastruktur) und
3. der Nachfrage nach Leitungskapazitäten zur Erreichung eines europäischen Binnenmarktes nachzukommen.

(4) Bei der Erarbeitung des Netzentwicklungsplans legt die Übertragungsnetzbetreiberin/der Übertragungsnetzbetreiber angemessene Annahmen über die Entwicklung der Erzeugung, der Versorgung, des Verbrauchs und des Stromaustauschs mit anderen Ländern unter Berücksichtigung der Investitionspläne für regionale Netze gemäß Art. 34 Abs. 1 der Verordnung (EU) 2019/943 und für unionsweite Netze gemäß Art. 30 Abs. 1 lit. b der Verordnung (EU) 2019/943 zugrunde. Der Netzentwicklungsplan hat wirksame Maßnahmen zur Gewährleistung der Angemessenheit des Netzes und der Erzielung eines hohen Maßes an Verfügbarkeit der Leitungskapazität (Versorgungssicherheit der Infrastruktur) zu enthalten.

(5) Die Übertragungsnetzbetreiberin/Der Übertragungsnetzbetreiber hat bei der Erstellung des Netzentwicklungsplans die technischen und wirtschaftlichen Zweckmäßigkeiten, die Interessen aller Marktteilnehmerinnen/Marktteilnehmer sowie die Kohärenz mit dem integrierten Netzinfrastrukturplan gemäß § 94 EAG und dem unionsweiten Netzentwicklungsplan zu berücksichtigen. Überdies hat sie/er den koordinierten Netzentwicklungsplan gemäß § 63 des Gaswirtschaftsgesetzes 2011 (GWG 2011) und die langfristige und integrierte Planung gemäß § 22 GWG 2011 zu berücksichtigen. Vor Einbringung des Antrages auf Genehmigung des Netzentwicklungsplans hat die Übertragungsnetzbetreiberin/der Übertragungsnetzbetreiber alle relevanten Marktteilnehmerinnen/Marktteilnehmer zu konsultieren.

(6) In der Begründung des Antrages auf Genehmigung des Netzentwicklungsplans haben die Übertragungsnetzbetreiberinnen/Übertragungsnetzbetreiber, insbesondere bei konkurrierenden Vorhaben zur Errichtung, Erweiterung, Änderung oder dem Betrieb von Leitungsanlagen, die technischen und wirtschaftlichen Gründe für die Befürwortung oder Ablehnung einzelner Vorhaben darzustellen und die Beseitigung von Netzengpässen anzustreben.

(7) Alle Marktteilnehmerinnen/Marktteilnehmer haben der Übertragungsnetzbetreiberin/dem Übertragungsnetzbetreiber auf deren/dessen schriftliches Verlangen die für die Erstellung des Netzentwicklungsplans erforderlichen Daten, insbesondere Grundlagendaten, Verbrauchsprognosen, Änderungen der Netzkonfiguration, Messwerte und technische sowie sonstige relevante Projektunterlagen zu geplanten Anlagen, die errichtet, erweitert, geändert oder betrieben werden sollen, innerhalb angemessener Frist zur Verfügung zu stellen. Die Übertragungsnetzbetreiberin/Der Übertragungsnetzbetreiber kann unabhängig davon zusätzlich andere Daten heranziehen, die für den Netzentwicklungsplan zweckmäßig sind.

Anm.: in der Fassung LGBl. Nr. 25/2007, LGBl. Nr. 89/2011, LGBl. Nr. 47/2022

§ 33b

Ausschreibung der Primärregelleistung

(1) Die Bereitstellung der Primärregelleistung hat mittels einer vom jeweiligen Regelzonenführer oder einem von ihm Beauftragten regelmäßig, jedoch mindestens halbjährlich, durchzuführenden Ausschreibung zu erfolgen.

(2) Der Regelzonenführer hat regelmäßig ein transparentes Präqualifikationsverfahren zur Ermittlung der für die Teilnahme an der Ausschreibung interessierten Anbieter von Primärregelleistung durchzuführen, indem er alle Erzeuger, die technisch geeignete Erzeugeranlagen betreiben, zur Teilnahme an der Ausschreibung einlädt. Die in den Präqualifikationsverfahren als geeignet eingestuften Anbieter von Primärregelleistung sind zur Teilnahme an der Ausschreibung berechtigt. Das Recht zur Teilnahme an der Ausschreibung kann durch Vereinbarung nicht ausgeschlossen werden. Die Details des Präqualifikationsverfahrens sind entweder in den Allgemeinen Netzbedingungen oder in eigenen Allgemeinen Bedingungen zu regeln. Sie sind jedenfalls in geeigneter Weise (z. B. Internet) bereitzustellen.

(3) Die Höhe der bereitzustellenden Leistung hat den Anforderungen des Europäischen Verbundbetriebes (UCTE) zu entsprechen.

(4) Bei der Ausschreibung hat die im Primärregelsystem pro Anlage vorzuhaltende Leistung mindestens 2 MW zu betragen.

(5) Der Regelzonenführer hat bei erfolglos verlaufener Ausschreibung die gemäß Abs. 2 geeigneten Anbieter von Primärregelleistung gegen Ersatz der tatsächlichen Aufwendungen zur Bereitstellung der Primärregelleistung zu verpflichten.

Anm.: in der Fassung LGBl. Nr. 25/2007

§ 33c

Aufbringung der Mittel für die Bereitstellung der Primärregelleistung

(1) Betreiberinnen/Betreiber von Kraftwerken/Kraftwerksparks mit einer Engpassleistung von mehr als 5 MW sind zur Aufbringung der Mittel für die Bereitstellung der Primärregelleistung im Verhältnis ihrer im laufenden Kalenderjahr erbrachten Jahreserzeugungsmengen verpflichtet. Bei Kraftwerken/Kraftwerksparks, deren Engpassleistung größer als die Anschlussleistung an das jeweilige Netz ist, ist diese Anschlussleistung multipliziert mit den im laufenden Kalenderjahr erbrachten Betriebsstunden der Anlage heranzuziehen.

(2) Die Verrechnung und Einhebung der Mittel gemäß Abs. 1 erfolgt vierteljährlich durch den Regelzonenführer. Der Regelzonenführer ist berechtigt, die Mittel gemäß Abs. 1 vorab zu pauschalieren und vierteljährlich gegen nachträgliche jährliche Abrechnung einzuheben. Die Betreiberinnen/Betreiber von Kraftwerken/Kraftwerksparks haben dem Regelzonenführer die für die Bemessung der Mittel gemäß Abs. 1 erforderlichen Daten zur Verfügung zu stellen.

Anm.: in der Fassung LGBl. Nr. 25/2007, LGBl. Nr. 89/2011

Hauptstück IV
Netzzugangsberechtigte, Fonds
Abschnitt 1
Kundinnen/Kunden, Netzbenutzerinnen/Netzbenutzer

§ 34

Netzzugangsberechtigung

(1) Sofern sich aus einer auf der Grundlage des § 71 Abs. 8 ElWOG 2010 erlassenen Verordnung des Bundesministers für Wirtschaft und Arbeit kein anderer Zeitpunkt ergibt, sind alle Kunden ab 1. Oktober 2001 berechtigt, mit Erzeugerinnen/Erzeugern, Stromhändlerinnen/Stromhändlern sowie Elektrizitätsunternehmen Verträge über die Lieferung von elektrischer Energie zur Deckung ihres Bedarfes zu schließen und hinsichtlich dieser Strommengen Netzzugang zu begehren.

(2) Elektrizitätsunternehmen können den Netzzugang im Namen ihrer Kunden begehren.

Anm.: in der Fassung LGBl. Nr. 47/2022

§ 35

Netzbenutzerinnen/Netzbenutzer

(1) Netzbenutzerinnen/Netzbenutzer haben sich einer Bilanzgruppe anzuschließen oder eine eigene Bilanzgruppe zu bilden.

(2) Netzbenutzerinnen/Netzbetreiber sind verpflichtet,

1. Daten, Zählerwerte und sonstige zur Ermittlung ihres Stromverbrauches dienende Angaben an Netzbetreiberinnen/Netzbetreiber, Bilanzgruppenverantwortliche und den zuständigen Bilanzgruppenkoordinator gemäß den sich aus den vertraglichen Vereinbarungen ergebenden Verpflichtungen bereitzustellen und zu übermitteln, soweit dies zur Aufrechterhaltung eines wettbewerbsorientierten Elektrizitätsmarktes und zur Wahrung des Konsumentenschutzes erforderlich ist,
2. die technischen Vorgaben der Netzbetreiberinnen/ Netzbetreiber bei Verwendung eigener Zähleinrichtungen und Anlagen zur Datenübertragung einzuhalten,
3. Meldungen bei Lieferanten- und Bilanzgruppenwechsel abzugeben sowie die hiefür vorgesehenen Fristen einzuhalten,
4. Vertragsdaten an Stellen zu melden, die mit der Erstellung von Indizes betraut sind,
5. bei technischer Notwendigkeit Erzeugungs- und Verbrauchsfahrpläne im erforderlichen Ausmaß an die Netzbetreiberin/den Netzbetreiber, den Bilanzgruppenverantwortlichen und den Regelzonenführer zu melden,
6. Verträge über den Datenaustausch mit anderen Netzbetreiberinnen/Netzbetreibern, den Bilanzgruppenverantwortlichen sowie dem zuständigen Bilanzgruppenkoordinator und anderen Marktteilnehmern entsprechend den in den allgemeinen Netzbedingungen festgelegten Marktregeln abzuschließen.

(3) Die näheren Bestimmungen zu den in Abs. 2 festgelegten Pflichten sind in den allgemeinen Netzbedingungen und in den allgemeinen Bedingungen für Bilanzgruppenverantwortliche festzulegen.

(4) Haushaltskundinnen/Haushaltskunden können im Stromlieferungsvertrag bestimmen, ob die Daten, Zählerwerte und sonstige zur Ermittlung ihres Stromverbrauches dienende Angaben durch sie selbst bereitgestellt und an den Stromlieferanten übermittelt werden oder ob die Ermittlung (Ablesung) der Daten bzw. Zählerwerte durch den Stromlieferanten zu erfolgen hat.

Anm.: in der Fassung LGBl. Nr. 89/2011

§ 36

Pflichten der Elektrizitätsunternehmen als Stromhändler und Lieferanten

(1) Elektrizitätsunternehmen, die Endverbraucherinnen/Endverbraucher in Steiermark beliefern wollen, haben der Behörde die Aufnahme

ihrer Tätigkeit in der Steiermark unter Angabe des ordentlichen Wohnsitzes oder Sitzes anzuzeigen. Liegt der ordentliche Wohnsitz oder der Sitz im Ausland, sind sie verpflichtet, vor Aufnahme ihrer Tätigkeit eine inländische Zustellungsbevollmächtigte/einen inländischen Zustellungsbevollmächtigten (§ 9 Zustellgesetz) zu bestellen und der Behörde Name und Anschrift der Zustellungsbevollmächtigten/des Zustellungsbevollmächtigten mitzuteilen. Jede Änderung der der Behörde gemeldeten Daten sind dieser unverzüglich bekannt zu geben.

(2) Elektrizitätsunternehmen, die Kundinnen/Kunden beliefern, sind verpflichtet, Verträge über den Datenaustausch mit den Bilanzgruppenverantwortlichen, deren Mitglieder sie beliefern, der Netzbetreiberin/dem Netzbetreiber, an deren/dessen Netz die Kundin/der Kunde angeschlossen ist, sowie mit dem zuständigen Bilanzgruppenkoordinator abzuschließen.

(3) Die Behörde kann einem Elektrizitätsunternehmen, das Endverbraucherinnen/Endverbraucher beliefert, die Stromhändlertätigkeit oder die sonstige Liefertätigkeit untersagen, wenn es

a) dreimal wegen Übertretung gemäß Abs. 1, 2 und 5 rechtskräftig bestraft worden ist oder
b) wenn es nicht die erforderliche Verlässlichkeit besitzt oder
c) es der Verpflichtung zur Übernahme von Ökostrom gemäß den Bestimmungen des Ökostromgesetzes nicht nachkommt.

§ 44 Abs. 4 bis 8 und Abs. 10 und 13 gelten sinngemäß.

(4) Stromhändlerinnen/Stromhändler und sonstige Lieferantinnen/Lieferanten sind verpflichtet, jede Haushaltskundin/jeden Haushaltskunden, die/der dies begehrt, zu den veröffentlichten Allgemeinen Geschäftsbedingungen zu beliefern, es sei denn, die Haushaltskundin/der Haushaltskunde ist nach durchgeführten Mahnverfahren in Zahlungsverzug. Den Haushaltskundinnen/Haushaltskunden darf für den Wechsel der Versorgerin/des Versorgers kein gesondertes Entgelt in Rechnung gestellt werden.

(5) Energieeinzelhandelsunternehmen haben sich jeder Tätigkeit zu enthalten, die die Nachfrage nach und die Bereitstellung von Energiedienstleistungen oder sonstigen Energieeffizienzmaßnahmen beeinträchtigt oder die Entwicklung von Märkten für solche Dienstleistungen oder Maßnahmen behindern könnte, wozu auch die Abschottung des Markts gegen Wettbewerber oder der Missbrauch einer marktbeherrschenden Stellung gehören.

Anm.: in der Fassung LGBl. Nr. 89/2011, LGBl. Nr. 25/2018

§ 36a
Allgemeine Geschäftsbedingungen für die Belieferung mit elektrischer Energie

(1) Versorgerinnen/Versorger haben Allgemeine Geschäftsbedingungen für die Belieferung mit elektrischer Energie für Kundinnen/Kunden, deren Verbrauch nicht über einen Lastprofilzähler gemessen wird, zu erstellen. Die Allgemeinen Geschäftsbedingungen sowie ihre Änderungen sind der Regulierungsbehörde vor ihrem Inkrafttreten in elektronischer Form anzuzeigen und in geeigneter Form zu veröffentlichen.

(2) Allgemeine Geschäftsbedingungen oder Vertragsformblätter zwischen Versorgerinnen/Versorgern und Kundinnen/Kunden haben zumindest zu enthalten:

1. Name und Anschrift der Versorgerin/des Versorgers;
2. erbrachte Leistungen und angebotene Qualität sowie den voraussichtlichen Zeitpunkt für den Beginn der Belieferung;
3. den Energiepreis in Cent pro kWh inklusive etwaiger Zuschläge und Abgaben;
4. Vertragsdauer, Bedingungen für eine Verlängerung und Beendigung der Leistungen und des Vertragsverhältnisses, Vorhandensein eines Rücktrittsrechts;
5. Hinweis auf die zur Verfügung stehenden Beschwerdemöglichkeiten;
6. die Bedingungen, zu denen eine Belieferung im Sinne des § 36b erfolgt
7. etwaige Entschädigungs- und Erstattungsregelungen bei Nichteinhaltung der vertraglich vereinbarten Leistungsqualität, einschließlich fehlerhafter und verspäteter Abrechnung
8. Modalitäten, zu welchen die Kundin/der Kunde verpflichtet ist, Teilbetragszahlungen zu leisten, wobei eine Zahlung zumindest zehn Mal jährlich jedenfalls anzubieten ist.

(3) Versorgerinnen/Versorger haben ihre Kundinnen/Kunden nachweislich vor Abschluss eines Vertrages über die wesentlichen Vertragsinhalte zu informieren. Zu diesem Zweck ist der Kundin/dem Kunden ein Informationsblatt auszuhändigen. Dies gilt auch, wenn der Vertragsabschluss durch Vermittlerinnen/Vermittler angebahnt wird.

Anm.: in der Fassung LGBl. Nr. 25/2007, LGBl. Nr. 89/2011

§ 36b
Grundversorgung

(1) Stromhändlerinnen/Stromhändler und sonstige Lieferantinnen/Lieferanten, zu deren Tätigkeitsbereich die Versorgung von Haushaltskundinnen/Haushaltskunden zählt, haben ihren Allgemeinen Tarif für die Grundversorgung von Haushaltskundinnen/Haushaltskunden und Kleinunternehmen in geeigneter Weise (zB Internet)

zu veröffentlichen. Sie sind verpflichtet, im Landesgebiet zu ihren geltenden Allgemeinen Geschäftsbedingungen und zu diesem Tarif Verbraucherinnen/Verbraucher im Sinne des § 1 Abs. 1 Z 2 KSchG und Kleinunternehmen, die sich ihnen gegenüber auf die Grundversorgung berufen, mit elektrischer Energie zu beliefern (Pflicht zur Grundversorgung).

(2) Der Allgemeine Tarif der Grundversorgung für Verbraucherinnen/Verbraucher im Sinne des § 1 Abs. 1 Z 2 KSchG darf nicht höher sein als jener Tarif, zu dem die größte Anzahl ihrer Kundinnen/Kunden im Landesgebiet, die Verbraucherinnen/Verbraucher im Sinne des § 1 Abs. 1 Z 2 KSchG sind, versorgt werden. Der Allgemeine Tarif der Grundversorgung für Kleinunternehmen im Landesgebiet darf nicht höher sein als jener Tarif, der gegenüber vergleichbaren Kundengruppen Anwendung findet. Der Verbraucherin/Dem Verbraucher im Sinne des § 1 Abs. 1 Z 2 KSchG, die/ der sich auf die Grundversorgung beruft, darf im Zusammenhang mit der Aufnahme der Belieferung keine Sicherheitsleistung oder Vorauszahlung abverlangt werden, welche die Höhe einer Teilbetragszahlung für einen Monat übersteigt.

(3) Gerät die Verbraucherin/der Verbraucher während 6 Monaten nicht in weiteren Zahlungsverzug, so ist ihr/ihm die Sicherheitsleistung rückzuerstatten und von einer Vorauszahlung abzusehen, solange nicht erneut ein Zahlungsverzug eintritt.

(4) Bei Berufung von Verbraucherinnen/Verbrauchern im Sinne des § 1 Abs. 1 Z 2 KSchG und Kleinunternehmen auf die Pflicht zur Grundversorgung sind Netzbetreiberunternehmen, unbeschadet bis zu diesem Zeitpunkt vorhandener Zahlungsrückstände, zur Netzdienstleistung verpflichtet. Verbraucherinnen/Verbrauchern darf im Zusammenhang mit dieser Netzdienstleistung keine Sicherheitsleistung oder Vorauszahlung abverlangt werden, welche die Höhe einer Teilbetragszahlung für einen Monat übersteigt. Abs. 3 gilt sinngemäß. Im Falle eines nach Berufung auf die Pflicht zur Grundversorgung erfolgenden erneuten Zahlungsverzuges, sind Netzbetreiberinnen/Netzbetreiber bis zur Bezahlung dieser ausstehenden Beträge zur physischen Trennung der Netzverbindung berechtigt, es sei denn die Kundin/der Kunde verpflichtet sich zur Vorausverrechnung mittels Prepaymentzahlung für künftige Netznutzung und Lieferung. § 82 Abs. 3 ElWOG 2010 gilt im Falle des erneuten Zahlungsverzugs sinngemäß. Die Verpflichtung der Prepaymentzahlung besteht nicht für Kleinunternehmen mit einem Lastprofilzähler.

(5) Eine im Rahmen der Grundversorgung eingerichtete Prepaymentfunktion ist auf Kundenwunsch zu deaktivieren, wenn die Endverbraucherin/der Endverbraucher ihre/seine im Rahmen der Grundversorgung angefallenen Zahlungsrückstände beim Lieferanten- und Netzbetreiberunternehmen beglichen hat oder wenn ein sonstiges schuldbefreiendes Ereignis eingetreten ist.

Anm.: in der Fassung LGBl. Nr. 25/2007, LGBl. Nr. 89/2011, LGBl. Nr. 45/2014, LGBl. Nr. 47/2022

Abschnitt 2
Erzeugerinnen/Erzeuger
§ 37
Pflichten der Erzeugerinnen/Erzeuger

(1) Erzeugerinnen/Erzeuger sind verpflichtet,

1. sich einer Bilanzgruppe anzuschließen oder eine eigene Bilanzgruppe zu bilden,
2. Daten im erforderlichen Ausmaß betroffenen Netzbetreiberinnen/Netzbetreibern, dem zuständigen Bilanzgruppenkoordinator, dem Bilanzgruppenverantwortlichen und anderen betroffenen Marktteilnehmern zur Verfügung zu stellen,
3. technische Vorgaben der Netzbetreiberinnen/Netzbetreiber bei Verwendung eigener Zähleinrichtungen und Einrichtungen für die Datenübertragung einzuhalten,
4. Erzeugungsfahrpläne an die betroffenen Bilanzgruppenverantwortlichen bei Teillieferungen bekannt zu geben,
5. Erzeugerfahrpläne vorab an die betroffenen Netzbetreiberinnen/Netzbetreiber, den Regelzonenführer und den Bilanzgruppenverantwortlichen im erforderlichen Ausmaß bei technischer Notwendigkeit zu melden;
6. nach Maßgabe vertraglicher Vereinbarungen auf Anordnung des Regelzonenführers zur Netzengpassbeseitigung oder zur Aufrechterhaltung der Versorgungssicherheit Leistungen (Erhöhung oder Einschränkung der Erzeugung sowie Veränderung der Kraftwerksverfügbarkeit) zu erbringen. Es ist sicherzustellen, dass bei Anweisungen der Regelzonenführer gegenüber Betreiberinnen/Betreibern von KWK-Anlagen die Fernwärmeversorgung gewährleistet bleibt
7. auf Anordnung der Regelzonenführer gemäß § 23 Abs. 9 ElWOG 2010 zur Netzengpassbeseitigung oder zur Aufrechterhaltung der Versorgungssicherheit die Erhöhung und/oder Einschränkung der Erzeugung, somit die Veränderung der Kraftwerksverfügbarkeit des Kraftwerksbetreibers, vorzunehmen, soweit dies nicht gemäß Z 6 vertraglich sichergestellt werden konnte
8. auf Anordnung des Regelzonenführers mit technisch geeigneten Kraftwerken/Kraftwerkparks bei erfolglos verlaufener Ausschreibung gegen Ersatz der tatsächlichen Aufwendungen die Sekundärregelung bereitzustellen und zu erbringen.

(2) Betreiberinnen/Betreiber von Kraftwerken/Kraftwerksparks mit einer Engpassleistung von mehr als 5 MW sind verpflichtet:

1. die Kosten für die Primärregelung zu übernehmen;
2. soweit diese zur Erbringung der Primärregelleistung imstande sind, diese auf Anordnung des Regelzonenführers zu erbringen, für den Fall, dass die Ausschreibung für die Primärregelleistung erfolglos blieb;
3. Nachweise über die tatsächliche Bereitstellung bzw. die Erbringung der Primärregelleistung dem Regelzonenführer nach dessen Vorgaben in geeigneter und transparenter Weise, z. B. durch Übertragung der Online-Messwerte und zeitgerechte Aufzeichnungen von Frequenz und eingespeister Wirkleistung jeweils mit einer ausreichenden Auflösung, vorzulegen;
4. zur Befolgung der im Zusammenhang mit der Erbringung der Primärregelleistung stehenden Anweisungen des Regelzonenführers, insbesondere die Art und den Umfang der zu übermittelnden Daten betreffend.

(2a) Betreiberinnen/Betreiber von Erzeugungsanlagen mit einer Engpassleistung von mehr als 20 MW sind verpflichtet, vorläufige und endgültige Stilllegungen ihrer Erzeugungsanlage oder von Teilkapazitäten ihrer Erzeugungsanlage dem Regelzonenführer und der Regulierungsbehörde möglichst frühzeitig, mindestens aber 12 Monate vorher anzuzeigen.

(3) Betreiberinnen/Betreiber von Kraftwerken/Kraftwerksparks, die an die Netzebenen gemäß § 63 Z 1 bis 3 ElWOG 2010 angeschlossen sind oder über eine Engpassleistung von mehr als 50 MW verfügen, sind verpflichtet, dem Regelzonenführer zur Überwachung der Netzsicherheit zeitgleich Daten über die jeweils aktuelle Einspeiseleistung bzw. Entnahmeleistung (Pumpen) dieser Erzeugungsanlagen in elektronischer Form an eine vom Regelzonenführer zu bestimmende Stelle zu übermitteln.

(4) Betreiberinnen/Betreiber von Kraftwerken/Kraftwerksparks mit einer Engpassleistung von mehr als 20 MW sind verpflichtet, der Behörde zur Überwachung der Versorgungssicherheit regelmäßig Daten über die zeitliche Verfügbarkeit der Kraftwerke/Kraftwerksparks zu übermitteln.

Anm.: in der Fassung LGBl. Nr. 25/2007, LGBl. Nr. 89/2011, LGBl. Nr. 25/2018, LGBl. Nr. 47/2022

§ 37a

Kleinsterzeugungsanlagen

(1) Für Kleinsterzeugungsanlagen ist kein eigener Zählpunkt zu vergeben.

(2) Netzbenutzer, die in ihrer Anlage eine Kleinsterzeugungsanlage betreiben und für die gemäß Abs. 1 kein Zählpunkt eingerichtet wurde, sind hinsichtlich der Kleinsterzeugungsanlage von den Verpflichtungen nach § 35 Abs. 1 und 2 und § 37 Abs. 1 ausgenommen.

Anm.: in der Fassung LGBl. Nr. 25/2018

Abschnitt 3

Ökofonds

§ 38

Einrichtung und Verwaltung eines Fonds

(1) Zur Förderung von Anlagen zur Erzeugung erneuerbarer Energie, ausgenommen für Wasserkraft, Klärschlamm, Tiermehl und Ablauge, und zur Förderung von Energieeffizienzprogrammen wird ein Fonds eingerichtet. Der Fonds hat keine eigene Rechtspersönlichkeit. Die Mittel des Fonds sind zweckgebunden zu verwenden und werden aufgebracht

a) aus den Zuweisungen gemäß dem Erneuerbaren-Ausbau-Gesetz (§ 78 EAG),
b) aus Strafbeträgen gemäß § 64,
c) aus Zinsen der Fondsmittel,
d) durch sonstige Zuwendungen.

(2) Die Verwaltung des Fonds obliegt der für Koordination und Förderungsangelegenheiten im Energiewesen zuständigen Organisationseinheit des Amtes der Steiermärkischen Landesregierung, welche sich dabei öffentlicher oder privater Einrichtungen bedienen kann. Das Vermögen des Fonds ist zinsbringend anzulegen. Personal- und Sachkosten sind durch den Fonds zu tragen. Die Mittel nach Abs. 1 lit. a sowie der zugehörige Zinsertrag dürfen nur entsprechend den Zweckwidmungen nach § 78 Abs. 2 EAG verwendet werden.

(3) Die Leistungen des Fonds erfolgen im Rahmen der Privatwirtschaftsverwaltung. Auf die Gewährung einer Förderung besteht kein Rechtsanspruch.

(4) Die Gewährung von Förderungen erfolgt auf der Grundlage von Förderrichtlinien, die von der Steiermärkischen Landesregierung mit Beschluss festzulegen sind.

(5) Die Förderrichtlinien haben insbesondere folgende Kriterien zu berücksichtigen:

a) die Gewährung von Förderungen hat auf der Grundlage einer Ausschreibung zu erfolgen,
b) Voraussetzungen für die Gewährung von Förderungen,
c) Antragsunterlagen,
d) Reihungskriterien, wie z. B. Beitrag zur Reduktion der klimarelevanten Emissionen, Wirtschaftlichkeit des Projektes, Berücksichtigung sonstiger gewährter oder zugesagter Förderungen,
e) Verfahren zur Bewertung der eingereichten Projekte,
f) Voraussetzungen für die Rückerstattung gewährter Fördermittel.

(6) *(Anm.: entfallen)*

(7) *(Anm.: entfallen)*

Anm.: in der Fassung LGBl. Nr. 89/2011, LGBl. Nr. 45/2014, LGBl. Nr. 47/2022, LGBl. Nr. 73/2023

Hauptstück V
Bilanzgruppen, Ausübungsvoraussetzungen
Abschnitt 1
Bilanzgruppen
§ 39
Bildung und Aufgaben von Bilanzgruppen

(1) Bilanzgruppen können innerhalb jeder Regelzone gebildet werden. Die Bildung und Veränderung von Bilanzgruppen erfolgt durch den Bilanzgruppenverantwortlichen.

(2) Die Tätigkeit eines Bilanzgruppenverantwortlichen darf eine natürliche oder juristische Person, die eingetragene Unternehmerin/eingetragener Unternehmer ist, oder eine Personengesellschaft ausüben, wenn sie ihren Hauptwohnsitz oder Sitz in Österreich oder in einem anderen Mitgliedsland der Europäischen Union hat.

(3) Die Tätigkeit eines Bilanzgruppenverantwortlichen bedarf einer Genehmigung durch die Regulierungsbehörde. Hat der Bilanzgruppenverantwortliche seinen Hauptwohnsitz oder Sitz in Steiermark, so hat die Regulierungsbehörde. bei der Erteilung der Genehmigung die Rechtsvorschriften dieses Landes anzuwenden.

(4) Ein Bilanzgruppenverantwortlicher, dem eine Genehmigung nach den Vorschriften eines anderen in Ausführung des Bundes-ElWOG ergangenen Landesgesetzes erteilt wurde, darf auch in Steiermark tätig werden.

(5) Dem Antrag auf Erteilung der Genehmigung sind nachstehende Unterlagen anzuschließen:

1. Vereinbarungen mit dem zuständigen Bilanzgruppenkoordinator und dem Regelzonenführer, die zur Erfüllung der in diesem Gesetz, dem Bundes-ElWOG und dem Verrechnungsstellengesetz festgelegten Aufgaben und Verpflichtungen, insbesondere in administrativer und kommerzieller Hinsicht, erforderlich sind;
2. ein aktueller Firmenbuchauszug;
3. ein Nachweis, dass bei der Antragstellerin/beim Antragsteller bzw. ihren/seinen nach außen vertretungsbefugten Organen die persönlichen Voraussetzungen im Sinne des § 8 der Gewerbeordnung 1994 und keine Ausschließungsgründe im Sinne des § 13 GewO vorliegen;
4. ein Nachweis, dass der Bilanzgruppenverantwortliche, mindestens ein Gesellschafter bzw. Komplementär oder mindestens ein Geschäftsführer oder ein Vorstand oder ein leitender Angestellter fachlich geeignet ist;
5. ein Nachweis, dass der Bilanzgruppenverantwortliche für die Ausübung seiner Tätigkeit als Bilanzgruppenverantwortlicher über ein Haftungskapital von mindestens 1 (Euro) 50.000,–, z. B. in Form einer Bankgarantie oder einer entsprechenden Versicherung, verfügt, unbeschadet einer auf Grund der Art und des Umfanges der Geschäftstätigkeit allenfalls erforderlichen höheren Kapitalausstattung gemäß der nach Z 1 vorzulegenden Vereinbarung.

(6) Die fachliche Eignung ist gegeben, wenn im ausreichenden Maße theoretische und praktische Kenntnisse in der Abwicklung von Stromgeschäften oder einer leitenden Tätigkeit auf dem Gebiet der Elektrizitätswirtschaft, insbesondere im Stromhandel, in der Stromerzeugung oder im Betrieb eines Netzes, vorliegen. Die Genehmigung ist, erforderlichenfalls unter Auflagen, zu erteilen, wenn alle Voraussetzungen gemäß Abs. 5 vorliegen. Ab Vorliegen der vollständigen Antragsunterlagen hat die Regulierungsbehörde binnen zwei Monaten zu entscheiden, andernfalls der Antragsteller berechtigt ist, die Tätigkeit als Bilanzgruppenverantwortlicher vorläufig auszuüben. Eine Untersagung der Tätigkeit erfolgt nach § 41 sinngemäß.

(7) Die Bestimmungen der Abs. 1 bis 6 gelten nicht für Netzbetreiberinnen/Netzbetreiber, die eine Bilanzgruppe zur Ermittlung der Netzverluste bilden. Die Einrichtung solcher Bilanzgruppen hat die Netzbetreiberin/der Netzbetreiber der Regulierungsbehörde anzuzeigen.

(8) Die Bilanzgruppenverantwortlichen haben folgende Aufgaben:

1. die Erstellung von Fahrplänen und Übermittlung dieser an den zuständigen Bilanzgruppenkoordinator und den zuständigen Regelzonenführer,
2. den Abschluss von Vereinbarungen betreffend Reservehaltung sowie die Versorgung von Bilanzgruppenmitgliedern, die ihnen von der Regulierungsbehörde zugewiesen wurden
3. die Meldung bestimmter Erzeugungs- und Verbrauchsdaten für technische Zwecke,
4. die Meldung von Erzeugungs- und Abnahmefahrplänen von Großabnehmerinnen/Großabnehmern und Einspeiserinnen/Einspeisern nach definierten Regeln für technische Zwecke
5. die Entrichtung von Entgelten (Gebühren) an den zuständigen Bilanzgruppenkoordinator,
6. die Entrichtung der Entgelte für Ausgleichsenergie an die Regelzonenführer sowie die Weiterverrechnung der Entgelte an die Bilanzgruppenmitglieder.

(9) Die Bilanzgruppenverantwortlichen sind verpflichtet,

1. Verträge mit dem zuständigen Bilanzgruppenkoordinator, den Netzbetreiberinnen/Netzbetreibern, der Regelzone und den Bilanzgruppenmitgliedern über den Datenaustausch abzuschließen,
2. eine Evidenz der Bilanzgruppenmitglieder zu führen,
3. entsprechend den in den genehmigten Allgemeinen Bedingungen festgelegten Marktregeln Daten an den zuständigen Bilanzgruppenkoordinator, die Netzbetreiberinnen/Netzbetreiber der Regelzone und die Bilanzgruppenmitglieder weiterzugeben
4. Fahrpläne zwischen Bilanzgruppen zu erstellen und dem Bilanzgruppenkoordinator bis zu einem von diesem festgesetzten Zeitpunkt zu melden.
5. Ausgleichsenergie für die Bilanzgruppenmitglieder – im Sinne einer Versorgung mit dieser – zu beschaffen,
6. die genehmigten allgemeinen Netzbedingungen, insbesondere die Marktregeln einzuhalten,
7. allgemeine Bedingungen festzulegen und zu den genehmigten allgemeinen Bedingungen mit Kundinnen/Kunden und Lieferantinnen/Lieferanten Verträge abzuschließen
8. alle Vorkehrungen zu treffen, die erforderlich sind, um die Aufwendungen der Ökostromabwicklungsstelle für Ausgleichsenergie zu minimieren.

(10) Die näheren Bestimmungen zu den in Abs. 8 Z 1 bis 4 und Abs. 9 Z 1 bis 5 aufgezählten Aufgaben und Verpflichtungen sind in den allgemeinen Bedingungen (§ 40) festzulegen.

(11) Wechselt ein Bilanzgruppenmitglied die Bilanzgruppe oder die Lieferantin/den Lieferanten, sind die Daten des Bilanzgruppenmitgliedes der neuen Bilanzgruppe oder der neuen Lieferantin/dem neuen Lieferanten weiterzugeben.

Anm.: in der Fassung LGBl. Nr. 25/2007, LGBl. Nr. 89/2011

Abschnitt 2
Ausübungsvoraussetzungen für Bilanzgruppenverantwortliche, Widerruf der Genehmigung

§ 40
Allgemeine Bedingungen

(1) Die Ausübung der Tätigkeit einer/eines Bilanzgruppenverantwortlichen und die Arbeit der Bilanzgruppe ist durch Verträge auf Basis allgemeiner Bedingungen (Marktregeln) zu regeln.

(2) Die allgemeinen Bedingungen der Bilanzgruppenverantwortlichen sowie deren Änderungen bedürfen der Genehmigung der Regulierungsbehörde. Die Genehmigung ist unter Auflagen zu erteilen, falls dies zur Erfüllung der Vorschriften dieses Gesetzes notwendig ist.

Anm.: in der Fassung LGBl. Nr. 89/2011

§ 41
Widerruf und Endigung der Genehmigung

(1) Die Regulierungsbehörde kann die dem Bilanzgruppenverantwortlichen erteilte Genehmigung widerrufen, wenn
1. er seine Tätigkeit nicht innerhalb von sechs Monaten nach Erteilung der Genehmigung aufnimmt,
2. seine Tätigkeit länger als einen Monat nicht ausübt oder
3. er seine Aufgaben und Verpflichtungen nicht erfüllt und er deswegen zumindest dreimal wegen schwer wiegender Übertretungen dieses Gesetzes rechtskräftig bestraft worden ist und der Widerruf im Hinblick auf die Übertretungen nicht unverhältnismäßig ist.

(2) Die Regulierungsbehörde hat die dem Bilanzgruppenverantwortlichen erteilte Genehmigung zu widerrufen, wenn
1. die erteilte Genehmigung durch unrichtige Angaben oder durch täuschende Handlungen herbeigeführt oder sonstwie erschlichen worden ist oder
2. eine in § 39 Abs. 5 festgelegte Voraussetzung nicht oder nicht mehr vorliegt.

(3) Die Regulierungsbehörde hat die Rechtsvorschriften jenes Landes anzuwenden, in dem der Genehmigungswerber seinen ordentlichen Wohnsitz oder Sitz hat.

(4) Die Genehmigung für die Ausübung der Tätigkeit eines Bilanzgruppenverantwortlichen endet
1. durch den Tod des Bilanzgruppenverantwortlichen, wenn dieser eine natürliche Person ist,
2. durch den Untergang der juristischen Person oder mit der Auflassung der eingetragene Personengesellschaft, sofern sich aus Abs. 2 nichts anderes ergibt
3. durch Zurücklegung der Genehmigung,
4. durch Widerruf der Genehmigung,
5. wenn über das Vermögen des Bilanzgruppenverantwortlichen ein Insolvenzverfahren oder ein Schuldenregulierungsverfahren eröffnet wird oder die Eröffnung des Insolvenzverfahrens mangels kostendeckenden Vermögens rechtskräftig abgewiesen wird.

(5) Bei Übertragung von Unternehmen und Teilunternehmen durch Umgründung (insbesondere durch Verschmelzungen, Umwandlungen, Einbringungen, Zusammenschlüsse, Realteilungen und Spaltungen) geht die zur Fortführung erforderliche Berechtigung auf den Nachfolgeunternehmer (Rechtsnachfolger) nach Maßgabe der in § 54 Abs. 3 bis 6 festgelegten Bestimmungen über. Behörde ist die Regulierungsbehörde. Die bloße Umgründung stellt keinen Endigungstatbestand dar.

Anm.: in der Fassung LGBl. Nr. 89/2011

Abschnitt 3
Bilanzgruppenkoordinatorin/Bilanzgruppenkoordinator

§ 42
Namhaftmachung, Aufgaben

(1) Der Regelzonenführer hat der Behörde eine Kapitalgesellschaft namhaft zu machen, die die Tätigkeit eines Bilanzgruppenkoordinators ab 1. Juli 2005 ausüben soll. Mit der Namhaftmachung sind Nachweise vorzulegen, dass der Bilanzgruppenkoordinator die im Abs. 3 festgelegten Aufgaben kostengünstig und effizient zu erfüllen vermag und den im Abs. 2 festgelegten Voraussetzungen entspricht.

(2) Von der Tätigkeit eines Bilanzgruppenkoordinators sind Unternehmen ausgeschlossen, die unter einem bestimmenden Einfluss von Unternehmen oder einer Gruppe von Unternehmen stehen, die mindestens eine der Funktionen der kommerziellen Erzeugung, Übertragung, Verteilung oder Versorgung mit Elektrizität wahrnehmen. Darüber hinaus ist sicherzustellen, dass

1. der Bilanzgruppenkoordinator die ihm gemäß Abs. 3 zur Besorgung zugewiesenen Aufgaben in sicherer und kostengünstiger Weise zu erfüllen vermag; eine kostengünstige Besorgung der Aufgaben ist jedenfalls dann anzunehmen, wenn bei der Ermittlung der Kostenbasis für die Verrechnungsstelle die für die Bestimmung der Systemnutzungstarife anzuwendenden Verfahren und Grundsätze zugrunde gelegt werden; dabei ist die Bildung von Rücklagen zur Abdeckung der mit der Tätigkeit verbundenen Risken zu berücksichtigen;
2. die Personen, die eine qualifizierte Beteiligung am Bilanzgruppenkoordinator halten, den im Interesse einer soliden und umsichtigen Führung des Unternehmens zu stellenden Ansprüche genügen;
3. bei keinem der Vorstände des Bilanzgruppenkoordinators ein Ausschließungsgrund im Sinne des § 13 Abs. 1 bis 6 Gewerbeordnung 1994 vorliegt;
4. der Vorstand auf Grund seiner Vorbildung fachlich geeignet ist und die für den Betrieb des Unternehmens erforderlichen Eigenschaften und Erfahrungen hat. Die fachliche Eignung eines Vorstandes setzt voraus, dass dieser in ausreichendem Maße theoretische und praktische Kenntnisse in der Abrechnung von Ausgleichsenergie sowie Leitungserfahrung hat; die fachliche Eignung für die Leitung einer Verrechnungsstelle ist anzunehmen, wenn eine zumindest dreijährige leitende Tätigkeit auf dem Gebiet der Tarifierung oder des Rechnungswesens nachgewiesen wird;
5. mindestens ein Vorstand den Mittelpunkt seiner Lebensinteressen in einem EWR-Mitgliedstaat hat
6. kein Vorstand einen anderen Hauptberuf außerhalb des Bilanzgruppenkoordinators ausübt, der geeignet ist, Interessenkonflikte hervorzurufen;
7. der Sitz und die Hauptverwaltung in einem EWR-Mitgliedstaat liegen
8. das zur Verfügung stehende Abwicklungssystem den Anforderungen eines technisch geeigneten und kostengünstigen Abrechnungssystems genügt;
9. die Neutralität, Unabhängigkeit und die Datenvertraulichkeit gegenüber Marktteilnehmern gewährleistet ist.

(3) Der Bilanzgruppenkoordinator hat folgende Aufgaben:

1. die Vergabe von Identifikationsnummern der Bilanzgruppen;
2. die Bereitstellung von Schnittstellen im Bereich Informationstechnologie;
3. die Verwaltung der Fahrpläne zwischen Bilanzgruppen;
4. die Übernahme der von den Netzbetreiberinnen/Netzbetreibern in vorgegebener Form übermittelten Zähldaten, deren Auswertung und Weitergabe an die betroffenen Marktteilnehmerinnen/Marktteilnehmer entsprechend den in den Verträgen enthaltenen Vorgaben
5. die Übernahme von Fahrplänen der Bilanzgruppenverantwortlichen und die Weitergabe an die betroffenen Marktteilnehmerinnen/Marktteilnehmer (andere Bilanzgruppenverantwortliche) entsprechend den in den Verträgen enthaltenen Vorgaben
6. die Bonitätsprüfung der Bilanzgruppenverantwortlichen;
7. die Mitarbeit bei der Ausarbeitung und Adaptierung von Regelungen im Bereich Kundenwechsel, Abwicklung und Abrechnung;
8. die Abrechnung und organisatorische Maßnahmen bei Auflösung von Bilanzgruppen;
9. die Aufteilung und Zuweisung der sich auf Grund der Verwendung von standardisierten Lastprofilen ergebenden Differenz auf die am Netz einer Netzbetreiberin/eines Netzbetreibers angeschlossenen Marktteilnehmer nach Vorliegen der Zählwerte nach transparenten Kriterien;
10. die Verrechnung der Clearinggebühren an die Bilanzgruppenverantwortlichen;
11. die Berechnung und Zuordnung der Ausgleichsenergie;
12. der Abschluss von Verträgen

a) mit Bilanzgruppenverantwortlichen, anderen Regelzonenführern, Netzbetreiberinnen/Netzbetreibern,
Stromhändlerinnen/Stromhändlern, Lieferantinnen/Lieferanten und Erzeugerinnen/Erzeugern;
b) mit Einrichtungen zum Zwecke des Datenaustausches zur Erstellung eines Indexes;

c) mit Strombörsen über die Weitergabe von Daten;
d) mit Netzbetreiberinnen/Netzbetreibern, Stromhändlerinnen/Stromhändlern, Lieferantinnen/Lieferanten und Erzeugerinnen/Erzeugern über die Weitergabe von Daten.

(4) Im Rahmen der Berechnung und Zuweisung der Ausgleichsenergie sind – sofern nicht besondere Regelungen im Rahmen von Verträgen gemäß § 113 Abs. 2 ElWOG 2010 bestehen – jedenfalls

1. die Differenz von Fahrplänen zu Messdaten zu übernehmen und daraus Ausgleichsenergie zu ermitteln, zuzuordnen und zu verrechnen;
2. die Preise für Ausgleichsenergie entsprechend dem im § 10 des Bundesgesetzes, mit dem die Ausübungsvoraussetzungen, die Aufgaben und die Befugnisse der Verrechnungsstellen für Transaktionen und Preisbildung für die Ausgleichsenergie geregelt werden, beschriebenen Verfahren zu ermitteln und in geeigneter Form ständig zu veröffentlichen;
3. die Entgelte für Ausgleichsenergie zu berechnen und den Bilanzgruppenverantwortlichen und Regelzonenführern mitzuteilen;
4. die verwendeten standardisierten Lastprofile zu verzeichnen, zu archivieren und in geeigneter Form zu veröffentlichen;
5. Informationen über die zur Sicherung eines transparenten und diskriminierungsfreien und möglichst liquiden Regelenergiemarktes erforderlichen Maßnahmen den Marktteilnehmern zu gewähren. Dazu zählt die Veröffentlichung der in Anspruch genommenen Primärregelleistung und Sekundärregelleistung hinsichtlich Dauer und Höhe sowie der Ergebnisse des Ausschreibungsverfahrens gemäß § 33b und § 69 ElWOG 2010.

(5) Liegen die gemäß Abs. 1 und 2 nachzuweisenden Voraussetzungen nicht vor, hat die Behörde dies mit Bescheid festzustellen. Vor Erlassung eines Bescheides hat die Behörde mit jenen Landesregierungen das Einvernehmen herzustellen, in deren Wirkungsbereich sich die Regelzone erstreckt.

(6) Wird innerhalb von sechs Monaten nach Namhaftmachung des Bilanzgruppenkoordinators kein Feststellungsbescheid erlassen, darf dieser die Tätigkeit eines Bilanzgruppenkoordinators ausüben und gilt als konzessioniert.

(7) Erfolgt keine Namhaftmachung eines Bilanzgruppenkoordinators gemäß Abs. 1, hat die Behörde einen Feststellungsbescheid gemäß Abs. 5 erlassen oder wurde die Konzession zurückgenommen, so hat die Behörde von Amts wegen eine geeignete Person unter Berücksichtigung der im Abs. 1 und 2 festgelegten Voraussetzungen auszuwählen und zu verpflichten, die Aufgaben eines Bilanzgruppenkoordinators zu übernehmen. Die Behörde hat mit jenen Landesregierungen das Einvernehmen herzustellen, in deren Wirkungsbereich sich die Regelzone erstreckt. Die Behörde hat diesen Bescheid aufzuheben, sobald vom Regelzonenführer ein Bilanzgruppenkoordinator namhaft gemacht wird, der die Voraussetzungen gemäß Abs. 1 und 2 erfüllt. Vor Erlassung dieses Bescheides hat die Behörde mit jenen Landesregierungen das Einvernehmen herzustellen, in deren Wirkungsbereich sich die Regelzone erstreckt.

(8) *(Anm.: entfallen)*

Anm.: in der Fassung LGBl. Nr. 13/2010, LGBl. Nr. 89/2011, LGBl. Nr. 45/2014, LGBl. Nr. 47/2022

Hauptstück VI
Ausübungsvoraussetzungen für Verteilernetze
§ 44
Elektrizitätswirtschaftliche Konzession, Voraussetzungen für die Konzessionserteilung

(1) Der Betrieb eines Verteilernetzes bedarf einer elektrizitätswirtschaftlichen Konzession. Ausgenommen von der Konzessionspflicht ist der Betrieb eines Verteilernetzes innerhalb einer rechtmäßig bestehenden Verbrauchsstätte sowie eines Verteilernetzes für Leitungen von Eigenerzeugerinnen/Eigenerzeugern und von Erzeugerinnen/Erzeugern, deren Stromerzeugungsanlagen ausschließlich auf Basis der im § 5 Abs. 1 Z 28. Ökostromgesetz genannten Energieträger (erneuerbare Energie) betrieben werden.

(2) Die elektrizitätswirtschaftliche Konzession darf nur erteilt werden, wenn

1. die Konzessionswerberin/der Konzessionswerber in der Lage ist,
a) eine ausreichende, sichere und kostengünstige Versorgung zu gewährleisten und
b) den Pflichten des III. Hauptstückes nachzukommen und
2. für das örtlich umschriebene bestimmte Gebiet keine Konzession zum Betrieb eines Verteilernetzes besteht.

(3) Die Erteilung der elektrizitätswirtschaftlichen Konzession setzt ferner voraus, dass die Konzessionswerberin/der Konzessionswerber

1. sofern es sich um eine natürliche Person handelt,
a) eigenberechtigt ist und das 24. Lebensjahr vollendet hat,
b) die österreichische Staatsbürgerschaft besitzt oder Staatsangehörige/Staatsangehöriger eines anderen EWR-Mitgliedstaates ist,
c) ihren/seinen Wohnsitz im Inland oder einem anderen EWR-Mitgliedstaat hat und
d) von der Ausübung der Konzession nicht ausgeschlossen ist,
2. sofern es sich um eine juristische Person oder um eine eingetragene Personengesellschaft handelt,

a) ihren/seinen Sitz im Inland oder einem anderen EWR-Mitgliedstaat hat und
b) für die Ausübung der Konzession eine Geschäftsführerin/einen Geschäftsführer (§ 49) oder Pächterin/Pächter (§ 50) bestellt hat.

(4) Von der Ausübung einer Konzession ist ausgeschlossen, wer von einem ordentlichen Gericht zu einer drei Monate übersteigenden Freiheitsstrafe oder zu einer Geldstrafe von mehr als 180 Tagessätzen verurteilt worden ist, wenn die Verurteilung weder getilgt ist noch der Beschränkung der Auskunft aus dem Strafregister unterliegt. Dies gilt auch dann, wenn mit dem angeführten Ausschlussgrund vergleichbare Tatbestände im Ausland verwirklicht wurden.

(5) Wer wegen der Finanzvergehen des Schmuggels, der Hinterziehung von Eingangs- oder Ausgangsabgaben, der Abgabenhehlerei nach § 37 Abs. 1 lit. a des Finanzstrafgesetzes, der Hinterziehung von Monopoleinnahmen, des vorsätzlichen Eingriffes in ein staatliches Monopolrecht oder der Monopolhehlerei nach § 46 Abs. 1 lit. a des Finanzstrafgesetzes von einer Finanzstrafbehörde, dem Bundesfinanzgericht oder von einem ordentlichen Gericht bestraft worden ist, ist von der Ausübung einer Konzession ausgeschlossen, wenn über ihn wegen eines solchen Finanzvergehens eine Geldstrafe von mehr als 1 750,– oder neben einer Geldstrafe eine Freiheitsstrafe verhängt wurde und wenn seit der Bestrafung noch nicht fünf Jahre vergangen sind. Dies gilt auch dann, wenn mit den angeführten Anschlussgründen vergleichbare Tatbestände im Ausland verwirklicht wurden.

(6) Rechtsträgerinnen/Rechtsträger, über deren Vermögen ein Insolvenzverfahren eröffnet oder gegen die der Antrag auf Eröffnung des Insolvenzverfahrens gestellt wurde, der Antrag aber mangels eines zur Deckung der Kosten des Insolvenzverfahrens voraussichtlich hinreichenden Vermögens abgewiesen wurde, sind von der Ausübung einer Konzession ausgeschlossen. Dies gilt auch dann, wenn mit den angeführten Ausschlussgründen vergleichbare Tatbestände im Ausland verwirklicht wurden.

(7) Abs. 6 ist nicht anzuwenden, wenn es zum Abschluss eines Sanierungsverfahrens kommt und der Sanierungsplan durch das Insolvenzgericht bestätigt wurde oder nach der Durchführung eines Abschöpfungsverfahrens die Restschuldbefreiung erteilt wurde und unwiderrufen geblieben ist.

(8) Eine natürliche Person ist von der Ausübung einer Konzession ausgeschlossen, wenn ihr ein maßgebender Einfluss auf den Betrieb der Geschäfte eines anderen Rechtsträgers als einer juristischen Person zusteht oder zugestanden ist, auf die der Abs. 6 anzuwenden ist oder anzuwenden war.

(9) Abs. 4 bis 8 sind auf andere Rechtsträger als natürliche Personen sinngemäß anzuwenden, wenn die Voraussetzungen der Abs. 4 bis 8 auf eine natürliche Person zutreffen, der ein maßgebender Einfluss auf den Betrieb der Geschäfte zusteht.

(10) Geht die Eigenberechtigung (Abs. 3 Z 1 lit. a) verloren, so kann die Konzession durch eine/einen von der gesetzlichen Vertreterin/vom gesetzlichen Vertreter bestellte Geschäftsführerin/bestellten Geschäftsführer (§ 49) weiter ausgeübt werden oder die weitere Ausübung der Konzession von der gesetzlichen Vertreterin/vom gesetzlichen Vertreter einer/einem bestellten Pächterin/Pächter (§ 50) übertragen werden.

(11) Die Behörde hat über Antrag vom Erfordernis der Vollendung des 24. Lebensjahres (Abs. 3 Z 1 lit. a), der österreichischen Staatsbürgerschaft oder der Staatsangehörigkeit eines anderen EWR-Mitgliedstaates (Abs. 3 Z 1 lit. b) sowie vom Erfordernis des Wohnsitzes im Inland oder in einem anderen EWR-Mitgliedstaat (Abs. 3 Z 1 lit. c) Nachsicht zu gewähren, wenn der Betrieb des Elektrizitätsunternehmens für die Versorgung der Bevölkerung mit Elektrizität im öffentlichen Interesse gelegen ist.

(12) Das Erfordernis des Wohnsitzes im Inland oder einem anderen EWR-Mitgliedstaat (Abs. 3 Z 1 lit. c) entfällt, wenn eine Geschäftsführerin/ein Geschäftsführer (§ 49) oder Pächterin/Pächter (§ 50) bestellt ist.

(13) *(Anm.: entfallen)*

(14) Für Verteilernetzbetreiberinnen/Verteilernetzbetreiber, an deren Netz mehr als 100.000 Kunden angeschlossen sind, ist Konzessionsvoraussetzung, dass Konzessionswerberinnen/Konzessionswerber, die zu einem vertikal integrierten Unternehmen gehören, zumindest in ihrer Rechtsform, Organisation und Entscheidungsgewalt unabhängig von den übrigen Tätigkeitsbereichen sind, die nicht mit der Verteilung zusammenhängen. Weiters muss als Voraussetzung zur Konzessionserteilung insbesondere auch durch entsprechende Auflagen oder Bedingungen sichergestellt sein, dass die Verteilernetzbetreiberin/der Verteilernetzbetreiber hinsichtlich ihrer/seiner Organisation und Entscheidungsgewalt unabhängig von den übrigen Tätigkeitsbereichen eines vertikal integrierten Unternehmens ist, die nicht mit der Verteilung zusammenhängen. Zur Sicherstellung dieser Unabhängigkeit in einem integrierten Elektrizitätsunternehmen ist insbesondere vorzusehen,

1. dass die für die Leitung der Verteilernetzbetreiberin/des Verteilernetzbetreibers zuständigen Personen nicht betrieblichen Einrichtungen des integrierten Elektrizitätsunternehmens angehören, die direkt oder indirekt für den laufenden Betrieb in den Bereichen Elektrizitätserzeugung und versorgung zuständig sind,

2. dass die berufsbedingten Interessen der für die Leitung der Verteilernetzbetreiberin/des Verteilernetzbetreibers zuständigen Personen (Gesellschaftsorgane) in einer Weise berücksichtigt werden, dass deren Handlungsunabhängigkeit gewährleistet ist, wobei insbesondere die Gründe für die Abberufung eines Gesellschaftsorgans der Verteilernetzbetreiberin/des Verteilernetzbetreibers in der Gesellschaftssatzung der Verteilernetzbetreiberin/des Verteilernetzbetreibers klar zu umschreiben sind,
3. dass die Verteilernetzbetreiberin/der Verteilernetzbetreiber über die zur Erfüllung ihrer/seiner Aufgabe erforderlichen Ressourcen einschließlich der personellen, technischen, materiellen und finanziellen Mittel verfügt, die für den Betrieb, die Wartung oder den Ausbau des Netzes erforderlich sind, und gewährleistet ist, dass die Verteilernetzbetreiberin/der Verteilernetzbetreiber über die Verwendung dieser Mittel unabhängig von den übrigen Bereichen des integrierten Unternehmens entscheiden kann
4. dass die Verteilernetzbetreiberin/der Verteilernetzbetreiber ein Gleichbehandlungsprogramm aufstellt, aus dem hervorgeht, welche Maßnahmen zum Ausschluss diskriminierenden Verhaltens getroffen werden; weiters sind Maßnahmen vorzusehen, durch die die ausreichende Überwachung der Einhaltung dieses Programms gewährleistet wird. In diesem Programm ist insbesondere festzulegen, welche Pflichten die Mitarbeiter im Hinblick auf die Erreichung dieses Ziels haben. Für die Aufstellung und Überwachung der Einhaltung des Gleichbehandlungsprogramms ist gegenüber der Landesregierung eine Gleichbehandlungsverantwortliche/ein Gleichbehandlungsverantwortlicher zu benennen.

(15) Abs. 14 Z 1 steht der Einrichtung von Koordinierungsmechanismen nicht entgegen, durch die sichergestellt wird, dass die wirtschaftlichen Befugnisse des Mutterunternehmens und seine Aufsichtsrechte über das Management im Hinblick auf die Rentabilität eines Tochterunternehmens geschützt werden. Insbesondere ist zu gewährleisten, dass ein Mutterunternehmen den jährlichen Finanzplan oder ein gleichwertiges Instrument der Verteilernetzbetreiberin/des Verteilernetzbetreibers genehmigt und generelle Grenzen für die Verschuldung seines Tochterunternehmens festlegt. Weisungen bezüglich des laufenden Betriebs oder einzelner Entscheidungen über den Bau oder die Modernisierung von Verteilerleitungen, die über den Rahmen des genehmigten Finanzplans oder eines gleichwertigen Instruments nicht hinausgehen, sind unzulässig.

(16) Dem Aufsichtsrat von Verteilernetzbetreiberinnen/Verteilernetzbetreiber, die zu einem integrierten Unternehmen gehören, haben mindestens zwei Mitglieder anzugehören, die von der Muttergesellschaft unabhängig sind.

(17) Eine Verteilernetzbetreiberin/Ein Verteilernetzbetreiber, an deren/dessen Netz mindestens 100.000 Kundinnen/Kunden angeschlossen sind und die/der Teil eines vertikal integrierten Unternehmens ist, darf diesen Umstand nicht zur Verzerrung des Wettbewerbs nutzen. Vertikal integrierte Verteilernetzbetreiberinnen/Verteilernetzbetreiber haben in ihrer Kommunikations- und Markenpolitik dafür Sorge zu tragen, dass eine Verwechslung in Bezug auf die eigene Identität der Versorgungssparte des vertikal integrierten Unternehmens ausgeschlossen ist.

(18) Die Verteilernetzbetreiberin/Der Verteilernetzbetreiber hat sicherzustellen, dass die/der Gleichbehandlungsbeauftragte des Verteilernetzunternehmens völlig unabhängig ist sowie Zugang zu allen Informationen und einschlägigen Daten hat, über die die Verteilernetzbetreiberin/der Verteilernetzbetreiber und etwaige verbundene Unternehmen verfügen und die die/der Gleichbehandlungsbeauftragte benötigt, um ihre/seine Aufgaben zu erfüllen. Überdies hat die Verteilernetzbetreiberin/der Verteilernetzbetreiber sicherzustellen, dass die/der Gleichbehandlungsbeauftragte ohne Vorankündigung Zugang zu den Geschäftsräumen des Unternehmens erhält. Die/Der Gleichbehandlungsbeauftragte darf während der Laufzeit ihres/seines Mandats bei Unternehmensteilen des vertikal integrierten Elektrizitätsunternehmens oder deren Mehrheitsanteilseignern weder direkt noch indirekt berufliche Positionen bekleiden oder berufliche Aufgaben wahrnehmen oder Interessensbeziehungen zu ihnen unterhalten.

(19) Die Landesregierung ist verpflichtet, allfällige Verstöße von Verteilerunternehmen gegen die vorstehenden Absätze der Regulierungsbehörde mitzuteilen.

Anm.: in der Fassung LGBl. Nr. 89/2011, LGBl. Nr. 87/2013, LGBl. Nr. 25/2018, LGBl. Nr. 47/2022

§ 45

Verfahren zur Konzessionserteilung, Parteistellung, Anhörungsrechte

(1) Die Erteilung der elektrizitätswirtschaftlichen Konzession ist bei der Behörde schriftlich zu beantragen.

(2) Dem Antrag sind zur Feststellung der Voraussetzungen gemäß § 44 anzuschließen:

1. Urkunden, die dem Nachweis über Vor- und Familienname der Person, über ihr Alter und ihre Staatsangehörigkeit dienen
2. bei juristischen Personen, deren Bestand nicht offenkundig ist, der Nachweis ihres Bestandes; bei eingetragenen Personengesellschaften ein Auszug aus dem Firmenbuch, der nicht älter als sechs Monate sein darf
3. ein Plan in zweifacher Ausfertigung über das vorgesehene Versorgungsgebiet mit Darstellung der Versorgungsgebietsgrenzen im Maßstab 1 : 25.000,

4. Angaben über den im Versorgungsgebiet voraussichtlichen Bedarf an Elektrizität sowie Angaben darüber, wie und auf welche Art und Weise dieser Bedarf befriedigt werden soll,
5. Angaben über die zu erwartenden Kosten der Verteilung der Elektrizität sowie darüber, ob die vorhandenen oder geplanten Verteileranlagen eine ausreichende, sichere und kostengünstige Elektrizitätsversorgung erwarten lassen,
6. bei Konzessionswerberinnen/Konzessionswerbern, an deren Netz mehr als 100.000 Kundinnen/Kunden angeschlossen sind und die zu einem vertikal integrierten Unternehmen gehören, Angaben und Darstellungen zu den in § 44 Abs. 14 bis 16 angeführten Voraussetzungen und Kriterien.

(3) Sofern zur Prüfung der Voraussetzungen gemäß § 44 weitere Unterlagen erforderlich sind, kann die Behörde die Vorlage weiterer Unterlagen unter Setzung einer angemessenen Frist verlangen.

(4) Im Verfahren um Erteilung der elektrizitätswirtschaftlichen Konzession kommt

1. den Konzessionswerberinnen/Konzessionswerbern,
2. den Betreiberinnen/Betreibern eines Verteilernetzes, die eine Konzession zur unmittelbaren Versorgung des in Betracht kommenden Gebietes besitzen und
3. jenen Betreiberinnen/Betreibern eines Verteilernetzes, deren Gebiete an das Konzessionsgebiet angrenzen, Parteistellung zu.

(5) Vor der Entscheidung über den Antrag um Erteilung der elektrizitätswirtschaftlichen Konzession sind

1. die Wirtschaftskammer Steiermark,
2. die Kammer für Arbeiter und Angestellte für Steiermark,
3. die Landeskammer für Land- und Forstwirtschaft in Steiermark,
4. die Steiermärkische Kammer für Arbeitnehmer in der Land- und Forstwirtschaft und
5. die Gemeinden, über welche sich das Versorgungsgebiet erstreckt, zu hören.

Anm.: in der Fassung LGBl. Nr. 81/2010, LGBl. Nr. 89/2011, LGBl. Nr. 79/2017

§ 46
Erteilung der elektrizitätswirtschaftlichen Konzession

(1) Über den Antrag auf Erteilung der elektrizitätswirtschaftlichen Konzession ist mit schriftlichem Bescheid zu entscheiden.

(2) Liegen mehrere Anträge auf Erteilung einer elektrizitätswirtschaftlichen Konzession für den Betrieb eines Verteilernetzes in einem bestimmten Gebiet vor, so ist derjenigen Konzessionswerberin/demjenigen Konzessionswerber die Konzession zu erteilen, die/der die Voraussetzungen gemäß § 44 Abs. 2 Z 1 besser zu erfüllen vermag.

(3) Wenn sich die beabsichtigte Tätigkeit der Konzessionswerberin/des Konzessionswerbers über zwei oder mehrere Bundesländer erstrecken soll, hat die Behörde mit den übrigen zuständigen Landesregierungen das Einvernehmen zu pflegen.

(4) Die Konzession ist unter Auflagen zu erteilen, soweit dies zur Sicherung der Erfüllung der Vorschriften dieses Gesetzes erforderlich ist. Es sind Auflagen oder Bedingungen zur Sicherstellung der Unabhängigkeit der Verteilernetzbetreiberin/des Verteilernetzbetreibers hinsichtlich ihrer/seiner Organisation und Entscheidungsgewalt unabhängig von den übrigen Tätigkeitsbereichen eines vertikal integrierten Unternehmens, die nicht mit der Verteilung zusammenhängen, im Sinne des § 44 Abs. 14 vorzusehen.

(5) In der Konzession ist eine angemessene, mindestens jedoch sechsmonatige Frist für die Aufnahme des Betriebes durch das Elektrizitätsunternehmen festzusetzen. Dabei ist auf anhängige Bewilligungsverfahren nach anderen Vorschriften und auch auf einen allmählichen (z. B. stufenweisen) Ausbau Bedacht zu nehmen. Die Frist ist auf Antrag in angemessenem Verhältnis, höchstens jedoch um insgesamt fünf Jahre zu verlängern, wenn sich die Aufnahme des Betriebes ohne Verschulden der Konzessionsinhaberin/des Konzessionsinhabers verzögert hat. Dieser Antrag auf Fristverlängerung ist vor Ablauf der Frist bei der Behörde einzubringen. Die Aufnahme des Betriebes des Elektrizitätsunternehmens ist der Behörde anzuzeigen.

Anm.: in der Fassung LGBl. Nr. 89/2011

§ 47
Geringfügige Erweiterungen des Konzessionsgebietes

(1) Die geringfügige Erweiterung eines Konzessionsgebietes ist der Behörde innerhalb von acht Wochen ab Rechtsgültigkeit des Erwerbsvorganges anzuzeigen. Die neuen Gebietsteile müssen an das bestehende Konzessionsgebiet angrenzen.

(2) Im Zweifelsfall entscheidet die Behörde über die Notwendigkeit der Durchführung eines Konzessionsverfahrens.

(3) Der Anzeige sind anzuschließen:

1. Urkunde über den Erwerbsvorgang,
2. Lageplan mit Darstellung des erworbenen neuen Gebietes,
3. Bekanntgabe der Gebietsgemeinden,
4. Bekanntgabe der an das Versorgungsgebiet angrenzenden konzessionierten Verteilunternehmen.

(4) Erfolgt innerhalb von sechs Wochen ab Anzeige keine Untersagung, gilt die Konzessionserweiterung als genehmigt.

§ 48

Ausübung

(1) Das Recht zum Betrieb eines Verteilernetzes auf Grund einer elektrizitätswirtschaftlichen Konzession ist ein persönliches Recht, das unübertragbar ist. Die Ausübung durch Dritte ist nur zulässig, sofern dieses Gesetz hiefür besondere Vorschriften enthält.

(2) Besteht nach diesem Gesetz eine Verpflichtung zur Bestellung einer Geschäftsführerin/eines Geschäftsführers oder Pächterin/Pächters und scheidet die Geschäftsführerin/der Geschäftsführer oder die Pächterin/der Pächter aus, so darf die Konzession bis zur Bestellung einer neuen Geschäftsführerin/eines neuen Geschäftsführers oder Pächterin/Pächters, längstens jedoch während sechs Monaten, weiter ausgeübt werden. Die Behörde hat diese Frist zu verkürzen, wenn mit der weiteren Ausübung dieses Rechtes ohne Geschäftsführerin/Geschäftsführer oder Pächterin/Pächter eine besondere Gefahr für das Leben oder die Gesundheit von Menschen verbunden ist oder in den vorangegangenen zwei Jahren vor dem Ausscheiden der Geschäftsführerin/des Geschäftsführers oder Pächterin/Pächters der Betrieb insgesamt länger als sechs Monate ohne Geschäftsführerin/Geschäftsführer oder Pächterin/Pächter ausgeübt wurde.

§ 49

Geschäftsführerin/Geschäftsführer

(1) Die Konzessionsinhaberin/Der Konzessionsinhaber oder Pächterin/Pächter kann für die Ausübung der elektrizitätswirtschaftlichen Konzession eine Geschäftsführerin/einen Geschäftsführer bestellen, die/der der Behörde gegenüber für die Einhaltung der für Verteilernetzbetreiberinnen/Verteilernetzbetreiber festgelegten Pflichten dieses Gesetzes verantwortlich ist. Die Konzessionsinhaberin/Der Konzessionsinhaber oder Pächterin/Pächter bleibt jedoch insoweit verantwortlich, als sie/er Rechtsverletzungen der Geschäftsführerin/des Geschäftsführers wissentlich duldet oder es bei der Auswahl der Geschäftsführerin/des Geschäftsführers an der erforderlichen Sorgfalt hat fehlen lassen.

(2) Die Bestellung einer Geschäftsführerin/eines Geschäftsführers bedarf der Genehmigung der Behörde. Diese ist zu erteilen, wenn die/der zu bestellende Geschäftsführerin/Geschäftsführer

1. die gemäß § 44 Abs. 3 Z 1 erforderlichen Voraussetzungen erfüllt,
2. sich entsprechend betätigen kann und eine selbstverantwortliche Anordnungsbefugnis besitzt,
3. ihrer/seiner Bestellung und der Erteilung der Anordnungsbefugnis nachweislich zugestimmt hat und
4. bei einer juristischen Person (§ 44 Abs. 3 Z 2) außerdem
   a) dem zur gesetzlichen Vertretung berufenen Organ angehört, oder
   b) eine Arbeitnehmerin/ein Arbeitnehmer ist, die/der mindestens die Hälfte der nach arbeitsrechtlichen Vorschriften geltenden wöchentlichen Normalarbeitszeit im Betrieb beschäftigt ist, oder
5. bei einer eingetragenen Personengesellschaft (§ 44 Abs. 3 Z 2) persönlich haftende Gesellschafterin/haftender Gesellschafter ist, die/der nach dem Gesellschaftsvertrag zur Geschäftsführung und zur Vertretung der Gesellschaft berechtigt ist.

§ 44 Abs. 10 gilt sinngemäß.

(3) Ist eine juristische Person persönlich haftende Gesellschafterin einer eingetragenen Personengesellschaft, so wird dem Abs. 2 Z 5 auch entsprochen, wenn zur Geschäftsführerin/zum Geschäftsführer dieser Personengesellschaft eine natürliche Person bestellt wird, die dem zur gesetzlichen Vertretung berufenen Organ der betreffenden juristischen Person angehört oder eine Arbeitnehmerin/ein Arbeitnehmer ist, die/der mindestens die Hälfte der nach arbeitsrechtlichen Vorschriften geltenden wöchentlichen Normalarbeitszeit im Betrieb beschäftigt ist.

(4) Ist eine eingetragene Personengesellschaft persönlich haftende Gesellschafterin einer anderen solchen Personengesellschaft, so wird dem Abs. 2 Z 5 auch entsprochen, wenn zur Geschäftsführerin/zum Geschäftsführer eine natürliche Person bestellt wird, die ein persönlich haftender Gesellschafter der betreffenden Mitgliedgesellschaft ist und die innerhalb dieser Mitgliedgesellschaft die im Abs. 2 Z 5 für die Geschäftsführerin/den Geschäftsführer vorgeschriebene Stellung hat. Dieser Mitgliedgesellschaft muss innerhalb der eingetragenen Personengesellschaft die im Abs. 2 Z 5 für die Geschäftsführerin/den Geschäftsführer vorgeschriebene Stellung zukommen.

(5) Ist eine juristische Person persönlich haftende Gesellschafterin einer eingetragenen Personengesellschaft und ist diese eingetragene Personengesellschaft persönlich haftende Gesellschafterin einer anderen solchen Personengesellschaft, so wird dem Abs. 2 Z 5 auch entsprochen, wenn zur Geschäftsführerin/zum Geschäftsführer der zuletzt genannten Personengesellschaft eine Person bestellt wird, die dem zur gesetzlichen Vertretung befugten Organ der juristischen Person angehört, wenn weiters die juristische Person innerhalb der Mitgliedgesellschaft die im Abs. 2 Z 5 vorgeschriebene Stellung hat und wenn schließlich dieser Mitgliedgesellschaft innerhalb ihrer Mitgliedgesellschaft ebenfalls die im Abs. 2 Z 5 vorgeschriebene Stellung zukommt.

(6) Die Genehmigung ist zu widerrufen, wenn die Geschäftsführerin/der Geschäftsführer eine der Voraussetzungen gemäß Abs. 2 bis 5 nicht

mehr erfüllt. Dies sowie das Ausscheiden der Geschäftsführerin/des Geschäftsführers hat die Konzessionsinhaberin/der Konzessionsinhaber oder Pächterin/Pächter der Behörde unverzüglich anzuzeigen.

Anm.: in der Fassung LGBl. Nr. 89/2011

§ 50

Pächterin/Pächter

(1) Die Konzessionsinhaberin/Der Konzessionsinhaber kann die Ausübung der Konzession einer Pächterin/einem Pächter übertragen, die/der sie im eigenen Namen und auf eigene Rechnung ausübt. Die Pächterin/Der Pächter muss, wenn sie/er eine natürliche Person ist, die gemäß § 44 Abs. 3 Z 1 erforderlichen Voraussetzungen erfüllen, wobei § 44 Abs. 10 und 11 sinngemäß gilt. Ist die Pächterin/der Pächter eine juristische Person oder eine eingetragene Personengesellschaft, muss sie/er entweder ihren/seinen Sitz im Inland oder in einem anderen EU- oder EWR-Mitgliedstaat haben und es ist eine Geschäftsführerin/ein Geschäftsführer (§ 49) zu bestellen. Eine Weiterverpachtung ist unzulässig.

(2) Die Bestellung einer Pächterin/eines Pächters bedarf der Genehmigung der Behörde. Die Genehmigung ist zu erteilen, wenn die Pächterin/der Pächter die Voraussetzungen gemäß Abs. 1 erfüllt. Die Genehmigung ist zu widerrufen, wenn eine dieser Voraussetzungen weggefallen ist. Das Ausscheiden der Pächterin/des Pächters sowie das Wegfallen einer Voraussetzung für die Genehmigung ihrer/seiner Bestellung ist der Behörde von der Konzessionsinhaberin/vom Konzessionsinhaber schriftlich anzuzeigen.

Anm.: in der Fassung LGBl. Nr. 89/2011

§ 51

Fortbetriebsrechte

(1) Das Recht, ein Verteilernetz auf Grund der Berechtigung einer anderen Person fortzuführen (Fortbetriebsrecht), steht zu:

1. der Verlassenschaft nach der Konzessionsinhaberin/dem Konzessionsinhaber,
2. der überlebenden Ehegattin/dem überlebenden Ehegatten oder der überlebenden eingetragenen Partnerin/dem überlebenden eingetragenen Partner, in deren/dessen rechtlichen Besitz das Verteilerunternehmen der Konzessionsinhaberin/des Konzessionsinhabers auf Grund einer Rechtsnachfolge von Todes wegen oder einer Schenkung auf den Todesfall ganz oder teilweise übergeht
3. unter den Voraussetzungen der Z 2 auch den Kindern und Wahlkindern sowie den Kindern der Wahlkinder des Konzessionsinhabers,
4. der Insolvenzverwalterin/dem Insolvenzverwalter (der Masseverwalterin/dem Masseverwalter, der Sanierungsverwalterin/dem Sanierungsverwalter) für Rechnung der Insolvenzmasse
5. der/dem vom Gericht bestellten Zwangsverwalterin/Zwangsverwalter oder Zwangspächterin/Zwangspächter,
6. bei Verkauf oder Schenkung der Konzession der Erwerberin/dem Erwerber bis zur rechtskräftigen Erteilung der Folgekonzession, jedoch längstens bis zum Ablauf von zwei Jahren.

(2) Die/Der Fortbetriebsberechtigte hat die gleichen Rechte und Pflichten wie die/der Konzessionsinhaberin/Konzessionsinhaber.

(3) Wenn das Fortbetriebsrecht nicht einer natürlichen Person zusteht oder zwar einer natürlichen Person zusteht, die die besonderen Voraussetzungen gemäß § 44 Abs. 3 Z 1 nicht nachweisen kann oder der eine Nachsicht nicht erteilt wurde, so ist von der/vom Fortbetriebsberechtigten – falls sie/er nicht eigenberechtigt ist, von der/vom gesetzlichen Vertreterin/Vertreter – ohne unnötigen Aufschub eine Geschäftsführerin/ein Geschäftsführer § 49 oder Pächterin/Pächter § 50 zu bestellen. § 44 Abs. 10 und 11 gilt sinngemäß.

Anm.: in der Fassung LGBl. Nr. 81/2010, LGBl. Nr. 89/2011

§ 52

Ausübung der Fortbetriebsrechte

(1) Das Fortbetriebsrecht der Verlassenschaft entsteht mit dem Tod der Konzessionsinhaberin/des Konzessionsinhabers. Die Vertreterin/Der Vertreter der Verlassenschaft hat der Behörde den Fortbetrieb ohne unnötigen Aufschub schriftlich anzuzeigen.

(2) Das Fortbetriebsrecht der Verlassenschaft endet

1. mit der Beendigung der Verlassenschaftsabhandlung durch Einantwortung,
2. mit dem Zeitpunkt der Übernahme des Verteilerunternehmens durch die Vermächtnisnehmerin/den Vermächtnisnehmer oder durch die/den auf den Todesfall Beschenkte/Beschenkten
3. mit der Verständigung der Erben und Noterben, dass eine Verlassenschaftsabhandlung von Amts wegen nicht eingeleitet wird,
4. mit der Überlassung des Nachlasses an Zahlungs statt,
5. mit der Eröffnung des Insolvenzverfahrens über die Verlassenschaft oder
6. mit dem Zeitpunkt, in dem das Verteilerunternehmen der Konzessionsinhaberin/des Konzessionsinhabers auf Grund einer Verfügung des Verlassenschaftsgerichtes ganz oder teilweise in den Besitz einer Rechtsnachfolgerin/eines Rechtsnachfolgers von Todes wegen übergeht.

(3) Das Fortbetriebsrecht der überlebenden Ehegattin/des überlebenden Ehegatten, der überlebenden eingetragenen Partnerin/des überlebenden eingetragenen Partners und der Kinder, Wahlkinder sowie Kinder der Wahlkinder der Konzessionsinhaberin/des Konzessionsinhabers entsteht mit dem Zeitpunkt, in dem das Fortbetriebsrecht der Verlassenschaft gemäß Abs. 2 endet. Der Fortbetrieb durch die Ehegattin/den Ehegatten oder die überlebende eingetragene Partnerin/den überlebenden eingetragenen Partner ist von dieser/diesem, der Fortbetrieb durch die Kinder, Wahlkinder und Kinder von Wahlkindern von deren gesetzlichen Vertreterin/gesetzlichen Vertreter, falls sie aber eigenberechtigt sind, von ihnen selbst der Behörde ohne unnötigen Aufschub schriftlich anzuzeigen. Das Fortbetriebsrecht der überlebenden Ehegattin/des überlebenden Ehegatten sowie der überlebenden eingetragenen Partnerin/des überlebenden eingetragenen Partners endet spätestens mit deren/dessen Tod, das Fortbetriebsrecht der Kinder, Wahlkinder und Kinder der Wahlkinder endet spätestens mit dem Tag, an dem sie das 28. Lebensjahr vollenden.

(4) Hinterlässt die Konzessionsinhaberin/der Konzessionsinhaber sowohl eine fortbetriebsberechtigte Ehegattin/einen fortbetriebsberechtigten Ehegatten oder eine fortbetriebsberechtigte eingetragene Partnerin/einen fortbetriebsberechtigten eingetragenen Partner als auch fortbetriebsberechtigte Kinder, Wahlkinder und Kinder der Wahlkinder, so steht ihnen das Fortbetriebsrecht gemeinsam zu.

(5) Die fortbetriebsberechtigte Ehegattin/Der fortbetriebsberechtigte Ehegatte, die fortbetriebsberechtigte eingetragene Partnerin/der fortbetriebsberechtigte eingetragene Partner und die fortbetriebsberechtigten Kinder, Wahlkinder und Kinder der Wahlkinder können spätestens einen Monat nach der Entstehung ihres Fortbetriebsrechtes auf dieses mit der Wirkung verzichten, dass das Fortbetriebsrecht für ihre Person als nicht entstanden gilt. Ist die/der Fortbetriebsberechtigte nicht eigenberechtigt, so kann für sie/ihn nur ihre gesetzliche Vertreterin/sein gesetzlicher Vertreter mit Zustimmung des ordentlichen Gerichts rechtswirksam auf das Fortbetriebsrecht verzichten. Die Verzichtserklärung ist gegenüber der Behörde schriftlich abzugeben und ist unwiderruflich.

(6) Das Fortbetriebsrecht der Insolvenzverwalterin/des Insolvenzverwalters (Masseverwalterin/Masseverwalter, Sanierungsverwalterin/Sanierungsverwalter) entsteht mit der Eröffnung des Insolvenzverfahrens über das Vermögen der Konzessionsinhaberin/des Konzessionsinhabers. Die Insolvenzverwalterin/Der Insolvenzverwalter hat den Fortbetrieb der Behörde ohne unnötigen Aufschub schriftlich anzuzeigen. Das Fortbetriebsrecht der Insolvenzverwalterin/des Insolvenzverwalters endet mit der Aufhebung des Konkurs- und Sanierungsverfahrens.

(7) Das Fortbetriebsrecht der Zwangsverwalterin/des Zwangsverwalters entsteht mit der Bestellung durch das Gericht, das Fortbetriebsrecht der Zwangspächterin/des Zwangspächters mit dem Beginn des Pachtverhältnisses. Das Gericht hat die Zwangsverwalterin/den Zwangsverwalter oder die Zwangspächterin/den Zwangspächter der Behörde bekannt zu geben. Das Fortbetriebsrecht der Zwangsverwalterin/des Zwangsverwalters endet mit der Einstellung der Zwangsverwaltung, das Fortbetriebsrecht der Zwangspächterin/des Zwangspächters mit der Beendigung des Pachtverhältnisses.

(8) Das Fortbetriebsrecht der Käuferin/des Käufers bzw. Beschenkten entsteht mit Abschluss des Kaufvertrages bzw. des Schenkungsvertrages und Bestellung einer Geschäftsführerin/eines Geschäftsführers. § 44 gilt sinngemäß.

Anm.: in der Fassung LGBl. Nr. 81/2010, LGBl. Nr. 89/2011, LGBl. Nr. 87/2013

Hauptstück VII
Erlöschen der Berechtigung zum Verteilnetzbetrieb

§ 54
Endigung der Konzession

(1) Die elektrizitätswirtschaftliche Konzession für den Betrieb eines Verteilernetzes endet

1. durch den Tod der Konzessionsinhaberin/des Konzessionsinhabers, wenn diese/dieser eine natürliche Person ist, im Falle eines Fortbetriebsrechtes aber erst mit Ende des Fortbetriebsrechtes,
2. durch den Untergang der juristischen Person oder mit der Auflassung der eingetragene Personengesellschaft, sofern sich aus Abs. 2 bis 7 nichts anderes ergibt
3. durch Zurücklegung der Konzession, im Falle von Fortbetriebsrechten gemäß § 51 Abs. 1 Z 1 bis 3 mit der Zurücklegung der Fortbetriebsrechte,
4. durch Entziehung der Konzession.

(2) Bei Übertragung von Unternehmen und Teilunternehmen durch Umgründung (insbesondere durch Verschmelzungen, Umwandlungen, Einbringungen, Zusammenschlüsse, Realteilungen und Spaltungen) gehen die zur Fortführung des Betriebes erforderlichen Konzessionen auf die Nachfolgeunternehmerin/den Nachfolgeunternehmer (Rechtsnachfolgerin/Rechtsnachfolger) nach Maßgabe der in den Abs. 3 und 4 festgelegten Bestimmungen über. Die bloße Umgründung stellt keinen Endigungstatbestand dar, insbesondere rechtfertigt sie keine Entziehung.

(3) Die Berechtigung zur weiteren Ausübung der Konzession im Sinne des Abs. 2 entsteht mit dem Zeitpunkt der Eintragung der Umgründung im Firmenbuch, wenn die Nachfolgeunternehmerin/der

Nachfolgeunternehmer die Voraussetzungen für die Ausübung der Konzession erfüllt. Die Nachfolgeunternehmerin/Der Nachfolgeunternehmer hat der Behörde den Übergang unter Anschluss eines Firmenbuchauszugs und der zur Herbeiführung der Eintragung im Firmenbuch eingereichten Unterlagen in Abschrift längstens innerhalb von sechs Monaten nach Eintragung im Firmenbuch anzuzeigen.

(4) Die Berechtigung der Nachfolgeunternehmerin/des Nachfolgeunternehmers endigt nach Ablauf von sechs Monaten ab Eintragung der Umgründung im Firmenbuch, wenn sie/er innerhalb dieser Frist den Rechtsübergang nicht angezeigt hat oder im Falle des § 44 Abs. 3 Z 2 lit. b keine Geschäftsführerin/kein Geschäftsführer oder Pächterin/Pächter innerhalb dieser Frist bestellt wurde.

(5) Die Umwandlung einer Offenen Gesellschaft in eine Kommanditgesellschaft oder einer Kommanditgesellschaft in eine Offene Gesellschaft berührt nicht die Konzession. Die Gesellschaft hat die Umwandlung innerhalb von vier Wochen nach der Eintragung der Umwandlung in das Firmenbuch der Behörde anzuzeigen.

(6) *(Anm.: entfallen)*

(7) Die Konzession einer eingetragenen Personengesellschaft endigt, wenn keine Liquidation stattfindet, mit der Auflösung der Gesellschaft, sonst im Zeitpunkt der Beendigung der Liquidation; die Konzession einer eingetragene Personengesellschaft endigt nicht, wenn die Gesellschaft fortgesetzt wird. Der Liquidator hat die Beendigung der Liquidation innerhalb von zwei Wochen der Behörde anzuzeigen.

(8) Die Zurücklegung der Konzession wird mit dem Tag wirksam, an dem die schriftliche Anzeige über die Zurücklegung bei der Behörde einlangt, sofern nicht die Konzessionsinhaberin/der Konzessionsinhaber die Zurücklegung für einen späteren Zeitpunkt anzeigt. Die Anzeige ist nach dem Zeitpunkt ihres Einlangens bei der Behörde unwiderruflich. Die Anzeige über die Zurücklegung durch die Konzessionsinhaberin/den Konzessionsinhaber berührt nicht das etwaige Fortbetriebsrecht der Insolvenzmasse, der Zwangsverwalterin/des Zwangsverwalters oder der Zwangspächterin/des Zwangspächters.

Anm.: in der Fassung LGBl. Nr. 89/2011, LGBl. Nr. 25/2018

§ 55

Entziehung der Konzession

(1) Die elektrizitätswirtschaftliche Konzession für den Betrieb eines Verteilernetzes ist von der Behörde zu entziehen, wenn

1. der Betrieb nicht innerhalb der gemäß § 46 Abs. 5 festgesetzten Frist aufgenommen worden ist,
2. der Betreiberin/dem Betreiber die Fortführung des Betriebes gemäß § 56 Abs. 2 untersagt wurde,
3. die für die Erteilung der elektrizitätswirtschaftlichen Konzession erforderlichen Voraussetzungen gemäß § 44 Abs. 3 und 14 bis 16 nicht mehr vorliegen oder
4. die Konzessionsinhaberin/der Konzessionsinhaber oder die Geschäftsführerin/der Geschäftsführer infolge schwer wiegender Verstöße gegen Vorschriften dieses Gesetzes bestraft worden ist und ein weiteres vorschriftswidriges Verhalten zu befürchten ist.

(2) Erstreckt sich das Verteilernetz über zwei oder mehrere Bundesländer, hat die Behörde mit den übrigen zuständigen Landesregierungen das Einvernehmen zu pflegen.

(3) Das Wirksamwerden des Entzuges ist so festzusetzen, dass die ordnungsgemäße Versorgung gewährleistet ist.

(4) Beziehen sich die in Abs. 1 Z 1 bis 4 angeführten Entziehungsgründe auf die Person der Pächterin/des Pächters, so hat die Behörde die Genehmigung der Übertragung der Ausübung der Konzession an die Pächterin/den Pächter zu widerrufen.

(5) Die Behörde hat von der im Abs. 1 Z 3 vorgeschriebenen Entziehung wegen Eröffnung des Insolvenzverfahrens oder Abweisung eines Antrages auf Eröffnung eines Insolvenzverfahrens mangels eines zur Deckung der Kosten des Insolvenzverfahrens hineinreichenden Vermögens abzusehen, wenn die Ausübung vorwiegend im Interesse der Gläubigerinnen/Gläubiger gelegen und sichergestellt ist, dass die Betreiberin/der Betreiber des Verteilernetzes in der Lage ist, den Pflichten des III. Hauptstückes nachzukommen.

Anm.: in der Fassung LGBl. Nr. 89/2011

§ 56

Maßnahmen zur Sicherung der Elektrizitätsversorgung

(1) Kommt die Betreiberin/der Betreiber eines Verteilernetzes ihren/seinen Pflichten gemäß dem III. Hauptstück nicht nach, hat ihr/ihm die Behörde aufzutragen, die hindernden Umstände innerhalb einer angemessenen Frist zu beseitigen.

(2) Soweit dies zur Beseitigung einer Gefahr für das Leben oder die Gesundheit von Menschen oder zur Abwehr schwerer volkswirtschaftlicher Schäden notwendig ist, kann die Behörde eine andere geeignete Netzbetreiberin/einen anderen geeigneten Netzbetreiber zur vorübergehenden Erfüllung der Aufgaben der Betreiberin/des Betreibers des Verteilernetzes ganz oder teilweise heranziehen (Einweisung). Sind

1. die hindernden Umstände derart, dass eine gänzliche Erfüllung der gesetzlichen Pflichten der Betreiberin/des Betreibers des Verteilernetzes in absehbarer Zeit nicht zu erwarten ist oder

2. kommt die Betreiberin/der Betreiber des Verteilernetzes dem Auftrag der Behörde auf Beseitigung der hindernden Umstände nicht nach, so ist dieser Netzbetreiberin/diesem Netzbetreiber der Betrieb ganz oder teilweise zu untersagen und unter Bedachtnahme auf die Bestimmungen des III. Hauptstückes eine andere Netzbetreiberin/ein anderer Netzbetreiber zur dauernden Übernahme zu verpflichten. Die Verpflichtung zur dauernden Übernahme gilt als Erteilung der elektrizitätswirtschaftlichen Konzession.

(3) Die/Der gemäß Abs. 2 verpflichtete Netzbetreiberin/Netzbetreiber tritt in die Rechte und Pflichten aus den Verträgen des Unternehmens, das von der Untersagung betroffen wird, ein.

(4) Der/Dem gemäß Abs. 2 verpflichteten Netzbetreiberin/Netzbetreiber hat die Behörde auf deren/dessen Antrag den Gebrauch des Verteilernetzes des Unternehmens, das von der Untersagung betroffen wird, gegen angemessene Entschädigung soweit zu gestatten, als dies zur Erfüllung der Aufgaben notwendig ist.

(5) Nach Rechtskraft des Bescheides gemäß Abs. 2 hat die Behörde auf Antrag der/des verpflichteten Netzbetreiberin/Netzbetreibers das in Gebrauch genommene Verteilernetz zu deren/dessen Gunsten gegen angemessene Entschädigung zu enteignen.

(6) Auf das Enteignungsverfahren und die behördliche Ermittlung der Entschädigungen sind die Bestimmungen des Steiermärkischen Starkstromwegegesetzes 1971,
LGBl. Nr. 14/1971 sinngemäß anzuwenden. Bei der Bemessung der Entschädigung sind die bis zur Einweisung von den Kunden bereits geleisteten Kosten des Netzzugangs zu berücksichtigen.

(7) Die Bestimmungen der Abs. 2 bis 6 sind für den Fall, dass bei Endigung oder Entzug der elektrizitätswirtschaftlichen Konzession die ordnungsgemäße Versorgung mit elektrischer Energie nicht gesichert ist, sinngemäß anzuwenden.

Hauptstück VIII
Genehmigung der Allgemeinen Bedingungen, Behörde, Auskunftspflicht

Abschnitt 1
Genehmigung der Allgemeinen Bedingungen, Veröffentlichung

§ 57
Verfahren

(1) Die Netzbetreiberinnen/Netzbetreiber und die Bilanzgruppenverantwortlichen sind verpflichtet, alle zur Prüfung der Voraussetzungen für die Genehmigung der allgemeinen Bedingungen erforderlichen Angaben und Unterlagen mit dem Antrag um Genehmigung vorzulegen.

(2) Erstreckt sich das Netz einer Netzbetreiberin/eines Netzbetreibers oder die Tätigkeit eines Bilanzgruppenverantwortlichen über zwei oder mehrere Bundesländer, so hat die zuständige Regulierungsbehörde die Rechtsvorschriften jenes Landes anzuwenden, in dem der Antragsteller seinen ordentlichen Wohnsitz oder Sitz hat.

(3) Die genehmigten allgemeinen Netzbedingungen und die Systemnutzungstarife sind von den Netzbetreiberinnen/Netzbetreibern und die genehmigten allgemeinen Bedingungen von den Bilanzgruppenverantwortlichen den Netzzugangsberechtigten bzw. den Kunden auf deren Verlangen auszufolgen und zu erläutern.

(4) Die zuständige Regulierungsbehörde kann der Netzbetreiberin/dem Netzbetreiber oder dem Bilanzgruppenverantwortlichen die Vorlage geänderter allgemeiner Bedingungen innerhalb angemessener drei Monate nicht übersteigender Frist auftragen, wenn sie auf Grund einer Änderung der Rechtslage oder geänderter Verhältnisse den Voraussetzungen nach den §§ 23 und 40 nicht mehr entsprechen. Der Auftrag zur Vorlage geänderter Bedingungen darf jedoch – sofern die Änderung nicht auf Grund einer Änderung der Rechtslage erforderlich ist – frühestens nach Ablauf von fünf Jahren nach der letzten Genehmigung der von der Änderung betroffenen Bestimmungen der Bedingungen erteilt werden.

(5) Soweit dies zur Erreichung eines wettbewerbsorientierten Marktes erforderlich ist, sind – unbeschadet des Abs. 4 – die Netzbetreiberinnen/Netzbetreiber und die Bilanzgruppenverantwortlichen verpflichtet, auf Verlangen der zuständigen Regulierungsbehörde geänderte Allgemeine Bedingungen zur Genehmigung vorzulegen.

Abschnitt 2
Behörde, Auskunftspflicht

§ 58
Behörde, eigener Wirkungsbereich der Gemeinde

(1) Sofern im Einzelfall nichts anderes bestimmt ist, ist die sachlich und örtlich zuständige Behörde im Sinne dieses Gesetzes die Landesregierung.

(2) Die in § 6 Abs. 2a und 2b und § 8 Abs. 2 und 3 Z 2 geregelten Aufgaben der Gemeinden sind solche des eigenen Wirkungsbereiches.

Anm.: in der Fassung LGBl. Nr. 47/2022, LGBl. Nr. 73/2023

§ 58a
Regulierungsbehörde

Die Landesregierung hat das Recht, sich jederzeit von der Regulierungsbehörde über die Aufgabenerfüllung nach diesem Gesetz unterrichten zu lassen.“

Anm.: in der Fassung LGBl. Nr. 47/2022, LGBl. Nr. 73/2023

§ 59
Auskunftspflichten und Überwachungsaufgaben

(1) Die Behörde kann von den Elektrizitätsunternehmen jede Auskunft verlangen, deren Kenntnis zur Erfüllung der ihr nach diesem Gesetz obliegenden Aufgaben erforderlich ist. Die Elektrizitätsunternehmen sind verpflichtet, diese Auskünfte innerhalb der von der Behörde festgesetzten Frist zu erteilen und auf Verlangen der Behörde Einsicht in die Wirtschafts- und Geschäftsaufzeichnungen zu gewähren. Gesetzlich anerkannte Verschwiegenheitspflichten werden von der Auskunftspflicht nicht berührt.

(2) Die Elektrizitätsunternehmen haben den Organen der Behörde zur Erfüllung der ihr nach diesem Gesetz obliegenden Aufgaben jederzeit ungehindert Zutritt zu den Erzeugungs-, Übertragungs- und Verteileranlagen zu gewähren.

(3) Ein Anspruch auf Ersatz der mit der Auskunftserteilung verbunden Kosten besteht nicht.

(4) Die Überwachungsaufgaben der Landesregierung im Rahmen ihrer den Elektrizitätsmarkt betreffenden Überwachungsfunktionen umfassen die laufende Beobachtung insbesondere

1. der Versorgungssicherheit in Bezug auf Zuverlässigkeit und Qualität des Netzes sowie der kommerziellen Qualität der Netzdienstleistungen,
2. des Grades der Transparenz am Elektrizitätsmarkt unter besonderer Berücksichtigung der Großhandelspreise,
3. des Grades und der Wirksamkeit der Marktöffnung und des Umfanges des Wettbewerbs auf Großhandelsebene und Endverbraucherebene einschließlich etwaiger Wettbewerbsverzerrungen oder beschränkungen,
4. etwaiger restriktiver Vertragspraktiken einschließlich Exklusivitätsbestimmungen, die große gewerbliche Kundinnen/Kunden daran hindern können, gleichzeitig mit mehreren Anbieterinnen/Anbietern Verträge zu schließen, oder ihre Möglichkeiten dazu beschränken,
5. der Dauer und Qualität der von Übertragungs- und Verteilernetzbetreiberinnen/Übertragungs- und Verteilernetzbetreibern vorgenommenen Neuanschluss-, Wartungs- und sonstiger Reparaturdienste,
6. der Investitionen in die Erzeugungskapazitäten mit Blick auf die Versorgungssicherheit.

(5) *(Anm.: entfallen)*

(6) *(Anm.: entfallen)*

Anm.: in der Fassung LGBl. Nr. 89/2011, LGBl. Nr. 25/2018

§ 60
Datenverarbeitung

(1) Personenbezogene Daten, die für die Durchführung von Verfahren nach diesem Gesetz erforderlich sind, die die Behörde in Erfüllung ihrer Aufsichtstätigkeit benötigt oder die der Behörde zur Kenntnis zu bringen sind, dürfen automationsunterstützt verarbeitet werden.

(2) Die Behörde ist ermächtigt, verarbeitete Daten im Rahmen von Verfahren nach diesem Gesetz zu übermitteln an

1. die Beteiligten an diesen Verfahren,
2. Sachverständige, die einem Verfahren beigezogen werden,
3. ersuchte oder beauftragte Behörden (§ 55 AVG), soweit diese Daten von den Genannten für die Besorgung ihrer Aufgaben im Rahmen des jeweiligen Verfahrens benötigt werden,
4. *(Anm.: entfallen)*
5. den für das Elektrizitätswesen zuständigen Bundesminister und
6. die Regulierungsbehörden.

Anm.: in der Fassung LGBl. Nr. 89/2011, LGBl. Nr. 63/2018

Hauptstück IX
Elektrizitätsbeirat, Berichtspflicht

§ 62
Berichtspflicht

(1) Elektrizitätsunternehmen haben bis spätestens 31. März jedes Folgejahres der Behörde einen Bericht über die in ihrem Tätigkeitsbereich im Zusammenhang mit der Liberalisierung des Elektrizitätsmarktes gemachten Erfahrungen vorzulegen.

(2) Die/Der Gleichbehandlungsverantwortliche (§ 44 Abs. 14) hat der Landesregierung und der Regulierungsbehörde jährlich, bis spätestens 31. März des Folgejahres, einen Bericht über die dokumentierten Beschwerdefälle und die getroffenen Maßnahmen vorzulegen. Die getroffenen Maßnahmen sind auch zu veröffentlichen (z. B. Unternehmenszeitung, Unternehmenswebsite).

(3) Die Landesregierung übermittelt der Regulierungsbehörde jährlich einen zusammengefassten Bericht über die Gleichbehandlung und veröffentlicht diesen in geeigneter Weise.

Anm.: in der Fassung LGBl. Nr. 89/2011

Hauptstück X
Nachweise für Strom aus fossilen Energiequellen

§ 63
Besondere Bestimmungen über Nachweise für Strom aus hocheffizienter KWK

(1) Zur Bestimmung der Effizienz der KWK nach Anhang IV ElWOG 2010 ist die Behörde durch Verordnung ermächtigt, Wirkungsgrad-Referenzwerte für die getrennte Erzeugung

von Strom und Wärme festzulegen. Diese Wirkungsgrad-Referenzwerte haben aus einer Matrix von Werten, aufgeschlüsselt nach relevanten Faktoren wie Baujahr und Brennstofftypen, zu bestehen und müssen sich auf eine ausführlich dokumentierte Analyse stützen, bei der unter anderem die Betriebsdaten bei realen Betriebsbedingungen, der grenzüberschreitende Stromhandel, der Energieträgermix, die klimatischen Bedingungen und die angewandten KWK-Technologien gemäß den Grundsätzen in Anhang IV ElWOG 2010 zu berücksichtigen sind.

(2) Bei der Bestimmung der Wirkungsgrad-Referenzwerte gemäß Abs. 1 sind die von der Europäischen Kommission gemäß Artikel 4 der KWK-Richtlinie in der Entscheidung 2007/74/EG festgelegten harmonisierten Wirkungsgrad-Referenzwerte zu berücksichtigen.

Anm.: in der Fassung LGBl. Nr. 25/2007, LGBl. Nr. 89/2011, LGBl. Nr. 45/2014, LGBl. Nr. 47/2022

§ 63a
Benennung hocheffizienter KWK-Anlagen

Die Landesregierung hat auf Grundlage der harmonisierten Wirkungsgrad-Referenzwerte gemäß § 63 Abs. 2 auf Antrag mit Bescheid jene KWK-Anlagen zu benennen, für die vom Netzbetreiber, an dessen Netz die Anlage angeschlossen ist, Nachweise für Strom aus hocheffizienter Kraft-Wärme-Kopplung gemäß § 2 Z 25, entsprechend der Menge an erzeugter Energie aus hocheffizienter KWK gemäß Anlage III ElWOG 2010 und gemäß der Entscheidung 2008/952/EG der Europäischen Kommission, auf Basis der Vorgaben gemäß § 72 Abs. 2 ElWOG 2010 ausgestellt werden dürfen. Die erfolgten Benennungen von Anlagen sind der Regulierungsbehörde unverzüglich mitzuteilen.

Anm.: in der Fassung LGBl. Nr. 25/2007, LGBl. Nr. 89/2011, LGBl. Nr. 45/2014, LGBl. Nr. 47/2022

§ 63b
Anerkennung von Nachweisen aus anderen Staaten

(1(1) Nachweise für Strom aus hocheffizienter Kraft-Wärme-Kopplung aus Anlagen mit Standort in einem anderen EU-Mitgliedstaat oder EWR-Vertragsstaat gelten als Nachweis im Sinne dieses Gesetzes, wenn sie zumindest den Anforderungen des Anhangs X der Richtlinie 2012/27/EU entsprechen.

(2) Im Zweifelsfall hat die Regulierungsbehörde über Antrag oder von Amts wegen mit Bescheid festzustellen, ob die Voraussetzungen für die Anerkennung vorliegen.

Anm.: in der Fassung LGBl. Nr. 25/2007, LGBl. Nr. 45/2014, LGBl. Nr. 47/2022

§ 63c
Berichtswesen KWK

(1) Die Landesregierung hat dem zuständigen Bundesminister jährlich vorzulegen:

1. eine im Einklang mit der in Anhang III ElWOG und der Entscheidung 2008/952/EG der Europäischen Kommission dargelegten Methode erstellte Statistik über die nationale Erzeugung von Strom und Wärme aus KWK und
2. eine Statistik über die KWK-Kapazitäten sowie die für KWK eingesetzten Brennstoffe.

(2) Die Landesregierung hat dem zuständigen Bundesminister jährlich einen Bericht über ihre Tätigkeit gemäß § 71 ElWOG vorzulegen. Der Bericht hat insbesondere jene Maßnahmen, die ergriffen werden, um die Zuverlässigkeit des Nachweissystems zu gewährleisten, zu enthalten.

Anm.: in der Fassung LGBl. Nr. 25/2007, LGBl. Nr. 89/2011, LGBl. Nr. 45/2014

Hauptstück XI
Straf-, Übergangs- und Schlussbestimmungen

§ 64
Strafbestimmungen

(1) Eine Verwaltungsübertretung begeht, wer

1. entgegen § 5 Abs. 1 eine Stromerzeugungsanlage ohne elektrizitätsrechtliche Bewilligung oder entgegen dieser errichtet, wesentlich ändert oder betreibt,
2. entgegen § 5 Abs. 4 (Änderung des Anlagencharakters), § 12 (Fertigstellung und Bekanntgabe der fachlich geeigneten Person), § 16 Abs. 2 (Betriebsauflassung), § 26 Abs. 5 und 6 (Betriebsleiterin/Betriebsleiter), § 49 Abs. 2 und 6 (Geschäftsführerin/Geschäftsführer), § 54 Abs. 5, 6 und 7 (Umwandlung, Endigung der Konzession) und § 50 Abs. 2 (Pächterin/Pächter) seiner Anzeigepflicht bzw. seiner Pflicht zur Einholung einer Genehmigung nicht oder nicht rechtzeitig nachkommt,
3. entgegen § 22 Abs. 3 den Netzzugang ganz oder teilweise verweigert hat,
4. entgegen § 23 die allgemeinen Bedingungen für Betreiberinnen/Betreiber von Verteilernetzen nicht, nicht in der vorgeschriebenen Art oder ohne Genehmigung der Regulierungsbehörde erlässt oder ändert,
5. entgegen § 29 ihren/seinen Pflichten als Verteilernetzbetreiberin/Verteilernetzbetreiber nicht nachkommt,
6. entgegen § 32 ihren/seinen Pflichten als Übertragungsnetzbetreiberin/Übertragungsnetzbetreiber nicht nachkommt,
7. entgegen § 33 seinen Pflichten als Regelzonenführer nicht nachkommt,
8. entgegen der Bestimmung des § 33a den Netzentwicklungsplan nicht vorlegt,
9. entgegen § 35 ihren/seinen Pflichten als Netzbenutzerin/Netzbenutzer nicht nachkommt,

10. entgegen § 36 ihrer/seiner Verpflichtung nicht nachkommt,
11. entgegen § 36a seinen Verpflichtungen nicht nachkommt,
12. ihrer/seiner Verpflichtung gemäß § 36b Abs. 1 und 2 nicht nachkommt,
13. entgegen § 37 ihren/seinen Pflichten als Erzeugerin/Erzeuger nicht nachkommt,
14. den Bestimmungen des § 37 Abs. 2 bis 4 nicht entspricht,
15. entgegen § 39 Abs. 8, 9 und 11 seinen Aufgaben und Pflichten als Bilanzgruppenverantwortlicher nicht nachkommt,
16. entgegen § 40 den Auflagen in der Genehmigung der allgemeinen Bedingungen für Bilanzgruppenverantwortliche nicht nachkommt,
17. entgegen § 42 Abs. 4 seinen Pflichten nicht nachkommt,
18. entgegen §§ 44 und 48 ein Verteilernetz ohne Konzession betreibt oder sonst in diesen Bestimmungen enthaltenen Verpflichtungen nicht nachkommt,
19. entgegen § 59 Abs. 1, 2 und 5 ihren/seinen Verpflichtungen nicht nachkommt,
20. entgegen § 62 Abs. 1 und 2 ihrer/seiner Berichtspflicht nicht nachkommt,
21. in Bescheiden und Erkenntnissen auf Grund dieses Landesgesetzes getroffene Anordnungen, Aufträge und Auflagen nicht erfüllt.

(2) Verwaltungsübertretungen gemäß Abs. 1 sind mit einer Geldstrafe bis zu € 20.000,– zu bestrafen. Werden die Übertretungen nach Abs. 1 gemäß den § 37 Abs. 2, § 33b Abs. 2 oder § 59 Abs. 5 von Unternehmen, an deren Netz mindestens 100.000 Kundinnen/Kunden angeschlossen sind, begangen, so ist eine Geldstrafe von mindestens € 10.000,– und höchstens € 50.000,– zu verhängen. Werden die Übertretungen nach Abs. 1 gemäß § 22 Abs. 3, § 29, § 32, § 33 Abs. 3 und § 42 Abs. 4, § 33a Abs. 1, § 36a Abs. 1, 3 und 4, § 36b Abs. 1 und 2, § 39 Abs. 8, 9 und 11 sowie § 44 Abs. 1, 14, 16, 17 und 18 von Unternehmen, an deren Netz mindestens 100.000 Kundinnen/Kunden angeschlossen sind, begangen, so ist eine Geldstrafe von mindestens € 50.000,– und höchstens € 100.000,– zu verhängen.

(3) Soweit gemäß § 26 auch die Betriebsleiterin/der Betriebsleiter der Behörde gegenüber für die Einhaltung der der Konzessionsinhaberin/den Konzessionsinhaber treffenden Verpflichtungen verantwortlich ist, trifft auch sie/ihn die strafrechtliche Verantwortlichkeit gemäß Abs. 1 und Abs. 2.

(4) Der Versuch ist strafbar.

(5) Wurde die Übertragung der Ausübung der elektrizitätswirtschaftlichen Konzession an eine Pächterin/einen Pächter genehmigt, so trifft diesen die verwaltungsstrafrechtliche Verantwortung.

(6) Verwaltungsübertretungen sind von der Bezirksverwaltungsbehörde zu bestrafen.

(7) *(Anm.: entfallen)*

(8) *(Anm.: entfallen)*

(9) Geldstrafen fließen dem nach § 38 eingerichteten Fonds zu.

Anm.: in der Fassung LGBl. Nr. 89/2011, LGBl. Nr. 87/2013

§ 65

Verweise

(1) Verweise in diesem Gesetz auf andere Landesgesetze sind als Verweise auf die jeweils geltende Fassung zu verstehen.

(2) Verweise in diesem Gesetz auf Bundesgesetze sind als Verweise auf folgende Fassungen zu verstehen:

1. Elektrizitätswirtschafts- und -organisationsgesetz 2010 – ElWOG 2010, BGBl. I Nr. 110/2010, in der Fassung BGBl. I Nr. 7/2022,
2. Gewerbeordnung 1994 – GewO 1994, BGBl. Nr. 194/1994, in der Fassung BGBl. I Nr. 65/2020,
3. Konsumentenschutzgesetz – KSchG, BGBl. Nr. 140/1979, in der Fassung BGBl. I Nr. 36/2022,
4. Ökostromgesetz 2012 – ÖSG 2012), BGBl. I Nr. 75/2011, in der Fassung BGBl. I Nr. 150/2021,
5. Bundesgesetz, mit dem die Ausübungsvoraussetzungen, die Aufgaben und die Befugnisse der Verrechnungsstellen für Transaktionen und Preisbildung für die Ausgleichsenergie geregelt werden, BGBl. I Nr. 121/2000, in der Fassung BGBl. I Nr. 107/2017,
6. Straßenbahnverordnung 1999 – StrabVO, BGBl. II Nr. 76/2000, in der Fassung BGBl. II Nr. 127/2018,
7. Erneuerbaren-Ausbau-Gesetz – EAG, BGBl. I Nr. 150/2021, in der Fassung BGBl. I Nr. 13/2022,
8. Gaswirtschaftsgesetz – GWG 2011, BGBl. I Nr. 107/2011, in der Fassung BGBl. Nr. 38/2022.

(3) Verweise auf unionsrechtliche Vorschriften der Europäischen Union sind als Verweise auf folgende Fassungen zu verstehen:

1. Verordnung (EU) 2019/942 des Europäischen Parlaments und des Rates vom 5. Juni 2019 zur Gründung einer Agentur für die Zusammenarbeit der Energieregulierungsbehörden, ABl. L 158 vom 14.6.2019, S. 22,
2. Verordnung (EU) 2019/943 des Europäischen Parlaments und des Rates vom 5. Juni 2019 über den Elektrizitätsbinnenmarkt, ABl. L 158 vom 14.6.2019, S. 54,
3. Richtlinie (EU) 2019/944 des Europäischen Parlaments und des Rates vom 5. Juni 2019 mit gemeinsamen Vorschriften für den Elektrizitätsbinnenmarkt und zur Änderung der Richtlinie 2012/27/EU, ABl. L 158 vom 14.6.2019, S. 125,

4. Richtlinie 2004/8/EG des Europäischen Parlaments und des Rates vom 11. Februar 2004 über die Förderung einer am Nutzwärmebedarf orientierten Kraft-Wärme-Kopplung im Energiebinnenmarkt und zur Änderung der Richtlinie 92/42/EWG, ABl. L 52 vom 21.2.2004, S. 50 (KWK-Richtlinie),
5. Richtlinie 2012/27/EU des Europäischen Parlaments und des Rates vom 25. Oktober 2012 zur Energieeffizienz, zur Änderung der Richtlinien 2009/125/EG und 2010/30/EU und zur Aufhebung der Richtlinien 2004/8/EG und 2006/32/EG, ABl. 315 vom 14.11.2012, S. 1 geändert durch die Richtlinie 2018/2002/EU des Europäischen Parlaments und des Rates vom 11. Dezember 2018 zur Änderung der Richtlinie 2012/27/EU zur Energieeffizienz, ABl. L 328 vom 21.12.2018, S. 210,
6. Richtlinie (EU) 2018/2001 des Europäischen Parlaments und des Rates vom 11. Dezember 2018 zur Förderung der Nutzung von Energie aus erneuerbaren Quellen, ABl. L 328 vom 21.12.2018, S. 82,
7. Richtlinie 2006/123/EG des Europäischen Parlaments und des Rates vom 12. Dezember 2006 über Dienstleistungen im Binnenmarkt, ABl. L 376 vom 27.12.2006, S. 36,
8. Richtlinie 98/34/EG des Europäischen Parlaments und des Rates vom 22. Juni 1998 über ein Informationsverfahren auf dem Gebiet der Normen und technischen Vorschriften, ABl. L 204 vom 21.7.1998, S. 37 idF der Richtlinie 1998/48/EG, ABl. L 217 vom 5.8.1998, S. 18.

Anm.: in der Fassung LGBl. Nr. 25/2007, LGBl. Nr. 89/2011, LGBl. Nr. 45/2014, LGBl. Nr. 25/2018, LGBl. Nr. 47/2022

§ 66
EU-Recht

(1) Mit diesem Gesetz werden folgende Verordnungen durchgeführt:

1. Verordnung (EU) 2019/942,
2. Verordnung (EU) 2019/943.

(2) Mit diesem Gesetz werden folgende Richtlinien umgesetzt:

1. Richtlinie 2019/944/EU,
2. Richtlinie 2004/8/EG,
3. Richtlinie 2012/27/EU,
4. Richtlinie 2009/28/EG,
5. Richtlinie 2006/123/EG,
6. Richtlinie 98/34/EG,
7. Richtlinie 2018/2001.

Anm.: in der Fassung LGBl. Nr. 25/2007, LGBl. Nr. 13/2010, LGBl. Nr. 89/2011, LGBl. Nr. 25/2018, LGBl. Nr. 47/2022

§ 67
Übergangsbestimmungen

(1) Elektrizitätsunternehmen, die im Zeitpunkt des Inkrafttretens dieses Gesetzes im Besitze einer Gebietskonzession sind, gelten im Umfang ihrer bisherigen Tätigkeit als Verteilernetzbetreiberin/Verteilernetzbetreiber konzessioniert. Die Rechte und Pflichten, die Ausübung, die Endigung und der Entzug der Konzession richten sich nach den Bestimmungen dieses Gesetzes. Bestehen Zweifel über den Umfang der bisherigen Tätigkeit, so hat über Antrag einer Betreiberin/eines Betreibers eines Verteilernetzes die Behörde den Umfang der bisherigen Tätigkeit mit Bescheid festzustellen. Anhängige Verfahren sind nach den bisherigen Rechtsvorschriften zu Ende zu führen.

(2) Elektrizitätsunternehmen, die im Zeitpunkt des Inkrafttretens dieses Gesetzes ein Übertragungsnetz betreiben, gelten im Sinne des § 43 als angezeigt. § 43 Abs. 2 gilt sinngemäß. Die Rechte und Pflichten und die Maßnahmen zur Sicherung der Elektrizitätsversorgung richten sich nach den Bestimmungen dieses Gesetzes.

(3) Die im Zeitpunkt des Inkrafttretens dieses Gesetzes rechtmäßig eingesetzten Pächterinnen/Pächter oder Geschäftsführerinnen/Geschäftsführer gelten als nach diesem Gesetz genehmigt. Die der Betreiberin/dem Betreiber eines Verteilernetzes nach diesem Gesetz zukommenden Rechte und Pflichten gelten für die Geschäftsführerin/den Geschäftsführer oder Pächterin/Pächter sinngemäß. Sind mehrere Geschäftsführerinnen/Geschäftsführer bestellt, so ist innerhalb von zwei Monaten bekannt zu geben, welche/welcher von diesen der Behörde gegenüber für die Einhaltung der Bestimmungen dieses Gesetzes (§ 49 Abs. 1) verantwortlich ist.

(4) Fehlt einer Verteilernetzbetreiberin/einem Verteilernetzbetreiber, der gemäß § 44 Abs. 3 Z 2 einer Geschäftsführerin/eines Geschäftsführers oder Pächterin/Pächters bedarf, eine Geschäftsführerin/ein Geschäftsführer oder Pächterin/Pächter, so hat diese/dieser innerhalb von sechs Monaten nach dem Inkrafttreten dieses Gesetzes eine Geschäftsführerin/einen Geschäftsführer oder Pächterin/Pächter zu bestellen und innerhalb dieser Frist um Genehmigung der Bestellung anzusuchen. Fehlt einer Pächterin/einem Pächter, die/der gemäß § 50 Abs. 1 einer Geschäftsführerin/eines Geschäftsführers bedarf, eine solche Geschäftsführerin/ein solcher Geschäftsführer, so hat die Pächterin/der Pächter innerhalb von sechs Monaten nach dem Inkrafttreten dieses Gesetzes eine Geschäftsführerin/einen Geschäftsführer zu bestellen und innerhalb dieser Frist um die Genehmigung der Bestellung anzusuchen.

(5) Die im Zeitpunkt des Inkrafttretens dieses Gesetzes rechtmäßig bestellten BetriebsleiterInnen gelten als genehmigt nach diesem Gesetz.

Fehlt einer Betreiberin/einem Betreiber eines Netzes die erforderliche Betriebsleiterin/der erforderliche Betriebsleiter, so hat die Betreiberin/der Betreiber des Netzes innerhalb von zwei Monaten nach Inkrafttreten dieses Gesetzes die/den gemäß § 26 erforderliche Betriebsleiterin/erforderlichen Betriebsleiter zu bestellen und innerhalb dieser Frist um Genehmigung der Bestellung der Betriebsleiterin/des Betriebsleiters anzusuchen.

(6) Auf bestehende Verträge über den Anschluss sind die jeweils bisher genehmigten Allgemeinen Netzbedingungen anzuwenden.

(7) Zum im Zeitpunkt des Inkrafttretens dieses Gesetzes genehmigte Allgemeine Bedingungen gelten als genehmigt nach diesem Gesetz.

(8) Erfolgte Namhaftmachungen und Übertragungen unter Grundlage des § 36 des Stmk. Elektrizitätswirtschafts- und -organisationsgesetztes 2001, LGBl. Nr. 60/2001, gelten als Namhaftmachungen und Übertragungen im Sinne des § 33 dieses Gesetzes.

(9) Der unter Grundlage des § 47 des Steiermärkischen Elektrizitätswirtschafts- und -organisationsgesetztes 2001, LGBl. Nr. 60/2001, mit der Verordnung der Stmk. Landesregierung vom 29. Oktober 2001, LGBl. Nr. 81/2001, eingerichtete Fonds (Ökofonds) gilt als Fonds im Sinne dieses Gesetzes.

(10) *(Anm: entfallen)*

(11) Erzeugungsanlagen, die im Zeitpunkt des Inkrafttretens dieses Gesetzes rechtmäßig bestehen und betrieben werden oder rechtmäßig errichtet werden können, gelten als nach diesem Gesetz genehmigt. Die §§ 12 bis 19 sind auf diese Erzeugungsanlagen anzuwenden.

(12) Betreiberinnen/Betreiber von bewilligungspflichtigen Erzeugungsanlagen sind verpflichtet, innerhalb von zwei Monaten nach Inkrafttreten dieses Gesetzes der Behörde eine fachlich geeignete Person (§ 12) bekannt zu geben.

(13) Auf Verwaltungsübertretungen, die vor Inkrafttreten dieses Gesetzes begangen worden sind, finden die bisherigen Rechtsvorschriften Anwendung.

(14) Die Rechte und Pflichten von Endverbrauchern, die elektrische Energie an Verbraucher innerhalb einer Verbrauchsstätte im Zeitpunkt des Inkrafttretens dieses Gesetzes rechtmäßig abgeben, werden durch die Bestimmungen dieses Gesetzes nicht berührt.

(15) Vertikal integrierte Elektrizitätsunternehmen oder Unternehmen, die zu einem vertikal integrierten Unternehmen im Sinne des § 2 Z 47 gehören und die am 1. Juli 2004 Träger einer Konzession für Verteilernetzbetreiber sind, haben bis spätestens 1. Jänner 2006 der Landesregierung ein Unternehmen zu benennen, auf das die Konzession bei Erfüllung der Konzessionsvoraussetzungen zu übertragen ist. Bei Erfüllung der Konzessionsvoraussetzungen hat das benannte Unternehmen einen Rechtsanspruch auf Erteilung der Konzession in dem zum Zeitpunkt des Inkrafttretens dieses Gesetzes bestehenden Umfanges. Die Benennung der bisherigen Konzessionsträgerin/des bisherigen Konzessionsträgers ist zulässig, wenn die gesetzlich vorgesehenen Konzessionsvoraussetzungen erfüllt werden. Die Konzessionserteilung hat im Sinne der §§ 44ff. zu erfolgen. Erstreckt sich das Verteilernetz über zwei oder mehrere Länder, haben die beteiligten Länder gemäß Artikel 15 Abs. 7 B-VG vorzugehen.

(16) Abs. 15 findet keine Anwendung auf vertikal integrierte Elektrizitätsunternehmen oder Unternehmen, die zu einem vertikal integrierten Unternehmen im Sinne des § 2 Z 47 gehören, wenn die Anzahl der an das Netz angeschlossenen Kunden 100.000 nicht übersteigt.

(17) Kommt ein vertikal integriertes Elektrizitätsunternehmen seiner Verpflichtung zur Benennung eines geeigneten Konzessionsträgers gemäß Abs. 15 nicht nach, hat die Landesregierung gegen die bisherige Konzessionsträgerin/den bisherigen Konzessionsträger ein Konzessionsentziehungsverfahren gemäß § 55 einzuleiten und darüber dem Bundesminister für Wirtschaft und Arbeit zu berichten. Zur Aufrechterhaltung des Netzbetriebes kann auch ein anderes Elektrizitätsunternehmen in das Netz des bisherigen Konzessionsträgers eingewiesen werden; die Bestimmungen des § 56 sind sinngemäß anzuwenden. Erstreckt sich das Verteilernetz über zwei oder mehrere Länder, haben die beteiligten Länder gemäß Artikel 15 Abs. 7 B-VG vorzugehen.

(18) Bescheide, die im Widerspruch zu § 2 Z 41 stehen, treten spätestens sechs Monate nach Inkrafttreten dieses Gesetzes außer Kraft. Verträge, die von einer Netzbetreiberin/einem Netzbetreiber unter Zugrundelegung von allgemeinen Netzbedingungen für den Zugang zum Übertragungsnetz abgeschlossen wurden, gelten ab dem Zeitpunkt der Anwendbarkeit des § 2 Z 41 als Verträge, denen die geltenden Allgemeinen Bedingungen für den Zugang zu einem Verteilernetz des betreffenden Netzbetreibers zugrunde liegen.

(19) Unbeschadet der in Absatz 15 enthaltenen Regelung haben vertikal integrierte Unternehmen, die Verteilnetzbetreiber sind, an deren Netz mehr als 100.000 Kunden angeschlossen sind, vorzusehen, dass bereits ab Inkrafttreten dieses Gesetzes hinsichtlich ihrer Organisation und Entscheidungsgewalt unabhängig von den übrigen Tätigkeitsbereichen eines vertikal integrierten Unternehmens, die nicht mit der Verteilung zusammenhängen, die zur Sicherung dieser Unabhängigkeit erforderlichen Maßnahmen gemäß § 44 Abs. 14 Z 1 bis 4 getroffen werden.

Anm.: in der Fassung LGBl. Nr. 45/2014

§ 67a

Übergangsbestimmungen zur Novelle LGBl. Nr. 89/2011

Vertikal integrierte Verteilernetzbetreiberinnen/Verteilernetzbetreiber, an deren Netz mindestens 100.000 Kundinnen/Kunden angeschlossen sind, haben binnen drei Monaten nach Inkrafttreten dieser Novelle der Behörde jene Maßnahmen mitzuteilen, durch die gewährleistet wird, dass in ihrer Kommunikations- und Markenpolitik eine Verwechslung in Bezug auf die eigene Identität der Versorgungssparte des vertikal integrierten Unternehmens ausgeschlossen ist.

Anm.: in der Fassung LGBl. Nr. 89/2011

§ 68

Schlussbestimmungen

(1) Die Bestimmungen dieses Gesetzes treten mit dem der Kundmachung folgenden Tag, das ist der 17. August 2005, in Kraft.

(2) Mit dem Inkrafttreten dieses Gesetzes tritt das Gesetz vom 3. Juli 2001, mit dem die Organisation auf dem Gebiet der Elektrizitätswirtschaft im Land Steiermark geregelt wird (Steiermärkisches Elektrizitätswirtschafts- und -organisationsgesetz 2001 – Stmk. ElWOG), LGBl. Nr. 60/2001, außer Kraft.

(3) Der Netzverweigerungstatbestand gemäß § 22 Abs. 1 Z 3 tritt mit 1. Juli 2007 außer Kraft.

§ 69

Inkrafttreten von Novellen

(1) Die Änderungen des Inhaltsverzeichnisses, der §§ 1 Abs. 3, 2, 3, 21, 23 Abs. 3, die Anfügungen der §§ 23 Abs. 8 bis 10, 29 Abs. 2 Z 17 bis 19, die Änderung des § 31, der Entfall des § 32 Abs. 1 Z 5 und die Anfügung der Z 11 bis 15, die Änderung des § 33 Abs. 7 Z 9, die Anfügung des § 33 Abs. 7 Z 14 bis 17, die Einfügungen der §§ 33a bis 33c, 36a, 36b, die Anfügung des § 37 Abs. 1 Z 6 und 7, die Änderung des § 37 Abs. 2 und die Anfügung der Abs. 3 und 4, die Änderung des § 39 Abs. 9 Z 4 und die Anfügung der Z 8, die Änderung der Überschrift des Hauptstückes X, die Änderung des § 63, die Einfügungen der §§ 63a bis 63c, die Anfügung des § 64 Abs. 1 Z 17, die Änderungen der §§ 65 und 66 durch die Novelle LGBl. Nr. 25/2007 treten mit dem der Kundmachung folgenden Tag, das ist der **21. April 2007**, in Kraft.

(2) Die Änderungen des § 2 Z 5, des § 42 Abs. 2 Z 5 und 7 und des § 66 durch die Novelle LGBl. Nr. 13/2010 treten mit dem der Kundmachung folgenden Tag, das ist der **3. März 2010**, in Kraft.

(3) Die Änderungen des § 45 Abs. 2 Z 1, des § 51 Abs. 1 Z 2 und des § 52 Abs. 3 bis 5 durch die Novelle LGBl. Nr. 81/2010 treten mit dem der Kundmachung folgenden Tag, das ist der **25. September 2010**, in Kraft.

(4) Die Änderungen des Inhaltsverzeichnisses, der §§ 1 Abs. 3 Z 2., 7. und 8., 2, 5 Abs. 2 Z 1. und 3., 6 Abs. 2 Z 3., 4. und 9., 7 Abs. 1, 8 Abs. 1 und 2, 9 Z 2., 10 Abs. 1, 15 Abs. 1 und 2, 19 Abs. 1, 20 Abs. 2, 21, 22, 23 Abs. 1, 3, 8 und 9, 24 Abs. 1, 25 Abs. 1, 29, 30 Abs. 2, 32 Abs. 1, 33, 33a, 33c, 35 Abs. 4, 36, 36a Abs. 1, 2 Z 6. und Abs. 3, 36b Abs. 1 und 2, 37 Abs. 1 Z 7., Abs. 2, 3 und 4, 38 Abs. 1 bis 5, 39 Abs. 2, 3, 6, 7 und 8 Z 2. und 4., Abs. 9 Z 3. und 7., 40 Abs. 2, 41 Abs. 1, 2, 3, 4 Z 2. und 5. und Abs. 5, 42 Abs. 3 Z 4. und 5. und Abs. 4, 44 Abs. 1, 3 Z 2., 5, 6, 7 und 14 Z 3., 45 Abs. 2 Z 2. und 6. und Abs. 5, 46 Abs. 5, 49 Abs. 2 Z 5., Abs. 3, 4 und 5, 50 Abs. 1, 51 Abs. 1 Z 4., 52 Abs. 2 Z 2. und 5. und Abs. 6, 54 Abs. 1 Z 2. und Abs. 5, 7 und 8, 55 Abs. 5, 59, 60 Abs. 2 Z 5., 61 Abs. 2 Z 1., 62 Abs. 2 und 3, 63 Abs. 2, 63a Abs. 1, 2 und 3, 63c Abs. 1 und 2, 64 Abs. 1 und 2, 65 Abs. 2 und 3 sowie 66, die Anfügungen der §§ 1 Abs. 3 Z 9., 6 Abs. 2 Z 10. und 11., 32 Abs. 3 bis 7, 36a Abs. 2 Z 7. und 8., 37 Abs. 1 Z 8., 44 Abs. 17, 18 und 19, 59 Abs. 4, 5 und 6, 63a Abs. 5, 69 Abs. 4 sowie 70, die Einfügungen der §§ 19a sowie 67a und der Entfall der §§ 4 Abs. 2, 38 Abs. 6, 43, 44 Abs. 13, 54 Abs. 6 sowie 64 Abs. 7 durch die Novelle LGBl. Nr. 89/2011 treten mit dem der Kundmachung folgenden Tag, das ist der **20. September 2011**, in Kraft.

(5) Die Änderung des § 61 Abs. 3 Z 2 durch die Novelle LGBl. Nr. 44/2012 tritt mit Beginn der der Kundmachung dieses Gesetzes folgenden Gesetzgebungsperiode in Kraft. Dieser Zeitpunkt ist von der Präsidentin/vom Präsidenten des Landtages in der Grazer Zeitung und im Internet kundzumachen.

(6) Die Änderung der Überschrift zu § 14, des § 14 Abs. 1, des § 44 Abs. 4 und 5, des § 52 Abs. 5 und 6 sowie des § 64 Abs. 1 Z 21 und der Entfall des § 64 Abs. 8 durch die Novelle LGBl. Nr. **87/2013** treten mit 1. Jänner 2014 in Kraft.

(7) Die Änderungen des Inhaltsverzeichnisses, der Überschrift im Hauptstück X, der §§ 2 Z 10, Z 17, Z 21 und Z 57, der §§ 16 Abs. 3, 36b, des 38 Abs. 4, der §§ 42 Abs. 4 Z 5. und Abs. 6, der §§ 63, 63a, der §§ 63b Abs. 1, 63c und des 65 Abs. 2 lit. a), die Einfügungen der Z 3a und Z 42a in § 2, die Anfügung des § 69 Abs. 7 und der Entfall der §§ 38 Abs. 7, 42 Abs. 8, 61 und 67 Abs. 10 durch die Novelle LGBl. Nr. 45/2014 treten mit dem der Kundmachung folgenden Tag, das ist der **30. April 2014**, in Kraft.

(8) In der Fassung des Gesetzes LGBl. Nr. 79/2017 tritt § 45 Abs. 2 Z 1 mit dem der Kundmachung folgenden Tag, das ist der **1. September 2017**, in Kraft.

(9) In der Fassung des Gesetzes LGBl. Nr. 25/2018 treten das Inhaltsverzeichnis, § 2 Z 22a, Z 23a, Z 28a, Z 28b, Z 54, Z 61a und Z 76 bis 80, § 6 Abs. 5, § 10 Abs. 1, § 17 Abs. 1 und 3, § 29 Z 24 und 25, § 32 Abs. 1 Z 22 und 23,

§ 33 Abs. 3 Z 5, § 36 Abs. 5, § 37 Abs. 2a, § 37a, die Überschriften der Hauptstücke VI und VII, § 65 Abs. 2, § 65 Abs. 3 Z 5 sowie § 66 Abs. 2 Z 3 mit dem der Kundmachung folgenden Tag, das ist der **21. März 2018**, in Kraft; gleichzeitig treten die Abschnittsbezeichnungen 1 und 2 samt Überschriften der Hauptstücke VI und VII, § 53 sowie § 59 Abs. 5 und 6 außer Kraft.

(10) In der Fassung des Gesetzes LGBl. Nr. 63/2018 treten das Inhaltsverzeichnis, die Überschrift zu § 60 und § 60 Abs. 1 mit dem der Kundmachung folgenden Tag, das ist der **10. Juli 2018**, in Kraft; gleichzeitig tritt § 60 Abs. 2 Z 4 außer Kraft.

(11) In der Fassung des Gesetzes LGBl. Nr. 59/2020 treten das Inhaltsverzeichnis, § 6 Abs. 2 Z 11 und 12 und Abs. 5 bis 9, § 10 Abs. 1 letzter Satz sowie die Anlage 1 mit dem der Kundmachung folgenden Tag, das ist der **26. Juni 2020**, in Kraft.

(12) In der Fassung des Gesetzes LGBl. Nr. 47/2022 treten das Inhaltsverzeichnis, § 1 Abs. 3 Z 2 und 3, § 1 Abs. 3 Z 8, § 2 Z 1, 8a und 8b, 12a, 14a, 16 und 16a, 21, 24a, 27 und 28, 40, 42, 42a und 42b, 48a und 48b, 56a, 61b und 61c, § 5, § 6 Abs. 2 erster und letzter Satz, § 6a, § 7 Abs. 2 und 4, § 8, § 10, § 13 Abs. 1, § 14, § 17 Abs. 1, § 21, § 22 Abs. 3 Z 3, § 23 Abs. 8, § 29, § 32 Abs. 1 Z 5, 13, 17 und 18, § 33 Abs. 3 Z 5, 13 und 18, § 33a Abs. 1, 4 und 5, § 34 Abs. 1, § 36b Abs. 4, § 37 Abs. 1 Z 7 und Abs. 3, § 38 Abs. 1 lit a und Abs. 2, § 42 Abs. 4 erster Satz und Z 5, § 44 Abs. 1 zweiter Satz, § 58 Abs. 2, § 58a, § 63 Abs. 1, § 63a, § 63b, § 63c Abs. 1 Z 1 und Abs. 2, § 65 sowie § 66 mit dem der Kundmachung folgenden Tag, das ist der **30. Juni 2022**, in Kraft; gleichzeitig treten § 22 Abs. 3 Z 3 und 4 außer Kraft.

(13) In der Fassung des Gesetzes LGBl. Nr. 73/2023 treten das Inhaltsverzeichnis, § 5 Abs. 1, 2 und 3, § 6 Abs. 2a und 2b, § 8 Abs. 2, § 10 Abs. 4, § 11 Abs. 1, § 12 Abs. 6, § 14, § 38 Abs. 2, § 58 Abs. 2 und § 58a mit dem der Kundmachung folgenden Tag, das ist der **15. Juli 2023**, in Kraft; gleichzeitig tritt § 7 außer Kraft.

Anm.: in der Fassung LGBl. Nr. 25/2007, LGBl. Nr. 13/2010, LGBl. Nr. 89/2011, LGBl. Nr. 44/2012, LGBl. Nr. 87/2013, LGBl. Nr. 45/2014, LGBl. Nr. 79/2017, LGBl. Nr. 25/2018, LGBl. Nr. 63/2018, LGBl. Nr. 59/2020, LGBl. Nr. 47/2022, LGBl. Nr. 73/2023

§ 70

Außerkrafttreten

Mit Inkrafttreten der Novelle zu diesem Gesetz tritt die Verordnung der Stmk. Landesregierung (Ökofonds-VO) vom 29. Oktober 2001, LGBl. Nr. 81/2001, außer Kraft.

Anm.: in der Fassung LGBl. Nr. 89/2011

Anlage 1

Grundsätze für die Durchführung der Kosten-Nutzen-Analyse und Leitgrundsätze für die Methodik, die Annahmen und dem Betrachtungszeitraum der wirtschaftlichen Analyse gemäß Anhang IX, Teil 2 der RL 2012/27/EU

Wird die Errichtung einer reinen Stromerzeugungsanlage geplant, so wird die geplante Anlage oder die wesentliche Änderung der Anlage mit einer gleichwertigen Anlage verglichen, bei der dieselbe Menge an Strom erzeugt, jedoch Abwärme rückgeführt und Wärme mittels hocheffizienter KWK und/oder Fernwärme- und Fernkältenetze abgegeben wird.

Bei der Bewertung werden innerhalb festgelegter geografischer Grenzen die geplante Anlage und etwaige geeignete bestehende oder potenzielle Wärmebedarfspunkte, die über die Anlage versorgt werden könnten, berücksichtigt, wobei den praktischen Möglichkeiten (zB technische Machbarkeit und Entfernung) Rechnung zu tragen ist.

Die Systemgrenze wird so festgelegt, dass sie die geplante Anlage und die Wärmelasten umfasst, beispielsweise Gebäude und Industrieprozesse. Innerhalb dieser Systemgrenze sind die Gesamtkosten für die Bereitstellung von Wärme und Strom für beide Fälle zu ermitteln und zu vergleichen.

Die Wärmelasten umfassen bestehende Wärmelasten wie Industrieanlagen oder vorhandene Fernwärmesysteme sowie – in städtischen Gebieten – die Wärmelasten, die bestehen würden, wenn eine Gebäudegruppe oder ein Stadtteil ein neues Fernwärmenetz erhielte und/oder an ein solches angeschlossen würde.

Die Kosten-Nutzen-Analyse stützt sich auf eine Beschreibung der geplanten Anlage und der Vergleichsanlage(n); diese umfasst insbesondere die elektrische und thermische Kapazität, den Brennstofftyp, die geplante Verwendung und die geplante Anzahl der Betriebsstunden pro Jahr, den Standort und den Bedarf an Strom und Wärme.

Für die Zwecke des Vergleichs werden der Wärmeenergiebedarf und die Arten der Wärme- und Kälteversorgung, die von den nahe gelegenen Wärmebedarfspunkten genutzt werden, berücksichtigt. In den Vergleich fließen die infrastrukturbezogenen Kosten der geplanten Anlage und der Vergleichsanlage ein.

Die Kosten-Nutzen-Analyse beinhaltet neben der reinen Finanzanalyse auch eine volkswirtschaftliche Analyse.

Die Finanzanalyse gibt Aufschluss über die zu erwartenden Cashflows der beiden Optionen, die sich einerseits aus den Investitionen und den laufenden Kosten des Betriebs einer reinen Stromerzeugungsanlage, und andererseits aus den Investitionen und laufenden Kosten des Betriebs einer hocheffizienten KWK-Anlage ergeben. Zur Ermittlung der erwarteten Erlöse aus der Vermarktung des erzeugten Stroms für die beiden Optionen sind entsprechende Preiserwartungen über die Nutzungsdauer zu hinterlegen. Für die Option der hocheffizienten KWK-Anlage sind zusätzlich die erwarteten Erlöse aus der Wärmebereitstellung zu ermitteln. Die Finanzanalyse hat dabei folgende Kriterien zu berücksichtigen:

1. Investitionskosten für die Errichtung der Anlage, die Auskopplung, sowie den Transport und die Einspeisung von Wärme,
2. Betriebskosten für die Anbindung von Anlage und Netz,
3. Finanzierungskosten unter Berücksichtigung eines Zeitraumes von 30 Jahren und einer angemessenen Rendite,
4. sonstige Kosten, insbesondere für die Betriebsführung und Ausfallsicherung,
5. Kosten-Nutzen-Vergleich.

Die volkswirtschaftliche Kosten-Nutzen-Analyse erweitert die Finanzanalyse um externe Effekte (externe Kosten und externen Nutzen), die der jeweiligen Option zuzurechnen sind. Die externen Effekte haben zumindest die relevanten negativen und positiven Externalitäten jeder Option (wie zB Umweltauswirkungen, Auswirkungen auf die Versorgungssicherheit, Primärenergieeinsparungen) zu umfassen. Sofern möglich und zumutbar, ist bei der Bewertung der Externalitäten eine quantitative Bewertung heranzuziehen.

Die Finanzanalyse und der davon abgeleiteten volkswirtschaftlichen Analyse ist eine Sensitivitäts- und Risikoanalyse beizulegen. Dabei sollten zumindest unterschiedliche Verbrauchsentwicklungsszenarien und Preisszenarien, sowohl auf der Input-Seite als auch auf der Output-Seite, zur Anwendung gelangen. Die beizulegenden Analysen haben der gängigen Praxis der Investitionsbewertung zu entsprechen.

Die Kosten-Nutzen-Analyse ist für jede der Optionen separat, übersichtlich und transparent aufzustellen. Die entsprechenden Annahmen zur Entwicklung der relevanten Parameter sind zum Zwecke der Nachvollziehbarkeit und Plausibilisierung darzustellen. Dies gilt auch für die Sensitivitäts- und Risikoanalyse. Liefert die Finanzanalyse für eine oder für beide der Optionen ein negatives Ergebnis, sind dennoch die Kosten-Nutzen-Analysen und die beizulegenden Sensitivitäts- und Risikoanalysen vorzulegen.

Anm.: in der Fassung LGBl. Nr. 59/2020

14. Tiroler Elektrizitätsgesetz 2012

Gesetz vom 16. November 2011 über die Regelung des Elektrizitätswesens in Tirol

StF: LGBl. Nr. 134/2011

Letzte Novellierung: LGBl. Nr. 47/2023

Der Landtag hat beschlossen:

GLIEDERUNG

1. Teil
Allgemeine Bestimmungen
§ 1
Geltungsbereich, Ziele

(1) Dieses Gesetz gilt für

a) die Erzeugung, die Umwandlung, die Speicherung, die Übertragung und die Verteilung von Elektrizität und die Versorgung mit Elektrizität und
b) die Organisation der Elektrizitätswirtschaft, soweit in den Abs. 2 bis 4 nichts anderes bestimmt ist.

(2) Dieses Gesetz gilt nicht, soweit für die Erzeugung, die Umwandlung, die Speicherung, die Übertragung und die Verteilung von Elektrizität und die Versorgung mit Elektrizität Anlagen verwendet werden, die

a) in untrennbarem Zusammenhang mit Anlagen stehen, die einer Bewilligung oder Genehmigung nach den eisenbahn-, luftfahrts-, schifffahrts- oder fernmelderechtlichen Vorschriften bedürfen,
b) Bestandteile militärischer Anlagen, wie Befestigungs- und Sperranlagen, Munitionslager, Meldeanlagen, Übungsstätten und dergleichen, sind oder
c) mobiler Art sind und nur kurzfristig den Elektrizitätsbedarf decken sollen, wie bei der Abwehr oder Bekämpfung von Katastrophen und bei Aufräumungsarbeiten nach Katastrophen, im Rahmen der land- und forstwirtschaftlichen Nutzung sowie bei Versammlungen, Wahlkundgebungen, Veranstaltungen und dergleichen.

(3) Der 2. Teil dieses Gesetzes gilt nicht, soweit für die Erzeugung, die Umwandlung, die Speicherung, die Übertragung und die Verteilung von Elektrizität und die Versorgung mit Elektrizität Anlagen verwendet werden, die in untrennbarem Zusammenhang mit Anlagen stehen, die einer Bewilligung oder Genehmigung nach den abfallwirtschafts-, gewerbe-, luftreinhalte-, mineralrohstoff- oder wasserrechtlichen Vorschriften bedürfen. Die §§ 5 und 15 bis 20 gelten jedoch sinngemäß.

(4) Der 2. Teil dieses Gesetzes gilt weiters nicht, soweit für die Erzeugung, die Übertragung und die Verteilung von Elektrizität und die Versorgung mit Elektrizität Anlagen verwendet werden, die

a) eine Engpassleistung von höchstens 50 kW erzeugen oder
b) dem Tiroler Starkstromwegegesetz 1969, LGBl. Nr. 11/1970, oder dem Starkstromwegegesetz 1968 unterliegen.

(5) Ziel dieses Gesetzes ist es,

a) eine effiziente Energiegewinnung nach dem jeweiligen Stand der Technik zu gewährleisten,
b) der Tiroler Bevölkerung und Wirtschaft kostengünstige Elektrizität in hoher Qualität zur Verfügung zu stellen,
c) eine Marktorganisation für die Elektrizitätswirtschaft nach dem EU-Primärrecht und den Grundsätzen des Elektrizitätsbinnenmarktes nach der Richtlinie 2019/944/EU zu schaffen,
d) durch die Schaffung geeigneter Rahmenbedingungen die Netz- und Versorgungssicherheit zu erhöhen und nachhaltig zu gewährleisten,
e) die Weiterentwicklung der Erzeugung von elektrischer Energie aus erneuerbaren Energiequellen samt den zugehörigen Speichertechnologien zu unterstützen und den Zugang zum Elektrizitätsnetz aus erneuerbaren Energiequellen zu gewährleisten,
f) das öffentliche Interesse an der Versorgung mit elektrischer Energie, insbesondere aus heimischen, erneuerbaren Ressourcen, bei der Bewertung von Infrastrukturprojekten zu berücksichtigen,
g) einen Ausgleich für gemeinwirtschaftliche Verpflichtungen im Allgemeininteresse zu schaffen, die den Elektrizitätsunternehmen auferlegt sind und die sich auf die Sicherheit, einschließlich der Versorgungssicherheit, die Regelmäßigkeit, die Qualität und den Preis der Lieferungen sowie auf den Umweltschutz beziehen,
h) die Bevölkerung und die Umwelt vor Gefährdungen und unzumutbaren Belästigungen durch Stromerzeugungsanlagen zu schützen,
i) die bei der Erzeugung zum Einsatz gelangende Energie effizient einzusetzen und
j) das Potential der Kraft-Wärme-Kopplung (KWK) und KWK-Technologien nach der Anlage II zum ElWOG 2010 als Mittel zur Energieeinsparung und Gewährleistung der Versorgungssicherheit nachhaltig zu nutzen.

§ 2
Gemeinwirtschaftliche Verpflichtungen

(1) Den Netzbetreibern werden folgende gemeinwirtschaftliche Verpflichtungen im Allgemeininteresse auferlegt:

a) die diskriminierungsfreie Behandlung aller Kunden eines Netzes,
b) der Abschluss von privatrechtlichen Verträgen mit Netzbenutzern über den Anschluss an ihr Netz (Allgemeine Anschlusspflicht),
c) die Errichtung und Erhaltung einer für die inländische Elektrizitätsversorgung oder für die Erfüllung völkerrechtlicher Verpflichtungen ausreichenden Netzinfrastruktur.

(2) Den Elektrizitätsunternehmen werden folgende gemeinwirtschaftliche Verpflichtungen im Allgemeininteresse auferlegt:

a) die Erfüllung der durch Rechtsvorschriften auferlegten Pflichten im öffentlichen Interesse und

b) die Mitwirkung an Maßnahmen zur Beseitigung von Netzengpässen und an Maßnahmen zur Gewährleistung der Versorgungssicherheit.

(3) Die Netzbetreiber und Elektrizitätsunternehmen haben die bestmögliche Erfüllung der ihnen nach Abs. 1 bzw. 2 im Allgemeininteresse auferlegten Verpflichtungen mit allen ihnen zur Verfügung stehenden Mitteln anzustreben.

§ 3
Grundsätze beim Betrieb von Elektrizitätsunternehmen

Elektrizitätsunternehmen haben als kunden- und wettbewerbsorientierte Anbieter von Energiedienstleistungen nach den Grundsätzen einer sicheren, kostengünstigen, umweltverträglichen und effizienten Bereitstellung der nachgefragten Dienstleistungen sowie eines wettbewerbsorientierten und wettbewerbsfähigen Elektrizitätsmarktes zu agieren. Diese Grundsätze sind als Unternehmensziele zu verankern.

§ 4
Begriffsbestimmungen

(1) Agentur ist die Agentur für die Zusammenarbeit der Energieregulierungsbehörden nach der Verordnung (EU) 2019/942.

(1a) Aggregierung ist eine von einer natürlichen oder juristischen Person ausgeübte Tätigkeit, bei der mehrere Kundenlasten oder erzeugte Elektrizität zum Kauf, Verkauf oder zur Versteigerung auf einem Elektrizitätsmarkt gebündelt werden bzw. wird.

(2) Anschlussleistung ist die für die Netznutzung an der Übergabestelle vertraglich vereinbarte Leistung.

(2a) Ausfallsreserve ist jener Anteil der Sekundärregelung, der automatisch oder manuell angesteuert werden kann und vorrangig der Abdeckung des Ausfalls des größten Kraftwerkblocks in der Regelzone dient.

(3) Ausgleichsenergie ist die Differenz zwischen dem vereinbarten Fahrplanwert und dem tatsächlichen Bezug oder der tatsächlichen Lieferung der Bilanzgruppe je definierter Messperiode, wobei die elektrische Energie je Messperiode tatsächlich erfasst oder rechnerisch ermittelt werden kann.

(4) Betriebsstätte ist ein räumlich zusammenhängendes Gebiet, auf dem regelmäßig eine auf Gewinn oder einen sonstigen wirtschaftlichen Vorteil gerichtete Tätigkeit selbstständig ausgeübt wird.

(5) Bilanzgruppe ist die Zusammenfassung von Lieferanten und Kunden zu einer virtuellen Gruppe, innerhalb der ein Ausgleich zwischen Aufbringung (Bezugsfahrpläne, Einspeisungen) und Abgabe (Lieferfahrpläne, Ausspeisungen) erfolgt.

(6) Bilanzgruppenkoordinator ist eine natürliche oder juristische Person oder eingetragene Personengesellschaft, die eine Verrechnungsstelle betreibt.

(7) Bilanzgruppenverantwortlicher ist eine gegenüber anderen Marktteilnehmern und dem Bilanzgruppenkoordinator zuständige Stelle einer Bilanzgruppe, welche die Bilanzgruppe vertritt.

(7a) Bürgerenergiegemeinschaft ist eine Rechtsperson, die elektrische Energie erzeugt, verbraucht, speichert oder verkauft, im Bereich der Aggregierung tätig ist oder Energiedienstleistungen für ihre Mitglieder erbringt und von Mitgliedern bzw. Gesellschaftern nach § 16b Abs. 3 ElWOG 2010 kontrolliert wird.

(7b) Demonstrationsprojekt ist ein Vorhaben, das eine in der Union völlig neue Technologie beinhaltet, die eine wesentliche, weit über den Stand der Technik hinausgehende Innovation darstellt.

(8) Direktleitung ist entweder eine Leitung, die einen einzelnen Produktionsstandort mit einem einzelnen Kunden verbindet, oder eine Leitung, die einen Elektrizitätserzeuger und ein Elektrizitätsversorgungsunternehmen zum Zweck der direkten Versorgung mit ihrer eigenen Betriebsstätte, ihrem Tochterunternehmen und zugelassenen Kunden verbindet; Leitungen innerhalb von Wohnhausanlagen gelten nicht als Direktleitungen.

(8a) Hauptleitung ist die Verbindungsleitung zwischen Hausanschlusskasten und den Zugangsklemmen der Vorzählersicherungen.

(9) Einspeiser ist ein Erzeuger oder ein Elektrizitätsunternehmen, der (das) elektrische Energie in ein Netz abgibt.

(10) Elektrische Leitungsanlagen sind jene elektrischen Anlagen, die der Fortleitung von Elektrizität dienen; hierzu zählen auch Umspann-, Umform- und Schaltanlagen.

(11) Elektrizitätsunternehmen ist eine natürliche oder juristische Person oder eine eingetragene Personengesellschaft, die in Gewinnabsicht von den Funktionen der Erzeugung, der Übertragung, der Verteilung, der Lieferung oder des Kaufs von elektrischer Energie mindestens eine wahrnimmt und die kommerzielle, technische oder wartungsbezogene Aufgaben im Zusammenhang mit diesen Funktionen wahrnimmt, mit Ausnahme der Endverbraucher.

(11a) Energiespeicherung im Elektrizitätsnetz ist die Verschiebung der endgültigen Nutzung elektrischer Energie auf einen späteren Zeitpunkt als den ihrer Erzeugung oder die Umwandlung elektrischer Energie in eine speicherbare Energieform, die Speicherung solcher Energie und ihre anschließende Rückumwandlung in elektrische Energie oder Nutzung als ein anderer Energieträger.

(11b) Energiespeicheranlage im Elektrizitätsnetz ist eine Anlage, in der Energiespeicherung erfolgt.

(12) Horizontal integriertes Elektrizitätsunternehmen ist ein Unternehmen, das mindestens eine der Funktionen kommerzielle Erzeugung, Übertragung, Verteilung von Elektrizität oder Versorgung mit Elektrizität wahrnimmt und das außerdem eine weitere Tätigkeit außerhalb des Elektrizitätsbereichs ausübt.

(13) Vertikal integriertes Elektrizitätsunternehmen ist ein Unternehmen oder eine Gruppe von Unternehmen, in der dieselbe Person berechtigt ist, direkt oder indirekt Kontrolle auszuüben, wobei das betreffende Unternehmen bzw. die betreffende Gruppe mindestens eine der Funktionen Übertragung oder Verteilung und mindestens eine der Funktionen Erzeugung von Elektrizität oder Versorgung mit Elektrizität wahrnimmt.

(14) Verbundenes Elektrizitätsunternehmen ist (sind)

a) ein verbundenes Unternehmen im Sinn des § 228 Abs. 3 UGB,
b) ein assoziiertes Unternehmen im Sinn des § 263 Abs. 1 UGB oder
c) zwei oder mehrere Unternehmen, deren Aktionäre ident sind.

(14a) Endgültige Stilllegungen sind Maßnahmen, die den Betrieb der Erzeugungsanlage endgültig ausschließen oder bewirken, dass eine Anpassung der Einspeisung nicht mehr angefordert werden kann.

(14b) Temporäre Stilllegungen sind vorläufige Maßnahmen mit Ausnahme von Revisionen und technisch bedingten Störungen, die bewirken, dass die Erzeugungsanlage innerhalb von 72 Stunden nicht mehr anfahrbereit gehalten wird, aber wieder betriebsbereit gemacht werden kann. Hiermit wird keine Betriebseinstellung der Anlage bewirkt.

(14c) Temporäre saisonale Stilllegungen sind temporäre Stilllegungen nach Abs. 14b, die von einem Betreiber einer Erzeugungsanlage für den Zeitraum von jeweils 1. Mai bis jeweils 30. September eines Kalenderjahres nach § 23a ElWOG 2010 verbindlich angezeigt werden. Für die Festlegung von Beginn und Ende des Stilllegungszeitraumes steht dem Betreiber der Erzeugungsanlage eine Toleranzbreite von jeweils einem Monat nach oben sowie nach unten zu.“

(14d) Engpassmanagement bezeichnet die Gesamtheit von kurz-, mittel- oder langfristigen Maßnahmen, welche nach Maßgabe der systemtechnischen Anforderungen ergriffen werden können, um unter Berücksichtigung der Netz- und Versorgungssicherheit Engpässe im Übertragungsnetz zu vermeiden oder zu beseitigen.

(15) Endverbraucher ist eine natürliche oder juristische Person oder eingetragene Personengesellschaft, die Elektrizität für den Eigenverbrauch kauft.

(15a) Energieeffizienz an erster Stelle ist die größtmögliche Berücksichtigung alternativer kosteneffizienter Energieeffizienzmaßnahmen für eine effizientere Energienachfrage und Energieversorgung, insbesondere durch kosteneffiziente Einsparungen beim Energieendverbrauch, Initiativen für eine Laststeuerung und eine effizientere Umwandlung, Übertragung und Verteilung von Energie bei allen Entscheidungen über Planung sowie Politiken und Investitionen im Energiebereich, und gleichzeitig die Ziele dieser Entscheidungen zu erreichen.

(16) Energieeffizienz-/Nachfragesteuerung ist ein globales oder integriertes Konzept zur Steuerung der Höhe und des Zeitpunkts des Elektrizitätsverbrauchs, das den Primärenergieverbrauch senken und Spitzenlasten verringern soll, indem Investitionen zur Steigerung der Energieeffizienz oder anderen Maßnahmen, wie unterbrechbaren Lieferverträgen, Vorrang vor Investitionen zur Steigerung der Erzeugungskapazität eingeräumt wird, wenn sie unter Berücksichtigung der positiven Auswirkungen eines geringeren Energieverbrauchs auf die Umwelt und der damit verbundenen Aspekte einer größeren Versorgungssicherheit und geringerer Verteilungskosten die wirksamste und wirtschaftlichste Option darstellen.

(16a) Energieeffizienz ist das Verhältnis zwischen dem Ertrag an Leistung, Dienstleistungen, Waren oder Energie und dem Energieeinsatz.

(17) Engpassleistung ist die durch den leistungsschwächsten Teil begrenzte höchstmögliche Dauerleistung der gesamten Stromerzeugungsanlage mit allen Maschinensätzen, beurteilt als funktionale, bauliche und technische Einheit.

(18) Entnehmer ist ein Endverbraucher oder ein Netzbetreiber, der elektrische Energie aus einem Übertragungs- oder Verteilernetz entnimmt.

(19) ENTSO (Strom) ist der Europäische Verbund der Übertragungsnetzbetreiber für Strom nach Art. 29 der Verordnung (EU) 943/2019.

(20) Erneuerbare Energiequelle ist eine erneuerbare, nichtfossile Energiequelle (Wind, Sonne [Solarthermie und Photovoltaik], aerothermische, geothermische, hydrothermische Energie, Wellen- und Gezeitenenergie, Wasserkraft, Biomasse, Deponiegas, Klärgas und Biogas); aerothermische Energie ist jene Energie, die in Form von Wärme in der Umgebungsluft gespeichert ist, geothermischer Energie jene, die in Form von Wärme unter der festen Erdoberfläche gespeichert ist, und hydrothermische Energie jene, die in Form von Wärme in Oberflächengewässern gespeichert ist.

(20a) Erneuerbare-Energie-Gemeinschaft ist eine Rechtsperson, die es ermöglicht, die innerhalb der Gemeinschaft erzeugte Energie gemeinsam zu nutzen; deren Mitglieder oder Gesellschafter müssen im Nahbereich nach § 16c Abs. 2 ElWOG 2010 angesiedelt sein.

(21) Erzeuger ist eine natürliche oder juristische Person oder eine eingetragene Personengesellschaft, die Elektrizität erzeugt.

(22) Erzeugung ist die Produktion von Elektrizität.

(23) Erzeugung aus Kraft-Wärme-Kopplung (KWK-Erzeugung) ist die Summe von Strom, mechanischer Energie und Nutzwärme aus KWK.

(24) Erzeugungsanlage ist ein Kraftwerk oder Kraftwerkspark.

(24a) Gemeinschaftliche Erzeugungsanlagen sind Erzeugungsanlagen, die elektrische Energie zur Deckung des Verbrauchs der teilnehmenden Berechtigten erzeugen.

(24b) Teilnehmender Berechtigter ist eine juristische oder natürliche Person oder eingetragene Personengesellschaft, die mit ihrer Verbrauchsanlage einer gemeinschaftlichen Erzeugungsanlage zugeordnet ist.

(24c) Kleinsterzeugungsanlagen sind eine oder mehrere Erzeugungsanlagen, deren Engpassleistung in Summe weniger als 0,8 kW pro Anlage eines Netzbenutzers beträgt.

(25) Dezentrale Erzeugungsanlage ist eine Erzeugungsanlage, die an ein öffentliches Mittel- oder Niederspannungsverteilernetz (Bezugspunkt Übergabestelle) angeschlossen ist und somit Verbrauchernähe aufweist, oder eine Erzeugungsanlage, die der Eigenversorgung dient.

(25a) Erhebliche Modernisierung ist eine Modernisierung, deren Kosten mehr als 50 v.H. der Investitionskosten für eine neue vergleichbare Anlage betragen.

(26) Fahrplan ist jene Unterlage, die angibt, in welchem Umfang elektrische Leistung als prognostizierter Leistungsmittelwert in einem konstanten Zeitraster (Messperioden) an bestimmten Netzpunkten eingespeist und entnommen oder zwischen Bilanzgruppen ausgetauscht wird.

(27) Gesamtwirkungsgrad ist die Summe der jährlichen Erzeugung von Strom, mechanischer Energie und Nutzwärme im Verhältnis zum Brennstoff, der für die in KWK erzeugte Wärme und die Bruttoerzeugung von Strom und mechanischer Energie eingesetzt wurde.

(28) Haushaltskunden sind Kunden, die Elektrizität für den Eigenverbrauch im Haushalt kaufen; dies schließt gewerbliche und berufliche Tätigkeiten nicht mit ein.

(29) Hilfsdienste sind alle Dienstleistungen, die zum Betrieb eines Übertragungs- oder Verteilernetzes erforderlich sind.

(30) Kennzeichnungspflichtiges Werbematerial ist jedes an Endverbraucher gerichtete Werbematerial, das auf den Verkauf von elektrischer Energie ausgerichtet ist; hierunter fallen:

a) Werbemittel für den Produktenverkauf für Einzelkunden, wie etwa Produktenbroschüren,
b) sonstige standardisierte Produkt-Printmedien, die für den Verkauf ausgerichtet sind,
c) online bezogene Produktwerbung.

(31) Kleinunternehmen sind Unternehmen im Sinn des § 1 Abs. 1 Z 1 KSchG, die weniger als 50 Personen beschäftigen, weniger als 100.000 kWh/Jahr an Elektrizität verbrauchen und einen Jahresumsatz oder eine Jahresbilanzsumme von höchstens 10 Millionen Euro haben.

(32) Kontrolle sind Rechte, Verträge oder andere Mittel, die einzeln oder zusammen unter Berücksichtigung aller tatsächlichen oder rechtlichen Umstände die Möglichkeit gewähren, einen bestimmenden Einfluss auf die Tätigkeit eines Unternehmens auszuüben, insbesondere durch

a) Eigentums- oder Nutzungsrechte an der Gesamtheit oder an Teilen des Vermögens des Unternehmens oder
b) Rechte oder Verträge, die einen bestimmenden Einfluss auf die Zusammensetzung, die Beratungen oder Beschlüsse der Organe des Unternehmens gewähren.

(33) Kraft-Wärme-Kopplung (KWK) ist die gleichzeitige Erzeugung thermischer Energie und elektrischer und/oder mechanischer Energie in einem Prozess.

(34) Hocheffiziente Kraft-Wärme-Kopplung ist die KWK, die den in der Anlage IV zum ElWOG 2010 festgelegten Kriterien entspricht.

(35) In KWK erzeugter Strom ist Strom, der in einem Prozess erzeugt wurde, der an die Erzeugung von Nutzwärme gekoppelt ist und der nach der in der Anlage III zum ElWOG 2010 festgelegten Methode berechnet wird.

(36) Kraft-Wärme-Verhältnis (Stromkennzahl) ist das anhand der Betriebsdaten des spezifischen Blocks berechnete Verhältnis von KWK-Strom zu Nutzwärme im vollständigen KWK-Betrieb.

(37) KWK-Block ist ein Block, der im KWK-Betrieb betrieben werden kann.

(38) KWK-Kleinanlage ist ein KWK-Block mit einer installierten Kapazität von unter 1 MW.

(39) KWK-Kleinstanlage ist eine KWK-Anlage mit einer Kapazität von höchstens 50 kW.

(40) Kraftwerk ist eine Anlage, die dazu bestimmt ist, durch Energieumwandlung elektrische Energie zu erzeugen; ein Kraftwerk kann aus mehreren Erzeugungseinheiten bestehen und es umfasst auch alle zugehörigen Hilfsbetriebe und Nebeneinrichtungen.

(41) Kraftwerkspark ist eine Gruppe von Kraftwerken, die über einen gemeinsamen Netzanschluss verfügt.

(42) Kunden sind Endverbraucher, Stromhändler und Elektrizitätsunternehmen, die elektrische Energie kaufen.

(43) Lastprofil ist eine in Zeitintervallen dargestellte Bezugsmenge oder Liefermenge eines Einspeisers oder Entnehmers.

(44) Lieferant ist eine natürliche oder juristische Person oder eine eingetragene Personengesellschaft, die Elektrizität anderen natürlichen oder juristischen Personen zur Verfügung stellt. Soweit Energie von einer gemeinschaftlichen Erzeugungsanlage und innerhalb einer Bürgerenergiegemeinschaft sowie einer Erneuerbaren-Energie-Gemeinschaft den Mitgliedern bzw. den teilnehmenden Berechtigten zur Verfügung gestellt wird, begründet dieser Vorgang keine Lieferanteneigenschaft.

(45) Marktregeln sind die Summe aller Vorschriften, Regelungen und Bestimmungen auf gesetzlicher oder vertraglicher Basis, die Marktteilnehmer im Elektrizitätsmarkt einzuhalten haben, um ein geordnetes Funktionieren dieses Marktes zu ermöglichen und zu gewährleisten.

(46) Marktteilnehmer sind Bilanzgruppenverantwortliche, Versorger, Stromhändler, Erzeuger, Lieferanten, Netzbenutzer, Kunden, Endverbraucher, Erneuerbare-Energie-Gemeinschaften, Bürgerenergiegemeinschaften, Bilanzgruppenkoordinatoren, Strombörsen, Übertragungsnetzbetreiber, Verteilernetzbetreiber und Regelzonenführer.

(46a) Nachweis ist eine Bestätigung, die den Primärenergieträger, aus dem eine bestimmte Einheit elektrischer Energie erzeugt wurde, belegt. Hierunter fallen insbesondere Nachweise für Strom aus fossilen Energiequellen, Herkunftsnachweise für Strom aus hocheffizienter KWK sowie Herkunftsnachweise gemäß § 10 ÖSG 2012.

(46b) Herkunftsnachweis ist eine Bestätigung, die den Primärenergieträger, aus dem eine bestimmte Einheit elektrischer Energie erzeugt wurde, belegt. Hierunter fallen insbesondere Herkunftsnachweise für Strom aus fossilen Energiequellen, Herkunftsnachweise für Strom aus hocheffizienter KWK sowie Herkunftsnachweise nach § 10 ÖSG 2012 und § 83 EAG.

(47) Netzanschluss ist die physische Verbindung der Anlage eines Kunden oder Erzeugers von elektrischer Energie mit dem Netzsystem.

(48) Netzbenutzer ist jede natürliche oder juristische Person oder eingetragene Personengesellschaft, die Elektrizität in ein Netz einspeist oder daraus entnimmt.

(49) Netzbereich ist jener Teil eines Netzes, für dessen Benutzung dieselben Preisansätze gelten.

(50) Netzbetreiber ist ein Betreiber von Übertragungs- oder Verteilernetzen mit einer Nennfrequenz von 50 Hz.

(51) Netzebene ist ein im Wesentlichen durch das Spannungsniveau bestimmter Teilbereich des Netzes.

(51a) Netzreserve ist die Vorhaltung von zusätzlicher Erzeugungsleistung oder reduzierter Verbrauchsleistung zur Beseitigung von Engpässen im Übertragungsnetz im Rahmen des Engpassmanagements, welche gesichert innerhalb von zehn Stunden Vorlaufzeit aktivierbar ist.

(51b) Netzreservevertrag ist ein Vertrag, der zwischen dem Regelzonenführer und einem Anbieter abgeschlossen wird und die Erbringung von Netzreserve nach Abs. 51a zum Inhalt hat.

(51c) Saisonaler Netzreservevertrag ist ein Netzreservevertrag nach Abs. 51b, der für den Zeitraum einer Winter- oder Sommersaison abgeschlossen wird. Als Sommersaison gilt dabei der Zeitraum nach Abs. 14c, die Wintersaison hingegen umfasst den Zeitraum von jeweils 1. Oktober eines Kalenderjahres bis jeweils 30. April des darauffolgenden Kalenderjahres. In beiden Fällen besteht für Beginn und Ende des Vertrags eine Toleranzbandbreite von jeweils einem Kalendermonat nach oben sowie nach unten.

(52) Netzzugang ist die Nutzung eines Netzsystems.

(53) Netzzugangsberechtigter ist eine natürliche oder juristische Person oder eingetragene Personengesellschaft, die Netzzugang begehrt; dazu zählen insbesondere auch Elektrizitätsunternehmen, soweit dies zur Erfüllung ihrer Aufgaben erforderlich ist.

(54) Netzzugangsvertrag ist die individuelle Vereinbarung zwischen dem Netzzugangsberechtigten und einem Netzbetreiber, die den Netzanschluss und die Inanspruchnahme des Netzes regelt.

(55) Netzzutritt ist die erstmalige Herstellung eines Netzanschlusses oder die Erhöhung der Anschlussleistung eines bestehenden Netzanschlusses.

(56) Notstromaggregate sind Stromerzeugungsanlagen, die ausschließlich der Deckung des Elektrizitätsbedarfs bei Störung der öffentlichen Elektrizitätsversorgung dienen.

(57) Nutzwärme ist die in einem KWK-Prozess zur Befriedigung eines wirtschaftlich vertretbaren Wärme- oder Kühlbedarfs erzeugte Wärme.

(58) Primärregelung ist eine automatisch wirksam werdende Wiederherstellung des Gleichgewichtes zwischen Erzeugung und Verbrauch mit Hilfe eines definierten frequenzabhängigen Verhaltens von Erzeugungs- und/oder Verbrauchseinheiten, welche im Zeitbereich bis höchstens 30 Sekunden nach Störungseintritt vollständig aktivierbar sein muss.

(59) Regelzone ist die kleinste Einheit des Verbundsystems, die mit einer Leistungs-Frequenz-Regelung ausgerüstet und betrieben wird.

(60) Regelzonenführer ist derjenige, der für die Leistungs-Frequenz-Regelung in einer Regelzone verantwortlich ist, wobei diese Funktion auch seitens eines dritten Unternehmens, das seinen Sitz in einem anderen EU-Mitgliedstaat hat, erfüllt werden kann.

(60a) Repowering ist die Modernisierung von Kraftwerken, die erneuerbare Energie produzieren, einschließlich des vollständigen oder teilweisen Austauschs von Anlagen oder Betriebssystemen und -geräten zum Austausch von Kapazität oder zur Steigerung von Effizienz oder Kapazität der Anlage.

(61) Reservestrom ist der Strom, der über das Elektrizitätsnetz in den Fällen geliefert wird, in denen der KWK-Prozess unter anderem durch Wartungsarbeiten unterbrochen oder abgebrochen ist.

(62) Sekundärregelung ist die automatisch wirksam werdende und erforderlichenfalls ergänzend manuell angesteuerte Rückführung der Frequenz und der Austauschleistung mit anderen Regelzonen auf die Sollwerte nach einer Störung des Gleichgewichts zwischen der erzeugten und der verbrauchten Wirkleistung mit Hilfe von zentralen oder dezentralen Regeleinrichtungen. Die Sekundärregelung umfasst auch die Ausfallsreserve. Die Wiederherstellung der Sollfrequenz kann im Bereich von mehreren Minuten liegen.

(63) Sicherheit ist sowohl die Sicherheit der Elektrizitätsversorgung und -bereitstellung als auch die Betriebssicherheit.

(64) Stand der Technik ist der auf den einschlägigen wissenschaftlichen Erkenntnissen beruhende Entwicklungsstand fortschrittlicher technologischer Verfahren, Einrichtungen oder Bau- und Betriebsweisen, deren Funktionstüchtigkeit erprobt und erwiesen ist; bei der Bestimmung des Standes der Technik sind insbesondere vergleichbare Verfahren, Einrichtungen oder Bau- und Betriebsweisen heranzuziehen; bei Stromerzeugungsanlagen im Sinn des Kapitels II der Richtlinie 2010/75/EU (Abs. 67) sind im Einzelfall die Kriterien des Anhangs III dieser Richtlinie besonders zu berücksichtigen.

(65) Standardisiertes Lastprofil ist ein durch ein geeignetes Verfahren für eine bestimmte Einspeiser- oder Entnehmergruppe charakteristisches Lastprofil.

(66) Stromerzeugungsanlage ist eine Anlage zur Erzeugung von elektrischer Energie mit allen der Erzeugung, Übertragung und Verteilung dienenden Nebenanlagen, wie Anlagen zur Umformung von elektrischer Energie, Schaltanlagen und dergleichen, soweit sie nicht unter das Tiroler Starkstromwegegesetz 1969 fallen.

(67) Stromerzeugungsanlage im Sinn des Kapitels II der Richtlinie 2010/75/EU ist eine Stromerzeugungsanlage mit einer Brennstoffwärmeleistung von mehr als 50 MW.

(68) Stromhändler ist ein Lieferant, der Elektrizität in Gewinnabsicht verkauft.

(69) Systembetreiber ist ein Netzbetreiber, der über die technisch-organisatorischen Einrichtungen verfügt, um alle zur Aufrechterhaltung des Netzbetriebes notwendigen Maßnahmen setzen zu können.

(70) Übertragung ist der Transport von Elektrizität über ein Höchstspannungs- und Hochspannungsverbundnetz zum Zweck der Belieferung von Endkunden oder Verteilern, jedoch mit Ausnahme der Versorgung.

(71) Übertragungsnetz ist ein Hochspannungsverbundnetz mit einer Spannungshöhe von 110 kV und darüber, das dem überregionalen Transport von elektrischer Energie dient.

(72) Übertragungsnetzbetreiber ist eine natürliche oder juristische Person oder eingetragene Personengesellschaft, die verantwortlich ist für den Betrieb, die Wartung sowie erforderlichenfalls den Ausbau des Übertragungsnetzes und gegebenenfalls der Verbindungsleitungen zu anderen Netzen sowie für die Sicherstellung der langfristigen Fähigkeit des Netzes, eine angemessene Nachfrage nach Übertragung von Elektrizität zu befriedigen; Übertragungsnetzbetreiber sind die Austrian Power Grid AG, die TINETZ-Tiroler Netze GmbH und die Vorarlberger Übertragungsnetz GmbH bzw. deren Rechtsnachfolger.

(73) Umweltverschmutzung im Sinn des Kapitels II der Richtlinie 2010/75/EU ist die durch menschliche Tätigkeiten direkt oder indirekt bewirkte Freisetzung von Stoffen, Erschütterungen, Wärme oder Lärm in Luft, Wasser oder Boden, die der menschlichen Gesundheit oder der Umweltqualität schaden oder zu einer Schädigung von Sachwerten oder zu einer unzumutbaren Beeinträchtigung oder Störung des durch die Umwelt bedingten Wohlbefindens eines gesunden, normal empfindenden Menschen oder von anderen zulässigen Nutzungen der Umwelt führen kann.

(74) Verbindungsleitungen sind Anlagen, die zur Verbundschaltung von Elektrizitätsnetzen dienen.

(75)

Verbundnetz ist eine Anzahl von Übertragungs- und Verteilernetzen, die durch eine oder mehrere Verbindungsleitungen miteinander verbunden sind.

(76) Versorger ist eine natürliche oder juristische Person oder eine eingetragene Personengesellschaft, die die Versorgung wahrnimmt.

(77) Versorgung ist der Verkauf einschließlich des Weiterverkaufs von Elektrizität an Kunden.

(78) Verteilernetzbetreiber ist eine natürliche oder juristische Person oder eine eingetragene Personengesellschaft, die verantwortlich ist für

den Betrieb, die Wartung sowie erforderlichenfalls den Ausbau des Verteilernetzes in einem bestimmten Gebiet und gegebenenfalls der Verbindungsleitungen zu anderen Netzen sowie für die Sicherstellung der langfristigen Fähigkeit des Netzes, eine angemessene Nachfrage nach Verteilung von Elektrizität zu befriedigen.

(79) Verteilung ist der Transport von Elektrizität über Hoch-, Mittel- oder Niederspannungsverteilernetze zum Zweck der Belieferung von Kunden, jedoch mit Ausnahme der Versorgung.

(80) Wesentliche Änderung einer Anlage ist eine Änderung der Lage, der Beschaffenheit, des Zwecks oder des Betriebes einer Anlage zur Erzeugung, Übertragung oder Verteilung von Elektrizität, die geeignet ist, die Erfordernisse nach § 5 zu berühren; der Austausch von gleichartigen Maschinen und Geräten sowie Maßnahmen zur Instandhaltung oder Instandsetzung von Anlagen gelten nicht als wesentliche Änderungen; als wesentliche Änderung gilt jedenfalls die Erhöhung der Brennstoffwärmeleistung einer Stromerzeugungsanlage im Sinn des Kapitels II der Richtlinie 2010/75/EU um 50 MW.

(81) Wirkungsgrad ist der auf der Grundlage des unteren Heizwerts der Brennstoffe berechnete Wirkungsgrad.

(82) Wirkungsgrad-Referenzwerte für die getrennte Erzeugung sind die Wirkungsgrade einer alternativen getrennten Erzeugung von Wärme und Strom, die durch KWK ersetzt werden soll.

(83) Wirtschaftlich vertretbarer Bedarf ist der Bedarf, der die benötigte Wärme- oder Kühlungsleistung nicht überschreitet und der sonst durch andere Energieproduktionsprozesse als KWK zu Marktbedingungen gedeckt würde.

(84) Zählpunkt ist die Einspeise- bzw. die Entnahmestelle, an der eine Strommenge messtechnisch erfasst und registriert wird. Dabei sind in einem Netzbereich liegende Zählpunkte eines Netzbenutzers zusammenzufassen, wenn sie der Anspeisung von kundenseitig galvanisch oder transformatorisch verbundenen Anlagen, die der Straßenbahnverordnung 1999, BGBl. II Nr. 76/2000, in der Fassung der Verordnung BGBl. II Nr. 127/2018, unterliegen, dienen; im Übrigen ist eine Zusammenfassung mehrerer Zählpunkte nicht zulässig.

(84a) Zeitreihe bezeichnet den zeitlichen Verlauf der entnommenen oder eingespeisten Energie in Viertelstundenwerten über eine zeitliche Periode.

(85) Zusatzstrom ist der Strom, der über das Elektrizitätsnetz in den Fällen geliefert wird, in denen die Stromnachfrage die elektrische Erzeugung des KWK-Prozesses übersteigt.

2. Teil
Stromerzeugungsanlagen, elektrische Leitungsanlagen, Umwandlungs- und Energiespeicheranlagen

1. Abschnitt
Bewilligungspflichtige und anzeigepflichtige Anlagen

§ 5
Allgemeine Erfordernisse, Energieeffizienz an erster Stelle, Kosten-Nutzen-Analyse

(1) Stromerzeugungsanlagen, elektrische Leitungsanlagen, Umwandlungs- und Energiespeicheranlagen sind unbeschadet sonstiger bundes- und landesrechtlicher Vorschriften in allen ihren Teilen so zu errichten, zu ändern, zu betreiben, instand zu halten und instand zu setzen, dass sie

a) dem Stand der Technik, insbesondere den bau-, sicherheits- und brandschutztechnischen Erfordernissen sowie den Erfordernissen einer effizienten Energiegewinnung entsprechen,
b) durch ihren Bestand und Betrieb
1. weder das Leben oder die Gesundheit von Menschen noch die Sicherheit von Sachen, sonstigen dinglichen Rechten oder öffentlichrechtlichen Nutzungsrechten in Form von Wald- und Weidenutzungsrechten, besonderen Felddienstbarkeiten oder Teilwaldrechten gefährden, wobei die Möglichkeit einer bloßen Verminderung des Verkehrswertes nicht als Gefährdung gilt, und
2. Menschen weder durch Lärm, Geruch, Rauch, Erschütterung, Wärme, Licht- und Schatteneinwirkung oder mechanische Schwingungen noch auf andere Weise unzumutbar belästigen; ob Belästigungen zumutbar sind, ist danach zu beurteilen, wie sich die durch die Anlage verursachten Änderungen der tatsächlichen örtlichen Verhältnisse auf ein gesundes, normal empfindendes Kind und auf einen gesunden, normal empfindenden Erwachsenen auswirken,
c) die Natur, das Landschaftsbild und das Ortsbild nicht wesentlich beeinträchtigen,
d) das Ergebnis der Kosten-Nutzen-Analyse berücksichtigt wird,
e) keine nachteiligen Auswirkungen auf den Betrieb des Verteilernetzes haben (bestmögliche Verbundwirtschaft),
f) zur Verminderung von Emissionen sowie zum Erreichen des in Art. 3 Abs. 1 der Richtlinie 2018/2001/EU genannten Unionsziels, bis 2030 mindestens 32 % des Bruttoendenergieverbrauchs der Union durch Energie aus erneuerbaren Quellen zu decken, beitragen,
g) Laststeuerung, Energiespeicherung, Optimierung des Betriebes oder Repowering bestehender Anlagen als Alternative zu neuen Stromerzeugungsanlagen nach technischer und wirtschaftlicher Möglichkeit ausschöpfen,

h) die gemeinwirtschaftlichen Verpflichtungen nicht gefährden und
i) keinem Raumordnungsprogramm widersprechen bzw. mit den Zielen und Grundsätzen der überörtlichen Raumordnung im Sinn der §§ 1 und 2 des Tiroler Raumordnungsgesetzes 2022, LGBl. Nr. 62/2022, in der jeweils geltenden Fassung vereinbar sind.

(2) Vom Erfordernis der Berücksichtigung der Ergebnisse der Kosten-Nutzen-Analyse kann abgesehen werden, wenn zwingende Gründe vorliegen, dass auf Grund von Rechtsvorschriften, von Eigentumsverhältnissen oder der Finanzlage des Betreibers die Errichtung und der Betrieb einer hocheffizienten KWK-Anlage nicht möglich ist.

§ 6

Bewilligungspflichtige Anlagen

(1) Einer Bewilligung der Behörde bedürfen die Errichtung und jede wesentliche Änderung (Errichtungsbewilligung) von

a) Stromerzeugungsanlagen mit einer Engpassleistung von mehr als 250 kW, sofern diese nicht nach Abs. 2 von der Bewilligungspflicht ausgenommen oder nach § 7 anzeigepflichtig sind,
b) Freileitungen mit einer Spannung von mehr als 1 kV, sonstige elektrische Leitungsanlagen mit einer Spannung von mehr als 45 kV, zu Eigenanlagen gehörige Leitungsanlagen, Leitungsprovisorien zur Behebung von Störungen, zur Ausführung von Reparaturen an bewilligten Anlagen für die Dauer von längstens sechs Monaten, sofern Zwangsrechte nach §§ 26, 27 und 28 in Anspruch genommen werden,
c) Anlagen zur Umwandlung von Strom in Wasserstoff oder synthetisches Gas und
d) Energiespeicheranlagen mit einer Kapazität von mehr als 1 MWh.

(2) Die Landesregierung kann für Stromerzeugungsanlagen, die nicht der Richtlinie 2010/75/EU unterliegen, durch Verordnung weitere Ausnahmen von der Bewilligungspflicht nach Abs. 1 festlegen, wenn bei Erfüllung der darin für die Errichtung oder wesentliche Änderung festgesetzten Voraussetzungen anzunehmen ist, dass die Anlagen den Erfordernissen nach § 5 Abs. 1 entsprechen.

(3) Steht eine Stromerzeugungsanlage nicht mehr in einem untrennbaren Zusammenhang mit einer Anlage, die einer Bewilligung oder Genehmigung nach den abfallwirtschaftsrechtlichen, gewerberechtlichen, luftreinhalterechtlichen, mineralrohstoffrechtlichen, eisenbahnrechtlichen, luftfahrtrechtlichen, schifffahrtsrechtlichen, fernmelderechtlichen oder wasserrechtlichen Vorschriften bedarf, so hat dies der Betreiber der Anlage der Behörde anzuzeigen. Ab dem Einlangen dieser Anzeige gilt die Bewilligung oder Genehmigung nach den angeführten Vorschriften als Bewilligung nach diesem Gesetz.

§ 7

Anzeigepflichtige Anlagen

(1) Die beabsichtigte Errichtung und jede beabsichtigte wesentliche Änderung von

a) Stromerzeugungsanlagen mit einer Engpassleistung von mehr als 50 kW bis höchstens 250 kW,
b) Anlagen, die aufgrund einer Verordnung nach § 6 Abs. 2 von der Bewilligungspflicht ausgenommen sind,
c) mobilen Anlagen, sofern sie nicht nach § 1 Abs. 2 lit. c vom Geltungsbereich dieses Gesetzes ausgenommen sind, und
d) Notstromaggregaten

ist der Bezirksverwaltungsbehörde anzuzeigen.

(2) Der Bezirksverwaltungsbehörde ist auch der Weiterbetrieb und jede wesentliche Änderung von Anlagen anzuzeigen, bei denen die Voraussetzungen nach § 1 Abs. 2 lit. a oder b, 3 oder 4 lit. a nicht mehr vorliegen.

2. Abschnitt

Verfahrensbestimmungen für bewilligungspflichtige Anlagen

§ 8

Ansuchen

(1) Um die Erteilung einer Errichtungsbewilligung ist bei der Behörde schriftlich anzusuchen.

(2) Dem Ansuchen sind das von einem nach den berufsrechtlichen Vorschriften hierzu Befugten erstellte Projekt (Vorhaben) und alle sonstigen zur Beurteilung der Zulässigkeit des Vorhabens nach diesem Gesetz erforderlichen Unterlagen in zweifacher Ausfertigung anzuschließen. Jedenfalls sind anzuschließen:

a) eine technische Beschreibung des Vorhabens, aus der der Name des Verfassers, der Zweck, der Umfang, die Engpassleistung, die eingesetzten Primärenergieträger und sonstigen Betriebsmittel, Maßnahmen zur Energieeffizienz, die Betriebsweise, die Einsatzzeiten, die Antriebsart, die Maschinenleistung, das Jahresarbeitsvermögen, die Standortwahl, die Inanspruchnahme von öffentlichem Gut, die Stromart und alle geplanten Maschinen und Einrichtungen hervorgehen, insbesondere auch Angaben über den Beitrag der Erzeugungskapazitäten zur Erreichung des Zieles der Europäischen Union, die Deckung des Bruttoenergieverbrauches durch Energie aus erneuerbaren Energiequellen zu erhöhen, sowie Angaben über den Beitrag von Erzeugungskapazitäten zur Verringerung der Emissionen,
b) die erforderlichen Pläne, Beschreibungen und Zeichnungen, insbesondere ein Lageplan, aus dem die vom Vorhaben betroffenen Grundstücke hervorgehen, ein Übersichtskartenplan,

Bau- und Betriebsbeschreibungen, Zeichnungen, Systemdarstellungen (Übersichtsschaltplan),

c) Angaben über die zu erwartenden Auswirkungen im Sinn des § 5 und die zu ihrer Vermeidung oder Verminderung vorgesehenen Maßnahmen,
d) der Nachweis des Eigentums am Grundstück, auf dem das Vorhaben ausgeführt werden soll, oder, wenn der Antragsteller nicht Grundeigentümer ist, die Zustimmungserklärung des Grundeigentümers, es sei denn, dass für das Vorhaben eine Enteignung oder die Einräumung von Zwangsrechten möglich ist,
e) ein Verzeichnis der an das Grundstück nach lit. d angrenzenden Grundstücke unter Angabe der Grundstücksnummern, Einlagezahlen, Katastralgemeinde(n), der Namen der jeweiligen Eigentümer und deren Adressen,
f) die Namen und Adressen der an den Grundstücken nach lit. d und e dinglich Berechtigten, mit Ausnahme von Pfandgläubigern, und jener Personen, denen daran öffentlich-rechtliche Nutzungsrechte im Sinn des § 5 Abs. 1 lit. b Z 1 zustehen,
g) eine sicherheitstechnische Analyse und Angaben über die zur Vermeidung von Störfällen oder zur Verminderung ihrer Auswirkungen vorgesehenen Maßnahmen und
h) Angaben über das Zusammenwirken mit bestehenden Elektrizitätsunternehmen.

(2a) Bei thermischen Stromerzeugungsanlagen mit einer thermischen Gesamtnennleistung von mehr als 20 MW, ist eine Kosten-Nutzen-Analyse nach Maßgabe des Anhangs IX Teil 2 der Richtlinie 2012/27/EU durchzuführen und dem Ansuchen als zusätzliche Unterlage anzuschließen. Dabei sind zu bewerten:

a) im Fall der Planung einer neuen Anlage die Kosten und Nutzen von Vorkehrungen für den Betrieb als hocheffiziente KWK-Anlage,
b) im Fall der erheblichen Modernisierung einer Anlage die Kosten und der Nutzen einer Umrüstung zu einer hocheffizienten KWK-Anlage

Die Landesregierung kann mit Verordnung Grundsätze erlassen, um die Methodik der Kosten-Nutzen-Analyse nach Maßgabe des Anhangs IX Teil 2 der Richtlinie 2012/27/EU näher zu regeln.

(3) Bei Stromerzeugungsanlagen im Sinn des Kapitels II der Richtlinie 2010/75/EU sind dem Ansuchen weiters Unterlagen anzuschließen über

a) die Brennstoffwärmeleistung,
b) den Zustand des Anlagengeländes,
c) die Quellen der Emissionen aus der Stromerzeugungsanlage,
d) die Art und Menge der vorhersehbaren Emissionen aus der Stromerzeugungsanlage,
e) die zu erwartenden erheblichen Auswirkungen der Emissionen auf die Umwelt,
f) Maßnahmen zur Überwachung der Emissionen,
g) Maßnahmen zur Vermeidung oder, sofern dies nicht möglich ist, Verminderung der Emissionen,
h) die wichtigsten vom Antragsteller gegebenenfalls geprüften Alternativen in einer Übersicht und
i) eine allgemein verständliche Zusammenfassung der vorstehenden Angaben.

(4) Lassen die in den Abs. 2 und 3 angeführten Unterlagen eine Beurteilung des Vorhabens nicht zu, so kann die Behörde die Vorlage weiterer hiefür erforderlicher Unterlagen verlangen. Die Behörde kann die Vorlage zusätzlicher Ausfertigungen aller oder einzelner Unterlagen nach Abs. 2 und 3 verlangen, wenn dies zur Beurteilung öffentlicher Interessen durch Sachverständige oder öffentliche Dienststellen erforderlich ist. Die Behörde kann von der Vorlage einzelner Unterlagen nach den Abs. 2 und 3 absehen, soweit sie für die Beurteilung des Vorhabens voraussichtlich nicht von Bedeutung sind.

(5) Bei einem Ansuchen um die Erteilung einer Errichtungsbewilligung für die wesentliche Änderung einer Anlage können sich die Unterlagen nach den Abs. 2 und 3 auf die betroffenen Teile beschränken, wenn Auswirkungen auf den bestehenden Betrieb nicht zu erwarten sind.

§ 9
Vorprüfungsverfahren

(1) Die Behörde hat vor der Anberaumung einer mündlichen Verhandlung nach § 10 Abs. 2

a) den Antragsteller erforderlichenfalls aufzufordern, die Unterlagen nach § 8 Abs. 2 und 3 entsprechend zu ergänzen, und
b) das Vorhaben im Hinblick auf die Erfordernisse nach § 5 vorläufig zu prüfen (Vorprüfungsverfahren).

(2) Im Vorprüfungsverfahren hat nur der Antragsteller Parteistellung.

(3) Die Behörde hat einen Antrag auf Erteilung einer Errichtungsbewilligung innerhalb von drei Monaten nach Vorliegen sämtlicher entscheidungswesentlicher Unterlagen abzuweisen, wenn sich bereits im Vorprüfungsverfahren ergibt, dass das Vorhaben den Erfordernissen nach § 5 auch im Fall, dass die Errichtungsbewilligung befristet, unter Bedingungen oder mit Auflagen erteilt wird, nicht entsprechen wird. Liegen keine derartigen Gründe vor, so hat die Behörde unverzüglich die mündliche Verhandlung anzuberaumen.

§ 9a
Besondere Verfahrensbestimmungen für Erzeugungsanlagen von erneuerbarer Energie, Anlaufstelle

(1) Zur Beratung und Unterstützung von Antragstellern zur Erlangung der erforderlichen Bewilligung für Anlagen zur Erzeugung von Energie

aus erneuerbaren Quellen wird im Amt der Tiroler Landesregierung eine Anlaufstelle im Sinn des Art. 16 Abs. 1 und 2 der Richtlinie (EU) 2018/2001 eingerichtet. Die Anlaufstelle leistet auf Ersuchen des Antragstellers während des gesamten Bewilligungsverfahrens Beratung und Unterstützung im Hinblick auf die Beantragung und die Erteilung der elektrizitätsrechtlichen Bewilligung für die Errichtung oder den Betrieb von Anlagen zur Produktion von Energie aus erneuerbaren Quellen nach diesem Gesetz sowie hinsichtlich der dafür sonst noch erforderlichen zusätzlichen Bewilligungen oder Genehmigungen, die nach anderen Gesetzen vorgesehen sind.

(2) Die Anlaufstelle erstellt ein Verfahrenshandbuch. Das Verfahrenshandbuch hat alle nötigen Informationen für Antragsteller im Bereich der Produktion von Energie aus erneuerbaren Quellen zur Verfügung zu stellen. Das Verfahrenshandbuch ist bei Bedarf zu aktualisieren und auf der Internetseite des Landes zu veröffentlichen. Im Verfahrenshandbuch ist auf kleinere Projekte durch entsprechende Informationen besonders Bedacht zu nehmen. Im Verfahrenshandbuch ist auf die Einrichtung und das Informationsangebot der Anlaufstelle hinzuweisen.

(3) Die Anlaufstelle hat auf eine zügige Verfahrensabwicklung der zuständigen Behörden hinzuwirken. Zu diesem Zweck ist die Anlaufstelle berechtigt, bei den Behörden Zeitpläne über die voraussichtliche Verfahrensdauer und die Verfahrensabwicklung anzufordern und dem Antragsteller zur Verfügung zu stellen.

(4) Das Land Tirol kann sich zur Unterstützung bei der Besorgung der Aufgaben der Anlaufstelle eines privaten Rechtsträges bedienen, der in der wirtschaftlichen oder technischen Beratung und Unterstützung von Projektwerbern, insbesondere in Energiefragen, tätig ist. In diesem Fall hat das Land Tirol mit dem betreffenden Rechtsträger einen Vertrag abzuschließen, der insbesondere nähere Regelungen über den Inhalt und Umfang seiner Tätigkeit, die Kontrolle und Aufsicht durch das Land Tirol sowie die Gebarung und das zu leistende Entgelt zu enthalten hat.

(5) Interessenkonflikte, die im Verfahren zwischen dem Antragsteller und anderen Parteien oder Beteiligten auftreten, sind nach Möglichkeit einer gütlichen Einigung zuzuführen. Die Behörde kann aus diesem Anlass das Verfahren zur Einschaltung eines Mediationsverfahrens unterbrechen. Die Ergebnisse des Mediationsverfahrens können der Behörde übermittelt und von dieser im Rahmen der gesetzlichen Möglichkeiten im weiteren Genehmigungsverfahren und in der Entscheidung berücksichtigt werden. Das Mediationsverfahren hat auf Kosten des Antragstellers zu erfolgen. Auf Antrag des Antragstellers ist das Bewilligungs- oder Genehmigungsverfahrens fortzuführen.

§ 10
Parteien, mündliche Verhandlung

(1) Parteien im Verfahren betreffend die Erteilung einer Errichtungsbewilligung sind:

a) der Antragsteller,
b) die vom Vorhaben berührte(n) Gemeinde(n) zur Wahrnehmung ihrer Interessen in den Angelegenheiten des eigenen Wirkungsbereiches,
c) die Nachbarn (§ 11),
d) jener Netzbetreiber, in dessen Netz die in der Stromerzeugungsanlage gewonnene elektrische Energie eingespeist werden soll.

(2) Wird eine mündliche Verhandlung anberaumt, so sind die Parteien nach Abs. 1 lit. a, b und d sowie die im § 8 Abs. 2 lit. e und f genannten Personen persönlich zu verständigen. Die Anberaumung der mündlichen Verhandlung ist überdies an der (den) Amtstafel(n) der Gemeinde(n) und auf der Internetseite des Landes Tirol kundzumachen. Eine mündliche Verhandlung ist jedenfalls durchzuführen, wenn der Antragsteller dies ausdrücklich verlangt.

(3) Die Kundmachung über die Anberaumung der mündlichen Verhandlung hat jedenfalls die zuständige Behörde, den Ort, die Zeit und den Gegenstand der Verhandlung zu bezeichnen.

(4) Die dem Ansuchen um die Erteilung der Errichtungsbewilligung anzuschließenden Unterlagen sind, soweit sie nicht von der Akteneinsicht ausgenommen sind, während der Dauer des Anschlages im Gemeindeamt (in den Gemeindeämtern) zur allgemeinen Einsichtnahme aufzulegen. Auf die Auflegung der Unterlagen ist in der Ladung und in der Kundmachung hinzuweisen.

(5) Werden bei der mündlichen Verhandlung privatrechtliche Einwendungen gegen das Vorhaben erhoben, so hat der Verhandlungsleiter zunächst auf eine Einigung hinzuwirken. Kommt eine Einigung zustande, so ist sie in der Verhandlungsschrift zu beurkunden. Kommt keine Einigung zustande, so ist der Beteiligte mit seinen privatrechtlichen Einwendungen auf den ordentlichen Rechtsweg zu verweisen.

§ 11
Nachbarn

(1) Nachbarn sind alle Personen, die durch die Errichtung, den Bestand oder den Betrieb einer Anlage in ihren Interessen nach § 5 Abs. 1 lit. b beeinträchtigt werden können. Sie sind berechtigt, die Beeinträchtigung dieser Interessen geltend zu machen.

(2) Als Nachbarn gelten nicht Personen, die sich nur vorübergehend in der Nähe der Anlage aufhalten und die nicht in ihrem Eigentum, sonstigen dinglichen Rechten oder öffentlich-rechtlichen Nutzungsrechten gefährdet sind.

(3) Als Nachbarn gelten jedoch die Inhaber von Beherbergungsbetrieben, Krankenanstalten, Heimen und ähnlichen Einrichtungen, in denen sich regelmäßig Personen vorübergehend aufhalten, hinsichtlich des Schutzes dieser Personen, und die Erhalter von Schulen hinsichtlich des Schutzes der Schüler, der Lehrer und der sonst in Schulen ständig beschäftigten Personen.

(4) Als Nachbarn gelten auch die im Abs. 1 genannten Personen bezüglich grenznaher Grundstücke im Ausland, wenn im betreffenden Staat österreichische Nachbarn in den entsprechenden Verfahren rechtlich oder tatsächlich einen im Wesentlichen vergleichbaren Nachbarschaftsschutz genießen.

§ 12
Errichtungsbewilligung

(1) Die Behörde hat über ein Ansuchen um die Erteilung einer Errichtungsbewilligung mit schriftlichem Bescheid zu entscheiden.

(2) Die Errichtungsbewilligung ist zu erteilen, wenn das Vorhaben den Erfordernissen nach § 5 entspricht. Abweichend von § 5 Abs. 1 lit. c ist die Bewilligung auch dann zu erteilen, wenn das an der Erteilung der Bewilligung bestehende öffentliche Interesse, die Versorgung mit elektrischer Energie oder die Netz- und Versorgungssicherheit sicherzustellen, das Interesse an der Vermeidung einer wesentlichen Beeinträchtigung der Natur, des Landschaftsbildes und des Ortsbildes überwiegt. Vorhaben, die auch einer naturschutzrechtlichen Bewilligung bedürfen, sind abweichend von § 5 Abs. 1 lit. c nicht daraufhin zu prüfen, ob durch deren Errichtung die Natur und das Landschaftsbild wesentlich beeinträchtigt werden.

(3) Die Errichtungsbewilligung ist befristet, mit Auflagen oder unter Bedingungen zu erteilen, soweit dies erforderlich ist, um diesen Erfordernissen zu entsprechen. Auflagen haben erforderlichenfalls auch Maßnahmen für den Fall der Unterbrechung des Betriebes, der Auflassung der Anlage sowie gegebenenfalls im Hinblick auf die Hintanhaltung von nachteiligen Auswirkungen auf den Betrieb des Verteilernetzes zu enthalten. Die Emissionen sind nach dem Stand der Technik zu begrenzen. Auflagen sind auf Antrag mit Bescheid aufzuheben oder abzuändern, wenn und soweit die Voraussetzungen für ihre Vorschreibung nicht mehr vorliegen.

(4) Dem Antragsteller ist die Errichtungsbewilligung unter Anschluss der mit dem Genehmigungsvermerk versehenen Unterlagen nach § 8 Abs. 2 und gegebenenfalls auch nach § 8 Abs. 3 zuzustellen. Der Genehmigungsvermerk hat das Datum und die Geschäftszahl der Errichtungsbewilligung zu enthalten.

(5) Die Errichtungsbewilligung ist zu versagen, wenn eine Voraussetzung für ihre Erteilung nicht vorliegt.

(6) In der Errichtungsbewilligung ist eine angemessene Frist von längstens drei Jahren für die Ausführung des Vorhabens festzusetzen. Diese Frist ist auf Antrag des Bewilligungsinhabers um längstens zwei Jahre zu verlängern, wenn sich in der Zwischenzeit die elektrizitätsrechtlichen Vorschriften nicht derart geändert haben, dass die Bewilligung nicht mehr erteilt werden dürfte. Dabei ist die Rechtslage im Zeitpunkt der Einbringung des Ansuchens maßgebend. Um die Erstreckung der Frist ist vor ihrem Ablauf bei der Behörde schriftlich anzusuchen. Durch die rechtzeitige Einbringung des Ansuchens wird der Ablauf der Frist bis zur Entscheidung darüber gehemmt.

(7) Den Nachbarn kommt zur Frage des Vorliegens der Voraussetzung nach Abs. 6 zweiter Satz Parteistellung im Umfang des § 11 Abs. 1 zu.

(8) Wird eine Errichtungsbewilligung befristet, unter Bedingungen oder mit Auflagen erteilt, so kann dem Bewilligungsinhaber eine Sicherheitsleistung in der Höhe der voraussichtlichen Kosten jener Maßnahmen, die er nach dem Ablauf der Frist oder dem Eintritt der Bedingungen oder zur Einhaltung der Auflagen zu treffen hat, vorgeschrieben werden, sofern dies voraussichtlich erforderlich ist, um die rechtzeitige und vollständige Durchführung dieser Maßnahmen sicherzustellen.

(9) Die Sicherheitsleistung ist zur Deckung der Kosten einer allfälligen Ersatzvornahme nach § 4 VVG zu verwenden. Erweist sich die Ersatzvornahme aus einem vom Bewilligungsinhaber zu vertretenden Grund als unmöglich, so ist die Sicherheitsleistung zugunsten des Rechtsträgers jener Behörde, die die Errichtungsbewilligung erteilt hat, für verfallen zu erklären. Die Sicherheitsleistung wird frei, sobald die Maßnahmen, deren Durchführung sie sicherstellen sollte, abgeschlossen sind.

(10) Die Behörde kann in der Errichtungsbewilligung die Bestellung einer Bauaufsicht anordnen, wenn dies im Hinblick auf die Art oder den Umfang des Vorhabens zur Wahrung der im § 5 genannten Interessen erforderlich ist. Die Bauaufsicht hat die fachgerechte und vorschriftsgemäße Ausführung der Anlage und die Einhaltung der Bedingungen und Auflagen des Bewilligungsbescheides zu überwachen. Die Bauaufsichtsorgane sind berechtigt, jederzeit Untersuchungen, Vermessungen und Prüfungen an der Baustelle vorzunehmen, Einsicht in Behelfe, Unterlagen und dergleichen zu verlangen und erforderlichenfalls Baustoffe, Bauteile und bautechnische Maßnahmen zu beanstanden. Die Bauaufsichtsorgane sind zur Wahrung der ihnen zur Kenntnis gelangenden Betriebs- und Geschäftsgeheimnisse verpflichtet. Die Kosten der Bauaufsicht hat der Bewilligungsinhaber zu tragen.

(11) Im Zug des Verfahrens getroffene Übereinkommen sind auf Antrag der Beteiligten von der Behörde im Bescheid zu beurkunden.

§ 13
Anzeige der Fertigstellung, Betriebsbewilligung

(1) Die Fertigstellung eines nach § 12 Abs. 2 bewilligten Vorhabens ist der Behörde unverzüglich schriftlich anzuzeigen. Der Fertigstellungsanzeige ist, sofern die Behörde nicht die Bestellung einer Bauaufsicht nach § 12 Abs. 10 angeordnet hat, eine Bestätigung der projektgemäßen Ausführung und der Erfüllung der vorgeschriebenen Nebenbestimmungen anzuschließen. Diese Bestätigung ist von einer akkreditierten Stelle, einem Ziviltechniker, einem Technischen Büro oder einer anderen fachlich geeigneten Stelle auszustellen.

(2) Die Behörde kann in der Errichtungsbewilligung anordnen, dass die Anlage oder Teile davon erst aufgrund einer Betriebsbewilligung in Betrieb genommen werden dürfen, wenn die Auswirkungen der Anlage im Zeitpunkt der Erteilung der Errichtungsbewilligung noch nicht ausreichend beurteilt werden können.

(3) Um die Erteilung der Betriebsbewilligung ist bei der Behörde schriftlich anzusuchen. Vor der Entscheidung über das Ansuchen ist ein Augenschein an Ort und Stelle durchzuführen. Die Betriebsbewilligung ist zu erteilen, wenn das Vorhaben der Errichtungsbewilligung entsprechend ausgeführt wurde. Weicht das ausgeführte Vorhaben von der Errichtungsbewilligung ab und stellt diese Abweichung keine wesentliche Änderung dar, so sind die Änderungen in einem mit der Erteilung der Betriebsbewilligung zu bewilligen. Bei sonstigen Abweichungen ist die Betriebsbewilligung zu versagen und gleichzeitig eine angemessene Frist festzulegen, innerhalb der nachträglich um die Erteilung der Errichtungsbewilligung für die Änderung anzusuchen ist. Verstreicht diese Frist ungenützt oder wird die Errichtungsbewilligung versagt, so ist nach § 22 vorzugehen.

(4) Hinsichtlich der Parteistellung im Betriebsbewilligungsverfahren gilt § 10 Abs. 1 sinngemäß. Den Nachbarn kommt Parteistellung allerdings nur zu, soweit das ausgeführte Vorhaben von der Errichtungsbewilligung abweicht und sie durch diese Abweichung in ihren Interessen nach § 5 Abs. 1 lit. b beeinträchtigt werden können.

(5) § 12 Abs. 3 erster und zweiter Satz, 8 und 9 gilt sinngemäß.

§ 14
Probebetrieb

(1) Die Behörde kann vor der Erteilung der Betriebsbewilligung einen Probebetrieb bewilligen oder mit Bescheid anordnen, wenn das Vorliegen bestimmter Ergebnisse, Messungen, Proben und dergleichen für die Entscheidung der Behörde von wesentlicher Bedeutung ist.

(2) § 12 Abs. 3 erster und zweiter Satz, 8 und 9 gilt sinngemäß.

(3) Einer Beschwerde gegen die Bewilligung oder die Anordnung eines Probebetriebes kommt keine aufschiebende Wirkung zu.

(4) Die Bewilligung zur Durchführung des Probebetriebes erlischt spätestens zwei Jahre nach der Erlassung der Entscheidung, mit der dieser bewilligt wird, sofern darin keine kürzere Frist festgesetzt wird.

§ 15
Betriebsleiter

(1) Die Behörde hat dem Bewilligungsinhaber mit Bescheid die Bestellung einer natürlichen Person als Betriebsleiter für die technische Leitung und Überwachung des Betriebes der Anlage innerhalb einer angemessenen Frist aufzutragen, wenn dies im Hinblick auf die Art, den Zweck, den Umfang oder die Engpassleistung der Anlage zur Wahrung der Interessen nach § 5 erforderlich ist.

(2) Der Betriebsleiter muss den Voraussetzungen nach § 44 Abs. 1 lit. a Z 1 und 3 entsprechen und fachlich befähigt sein, den Betrieb der Anlage zu leiten und zu überwachen.

(3) Die fachliche Befähigung ist

a) durch Zeugnisse über ein erfolgreich abgeschlossenes einschlägiges Hochschulstudium und eine mindestens dreijährige einschlägige Praxis bei einem Erzeuger,
b) durch Zeugnisse über die erfolgreich abgelegte Reifeprüfung an einer höheren technischen gewerblichen Lehranstalt und eine mindestens sechsjährige einschlägige Praxis bei einem Erzeuger oder
c) durch die Bescheinigung der für die Ausübung des Gewerbes der Elektrotechnik erforderlichen Befähigung

nachzuweisen.

(4) Die Behörde kann von den Voraussetzungen nach Abs. 3 absehen, wenn und insoweit

a) nach dem Bildungsgang und der bisherigen Tätigkeit angenommen werden kann, dass der vorgesehene Betriebsleiter die Kenntnisse, Fähigkeiten und Erfahrungen besitzt, die zur Erfüllung seiner Aufgaben erforderlich sind, oder
b) sonst eine hinreichende tatsächliche Befähigung angenommen werden kann.

(5) Der Betriebsleiter muss seinen Wohnsitz im Inland haben. Dies gilt nicht, sofern

a) die Zustellung der Verhängung und die Vollstreckung von Verwaltungsstrafen durch Staatsvertrag mit dem betreffenden Staat sichergestellt sind oder

b) es sich um Staatsangehörige von Staaten im Sinn des § 44 Abs. 2 lit. b Z 2 oder c handelt, wobei im Fall der lit. c anstelle der Gleichstellung hinsichtlich der Bedingungen der Niederlassung jene hinsichtlich der Arbeitsbedingungen tritt.

(6) Der Bewilligungsinhaber hat der Behörde die Bestellung eines Betriebsleiters und jeden Wechsel in der Person des Betriebsleiters unverzüglich schriftlich anzuzeigen. Mit dieser Anzeige sind die zur Beurteilung des Vorliegens der Voraussetzungen nach den Abs. 2 bis 5 erforderlichen Unterlagen vorzulegen. Die Behörde hat die Bestellung einer Person zum Betriebsleiter innerhalb eines Monats

a) schriftlich zu genehmigen, wenn der vorgesehene Betriebsleiter die Voraussetzungen nach den Abs. 2 bis 5 erfüllt, oder
b) mit schriftlichem Bescheid zu untersagen, wenn der vorgesehene Betriebsleiter eine der Voraussetzungen nach den Abs. 2 bis 5 nicht erfüllt.

(7) Die Behörde hat die Genehmigung der Bestellung zu widerrufen, wenn eine der Voraussetzungen nach den Abs. 2 bis 5 nachträglich weggefallen ist.

(8) Scheidet der Betriebsleiter aus oder wird die Bestellung widerrufen, so darf die Anlage bis zur Bestellung eines neuen Betriebsleiters, längstens jedoch für die Dauer von zwei Monaten, weiter betrieben werden. Das Ausscheiden des Betriebsleiters und der Wegfall einer der Voraussetzungen nach den Abs. 2 bis 5 sind der Behörde unverzüglich schriftlich anzuzeigen.

§ 16
Nachträgliche Vorschreibungen

(1) Ergibt sich bei einer rechtmäßig in Betrieb genommenen Anlage, dass den Erfordernissen nach § 5 trotz Einhaltung der in der Errichtungs- oder Betriebsbewilligung vorgeschriebenen Auflagen nicht hinreichend entsprochen wird, so hat die Behörde die nach dem Stand der Technik und der medizinischen oder sonst in Betracht kommenden Wissenschaften erforderlichen anderen oder zusätzlichen Auflagen vorzuschreiben. Solche Auflagen sind nur insoweit zulässig, als der damit verbundene Aufwand in einem vertretbaren Verhältnis zum erzielbaren Erfolg steht. § 12 Abs. 3 zweiter Satz, 8 und 9 gilt sinngemäß.

(2) In einer Entscheidung nach Abs. 1 kann dem Bewilligungsinhaber, soweit dies verhältnismäßig ist, auch die Beseitigung von bereits eingetretenen Folgen, die aus dem Betrieb der Anlage herrühren, vorgeschrieben werden.

(3) Zugunsten von Personen, die erst nach dem Eintritt der Rechtskraft der Errichtungsbewilligung Nachbarn geworden sind, dürfen Auflagen im Sinn des Abs. 1 nur vorgeschrieben werden, soweit sie zur Vermeidung einer Gefährdung ihres Lebens oder ihrer Gesundheit notwendig sind.

(4) Kann den Erfordernissen nach § 5 nur durch die Vorschreibung von Auflagen entsprochen werden, deren Verwirklichung eine wesentliche Änderung der Anlage zur Folge hätte, so hat die Behörde dem Bewilligungsinhaber mit Bescheid aufzutragen, innerhalb einer angemessen festzusetzenden Frist einen Antrag auf Erteilung einer Errichtungsbewilligung für die Änderung der Anlage (Sanierungsprojekt) einzubringen.

(5) Ein Auftrag zur Einbringung eines Sanierungsprojektes darf nur erteilt werden, wenn der mit der Änderung der Anlage verbundene Aufwand in einem vertretbaren Verhältnis zum damit erzielbaren Erfolg steht. Abs. 3 gilt sinngemäß.

§ 17
Betriebs- und Instandhaltungsvorschriften, Außerbetriebnahme und Außerbetriebsetzung

(1) Der Bewilligungsinhaber ist verpflichtet, die Anlage den Erfordernissen nach § 5 sowie der Errichtungs- bzw. Betriebsbewilligung entsprechend zu betreiben, instand zu halten und instand zu setzen. Kommt er diesen Verpflichtungen nicht nach, so hat ihm die Behörde die entsprechenden Maßnahmen unter Setzung einer angemessenen Frist mit Bescheid aufzutragen.

(2) Besteht eine unmittelbare Gefahr für das Leben oder die Gesundheit von Menschen, die Umwelt oder die Sicherheit von Sachen, so hat die Behörde dem Bewilligungsinhaber die zur Beseitigung der Gefährdung sofort notwendigen Maßnahmen ohne weiteres Verfahren aufzutragen. Kommt der Verpflichtete diesem Auftrag nicht unverzüglich nach, so hat die Behörde die Maßnahmen auf seine Gefahr und Kosten sofort durchführen zu lassen. Der Verpflichtete hat die Durchführung dieser Maßnahmen zu dulden. Die Ausübung unmittelbarer behördlicher Befehls- und Zwangsgewalt ist zulässig.

(3) Der Bewilligungsinhaber ist verpflichtet, die Anlage sofort außer Betrieb zu nehmen, wenn diese derart mangelhaft ist, dass den Erfordernissen nach § 5 durch Maßnahmen im Sinn der Abs. 1 und 2 nicht oder nicht ausreichend entsprochen werden kann. Die Anlage darf erst nach der Behebung der Mängel wieder in Betrieb genommen werden.

(4) Die Behörde hat dem Bewilligungsinhaber den Weiterbetrieb der Anlage mit Bescheid zu untersagen, wenn die Anlage entgegen dem Abs. 3 betrieben wird. Der Untersagungsbescheid ist aufzuheben, wenn die Voraussetzungen für seine Erlassung nicht mehr vorliegen.

§ 18
Wiederkehrende Überprüfung

(1) Der Bewilligungsinhaber hat die Anlage auf seine Kosten, sofern in der Errichtungs- bzw.

Betriebsbewilligung keine kürzere Frist festgesetzt wird, längstens alle fünf Jahre wiederkehrend zu prüfen oder prüfen zu lassen, ob sie der Errichtungs- bzw. Betriebsbewilligung und allfälligen sonstigen nach diesem Gesetz erlassenen Entscheidungen entspricht.

(2) Zur Durchführung der wiederkehrenden Prüfungen nach Abs. 1 sind vom Bewilligungsinhaber

a) akkreditierte Stellen im Rahmen des fachlichen Umfangs ihrer Akkreditierung (§ 11 Abs. 2 AkkG) oder
b) Ziviltechniker oder Gewerbetreibende, jeweils im Rahmen ihrer Befugnis,

heranzuziehen. Wiederkehrende Prüfungen dürfen auch vom Bewilligungsinhaber, sofern er geeignet und fachkundig ist, und von sonstigen geeigneten und fachkundigen Betriebsangehörigen vorgenommen werden. Als geeignet und fachkundig sind Personen anzusehen, die nach ihrem Bildungsgang und ihrer bisherigen Tätigkeit die für die jeweilige Prüfung notwendigen fachlichen Kenntnisse und Erfahrungen besitzen und auch die Gewähr für eine gewissenhafte Durchführung der Prüfungsarbeiten bieten.

(3) Über jede wiederkehrende Prüfung ist eine Prüfbescheinigung auszustellen, die insbesondere festgestellte Mängel und Vorschläge zu deren Behebung zu enthalten hat. Die Eintragungen sind unter Anführung des Datums und der Art der Überprüfung durch Unterschrift zu bestätigen. Die Prüfbescheinigung und sonstige die Prüfung betreffende Unterlagen sind bis zur nächsten wiederkehrenden Prüfung aufzubewahren.

(4) Sind in einer Prüfbescheinigung bei der wiederkehrenden Prüfung festgestellte Mängel festgehalten, so hat der Bewilligungsinhaber unverzüglich eine Zweitschrift oder Ablichtung dieser Prüfbescheinigung und innerhalb angemessener Frist eine Darstellung der zur Mängelbehebung getroffenen Maßnahmen der Behörde zu übermitteln.

(5) Werden Mängel festgestellt, die eine unmittelbare Gefahr für das Leben oder die Gesundheit von Menschen oder für die Sicherheit von Sachen bewirken können, so hat der Bewilligungsinhaber die zu ihrer Beseitigung unerlässlichen Maßnahmen sofort zu treffen und die Behörde schriftlich davon zu verständigen.

(6) Die Landesregierung kann durch Verordnung nähere Bestimmungen über die Durchführung der wiederkehrenden Überprüfungen erlassen. Insbesondere können dabei die nach dem Stand der Technik anzuwendenden Messverfahren, der Umfang der Überprüfung und die Verwendung bestimmter Vordrucke festgelegt werden.

(7) Der Bewilligungsinhaber entspricht seiner Verpflichtung nach Abs. 1 auch dann, wenn

a) er die Anlage wenigstens alle fünf Jahre einer Umweltbetriebsprüfung im Sinn der Verordnung (EG) Nr. 1221/2009 oder einer Umweltbetriebsprüfung im Sinn der ÖNORM EN ISO 14001 (Ausgabe 15. November 2015), Umweltmanagementsysteme – Anforderungen mit Anleitung zur Anwendung (zu beziehen über das Austrian Standards Institute, Heinestraße 38, 1020 Wien) unterzogen hat und
b) im Rahmen der Umweltbetriebsprüfung auch die Übereinstimmung der Anlage mit der Errichtungs- bzw. Betriebsbewilligung und allfälligen sonstigen nach diesem Gesetz erlassenen Entscheidungen festgestellt wurde.

Die Abs. 3 bis 5 gelten sinngemäß.

§ 19
Dingliche Wirkung

Rechte und Pflichten, die sich aus anlagenbezogenen Entscheidungen nach diesem Teil ergeben, haften an der Anlage. Sie werden durch einen Wechsel des Inhabers der Anlage nicht berührt und betreffen den jeweiligen Inhaber der Anlage. Der vormalige Inhaber der Anlage hat seinem Nachfolger alle erforderlichen Auskünfte zu erteilen und alle notwendigen Unterlagen auszuhändigen. Der Nachfolger hat den Übergang unverzüglich der Behörde anzuzeigen.

§ 20
Betriebsunterbrechung und Stilllegung der Anlage

(1) Der Bewilligungsinhaber hat, wenn er nicht zugleich Betreiber des Verteilernetzes ist, dem Netzbetreiber eine beabsichtigte Betriebsunterbrechung unter Angabe des Grundes und der voraussichtlichen Dauer spätestens zwei Wochen vor der Unterbrechung anzuzeigen. Bei Störfällen, der Einwirkung höherer Gewalt und anderen vergleichbaren Betriebsunterbrechungen ist der Betreiber des Verteilernetzes sofort zu verständigen.

(2) Der Bewilligungsinhaber hat die beabsichtigte Stilllegung der Anlage der Behörde und, wenn er nicht zugleich Betreiber des Verteilernetzes ist, auch dem Netzbetreiber spätestens drei Monate vorher anzuzeigen. In der Anzeige an die Behörde sind auch die beabsichtigten Vorkehrungen nach § 21 Abs. 2 zweiter Satz darzulegen.

§ 21
Erlöschen der Bewilligung

(1) Eine Errichtungs- oder Betriebsbewilligung erlischt, wenn

a) der Bewilligungsinhaber auf diese verzichtet,
b) das Vorhaben nicht innerhalb der nach § 12 Abs. 6 in der Errichtungsbewilligung festgelegten oder nachträglich verlängerten Frist ausgeführt wird,
c) die Anlage stillgelegt wird,

d) der Betrieb der Anlage ohne Vorliegen einer technischen Notwendigkeit durch mehr als drei Jahre unterbrochen worden ist oder
e) ein Sanierungsprojekt nach § 16 Abs. 4 nicht rechtzeitig eingebracht wird.

(2) Das Erlöschen der Errichtungs- oder Betriebsbewilligung ist von der Behörde von Amts wegen oder auf Antrag des bisherigen Bewilligungsinhabers oder eines Grundeigentümers, dessen Grundstück durch die Anlage dauernd in Anspruch genommen oder zu dessen Lasten sonst enteignet worden ist, mit Bescheid festzustellen. Im Zug dieses Verfahrens ist dem ehemaligen Bewilligungsinhaber aufzutragen, die errichtete Anlage unverzüglich zu entfernen und alle sonst notwendigen Maßnahmen zu treffen, soweit dies zum Schutz der Interessen nach § 5 erforderlich ist. § 16 Abs. 2 gilt sinngemäß.

(3) Trifft eine Verpflichtung nach Abs. 2 zweiter Satz nicht den Eigentümer des betreffenden Grundstückes oder den sonst hierüber Verfügungsberechtigten, so haben diese die zur Erfüllung der Verpflichtung notwendigen Maßnahmen zu dulden.

(4) Ist der ehemalige Bewilligungsinhaber nicht oder nur mit einem unverhältnismäßigen Aufwand feststellbar, ist er zur Erfüllung einer Verpflichtung nach Abs. 2 zweiter Satz rechtlich nicht imstande oder kann er aus sonstigen Gründen nicht beauftragt werden, so ist der Auftrag dem Eigentümer des Grundstückes zu erteilen, wenn er der Errichtung der Anlage zugestimmt oder diese zumindest geduldet und ihm zumutbare Abwehrmaßnahmen unterlassen hat. Für seine Rechtsnachfolger gilt dies, wenn sie von der Zustimmung bzw. Duldung Kenntnis hatten oder bei gehöriger Aufmerksamkeit haben mussten. Ersatzansprüche des Eigentümers des Grundstückes an den Bewilligungsinhaber bleiben unberührt.

(5) Hinsichtlich der Parteistellung im Verfahren gilt § 10 Abs. 1 sinngemäß. Den Nachbarn kommt Parteistellung zur Frage der Erforderlichkeit von Maßnahmen nach Abs. 2 zweiter Satz zum Schutz ihrer Interessen nach § 5 Abs. 1 lit. b zu.

(6) Die Behörde hat nach dem Eintritt der Rechtskraft der Feststellungsentscheidung auf Antrag eines Enteigneten im Sinn des Abs. 2 erster Satz die Aufhebung der Dienstbarkeit oder die Rückübereignung gegen eine angemessene Rückvergütung auszusprechen. Für das Rückübereignungsverfahren gilt § 73 des Tiroler Straßengesetzes, LGBl. Nr. 13/1989, sinngemäß.

§ 22
Herstellung des gesetzmäßigen Zustandes

(1) Wird ein nach § 6 Abs. 1 bewilligungspflichtiges Vorhaben ohne Vorliegen einer rechtskräftigen Errichtungs- oder Betriebsbewilligung errichtet, wesentlich geändert oder in Betrieb genommen, oder wird bei der Ausführung eines solchen Vorhabens von der Errichtungsbewilligung abgewichen und stellt die Abweichung eine wesentliche Änderung des Vorhabens dar, so hat die Behörde demjenigen, der dies veranlasst hat, die Fortsetzung der Arbeiten oder den weiteren Betrieb mit Bescheid zu untersagen.

(2) Sucht der Verantwortliche nicht innerhalb eines Monats nach der Untersagung nachträglich um die Errichtungs- oder Betriebsbewilligung an oder wird diese versagt, so hat ihm die Behörde die Beseitigung der Anlage bzw. der daran vorgenommenen Änderungen und die Wiederherstellung des früheren Zustandes aufzutragen. § 16 Abs. 2, § 17 Abs. 2 und § 21 Abs. 3 und 4 gelten sinngemäß.

§ 23
Verlängerung befristet erteilter Bewilligungen

(1) Wurde die Errichtungs- oder Betriebsbewilligung befristet erteilt, so kann frühestens zwei Jahre, spätestens aber sechs Monate vor dem Ablauf der Bewilligungsdauer, bei der Behörde um die Verlängerung der Errichtungs- oder Betriebsbewilligung schriftlich angesucht werden.

(2) Die Behörde hat einem Antrag nach Abs. 1 stattzugeben, wenn die Anlage der Errichtungs- bzw. Betriebsbewilligung und den Erfordernissen nach § 5 entspricht.

(3) Hinsichtlich der Parteistellung gilt § 10 Abs. 1 sinngemäß.

(4) Durch einen rechtzeitig eingebrachten Antrag nach Abs. 1 wird der Ablauf der Bewilligungsdauer bis zur Beendigung des Verfahrens, einschließlich eines Verfahrens vor dem Verwaltungs- oder Verfassungsgerichtshof, gehemmt.

3. Abschnitt
Verfahrensbestimmungen für anzeigepflichtige Anlagen

§ 24
Anzeige, Instandhaltung

(1) Eine Anzeige nach § 7 ist bei der Behörde schriftlich einzubringen. Der Anzeige sind alle zur Beurteilung der Zulässigkeit des Vorhabens nach diesem Gesetz erforderlichen Unterlagen in zweifacher Ausfertigung anzuschließen. Jedenfalls sind anzuschließen:

a) eine technische Beschreibung des Vorhabens, aus der die Art, der Zweck, der Umfang, die Engpassleistung, die eingesetzten Primärenergieträger und die sonstigen Betriebsmittel, Maßnahmen zur Energieeffizienz, der Gesamtwirkungsgrad, die Betriebsweise, die Einsatzzeiten, die Antriebsart, die Maschinenleistung, das Jahresarbeitsvermögen, die Standortwahl, die Inanspruchnahme von öffentlichem Gut, die Stromart und alle sonstigen geplanten Maschinen und Einrichtungen hervorgehen, sowie Angaben über die zur Vermeidung von

Notfällen oder zur Verminderung ihrer Auswirkungen vorgesehenen Maßnahmen,

b) die erforderlichen Pläne, Beschreibungen und Zeichnungen, insbesondere ein Lageplan, aus dem die vom Vorhaben betroffenen Grundstücke hervorgehen,

c) Angaben über die zu erwartenden Auswirkungen im Sinn des § 5 Abs. 1 lit. b und c und die zu ihrer Vermeidung oder Verminderung vorgesehenen Maßnahmen,

d) der Nachweis des Eigentums am Grundstück, auf dem das Vorhaben ausgeführt werden soll, oder, wenn der Antragsteller nicht Grundeigentümer ist, die Zustimmungserklärung des Grundeigentümers.

(2) Liegt eine vollständige Anzeige vor, so hat die Behörde innerhalb von drei Monaten

a) der Ausführung des angezeigten Vorhabens schriftlich zuzustimmen, wenn sich ergibt, dass keine der Voraussetzungen nach den folgenden lit. b, c und d vorliegt,

b) die Zustimmung zur Ausführung des angezeigten Vorhabens mit schriftlichem Bescheid befristet, mit Auflagen oder unter Bedingungen zu erteilen, soweit dies zur Sicherstellung der Erfordernisse nach § 5 Abs. 1 erforderlich ist,

c) die Zustimmung zur Ausführung des Vorhabens mit schriftlichem Bescheid zu erteilen, wenn die Voraussetzung nach § 12 Abs. 2 zweiter Satz vorliegen,

d) die Ausführung des angezeigten Vorhabens mit schriftlichen Bescheid zu untersagen, wenn sich ergibt, dass es einer Errichtungsbewilligung bedarf oder den für die Erteilung einer Bewilligung geltenden Voraussetzungen widerspricht.

(3) Besteht Grund zur Annahme, dass ein Bescheid nach Abs. 2 lit. b oder c nicht fristgerecht rechtswirksam zugestellt werden kann, so hat ihn die Behörde nach § 23 des Zustellgesetzes ohne vorhergehenden Zustellversuch zu hinterlegen.

(4) Wird innerhalb der im Abs. 2 genannten Frist der Ausführung des angezeigten Vorhabens weder zugestimmt noch seine Ausführung untersagt oder stimmt die Behörde der Ausführung des angezeigten Vorhabens vorzeitig zu, so darf es ausgeführt werden.

(5) In den Fällen des Abs. 2 lit. a und b und 4 ist dem Anzeigenden eine mit einem Vermerk, wonach die Ausführung des Vorhabens zulässig ist, versehene Ausfertigung der eingereichten Unterlagen zu übersenden.

(6) Ergibt sich, dass den Erfordernissen nach § 5 sonst nicht hinreichend entsprochen wird, so hat die Behörde im Fall des Abs. 2 lit. a die nach dem Stand der Technik und der medizinischen oder sonst in Betracht kommenden Wissenschaften erforderlichen Auflagen vorzuschreiben oder im Fall des Abs. 2 lit. b entsprechende andere oder zusätzliche Auflagen vorzuschreiben. Solche Auflagen sind nur insoweit zulässig, als der damit verbundene Aufwand in einem vertretbaren Verhältnis zum erzielbaren Erfolg steht.

(7) Auflagen nach Abs. 2 lit. b und 6 sind auf Antrag mit Bescheid aufzuheben oder abzuändern, wenn und soweit die Voraussetzungen für ihre Vorschreibung nicht mehr vorliegen.

(8) Die §§ 17, 18 und 19 gelten sinngemäß.

§ 25
Herstellung des gesetzmäßigen Zustandes

(1) Wird ein anzeigepflichtiges Vorhaben ohne vorherige Anzeige ausgeführt, so hat die Behörde demjenigen, der dies veranlasst hat, die Fortsetzung der Arbeiten oder gegebenenfalls den weiteren Betrieb mit Bescheid zu untersagen.

(2) Wird das Vorhaben nicht innerhalb eines Monats nach der Untersagung nachträglich angezeigt oder wird es nach § 24 Abs. 2 lit. c untersagt, so hat die Behörde dem Verantwortlichen die Beseitigung der Anlage bzw. der daran vorgenommenen Änderungen und die Wiederherstellung des früheren Zustandes aufzutragen. Dies gilt auch dann, wenn ein Vorhaben erheblich abweichend von der Anzeige ausgeführt wurde. § 16 Abs. 2, § 17 Abs. 2 und § 21 Abs. 3 und 4 gelten sinngemäß.

(3) Wurde mit der Ausführung eines angezeigten Vorhabens ohne Vorliegen der Voraussetzungen nach § 24 Abs. 4 begonnen, so hat die Behörde demjenigen, der dies veranlasst hat, die Fortsetzung der Arbeiten oder gegebenenfalls den weiteren Betrieb bis zum Ablauf der im § 24 Abs. 2 genannten Frist zu untersagen. Wird das angezeigte Vorhaben in weiterer Folge untersagt, weil es bewilligungspflichtig ist, so hat der Anzeigende innerhalb eines Monats nach der Untersagung um die Errichtungsbewilligung anzusuchen. Kommt er dieser Verpflichtung nicht nach, so gilt § 22 Abs. 2 sinngemäß. Wird das angezeigte Vorhaben dagegen in weiterer Folge untersagt, weil es den Erfordernissen nach § 5 nicht entspricht, so hat die Behörde dem Anzeigenden unmittelbar die Beseitigung der Anlage bzw. der daran vorgenommenen Änderungen und die Wiederherstellung des früheren Zustandes aufzutragen. § 16 Abs. 2, § 17 Abs. 2 und § 21 Abs. 3 und 4 gelten sinngemäß.

4. Abschnitt
Zwangsrechte

§ 26
Benützung fremder Grundstücke für Vorarbeiten

(1) Soweit eine gütliche Einigung zwischen den Beteiligten nicht zustande kommt, hat die Behörde auf Antrag eine vorübergehende Benützung fremder Grundstücke mit schriftlichem Bescheid zu bewilligen, soweit dies zur Vorbereitung eines

Antrages um die Erteilung einer Errichtungsbewilligung für eine Anlage nach § 6 erforderlich ist.

(2) Im Antrag sind die Art, der Umfang und der Zweck der Arbeiten sowie die hiervon betroffenen Grundstücke unter Angabe der Namen und Adressen der Eigentümer, der sonst hierüber Verfügungsberechtigten, der dinglich Berechtigten mit Ausnahme von Pfandgläubigern, und jener Personen, denen öffentlich-rechtliche Nutzungsrechte im Sinn des § 5 Abs. 1 lit. b Z 1 zustehen, anzuführen. Dem Antrag sind erforderlichenfalls nähere Beschreibungen und Pläne anzuschließen, aus denen der Umfang der Vorarbeiten hervorgeht.

(3) Im Verfahren haben der Antragsteller und die im Abs. 2 genannten Personen Parteistellung. Den im Abs. 2 genannten Personen kommt Parteistellung zur Frage der Erforderlichkeit der Benützung der betroffenen Grundstücke zu.

(4) In der Bewilligung ist dem Antragsteller das Recht einzuräumen, fremde Grundstücke zu betreten und auf ihnen die zur Planung der Anlage nach § 6 erforderlichen Bodenuntersuchungen und sonstigen notwendigen technischen Arbeiten vorzunehmen. Die Bewilligung kann sich auch auf die Durchführung von Vermessungen, die Anbringung von Vermessungszeichen, Geländeaufnahmen, Grundwasseruntersuchungen oder auf die Beseitigung von Bäumen, Sträuchern und sonstigen Pflanzen erstrecken, soweit dies für die zweckmäßige Durchführung der Vorarbeiten unbedingt erforderlich ist.

(5) Die Bewilligung nach Abs. 1 ist längstens für ein Jahr zu erteilen. Die Frist ist auf Antrag jeweils angemessen, höchstens jedoch um ein Jahr zu verlängern, wenn die Vorarbeiten ohne Verschulden des Bewilligungsinhabers nicht abgeschlossen werden konnten und der Antrag auf Fristverlängerung vor dem Ablauf der Frist eingebracht wurde.

(6) Vorarbeiten sind so durchzuführen, dass die Interessen der im Abs. 2 genannten Personen so gering wie möglich beeinträchtigt werden.

(7) Die beabsichtigte Durchführung der Vorarbeiten ist den im Abs. 2 genannten Personen rechtzeitig, mindestens aber eine Woche vor ihrer Ausführung, schriftlich mitzuteilen. Die mit der Leitung der Vorarbeiten betraute Person hat sich bei der Ausübung der Bewilligung gegenüber diesen Personen auf deren Verlangen auszuweisen.

(8) Die im Abs. 2 genannten Personen haben die Benützung der Grundstücke zur Durchführung der bewilligten Vorarbeiten zu dulden.

(9) Werden Grundstücke für Vorarbeiten benützt, so haben die im Abs. 2 genannten Personen gegenüber dem Berechtigten Anspruch auf Vergütung für die ihnen dadurch verursachten Vermögensnachteile. Sofern eine gütliche Einigung zwischen den Beteiligten nicht erzielt werden kann, hat die Behörde auf deren Antrag die Vergütung in sinngemäßer Anwendung des 12. Abschnittes des Tiroler Straßengesetzes festzusetzen.

§ 27
Enteignung

(1) Für die Errichtung von bewilligungspflichtigen Anlagen nach § 6 kann enteignet werden.

(2) Eine Enteignung ist nur zulässig, wenn

a) für die Errichtung der Anlage nach § 6 ein Bedarf besteht, dessen Deckung im öffentlichen Interesse, insbesondere zur Sicherung der öffentlichen Versorgung mit Elektrizität, gelegen ist,
b) zwingende technische Gründe eine dauernde Inanspruchnahme des Gegenstandes der Enteignung bedingen,
c) der Gegenstand der Enteignung geeignet ist, der zweckmäßigen und wirtschaftlichen Verwirklichung des Vorhabens zu dienen,
d) der Gegenstand der Enteignung nicht anders als durch Enteignung beschafft werden kann, insbesondere weil eine gütliche Einigung zwischen den Beteiligten nicht zustande kommt, und
e) ihr Zweck unmittelbar verwirklicht werden kann.

§ 28
Gegenstand und Umfang der Enteignung, Verfahren

(1) Durch Enteignung können

a) an Grundstücken das Eigentum sowie Dienstbarkeiten und andere Rechte, die zum Gebrauch oder zur Nutzung des Grundstückes berechtigen, eingeräumt werden sowie
b) Dienstbarkeiten, Reallasten und andere im Privatrecht begründete dingliche und obligatorische Rechte, die zum Gebrauch oder zur Nutzung eines Grundstückes berechtigen, eingeschränkt oder entzogen werden.

(2) Eine Enteignung ist nicht zulässig

a) an Grundstücken des Bundes und des Landes, die öffentlichen Zwecken dienen, und
b) an Grundstücken, die Zwecken dienen, für die nach anderen Gesetzen eine Enteignung zulässig ist.

(3) Eine Enteignung durch Einräumung des Eigentums an einem Grundstück ist nur zulässig, wenn der Zweck der Enteignung nicht durch die Einräumung eines anderen Rechtes nach Abs. 1 lit. a verwirklicht werden kann.

(4) Eine Enteignung ist nur in dem zur Verwirklichung ihres Zwecks erforderlichen Umfang zulässig.

(5) Würden bei der Enteignung eines Teiles eines Grundstückes Grundstücksreste entstehen, die weder in der bisherigen Weise noch sonst zweckmäßig nutzbar wären, so sind auf Antrag des Enteigneten auch diese Grundstücksreste zu enteignen.

(6) Würde ein Grundstück durch im Weg der Enteignung einzuräumende Rechte derart belastet werden, dass es weder in der bisherigen Weise noch sonst zweckmäßig nutzbar wäre, so ist das Grundstück auf Antrag des Enteigneten durch Einräumung des Eigentums zu enteignen.

(7) Im Übrigen sind für die Enteignung und die Rückübereignung die Bestimmungen des 12. Abschnittes des Tiroler Straßengesetzes sinngemäß anzuwenden.

5. Abschnitt
Sonderbestimmungen für Stromerzeugungsanlagen im Sinn des Kapitels II der Richtlinie 2010/75/EU; Beherrschung der Gefahren bei schweren Unfällen

1. Unterabschnitt
Sonderbestimmungen für Stromerzeugungsanlagen im Sinn des Kapitels II der Richtlinie 2010/75/EU

§ 29
Geltungsbereich

Dieser Unterabschnitt gilt für Stromerzeugungsanlagen im Sinn des Kapitels II der Richtlinie 2010/75/EU. Soweit nachstehend nichts anderes bestimmt ist, gelten für solche Stromerzeugungsanlagen die Abschnitte 1, 2 und 4.

§ 29a
Begriffsbestimmungen

(1) Emission ist die von Punktquellen oder diffusen Quellen der Anlage ausgehende direkte oder indirekte Freisetzung von Stoffen, Erschütterungen, Wärme oder Lärm in die Luft, das Wasser oder den Boden.

(2) Emissionsgrenzwert ist die im Verhältnis zu bestimmten spezifischen Parametern ausgedrückte Masse, die Konzentration und/oder das Niveau einer Emission, die in einem oder mehreren Zeiträumen nicht überschritten werden dürfen.

(3) Umweltqualitätsnorm ist die Gesamtheit von Anforderungen, die zu einem gegebenen Zeitpunkt in einer gegebenen Umwelt oder einem bestimmten Teil davon nach den Rechtsvorschriften der Union erfüllt werden müssen.

(4) Beste verfügbare Techniken (BVT) bezeichnet den effizientesten und fortschrittlichsten Entwicklungsstand der Tätigkeiten und entsprechenden Betriebsmethoden, der bestimmte Techniken als praktisch geeignet erscheinen lässt, als Grundlage für die Emissionsgrenzwerte und sonstige Genehmigungsauflagen zu dienen, um Emissionen in und Auswirkungen auf die gesamte Umwelt zu vermeiden oder, wenn dies nicht möglich ist, zu vermindern:

a) Techniken sind sowohl die angewandte Technologie als auch die Art und Weise, wie die Anlage geplant, gebaut, gewartet, betrieben und stillgelegt wird,
b) verfügbare Techniken sind jene Techniken, die in einem Maßstab entwickelt sind, der unter Berücksichtigung des Kosten/Nutzen-Verhältnisses die Anwendung unter in dem betreffenden industriellen Sektor wirtschaftlich und technisch vertretbaren Verhältnissen ermöglicht, gleich, ob diese Techniken in Österreich verwendet oder hergestellt werden, sofern sie zu vertretbaren Bedingungen für den Betreiber zugänglich sind,
c) beste Techniken sind die Techniken, die am wirksamsten zur Erreichung eines allgemein hohen Schutzniveaus für die Umwelt insgesamt sind.

(5) BVT-Merkblatt ist ein aus dem nach Art. 13 der Richtlinie 2010/75/EU organisierten Informationsaustausch hervorgehendes Dokument, das für bestimmte Tätigkeiten erstellt wird und insbesondere die angewandten Techniken, die derzeitigen Emissions- und Verbrauchswerte, die für die Festlegung der besten verfügbaren Techniken sowie der BVT-Schlussfolgerungen berücksichtigten Techniken sowie alle Zukunftstechniken beschreibt, wobei den Kriterien in Anhang III der Richtlinie 2010/75/EU besonders Rechnung getragen wird.

(6) BVT-Schlussfolgerungen ist ein Dokument, das die Teile eines BVT-Merkblatts (Abs. 5) mit den Schlussfolgerungen zu den besten verfügbaren Techniken, ihrer Beschreibung, Informationen zur Bewertung ihrer Anwendbarkeit, den mit den besten verfügbaren Techniken assoziierten Emissionswerten, den dazugehörigen Überwachungsmaßnahmen, den dazugehörigen Verbrauchswerten sowie gegebenenfalls einschlägigen Standortsanierungsmaßnahmen enthält.

(7) Mit den besten verfügbaren Techniken assoziierte Emissionswerte bezeichnet den Bereich von Emissionswerten, die unter normalen Betriebsbedingungen unter Verwendung einer besten verfügbaren Technik oder einer Kombination von besten verfügbaren Techniken entsprechend der Beschreibung in den BVT-Schlussfolgerungen erzielt werden, ausgedrückt als Mittelwert für einen vorgegebenen Zeitraum unter spezifischen Referenzbedingungen.

(8) Zukunftstechnik ist eine neue Technik für eine industrielle Tätigkeit, die bei gewerblicher Nutzung entweder ein höheres allgemeines Umweltschutzniveau oder zumindest das gleiche Umweltschutzniveau und größere Kostenersparnisse bieten könnte als bestehende beste verfügbare Techniken.

(9) Betreiber ist jede natürliche oder juristische Person, die die Anlage vollständig oder teilweise betreibt oder besitzt oder der die ausschlaggebende wirtschaftliche Verfügungsmacht über deren technischen Betrieb übertragen worden ist.

(10) Öffentlichkeit sind natürliche oder juristische Personen sowie nach den Bestimmungen des

Umweltverträglichkeitsprüfungsgesetzes 2000 anerkannte Umweltorganisationen.

(11) Betroffene Öffentlichkeit ist die von einer Entscheidung über die Erteilung oder Aktualisierung einer Genehmigung oder von Genehmigungsauflagen betroffene oder wahrscheinlich betroffene Öffentlichkeit oder die Öffentlichkeit mit einem Interesse daran,

(12) Bericht über den Ausgangszustand ist eine Information über den Stand der Verschmutzung des Bodens und des Grundwassers durch die relevanten gefährlichen Stoffe; dieser enthält jene Informationen, die erforderlich sind, um den Stand der Boden- und Grundwasserverschmutzung zu ermitteln, damit ein quantifizierter Vergleich mit dem Zustand bei der endgültigen Einstellung der Tätigkeiten vorgenommen werden kann. Der Bericht über den Ausgangszustand muss mindestens folgende Informationen enthalten:

a) Informationen über die derzeitige Nutzung und, falls verfügbar, über die frühere Nutzung des Geländes und
b) falls verfügbar, bestehende Informationen über Boden- und Grundwassermessungen, die den Zustand zum Zeitpunkt der Erstellung des Berichts widerspiegeln, oder alternativ dazu neue Boden- und Grundwassermessungen bezüglich der Möglichkeit einer Verschmutzung des Bodens und des Grundwassers durch die gefährlichen Stoffe, die durch die betreffende Anlage verwendet, erzeugt oder freigesetzt werden sollen.

(13) Boden ist die oberste Schicht der Erdkruste, die sich zwischen dem Grundgestein und der Oberfläche befindet. Der Boden besteht aus Mineralpartikeln, organischem Material, Wasser, Luft und lebenden Organismen.

(14) Umweltinspektionen sind alle Maßnahmen, einschließlich Besichtigungen vor Ort, Überwachung der Emissionen und Überprüfung interner Berichte und Folgedokumente, Überprüfung der Eigenkontrolle, Prüfung der angewandten Techniken und der Eignung des Umweltmanagements der Anlage, die von der zuständigen Behörde oder in ihrem Namen zur Prüfung und Förderung der Einhaltung der Genehmigungsauflagen durch die Anlagen und gegebenenfalls zur Überwachung ihrer Auswirkungen auf die Umwelt getroffen werden.

(15) Brennstoffe sind alle festen, flüssigen oder gasförmigen brennbaren Stoffe.

(16) Feuerungsanlage ist jede technische Einrichtung, in der Brennstoffe im Hinblick auf die Nutzung der dabei erzeugten Wärme oxidiert werden.

(17) Schornstein ist eine Konstruktion, die einen oder mehrere Kanäle aufweist, über die Abgase in die Luft abgeleitet werden.

(18) Betriebsstunden ist der in Stunden ausgedrückte Zeitraum, in dem sich eine Feuerungsanlage vollständig oder teilweise in Betrieb befindet und Emissionen in die Luft abgibt, ohne die Zeitabschnitte des An- und Abfahrens.

(19) Schwefelabscheidegrad ist das Verhältnis der Schwefelmenge, die von einer Feuerungsanlage in einem bestimmten Zeitraum nicht in die Luft abgeleitet wird, zu der Schwefelmenge des Festbrennstoffs, der im gleichen Zeitraum in die Feuerungsanlage eingebracht und verbraucht wird.

(20) Einheimischer fester Brennstoff ist ein natürlich vorkommender fester Brennstoff, der in einer eigens für diesen Brennstoff konzipierten Feuerungsanlage verfeuert wird und der vor Ort gewonnen wird.

(21) Maßgeblicher Brennstoff unter den Brennstoffen, die in einer Destillations- oder Konversionsrückstände aus der Rohölraffinierung allein oder zusammen mit anderen Brennstoffen für den Eigenverbrauch verfeuernden Mehrstofffeuerungsanlage verwendet werden, ist der Brennstoff mit dem höchsten Emissionsgrenzwert nach Anhang V Teil 1 der Richtlinie 2010/75/EU oder – im Fall von mehreren Brennstoffen mit gleichem Emissionsgrenzwert – jener Brennstoff, der von diesen Brennstoffen die größte Wärmemenge liefert.

(22) Biomasse sind

a) Produkte land- oder forstwirtschaftlichen Ursprungs aus pflanzlichem Material, die als Brennstoff zur energetischen Rückgewinnung verwendet werden können,
b) nachstehende Abfälle:

1. pflanzliche Abfälle aus der Land- und Forstwirtschaft,
2. pflanzliche Abfälle aus der Nahrungsmittelindustrie, falls die erzeugte Wärme genutzt wird,
3. faserige pflanzliche Abfälle aus der Herstellung von natürlichem Zellstoff und aus der Herstellung von Papier aus Zellstoff, sofern sie am Herstellungsort mitverbrannt werden und die erzeugte Wärme genutzt wird,
4. Korkabfälle,
5. Holzabfälle mit Ausnahme von Holzabfällen, die infolge einer Behandlung mit Holzschutzmitteln oder infolge einer Beschichtung halogenorganische Verbindungen oder Schwermetalle enthalten können, und zu denen insbesondere solche Holzabfälle aus Bau- und Abbruchabfällen gehören.

(23) Mehrstofffeuerungsanlage ist eine Feuerungsanlage, die gleichzeitig oder wechselweise mit zwei oder mehr Brennstoffen beschickt werden kann.

(24) Gasturbine ist jede rotierende Maschine, die thermische Energie in mechanische Arbeit umwandelt und hauptsächlich aus einem Verdichter, aus einer Brennkammer, in der Brennstoff zur

Erhitzung des Arbeitsmediums oxidiert wird, und aus einer Turbine besteht.

(25) Gasmotor ist ein nach dem Ottoprinzip arbeitender Verbrennungsmotor mit Fremdzündung des Kraftstoffs bzw. – im Fall von Zweistoffmotoren – mit Selbstzündung des Kraftstoffs.

(26) Dieselmotor ist ein nach dem Dieselprinzip arbeitender Verbrennungsmotor mit Selbstzündung des Kraftstoffs.

§ 29b
Bewilligungspflicht, Anzeigepflicht von Änderungen

(1) Die Errichtung, der Betrieb sowie jede wesentliche Änderung einer Stromerzeugungsanlage im Sinn des Kapitels II der Richtlinie 2010/75/EU bedürfen einer Bewilligung der Behörde.

(2) Eine wesentliche Änderung liegt vor, wenn

a) eine Änderung der Beschaffenheit oder der Funktionsweise sowie die Erweiterung der Anlage erheblich nachteilige Auswirkungen auf die menschliche Gesundheit oder die Umwelt haben kann, oder
b) die Erweiterung für sich genommen die Kapazitätsschwelle nach Anhang I der Richtlinie 2010/75/EU erreicht.

(3) Sonstige Änderungen der Beschaffenheit oder der Funktionsweise sowie die Erweiterung der Anlage, die eine nachteilige Auswirkung auf die menschliche Gesundheit oder die Umwelt haben können, sind der Behörde vor Durchführung der Maßnahme anzuzeigen.

§ 29c
Zusätzliche Erfordernisse, besondere Verfahrensbestimmungen, Beteiligung der Öffentlichkeit

(1) Bei der Errichtung, Betrieb, Änderung, Instandhaltung, Instandsetzung, Aktualisierung sowie Stilllegung von Stromerzeugungsanlagen, die in den Anwendungsbereich des Kapitels II der Richtlinie 2010/75/EU fallen, gelten die allgemeinen Erfordernisse nach § 5. Darüber hinaus ist sicherzustellen, dass

a) Energie effizient verwendet wird,
b) alle geeigneten Vorsorgemaßnahmen gegen eine Umweltverschmutzung im Sinn des Kapitels II der Richtlinie 2010/75/EU, insbesondere durch den Einsatz von dem Stand der Technik entsprechenden technologischen Verfahren, Einrichtungen und Betriebsweisen, getroffen werden,
c) die besten verfügbaren Techniken (§ 29a Abs. 4) angewendet werden,
d) keine erhebliche Umweltverschmutzung im Sinn des Kapitels II der Richtlinie 2010/75/EU verursacht wird,
e) das Entstehen von Abfällen nach der Richtlinie 2008/98/EG vermieden wird; sofern Abfälle anfallen, werden diese entsprechend der Prioritätenfolge und im Einklang mit der Richtlinie 2008/98/EG zur Wiederverwendung vorbereitet, recycelt, verwertet oder, wenn dies aus technischen oder wirtschaftlichen Gründen nicht möglich ist, beseitigt, wobei Auswirkungen auf die Umwelt zu vermeiden oder zu vermindern sind,
f) die notwendigen Maßnahmen ergriffen werden, um Unfälle zu verhindern und deren Folgen zu begrenzen,
g) bei einer endgültigen Stilllegung die erforderlichen Maßnahmen getroffen werden, um jegliche Gefahr einer Umweltverschmutzung zu vermeiden und den zufriedenstellenden Zustand des Betriebsgeländes wiederherzustellen.

(2) Dem Antrag zur Errichtung, zum Betrieb, zur wesentlichen Änderung sowie zur Aktualisierung sind zusätzlich zu § 8 folgende Unterlagen anzuschließen:

a) eine Beschreibung der Emissionsquellen der Anlage,
b) Angaben über den Zustand des Anlagengeländes,
c) einen Bericht über den Ausgangszustand, wenn relevante gefährliche Stoffe verwendet, erzeugt oder freigesetzt werden zur Vermeidung einer Verschmutzung des Bodens und des Grundwassers auf dem Gelände der Anlage,
d) Art und Menge der vorhersehbaren Emissionen aus der Anlage in jedes Umweltmedium sowie Feststellung von erheblichen Auswirkungen der Emissionen auf die Umwelt,
e) Vorgesehene Technologien und sonstige Techniken zur Vermeidung der Emissionen aus der Anlage oder, sofern dies nicht möglich ist, Verminderung derselben,
f) Maßnahmen zur Vermeidung, zur Vorbereitung, zur Wiederverwendung, zum Recycling und zur Verwertung der von der Anlage erzeugten Abfälle,
g) die sonstigen vorgesehenen Maßnahmen zur Erfüllung der Vorschriften bezüglich der Verpflichtungen nach Abs. 1 und § 5,
h) die vorgesehenen Maßnahmen zur Überwachung der Emissionen der Anlage,
i) eine Darstellung über die wichtigsten vom Antragsteller geprüften Alternativen zu den vorgesehenen Technologien, Techniken und Maßnahmen.
j) eine allgemein verständliche Zusammenfassung der Angaben nach lit. a bis i und § 8.

(3) Die Änderung einer Anlage nach § 29b Abs. 3 ist der Behörde vor Beginn der Ausführung anzuzeigen. Der Anzeige ist eine Beschreibung des Vorhabens unter Anschluss der erforderlichen

Pläne nach § 8 Abs. 2 lit. a und b anzuschließen, aus denen Art und Umfang der beabsichtigten Änderungen der Beschaffenheit, Funktionsweise, oder der Erweiterung der Anlage, die Auswirkungen auf die Umwelt haben können, hervorgeht. Ergibt sich aus der Anzeige, dass eine wesentliche Änderung vorliegt, hat die Behörde den Betreiber aufzufordern, hierfür um eine Bewilligung anzusuchen.

(4) Die Bestimmungen der §§ 10 und 11 finden sinngemäß Anwendung.

(5) Die Behörde hat das Vorhaben auf der Internetseite des Landes Tirol sowie in einer in Tirol landesweit verbreiteten Tageszeitung sowie an der (den) Amtstafeln(n) der Gemeinde(n) kundzumachen. In der Kundmachung ist anzugeben, bei welcher Behörde und innerhalb welchen Zeitraums der Antrag sowie die Projektunterlagen aufliegen, sowie wann Einsicht genommen werden kann. Die Auflegungsfrist hat mindestens sechs Wochen zu betragen. Ferner ist anzugeben, ob eine einzelstaatliche oder grenzüberschreitende Umweltverträglichkeitsprüfung oder Konsultationen mit dem angrenzenden Nachbarstaat erforderlich sind. Weiters ist darauf hinzuweisen, dass jedermann innerhalb der Auflegungsfrist zum Antrag Stellung nehmen kann und dass die Entscheidung über den Antrag mit Bescheid erfolgt.

(6) In Verfahren betreffend Stromerzeugungsanlagen im Sinn des Kapitels II der Richtlinie 2010/75/EU sind unbeschadet des § 10 Abs. 1 Parteien

a) Umweltorganisationen, die nach § 19 Abs. 7 UVP-G 2000 anerkannt sind, und
b) Umweltorganisationen aus einem anderen EU-Mitgliedstaat oder einem anderen Vertragsstaat des EWR-Abkommens oder in Fällen des § 29d auch aus dem betreffenden Staat, wenn das Vorhaben voraussichtlich Auswirkungen auf jenen Teil der Umwelt des Staates hat, für deren Schutz die Umweltorganisation eintritt;

dies jeweils unter der Voraussetzung, dass während der Auflegungsfrist schriftlich Einwendungen erhoben wurden. Die Umweltorganisationen können die Einhaltung von Umweltschutzvorschriften im Verfahren geltend machen, soweit sie während der Auflegungsfrist schriftlich Einwendungen erhoben haben, und können Beschwerde an das Landesverwaltungsgericht sowie Revision an den Verwaltungsgerichtshof erheben. Sie sind von der Anberaumung der mündlichen Verhandlung persönlich zu verständigen.

(7) Wird eine mündliche Verhandlung anberaumt, ist dies auf der Internetseite des Landes Tirol sowie in einer in Tirol landesweit verbreiteten Tageszeitung sowie an der (den) Amtstafeln(n) der Gemeinde(n) kundzumachen.

(8) Die Behörde hat Bescheide nach §§ 30, 30f und 31 auf der Internetseite des Landes Tirol für die Dauer von mindestens vier Wochen kundzumachen.

§ 29d
Grenzüberschreitende Auswirkungen

(1) Sofern die Errichtung, der Betrieb oder die wesentliche Änderung einer Anlage nach § 29 erhebliche nachteilige Auswirkungen auf die Umwelt eines ausländischen Staates haben könnte, oder ein solcher Staat ein diesbezügliches Ersuchen stellt, hat die Behörde gleichzeitig mit der sie die Öffentlichkeit über das Vorhaben informiert den betroffenen Staat zu informieren sowie im Falle einer Anberaumung einer mündlichen Verhandlung die in der Kundmachung enthaltenen Informationen zu übermitteln.

(2) Dem ausländischen Staat ist eine angemessene, mindestens achtwöchige Frist zur Stellungnahme einzuräumen, die es ihm ermöglicht, seinerseits den Antrag der Öffentlichkeit zugänglich zu machen und ihr Gelegenheit zur Stellungnahme zu geben. Erforderlichenfalls sind Konsultationen über mögliche grenzüberschreitende Auswirkungen und allfällige Maßnahmen zur Vermeidung oder Verminderung schädlicher grenzüberschreitender Umweltauswirkungen zu führen. Einem solchen Staat sind ferner die Ergebnisse des Ermittlungsverfahrens und die Entscheidung über den Genehmigungsantrag zu übermitteln.

(3) Werden im Rahmen eines in einem anderen Staat durchgeführten Verfahrens betreffend Anlagen nach § 29 Informationen nach § 29c übermittelt, so hat die Behörde, in deren Wirkungsbereich erhebliche Auswirkungen auf die Umwelt möglich sind, nach § 29c vorzugehen. Bei der Behörde eingelangte Stellungnahmen sind dem verfahrensführenden Staat zu übermitteln. Entscheidungen, die in einem anderen Staat getroffen worden sind und die der Behörde vorliegen, sind nach § 29c Abs. 8 der Öffentlichkeit zugänglich zu machen.

(4) Die Abs. 1, 2 und 3 gelten für Mitgliedstaaten der Europäischen Union sowie Vertragsparteien des Abkommens über den Europäischen Wirtschaftsraum. Für andere Staaten gelten sie nur nach Maßgabe des Grundsatzes der Gegenseitigkeit. Besondere staatsvertragliche Regelungen bleiben unberührt.

§ 30
Bewilligung von Stromerzeugungsanlagen, Anzeigeverfahren

(1) Die Bewilligung für die Errichtung, den Betrieb sowie die wesentliche Änderung ist zu erteilen, wenn das Vorhaben den Erfordernissen nach § 5 und § 29c Abs. 1 entspricht.

(2) Die Behörde hat bei der Entscheidung die Ergebnisse des Konsultationsprozesses bei Projekten mit grenzüberschreitenden Auswirkungen nach § 29d zu berücksichtigen.

(3) Der Bescheid, mit dem eine Anlage nach Abs. 1 bewilligt wird, hat insbesondere zu enthalten:

a) dem Stand der Technik entsprechende Emissionsgrenzwerte für Schadstoffe des Anhanges II der Richtlinie 2010/75/EU sowie für sonstige Schadstoffe, die von der Anlage in relevanter Menge emittiert werden können, wobei die mögliche Verlagerung der Verschmutzung von einem Medium (Wasser, Luft, Boden) in ein anderes zu berücksichtigen ist, um zu einem hohen Schutzniveau für die Umwelt insgesamt beizutragen; gegebenenfalls können diese Emissionsgrenzwerte durch dem Stand der Technik entsprechende äquivalente Parameter oder äquivalente technische Maßnahmen, die ein gleichwertiges Umweltschutzniveau gewährleisten, erweitert oder ersetzt werden; hiebei sind die technische Beschaffenheit der betreffenden Anlage, ihr geographischer Standort und die jeweiligen örtlichen Umweltbedingungen zu berücksichtigen,
b) Anforderungen an die Überwachung der Emissionen (einschließlich der Messmethode, der Messhäufigkeit und der Bewertungsverfahren sowie in den Fällen des § 30a Abs. 2 lit. b der Vorgabe, dass die Ergebnisse der Überwachung der Emissionen für die gleichen Zeiträume und Referenzbedingungen verfügbar sein müssen wie für die mit den besten verfügbaren Techniken assoziierten Emissionswerte); die Überwachungsauflagen sind gegebenenfalls auf die in den BVT-Schlussfolgerungen beschriebenen Überwachungsanforderungen zu stützen,
c) die Verpflichtung, der Behörde regelmäßig, mindestens jedoch einmal jährlich, Informationen auf der Grundlage der Ergebnisse der Emissionsüberwachung (lit. b) und sonstige erforderliche Daten zu übermitteln, die der Behörde die Überprüfung der Einhaltung des konsensgemäßen Zustandes ermöglichen bzw. in den Fällen des § 30a Abs. 2 lit. b eine Zusammenfassung der Ergebnisse der Emissionsüberwachung, die einen Vergleich mit den mit den besten verfügbaren Techniken assoziierten Emissionswerten ermöglicht,
d) Bedingungen für die Überprüfung der Einhaltung der Emissionsgrenzwerte,
e) angemessene Auflagen zum Schutz des Bodens und des Grundwassers sowie angemessene Anforderungen an die regelmäßige Wartung und die Überwachung der Maßnahmen zur Vermeidung der Verschmutzung des Bodens und des Grundwassers,
f) angemessene Anforderungen betreffend regelmäßige Wartung und wiederkehrende Überwachung des Bodens und des Grundwassers auf die relevanten gefährlichen Stoffe, die wahrscheinlich vor Ort anzutreffen sind, unter Berücksichtigung möglicher Boden- und Grundwasserverschmutzungen auf dem Anlagengelände; die wiederkehrende Überwachung hat mindestens alle fünf Jahre für das Grundwasser und mindestens alle zehn Jahre für den Boden zu erfolgen, es sei denn, diese Überwachung erfolgt anhand einer systematischen Beurteilung des Verschmutzungsrisikos,
g) Maßnahmen betreffend die Überwachung und Behandlung der in der Anlage anfallenden Abfälle,
h) Maßnahmen für andere als normale Betriebsbedingungen,
i) über den Stand der Technik hinausgehende bestimmte Auflagen, wenn und soweit dies zur Verhinderung des Überschreitens eines unionsrechtlich festgelegten Immissionsgrenzwertes erforderlich ist,
j) erforderlichenfalls Auflagen für Vorkehrungen zur weitestgehenden Verminderung der weiträumigen oder grenzüberschreitenden Verschmutzung,

(4) Wird dem Bewilligungsbescheid ein Stand der Technik zu Grunde gelegt, der in keiner der einschlägigen BVT-Schlussfolgerungen beschrieben ist, muss gewährleistet sein, dass die angewandte Technologie und die Art und Weise, wie die Anlage geplant, gebaut, gewartet, betrieben und aufgelassen wird, unter Berücksichtigung der in Anhang III der Richtlinie 2010/75/EU angeführten Kriterien bestimmt wird und dass die Anforderungen des § 30a erfüllt werden.

(5) Enthalten die einschlägigen BVT-Schlussfolgerungen keine mit den besten verfügbaren Techniken assoziierten Emissionswerte, so muss gewährleistet sein, dass die nach Abs. 3 festgelegte Technik ein Umweltschutzniveau erreicht, das dem in den einschlägigen BVT-Schlussfolgerungen beschriebenen Stand der Technik gleichwertig ist.

(6) Liegen für eine Tätigkeit oder einen Produktionsprozess
in einer Anlage keine BVT-Schlussfolgerungen vor oder decken diese Schlussfolgerungen nicht alle möglichen Umweltauswirkungen der Tätigkeit oder des Prozesses ab, so hat die Behörde nach Anhörung des Antragstellers die erforderlichen Auflagen auf Grundlage des Standes der Technik unter Berücksichtigung der in Anhang III der Richtlinie 2010/75/EU angeführten Kriterien vorzuschreiben.

(7) Verfügt der Betreiber einer Anlage über eine Bewilligung zur Emission von Treibhausgasen nach § 4 des Emissionszertifikategesetzes 2011, entfällt die Festlegung von Emissionsgrenzwerten für direkte Emissionen dieses Gases, es sei denn, dies ist erforderlich, um sicherzustellen, dass keine erhebliche lokale Umweltverschmutzung bewirkt wird.

(8) Die Behörde kann zur Einhaltung der Erfordernisse nach § 5 und § 29c Abs. 1 allgemein verbindliche Vorschriften anwenden, ohne dass hiedurch eine bestimmte Technik oder Technologie vorgeschrieben wird. Die Festlegung allgemein verbindlicher Vorschriften hat in einem integrierten Konzept zu erfolgen und ein gleich hohes Schutzniveau für die Umwelt wie mit Genehmigungsauflagen sicherzustellen. Die Behörde hat die allgemein verbindlichen Vorschriften regelmäßig zu aktualisieren, um die Entwicklung der besten verfügbaren Techniken und die Einhaltung aktualisierter Genehmigungsauflagen zu gewährleisten.

(9) Sind zur Einhaltung einer Umweltqualitätsnorm andere oder zusätzliche Auflagen oder eine Anpassung der Anlage erforderlich, hat die Behörde von Amts wegen ein Verfahren nach § 16 durchzuführen.

(10) Die Behörde hat die Bewilligung, einschließlich allfälliger Ausnahmen nach § 30a Abs. 3, die Ergebnisse der vor der Entscheidung durchgeführten Konsultationen und ihre Berücksichtigung im Rahmen der Entscheidung sowie die Bezeichnung des für die betreffende Anlage maßgeblichen BVT-Merkblattes zur allgemeinen Einsicht während der Amtsstunden aufzulegen und auf der Internetseite des Landes zu veröffentlichen.

(11) Die Behörde hat die Anzeige einer Änderung einer Anlage, erforderlichenfalls unter gleichzeitiger Vorschreibung von Auflagen, wenn dies zum Schutz vor nachteiligen Auswirkungen auf die Umwelt und zur Einhaltung der im § 5 sowie im § 29c Abs. 1 angeführten Erfordernisse erforderlich ist, mit Bescheid zur Kenntnis zu nehmen.

(12) Ist für die Errichtung, den Betrieb oder die wesentliche Änderung einer Anlage nach § 29 auch nach anderen landesrechtlichen oder bundesrechtlichen Vorschriften eine Bewilligungs- oder Anzeigepflicht vorgesehen, ist das Verfahren mit den für die Vollziehung der landes- und bundesrechtlichen Vorschriften zuständigen Behörden zu koordinieren.

§ 30a
Emissionsgrenzwerte

(1) Die Emissionsgrenzwerte für Schadstoffe im Sinn des § 30 Abs. 3 lit. a gelten an dem Punkt, an dem die Emissionen die Anlage verlassen, wobei eine etwaige Verdünnung vor diesem Punkt bei der Festsetzung der Grenzwerte nicht berücksichtigt wird.

(2) Die Behörde hat im Bewilligungsbescheid Emissionsgrenzwerte nach § 30 Abs. 3 festzulegen, mit denen sichergestellt wird, dass die Emissionen unter normalen Betriebsbedingungen, die mit den besten verfügbaren Techniken assoziierten Emissionswerte der BVT-Schlussfolgerungen nicht überschreiten und trifft hiezu folgende Maßnahmen:

a) die Festlegung von Emissionsgrenzwerten, die die mit den besten verfügbaren Techniken assoziierten Emissionswerte nicht überschreiten; diese Emissionsgrenzwerte werden für die gleichen oder kürzere Zeiträume und unter denselben Referenzbedingungen ausgedrückt wie die mit den besten verfügbaren Techniken assoziierten Emissionswerte, oder

b) die Festlegung von Emissionsgrenzwerten, die in Bezug auf Werte, Zeiträume und Referenzbedingungen von den in lit. a angeführten Emissionsgrenzwerten abweichen. In diesem Fall hat die Behörde mindestens jährlich die Ergebnisse der Emissionsüberwachung zu bewerten, um sicherzustellen, dass die Emissionen unter normalen Betriebsbedingungen die mit den besten verfügbaren Techniken assoziierten Emissionswerte nicht überschritten haben.

(3) Abweichend von Abs. 2 kann die Behörde unbeschadet des § 30 Abs. 3 lit. i in besonderen Fällen weniger strenge Emissionsgrenzwerte festlegen, wenn eine Bewertung ergibt, dass die Erreichung der mit den besten verfügbaren Techniken assoziierten Emissionswerte entsprechend der Beschreibung in den BVT-Schlussfolgerungen wegen des geografischen Standortes und der lokalen Umweltbedingungen oder der technischen Merkmale der betroffenen Anlage gemessen am Umweltnutzen zu unverhältnismäßig höheren Kosten führen würde. Jedenfalls ist sicherzustellen, dass keine erheblichen Umweltverschmutzungen verursacht werden und ein hohes Schutzniveau für die Umwelt insgesamt erreicht wird. Im Bewilligungsbescheid sind die Ergebnisse der Bewertung festzuhalten und die Vorschreibung weniger strenger Emissionsgrenzwerte im Sinn des ersten Satzes sowie die entsprechenden Auflagen zu begründen. In den Anhängen der Richtlinie 2010/75/EU festgelegte Emissionsgrenzwerte dürfen nicht überschritten werden.

(4) Im Falle der Festlegung weniger strenger Emissionsgrenzwerte im Sinn des Abs. 3 in einem Verfahren zur Aktualisierung der Bewilligung nach § 31 sind die §§ 29c und 29d sinngemäß anzuwenden.

(5) Die Behörde kann für einen Gesamtzeitraum von höchstens neun Monaten vorübergehende Abweichungen von den Auflagen im Sinn der Abs. 2 und 3 sowie von den nach § 30 Abs. 3 lit. a zu treffenden Vorsorgemaßnahmen für die Erprobung und Anwendung von Zukunftstechniken bewilligen, sofern nach dem festgelegten Zeitraum die Anwendung der betreffenden Technik beendet wird oder im Rahmen der Tätigkeit mindestens

die mit den besten verfügbaren Techniken assoziierten Emissionswerte erreicht werden.

§ 30b
Anwendung von BVT-Schlussfolgerungen und Informationen zu den Entwicklungen bei den besten verfügbaren Techniken

(1) Die in den BVT-Merkblättern enthaltenen BVT-Schlussfolgerungen sind als Referenzdokumente für die Bewilligung, die wesentliche Änderung nach § 29b Abs. 2 und die Aktualisierung von Anlagen nach § 31 mit dem Tag der Veröffentlichung im Amtsblatt der Europäischen Union anzuwenden. Bis zum Vorliegen von BVT-Schlussfolgerungen im Sinn des ersten Satzes gelten – mit Ausnahme der Festlegung von Emissionsgrenzwerten nach § 30a Abs. 2 und 3 – Schlussfolgerungen zum Stand der Technik aus BVT-Merkblättern, die von der Europäischen Kommission vor dem 6. Jänner 2011 angenommen worden sind, als Referenzdokumente für die Bewilligung oder wesentliche Änderung von Anlagen nach § 29.

(2) Die Landesregierung hat die für Anlagen nach § 29 relevanten BVT-Schlussfolgerungen und BVT-Merkblätter auf der Internetseite des Landes zu veröffentlichen.

(3) Die Landesregierung hat neue oder aktualisierte BVT-Schlussfolgerungen sowie Informationen zu Entwicklungen bei den besten verfügbaren Techniken auf der Internetseite des Landes zu veröffentlichen.

§ 30c
Vorfälle und Unfälle

(1) Der Betreiber der Anlage hat der Behörde alle Vorfälle oder Unfälle mit erheblichen Umweltauswirkungen unverzüglich zu melden und ohne Verzug Maßnahmen zur Begrenzung der Umweltauswirkungen und zur Vermeidung weiterer möglicher Vorfälle und Unfälle zu ergreifen.

(2) Die Behörde hat dem Betreiber der Anlage zur Durchführung weiterer Maßnahmen zu verpflichten, wenn dies erforderlich ist, um Umweltauswirkungen zu begrenzen oder weitere mögliche Vorfälle und Unfälle zu vermeiden.

(3) Kommt der Betreiber einer behördlichen Verpflichtung nach Abs. 2 nicht, nicht vollständig oder nicht rechtzeitig nach, oder liegt eine unmittelbare Gefährdung der menschlichen Gesundheit oder eine unmittelbare, erhebliche Gefährdung der Umwelt vor, so hat die Behörde die erforderlichen Maßnahmen wie die Stilllegung der Anlage oder von Teilen der Anlagen, dem Betreiber der Anlage aufzutragen oder bei Gefahr im Verzug unmittelbar anzuordnen und gegen Ersatz der Kosten durch den Betreiber der Anlage unverzüglich durchführen zu lassen.

(4) Eine Beschwerde an das Landesverwaltungsgericht gegen eine behördliche Verpflichtung nach Abs. 3 hat keine aufschiebende Wirkung. Fallen nachträglich die Voraussetzungen, die für die Erlassung der behördlichen Verpflichtung nach Abs. 3 maßgeblich waren, weg, hat die Behörde auf Antrag des Betreibers die getroffenen Maßnahmen ehestmöglich zu widerrufen, oder von Amts wegen die Verpflichtung aufzuheben.

§ 30d
Nichteinhaltung von Auflagen, Überwachung

(1) Der Betreiber der Anlage hat die Behörde bei Nichteinhaltung des Bewilligungskonsenses unverzüglich zu informieren und unverzüglich die erforderlichen Maßnahmen zu ergreifen, um sicherzustellen, dass die Einhaltung der Anforderungen so schnell wie möglich wiederhergestellt wird. Die Behörde hat weitere zur Wiederherstellung der Einhaltung des Bewilligungskonsenses erforderliche Maßnahmen mit Bescheid aufzutragen, wenn dies erforderlich ist, um die Einhaltung des Bewilligungskonsenses sicherzustellen.

(2) Nach Abs. 1 angezeigte Mängel oder Abweichungen, für die in der Information an die Behörde Vorschläge zur unverzüglichen Behebung der Mängel oder zur unverzüglichen Beseitigung der Abweichungen vom konsensgemäßen Zustand enthalten sind, bilden keine Verwaltungsübertretungen nach § 83, sofern die Voraussetzungen für eine Maßnahme nach Abs. 3 nicht vorliegen und die Behebung oder die Beseitigung der Behörde unverzüglich nachgewiesen werden.

(3) Wenn ein Verstoß gegen den Bewilligungskonsens eine unmittelbare Gefährdung der menschlichen Gesundheit verursacht oder eine unmittelbare erhebliche Gefährdung der Umwelt darstellt, hat die Behörde, entsprechend dem Ausmaß der Gefährdung, die erforderlichen Maßnahmen, wie die Stilllegung von Maschinen oder die teilweise oder gänzliche Schließung der Anlage, mit Bescheid zu verfügen.

(4) Eine Beschwerde an das Landesverwaltungsgericht gegen einen Bescheid nach Abs. 3 hat keine aufschiebende Wirkung. Liegen die Voraussetzungen für die Erlassung eines Bescheides nach Abs. 3 nicht mehr vor, so hat die Behörde auf Antrag des Betreibers der Anlage die getroffenen Maßnahmen ehestmöglich zu widerrufen; oder von Amts wegen den Bescheid aufzuheben.

(5) Der Betreiber der Anlage hat der Behörde einen Bericht über die Ergebnisse der nach § 30 Abs. 3 lit. c erforderlichen Überwachung der Emissionen des vergangenen Kalenderjahres bis längstens 31. Mai des Folgejahres zu übermitteln. Die Behörde hat auf der Internetseite des Landes die Öffentlichkeit über das Vorliegen und die

Zugänglichkeit der Ergebnisse der Emissionsüberwachung zu informieren.

§ 30e
Umweltinspektionen

(1) Anlagen nach § 29 sind, unbeschadet von Überprüfungen nach § 31, regelmäßigen Umweltinspektionen zu unterziehen.

(2) Die Landesregierung hat einen Umweltinspektionsplan zu erstellen, der alle Anlagen nach § 29 erfasst. Der Umweltinspektionsplan ist regelmäßig zu überprüfen und gegebenenfalls zu aktualisieren. Die Verpflichtung zur Erstellung eines Umweltinspektionsplanes entfällt, wenn im Bereich des Landes Tirol keine Anlagen existieren, auf die dieses Gesetzes anzuwenden ist.

(3) Der Umweltinspektionsplan hat zu umfassen:

a) eine allgemeine Bewertung der wichtigen Umweltprobleme,
b) den räumlichen Geltungsbereich des Inspektionsplans,
c) ein Verzeichnis der in den Geltungsbereich des Plans fallenden Anlagen,
d) ein Verfahren für die Aufstellung von Programmen für routinemäßige Umweltinspektionen nach Abs. 4,
e) ein Verfahren für nicht routinemäßige Umweltinspektionen nach Abs. 6,
f) gegebenenfalls Bestimmungen für die Zusammenarbeit zwischen verschiedenen Inspektionsbehörden.

(4) Auf Grundlage des Umweltinspektionsplanes hat die Landesregierung regelmäßig Programme für routinemäßige Umweltinspektionen zu erstellen, in denen auch die Häufigkeit der Vor-Ort-Besichtigungen für die verschiedenen Arten von Anlagen angegeben ist. Der Zeitraum zwischen zwei Vor-Ort-Besichtigungen hat sich nach einer systematischen Beurteilung der mit der Anlage verbundenen Umweltrisiken zu richten und darf ein Jahr bei Anlagen der höchsten Risikostufe und drei Jahre bei Anlagen der niedrigsten Risikostufe nicht überschreiten. Wird bei einer Inspektion festgestellt, dass eine Anlage in schwerwiegender Weise gegen den Bewilligungskonsens verstößt, so hat innerhalb der nächsten sechs Monate nach dieser Inspektion eine zusätzliche Vor-Ort-Besichtigung zu erfolgen.

(5) Die systematische Beurteilung der Umweltrisiken hat sich mindestens auf folgende Kriterien zu stützen:

a) potenzielle und tatsächliche Auswirkungen der betreffenden Anlage auf die menschliche Gesundheit und auf die Umwelt unter Berücksichtigung der Emissionswerte und -typen, der Empfindlichkeit der örtlichen Umgebung und des Unfallrisikos,
b) die bisherige Einhaltung des Bewilligungskonsenses,
c) Teilnahme des Betreibers der Anlage am Unionssystem für das Umweltmanagement und die Umweltbetriebsprüfung (EMAS) nach der Verordnung (EG) Nr. 1221/2009 oder an einer Umweltbetriebsprüfung im Sinn der ÖNORM EN ISO 14001 (Ausgabe 15. November 2015), Umweltmanagementsysteme – Anforderungen mit Anleitung zur Anwendung (zu beziehen über das Austrian Standards Institute, Heinestraße 38, 1020 Wien).

(6) Nicht routinemäßige Umweltinspektionen müssen durchgeführt werden, um bei Beschwerden wegen ernsthaften Umweltbeeinträchtigungen, bei ernsthaften umweltbezogenen Unfällen und Vorfällen und bei Verstößen gegen die einschlägigen Rechtsvorschriften sobald wie möglich und gegebenenfalls vor Erteilung oder Änderung einer Bewilligung oder vor der Aktualisierung einer Anlage im Sinn des § 31 Untersuchungen vorzunehmen.

(7) Nach jeder Vor-Ort-Besichtigung hat die Behörde einen Bericht mit den relevanten Feststellungen bezüglich der Einhaltung des Bewilligungskonsenses durch die betreffende Anlage und Schlussfolgerungen zur etwaigen Notwendigkeit weiterer Maßnahmen zu erstellen. Innerhalb von zwei Monaten nach der Vor-Ort-Besichtigung muss der Bericht dem Anlageninhaber zur Stellungnahme übermittelt werden. Innerhalb von vier Monaten nach der Vor-Ort-Besichtigung hat die Behörde den Bericht auf der Internetseite des Landes zu veröffentlichen; diese Veröffentlichung hat auch eine Zusammenfassung des Berichtes zu enthalten sowie den Hinweis, wo weiterführende Informationen zu erhalten sind. Geschäfts- und Betriebsgeheimnisse sind zu wahren. Die Behörde muss sicherstellen, dass der Anlageninhaber die in dem Bericht angeführten Maßnahmen binnen angemessener Frist ergreift.

§ 30f
Stilllegung

(1) Beabsichtigt der Betreiber einer Anlage nach § 29 die Stilllegung einer Anlage oder eines Teiles dieser Anlage, so hat er die notwendigen Maßnahmen zur Vermeidung einer von der in Auflassung begriffenen oder aufgelassenen Anlage oder von dem in Auflassung begriffenen oder aufgelassenen Anlagenteil ausgehenden Gefahr einer Umweltverschmutzung durchzuführen.

(2) Der Betreiber der Anlage hat den Beginn der Stilllegung unter Anschluss einer Darstellung der erforderlichen Auflassungsmaßnahmen der Behörde vorher anzuzeigen. Dieser Anzeige sind anzuschließen:

a) bei Vorliegen eines Berichts über den Ausgangszustand eine Bewertung des Standes der Boden- und Grundwasserverschmutzung durch relevante gefährliche Stoffe, die durch die Anlage verwendet, erzeugt oder freigesetzt werden. Wurden durch die Anlage erhebliche Boden- und Grundwasserverschmutzungen mit relevanten gefährlichen Stoffen im Vergleich zu dem im Bericht über den Ausgangszustand angegebenen Zustand verursacht, so hat der Bericht eine Darstellung der erforderlichen Maßnahmen zur Beseitigung dieser Verschmutzung, um das Gelände in jenen Zustand zurückzuführen, zu enthalten;

b) liegt ein Bericht über den Ausgangszustand nicht vor, weil die Bewilligung noch nicht nach § 31 aktualisiert wurde, oder keine Verpflichtung zur Erstellung besteht, hat der Bericht eine Bewertung, ob die Verschmutzung von Boden und Grundwasser auf dem Gelände eine erhebliche Gefährdung der menschlichen Gesundheit oder der Umwelt als Folge der genehmigten Tätigkeiten darstellt, zu beinhalten. Bei Vorhandensein einer Gefährdung ist eine Darstellung der erforderlichen Maßnahmen zur Beseitigung, Verhütung, Eindämmung oder Verringerung relevanter gefährlicher Stoffe dem Bericht beizufügen, damit das Gelände unter Berücksichtigung seiner derzeitigen oder genehmigten künftigen Nutzung keine solche Gefährdung mehr darstellt.

(3) Wurde die Stilllegung der Anlage von der Behörde angeordnet, trifft den Betreiber der Anlage ebenfalls die Verpflichtung, der Behörde eine Bewertung und erforderlichenfalls eine Darstellung der Maßnahmen vorzulegen und diese Maßnahmen durchzuführen.

(4) Werden vom Betreiber der Anlage die zur Stilllegung nach Abs. 2 lit. a erforderliche Bewertung und allenfalls die Darstellung notwendiger Maßnahmen nicht vorgelegt oder die Maßnahmen nicht durchgeführt, hat die Behörde dem Betreiber der Anlage bei durch die Tätigkeiten verursachten erheblichen Boden- und Grundwasserverschmutzungen mit relevanten gefährlichen Stoffen im Vergleich zu dem im Bericht über den Ausgangszustand angegebenen Zustand die erforderlichen Maßnahmen zur Beseitigung dieser Verschmutzung mit Bescheid aufzutragen, um das Gelände in jenen Zustand zurückzuführen.

(5) Werden vom Betreiber der Anlage bei der Stilllegung die nach Abs. 2 lit. b erforderliche Bewertung und allenfalls die Darstellung notwendiger Maßnahmen nicht vorgelegt oder die Maßnahmen nicht durchgeführt, hat die Behörde dem Betreiber der Anlage bei einer durch die Tätigkeiten verursachten erheblichen Gefährdung der menschlichen Gesundheit oder der Umwelt die erforderlichen Maßnahmen zur Beseitigung, Verhütung, Eindämmung oder Verringerung relevanter gefährlicher Stoffe mit Bescheid aufzutragen, damit das Gelände unter Berücksichtigung seiner derzeitigen oder genehmigten künftigen Nutzung keine solche Gefährdung mehr darstellt.

(6) Durch einen Wechsel in der Person des Betreibers einer Anlage wird die Wirksamkeit eines bescheidmäßigen Auftrages nach Abs. 4 oder 5 nicht berührt. Einer Beschwerde gegen einen Bescheid nach Abs. 4 oder 5 kommt keine aufschiebende Wirkung zu. Liegen die Voraussetzungen für die Erlassung eines Bescheides nach Abs. 4 oder 5 nicht mehr vor, hat die Behörde auf Antrag des Betreibers der Anlage die getroffenen Maßnahmen zu widerrufen, oder von Amts den Bescheid aufzuheben.

(7) Relevante Informationen zu den vom Inhaber oder von der Inhaberin einer Anlage bei der Auflassung durchgeführten oder bei der Stilllegung von der Behörde aufgetragenen Maßnahmen nach Abs. 2 bis 5 müssen der Öffentlichkeit auf der Internetseite des Landes Tirol zugänglich gemacht werden.

§ 31
Überprüfung und Aktualisierung der Bewilligung

(1) Der Betreiber der Anlage hat innerhalb eines Jahres nach Veröffentlichung von BVT-Schlussfolgerungen zur Haupttätigkeit einer Anlage nach § 29 der Behörde mitzuteilen, ob sich der seine Anlage betreffende Stand der Technik geändert hat; die Mitteilung hat gegebenenfalls den Antrag auf Festlegung weniger strenger Emissionsgrenzwerte im Sinn des § 30a zu enthalten. Gegebenenfalls sind umgehend die zur Anpassung an den Stand der Technik erforderlichen Anpassungsmaßnahmen zu treffen. Die Mitteilung und die Anpassungsmaßnahmen haben auch den die Anlage betreffenden BVT-Schlussfolgerungen Rechnung zu tragen, deren Erlassung oder Aktualisierung seit der Genehmigung oder seit der letzten Anpassung der Anlage veröffentlicht wurden.

(2) Auf Verlangen der Behörde hat der Betreiber der Anlage alle für die Überprüfung der Bewilligungsauflagen erforderlichen Informationen, insbesondere die Ergebnisse der Emissionsüberwachung und sonstige Daten, die einen Vergleich des Betriebs der Anlage mit dem Stand der Technik nach den geltenden BVT-Schlussfolgerungen und mit den mit den besten verfügbaren Techniken assoziierten Emissionswerten ermöglichen, zu übermitteln.

(3) Ergibt die Überprüfung der Behörde, dass der Betreiber der Anlage Maßnahmen im Sinn des Abs. 1 nicht ausreichend getroffen hat, oder ist dies im Hinblick auf eine Vorschreibung von Emissionsgrenzwerten nach § 30a erforderlich, so hat die Behörde entsprechende Maßnahmen mit Bescheid anzuordnen. Auf Antrag nach Abs. 1 erster Satz zweiter Teilsatz dürfen unter den Voraussetzungen des § 30a Abs. 3 weniger strenge Emissionsgrenzwerte festgelegt werden; diese müssen bei der nächsten Aktualisierung im Sinn dieser Bestimmungen neu beurteilt werden. Für die Überprüfung der Anlage hat die Behörde die im Zuge

der Überwachung oder der Umweltinspektionen (§ 30e) erlangten Informationen heranzuziehen.

(4) Durch die Maßnahmen im Sinn der Abs. 1 und 3 muss sichergestellt sein, dass die Anlage innerhalb von vier Jahren nach Veröffentlichung der BVT-Schlussfolgerungen zur Haupttätigkeit der Anlage den Anforderungen der Abs. 1 und 3 entspricht.

(5) Wenn die Behörde bei der Aktualisierung von Bewilligungsauflagen im Sinn dieser Bestimmungen in begründeten Fällen feststellt, dass mehr als vier Jahre ab Veröffentlichung von BVT-Schlussfolgerungen zur Einführung des neuen Standes der Technik notwendig ist, kann sie in den Bewilligungsauflagen im Einklang mit den Bestimmungen des § 30a Abs. 3 einen längeren Zeitraum festlegen. Dabei ist auf die Ziele und Grundsätze nach § 30 Bedacht zu nehmen.

(6) Die Behörde hat jedenfalls den Konsens der Anlage zu überprüfen und erforderlichenfalls entsprechende Anpassungsmaßnahmen nach Abs. 3 mit Bescheid anzuordnen, wenn

a) die Anlage von keinen BVT-Schlussfolgerungen erfasst ist und Entwicklungen des Standes der Technik eine erhebliche Verminderung der Emissionen ermöglichen,
b) die Betriebssicherheit die Anwendung anderer Techniken erfordert,
c) die durch die Anlage verursachte Umweltverschmutzung so stark ist, dass neue Emissionsgrenzwerte festgelegt werden müssen oder
d) dies zur Verhinderung des Überschreitens eines neuen oder geänderten unionsrechtlich festgelegten Immissionsgrenzwertes erforderlich ist.

(7) Die Behörde hat den Entwurf eines Bescheides nach Abs. 6 lit. c und die wichtigsten entscheidungsrelevanten Unterlagen, die der Behörde vorliegen, zur allgemeinen Einsicht aufzulegen und die Auflage kundzumachen. §§ 29c und 29d gelten sinngemäß.

(8) Die vom Betreiber der Anlage nach Abs. 1 getroffenen Maßnahmen sowie Bescheide nach Abs. 1, 3 und 6 sind von der Behörde öffentlich bekanntzumachen; §§ 29c und 29d gelten sinngemäß.

(9) Enthält der Bewilligungsbescheid für eine Anlage nach § 29 keine Emissionsgrenzwerte für direkte Emissionen von Treibhausgasen, weil diese Anlage über eine Bewilligung zur Emission von Treibhausgasen nach § 4 des Emissionszertifikategesetzes 2011 verfügt, hat die Behörde zusätzlich Emissionsgrenzwerte für direkte Emissionen dieses Gases mit Bescheid vorzunehmen, wenn dies erforderlich ist, um eine erhebliche lokale Umweltverschmutzung hintanzuhalten.

2. Unterabschnitt
Beherrschung der Gefahren bei schweren Unfällen

§ 32
Anwendungsbereich, Begriffsbestimmungen

(1) Dieser Unterabschnitt gilt für Stromerzeugungsanlagen, in denen die im Anhang I der Seveso III-Richtlinie genannten gefährliche Stoffe in einer oder in mehreren Anlagen einschließlich gemeinsamer oder verbundener Infrastrukturen oder Tätigkeiten mindestens in einer

a) im Teil 1 Spalte 2 oder Teil 2 Spalte 2 (Betriebe der unteren Klasse) oder
b) im Teil 1 Spalte 3 oder Teil 2 Spalte 3 (Betriebe der oberen Klasse)

angegebenen Menge vorhanden sind.

(2) Ziel dieses Unterabschnittes ist es, schwere Unfälle mit gefährlichen Stoffen zu vermeiden und ihre Folgen zu begrenzen.

(3) Die Anforderungen dieses Unterabschnittes müssen zusätzlich zu den Anforderungen nach den sonstigen Bestimmungen dieses Gesetzes erfüllt sein. Sie begründen keine Bewilligungspflicht und keine Parteistellung im Sinn des § 11.

(4) Im Sinn dieses Unterabschnittes ist bzw. sind:

a) Anlage eine technische Einheit innerhalb eines Betriebs, unabhängig davon, ob ober- oder unterirdisch, in der gefährliche Stoffe hergestellt, verwendet, gehandhabt oder gelagert werden; sie umfasst alle Einrichtungen, Bauwerke, Rohrleitungen, Maschinen, Werkzeuge, Privatgleisanschlüsse, Hafenbecken, Umschlagseinrichtungen, Anlegebrücken, Lager oder ähnliche – auch schwimmende – Konstruktionen, die für die Tätigkeit dieser Anlage erforderlich sind,
b) Betreiber jede natürliche oder juristische Person, die einen Betrieb oder eine Anlage betreibt oder kontrolliert oder der die Entscheidungsgewalt über das technische Funktionieren des Betriebs oder der Anlage übertragen worden ist,
c) Betrieb der gesamte unter der Aufsicht eines Betreibers stehende Bereich, in dem gefährliche Stoffe in einer oder in mehreren Anlagen, einschließlich gemeinsamer oder verbundener Infrastrukturen oder Tätigkeiten, vorhanden sind; die Betriebe sind entweder Betriebe der unteren Klasse oder Betriebe der oberen Klasse,
d) Betrieb der unteren Klasse ein Betrieb, in dem gefährliche Stoffe in Mengen vorhanden sind, die den im Anhang 1 Teil 1 Spalte 2 oder im Anhang 1 Teil 2 Spalte 2 der Seveso III-Richtlinie genannten Mengen entsprechen oder darüber, jedoch unter den im Anhang 1 Teil 1 Spalte 3 oder Anhang 1 Teil 2 Spalte

3 genannten Mengen liegen, wobei gegebenenfalls die Additionsregel gemäß Anhang 1 Anmerkung 4 der Seveso III-Richtlinie anzuwenden ist,

e) Betrieb der oberen Klasse ein Betrieb, in dem gefährliche Stoffe in Mengen vorhanden sind, die den im Anhang 1 Teil 1 Spalte 3 oder im Anhang 1 Teil 2 Spalte 3 der Seveso III-Richtlinie genannten Mengen entsprechen oder darüber liegen, wobei gegebenenfalls die Additionsregel gemäß Anhang 1 Anmerkung 4 der Seveso III-Richtlinie anzuwenden ist,

f) benachbarter Betrieb ein Betrieb, der sich so nah bei einem anderen Betrieb befindet, dass dadurch das Risiko oder die Folgen eines schweren Unfalls vergrößert wird (werden),

g) gefährliche Stoffe Stoffe oder ein Gemisch, der bzw. das unter Anhang 1 Teil 1 der Seveso III-Richtlinie fällt oder in deren Anhang 1 Teil 2 aufgeführt ist, dies auch in Form eines Rohstoffs, eines Endprodukts, eines Nebenprodukts, eines Rückstands oder eines Zwischenprodukts,

h) Gemisch ein Gemisch oder eine Lösung, das bzw. die aus zwei oder mehreren Stoffen besteht,

i) Gefahr das Wesen eines gefährlichen Stoffes oder einer konkreten Situation, das darin besteht, der menschlichen Gesundheit oder der Umwelt Schaden zufügen zu können,

j) Inspektion alle Maßnahmen einschließlich Besichtigungen vor Ort, Überprüfungen von internen Maßnahmen, Systemen und Berichten und Folgedokumentationen, und alle notwendigen Folgemaßnahmen, die von der zuständigen Behörde oder in ihrem Namen durchgeführt werden, um die Einhaltung der einschlägigen Bestimmungen durch die Betriebe zu überprüfen und zu fördern,

k) schwerer Unfall ein Ereignis, insbesondere eine Emission, ein Brand oder eine Explosion größeren Ausmaßes, das sich aus unkontrollierten Vorgängen in einer unter diesen Unterabschnitt fallenden Anlage ergibt, das unmittelbar oder später innerhalb oder außerhalb der Anlage zu einer ernsten Gefahr für die menschliche Gesundheit oder die Umwelt führt und bei dem ein oder mehrere gefährliche Stoffe beteiligt sind,

l) Vorhandensein von gefährlichen Stoffen das tatsächliche oder vorgesehene Vorhandensein gefährlicher Stoffe im Betrieb oder von gefährlichen Stoffen, bei denen vernünftigerweise vorhersehbar ist, dass sie bei außer Kontrolle geratenen Prozessen, einschließlich Lagerungstätigkeiten, in einer der Anlagen innerhalb des Betriebs anfallen, und zwar in Mengen, die den im Anhang 1 Teil 1 oder 2 der Seveso III-Richtlinie genannten Mengeschwellen entsprechen oder darüber liegen,

m) Risiko die Wahrscheinlichkeit, dass innerhalb einer bestimmten Zeitspanne oder unter bestimmten Umständen eine bestimmte Wirkung eintritt,

n) Lagerung das Vorhandensein einer Menge gefährlicher Stoffe zum Zweck der Einlagerung, der Hinterlegung zur sicheren Aufbewahrung oder der Lagerhaltung,

o) Domino-Effekte Wechselwirkungen zwischen benachbarten Betrieben jeweils der unteren und/oder oberen Klasse, bei denen aufgrund ihrer geographischen Lage und ihrer Nähe sowie ihrer Verzeichnisse gefährlicher Stoffe ein erhöhtes Risiko schwerer Unfälle bestehen kann oder diese Unfälle folgenschwerer sein können,

p) Öffentlichkeit eine oder mehrere natürliche oder juristische Personen sowie nach den Bestimmungen des Umweltverträglichkeitsprüfungsgesetzes 2000 anerkannte Umweltorganisationen,

q) betroffene Öffentlichkeit die von einer Entscheidung über die Errichtung oder eine wesentliche Änderung einer Anlage nach diesem Unterabschnitt sowie durch neue Entwicklungen in der Nachbarschaft von Anlage nach diesem Unterabschnitt, wenn die Standortwahl oder die Entwicklungen das Risiko eines schweren Unfalls vergrößern oder die Folgen eines solchen Unfalls verschlimmern können, betroffene oder wahrscheinlich betroffene Öffentlichkeit oder die Öffentlichkeit mit einem Interesse daran.

§ 33
Pflichten des Betreibers

(1) Der Betreiber einer Anlage hat alle nach dem jeweiligen Stand der Technik notwendigen Maßnahmen zu ergreifen, um schwere Unfälle zu vermeiden und deren Folgen für den Menschen und die Umwelt zu begrenzen. Der Betreiber der Anlage ist verpflichtet, der Behörde jederzeit, insbesondere im Hinblick auf Inspektionen und Kontrollen nachzuweisen, dass er alle erforderlichen Maßnahmen getroffen hat.

(2) Der Betreiber einer Anlage hat der Behörde spätestens drei Monate vor dem Beginn der Errichtung und, soweit die Daten in diesem Zeitpunkt noch nicht feststehen oder sich in weiterer Folge wieder ändern, spätestens drei Monate vor der Inbetriebnahme der Anlage oder einer Änderung der Anlage, die eine Änderung des Verzeichnisses gefährlicher Stoffe zur Folge hat, mitzuteilen:

a) seinen Namen und seine Adresse sowie die Adresse der Anlage und des Firmensitzes, sofern sich der Firmensitz nicht am Standort der Anlage befindet,

b) die Namen, Adressen und Funktionen der für den Betrieb sonst verantwortlichen Personen,

c) ausreichende Angaben zur Identifizierung der gefährlichen Stoffe und der Gefahrenkategorie von Stoffen, die beteiligt sind oder vorhanden sein können,
d) die genaue Menge und physikalische Form der gefährlichen Stoffe,
e) den Ort sowie die Art und Weise der Aufbewahrung der gefährlichen Stoffe,
f) die im Betrieb ausgeübten oder beabsichtigten Tätigkeiten und
g) eine Beschreibung der unmittelbaren Umgebung der Anlage und der allenfalls bestehenden Gefahr von Domino-Effekten sowie, soweit verfügbar, Einzelheiten zu benachbarten Betrieben und zu Betriebsstätten, die nicht in den Geltungsbereich der Seveso III-Richtlinie fallen, und schließlich Einzelheiten zu Bereichen und Entwicklungen, von denen ein schwerer Unfall ausgehen könnte oder die das Risiko oder die Folgen eines schweren Unfalls und von Domino-Effekten vergrößern könnten.

(3) Der Betreiber hat die Behörde vom bevorstehenden Eintritt folgender Umstände schriftlich unter Anschluss der erforderlichen technischen Beschreibung und Angaben zu informieren:

a) wesentliche Vergrößerung oder Verringerung der in der Mitteilung nach Abs. 2 angegebenen Menge der vorhandenen gefährlichen Stoffe,
b) wesentliche Änderung der Beschaffenheit oder der physikalischen Form der vorhandenen gefährlichen Stoffe oder einer Änderung der Verfahren, bei denen diese Stoffe eingesetzt werden,
c) Änderung des Betriebs, aus der sich erhebliche Auswirkungen auf die Gefahren im Zusammenhang mit schweren Unfällen ergeben können,
d) endgültige Schließung oder Stilllegung des Betriebs.

(4) Der Betreiber hat der Behörde nach einem schweren Unfall sofort in der am besten geeigneten Weise mitzuteilen:

a) den Hergang und die genauen Umstände des Unfalls,
b) die Art und Menge der beteiligten gefährlichen Stoffe,
c) die zur Beurteilung der Unfallfolgen für den Menschen, die Umwelt und von Sachwerten verfügbaren Daten,
d) die eingeleiteten Sofortmaßnahmen,
e) die vorgesehenen Maßnahmen zur Minderung der mittel- und langfristigen Unfallfolgen und zur Vermeidung einer Wiederholung eines solchen Unfalles.

Darüber hinaus sind der Behörde wesentliche Änderungen der Informationen nach lit. a bis e laufend mitzuteilen.

(5) Der Betreiber hat ein Konzept zur Vermeidung schwerer Unfälle (Sicherheitskonzept) zu erstellen, umzusetzen und zur Einsichtnahme durch die Behörde bereitzuhalten. Die Verwirklichung des Sicherheitskonzepts und dessen Änderung sind der Behörde jeweils unverzüglich nachzuweisen. Durch das Sicherheitskonzept ist ein hohes Schutzniveau für die menschliche Gesundheit und die Umwelt sicherzustellen. Das Sicherheitskonzept hat die Ziele und Handlungsgrundsätze des Betreibers, die Rolle und die Verantwortung der Betriebsleitung und die Verpflichtung zu beinhalten, die Beherrschung der Gefahren schwerer Unfälle ständig zu verbessern. Das Sicherheitskonzept ist durch angemessene Mittel, Strukturen und Sicherheitsmanagementsysteme umzusetzen, wobei Betreiber von Anlagen der oberen Klasse im Sinn des § 32 Abs. 1 lit. b hierfür ein Sicherheitsmanagementsystem gemäß Anhang III der Seveso-III Richtlinie anzuwenden haben.

(6) Der Betreiber hat der Behörde das Sicherheitskonzept spätestens zum im Abs. 2 genannten Zeitpunkt zu übermitteln. Diese Verpflichtung gilt für den Fall einer Änderung der Anlage, die eine Änderung des Verzeichnisses gefährlicher Stoffe zur Folge hat, bzw. einer sonstigen wesentlichen Änderung sinngemäß mit der Maßgabe, dass ein überprüftes und entsprechend angepasstes Sicherheitskonzept zu übermitteln ist.

(7) Der Betreiber ist verpflichtet, das Sicherheitskonzept in regelmäßigen, fünf Jahre nicht überschreitenden Zeitabschnitten zu überprüfen und erforderlichenfalls an den neusten Stand anzupassen. Diese Verpflichtung besteht insbesondere auch dann, wenn sich die bei der Erstellung maßgeblich gewesenen Umstände, insbesondere der Stand der Technik, wesentlich geändert haben. Das angepasste Sicherheitskonzept ist der Behörde jeweils unverzüglich zu übermitteln.

(8) Betreiber einer Anlage der oberen Klasse im Sinn des § 32 Abs. 1 lit. b haben einen Sicherheitsbericht nach Maßgabe des Anhangs II der Seveso III-Richtlinie zu erstellen, in dem dargelegt wird, dass

a) ein Sicherheitskonzept und ein Sicherheitsmanagementsystem zu seiner Anwendung nach Maßgabe des Anhangs III der Seveso III-Richtlinie umgesetzt wurden,
b) die Gefahren schwerer Unfälle und mögliche Unfallszenarien ermittelt und alle erforderlichen Maßnahmen zur Vermeidung derartiger Unfälle und zur Begrenzung der Folgen für den Menschen und die Umwelt ergriffen wurden,
c) die Projektierung, die Errichtung, der Betrieb und die Instandhaltung bzw. Instandsetzung sämtlicher technischer Anlagen und die für ihr Funktionieren erforderlichen Infrastrukturen, die der Vermeidung von Gefahren schwerer Unfälle dienen, ausreichend sicher und zuverlässig sind,

d) interne Notfallpläne nach Maßgabe des Anhangs IV Z 1 der Seveso III-Richtlinie vorliegen und dass darin Angaben zur Ermöglichung der Erstellung externer Notfallpläne gemacht werden,
e) der (den) Gemeinde(n) und den Organen des Landes ausreichende Informationen für Zwecke der örtlichen und überörtlichen Raumordnung und zur Erstellung externer Notfallpläne bereitgestellt werden, damit diese Entscheidungen über die Ansiedlung neuer Tätigkeiten oder Entwicklungen in den in der Nachbarschaft bestehenden Betrieben treffen können.

(9) Betreiber einer Anlage der oberen Klasse im Sinn des § 32 Abs. 1 lit. b haben der Behörde den Sicherheitsbericht spätestens zum im Abs. 2 genannten Zeitpunkt zu übermitteln. Diese Verpflichtung gilt für den Fall einer Änderung der Anlage, die eine Änderung des Verzeichnisses gefährlicher Stoffe zur Folge hat, bzw. einer sonstigen wesentlichen Änderung sinngemäß mit der Maßgabe, dass ein überprüfter und entsprechend angepasster Sicherheitsbericht zu übermitteln ist.

(10) Betreiber einer Anlage der oberen Klasse im Sinn des § 32 Abs. 1 lit. b sind verpflichtet, den Sicherheitsbericht in folgenden Fällen zu überprüfen, erforderlichenfalls auf den neuesten Stand zu bringen und der Behörde zu übermitteln:

a) in regelmäßigen fünf Jahren nicht überschreitenden Zeitabschnitten,
b) aus Anlass eines schweren Unfalls,
c) zu jedem anderen Zeitpunkt aus eigener Initiative oder auf Verlangen der Behörde bei Eintreten neuer Sachverhalte oder neuer sicherheitstechnischer Erkenntnisse, etwa aufgrund der Analyse von Unfällen oder nach Möglichkeit auch von Beinaheunfällen, sowie infolge aktueller Erkenntnisse zur Beurteilung der Gefahren,
d) wenn sich die bei der Erstellung maßgeblich gewesenen Umstände, insbesondere der Stand der Technik, wesentlich geändert haben.

(11) Betreiber einer Anlage der oberen Klasse im Sinn des § 32 Abs. 1 lit. b haben nach Anhören des Betriebsrates oder, wenn ein solcher nicht besteht, der Beschäftigten sowohl des eigenen Betriebes als auch von relevanten langfristig beschäftigten Subunternehmen, einen internen Notfallplan zu erstellen, der die zur Beherrschung von Gefahren bei schweren Unfällen innerhalb des Betriebs erforderlichen Maßnahmen zu enthalten hat. Der interne Notfallplan hat den Erfordernissen des Anhang IV Z 1 der Seveso III-Richtlinie zu entsprechen. Der Betreiber ist bei Einritt eines schweren Unfalls oder eines unkontrollierten Ereignisses, bei dem aufgrund seiner Art zu erwarten ist, dass es zu einem schweren Unfall kommen wird, verpflichtet, den internen Notfallplan anzuwenden.

(12) Der Betreiber hat der Behörde den internen Notfallplan spätestens zum im Abs. 2 genannten Zeitpunkt zu übermitteln. Diese Verpflichtung gilt für den Fall einer Änderung der Anlage, die eine Änderung des Verzeichnisses gefährlicher Stoffe zur Folge hat, bzw. einer sonstigen wesentlichen Änderung sinngemäß mit der Maßgabe, dass ein überprüfter und entsprechend angepasster interner Notfallplan zu übermitteln ist.

(13) Der interne Notfallplan ist in angemessenen Abständen von höchstens drei Jahren durch die Betreiber und die Behörde zu überprüfen, zu erproben und erforderlichenfalls zu ändern, wenn sich die bei der Erstellung maßgeblich gewesenen Umstände, insbesondere der Stand der Technik, die technischen Erkenntnisse und die Erkenntnisse, wie bei schweren Unfällen zu handeln ist, oder die Organisation der Notdienste wesentlich geändert haben. In allen Fällen ist der wesentliche Inhalt der getroffenen Änderungen des internen Notfallplans der Behörde unverzüglich zu übermitteln.

(14) Zwischen Betreibern benachbarter Anlagen im Sinn des § 32 Abs. 1, bei denen auf Grund ihrer geografischen Lage und ihrer Nähe zueinander sowie ihrer Verzeichnisse gefährlicher Stoffe ein erhöhtes Risiko schwerer Unfälle besteht oder diese Unfälle folgenschwerer sein können (Domino-Effekt), hat ein Austausch sachdienlicher Informationen stattzufinden, damit bei der Erstellung ihrer Sicherheitskonzepte, der Sicherheitsberichte, der internen Notfallpläne oder der Sicherheitsmanagementsysteme der Art und dem Ausmaß der allgemeinen Gefahr eines schweren Unfalls Rechnung getragen werden kann. Die Betreiber der Anlagen haben ferner bei der Unterrichtung der Öffentlichkeit und der benachbarten Betriebsanlagen, auf die dieser Unterabschnitt nicht anzuwenden ist sowie bei der Übermittlung von Angaben an die Behörde, die für die Erstellung der externen Notfallpläne zuständig sind, zusammen zu arbeiten. Kommt der Betreiber einer Anlage dieser Verpflichtung nicht nach, so hat ihm die Behörde dies mit Bescheid aufzutragen. Der Inhalt und der Umfang dieser Verpflichtung ist nach Möglichkeit so festzulegen, dass Geschäfts- oder Betriebsgeheimnisse nicht verletzt werden.

(15) Betreiber einer Anlage haben

a) die beim Eintritt eines schweren Unfalls potenziell betroffenen Personen über die Gefahren, die Sicherheitsmaßnahmen und das richtige Verhalten im Fall eines schweren Unfalls ohne Aufforderung regelmäßig und in angemessener Form, längstens jedoch alle fünf Jahre, klar und verständlich zu informieren. Diese Informationen haben zumindest die im Anhang V der Seveso III-Richtlinie genannten Angaben zu enthalten und sind regelmäßig, zumindest alle drei Jahre zu überprüfen, erforderlichenfalls zu aktualisieren und der Öffentlichkeit auch auf elektronischem Weg ständig zugänglich zu machen; die Informationspflicht umfasst auch Personen außerhalb des Landes- sowie des Bundesgebietes, wenn schwere Unfälle grenzüberschreitende Auswirkungen haben können, und

b) sofern es sich dabei um eine Anlage der oberen Klasse im Sinn des § 32 Abs. 1 lit. b handelt, der Öffentlichkeit den Sicherheitsbericht und das Verzeichnis der gefährlichen Stoffe zugänglich zu machen; dies gilt nicht für Teile, die Geschäfts- oder Betriebsgeheimnisse enthalten.

(16) Der Betreiber einer Anlage ist bei einer Änderung der Anlage, des Betriebs, eines Lagers, eines Verfahrens oder der Art der physikalischen Form oder der Mengen der gefährlichen Stoffe, aus der sich erhebliche Auswirkungen auf die Gefahren schwerer Unfälle ergeben könnten, oder die dazu führen können, dass ein Betrieb der unteren Klasse zu einem Betrieb der oberen Klasse wird oder umgekehrt, verpflichtet, das Sicherheitskonzept, das Sicherheitsmanagementsystem und den Sicherheitsbericht zu überprüfen und erforderlichenfalls zu überarbeiten und die Behörde vor Durchführung der Änderung über die Einzelheiten dieser Überarbeitungen zu informieren.

§ 34
Pflichten der Behörde

(1) Die Behörde hat dem als zentrale Meldestelle zuständigen Bundesministerium folgende Daten zur Verfügung zu stellen:

a) die der Behörde nach § 33 Abs. 2 übermittelten Daten,
b) das Datum, die Uhrzeit und den Ort eines allfälligen schweren Unfalls,
c) die Adresse der Anlage sowie den Namen und die Adresse des Betreibers der Anlage,
d) eine kurze Beschreibung des Herganges und der näheren Umstände sowie Angaben über die beteiligten gefährlichen Stoffe und die unmittelbaren Folgen für den Menschen und die Umwelt,
e) eine kurze Beschreibung der getroffenen Sofortmaßnahmen und der zur Vermeidung einer Wiederholung eines solchen Unfalls unmittelbar notwendigen Sicherheitsvorkehrungen.

Die Daten nach lit. b bis e sind nach dem Eintritt eines schweren Unfalls zur Verfügung zu stellen.

(2) Die Behörde hat jährlich ein aktualisiertes Verzeichnis der Anlagen im Sinn des § 32 Abs. 1 zu erstellen und den Betreibern dieser Anlagen zu übermitteln. Sie hat jene Anlagen zu bezeichnen, bei denen aufgrund von Domino-Effekten eine erhöhte Wahrscheinlichkeit schwerer Unfälle besteht oder diese Unfälle folgenschwerer sein können. Die Liste hat auch die in den Nachbarstaaten oder -ländern befindlichen Anlagen im Sinn des Übereinkommens über die grenzüberschreitenden Auswirkungen von Industrieunfällen (Helsinki-Konvention), BGBl. III Nr. 119/2000, zuletzt geändert durch die Kundmachung BGBl. III Nr. 14/2010, zu enthalten. Die Behörde hat auf Antrag des Betreibers einer Anlage mit Bescheid festzustellen, ob die Voraussetzungen nach dem zweiten Satz vorliegen. Verfügt die Behörde zusätzlich zu den vom Betreiber der Anlage nach § 33 Abs. 2 lit. g zur Verfügung gestellten Angaben über weitere Informationen, so hat die Behörde diese zusätzlichen Informationen dem Betreiber der Anlage zur Kenntnis zu bringen, wenn dies zur Einschätzung der Tragweite und des Risikos schwerer Unfälle erforderlich ist.

(3) Die Behörde hat innerhalb angemessener Frist die von den Betreibern vorgelegten Sicherheitsberichte zu prüfen. Entspricht der Sicherheitsbericht den Erfordernissen nach § 33 Abs. 8, so hat sie dies mit Bescheid festzustellen. Andernfalls ist nach Abs. 8 vorzugehen.

(4) Die Behörde hat für jede Anlage im Sinn des § 32 Abs. 1 ein der Art der betreffenden Anlage angemessenes System von Inspektionen oder sonstigen Kontrollmaßnahmen (Inspektionsprogramm) zu erstellen und auf der Grundlage dieses Inspektionsprogramms die Einhaltung der Pflichten des Betreibers der Anlage planmäßig und systematisch zu überwachen. Das Inspektionsprogramm muss für die Überprüfung der betriebstechnischen, organisatorischen und managementspezifischen Systeme der jeweiligen Anlage geeignet sein. Insbesondere ist zu prüfen, ob der Betreiber der Anlage

a) im Zusammenhang mit den betriebsspezifischen Tätigkeiten die zur Vermeidung schwerer Unfälle erforderlichen Maßnahmen ergriffen hat,
b) angemessene Mittel zur Begrenzung der Folgen schwerer Unfälle vorgesehen hat,
c) den Sicherheitsbericht oder andere erforderliche Berichte entsprechend den tatsächlichen Verhältnissen erstellt hat und
d) bei Anlagen der oberen Klasse im Sinn des § 32 Abs. 1 lit. b den Informationsverpflichtungen, insbesondere jenen nach § 33 Abs. 15, entsprochen hat.

Im Rahmen einer solchen Überprüfung dürfen Betriebsangehörige über ihre den angewendeten Sicherheitsmanagementsystemen dienenden Tätigkeiten als Auskunftspersonen befragt und Kontrollen des Bestandes an gefährlichen Stoffen vorgenommen werden. Die Überprüfung einer Anlage der oberen Klasse im Sinn des § 32 Abs. 1 lit. b hat längstens alle zwölf Monate und einer Anlage der unteren Klasse im Sinn des § 32 Abs. 1 lit. a längstens alle drei Jahre zu erfolgen, es sei denn, die Behörde hat im Inspektionsprogramm aufgrund einer systematischen Bewertung des Gefahrenpotenzials in Bezug auf die betreffende Anlage etwas anderes festgelegt. Über jede Überprüfung ist eine Niederschrift zu verfassen.

(4a) Der Inspektionsplan muss alle Betriebe erfassen und ist regelmäßig zu überprüfen und gegebenenfalls zu aktualisieren. Der Inspektionsplan hat zu umfassen:

a) eine allgemeine Beurteilung einschlägiger Sicherheitsfragen,
b) den räumlichen Geltungsbereich des Inspektionsplans,
c) ein Verzeichnis der in den Geltungsbereich des Plans fallenden Betriebe, der Betriebe mit möglichen Domino-Effekten sowie der Betriebe, bei denen externe Gefahrenquellen das Risiko eines schweren Unfalls erhöhen oder die Folgen des Unfalls verschlimmern können,
d) Verfahren für die Aufstellung von Programmen für routinemäßige Inspektionen nach Abs. 4b,
e) Verfahren für nicht routinemäßige Inspektionen nach Abs. 6,
f) Bestimmungen für die Zusammenarbeit zwischen verschiedenen Inspektionsbehörden.

(4b) Auf Grundlage des Inspektionsplanes hat die Behörde regelmäßig Programme für routinemäßige Inspektionen zu erstellen, in denen auch die Häufigkeit der Vor-Ort-Besichtigungen für die verschiedenen Arten der Betriebe angegeben ist. Der Zeitraum zwischen zwei Vor-Ort-Besichtigungen darf bei Betrieben der oberen Klasse ein Jahr und bei Betrieben der unteren Klasse drei Jahre nicht überschreiten, es sei denn die Behörde hat im Inspektionsprogramm auf der Grundlage einer systematischen Bewertung der Gefahren schwerer Unfälle des in Betracht kommenden Betriebes anderes festgelegt; diese Bewertung hat sich insbesondere auf die möglichen Auswirkungen des Betriebes sowie die bisherige Einhaltung der dem Betriebsinhaber nach diesem Abschnitt obliegenden Verpflichtungen zu stützen.

(4c) Die systematische Beurteilung der Gefahren der betreffenden Betriebe hat sich auf zumindest folgende Kriterien zu stützen:

a) potenzielle Auswirkungen der betreffenden Betriebe auf die menschliche Gesundheit und die Umwelt,
b) die dokumentierte Einhaltung der Anforderungen der Richtlinie 2012/18/EU.

(5) Nach einem schweren Unfall hat die Behörde sicherzustellen, dass alle notwendigen Sofortmaßnahmen sowie alle notwendigen mittelfristigen und langfristigen Maßnahmen ergriffen werden, und jedenfalls eine Inspektion nach Abs. 4 zur vollständigen Analyse der Unfallursachen vorzunehmen. Dabei sind die technischen, organisatorischen und managementspezifischen Gesichtspunkte des Unfalls festzustellen. Weiters ist zu überprüfen, ob der Betreiber der Anlage alle erforderlichen Abhilfemaßnahmen zur Begrenzung der Unfallfolgen getroffen hat, und es sind dem Betreiber der Anlage Empfehlungen über künftige Verhütungsmaßnahmen im Zusammenhang mit dem eingetretenen schweren Unfall bekannt zu geben. Schließlich hat die Behörde nach einem schweren Unfall die möglicherweise betroffenen Personen von dem eingetretenen Unfall sowie gegebenenfalls von den Maßnahmen, die ergriffen wurden, um seine Folgen zu mildern, zu unterrichten.

(6) Die Behörde hat darüber hinaus nicht routinemäßige Inspektionen durchzuführen, um schwerwiegende Beschwerden, ernste Unfälle und Beinaheunfälle, Zwischenfälle und die Nichteinhaltung von Vorschriften ehestmöglich zu untersuchen.

(7) Die Behörde hat binnen vier Monaten nach jeder Inspektion den Betreiber der Anlage in einem schriftlichen Bericht über das Ergebnis der Inspektion zu informieren. Der Bericht hat insbesondere auch Empfehlungen und Maßnahmen zu umfassen, um schwere Unfälle zu verhüten und deren Folgen für die menschliche Gesundheit und die Umwelt zu begrenzen und einen angemessenen Zeitraum zu deren Umsetzung zu umfassen. Wird bei einer Inspektion ein bedeutender Verstoß der dem Betreiber auferlegten Verpflichtungen festgestellt, so ist innerhalb von sechs Monaten eine zusätzliche Inspektion durchzuführen.

(8) Die Behörde hat die Inbetriebnahme oder den weiteren Betrieb einer Anlage mit Bescheid ganz oder teilweise zu untersagen, wenn die vom Betreiber der Anlage getroffenen Maßnahmen zur Vermeidung schwerer Unfälle oder zur Begrenzung von Unfallfolgen nach dem jeweiligen Stand der Technik unzureichend sind. Dies gilt auch dann, wenn der Betreiber der Anlage seinen Verpflichtungen nach diesem Unterabschnitt nicht, nicht rechtzeitig oder nicht vollständig nachgekommen und dadurch eine Beurteilung der Sicherheit der Anlage nach dem jeweiligen Stand der Technik nicht möglich ist. Die Entscheidung ist aufzuheben, wenn die Voraussetzungen für ihre Erlassung nicht mehr vorliegen. Bei Gefahr im Verzug ist die Ausübung unmittelbarer behördlicher Befehls- und Zwangsgewalt zur Einstellung des Betriebes oder von Teilen davon zulässig.

(9) Die Landesregierung kann aufgrund der §§ 32, 33 und 34 sowie unter Bedachtnahme auf die Bestimmungen der Seveso III-Richtlinie und der Helsinki-Konvention durch Verordnung entsprechend dem jeweiligen Stand der Technik nähere Bestimmungen erlassen über

a) die Pflichten des Betreibers einer Anlage nach einem schweren Unfall,
b) das Sicherheitskonzept,
c) den Sicherheitsbericht,
d) die Kriterien für die Einschränkung des Sicherheitsberichts,
e) die internen Notfallpläne und
f) die Information von Personen und öffentlichen Einrichtungen, wie etwa Schulen und Krankenhäusern, über die Gefahren, die Sicherheitsmaßnahmen und das richtige Verhalten bei Unfällen.

(10) Die Behörde hat die internen Notfallpläne den für das Katastrophenmanagement zuständigen Behörden zu übermitteln.

(11) Die Behörde hat die Bundes- und Landeswarnzentrale unverzüglich über eingetretene schwere Unfälle zu verständigen und dabei auch die Möglichkeit und das Ausmaß grenzüberschreitender Auswirkungen abzuschätzen.

(12) Die Behörde hat auf Antrag des Betreibers einer Anlage mit Bescheid festzustellen, ob dieser Unterabschnitt oder eine Bestimmung einer Verordnung nach Abs. 9 auf die betreffende Anlage anzuwenden ist.

(13) Die Behörde hat einem Informationssuchenden Auskunft zu jenen Informationen zu erteilen, zu deren Bereitstellung der Betreiber einer Anlage der oberen Klasse im Sinn des § 32 Abs. 1 lit. b gemäß § 33 Abs. 15 verpflichtet ist. Werden dem Informationssuchenden die begehrten Informationen nicht oder nicht im verlangten Umfang von der Behörde bereitgestellt, so hat die Behörde hierüber auf Antrag des Informationssuchenden mit Bescheid abzusprechen. Die §§ 6, 7, 8 und 11 des Tiroler Umweltinformationsgesetz 2005, LGBl. Nr. 89, gelten sinngemäß.

(14) Die Behörde hat im Rahmen der Überwachung bei der Ansiedelung neuer Betriebe, bei Änderung von Betrieben sowie bei neuen Entwicklungen in der Nachbarschaft von Betrieben, einschließlich Verkehrswegen, öffentlich genutzten Örtlichkeiten und Wohngebieten, wenn diese Ansiedlungen oder Entwicklungen Ursache von schweren Unfällen sein oder das Risiko eines schweren Unfalls vergrößern oder die Folgen eines solchen Unfalls verschlimmern können, bei bestehenden Betrieben zusätzliche technische Maßnahmen zu ergreifen, um eine Zunahme der Gefährdung der menschlichen Gesundheit und der Umwelt hintanzuhalten. § 16 gilt sinngemäß.

(15) Die Bestimmungen des § 29c Abs. 4 bis 8 finden sinngemäß Anwendung.

3. Teil
Betrieb von Netzen
1. Abschnitt
Allgemeine Rechte und Pflichten der Netzbetreiber

§ 35
Gewährung und Organisation des Netzzuganges

(1) Die Netzbetreiber sind verpflichtet, Netzzugangsberechtigten den Netzzugang zu den genehmigten Allgemeinen Bedingungen und den bestimmten Systemnutzungstarifen zuzüglich der Beiträge, Förderbeiträge und Zuschläge nach den elektrizitätsrechtlichen Vorschriften zu gewähren.

(2) Die Netzzugangsberechtigten haben einen im ordentlichen Rechtsweg geltend zu machenden Rechtsanspruch, auf der Grundlage der genehmigten Allgemeinen Bedingungen und der von der Regulierungsbehörde bestimmten Systemnutzungstarife zuzüglich der Beiträge, Förderbeiträge und Zuschläge nach den elektrizitätsrechtlichen Vorschriften die Benutzung des Netzes zu verlangen (geregeltes Netzzugangssystem).

(3) Im Netzanschlussvertrag sind jedenfalls festzulegen:

a) der Name und die Adresse des Anbieters,
b) die erbrachten Leistungen und angebotenen Qualitätsstufen sowie der Zeitpunkt für den Erstanschluss,
c) gegebenenfalls die Art der angebotenen Wartungsdienste,
d) die Art und Weise, wie aktuelle Informationen über alle geltenden Tarife und Wartungsentgelte erhältlich sind,
e) die Vertragsdauer, die Bedingungen für eine Verlängerung und Beendigung der Leistungen und des Vertragsverhältnisses und ein Rücktrittsrecht,
f) etwaige Entschädigungs- und Erstattungsregelungen bei Nichteinhaltung der vertraglich vereinbarten Leistungsqualität und
g) das Vorgehen zur Einleitung von Streitbeilegungsverfahren nach § 22 ElWOG 2010.

§ 36
Allgemeine Pflichten, Bedingungen des Netzzuganges

(1) Die Bedingungen für den Zugang zum System dürfen nicht diskriminierend sein. Sie dürfen keine missbräuchlichen Praktiken oder ungerechtfertigten Beschränkungen enthalten und nicht die Versorgungssicherheit und die Dienstleistungsqualität gefährden. Sie sind insbesondere so zu gestalten, dass

a) die Erfüllung der dem Netzbetreiber obliegenden Aufgaben sichergestellt ist,
b) die Leistungen der Netzzugangsberechtigten mit den Leistungen des Netzbetreibers in einem sachlichen Zusammenhang stehen,
c) die wechselseitigen Verpflichtungen ausgewogen und verursachungsgerecht zugewiesen sind,
d) sie Festlegungen über technische Anforderungen für den Anschluss an das Netz im Netzanschlusspunkt und Vorkehrungen, um störende Rückwirkungen auf das System des Netzbetreibers oder andere Anlagen zu verhindern, enthalten,
e) sie objektive Kriterien für den Parallelbetrieb von Stromerzeugungsanlagen mit dem Netz und die Einspeisung von Elektrizität aus Stromerzeugungsanlagen in das Netz sowie für die Nutzung von Verbindungsleitungen festlegen,

f) sie Regelungen über die Zuordnung der Kosten des Netzanschlusses enthalten und
g) sie nach Möglichkeit verständlich und übersichtlich gefasst sind und hierfür auch Definitionen der nicht allgemein verständlichen Begriffe enthalten.

(2) Die Allgemeinen Bedingungen bedürfen der Genehmigung der Regulierungsbehörde nach § 41 bzw. § 47 ElWOG 2010. Die Allgemeinen Bedingungen haben insbesondere zu enthalten:

a) die Rechte und Pflichten der Vertragspartner, insbesondere zur Einhaltung der sonstigen Marktregeln,
b) die den einzelnen Netzbenutzern zugeordneten standardisierten Lastprofile,
c) die technischen Mindestanforderungen für den Netzzugang,
d) die verschiedenen, von den Verteilerunternehmen im Rahmen des Netzzugangs zur Verfügung zu stellenden Dienstleistungen,
e) den Zeitraum, innerhalb dessen Kundenanfragen jedenfalls zu beantworten sind,
f) die Verpflichtung zur Ankündigung von geplanten Versorgungsunterbrechungen,
g) die Mindestanforderungen bezüglich Terminvereinbarungen mit Netzbenutzern,
h) jenen Standard, der bei der Datenübermittlung an Marktteilnehmer einzuhalten ist,
i) das Verfahren und die Modalitäten für Anträge auf Netzzugang,
j) die von den Netzbenutzern zu liefernden Daten,
k) etwaige Entschädigungs- und Erstattungsregelungen bei Nichteinhaltung der vertraglich vereinbarten Leistungsqualität sowie einen Hinweis auf das Streitbeilegungsverfahren nach § 22 ElWOG 2010,
l) eine Frist von höchstens 14 Tagen ab Einlangen, innerhalb der das Verteilerunternehmen das Begehren auf Netzzugang zu beantworten hat,
m) die Art und Weise, wie aktuelle Informationen über alle geltenden Tarife und Wartungsentgelte erhältlich sind,
n) die grundlegenden Prinzipien für die Verrechnung sowie die Art und die Form der Rechnungslegung,
o) die Zahlungsmodalitäten, wobei mindestens zwei Zahlungsformen anzubieten sind, wovon nach einer der Netzbenutzer verpflichtet ist, Teilbetragszahlungen zu leisten, und jedenfalls eine Zahlung zumindest zehn Mal jährlich anzubieten ist,
p) die Verpflichtung von Netzzugangsberechtigten zur Vorauszahlung oder Sicherheitsleistung (Barsicherheit, Bankgarantie, Hinterlegung von nicht vinkulierten Sparbüchern) in angemessener Höhe, sofern nach den Umständen des Einzelfalles zu erwarten ist, dass der Netzbenutzer seinen Zahlungsverpflichtungen nicht oder nicht zeitgerecht nachkommt,
q) einen Hinweis auf die Freiheit von Wechselgebühren im Fall eines Lieferantenwechsels (§ 76 ElWOG 2010),
r) Bedingungen für eine Verlängerung und Beendigung der Leistungen und des Vertragsverhältnisses, Vorhandensein eines Rücktrittsrechts,
s) ein Zustimmungserfordernis des Verteilernetzbetreibers, wenn ein Dritter an die Kundenanlage angeschlossen werden soll.

(3) Die Netzbetreiber in der Regelzone haben ihre Allgemeinen Bedingungen aufeinander abzustimmen.

(4) Die Netzbetreiber haben die Netzzugangsberechtigten vor Abschluss eines Vertrages über die wesentlichen Inhalte ihrer Allgemeinen Bedingungen zu informieren und ihnen zu diesem Zweck ein entsprechendes Informationsblatt auszuhändigen. Die Allgemeinen Bedingungen sowie transparente Informationen über geltende Preise und Tarife sind den Netzbenutzern oder künftigen Netzbenutzern auf Verlangen kostenlos zur Verfügung zu stellen. Werden neue Allgemeine Bedingungen genehmigt, so hat der Netzbetreiber dies binnen vier Wochen nach der Genehmigung den Netzbenutzern in einem persönlich an sie gerichteten Schreiben bekannt zu geben und ihnen diese auf deren Wunsch zuzusenden. In diesem Schreiben oder auf der Rechnung sind die Änderungen der Allgemeinen Bedingungen und die Kriterien, die bei der Änderung nach dem ElWOG 2010 einzuhalten sind, nachvollziehbar wiederzugeben. Die Änderungen gelten ab dem nach Ablauf von drei Monaten folgenden Monatsersten als vereinbart.

(5) Die Netzbetreiber haben für Endverbraucher, die weniger als 100.000 kWh Jahresverbrauch oder weniger als 50 kW Anschlussleistung aufweisen und die an den Netzebenen

a) Umspannung von Mittelspannung (Betriebsspannung von mehr als 1 kV bis einschließlich 36 kV) zu Niederspannung (1 kV und darunter) oder
b) Niederspannung

angeschlossen sind, jedenfalls standardisierte Lastprofile zu erstellen und dabei auch die Form der Erstellung und Anpassung (synthetisch, analytisch) derselben festzulegen. Die standardisierten Lastprofile sind gemeinsam mit den Allgemeinen Bedingungen für den Netzzugang und Netzbetrieb in geeigneter Weise zu veröffentlichen.

(6) Die Netzbetreiber haben für die an ihrem Netz angeschlossenen Einspeiser, die weniger als 100.000 kWh jährlich einspeisen oder weniger als 50 kW Anschlussleistung haben, ebenfalls standardisierte Lastprofile zu erstellen. Abs. 5 zweiter Satz ist anzuwenden.

(7) Die Netzbetreiber haben für die an ihr Netz angeschlossenen, nach § 63 Abs. 1 benannten

KWK-Anlagen auf Verlangen des Erzeugers Herkunftsnachweise im Sinn des § 63 Abs. 2 auszustellen.

§ 37
Netzzugang bei nicht ausreichenden Kapazitäten

Reichen die vorhandenen Leitungskapazitäten nicht aus, um allen Anträgen auf Nutzung eines Systems zu entsprechen, so haben – unbeschadet der Verpflichtung zur Einhaltung der Bestimmungen der Verordnung (EU) 2019/943 sowie der auf Basis dieser Verordnung erlassenen Leitlinien – Transporte zur Belieferung von Kunden mit elektrischer Energie aus erneuerbaren Energiequellen und KWK-Anlagen Vorrang. Der Übertragungsnetzbetreiber hat zu diesem Zweck die Vergaberegeln und die Kapazitätsbelegungen in geeigneter Weise (z. B. auf seiner Internetseite) zu veröffentlichen und einen diskriminierungsfreien Netzzugang sicherzustellen.

§ 38
Verweigerung des Netzzugangs

(1) Netzzugangsberechtigten kann der Netzzugang aus folgenden Gründen ganz oder teilweise verweigert werden:

a) bei einem außergewöhnlichen Netzzustand (Störfall) sowie
b) bei mangelnder Netzkapazität.

(2) Der Netzbetreiber hat dem Netzzugangsberechtigten die Verweigerung des Netzzugangs schriftlich zu begründen.

(3) Im Verfahren vor der Regulierungsbehörde nach § 21 Abs. 2 ElWOG 2010 sind für die Beurteilung der Netzzugangsberechtigung diejenigen Rechtsvorschriften anzuwenden, die in jenem Land gelten, in dem derjenige, der einen Antrag nach § 21 Abs. 2 ElWOG 2010 stellt, seinen Sitz (Hauptwohnsitz) hat. Für die Beurteilung der Gründe über die Verweigerung des Netzzugangs sind jene Rechtsvorschriften anzuwenden, die am Sitz des Netzbetreibers, der den Netzzugang verweigert hat, gelten.

2. Abschnitt
Regelzonen

§ 39
Regelzone, Regelzonenführer

(1) Jener Bereich in Tirol, der vom Übertragungsnetz abgedeckt wird, das von der TINETZ-Tiroler Netze GmbH oder deren Rechtsnachfolger betrieben wird, bildet eine Regelzone. Die TINETZ-Tiroler Netze GmbH oder deren Rechtsnachfolger ist Regelzonenführer in Tirol.

(2) Die Zusammenfassung von Regelzonen in Form eines gemeinsamen Betriebs durch einen Regelzonenführer ist zulässig.

(3) Der Regelzonenführer ist verpflichtet:

a) zur Bereitstellung der Systemdienstleistung (Leistungs-Frequenz-Regelung) entsprechend den technischen Regeln, wie etwa der ENTSO (Strom), wobei diese Systemdienstleistung von einem dritten Unternehmen erbracht werden kann,
b) zur Fahrplanabwicklung mit anderen Regelzonen,
c) zur Organisation und zum Einsatz der Regelenergie entsprechend der Bieterkurve,
d) zu Messungen von elektrischen Größen an Schnittstellen seines Elektrizitätsnetzes und zur Übermittlung der Daten an den Bilanzgruppenkoordinator und andere Netzbetreiber,
e) zur Ermittlung von Engpässen in Übertragungsnetzen, zur Durchführung von Maßnahmen zur Vermeidung, Beseitigung und Überwindung von Engpässen in Übertragungsnetzen, weiters zur Aufrechterhaltung der Versorgungssicherheit. Sofern für die Vermeidung oder Beseitigung eines Netzengpasses erforderlich, schließen die Regelzonenführer in Abstimmung mit den betroffenen Betreibern von Verteilernetzen im erforderlichen Ausmaß und für den erforderlichen Zeitraum mit Erzeugern oder Entnehmern Verträge, wonach diese zu gesicherten Leistungen (Erhöhung oder Einschränkung der Erzeugung oder des Verbrauchs) gegen Ersatz der wirtschaftlichen Nachteile und Kosten, die durch diese Leistungen verursacht werden, verpflichtet sind; dabei sind die Vorgaben gemäß Art. 13 der Verordnung (EU) 2019/943 einzuhalten. Soweit darüber hinaus auf Basis einer Systemanalyse der Bedarf nach Vorhaltung zusätzlicher Erzeugungsleistung oder reduzierter Verbrauchsleistung besteht (Netzreserve), ist diese gemäß den Vorgaben des § 23b ElWOG 2010 zu beschaffen. In diesen Verträgen können Erzeuger oder Entnehmer auch zu gesicherten Leistungen, um zur Vermeidung und Beseitigung von Netzengpässen in anderen Übertragungsnetzen beizutragen, verpflichtet werden. Zur Nutzung von Erzeugungsanlagen oder Anlagen von Entnehmern im europäischen Elektrizitätsbinnenmarkt und der Schweizerischen Eidgenossenschaft zur Vermeidung, Beseitigung und Überwindung von Engpässen in österreichischen Übertragungsnetzen können die Regelzonenführer Verträge mit anderen Übertragungsnetzbetreibern abschließen. Bei der Bestimmung der Systemnutzungsentgelte sind den Regelzonenführern die Aufwendungen, die ihnen aus der Erfüllung dieser Verpflichtungen entstehen, anzuerkennen,
f) zum Abruf der Erzeugungsanlagen zur Aufbringung von Regelenergie,
g) zur Durchführung einer Abgrenzung von Regelenergie zu Ausgleichsenergie nach transparenten und objektiven Kriterien,

h) zur Sicherstellung des physikalischen Ausgleichs zwischen Aufbringung und Bedarf in dem von ihm abzudeckenden System,
i) zur Durchführung der Verrechnung der Ausgleichsenergie über eine zur Ausübung dieser Tätigkeit befugte Verrechnungsstelle und zur Bereitstellung der zur Durchführung der Verrechnung erforderlichen Daten an die Verrechnungsstelle und den Bilanzgruppenverantwortlichen, wobei insbesondere die Kosten für Regelenergie und -leistung sowie jene Zählwerte zu übermitteln sind, die für die Berechnung der Fahrplanabweichungen und der Abweichung vom Lastprofil jeder Bilanzgruppe benötigt werden,
j) zur Erstellung einer Lastprognose zur Erkennung von Engpässen,
k) zum Abschluss von Verträgen über den Datenaustausch mit anderen Netzbetreibern, den Bilanzgruppenverantwortlichen, den Bilanzgruppenkoordinatoren und anderen Marktteilnehmern entsprechend den Marktregeln,
l) zur Benennung des Bilanzgruppenkoordinators und deren Anzeige an die Landesregierung,
m) zur Erstellung eines Gleichbehandlungsprogrammes, das gewährleistet, dass die Verpflichtungen nach lit. o eingehalten werden,
n) zur Veröffentlichung der in Anspruch genommenen Primärregelleistung und Sekundärregelleistung hinsichtlich Dauer und Höhe sowie der Ergebnisse der Ausschreibungsverfahren nach § 67 und § 69 ElWOG 2010. Die Veröffentlichung der Ergebnisse der Ausschreibungen hat jedenfalls die Anzahl der abgegebenen Angebote, die Anzahl der Teilnehmer, den maximalen Leistungspreis (E/MW), den Grenzleistungspreis (E/MW) sowie eine anonymisierte Übersicht der Einzelangebote zu umfassen,
o) die Systeme der Datenübermittlung und Auswertung für zeitgleich übermittelte Daten von Erzeugungsanlagen nach § 59 Abs. 4 so zu gestalten und zu betreiben, dass eine Weitergabe dieser Informationen an Dritte auszuschließen ist,
p) zur Zusammenarbeit mit der Agentur und der Regulierungsbehörde, um die Kompatibilität der regional geltenden Regulierungsrahmen und damit die Schaffung eines Wettbewerbsbinnenmarkts für Elektrizität zu gewährleisten,
q) für Zwecke der Kapazitätsvergabe und der Überprüfung der Netzsicherheit auf regionaler Ebene über ein oder mehrere integrierte Systeme zu verfügen, die sich auf einen oder mehrere EU-Mitgliedstaaten erstrecken,
r) regional und überregional die Berechnungen von grenzüberschreitenden Kapazitäten und deren Vergabe nach den Vorgaben der Verordnung (EU) 2019/943 zu koordinieren,
s) Maßnahmen, die der Markttransparenz dienen, grenzüberschreitend abzustimmen,
t) die Vereinheitlichung zum Austausch von Regelenergieprodukten durchzuführen,
u) in Zusammenarbeit mit anderen Regelzonenführern eine regionale Bewertung bzw. Prognose der Versorgungssicherheit vorzunehmen,
v) in Zusammenarbeit mit anderen Regelzonenführern unter Austausch der erforderlichen Daten eine regionale Betriebsplanung durchzuführen und koordinierte Netzbetriebssicherheitssysteme zu verwenden,
w) zur Vorlage der Regeln für das Engpassmanagement einschließlich der Kapazitätszuweisung an den grenzüberschreitenden Leitungen sowie jeder Änderung dieser Regeln zur Genehmigung an die Regulierungsbehörde,
x) Angebote für Regelenergie einzuholen, zu übernehmen und eine Abrufreihenfolge als Vorgabe für Regelzonenführer zu erstellen,
y) besondere Maßnahmen zu ergreifen, wenn keine Angebote für Regelenergie vorliegen.

3. Abschnitt
Übertragungsnetze

§ 40
Pflichten der Betreiber von Übertragungsnetzen

(1) Unbeschadet der §§ 35 bis 38 sind die Betreiber von Übertragungsnetzen verpflichtet:

a) das von ihnen betriebene System sicher, zuverlässig, leistungsfähig und unter Bedachtnahme auf die Erfordernisse des Umweltschutzes zu betreiben und zu erhalten,
b) die zum Betrieb des Systems erforderlichen technischen Voraussetzungen sicherzustellen,
c) die zur Durchführung der Verrechnung und Datenübermittlung nach § 39 Abs. 3 lit. i erforderlichen vertraglichen Maßnahmen vorzusehen,
d) dem Betreiber eines anderen Netzes, mit dem ihr eigenes Netz verbunden ist, ausreichende Informationen zu liefern, um den sicheren und leistungsfähigen Betrieb, den koordinierten Ausbau und die Interoperabilität des Verbundsystems sicherzustellen,
e) die genehmigten Allgemeinen Bedingungen und die nach §§ 51 ff. ElWOG 2010 bestimmten Systemnutzungsentgelte nach Maßgabe des § 75 zu veröffentlichen,
f) Verträge über den Datenaustausch mit anderen Netzbetreibern, den Bilanzgruppenverantwortlichen, den Bilanzgruppenkoordinatoren und anderen Marktteilnehmern entsprechend den Marktregeln abzuschließen,
g) die Fähigkeit des Netzes zur Befriedigung einer angemessenen Nachfrage nach Übertragung von Elektrizität langfristig sicherzustellen und unter wirtschaftlichen Bedingungen

und unter gebührender Beachtung der Erfordernisse des Umweltschutzes sichere, zuverlässige und leistungsfähige Übertragungsnetze zu betreiben, zu warten und auszubauen,

h) durch eine entsprechende Übertragungskapazität und Zuverlässigkeit des Netzes einen Beitrag zur Versorgungssicherheit zu leisten,

i) sich jeglicher Diskriminierung von Netzbenutzern oder Kategorien von Netzbenutzern, insbesondere zugunsten der mit ihnen verbundenen Unternehmen, zu enthalten,

j) den Netzbenutzern die Informationen zur Verfügung zu stellen, die sie für einen effizienten Netzzugang benötigen,

k) Engpässe im Netz zu ermitteln und Maßnahmen zu setzen, um Engpässe zu vermeiden oder zu beseitigen sowie die Versorgungssicherheit aufrecht zu erhalten; sofern für die Netzengpassbeseitigung oder Aufrechterhaltung der Versorgungssicherheit dennoch Leistungen der Erzeuger (Erhöhung oder Einschränkung der Erzeugung sowie Veränderung der Kraftwerksverfügbarkeit) erforderlich sind, ist dies vom Übertragungsnetzbetreiber unter Bekanntgabe aller notwendigen Daten unverzüglich dem Regelzonenführer zu melden, der erforderlichenfalls weitere Anordnungen nach § 39 Abs. 3 lit. e zu treffen hat,

l) zu gewährleisten, dass die zur Erfüllung der Dienstleistungsverpflichtungen erforderlichen Mittel zur Verfügung stehen,

m) unter der Aufsicht der Regulierungsbehörde Engpasserlöse und Zahlungen im Rahmen des Ausgleichsmechanismus zwischen Übertragungsnetzbetreibern nach Art. 49 der Verordnung (EU) 2019/943 einzunehmen, Dritten Zugang zu gewähren und deren Zugang zu regeln sowie bei Verweigerung des Zugangs begründete Erklärungen abzugeben; bei der Ausübung ihrer im Rahmen dieser Bestimmung festgelegten Aufgaben haben die Übertragungsnetzbetreiber in erster Linie die Marktintegration zu erleichtern; Engpasserlöse sind für die im Art. 19 Abs. 2 und 3 der Verordnung (EU) 2019/943 genannten Zwecke zu verwenden,

n) die Übertragung von Elektrizität durch das Netz unter Berücksichtigung des Austauschs mit anderen Verbundnetzen zu regeln,

o) ein sicheres, zuverlässiges und effizientes Elektrizitätsnetz zu unterhalten, das heißt die Bereitstellung aller notwendigen Hilfsdienste, einschließlich jener, die zur Befriedigung der Nachfrage erforderlich sind, zu gewährleisten, sofern diese Bereitstellung unabhängig von jedwedem anderen Übertragungsnetz ist, mit dem das Netz einen Verbund bildet, und Maßnahmen für den Wiederaufbau nach Großstörungen des Übertragungsnetzes zu planen und zu koordinieren, indem sie vertragliche Vereinbarungen im technisch notwendigen Ausmaß sowohl mit direkt als auch indirekt angeschlossenen Kraftwerksbetreibern abschließen, um die notwendige Schwarzstart- und Inselbetriebsfähigkeit ausschließlich durch die Übertragungsnetzbetreiber sicherzustellen,

p) einen Netzentwicklungsplan nach § 41 zu erstellen und zur Genehmigung bei der Regulierungsbehörde einzureichen,

q) der Regulierungsbehörde jährlich schriftlich Bericht darüber zu legen, welche Maßnahmen sie zur Wahrnehmung ihrer im Rahmen der Verordnung (EU) 2019/943 und sonstiger unmittelbar anwendbarer Bestimmungen des Unionsrechts auferlegten Transparenzverpflichtungen gesetzt haben; der Bericht hat insbesondere eine Spezifikation der veröffentlichten Informationen und weiters die Art der Veröffentlichung (z. B. Internetadressen, Zeitpunkte und Häufigkeit der Veröffentlichung sowie qualitative oder quantitative Beurteilung der Datenzuverlässigkeit der Veröffentlichung) zu enthalten,

r) der Regulierungsbehörde jährlich schriftlich Bericht darüber zu legen, welche Maßnahmen sie zur Wahrnehmung ihrer im Rahmen der Richtlinie 2019/944/EU und sonstiger unmittelbar anwendbarer Bestimmungen des Unionsrechts auferlegten Verpflichtungen zur technischen Zusammenarbeit mit Übertragungsnetzbetreibern in der Europäischen Union und in Drittländern gesetzt haben; der Bericht hat insbesondere auf die mit den Übertragungsnetzbetreibern vereinbarten Prozesse und Maßnahmen hinsichtlich staatenübergreifender(m) Netzplanung und -betrieb sowie auf vereinbarte Daten für die Überwachung dieser Prozesse und Maßnahmen einzugehen,

s) zur Unterstützung der ENTSO (Strom) bei der Erstellung des gemeinschaftsweiten Netzentwicklungsplans,

t) zur Einrichtung einer besonderen Bilanzgruppe für die Ermittlung der Netzverluste, die nur die dafür notwendigen Kriterien einer Bilanzgruppe zu erfüllen hat,

u) Energie, die zur Deckung von Energieverlusten und Kapazitätsreserven im Übertragungsnetz verwendet wird, nach transparenten, nichtdiskriminierenden und marktorientierten Verfahren zu beschaffen.

(2) Die nähere Regelung der im Abs. 1 festgelegten Pflichten hat in den Allgemeinen Bedingungen für Übertragungsnetzbetreiber nach § 36 Abs. 2 zu erfolgen.

(3) Wirkt ein Übertragungsnetzbetreiber, der Teil eines vertikal integrierten Elektrizitätsunternehmens ist, an einem zur Umsetzung der regionalen Zusammenarbeit geschaffenen gemeinsamen Unternehmen mit, so hat dieses Unterneh-

men ein Gleichbehandlungsprogramm aufzustellen und durchzuführen. Darin sind die Maßnahmen festzulegen, mit denen sichergestellt wird, dass diskriminierende und wettbewerbswidrige Verhaltensweisen ausgeschlossen werden. Weiters ist festzulegen, welche besonderen Pflichten die Mitarbeiter im Hinblick auf die Erreichung des Ziels der Vermeidung diskriminierenden und wettbewerbswidrigen Verhaltens haben. Das Gleichbehandlungsprogramm bedarf der Genehmigung durch die Agentur. Seine Einhaltung ist durch die Gleichbehandlungsbeauftragten des Übertragungsnetzbetreibers zu kontrollieren.

§ 41

Netzentwicklungsplan

(1) Die Übertragungsnetzbetreiber haben der Regulierungsbehörde alle zwei Jahre einen zehnjährigen Netzentwicklungsplan für das Übertragungsnetz zur Genehmigung vorzulegen, der sich auf die aktuelle Lage und die Prognosen im Bereich von Angebot und Nachfrage stützt und dazu dient,

a) den Marktteilnehmern Angaben darüber zu liefern, welche wichtigen Übertragungsinfrastrukturen in den nächsten zehn Jahren errichtet oder ausgebaut werden müssen,
b) alle bereits beschlossenen Investitionen aufzulisten und die neuen Investitionen zu bestimmen, die in den nächsten drei Jahren durchgeführt werden müssen, und
c) einen Zeitplan für alle Investitionsprojekte vorzugeben.

(2) Ziel des Netzentwicklungsplans ist es insbesondere,

a) der Deckung der Nachfrage an Leitungskapazitäten zur Versorgung der Endverbraucher unter Berücksichtigung von Notfallszenarien,
b) der Erzielung eines hohen Maßes an Verfügbarkeit der Leitungskapazitäten (Versorgungssicherheit der Infrastruktur) und
c) der Nachfrage nach Leitungskapazitäten zur Erreichung eines europäischen Binnenmarktes

nachzukommen.

(3) Der Übertragungsnetzbetreiber hat der Erarbeitung des Netzentwicklungsplans angemessene Annahmen über die Entwicklung der Erzeugung, der Versorgung, des Verbrauchs und des Stromaustauschs mit anderen Staaten unter Berücksichtigung der Investitionspläne für regionale Netze nach Art. 34 Abs. 1 und für unionsweite Netze nach Art. 30 Abs.1 lit. b der Verordnung (EU) 2019/943 zugrunde zu legen. Der Netzentwicklungsplan hat wirksame Maßnahmen zur Gewährleistung der Angemessenheit des Netzes und der Erzielung eines hohen Maßes an Verfügbarkeit der Leitungskapazität (Versorgungssicherheit der Infrastruktur) zu enthalten.

(4) Der Übertragungsnetzbetreiber hat bei der Erstellung des Netzentwicklungsplans die technische und wirtschaftliche Zweckmäßigkeit, die Interessen aller Marktteilnehmer sowie die Kohärenz mit dem integrierten Netzinfrastrukturplan nach § 94 EAG und dem gemeinschaftsweiten Netzentwicklungsplan zu berücksichtigen. Überdies hat er den koordinierten Netzentwicklungsplan nach § 63 GWG 2011 und die langfristige und integrierte Planung nach § 22 GWG 2011 zu berücksichtigen. Vor Einbringung des Antrages auf Genehmigung des Netzentwicklungsplans hat der Übertragungsnetzbetreiber alle relevanten Marktteilnehmer zu konsultieren.

(5) In der Begründung des Antrages auf Genehmigung des Netzentwicklungsplans haben die Übertragungsnetzbetreiber, insbesondere bei konkurrierenden Vorhaben zur Errichtung, Erweiterung, Änderung oder dem Betrieb von Leitungsanlagen, die technischen und wirtschaftlichen Gründe für die Befürwortung oder Ablehnung einzelner Vorhaben darzustellen und die Beseitigung von Netzengpässen anzustreben.

(6) Alle Marktteilnehmer haben dem Übertragungsnetzbetreiber auf dessen schriftliches Verlangen die für die Erstellung des Netzentwicklungsplans erforderlichen Daten, insbesondere Grundlagendaten, Verbrauchsprognosen, Änderungen der Netzkonfiguration, Messwerte und technische sowie sonstige relevante Projektunterlagen zu geplanten Anlagen, die errichtet, erweitert, geändert oder betrieben werden sollen, innerhalb angemessener Frist zur Verfügung zu stellen. Der Übertragungsnetzbetreiber kann unabhängig davon zusätzlich andere Daten heranziehen, die für den Netzentwicklungsplan zweckmäßig sind.

4. Abschnitt
Betrieb von Verteilernetzen

§ 42

Konzessionspflicht

Der Betrieb eines Verteilernetzes bedarf einer Konzession der Landesregierung.

§ 43

Sachliche Voraussetzungen

(1) Sachliche Voraussetzungen für die Erteilung einer Konzession sind, dass

a) noch keine Konzession für das Gebiet, für das die Konzession beantragt wird, besteht und
b) die bestehenden oder die geplanten Anlagen des Verteilernetzes hierfür grundsätzlich geeignet sind.

(2) Gehört der Konzessionswerber zu einem vertikal integrierten Elektrizitätsunternehmen und wird die Konzession für ein Verteilernetz beantragt, an das mehr als 100.000 Kunden angeschlossen sind, so muss dieser überdies zumindest in

seiner Rechtsform, Organisation und Entscheidungsgewalt unabhängig von den übrigen Tätigkeitsbereichen sein, die nicht mit der Verteilung zusammenhängen. Zur Sicherstellung dieser Unabhängigkeit hat der Konzessionswerber folgende Voraussetzungen zu erfüllen:

a) Die für die Leitung des Verteilernetzbetreibers zuständigen Personen dürfen nicht betrieblichen Einrichtungen des integrierten Elektrizitätsunternehmens angehören, die direkt oder indirekt für den laufenden Betrieb in den Bereichen Elektrizitätserzeugung und -versorgung zuständig sind. Zulässig ist jedoch die Einrichtung von Koordinierungsmechanismen, durch die sichergestellt wird, dass die wirtschaftlichen Befugnisse des Mutterunternehmens und seine Aufsichtsrechte über das Management im Hinblick auf die Rentabilität eines Tochterunternehmens geschützt werden. Insbesondere ist zu gewährleisten, dass ein Mutterunternehmen den jährlichen Finanzplan oder ein gleichwertiges Instrument des Verteilernetzbetreibers genehmigt und generelle Grenzen für die Verschuldung seines Tochterunternehmens festlegt. Weisungen bezüglich des laufenden Betriebs oder einzelner Entscheidungen über den Bau oder die Modernisierung von Verteilerleitungen, die über den Rahmen des genehmigten Finanzplans oder eines gleichwertigen Instruments nicht hinausgehen, sind unzulässig.
b) Die berufsbedingten Interessen der für die Leitung des Verteilernetzbetreibers zuständigen Personen (Gesellschaftsorgane) müssen in einer Weise berücksichtigt werden, dass deren Handlungsunabhängigkeit gewährleistet ist, wobei insbesondere die Gründe für die Abberufung eines Gesellschaftsorgans des Verteilernetzbetreibers in der Gesellschaftssatzung des Verteilernetzbetreibers klar zu umschreiben sind.
c) Der Verteilernetzbetreiber muss über die zur Erfüllung seiner Aufgabe erforderlichen Ressourcen, einschließlich der personellen, technischen, materiellen und finanziellen Mittel verfügen, die für den Betrieb, die Wartung oder den Ausbau des Netzes erforderlich sind, und es muss gewährleistet sein, dass der Verteilernetzbetreiber über die Verwendung dieser Mittel unabhängig von den übrigen Bereichen des integrierten Elektrizitätsunternehmens entscheiden kann.
d) Der Verteilernetzbetreiber hat ein Gleichbehandlungsprogramm zu erstellen und der Landesregierung vorzulegen, aus dem hervorgeht, welche Maßnahmen zum Ausschluss diskriminierenden Verhaltens getroffen werden. Weiters sind Maßnahmen vorzusehen, durch die die ausreichende Überwachung der Einhaltung dieses Programms gewährleistet wird. In diesem Programm ist insbesondere festzulegen, welche Pflichten die Mitarbeiter im Hinblick auf die Erreichung dieses Ziels haben. Die Landesregierung hat das Gleichbehandlungsprogramm zu überwachen und erforderlichenfalls Änderungen des Programms oder die Durchführung sonstiger Maßnahmen anzuordnen. Den Anordnungen der Landesregierung im Rahmen der Überwachung ist unverzüglich nachzukommen.
e) Für die Erstellung und Überwachung der Einhaltung des Gleichbehandlungsprogramms ist gegenüber der Landesregierung ein Gleichbehandlungsbeauftragter zu benennen. Der Verteilernetzbetreiber hat sicherzustellen, dass der Gleichbehandlungsbeauftragte völlig unabhängig ist und Zugang zu allen Informationen hat, über die der Verteilernetzbetreiber und etwaige verbundene Unternehmen verfügen und die der Gleichbehandlungsbeauftragte benötigt, um seine Aufgaben zu erfüllen. Außerdem ist sicherzustellen, dass ihm die zur Erfüllung seiner Aufgaben erforderlichen Ressourcen zur Verfügung stehen. Die Unabhängigkeit ist gewährleistet, wenn der Gleichbehandlungsbeauftragte während der Laufzeit seines Mandats beim vertikal integrierten Elektrizitätsunternehmen oder deren Mehrheitsanteilseignern weder direkt noch indirekt leitende berufliche Positionen bekleidet. Im Hinblick auf den Kündigungs- und Entlassungsschutz ist der Gleichbehandlungsbeauftragte, wenn er Beschäftigter des Verteilernetzbetreibers ist, einer Sicherheitsfachkraft (§ 73 Abs. 1 des ArbeitnehmerInnenschutzgesetzes – ASchG) gleichgestellt. Der benannte Gleichbehandlungsbeauftragte darf nur mit Zustimmung der Landesregierung abberufen werden.

§ 44
Persönliche Voraussetzungen bei natürlichen Personen

(1) Persönliche Voraussetzungen für die Erteilung einer Konzession an natürliche Personen sind, dass

a) der Konzessionswerber

1. volljährig und im Hinblick auf den Betrieb eines Verteilernetzes entscheidungsfähig ist,
2. Begünstigter im Sinn des Abs. 2 ist,
3. zuverlässig ist,
4. die für den Netzbetrieb erforderliche wirtschaftlich-organisatorische Qualifikation aufweist und sich im Betrieb ausreichend betätigt,
5. die für die technische Leitung und Überwachung des Netzbetriebes erforderliche Qualifikation aufweist und sich im Betrieb ausreichend betätigt,

b) erwartet werden kann, dass der Konzessionswerber wirtschaftlich in der Lage ist, die erforderlichen Anlagen zu errichten, zu betreiben und zu erhalten.

(2) Begünstigte sind:

a) Unionsbürger und Staatsangehörige anderer Vertragsstaaten des EWR-Abkommens und der Schweiz,
b) Angehörige der in der lit. a genannten Personen; dazu zählen:
1. ihre Ehegatten,
2. ihre eingetragenen Partner, sofern die eingetragene Partnerschaft nach den Rechtsvorschriften eines EU-Mitgliedstaates, eines anderen Vertragsstaates des EWR-Abkommens oder der Schweiz eingegangen wurde,
3. ihre Verwandten und die Verwandten ihrer Ehegatten oder eingetragenen Partner in absteigender Linie bis zur Vollendung des 21. Lebensjahres und, sofern sie ihnen Unterhalt gewähren, darüber hinaus,
4. ihre Verwandten und die Verwandten ihrer Ehegatten oder eingetragenen Partner in aufsteigender Linie, sofern sie ihnen Unterhalt gewähren,
c) Staatsangehörige anderer Staaten, soweit sie aufgrund von Verträgen im Rahmen der europäischen Integration Unionsbürgern hinsichtlich der Bedingungen der Niederlassung gleichgestellt sind,
d) Personen, die über einen Aufenthaltstitel Daueraufenthalt – EU nach § 45 des Niederlassungs- und Aufenthaltsgesetzes – NAG, BGBl. I Nr. 100/2005, zuletzt geändert durch das Gesetz BGBl. I Nr. 146/2020, verfügen,
e) Personen, die über einen Aufenthaltstitel Daueraufenthalt – EU eines anderen Mitgliedstaates der Europäischen Union und zusätzlich über eine Rot-Weiß-Rot – Karte plus nach § 41a Abs. 1 NAG oder eine Niederlassungsbewilligung nach § 49 Abs. 4 NAG verfügen,
f) Personen, die über einen Aufenthaltstitel „Artikel 50 EUV" nach § 8 Abs. 1 Z 13 NAG verfügen,
g) Personen, die als Familienangehörige von Personen mit einem Aufenthaltstitel Daueraufenthalt – EU über eine Rot-Weiß-Rot – Karte plus nach § 46 Abs. 1 Z. 2 lit. a NAG verfügen,
h) Personen, die als Familienangehörige von Personen mit einem Aufenthaltstitel Daueraufenthalt – EU eines anderen Mitgliedstaates der Europäischen Union über eine Niederlassungsbewilligung nach § 50 Abs. 1 in Verbindung mit § 49 Abs. 4 NAG verfügen,
i) Personen, denen der Status des Asylberechtigten nach dem Asylgesetz 2005, BGBl. I Nr. 100, zuletzt geändert durch das Gesetz BGBl. I Nr. 144/2013, oder nach früheren asylrechtlichen Vorschriften zuerkannt wurde,
j) Personen, denen der Status des subsidiär Schutzberechtigten nach § 8 des Asylgesetzes 2005 zuerkannt wurde.

(3) Der Nachweis der Voraussetzung nach Abs. 1 lit. a Z 5 wird durch den für die Ausübung des Gewerbes des Elektrotechnikers nach den gewerberechtlichen Vorschriften erforderlichen Befähigungsnachweis erbracht. § 15 Abs. 4 gilt sinngemäß.

(4) Erfüllt der Konzessionswerber nicht die Voraussetzungen nach Abs. 1 lit. a Z 4 oder 5, so hat er sich eines Geschäftsführers (Z. 4) bzw. eines technischen Betriebsleiters (Z. 5) zu bedienen. Die Funktionen des Geschäftsführers und des technischen Betriebsleiters können von einer Person ausgeübt werden. Die Bestellung mehrerer technischer Betriebsleiter ist zulässig, wenn deren Verantwortungsbereiche eindeutig abgegrenzt sind.

(5) Der Geschäftsführer und der technische Betriebsleiter müssen die Voraussetzungen nach Abs. 1 lit. a Z 1, 3 und 4 (Geschäftsführer) bzw. 5 (technischer Betriebsleiter) erfüllen. Der Geschäftsführer muss weiters im Elektrizitätsunternehmen mit mindestens der Hälfte der wöchentlichen Normalarbeitszeit als nach den sozialversicherungsrechtlichen Vorschriften voll versicherungspflichtiger Arbeitnehmer beschäftigt sein. Der technische Betriebsleiter muss weiters zeitlich in der Lage sein, den Netzbetrieb zu leiten und zu überwachen. § 15 Abs. 5 betreffend den Wohnsitz gilt für den Geschäftsführer und den technischen Betriebsleiter sinngemäß.

(6) Die Landesregierung kann vom Erfordernis nach Abs. 1 lit. a Z 2 absehen, wenn der Betrieb des Verteilernetzes im besonderen Interesse der österreichischen Volkswirtschaft, insbesondere hinsichtlich der Versorgung der Bevölkerung und der Wirtschaft mit Elektrizität, gelegen ist.

(7) Die Zuverlässigkeit im Sinn des Abs. 1 lit. a Z 3 ist nicht gegeben bei Personen, die nach § 13 der Gewerbeordnung 1994 von der Ausübung eines Gewerbes ausgeschlossen sind.

(8) Die Voraussetzung nach Abs. 1 lit. b entfällt, wenn ein Verteilernetz durch Rechtsgeschäft unter Lebenden oder im Erbweg übergeht.

§ 45

Persönliche Voraussetzungen bei juristischen Personen

(1) Persönliche Voraussetzungen für die Erteilung einer Konzession an juristische Personen oder eingetragene Personengesellschaften sind, dass

a) diese nach österreichischem Recht oder nach den Rechtsvorschriften eines Staates im Sinn des § 44 Abs. 2 lit. b Z 2 oder c gegründet worden sind, soweit es sich nicht um Körperschaften öffentlichen Rechts handelt,

b) diese ihren Sitz im Inland oder in einem Staat im Sinn des § 44 Abs. 2 lit. b Z 2 oder c haben,
c) diese sich eines Geschäftsführers und eines technischen Betriebsleiters bedienen,
d) erwartet werden kann, dass der Konzessionswerber wirtschaftlich in der Lage ist, die erforderlichen Anlagen zu errichten, zu betreiben und zu erhalten.

(2) Die Funktionen des Geschäftsführers und des technischen Betriebsleiters können von einer Person ausgeübt werden. Die Bestellung mehrerer technischer Betriebsleiter ist zulässig, wenn deren Verantwortungsbereiche eindeutig abgegrenzt sind.

(3) Der Geschäftsführer und der technische Betriebsleiter müssen die Voraussetzungen nach § 44 Abs. 5 erfüllen. Der Geschäftsführer muss weiters zur Vertretung des Elektrizitätsunternehmens nach außen befugt oder dort mit mindestens der Hälfte der wöchentlichen Normalarbeitszeit als nach den sozialversicherungsrechtlichen Vorschriften voll versicherungspflichtiger Arbeitnehmer beschäftigt sein. Der technische Betriebsleiter muss weiters zeitlich in der Lage sein, den Netzbetrieb zu leiten und zu überwachen.

(4) Die Landesregierung kann von den Erfordernissen nach Abs. 1 lit. a und b absehen, wenn der Betrieb des Verteilernetzes im besonderen Interesse der österreichischen Volkswirtschaft, insbesondere hinsichtlich der Versorgung der Bevölkerung und der Wirtschaft mit Elektrizität, gelegen ist.

(5) Die Voraussetzung nach Abs. 1 lit. d entfällt, wenn ein Verteilernetz durch Rechtsgeschäft unter Lebenden oder im Erbweg übergeht.

§ 46

Verfahren

(1) Um die Erteilung einer Konzession ist bei der Landesregierung schriftlich anzusuchen.

(2) Dem Ansuchen sind alle zur Beurteilung des Vorliegens der sachlichen und persönlichen Voraussetzungen erforderlichen Unterlagen anzuschließen. Insbesondere sind die zum Nachweis der fachlichen Befähigung nach § 44 Abs. 1 lit. a Z 4 und 5 erforderlichen Unterlagen anzuschließen. Gegebenenfalls sind auch der Name und die Adresse des Geschäftsführers bzw. technischen Betriebsleiters anzugeben. Weiters sind ein Plan des vorgesehenen Versorgungsgebietes mit einer Darstellung der Gebietsgrenzen (Konzessionsplan) in dreifacher Ausfertigung sowie eine Darstellung des Umfanges und der Art der Versorgung anzuschließen.

(3) Im Verfahren zur Erteilung der Konzession haben der Konzessionswerber und jene Verteilernetzbetreiber Parteistellung, die im Fall der Erteilung der beantragten Konzession mit dem Bewerber in Verbundwirtschaft treten werden. Die Verteilernetzbetreiber sind berechtigt, das Fehlen der Voraussetzungen nach § 43 Abs. 1 lit. a geltend zu machen.

(4) Vor der Entscheidung über die Erteilung einer Konzession sind die betroffenen Gemeinden zu hören. Für die Abgabe der Äußerung ist eine angemessene, zwei Monate nicht übersteigende Frist festzusetzen.

§ 47

Erteilung und Änderung der Konzession

(1) Die Landesregierung hat über die Erteilung der Konzession mit schriftlichem Bescheid zu entscheiden.

(2) Die Konzession ist zu erteilen, wenn die Voraussetzungen nach § 43 sowie § 44 bzw. § 45 vorliegen. Sie ist befristet, mit Auflagen oder unter Bedingungen zu erteilen, soweit dies erforderlich ist, um diese Voraussetzungen zu erfüllen. Auflagen sind auf Antrag mit Bescheid aufzuheben, wenn und soweit die Voraussetzungen für ihre Vorschreibung nicht mehr vorliegen.

(3) Die Landesregierung hat im Konzessionsbescheid festzustellen, dass der Konzessionswerber, der Geschäftsführer bzw. der technische Betriebsleiter die Voraussetzungen nach § 44 Abs. 1 lit. a Z 4 bzw. 5 erfüllt.

(4) Die Konzession ist zu versagen, wenn eine der Voraussetzungen für ihre Erteilung nicht vorliegt.

(5) In der Konzession ist eine angemessene, mindestens sechsmonatige Frist für die Aufnahme des Betriebes festzusetzen. Diese Frist ist auf Antrag des Konzessionsinhabers um längstens drei Jahre zu verlängern, wenn sich in der Zwischenzeit die elektrizitätsrechtlichen Vorschriften nicht derart geändert haben, dass die Konzession nach den neuen Vorschriften nicht mehr erteilt werden dürfte. Dabei ist die Rechtslage im Zeitpunkt der Einbringung des Ansuchens maßgebend. Um die Erstreckung der Frist ist vor ihrem Ablauf bei der Landesregierung schriftlich anzusuchen. Durch die rechtzeitige Einbringung des Ansuchens wird der Ablauf der Frist bis zur Entscheidung darüber gehemmt.

(6) Erstreckt sich das geplante Versorgungsgebiet über zwei oder mehrere Länder, so hat die Landesregierung im Einvernehmen mit der (den) anderen beteiligten Landesregierung(en) vorzugehen.

(7) Ist ein Konzessionsinhaber aufgrund einer privatrechtlichen Vereinbarung berechtigt, in einem von einer anderen Konzession umfassten Gebiet ein Verteilernetz ganz oder teilweise zu betreiben, so hat die Landesregierung auf dessen Antrag die jeweiligen Konzessionen entsprechend zu ändern, wenn die Voraussetzung nach § 43 Abs. 1 lit. b vorliegt. Der einem Ansuchen um die Änderung der Konzessionen anzuschließende Konzessionsplan kann sich auf die Abgrenzung des

übernommenen Gebietes zu den anderen Verteilernetzen beschränken. § 46 Abs. 3 gilt sinngemäß.

§ 48
Wechsel in der Person des Geschäftsführers oder technischen Betriebsleiters

(1) Jeder Wechsel in der Person des Geschäftsführers oder des technischen Betriebsleiters ist der Landesregierung schriftlich anzuzeigen. Mit dieser Anzeige sind die zur Beurteilung des Vorliegens der Voraussetzungen nach § 44 Abs. 5 bzw. § 45 Abs. 3 erforderlichen Unterlagen vorzulegen. Die Landesregierung hat die Bestellung einer Person zum Geschäftsführer bzw. technischen Betriebsleiter innerhalb eines Monats

a) schriftlich zu genehmigen, wenn der vorgesehene Geschäftsführer bzw. technische Betriebsleiter die im zweiten Satz genannten Voraussetzungen erfüllt, oder
b) mit schriftlichem Bescheid zu untersagen, wenn der vorgesehene Geschäftsführer bzw. technische Betriebsleiter eine der im zweiten Satz genannten Voraussetzungen nicht erfüllt.

(2) Die Bestellung einer Person zum Geschäftsführer bzw. technischen Betriebsleiter gilt als genehmigt, wenn sie innerhalb der im Abs. 1 dritter Satz genannten Frist nicht untersagt wurde.

(3) Die Landesregierung hat die Genehmigung der Bestellung mit Bescheid zu widerrufen, wenn eine der Voraussetzungen nach Abs. 1 zweiter Satz nachträglich weggefallen ist.

(4) Scheidet der Geschäftsführer bzw. technische Betriebsleiter aus oder wird die Genehmigung der Bestellung widerrufen, so darf das Netz bis zur Bestellung eines neuen Geschäftsführers bzw. technischen Betriebsleiters, längstens jedoch für die Dauer von zwei Monaten, weiter betrieben werden. Das Ausscheiden des Geschäftsführers bzw. technischen Betriebsleiters und der Wegfall einer der Voraussetzungen nach Abs. 1 zweiter Satz sind der Landesregierung unverzüglich schriftlich anzuzeigen.

§ 49
Recht zum Netzanschluss, Ausnahme

(1) Die Betreiber von Verteilernetzen sind unbeschadet der Bestimmungen über Direktleitungen und der im Zeitpunkt des Inkrafttretens dieses Gesetzes bestehenden Netzanschlussverhältnisse berechtigt, innerhalb des von ihrem Verteilernetz abgedeckten Gebietes alle Endverbraucher und Erzeuger an ihr Netz anzuschließen (Recht zum Netzanschluss).

(2) Vom Recht zum Netzanschluss sind Kunden ausgenommen, denen elektrische Energie mit einer Nennspannung von über 110 kV übergeben wird.

§ 50
Pflichten der Betreiber von Verteilernetzen

(1) Unbeschadet der §§ 35 bis 38 sind die Betreiber von Verteilernetzen verpflichtet,

a) das von ihnen betriebene Netz sicher, zuverlässig und leistungsfähig unter Bedachtnahme auf die Erfordernisse des Umweltschutzes und der Energieeffizienz zu betreiben und zu erhalten sowie für die Bereitstellung aller erforderlichen Hilfsdienste zu sorgen,
b) die Lastflüsse abzuschätzen und die zum Betrieb des Netzes erforderlichen technischen Voraussetzungen sicherzustellen,
c) dem Betreiber eines anderen Netzes, mit dem ihr eigenes Netz verbunden ist, ausreichende Informationen zu liefern, um den sicheren und leistungsfähigen Betrieb, den koordinierten Ausbau und die Interoperabilität des Verbundnetzes sicherzustellen,
d) die zur Durchführung der Berechnung und Zuordnung der Ausgleichsenergie erforderlichen Daten zur Verfügung zu stellen, wobei insbesondere jene Zählwerte zu übermitteln sind, die für die Berechnung der Fahrplanabweichungen und der Abweichung vom Lastprofil jeder Bilanzgruppe benötigt werden,
e) ihre Verteilnetze vorausschauend und im Sinn der nationalen und europäischen Klima- und Energieziele weiterzuentwickeln,
f) Netzzugangsberechtigten zu den genehmigten Allgemeinen Bedingungen und bestimmten Systemnutzungsentgelten den Zugang zu ihrem System zu gewähren,
g) die für den Netzzugang genehmigten Allgemeinen Bedingungen und bestimmten Systemnutzungsentgelte nach Maßgabe des § 75 zu veröffentlichen,
h) die zur Durchführung der Verrechnung und Datenübermittlung nach lit. d erforderlichen vertraglichen Maßnahmen vorzusehen,
i) zur Führung einer Evidenz aller in ihren Netzen tätigen Bilanzgruppen und Bilanzgruppenverantwortlichen,
j) zur Führung einer Evidenz aller in ihren Netzen tätigen Stromhändler und Lieferanten,
k) zur Messung der Bezüge, Leistungen und Lastprofile der Netzbenutzer, zur Prüfung deren Plausibilität und im erforderlichen Ausmaß zur Weitergabe von Daten an die Bilanzgruppenkoordinatoren, die betroffenen Netzbetreiber, Stromhändler und Lieferanten sowie Bilanzgruppenverantwortlichen,
l) zur Messung der Leistungen, Strommengen und Lastprofile an den Schnittstellen zu anderen Netzen und zur Weitergabe der Daten an die Bilanzgruppenkoordinatoren, die betroffenen Netzbetreiber, Stromhändler und Lieferanten sowie Bilanzgruppenverantwortlichen,

m) Engpässe im Netz zu ermitteln und Handlungen zu setzen, um diese zu vermeiden,
n) zur Entgegennahme und Weitergabe von Meldungen über Stromhändler-, Lieferanten- und Bilanzgruppenwechsel,
o) zur Einrichtung einer besonderen Bilanzgruppe für die Ermittlung der Netzverluste, die nur die dafür notwendigen Kriterien einer Bilanzgruppe zu erfüllen hat,
p) Energie, die zur Deckung von Energieverlusten und Kapazitätsreserven im Verteilernetz verwendet wird, nach transparenten, nichtdiskriminierenden und marktorientierten Verfahren zu beschaffen,
q) zur Einhebung der Entgelte für die Netznutzung sowie der Beiträge, Förderbeiträge und Zuschläge nach den elektrizitätsrechtlichen Vorschriften,
r) zur Zusammenarbeit mit dem Bilanzgruppenkoordinator, den Bilanzgruppenverantwortlichen und sonstigen Marktteilnehmern bei der Aufteilung der sich aus der Verwendung von standardisierten Lastprofilen ergebenden Differenzen nach Vorliegen der Messergebnisse,
s) Verträge über den Datenaustausch mit anderen Netzbetreibern, den Bilanzgruppenverantwortlichen sowie den Bilanzgruppenkoordinatoren und anderen Marktteilnehmern entsprechend den Marktregeln abzuschließen,
t) sich jeglicher Diskriminierung von Netzbenutzern oder Kategorien von Netzbenutzern, insbesondere zugunsten der mit ihnen verbundenen Unternehmen, zu enthalten,
u) den Netzbenutzern die Informationen zur Verfügung zu stellen, die sie für einen effizienten Netzzugang benötigen,
v) bei der Planung des Verteilernetzausbaus Energieeffizienzmaßnahmen, Nachfragesteuerungsmaßnahmen oder dezentrale Erzeugungsanlagen, durch die sich die Notwendigkeit einer Nachrüstung oder eines Kapazitätsersatzes erübrigen könnte, zu berücksichtigen,
w) den Übertragungsnetzbetreiber zum Zeitpunkt der Feststellung des technisch geeigneten Anschlusspunktes über die geplante Errichtung von Erzeugungsanlagen mit einer Leistung von über 50 MW zu informieren,
x) zur Bekanntgabe der eingespeisten Ökoenergie an die Regulierungsbehörde, die Ökostromabwicklungsstelle nach den §§ 31 ff. des Ökostromgesetzes 2012 und über Aufforderung an die Landesregierung,
y) Optionen zur Einbindung von ab- oder zuschaltbaren Lasten für den Netzbetrieb in ihrem Netzgebiet zu prüfen und bei Bedarf im Zuge des integrierten Netzinfrastrukturplans nach § 94 EAG an die Bundesministerin für Klimaschutz, Umwelt, Energie, Mobilität, Innovation und Technologie und an die Regierungsbehörde zu melden,
z) der Regulierungsbehörde Auskunft über Netzzutrittsanträge und Netzzutrittsanzeigen zu geben. Das betrifft insbesondere auch Informationen über die Anschlussleistung sowie über abgeschlossene Netzzutritts- und Netzzugangsverträge samt allfälliger Fristen für bevorstehende Anschlüsse.

(2) Die nähere Regelung der im Abs. 1 festgelegten Pflichten hat, soweit dies erforderlich ist, in den Allgemeinen Bedingungen für Verteilernetzbetreiber nach § 36 Abs. 2 zu erfolgen.

(3) Betreiber von Verteilernetzen, die zu einem vertikal integrierten Elektrizitätsunternehmen gehören, haben überdies folgende Pflichten:

a) Dem Aufsichtsrat des Verteilernetzbetreibers müssen mindestens zwei Mitglieder angehören, die von der Muttergesellschaft unabhängig sind.
b) Der Umstand, Teil eines vertikal integrierten Elektrizitätsunternehmens zu sein, darf nicht zur Verzerrung des Wettbewerbs genutzt werden.
c) In der Kommunikations- und Markenpolitik ist dafür Sorge zu tragen, dass eine Verwechslung in Bezug auf die eigene Identität mit der Versorgungssparte des vertikal integrierten Unternehmens ausgeschlossen ist.

§ 51
Allgemeine Anschlusspflicht

(1) Betreiber von Verteilnetzen sind verpflichtet, Allgemeine Bedingungen zu veröffentlichen und zu diesen Bedingungen mit Endverbrauchern und Erzeugern privatrechtliche Verträge über den Netzanschluss abzuschließen (Allgemeine Anschlusspflicht).

(2) Die Allgemeine Anschlusspflicht besteht auch dann, wenn eine Einspeisung oder Abnahme von elektrischer Energie erst durch die Optimierung, Verstärkung oder den Ausbau des Verteilnetzes möglich wird.

(3) Die Allgemeine Anschlusspflicht besteht jedoch nicht, wenn begründete Sicherheitsbedenken oder technische Inkompatibilitäten vorliegen. Die Gründe für die Ausnahme von der Allgemeinen Anschlusspflicht sind in den Marktregeln näher zu definieren.

(4) Die Betreiber von Verteilernetzen haben im Netzzugangsvertrag einen Zeitpunkt der Inbetriebnahme der Anlage des Netzzugangsberechtigten zu bestimmen, der den tatsächlichen und vorhersehbaren zeitlichen Erfordernissen für die Errichtung oder Ertüchtigung der Anschlussanlage oder für notwendige Verstärkungen oder Ausbauten des vorgelagerten Verteilernetzes entspricht. Dieser Zeitpunkt darf spätestens ein Jahr nach Abschluss des Netzzugangsvertrags für die Netzebenen 7 bis 5 und spätestens drei Jahre nach Abschluss des Netzzugangsvertrags für die Netzebenen 4 und 3 liegen. Sofern die beabsichtigten Maß-

nahmen genehmigungs-, bewilligungs- oder anzeigepflichtig sind, ist die Dauer der Verfahren nicht in diese Frist einzurechnen.

(5) Die Landesregierung hat auf Antrag eines Netzzugangsberechtigten oder eines Verteilnetzbetreibers mit Bescheid festzustellen, ob und unter welchen Voraussetzungen die Allgemeine Anschlusspflicht besteht oder nicht.

§ 52
Umgründungen

(1) Bei der Übertragung von Unternehmen und Teilunternehmen durch Umgründung (insbesondere durch Verschmelzungen, Umwandlungen, Einbringungen, Zusammenschlüsse, Spaltungen und Realteilungen) geht die Konzession auf den Rechtsnachfolger über.

(2) Die Berechtigung zur Ausübung der Konzession entsteht mit dem Zeitpunkt der Eintragung der Umgründung in das Firmenbuch, sofern der Rechtsnachfolger zu diesem Zeitpunkt die Voraussetzungen nach den §§ 43 Abs. 2 und 45 erfüllt, andernfalls mit dem Vorliegen dieser Voraussetzungen. Der Rechtsnachfolger hat der Landesregierung den Übergang unter Anschluss der Unterlagen zum Nachweis der Voraussetzungen nach den §§ 43 Abs. 2 und 45, eines Firmenbuchauszugs und der zur Herbeiführung der Eintragung in das Firmenbuch eingereichten Unterlagen in Abschrift längstens innerhalb von sechs Monaten nach der Eintragung in das Firmenbuch anzuzeigen.

(3) Die Berechtigung zur Ausübung der Konzession durch den Rechtsnachfolger erlischt mit dem Ablauf der Frist nach Abs. 2 zweiter Satz, wenn die Anzeige bis dahin nicht erstattet wurde oder der Rechtsnachfolger bis dahin über keinen geeigneten Geschäftsführer oder Pächter (§ 53) verfügt.

§ 53
Verpachtung der Konzession

(1) Der Konzessionsinhaber kann die Ausübung der Konzession einer Person übertragen, die sie auf eigene Rechnung und im eigenen Namen ausübt (Pächter). Die Verpachtung bedarf zu ihrer Rechtswirksamkeit der Bewilligung der Landesregierung.

(2) Der Konzessionsinhaber hat um die Erteilung der Bewilligung nach Abs. 1 bei der Landesregierung schriftlich anzusuchen. Dem Ansuchen sind alle Unterlagen anzuschließen, die zum Nachweis der Voraussetzungen nach den §§ 43 Abs. 2 und 44 bzw. 45 erforderlich sind.

(3) Die Landesregierung hat über ein Ansuchen nach Abs. 2 mit schriftlichem Bescheid zu entscheiden. Die Bewilligung ist zu erteilen, wenn die Voraussetzungen nach den §§ 43 Abs. 2 und 44 bzw. 45 vorliegen. Die Bewilligung ist befristet, mit Auflagen oder unter Bedingungen zu erteilen, soweit dies erforderlich ist, um diese Voraussetzungen zu erfüllen. Auflagen sind auf Antrag mit Bescheid aufzuheben, wenn und soweit die Voraussetzungen für ihre Vorschreibung nicht mehr vorliegen.

(4) Die Bewilligung nach Abs. 1 ist zu versagen, wenn eine Voraussetzung für ihre Erteilung nicht vorliegt.

(5) Das Recht des Pächters zur Ausübung der Konzession erlischt mit dem Ende des vertraglichen Pachtverhältnisses. Der Konzessionsinhaber hat das Ende der Verpachtung der Landesregierung unverzüglich schriftlich anzuzeigen.

(6) Die Landesregierung hat die Bewilligung nach Abs. 1 zu widerrufen, wenn eine der Voraussetzungen für ihre Erteilung weggefallen ist oder wenn hinsichtlich des Pächters einer der im § 57 Abs. 1 oder 2 genannten Tatbestände eintritt. Dem Widerruf der Bewilligung aus einem dieser Gründe hat eine nachweisliche Androhung des Widerrufs vorauszugehen.

(7) In Verfahren nach den Abs. 2 und 6 haben der Konzessionsinhaber und der Pächter Parteistellung.

§ 54
Fortbetriebsrechte

(1) Zur Ausübung der Konzession sind berechtigt:

a) nach dem Tod des Konzessionsinhabers:

1. die Verlassenschaft,
2. der überlebende Ehegatte oder eingetragene Partner, in dessen rechtlichen Besitz das Verteilernetz aufgrund einer Rechtsnachfolge von Todes wegen oder einer Schenkung auf den Todesfall ganz oder teilweise übergeht,
3. unter den Voraussetzungen der Z 2 auch die Kinder und Wahlkinder sowie die Kinder der Wahlkinder des Konzessionsinhabers bis zur Vollendung des 28. Lebensjahres,

b) der Insolvenzverwalter für Rechnung der Insolvenzmasse und

c) der vom Gericht bestellte Zwangsverwalter oder Zwangspächter.

(2) Erfüllt eine fortbetriebsberechtigte natürliche Person nicht die Voraussetzungen nach § 44 Abs. 1 lit. a Z 1, 4 oder 5, so ist von ihr, falls sie jedoch nicht volljährig und entscheidungsfähig ist, von ihrem gesetzlichen Vertreter, ohne unnötigen Aufschub ein Geschäftsführer bzw. technischer Betriebsleiter zu bestellen, der die entsprechenden Voraussetzungen erfüllt. Die Bestellung des Geschäftsführers oder technischen Betriebsleiters und jeder Wechsel in deren Person sind der Lan-

desregierung schriftlich anzuzeigen. Im Übrigen gilt § 48 sinngemäß.

§ 55
Entstehung und Beendigung der Fortbetriebsrechte

(1) Das Fortbetriebsrecht der Verlassenschaft entsteht mit dem Tod des Konzessionsinhabers. Der Vertreter der Verlassenschaft hat der Landesregierung den Fortbetrieb ohne unnötigen Aufschub schriftlich anzuzeigen.

(2) Das Fortbetriebsrecht der Verlassenschaft endet:

a) mit der Beendigung der Verlassenschaftsabhandlung durch Einantwortung,
b) mit dem Zeitpunkt der Übernahme des Verteilernetzes durch den Vermächtnisnehmer oder durch den auf den Todesfall Beschenkten,
c) mit der Verständigung der Erben und Noterben, dass ein Verlassenschaftsverfahren von Amts wegen nicht eingeleitet wird,
d) mit der Überlassung des Nachlasses an Zahlungs statt,
e) mit der Eröffnung des Insolvenzverfahrens über die Verlassenschaft oder
f) mit dem Zeitpunkt, in dem das Verteilernetz aufgrund einer Verfügung des Verlassenschaftsgerichtes ganz oder teilweise in den rechtlichen Besitz eines Rechtsnachfolgers von Todes wegen übergeht.

(3) Das Fortbetriebsrecht des überlebenden Ehegatten oder eingetragenen Partners sowie der Kinder, Wahlkinder oder Kinder der Wahlkinder entsteht mit dem Zeitpunkt, in dem das Fortbetriebsrecht der Verlassenschaft nach Abs. 2 endet. Der Fortbetrieb durch den Ehegatten oder eingetragenen Partner ist von diesem, der Fortbetrieb durch die Kinder, Wahlkinder und Kinder der Wahlkinder von ihrem gesetzlichen Vertreter oder, falls sie volljährig und entscheidungsfähig sind, von ihnen selbst ohne unnötigen Aufschub der Landesregierung schriftlich anzuzeigen.

(4) Hinterlässt der Konzessionsinhaber sowohl einen fortbetriebsberechtigten Ehegatten oder eingetragenen Partner als auch fortbetriebsberechtigte Kinder, Wahlkinder oder Kinder der Wahlkinder, so steht ihnen das Fortbetriebsrecht gemeinsam zu.

(5) Der fortbetriebsberechtigte Ehegatte oder eingetragene Partner und die fortbetriebsberechtigten Kinder, Wahlkinder und Kinder der Wahlkinder können bis spätestens einen Monat nach der Entstehung ihres Fortbetriebsrechtes auf dieses mit der Wirkung verzichten, dass das Fortbetriebsrecht für ihre Person als nicht entstanden gilt. Der Verzicht ist gegenüber der Landesregierung schriftlich zu erklären und wird mit dem Einlangen der Verzichtserklärung unwiderruflich. Ist der Fortbetriebsberechtigte nicht volljährig und entscheidungsfähig, so kann für ihn nur sein gesetzlicher Vertreter mit Zustimmung des Gerichts rechtswirksam verzichten.

(6) Das Fortbetriebsrecht des Insolvenzverwalters entsteht mit der Eröffnung des Insolvenzverfahrens über das Vermögen oder die Verlassenschaft des Verteilernetzbetreibers. Der Insolvenzverwalter hat den Fortbetrieb unverzüglich der Landesregierung anzuzeigen. Das Fortbetriebsrecht des Insolvenzverwalters endet mit der Aufhebung des Insolvenzverfahrens.

(7) Das Fortbetriebsrecht des Zwangsverwalters entsteht mit der Bestellung durch das Gericht, das Fortbetriebsrecht des Zwangspächters mit dem Beginn des Pachtverhältnisses. Das Gericht hat den Namen und die Adresse des Zwangsverwalters oder des Zwangspächters der Landesregierung bekannt zu geben. Das Fortbetriebsrecht des Zwangsverwalters endet mit der Einstellung der Zwangsverwaltung, das Fortbetriebsrecht des Zwangspächters mit der Beendigung des Pachtverhältnisses.

§ 56
Erlöschen der Konzession

(1) Die Konzession erlischt:

a) mit dem Ende aller Fortbetriebsrechte,
b) mit dem Untergang der juristischen Person,
c) mit der Auflösung der Personengesellschaft, wenn keine Liquidation stattfindet, sonst im Zeitpunkt der Beendigung der Liquidation,
d) sechs Monate nach dem Ausscheiden des letzten Mitgesellschafters aus einer eingetragenen Personengesellschaft,
e) aus den Gründen nach § 52 Abs. 3,
f) mit dem Verzicht auf die Konzession, im Fall des Fortbetriebes mit dem Verzicht auf das Fortbetriebsrecht,
g) mit der Abweisung eines Antrages auf Eröffnung des Insolvenzverfahrens mangels eines hinreichenden Vermögens.

(2) Im Zweifel hat die Landesregierung auf Antrag des Betroffenen oder von Amts wegen mit Bescheid festzustellen, ob eine Konzession nach Abs. 1 erloschen ist.

§ 57
Entziehung der Konzession

(1) Die Konzession ist zu entziehen, wenn

a) der Betrieb des Verteilernetzes nicht innerhalb der nach § 47 Abs. 5 festgesetzten oder verlängerten Frist aufgenommen wird,
b) der Konzessionsinhaber seinen Pflichten nicht nachkommt und ihm der Betrieb nach § 58 Abs. 2 zweiter Satz gänzlich untersagt wurde,
c) der Betrieb ohne ausreichenden Grund unterbrochen wird oder
d) die gänzliche Einweisung nach § 58 Abs. 2 erster Satz angeordnet wird.

(2) Die Konzession ist zu entziehen, wenn eine der Voraussetzungen für ihre Erteilung nachträglich weggefallen ist und kein Fall des § 44 Abs. 6 bzw. § 45 Abs. 4 vorliegt.

(3) Der Entziehung nach Abs. 2 hat eine nachweisliche Androhung der Entziehung vorauszugehen.

§ 58
Maßnahmen zur Sicherung der Elektrizitätsversorgung

(1) Kommt der Betreiber eines Verteilernetzes seinen Pflichten nach diesem Gesetz oder den auf seiner Grundlage erlassenen Verordnungen oder Entscheidungen nicht nach, so hat ihm die Landesregierung innerhalb einer angemessen festzusetzenden Frist die hierzu erforderlichen Maßnahmen mit Bescheid aufzutragen.

(2) Soweit dies zur Beseitigung einer Gefahr für das Leben oder die Gesundheit von Menschen oder zur Abwehr schwerer volkswirtschaftlicher Schäden notwendig ist, kann die Landesregierung ein anderes Elektrizitätsunternehmen zur vorübergehenden Erfüllung der Aufgaben des Systembetreibers ganz oder teilweise heranziehen (Einweisung). Wenn

a) die hindernden Umstände derart sind, dass eine gänzliche Erfüllung der gesetzlichen Pflichten des Systembetreibers nicht zu erwarten ist, oder
b) der Netzbetreiber einem Auftrag der Landesregierung nach Abs. 1 nicht nachkommt,

ist diesem Netzbetreiber der Betrieb ganz oder teilweise zu untersagen und unter Berücksichtigung der Erfordernisse der Aufbringung von Elektrizität ein anderes Elektrizitätsunternehmen zur dauernden Übernahme des Systems zu verpflichten.

(3) Das nach Abs. 2 verpflichtete Elektrizitätsunternehmen tritt in die vertraglichen Rechte und Pflichten des Unternehmens, dem der Betrieb ganz oder teilweise untersagt worden ist, ein.

(4) Die Landesregierung hat dem nach Abs. 2 verpflichteten Elektrizitätsunternehmen auf Antrag den Gebrauch des Verteilernetzes des Unternehmens, dem der Betrieb ganz oder teilweise untersagt worden ist, gegen angemessene Vergütung insoweit zu gestatten, als dies zur Erfüllung seiner Aufgaben erforderlich ist.

(5) Die Landesregierung hat nach dem Eintritt der Rechtskraft einer Entscheidung nach Abs. 2 auf Antrag des verpflichteten Elektrizitätsunternehmens das in Gebrauch genommene Verteilernetz zu dessen Gunsten gegen eine angemessene Vergütung zu enteignen.

(6) Im Übrigen gelten für das Verfahren und die Festsetzung der Vergütung die Bestimmungen des 12. Abschnittes des Tiroler Straßengesetzes.

4. Teil
Erzeuger
1. Abschnitt
Rechte und Pflichten der Erzeuger

§ 59
Pflichten der Erzeuger

(1) Erzeuger sind verpflichtet,

a) sich einer Bilanzgruppe anzuschließen oder eine eigene Bilanzgruppe zu bilden,
b) Daten im erforderlichen Ausmaß betroffenen Netzbetreibern, dem Bilanzgruppenkoordinator, den Bilanzgruppenverantwortlichen und anderen betroffenen Marktteilnehmern zur Verfügung zu stellen,
c) Erzeugungsfahrpläne vorab an die betroffenen Netzbetreiber, den Regelzonenführer und den Bilanzgruppenverantwortlichen im erforderlichen Ausmaß bei technischer Notwendigkeit zu melden,
d) bei Verwendung eigener Zähleinrichtungen und Einrichtungen für die Datenübertragung die technischen Vorgaben der Netzbetreiber einzuhalten,
e) bei Teillieferungen die Erzeugungsfahrpläne an die betroffenen Bilanzgruppenverantwortlichen bekannt zu geben,
f) nach Maßgabe vertraglicher Vereinbarungen auf Anordnung des Regelzonenführers zur Netzengpassbeseitigung oder zur Aufrechterhaltung der Versorgungssicherheit Leistungen (Erhöhung oder Einschränkung der Erzeugung sowie Veränderung der Verfügbarkeit von Erzeugungsanlagen) zu erbringen; es ist sicherzustellen, dass bei Anweisungen des Regelzonenführers gegenüber Betreibern von KWK-Anlagen die Fernwärmeversorgung gewährleistet bleibt,
g) auf Anordnung des Regelzonenführers nach § 23 Abs. 9 ElWOG 2010 zur Netzengpassbeseitigung oder zur Aufrechterhaltung der Versorgungssicherheit die Erhöhung und/oder Einschränkung der Erzeugung sowie die Veränderung der Verfügbarkeit von Erzeugungsanlagen vorzunehmen, soweit dies nicht nach lit. f vertraglich sichergestellt werden konnte,
h) auf Anordnung des Regelzonenführers mit technisch geeigneten Erzeugungsanlagen bei erfolglos verlaufener Ausschreibung gegen Ersatz der tatsächlichen Aufwendungen die Sekundärregelung bereit zu stellen und zu erbringen.

(2) Die nähere Regelung der im Abs. 1 festgelegten Pflichten hat in den Allgemeinen Bedingungen für Verteilernetzbetreiber nach § 36 Abs. 2 und in den Allgemeinen Bedingungen für Bilanzgruppenverantwortliche nach § 69 Abs. 4 zu erfolgen.

(3) Betreiber von Erzeugungsanlagen mit einer Engpassleistung von mehr als 5 MW sind weiters verpflichtet,

a) die Kosten für die Primärregelung nach Maßgabe des § 61 zu übernehmen,
b) soweit sie zur Erbringung der Primärregelleistung imstande sind, diese für den Fall, dass die Ausschreibung nach § 60 erfolglos geblieben ist, auf Anordnung des Regelzonenführers zu erbringen,
c) Nachweise über die Erbringung der Primärregelleistung dem Regelzonenführer in geeigneter und transparenter Weise zu erbringen und
d) die im Zusammenhang mit der Erbringung der Primärregelleistung stehenden Anweisungen des Regelzonenführers, insbesondere hinsichtlich Art und Umfang der zu übermittelnden Daten, zu befolgen.

(4) Betreiber von Erzeugungsanlagen, die an die Netzebenen nach § 63 Z 1 bis 3 ElWOG 2010 angeschlossen sind oder über eine Engpassleistung von mehr als 50 MW verfügen, sind weiters verpflichtet, dem Regelzonenführer zur Überwachung der Netzsicherheit zeitgleich Daten über die jeweils aktuelle Einspeiseleistung dieser Erzeugungsanlagen in elektronischer Form zu übermitteln.

(5) Betreiber von Erzeugungsanlagen mit einer Engpassleistung von mehr als 20 MW sind weiters verpflichtet, der Landesregierung zur Überwachung der Versorgungssicherheit regelmäßig Daten über die zeitliche Verfügbarkeit der Erzeugungsanlagen zu übermitteln.

§ 59a
Kleinsterzeugungsanlagen

(1) Für Kleinsterzeugungsanlagen ist kein eigener Zählpunkt zu vergeben.

(2) Netzbenutzer, die in ihrer Anlage eine Kleinsterzeugungsanlage betreiben und für die gemäß Abs. 1 kein Zählpunkt eingerichtet wurde, sind hinsichtlich der Kleinsterzeugungsanlage von den Verpflichtungen nach § 59 Abs. 1 und § 67 ausgenommen.

§ 60
Ausschreibung der Primärregelleistung

(1) Die Bereitstellung der Primärregelleistung hat mittels einer vom Regelzonenführer oder einem von ihm Beauftragten regelmäßig, mindestens jedoch halbjährlich, durchzuführenden Ausschreibung zu erfolgen. Die Höhe dieser Leistung hat den Anforderungen des Europäischen Verbundbetriebes zu entsprechen.

(2) Der Regelzonenführer hat regelmäßig ein transparentes und diskriminierungsfreies Präqualifikationsverfahren zur Ermittlung der für die Teilnahme an der Ausschreibung interessierten Anbieter von Primärregelleistung durchzuführen, indem er alle Erzeuger, die technisch geeignete Erzeugungsanlagen betreiben, zur Teilnahme einlädt. Die in den Präqualifikationsverfahren als geeignet eingestuften Anbieter von Primärregelleistung sind zur Teilnahme an der Ausschreibung berechtigt. Das Recht zur Teilnahme am Präqualifikationsverfahren oder an der Ausschreibung kann durch Vereinbarungen nicht ausgeschlossen werden. Die Details des Präqualifikationsverfahrens sind entweder in den Allgemeinen Bedingungen für Übertragungsnetzbetreiber nach § 36 Abs. 2 oder in gesonderten, ebenfalls nach § 41 ElWOG 2010 zu genehmigenden Allgemeinen Bedingungen zu regeln, die in geeigneter Weise (z. B. auf der Internetseite des Regelzonenführers) zu veröffentlichen sind.

(3) Bei der Ausschreibung hat die im Primärregelsystem pro Anlage vorzuhaltende Leistung mindestens 2 MW zu betragen.

(4) Der Regelzonenführer hat bei erfolglos verlaufener Ausschreibung die nach Abs. 2 geeigneten Anbieter von Primärregelleistung gegen Ersatz der tatsächlichen Aufwendungen zur Bereitstellung der Primärregelleistung zu verpflichten.

§ 61
Aufbringung der Mittel für die Bereitstellung der Primärregelleistung

(1) Die Betreiber von Erzeugungsanlagen mit einer Engpassleistung von mehr als 5 MW sind zur Aufbringung der Mittel für die Bereitstellung der Primärregelleistung im Verhältnis ihrer im laufenden Kalenderjahr erbrachten Nettojahreserzeugungsmengen verpflichtet. Bei Erzeugungsanlagen, deren Engpassleistung größer als die Anschlussleistung an das jeweilige Netz ist, ist diese Anschlussleistung multipliziert mit den im Kalenderjahr erbrachten Betriebsstunden der Anlage heranzuziehen.

(2) Die Verrechnung und Einhebung der Mittel nach Abs. 1 erfolgt vierteljährlich durch den Regelzonenführer. Der Regelzonenführer ist berechtigt, die Mittel vorab zu pauschalieren und vierteljährlich gegen nachträgliche jährliche Abrechnung einzuheben. Die Betreiber von Erzeugungsanlagen haben dem Regelzonenführer die für die Bemessung der Mittel erforderlichen Daten zur Verfügung zu stellen.

§ 62
Errichtung und Betrieb von Direktleitungen

Erzeuger haben einen Rechtsanspruch auf die Errichtung und den Betrieb von Direktleitungen.

2. Abschnitt
KWK-Anlagen

§ 63
Herkunftsnachweis für Strom aus hocheffizienter KWK

(1) Die Landesregierung hat auf der Grundlage der von der Europäischen Kommission

nach Art. 4 der KWK-Richtlinie in der Entscheidung 2007/74/EG festgelegten harmonisierten Wirkungsgrad-Referenzwerte auf Antrag des Erzeugers mit Bescheid jene KWK-Anlagen zu benennen, für die vom Netzbetreiber, an dessen Netz die Anlage angeschlossen ist, Herkunftsnachweise für Strom aus hocheffizienter KWK ausgestellt werden dürfen. Die erfolgten Benennungen von Anlagen sind der Regulierungsbehörde unverzüglich mitzuteilen.(2) Der vom Netzbetreiber nach Abs. 1 ausgestellte Herkunftsnachweis hat zu umfassen:

a) die Menge an erzeugter Energie aus hocheffizienter KWK nach der Anlage III zum ElWOG 2010 und nach der Entscheidung 2008/952/EG der Europäischen Kommission,
b) die Bezeichnung, die Art und die Engpassleistung der Erzeugungsanlage,
c) den Zeitraum und den Ort der Erzeugung,
d) die eingesetzten Primärenergieträger,
e) den unteren Heizwert des Primärenergieträgers,
f) die Nutzung der zusammen mit dem Strom erzeugten Wärme,
g) die Primärenergieeinsparungen, die nach der Anlage IV zum ElWOG 2010 auf der Grundlage der von der Europäischen Kommission nach Art. 4 der KWK-Richtlinie in der Entscheidung 2007/74/EG festgelegten harmonisierten Wirkungsgrad-Referenzwerte berechnet worden sind,
h) das Datum der Inbetriebnahme der Anlage,
i) genaue Angaben über erhaltene Förderungen und die Art der Förderregelung,
j) die Bezeichnung der ausstellenden Behörde und des ausstellenden Staates,
k) das Ausstellungsdatum des Herkunftsnachweises.

(3) Die Landesregierung hat die Ausstellung der Herkunftsnachweise regelmäßig zu überwachen.

(4) Mit der Ausstellung von Herkunftsnachweisen ist kein Anspruch auf die Gewährung von Förderungen verbunden.

(5) Die Ausstellung eines Herkunftsnachweises nach diesem Gesetz ist unzulässig, wenn für dieselbe KWK-Strommenge ein Herkunftsnachweis nach dem Ökostromgesetz 2012 ausgestellt wird oder nach dem vormaligen Ökostromgesetz ausgestellt wurde.

§ 64
Anerkennung von Herkunftsnachweisen aus anderen Staaten

Herkunftsnachweise für Strom aus hocheffizienter Kraft-Wärme-Kopplung aus Anlagen mit Standort in einem anderen EU-Mitgliedstaat oder EWR-Vertragsstaat gelten als Herkunftsnachweis im Sinne dieses Gesetzes, wenn sie zumindest den Anforderungen des Anhangs X der Richtlinie 2012/27/EU entsprechen. Im Zweifelsfall hat die Regulierungsbehörde über Antrag oder von Amts wegen mit Bescheid festzustellen, ob die Voraussetzungen für die Anerkennung vorliegen.

5. Teil
Pflichten gegenüber Kunden

§ 65
Netzzugangsberechtigung

(1) Alle Kunden sind berechtigt, mit Erzeugern, Stromhändlern, Lieferanten und Elektrizitätsunternehmen Verträge über die Lieferung von elektrischer Energie zur Deckung ihres Bedarfes zu schließen und hinsichtlich dieser Strommengen Netzzugang zu begehren.

(2) Elektrizitätsunternehmen können den Netzzugang im Namen ihrer Kunden begehren.

§ 66
Grundversorgung von Kunden

(1) Stromhändler und sonstige Lieferanten, zu deren Tätigkeitsbereich die Versorgung von Haushaltskunden zählt, haben ihren Allgemeinen Tarif für die Grundversorgung von Haushaltskunden in geeigneter Weise (z. B. auf ihrer Internetseite) zu veröffentlichen. Sie sind verpflichtet, zu diesem Tarif und zu ihren geltenden Allgemeinen Geschäftsbedingungen Verbraucher im Sinn des § 1 Abs. 1 Z 2 KSchG und Kleinunternehmen, die sich ihnen gegenüber auf die Grundversorgung berufen, mit elektrischer Energie zu beliefern (Grundversorgung).

(2) Der Allgemeine Tarif der Grundversorgung für Verbraucher im Sinn des § 1 Abs. 1 Z 2 KSchG darf nicht höher sein als jener Tarif, zu dem die größte Anzahl von Kunden, die Verbraucher im Sinn des § 1 Abs. 1 Z 2 KSchG sind, im jeweiligen Versorgungsgebiet versorgt werden. Der Allgemeine Tarif der Grundversorgung für Kleinunternehmen darf nicht höher sein als jener Tarif, der gegenüber vergleichbaren Kundengruppen im jeweiligen Versorgungsgebiet Anwendung findet. Dem Verbraucher im Sinn des § 1 Abs. 1 Z 2 KSchG, der sich auf die Grundversorgung beruft, darf im Zusammenhang mit der Aufnahme der Belieferung keine Sicherheitsleistung (z. B. Barsicherheit, Bankgarantie, Hinterlegung von nicht vinkulierten Sparbüchern) oder Vorauszahlung abverlangt werden, welche die Höhe einer Teilbetragszahlung für einen Monat übersteigt.

(3) Berufen sich Verbraucher im Sinn des § 1 Abs. 1 Z 2 KSchG und Kleinunternehmen auf die Pflicht zur Grundversorgung, so sind Netzbetreiber, unbeschadet bis zu diesem Zeitpunkt vorhandener Zahlungsrückstände, zur Netzdienstleistung verpflichtet. Verbrauchern darf im Zusammenhang mit dieser Netzdienstleistung keine Sicherheitsleistung oder Vorauszahlung abverlangt werden, welche die Höhe einer Teilbetragszahlung für einen Monat übersteigt. Abs. 4 gilt sinngemäß. Im

Fall eines nach Berufung auf die Pflicht zur Grundversorgung erfolgenden erneuten Zahlungsverzuges sind Netzbetreiber bis zur Bezahlung dieser ausstehenden Beträge zur physischen Trennung der Netzverbindung berechtigt, es sei denn, der Kunde verpflichtet sich zur Vorausverrechnung mittels Prepaymentzahlung für die künftige Netznutzung und Lieferung. § 82 Abs. 3 ElWOG 2010 gilt im Fall des erneuten Zahlungsverzugs sinngemäß. Die Möglichkeit, sich zur Vorausverrechnung mittels Prepaymentzahlung zu verpflichten, besteht nicht für Endverbraucher mit einem Lastprofilzähler.

(4) Gerät der Verbraucher während sechs Monaten nicht in weiteren Zahlungsverzug, so ist ihm die Sicherheitsleistung rückzuerstatten und von einer Vorauszahlung abzusehen, solange nicht erneut ein Zahlungsverzug eintritt.

(5) Eine im Rahmen der Grundversorgung eingerichtete Prepaymentfunktion ist auf Kundenwunsch zu deaktivieren, wenn der Endverbraucher seine im Rahmen der Grundversorgung angefallenen Zahlungsrückstände beim Lieferanten und Netzbetreiber beglichen hat oder wenn ein sonstiges schuldbefreiendes Ereignis eingetreten ist.

(6) Die Landesregierung hat einem Stromhändler oder sonstigen Lieferanten, der Endverbraucher beliefert, die Tätigkeit als Stromhändler oder sonstiger Lieferant mit Bescheid auf die Dauer von höchstens fünf Jahren zu untersagen, wenn er wiederholt wegen einer Übertretung elektrizitätsrechtlicher Vorschriften rechtskräftig bestraft worden ist und die Untersagung im Hinblick auf die Schwere der Tat nicht unverhältnismäßig ist. Von der Untersagung sind der Bilanzgruppenverantwortliche und die Regulierungsbehörde zu verständigen.

§ 66a
Allgemeine Geschäftsbedingungen für die Belieferung mit elektrischer Energie

(1) Versorger haben Allgemeine Geschäftsbedingungen für die Belieferung mit elektrischer Energie für Kunden, deren Verbrauch nicht über einen Lastprofilzähler gemessen wird, zu erstellen. Die Allgemeinen Geschäftsbedingungen sowie ihre Änderungen sind der Regulierungsbehörde vor ihrem Inkrafttreten in elektronischer Form anzuzeigen und in geeigneter Weise (z. B. auf der Internetseite der Versorger) zu veröffentlichen.

(2) Allgemeine Geschäftsbedingungen oder Vertragsformblätter zwischen Stromhändlern oder sonstigen Lieferanten und Kunden, deren Verbrauch nicht über einen Lastprofilzähler gemessen wird, haben zumindest zu enthalten:

a) den Namen und die Adresse des Stromhändlers oder sonstigen Lieferanten,
b) die erbrachten Leistungen und die angebotene Qualität sowie den voraussichtlichen Zeitpunkt für den Beginn der Belieferung,
c) den Energiepreis in Cent/kWh einschließlich allfälliger Zuschläge und Abgaben,
d) die Vertragsdauer, die Bedingungen für eine Verlängerung und Beendigung der Leistungen und des Vertragsverhältnisses sowie das Vorhandensein eines Rücktrittsrechts,
e) etwaige Entschädigungs- und Erstattungsregelungen bei Nichteinhaltung der vertraglich vereinbarten Leistungsqualität, einschließlich fehlerhafter und verspäteter Abrechnung,
f) Hinweise auf die zur Verfügung stehenden Beschwerdemöglichkeiten sowie auf die Freiheit von Wechselgebühren bei einem Lieferantenwechsel (§ 76 ElWOG 2010),
g) die Bedingungen, zu denen eine Belieferung im Sinn des § 66 erfolgt,
h) Modalitäten, nach welchen der Kunde verpflichtet ist, Teilbetragszahlungen zu leisten, wobei eine Zahlung zumindest zehn Mal jährlich jedenfalls anzubieten ist.

(3) Die Stromhändler und sonstigen Lieferanten haben ihre Kunden nachweislich vor dem Abschluss eines Vertrages über die wesentlichen Vertragsinhalte zu informieren und ihnen zu diesem Zweck ein entsprechendes Informationsblatt auszuhändigen. Dies gilt auch, wenn der Vertragsabschluss durch einen Vermittler angebahnt wird. Dem Kunden sind auf Verlangen die Allgemeinen Geschäftsbedingungen kostenlos zur Verfügung zu stellen.

(4) Stromhändler und sonstige Lieferanten sind berechtigt, das Vertragsverhältnis zur Grundversorgung aus wichtigem Grund unter Einhaltung der Vorgaben des § 82 Abs. 3 ElWOG 2010 durch Kündigung zu beenden. Ein wichtiger Grund liegt insbesondere vor, wenn ein Stromhändler oder sonstiger Lieferant bereit ist, einen Liefervertrag außerhalb der Grundversorgung abzuschließen. Davon unberührt bleibt das Recht des Stromhändlers oder sonstiger Lieferanten, die Verpflichtungen aus dem Vertragsverhältnis zur Grundversorgung für den Fall einer nicht bloß geringfügigen und anhaltenden Zuwiderhandlung, wie etwa der mehrmaligen Missachtung von Mahnungen, so lange auszusetzen, als die Zuwiderhandlung andauert. Bei einer nicht bloß geringfügigen und anhaltenden Zuwiderhandlung im Rahmen des Vertragsverhältnisses zur Grundversorgung ist der Stromhändler oder sonstige Lieferant unter Einhaltung der Vorgaben des § 82 Abs. 3 ElWOG 2010 berechtigt, den Verteilernetzbetreiber mit der vorübergehenden Trennung der Kundenanlage vom Verteilernetz zu beauftragen.

6. Teil
Bilanzgruppen

§ 67
Bildung von Bilanzgruppen

(1) Netzbenutzer haben sich einer Bilanzgruppe anzuschließen oder eine eigene Bilanzgruppe zu bilden.

(2) Netzbenutzer sind verpflichtet,

a) Daten, Zählerwerte und sonstige zur Ermittlung ihres Stromverbrauches dienende Angaben an Netzbetreiber, Bilanzgruppenverantwortliche sowie den Bilanzgruppenkoordinator gemäß den sich aus den vertraglichen Vereinbarungen ergebenden Verpflichtungen bereitzustellen und zu übermitteln, soweit dies zur Aufrechterhaltung eines wettbewerbsorientierten Elektrizitätsmarktes und zur Wahrung des Konsumentenschutzes erforderlich ist,
b) bei Verwendung eigener Zähleinrichtungen und Anlagen zur Datenübertragung die technischen Vorgaben der Netzbetreiber einzuhalten,
c) Meldungen bei Stromhändler-, Lieferanten- und Bilanzgruppenwechsel abzugeben sowie die hierfür nach § 76 ElWOG 2010 vorgesehenen Fristen einzuhalten,
d) Vertragsdaten an Stellen zu melden, die mit der Erstellung von Indizes betraut sind,
e) bei technischer Notwendigkeit Erzeugungs- und Verbrauchsfahrpläne an den Netzbetreiber, den Bilanzgruppenverantwortlichen und die Regelzonenführer zu melden,
f) Verträge über den Datenaustausch mit anderen Netzbetreibern, den Bilanzgruppenverantwortlichen, dem Bilanzgruppenkoordinator und anderen Marktteilnehmern entsprechend den Marktregeln abzuschließen.

(3) Die nähere Regelung der im Abs. 2 festgelegten Pflichten hat in den Allgemeinen Bedingungen für Netzbetreiber nach § 36 Abs. 2 und in den Allgemeinen Bedingungen für Bilanzgruppenverantwortliche nach § 69 Abs. 4 zu erfolgen.

§ 68
Bilanzgruppenverantwortlicher

(1) Bilanzgruppen dürfen nur innerhalb einer Regelzone gebildet werden. Die Bildung und Veränderung einer Bilanzgruppe obliegt dem Bilanzgruppenverantwortlichen. Der Bilanzgruppenverantwortliche hat die Bildung der Bilanzgruppe dem Bilanzgruppenkoordinator und der Regulierungsbehörde bekannt zu geben.

(2) Die Ausübung der Tätigkeit als Bilanzgruppenverantwortlicher bedarf einer Bewilligung der Regulierungsbehörde. Dem Ansuchen sind sämtliche Unterlagen anzuschließen, die notwendig sind, um beurteilen zu können, ob der Antragsteller den rechtlichen, administrativen und kommerziellen Anforderungen, die zur Erfüllung der Aufgaben und Pflichten eines Bilanzgruppenverantwortlichen erforderlich sind, entspricht. Jedenfalls sind ein Auszug aus dem Firmenbuch, der nicht älter als zwei Monate sein darf, und Unterlagen zum Nachweis, dass

a) weder der Antragsteller im Fall, dass eine natürliche Person eine Berechtigung als Bilanzgruppenverantwortlicher anstrebt, noch eine zur Vertretung nach außen befugte Person (Geschäftsführer) im Fall, dass eine juristische Person oder eine eingetragene Personengesellschaft eine Berechtigung als Bilanzgruppenverantwortlicher anstrebt, nach § 13 der Gewerbeordnung 1994 von der Ausübung eines Gewerbes ausgeschlossen ist,
b) der Antragsteller oder mindestens eine zur Vertretung nach außen befugte Person (Geschäftsführer) oder ein leitender Angestellter fachlich geeignet ist,
c) für die Ausübung der Tätigkeit als Bilanzgruppenverantwortlicher ein Haftungskapital von mindestens 50.000,– Euro (z. B. in Form einer Bankgarantie oder Versicherung) zur Verfügung steht, unbeschadet einer aufgrund der Art und des Umfangs der Geschäftstätigkeit allenfalls erforderlichen höheren Kapitalausstattung, die sich aus Vereinbarungen nach lit. d ergibt, und
d) Vereinbarungen mit dem Bilanzgruppenkoordinator und dem Regelzonenführer vorliegen, nach denen die aufgrund dieses Gesetzes, des ElWOG 2010, des Ökostromgesetzes 2012 und des Gesetzes, mit dem die Ausübungsvoraussetzungen, die Aufgaben und die Befugnisse der Verrechnungsstellen für Transaktionen und Preisbildung für die Ausgleichsenergie geregelt werden, festgelegten Aufgaben und Verpflichtungen, insbesondere in administrativer und kommerzieller Hinsicht, erfüllt werden können,

anzuschließen.

(3) Die fachliche Eignung im Sinn des Abs. 2 lit. b ist gegeben, wenn die entsprechenden theoretischen und praktischen Kenntnisse und Erfahrungen in der Abwicklung von Stromgeschäften vorliegen, insbesondere aufgrund einer leitenden Tätigkeit auf dem Gebiet der Elektrizitätswirtschaft, etwa im Rahmen des Stromhandels, der Stromerzeugung oder des Netzbetriebes.

(4) Liegt ein vollständiger Antrag vor, so hat die Regulierungsbehörde innerhalb von zwei Monaten die Bewilligung zu erteilen, wenn die Voraussetzungen nach den Abs. 2 und 3 vorliegen. Die Bewilligung ist mit Auflagen oder unter Bedingungen zu erteilen, soweit dies zur Sicherstellung der Voraussetzungen nach den Abs. 2 und 3 erforderlich ist. Die Bewilligung ist zu versagen, wenn eine der Voraussetzungen nach den Abs. 2 und 3 nicht vorliegt.

(5) Wurde einem Bilanzgruppenverantwortlichen eine entsprechende Berechtigung nach den

Rechtsvorschriften eines anderen Landes erteilt, so ist dieser auch zur Bildung und Veränderung von Bilanzgruppen in Tirol berechtigt.

(6) Die Abs. 2 bis 4 gelten nicht für Netzbetreiber, die eine Bilanzgruppe zur Ermittlung der Netzverluste bilden.

§ 69
Aufgaben und Pflichten der Bilanzgruppenverantwortlichen

(1) Den Bilanzgruppenverantwortlichen obliegt, soweit im Abs. 3 nichts anderes bestimmt ist, die Besorgung folgender Aufgaben:

a) die Erstellung von Fahrplänen und deren Übermittlung an die Verrechnungsstelle und den Regelzonenführer,
b) der Abschluss von Vereinbarungen über die Reservehaltung und die Versorgung von Bilanzgruppenmitgliedern, die ihnen von der Regulierungsbehörde zugewiesen wurden,
c) die Meldung bestimmter Erzeugungs- und Verbrauchsdaten für technische Zwecke,
d) die Meldung von Erzeugungs- und Abnahmefahrplänen von Großabnehmern und Einspeisern nach definierten Regeln für technische Zwecke,
e) die Entrichtung von Entgelten (Gebühren) an den Bilanzgruppenkoordinator und
f) die Entrichtung der Entgelte für Ausgleichsenergie an den Bilanzgruppenkoordinator und die Weiterverrechnung der Entgelte an die Bilanzgruppenmitglieder.

(2) Die Bilanzgruppenverantwortlichen sind, soweit im Abs. 3 nichts anderes bestimmt ist, verpflichtet,

a) Verträge mit dem Bilanzgruppenkoordinator, den Netzbetreibern und den Bilanzgruppenmitgliedern über den Datenaustausch abzuschließen,
b) eine Evidenz der Bilanzgruppenmitglieder zu führen,
c) entsprechend den festgelegten Marktregeln Daten an die Bilanzgruppenkoordinatoren, die Netzbetreiber und die Bilanzgruppenmitglieder weiterzugeben,
d) Fahrpläne zwischen Bilanzgruppen zu erstellen und dem Bilanzgruppenkoordinator bis zu einem von diesem festgesetzten Zeitpunkt zu melden,
e) Ausgleichsenergie für die Bilanzgruppenmitglieder zum Zweck einer Versorgung mit dieser zu beschaffen,
f) alle Vorkehrungen zu treffen, die erforderlich sind, um die Aufwendungen der Ökostromabwicklungsstelle für Ausgleichsenergie zu minimieren, und
g) Allgemeine Bedingungen nach Maßgabe des Abs. 4 festzulegen und nach Maßgabe des § 75 zu veröffentlichen.

(3) Für Bilanzgruppen zur Ermittlung der Netzverluste gelten nur die Aufgaben und Pflichten nach Abs. 1 lit. a und Abs. 2 lit. a und c.

(4) Die Allgemeinen Bedingungen des Bilanzgruppenverantwortlichen bedürfen der Genehmigung der Regulierungsbehörde nach § 87 Abs. 4 ElWOG 2010. Die Allgemeinen Bedingungen dürfen nicht diskriminierend sein und keine missbräuchlichen Praktiken oder ungerechtfertigten Beschränkungen enthalten. Sie haben insbesondere näher zu regeln:

a) die Vorgangsweise für die Bildung der Bilanzgruppe,
b) die wesentlichen Merkmale jener Bilanzgruppenmitglieder, für die der Stromverbrauch durch einen Lastprofilzähler zu ermitteln ist,
c) die Aufgaben des Bilanzgruppenverantwortlichen,
d) die Grundsätze der Fahrplanerstellung,
e) die Frist, innerhalb der die Fahrpläne einer Bilanzgruppe dem Regelzonenführer und den betroffenen Netzbetreibern bekannt zu geben sind,
f) die den einzelnen Netzbenutzern zugeordneten standardisierten Lastprofile und
g) die sonstigen Marktregeln.

§ 70
Widerruf der Bewilligung

Die Regulierungsbehörde hat die Bewilligung für die Ausübung der Tätigkeit als Bilanzgruppenverantwortlicher zu widerrufen, wenn

a) die Tätigkeit nicht innerhalb eines Jahres nach der Erteilung der Bewilligung aufgenommen oder länger als sechs Monate unterbrochen wird,
b) eine der Voraussetzungen nach § 68 Abs. 2 und 3 nicht mehr vorliegt,
c) der Bilanzgruppenverantwortliche wiederholt wegen einer Verletzung der im § 69 festgelegten Aufgaben und Verpflichtungen rechtskräftig bestraft worden ist oder er wiederholt gegen die Marktregeln verstoßen hat und der Widerruf der Bewilligung im Hinblick auf die Schwere der Tat nicht unverhältnismäßig ist oder
d) über das Vermögen des Bilanzgruppenverantwortlichen das Insolvenzverfahren eröffnet oder ein Antrag auf Eröffnung des Insolvenzverfahrens mangels eines hinreichenden Vermögens abgewiesen wird.

§ 71
Wechsel der Bilanzgruppe

Wechselt ein Bilanzgruppenmitglied die Bilanzgruppe, den Stromhändler oder den Lieferanten, so hat der Bilanzgruppenverantwortliche die Daten des Bilanzgruppenmitgliedes der neuen Bilanzgruppe, dem Netzbetreiber und dem neuen Stromhändler oder Lieferanten weiterzugeben.

§ 72
Bilanzgruppenkoordinator

(1) Der Regelzonenführer hat der Landesregierung anzuzeigen, wer die Tätigkeit eines Bilanzgruppenkoordinators ausübt. Mit der Anzeige sind Nachweise vorzulegen, die zur Beurteilung des Vorliegens der Voraussetzungen nach Abs. 2 erforderlich sind. Liegen diese Voraussetzungen nicht vor, so hat die Landesregierung dies mit Bescheid festzustellen. Vor der Erlassung eines solchen Bescheides ist das Einvernehmen mit jenen Landesregierungen herzustellen, in deren Wirkungsbereich der Bilanzgruppenkoordinator ebenfalls tätig sein soll oder ist. Wird innerhalb von sechs Monaten nach dem Einlangen der Anzeige ein solcher Bescheid nicht erlassen, so darf die Tätigkeit eines Bilanzgruppenkoordinators ausgeübt werden.

(2) Von der Tätigkeit eines Bilanzgruppenkoordinators sind Unternehmen ausgeschlossen, die unter einem bestimmenden Einfluss von Unternehmen oder einer Gruppe von Unternehmen stehen, die mindestens eine der Funktionen der kommerziellen Erzeugung, Übertragung, Verteilung oder Versorgung mit Elektrizität wahrnehmen. Im Übrigen ist Voraussetzung für die Ausübung der Tätigkeit eines Bilanzgruppenkoordinators, dass

a) der Bilanzgruppenkoordinator die ihm nach den Abs. 3 und 4 obliegenden Aufgaben in sicherer und kostengünstiger Weise zu erfüllen vermag; eine kostengünstige Besorgung der Aufgaben ist jedenfalls dann anzunehmen, wenn bei der Ermittlung der Kostenbasis für die Verrechnungsstelle die für die Bestimmung der Systemnutzungstarife anzuwendenden Verfahren und Grundsätze zugrunde gelegt werden,
b) Personen, die eine qualifizierte Beteiligung am Bilanzgruppenkoordinator halten, den im Interesse einer soliden und umsichtigen Führung des Unternehmens zu stellenden Ansprüchen genügen,
c) kein Ausschließungsgrund nach § 13 der Gewerbeordnung 1994 beim Bilanzgruppenkoordinator oder im Fall, dass es sich bei diesem um eine juristische Person oder eine eingetragene Personengesellschaft handelt, bei einem der zur Leitung und zur Vertretung nach außen befugten Personen (Vorstand bzw. Geschäftsführer) vorliegt,
d) der Bilanzgruppenkoordinator oder im Fall, dass es sich bei diesem um eine juristische Person oder eine eingetragene Personengesellschaft handelt, die zur Leitung und zur Vertretung nach außen befugte Person (Vorstand bzw. Geschäftsführer) aufgrund seiner/ihrer Vorbildung fachlich geeignet ist und die für den Betrieb des Unternehmens erforderlichen Eigenschaften und Erfahrungen hat; die fachliche Eignung des Bilanzgruppenkoordinators bzw. der zur Leitung und zur Vertretung nach außen befugten Person setzt voraus, dass dieser/diese im ausreichenden Maß theoretische und praktische Kenntnisse in der Abrechnung von Ausgleichsenergie sowie Leitungserfahrung hat; die fachliche Eignung für die Leitung einer Verrechnungsstelle ist anzunehmen, wenn eine zumindest dreijährige leitende Tätigkeit auf dem Gebiet der Tarifierung oder des Rechnungswesens nachgewiesen wird,
e) der Bilanzgruppenkoordinator oder im Fall, dass es sich bei diesem um eine juristische Person oder eine eingetragene Personengesellschaft handelt, mindestens eine zur Leitung und zur Vertretung nach außen befugte Person (Vorstand bzw. Geschäftsführer) den Mittelpunkt seiner/ihrer Lebensinteressen in einem EU-Mitgliedstaat oder Vertragsstaat des EWR-Abkommens hat,
f) der Bilanzgruppenkoordinator oder im Fall, dass es sich bei diesem um eine juristische Person oder eine eingetragene Personengesellschaft handelt, die zur Leitung und zur Vertretung nach außen befugte Person (Vorstand bzw. Geschäftsführer) keinen anderen Hauptberuf ausübt, der geeignet ist, Interessenkonflikte hervorzurufen,
g) im Fall, dass es sich beim Bilanzgruppenkoordinator um eine juristische Person oder eine eingetragene Personengesellschaft handelt, der Sitz und die Hauptverwaltung in einem EU-Mitgliedstaat oder Vertragsstaat des EWR-Abkommens liegen,
h) das zur Verfügung stehende Abwicklungssystem den Anforderungen eines zeitgemäßen Abrechnungssystems genügt und
i) die Neutralität, die Unabhängigkeit und die Datenvertraulichkeit gegenüber Marktteilnehmern gewährleistet ist.

(3) Der Bilanzgruppenkoordinator hat folgende Aufgaben:

a) die Vergabe von Identifikationsnummern der Bilanzgruppen,
b) die Bereitstellung von Schnittstellen im Bereich der Informationstechnologie,
c) die Verwaltung der Fahrpläne zwischen Bilanzgruppen,
d) die Übernahme der von den Netzbetreibern in vorgegebener Form übermittelten Messdaten, deren Auswertung und die Weitergabe an die betroffenen Marktteilnehmer und anderen Bilanzgruppenverantwortlichen entsprechend den in den Verträgen enthaltenen Vorgaben,
e) die Übernahme von Fahrplänen der Bilanzgruppenverantwortlichen und die Weitergabe an die betroffenen Marktteilnehmer (andere Bilanzgruppenverantwortliche) entsprechend den in den Verträgen enthaltenen Vorgaben,

f) die Bonitätsprüfung der Bilanzgruppenverantwortlichen,
g) die Mitarbeit bei der Ausarbeitung und Adaptierung von Regelungen im Bereich Kundenwechsel, Abwicklung und Abrechnung,
h) die Abrechnung und die Durchführung von organisatorischen Maßnahmen bei der Auflösung von Bilanzgruppen,
i) die Aufteilung und die Zuweisung der sich aufgrund der Verwendung von standardisierten Lastprofilen ergebenden Differenz auf die am Netz eines Netzbetreibers angeschlossenen Marktteilnehmer nach Vorliegen der Messwerte nach transparenten Kriterien,
j) die Verrechnung der Clearinggebühren an die Bilanzgruppenverantwortlichen,
k) die Berechnung und die Zuordnung der Ausgleichsenergie,
l) den Abschluss von Verträgen
1. mit Bilanzgruppenverantwortlichen, anderen Regelzonenführern, Netzbetreibern und Stromlieferanten (Erzeugern und Händlern),
2. mit Einrichtungen zum Zweck des Datenaustausches zur Erstellung eines Indexes,
3. mit Strombörsen über die Weitergabe von Daten,
4. mit Lieferanten (Erzeugern und Stromhändlern) über die Weitergabe von Daten.

(4) Im Rahmen der Berechnung und der Zuweisung der Ausgleichsenergie sind, sofern nicht besondere Regelungen im Rahmen von Verträgen nach § 113 Abs. 2 ElWOG 2010 bestehen, jedenfalls

a) die Differenz von Fahrplänen zu Messdaten zu übernehmen und daraus Ausgleichsenergie zu ermitteln, zuzuordnen und zu verrechnen,
b) die Preise für Ausgleichsenergie entsprechend dem im § 10 des Gesetzes, mit dem die Ausübungsvoraussetzungen, die Aufgaben und die Befugnisse der Verrechnungsstellen für Transaktionen und Preisbildung für die Ausgleichsenergie geregelt werden, beschriebenen Verfahren zu ermitteln und in geeigneter Form ständig zu veröffentlichen,
c) die Entgelte für Ausgleichsenergie zu berechnen und den Bilanzgruppenverantwortlichen und Regelzonenführern mitzuteilen,
d) die verwendeten standardisierten Lastprofile zu verzeichnen, zu archivieren und in geeigneter Form zu veröffentlichen,
e) den Marktteilnehmern Informationen über die zur Sicherung eines transparenten, diskriminierungsfreien und möglichst liquiden Regelenergiemarktes erforderlichen Maßnahmen zu gewähren. Dazu zählt die Veröffentlichung der in Anspruch genommenen Primärregelleistung und Sekundärregelleistung hinsichtlich Dauer und Höhe sowie der Ergebnisse des Ausschreibungsverfahrens nach § 60 dieses Gesetzes sowie nach § 69 ElWOG 2010.

(5) Liegen die Voraussetzungen nach Abs. 2 nicht mehr vor, so hat die Landesregierung die Berechtigung zur Ausübung der Tätigkeit eines Bilanzgruppenkoordinators abzuerkennen. Vor der Erlassung eines solchen Bescheides ist das Einvernehmen mit jenen Landesregierungen herzustellen, in deren Wirkungsbereich der Bilanzgruppenkoordinator ebenfalls tätig ist.

(6) Wird keine Anzeige nach Abs. 1 eingebracht, wurde eine Feststellungsentscheidung nach Abs. 1 erlassen oder wurde nach Abs. 5 die Berechtigung zur Ausübung der Tätigkeit eines Bilanzgruppenkoordinators aberkannt, so hat die Landesregierung von Amts wegen mit Bescheid eine geeignete Person oder ein geeignetes Unternehmen unter Berücksichtigung der Voraussetzungen nach Abs. 2 auszuwählen und zu verpflichten, die Aufgaben eines Bilanzgruppenkoordinators vorläufig zu übernehmen. Dabei ist mit jenen Landesregierungen das Einvernehmen herzustellen, in deren Wirkungsbereich sich die Regelzone erstreckt. Die Entscheidung ist aufzuheben, sobald vom Regelzonenführer ein Bilanzgruppenkoordinator benannt wird, der die Voraussetzungen nach Abs. 2 erfüllt. Vor der Aufhebung ist das Einvernehmen mit jenen Landesregierungen herzustellen, in deren Wirkungsbereich sich die Regelzone erstreckt.

7. Teil
Behörden

§ 73
Behörden

(1) Für die Vollziehung des 2. Teiles und der sonstigen anlagenbezogenen Bestimmungen dieses Gesetzes sind in erster Instanz die Bezirksverwaltungsbehörden zuständig, soweit im Abs. 2 nichts anderes bestimmt ist.

(2) Die Landesregierung ist in folgenden Angelegenheiten nach Abs. 1 zuständig:

a) Anlagen deren Engpassleistung 500 kW übersteigt,
b) Anlagen zur Umwandlung von Strom in Wasserstoff oder synthetisches Gas und Energiespeicheranlagen mit einer Kapazität von mehr als 1 MWh,
c) Vorhaben, die sich auf das Gebiet mehrerer Bezirke erstrecken,
d) Vorhaben, die neben der Errichtungs- oder Betriebsbewilligung auch einer Bewilligung nach
1. einer bundesrechtlichen Vorschrift, für deren Erteilung die Bundesregierung, ein Bundesminister oder Landeshauptmann zuständig ist, oder
2. einer anderen landesrechtlichen Vorschrift, für deren Erteilung die Landesregierung zuständig ist, bedürfen.

Die Landesregierung kann jedoch die Bezirksverwaltungsbehörde, wenn sich das Vorhaben auf das Gebiet mehrerer Bezirke erstreckt, jene Bezirksverwaltungsbehörde, in deren Sprengel der Hauptteil des Vorhabens liegt, zur Durchführung von Verfahren und zur Erlassung von Bescheiden im eigenen Namen ermächtigen, soweit dies im Interesse der Sparsamkeit, Wirtschaftlichkeit, Zweckmäßigkeit, Raschheit oder Einfachheit gelegen ist.

8. Teil
Organisatorische und verfahrensrechtliche Bestimmungen

§ 74
Länderübergreifende Netze

Erstreckt sich das Netz eines Netzbetreibers über zwei oder mehrere Bundesländer, so hat die zuständige Regulierungsbehörde die Rechtsvorschriften jenes Landes anzuwenden, in dem der Antragsteller seinen Sitz (Hauptwohnsitz) hat.

§ 75
Veröffentlichung der Allgemeinen Bedingungen und Systemnutzungstarife

(1) Die Netzbetreiber und die Bilanzgruppenverantwortlichen haben die genehmigten Allgemeinen Bedingungen und die bestimmten Systemnutzungstarife während der für den Kundendienst vorgesehenen Zeit in den Betriebsräumlichkeiten zur allgemeinen Einsichtnahme aufzulegen und in geeigneter Weise (z. B. auf ihrer Internetseite) zu veröffentlichen. Sind inhaltsgleiche Allgemeine Bedingungen anderer Netzbetreiber oder Bilanzgruppenverantwortlicher bereits genehmigt oder bestimmte Systemnutzungstarife bereits veröffentlicht, so genügt zur Veröffentlichung ein entsprechender Hinweis.

(2) Die Netzbetreiber und die Bilanzgruppenverantwortlichen haben die genehmigten Allgemeinen Bedingungen und die bestimmten Systemnutzungstarife den Netzzugangsberechtigten auf Verlangen auszufolgen und zu erläutern.

§ 77
Behördliche Befugnisse

(1) Die Organe der Behörden sind berechtigt, zur Wahrnehmung ihrer Aufgaben in Vollziehung dieses Gesetzes im erforderlichen Ausmaß tagsüber, bei Elektrizitätsunternehmen während der Geschäftszeiten, Grundstücke, Gebäude und sonstige bauliche Anlagen zu betreten, Anlagen und deren Bauteile zu besichtigen und zu prüfen sowie bei betriebsbereiten Anlagen Messgeräte anzubringen, Probebetriebe zur Vornahme von Messungen durchzuführen und Proben zu entnehmen. Bei Gefahr im Verzug kann der Zutritt auch während der Nachtstunden oder außerhalb der Geschäftszeiten verlangt werden.

(2) Die Behörden nach § 73 können die Räumung von Grundstücken, Gebäuden und sonstigen baulichen Anlagen verfügen, wenn aufgrund drohender Gefahren, insbesondere wegen der Fehlfunktion einer Anlage, eine unmittelbare Gefahr für das Leben oder die Gesundheit von Menschen oder für die Sicherheit von Sachen besteht.

(3) Die Eigentümer der betreffenden Grundstücke, Gebäude oder sonstigen baulichen Anlagen oder die sonst hierüber Verfügungsberechtigten und die Inhaber von Betrieben haben

a) die in den Abs. 1 und 2 genannten Maßnahmen zu dulden und
b) den Organen der Behörde auf Verlangen in alle das jeweilige Elektrizitätsunternehmen betreffende schriftlichen oder elektronischen Unterlagen, insbesondere in die Wirtschafts- und Geschäftsaufzeichnungen, Einsicht zu gewähren und die Herstellung von Kopien zuzulassen; sie haben ihnen weiters alle erforderlichen Auskünfte zu erteilen; diese Auskunftsverpflichtung besteht nicht, sofern sie dadurch sich selbst oder eine der im § 38 VStG genannten Personen der Gefahr einer Strafverfolgung aussetzen; derartige Gründe sind glaubhaft zu machen.

(4) Zur Durchsetzung der Pflichten nach Abs. 3 lit. a ist die Ausübung unmittelbarer behördlicher Befehls- und Zwangsgewalt zulässig.

(5) Wer aufgrund dieses Gesetzes oder der in seiner Durchführung erlassenen Verordnungen oder Entscheidungen verpflichtet ist, Messungen oder andere geeignete Verfahren zur Bestimmung von Emissionen aus seiner Stromerzeugungsanlage durchzuführen und darüber Aufzeichnungen zu führen, hat diese Aufzeichnungen, soweit dies zur Erfüllung unionsrechtlicher Berichtspflichten erforderlich ist, der Landesregierung auf Verlangen zu übermitteln.

(6) Ein Anspruch auf Ersatz der mit der Auskunftserteilung verbundenen Kosten besteht nicht.

§ 78
Verarbeitung personenbezogener Daten

(1) Das Amt der Tiroler Landesregierung ist Verantwortlicher nach Art. 4 Z 7 der Verordnung (EU) 2016/679 des Europäischen Parlaments und des Rates zum Schutz natürlicher Personen bei der Verarbeitung personenbezogener Daten, zum freien Datenverkehr und zur Aufhebung der Richtlinie 95/46/EG (Datenschutz-Grundverordnung), ABl. 2016 Nr. L 119, S. 1, in den in die Zuständigkeit der Landesregierung fallenden Angelegenheiten.

(2) Das Amt der Tiroler Landesregierung und die Bezirksverwaltungsbehörden sind gemeinsam Verantwortliche nach Art. 26 der Datenschutz-Grundverordnung in den in die Zuständigkeit der Bezirksverwaltungsbehörde fallenden Angelegenheiten.

(3) Die nach Abs. 1 und 2 Verantwortlichen dürfen zum Zweck der Durchführung von Anlagenverfahren nach dem 2. Teil (§§ 5 bis 34) folgende Daten nachstehend angeführter Personen verarbeiten:

a) von den Parteien und Beteiligten, von den Eigentümern von Grundstücken und den sonst hierüber Verfügungsberechtigten, von den daran dinglich Berechtigten, mit Ausnahme von Pfandgläubigern, und von jenen Personen, denen daran öffentlich-rechtliche Nutzungsrechte im Sinn des § 5 Abs. 1 lit. b Z 1 zustehen:

Identifikationsdaten, Erreichbarkeitsdaten, grundstücks- und anlagenbezogene Daten, Daten über Rechtstitel,

b) von nichtamtlichen Sachverständigen, Projektanten, Betriebsleitern, akkreditierten Stellen und sonstigen befugten Stellen oder Personen sowie von sonstigen für den Betrieb verantwortlichen Personen:

Identifikationsdaten, Erreichbarkeitsdaten, Daten über Befähigungen und berufsrechtliche Befugnisse.

(4) Der nach Abs. 1 Verantwortliche darf zum Zweck der Überwachung der Einhaltung des Gleichbehandlungsprogramms nach § 43 Abs. 2 lit. d folgende Daten des Gleichbehandlungsbeauftragten nach § 43 Abs. 2 lit. e verarbeiten:

Identifikationsdaten, Erreichbarkeitsdaten.

(5) Der nach Abs. 1 Verantwortliche darf zum Zweck der Durchführung von Verfahren nach den §§ 46, 48 und 51 bis 58 folgende Daten von Parteien, Geschäftsführern und technischen Betriebsleitern verarbeiten:

Identifikationsdaten, Erreichbarkeitsdaten, Staatsangehörigkeit, Familienstand, Verwandtschaftsdaten, Daten über Befähigungen und berufsrechtliche Befugnisse, Daten über die wirtschaftliche Lage sowie anlagenbezogene Daten.

(6) Der nach Abs. 1 Verantwortliche darf zum Zweck der Durchführung und Abwicklung von Förderprogrammen von Verteilerunternehmen Daten nach Abs. 3 sowie Daten nach § 50 Abs. 1 lit. x verarbeiten.

(7) Der nach Abs. 1 Verantwortliche darf zum Zweck der Überwachung der Versorgungssicherheit von Betreibern von Erzeugungsanlagen Daten nach Abs. 3 sowie Daten über die zeitliche Verfügbarkeit der Erzeugungsanlagen nach § 59 Abs. 5 verarbeiten.

(8) Der nach Abs. 1 Verantwortliche darf zum Zweck der Überwachung der Ausstellung der Herkunftsnachweise nach § 63 Abs. 3 und zur Feststellung der Voraussetzungen für die Anerkennung von Herkunftsnachweisen nach § 64 Abs. 2 von Netzbetreibern Daten nach Abs. 3 sowie Daten nach § 63 Abs. 2 verarbeiten.

(9) Der nach Abs. 1 Verantwortliche darf zum Zweck der Durchführung von Verfahren nach § 66 Abs. 6 von Stromhändlern oder sonstigen Lieferanten Daten nach Abs. 3 sowie Daten betreffend die Übertretung elektrizitätsrechtlicher Vorschriften verarbeiten.

(10) Der nach Abs. 1 Verantwortliche darf zum Zweck der Durchführung von Verfahren nach § 72 vom Bilanzgruppenkoordinator sowie im Fall, dass es sich bei diesem um eine juristische Person oder eine eingetragene Personengesellschaft handelt, von der zur Leitung und zur Vertretung nach außen befugten Person (Vorstand bzw. Geschäftsführer) Daten nach Abs. 3 lit. b sowie Daten nach § 72 Abs. 2 verarbeiten.

(11) Der nach Abs. 1 Verantwortliche darf zum Zweck der Erfüllung ihrer unionsrechtlichen Berichtspflichten und zur Wahrnehmung seiner Überwachungsaufgaben von den Inhabern von Stromerzeugungsanlagen Daten nach Abs. 3 und die nach § 77 Abs. 5 zu übermittelnden Daten verarbeiten.

(12) Der nach Abs. 1 Verantwortliche darf zum Zweck der Wahrnehmung der nach § 79 Abs. 1 normierten Überwachungsaufgaben und zu statistischen Zwecken von den Netzbetreibern die im § 79 Abs. 2 lit. a, von Verteilnetzbetreibern die im § 79 Abs. 2 lit. b und von Versorgern die im § 79 Abs. 2 lit. c angeführten Daten verarbeiten.

(13) Der nach Abs. 1 Verantwortliche darf zum Zweck der Erfüllung seiner Berichtspflicht von Verteilerunternehmen Daten nach Abs. 3 sowie Daten nach § 80 Abs. 2 lit. b Z 1 verarbeiten.

(14) Die Regulierungsbehörde darf zum Zweck der Durchführung von Verfahren nach den §§ 68 und 70 vom Bilanzgruppenverantwortlichen sowie im Fall, dass es sich bei diesem um eine juristische Person oder eine eingetragene Personengesellschaft handelt, von der zur Vertretung nach außen befugten Person (Geschäftsführer) Daten nach Abs. 3 lit. b, Daten über die wirtschaftliche Lage, Daten über das Vorliegen eines Ausschließungsgrundes nach § 13 der Gewerbeordnung 1994 und Daten betreffend das Vorliegen von Bestrafungen bzw. Verstößen nach § 70 lit. c verarbeiten.

(15) Die nach Abs. 1 und 2 Verantwortlichen sind ermächtigt, verarbeitete Daten an

a) die Beteiligten des jeweiligen Verfahrens,
b) nichtamtliche Sachverständige, die einem Verfahren beigezogen werden,
c) ersuchte oder beauftragte Behörden (§ 55 AVG),
d) den für die Angelegenheiten des Elektrizitätswesens zuständigen Bundesminister und
e) die Regulierungsbehörde

zu übermitteln, soweit diese Daten von den Genannten für die Besorgung der ihnen nach diesem Gesetz obliegenden Aufgaben benötigt werden.

(16) Die nach Abs. 1 und 2 Verantwortlichen und die Regulierungsbehörde haben personenbezogene Daten zu löschen, sobald diese für die Erfüllung der ihnen nach diesem Gesetz obliegenden Aufgaben nicht mehr benötigt werden.

(17) Als Identifikationsdaten gelten:

a) bei natürlichen Personen der Familien- und der Vorname, das Geschlecht, das Geburtsdatum, allfällige akademische Grade, Standesbezeichnungen und Titel,
b) bei juristischen Personen und Personengesellschaften die gesetzliche, satzungsmäßige oder firmenmäßige Bezeichnung und hinsichtlich der vertretungsbefugten Organe die Daten nach lit. a sowie die Firmenbuchnummer, die Vereinsregisterzahl, die Umsatzsteuer-Identifikationsnummer und die Ordnungsnummer im Ergänzungsregister.

(18) Als Erreichbarkeitsdaten gelten Wohnsitzdaten und sonstige Adressdaten, die Telefonnummer, elektronische Kontaktdaten, wie insbesondere die E-Mail-Adresse und Telefax-Nummer, oder Verfügbarkeitsdaten.

§ 79
Überwachungspflichten

(1) Die Landesregierung hat ihre den Elektrizitätsmarkt betreffenden Überwachungsfunktionen wahrzunehmen und insbesondere

a) die Versorgungssicherheit in Bezug auf Zuverlässigkeit und Qualität des Netzes sowie die kommerzielle Qualität der Netzdienstleistungen,
b) den Grad der Transparenz am Elektrizitätsmarkt unter besonderer Berücksichtigung der Großhandelspreise,
c) den Grad und die Wirksamkeit der Marktöffnung und den Umfang des Wettbewerbs auf Großhandelsebene und Endverbraucherebene einschließlich etwaiger Wettbewerbsverzerrungen oder -beschränkungen,
d) etwaige restriktive Vertragspraktiken einschließlich Exklusivitätsbestimmungen, die große gewerbliche Kunden daran hindern können, gleichzeitig mit mehreren Anbietern Verträge zu schließen, oder ihre Möglichkeiten dazu beschränken,
e) die Dauer und Qualität der von Übertragungs- und Verteilernetzbetreibern vorgenommenen Neuanschluss-, Wartungs- und sonstigen Reparaturdienste sowie
f) die Investitionen in die Erzeugungskapazitäten mit Blick auf die Versorgungssicherheit

laufend zu beobachten. Bei der Wahrnehmung der angeführten Überwachungsverpflichtungen hat sich die Landesregierung der zusammenfassenden jährlichen Berichte der Regulierungsbehörde nach § 88 Abs. 8 ElWOG 2010 zu bedienen; sie kann bei Bedarf landesspezifische Daten im Sinn des § 88 Abs. 2 ElWOG 2010 von der Regulierungsbehörde anfordern und diese zur Wahrnehmung dieser Überwachungsverpflichtungen verwenden.

(2) Bei einem Verteilernetzbetreiber, an dessen Verteilernetz mindestens 100.000 Kunden angeschlossen sind und der Teil eines vertikal integrierten Elektrizitätsunternehmens ist, ist von der Landesregierung laufend zu beobachten, ob dieser Umstand nicht zur Verzerrung des Wettbewerbs genutzt wird.

§ 80
Berichtspflichten

(1) Der nach § 43 Abs. 2 lit. e benannte Gleichbehandlungsbeauftragte hat der Landesregierung und der Regulierungsbehörde jährlich spätestens bis zum 30. Juni des Folgejahres einen Bericht über die getroffenen Maßnahmen vorzulegen und diesen in geeigneter Weise (z. B. auf der Internetseite der Regulierungsbehörde) zu veröffentlichen.

(2) Die Landesregierung hat

a) dem für die Angelegenheiten des Elektrizitätswesens zuständigen Bundesminister jährlich

1. eine im Einklang mit der in der Anlage III zum ElWOG 2010 und der Entscheidung 2008/952/EG dargelegten Methode erstellte Statistik über die Erzeugung von Strom und Wärme aus KWK in Tirol,
2. eine Statistik über die KWK-Kapazitäten und die für KWK eingesetzten Brennstoffe und
3. einen Bericht über ihre Überwachungstätigkeit nach § 63 Abs. 3, der insbesondere jene Maßnahmen zu enthalten hat, die zur Gewährleistung der Zuverlässigkeit des Nachweissystems ergriffen wurden,

vorzulegen sowie

b) der Regulierungsbehörde

1. allfällige Verstöße von Verteilerunternehmen gegen die Bestimmungen der §§ 42, 43 Abs. 2 und 50 Abs. 3 unverzüglich mitzuteilen und
2. jährlich einen zusammenfassenden Bericht über allfällige nach § 43 Abs. 2 lit. d getroffene Maßnahmen vorzulegen und diesen in geeigneter Weise (z. B. auf der Internetseite des Landes Tirol) zu veröffentlichen.

(3) Elektrizitätsunternehmen, die auch Netzbetreiber sind, haben der Landesregierung auf Verlangen innerhalb einer angemessen festzusetzenden Frist über ihre Erfahrungen in Bezug auf das Funktionieren des Elektrizitätsbinnenmarktes schriftlich zu berichten.

9. Teil
Straf-, Übergangs- und Schlussbestimmungen

§ 81
Mitwirkung der Organe der Bundespolizei

Die Organe der Bundespolizei haben bei der Vollziehung der §§ 17 Abs. 2, 22 Abs. 2, 24 Abs. 8, 25 Abs. 2 und 3, 34 Abs. 5 vierter Satz und 77 Abs. 4 dadurch mitzuwirken, dass sie auf Ersuchen der zuständigen Behörde bei der nach diesen Bestimmungen zulässigen Ausübung unmittelbarer behördlicher Befehls- und Zwangsgewalt Hilfe leisten.

§ 82
Eigener Wirkungsbereich der Gemeinde

Die Wahrung der der Gemeinde nach § 10 Abs. 1 lit. b, § 13 Abs. 4, § 21 Abs. 5 und § 23 Abs. 3 zukommenden Parteirechte und die Abgabe von Äußerungen nach § 46 Abs. 4 sind Angelegenheiten des eigenen Wirkungsbereiches der Gemeinde.

§ 83
Strafbestimmungen

(1) Wer

1. eine nach diesem Gesetz bewilligungspflichtige Anlage ohne Vorliegen einer Errichtungsbewilligung errichtet oder wesentlich ändert,
2. eine Anlage entgegen einer Anordnung in der Errichtungsbewilligung ohne Vorliegen einer Betriebsbewilligung in Betrieb nimmt,
3. ein nach § 12 Abs. 10 bestelltes Organ der Bauaufsicht an der Ausübung seiner Tätigkeit hindert,
4. als nach § 12 Abs. 10 bestelltes Organ der Bauaufsicht die ihm obliegenden Pflichten grob vernachlässigt,
5. entgegen § 13 Abs. 1 der Behörde die Fertigstellung des bewilligten Vorhabens nicht unverzüglich schriftlich anzeigt oder dieser Anzeige keine ordnungsgemäße Bestätigung der projektgemäßen Ausführung anschließt,
6. Verpflichtungen aufgrund von Entscheidungen nicht nachkommt oder in den Fällen unmittelbarer Gefahr sonstige Anordnungen nicht durchführt oder Auflagen nicht einhält,
7. den in Verordnungen aufgrund dieses Gesetzes enthaltenen Anordnungen nicht nachkommt,
8. den Verpflichtungen nach § 17 Abs. 1 erster Satz oder 3 oder § 18 Abs. 1 nicht nachkommt,
9. einen Betriebsleiter, einen Geschäftsführer oder einen technischen Betriebsleiter trotz Untersagung beschäftigt oder eine Anlage entgegen den §§ 15 Abs. 8 oder 48 Abs. 4 länger als zwei Monate nach dem Ausscheiden des (technischen) Betriebsleiters bzw. Geschäftsführers oder dem Widerruf ihrer Bestellung betreibt,
10. eine nach § 29b Abs. 3 anzeigepflichtige Änderung ohne vorherige Anzeige errichtet,
11. der Verpflichtung der unverzüglichen Meldung von Vorfällen oder Unfällen mit erheblichen Umweltauswirkungen nicht nachkommt oder es unterlässt ohne Verzug Maßnahmen nach § 30c Abs. 1 zu ergreifen
12. der behördlichen Verpflichtung nach § 30c Abs. 3 nicht nachkommt,
13. die Behörde bei Nichteinhaltung des Bewilligungskonsenses nach § 30d Abs. 1 nicht informiert,
14. der Behörde keinen Bericht nach § 30d Abs. 5 übermittelt,
15. der Verpflichtung zur Anzeige der Stilllegung nach § 30f Abs. 2 nicht nachkommt,
16. der Verpflichtung der Bewertung und erforderlichenfalls der Darstellung der Maßnahmen im Falle der Stilllegung nach § 30f Abs. 3 nicht nachkommt,
17. der Verpflichtung zur Mittteilung, ob sich der Stand der Technik infolge der Veröffentlichung von BVT-Schlussfolgerungen nach § 31 Abs. 1 nicht nachkommt, oder die für die Überprüfung der Bewilligungsauflagen erforderlichen Informationen nach § 31 Abs. 2 nicht nachkommt,
18. als Betreiber einer Anlage im Sinn des § 32 Abs. 1 entgegen § 33, allenfalls in Verbindung mit einer Verordnung nach § 34 Abs. 9, oder entgegen § 84 Abs. 7 oder 8 nicht alle nach dem jeweiligen Stand der Technik notwendigen Maßnahmen ergreift, um schwere Unfälle zu vermeiden und deren Folgen für den Menschen und die Umwelt zu begrenzen, insbesondere seinen Verpflichtungen im Zusammenhang mit der Mitteilung von Daten sowie im Zusammenhang mit der Erstellung, Anwendung, Anpassung, Erprobung oder Übermittlung von Sicherheitskonzepten, Sicherheitsberichten und Notfallplänen, nicht oder nicht rechtzeitig nachkommt oder die Verpflichtung zum Informationsaustausch oder zur Information der Öffentlichkeit verletzt,
19. als Regelzonenführer seinen Verpflichtungen nach den §§ 39 Abs. 3 und 60 Abs. 1, 2 und 4 oder als Betreiber eines Übertragungsnetzes seinen Pflichten nach den §§ 35 Abs. 1, 36 Abs. 3 bis 7, 37, 40 Abs. 1 und 3 oder 41 Abs. 1 nicht nachkommt,
20. als Betreiber eines Verteilernetzes seinen Pflichten nach den §§ 35 Abs. 1, 36 Abs. 3 bis 7, 37, 44 Abs. 4 oder 50 Abs. 1 und 4 nicht nachkommt,
21. ein Verteilernetz ohne Konzession nach § 42 oder ohne Bestehen eines Fortbetriebsrechtes nach § 54 betreibt,
22. eine Konzession ohne Bewilligung nach § 53 Abs. 1 verpachtet,
23. den aus der Einweisung nach § 58 Abs. 2 sich ergebenden Pflichten nicht nachkommt,
24. als Erzeuger seinen Pflichten nach den §§ 59 Abs. 1, 2a, 4 und 5 oder 61 nicht nachkommt,

25. als Stromhändler oder Lieferant seinen Verpflichtungen nach § 66 Abs. 1 bis 5 oder nach § 66a Abs. 1, 2 oder 3 nicht nachkommt oder trotz Untersagung nach § 66 Abs. 6 die Tätigkeit eines Stromhändlers oder Lieferanten ausübt,
26. als Netzbenutzer den Verpflichtungen nach § 67 Abs. 2 nicht nachkommt,
27. ohne Bewilligung nach § 68 Abs. 2 oder trotz Widerrufs der Bewilligung nach § 70 die Tätigkeit eines Bilanzgruppenverantwortlichen ausübt,
28. als Bilanzgruppenverantwortlicher seine Aufgaben nach § 69 Abs. 1 nicht erfüllt oder seinen Verpflichtungen nach § 69 Abs. 2 oder 3 oder § 71 nicht nachkommt,
29. als Bilanzgruppenkoordinator seine Tätigkeit ohne Anzeige nach § 72 Abs. 1 oder trotz einer Aberkennungsentscheidung nach § 72 Abs. 5 ausübt, seine Aufgaben nach § 72 Abs. 3 nicht erfüllt oder den Verpflichtungen nach § 72 Abs. 4 nicht nachkommt,
30. als nach § 72 Abs. 6 erster Satz zur vorläufigen Aufgabenübernahme Verpflichteter die Aufgaben eines Bilanzgruppenkoordinators nicht erfüllt oder trotz Aufhebung der Aufgabenübertragung nach § 72 Abs. 6 dritter Satz die Tätigkeit als Bilanzgruppenkoordinator weiter ausübt,
31. als Netzbetreiber oder Bilanzgruppenverantwortlicher den Pflichten zur Veröffentlichung nach § 75 nicht nachkommt,
32. den sich aus § 77 Abs. 3 und 5 ergebenden Verpflichtungen nicht nachkommt oder
33. den Berichtspflichten nach § 80 Abs. 1 und 3 nicht nachkommt,

begeht, sofern die Tat nicht nach den Abs. 5 oder 6 mit strengerer Strafe bedroht ist, eine Verwaltungsübertretung und ist von der Bezirksverwaltungsbehörde mit einer Geldstrafe bis zu 50.000,– Euro zu bestrafen.

(2) Wer

1. eine nach § 7 Abs. 1 anzeigepflichtige Anlage ohne vorherige Anzeige oder trotz einer Untersagung errichtet oder wesentlich ändert,
2. mit der Ausführung eines nach § 7 Abs. 1 anzeigepflichtigen Vorhabens vor dem Ablauf von drei Monaten ab der Einbringung der Anzeige beginnt, ohne dass die Bezirksverwaltungsbehörde der Ausführung nach § 24 Abs. 2 lit. a oder b zugestimmt hat,
3. sonstigen Anzeigepflichten nach diesem Gesetz nicht nachkommt,
4. ohne Vorliegen einer Bewilligung oder Anordnung nach § 14 einen Probebetrieb durchführt,
5. als ehemaliger Inhaber einer Errichtungs- bzw. Betriebsbewilligung einem Auftrag nach § 21 Abs. 2 zweiter Satz nicht nachkommt,
6. den Verpflichtungen nach § 24 Abs. 8 in Verbindung mit den §§ 17 Abs. 1 erster Satz oder Abs. 3 oder 18 Abs. 1 nicht nachkommt,
7. den Verpflichtungen nach § 26 Abs. 6 oder 7 nicht nachkommt,
8. als Grundeigentümer oder sonst Verfügungsberechtigter seiner Pflicht zur Duldung nach § 21 Abs. 3 oder § 26 Abs. 8 nicht nachkommt,

begeht eine Verwaltungsübertretung und ist von der Bezirksverwaltungsbehörde mit einer Geldstrafe bis zu 25.000,– Euro zu bestrafen.

(3) Wer den Bestimmungen der Verordnung (EU) 2019/943 zuwiderhandelt, begeht eine Verwaltungsübertretung und ist von der Bezirksverwaltungsbehörde mit einer Geldstrafe bis zu 75.000,– Euro, im Fall der Uneinbringlichkeit mit einer Ersatzfreiheitsstrafe bis zu drei Wochen, zu bestrafen.

(4) Wer den Verpflichtungen nach § 59 Abs. 3 nicht nachkommt, begeht eine Verwaltungsübertretung und ist von der Bezirksverwaltungsbehörde mit einer Geldstrafe von mindestens 10.000,– Euro und höchstens 50.000,– Euro zu bestrafen.

(5) Wer als Verteilernetzbetreiber, an dessen Verteilernetz mindestens 100.000 Kunden angeschlossen sind, den Pflichten nach den §§ 35 Abs. 1, 42, 43 Abs. 2 oder 50 Abs. 1 und 4 nicht entspricht, begeht eine Verwaltungsübertretung und ist von der Bezirksverwaltungsbehörde mit einer Geldstrafe von mindestens 50.000,– Euro und höchstens 150.000,– Euro, im Fall der Uneinbringlichkeit mit einer Ersatzfreiheitsstrafe bis zu sechs Wochen, zu bestrafen.

(6) Wer als Stromhändler oder sonstiger Lieferant mit mehr als 100.000 Kunden seinen Pflichten nach § 66 Abs. 1 bis 5 oder nach § 66a Abs. 1, 2 oder 3 nicht entspricht, begeht eine Verwaltungsübertretung und ist von der Bezirksverwaltungsbehörde mit einer Geldstrafe von mindestens 50.000,– Euro und höchstens 150.000,– Euro, im Fall der Uneinbringlichkeit mit einer Ersatzfreiheitsstrafe bis zu sechs Wochen, zu bestrafen.

(7) Wurde

a) eine bewilligungspflichtige Anlage
1. ohne Errichtungsbewilligung errichtet oder wesentlich geändert oder
2. entgegen einer Anordnung in der Errichtungsbewilligung ohne Vorliegen einer Betriebsbewilligung oder ohne Anzeige der Fertigstellung in Betrieb genommen,

b) eine anzeigepflichtige Anlage ohne vorherige Anzeige oder trotz einer Untersagung errichtet oder wesentlich geändert,

so beginnt die Verjährung erst nach der Beseitigung des gesetzwidrigen Zustandes.

(8) Im Wiederholungsfall oder bei Vorliegen sonstiger erschwerender Umstände können Geldstrafen nach den Abs. 1 und 2 bis zur doppelten Höhe verhängt werden.

(9) Der Versuch ist strafbar.

§ 84
Übergangsbestimmungen

(1) Die im Zeitpunkt des Inkrafttretens dieses Gesetzes anhängigen Verfahren sind nach den bisher geltenden Bestimmungen zu beenden.

(2) Rechtskräftige Bewilligungen und rechtmäßige Anzeigen nach dem Tiroler Elektrizitätsgesetz 2003 werden durch das Inkrafttreten dieses Gesetzes nicht berührt. Bestehende Stromerzeugungsanlagen und elektrische Leitungsanlagen sind, soweit im Abs. 3 nichts anderes bestimmt ist, so zu betreiben, instand zu halten und instand zu setzen, dass sie den technischen Erfordernissen im Sinn des § 5 zumindest nach dem Stand der Technik im Zeitpunkt ihrer Errichtung oder wesentlichen Änderung entsprechen. Im Übrigen gelten die §§ 15 bis 23 dieses Gesetzes.

(3) Für bestehende Stromerzeugungsanlagen im Sinn des Kapitels II der Richtlinie 2010/75/EU gilt § 31.

(4) Elektrizitätsunternehmen, die im Zeitpunkt des Inkrafttretens dieses Gesetzes ein Verteilernetz rechtmäßig betreiben, gelten im Umfang ihrer bisherigen Tätigkeit als Verteilernetzbetreiber konzessioniert, soweit im Folgenden nichts anderes bestimmt ist. Die Rechte und Pflichten, die Ausübung, das Erlöschen und die Entziehung der Konzession richten sich nach den Bestimmungen dieses Gesetzes. Bestehen Zweifel über den Umfang der bisherigen Tätigkeit eines Verteilernetzbetreibers, so hat dies die Landesregierung auf Antrag mit Bescheid festzustellen.

(5) Vertikal integrierte Verteilernetzbetreiber, an deren Netz mindestens 100.000 Kunden angeschlossen sind, sind im Sinn des § 43 Abs. 2 lit. d und e verpflichtet, binnen drei Monaten nach Inkrafttreten dieses Gesetzes ein den Bestimmungen dieses Gesetzes entsprechendes Gleichbehandlungsprogramm der Landesregierung vorzulegen. Mit der Vorlage ist auch der Gleichbehandlungsbeauftragte der Landesregierung bekannt zu geben.

(6) Vertikal integrierte Verteilernetzbetreiber sind im Sinn des § 50 Abs. 3 lit. c verpflichtet, binnen drei Monaten nach Inkrafttreten dieses Gesetzes jene Maßnahmen mitzuteilen, durch die gewährleistet ist, dass in ihrer Kommunikations- und Markenpolitik eine Verwechslung in Bezug auf die eigene Identität mit der Versorgungssparte des vertikal integrierten Unternehmens ausgeschlossen ist.

(7) Betreiber von am 1. Juni 2015 bestehenden Betrieben im Sinn des 2. Teils, 5. Abschnitt, 2. Unterabschnitt, haben ihre Verpflichtungen

a) zur Erstattung einer Mitteilung im Sinn des § 33 Abs. 2 sowie
b) zur Erstellung, Umsetzung und Bereithaltung eines Sicherheitskonzepts im Sinn des § 33 Abs. 5 und zu dessen Übermittlung an die Behörde

bis zum 1. Juni 2016 zu erfüllen.

(8) Betreiber von am 1. Juni 2015 bestehenden Betrieben der oberen Klasse im Sinn des § 32 Abs. 1 lit. b haben ihre Verpflichtungen

a) zur Erstellung eines Sicherheitsberichts nach Maßgabe des Anhangs II der Seveso III-Richtlinie (§ 33 Abs. 8) und zu dessen Übermittlung an die Behörde sowie
b) zur Erstellung eines internen Notfallplans im Sinn des § 33 Abs. 11 und zur Anzeige von dessen wesentlichem Inhalt an die Behörde

bis zum 1. Juni 2016 zu erfüllen.

(9) Die Behörde hat die ihr nach Abs. 7 lit. a übermittelten Daten dem als zentrale Meldestelle zuständigen Bundesministerium zur Verfügung zu stellen.

§ 85
Verweisungen

(1) Soweit in diesem Gesetz nichts anderes bestimmt ist, beziehen sich Verweisungen auf Landesgesetze auf die jeweils geltende Fassung.

(2) Soweit in diesem Gesetz nichts anderes bestimmt ist, beziehen sich Verweisungen auf Bundesgesetze auf die im Folgenden jeweils angeführte Fassung:

1. Akkreditierungsgesetz – AkkG 2012, BGBl. I Nr. 28/2012, in der Fassung des Gesetzes BGBl. I Nr. 40/2014,
2. ArbeitnehmerInnenschutzgesetz – ASchG, BGBl. Nr. 450/1994, zuletzt geändert durch das Gesetz BGBl. I Nr. 115/2022,
3. Bundesgesetz, mit dem die Ausübungsvoraussetzungen, die Aufgaben und die Befugnisse der Verrechnungsstellen für Transaktionen und Preisbildung für die Ausgleichsenergie geregelt werden, BGBl. I Nr. 121/2000, zuletzt geändert durch das Gesetz BGBl. I Nr. 107/2017,
4. Elektrizitätswirtschafts- und -organisationsgesetz 2010 – ElWOG 2010, BGBl. I Nr. 110/2010, zuletzt geändert durch das Gesetz BGBl. I Nr. 5/2023,
5. Emissionszertifikategesetz 2011 – EZG 2011, BGBl. I Nr. 118/2011, zuletzt geändert durch das Gesetz BGBl. I Nr. 142/2020,
6. Erneuerbaren-Ausbau-Gesetz – EAG, BGBl. I Nr. 150/2021, in der Fassung des Gesetzes BGBl. I Nr. 233/2022,
7. Gaswirtschaftsgesetz 2011 – GWG 2011, BGBl. I Nr. 107/2011, zuletzt geändert durch das Gesetz BGBl. I Nr. 94/2022,
8. Gewerbeordnung 1994 – GewO 1994, BGBl. Nr. 194/1994, zuletzt geändert durch das Gesetz BGBl. I Nr. 204/2022,

9. Konsumentenschutzgesetz – KSchG, BGBl. Nr. 140/1979, zuletzt geändert durch das Gesetz BGBl. I Nr. 109/2022,
10. Niederlassungs- und Aufenthaltsgesetz – NAG, BGBl. I Nr. 100/2005, zuletzt geändert durch das Gesetz BGBl. I Nr. 221/2022,
11. Ökostromgesetz – ÖSG, BGBl. I Nr. 149/2002, zuletzt geändert durch das Gesetz BGBl. I Nr. 104/2009,
12. Ökostromgesetz 2012 – ÖSG 2012, BGBl. I Nr. 75/2011, zuletzt geändert durch das Gesetz BGBl. I Nr. 150/2021,
13. Starkstromwegegesetz 1968, BGBl. Nr. 70/1968, zuletzt geändert durch das Gesetz BGBl. I Nr. 150/2021,
14. Übereinkommen über die grenzüberschreitenden Auswirkungen von Industrieunfällen, BGBl. III Nr. 119/2000, zuletzt geändert durch die Kundmachung BGBl. III Nr. 103/2022 (Helsinki-Konvention),
15. Umweltverträglichkeitsprüfungsgesetz 2000 – UVP-G 2000, BGBl. Nr. 697/1993, zuletzt geändert durch das Gesetz BGBl. I Nr. 80/2018,
16. Unternehmensgesetzbuch – UGB, dRGBl. S. 219/1897, zuletzt geändert durch das Gesetz BGBl. I Nr. 186/2022.

(3) Soweit in diesem Gesetz nichts anderes bestimmt ist, beziehen sich Verweisungen auf EU-Verordnungen und EU-Entscheidungen auf die im Folgenden jeweils angeführte Fassung:

a) Verordnung (EU) 2019/942 des Europäischen Parlaments und des Rates zur Gründung einer Agentur für die Zusammenarbeit der Energieregulierungsbehörden, ABl. 2019 Nr. L 158, S. 22,
b) Verordnung (EU) 2019/943 des Europäischen Parlaments und des Rates über den Elektrizitätsbinnenmarkt, ABl. 2019 Nr. L 158, S. 54,
c) Verordnung (EG) Nr. 1221/2009 des Europäischen Parlaments und des Rates über die freiwillige Teilnahme von Organisationen an einem Gemeinschaftssystem für Umweltmanagement und Umweltbetriebsprüfung und zur Aufhebung der Verordnung (EG) Nr. 761/2001, sowie der Beschlüsse der Kommission 2001/681/EG und 2006/193/EG, ABl. 2009 Nr. L 342, S. 1,
d) Delegierte Verordnung (EU) 2015/2402 der Kommission zur Überarbeitung der harmonisierten Wirkungsgrad-Referenzwerte für die getrennte Erzeugung von Strom und Wärme gemäß der Richtlinie 2012/27/EU des Europäischen Parlaments und des Rates und zur Aufhebung des Durchführungsbeschlusses 2011/877/EU der Kommission, ABl. 2015 Nr. L 333, S. 54,
e) Entscheidung 2008/952/EG der Kommission zur Festlegung detaillierter Leitlinien für die Umsetzung und Anwendung des Anhangs II der Richtlinie 2004/8/EG des Europäischen Parlaments und des Rates, ABl. 2008 Nr. L 338, S. 55.

§ 86
Umsetzung von Unionsrecht

(1) Durch dieses Gesetz werden folgende Richtlinien umgesetzt:

a) Richtlinie 2003/109/EG des Rates betreffend die Rechtsstellung der langfristig aufenthaltsberechtigten Drittstaatsangehörigen, ABl. 2004 Nr. L 16, S. 44, in der Fassung der Richtlinie 2011/51/EU, ABl. 2011 Nr. L 132, S. 1,
b) Richtlinie 2004/8/EG des Europäischen Parlaments und des Rates über die Förderung einer am Nutzwärmebedarf orientierten Kraft-Wärme-Kopplung im Energiebinnenmarkt und zur Änderung der Richtlinie 92/42/EWG, ABl. 2004 Nr. L 52, S. 50, in der Fassung der Verordnung (EG) Nr. 219/2009, ABl. 2009 Nr. L 87, S. 109, (KWK-Richtlinie),
c) Richtlinie 2004/38/EG des Rates über das Recht der Unionsbürger und ihrer Familienangehörigen, sich im Hoheitsgebiet der Mitgliedstaaten frei zu bewegen und aufzuhalten, ABl. 2004 Nr. L 229, S. 35,
d) Richtlinie 2012/27/EU des Europäischen Parlaments und des Rates zur Energieeffizienz, zur Änderung der Richtlinien 2009/15/EG und 2010/30/EU und zur Aufhebung der Richtlinien 2004/8/EG und 2006/32/EG, ABl. 2012 Nr. L 315, S. 1, zuletzt geändert durch die Richtlinie des Europäischen Parlaments und des Rates 2019/944/EU, ABl. 2019 Nr. L 158, S. 125,
e) Richtlinie 2006/123/EG des Europäischen Parlaments und des Rates über Dienstleistungen im Binnenmarkt, ABl. 2006 Nr. L 376, S. 36,
f) Richtlinie 2009/28/EG des Europäischen Parlaments und des Rates zur Förderung der Nutzung von Energie aus erneuerbaren Quellen und zur Änderung und anschließenden Aufhebung der Richtlinien 2001/77/EG und 2003/30/EG, ABl. 2009 Nr. L 140, S. 16,
g) Richtlinie 2009/72/EG des Europäischen Parlaments und des Rates über gemeinsame Vorschriften für den Elektrizitätsbinnenmarkt und zur Aufhebung der Richtlinie 2003/54/EG, ABl. 2009 Nr. L 211, S. 55,
h) Richtlinie 2010/75/EU des Europäischen Parlaments und des Rates über Industrieemissionen (integrierte Vermeidung und Verminderung der Umweltverschmutzung), ABl. 2010 Nr. L 334, S. 17;
i) Richtlinie 2011/95/EU des Europäischen Parlaments und des Rates über Normen für die Anerkennung von Drittstaatsangehörigen oder Staatenlosen als Personen mit Anspruch auf internationalen Schutz, für einen einheitlichen Status für Flüchtlinge oder für Personen mit

Anrecht auf subsidiären Schutz und für den Inhalt des zu gewährenden Schutzes, ABl. 2011 Nr. L 337, S. 9,

j) Richtlinie 2012/18/EU des Europäischen Parlaments und des Rates zur Beherrschung der Gefahren schwerer Unfälle mit gefährlichen Stoffen, zur Änderung und anschließenden Aufhebung der Richtlinie 96/82/EG des Rates, ABl. 2012 Nr. L 197, S. 1 (Seveso III- Richtlinie),

k) Richtlinie (EU) 2018/2001 des Europäischen Parlaments und des Rates zur Förderung der Nutzung von Energie aus erneuerbaren Quellen, ABl. 2018 Nr. L 328, S. 82,

l) Richtlinie (EU) 2019/944 des Europäischen Parlaments und des Rates mit gemeinsamen Vorschriften für den Elektrizitätsbinnenmarkt und zur Änderung der Richtlinie 2012/27/EU, ABl. 2019 Nr. L 158, S. 125.

(2) Durch dieses Gesetz werden weiters die in der Verordnung (EU) 2019/943 der Durchführung durch die Mitgliedstaaten vorbehaltenen Bestimmungen durchgeführt.

§ 87

Inkrafttreten, Außerkrafttreten

Dieses Gesetz tritt mit dem Ablauf des Tages der Kundmachung in Kraft. Gleichzeitig tritt das Tiroler Elektrizitätsgesetz 2003, LGBl. Nr. 88, zuletzt geändert durch das Gesetz LGBl. Nr. 30/2011, außer Kraft.

15. Vbg. Elektrizitätswirtschaftsgesetz

Gesetz über die Erzeugung, Übertragung und Verteilung von elektrischer Energie

StF: LGBl.Nr. 59/2003

Letzte Novellierung: LGBl.Nr. 14/2022

GLIEDERUNG

I. Hauptstück
Allgemeine Bestimmungen

§ 1*)
Allgemeines, Ziele

(1) Die Erzeugung, Übertragung und Verteilung von elektrischer Energie hat nach den Bestimmungen dieses Gesetzes zu erfolgen.

(2) Die Bestimmungen dieses Gesetzes gelten auch für den Bodensee, soweit dort Hoheitsrechte des Landes ausgeübt werden können.

(3) Dieses Gesetz dient folgenden Zielen:

a) der Bevölkerung und Wirtschaft des Landes kostengünstige Elektrizität in hoher Qualität zur Verfügung zu stellen;
b) eine Marktorganisation für die Elektrizitätswirtschaft gemäß dem EG-Vertrag und den Grundsätzen des Elektrizitätsbinnenmarktes zu schaffen;
c) das Potential der Kraft-Wärme-Kopplung (KWK) und KWK-Technologien gemäß Anlage II des Elektrizitätswirtschafts- und –organisationsgesetzes 2010 (ElWOG 2010) als Mittel zur Energieeinsparung und Gewährleistung der Versorgungssicherheit nachhaltig zu nutzen;
d) durch die Schaffung geeigneter Rahmenbedingungen die Netz- und Versorgungssicherheit zu erhöhen und nachhaltig zu gewährleisten;
e) die Weiterentwicklung der Erzeugung von elektrischer Energie aus erneuerbaren Energiequellen zu unterstützen und den Zugang zum Elektrizitätsnetz für solche Energie zu gewährleisten;
f) einen Ausgleich für gemeinwirtschaftliche Verpflichtungen im Allgemeininteresse zu schaffen, die den Elektrizitätsunternehmen auferlegt wurden und die sich auf die Sicherheit (einschließlich der Versorgungssicherheit), die Regelmäßigkeit, die Qualität und den Preis der Lieferungen sowie den Umweltschutz beziehen;
g) das öffentliche Interesse an der Versorgung mit elektrischer Energie, insbesondere aus heimischen, erneuerbaren Ressourcen, bei der Be-

wertung von Infrastrukturprojekten zu berücksichtigen.

*) Fassung LGBl.Nr. 2/2006, 51/2007, 55/2011, 14/2022

§ 2*)

Begriffsbestimmungen

Im Sinne dieses Gesetzes ist

1. „Agentur" die Agentur für die Zusammenarbeit der Energieregulierungsbehörden gemäß Verordnung (EG) Nr. 713/2009 zur Gründung einer Agentur für die Zusammenarbeit der Energieregulierungsbehörden;
2. „Anschlussleistung" jene für die Netznutzung an der Übergabestelle vertraglich vereinbarte Leistung;
3. „Ausgleichsenergie" die Differenz zwischen dem vereinbarten Fahrplanwert und dem tatsächlichen Bezug oder der tatsächlichen Lieferung der Bilanzgruppe je definierter Messperiode, wobei die Energie je Messperiode tatsächlich erfasst oder rechnerisch ermittelt werden kann;
4. „Bilanzgruppe" die Zusammenfassung von Lieferanten und Kunden zu einer virtuellen Gruppe, innerhalb derer ein Ausgleich zwischen Aufbringung (Bezugsfahrpläne, Einspeisungen) und Abgabe (Lieferfahrpläne, Ausspeisungen) erfolgt;
5. „Bilanzgruppenkoordinator" eine natürliche oder juristische Person oder eingetragene Personengesellschaft, die eine Verrechnungsstelle betreibt;
6. „Bilanzgruppenverantwortlicher" eine gegenüber anderen Marktteilnehmern und dem Bilanzgruppenkoordinator zuständige Stelle einer Bilanzgruppe, welche die Bilanzgruppe vertritt;
7. „Bürgerenergiegemeinschaft" eine Rechtsperson, die elektrische Energie erzeugt, verbraucht, speichert oder verkauft, im Bereich der Aggregierung tätig ist oder Energiedienstleistungen für ihre Mitglieder erbringt und von Mitgliedern bzw. Gesellschaftern gemäß § 16b Abs. 3 ElWOG 2010 kontrolliert wird;
8. „dezentrale Erzeugungsanlage" eine Erzeugungsanlage, die an ein öffentliches Mittel- oder Niederspannungs-Verteilernetz (Bezugspunkt Übergabestelle) angeschlossen ist und somit Verbrauchernähe aufweist, oder eine Erzeugungsanlage, die der Eigenversorgung dient;
9. „Direktleitung" entweder eine Leitung, die einen einzelnen Produktionsstandort mit einem einzelnen Kunden verbindet, oder eine Leitung, die einen Elektrizitätserzeuger und ein Elektrizitätsversorgungsunternehmen zum Zwecke der direkten Versorgung mit ihrer eigenen Betriebsstätte, Tochterunternehmen und zugelassenen Kunden verbindet; Leitungen innerhalb von Wohnhausanlagen gelten nicht als Direktleitung;
10. „Einspeiser" ein Erzeuger oder ein Elektrizitätsunternehmen, der oder das elektrische Energie in ein Netz abgibt;
11. „Elektrizitätsunternehmen" eine natürliche oder juristische Person oder eine eingetragene Personengesellschaft, die in Gewinnabsicht von den Funktionen der Erzeugung, der Übertragung, der Verteilung, der Lieferung oder des Kaufs von elektrischer Energie mindestens eine wahrnimmt und die kommerzielle, technische oder wartungsbezogene Aufgaben im Zusammenhang mit diesen Funktionen wahrnimmt, mit Ausnahme der Endverbraucher;
12. „endgültige Stilllegung" Maßnahmen, die den Betrieb der Erzeugungsanlage endgültig ausschließen oder bewirken, dass eine Anpassung der Einspeisung nicht mehr angefordert werden kann;
13. „Endverbraucher" eine natürliche oder juristische Person oder eingetragene Personengesellschaft, die Elektrizität für den Eigenverbrauch kauft;
14. „Energieeffizienz- und Nachfragesteuerungsmaßnahme" eine Maßnahme im Rahmen eines Konzepts zur Steuerung der Höhe und des Zeitpunkts des Elektrizitätsverbrauchs, das den Primärenergieverbrauch senken und Spitzenlasten verringern soll, indem Investitionen zur Steigerung der Energieeffizienz oder anderen Maßnahmen wie unterbrechbaren Lieferverträgen Vorrang vor Investitionen zur Steigerung der Erzeugungskapazität eingeräumt wird, wenn sie unter Berücksichtigung der positiven Auswirkungen eines geringeren Energieverbrauchs auf die Umwelt und der damit verbundenen Aspekte einer größeren Versorgungssicherheit und geringerer Verteilungskosten die wirksamste und wirtschaftlichste Option darstellen;
15. „Engpassmanagement" die Gesamtheit von kurz-, mittel- und langfristigen Maßnahmen, welche nach Maßgabe der systemtechnischen Anforderungen ergriffen werden können, um unter Berücksichtigung der Netz- und Versorgungssicherheit Engpässe im Übertragungsnetz zu vermeiden oder zu beseitigen;
16. „Entnehmer" ein Endverbraucher oder ein Netzbetreiber, der elektrische Energie aus einem Übertragungs- oder Verteilernetz entnimmt;
17. „ENTSO (Strom)" der Europäische Verbund der Übertragungsnetzbetreiber für Strom gemäß Art. 5 der Verordnung (EG) Nr. 714/2009 über die Netzzugangsbedingungen für den grenzüberschreitenden Stromhandel;
18. „erneuerbare Energiequelle" eine erneuerbare, nichtfossile Energiequelle (Wind, Sonne, aerothermische, geothermische und hydrothermische Energie, Wellen- und Gezeitenenergie,

Wasserkraft, Biomasse, Deponiegas, Klärgas und Biogas), wobei aerothermische Energie eine Energie ist, die in Form von Wärme in der Umgebungsluft gespeichert ist, geothermische Energie eine Energie, die in Form von Wärme unter der festen Erdoberfläche gespeichert ist und hydrothermische Energie eine Energie, die in Form von Wärme in Oberflächengewässern gespeichert ist;

19. „Erneuerbare-Energie-Gemeinschaft" eine Rechtsperson, die es ermöglicht, die innerhalb der Gemeinschaft erzeugte Energie gemeinsam zu nutzen; deren Mitglieder oder Gesellschafter müssen im Nahebereich gemäß § 16c Abs. 2 ElWOG 2010 angesiedelt sein;
20. „Erzeuger" eine natürliche oder juristische Person oder eine eingetragene Personengesellschaft, die Elektrizität erzeugt;
21. „Erzeugung" die Produktion von Elektrizität;
22. „Erzeugung aus Kraft-Wärme-Kopplung (KWK-Erzeugung)" die Summe von Strom, mechanischer Energie und Nutzwärme aus KWK;
23. „Erzeugungsanlage" ein Kraftwerk oder Kraftwerkspark;
24. „Fahrplan" jene Unterlage, die angibt, in welchem Umfang elektrische Leistung als prognostizierter Leistungsmittelwert in einem konstanten Zeitraster (Messperioden) an bestimmten Netzpunkten eingespeist und entnommen oder zwischen Bilanzgruppen ausgetauscht wird;
25. „Gesamtwirkungsgrad" die Summe der jährlichen Erzeugung von Strom, mechanischer Energie und Nutzwärme im Verhältnis zum Brennstoff, der für die in KWK erzeugte Wärme und die Bruttoerzeugung von Strom und mechanischer Energie eingesetzt wurde;
26. „Haushaltskunde" ein Kunde, der Elektrizität für den Eigenverbrauch im Haushalt kauft; dies schließt gewerbliche und berufliche Tätigkeiten nicht mit ein;
27. „Herkunftsnachweis" eine Bestätigung, die den Primärenergieträger, aus dem eine bestimmte Einheit elektrischer Energie erzeugt wurde, belegt; hierunter fallen insbesondere Herkunftsnachweise für Strom aus fossilen Energiequellen, Herkunftsnachweise für Strom aus hocheffizienter KWK sowie Herkunftsnachweise gemäß § 10 des Ökostromgesetzes 2012 (ÖSG 2012) und § 83 des Erneuerbaren-Ausbau-Gesetzes (EAG);
28. „Hilfsdienst" eine Dienstleistung, die zum Betrieb eines Übertragungs- oder Verteilernetzes erforderlich ist;
29. „hocheffiziente Kraft-Wärme-Kopplung" die KWK, die den in Anlage IV ElWOG 2010 festgelegten Kriterien entspricht;
30. „in KWK erzeugter Strom" Strom, der in einem Prozess erzeugt wurde, der an die Erzeugung von Nutzwärme gekoppelt ist und der gemäß der in Anlage III ElWOG 2010 festgelegten Methode berechnet wird;
31. „Kleinunternehmen" ein Unternehmen im Sinne des § 1 Abs. 1 Z. 1 des Konsumentenschutzgesetzes, das weniger als 50 Personen beschäftigt, weniger als 100.000 kWh/Jahr an Elektrizität verbraucht und einen Jahresumsatz oder eine Jahresbilanzsumme von höchstens 10 Millionen Euro hat;
32. „Kontrolle" Rechte, Verträge oder andere Mittel, die einzeln oder zusammen unter Berücksichtigung aller tatsächlichen oder rechtlichen Umstände die Möglichkeit gewähren, einen bestimmenden Einfluss auf die Tätigkeit eines Unternehmens auszuüben, insbesondere durch
   a) Eigentums- oder Nutzungsrechte an der Gesamtheit oder an Teilen des Vermögens des Unternehmens;
   b) Rechte oder Verträge, die einen bestimmenden Einfluss auf die Zusammensetzung, die Beratungen oder Beschlüsse der Organe des Unternehmens gewähren;
33. „Kraft-Wärme-Kopplung (KWK)" die gleichzeitige Erzeugung thermischer Energie und elektrischer oder mechanischer Energie in einem Prozess;
34. „Kraft-Wärme-Verhältnis" (Stromkennzahl) das anhand der Betriebsdaten des spezifischen Blocks berechnete Verhältnis von KWK-Strom zu Nutzwärme im vollständigen KWK-Betrieb;
35. „Kraftwerk" eine Anlage, die dazu bestimmt ist, durch Energieumwandlung elektrische Energie zu erzeugen; sie kann aus mehreren Erzeugungseinheiten bestehen und umfasst auch alle zugehörigen Hilfsbetriebe und Nebeneinrichtungen;
36. „Kraftwerkspark" eine Gruppe von Kraftwerken, die über einen gemeinsamen Netzanschluss verfügt;
37. „Kunde" ein Endverbraucher, Stromhändler oder Elektrizitätsunternehmen, das elektrische Energie kauft;
38. „KWK-Block" ein Block, der im KWK-Betrieb betrieben werden kann;
39. „KWK-Kleinstanlage" eine KWK-Anlage mit einer Kapazität von höchstens 50 kW;
40. „KWK-Kleinanlage" ein KWK-Block mit einer installierten Kapazität unter 1 MW;
41. „Lastprofil" eine in Zeitintervallen dargestellte Bezugsmenge oder Liefermenge eines Einspeisers oder Entnehmers;
42. „Lieferant" eine natürliche oder juristische Person oder eingetragene Personengesellschaft, die Elektrizität anderen natürlichen oder juristischen Personen zur Verfügung stellt; soweit Energie von einer gemeinschaftlichen Erzeugungsanlage und innerhalb einer Bürgerenergiegemeinschaft sowie einer Erneuerbare-Energie-Gemeinschaft den Mitgliedern bzw. den teilnehmenden Berechtigten

zur Verfügung gestellt wird, begründet dieser Vorgang keine Lieferanteneigenschaft;

43. „Marktregel" eine Vorschrift, eine Regelung oder eine Bestimmung auf gesetzlicher oder vertraglicher Basis, die ein Marktteilnehmer im Elektrizitätsmarkt einzuhalten hat, um ein geordnetes Funktionieren dieses Marktes zu ermöglichen und zu gewährleisten;
44. „Marktteilnehmer" der Bilanzgruppenverantwortliche, der Versorger, der Stromhändler, der Erzeuger, der Lieferant, der Netzbenutzer, der Kunde, der Endverbraucher, Erneuerbare-Energie-Gemeinschaften, Bürgerenergiegemeinschaften, der Bilanzgruppenkoordinator, die Strombörse, der Übertragungsnetzbetreiber, der Verteilernetzbetreiber und der Regelzonenführer;
45. „Modernisierung (Repowering)" die Modernisierung von Erzeugungsanlagen für erneuerbare Energie einschließlich des vollständigen oder teilweisen Austauschs von Anlagen oder Betriebssystemen und -geräten zum Austausch von Kapazität oder zur Steigerung der Effizienz oder der Kapazität der Anlage;
46. „Netzanschluss" die physische Verbindung der Anlage eines Kunden oder Erzeugers von elektrischer Energie mit dem Netzsystem;
47. „Netzbenutzer" jede natürliche oder juristische Person oder eingetragene Personengesellschaft, die Elektrizität in ein Netz einspeist oder entnimmt;
48. „Netzbereich" jener Teil eines Netzes, für dessen Benutzung dieselben Preisansätze gelten;
49. „Netzbetreiber" ein Betreiber eines Übertragungs- oder Verteilernetzes mit einer Nennfrequenz von 50 Hz;
50. „Netzebene" ein im Wesentlichen durch das Spannungsniveau bestimmter Teilbereich des Netzes;
51. „Netzreserve" die Vorhaltung von zusätzlicher Erzeugungsleistung oder reduzierter Verbrauchsleistung zur Beseitigung von Engpässen im Übertragungsnetz im Rahmen des Engpassmanagements, welche gesichert innerhalb von zehn Stunden Vorlaufzeit aktivierbar ist;
52. „Netzreservevertrag" ein Vertrag, der zwischen dem Regelzonenführer und einem Anbieter abgeschlossen wird und die Erbringung von Netzreserve gemäß Z. 51 zum Inhalt hat;
53. „Netzzugang" die Nutzung eines Netzsystems;
54. „Netzzugangsberechtigter" eine natürliche oder juristische Person oder eingetragene Personengesellschaft, die Netzzugang begehrt, insbesondere auch Elektrizitätsunternehmen, soweit dies zur Erfüllung ihrer Aufgaben erforderlich ist;
55. „Netzzutritt" die erstmalige Herstellung eines Netzanschlusses oder die Erhöhung der Anschlussleistung eines bestehenden Netzanschlusses;
56. „Nutzwärme" die in einem KWK-Prozess zur Befriedigung eines wirtschaftlich vertretbaren Wärme- oder Kühlbedarfs erzeugte Wärme;
57. „Primärregelung" eine automatisch wirksam werdende Wiederherstellung des Gleichgewichtes zwischen Erzeugung und Verbrauch mit Hilfe eines definierten frequenzabhängigen Verhaltens von Erzeugungs- oder Verbrauchseinheiten, welche im Zeitbereich bis höchstens 30 Sekunden nach Störungseintritt vollständig aktivierbar sein muss;
58. „Regelzone" die kleinste Einheit des Verbundsystems, die mit einer Leistungs-Frequenz-Regelung ausgerüstet und betrieben wird;
59. „Regelzonenführer" derjenige, der für die Leistungs-Frequenz-Regelung in einer Regelzone verantwortlich ist, wobei diese Funktion auch seitens eines dritten Unternehmens, das seinen Sitz in einem anderen Mitgliedstaat der Europäischen Union hat, erfüllt werden kann;
60. „Regulierungsbehörde" die Behörde, deren Zuständigkeit sich aus dem Energie-Control-Gesetz ergibt;
61. „saisonaler Netzreservevertrag" ein Netzreservevertrag gemäß Z. 52, der für den Zeitraum einer Winter- oder Sommersaison abgeschlossen wird; als Sommersaison gilt dabei der Zeitraum gemäß Z. 66, die Wintersaison hingegen umfasst den Zeitraum von jeweils 1. Oktober eines Kalenderjahres bis jeweils 30. April des darauffolgenden Kalenderjahres; in beiden Fällen besteht für Beginn und Ende des Vertrags eine Toleranzbandbreite von jeweils einem Kalendermonat nach oben sowie nach unten;
62. „Sekundärregelung" die automatisch wirksam werdende und erforderlichenfalls ergänzend manuell angesteuerte Rückführung der Frequenz und der Austauschleistung mit anderen Regelzonen auf die Sollwerte nach Störung des Gleichgewichtes zwischen erzeugter und verbrauchter Wirkleistung mit Hilfe von zentralen oder dezentralen Einrichtungen; die Sekundärregelung umfasst auch die Ausfallsreserve, das ist jener Anteil der Sekundärregelung, der automatisch oder manuell angesteuert werden kann und vorrangig der Abdeckung des Ausfalls des größten Kraftwerkblocks in der Regelzone dient; die Wiederherstellung der Sollfrequenz kann im Bereich von mehreren Minuten liegen;
63. „Sicherheit" sowohl die Sicherheit der Elektrizitätsversorgung und -bereitstellung als auch die Betriebssicherheit;
64. „standardisiertes Lastprofil" ein durch ein geeignetes Verfahren für eine bestimmte Einspeiser- oder Entnehmergruppe charakteristisches Lastprofil;
65. „Stromhändler" eine natürliche oder juristische Person oder eine eingetragene Personengesellschaft, die Elektrizität in Gewinnabsicht verkauft;

66. „temporäre saisonale Stilllegung" temporäre Stilllegung gemäß Z. 67, die von einem Betreiber einer Erzeugungsanlage für den Zeitraum von jeweils 1. Mai bis jeweils 30. September eines Kalenderjahres gemäß § 23a ElWOG 2010 verbindlich angezeigt wird; für die Festlegung von Beginn und Ende des Stilllegungszeitraums steht dem Betreiber der Erzeugungsanlage eine Toleranzbandbreite von jeweils einem Monat nach oben sowie nach unten zu;
67. „temporäre Stilllegung" vorläufige Maßnahmen mit Ausnahme von Revisionen und technisch bedingten Störungen, die bewirken, dass die Erzeugungsanlage innerhalb von 72 Stunden nicht mehr anfahrbereit gehalten wird, aber wieder betriebsbereit gemacht werden kann; hiermit wird keine Betriebseinstellung der Anlage bewirkt;
68. „Tertiärregelung" das längerfristig wirksam werdende, manuell oder automatisch ausgelöste Abrufen von elektrischer Leistung, die zur Unterstützung bzw. Ergänzung der Sekundärregelung bzw. zur längerfristigen Ablösung von bereits aktivierter Sekundärregelleistung dient (Minutenreserve);
69. „Übertragung" der Transport von Elektrizität über ein Höchstspannungs- und Hochspannungsverbundnetz zum Zwecke der Belieferung von Endverbrauchern oder Verteilern, jedoch mit Ausnahme der Versorgung;
70. „Übertragungsnetz" ein Hochspannungsverbundnetz mit einer Spannungshöhe von 110 kV und darüber, das dem überregionalen Transport von elektrischer Energie dient;
71. „Übertragungsnetzbetreiber" eine natürliche oder juristische Person oder eingetragene Personengesellschaft, die verantwortlich ist für den Betrieb, die Wartung sowie erforderlichenfalls den Ausbau des Übertragungsnetzes und gegebenenfalls der Verbindungsleitungen zu anderen Netzen sowie für die Sicherstellung der langfristigen Fähigkeit des Netzes, eine angemessene Nachfrage nach Übertragung von Elektrizität zu befriedigen; Übertragungsnetzbetreiber sind die Verbund-Austrian Power Grid AG, die TIWAG-Netz AG und die Vorarlberger Übertragungsnetz GmbH bzw. deren Rechtsnachfolger;
72. „Verbindungsleitung" eine Anlage, die zur Verbundschaltung von Elektrizitätsnetzen dient;
73. „verbundenes Unternehmen"
a) ein verbundenes Unternehmen im Sinne des § 228 Abs. 3 des Unternehmensgesetzbuches (UGB),
b) ein assoziiertes Unternehmen im Sinne des § 263 Abs. 1 UGB oder
c) zwei oder mehrere Unternehmen, deren Aktionäre ident sind;
74. „Verbundnetz" eine Anzahl von Übertragungs- und Verteilernetzen, die durch eine oder mehrere Verbindungsleitungen miteinander verbunden sind;
75. „Versorger" eine natürliche oder juristische Person oder eine eingetragene Personengesellschaft, die die Versorgung wahrnimmt;
76. „Versorgung" der Verkauf einschließlich des Weiterverkaufs von Elektrizität an Kunden;
77. „Verteilernetzbetreiber" eine natürliche oder juristische Person oder eine eingetragene Personengesellschaft, die verantwortlich ist für den Betrieb, die Wartung sowie erforderlichenfalls den Ausbau des Verteilernetzes in einem bestimmten Gebiet und gegebenenfalls der Verbindungsleitungen zu anderen Netzen sowie für die Sicherstellung der langfristigen Fähigkeit des Netzes, eine angemessene Nachfrage nach Verteilung von Elektrizität zu befriedigen;
78. „Verteilung" der Transport von Elektrizität über Hoch-, Mittel- oder Niederspannungs-Verteilernetze zum Zwecke der Belieferung von Kunden, jedoch mit Ausnahme der Versorgung;
79. „vertikal integriertes Elektrizitätsunternehmen" ein Unternehmen oder eine Gruppe von Unternehmen, in der dieselbe Person berechtigt ist, direkt oder indirekt Kontrolle auszuüben, wobei das betreffende Unternehmen bzw. die betreffende Gruppe mindestens eine der Funktionen Übertragung oder Verteilung und mindestens eine der Funktionen Erzeugung von oder Versorgung mit Elektrizität wahrnimmt;
80. „Wirkungsgrad" der auf der Grundlage des unteren Heizwerts der Brennstoffe berechnete Wirkungsgrad;
81. „Wirkungsgrad-Referenzwert für die getrennte Erzeugung" der Wirkungsgrad einer alternativen getrennten Erzeugung von Wärme und Strom, die durch KWK ersetzt werden soll;
82. „Zählpunkt" die Einspeise- bzw. Entnahmestelle, an der eine Strommenge messtechnisch erfasst und registriert wird; dabei sind in einem Netzbereich liegende Zählpunkte eines Netzbenutzers zusammenzufassen, wenn sie der Anspeisung von kundenseitig galvanisch oder transformatorisch verbundenen Anlagen, die der Straßenbahnverordnung 1999 unterliegen, dienen; im Übrigen ist eine Zusammenfassung mehrerer Zählpunkte nicht zulässig.

*) Fassung LGBl.Nr. 2/2006, 51/2007, 12/2010, 55/2011, 38/2014, 27/2019, 14/2022

§ 3*)

Gemeinwirtschaftliche Verpflichtungen

(1) Den Netzbetreibern werden nachstehende gemeinwirtschaftliche Verpflichtungen im Allgemeininteresse auferlegt:

a) die diskriminierungsfreie Behandlung aller Kunden eines Netzes;
b) der Abschluss von privatrechtlichen Verträgen mit Netzbenutzern über den Anschluss an ihr Netz (Allgemeine Anschlusspflicht);
c) die Errichtung und Erhaltung einer für die inländische Elektrizitätsversorgung oder für die Erfüllung völkerrechtlicher Verpflichtungen ausreichenden Netzinfrastruktur.

(2) Elektrizitätsunternehmen werden nachstehende gemeinwirtschaftliche Verpflichtungen im Allgemeininteresse auferlegt:
a) die Erfüllung der durch Rechtsvorschriften auferlegten Pflichten im öffentlichen Interesse;
b) die Mitwirkung an Maßnahmen zur Beseitigung von Netzengpässen und an Maßnahmen zur Gewährleistung der Versorgungssicherheit.

(3) Die Elektrizitätsunternehmen haben die bestmögliche Erfüllung der ihnen im Allgemeininteresse auferlegten Verpflichtungen mit allen ihnen zur Verfügung stehenden Mitteln – soweit diese wirtschaftlich zumutbar sind – anzustreben.

*) Fassung LGBl.Nr. 51/2007, 55/2011

§ 4*)
Grundsätze beim Betrieb von Elektrizitätsunternehmen

Elektrizitätsunternehmen haben als kunden- und wettbewerbsorientierte Anbieter von Energiedienstleistungen nach den Grundsätzen einer sicheren, kostengünstigen, umweltverträglichen und effizienten Bereitstellung der nachgefragten Dienstleistungen sowie eines wettbewerbsorientierten und wettbewerbsfähigen Elektrizitätsmarktes zu agieren. Sie haben diese Grundsätze als Unternehmensziele zu verankern.

*) Fassung LGBl.Nr. 55/2011

§ 4a*)
Anlaufstelle, Verfahrenshandbuch

(1) Die Bezirkshauptmannschaft übt die Funktion einer Anlaufstelle im Sinne des Art. 16 Abs. 1 und 2 der Richtlinie (EU) 2018/2001 zur Förderung der Nutzung von Energie aus erneuerbaren Quellen aus. Die Anlaufstelle leistet auf Ersuchen einer antragstellenden Person während des gesamten Bewilligungsverfahrens Beratung und Unterstützung im Hinblick auf die Beantragung und die Erteilung der elektrizitätsrechtlichen Bewilligung nach diesem Gesetz; weiters auch hinsichtlich der sonst noch erforderlichen Bewilligungen oder Genehmigungen für die Errichtung oder den Betrieb von Anlagen zur Produktion von Energie aus erneuerbaren Quellen, die nach anderen Gesetzen vorgesehen sind.

(2) Wird eine Behörde von der Anlaufstelle um Auskunft über den Verfahrensstand in Verfahren nach Abs. 1 ersucht, hat sie dieser die Informationen so schnell wie möglich zur Verfügung zu stellen.

(3) Die Anlaufstelle hat für antragstellende Personen ein Verfahrenshandbuch für Vorhaben zur Erzeugung von Energie aus erneuerbaren Quellen durch Veröffentlichung auf ihrer Homepage im Internet bereit zu stellen; das entsprechende Verfahrenshandbuch wird der Anlaufstelle von der Landesregierung zur Verfügung gestellt. Im Verfahrenshandbuch ist auf kleinere Vorhaben und Vorhaben von Eigenversorgern betreffend Erzeugung von Elektrizität aus erneuerbaren Energiequellen gesondert einzugehen; auf die zuständige Anlaufstelle ist hinzuweisen.

*) Fassung LGBl.Nr. 14/2022

II. Hauptstück
Errichtung und Betrieb von Erzeugungsanlagen

§ 5*)
Bewilligungspflicht

(1) Die Errichtung und der Betrieb einer Erzeugungsanlage mit einer Engpassleistung von mehr als 100 kW, im Falle einer Photovoltaikanlage von mehr als 500 kWpeak, bedarf neben den nach anderen Vorschriften erforderlichen Bewilligungen der elektrizitätsrechtlichen Bewilligung. Die Bewilligungspflicht besteht nicht für Erzeugungsanlagen, die einer Bewilligung oder Anzeige nach der Gewerbeordnung 1994, dem Abfallwirtschaftsgesetz 2002, dem Mineralrohstoffgesetz oder dem Eisenbahngesetz 1957 bedürfen, und für die Aufstellung, Bereithaltung und den Betrieb mobiler Erzeugungsanlagen.

(2) Wird eine bewilligte Erzeugungsanlage so geändert, dass sich neue oder größere Gefährdungen oder Belästigungen im Sinne des § 9 Abs. 1 lit. b ergeben können, so ist auch die Änderung der Anlage – einschließlich der Modernisierung (Repowering) – im Sinne des Abs. 1 bewilligungspflichtig. Diese Bewilligung hat auch die bereits bewilligte Anlage zu umfassen, soweit sich die Änderung auf sie auswirkt.

(3) Weist eine nach Abs. 1 zweiter Satz bewilligte oder angezeigte Erzeugungsanlage nicht mehr den Charakter einer gewerbe-, abfall-, berg- oder eisenbahnrechtlichen Anlage auf, so hat dies der Betreiber der Anlage der bisher zuständigen Behörde und der nunmehr zur Bewilligung zuständigen Behörde anzuzeigen. Ab dem Einlangen dieser Anzeige gilt die Bewilligung oder Anzeige gemäß Abs. 1 zweiter Satz als Bewilligung nach diesem Gesetz.

*) Fassung LGBl.Nr. 55/2011, 38/2014, 76/2020, 14/2022

§ 6*)
Antrag auf Erteilung der elektrizitätsrechtlichen Bewilligung

(1) Die elektrizitätsrechtliche Bewilligung ist bei der Behörde schriftlich zu beantragen.

(2) Dem Antrag sind folgende Beilagen anzuschließen:

a) ein technischer Bericht mit Angaben über Zweck, Umfang, Betriebsweise und technische Ausführung der geplanten Erzeugungsanlage, insbesondere über Antriebsart, Leistungsausmaß, Stromart (Gleichstrom, Wechselstrom, Drehstrom) Frequenz und Maschinenspannung,
b) ein Plan im Katastermaßstab, aus welchem der Standort der Erzeugungsanlage und die betroffenen Grundstücke mit ihren Parzellennummern ersichtlich sind,
c) ein Verzeichnis der von der Erzeugungsanlage berührten fremden Anlagen, wie Eisenbahnen, Versorgungsleitungen und dergleichen, mit Namen und Anschrift der Eigentümer oder der zuständigen Verwaltungen,
d) ein Verzeichnis der Grundstücke, auf welchen die Erzeugungsanlage errichtet werden soll, und der angrenzenden Grundstücke mit Namen und Anschriften der Eigentümer sowie des beanspruchten öffentlichen Gutes unter Angabe der zuständigen Verwaltungen,
e) die Zustimmungserklärungen der in der lit. d angeführten Eigentümer und Verwaltungen, soweit sie erlangt werden konnten,
f) Angaben über den Beitrag der Erzeugungskapazitäten zur Erreichung des Zieles der Europäischen Union, die Deckung des Bruttoenergieverbrauches durch Energie aus erneuerbaren Energiequellen zu erhöhen,
g) Angaben über den Beitrag von Erzeugungskapazitäten zur Verringerung der Emissionen,
h) bei thermischen Erzeugungsanlagen mit einer thermischen Gesamtnennleistung von mehr als 20 MW die Kosten-Nutzen-Analyse nach Abs. 3.

(3) Bei thermischen Erzeugungsanlagen mit einer thermischen Gesamtnennleistung von mehr als 20 MW ist eine Kosten-Nutzen-Analyse gemäß Anhang IX Teil 2 der Richtlinie 2012/27/EU zur Energieeffizienz durchzuführen. Dabei sind bei einer neuen Anlage die Kosten und der Nutzen von Vorkehrungen für den Betrieb der Anlage als hocheffiziente KWK-Anlage und bei der erheblichen Modernisierung einer vorhandenen Anlage die Kosten und der Nutzen einer Umrüstung zu einer hocheffizienten KWK-Anlage zu bewerten. Eine Modernisierung ist erheblich, wenn deren Kosten mehr als 50 % der Investitionskosten für eine neue vergleichbare Anlage betragen. Die Landesregierung kann mit Verordnung nähere Bestimmungen zur Methodik der Kosten-Nutzen-Analyse samt den zugrunde zu legenden Annahmen und dem zeitlichen Rahmen der wirtschaftlichen Analyse erlassen, wenn dies zur Umsetzung von Rechtsvorschriften der Europäischen Union erforderlich ist.

(4) Wenn die im Abs. 2 angeführten Unterlagen eine ausreichende Beurteilung des Projektes nicht zulassen, kann die Behörde die Vorlage weiterer Unterlagen verlangen. Die Behörde kann von der Beibringung einzelner im Abs. 2 angeführter Unterlagen absehen, sofern diese für das Bewilligungsverfahren entbehrlich sind.

(5) Antrag und Unterlagen nach Abs. 2 und 4 können der Behörde entweder physisch (in Papier) oder elektronisch übermittelt werden. Je nach dem gilt:
a) Im Falle einer physischen Einbringung kann die Behörde je nach Erforderlichkeit innerhalb von zwei Wochen auch die Vorlage weiterer Ausfertigungen oder, sofern elektronisch verfügbar, auch die Übermittlung einer elektronischen Ausfertigung verlangen.
b) Im Falle der elektronischen Einbringung ist der Behörde von der antragstellenden Person mit der Antragstellung mitzuteilen, ob sie im Teilnehmerverzeichnis registriert ist und an der elektronischen Zustellung mit Zustellnachweis nach dem Zustellgesetz teilnimmt; erfolgt eine solche Mitteilung nicht, kann die Behörde je nach Erforderlichkeit innerhalb von zwei Wochen auch die Vorlage weiterer physischer Ausfertigungen verlangen; dasselbe gilt sinngemäß, wenn sich trotz ursprünglich gegenteiliger Mitteilung erst während des Verfahrens herausstellt, dass die antragstellende Person an der elektronischen Zustellung mit Zustellnachweis nicht teilnimmt.

(6) Der Antrag gilt nur dann als vollständig eingebracht, wenn allfällige von der Behörde gemäß Abs. 5 lit. a oder b rechtzeitig verlangte Ausfertigungen übermittelt werden.

(7) Die Landesregierung kann durch Verordnung nähere Bestimmungen über die zur Beurteilung eines Vorhabens erforderlichen Pläne und Unterlagen sowie allfällige Anforderungen an Datenträger, Datenübermittlung und Datensicherheit erlassen.

*) Fassung LGBl.Nr. 55/2011, 27/2019, 4/2022

§ 7*)
Bewilligungsverfahren

(1) Die Behörde hat, ausgenommen in den Fällen des § 8, aufgrund eines Antrages auf Erteilung der elektrizitätsrechtlichen Bewilligung eine mündliche Verhandlung durchzuführen. Gegenstand, Zeit und Ort der Verhandlung sind den Nachbarn durch Anschlag an der Amtstafel der Gemeinde (§ 41 AVG) und durch Anschlag in den der Anlage unmittelbar benachbarten Häusern bekannt zu geben; die Eigentümer der betroffenen Häuser haben derartige Anschläge in ihren Häusern zu dulden. Der Antragsteller, der Grundeigentümer und die Eigentümer der angrenzenden Grundstücke sind persönlich zu laden.

(2) Nachbarn sind alle Personen, die durch die Errichtung, den Bestand oder den Betrieb einer Erzeugungsanlage gefährdet oder belästigt oder deren Eigentum oder sonstige dingliche Rechte gefährdet werden könnten. Nicht als Nachbarn

gelten Personen, die sich nur vorübergehend in der Nähe der Erzeugungsanlage aufhalten und nicht im Sinne des vorherigen Satzes dinglich berechtigt sind. Als Nachbarn gelten jedoch die Inhaber von Einrichtungen, in denen sich, wie etwa in Beherbergungsbetrieben, Krankenanstalten und Heimen, regelmäßig Personen vorübergehend aufhalten, hinsichtlich des Schutzes dieser Personen, und die Erhalter von Schulen hinsichtlich des Schutzes der Schüler, der Lehrer und der sonst in den Schulen ständig beschäftigten Personen.

(3) Die Gemeinden, die von der Erzeugungsanlage betroffen werden, sind im Bewilligungsverfahren zu hören.

(4) Die mündliche Verhandlung ist nach Möglichkeit mit nach anderen Gesetzen erforderlichen mündlichen Verhandlungen zu verbinden.

(5) In Verfahren betreffend die Errichtung und den Betrieb oder die Änderung einer Erzeugungsanlage (§ 5), die mit Energien aus erneuerbaren Energiequellen betrieben wird oder nach dem Prinzip der Kraft-Wärme-Kopplung arbeitet, sind zur Straffung und Beschleunigung des Verfahrens von der Behörde geeignete Zeitpläne aufzustellen. Für die Entscheidungsfrist gilt § 73 AVG, im Falle des vereinfachten Verfahrens unter Berücksichtigung des § 8.

(6) Zeigen sich im Zuge eines Bewilligungsverfahrens große Interessenskonflikte zwischen der antragstellenden Person und den sonstigen Parteien oder Beteiligten, so kann die Behörde das Verfahren auf Ersuchen der antragstellenden Person zur Einschaltung eines Mediationsverfahrens unterbrechen; das Meditationsverfahrens hat auf Kosten der antragstellenden Person zu erfolgen. Der § 16 Abs. 2 des Umweltverträglichkeitsprüfungsgesetzes 2000 ist sinngemäß anzuwenden.

*) Fassung LGBl.Nr. 76/2020, 14/2022

§ 8*)
Vereinfachtes Verfahren

(1) Ergibt sich aus dem Bewilligungsantrag und dessen Beilagen, dass die Erzeugungsanlage

a) ausschließlich zur Notstromversorgung bestimmt ist,
b) mit Sonnenenergie betrieben wird (Photovoltaikanlage) o
c) mit anderen erneuerbaren Energiequellen betrieben wird oder nach dem Prinzip der Kraft-Wärme-Kopplung arbeitet und die Engpassleistung höchstens 500 kW beträgt,

so hat die Behörde das Projekt durch Anschlag an der Amtstafel der Gemeinde und durch Anschlag in den der Anlage unmittelbar benachbarten Häusern mit dem Hinweis bekannt zu geben, dass in die Projektsunterlagen innerhalb eines bestimmten, mindestens zwei Wochen umfassenden, jedoch vier Wochen nicht überschreitenden Zeitraumes bei der Behörde Einsicht genommen werden kann und dass die Nachbarn innerhalb dieses Zeitraumes von ihrem Anhörungsrecht Gebrauch machen können; die Eigentümer der betroffenen Häuser haben derartige Anschläge zu dulden. Nach Ablauf der in der Bekanntmachung angeführten Frist hat die Behörde unter Bedachtnahme auf die eingelangten Äußerungen der Nachbarn mit Bescheid festzustellen, dass es sich um eine Anlage gemäß lit. a, b oder c handelt, und erforderlichenfalls Auflagen zum Schutz der gemäß § 9 Abs. 1 wahrzunehmenden Interessen vorzuschreiben; dieser Bescheid gilt als Genehmigungsbescheid für die Erzeugungsanlage. Die Behörde hat diesen Bescheid binnen drei Monaten nach Einlangen des Antrages und der erforderlichen Unterlagen zum Antrag zu erlassen. Können auch durch Auflagen die gemäß § 9 Abs. 1 wahrzunehmenden Interessen nicht hinreichend geschützt werden, so ist der Bewilligungsantrag abzuweisen.

(2) Bewilligungspflichtige Änderungen – einschließlich der Modernisierung (Repowering) – sind dem vereinfachten Verfahren zu unterziehen, wenn die Erzeugungsanlage einschließlich der geplanten Änderungen die im Abs. 1 lit. a, b oder c festgelegten Voraussetzungen erfüllt.

*) Fassung LGBl.Nr. 55/2011, 38/2014, 76/2020, 14/2022

§ 9*)
Voraussetzungen für die Erteilung der elektrizitätsrechtlichen Bewilligung

(1) Die Erteilung der elektrizitätsrechtlichen Bewilligung setzt voraus, dass

a) die eingesetzte Primärenergie bestmöglichst genutzt und verwertet und einer allfälligen Kosten-Nutzen-Analyse nach § 6 Abs. 3 Rechnung getragen wird, und
b) nach dem Stand der Technik sowie dem Stand der medizinischen und der sonst in Betracht kommenden Wissenschaften erwartet werden kann, dass

1. durch die Errichtung und den Betrieb der Anlage oder durch die Lagerung von Betriebsmitteln oder Rückständen und dergleichen eine Gefährdung des Lebens oder der Gesundheit von Menschen oder eine Gefährdung des Eigentums oder sonstiger dinglicher Rechte der Nachbarn ausgeschlossen ist und
2. Belästigungen von Nachbarn durch Geruch, Lärm, Rauch, Staub, Erschütterung, Schwingungen, Blendungen oder in anderer Weise auf ein zumutbares Maß beschränkt bleiben.

(2) Unter einer Gefährdung des Eigentums im Sinne des Abs. 1 lit. b Z. 1 ist die Möglichkeit einer Minderung des Verkehrswertes des Eigentums nicht zu verstehen.

(3) Ob Belästigungen der Nachbarn im Sinne des Abs. 1 lit. b Z. 2 zumutbar sind, ist danach zu beurteilen, wie sich die durch die Erzeugungsanlage verursachten Änderungen der tatsächlichen

örtlichen Verhältnisse auf ein gesundes, normal empfindliches Kind und einen gesunden, normal empfindlichen Erwachsenen negativ auswirken.

(4) Stand der Technik im Sinne dieses Gesetzes ist der auf den einschlägigen wissenschaftlichen Erkenntnissen beruhende Entwicklungsstandard fortschrittlicher technologischer Verfahren, Einrichtungen und Betriebsweisen, deren Funktionstüchtigkeit erprobt und erwiesen ist. Bei der Bestimmung des Standes der Technik sind insbesondere vergleichbare Verfahren, Einrichtungen oder Betriebsweisen heranzuziehen.

*) Fassung LGBl.Nr. 27/2019

§ 10
Erteilung der elektrizitätsrechtlichen Bewilligung

(1) Die elektrizitätsrechtliche Bewilligung ist zu erteilen, wenn die Voraussetzungen gemäß § 9 erfüllt sind. Wenn diese Voraussetzungen ansonsten nicht gegeben wären, hat die Behörde im Bewilligungsbescheid bestimmte geeignete Auflagen vorzuschreiben. Können sie auch durch solche Auflagen nicht erfüllt werden, ist die elektrizitätsrechtliche Bewilligung zu versagen. Die vorzuschreibenden Auflagen haben erforderlichenfalls auch Maßnahmen für den Fall der Unterbrechung des Betriebes und der Auflassung der Anlage zu umfassen.

(2) Die Behörde kann zulassen, dass bestimmte Auflagen erst ab einem dem Zeitaufwand der hiefür erforderlichen Maßnahmen entsprechend festzulegenden Zeitpunkt nach Inbetriebnahme der Anlage oder von Teilen der Anlage eingehalten werden müssen, wenn dagegen keine Bedenken vom Standpunkt der im § 9 Abs. 1 umschriebenen Interessen besteht.

(3) Die sich aus der elektrizitätsrechtlichen Bewilligung ergebenden Rechte und Pflichten gehen auf jeden Erwerber der Erzeugungsanlage über. Der Erwerber hat der Behörde den Rechtsübergang unverzüglich anzuzeigen.

§ 11
Nachträgliche Vorschreibungen

(1) Ergibt sich nach der Bewilligung der Erzeugungsanlage, dass die gemäß § 9 Abs. 1 zu wahrenden Interessen trotz Einhaltung der in der elektrizitätsrechtlichen Bewilligung vorgeschriebenen Auflagen nicht hinreichend geschützt sind, so hat die Behörde die nach dem Stand der Technik und dem Stand der medizinischen oder der sonst in Betracht kommenden Wissenschaften erforderlichen anderen oder zusätzlichen Auflagen vorzuschreiben. Die Behörde hat solche Auflagen nicht vorzuschreiben, wenn sie unverhältnismäßig sind, vor allem wenn der mit der Erfüllung der Auflagen verbundene Aufwand nicht im Verhältnis zu dem mit den Auflagen angestrebten Erfolg steht.

(2) Zugunsten von Personen, die erst nach der Bewilligung der Erzeugungsanlage Nachbarn geworden sind, sind Auflagen gemäß Abs. 1 nur soweit vorzuschreiben, als sie zur Vermeidung einer Gefährdung des Lebens oder der Gesundheit dieser Menschen notwendig sind.

(3) Die Behörde hat ein Verfahren gemäß Abs. 1 von Amts wegen oder auf Antrag eines Nachbarn einzuleiten. Der Nachbar muss in seinem Antrag glaubhaft machen, dass er als Nachbar vor den Auswirkungen der Erzeugungsanlage (§ 9 Abs. 1 lit. b) nicht hinreichend geschützt ist, und nachweisen, dass er bereits im Zeitpunkt der Bewilligung der Erzeugungsanlage oder Änderung der Erzeugungsanlage Nachbar im Sinne des § 7 Abs. 2 war.

(4) Durch die Einbringung eines Antrages gemäß Abs. 3 erlangt der Nachbar Parteistellung. Der Nachbar ist nicht gemäß § 76 Abs. 1 AVG zur Kostentragung verpflichtet, wenn aufgrund seines Antrages andere oder zusätzliche Auflagen vorgeschrieben wurden.

§ 12
Beginn und Ende des Betriebes

(1) Der Bewilligungsinhaber hat die Betriebsfertigstellung der bewilligten Erzeugungsanlage der Behörde anzuzeigen. Mit dieser Anzeige erhält er das Recht, mit dem Betrieb zu beginnen.

(2) Der Bewilligungsinhaber hat eine Betriebsunterbrechung, die voraussichtlich länger als ein Jahr dauern wird, und die Stilllegung der bewilligten Erzeugungsanlage innerhalb eines Monats nach Eintritt der Betriebsunterbrechung oder der Stilllegung der Behörde anzuzeigen.

§ 13
Erlöschen der elektrizitätsrechtlichen Bewilligung

(1) Die elektrizitätsrechtliche Bewilligung erlischt, wenn

a) mit dem Bau nicht innerhalb von drei Jahren ab Eintritt der Rechtskraft der Bewilligung begonnen wird,
b) die Voraussetzungen für die Inbetriebnahme nach Ablauf von fünf Jahren ab Eintritt der Rechtskraft der Bewilligung noch nicht vorliegen,
c) der Betrieb nicht innerhalb eines Jahres nach Vorliegen der Voraussetzungen für die Inbetriebnahme aufgenommen wird,
d) der Bewilligungsinhaber gemäß § 12 Abs. 2 anzeigt, dass die Erzeugungsanlage stillgelegt wird, oder
e) der Betrieb der Erzeugungsanlage ohne sachlich ausreichenden Grund durch mehr als fünf Jahre unterbrochen wurde.

(2) Die Fristen nach Abs. 1 lit. a bis c und e können von der Behörde verlängert werden, wenn die Planungs- oder Bauarbeiten oder betriebstechnische Gründe dies erfordern.

(3) Das Erlöschen der elektrizitätsrechtlichen Bewilligung ist bescheidmäßig festzustellen. Gleichzeitig hat die Behörde, wenn und soweit es im öffentlichen Interesse gelegen ist, dem Inhaber die Beseitigung der Erzeugungsanlage binnen angemessener Frist aufzutragen. Soweit dies wirtschaftlich zumutbar ist, kann auch die Wiederherstellung des früheren Zustandes aufgetragen werden.

§ 14*)

Vorarbeiten

(1) Zur Vornahme von Vorarbeiten für die Errichtung einer Erzeugungsanlage hat die Behörde auf Antrag die vorübergehende Inanspruchnahme fremder Grundstücke zu bewilligen.

(2) Im Antrag ist die Art und Dauer der beabsichtigten Vorarbeiten anzugeben. Weiters ist dem Antrag eine Übersichtskarte in geeignetem Maßstab beizuschließen, in welcher das von den Vorarbeiten berührte Gebiet ersichtlich zu machen ist.

(3) In der Bewilligung ist dem Antragsteller das Recht einzuräumen, fremde Grundstücke zu betreten und auf diesen die zur Vorbereitung des Bauentwurfs der Erzeugungsanlage erforderlichen Bodenuntersuchungen und sonstigen technischen Arbeiten vorzunehmen. Bei der Erteilung der Bewilligung ist auf Belange der Land- und Forstwirtschaft sowie des Natur- und Landschaftsschutzes durch Vorschreibung von Auflagen Rücksicht zu nehmen.

(4) Bei der Durchführung der Vorarbeiten hat der Berechtigte mit möglichster Schonung bestehender Rechte vorzugehen und darauf Bedacht zu nehmen, dass der bestimmungsgemäße Gebrauch der betroffenen Grundstücke nach Möglichkeit nicht behindert wird.

(5) Die Bewilligung ist zu befristen. Die Frist ist unter Bedachtnahme auf die Art und den Umfang sowie die geländemäßigen Voraussetzungen der Vorarbeiten festzusetzen. Sie kann verlängert werden, soweit die Vorbereitung des Bauentwurfs dies erfordert.

(6) Den Gemeinden, in welchen die Vorarbeiten durchgeführt werden sollen, hat die Behörde eine Ausfertigung der Bewilligung zuzustellen. Diese ist unverzüglich auf dem Veröffentlichungsportal im Internet zu veröffentlichen (§ 32e des Gemeindegesetzes). Die Veröffentlichungsfrist beträgt zwei Wochen. Mit den Vorarbeiten darf erst nach Ablauf der Veröffentlichungsfrist begonnen werden.

(7) Sofern Vorarbeiten vorgenommen werden sollen, mit welchen erhebliche Beschädigungen der Oberfläche oder des Bewuchses eines Grundstückes oder der darauf befindlichen Anlagen verbunden sind, wie bei Erdbohrungen oder Ausästungen, hat der zur Vornahme der Vorarbeiten Berechtigte, unbeschadet der Bestimmungen des Abs. 6, den Eigentümer oder den Nutzungsberechtigten des betroffenen Grundstückes mindestens zwei Wochen vorher vom beabsichtigten Beginn der Vorarbeiten in Kenntnis zu setzen.

(8) Der zur Vornahme der Vorarbeiten Berechtigte hat

a) die Eigentümer der betroffenen Grundstücke sowie
b) die an diesen Grundstücken dinglich Berechtigten mit Ausnahme der Hypothekargläubiger

für alle mit den Vorarbeiten unmittelbar verbundenen Beschränkungen ihrer zum Zeitpunkt der Bewilligung ausübbaren Rechte angemessen zu entschädigen.

(9) Wenn eine Einigung über die Entschädigung nach Abs. 8 nicht zustande kommt, kann der Berechtigte bei sonstigem Verlust des Anspruchs spätestens drei Jahre nach Beendigung der Vorarbeiten die Festsetzung der Entschädigung bei der Behörde beantragen. Die Behörde hat die Entschädigung mit Bescheid festzusetzen.

*) Fassung LGBl.Nr. 55/2011, 44/2013, 4/2022

§ 15*)

Enteignung

(1) Die Behörde hat auf Antrag die für die Errichtung und den Betrieb einer Erzeugungsanlage, die mit erneuerbaren Energiequellen betrieben wird, notwendigen Enteignungen auszusprechen, wenn ihre Errichtung im öffentlichen Interesse (§ 1 Abs. 3) liegt, die vorgesehene Situierung aus zwingenden technischen oder wirtschaftlichen Gründen geboten ist und nach keiner anderen gesetzlichen Bestimmung eine Enteignung möglich ist.

(2) Die Enteignung kann umfassen

a) die Einräumung von Dienstbarkeiten an Grundstücken,
b) die Abtretung des Eigentums an Grundstücken oder
c) die Abtretung, Einschränkung oder Aufhebung anderer dinglicher Rechte an Grundstücken und solcher Rechte, deren Ausübung an einen bestimmten Ort gebunden ist.

(3) Von der Enteignung nach Abs. 2 lit. b ist von der Behörde nur Gebrauch zu machen, wenn die anderen im Abs. 2 angeführten Maßnahmen nicht ausreichen.

(4) Die Person, auf deren Antrag die Enteignung erfolgt (Abs. 1), hat den Enteigneten für alle durch die Enteignung verursachten vermögensrechtlichen Nachteile angemessen zu entschädigen.

(5) Der Enteignete kann im Zuge des Verfahrens die Einlösung der durch Dienstbarkeiten oder andere dingliche Rechte gemäß Abs. 2 in Anspruch

genommenen unverbauten Grundstücke oder Teile von solchen gegen Entschädigung verlangen, wenn diese durch die Belastung die zweckmäßige Benützbarkeit verlieren. Verliert ein Grundstück durch die Enteignung eines Teiles desselben für den Eigentümer die zweckmäßige Benützbarkeit, so ist auf Verlangen des Eigentümers das ganze Grundstück einzulösen.

*) Fassung LGBl.Nr. 55/2011, 44/2013

§ 16*)

Enteignungs- und Entschädigungsverfahren

(1) Für die Enteignung und die Entschädigung nach § 15 gelten, soweit dieses Gesetz nichts anderes bestimmt, die nachfolgenden Bestimmungen des Eisenbahn-Enteignungsentschädigungsgesetzes, BGBl. Nr. 71/1954, zuletzt geändert durch BGBl. I Nr. 111/2010, sinngemäß:

a) die Bestimmungen über Gegenstand und Umfang der Entschädigung, ausgenommen die §§ 7 Abs. 3 und 10 Abs. 5,
b) die Bestimmungen über das Verfahren vor der Verwaltungsbehörde, ausgenommen § 18,
c) der § 22 Abs. 2 bis 4 über die Zulässigkeit eines Übereinkommens über die Entschädigung,
d) die Bestimmungen über die Leistung der Entschädigung mit der Maßgabe, dass die Leistungsfrist nach § 33 mit der Rechtskraft der Entscheidung über die Entschädigung oder – sofern die Parteien nicht etwas anderes vereinbart haben – mit dem Abschluss eines Übereinkommens über die Entschädigung beginnt,
e) die Bestimmungen über den Vollzug der Enteignung,
f) die Bestimmungen über die Rückübereignung, ausgenommen § 37 Abs. 4 erster Satz,
g) der § 45 über die Befreiung von der Verwahrungsgebühr bei Ausfolgung gerichtlicher Erläge.

(2) Im Enteignungsbescheid ist auch über die Entschädigung abzusprechen, sofern ein Übereinkommen über die Entschädigung nicht zustande kommt.

(3) Für die Bewertung des Enteignungsgegenstandes sind die Verhältnisse im Zeitpunkt der Erlassung des Enteignungsbescheides der Behörde maßgebend. Im verwaltungsgerichtlichen Verfahren sind allgemein beeidete und gerichtlich zertifizierte Sachverständige heranzuziehen, die nicht Landesbedienstete sind.

(4) Die Kosten des Verfahrens sind, soweit sie nicht durch ein ungerechtfertigtes Einschreiten einer Partei hervorgerufen werden, von der Person zu tragen, auf deren Antrag die Enteignung erfolgt (§ 15 Abs. 1). Der Enteignungsgegner hat Anspruch auf Ersatz der zur zweckentsprechenden Rechtsverteidigung notwendigen Kosten einer rechtsfreundlichen Vertretung und sachverständigen Beratung; ihm gebührt voller Kostenersatz, soweit der Enteignungsantrag ab- oder zurückgewiesen oder in einem nicht nur geringfügigen Umfang zurückgezogen wird, in allen anderen Fällen gebührt dem Enteignungsgegner eine Pauschalvergütung in Höhe von 1,5 % der festgesetzten Enteignungsentschädigung, mindestens aber 500 Euro und höchstens 7.500 Euro. Über den Anspruch auf Kostenersatz ist in einem mit der Entscheidung über die Enteignung bzw. Entschädigung abzusprechen.

(5) Auf Antrag des Enteigneten kann an die Stelle einer Geldentschädigung eine Entschädigung in Form einer gleichartigen und gleichwertigen Naturalleistung treten, wenn diese der Person, auf deren Antrag die Enteignung erfolgt (§ 15 Abs. 1), unter Abwägung des Einzelfalles wirtschaftlich zugemutet werden kann. Hierüber hat die Behörde in einem gesonderten Bescheid zu entscheiden.

(6) Wenn der Gegenstand der Enteignung im Grundbuch eingetragen ist, hat die Behörde die Entscheidung über die Enteignung nach Eintritt der Rechtskraft dem Grundbuchsgericht zur Herstellung des rechtmäßigen Grundbuchsstandes zuzustellen.

(7) Erlischt die elektrizitätsrechtliche Bewilligung einer Erzeugungsanlage, zu deren Errichtung im Wege der Enteignung eine Dienstbarkeit eingeräumt worden ist, so hat die Behörde den Eigentümer des belasteten Grundstückes oder seinen Rechtsnachfolger zu verständigen. Auf dessen Antrag ist die Dienstbarkeit unter Vorschreibung einer der geleisteten Entschädigung angemessenen Rückvergütung durch Bescheid aufzuheben.

(8) Wird die Erzeugungsanlage, zu deren Errichtung ein Grundstück enteignet worden ist, beseitigt, so hat die Behörde auf Antrag des früheren Eigentümers oder seines Rechtsnachfolgers mit Bescheid die Rückübereignung gegen angemessene Entschädigung auszusprechen. Ein solcher Antrag muss innerhalb eines Jahres nach der Beseitigung der Anlage gestellt werden.

*) Fassung LGBl.Nr. 2/2006, 51/2007, 55/2011, 44/2013

§ 17

Herstellung des rechtmäßigen Zustandes

Wird eine bewilligungspflichtige Erzeugungsanlage ohne die erforderliche Bewilligung errichtet oder betrieben oder wird eine bewilligte Erzeugungsanlage ohne die erforderliche Bewilligung geändert oder nach der Änderung betrieben, so hat die Behörde unabhängig von der Einleitung eines Strafverfahrens den Inhaber der Erzeugungsanlage zur Herstellung des rechtmäßigen Zustandes innerhalb einer angemessenen, von der Behörde festzusetzenden Frist aufzufordern. Kommt der Anlageninhaber dieser Aufforderung innerhalb der gesetzten Frist nicht nach, so hat die Behörde mit Bescheid die zur Herstellung des rechtmäßigen Zustandes erforderlichen Maßnahmen, wie die Einstellung der Bauarbeiten, die Einstellung des Betriebes, die Beseitigung der nicht bewilligten Anlage oder Anlagenteile, zu verfügen.

§ 18*)
Einstweilige Sicherheitsmaßnahmen

(1) Um die durch eine Erzeugungsanlage,

a) verursachte Gefahr für das Leben oder die Gesundheit von Menschen oder das Eigentum abzuwehren oder
b) verursachte unzumutbare Belästigung der Nachbarn abzustellen,

hat die Behörde, entsprechend dem Ausmaß der Gefährdung oder Belästigung, mit Bescheid die gänzliche oder teilweise Stilllegung der Erzeugungsanlage, die Stilllegung von Maschinen oder sonstige die Anlage betreffenden Sicherheitsmaßnahmen oder Vorkehrungen zu verfügen. Dies gilt nicht für Erzeugungsanlagen, für die eine Genehmigung oder Bewilligung nach der Gewerbeordnung, dem Abfallwirtschaftsgesetz, dem Mineralrohstoffgesetz oder dem Eisenbahngesetz erforderlich ist.

(2) Hat die Behörde Grund zur Annahme, dass zur Gefahrenabwehr Sofortmaßnahmen an Ort und Stelle erforderlich sind, so darf sie nach Verständigung des Inhabers der Erzeugungsanlage, des Betriebsleiters oder des Eigentümers der Anlage, oder wenn eine Verständigung dieser Person nicht möglich ist, einer Person, die tatsächlich die Betriebsführung wahrnimmt, die im Abs. 1 angeführten Maßnahmen auch ohne vorangegangenes Verfahren und vor Erlassung eines Bescheides an Ort und Stelle treffen; hierüber ist jedoch binnen eines Monats ein schriftlicher Bescheid zu erlassen, widrigenfalls die getroffene Maßnahme als aufgehoben gilt. Dieser Bescheid gilt auch dann als erlassen, wenn er gemäß § 19 des Zustellgesetzes wegen Unzustellbarkeit an die Behörde zurückgestellt worden ist.

(3) Bescheide gemäß Abs. 1 und 2 sind sofort vollstreckbar. Sie treten mit Ablauf eines Jahres, vom Beginn der Vollstreckbarkeit an gerechnet, außer Wirksamkeit, sofern im Bescheid keine kürzere Frist festgesetzt wurde. Durch einen Wechsel in der Person des Inhabers der von den Maßnahmen gemäß Abs. 1 oder 2 betroffenen Anlagen, Anlagenteile und Gegenstände wird die Wirksamkeit dieser Bescheide nicht berührt.

(4) Liegen die Voraussetzungen für die Erlassung eines Bescheides gemäß Abs. 1 oder 2 nicht mehr vor und ist zu erwarten, dass in Hinkunft jene Vorschriften, deren Nichteinhaltung für die Maßnahmen gemäß Abs. 1 oder 2 bestimmend war, von der Person eingehalten werden, die die Erzeugungsanlage betreiben will, so hat die Behörde auf Antrag dieser Person die mit Entscheidung gemäß Abs. 1 oder 2 getroffenen Maßnahmen ehestens zu widerrufen.

*) Fassung LGBl.Nr. 44/2013

§ 19
Rechtsansprüche

Folgende Bestimmungen dieses Hauptstückes räumen Rechtsansprüche ein:

a) den Nachbarn (§ 7 Abs. 2) die §§ 10 Abs. 1 und 2 sowie 11 Abs. 1, jeweils im Umfang der Bestimmung des § 9 Abs. 1 lit. b;
b) den Grundeigentümern und sonstigen dinglich Berechtigten mit Ausnahme der Hypothekargläubiger die §§ 14 Abs. 8, 15 und 16.

III. Hauptstück
Der Betrieb von Netzen
1. Abschnitt
Gemeinsame Bestimmungen für Netzbetreiber

§ 20*)
Geregelter Netzzugang

(1) Die Netzbetreiber sind verpflichtet, den Netzzugangsberechtigten den Netzzugang zu den genehmigten Allgemeinen Bedingungen und festgelegten Systemnutzungsentgelten zu gewähren.

(2) Die Netzzugangsberechtigten haben einen Rechtsanspruch, auf Grundlage der genehmigten Allgemeinen Bedingungen und den von der Regulierungsbehörde bestimmten Systemnutzungsentgelten die Benutzung des Netzes zu verlangen.

*) Fassung LGBl.Nr. 55/2011

§ 22*)
Verweigerung des Netzzuganges

(1) Ein Netzbetreiber kann den Netzzugang nur aus nachstehenden Gründen verweigern:

a) außergewöhnliche Netzzustände (Störfälle);
b) mangelnde Netzkapazitäten.

(2) Bei der Beurteilung der Netzzugangsberechtigung sind die Rechtsvorschriften jenes Landes anzuwenden, in dem die Person ihren Wohnsitz oder Sitz hat, die bei der Regulierungsbehörde den Antrag auf Feststellung der Unrechtmäßigkeit der Netzzugangsverweigerung eingebracht hat. Hinsichtlich der Beurteilung der Netzzugangsverweigerungsgründe sind die Rechtsvorschriften jenes Landes anzuwenden, in dem der Netzbetreiber, der den Netzzugang verweigert hat, seinen Sitz hat.

*) Fassung LGBl.Nr. 55/2011, 14/2022

§ 23*)
Allgemeine Bedingungen

(1) Die Netzbetreiber sind verpflichtet, Allgemeine Bedingungen festzusetzen. Diese haben insbesondere zu enthalten:

a) die Rechte und Pflichten der Vertragspartner, insbesondere zur Einhaltung der Sonstigen Marktregeln;
b) die den einzelnen Netzbenutzern zugeordneten standardisierten Lastprofile;
c) die technischen Mindestanforderungen für den Netzzugang;

d) die verschiedenen von den Verteilerunternehmen im Rahmen des Netzzugangs zur Verfügung zu stellenden Dienstleistungen und angebotene Qualität;
e) den Zeitraum, innerhalb dessen Kundenanfragen jedenfalls zu beantworten sind;
f) die Ankündigung von geplanten Versorgungsunterbrechungen;
g) die Mindestanforderungen bezüglich Terminvereinbarungen mit Netzbenutzern;
h) jenen Standard, der bei der Datenübermittlung an Marktteilnehmer einzuhalten ist;
i) das Verfahren und die Modalitäten für Anträge auf Netzzugang;
j) die von den Netzbenutzern zu liefernden Daten;
k) einen Hinweis auf gesetzlich vorgesehene Streitbeilegungsverfahren;
l) eine Frist von höchstens 14 Tagen ab Einlangen, innerhalb der das Verteilerunternehmen das Begehren auf Netzzugang zu beantworten hat;
m) die grundlegenden Prinzipien für die Verrechnung sowie die Art und Form der Rechnungslegung;
n) die Verpflichtung von Netzzugangsberechtigten zur Vorauszahlung oder Sicherheitsleistung (Barsicherheit, Bankgarantie, Hinterlegung von nicht vinkulierten Sparbüchern) in angemessener Höhe, soweit nach den Umständen des Einzelfalles zu erwarten ist, dass der Netzbenutzer seinen Zahlungsverpflichtungen nicht oder nicht zeitgerecht nachkommt;
o) die Modalitäten, zu welchen der Netzbenutzer verpflichtet ist, Teilbetragszahlungen zu leisten, wobei eine Zahlung jedenfalls zumindest zehn Mal jährlich anzubieten ist;
p) etwaige Entschädigungs- und Erstattungsregelungen bei Nichteinhaltung der vertraglich vereinbarten Leistungsqualität.

(2) Die Netzbetreiber einer Regelzone haben ihre Allgemeinen Bedingungen aufeinander abzustimmen. In den Allgemeinen Bedingungen können auch Normen und Regelwerke der Technik in der jeweils geltenden Fassung für verbindlich erklärt werden.

(3) Die Allgemeinen Bedingungen und ihre Änderung bedürfen gemäß den §§ 41 und 47 des Elektrizitätswirtschafts- und –organisationsgesetzes 2010 der Genehmigung der Regulierungsbehörde. Diese ist, erforderlichenfalls unter Vorschreibung bestimmter Auflagen oder Bedingungen, zu erteilen, wenn die Allgemeinen Bedingungen

a) nicht diskriminierend sind,
b) keine missbräuchlichen Praktiken oder ungerechtfertigten Beschränkungen enthalten,
c) weder die Versorgungssicherheit noch die Dienstleistungsqualität gefährden und
d) die Erfüllung der den Netzbetreibern obliegenden Aufgaben und Pflichten gewährleisten.

*) Fassung LGBl.Nr. 51/2007, 55/2011

§ 24*)
Lastprofile

(1) Die Netzbetreiber haben

a) für Endverbraucher, die an die Netzebenen „Umspannung von Mittel- zu Niederspannung“ und „Niederspannung“ (§ 63 Z. 6 und 7 des Elektrizitätswirtschafts- und –organisationsgesetzes 2010) angeschlossen sind und weniger als 100.000 kWh Jahresverbrauch oder weniger als 50 kW Anschlussleistung aufweisen, und
b) für Einspeiser mit weniger als 100.000 kWh jährlicher Einspeisung oder weniger als 50 kW Anschlussleistung standardisierte Lastprofile zu erstellen, wobei auch die Form der Erstellung und Anpassung (synthetisch, analytisch) der standardisierten Profile zu bestimmen ist.

(2) Die näheren Regelungen über die standardisierten Lastprofile sind in den Allgemeinen Bedingungen festzulegen.

(3) Die standardisierten Lastprofile sind durch die Netzbetreiber in geeigneter Form zu veröffentlichen.

*) Fassung LGBl.Nr. 55/2011

§ 25*)
Kosten des Netzanschlusses

(1) Die Netzbetreiber sind berechtigt, bei Neuanschlüssen oder bei Erhöhungen der Anschlussleistung (Netzzutritt) die zur Abgeltung der Aufwendungen für die Errichtung und Ausgestaltung von Leitungsanlagen im Sinne des § 2 Abs. 1 des Starkstromwegegesetzes, die Voraussetzung für die Versorgung von Kunden oder die Einspeisung aus Erzeugungsanlagen sind, erforderlichen Kosten zu verlangen. Bei Änderungen im Bestand von angeschlossenen Anlagen geht das erworbene Ausmaß der Netznutzung auf die neuen Anlagen über. Die nach dem Elektrizitätswirtschafts- und –organisationsgesetz 2010 festgelegten Systemnutzungstarife und Netzbereitstellungsentgelte bleiben unberührt.

(2) Die nähere Regelung über die Kosten des Netzanschlusses hat in den Allgemeinen Bedingungen zu erfolgen. Diese Regelung hat den Kriterien nach § 23 Abs. 3 lit. a bis d und dem Grundsatz der Kostenverursachung zu entsprechen.

(3) Die Netzbetreiber haben den Netzzugangsberechtigten auf Verlangen einen Kostenvoranschlag über die Netzanschlussarbeiten vorzulegen.

*) Fassung LGBl.Nr. 55/2011, 38/2014

§ 26
Betriebsleiter

(1) Die Netzbetreiber sind verpflichtet, für die technische Leitung und Überwachung des Netzbetriebes eine Person zu bestellen, welche die hiefür erforderliche Zuverlässigkeit und fachliche Eignung besitzt (Betriebsleiter). Diese muss sich in

dem zur Erfüllung ihrer Aufgaben erforderlichen Umfang im Elektrizitätsunternehmen betätigen.

(2) Die Bestellung eines Betriebsleiters gemäß Abs. 1 sowie sein Ausscheiden sind der Behörde anzuzeigen. Scheidet ein Betriebsleiter aus oder erfüllt er die Voraussetzungen gemäß Abs. 1 nicht mehr, ist unverzüglich, längstens jedoch innerhalb eines Monats, ein neuer Betriebsleiter zu bestellen.

(3) Die fachliche Eignung ist anzunehmen, wenn der Betriebsleiter die Befähigung für die uneingeschränkte Ausübung des Gewerbes der Elektrotechniker nachweist.

(4) Vom Erfordernis des Abs. 3 kann die Behörde über Antrag des Netzbetreibers Nachsicht erteilen, wenn nach dem Bildungsgang und der bisherigen Tätigkeit sowie aufgrund einer Befragung angenommen werden kann, dass der als Betriebsleiter Vorgesehene ausreichende Kenntnisse, Fähigkeiten und Erfahrungen besitzt, die zur Erfüllung seiner Aufgabe erforderlich sind.

§ 27
Aufrechterhaltung der Leistungen

Die Netzbetreiber dürfen die vertraglich zugesicherte Leistung nur unterbrechen oder einstellen, wenn

a) der Netzbenutzer seine vertraglichen Verpflichtungen nicht erfüllt,
b) unerlässliche technische Maßnahmen in den Anschluss- und Verteileranlagen des Netzbetreibers vorzunehmen sind oder
c) zur Vermeidung eines drohenden Zusammenbruches eine Einstellung der Leistungen erforderlich ist.

Der Netzbenutzer ist nach Möglichkeit vorher zu verständigen. Leistungsstörungen sind raschestens zu beheben.

§ 28*)
Versorgung über Direktleitungen

Die Netzbetreiber sind berechtigt, ihre eigenen Betriebsstätten, Konzernunternehmen und zugelassene Kunden im Sinne der Richtlinie 2009/72/EG über eine Direktleitung zu versorgen.

*) Fassung LGBl.Nr. 55/2011

2. Abschnitt
Rechte und Pflichten für Betreiber von Übertragungsnetzen

§ 29*)
Pflichten der Betreiber von Übertragungsnetzen

(1) Der Betreiber eines Übertragungsnetzes ist verpflichtet,

a) das von ihm betriebene System sicher, zuverlässig, leistungsfähig und unter Bedachtnahme auf den Umweltschutz und die Interessen der Gesamtheit der Netzzugangsberechtigten zu betreiben und zu erhalten sowie bedarfsgerecht auszubauen;
b) die zum Betrieb des Systems erforderlichen technischen Voraussetzungen sicherzustellen;
c) die zur Durchführung der Verrechnung und Datenübermittlung gemäß § 31 Abs. 1 lit. i erforderlichen vertraglichen Maßnahmen vorzusehen;
d) dem Betreiber eines anderen Netzes, mit dem sein eigenes Netz verbunden ist, ausreichende Informationen zu liefern, um den sicheren und leistungsfähigen Betrieb, den koordinierten Ausbau und die Interoperabilität des Verbundsystems sicherzustellen;
e) Verträge über den Datenaustausch mit anderen Netzbetreibern, den Bilanzgruppenverantwortlichen sowie den Bilanzgruppenkoordinatoren und anderen Marktteilnehmern entsprechend den Marktregeln abzuschließen;
f) wirtschaftlich sensible Informationen, von denen er in Ausübung seiner Tätigkeit Kenntnis erlangt hat, vertraulich zu behandeln;
g) sich jeglicher Diskriminierung von Netzbenutzern oder Kategorien von Netzbenutzern, insbesondere zugunsten der mit ihm verbundenen Unternehmen, zu enthalten; für den Anschluss dezentraler Erzeuger von Strom aus hocheffizienter KWK sind standardisierte und vereinfachte Verfahren bereitzustellen, um deren Netzanschluss zu erleichtern;
h) auf lange Sicht die Fähigkeit des Netzes zur Befriedigung einer angemessenen Nachfrage nach Übertragung von Elektrizität langfristig sicherzustellen und unter wirtschaftlichen Bedingungen und unter gebührender Beachtung des Umweltschutzes sichere, zuverlässige und leistungsfähige Übertragungsnetze zu betreiben, zu warten und auszubauen;
i) durch entsprechende Übertragungskapazität und Zuverlässigkeit des Netzes einen Beitrag zur Versorgungssicherheit zu leisten;
j) den Netzbenutzern die Informationen zur Verfügung zu stellen, die sie für einen effizienten Netzzugang benötigen; neuen Erzeugern von Strom aus hocheffizienter KWK sind insbesondere Informationen über einen angemessenen Richtzeitplan für den vorgeschlagenen Netzanschluss bereitzustellen, wobei die Dauer des Gesamtverfahrens zur Erlangung des Netzanschlusses 24 Monate nicht übersteigen sollte;
k) Engpässe im Netz zu ermitteln und Maßnahmen zu setzen, um Engpässe zu vermeiden oder zu beseitigen sowie die Versorgungssicherheit aufrecht zu erhalten; sofern für die Netzengpassbeseitigung oder Aufrechterhaltung der Versorgungssicherheit dennoch Leistungen der Erzeuger (Erhöhung oder Einschränkung der Erzeugung sowie Veränderung der Verfügbarkeit von Erzeugungsanlagen) erforderlich sind, ist dies vom Übertragungsnetzbetreiber unter Bekanntgabe aller

notwendigen Daten unverzüglich dem Regelzonenführer zu melden, der erforderlichenfalls weitere Anordnungen zu treffen hat (§ 31 Abs. 2);

l) die zur Verfügungstellung der zur Erfüllung der Dienstleistungsverpflichtungen erforderlichen Mittel zu gewährleisten;

m) unter der Aufsicht der Regulierungsbehörde Engpasserlöse und Zahlungen im Rahmen des Ausgleichsmechanismus zwischen Übertragungsnetzbetreibern gemäß Art. 13 der Verordnung (EG) Nr. 714/2009 einzunehmen, Dritten Zugang zu gewähren und deren Zugang zu regeln sowie bei Verweigerung des Zugangs begründete Erklärungen abzugeben; bei der Ausübung seiner im Rahmen dieser Bestimmung festgelegten Aufgaben hat der Übertragungsnetzbetreiber in erster Linie die Marktintegration zu erleichtern; Engpasserlöse sind für die in Art. 16 Abs. 6 der Verordnung (EG) Nr. 714/2009 genannten Zwecke zu verwenden;

n) die Übertragung von elektrischer Energie durch das Netz unter Berücksichtigung des Austauschs mit anderen Verbundnetzen zu regeln;

o) ein sicheres, zuverlässiges und effizientes Elektrizitätsnetz zu unterhalten; dies ist durch die Bereitstellung aller notwendigen Hilfsdienste, einschließlich jener, die zur Befriedigung der Nachfrage erforderlich sind, zu gewährleisten, wobei diese Bereitstellung unabhängig von jedwedem anderen Übertragungsnetz, mit dem das Netz einen Verbund bildet, erfolgen muss; weiters sind Maßnahmen für den Wiederaufbau nach Großstörungen des Übertragungsnetzes zu planen und zu koordinieren, indem er vertragliche Vereinbarungen im technisch notwendigen Ausmaß sowohl mit direkt als auch indirekt angeschlossenen Kraftwerksbetreibern abschließt, um die notwendige Schwarzstart- und Inselbetriebsfähigkeit ausschließlich durch den Übertragungsnetzbetreiber sicherzustellen;

p) einen Netzentwicklungsplan gemäß § 29a zu erstellen und zur Genehmigung bei der Regulierungsbehörde einzureichen;

q) der Regulierungsbehörde jährlich schriftlich Bericht darüber zu legen, welche Maßnahmen er zur Wahrnehmung seiner im Rahmen der Verordnung (EG) Nr. 714/2009 und sonstiger unmittelbar anwendbarer Bestimmungen des Unionsrechts auferlegten Transparenzverpflichtungen gesetzt hat; der Bericht hat insbesondere eine Spezifikation der veröffentlichten Informationen, die Art der Veröffentlichung (wie Internetadressen, Zeitpunkte und Häufigkeit der Veröffentlichung sowie qualitative oder quantitative Beurteilung der Datenzuverlässigkeit der Veröffentlichung) zu enthalten;

r) der Regulierungsbehörde jährlich schriftlich Bericht darüber zu legen, welche Maßnahmen er zur Wahrnehmung im Rahmen der Richtlinie 2009/72/EG und anderer unmittelbar anwendbarer Bestimmungen des Unionsrechts auferlegten Verpflichtungen zur technischen Zusammenarbeit mit Übertragungsnetzbetreibern der Europäischen Union sowie Drittländern gesetzt hat; der Bericht hat insbesondere auf die mit den Übertragungsnetzbetreibern vereinbarten Prozesse und Maßnahmen hinsichtlich der länderübergreifenden Netzplanung und des Netzbetriebs sowie auf vereinbarte Daten für die Überwachung dieser Prozesse und Maßnahmen einzugehen;

s) ENTSO (Strom) bei der Erstellung des gemeinschaftsweiten Netzentwicklungsplans zu unterstützen;

t) für die Ermittlung der Netzverluste eine besondere Bilanzgruppe einzurichten, die nur die dafür notwendigen Kriterien einer Bilanzgruppe zu erfüllen hat;

u) elektrische Energie, die zur Deckung von Energieverlusten und Kapazitätsreserven im Übertragungsnetz verwendet wird, nach transparenten, nichtdiskriminierenden und marktorientierten Verfahren zu beschaffen.

(2) Der Betreiber eines Übertragungsnetzes mit einer Nennspannung ab 380 kV ist zur Forschung und Entwicklung im Bereich alternativer Leitungstechnologien (etwa 380 kV Wechselspannung-Erdkabel) in großtechnischer Anwendung verpflichtet. Die Ergebnisse dieser Forschung und Entwicklung sind im Rahmen von Variantenuntersuchungen unter Bedachtnahme einer besonderen wirtschaftlichen Bewertung für neue Netzverbindungen zu berücksichtigen. Ihre Anwendbarkeit ist in ausgewählten Pilotprojekten gemäß § 40a ElWOG 2010, die im Netzentwicklungsplan zu kennzeichnen sind, zu erproben.

(3) Wirkt ein Übertragungsnetzbetreiber, der Teil eines vertikal integrierten Elektrizitätsunternehmens ist, an einem zur Umsetzung der regionalen Zusammenarbeit geschaffenen gemeinsamen Unternehmen mit, ist dieses gemeinsame Unternehmen verpflichtet, ein Gleichbehandlungsprogramm aufzustellen und es durchzuführen. Darin sind die Maßnahmen aufzuführen, mit denen sichergestellt wird, dass diskriminierende und wettbewerbswidrige Verhaltensweisen ausgeschlossen werden. In diesem Gleichbehandlungsprogramm ist festzulegen, welche besonderen Pflichten die Mitarbeiter im Hinblick auf die Erreichung des Ziels der Vermeidung diskriminierenden und wettbewerbswidrigen Verhaltens haben. Das Programm bedarf der Genehmigung durch die Agentur. Die Einhaltung des Programms ist durch den Gleichbehandlungsbeauftragten des Übertragungsnetzbetreibers zu kontrollieren.

*) Fassung LGBl.Nr. 2/2006, 51/2007, 55/2011, 27/2019, 14/2022

§ 29a*)
Netzentwicklungsplan

(1) Der Betreiber eines Übertragungsnetzes hat der Regulierungsbehörde alle zwei Jahre einen zehnjährigen Netzentwicklungsplan für das Übertragungsnetz zur Genehmigung vorzulegen, der sich auf die aktuelle Lage und die Prognosen im Bereich von Angebot und Nachfrage stützt.

(2) Zweck des Netzentwicklungsplans ist es insbesondere,

a) den Marktteilnehmern Angaben darüber zu liefern, welche wichtigen Übertragungsinfrastrukturen in den nächsten zehn Jahren errichtet oder ausgebaut werden müssen,
b) alle bereits beschlossenen Investitionen aufzulisten und die neuen Investitionen zu bestimmen, die in den nächsten drei Jahren durchgeführt werden müssen, und
c) einen Zeitplan für alle Investitionsprojekte vorzugeben.

(3) Ziel des Netzentwicklungsplans ist es insbesondere,

a) der Deckung der Nachfrage an Leitungskapazitäten zur Versorgung der Endverbraucher unter Berücksichtigung von Notfallszenarien,
b) der Erzielung eines hohen Maßes an Verfügbarkeit der Leitungskapazität (Versorgungssicherheit der Infrastruktur), und
c) der Nachfrage nach Leitungskapazitäten zur Erreichung eines europäischen Binnenmarktes

nachzukommen.

(4) Bei der Erarbeitung des Netzentwicklungsplans hat der Übertragungsnetzbetreiber angemessene Annahmen über die Entwicklung der Erzeugung, der Versorgung, des Verbrauchs und des Stromaustauschs mit anderen Staaten unter Berücksichtigung der Investitionspläne für regionale Netze gemäß Art. 12 Abs.1 der Verordnung (EG) Nr. 714/2009 und für gemeinschaftsweite Netze gemäß Art. 8 Abs. 3 lit. b der Verordnung (EG) Nr. 714/2009 zugrunde zu legen. Der Netzentwicklungsplan hat wirksame Maßnahmen zur Gewährleistung der Angemessenheit des Netzes und der Erzielung eines hohen Maßes an Verfügbarkeit der Leitungskapazität (Versorgungssicherheit der Infrastruktur) zu enthalten.

(5) Der Übertragungsnetzbetreiber hat bei der Erstellung des Netzentwicklungsplans die technischen und wirtschaftlichen Zweckmäßigkeiten, die Interessen aller Marktteilnehmer sowie die Kohärenz mit dem integrierten Netzinfrastrukturplan gemäß § 94 EAG und dem gemeinschaftsweiten Netzentwicklungsplan zu berücksichtigen. Überdies hat er den koordinierten Netzentwicklungsplan gemäß § 63 des Gaswirtschaftsgesetzes 2011 (GWG 2011) und die langfristige und integrierte Planung gemäß § 22 GWG 2011 zu berücksichtigen. Vor Einbringung des Antrages auf Genehmigung des Netzentwicklungsplans hat der Übertragungsnetzbetreiber alle relevanten Marktteilnehmer zu konsultieren.

(6) In der Begründung des Antrages auf Genehmigung des Netzentwicklungsplans haben die Übertragungsnetzbetreiber, insbesondere bei konkurrierenden Vorhaben zur Errichtung, Erweiterung, Änderung oder dem Betrieb von Leitungsanlagen, die technischen und wirtschaftlichen Gründe für die Befürwortung oder Ablehnung einzelner Vorhaben darzustellen und die Beseitigung von Netzengpässen anzustreben.

*) Fassung LGBl.Nr. 55/2011, 14/2022

§ 30*)
Regelzone

(1) Der Netzbereich, der vom Übertragungsnetz abgedeckt wird, das von der Vorarlberger Übertragungsnetz GmbH oder deren Rechtsnachfolger betrieben wird, bildet eine Regelzone. Die Vorarlberger Übertragungsnetz GmbH bzw. deren Rechtsnachfolger ist Regelzonenführer.

(2) Ist der Regelzonenführer nicht in der Lage, die Aufgaben und Pflichten gemäß den §§ 29 Abs. 1 und 31 zu erfüllen, so hat die Behörde dies mit Bescheid festzustellen. In diesem Fall hat die Behörde eine geeignete Person auszuwählen und zu verpflichten, die Aufgaben und Pflichten eines Übertragungsnetzbetreibers und Regelzonenführers (§§ 29 Abs. 1 und 31) zu übernehmen. Die Behörde hat diese Entscheidung aufzuheben, sobald die Vorarlberger Übertragungsnetz GmbH bzw. deren Rechtsnachfolger in der Lage ist, die Aufgaben und Pflichten eines Übertragungsnetzbetreibers und Regelzonenführers wahrzunehmen.

(3) Nach Rechtskraft der Entscheidung nach Abs. 2 zweiter Satz hat die Behörde über Antrag der verpflichteten Person oder über Antrag des Eigentümers des Übertragungsnetzes eine angemessene Entschädigung für den Gebrauch des Übertragungsnetzes festzulegen. Für das Entschädigungsverfahren gilt der § 16 Abs. 1 und 2 sinngemäß.

(4) Die Zusammenfassung der Regelzone nach Abs. 1 mit anderen Regelzonen in Form eines gemeinsamen Betriebs durch einen Regelzonenführer ist zulässig.

(5) Leitungsanlagen, deren Kostenabgeltung im Rahmen von Verträgen gemäß § 113 Abs. 2 des Elektrizitätswirtschafts- und –organisationsgesetzes 2010 geregelt ist, sind in keinen der Regelzonenbereiche aufzunehmen.

*) Fassung LGBl.Nr. 2/2006, 55/2011, 44/2013, 38/2014

§ 31*)

Aufgaben des Regelzonenführers

(1) Der Regelzonenführer hat die Erfüllung folgender Aufgaben zu gewährleisten:

a) die Bereitstellung der Systemdienstleistung Leistungs-Frequenz-Regelung entsprechend den technischen Regeln, wie etwa der ENTSO (Strom), wobei diese Systemdienstleistung von einem dritten Unternehmen erbracht werden kann;
b) die Fahrplanabwicklung mit anderen Regelzonen;
c) die Organisation und den Einsatz der Regelenergie entsprechend der Bieterkurve;
d) die Durchführung von Messungen von elektrischen Größen an Schnittstellen seines Elektrizitätsnetzes und die Übermittlung der Daten an den Bilanzgruppenkoordinator und andere Netzbetreiber;
e) die Ermittlung von Engpässen in Übertragungsnetzen sowie die Durchführung von Maßnahmen zur Vermeidung, Beseitigung und Überwindung von Engpässen in Übertragungsnetzen, weiters die Aufrechterhaltung der Versorgungssicherheit;
f) den Abruf der Erzeugungsanlagen zur Aufbringung von Regelenergie, sofern nicht besondere Regelungen im Rahmen von Verträgen gemäß § 113 Abs. 2 des Elektrizitätswirtschafts- und –organisationsgesetzes 2010 bestehen;
g) die Durchführung einer Abgrenzung von Regelenergie zu Ausgleichsenergie nach transparenten und objektiven Kriterien;
h) die Sicherstellung des physikalischen Ausgleichs zwischen Aufbringung und Bedarf in dem von ihnen abzudeckenden System;
i) die Durchführung der Verrechnung der Ausgleichsenergie über eine zur Ausübung dieser Tätigkeit befugte Verrechnungsstelle (Bilanzgruppenkoordinator) und die Übermittlung der zur Durchführung der Verrechnung erforderlichen Daten an die Verrechnungsstelle und den Bilanzgruppenverantwortlichen, wobei insbesondere die Kosten für Regelenergie und -leistung sowie jene Zählwerte zu übermitteln sind, die für die Berechnung der Fahrplanabweichungen und der Abweichung vom Lastprofil jeder Bilanzgruppe benötigt werden;
j) die Erstellung einer Lastprognose zur Erkennung von Engpässen;
k) den Abschluss von Verträgen über den Datenaustausch mit anderen Netzbetreibern, den Bilanzgruppenverantwortlichen sowie dem Bilanzgruppenkoordinator und anderen Marktteilnehmern entsprechend den Marktregeln;
l) die Befolgung der Anweisungen des Bilanzgruppenkoordinators, wenn keine Angebote für Ausgleichsenergie vorliegen;
m) die Benennung des Bilanzgruppenkoordinators und deren Anzeige an die Behörde;
n) die Veröffentlichung der in Anspruch genommenen Primärregelleistung und Sekundärregelleistung hinsichtlich Dauer und Höhe sowie der Ergebnisse des Ausschreibungsverfahrens nach § 31a und nach § 69 des Elektrizitätswirtschafts- und –organisationsgesetzes 2010;
o) die Systeme der Datenübermittlung und Auswertung für zeitgleich übermittelte Daten von Erzeugungsanlagen nach § 48 Abs. 3 so zu gestalten und zu betreiben, dass eine Weitergabe dieser Informationen an Dritte auszuschließen ist;
p) die Erstellung eines Gleichbehandlungsprogramms, welches gewährleistet, dass die Verpflichtungen nach lit. o eingehalten werden;
q) die Zusammenarbeit mit der Agentur sowie der Regulierungsbehörde, um die Kompatibilität der regional geltenden Regulierungsrahmen und damit die Schaffung eines Wettbewerbsbinnenmarkts für Elektrizität zu gewährleisten;
r) Verfügung über ein oder mehrere integrierte Systeme, die sich auf einen oder mehrere Mitgliedstaaten erstrecken, für Zwecke der Kapazitätsvergabe und der Überprüfung der Netzsicherheit auf regionaler Ebene;
s) die Koordination der regionalen und überregionalen Berechnungen von grenzüberschreitenden Kapazitäten und deren Vergabe gemäß den Vorgaben der Verordnung (EG) Nr. 714/2009;
t) die grenzüberschreitende Abstimmung von Maßnahmen, die der Markttransparenz dienen;
u) die Durchführung einer Vereinheitlichung zum Austausch von Regelenergieprodukten;
v) die Zusammenarbeit mit anderen Regelzonenführern, um eine regionale Bewertung bzw. Prognose der Versorgungssicherheit vorzunehmen;
w) die Zusammenarbeit mit anderen Regelzonenführern, um eine regionale Betriebsplanung unter Austausch der erforderlichen Daten durchzuführen und koordinierte Netzbetriebssicherheitssysteme zu verwenden;
x) die Vorlage der Regeln für das Engpassmanagement einschließlich der Kapazitätszuweisung an den grenzüberschreitenden Leitungen sowie jeder Änderung dieser Regeln zur Genehmigung an die Regulierungsbehörde;
y) die Einholung und Übernahme der Angebote für Regelenergie und die Erstellung einer Abrufreihenfolge als Vorgabe für Regelzonenführer;
z) die Ergreifung besonderer Maßnahmen, wenn keine Angebote für Regelenergie vorliegen.

(2) Sofern dies für die Netzengpassbeseitigung nach Abs. 1 lit. e erforderlich ist, schließt der Regelzonenführer in Abstimmung mit den betroffenen Betreibern von Verteilernetzen im erforderlichen Ausmaß und für den erforderlichen Zeitraum mit den Erzeugern Verträge, wonach diese zu gesicherten Leistungen (Erhöhung oder Einschränkung der Erzeugung oder des Verbrauchs) gegen Ersatz der wirtschaftlichen Nachteile und Kosten, die durch diese Leistungen verursacht werden, verpflichtet sind; dabei sind die Vorgaben nach Art. 13 der Verordnung (EU) 2019/943 über den Elektrizitätsbinnenmarkt einzuhalten. Soweit darüber hinaus auf Basis einer Systemanalyse der Bedarf nach Vorhaltung zusätzlicher Erzeugungsleistung oder reduzierter Verbrauchsleistung besteht (Netzreserve), ist diese gemäß den Vorgaben des § 23b ElWOG 2010 zu beschaffen. In diesen Verträgen können Erzeuger auch zu gesicherten Leistungen verpflichtet werden, um zur Vermeidung und Beseitigung von Netzengpässen in anderen Übertragungsnetzen beizutragen. Zur Nutzung von Erzeugungsanlagen oder Anlagen von Entnehmern im europäischen Elektrizitätsbinnenmarkt und der Schweizerischen Eidgenossenschaft kann der Regelzonenführer Verträge mit anderen Übertragungsnetzbetreibern abschließen. Bei der Bestimmung der Systemnutzungsentgelte sind dem Regelzonenführer die Aufwendungen, die ihm aus der Erfüllung dieser Verpflichtungen entstehen, anzuerkennen.

(3) Wenn Netzengpässe im Übertragungsnetz der Regelzone auftreten und für deren Beseitigung Leistungen der Erzeuger erforderlich sind und eine vertragliche Vereinbarung nach Abs. 2 nicht vorliegt, haben die Erzeuger auf Anordnung des Regelzonenführers, in Abstimmung mit den betroffenen Betreibern von Verteilernetzen, Leistungen (Erhöhung oder Einschränkung der Erzeugung, Veränderung der Verfügbarkeit von Erzeugungsanlagen) zu erbringen. Das Verfahren zur Ermittlung des angemessenen Entgelts für diese Leistungen ist durch Verordnung der Regulierungsbehörde festzulegen, wobei als Basis die wirtschaftlichen Nachteile und Kosten der Erzeuger, die durch diese Leistungen verursacht werden, heranzuziehen sind. Dabei ist auch sicherzustellen, dass bei Anweisungen gegenüber Betreibern von KWK-Anlagen die Sicherheit der Fernwärmeversorgung nicht gefährdet wird. Abs. 2 letzter Satz gilt sinngemäß.

*) Fassung LGBl.Nr. 2/2006, 51/2007, 55/2011, 27/2019, 14/2022

§ 31a*)

Ausschreibung der Primärregelleistung

(1) Die Bereitstellung der Primärregelleistung (§ 31 Abs. 1 lit. n) hat mittels einer vom Regelzonenführer oder einem von ihm Beauftragten regelmäßig, jedoch mindestens halbjährlich, durchzuführenden Ausschreibung zu erfolgen. Die Höhe der jeweils auszuschreibenden bereitzustellenden Leistung muss den Anforderungen des Europäischen Verbundbetriebes (ENTSO) entsprechen. Die im Primärregelsystem pro Anlage vorzuhaltende Leistung hat mindestens zwei MW zu betragen.

(2) Der Regelzonenführer hat regelmäßig ein transparentes und diskriminierungsfreies Präqualifikationsverfahren zur Ermittlung der für die Teilnahme an der Ausschreibung interessierten Anbieter von Primärregelleistung durchzuführen. Die in dem Präqualifikationsverfahren als geeignet eingestuften Anbieter von Primärregelleistung sind zur Teilnahme an der Ausschreibung berechtigt.

(3) Falls eine Ausschreibung nach Abs. 1 erfolglos ist, hat der Regelzonenführer die geeigneten Anbieter nach Abs. 2 gegen Ersatz der tatsächlichen Aufwendungen zur Bereitstellung der Primärregelleistung zu verpflichten.

*) Fassung LGBl.Nr. 51/2007, 55/2011

3. Abschnitt
Rechte und Pflichten für Betreiber von Verteilernetzen

§ 32

Recht zum Netzanschluss

(1) Der Betreiber des Verteilernetzes hat – unbeschadet der Bestimmungen betreffend Direktleitungen sowie bestehender Netzanschlussverhältnisse – das Recht, innerhalb des von seinem Verteilernetz abgedeckten Gebietes alle Endverbraucher und Erzeuger an sein Netz anzuschließen.

(2) Vom Recht zum Netzanschluss gemäß Abs. 1 ausgenommen sind Endverbraucher, denen elektrische Energie mit einer Nennspannung von über 110 kV übergeben werden soll, und Erzeuger, die elektrische Energie mit einer Nennspannung von über 110 kV übergeben.

§ 33*)

Allgemeine Anschlusspflicht

(1) Die Betreiber von Verteilernetzen sind verpflichtet, zu den genehmigten Allgemeinen Bedingungen mit allen Endverbrauchern und Erzeugern innerhalb des von ihrem Verteilernetz abgedeckten Gebietes privatrechtliche Verträge über den Anschluss an ihr Netz abzuschließen. Eine Allgemeine Anschlusspflicht besteht auch dann, wenn die Einspeisung oder Abnahme von elektrischer Energie erst durch die Optimierung, Verstärkung oder den Ausbau des Verteilernetzes möglich wird. Ein Rechtsanspruch auf Anschluss an eine bestimmte Netzebene besteht nicht.

(2) Die Allgemeine Anschlusspflicht besteht nicht

a) soweit der Anschluss dem Betreiber des Verteilernetzes unter Beachtung der Interessen der Gesamtheit der Netzzugangsberechtigten im Einzelfall wirtschaftlich nicht zumutbar ist,

b) gegenüber vom Recht zum Netzanschluss ausgenommenen Kunden und Erzeugern (§ 32 Abs. 2).

(3) Ob die Allgemeine Anschlusspflicht im Einzelfall besteht, hat die Behörde auf Antrag des Anschlusswerbers oder des Betreibers des Verteilernetzes mit Bescheid festzustellen.

(4) Der Betreiber des Verteilernetzes ist verpflichtet, einen Zeitpunkt der Inbetriebnahme der Anlage des Netzzugangsberechtigten zu bestimmen. Dieser hat den tatsächlichen und vorhersehbaren zeitlichen Erfordernissen für die Errichtung oder Ertüchtigung der Anschlussanlage oder für notwendige Verstärkungen oder Ausbauten des vorgelagerten Verteilernetzes zu entsprechen und ist im Netzzugangsvertrag festzuhalten. Dieser Zeitpunkt darf spätestens ein Jahr nach Abschluss des Netzzugangsvertrags für die Netzebenen 7 bis 5 und spätestens drei Jahre nach Abschluss des Netzzugangsvertrags für die Netzebenen 4 und 3 liegen. Sofern für die beabsichtigten Maßnahmen behördliche Genehmigungen oder Verfahren benötigt werden, ist die Verfahrensdauer nicht in diese Frist einzurechnen.

*) Fassung LGBl.Nr. 14/2022

§ 34*)

Pflichten der Betreiber von Verteilernetzen

(1) Die Betreiber von Verteilernetzen sind verpflichtet,

a) das von ihnen betriebene Netz sicher, zuverlässig und leistungsfähig und unter Bedachtnahme auf den Umweltschutz und die Interessen der Gesamtheit der Netzzugangsberechtigten zu betreiben und zu erhalten, bedarfsgerecht auszubauen sowie vorausschauend und im Sinne der nationalen und europäischen Klima- und Energieziele weiterzuentwickeln;
b) die zum Betrieb des Netzes erforderlichen technischen Voraussetzungen sicherzustellen;
c) die zur Durchführung der Berechnung und Zuordnung der Ausgleichsenergie erforderlichen Daten zur Verfügung zu stellen, wobei insbesondere jene Zählwerte zu übermitteln sind, die für die Berechnung der Fahrplanabweichungen und der Abweichung vom Lastprofil jeder Bilanzgruppe benötigt werden;
d) Nutzungsberechtigten zu den genehmigten Allgemeinen Bedingungen und den festgelegten Systemnutzungsentgelten den Zugang zu ihrem System zu gewähren;
e) sich jeglicher Diskriminierung gegenüber den Netzbenutzern oder Kategorien von Netzbenutzern, insbesondere zugunsten der mit dem Verteilernetzbetreiber verbundenen Unternehmen, zu enthalten; für den Anschluss dezentraler Erzeuger von Strom aus hocheffizienter KWK sind standardisierte und vereinfachte Verfahren bereitzustellen, um deren Netzanschluss zu erleichtern;
f) die zur Durchführung der Verrechnung und Datenübermittlung gemäß lit. c erforderlichen vertraglichen Maßnahmen vorzusehen;
g) eine Evidenz über alle in ihrem Netz tätigen Bilanzgruppen und Bilanzgruppenverantwortlichen zu führen;
h) eine Evidenz aller in seinem Netz tätigen Lieferanten zu führen;
i) die Bezüge, Leistungen und Lastprofile der Netzbenutzer zu messen, deren Plausibilität zu prüfen und die Daten im erforderlichen Ausmaß an den Bilanzgruppenkoordinator, betroffene Netzbetreiber sowie Bilanzgruppenverantwortliche weiterzugeben;
j) die Leistungen, Strommengen, Lastprofile an den Schnittstellen zu anderen Netzen zu messen und die Daten an betroffene Netzbetreiber, Lieferanten und den Bilanzgruppenkoordinator weiterzugeben;
k) Engpässe im Netz zu ermitteln und Handlungen zu setzen, um diese zu vermeiden;
l) Meldungen über Lieferanten- sowie Bilanzgruppenwechsel entgegenzunehmen und weiterzugeben;
m) eine besondere Bilanzgruppe für die Ermittlung der Netzverluste einzurichten, die nur die dafür notwendigen Kriterien einer Bilanzgruppe zu erfüllen hat, wobei diese Bilanzgruppe gemeinsam mit anderen Netzbetreibern innerhalb einer Regelzone eingerichtet werden kann;
n) die Entgelte für die Netznutzung einzuheben;
o) mit dem Bilanzgruppenkoordinator, den Bilanzgruppenverantwortlichen und den sonstigen Marktteilnehmern bei der Aufteilung der sich aus der Verwendung von standardisierten Lastprofilen ergebenden Differenzen nach Vorliegen der Messergebnisse zusammenzuarbeiten;
p) Verträge über den Datenaustausch mit anderen Netzbetreibern, den Bilanzgruppenverantwortlichen und dem Bilanzgruppenkoordinator sowie anderen Marktteilnehmern entsprechend den Marktregeln abzuschließen;
q) den Netzbenutzern die Informationen zur Verfügung zu stellen, die sie für einen effizienten Netzzugang benötigen; neuen Erzeugern von Strom aus hocheffizienter KWK sind insbesondere Informationen über einen angemessenen Richtzeitplan für den vorgeschlagenen Netzanschluss bereitzustellen, wobei die Dauer des Gesamtverfahrens zur Erlangung des Netzanschlusses 24 Monate nicht übersteigen sollte;
r) bei der Planung des Verteilernetzausbaus Energieeffizienz- und Nachfragesteuerungsmaßnahmen oder dezentrale Erzeugungsanlagen, durch die sich die Notwendigkeit einer Nachrüstung oder eines Kapazitätsersatzes erübrigen könnte, zu berücksichtigen;
s) elektrische Energie, die zur Deckung von Verlusten und Kapazitätsreserven im Verteilernetz verwendet wird, nach transparenten, nicht

diskriminierenden und marktorientierten Verfahren zu beschaffen;

t) den Übertragungsnetzbetreiber zum Zeitpunkt der Feststellung des technisch geeigneten Anschlusspunktes über die geplante Errichtung von Erzeugungsanlagen mit einer Leistung über 50 MW zu informieren;

u) der Regulierungsbehörde die eingespeiste Ökoenergie bekanntzugeben;

v) Optionen zur Einbindung von ab- oder zuschaltbaren Lasten für den Netzbetrieb in ihrem Netzgebiet zu prüfen und bei Bedarf im Zuge des integrierten Netzinfrastrukturplans gemäß § 94 EAG an den zuständigen Bundesminister und an die Regulierungsbehörde zu melden;

w) der Regulierungsbehörde Auskunft über Netzzutrittsanträge und Netzzutrittsanzeigen zu geben; dies betrifft insbesondere auch Informationen über die Anschlussleistung sowie über abgeschlossene Netzzutritts- und Netzzugangsverträge samt allfälliger Fristen für bevorstehende Anschlüsse;

x) als vertikal integrierter Verteilernetzbetreiber, an dessen Verteilernetz mindestens 100.000 Kunden angeschlossen sind, Vorsorge zu treffen, dass in der Kommunikations- und Markenpolitik eine Verwechslung in Bezug auf die eigene Identität der Versorgungssparte des vertikal integrierten Unternehmens ausgeschlossen ist.

(2) Betreiber eines Verteilernetzes, die zu einem vertikal integrierten Unternehmen gehören und an deren Netz mindestens 100.000 Kunden angeschlossen sind, haben ein Gleichbehandlungsprogramm aufzustellen und für die Aufstellung und Überwachung der Einhaltung des Gleichbehandlungsprogramms der Behörde einen völlig unabhängigen Gleichbehandlungsbeauftragten zu benennen. Der Verteilernetzbetreiber muss sicherstellen, dass der Gleichbehandlungsbeauftragte Zugang zu allen Informationen hat, über die der Verteilernetzbetreiber und etwaige verbundene Unternehmen verfügen und die der Gleichbehandlungsbeauftragte für die Erfüllung seiner Aufgaben benötigt. Der Gleichbehandlungsbeauftragte hat alle Beschwerdefälle zu dokumentieren und jährlich, spätestens bis 31. März des Folgejahres, der Behörde sowie der Regulierungsbehörde einen Bericht über die getroffenen Maßnahmen vorzulegen und zu veröffentlichen. Die Bestimmungen des § 37a Abs. 2 lit. d sind sinngemäß anzuwenden.

(3) Die Benennung des Gleichbehandlungsbeauftragten ist der Behörde unter Darlegung der im Abs. 2 genannten Anforderungen anzuzeigen. Sind die Anforderungen nicht erfüllt, hat dies die Behörde mit Bescheid festzustellen.

(4) Das Gleichbehandlungsprogramm ist über begründetes Verlangen der Behörde zu ändern.

*) Fassung LGBl.Nr. 2/2006, 51/2007, 55/2011, 44/2013, 27/2019, 14/2022

IV. Hauptstück
Ausübungsvoraussetzungen für den Betrieb von Netzen

1. Abschnitt
Übertragungsnetze

§ 35*)
Anzeige, Feststellungsverfahren

(1) Der Betrieb eines Übertragungsnetzes darf aufgrund einer Anzeige aufgenommen werden.

(2) Die Behörde hat über Antrag des Eigentümers des Netzes durch Bescheid festzustellen, ob eine Anlage im Sinne des § 2 Z. 59 vorliegt. Sie kann diese Feststellung auch von Amts wegen treffen.

(3) Ist der Betreiber des Übertragungsnetzes eine juristische Person oder eine eingetragene Personengesellschaft, so hat dieser für die Ausübung des Rechtes zum Netzbetrieb aus dem Kreis der vertretungsbefugten Organe einen oder mehrere Geschäftsführer zu bestellen.

*) Fassung LGBl.Nr. 51/2007, 55/2011

2. Abschnitt
Verteilernetze

§ 36
Erfordernis der Konzession

Der Betrieb eines Verteilernetzes bedarf einer Konzession. Diese berechtigt zum Netzbetrieb innerhalb eines örtlich umschriebenen bestimmten Gebietes.

§ 37*)
Allgemeine Voraussetzungen für die Erteilung der Konzession

(1) Die Konzession darf nur erteilt werden, wenn

a) die vorhandenen oder geplanten Anlagen eine ausreichende, sichere und preiswerte Elektrizitätsversorgung erwarten lassen,

b) angenommen werden kann, dass der Konzessionswerber wirtschaftlich in der Lage sein wird, die erforderlichen Anlagen zu errichten, zu betreiben und zu erhalten,

c) das Elektrizitätsunternehmen in der Lage sein wird, die im III. Hauptstück festgelegten Pflichten zu erfüllen,

d) für das vorgesehene Gebiet keine Konzession besteht und der weitere Ausbau des Netzes nicht erschwert wird.

(2) Die Erteilung der Konzession setzt voraus, dass der Konzessionswerber

a) sofern es sich um eine natürliche Person handelt,

1. volljährig und entscheidungsfähig ist,
2. die für die Ausübung der Konzession erforderliche Zuverlässigkeit besitzt,
3. die österreichische Staatsbürgerschaft besitzt oder nach dem Recht der Europäischen Union oder aufgrund eines Staatsvertrages gleichzustellen ist,
4. seinen Wohnsitz im Inland oder in einem anderen Staat hat, dessen Angehörige aufgrund des Rechtes der Europäischen Union oder eines Staatsvertrages gleich wie Inländer zu behandeln sind und
5. nicht von der Ausübung eines Gewerbes auszuschließen wäre,

b) sofern es sich um eine juristische Person oder eine eingetragene Personengesellschaft handelt,

1. seinen Sitz im Inland oder in einem anderen Staat hat, dessen Angehörige aufgrund des Rechtes der Europäischen Union oder eines Staatsvertrages gleich wie Inländer zu behandeln sind,
2. aus dem Kreis der vertretungsbefugten Organe einen oder mehrere Geschäftsführer (§ 41) bestellt hat und
3. nicht von der Ausübung eines Gewerbes auszuschließen wäre.

(3) Vom Erfordernis des Abs. 2 lit. a Z. 3 und jenem des Abs. 2 lit. b. Z. 1 kann Nachsicht gewährt werden, wenn mit der Versagung der Konzession volkswirtschaftliche Nachteile, insbesondere hinsichtlich der Versorgung des Landes mit elektrischer Energie, zu erwarten wären. Das Erfordernis des Abs. 2 lit. a Z. 4 entfällt, wenn ein Geschäftsführer (§ 41) bestellt ist.

*) Fassung LGBl.Nr. 2/2006, 51/2007, 24/2020

§ 37a*)

Besondere Konzessionsvoraussetzungen

(1) Einem Konzessionswerber, der zu einem vertikal integrierten Unternehmen gehört und an dessen Verteilernetz mindestens 100.000 Kunden angeschlossen werden, darf die Konzession nur erteilt werden, wenn er überdies zumindest hinsichtlich seiner Rechtsform, Organisation und Entscheidungsgewalt unabhängig von den übrigen Tätigkeitsbereichen ist, die nicht mit der Verteilung zusammenhängen.

(2) Zur Sicherstellung der Unabhängigkeit nach Abs. 1 muss insbesondere gewährleistet sein, dass

a) die für die Leitung des Verteilernetzbetreibers zuständigen Personen nicht betrieblichen Einrichtungen des integrierten Elektrizitätsunternehmens angehören, die direkt oder indirekt für den laufenden Betrieb in den Bereichen Elektrizitätserzeugung und -versorgung zuständig sind;
b) die berufsbedingten Interessen der für die Leitung des Verteilernetzbetreibers zuständigen Personen (Gesellschaftsorgane) in einer Weise berücksichtigt werden, dass deren Handlungsunabhängigkeit gewährleistet ist, wobei insbesondere die Gründe für die Abberufung eines Gesellschaftsorgans des Verteilernetzbetreibers in der Gesellschaftssatzung des Verteilernetzbetreibers klar zu umschreiben sind; dem Aufsichtsrat von Verteilernetzbetreibern, die zu einem integrierten Unternehmen gehören, müssen mindestens zwei Mitglieder angehören, die von der Muttergesellschaft unabhängig sind;
c) der Verteilernetzbetreiber über die zur Erfüllung seiner Aufgabe erforderlichen Ressourcen, einschließlich der personellen, technischen, materiellen und finanziellen Mittel verfügt, die für den Betrieb, die Wartung oder den Ausbau des Netzes erforderlich sind und überdies gewährleistet sein, dass der Verteilernetzbetreiber über die Verwendung dieser Mittel unabhängig von den übrigen Bereichen des integrierten Unternehmens entscheiden kann;
d) aus dem Gleichbehandlungsprogramm hervorgeht, welche Maßnahmen zum Ausschluss diskriminierenden Verhaltens getroffen werden;

weiters sind Maßnahmen vorzusehen, durch die die ausreichende Überwachung der Einhaltung dieses Programms gewährleistet wird;

in diesem Programm ist insbesondere festzulegen, welche Pflichten die Mitarbeiter im Hinblick auf die Erreichung dieses Ziels haben.

(3) Abs. 2 lit. a steht der Einrichtung von Koordinierungsmechanismen nicht entgegen, durch die sichergestellt wird, dass die wirtschaftlichen Befugnisse des Mutterunternehmens und seine Aufsichtsrechte über das Management im Hinblick auf die Rentabilität eines Tochterunternehmens geschützt werden. Es ist insbesondere zulässig, dass ein Mutterunternehmen den jährlichen Finanzplan oder ein gleichwertiges Instrument des Verteilernetzbetreibers genehmigt und generelle Grenzen für die Verschuldung seines Tochterunternehmens festlegt. Weisungen bezüglich des laufenden Betriebs oder einzelner Entscheidungen über den Bau oder die Modernisierung von Verteilerleitungen, die über den Rahmen des genehmigten Finanzplans oder eines gleichwertigen Instruments nicht hinausgehen, sind unzulässig.

*) Fassung LGBl.Nr. 2/2006, 55/2011

§ 38*)

Konzessionsantrag, Verfahren

(1) Die Erteilung der Konzession ist bei der Behörde schriftlich zu beantragen. Dem Antrag sind geeignete Unterlagen anzuschließen, aus welchen ersehen werden kann, ob die in den §§ 37 und 37a festgelegten Voraussetzungen vorliegen. Weiters ist ein Plan des vom Verteilernetz abzudeckenden Gebietes sowie eine Beschreibung über Art und Umfang der Versorgung anzuschließen.

(1a) Die Übermittlung von Unterlagen gemäß Abs. 1 in Verbindung mit § 37 Abs. 2 ist nicht erforderlich, soweit die zu beweisenden Tatsachen und Rechtsverhältnisse durch Einsicht in die der Behörde zur Verfügung stehenden elektronischen Register festgestellt werden können.

(2) Im Verfahren zur Erteilung der Konzession kommt neben dem Konzessionswerber den Betreibern von Verteilernetzen, die für das vorgesehene Gebiet eine Konzession besitzen, Parteistellung zu.

(3) Die im vom Verteilernetz abzudeckenden Gebiet liegenden Gemeinden sind vor Erteilung der Konzession zu hören.

*) Fassung LGBl.Nr. 2/2006, 4/2022

§ 39*)

Erteilung der Konzession

(1) Über einen Antrag auf Erteilung der Konzession ist mit schriftlichem Bescheid zu entscheiden.

(2) Die Konzession ist unter Bedingungen, mit Beschränkungen oder Auflagen zu erteilen, wenn die im § 37 oder § 37a festgelegten Voraussetzungen nur bei Erfüllung dieser Bedingungen und bei Einhaltung dieser Beschränkungen und Auflagen gesichert sind.

(3) Im Bescheid über die Erteilung der Konzession ist eine Frist festzusetzen, innerhalb der der Betrieb des Verteilernetzes aufzunehmen ist. Diese Frist darf nicht kürzer als sechs Monate und nicht länger als zwei Jahre sein. Sie kann von der Behörde verlängert werden, wenn die Planungs- oder Bauarbeiten dies erfordern.

*) Fassung LGBl.Nr. 2/2006

§ 40*)

Pächter

(1) Der Betreiber eines Verteilernetzes kann die Ausübung der Konzession einer Person übertragen, die sie auf eigene Rechnung und auf eigenen Namen ausübt (Pächter). Diese Person ist der Behörde gegenüber für die Einhaltung der Bestimmungen dieses Gesetzes verantwortlich.

(2) Der Pächter muss die für die Erteilung der Konzession gemäß § 37 Abs. 1 lit. b und c, 2 und 3 sowie § 37a vorgeschriebenen Voraussetzungen erfüllen.

(3) Die Übertragung der Ausübung der Konzession bedarf der Bewilligung der Behörde. Die Bewilligung ist zu erteilen, wenn der Pächter die Voraussetzungen gemäß Abs. 2 erfüllt. Die Bewilligung ist zu widerrufen, wenn eine dieser Voraussetzungen weggefallen ist. Der Verteilernetzbetreiber hat den Wegfall einer dieser Voraussetzungen sowie das Ende des Pachtverhältnisses der Behörde schriftlich anzuzeigen.

*) Fassung LGBl.Nr. 2/2006

3. Abschnitt
Gemeinsame Bestimmungen für Übertragungs- und Verteilernetze

§ 41*)

Geschäftsführer

(1) Soweit sich nicht aus den §§ 35 Abs. 3, 37 Abs. 2 lit. b Z. 2 oder Abs. 3 eine Verpflichtung hiezu ergibt, steht es dem Netzbetreiber oder Pächter frei, für die Ausübung des Rechtes zum Netzbetrieb einen oder mehrere Geschäftsführer zu bestellen. Diese sind der Behörde gegenüber für die Einhaltung der Bestimmungen dieses Gesetzes verantwortlich. Wenn mehrere Geschäftsführer bestellt werden und jedem ein klar abgegrenzter Bereich zugewiesen wird, so trägt jeder Geschäftsführer für seinen Bereich die Verantwortung gegenüber der Behörde. Der Netzbetreiber bleibt jedoch insoweit verantwortlich, als er Rechtsverletzungen eines Geschäftsführers wissentlich duldet oder es bei der Auswahl des Geschäftsführers an der erforderlichen Sorgfalt hat fehlen lassen.

(2) Die Bestellung eines Geschäftsführers bedarf der Genehmigung der Behörde. Diese ist zu erteilen, wenn der Geschäftsführer

a) die gemäß § 37 Abs. 2 lit. a und § 37a Abs. 1 und Abs. 2 lit. a und b erforderlichen Voraussetzungen erfüllt sowie fachlich befähigt und auch tatsächlich in der Lage ist, die mit dieser Funktion verbundenen Aufgaben wahrzunehmen,
b) seiner Bestellung nachweislich zugestimmt hat und
c) eine seiner Verantwortung entsprechende Anordnungsbefugnis hat.

(3) Die Genehmigung ist zu widerrufen, wenn der Geschäftsführer die Voraussetzungen gemäß Abs. 2 nicht mehr erfüllt. Dies sowie das Ausscheiden des Geschäftsführers hat der Netzbetreiber oder Pächter der Behörde unverzüglich anzuzeigen.

(4) Besteht gemäß §§ 35 Abs. 3, 37 Abs. 2 lit. b Z. 2 oder Abs. 3 eine Verpflichtung zur Bestellung eines Geschäftsführers, so hat der Netzbetreiber oder Pächter unverzüglich, längstens jedoch innerhalb eines Monats, nachdem der Geschäftsführer ausgeschieden oder die Genehmigung seiner Bestellung widerrufen worden ist, eine andere geeignete Person zum Geschäftsführer zu bestellen und hiefür die Genehmigung der Behörde zu beantragen.

*) Fassung LGBl.Nr. 2/2006

V. Hauptstück
Erlöschen der Berechtigung zum Netzbetrieb
1. Abschnitt
Übertragungsnetze
§ 42*)
Maßnahmen zur Sicherung der Elektrizitätsversorgung

(1) Kommt der Betreiber eines Übertragungsnetzes, das sich über nicht mehr als zwei Bundesländer erstreckt, seinen Pflichten nicht nach, hat ihm die Behörde aufzutragen, die hindernden Umstände innerhalb einer angemessenen Frist zu beseitigen.

(2) Soweit dies zur Beseitigung einer Gefahr für das Leben oder die Gesundheit von Menschen oder zur Abwehr schwerer volkswirtschaftlicher Schäden notwendig ist, kann die Behörde einen anderen geeigneten Netzbetreiber zur vorübergehenden Erfüllung der Aufgaben des Übertragungsnetzbetreibers ganz oder teilweise heranziehen (Einweisung).

(3) Sind

a) die hindernden Umstände derart, dass eine gänzliche Erfüllung der gesetzlichen Pflichten des Betreibers des Übertragungsnetzes nicht zu erwarten ist, oder
b) kommt der Netzbetreiber dem Auftrag der Behörde auf Beseitigung der hindernden Umstände nicht nach,

so ist dem Netzbetreiber der Betrieb ganz oder teilweise zu untersagen. Gleichzeitig ist unter Bedachtnahme auf die Bestimmungen des ersten Abschnittes des III. Hauptstückes ein anderer Netzbetreiber zur dauernden Übernahme des Systems zu verpflichten.

(4) Der verpflichtete Netzbetreiber tritt in die Rechte und Pflichten aus den Verträgen des Unternehmens, das von der Untersagung betroffen wird, ein.

(5) Auf Antrag des verpflichteten Netzbetreibers hat die Behörde diesem den Gebrauch des Übertragungsnetzes gegen angemessene Entschädigung soweit zu gestatten, als dies zur Erfüllung seiner Aufgaben notwendig ist.

(6) Nach Rechtskraft der Entscheidung gemäß Abs. 3 hat die Behörde auf Antrag des verpflichteten Netzbetreibers das in Gebrauch genommene Übertragungsnetz zu dessen Gunsten gegen angemessene Entschädigung zu enteignen.

(7) Auf das Enteignungs- und Entschädigungsverfahren ist der § 16 Abs. 1 und 2 sinngemäß anzuwenden.

*) Fassung LGBl.Nr. 55/2011, 44/2013

2. Abschnitt
Verteilernetze
§ 43
Ende der Konzession

(1) Die Konzession für den Betrieb des Verteilernetzes endet

a) mit dem Tod, der Auflösung oder dem Untergang des Konzessionsinhabers, soweit im Abs. 2 nichts anderes bestimmt wird,
b) mit der Zurücklegung der Konzession durch den Konzessionsinhaber oder
c) mit der Zurücknahme der Konzession durch die Behörde.

(2) Bei Übertragung von Unternehmen oder Teilunternehmen durch Umgründung, insbesondere durch Verschmelzungen, Umwandlungen, Einbringungen, Zusammenschlüssen, Spaltungen und Realteilungen, geht die Konzession auf den Nachfolgeunternehmer (Rechtsnachfolger) über. Voraussetzung dafür ist, dass der Nachfolgeunternehmer den Übergang unter Anschluss eines Firmenbuchauszugs und der zur Herbeiführung der Eintragung im Firmenbuch eingereichten Unterlagen in Abschrift längstens innerhalb von sechs Monaten nach Eintragung im Firmenbuch der Behörde anzeigt.

(3) Die Zurücklegung der Konzession ist der Behörde anzuzeigen. Sie wird mit dem in der Anzeige angegebenen Tag wirksam, frühestens jedoch sechs Monate, nachdem die Anzeige bei der Behörde eingelangt ist.

(4) Die Konzession ist zurückzunehmen, wenn

a) der Betrieb nicht innerhalb der gemäß § 39 Abs. 3 festgesetzten Frist aufgenommen wird oder
b) die für die Erteilung der Konzession erforderlichen Voraussetzungen nicht mehr vorliegen oder
c) der Konzessionsinhaber mehr als zweimal wegen einer Übertretung nach diesem Gesetz oder dem Ökostromgesetz bestraft worden ist und die Zurücknahme im Hinblick auf die Übertretungen nicht unverhältnismäßig ist.

(5) Die Konzession kann nach vorheriger Androhung zurückgenommen werden, wenn der Konzessionsinhaber seiner Verpflichtung,

a) Allgemeine Bedingungen festzusetzen,
b) einen Geschäftsführer zu bestellen oder
c) die für diese Akte erforderliche Genehmigung einzuholen,

nicht nachkommt.

(6) Die Frist gemäß Abs. 4 lit. a kann von der Behörde verlängert werden, wenn der rechtzeitigen Aufnahme des Netzbetriebes Hindernisse entgegenstehen, die nicht vom Konzessionsinhaber verschuldet wurden.

(7) Wird der Betrieb des Verteilernetzes gemäß § 44 Abs. 3 ganz oder teilweise untersagt, so gilt

die Konzession in dem Umfang, in welchem der Betrieb untersagt wurde, als zurückgenommen.

§ 44*)
Maßnahmen zur Sicherung der Elektrizitätsversorgung

(1) Kommt der Betreiber eines Verteilernetzes seinen Pflichten nicht nach, hat ihm die Behörde aufzutragen, die hindernden Umstände innerhalb angemessener Frist zu beseitigen.

(2) Soweit dies zur Beseitigung einer Gefahr für das Leben und die Gesundheit von Menschen oder zur Abwehr schwerer volkswirtschaftlicher Schäden notwendig ist, kann die Behörde einen anderen geeigneten Netzbetreiber zur vorübergehenden Erfüllung der Aufgaben des Verteilernetzbetreibers ganz oder teilweise heranziehen (Einweisung).

(3) Sind

a) die hindernden Umstände derart, dass eine gänzliche Erfüllung der gesetzlichen Pflichten des Betreibers des Verteilernetzes in absehbarer Zeit nicht zu erwarten ist oder
b) kommt der Netzbetreiber dem Auftrag der Behörde auf Beseitigung der hindernden Umstände nicht nach,

so ist dem Netzbetreiber der Betrieb ganz oder teilweise zu untersagen. Gleichzeitig ist unter Bedachtnahme auf die Bestimmungen des III. Hauptstückes ein anderer Netzbetreiber zur dauernden Übernahme zu verpflichten.

(4) Der verpflichtete Netzbetreiber tritt in die Rechte und Pflichten aus den Verträgen des Unternehmens, das von der Untersagung betroffen wird, ein.

(5) Auf Antrag des verpflichteten Netzbetreibers hat die Behörde diesem den Gebrauch des Verteilernetzes soweit zu gestatten, als dies zur Erfüllung seiner Aufgaben notwendig ist.

(6) Nach Rechtskraft der Entscheidung gemäß Abs. 3 hat die Behörde auf Antrag des verpflichteten Netzbetreibers das in Gebrauch genommene Verteilernetz zu dessen Gunsten gegen angemessene Entschädigung zu enteignen.

(7) Auf das Enteignungs- und Entschädigungsverfahren ist der § 16 Abs. 1 und 2 sinngemäß anzuwenden.

(8) Die Bestimmungen der Abs. 2 bis 7 sind für den Fall, dass die Konzession endet (§ 43 Abs. 1) und dadurch die ordnungsgemäße Versorgung mit Elektrizität nicht gesichert ist, sinngemäß anzuwenden.

*) Fassung LGBl.Nr. 55/2011, 44/2013

VI. Hauptstück
Netzzugang und Netznutzung
1. Abschnitt
Rechte der Kunden, Pflichten der Versorger, Netzbenutzer und Erzeuger*)

*) Fassung LGBl.Nr. 51/2007

§ 45*)
Kunden

(1) Alle Kunden sind berechtigt, mit Erzeugern, Stromhändlern sowie Elektrizitätsunternehmen Verträge über die Lieferung elektrischer Energie zur Deckung ihres Bedarfes abzuschließen und hinsichtlich dieser Strommengen Netzzugang zu begehren.

(2) Elektrizitätsunternehmen können den Netzzugang im Namen ihrer Kunden begehren.

(3) Versorger, zu deren Tätigkeitsbereich die Versorgung von Haushaltskunden zählt, haben ihren Allgemeinen Tarif für die Versorgung von Haushaltskunden und Kleinunternehmen in geeigneter Weise (z.B. Internet) zu veröffentlichen. Sie sind verpflichtet, zu diesem Tarif und den geltenden Allgemeinen Geschäftsbedingungen nach § 45a Verbraucher im Sinne des § 1 Abs. 1 Z. 2 des Konsumentenschutzgesetzes (KSchG) und Kleinunternehmen, die sich ihnen gegenüber auf die Grundversorgung berufen, im Landesgebiet, soweit sie eine Versorgung anbieten, mit elektrischer Energie zu beliefern (Pflicht zur Grundversorgung). Die Inanspruchnahme der Grundversorgung kann schriftlich oder mit E-Mail erfolgen; weiters in jeder anderen technisch möglichen Form, die der Versorger hiefür ausdrücklich anbietet.

(4) Der Allgemeine Tarif nach Abs. 3 für die Grundversorgung von Verbrauchern im Sinne des § 1 Abs. 1 Z. 2 KSchG darf nicht höher sein als jener Tarif, zu dem die größte Anzahl der Kunden des Versorgers im Landesgebiet, die Verbraucher im Sinne des § 1 Abs. 1 Z. 2 KSchG sind, im Landesgebiet versorgt werden. Der Allgemeine Tarif nach Abs. 3 für die Grundversorgung von Kleinunternehmen darf nicht höher sein als jener Tarif, der gegenüber vergleichbaren Kundengruppen im Landesgebiet Anwendung findet.

(5) Wenn zu erwarten ist, dass die Zahlungsverpflichtungen eines Haushaltskunden nicht oder nicht zeitgerecht erfüllt werden, kann die Belieferung nach Abs. 3 von einer Vorauszahlung oder einer sonstigen Sicherheitsleistung (z.B. Barsicherheit, Bankgarantie, Hinterlegung von nicht vinkulierten Sparbüchern) in angemessener Höhe abhängig gemacht werden. Anstelle einer Vorauszahlung oder Sicherheitsleistung kann mit Zustimmung des Kunden nach Information über Funktionsweise und anfallende Kosten auch eine Vorausverrechnung mittels Prepaymentzahlung erfolgen.

(6) Dem Verbraucher im Sinne des § 1 Abs. 1 Z. 2 KSchG, der sich auf die Grundversorgung beruft, darf im Zusammenhang mit der Aufnahme der Belieferung keine Sicherheitsleistung oder Vorauszahlung abverlangt werden, welche die Höhe einer Teilzahlung für einen Monat übersteigt. Kommt der Verbraucher während sechs Monaten nicht in weiteren Zahlungsverzug, so ist ihm die Sicherheitsleistung zurückzuerstatten und von

einer Vorauszahlung abzusehen, solange nicht erneut ein Zahlungsverzug eintritt.

(7) Die Versorger sind berechtigt, einen Vertrag über die Grundversorgung nach Abs. 3 aus wichtigem Grund durch Kündigung zu beenden. Ein wichtiger Grund liegt insbesondere vor, wenn ein Versorger zu für den Kunden günstigeren Bedingungen bereit ist, einen Liefervertrag außerhalb der Grundversorgung abzuschließen. Davon unberührt bleibt das Recht des Versorgers, seine Verpflichtungen aus dem Vertragsverhältnis bei einer nicht bloß geringfügigen und anhaltenden Verletzung von Vertragspflichten durch den Haushaltskunden solange auszusetzen, als die Zuwiderhandlung andauert; der § 82 Abs. 3 des Elektrizitätswirtschafts- und –organisationsgesetzes 2010 (zweimalige Mahnung mit Nachfristsetzung) gilt sinngemäß.

(8) Wenn sich Verbraucher im Sinne des § 1 Abs. 1 Z. 2 KSchG oder Kleinunternehmen gegenüber Netzbetreibern auf die Pflicht zur Grundversorgung berufen, sind diese, unbeschadet bis zu diesem Zeitpunkt vorhandener Zahlungsrückstände, zur Netzdienstleistung verpflichtet. Für Verbraucher gilt der Abs. 6 sinngemäß. Im Falle eines nach Berufung auf die Pflicht zur Grundversorgung erfolgenden erneuten Zahlungsverzuges sind Netzbetreiber bis zur Bezahlung dieser ausstehenden Beträge zur physischen Trennung der Netzverbindung berechtigt, es sei denn der Kunde verpflichtet sich zur Vorausverrechnung mittels Prepaymentzahlung für zukünftige Netznutzung und Lieferung. Der § 82 Abs. 3 des Elektrizitätswirtschafts- und -organisationsgesetzes 2010 gilt im Falle des erneuten Zahlungsverzuges sinngemäß.

(9) Abweichend von Abs. 8 dritter Satz sind Netzbetreiber und Lieferanten nicht verpflichtet, Kleinunternehmen mit Lastprofilzähler die Prepaymentzahlung zu ermöglichen.

(10) Eine im Rahmen der Grundversorgung eingerichtete Prepaymentfunktion ist auf Kundenwunsch zu deaktivieren, wenn der Kunde seine im Rahmen der Grundversorgung angefallenen Zahlungsrückstände beim Netzbetreiber und Lieferanten beglichen hat oder wenn ein sonstiges schuldbefreiendes Ereignis eingetreten ist.

*) Fassung LGBl.Nr. 51/2007, 55/2011, 38/2014

§ 45a*)
Allgemeine Geschäftsbedingungen der Versorger

(1) Versorger haben Allgemeine Geschäftsbedingungen für die Belieferung mit elektrischer Energie für Kunden, deren Verbrauch nicht über einen Lastprofilzähler gemessen wird, zu erstellen und nach § 57a anzuzeigen.

(2) Allgemeine Geschäftsbedingungen oder Vertragsformblätter zwischen Versorgern und Kunden haben zumindest zu enthalten:

a) Name und Anschrift des Versorgers;
b) erbrachte Leistungen und angebotene Qualität sowie den voraussichtlichen Zeitpunkt für den Beginn der Belieferung;
c) Energiepreis in Cent pro kWh, inklusive etwaiger Zuschläge und Abgaben;
d) Vertragsdauer, Bedingungen für eine Verlängerung und Beendigung der Leistungen und des Vertragsverhältnisses, Vorhandensein eines Rücktrittsrechts;
e) etwaige Entschädigungs- und Erstattungsregelungen bei Nichteinhaltung der vertraglich vereinbarten Leistungsqualität, einschließlich fehlerhafter und verspäteter Abrechnung;
f) einen Hinweis auf die zur Verfügung stehenden Beschwerdemöglichkeiten;
g) die Bedingungen, zu denen eine Belieferung nach § 45 Abs. 3 bis 10 erfolgt;
h) Modalitäten, zu welchen der Kunde verpflichtet ist, Teilbetragszahlungen zu leisten, wobei eine Zahlung zumindest zehn Mal jährlich jedenfalls anzubieten ist.

*) Fassung LGBl.Nr. 51/2007, 55/2011, 38/2014

§ 47
Netzbenutzer

(1) Alle Netzbenutzer haben sich einer Bilanzgruppe anzuschließen oder unter Beachtung der Bestimmungen des VII. Hauptstücks eine eigene Bilanzgruppe zu bilden.

(2) Netzbenutzer sind verpflichtet,

a) Daten, Zählerwerte und sonstige zur Ermittlung ihres Stromverbrauches dienende Angaben an Netzbetreiber, Bilanzgruppenverantwortliche sowie den Bilanzgruppenkoordinator gemäß den sich aus den vertraglichen Vereinbarungen ergebenden Verpflichtungen bereitzustellen und zu übermitteln, soweit dies zur Aufrechterhaltung eines wettbewerbsorientierten Elektrizitätsmarktes und zur Wahrung des Konsumentenschutzes erforderlich ist;
b) bei Verwendung eigener Zähleinrichtungen und Anlagen zur Datenübertragung die technischen Vorgaben der Netzbetreiber einzuhalten;
c) Meldungen bei Lieferanten- und Bilanzgruppenwechsel abzugeben sowie die hiefür vorgesehenen Fristen einzuhalten;
d) Vertragsdaten an Stellen zu melden, die mit der Erstellung von Indizes betraut sind;
e) bei technischer Notwendigkeit Erzeugungs- und Verbrauchsfahrpläne an den Netzbetreiber und den Regelzonenführer zu melden;
f) Verträge über den Datenaustausch mit anderen Netzbetreibern, den Bilanzgruppenverantwortlichen, dem Bilanzgruppenkoordinator und anderen Marktteilnehmern entsprechend den Marktregeln abzuschließen.

§ 48*)
Erzeuger

(1) Unbeschadet der im § 47 festgelegten Pflichten sind Erzeuger verpflichtet,

a) Daten im erforderlichen Ausmaß betroffenen Netzbetreibern, dem Bilanzgruppenkoordinator, dem Bilanzgruppenverantwortlichen und anderen betroffenen Marktteilnehmern zur Verfügung zu stellen;
b) Erzeugungsfahrpläne vorab an die betroffenen Netzbetreiber, den Regelzonenführer und den Bilanzgruppenverantwortlichen im erforderlichen Ausmaß bei technischer Notwendigkeit zu melden;
c) bei Teillieferungen Erzeugungsfahrpläne an die betroffenen Bilanzgruppenverantwortlichen bekannt zu geben;
d) nach Maßgabe vertraglicher Vereinbarungen auf Anordnung des Regelzonenführers zur Netzengpassbeseitigung oder zur Aufrechterhaltung der Versorgungssicherheit Leistungen (Erhöhung oder Einschränkung der Erzeugung sowie Veränderung der Verfügbarkeit von Erzeugungsanlagen) zu erbringen; bei Anweisungen des Regelzonenführers gegenüber Betreibern von KWK-Anlagen ist sicher zu stellen, dass die Fernwärmeversorgung gewährleistet bleibt;
e) auf Anordnung des Regelzonenführers nach § 31 Abs. 3 zur Netzengpassbeseitigung oder zur Aufrechterhaltung der Versorgungssicherheit die Erhöhung oder Einschränkung der Erzeugung, somit die Veränderung der Verfügbarkeit von Erzeugungsanlagen vorzunehmen, soweit dies nicht nach lit. d vertraglich sichergestellt werden konnte;
f) auf Anordnung des Regelzonenführers mit technisch geeigneten Erzeugungsanlagen bei erfolglos verlaufener Ausschreibung gegen Ersatz der tatsächlichen Aufwendungen die Sekundärregelung bereit zu stellen und zu erbringen.

(2) Betreiber von Erzeugungsanlagen mit einer Engpassleistung von mehr als fünf MW sind verpflichtet,

a) die Kosten für die Bereitstellung der Primärregelleistung im Verhältnis ihrer Jahreserzeugungsmengen zu übernehmen; bei Erzeugungsanlagen, deren Engpassleistung größer als die Anschlussleistung an das jeweilige Netz ist, ist diese Anschlussleistung multipliziert mit den im Kalenderjahr erbrachten Betriebsstunden der Anlage heranzuziehen; die Verrechnung und Einhebung dieser Mittel erfolgt vierteljährlich durch den Regelzonenführer;
b) soweit sie zur Erbringung der Primärregelleistung imstande sind, diese auf Anordnung des Regelzonenführers zu erbringen, falls die Ausschreibung nach § 31a erfolglos geblieben ist;
c) dem Regelzonenführer auf Verlangen Nachweise über die Erbringung der Primärregelleistung in geeigneter und transparenter Weise zu erbringen;
d) die im Zusammenhang mit der Erbringung der Primärregelleistung stehenden Anweisungen des Regelzonenführers zu befolgen, insbesondere hinsichtlich Art und Umfang der zu übermittelnden Daten.

(3) Betreiber von Erzeugungsanlagen, die an die Netzebenen gemäß § 63 Z. 1 bis 3 des Elektrizitätswirtschafts- und –organisationsgesetzes 2010 angeschlossen sind oder über eine Engpassleistung von mehr als 50 MW verfügen, sind verpflichtet, dem Regelzonenführer zur Überwachung der Netzsicherheit zeitgleich Daten über die jeweils aktuelle Einspeiseleistung dieser Erzeugungsanlagen in elektronischer Form zu übermitteln.

(4) Betreiber von Erzeugungsanlagen mit einer Engpassleistung von mehr als 20 MW sind verpflichtet, der Landesregierung zur Überwachung der Versorgungssicherheit regelmäßig Daten über die zeitliche Verfügbarkeit der Erzeugungsanlagen zu übermitteln.

(5) Erzeuger haben einen Rechtsanspruch zur Errichtung und zum Betrieb von Direktleitungen.

*) Fassung LGBl.Nr. 51/2007, 55/2011, 44/2013, 27/2019, 14/2022

§ 48a*)
Kleinsterzeugungsanlagen

(1) Für Kleinsterzeugungsanlagen ist kein eigener Zählpunkt zu vergeben. Kleinsterzeugungsanlagen sind eine oder mehrere Erzeugungsanlagen, deren Engpassleistung in Summe weniger als 0,8 kW pro Anlage eines Netzbenutzers beträgt.

(2) Netzbenutzer, die in ihrer Anlage eine Kleinsterzeugungsanlage betreiben und für die nach Abs. 1 kein Zählpunkt eingerichtet wurde, sind hinsichtlich der Kleinsterzeugungsanlage von den Verpflichtungen nach § 47 und § 48 Abs. 1 ausgenommen.

*) Fassung LGBl.Nr. 27/2019

2. Abschnitt*)
Strom aus KWK-Anlagen

*) Fassung LGBl.Nr. 51/2007

§ 48b*)
Kriterien für den Wirkungsgrad von Kraft-Wärme-Kopplung (KWK)

(1) Zur Bestimmung der Effizienz der KWK nach Anlage IV des Elektrizitätswirtschafts- und -organisationsgesetzes 2010 kann die Behörde Wirkungsgrad-Referenzwerte für die getrennte Erzeugung von Strom und Wärme festlegen. Diese Wirkungsgrad-Referenzwerte haben aus einer Matrix von Werten, aufgeschlüsselt nach relevanten Faktoren wie Baujahr und Brennstofftypen zu bestehen, und müssen sich auf eine

ausführlich dokumentierte Analyse stützen, bei der unter anderem die Betriebsdaten bei realen Betriebsbedingungen, der grenzüberschreitende Stromhandel, der Energieträgermix, die klimatischen Bedingungen und die angewandten KWK-Technologien gemäß den Grundsätzen der Anlage IV des Elektrizitätswirtschafts- und -organisationsgesetzes 2010 zu berücksichtigen sind.

(2) Bei der Bestimmung der Wirkungsgrad-Referenzwerte nach Abs. 1 sind die von der Europäischen Kommission nach Art. 4 der Richtlinie 2004/8/EG über die Förderung einer am Nutzwärmebedarf orientierten Kraft-Wärme-Kopplung im Energiebinnenmarkt in der Entscheidung 2007/74/EG festgelegten harmonisierten Wirkungsgrad-Referenzwerte angemessen zu berücksichtigen.

*) Fassung LGBl.Nr. 51/2007, 55/2011, 38/2014, 27/2019

§ 48c*)
Herkunftsnachweis für Strom aus hocheffizienter Kraft-Wärme-Kopplung (KWK)

(1) Die Behörde hat auf Antrag des Erzeugers mit Bescheid jene KWK-Anlagen zu benennen, für die vom Netzbetreiber, an dessen Netz die Anlage angeschlossen ist, Herkunftsnachweise für Strom aus hocheffizienter KWK nach § 2 Z. 29 ausgestellt werden dürfen. Die erfolgten Benennungen von Anlagen sind der Regulierungsbehörde unverzüglich mitzuteilen.

(2) Der vom Netzbetreiber nach Abs. 1 ausgestellte Herkunftsnachweis hat zu umfassen:

a) die Menge an erzeugter elektrischer Energie aus hocheffizienter KWK gemäß Anlage III des Elektrizitätswirtschafts- und –organisationsgesetzes 2010 und gemäß der Entscheidung 2008/952/EG der Europäischen Kommission;
b) die Bezeichnung,die Art und die Engpassleistung der Erzeugungsanlage;
c) den Zeitraum und den Ort der Erzeugung;
d) die eingesetzten Primärenergieträger;
e) den unteren Heizwert des Primärenergieträgers;
f) die Nutzung der zusammen mit dem Strom erzeugten Wärme;
g) die Primärenergieeinsparungen, die gemäß Anlage IV des Elektrizitätswirtschafts- und -organisationsgesetzes 2010 auf der Grundlage der in § 48b Abs. 2 genannten, von der Europäischen Kommission festgelegten harmonisierten Wirkungsgrad-Referenzwerte berechnet worden sind;
h) das Datum der Inbetriebnahme der Anlage;
i) genaue Angaben über erhaltene Förderungen und die Art der Förderregelung;
j) die Bezeichnung des Ausstellers und des ausstellenden Staates;
k) das Ausstellungsdatum des Herkunftsnachweises.

(3) Die Behörde hat die Ausstellung der Herkunftsnachweise regelmäßig zu überwachen.

(4) Mit der Ausstellung von Herkunftsnachweisen ist kein Recht auf Inanspruchnahme von Förderungen verbunden.

(5) Herkunftsnachweise für Strom aus hocheffizienter KWK aus Anlagen mit Standort in einem anderen EU-Mitgliedstaat oder EWR-Vertragsstaat gelten als Herkunftsnachweis im Sinne dieses Gesetzes, wenn sie zumindest den Anforderungen des Anhangs X der Richtlinie 2012/27/EU entsprechen. Im Zweifelsfall hat die Regulierungsbehörde über Antrag oder von Amts wegen mit Bescheid festzustellen, ob die Voraussetzungen für die Anerkennung vorliegen.

(6) Die Ausstellung eines Herkunftsnachweises nach diesem Gesetz ist unzulässig, wenn für dieselbe KWK-Strommenge ein Herkunftsnachweis nach dem Ökostromgesetz ausgestellt wird.

*) Fassung LGBl.Nr. 51/2007, 55/2011, 27/2019, 14/2022

§ 48d*)
Berichte

(1) Die Behörde hat dem zuständigen Bundesminister jährlich vorzulegen:

a) eine im Einklang mit der in Anlage III des Elektrizitätswirtschafts- und -organisationsgesetzes 2010 und der Entscheidung 2008/952/EG der Europäischen Kommission dargelegten Methode erstellte Statistik über die Erzeugung von Strom und Wärme aus KWK und
b) eine Statistik über die KWK-Kapazitäten sowie die für KWK eingesetzten Brennstoffe.

(2) Die Behörde hat dem zuständigen Bundesminister jährlich einen Bericht über ihre Überwachungstätigkeit nach § 48c Abs. 3 vorzulegen. Der Bericht hat insbesondere jene Maßnahmen zu enthalten, die ergriffen wurden, um die Zuverlässigkeit des Nachweissystems zu gewährleisten.

*) Fassung LGBl.Nr. 51/2007, 55/2011, 27/2019

VII. Hauptstück
Bilanzgruppen

§ 49
Bildung von Bilanzgruppen

(1) Die Bildung und Veränderung von Bilanzgruppen erfolgt durch den Bilanzgruppenverantwortlichen.

(2) Bilanzgruppen können nur innerhalb einer Regelzone gebildet werden.

§ 50*)
Aufgaben und Pflichten des Bilanzgruppenverantwortlichen

(1) Der Bilanzgruppenverantwortliche hat folgende Aufgaben zu erfüllen:

a) die Erstellung von Fahrplänen und die Übermittlung derselben an den Bilanzgruppenkoordinator und den Regelzonenführer;
b) den Abschluss von Vereinbarungen betreffend Reservehaltung sowie die Versorgung von Bilanzgruppenmitgliedern, die ihnen von der Regulierungsbehörde zugewiesen worden sind;
c) die Meldung bestimmter Erzeugungs- und Verbrauchsdaten für technische Zwecke;
d) die Meldung von Erzeugungs- und Abnahmefahrplänen von Großabnehmern und Einspeisern nach definierten Regeln für technische Zwecke;
e) die Entrichtung von Entgelten (Gebühren) an den Bilanzgruppenkoordinator;
f) die Entrichtung der Entgelte für Ausgleichsenergie an den Regelzonenführer sowie die Weiterverrechnung der Entgelte an die Bilanzgruppenmitglieder.

(2) Der Bilanzgruppenverantwortliche ist verpflichtet,

a) Verträge mit dem Bilanzgruppenkoordinator, den Netzbetreibern und den Bilanzgruppenmitgliedern über den Datenaustausch abzuschließen;
b) eine Evidenz der Bilanzgruppenmitglieder zu führen;
c) entsprechend den Marktregeln Daten an den Bilanzgruppenkoordinator, die Netzbetreiber und die Bilanzgruppenmitglieder weiterzugeben;
d) Fahrpläne zwischen Bilanzgruppen zu erstellen und dem Bilanzgruppenkoordinator bis zu einem von diesem festgesetzten Zeitpunkt zu melden;
e) Ausgleichsenergie für die Bilanzgruppenmitglieder – im Sinne einer Versorgung mit dieser – zu beschaffen;
f) alle Vorkehrungen zu treffen, die erforderlich sind, um die Aufwendungen der Ökostromabwicklungsstelle für Ausgleichsenergie zu minimieren.

(3) Für Bilanzgruppen zur Ermittlung der Netzverluste gelten nur die in den Abs. 1 lit. a und e und 2 lit. a bis e genannten Aufgaben und Pflichten.

*) Fassung LGBl.Nr. 51/2007, 55/2011

§ 51*)
Wechsel der Bilanzgruppe, Zuweisung

(1) Wechselt ein Bilanzgruppenmitglied die Bilanzgruppe oder den Stromhändler, sind die Daten des Bilanzgruppenmitgliedes der neuen Bilanzgruppe oder dem neuen Stromhändler weiterzugeben.

(2) Die Regulierungsbehörde hat gemäß § 86 Abs. 5 des Elektrizitätswirtschafts- und –organisationsgesetzes 2010 Kunden, die keiner Bilanzgruppe angehören oder keine eigene Bilanzgruppe bilden, einer Bilanzgruppe zuzuweisen.

*) Fassung LGBl.Nr. 55/2011

§ 52*)
Allgemeine Bedingungen

(1) Der Bilanzgruppenverantwortliche ist verpflichtet, Allgemeine Bedingungen festzusetzen.

(2) Die Allgemeinen Bedingungen sowie die Änderung derselben bedürfen gemäß § 87 Abs. 4 des Elektrizitätswirtschafts- und –organisationsgesetzes 2010 der Genehmigung der Regulierungsbehörde. Diese ist, allenfalls unter Vorschreibung bestimmter Auflagen, zu erteilen, wenn die Bedingungen

a) die Erfüllung der dem Bilanzgruppenverantwortlichen obliegenden Aufgaben und Pflichten gewährleisten und
b) die wechselseitigen Verpflichtungen zwischen dem Bilanzgruppenverantwortlichen und den Bilanzgruppenmitgliedern ausgewogen und verursachergerecht zuweisen.

*) Fassung LGBl.Nr. 55/2011

§ 53*)
Genehmigung für Bilanzgruppenverantwortliche

(1) Die Ausübung der Tätigkeit eines Bilanzgruppenverant-
wortlichen bedarf einer Genehmigung der Regulierungsbehörde. Bilanzgruppenverantwortliche, denen eine Genehmigung nach einem anderen in Ausführung des Elektrizitätswirtschafts- und -organisationsgesetzes 2010 erlassenen Landesgesetz erteilt worden ist, gelten als nach diesem Gesetz genehmigt.

(2) Die Genehmigung darf nur einer natürlichen oder juristischen Person oder einer eingetragenen Personengesellschaft erteilt werden. Die Erteilung der Genehmigung setzt voraus, dass der Genehmigungswerber

a) sofern es sich um eine natürliche Person handelt,
1. volljährig und entscheidungsfähig ist;
2. die für die Ausübung der Tätigkeit erforderliche Zuverlässigkeit besitzt;
3. nicht von der Ausübung eines Gewerbes auszuschließen wäre;
4. im Firmenbuch eingetragen ist;
5. mit dem zuständigen Bilanzgruppenkoordinator und dem Regelzonenführer die zur Erfüllung der in diesem Gesetz, dem Elektrizitätswirtschafts- und -organisationsgesetz 2010 und dem Bundesgesetz, mit dem die Ausübungsvoraussetzungen,

die Aufgaben und die Befugnisse der Verrechnungsstellen für Transaktionen und Preisbildung für die Ausgleichsenergie geregelt werden, festgelegten Aufgaben und Pflichten erforderlichen Vereinbarungen abgeschlossen hat;
6. fachlich geeignet (Abs. 4) ist oder einen Geschäftsführer (Abs. 3) bestellt hat;
7. über ein Haftungskapital von mindestens 50.000 Euro, z.B. in Form einer Bankgarantie oder einer Versicherung, verfügt, unbeschadet einer aufgrund der Art und des Umfangs der Geschäftstätigkeit erforderlichen höheren Kapitalausstattung entsprechend der gemäß Z. 5 abgeschlossenen Vereinbarung;

b) sofern es sich um eine juristische Person oder um eine eingetragene Personengesellschaft handelt,
1. aus dem Kreis der vertretungsbefugten Organe einen Geschäftsführer (Abs. 3) bestellt hat;
2. die Voraussetzungen gemäß lit. a Z. 3 bis 5 und 7 erfüllt.

(3) Der Geschäftsführer ist der Behörde gegenüber für die Einhaltung der Bestimmungen dieses Gesetzes verantwortlich. Zum Geschäftsführer darf nur bestellt werden, wer

a) die gemäß Abs. 2 lit. a Z. 1 bis 3 erforderlichen persönlichen Voraussetzungen erfüllt, fachlich geeignet (Abs. 4) und auch tatsächlich in der Lage ist, die mit dieser Funktion verbundenen Aufgaben wahrzunehmen;
b) seiner Bestellung nachweislich zugestimmt hat und
c) eine seiner Verantwortung entsprechende Anordnungsbefugnis hat.

(4) Die fachliche Eignung ist gegeben, wenn in ausreichendem Maße theoretische und praktische Kenntnisse in der Abwicklung von Stromgeschäften oder in einer leitenden Tätigkeit auf dem Gebiet der Elektrizitätswirtschaft, insbesondere im Stromhandel, in der Stromerzeugung oder im Betrieb eines Netzes, vorliegen.

(5) Die Erteilung der Genehmigung ist bei der Regulierungsbehörde schriftlich zu beantragen. Dem Antrag sind geeignete Unterlagen anzuschließen, aus denen ersehen werden kann, ob die in den Abs. 2 bis 4 festgelegten Voraussetzungen vorliegen.

(6) Die Regulierungsbehörde hat über den Genehmigungsantrag innerhalb von zwei Monaten ab Vorlage der erforderlichen Unterlagen zu entscheiden. Nach Ablauf dieser Frist ist der Genehmigungswerber vorläufig berechtigt, die Tätigkeit als Bilanzgruppenverantwortlicher bis zur Entscheidung der Regulierungsbehörde auszuüben.

(7) Die Genehmigung ist unter Bedingungen oder Auflagen zu erteilen, wenn die in den Abs. 2 bis 4 festgelegten Voraussetzungen nur bei Erfüllung dieser Bedingungen oder bei Einhaltung dieser Auflagen gesichert sind.

(8) Die Bestimmungen der Abs. 1 bis 7 gelten nicht für Netzbetreiber, die eine Bilanzgruppe zur Ermittlung der Netzverluste oder eine Ökobilanzgruppe bilden. Die Bildung solcher Bilanzgruppen ist der Regulierungsbehörde anzuzeigen.

*) Fassung LGBl.Nr. 51/2007, 55/2011, 24/2020

§ 54*)

Ende der Genehmigung für Bilanzgruppenverantwortliche

(1) Die Regulierungsbehörde hat die Genehmigung für die Ausübung der Tätigkeit eines Bilanzgruppenverantwortlichen zu widerrufen, wenn

a) der Bilanzgruppenverantwortliche mehr als zweimal wegen einer Übertretung nach diesem Gesetz oder nach dem Ökostromgesetz bestraft worden ist und der Widerruf der Genehmigung im Hinblick auf die Übertretungen nicht unverhältnismäßig ist oder
b) die für die Erteilung der Genehmigung gemäß § 53 Abs. 2 bis 4 erforderlichen Voraussetzungen nicht oder nicht mehr vorliegen.

(2) Die Genehmigung erlischt, wenn über das Vermögen des Bilanzgruppenverantwortlichen ein Insolvenzverfahren oder ein Schuldenregulierungsverfahren eröffnet oder ein Insolvenzverfahren mangels kostendeckenden Vermögens nicht eröffnet wird.

*) Fassung LGBl.Nr. 55/2011

§ 54a*)

Bilanzgruppenkoordinator, Anzeige

(1) Der Regelzonenführer hat ohne unnötigen Aufschub einen Bilanzgruppenkoordinator zu benennen und dies der Behörde anzuzeigen. Mit der Anzeige sind Nachweise vorzulegen, dass der benannte Bilanzgruppenkoordinator die im § 54b festgelegten Aufgaben und Pflichten kostengünstig und effizient zu erfüllen vermag und den im Abs. 2 festgelegten Voraussetzungen entspricht.

(2) Von der Tätigkeit eines Bilanzgruppenkoordinators sind Unternehmen ausgeschlossen, die unter einem bestimmenden Einfluss von Unternehmen oder einer Gruppe von Unternehmen stehen, die mindestens eine der Funktionen der kommerziellen Erzeugung, Übertragung, Verteilung oder Versorgung mit Elektrizität wahrnehmen. Im Übrigen ist Voraussetzung für die Ausübung der Tätigkeit eines Bilanzgruppenkoordinators, dass

a) der Bilanzgruppenkoordinator die ihm nach § 54b zur Besorgung zugewiesenen Aufgaben und Pflichten in sicherer und kostengünstiger Weise zu erfüllen vermag; eine kostengünstige Besorgung der Aufgaben ist jedenfalls dann anzunehmen, wenn bei der Ermittlung der Kostenbasis für die Verrechnungsstelle die für die Bestimmung der Systemnutzungsentgelte anzuwendenden Verfahren und Grundsätze zugrunde gelegt werden;

b) die Personen, die eine qualifizierte Beteiligung am Bilanzgruppenkoordinator halten, den im Interesse einer soliden und umsichtigen Führung des Unternehmens zu stellenden Ansprüchen genügen;
c) bei keinem der Mitglieder des Vorstandes des Bilanzgruppenkoordinators ein Ausschließungsgrund im Sinne des § 13 Abs. 1 bis 6 der Gewerbeordnung 1994 vorliegt;
d) der Vorstand des Bilanzgruppenkoordinators aufgrund seiner Vorbildung fachlich geeignet ist und die für den Betrieb des Unternehmens erforderlichen Eigenschaften und Erfahrungen hat;

die fachliche Eignung des Vorstandes setzt voraus, dass mindestens ein Mitglied des Vorstandes in ausreichendem Maße theoretische und praktische Kenntnisse in der Abrechnung von Ausgleichsenergie sowie Leitungserfahrung hat; die fachliche Eignung für die Leitung einer Verrechnungsstelle ist anzunehmen, wenn eine zumindest dreijährige leitende Tätigkeit auf dem Gebiet der Tarifierung oder des Rechnungswesens nachgewiesen wird;

e) mindestens ein Mitglied des Vorstandes den Mittelpunkt seiner Lebensinteressen in Österreich oder in einem anderen Staat hat, dessen Angehörige aufgrund des Rechts der Europäischen Union oder eines Staatsvertrages gleich wie Inländer zu behandeln sind;
f) kein Mitglied des Vorstandes einen anderen Hauptberuf außerhalb des Bilanzgruppenkoordinators ausübt, der geeignet ist, Interessenskonflikte hervorzurufen;
g) der Sitz und die Hauptverwaltung des Bilanzgruppenkoordinators im Inland liegen und der Bilanzgruppenkoordinator über eine seinen Aufgaben entsprechende Ausstattung verfügt;
h) das zur Verfügung stehende Abwicklungssystem den Anforderungen eines zeitgemäßen Abrechnungssystems genügt und
i) die Neutralität, Unabhängigkeit und die Datenvertraulichkeit gegenüber Marktteilnehmern gewährleistet ist.

(3) Liegen die nach Abs. 1 und 2 nachzuweisenden Voraussetzungen nicht vor, hat die Behörde dies mit Bescheid festzustellen.

(4) Wird innerhalb von sechs Monaten nach der Anzeige des benannten Bilanzgruppenkoordinators nach Abs. 1 durch den Regelzonenführer kein Feststellungsbescheid erlassen, darf der benannte Bilanzgruppenkoordinator die Tätigkeit eines Bilanzgruppenkoordinators ausüben.

(5) Liegen die Voraussetzungen nach Abs. 1 und 2 nicht mehr vor, hat die Behörde die Berechtigung zur Ausübung der Tätigkeit eines Bilanzgruppenkoordinators abzuerkennen.

(6) Die Behörde hat von Amts wegen eine geeignete Person unter Berücksichtigung der in Abs. 1 und 2 festgelegten Voraussetzungen auszuwählen und zu verpflichten, die Aufgaben eines Bilanzgruppenkoordinators vorläufig zu übernehmen, wenn

a) keine rechtzeitige Anzeige eines Bilanzgruppenkoordinators nach Abs. 1 erfolgt ist,
b) die Behörde einen Feststellungsbescheid nach Abs. 3 erlassen hat oder
c) die Berechtigung zur Ausübung der Tätigkeit eines Bilanzgruppenkoordinators aberkannt worden ist.

Die Behörde hat diesen Bescheid aufzuheben, sobald vom Regelzonenführer die Benennung eines geeigneten Bilanzgruppenkoordinators angezeigt wird.

*) Fassung LGBl.Nr. 2/2006, 12/2010, 55/2011

§ 54b*)
Aufgaben und Pflichten des Bilanzgruppenkoordinators

(1) Der Bilanzgruppenkoordinator hat folgende Aufgaben:

a) die Vergabe von Identifikationsnummern der Bilanzgruppen;
b) die Bereitstellung von Schnittstellen im Bereich Informationstechnologie;
c) die Verwaltung der Fahrpläne zwischen Bilanzgruppen;
d) die Übernahme der von den Netzbetreibern in vorgegebener Form übermittelten Messdaten, deren Auswertung und Weitergabe an die betroffenen Marktteilnehmer und andere Bilanzgruppenverantwortliche entsprechend den in den Verträgen enthaltenen Vorgaben;
e) die Übernahme von Fahrplänen der Bilanzgruppenverantwortlichen und die Weitergabe an die betroffenen Marktteilnehmer (andere Bilanzgruppenverantwortliche) entsprechend den in den Verträgen enthaltenen Vorgaben;
f) die Bonitätsprüfung der Bilanzgruppenverantwortlichen;
g) die Mitarbeit bei der Ausarbeitung und Adaptierung von Regelungen im Bereich Kundenwechsel, Abwicklung und Abrechnung;
h) die Abrechnung und organisatorische Maßnahmen bei Auflösung von Bilanzgruppen;
i) die Aufteilung und Zuweisung der sich aufgrund der Verwendung von standardisierten Lastprofilen ergebenden Differenz auf die am Netz eines Netzbetreibers angeschlossenen Markteilnehmer nach Vorliegen der Messwerte nach transparenten Kriterien;
j) die Verrechnung der Clearinggebühren an die Bilanzgruppenverantwortlichen;
k) die Berechnung und Zuordnung der Ausgleichsenergie;
l) der Abschluss von Verträgen mit

1. Bilanzgruppenverantwortlichen, anderen Regelzonenführern, Netzbetreibern und Stromlieferanten (Erzeugern und Händlern);

2. Einrichtungen zum Zwecke des Datenaustausches zur Erstellung eines Indexes;
3. Strombörsen über die Weitergabe von Daten;
4. Lieferanten (Erzeugern und Stromhändlern) über die Weitergabe von Daten.

(2) Im Rahmen der Berechnung und Zuordnung der Ausgleichsenergie sind – soferne nicht besondere Regelungen im Rahmen von Verträgen nach § 113 Abs. 2 des Elektrizitätswirtschafts- und –organisationsgesetzes 2010 bestehen – jedenfalls

a) die Differenz von Fahrplänen zu Messdaten zu übernehmen und daraus Ausgleichsenergie zu ermitteln, zuzuordnen und zu verrechnen;
b) die Preise für Ausgleichsenergie entsprechend dem im § 10 des Verrechnungsstellengesetzes beschriebenen Verfahren zu ermitteln und in geeigneter Form ständig zu veröffentlichen;
c) die Entgelte für Ausgleichsenergie zu berechnen und den Bilanzgruppenverantwortlichen und Regelzonenführern mitzuteilen;
d) die verwendeten standardisierten Lastprofile zu verzeichnen, zu archivieren und in geeigneter Form zu veröffentlichen;
e) Informationen über die zur Sicherung eines transparenten und diskriminierungsfreien und möglichst liquiden Regelenergiemarktes erforderlichen Maßnahmen den Marktteilnehmern zu gewähren; dazu zählt die Veröffentlichung der in Anspruch genommenen Primärregelleistung und Sekundärregelleistung hinsichtlich Dauer und Höhe sowie der Ergebnisse des Ausschreibungsverfahrens nach § 31a dieses Gesetzes sowie nach § 69 des Elektrizitätswirtschafts- und -organisationsgesetzes 2010.

*) Fassung LGBl.Nr. 2/2006, 55/2011, 38/2014

VIII. Hauptstück
Förderung erneuerbarer Energien

§ 55*)
Fonds zur Förderung erneuerbarer Energien

(1) Der Fonds zur Förderung erneuerbarer Energien hat die Aufgabe, Mittel für die Erhöhung des Anteils erneuerbarer Energien in der Elektrizitätswirtschaft bereitzustellen und Energieeffizienzprogramme zu fördern.

(2) Der Fonds erhält seine Mittel aus

a) Zuweisungen an das Land nach dem Erneuerbaren-Ausbau-Gesetz (§ 78 EAG),
b) sonstigen Zuwendungen sowie
c) dem Zinsertrag der Fondsmittel.

(3) Der Fonds zur Förderung erneuerbarer Energien wird von der Landesregierung verwaltet und besitzt keine Rechtspersönlichkeit. Die ihm gemäß Abs. 2 zur Verfügung stehenden Mittel sind jedoch als ein gesondertes Vermögen zu verwalten. Die Mittel nach Abs. 2 lit. a sowie der dazu gehörende Zinsertrag dürfen nur entsprechend den Zweckwidmungen nach § 78 Abs. 2 EAG verwendet werden.

*) Fassung LGBl.Nr. 51/2007, 55/2011, 27/2019, 14/2022

IX. Hauptstück*)
Behörden, Allgemeine Bedingungen, Auskunftspflicht, Überwachungsaufgaben

*) Fassung LGBl.Nr. 55/2011, 27/2019

§ 56
Behörden

Behörde im Sinne dieses Gesetzes ist, soweit in diesem Gesetz nichts anderes bestimmt wird,

a) die Bezirkshauptmannschaft in den Angelegenheiten des II. Hauptstückes,
b) die Landesregierung in allen anderen Fällen.

§ 57*)
Genehmigung der Allgemeinen Bedingungen der Netzbetreiber und Bilanzgruppenverantwortlichen

(1) Die Netzbetreiber und die Bilanzgruppenverantwortlichen sind verpflichtet, alle zur Prüfung der Allgemeinen Bedingungen erforderlichen Angaben und Unterlagen mit dem Antrag um Genehmigung vorzulegen.

(2) Die Wirtschaftskammer Vorarlberg, die Kammer für Arbeiter und Angestellte für Vorarlberg und die Landwirtschaftskammer für Vorarlberg sind vor Erteilung der Genehmigung zu hören.

(3) Die Netzbetreiber haben die Kunden vor Vertragsabschluss über die wesentlichen Inhalte der Allgemeinen Bedingungen zu informieren. Zu diesem Zweck ist dem Kunden ein Informationsblatt auszuhändigen. Die in Anhang I der Richtlinie 2009/72/EG festgelegten Maßnahmen zum Schutz der Kunden sind einzuhalten.

(4) Die Allgemeinen Bedingungen und die Systemnutzungsentgelte sind von den Netzbetreibern und den Bilanzgruppenverantwortlichen den Netzzugangsberechtigten und den Kunden auf deren Verlangen auszufolgen und zu erläutern.

(5) Die Netzbetreiber und die Bilanzgruppenverantwortlichen haben die genehmigten Allgemeinen Bedingungen und die festgelegten Systemnutzungsentgelte in geeigneter Weise zu veröffentlichen.

(6) Die Netzbetreiber sind gemäß den §§ 41 und 47 des Elektrizitätswirtschafts- und –organisationsgesetzes 2010 verpflichtet, auf Verlangen der Regulierungsbehörde innerhalb angemessen festzusetzender Frist entsprechend geänderte Allgemeine Bedingungen zur Genehmigung vorzulegen, soweit dies zur Erreichung eines wettbewerbsorientierten Marktes erforderlich ist.

(7) Werden neue Allgemeine Netzbedingungen bzw. deren Änderungen von der Regulierungsbehörde genehmigt, hat der Netzbetreiber dies binnen vier Wochen nach der Genehmigung den

Netzbenutzern in einem persönlich an sie gerichteten Schreiben oder über Wunsch des Netzbenutzers elektronisch bekanntzugeben; auf Wunsch sind den Netzbenutzern die Allgemeinen Netzbedingungen bzw. deren Änderungen zur Verfügung zu stellen. In diesem Schreiben oder auf der Rechnung sind die neuen Allgemeinen Bedingungen bzw. die Änderungen und die Kriterien, die bei der Änderung einzuhalten sind, nachvollziehbar wiederzugeben. Die neuen Allgemeinen Netzbedingungen bzw. die Änderungen gelten ab dem nach Ablauf von drei Monaten folgenden Monatsersten nach Genehmigung durch die Regulierungsbehörde als vereinbart.

(8) Die Bilanzgruppenverantwortlichen sind gemäß § 87 Abs. 4 des Elektrizitätswirtschafts- und –organisationsgesetzes 2010 verpflichtet, auf Verlangen der Regulierungsbehörde innerhalb angemessen festzusetzender Frist entsprechend geänderte Allgemeine Bedingungen zur Genehmigung vorzulegen, soweit dies zur Erreichung eines wettbewerbsorientierten Marktes erforderlich ist.

*) Fassung LGBl.Nr. 51/2007, 55/2011

§ 57a*)
Anzeige der Allgemeinen Geschäftsbedingungen der Versorger

(1) Die Versorger sind verpflichtet, die Allgemeinen Geschäftsbedingungen nach § 45a Abs. 1 sowie ihre Änderungen der Regulierungsbehörde vor ihrem Inkrafttreten in elektronischer Form anzuzeigen und in geeigneter Form (z.B. im Internet) zu veröffentlichen.

(2) Die Versorger haben ihre Kunden nachweislich vor Abschluss eines Vertrages über die wesentlichen Vertragsinhalte einschließlich der Allgemeinen Geschäftsbedingungen zu informieren. Zu diesem Zweck ist dem Kunden ein Informationsblatt auszuhändigen. Dies gilt auch, wenn der Vertragsabschluss durch einen Vermittler angebahnt wird.

*) Fassung LGBl.Nr. 51/2007, 55/2011

§ 58
Eigener Wirkungsbereich

Die in den §§ 7 Abs. 3 und 38 Abs. 3 geregelten Aufgaben der Gemeinde sind solche des eigenen Wirkungsbereiches.

§ 59
Auskunftspflicht, Zutrittsrecht

(1) Die Behörde kann von den Elektrizitätsunternehmen jede Auskunft verlangen, die zur Erfüllung der nach diesem Gesetz obliegenden Aufgaben erforderlich ist. Das Elektrizitätsunternehmen ist verpflichtet, diese Auskünfte innerhalb der von der Behörde festgesetzten Frist zu erteilen. Auf Verlangen der Behörde ist Einsicht in die Wirtschafts- und Geschäftsaufzeichnungen zu gewähren. Gesetzlich anerkannte Verschwiegenheitspflichten werden von der Auskunftspflicht nicht berührt.

(2) Die Elektrizitätsunternehmen haben den Organen der Behörde zur Erfüllung der ihr nach diesem Gesetz obliegenden Aufgaben jederzeit ungehindert Zutritt zu den Erzeugungs-, Übertragungs- und Verteileranlagen zu gewähren.

(3) Ein Anspruch auf Ersatz der mit der Auskunftserteilung verbundenen Kosten besteht nicht.

§ 60*)
Automationsunterstützter Datenverkehr

(1) Personenbezogene Daten, die für die Durchführung von Verfahren nach diesem Gesetz erforderlich sind, die die Behörde in Erfüllung ihrer Aufsichtstätigkeit benötigt oder die der Behörde zur Kenntnis zu bringen sind, dürfen automationsunterstützt ermittelt und verarbeitet werden.

(2) Die Behörde ist ermächtigt, verarbeitete Daten im Rahmen von Verfahren nach diesem Gesetz zu übermitteln an:

a) die Beteiligten in diesem Verfahren;
b) Sachverständige, die dem Verfahren beigezogen werden;
c) ersuchte oder beauftragte Behörden (§ 55 AVG);
d) den zuständigen Bundesminister und
e) die Regulierungsbehörde.

*) Fassung LGBl.Nr. 55/2011, 27/2019

§ 60a*)
Überwachungsaufgaben

(1) Die Landesregierung hat den Elektrizitätsmarkt laufend zu überwachen, insbesondere

a) die Versorgungssicherheit in Bezug auf Zuverlässigkeit und Qualität des Netzes sowie die kommerzielle Qualität der Netzdienstleistungen,
b) den Grad der Transparenz am Elektrizitätsmarkt unter besonderer Berücksichtigung der Großhandelspreise,
c) den Grad und die Wirksamkeit der Marktöffnung und den Umfang des Wettbewerbs auf Großhandelsebene und Endverbraucherebene einschließlich etwaiger Wettbewerbsverzerrungen oder –beschränkungen,
d) etwaige restriktive Vertragspraktiken einschließlich Exklusivitätsbestimmungen, die große gewerbliche Kunden daran hindern können, gleichzeitig mit mehreren Anbietern Verträge zu schließen oder ihre Möglichkeiten dazu beschränken,
e) die Dauer und Qualität der von Übertragungs- und Verteilernetzbetreibern vorgenommenen Neuanschluss-, Wartungs- und sonstiger Reparaturdienste,
f) die Investitionen in die Erzeugungskapazitäten mit Blick auf die Versorgungssicherheit.

(2) Die Landesregierung hat laufend zu beobachten, ob ein Verteilernetzbetreiber, an dessen Verteilernetz mindestens 100.000 Kunden angeschlossen sind und der Teil eines vertikal integrierten Unternehmens ist, diesen Umstand zur Verzerrung des Wettbewerbs nutzt.

(3) Die Landesregierung hat der Regulierungsbehörde jährlich einen zusammenfassenden Bericht über die nach dem Gleichbehandlungsprogramm getroffenen Maßnahmen der Verteilernetzbetreiber vorzulegen und diesen Bericht mindestens zwei Monate auf dem Veröffentlichungsportal im Internet zu veröffentlichen (§ 4 ALReg-G).

(4) Die Behörde hat allfällige Verstöße von vertikal integrierten Verteilerunternehmen gegen die Bestimmungen der §§ 34 Abs. 1 lit. v, 34 Abs. 2 und 37a unverzüglich der Regulierungsbehörde mitzuteilen.

*) Fassung LGBl.Nr. 55/2011, 27/2019, 4/2022

X. Hauptstück
Straf-, Übergangs- und Schlussbestimmungen

§ 62*)
Strafbestimmungen

(1) Eine Verwaltungsübertretung begeht, wer

a) eine gemäß § 5 Abs. 1 bewilligungspflichtige Erzeugungsanlage ohne Bewilligung errichtet oder betreibt;
b) eine Erzeugungsanlage ohne die erforderliche Bewilligung ändert oder nach der Änderung betreibt (§ 5 Abs. 2);
c) den Netzzugang entgegen dem § 22 Abs. 1 ganz oder teilweise verweigert;
d) als Netzbetreiber keine Allgemeinen Bedingungen festsetzt oder geänderte Allgemeine Bedingungen nicht rechtzeitig zur Genehmigung vorlegt (§§ 23, 57 Abs. 6);
e) ein Übertragungs- oder Verteilernetz ohne geeigneten Betriebsleiter betreibt (§ 26);
f) eine vertraglich zugesicherte Leistung entgegen den Bestimmungen des § 27 unterbricht oder einstellt;
g) als Übertragungsnetzbetreiber entgegen dem § 29 einer Verpflichtung nicht nachkommt;
h) den Netzentwicklungsplan entgegen dem § 29a nicht zur Genehmigung vorlegt;
i) als Regelzonenführer entgegen dem § 31 einer Verpflichtung nicht nachkommt;
j) als Regelzonenführer entgegen dem § 31a Abs. 2 kein Präqualifikationsverfahren durchführt;
k) der als bestehend festgestellten Anschlusspflicht (§ 33) nicht innerhalb angemessener Frist entspricht;
l) als Verteilernetzbetreiber entgegen dem § 34 einer Verpflichtung nicht nachkommt;
m) seiner Verpflichtung zur Bestellung eines Geschäftsführers (§§ 35 Abs. 3 und 37 Abs. 2 lit. b Z. 2 oder Abs. 3) nicht nachkommt;
n) ein Verteilernetz ohne Konzession (§ 36) betreibt oder die besonderen Konzessionsvoraussetzungen (§ 37a) nicht erfüllt;
o) die Ausübung der Konzession ohne Bewilligung einem Pächter überträgt (§ 40);
p) als Versorger, zu dessen Tätigkeitsbereich die Versorgung von Haushaltskunden zählt, oder Netzbetreiber entgegen dem § 45 Abs. 3 bis 6, 8 oder 10 einer Verpflichtung nicht nachkommt;
q) als Versorger keine Allgemeinen Geschäftsbedingungen festsetzt oder geänderte Allgemeine Geschäftsbedingungen nicht rechtzeitig zur Genehmigung vorlegt (§§ 45a und 57a Abs. 1);
r) als Betreiber von Erzeugungsanlagen Verpflichtungen nach § 48 Abs. 2 bis 4 nicht einhält;
s) als Bilanzgruppenverantwortlicher entgegen den §§ 50 und 51 Abs. 1 einer Verpflichtung nicht nachkommt;
t) als Bilanzgruppenverantwortlicher keine Allgemeinen Bedingungen festsetzt oder geänderte Allgemeine Bedingungen nicht rechtzeitig zur Genehmigung vorlegt (§§ 52 und 57 Abs. 8);
u) die Tätigkeit als Bilanzgruppenverantwortlicher ohne Genehmigung (§ 53) ausübt;
v) als Bilanzgruppenkoordinator entgegen dem § 54b Abs. 2 einer Verpflichtung nicht nachkommt;
w) die in Entscheidungen, welche aufgrund dieses Gesetzes erlassen wurden, enthaltenen Gebote oder Verbote nicht einhält;
x) andere als in lit. a bis w genannte Gebote oder Verbote dieses Gesetzes oder aufgrund dieses Gesetzes erlassener Verordnungen nicht einhält.

(2) Übertretungen nach Abs. 1 lit. a, b, d, e, f, m, o, t, u, w und x sind von der Bezirkshauptmannschaft mit einer Geldstrafe bis zu 10.000 Euro zu bestrafen.

(3) Übertretungen nach Abs. 1 lit. j und r sind von der Bezirkshauptmannschaft mit einer Geldstrafe von 10.000 Euro bis 50.000 Euro zu bestrafen.

(4) Übertretungen nach Abs. 1 lit. c, g, h, i, k, l, n, p, q, s und v sind von der Bezirkshauptmannschaft mit einer Geldstrafe von 10.000 Euro bis 50.000 Euro, wenn die Übertretungen von Unternehmen begangen werden, an deren Netz mindestens 100.000 Kunden angeschlossen sind, mit einer Geldstrafe von 50.000 Euro bis 100.000 Euro zu bestrafen.

(5) Der Versuch ist strafbar.

*) Fassung LGBl.Nr. 2/2006, 51/2007, 55/2011, 44/2013, 38/2014, 27/2019

§ 63

Verwendung von Begriffen

Soweit in diesem Gesetz personenbezogene Begriffe verwendet werden, kommt ihnen keine geschlechtsspezifische Bedeutung zu. Sie sind bei der Anwendung auf bestimmte Personen in der jeweils geschlechtsspezifischen Form zu verwenden.

§ 64

Übergangsbestimmungen

(1) Elektrizitätsunternehmen, die am 19. Februar 1999 ein Verteilernetz rechtmäßig betreiben, gelten im Umfang ihrer bisherigen Tätigkeit als konzessioniert.

(2) Elektrizitätsunternehmen, die am 19. Februar 1999 ein Übertragungsnetz betreiben, dürfen dieses ohne Anzeige gemäß § 35 Abs. 1 weiterbetreiben.

(3) Geschäftsführer, die am 19. Februar 1999 rechtmäßig eingesetzt sind, gelten als nach diesem Gesetz genehmigt.

(4) Erzeugungsanlagen, die am 19. Februar 1999 rechtmäßig bestehen oder errichtet werden können, gelten als nach diesem Gesetz bewilligt. Die §§ 11 bis 13, 17 und 18 sind auf diese Erzeugungsanlagen anzuwenden.

(5) Endverbraucher, die sich am 1. Oktober 2001 noch keiner Bilanzgruppe angeschlossen haben oder keine eigene Bilanzgruppe bilden, sind Mitglied jener Bilanzgruppe, welcher der bisherige Versorger zu diesem Zeitpunkt angehört. Gehört dieser Versorger zu diesem Zeitpunkt ebenfalls keiner Bilanzgruppe an, so ist der bisherige Versorger verpflichtet, diese Endverbraucher so lange mit elektrischer Energie zu beliefern, bis der jeweilige Endverbraucher bzw. Versorger Mitglied einer Bilanzgruppe wird.

§ 64a*)

Übergangsbestimmungen zur Novelle LGBl.Nr. 2/2006

(1) Vertikal integrierte Elektrizitätsunternehmen oder zu einem vertikal integrierten Elektrizitätsunternehmen gehörende Unternehmen haben, sofern an deren Netz mehr als 100.000 Kunden angeschlossen sind und sie am 1. Juli 2004 Träger einer Konzession nach § 39 waren, ohne unnötigen Aufschub der Behörde ein Unternehmen zu benennen, auf das die Konzession bei Erfüllung der Konzessionsvoraussetzungen zu übertragen ist. Bei Erfüllung der Konzessionsvoraussetzungen hat das benannte Unternehmen einen Rechtsanspruch auf Erteilung der Konzession im bisher bestehenden Umfang. Die Benennung des bisherigen Konzessionsträgers ist zulässig, wenn die gesetzlich vorgesehenen Konzessionsvoraussetzungen erfüllt werden. Die Konzessionserteilung hat in Anwendung der §§ 36 bis 39 zu erfolgen.

(2) Kommt ein Elektrizitätsunternehmen seiner Verpflichtung zur Benennung eines geeigneten Konzessionsträgers nach Abs. 1 nicht nach, hat die Behörde die Konzession des bisherigen Konzessionsträgers zurückzunehmen; über die Einleitung des Verfahrens ist dem Bundesminister für Wirtschaft und Arbeit zu berichten. Zur Aufrechterhaltung des Netzbetriebes kann unter Anwendung des § 44 auch ein anderes Elektrizitätsunternehmen in das Netz des bisherigen Konzessionsträgers eingewiesen werden.

(3) Bescheide, die im Widerspruch zu § 30 Abs. 1 stehen, treten spätestens sechs Monate nach dem 25. Jänner 2006 außer Kraft. Verträge, die von einem Netzbetreiber unter Zugrundelegung von Allgemeinen Netzbedingungen für den Zugang zum Übertragungsnetz abgeschlossen wurden, gelten ab dem 25. Jänner 2006 als Verträge, denen die geltenden Allgemeinen Bedingungen für den Zugang zu einem Verteilernetz des betreffenden Netzbetreibers zugrunde liegen.

(4) Ein Verteilernetzbetreiber, der zu einem vertikal integrierten Unternehmen gehört und an dessen Netz mehr als 100.000 Kunden angeschlossen sind, hat im Falle der Verpachtung oder der Bestellung eines Geschäftsführers bis spätestens 30. Juni 2006 der Behörde nachzuweisen, dass der Pächter die in § 37a und der Geschäftsführer die in § 37a Abs. 2 lit. a und b festgesetzten Voraussetzungen erfüllt. Die §§ 40 Abs. 3 und 41 Abs. 3 gelten sinngemäß.

(5) Der am 30. Juni 2005 konzessionierte Bilanzgruppenkoordinator darf seine Tätigkeit vorläufig weiter ausüben.

(6) Unbeschadet der Regelung in Abs. 1 haben die hievon betroffenen Verteilernetzbetreiber bereits ab 25. Jänner 2006 sicherzustellen, dass sie hinsichtlich ihrer Organisation und Entscheidungsgewalt unabhängig von den übrigen Tätigkeitsbereichen eines vertikal integrierten Unternehmens sind, die nicht mit der Verteilung zusammenhängen und die zur Sicherstellung dieser Unabhängigkeit erforderlichen Maßnahmen nach § 37a Abs. 2 zu treffen.

*) Fassung LGBl.Nr. 2/2006

§ 64b*)

Übergangsbestimmungen zur Novelle LGBl.Nr. 55/2011

(1) Vertikal integrierte Verteilernetzbetreiber, an deren Netz mindestens 100.000 Kunden angeschlossen sind, sind verpflichtet, binnen drei Monaten nach Inkrafttreten des Gesetzes über eine Änderung des Elektrizitätswirtschaftsgesetzes, LGBl.Nr. 55/2011, jene Maßnahmen mitzuteilen, die gewährleisten, dass in ihrer Kommunikations- und Markenpolitik eine Verwechslung in Bezug auf die eigene Identität der Versorgungssparte des vertikal integrierten Unternehmens ausgeschlossen ist.

(2) Vertikal integrierte Verteilernetzbetreiber, an deren Netz mindestens 100.000 Kunden angeschlossen sind, haben binnen drei Monaten nach Inkrafttreten des Gesetzes über eine Änderung des Elektrizitätswirtschaftsgesetzes, LGBl.Nr. 55/2011, der Behörde nachzuweisen, dass die besondere Konzessionsvoraussetzung nach § 37a Abs. 2 lit. c erfüllt ist.

*) Fassung LGBl.Nr. 55/2011

§ 64c*)

Inkrafttretens- und Übergangsbestimmungen zur Novelle LGBl.Nr. 44/2013

(1) Art. LXXIII des Landesverwaltungsgerichts-Anpassungsgesetzes – Sammelnovelle, LGBl.Nr. 44/2013, tritt am 1. Jänner 2014 in Kraft.

(2) Am 31. Dezember 2013 beim ordentlichen Gericht anhängige Entschädigungsverfahren nach diesem Gesetz sind nach den Vorschriften vor LGBl.Nr. 44/2013 zu beenden.

*) Fassung LGBl.Nr. 44/2013

§ 64d

Inkrafttretens- und Übergangsbestimmungen zur Novelle LGBl.Nr. 4/2022

(1) Art. LXII des Gesetzes über Neuerungen im Zusammenhang mit Digitalisierung – Sammelnovelle, LGBl.Nr. 4/2022, ausgenommen die Änderungen betreffend die §§ 6 und 38 Abs. 1, tritt am 1. Juli 2022 in Kraft.

(2) Die Änderungen betreffend die §§ 6 und 38 Abs. 1 durch LGBl.Nr. 4/2022 treten am 1. Juli 2023 in Kraft.

(3) Kundmachungen nach § 14 Abs. 6 in der Fassung vor LGBl.Nr. 4/2022, die vor dem 1. Juli 2022 begonnen wurden, sind nach den Bestimmungen in der Fassung vor LGBl.Nr. 4/2022 zu beenden.

§ 65

Schlussbestimmungen

(1) Privatrechtliche Vereinbarungen, die den Bezug, die Lieferung und den Austausch oder den Transport von Elektrizität regeln, bleiben durch die Regelungen dieses Gesetzes unberührt.

(2) Der Landesvertrag 1926 in der Fassung 1940 und der Tiroler Landesvertrag 1949 mit seiner Ergänzung 1962, das Illwerkevertragswerk 1952 und das Illwerkevertragswerk 1988 bleiben durch die Regelungen dieses Gesetzes unberührt.

§ 66*)

*) aufgehoben durch LGBl.Nr. 55/2011

16. Wiener Elektrizitätswirtschaftsgesetz 2005

Gesetz über die Neuregelung der Elektrizitätswirtschaft

StF: LGBl. Nr. 46/2005

Letzte Novellierung: LGBl. Nr. 33/2022; CELEX-Nrn.: 32018L2001 und 32019L0944

Der Wiener Landtag hat am 23. Mai 2005 in Ausführung der Grundsatzbestimmungen des Elektrizitätswirtschafts- und -organisationsgesetzes, BGBl. I Nr. 143/1998 in der Fassung BGBl. I Nr. 63/2004, beschlossen:

GLIEDERUNG

X. Hauptstück
Übergangsbestimmungen
Schlussbestimmungen

Allgemeine Bestimmungen
Geltungsbereich und Ziele

§ 1. (1) Dieses Gesetz regelt die Erzeugung, Übertragung, Verteilung von und Versorgung mit Elektrizität sowie die Organisation der Elektrizitätswirtschaft in Wien.

(2) Dieses Gesetz findet keine Anwendung in Angelegenheiten, die nach Art. 10 des Bundes-Verfassungsgesetzes oder nach besonderen bundesverfassungsgesetzlichen Bestimmungen in Gesetzgebung und Vollziehung Bundessache sind.

(3) Ziel dieses Gesetzes ist es,

1. der Bevölkerung und der Wirtschaft elektrische Energie umweltfreundlich, kostengünstig, ausreichend, sicher und in hoher Qualität zur Verfügung zu stellen,
2. eine Marktorganisation für die Elektrizitätswirtschaft gemäß dem EU-Primärrecht und den Grundsätzen des Elektrizitätsbinnenmarktes gemäß der Elektrizitätsbinnenmarktrichtlinie zu schaffen,
3. durch die Schaffung geeigneter Rahmenbedingungen die Netz- und Versorgungssicherheit zu erhöhen und nachhaltig zu gewährleisten,
4. die Weiterentwicklung der Elektrizitätserzeugung aus erneuerbaren Energiequellen zu unterstützen und den Zugang zum Elektrizitätsnetz aus erneuerbaren Quellen zu gewährleisten,
5. einen Ausgleich für gemeinwirtschaftliche Verpflichtungen im Allgemeininteresse zu schaffen, die den Elektrizitätsunternehmen auferlegt wurden und die sich auf die Sicherheit, einschließlich der Versorgungssicherheit, die Regelmäßigkeit, die Qualität und den Preis der Lieferungen sowie auf den Umweltschutz beziehen,
6. die Bevölkerung und die Umwelt vor Gefährdungen und unzumutbaren Belästigungen durch Erzeugungsanlagen zu schützen,
7. die bei der Erzeugung zum Einsatz gelangende Energie möglichst effizient einzusetzen,
8. das Potenzial der Kraft-Wärme-Kopplung (KWK) und KWK-Technologien gemäß Anlage II ElWOG 2010 als Mittel zur Energieeinsparung und Gewährleistung der Versorgungssicherheit nachhaltig zu nutzen,
9. das öffentliche Interesse an der Versorgung mit elektrischer Energie, insbesondere aus heimischen, erneuerbaren Ressourcen, bei der Bewertung von Infrastrukturprojekten zu berücksichtigen,
10. die Auswirkungen des Klimawandels auf die Elektrizitätsversorgung durch geeignete Maßnahmen zu berücksichtigen,
11. den Import von Atomstrom möglichst hintan zu halten und
12. die Überwachung von Entwicklungen in der Nachbarschaft von Anlagen, die den Bestimmungen des 4. Abschnitts unterliegen, einschließlich Verkehrswegen, öffentlich genutzten Örtlichkeiten und Wohngebieten sicherzustellen, wenn diese Ansiedlungen oder Entwicklungen Ursache von schweren Unfällen sein oder das Risiko eines schweren Unfalls vergrößern oder die Folgen eines solchen Unfalls verschlimmern können.

Begriffsbestimmungen und Verweisungen

§ 2. (1) Im Sinne dieses Gesetzes bezeichnet der Ausdruck

1. „aerothermische Energie“ Energie, die in Form von Wärme in der Umgebungsluft gespeichert ist;

1a. „Agentur“ die Agentur für die Zusammenarbeit der Energieregulierungsbehörden gemäß Verordnung 2009/713/EG;

2. „Anschlussleistung“ jene für die Netznutzung an der Übergabestelle vertraglich vereinbarte Leistung;

2a. „Ausfallsreserve“ jenen Anteil der Sekundärregelung, der automatisch oder manuell angesteuert werden kann und vorrangig der Abdeckung des Ausfalls des größten Kraftwerkblocks in der Regelzone dient;

3. „Ausgleichsenergie“ die Differenz zwischen dem vereinbarten Fahrplanwert und dem tatsächlichen Bezug oder der tatsächlichen Lieferung der Bilanzgruppe je definierter Messperiode, wobei die elektrische Energie je Messperiode tatsächlich erfasst oder rechnerisch ermittelt werden kann;

3a. „befugte Fachkraft“ eine Person, die nach den für die Berufsausübung maßgeblichen Vorschriften zur Ausübung des Gewerbes der Elektrotechnik berechtigt ist;;

4. „Betriebsstätte“ jenes räumlich zusammenhängende Gebiet, auf dem regelmäßig eine auf Gewinn oder sonstigen wirtschaftlichen Vorteil gerichtete Tätigkeit selbstständig ausgeübt wird;

5. „Bilanzgruppe“ die Zusammenfassung von Lieferanten und Kunden zu einer virtuellen Gruppe, innerhalb derer ein Ausgleich zwischen Aufbringung (Bezugsfahrpläne, Einspeisungen) und Abgabe (Lieferfahrpläne, Ausspeisungen) erfolgt;
6. „Bilanzgruppenkoordinator“ eine natürliche oder juristische Person oder eingetragene Personengesellschaft, die eine Verrechnungsstelle betreibt;
7. „Bilanzgruppenverantwortlicher“ eine gegenüber anderen Marktteilnehmern und dem Bilanzgruppenkoordinator zuständige Stelle einer Bilanzgruppe, welche die Bilanzgruppe vertritt;
7a. „Blackout“ ein überregionaler und länger andauernder totaler Strom- oder Infrastrukturausfall;
7b. „Bürgerenergiegemeinschaft“ eine Rechtsperson, die elektrische Energie erzeugt, verbraucht, speichert oder verkauft, im Bereich der Aggregierung tätig ist oder Energiedienstleistungen für ihre Mitglieder erbringt und von Mitgliedern bzw. Gesellschaftern gemäß § 16b Abs. 3 ElWOG 2010 kontrolliert wird;
7c. „Demonstrationsprojekt“ ein Vorhaben, das eine in der Union völlig neue Technologie („first of its kind“) demonstriert, die eine wesentliche, weit über den Stand der Technik hinausgehende Innovation darstellt;
8. „dezentrale Erzeugungsanlage“ eine Erzeugungsanlage, die an ein öffentliches Mittel- oder Niederspannungs-Verteilernetz (Bezugspunkt Übergabestelle) angeschlossen ist und somit Verbrauchernähe aufweist oder eine Erzeugungsanlage, die der Eigenversorgung dient;
9. „Direktleitung“ entweder eine Leitung, die einen einzelnen Produktionsstandort mit einem einzelnen Kunden verbindet oder eine Leitung, die einen Elektrizitätserzeuger und ein Elektrizitätsversorgungsunternehmen zum Zwecke der direkten Versorgung mit ihrer eigenen Betriebsstätte, Tochterunternehmen und zugelassenen Kunden verbindet; Leitungen innerhalb von Wohnhausanlagen gelten nicht als Direktleitungen;
10. „Einspeiser“ einen Erzeuger oder ein Elektrizitätsunternehmen, der oder das elektrische Energie in ein Netz abgibt;
11. „Elektrizitätsunternehmen“ eine natürliche oder juristische Person oder eine eingetragene Personengesellschaft, die in Gewinnabsicht von den Funktionen der Erzeugung, der Übertragung, der Verteilung, der Lieferung oder des Kaufs von elektrischer Energie mindestens eine wahrnimmt und die kommerzielle, technische oder wartungsbezogene Aufgaben im Zusammenhang mit diesen Funktionen wahrnimmt, mit Ausnahme der Endverbraucher;
11a. „endgültige Stilllegungen“ Maßnahmen, die den Betrieb der Erzeugungsanlage endgültig ausschließen oder bewirken, dass eine Anpassung der Einspeisung nicht mehr gefordert werden kann;
12. „Endverbraucher“ eine natürliche oder juristische Person oder eingetragene Personengesellschaft, die Elektrizität für den Eigenverbrauch kauft;
13. „Energieeffizienz/Nachfragesteuerung“ ein globales oder integriertes Konzept zur Steuerung der Höhe und des Zeitpunkts des Elektrizitätsverbrauchs, das den Primärenergieverbrauch senken und Spitzenlasten verringern soll, indem Investitionen zur Steigerung der Energieeffizienz oder anderen Maßnahmen wie unterbrechbaren Lieferverträgen Vorrang vor Investitionen zur Steigerung der Erzeugungskapazität eingeräumt wird, wenn sie unter Berücksichtigung der positiven Auswirkungen eines geringeren Energieverbrauchs auf die Umwelt und der damit verbundenen Aspekte einer größeren Versorgungssicherheit und geringerer Verteilungskosten die wirksamste und wirtschaftlichste Option darstellen;
14. „Engpassleistung“ die durch den leistungsschwächsten Teil begrenzte, höchstmögliche elektrische Dauerleistung einer Erzeugungsanlage mit allen Maschineneinsätzen;
14a. „Engpassmanagement“ die Gesamtheit von kurz-, mittel- und langfristigen Maßnahmen, welche nach Maßgabe der systemtechnischen Anforderungen ergriffen werden können, um unter Berücksichtigung der Netz- und Versorgungssicherheit Engpässe im Übertragungsnetz zu vermeiden oder zu beseitigen;
15. „Entnehmer“ einen Endverbraucher oder einen Netzbetreiber, der elektrische Energie aus dem Netz bezieht;
16. „ENTSO (Strom)“ den Europäischen Verbund der Übertragungsnetzbetreiber für Strom gemäß Art. 5 der Verordnung 2009/714/EG;
16a. „Erneuerbare-Energie-Gemeinschaft“ eine Rechtsperson, die es ermöglicht, die innerhalb der Gemeinschaft erzeugte Energie gemeinsam zu nutzen; deren Mitglieder oder Gesellschafterinnen bzw. Gesellschafter müssen im Nahebereich gemäß § 16c Abs. 2 ElWOG 2010 angesiedelt sein;
17. „erneuerbare Energiequelle“ eine erneuerbare, nichtfossile Energiequelle (Wind, Sonne, Erdwärme, Wellen- und Gezeitenenergie, Wasserkraft, aero- und hydrothermische Energie, Biomasse, Abfall mit hohem biogenem Anteil, Deponiegas, Klärgas und Biogas);
18. „Erzeuger“ eine natürliche oder juristische Person oder eine eingetragene Personengesellschaft, die Elektrizität erzeugt;
19. „Erzeugung“ die Produktion von Elektrizität;
20. „Erzeugung aus Kraft-Wärme-Kopplung (KWK-Erzeugung)“

die Summe von Strom, mechanischer Energie und Nutzwärme aus KWK;

21. „Erzeugungsanlage" ein Kraftwerk oder einen Kraftwerkspark;

22. „Fahrplan" jene Unterlage, die angibt, in welchem Umfang elektrische Leistung als prognostizierter Leistungsmittelwert in einem konstanten Zeitraster (Messperioden) an bestimmten Netzpunkten eingespeist oder entnommen wird oder zwischen Bilanzgruppen ausgetauscht wird;

23. „Fotovoltaikanlagen" Anlagen, die mit Hilfe der Halbleitertechnik Sonnenlicht direkt in Elektrizität umwandeln;

23a. „Gemeinschaftliche Erzeugungsanlage" Erzeugungsanlage, die elektrische Energie zur Deckung des Verbrauchs der teilnehmenden Berechtigten erzeugt;

24. „Gesamtwirkungsgrad" die Summe der jährlichen Erzeugung von Strom, mechanischer Energie und Nutzwärme im Verhältnis zum Brennstoff, der für die in KWK erzeugte Wärme und die Bruttoerzeugung von Strom und mechanischer Energie eingesetzt wurde;

24a. „Hauptleitung" die Verbindungsleitung zwischen dem Hausanschlusskasten und den Zugangsklemmen der Vorzählersicherungen;

25. „Haushaltskunden" Kunden, die Elektrizität für den Eigenverbrauch im Haushalt kaufen; dies schließt gewerbliche und berufliche Tätigkeiten nicht mit ein;

26. „Herkunftsnachweis für KWK-Anlagen" eine Bescheinigung, die belegt, dass die in das öffentliche Netz eingespeist bzw. an Dritte gelieferte Energie in einer hocheffizienten KWK-Anlage erzeugt worden ist;

27. „Hilfsdienste" alle Dienstleistungen, die zum Betrieb eines Übertragungs- oder Verteilernetzes erforderlich sind;

28. „hocheffiziente Kraft-Wärme-Kopplung" die KWK, die den in Anlage IV ElWOG 2010 festgelegten Kriterien entspricht;

29. „horizontal integriertes Elektrizitätsunternehmen" ein Unternehmen, das mindestens eine der Funktionen kommerzieller Erzeugung, Übertragung, Verteilung von oder Versorgung mit Elektrizität wahrnimmt und das außerdem eine weitere Tätigkeit außerhalb des Elektrizitätsbereichs ausübt;

29a. „hydrothermische Energie" Energie, die in Form von Wärme in Oberflächengewässern gespeichert ist;

30. „in KWK erzeugter Strom" Strom, der in einem Prozess erzeugt wurde, der an die Erzeugung von Nutzwärme gekoppelt ist und der gemäß der in Anlage III ElWOG 2010 festgelegten Methode berechnet wird;

31. „integriertes Elektrizitätsunternehmen" ein vertikal oder horizontal integriertes Elektrizitätsunternehmen;

31a. „intelligentes Messgerät" eine technische Einrichtung, die den tatsächlichen Energieverbrauch und Nutzungszeitraum zeitnah misst, und die über eine fernauslesbare, bidirektionale Datenübertragung verfügt;

31b. „Kleinsterzeugungsanlagen" eine oder mehrere Erzeugungsanlagen, deren Engpassleistung in Summe weniger als 0,8 kW pro Anlage einer Netzbenutzerin oder eines Netzbenutzers beträgt;

32. „Kleinunternehmen" Unternehmen im Sinne des § 1 Abs. 1 Z 1 KSchG, die weniger als 50 Personen beschäftigen, weniger als 100 000 kWh/Jahr an Elektrizität verbrauchen und einen Jahresumsatz oder eine Jahresbilanzsumme von höchstens 10 Millionen Euro haben;

33. „Kontrolle" Rechte, Verträge oder andere Mittel, die einzeln oder zusammen unter Berücksichtigung aller tatsächlichen oder rechtlichen Umstände die Möglichkeit gewähren, einen bestimmenden Einfluss auf die Tätigkeit eines Unternehmens auszuüben, insbesondere durch

a) Eigentums- oder Nutzungsrechte an der Gesamtheit oder an Teilen des Vermögens des Unternehmens,

b) Rechte oder Verträge, die einen bestimmenden Einfluss auf die Zusammensetzung, die Beratungen oder Beschlüsse der Organe des Unternehmens gewähren;

34. „Konzernunternehmen" ein rechtlich selbstständiges Unternehmen, das mit einem anderen rechtlich selbstständigen Unternehmen im Sinne des § 228 Abs. 3 UGB verbunden ist;

35. „Kraft-Wärme-Kopplung (KWK)" die gleichzeitige Erzeugung thermischer Energie und elektrischer und/oder mechanischer Energie in einem Prozess;

36. „Kraftwärmekopplungsanlage (KWK-Anlage)" eine Anlage zur Erzeugung von elektrischer Energie, in der gleichzeitig elektrische Energie und Nutzwärme erzeugt wird;

37. „Kraft-Wärme-Verhältnis" (Stromkennzahl) das anhand der Betriebsdaten des spezifischen Blocks berechnete Verhältnis von KWK-Strom zu Nutzwärme im vollständigen KWK-Betrieb;

38. „Kraftwerk" eine Anlage, die dazu bestimmt ist, durch Energieumwandlung elektrische Energie mit einer Leistung von mehr als 100 Watt bei einer Spannung von mehr als 42 Volt (Starkstrom) zu erzeugen. Sie kann aus mehreren Erzeugungseinheiten bestehen und umfasst auch alle zugehörigen Hilfsbetriebe und Nebeneinrichtungen für die Erzeugung, Übertragung und Verteilung (zB Anlagen zur Umformung von elektrischer Energie, Schaltanlagen), soweit sie nicht unter das Wiener Starkstromwegegesetz fallen;

39. „Kraftwerkspark“ eine Gruppe von Kraftwerken, die über einen gemeinsamen Netzanschluss verfügt;
40. „Kunden“ Endverbraucher, Stromhändler und Elektrizitätsunternehmen, die elektrische Energie kaufen;
41. „KWK-Block“ einen Block, der im KWK-Betrieb betrieben werden kann;
42. „KWK-Kleinanlagen“ KWK-Blöcke mit einer installierten Kapazität unter 1 MW;
43. „KWK-Kleinstanlage“ eine KWK-Anlage mit einer Kapazität von höchstens 50 kW;
44. „Lastprofil“ eine in Zeitintervallen dargestellte Bezugsmenge oder Liefermenge eines Einspeisers oder Entnehmers; Soweit Energie von einer gemeinschaftlichen Erzeugungsanlage und innerhalb einer Bürgerenergiegemeinschaft sowie einer Erneuerbare-Energie-Gemeinschaft den Mitgliedern bzw. den teilnehmenden Berechtigten zur Verfügung gestellt wird, begründet dieser Vorgang keine Lieferanteneigenschaft;
45. „Lieferant“ eine natürliche oder juristische Person oder eine eingetragene Personengesellschaft, die Elektrizität anderen natürlichen oder juristischen Personen zur Verfügung stellt. Soweit Energie von einer gemeinschaftlichen Erzeugungsanlage und innerhalb einer Bürgerenergiegemeinschaft sowie einer Erneuerbare-Energie-Gemeinschaft den Mitgliedern bzw. den teilnehmenden Berechtigten zur Verfügung gestellt wird, begründet dieser Vorgang keine Lieferanteneigenschaft;
46. „Marktregeln“ die Summe aller Vorschriften, Regelungen und Bestimmungen auf gesetzlicher oder vertraglicher Basis, die Marktteilnehmer im Elektrizitätsmarkt einzuhalten haben, um ein geordnetes Funktionieren dieses Marktes zu ermöglichen und zu gewährleisten;
47. „Marktteilnehmer“ Bilanzgruppenverantwortliche, Versorger, Stromhändler, Erzeuger, Lieferanten, Netzbenutzer, Kunden, Endverbraucher, Erneuerbare-Energie-Gemeinschaften, Bürgerenergiegemeinschaften, Bilanzgruppenkoordinatoren, Strombörsen, Netzbetreiber und Regelzonenführer;

47a. „Herkunftsnachweis“ eine Bestätigung, die den Primärenergieträger, aus dem eine bestimmte Einheit elektrischer Energie erzeugt wurde, belegt. Hierunter fallen insbesondere Herkunftsnachweise für Strom aus fossilen Energiequellen, Herkunftsnachweise für Strom aus hocheffizienter KWK sowie Herkunftsnachweise gemäß § 10 ÖSG 2012 und § 83 Erneuerbaren-Ausbau-Gesetz (EAG);

48. „Netzanschluss“ die physische Verbindung der Anlage eines Kunden oder Erzeugers mit dem Netzsystem;
49. „Netzanschlusspunkt“ die technisch geeignete Stelle des zum Zeitpunkt des Vertragsabschlusses für die Herstellung des Anschlusses bestehenden Netzes, an der elektrische Energie eingespeist und entnommen wird, unter Berücksichtigung der wirtschaftlichen Interessen des Netzzugangsberechtigten sowie den sonstigen in den Allgemeinen Bedingungen für den Zugang zum Verteilernetz enthaltenen Kriterien; ein Recht auf Änderung der Netzebene kann davon nicht abgeleitet werden;
50. „Netzbenutzer“ jede natürliche oder juristische Person oder eine eingetragene Personengesellschaft, die elektrische Energie in ein Netz einspeist oder aus einem Netz entnimmt;
51. „Netzbereich“ jenen Teil eines Netzes, für dessen Benutzung dieselben Preisansätze gelten;
52. „Netzbetreiber“ den Betreiber von Übertragungs- oder Verteilernetzen mit einer Nennfrequenz von 50 Hz;
53. „Netzebene“ einen im Wesentlichen durch das Spannungsniveau bestimmten Teilbereich des Netzes;

53a. „Netzreserve“ die Vorhaltung von zusätzlicher Erzeugungsleistung oder reduzierter Verbrauchsleistung zur Beseitigung von Engpässen im Übertragungsnetz im Rahmen des Engpassmanagements, welche gesichert innerhalb von 10 Stunden Vorlaufzeit aktivierbar ist;

53b. „Netzreservevertrag“ ein Vertrag, der zwischen der Regelzonenführerin oder dem Regelzonenführer und einer Anbieterin oder einem Anbieter abgeschlossen wird und die Erbringung von Netzreserve gemäß Z 52a zum Inhalt hat;

54. „Netzzugang“ die Nutzung eines Netzsystems;
55. „Netzzugangsberechtigter“ eine natürliche oder juristische Person oder eingetragene Personengesellschaft, die Netzzugang begehrt, insbesondere auch Elektrizitätsunternehmen, soweit dies zur Erfüllung ihrer Aufgaben erforderlich ist;
56. „Netzzugangsvertrag“ die individuelle Vereinbarung zwischen einem Netzzugangsberechtigten und einem Netzbetreiber, die den Netzanschluss und die Inanspruchnahme des Netzes regelt;
57. „Netzzutritt“ die erstmalige Herstellung eines Netzanschlusses oder die Erhöhung der Anschlussleistung eines bestehenden Netzanschlusses;

57a. „Notstromaggregat“ eine mit Hilfe eines Verbrennungsmotors betriebene Stromerzeugungsanlage, die ausschließlich der Stromerzeugung während eines Ausfalls der Stromversorgung aus dem öffentlichen Netz (Versorgungsunterbrechung) dient;

58. „Nutzwärme“ die in einem KWK-Prozess zur Befriedigung eines wirtschaftlich vertretbaren Wärme- oder Kühlbedarfs erzeugte Wärme;

58a. „(n-1)-Kriterium und (n-1)-Sicherheit in Übertragungs- und Verteilernetzen“ technische Größen, die für die Planung und den sicheren Betrieb dieser Netze verwendet werden; das (n-1)-Kriterium und die (n-1)-Sicherheit in Netzen mit mehr als 36 kV (Hoch- und Höchstspannungsnetze) ist dann erfüllt, wenn nach Ausfall eines Betriebsmittels keine daraus resultierende Versorgungsunterbrechung, keine thermische Überlastung von Betriebsmitteln, keine Verletzung von Spannungstoleranzen, keine Verletzung von Grenzen der Kurzschlussleistung und dergleichen eintreten; das (n-1)-Kriterium und die (n-1)-Sicherheit in Netzen mit mehr als 1 kV bis 36 kV (Mittelspannungsnetze) ist dann erfüllt, wenn nach Ausfall eines Betriebsmittels eine daraus resultierende Versorgungsunterbrechung durch Umschaltmaßnahmen beendet werden kann, ohne dass die bei den Hoch- und Höchstspannungsnetzen genannten Überlastungszustände eintreten;

59. „Primärregelung" eine automatisch wirksam werdende Wiederherstellung des Gleichgewichtes zwischen Erzeugung und Verbrauch mit Hilfe eines definierten frequenzabhängigen Verhaltens von Erzeugungs- und/oder Verbrauchseinheiten, welche im Zeitbereich bis höchstens 30 Sekunden nach Störungseintritt vollständig aktivierbar sein muss;;

60. „Regelzone" die kleinste Einheit des Verbundnetzes, die mit einer Leistungs-Frequenz-Regelung ausgerüstet und betrieben wird;

61. „Regelzonenführer" denjenigen, der für die Leistungs-Frequenz-Regelung in einer Regelzone verantwortlich ist, wobei diese Funktion auch seitens eines dritten Unternehmens erfüllt werden kann, das seinen Sitz in einem anderen Mitgliedstaat der Europäischen Union hat;

61a. „Repowering" die Modernisierung von bestehenden Kraftwerken, die erneuerbare Energie produzieren, einschließlich des vollständigen oder teilweisen Austauschs von bestehenden Anlagen oder bestehenden Betriebssystemen und -geräten zum Austausch von Kapazität oder zur Steigerung der Effizienz oder der Kapazität der Anlage;

62. „Reservestrom" den Strom, der über das Elektrizitätsnetz in den Fällen geliefert wird, in denen der KWK-Prozess unter anderem durch Wartungsarbeiten unterbrochen oder abgebrochen ist;

63. „Regulierungsbehörde" die Behörde, die gemäß E-ControlG zur Besorgung der Regulierungsaufgaben im Bereich der Elektrizitäts- und Erdgaswirtschaft eingerichtet ist;

63a. „saisonaler Netzreservevertrag" ein Netzreservevertrag gemäß Z 53b, der für den Zeitraum einer Winter- oder Sommersaison abgeschlossen wird. Als Sommersaison gilt dabei der Zeitraum gemäß Z 69b, die Wintersaison hingegen umfasst den Zeitraum von jeweils 1. Oktober eines Kalenderjahres bis jeweils 30. April des darauffolgenden Kalenderjahres. In beiden Fällen besteht für Beginn und Ende des Vertrags eine Toleranzbandbreite von jeweils einem Kalendermonat nach oben sowie nach unten;

64. „Sekundärregelung" die automatisch wirksam werdende und erforderlichenfalls ergänzend manuell angesteuerte Rückführung der Frequenz und der Austauschleistung mit anderen Regelzonen auf die Sollwerte nach Störung des Gleichgewichtes zwischen erzeugter und verbrauchter Wirkleistung mit Hilfe von zentralen oder dezentralen Einrichtungen. Die Sekundärregelung umfasst auch die Ausfallsreserve. Die Wiederherstellung der Sollfrequenz kann im Bereich von mehreren Minuten liegen;

65. „Sicherheit" sowohl die Sicherheit der Elektrizitätsversorgung und -bereitstellung als auch die Betriebssicherheit;

66. „standardisiertes Lastprofil" ein durch ein geeignetes Verfahren ermitteltes und für eine bestimmte Einspeiser- oder Entnehmergruppe charakteristisches Lastprofil;

67. „Stand der Technik" den auf den einschlägigen wissenschaftlichen Erkenntnissen beruhenden Entwicklungsstand fortschrittlicher technologischer Verfahren, Einrichtungen und Betriebsweisen, deren Funktionstüchtigkeit erprobt und erwiesen ist. Bei der Bestimmung des Standes der Technik sind insbesondere vergleichbare Verfahren, Einrichtungen oder Betriebsweisen heranzuziehen, wobei auf die wirtschaftliche Anwendbarkeit Bedacht zu nehmen ist;

68. „Stromhändler" eine natürliche oder juristische Person oder eine eingetragene Personengesellschaft, die elektrische Energie in Gewinnabsicht verkauft;

68a. „Stromspeicher (Stromspeichersystem)" Anlagen, die zeitverzögert, direkt und wiederkehrend (mehrfach) der Entnahme und der Rücklieferung von elektrischer Energie in das Verbundnetz dienen;

69. „Systembetreiber" einen Netzbetreiber, der über die technisch-organisatorischen Einrichtungen verfügt, um alle zur Aufrechterhaltung des Netzbetriebes notwendigen Maßnahmen setzen zu können;

69a. „teilnehmende Berechtigte oder teilnehmender Berechtigter" eine juristische oder natürliche Person oder eine eingetragene Personengesellschaft, die mit ihrer oder seiner Verbrauchsanlage einer gemeinschaftlichen Erzeugungsanlage zugeordnet ist;

69b. „temporäre saisonale Stilllegungen" temporäre Stilllegungen gemäß Z 69c, die von einer Betreiberin oder einem Betreiber einer Erzeugungsanlage für den Zeitraum von jeweils 1. Mai bis jeweils 30. September eines Kalenderjahres gemäß § 23a verbindlich angezeigt werden. Für die Festlegung von Beginn und

Ende des Stilllegungszeitraumes steht der Betreiberin oder dem Betreiber der Erzeugungsanlage eine Toleranzbreite von jeweils einem Monat nach oben sowie nach unten zu;

69c. „temporäre Stilllegungen“ vorläufige Maßnahmen mit Ausnahme von Revisionen und technisch bedingten Störungen, die bewirken, dass die Erzeugungsanlage innerhalb von 72 Stunden nicht mehr anfahrbereit gehalten wird, aber wieder betriebsbereit gemacht werden kann; hiermit wird keine Betriebseinstellung der Anlage bewirkt;

70. „Tertiärregelung“ das längerfristig wirksam werdende, manuell oder automatisch ausgelöste Abrufen von elektrischer Leistung, die zur Unterstützung bzw. Ergänzung der Sekundärregelung bzw. zur längerfristigen Ablösung von bereits aktivierter Sekundärregelleistung dient (Minutenreserve);

71. „Übertragung“ den Transport von Elektrizität über ein Höchstspannungs- und Hochspannungsverbundnetz zum Zwecke der Belieferung von Endkunden oder Verteilern, jedoch mit Ausnahme der Versorgung;

72. „Übertragungsnetz“ ein Hochspannungsverbundnetz mit einer Spannungshöhe von 110 kV und darüber, das dem überregionalen Transport von elektrischer Energie dient;

73. „Übertragungsnetzbetreiber“ eine natürliche oder juristische Person, die verantwortlich für den Betrieb, die Wartung sowie erforderlichenfalls den Ausbau des Übertragungsnetzes und gegebenenfalls der Verbindungsleitungen zu anderen Netzen sowie für die Sicherstellung der langfristigen Fähigkeit des Netzes, eine angemessene Nachfrage nach Übertragung von Elektrizität zu befriedigen, ist; Übertragungsnetzbetreiber in Wien ist die Austrian Power Grid AG oder deren Rechtsnachfolger;

74. „Verbindungsleitungen“ eine Anlage, die zur Verbundschaltung von Elektrizitätsnetzen dient;

75. „verbundenes Elektrizitätsunternehmen“

a) ein verbundenes Unternehmen im Sinne des § 228 Abs. 3 UGB,

b) ein assoziiertes Unternehmen im Sinne des § 263 Abs. 1 UGB oder

c) zwei oder mehrere Unternehmen, deren Aktionäre ident sind;

76. „Verbundnetz“ eine Anzahl von Übertragungs- und Verteilernetzen, die durch eine oder mehrere Verbindungsleitungen miteinander verbunden sind;

77. „Versorger“ eine natürliche oder juristische Person oder eine eingetragene Personengesellschaft, die die Versorgung wahrnimmt;

78. „Versorgung“ den Verkauf einschließlich des Weiterverkaufs von Elektrizität an Kunden;

78a. „Versorgungssicherheit“ die Fähigkeit eines Gesamtsystems von Kraftwerken und Netzen, Endverbraucherinnen und Endverbrauchern elektrische Energie physikalisch mit definierter Zuverlässigkeit und Qualität jederzeit und dauerhaft zur Verfügung zu stellen;

78b. „Versorgungstätigkeit“ jede entgeltliche Belieferung von Endverbraucherinnen oder Endverbrauchern mit elektrischer Energie einschließlich kommerzielle, technische oder wartungsbezogene Tätigkeiten, die im Zusammenhang mit der Belieferung ausgeübt werden;

79. „Verteilernetzbetreiber“ eine natürliche oder juristische Person oder eingetragene Personengesellschaft, die verantwortlich ist für den Betrieb, die Wartung sowie erforderlichenfalls den Ausbau des Verteilernetzes in einem bestimmten Gebiet und gegebenenfalls der Verbindungsleitungen zu anderen Netzen sowie für die Sicherstellung der langfristigen Fähigkeit des Netzes, eine angemessene Nachfrage nach Verteilung von Elektrizität zu befriedigen;

80. „Verteilung“ den Transport von Elektrizität über Hoch-, Mittel- oder Niederspannungs-Verteilernetze zum Zwecke der Belieferung von Kunden, jedoch mit Ausnahme der Versorgung;

81. „vertikal integriertes Elektrizitätsunternehmen“ ein Unternehmen oder eine Gruppe von Unternehmen, in der dieselbe Person berechtigt ist, direkt oder indirekt Kontrolle auszuüben, wobei das betreffende Unternehmen bzw. die betreffende Gruppe mindestens eine der Funktionen Übertragung oder Verteilung und mindestens eine der Funktionen Erzeugung von oder Versorgung mit Elektrizität wahrnimmt;

81a. „volatile Erzeugungsanlage“ Erzeugung von Strom aus Windenergie oder aus solarer Strahlungsenergie;

81b. „Warnstufe Gelb“ die Aktivierung des Krisenstabs bei der Regelzonenführerin bzw. dem Regelzonenführer als präventive Maßnahme zur organisatorischen Vorbereitung laufender Lagebeurteilungen sowie zur Erfüllung sonstiger Aufgaben im Energielenkungsfall;

82. „Wirkungsgrad“ den auf der Grundlage des unteren Heizwerts der Brennstoffe berechneten Wirkungsgrad;

83. „Wirkungsgrad-Referenzwerte für die getrennte Erzeugung“ die Wirkungsgrade einer alternativen getrennten Erzeugung von Wärme und Strom, die durch KWK ersetzt werden soll;

83a. „wirtschaftlich vertretbarer Bedarf“ den Bedarf, der die benötigte Wärme- oder Kühlungsleistung nicht überschreitet und der sonst durch andere Energieproduktionsprozesse als KWK zu Marktbedingungen gedeckt würde;

83b. „wirtschaftlicher Vorrang“ die Rangfolge der Elektrizitätsquellen nach wirtschaftlichen Gesichtspunkten;

84. „Zählpunkt“ die Einspeise- bzw. Entnahmestelle, an der eine Strommenge messtechnisch erfasst und registriert wird. Dabei sind in einem Netzbereich liegende Zählpunkte einer Netzbenutzerin oder eines Netzbenutzers zusammenzufassen, wenn sie der Anspeisung von kundenseitig galvanisch oder transformatorisch verbundenen Anlagen, die der Straßenbahnverordnung 1999, BGBl. II Nr. 76/2000, in der Fassung BGBl. II Nr. 127/2018, unterliegen, dienen; im Übrigen ist eine Zusammenfassung mehrerer Zählpunkte nicht zulässig;
85. „Zeitreihe“ den zeitlichen Verlauf der entnommenen oder eingespeisten Energie in Viertelstundenwerten über eine zeitliche Periode;
86. „Zusatzstrom“ den Strom, der über das Elektrizitätsnetz in den Fällen geliefert wird, in denen die Stromnachfrage die elektrische Erzeugung des KWK-Prozesses übersteigt.

(2) Verweisungen auf Bundesgesetze sind in folgender Fassung zu verstehen:

1. Akkreditierungsgesetz: Akkreditierungsgesetz 2012 – AkkG 2012, BGBl. I Nr. 28/2012 in der Fassung BGBl. I Nr. 40/2014;
2. Bundes-Verfassungsgesetz – B-VG: BGBl. Nr. 1/1930 (WV) in der Fassung BGBl. I Nr. 235/2021;
3. Eisenbahn-Enteignungsentschädigungsgesetz – EisbEG: BGBl. I Nr. 71/1954 (WV) in der Fassung BGBl. I Nr. 111/2010;
4. Elektrizitätswirtschafts- und -organisationsgesetz 2010 – ElWOG 2010: BGBl. I Nr. 110/2010 in der Fassung BGBl. I Nr. 7/2022;
5. Energie-Control-Gesetz – E-ControlG: BGBl. I Nr. 110/2010 in der Fassung BGBl. I Nr. 7/2022;
6. Erneuerbaren-Ausbau-Gesetz – EAG: BGBl. I Nr. 150/2021 in der Fassung BGBl. I Nr. 13/2022;
7. Finanzstrafgesetz – FinStrG: BGBl. Nr. 129/1958 in der Fassung BGBl. I Nr. 227/2021;
8. Gaswirtschaftsgesetz 2011 – GWG 2011: BGBl. I Nr. 107/2011 in der Fassung BGBl. I Nr. 38/2022;
9. Gewerbeordnung 1994 – GewO 1994: BGBl. Nr. 194/1994 (WV) in der Fassung BGBl. I Nr. 65/2020;
10. Insolvenzordnung – IO: RGBl. Nr. 337/1914 in der Fassung BGBl. I Nr. 199/2021;
11. Konsumentenschutzgesetz – KSchG: BGBl. Nr. 140/1979 in der Fassung BGBl. I Nr. 36/2022;
12. Ökostromgesetz 2012 – ÖSG 2012: BGBl. I Nr. 75/2011 in der Fassung BGBl. I Nr. 150/2021;
13. Umweltverträglichkeitsprüfungsgesetz 2000 – UVP-G 2000: BGBl. Nr. 697/1993 in der Fassung BGBl. I Nr. 80/2018;
14. Unternehmensgesetzbuch – UGB: dRGBl. S. 219/1897 in der Fassung BGBl. I Nr. 86/2021;
15. Bundesgesetz, mit dem die Ausübungsvoraussetzungen, die Aufgaben und die Befugnisse der Verrechnungsstellen für Transaktionen und Preisbildung für die Ausgleichsenergie geregelt werden: BGBl. I Nr. 121/2000 in der Fassung BGBl. I Nr. 107/2017;
16. Wohnungseigentumsgesetz 2002 – WEG 2002: BGBl. I Nr. 70/2002 in der Fassung BGBl. I Nr. 222/2021;
17. Zustellgesetz – ZustG: BGBl. Nr. 200/1982 in der Fassung BGBl. I Nr. 42/2020.

(3) Verweisungen auf unionsrechtliche und internationale Bestimmungen sind in folgender Fassung zu verstehen:

1. Elektrizitätsbinnenmarktrichtlinie: Richtlinie 2009/72/EG des Europäischen Parlaments und des Rates vom 13. Juli 2009 über gemeinsame Vorschriften für den Elektrizitätsbinnenmarkt und zur Aufhebung der Richtlinie 2003/54/EG, ABl. Nr. L 211 vom 14. August 2009, S. 55 ff.;
2. EMAS – Verordnung: Verordnung (EG) Nr. 1221/2009 des Europäischen Parlaments und des Rates vom 25. November 2009 über die freiwillige Teilnahme von Organisationen an einem Gemeinschaftssystem für Umweltmanagement und Umweltbetriebsprüfung und zur Aufhebung der Verordnung (EG) Nr. 761/2001, sowie der Beschlüsse der Kommission 2001/681/EG und 2006/193/EG, ABl. Nr. L 342 vom 22. Dezember 2009, S. 1 ff.;
3. Helsinki – Konvention: UN-ECE-Übereinkommen über die grenzüberschreitenden Auswirkungen von Industrieunfällen, BGBl. III Nr. 119/2000;
4. Informationsrichtlinie: Richtlinie 98/34/EG des Europäischen Parlaments und des Rates vom 22. Juni 1998 über ein Informationsverfahren auf dem Gebiet der Normen und technischen Vorschriften, ABl. Nr. L 204 vom 21. Juli 1998, S. 37 ff. in der Fassung der Richtlinie 98/48/EG, ABl. Nr. L 217 vom 5. August 1998, S. 18 ff.;
5. Seveso II-Richtlinie: Richtlinie 96/82/EG des Rates vom 9. Dezember 1996 zur Beherrschung der Gefahren bei schweren Unfällen mit gefährlichen Gütern, ABl. Nr. L 010 vom 14. 1. 1996, S. 13 ff., in der Fassung der Richtlinie 2003/105/EG des Europäischen Parlaments und des Rates vom 16. Dezember 2003 zur Änderung der Richtlinie 96/82/EG des Rates zur Beherrschung der Gefahren bei schweren Unfällen mit gefährlichen Stoffen, ABl. Nr. L 345 vom 31. 12. 2003, S. 97 ff.;

5a. Seveso III-Richtlinie: Richtlinie 2012/18/EU des Europäischen Parlaments und des Rates vom 4. Juli 2012 zur Beherrschung der Gefahren schwerer Unfälle mit gefährlichen Stoffen,

zur Änderung und anschließenden Aufhebung der Richtlinie 96/82/EG des Rates; ABl. Nr. L 197 vom 24. Juli 2012, S. 1 ff.;
6. KWK-Richtlinie: Richtlinie 2004/8/EG des Europäischen Parlaments und des Rates vom 11. Februar 2004 über die Förderung einer am Nutzwärmebedarf orientierten Kraft-Wärme-Kopplung im Energiebinnenmarkt und zur Änderung der Richtlinie 92/42/EWG, ABl. Nr. L 52 vom 21. Februar 2004, S. 50 ff..;
7. Erneuerbare Energien-Richtlinie: Richtlinie 2009/28/EG des Europäischen Parlaments und des Rates vom 23. April 2009 zur Förderung der Nutzung von Energie aus erneuerbaren Quellen und zur Änderung und anschließenden Aufhebung der Richtlinien 2001/77/EG und 2003/30/EG, ABl. Nr. L 140 vom 5. Juni 2009, S. 16 ff.;
8. Endenergieeffizienzrichtlinie: Richtlinie 2006/32/EG des Europäischen Parlaments und des Rates über Endenergieeffizienz und Energiedienstleistungen und zur Aufhebung der Richtlinie 93/76/EWG, ABl. Nr. L 114 vom 27. April 2006, S. 64 ff.;

8a. Energieeffizienzrichtlinie: Richtlinie 2012/27/EU des Europäischen Parlaments und des Rates vom 25. Oktober 2012 zur Energieeffizienz, zur Änderung der Richtlinien 2009/125/EG und 2010/30/EU und zur Aufhebung der Richtlinien 2004/8/EG und 2006/32/EG, ABl. Nr. L 315 vom 14. November 2012, S. 1 ff.;

9. Dienstleistungsrichtlinie: Richtlinie 2006/123/EG des Europäischen Parlaments und des Rates vom 12. Dezember 2006 über Dienstleistungen im Binnenmarkt, ABl. Nr. L 376 vom 27. Dezember 2006, S. 36 ff.;
10. Verordnung 2009/714/EG: Verordnung (EG) Nr. 714/2009 des Europäischen Parlaments und des Rates über die Netzzugangsbedingungen für den grenzüberschreitenden Stromhandel und zur Aufhebung der Verordnung 2003/1228/EG, ABl. Nr. 211 vom 14. August 2009, S. 15 ff.;
11. Verordnung 2009/713/EG: Verordnung (EG) Nr. 713/2009 des Europäischen Parlaments und des Rates zur Gründung einer Agentur für die Zusammenarbeit der Energieregulierungsbehörden, ABl. Nr. L 211 vom 14. August 2009, S. 1 ff.;
12. Delegierte Verordnung (EU) Nr. 244/2012: Delegierte Verordnung (EU) Nr. 244/2012 der Kommission vom 16. Januar 2012 zur Ergänzung der Richtlinie 2010/31/EU des Europäischen Parlaments und des Rates über die Gesamtenergieeffizienz von Gebäuden durch die Schaffung eines Rahmens für eine Vergleichsmethode zur Berechnung kostenoptimaler Niveaus von Mindestanforderungen an die Gesamtenergieeffizienz von Gebäuden und Gebäudekomponenten, ABl. Nr. L 81 vom 21. März 2012, S. 18 ff.;
13. Leitlinien zur delegierten Verordnung (EU) Nr. 244/2012: Leitlinien zur delegierten Verordnung (EU) Nr. 244/2012 der Kommission vom 16. Januar 2012 zur Ergänzung der Richtlinie 2010/31/EU des Europäischen Parlaments und des Rates über die Gesamtenergieeffizienz von Gebäuden durch die Schaffung eines Rahmens für eine Vergleichsmethode zur Berechnung kostenoptimaler Niveaus von Mindestanforderungen an die Gesamtenergieeffizienz von Gebäuden und Gebäudekomponenten, ABl. Nr. 115 vom 19. April 2012, S. 1 ff;
14. Datenschutz-Grundverordnung: Verordnung (EU) 2016/679 des Europäischen Parlaments und des Rates vom 27. April 2016 zum Schutz natürlicher Personen bei der Verarbeitung personenbezogener Daten, zum freien Datenverkehr und zur Aufhebung der Richtlinie 95/46/EG (Datenschutz-Grundverordnung), ABl. Nr. L 119 vom 4. Mai 2016, S. 1 ff.

Gemeinwirtschaftliche Verpflichtungen

§ 3. (1) Den Netzbetreibern werden nachstehende gemeinwirtschaftliche Verpflichtungen im Allgemeininteresse auferlegt:
1. die diskriminierungsfreie Behandlung aller Kunden eines Netzes,
2. der Abschluss von privatrechtlichen Verträgen mit Netzbenutzer über den Anschluss an ihr Netz (Allgemeine Anschlusspflicht),
3. die Errichtung und Erhaltung einer für die inländische Versorgung mit elektrischer Energie oder für die Erfüllung völkerrechtlicher Verpflichtungen ausreichenden Netzinfrastruktur.

(2) Den Elektrizitätsunternehmen werden nachstehende gemeinwirtschaftliche Verpflichtungen im Allgemeininteresse auferlegt:
1. die Erfüllung der durch Rechtsvorschriften auferlegten Pflichten im öffentlichen Interesse,
2. die Mitwirkung an Maßnahmen zur Beseitigung von Netzengpässen und an Maßnahmen zur Gewährleistung der Versorgungssicherheit.

(3) Die Elektrizitätsunternehmen haben die bestmögliche Erfüllung der ihnen gemäß Abs. 1 und 2 im Allgemeininteresse auferlegten Verpflichtungen mit allen ihnen zur Verfügung stehenden Mitteln anzustreben.

Grundsätze beim Betrieb von Elektrizitätsunternehmen

§ 4. Elektrizitätsunternehmen haben als kunden- und wettbewerbsorientierte Anbieter von Energiedienstleistungen nach den Grundsätzen einer kostengünstigen, sicheren, umweltverträglichen und effizienten Bereitstellung der nachgefragten

Dienstleistungen sowie eines wettbewerbsorientierten und wettbewerbsfähigen Elektrizitätsmarktes zu agieren. Diese Grundsätze sind als Unternehmensziele zu verankern.

II. Hauptstück
Erzeugungsanlagen
1. Abschnitt
Errichtung
Anlagengenehmigung

§ 5. (1) Die Errichtung, wesentliche Änderung und der Betrieb einer örtlich gebundenen Erzeugungsanlage bedürfen soweit nicht § 6a (Anzeigepflicht) zur Anwendung kommt, einer elektrizitätsrechtlichen Genehmigung.

(2) Als wesentlich gelten Änderungen, die geeignet sind, die Interessen gemäß § 11 Abs. 1 zu beeinträchtigen.

(3) Dem Antrag nach Abs. 1 sind folgende Unterlagen in zweifacher Ausfertigung anzuschließen:

1. ein technischer Bericht mit Angaben über Zweck, Umfang, Betriebsweise und technische Ausführung der geplanten Erzeugungsanlage; insbesondere über Primärenergien, Energieumwandlung, Stromart, Frequenz und Spannung;
2. ein Plan, aus welchem der Standort der Erzeugungsanlage und die für die Errichtung, Erweiterung oder Änderung der Anlage in Anspruch genommenen Grundstücke mit Grundstücksnummern ersichtlich sind;
3. ein Verzeichnis der von der Erzeugungsanlage berührten fremden Anlagen, wie Eisenbahnanlagen, Versorgungsleitungen und dgl., mit Namen und Anschrift der Eigentümer;
4. die sich aus den zum Zeitpunkt der Antragstellung aktuellen Grundbuchsdaten ergebenden Namen und Anschriften der Eigentümer der Grundstücke, auf welchen die Erzeugungsanlage errichtet werden soll, einschließlich der dinglich Berechtigten mit Ausnahme der Hypothekargläubiger, und der Eigentümer der an die Anlage unmittelbar angrenzenden Grundstücke; sowie die Adressen der unmittelbar angrenzenden Grundstücke;
5. die Zustimmung der Eigentümer der Grundstücke, auf denen die Erzeugungsanlage aufgestellt werden soll;
6. eine Beschreibung und Beurteilung der voraussichtlichen Gefährdungen und Belästigungen im Sinne des § 11 Abs. 1;
7. eine Beschreibung der Maßnahmen, mit denen Gefährdungen oder Belästigungen des Vorhabens beseitigt, verringert oder ausgeglichen werden sollen;
8. falls in das öffentliche Netz eingespeist werden soll oder die Anlage mit dem Netz gekoppelt ist: Nachweis, dass ein Netzanschluss an das Übertragungs- oder Verteilernetz, an das die Erzeugungsanlage angeschlossen werden soll, sichergestellt ist;
9. Angaben über die eingesetzten Primärenergieträger und die geplanten Maßnahmen der Energieeffizienz;
10. Angaben über den Beitrag der Erzeugungskapazitäten zur Erreichung des Zieles der Europäischen Union, den Bruttoenergieverbrauch durch Energie aus erneuerbaren Quellen zu erhöhen;
11. Angaben zum Beitrag der Erzeugungskapazitäten zur Verringerung der Emissionen und
12. bei Errichtung und bei wesentlicher Änderung einer thermischen Stromerzeugungsanlage zum Zweck der reinen Stromerzeugung ohne Nutzung der Abwärme mit einer installierten Leistung von mehr als 20 MW: eine im Einklang mit den Grundsätzen und Leitgrundsätzen im Anhang 3 erstellte Kosten-Nutzen-Analyse, wobei die Kosten und der Nutzen einer reinen Stromerzeugungsanlage mit einer vergleichbaren hocheffizienten KWK-Anlage gegenüberzustellen und zu bewerten sind.

(4) Anträgen auf die Genehmigung von Anlagen, für die das vereinfachte Verfahren gemäß § 7 anzuwenden ist, sind Angaben gemäß § 5 Abs. 3 Z 9 bis 12 nicht beizulegen.

(5) Durch die Errichtung und den Betrieb der Anlage soll nach Möglichkeit ein Beitrag zu den gemäß Abs. 3 Z 10 und Z 11 festgelegten Zielen erreicht werden.

(6) Die Behörde kann mit Verordnung die in Anhang 3 dieses Gesetzes festgelegten Grundsätze und Leitgrundsätze näher konkretisieren.

Entfall der Anzeige- oder Genehmigungspflicht

§ 6. (1) Keiner Anzeige oder Genehmigung bedürfen:

1. mobile Erzeugungsanlangen;
2. Erzeugungsanlagen, die ganz oder teilweise gewerberechtlichen, eisenbahnrechtlichen, bergbaurechtlichen, luftfahrtrechtlichen, schifffahrtrechtlichen oder abfallrechtlichen Bestimmungen unterliegen;
3. Erzeugungsanlagen, die ganz oder teilweise Fernmeldezwecken oder der Landesverteidigung dienen;
4. Erzeugungsanlagen in Krankenanstalten, die ganz oder teilweise dem Wiener Krankenanstaltengesetz 1987 – Wr. KAG unterliegen, sofern sie als Notstromaggregate betrieben werden;
5. Fotovoltaikanlagen mit einer Engpassleistung von maximal 15 kW. Die Ausnahme gilt nicht für Anlagen, die vertikal montiert sind (beispielsweise an einer Fassade) oder mit einem Stromspeicher betrieben werden.

(2) Wenn eine Erzeugungsanlage nach Abs. 1 nicht mehr eisenbahnrechtlichen, bergbaurechtlichen, luftfahrtrechtlichen, schifffahrtsrechtlichen, abfallrechtlichen oder gewerberechtlichen Bestimmungen oder dem Wiener Krankenanstaltengesetz 1987 – Wr. KAG unterliegt oder nicht mehr Fernmeldezwecken oder der Landesverteidigung dient, hat dies die Betreiberin oder der Betreiber der Behörde unter Anschluss der bisherigen Bewilligung unverzüglich anzuzeigen. Ab Einlangen der vollständigen Anzeige gilt die Bewilligung als nach diesem Gesetz erteilt.

(3) Wenn eine Erzeugungsanlage nach Abs. 1 nicht mehr eisenbahnrechtlichen, bergbaurechtlichen, luftfahrtrechtlichen, schifffahrtrechtlichen, abfallrechtlichen oder gewerberechtlichen Bestimmungen oder dem Wiener Krankenanstaltengesetz 1987 – Wr. KAG unterliegt oder nicht mehr Fernmeldezwecken oder der Landesverteidigung dient und für diese Erzeugungsanlage nach diesen Vorschriften im Zeitpunkt der Inbetriebnahme keine Bewilligung erforderlich war, hat dies die Betreiberin oder der Betreiber der Behörde unverzüglich unter Anschluss der in § 6a Abs. 3 Z 1 bis 7 genannten Unterlagen anzuzeigen. Ab Einlangen der vollständigen Anzeige gilt die Bewilligung als nach diesem Gesetz erteilt.

Anzeigepflicht

§ 6a. (1) Die Errichtung, wesentliche Änderung und der Betrieb einer Fotovoltaikanlage mit einer Engpassleistung von maximal 50 kW, sofern die Anlage nicht gemäß § 6 Abs. 1 Z 5 davon ausgenommen ist, ist der Behörde unter Anschluss der erforderlichen Unterlagen vor Beginn der Ausführung anzuzeigen. § 11 gilt sinngemäß.

(2) Als wesentlich gelten Änderungen, die geeignet sind, die Interessen gemäß Abs. 7 zu beeinträchtigen.

(3) Der Anzeige sind folgende Unterlagen in zweifacher Ausfertigung anzuschließen:

1. ein technischer Bericht mit Angaben über Zweck, Umfang, Betriebsweise und technische Ausführung der geplanten Fotovoltaikanlage; insbesondere über Energieumwandlung, Stromart, Frequenz und Spannung;
2. ein Plan, aus welchem der Standort der Fotovoltaikanlage und die für die Errichtung, Erweiterung oder Änderung der Anlage in Anspruch genommenen Grundstücke mit Grundstücksnummern ersichtlich sind;
3. ein Verzeichnis der von der Fotovoltaikanlage berührten fremden Anlagen, wie Eisenbahnanlagen, Versorgungsleitungen und dgl., mit Namen und Anschriften der Eigentümer;
4. der Name und Anschrift des Betreibers der Fotovoltaikanlage;
5. die Engpassleistung der Fotovoltaikanlage;
6. eine Angabe, ob in das öffentliche Netz eingespeist werden soll;
7. falls in das öffentliche Netz eingespeist werden soll oder die Anlage mit dem Netz gekoppelt ist, eine Bestätigung der Netzbetreiberin oder des Netzbetreibers über den geplanten Anschluss der Anlage an das Verteilernetz sowie die beabsichtigte Leistung, die in das Verteilernetz eingespeist werden soll.

(4) Die Unterlagen gemäß Abs. 3 Z 1, 2, 5 und 7 sind von einer befugten Fachkraft zu erstellen und zu unterfertigen.

(5) Nach Vorlage der vollständigen Unterlagen darf mit der Errichtung der Anlage begonnen werden. Maßgebend für die Beurteilung des Vorhabens ist die Rechtslage im Zeitpunkt der Vorlage der vollständigen Unterlagen. Ergibt die Prüfung der Unterlagen, dass die zur Anzeige gebrachte Fotovoltaikanlage nicht den gesetzlichen Erfordernissen entspricht oder einer Genehmigung bedarf, hat die Behörde binnen acht Wochen ab tatsächlicher Vorlage der vollständigen Unterlagen die Errichtung der Anlage mit schriftlichem Bescheid zu untersagen. In diese Frist wird die Dauer eines Verfahrens zur Mängelbehebung gemäß § 13 Abs. 3 Allgemeines Verwaltungsverfahrensgesetz 1991 - AVG, BGBl. Nr. 51/1991 i.d.F. BGBl. I Nr. 161/2013, nicht eingerechnet. Erfolgt keine rechtskräftige Untersagung, gilt das Vorhaben hinsichtlich der Angaben in den Unterlagen als bewilligt.

(6) Untersagungsbescheide gemäß Abs. 5 gelten auch dann als rechtzeitig zugestellt, wenn sie der Behörde wegen Unzustellbarkeit zurückgeschickt werden.

(7) Die Fotovoltaikanlage ist so einzurichten und zu betreiben, dass eine Gefährdung des Lebens oder der Gesundheit von Menschen oder eine Gefährdung des Eigentums oder sonstiger dinglicher Rechte ausgeschlossen ist, Belästigungen von Nachbarn (wie Lärm, Wärme, Blendung und dergleichen) auf ein zumutbares Maß beschränkt bleiben und das Ortsbild nicht wesentlich beeinträchtigt wird. Unter einer Gefährdung des Eigentums ist die bloße Minderung des Verkehrswertes des Eigentums nicht zu verstehen. Ob Belästigungen der Nachbarn zumutbar sind, ist danach zu beurteilen, wie sich die durch die Anlage verursachten Änderungen der tatsächlichen örtlichen Verhältnisse auf ein gesundes, normal empfindendes Kind und auf einen gesunden, normal empfindenden Erwachsenen auswirken.

(8) Nach Fertigstellung der Fotovoltaikanlage hat eine befugte Fachkraft die Fotovoltaikanlage zu überprüfen und durch Abnahmebefund zu bestätigen, dass die Anlage entsprechend den gesetzlichen Vorschriften und gemäß der Anzeige ausgeführt wurde. Dieser Abnahmebefund ist bei der Anlage zur Einsicht durch die Behörde aufzubewahren.

(9) Die Fertigstellung und Inbetriebnahme sind der Netzbetreiberin oder dem Netzbetreiber, an

deren oder dessen Netz die Anlage angeschlossen ist, unverzüglich schriftlich anzuzeigen.

(10) Die §§ 17 und 19 Abs. 1 Z 3 gelten sinngemäß.

(11) Die Abs. 7 bis 9 gelten auch für Fotovoltaikanlagen, die gemäß § 6 Abs. 1 Z 5 von der Anzeigepflicht ausgenommen sind.

Vereinfachtes Verfahren

§ 7. (1) Ergibt sich aus dem Genehmigungsantrag und dessen Unterlagen, dass die Erzeugungsanlage

1. mit fester oder flüssiger Biomasse, Bio-, Klär- oder Deponiegas, geothermischer Energie, Wasser, Wind oder Abfällen betrieben wird und die installierte Engpassleistung maximal 250 kW beträgt oder
2. nach dem Prinzip der Kraft-Wärme-Kopplung arbeitet, sofern zumindest 25 Prozent des eingesetzten Brennstoffs aus Biomasse, Bio-, Klär- oder Deponiegas oder Abfällen stammt und die installierte Engpassleistung maximal 250 kW beträgt oder
3. nach dem Prinzip der Kraft-Wärme-Kopplung arbeitet, sofern sie ausschließlich mit Erdgas betrieben wird und die installierte Engpassleistung 50 kW nicht überschreitet,
4. eine Fotovoltaikanlage mit einer Engpassleistung von mehr als 50 kW und höchstens 250 kW ist oder
5. ausschließlich als Notstromaggregat betrieben wird,

so hat die Behörde den Antrag und die Projektunterlagen für einen vier Wochen nicht überschreitenden Zeitraum aufzulegen. Die Auflage ist durch Veröffentlichung auf der Internetseite www.gemeinderecht.wien.at und durch Anschlag durch das örtlich zuständige Magistratische Bezirksamt in den unmittelbar angrenzenden Häusern sowie in dem Haus, in dem die Anlage errichtet wird, mit dem Hinweis bekannt zu geben, dass Nachbarn (§ 9) innerhalb dieses Zeitraumes von ihrem Recht, begründete Einwendungen im Sinne des § 11 Abs. 1 Z 1 und 2 gegen die Erzeugungsanlage zu erheben, Gebrauch machen können. Statt durch Anschlag in den unmittelbar angrenzenden Häusern sowie in dem Haus, in dem die Anlage errichtet wird, kann die Bekanntgabe aus Gründen der Zweckmäßigkeit, Raschheit und Einfachheit durch persönliche Verständigung erfolgen. Nach Ablauf der Auflagefrist hat die Behörde unter Bedachtnahme auf die eingelangten Einwendungen der Nachbarn die die Anwendung des vereinfachten Verfahrens begründende Beschaffenheit der Anlage mit Bescheid festzustellen, sofern auf Grund der geplanten Ausführung der Anlage zu erwarten ist, dass die Interessen des § 11 Abs. 1 ausreichend geschützt sind. Erforderlichenfalls sind geeignete Auflagen, Bedingungen und Befristungen zum Schutz der gemäß § 11 Abs. 1 wahrzunehmenden und nach § 12 Abs. 4 zu berücksichtigenden Interessen vorzuschreiben. Dieser Bescheid gilt als Genehmigungsbescheid für die Erzeugungsanlage. Die Behörde hat diesen Bescheid binnen drei Monaten nach Einlangen des Antrages und der erforderlichen Unterlagen zum Antrag zu erlassen. Können auch durch Auflagen, Bedingungen und Befristungen die gemäß § 11 Abs. 1 wahrzunehmenden und nach § 12 Abs. 4 zu berücksichtigenden Interessen nicht hinreichend geschützt werden, ist der Antrag abzuweisen.

(2) Im Verfahren nach Abs. 1 haben die Nachbarn (§ 9) Parteistellung, soweit ihre nach § 11 Abs. 1 Z 1 und 2 geschützten Interessen berührt werden. Sie verlieren ihre Stellung als Parteien, soweit sie nicht fristgerecht Einwendungen im Sinne des § 11 Abs. 1 Z 1 und 2 bei der Behörde erheben. § 10 Abs. 2 gilt sinngemäß.

(3) Wesentliche Änderungen (§ 5 Abs. 2) einer Erzeugungsanlage gemäß Abs. 1 sind dann einem vereinfachten Verfahren zu unterziehen, wenn auch für die durch die Änderung entstehende Anlage ein vereinfachtes Verfahren zulässig ist.

(4) Das Repowering von Stromerzeugungsanlagen, die mit Wind, Sonne (Fotovoltaik), geothermischer Energie, Umgebungsenergie, Wasserkraft oder Energie aus fester oder flüssiger Biomasse oder Bio-, Klär- oder Deponiegas betrieben werden, ist, sofern es sich um eine wesentliche Änderung der Anlage gemäß § 5 Abs. 2 handelt, unabhängig von der installierten Engpassleistung der Anlage, dem vereinfachten Verfahren zu unterziehen.

Genehmigungsverfahren

§ 8. (1) Die Behörde hat, ausgenommen in den Fällen des § 7, auf Grund eines Antrages um Genehmigung der Errichtung und des Betriebes einer Erzeugungsanlage oder um Genehmigung der Änderung einer genehmigten Erzeugungsanlage eine Augenscheinsverhandlung anzuberaumen. Gegenstand, Zeit und Ort der Augenscheinsverhandlung sowie die gemäß § 10 Abs. 1 Z 3 bestehenden Voraussetzungen für die Parteistellung sind durch Veröffentlichung auf der Internetseite www.gemeinderecht.wien.at und durch Anschlag durch das örtlich zuständige Magistratische Bezirksamt in den unmittelbar angrenzenden Häusern und in dem Haus, in dem die Anlage errichtet wird, bekannt zu machen. Die Eigentümer der Grundstücke, die an die Anlage unmittelbar angrenzen und die in § 10 Abs. 1 Z 1 und 2 genannten Personen sind persönlich zu laden. Wohnungseigentümer im Sinne des Wohnungseigentumsgesetzes 2002 – WEG 2002, sind nur durch Anschlag an allgemein zugänglicher Stelle des Hauses (jeder Stiege) zu laden. Der Anschlag ist so rechtzeitig anzubringen, dass die Verhandlungsteilnehmer vorbereitet erscheinen können. Mit der Anbringung dieses

Anschlages ist die Ladung vollzogen. Die Wohnungseigentümer haben die Anbringung des Anschlages zu dulden und dürfen ihn nicht entfernen. Eine etwaige Entfernung vor dem Verhandlungstermin bewirkt nicht die Ungültigkeit der Ladung.

(2) Ist die Gefahr der Verletzung eines Kunst-, Betriebs- oder Geschäftsgeheimnisses im Sinne des § 40 AVG gegeben, so ist den Nachbarn die Teilnahme an der Besichtigung der Erzeugungsanlage nur mit Zustimmung des Genehmigungswerbers gestattet, doch ist ihr allfälliges Recht auf Parteiengehör zu wahren.

(3) Werden von Nachbarn privatrechtliche Einwendungen gegen die Erzeugungsanlage vorgebracht, so hat der Verhandlungsleiter auf eine Einigung hinzuwirken. Die etwa herbeigeführte Einigung ist in der Niederschrift über die Verhandlung zu beurkunden. Im Übrigen ist der Nachbar mit solchen Vorbringen auf den Zivilrechtsweg zu verweisen.

(4) Behörden und öffentlich-rechtliche Körperschaften, die in den von ihnen zu wahrenden Interessen im Sinne des § 12 Abs. 4 berührt werden, sind im Genehmigungsverfahren zu hören.

(5) Die Bezirksvertretung, in deren Gebiet eine Erzeugungsanlage errichtet und betrieben werden soll, ist im Verfahren zur Erteilung der elektrizitätsrechtlichen Genehmigung zum Schutz der öffentlichen Interessen im Sinne des § 11 Abs. 1 im Rahmen ihres Wirkungsbereiches zu hören.

(6) Bedürfen genehmigungspflichtige Vorhaben einer Genehmigung, Bewilligung oder Anzeige nach anderen landesgesetzlichen Vorschriften, so sind allfällige mündliche Verhandlungen und Augenscheinsverhandlungen gemäß Abs. 1 möglichst gleichzeitig mit allfälligen mündlichen Verhandlungen oder Augenscheinsverhandlungen im Rahmen anderer landesgesetzlicher Bewilligungsverfahren durchzuführen. Die erforderlichen Bedingungen, Befristungen oder Auflagen sind aufeinander abzustimmen.

Nachbarn

§ 9. Nachbarn sind alle Personen, die durch die Errichtung, den Bestand oder den Betrieb einer Erzeugungsanlage gefährdet oder belästigt oder deren Eigentum oder sonstige dingliche Rechte gefährdet werden könnten. Als Nachbarn gelten nicht Personen, die sich vorübergehend in der Nähe der Erzeugungsanlage aufhalten und nicht im Sinne des vorherigen Satzes dinglich berechtigt sind. Als Nachbarn gelten jedoch die Inhaber von Einrichtungen, in denen sich, wie etwa in Beherbergungsbetrieben, Krankenanstalten und Heimen, regelmäßig Personen vorübergehend aufhalten, hinsichtlich des Schutzes dieser Personen und die Erhalter von Schulen hinsichtlich des Schutzes der Schüler, der Lehrer und der sonst in Schulen ständig beschäftigten Personen.

Parteien

§ 10. (1) Im Verfahren gemäß § 8 haben Parteistellung:

1. der Genehmigungswerber,
2. alle Grundeigentümer, deren Grundstücke einschließlich des darunter befindlichen Bodens oder darüber befindlichen Luftraumes für Maßnahmen zur Errichtung oder Änderung von Erzeugungsanlagen dauernd oder vorübergehend in Anspruch genommen werden sowie die an diesen Grundstücken dinglich Berechtigten mit Ausnahme der Hypothekargläubiger,
3. die Nachbarn (§ 9), soweit ihre nach § 11 Abs. 1 Z 1 und 2 geschützten Interessen berührt werden. Sie verlieren ihre Parteistellung, soweit sie nicht spätestens am Tage vor Beginn der Verhandlung bei der Behörde oder während der Verhandlung Einwendungen im Sinne des § 11 Abs. 1 Z 1 und 2 erheben,
4. jener Netzbetreiber, in dessen Netz die in der Erzeugungsanlage gewonnene elektrische Energie eingespeist wird,
5. die Wiener Umweltanwaltschaft mit dem Recht, die Einhaltung von umweltschutzrechtlichen Vorschriften als subjektives Recht im Verfahren geltend zu machen.

(2) Weist ein Nachbar der Behörde nach, dass er ohne sein Verschulden daran gehindert war, Einwendungen im Sinne des § 11 Abs. 1 Z 1 und 2 geltend zu machen und er dadurch seine Parteistellung gemäß Abs. 1 Z 3 verloren hat, so kann er diese Einwendungen gegen die Anlage auch nach Abschluss der Augenscheinsverhandlung bis zur Entscheidung durch die Behörde vorbringen und ist vom Zeitpunkt der Einwendungen an neuerlich Partei. Solche Einwendungen sind vom Nachbarn binnen zwei Wochen nach Wegfall des Hindernisses für ihre Erhebung bei der Behörde einzubringen und von dieser in gleicher Weise zu berücksichtigen, als wären sie in der mündlichen Verhandlung erhoben worden.

Voraussetzungen für die Erteilung der elektrizitätsrechtlichen Genehmigung

§ 11. (1) Die Erteilung der elektrizitätsrechtlichen Bewilligung setzt voraus, dass durch die Errichtung und den Betrieb der Anlage oder durch die Lagerung von Betriebsmitteln oder Rückständen und dergleichen

1. eine Gefährdung des Lebens oder der Gesundheit von Menschen oder eine Gefährdung des Eigentums oder sonstiger dinglicher Rechte ausgeschlossen ist,
2. Belästigungen von Nachbarn (wie Geruch, Lärm, Erschütterung, Wärme, Schwingungen, Blendung und dergleichen) auf ein zumutbares Maß beschränkt bleiben,

3. das Ortsbild nicht wesentlich beeinträchtigt wird und
4. eine effiziente Energiegewinnung bestmöglich gewährleistet ist.

(2) Unter einer Gefährdung des Eigentums im Sinne des Abs. 1 Z 1 ist die Möglichkeit einer bloßen Minderung des Verkehrswertes des Eigentums nicht zu verstehen.

(3) Ob Belästigungen der Nachbarn im Sinne des Abs. 1 Z 2 zumutbar sind, ist danach zu beurteilen, wie sich die durch die Erzeugungsanlage verursachten Änderungen der tatsächlichen örtlichen Verhältnisse auf ein gesundes, normal empfindendes Kind und auf einen gesunden, normal empfindenden Erwachsenen auswirken.

(4) Die Behörde hat das gemäß § 5 Abs. 3 Z 12 ermittelte Ergebnis der Kosten-Nutzen-Analyse bei der Genehmigung des Vorhabens zu berücksichtigen.

(5) Die Behörde hat die Genehmigung für ein Vorhaben gemäß § 5 Abs. 3 Z 12 bei einem positiven Ergebnis der Kosten-Nutzen-Analyse zugunsten einer hocheffizienten KWK-Anlage insbesondere dann zu erteilen, wenn die Errichtung und der Betrieb einer hocheffizienten KWK-Anlage auf Grund von bestehenden Rechtsvorschriften, bestehenden Eigentumsverhältnissen oder der Finanzlage der Betreiberin oder des Betreibers nicht möglich ist.

Erteilung der Genehmigung

§ 12. (1) Die Erzeugungsanlage ist mit schriftlichem Bescheid zu genehmigen, wenn die Voraussetzungen des § 11 erfüllt sind, insbesondere, wenn nach dem Stand der Technik und dem Stand der medizinischen Wissenschaften zu erwarten ist, dass die nach den Umständen des Einzelfalls voraussehbaren Gefährdungen ausgeschlossen und Belästigungen auf ein zumutbares Maß beschränkt werden. Erforderlichenfalls hat die Behörde die zur Wahrung der Voraussetzungen des § 11 geeigneten Auflagen, Bedingungen oder Befristungen vorzuschreiben. Sofern die Voraussetzungen gemäß § 11 nicht erfüllt sind und auch durch die Vorschreibung von Auflagen, Bedingungen oder Befristungen nicht erfüllt werden können, ist die Genehmigung zu versagen.

(2) Die Behörde hat Emissionen jedenfalls nach dem Stand der Technik durch geeignete behördliche Vorschreibungen zu begrenzen.

(3) Die Behörde kann zulassen, dass bestimmte Auflagen erst ab einem dem Zeitaufwand der hiefür erforderlichen Maßnahmen entsprechend festzulegenden Zeitpunkt nach Inbetriebnahme der Anlage oder von Teilen der Anlage eingehalten werden müssen, wenn dagegen keine Bedenken vom Standpunkt des Schutzes der im § 11 Abs. 1 umschriebenen Interessen bestehen.

(4) In der elektrizitätsrechtlichen Genehmigung ist durch Vorschreibung geeigneter Auflagen eine Abstimmung mit anderen Energieversorgungseinrichtungen sowie mit den Erfordernissen der Landeskultur, des Forstwesens, des Bergbaus, der Raumordnung, des Naturschutzes, des Denkmalschutzes, der Wasserwirtschaft und des Wasserrechtes, des öffentlichen Verkehrs, der Sicherheit des Luftraumes, der sonstigen Ver- und Entsorgung, der Landesverteidigung und des Arbeitnehmerschutzes vorzunehmen. Diese Abstimmung hat jedoch zu unterbleiben, wenn diese öffentlichen Interessen Gegenstand behördlicher Beurteilung auf Grund anderer Verwaltungsvorschriften sind.

(5) Im Falle einer wesentlichen Änderung einer Erzeugungsanlage sind für diese insoweit, als es zur Wahrung der im § 11 Abs. 1 umschriebenen Interessen erforderlich ist, die notwendigen Anpassungen vorzusehen. Abs. 4 gilt sinngemäß.

(6) Die Fertigstellung und Inbetriebnahme sind der Netzbetreiberin oder dem Netzbetreiber, an deren oder an dessen Netz die Anlage angeschlossen ist, unverzüglich schriftlich anzuzeigen.

Vorhersehbare Zeitpläne

§ 12a. Die Behörde hat für sämtliche Verwaltungsverfahren, die aufgrund dieses Gesetzes für die Errichtung, die wesentliche Änderung und den Betrieb von Erzeugungsanlagen, die mit Wind, Sonne (Fotovoltaik), geothermischer Energie, Umgebungsenergie, Wasserkraft oder Energie aus fester oder flüssiger Biomasse oder Bio-, Klär- oder Deponiegas betrieben werden, vorhersehbare Zeitpläne zu erstellen und diese auf ihrer Homepage zu veröffentlichen.

2. Abschnitt

Betrieb und Auflassung

Betriebsgenehmigung und Probebetrieb

§ 13. (1) Die Behörde kann in der elektrizitätsrechtlichen Genehmigung anordnen, dass die Erzeugungsanlage oder Teile von ihr erst auf Grund einer Betriebsgenehmigung in Betrieb genommen werden dürfen, wenn im Zeitpunkt der Genehmigung nicht ausreichend beurteilt werden kann, ob die die Auswirkungen der genehmigten Anlage oder von Teilen dieser Anlage betreffenden Auflagen des Genehmigungsbescheides die gemäß § 11 Abs. 1 wahrzunehmenden Interessen hinreichend schützen und die Abstimmung mit den gemäß § 12 Abs. 4 zu berücksichtigenden Interessen hinreichend ist oder zur Erreichung dieses Schutzes andere oder zusätzliche Auflagen erforderlich sind. Sie kann zu diesem Zweck nötigenfalls unter Vorschreibung von Auflagen einen befristeten Probebetrieb zulassen oder anordnen. Der Beginn des Probebetriebes ist der Behörde schriftlich anzuzeigen. Der Probebetrieb darf höchstens zwei Jahre und im Falle einer beantragten Fristverlängerung insgesamt höchstens drei Jahre dauern.

(2) Für Erzeugungsanlagen oder Teile derselben, die erst auf Grund einer Betriebsgenehmigung in Betrieb genommen werden dürfen, können bei Erteilung der Betriebsgenehmigung auch andere oder zusätzliche Auflagen vorgeschrieben werden.

(3) Im Verfahren zur Erteilung der Betriebsgenehmigung haben die im § 10 Abs. 1 Z 3 und Abs. 2 genannten Nachbarn Parteistellung.

(4) Vor Erteilung der Betriebsgenehmigung hat sich die Behörde an Ort und Stelle zu überzeugen, dass die im Genehmigungsbescheid enthaltenen Angaben und Auflagen erfüllt sind. Der Antrag auf Fristverlängerung ist spätestens drei Monate vor Ablauf der Frist zu stellen.

Abweichungen vom Genehmigungsbescheid

§ 14. (1) Die Behörde hat auf Antrag der Betreiberin oder des Betreibers Abweichungen vom Genehmigungsbescheid unter Vorschreibung zusätzlicher Auflagen oder unter Abänderung von vorgeschriebenen Auflagen mit Bescheid zuzulassen, wenn dem nicht der Schutz der nach § 11 wahrzunehmenden und der allenfalls nach § 12 Abs. 4 zu berücksichtigenden Interessen entgegensteht.

(2) Die Betreiberin oder der Betreiber hat das Vorliegen der Voraussetzungen gemäß Abs. 1 schon im Antrag glaubhaft zu machen, widrigenfalls der Antrag zurückzuweisen ist.

(3) Im Verfahren gemäß Abs. 1 haben die in § 10 Abs. 1 Z 3 und Abs. 2 genannten Nachbarn Parteistellung.

(4) Für die in § 6 Abs. 2 und Abs. 3 genannten Anlagen gelten die Abs. 1 und 2 sinngemäß.

Aufhebung oder Abänderung von vorgeschriebenen Auflagen

§ 14a. (1) Die Behörde hat auf Antrag der Betreiberin oder des Betreibers die im Genehmigungsbescheid vorgeschriebenen Auflagen mit Bescheid aufzuheben oder abzuändern, wenn sich nach der Vorschreibung von Auflagen ergibt, dass die vorgeschriebenen Auflagen für den Schutz der nach § 11 wahrzunehmenden und der allenfalls nach § 12 Abs. 4 zu berücksichtigenden Interessen nicht erforderlich sind oder für die Wahrnehmung dieser Interessen auch mit für die Betreiberin oder den Betreiber weniger belastenden Auflagen das Auslangen gefunden werden kann.

(2) Die Betreiberin oder der Betreiber hat das Vorliegen der Voraussetzungen gemäß Abs. 1 schon im Antrag glaubhaft zu machen, widrigenfalls der Antrag zurückzuweisen ist.

(3) Im Verfahren gemäß Abs. 1 haben die im § 10 Abs. 1 Z 3 und Abs. 2 genannten Nachbarn Parteistellung.

(4) Für die in § 6 Abs. 2 und Abs. 3 genannten Anlagen gelten die Abs. 1 und 2 sinngemäß.

Nachträgliche Vorschreibung von Auflagen

§ 15. (1) Ergibt sich nach der Genehmigung der Erzeugungsanlage, dass die gemäß § 11 Abs. 1 zu wahrenden oder die nach § 12 Abs. 4 zu berücksichtigenden Interessen trotz Einhaltung der in der elektrizitätsrechtlichen Genehmigung oder in einer allfälligen Betriebsgenehmigung vorgeschriebenen Auflagen nicht hinreichend geschützt bzw. berücksichtigt sind, so hat die Behörde die nach dem Stand der Technik und der medizinischen Wissenschaften zur Erreichung dieses Schutzes erforderlichen anderen oder zusätzlichen Auflagen vorzuschreiben. Die Behörde hat Auflagen zum Schutz der Interessen des § 11 Abs. 1 Z 3 und zur Abstimmung mit den in § 12 Abs. 4 genannten Interessen nicht vorzuschreiben, wenn sie unverhältnismäßig sind, vor allem, wenn der mit der Erfüllung der Auflagen verbundene Aufwand in keinem Verhältnis zu dem mit den Auflagen angestrebten Erfolg steht. Dabei sind insbesondere die Nutzungsdauer und die technischen Besonderheiten zu berücksichtigen.

(2) Im Verfahren gemäß Abs. 1 haben die im § 10 Abs. 1 Z 3 und Abs. 2 genannten Nachbarn Parteistellung, sofern die ihre damalige Parteistellung begründenden Umstände noch vorliegen.

(3) Zugunsten von Personen, die erst nach Genehmigung der Erzeugungsanlage Nachbarn (§ 9) geworden sind, sind Auflagen gemäß Abs. 1 nur soweit vorzuschreiben, als diese zur Vermeidung einer Gefährdung des Lebens oder der Gesundheit dieser Personen notwendig sind. Auflagen im Sinne des Abs. 1 zur Vermeidung einer über die unmittelbare Nachbarschaft hinausreichenden beträchtlichen Belästigung im Sinne des § 11 Abs. 1 Z 2 sind, sofern sie nicht unter den ersten Satz fallen, zugunsten solcher Personen nur dann vorzuschreiben, wenn diese Auflagen im Sinne des Abs. 1 verhältnismäßig sind.

(4) Die Behörde hat ein Verfahren gemäß Abs. 1 von Amts wegen oder nach Maßgabe des Abs. 5 auf Antrag einer Nachbarin oder eines Nachbarn einzuleiten.

(5) Die Nachbarin oder der Nachbar muss in seinem Antrag gemäß Abs. 4 glaubhaft machen, dass sie oder er als Nachbarin oder Nachbar vor den Auswirkungen der Erzeugungsanlage nicht hinreichend geschützt ist, und nachweisen, dass er bereits im Zeitpunkt der Genehmigung der Erzeugungsanlage oder der betreffenden Änderung Nachbar im Sinne des § 9 war. Durch die Einbringung dieses Antrages erlangt die Nachbarin oder der Nachbar Parteistellung.

(6) Für die in § 6 Abs. 2 und Abs. 3 genannten Erzeugungsanlagen gelten die Abs. 1 und 3 bis 5 sinngemäß.

Wiederkehrende Überprüfung

§ 16. (1) Der Betreiberin oder Betreiber einer genehmigten Erzeugungsanlage hat diese regelmäßig wiederkehrend zu prüfen oder prüfen zu lassen, ob sie den nach §§ 7, 12, 13 und 15 ergangenen Bescheiden entspricht. Sofern in diesen Bescheiden nichts anderes bestimmt ist, betragen die Fristen für die wiederkehrenden Prüfungen fünf Jahre.

(1a) Der Betreiberin oder Betreiber einer Fotovoltaikanlage mit einer Engpassleistung bis maximal 50 kW hat diese regelmäßig wiederkehrend alle fünf Jahre zu prüfen oder prüfen zu lassen, ob die Anlage den gesetzlichen Voraussetzungen entspricht.

(2) Zur Durchführung der wiederkehrenden Prüfungen ist bei Fotovoltaikanlagen von der Betreiberin oder dem Betreiber der Erzeugungsanlage eine Elektrofachkraft im Sinne des § 1 Abs. 3 Z 1 Elektroschutzverordnung 2012, BGBl. II Nr. 33/2012 heranzuziehen, bei allen anderen Erzeugungsanlagen sind von der Betreiberin oder dem Betreiber der Erzeugungsanlage Anstalten des Bundes oder eines Bundeslandes, für die durchzuführenden Tätigkeiten akkreditierte Konformitätsbewertungsstellen, staatlich autorisierte Anstalten, Ziviltechniker oder Gewerbetreibende, die gerichtlich beeidete Sachverständige sind, jeweils im Rahmen ihrer Befugnisse heranzuziehen. Wiederkehrende Prüfungen dürfen auch von der Betreiberin oder dem Betreiber der Erzeugungsanlage, sofern er geeignet und fachkundig ist, und von sonstigen geeigneten und fachkundigen Betriebsangehörigen vorgenommen werden. Als geeignet und fachkundig sind Personen anzusehen, wenn sie nach ihrem Bildungsgang und ihrer bisherigen Tätigkeit die für die jeweilige Prüfung notwendigen fachlichen Kenntnisse und Erfahrungen besitzen und auch die Gewähr für eine gewissenhafte Durchführung der Prüfungsarbeiten bieten.

(3) Über jede wiederkehrende Prüfung ist eine Prüfbescheinigung auszustellen, die insbesondere festgestellte Mängel und Vorschläge zu deren Behebung zu enthalten hat. Die Prüfbescheinigung und sonstige die Prüfung betreffende Schriftstücke sind, sofern bescheidmäßig nichts anderes bestimmt ist, vom Betreiber der Anlage bis zur nächsten wiederkehrenden Prüfung der Anlage aufzubewahren.

(4) Sind in einer Prüfbescheinigung bei der wiederkehrenden Prüfung festgestellte Mängel festgehalten, so hat der Betreiber der Anlage unverzüglich eine Kopie dieser Prüfbescheinigung und innerhalb angemessener Frist eine Darstellung der zur Mängelbehebung getroffenen Maßnahmen der Behörde zu übermitteln. § 17 Abs. 2 gilt sinngemäß.

(5) Der Betreiberin oder Betreiber einer genehmigten Erzeugungsanlage entspricht seiner Verpflichtung gemäß Abs. 1 auch dann, wenn er die Anlage einer Umweltbetriebsprüfung im Sinne der EMAS – Verordnung unterzogen und die Eintragung des geprüften Standorts gemäß § 16 des Umweltmanagementgesetzes erwirkt hat. Aus den Unterlagen über diese Umweltbetriebsprüfung, die jeweils nicht älter als drei Jahre sein dürfen, muss hervorgehen, dass im Rahmen dieser Prüfung auch die Übereinstimmung der genehmigten Erzeugungsanlage mit den im Abs. 1 genannten Bescheiden geprüft wurde. Abs. 3 zweiter Satz und Abs. 4 gelten sinngemäß.

Amtswegige Überprüfung

§ 17. (1) Amtswegige Überprüfungen sind jederzeit zulässig.

(2) Besteht der Verdacht eines konsenswidrigen Betriebs einer Erzeugungsanlage, so hat die Behörde – unabhängig von der Einleitung eines Strafverfahrens – den Betreiber einer Erzeugungsanlage zur Herstellung des der Rechtsordnung entsprechenden Zustands innerhalb einer angemessenen Frist aufzufordern. Kommt der Betreiber dieser Aufforderung innerhalb der gesetzten Frist nicht nach, so hat die Behörde mit Bescheid die zur Herstellung des der Rechtsordnung entsprechenden Zustands erforderlichen, geeigneten Maßnahmen, wie die Stilllegung von Maschinen oder die teilweise oder gänzliche Schließung der Anlage, zu verfügen.

Auflassung einer Erzeugungsanlage Vorkehrungen

§ 18. (1) Die Betreiberin oder der Betreiber hat die endgültige Auflassung der Anlage der Behörde spätestens sechs Monate vorher anzuzeigen. In dieser Anzeige sind auch die zum Schutz der Interessen nach § 11 Abs. 1 von ihr oder ihm zu treffenden Vorkehrungen darzulegen.

(2) Reichen die von der Betreiberin oder vom Betreiber gemäß Abs. 1 angezeigten Vorkehrungen nicht aus, um den Schutz der im § 11 Abs. 1 umschriebenen Interessen zu gewährleisten, oder hat sie oder er die zur Erreichung dieses Schutzes notwendigen Vorkehrungen nicht oder nur unvollständig getroffen, so hat ihr oder ihm die Behörde die notwendigen Vorkehrungen mit Bescheid aufzutragen.

(3) Die auflassende Betreiberin oder der auflassende Betreiber hat der Behörde anzuzeigen, dass sie oder er die gemäß Abs. 1 angezeigten und/oder die von der Behörde gemäß Abs. 2 aufgetragenen Vorkehrungen getroffen hat.

Erlöschen der elektrizitätsrechtlichen Genehmigung

§ 19. (1) Die elektrizitätsrechtliche Genehmigung nach § 6 Abs. 2 und Abs. 3 und den §§ 7, 12 oder 13 erlischt, wenn

1. innerhalb einer Frist von fünf Jahren nach rechtskräftiger Erteilung einer Genehmigung nicht um Erteilung einer vorgeschriebenen Betriebsgenehmigung oder nicht zeitgerecht vor Ablauf eines befristeten Probebetriebes um Erteilung der vorgeschriebenen Betriebsgenehmigung angesucht wird,
2. der Betrieb nicht innerhalb eines Jahres nach der Rechtskraft der vorgeschriebenen Betriebsgenehmigung aufgenommen wird oder
3. die Betreiberin oder der Betreiber anzeigt, dass die Erzeugungsanlage in wesentlichen Teilen dauernd außer Betrieb genommen wird.

(2) Die elektrizitätsrechtliche Genehmigung erlischt entgegen Abs. 1 nicht, wenn der Behörde angezeigt wird, dass die Erzeugungsanlage für die Aufrechterhaltung der Versorgung weiterhin in Bereitschaft gehalten wird.

(3) Die Betreiberin oder der Betreiber einer genehmigten Erzeugungsanlage, deren Betrieb gänzlich oder teilweise unterbrochen ist, hat die notwendigen Vorkehrungen zu treffen, um eine sich daraus ergebende Gefährdung, Belästigung oder Beeinträchtigung im Sinne des § 11 Abs. 1 zu vermeiden. Sie oder er hat die Betriebsunterbrechung und die Vorkehrungen der Behörde innerhalb eines Monates nach Eintritt der Betriebsunterbrechung anzuzeigen, wenn diese zumindest einen für die Erfüllung des Anlagenzweckes wesentlichen Teil der Anlage betrifft und voraussichtlich länger als ein Jahr dauern wird. Reichen die angezeigten Vorkehrungen nicht aus, um den Schutz der in § 11 Abs. 1 umschriebenen Interessen zu gewährleisten, oder hat die Betreiberin oder der Betreiber der Anlage die zur Erreichung dieses Schutzes notwendigen Vorkehrungen nicht oder nur unvollständig getroffen, so hat ihr oder ihm die Behörde die notwendigen Vorkehrungen mit Bescheid aufzutragen.

(4) Die Behörde hat die Fristen gemäß Abs. 1 auf Grund eines vor Ablauf der Fristen gestellten Antrages längstens um 5 Jahre zu verlängern, wenn es Art und Umfang des Vorhabens erfordern oder die Fertigstellung oder die Inbetriebnahme des Vorhabens unvorhergesehenen Schwierigkeiten begegnen.

3. Abschnitt (Maßnahmen, Enteignung, Wechsel der Betreiberin oder des Betreibers der Erzeugungsanlage)

Errichtung einer Erzeugungsanlage ohne vorherige Anzeige bzw. Genehmigung

§ 20. (1) Wird eine genehmigungspflichtige Erzeugungsanlage ohne Genehmigung errichtet oder wesentlich geändert, eine Anlage, für deren Betrieb die Genehmigung vorbehalten wurde – ausgenommen ein Probebetrieb – ohne Betriebsgenehmigung betrieben oder eine anzeigepflichtige Fotovoltaikanlage ohne vorherige Anzeige errichtet, betrieben oder wesentlich geändert, so hat die Behörde mit Bescheid die zur Herstellung des gesetzmäßigen Zustandes erforderlichen Maßnahmen, wie die Einstellung der Bauarbeiten, die Einstellung des Betriebes, die Beseitigung der nicht genehmigten Anlage oder Anlagenteile, anzuordnen. Dabei ist auf eine angemessene Frist zur Durchführung der erforderlichen Arbeiten Bedacht zu nehmen.

(2) Die Beseitigung von Anlagen oder Anlagenteilen darf jedoch nicht vollstreckt werden, wenn zwischenzeitig die Erteilung der erforderlichen Genehmigung beantragt wurde bzw. die Anzeige gelegt wurde und das Ansuchen nicht von vornherein als aussichtslos erscheint.

Einstweilige Sicherheitsmaßnahmen

§ 21. (1) Um die durch eine diesem Gesetz unterliegende Erzeugungsanlage verursachte Gefahr für das Leben oder die Gesundheit von Menschen oder für das Eigentum oder sonstige dingliche Rechte der Nachbarn abzuwehren oder um die durch eine nicht genehmigte oder nicht angezeigte Erzeugungsanlage verursachte unzumutbare Belästigung der Nachbarn abzustellen, hat die Behörde entsprechend dem Ausmaß der Gefährdung oder Belästigung mit Bescheid die gänzliche oder teilweise Stilllegung der Erzeugungsanlage, die Stilllegung von Maschinen oder sonstige die Anlage betreffende Sicherheitsmaßnahmen oder Vorkehrungen zu verfügen. Hat die Behörde Grund zur Annahme, dass zur Gefahrenabwehr Sofortmaßnahmen an Ort und Stelle erforderlich sind, so darf sie nach Verständigung der Inhaberin oder des Inhabers der Erzeugungsanlage, der Betriebsleiterin oder des Betriebsleiters, oder der Eigentümerin oder des Eigentümers der Anlage oder, wenn eine Verständigung dieser Person nicht möglich ist, einer Person, die tatsächlich die Betriebsführung wahrnimmt, solche Maßnahmen auch ohne vorausgegangenes Verfahren und vor Erlassung eines Bescheides an Ort und Stelle treffen. Hierüber ist jedoch binnen zwei Wochen ein schriftlicher Bescheid zu erlassen, widrigenfalls die getroffene Maßnahme als aufgehoben gilt. Die Maßnahme bleibt aufrecht, wenn der Bescheid gemäß § 19 des Zustellgesetzes wegen Unzustellbarkeit an die Behörde zurückgestellt worden ist.

(2) Bescheide gemäß Abs. 1 sind sofort vollstreckbar. Sie treten mit Ablauf eines Jahres – vom Tage ihrer Rechtskraft an gerechnet – außer Kraft, sofern keine kürzere Frist im Bescheid festgesetzt wurde.

(3) Liegen die Voraussetzungen für die Erlassung eines Bescheides gemäß Abs. 1 nicht mehr vor, so hat die Behörde auf Antrag dieser Person die mit Bescheid gemäß Abs. 1 getroffenen Maßnahmen unverzüglich zu widerrufen.

Vorarbeiten zur Errichtung einer Erzeugungsanlage

§ 22. (1) Soweit eine gütliche Einigung zwischen den Beteiligten nicht zustande kommt, hat die Behörde auf Antrag eine vorübergehende Benützung fremder Grundstücke mit schriftlichem Bescheid zu bewilligen, soweit dies zur Vornahme von Vorarbeiten für die Errichtung oder Änderung einer genehmigungspflichtigen Erzeugungsanlage erforderlich ist.

(2) Im Antrag sind die Art und Dauer der beabsichtigten Vorarbeiten anzugeben. Weiters ist dem Antrag eine Übersichtskarte in geeignetem Maßstab beizuschließen, in welcher das von den Vorarbeiten berührte Gebiet ersichtlich zu machen ist.

(3) Die Bewilligung gibt das Recht zur vorübergehenden Inanspruchnahme fremden Grundes zur Vornahme von Vorarbeiten für die Errichtung einer Anlage zur Erzeugung elektrischer Energie. Darunter werden insbesondere das Betreten von Grundstücken, die zur Vorbereitung des Bauentwurfes erforderlichen Bodenuntersuchungen, die zeitweilige Beseitigung von Hindernissen und die Anbringung oder Setzung von Vermarkungszeichen verstanden. Diese Vorarbeiten sind zu dulden. Bei der Erteilung der Genehmigung ist auf die im § 12 Abs. 4 erwähnten Belange durch Vorschreibung von Auflagen Rücksicht zu nehmen. Vor Erteilung der Genehmigung sind die im § 8 Abs. 4 erwähnten Behörden und öffentlichrechtlichen Körperschaften zu hören. Den Grundeigentümern und dinglich Berechtigten kommt keine Parteistellung zu.

(4) Bei der Durchführung der Vorarbeiten hat der Berechtigte mit möglichster Schonung bestehender Rechte vorzugehen und darauf Bedacht zu nehmen, dass der bestimmungsgemäße Gebrauch der betroffenen Grundstücke nach Möglichkeit nicht behindert wird.

(5) Die Genehmigung ist zu befristen. Die Frist ist unter Bedachtnahme auf die Art und den Umfang sowie die geländemäßigen Voraussetzungen der Vorarbeiten festzusetzen. Sie ist zu verlängern, soweit die Vorbereitung des Bauentwurfes dies erfordert.

(6) Die Genehmigung ist unverzüglich auf der Internetseite www.gemeinderecht.wien.at und durch Anschlag durch das örtlich zuständige Magistratische Bezirksamt auf dem betroffenen Grundstück kundzumachen. Die Kundmachungsfrist beträgt vier Wochen. Mit den Vorarbeiten darf erst nach Ablauf der Kundmachungsfrist begonnen werden.

(7) Der zur Vornahme der Vorarbeiten Berechtigte hat unbeschadet der Bestimmungen des Abs. 6 die Eigentümer oder die Nutzungsberechtigten der betroffenen Liegenschaften sowie allfällige Bergbauberechtigte mindestens vier Wochen vorher vom beabsichtigten Beginn der Vorarbeiten schriftlich in Kenntnis zu setzen.

(8) Schäden, die durch Wiederherstellung des früheren Zustandes beseitigt werden können, sind nach Abschluss der Vorarbeiten sofort zu beheben. Wegen Anbringung oder Setzung von Vermarkungszeichen, welche die bisherige Benützung des Grundes nicht behindern, besteht kein Entschädigungsanspruch. Für andere Schäden, und sonstige, mit den Vorarbeiten unmittelbar verbundene Beschränkungen im Zeitpunkt der Bewilligung ausgeübter Rechte sind der Grundstückseigentümer und die an dem Grundstück dinglich Berechtigten – ausgenommen Hypothekargläubiger – angemessen zu entschädigen. Soweit hierüber keine Vereinbarung zustande kommt, ist die Entschädigung auf Antrag durch die Behörde festzusetzen. Für das Entschädigungsverfahren gilt § 25 sinngemäß.

Enteignung

§ 23. (1) Die Behörde hat auf Antrag die für die Errichtung und den Betrieb einer Erzeugungsanlage notwendigen Beschränkungen von Grundeigentum oder anderen dinglichen Rechten einschließlich der Entziehung des Eigentums (Enteignung) gegen angemessene Entschädigung auszusprechen, wenn die Errichtung der Erzeugungsanlage als Maßnahme für die Sicherung und Aufrechterhaltung der Stromversorgung geboten ist, die vorgesehene Situierung aus zwingenden technischen oder wirtschaftlichen Gründen geboten ist und zwischen derjenigen oder demjenigen, die oder der die Erzeugungsanlage zu errichten und zu betreiben beabsichtigt und der Grundeigentümerin oder dem Grundeigentümer oder der Inhaberin oder dem Inhaber anderer dinglicher Rechte nachweislich eine Einigung darüber nicht zustande kommt.

(2) Im Antrag gemäß Abs. 1 sind die betroffenen Grundstücke mit Grundstücksnummer, die Eigentümer und sonstigen dinglich Berechtigten mit Ausnahme der Hypothekargläubiger und der Inhalt der beanspruchten Rechte anzuführen.

Umfang der Enteignung

§ 24. (1) Die Enteignung kann umfassen:

1. die Einräumung von Dienstbarkeiten an unbeweglichen Sachen,
2. die Abtretung des Eigentums an Grundstücken oder
3. die Abtretung, Einschränkung oder Aufhebung anderer dinglicher Rechte an unbeweglichen Sachen und solcher Rechte, deren Ausübung an einen bestimmten Ort gebunden ist.

(2) Von der Enteignung nach Abs. 1 Z 2 ist von der Behörde nur Gebrauch zu machen, wenn die übrigen in Abs. 1 angeführten Maßnahmen nicht ausreichen.

Enteignungsverfahren

§ 25. Auf das Enteignungsverfahren und die behördliche Ermittlung der Entschädigung sind die Bestimmungen des Eisenbahn-Enteignungsentschädigungsgesetzes sinngemäß mit nachstehenden Abweichungen anzuwenden:

1. Der Enteignungsgegner kann im Zuge des Enteignungsverfahrens die Einlösung der durch Dienstbarkeiten oder andere dingliche Rechte gemäß § 24 Abs. 1 in Anspruch zu nehmenden unverbauten Grundstücke oder Teile von solchen gegen Entschädigung, welche vom Enteignungswerber zu bezahlen ist, verlangen, wenn diese durch die Belastung die Benutzbarkeit nach der Verkehrsauffassung verlieren. Verliert ein Grundstück durch die Enteignung eines Teiles desselben für den Eigentümer diese Benutzbarkeit, so ist auf Verlangen des Eigentümers das ganze Grundstück einzulösen.
2. Die Höhe der Entschädigung ist auf Grund der Schätzung eines gerichtlich beeideten Sachverständigen im Enteignungsbescheid oder in einem gesonderten Bescheid zu bestimmen; im letzteren Fall ist ohne weitere Erhebungen im Enteignungsbescheid ein vorläufiger Sicherstellungsbetrag festzulegen.
3. Jede der beiden Parteien kann binnen drei Monaten ab Erlassung des die Entschädigung bestimmenden Bescheides (Z 2) die Feststellung des Entschädigungsbetrages bei jenem mit der Ausübung der Gerichtsbarkeit in bürgerlichen Rechtssachen betrauten Landesgericht begehren, in dessen Sprengel sich der Gegenstand der Enteignung befindet. Der Bescheid tritt hinsichtlich des Ausspruches über die Entschädigung mit Anrufung des Gerichtes außer Kraft. Der Antrag an das Gericht auf Feststellung der Entschädigung kann nur mit Zustimmung des Antragsgegners zurückgezogen werden. Bei Zurücknahme des Antrages gilt der im Enteignungsbescheid bestimmte Entschädigungsbetrag als vereinbart.
4. Ein erlassener Enteignungsbescheid ist erst vollstreckbar, sobald der im Enteignungsbescheid oder in einem gesonderten Bescheid bestimmte Entschädigungsbetrag oder im Enteignungsbescheid festgelegte vorläufige Sicherstellungsbetrag (Z 2) gerichtlich hinterlegt oder an den Enteigneten ausbezahlt ist.
5. Vom Erlöschen der elektrizitätsrechtlichen Genehmigung einer Erzeugungsanlage ist der Eigentümer des belasteten Grundstückes zu verständigen. Er kann die ausdrückliche Aufhebung der für diese Anlage im Wege der Enteignung eingeräumten Dienstbarkeiten bei der Behörde beantragen. Die Behörde hat über seinen Antrag die für die Erzeugungsanlage im Enteignungswege eingeräumten Dienstbarkeiten unter Festlegung einer der geleisteten Entschädigung angemessenen Rückvergütung durch Bescheid aufzuheben. Für die Festlegung der Rückvergütung gelten Z 2 und 3 sinngemäß.
6. Hat zufolge eines Enteignungsbescheides die Übertragung des Eigentums an einem Grundstück für Zwecke einer Erzeugungsanlage stattgefunden, so hat die Behörde auf Grund eines innerhalb eines Jahres ab Abtragung der Erzeugungsanlage gestellten Antrages des früheren Eigentümers oder seines Rechtsnachfolgers zu dessen Gunsten die Rückübereignung gegen angemessene Entschädigung auszusprechen. Für die Feststellung dieser Entschädigung gelten Z 2 und 3.
7. § 69a ist mit der Maßgabe anzuwenden, dass die behördlichen Befugnisse auch gegenüber den Eigentümern der von der Enteignung betroffenen Grundstücke und Gebäude gelten.

Wechsel der Betreiberin oder des Betreibers der Erzeugungsanlage

§ 26. (1) Durch den Wechsel der Betreiberin oder des Betreibers der Erzeugungsanlage wird
1. die Wirksamkeit der Anzeige gemäß § 6a,
2. die Wirksamkeit einer Genehmigung gemäß dem § 6 Abs. 2 und Abs. 3 und den §§ 7, 12, und 13,
3. die Wirksamkeit der Anordnungen oder Aufträge gemäß den §§ 15, 17 Abs. 2, 18 Abs. 2, 19 Abs. 3, 20 Abs. 1 und 21 Abs. 1 und
4. die Wirksamkeit der Bescheide gemäß den §§ 14 und 14a nicht berührt.

(2) Der Wechsel der Betreiberin oder des Betreibers der Erzeugungsanlage ist der Behörde von der nunmehrigen Betreiberin oder vom nunmehrigen Betreiber unverzüglich zu melden; die Meldung ist von der vormaligen Betreiberin oder vom vormaligen Betreiber gegenzuzeichnen.

(3) Die nunmehrige Betreiberin oder der nunmehrige Betreiber hat die dem Nachweis des Betriebsüberganges entsprechenden Unterlagen auf Verlangen der Behörde unverzüglich vorzulegen. Wird dieser Nachweis nicht innerhalb der von der Behörde eingeräumten Frist erbracht, gilt der Betriebsübergang als nicht erfolgt.

4. Abschnitt (Beherrschung der Gefahren bei schweren Unfällen mit gefährlichen Stoffen)

Anwendungsbereich und Begriffe

§ 27. (1) Ziel der nachfolgenden Bestimmungen ist es, schwere Unfälle mit gefährlichen Stoffen zu verhüten und ihre Folgen zu begrenzen.

(2) Diese Bestimmungen gelten für alle Erzeugungsanlagen, die Anlagen im Sinne von Abs. 4 Z 1 darstellen.

(3) Die Anforderungen dieser Bestimmungen müssen zusätzlich zu den Anforderungen nach anderen Bestimmungen dieses Gesetzes erfüllt sein; sie sind keine Genehmigungsvoraussetzung im Sinne des § 12 und begründen keine Parteistellung im Sinne des § 10.

(4) Im Sinne dieser Bestimmung bezeichnet der Ausdruck
1. „Anlage“ den unter der Aufsicht eines Betreibers stehenden Bereich, in dem gefährliche Stoffe in einer oder in mehreren technischen Anlagen vorhanden sind, einschließlich gemeinsamer oder verbundener Infrastrukturen

und Tätigkeiten; Anlagen sind entweder Anlagen der unteren Klasse oder Anlagen der oberen Klasse;
2. „Anlage der unteren Klasse“ eine Anlage, in der gefährliche Stoffe in Mengen vorhanden sind, die den in Anhang 1 Teil 1 Spalte 2 oder Anhang 1 Teil 2 Spalte 2 genannten Mengen entsprechen oder darüber, aber unter den in Anhang 1 Teil 1 Spalte 3 oder Anhang 1 Teil 2 Spalte 3 genannten Mengen liegen, wobei gegebenenfalls die Additionsregel gemäß Anhang 1 Anmerkung 4 angewendet wird;
3. „Anlage der oberen Klasse“ eine Anlage, in der gefährliche Stoffe in Mengen vorhanden sind, die den in Anhang 1 Teil 1 Spalte 3 oder Anhang 1 Teil 2 Spalte 3 genannten Mengen entsprechen oder darüber liegen, wobei gegebenenfalls die Additionsregel gemäß Anhang 1 Anmerkung 4 angewendet wird;
4. „benachbarte Anlage“ eine Anlage, die sich so nahe bei einer anderen Anlage befindet, dass dadurch das Risiko oder die Folgen eines schweren Unfalls vergrößert werden;
5. „neue Anlage“
a) eine Anlage, die am oder nach dem 1. Juni 2015 errichtet oder in Betrieb genommen wird,
b) eine nicht unter die Z 1 fallende Anlage, die am oder nach dem 1. Juni 2015 auf Grund von Änderungen ihrer Anlagen oder ihrer Tätigkeiten, die eine Änderung des Verzeichnisses gefährlicher Stoffe zur Folge haben, unter diesen Abschnitt fällt,
c) eine Anlage der unteren Klasse, die am oder nach dem 1. Juni 2015 auf Grund von Änderungen, die eine Änderung des Verzeichnisses gefährlicher Stoffe zur Folge haben, zu einem Betrieb der oberen Klasse wird, oder
d) eine Anlage der oberen Klasse, die am oder nach dem 1. Juni 2015 auf Grund von Änderungen, die eine Änderung des Verzeichnisses gefährlicher Stoffe zur Folge haben, zu einem Betrieb der unteren Klasse wird;
6. „bestehende Anlage“ eine Anlage, auf die am 31. Mai 2015 die Seveso II-Richtlinie Anwendung findet und die ab dem 1. Juni 2015 ohne Änderung ihrer Einstufung als Anlage der unteren Klasse oder als Anlage der oberen Klasse in den Anwendungsbereich der Seveso III-Richtlinie fällt;
7. „sonstige Anlage“
a) eine Anlage, die am oder nach dem 1. Juni 2015 aus anderen als in der Z 5 lit. a genannten Gründen unter das II. Hauptstück, Abschnitt 4 dieses Gesetzes fällt,
b) eine Anlage der unteren Klasse, die am oder nach dem 1. Juni 2015 aus anderen als der Z 5 lit. c genannten Gründen zu einer Anlage der oberen Klasse wird, oder
c) eine Anlage der oberen Klasse, die am oder nach dem 1. Juni 2015 aus anderen als in der Z 5 lit. d genannten Gründen zu einer Anlage der unteren Klasse wird;
8. „technische Anlage“ eine technische Einheit innerhalb einer Anlage, unabhängig davon ob ober- oder unterirdisch, in der gefährliche Stoffe hergestellt, verwendet, gehandhabt oder gelagert werden. Sie umfasst alle Einrichtungen, Bauwerke, Rohrleitungen, Maschinen, Werkzeuge, Lager, Privatgleisanschlüsse, Hafenbecken, Umschlageinrichtungen, Anlegebrücken oder ähnliche, auch schwimmende Konstruktionen, die für die Tätigkeit dieser technischen Anlage erforderlich sind;
9. „Gefahr“ das Wesen eines gefährlichen Stoffes oder einer konkreten Situation, das darin besteht, der menschlichen Gesundheit oder der Umwelt Schaden zufügen zu können;
10. „gefährliche Stoffe“ Stoffe oder Gemische, die in Anhang 1 Teil 1 dieses Gesetzes angeführt sind oder die die in Anhang 1 Teil 2 festgelegten Kriterien erfüllen, einschließlich in Form eines Rohstoffs, eines End-, Zwischen- oder Nebenprodukts oder eines Rückstands;
11. „Vorhandensein von gefährlichen Stoffen“ das tatsächliche oder vorgesehene Vorhandensein gefährlicher Stoffe in der Anlage oder von gefährlichen Stoffen, bei denen vernünftigerweise vorhersehbar ist, dass sie bei außer Kontrolle geratenen Prozessen, einschließlich Lagerungstätigkeiten, die in einer der technischen Anlagen innerhalb der Anlage anfallen, und zwar in Mengen, die den in Anhang 1 Teil 1 oder Teil 2 angeführten Mengenschwellen entsprechen oder darüber liegen;
12. „Gemisch“ ein Gemisch oder eine Lösung, die aus zwei oder mehreren Stoffen besteht;
13. „schwerer Unfall“ ein Ereignis, das sich aus unkontrollierten Vorgängen in einer unter diesen Abschnitt fallenden Anlage ergibt (etwa eine Emission, ein Brand oder eine Explosion größeren Ausmaßes), das unmittelbar oder später innerhalb oder außerhalb der Anlage zu einer ernsten Gefahr für die menschliche Gesundheit oder die Umwelt führt und bei dem ein oder mehrere gefährliche Stoffe beteiligt sind;
14. „Beinahe-Unfall“ ein Ereignis, das in der Anlage aufgetreten ist und ohne Wirksamwerden von Sicherheitsmaßnahmen zum Unfall geworden wäre;
15. „Risiko“ die Wahrscheinlichkeit, dass innerhalb einer bestimmten Zeitspanne oder unter bestimmten Umständen eine bestimmte Wirkung eintritt;
16. „Lagerung“ das Vorhandensein einer Menge gefährlicher Stoffe zum Zweck der Einlagerung, der Hinterlegung zur sicheren Aufbewahrung oder der Lagerhaltung;

17. „die Öffentlichkeit“ eine oder mehrere natürliche oder juristische Personen und deren Vereinigungen, Organisationen oder Gruppen;
18. „die betroffene Öffentlichkeit“ die von einer Entscheidung über einen der Sachverhalte gemäß Art. 15 Abs. 1 der Seveso III-Richtlinie betroffene oder wahrscheinlich betroffene Öffentlichkeit oder die Öffentlichkeit mit einem Interesse daran; im Sinne dieser Begriffsbestimmung haben Nichtregierungsorganisationen, die sich für den Umweltschutz einsetzen und alle einschlägigen Voraussetzungen erfüllen, ein Interesse;
19. „Inspektion“ alle Maßnahmen, einschließlich Besichtigungen vor Ort, Überprüfungen von internen Maßnahmen, Systemen und Berichten und Folgedokumenten sowie alle notwendigen Folgemaßnahmen, die von der Behörde durchgeführt werden, um die Einhaltung der Bestimmungen dieses Abschnitts zu überprüfen und zu fördern.

Allgemeine Pflichten der Betreiberin oder des Betreibers

§ 28. (1) Die Betreiberin oder der Betreiber hat alle nach dem Stand der Technik notwendigen Maßnahmen zu ergreifen, um schwere Unfälle im Sinne dieses Abschnittes zu verhüten und deren Folgen für Mensch und Umwelt zu begrenzen.

(2) Die Betreiberin oder der Betreiber ist jederzeit verpflichtet, auf Aufforderung der Behörde insbesondere im Hinblick auf Inspektionen und Kontrollen gemäß § 28h nachzuweisen, dass sie oder er alle erforderlichen Maßnahmen ergriffen hat, um schwere Unfälle im Sinne dieses Abschnittes zu vermeiden. § 70 gilt sinngemäß.

Mitteilungen des Betreibers

§ 28a. (1) Der Betreiber hat der Behörde folgende Angaben zu übermitteln:

1. Name, Sitz und Anschrift des Betreibers sowie die vollständige Anschrift der Anlage,
2. Name und Funktion der für den Betrieb verantwortlichen Person, falls von Z 1 abweichend,
3. ausreichende Angaben zur Identifizierung der gefährlichen Stoffe und der Kategorie gefährlicher Stoffe, die beteiligt sind oder vorhanden sein könnten und über die Zuordnung der gefährlichen Stoffe zur entsprechenden Ziffer des Teils 1 oder 2 des Anhang 1,
4. Menge und physikalische Form der gefährlichen Stoffe,
5. die in der Anlage ausgeübten oder beabsichtigten Tätigkeiten,
6. Beschreibung der unmittelbaren Umgebung der Anlage unter Berücksichtigung der Faktoren, die einen schweren Unfall auslösen oder dessen Folgen erhöhen können, einschließlich – soweit verfügbar – Einzelheiten zu benachbarten Anlagen und nicht unter § 27 Abs. 4 Z 1 fallenden Betriebsanlagen sowie zu Bereichen und Entwicklungen, von denen ein schwerer Unfall ausgehen könnte oder die das Risiko oder die Folgen eines schweren Unfalls oder von Domino-Effekten vergrößern könnten.

(2) Die Mitteilung gemäß Abs. 1 muss der Behörde innerhalb folgender Fristen übermittelt werden:

1. bei neuen Anlagen oder bei Änderungen, die eine Änderung des Verzeichnisses gefährlicher Stoffe zur Folge haben, binnen einer angemessenen, zumindest dreimonatigen Frist vor Inbetriebnahme;
2. in der von der Z 1 nicht erfassten Fällen binnen einer Frist von einem Jahr ab dem Zeitpunkt, ab dem die Anlage in den Geltungsbereich dieses Abschnittes fällt.

(3) Vor einer wesentlichen Vergrößerung oder Verringerung der in der Mitteilung gemäß Abs. 1 angegebenen Menge oder einer wesentlichen Änderung der Beschaffenheit oder physikalischen Form der vorhandenen gefährlichen Stoffe (Änderung des Verzeichnisses der gefährlichen Stoffe) oder einer wesentlichen Änderung der Verfahren, bei denen diese Stoffe eingesetzt werden, oder einer Änderung des Betriebs, aus der sich erhebliche Auswirkungen auf die Gefahren im Zusammenhang mit schweren Unfällen ergeben können, hat der Betreiber der Behörde eine entsprechend geänderte Mitteilung zu übermitteln.

(4) Der Betreiber hat der Behörde eine Änderung der Angaben im Sinne des Abs. 1 Z 1 und Z 2 sowie die endgültige Schließung oder die Unterbrechung des Betriebs im Voraus mitzuteilen.

(5) Nach einem schweren Unfall hat der Betreiber nach Maßgabe einer Verordnung gemäß § 29a Z 1 unverzüglich in der am besten geeigneten Weise

1. der Behörde die Umstände des Unfalls, die beteiligten gefährlichen Stoffe, die zur Beurteilung der Unfallfolgen für die menschliche Gesundheit, die Umwelt und Sachwerte verfügbaren Daten sowie die eingeleiteten Sofortmaßnahmen mitzuteilen,
2. die Behörde über die Schritte zu unterrichten, die vorgesehen sind, um die mittel- und langfristigen Unfallfolgen abzumildern und eine Wiederholung eines solchen Unfalls zu vermeiden,
3. diese Informationen zu aktualisieren, wenn sich bei einer eingehenderen Untersuchung zusätzliche relevante Fakten ergeben, die eine Änderung dieser Informationen oder der daraus gezogenen Folgerungen erfordern.

Sicherheitskonzept

§ 28b. (1) Der Betreiber hat nach Maßgabe einer Verordnung nach § 29a Z 2 ein Konzept zur Verhütung schwerer Unfälle (Sicherheitskonzept) auszuarbeiten, zu verwirklichen und der Behörde zu übermitteln. Die Verwirklichung des Sicherheitskonzepts und gegebenenfalls der Änderung des Sicherheitskonzepts sind nachzuweisen.

(2) Das Sicherheitskonzept muss der Behörde innerhalb folgender Fristen übermittelt werden:

1. bei neuen Anlagen oder bei Änderungen, die eine Änderung des Verzeichnisses gefährlicher Stoffe zur Folge haben, binnen einer angemessenen, zumindest dreimonatigen Frist vor Inbetriebnahme;
2. in den von Z 1 nicht erfassten Fällen binnen einer Frist von einem Jahr ab dem Zeitpunkt, ab dem die Anlage in den Geltungsbereich dieses Abschnitts fällt.

(3) Das Sicherheitskonzept muss durch ein Sicherheitsmanagementsystem nach Maßgabe einer Verordnung gemäß § 29a Z 2 umgesetzt werden. In Bezug auf Anlagen der unteren Klasse darf die Verpflichtung das Konzept umzusetzen, durch andere angemessene Mittel, Strukturen und Managementsysteme ersetzt werden, wobei den Grundsätzen eines Sicherheitsmanagementsystems Rechnung getragen werden muss.

Sicherheitsbericht

§ 28c. (1) Der Betreiber einer Anlage der oberen Klasse muss einen Sicherheitsbericht nach Maßgabe einer Verordnung gemäß § 29a Z 3 erstellen, in dem dargelegt wird, dass

1. ein Sicherheitskonzept umgesetzt wurde und ein Sicherheitsmanagementsystem zu seiner Anwendung vorhanden ist,
2. die Gefahren schwerer Unfälle ermittelt und alle erforderlichen Maßnahmen zur Verhütung derartiger Unfälle und zur Begrenzung der Folgen für Mensch und Umwelt ergriffen wurden,
3. die Auslegung, die Errichtung, der Betrieb und die Instandhaltung sämtlicher technischer Anlagen und die für ihr Funktionieren erforderlichen Infrastrukturen, die im Zusammenhang mit der Gefahr schwerer Unfälle im Betrieb stehen, ausreichend, sicher und zuverlässig sind,
4. ein interner Notfallplan vorliegt, damit bei einem schweren Unfall die erforderlichen Maßnahmen ergriffen werden können, und dem zu entnehmen ist, dass den für die Erstellung des externen Notfallplans zuständigen Behörden Informationen bereitgestellt wurden, um die Erstellung des externen Notfallplans zu ermöglichen,
5. den für die örtliche und überörtliche Raumplanung zuständigen Behörden ausreichende Informationen als Grundlage für Entscheidungen über die Ansiedlung neuer Tätigkeiten oder Entwicklungen in der Nachbarschaft bestehender Anlagen bereitgestellt wurden.

(2) Der Sicherheitsbericht muss der Behörde innerhalb folgender Fristen übermittelt werden:

1. bei neuen Betrieben oder bei Änderungen, die eine Änderung des Verzeichnisses gefährlicher Stoffe zur Folge haben, binnen einer angemessenen, zumindest dreimonatigen Frist vor Inbetriebnahme,
2. bei bestehenden Betrieben bis zum 1. Juni 2016,
3. bei sonstigen Betrieben binnen einer Frist von zwei Jahren ab dem Zeitpunkt, ab dem der Betrieb in den Geltungsbereich dieses Abschnitts fällt.

Überprüfung und Änderung von Sicherheitskonzept und Sicherheitsbericht

§ 28d. (1) Der Betreiber hat das Sicherheitskonzept und den Sicherheitsbericht zu überprüfen und zu aktualisieren, wenn neue Sachverhalte oder neue sicherheitstechnische Erkenntnisse dies erfordern, mindestens jedoch alle fünf Jahre. Der Sicherheitsbericht muss auch auf Aufforderung der Behörde aktualisiert werden, wenn dies durch neue Erkenntnisse gerechtfertigt ist. Die aktualisierten Teile des Sicherheitsberichts müssen der Behörde unverzüglich übermittelt werden.

(2) Bei einer Änderung des Betriebs,

1. aus der sich erhebliche Auswirkungen für die Gefahren im Zusammenhang mit schweren Unfällen ergeben können,
2. die dazu führt, dass eine Anlage der unteren Klasse zu einer Anlage der oberen Klasse wird, oder
3. die dazu führt, dass eine Anlage der oberen Klasse zu einer Anlage der unteren Klasse wird,

hat der Betreiber die Mitteilung im Sinne des § 28a, das Sicherheitskonzept, den Sicherheitsbericht und das Sicherheitsmanagementsystem zu überprüfen und erforderlichenfalls zu ändern. Der Betreiber hat die Behörde vor Durchführung der Änderung des Betriebs im Einzelnen über die Änderungen des Sicherheitsberichts zu unterrichten.

Interner Notfallplan

§ 28e. (1) Betreiber von Anlagen der oberen Klasse haben nach Anhörung der Beschäftigten einschließlich des relevanten langfristig beschäftigten Personals von Subunternehmen einen internen Notfallplan für Maßnahmen innerhalb der Anlage nach Maßgaben einer Verordnung gemäß § 29a Z 4 zu erstellen. Dieser interne Notfallplan ist der Behörde anzuzeigen und auf Verlangen vorzulegen. Der interne Notfallplan ist spätestens alle drei Jahre zu überprüfen, zu erproben und erforderlichenfalls im Hinblick auf Veränderungen im Betrieb und in den Notdiensten sowie auf neue Erkenntnisse und Erfahrungen zu aktualisieren und im Anlassfall anzuwenden.

(2) Die Verpflichtung gemäß Abs. 1 muss binnen folgender Fristen erfüllt werden:

1. bei neuen Anlagen oder Änderungen, die eine Änderung des Verzeichnisses gefährlicher Stoffe zur Folge haben, binnen einer angemessenen, mindestens dreimonatigen Frist vor Inbetriebnahme;
2. bei bestehenden Betrieben bis zum 1. Juni 2016;
3. bei sonstigen Betrieben binnen einer Frist von einem Jahr ab dem Zeitpunkt, ab dem der Betrieb in den Geltungsbereich dieses Abschnitts fällt.

Domino-Effekt

§ 28f. Zwischen benachbarten Betrieben, bei denen auf Grund ihres Standortes und ihrer Nähe zueinander sowie ihrer gefährlichen Stoffe ein erhöhtes Risiko schwerer Unfälle besteht oder diese Unfälle folgenschwerer sein können (Domino-Effekt), hat ein Austausch zweckdienlicher Informationen stattzufinden, die für das Sicherheitskonzept, den Sicherheitsbericht, den internen Notfallplan oder das Sicherheitsmanagementsystem von Bedeutung sind.

Informationsverpflichtung

§ 28g. (1) Der Betreiber ist verpflichtet, der Behörde auf Verlangen sämtliche Informationen bereitzustellen, die erforderlich sind, um die Möglichkeit des Eintritts eines schweren Unfalls beurteilen zu können, insbesondere soweit sie für die Erfüllung der Verpflichtung zur Durchführung von Inspektionen, zur Beurteilung der Möglichkeit des Auftretens von Domino-Effekten und zur genaueren Beurteilung der Eigenschaften gefährlicher Stoffe notwendig sind.

(2) Der Betreiber einer Anlage hat der Öffentlichkeit jene Informationen, die in Anhang 2 angeführt sind, elektronisch zugänglich zu machen und diese Informationen auf dem neuesten Stand zu halten.

(3) Der Betreiber einer Anlage der oberen Klasse hat

1. die von einem schweren Unfall der Anlage möglicherweise betroffenen Personen und Einrichtungen mit Publikumsverkehr (wie etwa Schulen und Krankenhäuser) über die Gefahren, die Sicherheitsmaßnahmen und das richtige Verhalten im Fall eines schweren Unfalls längstens alle fünf Jahre zu informieren. Diese Informationen sind regelmäßig zu überprüfen, erforderlichenfalls zu aktualisieren und der Öffentlichkeit in geeigneter Weise zugänglich zu machen. Die Informationspflicht umfasst auch Personen außerhalb des Landes- und Bundesgebiets im Falle möglicher grenzüberschreitender Auswirkungen eines schweren Unfalls;
2. den Sicherheitsbericht und das Verzeichnis der gefährlichen Stoffe der Öffentlichkeit auf Anfrage zugänglich zu machen; Geschäfts- und Betriebsgeheimnisse enthaltende Teile dürfen ausgenommen werden, wobei in diesem Fall ein geänderter Bericht, beispielsweise in Form einer nichttechnischen Zusammenfassung, der zumindest allgemeine Informationen über die Gefahren schwerer Unfälle und über mögliche Auswirkungen auf die menschliche Gesundheit und die Umwelt im Falle eines schweren Unfalls, umfasst, zugänglich zu machen ist.

(4) Die Behörde hat jegliche gemäß dieses Abschnitts vorliegende Information gemäß den Bestimmungen des Wiener Umweltinformationsgesetzes, LGBl. für Wien Nr. 15/2001 in der Fassung LGBl. für Wien Nr. 31/2013, zur Verfügung zu stellen.

Inspektionssystem

§ 28h. (1) Die Behörde hat für die in ihrem örtlichen Zuständigkeitsbereich liegenden Betriebe ein System von Inspektionen oder sonstigen Kontrollmaßnahmen zu erstellen und auf der Grundlage dieses Systems die Einhaltung der Pflichten der Betreiber planmäßig und systematisch zu überwachen.

(2) Das Inspektionssystem besteht aus einem Inspektionsplan und einem Inspektionsprogramm und muss für die Überprüfung der betriebstechnischen, organisatorischen und managementspezifischen Systeme der jeweiligen Anlage geeignet sein, und zwar insbesondere dahingehend, ob der Betreiber im Zusammenhang mit den betriebsspezifischen Tätigkeiten die zur Verhütung schwerer Unfälle erforderlichen Maßnahmen ergriffen hat, ob der Betreiber angemessene Mittel zur Begrenzung der Folgen schwerer Unfälle vorgesehen hat und ob die im Sicherheitsbericht oder in anderen Berichten enthaltenen Angaben und Informationen die Betriebssituation wiedergeben. Im Rahmen einer solchen Überprüfung dürfen Betriebsangehörige über ihre den angewendeten Sicherheitsmanagementsystemen dienenden Tätigkeiten als Auskunftspersonen befragt und Kontrollen des Bestandes an gefährlichen Stoffen vorgenommen werden.

(3) Der Inspektionsplan muss folgende Einzelheiten umfassen:

1. eine allgemeine Beurteilung einschlägiger Sicherheitsfragen,
2. den räumlichen Anwendungsbereich des Plans,
3. eine Liste der vom Plan erfassten Anlagen,
4. allfällige Angaben zu Domino-Effekten,
5. jene Anlagen, bei denen externe Gefahrenquellen das Risiko eines schweren Unfalls erhöhen oder die Folgen des Unfalls verschlimmern können,
6. Verfahren für routinemäßige Inspektionen,
7. Verfahren für nichtroutinemäßige Inspektionen,
8. Bestimmungen für die Zusammenarbeit zwischen Inspektionsbehörden.

(4) Auf Grundlage des Inspektionsplans hat die Behörde ein Inspektionsprogramm über die zeitliche Abfolge der Inspektionen zu erstellen. Die zeitlichen Abstände für die Vor-Ort-Überprüfung der Anlagen der oberen Klasse dürfen nicht mehr als ein Jahr betragen, für Anlagen der unteren Klasse nicht mehr als drei Jahre, es sei denn, die Behörde hat im Inspektionsprogramm auf der Grundlage einer systematischen Bewertung der Gefahren schwerer Unfälle der in Betracht kommenden Anlage anderes festgelegt. Bei dieser systematischen Beurteilung sind folgende Kriterien in Betracht zu ziehen:

1. mögliche Auswirkung der betreffenden Betriebe auf die menschliche Gesundheit und auf die Umwelt,
2. nachweisliche Einhaltung der Anforderungen dieses Abschnitts.

(5) Zusätzlich zu den routinemäßigen Inspektionen sind nichtroutinemäßige Inspektionen dann durchzuführen, wenn dies nach Einschätzung der Behörde wegen schwerwiegender Beschwerden, ernster Unfälle, Zwischenfälle, Beinaheunfälle oder wegen der Nichteinhaltung von Anforderungen nach diesem Abschnitt gerechtfertigt ist. Wurde ein bedeutender Verstoß gegen Anforderungen dieses Abschnitts bei einer Inspektion gemäß dem Inspektionsprogramm festgestellt, so hat die zusätzliche Inspektion längstens innerhalb von sechs Monaten nach der vorhergehenden Inspektion stattzufinden.

(6) Über jede Überprüfung muss eine Niederschrift verfasst werden. Innerhalb von vier Monaten nach jeder Inspektion muss die Behörde dem Betreiber ihre Schlussfolgerungen und alle ermittelten erforderlichen Maßnahmen mitteilen. Der Betreiber hat diese Maßnahmen innerhalb eines angemessenen Zeitraums nach Erhalt der Schlussfolgerungen der Inspektion einzuleiten.

Pflichten der Behörde

§ 29. (1) Die Behörde hat der als zentrale Meldestelle zuständigen Bundesministerin bzw. dem als zentrale Meldestelle zuständigen Bundesminister unverzüglich nach ihrem Vorliegen folgende Daten zur Verfügung zu stellen:

1. eine Liste der nach § 28a gemeldeten Anlagen inklusive Angabe der Informationen gemäß § 28a Abs. 1 Z 1 und Z 5;
2. nach einem schweren Unfall:

a) Datum, Uhrzeit und Ort des Unfalls;
b) Name des Betreibers und Anschrift der Anlage;
c) Kurzbeschreibung der Umstände des Unfalls sowie Angabe der beteiligten gefährlichen Stoffe und der unmittelbaren Auswirkungen für die menschliche Gesundheit und die Umwelt;
d) Kurzbeschreibung der getroffenen Sofortmaßnahmen und der zur Vermeidung einer Wiederholung eines solchen Unfalls unmittelbar notwendigen Sicherheitsvorkehrungen.

Die in der Z 2 genannten Angaben sind erforderlichenfalls nach Durchführung einer Inspektion zu ergänzen und der zentralen Meldestelle zu übermitteln.

(2) In den Fällen des § 28c Abs. 2 Z 1 muss die Behörde vor Beginn der Inbetriebnahme, in den Fällen des § 28c Abs. 2 Z 2 und Z 3 sowie des § 28d Abs. 1 binnen angemessener Frist, die übermittelten Nachweise überprüfen, den Betreiber zum Ergebnis der Prüfung konsultieren und erforderlichenfalls die Inbetriebnahme oder die Weiterführung untersagen.

(3) Die Behörde hat jährlich ein aktualisiertes Verzeichnis der diesem Abschnitt unterliegenden Anlagen zu erstellen und den Betreibern dieser Anlagen zu übermitteln. In diesem Verzeichnis sind jene Anlagen zu bezeichnen, bei denen auf Grund ihrer geographischen Lage und ihrer Nähe zueinander sowie ihrer Verzeichnisse gefährlicher Stoffe ein erhöhtes Risiko schwerer Unfälle bestehen kann oder diese Unfälle folgenschwerer sein können (Domino-Effekt im Sinne des § 28f). Die Liste hat auch die in Nachbarstaaten befindlichen Anlagen im Sinne der Helsinki-Konvention zu enthalten. Auf Antrag eines Anlagenbetreibers oder des Betreibers einer von einem Domino-Effekt möglicherweise betroffenen Anlage hat die Behörde über das Vorliegen der Voraussetzungen für die erhöhte Wahrscheinlichkeit schwerer Unfälle und dafür, dass diese Unfälle folgenschwerer sein können, einen Feststellungsbescheid zu erlassen.

(4) Die Behörde muss festlegen, bei welchen Betrieben der Informationsaustausch gemäß § 28f stattzufinden hat. Dafür dürfen auch zusätzliche Angaben vom Betreiber eingeholt werden oder die anlässlich einer Inspektion erlangten Informationen verwendet werden. Der Betreiber hat die diesbezüglichen Informationen zur Verfügung zu stellen, sofern sie für die Erfüllung dieser Bestimmung erforderlich sind. Wenn die Behörde über weitere Informationen verfügt, die für die Erfüllung dieser Bestimmung durch den Betreiber erforderlich sind, so muss sie diese dem Betreiber zur Verfügung stellen.

(5) Unbeschadet des Abs. 2 hat die Behörde nach Konsultation des Betreibers die Inbetriebnahme oder das Weiterführen der Anlage mit Bescheid ganz oder teilweise zu untersagen, wenn die vom Betreiber getroffenen Maßnahmen zur Verhütung schwerer Unfälle oder zur Begrenzung von Unfallfolgen nach dem Stand der Technik eindeutig unzureichend sind oder wenn der Betreiber Maßnahmen im Sinne des § 28h Abs. 6 nicht oder nicht vollständig setzt. Gleiches gilt, wenn der Betreiber die nach diesem Abschnitt erforderlichen

Mitteilungen, Berichte oder sonstige Informationen nicht fristgerecht übermittelt und deshalb eine Beurteilung der Anlage nach dem Stand der Technik nicht gewährleistet ist. Die Untersagung ist aufzuheben, wenn die Voraussetzungen nicht mehr vorliegen.

(6) Die Behörde hat die internen Notfallpläne den für den Katastrophenschutz zuständigen Behörden zur Verfügung zu stellen.

(7) Nach Einlangen einer Meldung über den Eintritt eines schweren Unfalls oder der Aktualisierung einer solchen Meldung hat die Behörde die Meldung oder ihre Aktualisierung auf Vollständigkeit zu überprüfen, den Betreiber erforderlichenfalls zur Vervollständigung der Information aufzufordern und die vollständigen Unterlagen an die zuständige Bundesministerin oder den zuständigen Bundesminister weiterzuleiten.

(8) Nach einem schweren Unfall hat die Behörde sicherzustellen, dass alle notwendigen Sofortmaßnahmen sowie alle notwendigen mittel- und langfristigen Maßnahmen ergriffen werden und hat die möglicherweise betroffenen Personen von dem eingetretenen Unfall zu unterrichten sowie gegebenenfalls von den Maßnahmen, die ergriffen wurden, um seine Folgen zu mildern.

(9) Nach einem schweren Unfall hat die Behörde überdies jedenfalls eine Inspektion gemäß § 28h Abs. 5 zur vollständigen Analyse der Unfallursachen vorzunehmen. Dabei sind die technischen, organisatorischen und managementspezifischen Gesichtspunkte des Unfalls festzustellen. Weiters ist zu überprüfen, ob der Betreiber alle erforderlichen Abhilfemaßnahmen zur Begrenzung der Unfallfolgen getroffen hat, und es sind dem Betreiber Empfehlungen über künftige Verhütungsmaßnahmen in Zusammenhang mit dem eingetretenen schweren Unfall bekannt zu geben. Die Behörde teilt das zusammenfassende Ergebnis der Analyse der Unfallursachen der zuständigen Bundesministerin oder dem zuständigen Bundesminister mit.

(10) Die Behörde hat über Antrag des Betreibers einer Erzeugungsanlage mit Bescheid festzustellen, ob dieser Abschnitt oder eine gemäß § 29a erlassene Verordnung auf seine Anlage anzuwenden ist.

(11) Bei der Neuerrichtung oder wesentlichen Änderung einer Anlage, die unter die Bestimmungen des 4. Abschnitts fällt, hat die Behörde, sobald die dem Genehmigungsantrag anzuschließenden Unterlagen vollständig sind, die Öffentlichkeit über das betreffende Projekt zu informieren. Dazu ist im Internet Folgendes bekanntzumachen:

1. der Gegenstand des spezifischen Projekts, wobei zusätzlich auf allfällige neue Entwicklungen in der Nachbarschaft von Anlagen einzugehen ist, sofern die Standortwahl oder die Entwicklungen das Risiko eines schweren Unfalls vergrößern oder die Folgen eines solchen Unfalls verschlimmern könnten,
2. gegebenenfalls die Tatsache, dass das Projekt Gegenstand einer Umweltverträglichkeitsprüfung ist,
3. der Termin, bis zu dem die Möglichkeit besteht, Stellungnahmen zu dem geplanten Projekt abzugeben (Auflagefrist),
4. genaue Angaben zu der für das Genehmigungsverfahren zuständigen Behörde inklusive Adresse, an der einschlägige Informationen über das Projekt erhältlich sind und an die etwaige Stellungnahmen gesendet werden können,
5. der Verfahrensablauf inklusive einer Information über die Art möglicher Entscheidungen der Behörde.

Die betroffene Öffentlichkeit hat die Möglichkeit zu einem eingereichten Projekt binnen der im Internet kundgemachten, angemessenen Auflagefrist Stellung zu nehmen.

(12) Nach Abschluss des Genehmigungsverfahrens hat die Behörde folgende Informationen im Internet (unter: www.gemeinderecht.wien.at) öffentlich zugänglich zu machen:

1. den Inhalt des Bescheides und die Gründe, auf denen er beruht, einschließlich aller nachfolgenden Aktualisierungen;
2. die Ergebnisse der vor der Bescheiderlassung durchgeführten Konsultationen und eine Erklärung, wie diese im Rahmen der Bescheiderlassung berücksichtigt wurden.

(13) Die Behörde hat der Betreiberin oder dem Betreiber einer bestehenden Anlage mit Bescheid zusätzliche – dem Stand der Technik entsprechende – technische Maßnahmen im Sinne des § 28 Abs. 1 vorzuschreiben, falls dies trotz Einhaltung der in den Genehmigungsbescheiden vorgeschriebenen Auflagen notwendig ist, um eine Zunahme der Gefährdung der menschlichen Gesundheit und der Umwelt zu vermeiden. § 15 Abs. 2 bis 6 gelten sinngemäß.

(14) Die Behörde hat gleichwertige Angaben, die von der Betreiberin oder dem Betreiber in Übereinstimmung mit anderen einschlägigen Rechtsvorschriften der Union übermittelt werden und die Anforderungen des 4. Abschnittes erfüllen, für die Zwecke dieses Abschnittes zu akzeptieren. In diesem Fall hat die Behörde sicherzustellen, dass die Anforderungen des 4. Abschnittes eingehalten werden.

Verordnungsermächtigung

§ 29a. In Umsetzung der Seveso III-Richtlinie und der „Helsinki-Konvention“ sowie deren Änderungen hat die Behörde durch Verordnung entsprechend dem Stand der Technik nähere Bestimmungen über

1. die Pflichten des Betreibers nach einem schweren Unfall,
2. das Sicherheitskonzept,
3. den Sicherheitsbericht,

4. den internen Notfallplan,
5. das Sicherheitsmanagementsystem

zu erlassen.

III. Hauptstück
Betrieb von Netzen
1. Abschnitt
Allgemeine Rechte und Pflichten der Netzbetreiber
Geregelter Netzzugang

§ 30. (1) Netzbetreiber sind verpflichtet, den Netzzugangsberechtigten den Netzzugang zu den jeweils genehmigten Allgemeinen Netzbedingungen und den von der Regulierungsbehörde jeweils bestimmten Systemnutzungsentgelten zuzüglich der Beiträge, Förderbeiträge und Zuschläge und Abgaben nach den elektrizitätsrechtlichen Vorschriften auf Grund privatrechtlicher Verträge (Netzzugangsvertrag) zu gewähren.

(2) Die Netzzugangsberechtigten haben einen Rechtsanspruch, auf Grundlage der jeweils genehmigten allgemeinen Netzbedingungen und der von der Regulierungsbehörde jeweils bestimmten Systemnutzungsentgelte zuzüglich der Beiträge, Förderbeiträge und Zuschläge sowie der Abgaben nach den elektrizitätsrechtlichen Vorschriften die Nutzung der Netze zu begehren.

(3) Netzbetreiber haben zusätzlich zu den Systemnutzungsentgelten und den Beiträgen, Förderbeiträgen und Zuschlägen sowie Abgaben nach den elektrizitätsrechtlichen Vorschriften die von ihnen zu entrichtende Abgabe nach dem Wiener Gebrauchsabgabegesetz 1966 (Gebrauchsabgabe), LGBl. für Wien Nr. 20/1966 in der jeweils geltenden Fassung, an die Netzzugangsberechtigten anteilsmäßig weiter zu verrechnen. Die Netzbetreiber haben den einzuhebenden Anteil an der Gebrauchsabgabe in Form eines Aufschlages zu den Systemnutzungsentgelten festzulegen und in geeigneter Weise zu veröffentlichen.

§ 31. entfällt; LGBl. Nr. 33/2022 vom 12. Juli 2022

Verweigerung des Netzzuganges

§ 32. (1) Ein Netzbetreiber kann den Netzzugang aus nachstehenden Gründen ganz oder teilweise verweigern:

1. bei außergewöhnlichen Netzzuständen (Störfälle) oder
2. bei mangelnden Netzkapazitäten.

(2) Der Netzbetreiber hat die Verweigerung dem Netzzugangsberechtigten unter Berücksichtigung der gemeinwirtschaftlichen Verpflichtungen schriftlich zu begründen.

(3) Für die Beurteilung der Netzzugangsberechtigung sind diejenigen Rechtsvorschriften anzuwenden, die in jenem Land gelten, in dem derjenige, der einen Antrag gemäß § 21 Abs. 2 ElWOG 2010 stellt, seinen Sitz (Hauptwohnsitz) hat. Für die Beurteilung der Netzzugangsverweigerungsgründe sind jene Rechtsvorschriften anzuwenden, die am Sitz des Netzbetreibers gelten, der den Netzzugang verweigert hat.

Allgemeine Netzbedingungen

§ 33. (1) Die Allgemeinen Netzbedingungen (allgemeine Bedingungen für den Netzzugang) dürfen nicht diskriminierend sein und keine missbräuchlichen Praktiken oder ungerechtfertigten Beschränkungen enthalten und weder die Versorgungssicherheit noch die Dienstleistungsqualität gefährden. Insbesonders sind sie so zu gestalten, dass

1. die Erfüllung der dem Netzbetreiber obliegenden Aufgaben gewährleistet ist,
2. die Leistungen der Netzzugangsberechtigten mit den Leistungen des Netzbetreibers in einem sachlichen Zusammenhang stehen,
3. die wechselseitigen Verpflichtungen ausgewogen und verursachungsgerecht zugewiesen sind,
4. sie Festlegungen über technische Anforderungen für den Anschluss an das Netz im Netzanschlusspunkt und alle Vorkehrungen, um störende Rückwirkungen auf das System des Netzbetreibers oder anderer Anlagen zu verhindern, enthalten,
5. sie objektive Kriterien für den Parallelbetrieb von Erzeugungsanlagen mit dem Netz und die Einspeisung von Elektrizität aus Erzeugungsanlagen in das Netz sowie die Nutzung von Verbindungsleitungen festlegen,
6. sie Regelungen über die Zuordnung der Kosten des Netzanschlusses enthalten, die sich an der Kostenverursachung orientieren,
7. sie klar und übersichtlich gefasst sind,
8. sie Definitionen der nicht allgemein verständlichen Begriffe enthalten.

(2) Die Allgemeinen Netzbedingungen haben insbesondere zu enthalten:

1. Name und Anschrift des Netzbetreibers,
2. die Rechte und Pflichten der Vertragspartner, insbesondere jene zur Einhaltung der sonstigen Marktregeln,
3. die im Anhang I der Elektrizitätsbinnenmarktrichtlinie festgelegten Maßnahmen zum Schutz der Kunden,
4. die den einzelnen Netzbenutzern zugeordneten standardisierten Lastprofile,
5. die technischen Mindestanforderungen für den Netzzugang,
6. die verschiedenen von den Netzbetreibern im Rahmen des Netzzugangs zur Verfügung zu stellenden Dienstleistungen und angebotene Qualität,
7. den Zeitraum, innerhalb dessen Kundenanfragen jedenfalls zu beantworten sind,
8. die Verpflichtung zur Ankündigung von geplanten Versorgungsunterbrechungen,

9. die Mindestanforderungen bezüglich Terminvereinbarungen mit Netzbenutzern,
10. jenen Standard, der bei der Datenübermittlung an Marktteilnehmer einzuhalten ist,
11. das Verfahren und die Modalitäten für Anträge auf Netzzugang,
12. die von den Netzbenutzern zu liefernden Daten,
13. etwaige Entschädigungs- und Erstattungsregelungen bei Nichteinhaltung der vertraglich vereinbarten Leistungsqualität sowie einen Hinweis auf gesetzlich vorgesehene Streitbeilegungsverfahren,
14. eine Frist von höchstens 14 Tagen ab Einlangen, innerhalb der der Netzbetreiber das Begehren auf Netzzugang zu beantworten hat,
15. die grundlegenden Prinzipien für die Verrechnung sowie die Art und Form der Rechnungslegung,
16. Modalitäten, zu welchen der Netzbenutzer verpflichtet ist, Teilzahlungen zu leisten, wobei eine Zahlung von zumindest zehn Mal jährlich anzubieten ist, und
17. die Verpflichtung von Netzzugangsberechtigten zur Vorauszahlung oder Sicherheitsleistung (Barsicherheit, Bankgarantie, Hinterlegung von nicht vinkulierten Sparbüchern) in angemessener Höhe, insoweit nach den Umständen des Einzelfalles zu erwarten ist, dass der Netzbenutzer seinen Zahlungsverpflichtungen nicht oder nicht zeitgerecht nachkommt. Anstelle einer Vorauszahlung oder einer Sicherheitsleistung kann auch ein Vorauszahlungszähler zur Verwendung gelangen.

(3) In den Allgemeinen Netzbedingungen können auch anerkannte Normen und Regelwerke der Technik in der jeweils geltenden Fassung für verbindlich erklärt werden.

(4) Die Netzbetreiber einer Regelzone haben ihre Allgemeinen Netzbedingungen aufeinander abzustimmen.

(5) Die in Ausführung der im Abs. 1 Z 4 und 5 erfolgten Regelungen in den Allgemeinen Netzbedingungen sind der Europäischen Kommission gemäß Art. 8 der Informationsrichtlinie mitzuteilen.

(6) Die Netzbetreiber haben die Netzzugangsberechtigten vor Vertragsabschluss über die wesentlichen Inhalte der Allgemeinen Bedingungen zu informieren. Zu diesem Zweck ist dem Kunden ein Informationsblatt auszuhändigen. Die allgemeinen Bedingungen sind den Kunden auf Verlangen kostenlos zur Verfügung zu stellen. Bei mündlich abgeschlossenen Verträgen hat der Kunde das Informationsblatt spätestens mit der Vertragsbestätigung zu erhalten. Die in Anhang I der Elektrizitätsbinnenmarktrichtlinie festgelegten Maßnahmen zum Schutz der Kunden sind einzuhalten.

(7) Werden neue Allgemeine Netzbedingungen bzw. Änderungen der Allgemeinen Netzbedingungen von der Regulierungsbehörde genehmigt, hat der Netzbetreiber dies binnen vier Wochen nach der Genehmigung den Netzbenutzern in einem persönlich an sie gerichteten Schreiben oder über Wunsch des Netzbenutzers elektronisch bekannt zu geben und ihnen diese auf deren Wunsch zuzusenden. In diesem Schreiben oder auf der Rechnung sind die neuen Allgemeinen Bedingungen bzw. die Änderungen und die Kriterien, die bei der Änderung einzuhalten sind, nachvollziehbar wiederzugeben. Die neuen Allgemeinen Bedingungen bzw. die Änderungen gelten ab dem nach Ablauf von drei Monaten ab Bekanntgabe folgenden Monatsersten als vereinbart.

(8) Der Netzbetreiber hat dem Netzbenutzer oder künftigen Netzbenutzer transparente Informationen über die geltenden Preise und Entgelte sowie über die Allgemeinen Bedingungen über Anforderung kostenlos zur Verfügung zu stellen.

(9) Die durch die Regulierungsbehörde genehmigten Allgemeinen Netzbedingungen sind gemeinsam mit den Standardregeln für die Übernahme und die Teilung der Kosten für technische Anpassungen – wie Netzanschlüsse, Ausbau bestehender und Einrichtung neuer Netze, verbesserten Netzbetrieb und Regeln für die nichtdiskriminierende Anwendung der Netzkodizes, die Voraussetzung für die Einbindung neuer Erzeugerinnen oder Erzeuger sind, die Strom aus hocheffizienter KWK in das Verbundnetz einspeisen – in geeigneter Weise zu veröffentlichen. Die Standardregeln müssen sich auf objektive, transparente und nichtdiskriminierende Kriterien stützen, die insbesondere sämtliche Kosten und Vorteile des Anschlusses der Erzeuger von Strom aus hocheffizienter KWK an das Netz berücksichtigen. Die Standardregeln können verschiedene Arten von Anschlüssen vorsehen.

Lastprofile

§ 34. (1) Für jene Endverbraucher, welche an die Netzebenen gemäß § 63 Z 6 und 7 ElWOG 2010 angeschlossen sind und weniger als 100 000 kWh Jahresverbrauch oder weniger als 50 kW Anschlussleistung aufweisen, sind von den Netzbetreibern standardisierte Lastprofile zu erstellen, wobei auch die Form der Erstellung und Anpassung (synthetisch, analytisch) der standardisierten Profile zu bestimmen ist.

(2) Für Einspeiser mit weniger als 100 000 kWh jährlicher Einspeisung oder weniger als 50 kW Anschlussleistung sind ebenfalls standardisierte Lastprofile vorzusehen.

(3) Die standardisierten Lastprofile sind innerhalb einer Regelzone aufeinander abzustimmen und durch die Netzbetreiber in geeigneter Form zu veröffentlichen.

(4) Die Form der Erstellung und Anpassung (synthetisch, analytisch) dieser standardisierten

Lastprofile ist in den Allgemeinen Netzbedingungen festzulegen. Die Allgemeinen Netzbedingungen haben auch die Möglichkeit vorzusehen, dass auf Verlangen des Abnehmers, auch bei Vorliegen der Voraussetzungen des Abs. 1, die Verrechnung auf Basis der gemessenen Leistung erfolgt.

Technischer Betriebsleiter

§ 35. (1) Netzbetreiber sind verpflichtet, vor Aufnahme des Betriebes eines Netzes eine natürliche Person als Betriebsleiter für die technische Leitung und Überwachung des Betriebes des Netzes zu bestellen.

(2) Der Betriebsleiter muss den Voraussetzungen nach § 54 Abs. 3 Z 1 entsprechen und fachlich befähigt sein, den Betrieb von Netzen zu leiten und zu überwachen. Er muss sich in dem zur Erfüllung seiner Aufgaben erforderlichen Umfang im Elektrizitätsunternehmen betätigen. § 54 Abs. 6 gilt sinngemäß.

(3) Der Nachweis der fachlichen Befähigung wird durch das Vorliegen des nach der Gewerbeordnung 1994 für die Ausübung des Gewerbes der Elektrotechniker erforderlichen Befähigungsnachweises erbracht.

(4) Vom Erfordernis des Abs. 3 kann die Behörde über Antrag des Netzbetreibers Nachsicht erteilen, wenn

1. nach dem Bildungsgang und der bisherigen Tätigkeit angenommen werden kann, dass der vorgesehene Betriebsleiter die Kenntnisse, Fähigkeiten und Erfahrungen besitzt, die zur Erfüllung seiner Aufgaben erforderlich sind, oder
2. eine hinreichende tatsächliche Befähigung angenommen werden kann und dem Nachsichtswerber die Erbringung des vorgeschriebenen Befähigungsnachweises wegen seines Alters, seiner mangelnden Gesundheit oder aus sonstigen, in seiner Person gelegenen wichtigen Gründen nicht zuzumuten ist, oder wenn besondere örtliche Verhältnisse für die Erteilung der Nachsicht sprechen.

(5) Die Bestellung des Betriebsleiters bedarf vor Aufnahme des Betriebes der Genehmigung der Behörde. Der Antrag ist vom Betreiber des Netzes einzubringen. Die Genehmigung ist zu erteilen, wenn der Betriebsleiter die Voraussetzungen gemäß Abs. 2 erfüllt. Die Genehmigung ist zu widerrufen, wenn auch nur eine dieser Voraussetzungen weggefallen ist oder begründete Zweifel an seiner Zuverlässigkeit bestehen.

(6) Scheidet der Betriebsleiter aus oder wird die Genehmigung seiner Bestellung widerrufen, so darf der Betrieb des Netzes bis zur Bestellung eines neuen Betriebsleiters, längstens jedoch während zweier Monate weiter ausgeübt werden. Das Ausscheiden des Betriebsleiters sowie das Wegfallen einer Voraussetzung für die Genehmigung seiner Bestellung ist der Behörde vom Netzbetreiber unverzüglich schriftlich anzuzeigen.

(7) Ist der Netzbetreiber eine natürliche Person und erfüllt er die Voraussetzungen gemäß Abs. 2, so kann auch der Netzbetreiber als Betriebsleiter bestellt werden.

Aufrechterhaltung der Leistung

§ 36. Die Netzbetreiber dürfen die vertraglich zugesicherten Leistungen nur unterbrechen oder einstellen, wenn der Netzbenutzer seine vertraglichen Verpflichtungen gröblich verletzt oder wenn unerlässliche technische Maßnahmen in den Übertragungs-, Anschluss- oder Verteileranlagen des Netzbetreibers vorzunehmen sind oder zur Vermeidung eines drohenden Zusammenbruchs des Stromnetzes eine Einstellung der Leistungen erforderlich ist. Bei vorübergehenden mangelnden Netzkapazitäten (Engpässen) sowie zur Vermeidung von instabilen Netzzuständen ist der Netzbetreiber berechtigt, sämtliche Maßnahmen zur Aufrechterhaltung der Versorgungssicherheit anzuordnen. Störungen sind unverzüglich zu beheben. Bei voraussehbaren Leistungsunterbrechungen sind die Netzbenutzer rechtzeitig vorher in ortsüblicher Weise zu verständigen.

Versorgung über Direktleitungen

§ 37. Elektrizitätsunternehmen, die elektrische Energie erzeugen oder die Versorgung mit Elektrizität wahrnehmen, sind berechtigt über eine Direktleitung ihre eigenen Betriebsstätten und Kunden mit elektrischer Energie zu versorgen.

2. Abschnitt
Betreiberinnen oder Betreiber von Verteilernetzen

Pflichten der Verteilernetzbetreiberinnen oder Verteilernetzbetreiber

§ 38. (1) Zusätzlich zu den im Abschnitt 1 festgelegten Pflichten sind die Verteilernetzbetreiberinnen und Verteilernetzbetreiber verpflichtet,

1. das von ihnen betriebene Netz sicher, zuverlässig und leistungsfähig unter Bedachtnahme auf den Umweltschutz zu betreiben und zu erhalten sowie für die Bereitstellung aller unentbehrlichen Hilfsdienste zu sorgen,

1a. das von ihnen betriebene Netz vorausschauend und im Sinne der nationalen und europäischen Klima- und Energieziele weiterzuentwickeln,

2. das von ihnen betriebene Netz so zu errichten und zu erhalten, dass es bei Ausfall eines Teiles des Verteilernetzes oder einer Erzeugungsanlage in der Regel möglich ist, die daraus resultierenden Versorgungsunterbrechungen durch Umschaltmaßnahmen zu beenden,
3. die zur langfristigen Fähigkeit des Netzes, eine angemessene Nachfrage nach Verteilung von Elektrizität zu befriedigen erforderlichen technischen Voraussetzungen sicherzustellen,

4. der Betreiberin oder dem Betreiber eines anderen Netzes, mit dem ihr oder sein eigenes Netz verbunden ist, ausreichende Informationen zu liefern, um den sicheren und leistungsfähigen Betrieb, den koordinierten Ausbau und die Interoperabilität des Verbundnetzes sicherzustellen,
5. wirtschaftlich sensible Informationen, von denen sie in Ausübung ihrer Tätigkeit Kenntnis erlangt haben, vertraulich zu behandeln,
6. sich jeglicher Diskriminierung von Netzbenutzerinnen oder Netzbenutzern oder Kategorien von Netzbenutzerinnen oder Netzbenutzern, insbesondere zu Gunsten der mit ihnen verbundenen Unternehmen, zu enthalten,
7. die zur Durchführung der Berechnung und Zuordnung der Ausgleichsenergie erforderlichen Daten zur Verfügung zu stellen, wobei insbesondere jene Zählwerte zu übermitteln sind, die für die Berechnung der Fahrplanabweichungen und der Abweichungen von den Lastprofilen jeder Bilanzgruppe benötigt werden,
8. Netzzugangsberechtigten zu den jeweils genehmigten Allgemeinen Netzbedingungen und jeweils bestimmten Systemnutzungsentgelten zuzüglich der Beiträge, Förderbeiträge und Zuschläge sowie Abgaben nach den elektrizitätsrechtlichen Vorschriften Netzzugang zu ihren Systemen zu gewähren,
9. die genehmigten Allgemeinen Netzbedingungen und die gemäß §§ 51 ff. ElWOG 2010 bestimmten Systemnutzungsentgelte gemäß dem Hauptstück VIII in geeigneter Weise (zB Internet) zu veröffentlichen,
10. die zur Durchführung der Verrechnung und Datenübermittlung gemäß Z 7 erforderlichen vertraglichen Maßnahmen vorzusehen,
11. zur Abschätzung der Lastflüsse und Prüfung der Einhaltung der technischen Sicherheit des Netzes,
12. zur Führung einer Evidenz über alle in ihren Netzen tätigen Bilanzgruppen und Bilanzgruppenverantwortlichen,
13. zur Führung einer Evidenz aller in ihren Netzen tätigen Stromhändlerinnen oder Stromhändler und Lieferantinnen oder Lieferanten,
14. zur Messung der Bezüge, Leistungen, Lastprofile der Netzbenutzerinnen oder Netzbenutzer, zur Prüfung der Plausibilität der Lastprofile und zur Weitergabe von Daten im erforderlichen Ausmaß an die zuständige Bilanzgruppenkoordinatorin oder den zuständigen Bilanzgruppenkoordinator, die betroffenen Netzbetreiber sowie Bilanzgruppenverantwortlichen,
15. zur Messung der Leistungen, der Strommengen und der Lastprofile an den Schnittstellen zu anderen Netzen und Weitergabe der Daten an betroffene Netzbetreiber und an die zuständige Bilanzgruppenkoordinatorin oder den zuständigen Bilanzgruppenkoordinator,
16. vorübergehende mangelnde Netzkapazitäten (Engpässe) in ihrem Netz zu ermitteln und Handlungen zu setzen, um diese zu vermeiden und die Versorgungssicherheit aufrecht zu erhalten. Sofern für die Netzengpassbeseitigung erforderlich, schließen die Verteilernetzbetreiberinnen oder die Verteilernetzbetreiber mit den Erzeugerinnen oder Erzeugern Verträge, wonach diese zu Leistungen (Erhöhung oder Einschränkung der Erzeugung, Veränderung der Verfügbarkeit von Erzeugungsanlagen) gegen Ersatz der wirtschaftlichen Nachteile und Kosten, die durch diese Leistungen verursacht werden, verpflichtet sind; dabei ist sicherzustellen, dass bei Anweisungen gegenüber Betreiberinnen oder Betreibern von KWK-Anlagen die Sicherheit der Fernwärmeversorgung nicht gefährdet ist,
17. zur Entgegennahme und Weitergabe von Meldungen über Bilanzgruppenwechsel,
18. zur Einrichtung einer besonderen Bilanzgruppe für die Ermittlung der Netzverluste, wobei diese Bilanzgruppe auch gemeinsam mit anderen Netzbetreibern in anderen Bundesländern eingerichtet werden kann,
19. zur Einhebung der Entgelte für die Netznutzung und zur Einhebung der Beiträge, Förderbeiträge, Zuschläge und Abgaben nach den elektrizitätsrechtlichen Vorschriften sowie den gemäß § 30 Abs. 3 veröffentlichten Aufschlägen,
20. zur Zusammenarbeit mit der zuständigen Bilanzgruppenkoordinatorin oder dem zuständigen Bilanzgruppenkoordinator, den Bilanzgruppenverantwortlichen und sonstigen Marktteilnehmerinnen oder Marktteilnehmern bei der Aufteilung der sich aus der Verwendung von standardisierten Lastprofilen ergebenden Differenzen nach Vorliegen der Messergebnisse,
21. Verträge über den Datenaustausch mit anderen Netzbetreiberinnen oder Netzbetreibern, den Bilanzgruppenverantwortlichen sowie den Bilanzgruppenkoordinatorinnen oder Bilanzgruppenkoordinatoren und anderen Marktteilnehmerinnen oder Marktteilnehmern entsprechend den in den Allgemeinen Netzbedingungen festgelegten Marktregeln abzuschließen,
22. den Netzbenutzerinnen oder Netzbenutzern Informationen zur Verfügung zu stellen, die sie für einen effizienten Netzzugang benötigen,
23. bei der Planung des Verteilernetzausbaus Energieeffizienz- bzw. Nachfragesteuerungsmaßnahmen und/oder dezentrale Erzeugungsanlagen, durch die sich die Notwendigkeit einer Nachrüstung oder eines Kapazitätsersatzes erübrigen könnte, zu berücksichtigen,
24. elektrische Energie, die zur Deckung von Energieverlusten und Kapazitätsreserven im Verteilernetz verwendet wird, nach transparenten,

nichtdiskriminierenden und marktorientierten Verfahren zu beschaffen,
25. zur Bekanntgabe der eingespeisten Ökoenergie an die Regulierungsbehörde,
26. den Übertragungsnetzbetreiberinnen oder Übertragungsnetzbetreibern zum Zeitpunkt der Feststellung des technisch geeigneten Anschlusspunktes über die geplante Errichtung von Erzeugungsanlagen mit einer Leistung von über 50 MW zu informieren,
27. die Anforderungen des Anhang XII der Energieeffizienzrichtlinie zu erfüllen,
28. eine Evidenz über sämtliche an ihre Netze angeschlossenen und in Wien situierten Erzeugungsanlagen zu führen, welche die Anzahl der Anlagen pro Bezirk, die Engpassleistung der Anlagen und die Art der Erzeugung mit Stichtag zum Ende des Kalenderjahres zu enthalten hat und jeweils bis zum 30. Juni des Folgejahres der Behörde, dem Landeselektrizitätsbeirat und dem Regelzonenführer zu übermitteln ist,
29. die gesamte Engpassleistung aller an ihre Netze angeschlossenen Erzeugungsanlagen und die gesamte Engpassleistung aller an ihre Netze angeschlossenen volatilen Erzeugungsanlagen mit Stichtag zum Ende des Kalenderjahres zu ermitteln und jeweils bis zum 30. Juni des Folgejahres der Behörde, dem Landeselektrizitätsbeirat und dem Regelzonenführer bekannt zu geben,
30. Optionen zur Einbindung von ab- oder zuschaltbaren Lasten für den Netzbetrieb in ihrem Netzgebiet zu prüfen und bei Bedarf im Zuge des integrierten Netzinfrastrukturplans gemäß § 94 EAG an die Bundesministerin für Klimaschutz, Umwelt, Energie, Mobilität, Innovation und Technologie und an die Regulierungsbehörde zu melden,
31. der Regulierungsbehörde Auskunft über Netzzutrittsanträge und Netzzutrittsanzeigen zu geben. Das betrifft insbesondere auch Informationen über die Anschlussleistung sowie über abgeschlossene Netzzutritts- und Netzzugangsverträge samt allfälliger Fristen für bevorstehende Anschlüsse.

(2) Die näheren Bestimmungen zu den in Abs. 1 festgelegten Pflichten sind in den Allgemeinen Netzbedingungen festzulegen.

(3) Zur Sicherstellung der Einhaltung der Verpflichtungen gemäß Abs. 1 Z 2 und 3 hat die Verteilernetzbetreiberin oder der Verteilernetzbetreiber der Behörde ein Wartungs- und Instandhaltungskonzept vorzulegen, welches Vorkehrungen zur Gewährleistung der Erfüllung dieser Verpflichtungen zu enthalten hat. Dieses Konzept ist bei jeder wesentlichen Änderung oder wesentlichen Erweiterung der elektrotechnischen Anlagen und Einrichtungen, mindestens jedoch alle 5 Jahre neu zu erstellen. Bei neuen Erkenntnissen und Erfahrungen ist es zu aktualisieren. Reichen die darin vorgesehenen Vorkehrungen nicht aus, um die Erfüllung der Verpflichtungen gemäß Abs. 1 Z 2 und 3 zu gewährleisten, hat die Behörde eine Verbesserung des Konzeptes aufzutragen.

(4) Die Betreiberin oder der Betreiber eines Verteilernetzes, die oder der Teil eines vertikal integrierten Unternehmens ist und an deren oder an dessen Netz mindestens 100.000 Kunden angeschlossen sind, hat für die Aufstellung und Überwachung der Einhaltung des Gleichbehandlungsprogramms eine völlig unabhängige Gleichbehandlungsbeauftragte oder einen völlig unabhängigen Gleichbehandlungsbeauftragten zu nennen. Die Bestellung der Gleichbehandlungsbeauftragten oder des Gleichbehandlungsbeauftragten lässt die Verantwortung der Leitung der Verteilernetzbetreiberin oder des Verteilernetzbetreibers für die Einhaltung dieses Gesetzes unberührt.

(5) Die Benennung der Gleichbehandlungsbeauftragen oder des Gleichbehandlungsbeauftragten ist der Behörde unter Darlegung der in Abs. 4 und in § 55 Abs. 4 geforderten Anforderungen anzuzeigen. Sind die Anforderungen nicht erfüllt, hat dies die Behörde mit Bescheid festzustellen.

(6) Die Abberufung der Gleichbehandlungsbeauftragten oder des Gleichbehandlungsbeauftragten ist der Behörde anzuzeigen.

(7) Das Gleichbehandlungsprogramm ist über begründetes Verlangen der Behörde zu ändern.

Recht zum Netzanschluss

§ 39. (1) Verteilernetzbetreiber haben – unbeschadet der Bestimmungen betreffend Direktleitungen sowie bestehender Netzanschlussverhältnisse – das Recht, innerhalb des von ihrem Verteilernetz abgedeckten Gebietes alle Netzzugangsberechtigten, an ihr Netz anzuschließen.

(2) Vom Recht zum Netzanschluss sind Netzzugangsberechtigte ausgenommen, denen elektrische Energie mit einer Nennspannung von über 110 kV übergeben werden soll oder die als Erzeuger elektrische Energie mit einer Nennspannung von über 110 kV übergeben.

Allgemeine Anschlusspflicht

§ 40. (1) Verteilernetzbetreiber sind verpflichtet, zu den jeweils genehmigten Allgemeinen Netzbedingungen mit Netzzugangsberechtigten innerhalb des von ihrem Verteilernetz abgedeckten Gebietes privatrechtliche Verträge über den Anschluss an ihr Netz abzuschließen. Die Allgemeine Anschlusspflicht besteht auch dann, wenn eine Einspeisung oder Abnahme von elektrischer Energie erst durch die Optimierung, Verstärkung oder den Ausbau des Verteilernetzes möglich wird.

(2) Die Allgemeine Anschlusspflicht besteht nicht:

1. soweit der Anschluss dem Verteilernetzbetreiber unter Beachtung der Interessen der Gesamtheit der Netzbenutzer im Einzelfall wirtschaftlich nicht zumutbar ist,

2. gegenüber Netzzugangsberechtigten, denen elektrische Energie mit einer Nennspannung von über 110 kV übergeben werden soll,
3. soweit durch den Anschluss eine Weiterverteilung von elektrischer Energie an Dritte – unbeschadet der Bestimmungen betreffend Direktleitungen sowie zum 19.2.1999 bestehender Netzanschlussverhältnisse – stattfinden soll, oder
4. wenn dem Anschluss schwerwiegende sicherheitstechnische Bedenken entgegenstehen. Dies ist insbesondere der Fall, wenn die kundenseitigen Teile der Anschlussanlage zumindest teilweise auf oder in einem nicht im physischen Besitz des jeweiligen Kunden stehenden Grundstück errichtet werden soll, sofern
a) es sich nicht um ein auf diesem Grundstück bestehendes Gebäude oder ein zusammengehörendes Betriebsgelände handelt oder
b) für die Errichtung und den Betrieb der Anschlussanlage keine Bewilligung nach § 3 Wiener Starkstromwegegesetz 1969, LGBl. Nr. 20/1970 in der jeweils geltenden Fassung, erforderlich ist oder keine Bewilligung gemäß § 3 Abs. 4 Wiener Starkstromwegegesetz 1969, LGBl. Nr. 20/1970 in der jeweils geltenden Fassung erteilt wurde oder
c) es sich nicht um eine mobile, in der Natur ersichtliche Anlage handelt, die nur für den vorübergehenden Verbleib bestimmt ist, wie insbesondere für Bauprovisorien und Marktstände.

(2a) Die Gründe für die Ausnahme von der Allgemeinen Anschlusspflicht sind in den Marktregeln näher zu definieren.

(3) Ob und unter welchen Voraussetzungen die allgemeine Anschlusspflicht besteht, entscheidet die Behörde mit Bescheid über Antrag eines Netzzugangsberechtigten oder eines Verteilernetzbetreibers.

3. Abschnitt
Betreiber von Übertragungsnetzen, Regelzonen

Pflichten der Übertragungsnetzbetreiber

§ 41. (1) Zusätzlich zu den im Abschnitt 1 festgelegten Pflichten sind die Übertragungsnetzbetreiber verpflichtet,

1. das von ihnen betriebene Netz sicher, zuverlässig, leistungsfähig und unter Bedachtnahme auf den Umweltschutz zu betreiben und zu erhalten,
2. die Fähigkeit des Netzes zur Befriedigung einer angemessenen Nachfrage nach Übertragung von Elektrizität langfristig sicherzustellen,
3. die zum Betrieb des Netzes erforderlichen technischen Voraussetzungen sicherzustellen,
4. das von ihnen betriebene Netz bedarfsgerecht auszubauen und durch entsprechende Übertragungskapazität und Zuverlässigkeit des Netzes einen Beitrag zur Versorgungssicherheit zu leisten,
5. die zur Durchführung der Verrechnung und Datenübermittlung gemäß § 42 Abs. 2 Z 9 erforderlichen vertraglichen Maßnahmen vorzusehen,
6. dem Betreiber eines anderen Netzes, mit dem ihr eigenes Netz verbunden ist, ausreichende Informationen zu liefern, um den sicheren und leistungsfähigen Betrieb, den koordinierten Ausbau und die Interoperabilität des Verbundnetzes sicherzustellen,
7. die genehmigten Allgemeinen Netzbedingungen und die gemäß §§ 51 ff. ElWOG 2010 bestimmten Systemnutzungsentgelte in geeigneter Weise (zB Internet) zu veröffentlichen,
8. Verträge über den Datenaustausch mit anderen Netzbetreibern, den Bilanzgruppenverantwortlichen sowie dem zuständigen Bilanzgruppenkoordinator und anderen Marktteilnehmern entsprechend den in den Allgemeinen Netzbedingungen festgelegten Marktregeln abzuschließen,
9. wirtschaftlich sensible Informationen, von denen sie in Ausübung ihrer Tätigkeit Kenntnis erlangt haben, vertraulich zu behandeln,
10. Netzzugangsberechtigten zu den jeweils genehmigten Allgemeinen Netzbedingungen und jeweils bestimmten Systemnutzungsentgelten einschließlich allfälliger behördlich festgesetzter Abgaben, Förderbeiträge, Zuschläge usw., deren Einhebung durch den Netzbetreiber vorgesehen ist, Netzzugang zu ihren Systemen zu gewähren,
11. sich jeglicher Diskriminierung von Netzbenutzern oder Kategorien von Netzbenutzern, insbesondere zu Gunsten der mit ihnen verbundenen Unternehmen, zu enthalten,
12. den Netzbenutzern die Informationen zur Verfügung zu stellen, die sie für einen effizienten Netzzugang benötigen,
13. zur Abschätzung der Lastflüsse und Prüfung der Einhaltung der technischen Sicherheit des Netzes,
14. zur Messung der Leistungen, der Strommengen und der Lastprofile an den Schnittstellen zu anderen Netzen und Weitergabe der Daten, insbesondere in Form von Online-Daten (Echtzeitdaten), an betroffene Netzbetreiber und an den zuständigen Bilanzgruppenkoordinator,
15. zur Einrichtung einer besonderen Bilanzgruppe für die Ermittlung der Netzverluste, wobei diese Bilanzgruppe gemeinsam mit anderen Netzbetreibern eingerichtet werden kann,
16. auch Verträge mit Erzeugern über die Lieferung von elektrischer Energie nach transparenten und nichtdiskriminierenden Kriterien abzuschließen, um bei vorübergehenden mangelnden Netzkapazitäten (Engpässen) oder

sonstigen instabilen Netzzuständen das Netz dem Stand der Technik entsprechend sicher betreiben zu können,

17. Engpässe im Netz zu ermitteln und Maßnahmen zu setzen, um Engpässe zu vermeiden oder zu beseitigen sowie die Versorgungssicherheit aufrechtzuerhalten. Sofern für die Netzengpassbeseitigung oder Aufrechterhaltung der Versorgungssicherheit dennoch Leistungen der Erzeuger (Erhöhung oder Einschränkung der Erzeugung sowie Veränderung der Kraftwerksverfügbarkeit) erforderlich sind, ist dies vom Übertragungsnetzbetreiber unter Bekanntgabe aller notwendigen Daten unverzüglich dem Regelzonenführer zu melden, der erforderlichenfalls weitere Anordnungen zu treffen hat (§ 42 Abs. 2 Z 5),
18. zur Einhebung der Entgelte für Netznutzung und Einhebung allfälliger behördlich festgesetzter Abgaben, Förderbeiträge, Zuschläge usw.,
19. zur Führung von Aufzeichnungen über den Zeitpunkt des Verlangens nach Netzanschluss von Erzeugungsanlagen,
20. die zur Verfügung Stellung der zur Erfüllung der Dienstleistungsverpflichtungen erforderlichen Mittel zu gewährleisten,
21. unter der Aufsicht der nationalen Regulierungsbehörde Engpasserlöse und Zahlungen im Rahmen des Ausgleichsmechanismus zwischen Übertragungsnetzbetreibern gemäß Art. 13 der Verordnung 2009/714/EG einzunehmen, Dritten Zugang zu gewähren und deren Zugang zu regeln sowie bei Verweigerung des Zugangs begründete Erklärungen abzugeben; bei der Ausübung ihrer im Rahmen dieser Bestimmung festgelegten Aufgaben haben die Übertragungsnetzbetreiber in erster Linie die Marktintegration zu erleichtern. Engpasserlöse sind für die in Art. 16 Abs. 6 der Verordnung 2009/714/EG genannten Zwecke zu verwenden,
22. die Übertragung von elektrischer Energie durch das Netz unter Berücksichtigung des Austauschs mit anderen Verbundnetzen zu regeln,
23. ein sicheres, zuverlässiges und effizientes Übertragungsnetz zu unterhalten, d.h. die Bereitstellung aller notwendigen Hilfsdienste, einschließlich jener, die zur Befriedigung der Nachfrage erforderlich sind, zu gewährleisten, sofern diese Bereitstellung unabhängig von jedwedem anderen Übertragungsnetz ist, mit dem das Netz einen Verbund bildet, und Maßnahmen für den Wiederaufbau nach Großstörungen des Übertragungsnetzes zu planen und zu koordinieren, indem sie vertragliche Vereinbarungen im technisch notwendigen Ausmaß sowohl mit direkt als auch indirekt angeschlossenen Kraftwerksbetreibern abschließen, um die notwendige Schwarzstart- und Inselbetriebsfähigkeit durch die Übertragungsnetzbetreiber in Kooperation mit den Verteilernetzbetreibern sicherzustellen,
24. einen Netzentwicklungsplan gemäß § 41a zu erstellen und zur Genehmigung bei der Regulierungsbehörde einzureichen,
25. der Behörde und der Regulierungsbehörde jährlich schriftlich Bericht darüber zu legen, welche Maßnahmen sie zur Wahrnehmung ihrer im Rahmen der Verordnung 2009/714/EG und sonstiger unmittelbar anwendbarer Bestimmungen des Unionsrechts auferlegten Transparenzverpflichtungen gesetzt haben. Der Bericht hat insbesondere eine Spezifikation der veröffentlichten Informationen und die Art der Veröffentlichung (zB Internetadressen, Zeitpunkte und Häufigkeit der Veröffentlichung sowie qualitative oder quantitative Beurteilung der Datenzuverlässigkeit der Veröffentlichung) zu enthalten,
26. der Behörde und der Regulierungsbehörde jährlich schriftlich Bericht darüber zu legen, welche Maßnahmen sie zur Wahrnehmung ihrer im Rahmen der Richtlinie 2009/72/EG und sonstiger unmittelbar anwendbarer Bestimmungen des Unionsrechts auferlegten Verpflichtungen zur technischen Zusammenarbeit mit Übertragungsnetzbetreibern der Europäischen Union sowie Drittländern gesetzt haben. Der Bericht hat insbesondere auf die mit den Übertragungsnetzbetreibern vereinbarten Prozesse und Maßnahmen hinsichtlich länderübergreifender Netzplanung und -betrieb sowie auf vereinbarte Daten für die Überwachung dieser Prozesse und Maßnahmen einzugehen,
27. Unterstützung der ENTSO (Strom) bei der Erstellung des gemeinschaftsweiten Netzentwicklungsplans,
28. zur Einrichtung einer besonderen Bilanzgruppe für die Ermittlung der Netzverluste, die nur die dafür notwendigen Kriterien einer Bilanzgruppe zu erfüllen hat,
29. elektrische Energie, die zur Deckung von Energieverlusten inklusive Kapazitätsreserven im Übertragungsnetz verwendet wird, nach transparenten, nicht-diskriminierenden und marktorientierten Verfahren zu beschaffen,
30. die Anforderungen des Anhang XII der Energieeffizienzrichtlinie zu erfüllen,
31. die Behörde über den Eintritt und das Ende der Alarmstufe Gelb schnellstmöglich auf elektronischem Weg (beispielsweise per E-Mail) oder telefonisch zu informieren.

(2) Die näheren Bestimmungen zu den in Abs. 1 festgelegten Pflichten sind in den Allgemeinen Netzbedingungen festzulegen.

(3) Wirkt ein Übertragungsnetzbetreiber, der Teil eines vertikal integrierten Elektrizitätsunternehmens ist, an einem zur Umsetzung der regionalen Zusammenarbeit geschaffenen gemeinsamen Unternehmen mit, ist dieses gemeinsa-

me Unternehmen verpflichtet, ein Gleichbehandlungsprogramm aufzustellen und es durchzuführen. Darin sind die Maßnahmen aufzuführen, mit denen sichergestellt wird, dass diskriminierende und wettbewerbswidrige Verhaltensweisen ausgeschlossen werden. In diesem Gleichbehandlungsprogramm ist festzulegen, welche besonderen Pflichten die Mitarbeiter im Hinblick auf die Erreichung des Ziels der Vermeidung diskriminierenden und wettbewerbswidrigen Verhaltens haben. Das Programm bedarf der Genehmigung durch die Agentur. Die Einhaltung des Programms ist durch den Gleichbehandlungsbeauftragten des Übertragungsnetzbetreibers zu kontrollieren.

(4) Übertragungsnetzbetreiber sind verpflichtet, zu den jeweils genehmigten Allgemeinen Netzbedingungen mit Netzzugangsberechtigten innerhalb des von ihrem Übertragungsnetz abgedeckten Gebietes privatrechtliche Verträge über den Anschluss an ihr Netz abzuschließen, wenn ihnen elektrische Energie mit einer Nennspannung von über 110 kV übergeben werden soll und der Verteilernetzbetreiber technisch oder wirtschaftlich nicht in der Lage ist, innerhalb des von seinem Verteilernetz abgedeckten Gebietes privatrechtliche Verträge über den Netzanschluss abzuschließen.

(5) Die Allgemeine Anschlusspflicht besteht nicht, soweit der Anschluss dem Übertragungsnetzbetreiber unter Beachtung der Interessen der Gesamtheit der Netzbenutzer im Einzelfall technisch oder wirtschaftlich nicht zumutbar ist.

(6) Ob die Allgemeine Anschlusspflicht besteht, hat die Behörde auf Antrag eines Netzzugangsberechtigten oder eines Übertragungsnetzbetreibers mit Bescheid festzustellen.

Netzentwicklungsplan

§ 41a. (1) Der Übertragungsnetzbetreiber hat der Regulierungsbehörde alle zwei Jahre einen zehnjährigen Netzentwicklungsplan für das Übertragungsnetz zur Genehmigung vorzulegen, der sich auf die aktuelle Lage und die Prognosen im Bereich von Angebot und Nachfrage stützt. Eine Kopie des zur Genehmigung eingereichten Netzentwicklungsplans hat der Übertragungsnetzbetreiber der Behörde kostenlos zur Verfügung zu stellen. Die Regulierungsbehörde hat den genehmigten Netzentwicklungsplan der Behörde zur Information zu übermitteln.

(2) Zweck des Netzentwicklungsplans ist es insbesondere,

1. den Marktteilnehmern Angaben darüber zu liefern, welche wichtigen Übertragungsinfrastrukturen in den nächsten zehn Jahren errichtet oder ausgebaut werden müssen,
2. alle bereits beschlossenen Investitionen aufzulisten und die neuen Investitionen zu bestimmen, die in den nächsten drei Jahren durchgeführt werden müssen, und
3. einen Zeitplan für alle Investitionsprojekte vorzugeben.

(3) Ziel des Netzentwicklungsplans ist es insbesondere,

1. der Deckung der Nachfrage an Leitungskapazitäten zur Versorgung der Endverbraucher unter Berücksichtigung von Notfallszenarien,
2. der Erzielung eines hohen Maßes an Verfügbarkeit der Leitungskapazität (Versorgungssicherheit der Infrastruktur), und
3. der Nachfrage nach Leitungskapazitäten zur Erreichung eines europäischen Binnenmarktes

nachzukommen.

(4) Bei der Erarbeitung des Netzentwicklungsplans hat der Übertragungsnetzbetreiber angemessene Annahmen über die Entwicklung der Erzeugung, der Versorgung, des Verbrauchs und des Stromaustauschs mit anderen Staaten unter Berücksichtigung der Investitionspläne für regionale Netze gemäß Art. 12 Abs. 1 der Verordnung 2009/714/EG und für gemeinschaftsweite Netze gemäß Art. 8 Abs. 3 lit. b der Verordnung 2009/714/EG zugrunde zu legen. Der Netzentwicklungsplan hat wirksame Maßnahmen zur Gewährleistung der Angemessenheit des Netzes und der Erzielung eines hohen Maßes an Verfügbarkeit der Leitungskapazität (Versorgungssicherheit der Infrastruktur) zu enthalten.

(5) Die Übertragungsnetzbetreiberin oder der Übertragungsnetzbetreiber hat bei der Erstellung des Netzentwicklungsplans die technischen und wirtschaftlichen Zweckmäßigkeiten, die Interessen aller Marktteilnehmerinnen und Marktteilnehmer sowie die Kohärenz mit dem integrierten Netzinfrastrukturplan gemäß § 94 EAG und dem gemeinschaftsweiten Netzentwicklungsplan zu berücksichtigen. Überdies hat sie oder er den koordinierten Netzentwicklungsplan gemäß § 63 GWG 2011 und die langfristige und integrierte Planung gemäß § 22 GWG 2011 zu berücksichtigen. Vor Einbringung des Antrages auf Genehmigung des Netzentwicklungsplans hat die Übertragungsnetzbetreiberin oder der Übertragungsnetzbetreiber alle relevanten Marktteilnehmerinnen und Marktteilnehmer zu konsultieren.

(6) In der Begründung des Antrages auf Genehmigung des Netzentwicklungsplans hat der Übertragungsnetzbetreiber, insbesondere bei konkurrierenden Vorhaben zur Errichtung, Erweiterung, Änderung oder dem Betrieb von Leitungsanlagen, die technischen und wirtschaftlichen Gründe für die Befürwortung oder Ablehnung einzelner Vorhaben darzustellen und die Beseitigung von Netzengpässen anzustreben.

Einteilung und Aufgaben der Regelzonen

§ 42. (1) Der vom Übertragungsnetz der Austrian Power Grid AG in Wien abgedeckte Netzbereich ist Bestandteil einer Regelzone. Der Betreiber dieses Übertragungsnetzes gilt als nach diesem Gesetz benannter Regelzonenführer.

(2) Zusätzlich zu den im Abschnitt 1 des Hauptstücks III und in § 41 auferlegten Pflichten obliegen dem Regelzonenführer folgende Aufgaben:

1. die Bereitstellung der Systemdienstleistung (Leistungs-Frequenz-Regelung) entsprechend den technischen Regeln, wie etwa jene der ENTSO (Strom), wobei diese Systemdienstleistung von einem dritten Unternehmen erbracht werden kann,
2. die Fahrplanabwicklung mit anderen Regelzonen,
3. die Organisation und der Einsatz der Regelenergie entsprechend der Bieterkurve des zuständigen Bilanzgruppenkoordinators,
4. Messungen von elektrischen Größen an Schnittstellen seines Elektrizitätsnetzes und Übermittlung der Daten an den zuständigen Bilanzgruppenkoordinator und andere Netzbetreiber,
5. die Ermittlung von Engpässen in Übertragungsnetzen sowie die Durchführung von Maßnahmen zur Vermeidung, Beseitigung und Überwindung von Engpässen in Übertragungsnetzen; weiters die Aufrechterhaltung der Versorgungssicherheit. Sofern für die Vermeidung oder Beseitigung eines Netzengpasses erforderlich, schließen die Regelzonenführerinnen oder Regelzonenführer in Abstimmung mit den betroffenen Betreiberinnen oder Betreibern von Verteilernetzen im erforderlichen Ausmaß und für den erforderlichen Zeitraum mit Erzeugerinnen oder Erzeugern oder Entnehmerinnen oder Entnehmern Verträge, wonach diese zu gesicherten Leistungen (Erhöhung oder Einschränkung der Erzeugung oder des Verbrauchs) gegen Ersatz der wirtschaftlichen Nachteile und Kosten, die durch diese Leistungen verursacht werden, verpflichtet sind; dabei sind die Vorgaben gemäß Art. 13 der Verordnung (EU) 2019/943 über den Elektrizitätsbinnenmarkt, ABl. Nr. L158 vom 14.06.2019 S. 54, einzuhalten. Soweit darüber hinaus auf Basis einer Systemanalyse der Bedarf nach Vorhaltung zusätzlicher Erzeugungsleistung oder reduzierter Verbrauchsleistung besteht (Netzreserve), ist diese gemäß den Vorgaben des § 23b ElWOG 2010 in der Fassung des Bundesgesetzes BGBl. I Nr. 17/2021 zu beschaffen. In diesen Verträgen können Erzeugerinnen oder Erzeuger oder Entnehmerinnen oder Entnehmer auch zu gesicherten Leistungen, um zur Vermeidung und Beseitigung von Netzengpässen in anderen Übertragungsnetzen beizutragen, verpflichtet werden. Zur Nutzung von Erzeugungsanlagen oder Anlagen von Entnehmerinnen oder Entnehmern im europäischen Elektrizitätsbinnenmarkt und der Schweizerischen Eidgenossenschaft zur Vermeidung, Beseitigung und Überwindung von Engpässen in österreichischen Übertragungsnetzen können die Regelzonenführerinnen und Regelzonenführer Verträge mit anderen Übertragungsnetzbetreiberinnen oder Übertragungsnetzbetreibern abschließen. Bei der Bestimmung der Systemnutzungsentgelte sind den Regelzonenführerinnen oder Regelzonenführern die Aufwendungen, die ihnen aus der Erfüllung dieser Verpflichtungen entstehen, anzuerkennen,
6. der Abruf der Erzeugungsanlagen zur Aufbringung von Regelenergie,
7. die Durchführung einer Abgrenzung von Regelenergie zu Ausgleichsenergie nach transparenten und objektiven Kriterien,
8. den physikalischen Ausgleich zwischen Aufbringung und Bedarf in dem von ihnen abzudeckenden System sicherzustellen,
9. die Verrechnung der Ausgleichsenergie über eine zur Ausübung dieser Tätigkeit befugte und zuständige Verrechnungsstelle durchzuführen und dieser und den Bilanzgruppenverantwortlichen die zur Durchführung der Verrechnung erforderlichen Daten zur Verfügung zu stellen, wobei insbesondere die Kosten für Regelenergie und –leistung sowie jene Zählwerte zu übermitteln sind, die für die Berechnung der Fahrplanabweichungen und der Abweichungen von den Lastprofilen jeder Bilanzgruppe benötigt werden,
10. die Erstellung einer Lastprognose zur Erkennung von Engpässen,
11. Verträge über den Datenaustausch mit anderen Netzbetreibern, den Bilanzgruppenverantwortlichen sowie den Bilanzgruppenkoordinatoren und anderen Marktteilnehmern entsprechend den in den Allgemeinen Netzbedingungen festgelegten Marktregeln abzuschließen,
12. die Benennung des Bilanzgruppenkoordinators und deren Anzeige an die Behörde,
13. die Veröffentlichung der in Anspruch genommenen Primärregelleistung und Sekundärregelleistung hinsichtlich Dauer und Höhe sowie der Ergebnisse des Ausschreibungsverfahrens gemäß § 52 sowie gemäß §§ 67 und 69 ElWOG 2010,
14. die Systeme der Datenübermittlung und Auswertung für zeitgleich übermittelte Daten von Erzeugungsanlagen gemäß § 46 Abs. 7 so zu gestalten und zu betreiben, dass eine Weitergabe dieser Informationen an Dritte auszuschließen ist,
15. ein Gleichbehandlungsprogramm zu erstellen, welches gewährleistet, dass die Verpflichtungen gemäß Z 14 eingehalten werden,
16. mit der Agentur sowie der Regulierungsbehörde zusammenzuarbeiten, um die Kompatibilität der regional geltenden Regulierungsrahmen und damit die Schaffung eines Wettbewerbsbinnenmarkts für Elektrizität zu gewährleisten,

17. für Zwecke der Kapazitätsvergabe und der Überprüfung der Netzsicherheit auf regionaler Ebene über ein System oder mehrere integrierte Systeme zu verfügen, die sich auf einen oder mehrere Mitgliedstaaten erstrecken,
18. regional und überregional die Berechnungen von grenzüberschreitenden Kapazitäten und deren Vergabe gemäß den Vorgaben der Verordnung 2009/714/EG zu koordinieren,
19. Maßnahmen, die der Markttransparenz dienen, grenzüberschreitend abzustimmen,
20. die Vereinheitlichung zum Austausch von Regelenergieprodukten durchzuführen,
21. in Zusammenarbeit mit anderen Regelzonenführern eine regionale Bewertung bzw. Prognose der Versorgungssicherheit vorzunehmen,
22. in Zusammenarbeit mit anderen Regelzonenführern unter Austausch der erforderlichen Daten eine regionale Betriebsplanung durchzuführen und koordinierte Netzbetriebssicherheitssysteme zu verwenden,
23. die Regeln für das Engpassmanagement einschließlich der Kapazitätszuweisung an den grenzüberschreitenden Leitungen sowie jede Änderung dieser Regeln der Regulierungsbehörde zur Genehmigung vorzulegen,
24. Angebote für Regelenergie einzuholen, zu übernehmen und eine Abrufreihenfolge als Vorgabe für Regelzonenführer zu erstellen, und
25. besondere Maßnahmen zu ergreifen, wenn keine Angebote für Regelenergie vorliegen.

(3) Die näheren Bestimmungen zu den im Abs. 2 übertragenen Aufgaben sind in den Allgemeinen Netzbedingungen festzulegen.

Bilanzgruppenkoordinator oder Bilanzgruppenkoordinatorin

§ 42a. (1) Der Regelzonenführer oder die Regelzonenführerin hat einen Bilanzgruppenkoordinator oder eine Bilanzgruppenkoordinatorin zu benennen und dies der Landesregierung anzuzeigen. Mit der Anzeige sind Nachweise vorzulegen, die zur Beurteilung des Vorliegens der Voraussetzungen nach Abs. 2 erforderlich sind. Liegen diese Voraussetzungen nicht vor, so hat die Landesregierung dies mit Bescheid festzustellen. Vor Erlassung eines Bescheides hat die Landesregierung mit jenen Landesregierungen das Einvernehmen herzustellen, in deren Wirkungsbereich die Regelzone liegt. Wird innerhalb von sechs Monaten nach dem Einlangen der Anzeige ein solcher Feststellungsbescheid nicht erlassen, ist die in der Anzeige genannte Person berechtigt, die Tätigkeit eines Bilanzgruppenkoordinators oder einer Bilanzgruppenkoordinatorin auszuüben.

(2) Von der Tätigkeit eines Bilanzgruppenkoordinators oder einer Bilanzgruppenkoordinatorin sind Unternehmen ausgeschlossen, die unter einem bestimmenden Einfluss von Unternehmen oder einer Gruppe von Unternehmen stehen, die mindestens eine der Funktionen der kommerziellen Erzeugung, Übertragung, Verteilung oder Versorgung mit Elektrizität wahrnehmen. Im Übrigen ist Voraussetzung für die Ausübung der Tätigkeit eines Bilanzgruppenkoordinators oder einer Bilanzgruppenkoordinatorin, dass

1. der Bilanzgruppenkoordinator oder die Bilanzgruppenkoordinatorin in der Rechtsform einer Aktiengesellschaft errichtet ist,
2. der Bilanzgruppenkoordinator oder die Bilanzgruppenkoordinatorin die ihm oder ihr nach den Abs. 3 und 4 obliegenden Aufgaben in sicherer und kostengünstiger Weise zu erfüllen vermag; eine kostengünstige Besorgung der Aufgaben ist jedenfalls dann anzunehmen, wenn bei der Ermittlung der Kostenbasis für die Verrechnungsstelle die für die Bestimmung der Systemnutzungstarife anzuwendenden Verfahren und Grundsätze zu Grunde gelegt werden,
3. Personen, die eine qualifizierte Beteiligung am Bilanzgruppenkoordinator oder an der Bilanzgruppenkoordinatorin halten, den im Interesse einer soliden und umsichtigen Führung des Unternehmens zu stellenden Ansprüchen genügen,
4. bei keinem der Vorstände ein Ausschließungsgrund nach § 13 Abs. 1 bis 6 Gewerbeordnung 1994 vorliegt,
5. der Vorstand auf Grund seiner Vorbildung fachlich geeignet ist und die für den Betrieb des Unternehmens erforderlichen Eigenschaften und Erfahrungen hat. Die fachliche Eignung eines Vorstandes setzt voraus, dass dieser im ausreichenden Maß theoretische und praktische Kenntnisse in der Abrechnung von Ausgleichsenergie sowie Leitungserfahrung hat; die fachliche Eignung für die Leitung einer Verrechnungsstelle ist anzunehmen, wenn eine zumindest dreijährige leitende Tätigkeit auf dem Gebiet der Tarifierung oder des Rechnungswesens nachgewiesen wird,
6. mindestens ein Vorstand den Mittelpunkt seiner
Lebensinteressen in einem EU-Mitgliedsstaat oder EWR-Vertragsstaat hat,
7. kein Vorstand einen anderen Hauptberuf ausübt, der geeignet ist, Interessenkonflikte hervorzurufen,
8. der Sitz und die Hauptverwaltung in einem EU-Mitgliedsstaat oder EWR-Vertragsstaat liegen und der Bilanzgruppenkoordinator oder die Bilanzgruppenkoordinatorin über eine seinen oder ihren Aufgaben entsprechende Ausstattung verfügt,
9. das zur Verfügung stehende Abwicklungssystem den Anforderungen eines zeitgemäßen Abrechnungssystems genügt und

10. die Neutralität, die Unabhängigkeit und die Datenvertraulichkeit gegenüber Marktteilnehmern und Marktteilnehmerinnen gewährleistet ist.

(3) Der Bilanzgruppenkoordinator oder die Bilanzgruppenkoordinatorin hat folgende Aufgaben:

1. die Vergabe von Identifikationsnummern der Bilanzgruppen;
2. die Bereitstellung von Schnittstellen im Bereich der Informationstechnologie;
3. die Verwaltung der Fahrpläne zwischen Bilanzgruppen;
4. die Übernahme der von den Netzbetreibern und Netzbetreiberinnen in vorgegebener Form übermittelten Messdaten, deren Auswertung und die Weitergabe an die betroffenen Marktteilnehmer und Marktteilnehmerinnen sowie anderen Bilanzgruppenverantwortlichen entsprechend den in den Verträgen enthaltenen Vorgaben;
5. die Übernahme von Fahrplänen der Bilanzgruppenverantwortlichen und die Weitergabe an die betroffenen Marktteilnehmer und Marktteilnehmerinnen (andere Bilanzgruppenverantwortliche) entsprechend den in den Verträgen enthaltenen Vorgaben;
6. die Bonitätsprüfung der Bilanzgruppenverantwortlichen;
7. die Mitarbeit bei der Ausarbeitung und Adaptierung von Regelungen im Bereich Kundenwechsel oder Kundinnenwechsel, Abwicklung und Abrechnung;
8. die Abrechnung und organisatorische Maßnahmen bei Auflösung von Bilanzgruppen;
9. die Aufteilung und die Zuweisung der sich auf Grund der Verwendung von standardisierten Lastprofilen ergebenden Differenz auf die am Netz eines Netzbetreibers angeschlossenen Marktteilnehmer und Marktteilnehmerinnen nach Vorliegen der Messwerte nach transparenten Kriterien;
10. die Verrechnung der Clearinggebühren an die Bilanzgruppenverantwortlichen;
11. die Berechnung und die Zuordnung der Ausgleichsenergie;
12. der Abschluss von Verträgen

a) mit Bilanzgruppenverantwortlichen, anderen Regelzonenführern und Regelzonenführerinnen, Netzbetreibern und Netzbetreiberinnen, Stromlieferanten und Stromlieferantinnen, Erzeugern und Erzeugerinnen sowie Stromhändlern und Stromhändlerinnen;
b) mit Einrichtungen zum Zweck des Datenaustausches zur Erstellung eines Indexes;
c) mit Strombörsen über die Weitergabe von Daten;
d) mit Lieferanten und Lieferantinnen, Erzeugern und Erzeugerinnen sowie Stromhändlern und Stromhändlerinnen über die Weitergabe von Daten.

(4) Im Rahmen der Berechnung und der Zuweisung der Ausgleichsenergie sind, sofern nicht besondere Regelungen im Rahmen von Verträgen nach § 113 Abs. 2 ElWOG 2010 bestehen, jedenfalls

1. die Differenz von Fahrplänen zu Messdaten zu übernehmen und daraus Ausgleichsenergie zu ermitteln, zuzuordnen und zu verrechnen;
2. die Preise für Ausgleichsenergie entsprechend dem im § 10 Verrechnungsstellengesetz beschriebenen Verfahren zu ermitteln und in geeigneter Form ständig zu veröffentlichen;
3. die Entgelte für Ausgleichsenergie zu berechnen und den Bilanzgruppenverantwortlichen, Regelzonenführern und Regelzonenführerinnen mitzuteilen;
4. die verwendeten standardisierten Lastprofile zu verzeichnen, zu archivieren und in geeigneter Form zu veröffentlichen;
5. Informationen über die zur Sicherung eines transparenten und diskriminierungsfreien und möglichst liquiden Regelenergiemarktes erforderlichen Maßnahmen den Marktteilnehmern und Marktteilnehmerinnen zu gewähren. Dazu zählt die Veröffentlichung der in Anspruch genommenen Primärregelleistung und Sekundärregelleistung hinsichtlich Dauer und Höhe sowie der Ergebnisse des Ausschreibungsverfahrens gemäß § 52 sowie gemäß § 69 ElWOG 2010.

(5) Liegen die Voraussetzungen nach Abs. 2 nicht mehr vor, so hat die Landesregierung die Berechtigung zur Ausübung der Tätigkeit eines Bilanzgruppenkoordinators oder einer Bilanzgruppenkoordinatorin abzuerkennen. Vor Erlassung des Bescheides hat die Landesregierung mit jenen Landesregierungen das Einvernehmen herzustellen, in deren Wirkungsbereich die Regelzone liegt.

(6) Die Landesregierung hat von Amts wegen eine geeignete Person unter Berücksichtigung der Voraussetzungen nach Abs. 2 auszuwählen und zu verpflichten, die Aufgaben eines Bilanzgruppenkoordinators oder einer Bilanzgruppenkoordinatorin zu übernehmen, wenn

1. keine Anzeige nach Abs. 1 eingebracht wird,
2. ein Feststellungsbescheid nach Abs. 1 erlassen wurde oder
3. die Berechtigung zur Ausübung der Tätigkeit eines Bilanzgruppenkoordinators oder einer Bilanzgruppenkoordinatorin nach Abs. 5 aberkannt wurde.

Die Landesregierung hat mit jenen Landesregierungen das Einvernehmen herzustellen, in deren Wirkungsbereich sich die Regelzone erstreckt. Die Landesregierung hat diesen Bescheid wieder aufzuheben, sobald vom Regelzonenführer oder der Regelzonenführerin ein Bilanzgruppenkoordinator oder eine Bilanzgruppenkoordinatorin benannt wird, der oder die die Voraussetzungen nach Abs. 2 erfüllt. Vor Aufhebung dieses Bescheides hat die Landesregierung mit jenen Landesregierungen das Einvernehmen herzustellen, in deren Wirkungsbereich sich die Regelzone erstreckt.

IV. Hauptstück
Netzzugangsberechtigte
1. Abschnitt
Kunden und Netzbenutzer
Rechte und Pflichten der Kunden

§ 43. (1) Alle Kunden sind berechtigt, mit Erzeugern, Stromhändlern und Lieferanten sowie mit Elektrizitätsunternehmen Verträge über die Lieferung von elektrischer Energie zur Deckung ihres Bedarfes zu schließen und hinsichtlich dieser Mengen Netzzugang zu begehren.

(2) Elektrizitätsunternehmen, Stromhändler und Lieferanten können den Netzzugang im Namen ihrer Kunden begehren.

Grundversorgung

§ 43a. (1) Stromhändler und sonstige Lieferanten, zu deren Tätigkeitsbereich die Versorgung von Haushaltskunden im Bundesland Wien zählt, haben ihren Allgemeinen Tarif für die Grundversorgung von Haushaltskunden und Kleinunternehmen in geeigneter Weise (zB Internet) zu veröffentlichen. Sie sind verpflichtet, im Landesgebiet, zu ihren geltenden Allgemeinen Geschäftsbedingungen und zu diesem Tarif, Verbraucher im Sinne des § 1 Abs. 1 Z 2 KSchG und Kleinunternehmen, die sich ihnen gegenüber auf die Grundversorgung berufen, mit elektrischer Energie zu beliefern (Pflicht zur Grundversorgung).

(2) Der Allgemeine Tarif für die Grundversorgung für Verbraucher im Sinne des § 1 Abs. 1 Z 2 KSchG darf nicht höher sein als jener Tarif, zu dem die größte Anzahl ihrer Kunden im Landesgebiet, die Verbraucher im Sinne des § 1 Abs. 1 Z 2 KSchG sind, versorgt werden. Der Allgemeine Tarif der Grundversorgung für Kleinunternehmen im Landesgebiet darf nicht höher sein als jener Tarif, der gegenüber vergleichbaren Kundengruppen Anwendung findet. Stromhändler und sonstige Lieferanten sind im Falle des Abs. 1 berechtigt, die Belieferung von einer Vorauszahlung oder Sicherheitsleistung (Barsicherheit, Bankgarantie, Hinterlegung von nicht vinkulierten Sparbüchern) in angemessener Höhe abhängig zu machen, insoweit nach den Umständen des Einzelfalles zu erwarten ist, dass der Netzbenutzer seinen Zahlungsverpflichtungen nicht oder nicht zeitgerecht nachkommt. Dem Verbraucher im Sinne des § 1 Abs. 1 Z 2 KSchG, der sich auf die Grundversorgung beruft, darf im Zusammenhang mit der Aufnahme der Belieferung keine Sicherheitsleistung oder Vorauszahlung abverlangt werden, welche die Höhe einer Teilbetragszahlung für einen Monat übersteigt. Gerät der Verbraucher während sechs Monaten nicht in weiteren Zahlungsverzug, so ist ihm die Sicherheitsleistung rückzuerstatten und von einer Vorauszahlung abzusehen, solange nicht erneut ein Zahlungsverzug eintritt.

(3) Anstelle einer Vorauszahlung oder Sicherheitsleistung kann auch ein Vorauszahlungszähler zur Verwendung gelangen. Allfällige Mehraufwendungen durch die Verwendung eines solchen Zählers können dem Kunden gesondert in Rechnung gestellt werden, sofern der Zähler auf ausdrücklichen Wunsch des Kunden verwendet wird und der Kunde im Vorhinein über die gesamten Kosten im Zusammenhang mit der Verwendung eines solchen Zählers schriftlich informiert wurde.

(4) Die Pflicht zur Grundversorgung besteht nicht, sofern einem sich auf die Grundversorgung berufenden Haushaltskunden

a) aus den im Gesetz genannten Gründen der Netzzugang vom Verteilernetzbetreiber ganz oder teilweise verweigert wird oder
b) die Erbringung von Netzdienstleistungen vom Verteilernetzbetreiber abgelehnt oder eingestellt wurde oder wird, weil der Haushaltskunde seine vertraglichen oder in den allgemeinen Verteilernetzbedingungen festgelegten Pflichten, insbesondere seine Zahlungsverpflichtungen, verletzt.

(5) Die Pflicht zur Grundversorgung besteht – abgesehen von den in Abs. 3 genannten Gründen – auch dann nicht, wenn der Haushaltskunde wesentliche vertragliche Pflichten verletzt; eine wesentliche Vertragsverletzung liegt jedenfalls vor, wenn der Haushaltskunde die vereinbarten Entgelte – trotz Mahnung – nicht bezahlt oder bezahlt hat.

(6) Stromhändler (sonstige Lieferanten) sind verpflichtet, die Bedingungen, zu denen eine Belieferung auf Grund der Grundversorgung erfolgt, zu erstellen und deren Breitstellung in geeigneter Form (zB im Internet) in den Allgemeinen Geschäftsbedingungen zu regeln. Auf Anfrage sind diese Bedingungen dem Kunden kostenlos zu übermitteln.

(7) Stromhändler und sonstige Lieferanten sind berechtigt, das Vertragsverhältnis zur Grundversorgung aus wichtigem Grund durch Kündigung zu beenden. Ein wichtiger Grund liegt insbesondere vor, wenn ein Stromhändler oder sonstiger Lieferant bereit ist, einen Liefervertrag außerhalb der Grundversorgung abzuschließen. Davon unberührt bleibt das Recht des Stromhändlers oder sonstigen Lieferanten, seine Verpflichtungen aus dem Vertragsverhältnis für den Fall einer nicht bloß geringfügigen und anhaltenden Zuwiderhandlung, wie zB Missachtung mehrmaliger Mahnungen, so lange auszusetzen, als die Zuwiderhandlung andauert.

(8) Bei der Berufung von Verbrauchern im Sinne des § 1 Abs. 1 Z 2 KSchG und Kleinunternehmen

auf die Pflicht zur Grundversorgung sind Netzbetreiber, unbeschadet bis zu diesem Zeitpunkt vorhandener Zahlungsrückstände, zur Netzdienstleistung verpflichtet. Verbrauchern darf im Zusammenhang mit dieser Netzdienstleistung keine Sicherheitsleistung oder Vorauszahlung abverlangt werden, welche die Höhe einer Teilbetragszahlung für einen Monat übersteigt. Absatz 2 letzter Satz gilt sinngemäß. Im Falle eines nach Berufung auf die Pflicht zur Grundversorgung erfolgenden erneuten Zahlungsverzugs, sind Netzbetreiber bis zur Bezahlung dieser ausstehenden Beträge zur physischen Trennung der Netzverbindung berechtigt, es sei denn der Kunde verpflichtet sich zur Vorausverrechnung mittels Vorauszahlungszähler für künftige Netznutzung und Lieferung. § 82 Abs. 3 ElWOG 2010 gilt im Falle des erneuten Zahlungsverzugs sinngemäß. Die Verpflichtung zur Vorauszahlung mittels Vorauszahlungszähler besteht nicht für Kleinunternehmer mit einem Lastprofilzähler.

(9) Ein im Rahmen der Grundversorgung eingerichteter Vorauszahlungszähler ist auf Kundenwunsch zu deaktivieren, wenn der Endverbraucher seine im Rahmen der Grundversorgung angefallenen Zahlungsrückstände beim Lieferanten und Netzbetreiber beglichen hat oder wenn ein sonstiges schuldbefreiendes Ereignis eingetreten ist.

Pflichten der Stromhändlerinnen oder Stromhändler, Verbot der Belieferung von Endverbraucherinnen oder Endverbrauchern, Untersagung

§ 44. (1) Stromhändlerinnen oder Stromhändler, die eine Versorgungstätigkeit in Wien ausüben wollen, haben der Verteilernetzbetreiberin oder dem Verteilernetzbetreiber die Aufnahme ihrer Tätigkeit unter Angabe des Hauptwohnsitzes oder Sitzes anzuzeigen. Liegt der Hauptwohnsitz oder der Sitz weder im Inland noch in einem Staat, dessen Angehörige auf Grund des Rechtes der Europäischen Union oder eines Staatsvertrages gleich wie Inländer zu behandeln sind, sind sie verpflichtet, vor Aufnahme ihrer Tätigkeit eine inländische Zustellbevollmächtigte oder einen inländischen Zustellungsbevollmächtigten (§ 9 Zustellgesetz) zu bestellen und der Verteilernetzbetreiberin oder dem Verteilernetzbetreiber Name und Anschrift der Zustellbevollmächtigen oder des Zustellbevollmächtigten mitzuteilen. Änderungen des Hauptwohnsitzes oder des Sitzes und Änderungen in der Person der Zustellbevollmächtigen oder des Zustellbevollmächtigten sind unverzüglich der Verteilernetzbetreiberin oder dem Verteilernetzbetreiber bekannt zu geben.

(2) Stromhändlerinnen oder Stromhändler, die eine Versorgungstätigkeit in Wien ausüben, sind verpflichtet, Verträge über den Datenaustausch mit den Verantwortlichen der Bilanzgruppen, deren Mitglieder sie beliefern, den Netzbetreiberinnen oder Netzbetreibern, an deren Netz die Endverbraucherinnen oder Endverbraucher angeschlossen sind, sowie mit der zuständigen Bilanzgruppenkoordinatorin oder dem zuständigen Bilanzgruppenkoordinator abzuschließen.

(3) Die Ausübung einer Versorgungstätigkeit in Wien ist unzulässig, wenn ein Insolvenzverfahren einer Stromhändlerin oder eines Stromhändlers nach der Insolvenzordnung (IO) mangels kostendeckenden Vermögens rechtskräftig abgewiesen oder aufgehoben wurde.

(4) Die Behörde kann einer Stromhändlerin oder einem Stromhändler die Ausübung einer Versorgungstätigkeit untersagen, wenn sie oder er

1. wiederholt oder beharrlich ihrer bzw. seiner Anzeigepflicht gemäß § 44a Abs. 1 nicht nachkommt oder ihre bzw. seine Informationspflicht gemäß § 44a Abs. 3 verletzt,
2. wiederholt oder beharrlich gegen Aufgaben und Pflichten, die von der Regulierungsbehörde in den sonstigen Marktregeln gemäß § 22 Z 1 E-ControlG festgelegt und veröffentlicht wurden, verstößt,
3. zumindest zwei Mal wegen schwerwiegender Übertretung elektrizitätsrechtlicher Vorschriften nach diesem Gesetz oder nach dem ElWOG 2010 rechtskräftig bestraft worden ist oder
4. von einem Gericht wegen einer strafbaren Handlung, die im Zusammenhang mit der Ausübung einer Versorgungstätigkeit begangen wurde, zu einer drei Monate übersteigenden Freiheitsstrafe oder zu einer Geldstrafe von mehr als 180 Tagessätzen verurteilt wurde und die Begehung der gleichen oder einer ähnlichen Straftat zu befürchten ist.

(5) In den Fällen des Abs. 4 Z 1 und Z 2 ist ein Verfahren auf Antrag der Regulierungsbehörde einzuleiten. Die Regulierungsbehörde ist Partei des Verfahrens und berechtigt, die Einhaltung der elektrizitätswirtschaftlichen Vorschriften geltend zu machen und Beschwerde beim Verwaltungsgericht sowie Revision an den Verwaltungsgerichtshof oder Beschwerde beim Verfassungsgerichtshof zu erheben.

(6) In den Fällen des Abs. 4 Z 3 und Z 4 hat die Behörde der Regulierungsbehörde das Ergebnis der Beweisaufnahme zur Kenntnis zu bringen und ihr die Gelegenheit zur Stellungnahme zu geben.

(7) Die Behörde kann von einer Untersagung gemäß Abs. 4 absehen, sofern die Untersagung unter Berücksichtigung der Umstände des Einzelfalles unverhältnismäßig wäre. Sie kann das Recht zur Ausübung einer Versorgungstätigkeit auch nur für eine bestimmte Zeit entziehen, wenn nach den Umständen des Einzelfalles erwartet werden kann, dass diese Maßnahme ausreicht, um in Zukunft ein gesetzmäßiges Verhalten sicherzustellen.

(8) Von der Untersagung sind die oder der Bilanzgruppenverantwortliche, die Verteilernetzbetreiberin oder der Verteilernetzbetreiber und die

Regulierungsbehörde zu verständigen. Die Behörde hat auf ihrer Internetseite die Öffentlichkeit über die rechtskräftige Untersagung der Versorgungstätigkeit zu informieren.

Allgemeine Geschäftsbedingungen für die Belieferung mit elektrischer Energie

§ 44a. (1) Versorger haben Allgemeine Geschäftsbedingungen für die Belieferung mit elektrischer Energie für Kunden, deren Verbrauch nicht über einen Lastprofilzähler gemessen wird, zu erstellen. Die Allgemeinen Geschäftsbedingungen sowie ihre Änderungen sind der Regulierungsbehörde vor ihrem In-Kraft-Treten in elektronischer Form anzuzeigen und in geeigneter Form zu veröffentlichen.

(2) Allgemeine Geschäftsbedingungen oder Vertragsformblätter zwischen Versorgern und Kunden haben zumindest zu enthalten:

1. Name und Anschrift des Versorgers,
2. erbrachte Leistungen und angebotene Qualität sowie den voraussichtlichen Zeitpunkt für den Beginn der Belieferung,
3. den Energiepreis in Cent pro kWh, inklusive etwaiger Zuschläge und Abgaben,
4. Vertragsdauer, Bedingungen für eine Verlängerung und Beendigung der Leistungen und des Vertragsverhältnisses, Vorhandensein eines Rücktrittsrechtes,
5. Hinweis auf die zur Verfügung stehenden Beschwerdemöglichkeiten,
6. die Bedingungen, zu denen eine Belieferung im Sinne des § 43a erfolgt,
7. etwaige Entschädigungs- und Erstattungsregelungen bei Nichteinhaltung der vertraglich vereinbarten Leistungsqualität, einschließlich fehlerhafter und verspäteter Abrechnung und
8. Modalitäten, zu welchen der Kunde verpflichtet ist, Teilbetragszahlungen zu leisten, wobei eine Zahlung zumindest zehn Mal jährlich jedenfalls anzubieten ist.

(3) Die Versorger haben ihre Kunden nachweislich vor Abschluss eines Vertrages über die wesentlichen Vertragsinhalte zu informieren. Zu diesem Zweck ist dem Kunden ein Informationsblatt auszuhändigen. Dies gilt auch, wenn der Vertragsabschluss durch einen Vermittler angebahnt wird. Bei mündlich abgeschlossenen Verträgen hat der Kunde das Informationsblatt spätestens mit der Vertragsbestätigung zu erhalten.

Netzbenutzer

§ 45. (1) Netzbenutzer haben sich einer Bilanzgruppe anzuschließen oder unter Beachtung des Hauptstücks V eine eigene Bilanzgruppe zu bilden.

(2) Netzbenutzer sind insbesondere verpflichtet,

1. Daten, Zählwerte und sonstige, zur Ermittlung ihres Stromverbrauchs dienende Angaben an Netzbetreiber, Bilanzgruppenverantwortliche und den zuständigen Bilanzgruppenkoordinator gemäß den sich aus den vertraglichen Vereinbarungen ergebenden Verpflichtungen bereitzustellen und zu übermitteln, soweit dies zur Aufrechterhaltung eines wettbewerbsorientierten Elektrizitätsmarkts und zur Wahrung des Konsumentenschutzes erforderlich ist,
2. bei Verwendung eigener Zähleinrichtungen und Anlagen zur Datenübertragung die technischen Vorgaben der Netzbetreiber einzuhalten,
3. Meldungen bei Lieferanten- und Bilanzgruppenwechsel abzugeben sowie die hiefür vorgesehenen Fristen einzuhalten,
4. Vertragsdaten an Stellen zu melden, die mit der Erstellung von Indizes betraut sind,
5. bei technischer Notwendigkeit Erzeugungs- und Verbrauchsfahrpläne an den Netzbetreiber und die Regelzonenführer zu melden, und
6. Verträge über den Datenaustausch mit anderen Netzbetreibern, den Bilanzgruppenverantwortlichen sowie den Bilanzgruppenkoordinatoren und anderen Marktteilnehmern entsprechend den Marktregeln abzuschließen.

(3) Die näheren Bestimmungen zu den in Abs. 2 festgelegten Pflichten sind in den Allgemeinen Netzbedingungen und in den Allgemeinen Bedingungen für Bilanzgruppenverantwortliche festzulegen.

2. Abschnitt
Erzeuger

Rechte und Pflichten der Erzeuger

§ 46. (1) Zusätzlich zu den im § 45 festgelegten Pflichten, sind Erzeuger verpflichtet:

1. Daten im erforderlichen Ausmaß betroffenen Netzbetreibern, dem zuständigen Bilanzgruppenkoordinator, dem jeweiligen Bilanzgruppenverantwortlichen und anderen betroffenen Marktteilnehmern zur Verfügung zu stellen,
2. zur Einhaltung der technischen Vorgaben der Netzbetreiber bei Verwendung eigener Zähleinrichtungen und Einrichtungen für die Datenübertragung,
3. zur Bekanntgabe von Erzeugungsfahrplänen an die betroffenen Bilanzgruppenverantwortlichen bei Teillieferungen,
4. nach Maßgabe vertraglicher Vereinbarungen auf Anordnung des Regelzonenführers zur Netzengpassbeseitigung oder zur Aufrechterhaltung der Versorgungssicherheit Leistungen (Erhöhung oder Einschränkung der Erzeugung sowie Veränderung der Verfügbarkeit von Erzeugungsanlagen) zu erbringen. Es ist sicher zu stellen, dass bei Anweisungen der Regelzonenführer gegenüber Betreibern von KWK-Anlagen die Fernwärmeversorgung gewährleistet bleibt;
5. auf Anordnung der Regelzonenführer gemäß § 23 Abs. 9 ElWOG 2010 zur Netzengpassbeseitigung oder zur Aufrechterhaltung der Versorgungssicherheit die Erhöhung und/oder

Einschränkung der Erzeugung und somit die Veränderung der Verfügbarkeit von Erzeugungsanlagen vorzunehmen, soweit dies nicht gemäß Z 4 vertraglich sichergestellt werden konnte,
6. Erzeugungsfahrpläne vorab an die betroffenen Netzbetreiber, den Regelzonenführer und den Bilanzgruppenverantwortlichen in erforderlichem Ausmaß bei technischer Notwendigkeit zu melden, und
7. auf Anordnung des Regelzonenführers mit technisch geeigneten Erzeugungsanlagen bei erfolglos verlaufener Ausschreibung gegen Ersatz der tatsächlichen Aufwendungen die Sekundärregelung bereit zu stellen und zu erbringen.

(2) Die näheren Bestimmungen zu den in Abs. 1 festgelegten Pflichten sind in den Allgemeinen Netzbedingungen und in den Allgemeinen Bedingungen für Bilanzgruppenverantwortliche festzulegen.

(3) Erzeuger sind berechtigt, Direktleitungen zu errichten und zu betreiben.

(4) Betreiber von Erzeugungsanlagen mit einer Engpassleistung von mehr als fünf MW sind weiters verpflichtet:

1. die Kosten für die Primärregelung zu übernehmen,
2. soweit diese zur Erbringung der Primärregelleistung geeignet sind, diese auf Anordnung des Regelzonenführers zu erbringen, für den Fall, dass die Ausschreibung gemäß § 52 erfolglos geblieben ist,
3. die Nachweise über die Erbringung der Primärregelleistung dem Regelzonenführer in geeigneter und transparenter Weise zu erbringen, und
4. die im Zusammenhang mit der Erbringung der Primärregelleistung stehenden Anweisungen des Regelzonenführers, insbesondere die Art und den Umfang der zu übermittelnden Daten betreffend, zu befolgen.

(5) Die Betreiber von Erzeugungsanlagen mit einer Engpassleistung von mehr als 5 MW sind zur Aufbringung der Mittel für die Bereitstellung der Primärregelleistung im Verhältnis ihrer Jahreserzeugungsmengen verpflichtet. Bei Erzeugungsanlagen, deren Engpassleistung größer als die Anschlussleistung an das jeweilige Netz ist, ist diese Anschlussleistung multipliziert mit den Betriebsstunden der Anlage heranzuziehen.

(6) Die Verrechnung und Einhebung der Mittel gemäß Abs. 5 erfolgt vierteljährlich durch den Regelzonenführer. Der Regelzonenführer ist berechtigt, die Mittel gemäß Abs. 5 vorab zu pauschalieren und vierteljährlich gegen nachträgliche jährliche Abrechnung einzuheben. Die Betreiber von Erzeugungsanlagen haben dem Regelzonenführer die für die Bemessung der Mittel gemäß Abs. 5 erforderlichen Daten zur Verfügung zu stellen.

(7) Die Betreiber von Erzeugungsanlagen, die an die Netzebenen gemäß § 63 Z 1 bis 3 ElWOG 2010 angeschlossen sind oder über eine Engpassleistung von mehr als 50 MW verfügen, haben dem Regelzonenführer zur Überwachung der Netzsicherheit zeitgleich Daten über die jeweils aktuelle Einspeiseleistung dieser Erzeugungsanlagen in elektronischer Form zu übermitteln.

(8) Die Betreiber von Erzeugungsanlagen mit einer Engpassleistung von mehr als 20 MW haben der Behörde zur Überwachung der Versorgungssicherheit regelmäßig Daten über die zeitliche Verfügbarkeit der Erzeugungsanlagen zu übermitteln.

3. Abschnitt
KWK-Anlagen

Kriterien für den Wirkungsgrad der KWK

§ 46a. (1) Die Behörde kann durch Verordnung Wirkungsgrad-Referenzwerte für die getrennte Erzeugung von Strom und Wärme zur Bestimmung der Effizienz der KWK nach Anhang IV ElWOG 2010 festlegen. Diese Wirkungsgrad-Referenzwerte haben aus einer Matrix von Werten, aufgeschlüsselt nach relevanten Faktoren wie Baujahr und Brennstofftypen zu bestehen, und müssen sich auf eine ausführlich dokumentierte Analyse stützen, bei der unter anderem die Betriebsdaten bei realen Betriebsbedingungen, der grenzüberschreitende Stromhandel, der Energieträgermix, die klimatischen Bedingungen und die angewandten KWK-Technologien gemäß den Grundsätzen in Anhang IV ElWOG 2010 zu berücksichtigen sind.

(2) Bei der Bestimmung der Wirkungsgrad-Referenzwerte gemäß Abs. 1 sind die von der Europäischen Kommission gemäß Artikel 4 der KWK-Richtlinie in der Entscheidung 2007/74/EG der Kommission vom 21. Dezember 2006 zur Festlegung harmonisierter Wirkungsgrad-Referenzwerte für die getrennte Erzeugung von Strom und Wärme in Anwendung der Richtlinie 2004/8/EG des Europäischen Parlaments und des Rates, ABl. Nr. L 32 vom 6. 2. 2007, S. 183 ff. festgelegten harmonisierten Wirkungsgrad-Referenzwerte zu berücksichtigen.

Herkunftsnachweise für Strom aus hocheffizienter KWK

§ 46b. (1) Die Behörde hat auf Grundlage der harmonisierten Wirkungsgrad-Referenzwerte (§ 46a) auf Antrag des Erzeugers mit Bescheid jene KWK-Anlagen zu benennen, für die vom Netzbetreiber, an dessen Netz die Anlage angeschlossen ist, Herkunftsnachweise für Strom aus hocheffizienter KWK entsprechend der Menge an erzeugter Energie aus hocheffizienter KWK gemäß Anlage III ElWOG 2010 und gemäß der Entscheidung

2008/952/EG der Europäischen Kommission, auf Basis der Vorgaben gemäß § 72 Abs. 2 und Abs. 3 ElWOG 2010 ausgestellt werden dürfen. Die erfolgten Benennungen von Anlagen sind der Regulierungsbehörde unverzüglich mitzuteilen. Die Benennung ist erforderlichenfalls unter Erteilung von Auflagen und/oder befristet auszusprechen, soweit dies zur Erfüllung der Voraussetzungen dieses Gesetzes erforderlich ist. Die Benennung ist zu widerrufen, wenn die Voraussetzungen für die Benennung nicht mehr vorliegen.

(2) Hat die Behörde keine Wirkungsgrad-Referenzwerte gemäß § 46a Abs. 1 mit Verordnung festgelegt, sind der Benennung die gemäß Artikel 4 der KWK-Richtlinie in der Entscheidung 2007/74/EG der Kommission vom 21. Dezember 2006 zur Festlegung harmonisierter Wirkungsgrad-Referenzwerte für die getrennte Erzeugung von Strom und Wärme in Anwendung der Richtlinie 2004/8/EG des Europäischen Parlaments und des Rates, ABl. Nr. L 32 vom 6. 2. 2007, S. 183 ff. festgelegten harmonisierten Wirkungsgrad-Referenzwerte zu Grunde zu legen.

(3) Der vom Netzbetreiber gemäß Abs. 1 ausgestellte Herkunftsnachweis hat zu erfassen:

1. die Menge an erzeugter Energie aus hocheffizienter KWK gemäß Anlage III ElWOG 2010 und gemäß der Entscheidung 2008/952/EG der Kommission vom 19. November 2008 zur Festlegung detaillierter Leitlinien für die Umsetzung und Anwendung des Anhangs II der Richtlinie 2004/8/EG des Europäischen Parlaments und des Rates, ABl. Nr. L 338 vom 17. 12. 2008, S 55 ff.;
2. die Bezeichnung, Art und Engpassleistung der Erzeugungsanlage;
3. den Zeitraum und den Ort der Erzeugung;
4. die eingesetzten Primärenergieträger;
5. den unteren Heizwert des Primärenergieträgers;
6. die Nutzung der zusammen mit dem Strom erzeugten Wärme;
7. die Primärenergieeinsparungen, die gemäß Anhang IV ElWOG 2010 auf der Grundlage der in § 46a Abs. 2 genannten, von der Europäischen Kommission festgelegten harmonisierten Wirkungsgrad-Referenzwerte berechnet worden sind;
8. das Datum der Inbetriebnahme der Anlage;
9. genaue Angaben über erhaltene Förderungen und die Art der Förderregelung;
10. die Bezeichnung der ausstellenden Behörde und des ausstellenden Staates und
11. das Ausstellungsdatum des Herkunftsnachweises.

(4) Die Behörde hat die Ausstellung der Herkunftsnachweise regelmäßig zu überwachen. Zu diesem Zweck hat der Netzbetreiber der Behörde jährlich bis spätestens 31. März des Folgejahres einen Bericht über die von ihm nach Abs. 1 ausgestellten Herkunftsnachweise zu übermitteln.

(5) Mit der Ausstellung von Herkunftsnachweisen ist kein Recht auf die Inanspruchnahme von Fördermechanismen verbunden.

(6) Die Ausstellung eines Herkunftsnachweises nach diesem Gesetz ist unzulässig, wenn für dieselbe KWK-Strommenge ein Herkunftsnachweis nach dem Ökostromgesetz ausgestellt wird.

(7) Der Netzbetreiber ist berechtigt, mit der Erfassung und Eingabe der Herkunftsnachweise einen fachlich geeigneten Dritten, sofern ihm vom Betreiber der Herkunftsregisterdatenbank die Berechtigung zur Eingabe der Herkunftsnachweise erteilt wurde, zu beauftragen. Die hierdurch entstehenden Kosten sind dem Netzbetreiber gemäß § 59 Abs. 6 Z 6 ElWOG 2010 anzuerkennen. Betreiber von benannten KWK- Anlagen haben dem Netzbetreiber sowie einem vom Netzbetreiber zur Erfassung und Eingabe der Herkunftsnachweise beauftragten Dritten sämtliche Informationen und Unterlagen, die für Erfassung der Herkunftsnachweise benötigt werden, zur Verfügung zu stellen. Zur Eingabe der Herkunftsnachweise beauftragte Dritte sind verpflichtet, sämtliche Informationen geheim zu halten und Unterlagen nicht weiterzugeben, es sei denn, der Betreiber der benannten KWK- Anlage hat dazu ausdrücklich seine Zustimmung erteilt. Diese Geheimhaltungsverpflichtung gilt überdies nicht, sofern und soweit hierzu eine gesetzliche Auskunftspflicht besteht oder der Betreiber der Herkunftsnachweisedatenbank die Informationen zum Zweck der Überprüfung der Herkunftsnachweise benötigt.

4. Abschnitt (Kleinsterzeugungsanlagen) Sonderbestimmungen

§ 46d. (1) Für Kleinsterzeugungsanlagen ist kein eigener Zählpunkt zu vergeben.

(2) Netzbenutzerinnen oder Netzbenutzer, die in ihrer Anlage eine Kleinsterzeugungsanlage betreiben und für die gemäß Abs. 1 kein Zählpunkt eingerichtet wurde, sind hinsichtlich der Kleinsterzeugungsanlage von den Verpflichtungen gemäß §§ 45 Abs. 1 und 2 und 46 Abs. 1 ausgenommen.

Anerkennung von Herkunftsnachweisen aus anderen Staaten

§ 46e. (1) Herkunftsnachweise für Strom aus hocheffizienter KWK aus Anlagen mit Standort in einem anderen EU-Mitgliedstaat oder EWR-Vertragstaat gelten als Herkunftsnachweise im Sinne dieses Gesetzes, wenn sie zumindest den Anforderungen des Anhang X der Energieeffizienzrichtlinie entsprechen.

(2) Im Zweifel stellt die Regulierungsbehörde auf Antrag oder von Amts wegen mit Bescheid fest, ob die Voraussetzungen für die Anerkennung vorliegen.

V. Hauptstück
Bilanzgruppen
1. Abschnitt
Bildung der Bilanzgruppen

§ 47. Bilanzgruppen können innerhalb jeder Regelzone gebildet werden. Die Bildung und Veränderung einer Bilanzgruppe erfolgt durch den Bilanzgruppenverantwortlichen.

Wechsel der Bilanzgruppe
Zuweisung

§ 48. Wechselt ein Bilanzgruppenmitglied die Bilanzgruppe, den Stromhändler oder den Lieferanten, sind die Daten des Bilanzgruppenmitgliedes vom Bilanzgruppenverantwortlichen der neuen Bilanzgruppe, dem neuen Stromhändler oder dem neuen Lieferanten weiter zu geben.

2. Abschnitt
Bilanzgruppenverantwortliche
Aufgaben und Allgemeine Bedingungen

§ 49. (1) Die Bilanzgruppenverantwortlichen haben – sofern sich aus Abs. 3 nichts anderes ergibt – folgende Aufgaben:

1. die Erstellung von Fahrplänen und Übermittlung dieser an den zuständigen Bilanzgruppenkoordinator und den zuständigen Regelzonenführer,
2. den Abschluss von Vereinbarungen betreffend Reservehaltung sowie die Versorgung von Bilanzgruppenmitgliedern, die ihnen von der Regulierungsbehörde zugewiesen wurden,
3. die Meldung bestimmter Erzeugungs- und Verbrauchsdaten für technische Zwecke,
4. die Meldung von Erzeugungs- und Abnahmefahrplänen von Großabnehmern und Einspeisern nach definierten Regeln für technische Zwecke,
5. die Entrichtung von Entgelten (Gebühren) an den zuständigen Bilanzgruppenkoordinator,
6. die Entrichtung der Entgelte für Ausgleichsenergie an den Regelzonenführer und die Weiterverrechnung der Entgelte an die Bilanzgruppenmitglieder,
7. die Weiterverrechnung der Entgelte an die Bilanzgruppenmitglieder.

(2) Die Bilanzgruppenverantwortlichen sind – sofern sich aus Abs. 3 nichts anderes ergibt – verpflichtet:

1. Verträge mit dem zuständigen Bilanzgruppenkoordinator, den Netzbetreibern und den Bilanzgruppenmitgliedern über den Datenaustausch abzuschließen,
2. eine Evidenz der Bilanzgruppenmitglieder zu führen,
3. entsprechend den in den genehmigten Allgemeinen Bedingungen festgelegten Marktregeln Daten an den zuständigen Bilanzgruppenkoordinator, die Netzbetreiber und die Bilanzgruppenmitglieder weiterzugeben,
4. Fahrpläne zwischen Bilanzgruppen zu erstellen und dem Bilanzgruppenkoordinator bis zu einem von diesem festgesetzten Zeitpunkt zu melden,
5. Ausgleichsenergie für die Bilanzgruppenmitglieder – im Sinne einer Versorgung mit dieser – zu beschaffen,
6. die genehmigten Allgemeinen Netzbedingungen, insbesondere die Marktregeln einzuhalten,
7. Allgemeine Bedingungen festzulegen und zu den jeweils genehmigten Allgemeinen Bedingungen mit Erzeugern, Kunden, Stromhändlern und Lieferanten Verträge abzuschließen,
8. alle Vorkehrungen zu treffen, die erforderlich sind, um die Aufwendungen der Ökostromabwicklungsstelle für Ausgleichsenergie zu minimieren.

(3) Für Bilanzgruppen zur Ermittlung der Netzverluste gelten nur die in Abs. 1 Z 1, Abs. 1 Z 6 und Abs. 2 Z 1 und 3 aufgezählten Aufgaben und Pflichten.

(4) Die näheren Bestimmungen zu den in den Abs. 1 bis 3 aufgezählten Aufgaben und Verpflichtungen sind in den Allgemeinen Bedingungen für Bilanzgruppenverantwortliche festzulegen.

(5) Die Allgemeinen Bedingungen für Bilanzgruppenverantwortliche dürfen nicht diskriminierend sein und keine missbräuchlichen Praktiken oder ungerechtfertigten Beschränkungen enthalten. Insbesondere sind sie so zu gestalten, dass

1. die Erfüllung der dem Bilanzgruppenverantwortlichen obliegenden Aufgaben gewährleistet ist,
2. die Leistungen der Bilanzgruppenmitglieder mit den Leistungen des Bilanzgruppenverantwortlichen in einem sachlichen Zusammenhang stehen,
3. die wechselseitigen Verpflichtungen ausgewogen und verursachungsgerecht zugewiesen sind.

(6) Die Regulierungsbehörde hat bei der Genehmigung der Allgemeinen Bedingungen für Bilanzgruppenverantwortliche die Rechtsvorschriften jenes Landes anzuwenden, in dem der Bilanzgruppenverantwortliche seinen Hauptwohnsitz oder Sitz hat.

Anzeige, Ausübungsvoraussetzungen

§ 50. (1) Die Tätigkeit eines Bilanzgruppenverantwortlichen darf eine natürliche oder juristische Person, die eingetragener Unternehmer ist, oder eine eingetragene Personengesellschaft ausüben, wenn sie ihren Wohnsitz oder Sitz im Inland oder in einem anderen Staat hat, dessen Angehörige auf Grund des Rechtes der Europäischen Union oder eines Staatsvertrages gleich wie Inländer zu behandeln sind.

(2) Die Tätigkeit eines Bilanzgruppenverantwortlichen bedarf einer Genehmigung durch die

Regulierungsbehörde. Hat der Bilanzgruppenverantwortliche seinen Hauptwohnsitz oder seinen Sitz in Wien, so hat die Regulierungsbehörde bei der Erteilung der Genehmigung die Rechtsvorschriften dieses Landes anzuwenden.

(3) Ein Bilanzgruppenverantwortlicher, dem eine Genehmigung nach den Vorschriften eines anderen in Ausführung des ElWOG 2010 ergangenen Landesgesetzes erteilt wurde, darf auch in Wien tätig werden.

(4) Dem Antrag auf Erteilung der Genehmigung sind nachstehende Unterlagen anzuschließen:

1. Vereinbarungen mit dem zuständigen Bilanzgruppenkoordinator und dem Regelzonenführer, die zur Erfüllung der in diesem Gesetz, dem ElWOG 2010 und im Bundesgesetz, mit dem die Ausübungsvoraussetzungen, die Aufgaben und die Befugnisse der Verrechnungsstellen für Transaktionen und Preisbildung für die Ausgleichsenergie geregelt werden, festgelegten Aufgaben und Verpflichtungen, insbesondere in administrativer und kommerzieller Hinsicht, erforderlich sind;
2. ein aktueller Firmenbuchauszug;
3. ein Nachweis, dass beim Antragsteller bzw. seinen nach außen vertretungsbefugten Organen die persönlichen Voraussetzungen im Sinne des § 8 GewO 1994 und keine Ausschließungsgründe im Sinne des § 13 GewO 1994 vorliegen;
4. ein Nachweis, dass der Bilanzgruppenverantwortliche, mindestens ein Gesellschafter bzw. Komplementär oder mindestens ein Geschäftsführer oder ein Vorstand oder ein leitender Angestellter fachlich geeignet ist;
5. ein Nachweis, dass der Bilanzgruppenverantwortliche für die Ausübung seiner Tätigkeit über ein Haftungskapital von mindestens 50 000 Euro, zB in Form einer Bankgarantie oder einer entsprechenden Versicherung, verfügt, unbeschadet einer auf Grund der Art und des Umfangs der Geschäftstätigkeit allenfalls erforderlichen höheren Kapitalausstattung gemäß der nach Z 1 vorzulegenden Vereinbarung.

(5) Die fachliche Eignung ist gegeben, wenn im ausreichenden Maße theoretische und praktische Kenntnisse in der Abwicklung von Stromgeschäften oder einer leitenden Tätigkeit auf dem Gebiet der Elektrizitätswirtschaft, insbesondere im Stromhandel, in der Stromerzeugung oder im Betrieb eines Netzes, vorliegen. Die Genehmigung ist, erforderlichenfalls unter Auflagen, zu erteilen, wenn alle Voraussetzungen gemäß Absatz 4 vorliegen. Ab Vorliegen der vollständigen Antragsunterlagen hat die Regulierungsbehörde binnen zwei Monaten zu entscheiden, andernfalls ist der Antragsteller berechtigt, die Tätigkeit als Bilanzgruppenverantwortlicher vorläufig auszuüben. Eine Untersagung der Tätigkeit erfolgt in sinngemäßer Anwendung des § 51.

(6) Die Bestimmungen der vorstehenden Absätze gelten nicht für Netzbetreiber, die eine Bilanzgruppe zur Ermittlung der Netzverluste oder für Verteilernetzbetreiber, die eine Bilanzgruppe für Ökoenergie bilden. Die Einrichtung einer Bilanzgruppe zur Ermittlung der Netzverluste hat der Netzbetreiber der Regulierungsbehörde anzuzeigen.

Widerruf und Erlöschen

§ 51. (1) Die Regulierungsbehörde kann die dem Bilanzgruppenverantwortlichen erteilte Genehmigung widerrufen, wenn

1. er seine Tätigkeit nicht innerhalb von sechs Monaten nach der Erteilung der Genehmigung aufnimmt, oder
2. seine Tätigkeit länger als ein Monat nicht ausübt.

(2) Die Regulierungsbehörde hat die dem Bilanzgruppenverantwortlichen erteilte Genehmigung zu widerrufen, wenn

1. der Genehmigungsbescheid gemäß § 50 auf unrichtigen Angaben oder täuschenden Handlungen beruht,
2. eine im § 50 Abs. 1 festgelegte Voraussetzung nicht oder nicht mehr vorliegt oder
3. er seine Aufgaben und Verpflichtungen nicht erfüllt und er zumindest drei Mal wegen schwerwiegender Übertretungen elektrizitätsrechtlicher Vorschriften rechtskräftig bestraft worden ist und die Entziehung im Hinblick auf die Übertretung nicht unverhältnismäßig ist.

(3) Bescheide über den Widerruf der Genehmigung sind unaufschiebbare Maßnahmen im Sinne des § 57 Abs. 1 AVG.

(4) Die Regulierungsbehörde hat die Rechtsvorschriften desjenigen Landes anzuwenden, in dem der Bilanzgruppenverantwortliche seinen Hauptwohnsitz oder Sitz hat.

(5) Die Genehmigung erlischt, wenn über das Vermögen des Bilanzgruppenverantwortlichen ein Insolvenzverfahren oder ein Schuldenregulierungsverfahren eröffnet wird oder ein Insolvenzverfahren mangels kostendeckenden Vermögens nicht eröffnet wird.

(6) In Verfahren nach §§ 50 und 51 hat die Wiener Landesregierung Parteistellung mit dem Recht, die Einhaltung von elektrizitätsrechtlichen Vorschriften als subjektives Recht im Verfahren geltend zu machen und Beschwerde beim Verwaltungsgericht sowie gegebenenfalls Revision an den Verwaltungsgerichtshof zu erheben.

Ausschreibung der Primärregelleistung

§ 52. (1) Die Bereitstellung der Primärregelleistung erfolgt mittels einer vom Regelzonenführer oder von einem von ihm Beauftragten regelmäßig, jedoch mindestens halbjährlich, durchzuführenden Ausschreibung. Die Höhe der jeweils auszuschreibenden bereit zu stellenden Leistung hat den Anforderungen des Europäischen Verbundbetriebes (ENTSO) zu entsprechen.

(2) Der Regelzonenführer hat regelmäßig ein transparentes und diskriminierungsfreies Präqualifikationsverfahren zur Ermittlung der für die Teilnahme an der Ausschreibung interessierten Anbieter von Primärregelleistung durchzuführen, indem er alle Erzeuger, die technisch geeignete Erzeugungsanlagen betreiben, zur Teilnahme an der Ausschreibung einlädt. Die in den Präqualifikationsverfahren als geeignet eingestuften Anbieter von Primärregelleistung sind zur Teilnahme an der Ausschreibung berechtigt. Das Recht zur Teilnahme am Präqualifikationsverfahren oder an der Ausschreibung kann durch Vereinbarung nicht ausgeschlossen werden. Die Details des Präqualifikationsverfahrens sind entweder in den Allgemeinen Netzbedingungen oder in gesonderten Allgemeinen Bedingungen zu regeln, die in geeigneter Weise (zB Internet) zu veröffentlichen sind.

(3) Bei der Ausschreibung hat die im Primärregelsystem pro Anlage vorzuhaltende Leistung mindestens 2 MW zu betragen.

(4) Bei erfolglos verlaufener Ausschreibung hat der Regelzonenführer die gemäß Abs. 2 geeigneten Anbieter von Primärregelleistung gegen Ersatz der tatsächlichen Aufwendungen zur Bereitstellung der Primärregelleistung zu verpflichten.

VI. Hauptstück
Ausübungsvoraussetzungen für Regelzonenführer, Verteilernetze

1. Abschnitt
Regelzonenführer

Regelzonenführer

§ 53. (1) Die Zusammenfassung von Regelzonen in Form eines gemeinsamen Betriebs durch einen Regelzonenführer ist zulässig. Die beabsichtigte Zusammenfassung ist der Behörde anzuzeigen.

(2) Der Übertragungsnetzbetreiber kann mit der Funktion des Regelzonenführers auch ein drittes Unternehmen betrauen, das auch seinen Sitz in einem anderen Mitgliedstaat der Europäischen Union haben kann, wenn dieses Unternehmen geeignet ist, die Aufgaben gemäß § 42 zu erfüllen. Zur Sicherstellung der Unabhängigkeit dieses Unternehmens sind die Bestimmungen des § 55 Abs. 2 Z 1 bis 4 sinngemäß einzuhalten. Die beabsichtigte Betrauung ist der Behörde anzuzeigen.

(3) Über Aufforderung der Behörde hat der Übertragungsnetzbetreiber Unterlagen zum Nachweis der Erfüllung der in Abs. 2 festgelegten Voraussetzungen binnen angemessener Frist vorzulegen. Über das Ergebnis der Überprüfung hat die Behörde einen Feststellungsbescheid zu erlassen. Vor Erlassung dieses Feststellungsbescheides hat die Behörde mit jenen Landesregierungen das Einvernehmen herzustellen, in deren Wirkungsbereich sich die Regelzone erstreckt.

(4) Hat die Behörde mit Bescheid festgestellt, dass die Voraussetzungen gemäß Abs. 2 nicht vorliegen, gilt die Betrauung als zurückgenommen.

2. Abschnitt
Verteilernetze
Elektrizitätswirtschaftliche Konzession

Voraussetzungen für die Konzessionserteilung

§ 54. (1) Der Betrieb eines Verteilernetzes bedarf einer elektrizitätswirtschaftlichen Konzession.

(2) Die elektrizitätswirtschaftliche Konzession darf nur erteilt werden, wenn

1. der Konzessionswerber in der Lage ist,
a) eine kostengünstige, ausreichende und sichere Verteilung zu gewährleisten und
b) den Pflichten des Hauptstücks III nachzukommen und
2. für das örtlich umschriebene bestimmte Gebiet keine Konzession zum Betrieb eines Verteilernetzes besteht.

(3) Die Erteilung der elektrizitätswirtschaftlichen Konzession setzt ferner voraus, dass der Konzessionswerber

1. sofern es sich um eine natürliche Person handelt,
a) eigenberechtigt ist und das 24. Lebensjahr vollendet hat,
b) die österreichische Staatsbürgerschaft besitzt oder nach dem Recht der Europäischen Union oder auf Grund eines Staatsvertrages gleichzustellen ist,
c) seinen Wohnsitz im Inland oder in einem anderen Staat hat, dessen Angehörige auf Grund des Rechtes der Europäischen Union oder eines Staatsvertrages gleich wie Inländer zu behandeln sind und
d) von der Ausübung der Konzession nicht ausgeschlossen ist,
2. sofern es sich um eine juristische Person oder um eine eingetragene Personengesellschaft handelt,
a) seinen Sitz im Inland oder in einem anderen Staat hat, dessen Angehörige auf Grund des Rechtes der Europäischen Union oder eines Staatsvertrages gleich wie Inländer zu behandeln sind und
b) für die Ausübung der Konzession einen Geschäftsführer (§ 59) oder Pächter (§ 60) bestellt hat.

(4) Von der Ausübung einer Konzession ist ausgeschlossen,

1. wer von einem Gericht zu einer drei Monate übersteigenden Freiheitsstrafe oder zu einer Geldstrafe von mehr als 180 Tagessätzen verurteilt worden ist, wenn die Verurteilung weder getilgt ist noch der Beschränkung der Auskunft aus dem Strafregister unterliegt. Dies gilt auch, wenn mit dem angeführten Ausschlussgrund vergleichbare Tatbestände im Ausland verwirklicht wurden;
2. wer wegen der Finanzvergehen des Schmuggels, der Hinterziehung von Eingangs- oder Ausgangsabgaben, der Abgabenhehlerei nach § 37 Abs. 1 lit. a des Finanzstrafgesetzes der Hinterziehung von Monopoleinnahmen, des vorsätzlichen Eingriffes in ein staatliches Monopolrecht oder der Monopolhehlerei nach § 46 Abs. 1 lit. a des Finanzstrafgesetzes bestraft worden ist, wenn über ihn wegen eines solchen Finanzvergehens eine Geldstrafe von mehr als 7 300 Euro oder neben einer Geldstrafe eine Freiheitsstrafe verhängt wurde und wenn seit der Bestrafung noch nicht 5 Jahre vergangen sind. Dies gilt auch, wenn mit den angeführten Ausschlussgründen vergleichbare Tatbestände im Ausland verwirklicht wurden;
3. ein Rechtsträger, über dessen Vermögen bereits einmal ein Insolvenzverfahren eröffnet wurde oder gegen den der Antrag auf Eröffnung des Insolvenzverfahrens gestellt, der Antrag aber mangels eines zur Deckung der Kosten des Insolvenzverfahrens voraussichtlich hinreichenden Vermögens abgewiesen wurde. Dies gilt auch, wenn mit den angeführten Ausschlussgründen vergleichbare Tatbestände im Ausland verwirklicht wurden;
4. eine natürliche Person, wenn ihr ein maßgebender Einfluss auf den Betrieb der Geschäfte eines anderen Rechtsträgers als einer juristischen Person zusteht oder zugestanden ist, auf die die Z 3 anzuwenden ist oder anzuwenden war.
5. ein anderer Rechtsträger als eine natürliche Person, wenn die Voraussetzungen der Z 1 bis 4 auf eine natürliche Person zutreffen, der ein maßgebender Einfluss auf den Betrieb der Geschäfte zusteht.

(5) Geht die Eigenberechtigung (Abs. 3 Z 1 lit. a) verloren, so kann die Konzession durch einen vom gesetzlichen Vertreter bestellten Geschäftsführer (§ 59) oder Pächter (§ 60) weiter ausgeübt werden.

(6) Die Behörde hat über Antrag vom Erfordernis des Abs. 3 Z 1 lit. a, lit. b und lit. c Nachsicht zu gewähren, wenn der Betrieb des Verteilernetzes für die Versorgung der Bevölkerung und der Wirtschaft mit Elektrizität im öffentlichen Interesse gelegen ist.

(7) Das Erfordernis des Wohnsitzes im Inland oder in einem anderen Staat, dessen Angehörige auf Grund des Rechtes der Europäischen Union oder eines Staatsvertrages gleich wie Inländer zu behandeln sind (Abs. 3 Z 1 lit. c) entfällt, wenn ein Geschäftsführer (§ 59) oder Pächter (§ 60) bestellt ist.

Besondere Konzessionsvoraussetzungen

§ 55. (1) Konzessionswerber, an deren Verteilernetz mindestens 100 000 Kunden angeschlossen werden, und die zu einem vertikal integrierten Elektrizitätsunternehmen gehören, müssen zumindest in ihrer Rechtsform, Organisation und Entscheidungsgewalt unabhängig von den übrigen Tätigkeitsbereichen sein, die nicht mit der Verteilung zusammenhängen.

(2) Zur Sicherstellung dieser Unabhängigkeit in einem integrierten Elektrizitätsunternehmen muss gewährleistet sein, dass

1. die für die Leitung des Verteilernetzbetreibers zuständigen Personen nicht betrieblichen Einrichtungen des integrierten Elektrizitätsunternehmens angehören, die direkt oder indirekt für den laufenden Betrieb in den Bereichen Elektrizitätserzeugung und -versorgung zuständig sind,
2. die berufsbedingten Interessen der für die Leitung des Verteilernetzbetreibers zuständigen Personen (Gesellschaftsorgane) in einer Weise berücksichtigt werden, dass deren Handlungsunabhängigkeit gewährleistet ist, wobei insbesondere die Gründe für die Abberufung eines Gesellschaftsorgans des Verteilernetzbetreibers in der Gesellschaftssatzung des Verteilernetzbetreibers klar zu umschreiben sind,
3. der Verteilernetzbetreiber über die zur Erfüllung seiner Aufgabe erforderlichen Ressourcen, einschließlich der personellen, technischen, materiellen und finanziellen Mittel verfügt, die für den Betrieb, die Wartung oder den Ausbau des Netzes erforderlich sind und gewährleistet ist, dass der Verteilernetzbetreiber über die Verwendung dieser Mittel unabhängig von den übrigen Bereichen des integrierten Unternehmens entscheiden kann,
4. aus dem Gleichbehandlungsprogramm hervorgeht, welche Maßnahmen zum Ausschluss diskriminierenden Verhaltens getroffen werden, durch welche Maßnahmen eine ausreichende Überwachung der Einhaltung dieses Programms gewährleistet wird und welche Pflichten die Mitarbeiter im Hinblick auf die Erreichung dieses Ziels haben,
5. dem Aufsichtsrat von Verteilernetzbetreibern, die zu einem integrierten Unternehmen gehören, mindestens zwei Mitglieder angehören, die von der Muttergesellschaft unabhängig sind.

(3) Abs. 2 Z 1 steht der Einrichtung von Koordinierungsmechanismen nicht entgegen, durch die sichergestellt wird, dass die wirtschaftlichen Befugnisse des Mutterunternehmens und seine Aufsichtsrechte über das Management im Hinblick auf die Rentabilität eines Tochterunternehmens geschützt werden. Insbesondere ist zu gewährleisten, dass ein Mutterunternehmen den jährlichen Finanzplan oder ein gleichwertiges Instrument des Verteilernetzbetreibers genehmigt und generelle Grenzen für die Verschuldung seines Tochterunternehmens festlegt. Weisungen bezüglich des laufenden Betriebs oder einzelner Entscheidungen über den Bau oder die Modernisierung von Verteilerleitungen, die über den Rahmen des genehmigten Finanzplans oder eines gleichwertigen Instruments nicht hinausgehen, sind unzulässig.

(4) Für die Aufstellung und Überwachung der Einhaltung des Gleichbehandlungsprogramms ist gegenüber der Behörde ein Gleichbehandlungsbeauftragter zu benennen. Der Verteilernetzbetreiber hat sicherzustellen, dass der Gleichbehandlungsbeauftragte völlig unabhängig ist und Zugang zu allen Informationen hat, über die der Verteilernetzbetreiber und etwaige verbundene Unternehmen verfügen und die der Gleichbehandlungsbeauftragte benötigt, um seine Aufgaben zu erfüllen. Außerdem ist sicherzustellen, dass ihm die zur Erfüllung seiner Aufgaben erforderlichen Ressourcen zur Verfügung stehen.

(5) Ein Verteilernetzbetreiber, an dessen Netz mindestens 100.000 Kunden angeschlossen sind und der Teil eines vertikal integrierten Unternehmens ist, darf diesen Umstand nicht zur Verzerrung des Wettbewerbs nutzen. Vertikal integrierte Verteilernetzbetreiber, an deren Netz mindestens 100.000 Kunden angeschlossen sind, haben in ihrer Kommunikations- und Markenpolitik dafür Sorge zu tragen, dass eine Verwechslung in Bezug auf die eigene Identität der Versorgungssparte des vertikal integrierten Unternehmens ausgeschlossen ist. Der Name (die Firma) des Verteilernetzbetreibers hat jedenfalls einen Hinweis auf seine Verteilertätigkeit zu enthalten.

Verfahren zur Konzessionserteilung

§ 56. (1) Die Erteilung der elektrizitätswirtschaftlichen Konzession ist bei der Behörde schriftlich zu beantragen.

(2) Dem Antrag sind alle zur Beurteilung des Vorliegens der Voraussetzungen gemäß § 54 und § 55 erforderlichen Unterlagen anzuschließen, insbesondere:

1. Urkunden, die dem Nachweis über Vor- und Nachname der Person, ihr Alter und ihre Staatsangehörigkeit dienen;
2. bei juristischen Personen, deren Bestand nicht offenkundig ist, der Nachweis ihres Bestandes und bei eingetragenen Personengesellschaften ein Auszug aus dem Firmenbuch, der nicht älter als 6 Monate sein darf;
3. ein Plan in zweifacher Ausfertigung über das vorgesehene Verteilergebiet mit Darstellung der Verteilergebietsgrenzen im Maßstab 1:25 000;
4. Angaben über die Struktur und über die zu erwartenden Kosten der Verteilung der Elektrizität sowie darüber, ob die vorhandenen oder geplanten Verteileranlagen eine kostengünstige, ausreichende und sichere Verteilung erwarten lassen;
5. falls § 55 zur Anwendung kommt, Unterlagen zum Nachweis der Erfüllung der im § 55 aufgezählten Voraussetzungen;
6. falls § 55 zur Anwendung kommt, ein Gleichbehandlungsprogramm, aus dem hervorgeht, welche Maßnahmen zum Ausschluss diskriminierenden Verhaltens getroffen werden und welche Maßnahmen vorgesehen sind, durch die die ausreichende Überwachung der Einhaltung dieses Programms gewährleistet wird. In diesem Programm ist insbesondere festzulegen, welche Pflichten die Mitarbeiter im Hinblick auf die Erreichung dieses Zieles haben.

(3) Sofern zur Prüfung der Voraussetzungen gemäß §§ 54 und 55 weitere Unterlagen erforderlich sind, kann die Behörde die Vorlage weiterer Unterlagen unter Setzung einer angemessenen Frist verlangen.

(4) Im Verfahren zur Erteilung der elektrizitätswirtschaftlichen Konzession kommt

1. dem Konzessionswerber und
2. jenen Betreibern eines Verteilernetzes, die eine Verteilnetzkonzession für das in Betracht kommende Gebiet besitzen,

Parteistellung zu.

(5) Liegen mehrere Anträge auf Erteilung einer elektrizitätswirtschaftlichen Konzession für ein bestimmtes Gebiet vor, so hat die Behörde in einem Verfahren über alle Anträge abzusprechen und hat jeder Antragsteller Parteistellung.

(6) Vor der Entscheidung über den Antrag auf Erteilung einer elektrizitätswirtschaftlichen Konzession ist der Landeselektrizitätsbeirat zu hören.

Erteilung der elektrizitätswirtschaftlichen Konzession

§ 57. (1) Über den Antrag auf Erteilung der elektrizitätswirtschaftlichen Konzession ist mit schriftlichem Bescheid zu entscheiden.

(2) Wenn sich die beabsichtigte Tätigkeit des Konzessionswerbers über zwei oder mehrere Bundesländer erstrecken soll, hat die Behörde mit den übrigen zuständigen Landesregierungen das Einvernehmen zu pflegen.

(3) Die Konzession ist unter Auflagen und Bedingungen zu erteilen, soweit dies zur Sicherung der Erfüllung der Vorschriften dieses Gesetzes erforderlich ist. Insbesondere ist auch durch entsprechende Auflagen oder Bedingungen sicher zu

stellen, dass der Verteilernetzbetreiber hinsichtlich seiner Organisation und Entscheidungsgewalt unabhängig von den übrigen Tätigkeitsbereichen eines vertikal integrierten Unternehmens ist, die nicht mit der Verteilung zusammenhängen.

(4) In der Konzession ist eine angemessene, mindestens jedoch sechsmonatige und höchstens zwölfmonatige Frist für die Aufnahme des Betriebes durch das Elektrizitätsunternehmen festzusetzen. Dabei ist auf anhängige Bewilligungsverfahren nach anderen Vorschriften und auch auf einen allmählichen (zB stufenweisen) Ausbau Bedacht zu nehmen. Die Frist ist auf Antrag in angemessenem Verhältnis, höchstens jedoch um insgesamt fünf Jahre, zu verlängern, wenn sich die Aufnahme des Betriebes ohne Verschulden des Konzessionsinhabers verzögert hat. Dieser Antrag auf Fristverlängerung ist vor Ablauf der Frist bei der Behörde einzubringen. Die Aufnahme des Betriebes des Elektrizitätsunternehmens ist der Behörde anzuzeigen.

(5) Für die Änderung des Konzessionsbescheides gelten die Absätze 1 bis 4 sinngemäß.

Ausübung

§ 58. (1) Das Recht zum Betrieb eines Verteilernetzes auf Grund einer elektrizitätswirtschaftlichen Konzession ist ein persönliches Recht, das unübertragbar ist. Die Ausübung durch Dritte ist nur zulässig, sofern dieses Gesetz hiefür besondere Vorschriften enthält.

(2) Besteht nach diesem Gesetz eine Verpflichtung zur Bestellung eines Geschäftsführers oder Pächters und scheidet der Geschäftsführer oder der Pächter aus, so darf die Konzession bis zur Bestellung eines neuen Geschäftsführers oder Pächters, längstens jedoch während sechs Monaten, weiter ausgeübt werden. Die Behörde hat diese Frist zu verkürzen, wenn mit der weiteren Ausübung dieses Rechtes ohne Geschäftsführer oder Pächter eine besondere Gefahr für das Leben oder die Gesundheit von Menschen verbunden ist oder in den vorangegangenen zwei Jahren vor dem Ausscheiden des Geschäftsführers oder Pächters der Betrieb insgesamt länger als sechs Monate ohne Geschäftsführer oder Pächter ausgeübt wurde.

Geschäftsführer

§ 59. (1) Der Konzessionsinhaber oder Pächter kann für die Ausübung der elektrizitätswirtschaftlichen Konzession einen Geschäftsführer bestellen, welcher der Behörde gegenüber für die Einhaltung der für Verteilernetzbetreiber festgelegten Pflichten dieses Gesetzes verantwortlich ist. Der Konzessionsinhaber oder Pächter bleibt jedoch insoweit verantwortlich, als er Rechtsverletzungen des Geschäftsführers wissentlich duldet oder es bei der Auswahl des Geschäftsführers an der erforderlichen Sorgfalt hat fehlen lassen.

(2) Die Bestellung eines Geschäftsführers bedarf der Genehmigung der Behörde. Diese ist zu erteilen, wenn der zu bestellende Geschäftsführer

1. die gemäß § 54 Abs. 3 Z 1 und – falls zutreffend – sinngemäß die § 55 Abs. 1 und Abs. 2 Z 1 und 2 erforderlichen Voraussetzungen erfüllt,
2. sich entsprechend betätigen kann und eine selbstverantwortliche Anordnungsbefugnis besitzt,
3. seiner Bestellung und der Erteilung der Anordnungsbefugnis nachweislich zugestimmt hat und
4. im Falle einer juristischen Person (§ 54 Abs. 3 Z 2) außerdem
   a) dem zur gesetzlichen Vertretung berufenen Organ angehört oder
   b) ein Arbeitnehmer ist, der mindestens die Hälfte der nach arbeitsrechtlichen Vorschriften geltenden wöchentlichen Normalarbeitszeit im Betrieb beschäftigt ist,
5. im Falle einer eingetragenen Personengesellschaft persönlich haftender Gesellschafter ist, der nach dem Gesellschaftsvertrag zur Geschäftsführung und zur Vertretung der Gesellschaft berechtigt ist. § 54 Abs. 6 gilt sinngemäß.

(3) Ist eine juristische Person persönlich haftende Gesellschafterin einer eingetragenen Personengesellschaft, so wird dem Abs. 2 Z 5 auch entsprochen, wenn zum Geschäftsführer dieser eingetragenen Personengesellschaft eine natürliche Person bestellt wird, die dem zur gesetzlichen Vertretung berufenen Organ der betreffenden juristischen Person angehört oder ein Arbeitnehmer ist, der mindestens die Hälfte der nach arbeitsrechtlichen Vorschriften geltenden wöchentlichen Normalarbeitszeit im Betrieb beschäftigt ist.

(4) Ist eine eingetragenen Personengesellschaft persönlich haftende Gesellschafterin einer anderen eingetragenen Personengesellschaft, so wird dem Abs. 2 Z 5 auch entsprochen, wenn zum Geschäftsführer eine natürliche Person bestellt wird, die ein persönlich haftender Gesellschafter der betreffenden Mitgliedgesellschaft ist und die innerhalb dieser Mitgliedgesellschaft die im Abs. 2 Z 5 für den Geschäftsführer vorgeschriebene Stellung hat. Dieser Mitgliedgesellschaft muss innerhalb der eingetragenen Personengesellschaft die im Abs. 2 Z 5 für den Geschäftsführer vorgeschriebene Stellung zukommen.

(5) Ist eine juristische Person persönlich haftende Gesellschafterin einer eingetragenen Personengesellschaft und ist diese Personengesellschaft persönlich haftende Gesellschafterin einer anderen eingetragenen Personengesellschaft, so wird dem Abs. 2 Z 5 auch entsprochen, wenn zum Geschäftsführer der zuletzt genannten eingetragenen Personengesellschaft eine Person bestellt

wird, die dem zur gesetzlichen Vertretung befugten Organ der juristischen Person angehört, die juristische Person innerhalb der Mitgliedgesellschaft die im Abs. 2 Z 5 vorgeschriebene Stellung hat und dieser Mitgliedgesellschaft innerhalb ihrer Mitgliedgesellschaft ebenfalls die im Abs. 2 Z 5 vorgeschriebene Stellung zukommt.

(6) Die Genehmigung ist zu widerrufen, wenn der Geschäftsführer eine der Voraussetzungen gemäß Abs. 2 bis 5 nicht mehr erfüllt. Dies sowie das Ausscheiden des Geschäftsführers hat der Konzessionsinhaber oder Pächter (§ 60) der Behörde unverzüglich anzuzeigen.

Pächter

§ 60. (1) Der Konzessionsinhaber kann die Ausübung der Konzession einem Pächter übertragen, der sie im eigenen Namen und auf eigene Rechnung ausübt. Der Pächter muss, wenn er eine natürliche Person ist, die gemäß § 54 Abs. 3 Z 1 erforderlichen Voraussetzungen erfüllen, wobei § 54 Abs. 6 und 7 sinngemäß gilt. Ist der Pächter eine juristische Person oder eine eingetragene Personengesellschaft, muss er entweder seinen Sitz im Inland oder in einem anderen EU- oder EWR-Mitgliedstaat haben und ist ein Geschäftsführer (§ 59) zu bestellen. Eine Weiterverpachtung ist unzulässig. Sind an das Verteilernetz mehr als 100 000 Kunden angeschlossen, so hat der Pächter auch die Voraussetzungen des § 55 sinngemäß zu erfüllen.

(2) Die Bestellung eines Pächters bedarf der Genehmigung der Behörde. Die Genehmigung ist zu erteilen, wenn der Pächter die Voraussetzungen gemäß Abs. 1 erfüllt. Die Genehmigung ist zu widerrufen, wenn eine dieser Voraussetzungen weggefallen ist. Das Ausscheiden des Pächters sowie das Wegfallen einer Voraussetzung für die Genehmigung seiner Bestellung ist der Behörde vom Konzessionsinhaber schriftlich anzuzeigen.

Fortbetriebsrechte

§ 61. (1) Das Recht, ein Verteilernetz auf Grund der Berechtigung einer anderen Person fortzuführen (Fortbetriebsrecht), steht zu:

1. der Verlassenschaft nach dem Konzessionsinhaber,
2. dem überlebenden Ehegatten oder dem überlebenden eingetragenen Partner, in dessen rechtlichen Besitz das Verteilerunternehmen des Konzessionsinhabers auf Grund einer Rechtsnachfolge von Todes wegen oder einer Schenkung auf den Todesfall ganz oder teilweise übergeht,
3. unter den Voraussetzungen der Z 2 auch den Kindern und Wahlkindern sowie den Kindern der Wahlkinder des Konzessionsinhabers,
4. dem Insolvenzverwalter (Masseverwalter, Sanierungsverwalter) für Rechnung der Insolvenzmasse und
5. dem vom Gericht bestellten Zwangsverwalter oder Zwangspächter.

(2) Der Fortbetriebsberechtigte hat die gleichen Rechte und Pflichten wie der Konzessionsinhaber.

(3) Wenn das Fortbetriebsrecht

1. nicht einer natürlichen Person zusteht, oder
2. zwar einer natürlichen Person zusteht, welche die Voraussetzungen gemäß § 54 Abs. 3 Z 1 und die besonderen Voraussetzungen gemäß § 55 Abs. 1 und 2 Z 1 und 2 nicht nachweisen kann oder
3. einer natürlichen Person zusteht, der eine Nachsicht (§ 54 Abs. 6) nicht erteilt wurde,

so ist vom Fortbetriebsberechtigten – falls er nicht eigenberechtigt ist, vom gesetzlichen Vertreter – ohne unnötigen Aufschub ein Geschäftsführer (§ 59) oder Pächter (§ 60) zu bestellen. § 54 Abs. 6 und 7 gilt sinngemäß.

Ausübung des Fortbetriebsrechtes

§ 62. (1) Das Fortbetriebsrecht der Verlassenschaft entsteht mit dem Tod des Konzessionsinhabers. Der Vertreter der Verlassenschaft hat der Behörde den Fortbetrieb ohne unnötigen Aufschub schriftlich anzuzeigen.

(2) Das Fortbetriebsrecht der Verlassenschaft endet:

1. mit der Beendigung der Verlassenschaftsabhandlung durch Einantwortung,
2. mit dem Zeitpunkt der Übernahme des Verteilerunternehmens durch den Vermächtnisnehmer oder durch den auf den Todesfall Beschenkten,
3. mit der Verständigung der Erben und Noterben, dass eine Verlassenschaftsabhandlung von Amts wegen nicht eingeleitet wird,
4. mit der Überlassung des Nachlasses an Zahlungs statt,
5. mit der Eröffnung des Insolvenzverfahrens über die Verlassenschaft oder
6. mit dem Zeitpunkt, in dem das Verteilerunternehmen des Konzessionsinhabers auf Grund einer Verfügung des Verlassenschaftsgerichtes ganz oder teilweise in den Besitz eines Rechtsnachfolgers von Todes wegen übergeht.

Das Fortbetriebsrecht des überlebenden Ehegatten, des überlebenden eingetragenen Partners und der Kinder, Wahlkinder sowie der Kinder der Wahlkinder des Konzessionsinhabers entsteht mit dem Zeitpunkt, in dem das Fortbetriebsrecht der Verlassenschaft gemäß Abs. 2 endet. Der Fortbetrieb durch den Ehegatten oder den überlebenden eingetragenen Partner ist von diesem, der Fortbetrieb durch die Kinder, Wahlkinder und Kinder von Wahlkindern von ihrem gesetzlichen Vertreter, falls sie aber eigenberechtigt sind, von ihnen selbst der Behörde ohne unnötigen Aufschub schriftlich anzuzeigen. Das Fortbetriebsrecht des überlebenden Ehegatten oder des überlebenden eingetragenen Partners endet spätestens mit dessen Tod, das Fortbetriebsrecht der Kinder, Wahlkinder und Kinder der Wahlkinder endet spätestens mit dem Tag, an dem sie das 28. Lebensjahr vollenden.

(4) Hinterlässt der Konzessionsinhaber sowohl einen fortbetriebsberechtigten Ehegatten oder einen fortbetriebsberechtigten eingetragenen Partner als auch fortbetriebsberechtigte Kinder, Wahlkinder und Kinder der Wahlkinder, so steht ihnen das Fortbetriebsrecht gemeinsam zu.

(5) Der fortbetriebsberechtigte Ehegatte, der fortbetriebsberechtigte eingetragene Partner und die fortbetriebsberechtigten Kinder, Wahlkinder und Kinder der Wahlkinder können spätestens einen Monat nach der Entstehung ihres Fortbetriebsrechtes auf dieses mit der Wirkung verzichten, dass das Fortbetriebsrecht für ihre Person als nicht entstanden gilt. Ist der Fortbetriebsberechtigte nicht eigenberechtigt, so kann für ihn nur sein gesetzlicher Vertreter mit Zustimmung des Gerichts rechtswirksam auf das Fortbetriebsrecht verzichten. Die Verzichtserklärung ist gegenüber der Behörde schriftlich abzugeben und ist unwiderruflich.

(6) Das Fortbetriebsrecht des Masseverwalters entsteht mit der Eröffnung des Insolvenzverfahrens über das Vermögen des Konzessionsinhabers. Der Insolvenzverwalter hat den Fortbetrieb der Behörde ohne unnötigen Aufschub schriftlich anzuzeigen. Das Fortbetriebsrecht des Masseverwalters endet mit der Aufhebung des Insolvenzverfahrens.

(7) Das Fortbetriebsrecht des Zwangsverwalters entsteht mit der Bestellung durch das Gericht, das Fortbetriebsrecht des Zwangspächters mit dem Beginn des Pachtverhältnisses. Das Gericht hat den Zwangsverwalter oder den Zwangspächter der Behörde bekannt zu geben. Das Fortbetriebsrecht des Zwangsverwalters endet mit der Einstellung der Zwangsverwaltung, das Fortbetriebsrecht des Zwangspächters mit der Beendigung des Pachtverhältnisses.

VII. Hauptstück
Erlöschen der Berechtigung zum Netzbetrieb

1. Abschnitt
Übertragungsnetze

Maßnahmen zur Sicherung der Elektrizitätsversorgung

§ 63. (1) Kommt der Betreiber eines Übertragungsnetzes, das sich über nicht mehr als zwei Bundesländer erstreckt, seinen Pflichten nicht nach, hat ihm die Behörde aufzutragen, die hindernden Umstände innerhalb einer angemessenen Frist zu beseitigen.

(2) Soweit dies zur Beseitigung einer Gefahr für das Leben oder die Gesundheit von Menschen oder zur Abwehr schwerer volkswirtschaftlicher Schäden notwendig ist, kann die Behörde einen anderen geeigneten Netzbetreiber zur vorübergehenden Erfüllung der Aufgaben des Übertragungsnetzbetreibers ganz oder teilweise heranziehen (Einweisung). Sind die hindernden Umstände derart, dass eine gänzliche Erfüllung der gesetzlichen Pflichten des Betreibers des Übertragungsnetzes nicht zu erwarten ist oder kommt der Betreiber des Übertragungsnetzes dem Auftrag der Behörde auf Beseitigung der hindernden Umstände nicht nach, so ist diesem Netzbetreiber der Betrieb ganz oder teilweise zu untersagen und unter Bedachtnahme auf die Bestimmungen des ersten Abschnittes des Hauptstücks III ein anderer Netzbetreiber zur dauernden Übernahme des Systems zu verpflichten.

(3) Der gemäß Abs. 2 verpflichtete Netzbetreiber tritt in die Rechte und Pflichten aus den Verträgen des Unternehmens, das von der Untersagung betroffen ist, ein.

(4) Dem gemäß Abs. 2 verpflichteten Netzbetreiber hat die Behörde auf dessen Antrag den Gebrauch des Übertragungsnetzes des Unternehmens, das von der Untersagung betroffen ist, gegen angemessene Entschädigung soweit zu gestatten, als dies zur Erfüllung seiner Aufgaben notwendig ist.

(5) Nach Rechtskraft des Bescheides gemäß Abs. 2 hat die Behörde auf Antrag des verpflichteten Netzbetreibers das in Gebrauch genommene Übertragungsnetz zu dessen Gunsten gegen angemessene Entschädigung zu enteignen.

(6) Auf das Enteignungsverfahren und die behördliche Ermittlung der Entschädigungen sind die Bestimmungen des Eisenbahn-Enteignungsentschädigungsgesetzes sinngemäß anzuwenden. Bei der Bemessung der Entschädigung sind die bis zur Einweisung von den Kunden bereits geleisteten Kosten des Netzzugangs zu berücksichtigen.

2. Abschnitt
Verteilernetze

Endigung der Konzession

§ 64. (1) Die elektrizitätswirtschaftliche Konzession für den Betrieb eines Verteilernetzes endigt:

1. durch den Tod des Konzessionsinhabers, wenn dieser eine natürliche Person ist, im Falle eines Fortbetriebsrechtes aber erst mit Ende des Fortbetriebsrechtes,
2. durch den Untergang der juristischen Person oder mit der Auflassung der eingetragenen Personengesellschaft, sofern sich aus Abs. 2 bis 7 nichts anderes ergibt,
3. durch Zurücklegung der Konzession, im Falle von Fortbetriebsrechten gemäß § 62 Abs. 1 Z 1 bis 3 mit der Zurücklegung der Fortbetriebsrechte,

4. durch Entzug der Konzession oder
5. durch Untersagung gemäß § 66 Abs. 2.

(2) Bei Übertragung von Unternehmen und Teilunternehmen durch Umgründung (insbesondere durch Verschmelzungen, Umwandlungen, Einbringungen, Zusammenschlüsse, Realteilungen und Spaltungen) gehen die zur Fortführung des Betriebes erforderlichen Konzessionen auf den Nachfolgeunternehmer (Rechtsnachfolger) nach Maßgabe der in den Abs. 3 und 4 festgelegten Bestimmungen über. Die bloße Umgründung stellt keinen Endigungstatbestand dar, insbesondere rechtfertigt sie keine Entziehung.

(3) Die Berechtigung zur weiteren Ausübung der Konzession im Sinne des Abs. 2 entsteht mit dem Zeitpunkt der Eintragung der Umgründung im Firmenbuch, wenn der Nachfolgeunternehmer die Voraussetzungen für die Ausübung der Konzession gemäß § 54 Abs. 3 und § 55 Abs. 1 und 2 erfüllt. Der Nachfolgeunternehmer hat der Behörde den Übergang unter Anschluss der zur Herbeiführung der Eintragung im Firmenbuch eingereichten Unterlagen in Abschrift längstens innerhalb von sechs Monaten nach Eintragung im Firmenbuch anzuzeigen.

(4) Die Berechtigung des Nachfolgeunternehmers endigt nach Ablauf von sechs Monaten ab Eintragung der Umgründung im Firmenbuch, wenn er innerhalb dieser Frist den Rechtsübergang nicht angezeigt hat oder im Falle des § 54 Abs. 3 Z 2 lit. b kein Geschäftsführer oder Pächter innerhalb dieser Frist bestellt wurde.

(5) Die Umwandlung einer offenen Gesellschaft in eine Kommanditgesellschaft oder einer Kommanditgesellschaft in eine offene Gesellschaft berührt nicht die Konzession. Die Gesellschaft hat die Umwandlung innerhalb von vier Wochen nach der Eintragung der Umwandlung in das Firmenbuch der Behörde anzuzeigen.

(6) Die Konzession einer eingetragenen Personengesellschaft endigt, wenn keine Liquidation stattfindet, mit der Auflösung der Gesellschaft, sonst im Zeitpunkt der Beendigung der Liquidation. Die Konzession einer Personengesellschaft des Handelsrechtes endigt nicht, wenn die Gesellschaft fortgesetzt wird. Der Liquidator hat die Beendigung der Liquidation innerhalb von zwei Wochen der Behörde anzuzeigen.

(7) Die Zurücklegung der Konzession wird mit dem Tag wirksam, an dem die schriftliche Anzeige über die Zurücklegung bei der Behörde einlangt, sofern nicht der Konzessionsinhaber die Zurücklegung für einen späteren Zeitpunkt anzeigt. Die Anzeige ist nach dem Zeitpunkt ihres Einlangens bei der Behörde unwiderruflich. Die Anzeige über die Zurücklegung durch den Konzessionsinhaber berührt nicht das etwaige Fortbetriebsrecht der Insolvenzmasse, des Zwangsverwalters oder des Zwangspächters.

Entziehung der Konzession

§ 65. (1) Die elektrizitätswirtschaftliche Konzession für den Betrieb eines Verteilernetzes ist von der Behörde zu entziehen, wenn

1. der Betrieb nicht innerhalb der gemäß § 57 Abs. 4 festgesetzten Frist aufgenommen worden ist,
2. die für die Erteilung der elektrizitätswirtschaftlichen Konzession erforderlichen Voraussetzungen gemäß § 54 Abs. 3 oder § 55 nicht mehr vorliegen oder
3. der Konzessionsinhaber oder Geschäftsführer mindestens drei Mal wegen Übertretung dieses Gesetzes rechtskräftig bestraft worden ist, ein weiteres vorschriftswidriges Verhalten zu befürchten ist und die Entziehung im Hinblick auf die Übertretungen nicht unverhältnismäßig ist.

(2) Erstreckt sich das Verteilernetz über zwei oder mehrere Bundesländer, hat die Behörde mit den übrigen zuständigen Landesregierungen das Einvernehmen zu pflegen.

(3) Das Wirksamwerden des Entzuges ist so festzusetzen, dass die ordnungsgemäße Versorgung gewährleistet ist.

(4) Beziehen sich die in Abs. 1 Z 1 bis 3 angeführten Entziehungsgründe auf die Person des Pächters, so hat die Behörde die Genehmigung der Übertragung der Ausübung der Konzession an den Pächter zu widerrufen.

(5) Die Behörde hat von der im Abs. 1 Z 2 vorgeschriebenen Entziehung wegen Eröffnung eines Insolvenzverfahrens mangels eines zur Deckung der Kosten des Insolvenzverfahrens hinreichenden Vermögens abzusehen, wenn die Ausübung vorwiegend im Interesse der Gläubiger gelegen und sichergestellt ist, dass der Betreiber des Verteilernetzes in der Lage ist, den Pflichten des III. Hauptstückes nachzukommen.

Maßnahmen zur Sicherung der Elektrizitätsversorgung

§ 66. (1) Kommt der Betreiber eines Verteilernetzes seinen Pflichten nicht nach, hat ihm die Behörde aufzutragen, die hindernden Umstände innerhalb einer angemessenen Frist zu beseitigen.

(2) Soweit dies zur Beseitigung einer Gefahr für das Leben oder die Gesundheit von Menschen oder zur Abwehr schwerer volkswirtschaftlicher Schäden notwendig ist, kann die Behörde einen anderen geeigneten Netzbetreiber zur vorübergehenden Erfüllung der Aufgaben des Betreibers des Verteilernetzes ganz oder teilweise heranziehen (Einweisung). Sind die hindernden Umstände derart, dass eine gänzliche Erfüllung der gesetzlichen Pflichten des Betreibers des Verteilernetzes in absehbarer Zeit nicht zu erwarten ist oder

kommt der Betreiber des Verteilernetzes dem Auftrag der Behörde zur Beseitigung der hindernden Umstände nicht nach, so ist diesem Netzbetreiber der Betrieb ganz oder teilweise zu untersagen und unter Bedachtnahme auf die Bestimmungen des Hauptstücks III ein anderer Netzbetreiber zur dauernden Übernahme zu verpflichten. Die Verpflichtung zur dauernden Übernahme gilt als Erteilung der elektrizitätswirtschaftlichen Konzession.

(3) Der gemäß Abs. 2 verpflichtete Netzbetreiber tritt in die Rechte und Pflichten aus den Verträgen des Unternehmens, das von der Untersagung betroffen wird, ein.

(4) Dem gemäß Abs. 2 verpflichteten Netzbetreiber hat die Behörde auf dessen Antrag den Gebrauch des Verteilernetzes des Unternehmens, das von der Untersagung betroffen wird, gegen angemessene Entschädigung soweit zu gestatten, als dies zur Erfüllung der Aufgaben notwendig ist.

(5) Nach Rechtskraft des Bescheides gemäß Abs. 2 hat die Behörde auf Antrag des verpflichteten Netzbetreibers das in Gebrauch genommene Verteilernetz zu dessen Gunsten gegen angemessene Entschädigung zu enteignen.

(6) Auf das Enteignungsverfahren und die behördliche Ermittlung der Entschädigungen sind die Bestimmungen des Eisenbahn-Enteignungsentschädigungsgesetzes sinngemäß anzuwenden. Bei der Bemessung der Entschädigung sind die bis zur Einweisung von den Kunden bereits geleisteten Kosten des Netzzugangs zu berücksichtigen.

(7) Die Bestimmungen der Abs. 2 bis 6 sind für den Fall, dass bei Endigung oder Entzug der elektrizitätswirtschaftlichen Konzession die ordnungsgemäße Versorgung mit elektrischer Energie nicht gesichert ist, sinngemäß anzuwenden.

VIII. Hauptstück
Allgemeine Bedingungen, Behörde, Überwachungsaufgaben, Strafbestimmungen Behörde, Auskunftspflicht, Strafbestimmungen

1. Abschnitt
Allgemeine Bedingungen

Verfahren zur Genehmigung

§ 67. (1) Die Netzbetreiber und die Bilanzgruppenverantwortlichen sind verpflichtet, alle zur Prüfung der Voraussetzungen für die Genehmigung der Allgemeinen Bedingungen erforderlichen Angaben und Unterlagen mit dem Antrag um Genehmigung der zuständigen Regulierungsbehörde vorzulegen.

(2) Die Wirtschaftskammer Wien, die Kammer für Arbeiter und Angestellte für Wien, die Wiener Landeslandwirtschaftskammer sind – sofern sich aus Abs. 3 nichts anderes ergibt – vor Erteilung der Genehmigung zu hören.

(3) Erstreckt sich das Netz eines Netzbetreibers oder die Tätigkeit eines Bilanzgruppenverantwortlichen über zwei oder mehrere Bundesländer, so hat die zuständige Regulierungsbehörde die Rechtsvorschriften jenes Landes anzuwenden, in dem der Antragsteller seinen Hauptwohnsitz oder Sitz hat.

(4) Die genehmigten Allgemeinen Netzbedingungen und die Systemnutzungstarife sind von den Netzbetreibern und die genehmigten Allgemeinen Bedingungen für Bilanzgruppenverantwortliche von den Bilanzgruppenverantwortlichen den Netzzugangsberechtigten bzw. den Kunden auf deren Verlangen auszufolgen und zu erläutern.

(5) Die zuständige Regulierungsbehörde kann dem Netzbetreiber oder dem Bilanzgruppenverantwortlichen die Vorlage geänderter Allgemeiner Bedingungen innerhalb angemessener, drei Monate nicht übersteigender Frist auftragen, wenn sie auf Grund einer Änderung der Rechtslage oder geänderter Verhältnisse den Voraussetzungen nach den §§ 33 und 49 nicht mehr entsprechen. Der Auftrag zur Vorlage geänderter Bedingungen darf jedoch – sofern die Änderung nicht auf Grund einer Änderung der Rechtslage erforderlich ist – frühestens nach Ablauf von fünf Jahren nach der letzten Genehmigung der von der Änderung betroffenen Bestimmungen der Bedingungen erteilt werden.

(6) Soweit dies zur Erreichung eines wettbewerbsorientierten Marktes erforderlich ist, sind – unbeschadet des Abs. 5 – die Netzbetreiber und die Bilanzgruppenverantwortlichen verpflichtet, auf Verlangen der zuständigen Regulierungsbehörde innerhalb angemessener, drei Monate nicht übersteigender Frist geänderte Allgemeine Bedingungen zur Genehmigung vorzulegen.

Veröffentlichung

§ 68. Die Netzbetreiber und die Bilanzgruppenverantwortlichen haben die genehmigten Allgemeinen Bedingungen und die bestimmten Systemnutzungstarife im Internet zu veröffentlichen. Sind genehmigte Allgemeine Bedingungen oder bestimmte Systemnutzungstarife veröffentlicht und sind sie inhaltsgleich mit den genehmigten Allgemeinen Bedingungen oder bestimmten Systemnutzungstarifen anderer Netzbetreiber oder Bilanzgruppenverantwortlicher, so genügt für die Veröffentlichung ein entsprechender Hinweis, aus dem hervorzugehen hat, dass die bereits veröffentlichten Allgemeinen Bedingungen oder Systemnutzungstarife gelten.

2. Abschnitt (Energieeffizienz)
Datenbereitstellung und Energieeffizienzmaßnahmen

§ 68a. (1) Verteilernetzbetreiber und Versorger müssen auf Ersuchen der Behörde höchstens einmal pro Jahr aggregierte statistische Daten über ihre Endverbraucher bereitstellen, um Energieeffizienzprogramme gestalten und durchführen sowie Energiedienstleistungen und andere Energieeffizienzmaßnahmen fördern und überwachen zu können. Sie können vergangenheitsbezogene Informationen umfassen und müssen aktuelle Informationen zu Verbrauch der Endverbraucher und gegebenenfalls Lastprofilen, Kundensegmentierung und Kundenstandorten umfassen, wobei die Integrität und Vertraulichkeit von Angaben privaten Charakters bzw. von schützenswerten Geschäftsinformationen unter Beachtung des geltenden Unionsrechts zu wahren ist. Dem Ersuchen ist binnen drei Monaten nach Einlangen zu entsprechen.

(2) Verteilernetzbetreiberinnen oder Verteilernetzbetreiber und Versorgerinnen oder Versorger müssen alle Maßnahmen unterlassen, die die Nachfrage nach Energiedienstleistungen und anderen Energieeffizienzmaßnahmen und deren Erbringung bzw. Durchführung behindern oder die Entwicklung von Märkten für Energiedienstleistungen und andere Energieeffizienzmaßnahmen beeinträchtigen könnten, wozu auch die Abschottung des Marktes gegen Wettbewerberinnen und Wettbewerber oder der Missbrauch einer marktbeherrschenden Stellung gehören.

(3) Die Behörde stellt in geeigneter Weise Informationen über die Nettovorteile, Kosten und Energieeffizienz von Anlagen und Systemen für die Nutzung von Energien aus erneuerbaren Energiequellen bereit.

3. Abschnitt
Behörde, Auskunftspflicht, Überwachungsaufgabe, Strafbestimmungen

Behörde

§ 69. (1) Sofern im Einzelfall nichts anderes bestimmt ist, ist die sachlich und örtlich zuständige Behörde im Sinne dieses Gesetzes die Landesregierung.

(2) Die Durchführung von Verwaltungsstrafverfahren obliegt der Bezirksverwaltungsbehörde. Gegen die in diesen Verfahren ergangenen Bescheide steht den Parteien das Recht zu, eine Beschwerde beim Verwaltungsgericht Wien zu erheben.

Behördliche Befugnisse

§ 69a. (1) Soweit es zur Vollziehung der Vorschriften dieses Gesetzes oder der auf Grund dieses Gesetzes erlassenen Verordnungen unbedingt erforderlich ist, sind die Organe der zur Vollziehung dieser Vorschriften zuständigen Behörde sowie die von dieser Behörde herangezogenen Sachverständigen berechtigt – auch ohne vorhergehende Ankündigung – die den Betrieb einer Erzeugungsanlage betreffenden Grundstücke und Gebäude zu betreten und zu besichtigen und Kontrollen des Bestandes vorzunehmen. Die Betreiberin oder der Betreiber oder in ihrer oder seiner Abwesenheit deren oder dessen Stellvertreterin oder deren oder dessen Stellvertreter sind spätestens beim Betreten der Grundstücke oder Gebäude zu verständigen.

(2) Soweit dies zur Vollziehung der Vorschriften dieses Gesetzes oder der auf Grund dieses Gesetzes erlassenen Verordnung unbedingt erforderlich ist, hat die Betreiberin oder der Betreiber oder in ihrer oder seiner Abwesenheit deren oder dessen Stellvertreterin oder deren oder dessen Stellvertreter, die Betriebsleiterin oder den Betriebsleiter, die Eigentümerin oder den Eigentümer der Anlage oder die Person, die den Betrieb tatsächlich vornimmt, den in Abs. 1 genannten Organen und den von dieser Behörde herangezogenen Sachverständigen das Betreten und die Besichtigung der den Betrieb der Erzeugungsanlage betreffenden Grundstücke und Gebäude zu ermöglichen. Den Organen der Behörde und den von der Behörde herangezogenen Sachverständigen sind die notwendigen Auskünfte zu erteilen und auf Verlangen die mit dem Betrieb der Erzeugungsanlage nach diesem Gesetz erforderlichen Unterlagen vorzulegen.

(3) Die Organe der Behörde und die herangezogenen Sachverständigen haben bei den Amtshandlungen gemäß Abs. 1 und Abs. 2 jeden nicht unbedingt erforderlichen Eingriff in die Rechte der Betreiberin oder des Betreibers und in die Rechte Dritter zu vermeiden.

Auskunftspflicht

§ 70. (1) Die Behörde kann von den Elektrizitätsunternehmen jede Auskunft verlangen, die zur Erfüllung der ihr nach diesem Gesetz obliegenden Aufgaben erforderlich ist. Die Elektrizitätsunternehmen sind verpflichtet, diese Auskünfte innerhalb der von der Behörde festgesetzten Frist zu erteilen und auf Verlangen der Behörde Einsicht in die Wirtschafts- und Geschäftsaufzeichnungen zu gewähren. Gesetzlich anerkannte Verschwiegenheitspflichten werden von der Auskunftspflicht nicht berührt.

(2) Die jeweils Verpflichteten haben den Organen der Behörde zur Erfüllung der ihr nach diesem Gesetz obliegenden Aufgaben jederzeit ungehindert Zutritt zu den Erzeugungs-, Übertragungs- und Verteileranlagen zu gewähren.

(3) Wer nach diesem Gesetz oder auf Grund darauf beruhender behördlicher Anordnungen verpflichtet ist, Messungen oder andere geeignete Verfahren zur Bestimmung von Emissionen aus

seiner Erzeugungsanlage durchzuführen und darüber Aufzeichnungen zu führen, hat diese Aufzeichnungen über Aufforderung der Behörde zu übermitteln.

(4) Ein Anspruch auf Ersatz der mit der Auskunftserteilung verbundenen Kosten besteht nicht.

(5) Weigert sich ein Meldepflichtiger Auskünfte zu erteilen oder Daten zu melden, hat die Behörde die begehrte Auskunft oder die Meldung der Daten mit Bescheid aufzutragen.

Überwachungsaufgaben

§ 70a. (1) Die Behörde hat im Rahmen ihrer den Elektrizitätsmarkt betreffenden Überwachungsfunktion insbesondere folgende Überwachungsaufgaben wahrzunehmen:

1. die Versorgungssicherheit in Bezug auf Zuverlässigkeit und Qualität des Netzes, sowie die kommerzielle Qualität der Netzdienstleistungen,
2. den Grad der Transparenz am Elektrizitätsmarkt unter besonderer Berücksichtigung der Großhandelspreise,
3. den Grad und die Wirksamkeit der Marktöffnung und den Umfang des Wettbewerbs auf Großhandelsebene und Endverbraucherebene einschließlich etwaiger Wettbewerbsverzerrungen oder -beschränkungen,
4. etwaige restriktive Vertragspraktiken einschließlich Exklusivitätsbestimmungen, die große gewerbliche Kunden daran hindern können, gleichzeitig mit mehreren Anbietern Verträge zu schließen, oder ihre Möglichkeiten dazu beschränken,
5. die Dauer und Qualität der von Übertragungs- und Verteilernetzbetreibern vorgenommenen Neuanschluss-, Wartungs- und sonstiger Reparaturdienste und
6. die Investitionen in die Erzeugungskapazitäten mit Blick auf die Versorgungssicherheit,

laufend zu beobachten.

(2) Der Behörde sind zur Überwachung der Versorgungssicherheit und für die Erstellung von Energiekonzepten, für Zwecke der Raumplanung und der künftigen Stadtentwicklung bis spätestens 30. Juni des Jahres Berichte zu nachfolgenden Themen zu übermitteln:

1. von Übertragungsnetzbetreiberinnen oder Übertragungsnetzbetreibern:
   a. mittelfristige und langfristige Netzausbauplanung und graphische Darstellung, dass die Netzausbauplanung den zu erwartenden Bedarf im Land Wien deckt;
   b. geplante und getätigte Maßnahmen in die Netzinfrastruktur, die geeignet sind, die Versorgungssicherheit im Land Wien sicherzustellen;
   c. Umstände und die Gründe, die im letzten Kalenderjahr die Versorgungssicherheit im Land Wien gefährdet haben oder gefährden hätten können einschließlich der Maßnahmen, die zur Abwehr ergriffen wurden;
   d. geplante und getätigte Maßnahmen in die Netzinfrastruktur, die geeignet sind, die Auswirkungen des Klimawandels auf die Elektrizitätsversorgung zu berücksichtigen.
2. von Verteilernetzbetreiberinnen oder Verteilernetzbetreibern:
   a. eine Darstellung über die Entwicklung der gesamten Netzabgabe und der Netzverluste in MWh;
   b. ein aktuelles Sperrkabelkonzept oder vergleichbare aktuelle Konzepte einschließlich einer Beschreibung, welche Maßnahmen im Fall von Versorgungseinschränkungen, Versorgungsunterbrechungen oder eines Blackouts (§ 2 Abs. 1 Z 7a) vorgesehen sind bzw. erfolgen;
   c. geplante und getätigte Maßnahmen in die Netzinfrastruktur, die geeignet sind, die Auswirkungen des Klimawandels auf die Elektrizitätsversorgung zu berücksichtigen.
3. von Erzeugerinnen oder Erzeugern, deren gesamte installierte Bruttoleistung 100 MW überschreitet:
   a. mittelfristig und langfristig geplante Investitionen in den Kraftwerkspark;
   b. Umfang der innerhalb von zwei Stunden verfügbaren Kraftwerksleistung je Kraftwerkstandort;
   c. Angaben über die Schwarzstartfähigkeit der thermischen Kraftwerke mit einer Engpassleistung von mehr als 100 MW;
   d. Darstellung welche Maßnahmen bei einer Verknappung oder bei einem Ausfall der Brennstoffversorgung oder einzelner Brennstoffe getroffen werden;
   e. geplante und getätigte Maßnahmen in ihrem Kraftwerkspark, die geeignet sind, die Auswirkungen des Klimawandels auf die Elektrizitätsversorgung zu berücksichtigen und
   f. die wesentlichen Inhalte der Vereinbarung gemäß § 41 Abs. 1 Z 23 über Maßnahmen für den Wiederaufbau nach einer Großstörung des Übertragungsnetzes.

(2a) Für die Zwecke der Durchführung stichprobenartiger Überprüfungen, der Überwachung der Versorgungssicherheit, der Überwachung des Ausbaues der Stromerzeugung auf Basis erneuerbarer Energiequellen, der Erstellung von Energiekonzepten sowie der Raumplanung und der künftigen Stadtentwicklung sind der Verteilernetzbetreiberin oder dem Verteilernetzbetreiber von den Betreiberinnen und Betreibern von Erzeugungsanlagen auf Basis erneuerbarer Energiequellen spätestens 4 Wochen nach dem Zeitpunkt der Inbetriebnahme der Anlage folgende Informationen zu übermitteln:

1. Zeitpunkt der Inbetriebnahme der Anlage,
2. Art der Anlage (verwendeter Energieträger),
3. Zählpunktnummer,
4. Standortdaten der Anlage (Hausnummer, PLZ, Katastralgemeinde und Grundstücksnummer),
5. Name und Adresse der Betreiberin bzw. des Betreibers der Anlage,
6. maximale Engpassleistung der Anlage.

Der Meldepflicht der Betreiberin bzw. des Betreibers wird entsprochen, wenn die in Z 1 bis 6 genannten Merkmale der Verteilernetzbetreiberin bzw. dem Verteilernetzbetreiber auf der Grundlage von § 6a Abs. 9 iVm Abs. 11 mitgeteilt werden.

(2b) Die Verteilernetzbetreiberin bzw. der Verteilernetzbetreiber hat für die in Abs. 2a genannten Zwecke eine Evidenz über die in Wien installierten Erzeugungsanlagen auf Basis erneuerbarer Energiequellen zu führen, in die die gemäß Abs. 2a Z 1 bis 6 aufgezählten Merkmale aufzunehmen sind. Diese Evidenz ist hinsichtlich der Standortdaten in Abs. 2a Z 4 von der Verteilernetzbetreiberin oder dem Verteilernetzbetreiber um die Angabe einer eindeutigen Gebäudeidentifikationsnummer zu ergänzen. Sämtliche in dieser Evidenz enthaltene Daten sind für die in Abs. 2a genannten Zwecke monatlich bis zum Ende des jeweiligen Folgemonats in elektronischer Form an die Behörde zu übermitteln. Das Merkmal gemäß Abs. 2a Z 5 darf nur für die Zwecke der Durchführung stichprobenartiger Überprüfungen verarbeitet werden.

(3) Die Behörde kann mit Verordnung über Erhebungsmasse, -einheiten, und -merkmale, Merkmalsausprägung, Häufigkeit, Zeitabstände und Verfahren der laufenden Datenerhebung nähere Bestimmungen zu den nach Abs. 2 zu übermittelnden Daten erlassen.

(4) Die Behörde hat laufend zu beobachten, ob eine Netzbetreiberin oder ein Netzbetreiber, an deren oder an dessen Verteilernetz mindestens 100.000 Kunden angeschlossen sind und die oder der Teil eines vertikal integrierten Elektrizitätsunternehmens ist, diesen Umstand zur Verzerrung des Wettbewerbs nutzt.

(5) Die Behörde hat allfällige Verstöße von vertikal integrierten Verteilerunternehmen gegen die Bestimmungen des § 55 unverzüglich der Regulierungsbehörde mitzuteilen.

Verarbeitung personenbezogener Daten

§ 71. (1) Die Behörde kann personenbezogene Daten wie den Familiennamen, den Vornamen, den Titel, das Geburtsdatum, die Kontaktdaten (Wohnsitz, Telefonnummer, E-Mailadresse etc.), die Zustelladresse, die geografische Lage der Anlage, die Zählpunktnummer, die Verbrauchsdaten oder die Betriebsdaten der bisherigen und der aktuellen Betreiberin oder Betreibers sowie der in § 10 Abs. 1 genannten Personen, der im Enteignungsverfahren betroffenen Parteien, der Netzbetreiberin oder des Netzbetreibers, der Erzeugerin oder des Erzeugers, der Lieferantin oder des Lieferanten, der Stromhändlerin oder des Stromhändlers, der Endverbraucherin oder des Endverbrauchers, der Regelzonenführerin oder des Regelzonenführers, der technischen Betriebsleiterin oder des technischen Betriebsleiters gemäß § 35, der Geschäftsführerin oder des Geschäftsführers gemäß § 59, der Pächterin oder des Pächters gemäß § 60, der oder des Bilanzgruppenverantwortlichen, der Bilanzgruppenkoordinatorin oder des Bilanzgruppenkoordinators und der Mitglieder des Landeselektrizitätsbeirates sowie der von den Genannten bevollmächtigten Personen insoweit verarbeiten, als diese Daten für die Durchführung von Verfahren nach diesem Gesetz, zur Erfüllung der Aufsichtstätigkeit der Behörde oder zur Erfüllung der Aufgaben des Landeselektrizitätsbeirates benötigt werden oder der Behörde aufgrund von Vorschriften dieses Gesetzes zur Kenntnis zu bringen sind.

(2) Die Behörde kann nach Abs. 1 verarbeitete Daten übermitteln an:

1. die Beteiligten an den in Abs. 1 genannten Verfahren,
2. Sachverständige, die einem in Abs. 1 genannten Verfahren beigezogen werden,
3. ersuchte oder beauftragte Behörden (§ 55 AVG), soweit diese Daten von den Genannten für die Besorgung ihrer Aufgaben im Rahmen eines Verfahrens nach Abs. 1 benötigt werden,
4. die Mitglieder des Landeselektrizitätsbeirates,
5. die Mitglieder des Energie- und des Regulierungsbeirates,
6. die für das Elektrizitätswesen zuständige Bundesministerin oder den für das Elektrizitätswesen zuständigen Bundesminister,
7. Gerichte,
8. die Regulierungsbehörden.

Strafbestimmungen

§ 72. (1) Eine Verwaltungsübertretung, die von der Bezirksverwaltungsbehörde mit einer Geldstrafe bis zu 25.000 Euro, im Falle der Uneinbringlichkeit mit einer Ersatzfreiheitsstrafe bis zu zwei Wochen, zu bestrafen ist, begeht, sofern sich aus den Absätzen 2 oder 3 nichts anderes ergibt, wer

1. eine nach § 5 Abs. 1 genehmigungspflichtige Erzeugungsanlage ohne Genehmigung errichtet, wesentlich ändert oder betreibt,
2. eine Erzeugungsanlage nach § 6 Abs. 2 oder § 6 Abs. 3 ohne vorherige Anzeige betreibt,
3. eine nach § 6a anzeigepflichtige Fotovoltaikanlage ohne vorherige Anzeige errichtet, wesentlich ändert oder betreibt,

3a. entgegen § 6a Abs. 8 bei einer Fotovoltaikanlage keinen Abnahmebefund bereithält,

4. als Rechtsnachfolgerin oder Rechtsnachfolger die Behörde vom Wechsel nicht oder nicht ordnungsgemäß verständigt (§ 26 Abs. 2) oder ohne Anzeige an die Netzbetreiberin oder den Netzbetreiber (§ 12 Abs. 6 und § 6a Abs. 9) eine Erzeugungsanlage in Betrieb nimmt,
5. die Erzeugungsanlage ohne die gemäß § 13 Abs. 1 erforderliche Betriebsgenehmigung – ausgenommen Probebetrieb – betreibt,
6. den Bestimmungen der §§ 16, 18, 20 Abs. 1 oder 21 Abs. 1 zuwider handelt,
7. die Eigentümer oder die Nutzungsberechtigten einer betroffenen Liegenschaft oder allfällige Bergbauberechtigte nicht oder nicht rechtzeitig über den Beginn der Vorarbeiten in Kenntnis setzt (§ 22 Abs. 7),
8. entgegen § 28 Abs. 1 nicht alle nach dem Stand der Technik notwendigen Maßnahmen ergreift, um schwere Unfälle zu verhüten oder deren Folgen für Mensch und Umwelt zu begrenzen,

8a. es entgegen § 28 Abs. 2 trotz Aufforderung der Behörde unterlässt, alle erforderlichen Maßnahmen nachzuweisen, die für Inspektionen und Kontrollen gemäß § 28h erforderlich sind, um schwere Unfälle im Sinne des 4. Abschnittes zu vermeiden,

9. entgegen § 28a Mitteilungen an die Behörde unterlässt oder diese nicht aktualisiert,
10. entgegen § 28b kein Sicherheitskonzept ausarbeitet, verwirklicht und der Behörde übermittelt oder ein solches bei Änderungen der Anlage nicht überprüft und erforderlichenfalls ändert,
11. entgegen § 28c keinen Sicherheitsbericht erstellt, einen solchen nicht fristgerecht der Behörde übermittelt, nicht überprüft oder aktualisiert,
12. entgegen § 28e keinen internen Notfallplan erstellt oder entgegen § 28f zweckdienliche Informationen nicht austauscht,
13. entgegen § 28g seiner Informationsverpflichtung nicht nachkommt,
14. den Netzzugang zu nicht genehmigten Allgemeinen Netzbedingungen gewährt (§ 30 Abs. 1), gegen die Bestimmung des § 32 Abs. 1 verstößt oder die Verweigerung des Netzzugangs nicht schriftlich begründet (§ 32 Abs. 2),
15. den Betrieb eines Netzes ohne Bestellung einer geeigneten Betriebsleiterin oder eines geeigneten Betriebsleiters aufnimmt, die Bestellung der Betriebsleiterin oder des Betriebsleiters nicht genehmigen lässt oder das Ausscheiden sowie das Wegfallen einer Voraussetzung für die Genehmigung ihrer oder seiner Bestellung nicht schriftlich anzeigt (§ 35),
16. den Pflichten gemäß den §§ 33 Abs. 6, 7 oder 8, 36, 38, 41, 41a Abs. 1 oder 5, 42, 42a Abs. 1, 3 oder 4, 46b, 49, 53 Abs. 1, 2 oder 3 oder 55 Abs. 2 oder 4 nicht entspricht,
17. der als bestehend festgestellten Anschlusspflicht (§ 40 Abs. 3) nicht entspricht oder das Recht zum Netzanschluss (§ 39) verletzt,
18. den Pflichten gemäß den §§ 43a, 44 Abs. 1, 44a oder 46 nicht entspricht,
19. die Tätigkeit eines Bilanzgruppenverantwortlichen ohne Genehmigung gemäß § 50 Abs. 2 oder die Tätigkeit einer Bilanzgruppenkoordinatorin oder eines Bilanzgruppenkoordinators ohne Einhaltung der Voraussetzungen des § 42a ausübt,
20. die Bereitstellung der Primärregelleistung nicht mittels einer von der Regelzonenführerin oder vom Regelzonenführer oder von einer oder einem von dieser oder diesem Beauftragten durchgeführten Ausschreibung gemäß den Bestimmungen des § 52 erfolgt,
21. ein Verteilernetz ohne elektrizitätsrechtliche Konzession betreibt (§ 54 Abs. 1),
22. die elektrizitätswirtschaftliche Konzession entgegen den Vorschriften dieses Gesetzes durch Dritte ausüben lässt (§ 58 Abs. 1),
23. trotz der gemäß § 54 Abs. 3 Z 2 oder Abs. 5, § 60 Abs. 1 oder § 61 Abs. 3 bestehenden Verpflichtung zur Bestellung einer Geschäftsführerin oder eines Geschäftsführers oder einer Pächterin oder eines Pächters die elektrizitätswirtschaftliche Konzession ausübt, ohne die Genehmigung der Bestellung einer Geschäftsführerin oder eines Geschäftsführers (§ 59 Abs. 2) oder der Übertragung der Ausübung an eine Pächterin oder einen Pächter (§ 60 Abs. 2) erhalten zu haben,
24. die Bestellung einer Pächterin oder eines Pächters (§ 60 Abs. 2) oder einer Geschäftsführerin oder eines Geschäftsführers (§ 59 Abs. 2) nicht genehmigen lässt oder das Ausscheiden der Pächterin oder des Pächters oder der Geschäftsführerin oder des Geschäftsführers oder das Wegfallen einer Voraussetzung für die Genehmigung nicht unverzüglich schriftlich anzeigt,
25. den in Bescheiden, die auf Grund dieses Gesetzes erlassen worden sind, enthaltenen Auflagen, Aufträgen oder Bedingungen zuwider handelt oder die in den Bescheiden enthaltenen Fristen nicht einhält,
26. den Pflichten gemäß § 68a nicht nachkommt,
27. den Pflichten gemäß § 69a Abs. 2 nicht entspricht,
28. den Pflichten gemäß § 70 oder § 70a nicht nachkommt,
29. den Pflichten gemäß § 75 nicht nachkommt,
30. den Vorschriften gemäß § 77, § 78 oder § 78a nicht entspricht.

(2) Eine Verwaltungsübertretung, die von der Bezirksverwaltungsbehörde mit einer Geldstrafe von mindestens 10.000 Euro und höchstens 50.000 Euro, im Falle der Uneinbringlichkeit mit einer Ersatzfreiheitsstrafe bis zu vier Wochen, zu bestrafen ist, begeht, wer als Verantwortliche oder

als Verantwortlicher einer Verteilernetzbetreiberin oder eines Verteilernetzbetreibers, an deren oder an dessen Verteilernetz mindestens 100.000 Kunden angeschlossen sind, den Pflichten gemäß den §§ 46 Abs. 4, 52 Abs. 2, 70 oder 70a nicht entspricht.

(3) Eine Verwaltungsübertretung, die von der Bezirksverwaltungsbehörde mit einer Geldstrafe von mindestens 50.000 Euro und höchstens 75.000 Euro, im Falle der Uneinbringlichkeit mit einer Ersatzfreiheitsstrafe bis zu sechs Wochen, zu bestrafen ist, begeht, wer als Verantwortliche oder als Verantwortlicher einer Verteilernetzbetreiberin oder eines Verteilernetzbetreibers, an deren oder dessen Verteilernetz mindestens 100.000 Kunden angeschlossen sind, den Pflichten gemäß den §§ 32 Abs. 1, 38, 41, 41a, 42 Abs. 2, 42a Abs. 4, 43a, 44a, 49, 54 Abs. 1 oder 55 nicht entspricht.

(4) Eine Verwaltungsübertretung, die von der Bezirksverwaltungsbehörde mit einer Geldstrafe von mindestens 5.000 bis höchstens 50.000 Euro, im Falle der Uneinbringlichkeit mit einer Ersatzfreiheitsstrafe bis zu vier Wochen, zu bestrafen ist, begeht, wer als Stromhändlerin oder Stromhändler entgegen dem Verbot gemäß § 44 Abs. 3 oder trotz einer rechtskräftigen Untersagung der Behörde gemäß § 44 Abs. 4 ihre oder seine Tätigkeit weiter ausübt.

(5) Der Versuch ist strafbar.

(6) Wurde die Übertragung der Ausübung der elektrizitätswirtschaftlichen Konzession an einen Pächter genehmigt, so ist dieser verantwortlich.

(7) Eine Verwaltungsübertretung liegt nicht vor, wenn der Versuch einer im Abs. 1 bis Abs. 4 bezeichneten Tat (Abs. 5) den Tatbestand einer mit gerichtlicher Strafe bedrohten Handlung bildet.

(8) § 33a Verwaltungsstrafgesetz 1991 – VStG, BGBl. Nr. 52/1991, in der Fassung BGBl. I Nr. 57/2018, findet nur auf Übertretungen des § 5 Abs. 1, sofern die Betreiberin oder der Betreiber die Erzeugungsanlage wesentlich ändert, § 6a, § 12 Abs. 6, § 13 Abs. 1, § 22 Abs. 7 und § 26 Abs. 2 in Verbindung mit § 72 Abs. 1 dieses Gesetzes Anwendung.

IX. Hauptstück
Fonds, Landeselektrizitätsbeirat, Berichtspflicht

Einrichtung und Verwaltung eines Fonds

§ 73. (1) Zur Förderung von Ökostromanlagen und Energieeffizienzmaßnahmen in Wien ist ein Verwaltungsfonds eingerichtet. Die Mittel des Fonds werden aufgebracht

1. aus Strafbeträgen gemäß § 72,
2. aus Zinsen der Fondsmittel,
3. aus Mitteln, die gemäß § 78 Erneuerbaren-Ausbau-Gesetz dem Land Wien zufließen,
4. durch sonstige Zuwendungen.

(2) Die Verwaltung des Fonds obliegt der Behörde. Sie hat das Vermögen des Fonds zinsbringend anzulegen. Personal- und Sachkosten sind durch den Fonds zu tragen.

(3) Die Leistungen des Fonds erfolgen nach Maßgabe der zur Verfügung stehenden Mittel im Rahmen der Privatwirtschaftsverwaltung. Auf die Gewährung der Förderung besteht kein Rechtsanspruch.

(4) Die Gewährung von Förderungen erfolgt auf der Grundlage von Förderrichtlinien, die von der Wiener Landesregierung zu beschließen sind.

(5) Die Förderrichtlinien haben insbesondere folgende Kriterien zu berücksichtigen:

1. Effizienter Mitteleinsatz
2. Beitrag zur Reduktion der klimarelevanten Emissionen
3. Wirtschaftlichkeit des Projektes
4. Beitrag zur Erreichung der Ziele dieses Gesetzes
5. Berücksichtigung sonstiger gewährter oder zugesagter Förderungen

(6) Die Behörde hat dem Landeselektrizitätsbeirat über die Verwendung der Fondsmittel jährlich zu berichten.

Aufgaben des Landeselektrizitätsbeirates

§ 74. (1) Zur Beratung der Behörde in grundsätzlichen elektrizitätswirtschaftlichen Angelegenheiten wird ein Landeselektrizitätsbeirat eingerichtet.

(2) Dem Beirat obliegen insbesondere folgende Aufgaben:

1. die Erörterung von aus elektrizitätswirtschaftlicher Sicht relevanten Konzepten des Landes Wien,
2. die Erörterung der Berichte gemäß § 70a Abs. 2,
3. die Erörterung von Fragen der Versorgungssicherheit aus elektrizitätswirtschaftlicher Sicht,
5. die Erörterung von nationalen Energie- und Klimastrategien auf ihre elektrizitätswirtschaftlichen Auswirkungen auf das Land Wien.

(3) Dem Beirat haben neben der Vorsitzenden oder dem Vorsitzenden anzugehören:

1. vier Vertreterinnen oder Vertreter des Amtes der Wiener Landesregierung,
2. zwei Vertreterinnen oder Vertreter der konzessionierten Verteilernetzbetreiberin oder des konzessionierten Verteilernetzbetreibers für Wien und
3. zwei Vertreterinnen oder Vertreter der WIEN ENERGIE GmbH.

(4) Die Wirtschaftskammer Wien, die Arbeiterkammer Wien, die Landwirtschaftskammer Wien und der Österreichische Gewerkschaftsbund haben das Recht je ein Mitglied in den Landeselektrizitätsbeirat zu entsenden.

(5) Vorsitzende oder Vorsitzender ist das nach der Geschäftseinteilung für den Magistrat für ökologische Fragen der Energiepolitik und für die Wahrnehmung der Überwachungsfunktionen des Elektrizitätsmarktes aufgrund des Elektrizitätswirtschafts- und Organisationsgesetzes (ElWOG 2010) zuständige Mitglied der Wiener Landesregierung. Sie oder er kann ein anderes Mitglied der Landesregierung oder des Beirates mit ihrer oder seiner Vertretung betrauen.

(6) Die Vertreterinnen oder die Vertreter der im Abs. 3 genannten Stellen werden mit Beschluss der Wiener Landesregierung bestellt. Ebenso werden die Vertreterinnen und Vertreter der in Abs. 4 genannten Stellen, sofern diese Stellen von ihrem Entsenderecht Gebrauch machen, mit Beschluss der Landesregierung bestellt. Die in Abs. 3 Z 2 und 3 genannten Stellen haben für die aus ihrem Kreis zu ernennenden Vertreterinnen oder Vertreter ein Vorschlagsrecht. Wenn innerhalb einer von der Behörde zu bestimmenden angemessenen Frist von der in Abs. 3 Z 2 und 3 genannten Stelle kein Vorschlag erstattet wird, steht dieser Umstand einer gesetzmäßigen Konstituierung des Beirats nicht entgegen. Ebenso steht es der gesetzmäßigen Konstituierung des Beirats nicht entgegen, wenn von den in Abs. 4 genannten Stellen kein Mitglied entsendet wird. Die Mitgliedschaft im Beirat erlischt durch Verzicht, Tod oder Abberufung durch die Vorsitzende oder den Vorsitzenden.

(7) Die Mitglieder des Beirates sind, soweit sie nicht beamtete Vertreterinnen oder Vertreter sind, von der Vorsitzenden oder dem Vorsitzenden des Beirates zur gewissenhaften Erfüllung ihrer Obliegenheiten zu verpflichten. Die Tätigkeit der Mitglieder des Beirates ist eine ehrenamtliche.

(8) Der Beirat ist von der Vorsitzenden oder dem Vorsitzenden nach Bedarf, mindestens jedoch einmal im Kalenderjahr, einzuberufen. Der Beirat ist innerhalb von vier Wochen einzuberufen, wenn dies von mindestens einem Drittel der Mitglieder des Beirates verlangt wird. Die Sitzungen sind nicht öffentlich. Die Vorsitzende oder der Vorsitzende kann den Sitzungen Sachverständige und Auskunftspersonen beiziehen.

(9) Die Mitglieder des Landeselektrizitätsbeirates, die Sachverständigen und die Auskunftspersonen dürfen Amts-, Geschäfts- oder Betriebsgeheimnisse, die ihnen in ihrer Eigenschaft als Mitglied, als Sachverständiger oder als Auskunftsperson des Beirates anvertraut oder zugänglich gemacht worden sind, weder während der Dauer ihrer Bestellung noch nach dem Erlöschen ihres Amtes offenbaren oder sonst verwerten.

(10) Die näheren Bestimmungen über die Geschäftsführung des Landeselektrizitätsbeirates sind in einer vom Amt der Wiener Landesregierung zu erstellenden Geschäftsordnung zu regeln, die der Genehmigung der Landesregierung bedarf.

Berichtspflicht

§ 75. (1) Netzbetreiber haben bis spätestens 30. April jeden Jahres der Behörde einen Bericht über das Funktionieren des Elektrizitätsbinnenmarktes und der Entwicklung der ökonomischen Rahmenbedingungen sowie eine Beurteilung des Erfolges der einzelnen Fördermaßnahmen vorzulegen.

(2) Der für die Aufstellung und Überwachung der Einhaltung des Gleichbehandlungsprogramms gegenüber der Behörde benannte Gleichbehandlungsbeauftragte hat der Behörde und der Regulierungsbehörde jährlich, spätestens bis 31. März des Folgejahres, einen Bericht über die zur Einhaltung des Gleichbehandlungsprogramms getroffenen Maßnahmen vorzulegen und in geeigneter Weise zu veröffentlichen. Die Behörde hat der Regulierungsbehörde jährlich einen zusammenfassenden Bericht über die auf Grund dieses Berichtes getroffenen Maßnahmen vorzulegen und diesen Bericht in geeigneter Weise (zB Internet) zu veröffentlichen.

(3) Betreiber von KWK-Anlagen haben der Behörde bis spätestens 30. Juni jeden Jahres vorzulegen:

1. eine im Einklang mit der in Anlage III ElWOG 2010 und der Entscheidung 2008/952/EG der Europäischen Kommission dargelegten Methode erstellte Statistik über die Erzeugung von Strom und Wärme aus KWK in ihrem Unternehmen und
2. Angaben über die KWK-Kapazitäten sowie die für KWK eingesetzten Brennstoffe und Mengen je Brennstoff.

(4) Die Behörde hat der zuständigen Bundesministerin oder dem zuständigen Bundesminister jährlich

1. eine im Einklang mit der in Anlage III ElWOG 2010 und der Entscheidung 2008/952/EG der Europäischen Kommission dargelegten Methode erstellte Statistik über die nationale Erzeugung von Strom und Wärme aus KWK,
2. eine Statistik über die KWK-Kapazitäten sowie die für die KWK eingesetzten Brennstoffe und
3. einen Bericht über ihre Tätigkeit gemäß §§ 46a und 46b, der insbesondere jene Maßnahmen zu enthalten hat, die ergriffen wurden, um die Zuverlässigkeit des Nachweissystems zu gewährleisten,

vorzulegen.

(5) Die Behörde hat Verstöße von Verteilernetzbetreibern gegen § 55 Abs. 4 oder 5 unverzüglich der Regulierungsbehörde mitzuteilen.

(6) Die Ergebnisse der im Land Wien durchgeführten Energieeffizienzprogramme werden regelmäßig dem Bund übermittelt.

X. Hauptstück
Übergangsbestimmungen
Schlussbestimmungen
Unionsrecht

§ 76. (1) Durch dieses Gesetz werden die Elektrizitätsbinnenmarktrichtlinie und die Seveso II-Richtlinie umgesetzt.

(2) Durch die §§ 1, 2, 3, 31, 33, 38, 41, 42, 42b, 43a, 44a, 46, 52 und 53 in der Fassung der Novelle LGBl. Nr. 10/2008 wird die Elektrizitätsbinnenmarktrichtlinie umgesetzt.

(3) Durch die §§ 1 und 2, §§ 46a bis 46c sowie § 75 in der Fassung der Novelle LGBl. Nr. 10/2008 wird die KWK-Richtlinie umgesetzt.

(4) Durch die §§ 44, 50 und 54 in der Fassung der Novelle LGBl. Nr. 10/2008 werden die Richtlinie 2004/38/EG des Europäischen Parlaments und des Rates vom 29. April 2004 über das Recht der Unionsbürger und ihrer Familienangehörigen, sich im Hoheitsgebiet der Mitgliedstaaten frei zu bewegen und aufzuhalten, zur Änderung der Verordnung (EWG) Nr. 1612/68 und zur Aufhebung der Richtlinien 64/221/EWG, 68/360/EWG, 72/194/EWG, 73/148/EWG, 75/34/EWG, 75/35/EWG, 90/364/EWG, 90/365/EWG und 93/96/EWG und die Richtlinie 2003/109/EG des Rates vom 25. November 2003 betreffend die Rechtsstellung der langfristig aufenthaltsberechtigten Drittstaatsangehörigen umgesetzt.

(5) Durch § 42b wird die Richtlinie 2005/89/EG des Europäischen Parlaments und des Rates vom 18. Januar 2006 über Maßnahmen zur Gewährleistung der Sicherheit der Elektrizitätsversorgung und von Infrastrukturinvestitionen umgesetzt.

(6) Durch die §§ 1 Abs. 3 Z 4 und 42 Abs. 2 Z 5 in der Fassung der Novelle LGBl. Nr. 44/2012 sowie durch die §§ 2 Abs. 1 Z 1a, Z 17, Z 29a, 33 Abs. 9, 68a Abs. 3 in der Fassung der Novelle LGBl. Nr. 51/2014 wird die Richtlinie 2009/28/EG des Europäischen Parlaments und des Rates vom 23. April 2009 zur Förderung der Nutzung von Energie aus erneuerbaren Quellen und zur Änderung und anschließenden Aufhebung der Richtlinien 2001/77/EG und 2003/30/EG, ABl. Nr. L 140 vom 5. Juni 2009, S. 16 ff. umgesetzt.

(7) Durch die §§ 1 Abs. 3 Z 9, 5 Abs. 3 Z 9 bis 11, 5 Abs. 4, 37, 38, 42, 43a, 55, 58, 70 und 72 in der Fassung der Novelle LGBl. Nr. 44/2012 wird die Richtlinie 2009/72/EG des Europäischen Parlaments und des Rates vom 13. Juli 2009 über gemeinsame Vorschriften für den Elektrizitätsbinnenmarkt und zur Aufhebung der Richtlinie 2003/54/EG, ABl. Nr. L 211 vom 14. August 2009, S. 55 ff. umgesetzt.

(8) Durch die §§ 38 Abs. 1, 68a, 70 Abs. 1, 73 und 75 Abs. 5 in der Fassung der Novelle LGBl. Nr. 44/2012 wird die Richtlinie 2006/32/EG des Europäischen Parlaments und des Rates über Endenergieeffizienz und Energiedienstleistungen und zur Aufhebung der Richtlinie 93/76/EWG, ABl. Nr. L 114 vom 27. April 2006, S. 64 ff. umgesetzt.

(9) Durch die §§ 5 Abs. 3 Z 12 und Abs. 6, 11 Abs. 4 und Abs. 5, 38 Abs. 1 Z 27, 41 Abs. 1 Z 30 und Anhang 3 in der Fassung der Novelle LGBl. Nr. 12/2020 sowie durch § 33 Abs. 9 in der Fassung der Novelle LGBl. Nr. 60/2018 wird die Richtlinie 2012/27/EU des Europäischen Parlaments und des Rates vom 25. Oktober 2012 zur Energieeffizienz, zur Änderung der Richtlinien 2009/125/EG und 2010/30/EU und zur Aufhebung der Richtlinien 2004/8/EG und 2006/32/EG, umgesetzt.

(10) Durch die §§ 27 bis 29a sowie Anhang 1 in der Fassung der Novelle LGBl. Nr. 51/2014 wird die Seveso III-Richtlinie umgesetzt.

(11) Mit § 71 in der Fassung der Novelle LGBl. Nr. 60/2018 wird die Datenschutz-Grundverordnung (DSGVO) durchgeführt.

(12) Durch den § 11 Abs. 1 Z 4 in der Fassung der Novelle LGBl. für Wien Nr. 51/2014 und den § 33 Abs. 9 in der Fassung der Novelle LGBl. für Wien Nr. 73/2021 werden die Art. 1 Abs. 1 letzter Absatz und Anhang XII Nummer 1 Buchstabe a der Richtlinie (EU) 2018/2002 des Europäischen Parlaments und des Rates vom 11. Dezember 2018 zur Änderung der Richtlinie 2012/27/EU zur Energieeffizienz, ABl. Nr. L 328 vom 21. Dezember 2018, S. 210, umgesetzt.

(13) Durch den § 11 Abs. 1 Z 4 in der Fassung der Novelle LGBl. für Wien Nr. 51/2014 wird Art. 15 Abs. 1 der Richtlinie (EU) 2018/2001 des Europäischen Parlaments und des Rates vom 11. Dezember 2018 zur Förderung der Nutzung von Energie aus erneuerbaren Quellen, ABl. Nr. L 328 vom 21.12.2018, S. 82, umgesetzt.

(14) Durch den § 1 Abs. 3 Z 12 und die §§ 28, 28d Abs. 1 und 29 Abs. 12 bis 14 in der Fassung der Novelle LGBl. für Wien Nr. 73/2021 werden die Art. 5 Abs. 2, 6 Abs. 1 und 3, 10 Abs. 5, 13 Abs. 2 Buchstabe c, 15 Abs. 1 Buchstabe c und Abs. 5 der Richtlinie 2012/18/EU des Europäischen Parlaments und des Rates vom 4. Juli 2012 zur Beherrschung der Gefahren schwerer Unfälle mit gefährlichen Stoffen, zur Änderung und anschließenden Aufhebung der Richtlinie 96/82/EG des Rates, ABl. Nr. L 197 vom 24. Juli 2012 S. 1, umgesetzt.

(15) Durch § 2 Abs. 1 Z 7c, 16a und 61a, § 7 Abs. 4 und § 12a werden Art. 2 Z 10 und 16,

Art. 15 Abs. 1 Buchstabe a, Art. 16 Abs. 6 sowie Art. 17 und 22 der Richtlinie (EU) 2018/2001 des Europäischen Parlaments und des Rates vom 11. Dezember 2018 zur Förderung der Nutzung von Energie aus erneuerbaren Quellen, ABl. Nr. L 328 vom 21.12.2018 S. 82 umgesetzt.

(16) Durch § 2 Abs. 1 Z 7b werden Art. 2 Z 11 und Art. 16 der Richtlinie (EU) 2019/944 des Europäischen Parlaments und des Rates vom 5. Juni 2019 mit gemeinsamen Vorschriften für den Elektrizitätsbinnenmarkt und zur Änderung der Richtlinie 2012/27/EU, ABl. Nr. L 158 vom 14.06.2019 S. 125 umgesetzt.

Übergangsbestimmungen

§ 77. (1) Elektrizitätsunternehmen, die im Zeitpunkt des Inkrafttretens dieses Gesetzes im Besitze einer Verteilernetzbetreiberkonzession sind, gelten im Umfang ihrer bisherigen Tätigkeit als Verteilernetzbetreiber konzessioniert. Die Rechte und Pflichten, die Ausübung, die Endigung und der Entzug der Konzession richten sich nach den Bestimmungen dieses Gesetzes. Bestehen Zweifel über den Umfang der bisherigen Tätigkeit, so hat über Antrag eines Betreibers eines Verteilernetzes die Behörde den Umfang der bisherigen Tätigkeit mit Bescheid festzustellen.

(2) Die im Zeitpunkt des Inkrafttretens dieses Gesetzes rechtmäßig eingesetzten Pächter oder Geschäftsführer im Sinne des 3. Abschnitts des Hauptstücks VI gelten als nach diesem Gesetz genehmigt. Die dem Betreiber eines Verteilernetzes nach diesem Gesetz zukommenden Rechte und Pflichten gelten für den Geschäftsführer oder Pächter sinngemäß. Sind mehrere Geschäftsführer bestellt, so ist innerhalb von drei Monaten nach Inkrafttreten dieses Gesetzes bekannt zu geben, welcher von diesen der Behörde gegenüber für die Einhaltung der Bestimmungen dieses Gesetzes (§ 59 Abs. 1) verantwortlich ist. § 60 Abs. 2 gilt sinngemäß.

(3) Fehlt einem Verteilernetzbetreiber, der gemäß § 54 Abs. 3 Z 2 eines Geschäftsführers oder Pächters bedarf, ein Geschäftsführer oder Pächter, so hat dieser innerhalb von sechs Monaten nach dem Inkrafttreten dieses Gesetzes einen Geschäftsführer oder Pächter zu bestellen und innerhalb dieser Frist um Genehmigung der Bestellung anzusuchen. Fehlt einem Pächter, der gemäß § 60 Abs. 1 eines Geschäftsführers bedarf, ein solcher Geschäftsführer, so hat der Pächter innerhalb von sechs Monaten nach dem Inkrafttreten dieses Gesetzes einen Geschäftsführer zu bestellen und innerhalb dieser Frist um die Genehmigung der Bestellung anzusuchen. § 59 Abs. 6 gilt sinngemäß.

(4) Auf bestehende Verträge über den Netzzugang sind die jeweils nach diesem Gesetz genehmigten Allgemeinen Netzbedingungen anzuwenden. Bestehende integrierte Verträge über den Netzzugang und die Versorgung bleiben jedenfalls hinsichtlich des Teiles über den Netzzugang aufrecht; auch auf diesen Teil sind die jeweils nach diesem Gesetz genehmigten Allgemeinen Netzbedingungen anzuwenden.

(5) Die im Zeitpunkt des Inkrafttretens dieses Gesetzes genehmigten Allgemeinen Netzbedingungen gelten als genehmigt nach diesem Gesetz.

(6) Erzeugungsanlagen, die im Zeitpunkt des Inkrafttretens dieses Gesetzes rechtmäßig bestehen und betrieben werden oder rechtmäßig errichtet werden können, gelten als nach diesem Gesetz genehmigt. Die §§ 15 bis 21 sind auf diese Erzeugungsanlagen anzuwenden.

(7) Die im Zeitpunkt des Inkrafttretens dieses Gesetzes anhängigen Verfahren sind nach den bisher geltenden Bestimmungen abzuschließen.

(8) Die im Zeitpunkt des Inkrafttretens dieses Gesetzes bestellten Vertreter des Landeselektrizitätsbeirates gelten als bestellt.

§ 78. (1) Vertikal integrierte Elektrizitätsunternehmen oder Unternehmen, die zu einem vertikal integrierten Unternehmen im Sinne des § 2 Abs. 1 Z 51 gehören und die am 1. Juli 2004 Träger einer Konzession gemäß § 57 sind, haben der Behörde bis spätestens 1. Jänner 2006 ein Unternehmen zu benennen, auf das die Konzession bei Erfüllung der Konzessionsvoraussetzungen zu übertragen ist. Bei Erfüllung der Konzessionsvoraussetzungen hat das benannte Unternehmen einen Rechtsanspruch auf Erteilung der Konzession in dem am 21. Juni 2004 bestehenden Umfang. Die Benennung des bisherigen Konzessionsträgers ist zulässig, wenn die gesetzlich vorgesehenen Konzessionsvoraussetzungen erfüllt werden. Die Konzessionserteilung hat in Anwendung des § 54 bis 57 zu erfolgen. Erstreckt sich das Verteilernetz über zwei oder mehrere Länder, haben die beteiligten Länder gemäß Art. 15 Abs. 7 B-VG vorzugehen.

(2) Abs. 1 findet keine Anwendung auf vertikal integrierte Elektrizitätsunternehmen oder Unternehmen, die zu einem vertikal integrierten Unternehmen im Sinne des § 2 Abs. 1 Z 51 gehören, wenn die Anzahl der bestehenden Zählpunkte 100 000 nicht übersteigt.

(3) Kommt ein vertikal integriertes Elektrizitätsunternehmen seiner Verpflichtung zur Benennung eines geeigneten Konzessionsträgers gemäß Abs. 1 nicht nach, hat die Behörde gegen den bisherigen Konzessionsträger ein Konzessionsentziehungsverfahren gemäß § 65 einzuleiten und darüber der zuständigen Bundesministerin oder dem zuständigen Bundesminister zu berichten. Zur Aufrechterhaltung des Netzbetriebes kann auch ein anderes Elektrizitätsunternehmen in das Netz des bisherigen Konzessionsträgers eingewiesen werden.

(4) Unbeschadet der in § 77 Abs. 1 enthaltenen Regelung müssen Verteilernetzbetreiber, an deren Verteilernetz mehr als 100 000 Kunden angeschlossen sind, bereits ab Inkrafttreten dieses Gesetzes hinsichtlich ihrer Organisation und Entscheidungsgewalt unabhängig von den übrigen Tätigkeitsbereichen eines vertikal integrierten Unternehmens sein, die nicht mit der Verteilung zusammenhängen. Die zur Sicherung dieser Unabhängigkeit erforderlichen Maßnahmen gemäß § 55 müssen ab Inkrafttreten dieses Gesetzes getroffen sein.

(5) Der Regelzonenführer oder die Regelzonenführerin hat nach § 42a Abs. 1 eine Kapitalgesellschaft zu benennen, die die Tätigkeit eines Bilanzgruppenkoordinators oder einer Bilanzgruppenkoordinatorin ab dem In-Kraft-Treten dieses Gesetzes ausüben soll. Ist zu diesem Zeitpunkt die Frist von sechs Monaten für die Erlassung eines Feststellungsbescheides nach § 42a Abs. 1 noch nicht abgelaufen, so darf der benannte Bilanzgruppenkoordinator oder die benannte Bilanzgruppenkoordinatorin die Tätigkeit vorläufig ausüben. Erfolgt keine Anzeige nach § 42a Abs. 1 oder hat die Behörde einen Feststellungsbescheid nach § 42a Abs. 1 erlassen, so darf der bei In-Kraft-Treten dieses Gesetzes konzessionierte Bilanzgruppenkoordinator oder die bei In-Kraft-Treten dieses Gesetzes konzessionierte Bilanzgruppenkoordinatorin die Tätigkeit vorläufig weiter ausüben.

Übergangsbestimmungen zur Novelle LGBl. Nr. 44/2012

§ 78a. (1) Vertikal integrierte Verteilernetzbetreiber, an deren Netz mindestens 100.000 Kunden angeschlossen sind, sind verpflichtet, binnen sechs Monaten nach In-Kraft-Treten der Novelle zum Wiener Elektrizitätswirtschaftsgesetz 2005 LGBl. Nr. 44/2012 der Behörde jene Maßnahmen mitzuteilen, durch die gewährleistet ist, dass in ihrer Kommunikations- und Markenpolitik eine Verwechslung in Bezug auf die eigene Identität der Versorgungssparte des vertikal integrierten Unternehmens ausgeschlossen ist.

(2) Vertikal integrierte Verteilernetzbetreiber, an deren Netz mindestens 100.000 Kunden angeschlossen sind, sind verpflichtet, binnen drei Monaten nach In-Kraft-Treten der Novelle zum Wiener Elektrizitätswirtschaftsgesetz 2005 LGBl. Nr. 44/2012 ein den Bestimmungen dieser Novelle entsprechendes Gleichbehandlungsprogramm der Behörde vorzulegen. Mit der Vorlage ist auch der völlig unabhängige Gleichbehandlungsbeauftragte der Behörde bekanntzugeben (§ 38 Abs. 4 und 5) oder nachzuweisen, dass der bereits bekannt gegebene Gleichbehandlungsbeauftragte die Voraussetzungen dieses Gesetzes erfüllt.

(3) Allgemeine Geschäftsbedingungen für die Belieferung mit elektrischer Energie, die im Zeitpunkt des In-Kraft-Tretens der Novelle zum Wiener Elektrizitätswirtschaftsgesetz 2005 LGBl. Nr. 44/2012 nach den Bestimmungen des Wiener Elektrizitätswirtschaftsgesetzes 2005, LGBl. Nr. 46/2005 in der Fassung LGBl. Nr. 56/2010 rechtmäßig veröffentlicht wurden, sind binnen einer Frist von sechs Monaten ab In-Kraft-Treten dieser Novelle an die Bestimmungen dieser Novelle anzupassen und der Regulierungsbehörde anzuzeigen.

(4) Die im Zeitpunkt des In-Kraft-Tretens der Novelle zum Wiener Elektrizitätswirtschaftsgesetz 2005 LGBl. Nr. 44/2012 anhängigen Verwaltungsverfahren sind nach den Bestimmungen des Wiener Elektrizitätswirtschaftsgesetz 2005, LGBl. Nr. 46/2005 in der Fassung LGBl. Nr. 56/2010 fortzuführen und abzuschließen.

(5) KWK-Anlagen, die bereits vor In-Kraft-Treten der Novelle zum Wiener Elektrizitätswirtschaftsgesetz 2005 LGBl. Nr. 44/2012 gemäß § 46b mit Bescheid benannt worden sind, gelten weiterhin als benannt.

(6) Netzbetreiber haben ihrer Verpflichtung nach § 70a Abs. 3 erstmals im Jahr 2013 nachzukommen.

Übergangsbestimmungen zur Novelle LGBl. Nr. 60/2018

§ 78b. (1) Anhängige Verfahren zur Genehmigung erdgasbefeuerter KWK-Anlagen sind nach den zum Zeitpunkt des Inkrafttretens dieser Novelle bisher geltenden Bestimmungen fortzuführen und abzuschließen.

(2) Die Mitglieder des Landeselektrizitätsbeirates sind innerhalb einer Frist von 3 Monaten ab Inkrafttreten dieses Gesetzes neu zu bestellen. Mit der Bestellung der neuen Mitglieder gilt die Funktion der bisherigen Mitglieder als beendet. Einer gesonderten Abberufung der bisherigen Mitglieder bedarf es nicht.

Inkrafttreten und Übergangsbestimmungen zur Novelle LGBl. Nr. 11/2018

§ 78c. (1) § 2 Abs. 1 Z 84 in der Fassung des LGBl. Nr. 11/2018 tritt mit 27. Juli 2017 in Kraft.

(2) Die Änderung des § 2 Abs. 1 Z 84 in der Fassung des LGBl. Nr. 11/2018 ist auf Sachverhalte anzuwenden, die sich nach 2. März 2011 verwirklicht haben.

Sprachliche Gleichbehandlung

§ 79. Soweit personenbezogene Bezeichnungen nur in männlicher Form angeführt sind, beziehen sie sich auf Frauen und Männer in gleicher Weise. Bei Anwendung auf bestimmte Personen ist die jeweils geschlechtsspezifische Form zu verwenden.

Schlussbestimmungen

§ 80. (1) Das Gesetz tritt mit dem seiner Kundmachung folgenden Tag in Kraft. Zu diesem Zeitpunkt tritt das Wiener Elektrizitätswirtschaftsgesetz, LGBl. Nr. 72/2001 außer Kraft.

(2) Der Netzverweigerungstatbestand gemäß § 32 Abs. 1 Z 3 tritt am 19. Februar 2006 außer Kraft.

Anhang 1

GEFÄHRLICHE STOFFE

Auf gefährliche Stoffe, die unter die Gefahrenkategorien des Teil 1 Spalte 1 dieses Anhangs fallen, finden die in den Spalten 2 und 3 des Teil 1 genannten Mengenschwellen Anwendung.

Sofern ein gefährlicher Stoff unter Teil 1 dieses Anhangs fällt und ebenfalls in Teil 2 aufgeführt ist, finden die in den Spalten 2 und 3 des Teils 2 genannten Mengenschwellen Anwendung.

TEIL 1

Gefahrenkategorien von gefährlichen Stoffen

Dieser Teil umfasst alle gefährlichen Stoffe, die unter die Gefahrenkategorien in Spalte 1 fallen:

Spalte 1	Spalte 2	Spalte 3
Gefahrenkategorien gemäß Verordnung (EG) Nr. 1272/2008	Mengenschwelle (in Tonnen) für gefährliche Stoffe gemäß Artikel 3 Absatz 10 für die Anwendung von	
	Anforderungen an Betriebe der unteren Klasse	Anforderungen an Betriebe der oberen Klasse
Abschnitt „H" - GESUNDHEITSGEFAHREN		
H1 AKUT TOXISCH Gefahrenkategorie 1, alle Expositionswege	5	20
H2 AKUT TOXISCH - Gefahrenkategorie 2, alle Expositionswege; - Gefahrenkategorie 3, inhalativer Expositionsweg (siehe Anmerkung 7)	50	200
H3 STOT SPEZIFISCHE ZIELORGAN-TOXIZITÄT - EINMALIGE EXPOSITION STOT SE Gefahrenkategorie 1	50	200
Abschnitt „P" - PHYSIKALISCHE GEFAHREN		
P1a EXPLOSIVE STOFFE (siehe Anmerkung 8) - Instabile explosive Stoffe - Explosive Stoffe, Unterklassen 1.1, 1.2, 1.3, 1.5 oder 1.6 - Stoffe oder Gemische mit explosiven Eigenschaften nach Methode A.14 der Verordnung (EG) Nr. 440/2008 (siehe Anmerkung 9), die nicht den Gefahrenklassen organische Peroxide oder selbstzersetzliche Stoffe und Gemische zuzuordnen sind	10	50
P1b EXPLOSIVE STOFFE (siehe Anmerkung 8) Explosive Stoffe, Unterklasse 1.4 (siehe Anmerkung 10)	50	200
P2 ENTZÜNDBARE GASE Entzündbare Gase, Gefahrenkategorie 1 oder 2	10	50
P3a ENTZÜNDBARE AEROSOLE (siehe Anmerkung 11.1) „Entzündbares" Aerosol der Gefahrenkategorie 1 oder 2, umfasst entzündbare Gase der Gefahrenkategorie 1 oder 2 oder entzündbare Flüssigkeiten der Gefahrenkategorie 1	150 (*netto*)	500 (*netto*)
P3b ENTZÜNDBARE AEROSOLE (siehe Anmerkung 11.1) „Entzündbares" Aerosol der Gefahrenkategorie 1 oder 2, umfasst weder entzündbare Gase der Gefahrenkategorie 1 oder 2 noch entzündbare Flüssigkeiten der Gefahrenkategorie 1 (siehe Anmerkung 11.2)	5 000 (netto)	50 000 (netto)

Spalte 1	Spalte 2	Spalte 3
Gefahrenkategorien gemäß Verordnung (EG) Nr. 1272/2008	Mengenschwelle (in Tonnen) für gefährliche Stoffe gemäß Artikel 3 Absatz 10 für die Anwendung von	
	Anforderungen an Betriebe der unteren Klasse	Anforderungen an Betriebe der oberen Klasse
P4 ENTZÜNDEND (OXIDIEREND) WIRKENDE GASE Entzündend (oxidierend) wirkende Gase, Gefahrenkategorie 1	50	200
P5a ENTZÜNDBARE FLÜSSIGKEITEN - entzündbare Flüssigkeiten der Gefahrenkategorie 1 - entzündbare Flüssigkeiten der Gefahrenkategorie 2 oder 3, die auf einer Temperatur über ihrem Siedepunkt gehalten werden - andere Flüssigkeiten mit einem Flammpunkt von ≤ 60 °C, die auf einer Temperatur über ihrem Siedepunkt gehalten werden (siehe Anmerkung 12)	10	50
P5b ENTZÜNDBARE FLÜSSIGKEITEN - entzündbare Flüssigkeiten der Gefahrenkategorie 2 oder 3, bei denen besondere Verarbeitungsbedingungen wie hoher Druck oder hohe Temperatur zu Gefahren schwerer Unfälle führen können - andere Flüssigkeiten mit einem Flammpunkt von ≤ 60 °C, bei denen besondere Verarbeitungsbedingungen wie hoher Druck oder hohe Temperatur zu Gefahren schwerer Unfälle führen können (siehe Anmerkung 12)	50	200
P5c ENTZÜNDBARE FLÜSSIGKEITEN Entzündbare Flüssigkeiten der Gefahrenkategorie 2 oder 3, nicht erfasst unter P5a und P5b	5 000	50 000
P6a SELBSTZERSETZLICHE STOFFE UND GEMISCHE und ORGANISCHE PEROXIDE Selbstzersetzliche Stoffe und Gemische, Typ A oder B Organische Peroxide, Typ A oder B	10	50
P6b SELBSTZERSETZLICHE STOFFE UND GEMISCHE und ORGANISCHE PEROXIDE Selbstzersetzliche Stoffe und Gemische, Typ C, D, E oder F Organische Peroxide, Typ C, D, E oder F	50	200
P7 SELBSTENTZÜNDLICHE (PYROPHORE) FLÜSSIGKEITEN UND FEST- STOFFE Selbstentzündliche (pyrophore) Flüssigkeiten der Gefahrenkategorie 1 Selbstentzündliche (pyrophore) Feststoffe der Gefahrenkategorie 1	50	200
P8 ENTZÜNDEND (OXIDIEREND) WIRKENDE FLÜSSIGKEITEN UND FESTSTOFFE Entzündend (oxidierend) wirkende Flüssigkeiten der Gefahrenkategorie 1, 2 oder 3 Entzündend (oxidierend) wirkende Feststoffe, Gefahrenkategorie 1, 2 oder 3	50	200
Abschnitt „E" - UMWELTGEFAHREN		
E1 Gewässergefährdend, Gefahrenkategorie Akut 1 oder Chronisch 1	100	200
E2 Gewässergefährdend, Gefahrenkategorie Chronisch 2	200	500
Abschnitt „O" - ANDERE GEFAHREN		
O1 Stoffe oder Gemische mit dem Gefahrenhinweis EUH014	100	500
O2 Stoffe und Gemische, die bei Berührung mit Wasser entzündbare Gase entwickeln, Gefahrenkategorie 1	100	500
O3 Stoffe oder Gemische mit dem Gefahrenhinweis EUH029	50	200

TEIL 2

Namentlich aufgeführte gefährliche Stoffe

Spalte 1	CAS-Nr. (1)	Spalte 2	Spalte 3
Gefährliche Stoffe		Mengenschwelle (in Tonnen) für die Anwendung in	
		Betrieben der unteren Klasse	Betrieben der oberen Klasse
1. Ammoniumnitrat (siehe Anmerkung 13)	-	5 000	10 000
2. Ammoniumnitrat (siehe Anmerkung 14)	-	1 250	5 000
3. Ammoniumnitrat (siehe Anmerkung 15)	-	350	2 500
4. Ammoniumnitrat (siehe Anmerkung 16)	-	10	50
5. Kaliumnitrat (siehe Anmerkung 17)	-	5 000	10 000
6. Kaliumnitrat (siehe Anmerkung 18)	-	1 250	5 000
7. Diarsenpentaoxid, Arsen(V)-Säure und/oder -Salze	1303-28-2	1	2
8. Diarsentrioxid, Arsen(III)-Säure und/oder -Salze	1327-53-3		0,1
9. Brom	7726-95-6	20	100
10. Chlor	7782-50-5	10	25
11. Atemgängige pulverförmige Nickelverbindungen: Nickelmonoxid, Nickeldioxid, Nickelsulfid, Trinickeldisulfid, Dinickeltrioxid	-		1
12. Ethylenimin	151-56-4	10	20
13. Fluor	7782-41-4	10	20
14. Formaldehyd (Konzentration ≥ 90 %)	50-00-0	5	50
15. Wasserstoff	1333-74-0	5	50
16. Chlorwasserstoff (verflüssigtes Gas)	7647-01-0	25	250
17. Bleialkyle	-	5	50
18. Verflüssigte entzündbare Gase, Kategorie 1 oder 2 (einschließlich LPG) und Erdgas (siehe Anmerkung 19)	-	50	200
19. Acetylen	74-86-2	5	50
20. Ethylenoxid	75-21-8	5	50
21. Propylenoxid	75-56-9	5	50
22. Methanol	67-56-1	500	5 000
23. 4,4′-Methylen-bis (2-chloranilin) und/oder seine Salze, pulverförmig	101-14-4		0,01
24. Methylisocyanat	624-83-9		0,15
25. Sauerstoff	7782-44-7	200	2 000
26. 2,4-Toluylendiisocyanat 2,6-Toluylendiisocyanat	584-84-9 91-08-7	10	100

Spalte 1	CAS-Nr. ([1])	Spalte 2	Spalte 3
Gefährliche Stoffe		Mengenschwelle (in Tonnen) für die Anwendung in	
		Betrieben der unteren Klasse	Betrieben der oberen Klasse
27. Carbonyldichlorid (Phosgen)	75-44-5	0,3	0,75
28. Arsin (Arsentrihydrid)	7784-42-1	0,2	1
29. Phosphin (Phosphortrihydrid)	7803-51-2	0,2	1
30. Schwefeldichlorid	10545-99-0		1
31. Schwefeltrioxid	7446-11-9	15	75
32. Polychlordibenzofurane und Polychlordibenzodioxine (einschließlich TCDD), in TCDD-Äquivalenten berechnet (siehe Anmerkung 20)	-		0,001
33. Die folgenden KARZINOGENE oder Gemische, die die folgenden Karzinogene in Konzentrationen von über 5 Gewichtsprozent enthalten: 4-Aminobiphenyl und/oder seine Salze, Benzotrichlorid, Benzidin und/oder seine Salze, Bis(chlormethyl)ether, Chlormethylmethylether, 1,2-Dibromethan, Diethylsulfat, Dimethylsulfat, Dimethylcarbamoylchlorid, 1,2-Dibrom-3- chlorpropan, 1,2-Dimethylhydrazin, Dimethylnitrosamin, Hexamethylphosphortriamid, Hydrazin, 2-Naphthylamin und/oder seine Salze, 4-Nitrodiphenyl und 1,3-Propansulton	-	0,5	2
34. Erdölerzeugnisse und alternative Kraftstoffe a) Ottokraftstoffe und Naphta b) Kerosine (einschließlich Flugturbinenkraftstoffe) c) Gasöle (einschließlich Dieselkraftstoffe, leichtes Heizöl und Gasölmischströme) d) Schweröle e) alternative Kraftstoffe, die denselben Zwecken dienen und in Bezug auf Entflammbarkeit und Umweltgefährdung ähnliche Eigenschaften aufweisen wie die unter den Buchstaben a bis d genannten Erzeugnisse	-	2 500	25 000
35. Ammoniak, wasserfrei	7664-41-7	50	200
36. Bortrifluorid	7637-07-2	5	20
37. Schwefelwasserstoff	7783-06-4	5	20
38. Piperidin	110-89-4	50	200
39. Bis(2-dimethylaminoethyl)methylamin	3030-47-5	50	200
40. 3-(2-Ethylhexyloxy)propylamin	5397-31-9	50	200
41. Natriumhypochlorit-Gemische (*), die als gewässergefährdend - akut 1 [H400] eingestuft sind und weniger als 5 % Aktivchlor enthalten und in keine der anderen Gefahrenkategorien in Anhang I Teil 1 eingestuft sind (*) Vorausgesetzt, das Gemisch wäre ohne Natriumhypochlorit nicht als gewässergefährdend - akut 1 [H400] eingestuft.		200	500

Spalte 1	CAS-Nr. (1)	Spalte 2	Spalte 3
Gefährliche Stoffe		Mengenschwelle (in Tonnen) für die Anwendung in	
		Betrieben der unteren Klasse	Betrieben der oberen Klasse
42. Propylamin (siehe Anmerkung 21)	107-10-8	500	2 000
43. tert-Butylacrylat (siehe Anmerkung 21)	1663-39-4	200	500
44. 2-Methyl-3-butennitril (siehe Anmerkung 21)	16529-56-9	500	2 000
45. Tetrahydro-3,5-Dimethyl-1,3,5-thiadiazin-2-thion (Dazomet) (siehe Anmerkung 21)	533-74-4	100	200
46. Methylacrylat (siehe Anmerkung 21)	96-33-3	500	2 000
47. 3-Methylpyridin (siehe Anmerkung 21)	108-99-6	500	2 000
48. 1-Brom-3-chlorpropan (siehe Anmerkung 21)	109-70-6	500	2 000

(1) Die CAS-Nummer wird nur als Hinweis angegeben.

ANMERKUNGEN ZU ANHANG I

1. Die Stoffe und Gemische sind gemäß der Verordnung (EG) Nr. 1272/2008 eingestuft.

2. Gemische werden in der gleichen Weise behandelt wie reine Stoffe, sofern sie die Höchstkonzentrationen nicht überschreiten, die entsprechend ihren Eigenschaften in der Verordnung (EG) Nr. 1272/2008 oder deren letzten Anpassungen an den technischen Fortschritt festgelegt sind, es sei denn, dass eigens eine prozentuale Zusammensetzung oder eine andere Beschreibung angegeben ist.

3. Die vorstehend angegebenen Mengenschwellen gelten je Betrieb.

   Die für die Anwendung der einschlägigen Artikel zu berücksichtigenden Mengen sind die Höchstmengen, die zu irgendeinem Zeitpunkt vorhanden sind oder vorhanden sein können. Gefährliche Stoffe, die in einem Betrieb nur in einer Menge von höchstens 2 % der relevanten Mengenschwelle vorhanden sind, bleiben bei der Berechnung der vorhandenen Gesamtmenge unberücksichtigt, wenn sie sich innerhalb eines Betriebs an einem Ort befinden, an dem sie nicht als Auslöser eines schweren Unfalls an einem anderen Ort des Betriebs wirken können.

4. Soweit zutreffend, gelten die folgenden Regeln für das Addieren von Mengen gefährlicher Stoffe oder von Kategorien gefährlicher Stoffe:

   Bei einem Betrieb, in dem kein einzelner gefährlicher Stoff in einer Menge vorhanden ist, die der jeweiligen Mengenschwelle entspricht oder größer ist, wird zur Feststellung, ob der Betrieb unter die einschlägigen Vorschriften der Richtlinie fällt, folgende Additionsregel angewendet.

   Diese Richtlinie ist auf Betriebe der oberen Klasse anzuwenden, wenn die Summe

   $q_1/Q_{U1} + q_2/Q_{U2} + q_3/Q_{U3} + q_4/Q_{U4} + q_5/Q_{U5} + \ldots$ größer oder gleich 1 ist,

   dabei ist q_x die Menge des gefährlichen Stoffes x (oder gefährlicher Stoffe ein und derselben Kategorie), der (die) unter Teil 1 oder Teil 2 dieses Anhangs fällt (fallen),

   und Q_{UX} die in Teil 1 Spalte 3 oder Teil 2 Spalte 3 angegebene relevante Mengenschwelle für den gefährlichen Stoff oder die Kategorie x.

   Diese Richtlinie ist auf Betriebe der unteren Klasse anzuwenden, wenn die Summe

   $q_1/Q_{L1} + q_2/Q_{L2} + q_3/Q_{L3} + q_4/Q_{L4} + q_5/Q_{L5} + \ldots$ größer oder gleich 1 ist,

   dabei ist q_x die Menge des gefährlichen Stoffes x (oder gefährlicher Stoffe ein und derselben Kategorie), der (die) unter Teil 1 oder 2 dieses Anhangs fällt (fallen), und Q_{LX} die in Teil 1 Spalte 2 oder Teil 2 Spalte 2 angegebene relevante Mengenschwelle für den gefährlichen Stoff oder die Kategorie x.

Diese Regel dient zur Beurteilung der Gesundheitsgefahren, physikalischen Gefahren und Umweltgefahren. Sie ist daher dreimal anzuwenden:

a) für das Addieren von in Teil 2 aufgeführten gefährlichen Stoffen, die unter die Gefahrenkategorien „akute Toxizität 1, 2 oder 3 (Inhalation)" oder STOT SE Gefahrenkategorie 1 fallen, zu gefährlichen Stoffen, die unter Teil 1 Abschnitt H, Einträge H1 bis H3 fallen,

b) für das Addieren von in Teil 2 aufgeführten gefährlichen Stoffen, die explosive Stoffe, entzündbare Gase, entzündbare Aerosole, entzündend (oxidierend) wirkende Gase, entzündbare Flüssigkeiten, selbstzersetzliche Stoffe und Gemische, organische Peroxide, selbstentzündliche (pyrophore) Flüssigkeiten und Feststoffe, entzündend (oxidierend) wirkende Feststoffe und Flüssigkeiten sind, zu gefährlichen Stoffen, die unter Teil 1 Abschnitt P, Einträge P1 bis P8 fallen,

c) für das Addieren von in Teil 2 aufgeführten gefährlichen Stoffen, die unter „gewässergefährdend - akute Gefahr 1, chronische Gefahr 1 oder chronische Gefahr 2" fallen, zu gefährlichen Stoffen, die unter Teil 1 Abschnitt E, Einträge E1 und E2 fallen.

Die einschlägigen Bestimmungen dieser Richtlinie sind anzuwenden, wenn eine der bei Buchstabe a, b oder c erhaltenen Summen größer oder gleich 1 ist.

5. Gefährliche Stoffe, einschließlich Abfällen, die nicht unter die Verordnung (EG) Nr. 1272/2008 fallen, aber dennoch in einem Betrieb vorhanden sind oder vorhanden sein können und unter den im Betrieb angetroffenen Bedingungen hinsichtlich ihres Unfallpotenzials gleichwertige Eigenschaften besitzen oder besitzen können, werden vorläufig der ähnlichsten Gefahrenkategorie oder dem ähnlichsten namentlich aufgeführten gefährlichen Stoff, die/der in den Anwendungsbereich dieser Richtlinie fällt, zugeordnet.

6. Bei gefährlichen Stoffen mit Eigenschaften, die zu mehr als einer Einstufung Anlass geben, gelten für Zwecke dieser Richtlinie die jeweils niedrigsten Mengenschwellen. Bei Anwendung der in Anmerkung 4 festgelegten Additionsregel wird jedoch die niedrigste Mengenschwelle für jede Gruppe von Kategorien in Anmerkung 4 Buchstabe a, Anmerkung 4 Buchstabe b und Anmerkung 4 Buchstabe c, die der jeweiligen Einstufung entspricht, verwendet.

7. Gefährliche Stoffe, die unter akut toxisch, Gefahrenkategorie 3, oral (H 301) fallen, fallen in jenen Fällen, in denen sich weder eine Einstufung in akute Inhalationstoxizität noch eine Einstufung in akute dermale Toxizität ableiten lässt, etwa weil schlüssige Daten zur Inhalations- und zur dermalen Toxizität fehlen, unter den Eintrag H2 AKUT TOXISCH.

8. Die Gefahrenklasse „explosive Stoffe" umfasst Erzeugnisse mit Explosivstoff (siehe Anhang I Abschnitt 2.1 der Verordnung (EG) Nr. 1272/2008). Ist die Menge des explosiven Stoffs oder explosiven Gemisches in dem Erzeugnis bekannt, ist diese Menge für die Zwecke dieser Richtlinie zu beachten. Ist die Menge des explosiven Stoffs oder explosiven Gemisches in dem Erzeugnis unbekannt, ist für die Zwecke dieser Richtlinie das gesamte Erzeugnis als explosiv zu betrachten.

9. Die Prüfung auf explosive Eigenschaften von Stoffen und Gemischen ist nur erforderlich, wenn das Screening- Verfahren nach Anhang 6, Teil 3 der Empfehlungen der Vereinten Nationen für die Beförderung gefährlicher Güter, Handbuch über Prüfungen und Kriterien (im Folgenden „UN-Handbuch über Prüfungen und Kriterien") ([1]) bei dem Stoff oder dem Gemisch mögliche explosive Eigenschaften nachweist.

10. Werden explosive Stoffe und Gemische der Unterklasse 1.4 aus ihrer Verpackung entfernt oder wiederverpackt, werden sie unter Eintrag P1a eingestuft, es sei denn, die Gefahr entspricht nachweislich nach wie vor der Unterklasse 1.4 im Sinne der Verordnung (EG) Nr. 1272/2008.

11.1. Entzündbare Aerosole sind im Sinne der Richtlinie 75/324/EWG des Rates vom 20. Mai 1975 zur Angleichung der Rechtsvorschriften der Mitgliedstaaten über Aerosolpackungen ([2]) (Richtlinie über Aerosolpackungen) einzustufen. Die Kategorien „extrem brennbar" und „brennbar" für Aerosole gemäß Richtlinie 75/324/EWG entsprechen den Gefahrenkategorien „entzündbare Aerosole, Kategorie 1 bzw. 2" der Verordnung (EG) Nr. 1272/2008.

11.2. Um diesen Eintrag zu nutzen, darf die Aerosolpackung nachweislich weder ein entzündbares Gas der Gefahrenkategorie 1 oder 2 noch eine entzündbare Flüssigkeit der Gefahrenkategorie 1 enthalten.

([1]) Weitere Hinweise zur Befreiung von der Erprobung finden sich in der Beschreibung der Methode A.14, siehe Verordnung (EG) Nr. 440/2008 der Kommission vom 30. Mai 2008 zur Festlegung von Prüfmethoden gemäß der Verordnung (EG) Nr. 1907/2006 des Europäischen Parlaments und des Rates zur Registrierung, Bewertung, Zulassung und Beschränkung chemischer Stoffe (REACH) (ABl. L 142 vom 31.5.2008, S. 1).

([2]) ABl. L 147 vom 9.6.1975, S. 40.

12. Gemäß Anhang I Abschnitt 2.6.4.5 der Verordnung (EG) Nr. 1272/2008 müssen Flüssigkeiten mit einem Flammpunkt über 35 °C nicht in die Kategorie 3 eingestuft werden, wenn die Prüfung L.2 zur Bestimmung der selbst- unterhaltenden Verbrennung nach dem UN-Handbuch über Prüfungen und Kriterien, Teil III Abschnitt 32, negativ ausgefallen ist. Dies gilt allerdings nicht bei veränderten Bedingungen wie einer hohen Temperatur oder Hochdruck, und daher sind solche Flüssigkeiten in diesem Eintrag eingeschlossen.

13. Ammoniumnitrat (5 000/10 000): Düngemittel, die zu einer selbstunterhaltenden Zersetzung fähig sind.

Dies gilt für Ammoniumnitrat-Mischdünger/Volldünger (Mischdünger/Volldünger enthalten Ammoniumnitrat mit Phosphat und/oder Pottasche), die nach der Trogprüfung der Vereinten Nationen (siehe „UN-Handbuch über Prüfungen und Kriterien", Teil III, Unterabschnitt 38.2) zu einer selbstunterhaltenden Zersetzung fähig sind und bei denen der von Ammoniumnitrat abgeleitete Stickstoffgehalt

- gewichtsmäßig zwischen 15,75 % (1) und 24,5 % (2) beträgt und die entweder insgesamt höchstens 0,4 % brennbaren / organischen Materials enthalten oder die Anforderungen des Anhangs III-2 der Verordnung (EG) Nr. 2003/2003 des Europäischen Parlaments und des Rates vom 13. Oktober 2003 über Düngemittel (3) erfüllen;

- gewichtsmäßig höchstens 15,75 % beträgt und brennbares Material keiner Begrenzung unterliegt.

14. Ammoniumnitrat (1 250/5 000): Düngemittelqualität

Dies gilt für reine Ammoniumnitrat-Düngemittel und für Ammoniumnitrat-Mischdünger/Volldünger, die die Anforderungen des Anhangs III-2 der Verordnung (EG) Nr. 2003/2003 erfüllen und bei denen der von Ammoniumnitrat abgeleitete Stickstoffgehalt

- gewichtsmäßig größer als 24,5 % ist, ausgenommen Gemische von reinen Ammoniumnitrat-Düngemitteln und Dolomit, Kalkstein und/oder Calciumcarbonat mit einem Reinheitsgrad von mindestens 90 %;

- bei Gemischen von Ammoniumnitrat und Ammoniumsulfat gewichtsmäßig größer als 15,75 % ist;

- bei Gemischen von reinen Ammoniumnitrat-Düngemitteln und Dolomit, Kalkstein und/oder Calciumcarbonat mit einem Reinheitsgrad von mindestens 90 % gewichtsmäßig größer als 28 % (4) ist.

15. Ammoniumnitrat (350/2 500): technische Qualität

Dies gilt für Ammoniumnitrat und Gemische von Ammoniumnitrat, bei denen der von Ammoniumnitrat abgeleitete Stickstoffgehalt

- gewichtsmäßig zwischen 24,5 % und 28 % beträgt und die höchstens 0,4 % brennbarer Stoffe enthalten;

- gewichtsmäßig größer als 28 % ist und die höchstens 0,2 % brennbarer Stoffe enthalten.

Es gilt auch für wässrige Lösungen von Ammoniumnitrat, bei denen die Konzentration von Ammoniumnitrat gewichtsmäßig größer als 80 % ist.

16. Ammoniumnitrat (10/50): nicht spezifikationsgerechtes Material („Off-Specs") und Düngemittel, die den Detonationstest nicht bestehen.

Dies gilt für

- zurückgewiesenes Material aus dem Produktionsprozess und für Ammoniumnitrat und Gemische von Ammoniumnitrat, reine Ammoniumnitrat-Düngemittel und Ammoniumnitrat-Mischdünger/Volldünger gemäß den Anmerkungen 14 und 15, die vom Endverbraucher an einen Hersteller, eine Anlage zur vorübergehenden Lagerung oder eine Wiederaufarbeitungsanlage zum Zweck der Aufarbeitung, Wiederverwertung oder Behandlung zur sicheren Verwendung zurückgegeben werden oder wurden, weil sie die Anforderungen der Anmerkungen 14 und 15 nicht mehr erfüllen;

- Düngemittel gemäß der Anmerkung 13 erster Gedankenstrich und der Anmerkung 14, die die Anforderungen des Anhangs III-2 der Richtlinie (EG) Nr. 2003/2003 nicht erfüllen.

17. Kaliumnitrat (5 000/10 000)

Dies gilt für Mehrnährstoffdünger auf der Basis von Kaliumnitrat (in geprillter oder granulierter Form), der dieselben gefährlichen Eigenschaften wie reines Kaliumnitrat hat.

(1) Ein von Ammoniumnitrat abgeleiteter Stickstoffgehalt von gewichtsmäßig 15,75 % entspricht 45 % Ammoniumnitrat.
(2) Ein von Ammoniumnitrat abgeleiteter Stickstoffgehalt von gewichtsmäßig 24,5 % entspricht 70 % Ammoniumnitrat.
(3) ABl. L 304 vom 21.11.2003, S. 1.
(4) Ein von Ammoniumnitrat abgeleiteter Stickstoffgehalt von gewichtsmäßig 28 % entspricht 80 % Ammoniumnitrat.

18. Kaliumnitrat (1 250/5 000)

Dies gilt für Mehrnährstoffdünger auf der Basis von Kaliumnitrat (in kristalliner Form), der dieselben gefährlichen Eigenschaften wie reines Kaliumnitrat hat.

19. Aufbereitetes Biogas

Zur Umsetzung dieser Richtlinie kann aufbereitetes Biogas unter Anhang I Teil 2 Eintrag 18 eingestuft werden, wenn es nach anwendbaren Standards für gereinigtes und aufbereitetes Biogas aufbereitet wurde, so dass eine Erdgas äquivalente Qualität, einschließlich des Methangehalts, gewährleistet ist, und es höchstens 1 % Sauerstoff enthält.

20. Polychlordibenzofurane und Polychlordibenzodioxine

Die Berechnung der Mengen von Polychlordibenzofuranen und Polychlordibenzodioxinen erfolgt anhand der nachstehend aufgeführten Äquivalenzfaktoren:

WHO-Toxizitätsäquivalenzfaktor (TEF) 2005			
2,3,7,8-TCDD	1	2,3,7,8-TCDF	0,1
1,2,3,7,8-PeCDD	1	2,3,4,7,8-PeCDF	0,3
		1,2,3,7,8-PeCDF	0,03
1,2,3,4,7,8-HxCDD	0,1		
1,2,3,6,7,8-HxCDD	0,1	1,2,3,4,7,8-HxCDF	0,1
1,2,3,7,8,9-HxCDD	0,1	1,2,3,7,8,9-HxCDF	0,1
		1,2,3,6,7,8-HxCDF	0,1
1,2,3,4,6,7,8-HpCDD	0,01	2,3,4,6,7,8-HxCDF	0,1
OCDD	0,0003	1,2,3,4,6,7,8-HpCDF	0,01
		1,2,3,4,7,8,9-HpCDF	0,01
		OCDF	0,0003

(T = tetra, P = penta, Hx = hexa, Hp = hepta, O = octa)

Referenz - Van den Berg et al: The 2005 World Health Organization Re-evaluation of Human and Mammalian Toxic Equivalency Factors for Dioxins and Dioxin-like Compounds.

21. Wenn dieser gefährliche Stoff auch unter P5a entzündbare Flüssigkeiten oder P5b entzündbare Flüssigkeiten fällt, finden für die Zwecke dieser Richtlinie die niedrigsten Mengenschwellen Anwendung.

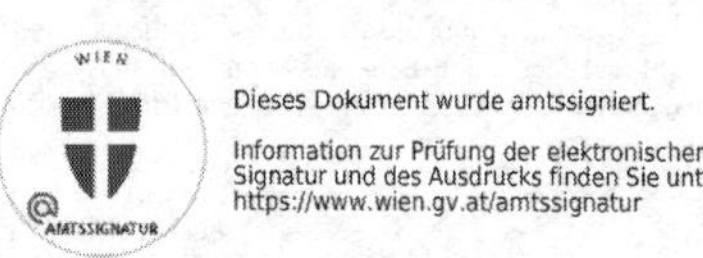

Anhang 3

Grundsätze für die Durchführung der Kosten-Nutzen-Analyse und Leitgrundsätze für die Methodik, die Annahmen und den zeitlichen Rahmen der wirtschaftlichen Analyse gemäß Anhang IX, Teil 2 der RL 2012/27/EU:

Wird die Errichtung einer reinen Stromerzeugungsanlage geplant, so wird die geplante Anlage oder die wesentliche Änderung der Anlage mit einer gleichwertigen Anlage verglichen, bei der dieselbe Menge an Strom erzeugt, jedoch Abwärme rückgeführt und Wärme mittels hocheffizienter KWK und/oder Fernwärme- und Fernkältenetze abgegeben wird.

Bei der Bewertung werden innerhalb festgelegter geografischer Grenzen die geplante Anlage und etwaige geeignete bestehende oder potenzielle Wärmebedarfspunkte, die über die Anlage versorgt werden könnten, berücksichtigt, wobei den praktischen Möglichkeiten (z. B. technische Machbarkeit und Entfernung) Rechnung zu tragen ist.

Die Systemgrenze wird so festgelegt, dass sie die geplante Anlage und die Wärmelasten umfasst, beispielsweise Gebäude und Industrieprozesse. Innerhalb dieser Systemgrenze sind die Gesamtkosten für die Bereitstellung von Wärme und Strom für beide Fälle zu ermitteln und zu vergleichen.

Die Wärmelasten umfassen bestehende Wärmelasten wie Industrieanlagen oder vorhandene Fernwärmesysteme sowie - in städtischen Gebieten - die Wärmelasten, die bestehen würden, wenn eine Gebäudegruppe oder ein Stadtteil ein neues Fernwärmenetz erhielte und/oder an ein solches angeschlossen würde.

Die Kosten-Nutzen-Analyse stützt sich auf eine Beschreibung der geplanten Anlage und der Vergleichsanlage(n); diese umfasst insbesondere die elektrische und thermische Kapazität, den Brennstofftyp, die geplante Verwendung und die geplante Anzahl der Betriebsstunden pro Jahr, den Standort und den Bedarf an Strom und Wärme.

Für die Zwecke des Vergleichs werden der Wärmeenergiebedarf und die Arten der Wärme- und Kälteversorgung, die von den nahe gelegenen Wärmebedarfspunkten genutzt werden, berücksichtigt. In den Vergleich fließen die infrastrukturbezogenen Kosten der geplanten Anlage und der Vergleichsanlage ein.

Die Kosten-Nutzen-Analyse beinhaltet neben der reinen Finanzanalyse auch eine volkswirtschaftliche Analyse.

Die Finanzanalyse gibt Aufschluss über die zu erwartenden Cashflows der beiden Optionen, die sich einerseits aus den Investitionen und den laufenden Kosten des Betriebs einer reinen Stromerzeugungsanlage, und andererseits aus den Investitionen und laufenden Kosten des Betriebs einer hocheffizienten KWK-Anlage ergeben. Zur Ermittlung der erwarteten Erlöse aus der Vermarktung des erzeugten Stroms für die beiden Optionen sind entsprechende Preiserwartungen über die Nutzungsdauer zu hinterlegen. Für die Option der hocheffizienten KWK-Anlage sind zusätzlich die erwarteten Erlöse aus der Wärmebereitstellung zu ermitteln. Die Finanzanalyse hat dabei folgende Kriterien zu berücksichtigen:

1. Investitionskosten für die Errichtung der Anlage, die Auskopplung, sowie den Transport und die Einspeisung von Wärme,
2. Betriebskosten für die Anbindung von Anlage und Netz,
3. Finanzierungskosten unter Berücksichtigung eines Zeitraumes von 30 Jahren und einer angemessenen Rendite,
4. sonstige Kosten, insbesondere für die Betriebsführung und Ausfallsicherung,
5. Kosten-Nutzen-Vergleich.

Die volkswirtschaftliche Kosten-Nutzen-Analyse erweitert die Finanzanalyse um externe Effekte (externe Kosten und externen Nutzen), die der jeweiligen Option zuzurechnen sind. Die externen Effekte haben zumindest die relevanten negativen und positiven Externalitäten jeder Option (wie z.B. Umweltauswirkungen, Auswirkungen auf die Versorgungssicherheit, Primärenergieeinsparungen, etc.) zu umfassen. Sofern möglich und zumutbar ist bei der Bewertung der Externalitäten eine quantitative Bewertung heranzuziehen.

Der Finanzanalyse, wie auch der davon abgeleiteten volkswirtschaftlichen Analyse, ist eine Sensitivitäts- und Risikoanalyse beizulegen. Dabei sollten zumindest unterschiedliche Verbrauchsentwicklungsszenarien und Preisszenarien, sowohl auf der Input-Seite als auch auf der Output-Seite, zur Anwendung gelangen. Die beizulegenden Analysen entsprechen der gängigen Praxis der Investitionsbewertung.

Die Kosten-Nutzen-Analyse ist für jede der Optionen separat, übersichtlich und transparent aufzustellen. Die entsprechenden Annahmen zur Entwicklung der relevanten Parameter sind zum Zwecke der Nachvollziehbarkeit und Plausibilisierung darzustellen. Dies gilt auch für die Sensitivitäts- und Risikoanalyse. Sollte die Finanzanalyse für eine, oder für beide der Optionen ein negatives Ergebnis liefern, sind dennoch die Kosten-Nutzen-Analysen, wie auch die beizulegenden Sensitivitäts- und Risikoanalysen vorzulegen.

Die Kosten-Nutzen-Analyse hat im Übrigen unter sinngemäßer Anwendung der Anhänge I und II der delegierten Verordnung (EU) Nr. 244/2012 und unter Berücksichtigung der Leitlinien zur delegierten Verordnung (EU) Nr. 244/2012 zu erfolgen, wobei als Betrachtungszeitraum sowie als Nutzungsdauer sämtlicher Investitionsbestandteile für die Stromerzeugungsanlage, die KWK-Anlage, die Wärmeerzeugungsanlage und das Wärmenetz, 30 Jahre anzunehmen sind.

17. VO (EU) 2019/943 über den Elektrizitätsbinnenmarkt

ABl L 2019/158 idgF

DAS EUROPÄISCHE PARLAMENT UND DER RAT DER EUROPÄISCHEN UNION —

gestützt auf den Vertrag über die Arbeitsweise der Europäischen Union („AEUV"), insbesondere auf Artikel 194 Absatz 2,

auf Vorschlag der Europäischen Kommission,

nach Zuleitung des Entwurfs des Gesetzgebungsakts an die nationalen Parlamente,

nach Stellungnahme des Europäischen Wirtschafts- und Sozialausschusses [1],

nach Stellungnahme des Ausschusses der Regionen [2],

gemäß dem ordentlichen Gesetzgebungsverfahren [3],

in Erwägung nachstehender Gründe:

(1) Die Verordnung (EG) Nr. 714/2009 des Europäischen Parlaments und des Rates [4] wurde mehrfach und erheblich geändert. Aus Gründen der Klarheit empfiehlt es sich, im Rahmen der anstehenden Änderungen die genannte Verordnung neu zu fassen.

(2) Ziel der Energieunion ist es, die Endkunden — Haushalte und Unternehmen — mit sicherer, gesicherter, nachhaltiger, wettbewerbsfähiger und erschwinglicher Energie zu versorgen. In der Vergangenheit wurde das Stromsystem von vertikal integrierten, häufig staatlichen Monopolen mit großen, zentralen, Kernkraftwerken oder mit fossilen Brennstoffen betriebenen Kraftwerken dominiert. Der Elektrizitätsbinnenmarkt, der seit 1999 schrittweise geschaffen wird, soll allen Verbrauchern in der Union eine echte Wahl ermöglichen, neue Geschäftschancen für die Unternehmen eröffnen sowie den grenzüberschreitenden Handel fördern und auf diese Weise Effizienzgewinne, wettbewerbsfähige Preise und eine höhere Dienstleistungsqualität bewirken und zu mehr Versorgungssicherheit und Nachhaltigkeit beitragen. Durch den Elektrizitätsbinnenmarkt haben der Wettbewerb, insbesondere auf der Großhandelsebene, und der zonenübergreifende Handel zugenommen. Der Elektrizitätsbinnenmarkt bleibt das Fundament eines effizienten Energiemarkts.

(3) Im Energiesystem der Union vollziehen sich gerade die tiefgreifendsten Veränderungen seit Jahrzehnten, und diese Veränderungen betreffen insbesondere den Elektrizitätsmarkt. Mit dem gemeinsamen Ziel der Dekarbonisierung des Energiesystems ergeben sich für die Marktteilnehmer neue Chancen und Herausforderungen. Gleichzeitig entstehen durch technologische Entwicklungen neue Formen der Beteiligung der Verbraucher und der grenzüberschreitenden Zusammenarbeit.

(4) Dieser Verordnung legt Vorschriften fest, mit denen das Funktionieren des Elektrizitätsbinnenmarkts sichergestellt werden soll, und sieht Anforderungen in Bezug auf den Ausbau der Nutzung erneuerbarer Energieträger und die Umweltpolitik vor, insbesondere spezielle Regelungen für bestimmte Arten von Gesamteinrichtungen zur Stromerzeugung aus erneuerbaren Quellen, in Bezug auf Bilanzkreisverantwortung, Dispatch und Redispatch sowie einen Schwellenwert für die CO_2-Emissionen von neuen Erzeugungskapazitäten, wenn solche Kapazitäten zeitlich begrenzten Maßnahmen zur Gewährleistung der erforderlichen Angemessenheit der Ressourcen, d.h. einem Kapazitätsmechanismus, unterliegen.

(5) Für Elektrizität aus erneuerbaren Quellen, die in kleinen Gesamteinrichtungen zur Stromerzeugung erzeugt wird, sollte ein vorrangiger Dispatch vorgesehen werden, entweder durch eine besondere Prioritätsreihenfolge in der Dispatch-Methode oder durch rechtliche oder regulatorische Anforderungen an die Marktteilnehmer, diese Elektrizität auf dem Markt bereitzustellen. Ein vorrangiger Dispatch, der unter denselben wirtschaftlichen Bedingungen in den Netzbetriebsdiensten vorgesehen wurde, sollte als mit dieser Verordnung vereinbar gelten. In jedem Fall sollte der vorrangige Dispatch als vereinbar damit angesehen werden, dass Gesamteinrichtungen zur Stromerzeugung, die erneuerbare Energiequellen nutzten, am Strommarkt teilnehmen.

(6) Staatliche Maßnahmen, die häufig nicht ausreichend koordiniert sind, haben zu zunehmenden Verzerrungen im Stromgroßhandelsmarkt geführt, die sich negativ auf die Investitionen und den grenzüberschreitenden Handel auswirken.

(7) In der Vergangenheit waren Stromkunden rein passive Kunden, die Elektrizität häufig zu regulierten Preisen ohne unmittelbaren Marktbezug erwarben. In der Zukunft muss es den Kunden ermöglicht werden, in vollem Umfang und gleichberechtigt mit anderen Marktteilnehmern am Markt teilzunehmen und es muss ihnen ermöglicht werden, ihren Energieverbrauch zu steuern. Zur Einbindung des wachsenden Anteils erneuerbarer Energie in das künftige Stromsystem sollten

alle verfügbaren Flexibilitätsquellen, insbesondere Laststeuerungslösungen und Energiespeicherung, sowie die Digitalisierung durch die Integration innovativer Technologien in das Stromsystem genutzt werden. Um eine wirksame Dekarbonisierung zu den niedrigst möglichen Kosten zu erreichen, muss das künftige Stromsystem außerdem die Energieeffizienz fördern. Durch die Vollendung des Energiebinnenmarkts im Zuge der tatsächlichen Integration von erneuerbare Energie können langfristig Investitionen angeregt und kann dazu beigetragen werden, die Ziele der Energieunion und des Rahmens für die Klima- und Energiepolitik bis 2030, wie in der Kommissionsmitteilung vom 22. Januar 2014 mit dem Titel „Ein Rahmen für die Klima- und Energiepolitik im Zeitraum 2020-2030“ festgelegt, und in den Schlussfolgerungen des Europäischen Rat vom 23. und 24. Oktober 2014 gebilligt, zu erreichen.

(8) Eine größere Marktintegration und der Wandel zu einem System der Stromerzeugung mit größeren Schwankungen machen es erforderlich, die Anstrengungen zur Koordinierung der nationalen energiepolitischen Maßnahmen mit denen der Nachbarstaaten und zur Nutzung der Möglichkeiten des grenzüberschreitenden Stromhandels zu verstärken.

(9) Dank der Weiterentwicklung der Regelungsrahmen kann Elektrizität nunmehr in der gesamten Union gehandelt werden. Diese Entwicklung wurde durch die Verabschiedung mehrerer Netzkodizes und Leitlinien für die Integration der Strommärkte gefördert. Diese Netzkodizes und Leitlinien enthalten Bestimmungen zu Marktvorschriften, zum Netzbetrieb und zum Netzanschluss. Zur Wahrung vollständiger Transparenz und zur Erhöhung der Rechtssicherheit sollten auch die wichtigsten Grundsätze für das Funktionieren des Marktes und die Kapazitätsvergabe für die Regelenergie-, Intraday-, Day-Ahead- und Terminmarktzeitspannen nach dem ordentlichen Gesetzgebungsverfahren verabschiedet und in einem einzigen Rechtsakt der Union zusammengeführt werden.

(10) Artikel 13 der Verordnung (EU) 2017/2195 der Kommission [5] legt ein Verfahren fest, wonach Übertragungsnetzbetreiber ihre Aufgaben ganz oder teilweise einem Dritten übertragen können. Die übertragenden Übertragungsnetzbetreiber sollten jedoch dafür verantwortlich bleiben, die Einhaltung dieser Verordnung sicherzustellen. Darüber hinaus sollten die Mitgliedstaaten einem Dritten Aufgaben und Pflichten zuweisen können. Eine solche Zuweisung sollte sich jedoch auf Aufgaben und Verpflichtungen beschränken, wie beispielsweise die Abrechnung von Bilanzkreisabweichungen, die auf nationaler Ebene erfüllt werden. Die Beschränkungen für eine solche Zuweisung sollten nicht zu unnötigen Änderungen an bestehenden nationalen Regelungen führen. Die Übertragungsnetzbetreiber sollten jedoch für die Aufgaben, mit denen sie nach Artikel 40 der Richtlinie (EU) 2019/944 des Europäischen Parlaments und des Rates [6] betraut sind, verantwortlich bleiben.

(11) Im Hinblick auf die Regelreservemärkte setzt eine effiziente und den Wettbewerb nicht verzerrende Preisbildung bei der Beschaffung von Regelleistung und Regelarbeit voraus, dass die Festsetzung der Regelarbeitspreise nicht durch Regelleistungsverträge erfolgt. Dies gilt unbeschadet der Dispatch-Systeme, in denen ein integriertes Fahrplanerstellungsverfahren gemäß der Verordnung (EU) 2017/2195 Anwendung findet

(12) Nach Artikel 18, 30 und 32 der Verordnung (EU) 2017/2195 bieten die Preisberechnungsmethoden sowohl für Standardprodukte als auch für spezifische Produkte für Regelarbeit den Marktteilnehmern positive Anreize dafür, im jeweiligen Geltungsbereich des Ausgleichsenergiepreises den eigenen Bilanzkreis aufrechtzuerhalten oder zur Wiederherstellung des Systemgleichgewichts beizutragen, um Ungleichgewichte im System zu verringern und die Kosten für die Gesellschaft zu senken. Solche Preisbildungsansätze sollten vorbehaltlich der Betriebssicherheitsgrenzwerte auf die wirtschaftlich effiziente Nutzung der Laststeuerung und anderer Regelreserveressourcen abzielen.

(13) Durch die Integration der Regelarbeitsmärkte sollte ein effizient funktionierender Intraday-Markt unterstützt werden, damit die Marktteilnehmer die Möglichkeit haben, ihre eigene Leistungsbilanz so echtzeitnah wie möglich — entsprechend den in Artikel 24 der Verordnung (EU) 2017/2195 definierten Zeitpunkten der Schließung des Regelarbeitsmarkts — auszugleichen. Nur die nach Abschluss des Intraday-Markts noch bestehenden Bilanzkreisabweichungen sollten von den Übertragungsnetzbetreibern über den Regelreservemarkt ausgeglichen werden. In Artikel 53 der Verordnung (EU) 2017/2195 ist auch vorgesehen, dass die Bilanzkreisabrechnungszeitintervalle innerhalb der Union harmonisiert und auf 15 Minuten festgelegt werden. Durch diese Harmonisierung sollte der Intraday-Handel erleichtert und die Entwicklung mehrerer Handelsprodukte mit denselben Lieferzeiträumen unterstützt werden.

(14) Damit die Übertragungsnetzbetreiber Regelleistung auf effiziente, wirtschaftliche und marktbasierte Weise beschaffen und nutzen können, müssen die Märkte stärker integriert werden. Dazu sind in Titel IV der Verordnung (EU) 2017/2195 drei Methoden vorgesehen, mit denen die Übertragungsnetzbetreiber anhand einer Kosten-Nutzen-Analyse grenzüberschreitende Übertragungskapazität für den Austausch von

Regelleistung oder die Reserventeilung zuweisen können: das ko-optimierte Zuweisungsverfahren, das marktbasierte Zuweisungsverfahren und die Zuweisung auf der Grundlage einer Wirtschaftlichkeitsanalyse. Das ko-optimierte Zuweisungsverfahren wird für den Day-Ahead-Zeitbereich angewandt. Dahingegen könnte das marktbasierte Zuweisungsverfahren angewandt werden, wenn die Regelleistung höchstens eine Woche vor der Bereitstellung kontrahiert wird, und die Zuweisung auf der Grundlage einer Wirtschaftlichkeitsanalyse könnte angewendet werden, wenn die Regelleistung mehr als eine Woche vor der Bereitstellung kontrahiert wird, sofern die zugewiesenen Volumina begrenzt sind und eine jährliche Prüfung erfolgt. Sobald die maßgeblichen Regulierungsbehörden eine Methode für das Zuweisungsverfahren grenzüberschreitender Übertragungskapazität genehmigt haben, könnten zwei oder mehr Übertragungsnetzbetreiber diese Methode bereits vorab anwenden, um es ihnen zu ermöglichen, Erfahrungen zu sammeln und die reibungslose Einführung dieser Methode durch weitere Übertragungsnetzbetreiber vorzubereiten. Im Interesse der Marktintegration sollte die Anwendung solcher Methoden jedoch von allen Übertragungsnetzbetreibern harmonisiert werden.

(15) In Titel V der der Verordnung (EU) 2017/2195 wurde festgelegt, dass durch die Abrechnung von Bilanzkreisabweichungen vor allem zu gewährleisten ist, dass die Bilanzkreisverantwortlichen effizient den eigenen Bilanzkreis aufrechterhalten oder zur Wiederherstellung des Systemgleichgewichts beitragen, und Anreize für Marktteilnehmer geschaffen werden, die das Systemgleichgewicht aufrechterhalten oder zu seiner Wiederherstellung beitragen. Damit die Regelreservemärkte und das Energiesystem insgesamt dem zunehmenden Anteil der fluktuierenden erneuerbaren Energie gerecht werden können, sollten die Ausgleichsenergiepreise dem Echtzeitwert der Energie entsprechen. Alle Marktteilnehmer sollten finanziell für die von ihnen im System verursachten Bilanzkreisabweichungen verantwortlich sein, die der Differenz zwischen dem zugewiesenen Volumen und der Endposition auf dem Markt entsprechen. Im Fall von Laststeuerungsaggregatoren besteht das zugewiesene Volumen aus dem Energievolumen, das aus der Last der teilnehmenden Kunden physikalisch aktiviert wird und auf einer definierten Methode für die Messung und die Baseline basiert.

(16) In der Verordnung (EU) 2015/1222 der Kommission [7] werden detaillierte Leitlinien für die Vergabe zonenübergreifender Kapazität und für das Engpassmanagement auf dem Day-Ahead-Markt und dem Intraday-Markt festgelegt; dies schließt Anforderungen an die Ausarbeitung gemeinsamer Methoden zur Ermittlung der gleichzeitig zwischen Gebotszonen zur Verfügung stehenden Kapazitätsmengen, Kriterien für die Bewertung der Effizienz und ein Überprüfungsverfahren für die Abgrenzung der Gebotszonen ein. Die Artikel 32 und 34 der Verordnung (EU) 2015/1222 enthalten Bestimmungen für die Überprüfung von Gebotszonenkonfigurationen, die Artikel 41 und 54 der genannten Verordnung harmonisierte Höchst- und Mindestclearingpreise für die Day-Ahead- und Intraday-Zeitbereiche, Artikel 59 der genannten Verordnung Vorschriften für den Zeitpunkt der Schließung des zonenübergreifenden Intraday-Marktes und Artikel 74 der genannten Verordnung Vorschriften für die Kostenteilungsmethode für Redispatch und Countertrading.

(17) In der Verordnung (EU) 2016/1719 der Kommission [8] werden detaillierte Bestimmungen für die Vergabe zonenübergreifender Kapazität auf den Märkten für langfristige Kapazität, für die Ausarbeitung einer gemeinsamen Methode zur Ermittlung langfristiger zonenübergreifender Kapazität, für die Einrichtung einer zentralen Vergabeplattform auf europäischer Ebene, auf der langfristige Übertragungsrechte angeboten werden, und für die Möglichkeit der Rückgabe langfristiger Übertragungsrechte für eine spätere Vergabe langfristiger Kapazität oder der Übertragung langfristiger Übertragungsrechte zwischen Marktteilnehmern festgelegt. Artikel 30 der Verordnung (EU) 2016/1719 enthält Bestimmungen für Terminabsicherungsprodukte.

(18) In der Verordnung (EU) 2016/631 der Kommission [9] werden Vorschriften für den Anschluss von Gesamteinrichtungen zur Stromerzeugung an das Stromverbundnetz festgelegt, insbesondere im Hinblick auf synchrone Stromerzeugungsanlagen, nichtsynchrone Stromerzeugungsanlagen sowie nichtsynchrone Offshore-Stromerzeugungsanlagen. Diese Vorschriften tragen somit dazu bei, faire Wettbewerbsbedingungen im Elektrizitätsbinnenmarkt, die Systemsicherheit und die Integration von Elektrizität aus erneuerbaren Quellen sicherzustellen und den unionsweiten Stromhandel zu erleichtern. Die Artikel 66 und 67 der Verordnung (EU) 2016/631 enthalten Bestimmungen über aufkommende Technologien zur Stromerzeugung.

(19) Gebotszonen, die der Verteilung von Angebot und Nachfrage Rechnung tragen, sind ein Eckpfeiler des marktbasierten Stromhandels und eine Voraussetzung dafür, dass das Potenzial der Kapazitätsvergabemethoden, einschließlich dem lastflussgestützten Ansatz, in vollem Umfang ausgeschöpft wird. Gebotszonen sollten daher so festgelegt werden, dass durch sie die Marktliquidität, ein effizientes Engpassmanagement und ein insgesamt effizienter Markt sichergestellt werden. Wird

die Überprüfung einer bestehenden Gebotszonenkonfiguration von einer einzelnen Regulierungsbehörde oder einem einzelnen Übertragungsnetzbetreiber mit Zustimmung der zuständigen Regulierungsbehörde für die Gebotszonen in der Regelzone des Übertragungsnetzbetreibers eingeleitet, so sollte der Übertragungsnetzbetreiber der maßgeblichen Regelzone bzw. die zuständige Regulierungsbehörde der einzige Übertragungsnetzbetreiber bzw. die einzige Regulierungsbehörde sein, die an der Überprüfung teilnehmen, sofern sich die Gebotszonenkonfiguration unerheblich auf die Regelzonen der benachbarten Übertragungsnetzbetreiber einschließlich der Verbindungsleitungen auswirkt und die Überprüfung der Gebotszonenkonfiguration erforderlich ist, um die Effizienz zu steigern, möglichst umfassende grenzüberschreitende Handelsmöglichkeiten zu bieten oder die Betriebssicherheit zu wahren. Der maßgebliche Übertragungsnetzbetreiber und die zuständige Regulierungsbehörde sollten die benachbarten Übertragungsnetzbetreiber in vorher abgestimmter Weise über die Überprüfung unterrichten, und die Ergebnisse der Überprüfung sollten veröffentlicht werden. Die Überprüfung regionaler Gebotszonen sollte aufgrund des technischen Berichts über Engpässe gemäß Artikel 14 dieser Verordnung oder gemäß den bereits vorhandenen, in der Verordnung (EU) 2015/1222 festgelegten Verfahren eingeleitet werden können.

(20) Nehmen regionale Koordinierungszentren Kapazitätsberechnungen vor, so sollten sie die Kapazität maximieren und dabei kostenlose Entlastungsmaßnahmen in Betracht ziehen und die Betriebssicherheitsgrenzwerte einhalten, die für die Übertragungsnetzbetreiber der Kapazitätsberechnungsregion gelten. Führt die Berechnung nicht dazu, dass die Kapazität die in dieser Verordnung festgelegten Mindestkapazitäten erreicht oder übersteigt, so sollten die regionalen Koordinierungszentren sämtliche verfügbaren kostspieligen Entlastungsmaßnahmen in Betracht ziehen, um die Kapazität — unter Einhaltung der für die Übertragungsnetzbetreiber der Kapazitätsberechnungsregion geltenden Betriebssicherheitsgrenzwerte — bis zu den Mindestkapazitäten zu erhöhen, was auch das Redispatch-Potenzial in und zwischen den Kapazitätsberechnungsregionen — unter Einhaltung der für die Übertragungsnetzbetreiber der Kapazitätsberechnungsregion geltenden Betriebssicherheitsgrenzwerte — umfasst. Die Übertragungsnetzbetreiber sollten in Bezug auf alle Aspekte der Kapazitätsberechnung gemäß dieser Verordnung präzise und transparent Bericht erstatten und dafür sorgen, dass alle an die regionalen Koordinierungszentren übermittelten Informationen korrekt und zweckdienlich sind.

(21) Bei der Kapazitätsberechnung sollten die regionalen Koordinierungszentren die zonenübergreifenden Kapazitäten anhand von Daten der Übertragungsnetzbetreiber berechnen, die die Betriebssicherheitsgrenzwerte in den jeweiligen Regelzonen der Übertragungsnetzbetreiber einhalten. Die Übertragungsnetzbetreiber sollten beschließen können, von der koordinierten Kapazitätsberechnung abzuweichen, sofern deren Umsetzung bewirken würde, dass die Betriebssicherheitsgrenzwerte der Netzelemente in ihrer Regelzone nicht eingehalten werden. Diese Abweichungen sollten sorgfältig beobachtet und auf transparente Weise gemeldet werden, damit nicht missbräuchlich auf sie zurückgegriffen wird und das Volumen der den Marktteilnehmern bereitzustellenden Verbindungskapazität nicht beschränkt wird, um Engpässe in einer Gebotszone zu beheben. Ist ein Aktionsplan vorhanden, so sollte er Abweichungen Rechnung tragen und das Angehen ihrer Ursachen vorsehen.

(22) Zu den wichtigsten Marktgrundsätzen sollte gehören, dass die Strompreise durch Angebot und Nachfrage bestimmt werden. Diese Preise sollten erkennen lassen, wenn Elektrizität benötigt wird, und so marktbasierte Anreize für Investitionen in Flexibilitätsquellen wie flexible Erzeugung, Verbindungsleitungen, Laststeuerung und Energiespeicherung bieten.

(23) Da die Dekarbonisierung der Elektrizitätswirtschaft mit einem großen Marktanteil von Energie aus erneuerbaren Quellen eines der Ziele der Energieunion ist, ist es von entscheidender Bedeutung, dass im Markt bestehende Hindernisse für den grenzüberschreitenden Handel beseitigt und Investitionen in die unterstützende Infrastruktur, beispielsweise in flexiblere Erzeugung, Verbindungsleitungen, Laststeuerung und Energiespeicherung, gefördert werden. Damit dieser Übergang zu einer variablen und dezentralen Erzeugung unterstützt und sichergestellt wird, dass die Grundsätze des Energiemarktes die Grundlage für die künftigen Elektrizitätsmärkte der Union bilden, ist es von wesentlicher Bedeutung, die Kurzfristmärkte und Knappheitspreise erneut in den Mittelpunkt zu rücken.

(24) Kurzfristmärkte verbessern Liquidität und Wettbewerb, weil sie mehr Ressourcen, insbesondere jenen Ressourcen, die flexibler sind, die uneingeschränkte Marktteilnahme ermöglichen. Wirksame Knappheitspreise bewegen die Marktteilnehmer dazu, auf Marktsignale zu reagieren und dann verfügbar zu sein, wenn sie vom Markt am meisten benötigt werden, und stellen sicher, dass die Marktteilnehmer ihre Kosten auf dem Großhandelsmarkt decken können. Daher müssen administrative und implizite Preisobergrenzen unbedingt beseitigt werden, damit Knappheitspreise ermöglicht werden. Bei vollständiger Einbindung in die Marktstruktur tragen Kurzfristmärkte und

Knappheitspreise dazu bei, andere marktverzerrende Maßnahmen zur Wahrung der Versorgungssicherheit wie Kapazitätsmechanismen zu beseitigen. Gleichzeitig sollte durch Knappheitspreise ohne Preisobergrenzen auf dem Großhandelsmarkt nicht die Möglichkeit beeinträchtigt werden, den Endkunden, insbesondere Haushaltskunden, kleinen und mittleren Unternehmen (KMU) und industriellen Kunden, zuverlässige und stabile Preise zu bieten.

(25) Unbeschadet der Artikel 107, 108 und 109 des Vertrags über die Arbeitsweise der Europäischen Union (AEUV) gilt, dass Freistellungen von den Marktgrundsätzen, beispielsweise Bilanzkreisverantwortung, marktbasierter Dispatch oder Redispatch, dazu führen, dass weniger Flexibilität signalisiert und die Entwicklung von Lösungen wie Energiespeicherung, Laststeuerung oder Aggregierung behindert wird. Obwohl Freistellungen weiterhin notwendig sind, um einen unnötigen Verwaltungsaufwand für bestimmte Marktteilnehmer, insbesondere Haushaltskunden und KMU, zu vermeiden, stehen weit gefasste Freistellungen für ganze Technologiebereiche nicht im Einklang mit dem Ziel, effiziente marktbasierte Dekarbonisierungsprozesse einzuführen und sollten daher durch gezieltere Maßnahmen ersetzt werden.

(26) Eine Voraussetzung für funktionierenden Wettbewerb im Elektrizitätsbinnenmarkt sind diskriminierungsfreie, transparente und angemessene Entgelte für die Netznutzung einschließlich der Verbindungsleitungen im Übertragungsnetz.

(27) Unkoordinierte Einschränkungen der Verbindungskapazitäten schränken den Stromhandel zwischen den Mitgliedstaaten immer stärker ein und sind zu einem erheblichen Hindernis für den Aufbau eines funktionierenden Elektrizitätsbinnenmarkts geworden. Unter Einhaltung der Sicherheitsnormen für einen sicheren Netzbetrieb, einschließlich der Einhaltung der Sicherheitsnorm für Ausfallvarianten (N-1), sollte die maximale Kapazität der Verbindungsleitungen und der kritischen Netzelemente zur Verfügung gestellt werden. Für die Festlegung des Kapazitätsniveaus in einem Verbundnetz gelten allerdings einige Einschränkungen. Es müssen eindeutige Mindestwerte für die verfügbare Kapazität für den zonenübergreifenden Handel festgelegt werden, um die Auswirkungen von Ringflüssen und internen Engpässen auf den zonenübergreifenden Handel zu verringern und um den Marktteilnehmern einen vorhersehbaren Kapazitätswert zu geben. Wird der lastflussgestützte Ansatz angewandt, so sollte diese Mindestkapazität den Mindestanteil der die Betriebssicherheitsgrenzwerte einhaltenden Kapazität eines zonenübergreifenden oder internen kritischen Netzelements festlegen, der unter Berücksichtigung von Ausfallvarianten als Input für die koordinierte Kapazitätsberechnung gemäß Verordnung (EU) 2015/1222 heranzuziehen ist. Die gesamte restliche Kapazität kann für Zuverlässigkeitsmargen, Ringflüsse und interne Stromflüsse verwendet werden. Ferner sollten im Fall vorhersehbarer Probleme, die bei der Wahrung der Netzsicherheit auftreten können, für eine begrenzte Übergangszeit Freistellungen möglich sein. Solche Freistellungen sollten mit Methoden und Projekten für eine langfristige Lösung einhergehen.

(28) Die Übertragungskapazität, auf die nach dem Ansatz der Nettoübertragungskapazität die Mindestkapazität von 70 % anzuwenden ist, stellt die größtmögliche Übertragung von Wirkleistung dar, die die Betriebssicherheitsgrenzwerte einhält und Ausfallvarianten berücksichtigt. Die koordinierte Berechnung dieser Kapazität entspricht nicht bloß der Summe der Kapazitäten der Verbindungsleitungen und trägt auch dem Umstand Rechnung, dass sich Stromflüsse ungleichmäßig zwischen einzelnen Komponenten verteilen. Diese Kapazität berücksichtigt nicht Zuverlässigkeitsmargen, Ringflüsse oder interne Stromflüsse, welchen durch die verbleibenden 30 % Rechnung getragen wird.

(29) Unterschiedliche Sicherheits-, Betriebs- und Planungsnormen der Übertragungsnetzbetreiber in den Mitgliedstaaten sollten keinesfalls zu Wettbewerbsverzerrungen führen. Darüber hinaus sollten verfügbare Übertragungskapazitäten und die Sicherheits-, Planungs- und Betriebsnormen, die sich auf die verfügbaren Übertragungskapazitäten auswirken, für die Marktteilnehmer transparent sein.

(30) Für die effiziente Steuerung notwendiger Investitionen muss von Preisen außerdem signalisiert werden, wo Elektrizität am dringendsten benötigt wird. Um in einem zonalen Stromsystem korrekte standortbezogene Preissignale zu erhalten, muss die Festlegung der Gebotszonen auf kohärente, objektive und zuverlässige Weise in einem transparenten Verfahren erfolgen. Die Gebotszonen sollten strukturellen Engpässen Rechnung tragen, damit beim Betrieb und bei der Planung des Stromsystems der Union für Effizienz gesorgt wird und wirksame Preissignale für neue Erzeugungskapazitäten, Laststeuerung und die Übertragungsinfrastruktur gesetzt werden. Vor allem sollte die zonenübergreifende Kapazität nicht verringert werden, um interne Engpässe zu beheben.

(31) Um den voneinander abweichenden Grundsätzen der Optimierung der Gebotszonen ohne Gefährdung der liquiden Märkte und Netzinvestitionen Rechnung zu tragen, sollten zwei Möglichkeiten zum Angehen von Engpässen vorgesehen werden. Die Mitgliedstaaten sollten zwischen einer Rekonfiguration der Gebotszonen und Maßnahmen wie Netzverstärkung und Netzoptimierung wählen können. Ausgangspunkt für eine solche Entscheidung sollte die Ermittlung langfristiger struktureller Engpässe durch einen oder meh-

rere Übertragungsnetzbetreiber eines Mitgliedstaats, durch einen Bericht des Europäischen Netzes der Übertragungsnetzbetreiber (Strom) (ENTSO (Strom) —European Network of Transmission System Operators for Electricity) über Engpässe oder durch die Überprüfung der Gebotszonen sein. Die Mitgliedstaaten sollten zunächst versuchen, gemeinsam zu ermitteln, wie sich Engpässe am besten angehen lassen. Im Zuge dessen könnten sie multinationale oder nationale Aktionspläne zum Angehen von Engpässen verabschieden. Für Mitgliedstaaten, die einen Aktionsplan mit Maßnahmen zum Angehen von Engpässen annehmen, sollte ein Übergangszeitraum in Form einer linearen Verlaufskurve für die Öffnung von Verbindungsleitungen gelten. In der Endphase der Durchführung eines solchen Aktionsplans sollten die Mitgliedstaaten wählen können, ob sie sich für eine Rekonfiguration der Gebotszone bzw. Gebotszonen entscheiden oder ob sie mit Blick auf verbleibende Engpässe Entlastungsmaßnahmen ergreifen, deren Kosten sie tragen. In letzterem Fall sollten die Gebotszonen nicht gegen den Willen des Mitgliedstaats rekonfiguriert werden, solange die Mindestkapazität erreicht wird. Die für die koordinierte Kapazitätsberechnung zugrunde zu legende Mindestkapazität sollte ein Prozentsatz der Kapazität eines kritischen Netzelements sein, das im Rahmen des Auswahlverfahrens nach der Verordnung (EU) 2015/1222 festgelegt wurde, nach, oder, im Fall eines lastflussgestützten Ansatzes, bei Einhaltung der Betriebssicherheitsgrenzwerte in Ausfallvarianten. Als letztes Mittel sollte die Kommission einen Beschluss über die Gebotszonenkonfiguration erlassen können, wobei die Gebotszonenkonfiguration nur in denjenigen Mitgliedstaaten geändert werden sollte, die sich für die Aufteilung der Gebotszone entschieden oder die Mindestkapazität nicht erreicht haben.

(32) Für die effiziente Dekarbonisierung des Stromsystems mittels Marktintegration ist es erforderlich, die Hindernisse für den grenzüberschreitenden Handel systematisch zu beseitigen, um die Zersplitterung des Marktes zu überwinden und die Voraussetzungen dafür zu schaffen, dass die Vorteile der integrierten Elektrizitätsmärkte und des Wettbewerbs den Energieverbrauchern in der Union in vollem Umfang zugutekommen.

(33) In dieser Verordnung sollten die Grundsätze der Tarifierung und Kapazitätsvergabe festgelegt und sollte gleichzeitig der Erlass von Leitlinien vorgesehen werden, in denen die einschlägigen Grundsätze und Methoden näher ausgeführt werden, damit sie rasch an veränderte Gegebenheiten angepasst werden können.

(34) Die Bewältigung von Engpässen sollte den Übertragungsnetzbetreibern und Marktteilnehmern die richtigen wirtschaftlichen Signale geben und auf Marktmechanismen beruhen.

(35) In einem offenen, von Wettbewerb geprägten Markt sollten Übertragungsnetzbetreiber für die Kosten, die durch grenzüberschreitende Stromflüsse in ihren Netzen entstehen, von den Betreibern der Übertragungsnetze, aus denen die grenzüberschreitenden Stromflüsse stammen, und der Netze, in denen diese Stromflüsse enden, einen Ausgleich erhalten.

(36) Die zum Ausgleich zwischen den Übertragungsnetzbetreibern geleisteten Zahlungen und verbuchten Einnahmen sollten bei der Festsetzung der nationalen Netztarife berücksichtigt werden.

(37) Der für den Zugang zu einem jenseits der Grenze bestehenden System tatsächlich zu zahlende Betrag kann je nach den beteiligten Übertragungsnetzbetreibern und infolge der unterschiedlich gestalteten Tarifierungssysteme der Mitgliedstaaten erheblich variieren. Eine gewisse Harmonisierung ist daher zur Verhinderung von Handelsverzerrungen erforderlich.

(38) Die Verwendung von Einnahmen aus dem Engpassmanagement sollte nach bestimmten Regeln erfolgen, es sei denn, die spezifische Art der betroffenen Verbindungsleitung rechtfertigt eine Ausnahme von diesen Regeln.

(39) Um für alle Marktteilnehmer gleiche Wettbewerbsbedingungen zu schaffen, sollten die Netztarife so angewandt werden, dass sie an die Verteilerebene angeschlossene Erzeugungsanlagen gegenüber den an die Übertragungsebene angeschlossenen Erzeugungsanlagen weder bevorzugen noch benachteiligen. Netztarife sollten zu keiner Benachteiligung der Energiespeicherung führen und keine Negativanreize für die Teilnahme an der Laststeuerung schaffen oder die Verbesserung der Energieeffizienz behindern.

(40) Die mit der Verordnung (EU) 2019/942 des Europäischen Parlaments und des Rates [10] eingerichtete Agentur der Europäischen Union für die Zusammenarbeit der Energieregulierungsbehörden (ACER —Agency for the Cooperation of Energy Regulators) sollte dort, wo eine verbindliche Harmonisierung als nicht adäquat angesehen wird, einen Bericht über bewährte Verfahren zu Tarifmethoden erstellen, um die Transparenz zu erhöhen und die Vergleichbarkeit der Tarifgestaltung zu verbessern.

(41) Die Anwendung von Engpasserlösen sollte überdacht werden und dazu beitragen, dass die Verfügbarkeit garantiert und die Verbindungskapazität aufrechterhalten oder ausgebaut werden kann, damit noch besser für optimale Investitionen in das transeuropäische Netz Sorge getragen und das Problem angegangen wird, dass tragfähige Projekte für Verbindungsleitungen aufgrund mangelnder Prioritätensetzung auf nationaler Ebene nicht realisiert werden können.

(42) Damit das Elektrizitätsübertragungsnetz optimal verwaltet wird und der grenzüberschreitende Stromhandel und die grenzüberschreitende

Stromversorgung in der Union ermöglicht werden, sollte ENTSO (Strom) gegründet werden. Die Aufgaben von ENTSO (Strom) sollten im Einklang mit den Wettbewerbsvorschriften der Union ausgeführt werden, die für die Entscheidungen von ENTSO (Strom) weiter gelten. Die Aufgaben von ENTSO (Strom) sollten genau definiert werden, und seine Arbeitsmethode sollte so konzipiert sein, dass Effizienz und Transparenz sichergestellt sind. Die von ENTSO (Strom) ausgearbeiteten Netzkodizes sollten die für rein inländische Angelegenheiten erforderlichen nationalen Netzkodizes nicht ersetzen. Da durch einen Ansatz, der auf die regionale Ebene abstellt, wirksamere Fortschritte erzielt werden können, sollten die Übertragungsnetzbetreiber in der Gesamtstruktur, die der Zusammenarbeit dient, regionale Strukturen schaffen und gleichzeitig sicherstellen, dass die auf regionaler Ebene erzielten Ergebnisse mit den auf Unionsebene festgelegten Netzkodizes und nicht verbindlichen zehnjährigen Netzentwicklungsplänen vereinbar sind. Die Mitgliedstaaten sollten die Zusammenarbeit fördern und die Wirksamkeit des Netzes auf regionaler Ebene beobachten. Die Zusammenarbeit auf regionaler Ebene sollte mit den Fortschritten bei der Schaffung eines wettbewerbsgeprägten und effizienten Elektrizitätsbinnenmarkts vereinbar sein.

(43) ENTSO (Strom) sollte eine fundierte mittel- bis langfristige Abschätzung der Angemessenheit der Ressourcen auf europäischer Ebene durchführen, um eine objektive Grundlage für die Beurteilung von Bedenken bezüglich der Angemessenheit zu schaffen. Die Beurteilung von Bedenken bezüglich der Angemessenheit der Ressourcen, die durch Kapazitätsmechanismen angegangen wird, sollte auf der Grundlage der Abschätzung der Angemessenheit der Ressourcen auf europäischer Ebene erfolgen. Diese Abschätzung kann durch nationale Abschätzungen ergänzt werden.

(44) Die Methode für die langfristige Abschätzung der Angemessenheit der Ressourcen (vom Zehnjahreszeitbereich bis zum Year-Ahead-Zeitbereich) gemäß dieser Verordnung dient einem anderen Zweck als die saisonalen Abschätzungen der Angemessenheit (sechs Monate im Voraus) nach Artikel 9 der Verordnung (EU) 2019/941 des Europäischen Parlaments und des Rates [11]. Die mittel- bis langfristigen Abschätzungen dienen im Wesentlichen dazu, Bedenken bezüglich der Angemessenheit und den Bedarf an Kapazitätsmechanismen zu ermitteln, während anhand saisonaler Abschätzungen der Angemessenheit kurzfristige Gefahren aufgezeigt werden, die in den folgenden sechs Monaten auftreten könnten und wahrscheinlich zu einer erheblichen Verschlechterung der Stromversorgung führen. Darüber hinaus führen die regionalen Koordinierungszentren über den Übertragungsnetzbetrieb auch Abschätzungen der Angemessenheit der Ressourcen auf regionaler Ebene durch. Bei diesen Abschätzungen der Angemessenheit handelt es sich um sehr kurzfristige Week-Ahead- bis Day-Ahead-Abschätzungen im Zusammenhang mit dem Netzbetrieb.

(45) Vor der Einführung von Kapazitätsmechanismen sollten die Mitgliedstaaten die regulatorischen Verzerrungen, die zu den jeweiligen Bedenken bezüglich der Angemessenheit der Ressourcen beitragen, bewerten. Mitgliedstaaten sollten dazu verpflichtet werden, Maßnahmen zur Beseitigung der festgestellten Verzerrungen zu ergreifen und einen Zeitplan für ihre Umsetzung zu erlassen. Kapazitätsmechanismen sollten nur eingeführt werden, um Probleme in Bezug auf die Angemessenheit anzugehen die nicht durch die Beseitigung solcher Verzerrungen gelöst werden können.

(46) Mitgliedstaaten, die Kapazitätsmechanismen einführen wollen, sollten auf der Grundlage eines transparenten und nachprüfbaren Verfahrens Ziele bezüglich der Angemessenheit der Ressourcen festlegen. Die Mitgliedstaaten sollten die Möglichkeit haben, das gewünschte Maß an Versorgungssicherheit selbst festzulegen.

(47) Gemäß Artikel 108 AEUV ist ausschließlich die Kommission dafür zuständig, zu überprüfen, ob etwaige von den Mitgliedstaaten vorgesehene staatliche Beihilferegelungen mit dem Binnenmarkt vereinbar sind. Diese Überprüfung erfolgt auf der Grundlage von Artikel 107 Absatz 3 AEUV und entspricht den einschlägigen Bestimmungen und Leitlinien, die die Kommission für diese Zwecke erlassen kann. Diese im AEUV vorgesehene ausschließliche Zuständigkeit der Kommission bleibt von den Bestimmungen dieser Verordnung unberührt.

(48) Bereits bestehende Kapazitätsmechanismen sollten im Lichte dieser Verordnung überprüft werden.

(49) Zur Erleichterung der wirksamen grenzüberschreitenden Beteiligung an Kapazitätsmechanismen sollten in dieser Verordnung ausführliche Vorschriften festgelegt werden. Übertragungsnetzbetreiber sollten die grenzüberschreitende Beteiligung interessierter Erzeuger an Kapazitätsmechanismen in anderen Mitgliedstaaten erleichtern. Daher sollten sie berechnen, bis zu welchen Kapazitäten eine grenzüberschreitende Beteiligung möglich wäre, die Beteiligung ermöglichen und die Verfügbarkeiten prüfen. Die Regulierungsbehörden sollten die für die grenzüberschreitende Beteiligung geltenden Vorschriften in den Mitgliedstaaten durchsetzen.

(50) Kapazitätsmechanismen sollten, bei gleichzeitiger Vermeidung einer Überkompensation, die Versorgungssicherheit gewährleisten. In dieser Hinsicht sollten Kapazitätsmechanismen, die keine strategischen Reserven sind, so ausgestaltet

werden, dass der Preis für die Verfügbarkeit automatisch gegen Null geht, wenn davon auszugehen ist, dass der Kapazitätsbedarf mit der Kapazität gedeckt werden kann, die in Abwesenheit eines Kapazitätsmechanismus auf dem Energiemarkt rentabel wäre.

(51) Zur Unterstützung von Mitgliedstaaten und Regionen, die aufgrund der Energiewende vor sozialen, industriellen und wirtschaftlichen Herausforderungen stehen, hat die Kommission eine Initiative für Regionen ins Leben gerufen, die in hohem Maße von Kohle und einer CO_2-intensiven Wirtschaft abhängig sind. In diesem Zusammenhang sollte die Kommission die Mitgliedstaaten unterstützen, soweit verfügbar einschließlich durch gezielte Finanzhilfen, um den „gerechten Übergang" in diesen Regionen zu ermöglichen.

(52) In Anbetracht der Unterschiede zwischen nationalen Energiesysteme und der technischen Beschränkungen der bestehenden Stromsysteme lassen sich Fortschritte bei der Marktintegration häufig am besten auf regionaler Ebene erzielen. Die regionale Zusammenarbeit zwischen Übertragungsnetzbetreibern sollte daher gestärkt werden. Für eine effiziente Zusammenarbeit sollte mit einem neuen Regulierungsrahmen für eine stärkere regionale Steuerung und Regulierungsaufsicht gesorgt werden, wozu auch die Stärkung der Entscheidungsbefugnis von ACER in Bezug auf grenzüberschreitende Fragen gehört. Auch in Krisensituationen könnte die engere Zusammenarbeit der Mitgliedstaaten erforderlich sein, um die Versorgungssicherheit zu erhöhen und Marktverzerrungen zu begrenzen.

(53) Die Koordinierung zwischen den Übertragungsnetzbetreibern auf regionaler Ebene wurde mit der obligatorischen Beteiligung der Übertragungsnetzbetreiber an den regionalen Sicherheitskoordinatoren formell geregelt. Die regionale Koordinierung der Übertragungsnetzbetreiber sollte durch einen mit der Einrichtung regionaler Koordinierungszentren verbesserten institutionellen Rahmen ausgebaut werden. Bei der Einrichtung regionaler Koordinierungszentren sollte den bestehenden oder geplanten regionalen Koordinierungsinitiativen Rechnung getragen und der immer stärker integrierte Betrieb der Stromsysteme in der gesamten Union unterstützt werden, damit ihre effiziente und sichere Funktionsweise sichergestellt ist. Daher muss sichergestellt werden, dass die Koordinierung der Übertragungsnetzbetreiber unionsweit durch regionale Koordinationszentren erfolgt. Werden die Übertragungsnetzbetreiber einer bestimmten Region nicht von einem bestehenden oder geplanten regionalen Koordinierungszentrum koordiniert, so sollten die Übertragungsnetzbetreiber dieser Region ein regionales Koordinierungszentrum einrichten oder benennen.

(54) Der geografische Zuständigkeitsbereich der regionalen Koordinierungszentren sollte es ihnen ermöglichen, einen wirksamen Beitrag zur überregionalen Koordinierung der Tätigkeiten der Übertragungsnetzbetreiber zu leisten, und sollte mehr Systemsicherheit und Markteffizienz herbeiführen. Die regionalen Koordinierungszentren sollten über die nötige Flexibilität verfügen, um ihre Aufgaben in der Region so wahrnehmen zu können, wie es am ehesten dem Wesen der ihnen im einzelnen übertragenen Aufgaben entspricht.

(55) Die regionalen Koordinierungszentren sollten Aufgaben ausüben, deren Regionalisierung im Vergleich zur Ausführung der Aufgaben auf nationaler Ebene einen zusätzlichen Nutzen bringt. Zu den Aufgaben der regionalen Koordinierungszentren sollten auch die der regionalen Sicherheitskoordinatoren gemäß der Verordnung (EU) 2017/1485 der Kommission [12] sowie zusätzliche Aufgaben im Zusammenhang mit dem Netzbetrieb, dem Marktbetrieb und der Risikovorsorge gehören. Der Echtzeitbetrieb des Stromsystems sollte dagegen nicht zu den Aufgaben der regionalen Koordinierungszentren gehören.

(56) Durch die Ausübung ihrer Aufgaben sollten die regionalen Koordinierungszentren zur Verwirklichung der in der EU-Klima- und Energiepolitik festgesetzten Ziele für 2030 und 2050 beitragen.

(57) Die regionalen Koordinierungszentren sollten in dem jeweiligen Gebiet in erster Linie im Interesse des Netz- und des Marktbetriebs tätig werden. Somit sollten den regionalen Koordinierungszentren für bestimmte Aufgaben die Befugnisse übertragen werden, die zur Koordinierung der von den Übertragungsnetzbetreibern der jeweiligen Netzbetriebsregion zu treffenden Maßnahmen erforderlich sind; bei den verbleibenden Aufgaben sollten sie eine stärker auf die Beratung ausgerichtete Funktion ausüben.

(58) Die personellen, technischen, materiellen und finanziellen Ressourcen der regionalen Koordinierungszentren sollten auf das für die Erfüllung ihrer Aufgaben unbedingt notwendige Maß beschränkt sein.

(59) ENTSO (Strom) sollte dafür sorgen, dass die Maßnahmen der regionalen Koordinierungszentren über die Gebietsgrenzen hinweg koordiniert werden.

(60) Um die Effizienz der Stromverteilernetze in der Union zu steigern und die enge Zusammenarbeit mit den Übertragungsnetzbetreibern und ENTSO (Strom) sicherzustellen, sollte eine Organisation der Verteilernetzbetreiber in der Union (im Folgenden „EU-VNBO") eingerichtet werden. Die Aufgaben der EU-VNBO sollten genau festgelegt werden, und ihre Arbeitsmethode sollte so konzipiert sein, dass Effizienz und Transparenz sowie die Repräsentativität der EU-VNBO für die Verteilernetzbetreiber der Union sichergestellt

sind. Die EU-VNBO sollte bei der Ausarbeitung und Umsetzung der Netzkodizes erforderlichenfalls eng mit ENTSO (Strom) zusammenarbeiten und Leitlinien unter anderem zur Integration der dezentralen Erzeugung und Energiespeicherung in die Verteilernetze oder zu anderen mit dem Management der Verteilernetze zusammenhängenden Bereichen erarbeiten. Die EU-VNBO sollte auch den Eigenheiten von Verteilersystemen Rechnung tragen, die nachgelagert mit Stromsystemen auf Inseln verbunden sind, die nicht über Verbindungsleitungen an andere Stromsysteme angebunden sind.

(61) Es ist eine stärkere Zusammenarbeit und Koordinierung zwischen den Übertragungsnetzbetreibern erforderlich, um Netzkodizes für die Bereitstellung und die Handhabung des konkreten und transparenten Zugangs zu den Übertragungsnetzen über Grenzen hinweg zu schaffen und eine abgestimmte, ausreichend zukunftsorientierte Planung und solide technische Entwicklung des Übertragungsnetzes in der Union, einschließlich der Schaffung von Verbindungskapazitäten, unter gebührender Berücksichtigung von Umweltschutzaspekten sicherzustellen. Diese Netzkodizes sollten im Einklang sein mit den nicht bindenden Rahmenleitlinien, die von ACER ausgearbeitet wurden. ACER sollte bei der auf tatsächliche Umstände gestützten Prüfung der Entwürfe von Netzkodizes — einschließlich der Frage, ob die Netzkodizes den Rahmenleitlinien entsprechen — mitwirken und diese Netzkodizes der Kommission zur Annahme empfehlen können. ACER sollte geplante Änderungen der Netzkodizes bewerten und diese Änderungen der Kommission zur Annahme empfehlen können. Die Übertragungsnetzbetreiber sollten ihre Netze nach diesen Netzkodizes betreiben.

(62) Wie die Erfahrungen bei der Entwicklung und Verabschiedung von Netzkodizes gezeigt haben, ist es sinnvoll, die Entwicklungsverfahren zu straffen, indem klargestellt wird, dass ACER das Recht hat, die Entwürfe der Elektrizitätsnetzkodizes zu überarbeiten, bevor sie der Kommission vorgelegt werden.

(63) Für das reibungslose Funktionieren des Elektrizitätsbinnenmarkts sollten Verfahren vorgesehen werden, nach denen die Kommission Entscheidungen und Leitlinien unter anderem für die Tarifierung und Kapazitätsvergabe erlassen kann und mit denen gleichzeitig die Beteiligung der Regulierungsbehörden an diesem Verfahren sichergestellt wird, was auch durch ihren Verband auf Unionsebene erfolgen kann. Den Regulierungsbehörden kommt, zusammen mit anderen maßgeblichen Behörden der Mitgliedstaaten, im Hinblick auf ihren Beitrag zum reibungslosen Funktionieren des Elektrizitätsbinnenmarkts eine wichtige Aufgabe zu.

(64) Alle Marktteilnehmer haben ein Interesse an der Arbeit, die ENTSO (Strom) leisten soll. Es bedarf daher wirksamer Konsultationen, und vorhandene Einrichtungen, die zur Erleichterung und zur Straffung des Konsultationsprozesses geschaffen wurden, z. B. über die Regulierungsbehörden oder ACER, sollten eine wichtige Funktion übernehmen.

(65) Damit im gesamten Elektrizitätsübertragungsnetz in der Union mehr Transparenz herrscht, sollte ENTSO (Strom) einen nicht bindenden unionsweiten zehnjährigen Netzentwicklungsplan erstellen, veröffentlichen und regelmäßig aktualisieren. In diesem Netzentwicklungsplan sollten realisierbare Elektrizitätsübertragungsnetze und die für den Handel und die Versorgungssicherheit notwendigen regionalen Verbindungsleitungen verzeichnet sein.

(66) Investitionen in neue Großinfrastrukturen sollten stark gefördert werden, wobei es das ordnungsgemäße Funktionieren des Elektrizitätsbinnenmarkts sicherzustellen gilt. Zur Förderung der positiven Wirkung von Gleichstromverbindungsleitungen, für die Ausnahmen gelten, auf den Wettbewerb und die Versorgungssicherheit sollte das Marktinteresse in der Projektplanungsphase geprüft werden und sollten Regeln für das Engpassmanagement erlassen werden. Befinden sich die Gleichstromverbindungsleitungen in den Hoheitsgebieten mehr als eines Mitgliedstaats, so sollte ACER in letzter Instanz den Antrag auf Gewährung einer Ausnahme bearbeiten, damit seine grenzüberschreitenden Auswirkungen besser berücksichtigt werden und er von der Verwaltung einfacher bearbeitet werden kann. Wegen des außergewöhnlichen Risikoprofils solcher Großinfrastrukturvorhaben, für die eine Ausnahme gilt, sollten Unternehmen, die Versorgungs- und Erzeugungsinteressen haben, vorübergehend von der vollständigen Anwendung der Entflechtungsvorschriften freigestellt werden können, soweit es um diese Vorhaben geht. Die Ausnahmen gemäß der Verordnung (EG) Nr. 1228/2003 des Europäischen Parlaments und des Rates [13] gelten bis zu dem in der entsprechenden Entscheidung vorgesehenen Ablaufdatum weiter. Offshore-Strominfrastruktur mit Doppelfunktion (sogenannte Offshore-Hybrideinrichtungen), bei denen die Übertragung von Offshore-Windenergie an Land mit Verbindungsleitungen kombiniert wird, sollten ebenfalls ausgenommen werden können, z. B. nach den Vorschriften, die für neue Gleichstromverbindungsleitungen gelten. Bei Bedarf sollte der Regulierungsrahmen den Besonderheiten dieser Einrichtungen gebührend Rechnung tragen, damit Hindernisse für die Verwirklichung von mit Blick auf die Gesellschaft kosteneffizienten Offshore-Hybrideinrichtungen beseitigt werden können.

(67) Zur Stärkung des Vertrauens in den Markt müssen die Marktteilnehmer sicher sein, dass

missbräuchliches Verhalten mit wirksamen, verhältnismäßigen und abschreckenden Sanktionen geahndet werden kann. Die zuständigen Behörden sollten die Befugnis erhalten, Fälle von behauptetem Marktmissbrauch wirksam zu untersuchen. Hierzu ist es erforderlich, dass die zuständigen Behörden Zugang zu Daten haben, die Aufschluss über betriebliche Entscheidungen der Versorger geben. Auf dem Elektrizitätsmarkt werden viele wichtige Entscheidungen von den Erzeugern getroffen, die die Informationen zu diesen Entscheidungen den zuständigen Behörden in leicht zugänglicher Form für einen bestimmten Zeitraum zur Verfügung halten sollten. Außerdem sollten die zuständigen Behörden regelmäßig beobachten, ob die Übertragungsnetzbetreiber die Regeln einhalten. Kleine Erzeuger, denen es tatsächlich unmöglich ist, Marktverzerrungen herbeizuführen, sollten von dieser Verpflichtung ausgenommen werden.

(68) Die Mitgliedstaaten und die zuständigen Behörden sollten dazu verpflichtet sein, der Kommission maßgebliche Informationen bereitzustellen. Diese Informationen sollten von der Kommission vertraulich behandelt werden. Soweit erforderlich, sollte die Kommission die Möglichkeit haben, maßgebliche Informationen unmittelbar von den betroffenen Unternehmen anzufordern, sofern die zuständigen Behörden informiert sind.

(69) Die Mitgliedstaaten sollten festlegen, welche Sanktionen bei einem Verstoß gegen diese Verordnung zu verhängen sind, und für ihre Durchsetzung sorgen. Die Sanktionen sollten wirksam, verhältnismäßig und abschreckend sein.

(70) Die Mitgliedstaaten, die Vertragsparteien der Energiegemeinschaft und weitere Drittländer, die diese Verordnung anwenden oder die Teil des Synchrongebiet Kontinentaleuropa sind, sollten in allen Angelegenheiten zur Entwicklung einer integrierten Stromhandelsregion eng zusammenarbeiten und keine Maßnahmen ergreifen, durch die die weitere Integration der Strommärkte oder die Versorgungssicherheit der Mitgliedstaaten und der Vertragsparteien gefährdet wird.

(71) Zum Zeitpunkt der Annahme der Verordnung (EG) Nr. 714/2009 gab es auf Unionsebene nur wenige Vorschriften für den Elektrizitätsbinnenmarkt. Der Unionsbinnenmarkt ist seither aufgrund des grundlegenden Wandels, der sich insbesondere angesichts des Einsatzes der Erzeugung fluktuierender erneuerbarer Elektrizität auf den Märkten vollzieht, viel komplexer geworden. Die Netzkodizes und die Leitlinien sind daher umfangreich und umfassend geworden, und beinhalten sowohl technische als auch allgemeine Aspekte.

(72) Um das für das reibungslose Funktionieren des Marktes erforderliche Mindestmaß an Harmonisierung sicherzustellen, sollte der Kommission die Befugnis übertragen werden, gemäß Artikel 290 AEUV Rechtsakte zu nicht wesentlichen Bestandteilen bestimmter spezifischer Bereiche, die für die Marktintegration besonders wichtig sind, zu erlassen. Zu diesen Rechtsakten sollten jene zu der Annahme und Änderung bestimmter Netzkodizes und Leitlinien, soweit sie diese Verordnung ergänzen, der regionalen Zusammenarbeit der Übertragungsnetzbetreiber und Regulierungsbehörden, den Ausgleichszahlungen zwischen den Übertragungsnetzbetreibern und der Anwendung von Ausnahmebestimmungen für neue Verbindungsleitungen gehören. Es ist von besonderer Bedeutung, dass die Kommission im Zuge ihrer Vorbereitungsarbeit angemessene Konsultationen, auch auf der Ebene von Sachverständigen, durchführt, die mit den Grundsätzen in Einklang stehen, die in der Interinstitutionellen Vereinbarung vom 13. April 2016 über bessere Rechtsetzung [14] niedergelegt wurden. Um insbesondere für eine gleichberechtigte Beteiligung an der Vorbereitung delegierter Rechtsakte zu sorgen, erhalten das Europäische Parlament und der Rat alle Dokumente zur gleichen Zeit wie die Sachverständigen der Mitgliedstaaten, und ihre Sachverständigen haben systematisch Zugang zu den Sitzungen der Sachverständigengruppen der Kommission, die mit der Vorbereitung der delegierten Rechtsakte befasst sind.

(73) Zur Gewährleistung einheitlicher Bedingungen für die Durchführung der vorliegenden Verordnung sollten der Kommission Durchführungsbefugnisse gemäß Artikel 291 AEUV übertragen werden. Diese Befugnisse sollten im Einklang mit der Verordnung (EU) Nr. 182/2011 des Europäischen Parlaments und des Rates [15] ausgeübt werden. Für den Erlass dieser Durchführungsrechtsakte sollte das Prüfverfahren angewendet werden.

(74) Da das Ziel der Verordnung, nämlich die Schaffung eines harmonisierten Rahmens für den grenzüberschreitenden Stromhandel, von den Mitgliedstaaten nicht ausreichend verwirklicht werden kann, sondern vielmehr wegen ihres Umfangs und ihrer Wirkungen auf Unionsebene besser zu verwirklichen ist, kann die Union im Einklang mit dem in Artikel 5 des Vertrags über die Europäische Union verankerten Subsidiaritätsprinzip tätig werden. Entsprechend dem in demselben Artikel genannten Grundsatz der Verhältnismäßigkeit geht diese Verordnung nicht über das für die Verwirklichung dieses Ziels erforderliche Maß hinaus.

(75) Aus Gründen der Kohärenz und der Rechtssicherheit sollte keine Bestimmung dieser Verordnung der Anwendung der Freistellungen nach Artikel 66 der Richtlinie (EU) 2019/944 entgegenstehen —

[1] ABl. C 288 vom 31.8.2017, S. 91.
[2] ABl. C 342 vom 12.10.2017, S. 79.
[3] Standpunkt des Europäischen Parlaments vom 26. März 2019 (noch nicht im Amtsblatt veröffentlicht) und Beschluss des Rates vom 22. Mai 2019.
[4] Verordnung (EG) Nr. 714/2009 des Europäischen Parlaments und des Rates vom 13. Juli 2009 über die Netzzugangsbedingungen für den grenzüberschreitenden Stromhandel und zur Aufhebung der Verordnung (EG) Nr. 1228/2003 (ABl. L 211 vom 14.8.2009, S. 15).
[5] Verordnung (EU) 2017/2195 der Kommission vom 23. November 2017 zur Festlegung einer Leitlinie über den Systemausgleich im Elektrizitätsversorgungssystem (ABl. L 312 vom 28.11.2017, S. 6).
[6] Richtlinie (EU) 2019/944 des Europäischen Parlaments und des Rates vom vom 5. Juni 2019 mit gemeinsamen Vorschriften für den Elektrizitätsbinnenmarkt und zur Änderung der Richtlinie 2012/27/EU (siehe Seite 125 dieses Amtsblatts).
[7] Verordnung (EU) 2015/1222 der Kommission vom 24. Juli 2015 zur Festlegung einer Leitlinie für die Kapazitätsvergabe und das Engpassmanagement (ABl. L 197 vom 25.7.2015, S. 24).
[8] Verordnung (EU) 2016/1719 der Kommission vom 26. September 2016 zur Festlegung einer Leitlinie für die Vergabe langfristiger Kapazität (ABl. L 259 vom 27.9.2016, S. 42).
[9] Verordnung (EU) 2016/631 der Kommission vom 14. April 2016 zur Festlegung eines Netzkodex mit Netzanschlussbestimmungen für Stromerzeuger (ABl. L 112 vom 27.4.2016, S. 1).
[10] Verordnung (EU) 2019/942 des Europäischen Parlaments und des Rates vom 5. Juni 2019 zur Gründung einer Agentur der Europäischen Union für die Zusammenarbeit der Energieregulierungsbehörden (siehe Seite 22 dieses Amtsblatts).
[11] Verordnung (EU) 2019/941 des Europäischen Parlaments und des Rates vom 5. Juni 2019 über die Risikovorsorge im Elektrizitätssektor und zur Aufhebung der Richtlinie 2005/89/EG (siehe Seite 1 dieses Amtsblatts).
[12] Verordnung (EU) 2017/1485 der Kommission vom 2. August 2017 zur Festlegung einer Leitlinie für den Übertragungsnetzbetrieb (ABl. L 220 vom 25.8.2017, S. 1).
[13] Verordnung (EG) Nr. 1228/2003 des Europäischen Parlaments und des Rates vom 26. Juni 2003 über die Netzzugangsbedingungen für den grenzüberschreitenden Stromhandel (ABl. L 176 vom 15.7.2003, S. 1).
[14] ABl. L 123 vom 12.5.2016, S. 1.
[15] Verordnung (EU) Nr. 182/2011 des Europäischen Parlaments und des Rates vom 16. Februar 2011 zur Festlegung der allgemeinen Regeln und Grundsätze, nach denen die Mitgliedstaaten die Wahrnehmung der Durchführungsbefugnisse durch die Kommission kontrollieren (ABl. L 55 vom 28.2.2011, S. 13).

KAPITEL I
GEGENSTAND, ANWENDUNGSBEREICH UND BEGRIFFSBESTIMMUNGEN

Artikel 1
Gegenstand und Anwendungsbereich

Ziel dieser Verordnung ist

a) die Festlegung der Grundlagen für eine effiziente Verwirklichung der Ziele der Energieunion und insbesondere des Rahmens für die Klima- und Energiepolitik bis 2030 durch das Aussenden von Marktsignalen für größere Effizienz und einen höheren Anteil erneuerbarer Energiequellen sowie für Versorgungssicherheit, Flexibilität, Nachhaltigkeit, Dekarbonisierung und Innovation;

b) die Festlegung von Grundsätzen für gut funktionierende, integrierte Elektrizitätsmärkte, die allen Ressourcenanbieter und Stromkunden diskriminierungsfreien Marktzugang ermöglichen, die Position der Verbraucher stärken, Wettbewerbsfähigkeit auf dem Weltmarkt, Laststeuerung, Energiespeicherung und Energieeffizienz sicherstellen und die Aggregierung von dezentralem Angebot und dezentraler Nachfrage erleichtern und die Marktintegration und die Integration verschiedener Sektoren sowie eine marktbasierte Vergütung für Elektrizität aus erneuerbaren Quellen ermöglichen;

c) die Festlegung gerechter Regeln für den grenzüberschreitenden Stromhandel und somit eine Verbesserung des Wettbewerbs auf dem Elektrizitätsbinnenmarkt unter Berücksichtigung der besonderen Merkmale nationaler und regionaler Märkte, einschließlich der Schaffung eines Ausgleichsmechanismus für grenzüberschreitende Stromflüsse, der Festlegung harmonisierter Grundsätze für die Entgelte für die grenzüberschreitende Übertragung und der Vergabe der auf den Verbindungsleitungen zwischen nationalen Übertragungsnetzen verfügbaren Kapazitäten;

d) die Erleichterung der Herausbildung eines gut funktionierenden und transparenten Großhandelsmarkts, der zu einem hohen Maß an Stromversorgungssicherheit beiträgt und die Bereitstellung von Mechanismen zur Harmonisierung der Regeln für den grenzüberschreitenden Stromhandel.

Artikel 2
Begriffsbestimmungen

Es gelten die folgenden Begriffsbestimmungen:

1. „Verbindungsleitung“ bezeichnet eine Übertragungsleitung, die eine Grenze zwischen Mitgliedstaaten überquert oder überspannt und die nationalen Übertragungsnetze der Mitgliedstaaten verbindet;

2. „Regulierungsbehörde“ bezeichnet die nach Maßgabe von Artikel 57 Absatz 1 der Richtlinie (EU) 2019/944 von jedem Mitgliedstaat benannte Regulierungsbehörde;

3. „grenzüberschreitender Stromfluss“ bezeichnet das physikalische Durchströmen einer Menge elektrischer Energie durch ein Übertragungsnetz eines Mitgliedstaats aufgrund der Auswirkungen

der Tätigkeit von Erzeugern oder Kunden oder beiden außerhalb dieses Mitgliedstaats auf dessen Übertragungsnetz;

4. „Engpass" bezeichnet eine Situation, in der nicht allen Ersuchen von Marktteilnehmern auf Handel zwischen Netzbereichen nachgekommen werden kann, weil sie erhebliche Auswirkungen auf die physikalischen Stromflüsse in Netzelementen hätten, die diese Stromflüsse nicht bewältigen können;

5. „neue Verbindungsleitung" bezeichnet eine Verbindungsleitung, die nicht bis zum 4. August 2003 fertiggestellt war;

6. „struktureller Engpass" bezeichnet einen Engpass im Übertragungsnetz, der eindeutig festgestellt werden kann, vorhersehbar ist, geografisch über längere Zeit stabil bleibt und unter normalen Bedingungen des Stromsystems häufig wiederauftritt;

7. „Marktbetreiber" bezeichnet eine Funktionseinheit, die eine Dienstleistung erbringt, mit der die Ankaufs- und Verkaufsangebote für Elektrizität aufeinander abgestimmt werden;

8. „nominierter Strommarktbetreiber" oder „NEMO" bezeichnet einen Marktbetreiber, der von der zuständigen Behörde für die Ausübung von Aufgaben im Zusammenhang mit der einheitlichen Day-Ahead-Marktkopplung oder der einheitlichen Intraday-Marktkopplung benannt wurde;

9. „Wert der Zahlungsbereitschaft für die Beibehaltung der Stromversorgung" bezeichnet eine Schätzung des Strompreises in EUR/MWh, den die Kunden höchstens zu zahlen bereit sind, um einen Ausfall der Stromversorgung abzuwenden;

10. „Systemausgleich" bezeichnet alle Handlungen und Verfahren über alle Zeiträume hinweg, mit denen die Übertragungsnetzbetreiber kontinuierlich dafür sorgen, dass die Netzfrequenz in einem vorbestimmten Stabilitätsbereich bleibt und die Menge der für die erforderliche Qualität benötigten Reserven eingehalten wird;

11. „Regelarbeit" bezeichnet die von den Übertragungsnetzbetreibern für den Systemausgleich eingesetzte Energie;

12. „Regelreserveanbieter" bezeichnet einen Marktteilnehmer, der Regelarbeit und/oder Regelleistung für Übertragungsnetzbetreiber bereitstellt;

13. „Regelleistung" bezeichnet das Volumen der Kapazität, zu dessen Bereithaltung sich ein Regelenergiedienstleister verpflichtet hat und in Bezug auf das er sich verpflichtet hat, während der Vertragslaufzeit Gebote für ein entsprechendes Regelenergievolumen an den Übertragungsnetzbetreiber abzugeben;

14. „Bilanzkreisverantwortlicher" bezeichnet einen Marktteilnehmer oder dessen von ihm gewählten Vertreter, der für dessen Bilanzkreisabweichungen im Strommarkt verantwortlich ist;

15. „Bilanzkreisabrechnungszeitintervall" bezeichnet den Zeitraum, für den die Bilanzkreisabweichung der Bilanzkreisverantwortlichen berechnet wird;

16. „Ausgleichsenergiepreis" bezeichnet den positiven, negativen oder null betragenden Preis in einem Bilanzkreisabrechnungszeitintervall für eine Bilanzkreisabweichung in jeder Richtung;

17. „Geltungsbereich des Ausgleichsenergiepreises" bezeichnet das Gebiet, für das ein Ausgleichsenergiepreis berechnet wird;

18. „Präqualifikationsverfahren" bezeichnet das Verfahren zur Überprüfung, ob ein Regelenergiedienstleister die Anforderungen der Übertragungsnetzbetreiber erfüllt;

19. „Reservekapazität" bezeichnet die Menge der Frequenzhaltungsreserven, Frequenzwiederherstellungsreserven oder Ersatzreserven, die dem Übertragungsnetzbetreiber zur Verfügung stehen müssen;

20. „vorrangiger Dispatch" bezeichnet im Zusammenhang mit dem Self-Dispatch-Modell den Einsatz von Kraftwerken auf der Grundlage anderer Kriterien als der wirtschaftlichen Reihung der Gebote, und, im Zusammenhang mit dem zentralen Dispatch-Modell, den Einsatz von Kraftwerken auf der Grundlage anderer Kriterien als der wirtschaftlichen Reihung der Gebote und der Netzbeschränkungen, wobei dem Einsatz bestimmter Erzeugungstechnologien Vorrang eingeräumt wird;

21. „Kapazitätsberechnungsregion" bezeichnet das geografische Gebiet, in dem die koordinierte Kapazitätsberechnung vorgenommen wird;

22. „Kapazitätsmechanismus" bezeichnet eine vorübergehende Maßnahme zur Erreichung des notwendigen Maßes an Angemessenheit der Ressourcen, in deren Rahmen Ressourcen für ihre Verfügbarkeit vergütet werden, mit Ausnahme von Systemdienstleistungen betreffenden Maßnahmen oder Engpassmanagement;

23. „hocheffiziente Kraft-Wärme-Kopplung" bezeichnet die Kraft-Wärme-Kopplung, die den Kriterien in Anhang II der Richtlinie 2012/27/EU des Europäischen Parlaments und des Rates ([1]) entspricht;

24. „Demonstrationsvorhaben" bezeichnet ein Vorhaben, das eine in der Union völlig neuen Technologie („first of its kind") demonstriert, die eine wesentliche, weit über den Stand der Technik hinausgehende Innovation darstellt;

25. „Marktteilnehmer" bezeichnet eine natürliche oder juristische Person, die Elektrizität kauft,

verkauft oder erzeugt, sich mit Aggregierung beschäftigt oder Leistungen im Bereich der Laststeuerung oder der Speicherung betreibt, was die Erteilung von Handelsaufträgen in einem oder mehreren Elektrizitätsmärkten einschließlich der Regelarbeitsmärkte umfasst;

26. „Redispatch" bezeichnet eine Maßnahme, einschließlich einer Einschränkung, die von einem oder mehreren Übertragungs- oder Verteilernetzbetreibern durch die Veränderung des Erzeugungs- oder des Lastmusters oder von beidem aktiviert wird, um die physikalischen Lastflüsse im Stromsystem zu ändern und physikalische Engpässe zu mindern oder anderweitig für Systemsicherheit zu sorgen;

27. „Countertrading" bezeichnet einen zonenübergreifenden Austausch zwischen zwei Gebotszonen, der von den Netzbetreibern zur Minderung physikalischer Engpässe initiiert wird;

28. „Gesamteinrichtung zur Stromerzeugung" bezeichnet eine Einrichtung, die Primärenergie in elektrische Energie umwandelt und eine oder mehrere mit einem Netz verbundene Stromerzeugungsanlagen umfasst;

29. „zentrales Dispatch-Modell" bezeichnet ein Fahrplanerstellungs- und Dispatch-Modell, bei dem die Erzeugungs- und Verbrauchsfahrpläne sowie die Einsatzplanung für Gesamteinrichtungen zur Stromerzeugung und Verbrauchsanlagen — was regelbare Anlagen betrifft — von einem Übertragungsnetzbetreiber im Rahmen des integrierten Fahrplanerstellungsverfahrens bestimmt werden;

30. „Self-Dispatch-Modell" bezeichnet ein Fahrplanerstellungs- und Dispatch-Modell, bei dem die Erzeugungs- und Verbrauchsfahrpläne sowie die Einsatzplanung für Gesamteinrichtungen zur Stromerzeugung und Verbrauchsanlagen von den Scheduling Agenten dieser Einrichtungen bestimmt werden;

31. „Standard-Regelreserveprodukt" bezeichnet ein von allen Übertragungsnetzbetreibern für den Austausch von Regelreserve definiertes harmonisiertes Regelreserveprodukt;

32. „spezifisches Regelreserveprodukt" bezeichnet ein Regelreserveprodukt, bei dem es sich nicht um ein Standard-Regelreserveprodukt handelt;

33. „delegierter Betreiber" bezeichnet eine Einrichtung, der spezifische Aufgaben und Pflichten, mit denen nach Maßgabe dieser Verordnung oder anderer Rechtsakte der Union ein Übertragungsnetzbetreiber oder ein nominierter Strommarktbetreiber betraut wurde, von diesem Übertragungsnetzbetreiber oder NEMO übertragen oder von einem Mitgliedstaat oder einer Regulierungsbehörde zugewiesen wurden;

34. „Kunde" bezeichnet einen Kunden im Sinne von Artikel 2 Nummer 1 der Richtlinie (EU) 2019/944;

35. „Endkunde" bezeichnet einen Endkunden im Sinne von Artikel 2 Nummer 3 der Richtlinie (EU) 2019/944;

36. „Großhändler" bezeichnet einen Großhändler im Sinne von Artikel 2 Nummer 2 der Richtlinie (EU) 2019/944;

37. „Haushaltskunde" bezeichnet einen Haushaltskunden im Sinne von Artikel 2 Nummer 4 der Richtlinie (EU) 2019/944;

38. „Kleinunternehmen" bezeichnet ein Kleinunternehmen im Sinne von Artikel 2 Nummer 7 der Richtlinie (EU) 2019/944;

39. „aktiver Kunde" bezeichnet einen aktiven Kunden im Sinne von Artikel 2 Nummer 8 der Richtlinie (EU) 2019/944;

40. „Elektrizitätsmärkte" bezeichnet Elektrizitätsmärkte im Sinne von Artikel 2 Nummer 9 der Richtlinie (EU) 2019/944;

41. „Versorgung" bezeichnet Versorgung im Sinne von Artikel 2 Nummer 12 der Richtlinie (EU) 2019/944;

42. „Elektrizitätsversorgungsvertrag" bezeichnet einen Elektrizitätsversorgungsvertrag im Sinne von Artikel 2 Nummer 13 der Richtlinie (EU) 2019/944;

43. „Aggregierung" bezeichnet Aggregierung im Sinne von Artikel 2 Nummer 18 der Richtlinie (EU) 2019/944;

44. „Laststeuerung" bezeichnet Laststeuerung im Sinne von Artikel 2 Nummer 20 der Richtlinie (EU) 2019/944.;

45. „intelligentes Messsystem" bezeichnet ein intelligentes Verbrauchserfassungssystem im Sinne von Artikel 2 Nummer 23 der Richtlinie (EU) 2019/944;

46. „Interoperabilität" bezeichnet Interoperabilität im Sinne von Artikel 24 Nummer 2 der Richtlinie (EU) 2019/944;

47. „Verteilung" bezeichnet Verteilung im Sinne von Artikel 2 Nummer 28 der Richtlinie (EU) 2019/944;

48. „Verteilernetzbetreiber" bezeichnet einen Verteilernetzbetreiber im Sinne von Artikel 2 Nummer 29 der Richtlinie (EU) 2019/944;

49. „Energieeffizienz" bezeichnet Energieeffizienz im Sinne von Artikel 2 Nummer 30 der Richtlinie (EU) 2019/944;

50. „Energie aus erneuerbaren Quellen" oder „erneuerbare Energie" bezeichnet Energie aus erneuerbaren Quellen im Sinne von Artikel 2 Nummer 31 der Richtlinie (EU) 2019/944;

51. „verteilte Erzeugung" bezeichnet verteilte Erzeugung im Sinne von Artikel 2 Nummer 32 der Richtlinie (EU) 2019/944;

52. „Übertragung" bezeichnet Übertragung im Sinne von Artikel 2 Nummer 34 der Richtlinie (EU) 2019/944;

53. „Übertragungsnetzbetreiber“ bezeichnet einen Übertragungsnetzbetreiber im Sinne von Artikel 2 Nummer 35 der Richtlinie (EU) 2019/944;

54. „Netzbenutzer“ bezeichnet einen Netzbenutzer im Sinne von Artikel 2 Nummer 36 der Richtlinie (EU) 2019/944;

55. „Erzeugung“ bezeichnet Erzeugung im Sinne von Artikel 2 Nummer 37 der Richtlinie (EU) 2019/944;

56. „Erzeuger“ bezeichnet einen Erzeuger im Sinne von Artikel 2 Nummer 38 der Richtlinie (EU) 2019/944;

57. „Verbundnetz“ bezeichnet ein Verbundnetz im Sinne von Artikel 2 Nummer 40 der Richtlinie (EU) 2019/944;

58. „kleines, isoliertes Netz“ bezeichnet ein kleines, isoliertes Netz im Sinne von Artikel 2 Nummer 42 der Richtlinie (EU) 2019/944;

59. „kleines Verbundnetz“ bezeichnet ein kleines Verbundnetz im Sinne von Artikel 2 Nummer 43 der Richtlinie (EU) 2019/944;

60. „Systemdienstleistung“ bezeichnet eine Systemdienstleistung im Sinne von Artikel 2 Nummer 48 der Richtlinie (EU) 2019/944;

61. „nicht frequenzgebundene Systemdienstleistung“ bezeichnet eine nicht frequenzgebundene Systemdienstleistung im Sinne von Artikel 2 Nummer 49 der Richtlinie (EU) 2019/944;

62. „Energiespeicherung“ bezeichnet Energiespeicherung im Sinne von Artikel 2 Nummer 59 der Richtlinie (EU) 2019/944;

63. „regionales Koordinierungszentrum“ bezeichnet ein regionales Koordinierungszentrum im Sinne des Artikel 35 dieser Verordnung;

64. „Energiegroßhandelsmarkt“ bezeichnet einen Energiegroßhandelsmarkt im Sinne von Artikel 2 Nummer 6 der Verordnung (EU) Nr. 1227/2011 des Europäischen Parlaments und des Rates ([2]);

65. „Gebotszone“ bezeichnet das größte geografische Gebiet, in dem Marktteilnehmer ohne Kapazitätsvergabe Energie austauschen können;

66. „Kapazitätsvergabe“ bezeichnet die Zuweisung zonenübergreifender Kapazität;

67. „Regelzone“ bezeichnet einen von einem einzigen Übertragungsnetzbetreiber betriebenen zusammenhängenden Teil des Verbundnetzes und umfasst angeschlossene physikalische Lasten und/oder gegebenenfalls Erzeugungseinheiten;

68. „koordinierte Nettoübertragungskapazität“ bezeichnet eine Kapazitätsberechnungsmethode, die auf dem Grundsatz beruht, dass ein maximaler Austausch von Energie zwischen angrenzenden Gebotszonen ex ante geprüft und festgelegt wird;

69. „kritisches Netzelement“ bezeichnet ein Netzelement entweder innerhalb einer Gebotszone oder zwischen Gebotszonen, das bei der Kapazitätsberechnung berücksichtigt wird und die Strommenge, die ausgetauscht werden kann, begrenzt;

70. „zonenübergreifende Kapazität“ bezeichnet die Fähigkeit des Verbundnetzes, einen Energietransfer zwischen den Gebotszonen zu ermöglichen;

71. „Erzeugungseinheit“ bezeichnet eine einzelne Stromerzeugungseinheit, die zu einer Produktionseinheit gehört.

KAPITEL II
ALLGEMEINE VORSCHRIFTEN FÜR DEN ELEKTRIZITÄTSMARKT

Artikel 3
Grundsätze für den Betrieb der Elektrizitätsmärkte

Die Mitgliedstaaten, die Regulierungsbehörden, die Übertragungsnetzbetreiber, die Verteilernetzbetreiber, die Marktbetreiber und die delegierten Betreiber sorgen dafür, dass die Elektrizitätsmärkte nach den folgenden Grundsätzen betrieben werden:

a) Preise werden auf der Grundlage von Angebot und Nachfrage gebildet.

b) Die Marktvorschriften begünstigen die freie Preisbildung und vermeiden Maßnahmen, mit denen eine Preisbildung auf der Grundlage von Angebot und Nachfrage verhindert wird.

c) Die Marktvorschriften erleichtern die Heranbildung flexiblerer Erzeugung, nachhaltiger Erzeugung mit geringen CO_2-Emissionen und flexiblerer Nachfrage.

d) Den Kunden wird es ermöglicht, von den Marktchancen und dem erhöhten Wettbewerb auf den Endkundenmärkten zu profitieren, und sie werden in die Lage versetzt, als Marktteilnehmer am Energiemarkt und der Energiewende mitzuwirken.

e) Die Marktbeteiligung von Endkunden und Kleinunternehmen wird, in Einklang mit dem Wettbewerbsrecht der Union, durch die Aggregierung der Erzeugung mehrerer Gesamteinrichtungen zur Stromerzeugung oder der Last mehrerer Laststeuerungsanlagen ermöglicht, um auf dem Elektrizitätsmarkt Elektrizität gemeinsam anzubieten und die Anlagen im Stromsystem gemeinsam zu betreiben.

f) Die Marktvorschriften ermöglichen die Dekarbonisierung des Stromsystems und somit der Wirtschaft, einschließlich durch die Integration von Elektrizität aus erneuerbaren Quellen und die Schaffung von Anreizen für Energieeffizienz.

g) Die Marktvorschriften bieten geeignete Investitionsanreize, damit Erzeugung, insbesondere langfristige Investitionen in ein dekarbonisiertes und nachhaltiges Stromsystem, Energiespeicherung, Energieeffizienz und Laststeuerung den Erfordernissen des Marktes Rechnung tragen, ermöglichen lauteren Wettbewerb und gewährleisten damit Versorgungssicherheit.

h) Hindernisse für grenzüberschreitende Stromflüsse zwischen Gebotszonen oder Mitgliedstaaten und grenzüberschreitende Transaktionen auf den Elektrizitätsmärkten und die mit ihnen verbundenen Dienstleistungsmärkte sind schrittweise zu beseitigen.

i) Die Marktvorschriften ermöglichen die regionale Zusammenarbeit dort, wo diese sinnvoll ist.

j) Die sichere und nachhaltige Erzeugung sowie Energiespeicherung und Laststeuerung nehmen gemäß den Anforderungen des Unionsrechts gleichberechtigt am Markt teil.

k) Alle Erzeuger sind direkt oder indirekt für den Verkauf der von ihnen erzeugten Elektrizität verantwortlich.

l) Die Marktvorschriften ermöglichen die Entwicklung von Demonstrationsvorhaben zu nachhaltigen und sicheren Energiequellen, -technologien oder -systemen mit geringen CO_2-Emissionen, die verwirklicht und zum Wohle der Gesellschaft genutzt werden.

m) Die Marktvorschriften ermöglichen den Dispatch von Erzeugungsanlagen, Energiespeicherung und Laststeuerung.

n) Die Marktvorschriften ermöglichen den Markteintritt und -austritt von Stromerzeugungs-, Energiespeicherungs- und Stromversorgungsunternehmen auf der Grundlage der von ihnen durchgeführten Bewertung der wirtschaftlichen und finanziellen Tragfähigkeit ihrer Tätigkeit.

o) Damit sich die Markteilnehmer marktbasiert gegen Preisschwankungsrisiken wappnen können und Unsicherheiten hinsichtlich künftiger Investitionsrenditen abgeschwächt werden, dürfen langfristige Absicherungsmöglichkeiten auf transparente Weise an den Börsen gehandelt und langfristige Lieferverträge außerbörslich ausgehandelt werden, wobei das Wettbewerbsrecht der Union einzuhalten ist.

p) Die Marktvorschriften erleichtern den unionsweiten Handel mit Produkten und bei Änderungen des Regelungsrahmens muss den Auswirkungen auf sowohl kurzfristige als auch langfristige Terminmärkte und -produkte Rechnung getragen werden.

q) Marktteilnehmer haben Anspruch darauf, Zugang zu Übertragungs- und Verteilungsnetzen auf der Grundlage objektiver, transparenter und diskriminierungsfreier Bedingungen zu erlangen.

Artikel 4
Gerechter Übergang

Die Kommission unterstützt mit allen zur Verfügung stehenden Mitteln Mitgliedstaaten, die eine nationale Strategie zur schrittweise vorgenommenen Verringerung der vorhandenen Kapazitäten für die Erzeugung von Energie aus Kohle und anderen festen fossilen Brennstoffen sowie des Abbaus dieser Brennstoffe einführen, um den „gerechten Übergang“ in vom Strukturwandel betroffenen Regionen zu ermöglichen. Die Kommission unterstützt die Mitgliedstaaten dabei, die sozialen und wirtschaftlichen Auswirkungen der Umstellung auf saubere Energie anzugehen.

Die Kommission arbeitet eng und partnerschaftlich mit den Interessenträgern in Regionen, die in hohem Maße von Kohle und einer CO_2-intensiven Wirtschaft abhängig sind, zusammen, erleichtert den Zugang zu verfügbaren Mitteln und Programmen sowie deren Nutzung, und fördert den Austausch über bewährte Verfahren, wozu auch Gespräche über Fahrpläne für die Industrie und über den Umschulungsbedarf zählen.

Artikel 5
Bilanzkreisverantwortung

(1) Alle Marktteilnehmer sind für die von ihnen im System verursachten Bilanzkreisabweichungen verantwortlich (im Folgenden „Bilanzkreisverantwortung“). Zu diesem Zweck sind die Marktteilnehmer entweder Bilanzkreisverantwortliche, oder sie übertragen ihre Verantwortung mit einem Vertrag an einen Bilanzkreisverantwortlichen ihrer Wahl. Jeder Bilanzkreisverantwortliche trägt die finanzielle Verantwortung für seine Bilanzkreisabweichungen und bemüht sich, den eigenen Bilanzkreis auszugleichen oder dazu beizutragen, das Stromsystem auszugleichen.

(2) Die Mitgliedstaaten können Freistellungen von der Bilanzkreisverantwortung vorsehen, jedoch ausschließlich für:

a) Demonstrationsvorhaben für innovative Technologien, vorbehaltlich der Genehmigung durch die Regulierungsbehörde, sofern diese Freistellungen auf den Zeitraum und den Umfang begrenzt sind, die zur Verwirklichung der Demonstrationszwecke erforderlich sind.

b) Gesamteinrichtungen zur Stromerzeugung, in denen erneuerbare Energiequellen genutzt werden und die eine installierte Stromerzeugungskapazität von weniger als 400 kW haben.

(c) Anlagen, die mit Genehmigung der Kommission nach den Unionsvorschriften über staatliche Beihilfen gemäß den Artikeln 107, 108 und 109 AEUV gefördert werden und vor dem 4. Juli 2019 in Betrieb genommen wurden.

Unbeschadet der Artikel 107 und 108 AEUV können die Mitgliedstaaten Marktteilnehmern, die vollständig oder teilweise von der Bilanzkreisverantwortung ausgenommen sind, Anreize bieten, damit diese die vollständige Bilanzkreisverantwortung übernehmen.

(3) Sieht ein Mitgliedstaat eine Freistellung nach Absatz 2 vor, stellt er sicher, dass ein anderer

Marktteilnehmer die finanzielle Verantwortung für Bilanzkreisabweichungen übernimmt.

(4) Was ab dem 1. Januar 2026 in Betrieb genommene Gesamteinrichtungen zur Stromerzeugung anbelangt, so gilt Absatz 2 Buchstabe b nur für Erzeugungseinrichtungen, in denen erneuerbare Energiequellen genutzt werden, die eine installierte Stromerzeugungskapazität von weniger als 200 kW haben.

Artikel 6
Regelreservemarkt

(1) Die Regelreservemärkte einschließlich der Präqualifikationsverfahren werden so organisiert, dass

a) jedwede Diskriminierung einzelner Marktteilnehmer unter Berücksichtigung der unterschiedlichen technischen Bedürfnisse des Stromsystems und der unterschiedlichen technischen Fähigkeiten von Stromerzeugungsquellen, Energiespeicherung und Laststeuerung verhindert wird,

b) die transparente und technologieneutrale Definition der Dienstleistungen und ihre transparente, marktbasierte Beschaffung sichergestellt wird,

c) allen Marktteilnehmern, auch denjenigen, die aus Elektrizität aus fluktuierender erneuerbaren Energiequellen sowie Laststeuerung und Speicherung anbieten, entweder einzeln oder durch Aggregierung diskriminierungsfreier Zugang gewährt wird,

d) sie dem Umstand Rechnung tragen, dass immer größere Anteile fluktuierender Erzeugung, höhere Nachfrageflexibilität und die Entwicklung neuer Technologien bewältigt werden müssen.

(2) Der Regelarbeitspreis darf nicht vorab in einem Vertrag über die Bereitstellung von Regelleistung festgelegt werden. Die Beschaffungsverfahren sind transparent gemäß Artikel 40 Absatz 4 der Richtlinie (EU) 2019/944 und wahren zugleich die Vertraulichkeit von Geschäftsinformationen.

(3) Regelreservemärkte sorgen für Betriebssicherheit und ermöglichen gleichzeitig die maximale Nutzung und effiziente Zuweisung zonenübergreifender Kapazität für alle Zeitbereiche gemäß Artikel 17.

(4) Die Abrechnung von Regelarbeit beruht bei Standard-Regelreserveprodukten und spezifischen Regelreserveprodukten auf dem Grenzpreisverfahren, es sei denn, alle Regulierungsbehörden genehmigen eine alternative Preisberechnungsmethode auf der Grundlage eines gemeinsamen Vorschlags aller Übertragungsnetzbetreiber nach Vorlage einer Analyse, aus der hervorgeht, dass diese alternative Preisberechnungsmethode effizienter ist.

Die Marktteilnehmer dürfen Gebote möglichst echtzeitnah abgeben, und der Zeitpunkt der Schließung des Regelarbeitsmarkts darf nicht vor dem Zeitpunkt der Schließung des zonenübergreifenden Intraday-Marktes liegen.

Übertragungsnetzbetreiber, die ein zentrales Dispatch-Modell anwenden, dürfen weitere Regeln in Einklang mit der gemäß Artikel 6 Absatz 11 der Verordnung (EG) Nr. 714/2009 angenommenen Leitlinie über den Systemausgleich im Elektrizitätsversorgungssystem einführen.

(5) Bilanzkreisabweichungen werden zu einem Preis abgerechnet, der dem Echtzeitwert der Energie Rechnung trägt.

(6) Jeder Geltungsbereich des Ausgleichsenergiepreises entspricht einer Gebotszone, außer in einem zentralen Dispatch-Modell, in dem der Geltungsbereich des Ausgleichsenergiepreises Teil einer Gebotszone sein kann.

(7) Die Dimensionierung der Reservekapazität wird von den Übertragungsnetzbetreibern vorgenommen und auf regionaler Ebene erleichtert.

(8) Die Beschaffung der Regelleistung wird von den Übertragungsnetzbetreibern vorgenommen und darf auf regionaler Ebene erleichtert werden. Die Reservierung grenzüberschreitender Kapazität zu diesem Zweck kann begrenzt werden. Gemäß Artikel 40 Absatz 4 der Richtlinie (EU) 2019/944 erfolgt die Beschaffung der Regelleistung marktbasiert und ist so organisiert, dass es zu keiner Diskriminierung zwischen den einzeln oder durch Aggregierung am Präqualifikationsverfahren teilnehmenden Marktteilnehmern kommt.

Bei der Beschaffung von Regelleistung wird ein Primärmarkt zugrunde gelegt, sofern und soweit die Regulierungsbehörde nicht eine Freistellung vorsieht, um aufgrund mangelnden Wettbewerbs auf dem Markt für Regelreserve andere Formen der marktbasierten Beschaffung zuzulassen. Freistellungen von der Verpflichtung, die Nutzung der Primärmärkte der Beschaffung von Regelleistung zugrunde zu legen, werden alle drei Jahre überprüft.

(9) Regelleistung für die Aufwärts- und Abwärtsregelung wird getrennt beschafft' es sei denn, die Regulierungsbehörde genehmigt eine Freistellung von diesem Grundsatz, wenn eine vom Übertragungsnetzbetreiber durchgeführte Beurteilung nachweist, dass sich durch ein solches Vorgehen die wirtschaftliche Effizienz steigern ließe. Der Abschluss eines Regelleistungsvertrags darf nicht mehr als einen Tag vor der Bereitstellung der Regelleistung erfolgen, und die Vertragslaufzeit darf höchstens einen Tag betragen, sofern und soweit die Regulierungsbehörde nicht frühere Vertragsabschlüsse oder längere Vertragszeiträume zur Wahrung der Versorgungssicherheit oder zur Verbesserung der wirtschaftlichen Effizienz genehmigt hat.

Wenn eine Freistellung gewährt wird, darf für zumindest 40 % der Standard-Regelreserveprodukte und mindestens 30 % aller Produkte, die für die Regelleistung verwendet werden, der Regelleistungsvertrag nicht mehr als einen Tag vor der Bereitstellung der Regelleistung abgeschlossen werden, und die Vertragslaufzeit darf nicht mehr als einen Tag betragen. Der Vertrag über den verbleibenden Regelleistungsanteil darf höchstens einen Monat vor der Bereitstellung der Regelleistung geschlossen werden, und die Vertragslaufzeit darf höchstens einen Monat betragen.

(10) Auf Antrag des Übertragungsnetzbetreibers kann die Regulierungsbehörde beschließen, die in Absatz 9 genannte Vertragslaufzeit für den verbleibenden Regelleistungsanteil auf höchstens zwölf Monate zu verlängern, sofern eine derartige Entscheidung zeitlich begrenzt ist und der Vorteil der Kostensenkung für Endkunden den Nachteil der Beeinträchtigung des Marktes überwiegt. Dieser Antrag enthält

a) den bestimmten Zeitraum, in dem die Ausnahme gelten soll,

b) das bestimmte Volumen der Regelleistung, für das die Ausnahme gelten soll,

c) eine Analyse der Auswirkung der Ausnahme auf die Beteiligung von Regelreserveressourcen und

d) den Nachweis, dass sich durch eine derartige Ausnahme die Kosten für die Endkunden senken ließen.

(11) Ungeachtet Absatz 10 dürfen die Vertragslaufzeiten ab dem 1. Januar 2026 nicht mehr als sechs Monate betragen.

(12) Bis zum 1. Januar 2028 erstatten die Regulierungsbehörden ACER und der Kommission Bericht über den Anteil der Gesamtkapazität, der durch Verträge mit einer Laufzeit oder einem Beschaffungszeitraum von mehr als einem Tag abgedeckt wird.

(13) Die Übertragungsnetzbetreiber oder ihre delegierten Betreiber veröffentlichen so nah an der Echtzeit wie möglich, jedoch mit nicht mehr als 30 Minuten nach Lieferung Verzögerung, den aktuellen Systemausgleich in ihren Fahrplangebieten, die geschätzten Ausgleichsenergiepreise und die geschätzten Regelarbeitspreise.

(14) Die Übertragungsnetzbetreiber können für den Fall, dass Standard-Regelreserveprodukte für die Wahrung der Betriebssicherheit nicht ausreichen oder einige Regelreserveressourcen nicht über Standard-Regelreserveprodukte am Regelreservemarkt teilnehmen können, Freistellungen von den Absätzen 2 und 4 für spezifische Regelreserveprodukte, die örtlich aktiviert und nicht mit anderen Übertragungsnetzbetreibern ausgetauscht werden, vorschlagen und diese Freistellungen können von den Regulierungsbehörden genehmigt werden.

Die Vorschläge für Freistellungen enthalten eine Beschreibung der Maßnahmen, die vorgeschlagen werden, um die Verwendung spezifischer Produkte auf ein Mindestmaß, welches von der wirtschaftlichen Effizienz abhängig ist, zu beschränken, einen Nachweis, dass die spezifischen Produkte keine erheblichen Effizienzmängel oder Verzerrungen auf dem Regelreservemarkt entweder innerhalb oder außerhalb des Fahrplangebiets verursachen, und etwaige Regeln und Informationen in Bezug auf das Verfahren für die Umwandlung von Regelarbeitsgeboten für spezifische Regelreserveprodukte in Regelarbeitsgebote für Standard-Regelreserveprodukte.

Artikel 7
Day-Ahead- und Intraday-Märkte

(1) Die Übertragungsnetzbetreiber und NEMO organisieren gemeinsam die Verwaltung der integrierten Day-Ahead- und Intraday-Märkte gemäß der Verordnung (EU) 2015/1222. Die Übertragungsnetzbetreiber und NEMO arbeiten auf Unionsebene oder, sofern angemessener, auf regionaler Ebene zusammen, um für höchstmögliche Effizienz und Wirksamkeit des Day-Ahead- und Intraday-Stromhandels zu sorgen. Die Pflicht zur Zusammenarbeit besteht unbeschadet der Anwendung des Wettbewerbsrechts der Union. Bei der Erfüllung ihrer Aufgaben im Zusammenhang mit dem Stromhandel unterliegen die Übertragungsnetzbetreiber und NEMO der Regulierungsaufsicht gemäß Artikel 59 der Richtlinie (EU) 2019/944 durch die Regulierungsbehörden und gemäß den Artikeln 4 und 8 der Verordnung (EU) 2019/942 durch ACER.

(2) Die Day-Ahead- und Intraday-Märkte müssen

a) so organisiert sein, dass es zu keiner Diskriminierung kommt,

b) es ermöglichen, dass alle Marktteilnehmer Bilanzkreisabweichungen weitestgehend selbst bewältigen,

c) allen Marktteilnehmern möglichst viele Gelegenheiten bieten, weitestgehend echtzeitnah und über alle Gebotszonen hinweg am zonenübergreifenden Handel teilzunehmen,

d) den grundlegenden Marktbedingungen, einschließlich des Echtzeitwerts der Energie, entsprechende Preise bieten, auf die die Marktteilnehmer bei der Vereinbarung längerfristiger Absicherungsprodukte zurückgreifen können,

e) die Betriebssicherheit gewährleisten und gleichzeitig die maximale Nutzung von Übertragungskapazität ermöglichen,

f) bei Wahrung der Vertraulichkeit von Geschäftsinformationen transparent sein und sicherstellen, dass beim Handel die Anonymität gewahrt bleibt,

g) eine Unterscheidung zwischen Transaktionen innerhalb einer Gebotszone und Transaktionen zwischen Gebotszonen ausschließen und

h) so organisiert sein, dass sie allen Marktteilnehmern einzeln oder durch Aggregierung zugänglich sind.

Artikel 8
Handel an den Day-Ahead- und Intraday-Märkten

(1) Die NEMO lassen zu, dass die Marktteilnehmer Energie möglichst echtzeitnah, zumindest jedoch bis zu dem Zeitpunkt der Schließung des zonenübergreifenden Intraday-Marktes, handeln.

(2) Die NEMO bieten den Marktteilnehmern die Möglichkeit, Energie an den Day-Ahead- und Intraday-Märkten in zeitlichen Intervallen zu handeln, die mindestens so kurz sind wie das Bilanzkreisabrechnungszeitintervall.

(3) Die NEMO stellen für den Handel in den Day-Ahead- und Intraday-Märkten Produkte zur Verfügung, die mit Mindestgebotsgrößen von 500 kW oder weniger klein genug sind, um die wirksame Beteiligung der Laststeuerung, der Energiespeicherung und kleiner Anlagen zur Stromerzeugung aus erneuerbaren Energiequellen — auch durch direkte Teilnahme der Kunden — zu ermöglichen.

(4) Bis zum 1. Januar 2021 beträgt das Bilanzkreisabrechnungszeitintervall in allen Fahrplangebieten 15 Minuten, sofern die Regulierungsbehörden keine Freistellung oder Ausnahme gewährt haben. Freistellungen dürfen nur bis zum 31. Dezember 2024 gewährt werden.

Wurde von allen nationalen Regulierungsbehörden eines Synchrongebiets eine Ausnahme gewährt, so beträgt das Bilanzkreisabweichungszeitintervall ab dem 1. Januar 2025 nicht mehr als 30 Minuten.

Artikel 9
Terminmärkte

(1) Gemäß der Verordnung (EU) 2016/1719 vergeben die Übertragungsnetzbetreiber langfristige Übertragungsrechte oder treffen gleichwertige Maßnahmen, damit die Marktteilnehmer, einschließlich der Eigentümer von Gesamteinrichtungen zur Stromerzeugung, in denen erneuerbare Energiequellen genutzt werden, Preisrisiken über die Gebotszonengrenzen hinweg absichern können, es sei denn, eine von den zuständigen Regulierungsbehörden durchgeführte Bewertung des Terminmarkts an den Gebotszonengrenzen ergibt, dass ausreichende Absicherungsmöglichkeiten in den betroffenen Gebotszonen vorhanden sind.

(2) Langfristige Übertragungsrechte werden transparent, marktbasiert und diskriminierungsfrei über eine zentrale Vergabeplattform zugewiesen.

(3) Vorbehaltlich der Einhaltung des Wettbewerbsrechts der Union steht es den Marktbetreibern frei, Terminabsicherungsprodukte — einschließlich langfristiger Terminabsicherungsprodukte — zu entwickeln, um den Marktteilnehmern, einschließlich der Eigentümer von Gesamteinrichtungen zur Stromerzeugung, in denen erneuerbare Energiequellen genutzt werden, angemessene Möglichkeiten zur Absicherung finanzieller Risiken gegen Preisschwankungen zu bieten. Die Mitgliedstaaten dürfen nicht vorsehen, dass solche Sicherungstätigkeiten auf Transaktionen innerhalb eines Mitgliedstaats oder einer Gebotszone beschränkt sind.

Artikel 10
Technische Gebotsgrenzen

(1) Für den Großhandelsstrompreis gibt es weder eine Obergrenze noch eine Untergrenze. Diese Bestimmung gilt unter anderem für Gebote und Clearings in allen Zeitbereichen sowie für Regelarbeit und Ausgleichsenergiepreise, unbeschadet der technischen Preisgrenzen, die im für den Austausch von Regelarbeit maßgeblichen Zeitbereich und in den Day-Ahead- und Intraday-Zeitbereichen gemäß Absatz 2 festgelegt werden können.

(2) NEMO dürfen harmonisierte Mindest- und Höchstclearingpreise für die Day-Ahead- und Intraday-Zeitbereiche festlegen. Diese Unter- und Obergrenzen müssen ausreichend hoch sein, damit der Handel nicht unnötig beeinträchtigt wird, sie müssen für den Binnenmarkt harmonisiert werden, und bei ihrer Festlegung wird der höchste Wert der Zahlungsbereitschaft für die Beibehaltung der Stromversorgung berücksichtigt. Die NEMO schaffen einen transparenten Mechanismus, mit dem rechtzeitig eine automatische Anpassung der technischen Gebotsgrenzen für den Fall sichergestellt wird, dass die festgelegten Grenzwerte voraussichtlich erreicht werden. Die angepassten Obergrenzen gelten so lange, bis weitere Erhöhungen im Rahmen dieses Mechanismus erforderlich sind.

(3) Die Übertragungsnetzbetreiber unterlassen alle Maßnahmen, deren Ziel es ist, die Großhandelspreise zu ändern.

(4) Die Regulierungsbehörden oder, wenn ein Mitgliedstaat eine andere Behörde zu diesem Zweck benannt hat, die dementsprechend benannten zuständigen Behörden, ermitteln in ihrem Hoheitsgebiet die Strategien und Maßnahmen, die indirekt zur Beschränkung der Preisbildung im Großhandel beitragen könnten, darunter beschränkende Gebote im Zusammenhang mit der Aktivierung von Regelarbeit, Kapazitätsmechanismen, Maßnahmen der Übertragungsnetzbetreiber, sowie Maßnahmen zur Anfechtung von Marktergebnissen, oder Maßnahmen zur Verhinderung des Missbrauchs einer marktbeherrschenden Stellung oder ineffizient festgelegter Gebotszonen.

(5) Hat eine Regulierungsbehörde oder eine andere benannte zuständige Behörde festgestellt, dass eine Strategie oder eine Maßnahme dazu dienen könnte, die Preisbildung im Großhandel zu beschränken, so trifft sie alle geeigneten Maßnahmen zur Unterbindung dieser Strategie oder Maßnahme oder, falls dies nicht möglich ist, zur Eindämmung ihrer Auswirkungen auf das Bietverhalten. Die Mitgliedstaaten erstatten der Kommission bis zum 5. Januar 2020 ausführlich Bericht über die Maßnahmen und Aktionen, die sie ergriffen haben oder zu ergreifen beabsichtigen.

Artikel 11
Wert der Zahlungsbereitschaft für die Beibehaltung der Stromversorgung

(1) Bis zum 5. Juli 2020, sofern dies zur Festlegung eines Zuverlässigkeitsstandards nach Artikel 25 erforderlich ist, nehmen die Regulierungsbehörden oder, wenn ein Mitgliedstaat eine andere Behörde zu diesem Zweck benannt hat, die dementsprechend benannten zuständigen Behörden, für ihr Hoheitsgebiet eine einzige Schätzung des Wertes der Zahlungsbereitschaft für die Beibehaltung der Stromversorgung vor. Diese Schätzung wird veröffentlicht. Verfügen die Mitgliedstaaten in ihrem Hoheitsgebiet über mehrere Gebotszonen, so können die Regulierungsbehörden oder andere benannte zuständige Behörden für die einzelnen Gebotszonen unterschiedliche Schätzungen vornehmen. Umfasst eine Gebotszone Hoheitsgebiete mehr als eines Mitgliedstaats, so legen die betroffenen Regulierungsbehörden oder anderen benannten zuständigen Behörden für diese Gebotszone einen einzigen Wert der Zahlungsbereitschaft für die Beibehaltung der Stromversorgung fest. Bei der Vornahme der einzigen Schätzung des Wertes der Zahlungsbereitschaft für die Beibehaltung der Stromversorgung wenden die Regulierungsbehörden oder andere benannte zuständige Behörden die gemäß Artikel 23 Absatz 6 ausgearbeitete Methode an.

(2) Regulierungsbehörden oder andere benannte zuständige Behörden aktualisieren ihre Schätzung des Wertes der Zahlungsbereitschaft für die Beibehaltung der Stromversorgung mindestens alle fünf Jahre oder — wenn sie eine erhebliche Änderung feststellen — zu einem früheren Zeitpunkt.

Artikel 12
Dispatch von Erzeugungsanlagen und Laststeuerung

(1) Der Dispatch von Gesamteinrichtungen zur Stromerzeugung und die Laststeuerung müssen diskriminierungsfrei, transparent und, sofern in Absatz 2 bis 6 nichts anderes bestimmt ist, marktbasiert erfolgen.

(2) Unbeschadet der Artikel 107, 108 und 109 AEUV stellen die Mitgliedstaaten sicher, dass die Netzbetreiber beim Dispatch von Stromerzeugungseinrichtungen — soweit der sichere Betrieb des nationalen Stromsystems es zulässt — auf der Grundlage transparenter und diskriminierungsfreier Kriterien Erzeugungseinrichtungen Vorrang gewähren, in denen erneuerbare Energiequellen genutzt werden und sofern diese Gesamteinrichtungen zur Stromerzeugung entweder

a) Gesamteinrichtungen zur Stromerzeugung sind, in denen erneuerbare Energiequellen genutzt werden und die eine installierte Stromerzeugungskapazität von weniger als 400 kW haben, oder

b) Demonstrationsvorhaben für innovative Technologien sind, vorbehaltlich der Genehmigung durch die Regulierungsbehörde, sofern dieser Vorrang auf den Zeitraum und den Umfang begrenzt ist, der zur Verwirklichung der Demonstrationszwecke erforderlich ist.

(3) Ein Mitgliedstaat kann beschließen, der vorrangige Dispatch gemäß Absatz 2 Buchstabe a nicht auf Gesamteinrichtungen zur Stromerzeugung anzuwenden, die mindestens sechs Monate nach diesem Beschluss in Betrieb genommen werden, oder eine niedrigere Mindestkapazität als in Absatz 2 Buchstabe a festzulegen, sofern die folgenden Bedingungen erfüllt sind:

a) Er verfügt über gut funktionierenden Intraday-, und andere Großhandels- und Regelreservemärkte, die allen Marktteilnehmern gemäß dieser Verordnung uneingeschränkt zugänglich sind.

b) Die Vorschriften über Redispatch und das Engpassmanagement sind für alle Marktteilnehmer transparent.

c) Der nationale Beitrag des Mitgliedstaats zu dem verbindlichen Gesamtziel der Union für den Anteil von Energie aus erneuerbaren Quellen nach Artikel 3 Absatz 2 der Richtlinie (EU) 2018/2001 des Europäischen Parlaments und des Rates ([3]) und Artikel 4 Buchstabe a Nummer 2 der Verordnung (EU) 2018/1999 des Europäischen Parlaments und des Rates ([4]) ist mindestens gleich dem Ergebnis der Formel in Anhang II der Verordnung (EU) 2018/1999, und der Anteil an Energie aus erneuerbaren Quellen in dem jeweiligen Mitgliedstaat liegt nicht unter seinen Referenzwerten nach Artikel 4 Buchstabe a Nummer 2 der Verordnung (EU) 2018/1999, oder — alternativ — der Anteil der Energie aus erneuerbaren Quellen am Bruttoendelektrizitätsverbrauch des jeweiligen Mitgliedstaats beträgt mindestens 50 %.

d) Der Mitgliedstaat hat die geplante Freistellung der Kommission mitgeteilt und dabei im Einzelnen dargelegt, wie die Bedingungen der Buchstaben a, b und c erfüllt werden.

e) Der Mitgliedstaat hat die geplante Freistellung mit einer ausführlichen Begründung für ihre Gewährung veröffentlicht und dabei erforderlichenfalls der Wahrung vertraulicher Geschäftsinformationen gebührend Rechnung getragen.

Bei jeder Freistellung dürfen ungeachtet etwaiger freiwilliger Vereinbarungen zwischen einem Mitgliedstaat und einer Erzeugungseinrichtung keine rückwirkenden Änderungen mit Wirkung für Erzeugungseinrichtungen, denen bereits ein vorrangiger Dispatch eingeräumt wurde, vorgenommen werden.

Unbeschadet der Artikel 107, 108 und 109 AEUV können die Mitgliedstaaten im Fall von Anlagen, die für den vorrangigen Dispatch infrage kommen, Anreize vorsehen, es freiwillig aufzugeben.

(4) Unbeschadet der Artikel 107, 108 und 109 AEUV können Mitgliedstaaten ein vorrangiger Dispatch für Elektrizität vorsehen, die in Gesamteinrichtungen zur Stromerzeugung mit hocheffizienter Kraft-Wärme-Kopplung und einer installierten Stromerzeugungskapazität von weniger als 400 kW erzeugt wird.

(5) Was ab dem 1. Januar 2026 in Betrieb genommene Gesamteinrichtungen zur Stromerzeugung anbelangt, so gilt Absatz 2 Buchstabe a nur für Gesamteinrichtungen zur Stromerzeugung, in denen erneuerbare Energiequellen genutzt werden und die eine installierte Stromerzeugungskapazität von weniger als 200 kW haben.

(6) Unbeschadet der vor dem 4. Juli 2019 geschlossenen Verträge wird Gesamteinrichtungen zur Stromerzeugung, in denen erneuerbare Energiequellen oder hocheffiziente Kraft-Wärme-Kopplung genutzt werden, und die vor dem 4. Juli 2019 in Betrieb genommen wurden und für die bei ihrer Inbetriebnahme gemäß Artikel 15 Absatz 5 der Richtlinie 2012/27/EU oder Artikel 16 Absatz 2 der Richtlinie 2009/28/EG des Europäischen Parlaments und des Rates ([5]) ein vorrangiger Dispatch vorgesehen war, auch künftig ein vorrangiger Dispatch eingeräumt. Ab dem Zeitpunkt, zu dem eine Gesamteinrichtung zur Stromerzeugung erheblich verändert wird, was zumindest dann angenommen wird, wenn ein neuer Netzanschlussvertrag erforderlich ist oder die Erzeugungskapazität der Gesamteinrichtung zur Stromerzeugung erhöht wird, gilt für solche Gesamteinrichtungen zur Stromerzeugung kein vorrangiger Dispatch mehr.

(7) Der vorrangige Dispatch darf den sicheren Betrieb des Stromsystems nicht gefährden, darf nicht als Rechtfertigung für Einschränkungen der zonenübergreifenden Kapazitäten über das nach Artikel 16 vorgesehene Maß hinaus dienen und erfolgt auf der Grundlage transparenter und diskriminierungsfreier Kriterien.

Artikel 13
Redispatch

(1) Der Redispatch der Erzeugung und der Redispatch der Laststeuerung erfolgt auf der Grundlage objektiver, transparenter und diskriminierungsfreier Kriterien. Es muss allen Erzeugungstechnologien und allen Arten der Energiespeicherung und Laststeuerung, einschließlich solchen mit Standort in anderen Mitgliedstaaten, offenstehen, sofern dies technisch machbar ist.

(2) Die für einen Redispatch in Frage kommenden Ressourcen werden unter Nutzung marktbasierter Mechanismen aus den Erzeugungsanlagen, Energiespeicherung oder Laststeuerung ausgewählt und finanziell vergütet. Der Regelarbeitspreis wird nicht durch Regelarbeitsgebote bestimmt, die zu Redispatch-Zwecken genutzt werden.

(3) Der nicht marktbasierte Redispatch der Erzeugung, der Energiespeicherung und der Laststeuerung darf nur zum Einsatz kommen, wenn

a) keine marktbasierte Alternative verfügbar ist,

b) alle verfügbaren marktbasierten Ressourcen eingesetzt wurden,

c) die Zahl der verfügbaren Stromerzeugungs-, Energiespeicherungs- oder Laststeuerungsanlagen in dem Gebiet, in dem sich für die Erbringung der Dienstleistung geeignete Anlagen befinden, zu gering ist, um einen wirksamen Wettbewerb sicherzustellen, oder

d) durch die aktuelle Netzsituation derart regelmäßig und vorhersehbar Engpässe verursacht werden, dass ein marktbasierter Redispatch ein regelmäßiges strategisches Bietverhalten herbeiführen würde, was die interne Engpasslage weiter verschlechtern würde, und der betroffene Mitgliedstaat hat entweder einen Aktionsplan zum Angehen dieses Engpasses erlassen, oder er stellt sicher, dass die verfügbare Mindestkapazität für zonenübergreifenden Handel Artikel 16 Absatz 8 entspricht.

(4) Die Übertragungs- und Verteilernetzbetreiber legen der zuständigen Regulierungsbehörde zumindest jährlich einen Bericht vor, und zwar über

a) den Entwicklungsstand und die Wirksamkeit der marktbasierten Redispatch-Mechanismen für Stromerzeugungs-, Energiespeicherungs- und Laststeuerungsanlagen,

b) die Gründe, das Volumen in MWh und die Art der Erzeugungsquelle, die einem Redispatch unterliegen,

c) die Maßnahmen — einschließlich Investitionen in die Digitalisierung der Netzinfrastruktur und in Dienstleistungen zur Erhöhung der Flexibilität —, dank deren der abwärts gerichtete Redispatch von Erzeugungseinrichtungen, in denen erneuerbare Energiequellen oder hocheffiziente Kraft-Wärme-Kopplung genutzt werden, künftig seltener erforderlich ist.

Die Regulierungsbehörden leiten den Bericht an ACER weiter und veröffentlichen eine Zusammenfassung der in Unterabsatz 1 Buchstabe a, b und c genannten Daten, der sie nötigenfalls Verbesserungsvorschläge beifügen.

(5) Vorbehaltlich der zur Wahrung der Zuverlässigkeit und der Sicherheit des Netzes zu erfüllenden Anforderungen und auf der Grundlage transparenter und diskriminierungsfreier Kriterien, die von den Regulierungsbehörden festgelegt werden, müssen die Übertragungs- und Verteilernetzbetreiber

a) gewährleisten, dass die Übertragungs- und Verteilernetze in der Lage sind, die aus erneuerbaren Energiequellen oder mittels hocheffizienter Kraft-Wärme-Kopplung erzeugte Elektrizität mit möglichst geringem Redispatch zu übertragen; dabei darf Redispatch bei der Netzplanung jedoch weiterhin in begrenztem Umfang Berücksichtigung finden, wenn die Übertragungs- und Verteilernetzbetreiber transparent nachweisen können, dass dies wirtschaftlich effizienter ist, und wenn dies 5 % der jährlich erzeugten Elektrizität in Anlagen, in denen erneuerbare Energiequellen genutzt werden und die direkt an das jeweilige Netz angeschlossen sind, nicht überschreitet, sofern ein Mitgliedstaat, in dem Elektrizität aus Gesamteinrichtungen zur Stromerzeugung, in denen erneuerbare Energiequellen oder hocheffiziente Kraft-Wärme-Kopplung genutzt werden, einen Anteil von mindestens 50 % am jährlichen Bruttoendstromverbrauch ausmacht, nichts anderes bestimmt;

b) angemessene netz- und marktbezogene betriebliche Maßnahmen ergreifen, um der abwärts gerichtete Redispatch von Elektrizität aus erneuerbaren Energiequellen oder hocheffizienter Kraft-Wärme-Kopplung zu minimieren;

c) sicherstellen, dass ihre Netze flexibel genug sind, damit sie sie betreiben können.

(6) Bei nicht marktbasiertem abwärts gerichtetem Redispatch gelten folgende Grundsätze:

a) Bei Gesamteinrichtungen zur Stromerzeugung, in denen erneuerbare Energiequellen genutzt werden, darf abwärts gerichteter Redispatch nur dann angewandt werden, wenn es keine Alternative gibt oder wenn andere Lösungen zu erheblich unverhältnismäßig hohen Kosten führen oder die Netzsicherheit erheblich gefährden würden.

b) Auf Elektrizität, die mittels hocheffizienter Kraft-Wärme-Kopplung erzeugt wurde, darf abwärts gerichteter Redispatch nur dann angewandt werden, wenn es abgesehen von abwärts gerichtetem Redispatch bei Gesamteinrichtungen zur Stromerzeugung, in denen erneuerbare Energiequellen genutzt werden, keine Alternative gibt oder, wenn andere Lösungen zu unverhältnismäßig hohen Kosten führen oder die Netzsicherheit erheblich gefährden würden.

c) Nicht in das Übertragungs- oder Verteilernetz eingespeiste, selbst erzeugte Elektrizität aus Erzeugungseinrichtungen, in denen erneuerbare Energiequellen oder hocheffiziente Kraft-Wärme-Kopplung genutzt werden, darf nicht Gegenstand von abwärts gerichtetem Redispatch sein, es sei denn, es gäbe keine andere Möglichkeit zur Lösung von Netzsicherheitsproblemen.

d) Abwärts gerichteter Redispatch gemäß den Buchstaben a, b und c ist hinreichend und auf transparente Weise zu begründen. Die Begründung ist in den Bericht gemäß Absatz 3 aufzunehmen.

(7) Bei der Anwendung des nicht marktbasierten Redispatch hat der Betreiber der Erzeugungs-, Energiespeicherungs- oder Laststeuerungsanlage, mit der der Redispatch erfolgt ist, Anspruch auf einen finanziellen Ausgleich durch den Netzbetreiber, der den Redispatch angefordert hat, außer wenn der Erzeuger einen Netzanschlussvertrag akzeptiert hat, der keine Garantie für eine verbindliche Lieferung von Energie enthält. Ein solcher finanzieller Ausgleich erfolgt mindestens in Höhe des höheren der folgenden Beträge oder einer Kombination beider Beträge, wenn die Anwendung nur des höheren einen ungerechtfertigt niedrigen bzw. hohen finanziellen Ausgleich zur Folge hätte:

a) Betrag der zusätzlichen Betriebskosten, die durch den Redispatch entstehen, beispielsweise zusätzliche Brennstoffkosten im Fall von aufwärts gerichtetem Redispatch oder zusätzliche Wärmebereitstellung im Fall von abwärts gerichtetem Redispatch von Gesamteinrichtungen zur Stromerzeugung mit hocheffizienter Kraft-Wärme-Kopplung;

b) Nettoeinnahmen aus dem Verkauf von Elektrizität auf dem Day-Ahead-Markt, die die Stromerzeugungs-, Energiespeicherungs- oder Laststeuerungsanlage ohne die Aufforderung zum Redispatch erzielt hätte. Erhält die Stromerzeugungs-, Energiespeicherungs- oder Laststeuerungsanlage eine finanzielle Unterstützung auf der Grundlage der erzeugten oder verbrauchten Strommenge, so gilt die finanzielle Unterstützung, die ohne die Aufforderung zum Redispatch erteilt worden wäre, als Teil der Nettoeinnahmen.

KAPITEL III
NETZZUGANG UND ENGPASSMANAGEMENT
ABSCHNITT 1
Kapazitätsvergabe
Artikel 14
Überprüfung von Gebotszonen

(1) Die Mitgliedstaaten ergreifen alle zum Angehen von Engpässen geeigneten Maßnahmen. Den Gebotszonengrenzen müssen langfristige, strukturelle Engpässe in den Übertragungsnetzen zugrunde liegen. Die Gebotszonen dürfen keine derartigen strukturellen Engpässe aufweisen, es sei denn, diese haben keine Auswirkungen auf benachbarte Gebotszonen, oder — als vorübergehende Ausnahme — ihre Auswirkungen auf

benachbarte Gebotszonen werden durch Entlastungsmaßnahmen gemindert, und diese strukturellen Engpässe bewirken keine Verringerung der zonenübergreifenden Handelskapazität entsprechend der Anforderungen von Artikel 16. Die Gebotszonen in der Union müssen so gestaltet sein, dass größtmögliche wirtschaftliche Effizienz sichergestellt ist und sich gemäß Artikel 16 möglichst viele Möglichkeiten zum zonenübergreifenden Handel ergeben, während gleichzeitig die Versorgungssicherheit erhalten bleibt.

(2) Alle drei Jahre erstellt ENTSO (Strom) einen Bericht über strukturelle Engpässe und andere erhebliche physikalische Engpässe zwischen und in Gebotszonen, auch über den Ort des Auftretens und die Häufigkeit solcher Engpässe im Einklang mit der auf der Grundlage des Artikels 18 der Verordnung (EG) Nr. 714/2009 angenommenen Leitlinie für die Kapazitätsvergabe und das Engpassmanagement. Dieser Bericht enthält eine Bewertung, ob die zonenübergreifende Handelskapazität die lineare Verlaufskurve gemäß Artikel 15 oder die Mindestkapazität gemäß Artikel 16 der vorliegenden Verordnung erreicht hat.

(3) Damit die Gebotszonen optimal konfiguriert sind, wird eine Überprüfung der Gebotszonen durchgeführt. Bei dieser Überprüfung werden alle strukturellen Engpässe ermittelt, und sie umfasst eine koordinierte Analyse der einzelnen Gebotszonenkonfigurationen unter Einbeziehung der betroffenen Interessenträger aller maßgeblichen Mitgliedstaaten gemäß der auf der Grundlage des Artikels 18 der Verordnung (EG) Nr. 714/2009 angenommenen Leitlinie für die Kapazitätsvergabe und das Engpassmanagement durchgeführt wird. Die aktuellen Gebotszonen werden anhand dessen bewertet, ob mit ihnen ein verlässliches Marktumfeld geschaffen werden kann, auch für flexible Erzeugungs- und Lastkapazitäten, was von entscheidender Bedeutung dafür ist, Netzengpässe zu verhindern, Elektrizitätsangebot und -nachfrage im Gleichgewicht zu halten und die langfristige Sicherheit von Investitionen in die Netzinfrastruktur sicherzustellen.

(4) Für die Zwecke dieses Artikels und des Artikels 15 dieser Verordnung sind die maßgeblichen Mitgliedstaaten, Übertragungsnetzbetreiber oder Regulierungsbehörden diejenigen Mitgliedstaaten, Übertragungsnetzbetreiber oder Regulierungsbehörden, die sich an der Überprüfung der Gebotszonenkonfiguration beteiligen, sowie jene, die sich gemäß der auf der Grundlage des Artikels 18 Absatz 5 der Verordnung (EG) Nr. 714/2009 angenommenen Leitlinie für die Kapazitätsvergabe und das Engpassmanagement in derselben Kapazitätsberechnungsregion befinden.

(5) Bis zum 5. Oktober 2019 übermitteln alle maßgeblichen Übertragungsnetzbetreiber einen Vorschlag für die Methoden und Annahmen, die im Hinblick auf das Verfahren zur Überprüfung der Gebotszonen genutzt werden sollen, und für die in Betracht zu ziehenden alternativen Gebotszonenkonfigurationen, der den maßgeblichen Regulierungsbehörden zur Genehmigung vorgelegt wird. Die maßgeblichen Regulierungsbehörden fassen binnen drei Monaten nach Vorlage des Vorschlags einen einstimmigen Beschluss zu dem Vorschlag. Sind die Regulierungs-behörden nicht in der Lage, innerhalb dieser Frist einstimmig über den Vorschlag zu beschließen, so entscheidet ACER binnen drei weiteren Monaten über die Methoden und Annahmen und über die in Betracht zu ziehenden alternativen Gebotszonenkonfigurationen. Den Methoden müssen strukturelle Engpässe zugrunde liegen, die in den folgenden drei Jahren voraussichtlich nicht überwunden werden, wobei spürbare Fortschritte bei Projekten zur Infrastrukturentwicklung, die in den folgenden drei Jahren voraussichtlich verwirklicht werden, gebührend zu berücksichtigen sind.

(6) Auf der Grundlage der gemäß Absatz 5 beschlossenen Methoden und Annahmen legen die an der Überprüfung der Gebotszonen beteiligten Übertragungsnetzbetreiber den maßgeblichen Mitgliedstaaten oder ihren benannten zuständigen Behörden bis spätestens zwölf Monate nach Genehmigung der Methoden und Annahmen gemäß Absatz 5 einen gemeinsamen Vorschlag zur Änderung oder Aufrechterhaltung der Gebotszonenkonfiguration vor. Andere Mitgliedstaaten, Vertragsparteien der Energiegemeinschaft oder Drittländer, die sich ein synchrones Gebiet mit einem maßgeblichen Mitgliedstaat teilen, können Stellungnahmen abgeben.

(7) Werden in dem Bericht nach Absatz 2 dieses Artikels oder in der Überprüfung der Gebotszonen nach diesem Artikel oder von einem oder mehreren Übertragungsnetzbetreibern in ihrer jeweiligen Regelzone in einem von der zuständigen Regulierungsbehörde angenommenen Bericht strukturelle Engpässe festgestellt, so beschließt der Mitgliedstaat mit festgestellten strukturellen Engpässen in Zusammenarbeit mit seinen Übertragungsnetzbetreibern binnen sechs Monaten nach Erhalt des Berichts, entweder nationale oder multinationale Aktionspläne gemäß Artikel 15 festzulegen oder seine Gebotszonenkonfiguration zu überprüfen und anzupassen. Diese Beschlüsse sind der Kommission und ACER umgehend zu übermitteln.

(8) In Bezug auf jene Mitgliedstaaten, die sich für eine Änderung der Gebotszonenkonfiguration gemäß Absatz 7 entschieden haben, fassen die maßgeblichen Mitgliedstaaten binnen sechs Monaten nach der Mitteilung gemäß Absatz 7 einen einstimmigen Beschluss. Andere Mitgliedstaaten können diesen Mitgliedstaaten Stellungnahmen übermitteln, wobei die maßgeblichen Mitgliedstaaten diese Stellungnahmen bei ihrer Beschlussfassung berücksichtigen sollten. Der Beschluss ist

zu begründen und der Kommission und ACER zu übermitteln. Fassen die maßgeblichen Mitgliedstaaten innerhalb dieser sechs Monate keinen einstimmigen Beschluss, so teilen sie dies der Kommission umgehend mit. Als letztes Mittel erlässt die Kommission nach Konsultation von ACER binnen sechs Monaten nach Erhalt dieser Mitteilung einen Beschluss, ob die Gebotszonenkonfiguration in und zwischen jenen Mitgliedstaaten geändert oder beibehalten werden sollte.

(9) Die Mitgliedstaaten und die Kommission konsultieren die maßgeblichen Interessenträger, bevor sie einen Beschluss nach diesem Artikel fassen.

(10) Jeder nach diesem Artikel gefasste Beschluss enthält Angaben zum Zeitpunkt der Anwendung einer Änderung. Bei diesem Anwendungszeitpunkt ist sowohl der Dringlichkeit der Anwendung als auch praktischen Erwägungen wie dem Stromterminhandel Rechnung zu tragen. In dem Beschluss können geeignete Übergangsmaßnahmen festgelegt werden.

(11) Werden auf der Grundlage der gemäß Artikel 18 der Verordnung (EG) Nr. 714/2009 angenommenen Leitlinie für die Kapazitätsvergabe und das Engpassmanagement weitere Gebotszonenüberprüfungen eingeleitet, so ist das Verfahren des vorliegenden Artikels anzuwenden.

Artikel 15
Aktionspläne

(1) Im Anschluss an die Fassung eines Beschlusses nach Artikel 14 Absatz 7 erarbeitet der Mitgliedstaat mit festgestellten strukturellen Engpässen in Zusammenarbeit mit seiner Regulierungsbehörde einen Aktionsplan. Dieser Aktionsplan enthält einen konkreten Zeitplan für das Ergreifen von Maßnahmen zur Verringerung der strukturellen Engpässe, die binnen höchstens vier Jahren nach Fassung des Beschlusses gemäß Artikel 14 Absatz 7 festgestellt wurden.

(2) Unabhängig von den konkreten Fortschritten im Zusammenhang mit dem Aktionsplan sorgen die Mitgliedstaaten dafür, dass unbeschadet der Freistellungen gemäß Artikel 16 Absatz 9 oder Abweichungen nach Artikel 16 Absatz 3 die Kapazität für den grenzüberschreitenden Handel jedes Jahr erhöht wird, bis die Mindestkapazität gemäß Artikel 16 Absatz 8 erreicht wird. Diese Mindestkapazität ist bis zum 31. Dezember 2025 zu erreichen.

Für diese jährliche Erhöhung wird eine lineare Verlaufskurve zugrunde gelegt. Den Ausgangspunkt dieser Verlaufskurve bildet entweder die im Jahr vor der Annahme des Aktionsplans zugewiesene Kapazität an dieser Grenze oder auf einem kritischen Netzelement oder der Durchschnitt der letzten drei Jahre vor der Annahme des Aktionsplans, je nachdem, welcher Wert höher ist. Die Mitgliedstaaten stellen, während sie ihre Aktionspläne umsetzen — auch unter Rückgriff auf Entlastungsmaßnahmen in der Kapazitätsberechnungsregion — sicher, dass die gemäß Artikel 16 Absatz 8 für den zonenübergreifenden Handel zur Verfügung gestellte Kapazität mindestens gleich den Werten der linearen Verlaufskurve ist.

(3) Die Kosten der notwendigen Entlastungsmaßnahmen zur Einhaltung der linearen Verlaufskurve gemäß Absatz 2 oder zur Bereitstellung von zonenübergreifender Kapazität an den Grenzen oder auf kritischen Netzelementen, auf die sich der Aktionsplan bezieht, werden von dem Mitgliedstaat oder den Mitgliedstaaten getragen, die den Aktionsplan umsetzen.

(4) Jedes Jahr während der Umsetzung des Aktionsplans und binnen sechs Monaten nach seinem Ablauf bewerten die maßgeblichen Übertragungsnetzbetreiber für die vorangehenden 12 Monate, ob die verfügbare grenzüberschreitende Kapazität die lineare Verlaufskurve erreicht hat, oder, ab dem 1. Januar 2026, ob die in Artikel 16 Absatz 8 festgelegte Mindestkapazität erreicht wurde. Sie übermitteln ACER und den maßgeblichen nationalen Regulierungsbehörden ihre Bewertungen. Vor der Ausarbeitung des Berichts übermittelt jeder Übertragungsnetzbetreiber seine Beiträge zu dem Bericht mit allen maßgeblichen Daten seiner Regulierungsbehörde zur Genehmigung.

(5) In Bezug auf jene Mitgliedstaaten, in deren Fall aus der in Absatz 4 genannten Bewertung hervorgeht, dass ein Übertragungsnetzbetreiber die lineare Verlaufskurve nicht erreicht hat, fassen die maßgeblichen Mitgliedstaaten binnen sechs Monaten nach Erhalt des in Absatz 4 genannten Berichts einen einstimmigen Beschluss, ob die Gebotszonenkonfiguration innerhalb und zwischen jenen Mitgliedstaaten geändert oder beibehalten wird. Dabei berücksichtigen die maßgeblichen Mitgliedstaaten die Stellungnahmen anderer Mitgliedstaaten. Der Beschluss des maßgeblichen Mitgliedstaats ist zu begründen und der Kommission und ACER zu übermitteln.

Fassen die maßgeblichen Mitgliedstaaten keinen einstimmigen Beschluss innerhalb der zulässigen Frist, so teilen sie dies der Kommission umgehend mit. Als letztes Mittel erlässt die Kommission nach Konsultation von ACER und der maßgeblichen Interessenträger binnen sechs Monaten nach Erhalt dieser Mitteilung einen Beschluss, ob die Gebotszonenkonfiguration in und zwischen jenen Mitgliedstaaten geändert oder beibehalten werden sollte.

(6) Sechs Monate vor Ablauf des Aktionsplans entscheidet der Mitgliedstaat mit festgestellten strukturellen Engpässen, ob er seine verbleibenden Engpässe angeht indem er seine Gebotszone ändert oder ob er die verbleibenden internen Engpässe mit Entlastungsmaßnahmen, deren Kosten er selbst trägt, angeht.

(7) Wurde ein struktureller Engpass gemäß Artikel 14 Absatz 7 festgestellt, jedoch binnen sechs Monaten kein Aktionsplan festgelegt, so bewerten die maßgeblichen Übertragungsnetzbetreiber binnen zwölf Monaten nach Feststellung eines solchen strukturellen Engpasses, ob die verfügbare grenzüberschreitende Kapazität die in Artikel 16 Absatz 8 festgelegten Mindestkapazitäten in den vorangehenden 12 Monaten erreicht hat, und sie erstatten den maßgeblichen Regulierungsbehörden und ACER hierüber Bericht.

Vor der Ausarbeitung des Berichts übermittelt jeder Übertragungsnetzbetreiber seiner Regulierungsbehörde seinen Beitrag zu dem Bericht mit allen maßgeblichen Daten zur Genehmigung. Zeigt die Bewertung, dass ein Übertragungsnetzbetreiber die Mindestkapazität nicht erreicht hat, erfolgt die Beschlussfassung nach Absatz 5 dieses Artikels.

Artikel 16
Allgemeine Grundsätze für die Kapazitätsvergabe und das Engpassmanagement

(1) Netzengpässen wird mit diskriminierungsfreien marktbasierten Lösungen begegnet, von denen wirksame wirtschaftliche Signale an die Marktteilnehmer und beteiligten Übertragungsnetzbetreiber ausgehen. Netzengpässe werden mit nicht transaktionsbezogenen Methoden bewältigt, d. h. mit Methoden, bei denen nicht zwischen den Verträgen einzelner Marktteilnehmer unterschieden wird. Ergreift der Übertragungsnetzbetreiber betriebliche Maßnahmen, um sein Übertragungsnetz im Normalzustand zu halten, so muss er die Auswirkungen dieser Maßnahmen auf die benachbarten Regelzonen berücksichtigen und diese Maßnahmen gemäß der Verordnung (EU) 2015/1222 mit anderen betroffenen Übertragungsnetzbetreibern koordinieren.

(2) Transaktionen dürfen nur in Notfällen eingeschränkt werden, insbesondere wenn der Übertragungsnetzbetreiber schnell handeln muss und ein Redispatch oder Countertrading nicht möglich ist. Jedes diesbezügliche Verfahren muss diskriminierungsfrei angewendet werden. Abgesehen von Fällen höherer Gewalt werden Marktteilnehmer, denen Kapazitäten zugewiesen wurden, für jede solche Einschränkung entschädigt.

(3) Gemäß Artikel 37 Absatz 1 Buchstabe a und Artikel 42 Absatz 1 führen die regionalen Koordinierungszentren eine koordinierte Kapazitätsberechnung im Einklang mit den Absätzen 4 und 8 dieses Artikels durch.

Regionale Koordinierungszentren berechnen die zonenübergreifenden Kapazitäten unter Einhaltung der Betriebssicherheitsgrenzwerte anhand der Daten der Übertragungsnetzbetreiber einschließlich der Daten über die technische Verfügbarkeit von Entlastungsmaßnahmen, ohne den Lastabwurf miteinzubeziehen. Gelangen die regionalen Koordinierungszentren zu dem Schluss, dass diese verfügbaren Entlastungsmaßnahmen in der Kapazitätsberechnungsregion oder zwischen Kapazitätsberechnungsregionen nicht ausreichen, um unter Einhaltung der Betriebssicherheitsgrenzwerte die lineare Verlaufskurve gemäß Artikel 15 Absatz 2 oder die Mindestkapazitäten gemäß Artikel 16 Absatz 8 zu erreichen, so können sie als letztes Mittel koordinierte Maßnahmen festlegen, um die zonenübergreifenden Kapazitäten entsprechend zu verringern. Die Übertragungsnetzbetreiber dürfen von koordinierten Maßnahmen zur koordinierten Kapazitätsberechnung und zur koordinierten Sicherheitsanalyse nur gemäß Artikel 42 Absatz 2 abweichen.

Die regionalen Koordinierungszentren berichten, ab drei Monaten nachdem sie ihren Betrieb nach Artikel 35 Absatz 2 dieser Verordnung aufgenommen haben, und alle drei Monate danach, den maßgeblichen Regulierungsbehörden und ACER über Verringerungen der Kapazität und Abweichungen von koordinierten Maßnahmen gemäß Unterabsatz 2, bewerten die Fälle und unterbreiten erforderlichenfalls Empfehlungen dazu, wie diese Abweichungen in Zukunft vermieden werden können. Gelangt ACER zu dem Schluss, dass die Voraussetzungen für eine Abweichung gemäß diesem Absatz nicht erfüllt sind und diese Abweichung von struktureller Art ist, so übermittelt sie den maßgeblichen Regulierungsbehörden und der Kommission eine entsprechende Stellungnahme. Die zuständigen Regulierungsbehörden ergreifen gemäß Artikel 59 oder 62 der Richtlinie (EU) 2019/944 geeignete Maßnahmen gegen Übertragungsnetzbetreiber oder regionale Koordinierungszentren, wenn die Voraussetzungen für eine Abweichung nach diesem Absatz nicht erfüllt waren.

Abweichungen struktureller Art sind in einem Aktionsplan nach Artikel 14 Absatz 7 oder mittels einer Aktualisierung eines vorhandenen Aktionsplans anzugehen.

(4) Den Marktteilnehmern wird die unter Einhaltung der Sicherheitsnormen für den sicheren Netzbetrieb maximale Kapazität der Verbindungsleitungen und der Übertragungsnetze, die durch die grenzüberschreitenden Kapazitäten beeinflusst werden, zur Verfügung gestellt. Countertrading und Redispatch, einschließlich grenzüberschreitendem Redispatch, werden zur Maximierung der verfügbaren Kapazitäten genutzt, um die Mindestkapazität nach Absatz 8 zu erreichen. Um eine solche Maximierung zu ermöglichen wird ein koordiniertes und diskriminierungsfreies Verfahren für grenzüberschreitende Entlastungsmaßnahmen angewandt, nachdem die Methode zur Kostenteilung bei Redispatch und Countertrading umgesetzt wurde.

(5) Die Kapazitätsvergabe erfolgt durch explizite Kapazitätsauktionen oder durch implizite Auktionen für sowohl Kapazität als auch Energie. Beide Methoden können für ein und dieselbe Verbindungsleitung gleichzeitig bestehen. Für den Intraday-Handel wird ein fortlaufendes Handelssystem verwendet, das durch Auktionen ergänzt werden kann.

(6) Im Fall von Engpässen erhalten die höchsten impliziten oder expliziten gültigen Gebote für Netzkapazität, die den höchsten Wert für die knappe Übertragungskapazität in einem bestimmten Zeitbereich bieten, den Zuschlag. Außer bei neuen Verbindungsleitungen, für die eine Ausnahme nach Artikel 7 der Verordnung (EG) Nr. 1228/2003, nach Artikel 17 der Verordnung (EG) Nr. 714/2009 oder nach Artikel 63 der vorliegenden Verordnung gilt, dürfen bei den Kapazitätsvergabemethoden keine Mindestpreise festgesetzt werden.

(7) Die Kapazität ist auf sekundärer Basis frei handelbar, sofern der Übertragungsnetzbetreiber ausreichend rechtzeitig unterrichtet wird. Lehnt ein Übertragungsnetzbetreiber den Sekundärhandel (Sekundärtransaktionen) ab, so muss er dies allen Marktteilnehmern in deutlicher und transparenter Form mitteilen und erklären sowie der Regulierungsbehörde melden.

(8) Die Übertragungsnetzbetreiber dürfen die den Marktteilnehmern zur Verfügung zu stellende Verbindungskapazität nicht beschränken, um einen Engpass in ihrer eigenen Gebotszone zu beheben oder um Stromflüsse zu bewältigen, die aufgrund von Transaktionen innerhalb der Gebotszonen entstanden sind. Unbeschadet der Anwendung von Freistellungen gemäß Absatz 3 und 9 dieses Artikels und der Anwendung von Artikel 15 Absatz 2 gelten die Bestimmungen dieses Absatzes als erfüllt, wenn die folgenden Mindestwerte der verfügbaren Kapazität für den zonenübergreifenden Handel erreicht sind:

a) Bei Grenzen, bei denen ein Ansatz der koordinierten Nettoübertragungskapazität angewandt wird, beträgt der Mindestwert 70 % der Übertragungskapazität, welche die Betriebssicherheitsgrenzwerte einhält und wegen der Ausfallvarianten einen Abzug vornimmt, die gemäß der auf der Grundlage des Artikels 18 Absatz 5 der Verordnung (EG) Nr. 714/2009 angenommenen Leitlinie für die Kapazitätsvergabe und das Engpassmanagement ermittelt wurden.

b) Bei Grenzen, an denen ein lastflussgestützter Ansatz angewandt wird, ist die Mindestkapazität eine bei der Kapazitätsberechnung gesetzte Grenze, die für durch zonenübergreifenden Austausch ausgelöste Lastflüsse verfügbar ist. Die Grenze beträgt 70 % der Kapazität der internen und zonenübergreifenden kritischen Netzelemente, die die Betriebssicherheitsgrenzwerte einhält, wobei Ausfallvarianten zu berücksichtigen sind, die gemäß der auf der Grundlage des Artikels 18 Absatz 5 der Verordnung (EG) Nr. 714/2009 angenommenen Leitlinie für die Kapazitätsvergabe und das Engpassmanagement festgelegt wurden.

Die Gesamtmenge von 30 % kann auf jedem kritischen Netzelement für Zuverlässigkeitsmargen, Ringflüsse und interne Stromflüsse verwendet werden.

(9) Auf Antrag von Übertragungsnetzbetreibern einer Kapazitätsberechnungsregion können die maßgeblichen Regulierungsbehörden — sofern dies zur Aufrechterhaltung der Betriebssicherheit erforderlich ist — aus vorhersehbaren Gründen eine Freistellung von Absatz 8 gewähren. Eine solche Freistellung, die nicht die Einschränkung von bereits nach Absatz 2 zugewiesenen Kapazitäten betreffen darf, wird für nicht länger als ein Jahr auf einmal, oder, soweit der Umfang der Freistellung nach dem ersten Jahr bedeutend abnimmt, für höchstens zwei Jahre erteilt. Der Umfang solchen Freistellungen darf nicht über das für die Aufrechterhaltung der betrieblichen Sicherheit erforderliche Maß hinausgehen und solche Freistellungen dürfen nicht zur Diskriminierung zwischen dem internen und dem zonenübergreifenden Austausch führen.

Vor der Gewährung einer Freistellung konsultiert die maßgebliche Regulierungsbehörde die Regulierungsbehörden der anderen Mitgliedstaaten, die zu der betroffenen Kapazitätsberechnungsregion gehören. Ist eine der Regulierungsbehörden mit der vorgeschlagenen Freistellung nicht einverstanden, so entscheidet gemäß Artikel 6 Absatz 10 Buchstabe a der Verordnung (EU) 2019/942 ACER über ihre Erteilung. Die Gründe für die Freistellung werden veröffentlicht.

Wird eine Freistellung gewährt, so erarbeiten und veröffentlichen die maßgeblichen Übertragungsnetzbetreiber eine Methode und Projekte für eine langfristige Lösung des Problems, gegen das mit der Freistellung vorgegangen werden soll. Die Freistellung endet mit Ablauf der Frist für die Freistellung oder sobald die Lösung angewendet wird, je nachdem, welcher Zeitpunkt der frühere ist.

(10) Die Marktteilnehmer teilen den betroffenen Übertragungsnetzbetreibern rechtzeitig vor dem maßgeblichen Betriebszeitraum mit, ob sie die zugewiesene Kapazität zu nutzen gedenken. Zugewiesene Kapazitäten, die nicht in Anspruch genommen werden, werden nach einem offenen, transparenten und diskriminierungsfreien Verfahren wieder dem Markt zur Verfügung gestellt.

(11) Die Übertragungsnetzbetreiber saldieren, soweit technisch möglich, die auf der überlasteten Verbindungsleitung in gegenläufiger Richtung beanspruchten Kapazitäten, um diese Leitung bis zu ihrer maximalen Kapazität zu nutzen. Unter vollständiger Berücksichtigung der Netzsicherheit

dürfen Transaktionen, die mit einer Entlastung verbunden sind, nicht abgelehnt werden.

(12) Die finanziellen Folgen, die sich daraus ergeben, dass die mit der Kapazitätsvergabe verbundenen Verpflichtungen nicht eingehalten werden, werden den Übertragungsnetzbetreibern oder NEMO angelastet, die dafür verantwortlich sind. Nutzen Marktteilnehmer die Kapazität, zu deren Nutzung sie sich verpflichtet haben, nicht, oder handeln sie diese Kapazität im Fall einer durch eine explizite Auktion erworbenen Kapazität nicht auf sekundärer Basis oder geben sie die Kapazität nicht rechtzeitig zurück, so verlieren diese Marktteilnehmer ihren Anspruch auf diese Kapazität und zahlen ein kostenorientiertes Entgelt. Die kostenorientierten Entgelte für die nicht erfolgte Nutzung von Kapazität müssen gerechtfertigt und angemessen sein. Kommt ein Übertragungsnetzbetreiber seiner Verpflichtung, solide Übertragungskapazität bereitzustellen, nicht nach, so muss er den Marktteilnehmer für den Verlust von Kapazitätsrechten entschädigen. Folgeverluste werden dabei nicht berücksichtigt. Die zentralen Konzepte und Methoden zur Bestimmung der Haftungsansprüche aus der nicht erfolgten Einhaltung von Verpflichtungen sind, was die finanziellen Konsequenzen betrifft, im Voraus festzulegen und von der maßgeblichen Regulierungsbehörde zu überprüfen.

(13) Bei der Zuordnung von Kosten von Entlastungsmaßnahmen auf die Übertragungsnetzbetreiber analysieren die Regulierungsbehörden, inwieweit die Stromflüsse aufgrund von Transaktionen innerhalb von Gebotszonen zu dem zwischen zwei Gebotszonen beobachteten Engpass beitragen, und sie ordnen die Kosten auf der Grundlage des jeweiligen Beitrags zum Engpass auf die Übertragungsnetzbetreiber der Gebotszonen, in denen diese Stromflüsse entstehen, zu, außer bei Kosten, die durch Stromflüsse bedingt sind, die aufgrund von Transaktionen innerhalb von Gebotszonen entstehen und unterhalb des Niveaus liegen, der ohne strukturelle Engpässe in einer Gebotszone wahrscheinlich ist.

Dieses Niveau wird von allen Übertragungsnetzbetreibern in einer Kapazitätsberechnungsregion für jede einzelne Gebotszonengrenze gemeinsam analysiert und festgelegt und unterliegt der Genehmigung aller Regulierungsbehörden in der Kapazitätsberechnungsregion.

Artikel 17
Zuweisung zonenübergreifender Kapazität für alle Zeitbereiche

(1) Die Übertragungsnetzbetreiber berechnen die verfügbare zonenübergreifende Kapazität zumindest nach dem jeweiligen Zeitpunkt der Schließung des zonenübergreifenden Day-Ahead-Marktes und des zonenübergreifenden Intraday-Marktes neu. Bei der folgenden Zuweisung zonenübergreifender Kapazität vergeben die Übertragungsnetzbetreiber neben der verfügbaren zonenübergreifenden Kapazität auch eventuell verbliebene, zuvor nicht zugewiesene Kapazität sowie zonenübergreifende Kapazität aus früheren Zuweisungen, die von Inhabern von Rechten zur physischen Übertragung freigegeben wurde.

(2) Die Übertragungsnetzbetreiber schlagen eine angemessene Struktur für die Zuweisung zonenübergreifender Kapazität für alle Zeitbereiche, einschließlich derjenigen für die Day-Ahead-, Intraday- und Regelarbeitsmärkte, vor. Diese Vergabestruktur wird von den maßgeblichen Regulierungsbehörden überprüft. Bei der Ausarbeitung ihrer Vorschläge berücksichtigen die Übertragungsnetzbetreiber

a) die Eigenheiten der Märkte,

b) die Betriebsbedingungen des Stromsystems, z. B. die Auswirkungen der Saldierung verbindlich angemeldeter Zeitpläne,

(c) den Grad der Harmonisierung der verschiedenen Zeitbereichen zugewiesenen Prozentsätze und die Zeitbereiche, die für die verschiedenen bestehenden Mechanismen für die Zuweisung zonenübergreifender Kapazität festgelegt wurden.

(3) Ist nach dem Zeitpunkt der Schließung des zonenübergreifenden Intraday-Marktes noch zonenübergreifende Kapazität vorhanden, so nutzen die Übertragungsnetzbetreiber die zonenübergreifende Kapazität für den Austausch von Regelarbeit oder zur Durchführung des Verfahrens für das gegenseitige Anrechnen beim Abruf von Sekundärregelenergie (Imbalance Netting).

(4) Wird zonenübergreifende Kapazität für den Austausch von Regelleistung oder die Reserventeilung gemäß Artikel 6 Absatz 8 dieser Verordnung zugewiesen, so wenden die Übertragungsnetzbetreiber die in der gemäß Artikel 6 Absatz 11 der Verordnung (EG) Nr. 714/2009 angenommenen Leitlinie über den Systemausgleich im Elektrizitätsversorgungssystem ausgearbeiteten Methoden an.

(5) Die Übertragungsnetzbetreiber dürfen die gemäß der Verordnung (EU) 2015/1222 berechnete Zuverlässigkeitsmarge aufgrund des Austauschs von Regelleistung oder der Reserventeilung nicht erhöhen.

ABSCHNITT 2
Netzentgelte und Engpasserlöse

Artikel 18
Entgelte für den Netzzugang, die Nutzung und den Ausbau der Netze

(1) Die Entgelte, die die Netzbetreiber für den Zugang zu den Netzen erheben, einschließlich Entgelte für den Anschluss an die Netze, Entgelte für

die Nutzung der Netze und etwaige Entgelte für den damit verbundenen Ausbau der Netze, müssen kostenorientiert und transparent sein, der Notwendigkeit der Netzsicherheit und der Flexibilität Rechnung tragen und die tatsächlichen Kosten insofern zum Ausdruck bringen, als sie denen eines effizienten und strukturell vergleichbaren Netzbetreibers entsprechen und unterschiedslos angewandt werden. Die Entgelte dürfen keine damit nicht zusammenhängenden Kosten zur Unterstützung damit nicht zusammenhängender politischer Ziele umfassen.

Unbeschadet des Artikels 15 Absätze 1 und 6 und der Kriterien in Anhang XI der Richtlinie 2012/27/EU muss die Methode zur Bestimmung der Netzentgelte in neutraler Weise langfristig durch Preissignale für Kunden und Erzeuger zur Gesamteffizienz des Netzes beitragen und insbesondere so angewandt werden, dass durch sie die an die Verteilerebene angeschlossenen Erzeugungsanlagen gegenüber den an die Übertragungsebene angeschlossenen Erzeugungsanlagen weder bevorzugt noch benachteiligt werden. Die Netzentgelte dürfen Energiespeicherung oder -aggregierung weder bevorteilen noch benachteiligen und auch keine Negativanreize für Eigenerzeugung, Eigenverbrauch oder die Teilnahme an der Laststeuerung setzen. Diese Entgelte dürfen unbeschadet des Absatzes 3 dieses Artikels nicht entfernungsabhängig sein.

(2) Die Tarifmethoden spiegeln die Fixkosten der Übertragungs- und Verteilernetzbetreiber wider und setzen sowohl kurzfristig als auch langfristig angemessene Anreize für Übertragungs- und Verteilernetzbetreiber, um die Effizienz einschließlich der Energieeffizienz zu steigern, die Marktintegration und die Versorgungssicherheit zu fördern, effiziente Investitionen zu unterstützen, die damit verbundenen Forschungstätigkeiten zu unterstützen, und Innovationen im Interesse der Verbraucher in Bereichen wie Digitalisierung, Flexibilitätsdienste und Verbindungsleitungen zu erleichtern.

(3) Von der Höhe der gegenüber den Erzeugern oder Endkunden, oder beiden erhobenen Tarife gehen erforderlichenfalls standortbezogene Preissignale auf Unionsebene aus, und diese Tarife tragen dem Umfang der verursachten Netzverluste und Engpässe und den Kosten von Investitionen in die Infrastruktur Rechnung.

(4) Bei der Festsetzung der Netzzugangsentgelte ist Folgendes zu berücksichtigen:

a) die im Rahmen des Ausgleichsmechanismus zwischen Übertragungsnetzbetreibern geleisteten Zahlungen und verbuchten Einnahmen,

b) die tatsächlich geleisteten und eingegangenen Zahlungen sowie die auf der Grundlage vergangener Zeiträume geschätzten voraussichtlichen Zahlungen für künftige Zeiträume.

(5) Die Festsetzung der Netzzugangsentgelte gilt unbeschadet etwaiger Entgelte aufgrund des in Artikel 16 genannten Engpassmanagements.

(6) Für einzelne Transaktionen für den zonenübergreifenden Stromhandel wird kein besonderes Netzentgelt verlangt.

(7) Die Verteilungstarife müssen kostenorientiert sein, wobei die Nutzung des Verteilernetzes durch die Netznutzer einschließlich der aktiven Kunden zu berücksichtigen ist. Verteilungstarife können auf die Netzanschlusskapazität bezogene Elemente enthalten und können sich anhand der Verbrauchs- oder Erzeugungsprofile der Netznutzer unterscheiden. In den Mitgliedstaaten, die bereits intelligente Messsysteme verwenden, ziehen die Regulierungsbehörden gemäß Artikel 59 der Richtlinie (EU) 2019/944 bei der Festlegung oder Genehmigung von Übertragungs- oder Verteilungstarifen oder der entsprechenden Methoden zeitlich abgestufte Netztarife in Erwägung und führen diese erforderlichenfalls ein, um die Nutzung des Netzes auf eine für die Endkunden transparente, kosteneffiziente und vorhersehbare Weise zum Ausdruck zu bringen.

(8) Die Verteilungstarifmethoden müssen den Verteilernetzbetreibern Anreize für den effizientesten Betrieb und Ausbau ihrer Netze bieten, unter anderem mittels der Beschaffung von Dienstleistungen. Zu diesem Zweck erkennen die Regulierungsbehörden maßgebliche Kosten an und berücksichtigen sie in den Verteilungstarifen; außerdem können sie Leistungsziele einführen, um den Verteilernetzbetreibern Anreize zur Steigerung der Effizienz in ihren Netzen zu bieten, auch durch Energieeffizienz, Flexibilität, den Ausbau intelligenter Netze und die Einführung intelligenter Messsysteme.

(9) Bis zum 5. Oktober 2019 legt ACER zur Minderung des Risikos der Marktfragmentierung einen Bericht über bewährte Verfahren in Bezug auf Übertragungs- und Verteilungstarifmethoden vor und trägt dabei nationalen Besonderheiten Rechnung. Dieser Bericht über bewährte Verfahren umfasst mindestens

a) das Verhältnis der gegenüber den Erzeugern und den Endkunden erhobenen Tarife,

b) die durch die Tarife zu deckenden Kosten,

c) zeitlich abgestufte Netztarife,

d) standortbezogene Preissignale,

e) das Verhältnis zwischen den Übertragungs- und Verteilungstarifen,

f) Methoden zur Wahrung der Transparenz bei der Festsetzung und Struktur der Tarife,

g) die Gruppen der Netznutzer, die Tarifen unterliegen, einschließlich der etwaigen Merkmale dieser Gruppen, Formen des Verbrauchs, und alle Tarifbefreiungen,

h) Verluste in Hoch-, Mittel- und Niederspannungsnetzen.

ACER aktualisiert ihren Bericht zu bewährten Verfahren mindestens alle zwei Jahre.

(10) Bei der Festlegung oder Genehmigung von Übertragungs- oder Verteilungstarifen oder der entsprechenden Methoden gemäß Artikel 59 Buchstabe a der Richtlinie (EU) 2019/944 tragen die Regulierungsbehörden dem Bericht über bewährte Verfahren gebührend Rechnung.

Artikel 19
Engpasserlöse

(1) Außer bei neuen Verbindungsleitungen, für die eine Ausnahmeregelung nach Artikel 63 der vorliegenden Verordnung, nach Artikel 17 der Verordnung (EG) Nr. 714/2009 oder nach Artikel 7 der Verordnung (EG) Nr. 1228/2003in Anspruch genommen werden darf, dürfen mit Engpassmanagementverfahren, die für einen vorher festgelegten Zeitbereich gelten, Erlöse nur aus Engpässen erzielt werden, die in Bezug auf diesen Zeitbereich entstehen. Das Verfahren für die Aufteilung dieser Erlöse wird von den Regulierungsbehörden überprüft und darf weder die Vergabe zugunsten einer Kapazität oder Energie nachfragenden Partei verzerren noch einen Negativanreiz für die Verringerung von Engpässen darstellen.

(2) Die folgenden Zielsetzungen haben in Hinblick auf die Zuteilung von Einnahmen aus der Vergabe von zonenübergreifender Kapazität Vorrang:

a) Sicherstellung der tatsächlichen Verfügbarkeit der vergebenen Kapazität, einschließlich Stabilitätskompensation,

b) Erhaltung oder Ausbau von zonenübergreifenden Kapazitäten durch Optimierung des Einsatzes vorhandener Verbindungsleitungen, erforderlichenfalls durch koordinierte Entlastungsmaßnahmen, oder Deckung von Kosten von Investitionen in die Netze, die für die Verringerung von Engpässen bei Verbindungsleitungen maßgeblich sind.

(3) Wurden die in Absatz 2 genannten vorrangigen Ziele angemessen erfüllt, so können die Einnahmen als Erlöse verwendet werden, die von den Regulierungsbehörden bei der Genehmigung der Methode zur Berechnung oder Festlegung oder Berechnung und Festlegung der Netzentgelte zu berücksichtigen sind. Die übrigen Einnahmen sind auf ein gesondertes internes Konto zu übertragen, bis sie für die in Absatz 2 genannten Zwecke verwendet werden können.

(4) Die Verwendung der Einnahmen gemäß Absatz 2 Buchstaben a oder b erfolgt nach einer von den Übertragungsnetzbetreibern nach Konsultation der nationalen Regulierungsbehörden und der maßgeblichen Interessenträger vorgeschlagenen und von ACER genehmigten Methode. Die Übertragungsnetzbetreiber legen ACER die vorgeschlagene Methode bis zum 5. Juli 2020 vor, und ACER entscheidet binnen sechs Monaten nach Eingang der vorgeschlagenen Methode darüber.

ACER kann die Übertragungsnetzbetreiber auffordern, die in Unterabsatz 1 genannte Methode zu ändern oder zu aktualisieren. ACER entscheidet über die geänderte oder aktualisierte Methode spätestens sechs Monate nach ihrer Vorlage.

Die Methode muss mindestens die Bedingungen enthalten, unter denen die Einnahmen für die in Absatz 2 genannten Zwecke verwendet werden können, sowie Angaben dazu, unter welchen Voraussetzungen und für wie lange die Einnahmen zur künftigen Verwendung für diese Zwecke auf ein gesondertes internes Konto übertragen werden können.

(5) Die Übertragungsnetzbetreiber legen im Voraus genau fest, wie sie Engpasserlöse zu verwenden gedenken, und sie erstatten den Regulierungsbehörden über die tatsächliche Verwendung dieser Erlöse Bericht. Bis zum 1. März jeden Jahres setzen die nationalen Regulierungsbehörden ACER in Kenntnis und veröffentlichen einen Bericht in dem

a) die Erlöse für den am 31. Dezember des vorangegangenen Jahres endenden Zwölfmonatszeitraum aufgeführt werden;

b) dargelegt wird, wie diese Erlöse gemäß Absatz 2 verwendet wurden, darunter Angaben zu den einzelnen Projekten, für die die Erlöse verwendet wurden, und zu dem auf ein gesondertes Konto übertragenen Betrag;

c) der bei der Berechnung der Netztarife verwendeten Betrag angeführt wird; und

d) der Nachweis erbracht wird, dass die Verwendung im Einklang mit dieser Verordnung und der nach den Absätzen 3 und 4 ausgearbeiteten Methode erfolgt ist.

Wird ein Teil der Engpasserlöse zur Berechnung der Netztarife verwendet, so wird im Bericht dargelegt, wie die Übertragungsnetzbetreiber die etwaigen vorrangigen Ziele gemäß Absatz 2 erreicht haben.

KAPITEL IV
ANGEMESSENHEIT DER RESSOURCEN

Artikel 20
Angemessenheit der Ressourcen im Elektrizitätsbinnenmarkt

(1) Die Mitgliedstaaten beobachten die Angemessenheit der Ressourcen in ihrem Hoheitsgebiet auf der Grundlage der Abschätzung der Angemessenheit der Ressourcen auf europäischer Ebene nach Artikel 23. Ergänzend zu der Abschätzung der Angemessenheit der Ressourcen auf europäischer Ebene können die Mitgliedstaaten eine Abschätzung der Angemessenheit der Ressourcen auf nationaler Ebene nach Artikel 24 durchführen.

(2) Ergeben sich bei der Abschätzung der Angemessenheit der Ressourcen auf europäischer Ebene nach Artikel 23 oder auf nationaler Ebene nach Artikel 24 Bedenken bezüglich der Angemessenheit der Ressourcen, so ermittelt der betroffene Mitgliedstaat alle regulatorischen Verzerrungen oder Fälle von Marktversagen, die zum Entstehen der Bedenken beigetragen oder diese Bedenken verursacht haben.

(3) Die Mitgliedstaaten, in denen Bedenken bezüglich der Angemessenheit der Ressourcen festgestellt wurden, entwickeln und veröffentlichen im Rahmen des beihilferechtlichen Genehmigungsverfahrens einen Umsetzungsplan mit einem Zeitplan für die Verabschiedung von Maßnahmen zur Beseitigung ermittelter regulatorischer Verzerrungen oder von Fällen von Marktversagen. Um Bedenken bezüglich der Angemessenheit der Ressourcen anzugehen, müssen die Mitgliedstaaten insbesondere den in Artikel 3 genannten Grundsätzen Rechnung tragen und Folgendes in Betracht ziehen:

a) die Beseitigung regulatorischer Verzerrungen,

b) die Aufhebung von Preisobergrenzen gemäß Artikel 10,

c) die Einführung einer Funktion für die Knappheitspreisbildung bei Regelarbeit im Sinne von Artikel 44 Absatz 3 der Verordnung (EU) 2017/2195,

d) die Erhöhung der Verbundkapazität und der Kapazität des internen Netzes im Hinblick darauf, zumindest die in Artikel 4 Buchstabe d Ziffer 1 der Verordnung (EU) 2018/1999 genannte Verbundvorgabe zu erreichen,

e) die Ermöglichung von Eigenerzeugung, Energiespeicherung, Laststeuerungsmaßnahmen und Energieeffizienz durch den Erlass von Maßnahmen zur Beseitigung ermittelter regulatorischer Hindernisse,

f) die Sicherstellung der kosteneffizienten und marktbasierten Beschaffung von Regelreserve und Systemdienstleistungen,

g) die Abschaffung regulierter Preise, sofern nach Artikel 5 der Richtlinie (EU) 2019/944 vorgeschrieben.

(4) Die betroffenen Mitgliedstaaten legen der Kommission den Umsetzungsplan zur Überprüfung vor.

(5) Die Kommission gibt binnen vier Monaten nach Erhalt des Umsetzungsplans eine Stellungnahme ab, ob die Maßnahmen ausreichen, um die nach Absatz 2 festgestellten regulatorischen Verzerrungen oder Fälle von Marktversagen zu beseitigen, und sie kann die jeweiligen Mitgliedstaaten auffordern, den Umsetzungsplan entsprechend zu ändern.

(6) Die betroffenen Mitgliedstaaten beobachten die Anwendung des Umsetzungsplans und veröffentlichen die Ergebnisse der Beobachtung in einem jährlichen Bericht, den sie der Kommission übermitteln.

(7) Die Kommission gibt eine Stellungnahme dazu ab, ob die Umsetzungspläne in ausreichendem Maße umgesetzt und die Bedenken bezüglich der Angemessenheit ausgeräumt wurden.

(8) Die Mitgliedstaaten befolgen den Umsetzungsplan auch nach der Ausräumung der festgestellten Bedenken bezüglich der Angemessenheit der Ressourcen.

Artikel 21
Allgemeine Grundsätze für Kapazitätsmechanismen

(1) Zur Ausräumung der verbleibenden Bedenken bezüglich der Angemessenheit der Ressourcen können die Mitgliedstaaten als letztes Mittel während der Umsetzung der in Artikel 20 Absatz 3 dieser Verordnung genannten Maßnahmen gemäß Artikel 107, 108 und 109 AEUV Kapazitätsmechanismen einführen.

(2) Vor der Einführung von Kapazitätsmechanismen führen die betroffenen Mitgliedstaaten eine umfassende Studie zu den möglichen Auswirkungen dieser Mechanismen auf die benachbarten Mitgliedstaaten durch, indem sie mindestens ihre benachbarten Mitgliedstaaten mit direkter Netzverbindung und die Interessenträger dieser Mitgliedstaaten konsultieren.

(3) Die Mitgliedstaaten beurteilen, ob die Bedenken bezüglich der Angemessenheit der Ressourcen mit einem Kapazitätsmechanismus in Form einer strategischen Reserve angegangen werden können. Ist das nicht der Fall, so können die Mitgliedstaaten eine andere Art von Kapazitätsmechanismus einsetzen.

(4) Die Mitgliedstaaten dürfen keine Kapazitätsmechanismen einführen, wenn bei der Abschätzung der Angemessenheit der Ressourcen sowohl auf europäischer als auch auf nationaler Ebene bzw. — in Ermangelung einer Abschätzung auf nationaler Ebene — bei der Abschätzung auf europäischer Ebene keine Bedenken bezüglich der Angemessenheit der Ressourcen ermittelt wurden.

(5) Die Mitgliedstaaten dürfen Kapazitätsmechanismen nur dann einführen, wenn die Kommission eine Stellungnahme gemäß Artikel 20 Absatz 5 zu dem in Artikel 20 Absatz 3 genannten Umsetzungsplan abgegeben hat.

(6) Wendet ein Mitgliedstaat einen Kapazitätsmechanismus an, so überprüft er diesen Kapazitätsmechanismus und gewährleistet, dass keine neuen Verträge nach diesem Mechanismus geschlossen werden, wenn bei der Abschätzung der Angemessenheit der Ressourcen sowohl auf europäischer als auch auf nationaler Ebene oder —

in Ermangelung einer Abschätzung auf nationaler Ebene — bei der Abschätzung auf europäischer Ebene keine Bedenken bezüglich der Angemessenheit ermittelt wurden oder wenn die Kommission keine Stellungnahme gemäß Artikel 20 Absatz 5 zu dem in Artikel 20 Absatz 3 genannten Umsetzungsplan abgegeben hat.

(7) Bei der Gestaltung von Kapazitätsmechanismen nehmen die Mitgliedstaaten eine Bestimmung auf, die die effiziente administrative Abschaffung des Kapazitätsmechanismus vorsieht, wenn in drei aufeinanderfolgenden Jahren keine neuen Verträge gemäß Absatz 6 geschlossen werden.

(8) Kapazitätsmechanismen sind zeitlich begrenzt. Sie werden von der Kommission für einen Zeitraum von höchstens zehn Jahren genehmigt. Auf der Grundlage des Umsetzungsplans gemäß Artikel 20 werden sie abgeschafft oder wird die gebundene Kapazität reduziert. Die Mitgliedstaaten wenden den Umsetzungsplan auch nach Einführung des Kapazitätsmechanismus weiter an.

Artikel 22
Gestaltungsgrundsätze für Kapazitätsmechanismen

(1) Die Kapazitätsmechanismen

a) müssen befristet sein,

b) dürfen keine unnötigen Marktverzerrungen herbeiführen und den zonenübergreifenden Handel nicht beschränken,

c) dürfen nicht über das hinausgehen, was zum Angehen der in Artikel 20 genannten Bedenken bezüglich der Angemessenheit erforderlich ist,

d) müssen die Kapazitätsanbieter in einem transparenten, diskriminierungsfreien und wettbewerblichen Verfahren auswählen

e) müssen Anreize für Kapazitätsanbieter bieten, damit die Kapazitätsanbieter in Zeiten voraussichtlich hoher Systembelastung zur Verfügung stehen,

f) müssen vorsehen, dass die Vergütung nach einem wettbewerblichen Verfahren bestimmt wird,

g) müssen die technischen Voraussetzungen für die Beteiligung von Kapazitätsanbietern im Vorfeld des Auswahlverfahrens vorsehen,

h) müssen allen Ressourcen, die die erforderliche technische Leistung erbringen können, offenstehen, einschließlich Energiespeicherung und Laststeuerung,

i) müssen vorsehen, dass Kapazitätsanbietern, die bei hoher Systembelastung nicht zur Verfügung stehen, angemessene Sanktionen auferlegt werden.

(2) Für Gestaltungsgrundsätze für strategische Reserven gilt Folgendes:

a) Wird ein Kapazitätsmechanismus als strategische Reserve gestaltet, so kommt es nur zum Dispatch der darin enthaltenen Ressourcen, wenn die Übertragungsnetzbetreiber voraussichtlich ihre Regelreserveressourcen ausschöpfen, um Angebot und Nachfrage ins Gleichgewicht zu bringen.

b) Während Bilanzkreisabrechnungszeitintervallen, in denen es zum Dispatch der Ressourcen der strategischen Reserve gekommen ist, werden Bilanzkreisabweichungen auf dem Markt mindestens zu dem Wert der Zahlungsbereitschaft für die Beibehaltung der Stromversorgung oder zu einem Wert oberhalb der in Artikel 10 Absatz 1 genannten technischen Preisgrenze für den Intraday-Handel ausgeglichen, je nachdem, welcher Wert höher ist.

c) Der Output der strategischen Reserve nach dem Dispatch wird den Bilanzkreisverantwortlichen über den Mechanismus zur Abrechnung von Bilanzkreisabweichungen zugerechnet.

d) Die an der strategischen Reserve teilnehmenden Ressourcen werden nicht von den Stromgroßhandelsmärkten oder den Regelreservemärkten vergütet.

e) Die Ressourcen in der strategischen Reserve werden zumindest für die Dauer der Vertragslaufzeit außerhalb des Marktes vorgehalten.

Die in Unterabsatz 1 Buchstabe a genannte Vorschrift gilt unbeschadet der Aktivierung von Ressourcen vor dem tatsächlichen Dispatch, um den Zwängen im Bereich der Rampenbeschränkung und den betrieblichen Anforderungen der Ressourcen Rechnung zu tragen. Der Output der strategischen Reserve während der Aktivierung darf weder über Großhandelsmärkte Bilanzkreisen zugerechnet werden noch eine Änderung der entsprechenden Ungleichgewichte bewirken.

(3) Zusätzlich zu den Anforderungen nach Absatz 1 gilt, dass Kapazitätsmechanismen abgesehen von strategischen Reserven

a) so gestaltet sind, dass sichergestellt wird, dass der für die Verfügbarkeit von Erzeugungskapazität gezahlte Preis automatisch gegen Null geht, wenn davon auszugehen ist, dass der Kapazitätsbedarf mit der bereitgestellten Kapazität gedeckt werden kann,

b) vorsehen, dass den beteiligten Ressourcen nur ihre Verfügbarkeit vergütet wird und dass Entscheidungen des Kapazitätsanbieters über die Erzeugung durch die Vergütung nicht beeinflusst werden,

c) vorsehen, dass die Kapazitätsverpflichtungen zwischen den berechtigten Kapazitätsanbietern übertragbar sind.

(4) Für Kapazitätsmechanismen gelten folgende Anforderungen in Bezug auf CO_2-Emissionsgrenzwerte:

a) Spätestens ab dem 4. Juli 2019 dürfen für eine Erzeugungskapazität, die die kommerzielle Erzeugung an oder nach diesem Tag aufgenommen hat, und die Emissionen von mehr als 550 g CO_2 aus fossilen Brennstoffen je kWh Elektrizität ausstößt, im Rahmen eines Kapazitätsmechanismus weder Zahlungen getätigt werden noch dürfen ihr gegenüber Verpflichtungen für künftige Zahlungen eingegangen werden.

b) Spätestens ab dem 1. Juli 2025 dürfen für eine Erzeugungskapazität, die vor dem 4. Juli 2019 die kommerziellen Erzeugung aufgenommen hat, und die Emissionen von mehr als 550 g CO_2 aus fossilen Brennstoffen je kWh Elektrizität und mehr als 350 kg CO_2 aus fossilen Brennstoffen im Jahresdurchschnitt je installierte Kilowatt Leistung elektrisch (kWe) ausstößt, im Rahmen eines Kapazitätsmechanismus weder Zahlungen getätigt werden noch dürfen ihr gegenüber Verpflichtungen für künftige Zahlungen eingegangen werden.

Der in Unterabsatz 1 Buchstabe a und b genannte Emissionsgrenzwert von 550 g CO_2 aus fossilen Brennstoffen je kWh Elektrizität und der Grenzwert von 350 kg CO_2 aus fossilen Brennstoffen im Jahresdurchschnitt je installierte Kilowatt Leistung elektrisch (kWe) wird auf der Grundlage der konstruktionsbedingten Effizienz der Erzeugungseinheit im Sinne der Nettoeffizienz bei Nennkapazität unter einschlägigen, von der internationalen Organisation für Normung herausgegebenen, Normen berechnet.

Bis zum 5. Januar 2020 veröffentlicht ACER eine Stellungnahme mit technischen Leitlinien zur Berechnung der in Unterabsatz 1 genannten Werte.

(5) Mitgliedstaaten, die am 4. Juli 2019 Kapazitätsmechanismen anwenden, müssen ihre Mechanismen so anpassen, dass sie Kapitel IV entsprechen, unbeschadet der Verpflichtungen oder Verträge, die vor dem 31. Dezember 2019 eingegangen oder. geschlossen wurden.

Artikel 23
Abschätzung der Angemessenheit der Ressourcen auf europäischer Ebene

(1) Bei der Abschätzung der Angemessenheit der Ressourcen auf europäischer Ebene werden Bedenken bezüglich der Angemessenheit der Ressourcen festgestellt, indem die Gesamtangemessenheit des Stromsystems zur Deckung des bestehenden und zu erwartenden Strombedarfs auf Unionsebene, auf Ebene der Mitgliedstaaten und gegebenenfalls auf Ebene der Gebotszonen beurteilt wird. Die Abschätzung der Angemessenheit der Ressourcen auf europäischer Ebene deckt, ab dem Zeitpunkt der Beurteilung, jedes Jahr eines Zehnjahreszeitraums ab.

(2) Die Abschätzung der Angemessenheit der Ressourcen auf europäischer Ebene erfolgt durch ENTSO (Strom).

(3) Bis zum 5. Januar 2020 legt ENTSO (Strom) der nach Artikel 1 des Beschlusses der Kommission vom 15. November 2012 ([6]) zusammengesetzten Koordinierungsgruppe „Strom“ und ACER den Entwurf einer Methode für die Abschätzung der Angemessenheit der Ressourcen auf europäischer Ebene vor, die sich auf die in Absatz 5 dieser Verordnung genannten Grundsätze stützt.

(4) Die Übertragungsnetzbetreiber stellen ENTSO (Strom) die Daten zu Verfügung, die es für die Abschätzung der Angemessenheit der Ressourcen auf europäischer Ebene benötigt.

ENTSO (Strom) nimmt die Abschätzung der Angemessenheit der Ressourcen auf europäischer Ebene jedes Jahr vor. Erzeuger und andere Marktteilnehmer stellen den Übertragungsnetzbetreibern Daten über die voraussichtliche Nutzung der Ressourcen für die Erzeugung zur Verfügung und berücksichtigen dabei die Verfügbarkeit von Primärressourcen und angemessene Szenarien für die voraussichtliche Nachfrage und das voraussichtliche Angebot.

(5) Die Abschätzung der Angemessenheit der Ressourcen auf europäischer Ebene erfolgt anhand einer transparenten Methode, die gewährleistet, dass die Abschätzung

a) auf jeder Ebene der Gebotszonen durchgeführt wird und mindestens alle Mitgliedstaaten umfasst,

b) auf angemessenen zentralen Referenzszenarien für das voraussichtliche Angebot und die voraussichtliche Nachfrage beruht, einschließlich einer wirtschaftlichen Beurteilung der Wahrscheinlichkeit für die Abschaltung, die vorübergehende Stilllegung und den Neubau von Erzeugungsanlagen und der Maßnahmen zur Erreichung der Energieeffizienzziele und der Stromverbundziele, sowie angemessenen Sensivitäten bezüglich extremen Wetterereignissen, hydrologischen Gegebenheiten, den Großhandelspreisen und den Entwicklungen des CO_2-Preises,

c) getrennte Szenarien enthält, in denen die unterschiedliche Wahrscheinlichkeit des Eintritts der Bedenken bezüglich der Angemessenheit der Ressourcen, die mit den einzelnen Arten von Kapazitätsmechanismen angegangen werden sollen, zum Ausdruck kommt,

d) die Beiträge aller Ressourcen, einschließlich der bestehenden und künftigen Möglichkeiten der Erzeugung, Energiespeicherung, branchenbezogener Integration und Laststeuerung, sowie Ein- und Ausfuhrmöglichkeiten und ihren Beitrag zu einem flexiblen Systembetrieb angemessen berücksichtigt,

e) die wahrscheinlichen Auswirkungen der in Artikel 20 Absatz 3 genannten Maßnahmen antizipiert,

f) Varianten ohne bestehende oder geplante Kapazitätsmechanismen und gegebenenfalls mit solchen Mechanismen enthält,

g) auf einem Marktmodell beruht, bei dem erforderlichenfalls der lastflussgestützte Ansatz verwendet wird,

h) Wahrscheinlichkeitsberechnungen anwendet,

i) ein einziges Modellierungsinstrument anwendet,

j) mindestens die nachstehenden Indikatoren gemäß Artikel 25 beinhaltet:

— „erwartete Energieunterdeckung"

— „Lastunterdeckungserwartung";

k) die Quellen möglicher Bedenken bezüglich der Angemessenheit der Ressourcen ermittelt, insbesondere, ob es sich dabei um eine Netzbeschränkung, Ressourcenbeschränkung oder um beides handelt,

l) den tatsächlichen Netzausbau berücksichtigt,

m) sicherstellt, dass die nationalen Eigenheiten der Erzeugung, Nachfrageflexibilität und Energiespeicherung sowie die Verfügbarkeit von Primärressourcen und der Vernetzungsgrad gebührend berücksichtigt werden.

(6) Bis zum 5. Januar 2020 unterbreitet ENTSO (Strom) ACER den Entwurf einer Methode zur Berechnung

a) des Wertes der Zahlungsbereitschaft für die Beibehaltung der Stromversorgung,

b) der Kosten des günstigsten Marktzutritts für die Erzeugung oder Laststeuerung und

c) des Zuverlässigkeitsstandards gemäß Artikel 25.

Die Methode beruht auf transparenten, objektiven und nachprüfbaren Kriterien.

(7) Die in den Absätzen 3 und 6 genannten Vorschläge für den Entwurf einer Methode, die Szenarien, die Sensivitäten und die Annahmen, auf denen sie beruhen, sowie die Ergebnisse der Abschätzung der Angemessenheit der Ressourcen auf europäischer Ebene nach Absatz 4 werden nach dem in Artikel 27 festgelegten Verfahren vorab einer Konsultation mit den Mitgliedstaaten, der Koordinierungsgruppe „Strom" und den maßgeblichen Interessenträgern unterzogen und ACER zur Genehmigung vorgelegt.

Artikel 24

Abschätzungen der Angemessenheit der Ressourcen auf nationaler Ebene

(1) Die Abschätzungen der Angemessenheit der Ressourcen auf nationaler Ebene haben einen regionalen Umfang und beruhen auf der in Artikel 23 genannten Methode, insbesondere in Artikel 23 Absatz 5 Buchstaben b bis m.

Die Abschätzungen der Angemessenheit der Ressourcen auf nationaler Ebene beinhalten die zentralen Referenzszenarien im Sinne von Artikel 23 Absatz 5 Buchstabe b.

Bei Abschätzungen der Angemessenheit der Ressourcen auf nationaler Ebene können zusätzliche Sensivitäten abgesehen von den in Artikel 23 Absatz 5 Buchstabe b genannten Sensivitäten berücksichtigt werden. In solchen Fällen können bei Abschätzungen der Angemessenheit der Ressourcen auf nationaler Ebene

a) Annahmen getroffen werden, bei denen den Besonderheiten von Stromangebot und -nachfrage auf nationaler Ebene Rechnung getragen wird,

b) Instrumente und kohärente aktuelle Daten verwendet werden, die diejenigen, die ENTSO (Strom) bei der Abschätzung der Angemessenheit der Ressourcen auf europäischer Ebene verwendet, ergänzen.

Zudem verwendet die Abschätzung der Angemessenheit der Ressourcen auf nationaler Ebene, bei der Bewertung des Beitrags von in einem anderen Mitgliedstaat ansässigen Kapazitätsanbietern zur Versorgungssicherheit in den von der Abschätzung erfassten Gebotszonen, die Methode gemäß Artikel 26 Absatz 11 Buchstabe a.

(2) Die Abschätzungen der Angemessenheit der Ressourcen auf nationaler Ebene sowie die etwaige Abschätzung der Angemessenheit der Ressourcen auf europäischer Ebene und die Stellungnahme von ACER gemäß Absatz 3 werden veröffentlicht.

(3) Ergeben sich bei der Abschätzung der Angemessenheit der Ressourcen auf nationaler Ebene Bedenken bezüglich der Angemessenheit für eine Gebotszone die sich bei der Abschätzung der Angemessenheit der Ressourcen auf europäischer Ebene nicht ergeben haben, so beinhaltet die Abschätzung der Angemessenheit der Ressourcen auf nationaler Ebene eine Begründung der Unterschiede zwischen den beiden Abschätzungen der Angemessenheit der Ressourcen, die Einzelheiten zu den verwendeten Sensivitäten und den zugrunde liegenden Annahmen umfasst. Die Mitgliedstaaten veröffentlichen diese Einschätzung und übermitteln ihn ACER.

ACER gibt binnen zwei Monaten nach Erhalt des Berichts eine Stellungnahme dazu ob, ob die Unterschiede zwischen der Abschätzung der Angemessenheit der Ressourcen auf nationaler und auf europäischer Ebene gerechtfertigt sind.

Die Stelle, die für die Abschätzung der Angemessenheit der Ressourcen auf nationaler Ebene verantwortlich ist, trägt der Stellungnahme von ACER gebührend Rechnung und ändert erforderlichenfalls ihre endgültige Abschätzung. Falls sie beschließt, der Stellungnahme von ACER nicht in vollem Umfang Rechnung zu tragen, veröffentlicht die Stelle, die für die Abschätzung der Angemessenheit der Ressourcen auf nationaler Ebene verantwortlich ist, einen Bericht mit einer detaillierten Begründung.

Artikel 25

Zuverlässigkeitsstandard

(1) Bei der Anwendung von Kapazitätsmechanismen müssen die Mitgliedstaaten über einen

Zuverlässigkeitsstandard verfügen. Aus einem Zuverlässigkeitsstandard geht in transparenter Weise das notwendige Maß an Versorgungssicherheit des Mitgliedstaats hervor. Im Fall grenzüberschreitender Gebotszonen werden diese Zuverlässigkeitsstandards von den maßgeblichen Behörden gemeinsam festgelegt.

(2) Auf Vorschlag der Regulierungsbehörde wird der Zuverlässigkeitsstandard von dem Mitgliedstaat oder einer vom Mitgliedstaat benannten zuständigen Behörde festgelegt. Der Zuverlässigkeitsstandard beruht auf der Methode, die nach Artikel 23 Absatz 6 festgelegt wird.

(3) Der Zuverlässigkeitsstandard wird mindestens anhand des Wertes der Zahlungsbereitschaft für die Beibehaltung der Stromversorgung und der Kosten des günstigsten Markteintritts für einen bestimmten Zeitraum berechnet und als „erwartete Energieunterdeckung" und „Lastunterdeckungserwartung" ausgedrückt.

(4) Bei der Anwendung von Kapazitätsmechanismen werden die Parameter zur Bestimmung der Höhe der im Rahmen des Kapazitätsmechanismus beschafften Kapazität auf der Grundlage eines Vorschlags der Regulierungsbehörden von dem Mitgliedstaat oder einer von den Mitgliedstaaten benannten zuständigen Behörde genehmigt.

Artikel 26
Grenzüberschreitende Beteiligung an Kapazitätsmechanismen

(1) Kapazitätsmechanismen, die keine strategischen Reserven sind, und — soweit technisch machbar — strategische Reserven sind vorbehaltlich der Bestimmungen dieses Artikels offen für die direkte grenzüberschreitende Beteiligung von in einem anderen Mitgliedstaat ansässigen Kapazitätsanbietern.

(2) Die Mitgliedstaaten sorgen dafür, dass ausländische Kapazitäten, die die gleiche technische Leistung erbringen können wie inländische Kapazitäten, die Möglichkeit haben, am gleichen Wettbewerbsverfahren teilzunehmen wie die inländischen Kapazitäten. Bei Kapazitätsmechanismen, die am 4. Juli 2019 betrieben werden, können die Mitgliedstaaten eine direkte Teilnahme von Verbindungsleitungen am gleichen Wettbewerbsverfahren als ausländische Kapazität für einen Zeitraum von höchstens vier Jahren nach dem 4. Juli 2019 oder zwei Jahren nach dem Tag der Genehmigung der in Absatz 11 genannten Methoden gestatten, je nachdem, welcher Zeitpunkt der frühere ist.

Die Mitgliedstaaten können vorschreiben, dass sich die ausländische Kapazität in einem Mitgliedstaat mit direkter Netzverbindung zu dem den Mechanismus anwendenden Mitgliedstaat befindet.

(3) Die Mitgliedstaaten dürfen die in ihrem Hoheitsgebiet befindlichen Kapazitäten nicht an der Teilnahme an den Kapazitätsmechanismen anderer Mitgliedstaaten hindern.

(4) Die grenzüberschreitende Beteiligung an Kapazitätsmechanismen darf zu keiner Änderung oder anderweitigen Auswirkungen auf die zonenübergreifenden Fahrpläne und Stromflüsse zwischen den Mitgliedstaaten führen. Diese Fahrpläne und Stromflüsse werden allein durch das Ergebnis der Kapazitätsvergabe nach Artikel 16 bestimmt.

(5) Die Kapazitätsanbieter können sich an mehr als einem Kapazitätsmechanismus beteiligen.

Beteiligen sich Kapazitätsanbieter an mehr als einem Kapazitätsmechanismus für denselben Lieferzeitraum, so nehmen sie bis zu dem Umfang an den Kapazitätsmechanismen teil, der voraussichtlichen Verfügbarkeit von Verbindungsleitungen sowie der Wahrscheinlichkeit entspricht, dass in dem System, in dem der Mechanismus angewendet wird, und in dem System, in dem sich die ausländische Kapazität befindet, gleichzeitig hohe Belastungen zu verzeichnen sind, und zwar im Einklang mit der Methode gemäß Absatz 11 Buchstabe a.

(6) Die Kapazitätsanbieter sind zu einer Nichtverfügbarkeitszahlung verpflichtet, wenn ihre Kapazität nicht zur Verfügung steht.

Beteiligen sich Kapazitätsanbieter an mehr als einem Kapazitätsmechanismus für denselben Lieferzeitraum, so sind sie zu mehreren Nichtverfügbarkeitszahlungen verpflichtet, wenn sie nicht in der Lage sind, mehrere Verpflichtungen zu erfüllen.

(7) Im Hinblick auf die Abgabe einer Empfehlung an die Übertragungsnetzbetreiber berechnen die gemäß Artikel 35 eingerichteten regionalen Koordinierungszentren jährlich die maximale Eintrittskapazität, die für die Beteiligung ausländischer Kapazitäten an Kapazitätsmechanismen zur Verfügung steht. Bei dieser Berechnung wird die voraussichtliche Verfügbarkeit von Verbindungsleitungen sowie der Wahrscheinlichkeit, dass in dem System, in dem der Mechanismus angewendet wird und in dem System, in dem sich die ausländische Kapazität befindet, gleichzeitig hohe Belastungen zu verzeichnen sind, berücksichtigt. Eine solche Berechnung ist für jede Gebotszonengrenze erforderlich.

Die Übertragungsnetzbetreiber legen jährlich auf der Grundlage der Empfehlung des regionalen Koordinierungszentrums die maximale Eintrittskapazität fest, die für die Beteiligung ausländischer Kapazitäten zur Verfügung steht.

(8) Die Mitgliedstaaten stellen sicher, dass die in Absatz 6 genannte Eintrittskapazität den berechtigten Kapazitätsanbietern auf transparente, diskriminierungsfreie und marktbasierte Weise zugewiesen wird.

(9) Bestehen Kapazitätsmechanismen, die die grenzüberschreitende Beteiligung in zwei benachbarten Mitgliedstaaten erlauben, so werden die sich aus der in Absatz 8 genannten Zuweisung ergebenden Einnahmen den betroffenen Übertragungsnetzbetreibern zugewiesen und gemäß der Methode in Absatz 11 Buchstabe b dieses Artikels oder nach einer von beiden maßgeblichen Regulierungsbehörden genehmigten gemeinsamen Methode zwischen ihnen aufgeteilt. Wendet der benachbarte Mitgliedstaat keinen Kapazitätsmechanismus an oder wendet er einen Kapazitätsmechanismus an, der für die grenzüberschreitende Beteiligung nicht offen ist, so wird die Aufteilung der Einnahmen von der zuständigen nationalen Behörde des Mitgliedstaats genehmigt, in dem der Kapazitätsmechanismus durchgeführt wird, nachdem sie die Stellungnahme der Regulierungsbehörden der benachbarten Mitgliedstaaten eingeholt hat. Die Übertragungsnetzbetreiber verwenden diese Einnahmen für die in Artikel 19 Absatz 2 genannten Zwecke.

(10) Der Übertragungsnetzbetreiber des Gebiets, in dem sich die ausländische Kapazität befindet, muss

a) feststellen, ob die interessierten Kapazitätsanbieter die technische Leistung erbringen können, die für den Kapazitätsmechanismus, an dem sie sich beteiligen möchten, erforderlich ist, und die Kapazitätsanbieter als berechtigte Kapazitätsanbieter im zu diesem Zweck erstellten Register eintragen,

b) Verfügbarkeitsprüfungen durchführen,

c) dem Übertragungsnetzbetreiber in dem Mitgliedstaat, der den Kapazitätsmechanismus anwendet, die Informationen übermitteln, die er nach Buchstabe a und b dieses Unterabsatzes und dem zweiten Unterabsatz erhalten hat.

Der maßgebliche Kapazitätsanbieter unterrichtet den Übertragungsnetzbetreiber unverzüglich über seine Beteiligung an einem ausländischen Kapazitätsmechanismus.

(11) Bis zum 5. Juli 2020 unterbreitet ENTSO (Strom) ACER

a) eine Methode zur Berechnung der maximalen Eintrittskapazität für die grenzüberschreitende Beteiligung nach Absatz 7,

b) eine Methode für die Aufteilung der Einnahmen nach Absatz 9,

c) gemeinsame Vorschriften für die Durchführung der Verfügbarkeitsprüfungen nach Absatz 10 Buchstabe b,

d) gemeinsame Vorschriften für die Festlegung der Fälligkeit einer Nichtverfügbarkeitszahlung,

e) die Modalitäten für das Führen des Registers nach Absatz 10 Buchstabe a,

f) gemeinsame Vorschriften für die Ermittlung der zur Teilnahme am Kapazitätsmechanismus berechtigten Kapazität nach Absatz 10 Buchstabe a.

Der Vorschlag wird nach dem in Artikel 27 festgelegten Verfahren vorab einer Konsultation unterzogen und ACER zur Genehmigung vorgelegt.

(12) Die betroffenen Regulierungsbehörden prüfen, ob die Kapazitäten nach der in Absatz 11 Buchstabe a genannten Methode berechnet wurden.

(13) Die Regulierungsbehörden stellen sicher, dass die grenzüberschreitende Beteiligung an Kapazitätsmechanismen auf wirksame und diskriminierungsfreie Weise erfolgt. Sie treffen insbesondere geeignete administrative Vorkehrungen für die grenzüberschreitende Vollstreckung von Nichtverfügbarkeitszahlungen.

(14) Die gemäß Absatz 8 zugewiesenen Kapazitäten sind zwischen den berechtigten Kapazitätsanbietern übertragbar. Die berechtigten Kapazitätsanbieter benachrichtigen bei jeder Übertragung das in Absatz 10 Buchstabe a genannte Register.

(15) Das in Absatz 10 Buchstabe a genannte Register wird bis zum 5. Juli 2021 durch ENTSO (Strom) eingerichtet und geführt. Das Register steht allen berechtigten Kapazitätsanbietern, den Systemen, in denen die Mechanismen angewandt werden, und ihren Übertragungsnetzbetreibern offen.

Artikel 27
Genehmigungsverfahren

(1) Wird auf diesen Artikel Bezug genommen, so ist das in den Absätzen 2, 3 und 4 festgelegte Verfahren zur Genehmigung eines Vorschlags von ENTSO (Strom) anzuwenden.

(2) Vor der Unterbreitung des Vorschlags konsultiert ENTSO (Strom) alle maßgeblichen Interessenträger, einschließlich Regulierungsbehörden und andere nationale Behörden. Es trägt den Ergebnissen der Konsultation in seinem Vorschlag gebührend Rechnung.

(3) ACER genehmigt oder ändert den in Absatz 1 genannten Vorschlag binnen drei Monaten nach seinem Eingang. Im Fall von Änderungen konsultiert ACER vor der Genehmigung des geänderten Vorschlags von ENTSO (Strom). Der angenommene Vorschlag wird innerhalb von drei Monaten nach dem Eingang der einschlägigen Unterlagen auf der Website von ACER veröffentlicht.

(4) ACER kann jederzeit Änderungen des genehmigten Vorschlags verlangen. ENTSO (Strom) muss ACER binnen sechs Monaten nach dem Datum des Eingangs des Antrags auf Änderung einen Entwurf der vorgeschlagenen Änderungen vorlegen. Binnen drei Monaten ab dem Datum des Eingangs des Entwurfs ändert oder genehmigt ACER die Änderungen und veröffentlicht sie auf ihrer Website.

KAPITEL V
BETRIEB DES ÜBERTRAGUNGSNETZES

Artikel 28
Europäisches Netz der Übertragungsnetzbetreiber (Strom)

(1) Die Übertragungsnetzbetreiber arbeiten auf Unionsebene im Rahmen von ENTSO (Strom) zusammen, um die Vollendung und das Funktionieren des Elektrizitätsbinnenmarkts und des zonenübergreifenden Handels zu fördern und die optimale Verwaltung, den koordinierten Betrieb und die sachgerechte technische Weiterentwicklung des europäischen Stromübertragungsnetzes sicherzustellen.

(2) Bei der Wahrnehmung seiner Aufgaben auf der Grundlage des Unionsrechts handelt ENTSO (Strom) im Hinblick auf die Errichtung eines gut funktionierenden und integrierten Elektrizitätsbinnenmarkts und trägt zu einer effizienten und nachhaltigen Verwirklichung der im Rahmen für die Klima- und Energiepolitik im Zeitraum 2020 bis 2030 festgelegten Ziele bei, indem er insbesondere die effiziente Integration von Elektrizität aus erneuerbaren Energiequellen und die Steigerung der Energieeffizienz unterstützt, gleichzeitig jedoch die Systemsicherheit aufrechterhält. ENTSO (Strom) verfügt über eine für die Wahrnehmung seiner Aufgaben angemessene Ausstattung mit personellen und finanziellen Ressourcen.

Artikel 29
ENTSO (Strom)

(1) Die Übertragungsnetzbetreiber legen der Kommission und ACER die Entwürfe für Abänderungen der Satzung, der Liste der Mitglieder oder der Geschäftsordnung von ENTSO (Strom) vor.

(2) Binnen zwei Monaten ab dem Eingang der Entwürfe für Abänderungen der Satzung, der Mitgliederliste und der Geschäftsordnung übermittelt ACER der Kommission nach Anhörung der Organisationen, die alle Interessenträger — insbesondere die Netzbenutzer einschließlich der Kunden — vertreten, eine Stellungnahme zu diesen Entwürfen für Abänderungen der Satzung, der Mitgliederliste oder der Geschäftsordnung.

(3) Unter Berücksichtigung der in Absatz 2 vorgesehenen Stellungnahme von ACER und binnen drei Monaten nach dem Tag des Eingangs dieser Stellungnahme gibt die Kommission eine Stellungnahme zu den Entwürfen für Abänderungen der Satzung, der Mitgliederliste oder der Geschäftsordnung ab.

(4) Binnen drei Monaten nach dem Eingang der befürwortenden Stellungnahme der Kommission verabschieden und veröffentlichen die Übertragungsnetzbetreiber die geänderte Satzung oder Geschäftsordnung.

(5) Im Fall von Änderungen oder auf begründeten Antrag der Kommission oder von ACER sind die in Absatz 1 genannten Unterlagen der Kommission und ACER vorzulegen. ACER und die Kommission nehmen gemäß den Absätzen 2, 3 und 4 Stellung.

Artikel 30
Aufgaben von ENTSO (Strom)

(1) ENTSO (Strom) muss

a) in den in Artikel 59 Absätze 1 und 2 benannten Bereichen Netzkodizes ausarbeiten, damit die in Artikel 28 genannten Ziele erreicht werden;

b) alle zwei Jahre einen nicht bindenden unionsweiten zehnjährigen Netzentwicklungsplan („unionsweiter Netzentwicklungsplan") annehmen und veröffentlichen;

c) Vorschläge im Zusammenhang mit der Abschätzung der Angemessenheit der Ressourcen auf europäischer Ebene gemäß Artikel 23 und Vorschläge für die technischen Spezifikationen für die grenzüberschreitende Beteiligung an Kapazitätsmechanismen gemäß Artikel 26 Absatz 11 vorbereiten und verabschieden;

d) Empfehlungen zur Koordinierung der technischen Zusammenarbeit zwischen der Union und den Übertragungsnetzbetreibern in Drittländern verabschieden;

e) einen Rahmen für die Zusammenarbeit und die Koordinierung zwischen den regionalen Koordinierungszentren beschließen;

f) einen Vorschlag zur Festlegung der Netzbetriebsregionen im Einklang mit Artikel 36 annehmen;

g) mit den Verteilernetzbetreibern und der EU-VNBO zusammenarbeiten;

h) die Digitalisierung der Übertragungsnetze einschließlich der Einführung intelligenter Netze, einer effizienten Datenerfassung in Echtzeit und intelligenter Messsysteme fördern;

i) gemeinsame Instrumente zum Netzbetrieb für die Koordinierung des Netzbetriebs im Normalbetrieb und in Notfällen, einschließlich eines gemeinsamen Systems zur Einstufung von Störfällen, sowie Forschungspläne, einschließlich ihrer Umsetzung im Rahmen eines effizienten Forschungsprogramms, verabschieden; im Zusammenhang mit diesen Instrumenten wird unter anderem Folgendes angegeben bzw. festgelegt:

i) Informationen, die für die Verbesserung der operativen Koordinierung hilfreich sind, einschließlich entsprechender Day-Ahead-, Intraday- und Echtzeitinformationen, sowie die optimale Häufigkeit der Erfassung und Weitergabe dieser Informationen;

ii) welche Technologieplattform für den Informationsaustausch in Echtzeit zu verwenden ist und, falls erforderlich, welche Technologieplattformen für die Erfassung, Verarbeitung und Übermittlung der sonstigen Informationen gemäß Ziffer i sowie für die Umsetzung der Verfahren zu verwenden sind, mit denen die operative Koordinierung der Übertragungsnetzbetreiber im Hinblick auf die Möglichkeit ausgeweitet werden kann, dass diese Koordinierung künftig unionsweit erfolgt;

iii) wie Übertragungsnetzbetreiber anderen Übertragungsnetzbetreibern oder anderen Einrichtungen, die formell beauftragt wurden, sie bei der operativen Koordinierung zu unterstützen, und ACER betriebsbezogene Informationen zur Verfügung stellen und

iv) dass die Übertragungsnetzbetreiber eine Kontaktstelle bestimmen, die Anfragen anderer Übertragungsnetzbetreiber oder anderer gemäß Ziffer iii formell beauftragter Einrichtungen oder ACER nach solchen Informationen zu beantworten hat;

j) ein Jahresarbeitsprogramm annehmen;

k) zur Festlegung von Interoperabilitätsanforderungen und zu diskriminierungsfreien und transparenten Verfahren für den Zugang zu Daten gemäß Artikel 24 der Richtlinie (EU) 2019/944 beitragen;

l) einen Jahresbericht annehmen;

m) gemäß Artikel 9 Absatz 2 der Verordnung (EU) 2019/941 saisonale Abschätzungen zur Angemessenheit durchführen und annehmen;

n) die Cybersicherheit und den Datenschutz in Zusammenarbeit mit den maßgeblichen Behörden und regulierten Unternehmen fördern;

o) bei der Wahrnehmung seiner Aufgaben die Entwicklung der Laststeuerung berücksichtigen.

(2) ENTSO (Strom) meldet ACER Mängel, die im Zusammenhang mit der Einrichtung und der Arbeit der regionalen Koordinierungszentren festgestellt wurden.

(3) ENTSO (Strom) veröffentlicht die Protokolle seiner Generalversammlung sowie der Sitzungen seines Verwaltungsrats und seiner Ausschüsse und informiert die Öffentlichkeit regelmäßig über seine Beschlussfassung und Tätigkeiten.

(4) Das in Absatz 1 Buchstabe j genannte Jahresarbeitsprogramm enthält eine Auflistung und eine Beschreibung der auszuarbeitenden Netzkodizes, einen Plan für die Koordinierung des Netzbetriebs sowie Forschungs- und Entwicklungstätigkeiten, die in dem jeweiligen Jahr zu erfolgen haben, und einen vorläufigen Zeitplan.

(5) ENTSO (Strom) stellt alle Informationen zur Verfügung, die ACER benötigt, um ihre Aufgaben gemäß Artikel 32 Absatz 1 zu erfüllen. Um ENTSO (Strom) in die Lage zu versetzen dieser Anforderung zu entsprechen, stellen die Übertragungsnetzbetreiber alle benötigten Informationen zur Verfügung.

(6) Auf Antrag der Kommission übermittelt ENTSO (Strom) der Kommission seine Stellungnahme zu dem Erlass von Leitlinien nach Artikel 61.

Artikel 31
Konsultationen

(1) ENTSO (Strom) führt im Rahmen der Ausarbeitung der gemäß Artikel 30 Absatz 1 anzunehmenden Vorschläge ein ausführliches Konsultationsverfahren durch. Das Konsultationsverfahren ist so strukturiert, dass die Kommentare der Interessenträger, einschließlich aller maßgeblichen Interessenträger, insbesondere der Organisationen, die solche Interessenträger vertreten, vor der endgültigen Annahme auf offene und transparente Weise gemäß der in Artikel 29 genannten Geschäftsordnung eingearbeitet werden können. Bei den Konsultationen werden die Regulierungsbehörden und andere nationale Behörden, Versorgungs- und Erzeugungsunternehmen, Netznutzer, einschließlich der Kunden, Verteilernetzbetreiber sowie die maßgeblichen Branchenverbände, technischen Gremien und Foren der Interessenträger einbezogen. Dabei wird das Ziel verfolgt, während des Entscheidungsprozesses die Standpunkte und Vorschläge aller maßgeblichen Kreise einzuholen.

(2) Alle Unterlagen und Sitzungsprotokolle zu den in Absatz 1 genannten Konsultationen werden der Öffentlichkeit zugänglich gemacht.

(3) Vor der Verabschiedung der Vorschläge nach Artikel 30 Absatz 1 teilt ENTSO (Strom) mit, wie die im Rahmen der Konsultationen erhaltenen Stellungnahmen berücksichtigt wurden. Wurden Stellungnahmen nicht berücksichtigt, so gibt ENTSO (Strom) eine Begründung ab.

Artikel 32
Beobachtung durch ACER

(1) ACER beobachtet die Durchführung der in Artikel 30 Absätze 1, 2 und 3 genannten Aufgaben von ENTSO (Strom) und erstattet der Kommission Bericht.

ACER beobachtet die Umsetzung der Netzkodizes, die gemäß Artikel 59 ausgearbeitet wurden, durch ENTSO (Strom). Falls ENTSO (Strom) solche Netzkodizes nicht umgesetzt hat, fordert ACER ENTSO (Strom) auf, eine ordnungsgemäß begründete Erklärung vorzulegen, warum die Umsetzung nicht erfolgt ist. ACER informiert die Kommission über diese Erklärung und legt ihre Stellungnahme dazu vor.

ACER beobachtet und analysiert die Umsetzung der von der Kommission nach Artikel 58 Absatz 1 erlassenen Netzkodizes und Leitlinien sowie deren Auswirkungen auf die Harmonisierung der geltenden Regeln zur Förderung der Marktintegration und auf die unterschiedslose Behandlung, den wirksamen Wettbewerb und das effiziente Funktionieren des Marktes, und sie erstattet der Kommission hierüber Bericht.

(2) ENTSO (Strom) unterbreitet ACER den Entwurf des unionsweiten Netzentwicklungsplans und den Entwurf des Jahresarbeitsprogramms einschließlich der Informationen zum Konsultationsverfahren sowie die anderen in Artikel 30 Absatz 1 genannten Unterlagen zur Stellungnahme.

Binnen zwei Monaten ab dem Tag des Eingangs der Unterlagen gibt ACER eine ordnungsgemäß mit Gründen versehene Stellungnahme ab und richtet Empfehlungen an ENTSO (Strom) und an die Kommission, falls ihres Erachtens der Entwurf des Jahresarbeitsprogramms oder der Entwurf des unionsweiten Netzentwicklungsplans, die von ENTSO (Strom) vorgelegt wurden, nicht zur unterschiedslosen Behandlung, zum wirksamen Wettbewerb, zum effizienten Funktionieren des Marktes oder zu einem ausreichenden Maß an grenzüberschreitenden Verbindungsleitungen, zu denen Dritte Zugang haben, beiträgt.

Artikel 33
Kosten

Die Kosten im Zusammenhang mit den in den Artikeln 28 bis 32 und 58 bis 61 dieser Verordnung und in Artikel 11 der Verordnung (EU) Nr. 347/2013 des Europäischen Parlaments und des Rates ([7]) genannten Tätigkeiten von ENTSO (Strom) werden von den Übertragungsnetzbetreibern getragen und bei der Entgeltberechnung berücksichtigt. Die Regulierungsbehörden genehmigen diese Kosten nur dann, wenn sie angemessen und sachbezogen sind.

Artikel 34
Regionale Zusammenarbeit der Übertragungsnetzbetreiber

(1) Die Übertragungsnetzbetreiber etablieren innerhalb von ENTSO (Strom) eine regionale Zusammenarbeit, um zu den in Artikel 30 Absätze 1, 2 und 3 genannten Tätigkeiten beizutragen. Sie veröffentlichen insbesondere alle zwei Jahre einen regionalen Investitionsplan und können auf der Grundlage dieses regionalen Investitionsplans Investitionsentscheidungen treffen. ENTSO (Strom) fördert die Zusammenarbeit zwischen den Übertragungsnetzbetreibern auf regionaler Ebene und stellt dabei in den noch nicht auf Unionsebene harmonisierten Bereichen die Interoperabilität, Kommunikation und Beobachtung der regionalen Fortschritte sicher.

(2) Die Übertragungsnetzbetreiber fördern netztechnische Vereinbarungen, damit die optimale Netzverwaltung sichergestellt ist, sie fördern die Weiterentwicklung von Energiebörsen, die koordinierte Vergabe grenzüberschreitender Kapazitäten durch diskriminierungsfreie marktbasierte Lösungen, wobei sie die spezifischen Vorteile von impliziten Auktionen für die kurzfristige Vergabe gebührend berücksichtigen, und sie fördern die Einbeziehung von Mechanismen für den Ausgleich und für die Reserveleistung.

(3) Zur Verwirklichung der in den Absätzen 1 und 2 genannten Ziele kann das geografische Gebiet, auf das sich die einzelnen Strukturen der regionalen Zusammenarbeit erstrecken, von der Kommission festgelegt werden, wobei bestehenden Strukturen der regionalen Zusammenarbeit Rechnung getragen wird. Jeder Mitgliedstaat kann die Zusammenarbeit in mehr als einem geografischen Gebiet fördern.

Die Kommission ist gemäß Artikel 68 befugt, delegierte Rechtsakte zur Ergänzung der vorliegenden Verordnung durch Festlegung des geografischen Gebiets zu erlassen, auf das sich die einzelnen Strukturen der regionalen Zusammenarbeit erstrecken. Zu diesem Zweck konsultiert die Kommission die Regulierungsbehörden, ACER und ENTSO (Strom).

Die delegierten Rechtsakte nach diesem Absatz gelten unbeschadet des Artikels 36.

Artikel 35
Einrichtung und Aufgaben der regionalen Koordinierungszentren

(1) Bis zum 5. Juli 2020 legen alle Übertragungsnetzbetreiber einer Netzbetriebsregion den betroffenen Regulierungsbehörden einen Vorschlag für die Einrichtung regionaler Koordinierungszentren gemäß den in diesem Kapitel festgelegten Kriterien vor.

Die Regulierungsbehörden der Netzbetriebsregion überprüfen und billigen den Vorschlag.

Der Vorschlag umfasst zumindest Folgendes:

a) den Mitgliedstaat, in dem das regionale Koordinierungszentrum seinen voraussichtlichen Sitz haben wird, und die teilnehmenden Übertragungsnetzbetreiber,

b) die organisatorischen, finanziellen und betrieblichen Regelungen, mit denen ein effizienter, sicherer und zuverlässiger Betrieb des Verbundübertragungsnetzes sichergestellt wird,

c) einen Umsetzungsplan für die Inbetriebnahme der regionalen Koordinierungszentren,

d) die Satzung und die Geschäftsordnung der regionalen Koordinierungszentren,

e) eine Beschreibung der Verfahren für die Zusammenarbeit gemäß Artikel 38,

f) eine Beschreibung der Regelungen bezüglich der Haftung der regionalen Koordinierungszentren gemäß Artikel 47,

g) wenn zwei regionale Koordinierungszentren gemäß Artikel 36 Absatz 2 auf Rotationsbasis unterhalten werden, eine Beschreibung der Vorkehrungen, mit denen für klare Zuständigkeiten für diese regionalen Koordinierungszentren und Verfahren bei der Wahrnehmung ihrer Aufgaben gesorgt wird.

(2) Nachdem die Regulierungsbehörden den Vorschlag gemäß Absatz 1 genehmigt haben, ersetzen die regionalen Koordinierungszentren die regionalen Sicherheitskoordinatoren, die gemäß der auf der Grundlage von Artikel 18 Absatz 5 der Verordnung (EG) Nr. 714/2009 angenommenen Leitlinie für den Netzbetrieb eingerichtet wurden, und nehmen bis zum 1. Juli 2022 ihre Tätigkeit auf.

(3) Für regionale Koordinierungszentren gelten die in Anhang II der Richtlinie (EU) 2017/1132 des Europäischen Parlaments und des Rates ([8]) genannten Rechtsformen.

(4) Bei der Wahrnehmung ihrer Aufgaben auf der Grundlage des Unionsrechts handeln die regionalen Koordinierungszentren unabhängig von einzelnen nationalen Interessen oder den Interessen der Übertragungsnetzbetreiber.

(5) Die regionalen Koordinierungszentren ergänzen die Funktion der Übertragungsnetzbetreiber, indem sie Aufgaben von regionaler Bedeutung wahrnehmen, die ihnen gemäß Artikel 37 zugewiesen werden. Die Übertragungsnetzbetreiber sind für die Übertragung von Elektrizität durch das Netz und für ein sicheres, zuverlässiges und effizientes Stromsystem im Einklang mit Artikel 40 Absatz 1 Buchstabe d der Richtlinie (EU) 2019/944 verantwortlich.

Artikel 36
Geografischer Zuständigkeitsbereich der regionalen Koordinierungszentren

(1) ENTSO (Strom) legt ACER bis zum 5. Januar 2020 einen Vorschlag vor, in dem angegeben ist, welche Übertragungsnetzbetreiber, Gebotszonen, Gebotszonengrenzen, Kapazitätsberechnungsregionen und Nichtverfügbarkeitskoordinierungsregionen von den einzelnen Netzbetriebsregionen erfasst werden. In dem Vorschlag wird die Netztopologie berücksichtigt, einschließlich des Grades der Vernetzung und der gegenseitigen Abhängigkeit der Stromsysteme in Bezug auf Stromflüsse und die Größe der Region, die mindestens eine Kapazitätsberechnungsregion umfasst.

(2) Die Übertragungsnetzbetreiber einer Netzbetriebsregion beteiligen sich an dem in dieser Region eingerichteten regionalen Koordinierungszentrum. Ist die Regelzone eines Übertragungsnetzbetreibers ausnahmsweise Teil verschiedener Synchrongebiete, so kann der Übertragungsnetzbetreiber an zwei regionalen Koordinierungszentren teilnehmen. Für die Gebotszonengrenzen zu Netzbetriebsregionen wird in dem Vorschlag gemäß Absatz 1 festgelegt, wie die Koordinierung zwischen den regionalen Koordinierungszentren für diese Grenzen zu erfolgen hat. Falls sich die Tätigkeiten zweier regionaler Koordinierungszentren in einer Netzbetriebsregion im Synchrongebiet Kontinentaleuropa überschneiden, beschließen die Übertragungsnetzbetreiber dieser Netzbetriebsregion, dass entweder ein einziges regionales Koordinierungszentrum in dieser Region benannt wird oder dass die beiden regionalen Koordinierungszentren einige oder alle Aufgaben von regionaler Bedeutung in der gesamten Netzbetriebsregion im Rotationsverfahren wahrnehmen und andere Aufgaben von einem einzigen benannten regionalen Koordinierungszentrum wahrgenommen werden.

(3) Binnen drei Monaten nach Eingang des Vorschlags zur Festlegung der Netzbetriebsregionen gemäß Absatz 1 nimmt ACER diesen entweder an oder schlägt Änderungen vor. Im letzteren Fall konsultiert ACER vor Annahme der Änderungen von ENTSO (Strom). Der angenommene Vorschlag wird auf der Website von ACER veröffentlicht.

(4) Die maßgeblichen Übertragungsnetzbetreiber können ACER einen Vorschlag zur Änderung der gemäß Absatz 1 festgelegten Netzbetriebsregionen vorlegen. Das Verfahren in Absatz 3 findet Anwendung.

Artikel 37
Aufgaben der regionalen Koordinierungszentren

(1) Jedes regionale Koordinierungszentrum nimmt mindestens alle folgenden Aufgaben von regionaler Bedeutung in der gesamten Netzbetriebsregion wahr, in der es eingerichtet wurde:

a) Durchführung der koordinierten Kapazitätsberechnung im Einklang mit den Methoden, die gemäß der auf der Grundlage des Artikels 18 Absatz 5 der Verordnung (EG) Nr. 714/2009 angenommenen Leitlinie für die Kapazitätsvergabe und das Engpassmanagement ausgearbeitet wurden,

b) Durchführung der koordinierten Sicherheitsanalyse im Einklang mit den Methoden, die gemäß der auf der Grundlage des Artikels 18 Absatz 5 der Verordnung (EG) Nr. 714/2009 angenommenen Leitlinie für den Netzbetrieb entwickelt wurden,

c) Schaffung gemeinsamer Netzmodelle im Einklang mit den Methoden und Verfahren, die gemäß der auf der Grundlage des Artikels 18 Absatz 5 der Verordnung (EG) Nr. 714/2009 angenommenen Leitlinie für den Netzbetrieb ausgearbeitet wurden,

d) Unterstützung der Bewertung der Kohärenz der Schutz- und Netzwiederaufbaupläne der Übertragungsnetzbetreiber im Einklang mit dem Verfahren gemäß dem auf Grundlage des Artikels 6

Absatz 11 der Verordnung (EG) Nr. 714/2009 angenommenen Netzkodex über den Notzustand und den Netzwiederaufbau des Übertragungsnetzes,

e) Erstellung regionaler Prognosen zur Angemessen-
heit des Stromsystems für den Week-Ahead- bis mindestens zum Day-Ahead-Zeitbereich und Vorbereitung von Maßnahmen zur Risikominderung im Einklang mit der Methode gemäß Artikel 8 der Verordnung (EU) 2019/941 und den Verfahren, die in der auf der Grundlage des Artikels 18 Absatz 5 der Verordnung (EG) Nr. 714/2009 angenommenen Leitlinie für den Netzbetrieb dargelegt sind,

f) Koordinierung der Nichtverfügbarkeitsplanung auf regionaler Ebene im Einklang mit den Verfahren und Methoden, die in der auf der Grundlage des Artikels 18 Absatz 5 der Verordnung (EG) Nr. 714/2009 angenommenen Leitlinie für den Netzbetrieb dargelegt sind,

g) Ausbildung und Zertifizierung des Personals, das für die regionalen Koordinierungszentren arbeitet,

h) Unterstützung der Koordinierung und Optimierung des regionalen Netzwiederaufbaus entsprechend den Anfragen von Übertragungsnetzbetreibern,

i) Durchführung der nachträglichen Betriebs- und Störungsanalyse und entsprechende Berichterstattung,

j) Bestimmung der Höhe der Reservekapazität in der Region,

k) Erleichterung der regionalen Beschaffung von Regelleistung,

l) auf Antrag der Übertragungsnetzbetreiber Unterstützung der Übertragungsnetzbetreiber bei der Optimierung der Abrechnungen zwischen Übertragungsnetzbetreibern,

m) Durchführung der Aufgaben im Zusammenhang mit der Ermittlung regionaler Elektrizitätskrisenszenarien, sofern und soweit sie den regionalen Koordinierungszentren gemäß Artikel 6 Absatz 1 der Verordnung (EU) 2019/941 übertragen wurden,

n) Durchführung der Aufgaben im Zusammenhang mit den saisonalen Abschätzungen zur Angemessenheit der Stromerzeugung, sofern und soweit sie den regionalen Koordinierungszentren gemäß Artikel 9 Absatz 2 der Verordnung (EU) 2019/941 übertragen wurden,

o) Berechnung des Werts der maximalen Eintrittskapazität, die für die Beteiligung ausländischer Kapazitäten an Kapazitätsmechanismen zur Verfügung steht, zum Zweck der Abgabe einer Empfehlung nach Artikel 26 Absatz 7,

p) Durchführung der Aufgaben in Verbindung mit der Unterstützung der Übertragungsnetzbetreiber bei der Ermittlung des Bedarfs an neuen Übertragungskapazitäten, an Modernisierung bestehender Übertragungskapazität oder an Alternativen, die den gemäß der Verordnung (EU) Nr. 347/2013 eingerichteten regionalen Gruppen vorgelegt und in den zehnjährigen Netzentwicklungsplan gemäß Artikel 51 der Richtlinie (EU) 2019/944 aufgenommen werden.

Die in Unterabsatz 1 genannten Aufgaben werden in Anhang I ausführlicher erläutert.

(2) Auf Vorschlag der Kommission oder eines Mitgliedstaats gibt der gemäß Artikel 68 der Richtlinie (EU) 2019/944 eingerichtete Ausschuss eine Stellungnahme dazu ab, ob den regionalen Koordinierungszentren neue Beratungsaufgaben zugewiesen werden sollen. Gibt der Ausschuss eine befürwortende Stellungnahme zur Zuweisung neuer Beratungsaufgaben ab, so nehmen die regionalen Koordinierungszentren diese Aufgaben auf der Grundlage eines von ENTSO (Strom) ausgearbeiteten und von ACER nach dem Verfahren des Artikel 27 genehmigten Vorschlags wahr.

(3) Die Übertragungsnetzbetreiber stellen ihren regionalen Koordinierungszentren die Informationen zur Verfügung, die diese zur Erfüllung ihrer Aufgaben benötigen.

(4) Die regionalen Koordinierungszentren stellen den Übertragungsnetzbetreibern ihrer Netzbetriebsregion alle Informationen zur Verfügung, die zur Umsetzung der von den regionalen Koordinierungszentren abgegebene koordinierten Maßnahmen und Empfehlungen erforderlich sind.

(5) Für die Aufgaben gemäß diesem Artikel, die nicht bereits in den einschlägigen Netzkodizes oder Leitlinien behandelt werden, erarbeitet ENTSO (Strom) im Einklang mit dem in Artikel 27 festgelegten Verfahren einen Vorschlag. Die regionalen Koordinierungszentren nehmen diese Aufgaben auf der Grundlage eines von ACER gebilligten Vorschlags wahr.

Artikel 38
Zusammenarbeit innerhalb und zwischen den regionalen Koordinierungszentren

Die Verwaltung der Koordinierung innerhalb und zwischen den regionalen Koordinierungszentren im laufenden Betrieb erfolgt mittels Verfahren der Zusammenarbeit zwischen den Übertragungsnetzbetreibern in der Region, einschließlich Regelungen für die Abstimmung zwischen den regionalen Koordinierungszentren, sofern dies zweckdienlich ist. Das Verfahren der Zusammenarbeit beruht auf

a) Arbeitsregelungen zur Abdeckung von Planungs- und Betriebsaspekten, die für die Aufgaben gemäß Artikel 37 von Belang sind,

b) einem Verfahren, das vorsieht, wie die Vorschläge der regionalen Koordinierungszentren gemeinsam mit den Übertragungsnetzbetreibern der Netzbetriebsregion und den maßgeblichen Interessenträgern und anderen regionalen Koordinierungszentren bei der Ausübung der betrieblichen

Pflichten und Aufgaben gemäß Artikel 40 effizient und umfassend analysiert und geprüft werden,

c) einem Verfahren für die Verabschiedung koordinierter Maßnahmen und Empfehlungen gemäß Artikel 42.

Artikel 39
Arbeitsregelungen

(1) Die regionalen Koordinierungszentren erstellen wirksame, umfassende, transparente und konsensfördernde Arbeitsregelungen zur Abdeckung von Planungs- und Betriebsaspekten im Zusammenhang mit den wahrzunehmenden Aufgaben, wobei den in Anhang I aufgeführten Besonderheiten und Anforderungen dieser Aufgaben Rechnung zu tragen ist. Zudem erarbeiten die regionalen Koordinierungszentren ein Verfahren für die Überarbeitung dieser Arbeitsregelungen.

(2) Die regionalen Koordinierungszentren sorgen dafür, dass die in Absatz 1 genannten Arbeitsregelungen Vorschriften für die Unterrichtung der betroffenen Parteien enthalten.

Artikel 40
Konsultationsverfahren

(1) Die regionalen Koordinierungszentren erarbeiten ein geeignetes Verfahren, mit dem bei der Ausübung ihrer täglichen betrieblichen Pflichten und Aufgaben eine angemessene und regelmäßige Konsultation der Übertragungsnetzbetreiber der Netzbetriebsregion, anderer regionaler Koordinierungszentren und der maßgeblichen Interessenträger sichergestellt wird. Damit Regulierungsfragen behandelt werden können, sind bei Bedarf die Regulierungsbehörden zu beteiligen.

(2) Die regionalen Koordinierungszentren konsultieren die Mitgliedstaaten der Netzbetriebsregion und, sofern vorhanden, ihre regionalen Foren zu politisch relevanten Fragen mit Ausnahme der laufenden Tätigkeiten der regionalen Koordinierungszentren und der Durchführung ihrer Aufgaben. Die regionalen Koordinierungszentren tragen den Empfehlungen der Mitgliedstaaten und ihrer etwaigen regionalen Foren gebührend Rechnung.

Artikel 41
Transparenz

(1) Die regionalen Koordinierungszentren erarbeiten ein Verfahren für die Einbeziehung der Interessenträger und organisieren regelmäßige Sitzungen mit ihnen, um Fragen im Zusammenhang mit dem effizienten, sicheren und zuverlässigen Betrieb des Verbundnetzes zu erörtern, Mängel zu ermitteln und Verbesserungen vorzuschlagen.

(2) ENTSO (Strom) und die regionalen Koordinierungszentren sind in voller Transparenz gegenüber den Interessenträgern und der Öffentlichkeit tätig. Sie veröffentlichen alle maßgeblichen Unterlagen auf ihren jeweiligen Websites.

Artikel 42
Annahme und Überarbeitung von koordinierten Maßnahmen und Empfehlungen

(1) Die Übertragungsnetzbetreiber einer Netzbetriebsregion erarbeiten ein Verfahren für die Annahme und Überarbeitung von koordinierten Maßnahmen und Empfehlungen, die die regionalen Koordinierungszentren im Einklang mit den Kriterien gemäß den Absätzen 2, 3 und 4 abgegeben haben.

(2) Die regionalen Koordinierungszentren geben an die Übertragungsnetzbetreiber gerichtete koordinierte Maßnahmen im Zusammenhang mit den in Artikel 37 Absatz 1 Buchstaben a und b genannten Aufgaben ab. Die Übertragungsnetzbetreiber setzen die koordinierten Maßnahmen um, außer in Fällen, in denen die Umsetzung der koordinierten Maßnahmen zu einer Verletzung der Betriebssicherheitsgrenzwerte führen würde, die jeder Übertragungsnetzbetreiber gemäß der auf der Grundlage des Artikels 18 Absatz 5 der Verordnung (EG) Nr. 714/2009 angenommenen Leitlinie für den Netzbetrieb festlegt.

Beschließt ein Übertragungsnetzbetreiber, eine koordinierte Maßnahme aus den in diesem Absatz genannten Gründen nicht durchzuführen, so muss er dem regionalen Koordinierungszentrum und den Übertragungsnetzbetreibern der Netzbetriebsregion unverzüglich die genauen Gründe dafür auf transparente Weise darlegen. In diesen Fällen bewertet das regionale Koordinierungszentrum die Auswirkungen dieses Beschlusses auf die anderen Übertragungsnetzbetreiber der Netzbetriebsregion und kann vorbehaltlich des Verfahrens nach Absatz 1 eine Reihe anderer koordinierter Maßnahmen vorschlagen.

(3) Die regionalen Koordinierungszentren geben an die Übertragungsnetzbetreiber gerichtete Empfehlungen zu den in Artikel 37 Absatz 1 Buchstabe c bis p aufgeführten oder gemäß Artikel 37 Absatz 2 zugewiesenen Aufgaben ab.

Beschließt ein Übertragungsnetzbetreiber, von der in Absatz 1 genannten Empfehlung abzuweichen, so muss er den regionalen Koordinierungszentren und den anderen Übertragungsnetzbetreibern der Netzbetriebsregion die Gründe für seinen Beschluss ohne ungebührliche Verzögerung darlegen.

(4) Die Überarbeitung von koordinierten Maßnahmen oder einer Empfehlung wird auf Antrag eines oder mehrerer Übertragungsnetzbetreiber der Netzbetriebsregion eingeleitet. Nach der Überarbeitung der koordinierten Maßnahme oder der

Empfehlung bestätigen oder ändern die regionalen Koordinierungszentren die Maßnahme.

(5) Wird eine koordinierte Maßnahme gemäß Absatz 4 dieses Artikels überarbeitet, so führt der Antrag auf Überarbeitung nicht zur Aussetzung der koordinierten Maßnahme, außer in den Fällen, in denen ihre Durchführung zu einer Verletzung der Betriebssicherheitsgrenzwerte führen würde, die jeder einzelne Übertragungsnetzbetreiber gemäß der auf der Grundlage des Artikels 18 Absatz 5 der Verordnung (EG) Nr. 714/2009 angenommenen Leitlinie für den Netzbetrieb festlegt.

(6) Auf Vorschlag eines Mitgliedstaats oder der Kommission und nach Konsultation des gemäß Artikel 68 der Richtlinie (EU) 2019/944 eingesetzten Ausschusses können die Mitgliedstaaten einer Netzbetriebsregion gemeinsam beschließen, ihrem regionalen Koordinierungszentrum die Befugnis zur Abgabe koordinierter Maßnahmen für eine oder mehrere der in Artikel 37 Absatz 1 Buchstabe c bis p dieser Verordnung genannten Aufgaben zu übertragen.

Artikel 43
Verwaltungsrat der regionalen Koordinierungszentren

(1) Die regionalen Koordinierungszentren richten jeweils einen Verwaltungsrat ein, um Maßnahmen im Zusammenhang mit ihrer Leitung zu verabschieden und ihre Arbeit zu beobachten.

(2) Dem Verwaltungsrat gehören Mitglieder an, die alle Übertragungsnetzbetreiber der Netzbetriebsregion vertreten, die sich an den maßgeblichen regionalen Koordinierungszentren beteiligen.

(3) Der Verwaltungsrat ist zuständig für

a) die Ausarbeitung und Billigung der Satzung und der Geschäftsordnung der regionalen Koordinierungszentren,

b) die Entscheidung über die Organisationsstruktur und ihre Umsetzung,

c) die Aufstellung und Billigung des jährlichen Haushaltsplans,

d) die Ausarbeitung und Billigung der Verfahren der Zusammenarbeit gemäß Artikel 38.

(4) Der Verwaltungsrat ist nicht für die laufenden Tätigkeiten der regionalen Koordinierungszentren und die Erfüllung ihrer Aufgaben zuständig.

Artikel 44
Organisationsstruktur

(1) Die Übertragungsnetzbetreiber einer Netzbetriebsregion richten eine Organisationsstruktur der regionalen Koordinierungszentren ein, auf deren Grundlage die regionalen Koordinationszentren ihre Aufgaben zuverlässig erfüllen können.

In der Organisationsstruktur sind festzulegen:

a) die Befugnisse, Pflichten und Zuständigkeiten des Personals;

b) die Beziehungen und Unterstellungsverhältnisse zwischen den verschiedenen Teilen und Verfahren der Organisation.

(2) Die regionalen Koordinierungszentren können Regionalbüros einrichten, um Besonderheiten unterhalb der regionalen Ebene Rechnung zu tragen, oder — falls nachweislich unbedingt erforderlich — regionale Reservekoordinierungszentren einrichten, damit ihre Aufgaben effizient und zuverlässig erfüllt werden.

Artikel 45
Ausstattung und Personal

Die regionalen Koordinierungszentren müssen über alle personellen, technischen, materiellen und finanziellen Ressourcen verfügen, die zur Erfüllung ihrer Pflichten im Rahmen dieser Verordnung und zur unabhängigen und unparteiischen Wahrnehmung ihrer Aufgaben erforderlich sind.

Artikel 46
Beobachtung und Berichterstattung

(1) Die regionalen Koordinierungszentren richten ein Verfahren ein, mit dem fortlaufend mindestens Folgendes beobachtet wird:

a) ihre betriebliche Leistung;

b) die abgegebenen koordinierten Maßnahmen und Empfehlungen, der Grad der Umsetzung der koordinierten Maßnahmen und der Empfehlungen durch die Übertragungsnetzbetreiber und die erzielten Ergebnisse;

c) die Wirksamkeit und Effizienz aller Aufgaben, für die sie zuständig sind, und — falls vorgesehen — die Rotation der Aufgaben.

(2) Die regionalen Koordinierungszentren legen ihre Kosten auf transparente Weise dar und melden sie ACER und den Regulierungsbehörden der Netzbetriebsregion.

(3) Die regionalen Koordinierungszentren legen ENTSO (Strom), ACER, den Regulierungsbehörden der Netzbetriebsregion und der Koordinierungsgruppe „Strom“ einen Jahresbericht mit dem Ergebnis der Beobachtung gemäß Absatz 1 und Informationen über ihre Leistungen vor.

(4) Die regionalen Koordinierungszentren melden ENTSO (Strom), den Regulierungsbehörden der Netzbetriebsregion, ACER und den für die Verhütung und Bewältigung von Krisensituationen zuständigen Behörden der Mitgliedstaaten die von ihnen im Beobachtungsverfahren nach Absatz 1 festgestellten Mängel. Aufgrund dieses Berichts können die maßgeblichen Regulierungsbehörden der jeweiligen Netzbetriebsregion den regionalen Koordinierungszentren Maßnahmen zum Angehen der Mängel vorschlagen.

(5) Unbeschadet des notwendigen Wahrung der Sicherheit und der Vertraulichkeit von Geschäftsinformationen veröffentlichen die regionalen Koordinierungszentren die Berichte gemäß den Absätzen 3 und 4.

Artikel 47

Haftung

In den Vorschlägen für die Einsetzung regionaler Koordinierungszentren gemäß Artikel 35 nehmen die Übertragungsnetzbetreiber in der Netzbetriebsregion die notwendigen Vorkehrungen zur Deckung der Haftung im Zusammenhang mit der Ausübung der Aufgaben der regionalen Koordinierungszentren auf. Die zur Deckung der Haftung verwendete Methode muss dem Rechtsstatus der regionalen Koordinierungszentren und der Höhe der verfügbaren gewerblichen Versicherungsdeckung Rechnung tragen.

Artikel 48

Zehnjähriger Netzentwicklungsplan

(1) Der in Artikel 30 Absatz 1 Buchstabe b genannte unionsweite Netzentwicklungsplan enthält die Modellierung des integrierten Netzes, einschließlich der Entwicklung von Szenarien und einer Bewertung der Belastbarkeit des Systems. Relevante Eingabeparameter für die Modellierung wie etwa Annahmen zu Brennstoff- und CO_2-Preisen oder zu Einrichtungen für erneuerbare Energien stehen vollständig mit der gemäß Artikel 23 vorgenommenen Abschätzung der Angemessenheit der Ressourcen auf europäischer Ebene im Einklang.

Der unionsweite Netzentwicklungsplan erfüllt insbesondere folgende Anforderungen:

a) Er beruht auf den nationalen Investitionsplänen — unter Berücksichtigung der in Artikel 34 Absatz 1 dieser Verordnung genannten regionalen Investitionspläne — und auf den etwaigen unionsbezogenen Aspekten der Netzplanung gemäß der Verordnung (EU) Nr. 347/2013; er ist Gegenstand einer Kosten-Nutzen-Analyse nach der Methode gemäß Artikel 11 der genannten Verordnung.

b) Hinsichtlich der grenzüberschreitenden Verbindungsleitungen beruht er auch auf den angemessenen Bedürfnissen verschiedener Netznutzer und schließt langfristige Verpflichtungen von Investoren nach den Artikeln 44 und 51 der Richtlinie (EU) 2019/944 ein.

c) In ihm werden Investitionslücken aufgezeigt, insbesondere in Bezug auf grenzüberschreitende Kapazitäten.

Hinsichtlich Unterabsatz 1 Buchstabe c kann dem unionsweiten Netzentwicklungsplan eine Analyse der Hemmnisse für die Erhöhung der grenzüberschreitenden Netzkapazitäten infolge unterschiedlicher Genehmigungsverfahren oder -methoden beigefügt werden.

(2) ACER legt eine Stellungnahme zu den nationalen zehnjährigen Netzentwicklungsplänen vor, in dem sie deren Vereinbarkeit mit dem unionsweiten Netzentwicklungsplan begutachtet. Stellt ACER Unvereinbarkeiten zwischen einem nationalen zehnjährigen Netzentwicklungsplan und einem unionsweiten Netzentwicklungsplan fest, so empfiehlt sie die Änderung des nationalen zehnjährigen Netzentwicklungsplans bzw. des unionsweiten Netzentwicklungsplans. Falls ein solcher nationaler zehnjähriger Netzentwicklungsplan gemäß Artikel 51 der Richtlinie (EU) 2019/944 ausgearbeitet wird, empfiehlt ACER der betroffenen Regulierungsbehörde die Änderung des nationalen Zehnjahresnetzentwicklungsplans nach Maßgabe von Artikel 51 Absatz 7 der genannten Richtlinie und unterrichtet die Kommission darüber.

Artikel 49

Ausgleichsmechanismus zwischen Übertragungsnetzbetreibern

(1) Übertragungsnetzbetreiber erhalten einen Ausgleich für die Kosten, die durch grenzüberschreitende Stromflüsse über ihre Netze entstehen.

(2) Den in Absatz 1 genannten Ausgleich leisten die Betreiber der nationalen Übertragungsnetze, aus denen die grenzüberschreitenden Stromflüsse stammen, und der Netze, in denen diese Stromflüsse enden.

(3) Die Ausgleichszahlungen werden regelmäßig für einen bestimmten vergangenen Zeitraum geleistet. Die Zahlungen werden, wenn nötig, nachträglich den tatsächlich entstandenen Kosten angepasst.

Der erste Zeitraum, für den Ausgleichszahlungen zu leisten sind, wird in den Leitlinien nach Artikel 61 festgesetzt.

(4) Die Kommission erlässt nach Artikel 68 delegierte Rechtsakte zur Ergänzung dieser Verordnung durch die Festlegung der Höhe der zu leistenden Ausgleichszahlungen.

(5) Die Größe der durchgeleiteten grenzüberschreitenden Stromflüsse und die Größe der grenzüberschreitenden Stromflüsse, bei denen festgestellt wurde, dass sie aus nationalen Übertragungsnetzen stammen oder dort enden, werden auf der Grundlage der in einem bestimmten Zeitraum tatsächlich gemessenen materiellen Leistungsflüsse bestimmt.

(6) Die infolge der Durchleitung grenzüberschreitender Stromflüsse entstandenen Kosten werden auf der Grundlage der zu erwartenden langfristigen durchschnittlichen Inkrementalkosten ermittelt, wobei Verluste, Investitionen in neue Infrastrukturen und ein angemessener Teil der

Kosten der vorhandenen Infrastruktur zu berücksichtigen sind, soweit diese Infrastruktur zur Übertragung grenzüberschreitender Stromflüsse genutzt wird, wobei insbesondere zu berücksichtigen ist, dass die Versorgungssicherheit zu gewährleisten ist. Bei der Ermittlung der entstandenen Kosten werden anerkannte Standardkostenberechnungsverfahren verwendet. Nutzen, der in einem Netz infolge der Durchleitung grenzüberschreitender Stromflüsse entsteht, ist zur Verringerung des erhaltenen Ausgleichs zu berücksichtigen.

(7) Gehören Übertragungsnetze von zwei oder mehr Mitgliedstaaten ganz oder teilweise als Teil zu einem einzigen Regelblock, so wird ausschließlich für die Zwecke des Ausgleichsmechanismus zwischen Übertragungsnetzbetreibern der Regelblock in seiner Gesamtheit als Teil des Übertragungsnetzes eines der betroffenen Mitgliedstaaten angesehen, damit Stromflüsse innerhalb von Regelblöcken nicht als grenzüberschreitende Stromflüsse gemäß Artikel 2 Absatz 2 Buchstabe b angesehen werden und keine Ausgleichszahlungen gemäß Absatz 1 auslösen. Die Regulierungsbehörden der betroffenen Mitgliedstaaten können beschließen, als Teil welches betroffenen Mitgliedstaats der Regelblock in seiner Gesamtheit angesehen wird.

Artikel 50
Bereitstellung von Informationen

(1) Die Übertragungsnetzbetreiber richten Verfahren für die Koordinierung und den Informationsaustausch ein, um die Netzsicherheit im Rahmen des Engpassmanagements zu gewährleisten.

(2) Die von den Übertragungsnetzbetreibern verwendeten Sicherheits-, Betriebs- und Planungsnormen werden öffentlich bekannt gemacht. Zu den veröffentlichten Informationen gehört ein allgemeines Modell für die Berechnung der Gesamtübertragungskapazität und der Sicherheitsmarge, das auf den elektrischen und physikalischen Netzmerkmalen beruht. Derartige Modelle müssen durch die Regulierungsbehörden genehmigt werden.

(3) Die Übertragungsnetzbetreiber veröffentlichen die für jeden Tag geschätzte verfügbare Übertragungskapazität unter Angabe etwaiger bereits reservierter Kapazitäten. Diese Veröffentlichungen erfolgen zu bestimmten Zeitpunkten vor dem Übertragungstag und umfassen auf jeden Fall Schätzungen für die nächste Woche und den nächsten Monat sowie quantitative Angaben darüber, wie verlässlich die verfügbare Kapazität voraussichtlich bereitgestellt werden kann.

(4) Die Übertragungsnetzbetreiber veröffentlichen maßgeblichen Daten über die aggregierte Prognose und über die tatsächliche Nachfrage, über die Verfügbarkeit und die tatsächliche Nutzung der Erzeugungskapazität und der Lasteinheiten, über die Verfügbarkeit und die Nutzung des Netzes und der Verbindungsleitungen und über die Regelleistung, die Reservekapazität und die verfügbare Flexibilität. In Bezug auf die Verfügbarkeit und die tatsächliche Verwendung kleiner Stromerzeugungs- und Lasteinheiten können aggregierte Schätzwerte verwendet werden.

(5) Die betroffenen Marktteilnehmer stellen den Übertragungsnetzbetreibern die maßgeblichen Daten zur Verfügung.

(6) Erzeugungsunternehmen, die Eigentümer oder Betreiber von Erzeugungsanlagen sind, von denen zumindest eine über eine installierte Kapazität von mindestens 250 MW verfügt, oder die ein Portfolio von Erzeugungsanlagen mit einer Kapazität von mindestens 400 MW haben, halten für die Regulierungsbehörde, die nationale Wettbewerbsbehörde und die Kommission fünf Jahre lang für jede Anlage alle Stundendaten zur Verfügung, die zur Überprüfung aller betrieblichen Einsatzentscheidungen und des Bietverhaltens an Strombörsen, bei Auktionen für die Verbindungskapazität, auf den Reserveleistungsmärkten und auf den außerbörslichen Märkten erforderlich sind. Zu den pro Anlage und pro Stunde zu speichernden Daten gehören unter anderem Daten über die zum Zeitpunkt des Gebots und der Erzeugung verfügbare Erzeugungskapazität und die gebundenen Reservekapazitäten, einschließlich Daten über die Vergabe dieser gebundenen Reservekapazitäten pro Anlage.

(7) Die Übertragungsnetzbetreiber tauschen regelmäßig einen Satz ausreichend genauer Netz- und Lastflussdaten aus, um jedem Übertragungsnetzbetreiber in seinem maßgeblichen Gebiet die Berechnung von Lastflüssen zu ermöglichen. Der gleiche Datensatz ist den Regulierungsbehörden, der Kommission und den Mitgliedstaaten auf Anfrage zur Verfügung zu stellen. Die Regulierungsbehörden, die Mitgliedstaaten und die Kommission behandeln diesen Datensatz vertraulich und stellen sicher, dass auch alle Berater, der in ihrem Auftrag auf der Grundlage dieser Daten Analysen durchführen, diesen Datensatz vertraulich behandeln.

Artikel 51
Zertifizierung von Übertragungsnetzbetreibern

(1) Die Kommission prüft die Mitteilung über die Zertifizierung eines Übertragungsnetzbetreibers nach Artikel 52 Absatz 6 der Richtlinie (EU) 2019/944 unmittelbar nach ihrem Eingang. Die Kommission übermittelt der maßgeblichen Regulierungsbehörde binnen zwei Monaten ab dem Eingang der Mitteilung ihre Stellungnahme bezüglich der Vereinbarkeit mit Artikel 43 und entweder Artikel 52 Absatz 2 oder Artikel 53 der Richtlinie (EU) 2019/944.

Für die Ausarbeitung der in Unterabsatz 1 genannten Stellungnahme kann die Kommission eine Stellungnahme von ACER zur Entscheidung der Regulierungsbehörde beantragen. In diesem Fall wird die in Unterabsatz 1 genannte Zweimonatsfrist um weitere zwei Monate verlängert.

Legt die Kommission innerhalb der in den Unterabsätzen 1 und 2 genannten Fristen keine Stellungnahme vor, so wird davon ausgegangen, dass sie keine Einwände gegen die Entscheidung der Regulierungsbehörde erhebt.

(2) Binnen zwei Monaten nach Eingang einer Stellungnahme der Kommission trifft die Regulierungsbehörde ihre endgültige Entscheidung bezüglich der Zertifizierung des Übertragungsnetzbetreibers, wobei sie die Stellungnahme der Kommission so weit wie möglich berücksichtigt. Die Entscheidung der Regulierungsbehörde wird zusammen mit der Stellungnahme der Kommission veröffentlicht.

(3) Die Regulierungsbehörden oder die Kommission können zu jedem Zeitpunkt des Verfahrens von einem Übertragungsnetzbetreiber oder Unternehmen, der bzw. das eine der Funktionen Erzeugung oder Versorgung wahrnimmt, die Vorlage sämtlicher für die Erfüllung ihrer Aufgaben gemäß diesem Artikel maßgeblichen Informationen verlangen.

(4) Die Regulierungsbehörden und die Kommission wahren die Vertraulichkeit von Geschäftsinformationen.

(5) Hat die Kommission eine Meldung über die Zertifizierung eines Übertragungsnetzbetreibers gemäß Artikel 43 Absatz 9 der Richtlinie (EU) 2019/944 erhalten, so trifft sie eine Entscheidung zu der Zertifizierung. Die Regulierungsbehörde kommt der Entscheidung der Kommission nach.

KAPITEL VI
VERTEILERNETZBETRIEB

Artikel 52
Europäische Organisation der Verteilernetzbetreiber

(1) Die Verteilernetzbetreiber arbeiten auf Unionsebene im Rahmen der EU-VNBO zusammen, um die Vollendung und das Funktionieren des Elektrizitätsbinnenmarkts sowie die optimale Verwaltung und den koordinierten Betrieb der Verteiler- und Übertragungsnetze zu fördern. Die Verteilernetzbetreiber, die in der EU-VNBO mitarbeiten möchten, haben das Recht, eingetragene Mitglieder dieser Organisation zu werden.

Eingetragene Mitglieder können selbst in der EU-VNBO mitarbeiten oder sich von dem vom Mitgliedstaat benannten nationalen Verband oder einem unionsweit tätigen Verband vertreten lassen.

(2) Verteilernetzbetreiber dürfen sich zu einer EU-VNBO zusammenschließen. Die EU-VNBO übernimmt die in Artikel 55 vorgesehenen Aufgaben und Verfahren. Als Sachverständigenorganisation, die im gemeinsamen Interesse der Union arbeitet, vertritt sie keine Partikularinteressen und versucht auch nicht, den Entscheidungsprozess zu beeinflussen, um sich für besondere Interessen einzusetzen.

(3) Die Mitglieder der EU-VNBO müssen sich eintragen lassen und einen fairen und angemessenen Mitgliedsbeitrag bezahlen, der die Anzahl der an den betreffenden Verteilernetzbetreiber angeschlossenen Kunden widerspiegelt.

Artikel 53
Gründung der EU-VNBO

(1) Die EU-VNBO besteht mindestens aus einer Generalversammlung, einem Verwaltungsrat, einer Strategieberatungsgruppe, Sachverständigengruppen und einem Generalsekretär.

(2) Bis zum 5. Juli 2020 legen die Verteilernetzbetreiber der Kommission und ACER den Entwurf der Satzung gemäß Artikel 54, einschließlich eines Verhaltenskodex, die Liste der eingetragenen Mitglieder und den Entwurf der Geschäftsordnung — einschließlich der Verfahrensregeln für die Konsultation von ENTSO (Strom) und anderer Interessenträger sowie der Finanzierungsvorschriften — der zu gründenden EU-VNBO vor.

Im Entwurf der Geschäftsordnung der EU-VNBO muss eine ausgewogene Vertretung aller teilnehmenden Verteilernetzbetreiber sichergestellt sein.

(3) Binnen zwei Monaten nach Eingang des Entwurfs der Satzung, der Mitgliederliste und des Entwurfs der Geschäftsordnung übermittelt ACER der Kommission nach der Anhörung der Organisationen, die alle Interessenträger — insbesondere die Verteilernetzbenutzer — vertreten, ihre Stellungnahme.

(4) Binnen drei Monaten nach Eingang der Stellungnahme von ACER gibt die Kommission unter Berücksichtigung der in Absatz 3 vorgesehenen Stellungnahme von ACER eine Stellungnahme zum Entwurf der Satzung, zur Mitgliederliste und zum Entwurf der Geschäftsordnung ab.

(5) Binnen drei Monaten nach dem Eingangs der positiven Stellungnahme der Kommission gründen die Verteilernetzbetreiber die EU-VNBO und verabschieden und veröffentlichen deren Satzung und Geschäftsordnung.

(6) Im Fall von Änderungen oder auf begründeten Antrag einer der beiden sind die in Absatz 2 genannten Unterlagen der Kommission und ACER vorzulegen. ACER und die Kommission nehmen nach dem in den Absätzen 2, 3 und 4 festgelegten Verfahren Stellung.

(7) Die Kosten im Zusammenhang mit den Tätigkeiten der EU-VNBO werden von den als Mitglieder eingetragenen Verteilernetzbetreibern getragen und bei der Entgeltberechnung berücksichtigt. Die Regulierungsbehörden stimmen diesen Kosten nur dann zu, wenn sie angemessen und verhältnismäßig sind.

Artikel 54
Wesentliche Vorschriften und Verfahren für die EU-VNBO

(1) In der gemäß Artikel 53 verabschiedeten Satzung der EU-VNBO werden folgende Grundsätze verankert:

a) Die Mitarbeit in der EU-VNBO ist auf eingetragene Mitglieder beschränkt, wobei die Mitglieder Befugnisse untereinander delegieren können.

b) Strategische Entscheidungen zu den Tätigkeiten der EU-VNBO und politische Leitlinien für den Verwaltungsrat werden von der Generalversammlung verabschiedet.

c) Beschlüsse der Generalversammlung gelten als angenommen,

i) wobei jedes Mitglied über eine Anzahl von Stimmen verfügt, die der jeweiligen Kundenzahl entspricht,

ii) wenn 65 % der auf die Mitglieder der Generalversammlung entfallenden Stimmen abgegeben sind, und

iii) der Beschluss durch eine Mehrheit von mindestens 55 % der Mitglieder der Generalversammlung erlassen wird.

d) Beschlüsse der Generalversammlung gelten als abgelehnt,

i) wobei jedes Mitglied über eine Anzahl von Stimmen verfügt, die der jeweiligen Kundenzahl entspricht,

ii) wenn 35 % der auf die Mitglieder der Generalversammlung entfallenden Stimmen abgegeben sind, und

iii) der Beschluss von mindestens 25 % der Mitglieder der Generalversammlung abgelehnt wird.

e) Der Verwaltungsrat wird von der Generalversammlung für eine Amtszeit von höchstens vier Jahren gewählt.

f) Der Verwaltungsrat benennt aus dem Kreise seiner Mitglieder den Präsidenten und die drei Vizepräsidenten.

g) Die Zusammenarbeit zwischen Verteilernetzbetreibern und Übertragungsnetzbetreibern gemäß Artikel 56 und 57 wird vom Verwaltungsrat geleitet.

h) Beschlüsse des Verwaltungsrats werden mit einer absoluten Mehrheit angenommen.

i) Auf Vorschlag des Verwaltungsrats ernennt die Generalversammlung aus dem Kreise ihrer Mitglieder den Generalsekretär für eine Amtszeit von vier Jahren, die einmal verlängert werden kann.

j) Auf Vorschlag des Verwaltungsrats setzt die Generalversammlung Sachverständigengruppen ein, die aus höchstens 30 Mitgliedern bestehen und die zu einem Drittel Nichtmitglieder der EU-VNBO sein können; darüber hinaus wird eine Ländersachverständigengruppe eingesetzt, die aus genau einem Vertreter der Verteilernetzbetreiber je Mitgliedstaat besteht.

(2) Mit den von der EU-VNBO verabschiedeten Verfahren wird sichergestellt, dass ihre Mitglieder fair und angemessen behandelt werden, und in den Verfahren kommt die vielfältige geografische und wirtschaftliche Struktur ihrer Mitgliederschaft zum Ausdruck. Insbesondere sehen die Verfahren vor, dass

a) der Verwaltungsrat aus seinem Präsidenten und 27 Mitgliedervertretern besteht, von denen

i) Neun Vertreter die Vertreter von Mitgliedern mit mehr als 1 Million Netznutzern,

ii) Neun Vertreter die Vertreter von Mitgliedern mit mehr als 100 000 und weniger als 1 Million Netznutzern und

iii) Neun Vertreter die Vertreter von Mitgliedern mit weniger als 100 000 Netznutzern sind;

b) die Vertreter bestehender VNB-Verbände als Beobachter an den Sitzungen des Verwaltungsrats teilnehmen können;

c) dem Verwaltungsrat höchstens drei Vertreter von Mitgliedern aus demselben Mitgliedstaat oder demselben Konzern angehören dürfen;

d) jeder Vizepräsident des Verwaltungsrats aus dem Kreise der Vertreter der Mitglieder jeder der unter Buchstabe a beschriebenen Kategorien benannt wird;

e) die Vertreter der Mitglieder aus ein und demselben Mitgliedstaat oder ein und demselben Konzern nicht die Mehrheit der Teilnehmer einer Sachverständigengruppe bilden dürfen;

f) der Verwaltungsrat eine Strategieberatungsgruppe einsetzt, die ihm und den Sachverständigengruppen gegenüber Stellungnahmen abgibt und aus Vertretern der europäischen VNB-Verbände sowie aus Vertretern derjenigen Mitgliedstaaten, die im Verwaltungsrat nicht vertreten sind, besteht.

Artikel 55
Aufgaben der EU-VNBO

(1) Die EU-VNBO hat folgende Aufgaben:

a) Förderung des Betriebs und der Planung von Verteilernetzen in Abstimmung mit dem Betrieb und der Planung von Übertragungsnetzen;

b) Erleichterung der Integration erneuerbarer Energiequellen, dezentraler Energieerzeugung und anderer in das Verteilernetz eingebundener Ressourcen wie Energiespeicherung;

c) Erleichterung der lastseitigen Flexibilität und Laststeuerung sowie des Zugangs der Nutzer von Verteilernetzen zu Märkten;

d) Beitrag zur Digitalisierung der Verteilernetze einschließlich der Einführung intelligenter Netze und intelligenter Messsysteme;

e) Unterstützung des Ausbaus der Datenverwaltung, der Cybersicherheit und des Datenschutzes in Zusammenarbeit mit den maßgeblichen Behörden und regulierten Unternehmen;

f) Beteiligung an der Ausarbeitung von Netzkodizes, die für den Betrieb und die Planung der Verteilernetze sowie für den koordinierten Betrieb der Übertragungs- und Verteilernetze maßgeblich sind, gemäß Artikel 59.

(2) Die EU-VNBO muss außerdem

a) in Zusammenarbeit mit ENTSO (Strom) die Durchführung der gemäß dieser Verordnung erlassenen Netzkodizes und Leitlinien beobachten, die für den Betrieb und die Planung der Verteilernetze sowie für den koordinierten Betrieb der Übertragungs- und Verteilernetze maßgeblich sind;

b) mit ENTSO (Strom) zusammenarbeiten und bewährte Verfahren für den koordinierten Betrieb und die koordinierte Planung von Übertragungs- und Verteilernetzen übernehmen, zu denen beispielsweise der Datenaustausch zwischen den Betreibern und die Koordinierung von dezentralen Energieressourcen gehören;

c) an der Ermittlung bewährter Verfahren für die in Absatz 1 aufgeführten Bereiche sowie für die Einführung von Verbesserungen der Energieeffizienz im Verteilernetz arbeiten;

d) ein Jahresarbeitsprogramm und einen Jahresbericht verabschieden;

e) ihre Tätigkeit gemäß dem Wettbewerbsrecht ausüben und Neutralität wahren.

Artikel 56
Konsultationen im Verfahren für die Ausarbeitung von Netzkodizes

(1) Während sie sich an der Ausarbeitung neuer Netzkodizes nach Artikel 59 beteiligt, konsultiert die EU-VNBO gemäß der in Artikel 53 genannten Verfahrensordnung für Konsultationen umfassend, frühzeitig und auf offene und transparente Weise alle maßgeblichen Interessenträger, insbesondere Organisationen, die solche Interessenträger vertreten. Bei den Konsultationen werden die nationalen Regulierungsbehörden und andere nationale Behörden, Versorgungs- und Erzeugungsunternehmen, Netznutzer einschließlich der Kunden, technische Gremien und Foren der Interessenträger einbezogen. Dabei wird das Ziel verfolgt, während des Entscheidungsprozesses die Standpunkte und Vorschläge aller maßgeblichen Kreise einzuholen.

(2) Alle Unterlagen und Sitzungsprotokolle zu den in Absatz 1 genannten Konsultationen werden der Öffentlichkeit zugänglich gemacht.

(3) Die EU-VNBO berücksichtigt die bei den Konsultationen dargelegten Standpunkte. Vor der Annahme von Vorschlägen für die in Artikel 59 genannten Netzkodizes teilt die EU-VNBO mit, wie die im Rahmen der Konsultationen erhaltenen Stellungnahmen berücksichtigt wurden. Wurden Stellungnahmen nicht berücksichtigt, so gibt ENTSO (Strom) eine Begründung ab.

Artikel 57
Zusammenarbeit zwischen Verteilernetzbetreibern und Übertragungsnetzbetreibern

(1) Die Verteilernetzbetreiber und die Übertragungsnetzbetreiber arbeiten bei der Planung und dem Betrieb ihrer Netze zusammen. Insbesondere tauschen die Übertragungs- und Verteilernetzbetreiber alle Informationen und Daten aus, die die Ergebnisse von Erzeugungsanlagen und Laststeuerung, den täglichen Betrieb ihrer Netze sowie die langfristige Planung von Investitionen in die Netze betreffen und die erforderlich sind, um den kostenwirksamen, sicheren und zuverlässigen Ausbau und Betrieb ihrer Netze zu gewährleisten.

(2) Die Übertragungs- und Verteilernetzbetreiber arbeiten zusammen, um koordiniert auf Ressourcen wie dezentrale Erzeugung, Energiespeicherung oder Laststeuerung zugreifen zu können, die in bestimmten Bedarfsfällen sowohl den Verteilernetzbetreibern als auch den Übertragungsnetzbetreibern zugutekommen können.

KAPITEL VII
NETZKODIZES UND LEITLINIEN

Artikel 58
Verabschiedung von Netzkodizes und Leitlinien

(1) Die Kommission kann im Rahmen ihrer Befugnisse gemäß den Artikeln 59, 60 und 61 Durchführungsrechtsakte oder delegierte Rechtsakte erlassen. Solche Rechtsakte können entweder gemäß dem in Artikel 59 festgelegten Verfahren als Netzkodizes auf der Grundlage von Textvorschlägen, die von ENTSO (Strom) oder — sofern dies in der Prioritätenliste nach Artikel 59 Absatz 3 entsprechend festgelegt wurde — der EU-VNBO erforderlichenfalls in Zusammenarbeit mit ENTSO (Strom) und ACER ausgearbeitet wurden, oder als Leitlinien gemäß dem Verfahren nach Artikel 61 erlassen werden.

(2) Die Netzkodizes und Leitlinien

a) müssen das zur Verwirklichung der Ziele dieser Verordnung erforderliche Mindestmaß an Harmonisierung herbeiführen,

b) müssen etwaigen regionalen Besonderheiten Rechnung tragen,

c) dürfen nicht über das für die Erreichung der Ziele von Buchstabe a erforderliche Maß hinausgehen und

d) dürfen nicht das Recht der Mitgliedstaaten berühren, für Angelegenheiten, die nicht den zonenübergreifenden Handel betreffen, nationale Netzkodizes aufzustellen.

Artikel 59

Festlegung der Netzkodizes

(1) Die Kommission ist befugt, Durchführungsrechtsakte zu erlassen, um zur Gewährleistung einheitlicher Bedingungen für die Durchführung dieser Verordnung Netzkodizes für die folgenden Bereiche festzulegen:

a) Regeln für Netzsicherheit und -zuverlässigkeit einschließlich der Regeln für technische Übertragungsreservekapazitäten zur Sicherstellung der Netzbetriebssicherheit sowie Regeln für die Interoperabilität zur Umsetzung von Artikel 34 bis 47 und Artikels 57 dieser Verordnung und Artikel 40 der Richtlinie (EU) 2019/944, darunter Regeln für Netzzustände, Entlastungsmaßnahmen und Betriebssicherheitsgrenzwerte, Spannungsregelung und Blindleistungsmanagement, Kurzschlussstrommanagement, Leistungsflussmanagement, Ausfallvariantenrechnung und -management, Schutzeinrichtungen und -maßnahmen, Datenaustausch, Konformität, Aus- und Weiterbildung, Betriebsplanung und Betriebssicherheitsanalyse, regionale Koordinierung der Betriebssicherheit, Nichtverfügbarkeitskoordinierung, Verfügbarkeitspläne für maßgebliche Anlagen, Leistungsbilanzanalyse, Systemdienstleistungen, Fahrplanerstellung und Betriebsplanungsdatenumgebungen (Operational Planning Data Environments, OPDE);

b) Regeln für Kapazitätsvergabe und Engpassmanagement zur Umsetzung von Artikel 6 der Richtlinie (EU) 2019/944 und Artikel 7 bis 10, 13 bis 17 und 35 bis 37 dieser Verordnung, darunter Regeln für Methoden und Verfahren zur Berechnung der Day-Ahead-, Intraday- und langfristigen Kapazität, Netzmodelle, Gebotszonenkonfiguration, Redispatch und Countertrading, Handelsalgorithmen, Day-Ahead- und Intraday-Marktkopplung, Verbindlichkeit der vergebenen zonenübergreifenden Kapazität, Verteilung der Engpasserlöse, Risikoabsicherung bei zonenübergreifender Übertragung, Nominierungsverfahren sowie Deckung der Kosten der Kapazitätsvergabe und des Engpassmanagements;

c) Regeln für den Handel in Bezug auf die technische und operative Bereitstellung der Netzzugangsdienste und den Ausgleich zwischen Netzen zur Umsetzung der Artikel 5, 6 und 17, einschließlich netzbezogener Regeln für die Reserveleistung, darunter Regeln für die Aufgaben und Zuständigkeiten, Plattformen für den Austausch von Regelarbeit, Zeitpunkte der Marktschließung, Anforderungen an Standard-Regelreserveprodukten und spezifische Regelreserveprodukte, Beschaffung von Regelreserve, Zuweisung grenzüberschreitender Übertragungskapazität für den Austausch von Regelreserve oder die Reserventeilung, Abrechnung von Regelarbeit, Abrechnung des Energieaustauschs zwischen Netzbetreibern, Abrechnung von Bilanzkreisabweichungen und Abrechnung von Regelleistung, Regeln für die Leistungsfrequenzregelung, qualitätsbestimmende Frequenzparameter und Frequenzqualitätszielparameter, Frequenzhaltungsreserven, Frequenzwiederherstellungsreserven, Ersatzreserven, den Reservenaustausch und die Reserventeilung, grenzüberschreitende Aktivierung von Reserven, Zeitregelungsverfahren sowie die Transparenz der Informationen;

d) Regeln für die diskriminierungsfreie, transparente Erbringung nicht frequenzbezogener Systemdienstleistungen zur Umsetzung der Artikel 36, 40 und 54 der Richtlinie (EU) 2019/944 darunter statische Spannungsregelung, Schwungmasse, dynamische Blindstromstützung, Schwungmasse für die Netzstabilität, Kurzschlussstrom, Schwarzstartfähigkeit und Fähigkeit zum Inselbetrieb;

e) Regeln für die Laststeuerung, einschließlich Aggregierung, Energiespeicherung und Lasteinschränkung zur Umsetzung der Artikel 17, 31, 32, 36, 40 und 54 der Richtlinie (EU) 2019/944 sowie von Artikel 57 dieser Verordnung.

Diese Durchführungsrechtsakte werden nach dem in Artikel 67 Absatz 2 vorgesehenen Prüfverfahren erlassen.

(2) Die Kommission ist gemäß Artikel 68 befugt, delegierte Rechtsakte zur Ergänzung dieser Verordnung durch Festlegung von Netzkodizes für die folgenden Bereiche zu erlassen:

a) Regeln für den Netzanschluss, einschließlich Regeln für den Anschluss von Verbrauchsanlagen mit Übertragungsnetzanschluss, Verteilernetzanlagen und Verteilernetzen mit Übertragungsnetzanschluss, Anschluss von Verbrauchseinheiten, die zur Erbringung von Laststeuerung genutzt werden, Netzanschlussbestimmungen für Stromerzeuger, Netzanschlussbestimmungen für Hochspannungsgleichstromübertragungssysteme (HGÜ-Systeme), Bestimmungen für nichtsynchrone Stromerzeugungsanlagen mit Gleichstromanbindung und erzeugungsseitige HGÜ-Stromrichterstationen sowie Betriebserlaubnisverfahren für den Netzanschluss;

b) Regeln für den Datenaustausch, die Abrechnung und die Transparenz, insbesondere in Bezug auf Transferkapazitäten für maßgebliche Zeithorizonte, Schätzungen und tatsächliche Werte für die Zuweisung und Nutzung von Übertragungskapazitäten, die Prognose und die tatsächliche Nachfrage von Anlagen und deren Aggregation, einschließlich der Nichtverfügbarkeit von Anlagen, die prognostizierte und die tatsächliche Erzeugung von Erzeugungseinheiten und deren Aggregation, einschließlich der Nichtverfügbarkeit von Einheiten, die Verfügbarkeit und Nutzung von Netzen, Maßnahmen des Engpassmanagements und Regelarbeitsmarktdaten; die Regeln sollten die Art und Weise, wie die Informationen veröffentlicht werden, den Zeitpunkt der Veröffentlichung und die für die Bearbeitung verantwortlichen Stellen umfassen;

c) Regeln für den Netzzugang Dritter;

d) operative Notzustand- und Wiederaufbauverfahren bei Notfällen, einschließlich Systemschutzplänen, Netzwiederaufbauplänen, Marktinteraktionen, Informationsaustausch und Kommunikation sowie Instrumenten und Anlagen;

e) branchenspezifische Regeln für die Cybersicherheitsaspekte grenzüberschreitender Stromflüsse, einschließlich Regeln für gemeinsame Mindestanforderungen, Planung, Beobachtung, Berichterstattung und Krisenbewältigung.

(3) Die Kommission stellt nach Anhörung von ACER, von ENTSO (Strom), der EU-VNBO und der anderen maßgeblichen Interessenträger alle drei Jahre eine Prioritätenliste auf, in der die in den Absätzen 1 und 2 genannten Bereiche aufgeführt werden, die in die Ausarbeitung der Netzkodizes einbezogen werden.

Wenn der Gegenstand des Netzkodex unmittelbar mit dem Betrieb des Verteilernetzes zusammenhängt und für das Übertragungsnetz nicht unbedingt maßgeblich ist, kann die Kommission verlangen, dass die EU-VNBO in Zusammenarbeit mit ENTSO (Strom) einen Redaktionsausschuss einberuft und ACER einen Vorschlag für einen Netzkodex vorlegt.

(4) Die Kommission beantragt bei ACER, ihr innerhalb einer angemessenen Frist von höchstens sechs Monaten nach Eingang des Antrags der Kommission eine nicht bindende Rahmenleitlinie (im Folgenden „Rahmenleitlinie“) vorzulegen, die präzise und objektive Grundsätze für die Entwicklung von Netzkodizes für die in der Prioritätenliste aufgeführten Bereiche enthält. Der Antrag der Kommission kann Bedingungen enthalten, die in der Rahmenleitlinie zu berücksichtigen sind. Jede Rahmenleitlinie muss zur Marktintegration, zur unterschiedslosen Behandlung, zu einem echten Wettbewerb und zum effizienten Funktionieren des Marktes beitragen. Auf einen mit Gründen versehenen Antrag von ACER hin kann die Kommission die Frist zur Vorlage der Leitlinien verlängern.

(5) ACER führt über einen Zeitraum von mindestens zwei Monaten eine offene und transparente förmliche Anhörung von ENTSO (Strom), der EU-VNBO und anderer maßgeblicher Interessenträger zu der Rahmenleitlinie durch.

(6) ACER legt der Kommission eine nicht bindende Rahmenleitlinie vor, wenn sie gemäß Absatz 4 dazu aufgefordert wird.

(7) Trägt die Rahmenleitlinie nach Auffassung der Kommission nicht zur Marktintegration, zur unterschiedslosen Behandlung, zu einem echten Wettbewerb und zum effizienten Funktionieren des Marktes bei, so kann sie ACER auffordern, die Rahmenleitlinie innerhalb einer angemessenen Frist zu überarbeiten und erneut der Kommission vorzulegen.

(8) Legt ACER nicht innerhalb der von der Kommission nach Absatz 4 oder Absatz 7 gesetzten Frist eine Rahmenleitlinie erstmals oder erneut vor, so arbeitet die Kommission diese Rahmenleitlinie aus.

(9) Die Kommission fordert ENTSO (Strom) oder — sofern dies in der Prioritätenliste nach Absatz 3 entsprechend festgelegt wurde — die EU-VNBO in Zusammenarbeit mit ENTSO (Strom) auf, ACER innerhalb einer angemessenen Frist von höchstens zwölf Monaten nach Eingang der Aufforderung der Kommission einen Vorschlag für einen Netzkodex vorzulegen, der der einschlägigen Rahmenleitlinie entspricht.

(10) ENTSO (Strom) oder — sofern dies in der Prioritätenliste nach Absatz 3 entsprechend festgelegt wurde — die EU-VNBO in Zusammenarbeit mit ENTSO (Strom) beruft einen Redaktionsausschuss ein, der ENTSO (Strom) bzw. die EU-VNBO im Verfahren der Ausarbeitung des Netzkodex unterstützt. Der Redaktionsausschuss besteht aus Vertretern von ACER, von ENTSO (Strom), der EU-VNBO (soweit angebracht) und der NEMO (soweit angebracht) sowie einer begrenzten Zahl der wichtigsten betroffenen Interessenträger. ENTSO (Strom) oder — sofern dies in der Prioritätenliste nach Absatz 3 entsprechend festgelegt wurde — die EU-VNBO in Zusammenarbeit mit ENTSO (Strom) arbeitet auf Aufforderung durch die Kommission gemäß Absatz 9 Vorschläge für Netzkodizes für die in den Absätzen 1 und 2 des vorliegenden Artikels genannten Bereiche aus.

(11) ACER überarbeitet den vorgeschlagenen Netzkodex und sorgt dafür, dass der anzunehmende Netzkodex der einschlägigen Rahmenleitlinie entspricht und zur Marktintegration, zur unterschiedslosen Behandlung, zu einem echten Wettbewerb und zum effizienten Funktionieren des Marktes beiträgt, und legt den überarbeiteten Netzkodex binnen sechs Monaten nach dem Eingang des Vorschlags der Kommission vor. ACER trägt in dem der Kommission vorgelegten Vorschlag den Ansichten aller Akteure Rechnung, die an der von ENTSO (Strom) oder der EU-VNBO geleiteten Ausarbeitung des Vorschlags beteiligt waren, und führt zu der bei der Kommission einzureichenden Fassung eine Konsultation der maßgeblichen Interessenträger durch.

(12) Ist ENTSO (Strom) oder die EU-VNBO außerstande, innerhalb der von der Kommission nach Absatz 9 gesetzten Frist einen Netzkodex auszuarbeiten, so kann die Kommission ACER auffordern, auf der Grundlage der einschlägigen Rahmenleitlinie den Entwurf eines Netzkodex auszuarbeiten. ACER kann, während sie diesen Entwurf ausarbeitet, eine weitere Anhörung einleiten. ACER legt den nach diesem Absatz ausgearbeiteten Entwurf eines Netzkodex der Kommission vor und kann ihr dessen Annahme empfehlen.

(13) Die Kommission kann von sich aus, wenn ENTSO (Strom) oder die EU-VNBO keinen Netzkodex ausgearbeitet hat oder ACER keinen Entwurf eines Netzkodex gemäß Absatz 12 ausgearbeitet hat, oder auf Vorschlag von ACER gemäß Absatz 11 einen oder mehrere Netzkodizes für die in den Absätzen 1 und 2 aufgeführten Bereiche erlassen.

(14) Plant die Kommission, von sich aus einen Netzkodex zu erlassen, so konsultiert sie ACER, ENTSO (Strom) und alle maßgeblichen Interessenträger innerhalb eines Zeitraums von mindestens zwei Monaten zu dem Entwurf eines Netzkodex.

(15) Dieser Artikel berührt nicht das Recht der Kommission, die Leitlinien gemäß Artikel 61 zu erlassen und zu ändern. Davon unberührt bleibt auch die Möglichkeit von ENTSO (Strom), in den in den Absätzen 1 und 2 genannten Bereichen nicht bindende Leitlinien auszuarbeiten, sofern diese Leitlinien nicht die Bereiche betreffen, für die die Kommission eine Aufforderung an ENTSO (Strom) gerichtet hat. Diese Leitlinien werden ACER von ENTSO (Strom) zur Stellungnahme zugeleitet; ENTSO (Strom) trägt dieser Stellungnahme gebührend Rechnung.

Artikel 60
Änderung von Netzkodizes

(1) Die Kommission ist befugt die Netzkodizes in den in Artikel 59 Absätze 1 und 2 genannten Bereichen nach dem jeweils einschlägigen Verfahren dieses Artikels zu ändern. Änderungen können gemäß den Absätzen 2 bis 3 des vorliegenden Artikels auch von ACER vorgeschlagen werden.

(2) Entwürfe zur Änderung eines gemäß Artikel 59 angenommenen Netzkodex können ACER von Personen vorgeschlagen werden, die wahrscheinlich ein Interesse an diesem Netzkodex haben, wozu unter anderem ENTSO (Strom), die EU-VNBO, die Regulierungsbehörden, Verteilernetz- und Übertragungsnetzbetreiber, Netznutzer und Verbraucher zählen. Auch ACER kann von sich aus Änderungen vorschlagen.

(3) ACER kann der Kommission mit Gründen versehene Änderungsvorschläge unterbreiten, wobei sie erläutert, inwieweit die Vorschläge mit den Zielen der Netzkodizes nach Artikel 59 Absatz 3 dieser Verordnung übereinstimmen. Sofern sie einen Änderungsvorschlag für zulässig erachtet oder Änderungen von ihr selbst vorgeschlagen werden, konsultiert ACER alle Interessenträger in Übereinstimmung mit Artikel 14 der Verordnung (EU) 2019/942.

Artikel 61
Leitlinien

(1) Die Kommission ist befugt, in den in diesem Artikel aufgeführten Bereichen verbindliche Leitlinien zu verabschieden.

(2) Die Kommission ist befugt, Leitlinien in den Bereichen zu erlassen, in denen solche Rechtsakte auch nach dem Verfahren zur Festlegung von Netzkodizes gemäß Artikel 59 Absätze 1 und 2 entwickelt werden könnten. Diese Leitlinien werden, je nach der maßgeblichen Befugnisübertragung nach dieser Verordnung, in Form von delegierten Rechtsakten oder Durchführungsrechtsakten erlassen.

(3) Die Kommission ist befugt, gemäß Artikel 68 delegierte Rechtsakte zur Ergänzung dieser Verordnung durch Leitlinien für den Ausgleichsmechanismus zwischen Übertragungsnetzbetreibern zu erlassen. In diesen Leitlinien wird entsprechend den in den Artikeln 18 und 49 niedergelegten Grundsätzen Folgendes geregelt:

a) Einzelheiten des Verfahrens zur Ermittlung der zu Ausgleichszahlungen für grenzüberschreitende Stromflüsse verpflichteten Übertragungsnetzbetreiber, einschließlich der Aufteilung zwischen den Betreibern von nationalen Übertragungsnetzen, aus denen grenzüberschreitende Stromflüsse stammen, und von Netzen, in denen diese Stromflüsse enden, gemäß Artikel 49 Absatz 2;

b) Einzelheiten des einzuhaltenden Zahlungsverfahrens einschließlich der Festlegung des ersten Zeitraums, für den Ausgleichszahlungen zu leisten sind, gemäß Artikel 49 Absatz 3 Unterabsatz 2;

c) Einzelheiten der Methoden für die Bestimmung der durchgeleiteten grenzüberschreitenden Stromflüsse, für die nach Artikel 49 Ausgleichszahlungen zu leisten sind, sowohl hinsichtlich der Mengen als auch der Art der Stromflüsse, und für die nach Artikel 49 Absatz 5 durchzuführende Feststellung der Größe dieser Stromflüsse, die aus Übertragungsnetzen einzelner Mitgliedstaaten stammen bzw. dort enden;

d) Einzelheiten der Methode für die Ermittlung des Nutzens und der Kosten, die infolge der Durchleitung grenzüberschreitender Stromflüsse entstanden sind, gemäß Artikel 49 Absatz 6;

e) Einzelheiten der Behandlung von Stromflüssen, die aus Ländern außerhalb des Europäischen Wirtschaftsraums stammen oder in diesen Ländern enden, im Rahmen des Ausgleichsmechanismus zwischen Übertragungsnetzbetreibern;

f) Beteiligung nationaler, durch Gleichstromleitungen miteinander verbundener Netze gemäß Artikel 49.

(4) Erforderlichenfalls kann die Kommission Durchführungsrechtsakte erlassen, mit denen Leitlinien festgelegt werden, die das zur Verwirklichung der Ziele dieser Verordnung erforderliche Mindestmaß an Harmonisierung bewirken. Diese Leitlinien regeln überdies Folgendes:

a) Einzelheiten der Regeln für den Stromhandel zur Umsetzung von Artikel 6 der Richtlinie (EU) 2019/944 und der Artikel 5 bis 10, 13 bis 17, 35, 36 und 37 der vorliegenden Verordnung;

b) Einzelheiten der Regeln für Investitionsanreize für Verbindungsleitungskapazitäten einschließlich ortsabhängiger Preissignale zur Umsetzung von Artikel 19.

Diese Durchführungsrechtsakte werden gemäß dem in Artikel 67 Absatz 2 genannten Prüfverfahren erlassen.

(5) Die Kommission kann im Rahmen von Durchführungsrechtsakten Leitlinien für die operative Koordinierung der Übertragungsnetzbetreiber auf Unionsebene erlassen. Diese Leitlinien sind mit den Netzkodizes gemäß Artikel 59 vereinbar und beruhen auf diesen Netzkodizes und den angenommenen Spezifikationen gemäß Artikel 30 Absatz 1 Buchstabe i. Beim Erlass dieser Leitlinien trägt die Kommission den regional und national unterschiedlichen operativen Anforderungen Rechnung.

Diese Durchführungsrechtsakte werden nach dem in Artikel 67 Absatz 2 genannten Prüfverfahren erlassen.

(6) Bei Erlass oder Änderung von Leitlinien konsultiert die Kommission ACER, ENTSO (Strom), die EU-VNBO und erforderlichenfalls weitere Interessenträger.

Artikel 62
Recht der Mitgliedstaaten, detailliertere Maßnahmen vorzusehen

Diese Verordnung lässt das Recht der Mitgliedstaaten unberührt, Maßnahmen beizubehalten oder einzuführen, die detailliertere Bestimmungen als diese Verordnung, die Leitlinien nach Artikel 61 oder die Netzkodizes nach Artikel 59 enthalten, sofern diese Maßnahmen mit dem Unionsrecht vereinbar sind.

KAPITEL VIII
SCHLUSSBESTIMMUNGEN

Artikel 63
Neue Verbindungsleitungen

(1) Neue Gleichstromverbindungsleitungen können unter folgenden Voraussetzungen auf Antrag für eine begrenzte Dauer von Artikels 19 Absätze 2 und 3 dieser Verordnung und der Artikel 6, 43, Artikel 59 Absatz 7 und Artikel 60 Absatz 1 der Richtlinie (EU) 2019/944 ausgenommen werden:

a) Durch die Investition wird der Wettbewerb in der Stromversorgung verbessert.

b) Das mit der Investition verbundene Risiko ist so hoch, dass die Investition ohne die Gewährung einer Ausnahme nicht getätigt würde.

c) Die Verbindungsleitung muss Eigentum einer natürlichen oder juristischen Person sein, die zumindest der Rechtsform nach von den Netzbetreibern getrennt ist, in deren Netzen die entsprechende Verbindungsleitung gebaut wird.

d) Von den Nutzern dieser Verbindungsleitung werden Entgelte verlangt.

e) Seit der Teilmarktöffnung gemäß Artikel 19 der Richtlinie 96/92/EG des Europäischen Parlaments und des Rates ([9]) dürfen keine Anteile der Kapital- oder Betriebskosten der Verbindungsleitung über irgendeine Komponente der Entgelte für die Nutzung der Übertragungs- oder Verteilernetze, die durch diese Verbindungsleitung miteinander verbunden werden, gedeckt worden sein.

f) Die Ausnahme darf sich nicht nachteilig auf den Wettbewerb oder das echte Funktionieren des Elektrizitätsbinnenmarkts oder das effiziente Funktionieren des regulierten Netzes auswirken, an das die Verbindungsleitung angeschlossen ist.

(2) Absatz 1 gilt in Ausnahmefällen auch für Wechselstromverbindungsleitungen, sofern die Kosten und die Risiken dieser Investition im Vergleich zu den Kosten und Risiken, die normalerweise bei einer Verbindung zweier benachbarter nationaler Übertragungsnetze durch eine Wechselstromverbindungsleitung auftreten, besonders hoch sind.

(3) Absatz 1 gilt auch für erhebliche Kapazitätserhöhungen bei vorhandenen Verbindungsleitungen.

(4) Die Entscheidung über die Gewährung von Ausnahmen nach den Absätzen 1, 2 und 3 wird in jedem Einzelfall von den Regulierungsbehörden der betroffenen Mitgliedstaaten getroffen. Eine Ausnahme kann sich auf die Gesamtkapazität oder nur einen Teil der Kapazität der neuen Verbindungsleitung oder der vorhandenen Verbindungsleitung mit erheblich erhöhter Kapazität erstrecken.

Binnen zwei Monaten ab Erhalt des Antrags auf eine Ausnahme durch die letzte betroffene Regulierungsbehörde kann ACER diesen Regulierungsbehörden eine Stellungnahme übermitteln. Die Regulierungsbehörden können ihre Entscheidung auf Grundlage dieser Stellungnahme fällen.

Bei der Entscheidung über die Gewährung einer Ausnahme wird von den Regulierungsbehörden in jedem Einzelfall der Notwendigkeit Rechnung getragen, Bedingungen für die Dauer der Ausnahme und die diskriminierungsfreie Gewährung des Zugangs zu der Verbindungsleitung aufzuerlegen.

Bei der Entscheidung über diese Bedingungen werden von den Regulierungsbehörden insbesondere die neu zu schaffende Kapazität oder die Änderung der bestehenden Kapazität, der Zeitrahmen des Vorhabens und die nationalen Gegebenheiten berücksichtigt.

Vor der Gewährung einer Ausnahme entscheiden die Regulierungsbehörden der betroffenen Mitgliedstaaten über die Regeln und Mechanismen für das Kapazitätsmanagement und die Kapazitätsvergabe. Die Regeln für das Engpassmanagement müssen die Verpflichtung einschließen, ungenutzte Kapazitäten auf dem Markt anzubieten, und die Nutzer der Infrastruktur müssen das Recht erhalten, ihre kontrahierten Kapazitäten auf dem Sekundärmarkt zu handeln. Bei der Bewertung der in Absatz 1 Buchstaben a, b und f genannten Kriterien werden die Ergebnisse des Kapazitätsvergabeverfahrens berücksichtigt.

Haben alle betroffenen Regulierungsbehörden binnen sechs Monaten nach Eingang des Antrags eine Einigung über die Entscheidung zur Gewährung einer Ausnahme erzielt, unterrichten sie ACER über diese Entscheidung.

Die Entscheidung zur Gewährung einer Ausnahme — einschließlich der in Unterabsatz 3 genannten Bedingungen — ist ordnungsgemäß zu begründen und zu veröffentlichen.

(5) Die in Absatz 4 genannten Entscheidungen werden von ACER getroffen,

a) wenn alle betroffenen nationalen Regulierungsbehörden binnen sechs Monaten ab dem Tag, an dem die letzte dieser Regulierungsbehörden mit dem Antrag auf eine Ausnahme befasst wurde, keine Einigung erzielen konnten oder

b) wenn ein gemeinsamer Antrag der betroffenen nationalen Regulierungsbehörden vorliegt.

Vor ihrer Entscheidung konsultiert ACER die betroffenen Regulierungsbehörden und die Antragsteller.

(6) Ungeachtet der Absätze 4 und 5 können die Mitgliedstaaten jedoch vorsehen, dass die Regulierungsbehörde bzw. ACER ihre Stellungnahme zu dem Antrag auf Gewährung einer Ausnahme der maßgeblichen Stelle des Mitgliedstaats zur förmlichen Entscheidung vorlegt. Diese Stellungnahme wird zusammen mit der Entscheidung veröffentlicht.

(7) Eine Abschrift aller Anträge auf Ausnahme wird von den Regulierungsbehörden unverzüglich nach ihrem Eingang ACER und der Kommission zur Unterrichtung übermittelt. Die Entscheidung wird zusammen mit allen für die Entscheidung maßgeblichen Informationen von den betroffenen Regulierungsbehörden oder ACER („meldende Stellen") der Kommission gemeldet. Diese Informationen können der Kommission in Form einer Zusammenfassung übermittelt werden, die der Kommission eine fundierte Entscheidung ermöglicht. Die Informationen müssen insbesondere Folgendes enthalten:

a) eine ausführliche Angabe der Gründe, aus denen die Ausnahme gewährt oder abgelehnt wurde, einschließlich der finanziellen Informationen, auf deren Grundlage die Notwendigkeit der Ausnahme gerechtfertigt ist;

b) eine Untersuchung bezüglich der Auswirkungen der Gewährung der Ausnahme auf den Wettbewerb und das tatsächliche Funktionieren des Elektrizitätsbinnenmarkts;

c) eine Begründung der Geltungsdauer der Ausnahme sowie des Anteils an der Gesamtkapazität der jeweiligen Verbindungsleitung, für die die Ausnahme gewährt wird, und

d) das Ergebnis der Konsultation der betroffenen Regulierungsbehörden.

(8) Die Kommission kann innerhalb eines Zeitraums von 50 Arbeitstagen ab dem Tag nach dem Eingang einer Meldung gemäß Absatz 7 beschließen, von den meldenden Stellen die Änderung oder den Widerruf der Entscheidung über die Gewährung der Ausnahme zu verlangen. Die Frist von 50 Arbeitstagen kann um weitere 50 Arbeitstage verlängert werden, wenn die Kommission zusätzliche Informationen anfordert. Diese weitere Frist beginnt am Tag nach dem Eingang der vollständigen Informationen. Die ursprüngliche Frist kann ferner mit Zustimmung sowohl der Kommission als auch der meldenden Stellen verlängert werden.

Wenn die angeforderten Informationen nicht innerhalb der in der Aufforderung der Kommission festgesetzten Frist vorgelegt werden, gilt die Meldung als widerrufen, es sei denn, diese Frist wird mit Zustimmung sowohl der Kommission als auch der meldenden Stellen vor ihrem Ablauf verlängert, oder die meldenden Stellen unterrichten die Kommission vor Ablauf der festgesetzten Frist in einer ordnungsgemäß mit Gründen versehenen Erklärung davon, dass sie die Meldung als vollständig betrachten.

Die meldenden Stellen kommen einem Beschluss der Kommission zur Änderung oder zum Widerruf der Entscheidung über die Gewährung einer Ausnahme innerhalb eines Monats nach Erhalt nach und setzen die Kommission davon in Kenntnis.

Die Kommission wahrt die Vertraulichkeit von Geschäftsinformationen.

Die von der Kommission erteilte Genehmigung einer Entscheidung zur Gewährung einer Ausnahme wird zwei Jahre nach ihrer Erteilung unwirksam, wenn mit dem Bau der Verbindungsleitung zu diesem Zeitpunkt noch nicht begonnen worden ist, und sie wird fünf Jahre nach ihrer Erteilung unwirksam, wenn die Verbindungsleitung zu diesem Zeitpunkt nicht in Betrieb genommen worden ist, es sei denn, die Kommission entscheidet auf der Grundlage eines mit Gründen versehenen Antrags der meldenden Stellen, dass eine Verzögerung auf schwerwiegende administrative Hindernisse zurückzuführen ist, auf die die Person, der die Ausnahme gewährt wurde, keinen Einfluss hat.

(9) Beschließen die Regulierungsbehörden der betroffenen Mitgliedstaaten, eine Entscheidung über eine Ausnahme zu ändern, so übermitteln sie diese Entscheidung zusammen mit allen für die Entscheidung maßgeblichen Informationen unverzüglich der Kommission. Unter Berücksichtigung der Besonderheiten der bestehenden Ausnahme gelten die Absätze 1 bis 8 für diese Entscheidung über die Änderung einer Entscheidung über eine Ausnahme.

(10) Die Kommission kann auf Antrag oder von Amts wegen das Verfahren über einen Antrag auf Gewährung einer Ausnahme wieder aufnehmen,

a) wenn sich — unter gebührender Berücksichtigung der berechtigten Erwartungen der Parteien und des mit der ursprünglichen Entscheidung zur Gewährung einer Ausnahme erzielten wirtschaftlichen Gleichgewichts — die tatsächlichen Verhältnisse in einem für die Entscheidung wichtigen Punkt geändert haben,

b) wenn die beteiligten Unternehmen ihre Verpflichtungen nicht einhalten oder

c) wenn die Entscheidung auf unvollständigen, unrichtigen oder irreführenden Angaben der Parteien beruht.

(11) Die Kommission ist befugt, gemäß Artikel 68 delegierte Rechtsakte zur Ergänzung dieser Verordnung durch Verabschiedung von Leitlinien für die Anwendung der Bedingungen gemäß Absatz 1 und für die Festlegung des zur Anwendung der Absätze 4 und 7 bis 10 einzuhaltenden Verfahrens zu erlassen.

Artikel 64
Freistellungen

(1) Die Mitgliedstaaten können Freistellungen von den einschlägigen Bestimmungen der Artikel 3 und 6, des Artikels 7 Absatz 1, des Artikels 8 Absätze 1 und 4, der Artikel 9, 10 und 11, 14 bis 17, Artikel 19 bis 27, Artikel 35 bis 47 und Artikels 51 beantragen, und zwar in folgenden Fällen:

a) Der jeweilige Mitgliedstaat kann nachweisen, dass beim Betrieb kleiner isolierter sowie verbundener Netze erhebliche Probleme auftreten;

b) Es geht um Ausnahmen für Gebiete in äußerster Randlage im Sinne des Artikels 349 AEUV, die aus offensichtlichen physikalischen Gründen nicht an den Energiemarkt der Union angebunden werden können.

In dem in Unterabsatz 1 Buchstabe a genannten Fall ist die Freistellung befristet und an Bedingungen geknüpft, die einen verstärkten Wettbewerb und eine stärkere Integration in den Elektrizitätsbinnenmarkt zum Ziel haben.

In dem in Unterabsatz 1 Buchstabe b genannten Fall ist die Freistellung nicht befristet.

Die Kommission unterrichtet vor einer entsprechenden Entscheidung die Mitgliedstaaten unter Wahrung der Vertraulichkeit von Geschäftsinformationen über diese Anträge.

Eine nach diesem Artikel gewährte Freistellung hat zum Ziel sicherzustellen, dass der Übergang zur Erzeugung von Energie aus erneuerbaren Quellen durch die Ausnahme ebenso wenig behindert wird wie der Übergang zu mehr Flexibilität, Energiespeicherung, Elektromobilität und Laststeuerung. Geschäftsinformationen

Bei der Gewährung einer Freistellung bringt die Kommission in ihrer Entscheidung zum Ausdruck, inwiefern in der Freistellung die Anwendung der Netzkodizes und der Leitlinien berücksichtigt werden muss.

(2) Die Artikel 3, 5 und 6, Artikel 7 Absatz 1 und Absatz 2 Buchstaben c und g, die Artikel 8 bis 17, Artikel 18 Absätze 5 und 6, Artikel 19 und 20, Artikel 21 Absätze 1, 2 und 4 bis 8, Artikel 22 Absatz 1 Buchstabe c, Artikel 22 Absatz 2 Buchstaben b und c, Artikel 22 Absatz 2 Unterabsatz 2, Artikel 23 bis 27, Artikel 34 Absätze 1, 2 und 3, Artikel 35 bis 47, Artikel 48 Absatz 2, Artikel 49 und 51 gelten nicht für Zypern, bis sein Übertragungsnetz über Verbindungsleitungen an Übertragungsnetze anderer Mitgliedstaaten angeschlossen ist.

Ist Zyperns Übertragungsnetz am 1. Januar 2026 immer noch nicht über Verbindungsleitungen an Übertragungsnetze anderer Mitgliedstaaten angeschlossen, so bewertet Zypern, ob eine Freistellung von diesen Bestimmungen weiter notwendig ist, und kann bei der Kommission eine Verlängerung der Freistellung beantragen. Die Kommission bewertet, ob die Gefahr besteht, dass die Anwendung der einschlägigen Bestimmungen erhebliche Probleme für den Betrieb des Stromsystems in Zypern verursacht, oder ob sich ihre Anwendung in Zypern voraussichtlich vorteilhaft auf das Funktionieren des Marktes auswirkt. Auf der Grundlage dieser Bewertung erlässt die Kommission einen begründeten Beschluss über eine vollständige oder teilweise Verlängerung der Freistellung. Der Beschluss wird im *Amtsblatt der Europäischen Union* veröffentlicht.

(3) Diese Verordnung berühren nicht die Anwendung der Freistellungen gemäß Artikel 66 der Richtlinie (EU) 2019/944.

(4) In Bezug auf die Verwirklichung des Verbundziels für 2030 gemäß der Verordnung (EU)

2018/1999 wird die Stromverbindung zwischen Malta und Italien gebührend berücksichtigt.

Artikel 65
Übermittlung von Informationen und Vertraulichkeit

(1) Die Mitgliedstaaten und die Regulierungsbehörden übermitteln der Kommission auf Anforderung alle für die Zwecke der Durchsetzung der Verordnung erforderlichen Informationen.

Unter Berücksichtigung der Komplexität der angeforderten Informationen und der Dringlichkeit, setzt die Kommission eine angemessene Frist für die Übermittlung der Informationen.

(2) Wenn der betroffene Mitgliedstaat oder die betroffene Regulierungsbehörde die in Absatz 1 genannten Informationen nicht innerhalb der Frist gemäß Absatz 1 übermittelt, kann die Kommission alle Informationen, die für die Zwecke der Durchsetzung der Verordnung erforderlich sind, unmittelbar von den jeweiligen Unternehmen anfordern.

Fordert die Kommission von einem Unternehmen Informationen an, so übermittelt sie den Regulierungsbehörden des Mitgliedstaats, in dessen Hoheitsgebiet sich der Sitz des Unternehmens befindet, gleichzeitig eine Abschrift dieser Anforderung.

(3) In ihrer Anforderung nach Absatz 1 gibt die Kommission die Rechtsgrundlage, die Frist für die Übermittlung der Informationen, den Zweck der Anforderung sowie die in Artikel 66 Absatz 2 für den Fall der Erteilung unrichtiger, unvollständiger oder irreführender Auskünfte vorgesehenen Sanktionen an.

(4) Die Inhaber der Unternehmen oder ihre Vertreter und bei juristischen Personen die nach Gesetz oder Satzung zu ihrer Vertretung bevollmächtigten natürlichen Personen erteilen die verlangten Auskünfte. Wenn ordnungsgemäß bevollmächtigte Rechtsanwälte die Auskünfte im Auftrag ihres Mandanten erteilen, haftet der Mandant in vollem Umfang, falls die erteilten Auskünfte unvollständig, unrichtig oder irreführend sind.

(5) Wird eine von einem Unternehmen verlangte Auskunft innerhalb einer von der Kommission gesetzten Frist nicht oder nicht vollständig erteilt, so kann die Kommission die Information durch Entscheidung anfordern. In dieser Entscheidung werden die angeforderten Informationen bezeichnet und eine angemessene Frist für ihre Übermittlung bestimmt. Sie enthält einen Hinweis auf die in Artikel 66 Absatz 2 vorgesehenen Sanktionen. Sie enthält ferner einen Hinweis auf das Recht, vor dem Gerichtshof der Europäischen Union gegen die Entscheidung Klage zu erheben.

Die Kommission übermittelt den Regulierungsbehörden des Mitgliedstaats, in dessen Hoheitsgebiet die Person ihren Wohnsitz oder das Unternehmen seinen Sitz hat, gleichzeitig eine Abschrift ihrer Entscheidung.

(6) Die in den Absätzen 1 und 2 genannten Informationen werden nur für die Zwecke der Durchsetzung der Verordnung verwendet.

Die Kommission darf die Informationen, die ihrem Wesen nach unter das Geschäftsgeheimnis fallen und die sie im Rahmen dieser Verordnung erhalten hat, nicht offenlegen.

Artikel 66
Sanktionen

(1) Die Mitgliedstaaten legen unbeschadet des Absatzes 2 dieses Artikels fest, welche Sanktionen bei einem Verstoß gegen diese Verordnung, die nach Artikel 59 verabschiedeten Netzkodizes und die nach Artikel 61 verabschiedeten Leitlinien zu verhängen sind, und treffen alle zur Durchsetzung dieser Sanktionen erforderlichen Maßnahmen. Die vorgesehenen Sanktionen müssen wirksam, verhältnismäßig und abschreckend sein. Mitgliedstaaten setzten die Kommission unverzüglich über diese Vorschriften und Maßnahmen, und anschließende Änderungen derselben in Kenntnis.

(2) Die Kommission kann Unternehmen durch Entscheidung Geldbußen bis zu einem Höchstbetrag von 1 % des im vorausgegangenen Geschäftsjahr erzielten Gesamtumsatzes auferlegen, wenn sie vorsätzlich oder fahrlässig bei der Erteilung einer nach Artikel 65 Absatz 3 verlangten Auskunft unrichtige, unvollständige oder irreführende Angaben machen oder die Angaben nicht innerhalb der in einer Entscheidung nach Artikel 65 Absatz 5 Unterabsatz 1 gesetzten Frist machen. Bei der Festsetzung der Höhe der Geldbuße berücksichtigt die Kommission die Schwere der Nichteinhaltung der Anforderungen des Absatzes 1 dieses Artikels.

(3) Sanktionen nach Absatz 1 und sämtliche Entscheidungen nach Absatz 2 sind nicht strafrechtlicher Art.

Artikel 67
Ausschussverfahren

(1) Die Kommission wird von dem durch Artikel 68 der Richtlinie (EU) 2019/944 eingesetzten Ausschuss unterstützt. Dieser Ausschuss ist ein Ausschuss im Sinne der Verordnung (EU) Nr. 182/2011.

(2) Wird auf diesen Absatz Bezug genommen, so gilt Artikel 5 der Verordnung (EU) Nr. 182/2011.

Artikel 68
Ausübung der Befugnisübertragung

(1) Die Befugnis zum Erlass delegierter Rechtsakte wird der Kommission unter den in diesem Artikel festgelegten Bedingungen übertragen.

(2) Die Befugnis zum Erlass delegierter Rechtsakte gemäß Artikel 34 Absatz 3, Artikel 49 Absatz 4, Artikel 59 Absatz 2, Artikel 61 Absatz 2 und Artikel 63 Absatz 11 wird der Kommission bis zum 31. Dezember 2028 übertragen. Die Kommission erstellt spätestens neun Monate vor Ablauf dieses Zeitraums und, falls zutreffend, vor Ablauf der folgenden Zeiträume einen Bericht über die Befugnisübertragung. Die Befugnisübertragung verlängert sich stillschweigend um Zeiträume von jeweils acht Jahren, es sei denn, das Europäische Parlament oder der Rat widersprechen einer solchen Verlängerung spätestens drei Monate vor Ablauf des jeweiligen Zeitraums.

(3) Die Befugnisübertragung gemäß Artikel 34 Absatz 3, Artikel 49 Absatz 4, Artikel 59 Absatz 2, Artikel 61 Absatz 2 und Artikel 63 Absatz 11 kann vom Europäischen Parlament oder vom Rat jederzeit widerrufen werden. Der Beschluss über den Widerruf beendet die Übertragung der in diesem Beschluss angegebenen Befugnis. Er wird am Tag nach seiner Veröffentlichung im *Amtsblatt der Europäischen Union* oder zu einem im Beschluss über den Widerruf angegebenen späteren Zeitpunkt wirksam. Die Gültigkeit von delegierten Rechtsakten, die bereits in Kraft sind, wird von dem Beschluss über den Widerruf nicht berührt.

(4) Vor dem Erlass eines delegierten Rechtsakts konsultiert die Kommission die von den einzelnen Mitgliedstaaten benannten Sachverständigen im Einklang mit den in der Interinstitutionellen Vereinbarung über bessere Rechtsetzung vom 13. April 2016 enthaltenen Grundsätzen.

(5) Sobald die Kommission einen delegierten Rechtsakt erlässt, übermittelt sie ihn gleichzeitig dem Europäischen Parlament und dem Rat.

(6) Ein delegierter Rechtsakt, der gemäß Artikel 34 Absatz 3, Artikel 49 Absatz 4, Artikel 59 Absatz 2, Artikel 61 Absatz 2 und Artikel 63 Absatz 11 erlassen wurde, tritt nur in Kraft, wenn weder das Europäische Parlament noch der Rat innerhalb einer Frist von zwei Monaten nach Übermittlung dieses Rechtsakts an das Europäische Parlament und den Rat Einwände erhoben haben oder wenn vor Ablauf dieser Frist das Europäische Parlament und der Rat beide der Kommission mitgeteilt haben, dass sie keine Einwände erheben werden. Auf Initiative des Europäischen Parlaments oder des Rates wird diese Frist um zwei Monate verlängert.

Artikel 69
Überprüfung und Berichte der Kommission

(1) Bis zum 1. Juli 2025 überprüft die Kommission die geltenden Netzkodizes und Leitlinien, um zu bewerten, welche der darin enthaltenen Bestimmungen auf angemessene Weise in Rechtsakte der Union über den Elektrizitätsbinnenmarkt aufgenommen werden könnten und wie, die Befugnisübertragungen für Netzkodizes und Leitlinien gemäß den Artikeln 59 und 61 überarbeitetet werden könnten.

Die Kommission übermittelt dem Europäischen Parlament und dem Rat bis zum selben Tag einen ausführlichen Bericht über ihre Bewertung.

Auf der Grundlage dieser Bewertung legt die Kommission gegebenenfalls bis zum 31. Dezember 2026 Legislativvorschläge vor.

(2) Bis zum 31. Dezember 2030 prüft die Kommission diese Verordnung und legt dem Europäischen Parlament und dem Rat aufgrund dieser Überprüfung einen Bericht, gegebenenfalls unter Beifügung von Legislativvorschlägen, vor.

Artikel 70
Aufhebung

Die Verordnung (EG) Nr. 714/2009 wird aufgehoben. Bezugnahmen auf die aufgehobene Verordnung gelten als Bezugnahmen auf die vorliegende Verordnung und sind nach Maßgabe der Entsprechungstabelle in Anhang II zu lesen.

Artikel 71
Inkrafttreten

(1) Diese Verordnung tritt am zwanzigsten Tag nach ihrer Veröffentlichung im *Amtsblatt der Europäischen Union* in Kraft.

(2) Sie gilt ab dem 1. Januar 2020.

Ungeachtet Unterabsatz 1 gelten Artikel 14, 15, 35, 36 und 62 ab dem Tag, an dem diese Verordnung in Kraft tritt. Für den Zweck der Umsetzung von Artikel 14 Absatz 7 und Artikel 15 Absatz 2 gilt Artikel 16 auch ab diesem Tag.

Diese Verordnung ist in allen ihren Teilen verbindlich und gilt unmittelbar in jedem Mitgliedstaat.

---

[1] Richtlinie 2012/27/EU des Europäischen Parlaments und des Rates vom 25. Oktober 2012 zur Energieeffizienz, zur Änderung der Richtlinien 2009/125/EG und 2010/30/EU und zur Aufhebung der Richtlinien 2004/8/EG und 2006/32/EG (ABl. L 315 vom 14.11.2012, S. 1).

[2] Verordnung (EU) Nr. 1227/2011 des Europäischen Parlaments und des Rates vom 25. Oktober 2011 über die Integrität und Transparenz des Energiegroßhandelsmarkts (ABl. L 326 vom 8.12.2011, S. 1).

[3] Richtlinie (EU) 2018/2001 des Europäischen Parlaments und des Rates vom 11. Dezember 2018 zur Förderung der Nutzung von Energie aus erneuerbaren Quellen (ABl. L 328 vom 21.12.2018, S. 82).

[4] Verordnung (EU) 2018/1999 des Europäischen Parlaments und des Rates vom 11. Dezember 2018 über das Governance-System für die Energieunion und für den Klimaschutz, zur Änderung der Verordnungen (EG) Nr. 663/2009 und (EG) Nr. 715/2009 des Europäischen Parlaments und des Rates, der Richtlinien 94/22/EG, 98/70/EG, 2009/31/EG, 2009/73/EG,

2010/31/EU, 2012/27/EU und 2013/30/EU des Europäischen Parlaments und des Rates, der Richtlinien 2009/119/EG und (EU) 2015/652 des Rates und zur Aufhebung der Verordnung (EU) Nr. 525/2013 des Europäischen Parlaments und des Rates (ABl. L 328 vom 21.12.2018, S. 1).

[5] Richtlinie 2009/28/EG des Europäischen Parlaments und des Rates vom 23. April 2009 zur Förderung der Nutzung von Energie aus erneuerbaren Quellen und zur Änderung und anschließenden Aufhebung der Richtlinien 2001/77/EG und 2003/30/EG (ABl. L 140 vom 5.6.2009, S. 16).

[6] Beschluss der Kommission vom 15. November 2012 zur Einsetzung der Koordinierungsgruppe „Strom" (ABl. C 353 vom 17.11.2012, S. 2).

[7] Verordnung (EU) Nr. 347/2013 des Europäischen Parlaments und des Rates vom 17. April 2013 zu Leitlinien für die transeuropäische Energieinfrastruktur und zur Aufhebung der Entscheidung Nr. 1364/2006/EG und zur Änderung der Verordnungen (EG) Nr. 713/2009, (EG) Nr. 714/2009 und (EG) Nr. 715/2009 (ABl. L 115 vom 25.4.2013, S. 39).

[8] Richtlinie (EU) 2017/1132 des Europäischen Parlaments und des Rates vom 14. Juni 2017 über bestimmte Aspekte des Gesellschaftsrechts (ABl. L 169 vom 30.6.2017, S. 46).

[9] Richtlinie 96/92/EG des Europäischen Parlaments und des Rates vom 19. Dezember 1996 betreffend gemeinsame Vorschriften für den Elektrizitätsbinnenmarkt (ABl. L 27 vom 30.1.1997, S. 20).

18. Gaswirtschaftsgesetz 2011

Bundesgesetz, mit dem Neuregelungen auf dem Gebiet der Erdgaswirtschaft erlassen werden

StF: BGBl. I Nr. 107/2011

Letzte Novellierung: BGBl. I Nr. 23/2023

GLIEDERUNG

1. Teil
Grundsätze
Unmittelbare Bundesvollziehung

§ 1. (Verfassungsbestimmung) Die in diesem Bundesgesetz geregelten Angelegenheiten können unmittelbar von den in diesen Vorschriften vorgesehenen Einrichtungen besorgt werden.

Bezugnahme auf Unionsrecht

§ 2. (1) Dieses Gesetz dient der Umsetzung folgender Richtlinien:

1. Richtlinie 2009/73/EG über gemeinsame Vorschriften für den Erdgasbinnenmarkt und zur Aufhebung der Richtlinie 2003/55/EG, ABl. Nr. L 211 vom 14.08.2009 S. 94, zuletzt geändert durch die Richtlinie (EU) 2019/692, ABl. Nr. L 117 vom 03.05.2019 S. 1 (Erdgasbinnenmarktrichtlinie);
2. Richtlinie 2012/27/EU zur Energieeffizienz, ABl. Nr. L 315 vom 14.11.2012 S. 1, zuletzt geändert durch die Richtlinie (EU) 2019/944, ABl. Nr. L 158 vom 14.06.2019 S. 125.

(2) Zudem werden mit diesem Gesetz folgende Verordnungen durchgeführt:

1. Verordnung (EU) 2019/942 zur Gründung einer Agentur der Europäischen Union für die Zusammenarbeit der Energieregulierungsbehörden, ABl. Nr. L 158 vom 14.06.2019 S. 22;
2. Verordnung (EG) Nr. 715/2009 über die Bedingungen für den Zugang zu den Erdgasfernleitungsnetzen und zur Aufhebung der Verordnung (EG) Nr. 1775/2005, ABl. Nr. L 211 vom 14.08.2009 S. 36;
3. Verordnung (EU) 2017/1938 über Maßnahmen zur Gewährleistung der sicheren Gasversorgung und zur Aufhebung der Verordnung (EU) Nr. 994/2010, ABl. Nr. L 280 vom 28.10.2017 S. 1;
4. Verordnung (EU) Nr. 1227/2011 über die Integrität und Transparenz des Energiegroßhandelsmarkts, ABl. Nr. L 326 vom 08.12.2011 S. 1;
5. Verordnung (EU) Nr. 2018/1999 über das Governance-System für die Energieunion und für den Klimaschutz, ABl. Nr. L 328 vom 21.12.2018 S. 1;
6. Verordnung (EU) 2020/852 über die Einrichtung eines Rahmens zur Erleichterung nachhaltiger Investitionen und zur Änderung der Verordnung (EU) 2019/2088, ABl. Nr. L 198 vom 22.6.2020 S. 13.

Anwendungsbereich

§ 3. (1) Dieses Bundesgesetz hat

1. die Erlassung von Bestimmungen für die Fernleitung, die Verteilung, den Kauf oder die Versorgung von Erdgas einschließlich des Netzzugangs sowie des Speicherzugangs;
2. die Regelung des Systemnutzungsentgelts sowie Vorschriften über die Rechnungslegung, die innere Organisation, Entflechtung und Transparenz der Buchführung von Erdgasunternehmen;
3. die Festlegung von sonstigen Rechten und Pflichten für Erdgasunternehmen sowie
4. die Errichtung, die Erweiterung, die Änderung und den Betrieb von Erdgasleitungsanlagen

zum Gegenstand, sofern sich aus Abs. 2 nichts anderes ergibt.

(2) Vom Anwendungsbereich dieses Bundesgesetzes sind ausgenommen:

1. jene Tätigkeiten, für deren Ausübung eine Gewinnungsberechtigung oder Speicherbewilligung nach den Vorschriften des Mineralrohstoffgesetzes (MinroG), BGBl. I Nr. 38/1999, erforderlich ist;
2. Erdgasleitungsanlagen, die Bestandteil einer gewerblichen Betriebsanlage sind und sich innerhalb des Betriebsgeländes befinden, sowie
3. die Errichtung und der Betrieb von Erdgasleitungsanlagen ab dem Ende des Hausanschlusses.

Ziele

§ 4. Ziel dieses Bundesgesetzes ist es,

1. die sichere Versorgung und den effizienten Einsatz von Gas sowie die nötige Infrastruktur für die sichere Gasversorgung zu gewährleisten und in der Planung von Erdgasleitungen die Grundlagen für die Dekarbonisierung, kostengünstige Versorgung und den effizienten Einsatz gasförmiger Energieträger zu schaffen;

1a. die zur sicheren Gasversorgung der Mitgliedstaaten der Gemeinschaft erforderliche Infrastruktur zu schaffen;

2. eine Marktorganisation für die Erdgaswirtschaft gemäß dem EU-Primärrecht und den Grundsätzen des Erdgasbinnenmarktes gemäß der Erdgasbinnenmarktrichtlinie zu schaffen;
3. durch die Einführung der Berechnung des Systemnutzungsentgelts und eines Kostenwälzungsverfahrens eine angemessene Aufteilung der Netzkosten auf die Netzbenutzer zu bewirken;
4. einen Ausgleich für gemeinwirtschaftliche Verpflichtungen im Allgemeininteresse zu schaffen, die den Netzbetreibern auferlegt wurden und die sich auf die Sicherheit, einschließlich der Versorgungssicherheit, die Regelmäßigkeit, die Qualität und den Preis der Lieferungen sowie auf den Umwelt- und Klimaschutz beziehen;
5. die Grundlagen für eine zunehmende Nutzung des Potentials an biogenen Gasen für die österreichische Gasversorgung zu schaffen;
6. die Einhaltung des Infrastrukturstandards gemäß Art. 5 der Verordnung (EU) 2017/1938 zu gewährleisten;

7. zur Verwirklichung der Ziele des Pariser Klimaschutzübereinkommens 2015 beizutragen und Maßnahmen zur Erreichung der Klimaneutralität Österreichs bis 2040 zu setzen, die sich insbesondere auf die Planung von Erdgasleitungsanlagen beziehen;
8. den Anteil an erneuerbaren Gasen in den österreichischen Gasnetzen kontinuierlich anzuheben;
9. durch die bestehende Gasinfrastruktur nationale Potentiale zur Sektorkopplung und Sektorintegration zu realisieren sowie
10. die Nutzung von erneuerbarem Gas in der österreichischen Gasversorgung stetig voranzutreiben.

Gemeinwirtschaftliche Verpflichtungen

§ 5. (1) Den Netzbetreibern werden nachstehende gemeinwirtschaftliche Verpflichtungen im Allgemeininteresse auferlegt:

1. die Gleichbehandlung aller Kunden eines Netzes bei gleicher Charakteristik der Transportleistung;
2. der Abschluss von privatrechtlichen Verträgen mit Netzbenutzern über den Anschluss an ihre Erdgasleitungsanlagen (Allgemeine Anschlusspflicht);
3. die Errichtung und Erhaltung einer für die inländische Erdgasversorgung und für die Erfüllung völkerrechtlicher Verpflichtungen ausreichenden Erdgasinfrastruktur.

(2) Den Erdgasunternehmen werden nachstehende gemeinwirtschaftliche Verpflichtungen im Allgemeininteresse auferlegt:

1. die Erreichung der in § 4 Z 1 und 2 angeführten Ziele mit den ihnen zur Verfügung stehenden Mitteln;
2. die Erfüllung der durch Rechtsvorschriften auferlegten Pflichten im öffentlichen Interesse.

(3) Erdgasunternehmen haben die bestmögliche Erfüllung der ihnen gemäß Abs. 1 bis 2 im Allgemeininteresse auferlegten Verpflichtungen mit allen ihnen zur Verfügung stehenden Mitteln anzustreben.

Grundsätze beim Betrieb von Erdgasunternehmen

§ 6. Erdgasunternehmen haben als kunden- und wettbewerbsorientierte Anbieter von Energiedienstleistungen nach den Grundsätzen einer sicheren, kostengünstigen, umweltverträglichen und effizienten Bereitstellung der nachgefragten Dienstleistungen sowie eines wettbewerbsorientierten und wettbewerbsfähigen Erdgasmarktes zu agieren. Sie haben diese Grundsätze als Unternehmensziele zu verankern.

Begriffsbestimmungen

§ 7. (1) Im Sinne dieses Bundesgesetzes bezeichnet der Ausdruck

1. „Agentur" die Agentur für die Zusammenarbeit der Energieregulierungsbehörden gemäß Verordnung (EU) 2019/942 zur Gründung einer Agentur der Europäischen Union für die Zusammenarbeit der Energieregulierungsbehörden, ABl. Nr. L 158 vom 14.06.2019 S. 22;
2. „Ausgleichsenergie" die Differenz zwischen Aufbringung und Abgabe einer Bilanzgruppe je definierter Messperiode, wobei die Energie je Messperiode tatsächlich erfasst oder rechnerisch ermittelt werden kann;
3. „Ausspeisepunkt" ein Punkt, an dem Gas aus einem Netz eines Netzbetreibers entnommen werden kann, ausgenommen durch den Endverbraucher;
4. „Bilanzgruppe" die Zusammenfassung von Netzbenutzern zu einer virtuellen Gruppe innerhalb derer ein Ausgleich zwischen Aufbringung und Abgabe erfolgt;
5. „Bilanzgruppenkoordinator" den Betreiber einer Verrechnungsstelle gemäß Z 67;
6. „Bilanzgruppenverantwortlicher" eine gegenüber anderen Marktteilnehmern und dem Bilanzgruppenkoordinator zuständige natürliche oder juristische Person oder eingetragene Personengesellschaft, welche die Mitglieder einer Bilanzgruppe vertritt;
7. „Direktleitung" eine zusätzlich zum Verbundnetz errichtete Erdgasleitung;
8. „Drittstaaten" Staaten, die nicht dem Abkommen über den Europäischen Wirtschaftsraum beigetreten oder nicht Mitglied der Europäischen Union sind;

8a. „durch Solidarität geschützter Kunde"

a) Haushaltskunden, die an ein Erdgasverteilernetz angeschlossen sind,
b) grundlegende soziale Dienste, die nicht den Bereichen Bildung und öffentliche Verwaltung angehören und die an ein Erdgasverteilernetz angeschlossen sind und
c) Fernwärmeanlagen, in dem Ausmaß, in dem sie Wärme an Haushaltskunden oder grundlegende soziale Dienste liefern, die nicht den Bereichen Bildung und öffentliche Verwaltung angehören;

9. „Einspeiser" eine natürliche oder juristische Person oder eingetragene Personengesellschaft, die Erdgas oder biogenes Gas an einem Einspeisepunkt zum Transport übergibt;
10. „Einspeisepunkt" ein Punkt, an dem Gas an einen Netzbetreiber in dessen Netz oder Teilnetz übergeben werden kann;
11. „Endverbraucher" eine natürliche oder juristische Person oder eingetragene Personengesellschaft, die Erdgas für den Eigenbedarf bezieht;
12. „Entnehmer" eine natürliche oder juristische Person oder eingetragene Personengesellschaft, die Erdgas an einem Ausspeisepunkt übernimmt;

13. „ENTSO (Gas)" der Europäische Verbund der Fernleitungsnetzbetreiber für Gas gemäß Art. 5 der Verordnung (EG) Nr. 715/2009;
14. „Erdgashändler" eine natürliche oder juristische Person oder eingetragene Personengesellschaft, die Erdgas kauft oder verkauft, ohne innerhalb oder außerhalb des Netzes, in dem sie eingerichtet ist, eine Fernleitungs- oder Verteilerfunktion wahrzunehmen;
15. „Erdgasleitungsanlage" eine Anlage, die zum Zwecke der Fernleitung, der Verteilung von Erdgas durch Rohrleitungen oder Rohrleitungsnetze oder als Direktleitungen errichtet oder betrieben wird, sofern es sich nicht um eine vorgelagerte Rohrleitungsanlage (Z 77) handelt; zu Erdgasleitungen zählen insbesondere auch Verdichterstationen, Molchschleusen, Schieberstationen, Messstationen und Gasdruckregeleinrichtungen;
16. „Erdgasunternehmen" eine natürliche oder juristische Person oder eingetragene Personengesellschaft, die in Gewinnabsicht von den Funktionen Fernleitung, Verteilung, Lieferung, Verkauf, Kauf oder Speicherung von Erdgas, einschließlich verflüssigtes Erdgas mindestens eine wahrnimmt und für die kommerziellen, technischen oder wartungsbezogenen Aufgaben im Zusammenhang mit diesen Funktionen verantwortlich ist, mit Ausnahme der Endverbraucher; Unternehmen gemäß Z 58, § 13 und § 17 sowie Betreiber von Speicheranlagen sind Erdgasunternehmen;

16a. „erneuerbarer Wasserstoff" Wasserstoff, der ausschließlich aus Energie aus erneuerbaren Energieträgern erzeugt wird;

16b. „erneuerbares Gas" erneuerbaren Wasserstoff oder Gas aus biologischer oder thermochemischer Umwandlung, das ausschließlich aus Energie aus erneuerbaren Energieträgern hergestellt wird, oder synthetisches Gas, das auf Basis von erneuerbarem Wasserstoff hergestellt wird;

17. „Fahrplan" jene Unterlage, die angibt, welche Energiemenge pro Zeiteinheit in einem konstanten Zeitraster (Messperioden) zur Endkundenversorgung oder Ein- oder Ausspeisung in das oder aus dem Verteilernetz vorgesehen ist;
18. „Fernleitung" den Transport von Erdgas durch ein hauptsächlich Hochdruckfernleitungen umfassendes Netz, mit Ausnahme von vorgelagerten Rohrleitungsnetzen und des in erster Linie im Zusammenhang mit der lokalen Erdgasverteilung benutzten Teils von Hochdruckfernleitungen, um die Versorgung von Kunden zu ermöglichen, jedoch nicht die Versorgung der Kunden selbst;
19. „Fernleitungsanlage" eine Erdgasleitungsanlage zum Zwecke der Fernleitung;
20. „Fernleitungsnetzbetreiber" eine natürliche oder juristische Person oder eingetragene Personengesellschaft, die die Funktion der Fernleitung wahrnimmt und verantwortlich ist für den Betrieb, die Wartung sowie erforderlichenfalls den Ausbau des Fernleitungsnetzes in einem bestimmten Gebiet und gegebenenfalls der Verbindungsleitungen zu anderen Netzen sowie für die Sicherstellung der langfristigen Fähigkeit des Netzes, eine angemessene Nachfrage nach Transport von Gas zu befriedigen;

20a. „geschützter Kunde"

a) Haushaltskunden, die an ein Erdgasverteilernetz angeschlossen sind,
b) grundlegende soziale Dienste, die nicht den Bereichen Bildung und öffentliche Verwaltung angehören und die an ein Erdgasverteilernetz angeschlossen sind,
c) Fernwärmeanlagen, in dem Ausmaß, in dem sie Wärme an Haushaltskunden, grundlegende soziale Dienste oder kleine und mittlere Unternehmen liefern und keinen Wechsel auf einen anderen Brennstoff als Gas vornehmen können;

20b. „grundlegender sozialer Dienst" einen Dienst in den Bereichen Gesundheitsversorgung, grundlegende soziale Versorgung, Notfall, Sicherheit, Bildung oder öffentliche Verwaltung;

21. „Hausanschluss" jenen Teil des Verteilernetzes, der die Verbindung des Verteilernetzes mit den Anlagen des Kunden ermöglicht; er beginnt ab dem Netzanschlusspunkt (Z 40) des zum Zeitpunkt des Vertragsabschlusses über die Herstellung des Anschlusses bestehenden Verteilernetzes und endet mit der Hauptabsperrvorrichtung oder, sofern vorhanden, mit dem Hausdruckregler. Ein allfälliger Hausdruckregler in der Anlage des Endverbrauchers ist Bestandteil des Hausanschlusses;
22. „Hausdruckregler" eine Druckregeleinrichtung im Eigentum des Netzbetreibers mit einem Druckregelbereich von einem eingangsseitigen Überdruck größer als 0,5 bar (0,05 MPa) und kleiner/gleich 6 bar (0,6 MPa) auf einen ausgangsseitigen Überdruck kleiner/gleich als 0,5 bar (0,05 MPa), sofern die Druckregeleinrichtung nicht Teil einer gewerblichen Betriebanlage ist;

22a. „Haushaltskunde" einen Kunden, der Erdgas für den Eigenverbrauch im Haushalt kauft;

23. „horizontal integriertes Erdgasunternehmen" ein Erdgasunternehmen, das von den Funktionen Fernleitung, Verteilung, Lieferung, Verkauf, Kauf oder Speicherung von Erdgas mindestens eine wahrnimmt und außerdem eine weitere Tätigkeit außerhalb des Erdgasbereichs ausübt;
24. „Hub-Dienstleistungsunternehmen" ein Unternehmen, das Dienstleistungen zur Unterstützung von Erdgas-Handelstransaktionen erbringt;
25. „integriertes Erdgasunternehmen" ein vertikal oder horizontal integriertes Erdgasunternehmen;

26. „intelligentes Messgerät“ eine technische Einrichtung, die den tatsächlichen Zählerstand und Nutzungszeitraum zeitnah misst und die über eine fernauslesbare Datenübertragung verfügt. Diese Geräte sind für einen flächendeckenden Einbau konzipiert und unterscheiden sich daher in Art, Anbringung und Übertragung vom Lastprofilzähler;
27. „kennzeichnungspflichtiges Werbematerial“ jedes an Endverbraucher gerichtete Werbematerial, das auf den Verkauf von Erdgas ausgerichtet ist. Hierunter fallen
a) Werbemittel für den Produktenverkauf für Einzelkunden, wie etwa Produktenbroschüren;
b) sonstige standardisierte Produkt-Printmedien, welche für den Verkauf ausgerichtet sind;
c) online bezogene Produktwerbung;
28. „Kleinunternehmen“ Unternehmen im Sinne des § 1 Abs. 1 Z 1 KSchG, die weniger als 50 Personen beschäftigen, weniger als 100 000 kWh/Jahr an Erdgas verbrauchen und einen Jahresumsatz oder eine Jahresbilanzsumme von höchstens 10 Millionen Euro haben;
29. „kommerzielle Hub-Dienstleistungen“ Dienstleistungen zur Unterstützung von Erdgas-Handelstransaktionen, wie insbesondere „Title Tracking“ (Nachvollziehen des Titeltransfers von Erdgas aus Handelsgeschäften);
30. „Kontrolle“ Rechte, Verträge oder andere Mittel, die einzeln oder zusammen unter Berücksichtigung aller tatsächlichen oder rechtlichen Umstände die Möglichkeit gewähren, einen bestimmenden Einfluss auf die Tätigkeit eines Unternehmens auszuüben, insbesondere durch
a) Eigentums- oder Nutzungsrechte an der Gesamtheit oder an Teilen des Vermögens des Unternehmens;
b) Rechte oder Verträge, die einen bestimmenden Einfluss auf die Zusammensetzung, die Beratungen oder Beschlüsse der Organe des Unternehmens gewähren;
31. „Kostenwälzung“ ein kalkulatorisches Rechenverfahren, welches angewendet wird, um einem Verbraucherkollektiv die Kosten aller über der Anschlussnetzebene liegenden Netzebenen anteilig zuzuordnen;
32. „Kunden“ Endverbraucher, Erdgashändler oder Erdgasunternehmen, die Erdgas kaufen;
33. „langfristige und integrierte Planung“ die langfristige und integrierte Planung der Versorgungs- und Transportkapazitäten von Erdgasunternehmen zur Deckung der Erdgasnachfrage des Netzes, zur Diversifizierung der Versorgungsquellen und zur Sicherung der Versorgung der Kunden;
34. „Lastprofil“ eine in Zeitintervallen dargestellte Bezugsmenge oder Liefermenge eines Einspeisers oder Entnehmers;
35. „Lastprofilzähler“ eine technische Einrichtung, welche den tatsächlichen Lastgang im Stundenraster erfasst;
36. „Marktgebiet“ eine Zusammenfassung von Netzen unterschiedlicher Netzbetreiber, in dem ein Netzzugangsberechtigter gebuchte Kapazitäten an Ein- und Ausspeisepunkten flexibel nutzen kann;
37. „Marktregeln“ die Summe aller Vorschriften, Regelungen und Bestimmungen auf gesetzlicher oder vertraglicher Basis, die Marktteilnehmer im Erdgasmarkt einzuhalten haben, um ein geordnetes Funktionieren dieses Marktes zu ermöglichen und zu gewährleisten;
38. „Marktteilnehmer“ Bilanzgruppenverantwortliche, Bilanzgruppenmitglieder, Versorger, Erdgashändler, Produzenten, Netzbenutzer, Kunden, Endverbraucher, Bilanzgruppenkoordinatoren, Fernleitungsnetzbetreiber, Verteilernetzbetreibern, Marktgebietsmanager, Verteilergebietsmanager, Speicherunternehmen sowie Betreiber von Speicheranlagen, Börseunternehmen und Hub-Dienstleistungsunternehmen;
39. „Netz“ alle Fernleitungs- oder Verteilernetze, die einem Erdgasunternehmen gehören oder/und von ihm betrieben werden, einschließlich seiner Anlagen, die zu Hilfsdiensten eingesetzt werden (zB Regel- und Messeinrichtungen), und der Anlagen verbundener Unternehmen, die für den Zugang zur Fernleitung und Verteilung erforderlich sind;
40. „Netzanschlusspunkt“ die zur Entnahme oder Einspeisung von Erdgas technisch geeignete Stelle des zum Zeitpunkt des Vertragsabschlusses über die Herstellung des Anschlusses bestehenden Netzes, unter Berücksichtigung der wirtschaftlichen Interessen des Netzbenutzers;
41. „Netzbenutzer“ jede natürliche oder juristische Person oder eingetragene Personengesellschaft, die in ein Netz einspeist, aus einem Netz ausspeist oder daraus versorgt wird bzw. deren Anlage an ein Netz angeschlossen ist;
42. „Netzbereich“ jenen Teil eines Netzes, für dessen Benutzung dieselben Systemnutzungsentgelte gelten;
43. „Netzbetreiber“ jeder Fernleitungs- oder Verteilernetzbetreiber;
44. „Netzebene“ einen im Wesentlichen durch das Druckniveau bestimmten Teilbereich des Netzes;
45. „Netzkopplungspunkt“ einen Punkt, an dem Netze verschiedener Netzbetreiber verbunden sind;
46. „Netzzugang“ die Nutzung eines Netzes;
47. „Netzzugangsberechtigte“ eine natürliche oder juristische Person oder eingetragene Personengesellschaft, die Netzzugang begehrt, insbesondere auch Erdgasunternehmen, soweit dies zur Erfüllung ihrer Aufgaben erforderlich ist;

48. „Netzzugangsvertrag“ die nach Maßgabe des § 27 bzw. des § 31 abgeschlossene, individuelle Vereinbarung zwischen dem Netzzugangsberechtigten und einem Netzbetreiber, der den Netzanschlusspunkt bzw. die Ein- und Ausspeisepunkte und die Inanspruchnahme des Netzes regelt;
49. „Netzzutritt“ die erstmalige Herstellung eines Netzanschlusses oder die Änderung der Kapazität eines bestehenden Netzanschlusses;
50. „neue Infrastruktur“ neue Erdgasinfrastrukturen, das sind Verbindungsleitungen und Speicheranlagen, die bis 4. August 2003 nicht fertig gestellt worden sind;
51. „Nominierung“ jene Energiemenge pro festgelegtem Zeitintervall, die an einem Ein- bzw. Ausspeisepunkt des Fernleitungsnetzes oder am Virtuellen Handelspunkt übergeben bzw. übernommen werden soll;
52. „Produzent“ eine natürliche oder juristische Person oder eingetragene Personengesellschaft, die Erdgas gewinnt;
53. „Regeln der Technik“ technische Regeln, die aus Wissenschaft oder Erfahrung auf technischem Gebiet gewonnene Grundsätze enthalten und deren Richtigkeit und Zweckmäßigkeit in der Praxis allgemein als erwiesen gelten; die Einhaltung der einschlägigen Regeln der Technik wird vermutet, wenn bei der Errichtung, bei der Erweiterung, bei der Änderung, beim Betrieb und bei der Instandhaltung die technischen Regeln des ÖVGW sowie die ÖNORMEN eingehalten werden;
54. „Regelenergie“ jene Energie, die für den kurzfristigen Ausgleich von Druckschwankungen im Netz, die innerhalb eines bestimmten Intervalls auftreten, aufzubringen ist;
55. „Sicherheit“ sowohl die Sicherheit der Versorgung mit und die Bereitstellung von Erdgas als auch die Betriebssicherheit und die technische Sicherheit;
56. „sonstige Marktregeln“ jenen Teil der Marktregeln, der gemäß § 22 Abs. 1 Z 1 des Bundesgesetzes über die Regulierungsbehörde in der Elektrizitäts- und Erdgaswirtschaft (Energie-Control-Gesetz – E-ControlG), BGBl. I Nr. 110/2010, erstellt wird und auf Grund gesetzlicher Anordnung im Wege der genehmigten Allgemeinen Bedingungen Geltung erlangt;
57. „Speicheranlage“ eine, einem Erdgasunternehmen gehörende und/oder von ihm betriebene Anlage zur Speicherung von Erdgas, mit Ausnahme des Teils, der für die Tätigkeiten gemäß Mineralrohstoffgesetz genutzt wird; ausgenommen sind auch Einrichtungen, die ausschließlich Netzbetreibern bei der Wahrnehmung ihrer Funktionen vorbehalten sind;
58. „Speicherunternehmen“ eine natürliche oder juristische Person oder eingetragene Personengesellschaft, die die Funktion der Speicherung wahrnimmt und für den Betrieb einer Speicheranlage verantwortlich ist; hierzu genügt es, dass das Unternehmen die Speicheranlage bloß verwaltet;
59. „Speicherzugangsberechtigte“ eine natürliche oder juristische Person oder eingetragene Personengesellschaft, die Speicherzugang begehrt, insbesondere auch Erdgasunternehmen, soweit dies zur Erfüllung ihrer Aufgaben erforderlich ist;
60. „Stand der Technik“ den auf den einschlägigen wissenschaftlichen Erkenntnissen beruhenden Entwicklungsstand fortschrittlicher technologischer Verfahren, Einrichtungen und Betriebsweisen, deren Funktionstüchtigkeit erprobt und erwiesen ist; bei der Bestimmung des Standes der Technik sind insbesondere vergleichbare Verfahren, Einrichtungen oder Betriebsweisen heranzuziehen;
61. „standardisiertes Lastprofil“ ein durch ein geeignetes Verfahren für eine bestimmte Einspeiser- oder Entnehmergruppe charakteristisches Lastprofil;
61a. „synthetisches Gas“ Gas, das auf Basis von Wasserstoff hergestellt wird;
62. „Systemnutzungsentgelt“ das für die Einspeisung von Erdgas in ein Netz oder die Ausspeisung oder Entnahme von Erdgas aus dem Netz zu entrichtende Entgelt;
63. „Verbindungsleitung“ eine Fernleitung, die eine Grenze zwischen Mitgliedstaaten quert oder überspannt und einzig dem Zweck dient, die nationalen Fernleitungsnetze dieser Mitgliedstaaten zu verbinden, oder eine Fernleitung zwischen einem Mitgliedstaat der Europäischen Union und einem Drittstaat bis zum Hoheitsgebiet der Mitgliedstaaten oder dem Küstenmeer dieses Mitgliedstaates;
64. „verbundenes Erdgasunternehmen“
a) ein verbundenes Unternehmen im Sinne des § 189a Z 8 UGB,
b) ein assoziiertes Unternehmen im Sinne des § 189a Z 9 UGB oder
c) zwei oder mehrere Unternehmen, deren Aktionäre ident sind;
65. „Verbundnetz“ eine Anzahl von Netzen, die miteinander verbunden sind;
66. „verfügbare Leitungskapazität“ die Differenz der maximalen technischen Kapazität, die von Ein- bzw. Ausspeisepunkten über Fern- oder Verteilleitungen ab- bzw. zugeleitet werden kann und der tatsächlich genutzten Leistung zu einem bestimmten Zeitpunkt an den Ein- und Ausspeisepunkten der jeweiligen Erdgasleitungsanlage;
67. „Verrechnungsstelle für Transaktionen und Preisbildung für Ausgleichsenergie“ eine Einrichtung gemäß § 85 im Verteilernetz;
68. „Versorger“ eine natürliche oder juristische Person oder eingetragene Personengesellschaft, die die Versorgung wahrnimmt;

69. „Versorgung“ den Verkauf einschließlich des Weiterverkaufs von Erdgas, einschließlich verflüssigtem Erdgas, an Kunden;
70. „Verteilergebiet“ der in einem Marktgebiet von Verteilernetzen abgedeckte, geografisch abgegrenzte Raum;
71. „Verteilerleitungsanlagen“ Erdgasleitungsanlagen zum Zwecke der Verteilung;
72. „Verteilernetzbetreiber“ eine natürliche oder juristische Person oder eingetragene Personengesellschaft, die die Funktion der Verteilung wahrnimmt und verantwortlich ist für den Betrieb, die Wartung sowie erforderlichenfalls den Ausbau des Verteilernetzes in einem bestimmten Gebiet und gegebenenfalls der Verbindungsleitungen zu anderen Netzen sowie für die Sicherstellung der langfristigen Fähigkeit des Netzes, eine angemessene Nachfrage nach Verteilung von Gas zu befriedigen;
73. „Verteilung“ den Transport von Erdgas über örtliche oder regionale Leitungsnetze zum Zweck der Belieferung von Kunden, jedoch mit Ausnahme der Versorgung;
74. „vertikal integriertes Erdgasunternehmen“ ein Erdgasunternehmen oder eine Gruppe von Unternehmen, in der ein und dieselbe(n) Person(en) berechtigt ist (sind), direkt oder indirekt Kontrolle auszuüben, wobei das betreffende Unternehmen bzw. die betreffende Gruppe von Unternehmen mindestens eine der Funktionen Fernleitung, Verteilung, Verflüssigung/Wiederverdampfung (LNG) oder Speicherung und mindestens eine der Funktionen Gewinnung oder Lieferung von Erdgas wahrnimmt;
75. „Verwaltung von Erdgasspeichern“ den Abschluss von Verträgen mit Dritten über das Zurverfügungstellen von Speicherraum einschließlich der Einspeicher- und Ausspeicherrate;
76. „virtueller Handelspunkt“ ein virtueller Punkt in einem Marktgebiet, an dem Erdgas nach der Einspeisung und vor der Ausspeisung innerhalb des Marktgebiets gehandelt werden kann. Der virtuelle Handelspunkt ist keinem physischen Ein- oder Ausspeisepunkt zugeordnet und ermöglicht Käufern und Verkäufern von Erdgas, auch ohne Kapazitätsbuchung Erdgas zu kaufen oder zu verkaufen;
77. „vorgelagertes Rohrleitungsnetz“ Rohrleitungen oder ein Netz von Rohrleitungen, deren Betrieb oder Bau Teil eines Erdgasgewinnungs- oder Speichervorhabens ist oder die dazu verwendet werden, Erdgas von einem oder mehreren solcher Vorhaben zu einer Aufbereitungsanlage oder Übergabestation (Terminal) zu leiten; dazu zählen auch Speicherstationen;
78. „Zählpunkt“ die Einspeise- bzw. Entnahmestelle, an der eine Erdgasmenge messtechnisch erfasst und registriert wird. Eine Zusammenfassung mehrerer Zählpunkte ist nicht zulässig.

(2) Soweit in diesem Bundesgesetz auf Bestimmungen anderer Bundesgesetze oder auf unmittelbar anwendbares Unionsrecht verwiesen wird, sind diese Bestimmungen in ihrer jeweils geltenden Fassung anzuwenden.

(3) Personenbezogene Begriffe haben keine geschlechtsspezifische Bedeutung. Sie sind bei der Anwendung auf bestimmte Personen in der jeweils geschlechtsspezifischen Form anzuwenden.

(4) Soweit in diesem Bundesgesetz auf die Begriffe Erdgas, Gas oder biogene Gase Bezug genommen wird, sind darunter auch erneuerbare Gase, sonstige Gase und Gasgemische, die den geltenden Regeln der Technik für Gasqualität entsprechen, zu verstehen.

2. Teil
Rechnungslegung, Vertraulichkeit, Auskunfts- und Einsichtsrechte, Verbot von Diskriminierung und Quersubventionen

Rechnungslegung, Verbot von Quersubventionen

§ 8. (1) Erdgasunternehmen mit Sitz im Inland haben, ungeachtet ihrer Eigentumsverhältnisse und ihrer Rechtsform, Jahresabschlüsse zu erstellen, diese von einem Abschlussprüfer überprüfen zu lassen und, soweit sie hiezu nach den Bestimmungen des Rechnungslegungsgesetzes verpflichtet sind, zu veröffentlichen. Die Prüfung der Jahresabschlüsse hat sich auch auf die Untersuchung zu beziehen, ob die Verpflichtung zur Vermeidung von missbräuchlichen Quersubventionen gemäß Abs. 2 eingehalten wird. Die Erstellung, die Prüfung sowie die Veröffentlichung der Jahresabschlüsse haben nach den Bestimmungen des Rechnungslegungsgesetzes zu erfolgen. Erdgasunternehmen, die zur Veröffentlichung ihrer Jahresabschlüsse gesetzlich nicht verpflichtet sind, haben am Sitz des Unternehmens eine Ausfertigung des Jahresabschlusses zur Verfügung der Öffentlichkeit zu halten.

(2) Der Netzbetreiber hat Quersubventionen zu unterlassen. Zur Vermeidung von Diskriminierung, Quersubventionen und Wettbewerbsverzerrungen sind Erdgasunternehmen daher verpflichtet, im Rahmen ihrer internen Buchführung

1. jeweils eigene Konten im Rahmen von getrennten Rechnungskreisen für ihre Erdgasfernleitungs-, verteilungs- und –speicherungstätigkeiten zu führen;
2. die Bilanzen und Ergebnisrechnungen der einzelnen Gasbereiche sowie deren Zuweisungsregeln entsprechend Abs. 3 zu veröffentlichen;
3. konsolidierte Konten für ihre Tätigkeiten außerhalb des Erdgasbereiches zu führen und eine Bilanz sowie eine Ergebnisrechung entsprechend Abs. 3 zu veröffentlichen.

Die interne Buchführung hat für jede Tätigkeit eine Bilanz sowie eine Ergebnisrechnung zu enthalten. Weiters sind in der internen Buchhaltung – unbeschadet der unternehmensrechtlichen und steuerrechtlichen Vorschriften – jene Regeln, einschließlich der Abschreibungsregeln, anzugeben, nach denen die Gegenstände des Aktiv- und Passivvermögens sowie die ausgewiesenen Aufwendungen und Erträge den gemäß Z 1 getrennt geführten Rechnungskreisen zugewiesen werden. Änderungen dieser Regeln sind nur in Ausnahmefällen zulässig. Diese Änderungen müssen erwähnt und ordnungsgemäß begründet werden. Einnahmen aus dem Eigentum am Fernleitungs- bzw. Verteilernetz sind in den Konten gesondert auszuweisen.

(3) Im Anhang zum Jahresabschluss sind Geschäfte, deren Leistung, Entgelt oder sonstiger wirtschaftlicher Vorteil einen Wert von einer Million Euro übersteigt und die mit verbundenen Erdgasunternehmen (§ 7 Abs. 1 Z 64) getätigt worden sind, gesondert aufzuführen. Besteht der Geschäftsgegenstand aus mehreren Teilen, für die jeweils ein gesondertes Geschäft abgeschlossen wird, so muss bei der Errechnung des Schwellenwertes der Wert eines jeden Teilgeschäftes berücksichtigt werden.

Verbot von Diskriminierung

§ 9. Netzbetreibern, Speicherunternehmen, Hub-Dienstleistungsunternehmen, Bilanzgruppenkoordinatoren, dem Betreiber des Virtuellen Handelspunktes, Verteilergebietsmanagern und Marktgebietsmanagern ist es untersagt jene Personen, die ihre Anlagen nutzen oder zu nutzen beabsichtigen oder die ihre Dienstleistungen in Anspruch nehmen oder beabsichtigen in Anspruch zu nehmen oder bestimmten Kategorien dieser Personen, insbesondere zugunsten vertikal integrierter Erdgasunternehmen, diskriminierend zu behandeln.

Auskunfts- und Einsichtsrechte

§ 10. Erdgasunternehmen, Hub-Dienstleistungsunternehmen, Bilanzgruppenkoordinatoren, der Betreiber des Virtuellen Handelspunktes, Verteilergebietsmanager und Marktgebietsmanager sind verpflichtet, den Behörden, einschließlich der Regulierungsbehörde, jederzeit Einsicht in alle betriebswirtschaftlich relevanten Unterlagen und Aufzeichnungen zu gewähren sowie Auskünfte über alle, den jeweiligen Vollzugsbereich betreffenden Sachverhalte zu erteilen. Diese Pflicht zur Duldung der Einsichtnahme und Erteilung der Auskunft besteht ohne konkreten Anlassfall auch dann, wenn diese Unterlagen oder Auskünfte zur Klärung oder zur Vorbereitung der Klärung entscheidungsrelevanter Sachverhalte in künftig durchzuführenden Verfahren erforderlich sind. Insbesondere haben Erdgasunternehmen, Hub-Dienstleistungsunternehmen, Bilanzgruppenkoordinatoren, der Betreiber des Virtuellen Handelspunktes, Verteilergebietsmanager und Marktgebietsmanager alle Informationen zur Verfügung zu stellen, die der Behörde eine sachgerechte Beurteilung ermöglichen. Kommt das Erdgasunternehmen dieser Verpflichtung nicht nach, kann die Behörde ihrer Beurteilung eine Schätzung zugrunde legen.

Mitteilung von Insider-Informationen

§ 10a. Jeder Marktteilnehmer, der im Sinne des Art. 4 der Verordnung (EU) Nr. 1227/2011 zur Veröffentlichung von Insider-Informationen verpflichtet ist, hat die zu veröffentlichenden Tatsachen zeitgleich mit der Veröffentlichung auch der E-Control mitzuteilen.

Vertraulichkeit

§ 11. Unbeschadet gesetzlicher Verpflichtungen sowie von Verpflichtungen, die sich aus der Verordnung (EG) Nr. 715/2009 und der in ihrer Durchführung erlassenen Rechtsakte ergeben, zur Offenlegung von Informationen haben Netzbetreiber, Speicherunternehmen, Hub-Dienstleistungsunternehmen, Bilanzgruppenkoordinatoren, der Betreiber des Virtuellen Handelspunktes, Verteilergebietsmanager und Marktgebietsmanager wirtschaftlich sensible Informationen sowie Geschäfts- und Betriebsgeheimnisse, von denen sie bei der Ausübung ihrer Geschäftstätigkeit Kenntnis erlangen, vertraulich zu behandeln. Sie haben zu verhindern, dass Informationen über ihre Tätigkeiten, die wirtschaftliche Vorteile bringen können, in diskriminierender Weise, insbesondere zugunsten vertikal integrierter Erdgasunternehmen, offengelegt werden.

3. Teil
Der Betrieb von Netzen
1. Hauptstück
Markt- und Verteilergebiete
1. Abschnitt
Marktgebiete und Marktgebietsmanager
Marktgebiete

§ 12. (1) Das österreichische Leitungsnetz besteht aus folgenden Marktgebieten, in denen jeweils ein Marktgebietsmanager und ein Verteilergebietsmanager und ein Bilanzgruppenkoordinator nach Maßgabe dieses Gesetzes mit der Erfüllung von Systemdienstleistungen beauftragt sind:

1. Marktgebiet Ost;
2. Marktgebiet Tirol;
3. Marktgebiet Vorarlberg.

(2) Das Marktgebiet Ost umfasst die in den Ländern Burgenland, Kärnten, Niederösterreich, Oberösterreich, Salzburg, Steiermark und Wien gelegenen Netze.

(3) Das Marktgebiet Tirol umfasst die im Land Tirol gelegenen Netze.

(4) Das Marktgebiet Vorarlberg umfasst die im Land Vorarlberg gelegenen Netze.

(5) Netze verschiedener Marktgebiete, die miteinander verbunden sind, können durch Verordnung der Regulierungsbehörde zu einem Marktgebiet zusammengefasst werden, in dem ein Marktgebietsmanager, ein Verteilergebietsmanager und ein Bilanzgruppenkoordinator nach Maßgabe dieses Gesetzes mit der Erfüllung von Systemdienstleistungen beauftragt sind.

(6) Netze oder Teile von Netzen können, soweit dies der Erfüllung des europäischen Binnenmarkts dienlich ist, mit angrenzenden Netzbetreibern anderer Mitgliedstaaten ein Marktgebiet bilden. Zur Umsetzung des europäischen Gasbinnenmarkts sind Netze oder Teile von Netzen in einem Marktgebiet, welches ausschließlich aus einem angrenzenden Mitgliedstaat versorgt wird und für das es im betreffenden Marktgebiet keinen eigenständigen Ausgleichsenergiemarkt gibt, mit dem angrenzenden Netzbetreiber dieses Mitgliedstaates so operativ abzustimmen, dass eine Teil- oder Vollversorgung aus dem angrenzenden Marktgebiet des Mitgliedstaates möglich wird. Die Bildung eines gemeinsamen Marktgebiets mit Netzbetreibern anderer Mitgliedstaaten bedarf der Genehmigung der Regulierungsbehörde.

(7) Speicheranlagen auf dem Hoheitsgebiet Österreichs sind an das jeweilige Marktgebiet anzuschließen.

Marktgebietsmanager

§ 13. (1) Die Fernleitungsnetzbetreiber eines Marktgebietes benennen einen Marktgebietsmanager, der die Aufgaben gemäß § 14 wahrnimmt. Die Benennung des Marktgebietsmanagers bedarf der Genehmigung durch die Regulierungsbehörde. In Marktgebieten ohne Fernleitungen ist kein Marktgebietsmanager zu benennen. Die angemessenen Kosten des Marktgebietsmanagers sind von den Fernleitungsnetzbetreibern zu tragen und als Kosten der Fernleitungsnetzbetreiber zu berücksichtigen.

(2) Die Genehmigung ist zu erteilen, wenn zu erwarten ist, dass der benannte Marktgebietsmanager in der Lage ist, die Aufgaben gemäß § 14 effizient zu erfüllen und er die Voraussetzungen des § 15 erfüllt.

(3) Wenn bis zum 3. März 2012 kein Marktgebietsmanager gemäß Abs. 1 benannt wurde, hat die Regulierungsbehörde von Amts wegen ein geeignetes Unternehmen unter Berücksichtigung der in Abs. 2 bestimmten Ausübungsvoraussetzungen auszuwählen und zu verpflichten, die Aufgaben eines Marktgebietsmanagers vorläufig zu übernehmen. Die Behörde hat diesen Bescheid aufzuheben, sobald gemäß Abs. 1 ein geeigneter Marktgebietsmanager benannt wird.

Pflichten der Marktgebietsmanager

§ 14. (1) Den Marktgebietsmanagern sind folgende Aufgaben übertragen:

1. die Sicherstellung der Errichtung und des nichtdiskriminierenden Zugangs zum Virtuellen Handelspunkt, die Benennung des Betreiber des Virtuellen Handelspunktes gemäß § 68 und die Kooperation mit diesem;
2. die Verwaltung der im Marktgebiet tätigen Bilanzgruppen; dies umfasst insbesondere die Information der Marktteilnehmer hinsichtlich Bilanzgruppensystem und Ausgleichsregeln, die Vergabe von Identifikationsnummern der Bilanzgruppen in Abstimmung mit dem Bilanzgruppenkoordinator sowie die Organisation des Abschlusses der erforderlichen Verträge gemäß § 91 Abs. 2 Z 1 im Namen und auf Rechnung der betroffenen Vertragspartner entsprechend den Marktregeln;
3. die Koordination der Netzsteuerung und des Einsatzes von Netzpufferung (Linepack) sowie der Abruf der physikalischen Ausgleichsenergie im Zusammenwirken mit dem Verteilergebietsmanager im Marktgebiet vorrangig über den Virtuellen Handelspunkt unter Berücksichtigung des effizienten Einsatzes der Regelenergie mit dem Ziel der Minimierung des Abrufs von physikalischer Ausgleichsenergie;
4. die Erstellung eines einheitlichen Berechnungsschemas zur Ermittlung und Ausweisung der Kapazitäten für die Ein- und Ausspeisepunkte des Fernleitungsnetzes des Marktgebiets nach § 34 und § 35; das Berechnungsmodell bedarf der Genehmigung der Regulierungsbehörde. Änderungen sind auf Verlangen der Regulierungsbehörde vorzunehmen;
5. die Organisation der Errichtung und des Betriebes der Online-Plattform für das Angebot von Kapazitäten gemäß § 39 und für die Veröffentlichung von Informationen betreffend das Marktgebiet gemäß der Verordnung (EG) Nr. 715/2009;
6. die Erstellung einer auf unterschiedlichen Lastflussszenarien basierenden gemeinsamen Prognose für den Bedarf an Kapazitäten und die Belastung der Fernleitungsnetze des Marktgebiets für die nächsten zehn Jahre unter Mitwirkung der Fernleitungsnetzbetreiber und des Verteilergebietsmanagers;
7. die Erstellung des koordinierten Netzentwicklungsplans;
8. die Koordination von Maßnahmen zur Überwindung von physischen Engpässen im Zusammenwirken mit dem Verteilergebietsmanager sowie mit den Netzbetreibern und Speicherunternehmen im Marktgebiet;

9. Verträge über den Datenaustausch mit dem Verteilergebietsmanager, den Netzbetreibern, den Bilanzgruppenverantwortlichen, dem Betreiber des Virtuellen Handelspunktes sowie dem Bilanzgruppenkoordinator und anderen Marktteilnehmern entsprechend den Marktregeln abzuschließen;
10. die Einreichung seiner Allgemeinen Bedingungen zur Genehmigung bei der Regulierungsbehörde gemäß § 16;
11. die Koordination der Instandhaltung der Fernleitungs- und Verteilernetze im Zusammenwirken mit dem Verteilergebietsmanager gemäß § 18 Abs. 1 Z 28 derart, dass Auswirkungen auf die Netzbenutzer möglichst gering gehalten werden;
12. die Ermittlung und Veröffentlichung der Brennwerte für das Marktgebiet auf Basis der von den Netzbetreibern ermittelten Daten;
13. die Koordination der Nominierungsabwicklung für das Fernleitungsnetz inklusive dem Nominierungsaustausch mit dem Betreiber des Virtuellen Handelspunktes;
14. die Organisation der Abrechnung der Ausgleichsenergie im Fernleitungsnetz im Zusammenwirken mit dem Betreiber des Virtuellen Handelspunktes und den Fernleitungsnetzbetreibern.

(2) Dem Marktgebietsmanager sind vom Verteilergebietsmanager, von den Netzbetreibern und Bilanzgruppenverantwortlichen, Versorgern und Betreibern von Speicher- und Produktionsanlagen sowie vom Betreiber des Virtuellen Handelspunktes alle Informationen zu erteilen, die zur Erfüllung der Aufgaben und Pflichten der Marktgebietsmanager erforderlich sind. Insbesondere sind dem Marktgebietsmanager von den Netzbetreibern auch Informationen über die Kapazitätsauslastung zu erteilen. Die Bilanzgruppenverantwortlichen haben dem Marktgebietsmanager innerhalb einer vom Marktgebietsmanager zu bestimmenden, angemessenen Frist die Fahrpläne bzw. Nominierungen einer Bilanzgruppe im Vorhinein bekannt zu geben.

(3) Bei Streitigkeiten zwischen einer der in Abs. 1 und 2 angeführten Parteien mit dem Marktgebietsmanager über die zur Erfüllung der Aufgaben gemäß Abs. 1 und Abs. 2 erforderlichen Maßnahmen und Informationen entscheidet die Regulierungsbehörde über Antrag mit Bescheid, welche Maßnahmen und Informationen zu treffen bzw. zu erteilen sind.

Unabhängigkeit des Marktgebietsmanagers

§ 15. Der Marktgebietsmanager muss zumindest hinsichtlich Rechtsform, Organisation und Entscheidungsgewalt unabhängig von allen Tätigkeitsbereichen sein, die nicht mit der Ausübung der Tätigkeiten gemäß § 14 oder eines Fernleitungsnetzbetreibers gemäß § 7 Abs. 1 Z 20 zusammenhängen. § 108 bis § 120 gelten sinngemäß.

Allgemeine Bedingungen des Marktgebietsmanagers

§ 16. (1) Die Allgemeinen Bedingungen des Marktgebietsmanagers regeln das Rechtsverhältnis zwischen dem Marktgebietsmanagers und den Bilanzgruppenverantwortlichen. Die Allgemeinen Bedingungen des Marktgebietsmanagers sowie deren Änderungen bedürfen der Genehmigung der Regulierungsbehörde. Diese Genehmigung ist unter Auflagen, Bedingungen oder befristet zu erteilen, soweit dies zur Erfüllung der Vorschriften dieses Gesetzes erforderlich ist. Die Befristung darf einen Zeitraum von drei Jahren nicht unterschreiten. Marktgebietsmanager sind verpflichtet, soweit dies zur Erfüllung der Vorschriften dieses Gesetzes erforderlich ist, die Allgemeinen Bedingungen auf Aufforderung der Regulierungsbehörde zu ändern oder neu zu erstellen.

(2) Die Allgemeinen Bedingungen des Marktgebietsmanagers müssen nichtdiskriminierend sein und dürfen keine missbräuchlichen Praktiken oder ungerechtfertigten Beschränkungen enthalten und die Versorgungssicherheit nicht gefährden. Insbesondere sind sie so zu gestalten, dass

1. die Erfüllung der dem Marktgebietsmanager, dem Verteilergebietsmanager, den Bilanzgruppenverantwortlichen, dem Bilanzgruppenkoordinator und den Netzbetreibern obliegenden Aufgaben gewährleistet ist;
2. sie nicht im Widerspruch zu bestehenden Rechtsvorschriften stehen.

(3) Die Allgemeinen Bedingungen des Marktgebietsmanagers haben insbesondere zu enthalten:

1. die Rechte und Pflichten der Vertragspartner, insbesondere zur Einhaltung der Sonstigen Marktregeln;
2. die Abwicklung des Nominierungsmanagements durch den Marktgebietsmanager;
3. das Verfahren betreffend die Verwaltung von Kapazitäten von Kunden durch die Bilanzgruppenverantwortlichen;
4. Bestimmungen gemäß § 27 Abs. 2 über die Freigabe nicht genutzter kommittierter Netzkapazitäten;
5. die Festlegung der zwischen den Vertragspartnern auszutauschenden Daten.

2. Abschnitt
Verteilergebiete und Verteilergebietsmanager

Verteilergebietsmanager

§ 17. (1) Das Verteilergebiet umfasst die Verteilerleitungsanlagen der Netzebenen 1 bis 3 im jeweiligen Marktgebiet.

(2) Verteilergebietsmanager sind für das

1. Marktgebiet Ost: das von den Betreibern der Leitungen der Anlage 1 benannte Erdgasunternehmen;
2. Marktgebiet Tirol: das von der TIGAS-Erdgas Tirol GmbH benannte Erdgasunternehmen;
3. Marktgebiet Vorarlberg: das von der VEG Vorarlberger Erdgas GmbH benannte Erdgasunternehmen.

(3) Die in Abs. 2 angeführten Unternehmen haben die Verteilergebietsmanager gegenüber der Regulierungsbehörde zu benennen. Die Benennung des Verteilergebietsmanagers bedarf der Genehmigung durch die Regulierungsbehörde. Die Genehmigung ist zu erteilen, wenn zu erwarten ist, dass der benannte Verteilergebietsmanager in der Lage ist, die Pflichten gemäß § 18 effizient zu erfüllen und er die Voraussetzungen des § 20 erfüllt.

(4) Wenn bis 3. März 2012 kein Verteilergebietsmanager gemäß Abs. 2 benannt wurde, hat die Regulierungsbehörde von Amts wegen ein geeignetes Unternehmen auszuwählen und zu verpflichten, die Aufgaben eines Verteilergebietsmanagers vorläufig zu übernehmen. Die Behörde hat diesen Bescheid aufzuheben, sobald gemäß Abs. 2 ein geeigneter Verteilergebietsmanager benannt wird.

Pflichten der Verteilergebietsmanager

§ 18. (1) Den Verteilergebietsmanagern sind folgende Aufgaben übertragen:

1. die Buchung von Kapazitäten an den Ausspeisepunkten der Fernleitungsnetze zu den Verteilernetzen im Marktgebiet, die den prognostizierten Kapazitätsbedürfnissen im Marktgebiet entsprechen;
2. die Verwaltung der Kapazitäten gemäß Z 1, der Kapazitäten an den Einspeisepunkten in das Fernleitungsnetz aus dem Verteilernetz und die Kapazitäten in den Verteilerleitungsanlagen der Netzebene 1 gemäß Anlage 1;
3. die Nominierungsabwicklung an den Ausspeisepunkten der Fernleitungsnetze zu den Verteilernetzen entsprechend den Marktregeln;
4. die Durchführung einer Abgrenzung von Regelenergie zu Ausgleichsenergie im Verteilernetz nach transparenten und objektiven Kriterien; die Abgrenzungsmethode bedarf der Genehmigung der Regulierungsbehörde;
5. die Erstellung eines einheitlichen Berechnungsschemas in Abstimmung mit dem Marktgebietsmanager zur Ermittlung und Ausweisung der Kapazitäten für jene Ein- und Ausspeisepunkte des Marktgebietes, die nicht gleichzeitig Ein- und Ausspeisepunkte in das Fernleitungsnetz sind; das Berechnungsmodell bedarf der Genehmigung der Regulierungsbehörde. Änderungen sind auf Verlangen der Regulierungsbehörde vorzunehmen;
6. die Beantwortung von Anträgen auf Netzzugang zum Verteilernetz und die Zuteilung von Kapazitäten nach § 27 Abs. 2 zu koordinieren und entsprechende Verträge abzuschließen und die Nutzung der Kapazitäten festzustellen;
7. mit den Netzbetreibern Verträge abzuschließen, durch die den Netzzugangsberechtigten im erforderlichen Ausmaß ein Recht auf Zugang zu den vorgelagerten Erdgasleitungen (§ 27 Abs. 1) bis zum Virtuellen Handelspunkt gemäß § 31 Abs. 3 eingeräumt wird;
8. der Abruf der physikalischen Ausgleichsenergie im Verteilergebiet vorrangig über den Virtuellen Handelspunkt unter Berücksichtigung des effizienten Einsatzes der Regelenergie mit dem Ziel der Minimierung des Abrufs von physikalischer Ausgleichsenergie;
9. Bereitstellung der Systemdienstleistung (Leistungs- und Druckregelung bzw. Druckhaltung) durch Vornahme des technisch-physikalischen Ausgleichs oder Abschluss entsprechender Verträge mit Dritten;
10. Steuerung der Verteilerleitungsanlagen gemäß Anlage 1 durch Vorgaben an die Verteilernetzbetreiber;
11. Erstellung einer langfristigen und integrierten Planung mit dem Ziel der Klimaneutralität bis 2040;
12. Im Rahmen der langfristigen und integrierten Planung die Berichterstattung an die Regulierungsbehörde über das Verhältnis zwischen Angebot und Nachfrage, die erwartete Nachfrageentwicklung und das verfügbare Angebot, in der Planung und im Bau befindliche zusätzliche Kapazitäten sowie über Maßnahmen zur Bedienung von Nachfragespitzen und zur Bewältigung von Ausfällen eines oder mehrerer Versorger. Die im Rahmen der langfristigen und integrierten Planung ermittelten Daten können für Zwecke der Energielenkung sowie für die Erstellung des Monitoringberichts (§ 28 Abs. 3 E–ControlG) verwendet werden;

12a. in Kooperation mit den Netzbetreibern sowie dem Regelzonenführer gemäß § 7 Abs. 1 Z 60 ElWOG 2010 die Ermittlung und Veröffentlichung von potentiellen Einspeisepunkten bzw. Eignungszonen für erneuerbare Gase in den Marktgebieten unter Berücksichtigung des regionalen Aufbringungs- und Absatzpotentials und sonstiger Standortfaktoren;

13. Erstellung von Summenlastprognosen zur frühzeitigen Erkennung von Ungleichgewichten;
14. Überwachung von Zustandsgrößen an Schnittstellen der ihm zur Steuerung übertragenen Leitungsanlagen;
15. die Kenntnis der Netzauslastung in den ihm zur Steuerung übertragenen Leitungsanlagen zu jedem Zeitpunkt, insbesondere bezüglich Flüssen und Druck;
16. die Erstellung einer Lastprognose zur Erkennung von Engpässen;

17. durch die Koordinierung der Transportleistungen eine optimale Ausnutzung der Kapazitäten der ihm zur Steuerung übertragenen Leitungsanlagen zu gewährleisten;
18. die Weiterleitung der Beantwortung von Netzzugangsbegehren an den Verteilernetzbetreiber gemäß § 27 Abs. 1 binnen einer Frist von fünf Tagen;
19. Veröffentlichung der Netzauslastung der ihm zur Steuerung übertragenen Leitungsanlagen;
20. Engpassmanagement, wobei Transporte für Zwecke der Endkundenversorgung Vorrang gegenüber anderen Transporten haben;
21. die Einreichung seiner Allgemeinen Bedingungen zur Genehmigung bei der Regulierungsbehörde gemäß § 26;
22. Ein- und Verkauf von Ausgleichsenergie gemäß Z 8 zum Marktpreis vorrangig am Virtuellen Handelspunkt im Namen und auf Rechnung des Bilanzgruppenkoordinators, soweit deren Abruf für den Verteilergebietsmanager entsprechend den dort geltenden Nominierungsfristen abschätzbar ist; ein darüber hinausgehender Ausgleichsenergiebedarf ist gemäß § 87 Abs. 3 und 6 über den Bilanzgruppenkoordinator entsprechend den Marktregeln zu beschaffen;
23. Veranlassung von Maßnahmen zur Überwindung von physischen Engpässen in den ihm zur Steuerung übertragenen Leitungsanlagen im Zusammenwirken mit den Netzbetreibern und Speicherunternehmen;
24. den Netzbetreibern und dem Bilanzgruppenkoordinator die zur Durchführung der Verrechnung der Ausgleichsenergie im Verteilernetz erforderlichen Daten zur Verfügung zu stellen, wobei insbesondere jene Daten zu übermitteln sind, die für die Berechnung der Fahrplanabweichungen und der Abweichung vom Lastprofil jeder Bilanzgruppe benötigt werden;
25. Verträge über den Datenaustausch mit den Netzbetreibern, den Bilanzgruppenverantwortlichen sowie dem Bilanzgruppenkoordinator und anderen Marktteilnehmern entsprechend den Marktregeln abzuschließen;
26. die Fahrplanabwicklung;
27. die Koordination der Instandhaltung der Verteilerleitungsanlagen gemäß Anlage 1, dass Auswirkungen auf Netzbenutzer möglichst gering gehalten werden, sowie
28. die operative Abwicklung von Solidaritätsmaßnahmen gemäß Art. 13 der Verordnung (EU) 2017/1938 durch die Beschaffung von Angeboten physikalischer Ausgleichsenergie und den Transport der Gasmengen vom bzw. zum jeweiligen Übergabepunkt auf Rechnung des Bilanzgruppenkoordinators, dies unter Berücksichtigung des zwischen Österreich und dem benachbarten Mitgliedstaat abgeschlossenen Solidaritätsabkommens.

(2) Dem Verteilergebietsmanager sind vom Marktgebietsmanager, vom Bilanzgruppenkoordinator, von den Netzbetreibern und Bilanzgruppenverantwortlichen, Versorgern und Betreibern von Speicher- und Produktionsanlagen alle Informationen zu erteilen, die zur Erfüllung der Aufgaben und Pflichten der Verteilergebietsmanager erforderlich sind. Insbesondere sind dem Verteilergebietsmanager von den Netzbetreibern auch Informationen über die Kapazitätsauslastung zu erteilen.

(3) Bei Streitigkeiten zwischen einer der in Abs. 1 und 2 angeführten Parteien mit dem Verteilergebietsmanager über die zur Erfüllung der Aufgaben gemäß Abs. 1 und Abs. 2 erforderlichen Maßnahmen und Informationen entscheidet die Regulierungsbehörde über Antrag mit Bescheid, welche Maßnahmen und Informationen zu treffen bzw. zu erteilen sind.

Strategische Gasreserve

§ 18a.[a)] (1) Der Verteilergebietsmanager wird zur Gewährleistung der Versorgungssicherheit in den Marktgebieten gemäß § 12 Abs. 1 im Wege der Beleihung mit der Vorhaltung einer strategischen Gasreserve betraut. Die Vorhaltung erfolgt in Speicheranlagen, die für eine Ausspeisung in die Marktgebiete genutzt werden können. Die Vorhaltung für die Marktgebiete Tirol und Vorarlberg kann auch in Speicheranlagen erfolgen, die an benachbarte Marktgebiete angeschlossen sind.

(2) **(Verfassungsbestimmung)** Die Höhe der strategischen Gasreserve bemisst sich nach der jeweils im Jänner an Netzbenutzer abgegebenen Gasmenge und ist bis zum 1. März für das folgende Gasjahr von der Regulierungsbehörde zu ermitteln und zu veröffentlichen. Die Bundesregierung kann die Höhe der strategischen Gasreserve mit Verordnung anpassen; dabei sind allfällige EU-weite Zielvorgaben für Speicherfüllstände und aktuelle Marktbedingungen zu berücksichtigen. Für den Fall einer Reduktion der Höhe der strategischen Gasreserve sind in die Verordnung auch Verfügungen über die darüber hinausgehenden bereits in Speicheranlagen vorgehaltenen Gasmengen aufzunehmen. Die Verordnung kann nähere Vorgaben zu den Modalitäten der Beschaffung und der Freigabe der strategischen Gasreserve, etwa die zu kontrahierende Mindestausspeicherrate aus den Speicheranlagen, enthalten. Die Verordnung bedarf der Zustimmung des Hauptausschusses des Nationalrates; dabei gilt Art. 55 Abs. 5 Bundes-Verfassungsgesetz sinngemäß.

(3) Der Verteilergebietsmanager hat dem Nationalrat, der Regulierungsbehörde, der Bundesministerin für Klimaschutz, Umwelt, Energie, Mobilität, Innovation und Technologie, der Bundesministerin für Digitalisierung und Wirtschaftsstandort sowie dem Bundesminister für Finanzen jährlich spätestens bis zum 30. April einen Bericht über die Beschaffung und Verwendung der

strategischen Gasreserve vorzulegen und zu veröffentlichen. Der Bericht hat insbesondere eine Zusammenfassung der Ergebnisse der Ausschreibungsverfahren gemäß § 18b Abs. 1 zu enthalten.

(4) Der Verteilergebietsmanager hat zum Zweck der ausschließlichen Wahrnehmung der Aufgaben gemäß den §§ 18a bis 18c eine hundertprozentige Tochtergesellschaft als Gesellschaft mit beschränkter Haftung zu gründen. Alle Rechte und Pflichten des Verteilergebietsmanagers im Zusammenhang mit der strategischen Gasreserve treffen ausschließlich diese Tochtergesellschaft. Diese hat ihre Aufgaben unter Beachtung der Grundsätze der Sparsamkeit, Wirtschaftlichkeit und Zweckmäßigkeit auszuüben. Die Geschäftsanteile an der Tochtergesellschaft dürfen nicht veräußert werden.

(5) Die an dem Verteilergebietsmanager beteiligten Aktionäre und der Gesellschafter der gemäß Abs. 4 gegründeten Gesellschaft können weder direkt noch indirekt für Verbindlichkeiten dieser Gesellschaft in Anspruch genommen werden, es sei denn, dass die Aktionäre oder der Gesellschafter die Zahlungsunfähigkeit der Gesellschaft auf unredliche Weise allein oder im Zusammenwirken herbeigeführt haben. Demgemäß gebührt den Aktionären des Verteilergebietsmanagers oder dem Gesellschafter der gemäß Abs. 4 gegründeten Gesellschaft aus Anlass einer allfälligen Liquidation weder ein Gewinn aus den mit der Vorhaltung der strategischen Gasreserve in Zusammenhang stehenden Tätigkeiten, noch haben sie einen allfälligen Verlust daraus zu tragen.

[a] Tritt mit Ablauf des 30. September 2025 außer Kraft.

Beschaffung der strategischen Gasreserve

§ 18b.[a] (1) Der Verteilergebietsmanager hat die strategische Gasreserve im Rahmen eines marktbasierten, transparenten, nichtdiskriminierenden und öffentlichen Ausschreibungsverfahrens zu beschaffen; er ist auch Eigentümer der strategischen Gasreserve. Die strategische Gasreserve kann in mehreren Tranchen beschafft werden. Sie hat erstmals zum 1. November 2022 oder im Falle von Umständen, die nicht im Einflussbereich des Verteilergebietsmanagers liegen, zum ehestmöglichen Zeitpunkt danach in vollem Ausmaß zur Verfügung zu stehen. Die Ausschreibungsbedingungen sind der Bundesministerin für Klimaschutz, Umwelt, Energie, Mobilität, Innovation und Technologie und dem Bundesminister für Finanzen im Vorhinein anzuzeigen.

(2) Nach Durchführung eines Ausschreibungsverfahrens gemäß Abs. 1 hat der Verteilergebietsmanager die Bundesministerin für Klimaschutz, Umwelt, Energie, Mobilität, Innovation und Technologie und den Bundesminister für Finanzen unverzüglich über das Ergebnis des Verfahrens zu informieren.

(3) Reduktionen der strategischen Gasreserve durch Freigaben gemäß § 18c sind so auszugleichen, dass die strategische Gasreserve jeweils zum 1. Oktober eines Jahres in vollem Ausmaß zur Verfügung steht. Die benötigten Gasmengen sind über die Gasbörse am virtuellen Handelspunkt oder im Rahmen eines Ausschreibungsverfahrens gemäß Abs. 1 zu beschaffen.

(4) Die mit der Erfüllung der im öffentlichen Interesse liegenden Aufgaben gemäß § 18a bis 18c verbundenen Kosten werden aus Bundesmitteln gedeckt. Die dafür benötigten Mittel werden vom Bund im Rahmen des jeweiligen Bundesfinanzgesetzes zur Verfügung gestellt. Davon umfasst sind alle notwendigen und angemessenen Kosten für die Beschaffung der strategischen Gasreserve einschließlich Finanzierungskosten, Kosten für Speichernutzung, Systemnutzungsentgelte, operativem Aufwand, allfälliger Bewertungsgewinne und -verluste, Kosten im Zusammenhang mit § 18a Abs. 4 sowie allfälliger Verbindlichkeiten aus Gebühren, Abgaben und Steuern. Allfällige Erlöse und Verluste aus der Überlassung von Gasmengen an Marktteilnehmer, einer Reduktion oder Erhöhung der strategischen Gasreserve sowie aus einer allfälligen Liquidation der strategischen Gasreserve sind dabei zu berücksichtigen. Dem Verteilergebietsmanager entsteht aus der Tätigkeit im Rahmen der Beleihung weder ein Gewinn noch ein Verlust.

(5) Der Bund stellt dem Verteilergebietsmanager die benötigten Mittel bedarfsgerecht unter Beachtung der Sicherstellung der nötigen Liquidität zur Verfügung.

(6) Der Verteilergebietsmanager hat gegenüber dem Bund jährlich bis zum 31. Jänner die Kosten gemäß Abs. 4 zu belegen. Die Angemessenheit der Kosten ist von einem von der Bundesministerin für Klimaschutz, Umwelt, Energie, Mobilität, Innovation und Technologie im Einvernehmen mit dem Bundesminister für Finanzen bestellten Wirtschaftsprüfer zu prüfen. Unter- oder Überzahlungen sind spätestens bis zum 31. März des jeweiligen Jahres auszugleichen oder auf bestehende Forderungen anzurechnen.

(7) Die strategische Gasreserve ist dauerhaft mit dem Anschaffungswert zu bilanzieren. § 67 der Insolvenzordnung ist auf die gemäß § 18a Abs. 4 gegründete Tochtergesellschaft nicht anzuwenden.

[a] Tritt mit Ablauf des 30. September 2025 außer Kraft.

Freigabe der strategischen Gasreserve

§ 18c.[a] (1) Die Bundesministerin für Klimaschutz, Umwelt, Energie, Mobilität, Innovation und Technologie kann die strategische Gasreserve im Rahmen einer Verordnung gemäß den §§ 5 und 26 des Energielenkungsgesetzes 2012 freigeben. Die Freigabe ist zu beenden, sobald die dafür maßgeblichen Umstände nicht mehr vorliegen.

(2) Soweit Marktteilnehmern Gasmengen aus der strategischen Gasreserve überlassen werden, erteilt der Verteilergebietsmanager dem Bilanzgruppenkoordinator die Anordnung, diese gemäß § 87 Abs. 4 zu verwenden. Dazu hat der Verteilergebietsmanager eine Gebühr festzusetzen und zu verrechnen, die sich nach dem höheren der beiden folgenden Preise zuzüglich eines angemessenen Anteils an den sonstigen Kosten gemäß § 18b Abs. 4 bemisst:

1. der jeweilige Anschaffungswert der zugewiesenen Gasmengen, wobei die Gasmengen mit dem höchsten Anschaffungswert zuerst heranzuziehen sind;
2. für das Marktgebiet Ost der Börsereferenzpreis (CEGHIX) des jeweiligen Gastags und für die Marktgebiete Tirol und Vorarlberg der von der Erdgasbörse am virtuellen Handelspunkt des vorgelagerten Marktgebietes veröffentlichte mengengewichtete Preisindex des jeweiligen Gastags für Spotmarktprodukte.

[a] Tritt mit Ablauf des 30. September 2025 außer Kraft.

Haftung

§ 18d.[a] (1) Für die von Vorständen, Geschäftsführern oder Dienstnehmern des Verteilergebietsmanagers in Wahrnehmung der Aufgaben im Rahmen der Beleihung gemäß §§ 18a bis 18c wem immer in Vollziehung der Gesetze zugefügte Schäden haftet der Bund nach den Bestimmungen des Amtshaftungsgesetzes. Der Vorstand, der Geschäftsführer oder Dienstnehmer haftet dem Geschädigten nicht.

(2) Hat der Bund dem Geschädigten gemäß Abs. 1 den Schaden ersetzt, kann er von den Vorständen, Geschäftsführern oder Dienstnehmern des Verteilergebietsmanagers Rückersatz nach den Bestimmungen des Amtshaftungsgesetzes begehren.

(3) Unbeschadet des Abs. 2 hat der Verteilergebietsmanager dem Bund jene Leistungen, welche dieser in Erfüllung seiner Verpflichtung gemäß Abs. 1 erbracht hat, in vollem Umfang zu ersetzen.

(4) Soweit der Verteilergebietsmanager Leistungen an den Bund erbracht hat, geht der Anspruch des Bundes gegen die Vorstände, Geschäftsführer oder Dienstnehmer der Gesellschaft auf Rückersatz gemäß Abs. 2 auf die entsprechende Gesellschaft über.

[a] Tritt mit Ablauf des 30. September 2025 außer Kraft.

Kooperation des Marktgebietsmanagers und des Verteilergebietsmanagers

§ 19. (1) Der Verteilergebietsmanager und der Marktgebietsmanager haben einander bei der Erfüllung ihrer Aufgaben zu unterstützen und abzustimmen, mit dem Ziel, das Gesamtnetz eines Marktgebietes als Gesamtheit in einheitlicher und zusammenhängender Weise zu nutzen. Dies betrifft insbesondere die Erstellung einheitlicher Methoden zur Ermittlung und Ausweisung der Kapazitäten, Vorgaben für Netzkopplungsverträge, die Erstellung des koordinierten Netzentwicklungsplans sowie der langfristigen und integrierten Planung, die Beschaffung und die Steuerung des Einsatzes von Regelenergie, die Erarbeitung eines Maßnahmenplans gemäß § 25 sowie die Veröffentlichung von Informationen betreffend das Marktgebiet. Der Kooperationsvertrag ist der Regulierungsbehörde auf deren Verlangen vorzulegen und es ist auf Anmerkungen bzw. Einwendungen der Regulierungsbehörde Bedacht zu nehmen.

(2) Die Funktionen des Verteilergebietsmanagers und des Marktgebietsmanagers können zusammengelegt werden, sofern die Eigentümer zustimmen. Dieses Unternehmen ist dann in der Rechtsform einer Aktiengesellschaft einzurichten.

Unabhängigkeit des Verteilergebietsmanagers

§ 20. (1) Der Verteilergebietsmanager muss zumindest hinsichtlich Rechtsform, Organisation und Entscheidungsgewalt unabhängig von allen Tätigkeitsbereichen sein, die nicht mit der Ausübung der Tätigkeiten gemäß § 18 oder der Erbringung von Dienstleistungen im Zusammenhang mit der Planung, Steuerung und Kapazitäts- und Netzzugangsverwaltung von Erdgasleitungs- oder Speicheranlagen, zusammenhängen.

(2) Der Verteilergebietsmanager ist in der Rechtsform einer Aktiengesellschaft einzurichten.

Verwaltung der Transportkapazitäten im Verteilergebiet

§ 21. Die Kapazitäten der Verteilerleitungsanlagen gemäß Anlage 1 sowie die an den Ausspeisepunkten der Fernleitungsnetze zu den Verteilernetzen im Marktgebiet gebuchten Kapazitäten werden vom Verteilergebietsmanager in Zusammenarbeit mit den Netzbetreibern verwaltet. Das Eigentum an den Leitungsanlagen sowie der Betrieb der Leitungsanlagen bleiben unberührt. Die Netzbetreiber haben auf Anweisung des Verteilergebietsmanagers die für den Netzzugang erforderlichen Daten bereitzustellen.

Langfristige und integrierte Planung

§ 22. (1) Ziel der langfristigen und integrierten Planung ist es,

1. die Ziele gemäß § 4, insbesondere das Ziel der Klimaneutralität bis 2040, unter Berücksichtigung der Wechselwirkungen mit anderen Energieträgern, Infrastrukturen und Verbrauchssektoren zu unterstützen;

1a. die Verteilerleitungsanlagen gemäß Anlage 1 hinsichtlich

a) der Deckung der Nachfrage an Transportkapazitäten zur Versorgung der Endverbraucher unter Berücksichtigung von Notfallszenarien,
b) der Erzielung eines hohen Maßes an Verfügbarkeit der Transportkapazität (Versorgungssicherheit der Infrastruktur),
c) sowie der Kapazitätsanforderungen an den Ein- und Ausspeisepunkten zum Fernleitungsnetz sowie zu Speicheranlagen

zu planen;

2. die Kohärenz mit dem gemeinschaftsweiten Netzentwicklungsplan sowie dem koordinierten Netzentwicklungsplan gemäß §§ 63 ff herzustellen;
3. den Infrastrukturstandard gemäß Art. 5 der Verordnung (EU) 2017/1938 im Marktgebiet zu erfüllen;
4. die Transparenz und Nachvollziehbarkeit in Bezug auf geplante und bereits beschlossene Netzerweiterungen und Netzertüchtigungen, inklusive des Zeitplanes der Investitionsprojekte, für den Markt zu erhöhen;
5. die Einspeisung und Versorgung mit erneuerbaren Gasen zu ermöglichen.

(2) Der Verteilergebietsmanager hat die Aufgabe, mindestens alle zwei Jahre eine langfristige und integrierte Planung mit Projekten für die Verteilerleitungsanlagen gemäß Anlage 1 zur Erreichung der Ziele dieses Gesetzes und der Ziele gemäß Abs. 1 zu erstellen. Der Planungszeitraum wird vom Verteilergebietsmanager festgelegt, wobei dies transparent und nichtdiskriminierend unter Zugrundelegung der ihm zur Verfügung stehenden Daten zu erfolgen hat. Der Mindestplanungszeitraum beträgt zehn Jahre.

(3) Bei der Erstellung der langfristigen und integrierten Planung sind zu berücksichtigen:

1. die technischen und wirtschaftlichen Zweckmäßigkeiten,

1a. der integrierte Netzinfrastrukturplan gemäß § 94 EAG,

2. angemessene Annahmen über die Entwicklung der Gewinnung, der Versorgung, des Verbrauchs, des Speicherbedarfs und des grenzüberschreitenden Gasaustauschs unter Berücksichtigung des integrierten nationalen Energie- und Klimaplans gemäß Art. 3 der Verordnung (EU) Nr. 2018/1999, der Investitionspläne für regionale und gemeinschaftsweite Netze, des koordinierten Netzentwicklungsplans, der Investitionspläne für Speicheranlagen, des Netzentwicklungsplans gemäß § 37 ElWOG 2010 und der Ergebnisse der Lastflusssimulationen gemäß § 34 Abs. 2,
3. die derzeitige Situation und Prognosen im Bereich von Angebot und Nachfrage sowie
4. die Zielsetzungen gemäß Abs. 1.

(4) In der Begründung des Antrages auf Genehmigung der langfristigen und integrierten Planung hat der Verteilergebietsmanager, insbesondere bei konkurrierenden Vorhaben zur Errichtung, Erweiterung, Änderung oder dem Betrieb von Leitungsanlagen, die technischen und wirtschaftlichen Gründe für die Befürwortung oder Ablehnung einzelner Vorhaben darzustellen und auf Aufforderung der Behörde die Dokumentation der Entscheidung vorzulegen.

(5) Alle Marktteilnehmer, der Regelzonenführer gemäß § 7 Abs. 1 Z 60 ElWOG 2010 und Verteilernetzbetreiber gemäß § 7 Abs. 1 Z 76 ElWOG 2010 haben dem Verteilergebietsmanager auf dessen schriftliches Verlangen die für die Erstellung der langfristigen und integrierten Planung erforderlichen Daten, insbesondere zur Beurteilung von bestehenden oder potentiellen Kapazitätsengpässen innerhalb angemessener Frist zur Verfügung zu stellen. Der Verteilergebietsmanager kann unabhängig davon zusätzlich andere Daten heranziehen, die für die langfristige und integrierte Planung zweckmäßig sind. Diese Daten sind auch bei der Beurteilung von Netzzugangsanträgen und Anträgen auf Kapazitätserweiterung vom Verteilergebietsmanager zu berücksichtigen.

(5a) Vor Einbringung des Antrags auf Genehmigung der langfristigen und integrierten Planung hat der Verteilergebietsmanager alle relevanten Marktteilnehmer zu konsultieren. Die Konsultation ist gemeinsam mit der Konsultation des koordinierten Netzentwicklungsplans gemäß § 63 Abs. 2 durchzuführen. Das Ergebnis der Konsultation ist zu veröffentlichen.

(6) Die langfristige und integrierte Planung ist bei der Regulierungsbehörde zur Genehmigung einzureichen. Die Genehmigung ist zu erteilen, wenn die in der langfristigen und integrierten Planung dargestellten Projekte geeignet erscheinen, die in Abs. 1 genannten Ziele zu unterstützen und nicht zu gefährden und die Kohärenz mit dem integrierten Netzinfrastrukturplan gemäß § 94 EAG, dem gemeinschaftsweiten Netzentwicklungsplan, dem koordinierten Netzentwicklungsplan sowie dem Netzentwicklungsplan gemäß § 37 ElWOG 2010 gegeben ist. Die Genehmigung ist unter Vorschreibung von Auflagen, Bedingungen oder befristet zu erteilen, soweit dies zur Erfüllung der Zielsetzungen dieses Gesetzes erforderlich ist.

(7) Der Verteilergebietsmanager ist verpflichtet, die zur Genehmigung eingereichte langfristige und integrierte Planung auf Aufforderung der Regulierungsbehörde zu ändern oder neu zu erstellen. Anträge auf Änderung der zuletzt genehmigten langfristigen und integrierten Planung sind jederzeit zulässig, sofern Erdgasleitungsanlagen, die zusätzlich errichtet, erweitert, geändert oder betrieben werden sollen, oder sonstige wesentliche Änderungen der Planungsgrundlagen eine

neue Gesamtbeurteilung im Rahmen der langfristigen und integrierten Planung erforderlich machen.

(8) Im Falle von Kapazitätsengpässen an den Ausspeisepunkten der Fernleitungsnetze zu den Verteilernetzen ist eine mögliche Erweiterung dieser Kapazitäten in der langfristigen und integrierten Planung zu berücksichtigen.

(9) Die mit der Umsetzung von Maßnahmen, welche in einer genehmigten langfristigen und integrierten Planung angeführt waren, verbundenen anteiligen, tatsächlich angefallenen Kosten sind bei der Festsetzung der Systemnutzungsentgelte gemäß den Bestimmungen des 5. Teils anzuerkennen.

Überwachung der langfristigen und integrierten Planung

§ 23. (1) Die Regulierungsbehörde überwacht und evaluiert die Durchführung der langfristigen und integrierten Planung und kann vom Verteilergebietsmanager die Änderung der langfristigen und integrierten Planung verlangen, soweit dies zur Erreichung der Ziele der langfristigen und integrierten Planung gemäß § 22 Abs. 1 erforderlich ist.

(2) Hat ein Netzbetreiber aus anderen als zwingenden, von ihm nicht zu beeinflussenden Gründen eine Investition, die nach der genehmigten langfristigen und integrierten Planung durchgeführt werden musste, nicht durchgeführt, so ist die Regulierungsbehörde – sofern die Investition unter Zugrundelegung der jüngsten langfristigen und integrierten Planung noch relevant ist – verpflichtet, mindestens eine der folgenden Maßnahmen zu ergreifen, um die Durchführung der betreffenden Investition zu gewährleisten:

1. die Regulierungsbehörde fordert den Netzbetreiber zur Durchführung der betreffenden Investition auf oder
2. die Regulierungsbehörde leitet ein Ausschreibungsverfahren zur Durchführung der betreffenden Investition ein, das allen Investoren offen steht, wobei die Regulierungsbehörde einen Dritten beauftragen kann, das Ausschreibungsverfahren durchzuführen, oder
3. die Regulierungsbehörde verpflichtet den Netzbetreiber, einer Kapitalerhöhung im Hinblick auf die Finanzierung der notwendigen Investitionen zuzustimmen und unabhängigen Investoren eine Kapitalbeteiligung zu ermöglichen.

(3) Leitet die Regulierungsbehörde ein Ausschreibungsverfahren gemäß Abs. 2 Z 2 ein, kann sie den Netzbetreiber dazu verpflichten, eine oder mehrere der folgenden Maßnahmen zu akzeptieren:

1. Finanzierung durch Dritte,
2. Errichtung durch Dritte,
3. Errichtung der betreffenden neuen Anlagen durch diesen selbst,
4. Betrieb der betreffenden neuen Anlagen durch diesen selbst.

(4) Der Netzbetreiber stellt den Investoren alle erforderlichen Unterlagen für die Durchführung der Investition zur Verfügung, stellt den Anschluss der neuen Anlagen an das Netz her und unternimmt alles, um die Durchführung des Investitionsprojekts zu erleichtern. Die einschlägigen Finanzierungsvereinbarungen bedürfen der Genehmigung durch die Regulierungsbehörde.

(5) Macht die Regulierungsbehörde von ihren Befugnissen gemäß Abs. 2 Z 1 bis 3 Gebrauch, so werden die Kosten der Investitionen durch die jeweiligen Systemnutzungsentgelte gedeckt.

Entgelt für den Verteilergebietsmanager

§ 24. (1) Für die mit der Erfüllung der Aufgaben eines Verteilergebietsmanagers erbrachten Leistungen hat die Regulierungsbehörde von Amts wegen die Kosten einschließlich eines angemessenen Gewinnzuschlages durch Bescheid festzulegen. Die mit den Leistungen korrespondierenden Preisansätze sind kostenorientiert zu bestimmen. Dabei sind dem Verteilergebietsmanager auch angemessene Kosten abzugelten, die sich aus dem Erfordernis ergeben, Lastschwankungen durch eine Leistungs- und Druckregelung oder Druckhaltung (Bereitstellung von Regelleistung) auszugleichen. Die mit der Erbringung von nicht von § 18 erfassten Tätigkeiten verbundenen Kosten sind bei der Bestimmung der Kosten in Abzug zu bringen.

(2) In der Verordnung der Regulierungsbehörde gemäß § 70 ist auf Basis der gemäß Abs. 1 festgestellten Kosten ein Entgelt zu bestimmen, welches von einem in der Verordnung zu bestimmenden Verteilernetzbetreiber des jeweiligen Netzbereiches zu entrichten ist. Der vom jeweiligen Netzbereich zu tragende Anteil am Entgelt für den Verteilergebietsmanager bestimmt sich daher einerseits nach der an Endverbraucher abgegebenen Arbeit (kWh) im jeweiligen Netzbereich, wobei beim Verteilergebietsmanager resultierende Kosten gemäß § 74 für die Buchung der Ausspeisepunkte des Fernleitungsnetzes ins Verteilernetz hiervon ausgenommen sind. Die Kosten des Verteilergebietsmanagers für die Buchung der Ausspeisepunkte aus dem Fernleitungsnetz ins Verteilernetz gemäß § 74 andererseits sind pro Verteilernetzbetreiber auf Basis der Entgeltermittlung und Kostenwälzung gemäß § 83 Abs. 3 bzw. vom jeweiligen Verteilernetzbetreiber am jeweiligen Ausspeisepunkt des Fernleitungsnetzes dem Verteilergebietsmanager zu ersetzen.

Maßnahmen zur Beseitigung von kurz- oder mittelfristigen Kapazitätsengpässen

§ 25. Sofern der Verteilergebietsmanager kurzfristig die Notwendigkeit für Maßnahmen zur Beseitigung von saisonalen Kapazitätsengpässen erkennt, hat er dem Marktgebietsmanager, den betroffenen Netzbetreibern, Bilanzgruppenverantwortlichen, Versorgern, Bilanzgruppenkoordinatoren, Speicherunternehmen bzw. Betreibern von Produktionsanlagen von der Notwendigkeit für Maßnahmen zur Beseitigung von saisonalen Kapazitätsengpässen zu berichten und gemeinsam mit diesen Unternehmen einen entsprechenden Maßnahmenplan zu erarbeiten. Ausgenommen von dieser Verpflichtung sind Maßnahmen, welche die Produktion oder die Speicherung betreffen und dem Mineralrohstoffgesetz unterliegen. Die betroffenen Unternehmen sind zur Mitwirkung nach Kräften verpflichtet. Der Verteilergebietsmanager hat den Maßnahmenplan unverzüglich der Regulierungsbehörde zur Kenntnis zu bringen.

Allgemeine Bedingungen des Verteilergebietsmanagers

§ 26. (1) Die Allgemeinen Bedingungen des Verteilergebietsmanagers regeln einerseits das Rechtsverhältnis zwischen dem Verteilergebietsmanager und den Bilanzgruppenverantwortlichen (AB VGM-BGV) und andererseits zwischen dem Verteilergebietsmanager und den Netzbetreibern (AB VGM-Netz). Die Allgemeinen Bedingungen des Verteilergebietsmanagers sowie deren Änderungen bedürfen der Genehmigung der Regulierungsbehörde. Diese Genehmigung ist unter Auflagen, Bedingungen oder befristet zu erteilen, soweit dies zur Erfüllung der Vorschriften dieses Gesetzes erforderlich ist. Die Befristung darf einen Zeitraum von drei Jahren nicht unterschreiten. Verteilergebietsmanager sind verpflichtet, soweit dies zur Erfüllung der Vorschriften dieses Gesetzes erforderlich ist, die Allgemeinen Bedingungen auf Aufforderung der Regulierungsbehörde zu ändern oder neu zu erstellen.

(2) Die Allgemeinen Bedingungen des Verteilergebietsmanager dürfen nicht diskriminierend sein und keine missbräuchlichen Praktiken oder ungerechtfertigten Beschränkungen enthalten und die Versorgungssicherheit nicht gefährden. Insbesondere sind sie so zu gestalten, dass

1. die Erfüllung der dem Marktgebietsmanager, dem Verteilergebietsmanager, den Bilanzgruppenverantwortlichen und den Netzbetreibern obliegenden Aufgaben gewährleistet ist;
2. sie nicht im Widerspruch zu bestehenden Rechtsvorschriften stehen.

(3) Die AB VGM-BGV haben insbesondere zu enthalten:

1. die Rechte und Pflichten der Vertragspartner, insbesondere zur Einhaltung der Sonstigen Marktregeln;
2. die Abwicklung des Nominierungs- und Fahrplanmanagements durch den Verteilergebietsmanager;
3. das Verfahren betreffend die Verwaltung von Kapazitäten von Kunden durch die Bilanzgruppenverantwortlichen;
4. das Ausgleichsenergiemanagement durch den Verteilergebietsmanager im Verteilergebiet;
5. die Festlegung der zwischen den Vertragspartnern auszutauschenden Daten;
6. das Verfahren und die Modalitäten für den Netzzugang im Verteilernetz (§ 27) bzw. den Wechsel des Versorgers oder der Bilanzgruppe (§ 123);
7. Bestimmungen gemäß § 27 Abs. 2 über die Freigabe nicht genutzter kommittierter Netzkapazitäten.

(4) Die AB VGM-Netz haben insbesondere zu enthalten:

1. die Rechte und Pflichten der Vertragspartner, insbesondere zur Einhaltung der Sonstigen Marktregeln;
2. das Verfahren und die Modalitäten für Anträge auf Netzzugang;
3. die technischen Mindestanforderungen für den Netzzugang;
4. das Allokationsverfahren betreffend die Zuordnung von Netzkapazitäten;
5. die Festlegung der zwischen den Vertragspartnern auszutauschenden Daten, insbesondere Netzdaten sowie Informationen betreffend Versorgerwechsel;
6. die Verpflichtung der Verteilernetzbetreiber zur Feststellung der Gasbeschaffenheit an den Einspeisepunkten;
7. die Vorgangsweise bei der Meldung von technischen Gebrechen und Störfällen und deren Behebung;
8. das von den Verteilernetzbetreibern gemäß § 24 zu leistende Entgelt;
9. Vorschriften betreffend Zahlung und Rechnungslegung;
10. Bestimmungen gemäß § 27 Abs. 2 über die Freigabe nicht genutzter kommittierter Netzkapazitäten.

2. Hauptstück
Allgemeine Rechte und Pflichten der Netzbetreiber

1. Abschnitt
Netzzugang

Netzzugang im Verteilernetz

§ 27. (1) Der Netzbetreiber, an dessen Netz die Kunden-, Produktions-, Speicher- bzw. Erdgasleitungsanlage, für die Netzzugang begehrt wird, angeschlossen ist, ist verpflichtet, dem Netzzugangsberechtigten Netzzugang zu den Allgemeinen Bedingungen und dem mit Verordnung festgelegten Systemnutzungsentgelt zu gewähren. Insoweit sich das Netzzugangsbegehren auch auf die, dem jeweiligen Verteilernetz vorgelagerten Erdgasleitungen bezieht, hat der Netzbetreiber das Netzzugangsbegehren dem Verteilergebietsmanager unverzüglich zur weiteren Veranlassung zu übermitteln. Die betroffenen Erdgasunternehmen haben zu diesem Zweck zivilrechtliche Verträge zu Gunsten des Netzzugangsberechtigten abzuschließen. Die für den Kunden bisher im Leitungsnetz verwendete Leitungskapazität bis zum Virtuellen Handelspunkt steht dem Kunden auch im Falle eines Versorgerwechsels und bei der Versorgung durch mehrere Versorger zur Verfügung. Bei der Versorgung durch mehrere Versorger ist jener Teil der bisher für den Kunden im Leitungsnetz verwendeten Kapazität, die vom hinzukommenden Versorger für die Teilversorgung des Kunden benötigt wird, vom bisherigen Versorger zur Verfügung zu stellen. Die Abrechnung der Ausgleichsenergie des durch mehrere Versorger versorgten Kunden ist in jener Bilanzgruppe abzuwickeln, der der Zählpunkt des jeweiligen Kunden zugeordnet ist.

(2) Die Bilanzgruppen haben die ihnen aufgrund von Netzzugangsanträgen bzw. Anträgen auf Kapazitätserweiterung bzw. Versorgerwechseln vom Verteilergebietsmanager an der Summe der Ausspeisepunkte der Fernleitungsnetze zu den Verteilernetzen im Marktgebiet zu ihren Gunsten zugeordneten Kapazitäten an ihre tatsächlichen Kapazitätsbedürfnisse anzupassen und im Engpassfall im Rahmen der zugeordneten Kapazitäten notwendige Mindesteinspeisungen über Abruf des Verteilergebietsmanagers vorzunehmen, sofern sie nicht durch höhere Gewalt oder sonstige nicht vorhersehbare oder beeinflussbare Ereignisse, wie etwa Wartungs- und Instandhaltungsarbeiten in vorgelagerten Netzen gehindert sind, dieser Verpflichtung nachzukommen. Nicht genutzte kommittierte Transportkapazitäten müssen Dritten zugänglich gemacht werden. Werden die Leitungskapazitäten nicht oder nicht rechtzeitig angemeldet, besteht ein Anspruch auf Netzzugang nur nach Maßgabe der freien Leitungskapazitäten.

(3) Jeder Zählpunkt ist durch den Netzbetreiber einer Netzbenutzerkategorie zuzuordnen. Die Regulierungsbehörde hat mit Verordnung Netzbenutzerkategorien, jeweils getrennt nach Einspeisern und Entnehmern sowie den Zeitrahmen für diese Zuordnung festzulegen.

Bedingungen des Netzzugangs zu Verteilerleitungsanlagen

§ 28. (1) Die Allgemeinen Verteilernetzbedingungen sowie deren Änderungen bedürfen der Genehmigung der Regulierungsbehörde. Diese Genehmigung ist erforderlichenfalls unter Auflagen oder Bedingungen zu erteilen, soweit dies zur Erfüllung der Vorschriften dieses Gesetzes erforderlich ist. Verteilernetzbetreiber sind verpflichtet, soweit dies zur Erreichung eines wettbewerbsorientierten Marktes erforderlich ist, die Allgemeinen Verteilernetzbedingungen auf Aufforderung der Regulierungsbehörde zu ändern. Die Regulierungsbehörde kann auch verlangen, dass die Frist innerhalb derer auf Verlangen eines Kunden dessen Zählpunktsbezeichnung ihm oder einem Bevollmächtigten in einem gängigen Datenformat in elektronischer Form zur Verfügung zu stellen ist oder ein Versorgerwechsel durchzuführen ist, in die Allgemeinen Bedingungen aufgenommen wird. Die genehmigten Allgemeinen Verteilernetzbedingungen sind im Internet zu veröffentlichen.

(2) Die Allgemeinen Verteilernetzbedingungen dürfen nicht diskriminierend sein und keine missbräuchlichen Praktiken oder ungerechtfertigten Beschränkungen enthalten und weder die Versorgungssicherheit noch die Dienstleistungsqualität gefährden. Insbesondere sind sie so zu gestalten, dass

1. die Erfüllung der dem Verteilernetzbetreiber obliegenden Aufgaben gewährleistet ist;
2. die Leistungen der Netzbenutzer mit den Leistungen des Verteilernetzbetreibers in einem sachlichen Zusammenhang stehen;
3. die wechselseitigen Verpflichtungen ausgewogen und verursachungsgerecht zugewiesen sind;
4. sie Festlegungen über technische Anforderungen für den Anschluss an das Netz im Netzanschlusspunkt und für alle Vorkehrungen, um störende Rückwirkungen auf das Netz des Netzbetreibers oder andere Anlagen zu verhindern, enthalten;
5. sie objektive Kriterien für die Übernahme von Erdgas aus einem anderen Netzbereich sowie die Nutzung von Verbindungsleitungen festlegen;
6. sie Regelungen über die Zuordnung der Kostentragung enthalten, die sich an der Kostenverursachung orientieren;
7. sie klar und übersichtlich gefasst sind;
8. sie Definitionen der nicht allgemein verständlichen Begriffe enthalten;
9. sie nicht im Widerspruch zu bestehenden Rechtsvorschriften stehen.

(3) Die Allgemeinen Verteilernetzbedingungen haben insbesondere zu enthalten:

1. die Rechte und Pflichten der Vertragspartner, insbesondere zur Einhaltung der Sonstigen Marktregeln;
2. die technischen Mindestanforderungen für den Netzzugang;
3. jene Qualitätsanforderungen, die für die Einspeisung und den Transport von Erdgas und biogenen Gasen gelten;
4. die möglichen Einspeisepunkte für Erdgas und biogene Gase;
5. das Verfahren und die Modalitäten für Anträge auf Netzzugang;
6. das Verfahren und die Modalitäten für den Wechsel des Versorgers oder der Bilanzgruppe (§ 123);
7. die von den Netzbenutzern zu liefernden Daten;

8. die Verpflichtung der Netzbenutzer, die Inanspruchnahme von ihnen gebuchter Kapazität unter Einhaltung der in den Marktregeln definierten Fristen per Fahrplan anzumelden;
9. eine Frist von höchstens 14 Tagen ab Einlangen, innerhalb der der Verteilernetzbetreiber das Begehren auf Netzzugang zu beantworten hat; im Wechselprozess wird diese Frist in der Verordnung gemäß § 123 Abs. 5 festgelegt;
10. die grundlegenden Prinzipien für die Verrechnung;
11. die Vertragsdauer, Bedingungen für eine Verlängerung und Beendigung der Leistungen und des Vertragsverhältnisses;
12. etwaige Entschädigungs- und Erstattungsregelungen bei Nichteinhaltung der vertraglich vereinbarten Leistungsqualität und einen Hinweis auf gesetzlich vorgesehene Streitbeilegungsverfahren;
13. Art und Form der Rechnungslegung;
14. die Vorgangsweise bei der Meldung von technischen Gebrechen und Störfällen und deren Behebung;
15. die Verpflichtung von Netzzugangsberechtigten zur Vorauszahlung oder Sicherheitsleistung (Barsicherheit, Bankgarantie, Hinterlegung von nicht vinkulierten Sparbüchern) in angemessener Höhe, insoweit nach den Umständen des Einzelfalles zu erwarten ist, dass der Netzbenutzer seinen Zahlungsverpflichtungen nicht oder nicht zeitgerecht nachkommt;
16. Modalitäten, zu welchen der Kunde verpflichtet ist, Teilbetragszahlungen zu leisten, wobei eine Zahlung zumindest zehnmal jährlich jedenfalls anzubieten ist;
17. den Zeitraum, innerhalb dessen Kundenanfragen jedenfalls zu beantworten sind.

In den Allgemeinen Verteilernetzbedingungen können auch Normen und Regelwerke der Technik (Regeln der Technik) in ihrer jeweils geltenden Fassung für verbindlich erklärt werden.

(4) Die Netzbetreiber haben die Kunden vor Vertragsabschluss über die wesentlichen Inhalte der Allgemeinen Bedingungen zu informieren. Zu diesem Zweck ist dem Kunden ein Informationsblatt auszuhändigen. Die Netzbetreiber haben Netzbenutzern transparente Informationen über geltende Preise und Tarife zu gewähren. Die im Anhang I der Richtlinie 2009/73/EG festgelegten Maßnahmen zum Schutz der Kunden sind einzuhalten. Die Allgemeinen Netzbedingungen sind den Kunden über Verlangen auszufolgen.

Änderung von Netzbedingungen

§ 29. Werden neue Allgemeine Netzbedingungen genehmigt, hat der Netzbetreiber dies binnen vier Wochen nach der Genehmigung den Netzbenutzern in einem persönlich an sie gerichteten Schreiben bekannt zu geben und ihnen diese auf deren Wunsch zuzusenden. In diesem Schreiben oder auf der Rechnung sind die Änderungen der Allgemeinen Bedingungen und die Kriterien, die bei der Änderung nach diesem Bundesgesetz einzuhalten sind, nachvollziehbar wiederzugeben. Nach Ablauf von drei Monaten ab der Mitteilung gelten die Änderungen ab dem folgenden Monatsersten als vereinbart.

Qualitätsstandards für die Netzdienstleistung für an das Netz angeschlossene Endverbraucher

§ 30. (1) Die Regulierungsbehörde hat über die in diesem Gesetz festgelegten Aufgaben und Pflichten der Netzbetreiber hinaus Standards für Netzbetreiber bezüglich der Sicherheit, Zuverlässigkeit und Qualität der gegenüber den Netzbenutzern und anderen Marktteilnehmern erbrachten Dienstleistungen und Kennzahlen zur Überwachung der Einhaltung der Standards mit Verordnung festzulegen. Es sind etwaige Entschädigungs- und Erstattungsregelungen bei Nichteinhaltung der Standards für Netzbetreiber in der Verordnung festzulegen, wenn die Einhaltung der festgelegten Standards ansonsten nicht vollständig gewährleistet ist. Der Verordnungserlassung hat ein allgemeines Begutachtungsverfahren voranzugehen, bei dem insbesondere den betroffenen Netzbetreibern Gelegenheit zur Stellungnahme einzuräumen ist.

(2) Diese Standards können insbesondere umfassen:

1. die Sicherheit und Zuverlässigkeit des Netzbetriebes einschließlich Dauer und Häufigkeit der Versorgungsunterbrechungen;
2. Fristen für die Herstellung von Anschlüssen an das Netz und die Vornahmen von Reparaturen bzw. die Ankündigung von Versorgungsunterbrechungen;
3. Fristen zur Beantwortung von Anfragen zur Erbringung der Netzdienstleistung;
4. Beschwerdemanagement.

(3) Auf die in der Verordnung festzulegenden Standards für Netzbetreiber ist in deren Allgemeinen Bedingungen zu verweisen, insoweit sie die Rechte und Pflichten des Netzbetreibers gegenüber den Netzzugangsberechtigten betreffen.

(4) Die Netzbetreiber haben die in der Verordnung festgelegten Kennzahlen jährlich der Regulierungsbehörde zu übermitteln und zu veröffentlichen.

Netzzugang im Fernleitungsnetz

§ 31. (1) Der Fernleitungsnetzbetreiber, dessen Netz für die Ein- bzw. für die Ausspeisung in das bzw. aus dem Marktgebiet genutzt werden soll, ist verpflichtet, unter Berücksichtigung der Regelung gemäß Abs. 4 dem Netzzugangsberechtigten Netzzugang zu den Allgemeinen Bedingungen und dem mit Verordnung festgelegten Systemnutzungsentgelt zu gewähren.

(2) Der Zugang zu Fernleitungsnetzen erfolgt grundsätzlich durch Buchung von frei zuordenbaren und handelbaren Kapazitäten an Ein- und Ausspeisepunkten in das bzw. aus dem Fernleitungsnetz und durch die Einbringung der gebuchten Kapazitäten in eine Bilanzgruppe.

(3) Kapazitätsrechte an Einspeisepunkten berechtigen zur Einspeisung von Gasmengen in das Fernleitungsnetz und zum Transport der Gasmengen zum Virtuellen Handelspunkt des Marktgebiets. Kapazitätsrechte an Ausspeisepunkten berechtigen zum Transport vom Virtuellen Handelspunkt zum Ausspeisepunkt und zur Ausspeisung dieser Gasmengen aus dem Fernleitungsnetz. Der Handel ist ausschließlich am Virtuellen Handelspunkt durchzuführen und unterliegt den allgemeinen Bedingungen des Betreibers des Virtuellen Handelspunktes. Sie sind insbesondere so zu gestalten, dass die Erfüllung der dem Betreiber des Virtuellen Handelspunktes obliegenden Aufgaben gewährleistet ist. Für die Genehmigung der Allgemeinen Bedingungen des Betreibers des Virtuellen Handelspunktes sowie für jede Änderung ist die Regulierungsbehörde zuständig. Die Genehmigung ist unter Auflagen oder Bedingungen zu erteilen soweit dies zur Erfüllung der Vorschriften dieses Gesetzes erforderlich ist. Der Betreiber des Virtuellen Handelspunktes hat auf Verlangen der Regulierungsbehörde, soweit dies zur Erfüllung der Vorschriften dieses Gesetzes erforderlich ist, Änderungen der Allgemeinen Bedingungen vorzunehmen. An den Ausspeisepunkten des Fernleitungsnetzes in das Verteilernetz im Marktgebiet schließen die Fernleitungsnetzbetreiber ausschließlich mit dem Verteilergebietsmanager Kapazitätsverträge ab. Bilanzgruppen, die auch im Verteilernetz registriert sind, sind zur Ausspeisung von Gasmengen zu Verteilernetzen im Marktgebiet im Ausmaß der vom Verteilergebietsmanager der Bilanzgruppe jeweils zugeordneten Kapazität und zum Transport dieser Gasmengen vom Virtuellen Handelspunkt zum Ausspeisepunkt in das Verteilernetz berechtigt.

(4) Der Anschluss von neuen Industriekundenanlagen an ein Fernleitungsnetz kann erfolgen, wenn der Verteilernetzbetreiber, in dessen Verteilergebiet die anzuschließende Anlage liegt, den Netzanschluss gemäß § 33 Abs. 1 verweigert hat. Dies ist vom Industriekunden dem Fernleitungsnetzbetreiber nachzuweisen.

(5) Jeder Zählpunkt ist durch den Netzbetreiber einer Netzbenutzerkategorie zuzuordnen. Die Regulierungsbehörde hat mit Verordnung Netzbenutzerkategorien, jeweils getrennt nach Einspeisern und Entnehmern, und den Zeitrahmen für diese Zuordnung festzulegen.

Bedingungen des Netzzugangs zu Fernleitungen

§ 32. (1) Für die Genehmigung der Allgemeinen Bedingungen für den Netzzugang zu Fernleitungsnetzen sowie für jede Änderung ist die Regulierungsbehörde zuständig. Die Genehmigung ist unter Auflagen oder Bedingungen zu erteilen, soweit dies zur Erfüllung der Vorschriften dieses Gesetzes erforderlich ist. Die Fernleitungsnetzbetreiber haben, soweit dies zur Erfüllung der Vorschriften dieses Gesetzes erforderlich ist, auf Verlangen der Regulierungsbehörde Änderungen der Allgemeinen Bedingungen vorzunehmen. Die genehmigten Allgemeinen Bedingungen sind in deutscher und englischer Sprache im Internet zu veröffentlichen.

(2) Die Allgemeinen Bedingungen für den Netzzugang zu Fernleitungsnetzen dürfen nicht diskriminierend sein und keine missbräuchlichen Praktiken oder ungerechtfertigten Beschränkungen enthalten und weder die Versorgungssicherheit noch die Dienstleistungsqualität gefährden. Insbesondere sind sie so zu gestalten, dass

1. die Erfüllung der dem Fernleitungsnetzbetreiber obliegenden Aufgaben gewährleistet ist;
2. die Leistungen der Netzbenutzer mit den Leistungen des Fernleitungsnetzbetreiber in einem sachlichen Zusammenhang stehen;
3. die wechselseitigen Verpflichtungen ausgewogen und verursachungsgerecht zugewiesen sind;
4. sie Festlegungen über technische Anforderungen für den Anschluss an das Netz im Netzanschlusspunkt und für alle Vorkehrungen, um störende Rückwirkungen auf das Netz des Fernleitungsnetzbetreiber oder andere Anlagen zu verhindern, enthalten;
5. sie Regelungen über die Zuordnung der Kostentragung enthalten, die sich an der Kostenverursachung orientieren;
6. sie klar und übersichtlich gefasst sind;
7. sie Definitionen der nicht allgemein verständlichen Begriffe enthalten und
8. sie nicht im Widerspruch zu bestehenden Rechtsvorschriften stehen.

(3) Die Allgemeinen Bedingungen für den Netzzugang zu Fernleitungsnetzen haben insbesondere zu enthalten:

1. die Rechte und Pflichten der Vertragspartner;
2. die technischen Mindestanforderungen für den Netzzugang;
3. jene Qualitätsanforderungen, die für die Einspeisung und den Transport von Erdgas gelten;
4. die möglichen Einspeise- und Ausspeisepunkte für Erdgas;
5. die verschiedenen von den Fernleitungsnetzbetreiber im Rahmen des Netzzugangs zur Verfügung zu stellenden Dienstleistungen und angebotenen Qualitätsstufen;
6. das Verfahren und die Modalitäten für Anträge auf Netzzugang;
7. wirksame Bestimmungen, nach welchen Kriterien und in welcher Weise nicht genutzte kommittierte Netzkapazitäten Dritten zugänglich gemacht werden müssen;

8. die von den Netzbenutzern zu liefernden Daten;
9. die Verpflichtung der Netzbenutzer, die Inanspruchnahme von ihnen gebuchter Kapazität unter Einhaltung der in den Marktregeln definierten Fristen zu nominieren;
10. eine Frist von höchstens zehn Tagen ab Einlangen, innerhalb der das Fernleitungsnetzbetreiber auch in Zusammenwirken mit anderen Fernleitungsnetzbetreiber das Begehren auf Netzzugang zu beantworten hat;
11. die Vertragsdauer, Bedingungen für eine Verlängerung und Beendigung der Leistungen und des Vertragsverhältnisses;
12. etwaige Entschädigungs- und Erstattungsregelungen bei Nichteinhaltung der vertraglich vereinbarten Leistungsqualität sowie einen Hinweis auf gesetzlich vorgesehene Streitbeilegungsverfahren;
13. die grundlegenden Prinzipien für die Verrechnung;
14. die Art und Form der Rechnungslegung;
15. die Entgeltregelung für die Buchung von Kapazitäten und
16. die Vorgangsweise bei der Meldung von technischen Gebrechen und Störfällen und deren Behebung.

In den Allgemeinen Bedingungen können auch Normen und Regelwerke der Technik (Regeln der Technik) in ihrer jeweils geltenden Fassung für verbindlich erklärt werden.

Verweigerung des Netzzugangs

§ 33. (1) Der Netzzugang kann aus nachstehenden Gründen verweigert werden:

1. außergewöhnliche Netzzustände (Störfälle);
2. mangelnde Netzkapazitäten oder mangelnder Netzverbund;
3. wenn der Netzzugang einen Netzbetreiber daran hindern würde, die ihm auferlegten gemeinwirtschaftlichen Verpflichtungen gemäß § 5 zu erfüllen;
4. wenn der Netzzugang für einen Kunden abgelehnt wird, der in dem Staat, in dem der Versorger oder ein diesen beherrschendes Unternehmen seinen Sitz hat, mangels Rechtsanspruch keinen Netzzugang hätte und dies von der Regulierungsbehörde festgestellt wird;
5. wenn die technischen Spezifikationen nicht auf zumutbare Art und Weise miteinander in Übereinstimmung gebracht werden können.

Der Netzbetreiber, an dessen Netz die Kundenanlage angeschlossen ist bzw. für dessen Ein- oder Ausspeisepunkt Netzzugang begehrt wurde, hat die Verweigerung des Netzzugangs gegenüber dem Netzzugangsberechtigten schriftlich zu begründen. Erfolgt die Netzzugangsverweigerung über Veranlassung eines dritten Erdgasunternehmens, ist in der Begründung auch jenes Erdgasunternehmen zu benennen, über dessen Veranlassung die Netzzugangsverweigerung erfolgt.

(2) Im Falle der Verweigerung des Netzzugangs gemäß Abs. 1 Z 2 für Transporte im Verteilernetz hat der Netzzugangsberechtigte die Möglichkeit, einen Antrag auf Kapazitätserweiterung zu stellen. Der diesem Antrag zugrunde liegende Kapazitätsbedarf ist bei der Erstellung der langfristigen und integrierten Planung vom Verteilergebietsmanager zu berücksichtigen. Dem Antrag ist unter Einhaltung nachstehender Grundsätze stattzugeben:

1. die langfristige und integrierte Planung, die die notwendigen Umsetzungsmaßnahmen zur Befriedigung des dem Antrag auf Kapazitätserweiterung zugrunde liegenden Kapazitätsbedarfs enthält, wurde durch die Regulierungsbehörde genehmigt;
2. allenfalls erforderliche Verträge der betroffenen Fernleitungs- und Verteilernetzbetreiber wurden mit dem Verteilergebietsmanager hinsichtlich der Umsetzung der in der langfristigen und integrierten Planung vorgesehenen Maßnahmen abgeschlossen;
3. die Stattgebung des Antrages auf Kapazitätserweiterung kann unter allfälligen Bedingungen erfolgen.

(3) Bei Netzzugangsverweigerung über Verschulden eines dritten Erdgasunternehmens ist dem Verteilergebietsmanager der Rückersatz des dem Netzzugangsberechtigten gewährten Schadenersatzes gemäß § 1313 ABGB vorbehalten. Mit einem Erdgasunternehmen verbundene Erdgasunternehmen (§ 7 Abs. 1 Z 64) haften zu ungeteilter Hand.

(4) Die Regulierungsbehörde hat über Antrag desjenigen, der behauptet, durch die Verweigerung des Netzzugangs in seinem gesetzlich eingeräumten Recht auf Gewährung des Netzzugangs verletzt worden zu sein, festzustellen, ob die Voraussetzungen für die Verweigerung eines Netzzugangs zutreffen. Antragsgegner sind

1. in jenen Fällen, in denen der Zugang zum Netz, an das die Kundenanlage angeschlossen ist bzw. für dessen Ein- oder Ausspeisepunkt Netzzugang begehrt wird, verweigert wird, der Betreiber dieses Netzes;
2. in allen übrigen Fällen, für die Netzzugang für eine Kundenanlage begehrt wurde, der Verteilergebietsmanager, in dessen Verteilergebiet die Kundenanlage liegt, sowie der Netzbetreiber, über dessen Veranlassung die Netzzugangsverweigerung erfolgt ist.

Die Frist, innerhalb der die Regulierungsbehörde zu entscheiden hat, beträgt in den Fällen des Abs. 1 Z 1, 2, 4 und 5 ein Monat ab Einlangen des Antrags.

(5) Der Antragsgegner hat das Vorliegen der Verweigerungstatbestände gemäß Abs. 1 nachzuweisen. Erfolgt die Netzzugangsverweigerung über Veranlassung eines dritten Erdgasunternehmens, kann dieser Nachweis auch von diesem Erdgasunternehmen erbracht werden. Die Regulierungsbehörde hat in jeder Lage des Verfahrens auf eine gütliche Einigung zwischen Netzzugangsberechtigtem und Netzbetreiber (Erdgasunternehmen) hinzuwirken.

(6) Wird festgestellt, dass der Netzzugang zu Unrecht verweigert worden ist, so haftet dem betroffenen Netzzugangsberechtigten das Erdgasunternehmen, welches den Netzzugang zu Unrecht verweigert hat, für den durch die Netzzugangsverweigerung nachweislich entstandenen Schaden. Die Regulierungsbehörde hat im Falle der Beteiligung mehrerer Erdgasunternehmen in ihrer Entscheidung festzustellen, welches Erdgasunternehmen den Netzzugang zu Unrecht verweigert hat.

2. Abschnitt
Festlegungen zum Netzzugang

Kapazitätsermittlung

§ 34. (1) Der Marktgebietsmanager ermittelt unter Mitwirkung der Fernleitungsnetzbetreiber sowie des Verteilergebietsmanagers eine auf unterschiedlichen Lastflussszenarien basierende gemeinsame Prognose für den Bedarf an Kapazitäten und die Belastung der Netze des Marktgebiets für die nächsten zehn Jahre. Die Prognose ist alle zwei Jahre zu aktualisieren und mit ENTSO (Gas) und den Netzzugangsberechtigten zu konsultieren.

(2) Fernleitungsnetzbetreiber, die über Netzkopplungspunkte verbundene Netze betreiben, sowie der Verteilergebietsmanager für die ihm zur Steuerung übertragenen Verteilerleitungsanlagen gemäß Anlage 1 haben bei der Berechnung und Ausweisung von technischen Kapazitäten mit dem Ziel zusammenzuarbeiten, in möglichst hohem Umfang aufeinander abgestimmte Kapazitäten in den miteinander verbundenen Netzen ausweisen zu können. Die erforderlichen Berechnungen der Kapazitäten erfolgen auf Basis von Lastflusssimulationen nach dem Stand der Technik mit dem Ziel, den in der gemeinsamen Prognose nach Abs. 1 ermittelten Bedarf möglichst weitgehend zu decken. Die Berechnungen umfassen zumindest die Fernleitungsnetze des Marktgebietes sowie die Verteilerleitungsanlagen gemäß Anlage 1 und berücksichtigen die angrenzenden Netze in geeigneter Weise.

Erhöhung der ausweisbaren Kapazität

§ 35. (1) Führt die Ermittlung der Kapazitäten nach § 34 Abs. 2 zu dem Ergebnis, dass Kapazitäten dauerhaft nicht in einem Maß angeboten werden können, das der Nachfrage nach Kapazität und der Prognose nach § 34 Abs. 1 entspricht, hat der Marktgebietsmanager die Anwendung geeigneter Maßnahmen zu koordinieren, die die Ermittlung eines entsprechend erhöhten Kapazitätsangebotes ermöglichen. Netznutzungsentgelte für Transporte im Verteilernetz gemäß dem ersten Satz sind von der Regulierungsbehörde gemäß § 70 zu bestimmen und vom Verteilergebietsmanager einzuheben. Die Fernleitungsnetzbetreiber sind verpflichtet mit dem Marktgebietsmanager diesbezüglich zusammenzuarbeiten und die geeigneten Maßnahmen umzusetzen. Die Maßnahmen sind der Regulierungsbehörde unverzüglich anzuzeigen.

(2) Führt die Anwendung der Maßnahmen gemäß Abs. 1 nicht zur Deckung der Kapazitätsnachfrage und liegen dauerhaft oder häufig hohe tatsächliche Lastflüsse vor und sind in Zukunft keine niedrigeren Lastflüsse zu erwarten, haben die Fernleitungsnetzbetreiber den bedarfsgerechten Ausbau des Netzes zu prüfen und bei der Erstellung des Netzentwicklungsplans entsprechend zu berücksichtigen. Dies gilt entsprechend, wenn die Prognose gemäß § 34 Abs. 1 dauerhaft oder häufig hohe tatsächliche Lastflüsse erwarten lässt.

Kapazitätsangebot und -zuweisung

§ 36. (1) Die Fernleitungsnetzbetreiber bieten feste und unterbrechbare Kapazitäten an. Fernleitungsnetzbetreiber haben die Kapazitäten in einer Weise anzubieten, die es ermöglicht, die angebotenen Kapazitäten ohne Festlegung eines Transportpfades und ohne sonstige zusätzliche Voraussetzungen zu buchen und zu nutzen. Netzbenutzern ist zu ermöglichen, an buchbaren Punkten unabhängig voneinander, in unterschiedlicher Höhe und zeitlich voneinander abweichend Kapazitäten zu buchen.

(2) Die nach den § 34 und § 35 ermittelten Kapazitäten sind den Netzbenutzern mindestens auf Jahres-, Monats- und Tagesbasis für alle buchbaren Punkte anzubieten. Der Anteil der Kapazität, der den jeweiligen Verträgen unterschiedlicher Laufzeit zugewiesen wird, bestimmt sich nach der Nachfrage.

Angebot unterbrechbarer Kapazitäten

§ 37. (1) Unterbrechbare Kapazitäten unterscheiden sich von festen Kapazitäten nur durch die Unterbrechbarkeit selbst und das gemäß §§ 72 ff zu bemessende Entgelt.

(2) Unterbrechbare Kapazitäten sind in einer Weise anzubieten, dass sie den Teil der Kapazität der Netze nutzbar machen, der von den Inhabern fester Kapazitäten nicht genutzt wird oder nicht im Voraus sicher berechenbar ist.

(3) Ursächlich für die Unterbrechung darf nur die absehbare Undurchführbarkeit der insgesamt unterbrechbar nominierten Transporte unter Ausschöpfung aller auch kurzfristigen koordinierten

Möglichkeiten der Netzbetreiber sein. Eine Unterbrechung soll so rechtzeitig vor Eintritt der Unterbrechung angekündigt werden, dass der Netzbenutzer Ausgleichsmaßnahmen ergreifen kann.

Handel mit Kapazitätsrechten

§ 38. Netzbenutzer können erworbene Rechte aus Kapazitätsverträgen ohne Zustimmung des Fernleitungsnetzbetreibers ganz oder teilweise an registrierte Netzbenutzer veräußern oder registrierten Netzbenutzern zur Nutzung überlassen. Netzbenutzer dürfen erworbene Kapazitätsrechte auf der gemeinsamen Online-Plattform gemäß § 39 oder nach Konsultation des Marktes in Kooperation mit dem Marktgebietsmanager über Börsehandel im Sekundärmarkt handeln.

Online-Plattform für das Angebot von Kapazitäten

§ 39. (1) Die Zuweisung von Kapazitäten ist über eine elektronische Online-Plattform je Marktgebiet abzuwickeln. Die Plattform ist nutzerfreundlich zu gestalten und hat insbesondere Verfahren zur anonymen Abwicklung des Kapazitätshandels zu ermöglichen. Die elektronische Online-Plattform ist zumindest in deutscher und englischer Sprache zur Verfügung zu stellen.

(2) Die Veröffentlichung von Informationen betreffend das Marktgebiet gemäß der Verordnung (EG) Nr. 715/2009 für maßgebliche Punkte im Fernleitungsnetz hat über die elektronische Online-Plattform zu erfolgen. Die maßgeblichen Punkte sind von den Fernleitungsnetzbetreibern festzulegen und von der Regulierungsbehörde zu genehmigen.

(3) Die Veröffentlichung von Informationen betreffend das Verteilergebiet, insbesondere die Veröffentlichung der Information gemäß § 18 Abs. 1 Z 19, hat über die elektronische Online-Plattform zu erfolgen.

(4) Der Marktgebietsmanager bietet über die elektronische Online-Plattform einen Bilanzgruppenvertrag über die Einrichtung von Bilanzgruppen entsprechend § 91 Abs. 2 Z 1 an.

Anspruch auf Übertragung von Kapazitäten

§ 40. (1) Bei einem Versorgerwechsel kann der neue Versorger vom bisherigen Versorger die Übertragung der für die Versorgung dieses Kunden bisher tatsächlich genutzten Einspeisekapazitäten in das Marktgebiet verlangen, wenn die Versorgung des Kunden entsprechend der eingegangenen Lieferverpflichtung ansonsten nicht möglich ist. Dies ist gegenüber dem bisherigen Versorger zu begründen.

(2) Abs. 1 gilt auch bei der Versorgung eines Zählpunktes durch mehrere Versorger für die anteiligen Kapazitäten.

(3) Die Regulierungsbehörde hat über Antrag des neuen Versorgers festzustellen, ob die Übertragung der Einspeisekapazitäten vom bisherigen Versorger berechtigt verweigert wurde. Die vom bisherigen Versorger eingegangenen Verpflichtungen, die einer Übertragung entgegenstehen, sind hierbei zu berücksichtigen. Die Frist, innerhalb der die Regulierungsbehörde zu entscheiden hat, beträgt ein Monat ab Einlangen des Antrags.

Verfahren zur Festlegung durch Verordnung

§ 41. (1) Zur Verwirklichung eines effizienten Netzzugangs sowie einheitlicher Regeln für alle betroffenen Marktteilnehmer und der Ziele dieses Gesetzes kann die Regulierungsbehörde, unter Beachtung der Anforderungen eines sicheren und zuverlässigen Netzbetriebs sowie der Ausgewogenheit der Interessen der Marktteilnehmer für jedes Marktgebiet getrennt Festlegungen unter Berücksichtigung der gemäß Art. 6 der Verordnung (EG) Nr. 715/2009 angenommenen Netzkodizes und Leitlinien gemäß Art. 23 der Verordnung (EG) Nr. 715/2009 durch Verordnungen treffen. Sie hat vor dem Verordnungsverfahren eine öffentliche Konsultation zu den beabsichtigten Festlegungen gemäß Abs. 2 durchzuführen.

(2) Die Regulierungsbehörde kann nach Maßgabe des Abs. 1 Festlegungen treffen

1. zum Inhalt und zur Durchführung der gemeinsamen Prognose der Fernleitungsnetzbetreiber für den Bedarf an Kapazitäten und die Belastung der österreichischen Fernleitungsnetze für die nächsten zehn Jahre und der Kapazitätsermittlung gemäß § 34;
2. zu Maßnahmen zur Erhöhung der ausweisbaren Kapazität gemäß § 35, dabei kann auch die Möglichkeit der Vereinbarung von Zuordnungsauflagen begrenzt oder aufgehoben werden, wenn diese einer wettbewerblichen Entwicklung des Marktes entgegenstehen;
3. zu den Verfahren zur Ausschreibung von physikalischer Ausgleichsenergie und Ermittlung des Preises gemäß § 87, sowie zur Festlegung von Mindestangebotsgrößen, sowie die für die Berechnung und Zuweisung der Ausgleichsenergie von den Marktteilnehmern, Verteilernetzbetreibern und Bilanzgruppenverantwortlichen bereitzustellenden Daten;
4. zur Ausgestaltung und Anwendung von Standardlastprofilen und zur Anpassung der Grenzen für die Anwendung von Standardlastprofilen;
5. zur diskriminierungsfreien Errichtung und zum diskriminierungsfreien Betrieb der Online-Plattform gemäß § 39 und zu den Verfahren des Angebots von Kapazitäten auf dieser Plattform;
6. zu den Voraussetzungen und der Anwendung des Anspruches zur Übertragung von Kapazität gemäß § 40;

(3) Die Regulierungsbehörde kann Festlegungen treffen, sofern für die unten genannten Sachverhalte keine Regelungen durch Leitlinien des ENTSO (Gas) erfolgen oder die Fernleitungsunternehmen diese Leitlinien entsprechend ihrer zeitlichen Vorgabe nicht oder unterschiedlich umsetzen:

1. zum Angebot von Kapazitäten gemäß § 36; dabei können insbesondere das Kapazitätsangebot weiter ausdifferenziert werden und Festlegungen zum Anteil der verfügbaren Kapazität, der den jeweiligen Angeboten von Verträgen unterschiedlicher Laufzeit zugewiesen wird und zu abweichenden Laufzeiten getroffen werden;
2. zu unterbrechbaren Kapazitäten gemäß § 37; dabei kann insbesondere festgelegt werden, nach welchen Verfahren erforderliche Unterbrechungen auf die Nominierungen auf Basis unterbrechbarer Kapazitäten aufgeteilt werden;
3. zu den Zeitpunkten für die Kapazitätszuweisung der Kapazitäten unterschiedlicher Laufzeiten gemäß § 36 Abs. 2;
4. zu den Zeitpunkten der Nominierung;
5. zur Renominierung; dabei kann insbesondere ein Entgelt vorgesehen, eine abweichende Frist zwischen Renominierung und Erfüllung festgelegt und die Möglichkeit zur Renominierung eingeschränkt oder aufgehoben werden;
6. zu den Inhalten der Netzkopplungsverträge und der Netzzugangsverträge;
7. zu den Nachweisen und Sicherheitsleistungen, an die die Registrierung eines Netzbenutzers geknüpft werden kann;
8. zu den Bedingungen für die Erbringung von Ausgleichsleistungen im Fernleitungsnetz unter vorrangiger Inanspruchnahme des Virtuellen Handelspunktes.

(4) Die Regulierungsbehörde kann Festlegungen treffen zu den Bedingungen für die Erbringung von Ausgleichsleistungen im Marktgebiet, und zwar insbesondere zur Dauer der Ausgleichsperiode, Nominierungs- und Fahrplanabwicklung, Datenaustausch zwischen den Marktteilnehmern und der Definition des Gastags. Dabei ist abhängig von dem Ergebnis eines entsprechenden Konsultationsprozesses, in dem sämtliche betroffenen Marktteilnehmer einzubeziehen sind, auf eine Harmonisierung der Ausgleichsregeln in Fernleitungs- und Verteilernetz innerhalb von zwei Jahren ab dem Inkrafttreten des Netzkodex gemäß Art. 8 Abs. 6 lit. j der Verordnung (EG) Nr. 715/2009 hinzuwirken.

3. Abschnitt
Ausnahmen vom Netzzugang
Neue Infrastrukturen

§ 42. (1) Die Regulierungsbehörde kann auf Antrag mit Bescheid aussprechen, dass die Bestimmungen des § 27, des § 31, der § 69 bis § 84, der § 97 bis § 104 und des § 108 auf eine große neue Infrastruktur im Sinne des § 7 Abs. 1 Z 50 (Verbindungsleitung und Speicheranlagen) oder Teile davon für einen bestimmten Zeitraum keine Anwendung finden. Der Antrag hat jedenfalls nachstehende Unterlagen zu enthalten:

1. Die langfristigen ökonomischen Auswirkungen und die Konsequenzen für die Umweltziele gemäß Art. 17 der Verordnung (EU) 2020/852;

1a. das Ausmaß der Einschränkung des Rechtes auf Netz- bzw. Speicherzugang sowie dessen voraussichtliche Dauer und die an Stelle der oben angeführten gesetzlichen Bestimmungen tretenden Regeln;

2. den Kreis der von dieser Maßnahme betroffenen Kunden sowie das allenfalls nach Kundenkategorien differenzierte Ausmaß der Einschränkung ihrer Rechte gemäß § 27, § 31, § 69 bis § 84, § 97 bis § 104 und § 108;
3. geeignete Beweismittel, mit denen das Vorliegen folgender Voraussetzungen glaubhaft gemacht wird:

a) durch die Investition in die betroffene Verbindungsleitung oder Speicheranlage werden der Wettbewerb bei der Gasversorgung und die Versorgungssicherheit verbessert;
b) das mit der Investition verbundene Risiko ist so hoch, dass die Investition in die Verbindungsleitung oder Speicheranlage ohne Ausnahme gemäß Abs. 1 nicht getätigt werden würde;
c) die Infrastruktur steht im Eigentum einer natürlichen oder juristischen Person oder eingetragenen Personengesellschaft, die zumindest der Rechtsform nach von den Netzbetreibern getrennt ist, in deren Netzen die Infrastruktur geschaffen wird;
d) von den Nutzern dieser Infrastruktur werden Systemnutzungsentgelte oder Speicherentgelte eingehoben;
e) die Ausnahme gemäß Abs. 1 wirkt sich nicht nachteilig auf den Wettbewerb oder das effektive Funktionieren des Erdgasbinnenmarktes oder das effiziente Funktionieren der in § 27, § 31, § 69 bis § 84, § 97 bis § 104 und § 108 dargelegten Bestimmungen für die an die Verbindungsleitung oder Speicheranlage angeschlossenen Verteiler- und Fernleitungen und Speicheranlagen oder auf die Erdgasversorgungssicherheit der Union aus;
f) im Zusammenhang mit der großen neuen Infrastruktur stehende langfristige Verträge stehen mit den Wettbewerbsregeln in Einklang sowie

4. geeignete Beweismittel, mit denen die Übereinstimmung mit den Zielvorgaben gemäß § 4 glaubhaft gemacht wird.

(2) Abs. 1 gilt auch für jede Kapazitätsaufstockung bei vorhandenen Verbindungsleitungen oder Speicheranlagen und für Änderungen dieser Anlagen, die die Erschließung neuer Gasversorgungsquellen ermöglichen.

(3) Der Ausspruch einer Ausnahme gemäß Abs. 1 kann sich auf eine neue Verbindungsleitung oder Speicheranlage, eine erheblich vergrößerte vorhandene Verbindungsleitung oder Speicheranlage oder die Änderung einer vorhandenen Verbindungsleitung oder Speicheranlage in ihrer Gesamtheit oder auf Teile davon erstrecken.

(4) Der Antrag ist auf Aufforderung der Regulierungsbehörde abzuändern, soweit dies zur Erfüllung der Vorschriften und Ziele dieses Gesetzes erforderlich ist.

(5) Die Regulierungsbehörde kann einen Bescheid gemäß Abs. 1 unter Vorschreibung von Auflagen oder Bedingungen erlassen, soweit dies zur Erfüllung der Vorschriften und Ziele dieses Gesetzes erforderlich ist. Von § 108 kann die Regulierungsbehörde nur vorübergehende und teilweise Ausnahmen unter Vorschreibung von Auflagen und Bedingungen gewähren.

(6) Bei der Entscheidung gemäß Abs. 1 hat die Regulierungsbehörde insbesondere die Laufzeit von im Zusammenhang mit der großen neuen Infrastruktur stehenden langfristigen Verträgen, die neu zu schaffende Kapazität oder die Änderung der vorhandenen Kapazität und die zeitliche Grenze des Projekts sowie den nichtdiskriminierenden Zugang zu dieser neuen Infrastruktur zu berücksichtigen.

(7) Bei Ausspruch einer Ausnahme gemäß Abs. 1 können Regeln und Mechanismen für das Kapazitätsmanagement und die Kapazitätszuweisung festgelegt werden, wobei folgende Mindestkriterien einzuhalten sind:

1. in der Ausschreibung ist die zur Vergabe stehende technische Gesamtkapazität, die Anzahl und Größe der Anteile (Lots) sowie das Zuteilungsverfahren im Falle eines Nachfrageüberschusses bekannt zu geben;
2. es sind sowohl fixe als auch unterbrechbare Transport- und Speicherrechte auf Jahres- und Monatsbasis anzubieten;
3. Potenziellen Kunden der neuen Infrastruktur muss durch ein transparentes, faires und nicht diskriminierendes Verfahren die Möglichkeit gegeben werden, Interesse an der Kontrahierung von Kapazitäten für die neue Infrastruktur bekunden zu können, bevor eine Ausnahmeentscheidung durch die Regulierungsbehörde getroffen wurde;
4. die Ausschreibung ist jedenfalls im Amtsblatt zur Wiener Zeitung sowie im Amtsblatt der Europäischen Gemeinschaften auf Kosten des Antragstellers zu veröffentlichen;
5. das Vergabeverfahren hat in fairer und nicht diskriminierender Weise zu erfolgen;
6. für den Fall, dass Lots gemäß der Ausschreibung nicht abgesetzt werden, ist die Vergabe der Kapazitäten in marktkonformer Weise zu wiederholen.

(7a) Vor Ausspruch der Ausnahme hat die Regulierungsbehörde die Regulierungsbehörden der Mitgliedstaaten, deren Märkte wahrscheinlich von der neuen Infrastruktur betroffen sein werden, und die zuständigen Behörden von Drittstaaten, in denen die neue Infrastruktur beginnt oder endet, sofern die neue Infrastruktur unter der Hoheitsgewalt eines Mitgliedstaates mit dem Netz der Europäischen Union gekoppelt ist, zu konsultieren.

(7b) Die Regulierungsbehörde hat den gemäß Abs. 7a konsultierten Behörden Gelegenheit zu geben, sich binnen angemessener, drei Monate nicht übersteigender Frist zu äußern.

(8) Bescheide gemäß Abs. 1 sind von der Regulierungsbehörde im Internet zu veröffentlichen.

(9) Im Fall einer Verbindungsleitung oder einer an das Netz eines Mitgliedstaates angebundenen Speicheranlage sind vor Ausspruch der Ausnahme die zuständigen Regulierungsbehörden in den anderen betroffenen Mitgliedstaaten anzuhören. Die Regulierungsbehörde hat die Agentur innerhalb von sechs Monaten ab dem Tag, an dem die letzte Regulierungsbehörde einen Antrag gemäß Abs. 1 erhalten hat, über eine Einigung der Entscheidungen der nationalen Regulierungsbehörden zu informieren.

(9a) Bei Fernleitungen zwischen einem Mitgliedstaat und einem Drittstaat kann die Regulierungsbehörde, wenn der erste Kopplungspunkt im Hoheitsgebiet Österreichs liegt, vor Ausspruch der Ausnahme die zuständige Behörde des betroffenen Drittstaates konsultieren. Abs. 7b ist sinngemäß anzuwenden.

(10) Die Agentur ist für Ausnahmeentscheidungen zuständig und ihr werden die Aufgaben dieser Bestimmung übertragen, wenn

1. ein gemeinsames Ersuchen der zuständigen nationalen Regulierungsbehörden vorliegt, oder
2. die zuständigen nationalen Regulierungsbehörden innerhalb eines Zeitraums von sechs Monaten ab dem Tag, an dem die letzte dieser Regulierungsbehörden den Antrag auf eine Ausnahme erhalten hat, keine Einigung im Sinne des Abs. 9 erzielen konnten. Die zuständigen nationalen Regulierungsbehörden können in einem gemeinsamen Ersuchen beantragen, diese Frist um bis zu drei Monate zu verlängern.

Vor der Entscheidung der Agentur erfolgt eine Anhörung der zuständigen nationalen Regulierungsbehörden und der Antragsteller.

(11) Die Regulierungsbehörde hat, sofern die Agentur gemäß Abs. 10 nicht zuständig ist, der Europäischen Kommission unverzüglich eine Kopie des Antrages zu übermitteln. Die Regulierungsbehörde übermittelt der Europäischen Kommission einen begründeten Entscheidungsentwurf mit allen für die Entscheidung bedeutsamen Informationen, der insbesondere Folgendes enthalten muss:

1. eine ausführliche Begründung der gewährten Ausnahme, einschließlich finanzieller Informationen, die die Notwendigkeit der Ausnahme rechtfertigen;
2. eine Untersuchung bezüglich der Auswirkungen der Gewährung der Ausnahme auf den Wettbewerb und das effektive Funktionieren des Erdgasbinnenmarkts;
3. eine Begründung der Geltungsdauer der Ausnahme sowie des Anteils an der Gesamtkapazität der Erdgasinfrastruktur, für den die Ausnahme gewährt wird;
4. bei Ausnahmen im Zusammenhang mit einer Verbindungsleitung das Ergebnis der Konsultation der betroffenen Regulierungsbehörden;
5. einen Hinweis auf den Beitrag der Infrastruktur zur Diversifizierung der Gasversorgung.

(12) Verlangt die Europäische Kommission innerhalb von zwei Monaten nach Einlangen der Mitteilung eine Abänderung oder Aufhebung der Entscheidung, hat die Regulierungsbehörde dem Beschluss der Europäischen Kommission innerhalb eines Monats nachzukommen und die Europäische Kommission davon in Kenntnis zu setzen. Die Zweimonatsfrist verlängert sich um weitere zwei Monate, wenn die Europäische Kommission zusätzliche Informationen anfordert.

(13) Die Ausnahmeentscheidung wird zwei Jahre nach Rechtskraft des Bescheides unwirksam, wenn mit dem Bau der Infrastruktur noch nicht begonnen wurde. Die Ausnahmeentscheidung wird fünf Jahre nach Rechtskraft des Bescheides unwirksam, wenn die Infrastruktur nicht in Betrieb genommen wurde, es sei denn, die Europäische Kommission entscheidet, dass die Verzögerung auf Umstände zurückzuführen ist, auf die der Antragsteller keinen Einfluss hat.

(14) Die gemäß der Richtlinie 2003/55/EG über gemeinsame Vorschriften für den Erdgasbinnenmarkt und zur Aufhebung der Richtlinie 98/30/EG, ABl. Nr. L 176 vom 15.07.2003 S. 57, gewährten Ausnahmen gelten bis zu dem im jeweiligen Bescheid über die Gewährung der Ausnahme festgelegten Datum.

3. Hauptstück

Ausübungsvoraussetzungen für Netzbetreiber

1. Abschnitt

Voraussetzungen

Genehmigung

§ 43. Die Ausübung der Tätigkeit eines Fernleitungsnetzbetreibers oder eines Verteilernetzbetreibers bedarf einer Genehmigung der Regulierungsbehörde nach den Bestimmungen dieses Bundesgesetzes. Die Genehmigung ist erforderlichenfalls unter Auflagen, Bedingungen oder befristet zu erteilen.

Genehmigungsvoraussetzungen

§ 44. (1) Die Genehmigung ist zu erteilen,

1. wenn zu erwarten ist, dass der Genehmigungswerber in der Lage ist, den ihm
   a) gemäß § 5 auferlegten gemeinwirtschaftlichen Verpflichtungen sowie
   b) nach den Bestimmungen dieses Gesetzes auferlegten Verpflichtungen

   zu entsprechen und in der Lage ist, die Funktion des Transports von Erdgas durch ein Netz sowie die Verantwortung für Betrieb, Wartung und erforderlichenfalls Ausbau des Netzes wahrzunehmen.
2. wenn der Genehmigungswerber den Abschluss einer Haftpflichtversicherung bei einem in Österreich oder einem anderen EU- oder EWR-Mitgliedstaat zum Betrieb dieses Versicherungszweiges berechtigten Versicherers nachweist, bei der die Versicherungssumme pro Versicherungsfall für Personen- und Sachschäden zumindest den Betrag von 20 Millionen Euro beträgt, wobei die Versicherungssumme auf den Betrag von 40 Millionen Euro pro Jahr beschränkt werden kann;
3. sofern es sich um eine natürliche Person handelt, diese
   a) eigenberechtigt ist und das 24. Lebensjahr vollendet hat,
   b) die österreichische Staatsbürgerschaft besitzt oder Staatsangehöriger eines anderen EU- oder EWR-Mitgliedstaates ist,
   c) ihren Hauptwohnsitz im Inland oder einem anderen EU- oder EWR-Mitgliedstaat hat und
   d) von der Ausübung der Genehmigung nicht ausgeschlossen ist;
4. sofern es sich um eine juristische Person oder eine eingetragene Personengesellschaft handelt, diese
   a) ihren Sitz im Inland oder einem anderen EU- oder EWR-Mitgliedstaat hat und
   b) für die Ausübung einen Geschäftsführer bestellt hat.
5. sofern es sich um einen Fernleitungsnetzbetreiber handelt, wenn die Zertifizierung gemäß § 119 vorliegt.

(2) Die Ausschließungsgründe gemäß § 13 GewO 1994 finden sinngemäß Anwendung.

(3) Geht die Eigenberechtigung verloren, so kann die Genehmigung durch einen, vom gesetzlichen Vertreter bestellten Geschäftsführer weiter ausgeübt werden.

(4) Die Behörde hat über Antrag von den Erfordernissen gemäß Abs. 1 Z 3 lit. a bis c Nachsicht

zu gewähren, wenn der Betrieb des Verteilernetzes für die Versorgung der Bevölkerung und der Wirtschaft mit Gas im öffentlichen Interesse gelegen ist.

(5) Das Erfordernis des Abs. 1 Z 3 lit. b entfällt, wenn ein Geschäftsführer bestellt ist.

Technischer Betriebsleiter

§ 45. (1) Netzbetreiber sind verpflichtet, vor Aufnahme des Betriebes eines Netzes eine natürliche Person als Betriebsleiter für die technische Leitung und Überwachung des Betriebes der Netze zu bestellen. Die Bestellung mehrerer Betriebsleiter ist zulässig, wenn die Bereiche, für die die Betriebsleiter jeweils verantwortlich sind, abgegrenzt sind.

(2) Der Betriebsleiter muss den Voraussetzungen nach § 44 Abs. 1 Z 3 entsprechen und fachlich befähigt sein, den Betrieb einer Erdgasleitungsanlage zu leiten und zu überwachen. § 44 Abs. 4 gilt sinngemäß.

(3) Die fachliche Befähigung ist durch Zeugnisse über ein erfolgreich zurückgelegtes, einschlägiges Hochschulstudium und eine mindestens dreijährige einschlägige Praxis in einem Unternehmen, welches Güter in Rohrleitungen befördert, nachzuweisen. Dieser Nachweis wird auch durch Zeugnisse über die erfolgreich abgelegte Reifeprüfung an einer höheren technischen gewerblichen Lehranstalt oder den Abschluss eines Studiums an einer einschlägigen Fachhochschule sowie eine mindestens sechsjährige einschlägige Praxis in einem Unternehmen, welches Güter in Rohrleitungen befördert, erbracht.

(4) Vom Erfordernis des Abs. 3 kann die Behörde über Antrag des Netzbetreibers Nachsicht erteilen, wenn

1. nach dem Bildungsgang und der bisherigen Tätigkeit angenommen werden kann, dass der vorgesehene Betriebsleiter die Kenntnisse, Fähigkeiten und Erfahrungen besitzt, die zur Erfüllung seiner Aufgaben erforderlich sind, oder
2. eine hinreichende tatsächliche Befähigung angenommen werden kann.

(5) Die Bestellung des Betriebsleiters ist vom Netzbetreiber innerhalb einer Frist von zwei Monaten der Behörde anzuzeigen. Mit dieser Anzeige sind Nachweise gemäß Abs. 2 und 3 vorzulegen.

(6) Scheidet der Betriebsleiter aus dem Unternehmen des Netzbetreibers aus oder wird seine Bestellung widerrufen, so darf der Betrieb des Netzes bis zur Bestellung eines neuen Betriebsleiters, längstens jedoch während zweier Monate weiter ausgeübt werden. Das Ausscheiden des Betriebsleiters sowie das Wegfallen einer Voraussetzung seiner Bestellung ist der Behörde vom Netzbetreiber unverzüglich schriftlich anzuzeigen.

Geschäftsführer

§ 46. (1) Der Netzbetreiber kann für die Ausübung seiner Tätigkeit einen Geschäftsführer bestellen, der der Behörde gegenüber für die Einhaltung der Bestimmungen dieses Gesetzes verantwortlich ist. Der Netzbetreiber bleibt jedoch insoweit verantwortlich, als er Rechtsverletzungen des Geschäftsführers wissentlich duldet oder es bei der Auswahl des Geschäftsführers an der erforderlichen Sorgfalt hat fehlen lassen.

(2) Die Bestellung eines Geschäftsführers ist der Behörde innerhalb einer Frist von zwei Monaten vom Netzbetreiber unter Vorlage entsprechender Nachweise anzuzeigen. Der zu bestellende Geschäftsführer hat nachstehende Voraussetzungen zu erfüllen:

1. die Voraussetzungen gemäß § 44 Abs. 1 Z 3;
2. eine selbstverantwortliche Anordnungsbefugnis und
3. bei einer juristischen Person oder einer eingetragenen Personengesellschaft außerdem
   a) dem zur gesetzlichen Vertretung berufenen Organ angehört oder
   b) ein Arbeitnehmer ist, der mindestens die Hälfte der nach arbeitsrechtlichen Vorschriften geltenden wöchentlichen Normalarbeitszeit im Betrieb beschäftigt ist, oder
4. bei einer eingetragenen Personengesellschaft persönlich haftender Gesellschafter ist, der nach dem Gesellschaftsvertrag zur Geschäftsführung und zur Vertretung der Gesellschaft berechtigt ist.

§ 44 Abs. 4 gilt sinngemäß.

(3) Ist eine juristische Person persönlich haftende Gesellschafterin einer eingetragenen Personengesellschaft, so wird dem Abs. 2 Z 4 auch entsprochen, wenn zum Geschäftsführer gemäß Abs. 1 dieser Personengesellschaft eine natürliche Person bestellt wird, die dem zur gesetzlichen Vertretung berufenen Organ der betreffenden juristischen Person angehört oder sie ein Arbeitnehmer ist, der mindestens die Hälfte der nach arbeitsrechtlichen Vorschriften geltenden wöchentlichen Normalarbeitszeit im Betrieb beschäftigt ist.

(4) Ist eine eingetragenen Personengesellschaft persönlich haftende Gesellschafterin einer anderen solchen Personengesellschaft, so wird dem Abs. 2 Z 4 auch entsprochen, wenn zum Geschäftsführer gemäß Abs. 1 eine natürliche Person bestellt wird, die ein persönlich haftender Gesellschafter der betreffenden Mitgliedgesellschaft ist und die innerhalb dieser Mitgliedgesellschaft die im Abs. 2 Z 4 für den Geschäftsführer vorgeschriebene Stellung hat. Dieser Mitgliedgesellschaft muss innerhalb der eingetragenen Personengesellschaft die im Abs. 2 Z 4 für den Geschäftsführer vorgeschriebene Stellung zukommen.

(5) Ist eine juristische Person persönlich haftende Gesellschafterin einer eingetragenen Personengesellschaft und ist diese eingetragene Personengesellschaft persönlich haftende Gesellschafterin einer anderen solchen Personengesellschaft, so wird dem Abs. 2 Z 4 auch entsprochen, wenn zum Geschäftsführer gemäß Abs. 1 der zuletzt genannten Personengesellschaft eine Person bestellt wird, die dem zur gesetzlichen Vertretung befugten Organ der juristischen Person angehört, wenn weiters die juristische Person innerhalb der Mitgliedgesellschaft die im Abs. 2 Z 4 vorgeschriebene Stellung hat und wenn schließlich dieser Mitgliedgesellschaft innerhalb ihrer Mitgliedgesellschaft ebenfalls die im Abs. 2 Z 4 vorgeschriebene Stellung zukommt.

(6) Besteht eine Verpflichtung zur Bestellung eines Geschäftsführers und scheidet der Geschäftsführer aus, so ist innerhalb einer Frist von sechs Monaten die Bestellung eines neuen Geschäftsführers der Behörde anzuzeigen.

Betriebspflicht

§ 47. Mit der Erteilung der Genehmigung gemäß § 43 ist ein Netzbetreiber verpflichtet, die von ihm betriebenen Netze in vollem Umfang zu betreiben. Betriebsunterbrechungen, Betriebseinschränkungen und die Einstellung des Betriebes sind dem Marktgebietsmanager, dem Verteilergebietsmanager, der Verrechnungsstelle für Transaktionen und Preisbildung und der Regulierungsbehörde anzuzeigen. Im Falle der beabsichtigten Einstellung des Betriebes eines Netzes ist dies auch der Bundesministerin für Klimaschutz, Umwelt, Energie, Mobilität, Innovation und Technologie und der Regulierungsbehörde drei Monate vor der in Aussicht genommenen Einstellung nach Maßgabe des jeweiligen Sachverhaltes vorab anzuzeigen und im Internet zu veröffentlichen.

2. Abschnitt
Haftpflicht

Haftungstatbestände

§ 48. (1) Netzbetreiber haften für den Ersatz der durch einen schädigenden Vorgang beim Betrieb ihrer Anlagen verursachten Schäden insoweit, als dadurch ein Mensch getötet, an seinem Körper oder an seiner Gesundheit verletzt oder eine Sache beschädigt wird.

(2) Der § 5 Abs. 2, die § 6 bis § 8, § 10 bis § 14, § 15 Abs. 2, die § 17 bis § 20 und § 23 Eisenbahn- und Kraftfahrzeughaftpflichtgesetz, BGBl. Nr. 48/1959, gelten sinngemäß.

Haftungsgrenzen

§ 49. (1) Die in diesem Bundesgesetz festgesetzte Haftung ist hinsichtlich jedes schädigenden Vorgangs in folgender Weise begrenzt:

1. hinsichtlich der Tötung oder der Verletzung von Menschen mit einem Kapitalsbetrag von 2 130 000 Euro oder mit einem Rentenbetrag von jährlich 140 000 Euro für den einzelnen Verletzten; diese Begrenzung gilt nicht für Heilungs- und Beerdigungskosten;
2. hinsichtlich der Schäden an Sachen mit einem Betrag von 8 760 000 Euro, auch wenn mehrere Sachen beschädigt worden sind; sind Schäden an Liegenschaften darunter, so erhöht sich dieser Betrag auf 18 250 000 Euro, wobei der Mehrbetrag von 9 490 000 Euro nur für den Ersatz dieser Schäden verwendet werden darf.

(2) Sind auf Grund desselben Ereignisses an mehrere Geschädigte Ersätze zu leisten, die insgesamt die im Abs. 1 Z 2 genannten Höchstbeträge übersteigen, so verringern sich die einzelnen Ersätze in dem Verhältnis, in dem ihr Gesamtbetrag zum Höchstbetrag steht.

(3) Unberührt bleiben Vorschriften, nach welchen Netzbetreiber für den verursachten Schaden in einem weiteren Umfang, als nach den Bestimmungen dieses Bundesgesetzes haften oder nach denen ein anderer zum Schadenersatz verpflichtet ist.

Haftungsausschluss

§ 50. Netzbetreiber haften insoweit nicht, als

1. der Verletzte oder Getötete zur Zeit des schädigenden Vorganges beim Betrieb der Anlage tätig gewesen ist,
2. die beschädigte Sache zur Zeit des schädigenden Vorganges in der Anlage, von der der Vorgang ausgegangen ist, befördert oder zur Beförderung in dieser Anlage übernommen worden ist oder
3. der schädigende Vorgang durch Krieg, ein kriegerisches Unternehmen, Bürgerkrieg, Aufruhr, Aufstand oder Terroranschlag verursacht worden ist.

Nachweis des Abschlusses einer Haftpflichtversicherung

§ 51. (1) Genehmigungswerber gemäß § 43 haben ihrem Antrag eine schriftliche Erklärung eines Versicherungsunternehmens anzuschließen, in dem der Abschluss einer Haftpflichtversicherung gemäß § 44 Abs. 1 Z 2 bestätigt wird und in dem sich das Versicherungsunternehmen verpflichtet, jeden Umstand, der das Nichtbestehen oder die Beendigung der vorgeschriebenen Haftpflichtversicherung zur Folge hat, der Genehmigungsbehörde anzuzeigen.

(2) Bei Einlangen einer Anzeige über einen Umstand, der das Nichtbestehen oder die Beendigung der vorgeschriebenen Haftpflichtversicherung zur Folge hat, hat die Behörde, sofern der Netzbetreiber nicht innerhalb einer von der Behörde festzusetzenden Frist den Bestand einer entsprechenden Haftpflichtversicherung nachweist, die Genehmigung gemäß § 53 zu entziehen.

3. Abschnitt
Erlöschen der Berechtigung zum Betrieb eines Netzes

Endigungstatbestände

§ 52. Die Genehmigung gemäß § 43 endet:

1. durch Entziehung der Genehmigung gemäß § 53;
2. durch Zurücklegung der Genehmigung;
3. durch den Tod des Inhabers der Genehmigung, wenn dieser eine natürliche Person ist;
4. durch den Untergang der juristischen Person oder mit der Auflösung der eingetragenen Personengesellschaft sofern sich aus § 54 nichts anderes ergibt;
5. durch Eröffnung des Konkurses über das Vermögen des Rechtsträgers oder die Nichteröffnung eines Insolvenzverfahrens mangels kostendeckenden Vermögens;
6. durch Untersagung des Betriebes gemäß § 57;
7. wenn auf ein Unternehmen nicht mehr die in § 7 Abs. 1 Z 20 oder Z 72 umschriebenen Merkmale zutreffen.

Entziehung

§ 53. Die Regulierungsbehörde hat die Genehmigung gemäß § 43 zu entziehen, wenn

1. die für die Erteilung der Genehmigung bestimmten Voraussetzungen (§ 44) nicht mehr vorliegen;
2. ein Fernleitungs- oder Verteilernetzbetreiber seiner Verpflichtung, den Bestand einer Haftpflichtversicherung gemäß § 51 nachzuweisen, nicht nachkommt;
3. der Inhaber der Genehmigung oder der Geschäftsführer infolge schwerwiegender Verstöße gegen Vorschriften dieses Gesetzes bestraft worden ist und ein weiteres vorschriftswidriges Verhalten zu befürchten ist.

Umgründung

§ 54. (1) Bei Übertragung von Unternehmen und Teilunternehmen durch Umgründung (insbesondere durch Verschmelzungen, Umwandlungen, Einbringungen, Zusammenschlüsse, Realteilungen und Spaltungen) gehen die zur Fortführung des Betriebes erforderlichen Genehmigungen auf den Rechtsnachfolger nach Maßgabe der in den Abs. 2 und 3 festgelegten Bestimmungen sowie die für den Betrieb erforderlichen Rechte über. Die bloße Umgründung stellt keinen Endigungstatbestand dar, insbesondere rechtfertigt sie keine Entziehung.

(2) Die Berechtigung zur weiteren Ausübung der Genehmigung im Sinne des Abs. 1 entsteht mit dem Zeitpunkt der Eintragung der Umgründung im Firmenbuch, wenn der Rechtsnachfolger die Genehmigungsvoraussetzungen gemäß § 44 erfüllt. Der Rechtsnachfolger hat der Behörde den Übergang unter Anschluss eines Firmenbuchauszugs und der zur Herbeiführung der Eintragung im Firmenbuch eingereichten Unterlagen in Abschrift längstens innerhalb von sechs Monaten nach Eintragung im Firmenbuch anzuzeigen.

(3) Die Berechtigung des Rechtsnachfolgers endigt nach Ablauf von sechs Monaten ab Eintragung der Umgründung im Firmenbuch, wenn er innerhalb dieser Frist den Rechtsübergang nicht angezeigt hat oder im Falle des § 44 Abs. 1 Z 4 lit. b kein Geschäftsführer innerhalb dieser Frist bestellt wurde.

Auflösung einer eingetragenen Personengesellschaft

§ 55. Die Ausübungsberechtigung (Genehmigung gemäß § 43) einer eingetragenen Personengesellschaft endigt, wenn keine Liquidation stattfindet, mit der Auflösung der Gesellschaft, sonst im Zeitpunkt der Beendigung der Liquidation; die Genehmigung einer eingetragenen Personengesellschaft endigt nicht, wenn die Gesellschaft fortgesetzt wird. Der Liquidator hat die Beendigung der Liquidation innerhalb von zwei Wochen der Behörde anzuzeigen.

Zurücklegung der Genehmigung

§ 56. Die Zurücklegung der Genehmigung wird mit dem Tag wirksam, an dem die schriftliche Anzeige über die Zurücklegung bei der Behörde einlangt, sofern nicht der Inhaber der Genehmigung die Zurücklegung für einen späteren Zeitpunkt anzeigt. Eine bedingte Zurücklegung ist unzulässig. Die Anzeige ist nach dem Zeitpunkt ihres Einlangens bei der Behörde unwiderruflich.

Maßnahmen zur Sicherung der Erdgasversorgung

§ 57. (1) Kommt ein Netzbetreiber seinen ihm nach diesem Bundesgesetz auferlegten Pflichten nicht nach, hat ihm die Regulierungsbehörde aufzutragen, die hindernden Umstände innerhalb einer angemessenen Frist zu beseitigen.

(2) Soweit dies zur Beseitigung einer Gefahr für das Leben oder die Gesundheit von Menschen oder zur Abwehr schwerer volkswirtschaftlicher Schäden notwendig ist, kann die Behörde – außer es handelt sich beim säumigen Unternehmen um einen Fernleitungsnetzbetreiber – einen anderen Netzbetreiber zur vorübergehenden Erfüllung der Aufgaben dieses Unternehmens ganz oder teilweise heranziehen (Einweisung).

1. Sind die hindernden Umstände derart, dass eine gänzliche Erfüllung der dem Unternehmen auferlegten gesetzlichen Pflichten nicht zu erwarten ist oder
2. kommt das Unternehmen dem Auftrag der Regulierungsbehörde auf Beseitigung der hindernden Umstände nicht nach,

so ist dem Unternehmen der Betrieb ganz oder teilweise zu untersagen und ein anderer Netzbetreiber zur dauernden Übernahme des Netzbetriebes zu verpflichten.

(3) Der gemäß Abs. 2 verpflichtete Netzbetreiber tritt in die Rechte und Pflichten aus den Verträgen des Unternehmens, das von der Untersagung betroffen wird, ein.

(4) Dem gemäß Abs. 2 verpflichteten Netzbetreiber hat die Regulierungsbehörde auf dessen Antrag den Gebrauch der Anlagen des Unternehmens, das von der Untersagung betroffen wird, gegen angemessene Entschädigung soweit zu gestatten, als dies zur Erfüllung seiner Aufgaben notwendig ist.

(5) Nach Rechtskraft des Bescheides gemäß Abs. 2 hat die Regulierungsbehörde auf Antrag des verpflichteten Netzbetreibers das in Gebrauch genommene Netz zu dessen Gunsten gegen angemessene Entschädigung zu enteignen.

(6) Auf das Enteignungsverfahren und die behördliche Ermittlung der Entschädigungen sind die Bestimmungen des Eisenbahnenteignungsgesetzes sinngemäß anzuwenden.

4. Hauptstück
Betrieb von Netzen
1. Abschnitt
Verteilernetze
Pflichten der Verteilernetzbetreiber

§ 58. (1) Verteilernetzbetreibern sind folgende Aufgaben und Pflichten übertragen,

1. die von ihnen betriebenen Anlagen nach den Regeln der Technik sicher, zuverlässig und leistungsfähig zu betreiben, zu erhalten, für die nachhaltige Nutzung optimal zu dimensionieren bzw. auszubauen sowie für die Bereitstellung aller unentbehrlichen Hilfsdienste zu sorgen;
2. die zum Betrieb des Netzes erforderlichen technischen Voraussetzungen sicherzustellen;
3. die Anlagen unter Bedachtnahme auf die Erfordernisse des Umweltschutzes zu betreiben, zu erhalten und auszubauen, Sicherheitsberichte mit systematischer Gefahrenanalyse sowie Pläne für Maßnahmen zur Störfallvermeidung, zur Begrenzung oder Beseitigung von Störfällen (Maßnahmenplanung) zu erstellen sowie die Behörden und die betroffene Öffentlichkeit bei schweren Störfällen und Unfällen zu informieren;
4. dem Betreiber von Leitungs- oder Speicheranlagen, die mit ihren eigenen Anlagen verbunden sind, ausreichende Informationen zu liefern, um den sicheren und leistungsfähigen Betrieb, den koordinierten Ausbau und die Interoperabilität der Netze und Systeme sicherzustellen und mit dem Betreiber der verbundenen Anlage über die Übergabe- und Übernahmemodalitäten Vereinbarungen zu schließen;
5. unbeschadet der nach diesem Bundesgesetz bestehenden Informations-, Mitteilungs- und Auskunftspflichten sowie der gemäß § 10 festgelegten Verpflichtungen zur Gewährung der Einsichtnahme in die Geschäftsunterlagen, wirtschaftlich sensible Informationen, von denen sie bei der Ausübung ihrer Geschäftstätigkeit Kenntnis erlangen, vertraulich zu behandeln;
6. sich jeglicher Diskriminierung gegenüber den Netzbenutzern oder den Kategorien von Netzbenutzern, insbesondere zu Gunsten ihrer verbundenen Unternehmen zu enthalten;
7. Netzzugangsberechtigten den Zugang zu ihren Anlagen zu den genehmigten Allgemeinen Bedingungen und den von der Regulierungsbehörde bestimmten Systemnutzungsentgelten diskriminierungsfrei zu gewähren;
8. mit dem Verteilergebietsmanager Verträge abzuschließen, durch die den Netzzugangsberechtigten ein unmittelbares Recht auf Zugang zu den vorgelagerten Erdgasleitungen (§ 27 Abs. 1) eingeräumt wird;
9. die Anweisungen des Verteilergebietsmanagers bei der Inanspruchnahme von Netzen zur Erfüllung der Ansprüche der Netzzugangsberechtigten auf Netzzugang insbesondere zur Abwicklung der Fahrpläne zu befolgen;
10. Erzeugern von biogenen Gasen, die den in den Allgemeinen Netzbedingungen festgelegten Qualitätsanforderungen entsprechen, an ihr Erdgasnetz zum Zwecke der Kundenversorgung anzuschließen;
11. Verträge über den Datenaustausch mit anderen Netzbetreibern, dem Marktgebietsmanager, dem Verteilergebietsmanager, den Bilanzgruppenverantwortlichen sowie dem Bilanzgruppenkoordinator und anderen Marktteilnehmern entsprechend den Marktregeln abzuschließen;
12. eine besondere Bilanzgruppe für die Ermittlung der Netzverluste und des Eigenverbrauchs, die nur die dafür notwendigen Kriterien einer Bilanzgruppe zu erfüllen hat, einzurichten;
13. ihre Allgemeinen Verteilernetzbedingungen innerhalb des Marktgebiets abzustimmen und zur Genehmigung durch die Regulierungsbehörde einzureichen;
14. gemäß den Marktregeln Informationen betreffend Versorgerwechsel zu übermitteln, um sicherzustellen, dass der Marktgebietsmanager bzw. der Verteilergebietsmanager seine Verpflichtungen erfüllen kann;
15. an der Erstellung der langfristigen und integrierten Planung und des Netzentwicklungsplanes mitzuwirken und Projekte der genehmigten langfristigen und integrierten Planung, die von ihnen betriebene Anlagen betreffen, umzusetzen;
16. die in der Verordnung der Regulierungsbehörde gemäß § 30 festgelegten Qualitätsstandards für die Netzdienstleistung der gegenüber den Netzbenutzern und anderen Marktteilnehmern erbrachten Dienstleistungen einzuhalten;

17. die zur Überprüfung der Einhaltung der in der Verordnung der Regulierungsbehörde gemäß § 30 festgelegten Qualitätsstandards für die Netzdienstleistung erforderlichen Daten an die Regulierungsbehörde zu übermitteln sowie die diesbezüglichen Überprüfungsergebnisse zu veröffentlichen;
18. dem Verteilergebietsmanager zeitgleich Daten über die jeweils aktuelle Drucksituation sowie den Mengendurchfluss an wesentlichen Ein- und Ausspeisepunkten des Verteilernetzes in elektronischer Form zu übermitteln;
19. eine Haftpflichtversicherung bei einem in Österreich oder einem anderen EU- Mitgliedstaat oder EWR-Vertragsstaat zum Betrieb dieses Versicherungszweiges berechtigten Versicherer abzuschließen, bei der die Versicherungssumme pro Versicherungsfall für Personen- und Sachschäden zumindest den Betrag von 20 Millionen Euro beträgt, wobei die Versicherungssumme auf den Betrag von 40 Millionen Euro pro Jahr beschränkt werden kann und dies gegenüber der Regulierungsbehörde nachzuweisen.

(2) Verteilernetzbetreiber, die eine oder mehrere Verteilerleitungsanlagen gemäß Anlage 1 betreiben, sind für diese Anlagen über Abs. 1 hinaus verpflichtet,

1. die Leitungsanlagen nach den Vorgaben des Verteilergebietsmanagers nach den Regeln der Technik sicher, zuverlässig und leistungsfähig zu betreiben, zu erhalten und auszubauen sowie für die Bereitstellung aller unentbehrlichen Hilfsdienste zu sorgen;
2. die bedarfsgerechten Kapazitätserweiterungen gemäß der genehmigten langfristigen und integrierten Planung des Verteilergebietsmanagers selbst vorzunehmen. Kommt der Verteilernetzbetreiber dieser Verpflichtung nicht nach, kommt das in § 23 vorgesehene Verfahren zur Anwendung;
3. die Steuerung der von ihnen betriebenen Leitungsanlagen nach den Vorgaben des Verteilergebietsmanagers vorzunehmen;
4. Messungen an der Netzgebietsgrenze, inklusive Datenaustausch mit dem Verteilergebietsmanager, vorzunehmen;
5. die Kenntnis der Netzauslastung zu jedem Zeitpunkt, insbesondere bezüglich Flüssen und Druck und die Mitteilung an den Verteilergebietsmanager zu gewährleisten;
6. nach den Vorgaben des Verteilergebietsmanagers, eine vertragliche Höchstleistung je Flussrichtung und pro Netzkopplungspunkt festzulegen.

(3) Die Bilanzgruppe gemäß Abs. 1 Z 12 kann gemeinsam mit anderen Verteilernetzbetreibern eingerichtet werden.

Allgemeine Anschlusspflicht

§ 59. (1) Verteilernetzbetreiber sind verpflichtet, zu den Allgemeinen Netzbedingungen innerhalb des von ihrem Verteilernetz abgedeckten Gebiets mit Endverbrauchern privatrechtliche Verträge über den Anschluss an das Erdgasverteilernetz sowie die Netznutzung abzuschließen (Allgemeine Anschlusspflicht). Die Anlage des Netzbenutzers ist grundsätzlich mit dem System des Verteilernetzbetreibers am technisch geeigneten Punkt, unter Berücksichtigung der wirtschaftlichen Interessen des Netzbenutzers zu verbinden. Bei der Ausarbeitung des Anschlusskonzeptes sind jedoch die technischen Zweckmäßigkeiten, insbesondere die Vermeidung von technischen Überkapazitäten, die Versorgungsqualität und die wirtschaftlichen Interessen aller Netzbenutzer im Hinblick auf die Verteilung von Netzkosten auf alle Netzbenutzer sowie die berechtigten Interessen des anschlusswerbenden Netzbenutzers angemessen zu berücksichtigen sowie die gesetzlichen Anforderungen an den Verteilernetzbetreiber hinsichtlich Ausbau, Betrieb und Sicherheit seines Netzes zu beachten.

(2) Die Allgemeine Anschlusspflicht besteht nicht, soweit der Anschluss dem Betreiber des Verteilernetzes unter Beachtung der Interessen der Gesamtheit der Kunden im Einzelfall wirtschaftlich nicht zumutbar ist.

(3) Kann über das Bestehen einer Anschlusspflicht zwischen einem Netzbetreiber und einem Endverbraucher keine Einigung erzielt werden, entscheidet über Antrag eines der Beteiligten der Landeshauptmann.

Lastprofile

§ 60. (1) Verteilernetzbetreiber sind unbeschadet der folgenden Bestimmungen zur Messung der Bezüge und Lastprofile der Netzbenutzer sowie zur Prüfung deren Plausibilität verpflichtet.

(2) Die Regulierungsbehörde hat durch Verordnung Verteilernetzbetreiber zu verpflichten, für Netzbenutzer, deren Anlagen an ein Verteilernetz angeschlossen sind, dessen Betriebsdruck ein bestimmtes Ausmaß unterschreitet und deren Jahresverbrauch und Zählergröße ein bestimmtes Ausmaß unterschreiten, standardisierte Lastprofile zu erstellen und den einzelnen Netzbenutzern zuzuordnen. Die Bestimmung des jeweiligen Ausmaßes hat sich an der wirtschaftlichen Vertretbarkeit des Messaufwandes zu orientieren.

(3) In dieser Verordnung sind im Interesse einer einheitlichen und vergleichbaren Vorgangsweise auch Form der Erstellung, Anzahl und Anpassung der standardisierten Lastprofile festzulegen. Dabei ist auf einfache Handhabbarkeit sowie Nachvollziehbarkeit des Vorganges Bedacht zu nehmen. Die Verteilernetzbetreiber dürfen in begrün-

deten Einzelfällen hievon nur abgehen, sofern dies aus geografischen, klimatischen oder technischen Gegebenheiten erforderlich ist. In jedem Fall sind Lastprofile zwischen Verteilernetzbetreiber auf einander abzustimmen, sodass bei gleichen Bedingungen gleiche Lastprofile Verwendung finden.

(4) Die standardisierten Lastprofile sind dem Bilanzgruppenkoordinator zur Verwaltung (§ 87) zu übermitteln. Der Verteilernetzbetreiber kann die angezeigten Lastprofile verwenden, solange die Regulierungsbehörde deren Verwendung nicht mit Bescheid untersagt.

(5) Kommt der Verteilernetzbetreiber seiner Verpflichtung nach den vorstehenden Bestimmungen nicht zeitgerecht nach, ist es von der Regulierungsbehörde mit Bescheid zu verhalten, innerhalb angemessener, von der Behörde zu bestimmender Frist auf seine Kosten die unterlassene Zuordnung nachzuholen.

Informationspflichten

§ 61. Die Verteilernetzbetreiber sind verpflichtet, die Endverbraucher, deren Kundenanlage an ihr Netz angeschlossen ist, über energiesparende Maßnahmen im Allgemeinen und über die Möglichkeiten zur Einsparung und effizienten Nutzung von Gas im Besonderen zu beraten.

2. Abschnitt
Fernleitungsnetze

Pflichten der Fernleitungsnetzbetreiber

§ 62. (1) Fernleitungsnetzbetreibern sind folgende Aufgaben und Pflichten übertragen:

1. die Fernleitungsanlagen nach den Regeln der Technik sicher, zuverlässig und leistungsfähig zu betreiben, zu erhalten und bedarfsgerecht auszubauen sowie für die Bereitstellung aller unentbehrlichen Hilfsdienste zu sorgen;
2. dem Betreiber von Leitungs- oder Speicheranlagen, die mit ihren eigenen Anlagen verbunden sind, ausreichende Informationen zu liefern, um den sicheren und leistungsfähigen Betrieb, den koordinierten Ausbau und die Interoperabilität der Netze sicherzustellen und mit dem Betreiber der verbundenen Anlage über die Übergabe- und Übernahmemodalitäten Vereinbarungen zu schließen;
3. unbeschadet der nach diesem Bundesgesetz bestehenden Informations-, Mitteilungs- und Auskunftspflichten sowie der gemäß § 10 festgelegten Verpflichtungen zur Gewährung der Einsichtnahme in die Geschäftsunterlagen, wirtschaftlich sensible Informationen von denen sie bei der Ausübung ihrer Geschäftstätigkeit Kenntnis erlangen, vertraulich zu behandeln;
4. sich jeglicher Diskriminierung gegenüber den Netzbenutzern oder den Kategorien von Netzbenutzern, insbesondere zugunsten ihrer verbundenen Unternehmen zu enthalten;
5. Steuerung der von ihnen betriebenen Fernleitungsanlagen unter Beachtung der Koordinationsfunktion des Marktgebietsmanagers;
6. die Instandhaltung der Fernleitungsanlagen, dass Auswirkungen auf die Netzbenutzer möglichst gering gehalten werden unter Beachtung der Koordinationsfunktion des Marktgebietsmanagers;
7. Messungen an der Netzgebietsgrenze inklusive Datenaustausch mit dem Markt- bzw. dem Verteilergebietsmanager;
8. die Kenntnis der Netzauslastung zu jedem Zeitpunkt, insbesondere bezüglich Flüssen und Druck und Mitteilung an den Marktgebietsmanager;
9. das Netz unter Bedachtnahme auf die Erfordernisse des Umweltschutzes zu betreiben, Sicherheitsberichte mit systematischer Gefahrenanalyse sowie Pläne für Maßnahmen zur Störfallvermeidung, zur Begrenzung oder Beseitigung von Störfällen (Maßnahmenplanung) zu erstellen sowie die Behörden und die betroffene Öffentlichkeit bei schweren Störfällen und Unfällen zu informieren;
10. Netzzugangsbegehren umgehend zu behandeln und Netzzugangsberechtigten Netzzugang zu den genehmigten Allgemeinen Bedingungen und den von der Regulierungsbehörde bestimmten Systemnutzungsentgelten diskriminierungsfrei zu gewähren;
11. die Mitwirkung bei der Erstellung einer gemeinsamen Prognose durch den Marktgebietsmanager für den Bedarf an Kapazitäten und die Belastung der Netze des Marktgebiets für die nächsten zehn Jahre;
12. mit dem Verteilergebietsmanager Verträge an den Ausspeisepunkten zu den Verteilernetzen im Marktgebiet abzuschließen, durch die den Netzzugangsberechtigten (des Verteilernetzes) ein Recht auf Zugang zum virtuellen Handelspunkt gemäß § 31 Abs. 3 eingeräumt wird;
13. eine Haftpflichtversicherung bei einem in Österreich oder einem anderen EU- Mitgliedstaat oder EWR-Vertragsstaat zum Betrieb dieses Versicherungszweiges berechtigten Versicherer abzuschließen, bei der die Versicherungssumme pro Versicherungsfall für Personen- und Sachschäden zumindest den Betrag von 20 Millionen Euro beträgt, wobei die Versicherungssumme auf den Betrag von 40 Millionen Euro pro Jahr beschränkt werden kann, und dies gegenüber der Regulierungsbehörde nachzuweisen;
14. Verträge über den Datenaustausch mit anderen Netzbetreibern, dem Marktgebietsmanager, dem Verteilergebietsmanager, den Bilanzgruppenverantwortlichen und anderen Marktteilnehmern entsprechend den Marktregeln abzuschließen;
15. an der Erstellung einer langfristigen und integrierten Planung gemeinsam mit dem Verteilergebietsmanager mitzuwirken;

16. die in der Verordnung der Regulierungsbehörde gemäß § 30 festgelegten Qualitätsstandards für die Netzdienstleistung einzuhalten;
17. die zur Überprüfung der Einhaltung der in der Verordnung der Regulierungsbehörde gemäß § 30 festgelegten Qualitätsstandards für die Netzdienstleistung erforderlichen Daten an die Regulierungsbehörde zu übermitteln sowie die diesbezüglichen Überprüfungsergebnisse zu veröffentlichen;
18. dem Marktgebietsmanager Daten über die jeweils aktuelle Ein- und Ausspeisekapazität an den Ein- und Ausspeisepunkten des Marktgebiets in elektronischer Form zu übermitteln;
19. bedarfsgerechte Kapazitätserweiterungen gemäß dem genehmigten Netzentwicklungsplan vorzunehmen;
20. jährlich einen Netzentwicklungsplan zu erstellen bzw. an der Erstellung des koordinierten Netzentwicklungsplans mitzuwirken und zur Genehmigung bei der Regulierungsbehörde einzureichen
21. eine besondere Bilanzgruppe für die Ermittlung der Netzverluste und des Eigenverbrauchs, die nur die dafür notwendigen Kriterien einer Bilanzgruppe zu erfüllen hat, einzurichten. Diese Bilanzgruppe kann gemeinsam mit anderen Netzbetreibern eingerichtet werden;
22. mit der Agentur sowie der Regulierungsbehörde zusammen zu arbeiten, um die Kompatibilität der regional geltenden Regulierungsrahmen und damit die Schaffung eines Wettbewerbsbinnenmarkts für Erdgas zu gewährleisten;
23. für Zwecke der Kapazitätsvergabe, des Engpassmanagements und der Überprüfung der Netzsicherheit auf regionaler Ebene über ein oder mehrere integrierte Systeme zu verfügen, die sich auf zwei oder mehrere Mitgliedstaaten erstrecken;
24. regional und überregional die Berechnungen von grenzüberschreitenden Kapazitäten und deren Vergabe gemäß den Vorgaben der Verordnung (EG) Nr. 715/2009 zu koordinieren;
25. Maßnahmen, die der Markttransparenz dienen, grenzüberschreitend abzustimmen;
26. in Zusammenarbeit mit anderen Fernleitungsnetzbetreibern eine regionale Bewertung bzw. Prognose der Versorgungssicherheit vorzunehmen;
27. in Zusammenarbeit mit anderen Fernleitungsnetzbetreibern unter Austausch der erforderlichen Daten eine regionale Netzentwicklungsplanung durchzuführen;
28. ihre Allgemeinen Bedingungen für den Netzzugang zu Fernleitungsnetzen innerhalb des Marktgebiets abzustimmen und zur Genehmigung durch die Regulierungsbehörde einzureichen;
29. mit dem Marktgebietsmanager Verträge über die Zusammenarbeit abzuschließen, die ihm die Erfüllung seiner Aufgaben ermöglichen;
30. die Regeln über die Abrechnung der Ausgleichsenergie im Fernleitungsnetz entsprechend umzusetzen;
31. die Abgleichung der zur Ein- bzw. Ausspeisung von Netzbenutzern nominierten Energiemengen mit der korrespondierenden Nominierung von Netzbenutzern bei vor- und nachgelagerten Fernleitungsnetzbetreibern.

(2) Wirkt ein Fernleitungsnetzbetreiber, der Teil eines vertikal integrierten Erdgasunternehmens ist, an einem zur Umsetzung der regionalen Zusammenarbeit geschaffenen gemeinsamen Unternehmen mit, hat dieses gemeinsame Unternehmen ein Gleichbehandlungsprogramm aufzustellen und es durchzuführen. Darin sind die Maßnahmen aufgeführt, mit denen sichergestellt wird, dass diskriminierende und wettbewerbswidrige Verhaltensweisen ausgeschlossen werden. In diesem Gleichbehandlungsprogramm ist festgelegt, welche besonderen Pflichten die Mitarbeiter im Hinblick auf die Erreichung des Ziels der Vermeidung diskriminierenden und wettbewerbswidrigen Verhaltens haben. Das Programm bedarf der Genehmigung durch die Agentur. Die Einhaltung des Programms wird durch die Gleichbehandlungsbeauftragten des Fernleitungsnetzbetreibers kontrolliert.

Koordinierter Netzentwicklungsplan

§ 63. (1) Der Marktgebietsmanager hat die Aufgabe, in Koordination mit den Fernleitungsnetzbetreibern und unter Berücksichtigung der langfristigen und integrierten Planung des Verteilergebietsmanagers nach Konsultation aller einschlägigen Interessenträger mindestens alle zwei Jahre einen koordinierten Netzentwicklungsplan zu erstellen, der sich auf die aktuelle Lage und die Prognosen im Bereich von Angebot und Nachfrage sowie das Ziel der Klimaneutralität bis 2040 stützt. Der Mindestplanungszeitraum beträgt zehn Jahre.

(2) Die Fernleitungsnetzbetreiber in einem Marktgebiet legen der Regulierungsbehörde den koordinierten Netzentwicklungsplan gemeinsam zur Genehmigung vor. Der Marktgebietsmanager hat im Genehmigungsverfahren Parteistellung. Vor Einbringung des Antrages auf Genehmigung des Netzentwicklungsplans hat der Marktgebietsmanager den Netzentwicklungsplan mit allen relevanten Marktteilnehmern zu konsultieren. Die Konsultation ist gemeinsam mit der Konsultation der langfristigen und integrierten Planung gemäß § 22 Abs. 5a durchzuführen. Das Ergebnis der Konsultation ist zu veröffentlichen.

(3) Zweck des Netzentwicklungsplans ist es insbesondere,

1. den Marktteilnehmern Angaben darüber zu liefern, welche wichtigen Infrastrukturen in den nächsten zehn Jahren errichtet oder ausgebaut werden müssen;

2. alle bereits beschlossenen Investitionen aufzulisten und die neuen Investitionen zu bestimmen, die in den nächsten zehn Jahren durchgeführt werden müssen, und
3. einen Zeitplan für alle Investitionsprojekte vorzugeben.

(4) Ziel des Netzentwicklungsplans ist es insbesondere,

1. der Deckung der Nachfrage an Leitungskapazitäten zur Versorgung der Endverbraucher unter Berücksichtigung von Notfallszenarien,
2. der Erzielung eines hohen Maßes an Verfügbarkeit der Leitungskapazität (Versorgungssicherheit der Infrastruktur),
3. der Deckung der Transporterfordernisse,
4. der Pflicht zur Erfüllung des Infrastrukturstandards gemäß Art. 5 der Verordnung (EU) 2017/1938 im Marktgebiet sowie
5. der Integration des Energiesektors unter Bedachtnahme auf die Hochwertigkeit gasförmiger Energieträger und durch die Verknüpfung verschiedener Energieträger und Sektoren

nachzukommen.

(5) Bei der Erarbeitung des Netzentwicklungsplans sind angemessene Annahmen über die Entwicklung der Gewinnung, der Versorgung, des Verbrauchs und des Gasaustauschs mit anderen Ländern unter Berücksichtigung des integrierten Netzinfrastrukturplans gemäß § 94 EAG, der Investitionspläne für regionale Netze gemäß Art. 12 Abs. 1 der Verordnung (EG) Nr. 715/2009 und für gemeinschaftsweite Netze gemäß Art. 8 Abs. 3 lit. b der Verordnung (EG) Nr. 715/2009, der langfristigen und integrierten Planung, der Investitionspläne für Speicheranlagen und LNG–Wiederverdampfungsanlagen, des Netzentwicklungsplans gemäß § 37 ElWOG 2010 und der Ergebnisse der Lastflusssimulationen gemäß § 34 Abs. 2 zugrunde zu legen. Der Netzentwicklungsplan hat wirksame Maßnahmen zur Gewährleistung der Angemessenheit des Netzes und der Erzielung eines hohen Maßes an Verfügbarkeit der Kapazität (Versorgungssicherheit der Infrastruktur) zu enthalten.

(6) Bei der Erstellung des Netzentwicklungsplans sind insbesondere die technischen und wirtschaftlichen Zweckmäßigkeiten, das Ziel der Klimaneutralität bis 2040, die Interessen aller Marktteilnehmer sowie die Kohärenz mit dem integrierten Netzinfrastrukturplan gemäß § 94 EAG, dem gemeinschaftsweiten Netzentwicklungsplan und der langfristigen und integrierten Planung zu berücksichtigen.

(7) Alle Marktteilnehmer haben dem Marktgebietsmanager bzw. dem Fernleitungsnetzbetreiber auf dessen schriftliches Verlangen die für die Erstellung des Netzentwicklungsplans erforderlichen Daten, insbesondere Grundlagendaten, Messwerte und technische, ökonomische sowie sonstige Projektunterlagen zu geplanten Leitungsanlagen und Speicheranlagen, die errichtet, erweitert, geändert oder betrieben werden sollen, innerhalb angemessener Frist zur Verfügung zu stellen, sofern diese Auswirkungen auf die Leitungskapazitäten des Fernleitungsnetzes haben. Der Marktgebietsmanager bzw. der Fernleitungsnetzbetreiber kann unabhängig davon zusätzlich andere Daten heranziehen, die für den Netzentwicklungsplan zweckmäßig sind.

(8) In der Begründung des Antrages auf Genehmigung des Netzentwicklungsplans, insbesondere bei konkurrierenden Vorhaben zur Errichtung, Erweiterung, Änderung oder dem Betrieb von Leitungsanlagen, sind die technischen und wirtschaftlichen Gründe für die Befürwortung oder Ablehnung einzelner Vorhaben darzustellen und auf Aufforderung der Behörde die Dokumentation der Entscheidung vorzulegen.

Genehmigung des Netzentwicklungsplans

§ 64. (1) Die Regulierungsbehörde genehmigt den Netzentwicklungsplan durch Bescheid. Voraussetzung für die Genehmigung ist der Nachweis der technischen Notwendigkeit, Angemessenheit und Wirtschaftlichkeit der Investitionen durch die Fernleitungsnetzbetreiber sowie die Berücksichtigung der Zielsetzungen des integrierten nationalen Energie- und Klimaplans gemäß Art. 3 der Verordnung (EU) Nr. 2018/1999. Die Genehmigung kann unter Vorschreibung von Auflagen und Bedingungen erteilt werden, soweit diese zur Erfüllung der Zielsetzungen dieses Gesetzes erforderlich sind.

(2) Die Regulierungsbehörde hat vor Bescheiderlassung Konsultationen zum Netzentwicklungsplan mit den Interessenvertretungen der Netzbenutzer durchzuführen. Sie hat das Ergebnis der Konsultationen zu veröffentlichen und insbesondere auf etwaigen Investitionsbedarf zu verweisen.

(3) Die Regulierungsbehörde hat insbesondere zu prüfen, ob der Netzentwicklungsplan den gesamten im Zuge der Konsultationen ermittelten Investitionsbedarf erfasst und ob die Kohärenz mit dem integrierten Netzinfrastrukturplan gemäß § 94 EAG, dem Netzentwicklungsplan gemäß § 37 ElWOG 2010 und dem gemeinschaftsweiten Netzentwicklungsplan gemäß Art. 8 Abs. 3 lit. b der Verordnung (EG) Nr. 715/2009 gewahrt ist und die dargestellten Maßnahmen geeignet erscheinen, die in § 63 Abs. 3 bis Abs. 6 genannten Bestimmungen zu erfüllen. Bestehen Zweifel an der Kohärenz mit dem integrierten Netzinfrastrukturplan gemäß § 94 EAG, dem Netzentwicklungsplan gemäß § 37 ElWOG 2010 und dem gemeinschaftsweiten Netzentwicklungsplan, so hat die Regulierungsbehörde die Agentur zu konsultieren.

(4) Die mit der Umsetzung von Maßnahmen, welche im Netzentwicklungsplan vorgesehen sind

verbundenen angemessenen Kosten sind bei der Festsetzung der Systemnutzungsentgelte gemäß den Bestimmungen des 5. Teils anzuerkennen.

(5) Die Regulierungsbehörde kann vom Fernleitungsnetzbetreiber sowie die Berücksichtigung der Zielsetzungen des integrierten nationalen Energie- und Klimaplans gemäß Art. 3 der Verordnung (EU) Nr. 2018/1999 zu jedem Zeitpunkt die Änderung seines bereits vorgelegten und noch nicht genehmigten Netzentwicklungsplans verlangen. Anträge auf Änderung des zuletzt genehmigten Netzentwicklungsplans sind zulässig, sofern wesentliche Änderungen der Planungsgrundlagen eine neue Beurteilung notwendig machen.

Überwachung des Netzentwicklungsplans

§ 65. (1) Die Regulierungsbehörde überwacht und evaluiert die Durchführung des Netzentwicklungsplans und kann von den Fernleitungsnetzbetreibern die Änderung des Netzentwicklungsplans verlangen.

(2) Hat der Fernleitungsnetzbetreiber aus anderen als zwingenden, von ihm nicht zu beeinflussenden Gründen eine Investition, die nach dem Netzentwicklungsplan in den folgenden drei Jahren durchgeführt werden musste, nicht durchgeführt, so ist die Regulierungsbehörde – sofern die Investition unter Zugrundelegung des jüngsten Netzentwicklungsplans noch relevant ist – verpflichtet, mindestens eine der folgenden Maßnahmen zu ergreifen, um die Durchführung der betreffenden Investition zu gewährleisten:

1. die Regulierungsbehörde fordert den Fernleitungsnetzbetreiber zur Durchführung der betreffenden Investition auf;
2. die Regulierungsbehörde leitet ein Ausschreibungsverfahren zur Durchführung der betreffenden Investition ein, das allen Investoren offen steht, wobei die Regulierungsbehörde einen Dritten beauftragen kann, das Ausschreibungsverfahren durchzuführen;
3. die Regulierungsbehörde verpflichtet den Fernleitungsnetzbetreiber, einer Kapitalerhöhung im Hinblick auf die Finanzierung der notwendigen Investitionen zuzustimmen und unabhängigen Investoren eine Kapitalbeteiligung zu ermöglichen.

(3) Leitet die Regulierungsbehörde ein Ausschreibungsverfahren gemäß Abs. 2 Z 2 ein, kann sie den Fernleitungsnetzbetreiber dazu verpflichten, eine oder mehrere der folgenden Maßnahmen zu akzeptieren:

1. Finanzierung durch Dritte,
2. Errichtung durch Dritte,
3. Errichtung der betreffenden neuen Anlagen durch den Fernleitungsnetzbetreiber selbst,
4. Betrieb der betreffenden neuen Anlagen durch Fernleitungsnetzbetreiber selbst.

(4) Der Fernleitungsnetzbetreiber stellt den Investoren alle erforderlichen Unterlagen für die Durchführung der Investition zur Verfügung, stellt den Anschluss der neuen Anlagen an das Fernleitungsnetz her und unternimmt alles, um die Durchführung des Investitionsprojekts zu erleichtern. Die einschlägigen Finanzierungsvereinbarungen bedürfen der Genehmigung durch die Regulierungsbehörde.

(5) Macht die Regulierungsbehörde von ihren Befugnissen gemäß Abs. 2 Z 1 bis 3 Gebrauch, so werden die angemessenen Kosten der Investitionen gemäß § 82 berücksichtigt.

Kapazitäten für Lastflüsse in beide Richtungen

§ 66. Über Genehmigungsanträge von Vorschlägen und Ausnahmeanträge der Fernleitungsnetzbetreiber gemäß Anhang III der Verordnung (EU) 2017/1938 entscheidet die Regulierungsbehörde. Die Genehmigung kann auch nur für einen bestimmten Zeitraum sowie unter Vorschreibung von Auflagen und Bedingungen erteilt werden, soweit dies zur Erfüllung der Zielsetzungen dieses Gesetzes erforderlich ist.

Technische Vereinbarungen über den Betrieb von Fernleitungen

§ 66a. Erdgasunternehmen haben technische Vereinbarungen über den Betrieb von Fernleitungen mit Bezug zu Drittstaaten der Regulierungsbehörde anzuzeigen.

Übereinkommen über den Betrieb von Fernleitungen mit Drittstaaten

§ 66b. (1) Sofern die Bundesministerin für Klimaschutz, Umwelt, Energie, Mobilität, Innovation und Technologie zum Abschluss von Ressortübereinkommen gemäß Art. 66 Abs. 2 B–VG ermächtigt ist, kann sie ein Übereinkommen über den Betrieb von Fernleitungen mit Drittstaaten abschließen.

(2) Die Bundesministerin für Klimaschutz, Umwelt, Energie, Mobilität, Innovation und Technologie hat der Europäischen Kommission fünf Monate vor der Aufnahme von Verhandlungen mit einem Drittstaat über den Betrieb einer Fernleitung oder eines vorgelagerten Rohrnetzes eine Mitteilung zu übermitteln.

(3) Die Mitteilung hat insbesondere Informationen zu enthalten, die eine Beurteilung nach Art. 49b Abs. 3 der Richtlinie (EU) 2019/692 erlauben. Die Verhandlungen mit dem Drittstaat sind erst nach der Genehmigung durch die Europäische Kommission aufzunehmen.

(4) Im Verlauf der Verhandlung ist die Europäische Kommission über die Fortschritte und Ergebnisse der Verhandlungen zur Änderung, Erweiterung, Anpassung, Verlängerung oder zum Abschluss eines Übereinkommens zu informieren.

(5) Die Bundesministerin für Klimaschutz, Umwelt, Energie, Mobilität, Innovation und Technologie hat der Europäischen Kommission das Übereinkommen vor der Unterzeichnung zu übermitteln. Das Übereinkommen ist erst nach der Genehmigung durch die Europäische Kommission zu unterzeichnen.

(6) Das Inkrafttreten sowie künftige Änderungen des Übereinkommens sind der Europäischen Kommission anzuzeigen.

3. Abschnitt
Gemeinsame Bestimmungen
Netzkopplungsvertrag

§ 67. (1) Netzbetreiber sind verpflichtet, miteinander einheitliche Netzkopplungsverträge für sämtliche ihre Leitungsanlagen verbindende Netzkopplungspunkte abzuschließen. Die Netzkopplungsverträge an den Netzkopplungspunkten sind unter Einbeziehung und nach den Vorgaben des Marktgebietsmanagers einerseits und des Verteilergebietsmanagers andererseits abzuschließen. Netzkopplungsverträge mit Betreibern ausländischer Netze sowie mit Betreibern von Speicher- und Produktionsanlagen sind in entsprechender Weise anzustreben. Soweit diese Vereinbarungen mit ausländischen Netzen bzw. Betreibern von Speicher- und Produktionsanlagen Auswirkungen auf die Steuerung des Verteilernetzes haben, ist der Abschluss wiederum entsprechend den Vorgaben des Verteilergebietsmanagers anzustreben.

(2) Netzkopplungsverträge regeln unter Wahrung der Ziele dieses Gesetzes die technischen Bedingungen der Verbindungen der Netze. Netzkopplungsverträge müssen mindestens Angaben zu den folgenden Gegenständen enthalten:

1. technische Angaben zum Betrieb des Netzkopplungspunktes und der am Netzkopplungspunkt verbundenen Netze, insbesondere Druck und Gasbeschaffenheit;
2. Benennung der notwendigen Daten und Informationen zur technischen Steuerung der Netzkopplungspunkte;
3. Verfahren des Daten- und Informationsaustauschs;
4. Verfahren der Behandlung von auftretenden Abweichungen insbesondere bei Stationsstillstandszeiten, Messungenauigkeiten und bei Differenzen zwischen nominierten und allokierten Gasmengen;
5. Verfahren und Bedingungen der wechselseitigen Bereitstellung von Netzpufferung (Linepack) gemäß Abs. 3.

Die Netzkopplungsverträge sind der Regulierungsbehörde anzuzeigen. Die Regulierungsbehörde ist befugt, mit Bescheid die Änderung von Netzkopplungsverträgen zu verlangen, wenn diese nicht den Bestimmungen dieses Gesetzes entsprechen.

(3) Jeder Fernleitungsnetzbetreiber hat für die angrenzenden Fernleitungsnetzbetreiber und die nachgelagerten Verteilernetzbetreiber an den Netzkopplungspunkten Bilanzkonten einzurichten, die zum wechselseitigen Abruf von Netzpufferung (Linepack) genutzt werden können. Die Bilanzkonten sind so groß wie technisch möglich und wirtschaftlich sinnvoll zu vereinbaren. Die Limite der Bilanzkonten eines Netzkopplungspunktes können für unterschiedliche Netze unterschiedlich groß sein.

(4) Soweit an einem Netzkopplungspunkt Fahrpläne oder Nominierungen abzugeben sind, sind die Verträge so zu gestalten, dass die Netzbenutzer im Regelfall von einer exakten Umsetzung derselben ausgehen können.

4. Teil
Virtueller Handelspunkt
Aufgaben und Pflichten des Betreibers des Virtuellen Handelspunktes

§ 68. (1) Der Virtuelle Handelspunkt ist ein dem Marktgebiet zugeordneter virtueller Punkt, an dem Erdgas von Marktteilnehmern, auch ohne Netzzugangsberechtigung für das betreffende Marktgebiet, gehandelt werden kann. Der Zugang zum Virtuellen Handelspunkt erfolgt auf der Basis der operativen Regelungen des Marktgebietsmanagers und der Fernleitungsunternehmen gemäß den Marktregeln. Der Virtuelle Handelspunkt ist keinem physischen Ein- oder Ausspeisepunkt zugeordnet und ermöglicht Käufern und Verkäufern, auch ohne Kapazitätsbuchung Erdgas zu kaufen oder zu verkaufen.

(2) Der Marktgebietsmanager benennt den Betreiber des Virtuellen Handelspunktes gegenüber der Regulierungsbehörde.

(3) Der Betreiber des Virtuellen Handelspunktes hat hinsichtlich Rechtsform, Organisation und Entscheidungsgewalt unabhängig, insbesondere vom vertikal integrierten Erdgasunternehmen, zu sein. Weiters gilt Folgendes:

1. er ist in der Rechtsform einer Aktiengesellschaft zu führen und mit einem Grundkapital von mindestens 2 Millionen Euro auszustatten;
2. Personen der Unternehmensleitung dürfen bei anderen Unternehmensteilen des vertikal integrierten Erdgasunternehmens oder bei dessen Mehrheitsanteilseignern weder direkt noch indirekt berufliche Positionen bekleiden oder berufliche Aufgaben wahrnehmen oder Interessens- oder Geschäftsbeziehungen zu ihnen unterhalten;
3. der Betreiber des Virtuellen Handelspunktes hat unverzüglich alle Namen und die Bedingungen in Bezug auf Funktion, Vertragslaufzeit und –beendigung sowie die Gründe für die Bestellung oder für die Vertragsbeendigung von Personen der Unternehmensleitung der Regulierungsbehörde mitzuteilen.

(4) Dem Betreiber des Virtuellen Handelspunktes sind zum Zwecke der Konzentration des Gashandels am Virtuellen Handelspunkt, folgende Aufgaben übertragen:

1. der selbständige Betrieb des Virtuellen Handelspunktes in Kooperation mit dem Marktgebietsmanager;
2. die Bereitstellung kommerzieller Hub-Dienstleistungen, insbesondere „Title Tracking" zum Nachweis des Eigentumsübergangs von Erdgas am Virtuellen Handelspunkt;
3. die elektronische Protokollierung und die Abrechnung der Energiemengen aus Handelsgeschäften am Virtuellen Handelspunkt;
4. die Abwicklung von Handelsnominierungen im Dauerbetrieb (168 Stunden pro Woche) im Zusammenhang mit Marktteilnehmern am Virtuellen Handelspunkt;
5. die Bereitstellung einer elektronischen „Backup/Back-down"-Plattform zur bestmöglichen Aufrechterhaltung der Abwicklung von Handelsgeschäften im Falle von Unter- bzw. Überlieferungen in den Virtuellen Handelspunkt;
6. die Bereitstellung einer überregionalen Anbindung an benachbarte Marktgebiete in Kooperation mit benachbarten Netzbetreibern;
7. die Kooperation mit Börsen und Abwicklungsstellen für Börsegeschäfte, hinsichtlich der Abwicklung von Börsenominierungen im Auftrag der Abwicklungsstelle für Börsegeschäfte (Clearinghouse) in Bezug auf den Virtuellen Handelspunkt;
8. die Bereitstellung einer überregionalen Balancing Plattform in Kooperation mit den betroffenen Netzbetreibern entsprechend der europarechtlichen Vorgaben.

(5) Darüber hinaus ist der Betreiber des Virtuellen Handelspunktes berechtigt, sämtliche sonstige Aufgaben und Funktionen, die für den Betrieb des Virtuellen Handelspunktes im Sinne dieses Gesetzes notwendig und nützlich sind, anzubieten, sofern dadurch die in Abs. 4 genannten Aufgaben nicht beeinträchtigt werden.

(6) Der Betreiber des Virtuellen Handelspunktes ist verpflichtet, aktiv Konsultierungsprozesse mit Marktteilnehmern und der Regulierungsbehörde durchzuführen Die Regulierungsbehörde ist überdies berechtigt, die Implementierung von Dienstleistungen, die im Zuge dieses Konsultierungsprozesses von den Marktteilnehmern gewünscht werden, vom Betreiber des Virtuellen Handelspunktes einzufordern. Dies gilt unter der Voraussetzung, dass diese Dienstleistungen in Übereinstimmung mit internationalen Standards entsprechend EASEE Gas, der Agency for the Cooperation of Energy Regulators (ACER), der European Network of Transmission System Operators for Gas (ENTSOG) sowie European Federation of Energy Traders (EFET) sind und aus wirtschaftlichen und rechtlichen Rahmenbedingungen durchgeführt werden können.

(7) Der Betreiber des Virtuellen Handelspunktes hat folgende Pflichten und Bedingungen zu erfüllen:

1. Dem Betreiber des Virtuellen Handelspunktes ist es untersagt, jene Personen, die seine Dienstleistungen in Anspruch nehmen oder beabsichtigen in Anspruch zu nehmen, insbesondere zugunsten vertikal integrierter Erdgasunternehmen, diskriminierend zu behandeln.
2. Zur sachgerechten Beurteilung des gesetzeskonformen Betriebs des Virtuellen Handelspunktes ist der Betreiber des Virtuellen Handelspunktes verpflichtet, den Betrieb zu dokumentieren und auf begründetes Verlangen der Regulierungsbehörde, Einsicht in diese Dokumentation zu gewähren.
3. Unbeschadet gesetzlicher Verpflichtungen hat der Betreiber des Virtuellen Handelspunktes wirtschaftlich sensible Informationen sowie Geschäfts- und Betriebsgeheimnisse, von denen er bei der Ausübung seiner Geschäftstätigkeit Kenntnis erlangt, vertraulich zu behandeln.
4. Der Betreiber des Virtuellen Handelspunktes hat insbesondere Sorge zu tragen, dass bilaterale Preisdaten streng vertraulich behandelt werden, sofern dies nicht sonstige gesetzliche Verpflichtungen verletzt. Besondere Vertraulichkeitsverpflichtungen gelten gegenüber seinen Gesellschaftern.
5. Die Gesellschafter des Betreibers des Virtuellen Handelspunktes unterlassen jede Handlung, die die Erfüllung der Verpflichtungen des Betreibers des Virtuellen Handelspunktes behindern oder gefährden würde. Alle vertraglichen Beziehungen zwischen dem Betreiber des Virtuellen Handelspunktes und Kontraktoren bzw. Dienstleistern müssen mit entsprechenden Vertraulichkeitsverpflichtungen abgesichert sein.
6. Darüber hinaus stellt der Betreiber des Virtuellen Handelspunktes durch geeignete Compliance-Maßnahmen sicher, dass die Vertraulichkeit auch in Bezug auf seine Funktionen bei Börsegeschäften und außerbörslichen Geschäften gewahrt ist.
7. Für den Betreiber des Virtuellen Handelspunktes tätige und für den OTC Handel verantwortliche Personen dürfen zur gleichen Zeit nicht für den Börsebetrieb verantwortlich sein. Der vom Betreiber des Virtuellen Handelspunktes eingerichtete Vertraulichkeitsbereich des „Middle Office" hat für alle OTC-Tätigkeiten und physischen Hub-Dienstleistungen zu gelten, wohingegen der Vertraulichkeitsbereich „Market Operations" die gesetzlichen Anforderungen für Tätigkeiten im Zusammenhang mit der Gasbörse sicherstellen muss. Ein vom Betreiber des Virtuellen Handelspunktes zu

bestellender Compliance Officer, überwacht die Einhaltung dieser Vorschriften. Ein von diesem Compliance Officer jährlich zu verfassender Bericht, ist der Regulierungsbehörde zu übermitteln.

8. Zur Zwecke der Transparenz veröffentlicht der Betreiber des Virtuellen Handelspunktes regelmäßig allgemeine Marktinformationen in anonymisierter und aggregierter Form, im Internet. Des Weiteren stellt der Betreiber des Virtuellen Handelspunktes, potentiell marktbeeinflussende Informationen, sofern er davon Kenntnis erlangt, nicht diskriminierend und ohne ungebührliche Verzögerung in geeigneter Form zur Verfügung.
9. Die § 9 bis § 11 gelten auch für den Betreiber des Virtuellen Handelspunktes.

5. Teil
Systemnutzungsentgelt
1. Hauptstück
Verfahren zur Festsetzung der Systemnutzungsentgelte

Feststellung der Kostenbasis

§ 69. (1) Die Regulierungsbehörde hat die Kosten, die Zielvorgaben und das Mengengerüst von Verteilernetzbetreibern von Amts wegen periodisch mit Bescheid festzustellen.

(2) Die Regulierungsbehörde hat die vom Fernleitungsnetzbetreiber gemäß § 82 eingereichten Methoden auf Antrag des Fernleitungsnetzbetreibers oder von Amts wegen periodisch mit Bescheid zu genehmigen. Die Genehmigung ist zu befristen.

(3) Der Wirtschaftskammer Österreich, der Landwirtschaftskammer Österreich, der Bundesarbeitskammer und dem Österreichischen Gewerkschaftsbund ist vor Abschluss des Ermittlungsverfahrens Gelegenheit zur Stellungnahme zu geben. Die Regulierungsbehörde hat deren Vertretern Auskünfte zu geben und Einsicht in den Verfahrensakt zu gewähren. Wirtschaftlich sensible Informationen, von denen die Vertreter bei der Ausübung ihrer Einsichtsrechte Kenntnis erlangen, sind vertraulich zu behandeln. Die Wirtschaftskammer Österreich sowie die Bundesarbeitskammer können gegen Entscheidungen der Regulierungsbehörde gemäß Abs. 1 und 2 wegen Verletzung der in § 73 bis § 82 geregelten Vorgaben Beschwerde an das Bundesverwaltungsgericht sowie in weiterer Folge gemäß Art. 133 B-VG Revision an den Verwaltungsgerichtshof erheben.

Systemnutzungsentgelte und Ausgleichszahlungen

§ 70. (1) Die Systemnutzungsentgelte im Verteilernetz werden unter Berücksichtigung einer Kostenwälzung gemäß § 83 auf Basis der gemäß §§ 79 ff festgestellten Kosten und des Mengengerüsts mit Verordnung der Regulierungsbehörde bestimmt. Die auf Basis der Methode gemäß § 82 ermittelten Systemnutzungsentgelte im Fernleitungsnetz werden von der Regulierungsbehörde mit Verordnung in Kraft gesetzt.

(2) Erforderlichenfalls werden in der Verordnung Ausgleichszahlungen zwischen Netzbetreibern eines Netzbereiches bzw. Marktgebiets bestimmt. Die Art der Ermittlung von Ausgleichszahlungen zwischen Fernleitungsnetzbetreibern ist Bestandteil der Methoden gemäß § 82.

(3) Der Verordnungserlassung hat ein Stellungnahmeverfahren voranzugehen, das insbesondere den betroffenen Netzbetreibern, Netzbenutzern und den in § 69 Abs. 3 genannten Interessenvertretungen die Möglichkeit zur Stellungnahme innerhalb angemessener Frist sicherstellt.

(4) Nach Abschluss des Stellungnahmeverfahrens sind über Verlangen sämtliche Unterlagen dem Regulierungsbeirat vorzulegen. Der Vorsitzende kann zur Beratung im Regulierungsbeirat auch Sachverständige beiziehen. Bei Gefahr im Verzug kann die Anhörung durch den Regulierungsbeirat entfallen. Dieser ist jedoch nachträglich unverzüglich mit der Angelegenheit zu befassen.

(5) Die Regulierungsbehörde und Netzbetreiber haben dem Regulierungsbeirat sämtliche für die Beurteilung des Verordnungsentwurfes notwendigen Unterlagen zu übermitteln sowie Auskünfte zu geben.

Regulierungskonto

§ 71. (1) Differenzbeträge zwischen den tatsächlich erzielten und den der Gas-Systemnutzungsentgelte-Verordnung zu Grunde liegenden Erlösen sind bei der Feststellung der Kostenbasis für die nächsten zu erlassenden Gas-Systemnutzungsentgelte-Verordnungen auszugleichen.

(2) Maßgebliche außergewöhnliche Erlöse oder Aufwendungen können über das Regulierungskonto über einen angemessenen Zeitraum verteilt werden.

(3) Wurde ein Kostenbescheid aufgehoben, ist eine abweichende Kostenfeststellung im Ersatzbescheid bei der Feststellung der Kostenbasis für die nächsten Entgeltperioden zu berücksichtigen.

(4) Wurde ein Kostenbescheid abgeändert, ist eine abweichende Kostenfeststellung bei der Feststellung der Kostenbasis für die nächsten Entgeltperioden zu berücksichtigen.

(5) Wird eine Gas-Systemnutzungsentgelte-Verordnung oder eine aufgrund der § 23bis § 23c des Gaswirtschaftsgesetzes, BGBl. I Nr. 121/2000, in der Fassung des Bundesgesetzes BGBl. I Nr. 148/2002, erlassene Verordnung vom Verfassungsgerichtshof aufgehoben oder hat der Verfassungsgerichtshof ausgesprochen, dass eine Verordnung gesetzwidrig

war, und ergeben sich daraus Minder- oder Mehrerlöse, sind diese bei der Feststellung der Kostenbasis über einen angemessenen Zeitraum zu berücksichtigen.

(6) Die Ansprüche und Verpflichtungen, die vom Regulierungskonto erfasst werden, sind im Rahmen des Jahresabschlusses zu aktivieren oder zu passivieren. Die Bewertung der Posten richtet sich nach den geltenden Rechnungslegungsvorschriften.

(7) Abs. 3 bis Abs. 5 gelten sinngemäß für Bescheide gemäß § 82.

2. Hauptstück
Entgeltkomponenten

Bestimmung der Systemnutzungsentgelte

§ 72. (1) Zur Erbringung aller Leistungen, die von den Netzbetreibern in Erfüllung der ihnen auferlegten Verpflichtungen erbracht werden, haben die Netzbenutzer ein Systemnutzungsentgelt zu entrichten. Das Systemnutzungsentgelt hat dem Grundsatz der Gleichbehandlung aller Systembenutzer, der Erleichterung eines effizienten Gashandels und Wettbewerbs, der Kostenorientierung und weitestgehenden Verursachungsgerechtigkeit zu entsprechen und zu gewährleisten, dass Erdgas effizient genutzt wird und das Volumen verteilter oder transportierter Energie nicht unnötig erhöht wird. Das Systemnutzungsentgelt im Verteilernetz besteht aus den in Abs. 2 Z 1 bis 5 bezeichneten Bestandteilen. Eine über die im Abs. 2 Z 1 bis 5 angeführten Entgelte hinausgehende Verrechnung in unmittelbarem Zusammenhang mit dem Netzbetrieb ist, unbeschadet gesonderter Bestimmungen dieses Bundesgesetzes, unzulässig. Das Systemnutzungsentgelt im Fernleitungsnetz besteht aus den in Abs. 2 Z 1 bis 3 bezeichneten Bestandteilen. Die Einhebung von Entgelten im Rahmen von marktorientierten Kapazitätsvergabeverfahren ist zulässig.

(2) Das Systemnutzungsentgelt bestimmt sich aus dem

1. Netznutzungsentgelt;
2. Netzzutrittsentgelt;
3. Netzbereitstellungsentgelt;
4. Entgelt für Messleistungen sowie
5. Entgelt für sonstige Leistungen.

Die in den Z 1, 3, 4 und 5 angeführten Entgelte für das Verteilernetz sind durch Verordnung der Regulierungsbehörde zu bestimmen, wobei die Entgelte gemäß Z 1, 3 und 5 als Festpreise zu bestimmen sind. Das Entgelt gemäß Z 4 ist als Höchstpreis zu bestimmen. Das Entgelt gemäß Z 1 bis 3 für das Fernleitungsnetz ist für die betroffenen Ein- und Ausspeisepunkte nach einer von der Regulierungsbehörde zu genehmigenden Methode gemäß § 82 auf Vorschlag der Fernleitungsnetzbetreiber zu ermitteln und durch Verordnung laut § 70 festzulegen. Die Entgelte sind in Euro bzw. Cent pro Verrechnungseinheit anzugeben.

(3) Die Regulierungsbehörde hat jedenfalls Systemnutzungsentgelte für Netzbenutzer des Verteilernetzes durch Verordnung zu bestimmen, die einerseits auf die relevanten Ein- und Ausspeisepunkte und andererseits auf den Netzbereich sowie die Netzebene zu beziehen sind, an der die Anlage angeschlossen ist. Die relevanten Ein- und Ausspeisepunkte des Verteilernetzes werden in der Verordnung festgelegt. Vorgaben hinsichtlich der Netzebenenzuordnung der Anlagen sowie der Verrechnungsmodalitäten sind in dieser Verordnung festzulegen.

Netznutzungsentgelt im Verteilernetz

§ 73. (1) Durch das Netznutzungsentgelt werden dem Netzbetreiber die Kosten insbesondere für die Errichtung, den Ausbau, die Instandhaltung und den Betrieb des Netzsystems einschließlich der Kosten, die mit der Errichtung und dem Betrieb von Zähleinrichtungen einschließlich der Eichung und Datenauslesung an Ein- und Ausspeisepunkten, mit Ausnahme von Kundenanlagen, verbunden sind, sowie die anteiligen Kosten für den Verteilergebietsmanager gemäß § 24 abgegolten. Die Regulierungsbehörde kann Netznutzungsentgelte unter Berücksichtigung einheitlicher Entgeltstrukturen zeitvariabel und/oder lastvariabel gestalten. Entgelte für garantierte und unterbrechbare Kapazitätsbuchungen können vorgesehen werden und haben die Wahrscheinlichkeit von Unterbrechungen angemessen widerzuspiegeln. Der leistungsbezogene Anteil des Netznutzungsentgeltes kann auf einen Zeitraum eines Jahres bezogen und als Pauschale bestimmt werden. Ist der Abrechnungszeitraum kürzer oder länger als ein Jahr, dann ist der für den leistungsbezogenen Netznutzungstarif verordnete Pauschalbetrag tageweise zu aliquotieren. Die Bestimmung von Mindestleistungen und Entgelten für Leistungsüberschreitungen ist zulässig. Für eine kürzere Inanspruchnahme als ein Jahr sowie bei gänzlicher oder teilweiser nicht durchgehender Inanspruchnahme des Netzsystems können abweichende Netznutzungsentgelte verordnet werden.

(2) Das Netznutzungsentgelt im Verteilernetz ist von Endverbrauchern pro Zählpunkt der jeweiligen Netzebene und von Netzbetreibern innerhalb von Netzbereichen pro Netzkopplungspunkt zu entrichten. Das Netznutzungsentgelt der Netzebene 1 darf jenes der Netzebene 2 nicht unterschreiten. Es ist arbeits- und leistungsbezogen festzulegen und regelmäßig in Rechnung zu stellen. Zur Ermittlung der Basis für die Verrechnung des leistungsbezogenen Anteils des Netznutzungsentgelts ist entweder das arithmetische Mittel der in der Abrechnungsperiode täglich oder monatlich gemessenen höchsten stündlichen Leistung oder die vertragliche Höchstleistung heranzuziehen.

(3) Das Netznutzungsentgelt im Verteilernetz an den Netzkopplungspunkten zwischen den Netzbereichen gemäß § 84 Abs. 2 Z 3 ist bezogen auf die Arbeit und/oder die vertraglich vereinbarte

Höchstleistung von den Netzbetreibern pro Netzkopplungspunkt und/oder mittels Kostenwälzung gemäß § 83 Abs. 3 pro Netzbereich zu entrichten.

(4) Das Netznutzungsentgelt im Verteilernetz an der Marktgebietsgrenze ist bezogen auf die vertraglich vereinbarte Leistung pro Ein- und Ausspeisepunkt von Einspeisern und Entnehmern zu entrichten.

(5) Das Netznutzungsentgelt im Verteilernetz für die Ausspeisung aus dem Verteilernetz in Speicheranlagen ist bezogen auf die vertraglich vereinbarte Leistung einheitlich pro Ausspeisepunkt von den Speicherunternehmen, die Erdgasspeicher verwalten, zu entrichten.

(6) Das Netznutzungsentgelt im Verteilernetz für die Einspeisung in das Verteilernetz aus Produktion bzw. Erzeugung von biogenen Gasen ist bezogen auf die vertraglich vereinbarte Leistung pro Einspeisepunkt vom Produzenten bzw. vom Erzeuger von biogenen Gasen zu entrichten.

(7) Ist für die Abrechnung eine rechnerische Ermittlung des Verbrauchs notwendig, so ist diese bei Zählpunkten ohne Lastprofilzähler vom Netzbetreiber ausschließlich anhand der geltenden, standardisierten Lastprofile transparent und nachvollziehbar durchzuführen. Weicht eine rechnerische Verbrauchswertermittlung von den tatsächlichen Werten ab, so ist eine unentgeltliche Rechnungskorrektur vorzunehmen.

(8) Für das zum Zweck der Vermischung mit Wasserstoff entnommene und danach wieder eingespeiste Gas ist kein Netznutzungsentgelt zu entrichten.

Netznutzungsentgelt im Fernleitungsnetz

§ 74. (1) Durch das Netznutzungsentgelt werden dem Netzbetreiber die Kosten insbesondere für die Errichtung, den Ausbau, die Instandhaltung und den Betrieb des Netzsystems einschließlich der Kosten, die mit der Errichtung und dem Betrieb von Zähleinrichtungen einschließlich der Eichung und Datenauslesung verbunden sind, sowie die anteiligen Kosten für den Marktgebietsmanager abgegolten. Das Netznutzungsentgelt im Fernleitungsnetz wird bezogen auf die vertraglich vereinbarte Leistung pro Ein- und Ausspeisepunkt in das Fernleitungsnetz des Marktgebietes, sowie pro Ausspeisepunkt aus dem Fernleitungsnetz ins Verteilergebiet getrennt voneinander festgelegt und ist von den Einspeisern bzw. Entnehmern bzw. für die Ausspeisepunkte in das Verteilernetz vom Verteilergebietsmanager zu entrichten. Es sind jedenfalls Entgelte für garantierte und unterbrechbare Kapazitätsbuchungen vorzusehen. Kapazitäten mit beschränkter Zuordenbarkeit sowie Lastflusszusagen sind bei der Entgeltfestsetzung entsprechend zu berücksichtigen. Entgelte für Verträge mit einer Laufzeit von mehr als einem Tag dürfen die Summe der Entgelte für tägliche Verträge innerhalb der Laufzeit nicht erheblich unterschreiten. Die Bestimmung von Minimalleistungen und Entgelten für Leistungsüberschreitungen ist zulässig.

(2) Das Netznutzungsentgelt im Fernleitungsnetz für die Ausspeisung aus dem Fernleitungsnetz in Speicheranlagen ist bezogen auf die vertraglich vereinbarte Leistung pro Ausspeisepunkt von den Speicherunternehmen, die Erdgasspeicher verwalten, zu entrichten.

(3) Das Netznutzungsentgelt im Fernleitungsnetz für die Einspeisung in das Fernleitungsnetz aus Produktion bzw. Erzeugung von biogenen Gasen ist bezogen auf die vertraglich vereinbarte Leistung pro Einspeisepunkt vom Produzenten bzw. vom Erzeuger von biogenen Gasen zu entrichten.

Netzzutrittsentgelt

§ 75. (1) Durch das Netzzutrittsentgelt werden dem Netzbetreiber alle angemessenen und den marktüblichen Preisen entsprechenden Aufwendungen abgegolten, die mit der erstmaligen Herstellung eines Anschlusses an ein Netz oder der Abänderung eines Anschlusses infolge Erhöhung der Anschlussleistung eines Netzbenutzers unmittelbar verbunden sind. Das Netzzutrittsentgelt ist einmalig zu entrichten und dem Netzbenutzer auf transparente und nachvollziehbare Weise darzulegen. Sofern die Kosten für den Netzanschluss vom Netzbenutzer selbst getragen werden, ist die Höhe des Netzzutrittsentgelts entsprechend zu vermindern.

(2) Das Netzzutrittsentgelt ist aufwandsorientiert zu verrechnen, wobei der Netzbetreiber eine Pauschalierung für vergleichbare Netzbenutzer einer Netzebene vorsehen kann.

(3) Beim Netzanschluss von bestehenden Biogasanlagen zur Erzeugung und Aufbereitung von erneuerbarem Gas entsprechend den Anforderungen der anwendbaren Regeln der Technik gemäß § 7 Abs. 1 Z 53 GWG 2011 sind bis zu einem Netzanschlussquotienten von 60 lfm/m³CH4-eq/h vereinbarter jährlich ins Gasnetz einzuspeisender Energiemenge die Kosten für folgende Komponenten vom Netzbetreiber zu tragen:

1. der Netzzutritt für die Einspeisung von erneuerbaren Gasen,
2. die Mengenmessung,
3. die Qualitätsprüfung,
4. eine allfällige Odorierung,
5. für die kontinuierliche Einspeisung notwendige Verdichterstationen oder Leitungen.

Diese Kosten sind bei der Festsetzung der Systemnutzungsentgelte gemäß den Bestimmungen des 5. Teils dieses Bundesgesetzes anzuerkennen. Für eine Gruppe mehrerer Anlagen, die um einen gemeinsamen Anschlussverbund ansuchen, kann ein gemeinsamer Anschlussquotient gelten. Die ab einer Netzanschlusslänge von über 10 km anfallenden Kosten für den zusätzlichen Leitungsbau sind vom Einspeiser zu entrichten. Diese Grenze gilt nicht für Gruppen mehrerer Anlagen, die um einen gemeinsamen Anschlussverbund ansuchen.

(4) Beim Netzanschluss von neu zu errichtenden Anlagen zur Erzeugung und Aufbereitung von erneuerbarem Gas entsprechend den Anforderungen der anwendbaren Regeln der Technik gemäß § 7 Abs. 1 Z 53 GWG 2011 sind bis zu einem Netzanschlussquotienten von 60 lfm/m³CH4-eq/h vereinbarter jährlich ins Gasnetz einzuspeisender Energiemenge die Kosten für folgende Komponenten vom Netzbetreiber zu tragen:

1. der Netzzutritt für die Einspeisung von erneuerbaren Gasen,
2. die Mengenmessung,
3. die Qualitätsprüfung,
4. eine allfällige Odorierung,
5. für die kontinuierliche Einspeisung notwendige Verdichterstationen oder Leitungen.

Diese Kosten sind bei der Festsetzung der Systemnutzungsentgelte gemäß den Bestimmungen des 5. Teils dieses Bundesgesetzes anzuerkennen. Für eine Gruppe mehrerer Anlagen, die um einen gemeinsamen Anschlussverbund ansuchen, kann ein gemeinsamer Anschlussquotient gelten. Die ab einer Netzanschlusslänge von über 3 km anfallenden Kosten für den zusätzlichen Leitungsbau sind vom Einspeiser zu entrichten. Diese Grenze gilt nicht für Gruppen mehrerer Anlagen, die um einen gemeinsamen Anschlussverbund ansuchen.

Netzbereitstellungsentgelt

§ 76. (1) Das Netzbereitstellungsentgelt wird Netzbenutzern bei der Herstellung des Netzanschlusses oder bei einer Erhöhung der vertraglich vereinbarten Höchstleistung als leistungsbezogener Pauschalbetrag für den bereits erfolgten sowie notwendigen Ausbau des Netzes zur Ermöglichung des Anschlusses verrechnet. Es bemisst sich nach dem vereinbarten Ausmaß der Netznutzung. Es ist anlässlich des Abschlusses des Netzzugangsvertrages bzw. bei einer Erhöhung der vertraglich vereinbarten Höchstleistung einmalig in Rechnung zu stellen.

(2) Geleistete Netzbereitstellungsentgelte sind auf Verlangen des Netzbenutzers innerhalb von 15 Jahren ab dem Zeitpunkt der Bezahlung nach einer mindestens drei Jahre ununterbrochen dauernden Verringerung der vertraglich vereinbarten Höchstleistung oder drei Jahre nach Stilllegung des Netzanschlusses des Netzbenutzers anteilig im Ausmaß der Verringerung der vertraglich vereinbarten Höchstleistung rückzuerstatten. Die Rückerstattung des für die Mindestleistung verrechneten Netzbereitstellungsentgelts ist nicht möglich.

(3) Wird für zum 31. Dezember 2008 bestehende Kundenanlagen die vertraglich vereinbarte Höchstleistung reduziert, ist für eine spätere Erhöhung der vertraglich vereinbarten Höchstleistung auf das ursprüngliche Ausmaß kein Netzbereitstellungsentgelt zu leisten.

(4) Die Berechnung des Netzbereitstellungsentgelts hat sich an den durchschnittlichen Ausbaukosten für neue und für die Erweiterung von bestehenden Netzen zu orientieren.

(5) Die tatsächlich vereinnahmten Netzbereitstellungsentgelte sind über einen angemessenen Zeitraum, bezogen auf die jeweiligen Netzebenen aufzulösen, sodass sie sich kostenmindernd auf das Netznutzungsentgelt auswirken.

(6) Das Netzbereitstellungsentgelt für das Fernleitungsnetz wird in den Methoden gemäß § 82 gesondert festgelegt. Die Abs. 2 bis 5 finden ausschließlich auf das Verteilernetz Anwendung.

Entgelt für Messleistungen

§ 77. (1) Durch das vom Netzbenutzer zu entrichtende Entgelt für Messleistungen werden dem Netzbetreiber jene direkt zuordenbaren Kosten abgegolten, die mit der Errichtung und dem Betrieb von Zähleinrichtungen einschließlich der Eichung und der Datenauslesung verbunden sind. Messleistungen in Zusammenhang mit Ein- und Ausspeisungen in oder von Speicheranlagen bzw. Einspeisungen aus Produktionsanlagen sind in den Netznutzungsentgelten gemäß § 73 Abs. 5 bzw. 6 enthalten.

(2) Die festgesetzten Entgelte für Messleistungen sind Höchstpreise und gelten für die jeweils eingesetzte Art der Messung. Das Entgelt für Messleistungen ist regelmäßig sowie grundsätzlich aufwandsorientiert zu verrechnen. Soweit Messeinrichtungen von den Netzbenutzern selbst beigestellt werden, ist es entsprechend zu vermindern.

(3) Das Entgelt für Messleistungen ist auf einen Zeitraum von einem Monat zu beziehen und ist im Zuge von nicht monatlich erfolgenden Abrechnungen tageweise zu aliquotieren.

(4) Eine Ab- bzw. Auslesung der Zähleinrichtung hat – mit Ausnahme von Lastprofilzählern, die vom Netzbetreiber jedenfalls zumindest monatlich ausgelesen werden, sowie intelligenten Messgeräten, die gemäß § 129 Abs. 1 ausgelesen werden, – zumindest einmal jährlich zu erfolgen. Dabei hat mindestens alle drei Jahre eine Ab- bzw. Auslesung durch den Netzbetreiber selbst zu erfolgen. Werden die Ablesung und die Übermittlung der Messdaten durch den Netzbenutzer erledigt, so ist der Netzbetreiber zur Durchführung einer Plausibilitätskontrolle der übermittelten Daten verpflichtet. Eine rechnerische Ermittlung der Messwerte ist nur in jenen Fällen zulässig, in denen der Netzbenutzer von der ihm angebotenen Möglichkeit zur Selbstablesung und Übermittlung der Daten an den Netzbetreiber keinen Gebrauch gemacht hat und ein Ableseversuch durch den

Netzbetreiber, aus einem Grund, der dem Verantwortungsbereich des Netzbenutzer zuzuordnen ist, erfolglos blieb.

Entgelt für sonstige Leistungen

§ 78. Die Netzbetreiber sind berechtigt Netzbenutzern für die Erbringung sonstiger Leistungen, die nicht durch die Entgelte gemäß § 72 Abs. 2 Z 1 bis 4 abgegolten sind, und vom Netzbenutzer unmittelbar verursacht werden, ein gesondertes Entgelt zu verrechnen. Die Entgelte für sonstige Leistungen sind von der Regulierungsbehörde durch Verordnung in angemessener Höhe festzulegen, wobei über die in § 72 Abs. 1 festgelegten Grundsätze hinausgehend auf die soziale Verträglichkeit Bedacht zu nehmen ist. Entgelte für sonstige Leistungen sind insbesondere für Mahnspesen sowie vom Netzbenutzer veranlasste Änderungen der Messeinrichtung, festzulegen. Das für die Abschaltung gemäß § 127 Abs. 3 und Wiederherstellung des Netzzuganges zu entrichtende Entgelt darf insgesamt 30 Euro nicht übersteigen.

Ausnahmen von Systemnutzungsentgelten für Forschungs- und Demonstrationsprojekte

§ 78a. (1) Die Regulierungsbehörde kann für bestimmte Forschungs- und Demonstrationsprojekte, die die Voraussetzungen der nachstehenden Absätze erfüllen, mit Bescheid Systemnutzungsentgelte festlegen, die von den Bestimmungen des 5. Teils oder einer Verordnung gemäß den §§ 70 und 72 abweichen (Ausnahmebescheid).

(2) Forschungs- und Demonstrationsprojekte im Sinne dieser Bestimmung sind Projekte, die mindestens zwei der folgenden Ziele verfolgen

1. Systemintegration von erneuerbaren Energietechnologien sowie von Speicher- und Energieeffizienztechnologien, etwa durch den Einsatz neuer und innovativer Geschäftsmodelle;
2. Substitution von fossilen Energieträgern durch erneuerbare Energieträger und deren technisch-wirtschaftlich optimierte Netzeinspeisung;
3. Digitalisierung des Energiesystems und intelligente Nutzung von Energie;
4. Stärkung der gesellschaftlichen Akzeptanz der Energiewende und der hiefür notwendigen Transformationsprozesse;
5. Verbesserung der Umwandlung oder Speicherung von Energie sowie Umsetzung von Sektorkopplung und Sektorintegration durch Realisierung der dafür erforderlichen Konversionsanlagen und -prozesse;
6. Anhebung von markt- oder netzseitigen Flexibilitätspotenzialen;
7. Steigerung der Effizienz oder Sicherheit des Netzbetriebs oder der Versorgung mit Energie, insbesondere durch Erbringung von Flexibilitätsdienstleistungen bzw. netzdienlichen Verhaltens- und Betriebsweisen;
8. Vereinfachung bzw. Reduktion des gesamthaften Netzausbaubedarfs durch alternative Konzepte der Nutzung bestehender Netzinfrastruktur.

(3) Anträge auf Erteilung einer Ausnahme nach Abs. 1 können nur Forschungs- und Demonstrationsprojekte stellen, die über eine Förderungsentscheidung gemäß § 16 Forschungs- und Technologieförderungsgesetz, BGBl. Nr. 434/1982, oder über eine Förderungsentscheidung im Rahmen eines äquivalenten Förderprogramms verfügen

(4) Die Äquivalenz eines Förderprogramms liegt vor, wenn das betreffende Förderprogramm in seiner Zielsetzung zumindest zwei der unter Abs. 2 genannten Ziele adressiert und denselben Standards und Anforderungen unterliegt, wie dies im Rahmen des Forschungs- und Technologieförderungsgesetzes und der darauf basierenden Förderrichtlinien für nationale Programme festgelegt ist. Dies gilt insbesondere für Anforderungen hinsichtlich

1. Innovationsgehalt, Eignung der Projektbeteiligten und Qualität des Vorhabens,
2. Transparenz (inklusive Informationsübermittlung) und Monitoring sowie
3. Bewertungsverfahren.

(5) Der Antrag auf Erteilung einer Ausnahme nach Abs. 1 muss zumindest folgende Angaben und Unterlagen enthalten:

1. Name, Anschrift, Telefonnummer und E–Mail-Adresse des Projektwerbers bzw. Projektwerber-Konsortiums; bei Personengesellschaften und juristischen Personen zusätzlich den Sitz und die Firmenbuchnummer sowie den Namen einer vertretungsbefugten natürlichen Person;
2. Beschreibung des Projekts im Hinblick auf den Beitrag zur Zielerreichung nach Abs. 2;
3. Beschreibung der am Projekt beteiligten Erzeugungs- und/oder Verbrauchsanlagen unter Angabe der jeweiligen Zählpunktnummern;
4. Art und Umfang der beantragten Ausnahme nach Abs. 1;
5. Nachweis über die erfolgte Förderungsentscheidung gemäß § 16 des Forschungs- und Technologieförderungsgesetzes oder über die erfolgte Förderungsentscheidung im Rahmen eines äquivalenten Förderprogramms samt der hiefür erforderlichen Unterlagen.

Die Regulierungsbehörde hat spätestens binnen drei Monaten nach Einlangen eines vollständigen und formgültigen Antrags einen Ausnahmebescheid nach Abs. 1 zu erlassen.

(6) Die Regulierungsbehörde kann einen Ausnahmebescheid nach Abs. 1 unter Vorschreibung von Auflagen, Bedingungen oder Befristungen erlassen, sofern dies zur Erfüllung der Ziele nach dieser Bestimmung erforderlich ist. Der Ausnahmebescheid ist den Netzbetreibern zu Kenntnis zu

bringen, in deren Konzessionsgebiet das von der Ausnahme erfasste Forschungs- oder Demonstrationsprojekt durchgeführt wird.

(7) Die Regulierungsbehörde kann von den in Abs. 1 genannten Bestimmungen hinsichtlich der Entgeltstruktur, der Bemessungsgrundlage oder des abrechnungsrelevanten Zeitraums abweichen oder auch eine betragsmäßige Reduktion bis hin zu einer vollständigen Befreiung von Systemnutzungsentgelten vorsehen. Dabei hat die Regulierungsbehörde die Förderungsentscheidung gemäß Abs. 3 und den Antrag gemäß Abs. 5 entsprechend zu berücksichtigen. Eine Ausnahme nach Abs. 1 gilt nur für die am Projekt beteiligten Netzbenutzer im Rahmen der Durchführung des Projekts und wird für höchstens drei Jahre sowie ausschließlich für jene Zeiträume gewährt, in denen die Voraussetzungen der Abs. 2 und 3 gegeben sind.

(8) Ausnahmen gemäß Abs. 1 werden unter den Voraussetzungen der Verordnung (EU) Nr. 1407/2013 über die Anwendung der Artikel 107 und 108 des Vertrags über die Arbeitsweise der Europäischen Union auf De-minimis-Beihilfen, ABl. Nr. L 352 vom 24.12.2013 S. 1, als de–inimis-Förderungen gewährt.

3. Hauptstück
Grundsätze der Kosten- und Mengenermittlung

Kostenermittlung für Verteilernetzbetreiber

§ 79. (1) Die den Entgelten zugrunde liegenden Kosten haben dem Grundsatz der Kostenwahrheit zu entsprechen und sind differenziert nach Netzebenen zu ermitteln. Dem Grunde und der Höhe nach angemessene Kosten sind zu berücksichtigen. Der Netzsicherheit, der Versorgungssicherheit unter Berücksichtigung von Qualitätskriterien, der Marktintegration sowie der Energieeffizienz ist Rechnung zu tragen. Die Bestimmung der Kosten unter Zugrundelegung einer Durchschnittsbetrachtung, die von einem rationell geführten, vergleichbaren Unternehmen ausgeht, ist zulässig. Investitionen sind in angemessener Weise ausgehend von den historischen Anschaffungskosten sowie den Finanzierungskosten zu berücksichtigen. Außerordentliche Aufwendungen oder Erträge können über einen mehrjährigen Zeitraum anteilig verteilt werden. Die bei einer effizienten Implementierung neuer Technologien entstehenden Kosten sind in den Entgelten unter Berücksichtigung der beschriebenen Grundsätze und der Nutzung von Synergieeffekten angemessen zu berücksichtigen. Die Kosten des Verteilernetzbetreibers für das Netznutzungsentgelt im Fernleitungsnetz gemäß § 74 sind als Kosten der Netzebene 1 zu berücksichtigen.

(2) Für die Ermittlung der Kosten sind Zielvorgaben zugrunde zu legen, die sich am Einsparungspotential der Unternehmen, der strukturellen Entwicklung der Versorgungsaufgabe und des Marktanteils im jeweiligen Netzgebiet orientieren. Dabei sind die festgestellten Kosten sowohl um generelle Zielvorgaben, die sich an Produktivitätsentwicklungen orientieren, als auch um die netzbetreiberspezifische Teuerungsrate anzupassen. Individuelle Zielvorgaben können aufgrund der Effizienz der Netzbetreiber berücksichtigt werden. Die dabei anzuwendenden Methoden haben dem Stand der Wissenschaft zu entsprechen. Bei der Ermittlung der individuellen Zielvorgaben können neben einer Gesamtunternehmensbetrachtung bei sachlicher Vergleichbarkeit auch einzelne Teilprozesse herangezogen werden. Dabei ist sicher zu stellen, dass für die Verteilernetzbetreiber Anreize bestehen, die Effizienz zu steigern und notwendige Investitionen angemessen durchführen zu können.

(3) Der Zeitraum zur Realisierung der Zielvorgaben (Zielerreichungszeitraum) kann durch die Regulierungsbehörde im jeweiligen Kostenbescheid in ein- oder mehrjährige Regulierungsperioden unterteilt werden. Zum Ende einer Regulierungsperiode können die unternehmensindividuellen Effizienzfortschritte einer Evaluierung unterzogen werden. Nach einer Regulierungsperiode kann neuerlich ein Effizienzvergleich oder ein alternatives dem Stand der Wissenschaft entsprechendes Regulierungssystem zur Ermittlung der Netznutzungsentgelte umgesetzt werden.

(4) Beeinflusst das vertikal integrierte Erdgasunternehmen die Kosten des Netzbetreibers durch Verrechnungen, muss der Netzbetreiber diese Kosten ausreichend belegen. Auf Verlangen der Regulierungsbehörde hat das vertikal integrierte Erdgasunternehmen die Kalkulationsgrundlage für die Verrechnungen vorzulegen.

(5) Zur Abdeckung der netzbetreiberspezifischen Teuerungsrate ist ein Netzbetreiberpreisindex zu berücksichtigen. Dieser setzt sich aus veröffentlichten Teilindices zusammen, die die durchschnittliche Kostenstruktur der Netzbetreiber repräsentieren.

(6) Zielvorgaben gemäß Abs. 2 sowie die netzbetreiberspezifische Teuerungsrate gemäß Abs. 5 wirken ausschließlich auf die vom Unternehmen beeinflussbaren Kosten. Nicht beeinflussbare Kosten sind insbesondere Kosten:

1. für die Nutzung funktional verbundener Netze im Inland sowie für den Verteilergebietsmanager;
2. für Landesabgaben zur Nutzung öffentlichen Grundes (Gebrauchsabgabe);
3. zur Deckung von Netzverlusten auf Basis transparenter und diskriminierungsfreier Beschaffung;
4. aufgrund gesetzlicher Vorschriften im Zuge von Ausgliederungen, welche dem Grunde nach zum Zeitpunkt der Vollliberalisierung des Erdgasmarktes mit 1. Oktober 2002 bestanden haben. Die näheren Kostenarten sind

spätestens nach Ablauf von 3 Monaten ab Inkrafttreten dieses Gesetzes durch eine Verordnung der Regulierungskommission festzulegen.

(7) Die Kosten für die Bestimmung der Netznutzungsentgelte gemäß § 73 sind bezogen auf die jeweiligen Netzebenen auf Basis der festgestellten Gesamtkosten abzüglich vereinnahmter Messentgelte, Entgelte für sonstige Leistungen sowie der anteiligen Auflösung von passivierten Netzbereitstellungs- und Netzzutrittsentgelten zu ermitteln. Die festgestellten Gesamtkosten sind um vereinnahmte Förderungen und Beihilfen zu reduzieren.

(8) Sofern die angewandte Regulierungssystematik für ein- oder mehrjährige Regulierungsperioden gemäß Abs. 1 bis Abs. 6 einen Zeitverzug in der Abgeltung durch die Systemnutzungsentgelte bewirkt, können entsprechende Differenzbeträge im Rahmen des Jahresabschlusses aktiviert werden bzw. sind diese im Rahmen des Jahresabschlusses als Rückstellung zu passivieren. Die Bewertung der Posten richtet sich nach den geltenden Rechnungslegungsvorschriften.

Finanzierungskosten für Verteilernetzbetreiber

§ 80. (1) Finanzierungskosten haben die angemessenen Kosten für die Verzinsung von Eigen- und Fremdkapital zu umfassen, wobei die Verhältnisse des Kapitalmarktes und die Kosten für Ertragsteuern zu berücksichtigen sind. Geförderte Finanzierungen sind angemessen zu berücksichtigen.

(2) Die Finanzierungskosten sind durch Multiplikation des angemessenen Finanzierungskostensatzes mit der zu verzinsenden Kapitalbasis zu ermitteln. Hierbei ist der verzinsliche Rückstellungsbestand unter Berücksichtigung der Finanzierungstangente, welche im Personalaufwand verbucht ist, kostenmindernd anzusetzen.

(3) Der Finanzierungskostensatz ist aus einem gewichteten durchschnittlichen Kapitalkostensatz unter Zugrundelegung einer Normkapitalstruktur sowie der Ertragsteuer zu bestimmen. Die Normkapitalstruktur hat sowohl generelle branchenübergreifende als auch signifikante unternehmensindividuelle Faktoren zu berücksichtigen, welche den Eigenkapitalanteil um mehr als 10 % unterschreiten. Eine marktgerechte Risikoprämie für das Eigen- und Fremdkapital, die Rahmenbedingungen des Kapitalmarktes sowie ein risikoloser Zinssatz sind zu berücksichtigen. Bei der Ermittlung des risikolosen Zinssatzes kann ein mehrjähriger Durchschnitt herangezogen werden.

(4) Die verzinsliche Kapitalbasis ist durch die der Kostenfestlegung zugrunde liegende Bilanz im Sinne des § 8 für die Verteilungstätigkeit zu bestimmen. Sie ergibt sich aus dem für den Netzbetrieb nötigen Sachanlagevermögen und dem immateriellen Vermögen abzüglich passivierter Netzzutritts- und Netzbereitstellungsentgelte (Baukostenzuschüsse) und etwaiger Firmenwerte. Im Falle von Zusammenschlüssen von Netzbetreibern kann eine erhöhte Kapitalbasis anerkannt werden, sofern aus diesem Zusammenschluss erzielte Synergieeffekte unmittelbar zu einer Reduktion der Gesamtkosten führen.

Ermittlung des Mengengerüsts für Verteilernetzbetreiber

§ 81. (1) Die den Entgelten zugrunde liegenden Mengen sind auf Basis der Abgabe- und Einspeisemengen in kWh, des arithmetischen Mittels der im Betrachtungszeitraum monatlich ermittelten bzw. gemessenen höchsten stündlichen Leistungen in kWh/h und der Anzahl der Zählpunkte des zuletzt verfügbaren Geschäftsjahres pro Netzebene zu ermitteln. Aktuelle oder erwartete erhebliche Effekte bei der Mengenentwicklung sowie strukturelle Entwicklungen mit Auswirkungen auf den Erdgasmarkt, können sowohl bei der Mengen- als auch bei der Leistungskomponente sowie bei der Anzahl der Zählpunkte berücksichtigt werden.

(2) Die der Kostenwälzung zugrunde liegenden Leistungswerte je Netzebene ermitteln sich aus der höchsten stündlichen Leistung, aus der Summe der Verrechnungsleistungen oder aus der Summe der vertraglich vereinbarten Höchstleistungen.

Kosten- und Mengenermittlung für Fernleitungsnetzbetreiber

§ 82. (1) Die Ermittlung der Tarife des Fernleitungsnetzbetreibers erfolgt auf Basis einer von der Regulierungsbehörde mit Bescheid zu genehmigenden Methode, die den Anforderungen des Art. 13 der Verordnung (EG) Nr. 715/2009 zu entsprechen hat. Die der Berechnung der Tarife zugrundeliegenden Kosten und Mengengerüste sind in den Bescheid aufzunehmen. Dabei ist sicher zu stellen, dass für die Fernleitungsnetzbetreiber Anreize bestehen, die Effizienz zu steigern und notwendige Investitionen angemessen durchführen zu können. Die Behandlung von Erlösen aus marktorientierten Kapazitätsvergabeverfahren sind bei der Erstellung der Methode zu berücksichtigen. § 80 ist sinngemäß anzuwenden. Die Methode ist über Aufforderung der Regulierungsbehörde abzuändern oder neu zu erstellen. Die aus der genehmigten Methode resultierenden Tarife sind durch Verordnung der Regulierungsbehörde festzulegen und im Internet zu veröffentlichen.

(2) Das Mengengerüst ist auf Basis der vertraglich kommittierten Kapazitäten zu ermitteln und der maximalen technischen Kapazität gegenüberzustellen.

(3) Die durch Anwendung der Methode durch den Fernleitungsnetzbetreiber ermittelte Höhe der Kosten ist der Regulierungsbehörde nachzuweisen und durch die Vorlage sämtlicher Kalkulationsgrundlagen zu belegen. Das Mengengerüst ist

nachzuweisen und durch die Vorlage entsprechender Unterlagen zu belegen. Die Höhe der Kosten und das Mengengerüst sind mit Bescheid zu genehmigen, wenn bei der Ermittlung der Kosten sowie des Mengengerüsts die Vorgaben der Methode eingehalten wurden. Die Regulierungsbehörde hat die Kosten neu festzusetzen, wenn der Fernleitungsnetzbetreiber bei der Ermittlung der Kosten die Vorgaben der Methode nicht eingehalten hat.

(4) Die Genehmigung hat jedenfalls durch Bescheid zu erfolgen, wenn die Voraussetzungen gemäß Abs. 1 und 2 erfüllt sind und die aus diesen Methoden resultierenden Tarife nicht wesentlich über dem Durchschnitt veröffentlichter Fernleitungstarife (Fernleitungsentgelte), die der Regulierungsbehörde gleichzeitig mit der zu genehmigenden Methode vorzulegen sind, für vergleichbare Transportleistungen auf vergleichbaren Leitungssystemen in der Europäischen Union liegen.

4. Hauptstück
Grundsätze der Entgeltermittlung

Entgeltermittlung und Kostenwälzung

§ 83. (1) Das Systemnutzungsentgelt des Verteilernetzes ist auf den Netzbereich sowie die Netzebene, an der die Anlage angeschlossen ist, pro Zählpunkt bzw. auf die Ein- und Ausspeisepunkte zu beziehen. Die Ermittlung erfolgt auf Basis der festgestellten gewälzten Kosten und des festgestellten Mengengerüsts.

(2) Bei mehreren Netzbetreibern innerhalb eines Netzbereiches sind zur Ermittlung der Systemnutzungsentgelte die festgestellten Kosten und das festgestellte Mengengerüst dieser Netzbetreiber je Netzebene zusammenzufassen. Differenzen zwischen den festgestellten Kosten und der auf Basis des festgestellten Mengengerüsts pro Netzbetreiber resultierenden Erlöse sind innerhalb des Netzbereiches auszugleichen. Entsprechende Ausgleichszahlungen zwischen den Netzbetreibern eines Netzbereichs sind in der Verordnung gemäß § 72 Abs. 3 festzusetzen. Grundlage für die Festlegung der Ausgleichszahlung sind jene Kosten und jenes Mengengerüst, welche die Basis für die Bestimmung der Systemnutzungsentgelte bilden.

(3) Die Kosten der Netzebene 1 eines Netzbetreibers sind der Ermittlung des Netznutzungsentgelts gemäß § 73 zu Grunde zu legen. Die Kosten der Netzebene 1 eines Netzbereichs sind unter Berücksichtigung der Erlöse der Netzebene 1 auf die Netzebene 2 und 3 zu überwälzen. Die Kosten der Netzebene 2 sind, unter Berücksichtigung der Erlöse der Netzebene 2, auf die Netzebene 3 zu überwälzen. Das zugrunde zu legende Verfahren der Kostenwälzung ist von der Regulierungsbehörde durch Verordnung gemäß § 72 Abs. 3 zu bestimmen. Dabei sind die Kosten in einem angemessenen Verhältnis zwischen transportierter Leistung (Netto-Leistung, kWh/h) und nach verbrauchter Arbeit (Brutto-Arbeit, kWh) im Netzbereich zu verteilen.

Netzebenen und Netzbereiche

§ 84. (1) Als Netzebenen, von denen bei der Bildung der Systemnutzungsentgelte auszugehen ist, werden bestimmt:

1. Fernleitungsanlagen gemäß Anlage 2;
2. Verteilerleitungsanlagen der Netzebene 1 gemäß Anlage 1;
3. Verteilerleitungsanlagen der Netzebene 2 mit einem Druck $>$ 6 bar;
4. Verteilerleitungsanlagen der Netzebene 3 mit einem Druck $\leq$ 6 bar.

(2) Als Netzbereiche sind vorzusehen:

1. für die Fernleitungsanlagen gemäß Anlage 2: Fernleitungs-Bereich: die in Anlage 2 angeführten Fernleitungsanlangen.
2. für die Netzebene 1:

a) Ostösterreichischer Bereich: die in Anlage 1 angeführten Verteilerleitungsanlagen; darüber hinaus sind jene Leitungen in die Ebene 1 einzubeziehen, die Eintritt und Austritt eines Netzbereiches oder eines Marktgebiets miteinander verbinden. Eine Fortsetzung einer Verteilerleitung wird dann in die Ebene 1 miteinbezogen, wenn dadurch eine neue Verbindung in ein anderes Verteiler- oder Fernleitungsnetz oder in ein anderes Marktgebiet begründet wird;

b) Tiroler Bereich: das die Marktgebietsgrenze überschreitende Teilstück aller Leitungen in Tirol;

c) Vorarlberger Bereich: den grenzüberschreitenden Leitungsabschnitt von Deutschland nach Vorarlberg;

3. für die anderen Netzebenen die jeweiligen, durch die Netze in den Netzebenen gemäß Abs. 1 Z 2 bis 4 abgedeckten Gebiete der in der Anlage 3 angeführten Unternehmen, wobei die Netze unterschiedlicher Netzbetreiber mit dem Sitz innerhalb desselben Bundeslandes zu einem Netzbereich zusammengefasst werden.

(3) Die in den Anlagen 1, 2, und 3 enthaltenen Aufzählungen der Fernleitungsanlagen, Verteilerleitungsanlagen und Erdgasunternehmen sind durch Verordnung der Bundesministerin für Klimaschutz, Umwelt, Energie, Mobilität, Innovation und Technologie entsprechend den tatsächlichen Verhältnissen gegebenenfalls abzuändern. Vor Erlassung der Verordnung der Bundesministerin für Klimaschutz, Umwelt, Energie, Mobilität, Innovation und Technologie ist eine Stellungnahme der Regulierungsbehörde einzuholen.

6. Teil
Bilanzgruppensystem
1. Hauptstück
Verrechnungsstelle für Transaktionen und Preisbildung für die Ausgleichsenergie (Bilanzgruppenkoordinator)

Ernennung

§ 85. (1) Die Verrechnungsstellen für Transaktionen und Preisbildung für die Ausgleichsenergie im Verteilernetz (Bilanzgruppenkoordinator) sind je Marktgebiet von der Regulierungsbehörde nach Durchführung eines transparenten Auswahlverfahrens nach den Grundsätzen des freien und lauteren Wettbewerbs sowie der Gleichbehandlung aller Bewerber zu ernennen. Aus Gründen der Zweckmäßigkeit und Kostenersparnis ist die Ernennung eines Unternehmens für mehrere Marktgebiete zulässig.

(2) Die Ernennung erfolgt mit Bescheid, welcher mit Bedingungen, Befristungen und Auflagen versehen werden kann, soweit diese zur Erfüllung der Zielsetzungen dieses Gesetzes erforderlich sind. Die Ernennung ist vorzunehmen, wenn die Voraussetzungen gemäß § 86 vorliegen und zu erwarten ist, dass das ernannte Unternehmen in der Lage ist, die Aufgaben gemäß § 87 effizient, sicher und zuverlässig zu erfüllen. Dabei ist zu beachten, dass nach erfolgter Ernennung der Registrierungsaufwand für Marktteilnehmer auf ein Minimum reduziert wird und die Harmonisierung der Ausgleichsregeln in Fernleitungs- und Verteilernetz gemäß § 41 Abs. 4 befördert wird.

Voraussetzungen der Ernennung

§ 86. Eine Ernennung gemäß § 85 kann nur erfolgen, wenn

1. das ernannte Unternehmen die Aufgaben des Bilanzgruppenkoordinators kostengünstig, sicher und neutral gegenüber Marktteilnehmern zu erfüllen vermag; eine kostengünstige Besorgung der Aufgaben ist jedenfalls dann anzunehmen, wenn bei der Ermittlung der Kostenbasis für die Verrechnungsstelle die für die Bestimmung der Systemnutzungsentgelte anzuwendenden Verfahren und Grundsätze zu Grunde gelegt werden;
2. das ernannte Unternehmen hinsichtlich Rechtsform, Organisation und Entscheidungsgewalt unabhängig von vertikal integrierten Erdgasunternehmen ist;
3. das ernannte Unternehmen in der Rechtsform einer Aktiengesellschaft eingerichtet und mit einem Grundkapital von mindestens 3 Millionen Euro ausgestattet ist;
4. die Personen, die eine qualifizierte Beteiligung am ernannten Unternehmen halten, den im Interesse einer soliden und umsichtigen Führung des Unternehmens zu stellenden Ansprüchen genügen;
5. der Sitz und die Hauptverwaltung im betreffenden Marktgebiet liegen, wobei in jenen Marktgebieten, in denen die Gesellschaft nicht ihren Sitz hat, eine regionale Niederlassung eingerichtet werden kann;
6. das ernannte Unternehmen mindestens zwei Vorstandsmitglieder hat und in der Satzung die Einzelvertretungsmacht, eine Einzelprokura oder eine Einzelhandlungsvollmacht für den gesamten Geschäftsbetrieb ausgeschlossen ist;
7. bei keinem der Vorstandsmitglieder ein Ausschließungsgrund im Sinne des § 13 Abs. 1 bis 6 GewO 1994 vorliegt;
8. kein Vorstandsmitglied einen anderen Hauptberuf außerhalb des ernannten Unternehmens ausübt, der geeignet ist, Interessenkonflikte hervorzurufen;
9. die Vorstandsmitglieder des ernannten Unternehmens bei anderen Unternehmensteilen eines vertikal integrierten Erdgasunternehmens oder bei dessen Mehrheitsanteilseignern weder direkt noch indirekt berufliche Positionen bekleiden oder berufliche Aufgaben wahrnehmen oder Interessens- oder Geschäftsbeziehungen zu ihnen unterhalten.
10. die Vorstandsmitglieder des ernannten Unternehmens auf Grund ihrer Vorbildung fachlich geeignet sind und die für den Betrieb des Unternehmens erforderlichen Eigenschaften und Erfahrungen haben. Die fachliche Eignung eines Vorstandsmitglieds setzt voraus, dass dieser in ausreichendem Maße theoretische und praktische Kenntnisse in der Abrechnung von Ausgleichsenergie sowie Leitungserfahrung hat; die fachliche Eignung für die Leitung einer Verrechnungsstelle ist anzunehmen, wenn eine zumindest dreijährige leitende Tätigkeit auf dem Gebiet der Tarifierung oder des Rechnungswesens nachgewiesen wird;
11. das zur Verfügung stehende Abwicklungssystem den Anforderungen eines zeitgemäßen Abrechnungssystems genügt.

Aufgaben

§ 87.[a)] (1) Aufgaben des Bilanzgruppenkoordinators sind:

1. die Verwaltung der im Verteilernetz tätigen Bilanzgruppen in organisatorischer und abrechnungstechnischer Hinsicht;
2. die Berechnung, Zuordnung und Verrechnung der Ausgleichsenergie in den Verteilernetzen;
3. der Abschluss von Verträgen

a) mit Bilanzgruppenverantwortlichen, Netzbetreibern, Erdgashändlern, Produzenten, Speicherunternehmen sowie dem Verteilergebietsmanager, dem Betreiber des Virtuellen Handelspunktes und dem Marktgebietsmanager;
b) mit Einrichtungen zum Zwecke des Datenaustausches zur Erstellung eines Index;
c) mit dem Betreiber des Virtuellen Handelspunktes über die Weitergabe von Daten;

d) mit Erdgashändlern, Produzenten und Speicherunternehmen über die Weitergabe von Daten;
e) mit im vorgelagerten ausländischen Leitungsnetz tätigen Erdgas- oder Speicherunternehmen oder anderen geeigneten Personen über die Bereitstellung von Ausgleichsenergie in den Netzgebieten Tirol und Vorarlberg (Abs. 4);

4. die Einführung von Market Makern zur Gewährleistung der Versorgungssicherheit gemäß Abs. 6 und 7.

(2) Die Verwaltung der im Verteilernetz tätigen Bilanzgruppen in organisatorischer und abrechnungstechnischer Hinsicht umfasst insbesondere

1. die Vergabe von Identifikationsnummern der Bilanzgruppen in Abstimmung mit dem Marktgebietsmanager;
2. die Bereitstellung von Schnittstellen im Bereich Informationstechnologie;
3. die Verrechnung des Clearingentgelts (§ 89) an die Bilanzgruppenverantwortlichen;
4. die Übernahme der von den Verteilernetzbetreibern in vorgegebener Form übermittelten Messdaten, deren Auswertung und Weitergabe an die betroffenen Marktteilnehmer und anderen Bilanzgruppenverantwortlichen entsprechend den in den Verträgen enthaltenen Vorgaben;
5. die Übernahme von Fahrplänen der Bilanzgruppenverantwortlichen und die Weitergabe an die betroffenen Marktteilnehmer entsprechend den in den Verträgen enthaltenen Vorgaben;
6. die Bonitätsprüfung der Bilanzgruppenverantwortlichen im Hinblick auf die Tätigkeit im Verteilernetz;
7. die Mitarbeit bei der Ausarbeitung und Adaptierung von Regelungen im Bereich Versorgerwechsel, Abwicklung und Abrechnung;
8. die Abrechnung im Verteilernetz bei Auflösung von Bilanzgruppen;
9. die Aufteilung und Zuweisung der sich auf Grund der Verwendung von standardisierten Lastprofilen ergebenden Differenz auf die am Netz eines Netzbetreibers angeschlossenen Marktteilnehmer nach Vorliegen der Messwerte nach transparenten Kriterien.

(3) Der Bilanzgruppenkoordinator hat Erdgas zur Aufbringung von physikalischer Ausgleichsenergie nach einem transparenten, diskriminierungsfreien und marktbasierten Verfahren unter Einbeziehung sämtlicher geeigneter Aufbringungsmöglichkeiten für das Verteilernetz in dem Umfang zu beschaffen, als die Beschaffung über den Virtuellen Handelspunkt gemäß § 18 Abs. 1 Z 22 nicht ausreichend ist. Das zur Anwendung kommende Verfahren ist gemäß § 41 Abs. 2 Z 3 durch Verordnung der Regulierungsbehörde festzulegen.

(4) Im Rahmen der Berechnung, Zuweisung und Verrechnung der Ausgleichsenergie für das Verteilernetz hat der Bilanzgruppenkoordinator

1. die Differenz von Fahrplänen bzw. Nominierungen zu Messdaten zu übernehmen und daraus die Ausgleichsenergie zu errechnen;
2. die Preise für Ausgleichsenergie entsprechend dem in der Verordnung gemäß § 41 Abs. 2 Z 3 beschriebenen Verfahren zu ermitteln und in geeigneter Form ständig zu veröffentlichen;
3. die Entgelte für Ausgleichsenergie zu berechnen und den im Verteilernetz tätigen Bilanzgruppenverantwortlichen sowie Verteilernetzbetreibern (§ 58 Abs. 1 Z 12) zu verrechnen;
4. besondere Maßnahmen zu ergreifen, wenn keine Angebote für Ausgleichsenergie für das Verteilernetz vorliegen;
5. die verwendeten standardisierten Lastprofile zu verzeichnen, zu archivieren und in geeigneter Form zu veröffentlichen.

(5) Allfällige Differenzbeträge, die sich aus der Ausgleichsenergieabrechnung innerhalb eines Geschäftsjahres ergeben, sind im Jahresabschluss des Bilanzgruppenkoordinators ergebniswirksam abzugrenzen und im darauf folgenden Geschäftsjahr auszugleichen. Der nicht durch Erlöse gedeckte Teil der Aufwendungen aus der Ausgleichsenergieverrechnung eines Geschäftsjahres ist im Jahresabschluss des Bilanzgruppenkoordinators als Verrechnungsforderung anzusetzen und mit künftigen Überschüssen aus der Ausgleichsenergieabrechnung zu verrechnen. Übersteigen in einem Geschäftsjahr die Erträge aus der Ausgleichsenergieverrechnung eines Geschäftsjahres die damit zusammenhängenden Aufwendungen, so sind die sich daraus ergebenden Überschüsse als Verrechnungsverbindlichkeiten in die Bilanz des Bilanzgruppenkoordinators einzustellen und mit künftig anfallenden Unterdeckungen aus der Ausgleichsenergieabrechnung gegenzurechnen.

(6) Der Bilanzgruppenkoordinator hat auf Aufforderung der Bundesministerin für Klimaschutz, Umwelt, Energie, Mobilität, Innovation und Technologie ein transparentes, diskriminierungsfreies, marktbasiertes und öffentliches Ausschreibungsverfahren zur Vorhaltung von Gasmengen zur Gewährleistung der Versorgungssicherheit durchzuführen. Die Vorhaltung erfolgt in Speicheranlagen, die für eine Ausspeisung in die Marktgebiete genutzt werden können. Die Vorhaltung für die Marktgebiete Tirol und Vorarlberg kann auch in Speicheranlagen erfolgen, die an benachbarte Marktgebiete angeschlossen sind. Die insgesamt vorzuhaltende Gasmenge ist in der Aufforderung durch die Bundesministerin für Klimaschutz, Umwelt, Energie, Mobilität, Innovation und Technologie festzulegen, wobei die aktuellen sowie die prognostizierten Speicherstände und drohende oder bereits eingetretene Beeinträchtigungen oder Störungen der Versorgungssicherheit zu berücksichtigen sind.

(7) **(Verfassungsbestimmung)** Die gemäß Abs. 6 beschafften Gasmengen sind zur Bereitstellung von physikalischer Ausgleichsenergie nach Ausschöpfung der Aufbringungsmöglichkeiten gemäß Abs. 3 vorzuhalten. Die Kosten der Vorhaltung werden aus Bundesmitteln gedeckt. Festlegungen zum Einsatz der Gasmengen, zum Energiepreis sowie zur verursachungsgerechten Kostentragung sind von der Bundesministerin für Klimaschutz, Umwelt, Energie, Mobilität, Innovation und Technologie im Einvernehmen mit dem Bundesminister für Finanzen mit Verordnung zu treffen. Die Verordnung kann auch Festlegungen über weitere Verwendungszwecke und über die Herkunft der gemäß Abs. 6 beschafften Gasmengen enthalten. Die Verordnung bedarf der Zustimmung des Hauptausschusses des Nationalrates; dabei gilt Art. 55 Abs. 5 Bundes-Verfassungsgesetz sinngemäß.

[a] § 87 Abs. 1 Z 4, Abs. 6 und 7 treten mit Ablauf des 31. Mai 2025 außer Kraft.

Allgemeine Bedingungen

§ 88.[a] (1) Der Bilanzgruppenkoordinator hat die in § 87 Abs. 1 Z 3 angeführten Verträge unter Zugrundelegung von Allgemeinen Bedingungen abzuschließen. Die Allgemeinen Bedingungen bedürfen der Genehmigung durch die Regulierungsbehörde.

(2) Die Allgemeinen Bedingungen haben insbesondere zu enthalten:

1. eine Beschreibung der für die Berechnung der für die einzelnen Marktteilnehmer und Verteilernetzbetreiber anfallenden Ausgleichsenergie anzuwendenden Methode;
2. die Kriterien, die für die Bildung der Abrufreihenfolge herangezogen werden unter Einbeziehung der vorgesehenen Beschaffung gemäß § 18 Abs. 1 Z 22;
3. die für die Preisermittlung der Ausgleichsenergie im Verteilernetz angewandte Methode;
4. die Grundsätze, nach denen die Bilanzgruppen in organisatorischer Hinsicht verwaltet werden;
5. die von den Marktteilnehmern, Verteilernetzbetreibern und Bilanzgruppenverantwortlichen bereitzustellenden Daten;
6. die wesentlichen, bei der Erfüllung der Aufgaben des Bilanzgruppenkoordinators zur Anwendung gelangenden Marktregeln einschließlich der Verpflichtung der Vertragspartner zu deren Einhaltung sowie
7. die Verpflichtung von Bilanzgruppenverantwortlichen von im Verteilernetz tätigen Bilanzgruppen zur Sicherheitsleistung (Barsicherheit, Bankgarantie, Hinterlegung von nicht vinkulierten Sparbüchern) in angemessener Höhe, insoweit nach den Umständen des Einzelfalles zu erwarten ist, dass der Bilanzgruppenverantwortliche seinen Zahlungsverpflichtungen nicht oder nicht zeitgerecht nachkommt;
8. nähere Bestimmungen zur Einführung von Market Makern gemäß § 87 Abs. 6 und 7.

(3) Diese Genehmigung ist, gegebenenfalls unter Auflagen oder befristet, zu erteilen, wenn die Allgemeinen Bedingungen dem volkswirtschaftlichen Interesse an einem funktionsfähigen Erdgasmarkt entsprechen und zur Erfüllung der in § 87 umschriebenen Aufgaben geeignet sind. Die Befristung darf einen Zeitraum von drei Jahren nicht unterschreiten.

(4) Der Bilanzgruppenkoordinator ist verpflichtet, die Allgemeinen Bedingungen über Aufforderung der Regulierungsbehörde zu ändern oder neu zu erstellen.

[a] § 88 Abs. 2 Z 8 tritt mit Ablauf des 31. Mai 2025 außer Kraft.

Clearingentgelt

§ 89. Für die mit der Erfüllung der Aufgaben eines Bilanzgruppenkoordinators erbrachten Leistungen hat die Regulierungsbehörde ein Entgelt durch Verordnung zu bestimmen. Dieser Gebühr sind die mit der Erfüllung der Aufgaben verbundenen Aufwendungen einschließlich eines angemessenen Gewinnzuschlages zugrunde zu legen. Die Grundsätze der Kostenermittlung gemäß § 79 und § 80 sind sinngemäß anzuwenden. Bemessungsgrundlage ist der Umsatz an Erdgas der jeweiligen Bilanzgruppe im Verteilernetz und der Grad der Inanspruchnahme der Leistungen des Bilanzgruppenkoordinators durch die jeweilige Bilanzgruppe. Ausgenommen von der Entrichtung eines Clearingentgeltes ist die Sonderbilanzgruppe für Netzverluste und Eigenverbrauch. Die Regulierungsbehörde kann zur Durchführung von Solidaritätsmaßnahmen gemäß Art. 13 der Verordnung (EU) 2017/1938 in der Verordnung Ausnahmen von der Verpflichtung zur Entrichtung des Clearingentgelts vorsehen.

2. Hauptstück
Bilanzgruppen
Zusammenfassung der Netzbenutzer in Bilanzgruppen

§ 90. (1) Netzbenutzer sind verpflichtet, sich einer Bilanzgruppe anzuschließen oder eine eigene Bilanzgruppe zu bilden.

(2) Netzbenutzer sind verpflichtet, entsprechend ihren gesetzlichen und vertraglichen Verpflichtungen

1. Daten, Zählerwerte und sonstige zur Ermittlung ihres Verbrauches bzw. ihrer Transporterfordernisse dienende Angaben an Marktgebietsmanager, Verteilergebietsmanager, Netzbetreiber, Bilanzgruppenverantwortliche sowie den Bilanzgruppenkoordinator gemäß den sich aus den vertraglichen Vereinbarungen ergebenden Verpflichtungen bereitzustellen und

zu übermitteln, soweit dies zur Aufrechterhaltung eines wettbewerbsorientierten Gasmarktes und zur Wahrung des Konsumentenschutzes erforderlich ist.

2. bei Verwendung eigener Zähleinrichtungen und Anlagen zur Datenübertragung die technischen Vorgaben der Netzbetreiber einzuhalten;
3. Meldungen bei Lieferanten- und Bilanzgruppenwechsel abzugeben sowie die hiefür vorgesehenen Fristen einzuhalten;
4. Vertragsdaten an Stellen zu melden, die mit der Erstellung von Indizes betraut sind;
5. bei technischer Notwendigkeit Fahrpläne an den Netzbetreiber und den Verteilergebietsmanager bzw. Marktgebietsmanager zu melden;
6. Verträge über den Datenaustausch mit anderen Netzbetreibern, den Bilanzgruppenverantwortlichen sowie den Bilanzgruppenkoordinatoren, dem Marktgebietsmanager, dem Verteilergebietsmanager und anderen Marktteilnehmern entsprechend den Marktregeln abzuschließen.

Bilanzgruppen können innerhalb eines Marktgebietes oder für mehrere Marktgebiete gebildet werden. Die Bildung und Veränderung von Bilanzgruppen erfolgt durch den Bilanzgruppenverantwortlichen. Dabei ist anzugeben, ob die Bilanzgruppe auch im Verteilernetz oder ausschließlich im Fernleitungsnetz tätig ist.

(3) Die Tätigkeit eines Bilanzgruppenverantwortlichen einer im Verteilernetz tätigen Bilanzgruppe darf eine natürliche oder juristische Person oder eingetragene Personengesellschaft mit Hauptwohnsitz oder Sitz im Inland oder einem anderen EU-Mitgliedstaat oder EWR-Vertragsstaat ausüben

(4) Kommt ein Netzbenutzer seinen Verpflichtungen gemäß Abs. 1 und 2 nicht nach, so gilt § 24 E–ControlG mit der Maßgabe, dass der verpflichtete Netzbenutzer aufzufordern ist, innerhalb angemessener, von der Behörde zu bestimmender Frist dieser Verpflichtung zu entsprechen. Kommt der Netzbenutzer auch dieser Aufforderung innerhalb der gesetzten Frist nicht nach, ist der gesetzmäßige Zustand dadurch herzustellen, dass die Endverbraucher, die Kunden dieses Netzbenutzers sind, mit Bescheid einer Bilanzgruppe zugewiesen wird (§ 95).

Aufgaben und Pflichten der Bilanzgruppenverantwortlichen

§ 91. (1) Der Bilanzgruppenverantwortliche ist zur Erfüllung seiner Aufgaben und Pflichten sowie der Einhaltung der Marktregeln verpflichtet. Der Bilanzgruppenverantwortliche hat folgende Aufgaben:

1. die Erstellung von Fahrplänen und deren Übermittlung an den Bilanzgruppenkoordinator und Marktgebietsmanager bzw. Verteilergebietsmanager;
2. Nominierung an den Ein- und Ausspeisepunkten des Fernleitungsnetzes beim Fernleitungsnetzbetreiber, ausgenommen den Ausspeisepunkten der Fernleitungsnetze zu den Verteilernetzen;
3. die Anpassung der Aufbringung und Abgabe ihrer Bilanzgruppen je definierter Messperiode durch geeignete Maßnahmen, wobei sämtliche dem Bilanzgruppenverantwortlichen bekannte Informationen bei der Erstellung von Fahrplänen bzw. Nominierungen zu berücksichtigen sind;
4. den Abschluss von Vereinbarungen betreffend Reservehaltung sowie die Versorgung von Kunden jener Versorger, die der Bilanzgruppe gemäß § 95 durch die Regulierungsbehörde zugewiesen wurden;
5. die Meldung bestimmter Aufbringungs- und Verbrauchsdaten für technische Zwecke;
6. die Meldung von Aufbringungs- und Abnahmefahrplänen von Großabnehmern und Einspeisern nach definierten Regeln für technische Zwecke;
7. die Entrichtung der vorgesehenen Entgelte (Gebühren) an den Bilanzgruppenkoordinator;
8. die Entrichtung der Entgelte für Ausgleichsenergie an den Bilanzgruppenkoordinator sowie die Weiterverrechnung der Entgelte an die Bilanzgruppenmitglieder;
9. die Nominierung von Handelstransaktionen beim Betreiber des Virtuellen Handelspunktes.

(2) Die Bilanzgruppenverantwortlichen sind verpflichtet,

1. Bilanzgruppenverträge mit dem Marktgebietsmanager über die Einrichtung von Bilanzgruppen und die Erfassung, den Ausgleich und die Abrechnung von Differenzen zwischen Aufbringung und Abgabe ihrer Bilanzgruppen je definierter Messperiode abzuschließen;
2. Verträge mit dem Marktgebietsmanager, dem Verteilergebietsmanager, dem Bilanzgruppenkoordinator, den Netzbetreibern und den Bilanzgruppenmitgliedern über den Datenaustausch abzuschließen;
3. eine Evidenz der Bilanzgruppenmitglieder zu führen;
4. entsprechend den Marktregeln Daten an den Bilanzgruppenkoordinator, den Marktgebietsmanager, den Verteilergebietsmanager, die Netzbetreiber und die Bilanzgruppenmitglieder weiterzugeben;
5. die Summe der den unmittelbaren Bilanzgruppenmitglieder zugeordneten Kapazitäten an den Ausspeisepunkten der Fernleitungsnetze zu den Verteilernetzen im Marktgebiet zu verwalten und Netzzugangsanträge oder Anträge auf Kapazitätserweiterung seiner Bilanzgruppenmitglieder an den Verteilergebietsmanager weiterzuleiten;

6. Ausgleichsenergie für die Bilanzgruppenmitglieder – im Sinne einer Versorgung mit dieser – zu beschaffen;
7. die genehmigten Allgemeinen Netzbedingungen der Netzbetreiber einzuhalten;
8. sofern die Bilanzgruppe im Verteilernetz tätig ist, der Regulierungsbehörde Allgemeine Bedingungen zur Genehmigung vorzulegen und über Aufforderung dieser abzuändern oder neu zu erstellen, soweit dies zur Erreichung eines wettbewerbsorientierten Marktes erforderlich ist.

(3) Wechselt ein Bilanzgruppenmitglied die Bilanzgruppe oder den Versorger, sind die Daten des Bilanzgruppenmitgliedes der neuen Bilanzgruppe oder dem neuen Versorger und dem Verteilergebietsmanager weiterzugeben.

Allgemeine Bedingungen der Bilanzgruppenverantwortlichen

§ 92. (1) Die Allgemeinen Bedingungen für Bilanzgruppenverantwortliche gemäß § 91 Abs. 2 Z 8 sowie deren Änderungen bedürfen der Genehmigung der Regulierungsbehörde. Die Genehmigung ist unter Auflagen oder befristet zu erteilen, wenn dies zur Erfüllung der Vorschriften dieses Gesetzes notwendig ist. Die Befristung darf einen Zeitraum von drei Jahren nicht unterschreiten. Bilanzgruppenverantwortliche sind verpflichtet, die zur Genehmigung eingereichten Allgemeinen Bedingungen auf Aufforderung der Regulierungsbehörde zu ändern oder neu zu erstellen.

(2) Die Allgemeinen Bedingungen dürfen nicht diskriminierend sein und keine missbräuchlichen Praktiken oder ungerechtfertigten Beschränkungen enthalten. Insbesondere sind sie so zu gestalten, dass

1. die Erfüllung der dem Bilanzgruppenverantwortlichen obliegenden Aufgaben gewährleistet ist;
2. die Leistungen der Bilanzgruppenmitglieder mit den Leistungen des Bilanzgruppenverantwortlichen in einem sachlichen Zusammenhang stehen;
3. die wechselseitigen Verpflichtungen ausgewogen und verursachungsgerecht zugewiesen sind;
4. die Verpflichtung der Vertragspartner zur Einhaltung der Marktregeln gewährleistet ist;
5. sie klar und übersichtlich gefasst sind;
6. sie Definitionen der nicht allgemein verständlichen Begriffe enthalten.

(3) Die Allgemeinen Bedingungen haben insbesondere zu enthalten

1. die näheren Bestimmungen über die Bildung von Bilanzgruppen;
2. die wesentlichen Merkmale jener Bilanzgruppenmitglieder, für die der Verbrauch von Erdgas durch einen Lastprofilzähler zu ermitteln ist;
3. die Aufgaben und Pflichten der Bilanzgruppenverantwortlichen;
4. die Grundsätze der Fahrplanerstellung;
5. die Frist, innerhalb der die Fahrpläne bzw. Nominierungen einer Bilanzgruppe dem Verteilergebietsmanager und dem Fernleitungsnetzbetreiber bekannt zu geben sind.

Zulassung von Bilanzgruppenverantwortlichen

§ 93. (1) Die Tätigkeit eines Bilanzgruppenverantwortlichen bedarf einer Genehmigung durch die Regulierungsbehörde. Dem Antrag auf Erteilung der Genehmigung sind nachstehende Unterlagen anzuschließen:

1. Vereinbarungen mit dem Bilanzgruppenkoordinator, dem Verteilergebietsmanager, dem Betreiber des Virtuellen Handelspunktes, der Erdgasbörse am Virtuellen Handelspunkt, sowie dem Marktgebietsmanager, die zur Erfüllung der in diesem Gesetz festgelegten Aufgaben und Verpflichtungen, insbesondere in administrativer und kommerzieller Hinsicht, erforderlich sind;
2. Nachweise über die Eintragung ins Firmenbuch (Firmenbuchauszug) oder eines gleichwertigen Registers und über den Sitz (Hauptwohnsitz);
3. Nachweise, dass der Antragsteller und seine nach außen vertretungsbefugten Organe

a) eigenberechtigt sind und das 24. Lebensjahr vollendet haben;
b) die österreichische Staatsbürgerschaft besitzen oder Staatsangehörige eines anderen EU-Mitgliedstaates oder EWR-Vertragsstaates sind;
c) nicht gemäß Abs. 4 bis 7 von der Ausübung der Genehmigung ausgeschlossen sind;

4. Nachweise, dass der Bilanzgruppenverantwortliche, mindestens ein Gesellschafter bzw. Komplementär oder mindestens ein Geschäftsführer oder ein Vorstand oder ein leitender Angestellter fachlich geeignet ist;
5. Nachweis, dass der Bilanzgruppenverantwortliche für die Ausübung seiner Tätigkeit als Bilanzgruppenverantwortlicher über ein Haftungskapital von mindestens 50 000 Euro etwa in Form einer Bankgarantie oder einer entsprechenden Versicherung, verfügt, unbeschadet einer auf Grund der Art und des Umfanges der Geschäftstätigkeit allenfalls erforderlichen höheren Kapitalausstattung gemäß der nach Z 1 vorzulegenden Vereinbarung;
6. ein aktueller Auszug aus dem Strafregister oder eine gleichwertige Bescheinigung einer Gerichts- oder Verwaltungsbehörde des Herkunftslandes des Zulassungswerbers (der natürlichen Personen, denen ein maßgeblicher Einfluss auf den Zulassungswerber zukommt), aus der hervorgeht, dass kein Ausschließungsgrund im Sinne der Abs. 4 und 5 vorliegt.

(2) Die fachliche Eignung ist gegeben, wenn im ausreichenden Maße theoretische und praktische Kenntnisse in der Abwicklung von Erdgasgeschäften oder in einer leitenden Tätigkeit auf dem Gebiet der Erdgaswirtschaft, insbesondere im Erdgashandel, in der Erdgaslogistik, in der Gewinnung von Erdgas oder im Betrieb eines Netzes oder eines Speichers, vorliegen.

(3) Die Genehmigung ist erforderlichenfalls unter Auflagen zu erteilen, wenn alle Voraussetzungen gemäß Abs. 1 vorliegen. Ab Vorliegen der vollständigen Antragsunterlagen hat die Regulierungsbehörde binnen zwei Monaten zu entscheiden, andernfalls ist der Antragsteller berechtigt, die Tätigkeit als Bilanzgruppenverantwortlicher vorläufig auszuüben. Eine Untersagung der Tätigkeit erfolgt in sinngemäßer Anwendung des § 94.

(4) Von der Ausübung der Tätigkeit eines Bilanzgruppenverantwortlichen ist ausgeschlossen, wer von einem Gericht zu einer drei Monate übersteigenden Freiheitsstrafe oder zu einer Geldstrafe von mehr als 180 Tagessätzen verurteilt worden ist, wenn die Verurteilung weder getilgt ist noch der Beschränkung der Auskunft aus dem Strafregister unterliegt. Dies gilt auch, wenn mit dem angeführten Ausschlussgrund vergleichbare Tatbestände im Ausland verwirklicht wurden.

(5) Wer wegen der Finanzvergehen des Schmuggels, der Hinterziehung von Eingangs- oder Ausgangsabgaben, der Abgabenhehlerei nach § 37 Abs. 1 lit. a des Finanzstrafgesetzes, der Hinterziehung von Monopoleinnahmen, des vorsätzlichen Eingriffes in ein staatliches Monopolrecht oder der Monopolhehlerei nach § 46 Abs. 1 lit. a des Finanzstrafgesetzes bestraft worden ist, ist von der Ausübung der Tätigkeit eines Bilanzgruppenverantwortlichen ausgeschlossen, wenn über ihn wegen eines solchen Finanzvergehens eine Geldstrafe von mehr als 7 300 Euro oder neben einer Geldstrafe eine Freiheitsstrafe verhängt wurde und wenn seit der Bestrafung noch nicht fünf Jahre vergangen sind. Dies gilt auch, wenn mit den angeführten Ausschlussgründen vergleichbare Tatbestände im Ausland verwirklicht wurden.

(6) Rechtsträger, über deren Vermögen bereits einmal ein Insolvenzverfahren eröffnet oder mangels kostendeckenden Vermögens rechtskräftig nicht eröffnet wurde, sind von der Tätigkeit des Bilanzgruppenverantwortlichen ausgeschlossen. Dies gilt auch, wenn mit den angeführten Ausschlussgründen vergleichbare Tatbestände im Ausland verwirklicht wurden.

(7) Eine natürliche Person ist von der Tätigkeit des Bilanzgruppenverantwortlichen ausgeschlossen, wenn über ihr Vermögen ein Schuldenregulierungsverfahren eröffnet wurde, oder ihr ein maßgebender Einfluss auf den Betrieb der Geschäfte eines anderen Rechtsträgers als einer juristischen Person zusteht oder zugestanden ist, auf die der Abs. 6 anzuwenden ist oder anzuwenden war.

Widerruf und Erlöschen der Genehmigung

§ 94. (1) Die Regulierungsbehörde kann die dem Bilanzgruppenverantwortlichen erteilte Genehmigung widerrufen, wenn er

1. seine Tätigkeit nicht innerhalb von sechs Monaten nach der Erteilung der Genehmigung aufnimmt oder
2. seine Tätigkeit länger als ein Monat nicht ausübt.

(2) Die Regulierungsbehörde hat die dem Bilanzgruppenverantwortlichen erteilte Genehmigung zu widerrufen, wenn

1. eine in § 93 Abs. 1 festgelegte Voraussetzung nicht oder nicht mehr vorliegt oder
2. er zumindest dreimal wegen Verletzung seiner Aufgaben und Pflichten (§ 91) rechtskräftig bestraft worden und der Widerruf im Hinblick auf die Übertretungen nicht unverhältnismäßig ist.

(3) Bescheide gemäß Abs. 2 sind jedenfalls unaufschiebbare Maßnahmen im Sinne des § 57 Abs. 1 AVG.

(4) Die Genehmigung erlischt, wenn über das Vermögen des Bilanzgruppenverantwortlichen ein Insolvenzverfahren eröffnet oder mangels kostendeckenden Vermögens rechtskräftig nicht eröffnet wird.

(5) Wird die Genehmigung einer Bilanzgruppe widerrufen oder erlischt sie oder will der Bilanzgruppenverantwortliche die Bilanzgruppe auflösen, so sind die der Bilanzgruppe angehörigen Versorger durch Bescheid der Regulierungsbehörde einer anderen Bilanzgruppe zuzuweisen (§ 95). Die Auflösung der Bilanzgruppe ist erst nach Rechtskraft der Zuweisung zulässig.

Zuweisung von Versorgern zu Bilanzgruppen

§ 95. (1) Die Zuweisung von Netzbenutzern,

1. die keiner Bilanzgruppe angehören oder
2. die keine eigene Bilanzgruppe bilden,

zu einer Bilanzgruppe hat durch Bescheid der Regulierungsbehörde zu erfolgen. Vertragliche Vereinbarungen, die das Verhältnis zwischen den zugewiesenen Versorgern und deren Kunden gestalten, werden durch den Akt der Zuweisung nicht berührt. Die Allgemeinen Bedingungen des Bilanzgruppenverantwortlichen gelten als integrierender Bestandteil der durch den Akt der Zuweisung konstitutiv begründeten Rechtsbeziehung der unmittelbaren Mitgliedschaft zur Bilanzgruppe. Die im Zeitpunkt der Zuweisung in Vertragsbeziehungen zu den Versorgern stehenden Kunden haben keine Parteistellung im Verfahren.

(2) Die Versorgung der Kunden der einer Bilanzgruppe gemäß Abs. 1 zugewiesenen Versorger durch den Bilanzgruppenverantwortlichen hat zu marktüblichen Preisen zu erfolgen.

Betreiber des Virtuellen Handelspunktes

§ 96. Der Betreiber des Virtuellen Handelspunktes hat mit dem Marktgebietsmanager bzw. der Verrechnungsstelle für Transaktionen und Preisbildung für Ausgleichsenergie im Verteilernetz erforderlichenfalls Vereinbarungen abzuschließen. Darin ist sicherzustellen, dass alle durch die Börseaktivitäten des Netzbenutzers verursachten und durch Nominierungen beeinflussbaren Balancing-Erfordernisse und –Aktivitäten auf dem Virtuellen Handelspunkt zu konzentrieren sind.

7. Teil
Speicherunternehmen

Zugang zu Speicheranlagen

§ 97. (1) Speicherunternehmen, die Erdgasspeicher verwalten, haben den Speicherzugangsberechtigten den Zugang zu ihren Anlagen zu nichtdiskriminierenden und transparenten Bedingungen zu gewähren.

(2) Der Speicherzugang kann aus nachstehenden Gründen verweigert werden:

1. Störfälle;
2. mangelnde Speicherkapazitäten;
3. wenn der Speicherzugangsberechtigte oder ein mit dem Speicherzugangsberechtigten verbundenes Unternehmen, das einen beherrschenden Einfluss ausübt, seinen Sitz in einem Mitgliedstaat der Europäischen Union hat, in dem ein Rechtsanspruch des Speicherzugangsberechtigten auf Speicherzugang nicht gewährt wird oder ein Speicherzugang aus im Tatsächlichen gelegenen Gründen nicht möglich ist;
4. wenn die technischen Spezifikationen nicht auf zumutbare Art und Weise miteinander in Übereinstimmung gebracht werden können;
5. wegen wirtschaftlicher Unzumutbarkeit.

Das Speicherunternehmen hat die Verweigerung des Speicherzuganges gegenüber dem Speicherzugangsberechtigten schriftlich zu begründen.

(3) Im Falle von mangelnden physischen Speicherkapazitäten haben Ein- und Ausspeisungen im Rahmen der Bereitstellung von Ausgleichsenergie Vorrang gegenüber allen anderen Speicherzugangsberechtigten sowie Ein– und Ausspeisungen aufgrund bestehender und an deren Stelle tretender vertraglicher Verpflichtungen in zeitlicher Reihung.

(4) Die Regulierungsbehörde hat über Antrag desjenigen, der behauptet, durch die Verweigerung des Speicherzuganges in seinem gesetzlich eingeräumten Recht auf Gewährung des Speicherzuganges verletzt worden zu sein, festzustellen, ob die Voraussetzungen für die Verweigerung eines Speicherzuganges gemäß Abs. 2 zutreffen. Die Frist, innerhalb der die Regulierungsbehörde zu entscheiden hat, beträgt ein Monat ab Einlangen des Antrags.

(5) Das Speicherunternehmen hat das Vorliegen der Verweigerungstatbestände gemäß Abs. 2 nachzuweisen. Die Regulierungsbehörde hat in jeder Lage des Verfahrens auf eine gütliche Einigung zwischen Speicherzugangsberechtigtem und Speicherunternehmen hinzuwirken.

(6) Stellt die Regulierungsbehörde fest, dass das Recht auf Gewährung des Speicherzuganges verletzt worden ist, hat das Speicherunternehmen dem Antragsteller nach Zustellung der Entscheidung der Regulierungsbehörde unverzüglich Speicherzugang zu gewähren.

Verfahren betreffend den Zugang zu Speicheranlagen

§ 98. (1) Auf Basis der erfolgten Evaluierung des Speichermarktes gemäß den in Abs. 2 festgelegten Kriterien ist der Zugang zu Speicheranlagen auf verhandelter Basis zu gewähren. Die Bundesministerin für Klimaschutz, Umwelt, Energie, Mobilität, Innovation und Technologie kann mit Verordnung festlegen, ob der Speicherzugang auf Basis eines regulierten Verfahrens erfolgt. Dabei kann die Bundesministerin für Klimaschutz, Umwelt, Energie, Mobilität, Innovation und Technologie festlegen, dass

1. die Methoden zur Festsetzung der Speichernutzungsentgelte einer Genehmigung durch die Regulierungsbehörde bedürfen und/oder
2. die Allgemeinen Bedingungen für den Speicherzugang einer Genehmigung durch die Regulierungsbehörde bedürfen und/oder
3. die Methoden und Verfahren der Kapazitätsvergabe einer Genehmigung durch die Regulierungsbehörde bedürfen.

Die Entscheidung über das regulierte Zugangsregime ist öffentlich bekannt zu machen.

(2) Bei der Beurteilung, welches Verfahren zur Anwendung kommt, hat die Regulierungsbehörde vor Erlassung der Verordnung der Bundesministerin für Klimaschutz, Umwelt, Energie, Mobilität, Innovation und Technologie einen Bericht über die Situation am österreichischen Flexibilitäts- und Speichermarkt zu erstellen und zu veröffentlichen. Dabei ist von der Regulierungsbehörde die Wettbewerbsintensität am Speichermarkt anhand von Preisvergleichen, des Produktangebots und seiner Nutzung, der Marktkonzentration (Angebot und Nachfrage) unter Berücksichtigung der Verfügbarkeit alternativer Flexibilitätsquellen sowie der Verfügbarkeit von Speicherkapazitäten in Verhältnis zur Nachfrage zu beurteilen. Bei vorgenannten Preisvergleichen sind die den Speicherunternehmen gemäß § 73 Abs. 5 und § 74 Abs. 2 entstehenden Kosten in Abzug zu bringen. Die betroffenen Speicherunternehmen haben das Recht, zu diesem Bericht Stellung zu nehmen. Diesen

Bericht hat die Bundesministerin für Klimaschutz, Umwelt, Energie, Mobilität, Innovation und Technologie bei ihrer Entscheidung gemäß Abs. 1 zu berücksichtigen sowie seiner Entscheidung gemäß Abs. 1 zu Grunde zu legen, ob ein mehrmaliger Verstoß gegen die Bestimmungen des § 101 bis § 105 von der Regulierungsbehörde festgestellt wurde.

(3) Die Regulierungsbehörde hat einen Bericht gemäß Abs. 2 zumindest alle drei Jahre oder auf begründeten Antrags eines Speicherunternehmens bzw. eines Speicherzugangsberechtigten zu erstellen und zu veröffentlichen.

Speichernutzungsentgelte beim verhandelten Speicherzugang

§ 99. (1) Speicherunternehmen sind verpflichtet, mit Speicherzugangsberechtigten auf Basis der Allgemeinen Bedingungen für den Speicherzugang Speichernutzungsentgelte nach Treu und Glauben zu vereinbaren, die dem Grundsatz der Gleichbehandlung entsprechen. Die der Bestimmung des Entgeltes für die Speicherung zu Grunde liegenden Prinzipien sind einmal jährlich sowie nach jeder Änderung zu veröffentlichen.

(2) Liegen die von einem Speicherunternehmen veröffentlichten Speichernutzungsentgelte für eine von Kunden nachgefragte Speicherdienstleistung mehr als 20 % über dem Durchschnitt veröffentlichter Entgelte für vergleichbare Leistungen in den Mitgliedstaaten der Europäischen Union, so hat die Regulierungsbehörde zur Sicherstellung der Vergleichbarkeit der Speichernutzungsentgelte mit Bescheid zu bestimmen, welche Kostenbasis den Preisansätzen der Speicherunternehmen gemäß Abs. 1 zugrunde zu legen sind. Dabei ist von den Grundsätzen der Kostenverursachung und der Kostenorientierung auszugehen. Beim Vergleich der Speichernutzungsentgelte sind die den Speicherunternehmen gemäß § 73 Abs. 5 und § 74 Abs. 2 entstehenden Kosten in Abzug zu bringen.

(3) Über Antrag des Speicherzugangsberechtigten hat die Regulierungsbehörde mit Bescheid festzustellen, ob die dem Speichernutzungsvertrag zugrunde liegenden Bedingungen dem Grundsatz der Gleichbehandlung entsprechen. Wird dem Grundsatz der Gleichbehandlung nicht entsprochen, so hat das Speicherunternehmen unverzüglich den diesem Grundsatz entsprechenden Zustand herzustellen.

(4) Änderungen der Speichernutzungsentgelte sind vor ihrem Inkrafttreten der Regulierungsbehörde anzuzeigen.

Speichernutzungsentgelte beim regulierten Speicherzugang

§ 100. (1) Hat die Bundesministerin für Klimaschutz, Umwelt, Energie, Mobilität, Innovation und Technologie gemäß § 98 Abs. 1 Z 1 verordnet, dass der Speicherzugang auf Basis eines regulierten Verfahrens gewährt werden muss, bedürfen die Methoden zur Berechnung der Speichernutzungsentgelte der Genehmigung der Regulierungsbehörde. Die Methoden sind über Aufforderung der Regulierungsbehörde abzuändern oder neu zu erstellen.

(2) Die Methoden zur Berechnung dieser Speichernutzungsentgelte beziehen sich auf

1. die Kostenbasis, bestehend aus angemessenen Kosten für Betrieb, Instandhaltung, Ausbau, Verwaltung und Vermarktung, sowie einer Kapitalverzinsung auf Basis eines gewichteten Kapitalkostensatzes, dabei stellt die verzinsliche Kapitalbasis das betriebsnotwendige Anlagevermögen dar, wobei passivierte Bestände von Baukostenzuschüssen, sowie Feststellungen der Regulierungsbehörde hiervon abzuziehen sind.
2. die sonstigen Festlegungen der Entgeltberechnung, welcher die vertragliche Kapazitätsauslastung zum Zeitpunkt der Berechnung zugrunde zu legen ist. Bei Neuanlagen basiert die Berechnung auf Planungsannahmen, welche von der Regulierungsbehörde zu genehmigen sind. Eine Zusammenfassung einzelner Speicheranlagen für die Berechnung der Speichernutzungsentgelte ist zulässig.

(3) Die Methoden können auch vorsehen, dass Speichernutzungsentgelte auch mittels marktorientierter Verfahren wie Auktionen festgelegt werden können. Die Methoden müssen den effizienten Gashandel und Wettbewerb erleichtern und Quersubventionen zwischen den Speichernutzern vermeiden. Gleichzeitig müssen sie Anreize für Investitionen und zur Aufrechterhaltung oder Herstellung der Interoperabilität bieten. Die Methoden sind weiters so zu gestalten, dass die notwendigen Investitionen in die Speicheranlagen so vorgenommen werden können, dass die wirtschaftliche Lebensfähigkeit der Speicheranlagen jedenfalls gewährleistet ist.

(4) Die Regulierungsbehörde hat vor der Genehmigung die Methoden einer Konsultation der Speicherzugangsberechtigten zu unterziehen. Die Genehmigung ist mit Bescheid zu erteilen, wenn die Vorgaben des Abs. 2 erfüllt sind und die aus diesen Methoden resultierenden Speichernutzungsentgelte nicht mehr als 20 % über dem Durchschnitt veröffentlichter Speichernutzungsentgelte, die der Behörde gleichzeitig mit der zu genehmigenden Methode vorzulegen sind, für vergleichbare Speicherdienstleistungen für vergleichbare Speicheranlagen in der Europäischen Union liegen. Beim Vergleich der Speichernutzungsentgelte sind die den Speicherunternehmen gemäß § 73 Abs. 5 und § 74 Abs. 2 entstehenden Kosten in Abzug zu bringen. Die genehmigten Methoden sind im Internet auf der Homepage des Speicherunternehmens zu veröffentlichen.

(5) Auf Verlangen der Regulierungsbehörde ist die Einhaltung der genehmigten Methoden bei der Berechnung der Speichernutzungsentgelte nachzuweisen und durch die Vorlage sämtlicher Kalkulationsgrundlagen zu belegen. Die Regulierungsbehörde hat das Speicherunternehmen aufzufordern, die Speichernutzungsentgelte in Übereinstimmung mit den Methoden zu berechnen.

Vorlage von Verträgen

§ 101. Die Speicherunternehmen haben alle abgeschlossenen Verträge über die Bereitstellung von Speicherleistung der Regulierungsbehörde unmittelbar nach Vertragsabschluss vorzulegen und bei Bedarf zu erläutern.

Allgemeine Bedingungen für den Speicherzugang

§ 102.[a)] (1) Die Allgemeinen Bedingungen für den Speicherzugang dürfen nicht diskriminierend sein und keine missbräuchlichen Praktiken oder ungerechtfertigten Beschränkungen enthalten und weder die Versorgungssicherheit noch die Dienstleistungsqualität gefährden. Insbesondere sind sie so zu gestalten, dass

1. die Erfüllung der dem Speicherunternehmen obliegenden Aufgaben gewährleistet ist;
2. die Leistungen der Speicherzugangsberechtigten mit den Leistungen des Speicherunternehmens in einem sachlichen Zusammenhang stehen;
3. die wechselseitigen Verpflichtungen ausgewogen und verursachungsgerecht zugewiesen sind;
4. sie Festlegungen über technische Anforderungen für die Ein- und Ausspeicherung enthalten;
5. sie Regelungen über die Zuordnung der Speichernutzungsentgelte enthalten;
6. sie klar und übersichtlich gefasst sind;
7. sie Definitionen der nicht allgemein verständlichen Begriffe enthalten;
8. sie nicht im Widerspruch zu bestehenden Rechtsvorschriften stehen.

(2) Die Allgemeinen Bedingungen für den Speicherzugang haben insbesondere zu enthalten:

1. die Rechte und Pflichten der Vertragspartner, insbesondere zur Einhaltung der für den Speicherzugang maßgeblichen Sonstigen Marktregeln;
2. die technischen Mindestanforderungen für den Speicherzugang;
3. Regelungen zur Messung der an das Speicherunternehmen übergebenen bzw. von diesem gelieferten Erdgasmenge;
4. Regelungen betreffend den Ort der Übernahme bzw. Übergabe von Erdgas;
5. jene Qualitätsanforderungen, die für die Ein- und Ausspeicherung von Erdgas gelten;
6. die verschiedenen im Rahmen des Speicherzugangs zur Verfügung zu stellenden Dienstleistungen;
7. das Verfahren und die Modalitäten für Anträge auf Speicherzugang;
8. die von den Speicherzugangsberechtigten zu liefernden Daten;
9. die Modalitäten für den Speicherabruf;
10. eine Frist von höchstens 14 Tagen ab Einlangen, innerhalb der das Speicherunternehmen das Begehren auf Speicherzugang zu beantworten hat;
11. die grundlegenden Prinzipien für die Verrechnung;
12. die Art und Form der Rechnungslegung und Bezahlung;
13. die Vorgangsweise bei der Meldung von technischen Gebrechen und Störfällen und deren Behebung;
14. die Verpflichtung von Speicherzugangsberechtigten zur Vorauszahlung oder Sicherheitsleistung (Barsicherheit, Bankgarantie, Hinterlegung von nicht vinkulierten Sparbüchern) in angemessener Höhe, insoweit nach den Umständen des Einzelfalles zu erwarten ist, dass der Speicherzugangsberechtigte seinen Zahlungsverpflichtungen nicht oder nicht zeitgerecht nachkommt;
15. Bestimmungen, nach welchen Kriterien und in welcher Weise nicht genutzte kommittierte Speicherkapazitäten Dritten gemäß § 104 Abs. 3 und 4 zugänglich gemacht werden;
16. einen Hinweis auf gesetzlich vorgesehene Streitbeilegungsverfahren.

(3) Bei der Erstellung der Allgemeinen Bedingungen für den verhandelten Speicherzugang hat das Speicherunternehmen die Speicherzugangsberechtigten zu konsultieren. Die Allgemeinen Bedingungen für den Speicherzugang sind den Speichernutzern über Verlangen auszufolgen und im Internet zu veröffentlichen.

(4) Hat die Bundesministerin für Klimaschutz, Umwelt, Energie, Mobilität, Innovation und Technologie gemäß § 98 Abs. 1 festgestellt, dass der Speicherzugang zu einer Speicheranlage auf Basis eines regulierten Verfahrens gewährt werden muss, bedürfen die Allgemeinen Bedingungen sowie deren Änderungen einer Genehmigung durch die Regulierungsbehörde. Diese Genehmigung ist unter Auflagen oder befristet zu erteilen, soweit dies zur Erfüllung der Vorschriften dieses Gesetzes erforderlich ist. Die Befristung darf einen Zeitraum von drei Jahren nicht unterschreiten. Speicherunternehmen sind verpflichtet, die Allgemeinen Bedingungen für den Speicherzugang auf Aufforderung der Regulierungsbehörde zu ändern oder neu zu erstellen, soweit dies zur Erfüllung der Vorschriften dieses Gesetzes erforderlich ist. In Abweichung zu Abs. 3 hat die Regulierungsbehörde vor der Genehmigung die Allgemeinen

Bedingungen einer Konsultation der Speicherzugangsberechtigten zu unterziehen.

(5) Werden neue Allgemeine Bedingungen für den Speicherzugang genehmigt, hat das Speicherunternehmen dies binnen vier Wochen nach der Genehmigung den Speichernutzern in geeigneter Weise bekannt zu geben.

[a] § 102 Abs. 2 Z 15 tritt mit Ablauf des 31. Mai 2025 außer Kraft.

Kapazitätsvergabeverfahren

§ 103. (1) Speicherunternehmen haben nichtdiskriminierende, transparente Kapazitätsvergabeverfahren zu veröffentlichen und anzuwenden. Das Kapazitätsvergabeverfahren muss angemessene Fristen hinsichtlich der Ankündigung der Kapazitätsvergabe sowie der Dauer des Verfahrens vorsehen. Abhängig von dem jeweiligen Kapazitätsbedarf ist jener Mechanismus zu wählen, der eine diskriminierungsfreie und transparente Kapazitätsvergabe bestmöglich gewährleistet. Übersteigt der Kapazitätsbedarf die zur Verfügung stehende Kapazität im Kapazitätsvergabeverfahren, hat die Kapazitätsvergabe mittels Auktion zu erfolgen. Speicherprodukte können dann nach dem zeitlichen Einlangen der Anbote vergeben werden, wenn es sich im Vergleich zur Gesamtkapazität um geringfügige Kapazitätsangebote handelt.

(2) Für Investitionen in neue Speicheranlagen als auch für wesentliche Investition in die Erweiterung bereits bestehender Speicheranlagen ist zur Feststellung des Kapazitätsbedarfs vor dem Kapazitätsvergabeverfahren eine Kapazitätsbedarfserhebung durchzuführen.

(3) Alle geplanten Kapazitätsvergabeverfahren sind der Regulierungsbehörde rechtzeitig anzuzeigen und zu erläutern. Die Bedingungen für Kapazitätsvergabeverfahren sind über Aufforderung der Regulierungsbehörde abzuändern oder neu zu erstellen.

(4) Hat die Bundesministerin für Klimaschutz, Umwelt, Energie, Mobilität, Innovation und Technologie gemäß § 98 Abs. 1 Z 3 festgestellt, dass der Speicherzugang zu einer Speicheranlage auf Basis eines regulierten Verfahrens gewährt werden muss, bedarf das Kapazitätsvergabeverfahren gemäß Abs. 1 bis 3 der Genehmigung der Regulierungsbehörde. Das Kapazitätsvergabeverfahren ist über Aufforderung der Regulierungsbehörde abzuändern oder neu zu erstellen.

Engpassmanagement

§ 104.[a] (1) Die Speicherunternehmen werden einen transparenten und effizienten Handel von Sekundärkapazitäten an einer übergeordneten Handelsplattform für Sekundärmarktkapazitäten ermöglichen oder bei der Errichtung einer gemeinsamen Handelsplattform kooperieren.

(2) Verträge über die Bereitstellung von Speicherleistung enthalten Maßnahmen zur Vermeidung des Hortens von Kapazität. In Fällen vertraglich bedingter Engpässe ist der Speichernutzer verpflichtet, die von ihm nicht genutzte kontrahierte Kapazität über eine Sekundärmarktplattform Dritten zu verkaufen.

(3) **(Verfassungsbestimmung)** Der Speichernutzer ist verpflichtet, die von ihm vollständig oder teilweise systematisch nicht genutzte gebuchte Kapazität unverzüglich über eine Sekundärmarktplattform anzubieten oder dem Speicherunternehmen unter Aufrechterhaltung seiner vertraglichen Rechte und Pflichten zurückzugeben.

(4) **(Verfassungsbestimmung)** Kommt der Speichernutzer der Verpflichtung gemäß Abs. 3 nicht nach, entzieht das Speicherunternehmen dem Speichernutzer nach unverzüglicher schriftlicher Ankündigung unverzüglich seine gebuchten, jedoch systematisch ungenutzten Speicherkapazitäten im Umfang der systematischen Nichtnutzung jeweils bis zum nächstfolgenden 31. März. Speicherkapazitäten, die von Stromerzeugungsanlagen zur Durchführung von Maßnahmen zur Vermeidung, Beseitigung und Überwindung von Engpässen in Übertragungsnetzen gemäß § 23 Abs. 2 Z 5 ElWOG 2010 oder zur Bereitstellung von Regelreserve auf Stromregelreservemärkten benötigt werden, gelten nicht als systematisch ungenutzt. Das Speicherunternehmen hat die entzogenen Kapazitäten zu vermarkten und den Erlös, abzüglich einer dem Speicherunternehmen zufallenden angemessenen Bearbeitungsgebühr, mit dem Speicherentgelt des betroffenen Speichernutzers höchstens bis zum Ausmaß des vereinbarten Speicherentgelts gegenzurechnen. Die sich aus dem Speichernutzungsvertrag ergebenden Rechte und Pflichten verbleiben in dem Umfang beim Speichernutzer, in dem die Speicherkapazitäten vom Speicherunternehmen nicht vermarktet werden. Nähere Festlegungen dazu und zur Verpflichtung gemäß Abs. 3 kann die Regulierungsbehörde mit Verordnung treffen. Solange diese Festlegungen nicht getroffen wurden, gelten jedenfalls jene gebuchten Speicherkapazitäten als systematisch ungenutzt, die zum 1. Juli 2022 oder in den Folgejahren jeweils zum 1. Juli im Ausmaß von weniger als 10 % vom jeweiligen Speichernutzer genutzt wurde, und sind diese im Ausmaß ihrer Nichtnutzung zu entziehen

[a] § 104 Abs. 3 und 4 treten mit Ablauf des 31. Mai 2025 außer Kraft.

Verlust der Rechte als Speicherunternehmen

§ 104a.[a] **(Verfassungsbestimmung)** (1) Ein Speicherunternehmen verliert seine Rechte als Speicherunternehmen, wenn

1. die hierfür erforderlichen Verträge mit dem Betreiber der Speicheranlage, dem Eigentümer oder dem Verfügungsberechtigten des Speichers nicht mehr aufrecht sind,

2. der Netzanschluss oder Netzzugang an ein Marktgebiet gemäß § 12 Abs. 1 verloren geht,
3. das Unternehmen, seine zur Vertretung nach außen berufenen Personen oder verantwortliche Beauftragte gemäß § 9 VStG mindestens dreimal wegen vorsätzlicher Übertretung oder wegen Beihilfe zur Begehung einer Verwaltungsübertretung nach den Bestimmungen dieses Gesetzes bestraft worden sind und nach der Eigenart der strafbaren Handlung und nach der Person des Bestraften die Begehung der gleichen oder einer ähnlichen Straftat bei der Ausübung der Funktion zu befürchten ist,
4. das Unternehmen in Zeiträumen, in denen eine Krisenstufe im Sinne des Art. 11 Abs. 1 der Verordnung (EU) 2017/1938 ausgerufen wurde, gegen die Bestimmungen des § 97 Abs. 1, § 101, § 104 Abs. 4 oder § 170 Abs. 26 verstößt,
5. das Unternehmen über einen Zeitraum von mindestens drei Monaten seine Pflichten gemäß § 105 Abs. 1 Z 8 kontinuierlich nicht erfüllt oder
6. die Fortführung des Betriebs behördlich untersagt wurde oder allfällige sonstige gesetzliche Voraussetzungen für die Ausübung der Rechte als Speicherunternehmen nicht mehr vorliegen.

(2) Der Verlust der Rechte als Speicherunternehmen ist, unbeschadet allfälliger zivilrechtlicher Entschädigungsansprüche, durch die Regulierungsbehörde mit Bescheid festzustellen. Beschwerden haben keine aufschiebende Wirkung.

(3) Im Fall einer Feststellung des Verlusts der Rechte eines Speicherunternehmens nimmt der Betreiber der Speicheranlage vorübergehend die Funktion des Speicherunternehmens wahr und kann sich zur Erfüllung seiner Aufgaben Dritter bedienen; dabei gilt für den technischen Betreiber § 9 sinngemäß. Der Betreiber der Speicheranlage hat unverzüglich alle Schritte zu setzen, um Verträge mit Unternehmen, welche in Hinkunft als Speicherunternehmen diese Speicherkapazitäten verwalten wollen, abzuschließen. § 97 Abs. 1 gilt dabei sinngemäß. Diese Verträge sind auf höchstens drei Jahre zu befristen. Das verwaltende Speicherunternehmen hat die Kapazitäten, die aus dem Verlust der Rechte als Speicherunternehmen gemäß Abs. 2 resultieren, zu vermarkten und den Erlös, abzüglich einer angemessenen Bearbeitungsgebühr, an den Betreiber der Speicheranlage abzuführen. Dieser hat das somit vereinnahmte Speicherentgelt gegenüber dem ursprünglichen Speicherunternehmen höchstens bis zum Ausmaß des mit diesem vereinbarten Entgelts gegenzurechnen. Soweit Kapazitäten nicht vermarktet werden können, bleiben die Zahlungspflichten des ursprünglichen Speicherunternehmens gegenüber dem Betreiber der Speicheranlage vollinhaltlich aufrecht. Bestehende Speicherverträge mit Speichernutzern bleiben ebenso aufrecht.

(4) Werden einem Speicherunternehmen seine Rechte gemäß Abs. 2 zu Unrecht aberkannt, hat es das Recht, in die gemäß Abs. 3 abgeschlossenen Verträge einzutreten, wobei die Befristung auf höchstens drei Jahre gemäß Abs. 3 entfällt. In diesem Fall ist demjenigen Speicherunternehmen, welches seiner vertraglichen Rechte verlustig geht, eine angemessene Entschädigung zu gewähren.

[a] Tritt mit Ablauf des 31. Mai 2025 außer Kraft.

Verlust der Rechte als Speicherunternehmen

§ 104a.[a] **(Verfassungsbestimmung)** (1) Ein Speicherunternehmen verliert seine Rechte als Speicherunternehmen, wenn
1. die hierfür erforderlichen Verträge mit dem Betreiber der Speicheranlage, dem Eigentümer oder dem Verfügungsberechtigten des Speichers nicht mehr aufrecht sind,
2. der Netzanschluss oder Netzzugang an ein Marktgebiet gemäß § 12 Abs. 1 verloren geht,
3. das Unternehmen, seine zur Vertretung nach außen berufenen Personen oder verantwortliche Beauftragte gemäß § 9 VStG mindestens dreimal wegen vorsätzlicher Übertretung oder wegen Beihilfe zur Begehung einer Verwaltungsübertretung nach den Bestimmungen dieses Gesetzes bestraft worden sind und nach der Eigenart der strafbaren Handlung und nach der Person des Bestraften die Begehung der gleichen oder einer ähnlichen Straftat bei der Ausübung der Funktion zu befürchten ist,
4. das Unternehmen in Zeiträumen, in denen eine Krisenstufe im Sinne des Art. 11 Abs. 1 der Verordnung (EU) 2017/1938 ausgerufen wurde, gegen die Bestimmungen des § 97 Abs. 1, § 101, § 170 Abs. 26 verstößt,
5. das Unternehmen über einen Zeitraum von mindestens drei Monaten seine Pflichten gemäß § 105 Abs. 1 Z 8 kontinuierlich nicht erfüllt oder
6. die Fortführung des Betriebs behördlich untersagt wurde oder allfällige sonstige gesetzliche Voraussetzungen für die Ausübung der Rechte als Speicherunternehmen nicht mehr vorliegen.

(2) Der Verlust der Rechte als Speicherunternehmen ist, unbeschadet allfälliger zivilrechtlicher Entschädigungsansprüche, durch die Regulierungsbehörde mit Bescheid festzustellen. Beschwerden haben keine aufschiebende Wirkung.

(3) Im Fall einer Feststellung des Verlusts der Rechte eines Speicherunternehmens nimmt der Betreiber der Speicheranlage vorübergehend die Funktion des Speicherunternehmens wahr und kann sich zur Erfüllung seiner Aufgaben

Dritter bedienen; dabei gilt für den technischen Betreiber § 9 sinngemäß. Der Betreiber der Speicheranlage hat unverzüglich alle Schritte zu setzen, um Verträge mit Unternehmen, welche in Hinkunft als Speicherunternehmen diese Speicherkapazitäten verwalten wollen, abzuschließen. § 97 Abs. 1 gilt dabei sinngemäß. Diese Verträge sind auf höchstens drei Jahre zu befristen. Das verwaltende Speicherunternehmen hat die Kapazitäten, die aus dem Verlust der Rechte als Speicherunternehmen gemäß Abs. 2 resultieren, zu vermarkten und den Erlös, abzüglich einer angemessenen Bearbeitungsgebühr, an den Betreiber der Speicheranlage abzuführen. Dieser hat das somit vereinnahmte Speicherentgelt gegenüber dem ursprünglichen Speicherunternehmen höchstens bis zum Ausmaß des mit diesem vereinbarten Entgelts gegenzurechnen. Soweit Kapazitäten nicht vermarktet werden können, bleiben die Zahlungspflichten des ursprünglichen Speicherunternehmens gegenüber dem Betreiber der Speicheranlage vollinhaltlich aufrecht. Bestehende Speicherverträge mit Speichernutzern bleiben ebenso aufrecht.

(4) Werden einem Speicherunternehmen seine Rechte gemäß Abs. 2 zu Unrecht aberkannt, hat es das Recht, in die gemäß Abs. 3 abgeschlossenen Verträge einzutreten, wobei die Befristung auf höchstens drei Jahre gemäß Abs. 3 entfällt. In diesem Fall ist demjenigen Speicherunternehmen, welches seiner vertraglichen Rechte verlustig geht, eine angemessene Entschädigung zu gewähren.

[a)] Tritt mit 1. Juni 2025 in Kraft.

Pflichten von Speicherunternehmen

§ 105. (1) Speicherunternehmen sind verpflichtet,

1. unbeschadet der nach diesem Bundesgesetz bestehenden Informations-, Mitteilungs- und Auskunftspflichten sowie der gemäß § 10 festgelegten Verpflichtungen zur Gewährung der Einsichtnahme in die Geschäftsunterlagen, wirtschaftlich sensible Informationen von denen sie bei der Ausübung ihrer Geschäftstätigkeit Kenntnis erlangen, vertraulich zu behandeln und zu verhindern, dass Informationen über ihre eigenen Tätigkeiten, die wirtschaftliche Vorteile bringen können, in diskriminierender Weise offen gelegt werden;
2. Netzbetreibern, deren Netze mit ihren eigenen Anlagen verbunden sind, ausreichende Informationen zu liefern, um den sicheren und leistungsfähigen Betrieb, den koordinierten Ausbau und die Interoperabilität der Netze und Systeme sicherzustellen und mit dem Betreiber der verbundenen Anlage über die Übergabe- und Übernahmemodalitäten Vereinbarungen zu schließen;
3. die für die Nutzung ihrer Anlagen geltenden Allgemeinen Bedingungen sowie die Speichernutzungsentgelte einmal jährlich bzw. nach jeder Änderung zu veröffentlichen;
4. numerische Informationen über die kontrahierte und verfügbare Ein- und Ausspeicherleistung sowie das kontrahierte und verfügbare Volumen auf täglicher Basis im Internet in einer nutzerfreundlichen, standardisierten Weise zu veröffentlichen;
5. sofern nicht ohnehin diesbezügliche Daten vom nachgelagerten Netzbetreiber an den Verteilergebietsmanager und dem Marktgebietsmanager geliefert werden, diesen über den nachgelagerten Netzbetreiber zeitgleich Daten über die jeweils aktuelle Drucksituation sowie Mengendurchfluss an Übergabepunkten zu Speicheranlagen im Marktgebiet in elektronischer Form zu übermitteln;
6. an der Erstellung der langfristigen und integrierten Planung und des Netzentwicklungsplans mitzuwirken;
7. die von ihnen betriebenen Speicheranlagen sicher, zuverlässig und leistungsfähig zu betreiben, zu erhalten und bedarfsgerecht auszubauen, wobei zu gewährleisten ist, dass die zur Erfüllung der Dienstleistungsverpflichtungen erforderlichen Mittel vorhanden sind;
8. für ihre Speicheranlagen den Netzanschluss und Netzzugang an das inländische Netz unter höchstmöglicher Ausnutzung der verfügbaren Kapazität zu gewährleisten und die dafür erforderlichen Verträge insbesondere mit dem Netzbetreiber abzuschließen;
9. die Aufnahme ihrer Tätigkeit im Voraus der Regulierungsbehörde anzuzeigen.

(2) Die Pflichten der Speicherunternehmen gemäß Art. 15, Art. 17 und Art. 19 der Verordnung (EG) Nr. 715/2009 bleiben davon unberührt.

Ermächtigung für Ressortübereinkommen über gemeinsame Nutzung von Speicheranlagen

§ 105a. Sofern die Bundesministerin für Klimaschutz, Umwelt, Energie, Mobilität, Innovation und Technologie zum Abschluss von Ressortübereinkommen gemäß Art. 66 Abs. 2 B–VG ermächtigt ist, kann sie im Einvernehmen mit dem Bundesminister für Finanzen Übereinkommen über die gemeinsame Nutzung von Speicheranlagen im Hoheitsgebiet Österreichs mit Mitgliedstaaten der Europäischen Union oder Drittstaaten abschließen. Dabei sind insbesondere unionsrechtliche Befüllungsziele für Speicheranlagen zu berücksichtigen

8. Teil
Entflechtung
1. Hauptstück
Entflechtung von Verteilernetzbetreibern
Voraussetzungen

§ 106. (1) Verteilernetzbetreiber müssen hinsichtlich Rechtsform, Organisation und Entscheidungsgewalt unabhängig von den Tätigkeitsbereichen Lieferung, Verkauf, Versorgung mit und Gewinnung von Erdgas vertikal integrierter Erdgasunternehmen sein. Diese Bestimmung begründet keine Verpflichtung, eine Trennung in Bezug auf das Eigentum des vertikal integrierten Erdgasunternehmens an Vermögenswerten des Netzes vorzunehmen.

(2) Die Unabhängigkeit der Verteilernetzbetreiber ist auf Grundlage folgender Kriterien sicherzustellen:

1. in einem vertikal integrierten Erdgasunternehmen dürfen die für die Leitung eines Verteilernetzbetreibers verantwortlichen Personen nicht Teil betrieblicher Einrichtungen sein, die direkt oder indirekt für den laufenden Betrieb in den Bereichen Erdgasgewinnung, Kauf oder Lieferung zuständig sind;
2. es ist Vorsorge dafür zu treffen, dass die berufsbedingten Interessen der für die Leitung eines Verteilernetzbetreibers zuständigen Personen so berücksichtigt werden, dass ihre Handlungsunabhängigkeit gewährleistet ist, wobei insbesondere die Gründe für die Abberufung eines Gesellschaftsorgans des Verteilernetzbetreibers in der Gesellschaftssatzung des Verteilernetzbetreibers klar zu umschreiben sind;
3. der Verteilernetzbetreiber hat in Bezug auf Vermögenswerte, die für den Betrieb, die Wartung oder den Ausbau des Netzes erforderlich sind, tatsächliche Entscheidungsbefugnisse, die er unabhängig von dem integrierten Unternehmen ausübt. Um diese Aufgabe erfüllen zu können, muss der Verteilernetzbetreiber über alle Ressourcen in personeller, technischer, materieller und finanzieller Hinsicht verfügen. Dies steht geeigneten Koordinierungsmechanismen nicht entgegen, mit denen sichergestellt wird, dass die wirtschaftlichen Befugnisse des vertikal integrierten Erdgasunternehmens und seine Aufsichtsrechte über die Geschäftsleitung des Verteilernetzbetreibers im Hinblick auf die Rentabilität geschützt werden. Dies ermöglicht es dem vertikal integrierten Erdgasunternehmen, den jährlichen Finanzplan oder ein gleichwertiges Instrument des Verteilernetzbetreibers zu genehmigen und generelle Grenzen für die Verschuldung des Verteilernetzbetreibers festzulegen. Weisungen bezüglich des laufenden Betriebs oder einzelner Entscheidungen über den Bau oder die Modernisierung von Leitungen, die über den Rahmen des genehmigten Finanzplans oder eines gleichwertigen Instruments nicht hinausgehen, sind unzulässig. Dem Aufsichtsrat von Verteilernetzbetreibern, die zu einem vertikal integrierten Erdgasunternehmen gehören, haben mindestens zwei Mitglieder anzugehören, die vom vertikal integrierten Erdgasunternehmen unabhängig sind;
4. der Verteilernetzbetreiber muss ein Gleichbehandlungsprogramm aufstellen, aus dem hervorgeht, welche Maßnahmen zum Ausschluss diskriminierenden Verhaltens getroffen werden, und gewährleistet die ausreichende Überwachung der Einhaltung dieses Gleichbehandlungsprogramms. In dem Gleichbehandlungsprogramm muss dargelegt sein, welche besonderen Pflichten die Mitarbeiter im Hinblick auf dieses Ziel haben. Für die Überwachung des Gleichbehandlungsprogramms benennt der Verteilernetzbetreiber eine zuständige Person oder Stelle (der Gleichbehandlungsbeauftragte). Der Gleichbehandlungsbeauftragte muss Zugang zu allen Informationen, über die der Verteilernetzbetreiber und etwaige verbundene Unternehmen verfügen, haben. Der Gleichbehandlungsbeauftragte legt der Regulierungsbehörde jährlich einen Bericht über die getroffenen Maßnahmen vor, der veröffentlicht wird. Der Gleichbehandlungsbeauftragte ist in Ausübung dieser Funktion völlig unabhängig und nicht an Weisungen gebunden. Er hat Anregungen der Leitung des Verteilernetzbetreibers entgegenzunehmen und gegebenenfalls zu begründen, warum er diese nicht unterstützt. Im Hinblick auf den Kündigungs- und Entlassungsschutz ist der Gleichbehandlungsbeauftragte für die Dauer seiner Bestellung, wenn er Beschäftigter des Verteilernetzbetreibers ist, einer Sicherheitsfachkraft (§ 73 Abs. 1 ArbeitnehmerInnenschutzgesetz, BGBl. Nr. 450/1994) gleichgestellt. Die Bestellung des Gleichbehandlungsbeauftragten lässt die Verantwortung der Leitung des Verteilernetzbetreibers für die Einhaltung der Bestimmungen dieses Bundesgesetzes unberührt.

(3) Der Verteilernetzbetreiber muss seinen Kommunikationsaktivitäten sowie in seiner Markenpolitik dafür Sorge tragen, dass eine Verwechslung in Bezug auf die eigene Identität der Versorgungssparte des vertikal integrierten Erdgasunternehmens ausgeschlossen ist.

(4) Abs. 1 bis 3 findet nur Anwendung auf vertikal integrierte Verteilernetzbetreiber, deren Netz mehr als 50 000 Hausanschlüsse ausweist.

(5) Unternehmen, die zum Zeitpunkt des Inkrafttretens dieses Bundesgesetzes bereits Entflechtungsmaßnahmen getroffen haben, dürfen diese bereits durchgeführten Entflechtungsmaßnahmen nicht wieder rückgängig machen.

2. Hauptstück
Entflechtung von Speicherunternehmen
Voraussetzungen

§ 107. (1) Das Speicherunternehmen, das Teil eines vertikal integrierten Erdgasunternehmens ist, muss zumindest hinsichtlich seiner Rechtsform, Organisation und Entscheidungsgewalt unabhängig von den übrigen Tätigkeitsbereichen sein, die nicht mit der Fernleitung, Verteilung und Speicherung zusammenhängen.

(2) Die Unabhängigkeit des Speicherunternehmens ist auf Grundlage folgender Kriterien sicherzustellen:

1. in einem vertikal integrierten Erdgasunternehmen dürfen die für die Tätigkeit eines Speicherunternehmens verantwortlichen Personen nicht Teil betrieblicher Einrichtungen sein, die direkt oder indirekt für den laufenden Betrieb in den Bereichen Erdgasgewinnung und –versorgung zuständig sind;
2. es ist Vorsorge dafür zu treffen, dass die berufsbedingten Interessen der für die Leitung eines Speicherunternehmens zuständigen Personen so berücksichtigt werden, dass ihre Handlungsunabhängigkeit gewährleistet ist;
3. Speicherunternehmen haben in Bezug auf Vermögenswerte, die für den Betrieb, die Wartung oder den Ausbau der Speicheranlagen erforderlich sind, tatsächliche Entscheidungsbefugnisse, die sie unabhängig von dem vertikal integrierten Erdgasunternehmen ausüben. Dies steht geeigneten Koordinierungsmechanismen nicht entgegen, mit denen sichergestellt wird, dass die wirtschaftlichen Befugnisse des vertikal integrierten Erdgasunternehmens und seine Aufsichtsrechte über die Geschäftsleitung des Speicherunternehmens im Hinblick auf die Rentabilität geschützt werden. Dies ermöglicht es dem vertikal integrierten Erdgasunternehmen, den jährlichen Finanzplan oder ein gleichwertiges Instrument des Speicherunternehmens zu genehmigen und generelle Grenzen für die Verschuldung des Speicherunternehmens festzulegen. Weisungen bezüglich des laufenden Betriebs oder einzelner Entscheidungen über den Bau oder die Modernisierung von Speicheranlagen, die über den Rahmen des genehmigten Finanzplans oder eines gleichwertigen Instruments nicht hinausgehen, sind unzulässig;
4. Speicherunternehmen müssen ein Gleichbehandlungsprogramm aufstellen, aus dem hervorgeht, welche Maßnahmen zum Ausschluss diskriminierenden Verhaltens getroffen werden, und gewährleisten die ausreichende Überwachung der Einhaltung dieses Gleichbehandlungsprogramms. In dem Gleichbehandlungsprogramm muss dargelegt sein, welche besonderen Pflichten die Mitarbeiter im Hinblick auf dieses Ziel haben. Für die Beobachtung der Einhaltung des Gleichbehandlungsprogramms benennt das Speicherunternehmen eine zuständige Person oder Stelle (der Gleichbehandlungsbeauftragte). Der Gleichbehandlungsbeauftragte legt der Regulierungsbehörde jährlich einen Bericht über die getroffenen Maßnahmen vor, der veröffentlicht wird. Der Gleichbehandlungsbeauftragte ist in Ausübung dieser Funktion völlig unabhängig und nicht an Weisungen gebunden. Im Hinblick auf den Kündigungs- und Entlassungsschutz ist der Gleichbehandlungsbeauftragte für die Dauer seiner Bestellung, wenn er Beschäftigter des Speicherunternehmens ist, einer Sicherheitsfachkraft (§ 73 Abs. 1 ArbeitnehmerInnenschutzgesetz, BGBl. Nr. 450/1994) gleichgestellt. Die Bestellung des Gleichbehandlungsbeauftragten lässt die Verantwortung der Leitung des Speicherunternehmens für die Einhaltung der Bestimmungen dieses Bundesgesetzes unberührt.

Zertifizierung von Speicherunternehmen

§ 107a. (1) Speicherunternehmen unterliegen der Zertifizierung gemäß Art. 3a der Verordnung (EG) Nr. 715/2009.

(2) Die Regulierungsbehörde hat von Amts wegen Verfahren zur Zertifizierung der Speicherunternehmen auf österreichischem Hoheitsgebiet einzuleiten. Ebenso ist ein Verfahren in den Fällen des Art. 3a Abs. 10 der Verordnung (EG) Nr. 715/2009 einzuleiten. Bei neu errichteten Speicheranlagen zertifiziert die Regulierungsbehörde das Speicherunternehmen auf Antrag. Der Antrag ist vom Speicherunternehmen vor Inbetriebnahme der Speicheranlage zu stellen. Die erstmalige Inbetriebnahme der Speicheranlage ist zulässig, sobald die Zertifizierung gemäß Abs. 4 erteilt wurde.

(3) Die Regulierungsbehörde hat gemäß Art. 3a Abs. 6 der Verordnung (EG) Nr. 715/2009 einen begründeten Entscheidungsentwurf an die Europäische Kommission zu übermitteln.

(4) Nach dem Einlangen der Stellungnahme der Europäischen Kommission hat die Regulierungsbehörde mit Bescheid über die Zertifizierung zu entscheiden. Die Zertifizierung kann unter Vorschreibung von Auflagen, Bedingungen und Befristungen erteilt werden, soweit diese zur Erfüllung der Zielsetzungen dieses Gesetzes oder der Verordnung (EG) Nr. 715/2009 erforderlich sind.

(5) Lehnt die Regulierungsbehörde nach Maßgabe des Art. 3a Abs. 4 der Verordnung (EG) Nr. 715/2009 eine Zertifizierung ab, hat sie mit Bescheid die erforderlichen Maßnahmen nach dieser Bestimmung zu verfügen; dies schließt auch angemessene einstweilige Maßnahmen mit ein. Beschwerden haben keine aufschiebende Wirkung.

(6) Verweigert die Regulierungsbehörde die Zertifizierung gemäß Art. 3a Abs. 5 der Verordnung (EG) Nr. 715/2009, so gebührt dem Speicherunternehmen eine angemessene Entschädigung. Soweit hierüber keine Vereinbarung zwischen dem Speicherunternehmen und demjenigen, an den diese Rechte übertragen werden, zustande kommt, ist die Entschädigung auf Antrag durch die Regulierungsbehörde mit Bescheid festzusetzen. Auf die behördliche Ermittlung der Entschädigung sind die Bestimmungen des Eisenbahn-Enteignungsentschädigungsgesetzes, BGBl. Nr. 71/1954, sinngemäß anzuwenden.

(7) Die Regulierungsbehörde hat in den Fällen des Art. 3a Abs. 10 der Verordnung (EG) Nr. 715/2009 ein neuerliches Zertifizierungsverfahren einzuleiten.

3. Hauptstück
Entflechtung von Fernleitungsnetzbetreibern
1. Abschnitt
Eigentumsrechtliche Entflechtung von Fernleitungsnetzbetreibern
Voraussetzungen

§ 108. (1) Der Fernleitungsnetzbetreiber muss Eigentümer des Fernleitungsnetzes sein.

(2) Ein und dieselbe Person ist nicht berechtigt

1. direkt oder indirekt die Kontrolle über ein Unternehmen auszuüben, das eine der Funktionen der Gewinnung oder der Versorgung wahrnimmt, und direkt oder indirekt die Kontrolle über einen Fernleitungsnetzbetreiber auszuüben oder Rechte an einem Fernleitungsnetzbetreiber auszuüben;
2. direkt oder indirekt die Kontrolle über einen Fernleitungsnetzbetreiber auszuüben und direkt oder indirekt die Kontrolle über ein Unternehmen auszuüben, das eine der Funktionen Gewinnung oder Versorgung wahrnimmt, oder Rechte an einem Unternehmen, das eine dieser Funktionen wahrnimmt, auszuüben;
3. Mitglieder des Aufsichtsrates oder der zur gesetzlichen Vertretung berufenen Organe eines Fernleitungsnetzbetreibers zu bestellen und direkt oder indirekt die Kontrolle über ein Unternehmen auszuüben, das eine der Funktionen Gewinnung oder Versorgung wahrnimmt, oder Rechte an einem Unternehmen, das eine dieser Funktionen wahrnimmt, auszuüben;
4. Mitglied des Aufsichtsrates oder der zur gesetzlichen Vertretung berufenen Organe sowohl eines Unternehmens, das eine der Funktionen Gewinnung oder Versorgung wahrnimmt, als auch eines Fernleitungsnetzbetreibers oder eines Eigentümers eines Fernleitungsnetzes zu sein.

(3) Die in Abs. 2 genannten Rechte schließen insbesondere Folgendes ein:

1. die Befugnis zur Ausübung von Stimmrechten;
2. die Befugnis, Mitglieder des Aufsichtsrates oder der zur gesetzlichen Vertretung berufenen Organe zu bestellen;
3. das Halten einer Mehrheitsbeteiligung.

(4) Die Verpflichtung des Abs. 1 gilt als erfüllt, wenn zwei oder mehr Unternehmen, die Eigentümer von Fernleitungsnetzen sind, ein Gemeinschaftsunternehmen gründen, das in zwei oder mehr Mitgliedstaaten als Fernleitungsnetzbetreiber für die betreffenden Fernleitungsnetze tätig ist. Kein anderes Unternehmen darf Teil des Gemeinschaftsunternehmens sein, es sei denn, es wurde gemäß § 109 als unabhängiger Netzbetreiber oder gemäß § 112 als unabhängiger Fernleitungsnetzbetreiber zugelassen.

(5) Handelt es sich bei der in Abs. 2 genannten Person um den Mitgliedstaat oder eine andere öffentliche Stelle, so gelten zwei von einander getrennte öffentlich-rechtliche Stellen, die einerseits die Kontrolle über einen Fernleitungsnetzbetreiber und andererseits über ein Unternehmen, das eine der Funktionen Gewinnung oder Versorgung wahrnimmt, ausüben, nicht als ein und dieselbe Person.

(6) Abs. 2 Z 1 und 2 umfasst auch Elektrizitätsunternehmen im Sinne des § 7 Abs. 1 Z 11 Elektrizitätswirtschafts- und –organisationsgesetz 2010 (ElWOG 2010), BGBl. I Nr. 110/2010.

(7) Personal und wirtschaftlich sensible Informationen, über die ein Fernleitungsnetzbetreiber verfügt, der Teil eines vertikal integrierten Erdgasunternehmens war, dürfen nicht an Unternehmen weitergegeben werden, die eine der Funktionen Gewinnung oder Versorgung wahrnehmen. § 11 bleibt davon unberührt.

2. Abschnitt
Unabhängiger Netzbetreiber (Independent System Operator – ISO)
Voraussetzungen

§ 109. (1) In den Fällen, in denen das Fernleitungsnetz am 3. September 2009 im Eigentum eines vertikal integrierten Erdgasunternehmens gestanden hat, besteht die Möglichkeit die eigentumsrechtliche Entflechtung nach § 108 nicht anzuwenden und stattdessen auf Vorschlag des Eigentümers des Fernleitungsnetzes einen unabhängigen Netzbetreiber zu benennen.

(2) Der unabhängige Netzbetreiber muss folgende Nachweise erbringen:

1. er entspricht § 108 Abs. 2;
2. er verfügt über die erforderlichen finanziellen, technischen, personellen und materiellen Ressourcen;
3. er verpflichtet sich, einen von der Regulierungsbehörde überwachten zehnjährigen Netzentwicklungsplan umzusetzen;

4. er muss in der Lage sein, seinen Verpflichtungen gemäß der Verordnung (EG) Nr. 715/2009, auch bezüglich der Zusammenarbeit der Fernleitungsnetzbetreiber auf europäischer und regionaler Ebene, nachzukommen.
5. der Eigentümer des Fernleitungsnetzes muss in der Lage sein, seinen Verpflichtungen gemäß § 110 Abs. 2 nachzukommen. Zu diesem Zweck sind sämtliche Vereinbarungen, insbesondere mit dem unabhängigen Netzbetreiber, vorzulegen.

Pflichten

§ 110. (1) Jeder unabhängige Netzbetreiber ist verantwortlich für die Gewährung und Regelung des Zugangs Dritter, einschließlich der Erhebung von Zugangsentgelten sowie der Einnahme von Engpasserlösen, für Betrieb, Wartung und Ausbau des Fernleitungsnetzes sowie für die Gewährleistung der langfristigen Fähigkeit des Netzes, im Wege einer Investitionsplanung eine angemessene Nachfrage zu befriedigen. Beim Ausbau des Fernleitungsnetzes ist der unabhängige Netzbetreiber für Planung (einschließlich Genehmigungsverfahren), Bau und Inbetriebnahme der neuen Infrastruktur verantwortlich. Hierzu handelt der unabhängige Netzbetreiber als Fernleitungsnetzbetreiber im Einklang mit den diesbezüglichen Bestimmungen. Der Fernleitungsnetzeigentümer darf weder für die Gewährung und Regelung des Zugangs Dritter noch für die Investitionsplanung verantwortlich sein.

(2) Der Eigentümer des Fernleitungsnetzes ist zu Folgendem verpflichtet:

1. er arbeitet im erforderlichen Maße mit dem unabhängigen Netzbetreiber zusammen und unterstützt ihn bei der Wahrnehmung seiner Aufgaben, indem er insbesondere alle sachdienlichen Informationen liefert;
2. er finanziert die vom unabhängigen Netzbetreiber beschlossenen und von der Regulierungsbehörde genehmigten Investitionen oder erteilt seine Zustimmung zur Finanzierung durch eine andere interessierte Partei, einschließlich des unabhängigen Netzbetreibers. Die einschlägigen Finanzierungsvereinbarungen unterliegen der Genehmigung durch die Regulierungsbehörde. Vor ihrer Genehmigung konsultiert die Regulierungsbehörde den Eigentümer des Fernleitungsnetzes sowie die anderen interessierten Parteien;
3. er sichert die Haftungsrisiken im Zusammenhang mit den Netzvermögenswerten ab, mit Ausnahme derjenigen Haftungsrisiken, die die Aufgaben des unabhängigen Netzbetreibers betreffen;
4. er stellt die Garantien, die zur Erleichterung der Finanzierung eines etwaigen Netzausbaus erforderlich sind, mit Ausnahme derjenigen Investitionen, bei denen er gemäß Z 2 einer Finanzierung durch eine interessierte Partei, einschließlich des unabhängigen Netzbetreibers, zugestimmt hat.

Unabhängigkeit des Fernleitungsnetzeigentümers

§ 111. (1) Der Fernleitungsnetzeigentümer, der Teil eines vertikal integrierten Erdgasunternehmens ist, muss zumindest hinsichtlich seiner Rechtsform, Organisation und Entscheidungsgewalt unabhängig von den übrigen Tätigkeiten sein, die nicht mit der Fernleitung oder Verteilung zusammenhängen.

(2) Die Unabhängigkeit eines Fernleitungsnetzeigentümers ist auf Grundlage folgender Kriterien sicherzustellen:

1. in einem vertikal integrierten Erdgasunternehmen dürfen die für die Leitung des Fernleitungsnetzeigentümers zuständigen Personen nicht betrieblichen Einrichtungen des vertikal integrierten Erdgasunternehmens angehören, die direkt oder indirekt für den laufenden Betrieb in den Bereichen Erdgasgewinnung, –verteilung und –versorgung zuständig sind;
2. es sind geeignete Maßnahmen zu treffen, damit die berufsbedingten Interessen der für die Leitung des Fernleitungsnetzeigentümers zuständigen Personen so berücksichtigt werden, dass ihre Handlungsunabhängigkeit gewährleistet ist;
3. der Fernleitungsnetzeigentümer stellt ein Gleichbehandlungsprogramm auf, aus dem hervorgeht, welche Maßnahmen zum Ausschluss diskriminierenden Verhaltens getroffen werden, und gewährleistet die ausreichende Beobachtung der Einhaltung dieses Programms. In dem Gleichbehandlungsprogramm ist festgelegt, welche besonderen Pflichten die Mitarbeiter im Hinblick auf die Erreichung dieser Ziele haben. Die für die Beobachtung des Gleichbehandlungsprogramms zuständige Person oder Stelle (der Gleichbehandlungsbeauftragte) legt der Regulierungsbehörde jährlich einen Bericht über die getroffenen Maßnahmen vor, der veröffentlicht wird. Im Hinblick auf den Kündigungs- und Entlassungsschutz ist der Gleichbehandlungsbeauftragte für die Dauer seiner Bestellung, wenn er Beschäftigter des Fernleitungsnetzbetreibers ist, einer Sicherheitsfachkraft (§ 73 Abs. 1 ArbeitnehmerInnenschutzgesetz, BGBl. Nr. 450/1994) gleichgestellt.

3. Abschnitt

Unabhängiger Fernleitungsnetzbetreiber (Independent Transmissionsystem Operator – ITO)

Vermögenswerte, Unabhängigkeit, Dienstleistungen, Verwechslungsgefahr

§ 112. (1) In den Fällen, in denen das Fernleitungsnetz am 3. September 2009 im Eigentum eines vertikal integrierten Erdgasunternehmens gestanden hat, besteht die Möglichkeit, die eigentumsrechtliche Entflechtung nach § 108 nicht anzuwenden und stattdessen einen unabhängigen Fernleitungsnetzbetreiber zu benennen.

(2) Der unabhängige Fernleitungsnetzbetreiber muss über alle personellen, technischen, materiellen und finanziellen Ressourcen verfügen, die zur Erfüllung seiner Pflichten und für die Geschäftstätigkeit der Fernleitung erforderlich sind. Unbeschadet der Entscheidungen des Aufsichtsorgans sind dem unabhängigen Fernleitungsnetzbetreiber angemessene finanzielle Ressourcen für künftige Investitionsprojekte und für den Ersatz vorhandener Vermögenswerte nach entsprechender Anforderung durch den unabhängigen Fernleitungsnetzbetreiber rechtzeitig vom vertikal integrierten Erdgasunternehmen bereitzustellen. Für den Geschäftsbetrieb des Fernleitungsnetzes ist insbesondere Folgendes erforderlich:

1. der unabhängige Fernleitungsnetzbetreiber muss Eigentümer des Fernleitungsnetzes sowie der Vermögenswerte sein. Der Betrieb fremder vorgelagerter Rohrleitungsnetze ist zulässig.
2. das Personal muss beim unabhängigen Fernleitungsnetzbetreiber angestellt sein. Der unabhängige Fernleitungsnetzbetreiber muss insbesondere über eine eigene Rechtsabteilung, Buchhaltung und über eigene IT-Dienste verfügen.
3. die Erbringung von Dienstleistungen, einschließlich Personalleasing, durch das vertikal integrierte Unternehmen für den unabhängigen Fernleitungsnetzbetreiber ist untersagt. Ein unabhängiger Fernleitungsnetzbetreiber darf für das vertikal integrierte Unternehmen Dienstleistungen, einschließlich Personalleasing, erbringen, sofern dabei nicht zwischen Nutzern diskriminiert wird, die Dienstleistungen allen Nutzern unter den gleichen Vertragsbedingungen zugänglich sind und der Wettbewerb bei der Gewinnung und Versorgung nicht eingeschränkt, verzerrt oder unterbunden wird.

(3) Tochterunternehmen des vertikal integrierten Erdgasunternehmens, die die Funktionen Gewinnung oder Versorgung wahrnehmen, dürfen weder direkt noch indirekt Anteile am Unternehmen des unabhängigen Fernleitungsnetzbetreibers halten. Der unabhängige Fernleitungsnetzbetreiber darf weder direkt noch indirekt Anteile an Tochterunternehmen des vertikal integrierten Erdgasunternehmens, die die Funktionen Gewinnung oder Versorgung wahrnehmen, halten und darf keine Dividenden oder andere finanzielle Zuwendungen von diesen Tochterunternehmen erhalten. Die gesamte Verwaltungsstruktur und die Unternehmenssatzung des unabhängigen Fernleitungsnetzbetreibers gewährleisten seine tatsächliche Unabhängigkeit. Das vertikal integrierte Unternehmen darf das Wettbewerbsverhalten des unabhängigen Fernleitungsnetzbetreibers in Bezug auf dessen laufende Geschäfte und die Netzverwaltung oder in Bezug auf die notwendigen Tätigkeiten zur Aufstellung des Netzentwicklungsplans weder direkt noch indirekt beeinflussen.

(4) Der unabhängige Fernleitungsnetzbetreiber muss in seinem gesamten Außenauftritt und seinen Kommunikationsaktivitäten sowie in seiner Markenpolitik dafür Sorge tragen, dass eine Verwechslung mit der eigenen Identität des vertikal integrierten Erdgasunternehmens oder irgendeines Teils davon ausgeschlossen ist. Der unabhängige Fernleitungsnetzbetreiber darf daher nur Zeichen, Abbildungen, Namen, Buchstaben, Zahlen, Formen und Aufmachungen verwenden, die geeignet sind, die Tätigkeit oder Dienstleistung des Fernleitungsnetzbetreibers von denjenigen des vertikal integrierten Erdgasunternehmens zu unterscheiden, und die keine Verweise auf die Zugehörigkeit zum vertikal integrierten Erdgasunternehmen enthalten.

(5) Der unabhängige Fernleitungsnetzbetreiber unterlässt die gemeinsame Nutzung von IT-Systemen oder –ausrüstung, Büroräumlichkeiten und Zugangskontrollsystemen mit jeglichem Unternehmensteil des vertikal integrierten Erdgasunternehmens.

(6) Der unabhängige Fernleitungsnetzbetreiber gewährleistet, dass er in Bezug auf IT-Systeme oder –ausrüstung und Zugangskontrollsysteme nicht mit denselben Beratern und externen Auftragnehmern wie das vertikal integrierte Unternehmen zusammenarbeitet.

(7) Die Rechnungslegung von unabhängigen Fernleitungsnetzbetreibern ist von anderen Wirtschaftsprüfern als denen, die die Rechnungsprüfung beim vertikal integrierten Erdgasunternehmen oder bei dessen Unternehmensteilen vornehmen, zu prüfen. Soweit zur Erteilung des Konzernbestätigungsvermerks im Rahmen der Vollkonsolidierung des vertikal integrierten Erdgasunternehmens oder sonstigen wichtigen Gründen erforderlich, kann der Wirtschaftsprüfer des vertikal integrierten Erdgasunternehmens Einsicht in Teile der Bücher des unabhängigen Fernleitungsnetzbetreibers nehmen, sofern die Regulierungsbehörde keine Einwände aus Gründen der Wahrung der Unabhängigkeit mit Bescheid dagegen erhebt. Die wichtigen Gründe sind vorab schriftlich der Regulierungsbehörde mitzuteilen. Der Wirtschaftsprüfer hat diesbezüglich die Verpflichtung, wirtschaftlich sensible Informationen vertraulich zu behandeln und insbesondere nicht dem vertikal integrierten Erdgasunternehmen mitzuteilen.

(8) Die Geschäftstätigkeit des unabhängigen Fernleitungsnetzbetreibers beinhaltet neben den

in § 62 aufgeführten Pflichten und Aufgaben mindestens die folgenden Tätigkeiten:

1. die Vertretung des unabhängigen Fernleitungsnetzbetreibers und die Funktion des Ansprechpartners für Dritte und für die Regulierungsbehörden;
2. die Vertretung des unabhängigen Fernleitungsnetzbetreibers innerhalb des ENTSO (Gas);
3. die Gewährung und Regelung des Zugangs Dritter nach dem Grundsatz der Nichtdiskriminierung zwischen Netzbenutzern oder Kategorien von Netzbenutzern;
4. die Erhebung aller fernleitungsnetzbezogenen Entgelten, einschließlich Zugangsentgelten, Ausgleichsentgelten für Hilfsdienste wie zB Erwerb von Leistungen (Ausgleichskosten, Energieverbrauch für Verluste);
5. den Betrieb, die Wartung und den Ausbau eines sicheren, effizienten und wirtschaftlichen Fernleitungsnetzes;
6. die Investitionsplanung zur Gewährleistung der langfristigen Fähigkeit des Netzes, eine angemessene Nachfrage zu decken, und der Versorgungssicherheit;
7. die Gründung geeigneter Gemeinschaftsunternehmen, auch mit einem oder mehreren Fernleitungsnetzbetreibern, Gasbörsen und anderen relevanten Akteuren, mit dem Ziel, die Schaffung von Regionalmärkten zu fördern oder den Prozess der Liberalisierung zu erleichtern. Bei Kooperationen, die den Gashandel betreffen, ist der Betreiber des Virtuellen Handelspunktes in die Kooperation entsprechend einzubeziehen.

(9) Als unabhängige Fernleitungsnetzbetreiber können nur Gesellschaften in einer der in Art. 1 der Richtlinie 2009/101/EG genannten Rechtsformen benannt werden.

Unabhängigkeit des Fernleitungsnetzbetreibers

§ 113. (1) Unbeschadet der Entscheidungen des Aufsichtsorgans muss der unabhängige Fernleitungsnetzbetreiber in Bezug auf Vermögenswerte oder Ressourcen, die für den Betrieb, die Wartung und den Ausbau des Fernleitungsnetzes erforderlich sind, wirksame Entscheidungsbefugnisse haben, die er unabhängig von dem vertikal integrierten Erdgasunternehmen ausübt und die Befugnis haben, Geld auf dem Kapitalmarkt, insbesondere durch Aufnahme von Darlehen oder Kapitalerhöhung zu beschaffen.

(2) Der unabhängige Fernleitungsnetzbetreiber stellt sicher, dass er jederzeit über die Mittel verfügt, die er benötigt, um das Fernleitungsnetzgeschäft ordnungsgemäß und effizient zu führen und um ein leistungsfähiges, sicheres und wirtschaftliches Fernleitungsnetz aufzubauen und aufrechtzuerhalten.

(3) Für die kommerziellen und finanziellen Beziehungen zwischen dem vertikal integrierten Erdgasunternehmen und dem unabhängigen Fernleitungsnetzbetreiber, einschließlich der Gewährung von Krediten durch den unabhängige Fernleitungsnetzbetreiber an das vertikal integrierte Unternehmen, sind die marktüblichen Bedingungen einzuhalten. Der unabhängige Fernleitungsnetzbetreiber führt ausführliche Aufzeichnungen über diese kommerziellen und finanziellen Beziehungen und stellt sie der Regulierungsbehörde auf Verlangen zur Verfügung. Er hat überdies der Regulierungsbehörde sämtliche kommerziellen und finanziellen Vereinbarungen mit dem vertikal integrierten Erdgasunternehmen zur Genehmigung vorzulegen. Die Regulierungsbehörde hat bei Vorliegen von marktüblichen und nicht diskriminierenden Bedingungen innerhalb von vier Wochen diese mit Bescheid zu genehmigen. Nach Ablauf dieser Frist gilt die Zustimmung als erteilt.

(4) Der unabhängige Fernleitungsnetzbetreiber meldet der Regulierungsbehörde die Finanzmittel gemäß § 112 Abs. 2, die ihm für künftige Investitionsprojekte oder für den Ersatz vorhandener Vermögenswerte und Ressourcen zur Verfügung stehen.

(5) Das vertikal integrierte Unternehmen unterlässt jede Handlung, die die Erfüllung der Verpflichtungen des unabhängigen Fernleitungsnetzbetreibers behindern oder gefährden würde, und verlangt vom unabhängigen Fernleitungsnetzbetreiber nicht, bei der Erfüllung dieser Verpflichtungen die Zustimmung des vertikal integrierten Erdgasunternehmens einzuholen.

Unabhängigkeit der Unternehmensleitung und der Beschäftigten

§ 114. (1) Personen der Unternehmensleitung müssen beruflich unabhängig sein. Es gilt dabei insbesondere Folgendes:

1. sie dürfen bei anderen Unternehmensteilen des vertikal integrierten Erdgasunternehmens oder bei dessen Mehrheitsanteilseignern weder direkt noch indirekt berufliche Positionen bekleiden oder berufliche Aufgaben wahrnehmen oder Interessens- oder Geschäftsbeziehungen zu ihnen unterhalten.
2. sie dürfen in den letzten drei Jahren vor einer Bestellung beim vertikal integrierten Erdgasunternehmen, einem seiner Unternehmensteile oder bei anderen Mehrheitsanteilseignern als dem unabhängigen Fernleitungsnetzbetreiber weder direkt noch indirekt berufliche Positionen bekleidet oder berufliche Aufgaben wahrgenommen haben noch Interessens- oder Geschäftsbeziehungen zu ihnen unterhalten.
3. sie dürfen nach Beendigung des Vertragsverhältnisses zum unabhängigen Fernleitungsnetzbetreiber für mindestens vier Jahre bei

anderen Unternehmensteilen des vertikal integrierten Erdgasunternehmens als dem unabhängigen Fernleitungsnetzbetreiber oder bei dessen Mehrheitsanteilseignern keine beruflichen Positionen bekleiden oder berufliche Aufgaben wahrnehmen oder Interessens- oder Geschäftsbeziehungen zu ihnen unterhalten.

4. sie dürfen weder direkt noch indirekt Beteiligungen an Unternehmensteilen des vertikal integrierten Erdgasunternehmens halten noch finanzielle Zuwendungen von diesem erhalten. Ihre Vergütung darf nicht an die Tätigkeiten oder Betriebsergebnisse des vertikal integrierten Erdgasunternehmens, soweit sie nicht den unabhängigen Fernleitungsnetzbetreiber betreffen, gebunden sein.

(2) Der unabhängige Fernleitungsnetzbetreiber hat unverzüglich alle Namen und die Bedingungen in Bezug auf Funktion, Vertragslaufzeit und –beendigung sowie die Gründe für die Bestellung oder für die Vertragsbeendigung von Personen der Unternehmensleitung der Regulierungsbehörde mitzuteilen.

(3) Die Regulierungsbehörde kann in Bezug auf Personen der Unternehmensleitung Einwände mittels Bescheid von Amts wegen oder auf Antrag einer Person der Unternehmensleitung oder des Gleichbehandlungsbeauftragen innerhalb von drei Wochen erheben,

1. wenn Zweifel an der beruflichen Unabhängigkeit im Sinne des Abs. 1 bei der Bestellung, den Beschäftigungsbedingungen einschließlich Vergütung bestehen oder
2. wenn Zweifel an der Berechtigung einer vorzeitigen Vertragsbeendigung bestehen. Unrechtmäßig ist eine vorzeitige Vertragsbeendigung dann, wenn die vorzeitige Vertragsbeendigung auf Umstände zurückzuführen ist, die nicht im Einklang mit den Vorgaben betreffend die Unabhängigkeit vom vertikal integrierten Erdgasunternehmen gestanden sind. Eine Klage einer Person der Unternehmensleitung kann erst nach Zustellung des Bescheides der Regulierungsbehörde im Streitschlichtungsverfahren gemäß § 12 Abs. 4 E-ControlG oder nach Ablauf der Entscheidungsfrist der Regulierungsbehörde eingebracht werden.

(4) Abs. 1 Z 2 gilt für die Mehrheit der Personen der Unternehmensleitung des unabhängigen Fernleitungsnetzbetreibers. Die Personen der Unternehmensleitung des unabhängigen Fernleitungsnetzbetreibers, für die Abs. 1 Z 2 nicht gilt, dürfen in den letzten sechs Monaten vor ihrer Ernennung bei dem vertikal integrierten Erdgasunternehmen keine Führungstätigkeit oder andere einschlägige Tätigkeit ausgeübt haben.

(5) Abs. 1 Z 1 findet auf alle Beschäftigten des unabhängigen Fernleitungsnetzbetreibers gleichermaßen Anwendung.

(6) Abs. 1 Z 1, 3, 4 sowie Abs. 3 Z 2 finden auf die der Unternehmensleitung direkt unterstellten Personen in den Bereichen Betrieb, Wartung und Entwicklung des Netzes gleichermaßen Anwendung.

Unabhängigkeit des Aufsichtsorgans

§ 115. (1) Aufgabe des Aufsichtsorgans des unabhängigen Fernleitungsnetzbetreibers ist es, Entscheidungen zu treffen, die von erheblichem Einfluss auf den Wert der Vermögenswerte der Anteilseigner beim unabhängigen Fernleitungsnetzbetreiber sind, insbesondere Entscheidungen im Zusammenhang mit der Genehmigung der jährlichen und der langfristigen Finanzpläne, der Höhe der Verschuldung des unabhängigen Fernleitungsnetzbetreibers und der Höhe der an die Anteilseigner auszuzahlenden Dividenden. Entscheidungen, die Bestellung, Wiederbestellung, Beschäftigungsbedingungen einschließlich Vergütung und Vertragsbeendigung der Personen der Unternehmensleitung des unabhängigen Fernleitungsnetzbetreibers betreffen, werden vom Aufsichtsorgan des Fernleitungsnetzbetreibers getroffen, sofern nicht andere gesetzliche Bestimmungen anderes bestimmen. Das Aufsichtsorgan hat keine Entscheidungsbefugnis in Bezug auf die laufenden Geschäfte des unabhängigen Fernleitungsnetzbetreibers und die Netzverwaltung und in Bezug auf die notwendigen Tätigkeiten zur Aufstellung des Netzentwicklungsplans.

(2) § 114 Abs. 1 bis 3 finden auf die Hälfte der Mitglieder des Aufsichtsorgans abzüglich eines Mitgliedes gleichermaßen Anwendung.

Gleichbehandlungsprogramm und Gleichbehandlungsbeauftragter

§ 116. (1) Die unabhängigen Fernleitungsnetzbetreiber müssen ein Gleichbehandlungsprogramm aufstellen, aus dem hervorgeht, welche Maßnahmen zum Ausschluss diskriminierenden Verhaltens getroffen werden. In dem Gleichbehandlungsprogramm ist festzulegen, welche besonderen Pflichten die Mitarbeiter im Hinblick auf die Erreichung dieser Ziele haben. Das Programm bedarf der Genehmigung durch die Regulierungsbehörde. Die Einhaltung des Programms wird von einem Gleichbehandlungsbeauftragten kontrolliert.

(2) Der Gleichbehandlungsbeauftragte wird vom Aufsichtsorgan ernannt, vorbehaltlich der Bestätigung durch die Regulierungsbehörde mit Bescheid. Die Regulierungsbehörde kann der Ernennung des Gleichbehandlungsbeauftragten ihre Bestätigung nur aus Gründen mangelnder Unabhängigkeit oder mangelnder fachlicher Eignung mit Bescheid verweigern. Der Gleichbehandlungsbeauftragte kann eine natürliche oder juristische Person oder eingetragene Personengesellschaft

sein. § 114 Abs. 1 bis 3 findet auf den Gleichbehandlungsbeauftragten gleichermaßen Anwendung.

(3) Die Aufgaben des Gleichbehandlungsbeauftragten sind:

1. fortlaufende Kontrolle der Durchführung des Gleichbehandlungsprogramms;
2. Erarbeitung eines Jahresberichts, in dem die Maßnahmen zur Durchführung des Gleichbehandlungsprogramms dargelegt werden, und dessen Übermittlung an die Regulierungsbehörde;
3. Berichterstattung an das Aufsichtsorgan und Abgabe von Empfehlungen zum Gleichbehandlungsprogramm und seiner Durchführung;
4. Unterrichtung der Regulierungsbehörde über erhebliche Verstöße bei der Durchführung des Gleichbehandlungsprogramms;
5. Berichterstattung an die Regulierungsbehörde über kommerzielle und finanzielle Beziehungen zwischen dem vertikal integrierten Erdgasunternehmen und dem Fernleitungsnetzbetreiber.

(4) Der Gleichbehandlungsbeauftragte übermittelt die vorgeschlagenen Entscheidungen zum Investitionsplan oder zu Einzelinvestitionen im Netz an die Regulierungsbehörde. Dies erfolgt spätestens dann, wenn die Unternehmensleitung des unabhängigen Fernleitungsnetzbetreibers diese Unterlagen dem Aufsichtsorgan übermittelt.

(5) Hat das vertikal integrierte Unternehmen in der Hauptversammlung oder durch ein Votum der von ihm ernannten Mitglieder des Aufsichtsorgans die Annahme eines Beschlusses verhindert, wodurch Netzinvestitionen, die nach dem Netzentwicklungsplan in den folgenden drei Jahren durchgeführt werden sollten, unterbunden oder hinausgezögert werden, so meldet der Gleichbehandlungsbeauftragte dies der Regulierungsbehörde, die dann gemäß § 65 tätig wird.

(6) Die Regelungen zum Mandat und zu den Beschäftigungsbedingungen des Gleichbehandlungsbeauftragten, einschließlich der Dauer seines Mandats, bedürfen der Genehmigung durch die Regulierungsbehörde mit Bescheid. Diese Regelungen müssen die Unabhängigkeit des Gleichbehandlungsbeauftragten gewährleisten und entsprechend sicherstellen, dass ihm die zur Erfüllung seiner Aufgaben erforderlichen Ressourcen zur Verfügung stehen. Der Gleichbehandlungsbeauftragte darf während der Laufzeit seines Mandats bei Unternehmensteilen des vertikal integrierten Erdgasunternehmens oder deren Mehrheitsanteilseignern weder direkt noch indirekt berufliche Positionen bekleiden oder berufliche Aufgabenwahrnehmen oder Interessensbeziehungen zu ihnen unterhalten.

(7) Der Gleichbehandlungsbeauftragte erstattet der Regulierungsbehörde regelmäßig mündlich oder schriftlich Bericht und ist befugt, dem Aufsichtsorgan des Fernleitungsnetzbetreibers regelmäßig mündlich oder schriftlich Bericht zu erstatten.

(8) Der Gleichbehandlungsbeauftragte ist berechtigt, an allen Sitzungen der Unternehmensleitung des unabhängigen Fernleitungsnetzbetreibers sowie des Aufsichtsorgans und der Hauptversammlung bzw. Generalversammlung teilzunehmen. Der Gleichbehandlungsbeauftragte nimmt an allen Sitzungen teil, in denen folgende Fragen behandelt werden:

1. Netzzugangsbedingungen nach Maßgabe der Verordnung (EG) Nr. 715/2009, insbesondere Systemnutzungsentgelte, Leistungen im Zusammenhang mit dem Zugang Dritter, Kapazitätszuweisung und Engpassmanagement, Transparenz, Ausgleich und Sekundärmärkte;
2. Projekte für den Betrieb, die Wartung und den Ausbau des Fernleitungsnetzes, einschließlich der Investitionen in neue Transportverbindungen, in die Kapazitätsausweitung und in die Optimierung der vorhandenen Kapazität;
3. Verkauf oder Erwerb von Energie für den Betrieb des Fernleitungsnetzes.

(9) Der Gleichbehandlungsbeauftragte kontrolliert die Einhaltung des § 11 durch den unabhängigen Fernleitungsnetzbetreiber.

(10) Der Gleichbehandlungsbeauftragte hat Zugang zu allen einschlägigen Daten und zu den Geschäftsräumen des unabhängigen Fernleitungsnetzbetreibers sowie zu allen Informationen, die er zur Erfüllung seiner Aufgaben benötigt. Der Gleichbehandlungsbeauftragte erhält ohne Vorankündigung Zugang zu den Geschäftsräumen des unabhängigen Fernleitungsnetzbetreibers.

(11) Nach vorheriger bescheidmäßiger Zustimmung der Regulierungsbehörde kann das Aufsichtsorgan den Gleichbehandlungsbeauftragten abberufen. Eine Abberufung hat auch auf bescheidmäßiges Verlangen der Regulierungsbehörde aus Gründen mangelnder Unabhängigkeit oder mangelnder fachlicher Eignung zu erfolgen.

(12) Im Hinblick auf den Kündigungs- und Entlassungsschutz ist der Gleichbehandlungsbeauftragte für die Dauer seiner Bestellung, wenn er Beschäftigter des Fernleitungsnetzbetreibers ist, einer Sicherheitsfachkraft (§ 73 Abs. 1 ArbeitnehmerInnenschutzgesetz, BGBl. Nr. 450/1994) gleichgestellt.

4. Abschnitt
Wirksamere Unabhängigkeit des Fernleitungsnetzbetreibers
Voraussetzungen

§ 117. In den Fällen, in denen das Fernleitungsnetz am 3. September 2009 im Eigentum eines vertikal integrierten Erdgasunternehmens gestanden hat, und Regelungen bestehen, die eindeutig eine wirksamere Unabhängigkeit des Fernleitungsnetzbetreibers gewährleisten als die Bestimmungen zum unabhängigen Fernleitungsnetzbetreiber (§ 112 bis § 116), besteht die Möglichkeit, die Entflechtungsvorschriften des § 108 nicht anzuwenden.

5. Abschnitt
Kombinationsnetzbetreiber
Kombinationsnetzbetreiber

§ 118. (1) Die Regulierungsbehörde kann durch Bescheid den gleichzeitigen Betrieb von Netzen für elektrische Energie, Erdgas und sonstige leitungsgebundene Sparten in einem Unternehmen sowie die Ausübung anderer Tätigkeiten zulassen, wenn dadurch die Unabhängigkeit der Netzbetreiber nicht beeinträchtigt wird. Der gleichzeitige Betrieb eines Fernleitungsnetzes und eines Verteilernetzes und der Betrieb sowie die Verwaltung einer Speicheranlage ist durch die Regulierungsbehörde zu genehmigen, sofern die in den § 108 bis § 117 vorgesehenen Kriterien erfüllt werden.

(2) Abs. 1 erster Satz findet nur Anwendung auf vertikal integrierte Verteilernetzbetreiber, deren Netz mehr als 50 000 Hausanschlüsse ausweist.

6. Abschnitt
Verfahren in Bezug auf Fernleitungsnetzbetreiber
Verfahren zur Zertifizierung und Benennung von Fernleitungsnetzbetreiber

§ 119. (1) Der Regulierungsbehörde obliegt die ständige Beobachtung der Einhaltung der Entflechtungsvorschriften (§ 106 bis § 118). Sie hat einen Fernleitungsnetzbetreiber mittels Feststellungsbescheid zu zertifizieren

1. als eigentumsrechtlich entflochtener Fernleitungsnetzbetreiber im Sinne des § 108 oder
2. als unabhängiger Netzbetreiber im Sinne der § 109 bis § 111 oder
3. als unabhängiger Fernleitungsnetzbetreiber im Sinne der § 112 bis § 116 oder
4. als Fernleitungsnetzbetreiber im Sinne des § 117.

(2) Ein Zertifizierungsverfahren ist einzuleiten

1. über Antrag eines Fernleitungsnetzbetreibers gemäß Abs. 3 Z 1;
2. von Amts wegen, wenn
   a) ein Fernleitungsnetzbetreiber keinen Antrag auf Zertifizierung gemäß Abs. 3 Z 1 stellt oder
   b) die Regulierungsbehörde Kenntnis von einer geplanten Änderung erlangt, die eine Neubewertung der Zertifizierung erforderlich macht und zu einem Verstoß gegen die Entflechtungsvorschriften führen kann oder bereits geführt hat;
3. über Anzeige der Europäischen Kommission.

Art. 3 der Verordnung (EG) Nr. 715/2009 findet auf das Zertifizierungsverfahren Anwendung.

(3) Der Fernleitungsnetzbetreiber ist verpflichtet

1. einen Antrag auf Zertifizierung zu stellen, sofern der Fernleitungsnetzbetreiber noch nicht zertifiziert ist, sowie
2. der Regulierungsbehörde alle geplanten Änderungen, die eine Neubewertung der Zertifizierung erforderlich machen, unverzüglich anzuzeigen.

Der Fernleitungsnetzbetreiber hat seinen Eingaben an die Regulierungsbehörde sowie auf deren Ersuchen alle zur Beurteilung des Sachverhaltes erforderlichen Unterlagen beizuschließen.

(4) Die Regulierungsbehörde hat einen begründeten Entscheidungsentwurf binnen vier Monaten ab Einleitung eines Verfahrens über die Zertifizierung eines Fernleitungsnetzbetreibers bzw. ab Vorliegen der vollständigen Unterlagen des Fernleitungsnetzbetreibers an die Europäische Kommission zu übermitteln. Lässt die Regulierungsbehörde diese Frist verstreichen, ist dies einem positiven Entscheidungsentwurf gleichzuhalten. Die Stellungnahme der Europäischen Kommission ist von der Regulierungsbehörde beim Zertifizierungsverfahren gemäß Abs. 1 Z 1 und 3 so weit wie möglich zu berücksichtigen. Die Regulierungsbehörde hat nach dem Einlangen der Stellungnahme der Europäischen Kommission binnen zwei Monaten mit Bescheid über den Antrag auf Zertifizierung zu entscheiden. Die Zertifizierung kann unter Vorschreibung von Auflagen und Bedingungen erteilt werden, soweit diese zur Erfüllung der Zielsetzungen dieses Gesetzes erforderlich sind.

(5) In Abweichung von Abs. 4 gilt Folgendes:

1. beim Zertifizierungsverfahren gemäß Abs. 1 Z 2 hat die Regulierungsbehörde der Entscheidung der Europäischen Kommission nachzukommen.
2. beim Zertifizierungsverfahren gemäß Abs. 1 Z 4, prüfen die Regulierungsbehörde und die Europäische Kommission, ob die bestehenden Regelungen eindeutig eine wirksamere Unabhängigkeit des Fernleitungsnetzbetreibers gewährleisten als die Bestimmungen zum unabhängigen Fernleitungsnetzbetreiber (§ 112 bis § 116); die Regulierungsbehörde hat der Entscheidung der Europäischen Kommission nachzukommen.

(6) Die Regulierungsbehörde hat alle im Rahmen des Verfahrens gemäß Art. 3 der Verordnung (EG) Nr. 715/2009 mit der Europäischen Kommission gepflogenen Kontakte ausführlich zu dokumentieren. Die Dokumentation ist dem Unternehmen, das die Ausstellung der Bescheinigung verlangt hat sowie der Bundesministerin für Klimaschutz, Umwelt, Energie, Mobilität, Innovation und Technologie zu Kenntnis zu bringen. Der Feststellungsbescheid ist samt Begründung von der

Regulierungsbehörde zu veröffentlichen, wobei jedoch Stellen, die wirtschaftlich sensible Informationen enthalten, unkenntlich zu machen sind. Die Stellungnahme der Kommission ist, soweit sie nicht in der Begründung des Feststellungsbescheides wiedergegeben wird, ebenfalls zu veröffentlichen.

(7) Fernleitungsnetzbetreiber und Unternehmen, die eine der Funktionen Gewinnung oder Versorgung wahrnehmen, sind verpflichtet, der Regulierungsbehörde und der Europäischen Kommission sämtliche für die Erfüllung ihrer Aufgaben relevanten Informationen unverzüglich zu übermitteln.

(8) Die Benennung eines Fernleitungsnetzbetreibers nach erfolgter Zertifizierung gemäß Abs. 1 erfolgt durch Kundmachung durch die Bundesministerin für Klimaschutz, Umwelt, Energie, Mobilität, Innovation und Technologie im Bundesgesetzblatt. Die Bundesministerin für Klimaschutz, Umwelt, Energie, Mobilität, Innovation und Technologie hat die Benennung eines Fernleitungsnetzbetreibers der Europäischen Kommission mitzuteilen, sobald die Regulierungsbehörde die Zertifizierung eines Fernleitungsnetzbetreibers durch Bescheid festgestellt hat. Die Benennung eines unabhängigen Netzbetreibers gemäß Abs. 1 Z 2 und 4 bedarf vorab der Zustimmung der Europäischen Kommission. Wenn die Regulierungsbehörde durch Bescheid feststellt, dass die Voraussetzungen für eine Zertifizierung aufgrund eines Verstoßes gegen die Entflechtungsvorschriften nicht mehr vorliegen, ist die Benennung durch die Bundesministerin für Klimaschutz, Umwelt, Energie, Mobilität, Innovation und Technologie durch Kundmachung zu widerrufen.

(9) Die Übertragung einer oder mehrerer normalerweise dem

1. eigentumsrechtlich entflochtenen Fernleitungsnetzbetreiber im Sinne des § 108 oder
2. unabhängigen Netzbetreiber im Sinne der § 109 bis § 113 oder
3. unabhängigen Fernleitungsnetzbetreiber im Sinne der § 112 bis § 116 oder
4. dem Fernleitungsnetzbetreiber im Sinne des § 117

zugewiesenen Funktionen auf eine Stelle oder Rechtspersönlichkeit im Sinne des Art. 1 der Verordnung (EG) Nr. 715/2009 ist nach Maßgabe des Unionsrechts zulässig. Stellen oder Rechtspersönlichkeiten, denen solche Funktionen übertragen werden, unterliegen der Zertifizierung nach diesem Abschnitt. Die Abs. 1 bis 7 finden auch auf die Rechtspersönlichkeit oder Stelle im Sinne des Art. 1 letzter Absatz der Verordnung (EG) Nr. 715/2009 Anwendung.

Verfahren zur Zertifizierung von Fernleitungsnetzbetreibern in Bezug auf Drittländer

§ 120. (1) Beantragt ein Fernleitungsnetzbetreiber, welcher von einer oder mehreren Personen aus einem oder mehreren Drittländern kontrolliert wird, eine Zertifizierung, so kommt § 119 mit nachfolgenden Abweichungen zur Anwendung.

(2) Die Regulierungsbehörde teilt unverzüglich der Europäischen Kommission und der Bundesministerin für Klimaschutz, Umwelt, Energie, Mobilität, Innovation und Technologie

1. den Antrag auf Zertifizierung eines Fernleitungsnetzbetreibers, welcher von einer oder mehreren Personen aus einem oder mehreren Drittländern kontrolliert wird, mit;
2. alle Umstände mit, die dazu führen würden, dass eine oder mehrere Personen aus einem oder mehreren Drittländern die Kontrolle über einen Fernleitungsnetzbetreiber erhalten;

(3) Die Bundesministerin für Klimaschutz, Umwelt, Energie, Mobilität, Innovation und Technologie hat sicherzustellen, dass die Erteilung der Zertifizierung durch die Regulierungsbehörde die Sicherheit der Energieversorgung Österreichs und der Gemeinschaft nicht gefährdet. Bei der Prüfung der Frage, ob die Sicherheit der Energieversorgung Österreichs und der Gemeinschaft gefährdet ist, berücksichtigt die Bundesministerin für Klimaschutz, Umwelt, Energie, Mobilität, Innovation und Technologie

1. die Rechte und Pflichten der Gemeinschaft gegenüber diesem Drittland, die aus dem Völkerrecht – auch aus einem Abkommen mit einem oder mehreren Drittländern, dem die Gemeinschaft als Vertragspartei angehört und in dem Fragen der Energieversorgungssicherheit behandelt werden – erwachsen;
2. die Rechte und Pflichten der Republik Österreich gegenüber diesem Drittland, die aus den mit diesem geschlossenen Abkommen erwachsen, soweit sie mit dem Gemeinschaftsrecht in Einklang stehen sowie
3. andere spezielle Gegebenheiten des Einzelfalls und des betreffenden Drittlands.

(4) Nach Prüfung der Frage, ob die Sicherheit der Energieversorgung Österreichs und der Gemeinschaft gefährdet ist, teilt die Bundesministerin für Klimaschutz, Umwelt, Energie, Mobilität, Innovation und Technologie seine Bewertung der Regulierungsbehörde mit. Die Regulierungsbehörde hat die Bewertung der Bundesministerin für Klimaschutz, Umwelt, Energie, Mobilität, Innovation und Technologie bei ihrem Entscheidungsentwurf sowie bei ihrer Entscheidung zu berücksichtigen.

9. Teil
Erdgashändler und Versorger
Pflichten

§ 121. (1) Die Aufnahme der Tätigkeit eines Erdgashändlers, ist im Voraus der Regulierungsbehörde anzuzeigen. Die Regulierungsbehörde hat eine aktuelle Liste dieser Erdgashändler zu veröffentlichen.

(2) Erdgashändler und Versorger, die Erdgas an Endverbraucher verkaufen, auf die die Bestimmungen des Konsumentenschutzgesetzes Anwendung finden, haben jedenfalls die Möglichkeit zum Abschluss von nichtunterbrechbaren Erdgaslieferungsverträgen vorzusehen.

(3) Versorger, die Endverbraucher beliefern, sind verpflichtet, sämtliche preisrelevanten Daten für mit Standardprodukten versorgte Endverbraucher unverzüglich nach ihrer Verfügbarkeit der Regulierungsbehörde in einer von dieser vorgegebenen elektronischen Form für die Eingabe in den Tarifkalkulator zu übermitteln. Im Tarifkalkulator der Regulierungsbehörde sind alle Wettbewerber gleich zu behandeln und alle der Regulierungsbehörde zur Verfügung gestellten Konditionen transparent und nichtdiskriminierend zu veröffentlichen.

(4) Erdgashändler und Versorger, mit Ausnahme jener Erdgashändler, die ausschließlich am Virtuellen Handelspunkt handeln, haben an der Erstellung der langfristigen und integrierten Planung und des Netzentwicklungsplans mitzuwirken.

(5) Versorger, die geschützte Kunden mit Erdgas beliefern, sind verpflichtet, den Versorgungsstandard gemäß Art. 6 der Verordnung (EU) 2017/1938 zu gewährleisten. Die Verpflichtung ist hinsichtlich der Vorgabe gemäß Art. 6 Abs. 1 lit. c der Verordnung (EU) 2017/1938 durch Vorlage von Speichernutzungsverträgen sowie dem Nachweis der Befüllung der Speicher gegenüber der Regulierungsbehörde zu erfüllen. Der Nachweis kann auch durch den jeweiligen Vorlieferanten erbracht werden. Betreiber von Fernwärmeanlagen haben die zur Berechnung des vom Versorger einzuhaltenden Versorgungsstandards notwendigen Daten an diesen auf Anfrage zu übermitteln. Betreiber von Fernwärmenetzen können die Berechnungen auf Ebene des Gesamtnetzes anstellen und die benötigte Wärmemenge für den Versorgungsstandard den Fernwärmeanlagen zuteilen. Die Regulierungsbehörde kann durch Verordnung nähere Bestimmungen zur Durchführung der Überprüfung, zu den Erhebungsmodalitäten und zur Art der erforderlichen Nachweise erlassen.

(6) Der Abschluss von Erdgaslieferungsverträgen mit einer ein Jahr übersteigenden Laufzeit und einem Umfang von mehr als 250 Millionen m^3 im Jahr, bezogen auf den Normalzustand, die den Bezug von Erdgas aus dem Gebiet der Europäischen Union oder von Drittstaaten zum Gegenstand haben, sind der Regulierungsbehörde unter Angabe der Laufzeit und des vereinbarten Lieferumfangs zu melden. Die Regulierungsbehörde hat diese Erdgaslieferungsverträge zu verzeichnen.

(7) Die Regulierungsbehörde hat einem Erdgashändler die Ausübung seiner Tätigkeit bescheidmäßig zu untersagen, wenn er wegen schwerwiegender Verstöße gegen Vorschriften dieses Bundesgesetzes bestraft worden und ein weiteres vorschriftswidriges Verhalten zu befürchten ist oder bezüglich eines Erdgashändlers infolge von Zahlungsunfähigkeit oder Überschuldung Maßnahmen ergriffen wurden oder unmittelbar bevorstehen.

10. Teil
Pflichten gegenüber Kunden
Netzzugangsberechtigung

§ 122. (1) Kunden sind berechtigt, mit Produzenten, Erdgashändlern und Erdgasunternehmen Verträge über die Lieferung von Erdgas zur Deckung des Bedarfes inländischer Endverbraucher zu schließen und hinsichtlich dieser Erdgasmengen Netzzugang zu begehren.

(2) Erdgasunternehmen können den Netzzugang im Namen ihrer Kunden begehren. Erzeuger von biogenen Gasen (Bio- und Holzgas) können im Namen ihrer Kunden den Netzzugang begehren, sofern hierdurch die Interoperabilität der Netze nicht beeinträchtigt wird.

Verfahren für Wechsel, Anmeldung, Abmeldung und Widerspruch

§ 123. (1) Verbraucher im Sinne des § 1 Abs. 1 Z 2 KSchG und Kleinunternehmen können Verträge mit ihrem Versorger unter Einhaltung einer Frist von zwei Wochen kündigen, ohne einen gesonderten Kündigungstermin einhalten zu müssen. Versorger können Verträge mit Verbrauchern im Sinne des § 1 Abs. 1 Z 2 KSchG und Kleinunternehmen nur unter Einhaltung einer Frist von zumindest acht Wochen kündigen. Sind Bindungsfristen vertraglich vereinbart, so ist die ordentliche Kündigung spätestens zum Ende des ersten Vertragsjahres und in weiterer Folge für Verbraucher im Sinne des § 1 Abs. 1 Z 2 KSchG und Kleinunternehmen unter Einhaltung einer Frist von zwei Wochen sowie für Versorger unter Einhaltung einer Frist von zumindest acht Wochen möglich.

(2) Die Dauer des für den Versorgerwechsel maßgeblichen Verfahrens darf, unbeschadet weiterer bestehender zivilrechtlicher Verpflichtungen, höchstens drei Wochen, gerechnet ab Kenntnisnahme des Versorgerwechsels durch den Netzbetreiber, in Anspruch nehmen. Bei der Ausgestaltung des Verfahrens ist insbesondere auf die im Zusammenhang mit einem Wechsel vom Netzbetreiber zu treffenden technischen und organisatorischen Vorkehrungen, die Vereinbarkeit der Fristen

und Termine mit der Bilanzierung nach dem Bilanzgruppensystem, die Gewährleistung der Versorgungssicherheit sowie die Durchsetzung des Kundenwillens zu achten. Der Versorgerwechsel ist für den Endverbraucher mit keinen gesonderten Kosten verbunden.

(3) Endverbraucher ohne Lastprofilzähler können für die Einleitung und Durchführung des Wechsels relevante Willenserklärungen gegenüber Versorgern elektronisch über von diesen anzubietende Websites zu jeder Zeit formfrei vornehmen. Wird ein Versorger durch den Endverbraucher zur Abgabe von Willenserklärungen bevollmächtigt, so ist die Bevollmächtigung Netzbetreibern und anderen Versorgern glaubhaft zu machen. Der Netzbetreiber hat den Endverbraucher unverzüglich über die Einleitung des Wechselprozesses in Kenntnis zu setzen. Die Versorger haben benutzerfreundliche Vorkehrungen zu treffen, welche die Identifikation und Authentizität des Endverbrauchers sicherstellen. Die Regulierungsbehörde hat im Rahmen des Tarifkalkulators (§ 22 E-ControlG) durch Setzung von Hyperlinks eine Auffindung der Websites der Versorger zu ermöglichen. Die Versorger haben die hiefür erforderlichen, aktuellen Informationen der Regulierungsbehörde unaufgefordert zur Verfügung zu stellen.

(4) Sämtliche für die Vornahme des Wechsels, der Neuanmeldung, der Abmeldung und des Widerspruchs erforderlichen Prozesse werden elektronisch im Wege der von der Verrechnungsstelle zu betreibenden Plattform durchgeführt. Dies gilt insbesondere für die Endverbraucheridentifikation, die Bindungs- und Kündigungsabfrage sowie die Datenaktualisierung und Verbrauchsdatenübermittlung. Netzbetreiber und Versorger haben ausschließlich die für die genannten Verfahren notwendigen Daten, nämlich bei der Endverbraucheridentifikation Name, Adresse, Zählpunktbezeichnung, Lastprofiltyp, bestehender Versorger, sowie bei der Bindungs- und Kündigungsfristenabfrage Kündigungsfristen, Kündigungstermine sowie Bindungsfristen über die durch die Verrechnungsstelle zu betreibende Plattform dezentral in nicht diskriminierender Weise sämtlichen bevollmächtigten Versorgern in standardisierter, elektronisch strukturierter Form auf Anfrage zur Verfügung zu stellen. Netzbetreiber und Versorger sind ebenfalls verpflichtet, sich an diese Plattform anzubinden. Versorger dürfen keine in diesem Absatz genannten Prozesse ohne Willenserklärung eines Endverbrauchers einleiten.

(5) Das für die Plattform (Abs. 4) eingesetzte Datenkommunikationsverfahren (Kommunikationsprotokoll) ist nach dem Stand der Technik methodisch zu entwickeln und unabhängig zu überprüfen. Die Verrechnungsstelle hat insbesondere Vorkehrungen zu treffen, welche die Identifizierung und Authentifizierung der anfragenden neuen Netzbetreiber und Versorger sicherstellen.

(6) Die Verrechnungsstelle sowie die Netzbetreiber und Versorger haben jede über die Plattform nach Abs. 4 durchgeführte Anfrage und Auskunftserteilung betreffend Endverbraucherdaten revisionssicher zu protokollieren. Diese Protokollierung hat auf Seiten der Verrechnungsstelle die Vornahme sämtlicher über die Wechselplattform vorzunehmender Verfahrensschritte, insbesondere die Dauer der Verfahrensschritte, die Inanspruchnahme der für die Verfahrensschritte vorgesehenen Fristen für eine etwaige Vollmachtsprüfung, die Zugriffe durch authentifizierte Personen sowie die Verfügbarkeit der Schnittstellen der IT-Systeme der Versorger und Netzbetreiber mit der Plattform zu umfassen. Netzbetreiber und Versorger haben Datum und Uhrzeit der Anfrage und Auskunftserteilung, die anfragende und auskunftserteilende Stelle sowie den Zweck der Anfrage bzw. Auskunftserteilung zu erfassen. Versorger haben zusätzlich Angaben zur Identifizierung des betroffenen Endverbrauchers sowie eine eindeutige Kennung, welche eine Identifizierung der Person ermöglicht, die eine Anfrage nach Abs. 4 durchgeführt oder veranlasst hat, zu erfassen. Sämtliche Protokolldaten sind drei Jahre ab Entstehung aufzubewahren und dürfen ausschließlich zur Mithilfe bei der Kontrolle der Rechtmäßigkeit einer Anfrage, zur Auskunftserteilung und zu Zwecken des Verwaltungsstrafrechts sowie des § 24 und § 26 E-Control-Gesetz verwendet werden. Die Verrechnungsstelle hat bei Verdacht missbräuchlicher Anfragen sowie davon unabhängig in regelmäßigen Abständen stichprobenartige Überprüfungen der getätigten Anfragen auf ihre Rechtmäßigkeit durchzuführen. Über die Ergebnisse dieser Prüfung hat sie alle zwei Jahre einen Bericht an die Regulierungsbehörde zu legen; diese hat den Bericht in anonymisierter Form zu veröffentlichen.

(7) Die Regulierungsbehörde ist ermächtigt, sämtliche für den Versorgerwechsel sowie die für die Neuanmeldung und die Abmeldung von Endverbrauchern maßgeblichen Verfahren durch Verordnung näher zu regeln. Die Regulierungsbehörde ist weiters ermächtigt, die Art und den Umfang der in Abs. 4 genannten Daten und die zur Erfüllung der genannten Zielsetzungen darüber hinausgehend erforderlichen weiteren Datenarten durch Verordnung zu regeln. Ebenso ist die Regulierungsbehörde ermächtigt, Mindestsicherheitsstandards für die Form der Datenübermittlung (Abs. 4 und 5) von Netzbetreibern und Versorgern über die durch die Verrechnungsstelle betriebene Plattform sowie Einzelheiten der erforderlichen Datensicherheitsmaßnahmen, insbesondere der Protokollierung, durch Verordnung näher zu regeln. Die Regulierungsbehörde ist weiters ermächtigt, bestimmte Prozesse von der gemäß Abs. 4 erster und zweiter Satz vorgesehenen

verpflichtenden, im Wege der von der Verrechnungsstelle zu betreibenden Plattform erfolgenden elektronischen Durchführung auszunehmen, wenn ihr dies für eine einfachere und kosteneffizientere Abwicklung erforderlich scheint.

Grundversorgung

§ 124. (1) Erdgashändler und sonstige Versorger, zu deren Tätigkeitsbereich die Versorgung von Verbrauchern im Sinne des § 1 Abs. 1 Z 2 KSchG zählt, haben ihren Allgemeinen Tarif für die Grundversorgung von Verbrauchern im Sinne des § 1 Abs. 1 Z 2 KSchG in geeigneter Weise (zB Internet) zu veröffentlichen. Sie sind verpflichtet, zu ihren geltenden Allgemeinen Geschäftsbedingungen und zu diesem Tarif Verbraucher im Sinne des § 1 Abs. 1 Z 2 KSchG, und Kleinunternehmen, die sich ihnen gegenüber auf die Grundversorgung berufen, mit Erdgas zu beliefern (Pflicht zur Grundversorgung). Die Regulierungsbehörde ist ermächtigt, nähere Bestimmungen über die Zumutbarkeit einer Grundversorgung und über die Gestaltung der Tarife für Verbraucher im Sinne des § 1 Abs. 1 Z 2 KSchG und Kleinunternehmen für die Grundversorgung durch Verordnung festzulegen.

(2) Der Allgemeine Tarif der Grundversorgung für Verbraucher im Sinne des § 1 Abs. 1 Z 2 KSchG darf nicht höher sein als jener Tarif, zu welchem die größte Anzahl ihrer Kunden, welche Verbraucher im Sinne des § 1 Abs. 1 Z 2 KSchG sind, versorgt werden. Der Allgemeine Tarif der Grundversorgung für Kleinunternehmen darf nicht höher sein als jener Tarif, welcher gegenüber vergleichbaren Kundengruppen Anwendung findet. Dem Verbraucher im Sinne des § 1 Abs. 1 Z 2 KSchG, der sich auf die Grundversorgung beruft, darf im Zusammenhang mit der Aufnahme der Belieferung keine Sicherheitsleistung oder Vorauszahlung abverlangt werden, welche die Höhe einer Teilbetragszahlung für einen Monat übersteigt.

(3) Gerät der Verbraucher während sechs Monaten nicht in weiteren Zahlungsverzug, so ist ihm die Sicherheitsleistung rückzuerstatten und von einer Vorauszahlung abzusehen, solange nicht erneut ein Zahlungsverzug eintritt.

(4) Bei Berufung von Verbrauchern im Sinne des § 1 Abs. 1 Z 2 KSchG und Kleinunternehmen auf die Pflicht zur Grundversorgung sind Netzbetreiber, unbeschadet bis zu diesem Zeitpunkt vorhandener Zahlungsrückstände, zur Netzdienstleistung verpflichtet. Verbrauchern darf im Zusammenhang mit dieser Netzdienstleistung keine Sicherheitsleistung oder Vorauszahlung abverlangt werden, welche die Höhe einer Teilbetragszahlung für einen Monat übersteigt. Abs. 3 gilt sinngemäß. Im Falle eines nach Berufung auf die Pflicht zur Grundversorgung erfolgenden erneuten Zahlungsverzuges, sind Netzbetreiber bis zur Bezahlung dieser ausstehenden Beträge zur physischen Trennung der Netzverbindung berechtigt, es sei denn der Kunde verpflichtet sich zur Vorausverrechnung mittels Prepaymentzahlung für künftige Netznutzung und Lieferung. Der Netzbetreiber kann die Prepaymentzahlung ausschließlich aus sicherheitstechnischen Gründen ablehnen. § 127 Abs. 3 gilt im Falle des erneuten Zahlungsverzugs sinngemäß. Die Verpflichtung zur Prepaymentzahlung besteht nicht für Kleinunternehmen mit einem Lastprofilzähler.

(5) Eine im Rahmen der Grundversorgung eingerichtete Prepaymentfunktion ist auf Kundenwunsch zu deaktivieren, wenn der Endverbraucher seine im Rahmen der Grundversorgung angefallenen Zahlungsrückstände beim Versorger und Netzbetreiber beglichen hat oder wenn ein sonstiges schuldbefreiendes Ereignis eingetreten ist.

Ersatzversorgung mit Energie

§ 124a. (1) Kündigt eine Verrechnungsstelle den Vertrag mit dem Bilanzgruppenverantwortlichen oder löst das Vertragsverhältnis mit sofortiger Wirkung auf, hat der Bilanzgruppenkoordinator das Ende des Vertragsverhältnis und den Zeitpunkt der Vertragsbeendigung der Regulierungsbehörde, dem Marktgebietsmanager und den Netzbetreibern mitzuteilen, in deren Netz sich betroffene Zählpunkte befinden. Das gilt sinngemäß auch für die folgenden Fälle:

1. für eine Beendigung des Vertragsverhältnisses zwischen dem Versorger und dem Bilanzgruppenverantwortlichen, wobei in diesem Fall der Bilanzgruppenverantwortliche die Verständigungen durchzuführen hat;
2. für eine Beendigung des Vertragsverhältnisses zwischen dem Bilanzgruppenverantwortlichen und dem Betreiber des Virtuellen Handelspunktes, wobei in diesem Fall der Betreiber des Virtuellen Handelspunktes die Regulierungsbehörde zu verständigen hat;
3. für eine Beendigung des Vertragsverhältnisses zwischen dem Bilanzgruppenverantwortlichen und dem Marktgebietsmanager, wobei in diesem Fall der Marktgebietsmanager die Regulierungsbehörde zu verständigen hat.

(2) Für jeden Netzbereich, in dem der betroffene Versorger Kunden hat, hat die Regulierungsbehörde mit Losentscheid zu bestimmen, welchem Versorger die in der Bilanzgruppe verbleibenden Zählpunkte zuzuordnen sind. Der jeweilige Netzbetreiber ist zur Mitwirkung verpflichtet, insbesondere hat er der Regulierungsbehörde umgehend mitzuteilen, welche Versorger im Netzbereich tätig sind. Der Losentscheid ist zwischen allen verbleibenden Versorgern vorzunehmen, die im jeweiligen Netzbereich Kunden versorgen. Sollte ein Versorger mitteilen, dass er die betroffenen Kunden nicht versorgen möchte, ist

der Losentscheid zu wiederholen. Eine Ablehnung der Versorgung nur hinsichtlich eines Teiles der Kunden ist unzulässig.

(3) Die betroffenen Kunden sind vom neuen Versorger zu informieren. Die Netzbetreiber haben dem neuen Versorger die Daten, die bei einem Lieferantenwechsel zu übermitteln sind, elektronisch zu übermitteln.

(4) Bis zum Beginn der Wirksamkeit der Ersatzversorgung sind allfällige Ausgleichsenergiemengen, die sich aus der fehlenden Energieaufbringung des Versorgers ergeben, aus den beim Bilanzgruppenkoordinator erliegenden individuellen Sicherheiten zu befriedigen. Wenn diese nicht ausreichen, sind die entstehenden Aufwendungen in die Ausgleichsenergieverrechnung über ein Jahr verteilt einzupreisen.

(5) Der neue Versorger hat die zugeordneten Kunden zu angemessenen Preisen zu versorgen, wobei Haushaltskunden nicht zu höheren Preisen versorgt werden dürfen als die Kunden, die zu den Haushaltstarifen des jeweiligen Versorgers versorgt werden.

(6) Wird über einen Zählpunkt eingespeist, übernimmt der neue Versorger die eingespeiste Energie zu Marktpreisen abzüglich der aliquoten Aufwendungen für Ausgleichsenergie für die eingespeiste Energie.

(7) Die Versorgung der zugeordneten Kunden erfolgt zu den bei der Behörde angezeigten Allgemeinen Bedingungen, soweit diese Bedingungen auf die jeweilige Kundengruppe anwendbar sind. In den Allgemeinen Bedingungen enthaltene Bindungsfristen, Fristen und Termine für eine Kündigung des Vertrages gelten nicht.

(8) Der zugeordnete Kunde kann den Vertrag jedenfalls unter Einhaltung einer zweiwöchigen Frist kündigen. Der neue Versorger kann den Vertrag unter Einhaltung einer achtwöchigen Frist kündigen.

(9) Alle betroffenen Marktteilnehmer haben sich wechselseitig nach bestem Vermögen zu unterstützen, um die lückenlose Versorgung der betroffenen Kunden sicherzustellen.

Allgemeine Geschäftsbedingungen für die Belieferung mit Erdgas

§ 125. (1) Erdgashändler und Versorger haben Allgemeine Geschäftsbedingungen für die Belieferung mit Erdgas für Kunden, deren Verbrauch nicht mit einem Lastprofilzähler gemessen wird zu erstellen. Die Allgemeinen Geschäftsbedingungen sowie ihre Änderungen sind der Regulierungsbehörde vor ihrem Inkrafttreten in elektronischer Form anzuzeigen und in geeigneter Form zu veröffentlichen.

(2) Änderungen der Allgemeinen Geschäftsbedingungen und der vertraglich vereinbarten Entgelte sind nur nach Maßgabe des allgemeinen bürgerlichen Gesetzbuchs und des Konsumentenschutzgesetzes, BGBl. Nr. 140/1979, zulässig. Solche Änderungen sind den Kunden schriftlich in einem persönlich an sie gerichteten Schreiben oder auf deren Wunsch elektronisch mitzuteilen. In diesem Schreiben sind die Änderungen der Allgemeinen Bedingungen nachvollziehbar wiederzugeben. Wird das Vertragsverhältnis für den Fall, dass der Kunde den Änderungen der Geschäftsbedingungen oder der Entgelte widerspricht, beendet, endet das Vertragsverhältnis mit dem nach einer Frist von drei Monaten folgenden Monatsletzten.

(3) Allgemeinen Geschäftsbedingungen oder Vertragsformblätter zwischen Versorgern und Kunden haben zumindest zu enthalten:

1. Name und Anschrift des Erdgashändlers bzw. Versorgers;
2. erbrachte Leistungen und angebotene Qualitätsstufen sowie den voraussichtlichen Zeitpunkt für den Beginn der Belieferung;
3. Art und Weise, wie aktuelle Informationen über die jeweils geltenden vertraglich vereinbarten Entgelte für den Kunden zur Verfügung gestellt werden;
4. Vertragsdauer, Bedingungen für eine Verlängerung und Beendigung der Leistungen und des Vertragsverhältnisses, Vorhandensein eines Rücktrittsrechts;
5. etwaige Entschädigungs- und Erstattungsregelungen bei Nichteinhaltung der vertraglich vereinbarten Leistungsqualität einschließlich fehlerhafter und verspäteter Abrechnung;
6. einen Hinweis auf die zur Verfügung stehenden Beschwerdemöglichkeiten;
7. Modalitäten, zu welchen der Kunde verpflichtet ist, Teilbetragszahlungen zu leisten, wobei eine Zahlung zumindest zehn Mal jährlich jedenfalls anzubieten ist;
8. den Energiepreis in Cent pro kWh, inklusive etwaiger Zuschläge und Abgaben;
9. die Bedingungen, zu denen eine Belieferung im Sinne des § 124 erfolgt.

(4) Die Versorger haben ihre Kunden nachweislich vor Abschluss eines Vertrages über die wesentlichen Vertragsinhalte zu informieren. Zu diesem Zweck ist dem Kunden ein Informationsblatt auszuhändigen. Dies gilt auch, wenn der Vertragsabschluss durch einen Vermittler angebahnt wird.

(5) Die Regulierungsbehörde kann die Anwendung der gemäß Abs. 1 angezeigten Lieferbedingungen innerhalb von zwei Monaten insoweit untersagen, als diese gegen ein gesetzliches Verbot oder gegen die guten Sitten verstoßen. Die Zuständigkeiten zur Überprüfung von Allgemeinen Geschäftsbedingungen nach anderen Rechtsvorschriften bleiben unberührt.

(6) Durch die Regelungen der Abs. 1 bis 5 bleiben die Bestimmungen des KSchG und des ABGB unberührt.

Mindestanforderungen an Rechnungen und Informations- und Werbematerial

§ 126. (1) An Endverbraucher gerichtetes Informations- und Werbematerial sowie Rechnungen sind transparent und konsumentenfreundlich zu gestalten. Soweit über das Systemnutzungsentgelt und den Preis für Erdgas (Energiepreis) gemeinsam informiert, diese gemeinsam beworben oder der Abschluss eines gemeinsamen Vertrages angeboten wird oder ein solcher abgerechnet werden soll, sind die Komponenten des Systemnutzungsentgelts, die Zuschläge für Steuern und Abgaben sowie der Energiepreis in transparenter Weise getrennt auszuweisen. Die Angabe des Energiepreises hat jedenfalls in Cent/kWh sowie unter Anführung eines allfälligen Grundpreises zu erfolgen. Eine elektronische Übermittlung der Rechnungen ist über Kundenwunsch zulässig, das Recht des Kunden auf Rechnungslegung in Papierform darf jedoch vertraglich nicht ausgeschlossen werden. Für die Rechnungslegung in Papierform dürfen dem Kunden keinerlei Mehrkosten verrechnet werden.

(2) Endverbrauchern ist auf Anfrage eine unterjährige Abrechnung zu gewähren.

(3) Auf Rechnungen über die Systemnutzung sind Steuern, Abgaben und Zuschläge auf Grund bundes- oder landesgesetzlicher Vorschriften gesondert auszuweisen. Die einzelnen Komponenten des Systemnutzungsentgelts sind einmal jährlich gesondert auszuweisen. Darüber hinaus sind insbesondere folgende Informationen anzugeben:

1. Die Zuordnung der Kundenanlagen zu den Netzebenen gemäß § 84;
2. bei leistungsgemessenen Kunden die vertraglich vereinbarte Höchstleistung in Kilowattstunden pro Stunde (kWh/h);
3. die Zählpunktsbezeichnungen;
4. die Zählerstände, die für die Abrechnung herangezogen wurden;
5. Informationen über die Art der Zählerstandsermittlung; es ist dabei anzugeben, ob eine Zählerablesung durch den Netzbetreiber, eine Selbstablesung durch den Kunden, eine Fernablesung oder eine rechnerische Ermittlung von Zählerständen vorgenommen wurde;
6. die transportierte Energiemenge im Abrechnungszeitraum je Tarifzeit, bei leistungsgemessenen Kunden darüber hinaus die zur Abrechnung herangezogene Leistung sowie jeweils ein Vergleich zum Vorjahreszeitraum;
7. der Verrechnungsbrennwert kWh/m³. der bei der Verrechnung zur Ermittlung der Energiemenge herangezogen wird sowie der Umrechnungsfaktor, unter dessen Anwendung die Gasmenge im Betriebszustand in die Energiemenge umgerechnet wird;
8. die Möglichkeit der Selbstablesung durch den Kunden;
9. telefonische Kontaktdaten für Störfälle;
10. Vorgehen zur Einleitung von Streitbeilegungsverfahren gemäß § 26 Energie-ControlG.

(4) Versorger sind verpflichtet, ihrer Rechnungslegung den von der Regulierungsbehörde in der Verordnung gemäß § 72 Abs. 3 festgelegten Verrechnungsbrennwert zugrunde zu legen, ausgenommen es erfolgt eine Brennwertmessung vor Ort.

(5) Netzbetreiber und Versorger haben Verbrauchs- und Abrechnungsdaten für eine Dauer von drei Jahren ab Verfügbarkeit für Zwecke der nachträglichen Kontrolle der Richtigkeit, Rechtmäßigkeit und für Auskünfte gegenüber berechtigten Endverbrauchern aufzubewahren und unentgeltlich an ihn und nur bei ausdrücklicher Anweisung durch den Endverbraucher an einen genannten Dritten zu übermitteln. Dies gilt unbeschadet der Befugnisse der Regulierungsbehörde nach § 131, sofern diese Daten unmittelbar nach deren Auslesung mit Daten von anderen Endverbrauchern weitestmöglich aggregiert und anschließend anonymisiert werden und nur in dieser anonymisierten Form verwendet werden.

(6) Teilbeträge sowohl für die Netznutzung als auch für die Energielieferung sind auf sachliche und angemessene Weise auf Basis des Letztjahresverbrauches zu berechnen. Liegt kein Jahresverbrauch vor, so sind die Teilbeträge auf Basis des zu erwartenden Gasverbrauchs aufgrund der Schätzung des Verbrauchs vergleichbarer Kunden zu berechnen. Die der Teilbetragsberechnung zugrundliegende Menge in kWh ist dem Kunden schriftlich oder auf dessen Wunsch elektronisch mitzuteilen.

(7) Sind intelligente Messgeräte installiert, haben Endverbraucher zumindest das Wahlrecht zwischen einer monatlichen Rechnung und einer Jahresrechnung.

(8) Die Regulierungsbehörde kann bei begründetem Verdacht auf intransparentes Marktverhalten in Bezug auf Mehrfachtarifzeiten in Verbindung mit intelligenten Messgeräten mit Verordnung Vorgaben zur Transparenz dieser Tarife für Versorger vorschreiben. Außerdem kann die Regulierungsbehörde vorgeben, dass Versorger jedenfalls einen zeitunabhängigen Tarif anbieten müssen.

(9) Lieferanten haben auf der Rechnung über die Möglichkeit eines Streitbeilegungsverfahrens gemäß § 26 Energie-ControlG zu informieren.

Verbrauchs- und Gaskosteninformation bei Messung durch intelligente Messgerät

§ 126a. (1) Endverbrauchern, deren Verbrauch mithilfe eines intelligenten Messgeräts gemessen wird, ist vom Versorger monatlich innerhalb von einer Woche nach Übermittlung der durch ein intelligentes Messgerät erfassten Messwerte gemäß § 129 Abs. 1 eine aufgrund der gemessenen Tageswerte oder, soweit sie verrechnungsrelevant sind, der Stundenwerte erstellte, klare und verständliche Verbrauchs- und Gaskosteninformation über die Gesamtkosten kostenlos auf elektronischem Wege zu übermitteln. Auf ausdrücklichen Wunsch des Endverbrauchers ist diese Verbrauchs- und Gaskosteninformation nicht zu übermitteln. Dem Endverbraucher ist die Wahlmöglichkeit einzuräumen, die Verbrauchs- und Gaskosteninformation auf Verlangen wahlweise auch kostenlos in Papierform zu erhalten.

(2) Im Fall einer gesonderten Rechnungslegung durch den Netzbetreiber gilt Abs. 1 für diesen sinngemäß.

(3) Endverbraucher sind über ihre Rechte auf Zugang zu ihren Verbrauchsdaten nach Abs. 1 transparent, verständlich und kostenlos zu informieren.

(4) Die Regulierungsbehörde kann mit Verordnung die Mindestanforderungen an den Detaillierungsgrad und die Form der Bereitstellung der Verbrauchs- und Gaskosteninformation gemäß Abs. 1 und Abs. 2 festlegen. Sie hat dabei die Verständlichkeit sowie die Eignung der Information zur Bewirkung von Effizienzsteigerungen zu berücksichtigen.

Verbrauchs- und Gaskosteninformation ohne Messung durch intelligente Messgeräte

§ 126b. Endverbrauchern ohne Lastprofilzähler, deren Verbrauch nicht mithilfe eines intelligenten Messgeräts gemessen wird, ist eine detaillierte, klare und verständliche Verbrauchs- und Gaskosteninformation mit der Rechnung zu übermitteln. Darüber hinaus hat der Netzbetreiber diesen Endverbrauchern die Möglichkeit einzuräumen, einmal vierteljährlich Zählerstände bekannt zu geben. Der Netzbetreiber ist im Fall der Zählerstandsbekanntgabe verpflichtet, dem Versorger unverzüglich, spätestens jedoch binnen zehn Tagen nach Übermittlung durch den Endverbraucher, die Verbrauchsdaten zu senden. Dem Endverbraucher ist innerhalb von zwei Wochen eine detaillierte, klare und verständliche Verbrauchs- und Gaskosteninformation kostenlos auf elektronischem Wege zu übermitteln. § 126a gilt sinngemäß. Auf ausdrücklichen Wunsch des Endverbrauchers ist diese Verbrauchs- und Gaskosteninformation nicht zu übermitteln.

Abschaltung der Netzverbindung und Information der Kunden

§ 127. (1) Netzbetreiber haben Endverbrauchern folgende Informationen einfach und unmittelbar zugänglich im Internet sowie im Rahmen eines einmal jährlich einer Rechnung beizulegenden Informationsblattes kostenlos zur Verfügung zu stellen:

1. Name und Anschrift des Unternehmens;
2. erbrachte Leistungen und angebotene Qualitätsstufen sowie Zeitpunkt für den Erstanschluss;
3. Art der angebotenen Wartungsdienste;
4. Art und Weise, wie aktuelle Informationen über alle geltenden Entgelte erhältlich sind;
5. Vertragsdauer, Bedingungen für eine Verlängerung und Beendigung der Leistungen und des Vertragsverhältnisses, Rücktrittsrechte;
6. etwaige Entschädigungs- und Erstattungsregelungen bei Nichteinhaltung der vertraglich vereinbarten Leistungsqualität, einschließlich fehlerhafter und verspäteter Abrechnung;
7. über das Recht auf Versorgung gemäß § 124;
8. etwaige Ausführungen der Europäischen Kommission über die Rechte der Energieverbraucher;
9. Informationen über die Rechte der Endverbraucher gemäß § 126b;
10. Informationen über die Rechte der Endverbraucher gemäß § 129.

(2) Versorger haben Endverbrauchern folgende Informationen einfach und unmittelbar zugänglich im Internet sowie im Rahmen eines einmal jährlich einer Rechnung beizulegenden Informationsblattes kostenlos zur Verfügung zu stellen:

1. Name und Anschrift des Unternehmens;
2. Art und Weise, wie aktuelle Informationen über alle geltenden Preise erhältlich sind;
3. Vertragsdauer, Bedingungen für eine Verlängerung und Beendigung der Leistungen und des Vertragsverhältnisses, Rücktrittsrechte;
4. Informationen über die Rechte der Endverbraucher gemäß § 126b;
5. über das Recht auf Versorgung gemäß § 124,
6. etwaige Entschädigungs- und Erstattungsregelungen bei Nichteinhaltung der vertraglich vereinbarten Leistungsqualität, einschließlich ungenauer und verspäteter Abrechnung,
7. etwaige Ausführungen der Europäischen Kommission über die Rechte der Energieverbraucher.

(3) Der Netzbetreiber ist in Fällen der Vertragsverletzung, insbesondere bei Zahlungsverzug oder Nichtleistung einer Vorauszahlung oder Sicherheitsleistung, verpflichtet zumindest zweimal inklusive einer jeweils mindestens zweiwöchigen Nachfristsetzung zu mahnen. Die zweite Mahnung hat auch eine Information über die Folge einer Abschaltung des Netzzuganges nach Verstreichen der zweiwöchigen Nachfrist sowie über die damit einhergehenden voraussichtlichen Kosten einer allfälligen Abschaltung zu enthalten. Die letzte Mahnung hat mit eingeschriebenem Brief zu erfolgen. Netzbetreiber haben bei jeder Mahnung im Sinne des ersten Satzes auf die Möglichkeit zur Inanspruchnahme von Beratungsstellen gemäß Abs. 7 hinzuweisen. Wurde der Vertrag zur Belieferung mit Erdgas (Energieliefervertrag)

verletzt, so hat der Versorger dieses Mahnverfahren einzuhalten.

(4) Im Falle der Beendigung eines Energieliefervertrages aufgrund ordentlicher Kündigung, Zeitablauf oder Widerspruch gemäß § 125 Abs. 2 ist weder durch Netzbetreiber noch durch den Versorger ein Mahnverfahren gemäß Abs. 3 durchzuführen. Dies gilt auch bei missbräuchlichem Verhalten des Endverbrauchers, wie etwa Manipulation von Messeinrichtungen.

(5) Wird eine Sicherheitsleistung oder Vorauszahlung durch den Netzbetreiber oder Versorger gefordert, hat jeder Endverbraucher ohne Lastprofilzähler, unbeschadet der ihm gemäß § 124 eingeräumten Rechte, stattdessen – soweit dies sicherheitstechnisch möglich ist – das Recht auf Nutzung eines Zählgerätes mit Prepaymentfunktion.

(6) Versorger haben dem Kunden spätestens sechs Wochen nach Vollziehung des Versorgerwechsels oder nach Vertragsbeendigung die Rechnung zu legen.

(7) Versorger, die mehr als 49 Beschäftigte und einen Umsatz von über 10 Millionen Euro oder eine Bilanzsumme von über 10 Millionen Euro aufweisen, haben ab 1. Jänner 2015 eine Anlauf- und Beratungsstelle für ihre Kunden für Fragen zu den Themen Versorgerwechsel, Energieeffizienz, Gaskosten und Energiearmut einzurichten.

(8) Abschaltungen von Anlagen von Haushaltskunden und Kleinunternehmen in Folge von Zahlungsverzug dürfen nicht am letzten Arbeitstag vor Wochenenden oder gesetzlichen Feiertagen vorgenommen werden.

Intelligente Messgeräte

§ 128. (1) Die Bundesministerin für Klimaschutz, Umwelt, Energie, Mobilität, Innovation und Technologie kann nach Durchführung einer Kosten/Nutzanalyse die Einführung intelligenter Messeinrichtungen festlegen. Dies hat nach Anhörung der Regulierungsbehörde und der Vertreter des Konsumentenschutzes durch Verordnung zu erfolgen. Die Netzbetreiber sind im Fall der Erlassung dieser Verordnung zu verpflichten, jene Endverbraucher, deren Verbrauch nicht über einen Lastprofilzähler gemessen wird, mit intelligenten Messgeräten auszustatten, über die Einführung, insbesondere auch über die Kostensituation, die Netzsituation, Datenschutz und Datensicherheit und Verbrauchsentwicklung bei den Endverbrauchern, Bericht zu erstatten und die Endverbraucher zeitnah über den Einbau eines intelligenten Messgeräts sowie die damit verbundenen Rahmenbedingungen zu informieren. Im Rahmen der durch die Verordnung bestimmten Vorgaben für die Installation intelligenter Messgeräte hat der Netzbetreiber den Wunsch eines Endverbrauchers, kein intelligentes Messgerät zu erhalten, zu berücksichtigen. Die Regulierungsbehörde hat die Aufgabe, die Endverbraucher über allgemeine Aspekte der Einführung von intelligenten Messgeräten zu informieren und über die Einführung von intelligenten Messgeräten, insbesondere auch über die Kostensituation, die Netzsituation, Datenschutz und Datensicherheit, soweit bekannt, den Stand der Entwicklungen auf europäischer Ebene und über die Verbrauchsentwicklung bei den Endverbrauchern, jährlich einen Bericht zu erstatten.

(2) Die Regulierungsbehörde hat jene Anforderungen durch Verordnung zu bestimmen, denen diese intelligenten Messgeräte zu entsprechen haben und gemäß § 79 bei der Ermittlung der Kostenbasis für die Entgeltbestimmung in Ansatz zu bringen. Die Verordnung hat zumindest jene Mindestfunktionalitäten vorzuschreiben, die intelligente Messgeräte enthalten müssen, um die in Abs. 3 bis Abs. 5 sowie in § 129 und § 129a festgelegten Aufgaben zu erfüllen. Die intelligenten Messgeräte sind jedenfalls dahingehend auszustatten, dass eine Messung und Erfassung von Zählerständen in einem Intervall von einer Stunde möglich ist, die Speicherung der Werte für 60 Kalendertage im intelligenten Messgerät erfolgen kann und eine Fernauslesung der im Gerät gespeicherten Messdaten über eine Kommunikationsschnittstelle möglich ist. Die Regulierungsbehörde kann in der Verordnung Ausnahmen zu den Anforderungen festlegen, wenn dies aus technischen Gründen erforderlich ist. Die Regulierungsbehörde hat die Vertreter des Konsumentenschutzes sowie die Datenschutzbehörde und den Datenschutzrat weitestmöglich einzubinden. Der Betrieb von intelligenten Messgeräten sowie ihre Kommunikation, auch zu externen Geräten ist nach anerkanntem Stand der Technik abzusichern, um Unberechtigten den Zugriff über den aktuellen Zählerstand hinaus nicht zu ermöglichen. Der Betrieb von intelligenten Messgeräten hat den maß- und eichgesetzlichen und datenschutzrechtlichen Bestimmungen sowie dem anerkannten Stand der Technik zu entsprechen.

(3) Die Sichtanzeige am intelligenten Messgerät ist standardmäßig so zu konfigurieren, dass nur der aktuelle Zählerstand abgelesen werden kann. Zu Zwecken der Überprüfung von darüber hinausgehenden, im Messgerät gespeicherten verrechnungsrelevanten Werten ist auf Kundenwunsch die Anzeige von intelligenten Messgeräten, welche die Messung und Speicherung von Zählerständen im Gerät in einem Intervall von 24 Stunden und 60 Minuten ermöglichen, dahingehend freizugeben, dass eine Überprüfung dieser Werte anhand der Anzeige des intelligenten Messgeräts selbst ermöglicht wird. Diese Freigabe hat kostenlos und ohne unverhältnismäßigen Zusatzaufwand für den Endverbraucher zu erfolgen. Auf ausdrücklichen Wunsch des Endverbrauchers ist die Sichtanzeige zeitnah und kostenlos wieder in ihren ursprünglichen Konfigurationsstand zurückzusetzen.

(4) Es sind insbesondere im Falle von Wechsel oder Auflösung des Vertragsverhältnisses mit dem Netzbetreiber die Anzeige der historischen Messwerte der vorhergehenden Vertragsverhältnisse, sofern vorhanden, dahingehend abzusichern, dass eine Ablesung anhand der Anzeige des intelligenten Messgerätes durch Nichtberechtigte verhindert wird. Diese Sperrung ist unverzüglich und kostenlos aufzuheben, sobald keine Messwerte des vorhergehenden Vertragsverhältnisses mehr im intelligenten Messgerät selbst zur Verfügung stehen. Davon unabhängig sind jedoch die aus gesetzlichen Vorschriften und aus dem gegenwärtigen Vertragsverhältnis entstehenden Verpflichtungen des Netzbetreibers zur Bereitstellung der Verbrauchsdaten gemäß § 129 Abs. 1 und Abs. 2 und der Übermittlung an den Versorger gemäß § 129a Abs. 2.

(5) Die Verpflichtung des Netzbetreibers zur Absicherung der im intelligenten Messgerät gespeicherten Messwerte gegen einen Zugriff Nichtberechtigter im Sinne des Abs. 2 gilt sinngemäß auch für alle weiteren vorhandenen Schnittstellen des Gerätes.

(6) Sofern es die Gewährleistung von Datenschutz und Datensicherheit im Zusammenhang mit dem Betrieb von intelligenten Messsystemen erfordert, kann die Bundesministerin für Klimaschutz, Umwelt, Energie, Mobilität, Innovation und Technologie im Einvernehmen mit dem Bundeskanzler mit Verordnung unter Bedachtnahme auf die relevanten internationalen Vorschriften sowie die technische und wirtschaftlich vertretbare Umsetzbarkeit nähere Bestimmungen zum Stand der Technik festlegen, denen ein Netzbetreiber zu entsprechen hat. Dabei sind insbesondere die jährlichen Berichte der Regulierungsbehörde nach Abs. 1 sowie internationale Sicherheitsstandards zu berücksichtigen.

Messdaten von intelligenten Messgeräten

§ 129. (1) Netzbetreiber haben dafür zu sorgen, dass spätestens sechs Monate ab dem Zeitpunkt der Installation eines intelligenten Messgeräts beim jeweiligen Endverbraucher einmal täglich ein Zählerstand übermittelt wird. Verfügen diese intelligenten Messgeräte über eine integrierte Speichermöglichkeit, so haben sie zusätzlich sämtliche Stundenwerte zu erfassen und zur Verfügbarkeit für den Kunden für 60 Kalendertage im intelligenten Messgerät zu Zwecken der Verrechnung, Kundeninformation (§ 126a), Energieeffizienz, der Energiestatistik und der Aufrechterhaltung eines sicheren und effizienten Netzbetriebes zu speichern. Jedes installierte intelligente Messgerät ist dabei einer Netzbenutzerkategorie gemäß § 27 Abs. 3 zuzuordnen.

(2) Netzbetreiber sind verpflichtet, jenen Endverbrauchern, deren Verbrauch über ein intelligentes Messgerät gemessen wird, jedenfalls die täglichen Verbrauchswerte sowie, auf ausdrücklichen Wunsch je nach vertraglicher Vereinbarung oder Zustimmung, Stundenwerte spätestens zwölf Stunden nach deren Auslesung aus dem Messgerät jedenfalls über ein kundenfreundliches Web-Portal kostenlos zur Verfügung zu stellen. Die Auslesung dieser Verbrauchswerte aus dem Messgerät hat dabei zumindest einmal täglich zu erfolgen. Dazu haben die Netzbetreiber Vorkehrungen für eine sichere Identifizierung und Authentifizierung der Endverbraucher auf dem Web-Portal sowie für eine verschlüsselte Übermittlung der Daten nach dem Stand der Technik zu treffen. Endverbrauchern, die über keinen Internetzugang verfügen oder die nur auf unzumutbare Weise Zugang zum Internet haben, ist nach Möglichkeit ein vergleichbarer Informationsstand zu ermöglichen.

(3) Die Endverbraucher sind im Falle der Inanspruchnahme der Informationsmöglichkeiten über den Weg des Web-Portal gemäß Abs. 2 durch einen ausdrücklichen Hinweis transparent zu informieren, dass die Inanspruchnahme dieser Möglichkeit die Fernauslesung ihrer Verbrauchsdaten aus dem intelligenten Messgerät zur Voraussetzung hat und die Datenbereitstellung im Web-Portal jeweils nach Ablauf von 36 Monaten ab Verfügbarkeit sowie im Falle der Auflösung des Vertragsverhältnisses mit dem Netzbetreiber endet. Dieser ausdrückliche Hinweis hat zumindest in den Allgemeinen Bedingungen von Netzbetreibern sowie gleichlautend unmittelbar bei der Registrierung im Web-Portal zu erfolgen.

(4) Endverbrauchern ist die Möglichkeit einzuräumen, ihr Nutzerkonto im Web-Portal gemäß Abs. 2 kostenfrei jederzeit wieder vollständig entweder selbständig oder durch den Netzbetreiber ohne unverhältnismäßigen Mehraufwand für den Endverbraucher zu löschen. Diesfalls hat für Zwecke der Bereitstellung im Web-Portal die weitere Auslesung und Verarbeitung von Verbrauchsdaten aus dem intelligenten Messgerät des betroffenen Endverbrauchers zu unterbleiben. Darüber hinaus ist den Endverbrauchern auch die Möglichkeit einzuräumen, im Web-Portal Verbrauchswerte zumindest monatsweise nach Kenntnisnahme zu löschen, wobei Gelegenheit zur lokalen Sicherung im Hinblick auf die Rechnungsprüfung zu bieten ist.

(5) Endverbraucher sind über ihre Rechte gemäß Abs. 1 bis Abs. 5 auf Zugang zu ihren Verbrauchsdaten durch den Netzbetreiber transparent und verständlich zu informieren.

(6) Die Regulierungsbehörde kann mit Verordnung die Anforderungen an den Detaillierungsgrad und die Form der Bereitstellung der Verbrauchsinformation im Web-Portal gemäß Abs. 2 feststellen. Erforderlichenfalls kann die Regulierungsbehörde den Detaillierungsgrad der Daten, die von der Schnittstelle gemäß Abs. 5 bereitgestellt werden, festlegen. Sie hat dabei die Verständlichkeit sowie die Eignung der Information zur

Bewirkung von Effizienzsteigerungen zu berücksichtigen. Weiters kann die Regulierungsbehörde Anforderungen an die standardisierte Übermittlung der Daten sowie deren Format vom Netzbetreiber an den Endverbraucher oder an vom Endverbraucher bevollmächtigte Dritte festlegen, wobei ein Direktzugriff Dritter auf das Web-Portal jedenfalls unzulässig ist.

§ 129a. (1) Eine Auslesung samt Verwendung von Stundenwerten der Endverbraucher durch den Netzbetreiber ist nur bei ausdrücklicher Zustimmung des Endverbrauchers oder zur Erfüllung von Pflichten aus einem vom Kunden gewählten, auf Stundenwerten basierenden Liefervertrag zulässig. Davon abgesehen dürfen Netzbetreiber diese Daten in begründeten lokalen Einzelfällen auch ohne Zustimmung des Endverbrauchers aus dem intelligenten Messgerät auslesen, soweit dies für den Zwecke der Aufrechterhaltung eines sicheren und effizienten Netzbetriebes unabdingbar ist. Die bezüglichen Daten sind unverzüglich zu löschen, sobald sie für die Erfüllung des Zwecks nicht mehr benötigt werden. Netzbetreiber haben der Regulierungsbehörde jährlich einen Bericht über die Anlassfälle für derartige Datenauslesungen zu legen. Weiters dürfen Stundenwerte auf Anordnung der Regulierungsbehörde zum Zweck der Erdgasstatistik gemäß § 147, insbesondere zu dem Zweck, Entwicklungen der tageszeitlichen Schwankungen (Tagesganglinien) der Abnahme aus dem öffentlichen Netz auszuwerten, und zum Zweck der Energielenkung gemäß Energielenkungsgesetz 2012 sowie zum Zweck der Überwachung nach § 131 aus dem intelligenten Messgerät ausgelesen werden, sofern sie unmittelbar nach deren Auslesung mit Daten von anderen Endverbrauchern weitestmöglich aggregiert werden und anonymisiert und nur in dieser anonymisierten Form verwendet werden. Daten dürfen aus einem intelligenten Messgerät für Zwecke der Statistik nur dann ausgelesen werden, wenn bei Netzbetreibern die hierfür erforderlichen statistischen Daten nicht vorhanden sind. Der Endverbraucher ist im Falle einer Auslesung der Stundenwerte ohne Einwilligung zeitnah darüber zu informieren.

(2) Netzbetreiber sind verpflichtet, am Beginn des darauffolgenden Kalendermonats unverzüglich, spätestens jedoch zum Fünften dieses Monats alle täglich erhobenen Verbrauchswerte jener Endverbraucher, deren Verbrauch mithilfe eines intelligenten Messgeräts gemessen wird, an die jeweiligen Versorger zu den in § 126a genannten Zwecken sowie zu Zwecken der Verrechnung zu übermitteln; Stundenwerte dürfen nur nach ausdrücklicher Zustimmung des Endverbrauchers oder zur Erfüllung vertraglicher Pflichten an den Versorger übermittelt werden. Die Regulierungsbehörde kann mit Verordnung die Anforderungen an die standardisierte Übermittlung dieser Daten sowie deren Format vom Netzbetreiber an den Versorger oder an vom Endverbraucher bevollmächtigte Dritte festlegen.

(3) Im Rahmen des Abschlusses eines Vertrages, der die Auslesung und Verwendung von Stundenwerten erfordert, oder im Rahmen der Zustimmung des Endverbrauchers zur Auslesung und Verwendung von Stundenwerten unter Angabe deren Zwecks ist durch einen ausdrücklichen Hinweis auf die Rechtsfolge der Zulässigkeit der Datenverwendung und unter Angabe des Zweckes in den Allgemeinen Bedingungen und im Vertragsformblatt der Netzbetreiber und Versorger eine transparente Information der Endverbraucher zu gewährleisten.

(4) Erfolgt die Installation eines intelligenten Messgerätes gemäß § 128 Abs. 1 bei einem Endverbraucher mit aufrechtem Vertragsverhältnis, dessen Weiterführung aufgrund einer bestehenden tageszeitabhängigen Verrechnung zwingend die Auslesung von Verbrauchswerten, die über einen täglichen Verbrauchswert hinausgehen, erfordern würde, so ist der Endverbraucher über diesen Umstand nachweislich, transparent und verständlich zu informieren. Weiters ist der Endverbraucher über die Möglichkeit des Umstiegs auf eine Verrechnung, die nur die Auslesung von täglichen Verbrauchswerten erfordert, nachweislich, transparent und verständlich zu informieren. Für die Fortsetzung des Vertragsverhältnisses zu den ursprünglichen Bedingungen bedarf es der ausdrücklichen Zustimmung des Endverbrauchers.

(5) Eine Verwendung von mittels intelligenten Messgeräten gemessenen Verbrauchsdaten für andere als die in Abs. 1 bis Abs. 4 sowie § 123, § 126, § 126a, und § 129 genannten Zwecke, für verwaltungsrechtliche, verwaltungsgerichtliche oder zivilgerichtliche Verfahren, die sich nicht unmittelbar auf Zwecke dieses Gesetzes beziehen, ist unzulässig.

Herkunftsnachweise für Gas

§ 129b. (1) Für die Ausstellung, die Überwachung der Übertragung und der Entwertung der Herkunftsnachweise wird die Regulierungsbehörde als zuständige Stelle benannt. Die Regulierungsbehörde hat für die Zwecke dieser Bestimmung eine automationsunterstützte Datenbank (Herkunftsnachweisdatenbank) einzurichten.

(2) An das öffentliche Netz angeschlossene Anlagen zur Produktion und Erzeugung von Gasen sind vom Anlagenbetreiber, einem Anlagenbevollmächtigten oder von einem vom Anlagenbetreiber beauftragten Dritten bis zur Inbetriebnahme der Anlage in der Herkunftsnachweisdatenbank der Regulierungsbehörde gemäß Abs. 1 zu registrieren. Bei bestehenden Anlagen ist die Registrierung binnen drei Monaten ab Inkrafttreten dieser Bestimmung vorzunehmen. Bei der Registrierung sind folgende Mindestangaben erforderlich:

1. Anlagenbetreiber und Anlagenbezeichnung;

2. Standort der Anlage;
3. die Art und Engpassleistung der Anlage;
4. die Zählpunktnummer;
5. Bezeichnung des Netzbetreibers, an dessen Netz die Anlage angeschlossen ist;
6. die Menge der erzeugten Energie;
7. die eingesetzten Energieträger;
8. Art und Umfang von Investitionsbeihilfen;
9. Art und Umfang etwaiger weiterer Förderungen;
10. Datum der Inbetriebnahme der Anlage;
11. Datum der Außerbetriebnahme der Anlage.

Die Angaben sind durch den abgeschlossenen Netzzugangsvertrag sowie weitere geeignete Nachweise zu belegen. Die Regulierungsbehörde ist berechtigt, zur Überprüfung der übermittelten Informationen entsprechende Unterlagen nachzufordern; hierzu zählen insbesondere Anlagenaudits und Anlagenbescheide. Eine indirekte Übermittlung von Daten und Informationen durch die Datenbank des Bilanzgruppenkoordinators oder durch sonstige vom Anlagenbetreiber beauftragte Dritte ist zulässig.

(3) Der Netzbetreiber hat Anlagenbetreiber beim Netzzutritt über deren Registrierungspflicht in der Herkunftsnachweisdatenbank zu informieren. Fehlende oder mangelhafte Eintragungen sind vom Netzbetreiber an die Regulierungsbehörde zu melden.

(4) Der Bilanzgruppenkoordinator hat auf Verlangen des Anlagenbetreibers durch monatliche Einmeldung der in das öffentliche Netz eingespeisten Gasmengen in der Herkunftsnachweisdatenbank die Ausstellung von Herkunftsnachweisen durch die Regulierungsbehörde anzufordern.

(5) Bei Anlagen, die Gas auf Basis von Strom erzeugen, sind durch den Anlagenbetreiber Herkunftsnachweise und Umweltauswirkungen der Stromerzeugung auf die Gaserzeugung zu übertragen. Dazu sind die der Stromerzeugung zugrundeliegenden Herkunftsnachweise und Umweltauswirkungen reduziert um die bei der Gaserzeugung entstehenden Umwandlungsverluste anzuführen und im Strom-Nachweissystem als Energieeinsatz für die Gaskennzeichnung zu klassifizieren. Die Umwandlungsverluste sind in der Stromkennzeichnung als Endverbrauch zu berücksichtigen.

(6) Für jede Einheit erzeugtes Gas darf nur ein Herkunftsnachweis ausgestellt werden. Ein Herkunftsnachweis gilt standardmäßig für 1 MWh, wobei eine Ausweisung geringerer Mengen sowie Untergliederung bis zur dritten Nachkommastelle zulässig ist.

(7) Herkunftsnachweise gelten zwölf Monate ab der Erzeugung der betreffenden Energieeinheit. Ein Herkunftsnachweis ist nach seiner Verwendung zu entwerten. Herkunftsnachweise, die nicht entwertet wurden, werden spätestens 18 Monate nach der Erzeugung der entsprechenden Energieeinheit mit dem Status „verfallen“ versehen.

(8) Der Herkunftsnachweis hat folgende Angaben zu umfassen:

1. die Menge der erzeugten Energie;
2. die Art und die Engpassleistung der Anlage;
3. den Zeitraum und den Ort der Erzeugung;
4. die eingesetzten Energieträger;
5. Art von Investitionsbeihilfen;
6. Art etwaiger weiterer Förderungen;
7. Datum der Inbetriebnahme der Anlage;
8. Ausstellungsdatum, ausstellendes Land und eindeutige Kennnummer;
9. etwaiges Grüngassiegel.

(9) Die Anlagenbetreiber haften für die Richtigkeit ihrer Angaben über die eingesetzten Energieträger.

(10) Anlagenbetreiber, Gashändler und Versorger, die gasförmige Energie einem anderen Gashändler veräußern, sind über Verlangen des Käufers verpflichtet, die der verkauften Menge entsprechenden Herkunftsnachweise (mittels automationsunterstützter Datenverarbeitung) nachweislich diesem Käufer zu überlassen.

Anerkennung von Herkunftsnachweisen aus anderen Staaten

§ 129c. (1) Herkunftsnachweise über Gas aus Anlagen mit Standort in einem anderen EU–Mitgliedstaat oder einem EWR–Vertragsstaat gelten als Herkunftsnachweise im Sinne dieses Bundesgesetzes, wenn sie zumindest den Anforderungen des § 129b Abs. 8 entsprechen. Die Regulierungsbehörde kann darüber hinaus ergänzende Anforderungen definieren.

(2) Herkunftsnachweise aus Anlagen mit Standort in einem Drittstaat gelten als Herkunftsnachweise im Sinne dieses Bundesgesetzes, wenn die Europäische Union mit diesem Drittland ein Abkommen über die gegenseitige Anerkennung von in der Union ausgestellten Herkunftsnachweisen und in diesem Drittland eingerichteten kompatiblen Herkunftsnachweissystemen geschlossen hat, und Energie direkt ein- oder ausgeführt wird.

(3) Im Zweifelsfall hat die Regulierungsbehörde über Antrag oder von Amts wegen mit Bescheid festzustellen, ob die Voraussetzungen für die Anerkennung gemäß Abs. 1 und 2 vorliegen.

(4) Die Regulierungsbehörde kann durch Verordnung Staaten benennen, in denen Herkunftsnachweise über Gas die Voraussetzungen gemäß Abs. 1 erfüllen.

(5) Betreffend der Anerkennbarkeit von Herkunftsnachweisen für die Zwecke der Gaskennzeichnung können Bedingungen in der Verordnung gemäß § 130 Abs. 8 festgelegt werden.

Ausweisung der Herkunft (Labeling)

§ 130. (1) Versorger, die in Österreich Endverbraucher mit Gas beliefern, sind verpflichtet, auf der oder als Anhang zu ihrer Gasrechnung (Jahresabrechnung) für Endverbraucher den Versorgermix auszuweisen, der die gesamte Gasaufbringung des Versorgers für Endverbraucher berücksichtigt. Diese Verpflichtung besteht auch hinsichtlich des an Endverbraucher gerichteten kennzeichnungspflichtigen Werbematerials sowie der Internetseite. Die Ausweisung hat auf Basis der gesamten im vorangegangenen Kalenderjahr vom Versorger an den Endverbraucher verkauften Gasmengen zu erfolgen.

(2) Der Versorgermix umfasst auch die Darstellung der zugrundeliegenden Umweltauswirkungen auf der Gasrechnung, kennzeichnungspflichtigem Werbematerial sowie der Internetseite. Nähere Regelungen dazu können in der Gaskennzeichnungsverordnung gemäß Abs. 8 getroffen werden.

(3) Die Anteile an verschiedenen (Primär-)Gasträgern sind als einheitlicher Versorgermix auszuweisen, der die gesamte Gasaufbringung des Versorgers an Endverbraucher berücksichtigt und eine prozentmäßige Aufschlüsselung in erneuerbare Gase sowie Erdgas und sonstige Gase vorsieht. Der Anteil erneuerbarer Gase am Versorgermix ist mittels Herkunftsnachweisen zu belegen, die in der Herkunftsnachweisdatenbank der Regulierungsbehörde zu entwerten sind. Jener Anteil am Endverbrauch, der nicht mit Herkunftsnachweisen belegt werden kann, ist als Erdgas zu kennzeichnen.

(4) Sofern ein Versorger im Rahmen des Verkaufs an Endverbraucher eine ergänzende Produktdifferenzierung mit unterschiedlichem Energiemix vornimmt, gelten für diese Produkte Abs. 1 und 2.

(5) Die Kennzeichnung hat deutlich lesbar zu erfolgen. Andere Vermerke und Hinweise auf der Gasrechnung dürfen nicht geeignet sein, zur Verwechslung mit der Kennzeichnung zu führen.

(6) Zur Dokumentation des Technologieeinsatzes ist eine Bestätigung von einer nach dem Akkreditierungsgesetz 2012, BGBl. I Nr. 28/2012, zugelassenen Prüf-, Überwachungs- oder Zertifizierungsstelle an die Regulierungsbehörde zu übermitteln. Die Dokumentation muss von einem Wirtschaftsprüfer, einem geeigneten Ingenieurkonsulenten oder Zivilingenieur, oder einem geeigneten, allgemein beeideten und gerichtlich zertifizierten Sachverständigen geprüft sein. Das Ergebnis ist in übersichtlicher Form und vom Prüforgan bestätigt in einem Anhang zum Geschäftsbericht des Versorgers zu veröffentlichen. Das Ergebnis der Dokumentation, die spätestens drei Monate nach Ablauf des Kalenderjahres erstellt sein muss, ist auf die Dauer von drei Jahren zur Einsicht durch Endverbraucher am Sitz des Versorgers bereitzuhalten.

(7) Versorger haben auf Verlangen der Regulierungsbehörde innerhalb einer angemessenen Frist alle notwendigen Unterlagen vorzulegen, die erforderlich sind, um die Richtigkeit der Angaben überprüfen zu können. Bei unrichtigen Angaben ist der betroffene Versorger mit Bescheid aufzufordern, die Angaben bzw. Kennzeichnung richtig zu stellen.

(8) Die Regulierungsbehörde kann durch Verordnung nähere Bestimmungen über die Gaskennzeichnung sowie die Ausgestaltung der Herkunftsnachweise erlassen. Dabei sind insbesondere der Umfang der gemäß §§ 129b und 130 bestehenden Verpflichtungen sowie die Vorgaben für die Ausgestaltung der Herkunftsnachweise zu den verschiedenen erneuerbaren Gasen und der Gaskennzeichnung gemäß diesen Rechtsvorschriften näher zu bestimmen.

(9) Die Regulierungsbehörde veröffentlicht einmal jährlich einen Bericht mit den Ergebnissen der Gaskennzeichnungsüberprüfung sowie statistischen Auswertungen.

11. Teil
Überwachungsaufgaben
Überwachungsaufgaben

§ 131. (1) Im Rahmen ihrer den Erdgasmarkt betreffenden Überwachungsfunktion hat die Regulierungsbehörde jeweils die Aufgabe,

1. die Versorgungssicherheit in Bezug auf Zuverlässigkeit und Qualität des Netzes sowie die kommerzielle Qualität der Netzdienstleistungen;
2. den Grad der Transparenz am Erdgasmarkt unter besonderer Berücksichtigung der Großhandelspreise,
3. den Grad und die Wirksamkeit der Marktöffnung und den Umfang des Wettbewerbs auf Großhandelsebene und Endkundenebene einschließlich etwaiger Wettbewerbsverzerrungen oder –beschränkungen;
4. etwaige restriktive Vertragspraktiken einschließlich Exklusivitätsbestimmungen, die leistungsgemessene große gewerbliche Kunden daran hindern können, gleichzeitig mit mehreren Anbietern Verträge zu schließen, oder ihre Möglichkeiten dazu beschränken;
5. die Dauer und Qualität der von Fernleitungs- und Verteilernetzbetreibern vorgenommenen Neuanschluss-, Wartungs- und sonstigen Reparaturdienste;
6. die Einhaltung der Vorschriften betreffend die Aufgaben und Verantwortlichkeiten der Fernleitungsnetzbetreiber, Verteilernetzbetreiber, Marktgebietsmanager, Verteilergebietsmanager, Verrechnungsstellen, Versorgungsunternehmen und Kunden sowie anderer Marktteilnehmer gemäß der Verordnung (EG) Nr. 715/2009;
7. die Bedingungen für den Zugang zu Speicheranlagen, Netzpufferung und anderen Hilfsdiensten im Sinne des Art. 33 der Richtlinie 2009/73/EG;

8. die Investitionspläne der Fernleitungs- und Verteilernetzbetreiber;
9. die Durchführung von Lenkungsmaßnahmen im Sinne des § 20a Energielenkungsgesetz 1982,

laufend zu beobachten.

(2) Die Regulierungsbehörde ist ermächtigt, zur Wahrnehmung der in Abs. 1 genannten Aufgaben Erhebungsmasse, –einheiten und –merkmale, Merkmalsausprägung, Datenformat, Häufigkeit, Zeitabstände und Verfahren der laufenden Datenerhebung sowie Bestimmung des auskunftspflichtigen Personenkreises durch Verordnung näher zu regeln. Die Verordnung hat hierbei jedenfalls die Erhebung folgender Daten zu bestimmen:

1. von Netzbetreibern: Zahl der Neuanschlüsse inklusive jeweils hierfür benötigte Zeit; durchgeführte Wartungs- und Reparaturdienste inklusive jeweils hierfür eingehobener Gebühren und benötigter Zeit; Anzahl der geplanten Versorgungsunterbrechungen inklusive Anzahl der davon betroffenen Endverbraucher und Dauer der geplanten Versorgungsunterbrechungen getrennt nach Netzebenen; Anzahl der ungeplanten Versorgungsunterbrechungen inklusive Ursache, Anzahl der davon betroffenen Endverbraucher und Dauer der ungeplanten Versorgungsunterbrechungen, getrennt nach Netzebenen sowie nach Eigen- oder Fremdverschulden; bzw. Anzahl der Netzzutritts- und Netzzugangsanträge sowie deren durchschnittliche Bearbeitungsdauer;
2. von Fernleitungsnetzbetreibern: Anzahl der Unterbrechungen je Übergabepunkt; Berechnungsmethode der Kapazität, die auf unterbrechbarer Basis Dritten angeboten wird;
3. von Verteilernetzbetreibern: Gesamtzahl der Endverbraucher; Zahl der Versorgerwechsel nach Netzebenen und Versorger sowie gewechselte Mengen (kWh); Abschaltraten unter gesonderter Ausweisung von Abschaltungen bei Aussetzung bzw. Vertragsauflösung wegen Verletzung vertraglicher Pflichten bzw.; Zahl der Neuan- und Abmeldungen; Anzahl der eingesetzten Vorauszahlungszähler Anzahl der eingeleiteten Wechsel, die dem Netzbetreiber bekannt gemacht wurden, inklusive Anzahl der nicht erfolgreich abgeschlossenen Wechsel; Zahl der Endabrechnungen und Anteil der Rechnungen, die später als sechs Wochen nach Beendigung des Vertrages ausgesandt wurden; Anzahl der Kundenbeschwerden und –anfragen samt Gegenstand (zB Rechnung und Rechnungshöhe oder Zähler, Ablesung und Verbrauchsermittlung) sowie die durchschnittliche Bearbeitungsdauer der Beschwerden;
4. von Versorgern: verrechnete Energiepreise in Cent/kWh je definierter Kundengruppe Anzahl der Versorgerwechsel sowie gewechselte Mengen (kWh), jeweils getrennt nach Kundengruppen; Anzahl der eingegangenen Beschwerden samt Beschwerdegründen; Anzahl der versorgten Endverbraucher samt Abgabemenge je definierter Kundengruppe;
5. von Einspeisern: durchschnittliche Importpreise in Cent/kWh ohne Steuern und Abgaben und Importmengen, jeweils getrennt nach den vertraglichen Übergabepunkten; durchschnittliche Einkaufspreise in Cent/kWh und Mengen von inländischen Produzenten;
6. vom Betreiber des Virtuellen Handelspunktes: aggregierte Transaktionsdaten (OTC-Volumina und Marktkonzentrationsdaten jeweils getrennt nach Kauf und Verkauf);
7. vom Betreiber des Virtuellen Handelspunktes: aggregierte Handelsvolumina der Waren- und Terminbörsen, auf denen mit Erdgas gehandelt wird (Transaktionsdaten und Marktkonzentrationsdaten jeweils getrennt nach Kauf und Verkauf);
8. von Bilanzgruppenkoordinatoren: Mengen der physikalischen und bilanziellen Ausgleichsenergie nach Ausgleichsenergieanbieter bzw. Bilanzgruppe; Ausgleichsenergie-Angebote und Ausgleichsenergie-Abrufe nach Ausgleichsenergieanbieter; Clearingpreis; Anbieter- und Nachfragestruktur;
9. von den Marktgebietsmanagern und Verteilergebietsmanagern: Netzauslastung entsprechend der Verordnung (EG) Nr. 715/2009; Netzpufferung (Linepack); Ein- und Ausspeisepunkte des Marktgebiets; gewogener Mittelwert des Brennwerts des gesamten in ein Marktgebiet eingespeisten Gases (mit Ausnahme der Speicher) durch den Marktgebietsmanager;
10. von Speicherunternehmen: Informationen über Ein- und Ausspeicherleistung und Arbeitsgasvolumen (insbesondere ob fest kontrahiert, unterbrechbar kontrahiert, genutzt, vertraglich nicht gebunden); auf Basis von Art. 17 Abs. 3 der Verordnung (EG) Nr. 715/2009 verkaufte Day Ahead-Speicherkapazität, getrennt nach unterbrechbarer und fester Kapazität.

(3) Erdgashändler sind verpflichtet, durch die Regulierungsbehörde mit Verordnung näher zu regelnde Transaktionsdaten über Transaktionen mit anderen Erdgashändlern und Fernleitungsnetzbetreibern für eine Dauer von fünf Jahren aufzubewahren und der Regulierungsbehörde, der Bundeswettbewerbsbehörde sowie der Europäischen Kommission zur Erfüllung ihrer Aufgaben bei Bedarf jederzeit in einer von der Regulierungsbehörde vorgegebenen Form zur Verfügung zu stellen. Die Verordnung hat hierbei jedenfalls die Aufbewahrung und Übermittlung folgender Daten zu bestimmen: Merkmale und Produktspezifikationen für jede finanzielle und physische Transaktion, insbesondere Zeitpunkt des Abschlusses der Transaktion, Vertragsdauer, Erdgasbörse oder

anderer Handelsplatz an dem die Transaktion getätigt wurde, erstmaliger Lieferzeitpunkt, Identität von Käufer und Verkäufer, Transaktionsmenge und –preis, bzw. Preisanpassungsklausel sowie Speicherkosten und Ausgleichsenergiekosten (als Teil des Energiepreises).

(4) Weigert sich ein Meldepflichtiger, Daten gemäß Abs. 2 und 3 zu melden, kann die Regulierungsbehörde die Meldung der Daten mit Bescheid anordnen.

(5) Die Regulierungsbehörde kann zur Evaluierung der Angaben der Netzbetreiber zur Dienstleistungs- und Versorgungsqualität unabhängige Erhebungen der Kundenzufriedenheit durchführen oder veranlassen. Die Netzbetreiber sind zur Kooperation und zur Unterstützung dieser Erhebungen verpflichtet.

(6) Die Regulierungsbehörde ist ermächtigt, Datenaustauschabkommen mit Regulierungsbehörden anderer Mitgliedstaaten abzuschließen und hierdurch gewonnene Daten zu Zwecken der in Abs. 1 genannten Aufgaben zu verwenden. Die Regulierungsbehörde ist betreffend die übermittelten Daten an den gleichen Grad der Vertraulichkeit gebunden wie die Auskunft erteilende Behörde.

12. Teil
Streitbeilegung
Verfahren

§ 132. (1) In Streitigkeiten

1. zwischen Netzzugangsberechtigten und Netzbetreibern über die Rechtmäßigkeit der Verweigerung des Netzzuganges,
2. zwischen Speicherzugangsberechtigten und Speicherunternehmen über die Rechtmäßigkeit der Verweigerung des Speicherzuganges sowie
3. zwischen Versorgern über die Rechtmäßigkeit der Verweigerung der Übertragung von Einspeisekapazitäten

entscheidet – sofern keine Zuständigkeit des Kartellgerichtes (§ 38 Kartellgesetz 2005, BGBl. I Nr. 61/2005) vorliegt – die Regulierungsbehörde.

(2) In allen übrigen Streitigkeiten

1. zwischen Netzzugangsberechtigten und Netzbetreibern über die aus diesem Verhältnis entspringenden Verpflichtungen,
2. zwischen Speicherzugangsberechtigten und Speicherunternehmen über die aus diesem Verhältnis entspringenden Verpflichtungen,
3. zwischen Kunden und dem Betreiber des Virtuellen Handelspunktes,
4. zwischen dem unabhängigen Netzbetreiber gemäß § 109 und dem Eigentümer des Fernleitungsnetzes gemäß § 111,
5. zwischen dem vertikal integrierten Unternehmen und dem unabhängigen Fernleitungsnetzbetreiber gemäß § 112 sowie
6. über die Abrechnung von Ausgleichsenergie

entscheiden die Gerichte. Eine Klage eines Netzzugangsberechtigten in Streitigkeiten gemäß Z 1 bzw. Speicherzugangsberechtigten in Streitigkeiten gemäß Z 2 sowie eine Klage in Streitigkeiten gemäß Z 3 bis 6 kann erst nach Zustellung des Bescheides der Regulierungsbehörde im Streitschlichtungsverfahren innerhalb der in § 12 Abs. 4 E-ControlG vorgesehenen Frist eingebracht werden. Falls ein Verfahren gemäß Z 1 bzw. Z 2 bei der Regulierungsbehörde anhängig ist, kann bis zu dessen Abschluss in gleicher Sache kein Gerichtsverfahren anhängig gemacht werden.

(3) Unbeschadet der Bestimmung des Abs. 2 kann eine Klage wegen Ansprüchen, die sich auf eine Verweigerung des Netzzuganges bzw. Speicherzugangs gründen, erst nach Rechtskraft der Entscheidung der Regulierungsbehörde eingebracht werden; bildet eine solche Entscheidung eine Vorfrage für das gerichtliche Verfahren, so ist dieses bis zur Rechtskraft der Entscheidung der Regulierungsbehörde zu unterbrechen.

13. Teil
Erdgasleitungsanlagen und Speicheranlagen außerhalb des Mineralrohstoffgesetzes
1. Abschnitt
Beschaffenheit von Erdgasleitungsanlagen
Technische Mindestanforderungen an Leitungsanlagen

§ 133. Zur Sicherstellung der den Netzbetreibern auferlegten Verpflichtungen sind bei der Errichtung, der Herstellung und beim Betrieb von Erdgasleitungsanlagen die Regeln der Technik (§ 7 Abs. 1 Z 53) einzuhalten.

Festsetzung eines Zielwertes für den technisch zulässigen Anteil an Wasserstoff in den Erdgasleitungsanlagen

§ 133a. Die Bundesministerin für Klimaschutz, Umwelt, Energie, Mobilität, Innovation und Technologie kann im Einvernehmen mit der Bundesministerin für Digitalisierung und Wirtschaftsstandort mit Verordnung einen Maximalwert für den technisch zulässigen Anteil an Wasserstoff in den Erdgasleitungsanlagen festlegen.

2. Abschnitt
Errichtung und Auflassung von Erdgasleitungsanlagen
Genehmigungspflicht

§ 134. (1) Unbeschadet der nach anderen Vorschriften bestehenden Genehmigungs- oder Bewilligungspflichten bedarf die Errichtung, Erweiterung, wesentliche Änderung und der Betrieb von Erdgasleitungsanlagen einer gasrechtlichen Genehmigung durch die Behörde gemäß § 148 Abs. 2.

(2) Von der Genehmigungspflicht sind Erdgasleitungsanlagen mit einem maximal zulässigen Betriebsdruck bis einschließlich 0,6 MPa ausgenommen, sofern beim Inhaber der Leitungsanlage

1. Lage- und Ausführungspläne, technische Beschreibungen der Leitungsanlage sowie Aufzeichnungen, aus denen hervorgeht, dass die Leitungsanlage entsprechend den einschlägigen Regeln der Technik errichtet und betrieben wird, und in denen die maßgebenden Regeln der Technik beschrieben und ihre Einhaltung belegt wird oder
2. die kompletten Zertifizierungsunterlagen nach ÖVGW PV 200 „Qualitätsanforderungen für Gasnetzbetreiber, Anforderungen von Prüfungen für die Zertifizierung von Gasnetzbetreibern“, erhältlich in der Österreichischen Vereinigung für das Gas- und Wasserfach bzw. nach anderen geeigneten Zertifizierungsverfahren (zB ÖNORM EN ISO 9001 „Qualitätssicherungssysteme – Anforderungen (ISO 9001:2000)“), alle erhältlich beim Österreichischen Institut für Normenwesen, 1020 Wien, Heinestraße 38, sowie
3. ein Sicherheitskonzept gemäß § 58 Abs. 1 Z 3, § 62 Abs. 1 Z 9 und § 150 Abs. 2 Z 12 sowie der Haftpflichtversicherungsnachweis gemäß § 51

zur jederzeitigen Einsichtnahme durch die Behörde gemäß § 148 Abs. 2 aufliegen und keine Zwangsrechte gemäß § 145 in Anspruch genommen werden. Erdgasleitungsanlagen mit einem Druckbereich über 0,1 MPa sind drei Monate vor der geplanten Errichtung der Behörde gemäß § 148 Abs. 2 unter Anschluss der in § 150 Abs. 2 Z 1, 5, 12 und 13 angeführten Unterlagen anzuzeigen. Die Behörde gemäß § 148 Abs. 2 hat die Ausführung über Antrag eines Netzbetreibers binnen drei Monaten zu untersagen, wenn die Voraussetzungen des § 137 Abs. 3 vorliegen. § 138 Abs. 1 Z 4 gilt sinngemäß. Sind der Anzeige die Unterlagen gemäß § 150 Abs. 2 Z 1, 5, 12 und 13 nicht beigeschlossen und werden diese auch nicht nach Aufforderung gemäß § 13 AVG der Behörde gemäß § 148 Abs. 2 vorgelegt, ist die Anzeige innerhalb einer Frist von drei Monaten zurückzuweisen.

(3) Die Bundesministerin für Klimaschutz, Umwelt, Energie, Mobilität, Innovation und Technologie ist ermächtigt, jene im Abs. 2 bestimmten Voraussetzungen, unter denen Erdgasleitungsanlagen von der Genehmigungspflicht ausgenommen sind, durch Verordnung abzuändern oder zu ergänzen, wenn nach für verbindlich erklärten Regeln der Technik keine nachteiligen Auswirkungen auf die gemäß § 135 geschützten rechtlichen Interessen zu erwarten ist.

(4) Unbeschadet der Bestimmung des Abs. 2 kann die Bundesministerin für Klimaschutz, Umwelt, Energie, Mobilität, Innovation und Technologie durch Verordnung weitere Erdgasleitungsanlagen von der Genehmigungspflicht ausnehmen, wenn auf Grund ihrer Beschaffenheit zu erwarten ist, dass die gemäß § 135 wahrzunehmenden Interessen hinreichend geschützt sind. In dieser Verordnung können auch technische Regelwerke für die Beschaffenheit der von der Genehmigungspflicht ausgenommenen Erdgasleitungsanlagen für verbindlich erklärt werden.

Voraussetzungen

§ 135. (1) Erdgasleitungsanlagen sind so zu errichten, zu erweitern, zu ändern und zu betreiben, dass

1. das Leben oder die Gesundheit
   a) des Inhabers der Erdgasleitungsanlage,
   b) der nicht den Bestimmungen des ArbeitnehmerInnenschutzgesetzes, BGBl. Nr. 450/1994, unterliegenden mittätigen Familienangehörigen und
   c) der Nachbarn nicht gefährdet wird;
2. dingliche Rechte von Nachbarn nicht gefährdet werden;
3. Nachbarn durch Lärm, Geruch oder in anderer Weise nicht unzumutbar belästigt werden;
4. die sicherheitstechnischen Vorschriften eingehalten werden;
5. die einschlägigen Regeln der Technik eingehalten werden sowie
6. die Abwärme bei der Verdichtung von Erdgas im technisch möglichen und wirtschaftlich zumutbaren Ausmaß einem Nutzungskonzept zugeführt wird sowie
7. das Ziel der langfristigen Klimaneutralität bis 2040 unterstützt wird.

(2) Unter einer Gefährdung des Eigentums im Sinne des Abs. 1 Z 2 ist die Möglichkeit einer bloßen Minderung des Verkehrswertes des Eigentums nicht zu verstehen.

Vorprüfung

§ 136. (1) Die Behörde gemäß § 148 Abs. 2 kann über Antrag des Antragstellers oder von Amts wegen ein Vorprüfungsverfahren anordnen, wenn ein Antrag auf vorübergehende Inanspruchnahme fremder Grundstücke oder auf Genehmigung einer Erdgasleitungsanlage vorliegt und zu befürchten ist, dass durch diese Erdgasleitungsanlage öffentliche Interessen nach § 137 Abs. 5 wesentlich beeinträchtigt werden. Die Behörde gemäß § 148 Abs. 2 hat über diesen Antrag innerhalb einer Frist von drei Monaten zu entscheiden.

(2) Im Rahmen eines Vorprüfungsverfahrens sind sämtliche Behörden und öffentlichrechtlichen Körperschaften, welche die durch die geplante Erdgasleitungsanlage berührten öffentlichen Interessen (§ 137 Abs. 5) vertreten, zu hören.

(3) Nach Abschluss des Vorprüfungsverfahrens ist mit Bescheid festzustellen, ob und unter welchen Bedingungen die geplante Leitungsanlage

den berührten öffentlichen Interessen nicht widerspricht.

Genehmigung von Erdgasleitungsanlagen

§ 137. (1) Erdgasleitungsanlagen dürfen unbeschadet der Bestimmung des § 134 Abs. 3 nur mit Genehmigung der Behörde gemäß § 148 Abs. 2 errichtet, erweitert, geändert und betrieben werden.

(2) Die Genehmigung ist, erforderlichenfalls unter Vorschreibung von bestimmten und geeigneten Auflagen, zu erteilen,

1. wenn nach dem Stand der Technik (§ 7 Abs. 1 Z 60) sowie der sonst in Betracht kommenden Wissenschaften zu erwarten ist, dass überhaupt oder bei Einhaltung der erforderlichenfalls vorzuschreibenden bestimmten geeigneten Auflagen die nach den Umständen des Einzelfalles voraussehbaren Gefährdungen im Sinne des § 135 Abs. 1 Z 1 oder Z 2 vermieden und Belästigungen, Beeinträchtigungen oder nachteilige Einwirkungen im Sinne des § 135 Abs. 1 Z 3 auf ein zumutbares Maß beschränkt werden;
2. wenn die Errichtung, die Erweiterung, die Änderung und der Betrieb der Anlage unter Einhaltung der geltenden sicherheitstechnischen Rechtsvorschriften und einschlägigen Regeln der Technik erfolgt und
3. wenn der Abschluss einer Haftpflichtversicherung und das Bestehen eines Sicherheitskonzeptes in ausreichendem Ausmaß nachgewiesen wird.

(3) Die Genehmigung einer Erdgasleitungsanlage ist zu versagen, wenn die Errichtung, Erweiterung oder Änderung der Anlage mit den Zielen des § 4 unvereinbar ist oder einen Netzbetreiber daran hindern würde, die ihm auferlegten gemeinwirtschaftlichen Verpflichtungen gemäß § 5 zu erfüllen und diese Versagungsgründe nicht durch die Vorschreibung von Auflagen beseitigt werden können. Die Regulierungsbehörde hat über Antrag eines Netzbetreibers das Vorliegen zumindest eines dieser Versagungsgründe innerhalb von zwei Monaten ab Einlangen des Antrags bescheidmäßig festzustellen. Der antragstellende Netzbetreiber hat das Vorliegen dieser Versagungsgründe nachzuweisen. Bis zur Entscheidung der Regulierungsbehörde hat die Behörde gemäß § 148 Abs. 2 das Genehmigungsverfahren gemäß § 38 AVG auszusetzen.

(4) Eine Versagung gemäß Abs. 3 ist unzulässig, wenn die Erdgasleitungsanlage ausschließlich zur Versorgung eines einzigen Endverbrauchers errichtet und betrieben wird.

(5) Durch Auflagen ist eine Abstimmung mit bereits vorhandenen oder bewilligten anderen Energieversorgungseinrichtungen und mit den Erfordernissen der Landeskultur, des Forstwesens, des Wasserrechtes, der Raumplanung, der Wasserwirtschaft, der Wildbach- und Lawinenverbauung, des Natur- und Landschaftsschutzes, des Denkmalschutzes, der Bodenkultur, des öffentlichen Verkehrs sowie der Landesverteidigung herbeizuführen. Zur Wahrung dieser Interessen sind die dazu berufenen Behörden und öffentlich-rechtlichen Körperschaften zu hören.

(6) Die Behörde gemäß § 148 Abs. 2 kann bei Auflagen, deren Einhaltung aus Sicherheitsgründen vor Inbetriebnahme einer Überprüfung bedarf, zunächst nur die Genehmigung zur Errichtung erteilen und sich die Erteilung der Betriebsgenehmigung vorbehalten.

(7) Ergibt sich nach der Genehmigung einer Erdgasleitungsanlage, dass die gemäß § 135 Abs. 1 Z 1 bis 3 zu wahrenden Interessen trotz Einhaltung der in der gasrechtlichen Genehmigung oder in einer allfälligen Betriebsgenehmigung vorgeschriebenen Auflagen nicht hinreichend geschützt sind, so hat die Behörde gemäß § 148 Abs. 2 die nach dem Stand der Technik und dem Stand der medizinischen und der sonst in Betracht kommenden Wissenschaften zur Erreichung dieses Schutzes erforderlichen anderen oder zusätzlichen Auflagen vorzuschreiben. Dies gilt auch für Anlagen, die von der Genehmigungspflicht gemäß § 134 Abs. 2 ausgenommen sind, sinngemäß. Die Behörde gemäß § 148 Abs. 2 hat solche Auflagen nicht vorzuschreiben, wenn sie unverhältnismäßig sind, vor allem wenn der mit der Erfüllung der Auflagen verbundene Aufwand außer Verhältnis zu dem mit den Auflagen angestrebten Erfolg steht. Dabei sind insbesondere die Nutzungsdauer und die technischen Besonderheiten zu berücksichtigen.

(8) Ergibt sich nach der Genehmigung einer Erdgasleitungsanlage, dass die gemäß § 135 Abs. 1 Z 1 bis 3 zu wahrenden Interessen auch ohne Einhaltung von Teilen der in der gasrechtlichen Genehmigung oder in einer allfälligen Betriebsgenehmigung vorgeschriebenen Auflagen hinreichend geschützt sind, so kann die Behörde gemäß § 148 Abs. 2 auf Antrag die nach den Regeln der Technik zur Erreichung dieses Schutzes nicht erforderlichen Auflagen aufheben und gegebenenfalls andere Auflagen vorschreiben.

(9) Durch einen Wechsel in der Person des Inhabers einer Erdgasleitungsanlage wird die Wirksamkeit der Genehmigung zur Errichtung der Erdgasleitungsanlage und der Betriebsgenehmigung nicht berührt.

Parteien

§ 138. (1) Im Verfahren zur Genehmigung von Erdgasleitungsanlagen haben Parteistellung:

1. der Genehmigungswerber;
2. alle Grundeigentümer, deren Grundstücke samt ihrem darunter befindlichen Boden oder darüber befindlichen Luftraum von Maßnahmen zur Errichtung, Erweiterung oder Änderung von Gasleitungsanlagen dauernd oder

vorübergehend in Anspruch genommen werden, sowie die an diesen Grundstücken dinglich Berechtigten – ausgenommen Hypothekargläubiger – und die Bergbauberechtigten;
3. die Nachbarn (Abs. 2), soweit ihre nach § 135 Abs. 1 Z 1 bis 3 geschützten Interessen berührt werden;
4. Netzbetreiber, die einen Antrag auf Versagung der Genehmigung gemäß § 137 Abs. 3 gestellt haben;
5. das örtlich zuständige Arbeitsinspektorat, soweit das Verfahren Angelegenheiten des Arbeitnehmerschutzes berührt.

(2) Nachbarn sind alle Personen, die durch die Errichtung, die Erweiterung, die Änderung, den Bestand oder den Betrieb einer Erdgasleitungsanlage gefährdet oder belästigt oder deren Eigentum oder sonstige dingliche Rechte gefährdet werden könnten. Als Nachbarn gelten nicht Personen, die sich vorübergehend in der Nähe der Erdgasleitungsanlage aufhalten und nicht im Sinne des vorherigen Satzes dinglich berechtigt sind. Als Nachbarn gelten jedoch die Inhaber von Einrichtungen, in denen sich, wie etwa in Beherbergungsbetrieben, Krankenanstalten und Heimen, regelmäßig Personen vorübergehend aufhalten, hinsichtlich des Schutzes dieser Personen, und die Erhalter von Schulen hinsichtlich des Schutzes der Schüler, der Lehrer und der sonst in Schulen ständig beschäftigten Personen.

(3) Als Nachbarn sind auch die im Abs. 2 erster Satz genannten Personen zu behandeln, die auf grenznahen Grundstücken im Ausland wohnen, wenn in dem betreffenden Staat österreichische Nachbarn in den entsprechenden Verfahren rechtlich oder doch tatsächlich den gleichen Nachbarschutz genießen.

Anzeigepflichten bei Betriebsbeginn und Betriebsende

§ 139. (1) Der Anlageninhaber hat die Fertigstellung der Erdgasleitungsanlage oder ihrer wesentlichen Teile der Behörde gemäß § 148 Abs. 2 anzuzeigen. Hat sich die Behörde gemäß § 148 Abs. 2 anlässlich der Errichtungsgenehmigung eine Betriebsgenehmigung nicht vorbehalten, ist der Anlageninhaber nach der Anzeige über die Fertigstellung berechtigt, mit dem regelmäßigen Betrieb zu beginnen.

(2) Wurde die Inbetriebnahme der Erdgasleitungsanlage einer Betriebsgenehmigung gemäß § 137 Abs. 6 vorbehalten, ist nach der Fertigstellungsanzeige die Aufnahme des regelmäßigen Betriebes zu genehmigen, sofern die Auflagen der Errichtungsgenehmigung erfüllt wurden.

(3) Der Anlageninhaber hat die dauernde Auflassung einer genehmigten Erdgasleitungsanlage der Behörde gemäß § 148 Abs. 2 anzuzeigen.

Eigenüberwachung

§ 140. (1) Der Inhaber einer Erdgasleitungsanlage hat diese regelmäßig wiederkehrend zu prüfen oder prüfen zu lassen, ob sie den für die Anlage geltenden Vorschriften, dem Genehmigungsbescheid oder anderen nach diesem Bundesgesetz ergangenen Bescheiden entspricht. Sofern im Genehmigungsbescheid oder in einem anderen nach diesem Bundesgesetz ergangenen Bescheid oder andere für die Anlage geltenden Vorschriften nichts anderes bestimmt ist, betragen die Fristen für die wiederkehrenden Prüfungen zehn Jahre.

(2) Zur Durchführung der wiederkehrenden Prüfungen gemäß Abs. 1 sind vom Inhaber der Erdgasleitungsanlagen Anstalten des Bundes oder eines Bundeslandes, akkreditierte Stellen im Rahmen des fachlichen Umfanges ihrer Akkreditierung, staatlich autorisierte Anstalten, Ziviltechniker oder Gewerbetreibende, jeweils im Rahmen ihrer Befugnisse, heranzuziehen; wiederkehrende Prüfungen dürfen auch vom Inhaber der Erdgasleitungsanlage, sofern er geeignet und fachkundig ist, und von sonstigen geeigneten und fachkundigen Betriebsangehörigen vorgenommen werden. Als geeignet und fachkundig sind Personen anzusehen, wenn sie nach ihrem Bildungsgang und ihrer bisherigen Tätigkeit die für die jeweilige Prüfung notwendigen fachlichen Kenntnisse und Erfahrungen besitzen und auch die Gewähr für eine gewissenhafte Durchführung der Prüfungsarbeiten bieten.

(3) Über jede wiederkehrende Prüfung ist eine Prüfbescheinigung auszustellen, die insbesondere festgestellte Mängel und Vorschläge zu deren Behebung zu enthalten hat. Die Prüfbescheinigung und sonstige die Prüfung betreffende Schriftstücke sind, sofern im Genehmigungsbescheid oder in einem anderen Bescheid nichts anderes bestimmt ist, vom Inhaber der Anlage bis zur nächsten wiederkehrenden Prüfung der Anlage aufzubewahren und über Verlangen der Behörde vorzulegen.

(4) Sind in einer Prüfbescheinigung bei der wiederkehrenden Prüfung festgestellte Mängel festgehalten, so hat der Inhaber der Anlage unverzüglich eine Zweitschrift oder Ablichtung dieser Prüfbescheinigung und innerhalb angemessener Frist eine Darstellung der zur Mängelbehebung getroffenen Maßnahmen der Behörde gemäß § 148 Abs. 2 zu übermitteln.

Erlöschen der Genehmigung

§ 141. (1) Eine gemäß § 137 erteilte Genehmigung erlischt, wenn
1. mit der Errichtung nicht innerhalb von drei Jahren ab Rechtskraft der Genehmigung begonnen wird oder

2. die Fertigstellungsanzeige (§ 139 Abs. 1) nicht innerhalb von fünf Jahren ab Rechtskraft der Errichtungsgenehmigung erfolgt.

(2) Die Betriebsgenehmigung erlischt, wenn

1. der regelmäßige Betrieb nicht innerhalb eines Jahres ab Fertigstellungsanzeige, in den Fällen, in denen die Inbetriebnahme der Erdgasleitungsanlage der Erteilung einer Betriebsgenehmigung gemäß § 137 Abs. 6 vorbehalten worden ist, ab Rechtskraft derselben, aufgenommen wird oder
2. der Genehmigungsinhaber anzeigt, dass die Erdgasleitungsanlage dauernd außer Betrieb genommen wird, oder
3. der Betrieb der Erdgasleitungsanlage nach Feststellung der Behörde gemäß § 148 Abs. 2 unbegründet durch mehr als drei Jahre unterbrochen wurde.

(3) Die Fristen nach Abs. 1 und Abs. 2 Z 1 können von der Behörde gemäß § 148 Abs. 2 auf insgesamt höchstens sieben Jahre verlängert werden, wenn die Planungs- oder Bauarbeiten dies erfordern und darum vor Fristablauf angesucht wird.

(4) Nach Erlöschen der Errichtungs- oder Betriebsgenehmigung hat der letzte Anlageninhaber die Erdgasleitungsanlage über nachweisliche Aufforderung des Grundstückseigentümers umgehend abzutragen und den früheren Zustand nach Möglichkeit wiederherzustellen, es sei denn, dass dies durch privatrechtliche Vereinbarungen über das Belassen der Erdgasleitungsanlage ausgeschlossen wurde. Hiebei ist mit möglichster Schonung und Ermöglichung des bestimmungsgemäßen Gebrauches der betroffenen Grundstücke vorzugehen.

(5) Im Falle einer gänzlichen oder teilweisen Unterbrechung des Betriebes sind die notwendigen Vorkehrungen zu treffen, um Gefährdungen der in § 135 angeführten Schutzgüter zu vermeiden.

Nicht genehmigte Erdgasleitungsanlagen

§ 142. (1) Wird eine genehmigungspflichtige Erdgasleitungsanlage ohne Genehmigung errichtet, erweitert oder wesentlich geändert oder eine Anlage, für deren Betrieb die Genehmigung vorbehalten wurde, ohne Betriebsgenehmigung betrieben, so hat die Behörde gemäß § 148 Abs. 2 mit Bescheid die zur Herstellung des gesetzmäßigen Zustandes erforderlichen Maßnahmen, wie die Einstellung der Bauarbeiten, die Einstellung des Betriebes, die Beseitigung der nicht genehmigten Anlage oder Anlagenteile, anzuordnen. Dabei ist auf eine angemessene Frist zur Durchführung der erforderlichen Arbeiten Bedacht zu nehmen.

(2) Die Beseitigung von Anlagen oder Anlagenteilen darf jedoch nicht verfügt werden, wenn zwischenzeitig die Erteilung der erforderlichen Genehmigung beantragt wurde und der Antrag nicht zurückgewiesen oder abgewiesen wurde.

Einstweilige Sicherheitsmaßnahmen

§ 143. (1) Um die durch eine diesem Bundesgesetz unterliegende Erdgasleitungsanlage verursachte Gefahr für das Leben oder die Gesundheit von Menschen oder für das Eigentum oder sonstige dingliche Rechte der Nachbarn abzuwehren oder um die durch eine nicht genehmigte oder nicht genehmigungspflichtige Erdgasleitungsanlage verursachte unzumutbare Belästigung der Nachbarn abzustellen, hat die Behörde gemäß § 148 Abs. 2 entsprechend dem Ausmaß der Gefährdung oder Belästigung mit Bescheid die gänzliche oder teilweise Stilllegung der Erdgasleitungsanlage, die Stilllegung von Maschinen oder sonstige, die Anlage betreffende Sicherheitsmaßnahmen oder Vorkehrungen zu verfügen. Hat die Behörde gemäß § 148 Abs. 2 Grund zur Annahme, dass zur Gefahrenabwehr Sofortmaßnahmen an Ort und Stelle erforderlich sind, so darf sie nach Verständigung des Inhabers der Erdgasleitungsanlage, des Betriebsleiters oder des Eigentümers der Anlage oder, wenn eine Verständigung dieser Personen nicht möglich ist, einer Person, die tatsächlich die Betriebsführung wahrnimmt, solche Maßnahmen auch ohne vorausgegangenes Verfahren und vor Erlassung eines Bescheides an Ort und Stelle treffen; hierüber ist jedoch binnen eines Monats ein schriftlicher Bescheid zu erlassen, widrigenfalls die getroffene Maßnahme als aufgehoben gilt. Dieser Bescheid gilt auch dann als erlassen, wenn er gemäß § 19 Zustellgesetz, BGBl. Nr. 200/1982, wegen Unzustellbarkeit an die Behörde zurückgestellt worden ist und seit dem Anschlag an der Amtstafel durch die Behörde gemäß § 148 Abs. 2 zwei Wochen verstrichen sind. Diese Bescheide sind sofort vollstreckbar. Sie treten mit Ablauf eines Jahres – vom Tage ihrer Rechtskraft an gerechnet – außer Kraft, sofern keine kürzere Frist im Bescheid festgesetzt wurde. Durch einen Wechsel in der Person des Inhabers der von der Maßnahme betroffenen Anlagen, Anlagenteile oder Gegenstände wird die Wirksamkeit dieser Bescheide nicht berührt.

(2) Liegen die Voraussetzungen für die Erlassung eines Bescheides gemäß Abs. 1 nicht mehr vor und ist zu erwarten, dass in Hinkunft jene Vorschriften, deren Nichteinhaltung für die Maßnahmen nach Abs. 1 bestimmend waren, von dem Unternehmen eingehalten werden, das die Erdgasleitungsanlage betreiben will, so hat die Behörde gemäß § 148 Abs. 2 auf Antrag dieses Unternehmens die mit Bescheid gemäß Abs. 1 getroffenen Maßnahmen ehestens zu widerrufen.

Vorarbeiten zur Errichtung einer Erdgasleitungsanlage

§ 144. (1) Zur Vornahme von Vorarbeiten für die Errichtung, die Erweiterung oder Änderung einer Erdgasleitungsanlage hat die Behörde gemäß § 148 Abs. 2 auf Antrag die vorübergehende Inanspruchnahme fremder Grundstücke zu genehmigen.

(2) Im Antrag sind die Art und Dauer der beabsichtigten Vorarbeiten anzugeben. Weiters ist dem Antrag eine Übersichtskarte in geeignetem Maßstab beizuschließen, in welcher das von den Vorarbeiten berührte Gebiet ersichtlich zu machen ist.

(3) Ein Rechtsanspruch auf eine Entscheidung besteht nur dann, wenn der Beginn der Vorarbeiten innerhalb eines Jahres, gerechnet ab Antragstellung, in Aussicht genommen ist.

(4) In der Genehmigung ist dem Antragsteller das Recht einzuräumen, fremde Grundstücke zu betreten und auf diesen die zur Vorbereitung des Bauentwurfes der Erdgasleitungsanlage erforderlichen Bodenuntersuchungen und sonstigen technischen Arbeiten vorzunehmen. Den Grundeigentümern und dinglich Berechtigten kommt keine Parteistellung zu.

(5) Bei der Durchführung der Vorarbeiten hat der Berechtigte mit möglichster Schonung bestehender Rechte vorzugehen und darauf Bedacht zu nehmen, dass der bestimmungsgemäße Gebrauch der betroffenen Grundstücke nach Möglichkeit nicht behindert wird.

(6) Die Genehmigung ist zu befristen. Die Frist ist unter Bedachtnahme auf die Art und den Umfang sowie die geländemäßigen Voraussetzungen der Vorarbeiten festzusetzen. Sie ist auf höchstens drei Jahre, gerechnet ab Zustellung des Bescheides, mit dem die Vorarbeiten genehmigt wurden, zu verlängern, soweit die Vorbereitung des Bauentwurfes dies erfordert.

(7) Den Gemeinden, in welchen die Vorarbeiten durchgeführt werden sollen, hat die Behörde gemäß § 148 Abs. 2 eine Ausfertigung der Genehmigung und eine Übersichtskarte gemäß Abs. 2 zuzustellen, die unverzüglich durch Anschlag an der Amtstafel kundzumachen sind. Die Kundmachungsfrist beträgt drei Wochen. Mit den Vorarbeiten darf erst nach Ablauf der Kundmachungsfrist begonnen werden.

(8) Der zur Vornahme der Vorarbeiten Berechtigte hat unbeschadet der Bestimmungen des Abs. 7 die Eigentümer oder die Nutzungsberechtigten der betroffenen Liegenschaften sowie allfällige Bergbauberechtigte mindestens vier Wochen vorher vom beabsichtigten Beginn der Vorarbeiten schriftlich in Kenntnis zu setzen.

(9) Der zur Vornahme der Vorarbeiten Berechtigte hat die Eigentümer der betroffenen Grundstücke, die an diesen Grundstücken dinglich Berechtigten – ausgenommen Hypothekargläubiger – und allfällige Bergbauberechtigte für alle mit den Vorarbeiten unmittelbar verbundenen Beschränkungen ihrer zum Zeitpunkt der Genehmigung bestehenden Rechte angemessen zu entschädigen. Soweit hierüber keine Vereinbarung zustande kommt, ist die Entschädigung auf Antrag durch die Behörde gemäß § 148 Abs. 2 festzusetzen. Für das Entschädigungsverfahren gilt § 151 sinngemäß.

3. Abschnitt
Enteignung
Enteignung

§ 145. (1) Eine Enteignung durch die Entziehung oder die Beschränkung von Grundeigentum oder Rechten ist zulässig, wenn dies für die Errichtung der Fern- oder Verteilerleitung erforderlich und im öffentlichen Interesse gelegen ist. Das öffentliche Interesse ist den betroffenen Grundstückseigentümern zum frühestmöglichen Zeitpunkt zu begründen. Ein öffentliches Interesse liegt jedenfalls dann vor, wenn die Erdgasleitungsanlage in der langfristigen und integrierten Planung bzw. im Netzentwicklungsplan vorgesehen ist. Diesfalls ist das öffentliche Interesse von der Regulierungsbehörde im Bescheid festzustellen. Bei Erdgasleitungsanlagen, die nicht Gegenstand der langfristigen und integrierten Planung bzw. des Netzentwicklungsplans sind, liegt ein öffentliches Interesse jedenfalls dann vor, wenn die Errichtung dieser Anlage zur Erreichung der Zielsetzungen dieses Bundesgesetzes, insbesondere der in § 4, § 22 und § 63 umschriebenen Ziele, erforderlich ist. Für Erdgasleitungsanlagen mit einem Druckbereich bis einschließlich 0,6 MPa können private Grundstücke nur enteignet werden, wenn öffentliches Gut in dem betreffenden Gebiet nicht zur Verfügung steht oder die Benützung öffentlichen Gutes dem Erdgasunternehmen aus wirtschaftlichen Gründen nicht zugemutet werden kann.

(2) Die Enteignung umfasst:

1. die Einräumung von Dienstbarkeiten an unbeweglichen Sachen;
2. die Abtretung von Eigentum an Grundstücken;
3. die Abtretung, Einschränkung oder Aufhebung anderer dinglicher Rechte an unbeweglichen Sachen und solcher Rechte, deren Ausübung an einen bestimmten Ort gebunden ist.

(3) Von der im Abs. 2 Z 2 angeführten Maßnahme darf nur in jenen Fällen Gebrauch gemacht werden, wenn die übrigen im Abs. 2 angeführten Maßnahmen nicht ausreichen.

(4) Über die Zulässigkeit, den Inhalt, den Gegenstand und den Umfang der Enteignung sowie nach Maßgabe des § 151 über die Höhe der Enteignungsentschädigung entscheidet die Behörde, die für die Genehmigung der Anlage gemäß § 148 zuständig ist.

(5) Für Erdgasleitungsanlagen, die gemäß § 134 Abs. 2 von der Genehmigungspflicht ausgenommen sind, ist zuständige Behörde im Sinne von Abs. 1 der Landeshauptmann.

4. Abschnitt
Speicheranlagen außerhalb des Mineralrohstoffgesetzes und Maßnahmen betreffend die Beherrschung der Gefahren bei schweren Unfällen
Anwendungsbereich

§ 146. (1) Röhrenspeicher und Kugelspeicher bedürfen einer Genehmigung nach diesem Bundesgesetz. Die Bestimmungen des § 133 finden auf diese Speicheranlagen sinngemäß Anwendung.

(2) Der Betreiber eines Röhrenspeichers oder Kugelspeichers, der in den Anwendungsbereich dieses Abschnittes fällt und die Mengenschwellen der Anlage 5 Teil 1 Z 14 GewO 1994 überschreitet, hat alle nach dem Stand der Technik notwendigen Maßnahmen zu ergreifen, die erforderlich sind, um schwere Unfälle zu verhüten und deren Folgen für Mensch und Umwelt zu begrenzen. Die §§ 84a bis 84f, § 84g Abs. 2, § 84h, § 84k sowie § 84l Abs. 2, 4, 5 und 7 GewO 1994 finden auf diese Anlagen sinngemäß Anwendung. In diesem Zusammenhang sind weiters die Vorgaben der Anlage 4 einzuhalten.

14. Teil
Statistik
Anordnung und Durchführung statistischer Erhebungen

§ 147. (1) Die Bundesministerin für Klimaschutz, Umwelt, Energie, Mobilität, Innovation und Technologie wird ermächtigt, auf Grundlage eines Vorschlags der Regulierungsbehörde statistische Erhebungen einschließlich Preiserhebungen und Erhebungen sonstiger Marktdaten, insbesondere Wechselzahlen und Neukundenzahlen nach Kundengruppen und sonstige statistische Arbeiten über gasförmige Energieträger jeder Art, insbesondere auch über biogene Gase, die in ursprünglicher oder umgewandelter Form durch Verbrennen für Zwecke der Energiegewinnung verwendet werden können, anzuordnen und durchzuführen.

(2) Die Anordnung der statistischen Erhebungen hat durch Verordnung zu erfolgen. Die Verordnung hat neben der Anordnung von statistischen Erhebungen insbesondere zu enthalten:

1. die Erhebungsmasse;
2. statistische Einheiten;
3. die Art der statistischen Erhebung;
4. Erhebungsmerkmale;
5. Merkmalsausprägung;
6. Häufigkeit und Zeitabstände der Datenerhebung;
7. die Bestimmung des Personenkreises, der zur Auskunft verpflichtet ist;
8. ob und in welchem Umfang die Ergebnisse der statistischen Erhebungen zu veröffentlichen sind, wobei die Bestimmungen des § 19 Abs. 2 Bundesstatistikgesetz 2000 zu beachten sind.

(3) Weigert sich ein Meldepflichtiger, Daten zu melden, kann die Regulierungsbehörde die Meldepflicht mit Bescheid feststellen und die Meldung der Daten mit Bescheid anordnen.

(4) Die Weitergabe von Einzeldaten an die Bundesanstalt „Statistik Österreich“ für Zwecke der Bundesstatistik ist zulässig.

(5) Die Durchführung der Erhebungen und sowie die Verarbeitung der auf Grund dieser Erhebungen beschafften Daten hat unter sinngemäßer Anwendung der Bestimmungen des Bundesstatistikgesetzes 2000 zu erfolgen.

(6) Die von der Regulierungsbehörde erhobenen statistischen Daten sind zu veröffentlichen.

15. Teil
Behörden und Verfahren
1. Abschnitt
Behörden
Zuständigkeit der Behörden in Gasangelegenheiten

§ 148. (1) Sofern im Einzelfall bzw. in den nachstehenden Absätzen nichts anderes bestimmt ist, ist Behörde im Sinne der Bestimmungen dieses Bundesgesetzes die Regulierungsbehörde gemäß § 2 E-ControlG.

(2) Unbeschadet der Regelungen in Abs. 1 und 3 sind als Behörde im Sinne dieses Bundesgesetzes in erster Instanz zuständig:

1. die Bundesministerin für Klimaschutz, Umwelt, Energie, Mobilität, Innovation und Technologie für
   a) die Erteilung von Genehmigungen für die Errichtung, die Änderung, die Erweiterung von Fernleitungsanlagen im Sinne des § 7 Abs. 1 Z 19 sowie von Verteilerleitungsanlagen der Netzebene 1;
   b) die Erteilung von Genehmigungen für die Errichtung, die Änderung, die Erweiterung von die Bundesländergrenzen überschreitenden Erdgasleitungsanlagen;
2. der Landeshauptmann
   a) für die Erteilung von Genehmigungen für die Errichtung, die Änderung, die Erweiterung aller sonstigen Erdgasleitungsanlagen;
   b) für die Erteilung von Genehmigungen für die Errichtung, die Änderung, die Erweiterung von Speicheranlagen gemäß § 146;
   c) zur Feststellung über das Bestehen einer Anschlusspflicht gemäß § 59 Abs. 3.

(3) Verwaltungsstrafen gemäß § 159 bis § 162 sind von der Bezirksverwaltungsbehörde zu verhängen. Die Regulierungsbehörde hat in diesen Verfahren Parteistellung. Sie ist berechtigt, die Einhaltung von Rechtsvorschriften, die dem

Schutz der Einhaltung von der von ihr wahrzunehmenden öffentlichen Interessen dienen, als subjektives Recht im Verfahren geltend zu machen und Beschwerde an das Verwaltungsgericht des Landes zu erheben.

(4) Die Regulierungsbehörde kann Verpflichtete, die Pflichten nach diesem Bundesgesetz verletzen, darauf hinweisen und ihnen auftragen, den gesetzmäßigen Zustand innerhalb einer von ihr festgelegten angemessenen Frist herzustellen, wenn Gründe zur Annahme bestehen, dass auch ohne Straferkenntnis ein rechtskonformes Verhalten erfolgen wird. Dabei hat sie auf die mit einer solchen Aufforderung verbundenen Rechtsfolgen hinzuweisen.

(5) Verpflichtete sind nicht zu bestrafen, wenn sie den gesetzmäßigen Zustand innerhalb der von der Regulierungsbehörde gesetzten Frist herstellen.

(6) Geldbußen gemäß dem § 164 sind vom Kartellgericht zu verhängen.

(7) In Verwaltungssachen, die die Genehmigung für die Errichtung, die Änderung oder die Erweiterung von Erdgasleitungsanlagen gemäß Abs. 2 Z 1 zum Gegenstand haben oder die Zulässigkeit, den Inhalt sowie den Gegenstand einer Enteignung für deren Errichtung zum Gegenstand haben, kann die Bundesministerin für Klimaschutz, Umwelt, Energie, Mobilität, Innovation und Technologie im Einzelfall die örtlich zuständigen Landeshauptmänner zur Vornahme von Amtshandlungen, insbesondere auch zur Erlassung von Bescheiden, ganz oder zum Teil ermächtigen, sofern dies im Interesse der Zweckmäßigkeit, Raschheit, Einfachheit und Kostenersparnis gelegen ist. Die Landeshauptmänner treten für den betreffenden Fall vollständig an die Stelle der Bundesministerin für Klimaschutz, Umwelt, Energie, Mobilität, Innovation und Technologie.

2. Abschnitt
Vorprüfungsverfahren und Verfahren zur Genehmigung von Erdgasleitungsanlagen

Vorprüfungsverfahren

§ 149. (1) Der Antrag auf Einleitung eines Vorprüfungsverfahrens hat schriftlich zu erfolgen.

(2) Im Rahmen des Vorprüfungsverfahrens hat der Genehmigungswerber der Behörde folgende Unterlagen vorzulegen:

1. einen Bericht über die technische Konzeption der geplanten Erdgasleitungsanlage;
2. einen Übersichtsplan mit der vorläufig beabsichtigten Trasse und den offenkundig berührten, öffentlichen Interessen dienenden Anlagen.

Einleitung des Genehmigungsverfahrens

§ 150. (1) Die Erteilung der gasrechtlichen Genehmigung ist bei der Behörde schriftlich zu beantragen.

(2) Dem Antrag sind folgende Unterlagen in zweifacher Ausfertigung anzuschließen:

1. ein Übersichtsplan;
2. ein technischer Bericht mit Angaben über Zweck, Umfang, Betriebsweise und technische Ausführung der geplanten Erdgasleitungsanlage, insbesondere über Auslegungsdruck und Betriebsdruck;
3. ein Trassenplan im Maßstab 1:2 000, aus welchem der Verlauf der Erdgasleitungsanlage und die betroffenen Grundstücke mit ihren Grundstücksnummern sowie die Breite des vorgesehenen Arbeitsstreifens und der Schutzzone ersichtlich sind;
4. ein Plan über alle zur Erdgasleitungsanlage zählenden Anlagen gemäß § 7 Abs. 1 Z 15;
5. ein Verzeichnis der von der Erdgasleitungsanlage berührten fremden Anlagen, wie Eisenbahnen, Versorgungsleitungen und dergleichen, mit Namen und Anschrift der Eigentümer;
6. die sich aus dem zum Zeitpunkt der Antragstellung aktuellen Grundbuchstand ergebenden Namen und Anschriften der Eigentümer der Grundstücke, auf welchen die Erdgasleitungsanlage errichtet werden soll, einschließlich der dinglich Berechtigten mit Ausnahme der Hypothekargläubiger und der Eigentümer der unmittelbar angrenzenden Grundstücke, die in den Arbeitsstreifen und die Schutzzone der Erdgasleitungsanlage fallen; wenn diese Eigentümer Wohnungseigentümer im Sinne des Wohnungseigentumsgesetzes 2002 – WEG 2002, BGBl. Nr. 70/2002, sind, die Namen und Anschriften des jeweiligen Verwalters (§ 20 WEG 2002);
7. ein Ausschnitt aus dem rechtskräftigen Flächenwidmungsplan, aus welchem die Widmung der von der Leitungsanlage betroffenen und der an die Anlage unmittelbar angrenzenden Grundstücke ersichtlich ist;
8. ein Verzeichnis allfälliger Bergbaugebiete, in denen die Erdgasleitungsanlage, der Arbeitsstreifen und die Schutzzone liegt oder zu liegen kommt, samt Namen und Anschrift der Bergbauberechtigten;
9. eine Begründung für die Wahl der Leitungstrasse unter Berücksichtigung der tatsächlichen örtlichen Verhältnisse;
10. eine Beschreibung und Beurteilung der voraussichtlichen Gefährdungen und Belästigungen im Sinne des § 135 Abs. 1 Z 1, 2 und 3;
11. eine Beschreibung der Maßnahmen, mit denen Gefährdungen oder Belästigungen des Vorhabens beseitigt, verringert oder ausgeglichen werden sollen;
12. ein Sicherheitskonzept, das insbesondere auch die in Aussicht genommenen Sicherheitsberichte mit Gefahrenanalyse sowie eine Notfallsplanung umfasst;

13. eine Bestätigung des Haftpflichtversicherers gemäß § 51 Abs. 1.

(3) Die Behörde hat von der Beibringung einzelner im Abs. 2 angeführter Unterlagen abzusehen, wenn diese für das Genehmigungsverfahren entbehrlich sind.

(4) Die Behörde hat die Vorlage zusätzlicher Ausfertigungen aller oder einzelner nach Abs. 2 oder 3 erforderlichen Unterlagen zu verlangen, wenn dies zur Beurteilung durch sonstige öffentliche Dienststellen oder zur Begutachtung durch Sachverständige notwendig ist.

Genehmigungsverfahren und Anhörungsrechte

§ 151. (1) Die Behörde hat auf Grund eines Antrages auf Genehmigung der Errichtung und des Betriebes einer Erdgasleitungsanlage oder auf Genehmigung der Erweiterung oder Änderung einer genehmigten Erdgasleitungsanlage eine Augenscheinsverhandlung anzuberaumen. Gegenstand, Zeit und Ort der Augenscheinsverhandlung sowie die Voraussetzungen für die Begründung der Parteistellung sind den Nachbarn und den Netzbetreibern durch Anschlag in der Gemeinde bekannt zu machen. Die Eigentümer der unmittelbar angrenzenden Grundstücke gemäß § 150 Abs. 2 Z 6 und die in § 138 Abs. 1 Z 1 und 2 genannten Personen sind persönlich zu laden. Wenn diese Eigentümer Wohnungseigentümer sind, sind die im zweiten Satz angeführten Angaben dem Verwalter nachweislich schriftlich mit dem Auftrag zur Kenntnis zu bringen, diese Angaben den Wohnungseigentümern unverzüglich, etwa durch Anschlag im Haus, bekannt zu geben.

(2) Ist die Gefahr der Verletzung eines Kunst-, Betriebs- oder Geschäftsgeheimnisses (§ 40 AVG) gegeben, so ist den Nachbarn die Teilnahme an der Besichtigung der Erdgasleitungsanlage nur mit Zustimmung des Genehmigungswerbers gestattet, doch ist ihr allfälliges Recht auf Parteiengehör zu wahren.

(3) Werden von Nachbarn privatrechtliche Einwendungen gegen die Erdgasleitungsanlage vorgebracht, so hat der Verhandlungsleiter auf eine Einigung hinzuwirken; die etwa herbeigeführte Einigung ist in der Niederschrift über die Verhandlung aufzunehmen. Im Übrigen ist der Nachbar mit solchen Vorbringen auf den Zivilrechtsweg zu verweisen.

(4) Soweit die Interessen der Netzbetreiber durch die Errichtung und den Betrieb einer Erdgasleitungsanlage berührt werden, sind sie zu hören.

(5) Jene Gemeinde, in deren Gebiet eine Erdgasleitungsanlage errichtet und betrieben werden soll, ist im Verfahren zur Erteilung der gasrechtlichen Genehmigung zum Schutz der öffentlichen Interessen im Sinne des § 135 im Rahmen ihres Wirkungsbereiches zu hören.

(6) Bedürfen genehmigungspflichtige Vorhaben einer Genehmigung, Bewilligung oder Anzeige nach anderen bundesgesetzlichen Vorschriften, so haben die zuständigen Behörden abgestimmt vorzugehen und nach Möglichkeit die Verfahren gleichzeitig durchzuführen.

Verfahrenskonzentration

§ 152. (1) Ist eine Erdgasleitungsanlage, die nach diesem Bundesgesetz genehmigungspflichtig ist, auch nach dem Emissionsschutzgesetz für Kesselanlagen (EG K) genehmigungspflichtig oder sind in einer nach diesem Bundesgesetz genehmigungspflichtigen Erdgasleitungsanlage Anlagenteile enthalten, die nach dem EG K genehmigungspflichtig sind, entfällt eine gesonderte Genehmigung nach dem EG K, es sind jedoch dessen materiell-rechtliche Genehmigungsregelungen bei der Genehmigung der Erdgasleitungsanlage anzuwenden.

(2) Für Anlagen oder Anlagenteile von Erdgasleitungsanlagen, die eine Brennstoffwärmeleistung von 50 MW oder mehr aufweisen, findet zusätzlich zu Abs. 1 auch § 7 Abs. 2 und 3 EG K Anwendung.

(3) Der Bescheid für Erdgasleitungsanlagen gemäß Abs. 2 hat den Erfordernissen von § 8 Abs. 3 EG K zu entsprechen. Die Entscheidung über deren Genehmigung ist unter Anwendung der Bestimmungen des § 8 Abs. 4 EG K zu veröffentlichen.

Erteilung der Genehmigung

§ 153. (1) Die Erdgasleitungsanlage ist mit schriftlichem Bescheid zu genehmigen, wenn die Voraussetzungen gemäß § 135 erfüllt sind.

(2) Die Behörde kann zulassen, dass bestimmte Auflagen erst ab einem, dem Zeitaufwand der hiefür erforderlichen Maßnahmen entsprechend festzulegenden Zeitpunkt nach Inbetriebnahme der Anlage oder von Teilen der Anlage eingehalten werden müssen, wenn dagegen keine Bedenken vom Standpunkt des Schutzes der in § 135 Abs. 1 Z 1, 2 und 3 umschriebenen Interessen bestehen.

(3) Bei Erweiterungen oder genehmigungspflichtigen Änderungen hat die Genehmigung auch die bereits genehmigte Erdgasleitungsanlage so weit zu umfassen, als es wegen der Erweiterung oder Änderung zur Wahrung der in § 135 Abs. 1 Z 1, 2 und 3 umschriebenen Interessen gegenüber der bereits genehmigten Anlage erforderlich ist.

(4) Die im Zuge eines nach diesem Gesetz durchgeführten Verfahrens getroffenen und mit den Bestimmungen dieses Bundesgesetzes im Zusammenhang stehenden Übereinkommen sind von der Behörde im Bescheid zu beurkunden. Die auf Grund dieses Bundesgesetzes vorgenommenen Beurkundungen und erlassenen Bescheide sind Urkunden im Sinne des § 33 Abs. 1 lit. d des Allgemeinen Grundbuchgesetzes 1955, BGBl.

Nr. 39/1955. Hängt nach einem solchen Bescheid die Erwerbung oder die Belastung, Beschränkung oder Aufhebung eines bücherlichen Rechtes von dem Eintritt bestimmter Voraussetzungen ab, so hat die Behörde auf Antrag auszusprechen, ob diese Voraussetzungen gegeben sind. Der Ausspruch ist für das Gericht bindend.

Sachverständige und Verfahrenskosten

§ 153a. (1) Die Beiziehung von nicht amtlichen Sachverständigen in Verfahren nach diesem Bundesgesetz ist auch ohne das Vorliegen der Voraussetzungen des § 52 Abs. 2 und 3 AVG zulässig. Es können auch fachlich einschlägige Anstalten, Institute oder Unternehmen als Sachverständige bestellt werden.

(2) Kosten, die der Behörde bei der Durchführung der Verfahren nach diesem Bundesgesetz erwachsen, wie beispielsweise Gebühren oder Honorare für Sachverständige, sind vom Projektwerber/von der Projektwerberin zu tragen. Die Behörde kann dem Projektwerber/der Projektwerberin durch Bescheid auftragen, diese Kosten nach Prüfung der sachlichen und rechnerischen Richtigkeit durch die Behörde direkt zu bezahlen.

3. Abschnitt
Verfahren bei der Durchführung von Enteignungen

Enteignungsverfahren

§ 154. Auf das Enteignungsverfahren und die behördliche Ermittlung der Entschädigung sind die Bestimmungen des Eisenbahn-Enteignungsentschädigungsgesetzes, BGBl. Nr. 71/1954, mit nachstehenden Abweichungen anzuwenden:

1. Der Enteignungsgegner kann im Zuge des Enteignungsverfahrens die Einlösung der durch Dienstbarkeiten oder andere dingliche Rechte gemäß § 145 Abs. 2 in Anspruch zu nehmenden unverbauten Grundstücke oder Teile von solchen gegen Entschädigung, welche vom Enteignungswerber zu bezahlen ist, verlangen, wenn diese durch die Belastung die zweckmäßige Benutzbarkeit verlieren. Verliert ein Grundstück durch die Enteignung eines Teiles desselben für den Eigentümer die zweckmäßige Benutzbarkeit, so ist auf Verlangen des Eigentümers das ganze Grundstück einzulösen.
2. Über die Zulässigkeit, den Inhalt, den Gegenstand und den Umfang der Enteignung sowie über die Entschädigung entscheidet die Behörde nach Anhörung der für den Enteignungsgegenstand zuständigen gesetzlichen Interessensvertretung.
3. Die Höhe der Entschädigung ist auf Grund der Schätzung wenigstens eines allgemein beeideten und gerichtlich zertifizierten Sachverständigen im Enteignungsbescheid oder in einem gesonderten Bescheid zu bestimmen; im letzteren Fall ist ohne weitere Erhebungen im Enteignungsbescheid ein vorläufiger Sicherstellungsbetrag festzulegen.
4. Jede der beiden Parteien kann binnen drei Monaten ab Erlassung des die Entschädigung bestimmenden Bescheides (Z 3) die Feststellung des Entschädigungsbetrages bei jenem Landesgericht begehren, in dessen Sprengel sich der Gegenstand der Enteignung befindet. Der Bescheid tritt hinsichtlich des Ausspruches über die Entschädigung mit Anrufung des Gerichtes außer Kraft. Der Antrag an das Gericht auf Feststellung der Entschädigung kann nur mit Zustimmung des Antragsgegners zurückgezogen werden. Bei Zurücknahme des Antrages gilt der im Enteignungsbescheid bestimmte Entschädigungsbetrag als vereinbart.
5. Ein rechtskräftiger Enteignungsbescheid ist erst vollstreckbar, sobald der im Enteignungsbescheid oder in einem gesonderten Bescheid bestimmte Entschädigungsbetrag oder der im Enteignungsbescheid festgelegte vorläufige Sicherstellungsbetrag (Z 3) gerichtlich hinterlegt oder an den Enteigneten ausbezahlt ist.
6. Auf Antrag des Enteigneten kann an Stelle einer Geldentschädigung eine Entschädigung in Form einer gleichartigen und gleichwertigen Naturalleistung treten, wenn diese dem Enteignungswerber unter Abwägung des Einzelfalles wirtschaftlich zugemutet werden kann. Hierüber entscheidet die Behörde in einem gesonderten Bescheid gemäß Z 3.
7. Die Einleitung eines Enteignungsverfahrens, das sich auf verbücherte Liegenschaften oder verbücherte Rechte bezieht, ist durch die Behörde dem zuständigen Grundbuchsgericht bekanntzugeben. Das Grundbuchsgericht hat die Einleitung des Enteignungsverfahrens anzumerken. Die Anmerkung hat zur Folge, dass der Enteignungsbescheid gegen jedermann rechtswirksam wird, zu dessen Gunsten im Range nach der Anmerkung ein bücherliches Recht eingetragen wird. Auf Grund eines rechtskräftigen Bescheides, mit dem das Enteignungsverfahren ganz oder hinsichtlich der in Anspruch genommenen Liegenschaft oder hinsichtlich des verbücherten Rechtes eingestellt wurde, ist die Anmerkung jedoch zu löschen. Die Behörde hat das Grundbuchsgericht von der Einstellung des Enteignungsverfahrens zu verständigen.
8. Vom Erlöschen der gasrechtlichen Genehmigung einer Erdgasleitungsanlage ist der Eigentümer des belasteten Grundstückes durch die Behörde, die über den Gegenstand der Enteignung entscheidet, zu verständigen. Er kann die ausdrückliche Aufhebung der für diese Anlage im Wege der Enteignung eingeräumten Dienstbarkeiten bei der Behörde beantragen. Die Behörde hat über seinen Antrag die für

die Erdgasleitungsanlage im Enteignungswege eingeräumten Dienstbarkeiten unter Festlegung einer der geleisteten Entschädigung angemessenen Rückvergütung durch Bescheid aufzuheben. Für die Festlegung der Rückvergütung gilt Z 3 und 4 sinngemäß.

9. Hat zufolge eines Enteignungsbescheides die Übertragung des Eigentums an einem Grundstück für Zwecke einer Erdgasleitungsanlage stattgefunden, so hat die Behörde auf Grund eines innerhalb eines Jahres ab Abtragung der Erdgasleitungsanlage gestellten Antrages des früheren Eigentümers oder seines Rechtsnachfolgers zu dessen Gunsten die Rückübereignung gegen angemessene Entschädigung auszusprechen. Für die Feststellung dieser Entschädigung gilt Z 3 und 4.

16. Teil
Besondere organisatorische Bestimmungen

Bestellung eines Zustellungsbevollmächtigten

§ 155. Erdgasunternehmen mit dem Sitz im Ausland, die inländische Endverbraucher versorgen, sind verpflichtet, gegenüber der Behörde einen Zustellungsbevollmächtigten gemäß § 9 Zustellgesetz zu bestellen.

Auskunfts- und Verschwiegenheitspflicht

§ 156. (1) Die für die Durchführung von Verfahren zuständigen Behörden sind berechtigt, durch ihre Organe von den gemäß Abs. 2 Auskunftspflichtigen Auskunft über alles zu verlangen, was für die Durchführung ihrer Aufgaben nach diesem Bundesgesetz erforderlich ist und zu diesem Zweck auch in die Wirtschafts- und Geschäftsaufzeichnungen Einsicht zu nehmen.

(2) Zur Auskunft sind alle Unternehmen und die Vereinigungen und Verbände von Unternehmen verpflichtet. Gesetzlich anerkannte Verschwiegenheitspflichten werden von der Auskunftspflicht nicht berührt.

(3) Ein Anspruch auf Ersatz der mit der Auskunftserteilung verbundenen Kosten besteht nicht.

(4) Wer an einem Verfahren auf Grund der in diesem Bundesgesetz vorgesehenen Bestimmungen gemäß § 69 Abs. 3 oder als Behördenvertreter, Sachverständiger oder Mitglied des Regulierungsbeirats oder des Energiebeirats teilnimmt, darf Amts-, Geschäfts- oder Betriebsgeheimnisse, die ihm in dieser Eigenschaft anvertraut oder zugänglich geworden sind, weder während des Verfahrens noch nach dessen Abschluss offenbaren oder verwerten.

Verpflichtung zur Weitergabe von Abgabensenkungen

§ 157. Entfallen in den Preisen von Sachgütern oder Leistungen enthaltene Steuern, Abgaben oder Zollbeträge ganz oder teilweise, so sind die Preise um diese Beträge herabzusetzen.

Automationsunterstützter Datenverkehr

§ 158. (1) Personenbezogene Daten, die für die Durchführung von Verfahren nach diesem Bundesgesetz erforderlich sind, die die Behörde in Erfüllung ihrer Aufsichtstätigkeit benötigt oder die der Behörde gemäß § 10 oder § 121 Abs. 6 zur Kenntnis gelangt sind, dürfen gemäß den Bestimmungen des Datenschutzgesetzes automationsunterstützt ermittelt und verarbeitet werden.

(2) Die Bundesministerin für Klimaschutz, Umwelt, Energie, Mobilität, Innovation und Technologie sowie die Regulierungsbehörde sind ermächtigt, verarbeitete Daten im Rahmen von Verfahren in Angelegenheiten, die in diesem Bundesgesetz geregelt sind, zu übermitteln an

1. die Beteiligten an diesem Verfahren;
2. Sachverständige, die dem Verfahren beigezogen werden;
3. die Mitglieder des Regulierungs- bzw. Energiebeirates;
4. ersuchte oder beauftragte Behörden (§ 55 AVG);
5. die für die Durchführung des gasrechtlichen Genehmigungsverfahrens zuständige Behörde, soweit diese Daten im Rahmen dieses Verfahrens benötigt werden.

(3) Die Behörden sind ermächtigt, den Organen der Europäischen Union verarbeitete Daten zu übermitteln, soweit für die Übermittlung dieser Daten auf Grund des Vertrags über die Europäische Union oder auf Grund von Rechtsakten der Europäischen Union eine derartige Verpflichtung besteht.

17. Teil
Strafbestimmungen und Geldbußen
1. Hauptstück
Verwaltungsübertretungen

Allgemeine Strafbestimmungen

§ 159. (1) Sofern die Tat nicht den Tatbestand einer in die Zuständigkeit der Gerichte fallenden strafbaren Handlung oder einen Geldbußentatbestand gemäß §§ 164 ff bildet oder nach anderen Verwaltungsstrafbestimmungen mit strengerer Strafe bedroht ist, begeht eine Verwaltungsübertretung und ist mit Geldstrafe bis zu 50 000 Euro zu bestrafen, wer

1. den in § 106 Abs. 2 Z 4 festgelegten Verpflichtungen nicht nachkommt;
2. den in § 107 Abs. 2 Z 4 festgelegten Verpflichtungen nicht nachkommt
3. den in § 111 Abs. 2 Z 3 festgelegten Verpflichtungen nicht nachkommt;
4. den in § 116 Abs. 1 festgelegten Verpflichtungen nicht nachkommt;
5. bewirkt, dass die in § 123 Abs. 2 vorgesehene Wechselfrist nicht eingehalten wird;

6. entgegen § 123 Abs. 4 letzter Satz einen Prozess ohne Willenserklärung eines Endverbrauchers einleitet;
7. seinen Verpflichtungen gemäß § 123 Abs. 5 bis Abs. 7 nicht entspricht;
8. entgegen Art. 4 Abs. 1 der Verordnung (EU) Nr. 1227/2011 eine Insider-Information nicht, nicht richtig, nicht vollständig, nicht effektiv oder nicht rechtzeitig bekannt gibt;
9. entgegen Art. 4 Abs. 2 der Verordnung (EU) Nr. 1227/2011 eine Insider-Information nicht, nicht richtig, nicht vollständig oder nicht unverzüglich übermittelt;
10. entgegen Art. 4 Abs. 3 der Verordnung (EU) Nr. 1227/2011 die zeitgleiche, vollständige und tatsächliche Bekanntgabe einer Information nicht sicherstellt;
11. entgegen Art. 8 Abs. 1 der Verordnung (EU) Nr. 1227/2011 in Verbindung mit einem Durchführungsrechtsakt nach Art. 8 Abs. 2 der Verordnung (EU) Nr. 1227/2011 eine dort genannte Aufzeichnung nicht, nicht richtig, nicht rechtzeitig oder nicht vollständig übermittelt;
12. entgegen Art. 8 Abs. 5 der Verordnung (EU) Nr. 1227/2011 in Verbindung mit einem Durchführungsrechtsakt nach Art. 8 Abs. 6 der Verordnung (EU) Nr. 1227/2011 eine dort genannte Information nicht, nicht richtig, nicht rechtzeitig oder nicht vollständig übermittelt;
13. sich entgegen Art. 9 Abs. 1 in Verbindung mit Abs. 4 der Verordnung (EU) Nr. 1227/2011 nicht oder nicht rechtzeitig bei der Regulierungsbehörde registrieren lässt;
14. sich entgegen Art. 9 Abs. 1 Unterabsatz 2 der Verordnung (EU) Nr. 1227/2011 bei mehr als einer nationalen Regulierungsbehörde registrieren lässt;
15. entgegen Art. 9 Abs. 5 der Verordnung (EU) Nr. 1227/2011 eine Änderung hinsichtlich der für die Registrierung erforderlichen Informationen nicht unverzüglich mitteilt;
16. entgegen Art. 15 der Verordnung (EU) Nr. 1227/2011 nicht, nicht richtig, nicht vollständig oder nicht rechtzeitig die Regulierungsbehörde informiert;
17. auf die in Art. 3 Abs. 1 der Verordnung (EU) Nr. 1227/2011 bezeichnete Weise, jedoch ohne den Vorsatz, sich oder einem Dritten einen Vermögensvorteil zu verschaffen, Insider-Information verwendet und damit dem Verbot des Insider-Handels zuwiderhandelt, sofern er gemäß Art. 3 Abs. 2 lit. e der Verordnung (EU) Nr. 1227/2011 wissen oder wissen müsste, dass es sich um Insider-Informationen im Sinne des Art. 2 Z 1 der Verordnung (EU) Nr. 1227/2011 handelt;
18. entgegen Art. 14 Abs. 6 und Abs. 7 der Verordnung (EU) 2017/1938 die Informationen zu den Gaslieferverträgen nicht, nicht richtig, nicht vollständig oder nicht rechtzeitig der Bundesministerin für Klimaschutz, Umwelt, Energie, Mobilität, Innovation und Technologie mitteilt.

(2) Sofern die Tat nicht den Tatbestand einer in die Zuständigkeit der Gerichte fallenden strafbaren Handlung oder einen Geldbußentatbestand bildet oder nach anderen Verwaltungsstrafbestimmungen mit strengerer Strafe bedroht ist, begeht eine Verwaltungsübertretung und ist mit Geldstrafe bis zu 75 000 Euro zu bestrafen, wer

1. den in § 8 Abs. 1, 2 oder 3 oder § 9 festgelegten Verpflichtungen nicht nachkommt;
2. seiner Verpflichtung zur Auskunft und Gewährung der Einsichtnahme gemäß § 10 nicht nachkommt;
3. entgegen § 11, § 69 Abs. 3, § 123, § 129, § 129a oder § 156 Abs. 4 Daten widerrechtlich offenbart;
4. seinen Pflichten als Marktgebietsmanager gemäß § 14 bis § 16, § 19 oder § 63 nicht nachkommt;
5. seinen Pflichten als Verteilergebietsmanager gemäß § 18 bis § 23, § 25 oder § 26 nicht nachkommt;
6. seinen Pflichten als Netzbetreiber gemäß § 23, § 28 und § 29, § 43, § 47, § 60 Abs. 5 oder § 67 nicht nachkommt;
7. seiner Verpflichtung zur Bestellung eines technischen Betriebsleiters gemäß § 45 Abs. 1 oder Abs. 6 bzw. eines Geschäftsführers gemäß § 44 Abs. 1 Z 4 lit. b in Verbindung mit § 46 Abs. 1 nicht nachkommt;
8. seiner Verpflichtung zur Anzeige gemäß § 45 Abs. 5 oder 6, § 46 Abs. 2, § 51 Abs. 1, § 121 oder § 139 Abs. 1 oder 3 nicht nachkommt;
9. seiner allgemeinen Anschlusspflicht gemäß § 59 nicht nachkommt;
10. seinen Aufgaben als Bilanzgruppenkoordinator gemäß § 87 nicht nachkommt;
11. den in § 90 festgelegten Verpflichtungen nicht nachkommt;
12. seiner Verpflichtung als Bilanzgruppenverantwortlicher gemäß § 91 nicht nachkommt;
13. seinen Pflichten als Speicherunternehmen oder Speichernutzer gemäß § 97 oder § 99 bis § 105 oder § 170 Abs. 25 bis 29 nicht nachkommt;
14. den für Verteilernetzbetreiber in § 106 festgelegten Verpflichtungen, mit Ausnahme von § 106 Abs. 2 Z 4, nicht nachkommt;
15. den für Speicherunternehmen in § 107 festgelegten Verpflichtungen, mit Ausnahme von § 107 Abs. 2 Z 4, nicht nachkommt;
16. seiner Verpflichtung als Erdgashändler oder Versorger gemäß § 121 oder § 125 nicht nachkommt;
17. seiner Verpflichtung zur Datenübermittlung gemäß § 123 Abs. 4 nicht nachkommt;
18. seiner Verpflichtung gemäß § 124 nicht nachkommt;

19. seinen Verpflichtungen gemäß § 126 bis § 126b nicht nachkommt;
20. den aufgrund einer Verordnung gemäß § 126a, § 126b, § 128 oder § 129a festgelegten Verpflichtungen nicht entspricht;
21. seinen Verpflichtungen gemäß § 127 oder § 128 nicht nachkommt;
22. seinen Verpflichtungen gemäß § 129 nicht entspricht;
23. seinen Verpflichtungen gemäß § 129a nicht entspricht;
23a. seinen Verpflichtungen gemäß § 130 nicht entspricht;
24. seiner Verpflichtung gemäß § 133 nicht nachkommt;
25. seiner Verpflichtung aus der gemäß § 131 Abs. 2 und 3 erlassenen Verordnung nicht nachkommt;
26. den auf Grund einer Verordnung der Regulierungsbehörde gemäß § 30 oder § 41 statuierten Bestimmungen nicht entspricht;
27. den auf Grund einer Verordnung der Bundesministerin für Klimaschutz, Umwelt, Energie, Mobilität, Innovation und Technologie gemäß § 134 Abs. 3 bestimmten Voraussetzungen nicht entspricht;
28. seiner Verpflichtung als Bilanzgruppenkoordinator zur Einreichung Allgemeiner Bedingungen gemäß § 88 Abs. 1 nicht nachkommt;
29. seiner Verpflichtung zur Eigenüberwachung gemäß § 140 nicht nachkommt;
30. seinen Verpflichtungen gemäß § 141 Abs. 4 nicht nachkommt;
31. den auf Grund einer Verordnung gemäß § 147 Abs. 2 angeordneten statistischen Erhebungen nicht nachkommt;
32. seiner Verpflichtung zur Auskunft gemäß § 156 nicht nachkommt
33. den auf Grund dieses Bundesgesetzes erlassenen Bescheiden sowie den darin enthaltenen Bedingungen, Befristungen und Auflagen nicht entspricht;
34. den auf Grund des § 12 und des § 24 Abs. 2 E–ControlG für den Geltungsbereich dieses Bundesgesetzes erlassenen Bescheiden oder den darin enthaltenen Bedingungen, Befristungen und Auflagen nicht entspricht.

(Anm.: Abs. 3 aufgehoben durch Art. 3 Z 13, BGBl. I Nr. 108/2017)

(4) Sofern die Tat nicht den Tatbestand einer in die Zuständigkeit der ordentlichen Gerichte fallenden strafbaren Handlung oder einen Geldbußentatbestand bildet oder nach anderen Verwaltungsstrafbestimmungen mit strengerer Strafe bedroht ist, begeht eine Verwaltungsübertretung und ist mit Geldstrafe bis zu 150 000 Euro zu bestrafen, wer

1. entgegen Art. 5 in Verbindung mit Art. 2 Z 2 und 3 der Verordnung (EU) Nr. 1227/2011 eine Marktmanipulation oder den Versuch einer Marktmanipulation vornimmt;
2. auf die in Art. 3 Abs. 1 der Verordnung (EU) Nr. 1227/2011 bezeichnete Weise mit dem Vorsatz, sich oder einem Dritten einen Vermögensvorteil zu verschaffen, Insider-Informationen verwendet und damit dem Verbot des Insider-Handels zuwiderhandelt, sofern er gemäß Art. 3 Abs. 2 lit. e der Verordnung (EU) Nr. 1227/2011 wissen oder wissen müsste, dass es sich um Insider-Informationen im Sinne des Art. 2 Z 1 der Verordnung (EU) Nr. 1227/2011 handelt.

(5) Sofern die Tat nicht den Tatbestand einer in die Zuständigkeit der ordentlichen Gerichte fallenden strafbaren Handlung oder einen Geldbußentatbestand bildet oder nach anderen Verwaltungsstrafbestimmungen mit strengerer Strafe bedroht ist, begeht eine Verwaltungsübertretung und ist mit Geldstrafe bis zu 10 000 Euro zu bestrafen, wer

1. seinen Verpflichtungen zur Mitteilung von Insider-Informationen gemäß § 10a nicht nachkommt;
2. den auf Grund einer Verordnung gemäß § 25a Abs. 2 E-ControlG angeordneten Datenübermittlungen nicht nachkommt;
3. seinen Informations- und Kooperationsverpflichtungen gemäß § 25a Abs. 3 E-ControlG nicht nachkommt;
4. nach vorangegangener Mahnung durch die Regulierungsbehörde seiner Verpflichtung zur Registrierung in der Herkunftsnachweisdatenbank gemäß § 129b nicht nachkommt;
5. der Verpflichtung zur Anforderung der Ausstellung von Herkunftsnachweisen gemäß § 129b nicht nachkommt.

(6) Eine Verwaltungsübertretung begeht und ist mit Geldstrafe bis zu 3 600 Euro zu bestrafen, wer entgegen § 146 Abs. 2 erster Satz nicht alle notwendigen Maßnahmen ergreift, um schwere Unfälle zu verhüten oder deren Folgen für die menschliche Gesundheit und die Umwelt zu begrenzen.

(7) Eine Verwaltungsübertretung begeht und ist mit Geldstrafe bis zu 2 180 Euro zu bestrafen, wer

1. entgegen § 146 Abs. 2 zweiter Satz iVm § 84d Abs. 1, Abs. 2, Abs. 3 oder Abs. 4 GewO der Behörde nicht fristgerecht Mitteilung macht;
2. entgegen § 146 Abs. 2 zweiter Satz iVm § 84d Abs. 5 GewO Mitteilungen an die Behörde unterlässt oder diese nicht aktualisiert;
3. entgegen § 146 Abs. 2 zweiter Satz iVm § 84e Abs. 1 und Abs. 2 GewO ein Konzept zur Verhütung schwerer Unfälle oder eine Änderung des Konzeptes zur Verhütung schwerer Unfälle nicht ausarbeitet, verwirklicht und zur Einsichtnahme durch die Behörde bereithält.

Einbehaltung von Abgabensenkungen

§ 160. Wer dem § 157 zuwiderhandelt oder wer zwar die Preise dem § 157 entsprechend herabsetzt, die Auswirkung der Senkung von Steuern, Abgaben oder Zöllen aber dadurch umgeht, dass er, ohne dass dies durch entsprechende Kostenerhöhungen verursacht ist, die Senkung der genannten Eingangsabgaben durch eine Preiserhöhung ganz oder teilweise unwirksam macht, begeht eine Verwaltungsübertretung und ist mit Geldstrafe bis zu 50 000 Euro zu bestrafen.

Konsensloser Betrieb

§ 161. Eine Verwaltungsübertretung begeht und ist mit Geldstrafe bis zu 150 000 Euro zu bestrafen, wer

1. die Tätigkeit eines Erdgasunternehmens ohne Genehmigung gemäß § 43 Abs. 1 ausübt, oder
2. eine genehmigungspflichtige Erdgasleitungsanlage ohne Genehmigung errichtet, eine Erdgasleitungsanlage ohne Genehmigung erweitert oder wesentlich ändert oder eine Anlage, für deren Betrieb die Genehmigung vorbehalten wurde, ohne Betriebsgenehmigung betreibt, oder
3. keinen Antrag auf Zertifizierung gemäß § 119 Abs. 2 Z 1 oder § 120 als Fernleitungsnetzbetreiber stellt oder nach der rechtskräftigen Abweisung eines solchen Antrages auf Zertifizierung den Betrieb des Fernleitungsnetzes ohne Zertifizierung führt;
4. als Speicherunternehmen oder Betreiber einer Speicheranlage eine neu errichtete Speicheranlage in Betrieb nimmt, für welche eine Zertifizierung gemäß § 107a Abs. 2 nicht erteilt wurde, ein Speicherunternehmen betreibt, für welches eine Zertifizierung gemäß § 107a Abs. 5 abgelehnt wurde oder es unterlässt, erforderliche oder einstweilige Maßnahmen nach Maßgabe eines Bescheids gemäß § 107a Abs. 5 zu ergreifen.

Preistreiberei

§ 162. (1) Sofern die Tat nicht den Tatbestand einer in die Zuständigkeit der Gerichte fallenden strafbaren Handlung bildet oder nach anderen Verwaltungsstrafbestimmungen mit strengerer Strafe bedroht ist, begeht eine Verwaltungsübertretung, wer für eine Netzdienstleistung einen höheren Preis als den von der Regulierungsbehörde nach diesem Bundesgesetz bestimmten Höchst- oder Festpreis oder einen niedrigeren Preis als den von der Regulierungsbehörde nach diesem Bundesgesetz bestimmten Mindest- oder Festpreis auszeichnet, fordert, annimmt oder sich versprechen lässt, und ist mit Geldstrafe bis zu 100 000 Euro zu bestrafen.

(2) Der unzulässige Mehrbetrag ist für verfallen zu erklären.

Besondere Bestimmungen über Verwaltungsstrafverfahren

§ 163. (1) Die Verjährungsfrist (§ 31 Abs. 2 VStG) für Verwaltungsübertretungen gemäß § 159 bis § 162 beträgt ein Jahr.

(2) Der Versuch ist strafbar. Ein erzielter Vermögensvorteil ist als verfallen zu erklären.

2. Hauptstück
Geldbußen

Diskriminierung und weitere Geldbußentatbestände

§ 164. (1) Über Antrag der Regulierungsbehörde hat das Kartellgericht mit Beschluss im Verfahren außer Streitsachen Geldbußen bis zu einem Höchstbetrag von 10% des im vorausgegangen Geschäftsjahr erzielten Jahresumsatzes über einen Fernleitungsnetzbetreiber, ein Speicherunternehmen, den Betreiber des Virtuellen Handelspunktes oder ein Unternehmen das Teil eines vertikal integrierten Erdgasunternehmens ist, zu verhängen, der bzw. das vorsätzlich oder grob fahrlässig

1. den in § 8 Abs. 1, 2 oder 3 oder § 9 festgelegten Verpflichtungen nicht nachkommt;
2. entgegen § 11, § 69 Abs. 3, § 123, § 129, § 129a oder § 156 Abs. 4 Daten widerrechtlich offenbart;
3. seinen Pflichten gemäß § 32, § 34 bis § 37, § 43, § 47, § 62 bis § 65 oder § 67 nicht nachkommt;
4. den für eigentumsrechtlich entflochtene Fernleitungsnetzbetreiber in § 108 festgelegten Verpflichtungen nicht nachkommt;
5. den für unabhängige Netzbetreiber und Fernleitungsnetzeigentümer in § 109 bis § 111 festgelegten Verpflichtungen, mit Ausnahme von § 111 Abs. 2 Z 3, nicht nachkommt;
6. den für unabhängige Fernleitungsnetzbetreiber und Fernleitungsnetzeigentümer in § 112 bis § 116 festgelegten Verpflichtungen, mit Ausnahme von § 116 Abs. 1, nicht nachkommt;
7. den in § 117 festgelegten Verpflichtungen nicht nachkommt;
8. den im Feststellungsbescheid nach § 119 oder § 120 festgelegten Auflagen nicht nachkommt;
9. den in § 119 Abs. 2 oder § 119 Abs. 6 festgelegten Anzeigepflichten nicht nachkommt;
10. seiner Verpflichtung zur Auskunft gemäß § 156 nicht nachkommt;
11. den Bestimmungen der Verordnung (EG) Nr. 715/2009 sowie der Verordnung (EG) Nr. 713/2009 oder der auf Grund dieser Verordnungen erlassenen Leitlinien oder Netzkodizes nicht entspricht;

12. Entscheidungen, die auf Bestimmungen der Verordnung (EG) Nr. 715/2009 oder der Verordnung (EG) Nr. 713/2009 oder der darauf basierenden Leitlinien oder Netzkodizes beruhen, nicht nachkommt;
13. Bestimmungen der auf Grund der Richtlinie 2009/73/EG erlassenen Leitlinien nicht entspricht;
14. Entscheidungen, die auf Leitlinien beruhen, die auf Grund der Richtlinie 2009/73/EG erlassen wurden, nicht entspricht.

(2) Über Antrag der Regulierungsbehörde hat das Kartellgericht mit Beschluss im Verfahren außer Streitsachen Geldbußen bis zu einem Höchstbetrag von 5 % des im vorausgegangen Geschäftsjahr erzielten Jahresumsatz über Netzbetreiber, Speicherunternehmen und den Betreibers des Virtuellen Handelspunktes zu verhängen, wenn er bzw. es

1. den Gleichbehandlungsbeauftragten an der Erfüllung seiner Aufgaben behindert;
2. den Anschluss unter Berufung auf mögliche künftige Einschränkung der verfügbaren Netzkapazitäten ablehnt und diese Ablehnung nicht den tatsächlichen Gegebenheiten entspricht;
3. seinen ihm durch die Verordnung (EG) Nr. 715/2009 auferlegten Verpflichtungen zur Bereitstellung von Informationen oder seinen Berichtspflichten nicht entspricht;
4. den auf Grund der Verordnung (EG) Nr. 715/2009 ergangenen Entscheidungen der Regulierungsbehörde nicht entspricht;
5. seine Verpflichtungen auf Grund der im Anhang der Verordnung (EG) Nr. 715/2009 enthaltenen Leitlinien nicht erfüllt.

(3) Die Regulierungsbehörde hat in Verfahren gemäß Abs. 1 und 2 Parteistellung.

Beteiligte Unternehmen und Rechtsnachfolge

§ 165. (1) Nicht nur der Netzbetreiber, das Speicherunternehmen oder der Betreiber des Virtuellen Handelspunktes begeht die Geldbußentatbestände des § 164 Abs. 1 und 2, sondern auch jedes Unternehmen, das den Betreiber oder das Unternehmen zur Ausführung bestimmt oder sonst zur Ausführung beiträgt.

(2) Hinsichtlich der Rechtsnachfolge gilt § 10 Verbandsverantwortlichkeitsgesetz, BGBl. I Nr. 151/2005, sinngemäß.

Bemessung

§ 166. (1) Handelt es sich um einen Netzbetreiber, ein Speicherunternehmen oder den Betreiber des Virtuellen Handelspunktes, der bzw. das Bestandteil eines vertikal integrierten Erdgasunternehmens ist, ist die Geldbuße vom Jahresumsatz des vertikal integrierten Erdgasunternehmens zu berechnen.

(2) Bei der Bemessung der Geldbuße ist insbesondere auf die Schwere und die Dauer der Rechtsverletzung, auf die durch die Rechtsverletzung erzielte Bereicherung, auf den Grad des Verschuldens und die wirtschaftliche Leistungsfähigkeit sowie auf die Mitwirkung an der Aufklärung der Rechtsverletzung Bedacht zu nehmen.

Verjährung

§ 167. Eine Geldbuße darf nur verhängt werden, wenn der Antrag binnen fünf Jahren ab Beendigung der Rechtsverletzung gestellt wurde.

3. Hauptstück
Gerichtlich strafbare Handlungen

Widerrechtliche Offenbarung oder Verwertung von Daten

§ 168. (1) Wer entgegen § 11, § 69 Abs. 3, § 123 Abs. 4, § 129 oder § 156 Abs. 4 Daten widerrechtlich offenbart oder verwertet, deren Offenbarung oder Verwertung geeignet ist, ein berechtigtes Interesse des Betroffenen zu verletzen, ist vom Gericht mit Freiheitsstrafe bis zu einem Jahr zu bestrafen.

(2) Die Öffentlichkeit in der Hauptverhandlung ist von Amts wegen oder auf Antrag auszuschließen, wenn das im Interesse der Verfahrensbeteiligten oder am Verfahren nicht beteiligter Personen geboten ist.

Missbrauch einer Insider-Information

§ 168a. (1) Personen im Sinne des Art. 3 Abs. 2 lit. a bis lit. d der Verordnung (EU) Nr. 1227/2011, das sind

1. Mitglieder der Verwaltungs-, Geschäftsführungs- und Aufsichtsorgane eines Unternehmens,
2. Personen mit Beteiligung am Kapital eines Unternehmens,
3. Personen, die im Rahmen der Ausübung ihrer Arbeit oder ihres Berufes oder der Erfüllung ihrer Aufgaben Zugang zu Informationen haben und
4. Personen, die sich diese Informationen auf kriminelle Weise beschafft haben,

die Insider-Informationen im Sinne des Art. 2 Z 1 der Verordnung (EU) Nr. 1227/2011 in Bezug auf Gas betreffende Energiegroßhandelsprodukte im Sinne des Art. 2 Z 4 der Verordnung (EU) Nr. 1227/2011 mit dem Vorsatz ausnützen, sich oder einem Dritten einen Vermögensvorteil zu verschaffen, indem sie

a. diese Informationen im Wege des Erwerbs oder der Veräußerung derartiger Energiegroßhandelsprodukte, auf die sich die Information bezieht, für eigene oder fremde Rechnung direkt oder indirekt nutzen,
b. diese Informationen an Dritte weitergeben, soweit dies nicht im normalen Rahmen der Ausübung ihrer Arbeit oder ihres Berufes oder der Erfüllung ihrer Aufgaben geschieht, oder

c. auf der Grundlage von Insider-Informationen anderen Personen empfehlen oder andere Personen dazu verleiten, derartige Energiegroßhandelsprodukte, auf die sich die Information bezieht, zu erwerben oder zu veräußern,

sind vom Gericht mit einer Freiheitsstrafe bis zu drei Jahren, zu bestrafen.

(2) Wer als Insider gemäß Abs. 1 Z 1 bis 4 eine Insider-Information im Sinne des Art. 2 Z 1 der Verordnung (EU) Nr. 1227/2011 in Bezug auf Gas betreffende Energiegroßhandelsprodukte im Sinne des Art. 2 Z 4 der Verordnung (EU) Nr. 1227/2011 auf die in Abs. 1 bezeichnete Weise, jedoch ohne den Vorsatz, sich oder einem Dritten einen Vermögensvorteil zu verschaffen, verwendet, ist vom Gericht mit Freiheitsstrafe bis zu sechs Monaten oder mit Geldstrafe bis zu 360 Tagessätzen zu bestrafen.

(3) Die Tat ist nach Abs. 1 und 2 nicht strafbar, wenn

1. ein Fernleitungsnetzbetreiber im Sinne des Art. 3 Abs. 3 der Verordnung (EU) Nr. 1227/2011 Erdgas kauft, um den sicheren Netzbetrieb zu gewährleisten, oder
2. die jeweils in Art. 3 Abs. 4 lit. a bis c der Verordnung (EU) Nr. 1227/2011 genannten Marktteilnehmer in der dort beschriebenen Weise tätig werden.

(4) Die Zuständigkeit zur Durchführung des Hauptverfahrens wegen Missbrauchs einer Insider-Information obliegt dem Landesgericht für Strafsachen Wien. Dies gilt auch für das Verfahren wegen einer Tat, die zugleich den Tatbestand des Missbrauchs einer Insider-Information und den einer gerichtlich strafbaren Handlung anderer Art erfüllt.

18. Teil
Aufhebungs-, Übergangs- und Schlussbestimmungen
Inkrafttreten

§ 169. (1) Dieses Bundesgesetz tritt, soweit Abs. 2 nichts anderes bestimmt, mit dem der Kundmachung folgenden Tag in Kraft. Gleichzeitig tritt das Bundesgesetz, mit dem Neuregelungen auf dem Gebiet der Erdgaswirtschaft erlassen werden (Gaswirtschaftsgesetz - GWG), BGBl. I Nr. 121/2000, in der Fassung des Bundesgesetzes BGBl. II Nr. 479/2009, außer Kraft.

(2) § 120 tritt mit 3. März 2013 in Kraft.

(3) § 49 in der Fassung des Bundesgesetzes BGBl. I Nr. 138/2011 tritt mit 1. Jänner 2012 in Kraft. Die geänderten Bestimmungen sind nur auf Schadenereignisse anzuwenden, die sich nach dem 31. Dezember 2011 ereignet haben. Bestehende Versicherungsverträge sind mit diesem Zeitpunkt an die geänderten Bestimmungen anzupassen.

(4) § 2, § 10a, § 159 Abs. 1 Z 8 bis Z 17, § 159 Abs. 4 und 5 und § 168a in der Fassung des Bundesgesetzes BGBl. I Nr. 174/2013 treten mit dem, der Kundmachung folgenden Monatsersten in Kraft. § 69 Abs. 3, § 71 Abs. 4 und § 148 Abs. 3, in der Fassung des Bundesgesetzes BGBl. I Nr. 174/2013, treten am 1. Jänner 2014 in Kraft.

(5) § 49 in der Fassung des Bundesgesetzes BGBl. I Nr. 19/2017 tritt mit 1. Jänner 2017 in Kraft. Die geänderten Bestimmungen sind nur auf Schadenereignisse anzuwenden, die sich nach dem 31. Dezember 2016 ereignet haben. Bestehende Versicherungsverträge sind mit diesem Zeitpunkt an die geänderten Bestimmungen anzupassen.

(6) Das Inhaltsverzeichnis, § 30 Abs. 3, die §§ 85 und 86 samt Überschrift, § 112 Abs. 4 letzter Satz, § 159 Abs. 2, § 164 Abs. 1 sowie § 170a samt Überschrift in der Fassung des Bundesgesetzes BGBl. I Nr. 108/2017 treten mit Ablauf des Tages der Kundmachung in Kraft; gleichzeitig treten § 114 Abs. 1 Z 2 letzter Satz, § 115 Abs. 2 zweiter Satz und § 159 Abs. 3 außer Kraft.

(7) § 147 Abs. 1, 3 und 6 tritt am 1. Jänner 2018 in Kraft.

(8) § 49 Abs. 1 in der Fassung des Bundesgesetzes BGBl. I Nr. 245/2021 tritt mit 1. April 2022 in Kraft. Die geänderten Bestimmungen sind nur auf Schadenereignisse anzuwenden, die sich nach dem 31. März 2022 ereignet haben. Bestehende Versicherungsverträge sind mit 1. April 2022 an die geänderten Bestimmungen anzupassen.

(9) **(Verfassungsbestimmung)** § 1, die §§ 18a bis 18d sowie § 171 Z 1a bis 1d in der Fassung des Bundesgesetzes BGBl. I Nr. 38/2022 treten mit dem der Kundmachung folgenden Tag in Kraft. §§ 18a bis 18d sowie § 171 Z 1a bis 1d sind bis zum 30. September 2024 im Sinne des § 18 Bundeshaushaltsgesetz 2013 zu evaluieren und treten mit Ablauf des 30. September 2025 außer Kraft. Festlegungen über die weitere Verwendung der strategischen Gasreserve hat die Bundesregierung mit Verordnung zu treffen. Die Verordnung bedarf der Zustimmung des Hauptausschusses des Nationalrates; dabei gilt Art. 55 Abs. 5 Bundes-Verfassungsgesetz sinngemäß. Für den Fall einer Veräußerung sind die Erlöse daraus dem Bund umgehend zu erstatten.

(10) **(Verfassungsbestimmung)** § 87 Abs. 1 Z 4, § 87 Abs. 6 und 7 sowie § 88 Abs. 2 Z 8 treten mit Ablauf des 31. Mai 2025 außer Kraft.

(11) **(Verfassungsbestimmung)** In der Fassung des Bundesgesetzes BGBl. I Nr. 94/2022 treten das Inhaltsverzeichnis, § 1 samt Überschrift, § 7 Abs. 1 Z 16 und 38, § 9, § 12 Abs. 7, § 18 Abs. 1 Z 22, § 18a Abs. 1, § 87 Abs. 6, § 102 Abs. 2 Z 15, § 104 Abs. 3 und 4, § 104a samt Überschrift

in der Fassung der Z 12 des genannten Bundesgesetzes, § 105 Abs. 1 Z 7 und 8, § 105a samt Überschrift, § 159 Abs. 2 Z 13 sowie § 170 Abs. 25 bis 29 mit dem der Kundmachung folgenden Tag in Kraft. § 104 Abs. 3 und 4 sowie § 104a sind auch auf Sachverhalte anzuwenden, die sich vor Inkrafttreten dieser Bestimmungen ereignet haben.

(12) **(Verfassungsbestimmung)** § 104a Abs. 1 Z 4 in der Fassung der Z 13 des Bundesgesetzes BGBl. I Nr. 94/2022 tritt mit 1. Juni 2025 in Kraft. Gleichzeitig treten § 102 Abs. 2 Z 15 sowie § 104 Abs. 3 und 4 außer Kraft.

(13) **(Verfassungsbestimmung)** Der Eintrag im Inhaltsverzeichnis zu § 107a sowie die §§ 7, 105, 107a samt Überschrift, 121, 161 und 170 in der Fassung des Bundesgesetzes BGBl. I Nr. 23/2023 treten mit dem Ablauf des Tages der Kundmachung des genannten Bundesgesetzes in Kraft.

Übergangsbestimmungen

§ 170. (1) Die im Zusammenhang mit der Entflechtung durchzuführenden Umstrukturierungen durch Umgründungen jeder Art erfolgen im Wege der Gesamtrechtsnachfolge; dies gilt insbesondere für Einbringungen. Die Umgründungsvorgänge sind von allen bundesgesetzlich geregelten Steuern, Abgaben und Gebühren befreit, die mit der Gründung oder einer Vermögensübertragung verbunden sind. Diese Befreiungen gelten auch für anlässlich der Umstrukturierung begründete Rechtsverhältnisse, insbesondere Bestandsverträge, Dienstbarkeiten, sowie Darlehens- und Kreditverträge. Die Umgründungsvorgänge gelten als nicht steuerbare Umsätze im Sinne des UStG 1994, BGBl. Nr. 663/1994, in der geltenden Fassung; der Übernehmer tritt für den Bereich der Umsatzsteuer unmittelbar in die Rechtsstellung des Übertragenden ein. Im Übrigen gelten die Bestimmungen des Umgründungssteuergesetzes, BGBl. Nr. 699/1991, in der geltenden Fassung mit der Maßgabe, dass das Umgründungssteuergesetz auch dann anzuwenden ist, wenn kein Teilbetrieb im Sinne des Umgründungssteuergesetzes vorliegt.

(2) Fernleitungsnetzbetreiber haben den Bestimmungen des § 108 bis § 119 bis zum 3. März 2012 nachzukommen.

(3) Netzbenutzer, die bisher keiner Bilanzgruppe angehört haben, sind verpflichtet sich bis spätestens 10. September 2012 einer Bilanzgruppe anzuschließen oder eine eigene Bilanzgruppe zu gründen.

(4) Die auf Grund des GWG, BGBl. I Nr. 121/2000, vor Inkrafttreten dieses Bundesgesetzes erlassenen Verordnungen bleiben bis zur Neuregelung der entsprechenden Sachgebiete durch Verordnungen auf Grund dieses Bundesgesetzes in Geltung. Die aufgrund von Rechtsvorschriften dieses Bundesgesetzes erlassenen Verordnungen bleiben im Fall der Novelle dieses Bundesgesetzes weiterhin in Geltung.

(5) Systemnutzungsentgelte gemäß §§ 69 ff können frühestens mit Wirksamkeit 1. Jänner 2013 in Kraft gesetzt werden. Ermittlungsverfahren gemäß §§ 69 ff können ab Inkrafttreten dieses Bundesgesetzes eingeleitet werden. Die Bestimmung von Systemnutzungsentgelten vor dem 1. Jänner 2013 erfolgt gemäß § 12f, § 23 bis § 23b, § 23d und § 31h Abs. 5 GWG, BGBl. I Nr. 121/2000, in der Fassung des Bundesgesetzes BGBl. I Nr. 45/2009, durch die Regulierungskommission nach Befassung des Regulierungsbeirats gemäß § 19 E-ControlG. § 70 Abs. 2 erster Satz ist in diesen Verfahren anzuwenden. Die Bestimmung von Entgelten für grenzüberschreitende Transporte vor dem 1. Jänner 2013 erfolgt gemäß § 31h Abs. 1 bis Abs. 4 GWG, BGBl. I Nr. 121/2000, in der Fassung des Bundesgesetzes BGBl. I Nr. 45/2009, mit der Maßgabe, dass an die Stelle der Energie-Control Kommission die Regulierungsbehörde tritt.

(6) Privatrechtliche Vereinbarungen, die den Transport von Erdgas regeln, bleiben durch die Regelungen dieses Bundesgesetzes mit der Maßgabe unberührt, dass

1. an die Stelle der gebuchten Transportkapazität getrennte Kapazitätsbuchungen an den Ein- und Ausspeisepunkten in derselben Höhe treten;
2. der Netzbenutzer, sobald Tarife gemäß § 82 veröffentlicht wurden, die entsprechenden Ein- und Ausspeiseentgelte zu entrichten hat; und
3. der Fernleitungsnetzbetreiber dem Netzbenutzer die Möglichkeit des Handels am Virtuellen Handelspunkt einzuräumen hat, und zwar grundsätzlich auf garantierter Basis; falls dies technisch nicht möglich ist, auf unterbrechbarer Basis.

Die Umstellung gemäß Z 1 bis 3 findet in Bezug auf Verträge, die zum Zeitpunkt des Inkrafttretens dieses Gesetzes von der OMV Gas GmbH zugunsten der AGGM Austrian Gas Grid Management AG gehalten werden, zum 1. Oktober 2012 statt. Zu diesem Zeitpunkt tritt der Verteilergebietsmanager in alle Rechte und Pflichten der OMV Gas GmbH im Zusammenhang mit den Ausspeisekapazitäten an den Netzkopplungspunkten der Fernleitungen mit dem Verteilernetz ein. Die Umstellung gemäß Z 1 bis 3 findet weiters in Bezug auf Verträge betreffend grenzüberschreitende Transporte ebenfalls zum 1.Oktober 2012 statt. Auf Antrag des Fernleitungsnetzbetreibers kann diese Frist durch Bescheid der Regulierungsbehörde verlängert werden, wenn andernfalls negative Auswirkungen auf die Gesamtfinanzierung des Fernleitungsnetzbetriebs und somit auf die Versorgungssicherheit zu erwarten sind. Die Anwendbarkeit von § 38 richtet sich nach dem Zeitpunkt der Umstellung. Die diesbezüglichen Änderungen bestehender Verträge über den Netzzugang im Fernleitungsnetz berechtigen nicht zur Kündigung oder teilweisen Kündigung dieser Verträge.

(7) Die von der OMV Gas GmbH für die Endkundenversorgung gebuchten Einspeisekapazitäten an der Marktgebietsgrenze, sind im Wege der Bilanzgruppenverantwortlichen den Versorgern, denen diese Kapazitäten zugewiesen ist, mit Wirkung 1. Jänner 2013 im selbem Ausmaß zu übertragen. Dabei ist darauf zu achten, dass sämtliche Versorger ihre vertraglichen Verpflichtungen in vollem Umfang weiterhin erfüllen können.

(8) Konzessionen der Bilanzgruppenkoordinatoren auf Basis der §§ 33 ff GWG, BGBl. I Nr. 121/2000, gehen in Konzessionen gemäß § 85 für das betreffende Verteilernetzgebiet über.

(9) Speicherunternehmen sind berechtigt, die Kosten für Systemnutzungsentgelte gemäß § 73 Abs. 5 und § 74 Abs. 2 an die Speichernutzer weiter zu verrechnen. Produzenten sind berechtigt, die Mehrkosten für Systemnutzungsentgelte gemäß § 73 Abs. 6 und § 74 Abs. 3 an ihre Kunden weiter zu verrechnen. Die diesbezüglichen Änderungen bestehender Verträge berechtigen nicht zur Kündigung oder teilweisen Kündigung dieser Verträge.

(10) Versorger sind berechtigt, die durch sie getragenen Netznutzungsentgelte für die Einspeisung in das Marktgebiet gemäß § 74 sowie die ihnen weiterverrechneten Kosten gemäß Abs. 9 an ihre Kunden ohne Änderungskündigung weiterzuverrechnen. Dem entgegen stehende vertragliche Vereinbarungen sind ungültig.

(11) Marktgebietsmanager, Verteilergebietsmanager, Bilanzgruppenkoordinatoren, Netzbetreiber Bilanzgruppenverantwortliche, der Betreiber des Virtuellen Handelspunktes und Speicherunternehmen haben jene rechtlichen, organisatorischen und technischen Vorkehrungen, die erforderlich sind, um allen Netzbenutzern Netzzugang nach den Bestimmungen dieses Gesetzes zu gewähren, so zeitgerecht zu treffen, dass dies spätestens am 1. Jänner 2013 möglich ist.

(12) Der koordinierte Netzentwicklungsplan gemäß § 63 ist erstmals zwölf Monate nach Inkrafttreten dieses Bundesgesetzes zur Genehmigung einzureichen.

(13) Netzbetreiber, die zum Zeitpunkt des Inkrafttretens dieses Bundesgesetzes Inhaber einer Genehmigung gemäß § 13 bzw. § 76 Abs. 1 GWG, BGBl. I Nr. 121/2000, sind, bedürfen zur Ausübung ihrer Tätigkeit als Netzbetreiber keiner neuen Genehmigung gemäß § 43. Ihre Rechte und Pflichten bestimmen sich ausschließlich nach den Bestimmungen dieses Bundesgesetzes.

(14) Bestehende Genehmigungen und Bewilligungen für die Errichtung oder den Betrieb von Erdgasleitungsanlagen gemäß § 76 Abs. 3 GWG, BGBl. I Nr. 121/2000 gelten als Genehmigungen nach diesem Bundesgesetzes. Die Bestimmungen dieses Bundesgesetzes sind auf diese Erdgasleitungsanlagen anzuwenden, soweit sie diesem Bundesgesetz unterliegen.

(15) Auf Verfahren betreffend Verwaltungsübertretungen, die vor dem Inkrafttreten dieses Bundesgesetzes begangen wurden, finden weiterhin die Bestimmungen des GWG, BGBl. I Nr. 121/2000, in der zum Zeitpunkt der Begehung der Tat anwendbaren Fassung Anwendung.

(16) Für Verteilernetzbetreiber, deren Netz am 3. September 2009 im Eigentum eines vertikal integrierten Erdgasunternehmens gestanden hat, und die zu einem späteren Zeitpunkt die Eigenschaften des § 7 Abs. 1 Z 20 erfüllen, besteht die Möglichkeit, die eigentumsrechtliche Entflechtung nach § 108 nicht und stattdessen die §§ 109 ff, §§ 112 ff bzw. § 117 anzuwenden. § 119 gilt sinngemäß. Die Frist des § 114 Abs. 1 Z 2 kommt bei Unternehmen, die zu einem späteren Zeitpunkt die Eigenschaften des § 7 Abs. 1 Z 20 erfüllen, nur für Bestellungen von Personen der Unternehmensleitung zur Anwendung, die nach der Zertifizierung des Fernleitungsnetzbetreibers erfolgen.

(17) Die vor Inkrafttreten dieses Gesetzes auf der Basis von genehmigten langfristigen und integrierten Planungen zwischen Netzbetreibern und Regelzonenführer vereinbarten Netzausbauverträge bzw. die zwischen Netzbetreibern und Kunden oder Regelzonenführer und Kunden vereinbarten Kapazitätserweiterungsverträge behalten bis zu ihrer Erfüllung volle Wirksamkeit. Änderungen durch dieses Gesetz berechtigen nicht zum Rücktritt und/oder zur Auflösung der jeweiligen Verträge. Für den Fall, dass die Regulierungsbehörde von ihren Befugnissen gemäß § 23 Abs. 5 Gebrauch macht und in bestehende Netzausbauverträge eingegriffen wird, sind die auf Basis dieser bestehenden Verträge anfallenden Kosten durch die Systemnutzungsentgelte zu decken.

(18) Solange keine Benennung des Verteilergebietsmanagers gemäß § 17 Abs. 1 erfolgt ist, ist die Funktion des Verteilergebietsmanagers jeweils von jenem Unternehmen wahrzunehmen, das bei Inkrafttreten dieses Bundesgesetzes für die dem jeweiligen Marktgebiet entsprechende Regelzone als Regelzonenführer benannt war.

(19) Solange keine Benennung des Marktgebietsmanagers gemäß § 13 Abs. 1 erfolgt ist, ist die Funktion des Marktgebietsmanagers von der OMV Gas GmbH wahrzunehmen.

(20) Lehrlinge eines Fernleitungsunternehmens, die ihre Ausbildung in einer vom vertikal integrierten Unternehmen geführten Lehrwerkstätte vor Inkrafttreten dieses Gesetzes begonnen haben, sind berechtigt, ihre Ausbildung in dieser Lehrwerkstätte zu beenden.

(21) Inhaber von Transportrechten gemäß § 6 Z 20 GWG, BGBl. I Nr. 121/2000, in der Fassung

des Bundesgesetzes BGBl. I Nr. 45/2009, gelten sinngemäß als Fernleitungsnetzbetreiber gemäß § 7 Abs. 1 Z 20 und unterliegen den für Fernleitungsnetzbetreibern vorgesehen Bestimmungen dieses Bundesgesetzes.

(22) Verteilergebietsmanager können die beim Inkrafttreten dieses Bundesgesetzes bestehende Rechtsform beibehalten. Verteilergebietsmanager, die bereits beim Inkrafttreten dieses Bundesgesetzes § 20 Abs. 2 erfüllen, dürfen keine andere Rechtsform wählen.

(23) Speicheranlagen im Sinne des § 146, deren Errichtung zum Zeitpunkt des Inkrafttretens dieses Bundesgesetzes rechtskräftig genehmigt oder bewilligt worden sind, gelten als im Sinne dieses Bundesgesetzes genehmigt. Die Bestimmungen des § 146 finden auf diese Speicheranlagen Anwendung.

(24) Kommerzielle Hub-Dienstleistungen und die damit verbundenen Handelsgeschäfte aufgrund zum 1.1.2013 bestehender Verträge sind auf den Virtuellen Handelspunkt als Erfüllungsort im entsprechenden Marktgebiet zu übertragen und beim Betreiber des Virtuellen Handelspunktes entsprechend zu nominieren.

(25) **(Verfassungsbestimmung)** § 102 Abs. 2 Z 15 in der Fassung des Bundesgesetzes BGBl. I Nr. 94/2022 gilt auch für bestehende Speichernutzungsverträge. Die hierdurch bedingten Änderungen bestehender Verträge berechtigen nicht zur Kündigung, teilweisen Kündigung oder Anpassung dieser Verträge durch Speichernutzer.

(26) **(Verfassungsbestimmung)** Speicherunternehmen haben spätestens binnen eines Monats ab physischer Herstellung des Anschlusses gemäß Abs. 27 in einem für die Verwaltung ihrer Speicherkapazität notwendigen Ausmaß ihrer Speicherkapazität einen Antrag auf Netzzugang und Netzzutritt am Anschlusspunkt auf der Netzebene 1 zu stellen und die erforderlichen Verträge binnen angemessener Frist abzuschließen. Die hieraus entstehenden Aufwendungen können anteilig in angemessenem Ausmaß auch in bestehende Verträge mit Speichernutzern eingepreist werden und berechtigen diese nicht zur Kündigung oder teilweisen Kündigung der Verträge.

(27) **(Verfassungsbestimmung)** Betreiber von Speicheranlagen, deren Speicheranlage zum Zeitpunkt des Inkrafttretens des Bundesgesetzes BGBl. I Nr. 94/2022 nicht bereits gemäß § 105 Abs. 1 Z 8 an das inländische Netz angebunden war, haben binnen sechs Monaten ab Inkrafttreten dieses Bundesgesetzes alle baulichen Maßnahmen für einen Netzanschluss am technisch geeigneten Anschlusspunkt auf der Netzebene 1, im technisch größtmöglichen Ausmaß zu treffen und die erforderlichen Verträge, insbesondere mit dem Netzbetreiber, binnen angemessener Frist abzuschließen. Die aus dieser Verpflichtung entstehenden Aufwendungen können anteilig in angemessenem Ausmaß auch in bestehende Verträge mit Speicherunternehmen eingepreist werden und berechtigen diese nicht zur Kündigung oder teilweisen Kündigung der Verträge.

(28) **(Verfassungsbestimmung)** Bis zur Herstellung eines physischen Anschlusses gemäß Abs. 26 hat derjenige Netzbetreiber, an dessen Netz der Anschluss erfolgen soll, wenn technisch möglich einen provisorischen Anschluss unverzüglich selbst herzustellen und die hierfür erforderlichen Betriebsmittel vorläufig bereitzustellen. Die aus dieser Verpflichtung entstehenden Aufwendungen sind dem Betreiber der Speicheranlage gemäß Abs. 27 in Rechnung zu stellen.

(29) **(Verfassungsbestimmung)** Bis zur Bestimmung eines neuen Speicherunternehmens gemäß § 104a Abs. 3 hat der jeweilige Betreiber der Speicheranlage die Rechte und Pflichten eines Speicherunternehmens auszuüben. § 97 bis § 105 gelten sinngemäß.

(30) Bei der Gewährleistung des Versorgungsstandards gemäß § 121 Abs. 5 ist die Ausweitung der geschützten Kunden auf Fernwärmeanlagen gemäß § 7 Abs. 1 Z 20a lit. c erst ab dem 1. Oktober 2023 zu berücksichtigen. Bis zum 30. September 2023 gilt für diese Zwecke die Begriffsbestimmung des § 7 Abs. 1 Z 20a in der Fassung des Bundesgesetzes BGBl. I Nr. 94/2022.

Übergangsbestimmungen zu Art. 3 des Bundesgesetzes BGBl. I Nr. 108/2017

§ 170a. (1) Konzessionen der Bilanzgruppenkoordinatoren gemäß § 85 GWG 2011, BGBl. I Nr. 107/2011, erlöschen mit der Übernahme der Aufgaben durch das gemäß § 85 ernannte Unternehmen. Die Bilanzgruppenkoordinatoren sind frühestens mit Ablauf des 30. September 2021 und spätestens mit Ablauf des 30. September 2023 gemäß § 85 GWG 2011, BGBl. I Nr. 108/2017, zu ernennen.

(2) Bis zum Inkrafttreten der Verordnung gemäß § 147 Abs. 1 gilt die Gasstatistikverordnung 2017, BGBl. II Nr. 417/2016.

Vollziehung

§ 171.[a)] Mit der Vollziehung dieses Bundesgesetzes sind betraut:

1. hinsichtlich § 8 und § 48 bis § 51 die Bundesministerin für Justiz im Einvernehmen mit der Bundesministerin für Klimaschutz, Umwelt, Energie, Mobilität, Innovation und Technologie;

1a. hinsichtlich § 18a Abs. 2 und § 169 Abs. 9 die Bundesregierung;

1b. hinsichtlich § 18a Abs. 3 die Bundesministerin für Klimaschutz, Umwelt, Energie, Mobilität, Innovation und Technologie, die Bundesministerin für Digitalisierung und Wirtschaftsstandort und der Bundesminister für Finanzen;

1c. hinsichtlich § 18b Abs. 1 und 2 die Bundesministerin für Klimaschutz, Umwelt, Energie, Mobilität, Innovation und Technologie und der Bundesminister für Finanzen;
1d. hinsichtlich § 18b Abs. 6 die Bundesministerin für Klimaschutz, Umwelt, Energie, Mobilität, Innovation und Technologie im Einvernehmen mit dem Bundesminister für Finanzen;
2. hinsichtlich § 132 und § 164 bis § 168 die Bundesministerin für Justiz;
3. hinsichtlich des § 170 Abs. 1 der Bundesminister für Finanzen;
4. hinsichtlich der übrigen Bestimmungen die Bundesministerin für Klimaschutz, Umwelt, Energie, Mobilität, Innovation und Technologie.

[a] § 171 Z 1a bis 1d treten mit Ablauf des 30. September 2025 außer Kraft.

Anlage 1
(zu § 84)

Verteilerleitungsanlagen der Netzebene 1

1. die Westleitungen 2 und 4 in Niederösterreich, Fortsetzung der Westleitung 4 in Oberösterreich bis zu den Speicheranlagen Thann, Puchkirchen, 7Fields und Haidach (Westschiene);
2. die Südleitung 2 bis Wr. Neustadt Knoten und die Südleitung 3 bis Eggendorf, Fortsetzung der Südleitung 3 in die Steiermark bis TAG–Weitendorf (Südschiene);
3. die Pyhrnleitung, beginnend in Krift Oberösterreich und Fortsetzung im steiermärkischen Netz bis zur Station A5 als Verbindungsleitung zwischen den unter Z 1 und Z 2 benannten Leitungen;
4. die Leitung zwischen Reitsham und Puchkirchen als Verbindungsleitung zu den unter Z 1 genannten Leitungen;
5. die Leitung zwischen WAG–Rainbach und die unter Z 1 genannten Leitungen;
6. die Leitung Südwest zwischen Reichersdorf und Eggendorf als Verbindungsleitung der unter Z 1 und Z 2 genannten Leitungen;
7. die Leitung EGO zwischen Eggendorf und Lichtenwörth;
8. die Leitung Ost bis Edelsthal;
9. die Stichleitung Südost bis Wilfleinsdorf;
10. die Stichleitung Hornstein;
11. die Stichleitung TAG zwischen Eggendorf GCA und Wr. Neustadt Knoten;
12. die Leitung Nord zwischen GCA Laa/Thaya über die Messübergabeanlage Laa/Thaya West und Laa/Staatsgrenze;
13. die Leitung zwischen der WAG–Abzweigstation Bad Leonfelden und der unter Z 5 genannten Leitung;
14. das Primärverteilungssystem 2 (PVS 2), das sind die zur Verteilung bestimmten Leitungsanlagen des Primärverteilungssystems der GCA;
15. die Abzweigstationen der Gas Connect Austria GmbH auf TAG und WAG;
16. die Verbindungsleitung zwischen WAG–Abzweigstation Kirchberg und den unter Z 1 genannten Leitungen;
17. die Leitung zwischen der TAG–Abzweigstation St. Margarethen und der Hochdruckreduzierstation Fürstenfeld (Raabtalleitung);
18. die Erdgas-Hochdruckleitung 076 Zagling – Kühschinken;
19. die Leitung von Reitsham bis Freilassing und zur Übergabestation in Hochfilzen;
20. die Leitung von Hochfilzen bis zur Staatsgrenze bei Kiefersfelden.

Anlage 2
(zu § 84)

Fernleitungsanlagen

1. die Trans-Austria-Gasleitung (TAG);
2. die West-Austria-Gasleitung (WAG);
3. das Primärverteilungssystem 1 (PVS 1);
4. die Hungaria-Austria-Leitung (HAG);
5. die Süd-Ost-Leitung (SOL);
6. die Penta West;
7. die Kittsee-Petrzalka-Gasleitung (KIP).

Das PVS 1 umfasst jene Leitungsteile im Sinne von § 7 Abs. 1 Z 15 der Gas Connect Austria GmbH, die Verbindung mit dem slowakischen Netz herstellen oder die Erdgasleitungsanlagen in der Station Baumgarten miteinander verbinden, um eine zusammenhängende Entry/Exit-Zone im Marktgebiet zu gewährleisten, sofern sie nicht der TAG oder WAG zugeordnet sind.

Anlage 3
(zu § 84)

1. Wiener Netze GmbH
2. Netz Niederösterreich GmbH
3. Netz Oberösterreich GmbH
4. Salzburg Netz GmbH
5. TIGAS Erdgas Tirol GmbH
6. Vorarlberger Energienetze GmbH
7. Netz Burgenland GmbH
8. Energienetze Steiermark GmbH
9. KNG-Kärnten Netz GmbH
10. Stadtwerke Bregenz GmbH
11. LINZ NETZ GmbH
12. eww ag
13. Stadtbetriebe Steyr GmbH
14. Energie Ried GmbH
15. Energie Graz GmbH & Co KG
16. Stadtwerke Leoben e.U.
17. Stadtwerke Kapfenberg GmbH
18. Energie Klagenfurt GmbH
19. Elektrizitätswerke Reutte AG
20. GasNetz Veitsch
21. Gas Connect Austria GmbH

Anlage 4
(zu § 146 Abs. 2)

I. Im Sicherheitsbericht gemäß § 146 Abs. 2 iVm § 84f GewO zu berücksichtigende Mindestdaten und Mindestinformationen

1. Informationen über das Managementsystem und die Betriebsorganisation im Hinblick auf die Verhütung schwerer Unfälle. Mit diesen Informationen müssen die unter Punkt II. dieser Anlage angeführten Elemente abgedeckt werden.
2. Umfeld des Betriebs:

a) Beschreibung des Betriebs und seines Umfelds einschließlich der geografischen Lage, der meteorologischen, geologischen und hydrografischen Daten sowie gegebenenfalls der Vorgeschichte des Standorts;
b) Verzeichnis der Anlagen und Tätigkeiten innerhalb des Betriebs, bei denen die Gefahr eines schweren Unfalls bestehen kann;
c) auf der Grundlage verfügbarer Informationen Verzeichnis benachbarter Betriebe sowie Betriebsstätten, die nicht in den Geltungsbereich des § 146 fallen, Bereiche und Entwicklungen, die einen schweren Unfall verursachen oder das Risiko oder die Folgen eines solchen Unfalls sowie jene von Domino-Effekten vergrößern könnten;
d) Beschreibung der Bereiche, die von einem schweren Unfall betroffen werden könnten.

3. Beschreibung der Anlage:

a) Beschreibung der wichtigsten Tätigkeiten und Produkte, der sicherheitsrelevanten Betriebsteile, der Ursachen potenzieller schwerer Unfälle sowie der Bedingungen, unter denen der jeweilige schwere Unfall eintreten könnte, und Beschreibung der vorgesehenen Maßnahmen zur Verhütung schwerer Unfälle;
b) Beschreibung der Verfahren, insbesondere der Verfahrensabläufe; gegebenenfalls Berücksichtigung verfügbarer Informationen über bewährte Verfahren;
c) Beschreibung der gefährlichen Stoffe:

aa) Verzeichnis der gefährlichen Stoffe, das Folgendes umfasst:

- Angaben zur Identifizierung der gefährlichen Stoffe: Angabe ihrer chemischen Bezeichnung, CAS–Nummer, Bezeichnung nach der IUPAC–Nomenklatur;
- Höchstmenge der gefährlichen Stoffe, die vorhanden sind oder vorhanden sein können;

bb) physikalische, chemische und toxikologische Merkmale sowie Angabe der für die menschliche Gesundheit oder die Umwelt unmittelbar bestehenden und der sich erst später auf sie auswirkenden Gefahren;
cc) physikalisches oder chemisches Verhalten unter normalen Einsatzbedingungen oder bei vorhersehbaren Störungen.

4. Ermittlung und Analyse der Risiken von Unfällen und Mittel zu deren Verhütung:

a) eingehende Beschreibung der Szenarien möglicher schwerer Unfälle neben der Wahrscheinlichkeit oder der Bedingungen für ihr Eintreten, einschließlich einer Zusammenfassung der Vorfälle, die für das Eintreten jedes dieser Szenarien ausschlaggebend sein könnten, unabhängig davon, ob die Ursachen hiefür innerhalb oder außerhalb der Anlage liegen, insbesondere:

aa) betriebliche Ursachen;
bb) externe Ursachen, etwa im Zusammenhang mit Domino-Effekten, Betriebsstätten, die nicht in den Geltungsbereich des § 146 fallen, Bereichen und Entwicklungen, die einen schweren Unfall verursachen oder das Risiko oder die Folgen eines solchen Unfalls vergrößern könnten;
cc) natürliche Ursachen, zB Erbeben oder Überschwemmungen;

b) Beurteilung des Ausmaßes und der Schwere der Folgen der ermittelten schweren Unfälle, einschließlich Karten, Bilder oder gegebenenfalls entsprechender Beschreibungen, aus denen die Bereiche ersichtlich sind, die von derartigen Unfällen in dem Betrieb betroffen sein können;
c) Bewertung vergangener Unfälle und Zwischenfälle im Zusammenhang mit denselben Stoffen und Verfahren, Berücksichtigung der daraus gezogenen Lehren und ausdrückliche Bezugnahme auf spezifische Maßnahmen, die ergriffen wurden, um solche Unfälle zu verhindern;
d) Beschreibung der technischen Parameter sowie Ausrüstungen zur Sicherung der Anlagen.

5. Schutz- und Notfallmaßnahmen zur Begrenzung der Folgen eines schweren Unfalls:

a) Beschreibung der Einrichtungen, die in dem Werk zur Begrenzung der Folgen schwerer Unfälle für die menschliche Gesundheit und die Umwelt vorhanden sind, einschließlich beispielsweise Melde-/Schutzsysteme, technischer Vorrichtungen zur Begrenzung von ungeplanten Freisetzungen, einschließlich Berieselungsanlagen, Dampfabschirmung, Auffangvorrichtung oder -behälter, Notabsperrventile, Inertisierungssysteme, Löschwasserrückhaltung;
b) Auslösung des Alarms und Durchführung der Notfallmaßnahmen;
c) Beschreibung der Mittel, die innerhalb oder außerhalb des Betriebes für den Notfall zur Verfügung stehen;
d) Beschreibung technischer und nicht technischer Maßnahmen, die für die Verringerung der Auswirkungen eines schweren Unfalls von Bedeutung sind.

II. Informationen gemäß § 146 Abs. 2 iVm § 84e Abs. 3 und § 84f GewO betreffend das Sicherheitsmanagementsystem und die Betriebsorganisation im Hinblick auf die Verhütung schwerer Unfälle

Bei der Anwendung des Sicherheitsmanagementsystems des Betreibers ist den nachstehenden Elementen Rechnung zu tragen:

1. Das Sicherheitsmanagementsystem ist den Gefahren, Industrietätigkeiten und der Komplexität der Betriebsorganisation angemessen und beruht auf einer Risikobeurteilung; es sollte denjenigen Teil des allgemeinen Managementsystems einschließen, zu dem die für die Festlegung und Anwendung des Konzepts zur Verhütung schwerer Unfälle (im Folgenden „Konzept") relevante Organisationsstruktur, Verantwortungsbereiche, Handlungsweisen, Verfahren, Prozesse und Mittel gehören;
2. Das Sicherheitsmanagement berücksichtigt folgende Aspekte:

a) Organisation und Personal: Aufgaben und Verantwortungsbereiche des zur Überwachung der Gefahren schwerer Unfälle vorgesehenen Personals auf allen Stufen der Organisation zusammen mit den Maßnahmen, die zur Sensibilisierung für die Notwendigkeit ständiger Verbesserungen ergriffen werden; Ermittlung des entsprechenden Ausbildungsbedarfs und Durchführung der erforderlichen Ausbildungsmaßnahmen; Einbeziehung der Beschäftigten des Betriebs sowie des in dem Betrieb tätigen Personals von Subunternehmen, die unter dem Gesichtspunkt der Sicherheit wichtig sind;
b) Ermittlung und Bewertung der Gefahren schwerer Unfälle: Festlegung und Anwendung von Verfahren zur systematischen Ermittlung der Gefahren schwerer Unfälle bei bestimmungsgemäßem Betrieb und außergewöhnlichen Betriebssituationen einschließlich gegebenenfalls von Tätigkeiten, die als Unteraufträge vergeben sind, sowie Beurteilung der Eintrittswahrscheinlichkeit und der Schwere solcher Unfälle;
c) Betriebskontrolle: Festlegung und Durchführung von Verfahren und Erteilung von Anweisungen für den sicheren Betriebsablauf, einschließlich Wartung des Werks, Verfahren und Einrichtung sowie für Alarmmanagement und kurzzeitiges Abschalten; Berücksichtigung verfügbarer Informationen über bewährte Verfahren für Überwachung und Kontrolle zur Verringerung des Risikos eines Systemausfalls; Management und Steuerung der Risiken im Zusammenhang mit im Betrieb installierten alternden Einrichtungen und Korrosion; Inventar der Einrichtungen des Betriebs, Strategie und Methodik zur Überwachung und Kontrolle des Zustands der Einrichtungen; angemessene Maßnahmen zur Weiterbehandlung und erforderliche Gegenmaßnahmen;
d) sichere Durchführung von Änderungen: Festlegung und Anwendung von Verfahren zur Planung von Änderungen der Anlage, des Verfahrens oder des Lagers oder zur Auslegung einer neuen Anlage, eines neuen Verfahrens oder eines neuen Lagerortes;
e) Planung für Notfälle: Festlegung und Anwendung von Verfahren zur Ermittlung vorhersehbarer Notfälle aufgrund einer systematischen Analyse und zur Erstellung, Erprobung und Überprüfung der Notfallpläne, um in Notfällen angemessen reagieren und um dem betroffenen Personal eine spezielle Ausbildung erteilen zu können. Diese Ausbildung muss allen Beschäftigten des Betriebs, einschließlich des relevanten Personals von Subunternehmen, erteilt werden;
f) Leistungsüberwachung: Festlegung und Durchführung von Verfahren zur kontinuierlichen Beurteilung der Einhaltung der Ziele, die in dem Konzept des Betreibers und im Sicherheitsmanagement festgelegt sind, sowie von Mechanismen zur Prüfung und Einleitung von Abhilfemaßnahmen bei Nichteinhaltung. Die Verfahren umfassen das System des Betreibers für die Meldung schwerer Unfälle oder „Beinaheunfälle", insbesondere solcher, bei denen die Schutzmaßnahmen versagt haben, sowie die entsprechenden Untersuchungen und Folgemaßnahmen auf Grundlage der gesammelten Erfahrungen. Die Verfahren könnten auch Leistungsindikatoren wie sicherheitsbezogene Leistungsindikatoren und/oder andere relevante Indikatoren beinhalten;

g) Audit und Überprüfung: Festlegung und Durchführung von Verfahren für eine regelmäßige, systematische Beurteilung des Konzepts und der Wirksamkeit und Eignung des Sicherheitsmanagements; von der Betriebsleitung entsprechend dokumentierte Überprüfung der Ergebnisse des bestehenden Konzepts und des Sicherheitsmanagementsystems sowie seine Aktualisierung, einschließlich der Erwägung und Einarbeitung notwendiger Änderungen gemäß dem Audit und der Überprüfung.

III. In die internen Notfallpläne gemäß § 146 Abs. 2 iVm § 84h GewO aufzunehmende Daten und Informationen

1. Namen oder betriebliche Stellung der Personen, die zur Einleitung von Notfallmaßnahmen ermächtigt sind, sowie der Person, die für die Durchführung und Koordinierung der Abhilfemaßnahmen auf dem Betriebsgelände verantwortlich ist;
2. Namen oder betriebliche Stellung der Person, die für die Verbindung zu der für den externen Notfallplan zuständigen Behörde verantwortlich ist;
3. für vorhersehbare Umstände oder Vorfälle, die für das Eintreten eines schweren Unfalls ausschlaggebend sein können, in jedem Einzelfall eine Beschreibung der Maßnahmen, die zur Kontrolle dieser Umstände bzw. dieser Vorfälle sowie zur Begrenzung der Folgen zu treffen sind, einschließlich einer Beschreibung der zur Verfügung stehenden Sicherheitsausrüstungen und Einsatzmittel;
4. Vorkehrungen zur Begrenzung der Risiken für Personen auf dem Betriebsgelände, einschließlich Angaben über die Art der Alarmierung sowie das von den Personen bei Alarm erwartete Verhalten;
5. Vorkehrungen für die frühzeitige Meldung des Unfalls an die für die Durchführung des externen Notfallplans zuständige Behörde, Art der Informationen, die bei der ersten Meldung mitzuteilen sind, sowie Vorkehrungen zur Übermittlung von detaillierteren Informationen, sobald diese verfügbar sind;
6. wenn erforderlich Vorkehrungen zur Ausbildung des Personals in den Aufgaben, deren Wahrnehmung von ihm erwartet wird, sowie gegebenenfalls Koordinierung dieser Ausbildung mit externen Notfall- und Rettungsdiensten;
7. Vorkehrungen zur Unterstützung von Abhilfemaßnahmen außerhalb des Betriebsgeländes.

19. Strategische Gasreserve-Verordnung

Verordnung der Bundesregierung, mit der die Höhe der strategischen Gasreserve angepasst wird

StF: BGBl. II Nr. 262/2022

Aufgrund des § 18a Abs. 2 des Gaswirtschaftsgesetzes 2011 (GWG 2011), BGBl. I Nr. 107/2011, zuletzt geändert durch BGBl. I Nr. 67/2022, wird nach Zustimmung des Hauptausschusses des Nationalrates verordnet:

Höhe der strategischen Gasreserve

§ 1. Abweichend von § 18a Abs. 2 GWG 2011 beträgt die Höhe der strategischen Gasreserve 20 TWh.

Modalitäten der Beschaffung

§ 2. (1) Der Verteilergebietsmanager hat die zusätzlichen Gasmengen gemäß § 18b GWG 2011 zu beschaffen und dabei die Verfügbarkeit von Erdgas und Speicherkapazität am Markt zu berücksichtigen. Zum Zweck der Diversifikation der Gasversorgungsquellen ist in den Ausschreibungsbedingungen vorzusehen, dass Verträge – nach Verfügbarkeit am Markt – mit jenen Bietern abgeschlossen werden, bei denen durch geeignete Unterlagen nachgewiesen ist, dass es sich um Gas mit dem Ursprung in Staaten handelt, die nicht von einer aufrechten Maßnahme im Sinne der Verordnung (EU) Nr. 833/2014, ABl. Nr. L 229 vom 31.7.2014, S. 1, in der Fassung L 153 vom 3.6.2022, S. 53, betroffen sind.

(2) Der Verteilergebietsmanager kann im Rahmen des Ausschreibungsverfahrens gemäß § 18b Abs. 1 auch Verhandlungen über den Vertragsinhalt mit allen oder ausgewählten Bietern durchführen.

Inkrafttreten

§ 3. Diese Verordnung tritt mit dem Ablauf des Tages der Kundmachung in Kraft.

20. Gas-Systemnutzungsentgelte-Verordnung 2013

Verordnung der Regulierungskommission der E-Control, mit der die Entgelte für die Systemnutzung in der Gaswirtschaft bestimmt werden

StF: BGBl. II Nr. 309/2012

Letzte Novellierung: BGBl. II Nr. 74/2023

Auf Grund des § 70 Gaswirtschaftsgesetz 2011 – GWG 2011, BGBl. I Nr. 107/2011 iVm § 12 Abs. 2 Z 1 Energie-Control-Gesetz – E-ControlG, BGBl. I Nr. 110/2010 in der Fassung des Bundesgesetzes BGBl. I Nr. 107/2011, wird verordnet:

GLIEDERUNG

1. Teil
Allgemeines

Regelungsgegenstand

§ 1. (1) Diese Verordnung bestimmt die folgenden Systemnutzungsentgelte für das Fernleitungsnetz:

1. Kapazitätsbasiertes sowie mengenbasiertes Netznutzungsentgelt;
2. Netzzutrittsentgelt sowie
3. Netzbereitstellungsentgelt.

(2) Diese Verordnung bestimmt das Verfahren der Kostenwälzung gemäß § 83 Abs. 3 GWG 2011, der Verrechnungsmodalitäten der Systemnutzungsentgelte, die Ausgleichszahlungen zwischen den Netzbetreibern eines Netzbereichs, das Entgelt für die Erfüllung der Aufgaben eines Verteilergebietsmanagers für die Verteilergebietsmanager der Verteilergebiete Ost, Tirol und Vorarlberg sowie die folgenden Systemnutzungsentgelte für das Verteilernetz:

1. Netznutzungsentgelt;
2. Netzzutrittsentgelt und Netzbereitstellungsentgelt;
3. Entgelt für Messleistungen sowie;
4. Entgelt für sonstige Leistungen.

§ 2. (1) Im Sinne dieser Verordnung bezeichnet der Ausdruck

1. „Abrechnungsperiode“ grundsätzlich einen Zeitraum von 365 (bzw. 366) Tagen, sofern eine Leistungsmessung oder eine Messung mit einem Verbrauchsaufzeichnungsmessgerät gemäß § 2 Z 10 Lastprofilverordnung 2018 durchgeführt wird, kann ein Zeitraum von einem Monat vereinbart werden;
2. „Betriebsvolumen“ das vom Gaszähler gemessene Gasvolumen im Betriebszustand;
3. „dynamisch zuordenbare Kapazitäten (DZK)“ eine Kapazität, die lediglich in Kombination mit spezifizierten Ein- bzw. Ausspeisepunkten als feste Kapazität angeboten werden

kann, und eine Nutzung im Zusammenhang mit anderen Ein- bzw. Ausspeisepunkten bzw. dem virtuellen Handelspunkt nur auf unterbrechbarer Basis möglich ist (§ 3 Abs. 2 Z 2 Gas-Marktmodell-Verordnung 2012 (GMMO-VO 2012), BGBl. II Nr. 171/2012);

4. „Einspeiser aus inländischer Produktion“ einen Produzenten von Erdgas aus inländischer Produktion, der dieses in ein Netz einspeist;

5. „Energiemenge“ das Produkt aus Normvolumen und Verrechnungsbrennwert;

5a. „kapazitätsbasiertes Netznutzungsentgelt“ ein Netznutzungsentgelt, das auf Basis vertraglich vereinbarter Kapazität verrechnet wird;

6. „Kundenanlage“ eine an das Netz eines Netzbetreibers angeschlossene Anlage zur Erzeugung bzw. Verwendung von Erdgas eines Netzzugangsberechtigten;

7. „Lastprofilzähler“ ein Messgerät, welches den tatsächlichen Lastgang im Stundenraster erfasst;

8. „Leistungsmessung“ eine mit einem Lastprofilzähler durchgeführte Messung zur Ermittlung der höchsten stündlichen Belastung pro Monat;

8a. „mengenbasiertes Netznutzungsentgelt“ ein Netznutzungsentgelt, das auf Basis der tatsächlichen Nutzung (bestätigte Nominierung) von vertraglich vereinbarter Kapazität verrechnet wird;

9. „Mindestleistung“ den Anteil von 20 % der vertraglich vereinbarten Höchstleistung pro Zählpunkt im Falle einer monatlichen Verrechnung des leistungsbezogenen Anteils gemäß § 10 Abs. 5. Wird Erdgas ausschließlich in den Monaten von März bis Oktober bezogen und erfolgt eine monatliche Verrechnung des leistungsbezogenen Anteils gemäß § 10 Abs. 5, beträgt die Mindestleistung 10 % der vertraglich vereinbarten Höchstleistung pro Zählpunkt für den gesamten Abrechnungszeitraum; bei einer tagesbezogenen Verrechnung des Leistungspreises gem. § 10 Abs. 6a ist eine Mindestleistung von 15 % der vertraglich vereinbarten Höchstleistung pro Zählpunkt anzuwenden;

10. „Normvolumen“ das Volumen einer Gasmenge im Normzustand (bei einer Temperatur von 0°C und einem Druck von 1,01325 bar);

11. „Staffel“ jenen Mengenbereich gemäß § 10, der durch einen Mindest- und einen Höchstwert pro Abrechnungsperiode definiert wird. Der Tarif kommt für die gesamte Menge einer Abrechnungsperiode zur Anwendung;

11a. „Standardkapazität“ die Kapazität an den Ein- oder Ausspeisepunkten in das bzw. aus dem Verteilergebiet. Sie setzt sich aus einem festen und einem unterbrechbaren Anteil zusammen, wobei die Verfügbarkeit des festen Anteils dynamisch ist und vom aktuellen Absatz im Verteilergebiet abhängt.

12. „Umrechnungsbrennwert“ der bei der Überführung der bestehenden volumensbasierenden Transportverträge auf energiebasierende Ein- und Ausspeiseverträge zur Ermittlung der Kapazität in kWh/h herangezogene Brennwert in kWh/Nm³ (0 °C). Dieser beträgt für das Marktgebiet Ost 11,19 kWh/Nm³ (0 °C);

13. „Verrechnungsbrennwert“ den bei der Verrechnung an Endverbraucher zur Ermittlung der Energiemenge herangezogenen Brennwert in kWh/Nm³. Dieser beträgt für das Marktgebiet Ost 11,47 kWh/Nm³, für das Marktgebiet Tirol 11,41 kWh/Nm³ und für das Marktgebiet Vorarlberg 11,54 kWh/Nm³. Weicht der vom jeweiligen Verteilergebietsmanager veröffentlichte durchschnittliche Monatswert um mehr als 2% vom verordneten Verrechnungsbrennwert ab, kommt für diesen Zeitraum der veröffentlichte durchschnittliche Monatswert zur Anwendung. Ab Veröffentlichung des durchschnittlichen Monatswertes durch den Verteilergebietsmanager muss dieser in den Abrechnungssystemen hinterlegt und in den nach diesem Zeitpunkt erfolgten Abrechnungen angewendet werden;

14. „vertraglich vereinbarte Höchstleistung“ den technischen oder, sofern vereinbart den vertraglichen Anschlusswert, der den tatsächlichen Kapazitätsbedürfnissen des Netzzugangsberechtigen zu entsprechen hat. Kurzfristige Änderungen des Nutzungsverhaltens berechtigen nicht zu einer Änderung der vertraglich vereinbarten Höchstleistung;

15. „Zählergröße“ das zum 1. Oktober 2002 nach den OIML-Richtlinien R31 und R32 (G-Reihe) der „International Organisation of Legal Metrology“ festgelegte Maß für den minimalen und maximalen Gasdurchfluss in m³/h;

16. „Zählpunkt“ die Einspeise- bzw. Entnahmestelle, an der eine Gasmenge messtechnisch erfasst und registriert wird. Für jede Kundenanlage ist ein Zählpunkt einzurichten, wobei eine Zusammenfassung mehrerer Kundenanlagen zu einem Zählpunkt nicht zulässig ist. Kann aufgrund des Messbereiches einer bestimmten Zählergröße nicht die gesamte in einer Kundenanlage verbrauchte Gasmenge mit einem Messgerät erfasst werden, sind mehrere Messgeräte in einer Messanlage – mit gleichem Druck und einer Anschlussleitung – zur messtechnischen Verbrauchsabgrenzung zu einem Zählpunkt zusammenzufassen;

17. „Zone“ jenen Mengenbereich gemäß § 10, der durch einen Mindest- und einen Höchstwert pro Abrechnungsperiode definiert wird. Das Entgelt setzt sich aus der Summe jener Entgelte zusammen, die auf Grund der jeweils durchlaufenen Zonen gemäß § 5 ermittelt werden.

(2) Im Übrigen gelten die Begriffsbestimmungen gemäß § 7 GWG 2011, § 2 GMMO-VO 2012

und Artikel 2 der Verordnung (EG) Nr. 715/2009 über die Bedingungen für den Zugang zu den Erdgasfernleitungsnetzen und zur Aufhebung der Verordnung (EG) Nr. 1775/2005, ABl. Nr. L 211 vom 14.08.2009.

2. Teil
Systemnutzungsentgelte im Fernleitungsnetz

Netznutzungsentgelt für Einspeiser und Entnehmer

§ 3. (1) Für das Netznutzungsentgelt für die Einspeisung in das bzw. für die Ausspeisung aus dem Fernleitungsnetz werden auf Grundlage der Referenzpreismethode sowie des Abschnittes zu mengenbasierten Fernleitungsentgelte gemäß Anlage 3 Entgelte bestimmt. Kapazitätsbasierte Netznutzungsentgelte sind, sofern nicht besonders ausgewiesen, in EUR/kWh/h pro Jahr und pro Ein- bzw. Ausspeisepunkt angegeben und sind vom Netzbenutzer auch dann zu entrichten, wenn die gebuchte Kapazität nicht oder nur teilweise nominiert wird. Mengenbasierte Netznutzungsentgelte sind, sofern nicht besonders ausgewiesen, in EUR/MWh und pro Ein- bzw. Ausspeisepunkt angegeben. Mengenbasierte Netznutzungsentgelte gelten für alle Arten der Kapazität (feste, frei zuordenbare Kapazität, unterbrechbare Kapazität, dynamisch zuordenbare Kapazitäten) in gleichem Ausmaß und werden auf Basis der tatsächlichen Nutzung von vertraglich vereinbarter Kapazität an den Netzbenutzer verrechnet.

(2) Das Netznutzungsentgelt für die Einspeisung in das Fernleitungsnetz für Verträge mit einer Laufzeit von einem Jahr oder länger wird für die folgenden Einspeisepunkte, bezogen auf die vertraglich vereinbarte Einspeiseleistung für feste, frei zuordenbare Einspeisekapazitäten, wie folgt bestimmt:

1. Baumgarten: 0,85
2. Oberkappel: 0,97
3. Überackern: 0,97
4. Arnoldstein: 0,97
5. Mosonmagyaróvár: 0,85
6. Murfeld: 0,97
7. Petrzalka: 0,85
8. Reintal: 0,85.

(2a) Das mengenbasierte Netznutzungsentgelt beträgt für alle Einspeisepunkte in das Fernleitungsnetz 0,20772 EUR/MWh.

(3) Das Netznutzungsentgelt für die Ausspeisung aus dem Fernleitungsnetz für Verträge mit einer Laufzeit von einem Jahr oder länger wird für die folgenden Ausspeisepunkte, bezogen auf die vertraglich vereinbarte Ausspeiseleistung für feste, frei zuordenbare Ausspeisekapazitäten, wie folgt bestimmt:

1. Baumgarten: 1,23
2. Oberkappel: 3,26
3. Überackern: 3,26
4. Arnoldstein: 4,35
5. Mosonmagyaróvár: 1,23
6. Murfeld: 1,90
7. Petrzalka: 1,23
8. Reintal: 1,23
9. Verteilergebiet: 0,42
10. Verteilergebiet Kärnten: 3,85.

(3a) Das mengenbasierte Netznutzungsentgelt beträgt für alle Ausspeisepunkte aus dem Fernleitungsnetz 0,69818 EUR/MWh.

(4) Die Vergabe von neuen oder zusätzlichen Ein- bzw. Ausspeisekapazitäten für die Ein- bzw. Ausspeisepunkte im Fernleitungsnetz erfolgt bis zu dem Zeitpunkt, an dem diese Kapazität erstmals zur Verfügung steht, inklusive eines obligatorischen Mindestaufschlags zum Netznutzungsentgelt gemäß § 3 Abs. 2 bzw. Abs. 3. Der obligatorische Mindestaufschlag bezieht sich auf ein Mindestmengengerüst und reduziert sich im Falle von Buchungen über diesem Mindestmengengerüst proportional. Allfällige Auktionsaufschläge sowie der obligatorische Mindestaufschlag sind zusätzlich zum Netznutzungsentgelt gemäß § 3 Abs. 2 bzw. Abs. 3 für die jeweilige Dauer des Vertrages vom Netzbenutzer zu bezahlen. Ändern sich die Netznutzungsentgelte gemäß § 3 Abs. 2 bzw. Abs. 3 während der Vertragslaufzeit, ist der Gesamtpreis bestehend aus dem Startpreis, dem obligatorischen Mindestaufschlag und einem allfälligen Auktionsaufschlag um die Differenz zwischen ursprünglichem und neuem Startpreis anzupassen. Der obligatorische Mindestaufschlag wird für Verträge mit einer Laufzeit von einem Jahr oder länger für die folgenden Ein- bzw. Ausspeisepunkte, bezogen auf die vertraglich vereinbarte Leistung für feste, frei zuordenbare Kapazitäten, wie folgt bestimmt:

1. Einspeisepunkt Mosonmagyaróvár (Projekt GCA 2021/01, Mindestmengengerüst: 763.726 kWh/h)..1,35.
2. Einspeisepunkt Mosonmagyaróvár (Projekt GCA 2021/01, Mindestmengengerüst: 916.487 kWh/h).. 0,98;
3. Einspeisepunkt Murfeld (Projekt GCA 2015/08, Mindestmengengerüst: 2.775.120 kWh/h).................................. 1,34;
4. Einspeisepunkt Reintal (Projekt GCA 2015/01a, Mindestmengengerüst: 2.658.744 kWh/h).................................. 4,48;
5. Einspeisepunkt Reintal (Projekt GCA 2020/01, Mindestmengengerüst: 1.194.924 kWh/h)....................................5,01.

(4a) Für die in Abs. 4 Z 4 und 5 aufgezählten Projekte wird der f-Faktor im Sinne des Art. 23 der Verordnung (EU) 2017/459 zur Festlegung eines Netzkodex über Mechanismen für die Kapazitätszuweisung in Fernleitungsnetzen und zur Aufhebung der Verordnung (EU) Nr. 984/2013, ABl. Nr. L 72 vom 17.03.2017 S. 1, mit 0,8 festgelegt. Für die in Abs. 4 Z 1 und 2 aufgezählten Projekte wird der f-Faktor im Sinne des Art. 23 der Verordnung (EU) 2017/459 zur Festlegung eines Netzkodex über Mechanismen für die Kapazitätszuweisung in Fernleitungsnetzen und zur Aufhebung der Verordnung (EU) Nr. 984/2013, ABl. Nr. L 72 vom 17.03.2017 S. 1, mit 0,75 festgelegt.

(5) Das Netznutzungsentgelt für die Einspeisung in das Fernleitungsnetz wird für die folgenden Einspeisepunkte für Verträge mit einer Laufzeit von einem Jahr oder länger, bezogen auf die vertraglich vereinbarte Einspeiseleistung für dynamisch zuordenbare Einspeisekapazitäten, wie folgt bestimmt (die Ausspeisepunkte in Klammer bezeichnen jene Ausspeisepunkte, in deren Kombination der Transport garantiert angeboten wird):

1. Überackern (Oberkappel): 0,88
2. Arnoldstein (Verteilergebiet): 0,68
3. Arnoldstein (Murfeld): 0,68.

(6) Das Netznutzungsentgelt für die Ausspeisung aus dem Fernleitungsnetz wird für die folgenden Ausspeisepunkte für Verträge mit einer Laufzeit von einem Jahr oder länger, bezogen auf die vertraglich vereinbarte Ausspeiseleistung für dynamisch zuordenbare Ausspeisekapazitäten, wie folgt bestimmt (die Einspeisepunkte in Klammer bezeichnen jene Einspeisepunkte, in deren Kombination der Transport garantiert angeboten wird):

1. Überackern (Oberkappel): 2,93
2. Verteilergebiet (Baumgarten): 0,38
3. Verteilergebiet (Oberkappel): 0,38.

(7) Soweit Abs. 7a nichts anderes bestimmt, entspricht das Entgelt für unterbrechbare Kapazitäten grundsätzlich dem Entgelt für die gleiche Leistung auf fester Basis. Im Falle von Unterbrechungen ist dem Netzbenutzer eine Refundierung zu gewähren. Eine allfällige Refundierung innerhalb eines Leistungsmonats wird vom Entgelt für den betreffenden Leistungsmonat abgezogen. Das vom Fernleitungsnetzbetreiber zu refundierende Entgelt (E_{Rm}) errechnet sich anhand der Formel gemäß Anlage 1. Unterbrechbare Transportdienstleistungen auf Basis von dynamisch zuordenbaren Kapazitäten sind von der Refundierung ausgenommen.

(7a) Abweichend von den Regelungen in Abs. 7 wird das Netznutzungsentgelt für unterbrechbare Kapazitäten für die Einspeisung in das Fernleitungsnetz an den Einspeisepunkten Oberkappel und Überackern mit einem Abschlag von 12% auf das Netznutzungsentgelt für feste, frei zuordenbare Kapazitäten an diesen Einspeisepunkten bestimmt. Dies gilt für Kapazitäten sämtlicher Laufzeiten.

(8) Das Netznutzungsentgelt an Netzkopplungspunkten im Fernleitungsnetz, an denen mehrere maßgebliche Punkte gemäß § 39 GWG 2011 zusammentreffen, wird für den Transport auf fester Basis ausschließlich zwischen diesen maßgeblichen Punkten gemäß § 39 GWG 2011 für Verträge mit einer Laufzeit von einem Jahr oder länger für die folgenden Ein- und Ausspeisepunkte, bezogen auf die vertraglich vereinbarte Leistung, wie folgt bestimmt (der Ausspeisepunkt in Klammer bezeichnet jenen Ausspeisepunkt, in dessen Kombination der Transport angeboten wird):

1. Überackern-SUDAL (Überackern-ABG): Einspeisung: 0,14 Ausspeisung: 0,14
2. Überackern-ABG (Überackern- SUDAL): Einspeisung: 0,14 Ausspeisung: 0,14

(8a) Als Entgelt für die Dienstleistung von Netzbetreibern, die Netzbenutzer zu Nominierungen zur Ausspeisung aus dem Marktgebiet Ost und zur gleichzeitigen unmittelbaren sowie übereinstimmenden Einspeisung in das tschechische Marktgebiet berechtigt, werden für Verträge mit einer Laufzeit von einem Jahr oder länger, bezogen auf die vertraglich vereinbarte Leistung, 7,27 Euro/kWh/h pro Jahr bestimmt. Abs. 9 gilt sinngemäß.

(9) Das Netznutzungsentgelt für die Einspeisung in das Fernleitungsnetz für Verträge mit einer Laufzeit von weniger als einem Jahr errechnet sich auf Basis der Entgelte (E) gemäß Abs. 2, Abs. 5 und Abs. 7 bis 8 anhand der folgenden Formeln:

1. für Quartalsprodukte: (E/365)*Tageszahl des jeweiligen Quartals*1,15;
2. für Monatsprodukte: (E/365)* Tageszahl des jeweiligen Monats*1,3;
3. für Tagesprodukte: (E/365)*1,5;
4. für Rest of the Day- und Within Day-Produkte: (E/8760)*(Rest-)Stundenzahl des jeweiligen Tages*2.

(9a) Das Netznutzungsentgelt für die Ausspeisung aus dem Fernleitungsnetz für Verträge mit einer Laufzeit von weniger als einem Jahr errechnet sich auf Basis der Entgelte (E) gemäß Abs. 3 und Abs. 6 bis 8 anhand der folgenden Formeln:

1. für Quartalsprodukte: (E/365)*Tageszahl des jeweiligen Quartals*1,15;
2. für Monatsprodukte: (E/365)* Tageszahl des jeweiligen Monats*1,3;
3. für Tagesprodukte: (E/365)*1,5;
4. für Rest of the Day- und Within Day-Produkte: (E/8760)*(Rest-)Stundenzahl des jeweiligen Tages*2.

(10) Im Falle von Einschränkungen der Transportdienstleistung aufgrund von ungeplanten Wartungsarbeiten, die vom Fernleitungsnetzbetreiber nicht gemäß Punkt 3.3 Z 1 lit g des Anhangs 1 zur Verordnung (EG) Nr. 715/2009 42 Tage im Voraus veröffentlicht wurden, sowie von Einschränkungen der Transportdienstleistung an einem Ein- oder Ausspeisepunkt, die eine Gesamtdauer von 360 Stunden pro Gasjahr überschreiten, ist dem Netzbenutzer für die Dauer und in dem Umfang der Transporteinschränkung eine Entgeltreduktion zu gewähren. Die Entgeltkürzung innerhalb eines Leistungsmonats wird vom Entgelt für den betreffenden Leistungsmonat abgezogen. Die vom Fernleitungsnetzbetreiber zu gewährende Entgeltkürzung (E_{km}) errechnet sich anhand der Formel gemäß Anlage 2.

Netznutzungsentgelt für Speicherunternehmen

§ 4. (1) Für das Netznutzungsentgelt für die Ausspeisung aus dem Fernleitungsnetz in Speicheranlagen werden auf Grundlage der Referenzpreismethode gemäß Anlage 3 Entgelte bestimmt, die, sofern nicht besonders ausgewiesen, in EUR/kWh/h pro Jahr und pro Ausspeisepunkt angegeben werden und in denen die Kosten für Verdichterenergie inkludiert sind. Das Entgelt ist vom jeweiligen Speicherunternehmen auch dann zu entrichten, wenn für gemäß § 16 Gas-Marktmodell-Verordnung 2012 gebuchte Kapazität nicht oder nur teilweise nominiert wird.

(2) Das Netznutzungsentgelt für die Ausspeisung aus dem Fernleitungsnetz in Speicheranlagen wird für Verträge mit einer Laufzeit von einem Jahr für die folgenden Ausspeisepunkte, bezogen auf die vertraglich vereinbarte Leistung für feste, frei zuordenbare Ausspeisekapazitäten wie folgt bestimmt:

1. Speicher Penta West: 0,44;
2. Speicher MAB: 0,44.

(2a) Das mengenbasierte Netznutzungsentgelt für die Ausspeisung aus dem Fernleitungsnetz in Speicheranlagen beträgt für alle Arten der Kapazität 0,69818 EUR/MWh.

(3) Die Entgelte gemäß Abs. 6 und 7 sind vom Speicherunternehmen monatlich und zusätzlich zum Entgelt gemäß Abs. 2 sowie § 12 Abs. 2 an den Netzbetreiber, an dessen Netz die Speicheranlage angeschlossen ist, zu entrichten. Ist eine Speicheranlage sowohl an das Fernleitungsnetz als auch das Verteilernetz angeschlossen, sind die Mengen für die Berechnung des Netznutzungsentgelts für die grenzüberschreitende Speichernutzung vom Fernleitungsnetzbetreiber zu ermitteln. Auf Basis der vom Fernleitungsnetzbetreiber ermittelten Mengen legen der Verteilernetzbetreiber und der Fernleitungsnetzbetreiber binnen sechs Wochen nach dem jeweiligen Monatsletzten separate Rechnungen an das jeweilige Speicherunternehmen. Die Aufteilung der Erlöse gemäß Abs. 6 zwischen den Netzbetreibern erfolgt je Bilanzgruppe im Verhältnis der im jeweiligen Monat aus der Speicheranlage in das jeweilige Netz eingespeisten Mengen in kWh. Die Aufteilung der Erlöse gemäß Abs. 7 zwischen den Netzbetreibern erfolgt je Bilanzgruppe im Verhältnis der im jeweiligen Monat in die Speicheranlage aus dem jeweiligen Netz ausgespeisten Mengen in kWh.

(4) Das Entgelt für unterbrechbare Kapazitäten entspricht grundsätzlich dem Entgelt für die gleiche Leistung auf fester Basis. Im Falle von Unterbrechungen ist dem Netzbenutzer eine Refundierung zu gewähren. Eine allfällige Refundierung innerhalb eines Leistungsmonats wird vom Entgelt für den betreffenden Leistungsmonat abgezogen. Das vom Fernleitungsnetzbetreiber zu refundierende Entgelt (E_{Rm}) errechnet sich anhand der Formel gemäß Anlage 1. Unterbrechbare Transportdienstleistungen auf Basis von dynamisch zuordenbaren Kapazitäten sind von der Refundierung ausgenommen.

(5) Im Falle von Einschränkungen der Transportdienstleistung aufgrund von ungeplanten Wartungsarbeiten entsprechend der gemäß § 32 GWG 2011 genehmigten Allgemeinen Bedingungen für den Netzzugang zu Fernleitungsnetzen sowie von Einschränkungen der Transportdienstleistung an einem Ein- oder Ausspeisepunkt, die eine Gesamtdauer von 360 Stunden pro Gasjahr überschreiten, ist dem Netzbenutzer für die Dauer und in dem Umfang der Transporteinschränkung eine Entgeltreduktion zu gewähren. Die Entgeltkürzung innerhalb eines Leistungsmonats wird vom Entgelt für den betreffenden Leistungsmonat abgezogen. Die vom Fernleitungsnetzbetreiber zu gewährende Entgeltkürzung (E_{km}) errechnet sich anhand der Formel gemäß Anlage 2.

(6) Das Netznutzungsentgelt für die grenzüberschreitende Nutzung einer Speicheranlage im Fernleitungsnetz gemäß Abs. 8 Z 1 wird in Cent/kWh/h pro Tag wie folgt bestimmt:

1. Speicher Penta West: 0,77
2. Speicher MAB: 0,22

Die Verrechnung des Netznutzungsentgelts erfolgt auf Basis der Summe der Minima der gemäß Abs. 8 Z 1 ermittelten Kontosaldi der Speicherkunden eines Gastages in kWh/h.

(7) Das Netznutzungsentgelt für die grenzüberschreitende Nutzung einer Speicheranlage im Fernleitungsnetz gemäß Abs. 8 Z 2 wird in Cent/kWh/h pro Tag wie folgt bestimmt:

1. Speicher Penta West: 0,27
2. Speicher MAB: 0,23

Die Verrechnung des Netznutzungsentgelts erfolgt auf Basis der Summe der Maxima der gemäß Abs. 8 Z 2 ermittelten Kontosaldi der Speicherkunden eines Gastages in kWh/h.

(8) Eine grenzüberschreitende Nutzung der Speicheranlage liegt vor, wenn der Kontosaldo auf Stundenbasis gemäß Abs. 10 Z 2 ungleich Null ist.

1. Ist der Kontosaldo auf Stundenbasis negativ liegt eine grenzüberschreitende Nutzung einer Speicheranlage vom Marktgebiet Ost in ein angrenzendes Marktgebiet vor;
2. Ist der Kontosaldo auf Stundenbasis positiv liegt eine grenzüberschreitende Nutzung einer Speicheranlage von einem angrenzenden Marktgebiet in das Marktgebiet Ost vor.

Die Fernleitungs- und Verteilernetzbetreiber sind verpflichtet sich wechselseitig die entsprechenden Daten gemäß Abs. 9 Z 2 und Z 3 zur Verfügung zu stellen.

(9) Speicherunternehmen haben gegenüber dem Netzbetreiber, an dessen Netz die Speicheranlage angeschlossen ist, nachzuweisen, dass keine grenzüberschreitende Nutzung der Speicheranlage stattgefunden hat. Sofern eine Speicheranlage an das Fernleitungsnetz und das Verteilernetz angeschlossen ist, hat dieser Nachweis gegenüber dem Verteiler- und Fernleitungsnetzbetreiber zu erfolgen. Dazu wird vom Speicherunternehmen ein Speicherstandkonto pro Speicherkunde und Marktgebiet eingerichtet, auf dem Ein- und Ausspeisenominierungen gemäß Z 2 und Z 3 sowie Umbuchungen zwischen den Speicherstandkonten der Marktgebiete abgebildet werden. Daher sind

vom Speicherunternehmen folgende Daten an die Netzbetreiber zu übermitteln:

1. stündliche Veränderung des Ist-Werts des Speicherstandkontos pro Speicherkunde, wobei der Netzbetreiber in begründeten Fällen eine Bestätigung dieser Werte durch einen unabhängigen Wirtschaftsprüfer verlangen kann;
2. Einspeisenominierungen in die Speicheranlage pro Speicherkunde und Bilanzgruppe auf stündlicher Basis aus dem Fernleitungsnetz und aus dem Verteilernetz, wobei der Verteilergebietsmanager die entsprechenden Werte gegenüber den Netzbetreibern bestätigt;
3. Ausspeisenominierungen aus der Speicheranlage pro Speicherkunde und Bilanzgruppe auf stündlicher Basis in das Fernleitungsnetz und in das Verteilernetz, wobei der Verteilergebietsmanager die entsprechenden Werte gegenüber den Netzbetreibern bestätigt.

(10) Der stündliche Saldo des Speicherstandkontos pro Speicherkunde (Kontosaldo) wird wie folgt ermittelt:

1. Die stündliche Veränderung des Soll-Werts des Speicherstandkontos pro Speicherkunde ergibt sich aus den Einspeisenominierungen (Abs. 9 Z 2) minus den Ausspeisenominierungen (Abs. 9 Z 3) der zu berechnenden Stunde;
2. Der stündliche Saldo des Speicherstandkontos pro Speicherkunde (Kontosaldo) ergibt sich aus der stündlichen Veränderung des Ist-Werts des Speicherstandkontos pro Speicherkunde (Abs. 9 Z 1) minus der stündlichen Veränderung des Soll-Werts des Speicherstandkontos (Z 1).

Netzzutrittsentgelt im Fernleitungsnetz

§ 5. Durch das Netzzutrittsentgelt werden dem Netzbetreiber alle angemessenen und den marktüblichen Preisen entsprechenden Aufwendungen abgegolten, die mit der erstmaligen Herstellung eines Anschlusses an ein Netz oder der Abänderung eines Anschlusses infolge Erhöhung der Anschlussleistung eines Netzbenutzers unmittelbar verbunden sind. Das Netzzutrittsentgelt ist einmalig zu entrichten und dem Netzbenutzer auf transparente und nachvollziehbare Weise darzulegen. Sofern die Kosten für den Netzanschluss vom Netzbenutzer selbst getragen werden, ist die Höhe des Netzzutrittsentgelts entsprechend zu vermindern. Das Netzzutrittsentgelt ist aufwandsorientiert zu verrechnen, wobei der Netzbetreiber eine Pauschalierung für vergleichbare Netzbenutzer vorsehen kann.

Bestimmung des Netzbereitstellungsentgelts im Fernleitungsnetz

§ 6. Das Netzbereitstellungsentgelt ist bei der Herstellung des Netzanschlusses oder bei einer Erhöhung der vertraglich vereinbarten Höchstleistung als leistungsbezogener Pauschalbetrag für den bereits erfolgten sowie notwendigen Ausbau des Netzes zur Ermöglichung des Anschlusses zu verrechnen. Es bemisst sich nach dem vereinbarten Ausmaß der Netznutzung und ist anlässlich des Abschlusses des Netzzugangsvertrages bzw. bei einer Erhöhung der vertraglich vereinbarten Höchstleistung einmalig in Rechnung zu stellen. Das Netzbereitstellungsentgelt für leistungsgemessene Anlagen und Speicheranlagen der Fernleitungsnetzebene wird wie folgt bestimmt:

1. für feste Kapazitäten: 3,00 EUR/kWh/h.
2. für unterbrechbare Kapazitäten: 0,-- EUR/kWh/h

Ausgleichszahlungen

§ 7. (1) Die Ausgleichszahlungen zwischen Fernleitungsnetzbetreibern werden als Nettozahlungen, die Jahresbeträge darstellen, festgelegt und sind in zwölf gleichen Teilbeträgen monatlich zu leisten.

(2) Die Gas Connect Austria GmbH ist verpflichtet, an die TAG GmbH EUR 14.930.464,-- an Ausgleichszahlung zu bezahlen. In Bezug auf das mengenbasierte Entgelt ist die Gas Connect Austria GmbH zusätzlich verpflichtet, in Abweichung zu Abs. 1 monatlich an die TAG GmbH EUR 1.862.178,58 an Ausgleichszahlung zu bezahlen.

Bestimmungen zu Auktionen

§ 8. (1) Für Kapazitäten, die gemäß § 6 GMMO-VO 2012 per Auktion vergeben werden, gelten die jeweiligen Entgelte gemäß § 3 als Startpreis für die Auktion.

(2) Für Kapazitäten, die gemäß § 6 Abs. 1 GMMO-VO 2012 per Auktion vergeben werden, ist die Differenz zwischen dem Startpreis und dem in der Auktion erzielten Preis (Aufpreis) zusätzlich zum Startpreis für die jeweilige Dauer des Vertrages vom Netzbenutzer zu bezahlen. Ändern sich die Entgelte gemäß § 3 während der Vertragslaufzeit, ist der Gesamtpreis bestehend aus dem Startpreis und dem Aufpreis um die Differenz zwischen ursprünglichem und neuem Startpreis anzupassen.

(3) Im Falle von impliziten Allokationen gemäß Art. 2 Abs. 5 der Verordnung (EU) Nr. 2017/459 zur Festlegung eines Netzkodex über Mechanismen für die Kapazitätszuweisung in Fernleitungsnetzen und zur Aufhebung der Verordnung (EU) Nr. 984/2013 können niedrigere Faktoren als in § 3 Abs. 9 oder Abs. 9a angewendet werden.

(4) (aufgehoben)

3. Teil
Systemnutzungsentgelte im Verteilernetz

Bestimmung des Netzbereitstellungsentgelts im Verteilernetz

§ 9. (1) Für die Netzbereitstellungsentgelte im Verteilernetz werden bezogen auf die vertraglich vereinbarte Höchstleistung folgende Preisansätze bestimmt, wobei die Preisansätze in Euro (€) pro Kilowattstunde pro Stunde (kWh/h) angegeben werden:

1. Netzbereitstellungsentgelt für leistungsgemessene Anlagen und Speicheranlagen der Netzebenen 1 und 2: Bereiche Burgenland,

Kärnten, Niederösterreich, Oberösterreich, Salzburg, Steiermark, Tirol, Vorarlberg und Wien:

a) für feste Kapazität bzw. Standardkapazitäten: 3,-- €

b) für unterbrechbare Kapazitäten für Speicheranlagen: 0,-- €

3. Netzbereitstellungsentgelt für leistungsgemessene Anlagen und Speicheranlagen der Netzebene 3 Bereiche Burgenland, Kärnten, Niederösterreich, Oberösterreich, Salzburg, Steiermark, Tirol, Vorarlberg und Wien:

a) für feste Kapazitäten bzw. Standardkapazitäten: 5,-- €

b) für unterbrechbare Kapazitäten für Speicheranlagen: 0,-- €

4. Netzbereitstellungsentgelt für nicht leistungsgemessene Anlagen der Netzebene 3:

Bereiche Burgenland, Kärnten, Niederösterreich, Oberösterreich, Salzburg, Steiermark, Tirol, Vorarlberg und Wien: 0,-- €

Netznutzungsentgelt für Endverbraucher und Netzbetreiber

§ 10. (1) Für das von Endverbrauchern sowie von Netzbetreibern innerhalb von Netzbereichen zu entrichtende Netznutzungsentgelt im Verteilernetz gemäß § 73 Abs. 2 GWG 2011 werden Entgelte, bestimmt, die, sofern nicht besonders ausgewiesen, in Cent/kWh pro Zählpunkt für den Arbeitspreis bzw. Cent/kWh/h pro Jahr und pro Zählpunkt für den Leistungspreis oder als Pauschale in Cent/Monat pro Zählpunkt angegeben werden. Für Anlagen, die an die Netzebene 1 angeschlossen sind, gelten die Entgelte der Netzebene 2. Ein Wechsel von Netzebene 3 auf Netzebene 2 für bereits an das Netz angeschlossene Anlagen ist nur zulässig, wenn aufgrund einer für den Betrieb der Anlage notwendigen technischen Änderung nachweislich ein Übergabedruck größer 6 bar erforderlich wird.

(2) Wird die verbrauchte Gasmenge im Normzustand gemessen, wird die Energiemenge als Produkt aus Normvolumen und Verrechnungsbrennwert gemäß § 2 Abs. 1 Z 13 ermittelt.

(3) Wird die verbrauchte Gasmenge im Betriebszustand gemessen, erfolgt die Ermittlung des Normvolumens nach den technischen Methoden der ÖVGW Richtlinie G 0110, Ausgabe Oktober 2015. Der Luftdruck (pamb) in einer zugeordneten Höhenzone ist einmalig zu bestimmen. Die Energiemenge errechnet sich als Produkt aus Normvolumen und Verrechnungsbrennwert gemäß § 2 Abs. 1 Z 13.

(4) Die Entgelte werden verbrauchs- und leistungsabhängig in Zonen bzw. Staffeln festgelegt. Die Zonen 1-4 sowie die Staffeln 1-4 kommen für nicht leistungsgemessene Anlagen, die Zonen A-F sowie die Staffeln A-F kommen für leistungsgemessene Anlagen zur Anwendung. Der Arbeitspreis wird für die Zonen 1-4 bzw. A-F so festgelegt, dass je nach Jahresverbrauch alle darunter liegenden Zonen durchlaufen werden. Der Leistungspreis wird in den Staffeln A-F bzw. 1-4 festgelegt, wobei der Leistungspreis der Staffel 1-4 als Pauschale bestimmt wird. Die Pauschalen der Staffeln 1-4 sind grundsätzlich auf einen Zeitraum von einem Monat zu beziehen. Ist der Abrechnungszeitraum kürzer oder länger als ein Monat, sind die Pauschalen der Staffeln 1-4 tageweise zu aliquotieren. Es können Zonen bzw. Staffeln zusammengefasst werden, sodass mehrere Zonen bzw. Staffeln denselben Arbeitspreis bzw. denselben Leistungspreis aufweisen können. Die Rechnungslegung hat entsprechend den tatsächlichen Ableseintervallen (§ 15 Abs. 3) zu erfolgen, § 126 Abs. 2 GWG 2011 bleibt davon unberührt.

(5) Zur Ermittlung der Basis für die monatliche Verrechnung des leistungsbezogenen Anteils des Netznutzungsentgelts für leistungsgemessene Anlagen ist die in der Abrechnungsperiode von einem Monat gemessene höchste stündliche Leistung heranzuziehen und mit dem Zwölftel des verordneten Leistungspreises zu multiplizieren. Bei einer Abrechnungsperiode von einem Jahr ist zur Ermittlung der Basis für die Verrechnung des leistungsbezogenen Anteils des Netznutzungsentgelts das arithmetische Mittel der in der letzten Abrechnungsperiode monatlich gemessenen höchsten stündlichen Leistung heranzuziehen und mit dem verordneten Leistungspreis zu multiplizieren. Unabhängig von der tatsächlich gemessenen höchsten stündlichen Leistung eines Monats ist zur Ermittlung der Basis für die Verrechnung des leistungsbezogenen Anteils des Netznutzungsentgelts jedenfalls die Mindestleistung gemäß § 2 Abs. 1 Z 9 heranzuziehen. Die Verrechnung der Mindestleistung kommt ausschließlich für Endverbraucher zur Anwendung.

(6) Wird die vertraglich vereinbarte Höchstleistung innerhalb eines Monats pro Zählpunkt überschritten, ist Endverbrauchern für die Leistungsüberschreitung der fünffache Leistungspreis zu verrechnen. Dieser Verrechnung ist die höchste gemessene stündliche Leistung des Monats zu Grunde zu legen.

Der fünffache Leistungspreis kommt bei einer kurzfristigen Leistungsüberschreitung nicht zur Anwendung, wenn folgende Voraussetzungen erfüllt sind:

1. die Leistungsinanspruchnahme aufgrund eines vom Verteilergebietsmanager festgestellten Kapazitätsengpasses im Verteilernetz nur nach Können und Vermögen erfolgen kann,
2. die Leistungsüberschreitung zwischen dem Endverbraucher und dem Verteilernetzbetreiber auf Basis der Allgemeinen Verteilernetzbedingungen vereinbart wurde,
3. die vereinbarte Höchstleistung pro Zählpunkt größer als 50.000 kWh/h ist, sowie
4. die Messwerte dem Verteilernetzbetreiber online zur Verfügung stehen.

(6a) Abweichend von Abs. 5 kann auf Antrag des Endverbrauchers bei Anlagen mit einer vertraglich vereinbarten Höchstleistung pro Zählpunkt von mehr als 50.000 kWh/h, die an die Netzebene 2 angeschlossen sind, zur Ermittlung der Basis für die Verrechnung des leistungsbezogenen Anteils des Netznutzungsentgelts die täglich gemessene höchste stündliche Leistung herangezogen werden. Zur Ermittlung der Basis für die tägliche Verrechnung ist die täglich gemessene höchste stündliche Leistung mit dem gemäß diesem Absatz verordneten Leistungspreis zu multiplizieren. Eine Änderung der Verrechnungsmodalitäten ist einmal innerhalb von zwölf Monaten möglich. Unabhängig von der tatsächlich gemessenen höchsten stündlichen Leistung eines Tages ist zur Ermittlung der Basis für die Verrechnung des leistungsbezogenen Anteils des Netznutzungsentgelts jedenfalls die Mindestleistung gemäß § 2 Abs. 1 Z 9 heranzuziehen.

(6b) Wird die vertraglich vereinbarte Höchstleistung innerhalb eines Tages pro Zählpunkt überschritten, ist Endverbrauchern für die Leistungsüberschreitung der fünffache Leistungspreis gemäß Abs. 6a zu verrechnen. Dieser Verrechnung ist die höchste gemessene stündliche Leistung des Tages zu Grunde zu legen.

Der fünffache Leistungspreis kommt bei einer kurzfristigen Leistungsüberschreitung nicht zur Anwendung, wenn folgende Voraussetzungen erfüllt sind:

1. die Leistungsinanspruchnahme aufgrund eines vom Verteilergebietsmanager festgestellten Kapazitätsengpasses im Verteilernetz nur nach Können und Vermögen erfolgen kann,
2. die Leistungsüberschreitung zwischen dem Endverbraucher und dem Verteilernetzbetreiber auf Basis der Allgemeinen Verteilernetzbedingungen vereinbart wurde,
3. die vereinbarte Höchstleistung pro Zählpunkt größer als 50.000 kWh/h ist sowie
4. die Messwerte dem Verteilernetzbetreiber online zur Verfügung stehen.

(6c) Auf Antrag sind Anlagen, die Regelreserve auf Stromregelreservemärkten bereitstellen, an Tagen, an denen der Regelzonenführer gemäß § 23 Abs. 2 Z 6 ElWOG 2010 die angebotene Regelenergie abruft, unter sinngemäßer Anwendung des Abs. 6a abzurechnen. Die gemessene höchste stündliche Leistung der Tage, an denen Regelenergie abgerufen wird, ist bei der Ermittlung der monatlich gemessenen Höchstleistung nach Abs. 5 nicht zu berücksichtigen. Das Leistungsentgelt gem. Abs. 5 ist um jene Tage mit Regelenergieabruf anteilig zu reduzieren. Der Regelreserveanbieter hat dem Gasverteilernetzbetreiber, an dessen Netz die Anlage angeschlossen ist, die für die Verrechnung notwendigen Daten zu übermitteln.

(7) Weicht die tatsächliche Abrechnungsperiode von einem Zeitraum von 365 bzw. 366 Tagen ab, sind die gemäß Abs. 4 zu durchlaufenden Zonen spezifisch auf die entsprechende Abrechnungsperiode gemäß dem anhand der Lastprofilverordnung ermittelten Lastprofil zu aliquotieren. Bei jeder Änderung der Netznutzungsentgelte ist eine Zonenaliquotierung und, wenn der Zählerstand nicht bekannt ist, eine rechnerische Verbrauchsabgrenzung vorzunehmen. Die Aliquotierung der Zonen sowie die rechnerische Verbrauchsabgrenzung sind bei der Verrechnung transparent und nachvollziehbar darzustellen. Der Netzbetreiber stellt im Internet ein Modell zur Darlegung der Berechnungsmethodik zur Verfügung, anhand dessen die Zonenaliquotierung und die rechnerische Verbrauchsabgrenzung nachvollzogen werden kann. Auf Kundenwunsch sind die Tages- und/oder Monatsverbräuche der letzten Abrechnungsperiode auf Basis der rechnerischen Verbrauchsabgrenzung elektronisch oder in Papierform dem Kunden zur Verfügung zu stellen.

(8) Für das von Endverbrauchern sowie von Netzbetreibern innerhalb von Netzbereichen zu entrichtende Netznutzungsentgelt im Verteilernetz gemäß § 73 Abs. 2 GWG 2011 werden folgende Entgelte bestimmt:

1. Netznutzungsentgelt für die Netzebene 2:

Netzbereich Burgenland Ebene 2

Verbrauch [kWh/a]		Arbeitspreis [Cent/kWh] gem. Abs. 5	Arbeitspreis [Cent/kWh] gem. Abs. 6a		Leistungspreis [Cent/kWh/h] gem. Abs. 5	Leistungspreis [Cent/kWh/h] gem. Abs. 6a
0 ≤ 5.000.000	Zone A	0,6305	0,9458	Staffel A	669	2,7493
>5.000.000 ≤ 10.000.000	Zone B	0,3486	0,5229	Staffel B	669	2,7493
>10.000.000 ≤ 100.000.000	Zone C	0,1751	0,2627	Staffel C	669	2,7493
>100.000.000 ≤ 200.000.000	Zone D	0,0956	0,1434	Staffel D	669	2,7493
>200.000.000 ≤ 900.000.000	Zone E	0,0956	0,1434	Staffel E	669	2,7493
>900.000.000	Zone F	0,0956	0,1434	Staffel F	669	2,7493

Netzbereich Kärnten Ebene 2

Verbrauch [kWh/a]		Arbeitspreis [Cent/kWh] gem. Abs. 5	Arbeitspreis [Cent/kWh] gem. Abs. 6a		Leistungspreis [Cent/kWh/h] gem. Abs. 5	Leistungspreis [Cent/kWh/h] gem. Abs. 6a
0 ≤ 5.000.000	Zone A	0,4181	0,6272	Staffel A	705	2,8973
>5.000.000 ≤ 10.000.000	Zone B	0,2234	0,3351	Staffel B	705	2,8973
>10.000.000 ≤ 100.000.000	Zone C	0,1325	0,1988	Staffel C	705	2,8973
>100.000.000 ≤ 200.000.000	Zone D	0,0903	0,1355	Staffel D	705	2,8973
>200.000.000 ≤ 900.000.000	Zone E	0,0903	0,1355	Staffel E	705	2,8973
>900.000.000	Zone F	0,0508	0,0762	Staffel F	705	2,8973

Netzbereich Niederösterreich Ebene 2

Verbrauch [kWh/a]		Arbeitspreis [Cent/kWh] gem. Abs. 5	Arbeitspreis [Cent/kWh] gem. Abs. 6a		Leistungspreis [Cent/kWh/h] gem. Abs. 5	Leistungspreis [Cent/kWh/h] gem. Abs. 6a
0 ≤ 5.000.000	Zone A	0,1083	0,1625	Staffel A	656	2,6959
>5.000.000 ≤ 10.000.000	Zone B	0,0998	0,1497	Staffel B	656	2,6959
>10.000.000 ≤ 100.000.000	Zone C	0,0884	0,1326	Staffel C	656	2,6959
>100.000.000 ≤ 200.000.000	Zone D	0,0884	0,1326	Staffel D	656	2,6959
>200.000.000 ≤ 900.000.000	Zone E	0,0634	0,0951	Staffel E	656	2,6959
>900.000.000	Zone F	0,0547	0,0821	Staffel F	656	2,6959

Netzbereich Oberösterreich Ebene 2

Verbrauch [kWh/a]		Arbeitspreis [Cent/kWh] gem. Abs. 5	Arbeitspreis [Cent/kWh] gem. Abs. 6a		Leistungspreis [Cent/kWh/h] gem. Abs. 5	Leistungspreis [Cent/kWh/h] gem. Abs. 6a
0 ≤ 5.000.000	Zone A	0,1238	0,1857	Staffel A	604	2,4822
>5.000.000 ≤ 10.000.000	Zone B	0,1223	0,1835	Staffel B	604	2,4822
>10.000.000 ≤ 100.000.000	Zone C	0,0829	0,1244	Staffel C	604	2,4822
>100.000.000 ≤ 200.000.000	Zone D	0,0791	0,1187	Staffel D	604	2,4822
>200.000.000 ≤ 900.000.000	Zone E	0,0777	0,1166	Staffel E	604	2,4822
>900.000.000	Zone F	0,0772	0,1158	Staffel F	604	2,4822

Netzbereich Salzburg Ebene 2

Verbrauch [kWh/a]		Arbeitspreis [Cent/kWh] gem. Abs. 5	Arbeitspreis [Cent/kWh] gem. Abs. 6a		Leistungspreis [Cent/kWh/h] gem. Abs. 5	Leistungspreis [Cent/kWh/h] gem. Abs. 6a
0 ≤ 5.000.000	Zone A	0,2311	0,3467	Staffel A	495	2,0342
>5.000.000 ≤ 10.000.000	Zone B	0,2311	0,3467	Staffel B	495	2,0342
>10.000.000 ≤ 100.000.000	Zone C	0,2311	0,3467	Staffel C	495	2,0342
>100.000.000 ≤ 200.000.000	Zone D	0,0576	0,0864	Staffel D	495	2,0342
>200.000.000 ≤ 900.000.000	Zone E	0,0576	0,0864	Staffel E	495	2,0342
>900.000.000	Zone F	0,0576	0,0864	Staffel F	495	2,0342

Netzbereich Steiermark Ebene 2

Verbrauch [kWh/a]		Arbeitspreis [Cent/kWh] gem. Abs. 5	Arbeitspreis [Cent/kWh] gem. Abs. 6a		Leistungspreis [Cent/kWh/h] gem. Abs. 5	Leistungspreis [Cent/kWh/h] gem. Abs. 6a
0 ≤ 5.000.000	Zone A	0,2421	0,3632	Staffel A	683	2,8068
>5.000.000 ≤ 10.000.000	Zone B	0,1808	0,2712	Staffel B	683	2,8068
>10.000.000 ≤ 100.000.000	Zone C	0,1303	0,1955	Staffel C	683	2,8068
>100.000.000 ≤ 200.000.000	Zone D	0,1078	0,1617	Staffel D	683	2,8068
>200.000.000 ≤ 900.000.000	Zone E	0,1070	0,1605	Staffel E	683	2,8068
>900.000.000	Zone F	0,1059	0,1589	Staffel F	683	2,8068

Netzbereich Tirol Ebene 2

Verbrauch [kWh/a]		Arbeitspreis [Cent/kWh] gem. Abs. 5	Arbeitspreis [Cent/kWh] gem. Abs. 6a		Leistungspreis [Cent/kWh/h] gem. Abs. 5	Leistungspreis [Cent/kWh/h] gem. Abs. 6a
0 ≤ 5.000.000	Zone A	0,6778	1,0167	Staffel A	481	1,9767
>5.000.000 ≤ 10.000.000	Zone B	0,4889	0,7334	Staffel B	481	1,9767
>10.000.000 ≤ 100.000.000	Zone C	0,2955	0,4433	Staffel C	481	1,9767
>100.000.000 ≤ 200.000.000	Zone D	0,2955	0,4433	Staffel D	481	1,9767
>200.000.000 ≤ 900.000.000	Zone E	0,2955	0,4433	Staffel E	481	1,9767
>900.000.000	Zone F	0,2955	0,4433	Staffel F	481	1,9767

Netzbereich Vorarlberg Ebene 2

Verbrauch [kWh/a]		Arbeitspreis [Cent/kWh] gem. Abs. 5	Arbeitspreis [Cent/kWh] gem. Abs. 6a		Leistungspreis [Cent/kWh/h] gem. Abs. 5	Leistungspreis [Cent/kWh/h] gem. Abs. 6a
0 ≤ 5.000.000	Zone A	0,4200	0,6300	Staffel A	600	2,4658
>5.000.000 ≤ 10.000.000	Zone B	0,2300	0,3450	Staffel B	600	2,4658
>10.000.000 ≤ 100.000.000	Zone C	0,1600	0,2400	Staffel C	600	2,4658
>100.000.000 ≤ 200.000.000	Zone D	0,1200	0,1800	Staffel D	600	2,4658
>200.000.000 ≤ 900.000.000	Zone E	0,1200	0,1800	Staffel E	600	2,4658
>900.000.000	Zone F	0,1200	0,1800	Staffel F	600	2,4658

Netzbereich Wien Ebene 2

Verbrauch [kWh/a]		Arbeitspreis [Cent/kWh] gem. Abs. 5	Arbeitspreis [Cent/kWh] gem. Abs. 6a		Leistungspreis [Cent/kWh/h] gem. Abs. 5	Leistungspreis [Cent/kWh/h] gem. Abs. 6a
0 ≤ 5.000.000	Zone A	0,3503	0,5255	Staffel A	733	3,0123
>5.000.000 ≤ 10.000.000	Zone B	0,2895	0,4343	Staffel B	733	3,0123
>10.000.000 ≤ 100.000.000	Zone C	0,2013	0,3020	Staffel C	733	3,0123
>100.000.000 ≤ 200.000.000	Zone D	0,0835	0,1253	Staffel D	733	3,0123
>200.000.000 ≤ 900.000.000	Zone E	0,0833	0,1250	Staffel E	733	3,0123
>900.000.000	Zone F	0,0808	0,1212	Staffel F	733	3,0123

2. Netznutzungsentgelt für die Netzebene 3:

Netzbereich Burgenland Ebene 3

Verbrauch [kWh/a]		Arbeitspreis [Cent/kWh] gem. Abs. 5	Arbeitspreis [Cent/kWh] gem. Abs. 6c		Pauschale pro Monat [Cent]	Leistungspreis [Cent/kWh/h] gem. Abs. 5	Leistungspreis [Cent/kWh/h] gem. Abs. 6c
0 ≤ 40.000	Zone 1	1,9740		Staffel 1	300		
>40.000 ≤ 80.000	Zone 2	1,9740		Staffel 2	300		
>80.000 ≤ 200.000	Zone 3	1,6032		Staffel 3	300		
>200.000	Zone 4	1,6032		Staffel 4	300		
0 ≤ 5.000.000	Zone A	0,6444	0,9666	Staffel A		666	2,7370
>5.000.000 ≤ 10.000.000	Zone B	0,3816	0,5724	Staffel B		666	2,7370
>10.000.000 ≤ 100.000.000	Zone C	0,1954	0,2931	Staffel C		666	2,7370
>100.000.000	Zone D	0,0978	0,1467	Staffel D		666	2,7370

Netzbereich Kärnten Ebene 3

Verbrauch [kWh/a]		Arbeitspreis [Cent/kWh] gem. Abs. 5	Arbeitspreis [Cent/kWh] gem. Abs. 6c		Pauschale pro Monat [Cent]	Leistungspreis [Cent/kWh/h] gem. Abs. 5	Leistungspreis [Cent/kWh/h] gem. Abs. 6c
0 ≤ 40.000	Zone 1	2,2974		Staffel 1	300		
>40.000 ≤ 80.000	Zone 2	2,2616		Staffel 2	300		
>80.000 ≤ 200.000	Zone 3	1,9140		Staffel 3	300		
>200.000	Zone 4	1,9140		Staffel 4	300		
0 ≤ 5.000.000	Zone A	0,8177	1,2266	Staffel A		732	3,0082
>5.000.000 ≤ 10.000.000	Zone B	0,5279	0,7919	Staffel B		732	3,0082
>10.000.000 ≤ 100.000.000	Zone C	0,4075	0,6113	Staffel C		732	3,0082
>100.000.000	Zone D	0,2111	0,3167	Staffel D		732	3,0082

Netzbereich Niederösterreich Ebene 3

Verbrauch [kWh/a]		Arbeitspreis [Cent/kWh] gem. Abs. 5	Arbeitspreis [Cent/kWh] gem. Abs. 6c		Pauschale pro Monat [Cent]	Leistungspreis [Cent/kWh/h] gem. Abs. 5	Leistungspreis [Cent/kWh/h] gem. Abs. 6c
0 ≤ 40.000	Zone 1	1,5575		Staffel 1	300		
>40.000 ≤ 80.000	Zone 2	1,5575		Staffel 2	300		
>80.000 ≤ 200.000	Zone 3	1,4021		Staffel 3	300		
>200.000	Zone 4	1,3536		Staffel 4	300		
0 ≤ 5.000.000	Zone A	0,5711	0,8567	Staffel A		674	2,7699
>5.000.000 ≤ 10.000.000	Zone B	0,5015	0,7523	Staffel B		674	2,7699
>10.000.000 ≤ 100.000.000	Zone C	0,4535	0,6803	Staffel C		674	2,7699
>100.000.000	Zone D	0,4447	0,6671	Staffel D		674	2,7699

Netzbereich Oberösterreich Ebene 3

Verbrauch [kWh/a]		Arbeitspreis [Cent/kWh] gem. Abs. 5	Arbeitspreis [Cent/kWh] gem. Abs. 6c		Pauschale pro Monat [Cent]	Leistungspreis [Cent/kWh/h] gem. Abs. 5	Leistungspreis [Cent/kWh/h] gem. Abs. 6c
0 ≤ 40.000	Zone 1	1,7222		Staffel 1	300		
>40.000 ≤ 80.000	Zone 2	1,1844		Staffel 2	300		
>80.000 ≤ 200.000	Zone 3	0,9654		Staffel 3	300		
>200.000	Zone 4	0,9238		Staffel 4	300		
0 ≤ 5.000.000	Zone A	0,3432	0,5148	Staffel A		642	2,6384
>5.000.000 ≤ 10.000.000	Zone B	0,1518	0,2277	Staffel B		642	2,6384
>10.000.000 ≤ 100.000.000	Zone C	0,0596	0,0894	Staffel C		642	2,6384
>100.000.000	Zone D	0,0596	0,0894	Staffel D		642	2,6384

Netzbereich Salzburg Ebene 3

Verbrauch [kWh/a]		Arbeitspreis [Cent/kWh] gem. Abs. 5	Arbeitspreis [Cent/kWh] gem. Abs. 6c		Pauschale pro Monat [Cent]	Leistungspreis [Cent/kWh/h] gem. Abs. 5	Leistungspreis [Cent/kWh/h] gem. Abs. 6c
0 ≤ 40.000	Zone 1	1,3062		Staffel 1	300		
>40.000 ≤ 80.000	Zone 2	1,3062		Staffel 2	300		
>80.000 ≤ 200.000	Zone 3	1,1952		Staffel 3	300		
>200.000	Zone 4	1,1952		Staffel 4	300		
0 ≤ 5.000.000	Zone A	0,6599	0,9899	Staffel A		575	2,3630
>5.000.000 ≤ 10.000.000	Zone B	0,4835	0,7253	Staffel B		575	2,3630
>10.000.000 ≤ 100.000.000	Zone C	0,4214	0,6321	Staffel C		575	2,3630
>100.000.000	Zone D	0,4214	0,6321	Staffel D		575	2,3630

Netzbereich Steiermark Ebene 3

Verbrauch [kWh/a]		Arbeitspreis [Cent/kWh] gem. Abs. 5	Arbeitspreis [Cent/kWh] gem. Abs. 6c		Pauschale pro Monat [Cent]	Leistungspreis [Cent/kWh/h] gem. Abs. 5	Leistungspreis [Cent/kWh/h] gem. Abs. 6c
0 ≤ 40.000	Zone 1	1,8781		Staffel 1	300		
>40.000 ≤ 80.000	Zone 2	1,7628		Staffel 2	300		
>80.000 ≤ 200.000	Zone 3	1,4314		Staffel 3	300		
>200.000	Zone 4	1,1781		Staffel 4	300		
0 ≤ 5.000.000	Zone A	0,5718	0,8577	Staffel A		731	3,0041
>5.000.000 ≤ 10.000.000	Zone B	0,1345	0,2018	Staffel B		731	3,0041
>10.000.000 ≤ 100.000.000	Zone C	0,1110	0,1665	Staffel C		731	3,0041
>100.000.000	Zone D	0,0852	0,1278	Staffel D		731	3,0041

Netzbereich Tirol Ebene 3

Verbrauch [kWh/a]		Arbeitspreis [Cent/kWh] gem. Abs. 5	Arbeitspreis [Cent/kWh] gem. Abs. 6c		Pauschale pro Monat [Cent]	Leistungspreis [Cent/kWh/h] gem. Abs. 5	Leistungspreis [Cent/kWh/h] gem. Abs. 6c
0 ≤ 40.000	Zone 1	1,7756		Staffel 1	300		
>40.000 ≤ 80.000	Zone 2	1,6746		Staffel 2	300		
>80.000 ≤ 200.000	Zone 3	1,5673		Staffel 3	300		
>200.000	Zone 4	1,5673		Staffel 4	300		
0 ≤ 5.000.000	Zone A	0,8049	1,2074	Staffel A		541	2,2233
>5.000.000 ≤ 10.000.000	Zone B	0,6705	1,0058	Staffel B		541	2,2233
>10.000.000 ≤ 100.000.000	Zone C	0,5366	0,8049	Staffel C		541	2,2233
>100.000.000	Zone D	0,4360	0,6540	Staffel D		541	2,2233

Netzbereich Vorarlberg Ebene 3

Verbrauch [kWh/a]		Arbeitspreis [Cent/kWh] gem. Abs. 5	Arbeitspreis [Cent/kWh] gem. Abs. 6c		Pauschale pro Monat [Cent]	Leistungspreis [Cent/kWh/h] gem. Abs. 5	Leistungspreis [Cent/kWh/h] gem. Abs. 6c
0 ≤ 40.000	Zone 1	1,0700		Staffel 1	300		
>40.000 ≤ 80.000	Zone 2	1,0700		Staffel 2	300		
>80.000 ≤ 200.000	Zone 3	1,0700		Staffel 3	300		
>200.000	Zone 4	1,0700		Staffel 4	300		
0 ≤ 5.000.000	Zone A	0,4200	0,6300	Staffel A		600	2,4658
>5.000.000 ≤ 10.000.000	Zone B	0,2300	0,3450	Staffel B		600	2,4658
>10.000.000 ≤ 100.000.000	Zone C	0,1600	0,2400	Staffel C		600	2,4658
>100.000.000	Zone D	0,1200	0,1800	Staffel D		600	2,4658

Netzbereich Wien Ebene 3

Verbrauch [kWh/a]		Arbeitspreis [Cent/kWh] gem. Abs. 5	Arbeitspreis [Cent/kWh] gem. Abs. 6c		Pauschale pro Monat [Cent]	Leistungspreis [Cent/kWh/h] gem. Abs. 5	Leistungspreis [Cent/kWh/h] gem. Abs. 6c
0 ≤ 40.000	Zone 1	1,8184		Staffel 1	300		
>40.000 ≤ 80.000	Zone 2	1,1943		Staffel 2	300		
>80.000 ≤ 200.000	Zone 3	1,1943		Staffel 3	300		
>200.000	Zone 4	1,0181		Staffel 4	300		
0 ≤ 5.000.000	Zone A	0,4735	0,7103	Staffel A		754	3,0986
>5.000.000 ≤ 10.000.000	Zone B	0,2812	0,4218	Staffel B		754	3,0986
>10.000.000 ≤ 100.000.000	Zone C	0,1557	0,2336	Staffel C		754	3,0986
>100.000.000	Zone D	0,1557	0,2336	Staffel D		754	3,0986

3. Netznutzungsentgelt für die Netzebenen 2 und 3 für öffentliche Anlagen, die zum Betanken von erdgasbetriebenen Fahrzeugen dienen, in den Netzbereichen Burgenland, Kärnten, Niederösterreich, Oberösterreich, Salzburg, Steiermark, Tirol, Vorarlberg und Wien:
   a) Pauschale/Jahr 2 520,-- €/Jahr
   b) Arbeitspreis: 0,39 ct/kWh.

(9) Vereinbart ein Verteilernetzbetreiber auf Basis der Allgemeinen Netzbedingungen mit einem Endverbraucher mit einer vereinbarten Höchstleistung pro Zählpunkt von mehr als 50.000 kWh/h und dessen Messwerte dem Verteilernetzbetreiber online zur Verfügung stehen, dass die vereinbarte Netznutzung des Endverbrauchers auf Veranlassung des Verteilergebietsmanagers (§ 18 Abs. 1 Z 23 GWG 2011) um bis zu 100 % eingeschränkt werden kann, so ist für jede tatsächliche und der Anordnung des Verteilergebietsmanagers entsprechend vorgenommene Einschränkung der Netznutzung der Leistungspreis für den Monat, in dem die Einschränkung erfolgt, wie folgt zu reduzieren: für jede Einschränkung, die dem Endverbraucher

1. bis spätestens 12 Uhr für den darauf folgenden Gastag (6 Uhr bis 6 Uhr) bekannt gegeben wird, um 25 % des der Einschränkung entsprechenden, monatlichen Leistungspreises;
2. bis spätestens Freitag, 12 Uhr für die übernächste Woche (Montag 6 Uhr bis Montag 6 Uhr) bekannt gegeben wird, um 100 % des der Einschränkung entsprechenden, monatlichen Leistungspreises;
3. bis spätestens zum 15. des Monats für den darauf folgenden Monat bekannt gegeben wird, um 100 % des der Einschränkung entsprechenden, monatlichen Leistungspreises.

Netznutzungsentgelt im Verteilernetz an der Marktgebietsgrenze

§ 11. (1) Für das Netznutzungsentgelt für die Einspeisung in das bzw. für die Ausspeisung aus dem Verteilernetz an der Marktgebietsgrenze werden gemäß § 73 Abs. 4 GWG 2011 Entgelte bestimmt, die, sofern nicht besonders ausgewiesen, in EUR/kWh/h pro Jahr und pro Ein- bzw. Ausspeisepunkt angegeben werden. Das Entgelt ist vom Netzbenutzer auch dann zu entrichten, wenn für gebuchte Kapazität nicht oder nur teilweise nominiert wird. § 10 Abs. 6 gilt sinngemäß.

(2) Das Netznutzungsentgelt für die Einspeisung in das Verteilernetz an der Marktgebietsgrenze für Verträge mit einer Laufzeit von einem Jahr oder länger wird für die folgenden Einspeisepunkte, bezogen auf die vertraglich vereinbarte Einspeiseleistung für Standardkapazität, wie folgt bestimmt:

1. Freilassing: 0,97
2. Laa: 0,85.

3. und 4. (aufgehoben)

(3) Das Netznutzungsentgelt für die Ausspeisung aus dem Verteilernetz an der Marktgebietsgrenze für Verträge mit einer Laufzeit von einem Jahr oder länger wird für die folgenden Ausspeisepunkte, bezogen auf die vertraglich vereinbarte Ausspeiseleistung für Standardkapazität, wie folgt bestimmt:

1. Freilassing: 3,26;
2. Laa: 1,23;
3. Laufen: 8,03;
4. Simbach: 6,04;
5. Gries am Brenner: 7,16;
6. Ruggell: 9,12;
7. Höchst: 9,12.

(4) Das Entgelt für unterbrechbare Kapazitäten entspricht grundsätzlich dem Entgelt für die gleiche Leistung für Standardkapazität. Im Falle von Unterbrechungen ist dem Netzbenutzer eine Refundierung zu gewähren. Eine allfällige Refundierung innerhalb eines Leistungsmonats wird vom Entgelt für den betreffenden Leistungsmonat abgezogen. Das vom Verteilernetzbetreiber zu refundierende Entgelt (ERm) errechnet sich anhand der Formel gemäß Anlage 1.

(5) Das Netznutzungsentgelt für die Einspeisung in das Verteilernetz an der Marktgebietsgrenze bzw. für die Ausspeisung aus dem Verteilernetz an der Marktgebietsgrenze mit einer Laufzeit von weniger als einem Jahr errechnet sich auf Basis der Entgelte (E) gemäß Abs. 2 und 3 anhand der folgenden Formeln:

1. für Quartalsprodukte: (E/365)*Tageszahl des jeweiligen Quartals*1,1;
2. für Monatsprodukte: (E/365)* Tageszahl des jeweiligen Monats*1,2;
3. für Tagesprodukte: (E/365)*1,5.

Im Falle von impliziten Allokationen gemäß Art. 2 Abs. 4 der Verordnung (EU) Nr. 2017/459 können niedrigere Faktoren angewendet werden.

(6) Das Netznutzungsentgelt für Ein- und Ausspeisung im Rahmen der impliziten Allokation im Verteilernetz an der Marktgebietsgrenze wird für alle Produkte mit einer Laufzeit von weniger als einem Monat mit dem Faktor 1,0 festgesetzt.

Netznutzungsentgelt im Verteilernetz für Speicherunternehmen

§ 12. (1) Für das Netznutzungsentgelt für die Ausspeisung aus dem Verteilernetz in Speicheranlagen werden gemäß § 73 Abs. 5 GWG 2011 Entgelte bestimmt, die, sofern nicht besonders ausgewiesen, in EUR/kWh/h pro Jahr und pro Ausspeisepunkt angegeben werden. Das Entgelt ist auch dann zu entrichten, wenn für gebuchte Kapazität nicht oder nur teilweise nominiert wird. § 10 Abs. 6 gilt sinngemäß.

(2) Das Netznutzungsentgelt für die Ausspeisung aus dem Verteilernetz in Speicheranlagen wird für Verträge mit einer Laufzeit von einem Jahr einheitlich für das gesamte Verteilergebiet, bezogen auf die vertraglich vereinbarte Leistung für Standardkapazitäten wie folgt bestimmt: 0,35.

(3) Das Entgelt für unterbrechbare Kapazitäten entspricht grundsätzlich dem Entgelt für die gleiche Leistung für Standardkapazität. Im Falle von Unterbrechungen ist dem Speicherunternehmen eine Refundierung zu gewähren. Eine allfällige Refundierung innerhalb eines Leistungsmonats wird vom Entgelt für den betreffenden Leistungsmonat abgezogen. Das vom Verteilernetzbetreiber zu refundierende Entgelt (ERm) errechnet sich anhand der Formel gemäß Anlage 1.

(4) Das Netznutzungsentgelt für die grenzüberschreitende Nutzung einer Speicheranlage im Verteilernetz gemäß § 4 Abs. 8 Z 1 wird in Cent/kWh/h pro Tag wie folgt bestimmt: 0,77

Die Verrechnung des Netznutzungsentgelts erfolgt auf Basis der Summe der Minima der gemäß § 4 Abs. 8 Z 1 ermittelten Kontosaldi der Bilanzgruppen eines Gastages in kWh/h. § 4 Abs. 8 bis 11 gelten sinngemäß.

(5) Das Netznutzungsentgelt für die grenzüberschreitende Nutzung einer Speicheranlage im Verteilernetz gemäß § 4 Abs. 8 Z 2 wird in Cent/kWh/h pro Tag wie folgt bestimmt: 0,27

Die Verrechnung des Netznutzungsentgelts erfolgt auf Basis der Summe der Maxima der gemäß § 4 Abs. 8 Z 2 ermittelten Kontosaldi der Bilanzgruppen eines Gastages in kWh/h. § 4 Abs. 8 bis 11 gelten sinngemäß.

(6) Das mengenbasierte Netznutzungsentgelt beträgt für die Ausspeisung aus dem Verteilernetz in Speicheranlagen 0,6147 EUR/MWh.

Netznutzungsentgelt im Verteilernetz für Produktion und die Erzeugung von erneuerbaren Gasen

§ 13. (1) Für das Netznutzungsentgelt für die Einspeisung in das Verteilernetz aus Produktion bzw. aus Erzeugung von „erneuerbaren" Gasen werden gemäß § 73 Abs. 6 GWG 2011 Entgelte bestimmt, die, sofern nicht besonders ausgewiesen, in EUR/kWh/h pro Jahr und pro Einspeisepunkt angegeben werden. Das Entgelt ist auch dann zu entrichten, wenn für gebuchte Kapazität nicht oder nur teilweise nominiert wird. § 10 Abs. 6 gilt sinngemäß.

(2) Das Netznutzungsentgelt für die Einspeisung in das Verteilernetz aus Produktion bzw. aus Erzeugung von „erneuerbaren" Gasen wird für Verträge mit einer Laufzeit von einem Jahr, bezogen auf die vertraglich vereinbarte Leistung für Standardkapazitäten wie folgt bestimmt:

1. Einspeisung aus Produktion im Netzbereich Niederösterreich: 0,81;
2. Einspeisung aus Produktion im Netzbereich Oberösterreich: 0,81;
3. Einspeisung aus Produktion im Netzbereich Salzburg: 2,58;
4. Einspeisung aus Erzeugung von erneuerbaren Gasen in allen Netzbereichen:.............. 0,12.

Kostenwälzung

§ 14. (1) Die Kosten der Netzebene 1 des jeweiligen Netzbetreibers sind unter Berücksichtigung der Erlöse der Netzebene 1 auf die Netzebene 2 zu überwälzen und werden somit Bestandteil der Kosten der Netzebene 2 für jeden Netzbereich. Die Wälzung der Kosten der Netzebene 1 zur Ermittlung der Kosten der Netzebene 1 je Netzbereich erfolgt nach der Maßgabe von zwei Verfahren gemäß Abs. 2 und 3, wobei die Verfahren im Verhältnis 50:50 gewichtet werden. Die Ausgangsbasis bilden die jeweiligen Kosten der Netzebene 1 eines Netzbereiches, die im Verfahren gemäß § 69 GWG 2011 festgestellt wurden.

(2) Beim ersten Verfahren werden die Kosten des Verteilergebietsmanagers gemäß § 74 GWG 2011 den Gesamtkosten der Netzebene 1 hinzugerechnet und diese Gesamtkosten werden im Verhältnis 70 % transportierter Leistung (Netto-Leistung, kWh/h) und 30 % verbrauchter (Gas-)Arbeit (Brutto-Arbeit, kWh) auf den jeweiligen Netzbereich des Verteilergebiets des Marktgebiet Ost verteilt.

(3) Beim zweiten Verfahren werden die Kosten des Verteilergebietsmanagers gemäß § 74 GWG 2011 auf die Netzbereiche entsprechend der aus der Fernleitung bezogenen Arbeit aufgeteilt und bilden einen Teil der jeweiligen Kosten des Netzbereichs der Netzebene 1. Die Kosten des PVS 2 werden unter Berücksichtigung der Erlöse im PVS 2 den Netzbereichen Niederösterreich bzw. Wien entsprechend der jeweils aus dem PVS 2 bezogenen Arbeit zugeordnet. Die dadurch ermittelten Kosten der Netzebene 1 je Netzbereich bilden die Basis für die Verrechnung der ausgetauschten Arbeit zwischen den Netzbereichen.

(4) Die Kosten des jeweiligen Verteilergebietsmanagers gemäß § 24 GWG 2011 werden zu 100 % nach verbrauchter (Gas-)Arbeit (Brutto-Arbeit, kWh) auf den jeweiligen Netzbereich in der Netzebene 2 und 3 verteilt.

(5) Die Kosten der Netzebene 2 sind, unter Berücksichtigung der Erlöse der Netzebene 2, auf die Netzebene 3 zu überwälzen. Dabei werden die Kosten im Verhältnis 70 % nach transportierter Leistung (Netto-Leistung, kWh/h) und 30 % nach verbrauchter Arbeit (Brutto-Arbeit, kWh) im Netzbereich verteilt.

(6) In Marktgebieten ohne Verteilerleitungen der Netzebene 1 finden lediglich die Abs. 4 und 5 Anwendung mit der Maßgabe, dass die Kosten des Verteilergebietsmanagers gemäß § 74 GWG 2011 im Verhältnis 70 % nach transportierter Leistung (Netto-Leistung, kWh/h) und 30 % nach verbrauchter Arbeit (Brutto-Arbeit, kWh) im Netzbereich verteilt werden.

(7) Die Aufteilung der Kosten gemäß Abs. 1 bis 6 auf die einzelnen Netzbereiche führt zu folgenden Nettozahlungen in TEUR. Die Nettozahlungen sind Jahresbeträge und werden in zwölf gleichen Teilbeträgen monatlich in Rechnung gestellt.

1. Marktgebiet Ost:

	Austrian Gas Grid Management AG	Gas Connect Austria GmbH
a) WIENER NETZE GmbH zahlt:	33.848,1	3.183,1
b) Netz Niederösterreich GmbH zahlt:	14.948,8	1.405,8
c) Netz Burgenland GmbH zahlt:	3.723,1	350,1
d) Energienetze Steiermark GmbH zahlt:	16.367,5	1.539,2
e) Netz Oberösterreich GmbH zahlt:	25.858,3	2.431,8
f) KNG-Kärnten Netz GmbH zahlt:	2.980,4	280,3
g) Salzburg Netz GmbH zahlt:	3.174,2	298,5

2. Marktgebiet Tirol:
   a) TIGAS-Erdgas Tirol GmbH zahlt an Austrian Gas Grid Management AG: 6.011,6;
   b) Elektrizitätswerke Reutte AG zahlt an Austrian Gas Grid Management AG: ....251,1.
3. Marktgebiet Vorarlberg: Die Vorarlberger Energienetze GmbH zahlt an Austrian Gas Grid Management AG: ....6.001,0.

Entgelt für Messleistungen

§ 15. (1) Die gemäß § 77 GWG 2011 festgesetzten Entgelte für Messleistungen sind Höchstpreise, sofern nicht anders ausgewiesen je Monat und gelten für die jeweils eingesetzte Art der Messung, welche die Gasmenge in m³, Nm³ oder kWh erfasst. Soweit Messeinrichtungen von Kunden mit Lastprofilzählern selbst beigestellt werden, ist das Entgelt für Messleistungen entsprechend zu vermindern. Für Geräte im Zusammenhang mit Messleistungen, die nicht in Abs. 6 genannt werden und die im Eigentum des Netzbetreibers stehen, dürfen höchstens 1,5 % des Wertes dieser Geräte je Monat als Entgelt für die Beistellung, den Betrieb und die Eichung der Messgeräte verrechnet werden. Messleistungen sind im Rahmen dieser Höchstpreise aufwandsorientiert zu verrechnen. Ist der Abrechnungszeitraum kürzer oder länger als ein Monat, ist das Messentgelt tageweise zu aliquotieren.

(2) Sofern der Netzbetreiber die Errichtung, Demontage oder den Austausch von Zähleinrichtungen auf Veranlassung des Netzbenutzers selbst vornimmt oder vornehmen lässt, hat der Netzbetreiber dem Kunden einen Kostenvoranschlag für diese Maßnahme zu übermitteln. Montagen durch den Netzbetreiber haben unter Beachtung der verordneten Höchstpreise diskriminierungsfrei und aufwandsorientiert zu erfolgen. Übersteigen die Kosten für die Errichtung der Zähleinrichtung(en)

am Zählpunkt 200 Euro, so ist es dem Kunden freizustellen, diese Kosten durch eine Einmalzahlung oder in Raten zu erstatten. Für die auf Veranlassung des Netzbenutzers erfolgte Errichtung und Demontage und die Überprüfung von Zähleinrichtungen, die nicht in Abs. 7 und 8 genannt werden und die im Eigentum des Netzbetreibers stehen, hat die Verrechnung diskriminierungsfrei und aufwandsorientiert zu erfolgen. Ein- und Ausbauten im Zug von Reparaturen, Nacheichungen und durch den Netzbetreiber veranlasste Gerätewechsel dürfen dem Kunden nicht extra verrechnet werden.

(3) Die Zählerablesung hat – mit Ausnahme von Lastprofilzählern und Verbrauchsaufzeichnungsmessgeräten gemäß § 2 Z 10 Lastprofilverordnung 2018, die täglich abzulesen sind, sowie intelligenten Messgeräten, die gemäß § 129 Abs. 1 GWG 2011 ausgelesen werden – jährlich zu erfolgen. Zusätzlich zum Entgelt gemäß Abs. 1 darf für die Datenauslesung von Lastprofilzählern und Verbrauchsaufzeichnungsmessgeräten gemäß § 2 Z 10 Lastprofilverordnung 2018, soweit keine Onlinemessung vereinbart wurde, ein Entgelt von höchstens 8,- € pro Monat verrechnet werden. Dieses Entgelt ist auf der Rechnung getrennt vom Entgelt gemäß Abs. 1 anzuführen.

(4) Zähler, welche von der Nacheichung befreit sind, sind nach spätestens 15 Jahren zu überprüfen. Die erfolgte Überprüfung ist am Messgerät ersichtlich zu machen. Erfolgt diese Überprüfung nicht, so darf das Entgelt ab diesem Zeitpunkt höchstens 0,75 % vom jeweiligen Wert betragen.

(5) Werden Lastprofilzähler und Mengenumwerter nach 15 Jahren nicht erneuert, darf das Entgelt ab diesem Zeitpunkt höchstens 0,75 % vom jeweiligen Wert bzw. höchstens die Hälfte des verordneten Höchstpreises betragen.

(6) Für das von Netzbenutzern zu entrichtende Entgelt für Messleistungen werden folgende Höchstpreise je angefangenem Monat bestimmt.

1. Höchstpreise für Balgengaszähler G 2,5 – G 100 und intelligente Messgeräte sowie Zubehör, Optionen für Betriebsdrücke bis 0,5 bar:

Typ	Balgengaszähler inkl. Verschraubungen [€]	Intelligente Messgeräte ohne Abschaltfunktion [€]
G 2,5 – G 4	1,35	1,95
G 6	1,75	2,35
G 10 – G 16	3,55	4,15
G 25	5,70	6,30
G 40	11,90	12,50
G 65	16,70	17,30
G 100	26,20	

Zubehör, Optionen	[€]
Impulsnehmer	0,30
Temperaturkompensation bis G 6 für Balgengaszähler	0,10
Temperaturkompensation ab G 10 für Balgengaszähler	0,20
Abschaltfunktion	0,30

2. Höchstpreise für Drehkolbengaszähler G 25 – G 1000 (für Betriebsdrücke bis 16 bar) mit zumindest einem Impulsgeber:

Typ	Drehkolbengaszähler [€]
G 25 – G 40	18,60
G 65	19,50
G 100	22,50
G 160	32,85
G 250	35,70
G 400	55,05
G 650	78,75
G 1000	104,40

Für Drehkolbengaszähler welche als intelligentes Messgerät Verwendung finden, kann zusätzlich ein Entgelt von höchstens 2,00 € verrechnet werden.

3. Höchstpreise für Lastprofilzähler (LPZ) mit Übertragung und Onlinemessung in Euro:
   a) LPZ mit einkanaliger Ausführung 13,50;
   b) LPZ mit zweikanaliger Ausführung 15,00;
   c) LPZ mit Ausführung mit mehr als zwei Kanälen 18,00;
   d) Onlinemessungen .... 40,00.

4. Höchstpreise für Kompaktmengenumwerter (MUW) und Temperaturumwerter (TUW):

Typ	[€]
Kompaktmengenumwerter ohne LPZ	40,00
Kompaktmengenumwerter mit LPZ und Übertragung	55,00
Kompaktmengenumwerter mit Onlinemessung	80,00
Temperaturumwerter elektronisch	5,00

5. Höchstpreise für Verbrauchsaufzeichnungsmessgeräte gemäß § 2 Z 10 Lastprofilverordnung 2018 mit Übertragung in Euro:
   a) einkanalige Ausführung 7,00;
   b) Ausführung mit zwei oder mehr Kanälen 10,00;

6. Höchstpreise für 230 Volt Energieversorgung, insbesondere für Mengenumwerter, Last-

profilzähler, Verbrauchsaufzeichnungsmessgeräte und Onlinemessung: 10,00 Euro.

(7) Für die Errichtung oder Demontage von Messeinrichtungen, welche im Eigentum des Netzbetreibers stehen, werden folgende Höchstpreise bestimmt:

1. Höchstpreise für die Errichtung oder Demontage von Balgengaszählern und intelligenten Messgeräten bis zur Größe G 65:

Größe (inkl. Zählerregler)	Errichtung [€]	Demontage [€]
bis G 16	60,00	30,00
G 25 bis G 65	90,00	45,00

2. Höchstpreise für die Errichtung oder Demontage von Onlinemessungen:

Größe	Errichtung [€]	Demontage [€]
Standard	250,00	125

(8) Für die Überprüfung von Messeinrichtungen auf Veranlassung des Netzbenutzers, welche im Eigentum des Netzbetreibers stehen, werden folgende Höchstpreise bestimmt. Die Verrechnung dieser Leistung ist nur bei nicht defekten Messeinrichtungen zulässig:

1. vor Ort ohne Ausbau des Messgerätes (keine Mengenumwerter-Überprüfung): 40,00 €
2. vor Ort ohne Ausbau des Messgerätes, mit Überprüfung von Zusatzeinrichtungen: 80,00 €
3. durch eine kompetente Prüfstelle für Balgengaszähler und intelligente Messgeräte bis G 65 nach Ausbau des Messgeräts: 90,00 €
4. vor Ort mit Ausbau für Zähler G 25 bis G 250 (ausgenommen Balgengaszähler und intelligente Messgeräte): 200,00 €
5. vor Ort mit Ausbau für Zähler G 400 bis G 1000: 300,00 €
6. vor Ort mit Ausbau für Zähler größer G 1000: 500,00 €

Verrechnung der Entgelte

§ 16. (1) Die Rechnungslegung hat spätestens sechs Wochen nach der für die Abrechnungsperiode relevanten Zählerstandsermittlung und nach Vorliegen des abrechnungsrelevanten Verrechnungsbrennwerts zu erfolgen. Der Netzbetreiber hat die Rechnung über die Systemnutzungsentgelte innerhalb von drei Wochen an den Versorger zu übermitteln, sofern der Versorger auch die Rechnung über die Netznutzung legt.

(2) Weicht eine rechnerische Verbrauchsermittlung gemäß § 73 Abs. 7 GWG 2011 von den tatsächlichen Werten ab, so ist eine unentgeltliche Rechnungskorrektur vorzunehmen.

(3) Die zur Anwendung kommenden Entgelte für Messleistungen sind vom Netzbetreiber in geeigneter Form, etwa im Internet, zu veröffentlichen.

(4) Nimmt der Netzbetreiber bei der Verrechnung des Netzzutrittsentgelts eine Pauschalierung gemäß § 75 Abs. 2 GWG 2011 für vergleichbare Netzbenutzer vor, sind die zur Anwendung kommenden Pauschalen in geeigneter Form, etwa im Internet, zu veröffentlichen.

(5) Der Netzbetreiber hat von Betreibern einer Anlage gemäß § 75 Abs. 3 und Abs. 4 GWG 2011 die von ihm übernommenen Kosten in den ersten 15 Jahren ab Inbetriebnahme der Anlage anteilig zurückzufordern, wenn die Netznutzungsentgelte nach den im ursprünglichen Netzzugangsvertrag vereinbarten Kapazitäten nicht voll entrichtet werden.

Ausgleichszahlungen

§ 17. (1) Die Ausgleichszahlungen werden als Nettozahlungen in TEUR, die Jahresbeträge darstellen, festgelegt und sind in zwölf gleichen Teilbeträgen monatlich zu leisten. Alle Rechnungen sind am 15. des dem Leistungserbringungsmonat folgenden Monats fällig.

(2) Für den Netzbereich Kärnten werden folgende Ausgleichszahlungen festgelegt: KNG-Kärnten Netz GmbH zahlt an Energie Klagenfurt GmbH: 260,5.

(3) Für den Netzbereich Oberösterreich werden folgende Ausgleichszahlungen festgelegt:

	Empfänger			
Zahler	Linz Netz GmbH	eww ag	Energie Ried GmbH	Stadtbetriebe Steyr GmbH
Netz Oberösterreich GmbH zahlt an	4.487,3	2.158,7	748,4	54,9

(4) Für den Netzbereich Steiermark werden folgende Ausgleichszahlungen festgelegt:

	Empfänger		
Zahler	Energie Graz GmbH & Co KG	Stadtwerke Kapfenberg GmbH	Gasnetz Veitsch
Energie Graz GmbH & Co KG zahlt an	431,2	173,1	28,0
Stadtwerke Leoben zahlt an	5,7	2,3	0,4

(5) Für den Netzbereich Tirol werden folgende Ausgleichszahlungen festgelegt: TIGAS-Erdgas Tirol GmbH zahlt an Elektrizitätswerke Reutte AG: 1.610,3.

(6) Für den Netzbereich Vorarlberg werden folgende Ausgleichszahlungen festgelegt: Stadtwerke Bregenz GmbH zahlt an Vorarlberger Energienetze GmbH: 340,4.

Bestimmung von Entgelten für sonstige Leistungen

§ 18. (1) Netzbetreiber sind berechtigt, für die Erbringung sonstiger Leistungen, die nicht durch die Entgelte gemäß § 72 Abs. 2 Z 1 bis 4 GWG 2011 abgegolten und vom Netzbenutzer unmittelbar verursacht sind, folgende Entgelte zu verrechnen:

1. Entgelte für Mahnungen:

a)	erste Mahnung	0,00 €
b)	jede weitere Mahnung	1,50 €
c)	letzte Mahnung gemäß § 127 Abs. 3 GWG 2011	5,00 €

2. Abschaltungen, Sperrungen und Trennung von Hausanschlüssen:

a)	Abschaltung und Wiederherstellung des Netzzugangs gemäß § 127 Abs. 3 GWG 2011 vor Ort	25,00 €
b)	Sperrung oder Wiedereinschaltung aus sicherheitstechnischen Gründen	30,00 €
c)	Trennung der Anschlussleitung vom Verteilernetz bis DA 63 samt Freispülung der getrennten Hausanschlussleitung	450,00 €
d)	Trennung der Anschlussleitung vom Verteilernetz größer DA 63 samt Freispülung der getrennten Hausanschlussleitung	800,00 €

3. Ablesung von Messeinrichtungen und Zwischenabrechnung auf Veranlassung des Netzbenutzers:

a)	Ablesung vor Ort ohne Zwischenabrechnung	10,00 €
b)	Ablesung vor Ort mit Zwischenabrechnung	15,00 €
c)	Zwischenabrechnung ohne Ablesung vor Ort	5,00 €

4. Zur Verfügung stellen von Lastprofilzählerdaten – tagesaktuell:

a)	im Standardformat laut sonstigen Marktregeln	0,00 €
b)	Sonderformate	10,00 €
c)	erstmalige Einrichtung der Datenschnittstelle	50,00 €

(2) Die Entgelte gemäß Abs. 1 Z 4 lit. b sind monatlich verrechenbar, Abs. 1 Z 1 bis 3 und Abs. 1 Z 4 lit. c sind jeweils im Anlassfall verrechenbar.

4. Teil
Entgelt für Verteilergebietsmanager

Höhe und Weiterverrechnung des Entgelts für Verteilergebietsmanager

§ 19. Die zu bezahlenden Anteile am jährlichen Entgelt für den Verteilergebietsmanager werden in TEUR wie folgt bestimmt. Die Entrichtung des Entgelts an den Verteilergebietsmanager erfolgt in zwölf gleichen monatlichen Teilbeträgen:

1. Verteilergebiet Ost:
   a) für den Netzbereich Oberösterreich die Netz Oberösterreich GmbH: 2.532,2
   b) für den Netzbereich Niederösterreich die Netz Niederösterreich GmbH: 1.726,3
   c) für den Netzbereich Steiermark die Energienetze Steiermark GmbH: 1.736,6
   d) für den Netzbereich Burgenland die Netz Burgenland GmbH: 284,6
   e) für den Netzbereich Kärnten die KNG-Kärnten Netz GmbH: 219,9
   f) für den Netzbereich Salzburg die Salzburg Netz GmbH: 365,9
   g) für den Netzbereich Wien die WIENER NETZE GmbH: 2.393,1
2. Verteilergebiet Tirol:
   a) für den Netzbereich Tirol die TIGAS-Erdgas Tirol GmbH: 532,7
3. Verteilergebiet Vorarlberg:
   a) für den Netzbereich Vorarlberg die Vorarlberger Energienetze GmbH: 295,3

5. Teil
Schlussbestimmungen

Übergangsbestimmung

§ 20. (1) Diese Verordnung findet auch auf die den Netzbetrieb übernehmenden Rechtsnachfolger der von dieser Verordnung erfassten Erdgasunternehmen Anwendung.

(2) Die Zahlungen des § 14 Abs. 7 Z 2 und 3 in der Fassung der GSNE-VO 2013 – Novelle 2013 sind abweichend zu § 14 Abs. 7 zweiter Satz Werte für den Zeitraum von Oktober 2013 bis Dezember 2013 und sind ab 1. Oktober 2013 in gleichen Teilbeträgen monatlich in Rechnung zu stellen.

(3) Die in §§ 9, 10, 15 und 18 GSNE-VO 2013-Novelle 2013 festgelegten Systemnutzungsentgelte gelten in den Marktgebieten Tirol und Vorarlberg ab dem 1. Jänner 2013, 0 Uhr. Die in den §§ 9 bis 13, § 15 und § 18 GSNE-VO 2013-Novelle 2013 gelten im Marktgebiet Ost ab dem 1. Jänner 2013, 6 Uhr.

(4) Das Speicherunternehmen ist verpflichtet, dem Netzbetreiber den von einem unabhängigen Wirtschaftsprüfer bestätigten Ist-Wert des Speicherstandkontos pro Speicherkunde per 1. April

2016, 6.00 Uhr zu melden. Dabei hat die Summe der Speicherstandkonten der Speicherkunden der Summe der Speicherstandkonten der Bilanzgruppen zu entsprechen. Kommt das Speicherunternehmen dieser Verpflichtung bis zum 20. April 2016 nicht nach, wird ein Ist-Wert des Speicherstandkontos pro Speicherkunden von Null angesetzt.

(5) Die Multiplikatoren gemäß § 3 Abs. 9 Z 3 und Z 4 sind erstmals für day-ahead-Kapazitäten sowie für Rest of the Day- und Within Day-Produkte mit einem Laufzeitbeginn ab 1. Oktober 2017, 6 Uhr, anwendbar; bis zu diesem Zeitpunkt gilt der Multiplikator 1.

Inkrafttreten

§ 21. (1) Diese Verordnung tritt mit 1. Jänner 2013 in Kraft.

(2) Die §§ 1, 2 und § 4 Abs. 1 und Abs. 3 Z 2 sowie der 3., 4. und 5. Teil in der Fassung der GSNE-VO 2013-Novelle 2013 treten mit 1. Jänner 2013 in Kraft.

(3) Die Verordnung der Energie-Control Kommission, mit der die Tarife für die Systemnutzung in der Gaswirtschaft bestimmt werden (Gas-Systemnutzungstarife-Verordnung 2008, GSNT-VO 2008) verlautbart im Amtsblatt zur Wiener Zeitung Nr. 021 vom 30. Jänner 2008, in der Fassung der GSNT-VO 2008-Novelle 2009, verlautbart im Amtsblatt zur Wiener Zeitung Nr. 252 vom 24. Dezember 2008, der GSNT-VO 2008-Novelle 2010, verlautbart im Amtsblatt zur Wiener Zeitung Nr. 249 vom 24. Dezember 2009, der GSNT-VO 2008-Novelle 2011, verlautbart im Amtsblatt zur Wiener Zeitung Nr. 249 vom 23. Dezember 2010 sowie der GSNT-VO 2008-Novelle 2012, BGBl. II Nr. 441/2011 tritt mit Ablauf des 1. Jänner 2013, 6 Uhr außer Kraft.

(4) Die Verordnung der Energie-Control Kommission mit der das Netznutzungsentgelt für grenzüberschreitende sonstige Transporte von Erdgas und für grenzüberschreitende Transporte von Erdgas von einem Einspeisepunkt in die Regelzone zu einem Ausspeisepunkt aus der Regelzone bestimmt wird (Sonstige Transporte-Gas-Systemnutzungstarife–Verordnung – SonT-GSNT-VO 2007), verlautbart im Amtsblatt zur Wiener Zeitung Nr. 189 vom 28. September 2007, in der Fassung der SonT-GSNT-VO Novelle 2008 vom 25. Jänner 2008, verlautbart im Amtsblatt zur Wiener Zeitung Nr. 021 vom 30. Jänner 2008, der SonT-GSNT-VO Novelle 2009, verlautbart im Amtsblatt zur Wiener Zeitung Nr. 252 vom 24. Dezember 2008, der SonT-GSNT-VO Novelle 2010, verlautbart im Amtsblatt zur Wiener Zeitung Nr. 249 vom 24. Dezember 2009, der SonT-GSNT-VO Novelle 2011, verlautbart im Amtsblatt zur Wiener Zeitung Nr. 249 vom 23. Dezember 2010 sowie der SonT-GSNT-VO Novelle 2012, BGBl. II Nr. 439/2011 tritt mit Ablauf des 1. Jänner 2013, 6 Uhr außer Kraft.

(5) Die Verordnung der Energie-Control Kommission betreffend das Entgelt für den Regelzonenführer, verlautbart im Amtsblatt zur Wiener Zeitung Nr. 188 vom 30. September 2002, in der Fassung der Verordnung der Energie-Control Kommission, mit der die Verordnung der Energie-Control Kommission betreffend das Entgelt für den Regelzonenführer geändert wird vom 19. Mai 2004, verlautbart im Amtsblatt zur Wiener Zeitung Nr. 101 vom 26. Mai 2004; der RZF-VO-Novelle 2005 vom 25. Oktober 2005, verlautbart im Amtsblatt zur Wiener Zeitung Nr. 212 vom 29. Oktober 2005, der Gas-RZF-VO-Novelle 2006 vom 20. Dezember 2006, verlautbart im Amtsblatt zur Wiener Zeitung Nr. 250 vom 28. Dezember 2006, der Gas-RZF-VO-Novelle 2008 vom 25. Jänner 2008, verlautbart im Amtsblatt zur Wiener Zeitung Nr. 021 vom 30. Jänner 2008, der Gas-RZF-VO-Novelle 2009 vom 19. Dezember 2008, verlautbart im Amtsblatt zur Wiener Zeitung Nr. 252 vom 24. Dezember 2008, der Gas-RZF-VO-Novelle 2010 vom 22. Dezember 2009, verlautbart im Amtsblatt zur Wiener Zeitung Nr. 249 vom 24. Dezember 2009, der Gas-RZF-VO-Novelle 2011 vom 20. Dezember 2010, verlautbart im Amtsblatt zur Wiener Zeitung Nr. 249 vom 23. Dezember 2010 sowie der Gas-RZF-VO-Novelle 2012, BGBl. II Nr. 438/2011 tritt mit Ablauf des 31. Dezember 2012 außer Kraft.

(6) Die § 2 Abs. 1, § 9 Abs. 1, § 10 Abs. 6 bis 6b und Abs. 8, § 11 Abs. 2 bis 4, § 12 Abs. 3, § 13 Abs. 2, § 14 Abs. 7, § 15 Abs. 3 und Abs. 6 bis 8, § 16 Abs. 1, § 17 und § 19 Z 1 bis 3 in der Fassung der GSNE-VO 2013-Novelle 2014 treten mit 1. Jänner 2014, 6 Uhr in Kraft. Für Endverbraucher, die bis 31.1.2014 Anträge gemäß § 10 Abs. 6a einbringen, wird zur Ermittlung der Basis für die Verrechnung des leistungsbezogenen Anteils des Netznutzungsentgelts rückwirkend ab 1.1.2014, 6 Uhr die täglich gemessene höchste stündliche Leistung angewendet.

(7) Die § 4 Abs. 1 und Abs. 6 bis 11, § 12 Abs. 4 und Abs. 5 sowie § 20 Abs. 4 in der Fassung der 3. GSNE-VO 2013-Novelle 2014 treten mit 1. Mai 2014, 6 Uhr in Kraft.

(8) Die § 2 Abs. 1 Z 13, § 3 Abs. 8, § 4 Abs. 5, § 4 Abs. 9 Z 1, § 7 Abs. 2, § 10 Abs. 6c, § 10 Abs. 7, § 10 Abs. 8 Z 1 und Z 2, § 12 Abs. 2, § 12 Abs. 4, § 13 Abs. 2, § 14 Abs. 7, § 15 Abs. 8 Z 3, § 17 und § 19 in der Fassung der GSNE-VO 2013 – Novelle 2015 treten mit 1. Jänner 2015, 6 Uhr in Kraft.

(9) Die § 3 Abs. 2 Z 5, § 3 Abs. 4 Z 2, § 3 Abs. 6a, § 3 Abs. 9, § 4 Abs. 2a, § 4 Abs. 6 Z 1 und § 8 Abs. 4 in der Fassung der GSNE-VO 2013 – 2. Novelle 2015 treten mit 1. Februar 2015, 6 Uhr in Kraft.

(10) Die § 2 Abs. 1 Z 13, § 3 Abs. 2 Z 6, § 3 Abs. 6a Z 1 und Z 2, § 8 Abs. 1 und Abs. 3, § 10 Abs. 3, § 10 Abs. 8 Z 1 und Z 2, § 11 Abs. 2 Z 2, § 12 Abs. 2, § 13 Abs. 2 Z 1 bis 3, § 14 Abs. 7, § 17 und § 19 in der Fassung der GSNE-VO 2013 – Novelle 2016, BGBl. II Nr. 427/2015, treten mit 1. Jänner 2016, 6 Uhr in Kraft. § 4 Abs. 6, Abs. 7, Abs. 9, Abs. 10 und Abs. 11 sowie § 10 Abs. 6 und 6b in der Fassung der GSNE-VO 2013 – Novelle 2016, BGBl. II Nr. 427/2015, treten mit 1. April 2016, 6 Uhr in Kraft, § 11 Abs. 3 Z 6 in der Fassung der GSNE-VO 2013 – Novelle 2016 tritt mit 1. Oktober 2016, BGBl. II Nr. 427/2015, 6 Uhr in Kraft.

§ 3 Abs. 4 Z 1, § 4 Abs. 2a, § 11 Abs. 2 Z 3 und Z 4 treten mit 1. Jänner 2016, 6 Uhr außer Kraft.

(11) Die Bestimmungen der GSNE-VO 2013-Novelle 2017, BGBl. II Nr. 425/2016, treten mit 1. Jänner 2017, 6 Uhr, in Kraft.

(12) Die Bestimmungen der GSNE-VO 2013 – 2. Novelle 2017, BGBl. II Nr. 243/2017, treten mit dem der Kundmachung folgenden Gastag in Kraft.

(13) Die Bestimmungen der GSNE-VO 2013 – Novelle 2018, BGBl. II Nr. 399/2017, treten mit Beginn des Gastages 1. Jänner 2018 in Kraft.

(14) Die Bestimmungen der GSNE-VO 2013 – 2. Novelle 2018, BGBl. II Nr. 85/2018, treten mit dem der Kundmachung folgenden Gastag in Kraft.

(15) § 2 Abs. 1 Z 1 und Z 13 zweiter Satz, § 10 Abs. 6c letzter Satz, § 10 Abs. 8 Z 1 und 2, § 11 Abs. 3 Z 6, § 12 Abs. 2, § 13 Abs. 2 Z 2 und 3, § 14 Abs. 7 Z 1, § 14 Abs. 7 Z 2 lit. a und b, § 14 Abs. 7 Z 3, § 15 Abs. 3, § 17 Abs. 2 bis Abs. 6 und § 19 Z 1 bis Z 3, jeweils in der Fassung der GSNE-VO 2013 – Novelle 2019, BGBl. II Nr. 355/2018, treten mit Beginn des Gastages 1. Jänner 2019 in Kraft.

(16) Die Bestimmungen der GSNE-VO 2013 – Novelle 2020, BGBl. II Nr. 423/2019, treten mit Beginn des Gastages 1. Jänner 2020 in Kraft.

(17) § 3 Abs. 1 bis Abs. 7a sowie Abs. 9 bis Abs. 10, § 4 Abs. 1 und Abs. 2, Abs. 5 bis Abs. 7, § 7 Abs. 2, § 8 Abs. 3, § 12 Abs. 4 und Abs. 5 sowie Anlage 1 und Anlage 3, in der Fassung der GSNE-VO 2013 – 2. Novelle 2020, BGBl. II Nr. 254/2020, treten mit Beginn des Gastages 1. Jänner 2021 in Kraft.

(18) § 2 Abs. 1 Z 13, § 10 Abs. 8 Z 1 und 2, § 11 Abs. 2 Z 1 und 2, § 11 Abs. 3, § 12 Abs. 4 und 5, § 14 Abs. 7 Z 1 bis 3, § 17 Abs. 2 bis 6 sowie § 19 Z 1 bis 3, in der Fassung der GSNE-VO 2013 – Novelle 2021, BGBl. II Nr. 574/2020, treten mit Beginn des Gastages 1. Jänner 2021 in Kraft.

(19) § 3 Abs. 4 Z 4 und 5 sowie § 3 Abs. 4a in der Fassung der Verordnung BGBl. II Nr. 437/2021 treten mit dem der Kundmachung folgenden Gastag in Kraft.(BGBl II 2021/437)

(20) § 2 Abs. 1 Z 13, § 10 Abs. 8 Z 1 und 2, § 11 Abs. 1, § 11 Abs. 3 Z 6 und 7, § 12 Abs. 1 und 2, § 13 samt Überschrift, § 14 Abs. 7 Z 1 bis 3, § 16 Abs. 5, § 17 Abs. 2 bis 6 und § 19 Z 1 bis 3, in der Fassung der GSNE-VO 2013 – Novelle 2022, BGBl. II Nr. 557/2021, treten mit Beginn des Gastages 1. Jänner 2022 in Kraft.

(21) § 1 Abs. 1 Z 1, § 2 Abs. 1 Z 5a und Z 8a, § 3 Abs. 1, Abs. 2a und Abs. 3a, § 3 Abs. 4 Z 1 und Z 2, § 3 Abs. 4a, § 4 Abs. 2a, § 7 Abs. 2 und Anlage 3, jeweils in der Fassung der Verordnung BGBl. II Nr. 176/2022, treten mit Beginn des Gastages 1. Juni 2022 in Kraft.

(22) § 2 Abs. 1 Z 13 zweiter Satz, in der Fassung der Verordnung BGBl. II Nr. 346/2022, tritt mit Beginn des Gastages 1. Oktober 2022 in Kraft.

(23) § 3 Abs. 2a und Abs. 3a, § 4 Abs. 2a und § 7 Abs. 2 zweiter Satz, jeweils in der Fassung der Verordnung BGBl. II Nr. 408/2022, treten mit dem der Kundmachung folgenden Gastag in Kraft. Im Monat des Inkrafttretens ist die Ausgleichszahlung nach § 7 Abs. 2 tagesbezogen zu aliquotieren.

(24) § 2 Abs. 1 Z 13, § 10 Abs. 8 Z 1 und 2, § 11 Abs. 3 Z 6 und 7, § 12 Abs. 2 und 6, § 13 Abs. 2 Z 1 bis 3, § 14 Abs. 7 Z 1 bis 3, § 17 Abs. 2 bis 6 und § 19, in der Fassung der GSNE-VO 2013 – Novelle 2023, BGBl. II Nr. 465/2022, treten mit Beginn des Gastages 1. Jänner 2023 in Kraft.

(25) § 2 Abs. 1 Z 13 zweiter Satz, in der Fassung der Verordnung BGBl. II Nr. 74/2023, tritt mit Beginn des Gastages 1. April 2023 in Kraft.

Anlage 1 (zu § 3 Abs. 7 und § 4 Abs. 4)

$$E_{Rm} = (D_{rf} * F_R) * AvgC_{int} \leq F_m$$

wobei:

E_{Rm} ist die Refundierung einer aufgetretenen Unterbrechung von unterbrechbaren Kapazitätsprodukten gemäß § 3 Abs. 7 sowie von unterbrechbaren Kapazitätsprodukten gemäß § 4 Abs. 4. Die Refundierung gilt jeweils für den Tag an dem eine Unterbrechung vorliegt;

D_{rf} ist:

a) im Fall der Unterbrechnung von unterbrechbaren Kapazitätsprodukten gemäß § 3 Abs. 7 das Netznutzungsentgelt für Tagesprodukte gemäß § 3 Abs. 9 bzw. Abs. 9a oder

b) im Fall der Unterbrechnung von unterbrechbaren Kapazitätsprodukten gemäß § 4 Abs. 4 das anteilige Netznutzungsentgelt für den Tag der Unterbrechung gemäß § 4 Abs. 2;

D_{rf} ist:

a) im Fall der Unterbrechnung von unterbrechbaren Kapazitätsprodukten gemäß § 3 Abs. 7 das Netznutzungsentgelt für Tagesprodukte gemäß § 3 Abs. 9 bzw. Abs. 9a oder

b) im Fall der Unterbrechnung von unterbrechbaren Kapazitätsprodukten gemäß § 4 Abs. 4 das anteilige Netznutzungsentgelt für den Tag der Unterbrechung gemäß § 4 Abs. 2;

$AvgC_{int}$ ist die durchschnittliche unterbrechbare Kapazität, die an dem betreffenden Tag unterbrochen wurde, berechnet als

$$AvgC_{int} = \left(\frac{\sum_{i=1}^{h_R} c_{diff,i}}{h_R} \right) \text{ wobei}$$

$c_{diff,i}$ ist die tatsächliche unterbrochene Kapazität des Produkts, berechnet als die Differenz zwischen der angebotenen Kapazität auf Stundenbasis und der tatsächlich verfügbaren Kapazität auf Stundenbasis während jeder von der Unterbrechung betroffenen Stunde;

h_R ist die Anzahl der Stunden eines Gastages;

i ist die relevante Stunde, in der eine Unterbrechung auftritt;

F_m ist das Netznutzungsentgelt, das ungeachtet der Unterbrechnung für den Zeitraum, in dem die Unterbrechnung eingetreten ist, dem Netzbenutzer in Rechnung zu stellen wäre.

Anlage 2 (zu § 3 Abs. 10 und § 4 Abs. 5)

$$E_{Km} = \left(\frac{E_m}{h_m * q} \right) * \left(\sum_{K=1}^{h_K} q_{diffK} * h_K \right)$$

wobei

E_{Km} = die Entgeltkürzung pro Monat;

E_m = das Entgelt pro Monat;

h_m = die Gesamtanzahl der Stunden des Monats, in dem die Einschränkung der Transportdienstleistung auftritt;

q = die vertraglich vereinbarte Stundenrate am Ein- bzw. Ausspeisepunkt;

q_{diffK} = die Differenz zwischen nominierter Stundenrate am Ein- bzw. Ausspeisepunkt und der am selben Punkt zur Verfügung gestellten Stundenrate je eingeschränkter Stunde, sofern diese Differenz positiv ist;

h_K = die Anzahl der Stunden innerhalb des Leistungsmonats, für deren Dauer die Transportdienstleistung eingeschränkt wird.

Anlage 3 (zu § 3 und § 4)

Referenzpreismethode gemäß Art. 6 ff der Verordnung (EU) Nr. 2017/460 sowie Festlegung eines mengenbasierten Entgelts gemäß Art. 4 Abs. 3 lit. a der Verordnung (EU) Nr. 2017/460

(nicht abgedruckt)

21. Gasnetzdienstleistungsqualitätsverordnung

Verordnung des Vorstands der E-Control über Standards für Netzbetreiber bezüglich der Sicherheit, Zuverlässigkeit und Qualität der gegenüber den Netzbenutzern erbrachten Dienstleistungen

StF: BGBl. II Nr. 172/2012

Letzte Novellierung: BGBl. II Nr. 271/2013

Auf Grund des § 30 Gaswirtschaftsgesetz 2011 – GWG 2011, BGBl. I Nr. 107/2011, iVm § 7 Abs. 1 Energie-Control-Gesetz – E-ControlG, BGBl. I Nr. 110/2010 in der Fassung des Bundesgesetzes BGBl. I Nr. 107/2011 wird verordnet:

GLIEDERUNG

1. Abschnitt
Allgemeines

Regelungsgegenstand

§ 1. Diese Verordnung bestimmt Standards für Netzbetreiber bezüglich der Sicherheit, Zuverlässigkeit und Qualität der gegenüber dem Netzbenutzer erbrachten Dienstleistungen und Kennzahlen zur Überwachung der Einhaltung dieser Standards.

Begriffsbestimmungen

§ 2. (1) Im Sinne dieser Verordnung bezeichnet der Ausdruck

1. „Abschaltung“ eine Unterbrechung der Versorgung eines Endverbrauchers mit Erdgas in Folge einer Verletzung der aus dem Vertragsverhältnis mit dem Verteilernetzbetreiber entstehenden Pflichten durch den Endverbraucher;
2. „Anfrage“ ein vom Netzbenutzer an den Netzbetreiber gerichtetes fernmündliches oder schriftliches Ersuchen um Auskunft;
3. „Beschwerde“ eine vom Netzbenutzer an den Netzbetreiber gerichtete Beanstandung in Bezug auf die vom Netzbetreiber erbrachte Netzdienstleistung;
4. „geplante Versorgungsunterbrechung“ eine betrieblich notwendige und vorgesehene Versorgungsunterbrechung;
5. „Netzdienstleistung“ die Gesamtheit der im Rahmen des Netzzutritts- und Netzzugangsvertrag gegenüber dem Netzbenutzer erbrachten Dienstleistungen;
6. „Störfälle“ in Erdgasleitungsanlagen eintretende Ereignisse, die zu einer Gefährdung von Personen oder Beschädigung von Sachen führen können sowie sonstige nicht beabsichtigte Beeinträchtigungen der einwandfreien Funktionsfähigkeit von Erdgasleitungsanlagen;
7. „Versorgungsunterbrechung“ eine Unterbrechung der Versorgung eines Endverbrauchers mit Erdgas oder eine Beeinträchtigung der Einspeisemöglichkeit, welche auf Einschränkungen der Rohrleitungskapazität oder auf andere technische Ursachen in den Fernleitungs- bzw. Verteilerleitungsanlagen zurückzuführen ist.

(2) Im Übrigen gelten die Begriffsbestimmungen gemäß § 7 Abs. 1 GWG 2011.

(3) Soweit in dieser Verordnung auf die Begriffe „Erdgas“ oder „Gas“ Bezug genommen wird, sind darunter auch auf Erdgasqualität aufbereitete biogene Gase zu verstehen.

(4) Personenbezogene Begriffe haben keine geschlechtsspezifische Bedeutung. Sie sind bei der Anwendung auf bestimmte Personen in der jeweils geschlechtsspezifischen Form anzuwenden.

(5) Soweit in dieser Verordnung auf Bestimmungen anderer Verordnungen der E-Control verwiesen wird, sind die Bestimmungen in ihrer jeweils geltenden Fassung anzuwenden.

2. Abschnitt
Standards
Erfüllung der Standards

§ 3. Die in §§ 4 bis 7 sowie §§ 9 bis 11 festgelegten Standards gelten als erfüllt, wenn sie vom Netzbetreiber in 95% oder mehr der entsprechenden Fälle je Standard eingehalten werden.

Netzzutritt

§ 4. (1) Der Verteilernetzbetreiber übermittelt dem Netzbenutzer auf entsprechende Anfrage innerhalb von vierzehn Tagen ab Einlangen einen schriftlichen Kostenvoranschlag gemäß § 5 Konsumentenschutzgesetz, BGBl. Nr. 140/1979, für den definierten Leistungsumfang für das vom Netzbenutzer zu entrichtende Netzzutrittsentgelt auf Basis von Preisen je Leistungseinheit. Der Kostenvoranschlag hat – außer im Falle einer Pauschalierung gemäß § 75 Abs. 2 GWG 2011 – die wesentlichen Komponenten des zu entrichtenden Netzzutrittsentgeltes auszuweisen. Sind jedoch bei Nichtvorhandensein einer Verteilerleitung umfangreiche Erhebungen durch den Verteilernetzbetreiber notwendig, ist innerhalb von vierzehn Tagen auf die Anfrage unter Angabe einer Ansprechperson und eines konkreten Vorschlags zur weiteren Vorgangsweise zu reagieren.

(2) Der Verteilernetzbetreiber ist verpflichtet, auf vollständige Anträge auf Netzzutritt innerhalb angemessener, vierzehn Tage nicht überschreitender, Frist ab Einlangen mit einem konkreten Vorschlag betreffend die weitere Vorgangsweise – insbesondere unter Angabe einer Ansprechperson und der voraussichtlichen Dauer der Herstellung oder Änderung des Netzanschlusses – zu reagieren. Bei Vorliegen der den Mindestangaben gemäß Anlage 1 der Gas-Marktmodell-Verordnung 2012, BGBl. II Nr. 171/2012 entsprechenden Informationen ist der Antrag als vollständig zu betrachten.

(3) Sollten die Angaben des Antragstellers für die Beantwortung durch den Verteilernetzbetreiber nicht ausreichen, hat dieser die benötigten weiteren Angaben umgehend vom Netzbenutzer anzufordern.

(4) Der Verteilernetzbetreiber hat mit dem Netzbenutzer eine angemessene und verbindliche Frist für die Durchführung des Netzzutritts zu vereinbaren. Wird der Netzzutritt in Abwesenheit des Netzbenutzers hergestellt, ist dieser über die Durchführung umgehend schriftlich zu informieren. Ist für die Durchführung des Netzzutritts die Anwesenheit des Netzbenutzers erforderlich, gilt § 10 sinngemäß.

Netzzugang

§ 5. (1) Der Verteilernetzbetreiber ist verpflichtet, auf vollständige Anträge auf Netzzugang innerhalb angemessener, vierzehn Tage nicht überschreitender, Frist ab Einlangen mit einem konkreten Vorschlag betreffend die weitere Vorgangsweise – insbesondere unter Angabe einer Ansprechperson und der voraussichtlichen Dauer der Herstellung des Netzzugangs – zu antworten. Bei Vorliegen der den Mindestangaben gemäß Anlage 1 der Gas-Marktmodell-Verordnung 2012 entsprechenden Informationen, ist der Antrag als vollständig zu betrachten. Für die Beantwortung des Begehrens auf Netzzugang für bereits hergestellte Netzanschlüsse gilt die Frist gemäß § 3 Abs. 5 Wechselverordnung Gas 2012, BGBl. II Nr. 196/2012 sinngemäß.

(2) Sollten die Angaben des Netzzugangsberechtigten für die Beantwortung durch den Verteilernetzbetreiber nicht ausreichen, hat dieser die benötigten weiteren Angaben umgehend vom Netzzugangsberechtigten anzufordern.

(3) Nach Annahme des Antrages auf Netzzugang durch den Verteilernetzbetreiber hat dieser den Netzzugangsvertrag umgehend dem Netzzugangsberechtigten zu übermitteln.

(4) Bei inaktivem Anschluss und Vorlage eines Netzzugangsvertrages sowie eines Nachweises über die ordnungsgemäße Errichtung und Instandhaltung der gastechnischen Anlage sind der Einbau eines Gaszählers und die Zuweisung eines standardisierten Lastprofils innerhalb der folgenden Fristen vorzunehmen:

1. fünf Arbeitstage für Balgengaszähler G 2,5 – G 6;
2. zehn Arbeitstage für sonstige Balgengaszähler;
3. zwanzig Arbeitstage für Lastprofilzähler und Mengenumwerter.

Ersetzt ein intelligentes Messgerät eines der in den Z 1 bis 3 genannten Messgeräte, so kommen diese Fristen zur Anwendung.

(5) Ist eine Messeinrichtung bei Netzbenutzern mit Standardlastprofil vorhanden, hat der Verteilernetzbetreiber die Anlage innerhalb von zwei Arbeitstagen in Betrieb zu nehmen. Beruft sich ein Netzbenutzer auf die Grundversorgung gemäß § 124 GWG 2011, verkürzt sich diese Frist auf einen Arbeitstag.

Netzrechnungslegung

§ 6. (1) Der Verteilernetzbetreiber hat die Fristen des § 16 Abs. 1 Gas-Systemnutzungsentgelte-Verordnung 2013, BGBl. II Nr. 478/2012, einzuhalten.

(2) Netzrechnungen werden vom Verteilernetzbetreiber in seinem Abrechnungssystems binnen

zwei Arbeitstagen ab Einlangen des Ansuchens um Rechnungskorrektur korrigiert und in korrigierter Form dem Netzbenutzer umgehend übermittelt, sofern dem Verteilernetzbetreiber alle für die Durchführung der Rechnungskorrektur erforderlichen Informationen vorliegen.

(3) Sollten die Angaben für die Bearbeitung des Ansuchens um Rechnungskorrektur durch den Verteilernetzbetreiber nicht ausreichen, hat dieser die benötigten weiteren Angaben umgehend vom Netzbenutzer anzufordern.

(4) Nach Vollziehung des Versorgerwechsels oder Beendigung des Vertragsverhältnisses und nach Vorliegen der vom Netzbenutzer für die Rechnungserstellung zu liefernden Daten ist vom Verteilernetzbetreiber innerhalb von sechs Wochen eine Zwischen- bzw. Endabrechnung durchzuführen und dem Netzbenutzer umgehend zu übermitteln. Der Verteilernetzbetreiber hat die Rechnung für die Netznutzung innerhalb von drei Wochen an den bisherigen Versorger zu übermitteln, sofern der bisherige Versorger auch die Rechnung für Netznutzung legt.

Abschaltung und Wiederherstellung des Netzzugangs

§ 7. (1) Der Verteilernetzbetreiber ist verpflichtet, dem Netzbenutzer die Wiederherstellung des Netzzugangs nach Abschaltung in Folge von Zahlungsverzug spätestens am nächsten Arbeitstag nach durch den Netzbenutzer nachgewiesener Einzahlung der offenen Forderung oder einer allfälligen Sicherheitsleistung oder Vorauszahlung unter Beachtung der Bestimmungen der §§ 124 und 127 Abs. 3 und 5 GWG 2011 sowie unter der Voraussetzung eines aufrechten Erdgasliefervertrags anzubieten und durchzuführen.

(2) Dem Netzbenutzer ist vom Verteilernetzbetreiber die Möglichkeit zur Barzahlung offener Forderungen sowie einer allfälligen Sicherheitsleistung oder Vorauszahlung zumindest innerhalb der allgemeinen Geschäftszeiten einzuräumen. Für die Inanspruchnahme der Barzahlungsmöglichkeit dürfen dem Netzbenutzer keine Kosten verrechnet werden.

(3) Abschaltungen in Folge von Zahlungsverzug dürfen nicht am letzten Arbeitstag vor Wochenenden oder gesetzlichen Feiertagen vorgenommen werden.

Störfälle und Versorgungsunterbrechungen

§ 8. (1) Bei geplanten Versorgungsunterbrechungen und Einschränkungen der Einspeisemöglichkeit sind die betroffenen Netzbenutzer sowie deren Versorger mindestens fünf Tage vor Beginn in geeigneter Weise zu verständigen und über die voraussichtliche Dauer der Versorgungsunterbrechung oder der Einschränkung der Einspeisemöglichkeit zu informieren. Ist das Einvernehmen mit dem Netzbenutzer im Einzelfall hergestellt, kann die Benachrichtigung auch kurzfristiger erfolgen.

(2) Bei Auftreten eines Störfalles, welcher zu einer Beeinträchtigung der Versorgung beziehungsweise der Einspeisemöglichkeit führt, ist vom Netzbetreiber unverzüglich mit der Behandlung zu beginnen, sind die unbedingt erforderlichen Arbeiten ehestmöglich zu beenden und die betroffenen Netzbenutzer über die voraussichtliche oder tatsächliche Dauer des Störfalles in geeigneter Weise zu informieren.

(3) Für die Behebung von im Netz des Netzbetreibers auftretenden Störfällen und für Maßnahmen zur Beseitigung von Gefahren in gastechnischen Anlagen im Rahmen seiner gesetzlichen Verpflichtungen hat der Netzbetreiber einen 24-Stunden Notdienst sicherzustellen, der im Störfall Maßnahmen zur Gefahrenabwehr bzw. zur Wiederaufnahme der Versorgung einleitet.

Datenübermittlung, -bereitstellung und -sicherheit

§ 8a. (1) Der Verteilernetzbetreiber hat sämtliche in den Marktregeln vorgesehenen Datenübermittlungen und –bereitstellungen in der jeweils vorgesehenen Art und Weise durchzuführen.

(2) Der Verteilernetzbetreiber hat sämtliche Prozesse, insbesondere in Bezug auf die von ihm eingesetzte Informationstechnik, gegen unberechtigten Zugriff und Manipulation gemäß dem Stand der Technik abzusichern. Dies gilt insbesondere für alle Prozesse im Zusammenhang mit dem Einsatz intelligenter Messgeräte.

Ermittlung des Zählerstandes

§ 9. (1) Der Verteilernetzbetreiber hat allen Netzbenutzern eine zuverlässige, den gesetzlichen Bestimmungen entsprechende Erfassung der Verbrauchswerte durch die dem Netzbenutzer zugeordneten Messgeräte zu gewährleisten.

(1a) Die Ablesung der Messeinrichtungen ist vom Verteilernetzbetreiber rechtzeitig, mindestens jedoch vierzehn Tage im Voraus, schriftlich anzukündigen, wenn die Anwesenheit des Netzbenutzers an Ort und Stelle erforderlich ist.

(2) Erfolgt die Ablesung unangekündigt und in Abwesenheit des Netzbenutzers, ist dieser über die durchgeführte Ablesung umgehend in geeigneter Weise zu informieren. Der Verteilernetzbetreiber hat den abgelesenen Zählerstand innerhalb von fünf Arbeitstagen unter den Daten gemäß § 11 Abs. 6 Z 9 einzutragen.

(3) Dem Netzbenutzer ist vom Verteilernetzbetreiber bei Selbstablesung jederzeit die Möglichkeit einzuräumen, den Zählerstand auch in elektronischer Form zu übermitteln.

Termineinhaltung

§ 10. Verteilernetzbetreiber haben mit dem Netzbenutzer für Termine, insbesondere für die Durchführung von Reparaturen und Wartungen sowie Ablesungen, bei denen die Anwesenheit des Netzbenutzers an Ort und Stelle erforderlich ist, Zeitfenster von zwei Stunden zu vereinbaren, wobei auf Terminwünsche des Netzbenutzers einzugehen ist.

Kundeninformation und Beschwerdemanagement

§ 11. (1) Die österreichweite Gasnotrufnummer „128" ist standardmäßig vom Verteilernetzbetreiber auf allen an den Netzbenutzer gerichteten Schriftstücken sowie auf der Startseite der Internetpräsenz des Verteilernetzbetreibers deutlich sichtbar zu veröffentlichen.

(2) Der Verteilernetzbetreiber hat dem Netzbenutzer regelmäßig Informationen zu Verhaltensregeln bei Gasgeruch und in Bezug auf die Gasnotrufnummer zu übermitteln sowie auf der Internetpräsenz des Verteilernetzbetreibers übersichtlich und leicht auffindbar zur Verfügung zu stellen.

(3) Der Verteilernetzbetreiber hat die Einbringung von Anfragen und Beschwerden jedenfalls schriftlich und telefonisch zu ermöglichen und den Netzbenutzer darüber zu informieren. Als Mindeststandard muss die Erreichbarkeit des Verteilernetzbetreibers über eine Kundenhotline innerhalb der allgemeinen Geschäftszeiten gewährleistet sein.

(4) Anfragen und Beschwerden von Netzbenutzern an den Verteilernetzbetreiber sind von diesem binnen fünf Arbeitstagen ab Einlangen zu beantworten, und dabei abschließend zu erledigen. Ist eine Erledigung innerhalb dieser Frist nicht möglich, so hat die Beantwortung zumindest über die weitere Vorgangsweise, die voraussichtliche Bearbeitungsdauer sowie die Kontaktdaten einer Ansprechperson zu informieren.

(5) Im Falle einer Beschwerde ist der Netzbenutzer vom Verteilernetzbetreiber über die Möglichkeit der Einleitung und die Modalitäten eines Schlichtungsverfahrens gemäß § 26 E-ControlG zu informieren.

(6) Der Verteilernetzbetreiber ist verpflichtet, dem Netzbenutzer online die folgenden verrechnungsrelevanten Daten übersichtlich zur Verfügung zu stellen oder die Anforderung dieser Daten über ein Kontaktformular auf der Internetpräsenz des Verteilernetzbetreibers zu ermöglichen und diese binnen fünf Arbeitstagen elektronisch beziehungsweise auf Wunsch des Netzbenutzers auf dem Postweg zu übermitteln. Zusätzlich ist dem Netzbenutzer die Möglichkeit einzuräumen, die Übermittlung dieser Daten schriftlich oder fernmündlich anzufragen.

1. Name und Vorname bzw. Firma und Adresse des Netzbenutzers;
2. Anlageadresse;
3. einheitliche und eindeutige Zählpunktbezeichnung;
4. Kennung/Identifikationsnummer der Bilanzgruppe;
5. Kennung/Identifikationsnummer des Versorgers;
6. Zähler, Mengenumwerter, Lastprofilzähler, intelligentes Messgerät (inkl. Seriennummer);
7. Zugeordneter Lastprofiltyp (sofern anwendbar);
8. Verbrauch und verrechnete Leistung der letzten drei Abrechnungsjahre;
9. Zählerstände, die in den letzten drei Abrechnungsjahren zu Abgrenzungen durch den Verteilernetzbetreiber herangezogen wurden;
10. Zugrunde gelegte Parameter zur Umrechnung von m³ (Gasmenge im Betriebszustand) in kWh (Normvolumen) wie zugrunde gelegte Höhe, Zählereinbauort, Verrechnungsbrennwert sowie Umrechnungsfaktor;
11. Art des Endverbrauchers (sofern zugeordnet), gemäß Anlage 1 der Gas-Marktmodell-Verordnung 2012;
12. Netzebene;
13. Zeitpunkt der voraussichtlich nächsten Abrechnung.

(7) Der Verteilernetzbetreiber ist verpflichtet, dem Netzbenutzer online einen direkten Verweis auf das Kontaktformular zur Einholung von Informationen zu den verrechnungsrelevanten Daten des Netzbenutzers gemäß Abs. 6 anzugeben.

(8) Der Verteilernetzbetreiber hat den Netzbenutzer in geeigneter Weise, zumindest auf dem der Rechnung gemäß § 127 Abs. 1 GWG 2011 beizulegenden Informationsblatt, über die Möglichkeit der Selbstablesung bei Änderungen des Energiepreises bzw. der Systemnutzungsentgelte sowie beim Versorgerwechsel zu informieren.

(9) Der Verteilernetzbetreiber ist verpflichtet, dem Netzbenutzer einmal jährlich in geeigneter Weise Informationen über die Standards gemäß § 4 bis § 13 zu übermitteln.

(10) Der Verteilernetzbetreiber hat den Netzbenutzer schriftlich und zeitnah über den Einbau eines intelligenten Messgeräts gemäß § 128 Abs. 1 GWG 2011 und die damit verbundenen Rahmenbedingungen, insbesondere im Hinblick auf Datenschutz sowie Bereitstellung und Übermittlung der Informationen gemäß § 129 GWG 2011 zu informieren.

Sicherheit und Zuverlässigkeit des Netzbetriebs

§ 13. Der Netzbetreiber hat die Regeln der Technik zur Sicherstellung eines sicheren und zuverlässigen Gasnetzbetriebes iSd § 133 iVm § 7 Z 53 GWG 2011 einzuhalten. Die Einhaltung dieser Regeln der Technik ist durch Zertifizierung durch eine nach dem Akkreditierungsgesetz, BGBl. Nr. 468/1992, akkreditierte Prüf-, Überwachungs- oder Zertifizierungsstelle oder durch gleichwertige Nachweisführung gegenüber der Regulierungsbehörde nachzuweisen.

3. Abschnitt
Kennzahlen

Überwachung der Einhaltung der Standards

§ 14. (1) Zur Überwachung der Einhaltung der im 2. Abschnitt definierten Standards sind folgende Kennzahlen von Verteilernetzbetreibern sowie, sofern anwendbar, von Fernleitungsnetzbetreibern zu erheben, jährlich zum 31. März für das vorangegangene Kalenderjahr an die Regulierungsbehörde zu übermitteln sowie in geeigneter Weise, jedenfalls aber auf der Internetpräsenz des Netzbetreibers, von jedem Netzbetreiber individuell zu veröffentlichen.

1. Anteil (in %) der Nichteinhaltung der in § 4 bis § 13 genannten Standards sowie Angabe von Gründen;
2. Anzahl der vollständigen Anträge auf Netzzutritt unter Angabe der Bearbeitungsdauer getrennt nach Netzebenen sowie, sofern zugeordnet, Art des Endverbrauchers gemäß Anlage 1 der Gas-Marktmodell-Verordnung 2012;
3. Anzahl der Anträge auf Netzzugang unter Angabe der Bearbeitungsdauer getrennt nach Netzebenen und, sofern zugeordnet, Art des Endverbrauchers gemäß Anlage 1 der Gas-Marktmodell-Verordnung 2012, sowie Art des Anschlusses (aktiv, inaktiv, neu);
4. Anzahl der Anfragen für Kostenvoranschläge gemäß § 4 Abs. 1 unter Angabe der Bearbeitungsdauer aufgeschlüsselt nach Netzebenen sowie, sofern zugeordnet, Art des Endverbrauchers gemäß Anlage 1 der Gas-Marktmodell-Verordnung 2012 und Art des Kostenvoranschlags (pauschaliert, kostenorientiert);
5. Anzahl der durchgeführten Netzrechnungskorrekturen mit Bearbeitungsdauer aufgeschlüsselt nach Gründen;
6. Anteil (in %) der korrigierten Rechnungen bezogen auf die Gesamtzahl der gelegten Rechnungen;
7. Für jede Versorgungsunterbrechung und Einschränkung der Einspeisemöglichkeit: Dauer in Minuten, Anzahl der betroffenen Netzbenutzer und Anteil dieser an der Gesamtzahl der Netzbenutzer getrennt nach Netzebenen, geplantem/ungeplantem Ereignis, Ursache;
8. Anzahl und Gesamtdauer der Versorgungsunterbrechungen und Einschränkungen der Einspeisemöglichkeit, getrennt nach geplanten und ungeplanten Ereignissen und Netzebenen.

(2) Sämtliche Daten, die zur Berechnung der in Abs. 1 aufgelisteten Kennzahlen notwendig sind, hat der Verteilernetzbetreiber für einen Zeitraum von sieben Jahren aufzubewahren und der Regulierungsbehörde auf Nachfrage zu übermitteln.

4. Abschnitt
Inkrafttreten und Übergangsbestimmungen

Inkrafttreten

§ 15. (1) Diese Verordnung tritt mit 1. Jänner 2013 in Kraft, soweit § 16 nichts anderes bestimmt.

(2) § 2 Abs. 5, § 4 Abs. 4, § 5 Abs, 4, § 5 Abs. 1, 5, § 6 Abs. 1 und 4, § 7 Abs. 1, § 8a, § 9 Abs. 1 bis 3, § 11 Abs. 3, 4, 6, 7, 8 und 10, § 14, § 16 Abs. 1 in der Fassung der Verordnung BGBl. II Nr. 271/2013 treten mit 1. Jänner 2014 in Kraft. § 12 in der Fassung der Verordnung BGBl. II Nr. 172/2012 tritt mit Kundmachung dieser Verordnung außer Kraft.

Übergangsbestimmung

§ 16. (1) Netzbetreiber haben der Verpflichtung zur Veröffentlichung und Übermittlung an die Regulierungsbehörde gemäß § 14 erstmals bis zum 31. März 2014 auf Basis der im Kalenderjahr 2013 erhobenen Kennzahlen gemäß der Vorgaben der Fassung der Verordnung BGBl. II Nr. 172/2012 nachzukommen. Die Kennzahlen für das Kalenderjahr 2014, die bis zum 31. März 2015 veröffentlicht und übermittelt werden müssen, sind gemäß den Vorgaben der Fassung der Verordnung BGBl. II Nr. 271/2013 zu erstellen.

(2) Die Verpflichtung, Daten der letzten drei Abrechnungsjahre gemäß § 11 Abs. 6 Z 8 und 9 zur Verfügung zu stellen, tritt in vollem Umfang erst per 1. Jänner 2015 in Kraft. Im Jahr 2013 besteht diese Verpflichtung für die Daten aus dem Jahr 2012 und im Jahr 2014 für jene aus den Jahren 2012 und 2013.

22. Gas-Marktmodell-Verordnung 2020

Verordnung des Vorstands der E-Control zu Regelungen zum Gas-Marktmodell

StF: BGBl. II Nr. 425/2019

Letzte Novellierung: BGBl. II Nr. 357/2022

Auf Grund des § 41 Abs. 1, 3 und 4 des Gaswirtschaftsgesetzes 2011 (GWG 2011), BGBl. I Nr. 107/2011, zuletzt geändert durch das Bundesgesetz BGBl. I Nr. 108/2017, sowie die Verordnung (EU) Nr. 312/2014 zur Festlegung eines Netzkodex für die Gasbilanzierung in Fernleitungsnetzen, iVm § 7 Abs. 1 Energie-Control-Gesetz – E-ControlG, BGBl. I Nr. 110/2010, zuletzt geändert durch das Bundesgesetz BGBl. I Nr. 108/2017, wird verordnet:

GLIEDERUNG

1. Teil
Grundsätze
Anwendungsbereich

§ 1. Diese Verordnung trifft Festlegungen für den Netzzugang, das Kapazitäts- und Engpassmanagement sowie das Bilanzierungssystem in den Marktgebieten Ost, Tirol und Vorarlberg.

Begriffsbestimmungen

§ 2.
(1) Es gelten die Begriffsbestimmungen gemäß § 7 GWG 2011, § 2 Gas-Systemnutzungsentgelte-Verordnung 2013, BGBl. II Nr. 309/2012, zuletzt geändert durch die Verordnung BGBl. II Nr. 355/2018, und Art. 2 der Verordnung (EG) Nr. 715/2009 über die Bedingungen für den Zugang zu den Erdgasfernleitungsnetzen und zur Aufhebung der Verordnung (EG) Nr. 1775/2005, ABl. Nr. L 211 vom 14.08.2009 S. 36, sowie Art. 3 der Verordnung (EU) Nr. 2017/459 und Art. 3 der Verordnung (EU) Nr. 312/2014.

(2) Im Sinne dieser Verordnung bezeichnet ergänzend der Ausdruck

1. „Bilanzierungsperiode“ den Zeitraum, in dem für Netzbenutzer je Ein- oder Ausspeise- bzw. Zählpunkt die Abweichung zwischen Aufbringung und Abgabe ermittelt wird;
2. „Bilanzierungsstelle“ jenes Unternehmen, welches gemäß § 170a GWG 2011 in Verbindung mit § 85 GWG 2011 als Bilanzgruppenkoordinator eines jeweiligen Marktgebiets rechtskräftig ernannt wurde und die Bilanzierungsaufgaben des Bilanzgruppenkoordinators gemäß § 87 GWG 2011 sowie die integrierte Marktgebietsbilanzierung in den Marktgebieten Ost, Tirol bzw. Vorarlberg durchführt bzw., bis zu dem Zeitpunkt der rechtskräftigen Ernennung, der bestehende Konzessionsinhaber; *(Anm.: Anweisung BGBl. II Nr. 179/2022 Z1 lautet: „§2 Abs. 1 Z2 lautet:...“ offensichtlich richtig „§2 Abs. 2 Z2 lautet:...“)*
3. „Buchung“ den Abschluss eines Netzzugangsvertrages an einem Buchungspunkt;
4. „Buchungspunkt“ ein im Marktgebiet befindlicher und buchbarer Ein- oder Ausspeisepunkt;
5. „erneuerbare Gase“ biogene Gase bzw. sonstige erneuerbare Gase gemäß § 7 Abs. 4 GWG 2011 sowie der Gaskennzeichnungsverordnung;
6. „feste Kapazität“ eine Kapazität auf garantierter Basis, unterbrechbar nur im Falle von höherer Gewalt und geplanten Wartungsmaßnahmen;
7. „frei zuordenbare Kapazität“ eine Kapazität, die feste Transporte im gesamten Marktgebiet ermöglicht und festen Zugang zum Virtuellen Handelspunkt bietet;
8. „Gastag“ den Zeitraum, der um 6.00 Uhr eines Kalendertages beginnt und um 6.00 Uhr des darauf folgenden Kalendertages endet;
9. „Grenzkopplungspunkt“ einen Netzkopplungspunkt an der Marktgebietsgrenze zu einem anderen Marktgebiet;
10. „Lastflusszusage“ eine vertragliche Vereinbarung eines Netzbetreibers oder des Marktgebiets- und Verteilergebietsmanagers mit einem Netzbenutzer, der dem Netzbetreiber oder dem Marktgebiets- und Verteilergebietsmanager bestimmte Lastflüsse zusichert, und die geeignet und erforderlich ist, die Ausweisbarkeit der frei zuordenbaren Ein- und Ausspeisekapazitäten zu erhöhen;
11. „Marktgebiets- und Verteilergebietsmanager (MVGM)“ jenes Unternehmen, welches die Aufgaben des Marktgebietsmanagers für das Marktgebiet Ost gemäß § 14 GWG 2011 und des Verteilergebietsmanagers gemäß § 18 GWG 2011 durchführt;

12. „Online-Plattform“ die Plattform gemäß § 39 Abs. 2 und 3 GWG 2011;
13. „physikalische Ausgleichsenergie“ die vom MVGM tatsächlich abgerufene Ausgleichsenergiemenge;
14. „SLP-Kunde“ ein Endverbraucher, dem vom jeweiligen Verteilernetzbetreiber gemäß § 3 der Lastprofilverordnung, BGBl. I Nr. 338/2018, ein standardisiertes Lastprofil (SLP) zugeordnet ist;
15. „Sub-Bilanzkonto“ ein Konto, das einer Bilanzgruppe zugeordnet ist und die Zuordnung von Ein- und Ausspeisekapazität zu Netzbenutzern und/oder die übersichtliche Darstellung von Ein- und Ausspeisemengen ermöglicht;
16. „Netzgebiet“ das gesamte Gebiet, das von einem Netzbetreiber betrieben wird. Das Netzgebiet muss räumlich nicht zusammenhängen;
17. „Verordnung (EU) Nr. 2017/459“ die Verordnung (EU) Nr. 2017/459 zur Festlegung eines Netzkodex über Mechanismen für die Kapazitätszuweisung in Fernleitungsnetzen, ABl. Nr. L 72 vom 17.03.2017 S. 1;
18. „Verordnung (EU) Nr. 312/2014“ die Verordnung (EU) Nr. 312/2014 zur Festlegung eines Netzkodex für die Gasbilanzierung in Fernleitungsnetzen, ABl. Nr. L 91 vom 27.03.2014 S. 15;
19. „Verordnung (EU) Nr. 703/2015“ die Verordnung (EU) Nr. 2015/703 zur Festlegung eines Netzkodex mit Vorschriften für die Interoperabilität und den Datenaustausch, ABl. Nr. L 113 vom 01.05.2015 S. 13.

Regeln der Technik

§ 3. Für den Netzzugang, den Betrieb der Netze sowie die Ermittlung von Energiemengen im Marktgebiet sind die einschlägigen Regeln der Technik (§ 7 Abs. 1 Z 53 GWG 2011) gemäß Anlage 2 einzuhalten.

2. Teil
Netzzugang
1. Abschnitt
Allgemeine Regelungen zum Netzzugang im Fernleitungsnetz

Kapazitätsangebot

§ 4. (1) Fernleitungsnetzbetreiber bieten feste Kapazität grundsätzlich als frei zuordenbare Kapazität an.

(2) Der MVGM hat in Zusammenarbeit mit den Fernleitungsnetzbetreibern für das Gesamtsystem wirtschaftlich zumutbare Maßnahmen zur Erhöhung der ausweisbaren festen frei zuordenbaren Kapazität gemäß § 35 Abs. 1 GWG 2011 in der nachstehenden Reihenfolge zu prüfen und erforderlichenfalls zu koordinieren:

1. vertragliche Vereinbarungen mit einem Netzbenutzer, der bestimmte Lastflüsse zusichert (Lastflusszusagen);
2. das Angebot von Ein- und Ausspeisekapazitäten, die abweichend von Abs. 1 mit bestimmten Zuordnungsauflagen verknüpft sind.

(3) Dienstleistungen nach Abs. 2 sind in diskriminierungsfreien und transparenten Verfahren unter angemessenen Bedingungen abzuwickeln. Ergibt die Prüfung, dass wirtschaftlich zumutbare Maßnahmen nach Abs. 2 möglich und geeignet sind, das Angebot fester frei zuordenbarer Kapazitäten zu erhöhen, sind sie von den Fernleitungsnetzbetreibern in Zusammenarbeit mit dem MVGM gemäß Abs. 2 zu ergreifen. Bei der Prüfung wirtschaftlich zumutbarer Maßnahmen zur Erhöhung des Angebots frei zuordenbarer Kapazitäten haben der MVGM und die Fernleitungsnetzbetreiber mit dem Ziel zusammenzuarbeiten, die Anwendung von Maßnahmen nach Abs. 2 möglichst gering zu halten. Die gemäß Abs. 1 bis 3 ermittelte Höhe der ausweisbaren Kapazitäten ist der Regulierungsbehörde von den Fernleitungsnetzbetreibern vor der Kapazitätszuweisung gemäß § 5 und § 8 anzuzeigen.

Kapazitätszuweisung

§ 5. (1) Fernleitungsnetzbetreiber haben feste und unterbrechbare Ein- und Ausspeisekapazität über eine Buchungsplattform gemäß Art. 37 der Verordnung (EU) Nr. 2017/459 zu versteigern.

(2) Fernleitungsnetzbetreiber können unterbrechbare Kapazität differenziert nach Klassen, die die Unterbrechungswahrscheinlichkeit reflektieren, vergeben.

(3) Um das Angebot an gebündelter Kapazität zu maximieren, können Fernleitungsnetzbetreiber gebündelte Kapazität auch mit Zuordnungsauflagen anbieten.

Kapazitätsumwandlung

§ 6. (1) Fernleitungsnetzbetreiber bieten Netzbenutzern, die nicht korrespondierende ungebündelte feste Ein- oder Ausspeisekapazität an einer Seite eines Buchungspunktes halten, einen unentgeltlichen Kapazitätsumwandlungsdienst gemäß Art. 21 Abs. 3 der Verordnung (EU) Nr. 2017/459 an. Ein solcher Kapazitätsumwandlungsdienst gilt an jenem Buchungspunkt, an dem der Netzbenutzer Jahres-, Quartals- oder Monats-Kapazitätsprodukte für gebündelte frei zuordenbare Ein- oder Ausspeisekapazität kaufen musste, weil an der anderen Seite des Buchungspunkts keine ausreichende ungebündelte Ein- oder Ausspeisekapazität von einem benachbarten Fernleitungsnetzbetreiber angeboten wurde.

(2) Durch den Kapazitätsumwandlungsdienst wird es Netzbenutzern ermöglicht, jenen Teil der gebündelt erworbenen frei zuordenbaren Ein- oder Ausspeisekapazität an den Fernleitungsnetzbetreiber zurück zu übertragen, welcher doppelt gekauft wurde. Hierbei wird den Netzbenutzern

das Entgelt für die doppelt gekaufte, gebündelt erworbene frei zuordenbare Ein- oder Ausspeisekapazität nicht verrechnet. Auktionsaufschläge, die bei der Buchung der doppelt gekauften, gebündelt erworbenen frei zuordenbaren Ein- oder Ausspeisekapazität zur Anwendung kamen sowie eine positive Tarifdifferenz im Falle einer Höherwertigkeit der doppelt gekauften Ein- oder Ausspeisekapazität sind jedoch weiterhin von den Netzbenutzern, welche den Kapazitätsumwandlungsdienst nutzen, zu entrichten.

(3) Netzbenutzer haben spätestens fünf Arbeitstage nach der gebündelten Buchung von frei zuordenbarer Ein- oder Ausspeisekapazität dem Fernleitungsnetzbetreiber die Inanspruchnahme des Kapazitätsumwandlungsdienstes anzuzeigen. Die Fernleitungsnetzbetreiber veröffentlichen zu diesem Zweck ein Standardformular auf ihrer Website. Die Fernleitungsnetzbetreiber haben spätestens drei Arbeitstage nach Erhalt der Anzeige des Netzbenutzers die Inanspruchnahme des Kapazitätsumwandlungsdiensts zu bestätigen.

(4) Wird neu zu schaffende Kapazität in Angebotsstufen (Offer Levels) im Rahmen von Auktionen gemäß Art. 29 und Art. 30 der Verordnung (EU) Nr. 2017/459 angeboten, kann die Möglichkeit zur Inanspruchnahme des Kapazitätsumwandlungsdienstes für diese Auktionen vom Fernleitungsnetzbetreiber ausgeschlossen werden, wenn zu erwarten ist, dass durch Inanspruchnahme ein positives Ergebnis der Wirtschaftlichkeitsprüfung nachträglich zu einem negativen Ergebnis führen könnte. Die Fernleitungsnetzbetreiber haben der Regulierungsbehörde den Ausschluss der Möglichkeit zur Inanspruchnahme des Kapazitätsumwandlungsdienstes mindestens vier Wochen vor Veröffentlichung der Auktion anzuzeigen.

(5) Der Kapazitätsumwandlungsdienst kann nur für jene Verträge über nicht korrespondierende ungebündelte feste Ein- oder Ausspeisekapazität in Anspruch genommen werden, die vor dem Inkrafttreten der GMMO-VO Novelle 2017, BGBl. II Nr. 236/2017, abgeschlossen wurden.

Sonderregelungen für virtuelle Grenzkopplungspunkte

§ 7. (1) Konzepte zur Umsetzung von virtuellen Grenzkopplungspunkten gemäß Art. 19 der Verordnung (EU) Nr. 2017/459 sind vor der Implementierung mit Marktteilnehmern zu konsultieren und von den Netzbetreibern der Regulierungsbehörde anzuzeigen.

(2) Sofern für einen betroffenen Grenzkopplungspunkt ein virtueller Grenzkopplungspunkt eingerichtet wurde, bieten Netzbetreiber verfügbare Kapazität an diesem Grenzkopplungspunkt ausschließlich am virtuellen Grenzkopplungspunkt an.

Nominierungs- und Renominierungsregeln

§ 8. (1) Der Bilanzgruppenverantwortliche, dessen Bilanzgruppe die Kapazitäten vom Netzbenutzer gemäß § 9 zugeordnet wurden, ist für die Nominierungen und Renominierungen seiner Bilanzgruppe verantwortlich.

(2) Der Bilanzgruppenverantwortliche nominiert die zu transportierenden Gasmengen im Rahmen der Nutzung fester Kapazität an einem Buchungspunkt bis 14.00 Uhr des Tages vor dem Liefertag. Langt bis zu diesem Zeitpunkt keine Nominierung beim Fernleitungsnetzbetreiber ein, gilt Null als nominierter Wert.

(3) Der nominierende Bilanzgruppenverantwortliche kann seine ursprüngliche Nominierung mit mindestens zweistündiger Vorlaufzeit zur vollen Stunde durch eine Renominierung ersetzen.

(4) Die Nominierungen und Renominierungen der Bilanzgruppenverantwortlichen sind vom Fernleitungsnetzbetreiber zuerst den festen und dann den unterbrechbaren Kapazitätsprodukten zuzuordnen. Diese Zuordnungen und die Prüfungen gemäß § 16 Abs. 1 und 4 erfolgen auf Stundenbasis.

(5) Die Nominierung muss für jede Flussrichtung einzeln abgegeben werden. Die Nominierung von gebündelter Kapazität erfolgt gemäß Art. 19 Abs. 7 der Verordnung (EU) Nr. 2017/459.

(6) Die vergebenen Day Ahead-Kapazitäten sind bis 20.00 Uhr für den nächsten Tag zu nominieren.

Zuordnung von Kapazitäten zu Bilanzgruppen

§ 9. (1) Voraussetzung für die Nominierung von Kapazitäten an Ein- oder Ausspeisepunkten im Marktgebiet ist die rechtzeitige Zuordnung der an diesen Punkten gebuchten Kapazitäten zu Bilanzgruppen. Die gesamten gebuchten Kapazitäten an Ein- und Ausspeisepunkten an den Marktgebietsgrenzen werden vom Netzbenutzer gegenüber dem Netzbetreiber auf Grundlage des zwischen diesen abgeschlossenen Ein- bzw. Ausspeisevertrages unter Angabe der Identifikationsnummer der Bilanzgruppe zugeordnet. Der Netzbenutzer kann gebuchte Kapazitäten ihrer Höhe nach aufteilen und diese Teile unterschiedlichen Bilanzgruppen sowie unterschiedlichen Sub-Bilanzkonten zuordnen. Der Netzbenutzer muss gemäß § 19 Abs. 2 Bilanzgruppenverantwortlicher oder unmittelbares Bilanzgruppenmitglied jener Bilanzgruppe sein, der er Kapazität zuordnet.

(2) Kurzfristig gebuchte Kapazitäten (Tages-Standardkapazitätsprodukte und untertägige Standardkapazitätsprodukte gemäß Art. 9 Abs. 5 und 6 der Verordnung (EU) Nr. 2017/459) sind unverzüglich in Bilanzgruppen einzubringen.

(3) Für Zwecke der Verrechnung des mengenbasiertes Netznutzungsentgelts gemäß § 2 Abs. 1 Z 8a GSNE-VO 2013 durch den Fernleitungsnetzbetreiber an den Netzbenutzer kann jedes Bilanzgruppenmitglied seine Nominierungen für Ein- und Ausspeisemengen je Ein- und Ausspeisepunkt einem Sub-Bilanzkonto jener Bilanzgruppe

zuzuordnen, dessen Mitglied er ist. Erfolgt diese Zuordnung nicht, verrechnet der Fernleitungsnetzbetreiber das mengenbasierte Entgelt anteilig im Verhältnis der in diese Bilanzgruppe eingebrachten Kapazitäten an die jeweiligen Netzbenutzer.

Sonderregelungen zum Netzzugang im Fernleitungsnetz

§ 10. (1) § 5 bis § 9 sowie § 16 und § 17 werden nicht angewendet auf Ausspeisekapazitäten zur Ausspeisung aus den Fernleitungsnetzen zu den Verteilernetzen im Marktgebiet, zu Speicheranlagen und Endverbrauchern sowie auf Einspeisekapazitäten zur Einspeisung in das Fernleitungsnetz aus Speicher- und Produktions- sowie Erzeugungsanlagen. Diese Kapazitäten werden in der zeitlichen Reihenfolge der Anfragen vergeben. Sie sind jeweils vom angeschlossenen Speicherunternehmen, Endverbraucher, Produzenten, MVGM oder vom Erzeuger erneuerbarer Gase zu buchen.

(2) Für den Netzzugang im Fernleitungsnetz für Endverbraucher gelten §§ 11 und 12 sinngemäß.

2. Abschnitt
Allgemeine Regelungen zum Netzzugang im Verteilernetz

Netzzugangsantrag und Kapazitätserweiterung

§ 11. (1) Der Netzzugang im Verteilernetz richtet sich nach den Bestimmungen der §§ 27 ff GWG 2011. Ein Netzzugangsantrag hat zumindest die in Anlage 1 angeführten Angaben zu enthalten. In Netzzugangsverträgen kann als Beginn der Netznutzung ein Zeitpunkt vereinbart werden, der maximal drei Jahre nach dem Abschluss des Netzzugangsvertrags liegt. Bei Netzzugangsverträgen, in denen vereinbart wurde, dass die Netznutzung später als drei Monate nach dem Vertragsabschluss beginnt, kann die gemäß Anlage 1 Punkt I Z 1 lit. h erforderliche Bekanntgabe des Versorgers im Rahmen der Anmeldung gemäß Wechselverordnung 2014 nachgeholt werden. In Netzzugangsverträgen, in denen vereinbart wurde, dass die Netznutzung später als drei Monate nach dem Vertragsabschluss beginnt, können nicht diskriminierende und sachliche Bedingungen zur Gewährleistung der Kapazitätsreservierung vereinbart werden; zudem ist eine angemessene Zahlung für die (teilweise) Nichtinanspruchnahme der vereinbarten Kapazität ab dem vereinbarten Beginn der Netznutzung im Ausmaß der Nichtinanspruchnahme vertraglich festzulegen. Die Bestimmungen zur Höhe, Verringerung und Absicherung der Zahlung gemäß Anlage 1 Punkt III Z 1 Abs. 4 gelten sinngemäß.

(2) Nach Annahme des Antrages auf Netzzugang durch den Verteilernetzbetreiber hat dieser den Netzzugangsvertrag umgehend dem Netzbenutzer zu übermitteln.

(3) Eine Erhöhung der vereinbarten Höchstleistung gemäß Anlage 1 Punkt I Z 1 lit. c ist unter Berücksichtigung allenfalls vereinbarter Bedingungen zu jedem Monatsersten möglich. Eine Reduktion derselben ist in diesem Fall frühestens nach zwölf Monaten, zu einem Monatsersten, nach der letzten Erhöhung zulässig. In allen anderen Fällen ist eine Reduktion der vereinbarten Höchstleistung gemäß Anlage 1 Punkt I Z 1 lit. c unter Berücksichtigung allenfalls vereinbarter Bedingungen einmal innerhalb von zwölf Monaten, zu einem Monatsersten, möglich.

(4) Anträge auf Kapazitätserweiterung gemäß § 33 Abs. 2 GWG 2011 haben dieselben Informationen wie der Netzzugangsantrag gemäß Abs. 1 zu enthalten. Die Abwicklung von Anträgen auf Kapazitätserweiterung hat den Anforderungen gemäß Anlage 1 zu entsprechen. Kapazitätserweiterungsanträge werden in der Reihenfolge ihres zeitlichen Eintreffens behandelt.

(5) Fungiert das als Verteilernetzbetreiber tätige Unternehmen gleichzeitig als Endverbraucher, dessen Anlage an das eigene Verteilernetz angeschlossen ist, so sind §§ 11 und 12 sinngemäß anzuwenden. Nicht davon betroffen sind die Eigenverbrauchsanlagen des Netzbetreibers, die dem Betrieb der Erdgasleitungsanlagen dienen.

Netzzutrittsantrag

§ 12. (1) Der Netzzugangsberechtigte hat die erstmalige Herstellung oder die Änderung des Netzanschlusses beim Verteilernetzbetreiber zu beantragen. Der Verteilernetzbetreiber ist für die betriebsbereite Erstellung der Anschlussleitung vom Netzanschlusspunkt bis zum Einspeisepunkt oder Ende des Verteilernetzes verantwortlich. Die Anschlussleitung wird vom Verteilernetzbetreiber hergestellt, instandgehalten und aufgelassen. Für die Herstellung von Anschlussleitungen gelten die in Anlage 1 festgelegten Mindestanforderungen.

(2) Der Verteilernetzbetreiber schließt die Anlage des Netzzutrittswerbers nach Maßgabe der Bestimmungen des § 59 GWG 2011 an sein Verteilernetz an.

(3) Anträge auf Netzzutritt haben die in Anlage 1 angeführten Mindestinhalte zu enthalten. Nach Annahme des Antrages auf Netzzutritt durch den Verteilernetzbetreiber hat der Verteilernetzbetreiber den Netzzutrittsvertrag unverzüglich dem Netzbenutzer zu übermitteln. Netzzutrittsverträge mit Betreibern von Speicher-, Erzeugungs- und Produktionsanlagen sind nach den Vorgaben des MVGM abzuschließen, soweit diese Verträge Auswirkungen auf die Steuerung des Verteilernetzes haben. Der Abschluss eines Netzzutrittsvertrages berechtigt den Netzzugangsberechtigten nicht zur Nutzung des Netzes.

(4) Wird die Anschlussleitung innerhalb von zehn Jahren nach erstmaliger Inbetriebnahme von

zusätzlichen Netzbenutzern in Anspruch genommen, so hat der Verteilernetzbetreiber das Netzzutrittsentgelt auf die betroffenen Netzbenutzer im Verhältnis der zum Aufteilungszeitpunkt vertraglich vereinbarten Höchstleistung neu aufzuteilen. Den sich aus der Neuaufteilung ergebenden Überhang hat der Verteilernetzbetreiber jenen Netzbenutzern zu refundieren, welche die Aufwendungen der Errichtung getragen haben, es sei denn, der Verteilernetzbetreiber hat die Aufwendungen der Anschlussleitung im Hinblick auf weitere Anschlüsse nur anteilig verrechnet.

Kapazitätsmanagement im Verteilergebiet

§ 13. (1) Der MVGM vereinbart einmal jährlich für das jeweils folgende Kalenderjahr mit dem jeweiligen Fernleitungsnetzbetreiber die an den Ausspeisepunkten des jeweiligen Fernleitungsnetzes zu den Verteilernetzen im Marktgebiet maximal in Summe zu buchende feste Kapazität im Rahmen der Kapazitätsbedürfnisse, die sich aus der genehmigten langfristigen Planung gemäß § 22 GWG 2011 ergeben. Die Fernleitungsnetzbetreiber sind verpflichtet, die zuletzt gebuchte feste Kapazität für das Folgejahr dauerhaft vorzuhalten. Eine Reduktion der jährlichen Buchung gegenüber der dauerhaft vorzuhaltenden Kapazität ist nur in jenem Umfang möglich, in dem der Netzbetreiber diese Kapazität an anderer Stelle vermarkten kann.

(2) An der Schnittstelle zwischen Fernleitungsnetz und Verteilernetz im Marktgebiet werden keine Kapazitätsverwaltung und kein Engpassmanagement auf Bilanzgruppenebene durchgeführt.

(3) Für den Netzzugang an Grenzkopplungspunkten im Verteilernetz gilt § 17 sinngemäß. Der MVGM ist für das Angebot und die Zuweisung der Ein- und Ausspeisekapazitäten im Verteilergebiet an der Marktgebietsgrenze verantwortlich. Kapazitäten sind in der Reihenfolge des Eingangs der Netzzugangsanträge vom MVGM über eine Online-Plattform zu vermarkten. Implizite Kapazitätsallokationen gemäß Art. 2 Abs. 4 der Verordnung (EU) Nr. 2017/459 sind vom MVGM vorab der Regulierungsbehörde anzuzeigen.

(4) An Grenzkopplungspunkten im Verteilernetz, über die Teile des Marktgebiets ausschließlich durch ein benachbartes Marktgebiet aufgespeist werden, bucht der MVGM die erforderlichen Kapazitäten.

3. Abschnitt

Gesonderte Regelungen zum Netzzugang für Speicherunternehmen, Produzenten und Erzeuger von erneuerbaren Gasen

Gesonderte Regelungen zum Netzzugang für Speicherunternehmen

§ 14. (1) Speicherunternehmen vereinbaren einmal jährlich für das jeweils folgende Kalenderjahr mit dem Netzbetreiber, an dessen Netz die Speicheranlage angeschlossen ist (oder angeschlossen werden soll), die für die Ein- und Ausspeicherung maximal erforderliche Kapazität. Die Netzbetreiber sind verpflichtet, die zuletzt gebuchte feste Kapazität bzw. Standardkapazität für das Folgejahr dauerhaft vorzuhalten. Kommen Speicherunternehmen der Aufforderung der Netzbetreiber zur Kapazitätsbuchung nicht innerhalb der von den Netzbetreibern gesetzten angemessenen Frist nach, ist die zuletzt gebuchte Kapazität des jeweiligen Speicherunternehmens für das Folgejahr zugrunde zu legen. Eine Reduktion von mehr als zehn Prozent der jährlichen Buchung von fester Kapazität bzw. Standardkapazität gegenüber der zwischen dem Speicherunternehmen und dem Netzbetreiber für das betroffene Jahr vereinbarten festen Kapazität bzw. Standardkapazität ist nur in jenem Umfang möglich, in dem diese feste Kapazität bzw. Standardkapazität im Marktgebiet wirtschaftlich gleichwertig vermarktet werden kann. Die Reduktion der jährlichen Buchung von unterbrechbarer Kapazität gegenüber der zwischen dem Speicherunternehmen und dem Netzbetreiber für das betroffene Jahr vereinbarten unterbrechbaren Kapazität ist nicht durch die Bedingung einer wirtschaftlich gleichwertigen Vermarktung im Marktgebiet limitiert. Bei ausschließlich von einem einzelnen Speicherunternehmen initiiertem Kapazitätserweiterungsprojekt ist eine Reduktion der jährlichen Buchung nur nach Maßgabe des Kapazitätserweiterungsvertrags möglich. Eine Erhöhung der jährlichen Buchung gegenüber der bisher erforderlichen Kapazität ist im Wege des Netzzugangsantrags gemäß § 11 möglich. Kapazitätserhöhungen von bestehenden Buchungen für die Dauer von mindestens einem Monat bis zu zwei Jahren erhöhen nicht die Berechnungsgrundlage für die maximal mögliche jährliche Reduktion der Buchung, sind jedoch von den Netzbetreibern dementsprechend nicht dauerhaft vorzuhalten.

(2) Abweichend von Abs. 1 können Speicherunternehmen mit dem Netzbetreiber, an dessen Netz die Speicheranlage angeschlossen ist (oder angeschlossen werden soll), die für die Ein- und Ausspeicherung maximal erforderliche Kapazität für eine Mindestdauer von jeweils 15 Jahren vereinbaren. Die Verpflichtung zur Vorhaltung der gebuchten festen Kapazität bzw. Standardkapazität endet mit Ablauf der Vertragsdauer, wenn nicht bis drei Jahre vor Ablauf eine Vereinbarung über die danach vorzuhaltende feste Kapazität bzw. Standardkapazität getroffen wird. Eine Reduktion der Buchung gegenüber der für die Vertragsdauer vereinbarten festen Kapazität bzw. Standardkapazität ist nur in jenem Umfang möglich, in dem diese feste Kapazität bzw. Standardkapazität im Marktgebiet wirtschaftlich gleichwertig vermarktet werden kann. Bei ausschließlich von einem

einzelnen Speicherunternehmen initiierten Kapazitätserweiterungsprojekt ist eine Reduktion der Buchung nur nach Maßgabe des Kapazitätserweiterungsvertrags möglich. Eine Erhöhung der Buchung gegenüber der vorgehaltenen Kapazität ist im Wege des Netzzugangsantrags für die Vertragsdauer der vorgehaltenen Kapazität gemäß § 11 möglich. Kapazitätserhöhungen von bestehenden Buchungen für die Dauer von mindestens einem Monat bis zu zwei Jahren erhöhen nicht die Berechnungsgrundlage für die maximal mögliche jährliche Reduktion der Buchung, sind jedoch von den Netzbetreibern dementsprechend nicht dauerhaft vorzuhalten.

(3) Die Bestimmungen gemäß §§ 11 und 12 gelten sinngemäß auch für Speicherunternehmen, deren Speicheranlagen an ein Fernleitungsnetz angeschlossen sind.

(4) MVGM und Speicherunternehmen, deren Speicheranlagen an ein Verteilernetz angeschlossen sind, haben die für die operative Abwicklung notwendigen Rechte und Pflichten in Verträgen zu vereinbaren.

Gesonderte Regelungen zum Netzzugang für Produzenten und Erzeuger von erneuerbaren Gasen

§ 15. (1) Produzenten und Erzeuger von erneuerbaren Gasen vereinbaren einmal jährlich für das jeweils folgende Kalenderjahr mit dem Netzbetreiber an deren Netz deren Anlage angeschlossen ist (bzw. angeschlossen werden soll) die maximal für die Produktion erforderliche Kapazität. Die Netzbetreiber sind verpflichtet, die zuletzt gebuchte Kapazität für das Folgejahr dauerhaft vorzuhalten. Kommen Produzenten und Erzeuger von erneuerbaren Gasen der Aufforderung der Netzbetreiber zur Kapazitätsbuchung nicht innerhalb der von den Netzbetreibern gesetzten angemessenen Frist nach, ist die zuletzt gebuchte Kapazität des jeweiligen Produzenten bzw. Erzeugers von erneuerbaren Gasen für das Folgejahr zugrunde zu legen. Eine Reduktion von mehr als zehn Prozent der jährlichen Buchung gegenüber der dauerhaft erforderlichen Kapazität ist nur in jenem Umfang möglich, in dem diese Kapazität im Marktgebiet wirtschaftlich gleichwertig vermarktet werden kann. Die Reduktionsbeschränkung gilt für die für Produktion bzw. Erzeugung vorgehaltene Kapazität von mehr als 10.000 kWh/h. Eine Erhöhung der jährlichen Buchung gegenüber der bisher erforderlichen Kapazität ist im Wege des Netzzugangsantrags gemäß § 11 möglich. Kapazitätserhöhungen von bestehenden Buchungen für die Dauer von mindestens einem Monat bis zu zwei Jahren erhöhen nicht die Berechnungsgrundlage für die maximal mögliche jährliche Reduktion der Buchung, sind jedoch von den Netzbetreibern dementsprechend nicht dauerhaft vorzuhalten.

(2) MVGM und Produzenten sowie Erzeuger von erneuerbaren Gasen, deren Anlagen an ein Verteilernetz angeschlossen sind, haben die für die operative Abwicklung notwendigen Rechte und Pflichten in Verträgen zu vereinbaren.

3. Teil
Engpassmanagement im Fernleitungsnetz

Kurzfristiges Use-it-or-lose-it

§ 16. (1) Renominierungen gemäß § 8 Abs. 3 sind zulässig, wenn diese nicht 90 Prozent der der Bilanzgruppe bzw. dem Sub-Bilanzkonto zugeordneten festen Kapazität überschreitet und nicht zehn Prozent der zugeordneten festen Kapazität unterschreitet. Bei ursprünglichen Nominierungen von mindestens 80 Prozent der der Bilanzgruppe bzw. dem Sub-Bilanzkonto zugeordneten festen Kapazität wird die Hälfte des nicht nominierten Bereiches für die Renominierung nach oben zugelassen. Bei ursprünglichen Nominierungen von höchstens 20 Prozent der der Bilanzgruppe bzw. dem Sub- Bilanzkonto zugeordneten festen Kapazität wird die Hälfte des nominierten Bereiches für die Renominierung nach unten zugelassen. Die zulässige Renominierung wird kaufmännisch auf ganze kWh/h gerundet. Bei der Bestimmung des zulässigen Renominierungsbereiches einer Bilanzgruppe werden Kapazitäten gemäß Art. 9 Abs. 5 und 6 der Verordnung (EU) Nr. 2017/459 nicht berücksichtigt.

(2) Über- oder unterschreitet eine Renominierung von fester Kapazität den nach Abs. 1 zulässigen Bereich, ist diese nur in Summe der gebuchten Kapazitäten anzunehmen. Der den zulässigen Bereich über- oder unterschreitenden Teil der Renominierung ist wie eine Nominierung von unterbrechbarer Kapazität zu behandeln und im Engpassfall zuerst zu unterbrechen.

(3) Auf den Netzbenutzer, der in den vorangegangenen 365 Tagen durchschnittlich weniger als zehn Prozent der technischen Jahreskapazität am Buchungspunkt in einer Flussrichtung gebucht hat, finden die Renominierungsbeschränkungen gemäß Abs. 1 an diesem Buchungspunkt und in dieser Flussrichtung unter den folgenden Voraussetzungen keine Anwendung: Der Bilanzgruppe oder dem Sub-Bilanzkonto, der bzw. dem die Kapazitäten dieses Netzbenutzers zugeordnet sind,

1. müssen weniger als zehn Prozent der technischen Jahreskapazität am relevanten Buchungspunkt in der betreffenden Flussrichtung zugeordnet sein und
2. dürfen keine Kapazitäten eines Netzbenutzers zugeordnet sein, auf den die Voraussetzung des ersten Satzes dieses Absatzes nicht ebenso zutrifft.

Bei der Ermittlung der gebuchten und zugeordneten festen Kapazitäten werden Kapazitäten gemäß Art. 9 Abs. 5 der Verordnung (EU) Nr. 2017/459 nicht berücksichtigt.

(4) Der zuständige Bilanzgruppenverantwortliche kann Sub-Bilanzkonten einrichten. Die Nominierung bzw. Renominierung von Gasmengen erfolgt in diesem Fall durch den zuständigen Bilanzgruppenverantwortlichen auf das entsprechende Sub-Bilanzkonto, die entsprechenden Nominierungs- und Renominierungsregeln für Bilanzgruppen gelten analog.

(5) Der Fernleitungsnetzbetreiber bietet die Kapazitäten, die durch die Anwendung der Renominierungsbeschränkungen gemäß Abs. 1 und 2 frei werden als Kapazitäten gemäß Art. 9 Abs. 5 der Verordnung (EU) Nr. 2017/459 an.

(6) Soweit an Grenzkopplungspunkten von benachbarten Netzbetreibern vergleichbare Regelungen angewendet werden, können die Fernleitungsnetzbetreiber an diesen Grenzkopplungspunkten von der Beschränkung der Renominierungsrechte gemäß Abs. 1 bis 3 sowie § 8 Abs. 5 zweiter Satz erforderlichenfalls abweichen, um eine mit dem benachbarten Marktgebiet kompatible Regelung zu ermöglichen. Insbesondere soll die Bündelung der Kapazitäten nicht erschwert werden. Die Abweichung ist vorab der Regulierungsbehörde anzuzeigen und zu begründen.

(7) Der Netzbenutzer, dessen Kapazitäten durch den Fernleitungsnetzbetreiber nach Abs. 5 angeboten wurden, bleibt zur Zahlung der Einspeise- oder Ausspeiseentgelte verpflichtet.

(8) Abs. 1 bis 7 gelten auch für vor dem Inkrafttreten dieser Verordnung abgeschlossene Verträge.

Langfristiges Use-it-or-lose-it

§ 17. (1) Netzbenutzer sind verpflichtet, vollständig oder teilweise ungenutzte feste Kapazitäten unverzüglich als Sekundärkapazitäten auf der Buchungsplattform gemäß Art. 37 der Verordnung (EU) Nr. 2017/459 anzubieten oder dem Fernleitungsnetzbetreiber gemäß Punkt 2.2.4. des Anhangs I zur Verordnung (EG) Nr. 715/2009 sowie den genehmigten Allgemeinen Bedingungen für den Netzzugang zu Fernleitungsnetzen zurückzugeben.

(2) Der Fernleitungsnetzbetreiber entzieht einem Netzbenutzer nach schriftlicher Ankündigung teilweise oder zur Gänze seine auf fester Basis gebuchte, jedoch systematisch ungenutzte Kapazität und vermarktet sie als Primärkapazität, sofern und soweit andere Netzbenutzer an dem jeweiligen Netzkopplungspunkt feste Kapazität nachfragen, ein vertraglicher Engpass vorliegt und der Netzbenutzer die ungenutzte Kapazität nicht gemäß Abs. 1 auf der Buchungsplattform gemäß Art. 37 der Verordnung (EU) Nr. 2017/459 angeboten oder zurückgegeben hat. Als systematisch ungenutzt gilt Kapazität jedenfalls, wenn

1. der Bilanzgruppenverantwortliche weniger als durchschnittlich 80 Prozent der seiner Bilanzgruppe bzw. seinem Sub-Bilanzkonto zugeordneten Kapazität mit einer effektiven Vertragslaufzeit von mehr als einem Jahr sowohl von 1. April bis 30. September als auch von 1. Oktober bis 31. März in Anspruch genommen hat; oder
2. der Bilanzgruppenverantwortliche systematisch nahezu 100 Prozent der seiner Bilanzgruppe bzw. seinem Sub-Bilanzkonto zugeordneten Kapazität nominiert und danach mit dem Ziel der Umgehung der Bestimmungen des § 16 Abs. 1 Renominierungen nach unten durchführt.

Hat ein Netzbenutzer seine gebuchte Kapazität mehreren Bilanzgruppen bzw. Sub-Bilanzkonten zugeordnet, erfolgt die Prüfung der systematisch ungenutzten Kapazität gemäß Z 1 und 2 für die Summe der diesen Bilanzgruppen bzw. Sub-Bilanzkonten insgesamt zugeordneten Kapazität.

(3) Die Kapazitäten sind vom Fernleitungsnetzbetreiber im Ausmaß der durchschnittlichen Nichtinanspruchnahme für die verbleibende effektive Vertragslaufzeit zu entziehen; dabei erfolgt die Entziehung im Falle von Bilanzgruppen bzw. Sub-Bilanzkonten, in die mehrere Netzbenutzer Kapazität eingebracht haben, anteilig entsprechend der von den Netzbenutzern eingebrachten Kapazität.

(4) Von einer Entziehung nach Abs. 2 ist abzusehen, wenn der Netzbenutzer binnen zwei Wochen nach schriftlicher Ankündigung des Entzugs schriftlich nachweist, dass er

1. die Kapazitäten in Übereinstimmung mit Abs. 1 auf dem Sekundärmarkt zu einem Preis, der das ursprünglich für die entsprechende Primärkapazität an den Fernleitungsnetzbetreiber zu zahlende Entgelt nicht wesentlich überschreitet, angeboten oder dem Fernleitungsnetzbetreiber für den Zeitraum und im Umfang der Nichtnutzung zur Verfügung gestellt hat; oder
2. die Kapazitäten in vollem Umfang weiterhin benötigt, um bestehende vertragliche Verpflichtungen, insbesondere aus Gasbezugs- oder Gaslieferverträgen, zu erfüllen.

(5) Von dem Vorliegen eines Tatbestandes gemäß Abs. 2 und dem in Aussicht genommenen Umfang der Entziehung gemäß Abs. 3 hat der Fernleitungsnetzbetreiber die Regulierungsbehörde umgehend zu verständigen sowie gegebenenfalls die Nachweise gemäß Abs. 4 zu übermitteln.

(6) Die Rechte und Pflichten des Kapazitätsvertrages verbleiben in dem Umfang beim Netzbenutzer, in dem die Kapazität vom Fernleitungsnetzbetreiber nicht als Primärkapazität neu vergeben wird. Hinsichtlich Sicherheitsleistungen gelten die diesbezüglichen Regelungen in den Allgemeinen Bedingungen für den Netzzugang zu Fernleitungsnetzen.

(7) Fernleitungsnetzbetreiber haben Informationen nach Abs. 2 und 3 insbesondere zur zugeordneten und tatsächlich genutzten Kapazität je Bilanzgruppe bzw. Sub-Bilanzkonto fünf Jahre lang aufzubewahren und auf Aufforderung der Regulierungsbehörde zur Verfügung zu stellen.

4. Teil
Integrierte Marktgebietsbilanzierung
1. Abschnitt
Grundsätze der Bilanzierung

§ 18. (1) Das Marktgebiet, als integrierter Bilanzierungsraum, umfasst sämtliche Ein- und Ausspeisemengen der Fernleitungs- und Verteilernetze gemäß § 12 GWG 2011.

(2) Jeder Netzbenutzer muss gemäß § 19 einer Bilanzgruppe angehören. Innerhalb der Bilanzgruppe werden die Ein- und Ausspeisemengen im Marktgebiet von einem oder mehreren Netzbenutzern zusammengeführt und die Abweichungen ausgeglichen. Unbeschadet der Regelung gemäß § 26 Abs. 5 letzter Satz sind alle Ein- und Ausspeisemengen im Marktgebiet eindeutig einem Netzbenutzer zuzuordnen.

(3) Bilanzgruppenverantwortliche haben bei den ihrer Bilanzgruppe zugeordneten Ein- und Ausspeisemengen durch entsprechende Prognosen sowie geeignete Maßnahmen innerhalb der Bilanzierungsperiode für einen bestmöglichen Ausgleich zu sorgen. Der Bilanzgruppenverantwortliche trägt gegenüber der Bilanzierungsstelle die wirtschaftliche Verantwortung für seine Bilanzgruppe bzw. seinen Bilanzgruppen.

(4) Die Marktgebietsbilanzierung ist jeweils pro Bilanzgruppe für alle nominierten sowie gemessenen Gasmengen im Marktgebiet abzuwickeln und erfolgt in Energieeinheiten (kWh). Die Bilanzierungsperiode (Messperiode) im Marktgebiet ist der Gastag.

(5) Der Handel im Marktgebiet, einschließlich der Übertragung von Gasmengen zwischen Bilanzgruppen, ist nur am Virtuellen Handelspunkt möglich. Ein Handel nach Ende der Bilanzierungsperiode ist nicht zulässig.

2. Abschnitt
Bilanzgruppensystem
Bilanzgruppenmitgliedschaft

§ 19. (1) Der MVGM organisiert das Bilanzgruppensystem und ordnet jedem Bilanzgruppenverantwortlichen und jeder Bilanzgruppe eine eindeutige Identifikationsnummer zu.

(2) Die Mitgliedschaft von Marktteilnehmern zur Bilanzgruppe wird entweder unmittelbar durch Abschluss eines Vertrages mit dem Bilanzgruppenverantwortlichen (unmittelbare Mitgliedschaft) oder mittelbar durch Abschluss eines Vertrages mit einem Versorger, der wiederum Bilanzgruppenmitglied ist (mittelbare Mitgliedschaft), begründet. Das mittelbare Bilanzgruppenmitglied steht in keinem direkten Vertragsverhältnis zum Bilanzgruppenverantwortlichen. Die Mitgliedschaft in mehreren Bilanzgruppen ist zulässig, jedoch kann ein Zählpunkt jeweils nur einer Bilanzgruppe angehören. Jede Bilanzgruppe und deren unmittelbare Mitglieder haben Zugang zum Virtuellen Handelspunkt des Marktgebietes. Sofern Bilanzgruppenmitglieder einen oder mehrere Zählpunkte haben, wird eine Mitgliedschaft zur Bilanzgruppe durch den Zählpunkt begründet.

(3) Beabsichtigt ein unmittelbares Bilanzgruppenmitglied

1. mit der Bilanzierungsstelle Verträge über die Lieferung oder den Bezug von physikalischer Ausgleichsenergie gemäß § 29 abzuschließen,
2. einem Fernleitungsnetzbetreiber oder dem MVGM gegenüber Lastflusszusagen zu treffen oder
3. Energiegeschäfte über eine Energiebörse oder Abwicklungsstelle einer Energiebörse abzuwickeln,

hat das Bilanzgruppenmitglied den Bilanzgruppenverantwortlichen zeitgerecht vom beabsichtigten Abschluss derartiger Verträge zu informieren. Bilanzgruppenmitglieder dürfen Angebote für den Abschluss derartiger Verträge nur mit Zustimmung des Bilanzgruppenverantwortlichen stellen oder annehmen. Der Bilanzgruppenverantwortliche darf die Zustimmung nur verweigern, wenn begründete Bedenken dahingehend bestehen, dass der Vertragsabschluss die Erfüllung der Aufgaben und Pflichten des Bilanzgruppenverantwortlichen oder des unmittelbaren Bilanzgruppenmitglieds gefährdet. Die Gründe hierfür sind schriftlich darzulegen.

(4) Unmittelbare Bilanzgruppenmitglieder haben den Bilanzgruppenverantwortlichen bei der Erfüllung seiner Aufgaben und Pflichten zu unterstützen. Diese Unterstützungspflicht besteht insbesondere

1. in der Mitwirkung bei der Erstellung von Prognosewerten für die Entnahme und/oder die Einspeisung von Gas, sowie in der Übermittlung der notwendigen Nominierungen an den Bilanzgruppenverantwortlichen;
2. nach Maßgabe des Datenschutzgesetzes, BGBl. I Nr. 165/1999, in der Übermittlung jener Daten, welche zur Wahrnehmung der jeweiligen, in § 91 GWG 2011 genannten Aufgaben und Pflichten eine wesentliche Voraussetzung darstellen, an den Bilanzgruppenverantwortlichen im hierfür erforderlichen Ausmaß;
3. in der Lieferung der für die Erstellung der langfristigen Planung und die Erstellung des koordinierten Netzentwicklungsplans erforderlichen Daten.

Regelungen für Bilanzgruppenverantwortliche

§ 20. (1) Wenn der Bilanzgruppenverantwortliche die Mitglieder einer Bilanzgruppe in Erfüllung seiner in § 91 GWG 2011 angeführten Aufgaben und Pflichten vertritt, handelt er als indirekter Stellvertreter. Eine direkte Stellvertretung liegt indes vor, wenn eine solche im Einzelfall vereinbart worden ist. Der Bilanzgruppenverantwortliche hat dem MVGM, der Bilanzierungsstelle und den Netzbetreibern die Identität und die Daten der Bilanzgruppenmitglieder bekannt zu geben, sofern dies für deren Aufgabenerfüllung erforderlich ist.

(2) Von Bilanzgruppenmitgliedern in die Bilanzgruppe eingebrachten Kapazitäten sind vom Bilanzgruppenverantwortlichen zu verwalten.

(3) Der Bilanzgruppenverantwortliche leistet die Entgelte gemäß § 24 gegenüber der Bilanzierungsstelle und die Transaktionskosten des Betreibers des Virtuellen Handelspunktes auf Basis der genehmigten allgemeinen Bedingungen gemäß § 31 Abs. 3 GWG 2011 gegenüber dem Betreiber des Virtuellen Handelspunktes für alle Bilanzgruppenmitglieder und verrechnet diese den Bilanzgruppenmitgliedern verursachungsgerecht weiter.

(4) Die Art der Weiterverrechnung dieser Entgelte und Gebühren werden zwischen dem Bilanzgruppenverantwortlichen und dem unmittelbaren Bilanzgruppenmitglied vereinbart. Sämtliche Mitglieder der Bilanzgruppe sind gleichzustellen.

(5) Das Entgelt des Bilanzgruppenverantwortlichen für die Erbringung seiner Dienstleistungen ist zwischen dem Bilanzgruppenverantwortlichen und dem unmittelbaren Bilanzgruppenmitglied zu vereinbaren.

3. Abschnitt
Kommerzielle Bilanzierung
Allokationskomponenten

§ 21. (1) Die Bilanzierung erfolgt durch die Bilanzierungsstelle je Bilanzgruppe. Diese umfasst die folgenden Allokationskomponenten als Stundenzeitreihe mit Bezug auf den jeweiligen Gastag:

1. allokierte Nominierungen an den Grenzkopplungspunkten des Marktgebietes inkl. der Ein- und Ausspeisepunkte im Verteilernetz an der Marktgebietsgrenze;
2. allokierte Nominierungen zur Ein- bzw. Ausspeicherung von Gasmengen im Marktgebiet;
3. allokierte Nominierungen von Einspeisungen der Erdgasproduktion;
4. allokierte Nominierungen der saldierten Handelsmenge der Bilanzgruppe am Virtuellen Handelspunkt;
5. allokierte Einspeisungen von Erzeugungsanlagen erneuerbarer Gase;
6. allokierten Ausspeisungen an Endverbraucher.

(2) Die Allokation gemäß Abs. 1 Z 1 bis 3 erfolgt auf Basis der Nominierungen der Bilanzgruppenverantwortlichen bezogen auf Stundenwerte, wobei Abweichungen zwischen nominierten und gemessenen Werten über Operational Balancing Agreements (OBA) gemäß § 27 auszugleichen sind. An Ein- und Ausspeisepunkten, an denen noch kein OBA zwischen den Netz- bzw. Systemoperatoren zustande gekommen ist, wird die Differenz zwischen Nominierung und Messung im Rahmen der Netzbilanzierung gemäß § 26 von den Netzbetreibern getragen. Für den Bilanzgruppenverantwortlichen gilt, dass bestätigte nominierte Mengen auch den allokierten Mengen entsprechen.

(3) Die Allokation gemäß Abs. 1 Z 4 erfolgt auf Basis der vom Betreiber des Virtuellen Handelspunktes übermittelten, stündlichen und saldierten Handelsgeschäfte der Bilanzgruppe.

(4) Die Allokation gemäß Abs. 1 Z 5 erfolgt auf Basis der vom jeweiligen Netzbetreiber übermittelten Messwerte der Einspeisung. Ein allenfalls stündliches Profil von Messwerten wird durch die Bilanzierungsstelle so angepasst, dass die bilanzierungsrelevante Allokation jedenfalls als ein über den relevanten Tag konstantes Tagesband vorliegt.

(5) Die Allokation gemäß Abs. 1 Z 6 für Endverbraucher mit zugeordnetem, standardisiertem Lastprofil erfolgt als konstantes Tagesband anhand der von den Verteilernetzbetreibern auf Basis der tatsächlich gemessenen Temperatur ermittelten Tagesverbräuche.

(6) Die Allokation gemäß Abs. 1 Z 6 für Endverbraucher mit Lastprofilzähler, die mit dem Netzbetreiber eine vertragliche Höchstleistung bis zu 300.000 kWh/h je Ausspeise- bzw. Zählpunkt vereinbart haben, erfolgt auf Basis der vom jeweiligen Netzbetreiber übermittelten Messwerte der Entnahme. Ein allenfalls stündliches Profil von Messwerten wird durch die Bilanzierungsstelle so angepasst, dass die bilanzierungsrelevante Allokation grundsätzlich als ein über den relevanten Tag konstantes Tagesband vorliegt. Der MVGM bietet Bilanzgruppenverantwortlichen für Endverbraucher mit Lastprofilzähler, die mit dem Netzbetreiber eine vertragliche Höchstleistung größer 25.000 kWh/h je Ausspeise- bzw. Zählpunkt vereinbart haben, die Möglichkeit über ein geordnetes, transparentes Verfahren zu beantragen, dass die gegenständliche, bilanzierungsrelevante Allokation anstelle eines Tagesbands als stündliches Profil erfolgt. Eine derartige Änderung der Allokationsmethode ist je Endverbraucher einmal jährlich möglich.

(7) Die Allokation gemäß Abs. 1 Z 6 für Endverbraucher mit Lastprofilzähler, die mit dem Netzbetreiber eine vertragliche Höchstleistung von mehr als 300.000 kWh/h je Ausspeise- bzw. Zählpunkt vereinbart haben, erfolgt auf Basis der vom jeweiligen Netzbetreiber übermittelten Messwerte der

Entnahme. Das stündliche Profil der Messwerte stellt die bilanzierungsrelevante Allokation dar.

Anwendbarer täglicher Ausgleichsenergiepreis

§ 22. (1) Eine sich aus den Allokationskomponenten gemäß § 21 Abs. 1 ergebende Tagesunausgeglichenheit einer Bilanzgruppe wird gegenüber dem Bilanzgruppenverantwortlichen gemäß § 24 zum Ausgleichsenergiepreis des jeweiligen Gastages abgerechnet.

(2) Wenn die Tagesunausgeglichenheit einer Bilanzgruppe positiv ist (d.h. die Einspeisungen des jeweiligen Gastages die Ausspeisungen übersteigen) wird der Grenzverkaufspreis angewendet. Dieser ergibt sich als der niedrigere der beiden folgenden Preise:

1. der niedrigste Preis aller physikalischen Ausgleichsenergieverkäufe gemäß § 28 Abs. 2 Z 1 für den jeweiligen Gastag, oder
2. der Börsereferenzpreis (CEGHIX) des jeweiligen Gastags abzüglich einer kleinen Anpassung idH von drei Prozent.

(3) Wenn die Tagesunausgeglichenheit einer Bilanzgruppe negativ ist (d.h. die Einspeisungen des jeweiligen Gastages hinter den Ausspeisungen zurückbleiben) wird der Grenzankaufspreis angewendet. Dieser ergibt sich als der höhere der beiden folgenden Preise:

1. der höchste Preis aller physikalischen Ausgleichsenergiekäufe gemäß § 28 Abs. 2 Z 1 für den jeweiligen Gastag, oder
2. der Börsereferenzpreis (CEGHIX) des jeweiligen Gastags zuzüglich einer kleinen Anpassung idH von drei Prozent.

(4) Sollte für einen jeweiligen Gastag kein Börsereferenzpreis (CEGHIX) vorliegen, so ist der letztgültige Börsereferenzpreis (CEGHIX) für die Ermittlung des anwendbaren täglichen Ausgleichsenergiepreises gemäß Abs. 2 und 3 für diesen Tag heranzuziehen.

(5) Ausgleichsenergiepreise sind in Cent/kWh anzugeben und auf mindestens drei Kommastellen kaufmännisch zu runden.

Ergänzendes untertätiges Anreizsystem

§ 23. (1) In Ergänzung zum täglichen Ausgleichsenergiepreis gemäß § 22 unterliegen Bilanzgruppenverantwortliche auch einem untertägigen Anreizsystem. Dieses sieht vor, dass diese ergänzend je Bilanzgruppe einen Kostenbeitrag zur untertägigen Strukturierung der stündlichen Differenzmengen ihrer Bilanzgruppe zu leisten haben. Das untertägige Anreizsystem kommt grundsätzlich nur zur Anwendung, wenn der MVGM am jeweiligen Gastag gegenläufige Abrufe von physikalischer Ausgleichsenergie durchführen musste.

(2) Ausgangspunkt der Ermittlung des Kostenbeitrag gemäß Abs. 1 sind die stündlichen Differenzen zwischen den Ein- und Ausspeisemengen einer Bilanzgruppe. Diese stündlichen Differenzen werden über den Gastag kumuliert (kumulierte stündliche Differenzmenge) und für jede Stunde einer Toleranzmenge gegenübergestellt. Die Toleranzmenge je Bilanzgruppe beträgt für jede Stunde vier Prozent der allokierten Ausspeisungen an Endverbraucher gemäß § 21 Abs. 1 Z 6 an diesem Tag.

(3) Mengenmäßige Berechnungsbasis für den Kostenbeitrag eines Gastages (Überschreitungsmenge) ist die Summe der jeweiligen, stündlichen Überschreitungen der Toleranzmenge durch die kumulierte stündliche Differenzmenge.

(4) Der spezifische Kostenbeitrag entspricht grundsätzlich der Differenz zwischen den mengengewichteten Durchschnittspreisen für physikalische Ausgleichsenergieeinkäufe bzw. –verkäufe des MVGM am jeweiligen Gastag gemäß § 28 Abs. 2 Z 1 und ist minimal Null. Dieser ist in Cent/kWh anzugeben und auf mindestens drei Kommastellen kaufmännisch zu runden.

(5) Der absolute Kostenbeitrag eines Bilanzgruppenverantwortlichen ergibt sich durch Multiplikation des spezifischen Kostenbeitrags gemäß Abs. 4 mit der Überschreitungsmenge gemäß Abs. 3. Die Bilanzierungsstelle hat dabei sicherzustellen, dass die Summe der Kostenbeiträge sämtlicher Bilanzgruppenverantwortlicher für einen Gastag jedenfalls auf die resultierenden Gesamtkosten der Ausgleichsenergieeinkäufe bzw. –verkäufe zum Zwecke der Strukturierung an diesem Gastag beschränkt ist.

(6) MVGM und Bilanzierungsstelle führen jährlich eine Evaluierung des ergänzenden untertägigen Anreizsystems mit Fokus auf die relevanten Parameter durch und übermitteln einen Bericht an die Regulierungsbehörde.

Erstes und zweites Clearing für Bilanzgruppenverantwortliche und dessen kommerzielle Abwicklung

§ 24. (1) Die Bilanzierungsstelle veröffentlicht auf ihrer Webseite einen Clearingkalender und führt auf dieser Basis das erste und zweite Clearing für Bilanzgruppenverantwortliche durch.

(2) Das erste Clearing erfolgt monatlich binnen drei Arbeitstagen nach Clearingschluss des jeweiligen Abrechnungsmonats. Gegenstand dieses Clearings ist die Abrechnung

1. der sich aus den Allokationskomponenten gemäß § 21 Abs. 1 ergebenden Tagesunausgeglichenheit einer Bilanzgruppe zum Ausgleichsenergiepreis des jeweiligen Gastages gemäß § 22;
2. eines allfälligen Kostenbeitrags zur untertägigen Strukturierung gemäß § 23 Abs. 5;
3. einer allfälligen Bilanzierungsumlage gemäß § 25 Abs. 1.

(3) Das zweite Clearing erfolgt spätestens 14 Monate nach dem ersten Clearing gemäß Abs. 2. Gegenstand dessen ist die Korrektur des ersten Clearings aufgrund von abrechnungsrelevanten Veränderungen von Allokationen anhand von final gemessenen bzw. abgelesenen Energiemengen.

(4) Im Rahmen des Clearings gemäß Abs. 2 kommt auch ein Clearingentgelt zur Abrechnung. Die Festsetzung des Clearingentgelts sowie der mengenmäßigen Grundlage für die Abrechnung dessen erfolgt durch die Verordnung der Regulierungsbehörde gemäß § 89 GWG 2011.

(5) Die Bilanzierungsstelle betreibt zur laufenden Bonitätsprüfung ein Risikomanagement-System und ist berechtigt, angemessene und nichtdiskriminierende Sicherheitsleistungen von Bilanzgruppenverantwortlichen zu verlangen. Die Ermittlung der erforderlichen Sicherheiten soll derart gestaltet werden, dass veränderte Situationen bzw. Risiken auch zeitnah reflektiert werden können. Die Form der Sicherheitenerbringung soll sich an Marktbedürfnissen orientieren.

(6) Für die Korrektur fehlerhafter Allokationsdaten, welche jedoch erst nach Durchführung des eigentlichen Clearings identifiziert werden, hat die Bilanzierungsstelle für einen angemessenen Zeitraum von höchstens drei Jahren eine Nachverrechnung zu ermöglichen. In diesem Fall wird das gesamte Clearing einer Bilanzgruppe für den betroffenen Abrechnungsmonat neu aufgerollt. Diese Nachverrechnung kann entweder die für die Abgabe der betroffenen Allokation verantwortliche Stelle oder der betroffene Bilanzgruppenverantwortliche initiieren. Die Bilanzierungsstelle ist berechtigt, für die Kompensation der damit verbundenen Zusatzaufwände ein Entgelt zu erheben. Die Bilanzierungsstelle hat monatlich eine Dokumentation sämtlicher Nachverrechnungen an die Regulierungsbehörde zu übermitteln.

(7) Das Prozedere der Verrechnung, Zahlungsabwicklung sowie des Risikomanagements gemäß Abs. 5 ist durch die Bilanzierungsstelle auf Basis ihrer genehmigten Allgemeinen Bedingungen festzulegen. Im Rahmen der Erstellung sind die Marktteilnehmer umfassend zu konsultieren.

Kosten- und Erlösneutralität der Bilanzierungsstelle

§ 25. (1) Durch die Bilanzierungsumlage gemäß § 24 Abs. 2 Z 3 wird je Marktgebiet sichergestellt, dass der Bilanzierungsstelle durch die Abwicklung des Clearings gemäß § 24 Abs. 2, 3 und 6, die Netzbilanzierung gemäß § 26, sowie den Einsatz und die Vorhaltung von physikalischer Ausgleichsenergie gemäß § 28 keine Gewinne oder Verluste entstehen.

(2) Alle Kosten und Erlöse aus den Transaktionen gemäß Abs. 1 werden dafür von der Bilanzierungsstelle auf einem Umlagekonto transparent und nachvollziehbar erfasst. Zielsetzung ist, dass der Kontostand des Umlagekontos unter Berücksichtigung einer allfälligen Liquiditätsreserve möglichst ausgeglichen gehalten wird.

(3) Die Bilanzierungsstelle prüft quartalsweise ob die Festsetzung einer Umlage erforderlich ist und legt diese allenfalls jeweils für ein Quartal als Betrag in Cent/kWh fest. Die Veröffentlichung der Höhe der Umlage hat im Monat vor Beginn der Gültigkeit zu erfolgen. Eine Differenzierung der Höhe der Umlage für allokierte Ausspeisungen an Endverbraucher der Bilanzgruppe gemäß § 21 Abs. 1 Z 6 und für die Summe sämtlicher Allokationskomponenten der Bilanzgruppe gemäß § 21 Abs. 1 Z 1, soweit sie sich auf Ausspeisungen beziehen, ist zulässig.

(4) Mengenmäßige Grundlage für die Abrechnung der Bilanzierungsumlage gemäß Abs. 1 im Rahmen des Clearings gemäß § 24 ist die Summe sämtlicher Allokationskomponenten der Bilanzgruppe für einen Gastag gemäß § 21 Abs. 1 Z 1, soweit sie sich auf Ausspeisungen beziehen, sowie gemäß § 21 Abs. 1 Z 6.

Netzbilanzierung

§ 26.[a] (1) Verteilernetzbetreiber stellen sicher, dass die gemäß § 32 Abs. 9 Z 10 für die Netzbilanzierung zu übermittelnden Daten sämtliche in der Tabelle in Anlage 2 Punkt III enthaltenen Allokationskomponenten umfassen. Marktteilnehmer haben dafür im ausreichenden Maße zu kooperieren. Verteilernetzbetreiber und MVGM können vereinbaren, dass die Tätigkeiten gemäß Abs. 1 und 2 vom MVGM ausgeführt werden.

(Anm.: Abs. 2 tritt mit 1.1.2024, 6 Uhr, in Kraft, sofern zu diesem Zeitpunkt § 2 Abs. 1 Z 13 der Verordnung gemäß § 70 GWG 2011 je Marktgebiet einen einheitlichen Verrechnungsbrennwert vorsieht.)

(3) Der MVGM ermittelt für die Verteilernetze den Auf-/Abbau von Operational Balancing Agreements an Netzpunkten mit Anwendung des Prinzips „allokiert wie nominiert" gemäß der Tabelle in Anlage 2 Punkt III als Differenz zwischen den allokierten Nominierungen von Bilanzgruppenverantwortlichen gemäß § 21 Abs. 1 Z 1 bis 3 und dem tatsächlichen Lastfluss am jeweiligen Netzpunkt mit Ist-Brennwert. Verteilernetzbetreiber sind berechtigt diese Tätigkeit auch selbsttätig durchzuführen. In diesem Fall ist der MVGM davon in Kenntnis zu setzen und die Einhaltung der damit verbundenen Informationspflichten durch den Verteilernetzbetreiber sicherzustellen.

(4) Die Bilanzierungsstelle ermittelt je Netzbetreiber auf täglicher Basis die folgenden Verrechnungskomponenten

(Anm.: Z 1 tritt mit 1.1.2024, 6 Uhr, in Kraft, sofern zu diesem Zeitpunkt § 2 Abs. 1 Z 13 der Verordnung gemäß § 70 GWG 2011 je Marktgebiet einen einheitlichen Verrechnungsbrennwert vorsieht.)

2. den sich aus den Allokationskomponenten gemäß Abs. 1 unter Berücksichtigung allfälliger Brennwertdifferenzen gemäß Z 1 ergebenden Restsaldos.

(5) Für die Zwecke der Netzbilanzierung wird je Netzbetreiber eine besondere Bilanzgruppe eingerichtet. Netzbetreiber haben einen Bilanzgruppenverantwortlichen für diese Bilanzgruppen zu benennen. Zählpunkte von Endverbrauchern dürfen einer besonderen Bilanzgruppe nicht zugeordnet werden. Davon ausgenommen sind allokierte Ausspeisungen von Endverbrauchern, die durch eine Inanspruchnahme von Netzdienstleistungen ohne Zuordnung des Zählpunkts zu einer Bilanzgruppe auftreten und folglich im Restsaldo gemäß Abs. 4 Z 2 enthalten sind.

(6) Die Ausübung der Tätigkeit eines Bilanzgruppenverantwortlichen für Bilanzgruppen gemäß Abs. 5, für besondere Bilanzgruppen des MVGM zur Abwicklung von Maßnahmenplänen gemäß § 25 GWG 2011, Notaushilfslieferungen und sonstige betriebliche Transportabwicklungen und für die besondere Bilanzgruppe der Bilanzierungsstelle bedarf keiner Genehmigung gemäß § 93 GWG 2011. Diese sind der Regulierungsbehörde jedoch vorab anzuzeigen. Mit der Einrichtung einer besonderen Bilanzgruppe haben Netzbetreiber einen Vertrag mit der Bilanzierungsstelle abzuschließen, in dem die Rechte und Pflichten im Zusammenhang mit den jeweiligen Aufgaben der Vertragsparteien geregelt werden. Bilden mehrere Netzbetreiber gemeinsam eine besondere Bilanzgruppe, so hat der Bilanzgruppenverantwortliche dem MVGM zu melden, welche Netzbetreiber an dieser beteiligt sind.

(7) Das Clearing der besonderen Bilanzgruppen erfolgt grundsätzlich analog zum Clearing für Bilanzgruppenverantwortliche gemäß § 24. Gegenstand des Clearings sind die Verrechnungskomponenten gemäß Abs. 4 Z 1 und 2. Eine Aktualisierung der Abrechnung aufgrund der Ablesung von Endverbrauchern mit zugeordnetem Standardlastprofil ist vorzusehen.

(8) Als anwendbarer Preis wird der Börsereferenzpreis (CEGHIX) des jeweiligen Gastags herangezogen.

(9) Besondere Bilanzgruppen haben keinen Kostenbeitrag zur untertägigen Strukturierung gemäß § 23, keine Bilanzierungsumlage gemäß § 25 und kein Clearingentgelt gemäß § 24 Abs. 4 zu leisten. Die Bonitätsprüfung der Bilanzierungsstelle gemäß § 24 Abs. 5 kommt nicht zur Anwendung.

(10) Der Eigenverbrauch ist durch Einkauf zu marktüblichen Preisen abzudecken. Vom Netzbetreiber sind möglichst exakte Werte für die Meldung des Eigenverbrauchs heranzuziehen. Sollte eine Messung aus wirtschaftlichen Gründen nicht vertretbar sein, so ist dies der Regulierungsbehörde nachzuweisen und ein entsprechendes Berechnungsmodell zur Ersatzwertbildung vorzulegen. Sollte der Netzbetreiber aufgrund von Arbeiten am Netz Netzteile drucklos machen müssen, sind diese Mengen für Entleerung und Befüllung exakt zu bestimmen und in der Nominierungserstellung zu berücksichtigen. Für den außerordentlichen Fall von Gebrechen und Undichtheiten im Leitungssystem sind bestmöglich geschätzte Werte bzw. Berechnungen heranzuziehen.

(11) Die Netzbilanzierung der Fernleitungsnetze erfolgt eigenverantwortlich durch die Fernleitungsnetzbetreiber und ohne Einbindung der Bilanzierungsstelle. Dabei ermittelt der Fernleitungsnetzbetreiber auf Basis der Nominierungen für sein Netz stündlich einen Nominierungssaldo. Fernleitungsnetzbetreiber und MVGM stellen sicher, dass dieser Nominierungssaldo im Zuge des physischen Austauschs an den Übergabepunkten zwischen Fernleitungsnetz und Verteilergebiet berücksichtigt und zeitnah ausgeglichen wird.

(12) Die Fernleitungsnetzbetreiber stellen der Bilanzierungsstelle und den Verteilernetzbetreibern gemäß § 32 Abs. 5 Z 4 alle für die Netzbilanzierung der Verteilernetze erforderlichen Information in geeigneter Form bereit.

[a] Tritt mit Ablauf des 31. Dezember 2023 außer Kraft.

Netzbilanzierung

§ 26.[a] (1) Verteilernetzbetreiber stellen sicher, dass die gemäß § 32 Abs. 9 Z 10 für die Netzbilanzierung zu übermittelnden Daten sämtliche in der Tabelle in Anlage 2 Punkt III enthaltenen Allokationskomponenten umfassen. Marktteilnehmer haben dafür im ausreichenden Maße zu kooperieren. Verteilernetzbetreiber und MVGM können vereinbaren, dass die Tätigkeiten gemäß Abs. 1 und 2 vom MVGM ausgeführt werden.

(2) Zusätzlich zu den Daten gemäß Abs. 1 übermitteln Verteilernetzbetreiber Daten zur aggregierten Ausspeisung an Endverbraucher im jeweiligen Netzgebiet, wobei hierfür der mengengewichtete Ist-Brennwert im jeweiligen Netzgebiet eines Netzbetreibers heranzuziehen ist.

(3) Der MVGM ermittelt für die Verteilernetze den Auf-/Abbau von Operational Balancing Agreements an Netzpunkten mit Anwendung des Prinzips „allokiert wie nominiert“ gemäß der Tabelle in Anlage 2 Punkt III als Differenz zwischen den allokierten Nominierungen von Bilanzgruppenverantwortlichen gemäß § 21 Abs. 1 Z 1 bis 3 und dem tatsächlichen Lastfluss am jeweiligen Netzpunkt mit Ist-Brennwert. Verteilernetzbetreiber sind berechtigt diese Tätigkeit auch selbsttätig durchzuführen. In diesem Fall ist der MVGM davon in Kenntnis zu setzen und die Einhaltung der damit verbundenen Informationspflichten durch den Verteilernetzbetreiber sicherzustellen.

(4) Die Bilanzierungsstelle ermittelt je Netzbetreiber auf täglicher Basis die folgenden Verrechnungskomponenten

1. die Brennwertdifferenz der Ausspeisung an Endverbraucher als Differenz zwischen der aggregierten Ausspeisung an Endverbraucher im Netzgebiet anhand des mengengewichteten Ist-Brennwerts gemäß Abs. 2 und dieser aggregierten Ausspeisung auf Basis des anwendbaren Verrechnungsbrennwerts gemäß Anlage 2, Punkt IV;
2. den sich aus den Allokationskomponenten gemäß Abs. 1 unter Berücksichtigung allfälliger Brennwertdifferenzen gemäß Z 1 ergebenden Restsaldos.

(5) Für die Zwecke der Netzbilanzierung wird je Netzbetreiber eine besondere Bilanzgruppe eingerichtet. Netzbetreiber haben einen Bilanzgruppenverantwortlichen für diese Bilanzgruppen zu benennen. Zählpunkte von Endverbrauchern dürfen einer besonderen Bilanzgruppe nicht zugeordnet werden. Davon ausgenommen sind allokierte Ausspeisungen von Endverbrauchern, die durch eine Inanspruchnahme von Netzdienstleistungen ohne Zuordnung des Zählpunkts zu einer Bilanzgruppe auftreten und folglich im Restsaldo gemäß Abs. 4 Z 2 enthalten sind.

(6) Die Ausübung der Tätigkeit eines Bilanzgruppenverantwortlichen für Bilanzgruppen gemäß Abs. 5, für besondere Bilanzgruppen des MVGM zur Abwicklung von Maßnahmenplänen gemäß § 25 GWG 2011, Notaushilfslieferungen und sonstige betriebliche Transportabwicklungen und für die besondere Bilanzgruppe der Bilanzierungsstelle bedarf keiner Genehmigung gemäß § 93 GWG 2011. Diese sind der Regulierungsbehörde jedoch vorab anzuzeigen. Mit der Einrichtung einer besonderen Bilanzgruppe haben Netzbetreiber einen Vertrag mit der Bilanzierungsstelle abzuschließen, in dem die Rechte und Pflichten im Zusammenhang mit den jeweiligen Aufgaben der Vertragsparteien geregelt werden. Bilden mehrere Netzbetreiber gemeinsam eine besondere Bilanzgruppe, so hat der Bilanzgruppenverantwortliche dem MVGM zu melden, welche Netzbetreiber an dieser beteiligt sind.

(7) Das Clearing der besonderen Bilanzgruppen erfolgt grundsätzlich analog zum Clearing für Bilanzgruppenverantwortliche gemäß § 24. Gegenstand des Clearings sind die Verrechnungskomponenten gemäß Abs. 4 Z 1 und 2. Eine Aktualisierung der Abrechnung aufgrund der Ablesung von Endverbrauchern mit zugeordnetem Standardlastprofil ist vorzusehen.

(8) Als anwendbarer Preis wird der Börsereferenzpreis (CEGHIX) des jeweiligen Gastags herangezogen.

(9) Besondere Bilanzgruppen haben keinen Kostenbeitrag zur untertägigen Strukturierung gemäß § 23, keine Bilanzierungsumlage gemäß § 25 und kein Clearingentgelt gemäß § 24 Abs. 4 zu leisten. Die Bonitätsprüfung der Bilanzierungsstelle gemäß § 24 Abs. 5 kommt nicht zur Anwendung.

(10) Der Eigenverbrauch ist durch Einkauf zu marktüblichen Preisen abzudecken. Vom Netzbetreiber sind möglichst exakte Werte für die Meldung des Eigenverbrauchs heranzuziehen. Sollte eine Messung aus wirtschaftlichen Gründen nicht vertretbar sein, so ist dies der Regulierungsbehörde nachzuweisen und ein entsprechendes Berechnungsmodell zur Ersatzwertbildung vorzulegen. Sollte der Netzbetreiber aufgrund von Arbeiten am Netz Netzteile drucklos machen müssen, sind diese Mengen für Entleerung und Befüllung exakt zu bestimmen und in der Nominierungserstellung zu berücksichtigen. Für den außerordentlichen Fall von Gebrechen und Undichtheiten im Leitungssystem sind bestmöglich geschätzte Werte bzw. Berechnungen heranzuziehen.

(11) Die Netzbilanzierung der Fernleitungsnetze erfolgt eigenverantwortlich durch die Fernleitungsnetzbetreiber und ohne Einbindung der Bilanzierungsstelle. Dabei ermittelt der Fernleitungsnetzbetreiber auf Basis der Nominierungen für sein Netz stündlich einen Nominierungssaldo. Fernleitungsnetzbetreiber und MVGM stellen sicher, dass dieser Nominierungssaldo im Zuge des physischen Austauschs an den Übergabepunkten zwischen Fernleitungsnetz und Verteilergebiet berücksichtigt und zeitnah ausgeglichen wird.

(12) Die Fernleitungsnetzbetreiber stellen der Bilanzierungsstelle und den Verteilernetzbetreibern gemäß § 32 Abs. 5 Z 4 alle für die Netzbilanzierung der Verteilernetze erforderlichen Information in geeigneter Form bereit.

[a] Tritt mit 1. Jänner 2024 in Kraft, sofern zu diesem Zeitpunkt § 2 Abs. 1 Z 13 der Verordnung gemäß § 70 GWG 2011 je Marktgebiet einen einheitlichen Verrechnungsbrennwert vorsieht.

4. Abschnitt
Physikalische Bilanzierung
Einsatz von Netzpuffer (Netzpufferung)

§ 27. (1) Der Einsatz von Netzpuffer (Netzpufferung) stellt die primäre Maßnahme zur physikalischen Bilanzierung der Netze im Marktgebiet dar. Dessen effiziente Nutzbarkeit ist über die gemäß § 67 GWG 2011 abzuschließenden Netzkopplungsverträge und vertragliche Vereinbarung der Rechte und Pflichten zwischen MVGM, Fernleitungsnetzbetreibern und Verteilernetzbetreibern sicherzustellen.

(2) Der MVGM ermittelt durch Aggregation der von den Fernleitungsnetzbetreibern stündlich gemäß § 32 Abs. 5 Z 2 und auf der Basis der von den

Verteilernetzbetreibern zur Verfügung gestellten Basisdaten den nutzbaren, aggregierten Netzpuffer des Marktgebiets.

(3) Der MVGM nutzt den Netzpuffer des Marktgebiets gemäß Abs. 2 in Abstimmung mit den Fernleitungs- und Verteilernetzbetreibern für den Ausgleich kurzfristiger Druckschwankungen sowie zur Überbrückung der Strukturierungserfordernisse im Marktgebiet bis zur physikalischen Erfüllung seiner allfälligen Ausgleichsenergieabrufe.

(4) Die Fernleitungsnetzbetreiber sind verpflichtet, das maximal technisch mögliche Volumen des Netzpuffers der Fernleitungen, unter Berücksichtigung der Netzintegrität sowie vertraglicher Verpflichtungen, für den MVGM nutzbar zu machen. Um den Fernleitungsnetzbetreibern die Berechnung zu ermöglichen, nominiert der MVGM bei den Fernleitungsnetzbetreibern stündliche Werte für die von ihm geplante Inanspruchnahme des Netzpuffers der Fernleitungen.

(5) Der Umfang der Nutzung des Netzpuffers sind durch die Fernleitungsnetzbetreiber sowie den MVGM angemessen zu dokumentieren. Der MVGM und die Fernleitungsnetzbetreiber verpflichten sich, die Salden der Netzpuffer- bzw. OBA-Konten im Wege der Nutzung des jeweiligen Netzpuffers oder von Ausgleichsenergieabrufen gemäß § 28 zeitnah zurückzuführen.

(6) Die Vorhaltung und der Einsatz von Regelenergie aus Netzkopplungsverträgen werden weder bilateral zwischen den Fernleitungsnetzbetreibern sowie zwischen Fernleitungsnetzbetreibern und Verteilernetzbetreibern noch vom MVGM bzw. von der Bilanzierungsstelle gesondert vergütet.

Einsatz von physikalischer Ausgleichsenergie

§ 28. (1) Nach Ausnutzung des Netzpuffers gemäß § 27 verbleibende, physikalische Ausgleichsbedarfe werden durch den MVGM mithilfe der in Abs. 2 festgelegten Instrumente und Reihenfolge im Namen und auf Rechnung der Bilanzierungsstelle ausgeglichen. Dafür ermittelt der MVGM auf stündlicher Basis den tatsächlichen bzw. prognostizierten physikalischen Marktgebietssaldo und die für die störungsfreie Steuerung des Marktgebiets erforderliche Menge an physikalischer Ausgleichsenergie.

(2) Physikalische Ausgleichsenergie muss in Form folgender, nach Priorität gereihter Bilanzierungsinstrumente beschafft werden:

1. über den Handel von standardisierten Produkten an der Erdgasbörse am Virtuellen Handelspunkt;
2. über Standardprodukte der Merit Order List gemäß § 29 Abs. 2 Z 1;
3. über Flexibilitätsprodukte der Merit Order List gemäß § 29 Abs. 2 Z 2,
4. über Abrufe aus der strategischen Gasreserve gemäß § 18c GWG 2011.

Wenn in der jeweiligen Prioritätsstufe bezogen auf einen vom MVGM als relevant eingestuften Zeitraum keine entsprechenden Angebote verfügbar sind oder lokationsabhängige, kurzfristige oder lastreduzierende Produkte zum Erhalt des störungsfreien Betriebs vom MVGM benötigt werden, kann dieser auf die jeweils nächste Prioritätsstufe zugreifen und dortige Angebote abrufen.

Regelungen zur Merit Order List

§ 29. (1) Die Ausgleichsenergieanbieter auf der Merit Order List haben technisch sicherzustellen, dass die von ihnen angebotene Energie mit der angegebenen Leistung, bei dem im Angebot genannten Ein- und Ausspeisepunkt und innerhalb der jeweiligen Vorlaufzeit nach Anforderung durch den MVGM tatsächlich in das System des Marktgebietes eingespeist oder aus dem System entnommen wird.

(2) Angebote sind vom Ausgleichsenergieanbieter ausschließlich auf einer Online-Plattform, die die Bilanzierungsstelle zur Verfügung stellt, für Aufbringung oder Abnahme zu legen. Im Angebot müssen die vom MVGM vergebene Identifikationsnummer der Bilanzgruppe des Ausgleichsenergieanbieters, die Stunde(n), für die das Angebot gilt, die jeweilige Vorlaufzeit in Bezug auf den Abruf von Ausgleichsenergie und die Höhe der angebotenen Leistungsvorhaltung sowie der Energiepreis und der Ein- oder Ausspeisepunkt bzw. Zählpunkt enthalten sein. Die Angebote haben zu Fixpreisen zu erfolgen. Bei den Angeboten wird unterschieden zwischen:

1. Angeboten von Standardprodukten je Ausgleichsenergieanbieter, mit einer Vorlaufzeit von 30 Minuten, mit einer Mindestdauer von einer Stunde und einer Mindestgröße von einer MWh/h;
2. Angebote von zusammenhängenden Stundenprodukten je Ausgleichsenergieanbieter mit einer vom Ausgleichsenergieanbieter zu wählenden Vorlaufzeit und einer Mindestgröße von einer MWh/h.

(3) Angebote sind bis spätestens 16.00 Uhr (Marktschluss) für den folgenden Gastag, vor Samstagen, Sonntagen und gesetzlichen Feiertagen bis einschließlich des nächsten Arbeitstages zu legen. Ab dem Zeitpunkt des Marktschlusses sind die Angebote für die jeweiligen Ausgleichsenergieanbieter verbindlich und können nicht mehr geändert oder zurückgezogen werden. Die Bilanzierungsstelle hat im Falle von besonderen, begründeten Umständen wie zum Beispiel auf Grund technischer Probleme, Zusammentreffen von Wochenend- und Feiertagen oder zur Ergreifung von Maßnahmen wegen fehlender Angebote die Möglichkeit, nach Information der Marktteilnehmer den Zeitpunkt des Marktschlusses zu verschieben.

(4) Beurteilt der MVGM die vorliegenden Ausgleichsenergieangebote als unzureichend, so ist

dies der Bilanzierungsstelle unter Angabe einer Begründung unverzüglich mitzuteilen.

(5) Die Bilanzierungsstelle öffnet in der Folge erneut den Markt, legt einen neuen Marktschluss fest und informiert alle Ausgleichsenergieanbieter. Die Bilanzierungsstelle lädt mit dieser Information die Ausgleichsenergieanbieter ein, zusätzliche Mengen zu den gemäß Abs. 3 verbindlich gelegten Angeboten anzubieten.

(6) Die Bilanzierungsstelle hat nach Aufforderung des MVGMs den Markt 24 Stunden pro Tag für die Abgabe von Angeboten offen zu halten. In diesem Fall werden die Ausgleichsenergieanbieter über die permanente Marktöffnung von der Bilanzierungsstelle vorab informiert. Im Falle einer permanenten Marktöffnung werden die abgegebenen Angebote zu den von der Bilanzierungsstelle bestimmten und veröffentlichten Zeitpunkten an den MVGM übermittelt (Marktschluss). Bis zu diesen Zeitpunkten abgegebene Angebote dürfen in der Folge nicht mehr geändert oder zurückgezogen werden.

(7) Die Angebote gemäß Abs. 2 Z 1 werden von der Bilanzierungsstelle jeweils getrennt nach Aufbringung und Abnahme, entsprechend den angegebenen Energiepreisen gereiht. Bei preislich gleichen Angeboten geht das mengenmäßig größere vor. Bei preislich und mengenmäßig gleichen Angeboten entscheidet der Zeitpunkt des Einlangens. Jedes Angebot wird von der Bilanzierungsstelle mit einer eindeutigen Angebotsnummer versehen.

(8) Die Angebote gemäß Abs. 2 Z 2 werden von der Bilanzierungsstelle jeweils getrennt nach Aufbringung und Abnahme, entsprechend den angegebenen Energiepreisen und unter Berücksichtigung der Vorlaufzeiten gereiht. Bei preislich gleichen Angeboten geht das Angebot mit der kürzeren Vorlaufzeit vor. Bei preislich und hinsichtlich der Vorlaufzeit gleichen Angeboten geht das mengenmäßig größere vor. Bei preislich, hinsichtlich der Vorlaufzeit und mengenmäßig gleichen Angeboten entscheidet der Zeitpunkt des Einlangens. Jedes Angebot wird von der Bilanzierungsstelle mit einer eindeutigen Angebotsnummer versehen.

(9) Die gemäß Abs. 7 und 8 erstellte Merit Order List wird von der Bilanzierungsstelle an den MVGM, unmittelbar nach Marktschluss übermittelt. Der MVGM ruft unter Einhaltung der Reihenfolge gemäß § 28 Abs. 2 in der Folge die erforderliche Aufbringung oder Abnahme der Ausgleichsenergie bei den Anbietern entsprechend der Merit Order List ab. Der MVGM hat das Recht, aus Angeboten zumindest eine MWh/h und in Schritten von einer MWh/h bis zum vollen angebotenen Leistungsumfang abzurufen. Bei Angeboten gemäß Abs. 2 Z 2 kann das Recht des MVGM, Angebote in Schritten bis zum vollen Leistungsumfang abzurufen, vom Ausgleichsenergieanbieter ausgeschlossen werden.

(10) Ist dem MVGM die Einhaltung der Abrufreihenfolge gemäß § 28 Abs. 2 aufgrund von schwerwiegenden Engpässen im Leitungsnetz oder technischen Störungen nicht möglich, ist der MVGM berechtigt, nachstehende Maßnahmen zu ergreifen:

1. Aufhebung der Reihenfolge beim Abruf von Ausgleichsenergieangeboten aus der Merit Order List;
2. gleichzeitige Abrufe von Ausgleichsenergieabnahme- und Ausgleichsenergieaufbringungsangeboten mit der Möglichkeit, diese an unterschiedlichen Orten in Anspruch zu nehmen.

(11) In den Fällen, in denen gemäß Abs. 10 durch den MVGM von der Abrufreihenfolge abgewichen wird, ist dieser verpflichtet, der Bilanzierungsstelle, den übergangenen Ausgleichsenergieanbietern und der Regulierungsbehörde den Grund für die Nichteinhaltung der Abrufreihenfolge innerhalb von drei Arbeitstagen bekannt zu geben und zu begründen. Diese Informationen sind unmittelbar auf der Website der Bilanzierungsstelle zu veröffentlichen.

(12) Der MVGM ruft die benötigte Ausgleichsenergie im Namen und auf Rechnung der Bilanzierungsstelle ab. Der MVGM hat dafür Sorge zu tragen, dass die von ihm abgerufene Ausgleichsenergie vom System übernommen oder abgegeben wird. Mit dem Abruf kommt ein Vertrag zwischen der Bilanzierungsstelle und dem jeweiligen Ausgleichsenergieanbieter zustande. Der Abruf erfolgt für eine volle Stunde und beginnt zur vollen Stunde, wobei die Vorlaufzeit von 30 Minuten für Angebote gemäß Abs. 2 Z 1 bzw. die gewählte Vorlaufzeit für Angebote gemäß Abs. 2 Z 2 für Abrufe von zeitabhängigen und lokationsabhängigen Angeboten der Ein- und Ausspeisepunkte im Verteilergebiet oder an online gemessenen Endverbrauchern gilt. Falls der Abruf von Angeboten früher erfolgt, gilt dieser als unwiderrufen, wenn nicht bis spätestens bis zur jeweiligen Vorlaufzeit vor der tatsächlichen Inanspruchnahme der Ausgleichsenergie der Abruf durch den MVGM per E-Mail storniert wird.

(13) Der Abruf der angebotenen Ausgleichsenergie erfolgt direkt beim Ausgleichsenergieanbieter per E-Mail an die in der Merit Order List angegebene E-Mailadresse. Ein technisch verantwortlicher und abschlussberechtigter Ansprechpartner des Anbieters muss sowohl dem MVGM als auch dem Bilanzgruppenverantwortlichen bekannt gegeben werden und muss für die Dauer des abgegebenen Angebots jederzeit über eine weitere genannte Nebenstelle telefonisch erreichbar sein. Der technisch verantwortliche und abschlussberechtigte Ansprechpartner des Ausgleichsenergieanbieters erhält zeitgleich eine Kopie der E-Mail mit den Abrufinformationen.

(14) Die vom MVGM angeforderte Ausgleichsenergie wird in der Bilanzgruppe Ausgleichsenergie und in der Bilanzgruppe des Ausgleichsenergieanbieters bei der Ermittlung der Entgelte für Ausgleichsenergie gemäß § 87 Abs. 4 GWG 2011 berücksichtigt. Die Verrechnung des Energiepreises gemäß Abs. 7 für die vom Ausgleichsenergieanbieters abgerufene Ausgleichsenergie setzt voraus, dass der Ausgleichsenergieanbieter aufgrund des Ausgleichsstatus seiner Bilanzgruppe auch tatsächlich die mit dem Einsatz der physikalischen Ausgleichsenergie erwünschte physikalische Wirkung für das Netz erzeugt. Andernfalls ist die Verrechnung auf die tatsächlich realisierte physikalische Wirkung zu beschränken.

(15) Im Falle von als ungenügend eingestuften Angeboten von Ausgleichsenergie gemäß § 29 Abs. 2 Z 1 und Z 2, können von der Bilanzierungsstelle Market Maker eingeführt werden. Die durch Market Maker vorzuhaltende Leistung ist vom MVGM festzulegen. Die zugrundeliegenden Analysen sind der Regulierungsbehörde vor Kontrahierung anzuzeigen. Die Einführung und Abwicklung der Market Maker erfolgt entsprechend den allgemeinen Bedingungen der Bilanzierungsstelle.

Bedingungen für die Erbringung von Ausgleichsleistungen im Rahmen der Merit Order List

§ 30. (1) Ein Bilanzgruppenmitglied, das den Registrierungsprozess für Ausgleichsenergieanbieter an der Merit Order List gemäß den Anforderungen in den Allgemeinen Bedingungen der Bilanzierungsstelle erfolgreich abgeschlossen hat, kann mit Zustimmung des Bilanzgruppenverantwortlichen gemäß § 19 Abs. 3 Ausgleichsenergie gemäß § 28 Abs. 2 Z 2 und 3 anbieten. Sofern dem keine schwerwiegenden Gründe entgegenstehen, hat der Bilanzgruppenverantwortliche diese Zustimmung zu erteilen.

(2) Endverbraucher mit einer vertraglich vereinbarten Höchstleistung von mehr als 10.000 kWh/h haben sich an der Merit Order List gemäß § 28 Abs. 2 Z 3 bei der Bilanzierungsstelle zu registrieren. Der jeweilige Bilanzgruppenverantwortliche hat mit diesen Bilanzgruppenmitgliedern eine Vereinbarung für die Teilnahme und Abwicklung an der Merit Order List zu treffen. Mittelbare Bilanzgruppenmitglieder können sich dazu auch ihres Versorgers bedienen.

(3) Im Rahmen des Registrierungsprozesses muss das Bilanzgruppenmitglied nachweisen, dass es über geeignete Flexibilisierungspotentiale wie einsetzbare Speichermengen, Gasmengen an Ein- oder Ausspeisepunkten des Marktgebietes oder Endverbraucher mit einer vertraglich vereinbarten Leistung von mehr als 10.000 kWh/h verfügt, an deren Zählpunkt online gemessen wird und eine online Datenübermittlung an den MVGM erfolgt. Der Ausgleichsenergieanbieter hat der Bilanzierungsstelle mitzuteilen, an welchen Punkten er Ausgleichsenergie anbieten wird.

(4) Die Bilanzierungsstelle übermittelt dem MVGM nach jeder Änderung eine aktualisierte Liste der registrierten Ausgleichsenergieanbieter.

(5) Das Anbieten von Ausgleichsenergie gemäß Abs. 1 ist nach der Einrichtung des Anbieters bei der Bilanzierungsstelle und der Einrichtung des Ausgleichsenergieangebotspunktes beim MVGM möglich.

Einkürzung von nicht marktbasiert beherrschbaren Unausgeglichenheiten

§ 31. Sind die Maßnahmen gemäß § 28 nicht ausreichend, um die Netzstabilität aufrechtzuerhalten, kann der MVGM eine Änderung der Mengenanmeldung jener Bilanzgruppen erwirken, die mit

1. ihren vorläufigen Tagesunausgeglichenheiten gemäß § 33 Abs. 2 und
2. der mithilfe der Großabnehmerfahrpläne gemäß § 32 Abs. 3 Z 5 absehbaren Entwicklung der Tagesunausgeglichenheiten,

die Netzstabilität gefährden.

Gesonderte Regelungen zur Versorgungssicherheit

§ 31a. (1) Sofern für ein Marktgebiet eine Krisenstufe im Sinne des Art. 11 Abs. 1 der Verordnung (EU) 2017/1938 über Maßnahmen zur Gewährleistung der sicheren Gasversorgung und zur Aufhebung der Verordnung (EU) Nr. 994/2010, ABl. Nr. L 280 vom 28.10.2017 S. 1, ausgerufen wurde, gilt

1. bei einer positiven Tagesunausgeglichenheit einer Bilanzgruppe der mengendurchschnittsgewichtete Preis aller physikalischen Ausgleichsenergieverkäufe gemäß § 28 Abs. 2 für den jeweiligen Gastag abzüglich einer kleinen Anpassung idH von drei Prozent;
2. bei einer negativen Tagesunausgeglichenheit einer der mengendurchschnittsgewichtete Preis aller physikalischen Ausgleichsenergiekäufe gemäß § 28 Abs. 2 für den jeweiligen Gastag zuzüglich einer kleinen Anpassung idH von drei Prozent.

(2) Sofern für ein Marktgebiet die Notfallstufe im Sinne des Art. 11 Abs. 1 lit. c der Verordnung (EU) 2017/1938 ausgerufen wurde, hat der MVGM eine Änderung der Mengenanmeldung jener Bilanzgruppen zu erwirken, deren Bilanzgruppenstatus gemäß § 33 Abs. 2 und der mithilfe der Großabnehmerfahrpläne gemäß § 32 Abs. 3 Z 5 absehbaren Entwicklung eine Tagesunausgeglichenheit für den Gastag aufweisen.

(3) Sofern für ein Marktgebiet die Notfallstufe im Sinne des Art. 11 Abs. 1 lit. c der Verordnung (EU) 2017/1938 ausgerufen wurde, hat der MVGM nach Ausnutzung des Netzpuffers freie Speicherkapazitäten, die für die Beschaffung der

strategischen Gasreserve gemäß § 18a GWG 2011 zur Verfügung stehen, zur Netzpufferung heranzuziehen.

5. Abschnitt
Informationsbereitstellung und Transparenz
Informationsflüsse zwischen Marktteilnehmern

§ 32.[a)] (1) Marktteilnehmer sind verpflichtet, die für sie relevanten Informationsflüsse zeitgerecht abzuwickeln.

(2) Eine allfällige Detailierung der Informationsflüsse sowie der damit verbundenen Rechte und Pflichten für Marktteilnehmer erfolgt im Rahmen der Sonstigen Marktregeln gemäß § 22 E-ControlG sowie, soweit gesetzlich vorgesehen, in auf diesen Bestimmungen basierenden Allgemeinen Bedingungen der Marktteilnehmer. Dabei sind die in § 35 spezifizierten Formate und Prozesse zu verwenden.

(3) Die Datenbereitstellung des Bilanzgruppenverantwortlichen je Bilanzgruppe beinhaltet insbesondere in Form von Stundenzeitreihen

1. die Übermittlung der Nominierung für Ein- und Ausspeisemengen je Ein- und Ausspeisepunkt an den Fernleitungsnetzbetreiber bzw. für Ein- und Ausspeisepunkte im Verteilergebiet an der Marktgebietsgrenze an den MVGM;
1a. die Übermittlung der einzelnen Sub-Bilanzkonten zugeordneten Nominierung des jeweiligen Bilanzgruppenmitglieds für Ein- und Ausspeisemengen je Ein- und Ausspeisepunkt an den Fernleitungsnetzbetreiber für Zwecke der Verrechnung des mengenbasiertes Netznutzungsentgelts gemäß § 2 Abs. 1 Z 8a GSNE-VO 2013;
2. die Übermittlung der Nominierung für Ein- und Ausspeisemengen an das jeweilige Speicherunternehmen;
3. die Übermittlung der Nominierung für Einspeisemengen aus Erdgas-Produktionsanlagen an den jeweiligen Produzenten;
4. die Übermittlung von Handelsnominierungen an den Betreiber des Virtuellen Handelspunktes;
5. die Übermittlung von Großabnehmerfahrplänen für Endverbraucher, die mit dem Netzbetreiber eine vertragliche Höchstleistung von mehr als 50.000 kWh/h je Zählpunkt vereinbart haben, an den MVGM. Diese werden primär für Zwecke der Netzsteuerung benötigt und sind daher disaggregiert pro Endverbraucher auszuweisen;
6. die Übermittlung von Fahrplänen für Endverbraucher, die mit dem Netzbetreiber eine vertragliche Höchstleistung größer 25.000 kWh/h je Ausspeise- bzw. Zählpunkt und gemäß § 21 Abs. 6 das stündliche Profil der Messwerte als bilanzierungsrelevante Allokation vereinbart haben, je Ausspeise- bzw. Zählpunkt an den MVGM.

(4) Die Datenbereitstellung des Versorgers beinhaltet insbesondere

1. die Erstellung der Verbrauchsprognose der ihm zugeordneten SLP-Kunden unter Berücksichtigung von Abs. 10 Z 4;
2. die Erstellung der Verbrauchsprognose der ihm zugeordneten leistungsgemessenen Kunden in Summe und als Stundenzeitreihe und dessen zeitgerechte Übermittlung an seinen Bilanzgruppenverantwortlichen.

(5) Die Datenbereitstellung der Fernleitungsnetzbetreiber beinhaltet insbesondere

1. die Übermittlung der allokierten Ein- und Ausspeisenominierungen pro Ein- und Ausspeisepunkt im Fernleitungsnetz je Bilanzgruppe in Form von Stundenzeitreihen an die Bilanzierungsstelle und den MVGM, soweit § 46 Abs. 5 nichts anderes bestimmt;
2. die Übermittlung von stündlichen Informationen über den für das Marktgebiet gemäß § 27 Abs. 4 nutzbaren Netzpuffervolumens der Fernleitungen an den MVGM;
3. die Übermittlung aller relevanten Kapazitätsdaten an den Ein- und Ausspeisepunkten des Marktgebietes auf täglicher Basis an den MVGM;
4. die Übermittlung aller für die Netzbilanzierung gemäß § 26 relevanten Informationen in erforderlicher Granularität und Taktung an angrenzende Verteilernetzbetreiber und an den MVGM, soweit erforderlich, die Bilanzierungsstelle, soweit § 46 Abs. 5 nichts anderes bestimmt;
5. die laufende Übermittlung von stündlichen Brennwert-Messdaten an den MVGM zum Zwecke der laufenden Simulation und Interpretation von Brennwerten gemäß Abs. 10 Z 6 in erforderlicher Granularität und Taktung;
6. für die Einspeisung erneuerbarer Gase in das Fernleitungsnetz sowie die Ausspeisung an Endverbraucher aus dem Fernleitungsnetz gelten die Vorgaben für Verteilernetzbetreiber zur stündlichen Übermittlung von vorläufigen Allokationen gemäß Abs. 9 Z 3, zur täglichen Übermittlung von aktualisierten Allokationen gemäß Abs. 9 Z 5 und zur monatlichen Übermittlung von abrechnungsrelevanten Allokation gemäß Abs. 9 Z 6 sinngemäß auch für Fernleitungsnetzbetreiber;
7. die Übermittlung von online gemessenen Durchfluss- und Druckwerten pro Grenzkopplungspunkt des Marktgebietes an den MVGM.

(6) Die Datenbereitstellung der Speicherunternehmen beinhaltet insbesondere

1. die Übermittlung der allokierten Ein- bzw. Ausspeichermengen je Bilanzgruppe in Form

von Stundenzeitreihen an die Bilanzierungsstelle und den MVGM, soweit § 46 Abs. 5 nichts anderes bestimmt;
2. die Übermittlung der allokierten Ein- bzw. Ausspeichermengen als Summen-Stundenzeitreihe pro Ein- und Ausspeisepunkt der Speicheranlagen, an den MVGM für Speicheranlagen im Verteilergebiet bzw. den Fernleitungsnetzbetreiber für Speicheranlagen im Fernleitungsnetz;
3. die Übermittlung der Informationen über die ein- und ausgespeisten Mengen und die verfügbare Kapazität sowie über das Arbeitsgasvolumen auf täglicher Basis an den MVGM;
4. die Übermittlung der für die laufende Simulation und Interpretation von Brennwerten gemäß Abs. 10 Z 6 erforderlichen Informationen zu Brennwertmessungen von Ein- und Ausspeisungen von bzw. zu Speicheranlagen in Kooperation mit Verteilernetzbetreibern in erforderlicher Granularität und Taktung an den MVGM.

(7) Die Datenbereitstellung der Produzenten von Erdgas beinhaltet insbesondere

1. die Übermittlung der allokierten Produktionsmengen je Bilanzgruppe in Form von Stundenzeitreihen an die Bilanzierungsstelle und den MVGM, soweit § 46 Abs. 5 nichts anderes bestimmt;
2. die Übermittlung der allokierten Produktionsmengen als Summen-Stundenzeitreihe pro Einspeisepunkt der Produktionsanlage an den MVGM;
3. die Übermittlung der für die laufende Simulation und Interpretation von Brennwerten gemäß Abs. 10 Z 6 erforderlichen Informationen zu Brennwertmessungen von Produktionsanlagen in Kooperation mit Verteilernetzbetreibern in erforderlicher Granularität und Taktung an den MVGM.

(8) Die Datenbereitstellung des Betreibers des Virtuellen Handelspunktes beinhaltet insbesondere die Übermittlung der allokierten, saldierten Handelsmengen am Virtuellen Handelspunkt je Bilanzgruppe in Form von Stundenzeitreihen an die Bilanzierungsstelle und den MVGM, soweit § 46 Abs. 5 nichts anderes bestimmt.

(9) Die Datenbereitstellung der Verteilernetzbetreiber beinhaltet insbesondere

1. die Information über die den Endverbrauchern in seiner Bilanzgruppe zugeordneten standardisierten Lastprofile, die dem Bilanzgruppenverantwortlichen auf dessen Anforderung zur Verfügung zu stellen ist;
2. die Übermittlung der für die SLP-Verbrauchsprognosen gemäß § 36 sowie für die Allokationen von Verbräuchen von Endverbrauchern mit zugeordnetem Standardlastprofil erforderlichen Basisdaten an den MVGM für die Erstellung der SLP-Verbrauchsprognosen durch den MVGM;
3. die stündliche Übermittlung der vorläufigen Allokationen von Messwerten der bisherigen Stunden des Gastages für Endverbraucher mit Lastprofilzähler und einer vertraglich vereinbarten Höchstleistung größer 10.000 kWh/h, je Zählpunkt in Form von Stundenzeitreihen an den MVGM sowie den jeweiligen Versorger;
4. die unverzügliche Übermittlung der vorläufigen Allokationen von Messwerten für Endverbraucher mit Lastprofilzähler, deren Messwerte online zur Verfügung stehen, je Zählpunkt und unter Angabe des jeweiligen Versorgers an den MVGM sowie den jeweiligen Versorger;
5. die tägliche Übermittlung von aktualisierten Allokationen von Verbräuchen von Endverbrauchern mit Lastprofilzähler je Versorger als Aggregat in Form von Stundenzeitreihen an die Bilanzierungsstelle und den MVGM, je Zählpunkt an den jeweiligen Versorger sowie je Zählpunkt eines Endverbrauchers mit einer vertraglich vereinbarten Höchstleistung größer 10.000 kWh/h an den MVGM, soweit § 46 Abs. 5 nichts anderes bestimmt. Auf Kundenwunsch sind diese Werte auch dem Kunden zur Verfügung zu stellen;
6. die monatliche Übermittlung von gemäß § 24 Abs. 2 abrechnungsrelevanten Allokationen von Messwerten für Endverbraucher mit Lastprofilzähler, für das jeweilige Abrechnungsmonat bis zum vorgesehenen Clearingschluss, je Versorger als Aggregat in Form von Stundenzeitreihen an die Bilanzierungsstelle und den MVGM, je Zählpunkt an den jeweiligen Versorger sowie je Zählpunkt eines Endverbrauchers mit einer vertraglich vereinbarten Höchstleistung größer 10.000 kWh/h an den MVGM, soweit § 46 Abs. 5 nichts anderes bestimmt. Auf Kundenwunsch sind diese Werte auch dem Kunden zur Verfügung zu stellen;
7. die monatliche Übermittlung von gemäß § 24 Abs. 2 abrechnungsrelevanten, berechneten Allokationen von Verbräuchen von Endverbrauchern mit zugeordnetem Standardlastprofil, für das jeweilige Abrechnungsmonat bis zum vorgesehenen Clearingschluss, je Versorger als Aggregat in Form von Stundenzeitreihen an die Bilanzierungsstelle und den MVGM, soweit § 46 Abs. 5 nichts anderes bestimmt;
8. die Übermittlung von gemäß § 24 Abs. 3 abrechnungsrelevanten, finalen Allokationen gemäß Z 6 und 7, für das jeweilige Abrechnungsmonat bis zum vorgesehenen Clearingschluss, je Versorger als Aggregat in Form von Stundenzeitreihen an die Bilanzierungsstelle und den MVGM, soweit § 46 Abs. 5 nichts anderes bestimmt;

9. für die Einspeisung erneuerbarer Gase in das Verteilernetz gelten die Vorgaben zur stündlichen Übermittlung von vorläufigen Allokationen gemäß Z 3, zur täglichen Übermittlung von aktualisierten Allokationen gemäß Z 5 und zur monatlichen Übermittlung von abrechnungsrelevanten Allokationen gemäß Z 6 und Z 8 sinngemäß je Einspeisepunkt an Bilanzgruppenverantwortliche, an den MVGM sowie an die Bilanzierungsstelle, soweit § 46 Abs. 5 nichts anderes bestimmt;
10. die Übermittlung aller für die Netzbilanzierung gemäß § 26 relevanten Informationen in erforderlicher Granularität und Taktung an den MVGM die Bilanzierungsstelle und, soweit erforderlich, angrenzende Verteilernetzbetreiber, soweit § 46 Abs. 5 nichts anderes bestimmt;
11. die Übermittlung aller für die laufende Simulation und Interpretation von Brennwerten gemäß Abs. 10 Z 6 erforderlichen Informationen wie insbesondere Brennwertmessungen im jeweiligen Netzbereich eines Verteilernetzbetreibers, Druck- und Durchflusswerten, der geometrischen bzw. hydraulischen Leitungsdaten sowie des Schaltzustandes in erforderlicher Granularität und Taktung an den MVGM;

(Anm.: Z 12 tritt mit 1.1.2024, 6 Uhr, in Kraft, sofern zu diesem Zeitpunkt § 2 Abs. 1 Z 13 der Verordnung gemäß § 70 GWG 2011 anstelle eines einheitlichen Brennwerts je Marktgebiet einen nach Brennwertbezirken und Ist-Brennwerten differenzierten Verrechnungsbrennwert vorsieht.)

(10) Die Datenbereitstellung des MVGMs beinhaltet insbesondere

1. die zeitnahe Bekanntgabe von Abrufen physikalischer Ausgleichsenergie gemäß § 28 an die Bilanzierungsstelle;
2. die Bereitstellung einer Liste der registrierten Versorger und Bilanzgruppen sowie deren zugehörigen Bilanzgruppen bzw. Bilanzgruppenverantwortlichen bei Änderungen in der Liste an die Bilanzierungsstelle;
3. die Ermittlung der allokierten Ein- und Ausspeisenominierungen pro Ein- und Ausspeisepunkt im Verteilergebiet an der Marktgebietsgrenze auf Basis der Nominierungen gemäß Abs. 3 Z 1 je Bilanzgruppe in Form von Stundenzeitreihen für den Zweck der Bereitstellung an die Bilanzierungsstelle, soweit § 46 Abs. 5 nichts anderes bestimmt;
4. die Bereitstellung der je Versorger aggregierten SLP-Verbrauchsprognosen gemäß § 36 in Form von Stundenzeitreihen an die jeweiligen Bilanzgruppenverantwortlichen und den jeweiligen Versorger;
5. die näherungsweise Berechnung von vorläufigen Allokationen von Messwerten der bisherigen Stunden des Gastages für Endverbraucher mit Lastprofilzähler und einer vertraglich vereinbarten Höchstleistung kleiner gleich 10.000 kWh/h je Versorger als Aggregat in Form von Stundenzeitreihen für den Zweck der Bereitstellung an den jeweiligen Versorger;
6. die durchgängige, laufende Simulation von Brennwerten in der Netzebene 1 gemäß Anlage 1 GWG 2011 unter Berücksichtigung sämtlicher, vorliegender Messwerte von Ein-/Ausspeisungen, Brennwertmessungen sowie Druck- und Durchflusswerten, der geometrischen bzw. hydraulischen Leitungsdaten sowie des Schaltzustandes und unmittelbare Übermittlung der Ergebnisse insbesondere für Netzkopplungs-, Mess- und Abzweigpunkte an die Verteilernetzbetreiber sowie den Vergleich der Simulationsergebnisse mit von Verteilernetzbetreibern vorgegebenen Werten mit entsprechender Interpretation der Ergebnisse gemäß Anlage 2 Punkt IV und Informationsbereitstellung an die Verteilernetzbetreiber in erforderlicher Granularität und Taktung;
7. die tägliche Ermittlung von aktualisierten, berechneten Allokationen von Verbräuchen von Endverbrauchern mit zugeordnetem Standardlastprofil als Aggregat je Versorger für den Zweck der Bereitstellung in Form von Stundenzeitreihen an den jeweiligen Versorger sowie die Bilanzierungsstelle, soweit § 46 Abs. 5 nichts anderes bestimmt;
8. die Übermittlung von Nominierungen der Netzkopplungspunkte Fernleitung/Verteilergebiet an die Fernleitungsnetzbetreiber.

(11) Die Datenbereitstellung der Bilanzierungsstelle beinhaltet insbesondere

1. die Übermittlung der standardisierten Lastprofile an die Verteilernetzbetreiber und an den MVGM;
2. die tägliche Übermittlung jener aggregierten Allokationsdaten und Mengensalden je Bilanzgruppe an den MVGM, die dieser für die Informationsbereitstellung gemäß §§ 33 und 34 benötigt, soweit § 46 Abs. 5 nichts anderes bestimmt. Bilanzierungsstelle und MVGM haben durch entsprechende Koordination auf eine möglichst effiziente und nutzerfreundliche Bereitstellung dieser Daten hinzuwirken;
3. die tägliche Übermittlung der Ausgleichsenergiepreise gemäß § 22, des Kostenbeitrags zur untertätigen Strukturierung gemäß § 23 sowie der Höhe der Bilanzierungsumlage und des Stands des Neutralitätskontos gemäß § 25 jeweils für den Vortag an den MVGM.

(12) Die Datenbereitstellung des unmittelbaren Bilanzgruppenmitglieds beinhaltet insbesondere die Übermittlung von Daten gemäß § 19 Abs. 4 Z 1.

[a)] Tritt mit Ablauf des 31. Dezember 2023 außer Kraft.

5. Abschnitt
Informationsbereitstellung und Transparenz

Informationsflüsse zwischen Marktteilnehmern

§ 32.[a)] (1) Marktteilnehmer sind verpflichtet, die für sie relevanten Informationsflüsse zeitgerecht abzuwickeln.

(2) Eine allfällige Detailierung der Informationsflüsse sowie der damit verbundenen Rechte und Pflichten für Marktteilnehmer erfolgt im Rahmen der Sonstigen Marktregeln gemäß § 22 E-ControlG sowie, soweit gesetzlich vorgesehen, in auf diesen Bestimmungen basierenden Allgemeinen Bedingungen der Marktteilnehmer. Dabei sind die in § 35 spezifizierten Formate und Prozesse zu verwenden.

(3) Die Datenbereitstellung des Bilanzgruppenverantwortlichen je Bilanzgruppe beinhaltet insbesondere in Form von Stundenzeitreihen

1. die Übermittlung der Nominierung für Ein- und Ausspeisemengen je Ein- und Ausspeisepunkt an den Fernleitungsnetzbetreiber bzw. für Ein- und Ausspeisepunkte im Verteilergebiet an der Marktgebietsgrenze an den MVGM;

1a. die Übermittlung der einzelnen Sub-Bilanzkonten zugeordneten Nominierung des jeweiligen Bilanzgruppenmitglieds für Ein- und Ausspeisemengen je Ein- und Ausspeisepunkt an den Fernleitungsnetzbetreiber für Zwecke der Verrechnung des mengenbasiertes Netznutzungsentgelts gemäß § 2 Abs. 1 Z 8a GSNE-VO 2013;

2. die Übermittlung der Nominierung für Ein- und Ausspeisemengen an das jeweilige Speicherunternehmen;

3. die Übermittlung der Nominierung für Einspeisemengen aus Erdgas-Produktionsanlagen an den jeweiligen Produzenten;

4. die Übermittlung von Handelsnominierungen an den Betreiber des Virtuellen Handelspunktes;

5. die Übermittlung von Großabnehmerfahrplänen für Endverbraucher, die mit dem Netzbetreiber eine vertragliche Höchstleistung von mehr als 50.000 kWh/h je Zählpunkt vereinbart haben, an den MVGM. Diese werden primär für Zwecke der Netzsteuerung benötigt und sind daher disaggregiert pro Endverbraucher auszuweisen;

6. die Übermittlung von Fahrplänen für Endverbraucher, die mit dem Netzbetreiber eine vertragliche Höchstleistung größer 25.000 kWh/h je Ausspeise- bzw. Zählpunkt und gemäß § 21 Abs. 6 das stündliche Profil der Messwerte als bilanzierungsrelevante Allokation vereinbart haben, je Ausspeise- bzw. Zählpunkt an den MVGM.

(4) Die Datenbereitstellung des Versorgers beinhaltet insbesondere

1. die Erstellung der Verbrauchsprognose der ihm zugeordneten SLP-Kunden unter Berücksichtigung von Abs. 10 Z 4;

2. die Erstellung der Verbrauchsprognose der ihm zugeordneten leistungsgemessenen Kunden in Summe und als Stundenzeitreihe und dessen zeitgerechte Übermittlung an seinen Bilanzgruppenverantwortlichen.

(5) Die Datenbereitstellung der Fernleitungsnetzbetreiber beinhaltet insbesondere

1. die Übermittlung der allokierten Ein- und Ausspeisenominierungen pro Ein- und Ausspeisepunkt im Fernleitungsnetz je Bilanzgruppe in Form von Stundenzeitreihen an die Bilanzierungsstelle und den MVGM, soweit § 46 Abs. 5 nichts anderes bestimmt;

2. die Übermittlung von stündlichen Informationen über den für das Marktgebiet gemäß § 27 Abs. 4 nutzbaren Netzpuffervolumens der Fernleitungen an den MVGM;

3. die Übermittlung aller relevanten Kapazitätsdaten an den Ein- und Ausspeisepunkten des Marktgebietes auf täglicher Basis an den MVGM;

4. die Übermittlung aller für die Netzbilanzierung gemäß § 26 relevanten Informationen in erforderlicher Granularität und Taktung an angrenzende Verteilernetzbetreiber und an den MVGM, soweit erforderlich, die Bilanzierungsstelle, soweit § 46 Abs. 5 nichts anderes bestimmt;

5. die laufende Übermittlung von stündlichen Brennwert-Messdaten an den MVGM zum Zwecke der laufenden Simulation und Interpretation von Brennwerten gemäß Abs. 10 Z 6 in erforderlicher Granularität und Taktung;

6. für die Einspeisung erneuerbarer Gase in das Fernleitungsnetz sowie die Ausspeisung an Endverbraucher aus dem Fernleitungsnetz gelten die Vorgaben für Verteilernetzbetreiber zur stündlichen Übermittlung von vorläufigen Allokationen gemäß Abs. 9 Z 3, zur täglichen Übermittlung von aktualisierten Allokationen gemäß Abs. 9 Z 5 und zur monatlichen Übermittlung von abrechnungsrelevanten Allokation gemäß Abs. 9 Z 6 sinngemäß auch für Fernleitungsnetzbetreiber;

7. die Übermittlung von online gemessenen Durchfluss- und Druckwerten pro Grenzkopplungspunkt des Marktgebietes an den MVGM.

(6) Die Datenbereitstellung der Speicherunternehmen beinhaltet insbesondere

1. die Übermittlung der allokierten Ein- bzw.

Ausspeichermengen je Bilanzgruppe in Form von Stundenzeitreihen an die Bilanzierungsstelle und den MVGM, soweit § 46 Abs. 5 nichts anderes bestimmt;
2. die Übermittlung der allokierten Einbzw. Ausspeichermengen als Summen-Stundenzeitreihe pro Ein- und Ausspeisepunkt der Speicheranlagen, an den MVGM für Speicheranlagen im Verteilergebiet bzw. den Fernleitungsnetzbetreiber für Speicheranlagen im Fernleitungsnetz;
3. die Übermittlung der Informationen über die ein- und ausgespeisten Mengen und die verfügbare Kapazität sowie über das Arbeitsgasvolumen auf täglicher Basis an den MVGM;
4. die Übermittlung der für die laufende Simulation und Interpretation von Brennwerten gemäß Abs. 10 Z 6 erforderlichen Informationen zu Brennwertmessungen von Ein- und Ausspeisungen von bzw. zu Speicheranlagen in Kooperation mit Verteilernetzbetreibern in erforderlicher Granularität und Taktung an den MVGM.

(7) Die Datenbereitstellung der Produzenten von Erdgas beinhaltet insbesondere

1. die Übermittlung der allokierten Produktionsmengen je Bilanzgruppe in Form von Stundenzeitreihen an die Bilanzierungsstelle und den MVGM, soweit § 46 Abs. 5 nichts anderes bestimmt;
2. die Übermittlung der allokierten Produktionsmengen als Summen-Stundenzeitreihe pro Einspeisepunkt der Produktionsanlage an den MVGM;
3. die Übermittlung der für die laufende Simulation und Interpretation von Brennwerten gemäß Abs. 10 Z 6 erforderlichen Informationen zu Brennwertmessungen von Produktionsanlagen in Kooperation mit Verteilernetzbetreibern in erforderlicher Granularität und Taktung an den MVGM.

(8) Die Datenbereitstellung des Betreibers des Virtuellen Handelspunktes beinhaltet insbesondere die Übermittlung der allokierten, saldierten Handelsmengen am Virtuellen Handelspunkt je Bilanzgruppe in Form von Stundenzeitreihen an die Bilanzierungsstelle und den MVGM, soweit § 46 Abs. 5 nichts anderes bestimmt.

(9) Die Datenbereitstellung der Verteilernetzbetreiber beinhaltet insbesondere

1. die Information über die den Endverbrauchern in seiner Bilanzgruppe zugeordneten standardisierten Lastprofile, die dem Bilanzgruppenverantwortlichen auf dessen Anforderung zur Verfügung zu stellen ist;
2. die Übermittlung der für die SLP-Verbrauchsprognosen gemäß § 36 sowie für die Allokationen von Verbräuchen von Endverbrauchern mit zugeordnetem Standardlastprofil erforderlichen Basisdaten an den MVGM für die Erstellung der SLP-Verbrauchsprognosen durch den MVGM;
3. die stündliche Übermittlung der vorläufigen Allokationen von Messwerten der bisherigen Stunden des Gastages für Endverbraucher mit Lastprofilzähler und einer vertraglich vereinbarten Höchstleistung größer 10.000 kWh/h, je Zählpunkt in Form von Stundenzeitreihen an den MVGM sowie den jeweiligen Versorger;
4. die unverzügliche Übermittlung der vorläufigen Allokationen von Messwerten für Endverbraucher mit Lastprofilzähler, deren Messwerte online zur Verfügung stehen, je Zählpunkt und unter Angabe des jeweiligen Versorgers an den MVGM sowie den jeweiligen Versorger;
5. die tägliche Übermittlung von aktualisierten Allokationen von Verbräuchen von Endverbrauchern mit Lastprofilzähler je Versorger als Aggregat in Form von Stundenzeitreihen an die Bilanzierungsstelle und den MVGM, je Zählpunkt an den jeweiligen Versorger sowie je Zählpunkt eines Endverbrauchers mit einer vertraglich vereinbarten Höchstleistung größer 10.000 kWh/h an den MVGM, soweit § 46 Abs. 5 nichts anderes bestimmt. Auf Kundenwunsch sind diese Werte auch dem Kunden zur Verfügung zu stellen;
6. die monatliche Übermittlung von gemäß § 24 Abs. 2 abrechnungsrelevanten Allokationen von Messwerten für Endverbraucher mit Lastprofilzähler, für das jeweilige Abrechnungsmonat bis zum vorgesehenen Clearingschluss, je Versorger als Aggregat in Form von Stundenzeitreihen an die Bilanzierungsstelle und den MVGM, je Zählpunkt an den jeweiligen Versorger sowie je Zählpunkt eines Endverbrauchers mit einer vertraglich vereinbarten Höchstleistung größer 10.000 kWh/h an den MVGM, soweit § 46 Abs. 5 nichts anderes bestimmt. Auf Kundenwunsch sind diese Werte auch dem Kunden zur Verfügung zu stellen;
7. die monatliche Übermittlung von gemäß § 24 Abs. 2 abrechnungsrelevanten, berechneten Allokationen von Verbräuchen von Endverbrauchern mit zugeordnetem Standardlastprofil, für das jeweilige Abrechnungsmonat bis zum vorgesehenen Clearingschluss, je Versorger als Aggregat in Form von Stundenzeitreihen an die Bilanzierungsstelle und den MVGM, soweit § 46 Abs. 5 nichts anderes bestimmt;
8. die Übermittlung von gemäß § 24 Abs. 3 abrechnungsrelevanten, finalen Allokationen gemäß Z 6 und 7, für das jeweilige

Abrechnungsmonat bis zum vorgesehenen Clearingschluss, je Versorger als Aggregat in Form von Stundenzeitreihen an die Bilanzierungsstelle und den MVGM, soweit § 46 Abs. 5 nichts anderes bestimmt;

9. für die Einspeisung erneuerbarer Gase in das Verteilernetz gelten die Vorgaben zur stündlichen Übermittlung von vorläufigen Allokationen gemäß Z 3, zur täglichen Übermittlung von aktualisierten Allokationen gemäß Z 5 und zur monatlichen Übermittlung von abrechnungsrelevanten Allokationen gemäß Z 6 und Z 8 sinngemäß je Einspeisepunkt an Bilanzgruppenverantwortliche, an den MVGM sowie an die Bilanzierungsstelle, soweit § 46 Abs. 5 nichts anderes bestimmt;
10. die Übermittlung aller für die Netzbilanzierung gemäß § 26 relevanten Informationen in erforderlicher Granularität und Taktung an den MVGM die Bilanzierungsstelle und, soweit erforderlich, angrenzende Verteilernetzbetreiber, soweit § 46 Abs. 5 nichts anderes bestimmt;
11. die Übermittlung aller für die laufende Simulation und Interpretation von Brennwerten gemäß Abs. 10 Z 6 erforderlichen Informationen wie insbesondere Brennwertmessungen im jeweiligen Netzbereich eines Verteilernetzbetreibers, Druck- und Durchflusswerten, der geometrischen bzw. hydraulischen Leitungsdaten sowie des Schaltzustandes in erforderlicher Granularität und Taktung an den MVGM;
12. die monatliche Übermittlung der abrechnungsrelevanten Brennwerte der jeweiligen Brennwertbezirke auf monatlicher Basis an den MVGM.

(10) Die Datenbereitstellung des MVGMs beinhaltet insbesondere

1. die zeitnahe Bekanntgabe von Abrufen physikalischer Ausgleichsenergie gemäß § 28 an die Bilanzierungsstelle;
2. die Bereitstellung einer Liste der registrierten Versorger und Bilanzgruppen sowie deren zugehörigen Bilanzgruppen bzw. Bilanzgruppenverantwortlichen bei Änderungen in der Liste an die Bilanzierungsstelle;
3. die Ermittlung der allokierten Ein- und Ausspeisenominierungen pro Ein- und Ausspeisepunkt im Verteilergebiet an der Marktgebietsgrenze auf Basis der Nominierungen gemäß Abs. 3 Z 1 je Bilanzgruppe in Form von Stundenzeitreihen für den Zweck der Bereitstellung an die Bilanzierungsstelle, soweit § 46 Abs. 5 nichts anderes bestimmt;
4. die Bereitstellung der je Versorger aggregierten SLP-Verbrauchsprognosen gemäß § 36 in Form von Stundenzeitreihen an die jeweiligen Bilanzgruppenverantwortlichen und den jeweiligen Versorger;
5. die näherungsweise Berechnung von vorläufigen Allokationen von Messwerten der bisherigen Stunden des Gastages für Endverbraucher mit Lastprofilzähler und einer vertraglich vereinbarten Höchstleistung kleiner gleich 10.000 kWh/h je Versorger als Aggregat in Form von Stundenzeitreihen für den Zweck der Bereitstellung an den jeweiligen Versorger;
6. die durchgängige, laufende Simulation von Brennwerten in der Netzebene 1 gemäß Anlage 1 GWG 2011 unter Berücksichtigung sämtlicher, vorliegender Messwerte von Ein-/Ausspeisungen, Brennwertmessungen sowie Druck- und Durchflusswerten, der geometrischen bzw. hydraulischen Leitungsdaten sowie des Schaltzustandes und unmittelbare Übermittlung der Ergebnisse insbesondere für Netzkopplungs-, Mess- und Abzweigpunkte an die Verteilernetzbetreiber sowie den Vergleich der Simulationsergebnisse mit von Verteilernetzbetreibern vorgegebenen Werten mit entsprechender Interpretation der Ergebnisse gemäß Anlage 2 Punkt IV und Informationsbereitstellung an die Verteilernetzbetreiber in erforderlicher Granularität und Taktung;
7. die tägliche Ermittlung von aktualisierten, berechneten Allokationen von Verbräuchen von Endverbrauchern mit zugeordnetem Standardlastprofil als Aggregat je Versorger für den Zweck der Bereitstellung in Form von Stundenzeitreihen an den jeweiligen Versorger sowie die Bilanzierungsstelle, soweit § 46 Abs. 5 nichts anderes bestimmt;
8. die Übermittlung von Nominierungen der Netzkopplungspunkte Fernleitung/Verteilergebiet an die Fernleitungsnetzbetreiber.

(11) Die Datenbereitstellung der Bilanzierungsstelle beinhaltet insbesondere

1. die Übermittlung der standardisierten Lastprofile an die Verteilernetzbetreiber und an den MVGM;
2. die tägliche Übermittlung jener aggregierten Allokationsdaten und Mengensalden je Bilanzgruppe an den MVGM, die dieser für die Informationsbereitstellung gemäß §§ 33 und 34 benötigt, soweit § 46 Abs. 5 nichts anderes bestimmt. Bilanzierungsstelle und MVGM haben durch entsprechende Koordination auf eine möglichst effiziente und nutzerfreundliche Bereitstellung dieser Daten hinzuwirken;
3. die tägliche Übermittlung der Ausgleichsenergiepreise gemäß § 22, des Kostenbeitrags zur untertätigen Strukturierung gemäß § 23 sowie der Höhe der Bilanzierungsumlage und des Stands des Neutrali-

tätskontos gemäß § 25 jeweils für den Vortag an den MVGM.

(12) Die Datenbereitstellung des unmittelbaren Bilanzgruppenmitglieds beinhaltet insbesondere die Übermittlung von Daten gemäß § 19 Abs. 4 Z 1.

[a] Tritt mit 1. Jänner 2024 in Kraft, sofern zu diesem Zeitpunkt § 2 Abs. 1 Z 13 der Verordnung gemäß § 70 GWG 2011 anstelle eines einheitlichen Brennwerts je Marktgebiet einen nach Brennwertbezirken und Ist-Brennwerten differenzierten Verrechnungsbrennwert vorsieht.

Informationen zum individuellen Bilanzgruppenstatus

§ 33. (1) Der MVGM stellt den Bilanzgruppenverantwortlichen Informationen zum individuellen Bilanzgruppenstatus in einer webbasierten Plattform bereit. Dies umfasst mengenmäßige Informationen zu sämtlichen Aspekten des ersten bzw. zweiten Clearings gemäß § 24. Die gegenständliche Informationsbereitstellung und die Transparenzinformationen gemäß § 34 sind dabei möglichst umfassend zu integrieren. Die unterschiedlichen Qualitäten der zugrundeliegenden Informationen sind dabei durch eine entsprechend differenzierte Informationsbereitstellung zu reflektieren. Eine ergänzende Informationsbereitstellung für Versorger ist vorzusehen.

(2) Vorläufige Informationen zum untertägigen Bilanzgruppenstatus bezogen auf den Gastag werden innerhalb eines jeweiligen Gastages stündlich bereitgestellt. Diese basieren auf

1. den allokierten Nominierungen der Bilanzgruppe gemäß § 21 Abs. 1 Z 1 bis 4 auf Basis der Allokationsdaten gemäß § 32 Abs. 5 Z 1, Abs. 6 Z 1, Abs. 7 Z 1, Abs. 8 und Abs. 10 Z 3;
2. den Einspeisemengen von Erzeugungsanlagen erneuerbarer Gase sowie den Ausspeisungen an Endverbraucher der Bilanzgruppe gemäß § 21 Abs. 1 Z 5 und 6 jeweils auf Basis vorläufiger Allokationsdaten gemäß § 32 Abs. 5 Z 6 sowie Abs. 9 Z 3, 4 und 9;
3. den gemäß § 32 Abs. 10 Z 5 näherungsweise berechneten, vorläufigen Allokationsdaten der Bilanzgruppe für Ausspeisungen an Endverbraucher;
4. der SLP-Verbrauchsprognose für die Bilanzgruppe gemäß § 32 Abs. 10 Z 4.

(3) Aktualisierte Informationen zum Bilanzgruppenstatus an einem jeweiligen Gastag werden auf Basis entsprechend aktualisierter Allokationsdaten täglich am Folgetag bereitgestellt. Diese basieren auf

1. den allokierten Nominierungen der Bilanzgruppe gemäß Abs. 2 Z 1;
2. den Einspeisemengen von Erzeugungsanlagen erneuerbarer Gase sowie den Ausspeisungen an Endverbraucher der Bilanzgruppe gemäß § 21 Abs. 1 Z 5 und 6 jeweils auf Basis aktualisierter Allokationsdaten gemäß § 32 Abs. 5 Z 6, Abs. 9 Z 5 und 9 sowie Abs. 10 Z 7.

(4) Für die monatliche Abrechnung (erstes Clearing) gemäß § 24 Abs. 2 relevanten Informationen zum Bilanzgruppenstatus an einem jeweiligen Gastag werden nach Ablauf des Monats und Vorliegen abrechnungsrelevanter Allokationsdaten bereitgestellt. Diese basieren auf

1. den allokierten Nominierungen der Bilanzgruppe gemäß Abs. 2 Z 1;
2. den Einspeisemengen von Erzeugungsanlagen erneuerbarer Gase sowie den Ausspeisungen an Endverbraucher der Bilanzgruppe gemäß § 21 Abs. 1 Z 5 und 6 jeweils auf Basis abrechnungsrelevanter Allokationsdaten gemäß § 32 Abs. 5 Z 6 sowie Abs. 9 Z 6, 7 und 9.

(5) Für das zweite Clearing gemäß § 24 Abs. 3 werden relevante Informationen zum Bilanzgruppenstatus an einem jeweiligen Gastag gemäß Clearingkalender und Vorliegen tatsächlicher finaler Allokationen gemäß § 32 Abs. 9 Z 8 bereitgestellt. Ergänzend sind dabei allfällige Nachverrechnungen gemäß § 24 Abs. 6 zu berücksichtigen.

(6) In Ergänzung zur Veröffentlichung auf der webbasierten Plattform gemäß Abs. 1 bis 5 stellt der MVGM diese Information den Bilanzgruppenverantwortlichen und Versorgern auf deren Wunsch auch im Wege einer automationsunterstützten, elektronischen Datenübertragung zur Verfügung. Dafür gilt § 35 sinngemäß.

Transparenzinformationen zum Marktgebietsstatus

§ 34.[a] (1) Der MVGM veröffentlicht aggregierte Informationen zum Marktgebietsstatus auf einer webbasierten Plattform. Diese umfassen insbesondere

1. die unmittelbare Veröffentlichung von Mengen- und Preisinformationen zu Abrufen physikalischer Ausgleichsenergie gemäß § 28;
2. die tägliche Veröffentlichung der Ausgleichsenergiepreise gemäß § 22, des Kostenbeitrags zur untertätigen Strukturierung gemäß § 23 sowie der Höhe der Neutralitätsumlage und des Stands des Neutralitätskontos sowie der Neutralitätsumlage gemäß § 25 jeweils für den Vortag;
3. die stündliche Veröffentlichung der für das Marktgebiet aggregierten Daten über den nutzbaren Netzpuffer sowie die Höhe der tatsächlichen Netzpufferung (Linepack) in Relation zu den vom MVGM definierten Grenzen der Netzpufferung gemäß § 27;
4. die stündliche Veröffentlichung des Marktgebietssaldos als Aggregat der Informationen gemäß § 33 Abs. 2;

5. die tägliche Veröffentlichung der allokierten, aggregierten Verbräuche von Endverbrauchern im Marktgebiet getrennt für die Endverbraucher mit zugeordnetem Standardlastprofil, Endverbraucher mit vertraglicher Höchstleistung bis zu 300.000 kWh/h je Ausspeise- bzw. Zählpunkt bzw. Endverbraucher mit vertraglicher Höchstleistung über 300.000 kWh/h je Ausspeise- bzw. Zählpunkt. Die veröffentlichten, aggregierten Werte sind nach Vorliegen von aktualisierten bzw. abrechnungsrelevanten Allokationen entsprechend zu korrigieren. Bei Allokationen für Endverbraucher mit zugeordneter Standardlast ist dabei die Differenz zwischen den Allokationen gemäß § 32 Abs. 9 Z 7 und 8 je Netzbetreiber und SLP-Typ auf täglicher Basis auszuweisen;
6. die Veröffentlichung aller relevanten Kapazitätsdaten an den Ein- und Ausspeisepunkten des Marktgebietes gemäß § 32 Abs. 5 Z 3 jeweils für den vorherigen Gastag;
7. die Veröffentlichung der Speicherinformationsdaten gemäß § 32 Abs. 6 Z 3 jeweils für den vorherigen Gastag;
8. die Veröffentlichung einer aktuellen Liste der registrierten Bilanzgruppen und der zugehörigen Bilanzgruppenverantwortlichen;

(Anm.: Z 9 tritt mit 1.1.2024, 6 Uhr, in Kraft, sofern zu diesem Zeitpunkt § 2 Abs. 1 Z 13 der Verordnung gemäß § 70 GWG 2011 anstelle eines einheitlichen Brennwerts je Marktgebiet einen nach Brennwertbezirken und Ist-Brennwerten differenzierten Verrechnungsbrennwert vorsieht.)

(2) In Ergänzung zur Veröffentlichung auf der webbasierten Plattform gemäß Abs. 1 stellt der MVGM eine Schnittstelle bereit, welche den automatisierten Zugriff auf diese Daten und deren effiziente Verarbeitung mit Standardsoftware ermöglicht.

[a)] Tritt mit Ablauf des 31. Dezember 2023 außer Kraft.

Transparenzinformationen zum Marktgebietsstatus

§ 34.[a)] (1) Der MVGM veröffentlicht aggregierte Informationen zum Marktgebietsstatus auf einer webbasierten Plattform. Diese umfassen insbesondere

1. die unmittelbare Veröffentlichung von Mengen- und Preisinformationen zu Abrufen physikalischer Ausgleichsenergie gemäß § 28;
2. die tägliche Veröffentlichung der Ausgleichsenergiepreise gemäß § 22, des Kostenbeitrags zur untertätigen Strukturierung gemäß § 23 sowie der Höhe der Neutralitätsumlage und des Stands des Neutralitätskontos sowie der Neutralitätsumlage gemäß § 25 jeweils für den Vortag;
3. die stündliche Veröffentlichung der für das Marktgebiet aggregierten Daten über den nutzbaren Netzpuffer sowie die Höhe der tatsächlichen Netzpufferung (Linepack) in Relation zu den vom MVGM definierten Grenzen der Netzpufferung gemäß § 27;
4. die stündliche Veröffentlichung des Marktgebietssaldos als Aggregat der Informationen gemäß § 33 Abs. 2;
5. die tägliche Veröffentlichung der allokierten, aggregierten Verbräuche von Endverbrauchern im Marktgebiet getrennt für die Endverbraucher mit zugeordnetem Standardlastprofil, Endverbraucher mit vertraglicher Höchstleistung bis zu 300.000 kWh/h je Ausspeise- bzw. Zählpunkt bzw. Endverbraucher mit vertraglicher Höchstleistung über 300.000 kWh/h je Ausspeise- bzw. Zählpunkt. Die veröffentlichten, aggregierten Werte sind nach Vorliegen von aktualisierten bzw. abrechnungsrelevanten Allokationen entsprechend zu korrigieren. Bei Allokationen für Endverbraucher mit zugeordneter Standardlast ist dabei die Differenz zwischen den Allokationen gemäß § 32 Abs. 9 Z 7 und 8 je Netzbetreiber und SLP-Typ auf täglicher Basis auszuweisen;
6. die Veröffentlichung aller relevanten Kapazitätsdaten an den Ein- und Ausspeisepunkten des Marktgebietes gemäß § 32 Abs. 5 Z 3 jeweils für den vorherigen Gastag;
7. die Veröffentlichung der Speicherinformationsdaten gemäß § 32 Abs. 6 Z 3 jeweils für den vorherigen Gastag;
8. die Veröffentlichung einer aktuellen Liste der registrierten Bilanzgruppen und der zugehörigen Bilanzgruppenverantwortlichen;
9. die Veröffentlichung der abrechnungsrelevanten Brennwerte der jeweiligen Brennwertbezirke auf monatlicher Basis.

(2) In Ergänzung zur Veröffentlichung auf der webbasierten Plattform gemäß Abs. 1 stellt der MVGM eine Schnittstelle bereit, welche den automatisierten Zugriff auf diese Daten und deren effiziente Verarbeitung mit Standardsoftware ermöglicht.

[a)] Tritt mit 1. Jänner 2024 in Kraft, sofern zu diesem Zeitpunkt § 2 Abs. 1 Z 13 der Verordnung gemäß § 70 GWG 2011 anstelle eines einheitlichen Brennwerts je Marktgebiet einen nach Brennwertbezirken und Ist-Brennwerten differenzierten Verrechnungsbrennwert vorsieht.

Regelungen zu Formaten für den Datenaustausch und Nominierungen

§ 35. (1) Für die Abbildung und Übermittlung von Daten und Nominierungen sind das jeweilige Datenformat und der jeweilige Übertragungsweg gemäß den Vorgaben in den veröffentlichten Sonstigen Marktregeln bzw. der Verordnung (EU) Nr. 703/2015 zu verwenden.

(2) Zusätzlich zu dem in Abs. 1 genannten Format ist auch ein Informationsaustausch über eine webbasierte Plattform möglich.

(3) Alle Nominierungen sind von den Bilanzgruppenverantwortlichen grundsätzlich im Stundenraster, unter Einhaltung einer Vorlaufzeit von zumindest einer Stunde, mit den jeweiligen Vertragspartnern auszutauschen. Abweichend davon gilt für die Renominierung von Ein- und Ausspeisepunkten auf Fernleitungsebene eine Vorlaufzeit von zwei Stunden.

(4) Als kleinste Einheit für Nominierungen zwischen den Marktteilnehmern im Marktgebiet wird eine kWh festgelegt. Nominierungen dürfen keine Nachkommastellen enthalten. Beträge sind kaufmännisch zu runden.

(5) Stimmen korrespondierende Nominierungen nicht überein, gilt jeweils der kleinere Stundenwert der Nominierung („lesser rule").

(6) Sofern ein Online-Austausch von Daten vorgesehen ist, erfolgt dieser auf Basis einer zwischen den involvierten Marktteilnehmern abzustimmenden Spezifikation.

Regelungen für standardisierte Lastprofile

§ 36.
(1) Die Erstellung der SLP-Verbrauchsprognosen erfolgt unter Berücksichtigung von § 32 Abs. 9 Z 2 in Kooperation zwischen MVGM und dem jeweiligen Verteilernetzbetreiber. Dabei sind die gemäß § 32 Abs. 11 Z 1 von der Bilanzierungsstelle übermittelten standardisierten Lastprofile und eine geeignete Temperaturprognose heranzuziehen.

(2)
Die Übermittlung der SLP-Verbrauchsprognose als Stundenzeitreihe gemäß § 32 Abs. 10 Z 4 für den jeweiligen Folgetag erfolgt bis 12.00 Uhr des jeweiligen Gastages.

(3) Die SLP-Verbrauchsprognose gemäß Abs. 2 ist anhand aktueller Temperaturprognosen innerhalb des Gastages dreimal täglich vor 24.00 Uhr zu aktualisieren, wobei die erste Aktualisierung vor 12.00 Uhr des jeweiligen Gastages erfolgt.

5. Teil

Registrierung im Marktgebiet

§ 37. (1) Der MVGM organisiert gemäß § 19 das Bilanzgruppensystem und ordnet jedem Bilanzgruppenverantwortlichen und jeder Bilanzgruppe eine eindeutige Identifikationsnummer zu, die von den Vertragsparteien bei jedem Datenaustausch und Schriftverkehr anzuführen ist.

(2) Der MVGM schließt einen Vertrag mit dem Bilanzgruppenverantwortlichen auf Basis seiner genehmigten allgemeinen Bedingungen ab. Der MVGM schließt überdies Verträge im Namen und auf Rechnung des Betreibers des Virtuellen Handelspunktes und im Namen und auf Rechnung der Bilanzierungsstelle auf Basis der jeweils genehmigten allgemeinen Bedingungen mit dem Bilanzgruppenverantwortlichen ab. Der Betreiber des Virtuellen Handelspunktes und die Bilanzierungsstelle haben den MVGM zum Vertragsabschluss in ihrem Namen und auf ihre Rechnung zu bevollmächtigen.

(3) Der MVGM hat die Vollmachtgeber über die Vertragsabschlüsse zu informieren. Der MVGM ist bei Vorliegen der jeweiligen Voraussetzungen zum Vertragsabschluss mit dem Bilanzgruppenverantwortlichen berechtigt.

(4) Der MVGM hat das Angebot zum Abschluss der Verträge binnen fünf Arbeitstagen ab Einlangen des vollständigen Antrags und nach dem Abschluss der Prüfung gemäß Abs. 6 dem Antragsteller zu übermitteln.

(5) Der Abschluss der Verträge gemäß Abs. 2 muss vom MVGM auf der Online-Plattform angeboten werden. Die dafür notwendigen Informationen und vorgesehenen Dokumente sind auf der Online-Plattform bereitzuhalten.

(6) Voraussetzung für die Zulassung ist die Durchführung einer Bonitätsprüfung gemäß § 24 Abs. 5 durch die Bilanzierungsstelle und allfällige Erbringung von Sicherheitsleistungen durch den Bilanzgruppenverantwortlichen.

(7) Der Bilanzgruppenverantwortliche hat vor Aufnahme der operativen Tätigkeit gegenüber seinen Vertragspartnern nachzuweisen, dass er jederzeit den Datenaustausch und die Nominierungsabwicklung auf Basis der festgelegten Formate, Schnittstellen, Kommunikationswege, Sicherheitsstandards und Inhalte sicherstellen kann. Der MVGM koordiniert dazu einen Testlauf mit den jeweiligen Vertragspartnern im Marktgebiet.

(8) Der MVGM hat nach Vorliegen aller notwendigen Verträge und Unterlagen sowie Schaffung aller Voraussetzungen gemäß Abs. 6 der Regulierungsbehörde schriftlich mitzuteilen, dass die Voraussetzungen für die Aufnahme der Tätigkeit als Bilanzgruppenverantwortlicher erfüllt sind.

(9) Fällt einer der vom Bilanzgruppenverantwortlichen gemäß Abs. 2 abzuschließenden Verträge nachträglich weg, so sind gemäß § 94 GWG 2011 die Voraussetzungen für die operative Tätigkeit des Bilanzgruppenverantwortlichen nicht mehr gegeben. Darüber hat der jeweilige Vertragspartner jeweils die Regulierungsbehörde, die Bilanzierungsstelle, den MVGM sowie den Betreiber des Virtuellen Handelspunktes unverzüglich zu verständigen.

(10) Versorger haben sich beim MVGM zu registrieren und laufend deren Zuordnung zu Bilanzgruppen aktualisiert zu halten.

6. Teil
Gesonderte Bestimmungen für die Marktgebiete Tirol und Vorarlberg
Grundsätze für die Marktgebiete Tirol und Vorarlberg

§ 38. (1) Für die Teil- und Vollversorgung von Kunden in den Marktgebieten Tirol und Vorarlberg, für die Ein- und Ausspeisungen an Grenzkopplungspunkten sowie für eine übergreifende Bilanzierung ist eine einfache Abwicklung mit den angrenzenden Marktgebieten zu gewährleisten.

(2) Zur operativen Umsetzung der Bestimmungen dieses Teils haben die Bilanzierungsstelle und der MVGM die erforderlichen Verträge mit den Netzbetreibern und den Marktgebietsverantwortlichen der angrenzenden Marktgebiete abzuschließen.

(3) Soweit in diesem Teil nicht anders bestimmt, gelten §§ 1 bis 37 auch für die Marktgebiete Tirol und Vorarlberg.

Gesonderte Regelungen zu Netzzugang und Kapazitätsmanagement

§ 39. (1) Sofern in dieser Verordnung nicht explizit anders vorgesehen, kommen die auf Fernleitungsnetzbetreiber bezogenen Bestimmungen der §§ 4 bis 10 für die Marktgebiete Tirol und Vorarlberg nicht zur Anwendung.

(2) § 13 Abs. 1 und 2 kommen für die Marktgebiete Tirol und Vorarlberg nicht zur Anwendung. Der MVGM bucht an den einzelnen Ausspeisepunkten des angrenzenden vorgelagerten Marktgebiets zu den Verteilernetzen in den Marktgebieten Tirol und Vorarlberg die erforderlichen Kapazitäten, die sich aus der Kapazitätsbedarfserhebung gemäß Abs. 4 ergeben.

(3) An den Grenzkopplungspunkten zwischen den Marktgebieten Tirol und Vorarlberg unmittelbar vorgelagerten Netzen und den Verteilernetzen in den Marktgebieten Tirol und Vorarlberg werden keine Kapazitätsverwaltung und kein Engpassmanagement auf Bilanzgruppenebene durchgeführt.

(4) Der MVGM erhebt für die Marktgebiete Tirol und Vorarlberg und für die Kapazitätsbedürfnisse gemäß § 13 Abs. 3, unter Berücksichtigung von Wirtschaftlichkeit und Versorgungssicherheit, jährlich den Bedarf an Einspeisekapazitäten aus dem angrenzenden vorgelagerten Marktgebiet je Einspeisepunkt, für einen Zeitraum von fünf Jahren, mittels eines diskriminierungsfreien, transparenten Verfahrens. Die Ergebnisse dieser Kapazitätsbedarfserhebung dienen als Grundlage für die Kapazitätsbuchungen gemäß Abs. 2.

Gesonderte Grundsätze des Bilanzierungssystems in den Marktgebieten Tirol und Vorarlberg

§ 40. (1) In den Marktgebieten Tirol und Vorarlberg umfasst die integrierte Marktgebietsbilanzierung gemäß § 18 Abs. 1 die im jeweiligen Marktgebiet gelegenen Verteilernetze.

(2) Jeder Bilanzgruppe und deren unmittelbaren Mitgliedern ist der Zugang zum Virtuellen Handelspunkt des angrenzenden vorgelagerten Marktgebietes zu gewährleisten. Dazu ist vom Bilanzgruppenverantwortlichen für jede Bilanzgruppe in den Marktgebieten Tirol und Vorarlberg genau ein korrespondierender Bilanzkreis oder Subbilanzkonto im angrenzenden vorgelagerten Marktgebiet anzugeben.

(3) Der Bilanzgruppenverantwortliche bewirkt die Übergabe der erforderlichen Gasmengen, die seiner Bilanzgruppe zur Versorgung der Kunden in den Marktgebieten Tirol und Vorarlberg sowie für die Ausspeisung an Grenzkopplungspunkten zugeordnet sind, am Virtuellen Handelspunkt des angrenzenden vorgelagerten Marktgebietes und/oder an Einspeisepunkten des angrenzenden vorgelagerten Marktgebietes unter Berücksichtigung der Verbrauchsprognosen gemäß § 32 Abs. 4 Z 1 und 2 sowie im Umfang der Nominierungen für Grenzkopplungspunkte im Verteilernetz und abzüglich geplanter Einspeisungen erneuerbarer Gase je Bilanzgruppe aus seinem korrespondierenden Bilanzkreis oder Subbilanzkonto in einen Bilanzkreis der Bilanzierungsstelle. Die zur Übergabe am Virtuellen Handelspunkt bzw. an Einspeisepunkten des angrenzenden vorgelagerten Marktgebietes erforderlichen Gasmengen sind zusätzlich vorab beim MVGM getrennt anzumelden. Die erforderlichen Einspeisekapazitäten an Einspeisepunkten des angrenzenden vorgelagerten Marktgebietes sind vom Bilanzgruppenverantwortlichen bereitzustellen und einem Bilanzkreis der Bilanzierungsstelle zuzuordnen.

(4) Die Übergabe der Gasmengen vom Bilanzgruppenverantwortlichen an die Bilanzkreise der Bilanzierungsstelle gemäß Abs. 3 erfolgt nach den am Virtuellen Handelspunkt bzw. nach den an Einspeisepunkten des angrenzenden vorgelagerten Marktgebiets geltenden Regeln für die Übertragung von Gas zwischen Bilanzkreisen auf der Basis von Nominierungen.

(5) Der MVGM bewirkt den Transport der von den Bilanzgruppenverantwortlichen nach Abs. 3 übergebenen Gasmengen in die Marktgebiete Tirol und Vorarlberg auf Risiko der jeweiligen Bilanzgruppenverantwortlichen.

(6) Der MVGM prognostiziert den Summenverbrauch der Endverbraucher in den Marktgebieten Tirol und Vorarlberg, berücksichtigt die Nominierungen für Grenzkopplungspunkte im Verteilernetz sowie die geplante Einspeisung erneuerbarer Gase und nominiert entsprechende Ausspeisungen bei den Marktgebieten Tirol und Vorarlberg angrenzenden vorgelagerten Netzbetreibern. Dabei ist der Einsatz von physikalischer Ausgleichsenergie gemäß § 28 Abs. 2 Z 1 in Verbindung mit § 42 Abs. 3 zu berücksichtigen.

(7) Der Handel von Gasmengen zwischen Bilanzgruppen ist für die Marktgebiete Tirol und Vorarlberg in Abweichung zu § 18 Abs. 5 nur am Virtuellen Handelspunkt des angrenzenden vorgelagerten Marktgebietes möglich. Die Übertragung von Gasmengen an einen Bilanzkreis der Bilanzierungsstelle für den Transport in die Marktgebiete Tirol und Vorarlberg kann am Virtuellen Handelspunkt sowie an Einspeisepunkten des angrenzenden vorgelagerten Marktgebietes erfolgen.

Gesonderte Regelungen zur kommerziellen Bilanzierung

§ 41. (1) Die Allokationskomponenten als Stundenzeitreihe mit Bezug auf den jeweiligen Gastag gemäß § 21 Abs. 1 werden für die Marktgebiete Tirol und Vorarlberg folgenderweise angepasst:

1. Handelsmengen am Virtuellen Handelspunkt gemäß § 21 Abs. 1 Z 4 werden nicht berücksichtigt;
2. ergänzend berücksichtigt werden die gemäß § 40 Abs. 3 an die Bilanzkreise der Bilanzierungsstelle übergebenen Gasmengen.

(2) Abweichend zu § 22 Abs. 1 ergibt sich die Tagesunausgeglichenheit einer Bilanzgruppe als mengenmäßige Grundlage der Abrechnung gegenüber dem Bilanzgruppenverantwortlichen gemäß § 24 für die Marktgebiete Tirol und Vorarlberg aus den Allokationskomponenten gemäß Abs. 1. Dabei werden die Mengen der Marktgebiete Tirol und Vorarlberg saldiert betrachtet.

(3) Wenn die Tagesunausgeglichenheit einer Bilanzgruppe positiv ist (d.h. die saldierten Einspeisungen des jeweiligen Gastages die saldierten Ausspeisungen in den Marktgebiete Tirol und Vorarlberg übersteigen) wird der Grenzverkaufspreis angewendet. Dieser ergibt sich als der niedrigere der beiden folgenden Preise:

1. der niedrigste Preis aller physikalischen Ausgleichsenergieverkäufe gemäß § 43 Abs. 2 für den jeweiligen Gastag, oder
2. der von der Erdgasbörse am Virtuellen Handelspunkt des vorgelagerten Marktgebietes veröffentlichte mengengewichtete Preisindex des jeweiligen Gastags für Spotmarktprodukte abzüglich einer kleinen Anpassung von drei Prozent.

(4) Wenn die Tagesunausgeglichenheit einer Bilanzgruppe negativ (d.h. die saldierten Einspeisungen des jeweiligen Gastages hinter den saldierten Ausspeisungen in den Marktgebieten Tirol und Vorarlberg zurückbleiben) wird der Grenzankaufspreis angewendet. Dieser ergibt sich als der höhere der beiden folgenden Preise:

1. der höchste Preis aller physikalischen Ausgleichsenergiekäufe gemäß § 43 Abs. 2 für den jeweiligen Gastag, oder
2. der von der Erdgasbörse am Virtuellen Handelspunkt des vorgelagerten Marktgebietes veröffentlichte mengengewichtete Preisindex des jeweiligen Gastags für Spotmarktprodukte zuzüglich einer kleinen Anpassung von drei Prozent.

(5) Der Toleranzwert (Toleranzmenge) im Rahmen des untertägigen Anreizsystems gemäß § 23 Abs. 2 beträgt für die Marktgebiete Tirol und Vorarlberg vier Prozent. Die dem untertägigen Anreizsystem für Bilanzgruppenverantwortliche zugrundeliegenden Mengen gemäß Abs. 1 werden für die Marktgebiete Tirol und Vorarlberg saldiert betrachtet.

(6) Die Bestimmungen des § 25 zur Kosten- und Erlösneutralität gelten gleichermaßen für die Marktgebiete Tirol und Vorarlberg. Die Marktgebiete Tirol und Vorarlberg werden dabei jedoch gemeinsam und saldiert betrachtet. Mit der Bilanzierungsumlage sind in Ergänzung zu den Bestandteilen gemäß § 25 Abs. 1 auch allfällige Kosten und Erlöse aus der kommerziellen Abrechnung von Unausgeglichenheiten von OBA-Konten außerhalb des darin festgelegten Toleranzbereichs gemäß § 42 Abs. 1 zu decken.

(7) Für das Clearing der besonderen Bilanzgruppen wird abweichend von § 26 Abs. 8 der von der Erdgasbörse am Virtuellen Handelspunkt des vorgelagerten Marktgebietes veröffentlichte mengengewichtete Preisindex des jeweiligen Gastags für Spotmarktprodukte herangezogen.

Gesonderte Regelungen für Netzkopplungsverträge

§ 42. (1) Verteilernetzbetreiber in den Marktgebieten Tirol und Vorarlberg schließen in Abstimmung mit dem MVGM Netzkopplungsverträge mit den angrenzenden Netzbetreibern unter Berücksichtigung der Vorgaben gemäß § 67 GWG 2011 ab. Diese haben OBA-Konten zur Abwicklung von Differenzmengen zwischen Nominierung und Messung zwischen den Verteilernetzbetreibern in den Marktgebieten Tirol und Vorarlberg und den angrenzenden Netzbetreibern unter Berücksichtigung der technischen Möglichkeiten und Anforderungen zu enthalten. Für den Fall der Überschreitung der Grenzen der OBA-Konten können angemessene Zahlungen vereinbart werden.

(2) Die Verteilernetzbetreiber betreiben die Grenzkopplungspunkte nach den Vorgaben des MVGM.

(3) Der MVGM kann sich mit den an die Marktgebiete Tirol und Vorarlberg angrenzenden Netzbetreibern über die gegenseitige Bereitstellung von Regelenergie mit dem Ziel der beidseitigen wirtschaftlichen Optimierung des Einsatzes physikalischer Ausgleichsenergie abstimmen. Die entsprechenden Regelungen sind in den Netzkopplungsverträgen Abs. 1 durch die Verteilernetzbetreiber in den Marktgebieten Tirol und Vorarlberg zu Gunsten des MVGM zu treffen.

(4) Der MVGM ermittelt den jeweils aktuellen Saldo der OBA-Konten und überwacht die Einhaltung der Grenzen der OBA-Konten. Die Verteilernetzbetreiber in den Marktgebieten Tirol und Vorarlberg stellen dem MVGM zu diesem Zweck die Messwerte an allen Ein- und Ausspeisepunkten in die Marktgebiete Tirol und Vorarlberg online zur Verfügung.

(5) Die dem Saldo der OBA-Konten entsprechende für die Verteilernetze in den Marktgebieten Tirol und Vorarlberg eingesetzte bzw. durch diese für die angrenzenden Netze bereitgestellte Regelenergie, wird von der Bilanzierungsstelle auf dafür eingerichteten Konten geführt.

(6) Zahlungen für die Überschreitung der Grenzen der OBA-Konten gemäß Abs. 1 verrechnet der betroffene Verteilernetzbetreiber unter Nachweis der Überschreitung der Bilanzierungsstelle. Die Bilanzierungsstelle berücksichtigt diese Zahlungen in der Bilanzierungsumlage gemäß § 25 Abs. 1.

(7) Die zur Umsetzung des Einsatzes von Regelenergie notwendigen Rechte und Pflichten sind zwischen dem MVGM und den Verteilernetzbetreibern in den Marktgebieten Tirol und Vorarlberg vertraglich zu vereinbaren.

Gesonderte Regelungen zur physikalischen Bilanzierung

§ 43. (1) Der Einsatz von Netzpuffer gemäß § 27 unter Berücksichtigung der Festlegungen gemäß § 42 stellt die primäre Form von Regelenergie zur physikalischen Bilanzierung der Netze in den Marktgebieten Tirol und Vorarlberg dar.

(2) Der MVGM ermittelt auf stündlicher Basis den tatsächlichen bzw. prognostizierten Verteilergebietssaldo und beschafft die für die störungsfreie Steuerung des Verteilergebiets nach Ausnutzung des Netzpuffers gemäß Abs. 1 erforderliche Menge an physikalischer Ausgleichsenergie im Namen und auf Rechnung der Bilanzierungsstelle in Form von standardisierten Produkten gemäß § 28 Abs. 2 Z 1 an der Erdgasbörse am Virtuellen Handelspunkt des vorgelagerten Marktgebietes. Zielsetzung ist dabei die stündlichen und kumulierten Abweichungen zwischen den von den Bilanzgruppenverantwortlichen nach § 40 Abs. 3 übertragenen Gasmengen und den Messwerten an den Grenzkopplungspunkten jeweils innerhalb der Grenzen der nach § 42 Abs. 1 vereinbarten OBA-Konten zu halten. Der MVGM ist im Bedarfsfall berechtigt, die Bilanzierungsstelle aufzufordern, eine Merit Order List nach § 28 zu erstellen.

(3) Die Regelungen zur Merit Order List gemäß § 29 gelten sinngemäß. Abweichend gilt für die Marktgebiete Tirol und Vorarlberg hinsichtlich der Abrufe von Ausgleichsenergieangeboten durch den MVGM eine Vorlaufzeit von 180 Minuten.

Gesonderte Regelungen zu Informationsbereitstellung und Transparenz

§ 44. Die Informationen zum individuellen Bilanzgruppenstatus für Bilanzgruppenverantwortliche gemäß § 33 umfassen ergänzend die von den Bilanzgruppenverantwortlichen nach § 40 Abs. 3 an die Bilanzierungsstelle übertragenen Gasmengen.

Gesonderte Regelungen zur Registrierung in den Marktgebieten Tirol und Vorarlberg

§ 45. (1) Der MVGM organisiert in Abstimmung mit der Bilanzierungsstelle das Bilanzgruppensystem und ordnet jedem Vertragspartner und jeder Bilanzgruppe eine für die Marktgebiete Tirol und Vorarlberg gemeinsame eindeutige Identifikationsnummer zu, die von den Vertragsparteien bei jedem Datenaustausch und Schriftverkehr anzuführen ist. Bereits bestehende Identifikationsnummern behalten ihre Gültigkeit.

(2) Der gemäß § 37 Abs. 2 vorgesehene Vertragsabschluss mit dem Betreiber des Virtuellen Handelspunktes ist im Rahmen der Registrierung für die Marktgebiete Tirol und Vorarlberg nicht vorgesehen. Dies gilt ungeachtet der Bestimmung gemäß § 38 Abs. 2.

(3) Für die Registrierung und Gründung von Bilanzkreisen im angrenzenden vorgelagerten Marktgebiet gelten die dortigen rechtlichen Rahmenbedingungen und Vorschriften.

7. Teil
Schlussbestimmungen

Übergangsbestimmungen

§ 46. (1) Das erste und zweite Clearing von Bilanzgruppen und besonderen Bilanzgruppen für Zeiträume vor dem Inkrafttreten dieser Verordnung hat durch den Bilanzgruppenkoordinator gemäß § 87 GWG 2011 nach der bis dahin gültigen Systematik der Gas-Marktmodell-Verordnung 2012 (GMMO-VO 2012), BGBl. II Nr. 171/2012, zu erfolgen. Die involvierten Marktteilnehmer haben dazu die bestehenden Prozesse und Systeme für diesen Zeitraum aufrechtzuerhalten.

(2) Die zum 1. Oktober 2022 vorliegende Über- oder Unterdeckung aus der Ausgleichsenergieabrechnung gemäß § 87 Abs. 5 GWG 2011 sind auf das jeweilige Umlagekonto gemäß § 25 Abs. 2 bzw. § 41 Abs. 6 zu übertragen.

(3) Dem MVGM sind sämtliche historischen Daten und Informationen bis zum 30. September 2022, die ab dem zur Erfüllung der Aufgaben gemäß § 19, § 20, § 37 und § 45 sowie zur Bereitstellung historischer Daten und Informationen des Clearings je Bilanzgruppe auf der Online-Plattform erforderlich sind, rechtzeitig zur Verfügung zu stellen.

(4) Alle Marktteilnehmer gemäß § 32 sind im Rahmen ihres Wirkungsbereiches zur wechselseitigen Hilfeleistung sowie zur Weitergabe der von einem anderen Marktteilnehmer benötigten Informationen, welche für die Wahrnehmung seiner in dieser Verordnung festgelegten Pflichten erforderlich sind, verpflichtet. Dies umfasst auch die Weitergabe von Daten vor dem Inkrafttreten dieser Verordnung, sofern diese dazu dienen, die effektive Wahrnehmung der dieser Verordnung festgelegten Pflichten vorzubereiten.

(5) Aus Gründen der Einfachheit und Zweckmäßigkeit ist die Bilanzierungsstelle binnen eines Monats nach rechtskräftiger Bestellung gemäß § 170a Abs. 1 GWG 2011 berechtigt, in Abstimmung mit dem MVGM die Einrichtung des Systems der Bereitstellung und datenbankmäßigen Verwaltung von Allokationsdaten gemäß § 32 wie folgt, in Abweichung zu den Bestimmungen des § 32, zu veranlassen:

1. die Übermittlung der Allokationsdaten gemäß § 32 Abs. 5 Z 1 und Z 4, Abs. 6 Z 1, Abs. 7 Z 1, Abs. 8 und Abs. 9 Z 5 bis Z 10 erfolgt nur an den MVGM;
2. die Übermittlung der Allokationsdaten gemäß § 32 Abs. 10 Z 3 und Z 7 durch den MVGM an die Bilanzierungsstelle entfällt;
3. die Übermittlung der für die Informationsbereitstellung gemäß § 33 und § 34 benötigten, aggregierten Allokationsdaten und Mengensalden je Bilanzgruppe durch die Bilanzierungsstelle an den MVGM gemäß § 32 Abs. 11 Z 2 entfällt;
4. der MVGM gewährleistet der Bilanzierungsstelle einen unmittelbaren Direktzugriff auf sämtliche Allokationsdaten gemäß § 32 und daraus durch den MVGM ermittelten Mengensalden der Bilanzgruppen, welche von der Bilanzierungsstelle unmittelbar für das erste und zweite Clearing von Bilanzgruppen gemäß § 24, die Netzbilanzierung gemäß § 26 sowie das Risikomanagement gemäß § 24 Abs. 5 herangezogen werden. MVGM und Bilanzierungsstelle haben zur Sicherstellung eines effizienten Echtzeit-Zugriffs der Bilanzierungsstelle auf diese Daten entsprechend zu kooperieren. Die Verantwortung für die korrekte Darstellung der gemäß § 32 erhaltenen Allokationsdaten, die Korrektheit der auf Basis dieser Daten ermittelten Mengensalden sowie die Datensicherheit liegt beim MVGM.

Diese Einrichtung ist im Zuge einer nachgelagerten Detaillierung der Informationsflüsse sowie der damit verbundenen Rechte und Pflichten für Marktteilnehmer im Rahmen der Sonstigen Marktregeln gemäß § 22 E-ControlG sowie, soweit gesetzlich vorgesehen, in auf diesen Bestimmungen basierenden Allgemeinen Bedingungen der Marktteilnehmer näher auszugestalten. Der MVGM hat bei dieser Einrichtung die Bilanzierungsstelle nach Kräften zu unterstützen.

(6) Die Allgemeinen Bedingungen des Bilanzgruppenkoordinators gemäß § 87 GWG 2011 haben vorzusehen, dass in der Übergangsphase gemäß Abs. 1 die erforderlichen Sicherheitsleistungen der Bilanzgruppenverantwortlichen auf deren Wunsch laufend auf ein angemessenes Ausmaß reduziert werden können.

(7) Die sich zum 1. Oktober 2022 ergebende Über- oder Unterdeckung aus den Strukturierungsbeiträgen gemäß § 26 Abs. 6 GMMO-VO 2012 sowie allf. danach erfolgte Nachverrechnungen sind auf das Umlagekonto gemäß § 25 Abs. 2 zu übertragen.

(8) Endverbraucher mit einer vertraglich vereinbarten Höchstleistung von mehr als 50.000 kWh/h haben sich ab dem 1. Oktober 2022, Endverbraucher mit einer vertraglich vereinbarten Höchstleistung von mehr als 10.000 kWh/h bis 50.000 kWh/h haben sich ab dem 1. November 2022 gemäß § 30 Abs. 2 zu registrieren.

Inkrafttreten

§ 47. (1) Diese Verordnung tritt, soweit Abs. 2 bis 5 nichts anderes bestimmt, mit Beginn des Gastages 1. Oktober 2022 in Kraft. Gleichzeitig tritt die GMMO-VO 2012 außer Kraft.

(2) § 26 Abs. 2 und Abs. 4 Z 1 treten mit Beginn des Gastages 1. Jänner 2024 in Kraft, sofern zu diesem Zeitpunkt § 2 Abs. 1 Z 13 der Verordnung gemäß § 70 GWG 2011 je Marktgebiet einen einheitlichen Verrechnungsbrennwert vorsieht. § 32 Abs. 9 Z 12 und § 34 Abs. 1 Z 9 treten mit Beginn des Gastages 1. Jänner 2024 in Kraft, sofern zu diesem Zeitpunkt § 2 Abs. 1 Z 13 der Verordnung gemäß § 70 GWG 2011 anstelle eines einheitlichen Brennwerts je Marktgebiet einen nach Brennwertbezirken und Ist-Brennwerten differenzierten Verrechnungsbrennwert vorsieht.

(3) § 14, § 26 Abs. 6 sowie § 46 treten mit Beginn des Gastages 1. Jänner 2020 in Kraft. Gleichzeitig treten § 16 und § 24 Abs. 2 GMMO-VO 2012 außer Kraft.

(4) § 24 Abs. 6 tritt mit dem der Novelle BGBl. II Nr. 398/2021 folgenden Gastag in Kraft. Für den Bilanzgruppenkoordinator gilt diese Bestimmung sinngemäß bis zum Abschluss des letzten zweiten Clearings gemäß § 46 Abs. 1.

(5) § 2 Abs. 1 Z 2 und § 32 Abs. 5 Z 7, in der Fassung der Verordnung BGBl. II Nr. 179/2022, treten zu dem in Abs. 1 bestimmten Zeitpunkt in Kraft. § 9 Abs. 3 und § 32 Abs. 3 Z 1a, in der Fassung der Verordnung BGBl. II Nr. 179/2022, sowie der Einleitungssatz zu § 32 Abs. 3 treten zu dem in § 21 Abs. 21 GSNE-VO 2013 bestimmten Zeitpunkt in Kraft.

Anlage 1: Netzzugang/Netzzutritt und Kapazitätserweiterung

I. Netzzugang

1. Der Antrag auf Netzzugang für Endverbraucher hat jedenfalls folgende Angaben zu enthalten:
a) Angabe des zu versorgenden Objektes (genaue Anschrift und Name);
b) Beginn des Transportes; bei Vorliegen eines befristeten Vertrages ist jedenfalls Beginn und Ende des Transportes anzugeben;
c) Höchstleistung in kWh/h. Technischer und vertraglicher Anschlusswert, der den tatsächlichen Kapazitätsbedürfnissen des Netzzugangsberechtigten entspricht;
d) prognostizierter Jahresverbrauch in kWh;
e) die Art des Endverbrauchers: Haushalt – Gewerbe (bis 50.000 kWh/h) – Industrie (ab 50.000 kWh/h) – Kraftwerke (bis 50.000 kWh/h) – Kraftwerke (ab 50.000 kWh/h);
f) den Verwendungszweck (Mehrfachnennung möglich): Heizen – Warmwasseraufbereitung – Kochen – Prozessgas;
g) gewünschter minimaler und maximal zulässiger Druck am gewünschten Entnahmepunkt in bar;
h) Versorger des zu transportierenden Erdgases;
i) Zählpunktbezeichnung des Entnahmepunktes (für Neukunden gilt: Der Verteilernetzbetreiber hat vor der Weiterleitung des entsprechenden Netzzugangsantrages eine Zählpunktbezeichnung zu vergeben);
j) bei ausschließlich saisonaler Entnahme Angabe der Monate, in denen eine Entnahme erfolgt;
k) Vermerk darüber, dass der Antrag auf Netzzugang auf Basis der Allgemeinen Verteilernetzbedingungen erfolgt.

2. Der Antrag auf Netzzugang für Einspeiser und Speicherunternehmen hat jedenfalls folgende Angaben zu enthalten:
a) Beginn des Transportes; bei Vorliegen eines befristeten Vertrages ist jedenfalls Beginn und Ende des Transportes anzugeben;
b) gewünschter Einspeisepunkt in das Verteilernetz, genaue Anschrift und Name;
c) Höchstleistung in kWh/h. Technischer und vertraglicher Anschlusswert, der den tatsächlichen Kapazitätsbedürfnissen des Netzzugangsberechtigten entspricht;
d) prognostizierte Jahreseinspeisung in kWh;
e) die Art der Einspeisung: Biogas – Erdgasproduktion – Speicher – Wasserstoff – synthetisches Gas;
f) gewünschter minimaler und maximal zulässiger Druck am gewünschten Einspeisepunkt in bar;
g) Zählpunktbezeichnung des Einspeisepunktes (für Neukunden gilt: Der Verteilernetzbetreiber hat vor der Weiterleitung des entsprechenden Netzzugangsantrages eine Zählpunktbezeichnung zu vergeben);
h) Vermerk darüber, dass der Antrag auf Netzzugang auf Basis der Allgemeinen Verteilernetzbedingungen erfolgt.

3. Ist ein Antrag auf Netzzugang auf einen einschränkbaren Netzzugang gerichtet, so hat der Antrag zusätzlich zu den in den Ziffern 1 und 2 genannten Angaben Folgendes zu enthalten:
a) tatsächliche maximale Inanspruchnahme gemäß Lastprofil in kWh/h des Vorjahres (bei Neukunden Vertragswert in kWh/h);
b) Bezeichnung der Onlinemessstelle;
c) Art und Ausmaß der Einschränkung;
d) anwendbarer Zeitraum und maximale Anzahl der Einschränkungen;
e) maximale ununterbrochene Dauer der Einschränkungen;
f) maximale kumulierte Dauer der Einschränkungen pro Jahr;
g) maximale Stundenleistung während der eingeschränkten Netznutzung (erforderliche Mindestversorgung).

4. Netzzugangsverträge, die einen einschränkbaren Netzzugang vorsehen, müssen insbesondere folgende Bestandteile enthalten:
a) Die Verpflichtung des Verteilernetzbetreibers, auf Veranlassung des MVGM jede Einschränkung der Netznutzung dem Endverbraucher rechtzeitig bekannt zu geben. Rechtzeitig ist die Bekanntgabe dann, wenn die Einschränkung dem Endverbraucher mindestens zwei Stunden vor Wirksamkeit bekannt gegeben wird. Davon abweichend kann in Abstimmung mit dem MVGM auch eine Frist für die Bekanntgabe der Einschränkung von mehr als zwei Stunden vor Wirksamkeit vereinbart werden;
b) Zustimmung des Endverbrauchers, dass er gemäß der Aufforderung des Verteilernetzbetreibers die vereinbarte Einschränkung selbst durchführen wird. Andernfalls kann die angeordnete Einschränkung auf Kosten des Endverbrauchers vom Verteilernetzbetreiber durchgeführt werden;
c) Definition bezüglich Art und Ausmaß der Einschränkung;

d) Abgeltung der Einschränkungen gemäß der Verordnung gemäß § 70 GWG 2011;
e) Anwendbarer Zeitraum und maximale Anzahl der Einschränkungen;
f) Ansprechpartner und Kommunikation(-swege) im Zusammenhang mit den Einschränkungen der Netznutzung im Einzelnen;
g) Regelungen betreffend die Weitergabe von Daten durch den Verteilernetzbetreiber an den MVGM;
h) Regelungen betreffend die Abrechnung des Entgelts für die einschränkbare Netznutzung gemäß der Verordnung gemäß § 70 GWG 2011.

5. Ein abgeschlossener Netzzugangsvertrag für Endverbraucher hat zusätzlich zu den in Ziffer 1 genannten Angaben Folgendes zu enthalten:
a) Zählereinbauort bei Abrechnung ohne Umwerter;
b) zugrunde gelegte Höhe in m bei Abrechnung ohne Mengenumwerter;
c) Umrechnungsfaktor bei Vertragsabschluss (Hinweis auf mögliche Anpassung gemäß der Verordnung gemäß § 70 GWG 2011);
d) Netzebenenzuordnung gemäß § 84 Abs. 1 GWG 2011;
e) gegebenenfalls zugeordnetes standardisiertes Lastprofil;
f) Art und Type der eingebauten Messgeräte;
g) Regelungen und Vorkehrungen für den Fall, dass ein Netzzugang nur für einen saisonalen Bezug genehmigt wurde.

6. Vorübergehende Überschreitung der vertraglich vereinbarten Entnahmeleistung

Die vertraglich vereinbarte Entnahmeleistung kann in Ausnahmefällen – insbesondere für Entnahmekapazitäten, die kurzfristig (z. B. für Anfahr- oder Aushilfsleistung) benötigt werden, mangels kontinuierlichen Bedarfs nicht in der langfristigen Planung des MVGM eingeplant werden und nach Absprache zur Verfügung gestellt werden können – überschritten werden. Eine entsprechende Überschreitung ist im jeweiligen Anlassfall von der vorherigen Zustimmung des Verteilernetzbetreibers abhängig. Der Verteilernetzbetreiber ist verpflichtet, zuvor die Zustimmung des MVGM einzuholen. Die Möglichkeit des Netzbenutzers auf Überschreitung der vertraglich vereinbarten Entnahmeleistung besteht nur für den jeweiligen Einzelfall. Für diese Fälle können im Netzzugangsvertrag nähere Bedingungen im Vorhinein vereinbart werden, welche ebenfalls der vorigen Zustimmung des MVGM bedürfen. Der Netzbenutzer ist innerhalb von zwei Arbeitstagen ab Eingang seiner schriftlichen Anfrage (z. B. per E-Mail) über die Möglichkeit der kurzfristigen Überschreitung der vertraglich vereinbarten Entnahmeleistung zu informieren.

II. Netzzutritt

1. Der Antrag auf Netzzutritt hat jedenfalls folgende Angaben zu enthalten:
a) Angabe des zu versorgenden Objektes (genaue Anschrift und Name);
b) prognostizierter Jahresverbrauch in kWh;
c) wenn die Anschlussleitung auf fremden Grundstücken hergestellt werden soll, Name und Kontaktdaten des Grundstückseigentümers;
d) gewünschter minimaler und maximal zulässiger Druck am gewünschten Entnahmepunkt in bar;
e) Anschlussleistung in kWh/h.

2. Mindestanforderungen an die Herstellung von Anschlussleitungen.

(1) Der Verteilernetzbetreiber benachrichtigt den Netzbenutzer rechtzeitig über Art und Umfang der beabsichtigten Inanspruchnahme des Grundstücks. Die Inanspruchnahme hat unter tunlichster Schonung der benutzten Grundstücke und Baulichkeiten zu erfolgen. Dabei sind berechtigte Interessen des Netzbenutzers zu berücksichtigen. Der Netzbenutzer verständigt den Verteilernetzbetreiber von Maßnahmen auf seinem Grundstück, die Einrichtungen des Verteilernetzbetreibers gefährden könnten.

(2) Verlangt der Grundstückseigentümer – vorbehaltlich des Bestehens einer Dienstbarkeit oder einer sonstigen schriftlichen Vereinbarung – die nachträgliche Verlegung der Einrichtungen, wenn sie die widmungsgemäße Verwendung des Grundstücks unzumutbar beeinträchtigen, so trägt der Verteilernetzbetreiber die Kosten der Verlegung, es sei denn, die Einrichtungen dienen bzw. dienten auch der Versorgung dieses Grundstücks.

(3) Nach Auflösung des Netzzugangsvertrages ist der Verteilernetzbetreiber berechtigt, seine Einrichtungen jederzeit von den benutzten Grundstücken zu entfernen. Wenn der Grundstückseigentümer es verlangt, ist der Verteilernetzbetreiber dazu verpflichtet, ausgenommen es besteht eine Dienstbarkeit, eine sonstige schriftliche Vereinbarung oder die Einrichtungen waren für die Versorgung des Grundstücks bestimmt. Weiters ist der Verteilernetzbetreiber berechtigt, die Benutzung der Grundstücke auch noch über eine angemessene Zeit nach Vertragsauflösung fortzusetzen, soweit dies zur Aufrechterhaltung der örtlichen Versorgung notwendig ist. In den übrigen Fällen hat der Verteilernetzbetreiber das Grundstück in angemessener Zeit zu räumen und die erforderlichen Arbeiten abzuschließen.

(4) Der Verteilernetzbetreiber kann nach Vertragsablauf soweit sicherheitstechnisch erforderlich jederzeit die Trennung der Anschlussleitung vom Verteilernetz auf Kosten des (ehemaligen) Netzbenutzers verlangen. Soweit die Kosten pauschaliert verrechnet werden, richten sich die Kosten der Trennung nach dem Preisblatt des Verteilernetzbetreibers. Der Verteilernetzbetreiber kann zur einfacheren Administration eine Pauschalierung auf Basis der diesbezüglichen Gesamtkosten vornehmen. Dem Grundsatz der Verursachungsgerechtigkeit kann durch sachgerechte Differenzierungen (z. B. nach Anlagetyp) entsprochen werden.

III. Kapazitätserweiterung

1. Anforderungen an die Abwicklung von Anträgen auf Kapazitätserweiterung:

(1) Der Verteilernetzbetreiber ist verpflichtet, den Antrag des Kunden sowie einen Verzicht des Kunden auf einen Antrag umgehend an den MVGM weiterzuleiten, sodass dieser den Antrag gemäß den Bestimmungen zur langfristigen Planung (§ 22 GWG 2011) berücksichtigen kann.

(2) Voraussetzung der Stattgebung des Antrags auf Kapazitätserweiterung ist, dass der MVGM dem Verteilernetzbetreiber die Verfügbarkeit der erforderlichen Transportkapazität auf Basis der folgenden Voraussetzungen und den darin jeweils enthaltenen Bedingungen mitteilt:

a) die langfristige Planung enthält die notwendigen Umsetzungsmaßnahmen zur Schaffung des dem Antrag auf Kapazitätserweiterung zugrunde liegenden Kapazitätsbedarfes und diese langfristige Planung wurde durch die Regulierungsbehörde genehmigt;
b) die jeweils betroffenen Netzbetreiber haben mit dem MVGM Netzausbauverträge betreffend die Umsetzung der in der langfristigen Planung vorgesehenen Maßnahmen abgeschlossen.

(3) Der Verteilernetzbetreiber und der MVGM sind erst dann zur Stattgebung des Antrages und Gegenfertigung des Kapazitätserweiterungsvertrages verpflichtet bzw. sind der Verteilernetzbetreiber und die vorgelagerten Netzbetreiber sowie der MVGM erst dann verpflichtet, die notwendigen Ausbaumaßnahmen zu tätigen, wenn der Antragsteller den Kapazitätserweiterungsvertrag innerhalb der ihm durch den Verteilernetzbetreiber und dem MVGM gesetzten Frist rechtsgültig unterschrieben hat und den im Kapazitätserweiterungsvertrag genannten Bedingungen – wie z. B. dem Erlag von Sicherheitsleistungen – fristgerecht nachgekommen ist. Bei nicht fristgerechter, rechtsgültiger Unterzeichnung des Kapazitätserweiterungsvertrags oder bei nicht fristgerechter Erfüllung der im Kapazitätserweiterungsvertrag genannten Bedingungen verliert der Kapazitätserweiterungsantrag seine Wirksamkeit.

(4) Im Kapazitätserweiterungsvertrag können zwischen dem Antragsteller, dem MVGM und dem Verteilernetzbetreiber nichtdiskriminierende und sachgerechte Bedingungen vertraglich vereinbart werden, von deren Erfüllung die Umsetzung der Maßnahmen zur Kapazitätserweiterung abhängen. Zur Absicherung der Investitionen, welche mit der Stattgebung des Antrages auf Kapazitätserweiterung ausgelöst werden, ist im Kapazitätserweiterungsvertrag eine Zahlung für die (teilweise) Nichtinanspruchnahme der gemäß Kapazitätserweiterungsvertrag beantragten Anschlussleistung ab dem im Kapazitätserweiterungsvertrag vertraglich vereinbarten Beginn des Transportes im Ausmaß der Nichtinanspruchnahme vertraglich zu vereinbaren. Die Höhe der Zahlung hat bei vollständiger Nichtinanspruchnahme der gemäß Kapazitätserweiterungsvertrag beantragten Anschlussleistung mindestens dem Netzbereitstellungsentgelt, das für die beantragte Anschlussleistung zu entrichten wäre, zu entsprechen und verringert sich bei teilweiser Nichtinanspruchnahme aliquot. Die Zahlung für die (teilweise) Nichtinanspruchnahme der gemäß Kapazitätserweiterungsvertrag beantragten Anschlussleistung verringert sich in dem Ausmaß, in dem die nicht genutzte, gemäß Kapazitätserweiterungsvertrag beantragte Anschlussleistung, von Dritten genutzt wird. Zur Absicherung dieser Zahlung kann die Leistung einer angemessenen Sicherheitsleistung vereinbart werden. Bei (teilweiser) Inanspruchnahme der beantragten Anschlussleistung nach dem im Kapazitätserweiterungsvertrag vertraglich vereinbarten Beginn des Transportes ist eine Aufrechnung der geleisteten Zahlung mit dem Netzbereitstellungsentgelt gemäß der Verordnung gemäß § 70 GWG 2011 nicht zulässig.

(5) Der Verteilernetzbetreiber verpflichtet sich bei Stattgebung des Antrages auf Kapazitätserweiterung dem Netzbenutzer ab einem bestimmten in der Zukunft liegenden Stichtag Netzzugang zum Verteilernetz gemäß § 27 GWG 2011 zu gewähren.

(6) Der Netzbenutzer hat nach Bekanntgabe des endgültigen Termins der Kapazitätsbereitstellung durch den Verteilernetzbetreiber, spätestens zehn Arbeitstage vor dem vereinbarten Beginn der Transportleistung, einen Netzzugangsantrag für Neuanlagen gemäß § 11 der Verordnung zu stellen. Der Verteilernetzbetreiber hat den Netzbenutzer im Kapazitätserweiterungsvertrag ausdrücklich auf die Notwendigkeit eines Netzzugangsantrages hinzuweisen. Bei nicht zeitgerechter Abgabe dieses Antrages kann die Transportleistung nicht fristgerecht erbracht werden, unbeschadet der sonstigen Rechte und Pflichten der Vertragspartner aus dem Kapazitätserweiterungsvertrag.

Anlage 2: Regeln der Technik[1]

I. Allgemeines

Gaswirtschaftliche Richtlinien, Normen und Standards:

- ÖVGW-Regeln Gas
- ÖNORM
- CEN
- CENELEC
- DIN
- ISO
- EN

II. Gasbeschaffenheit – Gasqualität

Die in den Allgemeinen Verteilernetzbedingungen enthaltenen Qualitätsanforderungen, die für die Einspeisung und den Transport von Erdgas gelten, sind nach der jeweils gültigen Fassung der ÖVGW Richtlinie1 G B210 „Gasbeschaffenheit" zu bestimmen. Der mengengewichtete Ist-Brennwert von Einspeisungen aus der Erzeugung erneuerbarer Gase ist dem Netzbetreiber in einer zur Erfüllung seiner Verpflichtungen gemäß § 32 geeigneten Form zu melden.

III. Ermittlung von Energiemengen im Marktgebiet und anwendbare Brennwerte

Die Ermittlung der Energiemengen sämtlicher Ein- und Ausspeisungen im Marktgebiet auf Basis der jeweils anwendbaren Brennwerte erfolgt gemäß nachfolgender Tabelle. Die zugrundeliegenden Ist-Brennwerte bestimmen sich dabei grundsätzlich nach den technischen Methoden der ÖVGW Richtlinie G O110 und der Verordnung gemäß § 70 GWG 2011. Diese Energiemengen stellen die Grundlage für das Clearing und sämtliche Abrechnungen sowie die Netzsteuerung dar. Netzbetreiber können die in der Tabelle genannten Nr. 8 (gemessener Eigenverbrauch) und Nr. 9 (ungemessener Eigenverbrauch) für das Clearing gemeinsam in einer Position an die Bilanzierungsstelle übermitteln.

Nr.	Allokationskomponente	Netzbilanz Fernleitung	Netzbilanz Verteilernetz	Anwendbarer Brennwert (Mindestanforderungen)
1	Allokierte Ein-/Ausspeisungen Grenzübergangspunkte (Fernleitungs- & Verteilernetze)	allokiert wie nominiert	gemessen	Ist-Brennwert am Grenzübergangspunkt *(Differenzen am OBA erfasst)*
2	Allokierte Ein-/Ausspeisungen Speicher	allokiert wie nominiert	gemessen	Ist-Brennwert am Netzanschlusspunkt *(Differenzen am OBA erfasst)*
3	Allokierte Ein-/Ausspeisungen Erdgasproduktion	allokiert wie nominiert	gemessen	Ist-Brennwert am Netzanschlusspunkt *(Differenzen am OBA erfasst)*
4	Einspeisungen Erzeugung erneuerbares Gas	gemessen	gemessen	Ist-Brennwert am Netzanschlusspunkt
5	Allokierte Ausspeisungen zu Endverbrauchern LPZ	gemessen	gemessen	Verrechnungsbrennwert auf Basis der Verordnung gemäß § 70 GWG 2011 idgF (ausgenommen es erfolgt eine Brennwertmessung vor Ort)
6	Allokierte Ausspeisungen zu Endverbrauchern SLP	gemessen (mittels SLP)	gemessen (mittels SLP)	Verrechnungsbrennwert auf Basis der Verordnung gemäß § 70 GWG 2011 idgF
7	Gemessene Übergaben an Netzkopplungspunkten zwischen Netzen im Marktgebiet	gemessen	gemessen	Ist-Brennwert am Netzkopplungspunkt

8	Gemessener Eigenverbrauch	gemessen	gemessen	Ist-Brennwert (sofern basierend auf Messungen bzw. Brennwertverfolgung für Entnahmepunkte vorhanden, andernfalls als mengengewichteter Ist-Brennwert im jeweiligen Netzgebiet)
9	Ungemessener Eigenverbrauch	berechnet	berechnet	Mengengewichteter Ist-Brennwert im jeweiligen Netzgebiet
10	Auf-/Abbau des Netzinhalts (Linepacks) als Differenz zwischen dem Netzinhalt zu Beginn und am Ende eines jeweiligen Gastages.	-	berechnet	Mengengewichteten Ist-Brennwert im Netzgebiet eines Netzbetreibers

IV. Verrechnungsbrennwerte für Endverbraucher

Die Ermittlung der Daten zur Abrechnung von Endverbrauchern bestimmt sich grundsätzlich nach den technischen Methoden der ÖVGW Richtlinie G O110 und der Verordnung gemäß § 70 GWG 2011.

Die Feststellung von Volumen und Brennwert (gemäß DIN EN ISO 6976 oder 13686 Erdgas) zur Verrechnung der Systemnutzungsentgelte erfolgt entsprechend den Methoden gemäß den Regeln der Technik. Dabei sind die von den Herstellern vorgegebenen oder empfohlenen Überprüfungsintervalle für Messgeräte zur Brennwertbestimmung einzuhalten. Außerdem ist jährlich von einer unabhängigen Stelle eine Überprüfung vorzunehmen, wobei die Ergebnisse drei Jahre lang aufzubewahren sind.

Nach der Verordnung gemäß § 70 GWG 2011 in Verbindung mit ÖVGW Richtlinie G O110 kommt bis zum 31. Dezember 2023 für die Abrechnung von Ausspeisungen an Endverbraucher ein einheitlicher Verrechnungsbrennwert zur Anwendung. Dabei bildet der MVGM auf Basis der von Netzbetreibern für einen jeweiligen Monat gemäß § 32 bereitgestellten Einspeisemengen und dazugehörigen Brennwerten einen gewogenen Mittelwert des Brennwerts des gesamten in das jeweilige Marktgebiet eingespeisten Gases und veröffentlicht diesen spätestens bis zum 10. des Folgemonats. Weicht der vom MVGM ermittelte Brennwert nicht mehr als +/- 2 Prozent vom aktuellen Verrechnungsbrennwert entsprechend der Verordnung gemäß § 70 GWG 2011 ab, so ist dieser Verrechnungsbrennwert für die Ermittlung der Energiemenge heranzuziehen.

Sofern die Verordnung gemäß § 70 GWG 2011 für die Abrechnung von Ausspeisungen an Endverbraucher ab dem 1. Jänner 2024 die Anwendung der jeweiligen Ist-Brennwerte gemäß ÖVGW Richtlinie G O110 als Verrechnungsbrennwert vorsieht, sind diese für die Abrechnung, die Verrechnung der Systemnutzungsentgelte sowie sämtliche Datenmeldungen im Kontext dieser Verordnung heranzuziehen. Sofern für vorläufige oder aktualisierte Allokationsdaten gemäß § 32 aufgrund der zeitlichen Taktung der Informationsflüsse noch keine abrechnungsrelevanten Brennwerte vorliegen, sind nur dafür jeweils die letztgültigen, abrechnungsrelevanten Brennwerte eines jeweiligen Endverbrauchers zu verwenden. Netzbetreiber haben das Zustandekommen der anwendbaren Brennwerte durch geeignete Maßnahmen nachvollziehbar zu validieren; dem MVGM kommt dabei insbesondere für die Netzebene 1 auf Basis der durchgängigen, laufenden Simulation von Brennwerten in der Netzebene 1 gemäß § 32 Abs. 10 Z 6 eine koordinierende Rolle zu; der MVGM kann von den Netzbetreibern auch für die Netzebenen 2 und 3 beauftragt werden, Ist-Brennwerte gemäß den Regeln der Technik zu ermitteln. Netzbetreiber haben eine Beschreibung der zugrundeliegenden Ermittlungsmethode, den geografischen Anwendungsbereich resultierender Brennwerte in Form von Brennwertbezirken inkl. der abrechnungsrelevanten Brennwerte der jeweiligen Brennwertbezirke auf monatlicher Basis inkl. Historie auf ihrer Webseite ausreichend transparent darzulegen.

---

1 Die Angaben und Referenzen zu Normen, technischen Regeln, etc. sind vorbehaltlich der Änderung von Titeln, Nummern, etc.

Anlage 3: Ein-/Ausspeisepunkte

Als Ein-/Ausspeisepunkte gelten alle physischen Ein- und Ausspeisepunkte in das Netz des jeweiligen Marktgebietes.

Die Ausspeisepunkte von den Fernleitungen in das Verteilergebiet werden zentral vom MVGM verwaltet und somit virtuell als ein Ausspeisepunkt behandelt. Die Ein-/Ausspeisepunkte werden vom MVGM nach Konsultation der Regulierungsbehörde auf der Online-Plattform veröffentlicht.

23. Gasversorgungsstandard-Verordnung

Verordnung des Vorstands der E-Control über die Nachweise sowie die Überprüfung des Gasversorgungsstandards für geschützte Kunden in Österreich

StF: BGBl. II Nr. 151/2023

Auf Grund des § 121 Abs. 5 des Gaswirtschaftsgesetzes 2011 (GWG 2011), BGBl. I Nr. 107/2011, zuletzt geändert durch das Bundesgesetz BGBl. I Nr. 23/2023, wird verordnet:

GLIEDERUNG

Regelungsgegenstand

§ 1. Diese Verordnung regelt nähere Bestimmungen zur Durchführung der Überprüfung des Gasversorgungsstandards, zu den Erhebungsmodalitäten und zur Art der erforderlichen Nachweise erlassen.

Begriffsbestimmungen

§ 2. (1) Im Sinne dieser Verordnung bezeichnet der Ausdruck

1. „Fernwärmeanlagen“ Anlagen, die Wärme direkt oder indirekt an geschützte Fernwärmekunden liefern, in ein Fernwärmenetz mit einer gesamten Wärmeengpassleistung aller damit verbundenen Heizwerke und Heizkraftwerke von zumindest 50 MW (thermisch) oder einer gesamten jährlichen Wärmeabgabe von zumindest 300 GWh einspeisen und die ohne technische Einbaumaßnahmen keinen Wechsel auf einen anderen Brennstoff als Gas vornehmen können;
2. „geschützte soziale Dienste“ grundlegender sozialer Dienst mit Ausnahme der Bereiche Bildung und öffentliche Verwaltung (Anlage 1);
3. „geschützte Fernwärmekunden“ Haushalte, grundlegende soziale Dienste oder kleine und mittlere Unternehmen, die von einer Fernwärmeanlage versorgt werden;
4. „mittlere Unternehmen“ Unternehmen mit höchstens 249 Beschäftigten und mit einem Umsatz von höchstens 50 Millionen Euro oder einer Bilanzsumme von höchstens 43 Millionen Euro, soweit sie nicht kleine Unternehmen sind.

(2) Im Übrigen gelten die Begriffsbestimmungen gemäß § 7 Abs. 1 und Abs. 4 GWG 2011.

(3) Personenbezogene Begriffe haben keine geschlechtsspezifische Bedeutung. Sie sind bei der Anwendung auf bestimmte Personen in der jeweils geschlechtsspezifischen Form anzuwenden.

Überprüfung der Einhaltung der Standards

§ 3. Zur Überprüfung der Einhaltung der gemäß § 121 Abs. 5 GWG 2011 normierten Standards sind von Versorgern geschützter Kunden jährlich zum 31. August für den folgenden Winter (Erhebungszeitraum 1. Oktober bis 31. März) an die Regulierungsbehörde folgende Daten zu übermitteln:

1. Bei geschützten Kunden gemäß § 7 Abs. 1 Z 20a lit. a GWG 2011: Anzahl der Zählpunkte;
2. Bei geschützten Kunden gemäß § 7 Abs. 1 Z 20a lit. b GWG 2011: Anzahl der Zählpunkte;
3. Bei geschützten Kunden gemäß § 7 Abs. 1 Z 20a lit. c GWG 2011: Anzahl der Zählpunkte und letztjähriger monatlicher Gasverbrauch im jeweiligen Monat je Fernwärmeanlage, in dem Ausmaß, in dem sie Wärme an geschützte Fernwärmekunden liefert, sowie das jeweilige kurzfristige Substitutionspotential.

§ 4. (1) Für die Erfüllung des Versorgungsstandards nach Art. 6 Abs. 1 der Verordnung (EU) 2017/1938 über Maßnahmen zur Gewährleistung der sicheren Gasversorgung und zur Aufhebung der Verordnung (EU) Nr. 994/2010, ABl. Nr. L 280 vom 28.10.2017 S. 1, sind jeweils bis 31. August Nachweise von Versorgern geschützter Kunden durch Vorlage folgender Verträge zu erbringen, soweit dies zur Erfüllung des Versorgungsstandards notwendig ist:

1. Für die Fälle des Art. 6 Abs. 1 lit. a und b der Verordnung (EU) 2017/1938:

a) Speicherverträge am Primärmarkt, die mit Speicherunternehmen oder am Sekundärmarkt mit Speicherkunden abgeschlossen wurden, welche das maximale Arbeitsgasvolumen, die maximale Entnahmeleistung und die Vertragslaufzeit enthalten; und/oder

b) Bilaterale Lieferverträge, die mit einem konkreten Vertragspartner abgeschlossen wurden, welche die maximale Vertragsmengen, die maximale Vertragsleistung und die Vertragslaufzeit enthalten; und/oder

c) OTC-Verträge, die mit einem konkreten Vertragspartner abgeschlossen wurden, welche die maximale Vertragsmengen, maximale Vertragsleistung und die Vertragslaufzeit enthalten; und/oder

d) Verträge über Termingeschäfte an der Börse, welche die maximalen Vertragsmengen, die maximalen Vertragsleistung und die Vertragslaufzeit enthalten.

2. Für den Fall gemäß Art. 6 Abs. 1 lit. c der Verordnung (EU) 2017/1938: ausschließlich Speicherverträge gemäß Z 1 lit. a, wobei hier jeweils die monatlichen Speicherstände nachzuweisen sind.

(2) Die vorgelegten Nachweise müssen die erforderlichen Mengen und Leistungen über den Erhebungszeitraum abdecken. Für den Nachweis des Fall gemäß Art. 6 Abs. 1 lit. c der Verordnung (EU) 2017/1938 haben Versorger von Fernwärmeanlagen den Monatsverbrauch geschützter Fernwärmekunden des Vorjahresmonats vorzuhalten.

(3) Im Falle von Verträgen mit Erfüllungsort im Ausland und bei Nutzung ausländischer Speicher sind die Transportverträge anzugeben, über welche die entsprechende Menge und Leistung nach Österreich transportiert wird.

(4) Nachweise gemäß § 4 Abs. 1 können auch durch den jeweiligen Vorlieferanten erbracht werden.

Datenübermittlung

§ 5. (1) Die Daten gemäß § 3 müssen über ein von der E-Control zur Verfügung gestelltes Formular bis 31. August gemeldet werden.

(2) Sämtliche Daten, die zur Berechnung der in Abs. 1 in Verbindung mit § 3 aufgelisteten Kennzahlen notwendig sind, hat der Versorger für einen Zeitraum von sieben Jahren aufzubewahren und der Regulierungsbehörde auf Nachfrage zu übermitteln.

Inkrafttreten

§ 6. Diese Verordnung tritt mit 1. August 2023 in Kraft.

Anlage 1

ÖNACE-Codes der geschützten Sozialen Dienste gemäß § 2 Abs. 1 Z 2

ÖNACE-Klasse	Bezeichnung
84.22	Verteidigung (Bundesheer)
84.24	Öffentliche Sicherheit und Ordnung (Polizei)
84.25	Feuerwehren
86.10	Krankenhäuser
86.21	Arztpraxen für Allgemeinmedizin
86.22	Facharztpraxen
86.23	Zahnarztpraxen
86.90	Gesundheitswesen a.n.g.
87.10	Pflegeheime
87.20	Stationäre Einrichtungen zur psychosozialen Betreuung, Suchtbekämpfung u.Ä.
87.30	Altenheime; Alten- und Behindertenwohnheime
87.90	Sonstige Heime (ohne Erholungs- und Ferienheime)
88.10	Soziale Betreuung älterer Menschen und Behinderter
88.91	Tagesbetreuung von Kindern
88.99	Sonstiges Sozialwesen a.n.g.

24. Intelligente Gas-Messgeräte-AnforderungsVO 2012

Verordnung des Vorstands der E-Control, mit der die Anforderungen an intelligente Messgeräte bestimmt werden

StF: BGBl. II Nr. 501/2012

Auf Grund § 128 Abs. 2 Gaswirtschaftsgesetz 2011 (GWG 2011), BGBl I Nr. 107/2011, iVm § 7 Abs. 1 Energie-Control-Gesetz (E-ControlG), BGBl. I Nr. 110/2010 in der Fassung des Bundesgesetzes BGBl. I Nr. 51/2012, wird verordnet:

Regelungsgegenstand

§ 1. Diese Verordnung bestimmt die Anforderungen, denen intelligente Messgeräte gemäß § 7 Abs. 1 Z 26 GWG 2011 zu entsprechen haben und gemäß § 79 GWG 2011 bei der Ermittlung der Kostenbasis für die Entgeltbestimmung in Ansatz zu bringen sind.

Anwendungsbereich

§ 2. Die Anforderungen gemäß § 3 betreffen jene Messgeräte gemäß § 128 Abs. 1 GWG 2011, mit denen Endverbraucher auszustatten sind, deren Verbrauch nicht über einen Lastprofilzähler gemessen wird.

Anforderungen an intelligente Messgeräte

§ 3. Intelligente Messgeräte gemäß § 7 Abs. 1 Z 26 GWG 2011 haben folgenden Mindestfunktionsanforderungen zu entsprechen:

1. Die intelligenten Messgeräte haben die Möglichkeit zu bieten, Befehle und Daten in einem dem Stand der Technik entsprechend gesicherten Verfahren senden und, mit Ausnahme der gemäß Z 6 genannten Messgeräte, empfangen zu können.
2. Die intelligenten Messgeräte sind dahingehend auszustatten, dass die Gastemperatur korrekt berücksichtigt wird und der Zählerstand entsprechend abgebildet wird.
3. Die intelligenten Messgeräte, die über eine interne Speicher- und Anzeigemöglichkeit verfügen, sind dahingehend auszustatten, dass eine Messung und Speicherung von Zählerständen in einem Intervall von 60 Minuten möglich ist. Weiters sind die Geräte so auszustatten, dass sie die Speicherung des zum erfassten Zählerstand gehörenden Zeitstempels zur Zuordnung von Datum und Uhrzeit wie auch eine Integritätsprüfung ermöglichen. Die intelligenten Messgeräte haben zudem die Möglichkeit zu bieten, einen täglichen Zählerstand (06:00 Uhr) zu speichern und anzuzeigen. Die intelligenten Messgeräte mit interner Speichermöglichkeit haben zudem die Möglichkeit zu bieten, die Daten der maximal letzten 60 Tage im Gerät selbst abzulegen.
4. Die intelligenten Messgeräte gemäß Z 3 haben die Möglichkeit zu bieten, über eine Kommunikationsschnittstelle mindestens einmal täglich alle bis 06:00 Uhr des jeweiligen Tages gemäß Z 3 erfassten Daten so zu übermitteln, dass diese bis spätestens 12:00 Uhr des jeweiligen Tages beim Netzbetreiber einlangen.
5. Geräte, welche über eine interne Speichermöglichkeit verfügen, sollen weiters gewährleisten, dass im Falle eines Ausfalls der Datenübertragung alle Daten solange erhalten bleiben, dass eine lückenlose Rekonstruktion, begrenzt auf die vorgesehene Speicherdauer, möglich ist.
6. Die intelligenten Messgeräte, die nicht über eine interne Speichermöglichkeit verfügen, sind dahingehend auszustatten, dass zumindest die Übermittlung des täglichen Zählerstandes um 06:00 mit zugehörigem Zeitstempel, Datum und Uhrzeit sowie einer Integritätsprüfung über eine Kommunikationsschnittstelle an den Netzbetreiber bis 12:00 Uhr des jeweiligen Tages ermöglicht wird. Für diese Geräte ist der Empfang von Befehlen und Daten in einem dem Stand der Technik entsprechend gesicherten Verfahren nur im Bedarfsfall vorzusehen.
7. Die Kommunikationsschnittstelle, die zur Übertragung der Messwerte an den Netzbetreiber dient, ist dahingehend zu konfigurieren, dass eine Maximierung der Batterielebensdauer, jedenfalls über eine Eichperiode, erreicht werden kann.
8. Der Zugriff sowie die Spezifikation dieser Kommunikationsschnittstelle sind bei gemeinsamer Nutzung mit anderen Sparten mit allen Berechtigten spätestens ab Einbau zu harmonisieren und auf Anfrage der Berechtigten diesen diskriminierungsfrei zur Verfügung zu stellen.
9. Die intelligenten Messgeräte sowie ihre Kommunikation sind nach Stand der Technik abzusichern und zu verschlüsseln, um Unberechtigten den Zugriff nicht zu ermöglichen. Die Kommunikation ist nach dem Stand der Technik mit einem individuellen gerätespezifischen Schlüssel zu authentisieren und zu verschlüsseln.
10. Die Möglichkeit eines Softwareupdates aus der Ferne ist mit Ausnahme der in Z 6 genannten Messgeräte unter Einhaltung der eichrechtlichen Vorschriften vorzusehen.
11. Die intelligenten Messgeräte haben den maß- und eichgesetzlichen und datenschutzrecht-

lichen Bestimmungen sowie dem Stand der Technik zu entsprechen.

Inkrafttreten

§ 4. Diese Verordnung tritt mit 1. Januar 2013 in Kraft.

25. Gaskennzeichnungsverordnung

Verordnung der E-Control über die Regelungen zur Gaskennzeichnung und zur Ausweisung der Herkunft nach Primärenergieträgern

StF: BGBl. II Nr. 275/2019

Letzte Novellierung: BGBl. II Nr. 216/2023

Auf Grund des § 130 Abs. 9 Gaswirtschaftsgesetz 2011 (GWG 2011), BGBl. I Nr. 107/2011, zuletzt geändert durch das Bundesgesetz BGBl. I Nr. 108/2017, wird verordnet:

GLIEDERUNG

1. Abschnitt
Allgemeines

Regelungsgegenstand

§ 1.[a] Die Verordnung hat den Umfang und die Ausgestaltung einer gemäß § 130 GWG 2011 verpflichtenden Gaskennzeichnung durch Versorger, welche die Ausweisung der Herkunft sowie der Umweltauswirkungen umfasst, sowie die Vorgaben für die Ausgestaltung der Nachweise zu den verschiedenen Energieträgern zum Gegenstand. Diese Verordnung regelt ausschließlich die Kennzeichnung der in das öffentliche Gasnetz eingespeisten bzw. daraus entnommenen Gasmengen.

[a] Tritt mit Ablauf des 31. Dezember 2023 außer Kraft.

1. Abschnitt
Allgemeines

Regelungsgegenstand

§ 1.[a] Die Verordnung hat den Umfang und die Ausgestaltung einer gemäß § 130 GWG 2011 verpflichtenden Gaskennzeichnung durch Versorger, welche die Ausweisung der Herkunft sowie der Umweltauswirkungen, die Vorgaben für die Ausgestaltung der Herkunftsnachweise zu den verschiedenen Primärenergieträgern, Regelungen zur Umwandlung und Speicherung sowie zum internationalen Handel umfassen, zum Gegenstand. Diese Verordnung regelt ausschließlich die Kennzeichnung der in das öffentliche Gasnetz eingespeisten bzw. daraus zum Zweck des energetischen Endverbrauchs entnommenen Gasmengen.

[a] Tritt mit 1. Jänner 2024 in Kraft.

Begriffsbestimmungen

§ 2. (1) Im Sinne dieser Verordnung bezeichnet der Ausdruck

1. „Gas" gemäß den Regeln der Technik in das Erdgasnetz eingespeistes
   a) Erdgas oder synthetisches Gas auf Basis von Erdgas als Energieträger,
   b) erneuerbares Gas gemäß § 7 Abs. 1 Z 16b GWG 2011 oder
   c) sonstige Gase gemäß Z 2;
2. „sonstige Gase" dekarbonisiertes Gas gemäß Z 3 sowie Gas, das weder unter Z 1 lit. a noch unter Z 1 lit. b fällt;
3. „dekarbonisiertes Gas" Wasserstoff, bei dessen Erzeugung durch technische Maßnahmen das Entstehen von daraus resultierenden Kohlendioxid-Emissionen, soweit technisch möglich, dauerhaft unterbunden wurde;
4. „Produktmix" ein Gasprodukt, welches nur ein Teil der Endverbraucher eines Gasversorgers erhält, dessen Zusammensetzung von den Primärenergieträgeranteilen des Versorgermixes abweicht;
5. „Versorgermix" die Summe aller Primärenergieträgeranteile eines Gasversorgers.

(Anm.: Z 6 aufgehoben durch Z 5 BGBl. II Nr. 47/2022)

(2) Im Übrigen gelten die Begriffsbestimmungen gemäß § 7 Abs. 1 GWG 2011.

(3) Personenbezogene Begriffe haben keine geschlechtsspezifische Bedeutung. Sie sind bei der Anwendung auf bestimmte Personen in der jeweils geschlechtsspezifischen Form anzuwenden.

2. Abschnitt
Ausgestaltung der Gaskennzeichnung
Darstellungsform

§ 3. (1) Die Darstellung der Gaskennzeichnung hat deutlich lesbar, in übersichtlicher und verständlicher Form zu erfolgen.

(2) Die Ausweisung der Herkunft des Gases ist in tabellarischer Form vorzunehmen. Auf der Gasrechnung kann die Ausweisung der Herkunft des Gases zusätzlich in Form eines leicht verständlichen und nicht irreführenden Diagramms erfolgen.

(3) Die Schriftgröße, die für sämtliche Angaben im Abschnitt „Gaskennzeichnung" verwendet wird, hat mit der des Haupttextes der Gasrechnung bzw. des kennzeichnungspflichtigen Werbematerials überein zu stimmen.

(4) Die der Gaskennzeichnung zugrunde liegende Periode ist an den Anfang der Darstellung der Gaskennzeichnung zu setzen.

(5) Diese Verordnung sowie § 130 GWG 2011 sind als gesetzliche Grundlagen bei der Ausweisung der Gaskennzeichnung anzuführen.

(6) Der Begriff „Gaskennzeichnung" ist bei der Ausweisung der Gaskennzeichnung einheitlich zu verwenden.

(7) Darstellungen, die von den Vorgaben dieser Verordnung abweichen, dürfen nicht unter der Bezeichnung „Gaskennzeichnung" angeführt werden. In der Reihenfolge der Darstellungen haben etwaige von den Vorgaben zur Gaskennzeichnung nicht umfasste Informationen jedenfalls nach dem Abschnitt „Gaskennzeichnung" zu erfolgen. Zudem darf es durch die Bezeichnung oder Art der Darstellung zu keiner Verwechselbarkeit mit der Gaskennzeichnung im Sinne dieser Verordnung kommen.

(8) Wird die Gaskennzeichnung in einem Anhang zur Gasrechnung vorgenommen, muss auf dieser jedenfalls in einem entsprechenden Hinweis darauf verwiesen werden, dass sich die Gaskennzeichnung im Anhang befindet.

Ausweisung des Versorgermixes

§ 4.[a)] (1) Die Ausweisung der Herkunft des Gases hat in Form einer prozentmäßigen Aufschlüsselung der Energieträgergruppen Erdgas, erneuerbare Gase sowie Sonstige Gase zu erfolgen. Eine weitergehende Ausweisung kann wie folgt erfolgen:

1. Erdgas gemäß den Unterkategorien in Anhang 1 lit. a;
2. erneuerbare Gase gemäß den Unterkategorien in Anhang 1 lit. b;
3. sonstige Gase gemäß den Unterkategorien in Anhang 1 lit. c.

Die Zusammenfassung von synthetischem Gas aus nuklearen Quellen mit Kategogien von erneuerbaren oder fossilen Energieträgern ist unzulässig.

(2) Kann für einen Anteil oder die Gesamtheit des Versorgermixes kein Nachweis erbracht werden, ist dieser Anteil bzw. der gesamte Versorgermix als Erdgas unbekannter Herkunft zu behandeln. Gas, dessen Herkunft durch Entwerten eines Gasnachweises bekannt ist, darf nicht wahlweise als Erdgas ausgewiesen werden.

(3) Folgende zusätzliche Angaben können im Abschnitt „Gaskennzeichnung" angeführt werden:

1. Angaben zu den Herkunftsländern der Nachweise: sofern Angaben zu den Herkunftsländern der Nachweise gemacht werden, sind diese anhand einer prozentmäßigen Aufschlüsselung zu untergliedern;
2. Angaben, wie viel Prozent des Gases gemeinsam mit den dazugehörigen Nachweisen erworben wurden.

[a)] Tritt mit Ablauf des 31. Dezember 2023 außer Kraft.

Ausweisung des Versorgermixes

§ 4.[a)] (1) Die Ausweisung der Herkunft des Gases hat in Form einer prozentmäßigen Aufschlüsselung der Energieträgergruppen Erdgas, erneuerbare Gase sowie Sonstige Gase zu erfolgen. Eine weitergehende Ausweisung kann wie folgt erfolgen:

1. Erdgas gemäß den Unterkategorien in Anhang 1 lit. a;
2. erneuerbare Gase gemäß den Unterkategorien in Anhang 1 lit. b;
3. sonstige Gase gemäß den Unterkategorien in Anhang 1 lit. c.

Die Zusammenfassung von synthetischem Gas aus nuklearen Quellen mit Kategogien von erneuerbaren oder fossilen Energieträgern ist unzulässig.

(2) Kann für einen Anteil oder die Gesamtheit des Versorgermixes kein Herkunftsnachweis erbracht werden, ist dieser Anteil bzw. der gesamte Versorgermix als Erdgas unbekannter Herkunft zu behandeln. Gas, dessen Herkunft durch Entwerten eines Herkunftsnachweises bekannt ist, darf nicht wahlweise als Erdgas unbekannter Herkunft ausgewiesen werden.

(3) Folgende zusätzliche Angaben können im Abschnitt „Gaskennzeichnung" angeführt werden:

1. Angaben zu den Herkunftsländern der Herkunftsnachweise: sofern Angaben zu den Herkunftsländern der Herkunftsnachweise gemacht werden, sind diese anhand einer prozentmäßigen Aufschlüsselung zu untergliedern;

2. Angaben, wie viel Prozent des Gases gemeinsam mit den dazugehörigen Herkunftsnachweisen erworben wurden;
3. Angaben zu Nachhaltigkeitskriterien im Sinne der Nachhaltige landwirtschaftliche Ausgangsstoffe-Verordnung (NLAV), BGBl. II Nr. 124/2018, zuletzt geändert durch die Verordnung BGBl. II Nr. 88/2023, bzw. Nachhaltige forstwirtschaftliche Biomasse-Verordnung (NFBioV), BGBl. II Nr. 85/2023.

(4) Gasmengen, die an Kraft- und Heizwerke zur Umwandlung in Strom und Wärme geliefert werden, sind von der Verpflichtung zur Gaskennzeichnung ausgenommen.

(5) Die Dokumentation zur Abgabemenge an Endverbraucher muss von einem Wirtschaftsprüfer, einem geeigneten Ingenieurkonsulenten oder einen Zivilingenieur, oder einem geeigneten, allgemein beeideten und gerichtlich zertifizierten Sachverständigen geprüft sein. Das Ergebnis ist in übersichtlicher Form und vom Prüforgan bestätigt in einem Anhang zum Geschäftsbericht des Versorgers zu veröffentlichen.

[a] Tritt mit 1. Jänner 2024 in Kraft.

Umwandlung und Speicherung

§ 4a.[a] (1) Für jene Gasmengen, die für die Umwandlung von Gas, Wasserstoff oder synthetisches Gas in Strom eingesetzt werden, sind durch den Händler (Versorger) an den Betreiber einer Umwandlungsanlage Herkunftsnachweise zu übertragen. Diese werden auf dem Umwandlungskonto unter Berücksichtigung der Wirkungsgradverluste der Anlage automatisch gelöscht. Es müssen auf Verlangen der Regulierungsbehörde entsprechende Gutachten vorgelegt werden, die den Wirkungsgrad belegen. Die eingesetzten Gasmengen abzüglich des Umwandlungsverlustes sind die Basis für die Generierung von Strom-Herkunftsnachweisen nach der Umwandlung für ins öffentliche Netz eingespeiste Mengen.

(2) Erfolgt die Umwandlung außerhalb des öffentlichen Netzes, entsteht kein Anspruch auf Generierung von Herkunftsnachweisen.

(3) Stehen Herkunftsnachweise für Strom für die Umwandlung zur Verfügung, liegen diese einer erneuerbaren Technologie zugrunde und werden nicht ins öffentliche Netz eingespeist, werden Grüngaszertifikate gemäß § 86 EAG ausgestellt.

(4) Für Gasmengen, die an Speicher geliefert werden, können durch den Versorger Herkunftsnachweise an ein Speicherkonto in der Registerdatenbank übertragen werden, die bei der Ausspeicherung wieder an den Versorger ausgegeben werden.

(5) Für Gasmengen, die an Kraft- und Heizwerke zur Umwandlung in Wärme geliefert werden, gilt Abs. 1 sinngemäß, wobei hier keine Wärmenachweise generiert werden.

[a] Tritt mit 1. Jänner 2024 in Kraft.

Ausweisung der Umweltauswirkungen

§ 5.[a] (1) Umweltauswirkungen sind in Form von CO_2-Emissionen in Gramm je kWh [g/kWh] auszuweisen. Radioaktiver Abfall ist in Milligramm je kWh [mg/kWh] auszuweisen.

(2) Für den Fall, dass anlagenspezifische Werte vorliegen, die von einer nach dem Akkreditierungsgesetz 2012 für relevante Fachgebiete zugelassenen Überwachungs-, Prüf- oder Zertifizierungsstelle bestätigt wurden, sind diese für die Ausweisung der Umweltauswirkungen zu verwenden. Die Datenquellen solcher anlagenspezifischen Werte sind anzuführen. Sofern keine anlagenspezifischen Werte vorliegen, sind die von der E-Control veröffentlichten Durchschnittswerte zu verwenden.

(3) Für Power-to-Gas-Anlagen sind die Umweltauswirkungen der Stromerzeugung auf die Gaserzeugung zu übertragen. Dazu sind die der Stromerzeugung zugrundeliegenden Umweltauswirkungen, reduziert um die bei der Gaserzeugung entstehenden Umwandlungsverluste, anzuführen und in der Herkunftsnachweis-Registerdatenbank der Regulierungsbehörde als Energieeinsatz für die Gaserzeugung zu klassifizieren. Die Umwandlungsverluste sind in der Stromkennzeichnung als Endverbrauch zu berücksichtigen.

(4) Sofern ein (Versorger-/Produkt)Mix zu 100% aus erneuerbaren Gasen besteht, können Versorger statt die Nullwerte für CO_2-Emissionen anzuführen, in einem Satz erläutern, dass bei der Erzeugung des vorliegenden Versorger-/Produktmixes keine CO_2-Emissionen anfallen.

[a] Tritt mit Ablauf des 31. Dezember 2023 außer Kraft.

Ausweisung der Umweltauswirkungen

§ 5.[a] (1) Umweltauswirkungen sind in Form von CO_2-Emissionen in Gramm je kWh [g/kWh] auszuweisen. Bei Erzeugung von synthetischem Gas oder Wasserstoff ist radioaktiver Abfall in Milligramm je kWh (mg/kWh) auszuweisen.

(2) Für den Fall, dass anlagenspezifische Werte vorliegen, die von einer nach dem Akkreditierungsgesetz 2012 für relevante Fachgebiete zugelassenen Überwachungs-, Prüf- oder Zertifizierungsstelle bestätigt wurden, sind diese für die Ausweisung der Umweltauswirkungen zu verwenden. Die Datenquellen solcher anlagenspezifischen Werte sind anzuführen. Sofern keine anlagenspezifischen Werte vorliegen, sind

die von der E-Control veröffentlichten Durchschnittswerte zu verwenden.

(3) Für Anlagen zur Umwandlung von Strom in Wasserstoff oder synthetisches Gas sind die Umweltauswirkungen der Stromerzeugung auf die Gaserzeugung zu übertragen. Dazu sind die der Stromerzeugung zugrundeliegenden Umweltauswirkungen, reduziert um die bei der Gaserzeugung entstehenden Umwandlungsverluste, anzuführen und in der Herkunftsnachweis-Registerdatenbank der Regulierungsbehörde als Energieeinsatz für die Gaserzeugung zu klassifizieren. Die Umwandlungsverluste sind in der Stromkennzeichnung als Endverbrauch zu berücksichtigen.

(4) Sofern ein (Versorger-/Produkt)Mix zu 100% aus erneuerbaren Gasen besteht, können Versorger statt die Nullwerte für CO_2-Emissionen anzuführen, in einem Satz erläutern, dass bei der Erzeugung des vorliegenden Versorger-/Produktmixes keine CO_2-Emissionen anfallen.

[a)] Tritt mit 1. Jänner 2024 in Kraft.

Ausweisung des Produktmixes

§ 6.[a)] (1) Gemäß § 130 Abs. 4 GWG 2011 müssen Versorger im Falle einer ergänzenden Produktdifferenzierung neben einem Versorgermix auch noch einen Produktmix anführen.

(2) Für die Ausweisung des Produktmixes gelten § 3 bis § 5 sinngemäß. Der Produktmix kann mit dem spezifischen Namen des jeweiligen Produktes bezeichnet werden und ist unmittelbar nachgeordnet und um 25% kleiner als der Versorgermix auf Rechnungen und Werbematerialien darzustellen.

[a)] Tritt mit Ablauf des 31. Dezember 2023 außer Kraft.

Ausweisung des Produktmixes

§ 6.[a)] (1) Gemäß § 130 Abs. 4 GWG 2011 müssen Versorger im Falle einer ergänzenden Produktdifferenzierung neben einem Versorgermix auch noch einen Produktmix anführen.

(2) Für die Ausweisung des Produktmixes gelten § 3 bis § 5 sinngemäß. Der Produktmix kann mit dem spezifischen Namen des jeweiligen Produktes bezeichnet werden und ist unmittelbar nachgeordnet und um 25% kleiner als der Versorgermix auf Rechnungen und Werbematerialien darzustellen.

(3) Versorgern ist es möglich, Produktmixe kundenspezifisch zuzuordnen und zu benennen.

[a)] Tritt mit 1. Jänner 2024 in Kraft.

Gültigkeit von Nachweisen

§ 7.[a)] (1) Wird von der Regulierungsbehörde festgestellt, dass ein Nachweis nicht den gesetzlichen Vorgaben oder den Bestimmungen dieser Verordnung entspricht, wird dieser Nachweis von der Regulierungsbehörde nicht für die in § 130 GWG 2011 und die in dieser Verordnung vorgesehenen Zwecke anerkannt.

(2) Nachweise müssen durch den Versorger spätestens in dem der Erzeugung der entsprechenden Gaseinheit folgenden Kalenderjahr verwendet werden.

[a)] Tritt mit Ablauf des 31. Dezember 2023 außer Kraft.

3. Abschnitt
Einsatz und Anerkennung von Herkunftsnachweisen

Einsetzbarkeit von Herkunftsnachweisen

§ 7.[a)] (1) Für die Anerkennung zur Gaskennzeichnung gemäß § 130 GWG 2011 und dieser Verordnung muss ein Herkunftsnachweis rechtzeitig gemäß § 81 Abs. 3 EAG bzw. § 129b Abs. 4 GWG 2011 in der Datenbank erzeugt werden und den gesetzlichen Vorgaben oder Bestimmungen dieser Verordnung entsprechen.

(2) Für die an Endverbraucher in einem Kalenderjahr gelieferten Mengen aus Gas mit bekannter Herkunft sind Gas-Herkunftsnachweise, die in diesem Kalenderjahr in der Registerdatenbank der Regulierungsbehörde erzeugt wurden, zu verwenden.

(3) Das Speichern von Herkunftsnachweisen verändert die Lebensdauer eines Herkunftsnachweises nicht.

(4) Herkunftsnachweise oder Zertifikate aus Registern, welche keinen gesetzlichen Grundlagen zur Generierung von Herkunftsnachweisen unterliegen, können nicht in die gemäß § 130 GWG 2011 von der Regulierungsbehörde geführte Registerdatenbank übertragen und dort eingesetzt, verwendet oder gehandelt werden und werden nicht für die Gaskennzeichnung gemäß § 130 GWG 2011 in Österreich anerkannt. Es gelten ausschließlich Herkunftsnachweise gemäß § 81 oder § 84 EAG sowie § 129b oder § 129c GWG 2011 als Herkunftsnachweise für die Gaskennzeichnung.

[a)] Tritt mit 1. Jänner 2024 in Kraft.

3. Abschnitt
Schlussbestimmungen

Inkrafttreten

§ 8.[a)] (1) Diese Verordnung tritt mit 1. Jänner 2020 in Kraft.

(2) Die Kennzeichnung nach den Bestimmungen der Gaskennzeichnungsverordnungsnovelle 2021, BGBl. II Nr. 47/2022, ist erstmalig im Jahr

2023 für die im Kalenderjahr 2022 gelieferten Gasmengen durchzuführen. Für das Kalenderjahr 2021 kann die Kennzeichnung auf freiwilliger Basis durchgeführt werden.

a) Tritt mit Ablauf des 31. Dezember 2023 außer Kraft.

Internationaler Handel von Herkunftsnachweisen und Anerkennung für die Gaskennzeichnung

§ 8.[a] (1) Für den internationalen Handel von Herkunftsnachweisen ist ausschließlich eine von der Regulierungsbehörde definierte elektronische Schnittstelle zu verwenden.

(2) Ein manueller Übertrag von Herkunftsnachweisen ist nur in einzelnen Fällen möglich, sofern eine schriftliche Übereinkunft über den manuellen Übertrag zwischen der Regulierungsbehörde und der vom Gesetz benannten herkunftsnachweisausgebenden Stelle im Zielland geschlossen wird, auf dem manuellen Übertrag die Zieldomäne/das Zielland, der Empfänger der Herkunftsnachweise und der Zweck des Übertrags angeführt werden. Die Möglichkeit des manuellen Übertrags von Herkunftsnachweisen ist bis zum Anschluss der Zieldomäne an die von der Regulierungsbehörde definierte Schnittstelle möglich. Danach erlischt diese ausnahmslos.

(3) Andere Herkunftsnachweise oder Zertifikate, die in ausländischen Registern generiert werden, welche keinen gesetzlichen Grundlagen zur Generierung von Herkunftsnachweisen unterliegen, können nicht in das System der Registerdatenbank gemäß § 81 EAG oder § 129b GWG 2011 der Regulierungsbehörde übertragen und dort eingesetzt, verwendet oder gehandelt werden und werden nicht für die Gaskennzeichnung in Österreich anerkannt. Es gelten ausschließlich Herkunftsnachweise gemäß § 81 oder § 84 EAG sowie § 129b oder § 129c GWG 2011 als gesetzlich gültige Herkunftsnachweise für die Gaskennzeichnung.

(4) Gemäß § 129c Abs. 5 GWG 2011 sind für die Anerkennung von Herkunftsnachweisen für die Gaskennzeichnung erforderlich:

1. der Transfer hat über eine standardisierte Schnittstelle gemäß den Bestimmungen der Regulierungsbehörde zu erfolgen;
2. die Herkunftsnachweise stammen aus einem Land mit einem gesetzlich eingerichteten Register.

a) Tritt mit 1. Jänner 2024 in Kraft.

4. Abschnitt
Schlussbestimmungen

Kommunikation

§ 9.[a] (1) Anlagenbetreiber, Versorger und sonstige Marktteilnehmer haben zum Zwecke der korrekten Ausstellung von Herkunftsnachweisen der Regulierungsbehörde nach deren Vorgaben statistische Daten zum physikalischen Verbrauch und zur Verwendung von Herkunftsnachweisen zur Verfügung zu stellen.

(2) Die Dokumentation zur Gaskennzeichnung wird durch die Regulierungsbehörde gemäß § 130 Abs. 7 geprüft und das Ergebnis der Prüfung innerhalb von 15 Arbeitstagen retourniert. Gegebenenfalls erforderliche Anpassungen sind anschließend vom Versorger zeitnahe vorzunehmen und die korrigierte Dokumentation ist erneut zu übermitteln.

(3) Im jährlich erscheinenden Bericht der Regulierungsbehörde zur Gaskennzeichnung werden Versorger, die ihren Kennzeichnungsverpflichtungen nicht ordnungsgemäß nachkommen, angeführt.

a) Tritt mit 1. Jänner 2024 in Kraft.

Anhang 1

A) Erdgas
A.1. Natürliches Erdgas
A.2. Synthetisches Gas auf Basis von Erdgas als Energieträger
B) Erneuerbare Gase
B.1 Biomethan
B.1.1 Biomethan auf Basis von Biogas
B.1.1.1 Biomethan auf Basis von Biogas aus landwirtschaftlichen Stoffen
B.1.1.1.1 Reststoffe
B.1.1.1.1.1 Wirtschaftsdünger
B.1.1.1.1.2 Stroh
B.1.1.1.1.3 Sonstige Reststoffe
B.1.1.1.2 Energiepflanzen
B.1.1.2 Biomethan auf Basis von Biogas aus Reststoffen der Lebensmittelindustrie
B.1.1.3 Biomethan auf Basis von Biogas aus Reststoffen der getrennten Sammlung aus Haushalten, Gastronomie, Großküchen etc.
B.1.1.4 Biomethan auf Basis von Biogas aus sonstigen biogenen Reststoffen
B.1.2 Biomethan auf Basis von Deponiegas
B.1.3 Biomethan auf Basis von Klärgas
B.1.4 Biomethan aus Holzgas
B.1.4.1 Biomethan auf Basis Waldrestholz
B.1.4.2 Biomethan aus Sägenebenprodukten
B.1.4.3 Biomethan aus Holzabfällen
B.1.5 Biomethan sonstigen Ursprungs
B.2 Wasserstoff auf Basis erneuerbarer Energieträger
B.2.1 Wasserstoff auf Basis von elektrischer Wind- und Sonnenenergie
B.2.2 Wasserstoff auf Basis von sonstiger, erneuerbarer elektrischer Energie (nicht B.2.1)
B.2.2 Wasserstoff auf Basis von sonstiger, erneuerbarer Quellen
B.3 Synthetisches Gas auf Basis erneuerbarer Energieträger
B.3.1 Synthetisches Gas auf Basis von elektrischer Wind- oder Sonnenenergie
B.3.2 Synthetisches Gas auf Basis von sonstiger, erneuerbarer elektrischer Energie (nicht B.3.1.)
B.3.2 Synthetisches Gas auf Basis von sonstiger, erneuerbarer Quellen
B.4 Andere erneuerbare Gase (unspezifisch)
C) Sonstige Gase
C.1 Dekarbonisiertes Gas
C.2. Kokereigas
C.3 Gichtgas
C.4 Wasserstoff auf Basis sonstiger Energieträger (nicht B.2)
C.4.1 Wasserstoff auf Basis fossiler Energieträger
C.4.2 Wasserstoff auf Basis nuklearer Energie
C.5 Synthetisches Gas auf Basis sonstiger Energieträger (nicht B.3)
C.5.1 Synthetisches Gas auf Basis fossiler Energieträger (nicht A.)
C.5.2 Synthetisches Gas auf Basis nuklearer Energie
C.5 Gas sonstigen Ursprungs

26. Gas-Monitoring-Verordnung 2017

Verordnung des Vorstands der E-Control über die nähere Regelung der Datenerhebung zur Wahrnehmung der in § 131 Abs. 1 GWG 2011 genannten Überwachungsaufgaben

StF: BGBl. II Nr. 418/2016

Aufgrund § 131 Abs. 2 Gaswirtschaftsgesetz 2011 – GWG 2011, BGBl. I Nr. 107/2011, zuletzt geändert durch BGBl. II Nr. 226/2015, iVm § 7 Abs. 1 Energie-Control-Gesetz – E-ControlG, BGBl. I Nr. 110/2010, zuletzt geändert durch BGBl. I Nr. 174/2013, wird verordnet:

GLIEDERUNG

1. Teil
Allgemeine Bestimmungen
Gegenstand des Gas-Monitoring

§ 1. Zur Erfüllung der Überwachungsaufgaben auf dem Gebiet der Erdgaswirtschaft gemäß § 131 Abs. 1 GWG 2011 sind von der E-Control die erforderlichen Daten und Informationen zu erheben und zu analysieren.

Begriffsbestimmungen

§ 2. (1) Im Sinne dieser Verordnung bezeichnet der Ausdruck:

1. „Abgabe an Endverbraucher" jene Mengen gasförmiger Energieträger, die ein Endverbraucher für den eigenen Bedarf aus einem Fernleitungs- oder Verteilernetz bezieht;
2. „Abmeldungen" die Beendigung des Energieliefervertrages und des Netznutzungsvertrages;
3. „Anmeldung" den Abschluss eines Energieliefervertrages im Zusammenhang mit einem neuen Netzzugangsvertrag;
4. „Arbeitsgasvolumen" jener Teil des Speichervolumens, das von Speicherunternehmen vermarktet wird;
5. „Bearbeitungsdauer" den Zeitraum zwischen dem Einlangen vollständiger Informationen und dem vollständigen Abschluss des jeweiligen Prozesses;
6. „bilanzielle Ausgleichsenergie" die jeweilige Differenz je Bilanzgruppe zwischen allen nominierten bzw. per Fahrplan angemeldeten Gasmengen, die vom Marktgebietsmanager ermittelt wird, sowie die Differenz je Bilanzgruppe zwischen der tatsächlichen Endverbraucherabgabe und den dafür angemeldeten Endverbraucherfahrplänen, die vom Bilanzgruppenkoordinator ermittelt wird;

7. „biogene Gase" die auf Erdgasqualität aufbereiteten biogenen Gase, die auch in das Erdgasnetz eingespeist werden;
8. „Eigenerzeuger" ein Unternehmen, das neben seiner (wirtschaftlichen) Haupttätigkeit elektrische Energie zur vollständigen (auch ohne Inanspruchnahme des öffentlichen Netzes) oder teilweisen Deckung seines eigenen Bedarfes erzeugt und welches diesen Anteil nicht über das öffentliche Netz transportiert. Kraftwerke von öffentlichen Erzeugern, die ohne Inanspruchnahme des öffentlichen Netzes Eigenerzeuger oder Endverbraucher beliefern, gelten im Sinne dieser Verordnung als Eigenerzeuger und sind dem jeweiligen Standort des Eigenerzeugers zuzurechnen bzw. als eigener Eigenerzeuger am Standort des Endverbrauchers zu definieren;
9. „Ein- und Ausspeicherkapazität (-rate) einer Speicheranlage" jene maximal mögliche Menge pro Zeiteinheit, die in die Speicheranlage eingebracht beziehungsweise aus dieser entnommen werden kann;
10. „Erhebungsperiode" jenen Zeitraum, über den zu meldende Daten zu aggregieren sind;
11. „Erhebungsstichtag" den Tag und „Erhebungszeitpunkt" den Zeitpunkt, auf den sich die Erhebung zu beziehen hat;
12. „Exporte" jene Mengen gasförmiger Energieträger, welche grenzüberschreitend ins Ausland verbracht werden;
13. „gasförmige Energieträger" Erdgas sowie biogene Gase;
14. „Gastag" den Zeitraum, der um 6 Uhr eines Kalendertages beginnt und um 6 Uhr des darauf folgenden Kalendertages endet;
15. „Grenzkopplungspunkt" einen Netzkopplungspunkt an der Marktgebietsgrenze zu einem anderen Marktgebiet;
16. „Größenklasse des Bezugs" jene auf den Bezug aus einem Fernleitungs- oder Verteilernetz im letzten Kalenderjahr bezogenen Mengen gasförmiger Energieträger, welche für Einstufungen von Endverbrauchern herangezogen werden;
17. „Importe" jene Mengen gasförmiger Energieträger, welche grenzüberschreitend nach Österreich eingebracht werden;
18. „Importpunkt" jenen Punkt, über den Gas in das Marktgebiet importiert werden kann. Darunter fallen Grenzkopplungspunkte in Fernleitungs- und Verteilernetz, der virtuelle Handelspunkt NCG als Übergabepunkt für die Marktgebiete Tirol und Vorarlberg sowie grenzüberschreitende Speicheranlagen im Sinne des § 4 Abs. 9 Gas-Systemnutzungsentgelte-Verordnung 2013 – GSNE-VO 2013, BGBl. I Nr. 309/2012.
19. „Lastverlauf" bzw. „Lastfluss" die in einem konstanten Zeitraster durchgeführte Darstellung der in einem definierten Netz von Endverbrauchern (Kunden) beanspruchte Leistung;
20. „Marktgebietssaldo" der aggregierte Saldo aller nominierten Ein- und Ausspeisungen im Marktgebiet im Stundenraster;
21. „Messwert" einen Wert, der angibt, in welchem Umfang Leistung/Menge als gemessener Leistungs- oder Mengenmittelwert in einem konstanten Zeitraster (Messperiode) an bestimmten Zählpunkten im Netz eingespeist, entnommen oder weitergeleitet wurde;
22. „Netzübergabemenge" Energiemengen, die an Netzkopplungspunkten zwischen Verteilernetzbetreibern ausgetauscht werden;
23. „Netzzutrittsantrag" ein vom Endverbraucher an den Verteilernetzbetreiber gerichtetes förmliches Ansuchen auf Netzzutritt, das zumindest die in Anlage 1 der GMMO-VO 2012 angeführten Mindestinhalte enthält;
24. „Normzustand" den durch die Zustandsgrößen absoluter Druck von 1013,25 mbar und Temperatur von 0 Grad Celsius gekennzeichneten Zustand eines gasförmigen Energieträgers;
25. „öffentlicher Erzeuger" alle Erzeuger elektrischer Energie mit Ausnahme der Eigenerzeuger;
26. „physikalische Ausgleichsenergie" die vom Marktgebietsmanager bzw. Verteilergebietsmanager tatsächlich abgerufene Ausgleichsenergiemenge;
27. „Polstergas" jenen Teil der in der Speicheranlage enthaltenen gasförmigen Energieträger, der nicht zur regulären Speichernutzung, sondern zur Aufrechterhaltung des Speicherbetriebes dient;
28. „Produktionskapazität (-rate)" jene maximal mögliche Menge pro Zeiteinheit, die aus einer Produktionsanlage entnommen werden kann;
29. „Speicherinhalt" jene Menge gasförmiger Energieträger, die sich zum Erhebungszeitpunkt in einer Speicheranlage befindet, wobei das Polstergas abzuziehen ist;
30. „Speichervolumen" jene Menge gasförmiger Energieträger, die maximal in eine Speicheranlage eingebracht werden kann, wobei das Polstergas abzuziehen ist;
31. „ungeplante Versorgungsunterbrechung" jede nicht beabsichtigt auftretende Unterbrechung der Versorgung von Endverbrauchern mit Erdgas;
32. „Versorgerwechsel" jede Neuzuordnung eines Zählpunktes vom aktuellen zu einem neuen Versorger;
33. „Verteilergebietsdelta" die Abweichung zwischen Aufbringung und Verbrauch im Verteilergebiet im Stundenraster.

(2) „Verbraucherkategorien" im Sinne dieser Verordnung sind:

1. „Haushalte“, das sind Endverbraucher, die gasförmige Energieträger vorwiegend für private Zwecke verwenden,
2. “Nicht-Haushalte“, das sind Endverbraucher, die gasförmige Energieträger vorwiegend für Zwecke der eigenen wirtschaftlichen Tätigkeit verwenden.

Die beiden Verbraucherkategorien sind jeweils nach Größenklassen des Bezugs zu untergliedern. Die Kraftwerke von öffentlichen Erzeugern, die eine vertraglich vereinbarte Höchstleistung von mehr als 50 000 kWh/h haben, sind jeweils getrennt anzugeben. Die Zuteilung oder Nichtzuteilung eines Standardlastprofils ist für Zwecke dieser Verordnung keine zwingende Bedingung, einer der beiden Verbraucherkategorien zugeordnet zu werden.

(3) Für alle anderen Begriffe gelten die Begriffsbestimmungen des GWG 2011.

(4) Soweit in dieser Verordnung auf Bestimmungen anderer Verordnungen der E-Control verwiesen wird, sind die Bestimmungen in ihrer jeweils geltenden Fassung anzuwenden.

(5) Bezug und Abgabe (Lieferung) sind für jeden Übergabepunkt getrennt, nicht saldiert über alle Übergabepunkte zu melden. Dies trifft insbesondere für die Importe und Exporte sowie für den Austausch mit dem Gasnetz (Bezüge bzw. Abgaben) zu.

(6) Die im Rahmen dieser Verordnung für gasförmige Energieträger erhobenen bzw. gemeldeten stündlichen Leistungs- und Energiemengenangaben (Messwerte) sind auf den jeweiligen gemessenen Brennwert zu beziehen. Alle anderen Leistungs- und Mengenangaben (Messwerte), die im Rahmen dieser Verordnung für gasförmige Energieträger erhoben bzw. gemeldet werden, sind auf den Normzustand zu beziehen und unter Anwendung des in § 2 Abs. 1 Z 13 Gas-Systemnutzungsentgelte-Verordnung 2013 – GSNE-VO 2013 festgelegten Verrechnungsbrennwert in kWh umzurechnen. Den von den Bilanzgruppenkoordinatoren zu meldenden Mengenangaben ist der für das Clearing verwendete Brennwert zu Grunde zu legen.

2. Teil
Erhebungen
1. Hauptstück
Marktgebietsmanager
Stundenwerte

§ 3. (1) Jeweils für jeden Gastag sind vom Marktgebietsmanager als stündliche Werte zu melden:

1. Für alle Ein- und Ausspeisepunkte der Fernleitungsnetze jeweils je Ein- und Ausspeisepunkt:
   a) die maximale vermarktbare Kapazität für Lastflüsse,
   b) die gesamte kontrahierte Kapazität getrennt nach Kapazitätsqualität,
   c) die gesamte initial nominierte Kapazität und die nominierte Kapazität zum letzten Renominierungszeitpunkt sowie die tatsächlich allokierten Mengen,
   d) die Lastflüsse,
   e) die geplanten und tatsächlichen Unterbrechungen der unterbrechbaren Kapazitäten unter Angabe des Beginns und Endes jeden Ereignisses sowie der jeweils betroffenen Kapazität,
   f) die geplanten und ungeplanten Unterbrechungen der festen Kapazitäten unter Angabe des Beginns und Endes jeden Ereignisses sowie der jeweils betroffenen Kapazität,
   g) den gemessenen Brennwert und den Wobbe-Index.
2. den Netzpuffer (Linepack);
3. das Marktgebietssaldo.

(2) Jeweils für die Erhebungsperiode vom Monatsersten des Berichtsmonats 6 Uhr bis zum Monatsersten des dem Berichtsmonat folgenden Monats 6 Uhr sind vom Marktgebietsmanager für jeden Gastag zu melden:

1. die Ausgleichsenergiebeschaffung über den Virtuellen Handelspunkt (Erdgasbörse) unter Angabe der Handelsmengen der standardisierten Produkte, die der Marktgebietsmanager kauft oder verkauft, jeweils je Bilanzierungsperiode und getrennt nach Kauf und Verkauf sowie nach Bilanzgruppen;
2. die bilanzielle Ausgleichsenergie je Bilanzgruppe, jeweils getrennt nach Bezug und Lieferung.

Monatswerte

§ 4. (1) Jeweils für die Erhebungsperiode vom Monatsersten des Berichtsmonats 6 Uhr bis zum Monatsersten des dem Berichtsmonat folgenden Monat 6 Uhr sind vom Marktgebietsmanager die allokierten, nicht saldierten Ein- und Ausspeisemengen je Grenzkopplungspunkt jeweils getrennt je Bilanzgruppe als Monatswerte zu melden.

(2) Jeweils zum Erhebungsstichtag Monatsletzter ist vom Marktgebietsmanager eine aktuelle Liste der Bilanzgruppenmitglieder je Bilanzgruppe zu melden.

2. Hauptstück
Verteilergebietsmanager
Stunden- und Monatswerte

§ 5. (1) Jeweils für die Erhebungsperiode vom Monatsersten des Berichtsmonats 6 Uhr bis zum Monatsersten des dem Berichtsmonat folgenden Monats 6 Uhr sind vom Verteilergebietsmanager als stündliche Werte zu melden:

1. jeweils für jeden Grenzkopplungspunkt auf Verteilernetzebene:
a) die maximale vermarktbare Kapazität für Lastflüsse,
b) die gesamte kontrahierte Kapazität getrennt nach Kapazitätsqualität,
c) die gesamte initial nominierte Kapazität und die gesamte nominierte Kapazität zum letzten Renominierungszeitpunkt sowie die tatsächlich allokierten, nicht saldierten Mengen,
d) die tatsächlich gemessenen Lastflüsse;
2. der Netzpuffer (Linepack);
3. das Verteilergebietsdelta.

(2) Jeweils für die Erhebungsperiode vom Monatsersten des Berichtsmonats 6 Uhr bis zum Monatsersten des dem Berichtsmonat folgenden Monats 6 Uhr sind vom Verteilergebietsmanager die allokierten, nicht saldierten Ein- und Ausspeisemengen je Grenzkopplungspunkt im Verteilergebiet jeweils getrennt je Bilanzgruppe als Monatswerte zu melden.

3. Hauptstück
Bilanzgruppenkoordinatoren
Stunden- und Tageswerte

§ 6. (1) Jeweils für jeden Gastag sind vom Bilanzgruppenkoordinator je Marktgebiet als stündliche Werte zu melden:
1. die physikalische Ausgleichsenergiebeschaffung jeweils getrennt für den Virtuellen Handelspunkt und die Merit Order List;
2. der Clearingpreis in Eurocent/kWh.

Die Angaben zu Z 1 und Z 2 sind jeweils nach Kauf und Verkauf zu gliedern.

(2) Jeweils für die Erhebungsperiode vom Monatsersten des Berichtsmonats 6 Uhr bis zum Monatsersten des dem Berichtsmonat folgenden Monats 6 Uhr sind von den Bilanzgruppenkoordinatoren jeweils je Marktgebiet als stündliche Werte zu melden:
1. die physikalische Ausgleichsenergiebeschaffung über den Virtuellen Handelspunkt (Erdgasbörse) gegliedert nach standardisierten Produkten unter Angabe des jeweiligen Preises in Eurocent/kWh;
2. die physikalische Ausgleichsenergiebeschaffung über die Merit Order List jeweils je Ausgleichsenergieanbieter:
a) die Ausgleichsenergie-Angebote unter Angabe des jeweiligen Preises in Eurocent/kWh,
b) die Abrufmengen unter Angabe des jeweiligen Preises in Eurocent/kWh;
3. die Clearingpreise in Eurocent/kWh;
4. die bilanzielle Ausgleichsenergie je Bilanzgruppe, getrennt nach Bezug und Lieferung;
5. die Ausgleichsenergiemengen der besonderen Bilanzgruppen gemäß § 24 GMMO-VO 2012 im Verteilergebiet je Bilanzgruppe, getrennt nach Bezug und Lieferung;
6. die Abgabe an Endverbraucher sowie an besondere Bilanzgruppen gemäß § 24 GMMO-VO 2012 (Netzverlustbilanzgruppen) jeweils getrennt nach Bilanzgruppen;
7. die Netzübergabemengen je Netzbetreiber.

Die Angaben zu Z 1 bis Z 3 sind jeweils nach Kauf und Verkauf zu gliedern.

Jeweils unmittelbar nach erfolgtem Clearing sind vom Bilanzgruppenkoordinator für die Erhebungsperiode vom Monatsersten des Berichtsmonats 6 Uhr bis zum Monatsersten des dem Berichtsmonat folgenden Monats 6 Uhr die Daten als gesamter Datensatz zu melden.

4. Hauptstück
Virtueller Handelspunkt und Erdgasbörsen
Tageswerte

§ 7. (1) Jeweils für jeden Gastag sind vom Betreiber des Virtuellen Handelspunktes zu melden:
1. die aggregierten OTC-Handelsvolumina sowie die aggregierte Anzahl der Handelsteilnehmer getrennt nach Kauf und Verkauf sowie Marktkonzentrationsdaten;
2. die Anzahl der Erdgashändler, die am Virtuellen Handelspunkt Nominierungen übermittelt haben.

(2) Jeweils für jeden Gastag sind von den Erdgasbörsen zu melden:
1. die aggregierten Handelsvolumina der Warenbörse nach Produkten sowie Marktkonzentrationsdaten;
2. der Referenzpreis an der Warenbörse nach Produkten in Eurocent/kWh;
3. die aggregierten Handelsvolumina der Terminbörse nach Produkten sowie Marktkonzentrationsdaten;
4. den Referenzpreis an der Terminbörse nach Produkten in Eurocent/kWh.

(3) Für den Erhebungsstichtag Monatsletzten des Berichtsmonats sind jeweils vom Betreiber des Virtuellen Handelspunktes und den Erdgasbörsen die Anzahl der registrierten Erdgashändler zu melden.

5. Hauptstück
Verteilernetzbetreiber
Monatswerte

§ 8. Jeweils für die Erhebungsperiode vom Monatsersten des Berichtsmonats 6 Uhr bis zum Monatsersten des dem Berichtsmonat folgenden Monats 6 Uhr sind von den Verteilernetzbetreibern zu melden:
1. die allokierten, nicht saldierten Importe und Exporte je grenzüberschreitender Speicheranlage im Sinne des § 4 Abs. 9 GSNE-VO 2013 und Speicherkunde,
2. die Anzahl der Versorgerwechsel, getrennt nach Verbraucherkategorien und Größenklassen des Bezugs sowie nach Versorgern, für

letztere jeweils getrennt nach Zu- und Abgängen;
3. die Anzahl der Abschaltungen wegen Verletzung vertraglicher Pflichten, getrennt für Aussetzung der Vertragsabwicklung und für Vertragsauflösung, sowie die Anzahl der Wiederaufnahmen der Belieferung nach Abschaltung von Zählpunkten, jeweils getrennt nach Versorgern und Verbraucherkategorien;
4. die Anzahl der letzten Mahnungen mit eingeschriebenem Brief gemäß § 127 Abs. 3 GWG 2011 getrennt nach Verbraucherkategorien.

Halbjahreswerte

§ 9. Jeweils für die Erhebungsperioden Jänner bis Juni und Juli bis Dezember haben die Netzbetreiber die mengengewichteten durchschnittlichen Systemnutzungsentgelte ohne Steuern und Abgaben in Eurocent/kWh jeweils getrennt nach Verbraucherkategorien und Größenklassen des Bezugs zu melden.

Jahreswerte

§ 10. (1) Jeweils für die Erhebungsperiode eines Kalenderjahrs sind von den Verteilernetzbetreibern zu melden:
1. die Abgabe an Endverbraucher, getrennt nach Verbraucherkategorien und Größenklassen des Bezugs sowie nach Versorgern;
2. die Anzahl der Anmeldungen getrennt nach neuerrichteten und bestehenden Anschlüssen, der Abmeldungen sowie der eingeleiteten und durchgeführten Versorgerwechsel, jeweils getrennt nach Verbraucherkategorien und Größenklassen des Bezugs sowie nach Versorgern;
3. die Anzahl der nicht erfolgreich abgeschlossenen Versorgerwechsel einerseits unterschieden nach Gründen der Ablehnung, jeweils getrennt nach Verbraucherkategorien und andererseits nach Versorgern. Die Gründe der Ablehnung sind zu gliedern in:
a) aufrechte vertragliche Bindung,
b) mangelhafter Antrag,
c) sonstige;
4. die Anzahl der Neuanschlüsse und die gesamte Bearbeitungsdauer in Tagen, jeweils getrennt nach Verbraucherkategorien;
5. die Anzahl der Rechnungen nach Vollziehung des Versorgerwechsels und Rechnungen bei Beendigung des Vertragsverhältnisses jeweils getrennt nach Verbraucherkategorien;
6. die Anzahl der Rechnungen, die später als sechs Wochen nach Vollziehung des Versorgerwechsels oder nach Beendigung des Vertrages an den Endverbraucher ausgesandt wurden sowie die Anzahl der Rechnungen, die später als drei Wochen nach Vollziehung des Versorgerwechsels oder nach Beendigung des Vertrages an den Versorger ausgesandt wurden, jeweils getrennt nach Verbraucherkategorien;
7. die Anzahl der an Kundenanlagen durchgeführten Wartungs- und Reparaturdienste und die gesamte hiefür benötigte Bearbeitungsdauer in Stunden getrennt nach Verbraucherkategorien;
8. die Anzahl sowie die durchschnittliche Bearbeitungsdauer in Arbeitstagen jeweils der Kundenbeschwerden und –anfragen je Verbraucherkategorie und Gegenstand der Kundenbeschwerden und -anfragen. Der Gegenstand der Kundenbeschwerden und -anfragen ist jeweils zu gliedern in:
a) verrechnungsrelevante,
b) technische,
c) sonstige;
9. die Anzahl der Netzzugangsverweigerungen nach Verbraucherkategorien.

(2) Jeweils für den Erhebungszeitpunkt 31. Dezember 24 Uhr sind von den Verteilernetzbetreibern zu melden:
1. die Anzahl der Endverbraucher sowie der Zählpunkte getrennt nach Verbraucherkategorien und Größenklassen des Bezugs sowie nach Versorgern;
2. die Anzahl der aktiven Prepaymentzähler getrennt nach Verbraucherkategorien;
3. die Anzahl der Kunden (Endverbraucher) unter Berufung auf Grundversorgung jeweils getrennt nach Verbraucherkategorien.

6. Hauptstück
Fernleitungsnetzbetreiber

Monatswerte

§ 11. Jeweils für die Erhebungsperiode vom Monatsersten des Berichtsmonats 6 Uhr bis zum Monatsersten des dem Berichtsmonat folgenden Monats 6 Uhr sind von den Fernleitungsnetzbetreibern die allokierten, nicht saldierten Importe und Exporte je grenzüberschreitender Speicheranlage im Sinne des § 4 Abs. 9 GSNE-VO 2013 und Speicherkunde zu melden.

7. Hauptstück
Speicherunternehmen

Tageswerte

§ 12. Jeweils für jeden Gastag sind von den Speicherunternehmen zum Ende des jeweiligen Gastags zu melden:
1. die kontrahierte Ein- und Ausspeicherkapazität gemäß Speicherverträgen;
2. die genutzte (gemessene) Ein- und Ausspeicherkapazität;
3. der Speicherinhalt;
4. das kontrahierte Arbeitsgasvolumen gemäß Speicherverträgen.

Jahreswerte

§ 13. Jeweils für den Erhebungszeitpunkt 1. Jänner des Folgejahres 6 Uhr sind von den Speicherunternehmen das maximal angebotene Arbeitsgasvolumen sowie die maximal angebotene Ein- und Ausspeicherkapazität zu melden. Unterjährige Änderungen sind unverzüglich unter Angabe des Änderungsdatums bekannt zu geben.

8. Hauptstück
Erdgashändler
Monatswerte

§ 14. Jeweils für die Erhebungsperiode vom Monatsersten des Berichtsmonats 6 Uhr bis zum Monatsersten des dem Berichtsmonat folgenden Monats 6 Uhr sind von den Erdgashändlern, die Erdgas importieren, zu melden:

1. der mengengewichtete durchschnittliche Importpreis in Eurocent/kWh ohne Steuern und Abgaben je Importpunkt;
2. die allokierten, nicht saldierten Importe je Importpunkt;
3. die allokierten, nicht saldierten Importe, die durch das jeweilige österreichische Marktgebiet durchgeleitet werden, je Importpunkt;
4. der mengengewichtete durchschnittliche Einkaufspreis in Eurocent/kWh aus inländischer Produktion je Produzent;
5. die Einkaufsmenge aus inländischer Produktion je Produzent.

9. Hauptstück
Versorger
Halbjahreswerte

§ 15. Jeweils für die Erhebungsperioden Jänner bis Juni und Juli bis Dezember sind von den Versorgern die mengengewichteten durchschnittlichen Energiepreise ohne Steuern und Abgaben in Eurocent/kWh jeweils getrennt nach Verbraucherkategorien und Größenklassen des Bezugs zu melden. Die mengengewichteten durchschnittlichen Preiskomponenten sind von den Versorgern jeweils für von ihnen versorgte Endverbraucher, deren Zählpunkte ihnen zugeordnet sind sowie für von ihnen versorgte Endverbraucher, deren Zählpunkte ihnen nicht zugeordnet sind, getrennt anzugeben.

Jahreswerte

§ 16. (1) Jeweils für die Erhebungsperiode eines Kalenderjahrs sind von den Versorgern zu melden:

1. die Abgabe an versorgte Endverbraucher, deren Zählpunkte dem jeweiligen Versorger zugeordnet sind, getrennt nach Verbraucherkategorien und Größenklassen des Bezugs sowie nach Netzgebieten;
2. die Abgabe an versorgte Endverbraucher, deren Zählpunkte dem jeweiligen Versorger nicht zugeordnet sind, getrennt nach Verbraucherkategorien und Größenklassen des Bezugs sowie nach Bilanzgruppen;
3. die Abgabe an neu versorgte und die Abgabe an nicht mehr versorgte Endverbraucher jeweils getrennt nach Verbraucherkategorien und Größenklassen des Bezugs. Abgabemengen aufgrund von Versorgerwechseln sind jeweils getrennt anzugeben;
4. die Anzahl der Zugänge und Abgänge jeweils getrennt nach Verbraucherkategorien und Größenklassen des Bezugs. Versorgerwechsel sind jeweils getrennt anzugeben;
5. die Anzahl der letzten Mahnungen mit eingeschriebenem Brief gemäß § 127 Abs. 3 GWG 2011 getrennt nach Verbraucherkategorien und Netzgebieten;
6. die Anzahl der Rechnungen nach Beendigung des Vertragsverhältnisses getrennt nach Verbraucherkategorien;
7. die Anzahl der Rechnungen nach Beendigung des Vertragsverhältnisses, die später als sechs Wochen nach Beendigung des Vertrages ausgesandt wurden, getrennt nach Verbraucherkategorien;
8. die Anzahl der Kunden (Endverbraucher), bei denen beim selben Versorger ein Produktwechsel (Vertragsänderung) auf Kundenwunsch stattgefunden hat, getrennt nach Verbraucherkategorien;
9. die Anzahl und die durchschnittliche Bearbeitungsdauer in Arbeitstagen jeweils von Kundenbeschwerden und -anfragen je Verbraucherkategorie und Gegenstand der Kundenbeschwerden und -anfragen. Der Gegenstand der Kundenbeschwerden und -anfragen ist jeweils zu gliedern in:

a) verrechnungsrelevante,
b) technische,
c) sonstige.

(2) Jeweils für den Erhebungszeitpunkt 31. Dezember 24 Uhr ist von den Versorgern zu melden:

1. die Anzahl der versorgten Zählpunkte jeweils getrennt nach Verbraucherkategorien und Größenklassen des Bezugs sowie nach Netzgebieten;
2. die Anzahl der versorgten Endverbraucher jeweils getrennt nach Verbraucherkategorien und Größenklassen des Bezugs;
3. die Anzahl der Kunden (Endverbraucher) unter Berufung auf Grundversorgung jeweils getrennt nach Verbraucherkategorien.

3. Teil
Durchführung der Erhebungen
Durchführung der Erhebungen

§ 17. (1) Die Erhebungen im Rahmen dieser Verordnung erfolgen durch

1. Heranziehung von Verwaltungsdaten der E-Control;

2. Heranziehung von Verwaltungsdaten der Bilanzgruppenkoordinatoren bzw. Verrechnungsstellen (Clearingstellen), der Marktgebietsmanager und der Verteilergebietsmanager;
3. periodische Meldungen der meldepflichtigen Unternehmen.

(2) Aus Gründen der Einfachheit und Zweckmäßigkeit ist die Meldung von Daten, die dem Betreiber des Virtuellen Handelspunktes, den Bilanzgruppenkoordinatoren, dem Marktgebietsmanager und dem Verteilergebietsmanager im Rahmen der Erfüllung ihrer Aufgaben zur Verfügung stehen, direkt von diesen unter Einhaltung insbesondere der Qualität, der Meldetermine sowie der Datenformate an die E-Control durchzuführen. In diesem Fall sind die jeweils Meldepflichtigen von ihrer diesbezüglichen Meldepflicht an die E-Control entbunden.

(3) Aus Gründen der Einfachheit und Zweckmäßigkeit kann die E-Control Daten, die insbesondere der Betreiber des Virtuellen Handelspunktes, die Bilanzgruppenkoordinatoren, der Marktgebietsmanager, der Verteilergebietsmanager oder die Erdgasbörsen im Rahmen der Erfüllung ihrer Veröffentlichungsverpflichtungen unter Einhaltung insbesondere der für Zwecke dieser Verordnung notwendigen Qualität und Meldetermine veröffentlichen, für Zwecke dieser Verordnung heranziehen.

Meldepflicht

§ 18. (1) Meldepflichtig ist der Inhaber oder das nach außen vertretungsbefugte Organ eines meldepflichtigen Unternehmens.

(2) Meldepflichtige Unternehmen im Sinne dieser Verordnung sind der Betreiber des Virtuellen Handelspunktes, die Erdgasbörsen, die Bilanzgruppenkoordinatoren, die Erdgashändler, der Marktgebietsmanager, die Netzbetreiber, die Speicherunternehmen, die Versorger und der Verteilergebietsmanager.

(3) Daten, die Endverbraucher betreffen – das sind insbesondere die Mengen des Erdgasbezugs, die Zuordnung von Endverbrauchern zu den Verbraucherkategorien und den Größenklassen des Bezugs – sind vom Netzbetreiber, an dessen Netz der Endverbraucher angeschlossen ist, festzustellen und im Rahmen bzw. für Zwecke dieser Verordnung der E-Control sowie insbesondere den Versorgern zur Erfüllung ihrer Meldepflichten bekannt zu geben.

(4) Die den Gegenstand der Meldepflicht bildenden Daten sind in elektronischer Form unter Verwendung der von der E-Control vorgegebenen Formate auf elektronischem Wege (E-Mail oder andere von der E-Control definierte Schnittstellen) der E-Control zu übermitteln.

Meldetermine

§ 19. (1) Die Daten gemäß § 3 Abs. 1, § 6 Abs. 1 und § 12 sind von den Auskunftspflichtigen jeweils spätestens bis 14 Uhr des dem Berichtszeitraum beziehungsweise dem Erhebungszeitpunkt folgenden Werktags an die E-Control zu übermitteln.

(2) Die Daten gemäß § 10, § 13 und § 16 sind von den Auskunftspflichtigen jeweils spätestens bis zum 15. Februar des dem Berichtszeitraum bzw. Erhebungsstichtag folgenden Jahres an die E-Control zu übermitteln.

(3) Alle anderen Daten sind von den Auskunftspflichtigen jeweils spätestens bis zum 20. Kalendertag des dem Berichtszeitraum beziehungsweise dem Erhebungszeitpunkt folgenden Monats an die E-Control zu übermitteln.

4. Teil
Schlussbestimmungen

§ 20. (1) Diese Verordnung tritt mit 1. Jänner 2017 in Kraft.

(2) Mit Inkrafttreten dieser Verordnung tritt die Gas Monitoring-Verordnung, GMO-VO, BGBl. II Nr. 63/2013, außer Kraft. Sie ist jedoch auf anhängige Meldepflichten für den Zeitraum vom 1. Jänner 2016 bis 31. Dezember 2016 weiterhin anzuwenden.

EU-VO

27. VO (EG) 715/2009 über die Bedingungen für den Zugang zu den Erdgasfernleitungsnetzen

ABl L 2009/211 idgF

DAS EUROPÄISCHE PARLAMENT UND DER RAT DER EUROPÄISCHEN UNION —

gestützt auf den Vertrag zur Gründung der Europäischen Gemeinschaft, insbesondere auf Artikel 95,

auf Vorschlag der Kommission,

nach Stellungnahme des Europäischen Wirtschafts- und Sozialausschusses [1],

nach Stellungnahme des Ausschusses der Regionen [2],

gemäß dem Verfahren des Artikels 251 des Vertrags [3],

in Erwägung nachstehender Gründe:

(1) Der Erdgasbinnenmarkt, der seit 1999 schrittweise geschaffen wird, soll allen privaten und gewerblichen Verbrauchern in der Gemeinschaft eine echte Wahl ermöglichen, neue Geschäftschancen für die Unternehmen eröffnen sowie den grenzüberschreitenden Handel fördern und auf diese Weise Effizienzgewinne, wettbewerbsfähige Preise und höhere Dienstleistungsstandards bewirken und zu mehr Versorgungssicherheit und Nachhaltigkeit beitragen.

(2) Die Richtlinie 2003/55/EG des Europäischen Parlaments und des Rates vom 26. Juni 2003 über gemeinsame Vorschriften für den Erdgasbinnenmarkt [4] und die Verordnung (EG) Nr. 1775/2005 des Europäischen Parlaments und des Rates vom 28. September 2005 über die Bedingungen für den Zugang zu den Erdgasfernleitungsnetzen [5] warentein wichtiger Beitrag zur Schaffung des Erdgasbinnenmarkts.

(3) Die Erfahrung mit der Umsetzung und Beobachtung des ersten Pakets von Leitlinien für die gute Praxis, das 2002 vom Europäischen Erdgasregulierungsforum (Madrider Forum) angenommen wurde, zeigt, dass diese rechtlich durchsetzbar sein müssen, damit die vollständige Umsetzung der in den Leitlinien festgelegten Regeln in allen Mitgliedstaaten gewährleistet ist und damit in der Praxis eine Mindestgarantie für gleiche Marktzugangsbedingungen gegeben ist.

(4) Ein zweites Paket gemeinsamer Regeln mit dem Titel „Zweite Leitlinien für die gute Praxis" wurde auf der Tagung des Madrider Forums vom 24. und 25. September 2003 angenommen; das Ziel der vorliegenden Verordnung ist, auf der Grundlage jener Leitlinien Grundprinzipien und Regeln für den Netzzugang und für Dienstleistungen für den Zugang Dritter, für das Engpassmanagement, die Transparenz, den Ausgleich von Mengenabweichungen und den Handel mit Kapazitätsrechten festzulegen.

(5) Die Richtlinie 2009/73/EG des Europäischen Parlaments und des Rates vom 13. Juli 2009 über gemeinsame Vorschriften für den Erdgasbinnenmarkt [6] gestattet den gleichzeitigen Betrieb eines Fernleitungsnetzes und eines Verteilernetzes durch ein und denselben Betreiber. Die in dieser Verordnung festgelegten Regeln machen somit keine Neuorganisation der nationalen Fernleitungs- und Verteilernetze erforderlich, die den einschlägigen Bestimmungen jener Richtlinie entsprechen.

(6) Hochdruckfernleitungen, die lokale Verteiler an das Erdgasnetz anschließen und nicht in erster Linie im Zusammenhang mit der lokalen Erdgasverteilung benutzt werden, fallen in den Anwendungsbereich dieser Verordnung.

(7) Die Kriterien für die Festlegung der Tarife für den Netzzugang müssen angegeben werden, um sicherzustellen, dass sie dem Grundsatz der Nichtdiskriminierung und den Erfordernissen eines gut funktionierenden Binnenmarktes vollständig entsprechen, die erforderliche Netzintegrität in vollem Umfang berücksichtigen und die Ist-Kosten widerspiegeln, soweit diese Kosten denen eines effizienten und strukturell vergleichbaren Netzbetreibers entsprechen, transparent sind und gleichzeitig eine angemessene Kapitalrendite umfassen, sowie gegebenenfalls die Tarifvergleiche der Regulierungsbehörden berücksichtigen.

(8) Bei der Berechnung der Tarife für den Netzzugang müssen die Ist-Kosten, soweit diese Kosten denen eines effizienten und strukturell vergleichbaren Netzbetreibers entsprechen und transparent sind, sowie die Notwendigkeit, angemessene Kapitalrenditen und Anreize für den Bau neuer Infrastrukturen zu bieten, einschließlich einer besonderen Regulierung neuer Investitionen gemäß der Richtlinie 2009/73/EG berücksichtigt werden. In dieser Hinsicht und insbesondere, wenn ein tatsächlicher Leitungswettbewerb zwischen verschiedenen Fernleitungen gegeben ist, sind Tarifvergleiche durch die Regulierungsbehörden als relevante Methode zu berücksichtigen.

(9) Die Verwendung von marktorientierten Verfahren, wie etwa Versteigerungen, zur Festlegung

von Tarifen muss mit den Bestimmungen der Richtlinie 2009/73/EG vereinbar sein.

(10) Ein gemeinsamer Mindestbestand an Dienstleistungen für den Zugang Dritter ist nötig, damit in der Praxis in der gesamten Gemeinschaft ein gemeinsamer Mindeststandard für den Netzzugang gegeben und sichergestellt ist, dass die Dienstleistungen für den Zugang Dritter in ausreichendem Umfang kompatibel sind, und damit die aus einem gut funktionierenden Erdgasbinnenmarkt resultierenden Nutzeffekte ausgeschöpft werden können.

(11) Derzeit gibt es jedoch Hindernisse für den Verkauf von Erdgas in der Gemeinschaft zu gleichen Bedingungen und ohne Diskriminierung oder Benachteiligung. Insbesondere gibt es noch nicht in allen Mitgliedstaaten einen nichtdiskriminierenden Netzzugang und eine gleichermaßen wirksame Regulierungsaufsicht, und es bestehen immer noch isolierte Märkte.

(12) Zur Vollendung des Erdgasbinnenmarkts sollte für ausreichende grenzüberschreitende Gasfernleitungskapazitäten gesorgt und die Marktintegration gefördert werden.

(13) In der Mitteilung der Kommission vom 10. Januar 2007 mit dem Titel „Eine Energiepolitik für Europa" wurde dargelegt, wie wichtig es ist, den Erdgasbinnenmarkt zu vollenden und für alle Erdgasunternehmen in der Gemeinschaft gleiche Bedingungen zu schaffen. Die Mitteilung der Kommission an das Europäische Parlament und den Rat mit dem Titel „Aussichten für den Erdgas- und den Elektrizitätsbinnenmarkt" und die Mitteilung der Kommission mit dem Titel „Untersuchung der europäischen Gas- und Elektrizitätssektoren gemäß Artikel 17 der Verordnung (EG) Nr. 1/2003 (Abschlussbericht)" haben deutlich gemacht, dass die derzeitigen Vorschriften und Maßnahmen weder den notwendigen Rahmen bieten noch die Schaffung von Verbindungskapazitäten gewährleisten, die erforderlich sind, um das Ziel eines gut funktionierenden, effizienten und offenen Binnenmarktes zu verwirklichen.

(14) Über eine gründliche Umsetzung des bestehenden Regulierungsrahmens hinaus sollte der in der Verordnung (EG) Nr. 1775/2005 festgelegte Regulierungsrahmen für den Erdgasbinnenmarkt im Einklang mit diesen Mitteilungen angepasst werden.

(15) Es ist insbesondere eine stärkere Zusammenarbeit und Koordinierung zwischen den Fernleitungsnetzbetreibern erforderlich, um Netzkodizes für die Bereitstellung und die Handhabung des konkreten und transparenten Zugangs zu den Fernleitungsnetzen über die Grenzen hinweg zu schaffen und eine abgestimmte, ausreichend zukunftsorientierte Planung und solide technische Entwicklung des Fernleitungsnetzes in der Gemeinschaft, einschließlich der Schaffung von Verbindungskapazitäten, unter gebührender Berücksichtigung der Umwelt sicherzustellen. Die Netzkodizes sollten den von der durch die Verordnung (EG) Nr. 713/2009 des Europäischen Parlaments und des Rates vom 13. Juli 2009 zur Gründung einer Agentur für die Zusammenarbeit der Energieregulierungsbehörden [7] eingerichteten Agentur für die Zusammenarbeit der Energieregulierungsbehörden („Agentur") entwickelten Rahmenleitlinien, die ihrem Wesen nach nicht bindend sind (Rahmenleitlinien), folgen. Die Agentur sollte bei der auf tatsächliche Umstände gestützten Prüfung der Entwürfe von Netzkodizes — einschließlich der Frage, ob die Netzkodizes den Rahmenleitlinien entsprechen — mitwirken und diese der Kommission zur Annahme empfehlen können. Die Agentur sollte ferner geplante Änderungen der Netzkodizes begutachten und diese der Kommission zur Annahme empfehlen können. Die Fernleitungsnetzbetreiber sollten ihre Netze nach diesen Netzkodizes betreiben.

(16) Um die optimale Verwaltung des Erdgasfernleitungsnetzes in der Gemeinschaft zu gewährleisten, sollte ein Europäischer Verbund der Fernleitungsnetzbetreiber für Gas („ENTSO (Gas)") gegründet werden. Die Aufgaben des ENTSO (Gas) sollten unter Einhaltung der Wettbewerbsvorschriften der Gemeinschaft durchgeführt werden, die für die Entscheidungen des ENTSO (Gas) weiter gelten. Die Aufgaben des ENTSO (Gas) sollten genau definiert werden, und seine Arbeitsmethode sollte so konzipiert sein, dass sie Effizienz, Transparenz und die repräsentative Natur des ENTSO (Gas) gewährleistet. Die vom ENTSO (Gas) ausgearbeiteten Netzkodizes sollen die für rein inländische Angelegenheiten erforderlichen nationalen Netzkodizes nicht ersetzen. Da durch einen Ansatz, der auf die regionale Ebene abstellt, wirksamere Fortschritte erzielt werden können, sollten die Fernleitungsnetzbetreiber innerhalb der Gesamtstruktur, die der Zusammenarbeit dient, regionale Strukturen schaffen und gleichzeitig sicherstellen, dass die auf regionaler Ebene erzielten Ergebnisse mit den auf Gemeinschaftsebene festgelegten Netzkodizes und nicht bindenden zehnjährigen Netzentwicklungsplänen vereinbar sind. Die Zusammenarbeit innerhalb solcher regionalen Strukturen setzt die effektive Trennung der Netztätigkeiten von den Erzeugungs- und Versorgungstätigkeiten voraus. Fehlt eine solche Trennung, so kann es bei der regionalen Zusammenarbeit zwischen den Übertragungsnetzbetreibern zu wettbewerbswidrigem Verhalten kommen. Die Mitgliedstaaten sollten auf regionaler Ebene die Zusammenarbeit fördern und die Effektivität des Netzes beobachten. Die Zusammenarbeit auf regionaler Ebene sollte mit

den Fortschritten bei der Schaffung eines wettbewerbsbestimmten und effizienten Erdgasbinnenmarkts vereinbar sein.

(17) Alle Marktteilnehmer haben ein Interesse an der Arbeit, die vom ENTSO (Gas) erwartet wird. Effektive Konsultationen sind daher unerlässlich und vorhandene Einrichtungen, die zur Erleichterung und zur Straffung des Konsultationsprozesses geschaffen wurden, z. B. die Europäische Gesellschaft zur Vereinfachung/Harmonisierung des Gashandels, nationale Regulierungsbehörden oder die Agentur, sollten eine wichtige Rolle spielen.

(18) Um größere Transparenz beim Aufbau des Erdgasfernleitungsnetzes in der Gemeinschaft zu gewährleisten, sollte der ENTSO (Gas) einen nicht bindenden gemeinschaftsweiten zehnjährigen Netzentwicklungsplan („gemeinschaftsweiter Netzentwicklungsplan") erstellen, veröffentlichen und regelmäßig aktualisieren. Praktikable Erdgasfernleitungsnetze und erforderliche regionale Netzverbindungen, die aus wirtschaftlicher Sicht oder im Hinblick auf die Versorgungssicherheit relevant sind, sollten in diesem Netzentwicklungsplan enthalten sein.

(19) Für die Verbesserung des Wettbewerbs durch liquide Großhandelsgasmärkte ist von entscheidender Bedeutung, dass Gas unabhängig davon, wo es sich im Netz befindet, gehandelt werden kann. Dies lässt sich nur dadurch erreichen, dass den Netznutzern die Möglichkeit eingeräumt wird, Ein- und Ausspeisekapazitäten unabhängig voneinander zu buchen, was zur Folge hat, dass der Gastransport durch Zonen erfolgt, statt Vertragswegen zu folgen. Bereits auf dem 6. Madrider Forum am 30./31. Oktober 2002 haben die meisten Interessengruppen ihre Präferenz für Einspeise-/Ausspeisesysteme zur Förderung des Wettbewerbs geäußert. Die Tarife sollten nicht von der Transportroute abhängig sein. Der für einen oder mehrere Einspeisepunkte festgelegte Tarif sollte daher nicht mit dem für einen oder mehrere Ausspeisepunkte festgelegten Tarif verknüpft sein und umgekehrt.

(20) Im Kontext des nichtdiskriminierenden Netzzugangs für Fernleitungsnetzbetreiber ist unter harmonisierten Transportverträgen nicht zu verstehen, dass die Bedingungen in den Transportverträgen eines bestimmten Fernleitungsnetzbetreibers eines Mitgliedstaats mit den Bedingungen in den Transportverträgen eines anderen Fernleitungsnetzbetreibers dieses oder eines anderen Mitgliedstaats identisch sein müssen, es sei denn, dass Mindestanforderungen festgelegt sind, denen alle Transportverträge genügen müssen.

(21) In den Gasnetzen bestehen erhebliche vertraglich bedingte Engpässe. Die Grundsätze des Engpassmanagements und der Kapazitätszuweisung bei neuen oder neu verhandelten Verträgen beruhen daher auf der Freigabe ungenutzter Kapazitäten, wobei es den Netznutzern ermöglicht wird, kontrahierte Kapazität zu verpachten oder weiter zu verkaufen, und auf der Verpflichtung der Fernleitungsnetzbetreiber, dem Markt ungenutzte Kapazität zumindest für den folgenden Gastag (auf „Day-ahead"-Basis) und als unterbrechbare Kapazität anzubieten. Angesichts des hohen Anteils von Altverträgen und der Notwendigkeit, gleiche Wettbewerbsbedingungen für die Nutzer neuer Kapazitäten und für die Nutzer vorhandener Kapazitäten zu schaffen, sollten jene Grundsätze auf die gesamte kontrahierte Kapazität, auch auf Altverträge, Anwendung finden.

(22) Wenngleich physische Netzengpässe in der Gemeinschaft derzeit selten ein Problem sind, könnten sie in der Zukunft zu einem solchen werden. Daher müssen Grundprinzipien dafür festgelegt werden, wie in solchen Fällen die Kapazitäten auf überlasteten Netzen zugewiesen werden.

(23) Die Marktbeobachtung, die die nationalen Regulierungsbehörden und die Kommission in den letzten Jahren durchgeführt haben, hat gezeigt, dass die derzeit geltenden Transparenzanforderungen und Regeln für den Infrastrukturzugang nicht ausreichen, um einen echten, gut funktionierenden, offenen und effizienten Erdgasbinnenmarkt sicherzustellen.

(24) Damit alle Marktteilnehmer die gesamte Angebots- und Nachfragesituation bewerten und die Gründe für Änderungen des Großhandelspreises nachvollziehen können, ist ein gleicher Zugang zu Informationen über den physischen Zustand und die Effizienz des Netzes erforderlich. Dieser umfasst genauere Informationen über Angebot und Nachfrage, Netzkapazität, Lastflüsse und Wartungsarbeiten, Ausgleich von Mengenabweichungen und Verfügbarkeit und Zugang zu Speicheranlagen. Die Bedeutung dieser Informationen für das Funktionieren des Marktes setzt voraus, dass die aus Gründen der Vertraulichkeit für die Veröffentlichung bestehenden Einschränkungen abgeschwächt werden.

(25) Die Vertraulichkeitserfordernisse für wirtschaftlich sensible Informationen sind jedoch besonders wichtig, wenn geschäftsstrategische Daten des Unternehmens betroffen sind, wenn es nur einen Nutzer einer Speicheranlage gibt oder wenn Daten zu Ausspeisepunkten innerhalb eines Netzes oder Teilnetzes betroffen sind, die nicht mit einem anderen Fernleitungs- oder Verteilernetz, sondern mit einem einzigen Industriekunden verbunden sind, so dass durch die Veröffentlichung dieser Daten vertrauliche Informationen über den Produktionsprozess dieses Kunden offenbart würden.

(26) Zur Stärkung des Vertrauens in den Markt müssen die Marktteilnehmer sicher sein, dass missbräuchliches Verhalten mit wirksamen, verhältnismäßigen und abschreckenden Sanktionen belegt werden kann. Die zuständigen Behörden sollten die Befugnis erhalten, Fälle von behauptetem Marktmissbrauch wirksam zu untersuchen.

Hierzu ist es erforderlich, dass die zuständigen Behörden Zugang zu Daten haben, die Aufschluss über betriebliche Entscheidungen der Versorgungsunternehmen geben. Auf dem Gasmarkt werden alle diese Entscheidungen den Netzbetreibern in Form von Kapazitätsreservierungen, Kapazitätsnominierungen und erfolgten Lastflüssen mitgeteilt. Die Netzbetreiber sollten solche Informationen den zuständigen Behörden in leicht zugänglicher Weise eine bestimmte Zeit lang zur Verfügung halten. Die zuständigen Behörden sollten zudem die Einhaltung der Regeln durch die Fernleitungsnetzbetreiber regelmäßig beobachten.

(27) Der Zugang zu Gasspeicheranlagen und zu Anlagen für verflüssigtes Erdgas („LNG-Anlagen") ist in einigen Mitgliedstaaten unzureichend, weshalb die Umsetzung der geltenden Regelungen verbessert werden muss. Die Gruppe der europäischen Regulierungsbehörden für Elektrizität und Erdgas kam nach ihrer Marktbeobachtung zu dem Schluss, dass die freiwilligen Leitlinien für die gute Praxis in Bezug auf den Zugang Dritter für Betreiber von Speicheranlagen, die von allen Interessengruppen im Rahmen des Madrider Forums vereinbart wurden, unzureichend angewandt werden und daher verbindlich gemacht werden müssen.

(28) Von den Fernleitungsnetzbetreibern betriebene, nichtdiskriminierende und transparente Ausgleichssysteme für Erdgas sind wichtige Mechanismen, insbesondere für neue Marktteilnehmer, die möglicherweise größere Schwierigkeiten als bereits in einem relevanten Markt etablierte Unternehmen haben, ihr gesamtes Verkaufsportfolio auszugleichen. Daher müssen Regeln festgelegt werden, die gewährleisten, dass die Fernleitungsnetzbetreiber solche Mechanismen in einer Weise handhaben, die mit nichtdiskriminierenden, transparenten und effektiven Netzzugangsbedingungen vereinbar ist.

(29) Der Handel mit primären Kapazitätsrechten spielt bei der Entwicklung eines wettbewerbsoffenen Marktes und für die Entstehung von Liquidität eine wichtige Rolle. Diese Verordnung sollte daher Grundregeln hierfür festlegen.

(30) Die nationalen Regulierungsbehörden sollten die Einhaltung dieser Verordnung und der gemäß dieser Verordnung erlassenen Leitlinien gewährleisten.

(31) In den Leitlinien im Anhang dieser Verordnung sind spezielle, ausführliche Umsetzungsregeln festgelegt, die auf den Zweiten Leitlinien für die gute Praxis beruhen. Diese Regeln werden im Laufe der Zeit unter Berücksichtigung der Besonderheiten der nationalen Erdgasnetze gegebenenfalls weiterzuentwickeln sein.

(32) Wenn die Kommission Änderungen der Leitlinien im Anhang dieser Verordnung vorschlägt, sollte sie sicherstellen, dass alle von diesen Leitlinien betroffenen und durch Fachverbände vertretenen einschlägigen Kreise und die Mitgliedstaaten zuvor im Rahmen des Madrider Forums angehört werden.

(33) Die Mitgliedstaaten und die zuständigen nationalen Behörden sollten dazu verpflichtet sein, der Kommission einschlägige Informationen zur Verfügung zu stellen. Informationen dieser Art sollten von der Kommission vertraulich behandelt werden.

(34) Diese Verordnung und die gemäß dieser Verordnung erlassenen Leitlinien berühren nicht die Anwendung der Wettbewerbsvorschriften der Gemeinschaft.

(35) Die zur Durchführung dieser Verordnung erforderlichen Maßnahmen sollten gemäß dem Beschluss 1999/468/EG des Rates vom 28. Juni 1999 zur Festlegung der Modalitäten für die Ausübung der der Kommission übertragenen Durchführungsbefugnisse [8] erlassen werden.

(36) Insbesondere sollte die Kommission die Befugnis erhalten, Leitlinien festzulegen oder zu erlassen, die notwendig sind, um das zur Verwirklichung des Ziels dieser Verordnung erforderliche Mindestmaß an Harmonisierung zu gewährleisten. Da es sich hierbei um Maßnahmen von allgemeiner Tragweite handelt, die eine Änderung nicht wesentlicher Bestimmungen dieser Verordnung durch Hinzufügung neuer nicht wesentlicher Bestimmungen bewirken, sind diese Maßnahmen nach dem Regelungsverfahren mit Kontrolle gemäß Artikel 5a des Beschlusses 1999/468/EG zu erlassen.

(37) Da das Ziel dieser Verordnung, nämlich die Festlegung gerechter Regeln für die Bedingungen für den Zugang zu Erdgasfernleitungsnetzen, Speicheranlagen und LNG-Anlagen auf Ebene der Mitgliedstaaten nicht ausreichend verwirklicht werden kann und daher besser auf Gemeinschaftsebene zu verwirklichen ist, kann die Gemeinschaft im Einklang mit dem in Artikel 5 des Vertrags niedergelegten Subsidiaritätsprinzip tätig werden. Entsprechend dem in demselben Artikel genannten Grundsatz der Verhältnismäßigkeit geht diese Verordnung nicht über das zur Erreichung dieses Ziels erforderliche Maß hinaus.

(38) Wegen des Umfangs der durch den vorliegenden Rechtsakt an der Verordnung (EG) Nr. 1775/2005 vorgenommenen Änderungen sollten die betreffenden Bestimmungen aus Gründen der Klarheit und der Vereinfachung in einem einzigen Text in einer neuen Verordnung neu gefasst werden —

[1] ABl. C 211 vom 19.8.2008, S. 23.
[2] ABl. C 172 vom 5.7.2008, S. 55.

[3] Stellungnahme des Europäischen Parlaments vom 9. Juli 2008 (noch nicht im Amtsblatt veröffentlicht), Gemeinsamer Standpunkt des Rates vom 9. Januar 2009 (ABl. C 75 E vom 31.3.2009, S. 38) und Standpunkt des Europäischen Parlaments vom 22. April 2009 (noch nicht im Amtsblatt veröffentlicht). Beschluss des Rates vom 25. Juni 2009.

[4] ABl. L 176 vom 15.7.2003, S. 57.

[5] ABl. L 289 vom 3.11.2005, S. 1.

[6] Siehe Seite 94 dieses Amtsblatts.

[7] Siehe Seite 1 dieses Amtsblatts.

[8] ABl. L 184 vom 17.7.1999, S. 23.

Artikel 1
Gegenstand und Anwendungsbereich

Ziel dieser Verordnung ist

a) die Festlegung nichtdiskriminierender Regeln für die Bedingungen für den Zugang zu Erdgasfernleitungsnetzen unter Berücksichtigung der besonderen Merkmale nationaler und regionaler Märkte, um das reibungslose Funktionieren des Erdgasbinnenmarkts sicherzustellen;

b) die Festlegung nichtdiskriminierender Regeln für die Bedingungen für den Zugang zu LNG-Anlagen und Speicheranlagen unter Berücksichtigung der besonderen Merkmale der nationalen und regionalen Märkte und

c) die Förderung des Entstehens eines reibungslos funktionierenden und transparenten Großhandelsmarkts mit einem hohen Grad an Gasversorgungssicherheit und die Schaffung von Mechanismen zur Harmonisierung der Regeln über den Netzzugang für den grenzüberschreitenden Gashandel.

Das in Unterabsatz 1 genannte Ziel umfasst die Festlegung von harmonisierten Grundsätzen für die Tarife oder für die bei ihrer Berechnung zugrunde gelegten Methoden, für den Zugang zum Netz, jedoch nicht zu Speicheranlagen, die Einrichtung von Dienstleistungen für den Zugang Dritter und harmonisierte Grundsätze für die Kapazitätszuweisung und das Engpassmanagement, die Festlegung der Transparenzanforderungen, Regeln für den Ausgleich von Mengenabweichungen und Ausgleichsentgelte sowie die Erleichterung des Kapazitätshandels.

Diese Verordnung gilt mit Ausnahme des Artikels 19 Absatz 4 nur für Speicheranlagen, die unter Artikel 33 Absatz 3 oder Absatz 4 der Richtlinie 2009/73/EG fallen.

Die Mitgliedstaaten können in Einklang mit der Richtlinie 2009/73/EG eine Rechtspersönlichkeit oder Stelle einrichten, die eine oder mehrere der normalerweise dem Fernleitungsnetzbetreiber zugewiesenen Funktionen übernimmt, der die Anforderungen dieser Verordnung zu erfüllen hat. Diese Rechtspersönlichkeit oder Stelle unterliegt der Zertifizierung gemäß Artikel 3 dieser Verordnung sowie der Benennung gemäß Artikel 10 der Richtlinie 2009/73/EG.

Artikel 2
Begriffsbestimmungen

(1) Im Sinne dieser Verordnung bezeichnet der Ausdruck

1. „Fernleitung“ den Transport von Erdgas durch ein hauptsächlich Hochdruckfernleitungen umfassendes Netz, mit Ausnahme von vorgelagerten Rohrleitungsnetzen und des in erster Linie im Zusammenhang mit der lokalen Erdgasverteilung benutzten Teils von Hochdruckfernleitungen, zum Zweck der Belieferung von Kunden, jedoch mit Ausnahme der Versorgung;

2. „Transportvertrag“ einen Vertrag, den der Fernleitungsnetzbetreiber mit einem Netznutzer im Hinblick auf die Durchführung der Fernleitung geschlossen hat;

3. „Kapazität“ den maximalen Lastfluss, der in Norm-Kubikmetern pro Zeiteinheit oder in Energieeinheiten pro Zeiteinheit ausgedrückt wird, auf den der Netznutzer gemäß den Bestimmungen des Transportvertrags Anspruch hat;

4. „nicht genutzte Kapazität“ eine verbindliche Kapazität, die ein Netznutzer im Rahmen eines Transportvertrags zwar erworben, aber zum Zeitpunkt des vertraglich festgelegten Fristablaufs nicht nominiert hat;

5. „Engpassmanagement“ das Management des Kapazitätsportfolios des Fernleitungsnetzbetreibers zur optimalen und maximalen Nutzung der technischen Kapazität und zur rechtzeitigen Feststellung künftiger Engpass- und Sättigungsstellen;

6. „Sekundärmarkt“ den Markt für die auf andere Weise als auf dem Primärmarkt gehandelte Kapazität;

7. „Nominierung“ die vorherige Meldung des tatsächlichen Lastflusses, den der Netznutzer in das Netz ein- oder aus diesem ausspeisen will, an den Fernleitungsnetzbetreiber;

8. „Renominierung“ die nachträgliche Meldung einer korrigierten Nominierung;

9. „Netzintegrität“ jedwede auf ein Fernleitungsnetz, einschließlich der erforderlichen Fernleitungsanlagen, bezogene Situation, in der Erdgasdruck und Erdgasqualität innerhalb der von dem Fernleitungsnetzbetreiber festgelegten Mindest- und Höchstgrenzen bleiben, so dass der Erdgasferntransport technisch gewährleistet ist;

10. „Ausgleichsperiode“ den Zeitraum, innerhalb dessen jeder Netznutzer die Entnahme einer in Energieeinheiten ausgedrückten Erdgasmenge durch die Einspeisung der gleichen Erdgasmenge in das Fernleitungsnetz gemäß dem Transportvertrag oder dem Netzcode ausgleichen muss;

11. „Netznutzer“ einen Kunden oder einen potenziellen Kunden eines Fernleitungsnetzbetreibers und Fernleitungsnetzbetreiber selbst, sofern diese ihre Funktionen im Zusammenhang mit der Fernleitung wahrnehmen müssen;

12. „unterbrechbare Dienstleistungen“ Dienstleistungen, die der Fernleitungsnetzbetreiber in Bezug auf unterbrechbare Kapazität anbietet;

13. „unterbrechbare Kapazität“ die Erdgasfernleitungskapazität, die von dem Fernleitungsnetzbetreiber gemäß den im Transportvertrag festgelegten Bedingungen unterbrochen werden kann;

14. „langfristige Dienstleistungen“ Dienstleistungen, die der Fernleitungsnetzbetreiber für eine Dauer von einem Jahr oder mehr anbietet;

15. „kurzfristige Dienstleistungen“ Dienstleistungen, die der Fernleitungsnetzbetreiber für eine Dauer von weniger als einem Jahr anbietet;

16. „verbindliche Kapazität“ Erdgasfernleitungskapazität, die von dem Fernleitungsnetzbetreiber vertraglich als nicht unterbrechbare Kapazität zugesichert wurde;

17. „verbindliche Dienstleistungen“ Dienstleistungen, die der Fernleitungsnetzbetreiber in Bezug auf verbindliche Kapazität anbietet;

18. „technische Kapazität“ die verbindliche Höchstkapazität, die der Fernleitungsnetzbetreiber den Netznutzern unter Berücksichtigung der Netzintegrität und der betrieblichen Anforderungen des Fernleitungsnetzes anbieten kann;

19. „kontrahierte Kapazität“ die Kapazität, die der Fernleitungsnetzbetreiber einem Netznutzer durch einen Transportvertrag zugewiesen hat;

20. „verfügbare Kapazität“ den Teil der technischen Kapazität, die nicht zugewiesen wurde und dem Netz aktuell noch zur Verfügung steht;

21. „vertraglich bedingter Engpass“ eine Situation, in der das Ausmaß der Nachfrage nach verbindlicher Kapazität die technische Kapazität übersteigt;

22. „Primärmarkt“ den Markt für die vom Fernleitungsnetzbetreiber direkt gehandelte Kapazität;

23. „physischer Engpass“ eine Situation, in der das Ausmaß der Nachfrage nach tatsächlichen Lieferungen die technische Kapazität zu einem bestimmten Zeitpunkt übersteigt;

24. „Kapazität einer LNG-Anlage“ die Kapazität einer LNG-Kopfstation zur Verflüssigung von Erdgas oder zur Einfuhr, Entladung, vorübergehenden Speicherung und Wiederverdampfung von verflüssigtem Erdgas und entsprechende Hilfsdienste;

25. „Volumen“ die Gasmenge, zu deren Speicherung der Nutzer einer Speicheranlage berechtigt ist;

26. „Ausspeicherleistung“ die Rate, mit der der Speichernutzer zur Ausspeisung von Gas aus der Speicheranlage berechtigt ist;

27. „Einspeicherleistung“ die Rate, mit der der Speichernutzer zur Einspeisung von Gas in die Speicheranlage berechtigt ist;

28. „Speicherkapazität“ eine beliebige Kombination von Volumen, Einspeicherleistung und Ausspeicherleistung.

(2) Unbeschadet der Begriffsbestimmungen des Absatzes 1 dieses Artikels gelten auch die Begriffsbestimmungen des Artikels 2 der Richtlinie 2009/73/EG, die für die Anwendung dieser Verordnung relevant sind, mit Ausnahme der Bestimmung des Begriffs „Fernleitung“ in Nummer 3 jenes Artikels.

Die die Fernleitung betreffenden Begriffsbestimmungen in Absatz 1 Nummern 3 bis 23 gelten analog für Speicheranlagen und LNG-Anlagen.

Artikel 3

Zertifizierung von Fernleitungsnetzbetreibern

(1) Wenn die Kommission die Mitteilung über die Zertifizierung eines Fernleitungsnetzbetreibers nach Artikel 10 Absatz 6 der Richtlinie 2009/73/EG erhalten hat, prüft sie diese Mitteilung unmittelbar nach ihrem Eingang. Die Kommission übermittelt der zuständigen nationalen Regulierungsbehörde innerhalb von zwei Monaten nach dem Tag das Eingangs der Mitteilung ihre Stellungnahme bezüglich der Vereinbarkeit mit Artikel 10 Absatz 2 oder Artikel 11 sowie mit Artikel 9 der Richtlinie 2009/73/EG.

Für die Erarbeitung der in Unterabsatz 1 genannten Stellungnahme kann die Kommission die Stellungnahme der Agentur zur Entscheidung der nationalen Regulierungsbehörde beantragen. In diesem Fall wird die in Unterabsatz 1 genannte Zweimonatsfrist um weitere zwei Monate verlängert.

Legt die Kommission innerhalb der in den Unterabsätzen 1 und 2 genannten Fristen keine Stellungnahme vor, so wird davon ausgegangen, dass sie keine Einwände gegen die Entscheidung der Regulierungsbehörde erhebt.

(2) Innerhalb von zwei Monaten nach Eingang der Stellungnahme der Kommission trifft die Regulierungsbehörde ihre endgültige Entscheidung bezüglich der Zertifizierung des Fernleitungsnetzbetreibers, wobei sie die Stellungnahme der Kommission so weit wie möglich berücksichtigt. Die Entscheidung wird zusammen mit der Stellungnahme der Kommission veröffentlicht.

(3) Die Regulierungsbehörden und/oder die Kommission können zu jedem Zeitpunkt des Verfahrens von Fernleitungsnetzbetreibern und/oder Unternehmen, die eine der Funktionen Gewinnung oder Versorgung wahrnehmen, die Vorlage sämtlicher für die Erfüllung ihrer Aufgaben gemäß diesem Artikel relevanten Informationen verlangen.

(4) Die Regulierungsbehörden und die Kommission behandeln wirtschaftlich sensible Informationen vertraulich.

(5) Die Kommission kann Leitlinien erlassen, in denen die Einzelheiten des Verfahrens für die Anwendung der Absätze 1 bis 2 des vorliegenden Artikels festgelegt werden. Diese Maßnahme, durch die nicht wesentliche Bestimmungen dieser Verordnung durch ihre Ergänzung geändert werden sollen, wird nach dem Regelungsverfahren mit Kontrolle gemäß Artikel 28 Absatz 2 erlassen.

(6) Wenn die Kommission eine Meldung über die Zertifizierung eines Fernleitungsnetzbetreibers gemäß Artikel 9 Absatz 10 der Richtlinie 2009/73/EG erhalten hat, trifft sie eine Entscheidung nach diesem Absatz. Die Regulierungsbehörde kommt der Entscheidung der Kommission nach.

Artikel 3a
Zertifizierung von Speicheranlagenbetreibern

(1) Die Mitgliedstaaten stellen sicher, dass jeder Speicheranlagenbetreiber, einschließlich jedes Speicheranlagenbetreibers, der von einem Fernleitungsnetzbetreiber kontrolliert wird, entweder von der nationalen Regulierungsbehörde oder einer anderen vom betreffenden Mitgliedstaat gemäß Artikel 3 Absatz 2 der Verordnung (EU) 2017/1938 des Europäischen Parlaments und des Rates ([1]) benannten zuständigen Behörde (im Folgenden jeweils „Bescheinigungsbehörde") nach dem in diesem Artikel festgelegten Verfahren zertifiziert wird.

Dieser Artikel gilt auch für Speicheranlagenbetreiber, die von Fernleitungsnetzbetreibern kontrolliert werden, die bereits nach den in den Artikeln 9, 10 und 11 der Richtlinie 2009/73/EG genannten Entflechtungsvorschriften zertifiziert sind.

(2) Die Bescheinigungsbehörde erstellt den Entwurf einer Entscheidung über die Zertifizierung in Bezug auf Speicheranlagenbetreiber, die unterirdische Gasspeicheranlagen mit einer Kapazität von mehr als 3,5 TWh betreiben, unabhängig von der Anzahl der Speicheranlagenbetreiber, deren gesamte Speicheranlagen, am 31. März 2021 und am 31. März 2022 einen Füllstand von durchschnittlich weniger als 30 % ihrer maximalen Kapazität aufwiesen, bis zum 1. Februar 2023 oder binnen 150 Arbeitstagen nach Eingang einer Mitteilung gemäß Absatz 9.

Für die in Unterabsatz 1 genannten Speicheranlagenbetreiber bemüht sich die Bescheinigungsbehörde nach besten Kräften, vor dem 1. November 2022 einen Entwurf für einen Beschluss zur Zertifizierung zu erstellen.

In Bezug auf alle anderen Speicheranlagenbetreiber erstellt die Bescheinigungsbehörde den Entwurf einer Entscheidung zur Zertifizierung bis zum 2. Januar 2024 oder innerhalb von 18 Monaten nach Eingang einer Mitteilung gemäß den Absätzen 8 oder 9.

(3) Bei der Prüfung des Risikos der Energieversorgungssicherheit in der Union berücksichtigt die Bescheinigungsbehörde alle Risiken für die Gasversorgungssicherheit auf nationaler, regionaler oder unionsweiter Ebene sowie jede Minderung solcher Risiken, die unter anderem zurückzuführen sind auf:

a) Eigentums-, Liefer- oder sonstige Geschäftsbeziehungen, die negative Auswirkungen auf die Anreize und die Fähigkeit des Speicheranlagenbetreibers, die unterirdische Gasspeicheranlage zu befüllen, haben könnten;

b) die Rechte und Pflichten der Union gegenüber einem Drittland, die aus dem Völkerrecht erwachsen, einschließlich Vereinbarungen mit einem oder mehreren Drittländern, denen die Union als Vertragspartei angehört und durch die die Fragen der Energieversorgungssicherheit geregelt werden;

c) die Rechte und Pflichten der betroffenen Mitgliedstaaten gegenüber einem Drittland, die aus von den betroffenen Mitgliedstaaten mit einem oder mehreren Drittländern geschlossenen Vereinbarungen erwachsen, soweit diese Vereinbarungen mit dem Unionsrecht im Einklang stehen, oder

d) andere besondere Gegebenheiten und Umstände im Einzelfall.

(4) Wenn die Bescheinigungsbehörde zu dem Schluss kommt, dass eine Person, die den Speicheranlagenbetreiber im Sinne des Artikels 9 der Richtlinie 2009/73/EG direkt oder indirekt kontrolliert oder Rechte an einem Speicheranlagenbetreiber ausübt, die Energieversorgungssicherheit oder die wesentlichen Sicherheitsinteressen der Union oder eines Mitgliedstaats gefährden könnte, verweigert die Bescheinigungsbehörde die Zertifizierung. Stattdessen kann die Bescheinigungsbehörde eine Entscheidung zur Zertifizierung unter Bedingungen erlassen, mit denen gewährleistet wird, dass alle Risiken, die negative Auswirkungen auf die Befüllung der unterirdischen Gasspeicheranlagen haben könnten, ausreichend gemindert werden, sofern die Durchführbarkeit der Bedingungen durch eine wirksame Umsetzung und Überwachung vollständig gewährleistet werden kann. Zu solchen Bedingungen kann insbesondere die Anforderung gehören, dass der Eigentümer oder der Betreiber des Speichersystems die Verwaltung des Speichersystems übertragen muss.

(5) Gelangt die Bescheinigungsbehörde zu dem Schluss, dass die Risiken für die Gasversorgung nicht durch Bedingungen gemäß Absatz 4, einschließlich der Bedingung, dass der Eigentümer oder der Betreiber des Speichersystems die Verwaltung des Speichersystems übertragen muss, begrenzt werden können, und verweigert sie daher die Zertifizierung, so

a) verpflichtet sie den Eigentümer, den Betreiber des Speichersystems oder jede sonstige Person, die ihrer Ansicht nach die Energieversorgungssicherheit oder die wesentlichen Sicherheitsinteressen der Union oder eines Mitgliedstaats gefährden könnten, ihre Anteile oder Rechte am Eigentum der Speicheranlage oder des Speicheranlagenbetreibers zu veräußern, und setzt eine Frist für diese Veräußerung;

b) ordnet sie, soweit angemessen, vorübergehende Maßnahmen an, um sicherzustellen, dass eine solche Person so lange keine Kontrolle über diesen Speicheranlageneigentümer oder -betreiber und keine Rechte an diesem Speicheranlageneigentümer oder -betreiber ausüben kann, bis die Anteile oder Rechte veräußert sind; und

c) stellt im Einklang mit nationalem Recht geeignete Ausgleichsmaßnahmen zur Verfügung.

(6) Die Bescheinigungsbehörde übermittelt der Kommission unverzüglich den Entwurf ihrer Entscheidung über die Zertifizierung zusammen mit allen relevanten Informationen.

Die Kommission übermittelt der Bescheinigungsbehörde binnen 25 Arbeitstagen nach der Übermittlung eine Stellungnahme zum Entwurf der Entscheidung über die Zertifizierung. Die Bescheinigungsbehörde trägt der Stellungnahme der Kommission so weit wie möglich Rechnung.

(7) Die Bescheinigungsbehörde erlässt die Entscheidung über die Zertifizierung binnen 25 Arbeitstagen nach Erhalt der Stellungnahme der Kommission.

(8) Vor der Inbetriebnahme einer neu gebauten unterirdischen Gasspeicheranlage muss der Speicheranlagenbetreiber gemäß den Absätzen 1 bis 7 zertifiziert werden. Der Speicheranlagenbetreiber teilt der Bescheinigungsbehörde seine Absicht zur Inbetriebnahme der Speicheranlage mit.

(9) Speicheranlagenbetreiber teilen der betreffenden Bescheinigungsbehörde alle geplanten Transaktionen mit, die eine Neubewertung ihrer Einhaltung der Zertifizierungsanforderungen gemäß den Absätzen 1 bis 4 erforderlich machen würden.

(10) Die Bescheinigungsbehörden überwachen kontinuierlich die Einhaltung der Anforderungen aus den Absätzen 1 bis 4 durch die Speicheranlagenbetreiber. Unter folgenden Umständen leiten sie zur Neubeurteilung der Einhaltung der Anforderungen ein Zertifizierungsverfahren ein:

a) bei Erhalt einer Mitteilung eines Speicheranlagenbetreibers gemäß den Absätzen 8 oder 9;

b) aus eigener Initiative, wenn sie Kenntnis davon haben, dass eine geplante Änderung hinsichtlich der Rechte an oder der Einflussnahme auf einen Speicheranlagenbetreiber zu einem Verstoß gegen die Anforderungen der Absätze 1, 2 und 3 führen könnte;

c) auf einen begründeten Antrag durch die Kommission.

(11) Die Mitgliedstaaten treffen alle erforderlichen Maßnahmen, um den Weiterbetrieb der unterirdischen Gasspeicheranlagen in ihrem jeweiligen Hoheitsgebiet sicher zu stellen. Diese unterirdischen Gasspeicheranlagen dürfen den Betrieb nur im Falle nicht erfüllter technischer Anforderungen und Sicherheitsanforderungen einstellen oder wenn die Bescheinigungsbehörde nach der Durchführung einer Bewertung sowie unter Berücksichtigung der Stellungnahme des ENTSO (Gas) zu dem Schluss kommt, dass eine solche Einstellung des Betriebs die Gasversorgungssicherheit auf Unions- oder auf nationaler Ebene nicht beeinträchtigen würde.

Soweit angemessen, sind geeignete Ausgleichsmaßnahmen zu treffen, wenn eine Einstellung des Betriebs nicht gestattet wird.

(12) Die Kommission kann Leitlinien zur Anwendung dieses Artikels erlassen.

(13) Dieser Artikel gilt nicht für die für Speicherung genutzten Teile von LNG-Anlagen.

Artikel 4
Europäisches Netz der Fernleitungsnetzbetreiber (Gas)

Alle Fernleitungsnetzbetreiber arbeiten auf Gemeinschaftsebene im Rahmen des ENTSO (Gas) zusammen, um die Vollendung und das Funktionieren des Erdgasbinnenmarkts sowie den grenzüberschreitenden Handel zu fördern und die optimale Verwaltung, den koordinierten Betrieb und die sachgerechte technische Weiterentwicklung des Erdgasfernleitungsnetzes zu gewährleisten.

Artikel 5
Gründung des ENTSO (Gas)

(1) Spätestens bis zum 3. März 2011 legen die Gasfernleitungsnetzbetreiber der Kommission und der Agentur den Entwurf der Satzung, eine Liste der Mitglieder und den Entwurf der Geschäftsordnung — einschließlich der Verfahrensregeln für die Konsultation anderer Akteure — des zu gründenden ENTSO (Gas) vor.

(2) Binnen zwei Monaten ab dem Tag des Eingangs der Unterlagen übermittelt die Agentur nach einer förmlichen Konsultation der alle Akteure, insbesondere die Netznutzer und Kunden, vertretenden Organisationen der Kommission eine Stellungnahme zum Entwurf der Satzung, zur Mitgliederliste und zum Entwurf der Geschäftsordnung.

(3) Binnen drei Monaten nach dem Tag des Eingangs der Stellungnahme der Agentur gibt die Kommission eine Stellungnahme zum Entwurf der Satzung, zur Mitgliederliste und zum Entwurf der Geschäftsordnung ab, wobei sie die Stellungnahme der Agentur gemäß Absatz 2 berücksichtigt.

(4) Binnen drei Monaten ab dem Tag des Eingangs der Stellungnahme der Kommission gründen die Fernleitungsnetzbetreiber den ENTSO

(Gas) und verabschieden und veröffentlichen dessen Satzung und Geschäftsordnung.

Artikel 6
Festlegung der Netzkodizes

(1) Die Kommission stellt nach Konsultation der Agentur, des ENTSO (Gas) und der anderen betroffenen Akteure eine jährliche Prioritätenliste auf, in der die in Artikel 8 Absatz 6 genannten Bereiche aufgeführt werden; die Liste ist in die Entwicklung der Netzkodizes einzubeziehen.

(2) Die Kommission beantragt bei der Agentur, ihr innerhalb einer angemessenen Frist von höchstens sechs Monaten eine nicht bindende Rahmenleitlinie („Rahmenleitlinie") vorzulegen, die entsprechend Artikel 8 Absatz 7 präzise und objektive Grundsätze für die Ausarbeitung von Netzkodizes für die in der Prioritätenliste aufgeführten Bereiche enthält. Jede Rahmenleitlinie muss zur Nichtdiskriminierung, zu einem echten Wettbewerb und zum effizienten Funktionieren des Marktes beitragen. Auf einen mit Gründen versehenen Antrag der Agentur hin kann die Kommission diese Frist verlängern.

(3) Die Agentur führt über einen Zeitraum von mindestens zwei Monaten eine offene und transparente förmliche Konsultation des ENTSO (Gas) und anderer betroffener Akteure zu der Rahmenleitlinie durch.

(4) Trägt die Rahmenleitlinie nach Auffassung der Kommission nicht zur Nichtdiskriminierung, zu einem echten Wettbewerb und zum effizienten Funktionieren des Marktes bei, so kann sie die Agentur auffordern, die Rahmenleitlinie innerhalb einer angemessenen Frist zu überarbeiten und erneut der Kommission vorzulegen.

(5) Legt die Agentur nicht innerhalb der von der Kommission nach Absatz 2 bzw. Absatz 4 gesetzten Frist eine Rahmenleitlinie erstmalig oder erneut vor, so arbeitet die Kommission die betreffende Rahmenleitlinie aus.

(6) Die Kommission fordert den ENTSO (Gas) auf, der Agentur innerhalb einer angemessenen Frist von höchstens 12 Monaten einen Netzkodex vorzulegen, der der einschlägigen Rahmenleitlinie entspricht.

(7) Die Agentur übermittelt dem ENTSO (Gas) innerhalb von drei Monaten nach Eingang des Netzkodex eine mit Gründen versehene Stellungnahme zu dem Netzkodex; innerhalb dieses Zeitraums kann die Agentur eine förmliche Konsultation der betroffenen Akteure durchführen.

(8) Der ENTSO (Gas) kann den Netzkodex unter Berücksichtigung der Stellungnahme der Agentur ändern und erneut der Agentur vorlegen.

(9) Sobald sich die Agentur davon überzeugt hat, dass der Netzkodex den einschlägigen Rahmenleitlinien entspricht, legt sie den Netzkodex der Kommission vor und kann ihr dessen Annahme innerhalb einer angemessenen Frist empfehlen. Nimmt die Kommission diesen Netzkodex nicht an, so gibt sie die Gründe dafür an.

(10) Arbeitet der ENTSO (Gas) nicht innerhalb der von der Kommission nach Absatz 6 gesetzten Frist einen Netzkodex aus, so kann die Kommission die Agentur auffordern, auf der Grundlage der einschlägigen Rahmenleitlinie den Entwurf eines Netzkodex auszuarbeiten. Die Agentur kann, während sie diesen Entwurf ausarbeitet, eine weitere Konsultation einleiten. Die Agentur legt den nach diesem Absatz ausgearbeiteten Entwurf eines Netzkodex der Kommission vor und kann ihr dessen Erlass empfehlen.

(11) Die Kommission kann von sich aus, wenn der ENTSO (Gas) oder die Agentur keinen Netzkodex gemäß Absatz 10 des vorliegenden Artikels ausgearbeitet hat, oder auf Empfehlung der Agentur gemäß Absatz 9 des vorliegenden Artikels einen oder mehrere Netzkodizes für die in Artikel 8 Absatz 6 aufgeführten Bereiche erlassen.

Plant die Kommission, von sich aus einen Kodex zu erlassen, so konsultiert sie die Agentur, den ENTSO (Gas) und alle einschlägigen Akteure innerhalb eines Zeitraums von mindestens zwei Monaten zu dem Entwurf eines Kodex. Diese Maßnahmen zur Änderung nicht wesentlicher Bestimmungen dieser Verordnung durch Ergänzung werden nach dem in Artikel 28 Absatz 2 genannten Regelungsverfahren mit Kontrolle erlassen.

(12) Dieser Artikel berührt nicht das Recht der Kommission, die Leitlinien gemäß Artikel 23 zu erlassen und zu ändern.

Artikel 7
Änderung von Netzkodizes

(1) Entwürfe zur Änderung eines gemäß Artikel 6 angenommenen Netzkodex können der Agentur von Personen vorgeschlagen werden, die ein Interesse an diesem Netzkodex haben können, unter anderem den ENTSO (Gas), Fernleitungsnetzbetreiber, Netznutzer und Verbraucher. Auch die Agentur kann von sich aus Änderungen vorschlagen.

(2) Die Agentur konsultiert alle Interessengruppen gemäß Artikel 10 der Verordnung (EG) Nr. 713/2009. Im Anschluss an dieses Verfahren kann die Agentur der Kommission mit Gründen versehene Änderungsvorschläge unterbreiten, wobei zu erläutern ist, inwieweit die Vorschläge mit den Zielen der Netzkodizes nach Artikel 6 Absatz 2 der vorliegenden Verordnung übereinstimmen.

(3) Die Kommission kann Änderungen der nach Artikel 6 angenommenen Netzkodizes vornehmen, wobei sie den Vorschlägen der Agentur Rechnung trägt. Diese Maßnahmen zur Änderung nicht wesentlicher Bestimmungen dieser Verordnung durch Ergänzung werden nach dem in Artikel 28 Absatz 2 genannten Regelungsverfahren mit Kontrolle erlassen.

(4) Die Prüfung der vorgeschlagenen Änderungen nach dem Verfahren des Artikels 28 Absatz 2 beschränkt sich auf die Aspekte, die mit der vorgeschlagenen Änderung im Zusammenhang stehen. Diese vorgeschlagenen Änderungen erfolgen unbeschadet anderer Änderungen, die die Kommission gegebenenfalls vorschlägt.

Artikel 8
Aufgaben des ENTSO (Gas)

(1) Der ENTSO (Gas) arbeitet auf Aufforderung durch die Kommission gemäß Artikel 6 Absatz 6 Netzkodizes für die in Absatz 6 des vorliegenden Artikels genannten Bereiche aus.

(2) Der ENTSO (Gas) kann für die in Absatz 6 genannten Bereiche Netzkodizes ausarbeiten, um die in Artikel 4 genannten Ziele zu erreichen, soweit diese Netzkodizes nicht die Bereiche betreffen, für die die Kommission eine Aufforderung an das Netz gerichtet hat. Diese Netzkodizes werden der Agentur zur Stellungnahme zugeleitet. Die Stellungnahme wird durch den ENTSO (Gas) gebührend berücksichtigt.

(3) Der ENTSO verabschiedet Folgendes:

a) gemeinsame netztechnische Instrumente zur Sicherstellung der Koordinierung des Netzbetriebs unter normalen Bedingungen und im Notfall, einschließlich eines gemeinsamen Systems zur Einstufung von Störfällen, und Forschungspläne;

b) alle zwei Jahre einen nicht bindenden gemeinschaftsweiten zehnjährigen Netzentwicklungsplan („gemeinschaftsweiter Netzentwicklungsplan“); dieser enthält eine Europäische Prognose zur Angemessenheit des Angebots;

c) Empfehlungen zur Koordinierung der technischen Zusammenarbeit zwischen Fernleitungsnetzbetreibern in der Gemeinschaft und in Drittstaaten;

d) ein Jahresarbeitsprogramm;

e) einen Jahresbericht;

f) jährliche Sommer- und Winterversorgungsprognosen.

(4) Die Europäische Prognose zur Angemessenheit des Angebots gemäß Absatz 3 Buchstabe b erstreckt sich auf die Gesamtangemessenheit des Gasnetzes zur Deckung des bestehenden und des für den nächsten Fünfjahreszeitraum sowie des für den Zeitraum zwischen 5 und 10 Jahren nach dem Berichtsdatum zu erwartenden Bedarfs. Diese Europäische Prognose zur Angemessenheit des Angebots beruht auf den von den einzelnen Fernleitungsnetzbetreibern aufgestellten Prognosen für die Angemessenheit der jeweiligen nationalen Gasversorgung.

(5) Das in Absatz 3 Buchstabe d genannte Jahresarbeitsprogramm enthält eine Auflistung und eine Beschreibung der auszuarbeitenden Netzkodizes, einen Plan für die Koordinierung des Netzbetriebs und für Forschungs- und Entwicklungstätigkeiten, die in dem jeweiligen Jahr zu erfolgen haben, und einen vorläufigen Zeitplan.

(6) Die Netzkodizes gemäß den Absätzen 1 und 2 erstrecken sich auf die folgenden Bereiche, wobei gegebenenfalls regionale besondere Merkmale zu berücksichtigen sind:

a) Regeln für Netzsicherheit und -zuverlässigkeit;

b) Regeln für Netzanschluss;

c) Regeln für den Zugang Dritter;

d) Regeln für Datenaustausch und Abrechnung;

e) Regeln für die Interoperabilität;

f) betriebliche Verfahren bei Notfällen;

g) Regeln für Kapazitätszuweisung und Engpassmanagement;

h) Regeln für den Handel in Bezug auf die technische und operative Bereitstellung der Netzzugangsdienste und den Austausch von Ausgleichsgas zwischen Netzen;

i) Transparenzregeln;

j) Regeln für den Ausgleich von Mengenabweichungen, einschließlich netzbezogener Regeln für Nominierungsverfahren, Regeln für Ausgleichsentgelte und Regeln für den netztechnischen Ausgleich von Mengenabweichungen zwischen den Netzen der Fernleitungsnetzbetreiber;

k) Regeln für harmonisierte Fernleitungsentgeltstrukturen;

l) Energieeffizienz bei Gasnetzen.

(7) Die Netzkodizes gelten für grenzüberschreitende Netzangelegenheiten und Angelegenheiten der Marktintegration und berühren nicht das Recht der Mitgliedstaaten, nationale Netzkodizes aufzustellen, die den grenzüberschreitenden Handel nicht betreffen.

(8) Der ENTSO (Gas) beobachtet und analysiert die Umsetzung der Kodizes und der von der Kommission nach Artikel 6 Absatz 11 angenommenen Leitlinien und deren Wirkung auf die Harmonisierung der geltenden Regeln zur Förderung der Marktintegration. Der ENTSO (Gas) meldet seine Erkenntnisse der Agentur und nimmt die Ergebnisse der Analyse in den in Absatz 3 Buchstabe e des vorliegenden Artikels genannten Jahresbericht auf.

(9) Der ENTSO (Gas) stellt alle Informationen zur Verfügung, die die Agentur benötigt, um ihre Aufgaben gemäß Artikel 9 Absatz 1 zu erfüllen.

(10) ENTSO (Gas) verabschiedet alle zwei Jahre einen gemeinschaftsweiten Netzentwicklungsplan nach Absatz 3 Buchstabe b und veröffentlicht diesen. Der gemeinschaftsweite Netzentwicklungsplan beinhaltet die Modellierung des

integrierten Netzes, einschließlich Wasserstoffnetzen, die Entwicklung von Szenarien, eine Europäische Prognose zur Angemessenheit des Angebots und eine Bewertung der Belastbarkeit des Netzes.

Der gemeinschaftsweite Netzentwicklungsplan muss insbesondere

a) auf den nationalen Investitionsplänen unter Berücksichtigung der in Artikel 12 Absatz 1 genannten regionalen Investitionspläne und gegebenenfalls der unionsbezogenen Aspekte der Netzplanung gemäß der Verordnung (EU) Nr. 347/2013 des Europäischen Parlaments und des Rates vom 17. April 2013 zu Leitlinien für die transeuropäische Energieinfrastruktur ([2]) aufbauen; er ist Gegenstand einer Kosten-Nutzen-Analyse nach der Methode gemäß Artikel 11 der genannten Verordnung;

b) hinsichtlich der grenzüberschreitenden Verbindungsleitungen auch auf den angemessenen Bedürfnissen verschiedener Netznutzer beruhen und langfristige Verpflichtungen von Investoren gemäß den Artikeln 14 und 22 der Richtlinie 2009/73/EG einschließen und

c) Investitionslücken — insbesondere in Bezug auf grenzüberschreitende Kapazitäten — aufzeigen.

Hinsichtlich Unterabsatz 2 Buchstabe c kann dem gemeinschaftsweiten Netzentwicklungsplan als Anlage eine Übersicht über die Hemmnisse, die den Ausbau der grenzüberschreitenden Kapazitäten des Netzes aufgrund unterschiedlicher Genehmigungsverfahren oder einer unterschiedlichen Genehmigungspraxis erschweren, beigefügt werden.

(11) Die Agentur überprüft die nationalen zehnjährigen Netzentwicklungspläne unter dem Gesichtspunkt ihrer Kohärenz mit dem gemeinschaftsweiten Netzentwicklungsplan. Stellt sie Widersprüche zwischen einem nationalen zehnjährigen Netzentwicklungsplan und dem gemeinschaftsweiten zehnjährigen Netzentwicklungsplan fest, empfiehlt sie je nach Sachlage eine Änderung des nationalen zehnjährigen Netzentwicklungsplans oder des gemeinschaftsweiten Netzentwicklungsplans. Wird ein solcher nationaler zehnjähriger Netzentwicklungsplan gemäß Artikel 22 der Richtlinie 2009/73/EG ausgearbeitet, empfiehlt die Agentur der zuständigen nationalen Regulierungsbehörde, den nationalen zehnjährigen Netzentwicklungsplan gemäß Artikel 22 Absatz 7 der genannten Richtlinie zu ändern und setzt die Kommission hiervon in Kenntnis.

(12) Auf Antrag der Kommission übermittelt der ENTSO (Gas) der Kommission seine Stellungnahme zu dem Erlass von Leitlinien nach Artikel 23.

Artikel 9
Beobachtung durch die Agentur

(1) Die Agentur beobachtet die Durchführung der in Artikel 8 Absätze 1, 2 und 3 genannten Aufgaben des ENTSO (Gas) und erstattet der Kommission Bericht.

Die Agentur beobachtet die Umsetzung folgender Netzkodizes durch den ENTSO (Gas): der Netzkodizes, die gemäß Artikel 8 Absatz 2 entwickelt wurden, und der Netzkodizes, die gemäß Artikel 6 Absätze 1 bis 10 festgelegt, aber von der Kommission nicht gemäß Artikel 6 Absatz 11 angenommen wurden. Falls der ENTSO (Gas) keinen solchen Netzkodex umgesetzt hat, fordert die Agentur den ENTSO (Gas) auf, eine ordnungsgemäß begründete Erklärung vorzulegen, warum es dies nicht getan hat. Die Agentur setzt die Kommission von dieser Erklärung in Kenntnis und gibt eine Stellungnahme dazu ab.

Die Agentur beobachtet und analysiert die Umsetzung der Netzkodizes und der von der Kommission nach Artikel 6 Absatz 11 erlassenen Leitlinien und ihre Auswirkungen auf die Harmonisierung der geltenden Regeln zur Förderung der Marktintegration sowie auf Nichtdiskriminierung, echten Wettbewerb und effizientes Funktionieren des Marktes und erstattet der Kommission Bericht.

(2) Der ENTSO (Gas) unterbreitet der Agentur den Entwurf des gemeinschaftsweiten Netzentwicklungsplans, den Entwurf des Jahresarbeitsprogramms einschließlich der Informationen zum Konsultationsverfahren und der anderen in Artikel 8 Absatz 3 genannten Dokumente zur Stellungnahme.

Innerhalb von zwei Monaten ab dem Tag des Eingangs der Unterlagen gibt die Agentur eine ordnungsgemäß begründete Stellungnahme ab und richtet Empfehlungen an den ENTSO (Gas) und an die Kommission, falls ihres Erachtens der Entwurf des Jahresarbeitsprogramms oder der Entwurf des gemeinschaftsweiten Netzentwicklungsplans, die vom ENTSO (Gas) vorgelegt wurden, nicht zur Nichtdiskriminierung, zum echten Wettbewerb, zum effizienten Funktionieren des Marktes oder zu einem ausreichenden Maß an grenzüberschreitenden Verbindungsleitungen, die Dritten offen stehen, beiträgt.

Artikel 10
Konsultationen

(1) Der ENTSO (Gas) konsultiert im Rahmen der Ausarbeitung der Netzkodizes, des Entwurfs des gemeinschaftsweiten Netzentwicklungsplans und des Jahresarbeitsprogramms nach Artikel 8 Absätze 1, 2 und 3 umfassend, frühzeitig und

auf offene und transparente Weise alle einschlägigen Marktteilnehmer, insbesondere die Organisationen, die alle Akteure vertreten gemäß der in Artikel 5 Absatz 1 genannten Geschäftsordnung. Bei den Konsultationen werden die nationalen Regulierungsbehörden und andere nationale Behörden, Versorgungs- und Gewinnungsunternehmen, Netznutzer einschließlich der Kunden, Verteilernetzbetreiber sowie die relevanten (Branchen-)Verbände, technischen Gremien und Foren der Interessengruppen einbezogen. Dabei verfolgt sie das Ziel, die Standpunkte und Vorschläge aller für den Entscheidungsprozess relevanten Kreise einzuholen.

(2) Alle Unterlagen und Sitzungsprotokolle zu den in Absatz 1 genannten Aspekten werden veröffentlicht.

(3) Vor der Verabschiedung des Jahresarbeitsprogramms sowie der in Artikel 8 Absätze 1, 2 und 3 genannten Netzkodizes teilt dem ENTSO (Gas) mit, welche Stellungnahmen im Rahmen der Konsultation eingegangen sind und berücksichtigt wurden. Wurden Stellungnahmen nicht berücksichtigt, so gibt der ENTSO (Gas) eine Begründung ab.

Artikel 11
Kosten

Die Kosten im Zusammenhang mit den in den Artikeln 4 bis 12 dieser Verordnung und in Artikel 11 der Verordnung (EU) Nr. 347/2013 genannten Tätigkeiten des ENTSO (Gas) werden von den Fernleitungsnetzbetreibern getragen und bei der Tarifberechnung berücksichtigt. Die Regulierungsbehörden genehmigen diese Kosten nur dann, wenn sie angemessen und sachbezogen sind.

Artikel 12
Regionale Zusammenarbeit der Fernleitungsnetzbetreiber

(1) Die Fernleitungsnetzbetreiber etablieren innerhalb des ENTSO (Gas) eine regionale Zusammenarbeit, um zu den in Artikel 8 Absätzen 1, 2 und 3 genannten Aufgaben beizutragen. Sie veröffentlichen insbesondere alle zwei Jahre einen regionalen Investitionsplan und können auf der Grundlage des regionalen Investitionsplans Investitionsentscheidungen treffen.

(2) Die Fernleitungsnetzbetreiber fördern netztechnische Vereinbarungen, um ein optimales Netzmanagement zu gewährleisten, und fördern die Entwicklung von Energiebörsen, die koordinierte grenzüberschreitende Kapazitätszuweisung durch nichtdiskriminierende marktorientierte Lösungen, wobei sie die spezifischen Vorteile von impliziten Auktionen für kurzfristige Zuweisungen gebührend berücksichtigen, und die Einbeziehung von Mechanismen für den Ausgleich von Mengenabweichungen.

(3) Um die in den Absätzen 1 und 2 genannten Ziele zu erreichen, kann das geografische Gebiet, auf das sich die einzelnen Strukturen der regionalen Zusammenarbeit erstrecken, von der Kommission festgelegt werden, wobei bestehenden Strukturen der regionalen Zusammenarbeit Rechnung getragen wird. Jeder Mitgliedstaat kann die Zusammenarbeit in mehr als einem geografischen Gebiet fördern. Die Maßnahme nach Satz 1 zur Änderung nicht wesentlicher Bestimmungen dieser Verordnung durch Ergänzung wird nach dem in Artikel 28 Absatz 2 genannten Regelungsverfahren mit Kontrolle erlassen.

Hierzu konsultiert die Kommission die Agentur und den ENTSO (Gas).

Artikel 13
Tarife für den Netzzugang

(1) Die von den Regulierungsbehörden gemäß Artikel 41 Absatz 6 der Richtlinie 2009/73/EG genehmigten Tarife oder Methoden zu ihrer Berechnung, die die Fernleitungsnetzbetreiber anwenden, sowie die gemäß Artikel 32 Absatz 1 der genannten Richtlinie veröffentlichten Tarife müssen transparent sein, der Notwendigkeit der Netzintegrität und deren Verbesserung Rechnung tragen, die Ist-Kosten widerspiegeln, soweit diese Kosten denen eines effizienten und strukturell vergleichbaren Netzbetreibers entsprechen, transparent sind und gleichzeitig eine angemessene Kapitalrendite umfassen, sowie gegebenenfalls die Tarifvergleiche der Regulierungsbehörden berücksichtigen. Die Tarife oder die Methoden zu ihrer Berechnung müssen auf nichtdiskriminierende Weise angewandt werden.

Die Mitgliedstaaten können beschließen, dass die Tarife auch mittels marktorientierter Verfahren wie Versteigerungen festgelegt werden können, vorausgesetzt, dass diese Verfahren und die damit verbundenen Einkünfte von der Regulierungsbehörde genehmigt werden.

Die Tarife oder die Methoden zu ihrer Berechnung müssen den effizienten Gashandel und Wettbewerb erleichtern, während sie gleichzeitig Quersubventionen zwischen den Netznutzern vermeiden und Anreize für Investitionen und zur Aufrechterhaltung oder Herstellung der Interoperabilität der Fernleitungsnetze bieten.

Die Tarife für die Netznutzer müssen nichtdiskriminierend sein und werden pro Einspeisepunkt in das Fernleitungsnetz oder pro Ausspeisepunkt aus dem Fernleitungsnetz getrennt voneinander festgelegt. Kostenaufteilungsmechanismen und Ratenfestlegungsmethoden bezüglich der Ein- und Ausspeisepunkte werden von den nationalen Regulierungsbehörden gebilligt. Ab dem 3. September 2011 stellen die Mitgliedstaaten sicher, dass nach einer Übergangsfrist keine Netzentgelte auf der Grundlage von Vertragspfaden erhoben werden.

(2) Durch die Tarife für den Netzzugang darf weder die Marktliquidität eingeschränkt noch der Handel über die Grenzen verschiedener Fernleitungsnetze hinweg verzerrt werden. Hemmen Unterschiede der Tarifstrukturen oder der Ausgleichsmechanismen den Handel zwischen Fernleitungsnetzen, so arbeiten die Fernleitungsnetzbetreiber unbeschadet des Artikels 41 Absatz 6 der Richtlinie 2009/73/EG in enger Zusammenarbeit mit den einschlägigen nationalen Behörden aktiv auf die Konvergenz der Tarifstrukturen und der Entgelterhebungsgrundsätze hin, auch im Zusammenhang mit Ausgleichsregelungen.

(3) Die nationale Regulierungsbehörde kann auf kapazitätsbasierte Fernleitungs- und Verteilungstarife an Einspeisepunkten aus und Ausspeisepunkten in unterirdische Gasspeicheranlagen und LNG-Anlagen einen Preisnachlass in Höhe von bis zu 100 % ansetzen, sofern und soweit eine derartige Anlage, die mit mehr als einem Fernleitungs- oder Verteilernetz verbunden ist, nicht als Alternative zu einem Kopplungspunkt genutzt wird.

Dieser Absatz gilt bis zum 31. Dezember 2025.

Artikel 14

Fernleitungsnetzbetreiber betreffende Dienstleistungen für den Zugang Dritter

(1) Die Fernleitungsnetzbetreiber

a) stellen sicher, dass sie allen Netznutzern Dienstleistungen ohne Diskriminierung anbieten;

b) stellen sowohl verbindliche als auch unterbrechbare Dienstleistungen für den Zugang Dritter bereit. Der Preis der unterbrechbaren Kapazität spiegelt die Wahrscheinlichkeit einer Unterbrechung wider;

c) bieten den Netznutzern sowohl lang- als auch kurzfristige Dienstleistungen an.

Hinsichtlich Unterabsatz 1 Buchstabe a legt ein Fernleitungsnetzbetreiber, der verschiedenen Kunden dieselbe Dienstleistung anbietet, dabei gleichwertige vertragliche Bedingungen zugrunde, indem er entweder harmonisierte Transportverträge oder einen gemeinsamen Netzcode benutzt, die von der zuständigen Behörde nach dem in Artikel 41 der Richtlinie 2009/73/EG genannten Verfahren genehmigt worden sind.

(2) Transportverträge, die mit unüblichen Anfangsterminen oder mit einer kürzeren Laufzeit als der eines Jahresstandardtransportvertrags unterzeichnet werden, dürfen nicht zu willkürlich höheren oder niedrigeren Tarifen führen, die nicht gemäß den Grundsätzen des Artikels 13 Absatz 1 den Marktwert der Dienstleistung widerspiegeln.

(3) Gegebenenfalls können Dienstleistungen für den Zugang Dritter unter dem Vorbehalt angemessener Garantien der Netznutzer bezüglich ihrer Kreditwürdigkeit erbracht werden. Diese Garantien dürfen keine ungerechtfertigten Marktzugangshemmnisse darstellen und müssen nichtdiskriminierend, transparent und verhältnismäßig sein.

EU-VO

Artikel 15

Speicheranlagen und LNG-Anlagen betreffende Dienstleistungen für den Zugang Dritter

(1) Die Betreiber von LNG-Anlagen und von Speicheranlagen

a) stellen sicher, dass sie allen Netznutzern Dienstleistungen, die die Marktnachfrage befriedigen, diskriminierungsfrei anbieten; bieten Betreiber von LNG-Anlagen oder von Speicheranlagen verschiedenen Kunden dieselbe Dienstleistung an, so legen sie dabei gleichwertige vertragliche Bedingungen zugrunde;

b) bieten Dienstleistungen an, die mit der Nutzung der verbundenen Gastransportnetze kompatibel sind, und erleichtern den Zugang durch die Zusammenarbeit mit dem Fernleitungsnetzbetreiber;

c) veröffentlichen innerhalb eines zeitlichen Rahmens, der mit den vertretbaren kommerziellen Erfordernissen der Nutzer der Speicheranlagen und der LNG-Anlagen vereinbar ist, relevante Informationen, insbesondere Daten über die Nutzung und die Verfügbarkeit der Dienstleistungen, wobei diese Veröffentlichung von der nationalen Regulierungsbehörde beobachtet wird.

(2) Die Betreiber von Speicheranlagen

a) stellen sowohl verbindliche als auch unterbrechbare Dienstleistungen für den Zugang Dritter bereit; der Preis der unterbrechbaren Kapazität spiegelt die Wahrscheinlichkeit einer Unterbrechung wider;

b) bieten den Speicheranlagennutzern sowohl lang- als auch kurzfristige Dienstleistungen an und

c) bieten den Speicheranlagennutzern hinsichtlich Speichervolumen, Einspeicherleistung und Ausspeicherleistung sowohl kombinierte als auch einzelne Dienstleistungen an.

(3) Verträge für LNG-Anlagen und Speicheranlagen dürfen nicht zu willkürlich höheren Tarifen führen, wenn sie

a) mit unüblichen Anfangsterminen außerhalb eines Erdgasjahres unterzeichnet werden oder

b) mit einer kürzeren Laufzeit als der eines Standardvertrags für LNG-Anlagen und Speicheranlagen auf Jahresbasis unterzeichnet werden.

(4) Gegebenenfalls können Dienstleistungen für den Zugang Dritter unter dem Vorbehalt angemessener Garantien der Netznutzer bezüglich ihrer Kreditwürdigkeit erbracht werden. Diese Garantien dürfen keine ungerechtfertigten Marktzugangshemmnisse darstellen und müssen nichtdiskriminierend, transparent und verhältnismäßig sein.

(5) Vertragliche Begrenzungen der erforderlichen Mindestkapazität von LNG-Anlagen und Speicheranlagen müssen durch technische Sachzwänge begründet sein und kleineren Speichernutzern den Zugang zu Speicherdienstleistungen ermöglichen.

Artikel 16
Fernleitungsnetzbetreiber betreffende Grundsätze der Kapazitätszuweisungsmechanismen und der Verfahren für das Engpassmanagement

(1) Den Marktteilnehmern wird in allen in Artikel 18 Absatz 3 genannten maßgeblichen Punkten die größtmögliche Kapazität zur Verfügung gestellt, wobei auf die Netzintegrität und einen effizienten Netzbetrieb geachtet wird.

(2) Die Fernleitungsnetzbetreiber veröffentlichen nichtdiskriminierende und transparente Kapazitätszuweisungsmechanismen und setzen diese um; diese müssen

a) angemessene ökonomische Signale für die effiziente und maximale Nutzung der technischen Kapazität liefern, Investitionen in neue Infrastruktur erleichtern und den grenzüberschreitenden Erdgashandel erleichtern;

b) kompatibel mit den Marktmechanismen einschließlich Spotmärkten und „Trading Hubs" sein und gleichzeitig flexibel und in der Lage sein, sich einem geänderten Marktumfeld anzupassen, und

c) mit den Netzzugangsregelungen der Mitgliedstaaten kompatibel sein.

(3) Die Fernleitungsnetzbetreiber wenden nichtdiskriminierende, transparente Verfahren für das Engpassmanagement an, die den grenzüberschreitenden Erdgashandel ohne Diskriminierung erleichtern, und veröffentlichen diese; die Verfahren beruhen auf folgenden Grundsätzen:

a) Im Falle vertraglich bedingter Engpässe bietet der Fernleitungsnetzbetreiber ungenutzte Kapazität auf dem Primärmarkt zumindest auf „Day-ahead"-Basis (für den folgenden Gastag) und als unterbrechbare Kapazität an, und

b) Netznutzer, die ihre ungenutzte, kontrahierte Kapazität auf dem Sekundärmarkt weiterverkaufen oder verpachten wollen, sind hierzu berechtigt.

Hinsichtlich Unterabsatz 1 Buchstabe b können die Mitgliedstaaten eine Benachrichtigung oder Unterrichtung des Fernleitungsnetzbetreibers durch die Netznutzer verlangen.

(4) Im Falle physischer Engpässe wenden die Fernleitungsnetzbetreiber oder gegebenenfalls die Regulierungsbehörden nichtdiskriminierende, transparente Kapazitätszuweisungsmechanismen an.

(5) Fernleitungsnetzbetreiber bewerten regelmäßig die Marktnachfrage nach neuen Investitionen. Bei der Planung neuer Investitionen bewerten die Fernleitungsnetzbetreiber die Marktnachfrage und berücksichtigen die Versorgungssicherheit.

Artikel 17
Speicheranlagen und LNG-Anlagen betreffende Grundsätze der Kapazitätszuweisungsmechanismen und Verfahren für das Engpassmanagement

(1) Den Marktteilnehmern wird die größtmögliche Speicheranlagen- und LNG-Anlagenkapazität zur Verfügung gestellt, wobei auf die Netzintegrität und einen effizienten Netzbetrieb geachtet wird.

(2) Die Betreiber von LNG-Anlagen und von Speicheranlagen veröffentlichen nichtdiskriminierende, transparente Kapazitätszuweisungsmechanismen und setzen diese um; diese müssen

a) angemessene ökonomische Signale für die effiziente und maximale Nutzung der Kapazität geben und Investitionen in neue Infrastruktur erleichtern;

b) die Kompatibilität mit den Marktmechanismen einschließlich Spotmärkten und „Trading Hubs" sicherstellen und gleichzeitig flexibel und in der Lage sein, sich einem geänderten Marktumfeld anzupassen, und

c) mit den angeschlossenen Netzzugangssystemen kompatibel sein.

(3) LNG-Anlagen- und Speicheranlagenverträge enthalten Maßnahmen zur Vermeidung des Hortens von Kapazität, wobei in Fällen vertraglich bedingter Engpässe folgende Grundsätze zu beachten sind:

a) Der Anlagenbetreiber bietet ungenutzte LNG-Anlagenkapazität und ungenutzte Speicherkapazität unverzüglich auf dem Primärmarkt an; im Falle von Speicheranlagen erfolgt dies zumindest auf „Day-ahead"-Basis (für den folgenden Gastag) und als unterbrechbare Kapazität;

b) LNG-Anlagen- und Speicheranlagennutzer, die ihre ungenutzte kontrahierte Kapazität auf dem Sekundärmarkt weiterverkaufen wollen, sind hierzu berechtigt.

Artikel 18
Fernleitungsnetzbetreiber betreffende Transparenzanforderungen

(1) Die Fernleitungsnetzbetreiber veröffentlichen ausführliche Informationen über die von ihnen angebotenen Dienstleistungen und die einschlägigen Bedingungen sowie die technischen Informationen, die die Netznutzer für den tatsächlichen Netzzugang benötigen.

(2) Zur Sicherstellung transparenter, objektiver, nichtdiskriminierender Tarife und zur Erleichterung einer effizienten Nutzung des Erdgasnetzes veröffentlichen die Fernleitungsnetzbetreiber oder die zuständigen nationalen Behörden angemessen und ausreichend detaillierte Informationen über

die Tarifbildung, die entsprechenden Methoden und die Tarifstruktur.

(3) Hinsichtlich der angebotenen Dienstleistungen veröffentlicht jeder Fernleitungsnetzbetreiber für alle maßgeblichen Punkte, einschließlich Ein- und Ausspeisepunkte, regelmäßig und kontinuierlich und in einer nutzerfreundlichen, standardisierten Weise numerische Informationen über die technischen, kontrahierten und verfügbaren Kapazitäten.

(4) Die maßgeblichen Punkte eines Fernleitungsnetzes, zu denen Informationen zu veröffentlichen sind, sind von den zuständigen Behörden nach Konsultation der Netznutzer zu genehmigen.

(5) Die Fernleitungsnetzbetreiber machen die durch diese Verordnung vorgeschriebenen Informationen in sinnvoller, quantifizierbar deutlicher und leicht zugänglicher Weise ohne Diskriminierung bekannt.

(6) Die Fernleitungsnetzbetreiber veröffentlichen ex ante und ex post Informationen über Angebot und Nachfrage auf der Grundlage von Nominierungen, Prognosen und tatsächlichen Lastflüssen in das und aus dem Netz. Die nationale Regulierungsbehörde stellt sicher, dass alle diese Informationen veröffentlicht werden. Der Detaillierungsgrad der veröffentlichten Informationen spiegelt die dem Fernleitungsnetzbetreiber vorliegenden Informationen wider.

Die Fernleitungsnetzbetreiber veröffentlichen die für den Netzausgleich getroffenen Maßnahmen, die dadurch entstandenen Kosten und erzielten Erlöse.

Die betroffenen Marktteilnehmer stellen den Fernleitungsnetzbetreibern die in diesem Artikel genannten Daten zur Verfügung.

Artikel 19
Speicheranlagen und LNG-Anlagen betreffende Transparenzanforderungen

(1) Die Betreiber von LNG-Anlagen und von Speicheranlagen veröffentlichen ausführliche Informationen über die von ihnen angebotenen Dienstleistungen und die einschlägigen Bedingungen sowie die technischen Informationen, die die Nutzer von LNG-Anlagen und von Speicheranlagen für den tatsächlichen Zugang zu den LNG-Anlagen und Speicheranlagen benötigen.

(2) Hinsichtlich der angebotenen Dienstleistungen veröffentlichen die LNG-Anlagen- und Speicheranlagenbetreiber regelmäßig und kontinuierlich und in einer nutzerfreundlichen, standardisierten Weise numerische Informationen über die kontrahierten und verfügbaren LNG-Anlagen- und Speicheranlagenkapazitäten.

(3) Die LNG-Anlagen- und Speicheranlagenbetreiber machen die durch diese Verordnung vorgeschriebenen Informationen in sinnvoller, quantifizierbar deutlicher und leicht zugänglicher Weise ohne Diskriminierung bekannt.

(4) Die LNG-Anlagen- und Speicheranlagenbetreiber veröffentlichen Folgendes: die Gasmengen in den einzelnen LNG-Anlagen oder Speicheranlagen oder Gruppen von Speicheranlagen, falls dies der Art entspricht, in der Anlagennutzern der Zugang angeboten wird, die ein- und ausgespeisten Mengen und die verfügbare Kapazität der LNG-Anlagen und Speicheranlagen, und zwar auch für die Anlagen, die vom Zugang Dritter ausgenommen sind. Die Informationen werden auch dem Fernleitungsnetzbetreiber mitgeteilt, der sie pro Netz oder Teilnetz, die durch die maßgeblichen Punkte bestimmt werden, in zusammengefasster Form veröffentlicht. Die Informationen werden mindestens einmal täglich aktualisiert.

In Fällen, in denen ein Speicheranlagennutzer der einzige Nutzer einer Speicheranlage ist, kann der Speicheranlagennutzer bei der nationalen Regulierungsbehörde einen begründeten Antrag auf vertrauliche Behandlung der in Unterabsatz 1 genannten Daten stellen. Gelangt die nationale Regulierungsbehörde unter Berücksichtigung insbesondere der Notwendigkeit, die legitimen Interessen des Schutzes von Geschäftsgeheimnissen, deren Offenlegung der wirtschaftlichen Gesamtstrategie des Speicheranlagennutzers schaden würde, und das Ziel der Schaffung eines wettbewerbsbestimmten Erdgasbinnenmarktes gegeneinander abzuwägen, zu dem Schluss, dass der Antrag gerechtfertigt ist, kann sie dem Speicheranlagenbetreiber gestatten, die in Unterabsatz 1 genannten Daten für die Dauer von bis zu einem Jahr nicht zu veröffentlichen.

Unterabsatz 2 gilt unbeschadet der in Unterabsatz 1 genannten Pflicht des Fernleitungsnetzbetreibers zur Mitteilung und Veröffentlichung, außer wenn die aggregierten Daten mit den individuellen Speicheranlagendaten, deren Nichtveröffentlichung die nationale Regulierungsbehörde gestattet hat, identisch sind.

(5) Um für transparente, objektive und nichtdiskriminierende Tarife zu sorgen und die effiziente Nutzung der Infrastrukturen zu erleichtern, veröffentlichen die LNG-Anlagenbetreiber und Speicheranlagenbetreiber oder die zuständigen Regulierungsbehörden ausreichend detaillierte Informationen über die Tarifbildung, die Methoden der Tariffestlegung und die Tarifstruktur für Infrastrukturen, für die der regulierte Zugang Dritter vorgesehen ist.

Artikel 20
Aufbewahrungspflichten für Netz- und Anlagenbetreiber

Fernleitungsnetz-, Speicheranlagen- und LNG-Anlagenbetreiber bewahren alle Informationen, auf die in den Artikeln 18 und 19 und in Teil 3 des Anhangs I Bezug genommen wird, für die Dauer von fünf Jahren auf und stellen sie den nationalen Behörden, einschließlich der nationalen Regulierungsbehörde, der nationalen Wettbewerbsbehörde und der Kommission bei Bedarf zur Verfügung.

Artikel 21
Ausgleichsregeln und Ausgleichsentgelte

(1) Die Ausgleichsregeln werden auf gerechte, nichtdiskriminierende und transparente Weise konzipiert und beruhen auf objektiven Kriterien. Die Ausgleichsregeln spiegeln die tatsächlichen Netzerfordernisse unter Berücksichtigung der dem Fernleitungsnetzbetreiber zur Verfügung stehenden Ressourcen wider. Die Ausgleichsregeln sind marktorientiert.

(2) Damit die Netznutzer rechtzeitig Abhilfemaßnahmen ergreifen können, stellen die Fernleitungsnetzbetreiber ausreichende, rechtzeitige und zuverlässige Online-Informationen über den Ausgleichsstatus der Netznutzer bereit.

Die bereitgestellten Informationen spiegeln den Informationsstand, über den die Fernleitungsnetzbetreiber verfügen, und den Abrechnungszeitraum, für den Ausgleichsentgelte berechnet werden, wider.

Die Bereitstellung von Informationen gemäß diesem Absatz erfolgt unentgeltlich.

(3) Die Ausgleichsentgelte sind nach Möglichkeit kostenorientiert und bieten angemessene Anreize für die Netznutzer, ihre Ein- und Ausspeisung von Erdgas auszugleichen. Sie vermeiden Quersubventionen zwischen den Netznutzern und behindern nicht den Markteintritt neuer Marktteilnehmer.

Die Methoden zur Berechnung der Ausgleichsentgelte sowie die endgültigen Tarife werden von den zuständigen Behörden oder gegebenenfalls vom Fernleitungsnetzbetreiber veröffentlicht.

(4) Die Mitgliedstaaten stellen sicher, dass sich die Fernleitungsnetzbetreiber bemühen, die Ausgleichssysteme zu harmonisieren und die Struktur und Staffelung der Ausgleichsentgelte zu vereinfachen, um den Erdgashandel zu erleichtern.

Artikel 22
Handel mit Kapazitätsrechten

Jeder Fernleitungsnetz-, Speicheranlagen- und LNG-Anlagenbetreiber ergreift angemessene Maßnahmen, damit Kapazitätsrechte frei gehandelt werden können und dieser Handel auf transparente und nichtdiskriminierende Weise erleichtert wird. Jeder dieser Betreiber entwickelt auf dem Primärmarkt harmonisierte Transport-, LNG-Anlagen- und Speicherverträge und entsprechende Verfahren, um den sekundären Kapazitätshandel zu erleichtern, und anerkennt den Transfer primärer Kapazitätsrechte, sofern dieser durch die Netznutzer mitgeteilt wurde.

Die harmonisierten Transport-, LNG-Anlagen- und Speicherverträge und die entsprechenden Verfahren werden den Regulierungsbehörden mitgeteilt.

Artikel 23
Leitlinien

(1) Gegebenenfalls regeln Leitlinien, die für das zur Erreichung des Ziels dieser Verordnung erforderliche Mindestmaß an Harmonisierung sorgen, Folgendes:

a) Einzelheiten zu den Dienstleistungen für den Zugang Dritter gemäß den Artikeln 14 und 15, einschließlich der Art und Dauer der Dienstleistungen und anderer Anforderungen an diese;

b) Einzelheiten zu den Grundsätzen der Kapazitätszuweisungsmechanismen und der Anwendung von Engpassmanagementverfahren bei vertraglich bedingten Engpässen gemäß den Artikeln 16 und 17;

c) Einzelheiten zur Übermittlung von Informationen, zur Festlegung der technischen Informationen, die die Netznutzer für den tatsächlichen Netzzugang benötigen, und zur Bestimmung aller für die Transparenzanforderungen maßgeblichen Punkte gemäß den Artikeln 18 und 19, einschließlich der für alle maßgeblichen Punkte zu veröffentlichenden Informationen und des Zeitplans für die Veröffentlichung dieser Informationen;

d) Einzelheiten zu den Tarifberechnungsmethoden im Zusammenhang mit dem grenzüberschreitenden Erdgashandel gemäß Artikel 13;

e) Einzelheiten zu den in Artikel 8 Absatz 6 aufgeführten Bereichen.

Hierzu konsultiert die Kommission die Agentur und den ENTSO (Gas).

(2) Leitlinien zu den in Absatz 1 Buchstaben a, b und c aufgeführten Punkten sind, was die Fernleitungsnetzbetreiber betrifft, im Anhang enthalten.

Die Kommission kann Leitlinien zu den in Absatz 1 des vorliegenden Artikels aufgeführten Punkten erlassen und die in Absatz 1 Buchstaben a, b, und c genannten Leitlinien ändern. Diese Maßnahmen zur Änderung nicht wesentlicher Bestimmungen dieser Verordnung, auch durch Ergänzung, werden nach dem in Artikel 28 Absatz 2 genannten Regelungsverfahren mit Kontrolle erlassen.

(3) Die Anwendung und Änderung von Leitlinien, die gemäß dieser Verordnung angenommen wurden, spiegelt die Unterschiede zwischen den nationalen Erdgasnetzen wider und erfordert daher keine einheitlichen detaillierten Bedingungen für den Zugang Dritter auf Gemeinschaftsebene. Es können jedoch Mindestanforderungen festgelegt werden, um nichtdiskriminierende und transparente Netzzugangsbedingungen zu erreichen, die für einen Erdgasbinnenmarkt erforderlich sind

und die dann unter Berücksichtigung der Unterschiede zwischen den nationalen Erdgasnetzen entsprechend angewandt werden können.

Artikel 24

Regulierungsbehörden

Bei der Wahrnehmung ihrer Aufgaben aufgrund dieser Verordnung gewährleisten die Regulierungsbehörden die Einhaltung dieser Verordnung und der gemäß Artikel 23 angenommenen Leitlinien.

Gegebenenfalls arbeiten sie untereinander, mit der Kommission und mit der Agentur gemäß Kapitel VIII der Richtlinie 2009/73/EG zusammen.

Artikel 25

Übermittlung von Informationen

Die Mitgliedstaaten und die Regulierungsbehörden übermitteln der Kommission auf Anforderung alle für die Zwecke des Artikels 23 erforderlichen Informationen.

Unter Berücksichtigung der Komplexität der angeforderten Informationen und der Dringlichkeit, mit der sie benötigt werden, setzt die Kommission eine angemessene Frist für die Übermittlung der Informationen.

Artikel 26

Recht der Mitgliedstaaten, detailliertere Maßnahmen vorzusehen

Diese Verordnung berührt nicht die Rechte der Mitgliedstaaten, Maßnahmen beizubehalten oder einzuführen, die detailliertere Bestimmungen als diese Verordnung oder die in Artikel 23 genannten Leitlinien enthalten.

Artikel 27

Sanktionen

(1) Die Mitgliedstaaten legen die Regeln für Sanktionen bei Verstößen gegen diese Verordnung fest und treffen die erforderlichen Maßnahmen für deren Anwendung. Die Sanktionen müssen wirksam, verhältnismäßig und abschreckend sein. Die Mitgliedstaaten teilen der Kommission bis zum 1. Juli 2006 die Bestimmungen in Bezug auf die Vorschriften der Verordnung (EG) Nr. 1775/2005 mit und teilen der Kommission unverzüglich spätere Änderungen mit, die diese betreffen. Sie teilen der Kommission die Bestimmungen ohne Bezug auf die Vorschriften der Verordnung (EG) Nr. 1775/2005 bis zum 3. März 2011 mit und teilen der Kommission unverzüglich spätere Änderungen mit, die diese betreffen.

(2) Sanktionen nach Absatz 1 sind nicht strafrechtlicher Art.

Artikel 28

Ausschussverfahren

(1) Die Kommission wird von dem durch Artikel 51 der Richtlinie 2009/73/EG eingesetzten Ausschuss unterstützt.

(2) Wird auf diesen Absatz Bezug genommen, so gelten Artikel 5a Absätze 1 bis 4 und Artikel 7 des Beschlusses 1999/468/EG unter Beachtung von dessen Artikel 8.

Artikel 30

Ausnahmeregelungen

Diese Verordnung gilt nicht für

a) in den Mitgliedstaaten liegende Erdgasfernleitungsnetze für die Dauer der gemäß Artikel 49 der Richtlinie 2009/73/EG gewährten Ausnahmen;

b) die in Artikel 36 Absätze 1 und 2 der Richtlinie 2009/73/EG genannten größeren neuen Infrastrukturen, nämlich Verbindungsleitungen, LNG-Anlagen und Speicheranlagen und erhebliche Kapazitätsaufstockungen bei vorhandenen Infrastrukturen und Änderungen dieser Infrastrukturen, die die Erschließung neuer Gasversorgungsquellen ermöglichen, die von den Bestimmungen der Artikel 9, 14, 32, 33, 34 oder Artikel 41 Absätze 6, 8 und 10 der genannten Richtlinie ausgenommen sind, solange sie von den in diesem Absatz genannten Bestimmungen ausgenommen bleiben, mit Ausnahme des Artikels 19 Absatz 4 dieser Verordnung, oder

c) Erdgasfernleitungsnetze, für die Ausnahmen gemäß Artikel 48 der Richtlinie 2009/73/EG gewährt worden sind.

Hinsichtlich 1 Buchstabe a können Mitgliedstaaten, denen gemäß Artikel 49 der Richtlinie 2009/73/EG Ausnahmen gewährt wurden, bei der Kommission eine zeitweilige Ausnahmeregelung in Bezug auf die Anwendung dieser Verordnung beantragen, und zwar für einen Zeitraum von bis zu zwei Jahren, beginnend ab dem Zeitpunkt, zu dem die Ausnahme gemäß dem genannten Buchstaben ausläuft.

Artikel 31

Aufhebung

Die Verordnung (EG) Nr. 1775/2005 wird zum 3. März 2011 aufgehoben. Verweisungen auf die aufgehobene Verordnung gelten als Verweisungen auf die vorliegende Verordnung und sind nach Maßgabe der Entsprechungstabelle in Anhang II zu lesen.

Artikel 32

Inkrafttreten

Diese Verordnung tritt am zwanzigsten Tag nach ihrer Veröffentlichung im *Amtsblatt der Europäischen Union* in Kraft.

Sie gilt ab dem 3. März 2011.

Diese Verordnung ist in allen ihren Teilen verbindlich und gilt unmittelbar in jedem Mitgliedstaat.

ANHANG I
LEITLINIEN FÜR

1. Fernleitungsnetzbetreiber betreffende Dienstleistungen für den Zugang Dritter

1. Die Fernleitungsnetzbetreiber bieten verbindliche und unterbrechbare Dienstleistungen bis hin zu einer Mindestperiode von einem Tag an.

2. Harmonisierte Transportverträge und gemeinsame Netzkodizes werden so konzipiert, dass der Handel und die Wiederverwendung von Kapazitäten, die von den Netznutzern kontrahiert wurden, erleichtert werden, ohne dass die Kapazitätsfreigabe behindert wird.

3. Die Fernleitungsnetzbetreiber konzipieren Netzkodizes und harmonisierte Verträge im Anschluss an eine angemessene Konsultation der Netznutzer.

4. Die Fernleitungsnetzbetreiber führen standardisierte Verfahren für die Nominierung und Renominierung ein. Sie entwickeln Informationssysteme und elektronische Kommunikationsmittel, um den Netznutzern geeignete Daten bereitzustellen und Transaktionen, wie z. B. Nominierungen, die Kapazitätskontrahierung und die Übertragung von Kapazitätsrechten zwischen Netznutzern, zu vereinfachen.

5. Die Fernleitungsnetzbetreiber harmonisieren formalisierte Anfrageverfahren und Antwortzeiten gemäß der besten Branchenpraxis, um die Antwortzeiten zu minimieren. Sie stellen spätestens ab dem 1. Juli 2006 nach Konsultation der maßgeblichen Netznutzer bildschirmgestützte Online-Kapazitätsbuchungs- und -bestätigungssysteme sowie Nominierungs- und Renominierungsverfahren bereit.

6. Die Fernleitungsnetzbetreiber stellen den Netznutzern keine separaten Gebühren für Informationsanfragen und für Transaktionen in Rechnung, die mit ihren Transportverträgen zusammenhängen und gemäß Standardregeln und -verfahren durchgeführt werden.

7. Informationsanfragen, bei denen außergewöhnliche oder übermäßige Kosten anfallen, etwa für Durchführbarkeitsstudien, können separat in Rechnung gestellt werden, sofern die Aufwendungen ordnungsgemäß nachgewiesen werden können.

8. Die Fernleitungsnetzbetreiber arbeiten mit anderen Fernleitungsnetzbetreibern bei der Koordinierung der Wartung ihrer jeweiligen Netze zusammen, um Unterbrechungen der Fernleitungsdienstleistungen für die Netznutzer und die Fernleitungsnetzbetreiber in anderen Gebieten möglichst gering zu halten und um hinsichtlich der Versorgungssicherheit, einschließlich des Transits, gleiche Nutzeffekte zu gewährleisten.

9. Die Fernleitungsnetzbetreiber veröffentlichen mindestens einmal jährlich bis zu einem vorher festgelegten Termin alle geplanten Wartungszeiträume, die sich auf die aus den Transportverträgen resultierenden Rechte der Netznutzer auswirken könnten, und die entsprechenden betriebsbezogenen Informationen mit einer angemessener Vorlaufzeit. Dazu gehört die zügige und diskriminierungsfreie Veröffentlichung von Änderungen der geplanten Wartungszeiträume und die Bekanntgabe ungeplanter Wartungsarbeiten, sobald der Fernleitungsnetzbetreiber von diesen Kenntnis hat. Während der Wartungszeiträume veröffentlichen die Fernleitungsnetzbetreiber regelmäßig aktualisierte Informationen über die Einzelheiten der Wartungsarbeiten, ihre voraussichtliche Dauer und Auswirkung.

10. Die Fernleitungsnetzbetreiber führen ein Tagesprotokoll über die tatsächlichen Wartungsarbeiten und die eingetretenen Lastflussunterbrechungen, das sie der zuständigen Behörde auf Anfrage zur Verfügung stellen. Auf Anfrage werden Informationen auch den von einer Unterbrechung Betroffenen zur Verfügung gestellt.

2. Fernleitungsnetzbetreiber betreffende Grundsätze der Kapazitätszuweisungsmechanismen und Engpassmanagementverfahren und ihre Anwendung bei vertraglich bedingten Engpässen

2.1. Fernleitungsnetzbetreiber betreffende Grundsätze der Kapazitätszuweisungsmechanismen und der Engpassmanagementverfahren

1. Kapazitätszuweisungsmechanismen und Engpassmanagementverfahren erleichtern die Entwicklung des Wettbewerbs und den liquiden Kapazitätshandel und sind mit Marktmechanismen, einschließlich der Spotmärkte und Trading Hubs, vereinbar. Sie sind flexibel und können sich an sich verändernde Marktgegebenheiten anpassen.

2. Diese Mechanismen und Verfahren berücksichtigen die Integrität des jeweiligen Netzes und die Versorgungssicherheit.

3. Diese Mechanismen und Verfahren dürfen weder den Markteintritt neuer Marktteilnehmer behindern noch übermäßige Markteintrittshindernisse schaffen. Sie hindern Marktteilnehmer, einschließlich neuer Marktteilnehmer und Unternehmen mit kleinem Marktanteil, nicht am wirksamen Wettbewerb.

4. Von den Mechanismen und Verfahren gehen geeignete ökonomische Signale im Hinblick auf die effiziente Nutzung technischer Kapazitäten in möglichst großem Umfang aus, und sie erleichtern Investitionen in neue Infrastruktur.

5. Die Netznutzer werden darauf hingewiesen, welche Art von Umständen die Verfügbarkeit kontrahierter Kapazität beeinträchtigen könnte. Die Unterrichtung über Unterbrechungen sollte dem Informationsstand entsprechen, den die Fernleitungsnetzbetreiber haben.

6. Ergeben sich aus Gründen der Netzintegrität Schwierigkeiten bei der Erfüllung vertraglicher Lieferverpflichtungen, so sollten die Fernleitungsnetzbetreiber unverzüglich die Netznutzer unterrichten und eine nichtdiskriminierende Lösung anstreben.

Die Fernleitungsnetzbetreiber konsultieren die Netznutzer zu den Verfahren vor deren Anwendung und vereinbaren die Verfahren mit der Regulierungsbehörde.

2.2. *Engpassmanagement bei vertraglichen Engpässen*

2.2.1. Allgemeine Bestimmungen

1. Die Bestimmungen in Punkt 2.2 gelten für Kopplungspunkte zwischen angrenzenden Einspeise-/Ausspeisesystemen unabhängig davon, ob diese physisch oder virtuell sind und ob sie zwischen zwei oder mehr Mitgliedstaaten oder innerhalb eines Mitgliedstaats gelegen sind, sofern für den Kopplungspunkt Buchungsverfahren für Nutzer gelten. Sie können vorbehaltlich des Beschlusses der relevanten nationalen Behörde auch für Einspeisepunkte aus Drittländern und für Ausspeisepunkte in Drittländer gelten. Ausspeisepunkte zu Endverbrauchern und Verteilernetzen, Einspeisepunkte von LNG-Terminals und Produktionsanlagen und Ein- und Ausspeisepunkte von und zu Speicheranlagen sind nicht Gegenstand der Bestimmungen des Punktes 2.2.

2. Ausgehend von den von den Fernleitungsnetzbetreibern nach Abschnitt 3 dieses Anhangs veröffentlichten Informationen, die gegebenenfalls von den nationalen Regulierungsbehörden validiert werden, veröffentlicht die Agentur beginnend mit dem Jahr 2015 zum 1. Juni eines jeden Jahres einen Monitoring-Bericht über Engpässe, die im Zusammenhang mit den jeweils im vorhergehenden Jahr verkauften verbindlichen Kapazitätsprodukten aufgetreten sind, wobei sie so weit wie möglich den Kapazitätshandel auf dem Sekundärmarkt und die Verwendung unterbrechbarer Kapazität berücksichtigt.

3. Jede zusätzliche Kapazität, die durch die Anwendung eines der in den Punkten 2.2.2, 2.2.3, 2.2.4 und 2.2.5 vorgesehenen Engpassmanagementverfahren zur Verfügung gestellt wird, muss von dem/den jeweiligen Fernleitungsnetzbetreiber/n im Rahmen des regulären Zuweisungsverfahrens angeboten werden.

4. Die in den Punkten 2.2.2, 2.2.4 und 2.2.5 vorgesehenen Maßnahmen werden ab dem 1. Oktober 2013 umgesetzt. Der Punkt 2.2.3 Nummer 1 bis Nummer 5 gilt ab dem 1. Juli 2016.

2.2.2. Kapazitätssteigerung durch ein Überbuchungs- und Rückkaufsystem

1. Um zusätzliche Kapazität auf verbindlicher Basis anzubieten, schlagen die Fernleitungsnetzbetreiber ein anreizbasiertes Überbuchungs- und Rückkaufsystem vor und setzen dieses nach der Genehmigung durch die nationale Regulierungsbehörde um. Vor der Umsetzung konsultiert die nationale Regulierungsbehörde die nationalen Regulierungsbehörden der angrenzenden Mitgliedstaaten und berücksichtigt deren Stellungnahmen. Zusätzliche Kapazität wird definiert als die verbindliche Kapazität, die zusätzlich zu der auf der Grundlage des Artikels 16 Absatz 1 dieser Verordnung berechneten technischen Kapazität eines Kopplungspunktes angeboten wird.

2. Das Überbuchungs- und Rückkaufsystem bietet den Fernleitungsnetzbetreibern einen Anreiz, zusätzliche Kapazität unter Berücksichtigung der technischen Bedingungen, etwa des Brennwerts, der Temperatur und des erwarteten Verbrauchs des relevanten Einspeise-/Ausspeisesystems sowie der in den angrenzenden Netzen verfügbaren Kapazität, bereitzustellen. Die Fernleitungsnetzbetreiber wenden hinsichtlich der Neuberechnung der technischen oder zusätzlichen Kapazität des Einspeise-/Ausspeisesystems einen dynamischen Ansatz an.

3. Das Überbuchungs- und Rückkaufsystem beruht auf einer Anreizregelung, die sich an den Risiken orientiert, die für die Fernleitungsnetzbetreiber mit dem Anbieten zusätzlicher Kapazität verbunden sind. Das System wird so gestaltet, dass Erlöse aus dem Verkauf zusätzlicher Kapazität und Kosten, die aus dem Rückkaufsystem oder aus Maßnahmen gemäß Absatz 6 resultieren, von den Fernleitungsnetzbetreibern und den Netznutzern geteilt werden. Die nationalen Regulierungsbehörden entscheiden, in welcher Höhe Erlöse und Kosten jeweils vom Fernleitungsnetzbetreiber und vom Netznutzer zu tragen sind.

4. Zum Zweck der Ermittlung der Erlöse der Fernleitungsnetzbetreiber wird davon ausgegangen, dass technische Kapazität, insbesondere zurückgegebene Kapazität sowie gegebenenfalls Kapazität, die

infolge der Anwendung von „Use-it-or-lose-it"-Mechanismen für verbindliche „Day-ahead"-Kapazität und für langfristige Kapazität zur Verfügung steht, vor jeder zusätzlichen Kapazität zugewiesen wird.

5. Bei der Festlegung der zusätzlichen Kapazität berücksichtigt der Fernleitungsnetzbetreiber statistische Szenarios für die zu jedem beliebigen Zeitpunkt an einem bestimmten Kopplungspunkt voraussichtlich ungenutzte physische Kapazität. Dabei wird auch ein Risikoprofil für das Anbieten zusätzlicher Kapazität berücksichtigt, das nicht zu einer übermäßigen Rückkaufverpflichtung führt. Im Rahmen des Überbuchungs- und Rückkaufsystems müssen auch die Wahrscheinlichkeit und die Kosten für den Rückkauf von Kapazität auf dem Markt eingeschätzt werden, und auf dieser Basis wird die zur Verfügung zu stellende zusätzliche Kapazitätsmenge bestimmt.

6. Wo dies zur Aufrechterhaltung der Netzintegrität erforderlich ist, wenden die Fernleitungsnetzbetreiber ein marktbasiertes Rückkaufverfahren an, bei dem die Netznutzer Kapazität anbieten können. Die Netznutzer werden über das anzuwendende Rückkaufverfahren informiert. Die Anwendung eines Rückkaufverfahrens lässt geltende Notfallmaßnahmen unberührt.

7. Die Fernleitungsnetzbetreiber prüfen vor der Anwendung eines Rückkaufverfahrens, ob alternative technische und kommerzielle Maßnahmen die Netzintegrität auf eine kosteneffizientere Weise aufrechterhalten können.

8. Zusammen mit seinem Vorschlag für das Überbuchungs- und Rückkaufsystem legt der Fernleitungsnetzbetreiber der nationalen Regulierungsbehörde zur Prüfung des Systems alle relevanten Daten, Schätzungen und Modelle vor. Der Fernleitungsnetzbetreiber erstattet der nationalen Regulierungsbehörde regelmäßig Bericht über das Funktionieren des Systems und übermittelt ihr auf Anfrage alle relevanten Daten. Die nationale Regulierungsbehörde kann vom Fernleitungsnetzbetreiber die Überarbeitung des Systems verlangen.

2.2.3. „Use-it-or-lose-it"-Mechanismus für verbindliche „Day-ahead"-Kapazität

1. Die nationalen Regulierungsbehörden verlangen von den Fernleitungsnetzbetreibern, dass diese für jeden Netznutzer an den Kopplungspunkten in Bezug auf die Änderung der ursprünglichen Nominierung mindestens die in Absatz 3 festgelegten Regeln anwenden, wenn auf der Grundlage des jährlichen Monitoring-Berichts der Agentur gemäß Punkt 2.2.1.2 erwiesen ist, dass an den Kopplungspunkten und im Fall von Versteigerungen zum Reservepreis im Rahmen der Kapazitätszuweisungsverfahren in dem vom Monitoring-Bericht erfassten Jahr bei Produkten, die entweder in jenem Jahr oder in einem der darauf folgenden zwei Jahre verwendet werden sollten, die Nachfrage größer als das Angebot war, und zwar

a) bei mindestens drei verbindlichen Kapazitätsprodukten mit einer Laufzeit von einem Monat oder

b) bei mindestens zwei verbindlichen Kapazitätsprodukten mit einer Laufzeit von einem Quartal oder

c) bei mindestens einem verbindlichen Kapazitätsprodukt mit einer Laufzeit von einem Jahr oder länger oder

d) wenn kein verbindliches Kapazitätsprodukt mit einer Laufzeit von einem Monat oder länger angeboten wurde.

2. Wenn ausgehend von dem jährlichen Monitoring-Bericht belegt ist, dass eine in Absatz 1 definierte Situation in den folgenden drei Jahren voraussichtlich nicht erneut eintreten wird, da z. B. Kapazität durch den physischen Netzausbau oder aufgrund der Kündigung langfristiger Verträge verfügbar wird, können die zuständigen nationalen Regulierungsbehörden beschließen, den „Use-it-or-lose-it"-Mechanismus für verbindliche „Day-ahead"-Kapazität zu beenden.

3. Eine Renominierung fester Kapazitäten ist bis zu maximal 90 % und bis zu minimal 10 % der kontrahierten Kapazität durch den Netznutzer am Kopplungspunkt zulässig. Übersteigt jedoch die Nominierung 80 % der kontrahierten Kapazität, kann die Hälfte des nichtnominierten Volumens nach oben renominiert werden. Übersteigt die Nominierung nicht 20 % der kontrahierten Kapazität, kann die Hälfte des nominierten Volumens nach unten renominiert werden. Die Anwendung dieses Absatzes lässt geltende Notfallmaßnahmen unberührt.

4. Der ursprüngliche Inhaber der kontrahierten Kapazität kann den Teil seiner kontrahierten verbindlichen Kapazität, für die die Einschränkung gilt, auf unterbrechbarer Basis renominieren.

5. Absatz 3 gilt nicht für Netznutzer — Personen oder Unternehmen sowie Unternehmen, über die sie gemäß Artikel 3 der Verordnung (EG) Nr. 139/2004 Kontrolle ausüben —, die am Kopplungspunkt im vorangegangenen Jahr weniger als 10 % der durchschnittlichen Kapazität gehalten haben.

6. Für Kopplungspunkte, bei denen ein „Use-it-or-lose-it"-Mechanismus für verbindliche „Day-ahead"-Kapazität gemäß Absatz 3 angewendet wird, führt die nationale Regulierungsbehörde eine Bewertung des Zusammenhangs mit dem Überbuchungs- und Rückkaufsystem gemäß Punkt 2.2.2

durch, was dazu führen kann, dass sie beschließt, die Bestimmungen des Punkts 2.2.2 an jenen Kopplungspunkten nicht anzuwenden. Ein solcher Beschluss wird der Agentur und der Kommission unverzüglich mitgeteilt.

7. Eine nationale Regulierungsbehörde kann beschließen, an einem Kopplungspunkt einen „Use-it-or-lose-it"-Mechanismus für verbindliche „Day-ahead"-Kapazität gemäß Absatz 3 einzuführen. Vor dem Erlass ihres Beschlusses konsultiert die nationale Regulierungsbehörde die nationalen Regulierungsbehörden der angrenzenden Mitgliedstaaten. Bei dem Erlass ihres Beschlusses berücksichtigt die nationale Regulierungsbehörde die Stellungnahmen der benachbarten nationalen Regulierungsbehörden.

2.2.4. Rückgabe kontrahierter Kapazität

Die Fernleitungsnetzbetreiber akzeptieren jede Rückgabe verbindlicher Kapazität, die vom Netznutzer an einem Kopplungspunkt kontrahiert wurde, mit Ausnahme von Kapazitätsprodukten mit einer Laufzeit von einem Tag und darunter. Der Netznutzer behält seine Rechte und Pflichten aus dem Kapazitätsvertrag bis zum Zeitpunkt der Neuzuweisung der Kapazität durch den Fernleitungsnetzbetreiber sowie in dem Umfang, in dem die Kapazität vom Fernleitungsnetzbetreiber nicht neu zugewiesen wurde. Es wird davon ausgegangen, dass zurückgegebene Kapazität erst nach der Zuweisung der gesamten verfügbaren Kapazität neu zugewiesen wird. Der Fernleitungsnetzbetreiber teilt dem Netznutzer jede Neuzuweisung der von ihm zurückgegebenen Kapazität unverzüglich mit. Besondere Bedingungen für die Kapazitätsrückgabe, insbesondere für Fälle, in denen mehrere Netznutzer ihre Kapazität zurückgeben, werden von der nationalen Regulierungsbehörde genehmigt.

2.2.5. „Use-it-or-lose-it"-Mechanismus für langfristige Kapazität

1. Die nationalen Regulierungsbehörden verlangen von den Fernleitungsnetzbetreibern die partielle oder vollständige Entziehung der von einem Netznutzer an einem Kopplungspunkt systematisch unzureichend genutzten kontrahierten Kapazität, wenn der Netznutzer seine ungenutzte Kapazität nicht zu realistischen Bedingungen verkauft oder angeboten hat und wenn andere Netznutzer verbindliche Kapazität anfragen. Es wird davon ausgegangen, dass kontrahierte Kapazität insbesondere dann systematisch unzureichend genutzt wird, wenn

a) der Netznutzer sowohl vom 1. April bis zum 30. September als auch vom 1. Oktober bis zum 31. März im Durchschnitt weniger als 80 % seiner kontrahierten Kapazität mit einer effektiven Vertragslaufzeit von mehr als einem Jahr nutzt und dies nicht zufriedenstellend begründet werden kann, oder wenn

b) der Netznutzer systematisch fast 100 % seiner kontrahierten Kapazität nominiert und sie dann nach unten renominiert, um die in Punkt 2.2.2 Nummer 3 festgelegten Regeln zu umgehen.

2. Die Anwendung des „Use-it-or-lose-it"-Mechanismus für verbindliche „Day-ahead"-Kapazität wird nicht als Grund betrachtet, der die Verhinderung der Anwendung von Absatz 1 rechtfertigt.

3. Die Entziehung von Kapazität führt dazu, dass der Netznutzer seine kontrahierte Kapazität während eines bestimmten Zeitraums oder während der verbleibenden effektiven Vertragslaufzeit teilweise oder vollständig verliert. Der Netznutzer behält seine Rechte und Pflichten aus dem Kapazitätsvertrag bis zum Zeitpunkt der Neuzuweisung der Kapazität durch den Fernleitungsnetzbetreiber sowie in dem Umfang, in dem die Kapazität vom Fernleitungsnetzbetreiber nicht neu zugewiesen wurde.

4. Die Fernleitungsnetzbetreiber übermitteln den nationalen Regulierungsbehörden regelmäßig alle Daten, die notwendig sind, um zu beobachten, in welchem Umfang kontrahierte Kapazitäten mit einer effektiven Vertragslaufzeit von mehr als einem Jahr oder mit wiederkehrenden Quartalen, die mindestens zwei Jahre abdecken, genutzt werden.

3. Definition der technischen Informationen, die die Netznutzer für den tatsächlichen Netzzugang benötigen, Definition aller für die Transparenzanforderungen maßgeblichen Punkte, einschließlich der für alle maßgeblichen Punkte zu veröffentlichenden Informationen und des Zeitplans für die Veröffentlichung dieser Informationen

3.1. *Definition der technischen Informationen, die die Netznutzer für den tatsächlichen Netzzugang benötigen*

3.1.1. Form der Veröffentlichung

1. Die Fernleitungsnetzbetreiber stellen alle unter Punkt 3.1.2 und Punkt 3.3 Nummern 1 bis 5 genannten Informationen wie folgt bereit:

a) auf einer öffentlichen und unentgeltlich zugänglichen Internetseite, für die weder eine Registrierung beim Fernleitungsnetzbetreiber noch eine Anmeldung auf andere Weise erforderlich ist;

b) regelmäßig/kontinuierlich; die Häufigkeit hängt von den eintretenden Änderungen und von der Dauer der Dienstleistung ab;

c) in einer nutzerfreundlichen Weise;

d) in klarer Form sowie auf quantifizierbare, leicht zugängliche Weise und ohne Diskriminierung;

e) in einem herunterladbaren Format, das — auf der Grundlage einer von der Agentur vorzulegenden Stellungnahme zu einem harmonisierten Format — zwischen den Fernleitungsnetzbetreibern und den nationalen Regulierungsbehörden vereinbart wurde und das quantitative Analysen ermöglicht;

f) in gleichbleibenden Einheiten, wobei insbesondere kWh (mit einer Verbrennungsreferenztemperatur von 298,15 K) die Einheit für den Energiegehalt und m3 (bei 273,15 K und 1,01325 bar) die Einheit für das Volumen ist. Der konstante Konversionsfaktor für den Energiegehalt ist anzugeben. Für die Veröffentlichung können auch andere als die vorstehend genannten Einheiten verwendet werden;

g) in der (den) Amtssprache(n) des Mitgliedstaats und auf Englisch;

h) alle Daten werden ab dem 1. Oktober 2013 auf einer unionsweiten zentralen Plattform zur Verfügung gestellt, die vom Europäischen Verbund der Fernleitungsnetzbetreiber (ENTSO-Gas) kosteneffizient eingerichtet wird.

2. Die Fernleitungsnetzbetreiber teilen Einzelheiten zu tatsächlichen Änderungen der unter Punkt 3.1.2 und Punkt 3.3 Nummern 1 bis 5 genannten Informationen rechtzeitig mit, sobald sie von ihnen Kenntnis haben.

3.1.2. Inhalt der Veröffentlichung

Die Fernleitungsnetzbetreiber veröffentlichen mindestens die folgenden Informationen über ihre Netze und Dienstleistungen:

a) eine ausführliche und umfassende Beschreibung der verschiedenen angebotenen Dienstleistungen und der entsprechenden Entgelte;

b) die verschiedenen Arten von Transportverträgen für diese Dienstleistungen;

c) den Netzkodex und/oder die Standardbedingungen, in denen die Rechte und Pflichten aller Netznutzer beschrieben werden, einschließlich

1. harmonisierter Transportverträge und anderer maßgeblicher Unterlagen;

2. sofern für den Netzzugang relevant: der Angabe der relevanten Gasqualitätsparameter für alle unter Punkt 3.2 dieses Anhangs definierten maßgeblichen Punkte, einschließlich mindestens des Bruttobrennwerts und des Wobbe-Indexes und der Verantwortlichkeit oder der Kosten der Netznutzer für die Konversion des Gases, falls das Gas diesen Angaben nicht entspricht;

3. sofern für den Netzzugang relevant: Informationen über die Druckanforderungen für alle maßgeblichen Punkte;

4. des Verfahrens für den Fall einer Unterbrechung der unterbrechbaren Kapazität, einschließlich gegebenenfalls des Zeitpunkts, des Umfangs und der Rangfolge der einzelnen Unterbrechungen (z. B. anteilsmäßig oder nach dem Prinzip „first-come-last-interrupted“);

d) die harmonisierten Verfahren, die bei der Nutzung des Fernleitungsnetzes angewandt werden, einschließlich der Definition von Schlüsselbegriffen;

e) Bestimmungen über die Verfahren für die Kapazitätszuweisung, das Engpassmanagement, die Verhütung der Kapazitätshortung und für die Wiederverwendung;

f) die Regeln für den Kapazitätshandel auf dem Sekundärmarkt gegenüber dem Fernleitungsnetzbetreiber;

g) Regeln für den Ausgleich von Mengenabweichungen und die Methodik für die Berechnung der Ausgleichsentgelte;

h) gegebenenfalls die Flexibilitäts- und Toleranzwerte, die im Transport und in den anderen Dienstleistungen ohne separates Entgelt enthalten sind, und die darüber hinaus angebotene Flexibilität mit den entsprechenden Entgelten;

i) eine ausführliche Beschreibung des Gasnetzes des Fernleitungsnetzbetreibers und aller unter Punkt 3.2 dieses Anhangs definierten maßgeblichen Kuppelstellen sowie die Namen der Betreiber der verbundenen Systeme oder Anlagen;

j) die Regeln für den Anschluss an das vom Fernleitungsnetzbetreiber betriebene Netz;

k) Informationen über Notfall-Mechanismen, soweit der Fernleitungsnetzbetreiber für diese verantwortlich ist, etwa über Maßnahmen, die zur Trennung von Kundengruppen vom Netz führen können, und über sonstige allgemeine Haftungsregelungen, die für den Fernleitungsnetzbetreiber gelten;

l) die von den Fernleitungsnetzbetreibern für Kuppelstellen vereinbarten und die Interoperabilität des Netzes betreffenden Verfahren, die für den Zugang der Netznutzer zu den betreffenden Fernleitungsnetzen relevant sind, die Verfahren für die Nominierung und das Matching und sonstige Verfahren, die Regelungen für die Allokation der Lastflüsse und den Ausgleich von Mengenabweichungen, einschließlich der verwendeten Methoden, enthalten;

m) die Fernleitungsnetzbetreiber veröffentlichen eine ausführliche und umfassende Beschreibung der Methodik und des Verfahrens, die für die Berechnung der technischen Kapazität verwendet werden, einschließlich Informationen über die zugrunde gelegten Parameter und wichtigsten Annahmen.

3.2. *Definition aller für die Transparenzanforderungen maßgeblichen Punkte*

1. Zu den maßgeblichen Punkten gehören mindestens

a) alle Ein- und Ausspeisepunkte eines von einem Fernleitungsnetzbetreiber betriebenen Fernleitungsnetzes mit Ausnahme der Ausspeisepunkte, an denen ein einziger Endkunde verbunden ist, und mit Ausnahme der Einspeisepunkte, die unmittelbar mit der Produktionsanlage eines einzelnen, in der EU ansässigen Produzenten verbunden sind;

b) alle Ein- und Ausspeisepunkte, die die Bilanzzonen von Fernleitungsnetzbetreibern verbinden;

c) alle Punkte, die das Netz eines Fernleitungsnetzbetreibers mit einer LNG-Anlage, physischen Erdgashubs, Speicher- und Produktionsanlagen verbinden, es sei denn, diese Produktionsanlagen sind gemäß Buchstabe a ausgenommen;

d) alle Punkte, die das Netz eines bestimmten Fernleitungsnetzbetreibers mit der Infrastruktur verbinden, die für die Erbringung von Hilfsdiensten gemäß der Definition des Artikels 2 Nummer 14 der Richtlinie 2009/73/EG erforderlich ist.

2. Informationen für einzelne Endkunden und Produktionsanlagen, die nicht unter die Definition der maßgeblichen Punkte unter 3.2 Nummer 1 Buchstabe a fallen, werden in aggregierter Form zumindest pro Bilanzzone veröffentlicht. Für die Anwendung dieses Anhangs werden die aggregierten Informationen, die einzelne Endkunden und Produktionsanlagen betreffen, die gemäß Punkt 3.2 Nummer 1 Buchstabe a von der Definition der maßgeblichen Punkte ausgenommen sind, als ein maßgeblicher Punkt betrachtet.

3. Werden Punkte zwischen zwei oder mehr Fernleitungsnetzbetreibern nur von den betroffenen Netzbetreibern ohne jegliche vertragliche oder operative Beteiligung der Netznutzer verwaltet oder verbinden Punkte ein Fernleitungsnetz mit einem Verteilernetz, ohne dass es an diesen Punkten zu einem vertraglich bedingten Engpass kommt, sind die Fernleitungsnetzbetreiber in Bezug auf diese Punkte von der Verpflichtung ausgenommen, die Anforderungen gemäß Punkt 3.3 dieses Anhangs zu veröffentlichen. Die nationale Regulierungsbehörde kann die Fernleitungsnetzbetreiber verpflichten, die Anforderungen gemäß Punkt 3.3 dieses Anhangs für Gruppen der ausgenommenen Punkte oder für alle diese Punkte zu veröffentlichen. In einem solchen Fall werden die Informationen, sofern sie dem Fernleitungsnetzbetreiber vorliegen, auf einer sinnvollen Ebene in aggregierter Form zumindest pro Bilanzzone veröffentlicht. Für die Anwendung dieses Anhangs werden diese die Punkte betreffenden aggregierten Informationen als ein maßgeblicher Punkt betrachtet.

3.3. *Für alle maßgeblichen Punkte zu veröffentlichende Informationen und Zeitplan für die Veröffentlichung dieser Informationen*

1. Die Fernleitungsnetzbetreiber veröffentlichen für alle maßgeblichen Punkte die unter den Buchstaben a bis g angegebenen Informationen für alle erbrachten Dienstleistungen und Hilfsdienste (insbesondere Informationen zur Mischung, Beimischung und Konversion). Diese Informationen werden in numerischer Form in stündlichen oder täglichen Perioden veröffentlicht, die der kleinsten Referenzperiode für die Kapazitätsbuchung und (Re-)Nominierung und dem kleinsten Abrechnungszeitraum, für den Ausgleichsentgelte berechnet werden, entsprechen. Weicht die kleinste Referenzperiode von der täglichen Periode ab, werden die unter a bis g angegebenen Informationen auch für die tägliche Periode zur Verfügung gestellt. Diese Informationen und Aktualisierungen werden veröffentlicht, sobald sie dem Netzbetreiber vorliegen („nahezu in Echtzeit"):

a) die technische Kapazität für Lastflüsse in beide Richtungen;

b) die gesamte kontrahierte verbindliche und unterbrechbare Kapazität in beide Richtungen;

c) die Nominierungen und Renominierungen in beide Richtungen;

d) die verfügbare verbindliche und unterbrechbare Kapazität in beide Richtungen;

e) die tatsächlichen Lastflüsse;

f) die geplante und tatsächliche Unterbrechung der unterbrechbaren Kapazität;

g) die geplanten und ungeplanten Unterbrechungen verbindlicher Dienstleistungen sowie Informationen zur Wiederaufnahme der verbindlichen Dienstleistungen (u. a. Netzwartungsarbeiten und voraussichtliche Dauer einer wartungsbedingten Unterbrechung). Geplante Unterbrechungen werden mindestens 42 Tage im Voraus veröffentlicht;

h) das Vorkommen abschlägig beschiedener, rechtsgültiger Anfragen für verbindliche Kapazitätsprodukte mit einer Laufzeit von einem Monat oder länger, einschließlich der Zahl der abschlägig beschiedenen Anfragen und des entsprechenden Kapazitätsvolumens, und

i) im Falle von Versteigerungen Angaben dazu, wo und wann für verbindliche Kapazitätsprodukte mit einer Laufzeit von einem Monat oder länger über dem Reservepreis liegende Markträumungspreise erzielt wurden;

j) Angaben dazu, wo und wann kein verbindliches Kapazitätsprodukt mit einer Laufzeit von einem Monat oder länger im Rahmen eines regulären Zuweisungsverfahrens angeboten wurde;

k) die Gesamtkapazität, die durch die Anwendung der in den Punkten 2.2.2, 2.2.3, 2.2.4 und 2.2.5 festgelegten Engpassmanagementverfahren pro angewendetem Engpassmanagementverfahren zur Verfügung gestellt wurde;

l) die Punkte h bis k gelten ab dem 1. Oktober 2013.

2. Die Informationen unter Punkt 3.3 Nummer 1 Buchstaben a, b und d werden für alle maßgeblichen Punkte mindestens 24 Monate im Voraus veröffentlicht.

3. Die Fernleitungsnetzbetreiber veröffentlichen für alle maßgeblichen Punkte historische Informationen über die Anforderungen von Punkt 3.3 Nummer 1 Buchstaben a bis g auf einer kontinuierlichen Basis für die letzten fünf Jahre.

4. Die Fernleitungsnetzbetreiber veröffentlichen den gemessenen Brennwert oder den Wobbe-Index für alle maßgeblichen Punkte täglich. Vorläufige Zahlen werden spätestens drei Tage nach dem jeweiligen Gastag veröffentlicht. Endgültige Zahlen werden innerhalb von drei Monaten nach Ende des jeweiligen Monats veröffentlicht.

5. Die Fernleitungsnetzbetreiber veröffentlichen für alle maßgeblichen Punkte die verfügbare, die gebuchte und die technische Kapazität auf jährlicher Basis für alle Jahre, in denen die Kapazität kontrahiert ist, plus ein Jahr, und mindestens für die nächsten zehn Jahre. Diese Informationen werden mindestens monatlich aktualisiert oder häufiger, falls neue Informationen vorliegen. Die Veröffentlichung spiegelt den Zeitraum wider, für den die Kapazität dem Markt angeboten wird.

3.4. *Zu veröffentlichende Informationen über das Fernleitungsnetz und Zeitplan für die Veröffentlichung dieser Informationen*

1. Die Fernleitungsnetzbetreiber stellen sicher, dass die aggregierte Kapazität, die auf dem Sekundärmarkt angeboten und kontrahiert wird (d. h. von einem Netznutzer an einen anderen Netznutzer verkauft wird), täglich veröffentlicht und aktualisiert wird, sofern diese Informationen dem Fernleitungsnetzbetreiber vorliegen. Diese Informationen beinhalten die folgenden Angaben:

a) die Kuppelstelle, an der die Kapazität verkauft wird;

b) die Art der Kapazität, z. B. Einspeisekapazität, Ausspeisekapazität, verbindliche oder unterbrechbare Kapazität;

c) die Menge und Laufzeit der Kapazitätsnutzungsrechte;

d) die Art des Verkaufs, z. B. Nutzungsüberlassung oder Übertragung;

e) die Gesamtzahl der Transaktionen/Nutzungsüberlassungen;

f) alle sonstigen unter Punkt 3.3 genannten Bedingungen, die dem Fernleitungsnetzbetreiber bekannt sind.

Werden solche Informationen von einem Dritten bereitgestellt, sind die Fernleitungsnetzbetreiber von dieser Bestimmung ausgenommen.

2. Die Fernleitungsnetzbetreiber veröffentlichen harmonisierte Bedingungen, zu denen sie Kapazitätstransaktionen (z. B. Nutzungsüberlassungen und Übertragungen) akzeptieren. Diese Bedingungen müssen mindestens Folgendes beinhalten:

a) eine Beschreibung standardisierter Produkte, die auf dem Sekundärmarkt verkauft werden können;

b) die Vorlaufzeit für die Durchführung/Annahme/Registrierung von Sekundärmarkttransaktionen. Im Falle von Verspätungen müssen die Gründe dafür veröffentlicht werden;

c) die Mitteilung des Namens des Verkäufers und des Käufers und der Kapazitätsangaben gemäß Punkt 3.4 Nummer 1 durch den Verkäufer oder den unter Punkt 3.4 Nummer 1 genannten Dritten an den Fernleitungsnetzbetreiber.

Werden solche Informationen von einem Dritten bereitgestellt, sind die Fernleitungsnetzbetreiber von dieser Bestimmung ausgenommen.

3. Hinsichtlich der Ausgleichsdienstleistungen seines Netzes gibt jeder Fernleitungsnetzbetreiber spätestens einen Monat nach dem Ende der Ausgleichsperiode jedem Netznutzer für jede Ausgleichsperiode dessen spezifische vorläufige Mengenabweichungen und die Kosten pro Netznutzer bekannt. Die endgültigen Daten zu den gemäß standardisierten Lastprofilen belieferten Kunden können bis zu 14 Monate später bereitgestellt werden. Werden solche Informationen von einem Dritten bereitgestellt, sind die Fernleitungsnetzbetreiber von dieser Bestimmung ausgenommen. Bei der Bereitstellung dieser Informationen wird die Vertraulichkeit wirtschaftlich sensibler Informationen gewahrt.

4. Falls Dritten andere Flexibilitätsdienste als Toleranzen angeboten werden, veröffentlichen die Fernleitungsnetzbetreiber täglich auf „Day-ahead"-Basis Prognosen über die maximale Flexibilität, die gebuchte Flexibilität und die für den Markt am folgenden Gastag verfügbare Flexibilität. Außerdem veröffentlichen die Fernleitungsnetzbetreiber am Ende eines jeden Gastages Ex-post-Informationen über die aggregierte Inanspruchnahme der einzelnen Flexibilitätsdienste. Ist die nationale Regulierungsbehörde davon überzeugt, dass diese Informationen von den Netznutzern missbraucht werden könnten, kann sie beschließen, den Fernleitungsnetzbetreiber von dieser Verpflichtung auszunehmen.

5. Die Fernleitungsnetzbetreiber veröffentlichen pro Bilanzzone das zu Beginn eines jeden Gastages im Fernleitungsnetz befindliche Gasvolumen und die Prognose für das am Ende eines jeden Gastages im Fernleitungsnetz befindliche Gasvolumen. Das für das Ende des Gastages prognostizierte Gasvolumen wird während des gesamten Gastages stündlich aktualisiert. Werden Ausgleichsentgelte auf stündlicher Basis berechnet, veröffentlicht der Fernleitungsnetzbetreiber das im Fernleitungsnetz befindliche Gasvolumen stündlich. Als Alternative dazu können die Fernleitungsnetzbetreiber pro Bilanzzone den aggregierten Ausgleichsstatus aller Nutzer zu Beginn einer jeden Ausgleichsperiode und den prognostizierten aggregierten Ausgleichsstatus aller Nutzer am Ende eines jeden Gastages veröffentlichen. Ist die nationale Regulierungsbehörde davon überzeugt, dass diese Informationen von den Netznutzern missbraucht werden könnten, kann sie beschließen, den Fernleitungsnetzbetreiber von dieser Verpflichtung auszunehmen.

6. Die Fernleitungsnetzbetreiber stellen nutzerfreundliche Instrumente für die Tarifberechnung bereit.

7. Die Fernleitungsnetzbetreiber bewahren ordnungsgemäße Aufzeichnungen über alle Kapazitätsverträge und alle sonstigen relevanten Informationen im Zusammenhang mit der Berechnung und der Bereitstellung des Zugangs zu verfügbaren Kapazitäten, insbesondere im Zusammenhang mit einzelnen Nominierungen und Unterbrechungen, für eine Dauer von mindestens fünf Jahren auf und stellen sie den maßgeblichen nationalen Behörden bei Bedarf zur Verfügung. Die Fernleitungsnetzbetreiber müssen eine Dokumentation zu allen unter Punkt 3.3 Nummern 4 und 5 genannten relevanten Informationen für eine Dauer von mindestens fünf Jahren aufbewahren und sie der Regulierungsbehörde bei Bedarf zur Verfügung stellen. Beide Parteien wahren das Geschäftsgeheimnis.

[1] Verordnung (EU) 2017/1938 des Europäischen Parlaments und des Rates vom 25. Oktober 2017 über Maßnahmen zur Gewährleistung der sicheren Gasversorgung und zur Aufhebung der Verordnung (EU) Nr. 994/2010 (ABl. L 280 vom 28.10.2017, S. 1).

[2] ABl L 115 vom 25.4.2013, S. 39.

28. Energielenkungsgesetz 2012

Bundesgesetz über Lenkungsmaßnahmen zur Sicherung der Energieversorgung

StF: BGBl. I Nr. 41/2013

Letzte Novellierung: BGBl. I Nr. 68/2022

GLIEDERUNG

Teil 1
Grundsätze

Kompetenzgrundlage und Vollziehung

§ 1. (Verfassungsbestimmung) Die Erlassung, Aufhebung und Vollziehung von Vorschriften, wie sie in diesem Bundesgesetz enthalten sind, sind auch in den Belangen Bundessache, hinsichtlich deren das B–VG etwas anderes vorsieht. Die in diesen Vorschriften geregelten Angelegenheiten können – unbeschadet der Stellung des Landeshauptmannes gemäß Art. 102 Abs. 1 B–VG – nach Maßgabe des § 7 Abs. 6 von Einrichtungen der gesetzlichen Interessenvertretungen im übertragenen Wirkungsbereich sowie von der E–Control, den Regelzonenführern, den Marktgebietsmanagern und den Verteilergebietsmanagern unmittelbar versehen werden.

Bezugnahme auf Unionsrecht

§ 2. Durch dieses Gesetz werden

1. die Richtlinie 2009/72/EG über gemeinsame Vorschriften für den Elektrizitätsbinnenmarkt und zur Aufhebung der Richtlinie 2003/54/EG, ABl. Nr. L 211 vom 14.08.2009 S. 55, und
2. die Richtlinie 2009/73/EG über gemeinsame Vorschriften für den Erdgasbinnenmarkt und zur Aufhebung der Richtlinie 2003/55/EG, ABl. Nr. L 211 vom 14.08.2009 S. 94,

umgesetzt sowie die in der Verordnung (EU) 2017/1938 über Maßnahmen zur Gewährleistung der sicheren Gasversorgung und zur Aufhebung der Verordnung (EU) Nr. 994/2010, ABl. Nr. L 280 vom 28.10.2017 S. 1, und die in der Verordnung (EU) 2019/941 über die Risikovorsorge im Elektrizitätssektor und zur Aufhebung der Richtlinie 2005/89/EG, ABl. Nr. L 158 vom 14.06.2019 S. 1, der Durchführung durch die Mitgliedstaaten vorbehaltenen Bestimmungen durchgeführt.

Allgemeine Bestimmungen

§ 3. (1) Schriften und Amtshandlungen in den Verfahren nach diesem Bundesgesetz sind von den Stempel- und Rechtsgebühren, den Bundesverwaltungsabgaben und den Gerichts- und Justizverwaltungsgebühren befreit.

(2) Es gelten die Definitionen des Elektrizitätswirtschafts- und -organisationsgesetzes 2010 (ElWOG 2010), BGBl. I Nr. 110/2010, des Gaswirtschaftsgesetzes 2011, BGBl. I Nr. 107/2011, und des Erdölbevorratungsgesetzes 2012, BGBl. I Nr. 78/2012, in der jeweils geltenden Fassung.

Anwendung von Lenkungsmaßnahmen

§ 4. (1) Lenkungsmaßnahmen nach diesem Bundesgesetz können

1. zur Abwendung einer unmittelbar drohenden Störung oder zur Behebung einer bereits eingetretenen Störung der Energieversorgung Österreichs, sofern diese Störungen
   a) keine saisonale Verknappungserscheinung darstellen oder
   b) durch marktkonforme Maßnahmen nicht, nicht rechtzeitig oder nur mit unverhältnismäßigen Mitteln abgewendet oder behoben werden können oder
2. soweit es zur Erfüllung völkerrechtlicher Verpflichtungen zur Inkraftsetzung von Notstandsmaßnahmen auf Grund von Beschlüssen von Organen internationaler Organisationen erforderlich ist oder
3. soweit eine Pflicht zur Solidaritätsleistung gemäß Art. 13 der Verordnung (EU) 2017/1938 besteht oder
4. soweit eine Pflicht zur Unterstützung in Form von regionalen oder bilateralen Maßnahmen gemäß Art. 15 der Verordnung (EU) 2019/941 besteht,

ergriffen werden.

(2) Lenkungsmaßnahmen haben zum Ziel

1. im Fall des Abs. 1 Z 1 die Deckung des lebenswichtigen Bedarfes an Energie einschließlich jenes für Zwecke der militärischen Landesverteidigung, die Aufrechterhaltung einer ungestörten Gütererzeugung und Leistungserstellung sowie die Versorgung der Bevölkerung und sonstiger Bedarfsträger sicherzustellen,
2. im Fall des Abs. 1 Z 2 die Erfüllung völkerrechtlicher Verpflichtungen zur Inkraftsetzung von Notstandsmaßnahmen auf Grund von Beschlüssen von Organen internationaler Organisationen zu ermöglichen,
3. im Fall des Abs. 1 Z 3 die Erfüllung der unionsrechtlichen Verpflichtung zu Solidaritätsmaßnahmen gemäß Art. 13 der Verordnung (EU) 2017/1938 zu gewährleisten,
4. im Fall des Abs. 1 Z 4 die Erfüllung der unionsrechtlichen Verpflichtung zur Unterstützung in Form von regionalen oder bilateralen Maßnahmen gemäß Art. 15 der Verordnung (EU) 2019/941 zu gewährleisten.

(3) Lenkungsmaßnahmen können in ihrer Gesamtheit, einzeln oder in Verbindung miteinander unabhängig davon ergriffen werden, ob eine in Abs. 1 Z 1 genannte Störung nur Teile des Bundesgebietes oder nur bestimmte Zweige der Energieversorgung betrifft. Trifft eine in Abs. 1 Z 1 genannte Störung nur Teile des Bundesgebietes, können Lenkungsmaßnahmen auch auf Teile des Bundesgebietes beschränkt werden.

(4) Lenkungsmaßnahmen dürfen nur in einem solchen Ausmaß und für eine solche Dauer ergriffen werden, als es zur Abwendung oder zur Behebung der Störung, zur Erfüllung von Solidaritätsmaßnahmen gemäß Art. 13 der Verordnung (EU) 2017/1938, zur Unterstützung in Form von regionalen oder bilateralen Maßnahmen gemäß Art. 15 der Verordnung (EU) 2019/941 oder zur Erfüllung völkerrechtlicher Verpflichtungen zur Inkraftsetzung von Notstandsmaßnahmen auf

Grund von Beschlüssen von Organen internationaler Organisationen unbedingt erforderlich ist. In die Unverletzlichkeit des Eigentums und in die Freiheit der Erwerbstätigkeit darf nur eingegriffen werden, wenn die in Abs. 2 genannten Ziele nicht anders erreicht werden können.

Erlassung von Lenkungsmaßnahmen

§ 5. (1) Lenkungsmaßnahmen sind durch Verordnung der Bundesministerin für Klimaschutz, Umwelt, Energie, Mobilität, Innovation und Technologie vorzusehen. Solche Verordnungen bedürfen, soweit sie nicht ausschließlich die gänzliche oder teilweise Aufhebung von Lenkungsmaßnahmen zum Gegenstand haben, der Zustimmung des Hauptausschusses des Nationalrates. Die Verordnungen haben jedenfalls getrennt jeweils für Lenkungsmaßnahmen für Energieträger, zur Sicherung der Elektrizitätsversorgung sowie zur Sicherung der Erdgasversorgung zu ergehen. Lenkungsmaßnahmen haben jeweils auf die Energieversorgungslage in den anderen Bereichen Bedacht zu nehmen und allenfalls können energieträgerübergreifende Maßnahmen gesetzt werden.

(2) Bei Gefahr im Verzug sind Verordnungen, die der Zustimmung des Hauptausschusses des Nationalrates bedürfen, gleichzeitig mit dem Antrag auf Erteilung der Zustimmung des Hauptausschusses des Nationalrates zu erlassen. Verordnungen, deren Erlassung die Zustimmung des Hauptausschusses des Nationalrates nicht vorangegangen ist, sind unverzüglich aufzuheben, wenn der Hauptausschuss des Nationalrates ihrer Erlassung nicht oder nicht innerhalb der dem Einlangen des Antrages folgenden Woche zustimmt.

(3) Lenkungsmaßnahmen dürfen nur für die Dauer von sechs Monaten ergriffen werden. Im Fall einer bereits eingetretenen Störung der Energieversorgung ist eine Verlängerung bis zu sechs Monaten mit Zustimmung des Hauptausschusses des Nationalrates möglich. Nach Wegfall der sie begründenden Umstände sind die Verordnungen unverzüglich aufzuheben.

(4) Verordnungen nach den Bestimmungen dieses Bundesgesetzes sind, sofern sie von der Bundesministerin für Klimaschutz, Umwelt, Energie, Mobilität, Innovation und Technologie erlassen werden, im Bundesgesetzblatt, sofern sie von den Landeshauptmännern erlassen werden, im jeweiligen Landesgesetzblatt kundzumachen und treten mit ihrer Kundmachung in Kraft, sofern nicht ein späterer Zeitpunkt für das Inkrafttreten bestimmt wird. Ist eine Kundmachung im Bundesgesetzblatt oder in den Landesgesetzblättern nicht oder nicht zeitgerecht möglich, ist die Verordnung in anderer Weise – so insbesondere durch Rundfunk oder sonstige akustische Mittel oder Veröffentlichung in einem oder mehreren periodischen Medienwerken, die Anzeigen veröffentlichen, insbesondere in Tageszeitungen – kundzumachen sowie auch im Internet verfügbar zu machen.

(5) Die Bundesministerin für Klimaschutz, Umwelt, Energie, Mobilität, Innovation und Technologie hat dem Nationalrat erstmals binnen drei Monaten nach dem Ergreifen von Lenkungsmaßnahmen, in der Folge in Abständen von zwei Monaten über die getroffenen Lenkungsmaßnahmen zu berichten.

Weitergabe von Daten

§ 6. (1) Daten und Informationen, die den vollziehenden Stellen auf Grundlage der Bestimmungen dieses Bundesgesetzes übermittelt wurden, dürfen nur für die in diesem Bundesgesetz genannten Zwecke verwendet werden.

(2) Die gemäß § 7 Abs. 6, § 14 und § 26 mit der Vorbereitung und Durchführung von Lenkungsmaßnahmen betrauten Organe sind insoweit zur Verarbeitung und Übermittlung von Daten im Sinne der Verordnung (EU) 2016/679 zum Schutz natürlicher Personen bei Verarbeitung personenbezogener Daten, zum freien Datenverkehr und zur Aufhebung der Richtlinie 95/46/EG (Datenschutz-Grundverordnung), ABl. Nr. L 119 vom 04.05.2016 S. 1, BGBl. I Nr. 165/1999, ermächtigt, als dies zur Erfüllung der ihnen übertragenen Aufgaben eine wesentliche Voraussetzung bildet.

(3) Unbeschadet sonstiger Melde- und Auskunftspflichten nach diesem Bundesgesetz ist die Übermittlung von Daten über jene Sachverhalte, an die bei der Zuteilung des jeweils bewirtschafteten Energieträgers angeknüpft wird, einschließlich der Daten über die Identität der Bezugsberechtigten, an die mit der Durchführung von Lenkungsmaßnahmen betrauten Organe zulässig.

(4) Geschäfts- oder Betriebsgeheimnisse der von Lenkungsmaßnahmen betroffenen Unternehmen, die den mit der Durchführung von Lenkungsmaßnahmen betrauten Organen bekannt geworden sind, sind tunlichst zu wahren und dürfen nicht bekannt gemacht werden.

(5) Die Behörden sind ermächtigt, den Organen der Europäischen Union verarbeitete Daten zu übermitteln, soweit für die Übermittlung dieser Daten auf Grund des Vertrags über die Europäische Union oder auf Grund von Rechtsakten der Europäischen Union eine derartige Verpflichtung besteht.

Ersatz von Vermögensnachteilen

§ 6a. (1) Für Vermögensnachteile, die durch Maßnahmen auf Grund der §§ 7 Abs. 2 Z 1 und Z 2, 14 Abs. 1 sowie § 26 Abs. 1 entstanden sind, ist eine Entschädigung in Geld zu leisten. Über die Entschädigung ist auf Antrag von der Bundesministerin für Klimaschutz, Umwelt, Energie, Mobilität, Innovation und Technologie durch Bescheid abzusprechen. Dieser Bescheid ist innerhalb von acht Wochen nach Antragstellung zu erlassen.

(2) Innerhalb von drei Monaten nach Zustellung des Bescheides gemäß Abs. 1 kann die Festsetzung einer Entschädigung durch das ordentliche Gericht beantragt werden. Zuständig ist das für den geforderten Ersatzbetrag sachlich zuständige Gericht, in dessen Sprengel der Antragsteller seinen Wohnsitz, sofern der Antragsteller eine juristische Person oder eine Personengesellschaft des Unternehmensrechtes ist, diese ihren Sitz hat. Hat der Antragsteller keinen Wohnsitz beziehungsweise Sitz im Inland, so ist das für den geforderten Ersatzbetrag sachlich zuständige Gericht zuständig, in dessen Sprengel die Maßnahme gesetzt worden ist. Das Verfahren richtet sich nach den Bestimmungen über das gerichtliche Verfahren in bürgerlichen Rechtsstreitigkeiten (Zivilprozessordnung), wobei die Bestimmungen des Eisenbahn-Enteignungsentschädigungsgesetzes – EisbEG, BGBl. Nr. 71/1954 idF BGBl. I Nr. 111/2010, über die gerichtliche Feststellung der Entschädigung sinngemäß anzuwenden sind. Mit dem Einlangen des Antrages beim sachlich zuständigen Gericht tritt der nach Abs. 1 erlassene Bescheid außer Kraft. Wird der Antrag zurückgezogen, so tritt der Bescheid wieder im vollen Umfange in Kraft.

(3) Ein Pfandrecht an Energieträgern, die Maßnahmen nach Abs. 1 unterliegen, erstreckt sich auch auf die Entschädigungsforderung gemäß Abs. 1 oder Abs. 2, sofern der zur Leistung der Entschädigungszahlung Verpflichtete vom Bestehen des Pfandrechtes unter Bekanntgabe von Name und Anschrift des Pfandgläubigers und des Pfandschuldners schriftlich verständigt wurde. § 34 des EisbEG ist sinngemäß anzuwenden.

Teil 2

Lenkungsmaßnahmen für feste und flüssige Energieträger

Vorschreibung und Durchführung von Lenkungsmaßnahmen für Energieträger

§ 7. (1) Energieträger, die Lenkungsmaßnahmen unterzogen werden können, sind:

1. Erdöl und Erdölprodukte;
2. sonstige flüssige Brenn- und Treibstoffe, ausgenommen betrieblich anfallende Abfallstoffe;
3. feste fossile Brennstoffe.

(2) Die Bundesministerin für Klimaschutz, Umwelt, Energie, Mobilität, Innovation und Technologie kann, wenn die Voraussetzungen des § 4 Abs. 1 zutreffen, nach den Bestimmungen des § 4 Abs. 2 bis Abs. 4 durch Verordnung folgende Lenkungsmaßnahmen für Energieträger vorsehen:

1. Verfügungs-, Zugriffs- und Beschlagnahmerechte für Energieträger (§ 8);
2. Vorschriften über die Produktion, den Transport, die Lagerung, die Verteilung, die Abgabe, den Bezug, die Beschränkung der Einfuhren und die Verpflichtung zu Ausfuhren für Energieträger (§ 9);
3. Beschränkungen des Verkehrs (§ 10);
4. Meldepflichten (§ 11);
5. Änderung der Anforderungen an die Beschaffenheit von Energieträgern (§ 12).

Mit der Vornahme von Maßnahmen an Energieträgern nach Z 1 erlöschen alle an ihnen bestehenden dinglichen Rechte, soweit diese mit dem Zweck der gesetzten Maßnahmen nicht vereinbar sind.

(3) Energieträger, die zur Sicherstellung der öffentlichen Energieversorgung vorrätig gehalten werden und nicht zur Abgabe an Dritte bestimmt sind, bleiben diesem Zweck vorbehalten.

(4) Die im Abs. 1 genannten Energieträger können Lenkungsmaßnahmen nach diesem Bundesgesetz auch dann unterzogen werden, wenn sie als Rohstoff verwendet werden.

(5) Energieträger, die nicht zur Abgabe an Dritte bestimmt sind und für Zwecke der militärischen Landesverteidigung vorrätig gehalten werden oder die im Eigentum oder Besitz eines Letztverbrauchers stehen und der Deckung seines persönlichen Bedarfs oder des Bedarfs seiner Haushaltsangehörigen dienen, sowie Energieträger, die der Deckung des eigenen Betriebsbedarfes dienen, dürfen keinen Maßnahmen gemäß Abs. 2 Z 1 oder Z 2 unterzogen werden.

(6) Die Durchführung der gemäß Abs. 2 erlassenen Verordnungen obliegt, sofern nicht die Bundesministerin für Klimaschutz, Umwelt, Energie, Mobilität, Innovation und Technologie betraut ist, den Behörden der allgemeinen staatlichen Verwaltung und den Gemeinden im übertragenen Wirkungsbereich. Die Aufgaben, die von den einzelnen Behörden wahrzunehmen sind, sind in den Verordnungen gemäß Abs. 2 unter Bedachtnahme auf die Zweckmäßigkeit, Einfachheit, Raschheit, Kostenersparnis, und Wirksamkeit der Durchführung festzulegen. Die Bundesministerin für Klimaschutz, Umwelt, Energie, Mobilität, Innovation und Technologie kann darüber hinaus Einrichtungen der gesetzlichen Interessenvertretungen im übertragenen Wirkungsbereich heranziehen, wenn dies zur rascheren Durchführung der Verordnungen geeignet erscheint.

Verfügungs-, Zugriffs- und Beschlagnahmerechte

§ 8. Maßnahmen gemäß § 7 Abs. 2 Z 1 haben sich zunächst auf die nach anderen Rechtsvorschriften gebildeten Pflichtnotstandsreserven an Energieträgern zu beziehen. Wenn es sich als unabdingbar erweist, können sie auch Transportmittel, Lagereinrichtungen und Verteilungseinrichtungen für Energieträger umfassen.

Vorschriften zur Produktion und zur Verwendung

§ 9. (1) Verordnungen gemäß § 7 Abs. 2 Z 2 können insbesondere vorsehen, dass Energieträger nur in zeitlich, örtlich oder mengenmäßig beschränktem Umfang, nur für vordringliche Versorgungszwecke oder zur Erfüllung völkerrechtlicher Verpflichtungen abgegeben, bezogen und verwendet werden dürfen.

(2) Insbesondere kann die Aufbringung fester fossiler Brennstoffe aus dem Ausland auf eine oder mehrere Unternehmungen beschränkt werden und können Bestimmungen darüber getroffen werden, welchen sich aus der Zielsetzung gemäß § 4 Abs. 2 ergebenden Voraussetzungen physische und juristische Personen entsprechen müssen, um in solche Unternehmungen aufgenommen zu werden. Ferner kann bestimmt werden, an wen, in welcher Art und in welchen Mengen solche Unternehmungen die genannten Brennstoffe abzugeben haben.

(3) In solchen Verordnungen können auch Anweisungen an Besitzer von Transport-, Lager- und Verteilungseinrichtungen für Energieträger vorgesehen werden.

Beschränkungen des Verkehrs

§ 10. (1) In Verordnungen gemäß § 7 Abs. 2 Z 3 kann verboten werden:

1. das Benützen aller oder bestimmter Arten von Kraftfahrzeugen sowie Wasser- und Luftfahrzeugen mit Maschinenantrieb, für bestimmte Zeiten, im ganzen Bundesgebiet oder in Teilen des Bundesgebietes;
2. das Überschreiten bestimmter Höchstgeschwindigkeiten für alle oder bestimmte Arten von Kraftfahrzeugen auf allen oder bestimmten Arten von Straßen sowie für alle oder bestimmte Arten von Wasserfahrzeugen mit Maschinenantrieb auf allen oder bestimmten Arten von Gewässern;
3. die Verwendung der in Z 1 und Z 2 genannten Fahrzeuge für bestimmte Zwecke oder Veranstaltungen.

(2) Soweit es ein erhebliches wirtschaftliches, soziales, kulturelles oder sonstiges öffentliches Interesse erfordert, können in solchen Verordnungen Ausnahmen allgemein oder in einem bestimmten Umfang dauernd oder zeitweise zugelassen werden.

(3) Auf Antrag können durch Bescheid Ausnahmen von den gemäß Abs. 1 Z 1 verordneten Beschränkungen im Einzelfall, auf Dauer oder auf bestimmte Zeit, für das ganze Bundesgebiet oder für bestimmte Gebiete bewilligt werden, wenn eine solche Ausnahme im besonderen Interesse der österreichischen Volkswirtschaft gelegen ist oder wenn ein erhebliches wirtschaftliches, berufliches oder soziales Interesse des Antragstellers vorliegt.

(4) In Verordnungen gemäß Abs. 1 kann auch bestimmt werden, in welcher Weise Fahrzeugpapiere zu kennzeichnen sind oder eine sonstige Kennzeichnung vorzunehmen ist, um eine Überwachung der Einhaltung der Beschränkungen oder das Vorliegen einer nach Abs. 2 oder 3 in Betracht kommenden Ausnahme zu gewährleisten. Ebenso kann bestimmt werden, in welcher Weise die Gründe für die Bewilligung einer Ausnahme nach Abs. 3 glaubhaft zu machen sind.

(5) Verordnungen gemäß den Abs. 1, 2 und 4 bedürfen zu ihrer Erlassung des Einvernehmens mit der Bundesministerin für Landesverteidigung und, soweit sie Verkehrsbeschränkungen vorsehen, von denen auch in der Land-, Forst- und Ernährungswirtschaft verwendete Fahrzeuge betroffen sind, auch des Einvernehmens mit der Bundesministerin für Landwirtschaft, Regionen und Tourismus.

Meldepflichten

§ 11. (1) In Verordnungen gemäß § 7 Abs. 2 Z 4 können Unternehmungen, die Energieträger erzeugen, bearbeiten, verarbeiten, verbrauchen, einlagern, für sich oder andere verwahren oder damit handeln, verpflichtet werden, Meldungen über den Bedarf, die Erzeugung, Bearbeitung und Verarbeitung, den Verbrauch, den Zu- und Abgang sowie den Lagerbestand zu erstatten sowie die für die Vollziehung dieses Bundesgesetzes notwendigen Auskünfte über Betriebsverhältnisse zu erteilen.

(2) Die Bundesministerin für Klimaschutz, Umwelt, Energie, Mobilität, Innovation und Technologie kann die gemäß Abs. 1 zu erteilenden Meldungen und Auskünfte überprüfen und, sofern die Meldepflichtigen die Meldungen trotz ausdrücklicher Aufforderung nicht rechtzeitig abgegeben haben, diese an Ort und Stelle auf Kosten des Meldepflichtigen ermitteln. Hiezu kann sie sich der Behörden der allgemeinen staatlichen Verwaltung oder gehörig legitimierter Organe bedienen.

(3) Den Kontrollorganen ist jederzeit Zutritt zu den Betriebsstätten und Lagerräumen und die Einsichtnahme in jene Betriebsbereiche und Aufzeichnungen über Energieträger zu gewähren, deren Kenntnis für die Durchführung der Lenkungsmaßnahmen unbedingt erforderlich ist. Die für die Überprüfung erforderlichen Auskünfte sind ihnen zu erteilen.

Änderung der Anforderungen an die Beschaffenheit von Energieträgern

§ 12. Verordnungen gemäß § 7 Abs. 2 Z 5 sind nur insoweit zu erlassen, als dies zur Aufrechterhaltung der Versorgung mit Energieträgern erforderlich ist. Auf die Vermeidung von gefährlichen Belastungen für die Umwelt ist Bedacht zu nehmen. Entgegenstehende Regelungen sind für die Dauer der Geltung dieser Verordnungen nicht anzuwenden.

Teil 3
Lenkungsmaßnahmen zur Sicherung der Elektrizitätsversorgung

Vorschreibung und Durchführung von Lenkungsmaßnahmen für elektrische Energie

§ 14. (1) Die Bundesministerin für Klimaschutz, Umwelt, Energie, Mobilität, Innovation und Technologie kann, wenn die Voraussetzungen des § 4 Abs. 1 zutreffen, nach den Bestimmungen des § 4 Abs. 2 bis 4 durch Verordnung und unter Berücksichtigung der Energieversorgung in den einzelnen Ländern folgende Lenkungsmaßnahmen zur Sicherstellung der Elektrizitätsversorgung vorsehen:

1. Erteilung von Anweisungen an Erzeuger, Netzbetreiber, Bilanzgruppenkoordinatoren, Bilanzgruppenverantwortliche und Stromhändler betreffend die Erzeugung, Übertragung, Verteilung und den Handel elektrischer Energie (§ 16);
2. Aufrufe und Verfügungen an Endverbraucher über die Zuteilung, Entnahme und die Verwendung elektrischer Energie sowie den Ausschluss von der Entnahme elektrischer Energie (§ 17);
3. Regelungen über die Lieferung elektrischer Energie von und nach EU-Mitgliedstaaten und Drittstaaten (§ 18);
4. Regelungen über die Betriebsweise sowie Festlegung von Abweichungen von Emissionsgrenzwerten für Anlagen zur Erzeugung elektrischer Energie (§ 19);
5. Festlegung von Abweichungen gegenüber anderen Rechtsvorschriften hinsichtlich erneuerbarer Energien, insoweit dies zur Sicherstellung der Versorgung mit elektrischer Energie erforderlich ist (§ 20);
6. Regelungen über die Heranziehung von Energie aus erneuerbaren Quellen gemäß Ökostromgesetz 2012, BGBl. I Nr. 75/2011, sowie von erneuerbarem Strom gemäß Erneuerbaren-Ausbau-Gesetz, BGBl. I Nr. 150/2021;
7. Vorschreibung von Landesverbrauchskontingenten für die Länder (§ 21);
8. Erteilung von Anweisungen oder Verfügungen
   a) an Erzeuger, die Kraft-Wärmekopplungsanlagen mit einer Engpassleistung von zumindest 50 MW (thermisch) oder einer jährlichen Wärmeabgabe von zumindest 300 GWh betreiben, sowie
   b) an Fernwärmeunternehmen mit einer gesamten Wärmeengpassleistung aller Heizwerke und Heizkraftwerke von zumindest 50 MW (thermisch) oder einer jährlichen Wärmeabgabe von zumindest 300 GWh,

   Erdgas durch andere Energieträger soweit technisch möglich zu substituieren sowie die Vorlauftemperatur für die Einspeisung in das Fernwärmenetz abzusenken (§ 22);
9. Aufrufe an Fernwärmeabnehmer über die Verwendung von Fernwärme (§ 22).

Die Bestimmungen der Z 1 und 3 sind auf Kraftwerke, die zur Erbringung von Systemdienstleistungen und zur Abdeckung von Leistungsspitzen innerhalb von Regelzonen dienen, nicht anwendbar, wenn durch einen, die Regelzonen überschreitenden Einsatz dieser Kraftwerke für Zwecke der Krisenbewirtschaftung die Erbringung von Systemdienstleistungen und die Abdeckung von Leistungsspitzen in der betreffenden Regelzone nicht ausreichend gewährleistet ist.

(2) Die Bundesministerin für Klimaschutz, Umwelt, Energie, Mobilität, Innovation und Technologie ist zuständige Behörde gemäß Art. 3 Abs. 1 der Verordnung (EU) 2019/941.

Vorbereitung, Durchführung und Koordinierung von Lenkungsmaßnahmen

§ 15. (1) Die Vorbereitung und Koordinierung der im Anlassfall in den in Österreich liegenden Regelzonen vorzusehenden Lenkungsmaßnahmen wird der E–Control übertragen (§ 5 des Energie-Control-Gesetzes – E–ControlG, BGBl. I Nr. 110/2010). Diese umfasst insbesondere die Mitarbeit bei der Bestimmung von nationalen Szenarien für Stromversorgungskrisen gemäß Art. 7 der Verordnung (EU) 2019/941, bei der Erstellung eines Risikovorsorgeplans gemäß Art. 10 der Verordnung (EU) 2019/941, bei der Vorbereitung der Vereinbarungen über regionale oder bilaterale Maßnahmen gemäß Art. 12 und Art. 15 der Verordnung (EU) 2019/941 sowie bei der Nachträglichen Evaluierung gemäß Art. 17 der Verordnung (EU) 2019/941. Die operative Durchführung der Maßnahmen der Verordnungen gemäß §§ 16 bis 20 anhand der in den Lenkungsverordnungen festzulegenden Kriterien obliegt den Regelzonenführern unter Einbindung der Netzbetreiber, Bilanzgruppenkoordinatoren, Bilanzgruppenverantwortlichen und Stromhändler, die sich zur Sicherung der bundeseinheitlichen Vorgangsweise abstimmen.

(2) Die E-Control hat zur Vorbereitung der Lenkungsmaßnahmen gemäß Abs. 1 ein Monitoring der Versorgungssicherheit im Elektrizitätsbereich durchzuführen. Die in § 7 des Elektrizitätswirtschafts- und -organisationsgesetzes 2010 – ElWOG 2010, BGBl. I
Nr. 110/2010, bezeichneten Bilanzgruppenkoordinatoren, Bilanzgruppenverantwortlichen, Einspeiser, Elektrizitätsunternehmen, Netzbetreiber und Regelzonenführer haben dabei mitzuwirken. Dieses Monitoring betrifft insbesondere

1. das Verhältnis zwischen Angebot und Nachfrage auf dem heimischen Markt;
2. die erwartete Nachfrageentwicklung und das verfügbare Angebot;
3. die in der Planung und im Bau befindlichen zusätzlichen Kapazitäten;

4. die Qualität und den Umfang der Netzwartung;
5. Maßnahmen zur Bedienung von Nachfragespitzen und zur Bewältigung von Ausfällen eines oder mehrerer Versorger sowie
6. die Verfügbarkeit von Elektrizitätserzeugungsanlagen und Netzen.

(3) Die E-Control ist ermächtigt,

1. zur Vorbereitung der Lenkungsmaßnahmen zur Sicherstellung der Elektrizitätsversorgung (Abs. 1) und
2. zur Durchführung eines Monitorings der Versorgungssicherheit im Elektrizitätsbereich (Abs. 2)

durch Verordnung die Meldung von historischen, aktuellen und vorausschauenden Daten in periodischen Abständen auch dann anzuordnen, wenn die Voraussetzungen des § 4 Abs. 1 nicht vorliegen. Die Meldepflichten können im Engpassfall, der in der Verordnung näher zu umschreiben ist, sowie wenn die Voraussetzungen des § 4 Abs. 1 vorliegen, erweitert werden.

(4) Daten, hinsichtlich deren Meldungen gemäß Abs. 3 angeordnet werden können, sind folgende:

1. Angaben über die Aufbringung, die Abgabe, den Verbrauch, den Import und den Export elektrischer Energie, sowie Art, Menge und Lagerstände der eingesetzten Primärenergieträger;
2. technische Kennzahlen der Leitungs- und Erzeugungsanlagen.

(5) Bei der Anordnung der Meldungen gemäß Abs. 3 kann eine Gliederung nach Verwendungszweck, Wirtschaftstätigkeiten, Netzbetreibern und Bundesländern vorgeschrieben werden. Darüber hinaus können Daten von Endverbrauchern mit einem durchschnittlichen Monatsverbrauch von mehr als 500 000 kWh im letzten Kalenderjahr (§ 16) auch monatlich und einzeln erhoben werden.

(6) Meldepflichtige haben der E-Control eine für die Datenerfassung und –übermittlung verantwortliche Person anzuzeigen. Regelzonenführer, Netzbetreiber, Erzeuger sowie Verbraucher gemäß Abs. 5 letzter Satz haben jene Personen, die innerbetrieblich für die Umsetzung von Lenkungsmaßnahmen zuständig sind, der E-Control anzuzeigen.

(7) Die Ergebnisse der Monitoring-Tätigkeiten gemäß Abs. 2 können für Zwecke der langfristigen Planung sowie zur Erstellung eines Berichtes gemäß § 28 Abs. 3 des E-ControlG verwendet werden.

(8) Daten, die auf Grundlage des § 27 dieses Bundesgesetzes und des § 92 ElWOG 2010 erhoben werden und Daten die dem Regelzonenführer im Rahmen des Engpassmanagements zur Verfügung stehen, können für die Vorbereitung und Koordinierung von Lenkungsmaßnahmen zur Sicherung der Elektrizitätsversorgung herangezogen werden.

(9) Die E-Control hat aus den gemäß Abs. 3, 6 und 8 erhobenen Daten den Regelzonenführern und den Landeshauptmännern die für die Vorbereitung und die operative Durchführung erforderlichen Daten zur Verfügung zu stellen.

(10) Das Meldesystem für Daten, die ausschließlich im Engpassfall gemeldet werden müssen, kann zumindest einmal jährlich auf Aufforderung der E-Control überprüft werden.

(11) Von der E-Control können alle zwei Jahre Übungen unter der Annahme von Krisenszenarien angeordnet werden.

Anweisungen an Marktteilnehmer

§ 16. Verordnungen gemäß § 14 Z 1 haben die Erteilung jener Anweisungen an Erzeuger, Netzbetreiber, Bilanzgruppenkoordinatoren, Bilanzgruppenverantwortliche und Stromhändler zur Erzeugung, Übertragung, Verteilung und den Handel vorzusehen, die zur Sicherstellung der Versorgung mit elektrischer Energie notwendig sind.

Verteilung nach dem Grad der Dringlichkeit

§ 17. Verordnungen gemäß § 14 Z 2 haben vorzusehen, dass die Lieferung der verfügbaren elektrischen Energie an die Endverbraucher nach dem Grade der Dringlichkeit erfolgt. Insbesondere kann bestimmt werden, dass Endverbraucher ohne weiteres Verfahren vorübergehend von der Belieferung ausgeschlossen oder in dieser beschränkt werden können. Erforderlichenfalls kann die E-Control ermächtigt werden, Endverbraucher mit einem durchschnittlichen Monatsverbrauch von mehr als 500 000 kWh in den letzten zwölf Monaten einer gesonderten Regelung zu unterziehen.

Import und Export

§ 18. Verordnungen gemäß § 14 Z 3 haben auf die österreichische Stromversorgungslage sowie auf Verpflichtungen im Sinne des § 4 Abs. 2 Bedacht zu nehmen.

Betriebsweise und Emissionsgrenzwerte

§ 19. Verordnungen gemäß § 14 Z 4 sind nur insoweit zu erlassen, als dies zur Sicherstellung der Versorgung mit elektrischer Energie erforderlich ist. Auf die Vermeidung von gefährlichen Belastungen für die Umwelt ist Bedacht zu nehmen. Entgegenstehende Regelungen sind für die Dauer der Geltung dieser Verordnungen nicht anzuwenden.

Erneuerbare Energien

§ 20. Verordnungen gemäß § 14 Z 5 können gegenüber den Festlegungen anderer Rechtsvorschriften hinsichtlich erneuerbarer Energien eine abweichende Regelung vorsehen, insoweit dies zur Sicherstellung der Versorgung mit elektrischer Energie erforderlich ist.

Versorgung in den Bundesländern

§ 21. (1) Verordnungen gemäß § 14 Z 6 und Z 7 haben die Energieversorgung in den einzelnen Ländern zu berücksichtigen.

(2) Die Durchführung von Lenkungsmaßnahmen hinsichtlich der Landesverbrauchskontingente gemäß § 14 Z 7 sowie die Erlassung von Regelungen gemäß § 14 Z 6 in den Bundesländern obliegt dem Landeshauptmann. Der Landeshauptmann kann zur Durchführung der Maßnahmen die im Land benannten Regelzonenführer sowie die im Land tätigen Netzbetreiber, Bilanzgruppenkoordinatoren, Bilanzgruppenverantwortlichen und Stromhändler beauftragen.

(3) Bei der Durchführung von Lenkungsmaßnahmen im Rahmen des Landesverbrauchskontingentes gemäß § 14 Z 7 ist der Landeshauptmann an die bundeseinheitliche Verteilungsregelung gebunden, sofern sich nicht aus der Lage der Versorgung mit elektrischer Energie ergibt, dass eine Abweichung von der bundeseinheitlichen Regelung zu keiner Gefahr einer Überschreitung des im Land erforderlichen Einsparungszieles führen wird. Wird das Einsparungsziel im Land nicht erreicht, kann die E-Control die nötigen Maßnahmen mit bindender Wirkung für das betreffende Bundesland erlassen.

(4) Die Regelung der Lieferung der verfügbaren elektrischen Energie an Endverbraucher in den Bundesländern hat nach dem Grade der Dringlichkeit zu erfolgen. Insbesondere können Endverbraucher ohne weiteres Verfahren vorübergehend von der Belieferung ausgeschlossen oder in dieser beschränkt werden.

(5) Durch Verordnung des Landeshauptmannes können regional umschriebene Gebiete vom Strombezug ausgeschlossen oder abgeschaltet werden. Auf Maßnahmen auf Grund einer Verordnung gemäß § 17 ist Bedacht zu nehmen.

Bedachtnahme auf die Fernwärmeversorgung

§ 22. Verordnungen gemäß § 14 Z 8 und Z 9 haben die Erteilung jener Anweisungen oder Verfügungen an Fernwärmeunternehmen bzw. Aufrufe an Fernwärmeabnehmer vorzusehen, die zur Sicherstellung der Versorgung mit elektrischer Energie sowie der Wärmeversorgung der Privathaushalte notwendig sind.

Mehrverbrauchsgebühren Strom

§ 23. (1) Für die entgegen Beschränkungsmaßnahmen für den Stromverbrauch mehrverbrauchte elektrische Energie sind Mehrverbrauchsgebühren zum Strompreis einzuheben.

(2) Nähere Bestimmungen über Zahlungsmodalitäten, die Art der Festlegung der Höhe der Mehrverbrauchsgebühren sowie die operative Abwicklung sind durch Verordnung der E-Control festzulegen.

(3) Die Aufteilung der eingehobenen Mehrverbrauchsgebühren ist nach einem von der E-Control festzulegenden Schlüssel auf die beteiligten Elektrizitätsunternehmen zur Bedeckung der Kosten der Lenkungsmaßnahmen zur Sicherung der Elektrizitätsversorgung vorzunehmen.

(4) Zur Vermeidung wirtschaftlicher und sozialer Härtefälle kann der Landeshauptmann auf binnen zwei Wochen nach Vorschreibung der Mehrverbrauchsgebühren einzubringenden Antrag die Mehrverbrauchsgebühren durch Bescheid ermäßigen.

(5) Für jene Endverbraucher, die gemäß § 17 einer gesonderten Regelung durch die E-Control unterzogen werden, kann diese zur Vermeidung wirtschaftlicher Härtefälle auf binnen zwei Wochen nach Vorschreibung der Mehrverbrauchsgebühren einzubringenden Antrag die Mehrverbrauchsgebühren durch Bescheid ermäßigen.

Allgemeine Bedingungen

§ 24. (1) Die Regelungen und Maßnahmen auf Grund der §§ 16 bis 22 sowie die Regelung der Mehrverbrauchsgebühren (§ 23) gelten als Bestandteil der Allgemeinen Bedingungen und der Stromlieferungsverträge.

(2) Kann ein Vertrag wegen Maßnahmen, die auf Grund der §§ 16 bis 22 getroffen wurden, nicht oder nicht gehörig erfüllt werden, so entstehen keine Schadenersatzansprüche gegen den Schuldner. Die Bestimmungen des Amtshaftungsgesetzes, BGBl. Nr. 20/1949, werden hiedurch nicht berührt.

Auskunftserteilung

§ 25. Soweit es zur Sicherstellung der Elektrizitätsversorgung erforderlich ist, sind Erzeuger, Regelzonenführer, Netzbetreiber, Bilanzgruppenkoordinatoren, Bilanzgruppenverantwortliche und Kunden zur Auskunftserteilung an die E-Control und in dessen Wirkungsbereich an den Landeshauptmann verpflichtet. Die E-Control und die Landeshauptmänner sind insoweit zur Verarbeitung und Übermittlung von Daten im Sinne des Datenschutzgesetzes ermächtigt, als dies zur Sicherstellung der Elektrizitätsversorgung in ihrem Wirkungsbereich eine wesentliche Voraussetzung bildet.

Ermächtigung für Ressortübereinkommen über regionale und bilaterale Maßnahmen

§ 25a. (1) Sofern die Bundesministerin für Klimaschutz, Umwelt, Energie, Mobilität, Innovation und Technologie zum Abschluss von Ressortübereinkommen gemäß Art. 66 Abs. 2 B–VG ermächtigt ist, kann sie Übereinkommen über regionale oder bilaterale Maßnahmen gemäß Art. 12 und

Art. 15 der Verordnung (EU) 2019/941 abschließen. Zudem ist sie ermächtigt, die erforderlichen technischen, rechtlichen und finanziellen Regelungen für die Umsetzung dieser regionalen oder bilateralen Maßnahmen festzulegen.

(2) Die Ermächtigung zum Abschluss von Übereinkommen über regionale Maßnahmen besteht in Bezug auf jene Mitgliedstaaten der Europäischen Union, welche derselben Region gemäß Art. 2 Z 16 und Art. 22 der Verordnung (EU) 2019/941 wie die Republik Österreich angehören und hinsichtlich welcher die Republik Österreich über die technischen Möglichkeiten verfügt, gemäß Art. 15 der Verordnung (EU) 2019/941 Unterstützung zu leisten, sofern auch diese Mitgliedstaaten der Europäischen Union über die technischen Möglichkeiten verfügen, gemäß Art. 15 der Verordnung (EU) 2019/941 gegenüber der Republik Österreich Unterstützung zu leisten.

(3) Die Ermächtigung zum Abschluss von Übereinkommen über bilaterale Maßnahmen besteht in Bezug auf jene Mitgliedstaaten der Europäischen Union, welche nicht derselben Region gemäß Art. 2 Z 16 und Art. 22 der Verordnung (EU) 2019/941 wie die Republik Österreich angehören, die aber gemäß Art. 12 Abs. 1 der Verordnung (EU) 2019/941 mit der Republik Österreich direkt verbunden sind.

Teil 4

Lenkungsmaßnahmen zur Sicherung der Erdgasversorgung

Vorschreibung und Durchführung von Lenkungsmaßnahmen für Erdgas

§ 26. (1) Die Bundesministerin für Klimaschutz, Umwelt, Energie, Mobilität, Innovation und Technologie kann, wenn die Voraussetzungen des § 4 Abs. 1 zutreffen, nach den Bestimmungen des § 4 Abs. 2 bis Abs. 4 durch Verordnung folgende Lenkungsmaßnahmen zur Sicherstellung der Erdgasversorgung vorsehen:

1. Erteilung von Anweisungen an Erdgasunternehmen im Sinne des § 7 Abs. 1 Z 16 des Gaswirtschaftsgesetzes 2011 – GWG 2011, BGBl. I Nr. 107/2011, Verteilergebietsmanager, Marktgebietsmanager, Betreiber des virtuellen Handelspunkts, Bilanzgruppenverantwortliche, Bilanzgruppenkoordinatoren und Produzenten über die Produktion, die Fernleitung, die Verteilung, die Speicherung und den Handel von Erdgas (§ 28);

1a. Regelungen über markterhaltende Maßnahmen (§ 28a);

2. Aufrufe und Verfügungen an Endverbraucher über die Zuteilung, Entnahme und die Verwendung von Erdgas sowie den Ausschluss von der Entnahme von Erdgas (§ 29);

3. Regelungen über die Lieferung von Erdgas von und nach EU-Mitgliedstaaten und Drittstaaten (§ 30);

4. Regelungen über die Betriebsweise sowie Festlegung von Abweichungen von Emissionsgrenzwerten für Großabnehmer, die aufgrund von Anordnungen gemäß Z 2 den Erdgasverbrauch durch einen anderen Energieträger substituieren (§ 31);

5. Erteilung von Anweisungen oder Verfügungen
   a) an Erzeuger, die Kraft-Wärmekopplungsanlagen mit einer Engpassleistung von zumindest 50 MW (thermisch) oder einer jährlichen Wärmeabgabe von zumindest 300 GWh betreiben, sowie
   b) an Fernwärmeunternehmen mit einer gesamten Wärmeengpassleistung aller Heizwerke und Heizkraftwerke von zumindest 50 MW (thermisch) oder einer jährlichen Wärmeabgabe von zumindest 300 GWh,

   Erdgas durch andere Energieträger soweit technisch möglich zu substituieren sowie die Vorlauftemperatur für die Einspeisung in das Fernwärmenetz abzusenken (§ 32);

6. Aufrufe an Fernwärmeabnehmer über die Verwendung von Fernwärme (§ 32).

(2) Die Bundesministerin für Klimaschutz, Umwelt, Energie, Mobilität, Innovation und Technologie ist zuständige Behörde gemäß Art. 3 Abs. 2 der Verordnung (EU) 2017/1938.

Geschützte Gasmengen

§ 26a.[a)] (1) Gasmengen, welche von Endverbrauchern oder von diesen beauftragen Dritten ab dem 27. April 2022 in Speicheranlagen eingespeichert werden, sind, vorbehaltlich der in Abs. 3 genannten Fälle, bis zu einem Anteil von 50 % ihres Verbrauchs im vorangegangenen Kalenderjahr von mengenbezogenen Lenkungsmaßnahmen gemäß § 26 Abs. 1 nicht erfasst.

(2) Nähere Bestimmungen zum Nachweis der Einspeicherung von Gasmengen gemäß Abs. 1 sind durch Verordnung nach § 27 Abs. 3 festzulegen.

(3) Geschützte Gasmengen gemäß Abs. 1 können in folgenden Fällen nur gegen Ersatz des Kaufpreises samt Speicherkosten und Netznutzungsentgelten mengenbezogenen Lenkungsmaßnahmen gemäß § 26 Abs. 1 unterliegen:

1. in den Fällen des § 4 Abs. 1 Z 1, soweit es zur Aufrechterhaltung des technisch sicheren und verlässlichen Betriebs des Gasnetzes erforderlich ist, oder
2. in den Fällen des § 4 Abs. 1 Z 2 bis 4.

a) Tritt mit Ablauf des 31. Mai 2025 außer Kraft.

Vorbereitung, Durchführung und Koordinierung von Lenkungsmaßnahmen

§ 27.[a)] (1) Vorbereitung und Koordinierung der im Anlassfall in den in Österreich liegenden

Marktgebieten vorzusehenden Lenkungsmaßnahmen werden der E–Control übertragen. Dies umfasst insbesondere die Mitarbeit bei der Erstellung eines Präventions- und Notfallplanes gemäß Art. 8 und Art. 9 der Verordnung (EU) 2017/1938 sowie der Risikobewertung gemäß Art. 7 der Verordnung (EU) 2017/1938. Die operative Durchführung der Maßnahmen der Verordnungen gemäß §§ 28 und 32 anhand der in den Lenkungsverordnungen festzulegenden Kriterien obliegt den Verteilergebietsmanagern und den Marktgebietsmanagern unter Einbindung der Erdgasunternehmen, einschließlich der Bilanzgruppenverantwortlichen, Bilanzgruppenkoordinatoren und Produzenten.

(2) Die E-Control hat zur Vorbereitung der Lenkungsmaßnahmen gemäß Abs. 1 ein Monitoring der Versorgungssicherheit im Erdgasbereich durchzuführen. Die gemäß § 17 GWG 2011 benannten Verteilergebietsmanager sowie die gemäß § 13 GWG 2011 benannten Marktgebietsmanager haben dabei mitzuwirken. Dieses Monitoring betrifft insbesondere

1. das Verhältnis zwischen Angebot und Nachfrage auf dem heimischen Markt;
2. die erwartete Nachfrageentwicklung und das verfügbare Angebot;
3. die in der Planung und im Bau befindlichen zusätzlichen Kapazitäten;
4. die Qualität und den Umfang der Netzwartung;
5. Maßnahmen zur Bedienung von Nachfragespitzen und zur Bewältigung von Ausfällen eines oder mehrerer Versorger sowie
6. die Verfügbarkeit von Erdgasquellen (Produktion, Speicher, Import) und Netzen.

(3) Die E-Control ist ermächtigt,

1. zur Vorbereitung der Lenkungsmaßnahmen zur Sicherstellung der Erdgasversorgung (Abs. 1) und
2. zur Durchführung eines Monitorings der Versorgungssicherheit im Erdgasbereich (Abs. 2)

durch Verordnung die Meldung von historischen, aktuellen und vorausschauenden Daten in periodischen Abständen auch dann anzuordnen, wenn die Voraussetzungen des § 4 Abs. 1 nicht vorliegen. Die Meldepflichten können im Engpassfall, der in der Verordnung näher zu umschreiben ist, sowie wenn die Voraussetzungen des § 4 Abs. 1 vorliegen, erweitert werden.

(4) Daten, hinsichtlich derer Meldungen gemäß Abs. 3 angeordnet werden können, sind folgende:

1. Angaben über das Aufbringungsvermögen, das Abgabevermögen, den Verbrauch, den Import und den Export einschließlich Transit, sowie verfügbare Mengen und Leistungen aus Produktion und Speicherung;

1a. Angaben über geschützte Gasmengen gemäß § 26a;

2. technische Kennzahlen der Erdgasleitungs-, Produktions- und Speicheranlagen;
3. Daten gemäß Art. 14 der Verordnung (EU) 2017/1938;
4. Angaben über das Fernwärmeaufbringungsvermögen, das Abgabevermögen, sowie die eingesetzten Primärenergieträger zur Fernwärmeproduktion;
5. technische Kennzahlen von Anlagen zur Fernwärmeerzeugung und –fortleitung.

(5) Bei der Anordnung der Meldungen gemäß Abs. 3 kann eine Gliederung nach Verwendungszweck, Wirtschaftstätigkeiten, Netzbetreibern und Bundesländern vorgeschrieben werden. Darüber hinaus können Daten von Endverbrauchern mit einem vertraglich vereinbarten Verbrauch von mehr als 50 000 kWh/h (§ 29) auch monatlich und einzeln erhoben werden.

(6) Meldepflichtige haben der E-Control eine für die Datenerfassung und –übermittlung verantwortliche Person anzuzeigen. Erdgasunternehmen sowie Endverbraucher gemäß Abs. 5 letzter Satz haben jene Personen, die innerbetrieblich für die Umsetzung von Lenkungsmaßnahmen zuständig sind, der E-Control anzuzeigen.

(7) Die Ergebnisse der Monitoring-Tätigkeiten gemäß Abs. 2 können für Zwecke der langfristigen Planung sowie zur Erstellung eines Berichtes gemäß § 29 Abs. 3 E-ControlG verwendet werden.

(8) Daten, die auf Grundlage des § 15 dieses Bundesgesetzes und des § 147 GWG 2011 erhoben werden, und Daten, die dem Verteilergebietsmanager im Rahmen des Engpassmanagements zur Verfügung stehen, können für die Vorbereitung und Koordinierung von Lenkungsmaßnahmen zur Sicherung der Erdgasversorgung herangezogen werden.

(9) Die E-Control hat aus den gemäß Abs. 3, 6 und 8 erhobenen Daten den Verteilergebietsmanagern und den Marktgebietsmanagern die jeweils für die Vorbereitung und die operative Durchführung erforderlichen Daten zur Verfügung zu stellen.

(10) Das Meldesystem für Daten, die ausschließlich im Engpassfall gemeldet werden müssen, kann zumindest einmal jährlich auf Aufforderung der E-Control überprüft werden.

(11) Von der E-Control können alle zwei Jahre Übungen unter der Annahme von Krisenszenarien angeordnet werden.

[a] § 27 Abs. 4 Z 1a tritt mit Ablauf des 31. Mai 2025 außer Kraft.

Anweisungen an Marktteilnehmer

§ 28. Verordnungen gemäß § 26 Abs. 1 Z 1 haben die Erteilung jener Anweisungen an Erdgasunternehmen einschließlich Verteilergebietsmanager, Produzenten, Bilanzgruppenverantwortliche, Bilanzgruppenkoordinatoren, Marktgebietsmanager und Betreiber des Virtuellen Handelspunktes zur Produktion, den Transport, die Fernleitung, die Verteilung, die Speicherung und den Handel vorzusehen, die zur Sicherstellung der Versorgung mit Erdgas notwendig sind.

Regelungen über markterhaltende Maßnahmen

§ 28a. (1) In Verordnungen gemäß § 26 Abs. 1 Z 1a können Endverbraucher verpflichtet werden, ihre bereits erworbenen Erdgasmengen über Flexibilisierungsinstrumente anzubieten.

(2) Verordnungen gemäß § 26 Abs. 1 Z 1a können weitere Anordnungen vorsehen, um die von den Endverbrauchern bereits erworbenen Erdgasmengen dem Markt zur Verfügung zu stellen.

Verteilung nach dem Grad der Dringlichkeit

§ 29. (1) Verordnungen gemäß § 26 Abs. 1 Z 2 haben vorzusehen, dass die Lieferung des verfügbaren Erdgases an die Endverbraucher nach dem Grade der Dringlichkeit, der Substituierbarkeit durch andere Energieträger und dem Ausmaß an volkswirtschaftlichen Auswirkungen unter Berücksichtigung der Sicherstellung der Gasversorgung für geschützte Kunden gemäß der Verordnung (EU) 2017/1938 sowie der Wärmeversorgung der Privathaushalte erfolgt. Insbesondere kann bestimmt werden, dass Endverbraucher mit Ausnahme der geschützten Kunden ohne weiteres Verfahren vorübergehend von der Belieferung ausgeschlossen bzw. dass Endverbraucher in der Belieferung beschränkt werden können. Erforderlichenfalls kann die E-Control ermächtigt werden, Endverbraucher mit einem vertraglich vereinbarten Verbrauch von mehr als 50 000 kWh/h einer gesonderten Regelung zu unterziehen.

(2) Der Verteilergebietsmanager ist verpflichtet, eine Methode zu erstellen, anhand derer die Mengen an Erdgas ermittelt werden können, die im Fall des Abs. 1 vorübergehend auszuschließen oder zu beschränken sind. Die Methode ist nach objektiven und transparenten Kriterien zu erstellen und hat dem Stand der Technik zu entsprechen. Die Methode ist zumindest alle fünf Jahre vom Verteilergebietsmanager zu überprüfen und gegebenenfalls zu aktualisieren.

(3) Die Bundesministerin für Klimaschutz, Umwelt, Energie, Mobilität, Innovation und Technologie hat die nach Abs. 2 erstellte Methode in geeigneter Weise zu veröffentlichen.

(4) Bei Gefahr in Verzug kann der Verteilergebietsmanager von der nach Abs. 2 erstellten Methode abweichen. Der Verteilergebietsmanager hat in diesem Fall die Bundesministerin für Klimaschutz, Umwelt, Energie, Mobilität, Innovation und Technologie unverzüglich zu informieren.

(5) Die Abs. 2 bis 4 gelten sinngemäß für die Ermittlung einer Methode zur Berechnung der Solidaritätsmengen gemäß Art. 13 der Verordnung (EU) 2017/1938.

Import und Export

§ 30. Unbeschadet der Verpflichtungen aus der Verordnung (EU) 2017/1938 haben Verordnungen gemäß § 26 Abs. 1 Z 3 auf die österreichische Gasversorgungslage sowie auf Verpflichtungen im Sinne des § 4 Abs. 2 Bedacht zu nehmen.

Betriebsweise und Emissionsgrenzwerte

§ 31. Verordnungen gemäß § 26 Abs. 1 Z 4 sind nur insoweit zu erlassen, als dies zur Sicherstellung der Versorgung mit Erdgas erforderlich ist. Auf die Vermeidung von gefährlichen Belastungen für die Umwelt ist Bedacht zu nehmen. Entgegenstehende Regelungen sind für die Dauer der Geltung dieser Verordnungen nicht anzuwenden.

Bedachtnahme auf die Fernwärmeversorgung

§ 32. Verordnungen gemäß § 26 Abs. 1 Z 5 und Z 6 haben die Erteilung jener Anweisungen oder Verfügungen an Fernwärmeunternehmen bzw. Aufrufe an Fernwärmeabnehmer vorzusehen, die zur Sicherstellung der Versorgung mit Erdgas sowie der Wärmeversorgung der Privathaushalte notwendig sind.

Mehrverbrauchsgebühren Erdgas

§ 33. (1) Für das entgegen Beschränkungsmaßnahmen für den Erdgasverbrauch mehrverbrauchte Erdgas sind Mehrverbrauchsgebühren zum Erdgaspreis einzuheben.

(2) Nähere Bestimmungen über Zahlungsmodalitäten, der Art der Festlegung der Höhe der Mehrverbrauchsgebühren sowie der operativen Abwicklung sind durch Verordnung der E-Control festzulegen.

(3) Die Aufteilung der eingehobenen Mehrverbrauchsgebühren ist nach einem von der E-Control festzulegenden Schlüssel auf die beteiligten Erdgasunternehmen zur Bedeckung der Kosten der Lenkungsmaßnahmen zur Sicherung der Erdgasversorgung vorzunehmen.

(4) Zur Vermeidung wirtschaftlicher und sozialer Härtefälle kann der Landeshauptmann auf binnen zwei Wochen nach Vorschreibung der Mehrverbrauchsgebühren einzubringenden Antrag die Mehrverbrauchsgebühren durch Bescheid ermäßigen.

(5) Für jene Endverbraucher, die gemäß § 28 einer gesonderten Regelung durch die E-Control unterzogen werden, kann diese zur Vermeidung wirtschaftlicher Härtefälle auf binnen zwei Wochen nach Vorschreibung der Mehrverbrauchsgebühren einzubringenden Antrag die Mehrverbrauchsgebühren durch Bescheid ermäßigen.

Allgemeine Bedingungen

§ 34. (1) Die Regelungen und Maßnahmen auf Grund der §§ 28 bis 32 sowie die Regelung der Mehrverbrauchsgebühren (§ 33) gelten als Bestandteil der Allgemeinen Bedingungen und der Gasversorgungsverträge.

(2) Kann ein Vertrag wegen Maßnahmen, die auf Grund der §§ 28 bis 32 getroffen wurden, nicht oder nicht gehörig erfüllt werden, so entstehen

keine Schadenersatzansprüche gegen den Schuldner. Die Bestimmungen des Amtshaftungsgesetzes werden hiedurch nicht berührt.

Auskunftserteilung

§ 35. Soweit es zur Sicherstellung der Erdgasversorgung erforderlich ist, sind Erdgasunternehmen einschließlich Verteilergebietsmanager, Produzenten, Bilanzgruppenverantwortliche, Bilanzgruppenkoordinatoren, Marktgebietsmanager, Betreiber des Virtuellen Handelspunktes und Kunden zur Auskunftserteilung an die E-Control und in dessen Wirkungsbereich an den Landeshauptmann verpflichtet. Die E-Control und die Landeshauptmänner sind insoweit zur Verarbeitung und Übermittlung von Daten im Sinne des Datenschutzgesetzes ermächtigt, als dies zur Sicherstellung der Erdgasversorgung eine wesentliche Voraussetzung bildet.

Ermächtigung für Ressortübereinkommen im Solidaritätsfall

§ 35a. (1) Sofern die Bundesministerin für Klimaschutz, Umwelt, Energie, Mobilität, Innovation und Technologie zum Abschluss von Ressortübereinkommen gemäß Art. 66 Abs. 2 B–VG ermächtigt ist, kann sie Übereinkommen über die technischen, rechtlichen und finanziellen Regelungen zur Inanspruchnahme und Gewährung von Solidaritätsmaßnahmen gemäß Art. 13 der Verordnung (EU) 2017/1938 mit direkt oder über Drittstaaten verbundenen Mitgliedstaaten der Europäischen Union abschließen.

(2) Der Abschluss eines Übereinkommens nach Abs. 1 unterliegt folgenden Voraussetzungen:

1. Die Versorgung mit Erdgas der durch Solidarität geschützten Kunden sowie der kritischen Gaskraftwerke gemäß Art. 11 Abs. 7 der Verordnung (EU) 2017/1938 in Österreich darf durch den Abschluss eines solchen Übereinkommens nicht beeinträchtigt werden.
2. Sofern die Republik Österreich als Solidarität leistender Staat gemäß der Verordnung (EU) 2017/1938 auftritt,

a) müssen Erdgasmengen aus markterhaltenden Maßnahmen gemäß § 28a zu Preisen in EUR/MWh angeboten werden, die mindestens jenem Wert entsprechen, der durch die Methode gemäß Abs. 4 ermittelt wird;

b) kann vorgesehen werden, dass der um Solidarität ersuchende Staat eine Sicherheitsleistung oder vergleichbare Garantie nachweisen muss.

(3) Allfällige aus der Solidaritätslieferung entstehende Forderungen von Erdgasunternehmen oder Endverbrauchern sind nach Einlangen der Entschädigungszahlungen des um Solidarität ersuchenden Staates durch den zuständigen Bilanzgruppenkoordinator zu begleichen.

(4) Die Regulierungsbehörde hat anhand einer Methode den Wert der Zahlungsbereitschaft für die Aufrechterhaltung der Gasversorgung (Cost of Disruption of Gas Supply) in EUR/MWh zu ermitteln. Die Methode ist von der Regulierungsbehörde nach objektiven und transparenten Kriterien zu erstellen und hat vergleichbare Märkte sowie unterschiedliche Krisensituationen abzubilden.

(5) Die Bundesministerin für Klimaschutz, Umwelt, Energie, Mobilität, Innovation und Technologie hat die nach Abs. 4 erstellte Methode in geeigneter Weise zu veröffentlichen. Die Methode ist zumindest alle fünf Jahre von der Regulierungsbehörde zu überprüfen und gegebenenfalls zu aktualisieren.

Teil 5
Energielenkungsbeirat

Aufgaben und Zusammensetzung

§ 36. (1) Zur Beratung der Bundesministerin für Klimaschutz, Umwelt, Energie, Mobilität, Innovation und Technologie sowie zur Vorbereitung und Begutachtung von Maßnahmen gemäß § 7, § 14 und § 26 wird bei der Bundesministerin für Klimaschutz, Umwelt, Energie, Mobilität, Innovation und Technologie ein Beirat errichtet (Energielenkungsbeirat), der insbesondere vor Erlassung von Verordnungen nach diesem Bundesgesetz anzuhören ist. Die Anhörung des Beirates kann bei Gefahr im Verzug entfallen. Der Beirat ist jedoch nachträglich unverzüglich mit der Angelegenheit zu befassen. Im Falle von Lenkungsmaßnahmen im Elektrizitäts- oder Erdgasbereich ist jedenfalls die E-Control, in seinem Wirkungsbereich der Landeshauptmann zu hören.

(2) Dem Beirat haben als Mitglieder anzugehören:

1. drei Vertreter des Bundesministeriums für Klimaschutz, Umwelt, Energie, Mobilität, Innovation und Technologie, je ein Vertreter des Bundeskanzleramtes, der Bundesministerien für europäische und internationale Angelegenheiten, für Digitalisierung und Wirtschaftsstandort, für Finanzen, für Inneres, für Landesverteidigung und für Landwirtschaft, Regionen und Tourismus;
2. je zwei Vertreter der Wirtschaftskammer Österreich, der Landwirtschaftskammer Österreich, der Bundesarbeitskammer, des Österreichischen Gewerkschaftsbundes und der Industriellenvereinigung;
3. ein Vertreter der E-Control;
4. je ein Vertreter der Länder;
5. je ein Fachmann auf dem Gebiet der Mineralölindustrie, des Energiehandels sowie der Gas- und Wärmeversorgung;
6. ein Vertreter von Österreichs E-Wirtschaft;
7. je ein Vertreter der im Hauptausschuss des Nationalrates vertretenen Parteien.

(3) Die Mitglieder des Beirates sind von der Bundesministerin für Klimaschutz, Umwelt, Energie, Mobilität, Innovation und Technologie zu bestellen. Die im Abs. 2, 4, 6 und 7 genannten Mitglieder sind auf Vorschlag der entsendenden Stelle, die im Abs. 2 Z 5 genannten Mitglieder sind auf Vorschlag der Wirtschaftskammer Österreich zu bestellen.

(4) Den Vorsitz im Beirat führt die Bundesministerin für Klimaschutz, Umwelt, Energie, Mobilität, Innovation und Technologie, die sich durch einen Bediensteten ihres Ministeriums vertreten lassen kann.

(5) Für die Beschlussfähigkeit des Beirates in Angelegenheiten dieses Bundesgesetzes ist die ordnungsgemäß erfolgte Einladung aller Mitglieder des Beirates und die Anwesenheit von mindestens einem Drittel der Mitglieder erforderlich. Ist zu Beginn einer Sitzung die erforderliche Zahl der Mitglieder nicht anwesend, so haben die Mitglieder eine Stunde nach dem in der Einladung genannten Termin neuerlich zusammenzutreten und die Tagesordnung ohne Rücksicht auf die Zahl der anwesenden Mitglieder zu behandeln.

(6) Der Beirat hat seine Geschäftsordnung mit einfacher Mehrheit zu beschließen. Die Geschäftsordnung hat die Tätigkeit des Beirates möglichst zweckmäßig zu regeln. Sie bedarf der Genehmigung der Bundesministerin für Klimaschutz, Umwelt, Energie, Mobilität, Innovation und Technologie.

Verschwiegenheitspflicht

§ 37. Die Mitglieder des Beirates dürfen sämtliche Amts-, Geschäfts- oder Betriebsgeheimnisse sowie alle Daten, die ihnen in dieser Eigenschaft anvertraut wurden oder zugänglich geworden sind, während der Dauer ihrer Bestellung und auch nach Erlöschen ihrer Funktion nicht offenbaren oder verwerten. Sie sind, soweit sie nicht beamtete Vertreter sind, von der Bundesministerin für Klimaschutz, Umwelt, Energie, Mobilität, Innovation und Technologie auf die gewissenhafte Erfüllung ihrer Obliegenheiten zu verpflichten.

Landesbeiräte

§ 38. (1) Zur Beratung des Landeshauptmannes (§ 21 Abs. 2) wird bei diesem ein Beirat errichtet. Ihm haben als Mitglieder anzugehören:

1. je ein Vertreter der Landeskammer der gewerblichen Wirtschaft, der Landwirtschaftskammer, der Kammer für Arbeiter und Angestellte und des Österreichischen Gewerkschaftsbundes;
2. höchstens zehn Fachleute aus dem Gebiet der Energiewirtschaft des betreffenden Landes;
3. zwei Bedienstete des Amtes der Landesregierung.

(2) Die Mitglieder des Beirates sind vom Landeshauptmann zu bestellen. Die im Abs. 1 Z 1 genannten Mitglieder sind auf Vorschlag der entsendenden Stelle zu bestellen. Die Zusammensetzung und deren Veränderungen sind der Bundesministerin für Klimaschutz, Umwelt, Energie, Mobilität, Innovation und Technologie mitzuteilen.

(3) Die Regelungen über den Vorsitz im Beirat trifft der Landeshauptmann. Im Übrigen gelten § 36 Abs. 5 und 6 sowie § 37 sinngemäß.

Teil 6
Strafbestimmungen
Allgemeine Strafbestimmungen

§ 39. (1) Sofern die Tat nicht den Tatbestand einer in die Zuständigkeit der Gerichte fallenden strafbaren Handlung bildet, begeht eine Verwaltungsübertretung und ist von der Bezirksverwaltungsbehörde zu bestrafen

1. mit Geldstrafe bis zu 72 660 Euro, wer
   a) Gebote und Verbote von gemäß den §§ 7, 14 und 26 erlassenen Verordnungen oder von auf Grund dieser Verordnungen erlassene Bescheide nicht befolgt, sofern die Tat nicht nach Z 2 oder Z 3 zu bestrafen ist;
   b) vorsätzlich die Durchführung von Geboten oder Verboten gemäß lit. a erschwert oder unmöglich macht;
2. mit Geldstrafe bis zu 2 180 Euro, wer
   a) einer gemäß § 7 erlassenen Verordnung über ein Benützungsverbot (§ 10 Abs. 1 Z 1) oder über die Kennzeichnung (§ 10 Abs. 4) zuwiderhandelt, eine Ausnahme vom Verbot fälschlich behauptet oder durch unrichtige Angaben erschleicht;
   b) Verordnungen über Meldeverpflichtungen (§ 11 Abs. 1, § 15 Abs. 2 und § 27 Abs. 2) zuwiderhandelt oder Auskünfte gemäß § 11 Abs. 2 und 3, § 25 und § 35 nicht oder nicht rechtzeitig, unrichtig oder unvollständig erstattet;
   c) vorsätzlich der Verpflichtung, die Überprüfungen und Einsichtnahmen gemäß § 11 Abs. 2 und 3 zu dulden, zuwiderhandelt;
3. mit Geldstrafe bis zu 726 Euro, wer eine gemäß § 7 verordnete Höchstgeschwindigkeit (§ 10 Abs. 1 Z 2) um 30km/h überschreitet.

(2) In den Fällen des Abs. 1 Z 1 ist der Versuch strafbar.

(3) Bei der Bemessung der Strafe ist in den Fällen des Abs. 1 Z 1 die durch eine strafbare Handlung verursachte Beeinträchtigung der Sicherung der Energieversorgung oder der Versorgung mit Rohstoffen (§ 7 Abs. 4) zu berücksichtigen. Für den Fall der Uneinbringlichkeit der Geldstrafe ist eine Ersatzfreiheitsstrafe, in den Fällen des Abs. 1 Z 1 bis zu sechs Wochen, sonst bis zu zwei Wochen festzusetzen.

(4) Bei vorsätzlich begangenen Verwaltungsübertretungen gemäß Abs. 1 können die den Gegenstand der strafbaren Handlung bildenden Energieträger, die dem Täter oder einem Beteiligten gehören, für verfallen erklärt werden. Der Wert der für verfallen erklärten Energieträger darf jedoch nicht in einem Missverhältnis zur Schwere der strafbaren Handlung stehen.

Mehrverbrauch

§ 40. (1) Wird die strafbare Handlung gemäß § 39 dadurch begründet, dass der Täter entgegen den verordneten Beschränkungsmaßnahmen für den Strom- bzw. Erdgasverbrauch Energie verbraucht, so ist er nicht zu bestrafen, wenn er eine Mehrverbrauchsgebühr gemäß § 23 bzw. § 33 bezahlt.

(2) Unbeschadet einer Bestrafung gemäß § 39 oder der Bezahlung einer Mehrverbrauchsgebühr gemäß §§ 23 oder 33, kann die gemäß §§ 15 oder 27 zuständige Behörde einen Strom- bzw. Erdgasverbraucher entsprechend dem Ausmaß des unzulässigen Mehrverbrauches vom Strom- bzw. Erdgasbezug ausschließen.

Mitwirkung der Bundespolizei

§ 41. Die Organe des Wachkörpers Bundespolizei haben als Hilfsorgane der Bezirksverwaltungsbehörden an der Vollziehung des § 39 Abs. 1 Z 2 lit. a und Z 3 durch

1. Vorbeugungsmaßnahmen gegen drohende Verwaltungsübertretungen;
2. Maßnahmen, die für die Einleitung oder Durchführung von Verwaltungsstrafverfahren erforderlich sind;
3. Anwendung körperlichen Zwangs, soweit er gesetzlich vorgesehen ist,

mitzuwirken.

Teil 7
Übergangs- und Schlussbestimmungen

Inkrafttreten

§ 42. (1) **(Verfassungsbestimmung)** § 1 tritt mit dem der Kundmachung folgenden Tag in Kraft. Gleichzeitig tritt Art. I des Energielenkungsgesetzes 1982, BGBl. Nr. 545/1982, zuletzt in der Fassung des Bundesgesetzes BGBl. I Nr. 50/2012, außer Kraft.

(2) Dieses Bundesgesetz tritt mit Ausnahme des § 1 mit dem, der Kundmachung folgenden Tag in Kraft. Gleichzeitig tritt Art. II des Energielenkungsgesetzes 1982, BGBl. Nr. 545/1982, zuletzt in der Fassung des Bundesgesetzes BGBl. I Nr. 50/2012, außer Kraft.

(3) § 6a ist von der Bundesministerin für Klimaschutz, Umwelt, Energie, Mobilität, Innovation und Technologie bis zum 31. Dezember 2024 zu evaluieren. Dem Nationalrat ist ein Bericht über die Ergebnisse der Evaluierung vorzulegen.

(4) § 26a und § 27 Abs. 4 Z 1a treten mit Ablauf des 31. Mai 2025 außer Kraft.

Vollziehung

§ 43. Mit der Vollziehung dieses Bundesgesetzes sind betraut:

1. **(Verfassungsbestimmung)** Hinsichtlich des § 1 und des § 42 Abs. 1 die Bundesregierung;
2. hinsichtlich des § 3 Abs. 1 nach Maßgabe ihrer Zuständigkeit die Bundesregierung beziehungsweise der Bundesminister für Finanzen;
3. hinsichtlich des § 7 Abs. 2 letzter Satz, des § 6a Abs. 2 und des § 24 die Bundesministerin für Justiz;
4. hinsichtlich des § 10 Abs. 5 die Bundesministerin für Klimaschutz, Umwelt, Energie, Mobilität, Innovation und Technologie im Einvernehmen mit der Bundesministerin für Landesverteidigung oder der Bundesministerin für Landwirtschaft, Regionen und Tourismus;
5. hinsichtlich des § 6a Abs. 3 nach Maßgabe ihrer Zuständigkeit die Bundesministerin für Klimaschutz, Umwelt, Energie, Mobilität, Innovation und Technologie und die Bundesministerin für Justiz;
6. hinsichtlich des § 41 der Bundesminister für Inneres;
7. im Übrigen die Bundesministerin für Klimaschutz, Umwelt, Energie, Mobilität, Innovation und Technologie.

29. Elektrizitäts-Energielenkungsdaten-Verordnung 2017

Verordnung des Vorstands der E-Control betreffend die Meldung von Daten zur Vorbereitung der Lenkungsmaßnahmen zur Sicherstellung der Elektrizitätsversorgung und zur Durchführung eines Monitoring der Versorgungssicherheit im Elektrizitätsbereich

StF: BGBl. II Nr. 415/2016

Letzte Novellierung: BGBl. II Nr. 282/2022

Aufgrund § 15 Abs. 3 Energielenkungsgesetz 2012 (EnLG 2012), BGBl. I Nr. 41/2013, iVm § 7 Abs. 1 Energie-Control-Gesetz – E-ControlG, BGBl. I Nr. 110/2010, zuletzt geändert durch BGBl. I Nr. 174/2013, wird verordnet:

GLIEDERUNG

1. Teil
Allgemeines
Begriffsbestimmungen

§ 1. (1) Im Sinne dieser Verordnung bezeichnet der Begriff:

1. „Abgabe an Endverbraucher" jene Mengen elektrischer Energie, die ein Endverbraucher für den eigenen Bedarf aus dem öffentlichen Netz bezieht;
2. „Abgabe für Pumpspeicherung" die Summe der gemessenen bzw. per standardisiertem Lastprofil ermittelten Abgabe an Speicherkraftwerke zum Betrieb von Speicherpumpen. Die Abgabe zum Betrieb von Pumpen an andere Kraftwerkstypen als Speicherkraftwerke wird nicht dem Pumpstrom zugezählt;
3. „angemeldeter Austauschfahrplan (Day-Ahead-Fahrplan)" den von den Bilanzgruppenverantwortlichen beim jeweiligen Regelzonenführer angemeldeten und von diesem bestätigten, Regelzonengrenzen überschreitenden externen Fahrplan;
4. „Arbeitsvermögen" die in einem Zeitraum aus dem nutzbaren Wasserdargebot eines Wasserkraftwerks, unter der Annahme der vollen Verfügbarkeit, erzeugbare elektrische Arbeit bzw. bei Laufkraftwerken die in einem bestimmten Zeitraum aus dem (energiewirtschaftlich) nutzbaren Zufluss erzeugbare elektrische Arbeit;
5. „Brutto-Engpassleistung" die Engpassleistung bezogen auf die Generatorklemme bzw. die höchste Dauerleistung einer energietechnischen Einrichtung, nach der sie bemessen, benannt oder bestellt ist;
6. „Brutto-Stromerzeugung" die an den Generatorklemmen abgegebene (gemessene) elektrische Energie;

7. „Eigenerzeuger" ein Unternehmen, das neben seiner (wirtschaftlichen) Haupttätigkeit elektrische Energie zur vollständigen (auch ohne Inanspruchnahme des öffentlichen Netzes) oder teilweisen Deckung seines eigenen Bedarfes erzeugt und welches diesen Anteil nicht über das öffentliche Netz transportiert. Kraftwerke von öffentlichen Erzeugern, die ohne Inanspruchnahme des öffentlichen Netzes Eigenerzeuger oder Endverbraucher beliefern, gelten im Sinne dieser Verordnung als Eigenerzeuger und sind dem jeweiligen Standort des Eigenerzeugers zuzurechnen bzw. als eigener Eigenerzeuger am Standort des Endverbrauchers zu definieren;
8. „Eigenverbrauch" die elektrische Energie, die für die Erzeugung und Verteilung in Kraftwerken, Umspannwerken und Schaltwerken einschließlich der für Verwaltungszwecke bestimmten Objekte und insbesondere für Hilfsantrieb, Beleuchtung, Heizung eingesetzt wird. Bei Kraftwerken ist davon auch die eingesetzte Energie bei Stillstand der Anlage zuzüglich der Aufspannverluste umfasst;
9. „Eingespeiste Erzeugung" die Menge der von Kraftwerken in das öffentliche Netz abgegebenen elektrischen Energie (Netto-Stromerzeugung);
10. „Engpassleistung" die durch den leistungsschwächsten Teil begrenzte, höchstmögliche Dauerleistung der gesamten Erzeugungsanlage mit allen Maschinensätzen;
11. „Erhebungsperiode" jenen Zeitraum, über den zu meldende Daten zu aggregieren sind;
12. „Erhebungsstichtag" den Tag und „Erhebungszeitpunkt" den Zeitpunkt, auf den sich die Erhebung zu beziehen hat;
13. „geplante Kraftwerkserzeugung" den unter den gegebenen (aktuellen) Rahmenbedingungen und unter Ausschöpfung sämtlicher Freiräume technisch und wirtschaftlich sinnvollsten bzw. günstigsten geplanten Einsatz eigener Kraftwerke;
14. „gesicherte Leistung" die elektrische Leistung einer Wasserkraftanlage, die je nach Anlagentyp unter festgelegten Bedingungen bzw. mit einer bestimmten, vorzugebenden Wahrscheinlichkeit verfügbar ist:
a) bei Laufkraftwerken jene Leistung, die dem Q95 des nutzbaren Zuflusses im Regeljahr entspricht,
b) bei Laufkraftwerken mit Schwellbetrieb jene Leistung, die dem doppelten nutzbaren Zufluss Q95 im Regeljahr entspricht,
c) bei Tages- und Wochenspeichern jene Leistung, die dem dreifachen nutzbaren Zufluss Q95 im Regeljahr entspricht.

Als Q95 wird jener Zufluss bezeichnet, der im Regeljahr an 95 % der Tage überschritten wird;

15. „Größenklasse des Bezugs" jene auf den Bezug aus dem öffentlichen Netz im letzten Kalenderjahr bezogenen Mengen elektrischer Energie, welche für Einstufungen von Endverbrauchern herangezogen werden;
16. „Großverbraucher" alle Endverbraucher mit einem durchschnittlichen Monatsverbrauch von zumindest 500 000 kWh im letzten Kalenderjahr, unabhängig davon, ob dieser Verbrauch zur Gänze oder teilweise aus dem öffentlichen Netz bezogen oder in eigenen Kraftwerken erzeugt wird. Nicht als Großverbraucher im Sinne dieser Verordnung gelten der Eigenverbrauch von Kraftwerken, der Verbrauch für Pumpspeicherung, Eigenverbrauch und Verluste im öffentlichen Netz sowie die Übergabe an Netze;
17. „Kaltreserve" jene Kraftwerksleistung, die innerhalb des Vorschauzeitraums von vier Wochen nicht im normalen Einsatzregime der Bilanzgruppe berücksichtigt wird, die jedoch für Sonderfälle mit entsprechend längeren Startzeiten, längstens jedoch innerhalb von 72 Stunden, zur Verfügung steht;
18. „Kraft-Wärme-Kälte-Kopplung (KWKK)" eine Erweiterung der Kraft-Wärme-Kopplung (KWK), die auch der Kälteerzeugung dient. Die Bestimmungen dieser Verordnung, die KWK-Anlagen betreffen, sind sinngemäß auch für KWKK-Anlagen anzuwenden;
19. „Kraft-Wärme-Kopplung (KWK)" die gleichzeitige Erzeugung thermischer Energie und elektrischer und/oder mechanischer Energie in einem Prozess;
20. „kritisches Ereignis" ein Ereignis, mit dem erfah-
rungsgemäß beim Betrieb von Übertragungs- und Verteilernetzen nicht zu rechnen ist und dem auch mit hinreichender Sorgfalt errichtete und betriebene Anlagen nicht störungsfrei standhalten würden sowie energiewirtschaftlich relevante Ereignisse bzw. Bedingungen, die unter Standardbedingungen nicht in Prognosen einfließen würden;
21. „Lastverlauf" bzw. „Lastfluss" die in einem konstanten Zeitraster durchgeführte Darstellung der in einem definierten Netz von den Endverbrauchern (Kunden) beanspruchte Leistung;
22. „maximale Netto-Heizleistung" die einem Wärmenetz oder Fernwärmenetz von einem Wärmekraftwerk mit KWK zugeführte Wärme des Wärmeträgers;
23. „Maximal- und Minimaleinsatz der Erzeugung" die mögliche Bandbreite für die geplante Kraftwerkserzeugung;
24. „nachgelagertes Netz" jedes direkt über Verbindungsleitungen oder indirekt über Transformatoren oder andere Netze an ein unterlagertes Netz angeschlossene Netz mit Ausnahme

des Übertragungsnetzes. Ein Netz, welches sowohl unter- als auch nachgelagert ist, gilt als unterlagertes Netz;
25. „Netto-Engpassleistung“ die höchste Dauerleistung einer energietechnischen Einrichtung, die in das öffentliche Netz eingespeist werden kann;
26. „Öffentlicher Erzeuger“ alle Erzeuger elektrischer Energie mit Ausnahme der Eigenerzeuger;
27. „Öffentliches Netz“ ein Elektrizitätsnetz mit 50 Hz-Nennfrequenz, zu dem Netzzugang gemäß den landesrechtlichen Ausführungsgesetzen gemäß § 15 ElWOG 2010, BGBl. I Nr. 110/2010, in der Fassung BGBl. I Nr. 174/2013, zu gewähren ist;
28. „physikalische Exporte“ jene Mengen elektrischer Energie, welche grenzüberschreitend ins Ausland verbracht werden;
29. „physikalische Importe“ jene Mengen elektrischer Energie, welche grenzüberschreitend nach Österreich eingebracht werden;
30. „Realisierter Austauschfahrplan (letzter Intra-Day-Fahrplan)“ der vom Regelzonenführer endgültig für jede Viertelstunde bestätigte externe Fahrplan;
31. „Regelarbeitsvermögen“ das Arbeitsvermögen im Regeljahr;
32. „Regelzonengrenze“ die Zusammenfassung jener Übergabestellen, die einer bestimmten benachbarten Regelzone zugeordnet sind;
33. „Standort“ ein oder mehrere zusammenhängende, im Eigentum oder in der Verfügungsgewalt eines Endverbrauchers stehende/s Betriebsgelände, soweit es/sie hinsichtlich der wirtschaftlichen Tätigkeit eine Einheit bildet/n und für das/die der Endverbraucher elektrische Energie bezieht oder selbst zur vollständigen oder teilweisen Deckung seines eigenen Bedarfs erzeugt und gegebenenfalls über ein eigenes Netz zu Selbstkosten verteilt;
34. „unterlagertes Netz“ jedes an das Übertragungsnetz angeschlossene Hochspannungsnetz (Netzebene 3);
35. „Verbrauch für Pumpspeicherung“ die elektrische Arbeit, die zum Antrieb von Pumpen zur Förderung des Speicherwassers eingesetzt wird, gemessen an der Pumpe;
36. „Versorgungsunterbrechung“ jenen Zustand, in dem die Spannung an der Übergabestelle weniger als 5 % der Nennspannung bzw. der vereinbarten Spannung beträgt;

(2) „Verbraucherkategorien“ im Sinne dieser Verordnung sind:

1. „Haushalte“, das sind Endverbraucher, die elektrische Energie vorwiegend für private Zwecke verwenden;
2. “Nicht-Haushalte“, das sind Endverbraucher, die elektrische Energie vorwiegend für Zwecke der eigenen wirtschaftlichen Tätigkeit verwenden.

Die beiden Verbraucherkategorien sind jeweils nach Größenklassen des Bezugs zu untergliedern. Die Zuteilung oder Nichtzuteilung eines Standardlastprofils ist für Zwecke dieser Verordnung keine zwingende Bedingung, einer der beiden Verbraucherkategorien zugeordnet zu werden.

EnLG + V

(3) „Kraftwerkstypen“ im Sinne dieser Verordnung sind:

1. Wasserkraftwerke:
   a) Laufkraftwerke mit und ohne Schwellbetrieb,
   b) Speicherkraftwerke, untergliedert in Tages-, Wochen- und Jahresspeicherkraftwerke, jeweils mit und ohne Pumpspeicherung;
2. Wärmekraftwerke:
   a) mit Kraft-Wärme-Kopplung,
   b) ohne Kraft-Wärme-Kopplung;
3. Photovoltaik-Anlagen;
4. Windkraftwerke;
5. geothermische Anlagen.

(4) Die regionale Klassifikation von Versorgungsgebieten erfolgt unter sinngemäßer Anwendung des Verstädterungsgrades des Amtes für amtliche Veröffentlichungen der Europäischen Gemeinschaften (eurostat) und unterscheidet:

1. überwiegend ländliche Gebiete;
2. intermediäre Gebiete;
3. überwiegend städtische Gebiete.

(5) Für alle anderen Begriffe gelten die Begriffsbestimmungen des § 7 Abs. 1 ElWOG 2010.

(6) Soweit in dieser Verordnung auf Bestimmungen anderer Verordnungen der E-Control verwiesen wird, sind die Bestimmungen in ihrer jeweils geltenden Fassung anzuwenden.

(7) Der physikalische Lastfluss ist getrennt nach Bezug und Abgabe (Lieferung), nicht saldiert zu erfassen. Dies trifft insbesondere für den physikalischen Stromaustausch mit dem benachbarten Ausland (Importe und Exporte) sowie für den physikalischen Stromaustausch mit dem öffentlichen Netz (Bezüge und Abgaben) zu.

2. Teil

Aktuelle und historische Daten

Viertelstundenwerte

§ 2. (1) Die Regelzonenführer haben spätestens bis 4 Uhr des Folgetages für die Erhebungsperiode von 0 Uhr bis 24 Uhr des Berichtstages als viertelstündliche Energiemengen zu melden:

1. die Gesamtlast (gesamte Abgabe an Endverbraucher in der Regelzone);
2. die Gesamterzeugung (Netto-Einspeisung der Kraftwerke in die Regelzone);
3. die mit ausländischen Regelzonen realisierten Austauschfahrpläne getrennt nach Bilanzgruppen und ausländischen Regelzonen.

(2) Die Netzbetreiber haben spätestens bis 14 Uhr des folgenden Werktages für die Erhebungsperiode von 0 Uhr bis 24 Uhr des Berichtstages als viertelstündliche Energiemengen zu melden:

1. die eingespeiste Erzeugung von Kraftwerken, die direkt an den Netzebenen gemäß § 63 Z 1 bis Z 3 ElWOG 2010 angeschlossen sind oder die eine Brutto-Engpassleistung von zumindest 10 MW haben, jeweils getrennt nach Kraftwerken;
2. für Windkraftwerke die gesamte eingespeiste Erzeugung;
3. die physikalischen Importe und Exporte über Leitungen der Netzebenen gemäß § 63 Z 1 bis Z 3 ElWOG 2010 bzw. der Hoch- und Höchstspannung, jeweils getrennt nach Leitungen.

Die Erzeuger haben gegebenenfalls dem Netzbetreiber die Daten gemäß Z 1 und Z 2 rechtzeitig und in der erforderlichen Qualität bereit zu stellen.

Die Netzbetreiber haben die Daten gemäß Z 1 bis Z 3 gleichzeitig dem Regelzonenführer zu übermitteln.

(3) Die Netzbetreiber haben spätestens bis zum 20. Kalendertag des Folgemonats für die Erhebungsperiode vom Monatsersten 0 Uhr bis zum Monatsletzten 24 Uhr als viertelstündliche Energiemengen die Abgabe an Großverbraucher jeweils getrennt nach Zählpunkten zu melden.

(4) Die Erzeuger haben spätestens bis zum 20. Kalendertag des Folgemonats für die Erhebungsperiode vom Monatsersten 0 Uhr bis zum Monatsletzten 24 Uhr als viertelstündliche Energiemengen zu melden:

1. die direkt in ausländische Regelzonen eingespeiste Erzeugung sowie den direkten Bezug aus ausländischen Regelzonen für Pumpspeicherung und Eigenbedarf jeweils getrennt nach Kraftwerken;
2. die physikalischen Importe bzw. Exporte über Leitungen der Netzebenen gemäß § 63 Z 1 bis Z 3 ElWOG 2010 bzw. der Hoch- und Höchstspannung jeweils getrennt nach Leitungen.

(5) Die Bilanzgruppenkoordinatoren haben spätestens bis zum 20. Kalendertag des Folgemonats für die Erhebungsperiode vom Monatsersten 0 Uhr bis zum Monatsletzten 24 Uhr als viertelstündliche Energiemengen jeweils getrennt nach Netzbetreibern für die jeweilige Regelzone zu melden:

1. die gesamte Abgabe an Endverbraucher;
2. die gesamte Abgabe an Endverbraucher außerhalb des österreichischen Bundesgebiets;
3. die gesamte Abgabe für Pumpspeicherung;
4. die Netzverluste (Abgabe an die Bilanzgruppe Netzverluste);
5. die Netzverluste außerhalb des österreichischen Bundesgebiets;
6. die gesamte eingespeiste Erzeugung;
7. die gesamte eingespeiste Erzeugung außerhalb des österreichischen Bundesgebiets.

(6) Korrekturen der Daten gemäß Abs. 1 bis Abs. 5, insbesondere auf Grund des zweiten Clearings, sind unverzüglich zu melden.

(7) Die Eigenerzeuger haben spätestens bis zum 20. Kalendertag des Folgemonats für jeden dritten Mittwoch eines Kalendermonats für die Erhebungsperiode von 0 Uhr bis 24 Uhr als viertelstündliche Energiemengen zu melden:

1. jeweils je Standort mit zumindest einem Kraftwerk, das direkt an den Netzebenen gemäß § 63 Z 1 bis Z 3 ElWOG 2010 angeschlossen ist oder das eine Brutto-Engpassleistung von zumindest 10 MW hat:
   a) für alle Kraftwerke des Standorts die Brutto-Stromerzeugung, getrennt nach Kraftwerkstypen,
   b) die eingespeiste Erzeugung sowie den Bezug aus dem öffentlichen Netz,
   c) den direkten Bezug aus fremden Kraftwerken getrennt nach Kraftwerkstypen,
   d) den Verbrauch für Pumpspeicherung;
2. unabhängig von anderen Erhebungsgrenzen den Summenwert der physikalischen Importe und Exporte jeweils getrennt nach Nachbarstaaten.

(8) Die öffentlichen Erzeuger haben gegebenenfalls den Eigenerzeugern für Kraftwerke, die direkt (ohne Inanspruchnahme des öffentlichen Netzes) Eigenerzeuger oder Endverbraucher beliefern, Daten gemäß Abs. 7 Z 1 rechtzeitig und in der erforderlichen Qualität bereit zu stellen. Für den Fall, dass der belieferte Endverbraucher kein Eigenerzeuger ist, hat der öffentliche Erzeuger für diesen Standort entsprechend § 1 Abs. 1 Z 7 zweiter Satz eine eigene, von der Meldung als öffentlicher Erzeuger getrennte, Meldung zu erstellen.

Tageswerte

§ 3. Täglich spätestens bis 16 Uhr haben die öffentlichen Erzeuger für den vorangegangenen Erhebungszeitpunkt 24 Uhr zu melden:

1. den jeweils auf die Hauptstufe bezogenen Energieinhalt von Speichern, deren Wasser in Kraftwerken, die direkt an den Netzebenen gemäß § 63 Z 1 bis Z 3 ElWOG 2010 angeschlossen sind oder die eine Brutto-Engpassleistung von zumindest 10 MW haben, abgearbeitet werden kann, getrennt nach Speichern. Anteile, die etwa durch Verträge mit ausländischen Partnern, die eine Laufzeit von zumindest zwölf Monaten haben, nicht für die inländische Bedarfsdeckung verfügbar sind, sind getrennt auszuweisen;
2. den Lagerstand der für die Erzeugung elektrischer Energie und Wärme bestimmten fossilen Primärenergieträger für Wärmekraftwerke, die direkt an den Netzebenen gemäß § 63

Z 1 bis Z 3 ElWOG 2010 angeschlossen sind oder die eine Brutto-Engpassleistung von zumindest 10 MW haben, unter Angabe von Art und Menge, jeweils getrennt nach Kraftwerken bzw. Standorten.

Die öffentlichen Erzeuger haben die Daten gemäß Z 1 und Z 2 gleichzeitig dem Regelzonenführer zu übermitteln.

Monatswerte

§ 4. (1) Die Erzeuger, die im Berichtsmonat zumindest ein Kraftwerk betreiben, das direkt an den Netzebenen gemäß § 63 Z 1 bis Z 3 ElWOG 2010 angeschlossen ist oder das eine Brutto-Engpassleistung von zumindest 10 MW hat, haben spätestens bis zum 20. Kalendertag des Folgemonats für die Erhebungsperiode jeweils eines Kalendermonats für alle ihre Kraftwerke zu melden:

1. bei Wasserkraftwerken die gesamte Brutto-Stromerzeugung getrennt nach Kraftwerkstypen;
2. bei Speicherkraftwerken darüber hinaus den gesamten Verbrauch für Pumpspeicherung unter Angabe der entsprechenden Bezüge aus dem öffentlichen Netz;
3. bei Wärmekraftwerken die gesamte Brutto-Stromerzeugung sowie bei Anlagen mit Kraft-Wärme-Kopplung darüber hinaus die Netto-Wärmeerzeugung und die Wärmeabgabe jeweils getrennt nach Kraftwerksblöcken und Primärenergieträgern;
4. bei Windkraftwerken (Windparks), Photovoltaik-Anlagen und geothermischen Anlagen die Stromerzeugung (eingespeiste Erzeugung) getrennt nach Kraftwerkstypen;
5. den Bezug aus dem öffentlichen Netz, den direkten Bezug aus Fremdkraftwerken und die Einspeisung in das öffentliche Netz.

(2) Die Erzeuger haben, unabhängig von anderen Erhebungsgrenzen, spätestens bis zum 20. Kalendertag des Folgemonats für die Erhebungsperiode jeweils eines Kalendermonats den Summenwert des physikalischen Stromaustauschs mit dem benachbarten Ausland (Importe und Exporte) jeweils getrennt nach Nachbarstaaten zu melden.

(3) Die öffentlichen Erzeuger haben gegebenenfalls den Eigenerzeugern für Kraftwerke, die direkt (ohne Inanspruchnahme des öffentlichen Netzes) Eigenerzeuger oder Endverbraucher beliefern, Daten gemäß Abs. 2 rechtzeitig und in der erforderlichen Qualität bereit zu stellen. Für den Fall, dass der belieferte Endverbraucher kein Eigenerzeuger ist, hat der öffentliche Erzeuger für diesen Standort entsprechend § 1 Abs. 1 Z 7 zweiter Satz eine eigene, von der Meldung als öffentlicher Erzeuger getrennte Meldung zu erstellen.

Jahreswerte

§ 5. (1) Die Netzbetreiber sowie Erzeuger haben spätestens bis zum 15. Februar des dem Erhebungsstichtag folgenden Jahres zum Erhebungszeitpunkt 31. Dezember 24 Uhr jeweils für die Netzebenen gemäß § 63 Z 1 bis Z 3 ElWOG 2010 bzw. die Hoch- und Höchstspannung zu melden:

1. den maximal zulässigen Dauerstrom je Betriebsmittel/Gerät (zB Sammelschienentrenner, Leistungsschalter, Wandler, Leitungstrenner, Hilfsschienentrenner, Leitungsverseilung etc.) sowie die einpoligen Schaltbilder je Umspann- und Schaltwerk (thermischer Übertragungsplan) und
2. den Bestand an Umspannanlagen und Transformatoren unter Angabe der Anzahl und Leistung, jeweils getrennt je Netzebene und Spannungsebene sowie nach Anlagentyp (Umspannwerke, Umspannstationen, Transformatorstationen);

Die Netzbetreiber haben die Daten gemäß Z 1 und Z 2 gleichzeitig dem Regelzonenführer zu übermitteln.

(2) Die Netzbetreiber haben spätestens bis zum 15. Februar des dem Erhebungsstichtag folgenden Jahres für den Erhebungszeitpunkt 31. Dezember 24 Uhr zu melden:

1. die Anzahl der Endverbraucher sowie der Zählpunkte jeweils getrennt nach Verbraucherkategorien und Größenklassen des Bezugs;
2. die Anzahl der Endverbraucher sowie der Zählpunkte jeweils getrennt nach Bundesländern;
3. die Anzahl der Zählpunkte getrennt nach Spannungsebenen und der regionalen Klassifikation von Versorgungsgebieten.

(3) Die Netzbetreiber haben spätestens bis zum 15. Februar des dem Berichtsjahr folgenden Jahres für den Erhebungszeitraum vom 1. Jänner 0 Uhr bis zum 31. Dezember 24 Uhr zu melden:

1. die Abgabe an Endverbraucher getrennt nach Verbraucherkategorien und Größenklassen des Bezugs;
2. die Abgabe an Endverbraucher jeweils getrennt nach Bundesländern.

(4) Die Erzeuger, die zum 31. Dezember des Berichtsjahres zumindest ein Kraftwerk mit einer Brutto-Engpassleistung von zumindest 1 MW betreiben, haben spätestens bis zum 15. Februar des dem Berichtsjahr folgenden Jahres für die Erhebungsperiode vom 1. Jänner 0 Uhr bis zum 31. Dezember 24 Uhr für Kraftwerke, die direkt an den Netzebenen gemäß § 63 Z 1 bis Z 3 ElWOG 2010 angeschlossen sind oder die eine Brutto-Engpassleistung von zumindest 10 MW haben, für Wärmekraftwerke jeweils getrennt nach Kraftwerksblöcken und für alle anderen Kraftwerkstypen jeweils getrennt nach Kraftwerken zu melden:

1. bei Wärmekraftwerken die Brutto-Stromerzeugung getrennt nach eingesetzten Primärenergieträgern sowie den Bezug für Eigenbedarf aus dem öffentlichen Netz;

2. bei Wärmekraftwerken mit Kraftwärmekopplung darüber hinaus die Netto-Wärmeerzeugung sowie die Wärmeabgabe in ein Fernwärmenetz jeweils getrennt nach eingesetzten Primärenergieträgern;
3. bei Wasserkraftwerken die Brutto-Stromerzeugung sowie den Bezug für Eigenbedarf aus dem öffentlichen Netz;
4. bei Speicherkraftwerken darüber hinaus den Eigenverbrauch für Pumpspeicherung unter Angabe der entsprechenden Bezüge aus dem öffentlichen Netz;
5. bei Windkraftwerken bzw. Windparks, Photovoltaik-Anlagen und geothermischen Kraftwerken die eingespeiste Erzeugung;
6. für alle Kraftwerke darüber hinaus den Bezug aus dem öffentlichen Netz, den direkten Bezug aus Fremdkraftwerken und die Einspeisung in das öffentliche Netz sowie die physikalischen Importe und Exporte jeweils getrennt nach Nachbarstaaten.

(5) Die Erzeuger, die zum 31. Dezember des Berichtsjahres zumindest ein Kraftwerk mit einer Brutto-Engpassleistung von zumindest 1 MW betreiben, haben spätestens bis zum 15. Februar des dem Erhebungsstichtag folgenden Jahres zum jeweiligen Erhebungszeitpunkt 31. Dezember 24 Uhr für alle ihre Kraftwerke, bei Wärmekraftwerken jeweils bezogen auf einzelne Kraftwerksblöcke, bei allen anderen Kraftwerkstypen jeweils getrennt nach Kraftwerken zu melden:

1. die Brutto- und Nettoengpassleistung sowie das Datum der Inbetriebnahme und des letzten Umbaus;
2. bei Speicherkraftwerken die installierte Pumpleistung;
3. bei Speichern den auf die Hauptstufe bezogenen Nennenergieinhalt, jeweils getrennt nach Speichern;
4. bei Wärmekraftwerken die maximale Netto-Heizleistung getrennt nach Kraftwerksblöcken und die maximale Lagerkapazität von Primärenergieträgern getrennt nach Primärenergieträgern.

(6) Die öffentlichen Erzeuger haben gegebenenfalls den Eigenerzeugern für Kraftwerke, die direkt (ohne Inanspruchnahme des öffentlichen Netzes) Eigenerzeuger oder Endverbraucher beliefern, Daten gemäß Abs. 3 und Abs. 4 rechtzeitig und in der erforderlichen Qualität bereit zu stellen. Für den Fall, dass der belieferte Endverbraucher kein Eigenerzeuger ist, hat der öffentliche Erzeuger für diesen Standort entsprechend § 1 Abs. 1 Z 7 zweiter Satz eine eigene, von der Meldung als öffentlicher Erzeuger getrennte Meldung zu erstellen.

3. Teil
Vorschaudaten
Tagesvorschauen

§ 6. (1) Jeweils täglich bis spätestens 17.30 Uhr haben, beginnend mit 0 Uhr des Folgetages, jeweils für die kommenden 24 Stunden als viertelstündliche Energiemengen zu melden:

1. die Bilanzgruppenverantwortlichen:
   a) das Aggregat der geplanten Kraftwerkserzeugung (Netto-Einspeisung der Kraftwerke in die Regelzone),
   b) die Aggregate der möglichen Leistungsober- und -untergrenzen der Erzeugung unter Berücksichtigung insbesondere eventuell geplanter Nichtverfügbarkeiten, des Energie- bzw. Wasserdargebots oder technischer bzw. sonstiger Einschränkungen,
   c) das Aggregat der Kaltreserve,
   d) der Pumpstromeinsatz bzw. der Bezug für Pumpspeicherung;
2. die Übertragungsnetzbetreiber den Lastverlauf im eigenen Netz;
3. die Betreiber unterlagerter Netze den Lastverlauf im eigenen Netz sowie allenfalls in nachgelagerten Netzen.

(2) Von den Regelzonenführern sind täglich bis spätestens 18 Uhr, beginnend mit 0 Uhr des Folgetages, jeweils für die kommenden 24 Stunden als viertelstündliche Energiemengen zu melden:

1. die mit ausländischen Regelzonen angemeldeten Austauschfahrpläne getrennt nach Bilanzgruppen und ausländischen Regelzonen;
2. der Lastverlauf (Netzabgabe in der Regelzone);
3. die Gesamterzeugung (Netto-Einspeisung der Kraftwerke in die Regelzone).

(3) Die Netzbetreiber haben die Angaben gemäß Abs. 1 Z 3 gleichzeitig dem jeweiligen Regelzonenführer zu übermitteln.

Vier-Wochen-Vorschauen

§ 7. (1) Jeweils einmal wöchentlich sind von den Bilanzgruppenverantwortlichen spätestens bis Mittwoch 16 Uhr für jeden Mittwoch der folgenden vier Wochen als viertelstündliche Energiemengen zu melden:

1. die Daten gemäß § 6 Abs. 1 Z 1 lit. b;
2. die Daten gemäß § 6 Abs. 1 Z 1 lit. c.

(2) Die Bilanzgruppenverantwortlichen haben die Angaben gemäß Abs. 1 Z 1 gleichzeitig dem jeweiligen Regelzonenführer zu übermitteln.

Pflichten von Bilanzgruppenmitgliedern und -verantwortlichen

§ 8. (1) Die Bilanzgruppenmitglieder haben dem Bilanzgruppenverantwortlichen die für die Ermittlung der Daten gemäß § 6 Abs. 1 Z 1 und § 7 Abs. 1 notwendigen Werte rechtzeitig und in der erforderlichen Qualität bereit zu stellen. Die entsprechenden Kraftwerksdaten sind jeweils von jenen Bilanzgruppenverantwortlichen zu melden, in deren Bilanzgruppe der reale Kraftwerkseinsatz (Effektiveinsatz) vorgenommen wird.

(2) Eine Dokumentation der zur Erfüllung der Meldepflichten gemäß § 6 und § 7 getroffenen Annahmen ist auf Anfrage der E-Control einmal jährlich zu übermitteln.

Jahresvorschauen

§ 9. Von den öffentlichen Erzeugern sind für Speicherkraftwerke und Wärmekraftwerke, die direkt an den Netzebenen gemäß § 63 Z 1 bis Z 3 ElWOG 2010 angeschlossen sind oder die eine Brutto-Engpassleistung von zumindest 10 MW haben, zu melden:

1. jeweils spätestens bis zum 15. Dezember für das folgende Kalenderjahr im Tagesraster die aufgrund von Revisionen, Reparaturen oder Defekten bzw. aufgrund von Konservierungen oder Stilllegungen nicht verfügbare Leistung, für Speicherkraftwerke jeweils getrennt nach Kraftwerken und für Wärmekraftwerke jeweils getrennt nach Blöcken;
2. unverzüglich jede Änderung der gemäß Z 1 gemeldeten Vorschauwerte, die einer Änderung der jeweiligen Leistungsangaben um zumindest 10 MW und einer Verschiebung des geplanten Termins (Beginn oder Ende) um zumindest 48 Stunden entspricht;
3. unverzüglich alle Ausfälle, für die eine Dauer von zumindest 24 Stunden anzunehmen ist und die eine Leistung von zumindest 10 MW betreffen, für Speicherkraftwerke jeweils getrennt nach Kraftwerken und für Wärmekraftwerke jeweils getrennt nach Blöcken;
4. unverzüglich alle in den kommenden zwölf Monaten geplanten Konservierungen und Stilllegungen.

4. Teil
Vorkehrungen für den Krisenfall Erhebungen zum Monitoring der Versorgungssicherheit

§ 10. (1) Jeweils spätestens bis zum 30. April sind für den Erhebungsstichtag 15. April zu melden:

1. von den öffentlichen Erzeugern und den Eigenerzeugern die in Planung und in Bau befindlichen Kraftwerke sowie geplante Außerbetriebnahmen, Stilllegungen oder Konservierungen unter Angabe des voraussichtlichen Inbetriebnahme- bzw. Außerbetriebnahmetermins sowie kraftwerksbezogener technischer Kennzahlen gemäß § 5 Abs. 5, bei Konservierungen von Wärmekraftwerksblöcken darüber hinaus auch die Vorlaufzeit zum Erreichen der neuerlichen Betriebsbereitschaft (sowohl technisch als auch organisatorisch) sowie den geplanten Termin für eine neuerliche Betriebsbereitschaft jeweils getrennt nach Kraftwerken (Projekten). Für Laufkraftwerke sowie für Tages- und Wochenspeicherkraftwerke darüber hinaus die gesicherte Leistung und für Wärmekraftwerke darüber hinaus der Hauptenergieträger;
2. von den Netzbetreibern die in Planung und in Bau befindlichen Leitungen der Netzebenen gemäß § 63 Z 1 bis Z 3 ElWOG 2010 bzw. der Hoch- und Höchstspannung unter Angabe des voraussichtlichen Inbetriebnahmetermins sowie der Spannungsebene, der thermischen Grenzleistungen und der Anzahl der Systeme, jeweils getrennt nach Leitungen (Projekten).

(2) Jeweils spätestens bis zum 15. März des dem Berichtsjahr folgenden Jahres sind von den Übertragungsnetzbetreibern und den Betreibern unterlagerter Netze für die Netzebenen gemäß § 63 Z 1 bis Z 3 ElWOG 2010 bzw. die Hoch- und Höchstspannung für den Zeitraum vom 1. Jänner 0 Uhr bis zum 31. Dezember 24 Uhr sowie als Vorschau zumindest für die dem Berichtsjahr folgenden zwei Jahre zu melden:

1. eine Beschreibung der durchgeführten und geplanten Instandhaltungsmaßnahmen und Erweiterungsprogramme inklusive einer allgemeinen Beschreibung der Instandhaltungs- und Erweiterungsstrategien, jeweils untergliedert nach Spannungsebenen und Betriebsmitteln;
2. eine Beschreibung der zur Bedienung von Nachfragespitzen und zur Bewältigung von Ausfällen eines oder mehrerer Versorger getroffenen Maßnahmen, insbesondere Informationen zu Erzeugungs- und Lastmanagement, Vertragsbedingungen sowie Netzwiederaufbaukonzepte inklusive geplanter Änderungen und Anpassungen.

(3) Zur Ermittlung der Verfügbarkeit von Elektrizitätserzeugungsanlagen sind zu melden:

1. spätestens bis zum 15. Februar des dem Erhebungszeitraum bzw. dem Erhebungsstichtag folgenden Jahres von den öffentlichen Erzeugern für Kraftwerke, die direkt an den Netzebenen gemäß § 63 Z 1 bis Z 3 ElWOG 2010 angeschlossen sind oder die eine Brutto-Engpassleistung von zumindest 10 MW haben, für Wärmekraftwerke jeweils getrennt nach Kraftwerksblöcken und für alle anderen Kraftwerkstypen jeweils getrennt nach Kraftwerken:

a) für die Erhebungsperiode vom 1. Jänner 0 Uhr bis zum 31. Dezember 24 Uhr das Datum der Inbetriebnahme sowie des letzten Umbaus, die Betriebszeit, die geplanten und ungeplanten (ungewollten) Nichtverfügbarkeiten unter Angabe des Beginns und Endes jeden Ereignisses, der jeweiligen Leistungsminderung sowie der jeweiligen Ursache (geplant oder ungeplant);

b) für Laufkraftwerke sowie für Tages- und Wochenspeicherkraftwerke darüber hinaus die gesicherte Leistung zum 31. Dezember 24 Uhr;

2. spätestens bis zum 20. Kalendertag des dem Erhebungszeitpunkt folgenden Monats von den Netzbetreibern für den jeweiligen 15. Kalendertag eines Monats 24 Uhr die maximal mögliche Einspeiseleistung der in ihrem Netz angeschlossenen Windkraftwerke und Photovoltaikanlagen jeweils getrennt nach Kraftwerkstypen. Netzbetreiber mit einer Abgabe an Endverbraucher im vergangenen Kalenderjahr von weniger als 50 000 000 kWh können die Daten spätestens bis zum 20. Juli bzw. 20. Jänner für den jeweils vorangegangenen Monat übermitteln.

(4) Spätestens bis zum 15. Februar des dem Erhebungszeitraum folgenden Jahres sind von den Netzbetreibern zur Ermittlung der Verfügbarkeit von Netzen für die Erhebungsperiode vom 1. Jänner 0 Uhr bis zum 31. Dezember 24 Uhr jede Versorgungsunterbrechung von mehr als einer Sekunde Dauer jeweils unter Angabe der Ursache, der verursachenden und betroffenen Netz- und Spannungsebene(n), des Beginns und der Dauer der Versorgungsunterbrechung, der Anzahl und Leistung (MVA) der betroffenen Umspanner (Anlagen), der Anzahl der betroffenen Netzbenutzer und der jeweils betroffenen Leistung und Energie, jeweils getrennt nach Spannungsebenen, nach der regionalen Klassifikation von Versorgungsgebieten sowie nach Verbraucherkategorien zu melden. Wenn nicht ermittelbar, ist die Menge der durch den Ausfall betroffenen elektrischen Energie durch geeignete Verfahren zu schätzen.

Ansprechpersonen und Krisenverantwortliche

§ 11. (1) Meldepflichtige Unternehmen haben jeweils spätestens bis zum 15. Oktober die für die Datenerfassung und -übermittlung verantwortlichen Personen der E-Control anzuzeigen und deren Kontaktdaten zu melden. Scheiden die angezeigten Personen aus dem Unternehmen aus oder wird die Anzeige widerrufen, sind die nunmehr verantwortlichen Personen und deren Kontaktdaten unverzüglich anzuzeigen.

(2) Regelzonenführer, Netzbetreiber und Erzeuger, die zumindest ein Kraftwerk betreiben, das direkt an den Netzebenen gemäß § 63 Z 1 bis Z 3 ElWOG 2010 angeschlossen ist oder das eine Brutto-Engpassleistung von zumindest 10 MW hat, sowie Bilanzgruppenkoordinatoren und Bilanzgruppenverantwortliche haben jeweils spätestens bis zum 15. Oktober jene Personen, die innerbetrieblich für die Umsetzung von Lenkungsmaßnahmen zuständig sind, der E-Control anzuzeigen und deren Kontaktdaten zu melden. Diesen Personen muss die entsprechende Anordnungsbefugnis zur Umsetzung von Lenkungsmaßnahmen zukommen und es muss im Falle des Vorliegens der Voraussetzungen nach § 4 Abs. 1 EnLG 2012 deren Erreichbarkeit oder deren Vertretung innerhalb eines angemessenen Zeitraums gewährleistet sein. Scheiden die angezeigten Personen aus dem Unternehmen aus oder wird die Anzeige widerrufen, sind die nunmehr verantwortlichen Personen und deren Kontaktdaten unverzüglich anzuzeigen.

(3) Regelzonenführer, Netzbetreiber und Erzeuger, die zumindest ein Kraftwerk betreiben, das direkt an den Netzebenen gemäß § 63 Z 1 bis Z 3 ElWOG 2010 angeschlossen ist oder das eine Brutto-Engpassleistung von zumindest 10 MW hat, sowie Bilanzgruppenkoordinatoren und Bilanzgruppenverantwortliche haben jeweils spätestens bis zum 15. Oktober Telefonnummer(n) und Kontaktdaten einer im Krisenfall jederzeit erreichbaren Stelle, welche den Personenkreis gemäß Abs. 2 kontaktieren kann, zu melden. Änderungen bezüglich dieser jederzeit erreichbaren Stelle sind unverzüglich bekannt zu geben.

(4) Großverbraucher haben jeweils spätestens bis zum 15. Oktober Krisenverantwortliche gemäß Abs. 2 der E-Control anzuzeigen und deren Kontaktdaten zu melden.

Erhebungen zum 15. Oktober

§ 12. (1) Die Netzbetreiber haben spätestens bis zum 15. Oktober jeden Jahres für Endverbraucher mit gleicher Rechnungsadresse, die in Summe über alle Zählpunkte zumindest 6 000 000 kWh im Zeitraum vom 1. September des vorangegangenen Jahres bis 31. August des aktuellen Jahres aus dem Netz bezogen haben Firma und Adresse (Rechnungsadresse) des Unternehmens, die Zählpunktsbezeichnung(en), die Anlagenadresse sowie den jeweiligen Bezug zu melden.

(2) Die Großverbraucher haben spätestens bis zum 15. Oktober jeden Jahres zum Erhebungszeitpunkt 31. August 24 Uhr jeweils getrennt je Standort zu melden:

1. Name und Adresse der Anlage sowie die zugehörige(n) Zählpunktsbezeichnung(en);
2. die Wirtschaftstätigkeit(en) gemäß den Klassen der ÖNACE;
3. Angaben zu vorhandenen technischen Einrichtungen zur automatischen oder manuellen Reduzierung des Verbrauchs bzw. Bezugs elektrischer Energie.

(3) Die öffentlichen Erzeuger haben spätestens bis zum 15. Oktober jeden Jahres für den Stichtag 31. Oktober jene Kraftwerke zu melden, die entsprechend § 14 letzter Satz EnLG 2012 zur Erbringung von Reserven für andere Regelzonen mit definierter Leistung langfristig vertraglich gebunden sind, getrennt nach Kraftwerken und unter Angabe der jeweils betroffenen Leistung sowie des jeweiligen Gültigkeitszeitraums (Beginn und Ende).

5. Teil
Informationspflicht bei Eintritt kritischer Ereignisse

§ 13. (1) Die Regelzonenführer haben im Falle eines kritischen Ereignisses im Übertragungsnetz zu melden:

1. unmittelbar technische Informationen über das eingetretene Ereignis unter Angabe insbesondere der absehbaren Auswirkungen für das Übertragungsnetz und der zu erwartenden Dauer;
2. für die Dauer des Bestehens des kritischen Ereignisses täglich bis 18 Uhr bzw. auf Aufforderung durch die E-Control unmittelbar eine Einschätzung der Situation unter Angabe insbesondere der absehbaren Auswirkungen und der zu erwartenden Dauer.

(2) Die Regelzonenführer haben im Falle eines kritischen Ereignisses im europäischen Übertragungsnetz, welches erhebliche Auswirkungen auf die österreichische Versorgungssicherheit hat, insbesondere Informationen aus der regionalen Netzsicherheitskooperation und dem ENTSO-E Awareness System unverzüglich zu melden.

(3) Die unterlagerten Netzbetreiber haben im Falle eines kritischen Ereignisses im Verteilernetz, das erhebliche Auswirkungen auf das Übertragungsnetz haben könnte, unmittelbar dem Regelzonenführen Angaben entsprechend Abs. 1 Z 1 zu melden.

(4) Die Bilanzgruppenverantwortlichen haben den Regelzonenführern Beeinträchtigen in der Abwicklung von Handelsgeschäften, die zu einem maßgeblichen Bedarf an Ausgleichsenergie führen könnten, unmittelbar zu melden.

(5) Die Regelzonenführer haben die E-Control unverzüglich über Meldungen gemäß Abs. 2 und Abs. 3 zu informieren.

6. Teil
Erweiterte Datenmeldungen
Erweiterte Datenmeldung bei einem Engpassfall im Erdgasbereich

§ 14. (1) Im Fall einer Einschränkung von vertraglichen Lieferungen von Erdgas gemäß § 14 Erdgas-Energielenkungsdaten-Verordnung 2017 (G–EnLD-VO 2017), BGBl. II Nr. 416/2016, zuletzt geändert durch die Verordnung BGBl. II Nr. 274/2022, um mehr als 30 % oder zur Vorbereitung eines Krisenfalls sind auf Anordnung der E-Control von den Regelzonenführern folgende Daten zu melden:

1. täglich bis spätestens 16 Uhr eine eigenständige Situationsbeschreibung und -bewertung;
2. ehestmöglich, spätestens innerhalb von zwei Stunden nach Aufforderung, eine Situationsbewertung auf Basis von durch die E-Control vorgegebenen Szenarien.

(2) Im Fall des Abs. 1 sind auf Anordnung der E-Control Änderungen der Angaben gemäß § 6 unverzüglich bekannt zu geben und die Angaben gemäß § 7 täglich für die folgenden sieben Kalendertage zu melden und die Angaben gemäß § 9 zu aktualisieren.

Erweiterungen bei einem Engpassfall im Erdgasbereich bzw. im Krisenfall

§ 15. Im Fall einer Einschränkung von vertraglichen Lieferungen von Erdgas gemäß § 14 G-EnLD-VO 2017 um mehr als 30 % (Engpassfall), im Fall des Vorliegens der Voraussetzungen gemäß § 4 Abs. 1 EnLG 2012 (Krisenfall) oder zur Vorbereitung eines Krisenfalls kann die E-Control insbesondere:

1. die Meldung der Daten gemäß § 2 Abs. 1 bis Abs. 4 jeweils innerhalb der nächsten Viertelstunde anordnen;
2. die Meldung der Daten gemäß § 2 Abs. 7 jeweils an jedem Donnerstag bis 12 Uhr bzw. jeweils täglich bis 12 Uhr für den jeweiligen Vortag anordnen;
3. die Meldung der Daten gemäß § 3 jeweils täglich bis 12 Uhr anordnen;
4. die Meldung der Daten gemäß § 6 und § 7 jeweils in kürzeren Intervallen sowie gemäß § 7 für einen längeren Vorschauhorizont anordnen;
5. die Meldung der Daten gemäß § 5 Abs. 3, § 9, § 10 Abs. 1, § 11 sowie § 12 Abs. 2 und Abs. 3 jeweils aktuell anordnen.

7. Teil
Übungen

§ 16. (1) Von der E-Control können alle zwei Jahre Übungen unter der Annahme von Krisenszenarien angeordnet werden. Dazu können für den Zeitraum einer Kalenderwoche die Meldungen gemäß § 13 bzw. die erweiterten Datenmeldungen gemäß § 14 und § 15 sowie eine auf die Übungsteilnehmer eingeschränkte Aktualisierung der Meldungen gemäß § 11 und § 12 Abs. 2 und Abs. 3 angeordnet werden.

(2) Meldungen gemäß § 13 sind unabhängig vom Eintritt eines kritischen Ereignisses jährlich für den 15. Oktober zu erstatten.

(3) Daten gemäß § 14 Abs. 1 sind unabhängig vom Eintritt einer Einschränkung von vertraglichen Lieferungen von Erdgas gemäß § 1 Abs. 1 Z 5 G-EnLD-VO 2017 jährlich für den 15. Oktober zu melden.

8. Teil
Datenmeldungen
Durchführung der Erhebungen

§ 17. (1) Die Erhebungen im Rahmen dieser Verordnung erfolgen durch

1. Heranziehung von Verwaltungsdaten der E-Control;

2. Heranziehung von Verwaltungsdaten der Bilanzgruppenkoordinatoren bzw. Verrechnungsstellen (Clearingstellen) und der Regelzonenführer;
3. periodische Meldungen der meldepflichtigen Unternehmen.

(2) Aus Gründen der Einfachheit und Zweckmäßigkeit ist die Meldung von Daten, die den Bilanzgruppenkoordinatoren im Rahmen der Erfüllung ihrer Aufgaben zur Verfügung stehen, direkt von diesen unter Einhaltung insbesondere der Qualität, der Meldetermine sowie der Datenformate an die E- Control durchzuführen. In diesem Fall sind die jeweils Meldepflichtigen von ihrer Meldepflicht entbunden.

(3) Aus Gründen der Einfachheit und Zweckmäßigkeit ist die Meldung jener Daten gemäß § 2, § 3, § 5 Abs. 1, § 6 Abs. 1 Z 1, § 7 Abs. 1 Z 2, § 9 und § 12 Abs. 2 Z 3, die den Regelzonenführern zur Verfügung stehen, direkt von den Regelzonenführern unter Einhaltung insbesondere der Qualität, der Meldetermine sowie der Datenformate an die E-Control durchzuführen. In diesem Fall sind die jeweils Meldepflichtigen von ihrer Meldepflicht an die E-Control entbunden.

(4) Aus Gründen der Einfachheit und Zweckmäßigkeit kann die E-Control Daten, die insbesondere die Bilanzgruppenkoordinatoren oder die Regelzonenführer im Rahmen der Erfüllung ihrer Veröffentlichungsverpflichtungen in ausreichender Qualität und Verfügbarkeit veröffentlichen, für Zwecke dieser Verordnung heranziehen.

Meldepflichten

§ 18. (1) Meldepflichtig ist der Inhaber oder das nach außen vertretungsbefugte Organ eines meldepflichtigen Unternehmens.

(2) Meldepflichtige Unternehmen im Sinne dieser Verordnung sind:

1. die Bilanzgruppenkoordinatoren und Bilanzgruppenmitglieder;
2. die Bilanzgruppenverantwortlichen;
3. die Eigenerzeuger;
4. die Großverbraucher;
5. die Netzbetreiber;
6. die öffentlichen Erzeuger;
7. die Regelzonenführer.

(3) Die Erhebungsinhalte gemäß § 2 bis § 12 sind auf Netzbereiche, die nicht von einem Übertragungsnetz der in § 23 Abs. 1 ElWOG 2010 genannten Unternehmen abgedeckt werden, sinngemäß anzuwenden. In Ermangelung einer für diese Regelbereiche konzessionierten Verrechnungsstelle treffen die Meldepflichten die örtlichen Verteilernetzbetreiber.

Datenformate

§ 19. Die den Gegenstand der Meldepflicht bildenden Daten sind in elektronischer Form unter Verwendung der von der E-Control vorgegebenen Formate auf elektronischem Wege (E-Mail oder andere von der E-Control definierte Schnittstellen) der E-Control zu übermitteln.

Weitergabe und Verwendung von Daten

§ 20. (1) Daten, die auf Basis dieser Verordnung erhoben werden, dürfen ausschließlich für die im EnLG 2012 vorgesehenen Zwecke verwendet werden.

(2) Entsprechend § 15 Abs. 9 EnLG 2012 sind:

1. den Landeshauptmännern für die Vollziehung des § 21 EnLG 2012 (Landesverbrauchskontingente) auf deren Verlangen folgende Verbrauchsdaten für die in ihrem jeweiligen Landesgebiet in den Netzbereichen mit einer Nennfrequenz von 50 Hz angesiedelten Endverbraucher mittels einheitlicher, von der E-Control vorgegebener Formulare in elektronischer Form zur Verfügung zu stellen:
   a) tägliche Ganglinien bzw. aggregierte Tages-, Wochen- oder Monatssummen gemäß § 2 Abs. 5 Z 1,
   b) Jahressummen gemäß § 5 Abs. 2 und Abs. 3 gegebenenfalls nach Verbraucherkategorien und nach Größenklassen.
2. den Regelzonenführern für die Vorbereitung und operative Durchführung von Lenkungsmaßnahmen auf deren Verlangen die Daten gemäß § 2 Abs. 3, § 5 Abs. 4 und Abs. 5, § 10 Abs. 1 und Abs. 3 Z 2, § 11 Abs. 2 und Abs. 3 und § 12 Abs. 2 und 3 jeweils mittels einheitlicher, von der E-Control vorgegebener Formate in elektronischer Form zur Verfügung zu stellen.

(3) Die E-Control kann eine Abgrenzung der Daten gemäß Abs. 2 Z 1 auf Bundesländer nur im Ausmaß der vorhandenen Informationen durchführen.

9. Teil

Inkrafttreten

§ 21. (1) Diese Verordnung tritt mit 1. Jänner 2017 in Kraft.

(2) Die gemäß § 20 Abs. 4 von den Regelzonenführern durchzuführende Übermittlung der Daten gemäß § 6 Abs. 1 Z 1 und § 7 Abs. 1 Z 2 hat spätestens ab dem 30. Juni 2017 zu erfolgen. Bis dahin sind diese Daten von den Bilanzgruppenverantwortlichen an die E-Control zu übermitteln.

(3) Mit dem Inkrafttreten dieser Verordnung tritt die Elektrizitäts-Energielenkungsdaten-Verordnung 2014, E-EnLD-VO 2014, BGBl. II Nr. 152/2014, außer Kraft. Sie ist jedoch auf anhängige Meldepflichten für den Zeitraum vom 1. Jänner bis 31. Dezember 2016 weiterhin anzuwenden.

(4) Die Bestimmungen der E-EnLD-VO 2017 – Novelle 2022 treten am 1. August 2022 in Kraft. Die durch die E-EnLD-VO 2017 – Novelle 2022 erweiterten Meldepflichten bestehen auch für jene Berichtszeiträume, die vor Inkrafttreten der E-EnLD-VO 2017 – Novelle 2022 liegen.

EnLG + V

30. Erdgas-Energielenkungsdaten-Verordnung 2017

Verordnung des Vorstands der E-Control betreffend die Meldung von Daten zur Vorbereitung der Lenkungsmaßnahmen zur Sicherstellung der Erdgasversorgung und zur Durchführung eines Monitoring der Versorgungssicherheit im Erdgasbereich

StF: BGBl. II Nr. 416/2016

Letzte Novellierung: BGBl. II Nr. 347/2022

Aufgrund § 27 Abs. 3 Energielenkungsgesetz 2012 (EnLG 2012), BGBl. I Nr. 41/2013, iVm § 7 Abs. 1 Energie-Control-Gesetz – E-ControlG, BGBl. I Nr. 110/2010, zuletzt geändert durch BGBl. I Nr. 174/2013, wird verordnet:

GLIEDERUNG

1. Teil
Allgemeines
Begriffsbestimmungen

§ 1. (1) Im Sinne dieser Verordnung bezeichnet der Begriff:

1. „Abgabe an Endverbraucher" jene Mengen gasförmiger Energieträger, die ein Endverbraucher für den eigenen Bedarf aus einem Fernleitungs- oder Verteilernetz bezieht;
2. „Betreiber von Produktionsanlagen" eine natürliche oder juristische Person oder eingetragene Personengesellschaft, die für den technischen Betrieb und die Wartung einer Produktionsanlage verantwortlich ist;
3. „Betreiber von Speichern" eine natürliche oder juristische Person oder eingetragene Personengesellschaft, die für den technischen Betrieb und die Wartung eines Speichers (Speicheranlage bzw. Speicherstation) verantwortlich ist;
4. „biogene Gase" die auf Erdgasqualität aufbereiteten biogenen Gase, die auch in das Erdgasnetz eingespeist werden;
5. „Einschränkung von vertraglichen Lieferungen" jede Unterschreitung der vom Versorger gemeldeten aggregierten Vorschauwerte für Bezüge vom Virtuellen Handelspunkt und für Importe um mehr als 30 % gegenüber der letztgültigen Nominierung;
6. „Ein- und Ausspeicherkapazität (-rate) eines Speichers" jene maximal mögliche Menge pro Zeiteinheit, die in den Speicher eingebracht beziehungsweise aus diesem entnommen werden kann;
7. „erhebliche Reduktion der Importe" eine an zumindest einem Einspeisepunkt auftreten-

de Unterschreitung der tatsächlich eingespeisten Mengen von den als initiale Nominierung „D-1“ angemeldeten und im day-ahead-Matchingergebnis bestätigten Mengen um mehr als 30 %;
8. „Erhebungsperiode“ jenen Zeitraum, über den zu meldende Daten zu aggregieren sind;
9. „Erhebungsstichtag“ den Tag und „Erhebungszeitpunkt“ den Zeitpunkt, auf den sich die Erhebung zu beziehen hat;
10. „Exporte“ jene Mengen gasförmiger Energieträger, welche grenzüberschreitend ins Ausland verbracht werden;
11. „gasförmige Energieträger“ Erdgas sowie erneuerbare Gase;
12. „Gastag“ den Zeitraum, der um 6 Uhr eines Kalendertages beginnt und um 6 Uhr des darauf folgenden Kalendertages endet;
13. „Grenzkopplungspunkt“ einen Netzkopplungspunkt an der Marktgebietsgrenze zu einem anderen Marktgebiet;
14. „Großabnehmer“ alle Endverbraucher gemäß § 7 Abs. 1 Z 11 GWG 2011, BGBl. I Nr. 107/2011, in der Fassung BGBl. II Nr. 226/2015, mit einer vertraglich vereinbarten Höchstleistung von mehr als 50 000 kWh pro Stunde;
15. „Größenklasse des Bezugs“ jene auf den Bezug aus einem Fernleitungs- oder Verteilernetz im letzten Kalenderjahr bezogenen Mengen gasförmiger Energieträger, welche für Einstufungen von Endverbrauchern herangezogen werden;
16. „Heizkraftwerk“ ein Wärmekraftwerk, in dem andere Energieformen in einem kombinierten Prozess sowohl in elektrische Energie als auch in nutzbare Wärme (Kraft-Wärme-Kopplung) umgesetzt und für einen Versorgungsbereich bereitgestellt werden;
17. „Heizwerk“ eine Anlage, in der andere Energieformen ausschließlich in nutzbare Wärme umgesetzt und für einen Versorgungsbereich bereitgestellt werden;
18. „Importe“ jene Mengen gasförmiger Energieträger, welche grenzüberschreitend nach Österreich eingebracht werden;
19. „Kraft-Wärme-Kälte-Kopplung (KWKK)“ eine Erweiterung der Kraft-Wärme-Kopplung (KWK), die auch der Kälteerzeugung dient. Die Bestimmungen dieser Verordnung, die KWK-Anlagen betreffen, sind sinngemäß auch für KWKK-Anlagen anzuwenden;
20. „Kraft-Wärme-Kopplung (KWK)“ die gleichzeitige Erzeugung thermischer Energie und elektrischer und/oder mechanischer Energie in einem Prozess;
21. „Lastverlauf“ bzw. „Lastfluss“ die in einem konstanten Zeitraster durchgeführte Darstellung der in einem definierten Netz von den Endverbrauchern (Kunden) beanspruchte Leistung;
22. „maximale Netto-Heizleistung“ die einem Wärmenetz oder Fernwärmenetz von einem Wärmekraftwerk mit KWK zugeführte Wärme des Wärmeträgers;
23. „Messwert“ einen Wert der angibt, in welchem Umfang Leistung/Menge als gemessener Leistungs- oder Mengenmittelwert in einem konstanten Zeitraster (Messperiode) an bestimmten Zählpunkten im Netz eingespeist oder entnommen wurde;
24. „Normzustand“ den durch die Zustandsgrößen absoluter Druck von 1013,25 mbar und Temperatur von 0 Grad Celsius gekennzeichneten Zustand eines gasförmigen Energieträgers;
25. „Polstergas“ jenen Teil der im Speicher enthaltenen gasförmigen Energieträger, der nicht zur regulären Speichernutzung sondern zur Aufrechterhaltung des Speicherbetriebs erforderlich ist;
26. „Produktion“ alle auf dem Bundesgebiet geförderten trockenen vermarktbaren (nach Reinigung und Extraktion von Erdgaskondensaten und Schwefel) Mengen;
27. „Produktionskapazität (-rate)“ jene maximal mögliche Menge pro Zeiteinheit, die aus einer Produktionsanlage entnommen werden kann;
28. „Speicher“ eine, einem Erdgasunternehmen gehörende und/oder von ihm betriebene Anlage zur Speicherung von Erdgas;
29. „Speicherbewegung“ jene Menge gasförmiger Energieträger, die im Berichtszeitraum in einen Speicher eingepresst (Einspeicherung) oder aus einem Speicher entnommen wird (Ausspeicherung);
30. „Speicherinhalt“ jene Menge gasförmiger Energieträger, die sich zum Erhebungszeitpunkt im Speicher befindet, wobei das Polstergas abzuziehen ist;
31. „Speichervolumen“ jene Menge gasförmiger Energieträger, die maximal in einen Speicher eingebracht werden kann, wobei das Polstergas abzuziehen ist;
32. „Standort“ ein oder mehrere zusammenhängende/s, im Eigentum oder in der Verfügungsgewalt eines Endverbrauchers stehende/s Betriebsgelände, soweit es/sie hinsichtlich der wirtschaftlichen Tätigkeiten eine Einheit bilden/t und für das/die ein Endverbraucher gasförmige Energieträger bezieht und gegebenenfalls über ein eigenes Netz zu Selbstkosten verteilt;
32a. „technisches Speichergas“ jenen Teil der im Speicher enthaltenen gasförmigen Energieträger, der weder als Polstergas, noch zur regulären Speichernutzung, sondern bei Wartungs- und Instandhaltungsmaßnahmen zusätzlich verwendet wird;
33. „verfügbare Stundenraten“ jene maximal verfügbaren Raten pro Stunde, die jedenfalls aufgrund vertraglicher Vereinbarungen zur Versorgung von Endverbrauchern tatsächlich verfügbar gemacht werden können;

34. „zusätzlich aktivierbare Stundenraten" jene maximal verfügbaren Stundenraten, die über die verfügbaren Stundenraten hinausgehend aufgebracht werden können, insbesondere über nicht kontrahierte Speicherraten und Produktionsraten.

(2) „Verbraucherkategorien" im Sinne dieser Verordnung sind:

1. „Haushalte", das sind Endverbraucher, die gasförmige Energieträger vorwiegend für private Zwecke verwenden,
2. „Nicht-Haushalte", das sind Endverbraucher, die gasförmige Energieträger vorwiegend für Zwecke der eigenen wirtschaftlichen Tätigkeit verwenden.

Die beiden Verbraucherkategorien sind jeweils nach Größenklassen des Bezugs zu untergliedern. Die Zuteilung oder Nichtzuteilung eines Standardlastprofils ist für Zwecke dieser Verordnung keine zwingende Bedingung, einer der beiden Verbraucherkategorien zugeordnet zu werden.

(3) Für alle anderen Begriffe gelten die Begriffsbestimmungen des GWG 2011.

(4) Soweit in dieser Verordnung auf Bestimmungen anderer Verordnungen der E-Control verwiesen wird, sind die Bestimmungen in ihrer jeweils geltenden Fassung anzuwenden.

(5) Bezug und Abgabe (Lieferung) sind für jeden Übergabepunkt getrennt, nicht saldiert über alle Übergabepunkte zu erfassen. Dies trifft insbesondere für die Importe und Exporte, die Einspeicherung und Speicherentnahme sowie für den Austausch mit dem Gasnetz (Bezüge bzw. Abgaben) zu.

(6) Die im Rahmen dieser Verordnung für gasförmige Energieträger erhobenen bzw. gemeldeten stündlichen Leistungs- und Energiemengenangaben (Messwerte) sind auf den jeweiligen gemessenen Brennwert zu beziehen. Alle anderen Leistungs- und Energiemengenangaben (Messwerte), die im Rahmen dieser Verordnung für gasförmige Energieträger erhoben bzw. gemeldet werden, sind auf den Normzustand zu beziehen und unter Anwendung des in § 2 Abs. 1 Z 13 Gas-Systemnutzungsentgelte-Verordnung 2013 – GSNE-VO 2013, BGBl. II Nr. 309/2012, festgelegten Verrechnungsbrennwerts in kWh umzurechnen.

2. Teil

Aktuelle und historische Daten

Stundenwerte

§ 2. (1) Jeweils täglich spätestens bis 14 Uhr sind für den vorangegangen Gastag als stündliche Energiemengen zu melden:

1. vom Verteilergebietsmanager:

a) die Gasflüsse an den Übergabepunkten zwischen den Fernleitungen und dem Verteilergebiet je Übergabepunkt,
b) die in das Verteilergebiet eingespeiste Produktion,
c) die in das Verteilergebiet eingespeisten bzw. daraus bezogenen Speichermengen,
d) die Gesamtlast (gesamte Abgabe an Endverbraucher im Verteilergebiet).

Die Daten gemäß lit. b und lit. c können, soweit eine Trennung nicht möglich ist, als Summenwert für Produktion und Speicher gemeldet werden;

2. von den Netzbetreibern die Importe und Exporte jeweils je Grenzkopplungspunkt;
3. von den Produzenten bzw. von den Betreibern von Produktionsanlagen die Importe und Exporte über Leitungen, die Teil der Produktionsanlage sind, jeweils je Produktionsanlage;
4. von den Speicherunternehmen bzw. von den Betreibern von Speichern die Importe und Exporte über Leitungen, die Teil der Speicher sind, jeweils je Speicher.

(2) Jeweils spätestens bis zum 20. Kalendertag nach dem Monatsletzten des Berichtsmonats sind für die Erhebungsperiode vom Monatsersten 6 Uhr bis zum Monatsersten des Folgemonats 6 Uhr als stündliche Energiemengen zu melden:

1. von den Bilanzgruppenkoordinatoren jeweils getrennt nach Netzbetreibern:

a) die Abgabe an Endverbraucher,
b) die Netzverluste (Abgabe an die Bilanzgruppe Netzverluste).

Korrekturen insbesondere aufgrund des 2. Clearings sind unverzüglich zu melden;

2. von den Netzbetreibern und dem Verteilergebietsmanager die Abgabe an Großabnehmer jeweils getrennt nach Zählpunkten;
3. von den Netzbetreibern die Abgabe an leistungsgemessene Kunden, je Kalenderwoche nach Größenklassen, sowie, sobald möglich, unterschieden nach ÖNACE-Haupttätigkeit nach dem Unternehmensregistereintrag.

(3) Daten gemäß Abs. 1 sind jeweils spätestens bis zum 20. Kalendertag nach jedem Monatsletzten des Berichtsmonats als vollständiger Datensatz für den gesamten Berichtsmonat zu übermitteln.

Tageswerte

§ 3. (1) Jeweils täglich spätestens bis 14 Uhr ist von den Speicherunternehmen bzw. von den Betreibern von Speichern für den Erhebungszeitpunkt 6 Uhr des vorangegangen Gastags der Speicherinhalt zu melden.

Änderungen des Speichervolumens sind jeweils getrennt nach Speichern unverzüglich bekannt zu geben.

(2) Jeweils an jedem Mittwoch spätestens bis 14 Uhr sind für den Erhebungszeitpunkt 6 Uhr des vorangegangen Gastags folgende Tageswerte der vorangegangenen sieben Tage zu melden:

1. von den Produzenten bzw. von den Betreibern von Produktionsanlagen die in Speichern eingelagerten Produktionsmengen je Speicherunternehmen;
2. von den Speicherunternehmen das vertraglich vereinbarte Arbeitsgasvolumen und Speicherinhalt jeweils je Speicherkunde und Übergabepunkt;
3. von den Speicherkunden, unabhängig davon, ob es sich um Primär- oder Sekundärmarktkunden handelt, der verfügbare Speicherinhalt, je Speicherunternehmen und Übergabepunkt, jeweils getrennt nach den Mengen:

a) für die österreichische Endverbraucherversorgung

i. für die geschützten Kunden in Österreich;
ii. gemäß § 26a EnLG (geschützte Gasmengen) für österreichische Endverbraucher;
iii. für Gaskraftwerke, Heizkraftwerke gemäß § 1 Abs. 1 Z 16 und Heizwerke gemäß § 1 Abs. 1 Z 17;
iv. sonstige Speichermengen für österreichische Endverbraucher, die keiner Gruppe gemäß lit. a sublit. i. und iii. zuordenbar sind.

b) für nicht-österreichische Endverbraucherversorgung

i. für die Versorgung nicht-österreichischer solidaritätsgeschützter Kunden im Sinne des Art. 2 Z 6 der Verordnung (EU) 2017/1938 über Maßnahmen zur Gewährleistung der sicheren Gasversorgung und zur Aufhebung der Verordnung (EU) Nr. 994/2010, ABl. Nr. L 280 vom 28.10.2017 S. 1, in der Fassung der Verordnung (EU) 2022/1032, ABl. Nr. L 173 vom 30.06.2022 S. 17;
ii. gemäß § 26a EnLG (geschützte Gasmengen) für nicht-österreichische Endverbraucher;
iii. sonstige Speichermengen für nicht-österreichische Endverbraucher, die keiner Gruppe gemäß lit. b sublit. i. und ii. zuordenbar sind.

c) sonstige Speichermengen, die keiner Gruppe gemäß lit. a und b zuordenbar sind;
d) Speichermenge insgesamt.

4. von den Speicherkunden, unabhängig davon, ob es sich um Primär- oder Sekundärmarktkunden handelt, das vertraglich vereinbarte Arbeitsgasvolumen, je Übergabepunkt und Speicherunternehmen;
5. von den Betreibern von Speichern den Speicherinhalt jeweils getrennt für sämtliche auf dem Bundesgebiet befindlichen Speicher.

Monatswerte

§ 3a. Jeweils spätestens bis zum 20. Kalendertag des Folgemonats ist von den Netzbetreibern für die Erhebungsperiode des vorangegangenen Monates die Abgabe an geschützte Kunden gemäß § 7 Abs. 1 Z 20a Gaswirtschaftsgesetz 2011, getrennt nach Haushaltskunden und andere geschützte Kunden, zu melden.

Jahreswerte

§ 4. Jeweils spätestens bis zum 15. Februar des der Erhebungsperiode folgenden Jahres sind für die Erhebungsperiode eines Kalenderjahres zu melden:

1. von den Netzbetreibern:

a) die Abgabe an Endverbraucher getrennt nach Verbraucherkategorien und Größenklassen des Bezugs,
b) die Anzahl der Endverbraucher sowie der Zählpunkte jeweils getrennt nach Verbraucherkategorien und Größenklassen des Bezugs;

2. von den Speicherunternehmen bzw. von den Betreibern von Speichern für sämtliche auf dem Bundesgebiet befindlichen Speicher das Speichervolumen, die Ein- und Ausspeicherkapazität sowie das vorhandene Polstergas und technische Speichergas jeweils getrennt je Speicher. Unterjährige Änderungen sind unmittelbar unter Angabe des Änderungsdatums bekannt zu geben;
3. von den Produzenten bzw. von den Betreibern von Produktionsanlagen von Erdgas für sämtliche auf dem Bundesgebiet befindlichen Produktionsanlagen die Produktionskapazität. Unterjährige Änderungen sind unmittelbar unter Angabe des Änderungsdatums bekannt zu geben.

3. Teil
Vorschaudaten
Vier-Wochen-Vorschauen

§ 5. (1) Jeweils mittwochs bis 14 Uhr sind für den Berichtszeitraum beginnend mit dem Freitag 6 Uhr der aktuellen Woche bis zum Montag 6 Uhr der fünften Folgewoche unter Angabe der vertraglich vereinbarten, nicht unterbrechbaren Raten zu melden:

1. von den Versorgern:

a) die für die Endverbraucherversorgung im Marktgebiet verfügbaren Stundenraten aus Bezügen vom Virtuellen Handelspunkt und aus Importen, letztere getrennt je Einspeisepunkt,
b) die für die Endverbraucherversorgung im Marktgebiet für den jeweils nächsten Gastag zusätzlich aktivierbaren Stundenraten aus Bezügen vom Virtuellen Handelspunkt und aus Importen, letztere getrennt je Einspeisepunkt,
c) die für die Versorgung von Endverbrauchern im Marktgebiet verfügbaren Stundenraten aus der Produktion jeweils getrennt je Produzent,

d) von den Versorgern die für die Versorgung von Endverbrauchern im Marktgebiet verfügbaren Stundenraten für die Speicherentnahme jeweils getrennt je Speicherunternehmen;
2. von den Produzenten die für das Marktgebiet zusätzlich aktivierbaren Stundenraten aus der Produktion;
3. von den Speicherunternehmen die für das Marktgebiet zusätzlich aktivierbaren Stundenraten für die Speicherentnahme.

(2) Daten gemäß Abs. 1 Z 1 können mit Zustimmung der E-Control von den Bilanzgruppenverantwortlichen für die jeweilige Bilanzgruppe zusammengefasst und als Aggregat unter Angabe der berücksichtigen Versorger übermittelt werden. In diesem Fall ist der Versorger von seiner Meldepflicht an die E Control entbunden.

(3) Jeweils mittwochs spätestens bis 14 Uhr ist für den Berichtszeitraum beginnend mit dem Freitag 6 Uhr der aktuellen Woche bis zum Montag 6 Uhr der fünften Folgewoche vom Verteilergebietsmanager eine Prognose für den stündlichen Lastverlauf (Abgabe an Endverbraucher) im Marktgebiet zu melden. Eine Dokumentation der vom Verteilergebietsmanager verwendeten Methodik sowie der getroffenen Annahmen ist auf Anfrage der E-Control einmal jährlich zu übermitteln.

4. Teil
Datenmeldungen für den Fernwärmebereich
Unterjährige Erhebungen

§ 6. Jeweils spätestens bis zum 20. Kalendertag nach dem Monatsletzten des Berichtsmonats sind von Fernwärmeunternehmen mit hydraulisch zusammenhängenden Fernwärmenetzen mit einer gesamten maximalen Netto-Heizleistung aller damit verbundenen Heizwerke und Heizkraftwerke von zumindest 50 MW (thermisch) oder einer gesamten jährlichen Wärmeabgabe von zumindest 300 GWh getrennt je Fernwärmenetz für die Erhebungsperiode vom Monatsersten 0 Uhr bis zum Monatsletzten 24 Uhr die gesamte Wärmeabgabe als stündliche Energiemengen, jeweils getrennt nach erdgasbefeuerten Anlagen und anderen Anlagen zu melden.

Jahreserhebungen

§ 7. Spätestens bis zum 15. Februar des dem Erhebungsstichtag folgenden Jahres sind von Fernwärmeunternehmen mit hydraulisch zusammenhängenden Fernwärmenetzen mit einer gesamten maximalen Netto-Heizleistung aller damit verbundenen Heizwerke und Heizkraftwerke von zumindest 50 MW (thermisch) oder einer gesamten jährlichen Wärmeabgabe von zumindest 300 GWh jeweils zum Erhebungszeitpunkt 31. Dezember 24 Uhr die Bruttoengpassleistung sowie die maximale Netto-Heizleistung sämtlicher Heizwerke und Heizkraftwerke jeweils getrennt nach Blöcken und Primärenergieträgern zu melden.

5. Teil
Vorkehrungen für den Krisenfall
Erhebungen zum Monitoring der Versorgungssicherheit

§ 8. (1) Jährlich bis zum 30. April sind von den Fernleitungsnetzbetreibern jeweils für die Erhebungsperiode vom 1. Jänner 6 Uhr des Vorjahres bis zum 1. Jänner 6 Uhr des aktuellen Jahres sowie als Vorschau zumindest für die dem Berichtsjahr folgenden zwei Jahre eine Beschreibung der durchgeführten und geplanten Instandhaltungs- und Erweiterungsprogramme inklusive einer allgemeinen Beschreibung der Instandhaltungs- und Erweiterungsstrategien, jeweils untergliedert nach Netzebenen und Betriebsmitteln zu melden.

(2) Von den Erdgashändlern sind spätestens bis zum 15. Oktober jeden Jahres für den Erhebungszeitpunkt 1. Oktober 6 Uhr des Berichtsjahres die aus Erdgasbezugsverträgen aus Importen mit einer mehr als einjährigen Laufzeit tatsächlich bezogenen Mengen für die vorangegangenen zwölf Monate und die kontrahierten Jahresmengen (minimale und maximale Vertragswerte) für die kommenden zwölf Monate, unter Angabe der jeweiligen Restlaufzeit(en) zu melden.

Ansprechpersonen und Krisenverantwortliche

§ 9. (1) Meldepflichtige Unternehmen haben jeweils spätestens bis zum 15. Oktober die für die Datenerfassung und -übermittlung verantwortlichen Personen der E-Control anzuzeigen und deren Kontaktdaten zu melden. Scheiden die angezeigten Personen aus dem Unternehmen aus oder wird die Anzeige widerrufen, sind die nunmehr verantwortlichen Personen und deren Kontaktdaten unverzüglich anzuzeigen.

(2) Der Marktgebietsmanager, der Verteilergebietsmanager, die Netzbetreiber, die Speicherunternehmen bzw. Betreiber von Speichern, die Produzenten bzw. Betreiber von Produktionsanlagen, die Bilanzgruppenkoordinatoren, die Bilanzgruppenverantwortlichen, die Fernwärmeunternehmen sowie die Großabnehmer haben jeweils spätestens bis zum 15. Oktober jene Personen, die innerbetrieblich für die Umsetzung von Lenkungsmaßnahmen zuständig sind, der E-Control anzuzeigen und deren Kontaktdaten zu melden. Diesen Personen muss die entsprechende Anordnungsbefugnis zur Umsetzung von Lenkungsmaßnahmen zukommen und es muss im Falle des Vorliegens der Voraussetzungen nach § 4 Abs. 1 EnLG 2012 deren Erreichbarkeit oder deren Vertretung innerhalb eines angemessenen Zeitraums gewährleistet sein. Scheiden die angezeigten Personen aus dem Unternehmen aus oder wird die Anzeige widerrufen, sind die nunmehr verantwortlichen Personen und deren Kontaktdaten unverzüglich anzuzeigen.

(3) Der Marktgebietsmanager, der Verteilergebietsmanager, die Netzbetreiber, die Speicherunternehmen bzw. Betreiber von Speichern, die Produzenten bzw. Betreiber von Produktionsanlagen, die Bilanzgruppenkoordinatoren, die Bilanzgruppenverantwortlichen sowie die Fernwärmeunternehmen haben jeweils spätestens bis zum 15. Oktober Kontaktdaten einer im Krisenfall jederzeit erreichbaren Stelle, welche den Personenkreis gemäß Abs. 2 kontaktieren kann, zu melden. Änderungen bezüglich dieser jederzeit erreichbaren Stelle sind unverzüglich bekannt zu geben.

Erhebungen zum 15. Oktober

§ 10. (1) Jeweils spätestens bis zum 15. Oktober jeden Jahres sind von den Netzbetreibern für Endverbraucher mit gleicher Rechnungsadresse, die zum 30. September in Summe über alle Zählpunkte eine vertraglich vereinbarte Höchstleistung von mehr als 50 000 kWh pro Stunde haben, Firma und Adresse (Rechnungsadresse) des Unternehmens, die Zählpunktsbezeichnung(en), die Anlagenadresse sowie der jeweilige Bezug in den letzten zwölf Monaten zu melden.

(2) Jeweils spätestens bis zum 15. Oktober jeden Jahres sind von den Großabnehmern zum Erhebungsstichtag 31. August jeweils getrennt je Standort zu melden:

1. Name und Adresse sowie die zugehörige(n) Zählpunktsbezeichnung(en);
2. die Wirtschaftstätigkeit(en) gemäß den Klassen der ÖNACE;
3. Angaben zu vorhandenen technischen Einrichtungen zur automatischen oder manuellen Reduzierung bzw. Substitution des Erdgasbezugs.

6. Teil
Informationspflicht bei Eintritt eines Engpassfalls

Erhebliche Reduktion der Importe von Erdgas in das Bundesgebiet

§ 11. Von den Fernleitungsnetzbetreibern ist jede erhebliche Reduktion der Importe unverzüglich unter Angabe insbesondere der angemeldeten und tatsächlich eingespeisten Mengen je Einspeisepunkt zu melden. Diese Meldung ist gleichzeitig an den Verteilergebietsmanager zu übermitteln.

Einschränkung von vertraglichen Lieferungen von Erdgas

§ 12. Von den Versorgern ist jede Einschränkung von vertraglichen Lieferungen unverzüglich unter Angabe insbesondere des Anteils der Einschränkung gegenüber den angemeldeten Lieferungen sowie der erwarteten Dauer und der jeweils betroffenen Einspeisepunkte und des Virtuellen Handelspunktes zu melden. Diese Meldung ist gleichzeitig an den Verteilergebietsmanager zu übermitteln.

Reduktion der Importe von Erdgas in vorgelagerten Marktgebieten

§ 13. Von den Fernleitungsnetzbetreibern sind Informationen über eine Reduktion der Importe von Erdgas in vorgelagerten Marktgebieten bzw. Fernleitungsnetzen sowie Informationen aus dem „Regional Coordination System for Gas“ der ENTSO-G, die eine erhebliche Reduktion der Importe nach sich ziehen können, unverzüglich zu melden und gleichzeitig an den Verteilergebietsmanager zu übermitteln. Die Informationen können mit Zustimmung der E-Control vom Marktgebietsmanager übermittelt werden. In diesem Fall sind die Fernleitungsnetzbetreiber von ihrer diesbezüglichen Meldepflicht an die E-Control entbunden.

7. Teil
Erweiterte Datenmeldungen im Engpass- bzw. Krisenfall

§ 14. Wenn die Einschränkung von vertraglichen Lieferungen mehr als 30 % gegenüber der initialen Nominierung beträgt (Engpassfall), die Voraussetzungen gemäß § 4 Abs. 1 EnLG 2012 vorliegen (Krisenfall) oder zur Vorbereitung eines Krisenfalls kann die E-Control erweiterte Datenmeldungen anordnen. Dies umfasst insbesondere:

1. die Meldung der Daten gemäß § 2 Abs. 1 und Abs. 2 Z 2 jeweils innerhalb der nächsten Stunde;
2. die Meldung der Daten gemäß § 3 Abs. 2 und § 5 Abs. 1 in kürzeren Intervallen sowie gemäß § 5 Abs. 1 für einen längeren Vorschauhorizont;
3. die Meldung der Daten gemäß § 4, § 7, § 9 sowie § 10 Abs. 2 jeweils aktuell;
4. die Meldung der Daten gemäß § 2 Abs. 2 Z 3, jeweils am Mittwoch der folgenden Kalenderwoche.

8. Teil
Übungen

§ 15. (1) Von der E-Control können alle zwei Jahre Übungen unter Annahme von Krisenszenarien angeordnet werden. Dazu können für den Zeitraum einer Kalenderwoche die Meldungen gemäß § 11 bis § 13, die Erweiterungen gemäß § 14 sowie eine auf die Übungsteilnehmer eingeschränkte Aktualisierung der Meldungen gemäß § 9 Abs. 2 und Abs. 3 und § 10 Abs. 2 angeordnet werden.

(2) Daten gemäß § 11 sind unabhängig vom Eintritt einer erheblichen Reduktion der Importmengen jährlich zum 15. Oktober zu melden.

(3) Daten gemäß § 12 sind unabhängig vom Eintritt einer Einschränkung von vertraglichen Lieferungen jährlich zum 15. Oktober zu melden.

(4) Informationen gemäß § 13 sind unabhängig vom Eintritt einer Reduktion der Importe in vorgelagerten Marktgebieten bzw. Fernleitungsnetzen jährlich zum 15. Oktober zu melden.

9. Teil
Datenmeldungen

Durchführung der Erhebungen

§ 16. (1) Die Erhebungen im Rahmen dieser Verordnung erfolgen durch

1. Heranziehung von Verwaltungsdaten der E-Control;
2. Heranziehung von Verwaltungsdaten der Bilanzgruppenkoordinatoren bzw. Verrechnungsstellen (Clearingstellen), des Marktgebietsmanagers und des Verteilergebietsmanagers;
3. periodische Meldungen der meldepflichtigen Unternehmen.

(2) Aus Gründen der Einfachheit und Zweckmäßigkeit ist die Meldung von Daten, die den Bilanzgruppenkoordinatoren, dem Marktgebietsmanager und dem Verteilergebietsmanager im Rahmen der Erfüllung ihrer Aufgaben zur Verfügung stehen, direkt von diesen unter Einhaltung insbesondere der Qualität, der Meldetermine sowie der Datenformate an die E-Control durchzuführen. In diesem Fall sind die jeweils Meldepflichtigen von ihrer diesbezüglichen Meldepflicht an die E-Control entbunden.

(3) Aus Gründen der Einfachheit und Zweckmäßigkeit kann die E-Control Daten, die insbesondere die Bilanzgruppenkoordinatoren, der Marktgebietsmanager oder der Verteilergebietsmanager im Rahmen der Erfüllung ihrer Veröffentlichungsverpflichtungen in ausreichender Qualität und Verfügbarkeit veröffentlichen, für Zwecke dieser Verordnung heranziehen.

Meldepflichten

§ 17. (1) Meldepflichtig ist der Inhaber oder das nach außen vertretungsbefugte Organ eines meldepflichtigen Unternehmens.

(2) Meldepflichtige Unternehmen im Sinne dieser Verordnung sind die Bilanzgruppenverantwortlichen und Bilanzgruppenmitglieder, die Bilanzgruppenkoordinatoren, die Erdgashändler, die Großabnehmer, der Marktgebietsmanager, die Netzbetreiber, die Produzenten und Betreiber von Produktionsanlagen, die Speicherunternehmen und Betreiber von Speichern, die Versorger, der Verteilergebietsmanager und die Fernwärmeunternehmen.

Datenformate

§ 18. Die den Gegenstand der Meldepflicht bildenden Daten sind in elektronischer Form unter Verwendung der von der E-Control vorgegebenen Formate auf elektronischem Wege (E-Mail oder andere von der E-Control definierte Schnittstellen) der E-Control zu übermitteln.

Weitergabe und Verwendung von Daten

§ 19. (1) Daten, die auf Basis dieser Verordnung erhoben werden, dürfen ausschließlich für die im EnLG 2012 vorgesehenen Zwecke verwendet werden.

(2) Entsprechend § 27 Abs. 9 EnLG 2012 können dem Verteilergebietsmanager bzw. dem Marktgebietsmanager für die Vorbereitung und operative Durchführung von Lenkungsmaßnahmen auf Anfrage Daten gemäß § 2 bis § 10 möglichst aktuell jeweils mittels einheitlicher, von der E-Control vorgegebener Formate in elektronischer Form zur Verfügung gestellt werden.

(3) Aus Gründen der Einfachheit und Zweckmäßigkeit sind Daten gemäß § 2, die dem Marktgebietsmanager zur Verfügung stehen und die der E-Control übermittelt werden, gleichzeitig an den Verteilergebietsmanager zu übermitteln.

10. Teil
Inkrafttreten

§ 20. (1) Diese Verordnung tritt mit 1. Jänner 2017 in Kraft.

(2) Die Daten gemäß § 2 Abs. 1 für den Berichtszeitraum 1. Jänner 2017, 6 Uhr, bis 1. April 2017, 6 Uhr, sind spätestens bis 15. April 2017 einmalig als vollständiger Datensatz zu übermitteln.

(3) Mit dem Inkrafttreten dieser Verordnung tritt die Erdgas-Energielenkungsdaten-Verordnung 2014, G-EnlD-VO 2014, BGBl. II Nr. 151/2014, außer Kraft. Sie ist jedoch auf anhängige Meldepflichten für den Zeitraum vom 1. Jänner bis 31. Dezember 2016 weiterhin anzuwenden.

(4) Die Bestimmungen der G-EnLD-VO 2017 – Novelle 2022 treten am 1. August 2022 in Kraft. Die durch die G-EnLD-VO 2017 – Novelle 2022 erweiterten Meldepflichten bestehen auch für jene Berichtszeiträume, die vor Inkrafttreten der G-EnLD-VO 2017 – Novelle 2022 liegen.

(5) Die Bestimmungen der G-EnLD-VO 2017 – 2. Novelle 2022 treten mit dem der Kundmachung folgenden Tag in Kraft.

EBG

31. Erdölbevorratungsgesetz 2012

Bundesgesetz über die Haltung von Mindestvorräten an Erdöl und Erdölprodukten
StF: BGBl. I Nr. 78/2012
Letzte Novellierung: BGBl. I Nr. 93/2023

GLIEDERUNG

1. Abschnitt
Grundsätze

Verfassungsbestimmung

§ 1. (**Verfassungsbestimmung**) Die Erlassung, Änderung, Aufhebung und Vollziehung von Vorschriften, wie sie in diesem Bundesgesetz enthalten sind, sind auch in den Belangen Bundessache, hinsichtlich derer das Bundes-Verfassungsgesetz, BGBl. Nr. 1/1930, etwas Anderes bestimmt.

Bezugnahme auf Unionsrecht

§ 2. Durch dieses Gesetz wird die Richtlinie 2009/119/EG zur Verpflichtung der Mitgliedstaaten, Mindestvorräte an Erdöl und/oder Erdölerzeugnissen zu halten, ABl. Nr. L 265 vom 09.10.2009 S. 9, zuletzt geändert durch die Durchführungsrichtlinie (EU) 2018/1581, ABl. Nr. L 263 vom 22.10.2018 S. 57, umgesetzt.

Begriffsbestimmungen

§ 3. (1) Im Sinne dieses Bundesgesetzes bedeuten die Begriffe:

1. „Anwendungsgebiet“ das Bundesgebiet mit Ausnahme der Gebiete der Gemeinden Jungholz (Tirol) und Mittelberg (Vorarlberg);
2. „Drittland“ ein Gebiet außerhalb des Gebietes der Europäischen Union;
3. „Exporteur“ jeder Importeur gemäß Z 7, der im selben Zeitraum, zu dem er Waren gemäß Abs. 2 Z 1 bis Z 4 importiert, solche Waren exportiert;
4. „exportieren“ das Verbringen der unter Abs. 2 Z 1 bis 4 bezeichneten Waren im zollrecht-

lich freien Verkehr in einen Mitgliedstaat der Europäischen Union aus dem Anwendungsgebiet oder die Ausfuhr dieser Waren in ein Drittland; die Rückverbringung von als Pflichtnotstandsreserve gewidmeter Mengen, die aus einem Zolllager, das ausschließlich zur Haltung von Pflichtnotstandsreserven bestimmt ist, vorübergehend in den zollrechtlich freien Verkehr verbracht wurden, in ein solches Zolllager, gilt unbeschadet der zollrechtlichen und verbrauchsteuerrechtlichen Bestimmungen nicht als Export; jede Rückverbringung ist der Bundesministerin für Klimaschutz, Umwelt, Energie, Mobilität, Innovation und Technologie unverzüglich anzuzeigen;

5. „Halter" alle physischen und juristischen Personen sowie Personengesellschaften des Unternehmensrechtes, die Pflichtnotstandsreserven als Vorratspflichtige gemäß § 7 Abs. 1 Z 1 und Z 2, oder als Vertragspartner gemäß § 7 Abs. 1 Z 3 halten;
6. „IEP-Übereinkommen" das Übereinkommen vom 18. November 1974 über ein Internationales Energieprogramm, BGBl. Nr. 317/1976;
7. „Importeur"

a) diejenige physische oder juristische Person sowie Personengesellschaft des Unternehmensrechtes,

aa) die bei der Überführung in den zollrechtlichen freien Verkehr der unter Abs. 2 Z 1 bis Z 4 bezeichneten Waren aus einem Drittland Empfänger im zollrechtlichen Sinn ist; oder

bb) falls die unter Abs. 2 Z 1 bis Z 4 bezeichneten Waren aus einem Mitgliedstaat der Europäischen Union in das Anwendungsgebiet verbracht werden, der erste inländische Rechnungsempfänger; für Reihengeschäfte, bei denen der letzte Abnehmer die Ware aus einem anderen Mitgliedstaat selbst abholt oder abholen lässt, gilt als Importeur entweder bei Einbringung der Ware in ein inländisches Steuerlager im Sinne des Mineralölsteuergesetzes 1995 derjenige, auf dessen Rechnung und Namen die Ware in das inländische Steuerlager eingebracht wird, oder, bei Bezug durch einen inländischen registrierten Empfänger (§ 32 des Mineralölsteuergesetzes 1995), dieser registrierte Empfänger; zu diesem Zweck hat der Inhaber des Steuerlagers der Bundesministerin für Klimaschutz, Umwelt, Energie, Mobilität, Innovation und Technologie denjenigen, auf dessen Rechnung und Namen die Ware in sein Steuerlager eingebracht wurde, schriftlich auf den entsprechend hiefür amtlich aufzulegenden Formularen gemäß § 15 Abs. 3 zu melden, wobei die Produktbezeichnungen und Mengenangaben monatlich zusammengefasst anzuführen sind. Unterlässt der Inhaber des Steuerlagers die Bekanntgabe desjenigen, auf dessen Rechnung und Namen die Ware in das Steuerlager eingebracht wurde, oder ist der Steuerlagerinhaber derjenige, auf dessen Rechnung und Namen die Ware in das Steuerlager eingebracht wurde, gilt der Inhaber des Steuerlagers als Importeur. Unterlässt der registrierte Empfänger die Bekanntgabe des ersten inländischen Rechnungsempfängers, gilt der registrierte Empfänger als Importeur;

b) der erste Empfänger der Ware im Inland in allen anderen Fällen, in denen unter Abs. 2 Z 1 bis Z 4 bezeichnete Waren in das Anwendungsgebiet verbracht werden;;

c) in Fällen, in denen mehrere Unternehmen, die unter der einheitlichen Leitung einer Kapitalgesellschaft (Mutterunternehmen) mit Sitz im Inland im Sinne des § 244 Abs. 1 des Unternehmensgesetzbuches stehen, Importeure nach lit. a oder b sind und das Mutterunternehmen gegenüber der Bundesministerin für Klimaschutz, Umwelt, Energie, Mobilität, Innovation und Technologie schriftlich im Rahmen der Meldung nach § 15 Abs. 3 als Importeur bezeichnet haben, das Mutterunternehmen;

8. „importieren" das Verbringen der unter Abs. 2 Z 1 bis Z 4 bezeichneten Waren im zollrechtlich freien Verkehr von einem Mitgliedstaat der Europäischen Union in das Anwendungsgebiet oder die Überführung dieser Waren in den zollrechtlich freien Verkehr aus einem Drittland; die vorübergehende Verbringung von Pflichtnotstandsreserven aus einem Zolllager, das ausschließlich zur Haltung von Pflichtnotstandsreserven bestimmt ist, in den zollrechtlich freien Verkehr, bewirkt jedoch unbeschadet zollrechtlicher und verbrauchsteuerrechtlicher Bestimmungen erst dann einen Import, wenn durch den Eigentümer die Widmung als Pflichtnotstandsreserven aufgehoben wird; jede vorübergehende Verbringung und Änderung der Widmung durch den Eigentümer ist der Bundesministerin für Klimaschutz, Umwelt, Energie, Mobilität, Innovation und Technologie unverzüglich anzuzeigen;
9. „Inhaber eines Steuerlagers" Halter eines Mineralöllagers, dem eine Bewilligung nach § 27 oder § 29 des Mineralölsteuergesetzes 1995, BGBl. Nr. 630/1994, erteilt worden ist (Steuerlager);
10. „Lagerhalter" alle physischen und juristischen Personen sowie Personengesellschaften des Unternehmensrechtes, die gemäß § 8 die Vorratspflicht für einen Vorratspflichtigen ganz oder teilweise übernehmen;
11. „Neuimporteur" Importeur gemäß Z 7, der im laufenden Kalenderjahr erstmals einen Import an Waren gemäß Abs. 2 Z 1 bis Z 4 zu verzeichnen und im vorangegangenen Kalenderjahr keine dieser Tätigkeiten vorgenommen hat;
12. „Vertragspartner gemäß § 7 Abs. 1 Z 3" alle physischen und juristischen Personen sowie

Personengesellschaften des Unternehmensrechtes, die durch privatrechtlichen Vertrag die Pflicht übernommen haben, eine bestimmte Menge an Pflichtnotstandsreserven zur Verfügung zu halten. Sie haben nicht die Rechte und Pflichten des Vorratspflichtigen, wohl aber jene des Halters (Z 5);

13. „Erdölvorräte" alle Vorräte an Energieprodukten gemäß der Liste in Anhang A Kapitel 3.4 der Verordnung (EG) Nr. 1099/2008;
14. „Kombinierte Nomenklatur" im Sinne dieses Bundesgesetzes ist die kombinierte Nomenklatur der Verordnung (EWG) Nr. 2658/87 über die zolltarifliche und statistische Nomenklatur sowie den Gemeinsamen Zolltarif, ABl. Nr. L 282 vom 28.10.2011 S. 1, und die zu ihrer Durchführung erlassenen Rechtsvorschriften.

(2) Im Sinne dieses Bundesgesetzes sind:

1. „Erdöl"

a) Erdöle und Öle aus bituminösen Mineralien, roh, der Position 2709 00 der Kombinierten Nomenklatur, ausgenommen hochschwefelhältiges bituminöses Schieferöl;

b) Halbfertigerzeugnisse der Produktgruppe „Heizöle" Waren der Unterpositionen 2710 19 51, 2710 19 55, 2710 19 71, 2710 19 75 zur Erzeugung von Erdölprodukten gemäß Z 2;

2. „Erdölprodukte" folgende Waren der Position 2707, 2710, 2711, 2713 und 2901 der kombinierten Nomenklatur:

a) „Benzine"

aa) Waren der Unterpositionen 2707 20 00, 2707 30 00 und 2707 50 00 sowie 2710 12 11, 2710 12 15, 2710 12 21, 2710 12 25, 2710 12 31, 2710 12 41, 2710 12 45, 2710 12 49, 2710 12 50, 2710 12 70, 2710 12 90 der Kombinierten Nomenklatur, ausgenommen Petrolether, n-Hexan und n-Heptan, sowie

bb) Methyl-Tertiär-Butylether (MTBE) und Ethyl-Tertiär-Butylether (ETBE), sofern diese als Kraftstoff Verwendung finden und

cc) Biokraftstoffe, die als Benzin Verwendung finden, soweit diese nicht bereits in den Benzinen der vorbezeichneten Unterpositionen durch Beimengungen berücksichtigt sind;

b) „Petroleum" Waren der Unterpositionen 2710 19 11, 2710 19 15, 2710 19 21, 2710 19 25, 2710 19 29 der Kombinierten Nomenklatur;

c) „Gasöle"

aa) Waren der Unterpositionen 2710 19 31, 2710 19 35, 2710 19 43, 2710 19 46, 2710 19 47, 2710 19 48, 2710 20 11, 2710 20 15, 2710 20 17, und 2710 20 19 der Kombinierten Nomenklatur, einschließlich des besonders gekennzeichneten Gasöls gemäß § 9 des Mineralölsteuergesetzes 1995, BGBl. Nr. 630/1994;

bb) Biokraftstoffe, die als Gasöle Verwendung finden, soweit diese nicht bereits in den Gasölen der vorbezeichneten Unterpositionen durch Beimengungen berücksichtigt sind;

d) „Heizöle" Waren der Unterpositionen 2710 19 51, 2710 19 55, 2710 19 62, 2710 19 64, 2710 19 68, 2710 20 31, 2710 20 35, 2710 20 39 der Kombinierten Nomenklatur;

e) „Schmieröle und andere Öle" Waren der Unterposi-
tionen 2710 19 71, 2710 19 75, 2710 19 81, 2710 19 83, 2710 19 85, 2710 19 87, 2710 19 91, 2710 19 93, 2710 19 99 und 2710 20 90 der Kombinierten Nomenklatur;

f) „Petrolkoks"
Waren der Unterpositionen 2713 11 00 und 2713 12 00 der Kombinierten Nomenklatur;

g) „Chemierohstoffe" Waren der Unterpositionen 2707 10 90 (Benzole zur anderen Verwendung), 2711 14 00 (Ethylen, Propylen, Butadien), 2901 21 00 (Ethylen), 2901 22 00 (Propen), 2901 24 00 (Buta-1,3-dien) der Kombinierten Nomenklatur;

h) „Bitumen" Waren der Unterposition 2713 20 00;

i) „Naphtha" ist ein Ausgangsstoff für die petrochemische Industrie (zB für die Herstellung von Ethylen oder Aromaten) oder für die Herstellung von Benzin durch Reformieren oder Isomerisierung in der Raffinerie. Es umfasst Materialien im Destillationsbereich 30 °C bis 210 °C bzw. einem Teil dieses Bereichs;

3. „Biokraftstoffe":

a) „Bioethanol", das ist ein aus Biomasse und/oder biologisch abbaubaren Teilen von Abfällen hergestellter unvergällter Ethanol mit einem Alkoholanteil von mindestens 99 Volumenprozent;

b) „Fettsäuremethylester" (FAME, Biodiesel), das ist ein aus pflanzlichen oder tierischen Ölen oder Fetten hergestellter Methylester;

c) „Biomethanol", das ist ein aus Biomasse und/oder biologisch abbaubaren Teilen von Abfällen hergestellter Methanol;

d) „Biodimethylether", das ist ein aus Biomasse hergestellter Dimethylether;

e) „Bio-ETBE (Ethyl-Tertiär-Butylether)", das ist ein auf der Grundlage von Bioethanol hergestellter ETBE mit einem anrechenbaren Biokraftstoffvolumenprozentanteil von 47%;

f) „Bio-MTBE (Methyl-Tertiär-Butylether)", das ist ein auf der Grundlage von Biomethanol hergestellter MTBE mit einem anrechenbaren Biokraftstoffvolumenprozentanteil von 36%;

g) „Synthetische Biokraftstoffe", das sind aus Biomasse gewonnene synthetische Kohlenwasserstoffe oder synthetische Kohlenwasserstoffgemische;

h) „Biowasserstoff“, das ist ein aus Biomasse und/oder biologisch abbaubaren Teilen von Abfällen hergestellter Wasserstoff;

i) „Reines Pflanzenöl“, das ist ein durch Auspressen, Extraktion oder vergleichbare Verfahren aus Ölsaaten gewonnenes, chemisch unverändertes Öl in roher oder raffinierter Form;

j) „Superethanol E 85“, das sind in einem Steuerlager gemäß § 25 Abs. 2 des Mineralölsteuergesetzes 1995 hergestellte Gemische, die im Zeitraum vom 1. Oktober bis zum 31. März (Winterhalbjahr) einen Gehalt an Bioethanol von mindestens 65% und höchstens 75% vol und im Zeitraum vom 1. April bis zum 30. September (Sommerhalbjahr) von mindestens 75% und höchstens 85% vol aufweisen.

4. „Rohstoffe“:

a) pflanzliche und tierische Rohstoffe zur direkten Erzeugung von Biokraftstoffen;

b) pflanzliche und tierische Fette und Öle, auch chemisch modifiziert, des Kapitels 15 der Kombinierten Nomenklatur sowie Altspeise- und Frittieröle und Fettabscheiderfette pflanzlichen oder tierischen Ursprungs zur direkten Erzeugung von Biokraftstoffen;

c) aus den unter b) bezeichneten Waren hergestellte Methylester des Kapitels 38 der Kombinierten Nomenklatur, sofern diese als Kraftstoffkomponente oder biogener Kraftstoff verwendet werden;

d) durch alkoholische Gärung hergestellter Ethylalkohol der Position 2207 der Kombinierten Nomenklatur, sofern dieser als Kraftstoffkomponente oder biogener Kraftstoff verwendet wird;

e) Fettsäuremethylester (FAME), soferne dieser auf Grund seiner Eigenschaften nicht als direkter Biokraftstoff geeignet ist;

Die Bundesministerin für Klimaschutz, Umwelt, Energie, Mobilität, Innovation und Technologie kann durch Verordnung jene Rohstoffe zur direkten Erzeugung von Biokraftstoffen bezeichnen, die der Vorratspflicht gemäß § 4 Abs. 1 unterliegen, wobei für den jeweiligen Rohstoff ein anwendbarer Umrechnungsschlüssel (§ 6 Abs. 4) festzulegen ist;

5. „Erdgas“
Waren der Unterpositionen 2711 11 00 und 2711 21 00 der Kombinierten Nomenklatur;

6. „Zusatzstoffe/Oxigenate“ kohlenwasserstofffreie Verbindungen, die einem Produkt zugesetzt oder mit einem Produkt gemischt werden, um seine Eigenschaften zu ändern (Oktanzahl, Cetanzahl, Verhalten bei Kälte usw.). Zusatzstoffe umfassen die gemäß Z 3 angeführten Biokraftstoffe und Oxigenate (wie Alkohole (Methanol, Ethanol), Ether wie MTBE (Methyl-Tert-Butylether), ETBE (Ethyl-Tert-Butylether), TAME (Tert-Amyl-Methylether), Ester (z. B. Rapsöl oder Dimethylester) und chemische Verbindungen (z. B. Tetramethylblei, Tetraethylblei und Tenside), sowie Biokraftstoffe, die mit flüssigen fossilen Kraftstoffen vermischt werden;

7. „Paraffinwachse“ gesättigte aliphatische Kohlenwasserstoffe. Paraffinwachse sind Rückstände, die beim Entwachsen von Schmierölen gewonnen werden. Sie haben eine je nach Sorte feinere oder gröbere kristalline Struktur. Wesentliche Eigenschaften: Farblos, geruchlos, lichtdurchlässig und Schmelzpunkt über 45 °C;

8. „Ethan“ ein in natürlichem Zustand gasförmiger geradkettiger (unverzweigter) Kohlenwasserstoff (C 2 H 6), der aus Erdgas- und Raffineriegasströmen gewonnen wird.

Die Bundesministerin für Klimaschutz, Umwelt, Energie, Mobilität, Innovation und Technologie kann durch Verordnung die Begriffsbestimmungen anpassen, sofern dies auf Grund von Änderungen der Kombinierten Nomenklatur erforderlich ist.

(3) Soweit in diesem Bundesgesetz auf Bestimmungen anderer Bundesgesetze verwiesen wird, sind diese Bestimmungen in ihrer jeweils geltenden Fassung anzuwenden.

(4) Soweit in diesem Bundesgesetz personenbezogene Bezeichnungen nur in männlicher Form angeführt sind, beziehen sie sich auf Frauen und Männer in gleicher Weise. Bei der Anwendung auf bestimmte Personen ist die jeweils geschlechtsspezifische Form zu verwenden.

2. Abschnitt
Vorratspflichtige und Vorratspflicht
Vorratspflichtige

§ 4. (1) Importeure von Erdöl, Erdölprodukten, Biokraftstoffen oder Rohstoffen zur direkten Erzeugung von Biokraftstoffen haben nach Maßgabe der Bestimmungen dieses Bundesgesetzes Pflichtnotstandsreserven zu halten (Vorratspflichtige). Sofern es sich um Importeure mit dem Sitz in einem Drittland oder in einem anderen EU-Mitgliedstaat handelt, ist der erste inländische Warenempfänger vorratspflichtig. Der Pflicht zur Vorratshaltung wird nur durch solche Mengen an Erdöl, Erdölprodukten, Biokraftstoffen oder Rohstoffen zur direkten Erzeugung von Biokraftstoffen entsprochen, die im Eigentum entweder des Lagerhalters (§ 3 Abs. 1 Z 10) oder des Halters (§ 3 Abs. 1 Z 5) stehen.

(2) Das Befördern von Treibstoffen, die im Hauptbehälter von Fahrzeugen oder deren Reservebehältern eingeführt werden, stellt keinen Export oder Import im Sinne des § 3 Abs. 1 Z 4 oder Z 8 dar.

(3) Die in § 3 Abs. 2 Z 2 lit. e angeführten Waren unterliegen dann nicht der Vorratspflicht, wenn sie in Gebinden bis zu 200 Liter Inhalt in das Anwendungsgebiet verbracht werden.

(4) Die in

1. § 3 Abs. 2 Z 2 lit. a, „Benzine“, angeführten Waren der Unterpositionen 2710 12 11, 2710 12 21, 2710 12 25 und 2710 12 90;
2. § 3 Abs. 2 Z 2 lit. b, „Petroleum“, angeführten Waren der Unterposition 2710 19 11;
3. § 3 Abs. 2 Z 2 lit. e, „Schmieröle und andere Öle“ angeführten Waren;
4. § 3 Abs. 2 Z 2 lit. f, „Petrolkoks“ angeführten Waren;
5. § 3 Abs. 2 Z 2 lit. g, „Chemierohstoffe“ angeführten Waren sowie
6. § 3 Abs. 2 Z 2 lit. h, „Bitumen“ angeführten Waren

unterliegen dann nicht der Vorratspflicht, wenn der Importeur den Nachweis erbringt, dass die in das Anwendungsgebiet verbrachte lose Ware keiner energetischen Nutzung zugeführt wird. Dies gilt sinngemäß auch für Rohstoffe zur direkten Erzeugung von Biokraftstoffen. Die Bundesministerin für Klimaschutz, Umwelt, Energie, Mobilität, Innovation und Technologie kann, sofern internationale Verpflichtungen dem entgegenstehen, durch Verordnung die Ausnahme von der Vorratspflicht aufheben.

(5) Die in § 3 Abs. 2 lit. g „Chemierohstoffe“ angeführten Waren, die im Anwendungsgebiet aus Erdöl oder Erdölprodukten hergestellt werden, können von der importierten Menge an Erdöl im Ausmaß von 50% der erzeugten Menge in Abzug gebracht werden, sofern ein Abzug nicht bereits gemäß Abs. 4 erfolgt ist. Die Bundesministerin für Klimaschutz, Umwelt, Energie, Mobilität, Innovation und Technologie kann, sofern internationale Verpflichtungen dem entgegenstehen, durch Verordnung die Abzugsfähigkeit aufheben.

Umfang der Vorratspflicht

§ 5. (1) Vorratspflichtige haben ab 1. Juli jeden Jahres (Beginn einer Bevorratungsperiode) je 25 % des Importes an Erdöl und den einzelnen Erdölprodukten sowie Biokraftstoffen und Rohstoffen zur direkten Erzeugung von Biokraftstoffen im vorangegangenen Kalenderjahr (Vorjahresimport) als Pflichtnotstandsreserven im Inland zu halten. Bei der Berechnung des Umfanges der Vorratspflicht sind, insbesondere durch die zentrale Bevorratungsstelle (ZBS) gemäß § 9, Bestände zu berücksichtigen, die

1. in Vorratsbehältern von Raffinerien;
2. in Umschlaglagern für nicht abgefülltes Öl;
3. in Tanklagern an Rohrleitungen;
4. auf Leichtern;
5. auf Küstentankschiffen;
6. auf Tankschiffen in Häfen;
7. in Bunkern von Binnenschiffen;
8. in Form von Tankbodenbeständen;
9. als Betriebsvorräte oder
10. von Großverbrauchern auf Grund gesetzlicher Verpflichtungen oder sonstiger behördlicher Anordnungen gehalten werden,

soweit diese Bestände dauerhaft als Pflichtnotstandsreserven gehalten werden.

(2) Die Bundesministerin für Klimaschutz, Umwelt, Energie, Mobilität, Innovation und Technologie kann den im Abs. 1 genannten Prozentsatz durch Verordnung ändern, wenn dies zur Erfüllung internationaler Verpflichtungen erforderlich ist.

(3) Die Bundesministerin für Klimaschutz, Umwelt, Energie, Mobilität, Innovation und Technologie kann die Höhe der Pflichtnotstandsreserven, die zu bestimmten Zeitpunkten zu halten sind, durch Verordnung abweichend von Abs. 1 neu festsetzen, wenn dies zur Wiederauffüllung der Pflichtnotstandsreserven nach vorangegangenen Lenkungsmaßnahmen erforderlich ist.

(4) Die Bundesministerin für Klimaschutz, Umwelt, Energie, Mobilität, Innovation und Technologie kann abweichend von Abs. 1 und Abs. 2 auf Antrag eines Vorratspflichtigen durch Bescheid die Höhe der Pflichtnotstandsreserven festsetzen und den Zeitraum der Wiederauffüllung dem Vorratspflichtigen vorschreiben, wenn Pflichtnotstandsreserven durch Kriegseinwirkungen, Terroraktionen, Sabotage, technische Gebrechen, höhere Gewalt oder auf andere Weise vernichtet worden sind.

(5) Der Vorjahresimport wird durch die im jeweils vorangegangenen Kalenderjahr (Importperiode) importierten Mengen an Erdöl oder Erdölprodukten sowie Biokraftstoffen oder Rohstoffen zur direkten Erzeugung von Biokraftstoffen bestimmt. Er ist um jene Mengen an Erdöl oder Erdölprodukten sowie Biokraftstoffen oder Rohstoffen zur direkten Erzeugung von Biokraftstoffen zu vermindern, welche der Vorratspflichtige im gleichen Zeitraum exportierte. Nicht als Export abzugsfähig sind jene Mengen an Treibstoffen, die im Inland zur Betankung im Rahmen der internationalen Luftfahrt sowie der Binnenschifffahrt dienen. Dabei kann der Export von Erdöl oder Erdölprodukten sowie Biokraftstoffen oder Rohstoffen zur direkten Erzeugung von Biokraftstoffen unter Zugrundelegung des Umrechnungsschlüssels gemäß § 6 Abs. 3 vom Import an Rohöl abgezogen werden. Der Import an Erdölprodukten kann durch den Export von Erdölprodukten innerhalb der Gruppen von

1. Benzinen und Testbenzinen;
2. Petroleum und Gasölen;
3. Heizölen, Spindel- und Schmierölen (ausgenommen Schmierölen für schmierende Zwecke), anderen Ölen und Rückständen

vermindert werden.

Substitution

§ 6. (1) Sofern die Pflichtlagermenge (25% des Vorjahresimportes), berechnet in Erdöleinheiten gemäß Abs. 3 gleich bleibt, kann der Vorratspflichtige an Stelle von Erdölprodukten Erdöl im Sinne des § 3 Abs. 2 Z 1 lit. a lagern oder Erdölprodukte im Ausmaß von höchstens 20% der Mengen der nachstehend genannten Produktengruppen untereinander austauschen:

1. Benzine und Testbenzine;
2. Petroleum und Gasöle;
3. Heizöle, Spindel- und Schmieröle (ausgenommen Schmieröle für schmierende Zwecke), andere Öle und Rückstände zur Weiterverarbeitung.

(2) Der Vorratspflichtige kann ferner anstelle von Erdöl im Sinne des § 3 Abs. 2 Z 1 lit. a Erdölprodukte lagern, wobei jedoch der Anteil von

1. Benzinen und Testbenzinen 20%;
2. Petroleum und Gasölen 30%

an der durch Erdölprodukte substituierten Pflichtnotstandsreserve an Erdöl, ausgedrückt in Erdöleinheiten gemäß Abs. 4 nicht unterschreiten darf. Der Anteil von Heizölen, Spindel- und Schmierölen (ausgenommen Schmierölen für schmierende Zwecke), anderen Ölen und Rückständen darf jedoch 35% an der durch Erdölprodukte substituierten Pflichtnotstandsreserve an Erdöl, ausgedrückt in Erdöleinheiten gemäß Abs. 3 nicht überschreiten. Erdölfraktionen zur Weiterverarbeitung, Rückstände, Halbfertigerzeugnisse und andere Komponenten, die der Herstellung der vorgenannten Produkte dienen, sind diesen nach erfolgter Substitution nach ihrer Beschaffenheit zuzurechnen. Die Substitutionsbestimmungen gelten sinngemäß auch für Biokraftstoffe und Rohstoffe zur direkten Erzeugung von Biokraftstoffen.

(3) Der Berechnung der Ersatzmengen gemäß Abs. 1 und Abs. 2 sind folgende Umrechnungsschlüssel zugrunde zu legen:

Energieträger	Erdöleinheiten
1 kg Erdöl gemäß § 3 Abs. 2 Z 1 lit. a und Rohstoffe zur direkten Erzeugung von Biokraftstoffen	1,00
1 kg Erdölprodukte, Chemierohstoffe und Biokraftstoffe (einschl. Halbfabrikate gemäß § 3 Abs. 2 Z 1 lit. b)	1,20

(4) Im Falle der Festlegung der Umrechnungsschlüssel für Rohstoffe zur direkten Erzeugung von Biokraftstoffen durch Verordnung der Bundesministerin für Klimaschutz, Umwelt, Energie, Mobilität, Innovation und Technologie gemäß § 3 Abs. 2 Z 4 sind diese Umrechnungsschlüssel der Berechnung der Ersatzmengen anstelle des im Abs. 3 festgelegten Umrechnungsschlüssels zugrunde zu legen.

Erfüllung der Vorratspflicht

§ 7. (1) Die Vorratspflicht kann nach Wahl des Vorratspflichtigen auf folgende Weise erfüllt werden:

1. durch Haltung von Pflichtnotstandsreserven durch den Vorratspflichtigen;
2. durch gemeinsame Haltung von Pflichtnotstandsreserven durch zwei oder mehrere Vorratspflichtige;
3. durch privatrechtlichen Vertrag, der den Vertragspartner verpflichtet, eine bestimmte Menge an Erdöl oder Erdölprodukten, Biokraftstoffen oder Rohstoffen zur direkten Erzeugung von Biokraftstoffen zur Verfügung zu halten, wobei sich diese Mengen entweder im Eigentum des Vorratspflichtigen oder des Vertragspartners befinden müssen.
4. durch Übernahme der Vorratspflicht durch Lagerhalter gemäß § 8.

(2) Im Falle der Vorratshaltung gemäß Abs. 1 Z 3 müssen die Verträge eine Laufzeit von mindestens einem Jahr aufweisen. Der Vertragsabschluss ist der Bundesministerin für Klimaschutz, Umwelt, Energie, Mobilität, Innovation und Technologie bis zum Beginn der Bevorratungsperiode durch entsprechende Belege nachzuweisen. Die Lagerhaltung von Pflichtnotstandsreserven gemäß Abs. 1 Z 3 darf nur in Tanklagern erfolgen, die eine Mindestgröße von 500 m^3 aufweisen. Dritte, die eine Verpflichtung zur Lagerhaltung auf Grund privatrechtlicher Verträge übernommen haben, dürfen diese Verpflichtung nicht weiter überbinden.

(3) Über Antrag des Vorratspflichtigen kann durch Bescheid im Einzelfall eine kürzere Laufzeit als der im Abs. 2 bestimmte Zeitraum für Verträge gemäß Abs. 1 Z 3 genehmigt werden, wenn dies aus betriebswirtschaftlichen oder technischen Gründen erforderlich und die Einhaltung der im Abs. 2 vorgesehenen Laufzeit dem Vorratspflichtigen wirtschaftlich unzumutbar ist.

(4) Abs. 3 gilt sinngemäß für Lagerhalter gemäß § 8. Soweit es der Deckung der vom Lagerhalter gemäß § 7 übernommenen Vorratshaltung dient, kann die Bundesministerin für Klimaschutz, Umwelt, Energie, Mobilität, Innovation und Technologie auf Antrag des Lagerhalters durch Bescheid den Abschluss von unterjährigen Verträgen gemäß Abs. 1 Z 3 genehmigen.

(5) Vorratspflichtige Endverbraucher, die im vorangegangenen Kalenderjahr von einem nicht der Vorratspflicht nach § 4 Abs. 1 unterliegenden Händler mit Erdöl oder Erdölprodukten sowie

Biokraftstoffen im Ausmaß von mehr als 1000 Litern beliefert wurden, haben einen Vertrag gemäß Abs. 1 Z 3 oder Z 4 abzuschließen. Dieser Vertrag kann in ihrem Namen vom Händler geschlossen werden. Diese Händler haben in die Rechnung einen Hinweis auf die Vorratspflicht nach § 4 aufzunehmen.

Übernahme der Vorratspflicht durch Lagerhalter

§ 8. (1) Die Vorratspflicht kann nach Maßgabe der Abs. 2 bis 6 von Lagerhaltern mit befreiender Wirkung für den Vorratspflichtigen ganz oder teilweise übernommen werden.

(2) Lagerhalter, die die Vorratspflicht für Dritte übernehmen wollen, bedürfen zur Ausübung dieser Tätigkeit einer Genehmigung der Bundesministerin für Klimaschutz, Umwelt, Energie, Mobilität, Innovation und Technologie. Die Genehmigung ist zu erteilen, wenn der Lagerhalter nach Sachkenntnis, innerer Einrichtung und seinem bisherigen Verhalten die Gewähr für eine ordnungsgemäße Haltung von Pflichtnotstandsreserven nach diesem Bundesgesetz bietet. Die Gewähr für eine ordnungsgemäße Haltung von Pflichtnotstandsreserven ist insbesondere dann nicht gegeben, wenn

1. der Lagerhalter als Vorratspflichtiger seiner Vorrats- oder Meldepflicht nicht nachkommt oder in der Vergangenheit nicht nachgekommen ist,
2. der Lagerhalter unter dem beherrschenden Einfluss eines Vorratspflichtigen steht, der seiner Vorrats- oder Meldepflicht nicht nachkommt oder in der Vergangenheit nicht nachgekommen ist,
3. der Lagerhalter auf einen Vorratspflichtigen, der seiner Vorrats- oder Meldepflicht nicht nachkommt oder in der Vergangenheit nicht nachgekommen ist, einen beherrschenden Einfluss ausübt, oder
4. der Lagerhalter und ein Vorratspflichtiger, der seiner Vorrats- oder Meldepflicht nicht nachkommt oder in der Vergangenheit nicht nachgekommen ist unter dem beherrschenden Einfluss eines dritten Unternehmens stehen.

Ein beherrschender Einfluss liegt jedenfalls dann vor, wenn ein Unternehmen an einem anderen Unternehmen mit mindestens 50 vH beteiligt ist. Vor Erteilung der Genehmigung sind die Wirtschaftskammer Österreich, die Präsidentenkonferenz der Landwirtschaftskammern Österreichs, die Bundesarbeitskammer und der Österreichische Gewerkschaftsbund zu hören.

(3) Die Lagerhalter haben über die Übernahme der Vorratspflicht eine Bestätigung auszustellen, aus der der Umfang der übernommenen Verpflichtung, insbesondere die zu haltende Menge an Pflichtnotstandsreserven, und die Dauer der Übernahme hervorgeht. Der Bundesministerin für Klimaschutz, Umwelt, Energie, Mobilität, Innovation und Technologie ist die Ausstellung solcher Bestätigungen unverzüglich durch den Lagerhalter anzuzeigen.

(4) Mit Ausstellung der Bestätigung über die Übernahme der Vorratspflicht gelten die Lagerhalter im Umfang der Bestätigung als Vorratspflichtige im Sinne des § 4.

(5) Die Bundesministerin für Klimaschutz, Umwelt, Energie, Mobilität, Innovation und Technologie hat durch Verordnung einen Höchsttarif für die Übernahme der Vorratspflicht für je 1 000 Erdöleinheiten festzulegen. Der Tarif ist so zu bemessen, dass er die mit der Haltung der Pflichtnotstandsreserven verbundenen Kosten deckt. Eine Differenzierung nach Produktgruppen ist zulässig. Für das Inkrafttreten ist jeweils der Beginn der Bevorratungsperiode vorzusehen. Die Verordnung ist im Amtsblatt zur Wiener Zeitung kundzumachen.

(6) Die Bundesministerin für Klimaschutz, Umwelt, Energie, Mobilität, Innovation und Technologie hat die Genehmigung gemäß Abs. 2 zu widerrufen, wenn der Lagerhalter seine Pflichten nach diesem Bundesgesetz nicht gehörig erfüllt oder die Voraussetzungen zur Genehmigung gemäß Abs. 2 nicht mehr vorliegen. In diesem Fall hat die Bundesministerin für Klimaschutz, Umwelt, Energie, Mobilität, Innovation und Technologie in sinngemäßer Anwendung des § 5 Abs. 4 die Haltung der Pflichtnotstandsreserven für die Vorratspflichtigen, deren Vorratspflicht übernommen wurde, festzulegen.

(7) Entfallen in den Kosten für die Erdölbevorratung enthaltene Steuern, Abgaben oder Zollbeträge sowie Ausgleichsabgabebeträge für landwirtschaftliche Erzeugnisse und deren Verarbeitungsprodukte ganz oder teilweise oder sinken die Kosten für die Erdölbevorratung, sind die Preise um diese Beträge herabzusetzen.

Zentrale Bevorratungsstelle

§ 9. (1) Als zentrale Bevorratungsstelle (ZBS) wird die Erdöl-Lagergesellschaft m.b.H. eingerichtet. Die ZBS ist Lagerhalter gemäß § 8. Für die ZBS gelten folgende zusätzliche Bestimmungen:

1. Die ZBS muss eine Kapitalgesellschaft mit Sitz in Österreich sein, deren Unternehmensgegenstand die Übernahme der Vorratspflicht nach diesem Bundesgesetz ist. Für diese Gesellschaft muss ein Aufsichtsrat vorgesehen sein, dem je ein Vertreter der Bundesministerin für Klimaschutz, Umwelt, Energie, Mobilität, Innovation und Technologie sowie ein Vertreter des Fachverbandes des Energiehandels anzugehören hat. Diese Gesellschaft ist von den Bestimmungen der Gewerbeordnung 1994 ausgenommen, soweit der vorletzte Satz dieser Ziffer nicht anderes vorsieht. Im

EBG

Falle von Gewinnerzielungen darf sie die Gewinne nur zur Bildung von Eigenkapital oder zur Stärkung desselben verwenden. Gewinne aus der Veräußerung von Lagerbeständen sind einer gebundenen, unversteuerten Rücklage zuzuweisen. Wird die Rücklage innerhalb einer Frist von fünf Jahren nach Bildung nicht zur Beschaffung von Lagerbeständen gemäß Z 7 verwendet, ist diese steuerlich wirksam aufzulösen. Die Beschaffung der Lagerbestände hat unter Zugrundelegung der Grundsätze der Sparsamkeit, Wirtschaftlichkeit und Zweckmäßigkeit unter Bedachtnahme auf die jeweilige Marktsituation zu erfolgen. Die Betriebsanlagen betreffenden Regelungen der Gewerbeordnung 1994 finden mit der Maßgabe Anwendung, dass für die Erteilung der Betriebsanlagengenehmigung der Landeshauptmann zuständig ist. § 67 der Insolvenzordnung findet auf diese Kapitalgesellschaft keine Anwendung.
2. Die ZBS darf keine Geschäfte betreiben, die nicht unmittelbar oder mittelbar dem Unternehmensgegenstand dienen.
3. Die ZBS hat bei der Standortwahl der Lager regionale Versorgungsgesichtspunkte zu berücksichtigen. Dies ist von der Bundesministerin für Klimaschutz, Umwelt, Energie, Mobilität, Innovation und Technologie unter Anhörung der Länder zu prüfen.
4. Die ZBS hat allgemeine Bedingungen für die Übernahme der Vorratspflicht aufzustellen, die der Genehmigung der Bundesministerin für Klimaschutz, Umwelt, Energie, Mobilität, Innovation und Technologie bedürfen und im „Amtsblatt zur Wiener Zeitung" kundzumachen sind. Die Genehmigung ist zu erteilen, wenn die allgemeinen Bedingungen den im § 8 Abs. 2 genannten Erfordernissen entsprechen.
5. Die ZBS hat mit jedem Vorratspflichtigen, der ein solches Anbot stellt, zu den Tarifen (§ 8 Abs. 5) und den allgemeinen Bedingungen (Z 4) einen Vertrag über die Übernahme der Vorratspflicht abzuschließen.
6. Die ZBS hat der Wirtschaftskammer Österreich, der Bundesarbeitskammer sowie der Bundesministerin für Klimaschutz, Umwelt, Energie, Mobilität, Innovation und Technologie jährlich ihre Bilanzen, Geschäftsberichte, Wirtschaftsprüferberichte sowie die Gewinn- und Verlustrechnung vorzulegen. Die ZBS ist gegenüber der Wirtschaftskammer Österreich, der Bundesarbeitskammer sowie der Bundesministerin für Klimaschutz, Umwelt, Energie, Mobilität, Innovation und Technologie zur Erteilung von Auskünften über die Geschäftsführung verpflichtet.
7. Der Verkauf von Lagerbeständen sowie die Vergabe von Aufträgen oberhalb eines Wertes von 400 000 Euro, müssen unter sinngemäßer Anwendung des Bundesvergabegesetzes 2006, BGBl. I Nr. 171/2006 *(Anm.: richtig: BGBl. I Nr. 17/2006)*, in der geltenden Fassung, im Wege der Ausschreibung erfolgen. Nur in jenen Fällen, in denen eine Ausschreibung den Grundsätzen der Wirtschaftlichkeit widerspricht, darf mit beschränkter Ausschreibung oder freihändig vergeben werden.
8. Die ZBS hat bei der Geschäftsführung den Grundsätzen der Sparsamkeit, Wirtschaftlichkeit und Zweckmäßigkeit zu entsprechen.
9. Die ZBS darf Auskünfte über die von Vorratspflichtigen ganz oder teilweise übernommenen Vorratspflichten nur an die Bundesministerin für Klimaschutz, Umwelt, Energie, Mobilität, Innovation und Technologie erteilen.
10. Die ZBS ist unter Beachtung der Bestimmungen der Z 7 und Z 8 berechtigt, Lagerbestände zur Deckung von zukünftig zur Haltung übernommenen Pflichtnotstandsreserven aufzubauen. Das Ausmaß der solcherart aufgebauten Lagerbestände darf 10% der zum jeweiligen Stichtag (1. Juli eines jeden Jahres) zur Haltung übernommenen Vorratspflichten nicht übersteigen. Die Bundesministerin für Klimaschutz, Umwelt, Energie, Mobilität, Innovation und Technologie kann durch Verordnung diesen Prozentsatz der zulässigerweise gehaltenen Lagerbestände auf bis zu 20% erhöhen. Die vorstehende Regelung gilt sinngemäß auch für die Haltung von Lagerbeständen für die eine Verpflichtung zur Haltung durch übernommene Vorratspflichten nicht mehr besteht.
11. Die ZBS hat fortlaufend vollständige Informationen, aufgeschlüsselt nach Kategorien, über die Vorratsmengen zu veröffentlichen, die sie zu halten in der Lage ist.
12. Die ZBS hat mindestens sieben Monate vor Beginn einer Bevorratungsperiode die Bedingungen zu veröffentlichen, unter denen sie bereit ist, Bevorratungspflichten für Unternehmen zu übernehmen.

(2) Zur Besicherung von Anleihen, Darlehen und Krediten der ZBS für die Herstellung und Erhaltung von Pflichtnotstandsreserven kann eine Bundeshaftung auf Grund eines besonderen Bundesgesetzes übernommen werden.

(3) Unbeschadet der Bestimmung des § 5 Abs. 1 kann die Bundesministerin für Klimaschutz, Umwelt, Energie, Mobilität, Innovation und Technologie auf Antrag die ZBS unter Bedachtnahme auf den im Inland für Zwecke der Krisenbevorratung verfügbaren Tankraum mit Bescheid ermächtigen, im Rahmen des zwischen der Republik Österreich und der Republik Italien bestehenden Staatsvertrages zur Nutzung von Einrichtungen des Ölhafens Triest, BGBl. Nr. 228/1987, an ihn übertragene Vorratspflichten zur Haltung von Pflichtnotstandsreserven im Tanklager Triest der Transalpinen Ölleitung (TAL) zu halten. Voraussetzung für die Erteilung dieser Ermächtigung ist

die Abgabe einer unwiderruflichen privatrechtlichen Verpflichtungserklärung des Lagerhalters, den mit der Überprüfung von Pflichtnotstandsreserven betrauten Organen der Bundesministerin für Klimaschutz, Umwelt, Energie, Mobilität, Innovation und Technologie oder mit den mit der Überprüfung der im Tanklager Triest gehaltenen Rohölbeständen betrauten unabhängigen Dritten, zu den üblichen Geschäftszeiten jederzeit Zutritt zu den im Tanklager Triest gelagerten Rohölbeständen zur gewähren. Barauslagen sind vom Lagerhalter zu tragen.

(4) Die ZBS hat der Bundesministerin für Klimaschutz, Umwelt, Energie, Mobilität, Innovation und Technologie über Aufforderung jederzeit nachzuweisen, dass die in Triest gelagerten Rohölbestände ständig verfügbar sind und über das Pipelinesystem der TAL und der Adria-Wien Pipeline GmbH (AWP) innerhalb angemessener Zeit in das Inland gebracht werden können.

(5) Die Bundesministerin für Klimaschutz, Umwelt, Energie, Mobilität, Innovation und Technologie kann die Ermächtigung zur Lagerung von Rohölbeständen in Tanklager Triest bescheidmäßig aufheben, wenn die ZBS den ihr gemäß Abs. 3 und 4 auferlegten Verpflichtungen nicht nachkommt.

(6) Sofern die Bundesministerin für Klimaschutz, Umwelt, Energie, Mobilität, Innovation und Technologie zum Abschluss von Ressortübereinkommen gemäß Art. 66 Abs. 2 B-VG ermächtigt ist, kann er für einen bestimmten Zeitraum ein Übereinkommen über die Haltung von Pflichtnotstandsreserven anderer Mitgliedstaaten der Europäischen Union in Österreich durch die ZBS, mit Ausnahme des Verkaufs und des Erwerbs von Pflichtnotstandsreserven, abschließen. Weitere Voraussetzungen für den Abschluss eines solchen Übereinkommens sind:

1. Die Versorgungssicherheit in Österreich darf durch den Abschluss eines solchen Übereinkommens nicht beeinträchtigt werden.
2. Das Vorliegen einer entsprechenden privatrechtlichen Vereinbarung mit der österreichischen ZBS.
3. Die Verfügbarkeit des entsprechend notwendigen Tankraumes.

(7) Die Bundesministerin für Klimaschutz, Umwelt, Energie, Mobilität, Innovation und Technologie gibt unverzüglich nach Vorliegen der Summe der Importe eines Jahres im ersten Quartal des folgenden Kalenderjahres der ZBS jene Mengen an Erdöl und Erdölprodukten bekannt, die als Pflichtnotstandsreserven ab 1. Juli zu halten sind. Die ZBS ist verpflichtet, unter Berücksichtigung der nicht von ihr zu haltenden Pflichtnotstandsreserven ständig eine Menge an Erdöl und Erdölprodukten vorrätig zu halten, die gewährleistet, dass Österreich seinen internationalen Verpflichtungen zur Haltung von Pflichtnotstandsreserven entsprechen kann. Zu diesem Zweck gibt die Bundesministerin für Klimaschutz, Umwelt, Energie, Mobilität, Innovation und Technologie der ZBS monatlich jene Mengen an Erdöl und Erdölprodukten in anonymisierter Form bekannt, die auf Grund der beim Bundesminister für Wirtschaft, Familie und Jugend eingelangten Meldungen von den übrigen Vorratspflichtigen gehalten werden.

Fusion und Insolvenz

§ 10. (1) Der Importeur hat der Bundesministerin für Klimaschutz, Umwelt, Energie, Mobilität, Innovation und Technologie unverzüglich die Eröffnung der Insolvenz über sein Vermögen wie auch die Ablehnung der Insolvenz mangels Masse zu melden.

(2) Bei Verschmelzungen von Unternehmen gehen die Rechte und Pflichten nach diesem Bundesgesetz auf den Rechtsnachfolger über. Verschmelzungen von Lagerhaltern gemäß § 8 mit der ZBS sind nur mit Zustimmung der Bundesministerin für Klimaschutz, Umwelt, Energie, Mobilität, Innovation und Technologie im Einvernehmen mit dem Bundesminister für Finanzen zulässig.

3. Abschnitt
Import und Export

Import

§ 11. (1) Wird Mineralöl aus anderen EU-Mitgliedstaaten zu gewerblichen Zwecken oder im Versandhandel in das Anwendungsgebiet verbracht, so ist gleichzeitig mit der Vorlage des nach § 42 des Mineralölsteuergesetzes 1995 vorgesehenen Begleitdokuments dem Zollamt Österreich für Zwecke der Vollziehung dieses Bundesgesetzes ein Meldeschein nach dem in der Anlage V festgelegten Muster in zweifacher Ausfertigung vorzulegen.

(2) Das Zollamt Österreich hat die Angaben im Meldeschein mit jenen im Begleitdokument auf Übereinstimmung zu überprüfen und nach Überprüfung eine Ausfertigung an die Bundesministerin für Klimaschutz, Umwelt, Energie, Mobilität, Innovation und Technologie weiterzuleiten. Die zweite Ausfertigung verbleibt beim Zollamt Österreich. Stimmen die Angaben im Meldeschein mit jenen im Begleitdokument nicht überein, hat das Zollamt Österreich den Anmeldepflichtigen zur Berichtigung aufzufordern. Unterlässt der Anmeldepflichtige die Berichtigung oder verweigert er die Abgabe des Meldescheins hat das Zollamt Österreich dies binnen vier Wochen der Bundesministerin für Klimaschutz, Umwelt, Energie, Mobilität, Innovation und Technologie zu berichten. Gleichzeitig hat das Zollamt Österreich die im Meldeschein vorgesehenen Daten unter Heranziehung des Begleitdokuments der Bundesministerin für Klimaschutz, Umwelt, Energie, Mobilität, Innovation und Technologie zu melden.

(3) Ist die Vorlage eines Begleitdokuments nach Abs. 1 nicht erforderlich, hat der Mineralölsteuerschuldner gleichzeitig mit der Steueranmeldung den Meldeschein vorzulegen.

(4) Der Bundesminister für Finanzen hat der Bundesministerin für Klimaschutz, Umwelt, Energie, Mobilität, Innovation und Technologie für jeden Kalendermonat bis zum 15. des Folgemonats die sonst auf dem Meldeschein vorgesehenen Daten hinsichtlich der in diesem Kalendermonat erfolgten Überführungen von Erdöl oder Erdölprodukten in den zollrechtlich freien Verkehr zu übermitteln.

(5) Bei Zollanmeldungen im vereinfachten Verfahren nach Art. 182 der Verordnung (EU) Nr. 952/2013 zur Festlegung des Zollkodex der Union (Zollkodex), ABl. Nr. L 269 vom 10.10.2013 S. 1, in der Fassung der Berichtigung ABl. Nr. L 287 vom 29.10.2013 S. 90 hat die Übermittlung der in Abs. 4 genannten Daten bis zum Ende des Folgemonats zu erfolgen und kann die Zollbehörde verlangen, dass der Anmelder gemeinsam mit der ergänzenden Anmeldung (Art. 167 des Zollkodex) Meldescheine abzugeben hat.

(6) Die Bundesministerin für Klimaschutz, Umwelt, Energie, Mobilität, Innovation und Technologie ist berechtigt, für Zwecke dieses Bundesgesetzes Auskünfte über die im Meldeschein aufscheinenden Daten vom Bundesminister für Finanzen oder von den Zollbehörden zu verlangen.

(7) Der Bundesminister für Finanzen und die Zollbehörden können sich zur Erfassung und Übermittlung der in diesem Paragraphen genannten Daten und zur Erteilung der nach Abs. 6 verlangten Auskünfte der automationsunterstützten Datenverarbeitung und der automationsunterstützten Datenübermittlung bedienen.

(8) Der Bundesminister für Finanzen kann im Einvernehmen mit der Bundesministerin für Klimaschutz, Umwelt, Energie, Mobilität, Innovation und Technologie für alle oder bestimmte Vorgänge auf den Meldeschein verzichten, wenn die automationsunterstützte Meldung der erforderlichen Daten an die Bundesministerin für Klimaschutz, Umwelt, Energie, Mobilität, Innovation und Technologie gewährleistet ist.

(9) Der Bundesminister für Finanzen hat der Bundesministerin für Klimaschutz, Umwelt, Energie, Mobilität, Innovation und Technologie für jeden Kalendermonat ab 15. des Folgemonats, spätestens nach Eingang aller für diesen Kalendermonat eingegangenen elektronischen Empfangsbestätigungen im Excise Movement Control System (EMCS) des Bundesministers für Finanzen, die sonst auf dem Meldeschein vorgesehenen Daten hinsichtlich der in diesem Kalendermonat erfolgten Verbringungen gemäß § 29a des Mineralölsteuergesetzes 1995 auf elektronischem Wege übermitteln. Im Falle von Systemausfällen der in § 29a des Mineralölsteuergesetzes 1995 EDV-gestützten Verfahren sind die Daten zum Zeitpunkt der Wiederinbetriebnahme nachzusenden. Macht ein Systemausfall vorübergehend ein Verfahren auf Grundlage von Papierformularen erforderlich, sind für diese Papierformulare die Bestimmungen des § 11 Abs. 1 für Begleitdokumente gemäß § 42 des Mineralölsteuergesetzes 1995 sinngemäß anzuwenden.

(10) Zum Zwecke der Kontrolle der Angaben über Abzüge von Exporten zur Verminderung der Importe gemäß § 5 Abs. 5 hat der Bundesminister für Finanzen der Bundesministerin für Klimaschutz, Umwelt, Energie, Mobilität, Innovation und Technologie für jeden Kalendermonat ab 15. des Folgemonats, spätestens nach Eingang aller für diesen Kalendermonat eingegangenen elektronischen Empfangsbestätigungen im EMCS, die sonst auf dem Meldeschein vorgesehenen Daten hinsichtlich der in diesem Kalendermonat erfolgten Versendungen von Österreich in einen Mitgliedstaat gemäß § 29a auf elektronischem Wege zu übermitteln. Im Falle von Systemausfällen der in § 29a des Mineralölsteuergesetzes 1995 EDV-gestützten Verfahren sind die Daten zum Zeitpunkt der Wiederinbetriebnahme nachzusenden. Der Bundesminister für Finanzen hat weiters der Bundesministerin für Klimaschutz, Umwelt, Energie, Mobilität, Innovation und Technologie für jeden Kalendermonat die sonst auf dem Meldeschein vorgesehenen Daten hinsichtlich der in diesem Kalendermonat erfolgten Exporte von Österreich in ein Drittland auf elektronischem Wege zu übermitteln, sobald diese Daten vollständig und im elektronischen Format verfügbar sind.

Neuaufnahme des Imports

§ 12. (1) Wer Erdöl oder Erdölprodukte sowie Biokraftstoffe oder Rohstoffe zur direkten Erzeugung von Biokraftstoffen, die dem Anwendungsbereich dieses Gesetzes unterliegen (§ 3 Abs. 2 Z 1 bis Z 4), zu importieren beabsichtigt, hat vor der Aufnahme einer solchen Tätigkeit dies der Bundesministerin für Klimaschutz, Umwelt, Energie, Mobilität, Innovation und Technologie schriftlich zu melden.

(2) Im ersten Kalendervierteljahr nach Aufnahme der Importtätigkeit sind keine Pflichtnotstandsreserven zu halten. Im zweiten Kalendervierteljahr und jedem weiteren Kalendervierteljahr sind 25 % der Importe aller vorangegangenen Kalendervierteljahre zu halten. Ab dem Ende des Kalenderjahres, das mit dem Ende des vierten Kalendervierteljahres nach Neuaufnahme der Importtätigkeit zusammenfällt oder das ihm folgt, bestimmt sich der Umfang der Pflichtnotstandsreserven nach § 5.

Einstellung des Imports

§ 13. Hat ein Vorratspflichtiger den Import von Erdöl oder Erdölprodukten sowie Biokraftstoffen oder Rohstoffen zur direkten Erzeugung von Biokraftstoffen dauernd eingestellt, so kann er nach Erfüllung seiner Vorratspflicht über die Pflichtnotstandsreserven verfügen, sofern der Importeur Eigentümer der Pflichtnotstandsreserven ist. Die Vorratspflicht ist mit 30. Juni jenes Jahres erfüllt, in dessen Vorjahr keine Importe durchgeführt wurden.

4. Abschnitt
Lagerung
Lagerung von Pflichtnotstandsreserven

§ 14. (1) Pflichtnotstandsreserven sind so zu lagern, dass die Beschaffenheit der gelagerten Energieträger erhalten bleibt. Sie können mit anderen Beständen gemeinsam in einem Lagerbehälter gehalten werden. In diesem Falle sind geeignete Vorkehrungen zu treffen, die die Erhaltung der Pflichtnotstandsreserven jederzeit sicherstellen. Der jeweilige Lagerstand sowie der geforderte Stand der Pflichtnotstandsreserven müssen buchmäßig und auf Grund des Buchstandes auch körperlich nachgewiesen werden können.

(2) Erdöl und Erdölprodukte sowie Biokraftstoffe und Rohstoffe zur direkten Erzeugung von Biokraftstoffen dürfen nur in Behältern gelagert werden, die nach den in Betracht kommenden Rechtsvorschriften genehmigt und mit einer Messeinrichtung versehen sind. Sie müssen überdies Abfülleinrichtungen aufweisen, die für eine Abfüllung der Notstandsreserve in Transporteinrichtungen geeignet sind.

(3) Die Vorratspflicht kann nicht mit jenen Mengen an Erdöl und Erdölprodukten sowie Biokraftstoffen und Rohstoffen zur direkten Erzeugung von Biokraftstoffen erfüllt werden, die sich in Straßentankwagen, Eisenbahnkesselwagen, Tankstellen oder in Rohrleitungsanlagen befinden.

(4) Vorräte, die aus technischen Gründen auch im ernstesten Notstand nicht verfügbar sind (Art. 1 Z 2 der Anlage zum IEP-Übereinkommen), sind auf die Pflichtnotstandsreserven nicht anzurechnen. Diese Vorräte sind mit 10 % der Pflichtnotstandsreserven zu bemessen. Die Bundesministerin für Klimaschutz, Umwelt, Energie, Mobilität, Innovation und Technologie kann zur Erfüllung internationaler Verpflichtungen diesen Prozentsatz durch Verordnung ändern.

5. Abschnitt
Meldungen, Erhebungen und Statistik
Jahresmeldung und monatliche Importmeldung

§ 15. (1) Vorratspflichtige haben bis zum 31. Mai eines jeden Jahres schriftlich entsprechend den hiefür amtlich aufzulegenden Formularen der Bundesministerin für Klimaschutz, Umwelt, Energie, Mobilität, Innovation und Technologie den Vorjahresimport (§ 5 Abs. 1) an Erdöl und Erdölprodukten sowie Biokraftstoffen und Rohstoffen zur direkten Erzeugung von Biokraftstoffen zu melden. Gleichzeitig ist mit der Meldung unter Beibringung entsprechender Nachweise anzugeben, ob und in welchem Umfang die Vorratspflicht nach § 7 Abs. 1 Z 1 bis Z 4 erfüllt wird.

(2) Die im Abs. 1 genannten Meldepflichtigen haben der Bundesministerin für Klimaschutz, Umwelt, Energie, Mobilität, Innovation und Technologie bis zum 15. des Folgemonats die im Vormonat durchgeführten Importe an Erdöl und Erdölprodukten sowie Biokraftstoffen und Rohstoffen zur direkten Erzeugung von Biokraftstoffen schriftlich entsprechend den hiefür amtlich aufzulegenden Formularen zu melden.

(3) Handelt es sich bei den im Zuge von § 11 Abs. 9 vom Bundesminister für Finanzen bekannt gegebenen Empfängern um Inhaber von Steuerlagern und sind diese Inhaber nicht gleichzeitig diejenigen, auf deren Rechnung und Namen die Ware in das Steuerlager eingebracht wurde, so haben diese der Bundesministerin für Klimaschutz, Umwelt, Energie, Mobilität, Innovation und Technologie zum 15. des Folgemonats diejenigen, auf deren Rechnung und Namen die Einbringungen in das Steuerlager erfolgten, schriftlich entsprechend den hiefür amtlich aufzulegenden Formularen zu melden. Der registrierte Empfänger (§ 32 des Mineralölsteuergesetzes 1995) hat auf gleiche Weise den ersten inländischen Rechnungsempfänger bekannt zu geben, wenn der Bezug nicht im Rahmen eines Reihengeschäfts erfolgte und daher der berechtigte Empfänger nicht Importeur gemäß § 3 Abs. 1 Z 7 lit. a sublit. bb ist. Unterlässt der Inhaber des Steuerlagers die Bekanntgabe desjenigen, auf dessen Rechnung und Namen die Ware in das Steuerlager eingebracht wurde, oder ist der Steuerlagerinhaber derjenige, auf dessen Rechnung und Namen die Ware in das Steuerlager eingebracht wurde, gilt der Inhaber des Steuerlagers als Importeur. Unterlässt der registrierte Empfänger die Bekanntgabe des ersten inländischen Rechnungsempfängers, gilt der registrierte Empfänger als Importeur. Dies gilt sinngemäß auch für Mutterunternehmen gemäß § 3 Abs. 1 Z 7 lit. c.

Monatliche Meldung über den Stand an Pflichtnotstandsreserven

§ 16. Vorratspflichtige haben der Bundesministerin für Klimaschutz, Umwelt, Energie, Mobilität, Innovation und Technologie über den Stand der Pflichtnotstandsreserven am jeweiligen Monatsletzten schriftlich entsprechend den hiefür amtlich aufzulegenden Formularen bis zum 15. des Folgemonats Meldung zu erstatten.

Meldung über Lagerkapazitäten

§ 17. Vorratspflichtige haben jährlich der Bundesministerin für Klimaschutz, Umwelt, Energie,

Mobilität, Innovation und Technologie schriftlich entsprechend den hiefür amtlich aufzulegenden Formularen Standort, Bezeichnung, Kapazität und Eignung der Lagerkapazitäten bekanntzugeben, die nur oder auch für die Aufnahme von Pflichtnotstandsreserven dienen. Die Meldungen sind mit Stichtag 31. Dezember des Berichtsjahres bis zum 31. Jänner des Folgejahres abzugeben.

Aufzeichnungspflichten

§ 18. Vorratspflichtige haben fortlaufend Aufzeichnungen zu führen, aus denen der jeweilige Lagerstand sowie der Stand an Pflichtnotstandsreserven eindeutig und übersichtlich hervorgeht. Werden Pflichtnotstandsreserven mit anderen Beständen in Behältern gemeinsam gelagert (§ 14 Abs. 1), so ist der Lagerstand mindestens einmal arbeitstäglich, sonst mindestens einmal monatlich zu messen. Wird bei der Messung eine Unterschreitung der zu haltenden Pflichtnotstandsreserven festgestellt, so ist spätestens am Folgetag nach der Messung der Bundesministerin für Klimaschutz, Umwelt, Energie, Mobilität, Innovation und Technologie Meldung zu erstatten.

Erhebungen zur Erfüllung internationaler Verpflichtungen

§ 19. (1) Sofern es zur Erfüllung internationaler Verpflichtungen erforderlich ist, hat die Bundesministerin für Klimaschutz, Umwelt, Energie, Mobilität, Innovation und Technologie durch Verordnung Erhebungen, die sich auf Ölgesellschaften (Art. 26 des IEP-Übereinkommens) beziehen, über folgende Gegenstände anzuordnen:

1. Aufbringung von Erdöl und Erdölprodukten sowie Biokraftstoffen und Rohstoffen zur direkten Erzeugung von Biokraftstoffen einschließlich Schätzungen der voraussichtlichen Aufbringung in den einzelnen Monaten des folgenden Kalenderjahres;
2. Verfügbarkeit und Verwendung von Beförderungsmitteln für Erdöl und Erdölprodukte sowie Biokraftstoffe und Rohstoffe zur direkten Erzeugung von Biokraftstoffen;
3. sonstige Gegenstände, insbesondere nach den Art. 25 bis Art. 36 des IEP-Übereinkommens.

(2) In Verordnungen gemäß Abs. 1 ist insbesondere festzulegen:

1. der Eintritt der Meldepflicht,
2. der Kreis der Meldepflichtigen,
3. die Gegenstände der Meldung,
4. die Meldetermine und die Zeiträume, auf die sich die Meldungen zu beziehen haben.

(3) Zur Überprüfung der Substitutionsverpflichtungen gemäß der Kraftstoffverordnung 2012, BGBl. II Nr. 398/2012, zuletzt geändert durch die Verordnung BGBl. II Nr. 86/2018, sind dem zuständigen Bundesminister auf dessen Anfrage hin, jene unternehmensbezogenen Erhebungsdaten zu überlassen, die Biokraftstoffe und Rohstoffe zur direkten Erzeugung von Biokraftstoffen betreffen.

(4) Die Bundesministerin für Klimaschutz, Umwelt, Energie, Mobilität, Innovation und Technologie hat Berechnungen aufgrund nachstehender Methodik durchzuführen:

1. das Rohöläquivalent der Einfuhren von Erdöl nach **Anlage I**;
2. das Rohöläquivalent des Inlandsverbrauchs nach **Anlage II**;
3. die gehaltenen Vorratsmengen nach **Anlage III**.

(5) Die Bundesministerin für Klimaschutz, Umwelt, Energie, Mobilität, Innovation und Technologie hat

1. Statistiken über zu haltende Vorräte nach **Anlage IV** zu führen und diese an die Kommission zu übermitteln;
2. zur Berechnung der Einfuhren gemäß **Anlage I** und des Inlandsverbrauchs gemäß **Anlage II** die Ergebnisse der gemäß § 20 angeordneten statistischen Erhebungen zu verwenden;
3. zur Berechnung der gehaltenen Vorratsmengen gemäß **Anlage III** sowie zur Erstellung von Statistiken gemäß **Anlage IV** die monatlich gemäß § 16 erhobenen Mengen an Pflichtnotstandsreserven und die Ergebnisse der gemäß § 20 angeordneten statistischen Erhebungen heranzuziehen.

Statistik

§ 20. (1) Die Bundesministerin für Klimaschutz, Umwelt, Energie, Mobilität, Innovation und Technologie wird ermächtigt, statistische Erhebungen und sonstige statistische Arbeiten über die Lagerung und den Vertrieb von Erdöl und Erdölprodukten sowie von Biokraftstoffen und Rohstoffen zur direkten Erzeugung von Biokraftstoffen anzuordnen und durchzuführen. Von dieser Ermächtigung nicht umfasst sind statistische Erhebungen in Bezug auf die Gewinnung von Kohle und von flüssigen Kohlenwasserstoffen.

(2) Die Anordnung der statistischen Erhebungen hat durch Verordnung zu erfolgen. Die Verordnung hat neben der Anordnung von statistischen Erhebungen insbesondere zu enthalten:

1. Die Erhebungsmasse;
2. statistische Einheiten;
3. die Art der statistischen Erhebung;
4. Erhebungsmerkmale;
5. Merkmalsausprägung;
6. Häufigkeit und Zeitabstände der Datenerhebung;
7. die Bestimmung des Personenkreises, der zur Auskunft verpflichtet ist;
8. ob und in welchem Umfang die Ergebnisse der statistischen Erhebungen zu veröffentlichen sind, wobei die Bestimmungen des § 19 Abs. 2 des Bundesstatistikgesetzes 2000, BGBl. I Nr. 163/1999, zu beachten sind.

(3) Die Weitergabe von Einzeldaten an die Bundesanstalt „Statistik Österreich“ für Zwecke der Bundesstatistik ist zulässig.

(4) Die Durchführung der Erhebungen und sowie die Verarbeitung der auf Grund dieser Erhebungen beschafften Daten hat unter sinngemäßer Anwendung der Bestimmungen des Bundesstatistikgesetzes 2000 zu erfolgen.

(5) Zur Überprüfung der Substitutionsverpflichtungen gemäß der Kraftstoffverordnung 2012, BGBl. II Nr. 398/2012, zuletzt geändert durch die Verordnung BGBl. II Nr. 86/2018, sind dem zuständigen Bundesminister auf dessen Anfrage hin, jene unternehmensbezogenen Erhebungsdaten zu überlassen, die Biokraftstoffe und Rohstoffe zur direkten Erzeugung von Biokraftstoffen betreffen.

Datenübermittlung auf elektronischem Weg

§ 21. Die Übermittlung von Daten an die Bundesministerin für Klimaschutz, Umwelt, Energie, Mobilität, Innovation und Technologie auf Grund der in den Abschnitten 3, 5 und 8 festgelegten Meldepflichten und statistischen Erhebungen ist auf elektronischem Wege zulässig, wenn von der Bundesministerin für Klimaschutz, Umwelt, Energie, Mobilität, Innovation und Technologie zur Verfügung gestellte Formate verwendet werden.

Verwendung statistischer Ergebnisse

§ 22. Die Ergebnisse von Erhebungen gemäß den Abschnitten 3, 5 und 8 dürfen nur für Zwecke der Vollziehung dieses Bundesgesetzes und für statistische Erhebungen und statistische Arbeiten nach § 20 verwendet werden.

6. Abschnitt
Kontrolle

Prüfung der Lagerbestände

§ 23. (1) Die Bundesministerin für Klimaschutz, Umwelt, Energie, Mobilität, Innovation und Technologie kann den Stand der Pflichtnotstandsreserven, deren Beschaffenheit sowie die Beschaffenheit und Ausstattung der Lager jederzeit während der üblichen Geschäftszeiten überprüfen. Den Kontrollorganen ist zu den üblichen Geschäftszeiten jederzeit freier Zutritt zu den Lagern und Einsicht in alle Lageraufzeichnungen zu gewähren. Die Überprüfung kann auch die Entnahme von Proben, die im erforderlichen Ausmaß zu gewähren ist, umfassen. Hiezu können sie sich der Behörden der allgemeinen staatlichen Verwaltung bedienen und auch geeignete Sachverständige hinzuziehen oder beauftragen. An diesen Überprüfungen können auch von der Europäischen Kommission entsandte Vertreter teilnehmen.

(2) Besteht der begründete Verdacht, dass die Lagerstände oder die Beschaffenheit der Pflichtnotstandsreserven unrichtig ausgewiesen werden, kann das Kontrollorgan die körperliche Aufnahme des Lagerbestandes verlangen und die Übernahme und Abgabe von Erdöl und Erdölprodukten sowie von Biokraftstoffen und Rohstoffen zur direkten Erzeugung von Biokraftstoffen in oder aus Behältern, in denen Pflichtnotstandsreserven gehalten werden, mit Bescheid vorübergehend und so lange einstellen, als für die Untersuchung der Lagerbestände notwendig ist. Hiezu kann er sich der Behörden der allgemeinen staatlichen Verwaltung bedienen und auch geeignete Sachverständige hinzuziehen oder beauftragen.

7. Abschnitt
Strafbestimmungen

Verletzung der Vorratspflicht

§ 24. (1) Sofern die Tat nicht den Tatbestand einer in die Zuständigkeit der Gerichte fallenden strafbaren Handlung bildet, begeht eine Verwaltungsübertretung, wer in einem Kalendermonat der Bevorratungsperiode seiner Vorratspflicht nach § 4 nicht nachkommt, und ist von der Bezirksverwaltungsbehörde mit Geldstrafe bis zu 116 240 Euro, im Fall ihrer Uneinbringlichkeit mit einer Ersatzfreiheitsstrafe bis zu sechs Wochen zu bestrafen und für den Fall der fahrlässigen Begehung mit Geldstrafe bis zu 58 120 Euro, im Fall ihrer Uneinbringlichkeit mit einer Ersatzfreiheitsstrafe bis zu drei Wochen zu bestrafen.“

(2) Hat der Täter durch die Begehung einer im Abs. 1 mit Strafe bedrohten Handlung sich oder einen Dritten mit dessen Wissen unrechtmäßig bereichert, so ist er oder der Dritte zur Zahlung eines dem Ausmaß der Bereicherung entsprechenden Geldbetrages zu verpflichten. Eine Verpflichtung des Dritten zur Zahlung eines dem Ausmaß der Bereicherung entsprechenden Geldbetrages besteht auch dann, wenn der Dritte von der durch die Handlung bewirkten Bereicherung wissen musste.

(3) Von einer Maßnahme gemäß Abs. 2 kann abgesehen werden, wenn der Vermögensvorteil geringfügig ist oder wenn die Maßnahme den Betroffenen unbillig hart träfe.

(4) Ist Gefahr im Verzug, dass durch eine im Abs. 1 mit Strafe bedrohten Handlung internationale Verpflichtungen verletzt werden können, so hat die Behörde, sofern es zweckmäßig ist, die Erfüllung der Vorratspflicht nach § 4 durch die ZBS zu veranlassen und den Täter zum Ersatz der erwachsenen Kosten zu verpflichten.

(5) Die Verjährungsfrist (§ 31 Abs. 2 des VStG) beträgt ein Jahr.

§ 24a. (1) Die Bezirksverwaltungsbehörde kann Geldstrafen gegen juristische Personen verhängen, wenn Personen, die entweder allein oder als Teil eines Organs der juristischen Person gehandelt haben und eine Führungsposition innerhalb der juristischen Person aufgrund

1. der Befugnis zur Vertretung der juristischen Person,

2. der Befugnis, Entscheidungen im Namen der juristischen Person zu treffen, oder
3. einer Kontrollbefugnis innerhalb der juristischen Person

innehaben, zugunsten der juristischen Person gegen die in § 4 angeführten Verpflichtungen verstoßen haben.

(2) Juristische Personen können wegen Verstößen gegen die in § 4 angeführten Pflichten auch verantwortlich gemacht werden, wenn mangelnde Überwachung oder Kontrolle durch eine in Abs. 1 genannte Person die Begehung dieser Verstöße durch eine für die juristische Person tätige Person ermöglicht hat.

(3) Die Geldstrafe gemäß Abs. 1 oder 2 beträgt bis zu 10 vH des jährlichen Gesamtnettoumsatzes oder bis zu dem Zweifachen des aus dem Verstoß gezogenen Nutzens, soweit sich dieser beziffern lässt.

(4) Der jährliche Gesamtnettoumsatz gemäß Abs. 3 bestimmt sich nach dem letzten festgestellten Jahresabschluss. Handelt es sich bei dem Unternehmen um eine Tochtergesellschaft, ist auf den jährlichen Gesamtnettoumsatz abzustellen, der im vorangegangenen Geschäftsjahr im konsolidierten Abschluss der Muttergesellschaft an der Spitze der Gruppe ausgewiesen ist.

(5) Soweit die Bezirksverwaltungsbehörde die Grundlagen für den jährlichen Gesamtnettoumsatz gemäß Abs. 3 nicht ermitteln oder berechnen kann, hat sie diesen zu schätzen. Dabei sind alle Umstände zu berücksichtigen, die für die Schätzung von Bedeutung sind.

(6) Die Bezirksverwaltungsbehörde hat von der Bestrafung eines Verantwortlichen gemäß § 9 Abs. 7 des Verwaltungsstrafgesetzes 1991 – VStG, BGBl. Nr. 52/1991, abzusehen, wenn für denselben Verstoß bereits eine Verwaltungsstrafe nach den vorstehenden Absätzen gegen die juristische Person verhängt wurde.

(7) Die von der Bezirksverwaltungsbehörde gemäß Abs. 1 bis 5 verhängten Geldstrafen fließen dem Bund zu.

Straftatbestände

§ 25. Sofern die Tat nicht den Tatbestand einer in die Zuständigkeit der Gerichte fallenden strafbaren Handlung bildet, begeht eine Verwaltungsübertretung und ist von der Bezirksverwaltungsbehörde mit Geldstrafe bis zu 2 180 Euro zu bestrafen, wer

1. seine Pflichtnotstandsreserven nicht innerhalb jener Frist wieder auffüllt, die die Bundesministerin für Klimaschutz, Umwelt, Energie, Mobilität, Innovation und Technologie mit Verordnung gemäß § 5 Abs. 3 oder mit Bescheid gemäß § 5 Abs. 4 vorgeschrieben hat;
2. den Bestimmungen des § 7 Abs. 2 über das Verbot der Weiterüberbindung einer gemäß § 7 Abs. 1 Z 3 übernommenen Verpflichtung zuwiderhandelt,
3. der Verpflichtung zur Aufnahme eines Hinweises auf die Vorratspflicht nach § 7 Abs. 5 nicht nachkommt;
4. die Tätigkeit eines Lagerhalters ohne Genehmigung nach § 8 ausübt,
5. als Lagerhalter die erforderlichen Bestätigungen nach § 8 Abs. 3 nicht ausstellt oder nicht anzeigt,
6. als Lagerhalter den Höchsttarif für die Übernahme der Vorratspflicht nach § 8 Abs. 5 überschreitet,
7. die ZBS gegen die Bestimmungen des § 9 verstößt,
8. die Meldungen und Auskünfte gemäß den Abschnitten 3, 5 oder 8 nicht oder nicht rechtzeitig, unrichtig oder unvollständig erstattet,
9. der Verpflichtung zur Vorlage eines Meldescheines gemäß § 11 nicht nachkommt;
10. die Bestimmungen des § 18 über die Führung von Aufzeichnungen nicht befolgt,
11. den auf Grund einer Verordnung der Bundesministerin für Klimaschutz, Umwelt, Energie, Mobilität, Innovation und Technologie gemäß § 20 Abs. 2 angeordneten statistischen Erhebungen nicht nachkommt oder vorsätzlich oder grob fahrlässig unrichtige Daten meldet;
12. der Verpflichtung, die Kontrollen gemäß § 23 zu dulden, zuwiderhandelt.

Widerrechtliche Offenlegung von Daten

§ 26. Für die widerrechtliche Offenlegung von Daten sind die Bestimmungen des Datenschutzgesetzes 2000, BGBl. I Nr. 165/1999, anzuwenden. Der Täter ist nur auf Verlangen des in seinem Interesse an der Geheimhaltung Verletzten zu verfolgen.

Mitwirkung der Bundespolizei

§ 27. Die Bundespolizei hat den nach diesem Bundesgesetz zuständigen Behörden und Organen über deren Ersuchen zur Sicherung der Ausübung ihrer Befugnisse im Rahmen ihres gesetzmäßigen Wirkungsbereiches Hilfe zu leisten.

8. Abschnitt
Kraftwerksbevorratung

Brennstoffbevorratung von Kraftwerken

§ 28. (1) Zur Sicherstellung der Elektrizitätsversorgung haben Betreiber von mit fossilen Brennstoffen befeuerten Kraftwerken Brennstoffvorräte in einem Umfang zu halten, der es jederzeit ermöglicht, die Lieferung elektrischer Energie im Umfang der Engpassleistung für die Dauer von 30 Tagen fortzusetzen oder den Eigenbedarf zu decken.

(2) Die Brennstoffvorräte müssen folgenden Voraussetzungen genügen:

1. Die Bestände müssen sich am Standort des Kraftwerks befinden. Die Bundesministerin für Klimaschutz, Umwelt, Energie, Mobilität, Innovation und Technologie kann auf Antrag einen anderen Lagerort zulassen, wenn dieser in der Nähe des Kraftwerks liegt und eine Transportverbindung zum Kraftwerk besteht, durch die innerhalb eines Tages die Menge Brennstoffe zum Kraftwerk verbracht werden kann, die dessen Tagesbedarf entspricht.
2. Der vorratspflichtige Kraftwerksbetreiber muss jederzeit berechtigt sein, ohne Zustimmung eines Dritten über die Bestände zu verfügen.
3. Die Bestände dürfen nicht der Erfüllung der Vorratspflicht auf Grund der übrigen Bestimmungen dieses Bundesgesetzes, anderer Rechtsvorschriften oder auf Grund von Verträgen mit Dritten dienen.
4. Die Bestände dürfen nicht zur angemessenen Bevorratung anderer Betriebe des vorratspflichtigen Kraftwerksbetreibers erforderlich sein.
5. Die Beschaffenheit der Vorräte muss den bestehenden Rechtsvorschriften entsprechen.

(3) Die Vorratspflicht besteht nicht für Eigenanlagen mit weniger als 50 MW Engpassleistung.

(4) Die Vorratspflicht besteht für ein Kraftwerk insoweit nicht, als es

1. mit Erdgas betrieben wird, dessen Lieferung für die in Abs. 1 festgelegte Zeit vertraglich gesichert ist,
2. mit anderen Gasen als Erdgas oder mit Abfällen betrieben wird,
3. mit Braunkohle aus einem in der Nähe gelegenen Bergwerk betrieben wird und von dort eine Transportverbindung zum Kraftwerk besteht, durch die innerhalb eines Tages die Menge Kohle zum Kraftwerk verbracht werden kann, die dessen Tagesbedarf entspricht.

(5) Zur Verhütung unmittelbar drohender oder zur Beseitigung eingetretener Schwierigkeiten in der Stromversorgung des vorratspflichtigen Kraftwerksbetreibers oder seiner Abnehmer kann die Bundesministerin für Klimaschutz, Umwelt, Energie, Mobilität, Innovation und Technologie auf Antrag des vorratspflichtigen Kraftwerksbetreibers Brennstoffvorräte vorübergehend, längstens jedoch für die Dauer von sechs Monaten, gerechnet ab Bescheiderlassung, freigeben. Dies ist nur so weit und so lange zulässig, als die Schwierigkeiten auf andere zumutbare Weise nicht behoben werden können.

(6) Ohne vorherige Freigabe nach Abs. 5 sind Entnahmen aus den Vorräten ausnahmsweise zulässig, wenn die Freigabe nicht rechtzeitig erlangt und eine Störung in der Stromversorgung auf andere zumutbare Weise nicht vermieden werden kann. Die Entnahme ist der Bundesministerin für Klimaschutz, Umwelt, Energie, Mobilität, Innovation und Technologie unverzüglich anzuzeigen und die nachträgliche Freigabe zu beantragen.

(7) Vorratspflichtige Kraftwerksbetreiber haben der Bundesministerin für Klimaschutz, Umwelt, Energie, Mobilität, Innovation und Technologie jeweils für das abgelaufene Kalendervierteljahr bis zum Ende des darauf folgenden Monats schriftlich unter Verwendung amtlicher Vordrucke zu melden:

1. die für jedes Kraftwerk, das unter die Vorratspflicht fällt, an jedem Monatsende gehaltenen Bestände an fossilen Brennstoffen unter Angabe des Ortes der Lagerung und der Reichweite in Tagen,
2. die am Ende des Kalendervierteljahres gehaltenen Gesamtbestände des vorratspflichtigen Kraftwerksbetreibers an fossilen Brennstoffen,
3. den Gesamtverbrauch des vorratspflichtigen Kraftwerksbetreibers an fossilen Brennstoffen und den Verbrauch des einzelnen Kraftwerks.

(8) Vorratspflichtige Kraftwerksbetreiber haben der Bundesministerin für Klimaschutz, Umwelt, Energie, Mobilität, Innovation und Technologie auf Verlangen innerhalb einer ihnen gesetzten Frist die Auskünfte zu erteilen und die Unterlagen vorzulegen, die erforderlich sind, um die Erfüllung der Vorratspflicht überwachen zu können.

(9) Eine Verwaltungsübertretung, die von der Bezirksverwaltungsbehörde mit Geldstrafe bis zu 7 000 Euro zu bestrafen ist, begeht, wer vorsätzlich oder fahrlässig entgegen Abs. 1 nicht ständig die vorgeschriebenen Brennstoffvorräte hält.

(10) Eine Verwaltungsübertretung, die von der Bezirksverwaltungsbehörde mit Geldstrafe bis zu 2 000 Euro zu bestrafen ist, begeht, wer die Meldungen und Auskünfte gemäß Abs. 6 und Abs. 7 nicht oder nicht rechtzeitig, unrichtig oder unvollständig erstattet.

9. Abschnitt
Übergangs- und Schlussbestimmungen

Kosten bei behördlicher Preisfestsetzung

§ 29. Für die der Vorratspflicht nach diesem Bundesgesetz unterliegenden Waren ist im Fall einer behördlichen Preisfestsetzung gemäß den Bestimmungen des Preisgesetzes 1992, BGBl. Nr. 145/1992, die sich aus der Verpflichtung zur Herstellung und Erhaltung von Pflichtnotstandsreserven ergebende Kostenbelastung je Tonne voll zu berücksichtigen.

Übergangsbestimmungen

§ 30. (1) Bescheide, die auf Grund des Art. II § 8 Abs. 3 des Erdölbevorratungs- und Meldegesetzes 1982, BGBl. Nr. 546/1982, zuletzt idF des Bundesgesetzes BGBl. I Nr. 29/2010, erlassen wurden, bleiben weiterhin aufrecht. Die Bundesministerin für Klimaschutz, Umwelt, Energie, Mobilität, Innovation und Technologie hat durch

Verordnung diese Bescheide aufzuheben, wenn internationale Verpflichtungen verletzt werden könnten.

(2) Bescheide, die auf Grund des Art. II § 9 Abs. 2 des Erdölbevorratungs- und Meldegesetzes 1982, BGBl. Nr. 546/1982, zuletzt idF des Bundesgesetzes BGBl. I Nr. 29/2010, erlassen wurden, bleiben weiterhin aufrecht. Die Bundesministerin für Klimaschutz, Umwelt, Energie, Mobilität, Innovation und Technologie hat durch Verordnung den bescheidmäßig festgelegten Prozentsatz anzupassen, wenn internationale Verpflichtungen verletzt werden könnten.

(3) Die auf Grund des Erdölbevorratungs- und Meldegesetzes 1982, BGBl. Nr. 546/1982, zuletzt idF des Bundesgesetzes BGBl. I Nr. 29/2010, erlassenen Verordnungen bleiben so lange in Kraft, bis diese durch den gleichen Gegenstand regelnde Verordnungen der Bundesministerin für Klimaschutz, Umwelt, Energie, Mobilität, Innovation und Technologie aufgehoben werden.

(4) Der Umfang der Pflichtnotstandsreserven bestimmt sich im Jahr 2020 nach § 5 in der Fassung des Bundesgesetzes BGBl. I Nr. 163/2015 noch bis 30. Juni 2020 unter Heranziehung der Importe des Jahres 2018.

(5) Die zum Zeitpunkt des Inkrafttretens der Novelle BGBl. I Nr. 17/2020 aufrechten Verträge mit Lagerhaltern im Sinne des § 8 und Verträge gemäß § 7 Abs. 1 Z 3, deren vereinbarte Vertragsdauer nach dem Inkrafttreten der Novelle BGBl. I Nr. 17/2020 endet, bleiben von den Bestimmungen der Novelle BGBl. I Nr. 17/2020 mit der Maßgabe unberührt, dass diese Verträge nicht am 31. März 2020, sondern am 30. Juni 2020 enden. Die diesbezügliche Verlängerung der Vertragslaufzeit berechtigt nicht zur Kündigung oder teilweisen Kündigung dieser Verträge.

Vollziehung

§ 31. Mit der Vollziehung dieses Bundesgesetzes sind betraut:

1. **(Verfassungsbestimmung)** Hinsichtlich § 1, § 31 Z 1 und § 32 Abs. 1 die Bundesregierung;
2. hinsichtlich des § 9 Abs. 2 und des § 11 der Bundesminister für Finanzen im Einvernehmen mit der Bundesministerin für Klimaschutz, Umwelt, Energie, Mobilität, Innovation und Technologie;
3. hinsichtlich des § 26 der Bundesminister für Justiz;
4. hinsichtlich des § 27 die Bundesministerin für Klimaschutz, Umwelt, Energie, Mobilität, Innovation und Technologie im Einvernehmen mit dem Bundesminister für Inneres;
5. hinsichtlich des § 29 die Bundesministerin für Klimaschutz, Umwelt, Energie, Mobilität, Innovation und Technologie im Einvernehmen mit dem Bundesminister für Finanzen;
6. im Übrigen die Bundesministerin für Klimaschutz, Umwelt, Energie, Mobilität, Innovation und Technologie.

Inkrafttreten

§ 32. (1) (**Verfassungsbestimmung**) § 1 und § 31 Z 1 treten mit dem der Kundmachung folgenden Tag in Kraft. Gleichzeitig treten Art. I, Art. II § 3 Abs. 6 bis Abs. 8 und Art. IV Abs. 1e des Erdölbevorratungs- und Meldegesetzes 1982, BGBl. Nr. 546/1982, zuletzt idF des Bundesgesetzes BGBl. I Nr. 29/2010, außer Kraft

(2) Dieses Bundesgesetz tritt mit Ausnahme des § 1 und des § 31 Z 1 mit dem der Kundmachung folgenden Tag in Kraft. Gleichzeitig tritt das Erdölbevorratungs- und Meldegesetz 1982, BGBl. Nr. 546/1982, zuletzt idF des Bundesgesetzes BGBl. I Nr. 29/2010, mit Ausnahme des Art. I, Art. II § 3 Abs. 6 bis Abs. 8 und Art. IV Abs. 1e, außer Kraft.

(3) § 11 Abs. 1 und 2 in der Fassung des Bundesgesetzes BGBl. I Nr. 104/2019 tritt mit 1. Juli 2020 in Kraft.

§ 33. § 11 Abs. 5 in der Fassung des Bundesgesetzes BGBl. I Nr. 163/2015 tritt mit 1. Mai 2016 in Kraft.

Anlage I

BERECHNUNG DES ROHÖLÄQUIVALENTS DER EINFUHREN VON ERDÖLERZEUGNISSEN

Das Rohöläquivalent der Einfuhren von Erdölerzeugnissen ist anhand der folgenden Methode zu berechnen.

1. Die Nettoeinfuhren von Rohöl, Erdgaskondensaten (NGL), Raffinerieeinsatzmaterial und anderen Kohlenwasserstoffen gemäß Anhang A Kapitel 3.4 der Verordnung (EG) Nr. 1099/2008 (zuletzt geändert durch die Verordnung (EU) 2017/2010, ABl. Nr. L 292 vom 10.11.2017 S. 3) werden addiert und die Summe wird zur Berücksichtigung möglicher Bestandsänderungen angepasst. Vom Ergebnis wird einer der folgenden drei Werte für den Naphtha-Ertrag abgezogen:

- 4 %;
- der mittlere Naphtha-Ertrag;
- der effektive Naphtha-Nettoverbrauch.

2. Die Nettoeinfuhren aller anderen Mineralölprodukte im Sinne des Anhangs A Kapitel 3.4 der Verordnung (EG) Nr. 1099/2008, mit Ausnahme von Naphtha, werden addiert, die Summe wird zur Berücksichtigung möglicher Bestandsänderungen angepasst und mit dem Faktor 1,065 multipliziert.

Das Rohöläquivalent ist die Summe der Ergebnisse der Schritte 1 und 2.

Bunkerbestände der internationalen Seeschifffahrt werden nicht berücksichtigt.

Anlage II

BERECHNUNG DES ROHÖLÄQUIVALENTS DES INLANDSVERBRAUCHS

Das Rohöläquivalent des Inlandsverbrauchs wird wie folgt berechnet:

Der Inlandsverbrauch ist die Summe des Aggregats ‚Erfasste Bruttoinlandslieferungen' im Sinne von Anhang C Abschnitt 3.2.2.11 der Verordnung (EG) Nr. 1099/2008 lediglich der folgenden Erzeugnisse: Motorenbenzin, Flugbenzin, Flugturbinenkraftstoff (auf Naphthabasis oder JP4), Flugturbinenkraftstoff auf Petroleumbasis, sonstiges Kerosin, Dieselöl/Gasöl (destilliertes Heizöl) und Heizöl (mit hohem oder niedrigem Schwefelgehalt) gemäß Anhang A Kapitel 3.4 der Verordnung (EG) Nr. 1099/2008.

Bunkerbestände der internationalen Seeschifffahrt werden nicht berücksichtigt.

Das Rohöläquivalent des inländischen Verbrauchs ergibt sich durch Multiplikation dieser Summe mit dem Faktor 1,2.

Anlage III

BERECHNUNG DER GEHALTENEN VORRATSMENGEN

Die gehaltenen Vorratsmengen werden wie folgt berechnet:

Bestände können bei der Berechnung der Vorräte nicht mehrfach berücksichtigt werden.

Rohölvorräte werden um einen mittleren Naphtha-Ertrag von 4 % verringert.

Naphtha-Vorräte sowie Bunkervorräte an Erdölerzeugnissen für die internationale Seeschifffahrt werden nicht berücksichtigt.

Die übrigen Erdölerzeugnisse werden nach einer der beiden folgenden Methoden in die Berechnung einbezogen. Die die gewählte Methode muss während des gesamten Kalenderjahres beibehalten werden.

Die Anwender können

a) sämtliche sonstigen Vorräte an Erdölerzeugnissen gemäß Anhang A Kapitel 3.4 der Verordnung (EG) Nr. 1099/2008 berücksichtigen und deren Rohöläquivalent durch Multiplikation der Mengen mit dem Faktor 1,065 ermitteln oder
b) bei der Berechnung nur die Vorräte an Motorenbenzin, Flugbenzin, Flugturbinenkraftstoff (auf Naphthabasis oder JP4), Flugturbinenkraftstoff auf Petroleumbasis, sonstigem Kerosin, Dieselöl/Gasöl (destilliertes Heizöl) und Heizöl (mit hohem oder niedrigem Schwefelgehalt) berücksichtigen und deren Rohöläquivalent durch Multiplikation der Mengen mit dem Faktor 1,2 ermitteln.

Bei der Berechnung der Vorräte können Bestände berücksichtigt werden, die

- in Vorratsbehältern von Raffinerien,
- in Umschlaglagern für nicht abgefülltes Öl,
- in Tanklagern an Rohrleitungen,
- auf Leichtern,
- auf Küstentankschiffen,
- auf Tankschiffen in Häfen,
- in Bunkern von Binnenschiffen,
- in Form von Tankbodenbeständen,
- als Betriebsvorräte oder
- von Großverbrauchern aufgrund gesetzlicher Verpflichtungen oder sonstiger behördlicher Anordnungen gehalten werden.

Mit Ausnahme der Mengen in Vorratsbehältern von Raffinerien, in Tanklagern an Rohrleitungen und in Umschlaglagern für nicht abgefülltes Öl können diese Bestände jedoch nicht in die Berechnung der spezifischen Vorräte einbezogen werden, wenn diese getrennt von den Sicherheitsvorräten berechnet werden.

Folgende Vorräte können bei der Berechnung grundsätzlich nicht berücksichtigt werden:

a) noch nicht gefördertes Rohöl;
b) Bestände, die
- in Ölleitungen,
- in Kesselwagen,
- in Bunkern von Hochseeschiffen,
- in Tankstellen und Einzelhandelsgeschäften,
- von sonstigen Verbrauchern,
- auf Tankschiffen auf See oder
- als militärische Vorräte gehalten werden.

Bei der Berechnung der Vorräte ziehen die Anwender von den nach den vorstehenden Abs.ätzen berechneten Mengen einen Anteil von 10 % ab. Dieser Abzug wird auf sämtliche Bestände angewandt, die in die jeweilige Berechnung einbezogen werden.

Die Verringerung um 10 % wird jedoch weder bei der Berechnung der Höhe der spezifischen Vorräte noch bei der Berechnung der Mengen der verschiedenen Kategorien von spezifischen Vorräten angewandt, wenn diese spezifischen Vorräte oder Kategorien getrennt von den Sicherheitsvorräten berechnet werden, insbesondere um zu prüfen, ob der nach Artikel 9 RL 2009/119/EG erforderliche Mindestbestand erreicht ist.

Anlage IV

Erstellung von Statistiken über die zu haltenden Vorräte und zur Übermittlung dieser Statistiken an die Kommission

Es sind entweder entsprechend der Anzahl von Tagen der Nettoeinfuhren oder der Anzahl von Tagen des Inlandsverbrauchs – monatlich endgültige Statistiken über den Stand der am letzten Tag des jeweiligen Kalendermonats tatsächlich gehaltenen Vorratsmengen zu erstellen und der Kommission zu übermitteln. In den Statistiken ist auszuführen, warum die Berechnung auf den Nettoeinfuhren oder dem Inlandsverbrauch basiert, und anzugeben, welche der in Anlage III genannten Methoden zur Berechnung der Vorräte angewandt wurde.

Befinden sich bei der Berechnung zu berücksichtigende Vorräte außerhalb des Hoheitsgebiets von Österreich, so sind die in den verschiedenen Mitgliedstaaten und von den ZBS am letzten Tag des Berichtszeitraums gehaltenen Vorräte im Einzelnen aufzuführen. Österreich gibt ferner stets an, ob die Vorräte dort aufgrund der Übertragung einer Verpflichtung durch ein oder mehrere Unternehmen, auf eigene Veranlassung oder auf Veranlassung der ZBS gehalten werden.

Für sämtliche Vorräte, die im dem Hoheitsgebiet von Österreich für andere Mitgliedstaaten oder zentrale Bevorratungsstellen gehalten werden, sind nach Kategorien von Erzeugnissen aufgeschlüsselte Statistiken über die am letzten Tag jedes Kalendermonats gehaltenen Vorräte zu erstellen und diese der Kommission zu übermitteln. In dieser Statistik sind stets insbesondere die Namen der jeweiligen Mitgliedstaaten bzw. ZBS sowie die Mengen anzugeben. Die gemäß diesem Anhang erstellten Statistiken werden der Kommission binnen 55 Tagen nach Ende des Monats, auf den sich die Daten beziehen, übermittelt. Darüber hinaus sind sie der Kommission auf Anfrage binnen zwei Monaten zu übermitteln. Anfragen können bis zu fünf Jahren ab dem Datum gestellt werden, auf das sich die Daten beziehen.

EBG

Anlage V

M E L D E S C H E I N
für den Import von Mineralölen der Positionen

Position Österreichischer Gebrauchszolltarif	Menge (in kg)
Handelsübliche Warenbezeichnung	
Drittland oder Mitgliedstaat der EU aus dem der Import erfolgt	
Name und Anschrift des Importeurs/Empfängers	
Datum des Importes/der Verbringung	Firmenmäßige Unterschrift

32. Gasdiversifizierungsgesetz 2022

Bundesgesetz über die Förderung des Ausstiegs aus russischem Erdgas und der Diversifizierung des Erdgasbezugs aus anderen Quellen

StF: BGBl. I Nr. 95/2022

Letzte Novellierung: BGBl. I Nr. 107/2022

Der Nationalrat hat beschlossen:

GLIEDERUNG

Ziel

§ 1. Ziel dieses Bundesgesetzes ist die Erhöhung der Resilienz der Volkswirtschaft durch Reduktion der Abhängigkeit von russischem Erdgas.

Mittelvolumen

§ 2. (1) Für die Diversifizierung des Bezugs von Erdgas sowie für die Umrüstung von Anlagen auf den alternativen Betrieb mittels anderer Energieträger werden in den Jahren 2022 bis 2025 jeweils jährlich Mittel in Höhe von 100 Millionen Euro bereitgestellt. Sofern dies für die Erreichung der Zielsetzungen dieses Bundesgesetzes erforderlich ist, kann die Bundesministerin oder der Bundesminister für Klimaschutz, Umwelt, Energie, Mobilität, Innovation und Technologie im Einvernehmen mit der Bundesministerin oder dem Bundesminister für Finanzen eine Verordnung erlassen, mit der bis längstens 31. Dezember 2023 zusätzliche Mittel zur Verfügung bereitgestellt werden.

(2) Die Mittel gemäß Abs. 1 werden im jeweils gültigen Bundesfinanzrahmen- und Bundesfinanzgesetz innerhalb der Untergliederung bereitgestellt, aus der Maßnahmen zur Sicherung der Gasversorgung hauptsächlich bedeckt werden.

Gegenstand des Mitteleinsatzes

§ 3. (1) Zur Erreichung der Ziele dieses Bundesgesetzes können die Mittel gemäß § 2 für folgende Maßnahmen eingesetzt werden:

1. Kosten von Unternehmen für die Lieferung von Erdgas aus nichtrussischen Quellen für den Absatz in Österreich, oder
2. Kosten von Unternehmen für den Einsatz von Erdgas aus nichtrussischen Quellen, sofern dadurch nicht erneuerbare Energieträger oder Fernwärme ersetzt werden, oder
3. Kosten von Unternehmen für die Umrüstung von Anlagen zur Erzeugung von Strom, Wärme und/oder Kälte, durch die der alternative Betrieb mittels anderer Energieträger ermöglicht wird, oder
4. zur Erhöhung der Resilienz der Volkswirtschaft im Fall des Vorliegens der Voraussetzungen für die Erlassung einer Verordnung gemäß § 4 Abs. 1 Z 1 des Energielenkungsgesetzes 2012, BGBl. I Nr. 41/2013, idgF, die Kosten von Unternehmen zur Herstellung und Vorbereitung der Betriebsfähigkeit, für die Bereithaltung sowie für den Betrieb der Anlagen zur Erzeugung von Strom, Wärme und/oder Kälte mittels Steinkohle für die Einspeisung in das Strom- oder Fernwärme-/Fernkältenetz; die Kosten für den Betrieb mittels Steinkohle können anerkannt werden, soweit ein solcher Betrieb durch eine Verordnung gemäß § 5 EnLG 2012 angeordnet wurde; der Mitteleinsatz ist der Höhe nach auf die Abdeckung von Mehrbelastungen begrenzt, die sich aus der Differenz des Kostenaufwands und den erzielten Erlösen ergeben, wobei Anschaffungskosten für Steinkohle dauerhaft mit dem Anschaffungswert zu bilanzieren sind.

(2) Die Art und der Umfang des Mitteleinsatzes für die Maßnahmen gemäß Abs. 1 ist in den Richtlinien gemäß § 5 festzulegen.

(3) Ein Ansuchen für den Einsatz von Mittel gemäß § 3 Abs. 1 Z 4 können Unternehmen auch für Anlagen stellen, für die vom Unternehmen eine Stilllegung gemäß § 23a Abs. 1 Elektrizitätwirtschafts- und -organisationsgesetz 2010, BGBl. I Nr. 110/2010, idgF, angezeigt wurde.

Abwicklungsstelle

§ 4. Mit der Abwicklung des Mitteleinsatzes wird die Austria Wirtschaftsservice GmbH betraut.

Richtlinien

§ 5. (1) Die Bundesministerin oder der Bundesminister für Klimaschutz, Umwelt, Energie, Mobilität, Innovation und Technologie hat im Einvernehmen mit dem Bundesminister oder der Bundesministerin für Finanzen Richtlinien zu erlassen, die insbesondere weiterführende Regelungen

1. zum Verfahren,
2. zur Höhe des Mitteleinsatzes und zu den Voraussetzungen und Bedingungen für den Einsatz der Mittel,
3. zu den Gründen der Einstellung und Rückforderung zugesagter Mittel sowie
4. zu den Aufzeichnungs- und Nachweisverpflichtungen

zu enthalten haben.

(2) Der Einsatz von Mitteln nach diesem Bundesgesetz setzt voraus, dass den Anforderungen der Richtlinien entsprochen wird.

Verfahren, Vertrag

§ 6. (1) Der Einsatz von Mitteln nach diesem Bundesgesetz ist von der Abwicklungsstelle zu prüfen.

(2) Die Bundesministerin oder der Bundesminister für Klimaschutz, Umwelt, Energie, Mobilität, Innovation und Technologie entscheidet im Einvernehmen mit dem Bundesminister oder der Bundesministerin für Finanzen über den Einsatz von Mitteln nach diesem Bundesgesetz.

(3) Auf der Grundlage einer positiven Entscheidung ist der Einsatz von Mitteln nach diesem Bundesgesetz in Form einer schriftlichen Zusicherung durch die Abwicklungsstelle im Namen und auf Rechnung der Bundesministerin oder des Bundesministers für Klimaschutz, Umwelt, Energie, Mobilität, Innovation und Technologie vertraglich festzulegen. Im Vertrag sind die Bedingungen, Auflagen und Vorbehalte aufzunehmen, die insbesondere der Einhaltung der Ziele dieses Bundesgesetzes dienen.

(4) Die Inhalte der Verträge sind von der Bundesministerin oder dem Bundesminister für Klimaschutz, Umwelt, Energie, Mobilität, Innovation und Technologie festzulegen.

Vollziehung

§ 7. Mit der Vollziehung dieses Bundesgesetzes ist die Bundesministerin oder der Bundesminister für Klimaschutz, Umwelt, Energie, Mobilität, Innovation und Technologie betraut.

In- und Außerkrafttreten

§ 8. Dieses Bundesgesetz tritt mit dem Tag nach der Kundmachung in Kraft und mit 31. Dezember 2025 außer Kraft.

SKZG + V

33. Stromkostenzuschussgesetz

Bundesgesetz über die befristete Einführung eines Stromkostenzuschusses für Haushaltskundinnen und Haushaltskunden

StF: BGBl. I Nr. 156/2022

Letzte Novellierung: BGBl. I Nr. 15/2023

Der Nationalrat hat beschlossen:

GLIEDERUNG

1. Teil
Allgemeine Bestimmungen

Ziele

§ 1. Ziel dieses Bundesgesetzes ist es,

1. die Kostenbelastung von Haushaltskundinnen und Haushaltskunden durch die Sicherstellung einer leistbaren Stromversorgung zu verringern (Stromkostenzuschuss in Form des Stromkostenzuschusses für ein Grundkontingent und des Stromkostenergänzungszuschusses);
2. einkommensschwache Haushalte zusätzlich durch einen Zuschuss auf die zu leistenden Systemnutzungsentgelte zu unterstützen (Netzkostenzuschuss).

Begriffsbestimmungen

§ 2. (1) Im Sinne dieses Bundesgesetzes bezeichnet der Ausdruck

1. „gemäß Stromlieferungsvertrag vereinbarter Energiepreis" den von der Haushaltskundin oder dem Haushaltskunden zu zahlenden Preis für die Lieferung von Strom in Cent/kWh, der alle verrechneten Bestandteile des Energieanteils, wie insbesondere den Arbeitspreis, den Grundpreis sowie einmalige und wiederkehrende Rabatte, die auf den Energiepreis wirken, umfasst; nicht umfasst sind Systemnutzungsentgelte, Steuern und Abgaben sowie sonstige aufgrund gesetzlicher Vorgaben eingehobene Beträge oder gewährte Zuschüsse;
2. „Grundkontingent" die maximale Stromverbrauchsmenge in kWh je Zählpunkt, für die der Stromkostenzuschuss gewährt wird;
3. „oberer Referenzenergiepreis" den oberen Schwellenwert in Cent/kWh, bis zu dem sich der Stromkostenzuschuss als Differenz zum unteren Referenzenergiepreis bemisst;
4. „Stromlieferungsvertrag" den zwischen Haushaltskundinnen bzw. Haushaltskunden und einem Lieferanten abgeschlossenen Vertrag über die Lieferung von Strom;
5. „unterer Referenzenergiepreis" den unteren Schwellenwert in Cent/kWh, ab dem sich der Stromkostenzuschuss als Differenz zum vertraglich vereinbarten Energiepreis bemisst.

(2) Im Übrigen gelten die Begriffsbestimmungen des Elektrizitätswirtschafts- und –organisationsgesetz 2010 – ElWOG 2010, BGBl. I

Nr. 110/2010, zuletzt geändert durch BGBl. I Nr. 7/2022.

Gegenstand der Förderung

§ 3. (1) Zur Erreichung der Ziele dieses Bundesgesetzes leistet der Bund als Träger von Privatrechten

1. nicht rückzahlbare Zuschüsse zu den Kosten, die Haushaltskundinnen und Haushaltskunden aus einem Stromlieferungsvertrag entstehen (Stromkostenzuschuss);
2. nicht rückzahlbare Zuschüsse zu den Systemnutzungsentgelten, die von einkommensschwachen Haushalten gemäß § 72 Abs. 1 und § 100 Abs. 7 Erneuerbaren–Ausbau-Gesetz – EAG, BGBl. I Nr. 150/2021, zuletzt geändert durch BGBl. I Nr. 7/2022, zu tragen sind (Netzkostenzuschuss).

(2) Auf die Gewährung eines Stromkostenzuschusses bzw. eines Netzkostenzuschusses besteht kein Rechtsanspruch.

(3) Der Stromkostenzuschuss und der Netzkostenzuschuss sind von der Einkommensteuer befreit und gehören auch nicht zur Bemessungsgrundlage für sonstige Abgaben und öffentlich–rechtliche Beiträge ausgenommen Umsatzsteuer.

(4) Der Stromkostenzuschuss und der Netzkostenzuschuss gelten als nicht anrechenbare Leistung zur Deckung krisenbedingter Sonder- und Mehrbedarfe gemäß § 7 Abs. 5a des Sozialhilfe–Grundsatzgesetzes, BGBl. I Nr. 41/2019, zuletzt geändert durch BGBl. I Nr. 78/2022.

2. Teil
Stromkostenzuschuss
Begünstigter Personenkreis

§ 4. (1) Der Stromkostenzuschuss wird natürlichen Personen gewährt, die aus einem Stromlieferungsvertrag für einen Zählpunkt mit Entnahme, dem gemäß § 17 Abs. 2 ElWOG 2010 ein in der Anlage I genanntes standardisiertes Lastprofil zugeordnet ist, zahlungspflichtig sind.

(2) Der Stromkostenzuschuss wird natürlichen Personen gewährt, die für einen Hauptwohnsitz (§ 1 Abs. 7 Meldegesetz 1991 – MeldeG) ausschließlich aus einem Stromlieferungsvertrag für einen Zählpunkt mit Entnahme, dem gemäß § 17 Abs. 2 ElWOG 2010 ein in der Anlage II genanntes standardisiertes Lastprofil zugeordnet ist, zahlungspflichtig sind.

Stromkostenzuschuss für ein Grundkontingent

§ 5. (1) Der Stromkostenzuschuss wird den begünstigten Personen gemäß § 4 Abs. 1 für den Zeitraum von 1. Dezember 2022 bis 30. Juni 2024, den begünstigten Personen gemäß § 4 Abs. 2 für den Zeitraum von 1. Juni 2023 bis 31. Dezember 2024 für ein jährliches Grundkontingent gewährt. Für nach Inkrafttreten dieses Bundesgesetzes abgeschlossene oder gekündigte Stromlieferungsverträge sowie vollzogene Lieferantenwechsel wird das Grundkontingent beim jeweiligen Lieferanten anteilig für die Zeiten eines aufrechten Stromlieferungsvertrages gewährt. Ist der tatsächliche Verbrauch in einem Abrechnungszeitraum geringer als das Grundkontingent, das für diesen Zeitraum zusteht, ist der Stromkostenzuschuss mit dem tatsächlichen Verbrauch begrenzt.

(2) Die Höhe des Stromkostenzuschusses je kWh bemisst sich nach der Differenz zwischen dem gemäß Stromlieferungsvertrag vereinbarten Energiepreis und unteren Referenzenergiepreis. Der Stromkostenzuschuss wird gewährt, wenn der gemäß Stromlieferungsvertrag vereinbarte Energiepreis über dem unteren Referenzenergiepreis liegt. Übersteigt der gemäß Stromlieferungsvertrag vereinbarte Energiepreis den oberen Referenzenergiepreis, ist die Höhe des Stromkostenzuschusses mit der Differenz zwischen dem oberen und dem unteren Referenzenergiepreis begrenzt.

(3) Für die Berechnung des Stromkostenzuschusses sind folgende Werte heranzuziehen:

1. Grundkontingent .... 2.900 kWh/Jahr;
2. Oberer Referenzenergiepreis . 40 Cent/kWh;
3. Unterer Referenzenergiepreis . 10 Cent/kWh.

(4) Die in Abs. 3 festgelegten Werte können durch Verordnung der Bundesministerin für Klimaschutz, Umwelt, Energie, Mobilität, Innovation und Technologie im Einvernehmen mit dem Bundesminister für Finanzen angepasst werden, sofern durch die gesetzlich festgelegten Werte die Erreichung des in § 1 Z 1 festgelegten Ziels nicht mehr ausreichend gewährleistet ist.

(5) Bei der Festlegung der Werte durch Verordnung gemäß Abs. 4 sind folgende Grundsätze anzuwenden:

1. das Grundkontingent hat sich an der mittleren Abgabe pro Zählpunkt zu orientieren; Anreize zum sparsamen Stromverbrauch haben weiter aufrecht zu bleiben;
2. der obere Referenzenergiepreis ist marktkonform und unter Berücksichtigung der vom Bund zur Verfügung gestellten Mittel festzusetzen;
3. durch den unteren Referenzenergiepreis ist sicherzustellen, dass die von Preissteigerungen betroffenen Haushaltskundinnen und Haushaltskunden entlastet werden; verbrauchsbeeinflussende Preissignale haben, um Anreize zu notwendigen Einsparungen zu setzen, in vertretbarem Ausmaß bestehen zu bleiben.

Stromkostenergänzungszuschuss

§ 6. (1) Ein Stromkostenergänzungszuschuss wird an eine begünstigte Person unabhängig vom tatsächlichen Stromverbrauch gewährt, wenn folgende Voraussetzungen vorliegen:

1. Es besteht
a für eine begünstigte Person gemäß § 4 Abs. 1 zum jeweils in Abs. 2 Z 2 genannten Stichtag und
b für eine begünstigte Person gemäß § 4 Abs. 2 zum jeweils in Abs. 2 Z 3 genannten Stichtag;

ein aufrechter Stromlieferungsvertrag für einen Zählpunkt mit Entnahme.

2. Die dem Zählpunkt gemäß Z 1 zugeordnete Adresse ist im Zentralen Melderegister (ZMR, § 16 MeldeG, BGBl Nr. 9/1992, zuletzt geändert durch BGBl. I Nr. 54/2021) zum jeweils maßgebenden Stichtag (Abs. 2 Z 2 oder Abs. 2 Z 3) für mehr als drei Personen als Hauptwohnsitz (§ 1 Abs. 7 Meldegesetz 1991 – MeldeG) ausgewiesen.

Der Stromkostenergänzungszuschuss ist vom Lieferanten im Wege der Verrechnung mit der Zahlungsverpflichtung aus dem Stromlieferungsvertrag zu berücksichtigen.

(2) Für den Stromkostenergänzungszuschuss gilt:

1. Der Stromkostenergänzungszuschuss steht nur für die vierte und jede weitere Person (Abs. 1 Z 2) zu. Die ersten drei Personen bleiben bei der Berechnung außer Ansatz.
2. Für Begünstigte gemäß § 4 Abs. 1 gilt:
a Der Stromkostenergänzungszuschuss wird für folgende drei Zeiträume in folgender Höhe gewährt:
- Für den Zeitraum vom 1. Dezember 2022 bis 30. Juni 2023 wird er für jede zusätzliche Person (Z 1), für die zum Stichtag 1. Februar 2023 die Adresse im ZMR als Hauptwohnsitz ausgewiesen ist, in Höhe von 61,25 Euro einmalig gewährt. Ein Antrag auf den Stromkostenergänzungszuschuss gemäß lit. c für diesen Zeitraum kann vom 17. April 2023 bis 30. Juni 2024 gestellt werden.
- Für den Zeitraum vom 1. Juli 2023 bis 31. Dezember 2023 wird er für jede zusätzliche Person (Z 1), für die zum Stichtag 1. Juli 2023 die Adresse im ZMR als Hauptwohnsitz ausgewiesen ist, in Höhe von 52,50 Euro einmalig gewährt. Ein Antrag auf den Stromkostenergänzungszuschuss gemäß lit. c für diesen Zeitraum kann vom 3. Juli 2023 bis 30. Juni 2024 gestellt werden.
- Für den Zeitraum vom 1. Jänner 2024 bis 30. Juni 2024 wird er für jede zusätzliche Person (Z 1), für die zum Stichtag 1. Jänner 2024 die Adresse im ZMR als Hauptwohnsitz ausgewiesen ist, in Höhe von 52,50 Euro einmalig gewährt. Ein Antrag auf den Stromkostenergänzungszuschuss gemäß lit. c für diesen Zeitraum kann vom 2. Jänner 2024 bis 30. Juni 2024 gestellt werden.

Nach einem Stichtag eingetretene Änderungen in der Personenanzahl und vollzogene Lieferantenwechsel bleiben für den jeweils maßgebenden Zeitraum unberücksichtigt.

b Besteht an der Adresse gemäß Abs. 1 zum maßgebenden Stichtag ein Zählpunkt mit Entnahme, wird er entsprechend der Anzahl der zusätzlichen Personen ohne Antrag berücksichtigt.
c Besteht an der Adresse zum maßgebenden Stichtag kein oder mehr als ein Zählpunkt mit Entnahme wird der Stromkostenergänzungszuschuss im Wege eines Antrages (§ 6a Abs. 2) gewährt. Seine Höhe bemisst sich nach der Anzahl der zusätzlichen Personen gemäß Z 1, die in der Wohneinheit, der der jeweilige Zählpunkt zugeordnet ist, zum maßgebenden Stichtag bei gemeinsamer Lebensführung zusammengelebt haben zuzüglich der Anzahl der Personen, die ihren Strom zum maßgebenden Stichtag im Wege des mit der begünstigten Person abgeschlossenen Stromlieferungsvertrages bezogen haben.

3. Für Begünstigte gemäß § 4 Abs. 2, denen ein Stromkostenzuschuss für das Grundkontingent gewährt wurde, wird der Stromkostenergänzungszuschuss für folgende drei Zeiträume in folgender Höhe ohne Antrag gewährt:
a Für den Zeitraum vom 1. Juni 2023 bis 31. Dezember 2023 wird er für jede zusätzliche Person (Z 1), für die zum Stichtag 1. Juni 2023 die Adresse im ZMR als Hauptwohnsitz ausgewiesen ist, in Höhe von 61,25 Euro einmalig gewährt.
b Für den Zeitraum vom 1. Jänner 2024 bis 30. Juni 2024 wird er für jede zusätzliche Person (Z 1), für die zum Stichtag 1. Jänner 2024 die Adresse im ZMR als Hauptwohnsitz ausgewiesen ist, in Höhe von 52,50 Euro einmalig gewährt.
c Für den Zeitraum vom 1. Juli 2024 bis 31. Dezember 2024 wird er für jede zusätzliche Person (Z 1), für die zum Stichtag 1. Juli 2024 die Adresse im ZMR als Hauptwohnsitz ausgewiesen ist, in Höhe von 52,50 Euro einmalig gewährt.

Nach einem Stichtag eingetretene Änderungen in der Personenanzahl und vollzogene Lieferantenwechsel bleiben für den jeweils maßgebenden Zeitraum unberücksichtigt.

Verfahren zur Abwicklung des Stromkostenergänzungszuschusses für Begünstigte nach § 4 Abs. 1

§ 6a. (1) Der Bundesminister für Finanzen als Verantwortlicher (Art. 4 Z 7 DSGVO) hat das Verfahren zur Gewährung des Stromkostenergänzungszuschusses für Begünstigte gemäß § 4 Abs. 1 abzuwickeln. Die BRZ GmbH ist als IT-Dienstleisterin des Bundes mit der Vorbereitung und Abwicklung der technischen Umsetzung als

Auftragsverarbeiter (Art. 4 Z 8 DSGVO) durch das Bundesministerium für Finanzen zu beauftragen. Die Auftragsverarbeiter ist verpflichtet, die Datenschutzpflichten gemäß Art. 28 Abs. 3 lit. a bis h DSGVO wahrzunehmen.

(2) Für den Antrag gemäß § 6 Abs. 2 Z 2 lit. c hat der Bundesminister für Finanzen als Verantwortlicher (Art. 4 Z 7 DSGVO) im Wege der Bundesrechenzentrum GmbH (BRZ GmbH) als Auftragsverarbeiter (Art. 4 Z 8 DSGVO) ein Formular elektronischer Form zur Verfügung zu stellen. Der Antrag hat zu enthalten:

1. Zählpunktnummer und Lieferant
2. Name und Geburtsdatum sowie – falls vorhanden – E-Mail-Adresse und Telefonnummer der Haushaltskundin/des Haushaltskunden aus dem zum jeweils maßgeblichen Stichtag aufrechten Stromlieferungsvertrag.
3. Name und Geburtsdatum sowie – falls vorhanden – E-Mail-Adresse und Telefonnummer der weiteren Personen, die an derselben Adresse gemäß § 6 Abs. 1 in der Wohneinheit, der der Zählpunkt zugeordnet ist, zum jeweils maßgebenden Stichtag (§ 6 Abs. 2 Z 2 lit. a, lit. b oder lit. c) bei gemeinsamer Lebensführung zusammengelebt haben und/oder Strom im Wege des mit der Haushaltskundin/dem Haushaltskunden abgeschlossenen Stromlieferungsvertrag bezogen haben.
4. Die Bestätigung, dass die zu Z 3 gemachten Angaben der Wahrheit entsprechen.
5. Die bestätigende Kenntnisnahme, dass die Förderung in angemessener Weise weiterzugeben ist, wenn eine kostenmäßige Entlastung durch einen Dritten erfolgt ist (§ 8a).
6. Die bestätigende Kenntnisnahme, dass die dem Antrag zu Grunde gelegten Angaben einer nachträglichen Überprüfung unterzogen werden können.
7. Die bestätigende Kenntnisnahme, dass ein Stromkostenergänzungszuschuss, der auf Grund von unrichtigen Angaben zu Unrecht berücksichtigt wurde, gemäß § 9 zurückzuzahlen ist.

Der Bundesminister für Finanzen ist ermächtigt, der BRZ GmbH zur Information potentiell antragsberechtigter Personen E-Mail-Adressen, die dem Finanzamt für Zwecke der Abgabenerhebung bekannt sind, bekannt zu geben.

(3) Der Bundesminister für Inneres übermittelt als Auftragsverarbeiter (Art. 4 Z 8 DSGVO) – für die Meldebehörden als gemeinsame Verantwortliche (Art. 4 Z 7 in Verbindung mit Art. 26 DSGVO) für das ZMR – auf Verlangen des Bundesministers für Finanzen aus dem ZMR zum Zwecke der Abwicklung und Auszahlung des Stromkostenergänzungszuschusses durch eine Verknüpfungsanfrage (§ 16a Abs. 3 MeldeG) sämtliche Adressen im Bundesgebiet, an denen mehr als drei Personen mit Hauptwohnsitz gemeldet sind, sowie für die dort Gemeldeten die Namen und das Geburtsdatum an den Bundesminister für Finanzen als Verantwortlichem (Art. 4 Z 7 DSGVO) im Wege der BRZ-GmbH als Auftragsverarbeiter (Art. 4 Z 8 DSGVO). Überdies hat der Bundesminister für Inneres das verschlüsselte bereichsspezifische Personenkennzeichen für Steuern und Abgaben (vbPK SA) der Personen zu übermitteln. Der Bundesminister für Inneres und die BRZ GmbH sind in ihrer Funktion als Auftragsverarbeiter verpflichtet, die Datenschutzpflichten gemäß Art. 28 Abs. 3 lit. a bis h DSGVO wahrzunehmen.

(4) Der Bundesminister für Finanzen als Verantwortlicher (Art. 4 Z 7 DSGVO) ist ermächtigt, im Wege der BRZ GmbH als Auftragsverarbeiter (Art. 4 Z 8 DSGVO) über die Datenaustauschinfrastruktur der Energiewirtschaftlicher Datenaustausch GmbH (EDA GmbH) einen Abgleich der gemäß Abs. 3 übermittelten Daten mit den Zählpunktdaten der Netzbetreiber sowie einen Abgleich mit den gemäß § 158 Abs. 4 Z 3 Bundesabgabenordnung – BAO, BGBl. I Nr. 194/1961 in der geltenden Fassung, verfügbaren Daten zur Prüfung gemäß § 11 vorzunehmen. Der Auftragsverarbeiter ist verpflichtet, die Datenschutzpflichten gemäß Art. 28 Abs. 3 lit. a bis h DSGVO wahrzunehmen.

Verfahren zur Abwicklung des Stromkostenzuschusses für das Grundkontingent für Begünstigte nach § 4 Abs. 2

§ 6b. (1) Der Bundesminister für Arbeit und Wirtschaft hat hinsichtlich natürlicher Personen, die gewerblich tätig sind, und der Bundesminister für Land- und Forstwirtschaft, Regionen und Wasserwirtschaft hat hinsichtlich natürlicher Personen, die in der Land- und Forstwirtschaft tätig sind, als Verantwortlicher (Art. 4 Z 7 DSGVO) das Verfahren zur Beantragung des Stromkostenzuschusses durch Begünstigte gemäß § 4 Abs. 2 abzuwickeln. Die Bundesrechenzentrum GmbH (BRZ GmbH) ist als IT-Dienstleister des Bundes mit der Vorbereitung und Abwicklung der technischen Umsetzung als Auftragsverarbeiter (Art. 4 Z 8 DSGVO) durch das Bundesministerium für Arbeit und Wirtschaft und durch das Bundesministerium für Land- und Fortwirtschaft, Regionen und Wasserwirtschaft zu beauftragen. Der Auftragsverarbeiter ist verpflichtet, die Datenschutzpflichten gemäß Art. 28 Abs. 3 lit. a bis h DSGVO wahrzunehmen.

(2) Anträge begünstigter Personen gemäß § 4 Abs. 2 auf einen Stromkostenzuschuss gemäß § 5 sind bis zum 31. Mai 2023 elektronisch einzureichen.

(3) Die abwickelnde Stelle hat das Vorliegen der Voraussetzungen gemäß § 4 Abs. 2 zu prüfen. Liegen die Voraussetzungen für die Begünstigung

nicht vor, ist dies der als Begünstigten angegebenen Person mitzuteilen. Positiv geprüfte Anträge sind dem Stromlieferanten zur Verrechnung im Wege der Stromrechnung zu übermitteln.

(4) Der Bundesminister für Inneres übermittelt zum Zweck der Abwicklung des Stromkostenzuschusses als Auftragsverarbeiter (Art. 4 Z 8 DSGVO) – für die Meldebehörden als gemeinsame Verantwortliche (Art. 4 Z 7 in Verbindung mit Art. 26 DSGVO) für das ZMR – der Bundesrechenzentrum GmbH (BRZ GmbH) aus dem ZMR gemäß § 16 MeldeG die für die Prüfung gemäß Abs. 3 erforderlichen Daten.

(5) Der Bundesminister für Arbeit und Wirtschaft und der Bundesminister für Land- und Forstwirtschaft, Regionen und Wasserwirtschaft haben im Einvernehmen mit dem Bundesminister für Finanzen durch Verordnung festzulegen:

1. Die Verpflichtung zur Information an die potenziell begünstigten Personen gemäß § 4 Abs. 2 durch die Stromlieferanten und deren Inhalt,
2. die Inhalte des elektronischen Antrages gemäß Abs. 2 und
3. den Informationsaustausch zwischen der Bundesrechenzentrum GmbH (BRZ GmbH) und den Stromlieferanten.

3. Teil
Netzkostenzuschuss für einkommensschwache Haushalte

Begünstigter Personenkreis

§ 7. Der Netzkostenzuschuss wird für jeden Zählpunkt mit Entnahme in einkommensschwachen Haushalten gemäß § 72 und § 100 Abs. 7 EAG gewährt, für die der Netzbetreiber nach § 2 Abs. 1 Z 1 EAG-Befreiungsverordnung, BGBl. II Nr. 61/2022,
keine Erneuerbaren-Förderpauschale und keinen Erneuerbaren-Förderbeitrag verrechnen darf.

Höhe des Netzkostenzuschusses

§ 8. (1) Der Netzkostenzuschuss wird im Zeitraum zwischen 1. Jänner 2023 und 30. Juni 2024 für Zeiten einer aufrechten Begünstigung gemäß § 7 in der Höhe von fünfundsiebzig Prozent der vom Netzbetreiber zu verrechnenden Systemnutzungsentgelte mit Ausnahme der Entgelte für sonstige Leistungen gemäß § 58 ElWOG 2010 gewährt.

(2) Die jährliche Höhe des Netzkostenzuschusses ist mit zweihundert Euro begrenzt. Für Abrechnungszeiträume, die kürzer oder länger als ein Jahr sind, ist die maximale Höhe des Netzkostenzuschusses auf Basis einer tagesweisen Aliquotierung zu ermitteln.

Verpflichtung zur angemessenen Weitergabe der Förderung

§ 8a. Durch einen Stromkostenzuschuss, einen Stromkostenergänzungszuschuss bzw. einen Netzkostenzuschuss Begünstigte sind verpflichtet, die erhaltene Förderung in angemessener Weise an Personen weiterzugeben, die sie durch Vergütungen oder Kostenersätze in Bezug auf die Stromkosten oder Systemnutzungsentgelte entlastet haben.

4. Teil
Gemeinsame Bestimmungen für Strom- und Netzkostenzuschuss

Rückforderung

§ 9. Werden der Stromkostenzuschuss oder der Netzkostenzuschuss gewährt, ohne dass die Voraussetzungen nach diesem Bundesgesetz erfüllt sind, ist der in Abzug gebrachte Zuschuss von der natürlichen Person, die aus dem betreffenden Stromlieferungs- oder Netzzugangsvertrag zahlungspflichtig ist, dem Bund zu erstatten.

Mittelaufbringung

§ 10. (1) Für die Unterstützung von Haushaltskundinnen und Haushaltskunden durch Stromkostenzuschüsse und Netzkostenzuschüsse werden im jeweils gültigen Bundesfinanzrahmen- und Bundesfinanzgesetz für das Jahr 2023 Mittel in Höhe von 2.733.195.000 Euro und für das Jahr 2024 Mittel in Höhe von 1.093.278.000 Euro bereitgestellt.

(Anm.: Abs. 2 aufgehoben durch BGBl. I Nr. 15/2023)

Kostenersatz, Überprüfung und Datenlöschung

§ 11. (1) Der Bund hat den Lieferanten bezüglich des Stromkostenzuschusses und den Netzbetreibern bezüglich des Netzkostenzuschusses die aus der Abwicklung der jeweiligen Maßnahme unmittelbar entstehenden Kosten zu ersetzen.

(2) Für die entstandenen operativen Aufwendungen gebührt den Netzbetreibern und den Lieferanten eine pauschale Abgeltung. Der Bundesminister für Finanzen wird ermächtigt, die Höhe der pauschalen Abgeltung durch Verordnung festzulegen.

(3) Eine über Abs. 1 und 2 hinausgehende Abdeckung ist unzulässig.

(4) Die unzulässige Weiterverrechnung bereits abgegoltener Kosten an Kundinnen oder Kunden berechtigt den Bund zur Rückforderung der zur Verfügung gestellten Mittel.

(5) Der Kostenersatz gemäß Abs. 2 ist von der Einkommen- oder Körperschaftsteuer befreit.

(6) Die Lieferanten und Netzbetreiber haben dem Bundesministerium für Finanzen bis zum 15. des Folgemonats eine elektronische Rechnung für die innerhalb eines Kalendermonats erbrachten Leistungen oder der auf den Gesamtbetrag der im Abrechnungszeitraum eines Jahres erbrachten Leistungen zu leistenden Akontierungen zu legen. Der Kostenersatz bzw. das Akonto ist binnen 14

Tagen nach erfolgter Rechnungslegung auszuzahlen.

(7) Die Buchhaltungsagentur des Bundes als Auftragsverarbeiter (Art. 4 Z 8 Verordnung (EU) 2016/679 zum Schutz natürlicher Personen bei der Verarbeitung personenbezogener Daten, zum freien Datenverkehr und zur Aufhebung der Richtlinie 95/46/EG (DSGVO), ABl. Nr. L 119 vom 4. Mai 2016 S. 1, zuletzt berichtigt durch ABl. Nr. L 74 vom 4. März 2021 S. 35) ist durch den Bundesminister für Finanzen als datenschutzrechtlich Verantwortlichen (Art. 4 Z 7 DSGVO) damit zu beauftragen, die Verrechnung und Zahlung der durch die Lieferanten und Netzbetreiber an das Bundesministerium für Finanzen übermittelten e–Rechnungen nach Maßgabe der haushaltsrechtlichen Bestimmungen durchzuführen. Der Auftragsverarbeiter ist verpflichtet, die Datenschutzpflichten gemäß Art. 28 Abs. 3 lit. a bis h DSGVO wahrzunehmen.

(8) Der Bundesminister für Finanzen als Verantwortlicher (Art. 4 Z 7 DSGVO) kann nach Maßgabe des § 2 Abs. 3 des Buchhaltungsagenturgesetzes – BHAG-G, BGBl I Nr. 37/2004, die Buchhaltungsagentur des Bundes als Auftragsverarbeiter (Artikel 4 Z 8 DSGVO) mit der nachträglichen Überprüfung der Einhaltung der Voraussetzungen für die Gewährung des Kostenersatzes an Lieferanten und Netzbetreiber bezüglich des Stromkostenzuschusses bzw. des Netzkostenzuschusses beauftragen.

(9) Die Buchhaltungsagentur des Bundes kann nach Maßgabe des § 2 Abs. 3 des Buchhaltungsagenturgesetzes – BHAG-G, BGBl I Nr. 37/2004, als Auftragsverarbeiter (Artikel 4 Z 8 DSGVO) mit der nachträglichen Überprüfung der Einhaltung der Voraussetzungen für die Gewährung des Stromkostenzuschusses bzw. des Netzkostenzuschusses an die Begünstigten beauftragt werden vom

– Bundesminister für Finanzen in Bezug auf den Netzkostenzuschuss und Begünstigte gemäß § 4 Abs. 1 und vom
– Bundesminister für Arbeit und Wirtschaft sowie Bundesminister für Land- und Forstwirtschaft, Regionen und Wasserwirtschaft in Bezug auf Begünstigte gemäß § 4 Abs. 2.

(10) Der Buchhaltungsagentur des Bundes als Auftragsverarbeiter (Art. 4 Z 8 DSGVO) sind zum Zweck der Prüfung vom Bundesminister für Finanzen als Verantwortlichem (Art. 4 Z 7 DSGVO) zu übermitteln:

1 Die Zählpunktnummern, die Namen mit Geburtsdatum, Adresse, sowie – falls vorhanden – E-Mail-Adresse und Telefonnummer von Personen, denen ein Stromkostenergänzungszuschuss gewährt wurde, unter Berücksichtigung der Daten gemäß § 158 Abs. 4 Z 3 BAO. Diese einmalig miteinander verarbeiteten Daten werden vom Bundesminister für Finanzen als Verantwortlicher (Art. 4 Z 7 DSGVO) der Buchhaltungsagentur des Bundes als Auftragsverarbeiter zur Abwicklung der Überprüfung übermittelt und nach erfolgter Übermittlung umgehend gelöscht.
2 Im Wege der GIS-Gebühren Info Service GmbH als Auftragsverarbeiter (Art. 4 Z 8 DSGVO) zum Zweck der Prüfung für den Zeitraum von 1. Jänner 2023 bis 30. Juni 2024 monatlich folgende Daten: Die Zählpunktnummern, die Namen mit Geburtsdatum, Adresse, sowie – falls vorhanden – E-Mail-Adresse und Telefonnummer von Personen, denen eine Befreiung gemäß § 72 oder § 100 Abs. 7 des Erneuerbaren-Ausbau-Gesetz – EAG, BGBl Nr. BGBl. I Nr. 150/2021 in der geltenden Fassung, zuerkannt worden ist.

Die Buchhaltungsagentur des Bundes ist in ihrer Funktion als Auftragsverarbeiter verpflichtet, die Datenschutzpflichten gemäß Art. 28 Abs. 3 lit. a bis h DSGVO wahrzunehmen.

(11) Alle personenbezogenen Daten sind sieben Jahre nach Ablauf des Kalenderjahres, in welchem der Stromkostenzuschuss bzw. der Netzkostenzuschuss bezogen wurde, zu löschen.

5. Teil
Schlussbestimmungen

Monitoring

§ 12. Die Bundesministerin für Klimaschutz, Umwelt, Energie, Mobilität, Innovation und Technologie hat die mit diesem Bundesgesetz geschaffenen Förderinstrumente binnen sechs Monaten nach Ende des Förderungszeitraumes des Strom- und Netzkostenzuschusses zu evaluieren und dem Nationalrat spätestens im Jänner 2025 einen Bericht über das Ergebnis der Evaluierung vorzulegen. Im Bericht ist insbesondere auf die während der Geltung dieses Bundesgesetzes erfolgten Preisanpassungen der Lieferanten einzugehen. Der Bericht über die Ergebnisse der Evaluierung ist von der Bundesministerin für Klimaschutz, Umwelt, Energie, Mobilität, Innovation und Technologie in geeigneter Weise zu veröffentlichen.

Vollziehung

§ 13. Mit der Vollziehung dieses Bundesgesetzes sind betraut:

1. .Hinsichtlich § 5 Abs. 4 die Bundesministerin für Klimaschutz, Umwelt, Energie, Mobilität, Innovation und Technologie im Einvernehmen mit dem Bundesminister für Finanzen;
2. hinsichtlich § 6, § 6a, § 10 und § 11 Abs. 1 bis 8 und Abs. 10 der Bundesminister für Finanzen;
3. .hinsichtlich § 6, § 6b und § 11 Abs. 9 der Bundesminister für Arbeit und Wirtschaft und der Bundesminister für Land- und Forstwirtschaft, Regionen und Wasserwirtschaft;

im Übrigen die Bundesministerin für Klimaschutz, Umwelt, Energie, Mobilität, Innovation und Technologie.

In- und Außerkrafttreten

§ 14. Dieses Bundesgesetz tritt mit dem der Kundmachung folgenden Tag in Kraft und mit Ablauf des 30. Juni 2025 außer Kraft.

Anlage I
(zu § 4)

Standardisierte Lastprofile für Begünstigte gemäß § 4 Abs. 1

Folgende standardisierte Lastprofile, die gemäß Kapitel 6 der sonstigen Marktregeln Zählpunkten im österreichischen Netzgebiet zuzuordnen sind, sind begünstigt:

1. H0: Haushalt;
2. HA: Haushalt mit Warmwasserspeicher an einem Zählpunkt;
3. HF: Haushalt mit Speicherheizung an einem Zählpunkt.

Anlage II

Standardisierte Lastprofile für Begünstigte gemäß § 4 Abs. 2

Folgende standardisierte Lastprofile, die gemäß Kapitel 6 der sonstigen Marktregeln Zählpunkten im österreichischen Netzgebiet zuzuordnen sind, sind begünstigt:

1. H0: Haushalt;
2. HA: Haushalt mit Warmwasserspeicher an einem Zählpunkt;
3. HF: Haushalt mit Speicherheizung an einem Zählpunkt;
4. L0: Landwirtschaftsbetriebe;
5. L1: Landwirtschaftsbetriebe mit Milchwirtschaft/Nebenerwerbs-Tierzucht;
6. L2: Übrige Landwirtschaftsbetriebe;
7. G0: Gewerbe allgemein;
8. G1: Gewerbe, werktags 8-18 Uhr;
9. G2: Gewerbe, Überwiegender Verbrauch in den Abendstunden;
10. G3: Gewerbe durchlaufend;
11. G4: Gewerbe, Läden aller Art, Friseur;
12. G5: Gewerbe, Bäckerei mit Backstube;
13. G6: Gewerbe, Wochenendbetrieb.

34. Stromkostenzuschuss-Verfahrens-Verordnung

Verordnung des Bundesministers für Arbeit und Wirtschaft und des Bundesministers für Land- und Forstwirtschaft, Regionen und Wasserwirtschaft über das Verfahren zur Abwicklung des Stromkostenzuschusses

StF: BGBl. II Nr. 82/2023

Auf Grund des § 6b des Bundesgesetzes über die befristete Einführung eines Stromkostenzuschusses für Haushaltskundinnen und Haushaltskunden (Stromkostenzuschussgesetz – SKZG), BGBl. Nr. 156/2022, zuletzt geändert durch das Bundesgesetz BGBl. I Nr. 15/2023, wird im Einvernehmen mit dem Bundesminister für Finanzen verordnet:

GLIEDERUNG

Anwendungsbereich

§ 1. Diese Verordnung sieht Regeln zur Abwicklung des Stromkostenzuschusses für natürliche Personen in Form eines Grundkontingents und eines allfälligen Stromkostenergänzungszuschusses unter den Bedingungen des § 4 Abs. 2 Stromkostenzuschussgesetzes (SKZG) vor.

Antragstellung

§ 2. (1) Die Antragstellung zum Erhalt des Grundkontingents hat elektronisch auf der Webseite „https://www.stromkostenzuschuss.gv.at/lufg“ im Zeitraum 17. April 2023 bis 31. Mai 2023 zu erfolgen.

(2) Für eine ununterbrochene Gewährung des Zuschusses ist ein Wechsel des Stromlieferanten rechtzeitig vor dem Wechselstichtag auf der in Abs. 1 genannten Webseite unter Angabe der Antragsnummer und des Wechselstichtags anzuzeigen.

Verpflichtung zur Information potenziell begünstigter Personen

§ 3. Die Stromlieferanten sind verpflichtet, den Kreis potenzieller Begünstigter über den Inhalt und die Fördervoraussetzungen des Zuschusses zu informieren. Diese Mitteilung hat nach Möglichkeit in elektronischer Form oder ansonsten postalisch aber jedenfalls direkt an den potenziell Begünstigten zu erfolgen und zumindest folgende Informationen zu enthalten:

1. Kreis der Begünstigten;
2. Darstellung und Abgrenzung von Grundkontingent und Stromkostenergänzungszuschuss, insb. hinsichtlich deren jeweiliger Berechnung und Art der Antragstellung;
3. Antragszeitraum 17. April 2023 bis 31. Mai 2023;
4. Gewährungszeitraum des Stromkostenzuschusses in Form eines Grundkontingents von 1. Juni 2023 bis 31. Dezember 2024 sowie in Form eines allfälligen Stromkostenergänzungszuschusses in den Zeiträumen 1. Juni 2023 bis 31. Dezember 2023, 1. Jänner 2024 bis 30. Juni 2024 und 1. Juli 2024 bis 31. Dezember 2024.
5. Vorgangsweise im Falle eines Wechsels des Stromlieferanten;
6. Link zu häufig gestellten Fragen (FAQs) auf „https://www.stromkostenzuschuss.gv.at/lufg“;
7. Link zum elektronischen Antrag auf „https://www.stromkostenzuschuss.gv.at/lufg“;
8. Gegebenenfalls eine Identifikationsnummer;

Inhalt des elektronischen Antrags

§ 4. Der elektronische Antrag auf einen Stromkostenzuschuss gemäß § 5 SKZG hat folgende Angaben zu enthalten:

1. Zählpunktnummer und gegebenenfalls eine Identifikationsnummer;
2. Name und Geburtsdatum sowie Telefonnummer und falls vorhanden E-Mail-Adresse der antragstellenden natürlichen Person, welche zugleich gegenüber dem Stromlieferanten oder zumindest anteilig und nachweislich im Innenverhältnis gegenüber einer juristischen Person oder im Firmenbuch eingetragenen Personengesellschaft für die Stromentnahme zahlungspflichtig ist; Je Zählpunkt darf nur eine natürliche Person den Antrag auf Gewährung des Stromkostenzuschusses in Form eines Grundkontingents stellen;
3. Adresse, an welcher der antragsgegenständliche Zählpunkt betrieben wird und die antrag-

stellende natürliche Person hauptwohnsitzgemeldet ist;
4. Die Bestätigung, dass die antragstellende Person am Ort des antragsgegenständlichen Zählpunkts hauptwohnsitzgemeldet ist;
5. Besteht eine anteilige Zahlungsverpflichtung gegenüber einer juristischen Person bzw. im Firmenbuch eingetragenen Personengesellschaft gem. Z 2 ist diese im Innenverhältnis bestehende Zahlungsverpflichtung zu bestätigen;
6. Die bestätigende Kenntnisnahme, dass die Förderung in angemessener Weise weiterzugeben ist, wenn eine kostenmäßige Entlastung durch einen Dritten erfolgt ist (§ 8a SKZG);
7. Die bestätigende Kenntnisnahme, dass die dem Antrag zu Grunde gelegten Angaben einer nachträglichen Überprüfung unterzogen werden können;
8. Die bestätigende Kenntnisnahme, dass ein Stromkostenzuschuss, der auf Grund von unrichtigen Angaben zu Unrecht berücksichtigt wurde, gemäß § 9 SKZG zurückzuzahlen ist;
9. Die bestätigende Kenntnisnahme, dass die antragstellende Person nicht zugleich in den Personenkreis gem. § 4 Abs. 1 SKZG fällt und ihr daher bereits der Stromkostenzuschuss in Form eines Grundkontingents automatisch gewährt wird;
10. Die Bestätigung, dass die zu Z 1 bis 5 gemachten Angaben der Wahrheit entsprechen;

Informationsaustausch zwischen BRZ und den Stromlieferanten

§ 5. (1) Die Abwicklung des Stromkostenzuschusses gem. § 4 Abs. 2 SKZG erfordert Informationsaustausche zwischen der Bundesrechenzentrum Gesellschaft mit beschränkter Haftung (in der Folge: BRZ GmbH) und den Stromlieferanten. Nach erfolgter Prüfung des Antrags auf Stromkostenzuschuss nach § 4 Abs. 2 SKZG sind folgende Informationen auszutauschen:
1. Die BRZ GmbH führt über die Datenaustauschinfrastruktur der EDA Energiewirtschaftlicher Datenaustausch GmbH (EDA GmbH) eine Abfrage hinsichtlich der für die Abwicklung des Stromkostenzuschusses relevanten Daten durch.
2. Die BRZ GmbH informiert den Stromlieferanten nach positiver Überprüfung auf Vorliegen der Voraussetzungen zur Gewährung des Stromkostenzuschusses unter Angabe der für die Auszahlung relevanten Daten, dass dem jeweiligen Antragsteller das Grundkontingent gewährt werden kann;
3. Der Stromlieferant informiert die BRZ GmbH darüber, ob das Grundkontingent bei der Abrechnung des Stromlieferungsvertrags berücksichtigt wird;
4. Nach Vorliegen einer positiven Rückmeldung des Stromlieferanten gemäß Z 3 informiert die BRZ GmbH die Stromlieferanten über jene unter § 4 Abs. 2 SKZG fallenden Begünstigten, welche die Anforderungen auf Gewährung des Stromkostenergänzungszuschusses erfüllen. Diese Information hat je Vergütungszeitraum die Antragsnummer, Personenanzahl und Höhe des zu gewährenden Stromkostenergänzungszuschusses zu enthalten.
5. Der Stromlieferant informiert die BRZ GmbH darüber, ob der Stromkostenergänzungszuschuss bei der nächsten Abrechnung des Stromlieferungsvertrags in Abzug gebracht wird;
6. Beim angezeigten Wechsel des Stromlieferanten führt die BRZ GmbH über EDA GmbH eine Abfrage hinsichtlich der für die Abwicklung des Stromkostenzuschusses relevanten Daten durch.
7. Nach Identifikation des neuen Lieferanten werden die Informationsaustausche gem. Z 1 bis 5 hinsichtlich des neuen Lieferanten wiederholt.

(2) Der Bundesminister für Inneres übermittelt der BRZ GmbH aus dem ZMR gemäß § 16 MeldeG die für die Prüfung der Anspruchsberechtigung auf den Stromkostenergänzungszuschuss erforderlichen Daten. Überdies hat der Bundesminister für Inneres das verschlüsselte bereichsspezifische Personenkennzeichen für Steuern und Abgaben (vbPK SA) der Personen zum Zweck der zeitraumübergreifenden Zuordnung des begünstigten Personenkreises zu übermitteln.

(3) Die Auftragsverarbeiter sind verpflichtet, die Datenschutzpflichten gemäß Art. 28 Abs. 3 lit. a bis h DSGVO wahrzunehmen. Alle personenbezogenen Daten sind sieben Jahre nach Ablauf des Kalenderjahres, in welchem der Stromkostenzuschuss bezogen wurde, zu löschen.

Sonstige Vorgaben

§ 6. (1) Wird der Zuschuss von einer natürlichen Person beantragt, die zumindest anteilig und nachweislich im Innenverhältnis zu einer juristischen Person bzw. im Firmenbuch eingetragenen Personengesellschaft zahlungspflichtig ist, ist Letztere verpflichtet, den erhaltenen Zuschuss in angemessener Weise an Personen weiterzugeben, die sie durch Vergütungen oder Kostenersätze in Bezug auf die Stromkosten entlastet haben.

(2) Der Stromlieferant hat im Rahmen der Rechnungslegung den gewährten Stromkostenzuschuss in Form eines Grundkontingents und eines allfälligen Stromkostenergänzungszuschusses auszuweisen; diese Ausweisung ersetzt eine Benachrichtigung über eine positive Behandlung des Antrags. Antragsteller sind von der BRZ nur dann zu benachrichtigen, wenn der Antrag abgelehnt wurde.

Schlussbestimmungen

§ 7. Diese Verordnung tritt mit dem der Kundmachung folgenden Tag in Kraft und mit Ablauf des 30. Juni 2025 außer Kraft.

35. Unternehmens-Energiekostenzuschussgesetz

Bundesgesetz über einen Energiekostenzuschuss für Unternehmen

StF: BGBl. I Nr. 117/2022

Letzte Novellierung: BGBl. I Nr. 92/2023

Der Nationalrat hat beschlossen:

GLIEDERUNG

1. Abschnitt

Energiekostenzuschuss für energieintensive Unternehmen Februar bis September 2022

Gegenstand der Förderung, Abwicklung

§ 1. (1) Gegenstand des Förderungsprogrammes des Bundes ist die Unterstützung von energieintensiven Unternehmen in Bezug auf die derzeit hohen Energiekosten.

(1a) Liegt der Jahresumsatz von Unternehmen gemäß § 2 Abs. 1 unter 700.000 Euro, entfällt für Zuschüsse gemäß § 3 Abs. 1 Z 1 das Kriterium der Energieintensität gemäß § 2 Abs. 1.

(2) Die Förderung wird in Form eines Zuschusses gewährt und nach Antragsstellung und Abrechnung ausbezahlt. Anträge können für Sachverhalte, die sich im Zeitraum zwischen 1. Februar 2022 und bis 30. September 2022 verwirklicht haben, gestellt werden. Der Zuschuss wird entsprechend den Laufzeiten des jeweils geltenden „Befristeten Krisenrahmens für staatliche Beihilfen zur Stützung der Wirtschaft infolge der Aggression Russlands gegen die Ukraine vom 24. März 2022" gewährt. Das Ende der Einreichfrist wird in den Förderungsrichtlinien gemäß § 5 festgelegt. Es besteht kein Rechtsanspruch auf eine Förderung.

(3) Mit der Abwicklung des Förderprogramms nach diesem Bundesgesetz werden die Austria Wirtschaftsservice Gesellschaft mit beschränkter Haftung und eine allenfalls weitere beauftragte Abwicklungsstelle gemäß Abs. 3a im Namen und auf Rechnung des Bundes beauftragt.

(3a) Mit der Abwicklung des Energiekostenzuschusses als Pauschalfördermodell mit einem Förderbetrag bis zu 1.800 Euro kann nach diesem Bundesgesetz auch eine andere geeignete Stelle betraut werden. Der Bundesminister für Arbeit und Wirtschaft wird ermächtigt, diese andere Abwicklungsstelle per Verordnung festzulegen und einen Vertrag über die inhaltliche Ausgestaltung der Abwicklung mit der anderen Abwicklungsstelle abzuschließen.

(3b) Der Vertrag mit der Abwicklungsstelle gemäß Abs. 3a hat insbesondere die Aufbereitung und Prüfung der Förderungsansuchen gemäß den Bestimmungen dieses Gesetzes und den jeweiligen Richtlinien, den Abschluss der Verträge im Namen und auf Rechnung des Bundes mit den Förderungswerbern, die Abrechnung und die Auszahlung der Förderungsmittel sowie die Kontrolle der Einhaltung der Förderungsbedingungen und die Rückforderung von gewährten Förderungsmitteln zu regeln.

(4) Die liquiden Mittel für die Förderprogramme der Abschnitte 1 bis 3 dieses Bundesgesetzes werden der Austria Wirtschaftsservice Gesellschaft mit beschränkter Haftung und einer allenfalls weiteren beauftragten Abwicklungsstelle gemäß § 1 Abs. 3a, § 7 Abs. 2 und § 10 Abs. 3 auf Anforderung bedarfsgerecht zur Verfügung gestellt. Hie-

für werden bis zu 7 Mrd. Euro zur Verfügung gestellt.

Definition der energieintensiven Unternehmen

§ 2. (1) Energieintensive Unternehmen sind solche, bei denen sich die Energie- und Strombeschaffungskosten auf mindestens 3,0 % des Produktionswertes belaufen.

(2) Nähere Details betreffend die antragsberechtigten Unternehmen werden in den Förderungsrichtlinien gemäß § 5 Abs. 1 festgelegt.

Zuschuss für energieintensive Unternehmen

§ 3. (1) Gefördert werden

1. Anteile von Mehraufwendungen für den betriebseigenen Verbrauch von Treibstoffen, Strom und Gas, die energieintensiven Unternehmen von 1. Februar 2022 bis 30. September 2022 entstehen, mit einem Zuschuss bis zu einer maximalen Höhe von 400.000 € pro Unternehmen, für energieintensive Unternehmen und Unternehmen gemäß § 1 Abs. 1a bis zu einer in den Förderungsrichtlinien bestimmenden Zuschusshöhe werden darüber hinaus Kosten für die Antragstellung teilweise ersetzt.
2. Anteile von Mehraufwendungen für Strom und Erdgas, die energieintensiven Unternehmen ab 1. Februar 2022 bis 30. September 2022 entstehen, mit einem Zuschuss von mehr als 400.000 € pro Unternehmen, abhängig von Betroffenheit und Branche. Die Höhe der Förderung wird in den Förderungsrichtlinien gemäß § 5 Abs. 1 festgelegt und ergibt sich abhängig von Betroffenheit und Branche.

(2) Die Förderungsrichtlinien gemäß § 5 Abs. 1 legen die näheren Voraussetzungen der Förderhöhe und Förderungsbedingungen fest, insbesondere betreffend die Berechnung des Energiekostenzuschusses und das allfällige Erfordernis von Betriebsverlusten.

(Anm.: Abs. 3 aufgehoben durch Art. 2 Z 6, BGBl. I Nr. 169/2022)

Verbot von Mehrfachförderung und Höchstgrenze

§ 4. Die Förderung der förderfähigen Kosten nach diesem Bundesgesetz durch andere öffentliche Rechtsträger ist unzulässig. Die sonstige Unterstützung der Energie- und Strompreise ist bei der Berechnung der förderfähigen Kosten nach diesem Bundesgesetz in Abzug zu bringen. Förderungen gemäß dem 1. bis 3. Abschnitt, die aufgrund des „Befristeten Krisenrahmens für staatliche Beihilfen zur Stützung der Wirtschaft infolge der Aggression Russlands gegen die Ukraine vom 24. März 2022“ in der jeweils geltenden Fassung gewährt werden, dürfen pro Unternehmen die beihilfenrechtlichen Obergrenzen des „Befristeten Krisenrahmens für staatliche Beihilfen zur Stützung der Wirtschaft infolge der Aggression Russlands gegen die Ukraine vom 24. März 2022“ in der Fassung vom 28. Oktober 2022 insgesamt nicht überschreiten.

Förderungsrichtlinien

§ 5. (1) Der Bundesminister für Arbeit und Wirtschaft wird ermächtigt, im Einvernehmen mit dem Bundesminister für Finanzen und der Bundesministerin für Klimaschutz, Umwelt, Energie, Mobilität, Innovation und Technologie Förderungsrichtlinien für die Abwicklung des Energiekostenzuschusses für Unternehmen zu erlassen. Die Förderungsrichtlinien haben insbesondere folgende Punkte zu enthalten:

1. förderbare Unternehmen
2. Rechtsgrundlagen, Ziele,
3. den Gegenstand der Förderung,
4. die förderbaren Kosten,
5. inhaltliche Voraussetzungen für das Erlangen einer Förderung,
6. das Ausmaß und die Art der Förderung,
7. das Verfahren, insbesondere

a) Ansuchen (Art, Inhalt und Ausstattung der Unterlagen),
b) Entscheidung,
c) Auszahlungsmodus,
d) Berichtspflichten des Fördernehmers,
e) Einstellung und Rückforderung der Förderung,

8. Geltungsdauer,
9. Evaluierung.

(2) Die Förderungsrichtlinien werden auf der Homepage des Bundesministeriums für Arbeit und Wirtschaft veröffentlicht.

Datenübermittlung zur Abwicklung und Kontrolle der Unternehmensförderung

§ 6. (1) Dem Bundesminister für Arbeit und Wirtschaft, der Austria Wirtschaftsservice Gesellschaft mit beschränkter Haftung und einer allenfalls weiteren beauftragten Abwicklungsstelle sind zum Zwecke der Abwicklung und Kontrolle von Förderungen nach diesem Bundesgesetz von den Abgabenbehörden die erforderlichen Auskünfte zu erteilen.

(2) Der Bundesminister für Finanzen und die Bundesministerin für Klimaschutz, Umwelt, Energie, Mobilität, Innovation und Technologie haben dem Bundesminister für Arbeit und Wirtschaft, der Austria Wirtschaftsservice Gesellschaft mit beschränkter Haftung und einer allenfalls weiteren beauftragten Abwicklungsstelle – unter Beachtung der datenschutzrechtlichen Regelungen – auf ihre Anfrage unter Verwendung einer elektronischen Schnittstelle soweit verfügbar Daten zu übermitteln, die für die Kontrolle der Förderung notwendig sind. Nähere Spezifikationen erfolgen in den Richtlinien gemäß § 5.

(3) Der Bundesminister für Arbeit und Wirtschaft und die gemäß §§ 1 Abs. 3a, 7 Abs. 2 und

10 Abs. 3 durch Verordnung durch den Bundesminister für Arbeit und Wirtschaft beauftragte Abwicklungsstelle sind für die Abwicklung des Energiekostenzuschusses als Pauschalfördermodell gemäß §§ 1 Abs. 3a, 7 Abs. 2 und 10 Abs. 3 gemeinsame Verantwortliche im Sinne des Art. 26 der Verordnung (EU) 2016/679 zum Schutz natürlicher Personen bei der Verarbeitung personenbezogener Daten, zum freien Datenverkehr und zur Aufhebung der Richtlinie 95/46/EG (Datenschutz-Grundverordnung – DSGVO), ABl. Nr. L 119 vom 4.5.2016 S. 1. Sie sind berechtigt, die in Abs. 5 angeführten personenbezogenen Daten für die Abwicklung des Energiekostenzuschusses als Pauschalfördermodell gemäß §§ 1 Abs. 3a, 7 Abs. 2 und 10 Abs. 3 sowie jene personenbezogenen Daten, die bei Antragstellung vom Unternehmen bekanntgegeben werden, für die Abwicklung des Energiekostenzuschusses als Pauschalfördermodell gemäß §§ 1 Abs. 3a, 7 Abs. 2 und 10 Abs. 3 zu verarbeiten.

(4) Der Bundesminister für Arbeit und Wirtschaft und die gemäß §§ 1 Abs. 3a, 7 Abs. 2 und 10 Abs. 3 durch Verordnung durch den Bundesminister für Arbeit und Wirtschaft beauftragte Abwicklungsstelle haben alle Förderdaten zehn Jahre nach Ablauf des Kalenderjahres, in welchem die Förderung beantragt wurde, aufzubewahren und anschließend zu löschen.

(5) Der Bundesminister für Finanzen übermittelt zum Zweck der Abwicklung, der Dokumentation, der Beweissicherung, der nachträglichen Prüfung, des Monitorings und der Revision der Förderungen an die gemäß §§ 1 Abs. 3a, 7 Abs. 2 und 10 Abs. 3 durch Verordnung des Bundesministers für Arbeit und Wirtschaft beauftragte Abwicklungsstelle unentgeltlich und elektronisch,

1. die personenbezogenen Daten von Unternehmen (soweit vorhanden die Kennzahl des Unternehmensregisters, die ÖNACE–Klassifizierung, den Firmennamen, die Firmenadresse, die Postleitzahl, die Ortschaft, den Staatscode, die Rechtsform, die Stammzahl sowie Namen und Vornamen der den Antragsprozess einleitenden natürlichen Person), die beabsichtigen, einen Antrag auf einen Energiekostenzuschuss als Pauschalfördermodell gemäß §§ 1 Abs. 3a, 7 Abs. 2 oder 10 Abs. 3 zu stellen.
2. die Umsatzdaten des Kalenderjahres 2022 beziehungsweise des Kalenderjahres 2023 in Form der Summe der gemeldeten Umsätze und allfälligen unterjährigen Festsetzungen für das Kalenderjahr 2022 beziehungsweise des Kalenderjahres 2023 sowie die zusammenfassenden Meldungen gemäß Artikel 21 Abs. 3 UStG 1994 für das Kalenderjahr 2022 beziehungsweise das Kalenderjahr 2023 von Unternehmen, die einen Antrag auf einen Energiekostenzuschuss als Pauschalfördermodell gemäß §§ 1 Abs. 3a, 7 Abs. 2 oder 10 Abs. 3 gestellt haben.
3. die Erträge/Betriebseinnahmen aus den Einkünften von Personengesellschaften, Einkommens- bzw. Körperschaftssteuerdaten der Jahre 2023, 2022, 2021, 2020 und 2019 von Unternehmen, die einen Antrag auf einen Energiekostenzuschuss als Pauschalfördermodell gemäß § 1 Abs. 3a, 7 Abs. 2 oder 10 Abs. 3 gestellt haben und deren Selbstangabe einen Umsatz für das Kalenderjahr 2022 unter 35.000 Euro beinhaltet.

(6) Nähere Details betreffend das Verfahren für die elektronische Übermittlung der für das Pauschalfördermodell erforderlichen personenbezogenen Daten werden in den Förderungsrichtlinien gemäß § 5 festgelegt.

2. Abschnitt
Energiekostenzuschuss für Unternehmen Oktober bis Dezember 2022
Gegenstand der Förderung, Abwicklung

§ 7. (1) Die Förderung wird in Form eines Zuschusses gewährt und nach Antragsstellung und Abrechnung ausbezahlt. Anträge können für Sachverhalte, die sich ab 1. Oktober 2022 bis 31. Dezember 2022 verwirklicht haben, gestellt werden. Der Zuschuss wird entsprechend den Laufzeiten des jeweils geltenden „Befristeten Krisenrahmens für staatliche Beihilfen zur Stützung der Wirtschaft infolge der Aggression Russlands gegen die Ukraine vom 24. März 2022“ gewährt. Das Ende der Einreichfrist wird in den Förderungsrichtlinien gemäß § 5 festgelegt. Es besteht kein Rechtsanspruch auf eine Förderung.

(2) Mit der Abwicklung des Energiekostenzuschusses als Pauschalfördermodell mit einem Förderbetrag bis zu 675 Euro kann nach diesem Bundesgesetz auch eine andere geeignete Stelle betraut werden. Der Bundesminister für Arbeit und Wirtschaft wird ermächtigt, diese andere Abwicklungsstelle per Verordnung festzulegen und einen Vertrag über die inhaltliche Ausgestaltung der Abwicklung mit der anderen Abwicklungsstelle abzuschließen.

(3) Der Vertrag mit der Abwicklungsstelle gemäß Abs. 2 hat insbesondere die Aufbereitung und Prüfung der Förderungsansuchen gemäß den Bestimmungen dieses Gesetzes und den jeweiligen Richtlinien, den Abschluss der Verträge im Namen und auf Rechnung des Bundes mit den Förderungswerbern, die Abrechnung und die Auszahlung der Förderungsmittel sowie die Kontrolle der Einhaltung der Förderungsbedingungen und die Rückforderung von gewährten Förderungsmitteln zu regeln.

(4) § 1 Abs. 1, Abs. 1a, Abs. 3 und Abs. 4 sind anzuwenden.

§ 8. (1) Gefördert werden

1. Anteile von Mehraufwendungen für den betriebseigenen Verbrauch von Treibstoffen, Strom, Gas und direkt aus Erdgas und Strom erzeugte Wärme/Kälte (inkl. Fernwärme) und Dampf die energieintensiven Unternehmen von 1. Oktober 2022 bis 31. Dezember 2022 entstehen, mit einem Zuschuss bis zu einer maximalen Höhe von 400.000 € pro Unternehmen, für energieintensive Unternehmen und Unternehmen gemäß § 1 Abs. 1a bis zu einer in den Förderungsrichtlinien bestimmenden Zuschusshöhe werden darüber hinaus Kosten für die Antragstellung teilweise ersetzt.
2. Anteile von Mehraufwendungen für Strom, Erdgas und direkt aus Erdgas und Strom erzeugte Wärme/Kälte (inkl. Fernwärme) die energieintensiven Unternehmen von 1. Oktober 2022 bis 31. Dezember 2022 entstehen, mit einem Zuschuss von mehr als 400.000 € pro Unternehmen, abhängig von Betroffenheit und Branche.

(2) Für die Gewährung der Förderungen sind die Bestimmungen gemäß § 2 anzuwenden.

(3) Die Förderungsrichtlinien gemäß § 5 Abs. 1 legen die näheren Voraussetzungen der Förderhöhe und Förderungsbedingungen fest, insbesondere betreffend die Berechnung des Energiekostenzuschusses und das allfällige Erfordernis von Betriebsverlusten sowie der Antragszeiträume.

Verbot von Mehrfachförderung, Förderungsrichtlinien und Datenübermittlung zur Abwicklung und Kontrolle der Unternehmensförderung

§ 9. Für die Gewährung der Förderungen sind die Bestimmungen gemäß § 4, § 5 und § 6 anzuwenden.

3. Abschnitt
Energiekostenzuschuss für Unternehmen 2023

Gegenstand der Förderung, Abwicklung

§ 10. (1) Gegenstand des Förderungsprogrammes des Bundes ist die Unterstützung von Unternehmen in Bezug auf die derzeit hohen Energiekosten.

(2) Die Förderung wird in Form eines Zuschusses gewährt und nach Antragsstellung und Abrechnung ausbezahlt. Anträge können für Sachverhalte, die sich ab 1. Jänner 2023 bis 31. Dezember 2023 verwirklicht haben, gestellt werden. Der Zuschuss wird entsprechend den Laufzeiten des jeweils geltenden „Befristeten Krisenrahmens für staatliche Beihilfen zur Stützung der Wirtschaft infolge der Aggression Russlands gegen die Ukraine vom 24. März 2022" gewährt. Das Ende der Einreichfrist wird in den Förderungsrichtlinien gemäß § 5 festgelegt. Es besteht kein Rechtsanspruch auf Förderungen.

(3) Mit der Abwicklung des Energiekostenzuschusses 2023 als Pauschalfördermodell mit einem Förderbetrag bis zu 2.700 Euro kann nach diesem Bundesgesetz auch eine andere geeignete Stelle betraut werden. Der Bundesminister für Arbeit und Wirtschaft wird ermächtigt, diese andere Abwicklungsstelle per Verordnung festzulegen und einen Vertrag über die inhaltliche Ausgestaltung der Abwicklung mit der anderen Abwicklungsstelle abzuschließen.

(4) Der Vertrag mit der Abwicklungsstelle gemäß Abs. 3 hat insbesondere die Aufbereitung und Prüfung der Förderungsansuchen gemäß den Bestimmungen dieses Gesetzes und den jeweiligen Richtlinien, den Abschluss der Verträge im Namen und auf Rechnung des Bundes mit den Förderungswerbern, die Abrechnung und die Auszahlung der Förderungsmittel sowie die Kontrolle der Einhaltung der Förderungsbedingungen und die Rückforderung von gewährten Förderungsmitteln zu regeln.

(5) § 1 Abs. 3 und Abs. 4 sind anzuwenden.

Definition der energieintensiven Unternehmen 2023

§ 11. (1) Sofern Förderungen nur für energieintensive Unternehmen vorgesehen sind, müssen sich bei diesen Unternehmen die Energie- und Strombeschaffungskosten auf mindestens 3,0 % des Produktionswertes 2021 oder 6,0 % des Produktionswertes des ersten Halbjahres 2022 belaufen.

(2) Nähere Details betreffend die antragsberechtigten Unternehmen werden in den Förderungsrichtlinien gemäß § 5 Abs. 1 festgelegt.

Zuschuss für Unternehmen

§ 12. (1) Gefördert werden

1. Anteile von Mehraufwendungen für den betriebseigenen Verbrauch von Treibstoffen, Strom Erdgas und direkt aus Erdgas und Strom erzeugte Wärme/Kälte (inkl. Fernwärme), Dampf, Holzpellets, Hackschnitzel und Heizöl, die ab 1. Jänner 2023 bis 31. Dezember 2023 entstehen, mit einem Zuschuss von mindestens 3.000 € bis zu einer maximalen Höhe von 2 Millionen € pro Unternehmen,
2. Anteile von Mehraufwendungen für den betriebseigenen Verbrauch von Strom, Erdgas und direkt aus Erdgas und Strom erzeugte Wärme/Kälte (inkl. Fernwärme), die Unternehmen ab 1. Jänner 2023 bis 31. Dezember 2023 entstehen, mit einem Zuschuss pro Unternehmen bis zu einer maximalen Höhe von 150 Millionen € pro Unternehmen.

(2) Unternehmen werden bis zu einer in den Förderungsrichtlinien zu bestimmenden Zuschusshöhe Kosten für die Antragstellung teilweise ersetzt.

(3) Die Förderungsrichtlinien gemäß § 5 Abs. 1 legen die näheren Voraussetzungen der Förderhöhe und Förderungsbedingungen abhängig von

Betroffenheit und Branche fest. Verbot von Mehrfachförderung, Förderungsrichtlinien und Datenübermittlung zur Abwicklung und Kontrolle der Unternehmensförderung.

§ 13. Für die Gewährung der Förderungen sind die Bestimmungen gemäß § 4, § 5 und § 6 anzuwenden.

4. Abschnitt
Schlussbestimmungen
Vollziehung

§ 14. (1) Mit der Vollziehung dieses Bundesgesetzes ist

1. hinsichtlich des § 5 Abs. 1 der Bundesminister für Arbeit und Wirtschaft im Einvernehmen mit dem Bundesminister für Finanzen und der Bundesministerin für Klimaschutz, Umwelt, Energie, Mobilität, Innovation und Technologie,
2. hinsichtlich des § 6 Abs. 2 der Bundesminister für Finanzen und die Bundesministerin für Klimaschutz, Umwelt, Energie, Mobilität, Innovation und Technologie und
3. hinsichtlich des § 6 Abs. 5 der Bundesminister für Finanzen

betraut.

(2) Im Übrigen obliegt die Vollziehung dieses Bundesgesetzes dem Bundesminister für Arbeit und Wirtschaft.

In- und Außerkrafttreten

§ 15. (1) Dieses Bundesgesetz tritt mit dem der Genehmigung oder Nichtuntersagung durch die Europäische Kommission gemäß Art. 108 Abs. 3 AEUV folgenden Tag in Kraft. Der Bundesminister für Arbeit und Wirtschaft hat diesen Zeitpunkt im Bundesgesetzblatt kundzumachen. Förderungen nach diesem Bundesgesetz und der Förderungsrichtlinien gemäß § 5 Abs. 1 dürfen erst nach der Genehmigung oder Nichtuntersagung durch die Europäische Kommission gemäß Art. 108 Abs. 3 AEUV gewährt werden. *(Anm. 1)*

(1a) § 1 Abs. 1a bis Abs. 4, § 2 Abs. 2, § 3 Abs. 1 Z 1 und Z 2, § 3 Abs. 2, § 5, § 6 und § 7 Abs. 1 und 3 in der Fassung des BGBl. I Nr. 169/2022 treten mit dem Zeitpunkt gemäß § 7 Abs. 1 erster Satz in der Fassung des BGBl. I Nr. 169/2022 in Kraft. § 3 Abs. 3 tritt nicht in Kraft.

(1b) § 1 Abs. 1, 2, 3a und 4, § 2 Abs. 1, § 3 Abs. 1 Z 1 und Z 2, § 3 Abs. 2, § 4, § 6 Abs. 3 bis Abs. 5, § 7, § 8, § 9, § 10, § 11 § 12, § 13, § 14 und § 15 in der Fassung des BGBl. I Nr. 9/2023 treten mit dem der Kundmachung folgenden Tag in Kraft. Förderungen nach den Abschnitten 2 und 3 dieses Bundesgesetztes und der Förderungsrichtlinien gemäß § 5 Abs. 1, die einer ex-ante Notifikationspflicht gemäß Art. 108 Abs. 3 AUEV unterliegen, dürfen erst nach der Genehmigung oder Nichtuntersagung durch die Europäische Kommission gewährt werden.

(1c) § 6 Abs. 3 bis 6 und § 14 in der Fassung des BGBl. I Nr. 41/2023 treten mit dem der Kundmachung folgenden Tag in Kraft.

(1d) § 4, § 6 Abs. 4 und § 13 in der Fassung des BGBl. I Nr. 92/2023 treten mit dem der Kundmachung folgenden Tag in Kraft.

(2) Dieses Bundesgesetz tritt mit dem 30. Juni 2024 außer Kraft.

(______________________

Anm. 1: gemäß BGBl. I Nr. 181/2022 mit 19.11.2022 in Kraft getreten)

UEZG

SAG

36. Stromkosten-Ausgleichsgesetz 2022

Bundesgesetz über die befristete Gewährung von Förderungen zum Ausgleich des Anstiegs der Strompreise infolge der Einbeziehung der Kosten von Treibhausgasemissionen aus dem europäischen Emissionshandel

StF: BGBl. I Nr. 58/2023

Der Nationalrat hat beschlossen:

GLIEDERUNG

Ziel

„**§ 1.** Ziel dieses Bundesgesetzes ist die Verringerung der Belastung von Unternehmen, die im Jahr 2022 von erheblich gestiegenen Strompreisen infolge der Einbeziehung der Kosten von Treibhausgasemissionen aus dem europäischen Emissionshandel (indirekte CO_2-Kosten) besonders betroffen und einem tatsächlichen Risiko einer Verlagerung von CO_2-Emissionen ausgesetzt sind.

Begriffsbestimmungen

§ 2. (1) Für die Zwecke dieses Bundesgesetzes bezeichnet der Ausdruck

1. „Anlage“ eine ortsfeste, technische Einheit, in der Produkte hergestellt werden, die unter einen der in **Anhang 1** genannten Sektoren oder Teilsektoren fallen;
2. „Emissionszertifikat“ das Zertifikat, das zur Emission von einer Tonne Kohlenstoffdioxidäquivalent gemäß Emissionszertifikategesetz 2011 (EZG 2011), BGBl. I Nr. 118/2011, in der jeweils geltenden Fassung, berechtigt;
3. „indirekte CO_2–Kosten“ die durch die Weitergabe der Kosten von Treibhausgasemissionen über die Strompreise tatsächlich entstehenden Kosten;
4. „NACE–Code“ die numerische Bezeichnung einer Tätigkeit gemäß der europäischen statistischen Klassifikation der Wirtschaftstätigkeiten;
5. „EUA–Terminpreis“ (in Euro) den einfachen Durchschnitt der täglichen Einjahres-Terminpreise (Schlussangebotspreise) für Emissionszertifikate für Lieferung im Dezember des Jahres, für das die Förderung gewährt wird, die zwischen dem 1. Jänner und dem 31. Dezember des Jahres vor dem Jahr der Förderungsgewährung an der European Energy Exchange („Leipziger Strombörse EEX“) festgestellt wurden;
6. „CO_2-Emissionsfaktor“ (in tCO_2/MWh) den, gemäß der Mitteilung betreffend die Leitlinien für bestimmte Beihilfemaßnahmen im Zusammenhang mit dem System für den Handel mit Treibhausgasemissionszertifikaten nach 2021, ABl. Nr. C 317 vom 25.09.2020 S. 5, in der Fassung der Ergänzung, ABl. Nr. C 528 vom 30.12.2021, S. 1, (nachfolgend „Leitlinien“ genannt) für die Zone Österreich, Deutschland und Luxemburg festgelegten maximalen CO_2-Emissionsfaktor in Höhe von 0,72 tCO_2/MWh;“
7. „tatsächliche Produktionsleistung“ (in Tonnen pro Jahr) die nachträglich im Jahr 2023 bestimmte tatsächliche Produktionsleistung der Anlage im Jahr 2022;
8. „tatsächlicher Stromverbrauch“ (in MWh) den nachträglich im Jahr 2023bestimmten tatsächlichen Stromverbrauch der Anlage (einschließlich des Stromverbrauchs für die Produktion ausgelagerter förderfähiger Produkte) im Jahr 2022;
9. „Stromverbrauchseffizienzbenchmark“ (in MWh/Tonne Produktionsleistung) den produktspezifischen Stromverbrauch pro Tonne Produktionsleistung bei Einsatz der stromverbrauchseffizientesten Produktionsmethoden für das jeweilige Produkt gemäß Mitteilung den Leitlinien;
10. „Fallback-Stromverbrauchseffizienzbenchmark“ im Jahr 2022 Anteil von 79,128 Prozent des tatsächlichen Stromverbrauchs.

(2) Im Übrigen sind die Begriffsbestimmungen des § 3 EZG 2011 sinngemäß anzuwenden.

Förderungsgegenstand; Art und Höhe

§ 3. (1) Zur Erreichung des Ziels dieses Bundesgesetzes wird ein Ausgleich der indirekten CO_2–Kosten von ansuchenden Unternehmen gefördert.

(2) Die Förderung erfolgt durch Gewährung von direkten Zuschüssen. Die Förderung umfasst einen Ausgleich der indirekten CO_2–Kosten für das Kalenderjahr 2022. Sie beträgt 75 Prozent der tatsächlich anfallenden indirekten CO_2–Kosten.

(3) Die Höhe der Förderung eines ansuchenden Unternehmens ist für das Kalenderjahr 2022 anhand der Formeln in **Anhang 2** zu berechnen.

(4) Die Förderung oder sonstige Unterstützung der förderfähigen Kosten durch andere öffentliche Förderungsträger ist bis zu den beihilfenrechtlichen Höchstgrenzen zulässig.

Förderungswerbende Unternehmen

§ 4. (1) Ansuchen auf Förderung nach diesem Bundesgesetz können von Unternehmen gestellt werden,

1. die indirekte CO_2–Kosten zu tragen haben und einem tatsächlichen Risiko einer Verlagerung von CO_2–Emissionen ausgesetzt sind, und
2. die im Jahr 2022 in einer oder mehreren Anlagen Produkte in den in **Anhang 1** genannten Sektoren oder Teilsektoren herstellen.

(2) Ansuchen können für den Anteil des Jahresstromverbrauchs einer Anlage gestellt werden, der über 1 GWh liegt.

Abwicklungsstelle; Ansuchen und Fristen

§ 5. Mit der Abwicklung der Förderung wird die Austria Wirtschaftsservice GmbH (aws) betraut. Ansuchen auf Förderung des Ausgleichs der indirekten CO2–Kosten sind ab dem Datum des Inkrafttretens der Förderungsrichtlinien (§ 9) bis spätestens 30. September 2023 bei der Abwicklungsstelle einzubringen.

Förderungsvoraussetzungen

§ 6. (1) Die Gewährung einer Förderung nach diesem Bundesgesetz setzt voraus, dass den Anforderungen der Förderungsrichtlinien (§ 9) entsprochen wird. Insbesondere ist das förderungswerbende Unternehmen zu verpflichten, ein Energieaudit im Sinne des Artikel 8 der Richtlinie 2012/27/EU zur Energieeffizienz, ABl. Nr. L 315 vom 14.11.2012 S. 1, durchzuführen, und zwar entweder in Form eines eigenständigen Energieaudits oder im Rahmen eines zertifizierten Energiemanagement- oder Umweltmanagementsystems wie dem EU-System für Umweltmanagement und Umweltbetriebsprüfung. Das förderungswerbende Unternehmen hat die Empfehlungen im Audit–Bericht innerhalb eines angemessenen Zeitraums umzusetzen, soweit die Amortisationszeit für die einschlägigen Investitionen drei Jahre nicht übersteigt und die Kosten für die Investitionen verhältnismäßig sind.

(2) Die erforderlichen Nachweise für das Vorliegen der Voraussetzungen gemäß Abs. 1 obliegen dem förderungswerbenden Unternehmen. Die zur Prüfung erforderlichen Unterlagen sind vom förderungswerbenden Unternehmen beizubringen.

(3) Eine Förderung nach diesem Bundesgesetz ist nicht zu gewähren, wenn

1. das förderungswerbende Unternehmen ein Unternehmen in Schwierigkeiten im Sinne der Leitlinien ist, oder
2. das förderungswerbende Unternehmen einer Rückforderungsanordnung aufgrund einer früheren Entscheidung der Europäischen Kommission zur Feststellung der Rechtswidrigkeit und Unvereinbarkeit mit dem Gemeinsamen Markt nicht Folge geleistet hat.

Förderungsverfahren, Förderungsvertrag

§ 7. (1) Die Förderungsansuchen sind gemäß den jeweiligen Bestimmungen dieses Bundesgesetzes und den Förderungsrichtlinien (§ 9) von der Abwicklungsstelle zu prüfen. Vom förderungswerbenden Unternehmen ist in jenen Fällen, in denen die Abwicklungsstelle zu einem vom Förderungsansuchen abweichenden Förderungsvorschlag kommt, eine ergänzende Stellungnahme zu diesem Förderungsvorschlag der Abwicklungsstelle einzuholen; dies gilt nicht, wenn die Abweichung infolge der Aliquotierung gemäß § 10 zu erfolgen hat.

(2) Auf Anfrage sind dem förderungswerbenden Unternehmen die der Beurteilung des Förderungsansuchens zugrunde gelegten Unterlagen bekanntzugeben.

(3) Die Bundesministerin oder der Bundesminister für Klimaschutz, Umwelt, Energie, Mobilität, Innovation und Technologie, entscheidet über das Förderungsansuchen.

(4) Bei Ablehnung ist das förderungswerbende Unternehmen von der Abwicklungsstelle unter Angabe der für die Entscheidung maßgeblichen Gründe zu verständigen, sofern das förderungswerbende Unternehmen dies im Rahmen des Förderungsansuchens schriftlich einfordert.

(5) Auf der Grundlage einer positiven Förderungsentscheidung wird die Förderung in Form einer schriftlichen Zusicherung durch die Abwicklungsstelle im Namen und auf Rechnung des Bundes gewährt. Durch die vorbehaltlose Annahme der Zusicherung kommt der Förderungsvertrag zustande. Im Förderungsvertrag sind Bedingungen, Auflagen und Vorbehalte aufzunehmen, die insbesondere der Einhaltung der Ziele dieses Bundesgesetzes dienen.

(6) Die Inhalte der Förderungsverträge sind von der Bundesministerin oder dem Bundesminister

für Klimaschutz, Umwelt, Energie, Mobilität, Innovation und Technologie festzulegen.

Einstellung und Rückforderung der Förderung

§ 8. (1) In den Förderungsrichtlinien (§ 9) sind die Gründe und Regelungen für die Einstellung und Rückforderung der Förderung festzulegen. Die Einstellung oder Rückforderung der Förderung ist jedenfalls für den Fall vorzusehen, dass dies von Organen der Europäischen Union verlangt wird.

(2) Bei Vorliegen eines Rückforderungsfalles sind die zurückzuzahlenden Beträge vom Tag der Auszahlung an mit vier Prozent pro Jahr unter Anwendung der Zinseszinsmethode zu vereinbaren. Liegt dieser Zinssatz unter dem von der Europäischen Union für Rückforderungen festgelegten Zinssatz, ist der von der Europäischen Union festgelegte heranzuziehen. Für den Fall eines Verzuges bei der Rückzahlung der Förderung sind Verzugszinsen zu vereinbaren. Diese sind mit 9,2 Prozentpunkten über dem jeweils geltenden Basiszinssatz pro Jahr ab Eintritt des Verzuges festzulegen. Der Basiszinssatz, der am ersten Kalendertag eines Halbjahres gilt, ist für das jeweilige Halbjahr maßgebend.

Förderungsrichtlinien

§ 9. (1) Die Bundesministerin oder der Bundesminister für Klimaschutz, Umwelt, Energie, Mobilität, Innovation und Technologie hat im Einvernehmen mit der Bundesministerin oder dem Bundesminister für Finanzen Förderungsrichtlinien für die näheren Bestimmungen zur Gewährung und Abwicklung der Förderungen zu erlassen. Bis spätestens vier Wochen nach dem Inkrafttreten dieses Bundesgesetzes hat die Bundesministerin oder der Bundesminister für Klimaschutz, Umwelt, Energie, Mobilität, Innovation und Technologie einen Entwurf der Förderungsrichtlinien bei der Europäischen Kommission zur beihilfenrechtlichen Genehmigung anzumelden.

(2) Die Förderungsrichtlinien haben insbesondere weiterführende Regelungen zum Förderungsverfahren, zu den Voraussetzungen für den Erhalt der Förderungen, zu den Gründen der Einstellung und Rückforderung von Förderungen sowie zu den Aufzeichnungs- und Nachweisverpflichtungen zu enthalten.

Mittelaufbringung

§ 10. Für die Förderungen nach diesem Bundesgesetz stehen Bundesmittel im Ausmaß von bis zu 75 Prozent der Versteigerungserlöse gemäß § 21 und § 29 EZG 2011 des Jahres 2021 zur Verfügung. Übersteigen die insgesamt beantragten Förderungen die zur Verfügung stehenden Mittel, ist den förderungswerbenden Unternehmen die Förderung aliquot zu kürzen.

Transparenz

§ 11. Die Abwicklungsstelle hat bis spätestens sechs Monate nach Gewährung der Förderung die Informationen gemäß Randnummer 57 der Leitlinien zu allen Einzelförderungen gemäß diesem Bundesgesetz, die einen Betrag von 500 000 Euro übersteigen, auf einer öffentlich zugänglichen Internetseite gemäß dem 6. Abschnitt der Leitlinien zu veröffentlichen. Die Informationen sind ab Veröffentlichung mindestens zehn Jahre öffentlich zugänglich zu halten.

Berichterstattung

§ 12. (1) Die Abwicklungsstelle hat der Europäischen Kommission einen Bericht gemäß dem 7. Abschnitt der Leitlinien vorzulegen.

(2) Die Abwicklungsstelle hat für alle Einzelförderungen gemäß diesem Bundesgesetz detaillierte Aufzeichnungen zu führen. Die Aufzeichnungen müssen alle Informationen enthalten, die erforderlich sind, um gegebenenfalls feststellen zu können, dass die Voraussetzungen bezüglich der förderfähigen Kosten und der zulässigen Förderungsobergrenze (§ 3 Abs. 2) erfüllt sind. Die Aufzeichnungen müssen ab dem Tag, an dem die Förderung gewährt wurde, zehn Jahre lang aufbewahrt und der Europäischen Kommission auf Anfrage vorgelegt werden.

(3) Übersteigt die Summe der Einzelförderungen 25 Prozent der Versteigerungserlöse gemäß § 21 und § 29 EZG 2011 hat die Bundesministerin oder der Bundesminister für Klimaschutz, Umwelt, Energie, Mobilität, Innovation und Technologie in Abstimmung mit dem Bundesminister oder der Bundesministerin für Finanzen auf Basis der Aufzeichnungen gemäß Abs. 2 der Europäischen Kommission einen Bericht in Einklang mit Artikel 10a Abs. 6 der Richtlinie 2003/87/EG über ein System für den Handel mit Treibhausgasemissionszertifikaten in der Union und zur Änderung der Richtlinie 96/61/EG, ABl. Nr. L 275 vom 25.10.2003 S. 32, zuletzt geändert durch die Richtlinie 2018/410/EU, ABl. Nr. L 76 vom 19.03.2018 S. 3, vorzulegen. Der Bericht hat zu begründen, warum die Summe der Einzelförderungen 25 Prozent der Versteigerungserlöse für das betreffende Jahr übersteigt. Der Bericht hat weiters einschlägige Angaben zu den Strompreisen für die industriellen Großabnehmer, die diese Regelung in Anspruch nehmen, zu enthalten, wobei Anforderungen an den Schutz vertraulicher Informationen zu wahren sind. Der Bericht hat zudem Informationen darüber zu enthalten, ob andere Maßnahmen, mit denen sich die indirekten CO_2–Kosten mittel- bis langfristig senken lassen, gebührend berücksichtigt wurden.

(4) Der Bericht gemäß Abs. 3 ist dem Nationalrat als Bericht über die Evaluierung der Förderungen nach diesem Bundesgesetz zur Kenntnis zu bringen.

Vollziehung

§ 13. Mit der Vollziehung dieses Bundesgesetzes ist die Bundesministerin oder der Bundesminister für Klimaschutz, Umwelt, Energie, Mobilität, Innovation und Technologie betraut.

In- und Außerkrafttreten

§ 14. Dieses Bundesgesetz tritt mit dem der Kundmachung folgenden Tag in Kraft.

Anhang 1

Sektoren und Teilsektoren, für die angesichts der indirekten CO2-Kosten davon ausgegangen wird, dass ein tatsächliches Risiko der Verlagerung von CO2-Emissionen besteht

Nr.	NACE-Code	Beschreibung
1.	14.11	Herstellung von Lederbekleidung
2.	24.42	Erzeugung und erste Bearbeitung von Aluminium
3.	20.13	Herstellung von sonstigen anorganischen Grundstoffen und Chemikalien
4.	24.43	Erzeugung und erste Bearbeitung von Blei, Zink und Zinn
5.	17.11	Herstellung von Holz- und Zellstoff
6.	17.12	Herstellung von Papier, Karton und Pappe
7.	24.10	Erzeugung von Roheisen, Stahl und Ferrolegierungen
8.	24.44	Erzeugung und erste Bearbeitung von Kupfer
9.	24.45	Erzeugung und erste Bearbeitung von sonstigen NE-Metallen
10.		Folgende Teilsektoren innerhalb des Kunststoffsektors (20.16):
	20.16.40.15	Polyethylenglykol und andere Polyetheralkohole in Primärformen
11.	24.51	Alle Produktkategorien im Sektor Eisengießereien
12.		Folgende Teilsektoren innerhalb des Glasfasersektors (23.14):
	23.14.12.10 23.14.12.30	Matten aus Glasfasern Vliese aus Glasfasern
13.		Folgende Teilsektoren innerhalb des Industriegassektors (20.11):
	20.11.11.50 20.11.12.90	Wasserstoff Anorganische Sauerstoffverbindungen der Nichtmetalle

Die Bundesministerin oder der Bundesminister für Klimaschutz, Umwelt, Energie, Mobilität, Innovation und Technologie kann im Einvernehmen mit der Bundesministern oder dem Bundesminister für Finanzen die Liste der begünstigten Sektoren auf der Grundlage der jeweils maßgeblichen beihilfenrechtlichen Vorgaben erweitern, soweit die Unternehmen dieser Sektoren im Jahr 2022 von erheblich gestiegenen Strompreiskosten infolge der Einbeziehung der Kosten von Treibhausgasemissionen aus dem europäischen Emissionshandel besonders betroffen sind. Diese Festlegung ist im Internet unter der Adresse www.aws.at zu veröffentlichen.

Anhang 2

Formeln zur Berechnung der Höhe der Förderung pro Anlage

Der Förderhöchstbetrag pro Anlage für die Herstellung von Produkten in den in Anhang 1 genannten Sektoren oder Teilsektoren ist anhand folgender Formel zu berechnen:

1. Gilt für die Produkte, die das förderwerbende Unternehmen herstellt, ein Stromverbrauchseffizienzbenchmark (§ 2 Abs. 1 Z 9), so ergibt sich der Förderungsbetrag ($Amax_{2022}$) pro Anlage (vor einer allfälligen Aliquotierung gemäß § 10) für die im Jahr 2022 anfallenden Kosten aus folgender Berechnung:

$$\mathbf{Amax_{2022} = Ai \times C_{2022} \times P_{2021} \times E_{2022} \times AO_{2022}}$$

Dabei gilt: Ai ist die Förderintensität, welche 0,75 beträgt (§ 3 Abs. 2), C_{2022} ist der gemäß § 2 Abs. 1 Z 6 anwendbare CO_2-Emissionsfaktor (tCO_2/MWh) für das Jahr 2022, P_{2021} ist der EUA-Terminpreis im Jahr 2021 (Euro/tCO_2), E_{2022} ist der anwendbare produktspezifische Stromverbrauchseffizienzbenchmark für das Jahr 2022 (§ 2 Abs. 1 Z 9), und AO_{2022} ist die tatsächliche Produktionsleistung im Jahr 2022.

Für Produkte in den in **Anhang 1** genannten Sektoren oder Teilsektoren, für die in der delegierten Verordnung (EU) 2019/331 zur Festlegung EU-weiter Übergangsvorschriften zur Harmonisierung der kostenlosen Zuteilung von Emissionszertifikaten gemäß Artikel 10a der Richtlinie 2003/87/EG, ABl. Nr. L 59 vom 27.02.2019 S. 8, eine Austauschbarkeit von Brennstoffen und Strom festgelegt wurde, ist der anwendbare produktspezifische Stromverbrauchseffizienzbenchmark von der Bundesministerin oder dem Bundesminister für Klimaschutz, Umwelt, Energie, Mobilität, Innovation und Technologie unter Berücksichtigung der Festlegungen in der Durchführungsverordnung (EU) Nr. 2021/447 zur Festlegung angepasster Benchmarkwerte für die kostenlose Zuteilung von Emissionszertifikaten für den Zeitraum 2021 – 2025 gemäß Artikel 10a Absatz 2 der Richtlinie 2003/87/EG, ABl. Nr. L 87 vom 15.03.2021 S. 29, festzulegen und im Internet unter der Adresse www.aws.at zu veröffentlichen.

2. Gilt für die Produkte, die das förderwerbende Unternehmen herstellt, kein Stromverbrauchseffizienzbenchmark, so ergibt sich der Förderungsbetrag ($Amax_{2022}$) pro Anlage (vor einer allfälligen Aliquotierung gemäß § 10) für die im Jahr 2022 anfallenden Kosten aus folgender Berechnung:

$$\mathbf{Amax_{2022} = Ai \times C_{2022} \times P_{2021} \times EF_{2022} \times AEC_{2022}}$$

Dabei gilt: Ai ist die Förderintensität, welche 0,75 beträgt (§ 3 Abs. 2), C_{2022} ist der gemäß § 2 Abs. 1 Z 6 anwendbare CO_2-Emissionsfaktor (tCO_2/MWh) für das Jahr 2022, P_{2021} ist der EUA-Terminpreis im Jahr 2021 (Euro/tCO_2), EF_{2022} ist der Fallback-Stromverbrauchseffizienzbenchmark (§ 2 Abs. 1 Z 10) für das Jahr 2022, der 79,128 Prozent beträgt, und AEC_{2022} ist der Stromverbrauch (MWh) im Jahr 2022.

Weiters gilt:

Werden in einer Anlage sowohl Produkte hergestellt, für die ein Stromverbrauchseffizienzbenchmark gilt, als auch Produkte, für die der Fallback-Stromverbrauchseffizienzbenchmark gilt, so muss der Stromverbrauch für jedes der Produkte entsprechend dem Gewicht ihrer jeweiligen Gesamtproduktion zugewiesen werden.

Werden in einer Anlage sowohl förderfähige Produkte, d.h. Produkte, die unter die in **Anhang 1** aufgeführten förderfähigen Sektoren oder Teilsektoren fallen, als auch nichtförderfähige Produkte hergestellt, ist der Förderhöchstbetrag nur für die förderfähigen Produkte zu berechnen.

37. Energiekrisenbeitrag-Strom

Bundesgesetz über den Energiekrisenbeitrag-Strom

StF: BGBl. I Nr. 220/2022

Letzte Novellierung: BGBl. I Nr. 64/2023

Der Nationalrat hat beschlossen:

GLIEDERUNG

Allgemeine Bestimmungen

§ 1. (1) Durch dieses Bundesgesetz wird der Energiekrisenbeitrag-Strom (im Folgenden EKB–S) näher geregelt und die Verordnung (EU) 2022/1854 über Notfallmaßnahmen als Reaktion auf die hohen Energiepreise, ABl. Nr. L 261 vom 07.10.2022, S. 1, umgesetzt.

(2) Der EKB–S ist eine ausschließliche Bundesabgabe.

(3) Dem EKB–S unterliegt die Veräußerung von im Inland erzeugtem Strom aus Windenergie, Solarenergie (Solarthermie und Fotovoltaik), Erdwärme, Wasserkraft, Abfall, Braunkohle, Steinkohle, Erdölerzeugnissen, Torf und Biomasse-Brennstoffen ausgenommen Biomethan, durch den Stromerzeuger einschließlich der Realisierung von Veräußerungsrechten auf Strom.

Befreiungen

§ 2. Vom EKB–S sind befreit

1. die Veräußerung von Strom aus Demonstrationsprojekten gemäß § 7 Abs. 1 Z 7a des Elektrizitätswirtschafts- und -organisationsgesetzes 2010 – ElWOG 2010, BGBl. I Nr. 110/2010;
2. die Veräußerung von Strom durch einen Erzeuger, dessen Erlöse pro MWh erzeugten Strom bereits aufgrund von nicht gemäß Art. 8 der VO (EU) 2022/1854 erlassenen staatlichen oder öffentlichen Maßnahmen begrenzt sind; dazu zählt jedenfalls die Veräußerung von Strom aus Anlagen, die eine Marktprämie nach dem Erneuerbaren-Ausbau-Gesetz – EAG, BGBl. I Nr. 150/2021, erhalten, im Ausmaß, in dem die Erlöse bereits einer Rückzahlungsverpflichtung gemäß § 11 Abs. 6 EAG unterliegen, sowie aus Anlagen, die einen Einspeise- oder Nachfolgetarif nach dem Ökostromgesetz, BGBl. I Nr. 149/2002, oder nach dem Ökostromgesetz 2012, BGBl. I Nr. 75/2011, erhalten;
3. die Veräußerung von Strom, der als Regelarbeit im Sinne von Art. 2 Z 4 der VO (EU) 2017/2195 zur Festlegung einer Leitlinie über den Systemausgleich im Elektrizitätsversorgungssystem, ABl. Nr. L 312 vom 28.11.2017 S. 6, eingesetzt wird;
4. die Veräußerung von Strom, der für Zwecke des Engpassmanagements gemäß § 7 Abs. 1 Z 13a ElWOG 2010 eingesetzt wird;
5. die Veräußerung von Strom, der in inländischen Pumpspeicherkraftwerken erzeugt wird.

Höhe des Beitrags

§ 3. (1) Bemessungsgrundlage für den EKB–S ist die Summe der monatlichen Überschusserlöse aus der Veräußerung von Strom gemäß § 1 Abs. 3, die zwischen dem 1. Dezember 2022 und dem 31. Dezember 2023 erzielt wurde. Die Bemessungsgrundlage beinhaltet auch das Ergebnis von derivativen Kontrakten, die in einem engen wirtschaftlichen Zusammenhang mit den Markterlösen stehen. Aufwendungen können nicht berücksichtigt werden.

(2) Im Sinne dieses Bundesgesetzes bedeuten

1. Überschusserlöse: eine positive Differenz zwischen den Markterlösen des Beitragsschuldners je MWh Strom und der jeweiligen Obergrenze für Markterlöse gemäß Z 3.
2. Markterlöse: die realisierten Erträge, die ein Beitragsschuldner für den Verkauf und die Lieferung von Strom in der Union erhält, unabhängig von der Vertragsform, in der dieser Austausch stattfindet, einschließlich Strombezugsverträgen und anderer Absicherungen gegen Schwankungen auf dem Stromgroßhandelsmarkt und unter Ausschluss jeglicher von Mitgliedstaaten gewährter Unterstützung.
3. Obergrenze für Markterlöse:

a) für Überschusserlöse, die von 1. Dezember 2022 bis 31. Mai 2023 erzielt wurden, beträgt die Obergrenze 140 Euro je MWh Strom;
b) für Überschusserlöse, die nach dem 31. Mai 2023 erzielt wurden, beträgt die Obergrenze 120 Euro je MWh Strom.

(3) Liegen die notwendigen direkten Investitions- und Betriebskosten der Energieerzeugung über der Obergrenze für Markterlöse, können diese Kosten zuzüglich eines Aufschlags von 20 % der notwendigen, direkten Investitions- und Betriebskosten als Obergrenze für Markterlöse angesetzt werden, sofern der Beitragspflichtige die Voraussetzungen nachweist.

(4) Veräußert der Beitragsschuldner Strom im Sinne des § 1 Abs. 3 an verbundene Unternehmen, sind als Markterlöse für den Verkauf und die Lieferung von Strom jene Beträge anzusetzen, die marktüblichen Konditionen mit fremden Dritten auf derselben Stufe der Lieferkette entsprechen.

(5) Der EKB–S beträgt 90 % der Überschusserlöse.

(6) Der EKB–S stellt eine abzugsfähige Betriebsausgabe dar (§ 4 Abs. 4 Einkommensteuergesetz 1988 – EStG 1988, BGBl. Nr. 400/1988).

Absetzbetrag für begünstigte Investitionen

§ 4. (1) Vom gemäß § 3 ermittelten EKB-S kann ein Absetzbetrag für begünstigte Investitionen in erneuerbare Energien und Energieeffizienz abgezogen werden. Voraussetzung dafür ist, dass Anschaffungs- oder Herstellungskosten von begünstigten Investitionsgütern nach dem 31. Dezember 2021 und vor dem 1. Jänner 2024 anfallen. Erstreckt sich die Anschaffung oder Herstellung von begünstigten Investitionsgütern über diesen Zeitraum hinaus, kann der Absetzbetrag auch für nach dem 31. Dezember 2021 und vor dem 1. Jänner 2024 anfallende Teilbeträge der Anschaffungs- oder Herstellungskosten geltend gemacht werden. Begünstigte Investitionen eines verbundenen Unternehmens, das selbst nicht Beitragsschuldner (§ 5 Abs. 1) ist, können dem Beitragsschuldner zugerechnet werden. Sofern eine Zurechnung zu mehreren Beitragsschuldnern in Betracht kommt, ist eine sachgerechte Aufteilung der begünstigten Investitionen unter den Beitragsschuldnern vorzunehmen. Dabei ist nach einem einheitlichen Aufteilungsschlüssel vorzugehen und sicherzustellen, dass es nicht zu einer mehrfachen Berücksichtigung derselben begünstigten Investitionen kommt. Jedenfalls ausgeschlossen von der Zurechnung zum Beitragsschuldner sind von der Regulierungsbehörde anerkannte Investitionen oder Energieeffizienzmaßnahmen eines verbundenen Netzbetreibers.

(2) Begünstigte Investitionen sind im Ausmaß von 50 % der tatsächlichen Anschaffungs- und Herstellungskosten als Absetzbetrag zu berücksichtigen. Der Absetzbetrag für begünstigte Investitionen beträgt höchstens 36 Euro je MWh Strom bezogen auf die den Markterlösen gemäß § 3 Abs. 2 Z 2 zugrundeliegende gelieferte Menge. In Fällen des § 3 Abs. 3 kann der Absetzbetrag ebenfalls berücksichtigt werden, wobei für

- den Zeitraum von 1. Dezember 2022 bis 31. Mai 2023 bei Erzeugungskosten zwischen 140 Euro und 180 Euro je MWh Strom und
- den Zeitraum nach dem 31. Mai 2023 bei Erzeugungskosten zwischen 120 Euro und 180 Euro je MWh Strom

die Obergrenze von 180 Euro nicht überschritten werden darf.

(3) Der Absetzbetrag kann im Rahmen der Selbstberechnung vom fälligen Betrag (§ 5 Abs. 2) abgezogen werden.

Beitragsschuldner, Fälligkeit des Beitrags

§ 5. (1) Beitragsschuldner ist

1. der Betreiber einer Anlage (§ 7 Abs. 1 Z 20 ElWOG 2010) zur Erzeugung von Strom gemäß § 1 Abs. 3 mit einer installierten Kapazität von mehr als 1 MW;
2. der Begünstigte eines Strombezugsrechtes aus Erzeugungsanlagen gemäß Z 1. Strombezugsrechte sind langfristige Stromlieferungen, die entweder über Istwertaufschaltung direkt oder über Fahrpläne abgewickelt werden und deren Abgeltung nicht auf einem Marktpreis beruht. In diesen Fällen gilt der Betreiber gemäß Z 1 insoweit nicht als Beitragsschuldner für die auf das Strombezugsrecht entfallenden Strommengen.

(2) Der EKB–S wird zu folgenden Zeitpunkten fällig:

1. am 30. September 2023 für den Zeitraum 1. Dezember 2022 bis 30. Juni 2023;
2. am 31. März 2024 für den Zeitraum 1. Juli 2023 bis 31. Dezember 2023.

(3) Die Fälligkeit eines gemäß § 201 der Bundesabgabenordnung – BAO, BGBl. Nr. 194/1961, festgesetzten EKB–S richtet sich nach Abs. 2.

Erhebung des Beitrags

§ 6. (1) Die Erhebung des Beitrags obliegt dem für die Erhebung der Umsatzsteuer zuständigen Finanzamt.

(2) Der Beitragsschuldner hat den Beitrag selbst zu berechnen und am Fälligkeitstag (§ 5 Abs. 2) an das zuständige Finanzamt zu entrichten.

Plausibilitätsprüfung

§ 7. Die Energie-Control Austria für die Regulierung der Elektrizitäts- und Erdgaswirtschaft (E–Control) hat auf Ersuchen des zuständigen Finanzamtes oder des Bundesfinanzgerichts im Anlassfall eine Plausibilitätsprüfung hinsichtlich einer allfälligen Beitragsschuldnerschaft sowie hinsichtlich der korrekten Höhe des durch den Beitragsschuldner selbst berechneten Beitrags vorzunehmen. Die E–Control ist dazu befugt, in alle Daten und Unterlagen des Beitragsschuldners Einsicht zu nehmen und Auskünfte darüber vom Beitragsschuldner anzufordern. Vom Beitragsschuldner sind der E–Control innerhalb von sechs Wochen alle Auskünfte zu beantworten sowie alle angefragten Unterlagen vorzulegen.

Aufzeichnungs- und Übermittlungspflichten

§ 8. (1) Der Beitragsschuldner ist verpflichtet, Aufzeichnungen zu führen, aus denen sich die Veräußerung von Strom, der Einkauf von Strom, das Eingehen und die Realisierung von Strombezugs- und -veräußerungsrechten, die nach § 3 relevanten Veräußerungserlöse sowie die Voraussetzungen für die Inanspruchnahme des Absetzbetrages nach § 4 für den Zeitraum von 1. Dezember 2022 bis 31. Dezember 2023 ergeben.

(2) Der Beitragsschuldner hat dem zuständigen Finanzamt am Fälligkeitstag (§ 5 Abs. 2) eine Aufstellung zu übermitteln, aus der sich die Berechnung des abgeführten Beitrags nachvollziehbar und überprüfbar ergibt.

(3) Der Beitragsschuldner hat der Bundesministerin für Klimaschutz, Umwelt, Energie, Mobilität, Innovation und Technologie oder einem von ihr beauftragten Dienstleister folgende Daten und Unterlagen zum Zweck der Berichterstattung an die Europäische Kommission zu übermitteln:

1. bis zum 20. Jänner 2023 die von 1. Dezember bis 31. Dezember 2022 erzielten Überschusserlöse und
2. bis zum 20. April 2023 die von 1. Jänner bis 31. März 2023 erzielten Überschusserlöse.

Verordnungsermächtigungen

§ 9. (1) Der Bundesminister für Finanzen wird gemeinsam mit der Bundesministerin für Klimaschutz, Umwelt, Energie, Mobilität, Innovation und Technologie ermächtigt

1. die Ableitung der Markterlöse für erzeugte Strommengen im Sinne des § 3 Abs. 2 Z 2 sowie die Voraussetzungen samt Inlandsbezug für den Absetzbetrag für begünstigte Investitionen gemäß § 4,
2. die Plausibilitätsprüfung gemäß § 7 und
3. die Aufzeichnungs- und Übermittlungspflichten gemäß § 8

mit Verordnung näher zu konkretisieren.

(2) Der Bundesminister für Finanzen wird gemeinsam mit der Bundesministerin für Klimaschutz, Umwelt, Energie, Mobilität, Innovation und Technologie ermächtigt auch andere, als die in § 4 Abs. 1 genannten Investitionen, als begünstigte Investitionen anzuerkennen. Voraussetzung dafür ist, dass solche Investitionen im Interesse der Energiewende und der Transformation zur Klimaneutralität gelegen sind. Dabei kann auch vorgesehen werden, dass auch solche Investitionen begünstigt sind, die vor dem 1. Jänner 2024 nachweislich begonnen haben und noch nicht abgeschlossen sind.

(3) Verordnungen aufgrund dieses Bundesgesetzes dürfen auch rückwirkend in Kraft gesetzt werden.

Schlussbestimmung und Vollziehung

§ 10. (1) Mit der Vollziehung dieses Bundesgesetzes ist

1. hinsichtlich § 3, § 4, und §§ 7 bis 9 der Bundesminister für Finanzen gemeinsam mit der Bundesministerin für Klimaschutz, Umwelt, Energie, Mobilität, Innovation und Technologie,
2. im Übrigen der Bundesminister für Finanzen

betraut.

(2) Der E–Control sind die aufgrund dieses Gesetzes anfallenden Kosten vom Bundesminister für Finanzen aus den mit dem EKB–S erzielten Einnahmen zu erstatten.

(3) Soweit in diesem Bundesgesetz auf andere Gesetze verwiesen wird, sind diese in ihrer jeweils geltenden Fassung anzuwenden.

Inkrafttreten

§ 11. (1) Dieses Bundesgesetz tritt mit 1. Dezember 2022 in Kraft.

(2) § 3 Abs. 2 und § 4 Abs. 2, jeweils in der Fassung des Bundesgesetzes BGBl. I Nr. 64/2023, treten mit 1. Juni 2023 in Kraft.

38. Energiekrisenbeitrag-fossile Energieträger

Bundesgesetz über den Energiekrisenbeitrag-fossile Energieträger

StF: BGBl. I Nr. 220/2022

Der Nationalrat hat beschlossen:

GLIEDERUNG

Allgemeine Bestimmungen

§ 1. (1) Durch dieses Bundesgesetz wird der Energiekrisenbeitrag-fossile Energieträger (im Folgenden EKB–F) näher geregelt und die Verordnung (EU) 2022/1854 des Rates über Notfallmaßnahmen als Reaktion auf die hohen Energiepreise, ABl. Nr. L 261 vom 07.10.2022, S. 1, (im Folgenden EU–NotfallmaßnV) umgesetzt.

(2) Der EKB–F ist eine ausschließliche Bundesabgabe.

(3) Im Sinne dieses Bundesgesetzes sind

1. Erhebungszeiträume: das zweite Kalenderhalbjahr 2022 und das Kalenderjahr 2023;
2. Vergleichszeitraum: die Kalenderjahre 2018 bis 2021.

Bemessungsgrundlage

§ 2. (1) Zur Ermittlung der Bemessungsgrundlage für den EKB–F ist der steuerpflichtige Gewinn des jeweiligen Erhebungszeitraumes dem Durchschnitt der steuerpflichtigen Gewinne des Vergleichszeitraums gegenüberzustellen. Dabei bleiben ausländische Betriebsstätten außer Betracht. Bemessungsgrundlage für den EKB–F ist jener unter Berücksichtigung von Abs. 2 und 3 ermittelte Betrag, um den der steuerpflichtige Gewinn des Erhebungszeitraumes um mehr als 20 % über dem Durchschnittsbetrag liegt. Ist der Durchschnitt der steuerpflichtigen Gewinne im Vergleichszeitraum negativ, beträgt der durchschnittliche steuerpflichtige Gewinn bei der Berechnung des EKB–F null. Ist ein Unternehmen nur aufgrund § 5 Abs. 2 letzter Satz Beitragsschuldner, bleiben die Gewinne aus dem Tankstellengeschäft bei der Ermittlung der Bemessungsgrundlage außer Betracht.

(2) Bezogen auf das Kalenderjahr 2022 ist für Zwecke des Abs. 1 der gesamte steuerpflichtige Gewinn des Kalenderjahres 2022 anzusetzen; der EKB–F ist lediglich für das zweite Kalenderhalbjahr zu erheben, indem auf die Hälfte des ermittelten Betrages abzustellen ist.

(3) Bei einer Gründung des Beitragsschuldners im Vergleichszeitraum sind die Kalenderjahre vor dem Gründungsjahr nicht und das Kalenderjahr der Gründung anteilig nach Maßgabe der angefangenen Kalendermonate zu berücksichtigen.

(4) Der Bundesminister für Finanzen wird ermächtigt, die Ermittlung der Bemessungsgrundlage bei Beitragsschuldnern mit abweichenden Wirtschaftsjahren sowie die Vorgangsweise bei Vorliegen von Rumpfwirtschaftsjahren und Umgründungen im Vergleichs- oder Erhebungszeitraum näher festzulegen.

(5) Eine Änderung der Bemessungsgrundlage nach der Entrichtung des EKB–F gilt als rückwirkendes Ereignis im Sinne des § 295a der Bundesabgabenordnung – BAO, BGBl. Nr. 194/1961.

Höhe des Beitrags

§ 3. (1) Der EKB–F beträgt 40 % der Bemessungsgrundlage.

(2) Der EKB–F stellt eine nicht abzugsfähige Betriebsausgabe dar (§ 12 Abs. 1 Z 6 Körperschaftsteuergesetz 1988).

Absetzbetrag für begünstigte Investitionen

§ 4. (1) Vom gemäß § 3 ermittelten EKB–F kann ein Absetzbetrag für begünstigte Investitionen in erneuerbare Energien und Energieeffizienz abgezogen werden. Voraussetzung dafür ist, dass Anschaffungs- oder Herstellungskosten von begünstigten Investitionsgütern nach dem 31. Dezember 2021 und vor dem 1. Jänner 2024 anfallen. Erstreckt sich die Anschaffung oder Herstellung von begünstigten Investitionsgütern über diesen Zeitraum hinaus, kann der Absetzbetrag auch für nach dem 31. Dezember 2021 und vor dem 1. Jänner 2024 anfallende Teilbeträge der Anschaffungs- oder Herstellungskosten geltend gemacht werden. Begünstigte Investitionen eines verbundenen Unternehmens, das selbst nicht Beitragsschuldner (§ 5) ist, können dem Beitragsschuldner zugerechnet werden. Sofern eine Zurechnung zu mehreren Beitragsschuldnern in Betracht kommt, ist eine sachgerechte Aufteilung der begünstigten Investitionen unter den Beitragsschuldnern vorzunehmen. Dabei ist nach einem einheitlichen

Aufteilungsschlüssel vorzugehen und sicherzustellen, dass es nicht zu einer mehrfachen Berücksichtigung derselben begünstigten Investitionen kommt.

Der Bundesminister für Finanzen wird ermächtigt, die Voraussetzungen samt Inlandsbezug für begünstigte Investitionen im Einvernehmen mit der Bundesministerin für Klimaschutz, Umwelt, Energie, Mobilität, Innovation und Technologie näher festzulegen.

(2) Der Bundesminister für Finanzen wird gemeinsam mit der Bundesministerin für Klimaschutz, Umwelt, Energie, Mobilität, Innovation und Technologie ermächtigt, auch andere als die in Abs. 1 genannten Investitionen als begünstigte Investitionen anzuerkennen. Voraussetzung dafür ist, dass solche Investitionen im Interesse der Energiewende und der Transformation zur Klimaneutralität gelegen sind. Dabei kann auch vorgesehen werden, dass auch solche Investitionen begünstigt sind, die vor dem 1. Jänner 2024 nachweislich begonnen haben und noch nicht abgeschlossen sind.

(3) Begünstigte Investitionen sind im Ausmaß von 50 % der tatsächlichen Anschaffungs- und Herstellungskosten als Absetzbetrag zu berücksichtigen. Der Absetzbetrag für begünstigte Investitionen beträgt höchstens 17,5 % des gemäß § 3 ermittelten Betrages.

Beitragsschuldner und Entstehung des Beitragsanspruchs

§ 5. (1) Als Beitragsschuldner kommen in Betracht:

1. im Inland ansässige Unternehmen, die im Inland Wirtschaftstätigkeiten im Sinne des Art. 2 Z 17 EU–NotfallmaßnV im Erdöl-, Erdgas-, Kohle- und Raffineriebereich ausüben, sowie
2. in einem anderen Mitgliedstaat ansässige Unternehmen, die Wirtschaftstätigkeiten im Sinne des Art. 2 Z 17 EU–NotfallmaßnV im Erdöl-, Erdgas-, Kohle- und Raffineriebereich durch eine inländische Betriebsstätte ausüben.

(2) Beitragsschuldner sind jene Unternehmen, die im jeweiligen Erhebungszeitraum (§ 1 Abs. 3 Z 1) mindestens 75 % ihres Umsatzes aus den in Art. 2 Z 17 EU–NotfallmaßnV genannten Wirtschaftstätigkeiten erzielen. Dabei bleiben Umsätze aus dem Tankstellengeschäft außer Betracht.

(3) Der Beitragsschuldner ist verpflichtet, Aufzeichnungen, aus denen sich die Anwendbarkeit des Abs. 2 ergibt, zu führen und diese 10 Jahre lang aufzubewahren.

(4) Die Entstehung des Beitragsanspruchs richtet sich betreffend die Vorauszahlung nach § 4 Abs. 2 lit. a Z 1 BAO, im Übrigen nach § 4 Abs. 2 lit. a Z 2 BAO.

Erhebung des Beitrags

§ 6. (1) Der Beitragsschuldner hat bis zum Ablauf des 30. Juni des Folgejahres für den jeweiligen Erhebungszeitraum eine Vorauszahlung unter Erteilung einer Verrechnungsweisung im Sinne des § 214 Abs. 4 BAO zu leisten, deren Höhe vom Beitragsschuldner anhand der vorhandenen Daten zu schätzen ist.

(2) Der Beitragsschuldner hat für den jeweiligen Erhebungszeitraum dem in Abs. 4 genannten Finanzamt eine Erklärung zu übermitteln. Die Erklärung hat innerhalb von zwei Monaten ab der Bekanntgabe des Körperschaftsteuerbescheides für

1. das Jahr 2022 in Hinblick auf den Erhebungszeitraum zweites Kalenderhalbjahr 2022 und
2. das Jahr 2023 in Hinblick auf den Erhebungszeitraum Kalenderjahr 2023

zu erfolgen.

(3) In der Veranlagung ist die für den jeweiligen Erhebungszeitraum geleistete Vorauszahlung auf die Beitragsschuld anzurechnen. Ist die Beitragsschuld kleiner als der anzurechnende Betrag, ist der Unterschiedsbetrag gutzuschreiben.

(4) Die Erhebung des EKB–F obliegt dem Finanzamt für Großbetriebe.

Schlussbestimmungen

§ 7. (1) Soweit in diesem Bundesgesetz auf Bestimmungen anderer Bundesgesetze verwiesen und nicht anderes bestimmt wird, sind diese Bestimmungen in ihrer jeweils geltenden Fassung anzuwenden.

(2) Verordnungen aufgrund dieses Bundesgesetzes dürfen auch rückwirkend in Kraft gesetzt werden.

(3) Mit der Vollziehung dieses Bundesgesetzes ist der Bundesminister für Finanzen betraut.

Inkrafttreten

§ 8. Dieses Bundesgesetz tritt mit 31. Dezember 2022 in Kraft.

39. EKB-InvestitionsV

Verordnung des Bundesministers für Finanzen und der Bundesministerin für Klimaschutz, Umwelt, Energie, Mobilität, Innovation und Technologie über den Absetzbetrag für begünstigte Investitionen im Rahmen der Energiekrisenbeiträge

StF: BGBl. II Nr. 194/2023

Aufgrund des § 9 Abs. 1 Z 1, Abs. 2 und 3 des Bundesgesetzes über den Energiekrisenbeitrag-Strom (EKBSG), BGBl. I Nr. 220/2022, und des § 4 Abs. 1 und 2 sowie des § 7 Abs. 2 des Bundesgesetzes über den Energiekrisenbeitrag-fossile Energieträger (EKBFG), BGBl. I Nr. 220/2022, wird verordnet:

GLIEDERUNG

EKBS/FG

Allgemeines

§ 1. Voraussetzung für den Abzug eines Absetzbetrages für begünstigte Investitionen in erneuerbare Energien und Energieeffizienz vom Energiekrisenbeitrag-Strom (EKB-S) und vom Energiekrisenbeitrag fossile Energieträger (EKB-F) bis zu den Höchstbeträgen gemäß § 4 Abs. 2 EKBSG und § 4 Abs. 3 EKBFG ist, dass die Investitionen

1. dem Zeitraum gemäß § 2 zeitlich zugeordnet werden,
2. die inhaltlichen Voraussetzungen gemäß § 3 erfüllen,
3. dem jeweiligen Beitragsschuldner gemäß § 4 zurechenbar sind und
4. in einem Verzeichnis gemäß § 5 ausgewiesen werden.

Zeitliche Zuordnung von Investitionen

§ 2. (1) § 4 Abs. 1 EKBSG sowie § 4 Abs. 1 EKBFG sehen als zeitliche Voraussetzung für die Geltendmachung eines Absetzbetrages vor, dass die (Teil-)Anschaffungs- oder (Teil-)Herstellungskosten der jeweiligen Investitionen nach dem 31. Dezember 2021 und vor dem 1. Jänner 2024 anfallen. Für die Beurteilung dieser Voraussetzung ist auf ertragsteuerliche Grundsätze abzustellen, das bedeutet insbesondere:

1. Begünstigungsfähig sind grundsätzlich Investitionen, die Wirtschaftsgüter im ertragsteuerlichen Sinn darstellen.
2. Anschaffungszeitpunkt ist der Zeitpunkt der Erlangung des wirtschaftlichen Eigentums gemäß § 24 der Bundesabgabenordnung – BAO, BGBl. Nr. 194/1961, in der Fassung BGBl. I Nr. 108/2022, Herstellungszeitpunkt der Zeitpunkt der Fertigstellung.
3. Für die Höhe des Absetzbetrages sind die ertragsteuerlichen Anschaffungs- oder Herstellungskosten (§ 6 Z 1 des Einkommensteuergesetzes 1988 – EStG 1988, BGBl. Nr. 400/1988, in der Fassung BGBl. I Nr. 31/2023) maßgeblich. Diese vermindern sich um Beiträge von dritter Seite gemäß § 3 Abs. 1 Z 2 lit. b.
4. Für Investitionen, deren Anschaffung oder Herstellung sich über den im ersten Satz genannten Zeitraum hinaus erstreckt, kann der Absetzbetrag auch bereits für nach Maßgabe des Baufortschrittes aktivierte Teilbeträge der Anschaffungs- oder Herstellungskosten geltend gemacht werden.

(2) Gemäß § 9 Abs. 2 EKBSG und § 4 Abs. 2 EKBFG kann vorgesehen werden, dass Investitionen begünstigt sind, die vor dem 1. Jänner 2024 nachweislich begonnen haben und noch nicht abgeschlossen sind (Investitionsvorhaben). Die Geltendmachung eines Absetzbetrages für Investitionsvorhaben ist unter folgenden Voraussetzungen möglich:

1. Vor dem 1. Jänner 2024 wurden bereits erste Maßnahmen für das konkrete Investitionsvorhaben gesetzt, die nach Maßgabe der unternehmensinternen Voraussetzungen und Vorgaben beschlossen wurden sowie nach außen hin zum Ausdruck kommen. Als solche Maßnahmen kommen entsprechend dokumentierte Beschlüsse der Organe der Gesellschaft über das Investitionsvorhaben sowie Bestellungen, Kaufverträge, (teilweise) Lieferungen, der Beginn von Leistungen, Anzahlungen, Zahlungen, Rechnungen oder der Baubeginn in Frage.
2. Soweit bereits Teilbeträge der Anschaffungs- oder Herstellungskosten bis zum 31. Dezember 2023 angefallen sind, kann für diese Teilbeträge ein Absetzbetrag ausschließlich nach Maßgabe des Abs. 1 Z 4 geltend gemacht werden.
3. Für die in den Jahren 2024 bis 2026 zu erwartenden (Teil-)Anschaffungs- oder (Teil-) Herstellungskosten des Investitionsvorhabens kann ein Absetzbetrag in Höhe von 50 %

der zu erwartenden (Teil-)Anschaffungs- oder (Teil-) Herstellungskosten geltend gemacht werden. Die zu erwartenden Kosten sind nach den Grundsätzen des § 201 Abs. 2 Z 7 des Unternehmensgesetzbuchs, dRGBl. S 219/1897, in der Fassung BGBl. I Nr. 186/2022, bestmöglich zu schätzen.

4. Weichen die tatsächlichen (Teil-)Anschaffungs- oder (Teil-)Herstellungskosten des Investitionsvorhabens von den geschätzten und dem Absetzbetrag gemäß Z 3 zu Grunde gelegten Kosten um mehr als 10 % ab oder fallen die Voraussetzungen für die Zurechnung zu einem verbundenen Unternehmen gemäß § 4 Abs. 2 weg, gilt dies als rückwirkendes Ereignis gemäß § 295a BAO und der EKB-S bzw. der EKB-F ist entsprechend anzupassen.

Inhaltliche Voraussetzungen für die Begünstigung

§ 3. (1) Begünstigte Investitionen gemäß § 1 liegen unter folgenden Voraussetzungen vor:

1. Es handelt sich um Investitionen
   a) in Anlagen gemäß § 5 Abs. 1 Z 3 und 13 des Erneuerbaren-Ausbau-Gesetzes – EAG, BGBl. I Nr. 150/2021, in der Fassung BGBl. I Nr. 233/2022;
   b) in Stromnetze oder sonstige Netze, die ausschließlich dem Transport von erneuerbarer Energie gemäß § 5 Abs. 1 Z 13 EAG oder erneuerbarem Wasserstoff dienen, wobei jedenfalls von der Regulierungsbehörde anerkannte Investitionen oder Energieeffizienzmaßnahmen eines verbundenen Netzbetreibers von der Zurechnung zum Beitragsschuldner ausgeschlossen sind;
   c) in Ladepunkte gemäß § 2 Z 3 des Bundesgesetzes zur Festlegung einheitlicher Standards beim Infrastrukturaufbau für alternative Kraftstoffe, BGBl. I Nr. 38/2018, in der Fassung BGBl. I Nr. 150/2021;
   d) in Maßnahmen zur Einsparung oder zum effizienten Einsatz von Energie („Energieeffizienz"), vorausgesetzt diese Maßnahmen führen zu einer Energieeinsparung von mindestens 10 % bezogen auf den Energieverbrauch vor Setzung der Maßnahme und ein Gutachten gemäß Abs. 4 liegt vor;
2. Zudem wird in
   a) abnutzbare körperliche Wirtschaftsgüter des Anlagevermögens mit einer betriebsgewöhnlichen Nutzungsdauer von mindestens vier Jahren, deren Anschaffungs- oder Herstellungskosten im Wege einer Absetzung für Abnutzung (§§ 7 und 8 EStG 1988)) abgesetzt werden, oder
   b) die Herstellung oder Ertüchtigung des Netzanschlusses (Netzzutrittsentgelt) gemäß § 54 ElWOG 2010, BGBl I Nr. 110/2010, in der Fassung BGBl. I Nr. 5/2023, oder in Strombezugsrechte an nach dem 31. Dezember 2021 errichtete Anlagen gemäß § 5 Abs. 1 Z 2 EKBSG

investiert, die inländischen Betrieben oder inländischen Betriebsstätten zuzurechnen sind, wenn der Betrieb oder die Betriebsstätte der Erzielung von Einkünften gemäß § 2 Abs. 3 Z 1 bis 3 EStG 1988 dient. Dabei gelten Wirtschaftsgüter, die auf Grund einer entgeltlichen Überlassung überwiegend außerhalb eines Mitgliedstaates der Europäischen Union oder eines Staates des Europäischen Wirtschaftsraumes eingesetzt werden, nicht als einem inländischen Betrieb oder einer inländischen Betriebsstätte zugerechnet.

(2) Nicht begünstigungsfähig sind Investitionen in Anlagen, die der Förderung, dem Transport oder der Speicherung fossiler Energieträger dienen oder in Anlagen, die fossile Energieträger direkt nutzen, gemäß der Verordnung des Bundesministers für Finanzen über die vom Investitionsfreibetrag ausgenommenen Anlagen im Zusammenhang mit fossilen Energieträgern (Fossile Energieträger-Anlagen-VO), BGBl. II Nr. 156/2023.

(3) Bestehen Zweifel an der Beurteilung als Investition gemäß Abs. 1 Z 1, hat der Beitragsschuldner anhand eines Gutachtens das Vorliegen der Voraussetzungen glaubhaft zu machen. Dieses muss nach dem Stand der Technik und dem Stand der Wissenschaften erstellt werden und für die Beurteilung des Vorliegens der Voraussetzungen geeignet sein; diese Beurteilung muss dabei verständlich dokumentiert und zusammengefasst werden. Das Gutachten ist von

1. einem unabhängigen, staatlich anerkannten Wissenschaftler (z. B. Universitätsprofessor),
2. einem Ziviltechniker oder einem technischen Büro aus einem einschlägigen Fachgebiet,
3. einem allgemein beeideten und gerichtlich zertifizierten Sachverständigen,
4. der Umweltbundesamt GmbH oder
5. einem externen Energieauditor

zu erstellen.

(4) Die Geltendmachung von Investitionen gemäß Abs. 1 Z 1 lit. d setzt jedenfalls ein Gutachten gemäß Abs. 3 voraus. Dieses hat jedenfalls zu enthalten:

1. eine technische Beschreibung der gesetzten Investition,
2. eine nachvollziehbare und detaillierte Beschreibung der herangezogenen Daten und deren Herleitungen, der Datenquellen und der Mess- und Berechnungsmethoden sowie
3. eine Bestätigung über das Ausmaß der Energieeinsparung und darüber, dass durch die betreffende Energieeffizienzmaßnahme der Schwellenwert in Abs. 1 Z 1 lit. d zumindest erreicht wird.

Zurechenbarkeit zum Beitragsschuldner

§ 4. (1) Voraussetzung für die Geltendmachung des Absetzbetrages ist grundsätzlich die Erlangung des wirtschaftlichen Eigentums an den Wirtschaftsgütern gemäß § 24 BAO, die dem Absetzbetrag zu Grunde gelegt werden. Auf Mieterinvestitionen sind die Regelungen sinngemäß anzuwenden.

(2) § 4 Abs. 1 EKBSG sowie § 4 Abs. 1 EKBFG sehen vor, dass Investitionen eines verbundenen Unternehmens, das selbst nicht Beitragsschuldner ist, einem oder mehreren mit dem Unternehmen verbundenen Beitragsschuldner(n) zugerechnet werden können, wobei eine sachgerechte Aufteilung vorzunehmen ist. Dabei gilt:

1. Für Zwecke dieser Bestimmung ist die Definition verbundener Unternehmen gemäß § 14 Abs. 4 in Verbindung mit § 10a Abs. 4 Z 2 des Körperschaftsteuergesetzes 1988 – KStG 1988, BGBl. Nr. 401/1988, in der Fassung BGBl. I Nr. 108/2022, maßgeblich, wobei
   a) die Verbundenheit aufgrund einer Beteiligung in Höhe von 25 % am Kapital bestehen muss;
   b) die Verbundenheit durchgehend im jeweiligen Wirtschaftsjahr des investierenden Unternehmens bestehen muss, in dem die (Teil-)Anschaffungs- oder (Teil-)Herstellungskosten begünstigter Investitionen anfallen, wobei für Investitionsvorhaben gemäß § 2 Abs. 2 die Verbundenheit im Zeitpunkt der Selbstberechnung gemäß § 6 Abs. 2 EKBSG oder der Vorauszahlung gemäß § 6 Abs. 1 EKBFG sowie durchgehend im jeweiligen Wirtschaftsjahr oder in den jeweiligen Wirtschaftsjahren, in dem oder in denen (Teil-)Anschaffungs- oder (Teil-)Herstellungskosten begünstigter Investitionen anfallen, bestehen muss; und
   c) nur im Inland ansässige Unternehmen oder in einem anderen Staat ansässige Unternehmen hinsichtlich ihrer Betriebsstätte im Inland für Zwecke dieser Bestimmung als verbundene Unternehmen gelten.
2. Bei der Zurechnung zu mehreren Beitragsschuldnern, die im Verhältnis zueinander wiederum verbundene Unternehmen im Sinne der Z 1 sind (Gruppe von Beitragsschuldnern), sind die Investitionen im Verhältnis der individuellen Beitragsschulden der jeweiligen Beitragsschuldner aufzuteilen.
3. Bei der Zurechnung zu mehreren Beitragsschuldnern, die im Verhältnis zueinander keine verbundenen Unternehmen im Sinne der Z 1 sind (z. B. Partnerunternehmen eines Joint Venture), sind die Investitionen im Verhältnis der Anteile der Beitragsschuldner bzw. Gruppen von Beitragsschuldnern am Stamm- oder Nennkapital des investierenden Unternehmens aufzuteilen. Die einer Gruppe von Beitragsschuldnern zugerechneten Investitionen sind innerhalb der Gruppe nach Z 2 aufzuteilen.

(3) In Fällen, in denen eine Personengesellschaft Beitragsschuldner ist, können Investitionen im Sonderbetriebsvermögen der Gesellschafter wie Investitionen der Personengesellschaft berücksichtigt werden.

§ 5. Bei Wirtschaftsgütern, für die der Absetzbetrag geltend gemacht wird, ist dieser im Anlageverzeichnis bzw. in der Anlagekartei auszuweisen. Die Verzeichnisse sind der Abgabenbehörde auf Verlangen vorzulegen.

Inkrafttreten und Schlussbestimmung

§ 6. Diese Verordnung ist anzuwenden auf

1. Investitionen, für die (Teil-)Anschaffungs- oder (Teil-)Herstellungskosten nach dem 31. Dezember 2021 anfallen;
2. Investitionsvorhaben, die nach dem 31. Dezember 2021 begonnen werden.

40. EKB-S-UmsetzungsV

Verordnung des Bundesministers für Finanzen und der Bundesministerin für Klimaschutz, Umwelt, Energie, Mobilität, Innovation und Technologie zur Umsetzung des Bundesgesetzes über den Energiekrisenbeitrag-Strom

StF: BGBl. II Nr. 195/2023

Aufgrund des § 9 Abs. 1 Z 1 und 3 sowie Abs. 3 des Bundesgesetzes über den Energiekrisenbeitrag-Strom (EKBSG), BGBl. I Nr. 220/2022, wird verordnet:

GLIEDERUNG

EKBS/FG

Allgemeines

§ 1. Gegenstand dieser Verordnung ist die nähere Regelung von Bestimmungen des Bundesgesetzes über den Energiekrisenbeitrag-Strom (EKBSG), BGBl. I Nr. 220/2022 in der jeweils geltenden Fassung, insbesondere in den Bereichen Markterlöse sowie Aufzeichnungs- und Übermittlungspflichten.

Ableitung der Markterlöse für erzeugte Strommengen

§ 2. (1) Bei der Ermittlung der Markterlöse sind Aufwendungen aus der Rückdeckung für die Erzeugung zu berücksichtigen, wenn diese vom Beitragsschuldner nachgewiesen werden.

(2) Aufwendungen aus der Bereitstellung von Ausgleichsen-
ergie (§ 7 Abs. 1 Z 3 des Elektrizitätswirtschafts- und -organisationsgesetzes 2010 – ElWOG 2010, BGBl. I Nr. 110/2010, in der Fassung BGBl I Nr. 5/2023) sind im energiewirtschaftlich erforderlichen Umfang bei der Ermittlung der Markterlöse zu berücksichtigen, sofern diese, etwa durch zeitnahe Handelstätigkeiten basierend auf aktualisierten Erzeugungsprognosen, möglichst geringgehalten werden.

Ein Geringhalten kann angenommen werden, wenn die Abweichungen der Erzeugungsmengen pro Monat aus Windkraft und Photovoltaik weniger als 5 % und aus sämtlichen anderen Technologien weniger als 1 % betragen.

(3) Das Ergebnis von derivativen Kontrakten gemäß § 3 Abs. 1 EKBSG umfasst auch das Ergebnis von Hedging-Vereinbarungen mit Endverbrauchern (virtuelle Strombezugsverträge). In diesem Fall berechnen sich die Markterlöse aus dem mit dem Endverbraucher vereinbarten und realisierten Gesamtpreis pro MWh Strom.

Übermittlung zum Zweck der Berichterstattung an die Europäische Kommission

§ 3. Die Beitragsschuldner haben zum Zweck der Berichterstattung an die Europäische Kommission gemäß § 8 Abs. 3 EKBSG in einem durch die Bundesministerin für Klimaschutz, Umwelt, Energie, Mobilität, Innovation und Technologie im Voraus bekanntzugebenden Format je Anlage gemäß § 5 Abs. 1 Z 1 EKBSG folgende Daten zu übermitteln:

1. Bezeichnung der Erzeugungsanlage;
2. Zählpunktnummer;
3. installierte Kapazität der Anlage;
4. Anschlussnetzbetreiber;
5. eingesetzte Erzeugungstechnologie gemäß § 1 Abs. 3 EKBSG;
6. mögliche Befreiung gemäß § 2 EKBSG;
7. allfällige nachgewiesene Investitions- und Betriebskosten zuzüglich Aufschlag gemäß § 3 Abs. 3 EKBSG in Euro;
8. wirtschaftlicher Eigentümer gemäß § 5 Abs. 1 EKBSG;
9. Erzeugung aufgeschlüsselt nach Kalendermonaten;
10. Erlösübersicht je Kalendermonat aufgeschlüsselt nach der Veräußerung in Euro/MWh und dem Durchschnittspreis in Euro/MWh sowie allfällige in Abzug zu bringende Beträge;
11. EKB-S gemäß § 3 EKBSG je Kalendermonat in Euro.

Übermittlung zum Zweck der Beitragserhebung an das Finanzamt

§ 4. Die Übermittlung der Aufstellung gemäß § 8 Abs. 2 EKBSG hat elektronisch nach der FinanzOnline-Verordnung 2006 – FonV 2006,

BGBl. II Nr. 97/2006, in der Fassung BGBl. II Nr. 190/2022, im Verfahren FinanzOnline in strukturierter Form zu erfolgen.

Beitragsschuldner

§ 5. Betreibt ein Erzeuger von Strom gemäß § 1 Abs. 3 EKBSG mehrere Anlagen gemäß § 7 Abs. 1 Z 20 ElWOG 2010, ist zur Ermittlung des Höchstbetrags nach § 5 Abs. 1 Z 1 EKBSG auf die installierte Kapazität der jeweiligen Anlage abzustellen.

Inkrafttreten und Schlussbestimmung

§ 6. Diese Verordnung tritt mit 1. Dezember 2022 in Kraft und ist auf Sachverhalte im Anwendungsbereich des EKBSG anzuwenden.

41. Energiekostenzuschuss für Non-Profit-Organisationen

Bundesgesetz über einen Energiekostenzuschuss für Non-Profit-Organisationen

StF: BGBl. I Nr. 102/2023

Der Nationalrat hat beschlossen:

GLIEDERUNG

Energiekostenzuschuss für Non-Profit-Organisationen

§ 1. (1) Mit diesem Bundesgesetz wird der „Energiekostenzuschuss für Non-Profit-Organisationen“ (in weiterer Folge „EKZ-NPO“) normiert.

(2) Aus Mitteln des EKZ-NPO werden in den Jahren 2023 und 2024 Unterstützungsleistungen für Energiemehrkosten als privatwirtschaftliche Förderungen an Organisationen mit eigener Rechtspersönlichkeit gewährt werden, sofern diese nicht oder nur teilweise unternehmerisch tätig gemäß § 2 Abs. 1 UStG sind und

1. im Sinne des Bundesgesetzes über allgemeine Bestimmungen und das Verfahren für die von den Abgabenbehörden des Bundes, der Länder und Gemeinden verwalteten Abgaben (Bundesabgabenordnung – BAO), BGBl. Nr. 194/1961, gemeinnützige, mildtätige oder kirchliche Zwecke verfolgen, oder
2. eine gesetzlich anerkannte Kirche oder Religionsgesellschaft sowie eine Einrichtung, der auf Grund religionsrechtlicher Bestimmungen nach staatlichem Recht Rechtspersönlichkeit zukommt, darstellen.

(3) Für den EKZ-NPO wird ein Betrag von bis zu 140 Millionen Euro inklusive der aus der Abwicklung gem. § 3 Abs. 3 entstehenden Kosten zur Verfügung gestellt.

Berechtigte

§ 2. (1) Auf Förderungen nach § 1 Abs. 2 besteht kein Rechtsanspruch. Anträge auf Förderung sind entsprechend den Richtlinien nach diesem Bundesgesetz zu stellen.

(2) Keine Förderung ist jedenfalls nach § 1 Abs. 2 zu gewähren

1. an politische Parteien gemäß § 2 Z 1 des Bundesgesetzes über die Finanzierung politischer Parteien (Parteiengesetz 2012 – PartG), BGBl. I Nr. 56/2012.
2. an Kapital- und Personengesellschaften, an denen Bund, Länder oder Gemeinden unmittelbar oder mittelbar mehr als 50% der Anteile bzw. des Grund- oder Stammkapitals halten.
3. an beaufsichtigte Rechtsträger des Finanzsektors, welche im Inland, einem Mitgliedstaat (§ 2 Z 5 Bankwesengesetz, BGBl. Nr. 532/1993 (BWG)) oder einem Drittland (§ 2 Z 8 BWG) registriert oder zugelassen sind und hinsichtlich ihrer Tätigkeit prudentiellen Aufsichtsbestimmungen unterliegen; das sind für Österreich insbesondere Kreditinstitute gemäß BWG, Versicherungsunternehmen gemäß Versicherungsaufsichtsgesetz 2016 (VAG 2016), BGBl. I Nr. 34/2015, Wertpapierfirmen und Wertpapierdienstleistungsunternehmen gemäß Wertpapieraufsichtsgesetz 2018 (WAG 2018), BGBl. I Nr. 107/2017, sowie Pensionskassen gemäß Pensionskassengesetz (PKG), BGBl. Nr. 281/1990.

Abwicklung

§ 3. (1) Die Bundesministerin bzw. der Bundesminister für Kunst, Kultur, öffentlichen Dienst und Sport hat im Einvernehmen mit der Bundesministerin bzw. dem Bundesminister für Finanzen mit Verordnung Richtlinien zu erlassen, mit denen insbesondere nähere Regelungen

1. zu den Zielen der Förderung,
2. zu den persönlichen und sachlichen Voraussetzungen für die Gewährung einer Förderung, insbesondere den förderbaren Kosten,
3. zur Berechnung der Höhe der Förderung samt der Anrechnung anderer staatlicher Leistungen,
4. zur Antragstellung,
5. zur Ausgestaltung der automationsunterstützt geltend zu machenden Förderung,
6. zum Verfahren,
7. zur Prüfung der Förderungen nach diesem Gesetz und
8. zur Vermeidung von Doppelförderungen, wobei unter anderem insbesondere auch eine verpflichtende Abfrage in der Transparenzdatenbank zur Vermeidung von Doppelförderungen des Bundes vorzusehen ist,

festzulegen sind.

(2) Für die Zuerkennung einer Förderung müssen die Angaben im Antrag vollständig und schlüssig sowie kohärent insbesondere mit präsenten öffentlich zugänglichen Informationen sein. Die Vollständigkeit und Richtigkeit der Angaben ist durch das vertretungsbefugte Organ des Antragstellers zu bestätigen. Die Vollständigkeit und Richtigkeit der Angaben ist zusätzlich durch eine fachkundige Expertin oder einen fachkundigen Experten, die oder der gemäß dem Wirtschaftstreuhandberufsgesetz 2017, BGBl. I Nr. 137/2017, dem Berufsstand der Wirtschaftsprüfer und Steuerberater angehört oder von einer Bilanzbuchhalterin oder einem Bilanzbuchhalter gemäß dem Bilanzbuchhaltungsgesetz 2014, BGBl. I Nr. 191/2013, im eigenen Namen zu Gunsten des Bundes zu bestätigen. Die Vorlage dieser Bestätigung und eine nähere Überprüfung der Angaben können bei antragstellenden Rechtsträgern unterbleiben, deren beantragter Zuschuss eine in den Richtlinien gemäß § 3 Abs. 1 zu bestimmende Grenze unterschreitet.

(3) Die Bundesministerin bzw. der Bundesminister für Kunst, Kultur, öffentlichen Dienst und Sport hat sich zur Abwicklung der Förderungen nach diesem Bundesgesetz der nach den Bestimmungen des Bundesgesetzes, mit dem die Austria Wirtschaftsservice Gesellschaft mit beschränkter Haftung errichtet wird (Austria Wirtschaftsservice-Gesetz – AWSG), BGBl. I Nr. 130/2002 idF BGBl. I Nr. 119/2004 (VFB), errichteten Austria Wirtschaftsservice Gesellschaft mbH (AWS) zu bedienen und mit dieser darüber eine Vereinbarung zu schließen. Die Austria Wirtschaftsservice Gesellschaft mbH hat die Förderungen nach diesem Gesetz im Namen und auf Rechnung des Bundes abzuwickeln. Sie kann sich zur Besorgung der ihr übertragenen Aufgaben anderer Rechtsträger bedienen, wenn dies im Interesse der Einfachheit, Sparsamkeit und Zweckmäßigkeit gelegen ist.

(4) Die mit der Abwicklung beauftragte Stelle ist ermächtigt, von der Betreibung einer Rückforderung Abstand zu nehmen, sofern die Rückforderung weniger als 20 Euro beträgt.

Auskünfte und Daten

§ 4. (1) Der Bundesministerin bzw. dem Bundesminister für Kunst, Kultur, öffentlichen Dienst und Sport und der AWS sind zum Zwecke der Abwicklung und Kontrolle von Förderungen nach diesem Bundesgesetz von allen Organen des Bundes, der Länder und Gemeinden, die mit der Zuerkennung von Förderungen betraut sind, und von den Abgabenbehörden die erforderlichen Auskünfte zu erteilen.

(2) Daten aus der Abwicklung der Förderung sind für die Dauer von sieben Jahren aufzubewahren und danach zu löschen, soweit diese nicht über diesen Zeitpunkt hinaus für die Erfüllung der Aufgaben nach diesem Bundesgesetz erforderlich sind.

Gebühren und Abgaben

§ 5. (1) Die zur Durchführung dieses Bundesgesetzes erforderlichen Rechtsgeschäfte, Schriften und Amtshandlungen sind von den bundesgesetzlich geregelten Abgaben, den Bundesverwaltungsabgaben sowie den im Gerichtsgebührengesetz – GGG, BGBl. Nr. 501/1984, geregelten Gerichts- und Justizverwaltungsgebühren befreit.

(2) Der Bund ist überdies von der Entrichtung der im GGG geregelten Gebühren in Verfahren vor den ordentlichen Gerichten befreit, die Angelegenheiten des Vollzugs dieses Bundesgesetzes zum Gegenstand haben.

Vollziehung und Inkrafttreten

§ 6. (1) Mit der Vollziehung dieses Bundesgesetzes ist die Bundesministerin bzw. der Bundesminister für Kunst, Kultur, öffentlichen Dienst und Sport, hinsichtlich § 5 Abs. 1, ausgenommen hinsichtlich der Gerichtsgebühren, der Bundesminister für Finanzen und hinsichtlich der Gerichtsgebühren in § 5 die Bundesministerin für Justiz betraut.

(2) Dieses Bundesgesetz tritt mit dem der Kundmachung folgenden Tag in Kraft und mit Ablauf des 31. Dezember 2031 außer Kraft.

42. VO (EU) 2019/941 über die Risikovorsorge im Elektrizitätssektor

ABl L 2019/158 idgF

DAS EUROPÄISCHE PARLAMENT UND DER RAT DER EUROPÄISCHEN UNION —

gestützt auf den Vertrag über die Arbeitsweise der Europäischen Union, insbesondere auf Artikel 194 Absatz 2,

auf Vorschlag der Europäischen Kommission,

nach Zuleitung des Entwurfs des Gesetzgebungsakts an die nationalen Parlamente,

nach Stellungnahme des Europäischen Wirtschafts- und Sozialausschusses [1],

nach Stellungnahme des Ausschusses der Regionen [2],

gemäß dem ordentlichen Gesetzgebungsverfahren [3],

in Erwägung nachstehender Gründe:

(1) Im Elektrizitätssektor der Union vollziehen sich derzeit tiefgreifende Veränderungen, die durch den Übergang zu dezentraleren Märkten mit mehr Marktteilnehmern, einem höheren Anteil der Energie aus erneuerbaren Quellen und besser miteinander verbundenen Systemen gekennzeichnet sind. Das Ziel der Verordnung (EU) 2019/943 des Europäischen Parlaments und des Rates [4] sowie der Richtlinie (EU) 2019/944 des Europäischen Parlaments und des Rates [5] ist es daher, den Rechtsrahmen für den Elektrizitätsbinnenmarkt der Union zu verbessern, um im Interesse der Unternehmen und der Unionsbürger eine optimale Funktionsweise der Märkte und Netze sicherzustellen. Diese Verordnung soll zur Umsetzung der Ziele der Energieunion beitragen, zu denen vor allem die Energieversorgungssicherheit, die Solidarität, das Vertrauen und eine ehrgeizige Klimaschutzpolitik zählen.

(2) Gut funktionierende Märkte und Systeme mit geeigneten Stromverbindungsleitungen sind die beste Garantie für Stromversorgungssicherheit. Doch selbst im Falle gut funktionierender und miteinander verbundener Märkte und Systeme lässt sich das Risiko von Stromversorgungskrisen, etwa aufgrund von Naturkatastrophen wie extremen Wetterbedingungen, böswilligen Angriffen oder einer Brennstoffknappheit, nie ganz ausschließen. Die Folgen solcher Stromversorgungskrisen reichen oft über Landesgrenzen hinaus. Auch die Auswirkungen ursprünglich lokal begrenzter Krisen können sich schnell über Grenzen hinweg ausbreiten. Einige extreme Bedingungen wie Kälte- oder Hitzeperioden oder Cyberangriffe können zudem ganze Regionen gleichzeitig treffen.

(3) Angesichts vernetzter Strommärkte und -systeme können die Prävention und Bewältigung von Stromversorgungskrisen nicht als rein nationale Aufgabe verstanden werden. Das Potenzial regionaler Zusammenarbeit für effizientere und kostengünstigere Maßnahmen sollte besser ausgeschöpft werden. Im Sinne erhöhter Transparenz, Vertrauen und Solidarität zwischen den Mitgliedstaaten bedarf es gemeinsamer Rahmenvorschriften und besser abgestimmter Verfahren, um sicherzustellen, dass die Mitgliedstaaten und andere Akteure wirksam über Grenzen hinweg zusammenarbeiten können.

(4) In der Richtlinie 2005/89/EG des Europäischen Parlaments und des Rates [6] sind die notwendigen Maßnahmen der Mitgliedstaaten festgelegt, mit denen die Stromversorgungssicherheit insgesamt sichergestellt werden soll. Die Bestimmungen dieser Richtlinie wurden durch nachfolgende Rechtsakte weitgehend ersetzt, insbesondere in Bezug auf die Organisation der Elektrizitätsmärkte in Hinblick auf die Sicherstellung der Verfügbarkeit ausreichender Kapazitäten, die Zusammenarbeit der Übertragungsnetzbetreiber zur Gewährleistung der Systemstabilität und die Bereitstellung geeigneter Infrastrukturen. Die vorliegende Verordnung behandelt die konkrete Frage der Prävention und Bewältigung von Stromversorgungskrisen.

(5) Die Verordnungen (EU) 2017/1485 [7] und (EU) 2017/2196 [8] der Kommission enthalten detaillierte Bestimmungen darüber, wie Übertragungsnetzbetreiber und andere maßgebliche Interessenträger handeln und zusammenarbeiten sollten, um die Systemsicherheit sicherzustellen. Durch diese technischen Bestimmungen soll sichergestellt werden, dass die meisten Vorfälle im Stromnetz auf betrieblicher Ebene wirksam bewältigt werden können. Der Schwerpunkt der vorliegenden Verordnung liegt auf Stromversorgungskrisen in größerem Umfang und mit weitreichenderen Folgen. In ihr ist festgelegt, was die Mitgliedstaaten tun sollten, um diesen Krisen vorzubeugen, und welche Maßnahmen sie ergreifen können, falls die Bestimmungen für den Netzbetrieb allein nicht mehr ausreichen. Auch im Falle von Stromversorgungskrisen sollten die Bestimmungen für den Netzbetrieb vollständig eingehalten werden, und diese Verordnung sollte mit der Verordnung (EU) 2017/2196 in Einklang stehen.

(6) Diese Verordnung enthält allgemeine Rahmenvorschriften zur Vorsorge für Stromversor-

gungskrisen sowie zu deren Prävention und Bewältigung, wobei die Transparenz bei der Vorsorge und während einer Stromversorgungskrise erhöht und sichergestellt wird, dass abgestimmte und wirksame Maßnahmen getroffen werden. Die Mitgliedstaaten werden darin zur solidarischen Zusammenarbeit auf regionaler und, falls zutreffend, bilateraler Ebene verpflichtet. Zudem enthält sie einen Rahmen für die wirksame Beobachtung der Stromversorgungssicherheit in der Union über die Koordinierungsgruppe „Strom", die mit Beschluss der Kommission vom 15. November 2012 [9] als Plattform für den Austausch von Informationen und die Förderung der Zusammenarbeit der Mitgliedstaaten, vor allem auf dem Gebiet der Stromversorgungssicherheit, eingesetzt wurde. Die Zusammenarbeit der Mitgliedstaaten und der Beobachtungsrahmen sollen zu einer besseren Risikovorsorge führen und gleichzeitig die Kosten senken. Darüber hinaus sollte mit dieser Verordnung der Elektrizitätsbinnenmarkt gefestigt werden, indem das Vertrauen zwischen den Mitgliedstaaten gestärkt wird und ungerechtfertigte staatliche Interventionen im Falle von Stromversorgungskrisen, insbesondere eine unangemessene Beschränkung grenzüberschreitender Stromflüsse und zonenübergreifender Übertragungskapazitäten, ausgeschlossen werden, wodurch auch das Risiko nachteiliger Ausstrahlungseffekte auf benachbarte Mitgliedstaaten verringert wird.

(7) Die Richtlinie (EU) 2016/1148 des Europäischen Parlaments und des Rates [10] enthält allgemeine Bestimmungen zur Sicherheit von Netz- und Informationssystemen, die durch spezifische Bestimmungen zur Cybersicherheit in einem Netzkodex nach Maßgabe der Verordnung (EU) 2019/943 ergänzt werden sollen. Die vorliegende Verordnung ergänzt die Richtlinie (EU) 2016/1148 dahingehend, dass Cybervorfälle ordnungsgemäß als Risiko bestimmt und in den Risikovorsorgeplänen angemessene Maßnahmen zu ihrer Bewältigung vorgesehen werden.

(8) Die Richtlinie 2008/114/EG des Rates [11] sieht ein Verfahren vor, mit dem die Sicherheit ausgewiesener europäischer kritischer Infrastrukturen, einschließlich bestimmter Strominfrastrukturen, verbessert werden soll. Die Richtlinie 2008/114/EG trägt zusammen mit der vorliegenden Verordnung zu einem umfassenden Konzept für die Energieversorgungssicherheit der Union bei.

(9) Im Beschluss Nr. 1313/2013/EU des Europäischen Parlaments und des Rates [12] werden die Mitgliedstaaten verpflichtet, alle drei Jahre Risikobewertungen auf nationaler oder geeigneter innerstaatlicher Ebene durchzuführen und ihre Katastrophenrisikomanagementplanung auf nationaler oder geeigneter innerstaatlicher Ebene zu entwickeln und zu verfeinern. Die in dieser Verordnung vorgesehenen spezifischen Maßnahmen zur Risikoprävention, -vorsorge und -planung sollten mit den breiter angelegten nationalen Risikobewertungen gemäß dem Beschluss Nr. 1313/2013/EU für verschiedene Bedrohungen im Einklang stehen.

(10) Zwar sind die Mitgliedstaaten dafür zuständig, in ihrem Hoheitsgebiet für Stromversorgungssicherheit zu sorgen, doch auch die Kommission und andere Akteure der Union sind im Rahmen ihrer jeweiligen Tätigkeiten und Zuständigkeiten für die Stromversorgungssicherheit verantwortlich. Für die Stromversorgungssicherheit bedarf es einer wirksamen Zusammenarbeit der Mitgliedstaaten, der Organe, Einrichtungen und sonstigen Stellen der Union sowie der maßgeblichen Interessenträger. Verteilernetzbetreiber und Übertragungsnetzbetreiber spielen für ein sicheres, zuverlässiges und effizientes Stromsystem im Sinne der Artikel 31 und 40 der Richtlinie (EU) 2019/944 eine zentrale Rolle. Auch die Regulierungsbehörden und andere maßgebliche nationale Behörden spielen eine wichtige Rolle, wenn es darum geht, im Rahmen der Aufgaben, die ihnen durch Artikel 59 der Richtlinie (EU) 2019/944 übertragen werden, die Stromversorgungssicherheit sicherzustellen und zu beobachten. Die Mitgliedstaaten sollten eine bestehende oder neue Stelle als ihre zentrale zuständige nationale Regierungs- oder Regulierungsbehörde bestimmen, um sicherzustellen, dass alle Akteure transparent und integrativ einbezogen werden sowie Risikovorsorgepläne effizient ausgearbeitet und ordnungsgemäß umgesetzt werden, und um die Prävention und die nachträgliche Evaluierung von Stromversorgungskrisen sowie den Informationsaustausch in diesem Zusammenhang zu vereinfachen.

(11) Ein gemeinsamer Ansatz für die Prävention und Bewältigung einer Stromversorgungskrise setzt voraus, dass die Mitgliedstaaten eine gemeinsame Auffassung davon haben, was eine Stromversorgungskrise ist. Diese Verordnung sollte vor allem die Koordinierung zwischen den Mitgliedstaaten erleichtern, damit diese feststellen können, ob eine Situation vorliegt, in der das potenzielle Risiko einer erheblichen Stromknappheit oder der Unmöglichkeit, Kunden mit Strom zu versorgen, besteht oder droht. Das Europäische Netz der Übertragungsnetzbetreiber (Strom) (ENTSO (Strom)) und die Mitgliedstaaten sollten konkrete regionale bzw. nationale Szenarien für Stromversorgungskrisen bestimmen. Bei dieser Herangehensweise sollte sichergestellt sein, dass alle maßgeblichen Stromversorgungskrisen erfasst sind und den regionalen und nationalen Besonderheiten, wie der Netztopologie, dem Strommix, dem Umfang von Erzeugung und Verbrauch und der Bevölkerungsdichte, Rechnung getragen wird.

(12) Ein gemeinsamer Ansatz für die Prävention und Bewältigung einer Stromversorgungskrise setzt auch voraus, dass die Mitgliedstaaten

bei der Bestimmung von Risiken für die Stromversorgungssicherheit dieselben Methoden und Definitionen anwenden und in der Lage sind, ihre eigene Leistung und die ihrer Nachbarländer in diesem Bereich aussagekräftig zu vergleichen. In dieser Verordnung sind zwei Indikatoren zur Beobachtung der Stromversorgungssicherheit in der Union festgelegt: die voraussichtlich nicht bedienbare Last in GWh/Jahr und die Unterbrechungserwartung in Stunden/Jahr. Diese Indikatoren sind Teil der Abschätzung der Angemessenheit der Ressourcen auf europäischer Ebene, die ENTSO (Strom) gemäß Artikel 23 der Verordnung (EU) 2019/943 durchführt. Die Koordinierungsgruppe „Strom" sollte die Stromversorgungssicherheit anhand dieser Indikatoren regelmäßig beobachten. Die Agentur für die Zusammenarbeit der Energieregulierungsbehörden (ACER) sollte diese Indikatoren bei der Berichterstattung über die Leistung der Mitgliedstaaten im Bereich der Stromversorgungssicherheit, die sie in ihren jährlichen Berichten zur Beobachtung des Strommarktes gemäß Artikel 15 der Verordnung (EU) 2019/942 des Europäischen Parlaments und des Rates [13] vornimmt, ebenfalls nutzen.

(13) Zur Sicherstellung der Kohärenz der Risikobewertungen auf eine Art und Weise, die zur Stärkung des Vertrauens zwischen den Mitgliedstaaten im Falle einer Stromversorgungskrise führt, bedarf es eines gemeinsamen Ansatzes für die Bestimmung von Risikoszenarien. ENTSO (Strom) sollte daher nach Konsultation der maßgeblichen Interessenträger und in Zusammenarbeit mit ACER und der Koordinierungsgruppe „Strom" in der ausschließlich aus Vertretern der Mitgliedstaaten bestehenden Zusammensetzung eine gemeinsame Methode zur Risikoermittlung entwickeln und aktualisieren. Dabei sollte ENTSO (Strom) die Methode vorschlagen und ACER sie genehmigen. ACER hat der im Rahmen der Konsultation geäußerten Einschätzung der Koordinierungsgruppe „Strom" umfassend Rechnung zu tragen. ENTSO (Strom) sollte die gemeinsame Methode zur Risikoermittlung aktualisieren, wenn wesentliche neue Informationen vorliegen.

(14) Auf der Grundlage der gemeinsamen Methode zur Risikoermittlung sollte ENTSO (Strom) regelmäßig regionale Szenarien für Stromversorgungskrisen erstellen und aktualisieren und die wichtigsten Risiken für jede Region bestimmen, wie etwa extreme Wetterbedingungen, Naturkatastrophen, eine Brennstoffknappheit oder böswillige Angriffe. Bei der Betrachtung des Krisenszenarios einer Gasbrennstoffknappheit sollte das Risiko einer Gasversorgungsunterbrechung auf der Grundlage der vom Europäischen Netz der Fernleitungsnetzbetreiber (Gas) (ENTSO (Gas)) gemäß Artikel 7 der Verordnung (EU) 2017/1938 des Europäischen Parlaments und des Rates [14] entwickelten Szenarien für eine Unterbrechung der Gasversorgung und einen Ausfall der Gasinfrastruktur bewertet werden. ENTSO (Strom) sollte den regionalen Koordinierungszentren, die gemäß Artikel 35 der Verordnung (EU) 2019/943 eingerichtet wurden, Aufgaben im Zusammenhang mit der Bestimmung von regionalen Szenarien für Stromversorgungskrisen übertragen können. Diese übertragenen Aufgaben sollten unter der Aufsicht ENTSO (Strom) wahrgenommen werden. Die Mitgliedstaaten sollten ihre nationalen Szenarien für Stromversorgungskrisen auf der Grundlage regionaler Szenarien für Stromversorgungskrisen bestimmen und grundsätzlich alle vier Jahre aktualisieren. Diese Szenarien sollten die Basis für ihre Risikovorsorgepläne bilden. Wenn sie die Risiken auf nationaler Ebene bestimmen, sollten die Mitgliedstaaten jegliche Risiken, die aufgrund der Eigentumsverhältnisse der für die Stromversorgungssicherheit wesentlichen Infrastruktur bestehen, sowie alle getroffenen Maßnahmen beschreiben, mit denen diese Risiken begrenzt werden, wie allgemeine oder bereichsspezifische Investitionsprüfungsgesetze oder besondere Rechte für bestimmte Anteilseigner, und dabei auch angeben, warum sie diese Maßnahmen für notwendig und verhältnismäßig erachten.

EU-VO

(15) Ein regionaler Ansatz für die Bestimmung von Risikoszenarien sowie für die Entwicklung von Präventions-, Vorsorge- und Eindämmungsmaßnahmen sollte die Wirksamkeit der Maßnahmen und den Ressourceneinsatz erheblich verbessern. Darüber hinaus würde ein koordiniertes und vorab vereinbartes Konzept für die Versorgungssicherheit im Falle zeitgleich auftretender Stromversorgungskrisen eine abgestimmte Reaktion ermöglichen und das Risiko nachteiliger Ausstrahlungseffekte auf benachbarte Mitgliedstaaten gegenüber rein nationalen Maßnahmen verringern. Daher sieht diese Verordnung eine regionale Zusammenarbeit zwischen den Mitgliedstaaten vor.

(16) Die regionalen Koordinierungszentren sollten die Aufgaben mit regionaler Bedeutung wahrnehmen, die ihnen im Einklang mit der Verordnung (EU) 2019/943 übertragen wurden. Damit sie ihre Aufgaben wirksam erfüllen und eng mit den maßgeblichen nationalen Behörden zusammenarbeiten können, um größeren Vorfällen im Stromnetz vorzubeugen und diese einzudämmen, sollte die regionale Zusammenarbeit gemäß dieser Verordnung auf den Strukturen für die technische regionale Zusammenarbeit beruhen, d. h. auf den Gruppen von Mitgliedstaaten, die sich dasselbe regionale Koordinierungszentrum teilen. Die geografischen Regionen der regionalen Koordinierungszentren sind daher wichtig für die Bestimmung der regionalen Szenarien für Stromversorgungskrisen und für die Risikobewertungen. Die Mitgliedstaaten sollten innerhalb der Regionen jedoch Untergruppen bilden können, in denen

sie im Hinblick auf konkrete regionale Maßnahmen zusammenarbeiten, und sollten diesbezüglich in bestehenden regionalen Kooperationsforen zusammenarbeiten können, da es äußerst wichtig ist, dass sie über die technischen Möglichkeiten verfügen, sich im Falle einer Stromversorgungskrise gegenseitig Unterstützung zu leisten. Grund hierfür ist, dass nicht zwangsläufig alle Mitgliedstaaten in einer größeren Region im Falle einer Stromversorgungskrise in der Lage sind, einen anderen Mitgliedstaat mit Strom zu versorgen. Daher müssen nicht alle Mitgliedstaaten in einer Region regionale Vereinbarungen über konkrete regionale Maßnahmen schließen. Stattdessen sollten diejenigen Mitgliedstaaten derartige Vereinbarungen schließen, die über die technischen Möglichkeiten verfügen, sich gegenseitig Unterstützung zu leisten.

(17) Die Verordnung (EU) 2019/943 sieht die Anwendung einer gemeinsamen Methode für die mittel- bis langfristige Abschätzung der Angemessenheit der Ressourcen auf europäischer Ebene (vom Zehnjahreszeitbereich bis zum Year-Ahead-Zeitbereich) vor, um sicherzustellen, dass die Entscheidungen der Mitgliedstaaten hinsichtlich des möglichen Investitionsbedarfs auf einer transparenten und gemeinsam vereinbarten Grundlage erfolgen. Die Abschätzung der Angemessenheit der Ressourcen auf europäischer Ebene dient einem anderen Zweck als die kurzfristigen Abschätzungen der Angemessenheit, d. h. saisonale Abschätzungen der Angemessenheit (sechs Monate im Voraus) und Abschätzungen der Angemessenheit im Week-Ahead- bis mindestens Day-Ahead-Zeitbereich, mit denen mögliche Probleme im Zusammenhang mit der Angemessenheit kurzfristig ermittelt werden sollen. Hinsichtlich der kurzfristigen Abschätzungen ist es erforderlich, einen gemeinsamen Ansatz für die Ermittlung möglicher Probleme im Zusammenhang mit der Angemessenheit festzulegen. ENTSO (Strom) sollte Abschätzungen der Angemessenheit für das Winter- und Sommerhalbjahr durchführen, um die Mitgliedstaaten und Übertragungsnetzbetreiber auf mögliche Risiken für die Stromversorgungssicherheit in den folgenden sechs Monaten aufmerksam zu machen. Zur Verbesserung dieser Abschätzungen der Angemessenheit sollte ENTSO (Strom), nach Konsultation der maßgeblichen Interessenträger und in Zusammenarbeit mit ACER und der Koordinierungsgruppe „Strom“ in der ausschließlich aus Vertretern der Mitgliedstaaten bestehenden Zusammensetzung, eine gemeinsame probabilistische Methode für sie entwickeln. ENTSO (Strom) sollte ACER Vorschläge für die Methode und ihre Aktualisierungen zur Genehmigung vorlegen. ACER hat der im Rahmen der Konsultation geäußerten Einschätzung der Koordinierungsgruppe „Strom“ umfassend Rechnung zu tragen. ENTSO (Strom) sollte die Methode aktualisieren, wenn wesentliche neue Informationen vorliegen. ENTSO (Strom) sollte den regionalen Koordinierungszentren Aufgaben im Zusammenhang mit den saisonalen Abschätzungen der Angemessenheit übertragen können, die diese übertragenen Aufgaben unter der Aufsicht ENTSO (Strom) wahrnehmen sollten.

(18) Die Übertragungsnetzbetreiber sollten die für die Erstellung der saisonalen Abschätzungen der Angemessenheit genutzte Methode auch bei allen anderen Arten kurzfristiger Risikobewertungen nutzen, d. h. für die Prognosen der Angemessenheit der Stromerzeugung im Week-Ahead- bis mindestens Day-Ahead-Zeitbereich gemäß der Verordnung (EU) 2017/1485.

(19) Im Interesse eines gemeinsamen Ansatzes für die Prävention und Bewältigung von Stromversorgungskrisen sollte die zuständige Behörde jedes Mitgliedstaats auf der Grundlage der regionalen und nationalen Szenarien für Stromversorgungskrisen einen Risikovorsorgeplan erstellen. Die zuständigen Behörden sollten Interessenträger oder Vertreter von Interessengruppen konsultieren, wie Vertreter von Erzeugern, deren Fachverbänden oder Verteilernetzbetreibern, wenn sie für die Prävention und Bewältigung einer Stromversorgungskrise maßgebliche sind. Zu diesem Zweck sollten die zuständigen Behörden die geeigneten Maßnahmen für die Durchführung der Konsultationen festlegen. Die Risikovorsorgepläne sollten wirksame, verhältnismäßige und diskriminierungsfreie Maßnahmen zur Bewältigung aller bestimmten Szenarien für Stromversorgungskrisen enthalten. Die Umweltauswirkungen der vorgeschlagenen nachfrage- und angebotsseitigen Maßnahmen sollten berücksichtigt werden. Diese Maßnahmen sollten transparent sein, insbesondere was die Bedingungen betrifft, unter denen nicht marktbasierte Maßnahmen getroffen werden können, um Stromversorgungskrisen einzudämmen. Alle vorgesehenen nicht marktbasierten Maßnahmen sollten den Bestimmungen dieser Verordnung entsprechen. Die Risikovorsorgepläne sollten veröffentlicht werden, wobei die Vertraulichkeit sensibler Informationen zu wahren ist.

(20) Die Risikovorsorgepläne sollten nationale, regionale und, falls zutreffend, bilaterale Maßnahmen enthalten. Regionale und, falls zutreffend, bilaterale Maßnahmen sind besonders bei zeitgleich auftretenden Stromversorgungskrisen erforderlich, in denen ein koordiniertes und vorab vereinbartes Konzept notwendig ist, um für eine abgestimmte Reaktion zu sorgen und das Risiko nachteiliger Ausstrahlungseffekte zu verringern. Zu diesem Zweck sollten die zuständigen Behörden vor der Annahme der Risikovorsorgepläne die zuständigen Behörden der maßgeblichen Mitgliedstaaten konsultieren. Die maßgeblichen Mitgliedstaaten sind diejenigen, in denen es zu nachteiligen Ausstrahlungseffekten oder anderen wechselseitigen Auswirkungen auf die Stromsysteme kommen könnte, ungeachtet dessen, ob sich

diese Mitgliedstaaten in derselben Region befinden oder unmittelbar miteinander verbunden sind. Die maßgeblichen nationalen Gegebenheiten, denen die Pläne Rechnung tragen sollten, umfassen auch die Situation von Gebieten in äußerster Randlage im Sinne von Artikel 349 des Vertrags über die Arbeitsweise der Europäischen Union sowie einige isolierte Kleinstnetze, die nicht an die nationalen Übertragungssysteme angeschlossen sind. Diesbezüglich sollten die Mitgliedstaaten die gebotenen Schlussfolgerungen ziehen, unter anderem im Hinblick auf die Bestimmungen dieser Verordnung über die Bestimmung der regionalen Szenarien für Stromversorgungskrisen und die in den Risikovorsorgeplänen enthaltenen regionalen und bilateralen Maßnahmen sowie über die Unterstützung. In den Plänen sollten die Aufgaben und Zuständigkeiten der zuständigen Behörden klar aufgeführt sein. Die nationalen Maßnahmen sollten den vereinbarten regionalen und bilateralen Maßnahmen vollständig Rechnung tragen und die mit der regionalen Zusammenarbeit verbundenen Möglichkeiten umfassend nutzen. Die Pläne sollten technischer und operativer Art sein, da sie dazu beitragen sollen, das Auftreten oder die Verschärfung einer Stromversorgungskrise zu verhindern und ihre Folgen einzudämmen.

(21) Die Risikovorsorgepläne sollten regelmäßig aktualisiert werden. Damit die Pläne aktuell und wirksam sind, sollten die zuständigen Behörden der Mitgliedstaaten jeder Region in Zusammenarbeit mit den Übertragungsnetzbetreibern und anderen maßgeblichen Interessenträgern alle zwei Jahre Simulationen von Stromversorgungskrisen organisieren, um ihre Eignung zu überprüfen.

(22) Mit dem in dieser Verordnung vorgesehenen Muster soll die Erstellung der Pläne erleichtert werden, wobei die Aufnahme zusätzlicher mitgliedstaatspezifischer Informationen möglich sein sollte. Das Muster soll auch die Konsultation der anderen Mitgliedstaaten der jeweiligen Region und der Koordinierungsgruppe „Strom“ erleichtern. Konsultationen innerhalb der Regionen und der Koordinierungsgruppe „Strom“ sollten sicherstellen, dass die Maßnahmen eines Mitgliedstaats oder einer Region die Stromversorgungssicherheit anderer Mitgliedstaaten oder Regionen nicht gefährden.

(23) Es ist wichtig, die Kommunikation und die Transparenz zwischen den Mitgliedstaaten zu verbessern, wenn ihnen konkrete, ernstzunehmende und verlässliche Hinweise vorliegen, dass eine Stromversorgungskrise eintreten könnte. In diesen Fällen sollten die betreffenden Mitgliedstaaten die Kommission, die benachbarten Mitgliedstaaten und die Koordinierungsgruppe „Strom“ ohne unangemessene Verzögerung unterrichten und dabei insbesondere Angaben zu den Ursachen der Verschlechterung der Stromversorgung, den zur Prävention der Stromversorgungskrise geplanten Maßnahmen und zu einer möglicherweise erforderlichen Unterstützung durch andere Mitgliedstaaten übermitteln.

(24) Im Falle von Stromversorgungskrisen ist der Informationsaustausch für abgestimmte Maßnahmen und eine gezielte Unterstützung von entscheidender Bedeutung. Daher wird die zuständige Behörde mit der Verordnung verpflichtet, die Mitgliedstaaten in der Region, die benachbarten Mitgliedstaaten und die Kommission im Falle einer Stromversorgungskrise ohne unangemessene Verzögerung zu informieren. Zudem sollte die zuständige Behörde Angaben zu den Ursachen der Krise, den zu ihrer Eindämmung geplanten und getroffenen Maßnahmen und einer möglicherweise erforderlichen Unterstützung durch andere Mitgliedstaaten bereitstellen. Reicht diese Unterstützung über die Stromversorgungssicherheit hinaus, sollte das Katastrophenschutzverfahren der Union der anwendbare Rechtsrahmen bleiben.

(25) Im Falle einer Stromversorgungskrise sollten die Mitgliedstaaten solidarisch zusammenarbeiten. Zusätzlich zu dieser allgemeinen Regel sollten geeignete Verfahren vorgesehen werden, nach denen die Mitgliedstaaten einander im Falle einer Stromversorgungskrise Unterstützung leisten können. Diese Unterstützung sollte auf vereinbarten abgestimmten Maßnahmen beruhen, die in den Risikovorsorgeplänen enthalten sind. Den Mitgliedstaaten wird in dieser Verordnung großer Spielraum bei Vereinbarungen zum Umfang dieser abgestimmten Maßnahmen und somit zum Umfang der geleisteten Unterstützung eingeräumt. Es obliegt den Mitgliedstaaten, derartige abgestimmte Maßnahmen unter Berücksichtigung der Nachfrage und des Angebots zu beschließen und zu vereinbaren. Gleichzeitig wird mit dieser Verordnung sichergestellt, dass zum Zwecke der vereinbarten Unterstützung koordiniert Strom geliefert wird. Die Mitgliedstaaten sollten die erforderlichen technischen, rechtlichen und finanziellen Regelungen zur Durchführung der vereinbarten regionalen und bilateralen Maßnahmen festlegen. In diesen technischen Regelungen sollten die Mitgliedstaaten die Höchstmenge an zu lieferndem Strom angeben, die auf der Grundlage der technischen Möglichkeit, Strom zu liefern, neu bewertet werden sollte, sobald in einer Stromversorgungskrise um Unterstützung ersucht wird. Anschließend sollten die Mitgliedstaaten alle erforderlichen Maßnahmen für die Umsetzung der vereinbarten regionalen und bilateralen Maßnahmen und der technischen, rechtlichen und finanziellen Regelungen treffen.

(26) Bei der Vereinbarung von abgestimmten Maßnahmen und technischen, rechtlichen und finanziellen Regelungen und sonstigen Durchführungsbestimmungen für die Unterstützung sollten die Mitgliedstaaten soziale und wirtschaftliche

Faktoren wie die Sicherheit der Unionsbürger sowie den Grundsatz der Verhältnismäßigkeit berücksichtigen. Es wird ihnen nahegelegt, sich über bewährte Verfahren auszutauschen und die Koordinierungsgruppe „Strom" als Diskussionsplattform zu nutzen, um die bestehenden Optionen für die Unterstützung, insbesondere in Bezug auf die abgestimmten Maßnahmen und die erforderlichen technischen, rechtlichen und finanziellen Regelungen, darunter eine angemessene Kompensation, zu ermitteln. Die Kommission kann die Erarbeitung der regionalen und bilateralen Maßnahmen unterstützen.

(27) Die Unterstützung zwischen den Mitgliedstaaten gemäß dieser Verordnung sollte gegen eine zwischen den Mitgliedstaaten vereinbarte angemessene Kompensation erfolgen. Mit dieser Verordnung werden nicht alle Aspekte einer solchen angemessenen Kompensation zwischen den Mitgliedstaaten harmonisiert. Daher sollten die Mitgliedstaaten Regelungen für eine angemessene Kompensation vereinbaren, bevor Unterstützung geleistet wird. Der um Unterstützung ersuchende Mitgliedstaat sollte unverzüglich die Zahlung einer angemessenen Kompensation an den unterstützenden Mitgliedstaat leisten oder veranlassen. Die Kommission sollte einen unverbindlichen Leitfaden vorlegen, in dem sie die zentralen Aspekte der angemessenen Kompensation und andere zentrale Aspekte der technischen, rechtlichen und finanziellen Regelungen aufführt.

(28) Wenn die Mitgliedstaaten Unterstützung gemäß dieser Verordnung leisten, setzen sie Unionsrecht um und sind daher zur Achtung der durch das Unionsrecht garantierten Grundrechte verpflichtet. Somit könnte diese Unterstützung in Abhängigkeit von den zwischen den Mitgliedstaaten vereinbarten Maßnahmen einen Mitgliedstaat verpflichten, denjenigen Kompensation zu leisten, die von seinen Maßnahmen betroffen sind. Die Mitgliedstaaten sollten daher bei Bedarf sicherstellen, dass es nationale Kompensationsregelungen gibt, die mit dem Unionsrecht und vor allem mit den Grundrechten vereinbar sind. Darüber hinaus sollte der Mitgliedstaat, dem Unterstützung geleistet wird, im Einklang mit diesen nationalen Kompensationsregelungen letztendlich alle vertretbaren Kosten tragen, die einem anderen Mitgliedstaat aufgrund der geleisteten Unterstützung entstehen.

(29) Im Falle einer Stromversorgungskrise sollte Unterstützung auch dann geleistet werden, wenn die Mitgliedstaaten noch keine abgestimmten Maßnahmen und technischen, rechtlichen und finanziellen Regelungen gemäß den Bestimmungen dieser Verordnung zur Unterstützung vereinbart haben. Damit die Mitgliedstaaten in einer solchen Situation Unterstützung im Einklang mit dieser Verordnung leisten können, sollten sie Adhoc-Maßnahmen und -Regelungen vereinbaren, die die fehlenden abgestimmten Maßnahmen und technischen, rechtlichen und finanziellen Regelungen ersetzen.

(30) Mit dieser Verordnung wird ein solcher Unterstützungsmechanismus zwischen den Mitgliedstaaten als Instrument zur Prävention oder Eindämmung einer Stromversorgungskrise in der Union eingeführt. Daher sollte die Kommission den Unterstützungsmechanismus unter Berücksichtigung der künftigen Erfahrungen mit seiner Funktionsweise überprüfen und erforderlichenfalls Änderungen vorschlagen.

(31) Diese Verordnung sollte es den Stromversorgungsunternehmen und Kunden ermöglichen, beim Umgang mit Stromversorgungskrisen so lange wie möglich auf die in der Verordnung (EU) 2019/943 und der Richtlinie (EU) 2019/944 festgelegten Marktmechanismen zurückzugreifen. Vorschriften für den Binnenmarkt und den Netzbetrieb sollten auch im Falle von Stromversorgungskrisen eingehalten werden. Zu diesen Vorschriften gehören auch Artikel 22 Absatz 1 Buchstabe i der Verordnung (EU) 2017/1485 und Artikel 35 der Verordnung (EU) 2017/2196, die die Einschränkung von Transaktionen, die Begrenzung der Bereitstellung zonenübergreifender Kapazitäten für die Kapazitätszuweisung oder die Begrenzung der Bereitstellung von Fahrplänen regeln. Nicht marktbasierte Maßnahmen, z. B. eine erzwungene Lasttrennung, oder die Bereitstellung zusätzlicher Lieferungen außerhalb der normalen Marktfunktionen sollten somit nur als letztes Mittel eingesetzt werden, wenn alle marktbasierten Optionen erschöpft sind. Eine erzwungene Lasttrennung sollte daher nur dann erfolgen, wenn alle Möglichkeiten für eine freiwillige Lasttrennung ausgeschöpft sind. Zudem sollten alle nicht marktbasierten Maßnahmen notwendig, verhältnismäßig und diskriminierungsfrei sein und nur vorübergehend erfolgen.

(32) Im Interesse der Transparenz sollte die zuständige Behörde, die die Stromversorgungskrise erklärt hat, nach einer Stromversorgungskrise die Krise und ihre Auswirkungen rückblickend evaluieren. Bei dieser Evaluierung sollte sie unter anderem die Wirksamkeit und Verhältnismäßigkeit der getroffenen Maßnahmen sowie deren wirtschaftliche Kosten berücksichtigen. Zudem sollte sie grenzüberschreitende Aspekte einbeziehen, wie die Auswirkungen der Maßnahmen auf andere Mitgliedstaaten und den Umfang der von ihnen geleisteten Unterstützung für den Mitgliedstaat, der die Stromversorgungskrise erklärt hat.

(33) Durch die Transparenzanforderungen sollte sichergestellt werden, dass alle Maßnahmen zur Prävention oder Bewältigung von Stromversorgungskrisen mit den Binnenmarktvorschriften im Einklang stehen und den der Energieunion zugrunde liegenden Prinzipien der Zusammenarbeit und Solidarität entsprechen.

(34) Durch die vorliegende Verordnung wird die Rolle der Koordinierungsgruppe „Strom" weiter

gestärkt. Diese Gruppe sollte spezifische Aufgaben übernehmen, insbesondere bei der Entwicklung einer Methode für die Bestimmung von regionalen Szenarien für Stromversorgungskrisen und kurzfristigen und saisonalen Abschätzungen der Angemessenheit sowie bei der Erarbeitung der Risikovorsorgepläne, und sie sollte bei der Beobachtung der Leistung der Mitgliedstaaten im Bereich der Stromversorgungssicherheit sowie bei der Entwicklung bewährter Verfahren auf dieser Grundlage eine wichtige Rolle spielen.

(35) Eine Stromversorgungskrise kann über die Grenzen der Union hinausreichen und auch das Hoheitsgebiet der Vertragsparteien der Energiegemeinschaft betreffen. Als Vertragspartei des Vertrags zur Gründung der Energiegemeinschaft sollte die Union darauf hinarbeiten, dass dieser Vertrag dahingehend geändert wird, dass durch die Festlegung eines geeigneten und stabilen Rechtsrahmens ein integrierter Markt und ein einheitlicher Rechtsraum entstehen. Im Interesse eines effizienten Krisenmanagements sollte die Union bei der Vorsorge für Stromversorgungskrisen sowie bei deren Prävention und Bewältigung daher eng mit den Vertragsparteien der Energiegemeinschaft zusammenarbeiten.

(36) Erhalten die Kommission, ACER, die Koordinierungsgruppe „Strom", ENTSO (Strom), die Mitgliedstaaten und ihre zuständigen Behörden und Regulierungsbehörden oder andere Organe, Einrichtungen oder Personen gemäß dieser Verordnung vertrauliche Informationen, sollten sie für die Wahrung der Vertraulichkeit dieser Informationen sorgen. Zu diesem Zwecke sollten für vertrauliche Informationen die Unionsvorschriften und nationalen Vorschriften über den Umgang mit vertraulichen Informationen und Verfahren gelten.

(37) Da das Ziel dieser Verordnung, nämlich die Sicherstellung einer möglichst wirksamen und effizienten Risikovorsorge in der Union, von den Mitgliedstaaten nicht ausreichend verwirklicht werden kann, sondern vielmehr wegen seines Umfangs und seiner Auswirkungen auf Unionsebene besser zu verwirklichen ist, kann die Union im Einklang mit dem in Artikel 5 des Vertrags über die Europäische Union verankerten Subsidiaritätsprinzips tätig werden. Entsprechend dem in demselben Artikel genannten Grundsatz der Verhältnismäßigkeit geht diese Verordnung nicht über das für die Verwirklichung dieses Ziels erforderliche Maß hinaus.

(38) Derzeit ist Zypern der einzige Mitgliedstaat, der nicht direkt mit einem anderen Mitgliedstaat verbunden ist. Im Hinblick auf bestimmte Bestimmungen dieser Verordnung, namentlich die Regelungen zur Bestimmung von regionalen Szenarien für Stromversorgungskrisen, zur Aufnahme von in den Risikovorsorgeplänen enthaltenen regionaler und bilateraler Maßnahmen sowie zur Unterstützung, sollte klargestellt werden, dass sie für Zypern nicht gelten, solange dieser Umstand währt. Zypern und andere maßgebliche Mitgliedstaaten sind dazu angehalten, mit Unterstützung der Kommission alternative Maßnahmen und Verfahren in den von diesen Regelungen erfassten Bereichen zu entwickeln, sofern solche alternativen Maßnahmen und Verfahren nicht die wirksame Anwendung dieser Verordnung zwischen den anderen Mitgliedstaaten beeinträchtigen.

(39) Die Richtlinie 2005/89/EG sollte aufgehoben werden —

[1] ABl. C 288 vom 31.8.2017, S. 91.

[2] ABl. C 342 vom 12.10.2017, S. 79.

[3] Standpunkt des Europäischen Parlaments vom 26. März 2019 (noch nicht im Amtsblatt veröffentlicht) und Beschluss des Rates vom 22. Mai 2019.

[4] Verordnung (EU) 2019/943 des Europäischen Parlaments und des Rates vom 5. Juni 2019 über den Elektrizitätsbinnenmarkt (siehe Seite 54 dieses Amtsblatts).

[5] Richtlinie (EU) 2019/944 des Europäischen Parlaments und des Rates vom 5. Juni 2019 mit gemeinsamen Vorschriften für den Elektrizitätsbinnenmarkt und zur Änderung der Richtlinie 2012/27/EU (siehe Seite 125 dieses Amtsblatts).

[6] Richtlinie 2005/89/EG des Europäischen Parlaments und des Rates vom 18. Januar 2006 über Maßnahmen zur Gewährleistung der Sicherheit der Elektrizitätsversorgung und von Infrastrukturinvestitionen (ABl. L 33 vom 4.2.2006, S. 22).

[7] Verordnung (EU) 2017/1485 der Kommission vom 2. August 2017 zur Festlegung einer Leitlinie für den Übertragungsnetzbetrieb (ABl. L 220 vom 25.8.2017, S. 1).

[8] Verordnung (EU) 2017/2196 der Kommission vom 24. November 2017 zur Festlegung eines Netzkodex über den Notzustand und den Netzwiederaufbau des Übertragungsnetzes (ABl. L 312 vom 28.11.2017, S. 54).

[9] Beschluss der Kommission vom 15. November 2012 zur Einsetzung der Koordinierungsgruppe „Strom" (ABl. C 353 vom 17.11.2012, S. 2).

[10] Richtlinie (EU) 2016/1148 des Europäischen Parlaments und des Rates vom 6. Juli 2016 über Maßnahmen zur Gewährleistung eines hohen gemeinsamen Sicherheitsniveaus von Netz- und Informationssystemen in der Union (ABl. L 194 vom 19.7.2016, S. 1).

[11] Richtlinie 2008/114/EG des Rates vom 8. Dezember 2008 über die Ermittlung und Ausweisung europäischer kritischer Infrastrukturen und die Bewertung der Notwendigkeit, ihren Schutz zu verbessern (ABl. L 345 vom 23.12.2008, S. 75).

[12] Beschluss Nr. 1313/2013/EU des Europäischen Parlaments und des Rates vom 17. Dezember 2013 über ein Katastrophenschutzverfahren der Union (ABl. L 347 vom 20.12.2013, S. 924).

[13] Verordnung (EU) 2019/942 des Europäischen Parlaments und des Rates vom 5. Juni 2019 zur Gründung einer Agentur der Europäischen Union für die Zusammenarbeit der Energieregulierungsbehörden (siehe Seite 22 dieses Amtsblatts).

[14] Verordnung (EU) 2017/1938 des Europäischen Parlaments und des Rates vom 25. Oktober 2017 über Maßnahmen zur Gewährleistung der sicheren Gasversorgung und zur Aufhebung der Verordnung (EU) Nr. 994/2010 (ABl. L 280 vom 28.10.2017, S. 1).

Artikel 1
Gegenstand

In dieser Verordnung sind Bestimmungen festgelegt, mit denen sichergestellt werden soll, dass die Mitgliedstaaten bei der Vorsorge für Stromversorgungskrisen sowie bei deren Prävention und Bewältigung im Geiste der Solidarität und Transparenz zusammenarbeiten und die Anforderungen eines wettbewerbsorientierten Elektrizitätsbinnenmarktes in vollem Umfang berücksichtigen.

Artikel 2
Begriffsbestimmungen

Für die Zwecke dieser Verordnung bezeichnet

1. „Stromversorgungssicherheit“ die Fähigkeit eines Stromsystems, die Stromversorgung der Kunden auf einem klar von dem betreffenden Mitgliedstaat definierten Leistungsniveau sicherzustellen;

2. „Übertragungsnetzbetreiber“ einen Übertragungsnetzbetreiber im Sinne von Artikel 2 Nummer 35 der Richtlinie (EU) 2019/944;

3. „Verteilung“ eine Verteilung im Sinne von Artikel 2 Nummer 28 der Richtlinie (EU) 2019/944;

4. „Grenzüberschreitender Stromfluss“ einen grenzüberschreitenden Stromfluss im Sinne von Artikel 2 Nummer 3 der Richtlinie (EU) 2019/943;

5. „Zonenübergreifende Kapazität“ die Fähigkeit des Verbundnetzes, einen Energietransfer zwischen den Gebotszonen zu ermöglichen;

6. „Kunde“ einen Kunden im Sinne von Artikel 2 Nummer 1 der Richtlinie (EU) 2019/944;

7. „Verteilernetzbetreiber“ einen Verteilernetzbetreiber im Sinne von Artikel 2 Nummer 29 der Richtlinie (EU) 2019/944;

8. „Erzeugung“ eine Erzeugung im Sinne von Artikel 2 Nummer 37 der Richtlinie (EU) 2019/944;

9. „Stromversorgungskrise“ eine bestehende oder drohende Situation, die durch eine im Sinne der Vorgaben der Mitgliedstaaten und der Beschreibung in ihren Risikovorsorgeplänen erhebliche Stromknappheit oder durch die Unmöglichkeit, Kunden mit Strom zu versorgen, gekennzeichnet ist;

10. „Zeitgleich auftretende Stromversorgungskrise“ eine Stromversorgungskrise, die mehr als einen Mitgliedstaat zur gleichen Zeit trifft;

11. „Zuständige Behörde“ eine nationale Regierungsbehörde oder eine Regulierungsbehörde, die gemäß Artikel 3 von einem Mitgliedstaat benannt wurde;

12. „Regulierungsbehörden“ Regulierungsbehörden nach Maßgabe von Artikel 57 Absatz 1 der Richtlinie (EU) 2019/944;

13. „Krisenkoordinierungsstelle“ eine Person, eine Gruppe von Personen, ein Team aus den maßgeblichen nationalen Managern von Stromversorgungskrisen oder eine Einrichtung, die bzw. das als Ansprechstelle eingesetzt und damit beauftragt wurde, den Informationsfluss während einer Stromversorgungskrise zu koordinieren;

14. „Nicht marktbasierte Maßnahme“ eine angebots- oder nachfrageseitige Maßnahme, die von Marktregeln oder geschäftlichen Vereinbarungen abweicht und dazu dient, Stromversorgungskrisen einzudämmen;

15. „Erzeuger“ einen Erzeuger im Sinne des Artikel 2 Nummer 38 der Richtlinie (EU) 2019/944;

16. „Region“ eine Gruppe von Mitgliedstaaten, deren Übertragungsnetzbetreiber sich dasselbe regionale Koordinierungszentrum nach Maßgabe von Artikel 36 der Verordnung (EU) 2019/943 teilen;

17. „Untergruppe“ eine Gruppe von Mitgliedstaaten innerhalb einer Region, die über die technischen Möglichkeiten verfügen, sich gemäß Artikel 15 gegenseitig Unterstützung zu leisten;

18. „Frühwarnung“ die Weitergabe konkreter, ernstzunehmender und verlässlicher Hinweise darauf, dass ein Ereignis eintreten könnte, das voraussichtlich zu einer erheblichen Verschlechterung der Stromversorgung sowie wahrscheinlich zur einer Stromversorgungskrise führt;

19. „Übertragung“ eine Übertragung im Sinne von Artikel 2 Nummer 34 der Richtlinie (EU) 2019/944;

20. „Elektrizitätsunternehmen“ ein Elektrizitätsunternehmen im Sinne von Artikel 2 Nummer 57 der Richtlinie (EU) 2019/944;

21. „Kapazitätsvergabe“ die Zuweisung zonenübergreifender Kapazität;

22. „Energie aus erneuerbaren Quellen“ Energie aus erneuerbaren Quellen oder erneuerbare Energie im Sinne von Artikel 2 Nummer 31 der Richtlinie (EU) 2019/944.

Artikel 3
Zuständige Behörde

(1) So bald wie möglich, in jedem Fall jedoch bis zum 5. Januar 2020, bestimmt jeder Mitgliedstaat eine nationale Regierungs- oder Regulierungsbehörde als zuständige Behörde. Die zuständigen Behörden sind dafür verantwortlich, die in dieser Verordnung vorgesehenen Aufgaben wahrzunehmen, und arbeiten zu diesem Zweck zusammen. Bis zur Bestimmung der zuständigen Behörde werden die für die Stromversorgungssicherheit

zuständigen nationalen Stellen mit den Aufgaben der zuständigen Behörde gemäß dieser Verordnung betraut.

(2) Die Mitgliedstaaten teilen der Kommission und der Koordinierungsgruppe „Strom" umgehend den Namen und die Kontaktdaten ihrer nach Maßgabe von Absatz 1 bestimmten zuständigen Behörden und etwaige Änderungen ihres Namens oder ihrer Kontaktdaten mit und veröffentlichen diese Angaben.

(3) Die Mitgliedstaaten können der zuständigen Behörde gestatten, anderen Einrichtungen die operativen Aufgaben in Bezug auf die Risikovorsorgeplanung und das Risikomanagement gemäß dieser Verordnung zu übertragen. Die übertragenen Aufgaben werden unter der Aufsicht der zuständigen Behörde wahrgenommen und sind gemäß Artikel 11 Absatz 1 Buchstabe b im Risikovorsorgeplan aufzuführen.

Artikel 4
Bewertung von Risiken im Zusammenhang mit der Stromversorgungssicherheit

Jede zuständige Behörde stellt sicher, dass alle maßgeblichen Risiken im Zusammenhang mit der Stromversorgungssicherheit gemäß den Bestimmungen dieser Verordnung und von Kapitel IV der Verordnung (EU) 2019/943 bewertet werden. Zu diesem Zweck arbeitet sie mit den Übertragungsnetzbetreibern, den Verteilernetzbetreibern, den Regulierungsbehörden, ENTSO (Strom), den regionalen Koordinierungszentren und bei Bedarf mit anderen maßgeblichen Interessenträgern zusammen.

Artikel 5
Methode zur Bestimmung von regionalen Szenarien für Stromversorgungskrisen

(1) Bis 5. Januar 2020 legt ENTSO (Strom) ACER einen Vorschlag für eine Methode zur Bestimmung der wichtigsten regionalen Szenarien für Stromversorgungskrisen vor.

(2) Mit der vorgeschlagenen Methode werden Szenarien für Stromversorgungskrisen in Bezug auf die Angemessenheit des Systems, die Systemsicherheit und die Sicherheit der Brennstoffversorgung auf der Grundlage von zumindest der folgenden Risiken bestimmt:

a) Naturkatastrophen,

b) unvorhergesehene Gefahren, bei denen das N-1-Kriterium überschritten wird, und außergewöhnliche Ausfallvarianten,

c) Folgerisiken wie die Folgen böswilliger Angriffe und von Brennstoffknappheit.

(3) Die vorgeschlagene Methode muss zumindest Folgendes umfassen:

a) Berücksichtigung aller maßgeblichen nationalen und regionalen Gegebenheiten sowie etwaiger Untergruppen,

b) Interaktion und Korrelation von grenzüberschreitenden Risiken,

c) Simulationen von Szenarien für zeitgleich auftretende Stromversorgungskrisen,

d) Einstufung der Risiken nach Auswirkungen und Eintrittswahrscheinlichkeit,

e) Grundsätze für den Umgang mit vertraulichen Informationen auf eine Art und Weise, bei der gleichzeitig für Transparenz gegenüber der Öffentlichkeit gesorgt wird.

(4) Bei der Betrachtung der Risiken einer Gasversorgungsunterbrechung im Rahmen der Risikobestimmung nach Maßgabe von Absatz 2 Buchstabe c nutzt ENTSO (Strom) die von ENTSO (Gas) nach Maßgabe von Artikel 7 der Verordnung (EU) 2017/1938 entwickelten Szenarien für eine Unterbrechung der Erdgasversorgung und einen Ausfall der Erdgasinfrastruktur.

(5) Vor der Übermittlung der vorgeschlagenen Methode an ACER konsultiert ENTSO (Strom) mindestens die regionalen Koordinierungszentren, die Unternehmens- und Verbraucherverbände, die Erzeuger oder deren Fachverbände, die Übertragungsnetzbetreiber und die maßgeblichen Verteilernetzbetreiber, die zuständigen Behörden, die Regulierungsbehörden und andere maßgebliche nationale Behörden. ENTSO (Strom) trägt den Ergebnissen der Konsultation angemessen Rechnung und legt die Ergebnisse sowie die vorgeschlagene Methode in einer Sitzung der Koordinierungsgruppe „Strom" vor.

(6) Innerhalb von zwei Monaten nach dem Eingang der vorgeschlagenen Methode genehmigt oder ändert ACER den Vorschlag nach Konsultation der Koordinierungsgruppe „Strom" in der ausschließlich aus Vertretern der Mitgliedstaaten bestehenden Zusammensetzung. ENTSO (Strom) und ACER veröffentlichen die endgültige Fassung der Methode auf ihren Websites.

(7) Die Methode wird von ENTSO (Strom) gemäß den Absätzen 1 bis 6 aktualisiert und verbessert, wenn wesentliche neue Informationen vorliegen. Die Koordinierungsgruppe „Strom" in der ausschließlich aus Vertretern der Mitgliedstaaten bestehenden Zusammensetzung kann solche Aktualisierungen und Verbesserungen unter Angabe von Gründen empfehlen, und ACER oder die Kommission können sie mit angemessener Begründung anfordern. Innerhalb von sechs Monaten nach dem Eingang der Anforderung legt ENTSO (Strom) ACER einen Entwurf der vorgeschlagenen Änderungen vor. Innerhalb von zwei Monaten nach dem Eingang dieses Entwurfs genehmigt oder ändert ACER die vorgeschlagenen Änderungen nach Konsultation der Koordinierungsgruppe „Strom" in der ausschließlich aus Vertretern der Mitgliedstaaten bestehenden Zusammensetzung. ENTSO (Strom) und ACER veröffentlichen die

endgültige Fassung der aktualisierten Methode auf ihren Websites.

Artikel 6
Bestimmung regionaler Szenarien für Stromversorgungskrisen

(1) Innerhalb von sechs Monaten nach der Genehmigung der Methode gemäß Artikel 5 Absatz 6 bestimmt ENTSO (Strom) auf der Grundlage dieser Methode und in enger Zusammenarbeit mit der Koordinierungsgruppe „Strom", den regionalen Koordinierungszentren, den zuständigen Behörden und den Regulierungsbehörden die wichtigsten Szenarien für Stromversorgungskrisen für jede Region. Es kann Aufgaben im Zusammenhang mit der Bestimmung der regionalen Szenarien für Stromversorgungskrisen an die regionalen Koordinierungszentren delegieren.

(2) ENTSO (Strom) legt die regionalen Szenarien für Stromversorgungskrisen den maßgeblichen Übertragungsnetzbetreibern, regionalen Koordinierungszentren, zuständigen Behörden und Regulierungsbehörden sowie der Koordinierungsgruppe „Strom" vor. Die Koordinierungsgruppe „Strom" kann Änderungen empfehlen.

(3) ENTSO (Strom) aktualisiert die regionalen Szenarien für Stromversorgungskrisen alle vier Jahre, soweit die Umstände keine häufigere Aktualisierung nahelegen.

Artikel 7
Bestimmung von nationalen Szenarien für Stromversorgungskrisen

(1) Innerhalb von vier Monaten nach der Bestimmung der regionalen Szenarien für Stromversorgungskrisen gemäß Artikel 6 Absatz 1 bestimmt die zuständige Behörde die wichtigsten nationalen Szenarien für Stromversorgungskrisen.

(2) Bei der Bestimmung der nationalen Szenarien für Stromversorgungskrisen konsultiert die zuständige Behörde die Übertragungsnetzbetreiber, die von der zuständigen Behörde als maßgeblich erachteten Verteilernetzbetreiber, die maßgeblichen Erzeuger oder deren Fachverbände und die Regulierungsbehörde, sofern diese nicht mit der zuständigen Behörde identisch ist.

(3) Die nationalen Szenarien für Stromversorgungskrisen, bei deren Bestimmung zumindest die in Artikel 5 Absatz 2 genannten Risiken berücksichtigt werden, müssen mit den gemäß Artikel 6 Absatz 1 bestimmten regionalen Szenarien für Stromversorgungskrisen im Einklang stehen. Die Mitgliedstaaten aktualisierten die nationalen Szenarien für Stromversorgungskrisen alle vier Jahre, soweit die Umstände keine häufigere Aktualisierung nahe legen.

(4) Innerhalb von vier Monaten nach der Bestimmung der regionalen Szenarien für Stromversorgungskrisen gemäß Artikel 6 Absatz 1 unterrichten die Mitgliedstaaten die Koordinierungsgruppe „Strom" und die Kommission über ihre Einschätzung der Risiken, die aufgrund der Eigentumsverhältnisse der für die Stromversorgungssicherheit wesentlichen Infrastruktur bestehen, sowie über alle Maßnahmen zur Prävention und Minderung dieser Risiken und geben dabei an, warum sie diese Maßnahmen für notwendig und verhältnismäßig halten.

Artikel 8
Methode für kurzfristige und saisonale Abschätzungen der Angemessenheit

(1) Bis zum 5. Januar 2020 übermittelt ENTSO (Strom) ACER einen Vorschlag für eine Methode zur Abschätzung der saisonalen und kurzfristigen Angemessenheit, d. h. der monatlichen sowie der Week-Ahead- bis mindestens der Day-Ahead-Angemessenheit, und berücksichtigt dabei zumindest

a) die Unsicherheit der Annahmen, z. B. die Wahrscheinlichkeit des Ausfalls von Übertragungskapazitäten, die Wahrscheinlichkeit ungeplanter Ausfälle von Kraftwerken, ungünstige Witterungsbedingungen, Nachfrageschwankungen, insbesondere witterungsbedingte Nachfragespitzen, sowie die Variabilität der Erzeugung aus Energie aus erneuerbaren Quellen,

b) die Wahrscheinlichkeit des Eintritts einer Stromversorgungskrise,

c) die Wahrscheinlichkeit des Eintritts zeitgleich auftretender Stromversorgungskrisen.

(2) Die Methode nach Absatz 1 muss einem probabilistischen, auf mehreren Szenarien beruhenden Ansatz folgen und den nationalen, regionalen und EU-weiten Kontext einschließlich des Grads der Vernetzung zwischen den Mitgliedstaaten und – so weit möglich – Drittländern in Synchrongebieten der Union berücksichtigen. Die Methode muss den Besonderheiten des Energiesektors eines jeden Mitgliedstaats, einschließlich spezifischer Witterungsbedingungen und äußerer Umstände, Rechnung tragen.

(3) Vor der Übermittlung der vorgeschlagenen Methode konsultiert ENTSO (Strom) mindestens die regionalen Koordinierungszentren, die Unternehmens- und Verbraucherverbände, die Erzeuger oder deren Fachverbände, die Übertragungsnetzbetreiber, die maßgeblichen Verteilernetzbetreiber, die zuständigen Behörden, die Regulierungsbehörden und andere maßgebliche nationale Behörden. ENTSO (Strom) trägt den Ergebnissen der Konsultation angemessen Rechnung und legt die Ergebnisse sowie die vorgeschlagene Methode in einer Sitzung der Koordinierungsgruppe „Strom" vor.

(4) Innerhalb von zwei Monaten nach dem Eingang der vorgeschlagenen Methode genehmigt oder ändert ACER die Methode nach Konsultation der Koordinierungsgruppe „Strom" in der ausschließlich aus Vertretern der Mitgliedstaaten

bestehenden Zusammensetzung. ENTSO (Strom) und ACER veröffentlichen die endgültige Fassung der Methode auf ihren Websites.

(5) Die Methode wird von ENTSO (Strom) gemäß den Absätzen 1 bis 4 aktualisiert und verbessert, wenn wesentliche neue Informationen vorliegen. Die Koordinierungsgruppe „Strom" in der ausschließlich aus Vertretern der Mitgliedstaaten bestehenden Zusammensetzung kann solche Aktualisierungen und Verbesserungen mit angemessener Begründung empfehlen und ACER oder die Kommission können sie mit angemessener Begründung anfordern. Innerhalb von sechs Monaten nach dem Eingang der Anforderung legt ENTSO (Strom) ACER einen Entwurf der vorgeschlagenen Änderungen vor. Innerhalb von zwei Monaten nach dem Eingang dieses Entwurfs genehmigt oder ändert ACER die vorgeschlagenen Änderungen nach Konsultation der Koordinierungsgruppe „Strom" in der ausschließlich aus Vertretern der Mitgliedstaaten bestehenden Zusammensetzung. ENTSO (Strom) und ACER veröffentlichen die endgültige Fassung der aktualisierten Methode auf ihren Websites.

Artikel 9
Kurzfristige und saisonale Abschätzungen der Angemessenheit

(1) Allen kurzfristigen Abschätzungen der Angemessenheit liegt unabhängig davon, ob sie auf nationaler, regionaler oder unionsweiter Ebene stattfinden, die nach Artikel 8 entwickelte Methode zugrunde.

(2) ENTSO (Strom) nimmt gemäß der nach Maßgabe von Artikel 8 entwickelten Methode saisonale Abschätzungen der Angemessenheit vor. Es veröffentlicht die Abschätzungen der Angemessenheit für den Winter bis spätestens 1. Dezember und für den Sommer bis spätestens 1. Juni jeden Jahres. Es kann Aufgaben im Zusammenhang mit den Abschätzungen der Angemessenheit an die regionalen Koordinierungszentren delegieren. Es legt die Abschätzung der Angemessenheit in einer Sitzung der Koordinierungsgruppe „Strom" vor, die gegebenenfalls zu den Ergebnissen Empfehlungen abgeben kann

(3) Die regionalen Koordinierungszentren führen auf der Grundlage der gemäß Artikel 8 angenommenen Methode die Abschätzungen der Angemessenheit auf Week-Ahead- bis mindestens Day-Ahead-Basis gemäß der Verordnung (EU) 2017/1485 durch.

Artikel 10
Erstellung der Risikovorsorgepläne

(1) Auf der Grundlage der gemäß den Artikeln 6 und 7 bestimmten regionalen und nationalen Szenarien für Stromversorgungskrisen erstellt die zuständige Behörde eines jeden Mitgliedstaats einen Risikovorsorgeplan, nachdem sie die von ihr als maßgeblich erachteten Verteilernetzbetreiber, die Übertragungsnetzbetreiber, die maßgeblichen Erzeuger oder deren Fachverbände, die Elektrizitäts- und Erdgasunternehmen, die maßgeblichen Organisationen, die die Interessen von gewerblichen und nichtgewerblichen Stromkunden vertreten, und die Regulierungsbehörde (soweit diese nicht mit der zuständigen Behörde identisch ist) konsultiert hat.

(2) Der Risikovorsorgeplan muss nationale, regionale und, falls zutreffend, bilaterale Maßnahmen gemäß den Artikeln 11 und 12 umfassen. Gemäß Artikel 16 müssen alle geplanten oder getroffenen Maßnahmen zur Vorsorge für Stromversorgungskrisen sowie für deren Prävention und Eindämmung mit den Vorschriften für den Elektrizitätsbinnenmarkt und den Netzbetrieb vollständig im Einklang stehen. Diese Maßnahmen müssen klar definiert, transparent, verhältnismäßig und diskriminierungsfrei sein.

(3) Der Risikovorsorgeplan wird gemäß den Artikeln 11 und 12 sowie dem Muster im Anhang entwickelt. Bei Bedarf können die Mitgliedstaaten zusätzliche Angaben in den Risikovorsorgeplan aufnehmen.

(4) Im Interesse der Kohärenz der Risikovorsorgepläne übermitteln die zuständigen Behörden vor der Verabschiedung ihrer Risikovorsorgepläne den zuständigen Behörden der maßgeblichem Mitgliedstaaten in der Region und den zuständigen Behörden der direkt verbundenen Mitgliedstaaten, soweit sich diese nicht in derselben Region befinden, sowie der Koordinierungsgruppe „Strom", die Entwürfe der Pläne zur Konsultation.

(5) Innerhalb von sechs Monaten nach dem Eingang der Entwürfe der Risikovorsorgepläne können die in Absatz 4 angeführten zuständigen Behörden sowie die Koordinierungsgruppe „Strom" Empfehlungen zu den gemäß Absatz 4 übermittelten Entwürfen abgeben.

(6) Innerhalb von neun Monaten nach der Vorlage der Entwürfe ihrer Pläne verabschieden die zuständigen Behörden ihre Risikovorsorgepläne, wobei sie den Ergebnissen der nach Maßgabe von Absatz 4 durchgeführten Konsultation sowie den nach Absatz 5 abgegebenen Empfehlungen Rechnung tragen. Sie übermitteln ihre Risikovorsorgepläne unverzüglich der Kommission.

(7) Die zuständigen Behörden und die Kommission veröffentlichen die Risikovorsorgepläne auf ihren Websites, achten dabei jedoch darauf, dass die Vertraulichkeit sensibler Informationen gewahrt bleibt, insbesondere in Bezug auf Maßnahmen zur Prävention und Minderung der Auswirkungen böswilliger Angriffe. Der Schutz der Vertraulichkeit sensibler Daten beruht auf den nach Maßgabe von Artikel 19 festgelegten Grundsätzen.

(8) Die zuständigen Behörden verabschieden und veröffentlichen ihre ersten Risikovorsorgepläne bis zum 5. Januar 2022. Sie aktualisieren sie alle vier Jahre, soweit sie aufgrund der Umstände nicht häufiger aktualisiert werden müssen.

Artikel 11
Inhalt der Risikovorsorgepläne – nationale Maßnahmen

(1) Der Risikovorsorgeplan eines jeden Mitgliedstaats muss alle geplanten oder getroffenen nationalen Maßnahmen zur Prävention, Vorbereitung und Eindämmung der gemäß den Artikeln 6 und 7 bestimmten Stromversorgungskrisen sowie zur Vorsorge für solche Krisen enthalten. In dem Risikovorsorgeplan müssen die Mitgliedstaaten mindestens

a) eine Zusammenfassung der Szenarien von Stromversorgungskrisen beinhalten, die gemäß den in den Artikeln 6 und 7 festgelegten Verfahren für die maßgeblichen Mitgliedstaaten und die Region bestimmt wurden,

b) die Aufgaben und Zuständigkeiten der zuständigen Behörde festlegen und darlegen, welche Aufgaben gegebenenfalls anderen Einrichtungen übertragen wurden,

c) die nationalen Maßnahmen zur Prävention und Vorbereitung für die gemäß den Artikeln 6 und 7 bestimmten Risiken beschreiben,

d) eine nationale Krisenkoordinierungsstelle benennen und deren Aufgaben festlegen,

e) die in Stromversorgungskrisen anzuwendenden Verfahren detailliert festlegen, einschließlich der entsprechenden Pläne für den Informationsfluss,

f) aufzeigen, wie marktbasierte – insbesondere nachfrage- und angebotsseitige – Maßnahmen zur Bewältigung von Stromversorgungskrisen beitragen können,

g) in Stromversorgungskrisen möglicherweise anzuwendende nicht marktbasierte Maßnahmen aufführen, und dabei die Auslöser, die Bedingungen und die Verfahren für ihre Anwendung angeben und begründen, warum sie den in Artikel 16 festgelegten Anforderungen sowie den regionalen und bilateralen Maßnahmen entsprechen,

h) einen Rahmen für den manuellen Lastabwurf vorlegen, in dem aufgezeigt wird, unter welchen Umständen Last abzuwerfen ist, und in dem hinsichtlich der öffentlichen und persönlichen Sicherheit festgelegt wird, welche Kategorien von Stromverbrauchern nach nationalem Recht einen besonderen Schutz vor einer Netztrennung beanspruchen können, wobei die Notwendigkeit dieses Schutzes zu begründen ist und angegeben wird, wie die Übertragungsnetzbetreiber und Verteilernetzbetreiber der betroffenen Mitgliedstaaten den Verbrauch senken sollen,

i) die Mechanismen zur Information der Öffentlichkeit über Stromversorgungskrisen beschreiben,

j) die zur Umsetzung und Durchsetzung der gemäß Artikel 12 vereinbarten regionalen und, falls zutreffend, bilateralen Maßnahmen erforderlichen nationalen Maßnahmen beschreiben,

k) Angaben zu damit zusammenhängenden und notwendigen Plänen für die Entwicklung des künftigen Netzes machen, die dazu beitragen sollen, die Folgen der bestimmten Szenarien für Stromversorgungskrisen zu bewältigen.

2. Die nationalen Maßnahmen müssen den nach Maßgabe von Artikel 12 vereinbarten regionalen und, falls zutreffend, bilateralen Maßnahmen vollständig Rechnung tragen und dürfen weder die Betriebssicherheit des Übertragungsnetzes noch die Stromversorgungssicherheit anderer Mitgliedstaaten gefährden.

Artikel 12
Inhalt der Risikovorsorgepläne – regionale und bilaterale Maßnahmen

(1) Neben den in Artikel 11 genannten nationalen Maßnahmen muss der Risikovorsorgeplan eines jeden Mitgliedstaats regionale und gegebenenfalls bilaterale Maßnahmen umfassen, um sicherzustellen, dass Stromversorgungskrisen mit grenzüberschreitenden Auswirkungen angemessen verhindert und bewältigt werden. Regionale Maßnahmen werden in der betreffenden Region zwischen Mitgliedstaaten vereinbart, die über die technischen Möglichkeiten verfügen, sich gemäß Artikel 15 gegenseitig Unterstützung zu leisten. Zu diesem Zweck können die Mitgliedstaaten auch Untergruppen innerhalb einer Region bilden. Bilaterale Maßnahmen werden zwischen Mitgliedstaaten vereinbart, die direkt verbunden sind, aber nicht derselben Region angehören. Die Mitgliedstaaten sorgen für Kohärenz zwischen den regionalen und bilateralen Maßnahmen. Die regionalen und bilateralen Maßnahmen müssen mindestens Folgendes umfassen:

a) die Benennung einer Krisenkoordinierungsstelle,

b) Mechanismen für den Informationsaustausch und die Zusammenarbeit,

c) abgestimmte Maßnahmen zur Minderung der Auswirkungen einer Stromversorgungskrise einschließlich zeitgleich auftretender Krisen zum Zwecke der Unterstützung gemäß Artikel 15,

d) Verfahren für jährliche oder zweijährliche Prüfungen der Krisenvorsorgepläne,

e) die Auslösemechanismen für gemäß Artikel 16 Absatz 2 einzusetzende nicht marktbasierte Maßnahmen.

(2) Die betreffenden Mitgliedstaaten vereinbaren die in den Risikovorsorgeplan aufzunehmenden regionalen und bilateralen Maßnahmen,

nachdem die maßgeblichen regionalen Koordinierungszentren konsultiert wurden. Die Kommission kann bei der Vorbereitung der Vereinbarung über regionale und bilaterale Maßnahmen die Rolle eines Moderators übernehmen. Die Kommission kann ACER und ENTSO (Strom) um technische Hilfe für die Mitgliedstaaten bitten, um einer Vereinbarung den Weg zu ebnen. Spätestens acht Monate vor dem Ende der Frist für die Verabschiedung oder Aktualisierung des Risikovorsorgeplans erstatten die zuständigen Behörden der Koordinierungsgruppe „Strom" über die getroffenen Vereinbarungen Bericht. Kommt keine Vereinbarung zwischen den Mitgliedstaaten zustande, unterrichten die betreffenden zuständigen Behörden die Kommission über die Gründe des Scheiterns. In diesem Fall schlägt die Kommission Maßnahmen einschließlich eines Mechanismus für die Zusammenarbeit zum Abschluss einer Vereinbarung über regionale und bilaterale Maßnahmen vor.

(3) Unter Beteiligung der maßgeblichen Interessenträger prüfen die zuständigen Behörden der Mitgliedstaaten einer jeden Region regelmäßig die Wirksamkeit der in den Risikovorsorgeplänen zur Vermeidung von Stromversorgungskrisen entwickelten Verfahren einschließlich der in Absatz 1 Buchstabe b genannten Mechanismen und führen alle zwei Jahre Simulationen von Stromversorgungskrisen durch, um insbesondere diese Mechanismen zu prüfen.

Artikel 13
Bewertung der Risikovorsorgepläne durch die Kommission

(1) Innerhalb von vier Monaten nach der Übermittlung des verabschiedeten Risikovorsorgeplans durch die zuständige Behörde bewertet die Kommission den Plan, wobei sie der Einschätzung der Koordinierungsgruppe „Strom" angemessen Rechnung trägt.

(2) Die Kommission legt nach einer Konsultation der Koordinierungsgruppe „Strom" eine unverbindliche Stellungnahme mit einer eingehenden Erläuterung der Gründe vor und übermittelt sie der zuständigen Behörde mit der Empfehlung, ihren Risikovorsorgeplan zu überprüfen, sofern dieser

a) nicht geeignet ist, die in den Szenarien für Stromversorgungskrisen bestimmten Risiken zu mindern,

b) nicht mit den bestimmten Szenarien für Stromversorgungskrisen oder mit dem Risikovorsorgeplan eines anderen Mitgliedstaats vereinbar ist,

c) die in Artikel 10 Absatz 2 festgelegten Bedingungen nicht erfüllt,

d) Maßnahmen vorsieht, mit denen die Stromversorgungssicherheit anderer Mitgliedstaaten voraussichtlich gefährdet wird,

e) zu unzulässigen Wettbewerbsverzerrungen oder Beeinträchtigungen des Binnenmarktes führt oder

f) gegen diese Verordnung oder andere Vorschriften des Unionsrechts verstößt.

(3) Innerhalb von drei Monaten nach Eingang der in Absatz 2 genannten Stellungnahme der Kommission setzt sich die betreffende zuständige Behörde mit der Empfehlung der Kommission auseinander und übermittelt der Kommission entweder den geänderten Risikovorsorgeplan oder teilt ihr mit, aus welchen Gründen sie Einwände gegen die Empfehlung erhebt.

(4) Erhebt die zuständige Behörde Einwände gegen die Empfehlung der Kommission, kann diese die Empfehlung innerhalb von vier Monaten nach Eingang der Mitteilung über die Gründe für die Einwände der zuständigen Behörde zurückziehen oder eine Sitzung mit der zuständigen Behörde und, falls sie dies für erforderlich erachtet, mit der Koordinierungsgruppe „Strom" anberaumen, um die Angelegenheit zu beurteilen. Verlangt die Kommission Änderungen am Risikovorsorgeplan, legt sie ihre Gründe dafür ausführlich dar. Folgt der endgültige Standpunkt der betreffenden zuständigen Behörde der ausführlichen Begründung der Kommission nicht, so teilt die Behörde der Kommission innerhalb von zwei Monaten nach Eingang der ausführlichen Begründung der Kommission die Gründe für ihren Standpunkt mit.

Artikel 14
Frühwarnung und Erklärung einer Stromversorgungskrise

(1) Enthält eine saisonale Abschätzung der Angemessenheit oder eine andere qualifizierte Quelle konkrete, ernstzunehmende und verlässliche Hinweise auf eine möglicherweise bevorstehende Stromversorgungskrise in einem Mitgliedstaat, übermittelt die zuständige Behörde dieses Mitgliedstaats der Kommission, den zuständigen Behörden der Mitgliedstaaten derselben Region und, soweit sie sich nicht in derselben Region befinden, den zuständigen Behörden der direkt verbundenen Mitgliedstaaten ohne unangemessene Verzögerung eine Frühwarnung. Dabei macht die betreffende zuständige Behörde Angaben zu den Ursachen der möglichen Stromversorgungskrise, zu den zur Verhinderung einer Stromversorgungskrise geplanten oder getroffenen Maßnahmen und zu einer möglicherweise erforderlichen Unterstützung durch andere Mitgliedstaaten. Zudem gibt sie mögliche Auswirkungen der Maßnahmen auf den Elektrizitätsbinnenmarkt an. Die Kommission übermittelt diese Informationen auch der Koordinierungsgruppe „Strom".

(2) Tritt eine Stromversorgungskrise ein, erklärt die zuständige Behörde, nachdem sie den betreffenden Übertragungsnetzbetreiber konsultiert hat, den Eintritt einer Stromversorgungskrise und

unterrichtet darüber ohne unangemessene Verzögerung die zuständigen Behörden der Mitgliedstaaten in derselben Region und die zuständigen Behörden der direkt verbundenen Mitgliedstaaten, soweit sie sich nicht in derselben Region befinden, sowie die Kommission. Dabei macht sie Angaben zu den Ursachen der Verschlechterung der Stromversorgung, zu den Gründen, aus denen eine Stromversorgungskrise erklärt wurde, und zu den geplanten oder getroffenen Krisenbewältigungsmaßnahmen und teilt mit, ob die Unterstützung anderer Mitgliedstaaten benötigt wird.

(3) Halten die Kommission, die Koordinierungsgruppe „Strom“ oder die zuständigen Behörden der Mitgliedstaaten in derselben Region und die zuständigen Behörden der direkt verbundenen Mitgliedstaaten, soweit sie sich nicht in derselben Region befinden, die nach Maßgabe von Absatz 1 und 2 gemachten Angaben für unzureichend, können sie bei dem betreffenden Mitgliedstaat weitere Informationen anfordern.

(4) Übermittelt eine zuständige Behörde eine Frühwarnung oder erklärt sie den Eintritt einer Stromversorgungskrise, so werden die im Risikovorsorgeplan aufgeführten Maßnahmen so weit wie möglich umgesetzt.

Artikel 15
Zusammenarbeit und Unterstützung

(1) Die Mitgliedstaaten müssen bei der Vorsorge für Stromversorgungskrisen und deren Bewältigung im Geiste der Solidarität zusammenarbeiten.

(2) Die Mitgliedstaaten bieten, sofern sie dazu technisch in der Lage sind, einander Unterstützung in Form von regionalen oder bilateralen Maßnahmen an, die gemäß diesem Artikel und Artikel 12 vereinbart wurden, bevor diese Unterstützung angeboten wird. Zu diesem Zweck und zur Gewährleistung der öffentlichen und persönlichen Sicherheit vereinbaren die Mitgliedstaaten regionale oder bilaterale Maßnahmen ihrer Wahl, um aufeinander abgestimmte Stromlieferungen zu ermöglichen.

(3) Die Mitgliedstaaten vereinbaren die erforderlichen technischen, rechtlichen und finanziellen Regelungen für die Umsetzung der regionalen oder bilateralen Maßnahmen, bevor die Unterstützung angeboten wird. Dazu zählen u. a. die auf regionaler oder bilateraler Ebene zu liefernde Höchststrommenge, der Auslöser für die Unterstützung und für die Aussetzung der Unterstützung, die Modalitäten der Stromlieferungen und die Bestimmungen über eine angemessene Kompensation zwischen den Mitgliedstaaten gemäß den Absätzen 4, 5 und 6.

(4) Bezüglich der Unterstützung ist im Voraus zwischen den betreffenden Mitgliedstaaten eine Vereinbarung über eine angemessene Kompensation zu treffen, die mindestens Folgendes abdeckt:

a) die Kosten des in das Hoheitsgebiet des um Unterstützung ersuchenden Mitgliedstaats gelieferten Stroms sowie die damit verbundenen Übertragungskosten und

b) alle dem Unterstützung leistenden Mitgliedstaat sonst entstandenen vertretbaren Kosten, darunter Kosten im Zusammenhang mit der Erstattung für vorbereitete, jedoch nicht abgerufene Unterstützungsleistungen sowie alle Kosten in Zusammenhang mit Gerichtsverfahren, Schiedsverfahren oder vergleichbaren Verfahren und Schlichtungen.

(5) Die angemessene Kompensation nach Absatz 4 umfasst unter anderem alle vertretbaren Kosten, die dem Unterstützung leistenden Mitgliedstaat in Anwendung der Bestimmungen dieser Verordnung über Unterstützungsleistungen durch die Pflicht, Kompensationsleistungen aufgrund der durch das Unionsrecht garantierten Grundrechte und aufgrund bestehender internationaler Verpflichtungen zu leisten, entstehen sowie weitere vertretbare Kosten, die durch Kompensationsleistungen nach Maßgabe nationaler Kompensationsvorschriften entstehen.

(6) Der um Unterstützung ersuchende Mitgliedstaat leistet oder veranlasst unverzüglich die Zahlung einer angemessenen Kompensation an den unterstützenden Mitgliedstaat.

(7) Die Kommission legt nach Konsultation der Koordinierungsgruppe „Strom“ und von ACER bis zum5. Januar 2020 einen unverbindlichen Leitfaden vor, in dem sie die zentralen Aspekte der angemessenen Kompensation gemäß den Absätzen 3 bis 6 und andere zentrale Aspekte der technischen, rechtlichen und finanziellen Regelungen gemäß Absatz 3 sowie die allgemeinen Grundsätze der gegenseitigen Unterstützung gemäß Absatz 2 aufführt.

(8) Haben die Mitgliedstaaten im Falle einer Stromversorgungskrise noch keine regionalen oder bilateralen Maßnahmen und keine technischen, rechtlichen und finanziellen Regelungen im Sinne dieses Artikels vereinbart, vereinbaren sie Ad-hoc-Maßnahmen und -Regelungen für die Anwendung dieses Artikels einschließlich der angemessenen Kompensation gemäß den Absätzen 4, 5 und 6. Ersucht ein Mitgliedstaat um Unterstützung, bevor solche Ad-hoc-Maßnahmen und -Regelungen vereinbart wurden, so verpflichtet er sich vor dem Erhalt der Unterstützung, eine angemessene Kompensation gemäß den Absätzen 4, 5 und 6 zu zahlen.

(9) Die Mitgliedstaaten sorgen dafür, dass die Bestimmungen dieser Verordnung über die Unterstützung im Einklang mit den Verträgen, der Charta der Grundrechte der Europäischen Union

und anderen einschlägigen internationalen Verpflichtungen angewandt werden. Sie ergreifen alle hierzu erforderlichen Maßnahmen.

Artikel 16
Einhaltung von Marktvorschriften

(1) Maßnahmen zur Verhinderung oder Eindämmung von Stromversorgungskrisen müssen mit den Vorschriften für den Elektrizitätsbinnenmarkt und den Netzbetrieb im Einklang stehen.

(2) Nicht marktbasierte Maßnahmen dürfen in Stromversorgungskrisen nur als letztes Mittel eingesetzt werden, wenn alle marktbasierten Optionen ausgeschöpft sind oder wenn sich eine weitere Verschlechterung der Stromversorgung mit marktbasierten Maßnahmen allein offensichtlich nicht verhindern lässt. Die nicht marktbasierten Maßnahmen dürfen den Wettbewerb und die Funktionsweise des Elektrizitätsbinnenmarktes nicht unangemessen beeinträchtigen. Sie müssen notwendig, verhältnismäßig und diskriminierungsfrei sein und dürfen nur vorübergehend ergriffen werden. Die zuständige Behörde setzt die maßgeblichen Interessenträger in ihrem Mitgliedstaat von der Anwendung nicht marktbasierter Maßnahmen in Kenntnis.

(3) Transaktionen dürfen nur gemäß Artikel 16 Absatz 2 der Verordnung (EU) 2019/943 und den zur Durchführung dieser Bestimmung erlassenen Vorschriften eingeschränkt werden; dies gilt auch für die Einschränkung bereits zugewiesener zonenübergreifender Kapazitäten, die Begrenzung der Bereitstellung zonenübergreifender Kapazität für die Kapazitätszuweisung sowie die Begrenzung der Bereitstellung von Fahrplänen.

Artikel 17
Nachträgliche Evaluierung

(1) So bald wie möglich, spätestens jedoch drei Monate nach dem Ende der Stromversorgungskrise, legt die zuständige Behörde des Mitgliedstaats, der die Stromversorgungskrise ausgerufen hat, der Koordinierungsgruppe „Strom" und der Kommission, nach der Konsultation der Regulierungsbehörde, sofern es sich dabei nicht um die zuständige Behörde handelt, einen Bericht über die nachträgliche Evaluierung vor.

(2) Der Bericht über die nachträgliche Evaluierung muss zumindest Folgendes enthalten:

a) eine Beschreibung des Ereignisses, das die Stromversorgungskrise ausgelöst hat,

b) eine Beschreibung der getroffenen Präventions-, Vorsorge- und Eindämmungsmaßnahmen und eine Bewertung der Verhältnismäßigkeit und Wirksamkeit dieser Maßnahmen,

c) eine Bewertung der grenzüberschreitenden Auswirkungen der getroffenen Maßnahmen,

d) eine Übersicht über die vorbereiteten (und abgerufenen oder nicht abgerufenen) Unterstützungsleistungen, die für benachbarte Mitgliedstaaten und Drittstaaten oder von diesen erbracht wurden,

e) soweit es die Datenlage zum Zeitpunkt der Bewertung zulässt, die wirtschaftlichen Auswirkungen der Stromversorgungskrise sowie die Auswirkungen der Maßnahmen auf den Elektrizitätssektor, insbesondere das Volumen der nicht bedienten Last und die Höhe der manuellen Lasttrennung (einschließlich eines Vergleichs zwischen der Höhe des erzwungenen und der freiwilligen Lasttrennung),

f) die Gründe für die Anwendung nicht marktbasierte Maßnahmen,

g) etwaige mögliche oder vorgeschlagene Verbesserungen des Risikovorsorgeplans,

h) eine Übersicht über mögliche Verbesserungen der Netzentwicklung, falls die Krise vollständig oder teilweise auf eine unzureichende Netzentwicklung zurückzuführen ist.

(3) Die Koordinierungsgruppe „Strom" und die Kommission können bei der zuständigen Behörde weitere Informationen anfordern, wenn sie die in dem Bericht über nachträgliche Evaluierung vorgelegten Informationen für unzureichend halten.

(4) Die betreffende zuständige Behörde legt die Ergebnisse der nachträglichen Evaluierung in einer Sitzung der Koordinierungsgruppe „Strom" dar. Die Ergebnisse müssen in den aktualisierten Risikovorsorgeplan einfließen.

Artikel 18
Beobachtung

(1) Neben anderen Aufgaben gemäß dieser Verordnung erörtert die Koordinierungsgruppe „Strom"

a) die Ergebnisse des von ENTSO (Strom) ausgearbeiteten Zehnjahresnetzentwicklungsplans für Strom,

b) die Kohärenz der von den zuständigen Behörden nach Artikel 10 verabschiedeten Risikovorsorgepläne,

c) die Ergebnisse der von ENTSO (Strom) gemäß Artikel 23 Absatz 4 der Verordnung (EU) 2019/943 vorgenommenen Abschätzungen der Angemessenheit der Ressourcen auf europäischer Ebene,

d) die Leistung der Mitgliedstaaten im Bereich der Stromversorgungssicherheit, wobei mindestens die bei der Abschätzung der Angemessenheit der Ressourcen auf europäischer Ebene berechneten Indikatoren, d. h. die voraussichtlich nicht bedienbare Last und die Unterbrechungserwartung, zu berücksichtigen sind,

e) die Ergebnisse der saisonalen Abschätzungen der Angemessenheit nach Artikel 9 Absatz 2,

EU-VO

f) die Angaben der Mitgliedstaaten nach Maßgabe von Artikel 7 Absatz 4,

g) die Ergebnisse der nachträglichen Evaluierung nach Artikel 17 Absatz 4,

h) die Methode zur kurzfristigen Abschätzung der Angemessenheit nach Artikel 8,

i) die Methode zur Bestimmung von regionalen Szenarien für Stromversorgungskrisen nach Artikel 5.

(2) Die Koordinierungsgruppe „Strom“ kann in Bezug auf die in Absatz 1 genannten Aspekte Empfehlungen an die Mitgliedstaaten und an ENTSO (Strom) abgeben.

(3) ACER beobachtet fortlaufend die Maßnahmen zur Sicherheit der Stromversorgung und erstattet der Koordinierungsgruppe „Strom“ regelmäßig Bericht.

(4) Die Kommission beurteilt, auf Grundlage der Erfahrungen mit der Anwendung dieser Verordnung, bis zum 1. September 2025 Möglichkeiten zur Verbesserung der Stromversorgungssicherheit auf Unionsebene und unterbreitet dem Europäischen Parlament und dem Rat einen Bericht über die Anwendung dieser Verordnung, worin gegebenenfalls auch Gesetzgebungsvorschläge zur ihrer Änderung enthalten sind.

Artikel 19
Behandlung vertraulicher Informationen

(1) Bei der Anwendung der in dieser Verordnung genannten Verfahren beachten die Mitgliedstaaten und die zuständigen Behörden die geltenden Vorschriften einschließlich der nationalen Vorschriften für den Umgang mit vertraulichen Informationen und Verfahren. Werden aufgrund solcher Vorschriften Informationen – etwa im Rahmen eines Risikovorsorgeplans – nicht offengelegt, so kann der Mitgliedstaat oder die Behörde eine nichtvertrauliche Zusammenfassung dieser Informationen vorlegen und ist auf Anfrage dazu verpflichtet.

(2) Erhalten die Kommission, ACER, die Koordinierungsgruppe „Strom“, ENTSO (Strom), die Mitgliedstaaten, die zuständigen Behörden, die Regulierungsbehörden oder andere maßgebliche Organe, Einrichtungen oder Personen nach Maßgabe dieser Verordnung vertrauliche Informationen, so müssen sie für die Vertraulichkeit der sensiblen Informationen sorgen.

Artikel 20
Zusammenarbeit mit den Vertragsparteien der Energiegemeinschaft

Sofern die Mitgliedstaaten und die Vertragsparteien der Energiegemeinschaft im Bereich der Stromversorgungssicherheit zusammenarbeiten, kann sich diese Zusammenarbeit auf die Definition einer Stromversorgungskrise, die Bestimmung von Szenarien für Stromversorgungskrisen und die Aufstellung von Risikovorsorgeplänen erstrecken und somit dafür sorgen, dass keine Maßnahmen getroffen werden, die die Stromversorgungssicherheit von Mitgliedstaaten, Vertragsparteien der Energiegemeinschaft oder der Union gefährden. Zu diesem Zweck können Vertragsparteien der Energiegemeinschaft auf Einladung der Kommission bei allen Angelegenheiten, die sie betreffen, an den Sitzungen der Koordinierungsgruppe „Strom“ teilnehmen.

Artikel 21
Freistellungen

Solange Zypern mit keinem anderen Mitgliedstaat direkt verbunden ist, gelten die Artikel 6 und 12 sowie Artikel 15 Absätze 2 bis 9 weder zwischen Zypern und den anderen Mitgliedstaaten noch für ENTSO (Strom) im Hinblick auf Zypern. Zypern und die maßgeblichen anderen Mitgliedstaaten können mit Unterstützung der Kommission Alternativen zu den in den Artikeln 6 und 12 sowie Artikel 15 Absätze 2 bis 9 geregelten Maßnahmen und Verfahren ausarbeiten, sofern dadurch die wirksame Anwendung dieser Verordnung zwischen den anderen Mitgliedstaaten nicht beeinträchtigt wird.

Artikel 22
Übergangsbestimmung bis zur Einrichtung regionaler Koordinierungszentren

Bis zu dem Zeitpunkt, an dem die regionalen Koordinierungszentren nach Artikel 35 der Verordnung (EU) 2019/943 eingerichtet werden, beziehen sich die Regionen entweder auf einen Mitgliedstaat oder auf eine Gruppe Mitgliedstaaten, die sich in demselben Synchrongebiet befinden.

Artikel 23
Aufhebung

Die Richtlinie 2005/89/EG wird aufgehoben.

Artikel 24
Inkrafttreten

Diese Verordnung tritt am zwanzigsten Tag nach ihrer Veröffentlichung im *Amtsblatt der Europäischen Union* in Kraft.

ANHANG

MUSTER FÜR DEN RISIKOVORSORGEPLAN

Das folgende Muster ist in englischer Sprache auszufüllen.

Allgemeine Angaben

— Name der für die Erstellung des vorliegenden Plans verantwortlichen zuständigen Behörde

— Mitgliedstaaten in der Region

1. ZUSAMMENFASSUNG DER SZENARIEN FÜR STROMVERSORGUNGSKRISEN

Bitte beschreiben Sie kurz die nach dem in den Artikeln 6 und 7 festgelegten Verfahren auf regionaler und nationaler Ebene bestimmten Szenarien für Stromversorgungskrisen einschließlich der zugrunde liegenden Annahmen.

2. AUFGABEN UND ZUSTÄNDIGKEITEN DER ZUSTÄNDIGEN BEHÖRDE

Bitte nennen Sie die Aufgaben und Zuständigkeiten der zuständigen Behörde und der sonstigen Stellen, an die Aufgaben delegiert wurden.

Beschreiben Sie gegebenenfalls, welche Aufgaben anderen Stellen übertragen wurden.

3. VERFAHREN UND MASSNAHMEN IN EINER STROMVERSORGUNGSKRISE

3.1. Nationale Verfahren und Maßnahmen

a) Bitte beschreiben Sie die in einer Stromversorgungskrise anzuwendenden Verfahren einschließlich der zugehörigen Pläne für den Informationsfluss.

EU-VO

b) Bitte beschreiben Sie die Präventions- und Vorsorgemaßnahmen.

c) Bitte beschreiben Sie die Maßnahmen zur Eindämmung von Stromversorgungskrisen, insbesondere nachfrage- und angebotsseitige Maßnahmen, und geben Sie an, unter welchen Umständen diese Maßnahmen angewandt werden können, sowie insbesondere den Auslöser einer jeden Maßnahme. Werden nicht marktbasierte Maßnahmen in Betracht gezogen, müssen sie nach Maßgabe von Artikel 16 ausreichend begründet und mit den regionalen und, falls zutreffend, bilateralen Maßnahmen vereinbar sein.

d) Bitte legen Sie einen Rahmen für den manuellen Lastabwurf vor, der vorgibt, unter welchen Umständen Last abzuwerfen ist. Geben Sie an, welche Kategorien von Stromverbrauchern zur Gewährleistung der öffentlichen und persönlichen Sicherheit Anspruch auf einen besonderen Schutz vor einer Netztrennung haben, und begründen Sie, warum ein solcher Schutz erforderlich ist. Geben Sie an, wie Übertragungs- und Verteilernetzbetreiber vorgehen sollten, um den Verbrauch zu senken.

e) Beschreiben Sie die Mechanismen zur Information der Öffentlichkeit über die Stromversorgungskrise.

3.2. Regionale und bilaterale Verfahren und Maßnahmen

a) Bitte beschreiben Sie die vereinbarten Mechanismen zur regionalen Zusammenarbeit und zur Gewährleistung einer angemessenen Koordination vor und während der Stromversorgungskrise, einschließlich der Entscheidungsverfahren für geeignete Reaktionsmaßnahmen auf regionaler Ebene.

b) Bitte beschreiben Sie die vereinbarten regionalen und bilateralen Maßnahmen einschließlich sämtlicher technischen, rechtlichen und finanziellen Regelungen für die Umsetzung dieser Maßnahmen. Bitte geben Sie dabei unter anderem auch an, welche Höchststrommengen auf regionaler oder bilateraler Ebene zu liefern sind, welche Umstände die Unterstützung auslösen und wie die Aussetzung der Unterstützung beantragt werden kann, wie der Strom geliefert wird und wie die angemessene Kompensation zwischen den Mitgliedstaaten geregelt ist. Beschreiben Sie die zur Umsetzung und Durchsetzung der vereinbarten regionalen und bilateralen Maßnahmen erforderlichen nationalen Maßnahmen.

c) Beschreiben Sie die vorhandenen Mechanismen für die Zusammenarbeit und Koordinierung von Maßnahmen vor und während einer Stromversorgungskrise mit anderen Mitgliedstaaten außerhalb der Region sowie mit Drittländern innerhalb des maßgeblichen Synchrongebietes.

4. KRISENKOORDINIERUNGSSTELLE

Bitte geben Sie die Krisenkoordinierungsstelle an und beschreiben Sie deren Aufgaben. Geben Sie auch die Kontaktdaten an.

5. KONSULTATION DER INTERESSENTRÄGER

Bitte beschreiben Sie das Verfahren und die Ergebnisse der bei der Ausarbeitung dieses Plans gemäß Artikel 10 Absatz 1 durchgeführten Konsultationen mit

a) den maßgeblichen Elektrizitäts- und Erdgasunternehmen einschließlich der maßgeblichen Erzeuger oder deren Fachverbände,

b) den maßgeblichen Organisationen, die die Interessen der nichtgewerblichen Stromkunden vertreten,

c) den maßgeblichen Organisationen, die die Interessen der gewerblichen Stromkunden vertreten,

d) den Regulierungsbehörden,

e) den Übertragungsnetzbetreibern,

f) den maßgeblichen Verteilernetzbetreibern.

6. NOTFALLTESTS

a) Bitte geben Sie den Zeitplan für die zweijährlichen regionalen (ggf. auch nationalen) Echtzeitsimulationen der Reaktionsmaßnahmen in Stromversorgungskrisen an.

b) Geben Sie dabei auch die vereinbarten Verfahren gemäß Artikel 12 Absatz 1 Buchstabe d und die beteiligten Akteure an.

Bei Aktualisierungen des Plans: Beschreiben Sie kurz die seit der Vorlage des letzten Plans durchgeführten Tests und die wichtigsten Ergebnisse. Geben Sie an, welche Maßnahmen infolge dieser Tests verabschiedet wurden.

43. VO (EU) 2017/1938 über Maßnahmen zur Gewährleistung der sicheren Gasversorgung

ABl L 2017/280 idgF

DAS EUROPÄISCHE PARLAMENT UND DER RAT DER EUROPÄISCHEN UNION —

gestützt auf den Vertrag über die Arbeitsweise der Europäischen Union, insbesondere auf Artikel 194 Absatz 2,

auf Vorschlag der Europäischen Kommission,

nach Zuleitung des Entwurfs des Gesetzgebungsakts an die nationalen Parlamente,

nach Stellungnahme des Europäischen Wirtschafts- und Sozialausschusses [1],

nach Anhörung des Ausschusses der Regionen,

gemäß dem ordentlichen Gesetzgebungsverfahren [2],

in Erwägung nachstehender Gründe:

(1) Erdgas (Gas) ist nach wie vor ein wesentlicher Bestandteil der Energieversorgung der Union. Es wird großenteils aus Drittländern in die Union eingeführt.

(2) Eine größere Störung der Gasversorgung kann alle Mitgliedstaaten, die Union wie auch Vertragsparteien des am 25. Oktober 2005 in Athen unterzeichneten Vertrags zur Gründung der Energiegemeinschaft treffen. Sie kann der Wirtschaft der Union schweren Schaden zufügen und auch erhebliche soziale Auswirkungen, insbesondere für sozial schwache Kundengruppen, nach sich ziehen.

(3) Mit dieser Verordnung soll sichergestellt werden, dass alle erforderlichen Maßnahmen getroffen werden, um in der gesamten Union und insbesondere für geschützte Kunden unter schwierigen klimatischen Verhältnissen oder bei Versorgungsstörungen eine unterbrechungsfreie Gasversorgung zu gewährleisten. Diese Ziele sollten durch die kosteneffizientesten Maßnahmen und ohne Wettbewerbsverzerrungen an den Gasmärkten erreicht werden.

(4) Das Unionsrecht, insbesondere Richtlinie 2009/72/EG des Europäischen Parlaments und des Rates [3], Richtlinie 2009/73/EG des Europäischen Parlaments und des Rates [4], Verordnung (EG) Nr. 713/2009 des Europäischen Parlaments und des Rates [5], Verordnung (EG) Nr. 714/2009 des Europäischen Parlaments und des Rates [6], Verordnung (EG) Nr. 715/2009 des Europäischen Parlaments und des Rates [7] und Verordnung (EU) Nr. 994/2010 des Europäischen Parlaments und des Rates [8], hat sich bereits deutlich positiv auf die Sicherheit der Gasversorgung in der Union ausgewirkt, sowohl bei der Vorbereitung als auch der Folgenminderung. Die Mitgliedstaaten sind besser auf die Bewältigung von Versorgungskrisen vorbereitet, da sie nun Präventions- und Notfallpläne erstellen müssen, und sie sind besser geschützt, da sie nun eine Reihe von Verpflichtungen im Bereich Infrastrukturkapazität und Gasversorgung erfüllen müssen. Im Bericht der Kommission über die Umsetzung der Verordnung (EU) Nr. 994/2010 vom Oktober 2014 wurden jedoch Bereiche aufgezeigt, in denen die Sicherheit der Gasversorgung in der Union durch Verbesserungen an der Verordnung weiter erhöht werden könnte.

(5) In der Mitteilung der Kommission vom 16. Oktober 2014 über die kurzfristige Krisenfestigkeit des europäischen Gassystems wurden die Auswirkungen einer teilweisen oder vollständigen Unterbrechung der Gaslieferungen aus Russland untersucht, und es wurde die Schlussfolgerung gezogen, dass rein nationale Ansätze im Falle einer schweren Versorgungsstörung aufgrund ihres zwangsläufig begrenzten Rahmens nicht sehr effektiv sind. Der Stresstest zeigte, wie mit einem kooperativeren Herangehen der Mitgliedstaaten die Folgen sehr schwerer Störungen in den am stärksten gefährdeten Mitgliedstaaten erheblich verringert werden könnten.

(6) Die Sicherheit der Energieversorgung gehört zu den Zielen der Strategie für die Energieunion, wie in der Mitteilung der Kommission über eine Rahmenstrategie für eine krisenfeste Energieunion mit einer zukunftsorientierten Klimaschutzstrategie vom 25. Februar 2015 dargelegt wird, die auch den Grundsatz „Energieeffizienz an erster Stelle" und die Notwendigkeit betont, die bestehenden Rechtsakte der Union im Energiebereich vollständig umzusetzen. In der Mitteilung wurde hervorgehoben, dass die Energieunion auf Solidarität im Sinne des Artikels 194 des Vertrags über die Arbeitsweise der Europäischen Union (AEUV) und Vertrauen als notwendiger Grundlage für die Sicherheit der Energieversorgung beruht. Mit dieser Verordnung sollen die Solidarität und das Vertrauen zwischen den Mitgliedstaaten gestärkt und die hierfür erforderlichen Maßnahmen getroffen werden. Bei der Bewertung der durch die Mitgliedstaaten erstellten Präventions- und Notfallpläne sollte die Kommission auch in der Lage sein, die Mitgliedstaaten

auf die Ziele der Energieunion aufmerksam zu machen.

(7) Ein reibungslos funktionierender Erdgasbinnenmarkt bietet die beste Garantie dafür, dass die Sicherheit der Gasversorgung in der gesamten Union gewährleistet bleibt und die Gefährdung einzelner Mitgliedstaaten durch die schädlichen Folgen von Störungen der Gasversorgung verringert wird. Ist die Sicherheit der Gasversorgung eines Mitgliedstaats bedroht, so besteht das Risiko, dass von diesem Mitgliedstaat einseitig ergriffene Maßnahmen das reibungslose Funktionieren des Gasbinnenmarkts gefährden und die Gasversorgung der Kunden in anderen Mitgliedstaaten beeinträchtigen. Damit der Gasbinnenmarkt auch bei Lieferengpässen funktioniert, gilt es, Vorkehrungen für Solidarität und Koordinierung bei der Reaktion auf Versorgungskrisen zu treffen, und zwar sowohl bei der Prävention als auch der Reaktion auf konkrete Störungen in der Gasversorgung.

(8) Ein wirklich vernetzter Energiebinnenmarkt mit mehreren Einspeisepunkten und Umkehrflüssen kann nur entstehen, wenn die Gasnetze umfassend vernetzt, in den süd- und osteuropäischen Regionen Flüssiggas (LNG)-Hubs errichtet, der Nord-Süd-Gaskorridor und der südliche Gaskorridor fertiggestellt werden und die Binnenerzeugung ausgebaut wird. Daher ist eine beschleunigte Entwicklung von Verbindungsleitungen und Projekten erforderlich, die auf eine Diversifizierung der Versorgungsquellen abzielen, wie bereits in der Strategie für eine sichere Energieversorgung aufgeführt wurde.

(9) Bisher wurden die Möglichkeiten effizienterer und kostengünstigerer Maßnahmen mittels regionaler Zusammenarbeit noch nicht voll ausgeschöpft. Dabei geht es nicht nur um eine bessere Koordinierung der nationalen Folgenminderungsmaßnahmen in Notfällen, sondern auch um nationale Präventionsmaßnahmen, z. B. die nationale Speicherung oder Konzepte für LNG, die in einigen Regionen in der Union von strategischer Bedeutung sein können.

(10) Eine von Solidarität getragene regionale Zusammenarbeit unter Einbeziehung sowohl der Behörden als auch der Erdgasunternehmen sollte das Leitprinzip dieser Verordnung bilden, damit die festgestellten Risiken verringert, der Nutzen koordinierter Maßnahmen optimiert und die kosteneffizientesten Maßnahmen für die Verbraucher in der Union durchgeführt werden. Die regionale Zusammenarbeit sollte schrittweise um eine stärkere Ausrichtung auf die Unionsebene ergänzt werden, wobei auf alle auf dem Erdgasbinnenmarkt verfügbaren Lieferungen und Instrumente zurückgegriffen werden kann. Die auf Unionsebene vorgenommene Bewertung der Korridore für die Notversorgung sollte in die regionale Zusammenarbeit einbezogen werden.

(11) Eine Beurteilung der Versorgungssicherheit und der Aufstellung von Präventions- und Folgenminderungsmaßnahmen unter dem Gesichtspunkt des Risikos ermöglicht ein koordiniertes Vorgehen und bietet beträchtliche Vorteile bei der Wirksamkeit der Maßnahmen und einer Optimierung von Ressourcen. Das gilt insbesondere für Maßnahmen zur Gewährleistung einer kontinuierlichen Versorgung geschützter Kunden unter besonders schwierigen Bedingungen und zur Eindämmung der Folgen eines Notfalls. Dank einer im Rahmen von Risikogruppen gemeinsam durchgeführten Bewertung korrelierter Risiken, die sowohl umfassender als auch genauer ist, werden die Mitgliedstaaten besser auf Krisen vorbereitet sein. Überdies ermöglicht ein koordiniertes und im Voraus vereinbartes Herangehen für die Versorgungssicherheit im Notfall eine abgestimmte Reaktion und verringert das Risiko nachteiliger Auswirkungen, die rein nationale Maßnahmen in benachbarten Mitgliedstaaten haben könnten.

(12) Für die Zwecke des risikobasierten Ansatzes sollten unter Beachtung der größten grenzüberschreitenden Risiken für die Sicherheit der Gasversorgung innerhalb der Union Risikogruppen festgelegt werden. Diese Risiken wurden aufgezeigt in der Mitteilung der Kommission vom 16. Oktober 2014 über die kurzfristige Krisenfestigkeit des europäischen Gassystems und in der Bewertung, die im neuesten zehnjährigen, vom Europäischen Netz der Fernleitungsnetzbetreiber (Gas) (ENTSOG) entwickelten, Netzentwicklungsplan (Ten-Year Network Development Plan, TYNDP) enthalten ist. Um eine präzisere und gezieltere Bewertung für die Zwecke dieser Verordnung zu ermöglichen, sollten die Risikogruppen auf der Grundlage der wichtigsten Versorgungsquellen und -wege für Gas gebildet werden.

(13) Als Beitrag zu den gemeinsamen und nationalen Risikobewertungen sollte das (ENTSOG in Abstimmung mit der Koordinierungsgruppe „Gas" und dem Europäischen Netz der Übertragungsnetzbetreiber (Strom) (ENTSO-E) eine unionsweite Simulation von Szenarien zum Ausfall von Gaslieferungen und Infrastrukturen durchführen. Diese Simulation sollte mindestens alle zwei Jahre wiederholt werden. Um die regionale Zusammenarbeit durch die Bereitstellung von Informationen zu den Gasflüssen sowie von technischem und operativem Know-how zu stärken, sollte das vom ENTSOG eingeführte, aus ständigen Sachverständigengruppen bestehende Regionale Koordinierungssystem für Gas (ReCo-System für Gas) in die Durchführung der Simulationen einbezogen werden. Das ENTSOG sollte ein angemessenes Maß an Transparenz und Zugang zu den in seinen Szenarien verwendeten Modellannahmen sicherstellen.

(14) Der Kommission sollte die Befugnis übertragen werden, im Wege eines delegierten Rechtsakts die Zusammensetzung der Risikogruppen anhand der Entwicklung der größten grenzüberschreitenden Risiken für die Sicherheit der Gasversorgung in der Union und ihrer Auswirkungen auf die Mitgliedstaaten zu aktualisieren, unter Berücksichtigung der Ergebnisse der unionsweiten Simulation und der Beratungen in der Koordinierungsgruppe „Gas".

(15) Damit die regionale Zusammenarbeit funktionieren kann, sollten die Mitgliedstaaten in jeder Risikogruppe einen Mechanismus der Zusammenarbeit vereinbaren. Ein solcher Mechanismus sollten rechtzeitig eingerichtet werden, damit es möglich ist, die gemeinsame Risikobewertung durchzuführen und geeignete wirksame grenzüberschreitende Maßnahmen, die der Zustimmung jedes betroffenen Mitgliedstaats bedürfen, zu erörtern und zu vereinbaren, dass sie nach Anhörung der Kommission in die regionalen Kapitel der Präventions- und Notfallpläne aufgenommen werden. Es steht den Mitgliedstaaten frei, sich auf einen Mechanismus der Zusammenarbeit zu verständigen, der sich für eine bestimmte Risikogruppe am besten eignet. Die Kommission sollte befugt sein, den Gesamtprozess zu moderieren und bewährte Verfahren für die Einrichtung der regionalen Zusammenarbeit zu verbreiten, z. B. eine rotierende Koordinierungsrolle innerhalb der Risikogruppen bei der Vorbereitung der verschiedenen Dokumente oder die Bildung besonderer Gremien. Wird keine Einigung über den Mechanismus der Zusammenarbeit erzielt, sollte die Kommission einen geeigneten Mechanismus der Zusammenarbeit für eine bestimmte Risikogruppe vorschlagen.

(16) Bei der Durchführung der gemeinsamen Risikobewertung sollten die zuständigen Behörden alle relevanten Risikofaktoren bewerten, die zum Eintreten des größten grenzüberschreitenden Risikos führen könnten, für die die Risikogruppe geschaffen wurde, dazu zählt auch die Unterbrechung der Gasversorgung durch den größten einzelnen Lieferanten. Diese Risikofaktoren sollten mit angemessenen grenzüberschreitenden Maßnahmen, auf die sich die zuständigen Behörden der betreffenden Mitgliedstaaten geeinigt haben, begegnet werden. Die grenzüberschreitenden Maßnahmen sollten in die regionalen Kapitel der Präventions- und Notfallpläne aufgenommen werden. Die zuständigen Behörden sollten zudem eine umfassende nationale Risikobewertung durchführen unddabei auf natürliche, technische, geschäftliche, finanzielle, soziale, politische und marktbezogene Risiken sowie auf alle sonstigen relevanten Risiken eingehen. Allen Risiken sollte mit wirksamen, verhältnismäßigen und nicht diskriminierenden Maßnahmen begegnet werden, die in den Präventionsplänen und in den Notfallplänen zu entwickeln sind. Die Ergebnisse der gemeinsamen und nationalen Risikobewertungen sollten auch in die in Artikel 6 des Beschlusses Nr. 1313/2013/EU des Europäischen Parlaments und des Rates [9] vorgesehenen Bewertungen aller Katastrophenrisiken einfließen und bei den nationalen Risikobewertungen umfassend berücksichtigt werden.

(17) Um die bestmögliche Vorbereitung sicherzustellen und eine Störung der Gasversorgung zu verhindern bzw. ihre Folgen zu mindern, falls es dennoch dazu kommt, sollten die zuständigen Behörden einer bestimmten Risikogruppe nach Anhörung der Interessenträger Präventions- und Notfallpläne, die regionale Kapitel enthalten, erstellen. Sie sollten so konzipiert werden, dass sie die Bewältigung nationaler Risiken unter voller Ausschöpfung der Vorteile der regionalen Zusammenarbeit ermöglichen. Die Pläne sollten technischer und operativer Art sein, da sie helfen sollen, das Auftreten oder die Verschärfung eines Notfalls zu verhindern oder dessen Folgen einzudämmen. Sie sollten die Sicherheit der Stromsysteme berücksichtigen und mit den strategischen Planungs- und Berichterstattungsinstrumenten der Energieunion vereinbar sein.

(18) Bei der Erstellung und Umsetzung der Präventions- und Notfallpläne sollten die zuständigen Behörden stets auf den sicheren Betrieb des Gasnetzes auf regionaler und nationaler Ebene achten. Sie sollten in diesen Plänen die technischen Beschränkungen aufführen, die den Betrieb des Netzes beeinflussen, einschließlich technischer Gründe und Sicherheitsgründe, die in einem Notfall zur Reduzierung der Gasflüsse führen können.

(19) Die Kommission sollte — unter gebührender Berücksichtigung der in der Koordinierungsgruppe „Gas" geäußerten Auffassungen — die Präventions- und Notfallpläne bewerten und ihre Überarbeitung insbesondere dann empfehlen, wenn die Pläne die bei der Risikobewertung festgestellten Risiken nicht wirksam eindämmen, den Wettbewerb verzerren oder das Funktionieren des Energiebinnenmarkts beeinträchtigen, die Gasversorgungssicherheit anderer Mitgliedstaaten gefährden oder gegen diese Verordnung oder anderes Unionsrecht verstoßen. Die zuständige Behörde des Mitgliedstaats sollte den Empfehlungen der Kommission Rechnung tragen. Gelangt die Kommission nach der endgültigen Stellungnahme der zuständigen Behörde zu dem Schluss, dass die betreffende Maßnahme die Sicherheit der Erdgasversorgung eines anderen Mitgliedstaats oder der Union gefährden würde, sollte die Kommission den Dialog mit dem betreffenden Mitgliedstaat fortsetzen, damit dieser zustimmt, die Maßnahme zu ändern oder zurückzunehmen.

(20) Die Präventions- und Notfallpläne sollten regelmäßig veröffentlicht und aktualisiert werden. Damit die Notfallpläne stets aktuell und wirksam

EU-VO

sind, sollten die Mitgliedstaaten zwischen den Überarbeitungen der Pläne mindestens einen Test durchführen, in dem Szenarien mit großen und mittleren Auswirkungen und die Reaktionen darauf in Echtzeit simuliert werden. Die zuständigen Behörden sollten die Ergebnisse der Tests der Koordinierungsgruppe „Gas“ präsentieren.

(21) Um die Risikobewertung und die Ausarbeitung der Pläne und deren Bewertung durch die Kommission zu erleichtern, werden verbindliche und vollständige Vorlagen benötigt, die alle von der Risikobewertung zu erfassenden Risiken und alle Bestandteile der Präventions- und der Notfallpläne umfassen.

(22) Zur Erleichterung der Kommunikation zwischen den Mitgliedstaaten und der Kommission sollten die Risikobewertungen, die Präventions- und die Notfallpläne und alle anderen in dieser Verordnung vorgesehenen Dokumente und Formen des Informationsaustauschs mittels eines sicheren und standardisierten elektronischen Notifizierungssystems notifiziert werden.

(23) Bestimmte Kunden, wie Privathaushalte und Kunden, die grundlegende soziale Dienste erbringen, sind besonders gefährdet und benötigen möglicherweise Schutz vor den negativen Auswirkungen einer Störung der Gasversorgung. Die Definition solcher geschützten Kunden sollte nicht im Widerspruch zu den Solidaritätsmechanismen der Union stehen.

(24) Es ist angezeigt, die Definition der im Rahmen des Solidaritätsmechanismus geschützten Kunden enger zu fassen. Das ist erforderlich, weil die Mitgliedstaaten verpflichtet sind, in Extremfällen und für wesentliche Bedürfnisse Solidarität zu leisten. Die Definition des Begriffs „durch Solidarität geschützte Kunden“ sollte daher auf Privathaushalte beschränkt werden, jedoch unter besonderen Voraussetzungen auf bestimmte grundlegende soziale Dienste und Fernwärmeanlagen ausgedehnt werden können. In diesem Rahmen können die Mitgliedstaaten somit das Gesundheitswesen, grundlegende soziale Versorgung, Not- und Sicherheitsdienste als durch Solidarität geschützte Kunden behandeln, auch wenn diese Dienste von einer öffentlichen Verwaltung erbracht werden.

(25) Die Sicherheit der Gasversorgung sollte im Rahmen der jeweiligen Zuständigkeiten in der gemeinsamen Verantwortung der Erdgasunternehmen, der durch ihre zuständigen Behörden handelnden Mitgliedstaaten und der Kommission liegen. Diese gemeinsame Verantwortung erfordert eine sehr enge Zusammenarbeit zwischen diesen Akteuren. Aber auch Kunden, die Gas zur Stromerzeugung oder für industrielle Zwecke verwenden, können für die Sicherheit der Gasversorgung von großer Bedeutung sein, da sie auf eine Krise mit nachfrageseitigen Maßnahmen reagieren können, zum Beispiel durch unterbrechbare Verträge und Brennstoffwechsel, die sich direkt auf das Gleichgewicht von Angebot und Nachfrage auswirken. Zudem kann mitunter auch die Sicherheit der Gasversorgung bestimmter Kunden, die Gas zur Stromerzeugung verwenden, als wesentlich betrachtet werden. In einem Notfall sollte es einem Mitgliedstaat möglich sein, der Gasversorgung solcher Kunden unter bestimmten Bedingungen Vorrang sogar vor der Gasversorgung geschützter Kunden einzuräumen. In Ausnahmefällen kann die Gaslieferung an einige derartige Kunden, die in einem Notfall Vorrang vor geschützten Kunden erhalten, auch in einem Mitgliedstaat fortgesetzt werden, der Solidarität leistet, damit das Funktionieren des Elektrizitäts- oder Gasnetzes in diesem Mitgliedstaat nicht schwer beeinträchtigt wird. Die Richtlinie 2005/89/EG des Europäischen Parlaments und des Rates [10] sollte durch eine solche Sondermaßnahme unberührt bleiben.

(26) Die zuständigen Behörden sollten bei der Erfüllung der in dieser Verordnung festgelegten Aufgaben eng mit anderen zuständigen nationalen Behörden, insbesondere mit nationalen Regulierungsbehörden, zusammenarbeiten.

(27) Der Infrastrukturstandard sollte die Mitgliedstaaten zur Aufrechterhaltung einer Mindestinfrastruktur verpflichten, um ein gewisses Maß an Redundanz im System für den Fall zu gewährleisten, dass die größte einzelne Gasinfrastruktur ausfällt. Da eine auf Grundlage der N1-Formel durchgeführte Analyse ausschließlich die Kapazität zum Maßstab nimmt, sollten die Ergebnisse der N1-Formel durch eine ausführliche Analyse ergänzt werden, die auch die Gasflüsse erfasst.

(28) Die Verordnung (EU) Nr. 994/2010 verpflichtet die Fernleitungsnetzbetreiber, auf allen grenzüberschreitenden Verbindungsleitungen permanente physische Kapazitäten für Gasflüsse in beide Richtungen (bidirektionale Kapazitäten) zu ermöglichen, es sei denn, es wurde eine Ausnahme von dieser Verpflichtung gewährt. Damit soll sichergestellt werden, dass der potenzielle Nutzen permanenter bidirektionaler Kapazitäten bei der Planung neuer Verbindungsleitungen stets berücksichtigt wird. Bidirektionale Kapazitäten können aber für Gaslieferungen sowohl in die benachbarten Mitgliedstaaten als auch in andere Mitgliedstaaten entlang des Gasversorgungskorridors genutzt werden. Der Nutzen, der sich aus der Ermöglichung permanenter physischer bidirektionaler Kapazitäten für die Versorgungssicherheit ergibt, ist aus einer breiteren Perspektive, im Geiste der Solidarität und einer verstärkten Zusammenarbeit zu sehen. Bei Überlegungen zur Schaffung von bidirektionalen Kapazitäten sollte eine umfassende Kosten-Nutzen-Analyse unter Berücksichtigung des gesamten Transportkorridors durchgeführt werden. Die jeweils betroffenen zuständigen Behörden sollten verpflichtet werden, die gemäß der Verordnung (EU) Nr. 994/2010 gewährten Ausnahmen auf der Grundlage der Ergebnisse der gemeinsamen Risikobewertungen zu überprüfen.

Das übergeordnete Ziel sollte darin bestehen, dass mehr bidirektionale Kapazitäten verfügbar sind und grenzüberschreitende Vorhaben mit Kapazitäten für Gasflüsse in nur eine Richtung in Zukunft auf ein Minimum beschränkt werden.

(29) Die Kapazität an einem Netzkopplungspunkt zu einem Mitgliedstaat kann mit der Kapazität an Ausspeisepunkten aus dem Erdgasnetz zu einem Gasspeicher konkurrieren. Infolgedessen könnte der Fall eintreten, dass eine feste Buchung von Ausspeisekapazitäten zu einem Gasspeicher die am Netzkoppelungspunkt zuzuteilende technisch verfügbare Kapazität verringert. Um eine höhere Energieversorgungssicherheit in Notfällen zu gewährleisten, sollte in dieser Verordnung eine klare Vorrangregel vorgesehen werden. Jede an Netzkopplungspunkten gebuchte Kapazität sollte Vorrang vor konkurrierender Kapazität an einem Ausspeisepunkt zu einem Gasspeicher erhalten, sodass der Fernleitungsnetzbetreiber die maximale technische Kapazität am Netzkopplungspunkt zuteilen kann, um höhere Gasflüsse in den benachbarten Mitgliedstaat, der den Notfall ausgerufen hat, zu ermöglichen. Das kann dazu führen, dass die Gaseinspeisung in Gasspeicher nicht oder nur in geringerer Menge stattfinden kann, obwohl sie zuvor fest gebucht wurde. Als Ausgleich für den sich daraus ergebenden finanziellen Verlust sollte in dieser Verordnung eine angemessene Entschädigung vorgesehen werden, die direkt und zeitnah zwischen den betroffenen Netznutzern zur Anwendung kommt. Die betroffenen Fernleitungsnetzbetreiber sollten nach Maßgabe der einschlägigen Rechtsakte zusammenarbeiten, um diese Vorrangregel anzuwenden.

(30) Die Richtlinie 2008/114/EG [11] sieht ein Verfahren vor, mit dem die Sicherheit ausgewiesener europäischer kritischer Infrastrukturen, auch bestimmter Gasinfrastrukturen, in der Union verbessert werden soll. Zusammen mit der vorliegenden Verordnung trägt die Richtlinie 2008/114/EG zu einem umfassenden Konzept für die Energieversorgungssicherheit der Union bei.

(31) Mit der vorliegenden Verordnung werden hinreichend harmonisierte Standards für die Versorgungssicherheit festgelegt, mit denen zumindest eine Situation wie im Januar 2009 bewältigt werden kann, als die Gaslieferungen aus Russland unterbrochen wurden. Diese Standards tragen den Unterschieden zwischen den Mitgliedstaaten sowie den gemeinwirtschaftlichen Verpflichtungen und dem Kundenschutz gemäß Artikel 3 der Richtlinie 2009/73/EG Rechnung. Die Standards für die Versorgungssicherheit sollten zur Gewährleistung der notwendigen Rechtssicherheit stabil sein, sie sollten klar definiert sein und die Erdgasunternehmen nicht unangemessen und unverhältnismäßig belasten. Außerdem sollten sie einen gleichen Zugang der Erdgasunternehmen der Union zu nationalen Kunden gewährleisten. Die Mitgliedstaaten sollten Maßnahmen festlegen, mit denen in wirksamer und verhältnismäßiger Weise sichergestellt wird, dass Erdgasunternehmen diese Standards erfüllen, wozu auch die Möglichkeit gehört, Geldstrafen gegen Lieferanten zu verhängen, wenn sie es für zweckmäßig halten.

(32) Die Aufgaben und Zuständigkeiten aller Erdgasunternehmen und zuständigen Behörden sollten genau festgelegt werden, damit insbesondere auch im Fall von Versorgungsstörungen und Krisen ein ordnungsgemäß funktionierender Gasbinnenmarkt aufrechterhalten werden kann. Die Festlegung der Aufgaben und Zuständigkeiten sollte so erfolgen, dass sichergestellt ist, dass dabei ein Ansatz auf drei Ebenen verfolgt wird, wonach in einem ersten Schritt die betreffenden Erdgasunternehmen und Wirtschaftsbranchen, in einem zweiten Schritt die Mitgliedstaaten auf nationaler oder regionaler Ebene und in einem dritten Schritt die Union tätig werden. Diese Verordnung sollte Erdgasunternehmen und Kunden in die Lage versetzen, sich im Falle von Versorgungsstörungen so lange wie möglich auf Marktmechanismen verlassen zu können. Sie sollte jedoch auch Mechanismen vorsehen, auf die zurückgegriffen werden kann, falls die Märkte allein eine Störung der Gasversorgung nicht mehr angemessen bewältigen können.

EU-VO

(33) Im Fall einer Störung der Gasversorgung sollten die Marktteilnehmer ausreichend Gelegenheit erhalten, mit marktbasierten Maßnahmen auf die Lage zu reagieren. Sind die Marktmaßnahmen ausgeschöpft und reichen sie immer noch nicht aus, so sollten die Mitgliedstaaten und ihre zuständigen Behörden Maßnahmen ergreifen, um die Auswirkungen der Störung der Gasversorgung zu beheben oder einzudämmen.

(34) Wenn Mitgliedstaaten beabsichtigen, nichtmarktbasierte Maßnahmen zu ergreifen, sollte der Einführung der Maßnahmen eine Beschreibung der wirtschaftlichen Folgen beigefügt werden. Dadurch wird gewährleistet, dass die Kunden die von ihnen benötigten Informationen über die Kosten solcher Maßnahmen erhalten und dass die Maßnahmen transparent sind, insbesondere bezüglich ihrer Auswirkungen auf den Gaspreis.

(35) Die Kommission sollte befugt sein sicherzustellen, dass neue nicht-marktbasierte Präventivmaßnahmen die sichere Gasversorgung anderer Mitgliedstaaten oder der Union nicht gefährden. Da derartige Maßnahmen äußerst nachteilig für die Gasversorgungssicherheit sein können, ist es angebracht, dass sie nur in Kraft treten, wenn sie von der Kommission gebilligt wurden oder im Einklang mit einem Kommissionsbeschluss geändert wurden.

(36) Nachfrageseitige Maßnahmen wie der Brennstoffwechsel oder eine Verringerung der Gaslieferungen an industrielle Großkunden in einer wirtschaftlich effizienten Reihenfolge können

einen wertvollen Beitrag zur Sicherung der Gasversorgung leisten, sofern sie als Reaktion auf eine Störung der Gasversorgung schnell umgesetzt werden können und die Nachfrage spürbar reduzieren. Es sollte mehr getan werden, um eine effiziente Energienutzung zu fördern, insbesondere dann, wenn nachfrageseitige Maßnahmen notwendig sind. Die Umweltauswirkungen vorgeschlagener nachfrage- und angebotsseitiger Maßnahmen sollten angemessen berücksichtigt werden, und es sollte so weit wie möglich den Maßnahmen der Vorzug gegeben werden, die die Umwelt am wenigsten belasten. Gleichzeitig sollten die Gesichtspunkte der Gasversorgungssicherheit und der Wahrung des Wettbewerbs berücksichtigt werden.

(37) Es ist notwendig, die Vorhersehbarkeit der in einem Notfall zu treffenden Maßnahmen zu gewährleisten, damit alle Marktteilnehmer ausreichend Gelegenheit haben, darauf zu reagieren und sich auf solche Umstände vorzubereiten. Grundsätzlich sollten die zuständigen Behörden deshalb gemäß ihren Notfallplan handeln. Unter ausreichend begründeten besonderen Umständen sollte es ihnen aber erlaubt sein, Maßnahmen zu ergreifen, die von diesen Plänen abweichen. Ferner ist es wichtig, die Art und Weise, wie Notfälle bekannt gegeben werden, transparenter und vorhersehbarer zu machen. Hierbei können Informationen über den Netzbilanzierungsstatus (den Gesamtstatus des Fernleitungsnetzes) — der entsprechende Rahmen ist in der Verordnung (EU) Nr. 312/2014 der Kommission [12] festgelegt — eine wichtige Rolle spielen. Diese Informationen sollten den zuständigen Behörden und den nationalen Regulierungsbehörden, soweit sie nicht die zuständigen Behörden sind, in Echtzeit zur Verfügung stehen.

(38) Wie im Zusammenhang mit dem Stresstest im Oktober 2014 über die kurzfristige Widerstandsfähigkeit des Europäischen Gassystems deutlich wurde, ist Solidarität vonnöten, um die Gasversorgungssicherheit in der Union zu gewährleisten. Dadurch werden die Auswirkungen gleichmäßiger verteilt und die Gesamtwirkung einerschweren Störung wird gelindert. Mit dem Solidaritätsmechanismus sollen Extremsituationen bewältigt werden, in denen die Versorgung von durch Solidarität geschützten Kunden als wesentliche Notwendigkeit und unabdingbare Priorität in einem Mitgliedstaat auf dem Spiel steht. Solidarität stellt die Zusammenarbeit mit den stärker gefährdeten Mitgliedstaaten sicher. Solidarität ist zudem ein letztes Mittel, das nur im Notfall und unter eingeschränkten Voraussetzungen zum Einsatz kommt. Bei Ausrufung des Notfalls in einem Mitgliedstaat sollte daher abgestuft und verhältnismäßig vorgegangen werden, um die Sicherheit der Gasversorgung zu gewährleisten. Der Mitgliedstaat, der den Notfall ausgerufen hat, sollte insbesondere zunächst alle in seinem Notfallplan vorgesehenen Notfallmaßnahmen ergreifen, um die Gasversorgung seiner durch Solidarität geschützten Kunden sicherzustellen. Gleichzeitig sollten alle Mitgliedstaaten, die einen erhöhten Versorgungsstandard eingeführt haben, diesen zeitweise auf den normalen Versorgungsstandard absenken, um die Liquidität des Gasmarkts zu erhöhen, wenn der den Notfall ausrufende Mitgliedstaat erklärt, dass grenzüberschreitende Maßnahmen erforderlich sind. Führen diese beiden Maßnahmenpakete nicht zu der erforderlichen Versorgung, so sollten von den direkt verbundenen Mitgliedstaaten Solidaritätsmaßnahmen ergriffen werden, um die Gasversorgung von durch Solidarität geschützten Kunden in dem Mitgliedstaat, in dem der Notfall eingetreten ist, auf dessen Antrag sicherzustellen. Solche Solidaritätsmaßnahmen sollten gewährleisten, dass die Gasversorgung von nicht durch Solidarität geschützten Kunden im Hoheitsgebiet des Solidarität leistenden Mitgliedstaats gesenkt oder eingestellt wird, um Gasmengen in benötigtem Umfang und für den Zeitraum verfügbar zu machen, in dem der Gasbedarf der durch Solidarität geschützten Kunden in dem Solidarität anfordernden Mitgliedstaat nicht gedeckt ist. Keinesfalls sollte diese Verordnung so verstanden werden, dass von einem Mitgliedstaat verlangt wird oder ihm die Möglichkeit gegeben wird, in einem anderen Mitgliedstaat hoheitliche Gewalt auszuüben.

(39) Solidaritätsmaßnahmen sollten auch als letztes Mittel zur Anwendung kommen, wenn ein Mitgliedstaat mit einem anderen Mitgliedstaat über ein Drittland verbunden ist, sofern der Durchfluss durch dieses Drittland nicht eingeschränkt ist und wenn die betreffenden Mitgliedstaaten zustimmen, die gegebenenfalls den Drittstaat miteinbeziehen sollten, durch den sie verbunden sind.

(40) Wenn Solidaritätsmaßnahmen als letztes Mittel zur Anwendung kommen, sollte die Drosselung oder Einstellung der Gasversorgung in dem Solidarität leistenden Mitgliedstaat alle nicht durch Solidarität geschützten Kunden betreffen, wenn das notwendig ist, um seine Solidaritätsverpflichtungen zu erfüllen und um eine diskriminierende Behandlung zu vermeiden, unabhängig davon, ob die Kunden Gas unmittelbar oder über durch Solidarität geschützte Fernwärmeanlagen in Form von Wärme beziehen. Das Gleiche sollte umgekehrt für Kunden gewährleistet werden, die keine durch Solidarität geschützten Kunden in dem Gas über den Solidaritätsmechanismus beziehenden Mitgliedstaat sind.

(41) Werden Solidaritätsmaßnahmen als letztes Mittel ergriffen, so sollte vorzugsweise zunächst der Gasverbrauch in dem Mitgliedstaat, der Solidarität leistet, auf freiwilliger Basis gesenkt werden, durch marktbasierte Maßnahmen wie freiwillige nachfrageseitige Maßnahmen oder umgekehr-

te Auktionen, bei denen bestimmte Verbraucher wie industrielle Verbraucher dem Fernleitungsnetzbetreiber oder einer anderen zuständigen Behörde den Preis mitteilen, zu dem sie ihren Gasverbrauch verringern oder einstellen würden. Erweisen sich marktbasierte Maßnahmen als unzureichend, um den Engpass bei der erforderlichen Gasversorgung zu beseitigen, und in Anbetracht der Bedeutung, die der Solidarität als letztem Mittel zukommt, sollte der Mitgliedstaat, der Solidarität leistet, in der Lage sein, als zweiten Schritt nicht-marktbasierte Maßnahmen, einschließlich Lieferkürzungen für bestimmte Verbrauchergruppen, anzuwenden, um seine Solidaritätsverpflichtungen zu erfüllen.

(42) Für Solidaritätsmaßnahmen als letztes Mittel sollte Entschädigung geleistet werden. Der Mitgliedstaat, der Solidarität leistet, sollte von dem Mitgliedstaat, dem Solidarität gewährt wird, unverzüglich eine angemessene Entschädigung erhalten, auch für das in sein Hoheitsgebiet gelieferte Gas und für alle sonstigen einschlägigen angemessenen Kosten, die bei der Leistung von Solidarität entstanden sind. Solidaritätsmaßnahmen als letztes Mittel sollten an die Bedingung geknüpft sein, dass sich der Mitgliedstaat, der um Solidarität ersucht, zu angemessener und unverzüglicher Entschädigung verpflichtet. Durch diese Verordnung werden nicht alle Aspekte angemessener Entschädigung harmonisiert. Die betroffenen Mitgliedstaaten sollten die notwendigen Maßnahmen — insbesondere technische, rechtliche und finanzielle Regelungen — ergreifen, um die Bestimmungen für eine unverzügliche und angemessene Entschädigung zwischen ihnen umzusetzen.

(43) Die Mitgliedstaaten setzten, wenn sie Maßnahmen gemäß den Bestimmungen dieser Verordnung über Solidarität ergreifen, Unionsrecht um und sind daher gehalten, die durch das Unionsrecht garantierten Grundrechte zu wahren. Solche Maßnahmen können daher für einen Mitgliedstaat zu der Verpflichtung führen, Entschädigung an jene zu leisten, die durch seine Maßnahmen betroffen sind. Die Mitgliedstaaten sollten daher sicherstellen, dass es nationale Bestimmungen über Entschädigung gibt, die mit dem Unionsrecht und insbesondere mit den Grundrechten vereinbar sind. Darüber hinaus sollte gewährleistet sein, dass der Mitgliedstaat, dem Solidarität gewährt wird, letztendlich alle angemessenen Kosten trägt, die dem Mitgliedstaat, der Solidarität leistet, aufgrund der genannten Verpflichtung, Entschädigung zu leisten, entstanden sind, ebenso wie weitere angemessene Kosten, die durch die Leistung von Entschädigungszahlungen gemäß den genannten nationalen Entschädigungsregelungen entstanden sind.

(44) Da möglicherweise mehr als ein Mitgliedstaat eine Solidaritätsleistung für einen ersuchenden Mitgliedstaat erbringt, sollte es einen Mechanismus für die Lastenteilung geben. Im Rahmen dieses Mechanismus sollte der um Solidarität ersuchende Mitgliedstaat nach Anhörung aller betroffenen Mitgliedstaaten das vorteilhafteste Angebot nach Kosten, Lieferungsgeschwindigkeit, Verlässlichkeit und Diversifizierung der Gasversorgung aus unterschiedlichen Mitgliedstaaten aussuchen. Die Mitgliedstaaten sollten solche Angebote soweit und solange wie möglich auf der Grundlage von freiwilligen Maßnahmen auf der Nachfragenseite machen, bevor sie auf nicht marktbasierte Maßnahmen zurückgreifen.

(45) Durch diese Verordnung wird zum ersten Mal ein solcher Solidaritätsmechanismus zwischen Mitgliedstaaten als Instrument zur Abmilderung der Auswirkungen einer schwerwiegenden Notlage innerhalb der Union eingeführt — einschließlich eines Mechanismus für die Lastenteilung. Die Kommission sollte den Mechanismus für die Lastenteilung und den Solidaritätsmechanismus daher allgemein im Lichte künftiger Erfahrungen mit ihrer Funktionsweise überarbeiten und gegebenenfalls Änderungen an ihnen vorschlagen.

(46) Die Mitgliedstaaten sollten die erforderlichen Maßnahmen zur Durchführung der Bestimmungen über den Solidaritätsmechanismus erlassen, wozu auch gehört, dass die betreffenden Mitgliedstaaten technische, rechtliche und finanzielle Regelungen vereinbaren. Die Mitgliedstaaten sollten die Einzelheiten dieser Regelungen in ihren Notfallplänen beschreiben. Die Kommission sollte rechtlich nicht bindende Leitlinien zu den wichtigsten Elementen, die in diese Regelungen aufzunehmen sind, erstellen.

(47) Solange ein Mitgliedstaat den Gasverbrauch der durch Solidarität geschützten Kunden aus eigener Erzeugung abdecken kann und somit nicht um Solidarität ersuchen muss, sollte er von der Verpflichtung ausgenommen werden, technische, rechtliche und finanzielle Regelungen mit anderen Mitgliedstaaten zum Erhalt einer Solidaritätsleistung festzulegen. Das sollte nicht die Verpflichtung des betreffenden Mitgliedstaats berühren, eine Solidaritätsleistung für andere Mitgliedstaaten zu erbringen.

(48) Es sollte eine Schutzklausel für den Fall geben, dass die Union aufgrund einer anderen Haftung als der für rechtswidrige Handlungen oder für rechtswidriges Verhalten im Sinne von Artikel 340 Absatz 2 AEUV Kosten für Maßnahmen trägt, die die Mitgliedstaaten gemäß den Bestimmungen dieser Verordnung über den Solidaritätsmechanismus ergreifen müssen. In solchen Fällen ist es angebracht, dass der Mitgliedstaat, dem Solidarität gewährt wird, die Kosten der Union erstattet.

(49) Bei Bedarf sollte Solidarität auch durch Hilfe ausgeübt werden, die von der Union und

ihren Mitgliedstaaten im Rahmen des Katastrophenschutzes geleistet wird. Solche Hilfsmaßnahmen sollten durch das mit dem Beschluss Nr. 1313/2013/EU eingeführte Katastrophenschutzverfahren der Union erleichtert und koordiniert werden, das die Zusammenarbeit zwischen der Union und den Mitgliedstaaten verstärken und die Koordinierung im Bereich des Katastrophenschutzes erleichtern soll, um die Wirksamkeit der Systeme zur Prävention von Naturkatastrophen und durch Menschen verursachte Katastrophen sowie zur Vorbereitung und Reaktion auf diese Katastrophen zu verbessern.

(50) Für die Beurteilung der Sicherheit der Gasversorgung eines Mitgliedstaats, eines Teils der Union oder der gesamten Union ist der Zugang zu den einschlägigen Informationen wesentlich. Insbesondere benötigen die Mitgliedstaaten und die Kommission einen regelmäßigen Zugang zu Informationen der Erdgasunternehmen über die Hauptparameter der Gasversorgung, einschließlich präziser Messungen der verfügbaren Speicherreserven, als grundlegenden Ausgangspunkt für die Konzeption von Strategien zur Absicherung der Gasversorgung. Unabhängig von der Ausrufung eines Notfalls sollte in begründeten Fällen auch der Zugang zu zusätzlichen Informationen möglich sein, die für die Beurteilung der Gesamtlage der Gasversorgung benötigt werden. Bei solchen zusätzlichen Informationen würde es sich in der Regel um nicht-preisbezogene Gaslieferinformationen, z. B. über Mindest- und Höchstgasmengen, Lieferpunkte oder die Bedingungen für die Aussetzung von Gaslieferungen, handeln.

(51) Ein effizienter und zielführender Mechanismus für den Zugang der Mitgliedstaaten und der Kommission zu wichtigen Gaslieferverträgen sollte eine umfassende Bewertung der einschlägigen Risiken gewährleisten, die zu einer Störung der Gasversorgung führen oder die nötigen Folgenminderungsmaßnahmen beeinträchtigen können, falls es dennoch zu einer Krise kommt. Im Rahmen dieses Mechanismus sollten bestimmte wichtige Gaslieferverträge den zuständigen Behörden der am stärksten betroffenen Mitgliedstaaten automatisch gemeldet werden, unabhängig davon, ob das Gas aus der Union oder aus Drittländern stammt. Neue Verträge oder Änderungen sollten unmittelbar nach ihrem Abschluss gemeldet werden. Zur Gewährleistung der Transparenz und der Zuverlässigkeit sollten bestehende Verträge ebenfalls gemeldet werden. Die Meldepflicht sollte auch für alle kommerziellen Vereinbarungen gelten, die für die Durchführung des Gasliefervertrags von Bedeutung sind, einschließlich einschlägiger Vereinbarungen, die mit der Infrastruktur, der Speicherung und anderen für die Sicherheit der Erdgasversorgung wichtigen Aspekten im Zusammenhang stehen können.

(52) Jede Verpflichtung, einen Vertrag automatisch an die zuständige Behörde zu melden, muss verhältnismäßig sein. Eine Anwendung dieser Verpflichtung auf Verträge zwischen einem Lieferanten und einem Abnehmer, die mindestens 28 % des nationalen Marktes ausmachen, ist im Hinblick auf die Verwaltungseffizienz und die Transparenz ausgewogen und erlegt den Marktteilnehmern klare Verpflichtungen auf. Die zuständige Behörde sollte den Vertrag unter dem Gesichtspunkt der Gewährleistung der Gasversorgungssicherheit prüfen und dieErgebnisse der Bewertung an die Kommission übermitteln. Wenn die zuständige Behörde Zweifel hat, ob ein bestimmter Vertrag ein Risiko für die Sicherheit der Gasversorgung in einem Mitgliedstaat oder einer Region ist, so sollte sie diesen Vertrag der Kommission zur Prüfung melden. Das bedeutet nicht, dass andere Gaslieferverträge für die Gasversorgungssicherheit nicht von Bedeutung sind. Ist die zuständige Behörde des am stärksten betroffenen Mitgliedstaats oder die Kommission der Auffassung, dass ein Gasliefervertrag, der nicht der automatischen Meldepflicht nach dieser Verordnung unterliegt, aufgrund seiner Besonderheiten, der belieferten Kundengruppe oder seiner Bedeutung für die Sicherheit der Gasversorgung ein Risiko für die Sicherheit der Gasversorgung in einem Mitgliedstaat, in einer Region der Union oder in der Union darstellen könnte, so sollte die zuständige Behörde oder die Kommission die Möglichkeit haben, den Vertrag anzufordern, um seine Auswirkungen auf die Sicherheit der Gasversorgung beurteilen zu können. Diese Informationen könnten beispielsweise angefordert werden, wenn es zu einer Änderung der Muster der bisherigen Gaslieferungen an einen oder mehrere Abnehmer in einem Mitgliedstaat kommt, mit der unter normalen Marktbedingungen nicht zu rechnen wäre und die sich auf die Gasversorgung der Union oder von Teilen der Union auswirken könnte. Mit diesem Mechanismus wird sichergestellt, dass der Zugang zu anderen wichtigen Gaslieferverträgen, die für die Versorgungssicherheit relevant sind, garantiert ist. Eine solche Anforderung sollte angemessen begründet werden und die Notwendigkeit berücksichtigen, den Verwaltungsaufwand dieser Maßnahme so gering wie möglich zu halten.

(53) Die Kommission kann den Mitgliedstaaten vorschlagen, die Risikobewertungen und Präventions- und die Notfallpläne zu ändern, um die aus den Verträgen erlangten Informationen zu berücksichtigen. Diese Verordnung sollte das Recht der Kommission, Vertragsverletzungsverfahren gemäß Artikel 258 AEUV einzuleiten, sowie die Durchsetzung des Wettbewerbsrechts, einschließlich der Regeln für staatliche Beihilfen, unberührt lassen.

(54) Alle Verträge oder vertraglichen Informationen, die in diesem Rahmen empfangen werden, einschließlich der Auswertungen durch die zuständige Behörde oder die Kommission sollten vertraulich bleiben, insbesondere um gewerblich

sensible Informationen und die Integrität und das reibungslose Funktionieren des Systems für den Informationsaustausch zu schützen. Diese Vertraulichkeit kann angesichts der Bedeutung, die eine grundlegende Ware wie Gas für die Mitgliedstaaten haben kann, auch für die öffentliche Sicherheit relevant sein. Darüber hinaus enthalten aussagekräftige und umfassende Bewertungen durch die zuständigen Behörden oder die Kommission insbesondere Informationen zur öffentlichen Sicherheit, gewerbliche Informationen oder Verweise darauf. Es ist daher notwendig, die Vertraulichkeit der Bewertungen sicherzustellen. Ebenso wichtig ist es, dass Personen, die vertrauliche Informationen gemäß dieser Verordnung erhalten, an das Berufsgeheimnis gebunden sind. Die Kommission, die zuständigen Behörden und nationalen Regulierungsbehörden, Einrichtungen oder Personen, die vertrauliche Informationen aufgrund dieser Verordnung erhalten, sollten die Vertraulichkeit der bei ihnen eingehenden Informationen gewährleisten.

(55) Es sollte ein angemessenes System für Krisenbewältigung und Informationsaustausch bestehen, das auf drei Krisenstufen, nämlich Frühwarnung, Alarm und Notfall, beruht. Ruft die zuständige Behörde eines Mitgliedstaatseine der Krisenstufen aus, so sollte sie die Kommission und die zuständigen Behörden der Mitgliedstaaten, mit denen der Mitgliedstaat dieser zuständigen Behörde direkt verbunden ist, unverzüglich davon in Kenntnis setzen. Wird der Notfall ausgerufen, so sollten auch die Mitgliedstaaten in der Risikogruppe informiert werden. Die Kommission sollte auf Antrag von mindestens zwei zuständigen Behörden, die einen Notfall ausgerufen haben, einen regionalen oder unionsweiten Notfall ausrufen. Um im Falle eines regionalen oder unionsweiten Notfalls einen angemessenen Informationsaustausch und eine angemessene Zusammenarbeit sicherzustellen, sollte die Kommission die Maßnahmen der zuständigen Behörden koordinieren und dabei uneingeschränkt die sich aus der Konsultation der Koordinierungsgruppe „Gas“ ergebenden relevanten Informationen und Ergebnisse berücksichtigen. Die Kommission sollte den regionalen oder unionsweiten Notfall für beendet erklären, wenn sie nach der Bewertung der Lage zu dem Schluss gelangt, dass es nicht länger gerechtfertigt wäre, den Notfall aufrechtzuerhalten.

(56) Die Koordinierungsgruppe „Gas“ sollte bei einem Notfall in der Union die Kommission bei der Koordinierung der Maßnahmen zur Sicherung der Gasversorgung beraten. Die Gruppe sollte auch die Angemessenheit und Zweckmäßigkeit der gemäß dieser Verordnung ergriffenen Maßnahmen überwachen einschließlich der Kohärenz der von verschiedenen Risikogruppen aufgestellten Präventions- und Notfallpläne.

(57) Eine Erdgasversorgungskrise könnte über die Grenzen der Union hinausreichen und auch Vertragsparteien der Energiegemeinschaft betreffen. Als Vertragspartei des Vertrags zur Gründung der Energiegemeinschaft sollte sich die Union für Änderungen an diesem Vertrag einsetzen, die darauf abzielen, durch die Bereitstellung eines geeigneten stabilen Regelungsrahmens einen integrierten Markt und einen einheitlichen Regulierungsraum zu schaffen. Um sicherzustellen, dass in der Zwischenzeit ein effizientes Krisenmanagement an den Grenzen zwischen Mitgliedstaaten und den Vertragsparteien besteht, werden sie ersucht, bei der Prävention von, der Vorbereitung auf und der Bewältigung von Erdgasversorgungskrisen eng zusammenarbeiten.

(58) Da Gaslieferungen aus Drittländern für die Gasversorgungssicherheit in der Union von zentraler Bedeutung sind, sollte die Kommission Maßnahmen, die Drittländer betreffen, koordinieren und mit Liefer- und Transitländern an Vereinbarungen arbeiten, um Krisensituationen zu bewältigen und einen stabilen Gasfluss in die Union zugewährleisten. Die Kommission sollte eine Taskforce einsetzen können, die in Krisensituationen nach Konsultation der betreffenden Mitgliedstaaten und Drittländer die Gasflüsse in die Union überwacht und im Falle einer Krise infolge von Problemen in einem Drittland als Mittler und Moderator tätig wird. Die Kommission sollte der Koordinierungsgruppe „Gas“ regelmäßig Bericht erstatten.

(59) Liegen verlässliche Informationen über eine Situation außerhalb der Union vor, durch die die Gasversorgungssicherheit in einem oder mehreren Mitgliedstaaten bedroht wird und durch die ein Frühwarnsystem zwischen der Union und einem Drittland ausgelöst werden könnte, so sollte die Kommission die Koordinierungsgruppe „Gas“ unverzüglich informieren, und die Union sollte angemessene Maßnahmen ergreifen, um die Situation nach Möglichkeit zu entschärfen.

(60) Da das Ziel dieser Verordnung, eine sichere Gasversorgung in der Union sicherzustellen, von den Mitgliedstaaten allein nicht ausreichend verwirklicht werden kann, sondern vielmehr wegen des Umfangs und der Wirkungen der Maßnahmen auf Unionsebene besser zu verwirklichen ist, kann die Union im Einklang mit dem in Artikel 5 des Vertrags über die Europäische Union verankerten Subsidiaritätsprinzip tätig werden. Entsprechend dem in demselben Artikel genannten Grundsatz der Verhältnismäßigkeit geht diese Verordnung nicht über das für die Verwirklichung dieses Ziels erforderliche Maß hinaus.

(61) Damit die Union rasch auf veränderte Umstände bei der Sicherheit der Gasversorgung reagieren kann, sollte der Kommission die Befugnis übertragen werden, gemäß Artikel 290 AEUV

Rechtsakte über die Zusammensetzung der Risikogruppen und die Vorlagen für die Risikobewertungen und die Präventions- und Notfallpläne zu erlassen. Es ist von besonderer Bedeutung, dass die Kommission im Zuge ihrer Vorbereitungsarbeit angemessene Konsultationen, auch auf der Ebene von Sachverständigen, durchführt, die mit den Grundsätzen der Interinstitutionellen Vereinbarung vom 13. April 2016 über bessere Rechtsetzung [13] in Einklang stehen. Um insbesondere für eine gleichberechtigte Beteiligung an der Vorbereitung delegierter Rechtsakte zu sorgen, erhalten das Europäische Parlament und der Rat alle Dokumente zur gleichen Zeit wie die Sachverständigen der Mitgliedstaaten, und ihre Sachverständigen haben systematisch Zugang zu den Sitzungen der Sachverständigengruppen der Kommission, die mit der Vorbereitung der delegierten Rechtsakte befasst sind.

(62) Diese Verordnung berührt nicht das in Artikel 194 Absatz 2 AEUV verankerte Recht eines Mitgliedstaats, die Bedingungen für die Nutzung seiner Energieressourcen zu bestimmen.

(63) Die Verordnung (EU) Nr. 994/2010 sollte aufgehoben werden. Um jedoch Rechtsunsicherheit zu vermeiden, sollten die mit jener Verordnung aufgestellten Präventions- und Notfallpläne in Kraft bleiben, bis die neuen, entsprechend der vorliegenden Verordnung ausgearbeiteten Präventions- und Notfallpläne zum ersten Mal beschlossen werden —

[1] ABl. C 487 vom 28.12.2016, S. 70.

[2] Standpunkt des Europäischen Parlaments vom 12. September 2017 (noch nicht im Amtsblatt veröffentlicht)] und Beschluss des Rates vom 9. Oktober 2017.

[3] Richtlinie 2009/72/EG des Europäischen Parlaments und des Rates vom 13. Juli 2009 über gemeinsame Vorschriften für den Elektrizitätsbinnenmarkt und zur Aufhebung der Richtlinie 2003/54/EG (ABl. L 211 vom 14.8.2009, S. 55).

[4] Richtlinie 2009/73/EG des Europäischen Parlaments und des Rates vom 13. Juli 2009 über gemeinsame Vorschriften für den Erdgasbinnenmarkt und zur Aufhebung der Richtlinie 2003/55/EG (ABl. L 211 vom 14.8.2009, S. 94).

[5] Verordnung (EG) Nr. 713/2009 des Europäischen Parlaments und des Rates vom 13. Juli 2009 zur Gründung einer Agentur für die Zusammenarbeit der Energieregulierungsbehörden (ABl. L 211 vom 14.8.2009, S. 1).

[6] Verordnung (EG) Nr. 714/2009 des Europäischen Parlaments und des Rates vom 13. Juli 2009 über die Netzzugangsbedingungen für den grenzüberschreitenden Stromhandel und zur Aufhebung der Verordnung (EG) Nr. 1228/2003 (ABl. L 211 vom 14.8.2009, S. 15).

[7] Verordnung (EG) Nr. 715/2009 des Europäischen Parlaments und des Rates vom 13. Juli 2009 über die Bedingungen für den Zugang zu den Erdgasfernleitungsnetzen und zur Aufhebung der Verordnung (EG) Nr. 1775/2005 (ABl. L 211 vom 14.8.2009, S. 36).

[8] Verordnung (EU) Nr. 994/2010 des Europäischen Parlaments und des Rates vom 20. Oktober 2010 über Maßnahmen zur Gewährleistung der sicheren Erdgasversorgung und zur Aufhebung der Richtlinie 2004/67/EG des Rates (ABl. L 295 vom 12.11.2010, S. 1).

[9] Beschluss Nr. 1313/2013/EU des Europäischen Parlaments und des Rates vom 17. Dezember 2013 über ein Katastrophenschutzverfahren der Union (ABl. L 347 vom 20.12.2013, S. 924).

[10] Richtlinie 2005/89/EG des Europäischen Parlaments und des Rates vom 18. Januar 2006 über Maßnahmen zur Gewährleistung der Sicherheit der Elektrizitätsversorgung und von Infrastrukturinvestitionen (ABl. L 33 vom 4.2.2006, S. 22).

[11] Richtlinie 2008/114/EG des Rates vom 8. Dezember 2008 über die Ermittlung und Ausweisung europäischer kritischer Infrastrukturen und die Bewertung der Notwendigkeit, ihren Schutz zu verbessern (ABl. L 345 vom 23.12.2008, S. 75).

[12] Verordnung (EU) Nr. 312/2014 der Kommission vom 26. März 2014 zur Festlegung eines Netzkodex für die Gasbilanzierung in Fernleitungsnetzen (ABl. L 91 vom 27.3.2014, S. 15).

[13] ABl. L 123 vom 12.5.2016, S. 1.

Artikel 1
Gegenstand

Mit dieser Verordnung werden Bestimmungen zur Gewährleistung einer sicheren Erdgasversorgung in der Union erlassen, indem sichergestellt wird, dass der Binnenmarkt für Erdgas (im Folgenden „Gas") reibungslos und ununterbrochen funktioniert, indem außerordentliche Maßnahmen für den Fall ermöglicht werden, dass der Markt die nachgefragten Erdgaslieferungen nicht mehr bereitstellen kann, wozu auch als letztes Mittel anzuwendende Solidaritätsmaßnahmen gehören, und indem eine klare Festlegung und Zuweisung der Zuständigkeiten der Erdgasunternehmen, der Mitgliedstaaten und der Union sowohl bei der Prävention als auch der Reaktion auf konkrete Störungen der Gasversorgung vorgesehen werden. Mit dieser Verordnung werden auch im Geiste der Solidarität transparente Mechanismen für die Koordinierung der Planung für, und für die Reaktion auf, Notfälle auf einzelstaatlicher Ebene, auf regionaler Ebene und auf Unionsebene geschaffen.

Artikel 2[a)]
Begriffsbestimmungen

Für die Zwecke dieser Verordnung gelten folgende Begriffsbestimmungen:

1. „Sicherheit" bezeichnet Sicherheit gemäß Artikel 2 Nummer 32 der Richtlinie 2009/73/EG,

2. „Kunde" bezeichnet Kunde gemäß Artikel 2 Nummer 24 der Richtlinie 2009/73/EG,

3. „Haushaltkunde" bezeichnet Haushaltskunde gemäß Artikel 2 Nummer 25 der Richtlinie 2009/73/EG,

4. „grundlegender sozialer Dienst“ bezeichnet einen Dienst in den Bereichen Gesundheitsversorgung, grundlegende soziale Versorgung, Notfall, Sicherheit, Bildung oder öffentliche Verwaltung,

5. „geschützter Kunde“ bezeichnet einen Haushaltskunden, der an ein Erdgasverteilernetz angeschlossen ist; wenn der betreffende Mitgliedstaat es so festlegt, kann darunter auch eine oder mehrere der folgenden Gestaltungen fallen, sofern die in Buchstaben a und b genannten Unternehmen oder Dienste zusammen nicht mehr als 20 % des jährlichen Gesamtgasverbrauchs des betreffenden Mitgliedstaats ausmachen:

a) ein kleines oder mittleres Unternehmen, sofern es an ein Erdgasverteilernetz angeschlossen ist,

b) ein grundlegender sozialer Dienst, sofern er an ein Erdgasverteiler- oder -fernleitungsnetz angeschlossen ist,

c) eine Fernwärmeanlage, soweit sie Wärme an Haushaltskunden, kleine oder mittlere Unternehmen oder grundlegende soziale Dienste liefert, wenn diese Anlage keinen Wechsel auf einen anderen Brennstoff als Gas vornehmen kann,

6. „durch Solidarität geschützter Kunde“ bezeichnet einen Haushaltskunden, der an ein Erdgasverteilernetz angeschlossen ist; darunter kann auch eine oder beide der folgenden Gestaltungen fallen:

a) eine Fernwärmeanlage, sofern sie in dem betreffenden Mitgliedstaat ein „geschützter Kunde“ ist und nur soweit sie Heizung an Haushaltskunden oder grundlegende soziale Dienste liefert, die nicht den Bereichen Bildung und öffentliche Verwaltung angehören,

b) ein grundlegender sozialer Dienst, sofern er in dem betreffenden Mitgliedstaat ein „geschützter Kunde“ ist und nicht den Bereichen Bildung und öffentliche Verwaltung angehört,

7. „zuständige Behörde“ bezeichnet eine nationale Regierungsbehörde oder eine nationale Regulierungsbehörde, die von einem Mitgliedstaat benannt wird, um die Durchführung der in dieser Verordnung vorgesehenen Maßnahmen sicherzustellen,

8. „nationale Regulierungsbehörde“ bezeichnet eine nationale Regulierungsbehörde, die gemäß Artikel 39 Absatz 1 der Richtlinie 2009/73/EG benannt worden ist,

9. „Erdgasunternehmen“ bezeichnet ein Erdgasunternehmen im Sinne des Artikels 2 Nummer 1 der Richtlinie 2009/73/EG,

10. „Gasversorgungsvertrag“ bezeichnet ein Gasversorgungsvertrag im Sinne des Artikels 2 Nummer 34 der Richtlinie 2009/73/EG,

11. „Fernleitung“ bezeichnet Fernleitung im Sinne des Artikels 2 Nummer 3 der Richtlinie 2009/73/EG,

12. „Fernleitungsnetzbetreiber“ bezeichnet Fernleitungsnetzbetreiber im Sinne des Artikels 2 Nummer 4 der Richtlinie 2009/73/EG,

13. „Verteilung“ bezeichnet Verteilung im Sinne des Artikels 2 Nummer 5 der Richtlinie 2009/73/EG,

14. „Verteilernetzbetreiber“ bezeichnet Verteilernetzbetreiber im Sinne des Artikels 2 Nummer 6 der Richtlinie 2009/73/EG,

15. „Verbindungsleitung“ bezeichnet Verbindungsleitung im Sinne des Artikels 2 Nummer 17 der Richtlinie 2009/73/EG,

16. „Notversorgungskorridore“ bezeichnen die Gasversorgungswege der Union, die den Mitgliedstaaten dabei helfen, die Auswirkungen eines potenziellen Ausfalls von Lieferungen oder Infrastruktur einzudämmen,

17. „Speicherkapazität“ bezeichnet Speicherkapazität im Sinne des Artikels 2 Nummer 28 der Verordnung (EG) Nr. 715/2009,

EU-VO

18. „technische Kapazität“ bezeichnet technische Leistungsfähigkeit im Sinne des Artikels 2 Nummer 18 der Verordnung (EG) Nr. 715/2009,

19. „verbindliche Kapazität“ bezeichnet verbindliche Kapazität im Sinne des Artikels 2 Nummer 16 der Verordnung (EG) Nr. 715/2009,

20. „unterbrechbare Kapazität“ bezeichnet unterbrechbare Kapazität im Sinne des Artikels 2 Nummer 13 der Verordnung (EG) Nr. 715/2009,

21. „Kapazität der LNG-Anlagen“ bezeichnet die Kapazität einer LNG-Anlage im Sinne des Artikels 2 Nummer 24 der Verordnung (EG) Nr. 715/2009,

22. „LNG-Anlage“
bezeichnet eine LNG-Anlage im Sinne des Artikels 2 Nummer 11 der Richtlinie 2009/73/EG,

23. „Speicheranlage“ bezeichnet eine Speicheranlage im Sinne des Artikels 2 Nummer 9 der Richtlinie 2009/73/EG,

24. „Netz“ bezeichnet ein Netz im Sinne des Artikels 2 Nummer 13 der Richtlinie 2009/73/EG,

25. „Netzbenutzer“ bezeichnet Netzbenutzer im Sinne des Artikels 2 Nummer 23 der Richtlinie 2009/73/EG,

26. „Hilfsdienste“ bezeichnet Hilfsdienste im Sinne des Artikels 2 Nummer 14 der Richtlinie 2009/73/EG,

27. „Befüllungspfad“ bezeichnet eine Reihe von Zwischenzielen für die unterirdischen Gasspeicheranlagen für jeden Mitgliedstaat gemäß Anhang Ia für 2022 und — für die folgenden Jahre — im Einklang mit Artikel 6a,

28. „Befüllungsziel“ bezeichnet ein verbindliches Ziel für den Füllstand der Gesamtkapazität der unterirdischen Gasspeicheranlagen,

29. „strategische Speicherung“ bezeichnet unterirdische Speicherung oder einen Teil einer unterirdischen Speicherung von nicht verflüssigtem

Erdgas, das von Fernleitungsnetzbetreibern, einer von den Mitgliedstaaten benannten Stelle oder einem Unternehmen erworben, verwaltet und gespeichert wird und nur nach vorheriger Mitteilung oder behördlicher Genehmigung freigegeben werden darf und grundsätzlich freigegeben wird bei

a) einer größeren Angebotsknappheit,

b) einer Versorgungsstörung oder

c) der Ausrufung eines Notfalls im Sinne von Artikel 11 Absatz 1 Buchstabe c.

30. „Ausgleichsgasvorräte" bezeichnet nicht verflüssigtes Erdgas, das

a) von Fernleitungsnetzbetreibern oder einer vom Mitgliedstaat benannten Stelle ausschließlich für die Zwecke der Wahrnehmung ihrer Funktionen als Fernleitungsnetzbetreiber und für die Zwecke der Gasversorgungssicherheit erworben, verwaltet und unterirdisch gespeichert wird,

b) nur eingesetzt werden darf, wenn dies erforderlich ist, um das Netz im Einklang mit Artikel 13 der Richtlinie 2009/73/EG und den Artikeln 8 und 9 der Verordnung (EU) Nr. 312/2014 unter sicheren und zuverlässigen Bedingungen in Betrieb zu halten,

31. „unterirdische Gasspeicheranlage" bezeichnet eine Speicheranlage im Sinne von Artikel 2 Nummer 9 der Richtlinie 2009/73/EG, die für die Lagerung von Erdgas einschließlich Ausgleichsgasvorräten genutzt wird und an ein Fernleitungs- oder Verteilernetz angeschlossen ist, mit Ausnahme von oberirdischen Kugelgas- oder Netzpufferspeichern.

[a] Artikel 2 Nummern 27 bis 31 gelten bis zum 31. Dezember 2025.

Artikel 3
Verantwortung für die Sicherheit der Erdgasversorgung

(1) Die Erdgasunternehmen, die Mitgliedstaaten und insbesondere ihre zuständigen Behörden sowie die Kommission tragen im Rahmen ihrer jeweiligen Tätigkeits- und Zuständigkeitsbereiche gemeinsam die Verantwortung für die sichere Erdgasversorgung.

(2) Jeder Mitgliedstaat benennt eine zuständige Behörde. Die zuständigen Behörden arbeiten bei der Durchführung dieser Verordnung zusammen. Die Mitgliedstaaten können der zuständigen Behörde gestatten, bestimmte in dieser Verordnung festgelegte Aufgaben anderen Stellen zu übertragen. Sofern zuständige Behörden die Aufgabe zur Ausrufung einer Krisenstufe gemäß Artikel 11 Absatz 1 übertragen, dürfen sie das nur einer Behörde, einem Fernleitungs- oder einem Verteilernetzbetreiber übertragen. Die übertragenen Aufgaben werden unter der Aufsicht der zuständigen Behörde wahrgenommen und sind in dem Präventionsplan und in dem Notfallplan aufzuführen.

(3) Jeder Mitgliedstaat teilt der Kommission unverzüglich den Namen der zuständigen Behörde sowie etwaige Änderungen dieser Namen mit und veröffentlicht diese Informationen.

(4) Bei der Durchführung der in dieser Verordnung vorgesehenen Maßnahmen legt die zuständige Behörde die Aufgaben und Zuständigkeiten der verschiedenen Akteure so fest, dass ein auf drei Ebenen beruhender Ansatz sichergestellt wird, wonach zuerst die betreffenden Erdgasunternehmen, die betreffenden Wirtschaftsbranchen und gegebenenfalls Stromversorgungsunternehmen, zweitens die Mitgliedstaaten auf nationaler oder regionaler Ebene und drittens die Union tätig werden.

(5) Die Kommission koordiniert die Tätigkeit der zuständigen Behörden auf regionaler Ebene und auf Unionsebene gemäß dieser Verordnung unter anderem über die Koordinierungsgruppe „Gas" oder, insbesondere in einem regionalen oder unionsweiten Notfall nach Artikel 12 Absatz 1, über das in Artikel 12 Absatz 4 genannte Krisenmanagementteam.

(6) In einem regionalen oder unionsweiten Notfall arbeiten die Fernleitungsnetzbetreiber zusammen und tauschen Informationen mit Hilfe des vom ENTSOG eingerichteten ReCo-Systems für Gas aus. Das ENTSOG setzt die Kommission und die zuständigen Behörden der betreffenden Mitgliedstaaten entsprechend in Kenntnis.

(7) Gemäß Artikel 7 Absatz 2 dieser Verordnung sind wichtige grenzüberschreitende Risiken für die Sicherheit der Erdgasversorgung in der Union zu identifizieren und auf dieser Grundlage Risikogruppen festzulegen. Diese Risikogruppen dienen als Grundlage für eine verstärkte regionale Zusammenarbeit zur Erhöhung der Sicherheit der Erdgasversorgung und ermöglichen die Vereinbarung geeigneter und wirksamer grenzüberschreitender Maßnahmen zwischen allen betroffenen Mitgliedstaaten innerhalb und außerhalb der Risikogruppen entlang der Notversorgungskorridore.

Die Liste dieser Risikogruppen und ihre Zusammensetzung sind Anhang I zu entnehmen. Die Zusammensetzung der Risikogruppen steht anderen Formen der regionalen Zusammenarbeit zugunsten der Versorgungssicherheit nicht entgegen.

(8) Der Kommission wird die Befugnis übertragen, gemäß Artikel 19 delegierte Rechtsakte zur Aktualisierung der Zusammensetzung der in Anhang I aufgeführten Risikogruppen durch Änderung dieses Anhangs zu erlassen, um der Entwicklung der wichtigsten grenzüberschreitenden Risiken für die Sicherheit der Erdgasversorgung in der Union und ihrer Auswirkungen auf die Mitgliedstaaten Rechnung zu tragen, wobei die Ergebnisse der unionsweiter Simulation von Szenarien zum Ausfall von Gaslieferungen und Infrastrukturen, die vom ENTSOG gemäß Artikel 7

Absatz 1 durchgeführt werden, zu berücksichtigen sind. Vor der Aktualisierung konsultiert die Kommission die gemäß Artikel 4 Absatz 4 zusammengesetzte Koordinierungsgruppe „Gas" zu dem Entwurf einer Aktualisierung.

Artikel 4
Koordinierungsgruppe „Gas"

(1) Eine Koordinierungsgruppe „Gas" wird eingesetzt, um die Maßnahmen zur Gewährleistung der Gasversorgungssicherheit leichter koordinieren zu können. Die Koordinierungsgruppe „Gas" setzt sich aus Vertretern der Mitgliedstaaten, insbesondere Vertretern ihrer zuständigen Behörden, sowie der Agentur für die Zusammenarbeit der Energieregulierungsbehörden (die „Agentur"), des ENTSOG und der Interessenverbände der Erdgasindustrie und der betreffenden Verbraucherverbände zusammen. Die Kommission beschließt in Absprache mit den Mitgliedstaaten über die Zusammensetzung der Gruppe unter Gewährleistung ihrer uneingeschränkten Repräsentativität. Die Kommission führt den Vorsitz in der Koordinierungsgruppe „Gas". Die Koordinierungsgruppe „Gas" gibt sich eine Geschäftsordnung.

(2) Die Koordinierungsgruppe „Gas" wird konsultiert und unterstützt die Kommission in folgenden Fragen:

a) Sicherheit der Gasversorgung — jederzeit und insbesondere in einer Notfallsituation;

b) sämtliche Informationen, die für die nationale, regionale und unionsweite Gasversorgungssicherheit relevant sind;

c) bewährte Verfahren und mögliche Leitlinien für alle Betroffenen;

d) Niveau der Gasversorgungssicherheit, Benchmarks und Bewertungsmethodologien;

e) nationale, regionale und unionsweite Szenarien und Überprüfung des Grades der Vorbereitung;

f) Bewertung der Präventions- und der Notfallpläne, ihrer planübergreifenden Kohärenz und der Durchführung der darin vorgesehenen Maßnahmen;

g) Koordinierung der Maßnahmen für einen Unionsnotfall mit Vertragsparteien der Energiegemeinschaft und mit anderen Drittländern;

h) erforderliche Hilfen für die am stärksten betroffenen Mitgliedstaaten.

(3) Die Kommission beruft die Koordinierungsgruppe „Gas" regelmäßig ein und leitet die Informationen, die ihr die zuständigen Behörden übermitteln, an sie weiter, wobei sie die Vertraulichkeit von wirtschaftlich sensiblen Informationen wahrt.

(4) Die Kommission kann die Koordinierungsgruppe „Gas" in einer auf die Vertreter der Mitgliedstaaten und insbesondere ihrer zuständigen Behörden beschränkten Zusammensetzung einberufen. Die Kommission beruft die Koordinierungsgruppe „Gas" auf Verlangen von mindestens einem der Vertreter der Mitgliedstaaten und insbesondere ihrer zuständigen Behörden in dieser beschränkten Zusammensetzung ein. In diesem Fall findet Artikel 16 Absatz 2 keine Anwendung.

Artikel 5
Infrastrukturstandard

(1) Jeder Mitgliedstaat oder, wenn ein Mitgliedstaat es vorsieht, seine zuständige Behörde gewährleistet, dass die erforderlichen Maßnahmen dafür ergriffen werden, dass bei Ausfall der größten einzelnen Gasinfrastruktur die technische Kapazität der verbleibenden Infrastruktur, die gemäß der N – 1-Formel in Anhang II Nummer 2 bestimmt wurde, unbeschadet des Absatzes 2 des vorliegenden Artikels in der Lage ist, die Gasmenge zu liefern, die zur Deckung der Gesamtnachfrage nach Erdgas in dem berechneten Gebiet an einem Tag mit einer außerordentlich hohen Nachfrage benötigt wird, wie sie mit statistischer Wahrscheinlichkeit einmal in 20 Jahren auftritt. Das erfolgt unter Berücksichtigung der Entwicklungen beim Gasverbrauch, der langfristigen Auswirkungen der Energieeffizienzmaßnahmen und der Nutzungsraten bestehender Infrastruktur.

Die Verpflichtung gemäß Unterabsatz 1 des vorliegenden Artikels gilt unbeschadet der Verantwortung der Übertragungsnetzbetreiber, die entsprechenden Investitionen zu tätigen, und der Verpflichtungen der Fernleitungsnetzbetreiber gemäß der Verordnung (EG) Nr. 715/2009 und der Richtlinie 2009/73/EG.

(2) Die Verpflichtung, sicherzustellen, dass die verbleibende Infrastruktur über die technische Kapazität verfügt, um die Gesamtnachfrage nach Erdgas gemäß Absatz 1 dieses Artikels zu decken, gilt auch dann als erfüllt, wenn die zuständige Behörde in dem Präventionsplan nachweist, dass eine Störung der Gasversorgung durch angemessene marktbasierte nachfrageseitige Maßnahmen hinreichend und rechtzeitig ausgeglichen werden kann. Hierzu wird die Formel N – 1 gemäß Anhang II Nummer 4 berechnet.

(3) Soweit angemessen, können entsprechend der Risikobewertungen nach Artikel 7 die zuständigen Behörden benachbarter Mitgliedstaaten vereinbaren, gemeinsam die in Absatz 1 genannte Verpflichtung zu erfüllen. In diesem Fall führen die zuständigen Behörden in der Risikobewertung die Berechnung der N – 1-Formel auf und erläutern in den regionalen Kapiteln der Präventionspläne, wie diese Verpflichtung durch die vereinbarten Maßnahmen erfüllt wird. Es gilt Anhang II Nummer 5.

(4) Die Fernleitungsnetzbetreiber ermöglichen die Schaffung permanenter physischer bidirektionaler Kapazitäten auf allen Verbindungsleitungen zwischen Mitgliedstaaten, ausgenommen

a) im Falle von Verbindungen zu Produktionsanlagen, zu LNG-Anlagen und zu Verteilernetzen oder

b) in Fällen, in denen nach eingehender Bewertung und nach Konsultation anderer Mitgliedstaaten und der Kommission Ausnahmen von dieser Verpflichtung gemäß Anhang III gewährt wurden.

Für das Verfahren zur Schaffung oder zum Ausbau von bidirektionalen Kapazitäten auf einer Verbindungsleitung oder für den Erhalt oder die Verlängerung einer Ausnahme von dieser Verpflichtung findet Anhang III Anwendung. Die Kommission veröffentlicht die Liste der Ausnahmen und aktualisiert diese Liste.

(5) Ein Vorschlag für die Schaffung oder den Ausbau von bidirektionalen Kapazitäten oder ein Antrag auf Gewährung oder Verlängerung einer Ausnahme muss eine Kosten-Nutzen-Analyse enthalten, die auf der Grundlage der Methodologie gemäß Artikel 11 der Verordnung (EU) Nr. 347/2013 des Europäischen Parlaments und des Rates ([1]) erstellt wird und auf folgenden Kriterien beruht:

a) einer Bewertung der Marktnachfrage,

b) Prognosen für Nachfrage und Angebot,

c) möglichen wirtschaftlichen Auswirkungen auf die bestehende Infrastruktur,

d) einer Durchführbarkeitsstudie,

e) den Kosten der bidirektionalen Kapazitäten, einschließlich der notwendigen Verstärkung des Fernleitungsnetzes und

f) der Vorteile für die Gasversorgungssicherheit, wobei der mögliche Beitrag der bidirektionalen Kapazitäten zur Erfüllung des in diesem Artikel festgelegten Infrastrukturstandards zu berücksichtigen ist.

(6) Die nationalen Regulierungsbehörden berücksichtigen die tatsächlich angefallenen Kosten einer Erfüllung der Verpflichtung gemäß Absatz 1 des vorliegenden Artikels und die Kosten der Schaffung von bidirektionalen Kapazitäten, um bei der transparenten und ausführlichen Festlegung und Genehmigung der Tarife und Methodologien gemäß Artikel 13 der Verordnung (EG) Nr. 715/2009 und gemäß Artikel 41 Absatz 8 der Richtlinie 2009/73/EG angemessene Anreize zu bieten.

(7) Soweit eine Investition für die Schaffung oder den Ausbau von bidirektionalen Kapazitäten vom Markt zwar nicht benötigt, jedoch zur Gewährleistung der Gasversorgungssicherheit als erforderlich betrachtet wird und wenn durch diese Investition Kosten in mehr als einem Mitgliedstaat oder in einem Mitgliedstaat zum Nutzen eines anderen Mitgliedstaats entstehen, treffen die nationalen Regulierungsbehörden aller betroffenen Mitgliedstaaten eine koordinierte Entscheidung über die Kostenaufteilung, bevor über die Investition entschieden wird. Bei der Kostenaufteilung werden die in Artikel 12 Absatz 4 der Verordnung (EU) Nr. 347/2013 beschriebenen Grundsätze und enthaltenen Elemente berücksichtigt, insbesondere der Anteil am Nutzen der Infrastrukturinvestitionen für die Erhöhung der Gasversorgungssicherheit der betreffenden Mitgliedstaaten sowie die bereits für die betreffende Infrastruktur getätigten Investitionen. Die Kostenaufteilung darf den Wettbewerb nicht unzulässig verfälschen und das wirksame Funktionieren des Binnenmarkts nicht unzulässig beeinträchtigen, mit dem Ziel, jede unzulässig verfälschende Auswirkung auf den Markt zu vermeiden.

(8) Die zuständige Behörde stellt sicher, dass jede neue Fernleitungsinfrastruktur durch die Entwicklung eines gut angebundenen Netzes zur Gasversorgungssicherheit beiträgt, gegebenenfalls auch mittels einer — im Verhältnis zur Marktnachfrage und den ermittelten Risiken — ausreichenden Zahl grenzüberschreitender Ein- und Ausspeisepunkte.

Die zuständige Behörde stellt in der Risikobewertung fest, ob bei Gesamtbetrachtung der Gas- und Stromnetze interne Engpässe bestehen und ob die nationale Einspeisekapazität und die nationalen Infrastrukturen, insbesondere die Fernleitungsnetze, in der Lage sind, die nationalen und grenzüberschreitenden Gasflüsse an das Szenario eines Ausfalls der größten einzelnen Gasinfrastruktur auf nationaler Ebene und der größten einzelnen Gasinfrastruktur von gemeinsamem Interesse für die Risikogruppe, die in der Risikobewertung ausgemacht wurden, anzupassen.

(9) Abweichend von Absatz 1 des vorliegenden Artikels und gemäß den Bestimmungen des vorliegenden Absatzes sind Luxemburg, Slowenien und Schweden an die Verpflichtung des Absatzes 1 nicht gebunden; sie bemühen sich jedoch, diese Verpflichtung einzuhalten, wobei sie die Gasversorgung der geschützten Kunden gemäß Artikel 6 sicherstellen.

Die Ausnahmeregelung gilt für Luxemburg, vorausgesetzt, Luxemburg verfügt über

a) mindestens zwei Verbindungsleitungen mit anderen Mitgliedstaaten,

b) mindestens zwei unterschiedliche Gasbezugsquellen und

c) keine Gasspeicheranlagen in seinem Hoheitsgebiet.

Die Ausnahmeregelung gilt für Slowenien, vorausgesetzt, Slowenien verfügt über

a) mindestens zwei Verbindungsleitungen mit anderen Mitgliedstaaten,

b) mindestens zwei unterschiedliche Gasbezugsquellen und

c) keine Gasspeicheranlagen oder LNG-Anlagen in seinem Hoheitsgebiet.

Die Ausnahmeregelung gilt für Schweden, vorausgesetzt, dass

a) über schwedisches Hoheitsgebiet keine Gasdurchleitung in andere Mitgliedstaaten erfolgt,

b) der jährliche Bruttogasverbrauch im Inland unter 2 Mtoe liegt und

c) weniger als 5 % des gesamten Primärenergieverbrauchs durch Erdgas gedeckt werden.

Luxemburg, Slowenien und Schweden unterrichten die Kommission über jede Änderung an den Bedingungen dieses Absatzes. Die in diesem Absatz festgelegte Ausnahme gilt nicht mehr, wenn mindestens eine der Bedingungen nicht mehr zutrifft.

Als Teil der einzelstaatlichen Risikobewertung gemäß Artikel 7 Absatz 3 beschreiben Luxemburg, Slowenien und Schweden die Lage in Bezug auf die jeweiligen Bedingungen des vorliegenden Absatzes sowie die Prognosen für die Erfüllung der Verpflichtung gemäß Absatz 1 des vorliegenden Artikels unter Berücksichtigung der wirtschaftlichen Auswirkungen der Erfüllung des Infrastrukturstandards, der Gasmarktentwicklung und von Gasinfrastrukturprojekten in der Risikogruppe. Auf der Grundlage der in der einzelstaatlichen Risikobewertung bereitgestellten Information und wenn die jeweiligen Bedingungen des vorliegenden Absatzes nach wie vor vorliegen, kann die Kommission beschließen, dass die Ausnahme weitere vier Jahre Anwendung findet. Im Falle eines stattgebenden Beschlusses wird das in diesem Unterabsatz festgelegte Verfahren nach vier Jahren wiederholt.

[1] Verordnung (EU) Nr. 347/2013 des Europäischen Parlaments und des Rates vom 17. April 2013 zu Leitlinien für die transeuropäische Energieinfrastruktur und zur Aufhebung der Entscheidung Nr. 1364/2006/EG und zur Änderung der Verordnungen (EG) Nr. 713/2009, (EG) Nr. 714/2009 und (EG) Nr. 715/2009 (ABl. L 115 vom 25.4.2013, S. 39).

Artikel 6

Gasversorgungsstandard

(1) Die zuständige Behörde verpflichtet die von ihr bestimmten Erdgasunternehmen dazu, Maßnahmen zu ergreifen, um die Gasversorgung geschützter Kunden des Mitgliedstaats in jedem der folgenden Fällen zu gewährleisten:

a) extreme Temperaturen an sieben aufeinanderfolgenden Tagen mit Spitzenlast, wie sie mit statistischer Wahrscheinlichkeit einmal in 20 Jahren vorkommen;

b) eine außergewöhnlich hohe Gasnachfrage über einen Zeitraum von 30 Tagen, wie sie mit statistischer Wahrscheinlichkeit einmal in 20 Jahren auftritt;

c) für einen Zeitraum von 30 Tagen bei Ausfall der größten einzelnen Gasinfrastruktur unter durchschnittlichen Winterbedingungen.

Jeder Mitgliedstaat übermittelt der Kommission bis zum 2. Februar 2018 seine Definition von geschützten Kunden, die jährliche Gasverbrauchsmenge der geschützten Kunden und den prozentualen Anteil jener Gasverbrauchsmengen am jährlichen Gesamtgasendverbrauch in dem Mitgliedstaat. Bezieht ein Mitgliedstaat in seine Definition von geschützten Kunden die in Artikel 2 Nummer 5 Buchstabe a oder b genannten Kategorien ein, gibt er die Gasverbrauchsmengen der Kunden in diesen Kategorien und den prozentualen Anteil jeder dieser Kundengruppen am jährlichen Gesamtgasendverbrauch an.

Die zuständige Behörde bestimmt die in Unterabsatz 1 des vorliegenden Absatzes genannten Erdgasunternehmen und gibt sie im Präventionsplan an.

Alle neuen, anderen als Marktmaßnahmen zur Gewährleistung des Gasversorgungsstandards müssen dem Verfahren des Artikels 9 Absätze 4 bis 9 entsprechen.

Die Mitgliedstaaten können der in Unterabsatz 1 genannten Verpflichtung nachkommen, indem sie Energieeffizienzmaßnahmen durchführen oder Gas durch andere Energieträger, unter anderem erneuerbare Energieträger, ersetzen, soweit das gleiche Schutzniveau erreicht wird.

(2) Jeder erhöhte Gasversorgungsstandard, der die in Absatz 1 Buchstaben b und c genannten Zeiträume von 30 Tagen überschreitet, oder jede zusätzliche Verpflichtung, die aus Gründen der Sicherheit der Gasversorgung auferlegt wird, beruht auf der Risikobewertung, schlägt sich im Präventionsplan nieder und

a) entspricht Artikel 8 Absatz 1,

b) wirkt sich nicht nachteilig auf die Fähigkeit der anderen Mitgliedstaaten aus, ihre geschützten Kunden in einem nationalen, regionalen oder unionsweiten Notfall gemäß dem vorliegenden Artikel mit Gas zu versorgen, und

c) entspricht Artikel 12 Absatz 5 im Falle eines regionalen oder unionsweiten Notfalls.

Die Kommission kann einen Nachweis der Entsprechung jeder Maßnahme nach Unterabsatz 1 mit den darin aufgeführten Bedingungen verlangen. Diese Begründung wird von der zuständigen Behörde des Mitgliedstaats, der die Maßnahme einführt, veröffentlicht.

Ferner muss jede neue andere als Marktmaßnahme gemäß Unterabsatz 1 dieses Absatzes, die am oder nach dem 1. November 2017 erlassen wird, dem Verfahren des Artikels 9 Absätze 4 bis 9 genügen.

(3) Nach Ablauf der von der zuständigen Behörde gemäß den Absätzen 1 und 2 bestimmten Zeiträume oder unter Bedingungen, die strenger sind als die in Absatz 1 festgelegten, sind die zuständige Behörde und die Erdgasunternehmen bestrebt, die Gasversorgung insbesondere der geschützten Kunden so weit wie möglich aufrechtzuerhalten.

(4) Die den Erdgasunternehmen auferlegten Verpflichtungen zur Erfüllung der in diesem Artikel festgelegten Gasversorgungsstandards dürfen nicht diskriminierend sein und diese Unternehmen nicht unangemessen belasten.

(5) Den Erdgasunternehmen ist es gestattet, ihre Verpflichtungen aufgrund dieses Artikels soweit angemessen auf regionaler oder auf Unionsebene erfüllen. Die zuständigen Behörden verlangen nicht, dass die in diesem Artikel festgelegten Standards mit der allein auf ihrem Gebiet vorhandenen Infrastruktur erfüllt werden müssen.

(6) Die zuständigen Behörden stellen sicher, dass die Bedingungen für die Versorgung geschützter Kunden das reibungslose Funktionieren des Energiebinnenmarkts nicht beeinträchtigen und der Preis entsprechend dem Marktwert der Lieferungen festgelegt wird.

Artikel 6a[a)]

Befüllungsziele und Befüllungspfade

(1) Vorbehaltlich der Absätze 2 bis 5 stellen die Mitgliedstaaten folgende Befüllungsziele für die Gesamtkapazität aller unterirdischen Gasspeicheranlagen, die sich in ihrem Hoheitsgebiet befinden und direkt mit einem Absatzgebiet in ihrem Hoheitsgebiet verknüpft sind, sowie für in Anhang Ib aufgeführte Speicheranlagen bis zum 1. November jeden Jahres sicher:

a) für 2022: 80 %;

b) ab 2023: 90 %.

Für die Zwecke der Einhaltung des vorliegenden Absatzes berücksichtigen die Mitgliedstaaten das Ziel, die sichere Erdgasversorgung in der Union gemäß Artikel 1 zu gewährleisten.

(2) Ungeachtet Absatz 1 und unbeschadet der Verpflichtungen anderer Mitgliedstaaten zur Befüllung der betreffenden unterirdischen Gasspeicheranlagen wird das Befüllungsziel jedes Mitgliedstaats, in dem sich die unterirdischen Gasspeicheranlagen befinden, auf ein Volumen begrenzt, das 35 % des durchschnittlichen jährlichen Gasverbrauchs der vorangegangenen fünf Jahre jenes Mitgliedstaats entspricht.

(3) Ungeachtet Absatz 1 und unbeschadet der Verpflichtungen anderer Mitgliedstaaten zur Befüllung der betreffenden unterirdischen Gasspeicheranlagen wird das Befüllungsziel jedes Mitgliedstaats, in dem sich die unterirdischen Gasspeicheranlagen befinden, um das in der Referenzperiode 2016 bis 2021 an Drittländer gelieferte Volumen reduziert, wenn die durchschnittliche Liefermenge während der Gasspeicher-Entnahmezeit (Oktober bis April) nicht mehr als 15 TWh pro Jahr betrug.

(4) Für die in Anhang Ib aufgeführten unterirdischen Gasspeicheranlagen gelten die Befüllungsziele gemäß Absatz 1 und die Befüllungspfade gemäß Absatz 7. Die Einzelheiten der Verpflichtungen jedes Mitgliedstaats werden in einem bilateralen Abkommen im Einklang mit Anhang Ib festgelegt.

(5) Ein Mitgliedstaat kann das Befüllungsziel teilweise erreichen, indem das in seinen LNG-Anlagen physisch gespeicherte und verfügbare LNG angerechnet wird, sofern die beiden folgenden Bedingungen erfüllt werden:

a) das Gasnetz verfügt über erhebliche LNG-Speicherkapazität, die jährlich mehr als 4 % des durchschnittlichen nationalen Verbrauchs der vorangegangenen fünf Jahre ausmacht;

b) der Mitgliedstaat den Gaslieferanten im Einklang mit Artikel 6b Absatz 1 Buchstabe a die Verpflichtung auferlegt hat, Mindestgasmengen in unterirdischen Gasspeicheranlagen und/oder LNG-Anlagen zu speichern.

(6) Die Mitgliedstaaten treffen die erforderlichen Maßnahmen, um die Zwischenziele zu erreichen oder um dafür zu sorgen, dass diese Zwischenziele erreicht werden, wie folgt:

a) für 2022: gemäß Anhang Ia und

b) ab 2023: im Einklang mit Absatz 7.

(7) Für 2023 und die folgenden Jahre übermittelt jeder Mitgliedstaat mit unterirdischen Gasspeicheranlagen der Kommission bis zum 15. September des Vorjahres einen Entwurf des Befüllungspfades mit Zwischenzielen für die Monate Februar, Mai, Juli und September einschließlich technischer Informationen für die direkt mit seinem Absatzgebiet verknüpften unterirdischen Gasspeicheranlagen in seinem Hoheitsgebiet in aggregierter Form. Der Befüllungspfad und die Zwischenziele beruhen auf der durchschnittlichen Befüllungsquote der vorangegangenen fünf Jahre.

Für Mitgliedstaaten, für die das Befüllungsziel gemäß Absatz 2 auf 35 % ihres durchschnittlichen jährlichen Gasverbrauchs gesenkt wird, werden die Zwischenziele des Befüllungspfades entsprechend reduziert.

Auf der Grundlage der von jedem Mitgliedstaat bereitgestellten technischen Informationen und unter Berücksichtigung der Bewertung der Koordinierungsgruppe „Gas" erlässt die Kommission Durchführungsrechtsakte, um den Befüllungspfad jedes Mitgliedstaats festzulegen. Diese Durchführungsrechtsakte werden gemäß dem in Artikel 18a Absatz 2 genannten Prüfverfahren erlassen. Sie werden falls nötig und auch, wenn ein Mitgliedstaat einen aktualisierten Entwurf des Befüllungspfades übermittelt hat, bis zum 15. November des Vorjahres erlassen. Sie stützen sich auf eine Bewertung der allgemeinen Gasversorgungssicherheitslage und der Entwicklung des Gasangebots und der Gasnachfrage in der Union und in einzelnen Mitgliedstaaten und werden so festgelegt, dass die Gasversorgungssicherheit gewährleistet wird und gleichzeitig eine unangemessene Belastung der Mitgliedstaaten, der Gasmarktteilnehmer, der Speicheranlagenbetreiber und der Kunden sowie eine unangemessene Verzerrung des Wettbewerbs zwischen Speicheranlagen in benachbarten Mitgliedstaaten vermieden wird.

(8) Kann ein Mitgliedstaat sein Befüllungsziel in einem bestimmten Jahr bis zum 1. November aufgrund besonderer technischer Merkmale einer

oder mehrerer unterirdischer Gasspeicheranlagen, wie z. B. außergewöhnlich niedriger Einspeiseraten, in seinem Hoheitsgebiet nicht erfüllen, ist es ihm gestattet, sein Befüllungsziel bis zum 1. Dezember zu erreichen. Der Mitgliedstaat teilt dies der Kommission vor dem 1. November mit und gibt dabei Gründe für die Verzögerung an.

(9) Das Befüllungsziel gilt nicht, wenn und solange die Kommission gemäß Artikel 12 auf Ersuchen eines oder mehrerer Mitgliedstaaten, der bzw. die einen nationalen Notfall ausgerufen hat bzw. ausgerufen haben, einen regionalen oder unionsweiten Notfall ausgerufen hat.

(10) Die zuständige Behörde jedes Mitgliedstaats überwacht kontinuierlich die Erfüllung des Befüllungspfades und erstattet der Koordinierungsgruppe „Gas" regelmäßig Bericht. Liegt der Füllstand in einem bestimmten Mitgliedstaat mehr als fünf Prozentpunkte unter dem Stand des Befüllungspfades, trifft die zuständige Behörde unverzüglich wirksame Maßnahmen zu dessen Anhebung. Die Mitgliedstaaten unterrichten die Kommission und die Koordinierungsgruppe „Gas" über die getroffenen Maßnahmen.

(11) Bei einer erheblichen und anhaltenden Abweichung eines Mitgliedstaates vom Befüllungspfad, die die Erreichung des Befüllungsziels beeinträchtigt, oder bei einer Abweichung vom Befüllungsziel richtet die Kommission nach Konsultation der Koordinierungsgruppe „Gas" und der betroffenen Mitgliedstaaten eine Empfehlung an den betreffenden Mitgliedstaat oder an die anderen betroffenen Mitgliedstaaten bezüglich unverzüglich zu treffender Maßnahmen.

Wird die Abweichung nicht binnen eines Monats ab dem Tag des Eingangs der Empfehlung der Kommission erheblich verringert, fasst die Kommission nach Konsultation der Koordinierungsgruppe „Gas" und der betroffenen Mitgliedstaaten als letztes Mittel einen Beschluss, der den betroffenen Mitgliedstaat verpflichtet, Maßnahmen zu treffen, um der Abweichung abzuhelfen, darunter gegebenenfalls eine oder mehrere der in Artikel 6b Absatz 1 vorgesehenen Maßnahmen oder jede andere Maßnahme, mit der sichergestellt wird, dass das gemäß diesem Artikel Befüllungsziel erreicht wird;

Bei der Entscheidung darüber, welche Maßnahmen sie gemäß Unterabsatz 2 ergreift, berücksichtigt die Kommission die besondere Situation der betroffenen Mitgliedstaaten, wie z. B. das Volumen der unterirdischen Gasspeicheranlagen im Verhältnis zum inländischen Gasverbrauch, die Bedeutung der unterirdischen Gasspeicheranlagen für die Gasversorgungssicherheit in der Region und etwaige bestehende LNG-Speicheranlagen.

Bei allen von der Kommission getroffenen Maßnahmen zur Behebung von Abweichungen vom Befüllungspfad oder vom Befüllungsziel für 2022 wird der nur sehr kurze Zeitrahmen für die Umsetzung dieses Artikels auf nationaler Ebene berücksichtigt, sowie dass dies zur Abweichung vom Befüllungspfad oder vom Befüllungsziel für 2022 beigetragen haben könnte.

Die Kommission stellt sicher, dass die Maßnahmen gemäß dem vorliegenden Absatz nicht

a) über das zur Gewährleistung der Gasversorgungssicherheit erforderliche Maß hinausgehen;

b) mit einer unverhältnismäßigen Belastung für die Mitgliedstaaten, die Gasmarktteilnehmer, die Speicheranlagenbetreiber oder die Kunden verbunden sind.

---

[a] Gilt bis zum 31. Dezember 2025.

Artikel 6b[a)]

Umsetzung der Befüllungsziele

(1) Die Mitgliedstaaten treffen alle erforderlichen Maßnahmen, einschließlich finanzieller Anreize oder Ausgleichsleistungen für die Marktteilnehmer, um die gemäß Artikel 6a festgelegten Befüllungsziele zu erreichen. Bei der Sicherstellung der Erfüllung der Befüllungsziele priorisieren die Mitgliedstaaten nach Möglichkeit marktbasierte Maßnahmen.

Soweit es sich bei jeglicher der in diesem Artikel aufgeführten Maßnahmen um Aufgaben und Befugnisse der nationalen Regulierungsbehörde gemäß Artikel 41 der Richtlinie 2009/73/EG handelt, sind die nationalen Regulierungsbehörden für das Ergreifen dieser Maßnahmen zuständig.

Maßnahmen, die aufgrund dieses Absatzes ergriffen werden, können insbesondere Folgendes umfassen:

a) Verpflichtung von Gaslieferanten, Mindestmengen an Gas in Speicheranlagen zu speichern, einschließlich unterirdischer Gasspeicheranlagen und/oder LNG-Speicheranlagen; diese Volumen werden auf der Grundlage der Gasmenge bestimmt, die von den Gaslieferanten an geschützte Kunden geliefert wird;

b) die Verpflichtung von Speicheranlagenbetreibern zur Ausschreibung ihrer Kapazitäten an Marktteilnehmer;

c) die Verpflichtung von Fernleitungsnetzbetreibern oder vom Mitgliedstaat benannter Stellen, Ausgleichsgasvorräte ausschließlich für die Wahrnehmung ihrer Funktionen als Fernleitungsnetzbetreiber zu erwerben und zu verwalten sowie gegebenenfalls die Auferlegung einer Verpflichtung auf andere benannte Stellen zur Gewährleistung der Gasversorgungssicherheit in einem Notfall im Sinne von Artikel 11 Absatz 1 Buchstabe c;

d) der Einsatz von mit anderen Mitgliedstaaten koordinierten Instrumenten, wie Plattformen für den Kauf von LNG, um die Nutzung von LNG zu maximieren und infrastrukturelle und regulatorische Hindernisse für eine gemeinsame Nutzung von LNG bei der Befüllung unterirdischer Gasspeicheranlagen abzubauen;

e) Nutzung eines freiwilligen Mechanismus für die gemeinsame Beschaffung von Erdgas, für dessen Anwendung die Kommission erforderlichenfalls bis zum 1. August 2022 Leitlinien herausgeben kann;

f) Schaffung finanzieller Anreize für die Marktteilnehmer, einschließlich für Speicheranlagenbetreiber, wie zum Beispiel Differenzverträge, oder Ausgleichsleistungen für Marktteilnehmer für entgangene Einnahmen oder für Kosten, die ihnen aus den Verpflichtungen für Marktteilnehmer, einschließlich Speicheranlagenbetreibern, entstehen und die nicht durch Einnahmen gedeckt werden können;

g) Verpflichtung von Inhabern von Speicherkapazitäten, ungenutzte gebuchte Kapazitäten zu nutzen oder freizugeben, wobei der Inhaber von Speicherkapazitäten, der die Speicherkapazität nicht nutzt, nach wie vor verpflichtet ist, den vereinbarten Preis für die gesamte Laufzeit des Speichervertrags zu zahlen;

h) Einführung wirksamer Instrumente für den Erwerb und die Verwaltung strategischer Speicherung durch öffentliche oder private Stellen, vorausgesetzt diese Instrumente verzerren nicht den Wettbewerb oder das ordnungsgemäße Funktionieren des Binnenmarkts;

i) Benennung einer speziellen Stelle, die mit der Aufgabe betraut wird, das Befüllungsziel zu erreichen, falls dieses Befüllungsziel sonst nicht erreicht würde;

j) Preisnachlässe auf die Speichertarife;

k) Einziehung der zur Deckung der Kapital- und Betriebsausgaben im Zusammenhang mit regulierten Speicheranlagen erforderlichen Einnahmen als Fernleitungsentgelte sowie als spezielle, in die Fernleitungstarife integrierte Abgabe, die nur von Ausspeisepunkten zu Endkunden in demselben Mitgliedstaat erhoben wird, vorausgesetzt, die aus Abgaben eingezogenen Einnahmen sind nicht höher als die zulässigen Einnahmen.

(2) Die gemäß Absatz 1 von den Mitgliedstaaten erlassenen Maßnahmen müssen sich auf das zur Erreichung der Befüllungspfade und der Befüllungsziele beschränken. Sie müssen klar festgelegt, transparent, verhältnismäßig, diskriminierungsfrei sowie überprüfbar sein. Sie dürfen den Wettbewerb nicht unangemessen verzerren, das ordnungsgemäße Funktionieren des Gasbinnenmarkts nicht unangemessen beeinträchtigen und die Sicherheit der Gasversorgung anderer Mitgliedstaaten oder der Union nicht gefährden.

(3) Die Mitgliedstaaten treffen alle erforderlichen Maßnahmen, um auf nationaler und regionaler Ebene die Nutzung der bestehenden Infrastrukturen im Interesse der Gasversorgungssicherheit auf effiziente Weise zu gewährleisten. Diese Maßnahmen dürfen die grenzübergreifende Nutzung von Speicher- oder LNG-Anlagen unter keinen Umständen blockieren oder beschränken und die gemäß der Verordnung (EU) 2017/459 der Kommission ([2]) zugewiesenen grenzüberschreitenden Fernleitungskapazitäten nicht beschränken.

(4) Beim Ergreifen von Maßnahmen gemäß dem vorliegenden Artikel wenden die Mitgliedstaaten den Grundsatz „Energieeffizienz an erster Stelle“ an und erreichen gleichzeitig die Ziele ihrer jeweiligen Maßnahmen im Einklang mit der Verordnung (EU) 2018/1999 des Europäischen Parlaments und des Rates ([3]).

[a] Gilt bis zum 31. Dezember 2025.

[2] Verordnung (EU) 2017/459 der Kommission vom 16. März 2017 zur Festlegung eines Netzkodex über Mechanismen für die Kapazitätszuweisung in Fernleitungsnetzen und zur Aufhebung der Verordnung (EU) Nr. 984/2013 (ABl. L 72 vom 17.3.2017, S. 1).

[3] Verordnung (EU) 2018/1999 des Europäischen Parlaments und des Rates vom 11. Dezember 2018 über das Governance-System für die Energieunion und für den Klimaschutz, zur Änderung der Verordnungen (EG) Nr. 663/2009 und (EG) Nr. 715/2009 des Europäischen Parlaments und des Rates, der Richtlinien 94/22/EG, 98/70/EG, 2009/31/EG, 2009/73/EG, 2010/31/EU, 2012/27/EU und 2013/30/EU des Europäischen Parlaments und des Rates, der Richtlinien 2009/119/EG und (EU) 2015/652 des Rates und zur Aufhebung der Verordnung (EU) Nr. 525/2013 des Europäischen Parlaments und des Rates (ABl. L 328 vom 21.12.2018, S. 1).

Artikel 6c[a]

Speicherungsvereinbarungen und Lastenteilungsmechanismus

(1) Ein Mitgliedstaat ohne eigene unterirdische Speicheranlagen stellt sicher, dass die Marktteilnehmer in dem betreffenden Mitgliedstaat Vereinbarungen mit Betreibern unterirdischer Speicheranlagen oder anderen Marktteilnehmern in Mitgliedstaaten mit unterirdischen Gasspeicheranlagen getroffen haben. In diesen Vereinbarungen ist vorzusehen, dass bis zum 1. November eine Gasmenge gespeichert wird, die mindestens 15 % des durchschnittlichen jährlichen Gasverbrauchs in den vorangegangenen fünf Jahren des Mitgliedstaats ohne eigene unterirdische Gasspeicheranlagen entspricht. Ist es dem Mitgliedstaat ohne unterirdische Gasspeicheranlagen jedoch aufgrund der grenzüberschreitenden Fernleitungskapazität oder anderer technischer Beschränkungen nicht möglich, 15 % dieser Speichermenge vollständig auszuschöpfen, werden nur die technisch möglichen Mengen gespeichert.

Für den Fall, dass einem Mitgliedstaat die Einhaltung der in Unterabsatz 1 genannten Verpflichtung aufgrund technischer Beschränkungen nicht möglich ist und dieser Mitgliedstaat eine Verpflichtung zur Speicherung anderer Brennstoffe als Ersatz für Gas eingeführt hat, kann die in Unterabsatz 1 festgelegte Verpflichtung ausnahmsweise durch eine gleichwertige Verpflichtung zur Speicherung anderer Brennstoffe als Gas nachgekommen werden. Die technischen Beschränkungen und die Gleichwertigkeit der Maßnahmen sind von dem betreffenden Mitgliedstaat nachzuweisen.

(2) Abweichend von Absatz 1 kann ein Mitgliedstaat ohne eigene unterirdische Gasspeicheranlagen mit einem oder mehreren Mitgliedstaaten, die über unterirdische Gasspeicheranlagen verfügen, einen Lastenteilungsmechanismus entwickeln (im Folgenden „Lastenteilungsmechanismus").

Der Lastenteilungsmechanismus muss sich auf die einschlägigen Daten der jüngsten Risikobewertung gemäß Artikel 7 stützen und allen der folgenden Parameter Rechnung tragen:

a) den Kosten für die finanzielle Unterstützung zur Erreichung des Befüllungsziels, ausgenommen die Kosten für die Erfüllung etwaiger Verpflichtungen zur strategischen Speicherung;

b) den Gasmengen, die für die Deckung des Bedarfs geschützter Kunden gemäß Artikel 6 Absatz 1 erforderlich sind;

c) jeglichen technischen Beschränkungen, einschließlich der verfügbaren Kapazität an unterirdischer Speicherung, der technischen grenzüberschreitenden Fernleitungskapazitäten und den Entnahmeraten.

Die Mitgliedstaaten teilen der Kommission den Lastenteilungsmechanismus bis zum 2. September 2022 mit. Liegt zu diesem Zeitpunkt keine Vereinbarung über einen Lastenteilungsmechanismus vor, so weisen die Mitgliedstaaten ohne unterirdische Gasspeicheranlagen nach, dass sie ihrer Verpflichtung gemäß Absatz 1 nachkommen, und teilen dies der Kommission mit.

(3) Als Übergangsmaßnahme können Mitgliedstaaten ohne unterirdische Gasspeicheranlagen, die aber über unterirdische Gasspeicheranlagen verfügen, die in der letzten Liste der in Verordnung (EU) 2022/869 des Europäischen Parlaments und des Rates ([4]) genannten Vorhaben von gemeinsamem Interesse) aufgeführt sind, ihrer Verpflichtung gemäß Absatz 1 teilweise unter Einbeziehung der LNG-Bestände in bestehenden schwimmenden Lagerplattformen) nachkommen, bis ihre unterirdischen Gasspeicheranlagen in Betrieb sind.

(4) Um die Erfüllung ihrer Verpflichtung zur Speicherung von Gas in anderen Mitgliedstaaten gemäß Absatz 1 oder die Umsetzung des Lastenteilungsmechanismus sicherzustellen, können Mitgliedstaaten ohne eigene unterirdische Gasspeicheranlagen Marktteilnehmern oder gegebenenfalls Fernleitungsnetzbetreibern Anreize bieten oder einen finanziellen Ausgleich für entgangene Einnahmen oder für diejenigen Kosten gewähren, die ihnen durch die Erfüllung ihrer Speicherverpflichtungen gemäß dem vorliegenden Artikel entstanden sind, wenn diese entgangenen Einnahmen oder Kosten nicht durch Einnahmen gedeckt werden können. Wird der Anreiz oder der finanzielle Ausgleich über eine Abgabe finanziert, darf diese Abgabe nicht an grenzüberschreitenden Kopplungspunkten erhoben werden.

(5) Wenn ein Mitgliedstaat unterirdische Gasspeicheranlagen in seinem Hoheitsgebiet hat und die Gesamtkapazität größer ist als der jährliche Gasverbrauch dieses Mitgliedstaats, sind die Mitgliedstaaten ohne eigene unterirdische Gasspeicheranlagen, aber mit Zugang zu diesen Anlagen ungeachtet Absatz 1 zu Folgendem verpflichtet:

a) Sie stellen bis zum 1. November sicher, dass die Speichermengen mindestens der durchschnittlichen Nutzung der Speicherkapazität in den vorangegangenen fünf Jahren — ermittelt unter anderem unter Berücksichtigung der Gasflüsse während der Entnahmesaison aus den Mitgliedstaaten, in denen sich die Speicheranlagen befinden, über die vorangegangenen fünf Jahren — entsprechen, oder

b) Sie weisen nach, dass Speicherkapazität gebucht wurde, die der unter die Verpflichtung gemäß Buchstabe a fallenden Menge entspricht.

EU-VO

Kann der Mitgliedstaat ohne unterirdische Gasspeicheranlagen nachweisen, dass Speicherkapazität gebucht wurde, die der Verpflichtung unter Unterabsatz 1 Buchstabe a fallenden Menge entspricht, so gilt Absatz 1.

Die in diesem Absatz genannte Verpflichtung ist auf 15 % des durchschnittlichen jährlichen Gasverbrauchs der vorangegangenen fünf Jahre in dem betreffenden Mitgliedstaat begrenzt.

(6) Sofern in Anhang Ib nichts anderes festgelegt ist, stellt ein Mitgliedstaat im Fall von unterirdischen Gasspeicheranlagen in einem anderen Mitgliedstaat, die nicht unter Absatz 5 fallen, jedoch direkt mit seinem Absatzmarkt verknüpft sind, sicher, dass die Speichermengen bis zum 1. November mindestens dem Durchschnitt der Speicherkapazität entsprechen, die am betreffenden grenzüberschreitenden Punkt in den vorangegangenen fünf Jahren gebucht wurde.

[a] Gilt bis zum 31. Dezember 2025.

[4] Verordnung (EU) 2022/869 des Europäischen Parlaments und des Rates vom 30. Mai 2022 zu Leitlinien für die transeuropäische Energieinfrastruktur, zur Änderung der Verordnungen (EG) Nr. 715/2009, (EU) 2019/942 und (EU) 2019/943 sowie der Richtlinien 2009/73/EG und (EU) 2019/944 und zur Aufhebung der Verordnung (EU) Nr. 347/2013 (ABl. L 152 vom 3.6.2022, S. 45).

Artikel 6d[a]

Überwachung und Durchsetzung

(1) Die Speicheranlagenbetreiber melden der zuständigen Behörde in dem Mitgliedstaat, in dem sich die betreffenden unterirdischen Gasspeicheranlagen befinden, und gegebenenfalls einer von diesem Mitgliedstaat benannten Stelle (im Folgenden „benannte Stelle") den Füllstand wie folgt:

a) Für 2022: über jedes in Anhang Ia festgelegte Zwischenziel und

b) Ab 2023: wie in Artikel 6a Absatz 7 festgelegt.

(2) Die zuständige Behörde und gegebenenfalls die benannte Stelle jedes Mitgliedstaats überwacht die Füllstände der unterirdischen Gasspeicheranlagen in ihrem Hoheitsgebiet am Ende jedes Monats und teilt der Kommission die Ergebnisse unverzüglich mit.

Die Kommission kann gegebenenfalls die Agentur der Europäischen Union für die Zusammenarbeit der Energieregulierungsbehörden zur Unterstützung bei dieser Überwachung ersuchen.

(3) Auf der Grundlage der von der zuständigen Behörde und gegebenenfalls der benannten Stelle jedes Mitgliedstaats übermittelten Informationen erstattet die Kommission der Koordinierungsgruppe „Gas" regelmäßig Bericht.

(4) Die Koordinierungsgruppe „Gas" unterstützt die Kommission bei der Überwachung der Befüllungspfade und Befüllungsziele und entwickelt Leitlinien für die Kommission zu geeigneten Maßnahmen, mit denen die Einhaltung für die Fälle gewährleistet wird, in denen Mitgliedstaaten von den Befüllungspfaden abweichen oder die Befüllungsziele nicht erreichen.

(5) Die Mitgliedstaaten treffen die erforderlichen Maßnahmen, um die Befüllungspfade einzuhalten und die Befüllungsziele zu erreichen sowie um die erforderlichen Speicherverpflichtungen gegenüber den Marktteilnehmern, die zu ihrer Einhaltung verpflichtet sind, durchzusetzen, auch indem diesen Marktteilnehmern ausreichend abschreckende Sanktionen und Geldbußen auferlegt werden.

Die Mitgliedstaaten unterrichten die Kommission unverzüglich über die gemäß dem vorliegenden Absatz getroffenen Durchsetzungsmaßnahmen.

(6) Wenn sensible Geschäftsinformationen ausgetauscht werden sollen, kann die Kommission Sitzungen der Koordinierungsgruppe „Gas" einberufen, die auf die Kommission und die Mitgliedstaaten beschränkt sind.

(7) Jegliche ausgetauschte Information ist auf den zur Überwachung der Einhaltung dieser Verordnung erforderlichen Umfang beschränkt.

Die Kommission, die nationalen Regulierungsbehörden und die Mitgliedstaaten wahren die Vertraulichkeit der für die Zwecke der Ausübung ihrer Pflichten übermittelten wirtschaftlich sensiblen Informationen.

[a)] Gilt bis zum 31. Dezember 2025.

Artikel 7
Risikobewertung

(1) Bis zum 1. September 2022 führt das ENTSOG eine unionsweite Simulation von Szenarien zum Ausfall von Gaslieferungen und Infrastrukturen durch, einschließlich Szenarien eines anhaltenden Ausfalls einer einzigen Bezugsquelle. Die Simulation schließt die Festlegung von Notgasversorgungskorridoren und deren Bewertung ein und ermittelt auch, welche Mitgliedstaaten die festgestellten Risiken, auch hinsichtlich LNG, angehen können. Die Szenarien zum Ausfall von Gaslieferungen und Infrastrukturen und die Methodik für die Simulation werden vom ENTSOG in Zusammenarbeit mit der Koordinierungsgruppe „Gas" festgelegt. Das ENTSOG stellt ein angemessenes Maß an Transparenz von und Zugang zu den in den Szenarien verwendeten Modellannahmen sicher. Die unionsweite Simulation von Szenarien zum Ausfall von Gaslieferungen und Infrastrukturen wird alle vier Jahre wiederholt, soweit die Umstände nicht häufigere Aktualisierungen erforderlich machen.

(2) Die zuständigen Behörden innerhalb jeder in Anhang I aufgelisteten Risikogruppe führen auf Ebene der Risikogruppe eine gemeinsame Bewertung (im Folgenden „gemeinsame Risikobewertung") aller relevanten Risikofaktoren wie z. B. Naturkatastrophen und technologische, kommerzielle, soziale, politische und sonstige Risiken durch, die dazu führen könnten, dass die großen grenzüberschreitenden Risiken für die Sicherheit der Gaslieferung in der Union, für die die Risikogruppe gebildet wurde, eintreten. Die zuständigen Behörden berücksichtigen die Ergebnisse der in Absatz 1 genannten Simulation bei der Erstellung der Risikobewertung, der Präventionspläne und der Notfallpläne.

Die zuständigen Behörden innerhalb jeder Risikogruppe vereinbaren einen Mechanismus der Zusammenarbeit bei der Durchführung der gemeinsamen Risikobewertung und unterrichten die Koordinierungsgruppe „Gas" elf Monate vor der Frist für die Notifizierung der gemeinsamen Risikobewertung und ihrer Aktualisierungen. Auf Antrag einer zuständigen Behörde kann die Kommission bei der Ausarbeitung der gemeinsamen Risikobewertung, insbesondere bei der Einrichtung des Mechanismus der Zusammenarbeit, die Rolle eines Moderators übernehmen. Erzielen die zuständigen Behörden innerhalb einer Risikogruppe keine Einigung über den Mechanismus der Zusammenarbeit, so schlägt die Kommission nach Konsultation der betroffenen zuständigen Behörden einen Mechanismus der Zusammenarbeit für diese Risikogruppe vor. Die betroffenen zuständigen Behörden vereinbaren einen Mechanismus der Zusammenarbeit für diese Risikogruppe unter weitestgehender Berücksichtigung des Vorschlags der Kommission.

Zehn Monate vor der Frist für die Notifizierung der gemeinsamen Risikobewertung oder ihrer Aktualisierungen verbreitet und aktualisiert jede zuständige Behörde im Rahmen des vereinbarten Mechanismus der Zusammenarbeit alle nationalen Daten, die für die Ausarbeitung der gemeinsamen Risikobewertung erforderlich sind, insbesondere für das Durchspielen der verschiedenen in Absatz 4 Buchstabe c genannten Szenarien.

(3) Die zuständige Behörde jedes Mitgliedstaats führt eine nationale Risikobewertung (im Folgenden „nationale Risikobewertung“) aller relevanten Risiken, die sich auf die Sicherheit der Gasversorgung auswirken, durch. Diese Bewertung erfolgt in vollständigem Einklang mit den Annahmen und Ergebnissen der gemeinsamen Risikobewertung(en).

(4) Bei den in den Absätzen 2 und 3 genannten Risikobewertungen werden, falls einschlägig

a) die in den Artikeln 5 und 6 angegebenen Standards verwendet. Die Risikobewertung enthält die Beschreibung der Berechnung der N – 1-Formel auf nationaler Ebene und gegebenenfalls eine Berechnung der N – 1-Formel auf regionaler Ebene. Die Risikobewertung enthält ferner die zugrunde gelegten Annahmen, gegebenenfalls auch für die Berechnung der N – 1-Formel auf regionaler Ebene, und die für eine solche Berechnung notwendigen Daten. Die Berechnung der N – 1-Formel auf nationaler Ebene wird ergänzt durch eine Simulation des Ausfalls der größten einzelnen Gasinfrastruktur anhand einer hydraulischen Modellierung für das nationale Hoheitsgebiet sowie durch eine Berechnung der N – 1-Formel bei einer angenommenen Gasmenge in Speichern von 30 % und 100 % des maximalen Arbeitsvolumens;

b) alle relevanten nationalen und grenzüberschreitenden Gegebenheiten berücksichtigt, insbesondere Marktvolumen, Netzkonfiguration, tatsächliche Gasflüsse einschließlich Gasflüssen aus den betroffenen Mitgliedstaaten, die Möglichkeit physischer Gasflüsse in beide Richtungen einschließlich der möglichen, daraus folgenden Notwendigkeit einer Stärkung des Fernleitungsnetzes, das Vorhandensein von Erzeugung und Speicherung und die Rolle von Gas im Energiemix, insbesondere hinsichtlich Fernwärme und Stromerzeugung und zum Betrieb von Industrieanlagen, sowie Sicherheitserwägungen und Erwägungen zur Gasqualität;

c) verschiedene Szenarien mit außergewöhnlich hoher Gasnachfrage und Störung der Gasversorgung simuliert, wobei die Vorgeschichte, die Wahrscheinlichkeit, die Jahreszeit, die Häufigkeit und die Dauer ihres Auftretens berücksichtigt werden und ihre wahrscheinlichen Konsequenzen bewertet werden, z. B.:

i) Ausfall der für die Gasversorgungssicherheit relevanten Infrastruktur, insbesondere der Fernleitungsinfrastruktur, Speicher oder LNG-Terminals, einschließlich der für die Berechnung der N – 1-Formel ermittelten größten Gasinfrastruktur, und

ii) Unterbrechung der Lieferungen aus Drittländern sowie gegebenenfalls geopolitische Risiken;

d) die Interaktion und Risikokorrelation mit den Mitgliedstaaten in der Risikogruppe sowie gegebenenfalls anderen Mitgliedstaaten oder anderen Risikogruppen ermittelt, auch hinsichtlich Verbindungsleitungen, grenzüberschreitender Lieferungen, des grenzüberschreitenden Zugangs zu Speicheranlagen und der bidirektionalen Kapazitäten;

e) die Risiken berücksichtigt, die mit der Steuerung der Infrastruktur, die für eine sichere Gasversorgung relevant ist, einhergehen, soweit sie unter anderem Risiken wie unzureichende Investitionen, die Aushöhlung der Diversifizierung, den Missbrauch vorhandener Infrastruktur oder Verstöße gegen das Unionsrecht einschließen können;

f) die Höchstkapazität der Verbindungsleitungen an jedem Grenzein- und -ausspeisepunkt und die verschiedenen Füllstände der Speicher berücksichtigt;

g) unter Berücksichtigung von Szenarien eines anhaltenden Ausfalls einer einzigen Bezugsquelle.

(5) Die gemeinsamen und einzelstaatlichen Risikobewertungen sind gemäß der entsprechenden Vorlage in Anhang IV oder Anhang V auszuarbeiten. Die Mitgliedstaaten können erforderlichenfalls weitere Angaben einfügen. Der Kommission wird die Befugnis übertragen, nach Konsultation der Koordinierungsgruppe „Gas“ gemäß Artikel 19 delegierte Rechtsakte zur Änderung der in den Anhängen IV und V festgelegten Vorlagen zu erlassen, um den bei der Anwendung dieser Verordnung gesammelten Erfahrungen Rechnung zu tragen und den Verwaltungsaufwand für die Mitgliedstaaten zu verringern.

(6) Erdgasunternehmen, gewerbliche Gaskunden, die einschlägigen Organisationen, die die Interessen der Haushaltskunden und der gewerblichen Gaskunden vertreten, sowie die Mitgliedstaaten und die nationalen Regulierungsbehörden, sofern sie nicht mit der zuständigen Behörde identisch sind, arbeiten mit den zuständigen Behörden zusammen und stellen ihnen auf Antrag alle Informationen zur Verfügung, die für die gemeinsamen und einzelstaatlichen Risikobewertungen notwendig sind.

(7) Die Mitgliedstaaten notifizieren der Kommission bis zum 1. Oktober 2018 die erste gemeinsame Risikobewertung, sobald alle Mitgliedstaaten in der Risikogruppe mit der ersten gemeinsamen Risikobewertung einverstanden sind, zusammen mit den nationalen Risikobewertungen. Die Risikobewertungen werden danach alle vier Jahre aktualisiert, soweit die Umstände nicht häufigere Aktualisierungen erforderlich machen. Die Risikobewertungen tragen den Fortschritten bei den Investitionen Rechnung, die erforderlich sind, um dem in Artikel 5 definierten Infrastrukturstandard sowie länderspezifischen Schwierigkeiten, die bei der Umsetzung neuer Alternativlösungen auftreten, gerecht zu werden. Sie bauen auch auf den Erfahrungen auf, die durch die Simulation der

in Artikel 10 Absatz 3 vorgesehenen Notfallpläne erworben wurden.

Artikel 8
Aufstellung von Präventionsplänen und Notfallplänen

(1) Die Maßnahmen eines Präventionsplans und eines Notfallplans zur Gewährleistung der Sicherheit der Erdgasversorgung werden klar festgelegt, müssen transparent, verhältnismäßig, nicht diskriminierend und überprüfbar sein, dürfen den Wettbewerb nicht unangemessen verfälschen und das effektive Funktionieren des Binnenmarkts für Erdgas nicht unangemessen beeinträchtigen und die Sicherheit der Erdgasversorgung anderer Mitgliedstaaten oder der Union nicht gefährden.

(2) Die zuständige Behörde jedes Mitgliedstaats erstellt, nachdem sie die Erdgasunternehmen, die einschlägigen Organisationen, die die Interessen von Haushaltskunden bzw. gewerblichen Gaskunden einschließlich Stromerzeugern vertreten, die Stromübertragungsnetzbetreiber und die nationale Regulierungsbehörde, sofern sie nicht mit der zuständigen Behörde identisch ist, konsultiert hat,

a) gemäß Artikel 9 einen Präventionsplan mit den erforderlichen Maßnahmen, um die Risiken — einschließlich der Auswirkungen von Energieeffizienzmaßnahmen und nachfrageseitigen Maßnahmen —, die in den gemeinsamen und einzelstaatlichen Risikobewertungen festgestellt wurden, zu beseitigen oder zu mindern,

b) einen Notfallplan gemäß Artikel 10 mit den Maßnahmen zur Beseitigung oder Eindämmung der Folgen einer Störung der Erdgasversorgung.

(3) Der Präventionsplan und der Notfallplan enthalten auch eines oder mehrere regionale Kapitel, wenn ein Mitgliedstaat unterschiedlichen in Anhang I definierten Risikogruppen angehört.

Die regionalen Kapitel werden gemeinsam von allen Mitgliedstaaten in der Risikogruppe ausgearbeitet, bevor sie in die jeweiligen nationalen Pläne aufgenommen werden. Die Kommission ist als Moderator tätig, um dafür zu sorgen, dass durch die Gesamtheit der regionalen Kapitel die Sicherheit der Erdgasversorgung in der Union insgesamt verbessert wird und keine Widersprüche auftreten, und dass alle Hindernisse für die Zusammenarbeit ausgeräumt werden.

Die regionalen Kapitel eines Präventionsplans und eines Notfallplans enthalten geeignete und wirksame grenzübergreifende Maßnahmen, auch in Bezug auf LNG, vorbehaltlich der Zustimmung der die Maßnahmen durchführenden Mitgliedstaaten aus derselben oder unterschiedlichen Risikogruppen, die auf der Grundlage der Simulation gemäß Artikel 7 Absatz 1 und der gemeinsamen Risikobewertung von der Maßnahme betroffen sind.

(4) Die zuständigen Behörden berichten regelmäßig der Koordinierungsgruppe „Gas" regelmäßig über die Fortschritte bei der Ausarbeitung und der Annahme der Präventionspläne und der Notfallpläne und insbesondere ihrer regionalen Kapitel. Insbesondere vereinbaren die zuständigen Behörden einen Mechanismus der Zusammenarbeit bei der Ausarbeitung des Präventionsplans und des Notfallplans, wozu auch der Austausch von Entwürfen der Pläne gehört. Sie berichten der Koordinierungsgruppe „Gas" über diesen vereinbarten Mechanismus der Zusammenarbeit 16 Monate vor der Frist für die Vereinbarung dieser Pläne und die Aktualisierungen dieser Pläne.

Die Kommission kann bei der Ausarbeitung des Präventionsplans und des Notfallplans, insbesondere bei der Einrichtung des Mechanismus der Zusammenarbeit, die Rolle eines Moderators übernehmen. Erzielen die zuständigen Behörden innerhalb einer Risikogruppe keine Einigung über den Mechanismus der Zusammenarbeit, so schlägt die Kommission einen solchen Mechanismus für diese Risikogruppe vor. Die zuständigen Behörden vereinbaren den Mechanismus der Zusammenarbeit für diese Risikogruppe unter Berücksichtigung des Vorschlags der Kommission. Die zuständigen Behörden gewährleisten die regelmäßige Überwachung der Umsetzung des Präventionsplans und des Notfallplans.

(5) Der Präventionsplan und der Notfallplan werden entsprechend den Vorlagen in den Anhängen VI und VII ausgearbeitet. Der Kommission wird die Befugnis übertragen, nach Konsultation der Koordinierungsgruppe „Gas" gemäß Artikel 19 delegierte Rechtsakte zur Änderung der Vorlagen gemäß den Anhängen VI und VII zu erlassen, um den bei der Anwendung dieser Verordnung gesammelten Erfahrungen Rechnung zu tragen und den Verwaltungsaufwand für die Mitgliedstaaten zu verringern.

(6) Die zuständigen Behörden benachbarter Mitgliedstaaten konsultieren einander rechtzeitig, um die Kohärenz zwischen ihren Präventionsplänen und ihren Notfallplänen sicherzustellen.

Die zuständigen Behörden tauschen innerhalb jeder Risikogruppe die Entwürfe der Prävention- und Notfallpläne mit Vorschlägen für die Zusammenarbeit spätestens fünf Monate vor der Frist für die Einreichung der Pläne aus.

Den endgültigen Fassungen der in Absatz 3 genannten regionalen Kapitel müssen alle Mitgliedstaaten in der Risikogruppe zustimmen. Die Präventions- und Notfallpläne enthalten auch die nationalen Maßnahmen, die für die Umsetzung und Durchsetzung der grenzübergreifenden Maßnahmen in den regionalen Kapiteln erforderlich sind.

(7) Die Präventionspläne und die Notfallpläne werden veröffentlicht und der Kommission bis

zum 1. März 2019 notifiziert. Die Kommission unterrichtet die Koordinierungsgruppe „Gas" über die Notifizierung der Pläne und veröffentlicht sie auf der Website der Kommission.

Innerhalb von vier Monaten nach ihrer Notifizierung durch die zuständigen Behörden bewertet die Kommission die Pläne, wobei sie die in der Koordinierungsgruppe „Gas" geäußerten Standpunkte berücksichtigt.

(8) Die Kommission richtet eine Stellungnahme an die zuständige Behörde mit der Empfehlung zur Überprüfung eines Präventionsplans oder eines Notfallplans, wenn einer oder mehrere der folgenden Punkte zutreffen:

a) er bewirkt keine Minderung der in der Risikobewertung festgestellten Risiken;

b) er ist nicht vereinbar mit den bewerteten Risikoszenarien oder den Plänen eines anderen Mitgliedstaats oder einer anderen Risikogruppe;

c) er erfüllt nicht die Anforderung des Absatzes 1, wonach der Wettbewerb nicht unzulässig verzerrt und das effektive Funktionieren des Binnenmarkts nicht unzulässig beeinträchtigt werden darf,

d) er verstößt gegen diese Verordnung oder andere Vorschriften des Unionsrechts.

(9) Innerhalb von drei Monaten nach Notifizierung der in Absatz 8 genannten Stellungnahme der Kommission übermittelt die betreffende zuständige Behörde der Kommission den geänderten Präventions- oder Notfallplan oder sie teilt der Kommission die Gründe mit, aufgrund deren sie mit den Empfehlungen nicht einverstanden ist.

Im Falle einer Uneinigkeit über in Absatz 8 genannte Punkte kann die Kommission innerhalb von vier Monaten nach der Antwort der zuständigen Behörde ihre Aufforderung zurückziehen oder die zuständige Behörde und, falls sie es für notwendig erachtet, die Koordinierungsgruppe„Gas" einberufen, um die Angelegenheit zu prüfen. Die Kommission begründet ausführlich, warum sie um Änderung des Präventions- und Notfallplans ersucht. Die betreffende zuständige Behörde berücksichtigt die ausführliche Begründung der Kommission umfassend.

Gegebenenfalls ändert die zuständige Behörde den Präventions- und Notfallplan unverzüglich und veröffentlicht den geänderten Präventions- und Notfallplan.

Weicht der endgültige Standpunkt der betreffenden zuständigen Behörde von der ausführlichen Begründung der Kommission ab, so legt diese zuständige Behörde innerhalb von zwei Monaten nach Eingang der ausführlichen Begründung der Kommission die Begründung für ihren Standpunkt gemeinsam mit ihrem Standpunkt und der ausführlichen Begründung der Kommission vor und veröffentlicht diese.

(10) Für nicht-marktbasierte Maßnahmen, die am oder nach dem 1. November 2017 angenommen werden, gelten die Verfahren gemäß Artikel 9 Absätze 4, 6, 8 und 9.

(11) Die Vertraulichkeit wirtschaftlich sensibler Informationen ist sicherzustellen.

(12) Gemäß der Verordnung (EU) Nr. 994/2010 aufgestellte und gemäß der genannten Verordnung aktualisierte Präventionspläne und Notfallpläne bleiben in Kraft, bis die in Absatz 1 des vorliegenden Artikels genannten Präventionspläne und Notfallpläne erstmalig aufgestellt wurden.

Artikel 9
Inhalt der Präventionspläne

(1) Der Präventionsplan enthält:

a) die Ergebnisse der Risikobewertung und eine Zusammenfassung der in Betracht gezogenen Szenarien gemäß Artikel 7 Absatz 4 Buchstabe c.

b) die Definition der geschützten Kunden und die Angaben gemäß Artikel 6 Absatz 1 Unterabsatz 2;

c) die erforderlichen Maßnahmen, Mengen und Kapazitäten zur Erfüllung der Infrastruktur- und Gasversorgungsstandards gemäß den Artikeln 5 und 6, und gegebenenfalls das Maß, bis zu dem nachfrageseitige Maßnahmen eine Gasversorgungsstörung im Sinne von Artikel 5 Absatz 2 ausreichend und rechtzeitig ausgleichen können, die Benennung der größten einzelnen Gasinfrastruktur von gemeinsamem Interesse im Falle der Anwendung des Artikels 5 Absatz 3, die erforderlichen Gasmengen für die einzelnen Kategorien geschützter Kunden und je Szenario gemäß Artikel 6 Absatz 1 sowie etwaige erhöhte Versorgungsstandards Absatz 2 einschließlich des Nachweises der Erfüllung der Bedingungen des Artikels 6 Absatz 2 und einer Beschreibung eines Mechanismus zur befristeten Absenkung erhöhter Gasversorgungsstandards oder zur zeitlich begrenzten Verringerung zusätzlicher Verpflichtungen gemäß Artikel 11 Absatz 3;

d) die Verpflichtungen, die Erdgasunternehmen, gegebenenfalls Stromversorgungsunternehmen und anderen einschlägigen Stellen auferlegt wurden und die voraussichtlich Auswirkungen auf die Sicherheit der Gasversorgung haben, z. B. Verpflichtungen für den sicheren Betrieb des Gasnetzes.

e) andere Präventivmaßnahmen zur Bewältigung der in der Risikobewertung festgestellten Risiken, zum Beispiel, soweit angezeigt, Maßnahmen im Zusammenhang mit der Notwendigkeit, die Verbindungsleitungen zwischen benachbarten Mitgliedstaaten zu verbessern, die Energieeffizienz weiter zu erhöhen und die Gasnachfrage zu senken, die Möglichkeit, Gasversorgungswege und -bezugsquellen zu diversifizieren, und die regionale Nutzung bestehender Speicher- und

LNG-Kapazitäten, um die Gasversorgung für alle Kunden so weit wie möglich aufrechtzuerhalten;

f) Angaben zu den wirtschaftlichen Auswirkungen, zur Wirksamkeit und zur Effizienz der in dem Plan enthaltenen Maßnahmen, einschließlich der Verpflichtungen gemäß Buchstabe k;

g) eine Beschreibung der Auswirkungen der in dem Plan enthaltenen Maßnahmen auf das Funktionieren des Energiebinnenmarktes und nationale Märkte, einschließlich der Verpflichtungen gemäß Buchstabe k;

h) eine Beschreibung der Auswirkungen der Maßnahmen auf die Umwelt und auf die Kunden;

i) die Mechanismen der Zusammenarbeit mit anderen Mitgliedstaaten, einschließlich der Verfahren für die Ausarbeitung und die Anwendung der Präventionspläne und der Notfallpläne;

j) Informationen über bestehende und zukünftige Verbindungsleitungen und Infrastrukturen, einschließlich derer, die Zugang zum Binnenmarkt gewähren, über grenzüberschreitende Gasflüsse, über den grenzüberschreitenden Zugang zu Speicheranlagen und LNG-Anlagen sowie über bidirektionale Kapazitäten, insbesondere in Notfällen;

k) Angaben zu allen gemeinwirtschaftlichen Verpflichtungen, die mit der Sicherheit der Gasversorgung in Zusammenhang stehen.

Kritische Informationen zu Unterabsatz 1 Buchstaben a, c und d, die bei einer Offenlegung die Sicherheit der Erdgasversorgung gefährden könnten, dürfen ausgenommen werden;

(2) Im Präventionsplan, insbesondere bei den Maßnahmen zur Erfüllung des Infrastrukturstandards gemäß Artikel 5, wird der vom ENTSOG gemäß Artikel 8 Absatz 10 der Verordnung (EG) Nr. 715/2009 ausgearbeiteten unionsweiten zehnjährige Netzentwicklungsplan berücksichtigt.

(3) Der Präventionsplan beruht in erster Linie auf marktbasierten Maßnahmen, er darf die Erdgasunternehmen nicht unverhältnismäßig belasten und sich nicht negativ auf das Funktionieren des Gasbinnenmarktes auswirken.

(4) Die Mitgliedstaaten und insbesondere ihre zuständigen Behörden stellen sicher, dass alle nicht-marktbasierten Präventivmaßnahmen, die z. B. in Anhang VIII aufgeführt sind und die am oder nach dem 1. November 2017 beschlossen werden, unabhängig davon, ob sie Bestandteil des Präventionsplans sind oder später beschlossen werden, die Kriterien des Artikels 6 Absatz 2 Unterabsatz 1 erfüllen.

(5) Die zuständige Behörde veröffentlicht jede Maßnahme gemäß Absatz 4, die noch nicht in den Präventionsplan aufgenommen wurde, und übermittelt der Kommission eine Beschreibung jeder dieser Maßnahmen und ihrer Auswirkungen auf den nationalen Gasmarkt und, soweit möglich, auf die Gasmärkte anderer Mitgliedstaaten.

(6) Hat die Kommission Zweifel daran, dass eine Maßnahme nach Absatz 4 des vorliegenden Artikels die Kriterien des Artikels 6 Absatz 2 Unterabsatz 1 erfüllt, so verlangt sie von dem betreffenden Mitgliedstaat die Vorlage einer Folgenabschätzung.

(7) Die in Absatz 6 genannte Folgenabschätzung umfasst mindestens

a) die potenziellen Auswirkungen auf die Entwicklung des nationalen Gasmarktes und den Wettbewerb auf nationaler Ebene;

b) die potenziellen Auswirkungen auf den Gasbinnenmarkt;

c) die potenziellen Auswirkungen auf die Sicherheit der Gasversorgung in benachbarten Mitgliedstaaten, insbesondere für Maßnahmen, die die Liquidität in regionalen Märkten verringern oder Gasflüsse in benachbarte Mitgliedstaaten beschränken könnten;

d) Kosten und Nutzen im Vergleich zu alternativen marktbasierten Maßnahmen;

e) eine Bewertung der Notwendigkeit und Verhältnismäßigkeit im Vergleich zu möglichen marktbasierten Maßnahmen;

f) eine Beurteilung, ob die Maßnahme für alle Marktteilnehmer gleiche Möglichkeiten gewährleistet;

g) eine Beendigungsstrategie, die voraussichtliche Dauer der geplanten Maßnahme und einen angemessenen Zeitplan für Überprüfungen.

Die in den Buchstaben a und b genannten Untersuchungen werden von der nationalen Regulierungsbehörde durchgeführt. Die Folgenabschätzung wird von der zuständigen Behörde öffentlich zugänglich gemacht und der Kommission notifiziert.

(8) Ist die Kommission auf der Grundlage der Folgenabschätzung der Auffassung, dass die Maßnahme wahrscheinlich die Sicherheit der Erdgasversorgung anderer Mitgliedstaaten oder der Union gefährden wird, so fasst sie innerhalb von vier Monaten nach der Notifizierung der Folgenabschätzung einen Beschluss, in dem, soweit erforderlich, die Änderung oder Rücknahme der Maßnahme gefordert wird.

Die beschlossene Maßnahme tritt nur in Kraft, wenn sie von der Kommission gebilligt oder entsprechend dem Beschluss der Kommission geändert wurde.

Die Frist von vier Monaten beginnt am Tag nach der vollständigen Übermittlung aller Informationen. Die Frist von vier Monaten kann mit Zustimmung der Kommission und der zuständigen Behörde verlängert werden.

(9) Ist die Kommission auf der Grundlage der Folgenabschätzung der Auffassung, dass die Maßnahme die Kriterien des Artikels 6 Absatz 2 Unterabsatz 1 nicht erfüllt, so kann sie innerhalb von

vier Monaten nach der Notifizierung der Folgenabschätzung eine Stellungnahme abgeben. Das Verfahren nach Artikel 8 Absätze 8 und 9 findet Anwendung.

Die Frist von vier Monaten beginnt am Tag nach der vollständigen Notifizierung. Die Frist von vier Monaten kann mit Zustimmung der Kommission und der zuständigen Behörde verlängert werden.

(10) Artikel 8 Absatz 9 gilt für Maßnahmen, die von den Absätzen 6 bis 9 des vorliegenden Artikels erfasst werden.

(11) Die Aktualisierung des Präventionsplans erfolgt ab dem 1. März 2019 alle vier Jahre oder häufiger, falls die Umstände es erforderlich machen, oder auf Ersuchen der Kommission. Der aktualisierte Plan trägt der aktualisierten Risikobewertung und den Ergebnissen der gemäß Artikel 10 Absatz 3 durchgeführten Tests Rechnung. Artikel 8 findet auf den aktualisierten Plan Anwendung.

Artikel 10
Inhalt der Notfallpläne

(1) Die Notfallpläne müssen

a) sich auf die in Artikel 11 Absatz 1 genannten Krisenstufen stützen;

b) die Aufgaben und Zuständigkeiten der Erdgasunternehmen, erforderlichenfalls der Stromübertragungsnetzbetreiber und der gewerblichen Gaskunden, einschließlich relevanter Stromerzeuger, festlegen und dabei berücksichtigen, inwieweit diese jeweils von einer Störung der Gasversorgung betroffen sind; sie müssen ferner ihre Zusammenarbeit mit den zuständigen Behörden und gegebenenfalls mit den nationalen Regulierungsbehörden auf jeder der in Artikel 11 Absatz 1 genannten Krisenstufen regeln;

c) die Aufgaben und Zuständigkeiten der zuständigen Behörden und der anderen Stellen festlegen, an die Aufgaben gemäß Artikel 3 Absatz 2 auf jeder der in Artikel 11 Absatz 1 genannten Krisenstufen übertragen wurden;

d) sicherstellen, dass Erdgasunternehmen und gewerbliche Gaskunden, einschließlich relevanter Stromerzeuger, ausreichend Gelegenheit erhalten, auf jeder der in Artikel 11 Absatz 1 genannten Krisenstufe zu reagieren;

e) gegebenenfalls die zu ergreifenden Maßnahmen festlegen, mit denen die möglichen Auswirkungen einer Störung der Gasversorgung auf die Fernwärmeversorgung und auf die Versorgung mit durch Gas erzeugtem Strom eingegrenzt werden sollen, was, falls angezeigt, auch eine Gesamtbetrachtung der gegenseitigen Abhängigkeiten von Strom und Gas beim Betrieb des Energiesystems umfasst;

f) die für die einzelnen Krisenstufen gemäß Artikel 11 Absatz 1 geltenden Verfahren und Maßnahmen detailliert festlegen, einschließlich der entsprechenden Pläne für den Informationsfluss;

g) einen Krisenmanager bestimmen und dessen Aufgaben festlegen;

h) aufzeigen, wie die marktbasierten Maßnahmen dazu beitragen können, im Falle einer Alarmstufe die Situation zu bewältigen und im Falle einer Notfallstufe die Situation einzudämmen;

i) aufzeigen,
welchen Beitrag die nicht-marktbasierten Maßnahmen, die für die Notfallstufe vorgesehen oder umzusetzen sind, leisten können, und bewerten, inwieweit der Rückgriff auf diese Maßnahmen zur Krisenbewältigung notwendig ist. Die Auswirkungen der nicht marktbasierten Maßnahmen sind zu bewerten, und es sind Verfahren für ihre Umsetzung festzulegen. Nicht-Marktmaßnahmen dürfen nur dann angewendet werden, wenn Lieferungen, insbesondere an geschützte Kunden, mit marktbasierten Mechanismen allein nicht mehr gewährleistet werden können oder wenn Artikel 13 Anwendung findet;

j) die Mechanismen, die für die Zusammenarbeit mit anderen Mitgliedstaaten auf den Krisenstufen gemäß Artikel 11 Absatz 1 verwendet werden, und die Regelungen für den Austausch von Informationen zwischen den zuständigen Behörden beschreiben;

k) im Einzelnen darlegen, welchen Berichtspflichten die Erdgasunternehmen und gegebenenfalls die Stromversorgungsunternehmen im Falle einer Alarm- bzw. Notfallstufe unterliegen;

l) die geltenden technischen oder rechtlichen Regelungen beschreiben, mit denen ein ungerechtfertigter Verbrauch durch Kunden verhindert werden soll, die an ein Gasverteilernetz oder Gasfernleitungsnetz angeschlossen, aber keine geschützten Kunden sind;

m) die geltenden technischen, rechtlichen und finanziellen Regelungen für die Erfüllung der in Artikel 13 festgelegten Solidaritätsverpflichtungen beschreiben;

n) eine Schätzung der Gasmengen enthalten, die von durch Solidarität geschützte Kunden verbraucht werden könnten, wobei mindestens die in Artikel 6 Absatz 1 beschriebenen Fälle einzubeziehen sind;

o) eine Aufstellung der vorab festgelegten Maßnahmen enthalten, um im Notfall Gas zur Verfügung zu stellen, einschließlich kommerzieller Vereinbarungen der an solchen Maßnahmen beteiligten Parteien und gegebenenfalls Entschädigungsmechanismen für Erdgasunternehmen, unter gebührender Berücksichtigung der Vertraulichkeit sensibler Daten. Diese Maßnahmen können gegebenenfalls auch grenzübergreifende Vereinbarungen zwischen Mitgliedstaaten und/oder Erdgasunternehmen umfassen.

Um einen ungerechtfertigten Gasverbrauch während eines Notfalls gemäß Unterabsatz 1 Buchstabe l zu verhindern oder während der Anwendung der Bestimmungen des Artikels 11 Absatz 3 und

Artikel 13, setzt die zuständige Behörde des betroffenen Mitgliedstaats die Kunden, die nicht geschützte Kunden sind, darüber in Kenntnis, dass sie ihren Erdgasverbrauch einstellen oder verringern müssen, ohne jedoch damit technisch unsichere Situationen herbeizuführen;

(2) Die Aktualisierung des Notfallplans erfolgt ab dem 1. März 2019 alle vier Jahre oder häufiger, falls die Umstände es erforderlich machen, oder auf Ersuchen der Kommission. Der aktualisierte Plan trägt der aktualisierten Risikobewertung und den Ergebnissen der gemäß Absatz 3 durchgeführten Tests Rechnung. Artikel 8 Absätze 4 bis 11 findet auf den aktualisierten Plan Anwendung.

(3) Die im Notfallplan enthaltenen Maßnahmen und Verfahren werden zwischen den in Absatz 2 genannten vierjährlichen Aktualisierungen mindestens einmal getestet. Um den Notfallplan zu testen, simuliert die zuständige Behörde Szenarien mit starken und mittleren Auswirkungen und Reaktionen in Echtzeit entsprechend diesem Notfallplan. Die zuständige Behörde präsentiert der Koordinierungsgruppe „Gas" die Ergebnisse der Tests.

(4) Der Notfallplan stellt sicher, dass der grenzüberschreitende Zugang zu Infrastrukturen gemäß der Verordnung (EG) Nr. 715/2009 im Notfall, soweit technisch und sicherheitstechnisch möglich, aufrechterhalten wird; er darf keine Maßnahmen einführen, die die grenzüberschreitenden Gasflüsse unangemessen einschränken.

Artikel 11
Ausrufung einer Krise

(1) Die drei Krisenstufen sind:

a) Frühwarnstufe (im Folgenden: Frühwarnung): Es liegen konkrete, ernst zu nehmende und zuverlässige Hinweise darauf vor, dass ein Ereignis eintreten kann, welches wahrscheinlich zu einer erheblichen Verschlechterung der Gasversorgungslage sowie wahrscheinlich zur Auslösung der Alarm- oder. der Notfallstufe führt; die Frühwarnstufe kann durch ein Frühwarnsystem ausgelöst werden;

b) Alarmstufe (im Folgenden: Alarm): Es liegt eine Störung der Gasversorgung oder eine außergewöhnlich hohe Nachfrage nach Gas vor, die zu einer erheblichen Verschlechterung der Gasversorgungslage führt; der Markt ist aber noch in der Lage, diese Störung oder Nachfrage zu bewältigen, ohne dass nicht-marktbasierte Maßnahmen ergriffen werden müssen;

c) Notfallstufe (im Folgenden: Notfall): Es liegt eine außergewöhnlich hohe Nachfrage nach Gas, eine erhebliche Störung der Gasversorgung oder eine andere erhebliche Verschlechterung der Versorgungslage vor, und alle einschlägigen marktbasierten Maßnahmen umgesetzt wurden, aber die Gasversorgung reicht nicht aus, um die noch verbleibende Gasnachfrage zu decken, sodass zusätzlich nicht-marktbasierte Maßnahmen ergriffen werden müssen, um insbesondere die Gasversorgung der geschützten Kunden gemäß Artikel 6 sicherzustellen.

(2) Ruft die zuständige Behörde eine der Krisenstufen des Absatzes 1 aus, so unterrichtet sie unverzüglich die Kommission und die zuständigen Behörden der Mitgliedstaaten, mit denen der Mitgliedstaat dieser zuständigen Behörde unmittelbar verbunden ist, und übermittelt ihnen alle notwendigen Informationen, insbesondere über die von ihr geplanten Maßnahmen. Bei einem Notfall, der zu einem Hilfeersuchen an die Union und ihre Mitgliedstaaten führen kann, unterrichtet die zuständige Behörde des betreffenden Mitgliedstaats unverzüglich das Koordinierungszentrum der Kommission für Notfallmaßnahmen (Emergency Response Coordination Centre, ERCC).

(3) Hat ein Mitgliedstaat einen Notfall ausgerufen und erklärt, dass grenzüberschreitende Maßnahmen erforderlich sind, so wird jeder erhöhte Versorgungsstandard oder jede zusätzliche Verpflichtung gemäß Artikel 6 Absatz 2, der bzw. die für die Erdgasunternehmen in anderen Mitgliedstaaten in derselben Risikogruppe gilt, vorübergehend auf das in Artikel 6 Absatz 1 festgelegte Niveau gesenkt.

Die in Unterabsatz 1 des vorliegenden Absatzes festgelegten Verpflichtungen gelten nicht mehr, sobald die zuständige Behörde das Ende des Notfalls ausruft oder die Kommission gemäß Absatz 8 Unterabsatz 1 zu dem Schluss gelangt, dass die Ausrufung des Notfalls nicht oder nicht mehr gerechtfertigt ist.

(4) Ruft die zuständige den Notfall aus, so leitet sie die in ihrem Notfallplan vorab festgelegten Maßnahmen ein und unterrichtet unverzüglich die Kommission sowie die zuständigen Behörden in der Risikogruppe und die zuständigen Behörden der Mitgliedstaaten, mit denen der Mitgliedstaat dieser zuständigen Behörde unmittelbar verbunden ist, insbesondere über die von ihr geplanten Maßnahmen. Unter gebührend begründeten besonderen Umständen kann die zuständige Behörde Maßnahmen ergreifen, die vom Notfallplan abweichen. Die zuständige Behörde unterrichtet die Kommission sowie die zuständigen Behörden in ihrer in Anhang I aufgeführten Risikogruppe und die zuständigen Behörden der Mitgliedstaaten, mit denen der Mitgliedstaat dieser zuständigen Behörde direkt verbunden ist, unverzüglich über jede derartige Maßnahme und gibt die Gründe für die Abweichung an.

(5) Wird in einem benachbarten Mitgliedstaat die Notfallstufe ausgerufen, so stellt der Fernleitungsnetzbetreiber sicher, dass die Kapazität an Netzkopplungspunkten zu diesem Mitgliedstaat unabhängig davon, ob es sich um eine feste oder unterbrechbare Kapazität handelt und ob diese Kapazität vor dem Notfall oder während des Notfalls

gebucht wurde, Vorrang vor konkurrierenden Kapazitäten an Ausspeisepunkten zu Speicheranlagen hat. Der Netznutzer der vorrangigen Kapazität leistet unverzüglich eine angemessene Entschädigung an den Netznutzer der festen Kapazität, um die infolge des eingeräumten Vorrangs entstandenen finanziellen Verluste auszugleichen, einschließlich einer anteiligen Erstattung der Kosten, die durch die Unterbrechung der festen Kapazität entstanden sind. Festlegung und Leistung der Entschädigung wirken sich nicht auf die Vorrangregel aus.

(6) Die Mitgliedstaaten und insbesondere die zuständigen Behörden gewährleisten, dass

a) keine Maßnahmen ergriffen werden, durch die zu irgendeinem Zeitpunkt die Gasflüsse innerhalb des Binnenmarkts unangemessen eingeschränkt werden,

b) keine Maßnahmen ergriffen werden, durch die wahrscheinlich die Gasversorgung in einem anderen Mitgliedstaat ernsthaft gefährdet wird, und

c) der grenzüberschreitende Zugang zu den Infrastrukturen nach Maßgabe der Verordnung (EG) Nr. 715/2009 gemäß dem Notfallplan soweit technisch und sicherheitstechnisch möglich aufrechterhalten wird.

(7) In Notfällen und aus hinreichenden Gründen kann ein Mitgliedstaat auf Ersuchen des betreffenden Stromübertragungs- oder Gasfernleitungsnetzbetreibers beschließen, dass die Gasversorgung bestimmter kritischer Gaskraftwerke gegenüber der Gasversorgung bestimmter Kategorien geschützter Kunden Vorrang hat, wenn der Ausfall der Gasversorgung dieser kritischen Gaskraftwerke entweder:

a) dem Stromnetz schweren Schaden zufügen könnte oder

b) die Erzeugung und/oder Verbringung von Gas beeinträchtigen würde.

Die Mitgliedstaaten stützen diese Maßnahmen auf die Risikobewertung.

Die in Unterabsatz 1 genannten kritischen Gaskraftwerke und die möglichen Gasmengen, die Teil einer solchen Maßnahme wären, werden eindeutig identifiziert und in den regionalen Kapiteln der Präventionspläne und der Notfallpläne aufgeführt. Ihre Identifizierung erfolgt in enger Zusammenarbeit mit den Stromübertragungs- und Gasfernleitungsnetzbetreibern des betreffenden Mitgliedstaats.

(8) Die Kommission prüft so bald wie möglich, auf jeden Fall jedoch innerhalb von fünf Tagen ab Erhalt der in Absatz 2 genannten Informationen von der zuständigen Behörde, ob die Ausrufung des Notfalls gemäß Absatz 1 Buchstabe c gerechtfertigt ist und ob die ergriffenen Maßnahmen sich möglichst genau an den im Notfallplan aufgeführten Maßnahmen ausrichten, die Erdgasunternehmen nicht unangemessen belasten und mit Absatz 6 vereinbar sind. Die Kommission kann auf Antrag einer anderen zuständigen Behörde bzw. von Erdgasunternehmen oder aus eigener Veranlassung die zuständige Behörde auffordern, die Maßnahmen zu ändern, wenn sie den Bedingungen des Satzes 1 zuwiderlaufen. Die Kommission kann die zuständige Behörde auch auffordern, das Ende des Notfalls ausruft, wenn sie zu dem Schluss gelangt, dass die Ausrufung eines Notfalls nicht oder nicht mehr gemäß Absatz 1 Buchstabe c gerechtfertigt ist.

Innerhalb von drei Tagen, nachdem sie von der Kommission hierzu aufgefordert wurde, ändert die zuständige Behörde die Maßnahme und teilt das der Kommission mit oder unterrichtet die Kommission, warum sie mit der Aufforderung nicht einverstanden ist. In letztgenanntem Fall kann die Kommission innerhalb von drei Tagen nach ihrer Unterrichtung ihre Aufforderung ändern oder zurückziehen oder die zuständige Behörde bzw. gegebenenfalls die betreffenden zuständigen Behörden und, wenn sie es für notwendig erachtet, die Koordinierungsgruppe „Gas“ einberufen, um die Angelegenheit zu prüfen. Die Kommission begründet ihre Aufforderung zur Änderung der Maßnahmen ausführlich. Die zuständige Behörde berücksichtigt den Standpunkt der Kommission umfassend. Weicht die endgültige Entscheidung der zuständigen Behörde vom Standpunkt der Kommission ab, so legt die zuständige Behörde eine Begründung für diese Entscheidung vor.

EU-VO

(9) Nimmt die zuständige Behörde das Ende einer Krisenstufe gemäß Absatz 1 ausruft zurück, so unterrichtet sie darüber die Kommission und die zuständigen Behörden der Mitgliedstaaten, mit denen der Mitgliedstaat dieser zuständigen Behörde direkt verbunden ist.

Artikel 12
Notfallmaßnahmen auf regionaler und auf Unionsebene

(1) Die Kommission kann auf Antrag einer zuständigen Behörde, die einen Notfall ausgerufen hat, nach dessen Überprüfung gemäß Artikel 11 Absatz 8 einen regionalen Notfall bzw. einen unionsweiten Notfall ausrufen.

Die Kommission ruft im Bedarfsfall auf Antrag von mindestens zwei zuständigen Behörden, die einen Notfall ausgerufen haben, und nach Überprüfung gemäß Artikel 11 Absatz 8 einen regionalen oder unionsweiten Notfall aus, wenn die Gründe für diese Notfälle miteinander verbunden sind.

In allen Fällen, in denen sie einen regionalen oder unionsweiten Notfall ausruft, holt die Kommission unter Heranziehung der der Lage am ehesten angemessenen Kommunikationsmittel die Ansichten anderer zuständiger Behörden ein und berücksichtigt alle von ihnen gelieferten sachdienlichen Informationen gebührend. Beschließt die Kommission nach einer Einschätzung, dass die Tatsachen nicht mehr die Ausrufung eines regionalen bzw. unionsweiten Notfalls rechtfertigen, so erklärt sie den regionalen bzw. unionsweiten Notfall für beendet und gibt ihre Gründe dafür an und unterrichtet den Rat über ihren Beschluss.

(2) Die Kommission beruft die Koordinierungsgruppe „Gas" ein, sobald sie einen regionalen oder einen unionsweiten Notfall ausruft.

(3) Bei einem regionalen oder unionsweiten Notfall koordiniert die Kommission die Maßnahmen der zuständigen Behörden und berücksichtigt dabei uneingeschränkt die sachdienlichen Informationen und die Ergebnisse, die sich aus der Konsultation der Koordinierungsgruppe „Gas" ergeben haben. Insbesondere

a) gewährleistet die Kommission den Informationsaustausch;

b) gewährleistet sie die Kohärenz und Wirksamkeit der national und regional ergriffenen Maßnahmen im Verhältnis zur Unionsebene;

c) koordiniert sie die Maßnahmen gegenüber Drittländern.

(4) Die Kommission kann ein Krisenmanagementteam einberufen, dem die in Artikel 10 Absatz 1 Buchstabe g genannten Krisenmanager der von dem Notfall betroffenen Mitgliedstaaten angehören. Die Kommission kann im Einvernehmen mit den Krisenmanagern andere relevante Akteure einladen, daran teilzunehmen. Die Kommission gewährleistet, dass die Koordinierungsgruppe „Gas" regelmäßig über die Arbeit des Krisenmanagementteams in Kenntnis gesetzt wird.

(5) Die Mitgliedstaaten und insbesondere die zuständigen Behörden gewährleisten, dass

a) keine Maßnahmen ergriffen werden, durch die zu irgendeinem Zeitpunkt die Gasflüsse innerhalb des Binnenmarkts unangemessen eingeschränkt werden, insbesondere die Gasflüsse zu den betroffenen Märkten,

b) keine Maßnahmen ergriffen werden, durch die wahrscheinlich die Gasversorgung in einem anderen Mitgliedstaat ernsthaft gefährdet wird, und

c) der grenzüberschreitende Zugang zu den Infrastrukturen nach Maßgabe der Verordnung (EG) Nr. 715/2009 gemäß dem Notfallplan soweit technisch und sicherheitstechnisch möglich aufrechterhalten wird.

(6) Wenn die Kommission auf Antrag einer zuständigen Behörde oder eines Erdgasunternehmens oder von sich aus zu der Auffassung gelangt, dass bei einem regionalen oder unionsweiten Notfall eine von einem Mitgliedstaat bzw. einer zuständigen Behörde ergriffene Maßnahme oder das Verhalten eines Erdgasunternehmens Absatz 5 widerspricht, fordert sie diesen Mitgliedstaat bzw. die zuständige Behörde auf, die Maßnahme zu ändern oder Maßnahmen zu ergreifen, um die Einhaltung des Absatzes 5 sicherzustellen, und teilt ihre Gründe hierfür mit. Dabei ist gebührend zu beachten, dass jederzeit ein sicherer Betrieb der Gasnetze gewährleistet sein muss.

Innerhalb von drei Tagen nach Aufforderung durch die Kommission ändert der Mitgliedstaat bzw. die zuständige Behörde die Maßnahme und teilt das der Kommission mit oder begründet ihr gegenüber, warum er/sie mit der Aufforderung nicht einverstanden ist. Im letztgenannten Fall kann die Kommission innerhalb von drei Tagen nach ihrer Unterrichtung ihre Aufforderung ändern oder zurückziehen oder den Mitgliedstaat bzw. die zuständige Behörde und, wenn sie es für notwendig erachtet, die Koordinierungsgruppe „Gas" einberufen, um die Angelegenheit zu prüfen. Die Kommission begründet ihre Aufforderung zur Änderung der Maßnahmen ausführlich. Der Mitgliedstaat bzw. die zuständige Behörde berücksichtigt den Standpunkt der Kommission umfassend. Weicht die endgültige Entscheidung der zuständigen Behörde bzw. des Mitgliedstaats vom Standpunkt der Kommission ab, so legt die zuständige Behörde bzw. der Mitgliedstaat die Gründe für ihre/seine Entscheidung vor.

(7) Die Kommission erstellt nach Konsultation der Koordinierungsgruppe „Gas" eine ständige Reserveliste für den Einsatz einer Überwachungs-Taskforce, die sich aus Branchenexperten und Vertretern der Kommission zusammensetzt. Die Überwachungs-Taskforce kann bei Bedarf außerhalb der Union eingesetzt werden; sie überwacht die Gasflüsse in die Union in Zusammenarbeit mit den Liefer- und Transitdrittländern und erstattet darüber Bericht.

(8) Die zuständige Behörde informiert das Zentrum der Kommission für die Koordination von Notfallmaßnahmen (ERCC) über etwaigen Hilfsbedarf. Das ERCC bewertet die Gesamtlage und berät zu den Hilfeleistungen für die am stärksten betroffenen Mitgliedstaaten und gegebenenfalls für Drittländer.

Artikel 13
Solidarität

(1) Hat ein Mitgliedstaat um die Anwendung der Solidaritätsmaßnahme gemäß diesem Artikel ersucht, so ergreift ein direkt mit dem ersuchenden Mitgliedstaat verbundener Mitgliedstaat oder — sofern der Mitgliedstaat das vorsieht — seine zuständige Behörde oder sein Fernleitungsnetzbetreiber oder Verteilernetzbetreiber, möglichst ohne dadurch unsichere Situationen herbeizuführen, die erforderlichen Maßnahmen, um sicherzustellen, dass in seinem Hoheitsgebiet die Erdgasversorgung anderer als der durch Solidarität geschützten Kunden in dem erforderlichen Maße und so

lange verringert oder ausgesetzt wird, wie die Erdgasversorgung der durch Solidarität geschützten Kunden in dem ersuchenden Mitgliedstaat nicht gewährleistet ist. Der ersuchende Mitgliedstaat stellt sicher, dass die betreffende Gasmenge tatsächlich an die durch Solidarität geschützten Kunden in seinem Hoheitsgebiet geliefert wird.

In Ausnahmefällen und auf ordnungsgemäß mit Gründen versehenen Antrag des betreffenden Stromübertragungs- oder Gasfernleitungsnetzbetreibers an die für ihn zuständige Behörde kann auch die Gasversorgung bestimmter kritischer Gaskraftwerke im Sinne des Artikels 11 Absatz 7 in dem Mitgliedstaat, der Solidarität leistet, fortgesetzt werden, wenn der Ausfall der Gasversorgung dieser Kraftwerke dem Elektrizitätssystem schweren Schaden zufügen oder die Erzeugung und/oder Verbringung von Gas beeinträchtigen würde.

(2) Ein Mitgliedstaat unterstützt mit der Solidaritätsmaßnahme ebenfalls einen anderen Mitgliedstaat, mit dem er über ein Drittland verbunden ist, sofern der Durchfluss durch dieses Drittland nicht eingeschränkt ist. Diese Ausweitung der Maßnahme erfordert eine Zustimmung der betreffenden Mitgliedstaaten, die, soweit angemessen, dabei das Drittland, über das sie miteinander verbunden sind, einbeziehen.

(3) Eine Solidaritätsmaßnahme ist das letzte Mittel und wird nur dann angewendet, wenn der ersuchende Mitgliedstaat,

a) trotz Anwendung der Maßnahme gemäß Artikel 11 Absatz 3 nicht in der Lage war, den Engpass bei der Gasversorgung seiner durch Solidarität geschützten Kunden zu bewältigen,

b) alle marktbasierten Maßnahmen und alle in seinem Notfallplan vorgesehenen Maßnahmen ausgeschöpft hat,

c) der Kommission und den zuständigen Behörden aller Mitgliedstaaten, mit denen er entweder direkt oder gemäß Absatz 2 über ein Drittland verbunden ist, ein ausdrückliches Ersuchen notifiziert hat, dem eine Beschreibung der durchgeführten Maßnahmen gemäß Buchstabe b des vorliegenden Absatzes beigefügt ist,

d) sich dem betreffenden Mitgliedstaat gegenüber zu einer angemessenen und unverzüglichen Entschädigung an den Solidarität leistenden Mitgliedstaat gemäß Absatz 8 verpflichtet.

(4) Kann mehr als ein Mitgliedstaat einem ersuchenden Mitgliedstaat Solidarität leisten, so wählt der ersuchende Mitgliedstaat nach Konsultation aller Mitgliedstaaten, die Solidarität leisten, das günstigste Angebot nach Kosten, Lieferungsgeschwindigkeit, Verlässlichkeit und Diversifizierung der Gasversorgung aus. Die betroffenen Mitgliedstaaten machen solche Angebote so weit und so lange wie möglich auf der Grundlage von freiwilligen Maßnahmen auf der Nachfragenseite, bevor sie auf nicht-marktbasierte Maßnahmen zurückgreifen

(5) Erweisen sich Marktmaßnahmen in dem Mitgliedstaat, der Solidarität leistet, um den Engpass bei der Gasversorgung von durch Solidarität geschützten Kunden in dem ersuchenden Mitgliedstaat auszugleichen, als unzureichend, so kann der Solidarität leistende Mitgliedstaat andere als Marktmaßnahmen ergreifen, um seinen Verpflichtungen gemäß den Absätzen 1 und 2 nachzukommen.

(6) Die zuständige Behörde des ersuchenden Mitgliedstaats unterrichtet unverzüglich die Kommission und die zuständigen Behörden der Mitgliedstaaten, die Solidarität leisten, wenn die Gasversorgung von durch Solidarität geschützten Kunden in seinem Hoheitsgebiet gewährleistet ist oder wenn die Verpflichtungen gemäß den Absätzen 1 und 2 auf der Grundlage seines Bedarfs verringert oder wenn sie auf Antrag des Mitgliedstaats, dem Solidarität gewährt wird, ausgesetzt werden.

(7) Die Verpflichtungen der Absätze 1 und 2 gelten vorbehaltlich des technisch sicheren und verlässlichen Betriebs des Gasnetzes eines Mitgliedstaats, der Solidarität leistet, und der maximalen Ausfuhrkapazität der Verbindungsleitungen der betreffenden Infrastruktur des Mitgliedstaats in den ersuchenden Mitgliedstaat. In den technischen, rechtlichen und finanziellen Regelungen kann solchen Umständen Rechnung getragen werden, insbesondere denjenigen, unter denen der Markt bis zur Höchstkapazität der Verbindungsleitungen liefert.

(8) Solidarität im Rahmen dieser Verordnung wird gegen Entschädigung geleistet. Der Mitgliedstaat, der um Solidarität ersucht, leistet oder gewährleistet unverzüglich Zahlung einer angemessenen Entschädigung an den Mitgliedstaat, der Solidarität leistet. Die angemessene Entschädigung deckt mindestens Folgendes ab:

a) das in das Hoheitsgebiet des ersuchenden Mitgliedstaats gelieferte Gas,

b) alle weiteren einschlägigen und angemessenen Kosten, die bei der Leistung von Solidarität entstanden sind, gegebenenfalls einschließlich der Kosten für etwaige entsprechende Maßnahmen, die im Voraus festgelegt wurden,

c) die Erstattung aller Entschädigungszahlungen, die aus Gerichtsverfahren, Schiedsverfahren oder ähnlichen Verfahren und Schlichtungen stammen sowie damit zusammenhängende Kosten dieser Verfahren, in denen der Solidarität leistende Mitgliedstaat gegenüber Einrichtungen, die bei der Bereitstellung dieser Solidarität beteiligt sind, verpflichtet ist.

Die angemessene Entschädigungszahlung nach Unterabsatz 1 umfasst unter anderem alle angemessenen Kosten, die dem Mitgliedstaat, der Solidarität leistet, aus der Verpflichtung entstehen, im Zusammenhang mit der Durchführung dieses Artikels Entschädigung aufgrund der durch das Unionsrecht garantierten Grundrechte und aufgrund bestehender internationaler Verpflichtungen zu leisen, sowie weitere angemessene Kosten, die durch die Leistung von Entschädigung gemäß nationalen Entschädigungsregelungen entstehen.

Die Mitgliedstaaten erlassen bis zum 1. Dezember 2018 die Maßnahmen, insbesondere die technischen, rechtlichen und finanziellen Regelungen nach Absatz 10, die erforderlich sind, um die Unterabsätze 1 und 2 des vorliegenden Absatzes durchzuführen. Diese Maßnahmen können die praktischen Modalitäten für die unverzügliche Zahlung enthalten.

(9) Die Mitgliedstaaten sorgen dafür, dass die Bestimmungen dieses Artikels im Einklang mit den Verträgen, der Charta der Grundrechte der Europäischen Union und den geltenden internationalen Verpflichtungen durchgeführt werden. Sie ergreifen die hierzu erforderlichen Maßnahmen.

(10) Die Mitgliedstaaten ergreifen bis zum 1. Dezember 2018 die erforderlichen Maßnahmen, einschließlich der im Rahmen technischer, rechtlicher und finanzieller Regelungen vereinbarten Maßnahmen, um sicherzustellen, dass Gas an durch Solidarität geschützte Kunden in dem ersuchenden Mitgliedstaat, nach Maßgabe der Absätze 1 und 2 geliefert wird. Die technischen, rechtlichen und finanziellen Regelungen werden von den Mitgliedstaaten vereinbart, die entweder direkt oder gemäß Absatz 2 über ein Drittland miteinander verbunden sind, und in ihren jeweiligen Notfallplänen beschrieben. Diese Regelungen können unter anderem folgende Elemente betreffen:

a) die operative Sicherheit von Netzen,

b) die anzuwendenden Gaspreise und/oder die Methodik für ihre Festlegung unter Berücksichtigung der Auswirkungen auf das Funktionieren des Marktes,

c) die Nutzung von Verbindungsleitungen, einschließlich bidirektionaler Kapazitäten, und die unterirdische Gasspeicherung,

d) Gasmengen und die Methodik für ihre Festlegung,

e) die Kategorien von Kosten, für die angemessene und unverzügliche Entschädigung zu leisten ist; dazu kann auch Schadensersatz für von Lieferkürzungen betroffene Wirtschaftszweige gehören,

f) eine Angabe der Methode, nach der die angemessenen Entschädigung berechnet werden kann.

Die finanziellen Regelungen, die zwischen Mitgliedstaaten vor dem Ersuchen um Solidarität vereinbart werden, enthalten Bestimmungen, die die Berechnung der angemessenen Entschädigung für mindestens alle einschlägigen und angemessenen Kosten, die bei der Leistung von Solidarität entstanden sind, ermöglichen, sowie eine Verpflichtung, diese Entschädigung zu leisten.

Alle Entschädigungsmechanismen enthalten Anreize für die Teilnahme an marktbasierten Lösungen wie Versteigerungen und Mechanismen der nachfrageseitigen Steuerung. Sie dürfen keine falschen Anreize, auch nicht in finanzieller Hinsicht, dafür bieten, dass Marktteilnehmer ihre Maßnahmen aufschieben, bis nicht-marktbasierte Maßnahmen angewendet werden. Alle Entschädigungsmechanismen oder zumindest ihre Zusammenfassungen werden in die Notfallpläne aufgenommen.

(11) Solange ein Mitgliedstaat den Gasverbrauch der durch Solidarität geschützten Kunden aus eigener Erzeugung decken kann, wird er von der Verpflichtung befreit, technische, rechtliche und finanzielle Regelungen mit Mitgliedstaaten, mit denen er entweder direkt oder gemäß Absatz 2 über ein Drittland verbunden ist, zum Zwecke des Erhalts einer Solidaritätsleistung zu vereinbaren. Eine solche Ausnahme berührt nicht die Verpflichtung des betreffenden Mitgliedstaats, anderen Mitgliedstaaten gemäß diesem Artikel Solidarität zu leisten.

(12) Die Kommission legt bis zum 1. Dezember 2017 nach Konsultation der Koordinierungsgruppe „Gas“ rechtlich nicht verbindliche Leitlinien für die wichtigsten Elemente der technischen, rechtlichen und finanziellen Regelungen, insbesondere zu der Frage, wie die in den Absätzen 8 und 10 beschriebenen Elemente in der Praxis anzuwenden sind, vor.

(13) Haben die Mitgliedstaaten bis zum 1. Oktober 2018 keine Einigung über die erforderlichen technischen, rechtlichen und finanziellen Regelungen erzielt, kann die Kommission nach Konsultation der betreffenden zuständigen Behörden einen Rahmen für solche Maßnahmen vorschlagen, in dem die notwendigen Grundsätze aufgeführt sind, damit sie zur Anwendung gelangen können, und der sich auf die in Absatz 12 genannten Leitlinien der Kommission stützt. Die Mitgliedstaaten schließen die Ausarbeitung ihrer Regelungen bis zum 1. Dezember 2018 unter weitestgehender Berücksichtigung des Vorschlags der Kommission ab.

(14) Gelingt es den Mitgliedstaaten nicht, eine Einigung über ihre technischen, rechtlichen und finanziellen Regelungen zu erzielen oder deren Ausarbeitung abzuschließen, so berührt das nicht die Anwendbarkeit dieses Artikels. In einem solchen Fall einigen sich die betreffenden Mitgliedstaaten auf die erforderlichen Ad-hoc-Maßnahmen, und der Mitgliedstaat, der ein Solidaritätsersuchen stellt, geht die Verpflichtung gemäß Absatz 3 Buchstabe d ein.

(15) Die Verpflichtungen aus den Absätzen 1 und 2 des vorliegenden Artikels gelten nicht mehr, sobald das Ende des Notfalls ausgerufen wird oder die Kommission gemäß Artikel 11 Absatz 8 Unterabsatz 1 zu dem Schluss gelangt, dass die Ausrufung des Notfalls nicht oder nicht mehr gerechtfertigt ist.

(16) Wenn der Union im Zusammenhang mit Maßnahmen, die die Mitgliedstaaten gemäß dem vorliegenden Artikel ergreifen müssen, Kosten aufgrund einer anderen Haftung als der für rechtswidrige Handlungen oder rechtswidriges Verhalten im Sinne von Artikel 340 Absatz 2 AEUV entstehen, werden ihr die Kosten von dem Mitgliedstaat, dem Solidarität gewährt wird, erstattet.

Artikel 14

Informationsaustausch

(1) Hat ein Mitgliedstaat eine der Krisenstufen gemäß Artikel 11 Absatz 1 ausgerufen, so stellen die betreffenden Erdgasunternehmen der zuständigen Behörde des betreffenden Mitgliedstaats täglich insbesondere die folgenden Informationen zur Verfügung:

a) tägliche Prognosen zu Gas-Nachfrage und Gas-Angebot für die folgenden drei Tage, beziffert in Millionen Kubikmetern pro Tag (Mio. m3/Tag);

b) tägliche Gasflüsse in Millionen Kubikmetern pro Tag (Mio. m3/Tag) an allen Grenze in- und -ausspeisepunkten sowie an allen Punkten, die eine Produktionsanlage, eine Speicheranlage oder ein LNG-Terminal mit dem Netz verbinden;

c) Zeitraum in Tagen, über den voraussichtlich die Gasversorgung der geschützten Kunden gesichert werden kann.

(2) Im Falle eines regionalen oder unionsweiten Notfalls kann die Kommission die in Absatz 1 genannte zuständige Behörde auffordern, ihr unverzüglich zumindest die folgenden Informationen zu übermitteln:

a) die Informationen gemäß Absatz 1;

b) Informationen zu den von der zuständigen Behörde zur Abschwächung des Notfalls geplanten und den bereits umgesetzten Maßnahmen sowie Informationen zu deren Wirksamkeit;

c) Aufforderungen an andere zuständige Behörden, zusätzliche Maßnahmen zu ergreifen;

d) Maßnahmen, die auf Aufforderung anderer zuständiger Behörden umgesetzt wurden.

(3) Nach einem Notfall übermittelt die in Absatz 1 genannte zuständige Behörde der Kommission so rasch wie möglich und spätestens sechs Wochen nach Aufhebung des Notfalls eine detaillierte Auswertung des Notfalls und der Wirksamkeit der ergriffenen Maßnahmen, einschließlich einer Bewertung der wirtschaftlichen Folgen des Notfalls, der Auswirkungen auf den Elektrizitätssektor und der von der Union und ihren Mitgliedstaaten geleisteten Hilfe oder erhaltenen Hilfe. Diese Bewertung wird der Koordinierungsgruppe „Gas" zur Verfügung gestellt und schlägt sich in den Aktualisierungen der Präventionspläne und der Notfallpläne nieder.

Die Kommission analysiert die Auswertungen der zuständigen Behörden und legt die Ergebnisse dieser Analyse den Mitgliedstaaten, dem Europäischen Parlament und der Koordinierungsgruppe „Gas" in aggregierter Form vor.

(4) Unter gebührend begründeten Umständen und unabhängig von der Ausrufung eines Notfalls kann die zuständige Behörde des am stärksten betroffenen Mitgliedstaats die Erdgasunternehmen auffordern, die in Absatz 1 genannten Informationen oder zusätzliche Informationen, die zur Beurteilung der Gesamtlage der Gasversorgung in dem betreffenden Mitgliedstaat oder in anderen Mitgliedstaaten erforderlich sind, bereitzustellen, einschließlich vertraglicher Informationen mit Ausnahme von Preisangaben. Die Kommission kann die zuständigen Behörden auffordern, die von Erdgasunternehmen gemäß diesem Absatz bereitgestellten Informationen an sie weiterzuleiten, sofern die betreffenden Informationen nicht bereits der Kommission übermittelt worden sind.

EU-VO

(5) Ist die Kommission der Auffassung, dass die Gasversorgung in der gesamten Union oder einem Teilgebiet der Union in einem Maß gefährdet ist oder wahrscheinlich gefährdet ist, das zur Ausrufung einer der Krisenstufen gemäß Artikel 11 Absatz 1 führen könnte, so kann sie die betreffenden zuständigen Behörden auffordern, die zur Beurteilung der Situation der Gasversorgung erforderlichen Informationen zu sammeln und ihr vorzulegen. Die Kommission unterrichtet die Koordinierungsgruppe „Gas" über ihre Beurteilung.

(6) Um den zuständigen Behörden und der Kommission die Beurteilung der Situation der Gasversorgungssicherheit auf nationaler, regionaler und Unionsebene zu ermöglichen, meldet jedes Erdgasunternehmen

a) der betreffenden zuständigen Behörde folgende Einzelheiten von Gaslieferverträgen mit grenzüberschreitender Dimension und einer Laufzeit von mehr als einem Jahr, die es zur Beschaffung von Gas geschlossen hat:

i) Laufzeit des Vertrags;

ii) vereinbarte Jahresmenge;

iii) im Falle einer Alarmstufe oder eines Notfalls die kontrahierte Tageshöchstmenge;

iv) vereinbarte Lieferpunkte;

v) die täglichen und monatlichen Mindestgasmengen;

vi) Bedingungen für die Aussetzung der Gaslieferungen.

vii) die Angabe, ob der Vertrag einzeln oder zusammen mit seinen Verträgen mit demselben Lieferanten oder mit mit ihm verbundenen Unternehmen den Schwellenwert von 28 % gemäß

Absatz 6 Buchstabe b in dem am stärksten betroffenen Mitgliedstaat erreicht oder überschreitet;

b) der zuständigen Behörde des am stärksten betroffenen Mitgliedstaats unmittelbar nach deren Abschluss oder Änderung seine Gaslieferverträge mit einer Laufzeit von mehr als einem Jahr, die am oder nach dem 1. November 2017 geschlossen oder geändert wurden und die einzeln oder zusammen mit seinen Verträgen mit demselben Lieferanten oder mit mit ihm verbundenen Unternehmen mindestens 28 % des jährlichen Gasverbrauchs in diesem Mitgliedstaat ausmachen, berechnet auf der Grundlage der neuesten verfügbaren Daten. Darüber hinaus melden die Erdgasunternehmen bis zum 2. November 2018 der zuständigen Behörde alle bestehenden Verträge, die dieselben Bedingungen erfüllen. Die Meldeverpflichtung betrifft nicht Preisangaben und gilt nicht für die Änderungen, die sich nur auf den Gaspreis beziehen. Die Meldeverpflichtung gilt auch für alle kommerziellen Vereinbarungen, die für die Durchführung des Gasliefervertrags relevant sind, mit Ausnahme von Preisangaben.

Die zuständige Behörde meldet der Kommission die in Unterabsatz 1 Buchstabe a genannten Angaben in anonymisierter Form. Werden neue Verträge geschlossen oder bestehende Verträge geändert, so wird der gesamte Datensatz bis Ende September des betreffenden Jahres übermittelt. Hat die zuständige Behörde Zweifel, ob ein bestimmter Vertrag, der ihr gemäß Unterabsatz 1 Buchstabe b gemeldet wurde, ein Risiko für die Sicherheit der Gasversorgung eines Mitgliedstaats oder einer Region darstellt, so notifiziert sie diesen Vertrag der Kommission.

(7) Wenn das durch die Notwendigkeit, die Transparenz entscheidender, für die Gasversorgungssicherheit relevanter Gaslieferverträge zu gewährleisten, gebührend begründet ist und wenn die zuständige Behörde des am stärksten betroffenen Mitgliedstaats oder die Kommission der Auffassung ist, dass ein Gasliefervertrag die Gasversorgungssicherheit eines Mitgliedstaats, einer Region oder der Union gefährden könnte, kann die zuständige Behörde des Mitgliedstaats oder die Kommission das Erdgasunternehmen auffordern, den Vertrag — ausgenommen Preisangaben — zur Beurteilung seiner Auswirkungen auf die Gasversorgungssicherheit vorzulegen. Die Aufforderung ist zu begründen und kann sich auch auf Einzelheiten sonstiger kommerzieller Vereinbarungen erstrecken, die für die Durchführung des Gasliefervertrags relevant sind, mit Ausnahme von Preisangaben. In der Begründung ist auch auf die Verhältnismäßigkeit des damit verbundenen Verwaltungsaufwands einzugehen.

(8) Die zuständigen Behörden, die Informationen auf der Grundlage von Absatz 6 Buchstabe b oder Absatz 7 des vorliegenden Artikels erhalten, bewerten diese Informationen im Hinblick auf die Gasversorgungssicherheit innerhalb von drei Monaten und teilen die Bewertungsergebnisse der Kommission mit.

(9) Die zuständige Behörde berücksichtigt die aufgrund des vorliegenden Artikels erhaltenen Informationen bei der Erstellung der Risikobewertung, des Präventionsplans und des Notfallplans oder ihrer jeweiligen Aktualisierungen. Die Kommission kann eine Stellungnahme abgeben, in der sie der zuständigen Behörde vorschlägt, die Risikobewertungen oder Pläne entsprechend den Informationen zu ändern, die aufgrund des vorliegenden Artikels eingegangen sind. Die betreffende zuständige Behörde überprüft die Risikobewertung und die Pläne, die Gegenstand der Aufforderung sind, nach dem Verfahren des Artikels 8 Absatz 9.

(10) Die Mitgliedstaaten legen bis zum 2. Mai 2019 Vorschriften über Sanktionen für Verstöße von Erdgasunternehmen gegen die Absätze 6 oder 7 fest und ergreifen alle zu ihrer Anwendung erforderlichen Maßnahmen. Die Sanktionen müssen wirksam, verhältnismäßig und abschreckend sein.

(11) Im Sinne dieses Artikels bezeichnet der Ausdruck „der am stärksten betroffene Mitgliedstaat“ einen Mitgliedstaat, in dem eine Vertragspartei eines bestimmten Vertrags ihr Gas überwiegend absetzt oder die meisten Kunden hat.

(12) Alle Verträge oder vertraglichen Informationen, die gemäß Absatz 6 oder 7 empfangen wurden, und die entsprechenden Bewertungen durch die zuständigen Behörden oder die Kommission bleiben vertraulich. Die zuständigen Behörden und die Kommission gewährleisten die uneingeschränkte Vertraulichkeit.

Artikel 15
Berufsgeheimnis

(1) Wirtschaftlich sensible Informationen, die gemäß Artikel 14 Absätze 4, 5, 6, 7 und 8 und Artikel 18 empfangen, ausgetauscht oder übermittelt werden, sind vertraulich zu behandeln und unterliegen den Bestimmungen dieses Artikels über die Wahrung des Berufsgeheimnisses; hiervon ausgenommen sind die Ergebnisse der in Artikel 14 Absätze 3 und 5 genannten Bewertung.

(2) Zur Wahrung des Berufsgeheimnisses verpflichtet sind folgende Personen, die vertrauliche Informationen aufgrund dieser Verordnung erhalten:

a) Personen, die für die Kommission tätig sind oder waren,

b) von der Kommission beauftragte Prüfer und Sachverständige,

c) Personen, die für die zuständigen Behörden und die nationalen Regulierungsbehörden oder für sonstige einschlägige Behörden tätig sind oder waren,

d) von zuständigen Behörden und nationalen Regulierungsbehörden oder sonstigen einschlägigen

Behörden beauftragte Prüfer und Sachverständige.

(3) Unbeschadet der Fälle, die unter das Strafrecht, andere Bestimmungen dieser Verordnung oder andere einschlägige Unionsvorschriften fallen, dürfen vertrauliche Informationen, die die in Absatz 2 genannten Personen im Rahmen der Erfüllung ihrer Pflichten erhalten, an keine andere Person oder Behörde weitergeben werden, es sei denn in zusammengefasster oder aggregierter Form, sodass die einzelnen Marktteilnehmer oder Märkte nicht zu erkennen sind

(4) Unbeschadet der unter das Strafrecht fallenden Fälle dürfen die Kommission, die zuständigen Behörden, die nationale Regulierungsbehörden, Stellen und Personen vertrauliche Informationen, die sie aufgrund dieser Verordnung erhalten, nur zur Wahrnehmung ihrer Aufgaben und zur Ausübung ihrer Funktionen verwenden. Andere Behörden, Stellen oder Personen können diese Informationen zu dem Zweck, zu dem sie ihnen übermittelt wurden, oder im Rahmen von speziell mit der Wahrnehmung ihrer Aufgaben zusammenhängenden Verwaltungs- und Gerichtsverfahren verwenden.

Artikel 16[a)]

Zusammenarbeit mit den Vertragsparteien der Energiegemeinschaft

(1) Wenn die Mitgliedstaaten und die Vertragsparteien der Energiegemeinschaft bei der Erstellung von Risikobewertungen und von Präventions- und Notfallplänen zusammenarbeiten, kann sich diese Zusammenarbeit insbesondere auf die Ermittlung der Wechselwirkungen und -beziehungen zwischen Risiken sowie auf Konsultationen zur Gewährleistung der grenzübergreifenden Kohärenz der Präventions- und Notfallpläne erstrecken.

(2) In Bezug auf Absatz 1 können die Vertragsparteien der Energiegemeinschaft auf Einladung der Kommission in der Koordinierungsgruppe „Gas" an der Erörterung aller Frage von gemeinsamem Interesse teilnehmen.

(3) Die Mitgliedstaaten stellen die Erfüllung ihrer Speicherverpflichtungen gemäß dieser Verordnung sicher, indem sie Speicheranlagen in der Union nutzen. Die Zusammenarbeit zwischen den Mitgliedstaaten und den Vertragsparteien der Energiegemeinschaft kann jedoch freiwillige Vereinbarungen über die Nutzung der von den Vertragsparteien der Energiegemeinschaft bereitgestellten Speicherkapazitäten zur Speicherung zusätzlicher Gasmengen für die Mitgliedstaaten umfassen.

---

a) Artikel 16 Absatz 3 gilt bis zum 31. Dezember 2025.

Artikel 17

Überwachung durch die Kommission

Die Kommission überwacht fortlaufend die Maßnahmen zur Gasversorgungssicherheit und erstattet der Koordinierungsgruppe „Gas" regelmäßig Bericht.

Auf der Grundlage der in Artikel 8 Absatz 7 genannten Bewertungen zieht die Kommission bis zum 1. September 2023 Schlussfolgerungen zu möglichen Mitteln zur Verbesserung der Gasversorgungssicherheit auf Unionsebene und legt dem Europäischen Parlament und dem Rat einen Bericht über die Anwendung dieser Verordnung vor, der erforderlichenfalls auch Gesetzgebungsvorschläge zur Änderung dieser Verordnung enthält.

Artikel 17a[a)]

Berichterstattung der Kommission

(1) Bis zum 28. Februar 2023 und danach jährlich legt die Kommission dem Europäischen Parlament und dem Rat Berichte vor, die Folgendes enthalten:

a) einen Überblick über die von den Mitgliedstaaten zur Erfüllung der Speicherverpflichtungen ergriffenen Maßnahmen,

b) einen Überblick über die Zeit, die für das in Artikel 3a der Verordnung (EG) Nr. 715/2009 festgelegte Zertifizierungsverfahren benötigt wird,

c) einen Überblick über von der Kommission geforderten Maßnahmen, um die Einhaltung der Befüllungspfade und der Befüllungsziele sicherzustellen,

d) eine Analyse der potenziellen Auswirkungen der vorliegenden Verordnung auf die Gaspreise und potenzielle Gaseinsparungen in Bezug auf Artikel 6b Absatz 4.

---

a) Gilt bis zum 31. Dezember 2025.

Artikel 18

Notifizierungen

Die Risikobewertung, die Präventionspläne, die Notfallpläne sowie alle anderen Dokumente werden der Kommission elektronisch über die CIRCABC-Plattform notifiziert.

Der gesamte Schriftwechsel in Verbindung mit einer Notifizierung wird elektronisch übermittelt.

Artikel 18a[a)]

Ausschussverfahren

(1) Die Kommission wird von einem Ausschuss unterstützt. Dieser Ausschuss ist ein Ausschuss im Sinne der Verordnung (EU) Nr. 182/2011 des Europäischen Parlaments und des Rates ([5]).

(2) Wird auf diesen Absatz Bezug genommen, so gilt Artikel 5 der Verordnung (EU) Nr. 182/2011.

---

a) Gilt bis zum 31. Dezember 2025.

5 Verordnung (EU) Nr. 182/2011 des Europäischen Parlaments und des Rates vom 16. Februar 2011 zur Festlegung der allgemeinen Regeln und Grundsätze, nach denen die Mitgliedstaaten die Wahrnehmung der Durchführungsbefugnisse durch die Kommission kontrollieren (ABl. L 55 vom 28.2.2011, S. 13).

EU-VO

Artikel 19
Ausübung der Befugnisübertragung

(1) Die Befugnis zum Erlass delegierter Rechtsakte wird der Kommission unter den in diesem Artikel festgelegten Bedingungen übertragen.

(2) Die Befugnis zum Erlass delegierter Rechtsakte gemäß Artikel 3 Absatz 8, Artikel 7 Absatz 5 und Artikel 8 Absatz 5 wird der Kommission für einen Zeitraum von fünf Jahren ab dem 1. November 2017 übertragen. Die Kommission erstellt spätestens neun Monate vor Ablauf dieses Zeitraums von fünf Jahren einen Bericht über die Befugnisübertragung. Die Befugnisübertragung verlängert sich stillschweigend um Zeiträume gleicher Länge, es sei denn, das Europäische Parlament oder der Rat widersprechen einer solchen Verlängerung spätestens drei Monate vor Ablauf des jeweiligen Zeitraums.

(3) Die Befugnisübertragung gemäß Artikel 3 Absatz 8, Artikel 7 Absatz 5 und Artikel 8 Absatz 5 kann vom Europäischen Parlament oder vom Rat jederzeit widerrufen werden. Der Beschluss über den Widerruf beendet die Übertragung der in diesem Beschluss angegebenen Befugnis. Er wird am Tag nach seiner Veröffentlichung im *Amtsblatt der Europäischen Union* oder zu einem im Beschluss über den Widerruf angegebenen späteren Zeitpunkt wirksam. Die Gültigkeit von delegierten Rechtsakten, die bereits in Kraft sind, wird von dem Beschluss über den Widerruf nicht berührt.

(4) Vor dem Erlass eines delegierten Rechtsakts konsultiert die Kommission die von den einzelnen Mitgliedstaaten benannten Sachverständigen, nach den in der Interinstitutionellen Vereinbarung vom 13. April 2016 über bessere Rechtsetzung enthaltenen Grundsätzen.

(5) Sobald die Kommission einen delegierten Rechtsakt erlässt, übermittelt sie ihn gleichzeitig dem Europäischen Parlament und dem Rat.

(6) Ein delegierter Rechtsakt, der gemäß Artikel 3 Absatz 8, Artikel 7 Absatz 5 und Artikel 8 Absatz 5 erlassen wurde, tritt nur in Kraft, wenn weder das Europäische Parlament noch der Rat innerhalb einer Frist von zwei Monaten nach Übermittlung dieses Rechtsakts an das Europäische Parlament und den Rat Einwände erhoben haben oder wenn vor Ablauf dieser Frist das Europäische Parlament und der Rat beide der Kommission mitgeteilt haben, dass sie keine Einwände erheben werden. Auf Initiative des Europäischen Parlaments oder des Rates wird diese Frist um zwei Monate verlängert.

Artikel 20[a]
Ausnahmen

(1) Diese Verordnung gilt nicht für Malta und Zypern, solange in ihrem jeweiligen Staatsgebiet keine Erdgasversorgung besteht. Malta und Zypern müssen innerhalb der nachfolgend genannten Fristen, berechnet ab dem Zeitpunkt der erstmaligen Lieferung von Erdgas in ihrem jeweiligen Staatsgebiet, die in den folgenden Bestimmungen festgelegten Verpflichtungen erfüllen bzw. die diesen Mitgliedstaaten danach zustehenden Wahlmöglichkeiten treffen:

a) Artikel 2 Nummer 5, Artikel 3 Absatz 2, Artikel 7 Absatz 5 und Artikel 14 Absatz 6 Buchstabe a: 12 Monate,

b) Artikel 6 Absatz 1: 18 Monate,

c) Artikel 8 Absatz 7: 24 Monate,

d) Artikel 5Absatz 4: 36 Monate,

e) Artikel 5 Absatz 1: 48 Monate.

Zur Erfüllung ihrer Verpflichtung nach Artikel 5 Absatz 1 können Malta und Zypern die in Artikel 5 Absatz 2 aufgeführten Bestimmungen anwenden, einschließlich durch nicht-marktbasierte nachfrageseitige Maßnahmen.

(2) Verpflichtungen im Zusammenhang mit der Arbeit der Risikogruppen gemäß den Artikeln 7 und 8 für die Risikogruppen „Südlicher Gaskorridor" und „Östliches Mittelmeer" gelten ab dem Tag der Aufnahme des Testbetriebs der bedeutenden Infrastruktur/Fernleitung.

(3) Solange Schweden ausschließlich über Verbindungsleitungen aus Dänemark Zugang zu Gas hat, ausschließlich von Dänemark Gas bezieht und nur Dänemark in der Lage ist, Schweden Solidarität zu leisten, werden Dänemark und Schweden von der Verpflichtung gemäß Artikel 13 Absatz 10 befreit, technische, rechtliche und finanzielle Regelungen zu schließen, in deren Rahmen Schweden Dänemark Solidarität leistet. Das berührt nicht die Verpflichtung Dänemarks, Solidarität zu leisten und zu diesem Zweck die erforderlichen technischen, rechtlichen und finanziellen Regelungen gemäß Artikel 13 zu schließen.

(4) Artikel 6a bis 6d gelten nicht für Irland, Zypern und Malta, solange sie nicht direkt mit dem Gasverbundnetz eines anderen Mitgliedstaats verbunden sind.

---

[a] Artikel 20 Absatz 4 gilt bis zum 31. Dezember 2025.

Artikel 21
Aufhebung

Die Verordnung (EU) Nr. 994/2010 wird aufgehoben.

Bezugnahmen auf die aufgehobene Verordnung gelten als Bezugnahmen auf die vorliegende Verordnung und sind nach Maßgabe der Entsprechungstabelle in Anhang IX zu lesen.

Artikel 22
Inkrafttreten

Diese Verordnung tritt am vierten Tag nach ihrer Veröffentlichung im *Amtsblatt der Europäischen Union* in Kraft.

Sie gilt ab dem 1. November 2017.

Artikel 13 Absätze 1 bis 6, Artikel 13 Absatz 8 Unterabsätze 1 und 2 und Artikel 13 Absätze 14 und 15 gelten jedoch ab dem 1. Dezember 2018.

Artikel 2 Nummern 27 bis 31, Artikel 6a bis 6d, Artikel 16 Absatz 3, Artikel 17a, Artikel 18a, Artikel 20 Absatz 4, Anhänge Ia und Anhang Ib gelten bis zum 31. Dezember 2025.

Diese Verordnung ist in allen ihren Teilen verbindlich und gilt unmittelbar in jedem Mitgliedstaat.

ANHANG I

Regionale Zusammenarbeit

Die von Mitgliedstaaten gebildeten Risikogruppen, auf die sich die risikobezogene Zusammenarbeit gemäß Artikel 3 Absatz 7 stützt, gestalten sich wie folgt:

1. Risikogruppen „Gasversorgung Ost"

a) Ukraine: Bulgarien, Tschechien, Dänemark, Deutschland, Griechenland, Kroatien, Italien, Luxemburg, Ungarn, Österreich, Polen, Rumänien, Slowenien, Slowakei und Schweden;

b) Belarus: Belgien, Tschechien, Dänemark, Deutschland, Estland, Lettland, Litauen, Luxemburg, Niederlande, Polen, Slowakei, Finnland und Schweden;

c) Ostsee: Belgien, Tschechien, Dänemark, Deutschland, Frankreich, Luxemburg, Niederlande, Österreich, Slowakei und Schweden;

d) Nordost: Tschechien, Dänemark, Deutschland, Estland, Lettland, Litauen, Polen, Slowakei, Finnland und Schweden;

e) Transbalkan: Bulgarien, Griechenland, Ungarn und Rumänien.

2. Risikogruppen „Gasversorgung Nordsee"

a) Norwegen: Belgien, Dänemark, Deutschland, Irland, Spanien, Frankreich, Italien, Luxemburg, Niederlande, Polen, Portugal und Schweden;

b) Niederkalorisches Gas: Belgien, Deutschland, Frankreich und Niederlande;

c) Dänemark: Dänemark, Deutschland, Luxemburg, Niederlande, Polen und Schweden;

d) Vereinigtes Königreich: Belgien, Deutschland, Irland, Luxemburg und Niederlande.

3. Risikogruppen „Gasversorgung Nordafrika"

a) Algerien: Griechenland, Spanien, Frankreich, Kroatien, Italien, Malta, Österreich, Portugal und Slowenien;

b) Libyen: Kroatien, Italien, Malta, Österreich und Slowenien.

4. Risikogruppen „Gasversorgung Südost"

a) Südlicher Gaskorridor — Kaspisches Meer: Bulgarien, Griechenland, Kroatien, Italien, Ungarn, Malta, Österreich, Rumänien, Slowenien und Slowakei;

b) Östliches Mittelmeer: Griechenland, Italien, Zypern und Malta.

ANHANG Ia[a)] ([6])

Befüllungspfad mit Zwischenzielen und Befüllungsziel für 2022 für Mitgliedstaaten mit unterirdischen Gasspeicheranlagen

Mitgliedstaat	Zwischenziel 1. August	Zwischenziel 1. September	Zwischenziel 1. Oktober	Befüllungsziel 1. November
AT	49 %	60 %	70 %	80 %
BE	49 %	62 %	75 %	80 %
BG	49 %	61 %	75 %	80 %
CZ	60 %	67 %	74 %	80 %
DE	45 %	53 %	80 %	80 %
DK	61 %	68 %	74 %	80 %
ES	71 %	74 %	77 %	80 %
FR	52 %	65 %	72 %	80 %
HR	49 %	60 %	70 %	80 %
HU	51 %	60 %	70 %	80 %
IT	58 %	66 %	73 %	80 %
LV	57 %	65 %	72 %	80 %
NL	54 %	62 %	71 %	80 %
PL	80 %	80 %	80 %	80 %
PT	72 %	75 %	77 %	80 %
RO	46 %	57 %	66 %	80 %
SE	40 %	53 %	67 %	80 %
SK	49 %	60 %	70 %	80 %

[a)] Anhang Ia gilt bis zum 31. Dezember 2025.

[6] Dieser Anhang unterliegt den anteiligen Verpflichtungen der einzelnen Mitgliedstaaten im Rahmen dieser Verordnung, insbesondere den Artikeln 6a, 6b und 6c.

ANHANG Ib[a)]

Gemeinsame Verantwortung für das Befüllungsziel und den Befüllungspfad

Hinsichtlich des Befüllungsziels und des Befüllungspfades gemäß Artikel 6a teilen sich die Bundesrepublik Deutschland und die Republik Österreich die Verantwortung für die Speicheranlagen Haidach und 7Fields. Das genaue Verhältnis und der Umfang dieser Verantwortung der Bundesrepublik Deutschland und der Republik Österreich ist Gegenstand eines bilateralen Abkommens zwischen diesen Mitgliedstaaten.

[a)] Anhang Ib gilt bis zum 31. Dezember 2025.

EU-VO

ANHANG II

Berechnung der N – 1-Formel

1. *Definition der N – 1-Formel*

Mit der N – 1-Formel wird die Fähigkeit der technischen Kapazität einer Gasinfrastruktur zur Deckung der gesamten Gasnachfrage in einem berechneten Gebiet bei Ausfall der größten einzelnen Gasinfrastruktur während eines Tages mit außergewöhnlich hoher Gasnachfrage beschrieben, wie sie mit statistischer Wahrscheinlichkeit einmal in 20 Jahren auftritt.

Die Gasinfrastruktur umfasst das Gasfernleitungsnetz, einschließlich Verbindungsleitungen, und die mit dem berechneten Gebiet verbundenen Produktionsanlagen, LNG-Anlagen und Speicher.

Die technische Kapazität der gesamten übrigen Gasinfrastruktur muss bei Ausfall der größten einzelnen Gasinfrastruktur mindestens der gesamten täglichen Nachfrage des berechneten Gebiets nach Gas für die Dauer von einem Tag mit außergewöhnlich hoher Nachfrage, wie sie mit statistischer Wahrscheinlichkeit einmal in 20 Jahren auftritt, entsprechen.

Die wie folgt berechneten Ergebnisse der N – 1-Formel müssen mindestens 100 % betragen.

2. *Methode zur Berechnung der N – 1-Formel*

$$N - 1\,[\%] = \frac{EP_m + P_m + S_m + LNG_m - I_m}{D_{max}} \times 100 \text{ , N – 1}$$

$\geq$ 100 %

Die für die Berechnung verwendeten Parameter sind eindeutig zu beschreiben und zu begründen.

Für die Berechnung von EP_m ist eine detaillierte Liste der Einspeisepunkte und ihrer jeweiligen Kapazität zur Verfügung zu stellen.

3. *Definitionen der Parameter der N – 1-Formel*

„Berechnetes Gebiet“ bezeichnet ein geografisches Gebiet, für das die N – 1-Formel berechnet wird, so wie es von der zuständigen Behörde festgelegt wird.

Definition auf der Nachfrageseite

„D_{max}“ bezeichnet die gesamte tägliche Gasnachfrage (Mio. m3/Tag) in dem berechneten Gebiet während eines Tages mit außergewöhnlich hoher Nachfrage, wie sie mit statistischer Wahrscheinlichkeit einmal in 20 Jahren auftritt.

Definitionen auf der Angebotsseite

„EP_m“ : Technische Kapazität von Einspeisepunkten (Mio. m3/Tag), außer von Produktionsanlagen, LNG-Anlagen und Speichern gemäß P_m, LNG_m und S_m — bezeichnet die Summe der technischen Kapazitäten sämtlicher Grenzeinspeisepunkte, die geeignet sind, das berechnete Gebiet mit Gas zu versorgen.

„P_m“ : Maximale technische Produktionskapazität (Mio. m3/Tag) — bezeichnet die Summe der größtmöglichen technischen Tagesproduktionskapazität sämtlicher Gasproduktionsanlagen, die an die Einspeisepunkte für das berechnete Gebiet geliefert werden kann.

„S_m“ : Maximale technische Ausspeisekapazitäten (Mio. m3/Tag) — bezeichnet die Summe der maximalen technischen Tagesentnahmekapazitäten sämtlicher Speicheranlagen, die an die Einspeisepunkte für das berechnete Gebiet geliefert werden kann, unter Berücksichtigung ihrer physikalischen Merkmale.

„LNG_m“ : Maximale technische Kapazität der LNG-Anlagen (Mio. m3/Tag) — bezeichnet die Summe der größtmöglichen Tagesausspeisungskapazitäten aller LNG-Anlagen in dem berechneten Gebiet unter Berücksichtigung von kritischen Faktoren wie Entladung, Hilfsdienste, vorübergehende Speicherung und Regasifizierung von LNG sowie technische Kapazität zur Ausspeisung in das Netz.

„I_m“ : Bezeichnet die technische Kapazität der größten einzelnen Gasinfrastruktur (Mio. m3/Tag) mit der größten Kapazität zur Versorgung des berechneten Gebiets. Wenn verschiedene Gasinfrastrukturen an eine gemeinsame vor- oder nachgelagerte Gasinfrastruktur angeschlossen sind und nicht getrennt betrieben werden können, sind sie insgesamt als eine einzelne Gasinfrastruktur zu betrachten.

4. *Berechnung der N – 1-Formel unter Verwendung nachfrageseitiger Maßnahmen*

$$N - 1\,[\%] = \frac{EP_m + P_m + S_m + LNG_m - I_m}{D_{max} - D_{eff}} \times 100 \text{ , N – 1}$$

$\geq$ 100 %

Definition auf der Nachfrageseite

„D_{eff}“ bezeichnet den Anteil (Mio. m3/Tag) von D_{max}, der im Falle einer Störung der Gasversorgung durch angemessene marktbasierte nachfrageseitige Maßnahmen gemäß Artikel 9 Absatz 1 Buchstabe c und Artikel 5 Absatz 2 hinreichend und rasch gedeckt werden kann.

5. *Berechnung der N – 1-Formel auf regionaler Ebene*

Das in Nummer 3 genannte „berechnete Gebiet“ ist gegebenenfalls auf die adäquate regionale Ebene auszudehnen, so wie es die zuständigen Behörden der betreffenden Mitgliedstaaten festgelegt haben. Die Berechnung kann ebenfalls auf die regionale Ebene der Risikogruppe ausgedehnt werden, wenn das mit den zuständigen Behörden der Risikogruppe vereinbart worden ist. Für die Berechnung der N – 1-Formel auf regionaler Ebene wird die größte einzelne Gasinfrastruktur von gemeinsamem Interesse zugrunde gelegt. Die größte einzelne Gasinfrastruktur von gemeinsamem Interesse für eine Region ist die größte Gasinfrastruktur der Region, die direkt oder indirekt zur Gasversorgung der Mitgliedstaaten dieser Region beiträgt, und wird in der Risikobewertung festgelegt.

Die N – 1-Berechnung auf regionaler Ebene kann die N – 1-Berechnung auf nationaler Ebene nur dann ersetzen, wenn die größte einzelne Gasinfrastruktur von gemeinsamem Interesse von erheblicher Bedeutung für die Gasversorgung aller betroffenen Mitgliedstaaten gemäß der gemeinsam erstellten Risikobewertung ist.

Auf Ebene der Risikogruppe wird für die Berechnungen gemäß Artikel 7 Absatz 4 die größte einzelne Gasinfrastruktur von gemeinsamem Interesse für die in Anhang I aufgeführten Risikogruppen zugrunde gelegt.

ANHANG III

Permanente bidirektionale Kapazitäten

1. Für die Durchführung der Bestimmungen dieses Anhangs kann die nationale Regulierungsbehörde als zuständige Behörde handeln, wenn der Mitgliedstaat es beschließt.

2. Um die bidirektionalen Kapazitäten einer Verbindungsleitung zu schaffen oder auszubauen oder um eine Ausnahme von dieser Verpflichtung zu erhalten oder zu verlängern, übermitteln die Fernleitungsnetzbetreiber auf beiden Seiten der Verbindungsleitung ihren zuständigen Behörden („betreffende zuständige Behörden") und ihren zuständigen Regulierungsbehörden („betreffende zuständige Regulierungsbehörden") nach Konsultation aller potenziell betroffenen Fernleitungsnetzbetreiber Folgendes:

a) einen Vorschlag zur Schaffung permanenter physischer Kapazitäten für den Gastransport in beide Richtungen für permanente bidirektionale Kapazitäten in Bezug auf die entgegengesetzte Flussrichtung („physische Kapazitäten für den Umkehrfluss") oder

b) ein Ersuchen um eine Ausnahme von der Verpflichtung zur Schaffung von bidirektionalen Kapazitäten.

Die Fernleitungsnetzbetreiber bemühen sich, einen gemeinsamen Vorschlag oder ein gemeinsames Ersuchen um eine Ausnahme vorzulegen. Handelt es sich um einen Vorschlag zur Schaffung von bidirektionalen Kapazitäten, so können die Fernleitungsnetzbetreiber einen fundierten Vorschlag für die grenzüberschreitende Kostenaufteilung unterbreiten. Diese Übermittlung erfolgt für alle am 1. November 2017 bestehenden Verbindungsleitungen spätestens am 1. Dezember 2018 und für neue Verbindungsleitungen nach Abschluss der Durchführbarkeitsstudie, jedoch vor Beginn der detaillierten technischen Entwurfsphase.

3. Nach Eingang des Vorschlags oder Ersuchens um eine Ausnahme konsultieren die betreffenden zuständigen Behörden unverzüglich die zuständigen Behörden des Mitgliedstaats, dem die Kapazitäten für den Umkehrfluss entsprechend der Risikobewertung zugutekommen könnten, die nationalen Regulierungsbehörden dieser Mitgliedstaaten, sofern es sich nicht um die zuständigen Behörden handelt, die Agentur und die Kommission zu dem Vorschlag oder dem Ersuchen um eine Ausnahme. Die konsultierten Behörden können innerhalb von vier Monaten nach Eingang des Konsultationsersuchens eine Stellungnahme abgeben.

4. Die betroffenen Regulierungsbehörden treffen innerhalb von sechs Monaten nach Eingang des gemeinsamen Vorschlags gemäß Artikel 5 Absatz 6 und Absatz 7 und nach Anhörung der betreffenden Vorhabenträger koordinierte Entscheidungen über die grenzüberschreitende Aufteilung der von jedem Netzbetreiber für das jeweilige Vorhaben zu tragenden Investitionskosten. Können die betreffenden Regulierungsbehörden keine Einigung innerhalb dieser Frist erzielen, so setzen sie die betreffenden zuständigen Behörden unverzüglich darüber in Kenntnis.

5. Die betreffenden zuständigen Behörden treffen auf der Grundlage der Risikobewertung, der in Artikel 5 Absatz 5 dieser Verordnung angeführten Informationen, der im Anschluss an die Konsultation gemäß Nummer 3 dieses Anhangs eingegangenen Stellungnahmen und unter Berücksichtigung der Sicherheit der Gasversorgung und des Beitrags zum Gasbinnenmarkt eine koordinierte Entscheidung. Diese koordinierte Entscheidung ist innerhalb von zwei Monaten zu treffen. Die Frist von zwei Monaten beginnt nach Ablauf der Frist von vier Monaten für die Abgabe von Stellungnahmen gemäß Nummer 3 des vorliegenden Anhangs zu laufen, es sei denn, alle Stellungnahmen sind vor Fristablauf eingegangen, oder sie beginnt nach Ablauf der Frist von sechs Monaten gemäß Nummer 4 des vorliegenden Anhangs für die betroffenen Regulierungsbehörden für die Annahme eine koordinierten Entscheidung. Mit der koordinierten Entscheidung wird

a) der Vorschlag zu den bidirektionalen Kapazitäten angenommen. Eine solche Entscheidung enthält eine Kosten-Nutzen-Analyse sowie einen Zeitplan für die Umsetzung und Regelungen für die spätere Nutzung; zudem ist ihr die koordinierte Entscheidung über die in Nummer 4 genannte grenzüberschreitende Kostenaufteilung beizufügen, die von den betroffenen Regulierungsbehörden ausgearbeitet wird;

b) wird eine befristete Ausnahme für einen Zeitraum von maximal vier Jahren gewährt oder verlängert, wenn aus der in der Entscheidung enthaltenen Kosten-Nutzen-Analyse hervorgeht, dass durch die Kapazitäten für den Umkehrfluss in keinem betroffenen Mitgliedstaat die Gasversorgungssicherheit verbessert würde oder wenn die Kosten der Investition den zu erwartenden Nutzen für die Gasversorgungssicherheit deutlich überwiegen würden; oder

c) es wird von den Fernleitungsnetzbetreibern verlangt, ihren Vorschlag innerhalb von höchstens vier Monaten zu überarbeiten und erneut vorzulegen.

6. Die betreffenden zuständigen Behörden übermitteln die koordinierte Entscheidung einschließlich der im Anschluss an die Konsultation gemäß Nummer 3 eingegangenen Stellungnahmen unverzüglich den zuständigen Behörden und nationalen Regulierungsbehörden, die eine Stellungnahme gemäß Nummer 3 abgegeben haben, den betreffenden Regulierungsbehörden, der Agentur und der Kommission.

7. Innerhalb von zwei Monaten nach Eingang der koordinierten Entscheidung können die in Nummer 6 genannten zuständigen Behörden ihre Einwände gegen die koordinierte Entscheidung geltend machen und sie den betreffenden zuständigen Behörden, die die Entscheidung getroffen haben, der Agentur und der Kommission übermitteln. Die Einwände sind auf Tatsachen und auf eine Bewertung zu beschränken, insbesondere auf eine grenzüberschreitende Kostenaufteilung, die nicht Gegenstand der Konsultation gemäß Nummer 3 war.

8. Innerhalb von drei Monaten nach Eingang der koordinierten Entscheidung gemäß Nummer 6 gibt die Agentur eine Stellungnahme zu den Aspekten der koordinierten Entscheidung unter Berücksichtigung etwaiger Einwände ab und übermittelt die Stellungnahme allen betreffenden zuständigen Behörden sowie den in Nummer 6 genannten zuständigen Behörden sowie der Kommission.

9. Innerhalb von vier Monaten nach Eingang der Stellungnahme der Agentur gemäß Nummer 8 kann die Kommission einen Beschluss erlassen, in dem Änderungen der koordinierten Entscheidung gefordert werden. Jeder derartige Beschluss der Kommission stützt sich auf die Kriterien der Nummer 5, die Gründe für die Entscheidung der betreffenden Behörden und die Stellungnahme der Agentur. Die betreffenden zuständigen Behörden leisten der Aufforderung der Kommission Folge, indem sie ihre Entscheidung innerhalb von vier Wochen ändern.

Wird die Kommission nicht innerhalb der genannten Viermonatsfrist tätig, so wird davon ausgegangen, dass sie keine Einwände gegen die Entscheidung der betreffenden zuständigen Behörden hat.

10. Gelingt es den betroffenen zuständigen Behörden nicht, eine koordinierte Entscheidung innerhalb der in Nummer 5 genannten Frist zu erlassen, oder gelingt es den betroffenen Regulierungsbehörden nicht, innerhalb der in Nummer 4 genannten Frist Einvernehmen über die Kostenaufteilung zu erzielen, so unterrichten die betreffenden zuständigen Behörden die Agentur und die Kommission darüber spätestens am Tag des Ablaufs der Frist. Innerhalb von vier Monaten nach Eingang dieser Informationen erlässt die Kommission — gegebenenfalls nach Konsultation der Agentur — einen Beschluss, der alle Elemente der koordinierten Entscheidung gemäß Nummer 5 mit Ausnahme der grenzüberschreitenden Kostenaufteilung einbezieht, und übermittelt diesen Beschluss den betreffenden zuständigen Behörden und der Agentur.

11. Schreibt der Kommissionsbeschluss gemäß Nummer 10 dieses Anhangs bidirektionale Kapazitäten vor, so trifft die Agentur innerhalb von drei Monaten nach Eingang des Beschlusses der Kommission eine Entscheidung über die grenzüberschreitende Kostenaufteilung gemäß Artikel 5 Absatz 7 dieser Verordnung. Vor einer solchen Entscheidung hört die Agentur die betreffenden Regulierungsbehörden und die Fernleitungsnetzbetreiber an. Die Frist von drei Monaten kann um weitere zwei Monate verlängert werden, wenn die Agentur zusätzliche Informationen anfordern muss. Diese zusätzliche Frist beginnt am Tag nach dem Eingang der vollständigen Informationen.

12. Die Kommission, die Agentur, die zuständigen Behörden, die nationalen Regulierungsbehörden und die Fernleitungsnetzbetreiber behandeln wirtschaftlich sensible Informationen vertraulich.

13. Ausnahmen von der Verpflichtung zur Schaffung von bidirektionalen Kapazitäten, die gemäß der Verordnung (EU) Nr. 994/2010 erteilt wurden, bleiben gültig, es sei denn, die Kommission oder der andere betroffene Mitgliedstaat beantragt eine Überprüfung der betreffenden Ausnahme, oder ihre Geltungsdauer läuft ab.

ANHANG VIII

Liste nicht-marktbasierter Maßnahmen zur Gewährleistung der sicheren Gasversorgung

Bei der Erstellung des Präventions- und des Notfallplans erwägt die zuständige Behörde die Anwendung von Maßnahmen, die in der folgenden nicht erschöpfenden Liste enthalten sind, ausschließlich im Notfall:

a) Maßnahmen auf der Angebotsseite:

— Rückgriff auf strategische Gasvorräte,

— Anordnung der Nutzung der Speicherbestände alternativer Brennstoffe (z. B. gemäß der Richtlinie 2009/119/EG ([23])),

— Anordnung der Nutzung von Strom, der nicht mit Gas erzeugt wird,

— Anordnung der Erhöhung der Produktionsniveaus,

— Anordnung der Entnahme aus Speicheranlagen;

b) Maßnahmen auf der Nachfrageseite:

— verschiedene Etappen einer verbindlichen Reduzierung der Nachfrage, einschließlich:

— Anordnung des Brennstoffwechsels,

— Anordnung der Nutzung unterbrechbarer Verträge, wo diese nicht in vollem Umfang als Teil der marktbasierten Maßnahmen eingesetzt werden,

— Anordnung der Abschaltung von Kunden.

[23] Richtlinie 2009/119/EG des Rates vom 14. September 2009 zur Verpflichtung der Mitgliedstaaten, Mindestvorräte an Erdöl und/oder Erdölerzeugnissen zu halten (ABl. L 265 vom 9.10.2009, S. 9).

44. VO (EU) 2022/1369 über koordinierte Maßnahmen zur Senkung der Gasnachfrage

ABl L 2022/206 idgF

DER RAT DER EUROPÄISCHEN UNION —

gestützt auf den Vertrag über die Arbeitsweise der Europäischen Union, insbesondere auf Artikel 122 Absatz 1,

auf Vorschlag der Europäischen Kommission,

in Erwägung nachstehender Gründe:

(1) Die Russische Föderation, der wichtigste externe Gaslieferant der Union, hat eine militärische Aggression gegen die Ukraine, eine Vertragspartei der Energiegemeinschaft, begonnen. Die Eskalation der militärischen Aggression Russlands gegen die Ukraine seit Februar 2022 hat dazu geführt, dass die Gaslieferungen in einem bewussten Versuch, Gaslieferungen als politische Waffe einzusetzen, deutlich zurückgegangen sind. Die Pipeline-Gasflüsse aus Russland durch Belarus wurden eingestellt, und die Gaslieferungen durch das Gebiet der Ukraine haben sich stetig verringert. Insgesamt belaufen sich die Gasflüsse aus Russland nun auf weniger als 30 % der durchschnittlichen Gasflüsse im Zeitraum von 2016-2021. Diese Verringerung der Lieferungen hat zu historisch hohen und volatilen Energiepreisen geführt, die zur Inflation beitragen und das Risiko eines weiteren Konjunkturrückgangs in Europa bergen.

(2) Vor diesem Hintergrund hat die Kommission in der Folge ihrer Mitteilung vom 8. März 2022 mit dem Titel „REPowerEU: gemeinsames europäisches Vorgehen für erschwinglichere, sichere und nachhaltige Energie" am 18. Mai 2022 den REPowerEU-Plan vorgestellt, der zum Ziel hat, die Abhängigkeit der Union von fossilen Brennstoffen aus Russland so bald wie möglich, spätestens jedoch bis 2027, zu beenden. Zur Erreichung dieses Ziels enthält der REPowerEU-Plan Maßnahmen für Energieeinsparungen und Energieeffizienz und schlägt einen beschleunigten Einsatz sauberer Energien vor, damit diese in Privathaushalten, in der Industrie und bei der Stromerzeugung fossile Brennstoffe ersetzen können. Zu weiteren Maßnahmen auf der Angebotsseite könnten unter anderem eine bessere Koordinierung der Gasbeschaffung und die Erleichterung gemeinsamer Beschaffungen durch europäische Gasmarktteilnehmer auf dem internationalen Gasmarkt sowie Anstrengungen nach besten Kräften gehören, Stromerzeugungskapazitäten, die sich nicht auf die Versorgung mit importiertem Gas stützen, zu erhalten.

(3) Zur besseren Vorbereitung auf Unterbrechungen der Gaslieferungen hat die Union weitere Maßnahmen ergriffen. Um die Befüllung der unterirdischen Gasspeicheranlagen für die kommenden Winter sicherzustellen, wurde die Verordnung (EU) 2022/1032 des Europäischen Parlaments und des Rates (1) angenommen.

(4) Darüber hinaus hat die Kommission im Februar und im Mai 2022 eingehende Überprüfungen aller nationalen Notfallpläne vorgenommen und zudem die Versorgungssicherheitslage eingehend überwacht. Die seit Februar 2022 von der Union ergriffenen Maßnahmen wurden so gestaltet, dass sie einen vollständigen Ausstieg aus der Nutzung von russischem Gas bis 2027 ermöglichen und die Risiken im Zusammenhang mit einer weiteren größeren Lieferunterbrechung verringern.

(5) Die in jüngster Zeit eskalierenden Störungen der Gaslieferungen aus Russland deuten jedoch auf ein erhebliches Risiko hin, dass die russischen Gaslieferungen in naher Zukunft auf plötzliche und einseitige Weise vollständig eingestellt werden könnten. Die Union sollte sich daher auf ein solches Risiko einstellen und sich im Geiste der Solidarität auf eine jederzeit mögliche vollständige Unterbrechung der Gaslieferungen aus Russland vorbereiten. Um weiteren Störungen zuvorzukommen und die Resilienz der Union gegenüber künftigen Schocks zu stärken, bedarf es sofortiger proaktiver Maßnahmen. Durch koordinierte Maßnahmen auf Unionsebene kann verhindert werden, dass eine mögliche Unterbrechung der Gasversorgung der Wirtschaft sowie den Bürgerinnen und Bürgern ernsthaft schadet.

(6) Der derzeitige Rechtsrahmen für die Gasversorgungssicherheit, der mit der Verordnung (EU) 2017/1938 des Europäischen Parlaments und des Rates (2) geschaffen wurde, trägt Unterbrechungen der Lieferungen eines wichtigen Gaslieferanten, die mehr als 30 Tage dauern, nicht angemessen Rechnung. Das Fehlen eines Rechtsrahmens für solche Unterbrechungen birgt das Risiko, dass Mitgliedstaaten mit unkoordinierten Maßnahmen reagieren, welche eine mögliche Gefährdung für die Versorgungssicherheit in benachbarten Mitgliedstaaten darstellen und die Industrie und die Verbraucher in der Union zusätzlich belasten könnten.

(7) In seiner Entschließung vom 7. April 2022 zu den Schlussfolgerungen der Tagung des Europäischen Rates vom 24./25. März 2022 forderte

das Europäische Parlament einen Plan, mit dem die Energieversorgungssicherheit der Union auch kurzfristig weiterhin gewahrt wird. Auf seinen Tagungen vom 31. Mai und 23. Juni 2022 forderte der Europäische Rat die Kommission auf, dringend Vorschläge zu machen, wie sich Europa besser auf mögliche größere Lieferunterbrechungen vorbereiten kann, um die Energieversorgung zu bezahlbaren Preisen sicherzustellen. Nach dieser Aufforderung des Europäischen Rates prüft die Kommission zusammen mit den internationalen Partnern der Union Möglichkeiten zur Eindämmung der steigenden Energiepreise, einschließlich gegebenenfalls der Durchführbarkeit der Einführung befristeter Preisobergrenzen. Über diese Aufforderung hinaus setzt die Kommission auch die Arbeiten zur Optimierung der Funktionsweise des europäischen Elektrizitätsmarkts – unter Einbeziehung der Auswirkungen der Gaspreise auf diesen Elektrizitätsmarkt – fort, damit dieser besser dafür gerüstet ist, künftigen übermäßigen Preisschwankungen standzuhalten, erschwinglichen Strom liefert und sich vollständig in ein dekarbonisiertes Energiesystem einfügt, während gleichzeitig die Integrität des Binnenmarkts gewahrt, die Anreize für die Umstellung auf eine grüne Wirtschaft beibehalten, die Versorgungssicherheit gewährleistet und eine unverhältnismäßige Belastung für den Haushalt vermieden werden.

(8) Gemäß Artikel 122 Absatz 1 des Vertrags über die Arbeitsweise der Europäischen Union kann der Rat auf Vorschlag der Kommission und im Geiste der Solidarität zwischen den Mitgliedstaaten über die der Wirtschaftslage angemessenen Maßnahmen beschließen, insbesondere falls gravierende Schwierigkeiten in der Versorgung mit bestimmten Waren, vor allem im Energiebereich, auftreten. Das Risiko einer vollständigen Einstellung der russischen Gaslieferungen bis Ende 2022 stellt eine solche Situation dar.

(9) Angesichts des unmittelbaren Risikos einer Unterbrechung der Gaslieferungen in die Union sollten die Mitgliedstaaten jetzt Maßnahmen ergreifen, um vor dem Winter 2022-2023 ihre Nachfrage zu senken. Eine solche freiwillige Nachfragesenkung würde insbesondere dazu beitragen, einen gewissen Speicherfüllstand zu erhalten und eine vollständige Leerung der Speicher bis zum Ende des Winters 2022-2023 zu vermeiden und würde dadurch die Mitgliedstaaten in die Lage versetzen, mögliche Kältewellen im Februar und März 2023 zu bewältigen und die Befüllung der Speicher zur Gewährleistung eines angemessenen Maßes an Versorgungssicherheit für den Winter 2023-2024 zu erleichtern. Die Senkung der Gasnachfrage wird auch dazu beitragen, eine angemessene Versorgung sicherzustellen und die Energiepreise zum Nutzen der Verbraucher in der Union zu senken. Daher werden auf Unionsebene ergriffene Maßnahmen zur Senkung der Nachfrage allen Mitgliedstaaten zugutekommen, da sie das Risiko erheblicherer Auswirkungen auf ihre Volkswirtschaften verringern.

(10) Bei der Höhe der freiwilligen Nachfragesenkung sollte den Gasnachfragemengen Rechnung getragen werden, bei denen die Gefahr besteht, dass sie im Falle einer vollständigen Einstellung der russischen Gaslieferungen nicht geliefert würden. Die Senkungsanstrengung sollte für alle Mitgliedstaaten gleich sein, wobei der durchschnittliche Verbrauch eines jeden Mitgliedstaats in den vergangenen fünf Jahren vergleichend zugrunde gelegt wird.

(11) Freiwillige Maßnahmen zur Nachfragesenkung allein reichen möglicherweise nicht aus, um die Versorgungssicherheit und das Funktionieren des Marktes zu gewährleisten. Daher sollte, um den spezifischen Herausforderungen der derzeitigen und erwarteten erheblichen Verschärfung der Gasversorgungsengpässe rasch zu begegnen und Verzerrungen zwischen den Mitgliedstaaten zu vermeiden, ein neues Instrument geschaffen werden, mit dem die Möglichkeit einer verpflichtenden Senkung der Gasnachfrage für alle Mitgliedstaaten eingeführt wird. Es sollte rechtzeitig vor dem Herbst 2022 zur Verfügung stehen. Mit diesem Instrument könnte der Rat auf Vorschlag der Kommission einen Unionsalarm im Wege eines Durchführungsbeschlusses ausrufen. Durch die Übertragung einer Durchführungsbefugnis an den Rat wird der politischen Natur des Beschlusses, eine Verpflichtung zur unionsweiten Nachfragesenkung auszulösen, und den horizontalen Auswirkungen für die Mitgliedstaaten gebührend Rechnung getragen. Bevor die Kommission einen solchen Vorschlag vorlegt, sollte sie die in Anhang I der Verordnung (EU) 2017/1938 genannten einschlägigen Risikogruppen (im Folgenden "Risikogruppen") und die gemäß jener Verordnung eingesetzte Koordinierungsgruppe „Gas" konsultieren. Ein Unionsalarm sollte nur ausgerufen werden, falls sich die Maßnahmen zur freiwilligen Nachfragesenkung als unzureichend erweisen, um dem Risiko eines schwerwiegenden Versorgungsengpasses zu begegnen. Fünf oder mehr zuständige Behörden von Mitgliedstaaten, die gemäß Artikel 11 Absatz 1 Buchstabe b der Verordnung (EU) 2017/1938 einen nationalen Alarm ausgerufen haben, sollten die Möglichkeit erhalten, die Kommission zu ersuchen, dem Rat einen Vorschlag für die Ausrufung eines Unionsalarms vorzulegen.

(12) Der Unionsalarm sollte als unionsspezifische Krisenstufe dienen, die eine verpflichtende Nachfragesenkung auslöst, unabhängig von nationalen Krisenstufen gemäß Artikel 11 Absatz 1 der Verordnung (EU) 2017/1938. Sobald ein Unionsalarm ausgerufen wurde, sollten die Mitgliedstaaten ihren Gasverbrauch innerhalb eines vorab festgelegten Zeitraums senken. Bei dem Volumen der

verpflichtenden Nachfragesenkung wird den Gasnachfragemengen Rechnung getragen, die im Falle einer vollständigen Einstellung der russischen Gaslieferungen in die Union gefährdet wären, und es sollten die bereits erzielten Nachfragesenkungen vollständig berücksichtigt werden. Bei dem Volumen der Nachfragesenkung sollten auch der gemäß Artikel 6d Absatz 1 und 2 der Verordnung (EU) 2017/1938 gemeldete Speicherfüllstand, die Entwicklung im Hinblick auf die Diversifizierung der Gasquellen, einschließlich der Lieferungen von Flüssigerdgas (liquefied natural gas - LNG), und die Entwicklung der Brennstoffsubstituierbarkeit in der Union berücksichtigt werden.

(13) Nachfragesenkungen, die die Mitgliedstaaten vor der Ausrufung eines Unionsalarms erzielt haben, werden sich im Volumen der verpflichtenden Nachfragesenkung widerspiegeln.

(14) Im Hinblick auf die erheblichen Verzerrungen auf dem Binnenmarkt, zu denen es voraussichtlich kommen wird, wenn die Mitgliedstaaten unkoordiniert auf eine weitere potenzielle oder tatsächliche Unterbrechung der russischen Gaslieferungen reagieren, ist es von entscheidender Bedeutung, dass alle Mitgliedstaaten im Geiste der Solidarität ihre Gasnachfrage senken. Daher sollten alle Mitgliedstaaten die freiwilligen und verpflichtenden Ziele der Nachfragesenkung erreichen. Auch wenn einige Mitgliedstaaten von den Auswirkungen einer Unterbrechung der russischen Gaslieferungen stärker betroffen sein könnten als andere, könnten alle Mitgliedstaaten die Folgen spüren und dazu beitragen, den wirtschaftlichen Schaden einer solchen Unterbrechung zu begrenzen, sei es durch die Freigabe zusätzlicher Mengen an Pipelinegas oder LNG-Ladungen, die von Mitgliedstaaten mit erheblichen Gasdefiziten genutzt werden können, durch die voraussichtlich positiven Auswirkungen einer Nachfragesenkung auf die Gaspreise oder durch die Vermeidung von Marktverzerrungen aufgrund unkoordinierter und sich widersprechender Maßnahmen zur Senkung der Nachfrage. Diese Verordnung ist daher ein Ausdruck des Grundsatzes der Energiesolidarität, der kürzlich vom Gerichtshof als Grundprinzip des Unionsrechts bestätigt wurde (3).

(15) Einige Mitgliedstaaten sind jedoch aufgrund ihrer spezifischen geografischen oder physischen Situation (z. B. fehlende Synchronisierung mit dem europäischen Elektrizitätssystem oder fehlende direkte Verbindung mit dem Gasverbundnetz eines anderen Mitgliedstaats) nicht in der Lage, erhebliche Mengen an Pipelinegas für andere Mitgliedstaaten freizugeben. Den Mitgliedstaaten sollte daher die Möglichkeit eingeräumt werden, einen Grund oder mehrere Gründe für die Beschränkung der Verpflichtung zur Nachfragesenkung geltend zu machen. Die betreffenden Mitgliedstaaten sollten zusagen, alles daran zu setzen, die Verbunddefizite so schnell wie möglich zu beseitigen.

(16) Die Verordnung (EU) Nr. 347/2013 des Europäischen Parlaments und des Rates (4) bietet den Mitgliedstaaten und einschlägigen Interessenträgern einen Rahmen für die regionale Zusammenarbeit, der es ihnen ermöglicht, ihre Energiesysteme stärker miteinander zu vernetzen und so insbesondere derzeit von den europäischen Energiemärkten abgeschnittene Regionen einzubinden, bestehende grenzüberschreitende Verbindungen zu stärken und neue zu fördern. Grenzüberschreitende Verbindungen tragen erheblich zur Versorgungssicherheit bei. Vor dem Hintergrund der derzeitigen Störungen der Gaslieferungen aus Russland spielen solche grenzüberschreitenden Verbindungen eine Schlüsselrolle dabei, das Funktionieren des Energiebinnenmarktes sicherzustellen und Gas im Geiste der Solidarität an andere Mitgliedstaaten abzugeben. In diesem Zusammenhang sollten die Mitgliedstaaten ihre Bemühungen um eine bessere Integration ihrer Netze fortsetzen, unter anderem indem sie den potenziellen Ausbau neuer grenzüberschreitender Verbindungskapazitäten im Einklang mit den Zielen der Verordnung (EU) 2022/869 des Europäischen Parlaments und des Rates (5) bewerten.

(17) Um die Bemühungen der Mitgliedstaaten um die Verwirklichung der Ziele der Verordnung (EU) 2022/1032 bei der Gasspeicherung zu erleichtern, sollte auch die von den Mitgliedstaaten für die Speicherung verwendete Gasmenge, die über das Zwischenziel für den 1. August 2022 hinausgeht, bei der Bestimmung des Volumens ihrer verpflichtenden Nachfragesenkung berücksichtigt werden.

(18) Um der starken Abhängigkeit der kritischen Wirtschaftszweige der Mitgliedstaaten von Gas angemessen Rechnung zu tragen, sollten die Mitgliedstaaten darüber hinaus den Gasverbrauch in diesen Wirtschaftszweigen bei der Festlegung des Volumens ihrer verpflichtenden Nachfragesenkung ausnehmen können. Die Überwachung durch die Kommission sollte gewährleisten, dass nationale Beschränkungen nicht zu unangemessenen Verzerrungen des Binnenmarktes führen. Die Mitgliedstaaten sollten außerdem das Volumen ihrer verpflichtenden Nachfragesenkung beschränken können, wenn diese Beschränkung für die Maximierung der Gasversorgung anderer Mitgliedstaaten erforderlich ist und wenn sie nachweisen können, dass ihre Verbindungskapazitäten für den kommerziellen Export in andere Mitgliedstaaten oder ihre inländische LNG-Infrastruktur in größtmöglichem Umfang für die Weiterleitung von Gas an andere Mitgliedstaaten genutzt werden. Die Kommission sollte überwachen, dass die Voraussetzungen für die Anwendung der Abweichung erfüllt sind.

(19) In Bezug auf spezifische Nachfragesituationen aus über Verbundnetze verbundenen Mitgliedstaaten sollten die Mitgliedstaaten die Möglichkeit haben, die verpflichtende Nachfragesenkung

vorübergehend zu beschränken, wenn dies erforderlich ist, um die Sicherheit der Energieversorgung zu gewährleisten, unter anderem wenn ein Mitgliedstaat mit einer Stromversorgungskrise im Sinne der Verordnung (EU) 2019/941 des Europäischen Parlaments und des Rates (6) konfrontiert ist. Dabei sollte auch der Speicherkapazität und dem über das in Anhang Ia der Verordnung (EU) 2017/1938 festgelegte Zwischenziel hinausgehenden Füllstand Rechnung getragen werden.

(20) Den Mitgliedstaaten sollte es freistehen, die geeigneten Maßnahmen zur Erreichung der Nachfragesenkung zu wählen. Bei der Ermittlung geeigneter Maßnahmen zur Nachfragesenkung und bei der Priorisierung von Kundengruppen sollten die Mitgliedstaaten in Erwägung ziehen, die von der Kommission in der Mitteilung vom 20. Juli 2022 mit dem Titel „Gaseinsparungen für den Winter" genannten Maßnahmen zu nutzen. Die Mitgliedstaaten sollten insbesondere wirtschaftlich effiziente Maßnahmen wie Auktionen oder Ausschreibungssysteme in Betracht ziehen, mit denen sie Anreize für eine Verringerung des Verbrauchs auf wirtschaftlich effiziente Weise bieten können. Die auf nationaler Ebene ergriffenen Maßnahmen können auch finanzielle Anreize oder Entschädigungen für betroffene Marktteilnehmer umfassen.

(21) Alle Maßnahmen der Mitgliedstaaten zur Erreichung der Nachfragesenkung müssen das Unionsrecht und insbesondere die Verordnung (EU) 2017/1938 einhalten. Insbesondere sollten die Maßnahmen notwendig, eindeutig festgelegt, transparent, verhältnismäßig, nichtdiskriminierend und überprüfbar sein, den Wettbewerb nicht unangemessen verfälschen, das ordnungsgemäße Funktionieren des Gasbinnenmarktes nicht unangemessen beeinträchtigen und die Sicherheit der Gasversorgung anderer Mitgliedstaaten oder der Union nicht gefährden. Das Interesse geschützter Kunden muss berücksichtigt werden, auch im Zusammenhang mit der Gasversorgung für Fernwärmesysteme im Falle einer Versorgungskrise.

(22) Um sicherzustellen, dass Maßnahmen zur Senkung der Nachfrage koordiniert umgesetzt werden, sollten die Mitgliedstaaten innerhalb jeder der einschlägigen Risikogruppen eine regelmäßige Zusammenarbeit einrichten. Den Mitgliedstaaten steht es frei, sich auf die für eine bestimmte Region am besten geeigneten Koordinierungsmaßnahmen zu einigen. Die Kommission und die Koordinierungsgruppe „Gas" sollten in der Lage sein, einen Überblick über die von den Mitgliedstaaten umgesetzten nationalen Maßnahmen zu erhalten und bewährte Verfahren für die Koordinierung der Maßnahmen innerhalb der Risikogruppen auszutauschen. Die Mitgliedstaaten sollten auch andere Gremien nutzen, um ihre Maßnahmen zu koordinieren.

(23) Um sicherzustellen, dass die nationalen Notfallpläne den freiwilligen oder verpflichtenden Maßnahmen zur Nachfragesenkung gemäß der vorliegenden Verordnung entsprechen, sollte die jeweils zuständige Behörde der einzelnen Mitgliedstaaten die erforderlichen Schritte unternehmen, um den gemäß Artikel 8 der Verordnung (EU) 2017/1938 erstellten nationalen Notfallplan bis zum 31. Oktober 2022 zu aktualisieren. Angesichts des kurzen Zeitrahmens für diese Aktualisierung sollten die Koordinierungsverfahren gemäß Artikel 8 Absätze 6 bis 11 der Verordnung (EU) 2017/1938 nicht zur Anwendung kommen. Jeder Mitgliedstaat sollte zur Aktualisierung seines nationalen Notfallplans jedoch andere Mitgliedstaaten konsultieren. Die Kommission sollte die Risikogruppen, die Koordinierungsgruppe „Gas" oder andere einschlägige Gremien einberufen, um mögliche Fragen im Zusammenhang mit Maßnahmen zur Senkung der Nachfrage zu erörtern.

(24) Eine regelmäßige und wirksame Überwachung und Berichterstattung ist von entscheidender Bedeutung, um die Fortschritte der Mitgliedstaaten bei der Umsetzung der Maßnahmen zur freiwilligen und verpflichtenden Senkung der Nachfrage zu bewerten und die sozialen und wirtschaftlichen Auswirkungen dieser Maßnahmen sowie ihre Auswirkungen auf die Beschäftigung zu messen. Die jeweils zuständige Behörde der einzelnen Mitgliedstaaten oder eine andere von den Mitgliedstaaten jeweils benannte Stelle sollte die in ihrem Hoheitsgebiet erzielte Nachfragesenkung überwachen und der Kommission regelmäßig über die Ergebnisse Bericht erstatten. Die Koordinierungsgruppe „Gas" sollte die Kommission bei der Überwachung der Erfüllung der Verpflichtungen zur Nachfragesenkung unterstützen.

(25) Um zu vermeiden, dass die Union insgesamt einen erheblichen wirtschaftlichen Schaden erleidet, ist es von entscheidender Bedeutung, dass jeder Mitgliedstaat seine Nachfrage senkt, nachdem ein Unionsalarm ausgerufen wurde. Mit dieser Senkung wird sichergestellt, dass das Gas – selbst im Winter – für alle ausreicht. Die Senkung der Nachfrage in der gesamten Union ist ein Ausdruck des im Vertrag verankerten Solidaritätsprinzips. Daher ist es gerechtfertigt, dass die Kommission die Durchführung der verpflichtenden Nachfragesenkungen durch die Mitgliedstaaten streng beaufsichtigt. Stellt die Kommission fest, dass ein Mitgliedstaat möglicherweise nicht in der Lage ist, seine Verpflichtung zur Nachfragesenkung zu erfüllen, sollte sie diesen Mitgliedstaat zur Vorlage eines Plans auffordern können, in dem eine Strategie und Maßnahmen dargelegt sind, mit denen die Verpflichtung zur Nachfragesenkung wirksam erfüllt werden soll. Dieser Mitgliedstaat sollte etwaige Anmerkungen und Vorschläge der Kommission zu diesem Plan gebührend berücksichtigen.

(26) Da mit dem Solidaritätsgrundsatz jedem Mitgliedstaat das Recht einräumt wird, unter bestimmten Umständen von benachbarten Mitgliedstaaten unterstützt zu werden, sollten die Mitgliedstaaten, die möglicherweise um eine solche Unterstützung ersuchen, ebenfalls im Geiste der Solidarität handeln, wenn es darum geht, ihre inländische Gasnachfrage zu senken. Daher sollten die Mitgliedstaaten, wenn sie um eine Solidaritätsmaßnahme gemäß Artikel 13 der Verordnung (EU) 2017/1938 ersuchen, alle geeigneten Maßnahmen zur Senkung der Gasnachfrage umgesetzt haben. Die Kommission sollte den Mitgliedstaat, der um eine Solidaritätsmaßnahme ersucht, zur Vorlage eines Plans mit Maßnahmen für mögliche weitere Nachfragesenkungen auffordern können. Dieser Mitgliedstaat sollte die Stellungnahme der Kommission entsprechend berücksichtigen.

(27) Die Kommission sollte das Europäische Parlament und den Rat regelmäßig über die Durchführung der vorliegenden Verordnung unterrichten.

(28) Angesichts der mit der militärischen Aggression Russlands gegen die Ukraine verbundenen unmittelbaren Gefahr für die Gasversorgungssicherheit sollte diese Verordnung so schnell wie möglich in Kraft treten.

(29) In Anbetracht des Ausnahmecharakters der Maßnahmen der vorliegenden Verordnung sollte diese Verordnung nach ihrem Inkrafttreten für ein Jahr gelten. Die Kommission sollte dem Rat bis zum 1. Mai 2023 über ihr Funktionieren Bericht erstatten und kann gegebenenfalls vorschlagen, ihre Geltungsdauer zu verlängern.

(30) Da das Ziel dieser Verordnung von den Mitgliedstaaten nicht ausreichend verwirklicht werden kann, sondern vielmehr auf Unionsebene besser zu verwirklichen ist, kann die Union im Einklang mit dem in Artikel 5 des Vertrags über die Europäische Union verankerten Subsidiaritätsprinzip tätig werden. Entsprechend dem in demselben Artikel genannten Grundsatz der Verhältnismäßigkeit geht diese Verordnung nicht über das für die Verwirklichung dieses Ziels erforderliche Maß hinaus —

Artikel 1
Gegenstand und Anwendungsbereich

Mit dieser Verordnung werden im Geiste der Solidarität Vorschriften für den Umgang mit gravierenden Schwierigkeiten bei der Versorgung mit Gas festgelegt, um die Gasversorgungssicherheit der Union zu gewährleisten. Diese Vorschriften umfassen eine verbesserte Koordinierung, Überwachung und Meldung der nationalen Maßnahmen zur Senkung der Nachfrage nach Gas und die Möglichkeit für den Rat, auf Vorschlag der Kommission als unionsspezifische Krisenstufe einen Unionsalarm auszurufen, durch den eine Verpflichtung zur unionsweiten Senkung der Nachfrage ausgelöst wird.

Artikel 2
Begriffsbestimmungen

Für die Zwecke dieser Verordnung bezeichnet der Ausdruck

1. „zuständige Behörde" eine nationale Regierungsbehörde oder eine nationale Regulierungsbehörde, die von einem Mitgliedstaat benannt wird, um die Durchführung der in der Verordnung (EU) 2017/1938 vorgesehenen Maßnahmen sicherzustellen;

2. „Unionsalarm" eine unionsspezifische Krisenstufe, die eine verpflichtende Nachfragesenkung auslöst und nicht mit einer der Krisenstufen gemäß Artikel 11 Absatz 1 der Verordnung (EU) 2017/1938 zusammenhängt;

3. „Gasverbrauch" das gesamte Volumen der Versorgung mit Erdgas für Tätigkeiten im Hoheitsgebiet eines Mitgliedstaats, einschließlich des Endverbrauchs der Haushalte, der Industrie und im Rahmen der Stromerzeugung, jedoch mit Ausnahme unter anderem von Gas, das zur Befüllung von Speicheranlagen verwendet wird, gemäß der von der Kommission (Eurostat) verwendeten Definition für „Versorgung, Umwandlung und Verbrauch von Gas";

4. „Einsatzstoff" die „nichtenergetische Nutzung von Erdgas" gemäß den Berechnungen der Energiebilanzen der Kommission (Eurostat);

5. „Referenzgasverbrauch" das Volumen des durchschnittlichen Gasverbrauchs eines Mitgliedstaats während des Referenzzeitraums; bei Mitgliedstaaten, in denen der Gasverbrauch im Zeitraum vom 1. April 2021 bis zum 31. März 2022 gegenüber dem durchschnittlichen Gasverbrauch während des Referenzzeitraums um mindestens 8 % gestiegen ist, bezeichnet der Ausdruck „Referenzgasverbrauch" nur das Gasverbrauchsvolumen im Zeitraum vom 1. April 2021 bis zum 31. März 2022;

6. „Referenzzeitraum" den Zeitraum vom 1. April 2017 bis zum 31. März 2022;

7. „Zwischenziel" das in Anhang Ia der Verordnung (EU) 2017/1938 genannte Zwischenziel.

Artikel 3
Freiwillige Nachfragesenkung

Die Mitgliedstaaten bemühen sich nach besten Kräften, ihren Gasverbrauch im Zeitraum vom 1. April 2023 bis zum 31. März 2024 um mindestens 15 % gegenüber ihrem durchschnittlichen Gasverbrauch im Zeitraum vom 1. April 2017 bis zum 31. März 2022 zu senken (im Folgenden

„freiwillige Nachfragesenkung“). Für diese Maßnahmen zur freiwilligen Nachfragesenkung gelten die Artikel 6, 7 und 8.

Artikel 4
Ausrufung eines Unionsalarms durch den Rat

(1) Der Rat kann auf Vorschlag der Kommission im Wege eines Durchführungsbeschlusses einen Unionsalarm ausrufen.

(2) Die Kommission legt den Vorschlag für einen solchen Unionsalarm vor, wenn sie zu der Auffassung gelangt, dass ein erhebliches Risiko eines gravierenden Engpasses bei der Gasversorgung besteht oder wenn es zu einer außergewöhnlich hohen Nachfrage nach Gas kommt, für die die in Artikel 3 genannten Maßnahmen nicht ausreichend sind und die zu einer erheblichen Verschlechterung der Gasversorgungslage in der Union führt, der Markt aber in der Lage ist, die Störung zu bewältigen, ohne dass nicht-marktbasierte Maßnahmen ergriffen werden müssen.

(3) Die Kommission legt dem Rat ferner einen Vorschlag zur Ausrufung eines Unionsalarms vor, wenn mindestens fünf zuständige Behörden, die auf nationaler Ebene eine Alarmstufe gemäß Artikel 11 Absatz 1 Buchstabe b der Verordnung (EU) 2017/1938 ausgerufen haben, darum ersuchen.

(4) Der Rat kann den Vorschlag der Kommission mit qualifizierter Mehrheit ändern.

(5) Bevor die Kommission dem Rat einen Vorschlag zur Ausrufung eines Unionsalarms vorlegt, konsultiert sie die in Anhang I der Verordnung (EU) 2017/1938 genannten einschlägigen Risikogruppen (im Folgenden „Risikogruppen“) und die mit Artikel 4 jener Verordnung eingerichtete Koordinierungsgruppe „Gas“.

(6) Auf Vorschlag der Kommission kann der Rat im Wege eines Durchführungsbeschlusses den Unionsalarm und die Verpflichtungen gemäß Artikel 5 für beendet erklären. Die Kommission legt dem Rat den Vorschlag für einen solchen Durchführungsbeschluss vor, wenn sie nach einer Bewertung zu der Auffassung gelangt, dass die zugrundeliegenden Tatsachen die Aufrechterhaltung dieses Unionsalarms nicht mehr rechtfertigen, und nachdem sie die einschlägigen Risikogruppen und die Koordinierungsgruppe „Gas“ konsultiert hat.

Artikel 5
Verpflichtende Nachfragesenkung bei einem Unionsalarm

(1) Ruft der Rat einen Unionsalarm aus, so senkt jeder Mitgliedstaat seinen Erdgasverbrauch gemäß Absatz 2 (im Folgenden „verpflichtende Nachfragesenkung“).

(2) Für die Zwecke der verpflichtenden Nachfragesenkung muss, solange der Unionsalarm ausgerufen ist, der Gasverbrauch in jedem Mitgliedstaat in dem Zeitraum vom 1. April 2023 bis zum 31. März 2024 (im Folgenden „Senkungszeitraum“) um 15 % niedriger sein als der Referenzgasverbrauch. Alle Nachfragesenkungen, die die Mitgliedstaaten während des Zeitraums vor der Ausrufung des Unionsalarms erreicht haben, werden für die Zwecke der verpflichtenden Nachfragesenkung berücksichtigt.

(3) Ein Mitgliedstaat, dessen Elektrizitätssystem nur mit dem Elektrizitätssystem eines Drittlandes synchronisiert ist, ist von der Anwendung des Absatzes 2 in dem Fall ausgenommen, dass er vom System dieses Drittlandes desynchronisiert ist, solange isolierte Stromversorgungssystemdienste oder andere Dienste für den Übertragungsnetzbetreiber erforderlich sind, um den sicheren und zuverlässigen Betrieb des Stromsystems zu gewährleisten.

(4) Ein Mitgliedstaat wird von der Anwendung des Absatzes 2 ausgenommen, solange er nicht direkt mit einem Gasverbundnetz eines anderen Mitgliedstaats verbunden ist.

(5) Ein Mitgliedstaat kann den für die Berechnung des verbindlichen Nachfragereduktionsziels gemäß Absatz 2 zugrunde gelegten Referenzgasverbrauch um die Gasmenge reduzieren, die der Differenz zwischen seinem Zwischenziel für den 1. August 2022 und dem tatsächlich am 1. August 2022 gespeicherten Gasvolumen entspricht, sofern er das Zwischenziel zu diesem Zeitpunkt erreicht hat.

(6) Ein Mitgliedstaat kann den Referenzgasverbrauch, der für die Berechnung des Zielwerts der verpflichtenden Nachfragesenkung gemäß Absatz 2 verwendet wird, um die Menge des während des Referenzzeitraums als Einsatzstoff verbrauchten Gases reduzieren.

(6a) Ein Mitgliedstaat kann den für die Berechnung des Zielwerts der verpflichtenden Nachfragesenkung gemäß Absatz 2 verwendeten Referenzgasverbrauch um die Menge des gestiegenen Gasverbrauchs anpassen, der sich aus der Umstellung von Kohle auf Gas für Fernwärme ergibt, falls dieser Anstieg im Zeitraum vom 1. August 2023 bis zum 31. März 2024 mindestens 8 % im Vergleich zum durchschnittlichen Gasverbrauch im Referenzzeitraum beträgt und soweit dieser Anstieg unmittelbar auf die Umstellung zurückzuführen ist.

(7) Ein Mitgliedstaat kann die verpflichtende Nachfragesenkung um acht Prozentpunkte beschränken, sofern er nachweist, dass seine Verbindung mit anderen Mitgliedstaaten gemessen in fester technischer Ausfuhrkapazität im Vergleich zu seinem jährlichen Gasverbrauch im Jahr 2021 unter 50 Prozent liegt und dass die Kapazität an den Verbindungsleitungen mit anderen Mitgliedstaaten tatsächlich in einer Höhe von mindestens 90 % während mindestens eines Monats vor der Mitteilung der Abweichung für den Transport von

Gas verwendet worden ist, es sei denn, der Mitgliedstaat kann nachweisen, dass es keine Nachfrage gab und die Kapazität maximiert war, und dass seine inländischen LNG-Anlagen gewerblich und technisch in der Lage sind, Gas in bis zu den vom Markt verlangten Mengen in andere Mitgliedstaaten weiterzuleiten.

(8) Ein Mitgliedstaat, der mit einer Stromversorgungskrise konfrontiert ist, kann die verpflichtende Nachfragesenkung gemäß Absatz 2 vorübergehend auf das Niveau beschränken, das erforderlich ist, um die Gefahr für die Stromversorgung abzuschwächen, sofern es keine anderen wirtschaftlichen Alternativen gibt, um das für die Stromerzeugung erforderliche Gas zu ersetzen, ohne die Versorgungssicherheit ernsthaft zu gefährden. In diesem Fall teilt der Mitgliedstaat die Gründe für die Beschränkung mit und legt ausreichend Nachweise für die außergewöhnlichen Umstände vor, die die Beschränkung rechtfertigen. Erforderlichenfalls aktualisiert der Mitgliedstaat den Risikovorsorgeplan gemäß Artikel 10 der Verordnung (EU) 2019/941.

(9) Ein Mitgliedstaat teilt der Kommission seine Entscheidung zur Beschränkung der verpflichtenden Nachfragesenkung gemäß den Absätzen 5, 6, 7 und 8 mit und legt gleichzeitig die erforderlichen Nachweise dafür vor, dass die Voraussetzungen für die Beschränkung der verpflichtenden Nachfragesenkung erfüllt sind. Eine Mitteilung gemäß den Absätzen 5, 6 und 7 kann bereits nach dem Inkrafttreten dieser Verordnung erfolgen; sie muss spätestens zwei Wochen nach Ausrufung eines Unionsalarms gemacht werden. Eine Mitteilung gemäß Absatz 8 muss spätestens zwei Wochen, nachdem die in jenem Absatz genannte Stromversorgungskrise entstanden ist, erfolgen. Der Mitgliedstaat unterrichtet auch die einschlägigen Risikogruppen und die Koordinierungsgruppe „Gas" über seine Absicht.

(10) Auf der Grundlage der Mitteilung und nach Konsultation der Risikogruppen und der Koordinierungsgruppe „Gas" bewertet die Kommission, ob die Voraussetzungen für eine Beschränkung gemäß den Absätzen 5, 6, 7 und 8 erfüllt sind. Stellt die Kommission fest, dass eine Beschränkung nicht gerechtfertigt ist, so nimmt sie eine Stellungnahme an, in der sie die Gründe dafür angibt, weshalb der Mitgliedstaat die Beschränkung der verpflichtenden Nachfragesenkung beseitigen oder ändern sollte. Diese Stellungnahme wird spätestens 30 Arbeitstage nach der vollständigen Mitteilung gemäß Absatz 9 angenommen.

(11) Sind die Voraussetzungen für die Beschränkung der verpflichtenden Nachfragesenkung gemäß den Absätzen 5, 6, 7 und 8 nicht mehr erfüllt, so wendet der Mitgliedstaat den Zielwert der verpflichtenden Nachfragesenkung gemäß Absatz 2 an.

(12) Die Kommission überwacht kontinuierlich, ob die Voraussetzungen für eine Beschränkung der verpflichtenden Nachfragesenkung gemäß den Absätzen 5, 6, 7 und 8 erfüllt sind.

(13) Für die Maßnahmen zur verpflichtenden Nachfragesenkung gelten die Artikel 6, 7 und 8 unbeschadet bestehender langfristiger Verträge.

Artikel 6
Maßnahmen zur Erreichung der Nachfragesenkung

(1) Die Mitgliedstaaten können die geeigneten Maßnahmen zur Senkung der Nachfrage frei wählen. Die in den Artikeln 3 und 5 genannten Maßnahmen müssen eindeutig festgelegt, transparent, verhältnismäßig, nichtdiskriminierend und überprüfbar sein. Bei der Auswahl der Maßnahmen berücksichtigen die Mitgliedstaaten die in der Verordnung (EU) 2017/1938 festgelegten Grundsätze. Die Maßnahmen müssen insbesondere folgende Kriterien erfüllen:

a) Sie dürfen den Wettbewerb nicht unangemessen verzerren und das ordnungsgemäße Funktionieren des Gasbinnenmarkts nicht unangemessen beeinträchtigen;

b) sie dürfen die Sicherheit der Gasversorgung anderer Mitgliedstaaten oder der Union nicht gefährden;

c) sie müssen die Bestimmungen der Verordnung (EU) 2017/1938 in Bezug auf geschützte Kunden einhalten.

(2) Beim Ergreifen von Maßnahmen zur Nachfragesenkung erwägen die Mitgliedstaaten eine Priorisierung von Maßnahmen, die andere als geschützte Kunden im Sinne des Artikels 2 Nummer 5 der Verordnung (EU) 2017/1938 betreffen, und sie können diese Kunden auch von diesen Maßnahmen ausnehmen, und zwar auf der Grundlage objektiver und transparenter Kriterien, die ihrer wirtschaftlichen Bedeutung Rechnung tragen und unter anderem die folgenden Aspekte berücksichtigen:

a) die Auswirkungen einer Störung auf die Lieferketten, die für die Gesellschaft systemrelevant sind;

b) die möglichen negativen Auswirkungen in anderen Mitgliedstaaten, insbesondere auf die Lieferketten nachgelagerter Sektoren, die für die Gesellschaft systemrelevant sind;

c) die möglichen langfristigen Schäden an Industrieanlagen;

d) die Möglichkeiten zur Senkung des Verbrauchs und zur Substitution von Produkten in der Union.

(3) Bei der Entscheidung über die Maßnahmen zur Nachfragesenkung erwägen die Mitgliedstaaten Maßnahmen zur Senkung des Gasverbrauchs im Elektrizitätssektor, Maßnahmen zur Förderung der Umstellung auf andere Brennstoffe in der Industrie, nationale Sensibilisierungskampagnen und gezielte Verpflichtungen zur Reduzierung von Heizung und Kühlung, zur Förderung

EU-VO

der Umstellung auf andere Brennstoffe und zur Senkung des Verbrauchs der Industrie.

Artikel 7
Koordinierung der Maßnahmen zur Nachfragesenkung

(1) Um eine angemessene Koordinierung der Maßnahmen zur freiwilligen und verpflichtenden Nachfragesenkung gemäß den Artikeln 3 und 5 zu gewährleisten, arbeiten die Mitgliedstaaten innerhalb jeder der einschlägigen Risikogruppen zusammen.

(2) Die zuständige Behörde jedes Mitgliedstaats aktualisiert ihren gemäß Artikel 8 der Verordnung (EU) 2017/1938 erstellten nationalen Notfallplan bis spätestens 31. Oktober 2022, um freiwilligen Maßnahmen zur Nachfragesenkungen Rechnung zu tragen. Auch im Falle der Ausrufung eines Unionsalarms gemäß Artikel 4 der vorliegenden Verordnung aktualisiert jeder Mitgliedstaat gegebenenfalls seinen nationalen Notfallplan. Artikel 8 Absätze 6 bis 10 der Verordnung (EU) 2017/1938 gilt nicht für die Aktualisierungen der nationalen Notfallpläne gemäß dem vorliegenden Absatz.

(3) Vor der Annahme der überarbeiteten Notfallpläne konsultieren die Mitgliedstaaten die Kommission und die einschlägigen Risikogruppen. Die Kommission kann Sitzungen der Risikogruppen und der Koordinierungsgruppe „Gas" unter Berücksichtigung der von den Mitgliedstaaten in diesem Zusammenhang geäußerten Standpunkte einberufen, um Fragen im Zusammenhang mit nationalen Maßnahmen zur Senkung der Nachfrage zu erörtern.

Artikel 8
Überwachung und Durchsetzung

(1) Die zuständige Behörde jedes Mitgliedstaats überwacht die Umsetzung der Maßnahmen zur Nachfragesenkung in ihrem Hoheitsgebiet. Die Mitgliedstaaten melden der Kommission mindestens alle zwei Monate spätestens bis zum 15. des Folgemonats ihren Gasverbrauch (in Terajoule, TJ). Wird ein Unionsalarm gemäß Artikel 4 Absatz 1 ausgerufen, so wird die in Unterabsatz 1 genannte Meldung monatlich übermittelt.

Die Berichterstattung der Mitgliedstaaten kann eine Aufschlüsselung des Gasverbrauchs nach Sektoren, einschließlich des Gasverbrauchs für die folgenden Sektoren, enthalten:

a) Gaszufuhr für Strom- und Wärmeerzeugung;

b) Gasverbrauch in der Industrie;

c) Gasverbrauch in Haushalten und im Dienstleistungssektor.

Für die Zwecke dieses Absatzes gelten die Begriffsbestimmungen und statistischen Konventionen der Verordnung (EG) Nr. 1099/2008des Europäischen Parlaments und des Rates ([1]).

Die Koordinierungsgruppe „Gas" unterstützt die Kommission bei der Überwachung der freiwilligen und verpflichtenden Nachfragesenkung.

(2) Stellt die Kommission auf der Grundlage der gemeldeten Nachfragesenkungen fest, dass ein Mitgliedstaat möglicherweise nicht in der Lage sein wird, der Verpflichtung zur Senkung der Nachfrage gemäß Artikel 5 nachzukommen, so fordert die Kommission den Mitgliedstaat zur Vorlage eines Plans auf, in dem eine Strategie dargelegt wird, mit der die Verpflichtung zur Nachfragesenkung wirksam erreicht werden soll. Die Kommission fordert auch einen Mitgliedstaat, der um eine Solidaritätsmaßnahme gemäß Artikel 13 der Verordnung (EU) 2017/1938 ersucht, auf, einen Plan mit der Strategie zur Erreichung möglicher weiterer Senkungen der Gasnachfrage im Einklang mit Artikel 10 Absatz 2 der Verordnung (EU) 2017/1938 vorzulegen. In beiden Fällen gibt die Kommission eine Stellungnahme mit Anmerkungen und Vorschlägen zu den vorgelegten Plänen ab, und unterrichtet den Rat über ihre Stellungnahme. Der betroffene Mitgliedstaat berücksichtigt die Stellungnahme der Kommission.

(3) Die Kommission unterrichtet das Europäische Parlament und den Rat regelmäßig über die Durchführung der vorliegenden Verordnung.

Artikel 9
Überprüfung

Die Kommission führt bis zum 1. März 2024 eine Überprüfung dieser Verordnung im Hinblick auf die allgemeine Gasversorgungslage der Union durch und legt dem Rat einen Bericht über die wesentlichen Ergebnisse dieser Überprüfung vor. Die Kommission kann auf der Grundlage dieses Berichts insbesondere vorschlagen, die Geltungsdauer dieser Verordnung zu verlängern.

Artikel 10
Inkrafttreten und Anwendung

Diese Verordnung tritt am Tag nach ihrer Veröffentlichung im *Amtsblatt der Europäischen Union* in Kraft.

Sie gilt bis zum 31. März 2024.

Diese Verordnung ist in allen ihren Teilen verbindlich und gilt unmittelbar in jedem Mitgliedstaat.

---

[1] Verordnung (EG) Nr. 1099/2008 des Europäischen Parlaments und des Rates vom 22. Oktober 2008 über die Energiestatistik (ABl. L 304 vom 14.11.2008, S. 1).

45. VO (EU) 2022/1854 über Notfallmaßnahmen als Reaktion auf die hohen Energiepreise

ABl 2022/261 idgF

DER RAT DER EUROPÄISCHEN UNION —

gestützt auf den Vertrag über die Arbeitsweise der Europäischen Union, insbesondere auf Artikel 122 Absatz 1,

auf Vorschlag der Europäischen Kommission,

in Erwägung nachstehender Gründe:

(1) Seit September 2021 sind auf den Strommärkten sehr hohe Preise zu beobachten. Wie in der endgültigen Bewertung der Agentur der Europäischen Union für die Zusammenarbeit der Energieregulierungsbehörden (ACER), die mit der Verordnung (EU) 2019/942 des Europäischen Parlaments und des Rates (1) gegründet wurde, zur Gestaltung des Stromgroßhandelsmarktes der Union im April 2022 dargelegt, ist dies hauptsächlich eine Folge des hohen Gaspreises, da Gas für die Stromerzeugung verwendet wird. Benötigt werden Gaskraftwerke häufig zur Deckung der Nachfrage zu Spitzenlastzeiten oder wenn der mit anderen Technologien wie Kernenergie, Wasserkraft oder variabler erneuerbarer Energie erzeugte Strom nicht zur Deckung der Nachfrage ausreicht. Die Eskalation des Angriffskriegs Russlands gegen die Ukraine, eine Vertragspartei des Vertrags zur Gründung der Energiegemeinschaft (2), hat seit Februar 2022 dazu geführt, dass die Gaslieferungen deutlich zurückgegangen sind. Zudem hat der Angriffskrieg Russlands gegen die Ukraine zu Unsicherheit hinsichtlich der Versorgung mit anderen Rohstoffen wie Steinkohle und Erdöl geführt, die in Stromerzeugungsanlagen verwendet werden. Dadurch kam es zu zusätzlichen erheblichen Strompreissteigerungen und -schwankungen.

(2) Die in jüngster Zeit deutlich geringeren Mengen und zunehmenden Störungen der Gaslieferungen aus Russland deuten auf ein erhebliches Risiko hin, dass die russischen Gaslieferungen in naher Zukunft vollständig eingestellt werden könnten. Im Interesse einer höheren Energieversorgungssicherheit hat der Rat die Verordnung (EU) 2022/1369 (3) angenommen, die eine freiwillige Senkung der Erdgasnachfrage um mindestens 15 % vom 1. August 2022 bis zum 31. März 2023 vorsieht und es dem Rat ermöglicht, einen Unionsalarm zur Gasversorgungssicherheit auszurufen, durch den eine Verpflichtung zur unionsweiten Senkung der Gasnachfrage ausgelöst wird.

(3) Gleichzeitig ließen die außergewöhnlich hohen Temperaturen im Sommer 2022 den Strombedarf für Kühlzwecke in die Höhe schießen und sorgten so für zusätzlichen Druck auf die Stromerzeugung, während die Stromerzeugung mit bestimmten Technologien aufgrund technischer und witterungsabhängiger Umstände deutlich unter dem früheren Niveau lag. Dies ist hauptsächlich einer außergewöhnlichen Dürre geschuldet, die i) in verschiedenen Mitgliedstaaten aufgrund des Mangels an Kühlwasser zu einem Defizit bei der Stromerzeugung durch Kernkraftwerke, ii) zu einer geringen Stromerzeugung aus Wasserkraft und iii) zu geringen Pegelständen der großen Flüsse führte, welche den Transport von Rohstoffen für die Stromerzeugung beeinträchtigten. Durch diese beispiellose Lage blieben die Mengen an Strom aus Gaskraftwerken anhaltend hoch, was zu den ausnehmend und außergewöhnlich hohen Großhandelspreisen für Strom beitrug. Trotz der geringeren Verfügbarkeit von Erzeugungskapazitäten in einigen Mitgliedstaaten konnten dank des Stromaustauschs zwischen Mitgliedstaaten Zwischenfälle bei der Versorgungssicherheit verhindert, die Preisschwankungen auf den Märkten der Union abgemildert und somit die Widerstandsfähigkeit aller Mitgliedstaaten gegenüber Preisschocks gestärkt werden.

(4) Der Preisanstieg an den Stromgroßhandelsmärkten hat zu einem drastischen Anstieg der Endkundenstrompreise geführt, der vor der nächsten Heizperiode noch weiter andauern und sich nach und nach auf die meisten Verbraucherverträge auswirken dürfte. Zusätzlich hat der starke Anstieg der Gaspreise und die daraus resultierende Nachfrage nach alternativen Brennstoffen zu einer Erhöhung von anderen Rohstoffpreisen wie denen von Erdöl oder Kohle geführt.

(5) Von der derzeitigen Energiekrise sind alle Mitgliedstaaten betroffen, wenn auch in unterschiedlichem Ausmaß. Der starke Anstieg der Energiepreise trägt wesentlich zur allgemeinen Inflation im Euro-Währungsgebiet bei und bremst das Wirtschaftswachstum in der Union.

(6) Es bedarf daher einer raschen und koordinierten Reaktion auf Unionsebene. Mithilfe der Festlegung von Notfallmaßnahmen könnte vorübergehend das Risiko gemindert werden, dass die Strompreise und die Kosten für Strom für Endkunden noch weniger tragfähige Niveaus erreichen und die Mitgliedstaaten unkoordinierte nationale Maßnahmen ergreifen, die die Versorgungssicherheit auf Unionsebene gefährden und die Industrie

und die Verbraucher in der Union zusätzlich belasten könnten. Im Winter 2022/2023 sind koordinierte solidarische Anstrengungen zwischen den Mitgliedstaaten erforderlich, um die Auswirkungen hoher Energiepreise abzufedern und sicherzustellen, dass die derzeitige Krise keine dauerhaften Schäden für Verbraucher und Wirtschaft mit sich bringt und gleichzeitig die langfristige Tragfähigkeit der öffentlichen Finanzen gewahrt wird.

(7) Die derzeitigen Störungen der Gasversorgung, die geringere Verfügbarkeit einiger Kraftwerke und die daraus resultierenden Auswirkungen auf die Gas- und Strompreise bringen gravierende Schwierigkeiten in der Versorgung mit Gas- und Stromenergieerzeugnissen im Sinne von Artikel 122 Absatz 1 des Vertrags über die Arbeitsweise der Europäischen Union (AEUV) mit sich. Es besteht ein ernsthaftes Risiko, dass sich die Lage im Winter 2022/2023 noch weiter verschlechtert, wenn es zu weiteren Störungen der Gasversorgung und einem kalten Winter mit einer höheren Nachfrage nach Gas und Strom kommt. Eine derartige weitere Verschlechterung könnte zu einem zusätzlichen Aufwärtsdruck auf die Preise von Gas und anderen Energieerzeugnissen führen, was sich letztendlich auf die Strompreise auswirken würde.

(8) Die Störungen am Energiemarkt, die von einem der wichtigsten Marktakteure durch die künstliche Drosselung der Gasversorgung im Zusammenhang mit dem Angriffskrieg Russlands gegen die Ukraine verursacht wurden, und die damit verbundene hybride Kriegsführung haben zu einer Krisensituation geführt, deren untragbaren Auswirkungen auf Verbraucher und Unternehmen durch die Annahme einer Reihe dringender, befristeter und außerordentlicher Wirtschaftsmaßnahmen begegnet werden muss. Wenn auf diese Krisensituation nicht rasch reagiert wird, kann sie für die Inflation, die Liquidität der Marktbetreiber und die Wirtschaft insgesamt gravierende Folgen haben.

(9) Um dem starken Anstieg der Strompreise und dessen Auswirkungen auf Haushalte und Industrie zu begegnen, bedarf es einer raschen und gut koordinierten unionsweiten Reaktion. Unkoordinierte nationale Maßnahmen könnten den Energiebinnenmarkt beeinträchtigen, die Versorgungssicherheit gefährden und einen weiteren Preisanstieg in den von der Krise am stärksten betroffenen Mitgliedstaaten mit sich bringen. Die Wahrung der Integrität des Strombinnenmarkts ist für die Erhaltung und Stärkung der erforderlichen Solidarität zwischen den Mitgliedstaaten daher von entscheidender Bedeutung.

(10) Auch wenn einige Mitgliedstaaten von den Auswirkungen einer Unterbrechung der russischen Gaslieferungen und den daraus resultierenden höheren Preisen stärker betroffen sein könnten als andere, können alle Mitgliedstaaten dazu beitragen, den wirtschaftlichen Schaden einer solchen Unterbrechung durch das Ergreifen geeigneter Maßnahmen zur Senkung der Nachfrage zu begrenzen. Eine Senkung der Stromnachfrage auf nationaler Ebene kann positive unionsweite Auswirkungen auf die Strompreise haben, da die Strommärkte gekoppelt sind und Einsparungen in einem Mitgliedstaat auch den anderen Mitgliedstaaten zugutekommen.

(11) Unkoordinierte Obergrenzen für Markterlöse aus der Erzeugung von Strom in Anlagen mit niedrigeren Grenzkosten wie erneuerbare Energien, Kernkraft oder Braunkohle (inframarginale Erzeugungsanlagen) können erhebliche Verzerrungen zwischen den Erzeugern in der Union mit sich bringen, da diese unionsweit auf einem gekoppelten Strommarkt miteinander konkurrieren. Durch die Selbstverpflichtung zu einer unionsweiten Obergrenze für Markterlöse inframarginaler Erzeugungsanlagen sollten derartige Verzerrungen vermieden werden können. Darüber hinaus können aufgrund begrenzter finanzieller Mittel nicht alle Mitgliedstaaten die Verbraucher im selben Maße unterstützen, während einige Stromerzeuger gleichzeitig weiterhin erhebliche Überschusserlöse verbuchen. Durch die Solidarität zwischen den Mitgliedstaaten in Form der unionsweiten Obergrenze für Markterlöse sollten Einnahmen erzielt werden, mit denen die Mitgliedstaaten Maßnahmen zur Unterstützung von Stromendkunden wie Haushalten, kleinen und mittleren Unternehmen (KMU) und energieintensiven Branchen finanzieren können, während die Preissignale auf den Märkten in der Union und der grenzüberschreitende Handel erhalten bleiben.

(12) Angesichts des extremen Anstiegs der Endkundenpreise für Gas und Strom kommt staatlichen und öffentlichen Interventionen zum Schutz der Verbraucher besondere Bedeutung zu. Die Auswirkungen der Gasversorgungsengpässe auf die Strompreise sowie die Möglichkeit zur Finanzierung von Unterstützungsmaßnahmen aus dem Staatshaushalt sind jedoch von Mitgliedstaat zu Mitgliedstaat unterschiedlich. Können nur einzelne Mitgliedstaaten, die über ausreichende Mittel verfügen, Kunden und Versorger schützen, so würde dies zu erheblichen Verzerrungen auf dem Binnenmarkt führen. Durch eine einheitliche Verpflichtung zur Weitergabe von Überschusserlösen an die Verbraucher würden alle Mitgliedstaaten ihre Verbraucher schützen können. Die positiven Auswirkungen auf die Energiepreise würden auch für den vernetzten Energiemarkt der Union förderlich sein und würden zu einer Dämpfung der Inflationsrate beitragen. Daher sollten sich Maßnahmen, die in einem Mitgliedstaat ergriffen werden, in dem vernetzten Markt der Union im Geiste der Solidarität auch in anderen Mitgliedstaaten positiv auswirken.

(13) In der derzeitigen Lage erscheint es angemessen, Maßnahmen auf Unionsebene zu ergreifen, mit denen ein Solidaritätsbeitrag für im Erdöl-, Erdgas-, Kohle- und Raffineriebereich tätige Unternehmen und Betriebsstätten der Union eingeführt wird, um die unmittelbaren wirtschaftlichen Auswirkungen der rasant ansteigenden Energiepreise auf die öffentlichen Haushalte, die Endkunden und Unternehmen in der gesamten Union zu mindern. Ein solcher Solidaritätsbeitrag sollte außergewöhnlich und streng befristet sein.

(14) Der Solidaritätsbeitrag ist ein geeignetes Mittel, um Überschussgewinne im Falle unvorhergesehener Umstände anzugehen. Bei diesen Gewinnen handelt es sich nicht um gewöhnliche Gewinne, die von den Unternehmen oder Betriebsstätten der Union, die Tätigkeiten im Erdöl-, Erdgas-, Kohle- und Raffineriebereich ausüben, unter normalen Umständen hätten erzielt oder erwartet werden können, wenn die unvorhersehbaren Ereignisse auf den Energiemärkten nicht stattgefunden hätten. Daher stellt die Einführung eines Solidaritätsbeitrags eine gemeinsame und koordinierte Maßnahme dar, mit der im Geiste der Solidarität die Schaffung zusätzlicher Einnahmen für die nationalen Behörden möglich gemacht werden, um die von den rasant ansteigenden Energiepreisen stark betroffenen Haushalte und Unternehmen finanziell zu unterstützen und gleichzeitig in der gesamten Union gleiche Wettbewerbsbedingungen zu gewährleisten. Der Solidaritätsbeitrag sollte parallel zu den regulären Unternehmenssteuern angewandt werden, die im jeweiligen Mitgliedstaat von den betreffenden Unternehmen erhoben werden.

(15) Um für Kohärenz zwischen den einzelnen energiepolitischen Bereichen zu sorgen, sollten die in der vorliegenden Verordnung vorgesehenen Maßnahmen ein zusammenhängendes Paket bilden und sich gegenseitig verstärken. Alle Mitgliedstaaten sollten die Verbraucher durch Überschusserlöse aus der Obergrenze für Markterlöse, durch eine geringere Stromnachfrage und dadurch niedrigere Energiepreise sowie durch zusätzliche Einnahmen aus einem Solidaritätsbeitrag für im Erdöl-, Erdgas-, Kohle- und Raffineriebereich tätige Unternehmen und Betriebsstätten der Union gezielt unterstützen können. Gleichzeitig sollte eine Nachfragesenkung im Einklang mit den Zielen der Richtlinie (EU) 2019/944 des Europäischen Parlaments und des Rates (4) zu geringeren Risiken für die Versorgungssicherheit beitragen.

(16) Die Mitgliedstaaten sollten sich daher bemühen, den Bruttostromverbrauch aller Verbraucher einschließlich derer zu reduzieren, die noch nicht mit intelligenten Messsystemen oder Geräten ausgestattet sind, mit denen sie ihren Verbrauch zu bestimmten Tageszeiten überwachen können.

(17) Um Brennstoffvorräte für die Stromerzeugung zu erhalten und speziell auf die Tageszeiten abzuzielen, zu denen der Strompreis oder der Stromverbrauch am höchsten ist und die Stromerzeugung aus Gas sich besonders stark auf den Grenzpreis auswirkt, sollten alle Mitgliedstaaten ihren Bruttostromverbrauch während der ermittelten Spitzenzeiten verringern.

(18) Mit dem verbindlichen Ziel einer Nachfragesenkung in Höhe von 5 % während der Spitzenzeiten, das auf dem typischen Stromverbrauchsprofil für Spitzenzeiten basiert, würde sichergestellt, dass die Mitgliedstaaten sich speziell an Verbraucher wenden, die, unter anderem mithilfe von unabhängigen Aggregatoren, Flexibilität aufbringen können, indem sie ihre Nachfrage zu bestimmten Tageszeiten senken. Daher sollte eine aktive Senkung der Stromnachfrage in Höhe von mindestens 5 % zu bestimmten Tageszeiten zu einem geringeren Brennstoffverbrauch und einer gleichmäßigeren Verteilung der Nachfrage über den Tag beitragen und sich somit auf die Marktpreise für bestimmte Tageszeiten auswirken.

(19) Die Mitgliedstaaten sollten über die geeigneten Maßnahmen zur Erreichung der Ziele der Nachfragesenkung entscheiden können, damit nationale Besonderheiten berücksichtigt werden können. Bei der Ausarbeitung der Maßnahmen zur Senkung der Stromnachfrage sollten die Mitgliedstaaten sicherstellen, dass diese Maßnahmen den Elektrifizierungszielen der Union aus der Mitteilung der Kommission vom 8. Juli 2020„Förderung einer klimaneutralen Wirtschaft: Eine EU-Strategie zur Integration des Energiesystems“ nicht zuwiderlaufen. Die Elektrifizierung ist für eine geringere Abhängigkeit der Union von fossilen Brennstoffen und die Gewährleistung der langfristigen strategischen Autonomie der Europäischen Union entscheidend, da dadurch das Ausmaß der derzeitigen Energiekrise begrenzt werden kann und künftige Energiekrisen verhindert werden können. Die Maßnahmen zur Senkung des Bruttostromverbrauchs könnten nationale Sensibilisierungskampagnen, die Veröffentlichung gezielter Informationen zur prognostizierten Situation im Elektrizitätssystem, Regulierungsmaßnahmen zur Begrenzung nicht unbedingt notwendigen Energieverbrauchs sowie gezielte Anreize zur Senkung des Stromverbrauchs umfassen.

(20) Bei der Festlegung geeigneter Maßnahmen zur Nachfragesenkung während der Spitzenzeiten sollten die Mitgliedstaaten insbesondere marktbasierte Maßnahmen wie Auktionen oder Ausschreibungen in Betracht ziehen, mit denen sie Anreize für eine Senkung des Verbrauchs auf wirtschaftlich effiziente Weise bieten könnten. Für mehr Effizienz und eine rasche Umsetzung könnten die Mitgliedstaaten vorhandene Initiativen nutzen und bestehende Laststeuerungsprogramme ausbauen. Die auf nationaler Ebene ergriffenen Maßnahmen

könnten auch finanzielle Anreize oder Ausgleichsleistungen für betroffene Marktteilnehmer umfassen, wenn neben dem zu erwartenden Normalverbrauch eine spürbare Nachfragesenkung erreicht wird.

(21) Um die Mitgliedstaaten bei der Erreichung der erforderlichen Nachfragesenkungen gemäß der vorliegenden Verordnung zu unterstützen und ihnen Leitlinien an die Hand zu geben, sollte die Kommission beim Austausch bewährter Verfahren zwischen den Mitgliedstaaten helfen.

(22) Angesichts des außergewöhnlichen und plötzlichen Anstiegs der Strompreise und des unmittelbaren Risikos einer weiteren Verteuerung müssen die Mitgliedstaaten unverzüglich die erforderlichen Maßnahmen ergreifen, um den Bruttostromverbrauch zu senken, damit rasche Preissenkungen ermöglicht werden und die Verwendung fossiler Brennstoffe auf ein Mindestmaß reduziert wird.

(23) Auf dem Day-Ahead-Großhandelsmarkt werden zunächst die kostengünstigsten Kraftwerke eingesetzt; der Preis für alle Marktteilnehmer wird jedoch durch das letzte Kraftwerk bestimmt, das zur Deckung der Nachfrage benötigt wird, d. h. durch das Kraftwerk mit den höchsten Grenzkosten bei Markt-Clearing. Der jüngste Anstieg der Gas- und Steinkohlepreise schlägt sich inzwischen in einem außergewöhnlichen und anhaltenden Anstieg der Angebotspreise der gas- und kohlebetriebenen Energieerzeugungsanlagen auf dem Day-Ahead-Großhandelsmarkt nieder. Dies wiederum hat in der gesamten Union zu außergewöhnlich hohen Preisen auf dem Day-Ahead-Markt geführt, da es sich bei diesen Kraftwerken oftmals um diejenigen mit den höchsten Grenzkosten handelt, die zur Deckung der Stromnachfrage erforderlich sind.

(24) Da der Preis auf dem Day-Ahead-Markt als Referenzpreis für andere Stromgroßhandelsmärkte dient und alle Marktteilnehmer denselben Clearingpreis erhalten, wurden bei den Technologien mit deutlich niedrigeren Grenzkosten seit der militärischen Aggression Russlands gegen die Ukraine im Februar 2022 durchweg hohe Erlöse erzielt, die weit über die Erwartungen bei der Investition hinausgingen.

(25) In einer Situation, in der die Verbraucher extrem hohen Preisen ausgesetzt sind, die auch der Wirtschaft der Union schaden, müssen die außergewöhnlichen Markterlöse von Erzeugern mit niedrigeren Grenzkosten vorübergehend begrenzt werden, indem auf diese Markterlöse aus dem Stromverkauf in der Union die Obergrenze für Markterlöse angewandt wird.

(26) Um zu verhindern, dass die Anwendung der Obergrenze für Markterlöse umgangen wird, sollten die Mitgliedstaaten wirksame Maßnahmen ergreifen, um sicherzustellen, dass diese Obergrenze für Markterlöse wirksam angewandt wird, wenn Erzeuger Teil einer Unternehmensgruppe sind.

(27) Die Höhe der Obergrenze für Markterlöse sollte die Möglichkeiten der betroffenen Erzeuger, einschließlich der Erzeuger erneuerbarer Energien, nicht beeinträchtigen, ihre Investitions- und Betriebskosten zu decken, und künftige Investitionen in die erforderlichen Kapazitäten für ein emissionsarmes und zuverlässiges Elektrizitätssystem erhalten sowie Anreize dafür schaffen. Die Obergrenze für Markterlöse, als eine unionsweit einheitliche Obergrenze, ist am besten dafür geeignet, das Funktionieren des Strombinnenmarkts aufrechtzuerhalten, da dadurch der Preiswettbewerb zwischen den Stromerzeugern, die verschiedene Technologien nutzen, insbesondere im Bereich der erneuerbaren Energien, gewahrt wird.

(28) Gelegentliche und kurzfristige Preisspitzen sind auf einem Strommarkt zwar normal und können für einige Investoren nützlich für die Deckung ihrer Investitionen in die Stromerzeugung sein; der seit Februar 2022 zu beobachtende extreme und andauernde Preisanstieg hebt sich jedoch deutlich von einer normalen Marktsituation mit gelegentlichen Preisspitzen ab. Daher sollte die Obergrenze für Markterlöse nicht unter den begründeten Erwartungen der Marktteilnehmer vor des Angriffskriegs Russlands gegen die Ukraine hinsichtlich des durchschnittlichen Strompreisniveaus während der Tageszeiten, zu denen die Stromnachfrage am höchsten war, liegen. Bis Februar 2022 lagen die erwarteten durchschnittlichen Preisspitzen auf dem Stromgroßhandelsmarkt der Union in den vergangenen Jahrzehnten durchgehend deutlich unter 180 EUR pro MWh, und das trotz der Preisunterschiede in den verschiedenen Regionen der Union. Da die ursprüngliche Investitionsentscheidung der Marktteilnehmer auf der Erwartung beruhte, dass die Preise im Durchschnitt unter dem Niveau der Spitzenzeiten liegen würden, entspricht die Obergrenze für Markterlöse bei 180 EUR pro MWh einem Preisniveau, das deutlich über den ursprünglichen Markterwartungen liegt. Damit die Obergrenze für Markterlöse nicht der ursprünglichen Bewertung der Investitionsrentabilität zuwiderläuft, muss eine Marge zu dem von den Investoren vernünftigerweise zu erwartenden Preis hinzugerechnet werden.

(29) Darüber hinaus ist die Obergrenze für Markterlöse von 180 EUR pro MWh durchweg höher — einschließlich einer angemessenen Marge — als die derzeitigen Stromgestehungskosten für die einschlägigen Erzeugungstechnologien und erlaubt es den betroffenen Erzeugern, ihre Investitions- und Betriebskosten zu decken. Da durch die Obergrenze für Markterlöse eine beträchtliche Marge zwischen den zu erwartenden Stromgestehungskosten und der Obergrenze für Markterlöse bleibt, kann nicht davon ausgegangen

werden, dass sie die Investitionen in neue inframarginale Kapazitäten beeinträchtigt.

(30) Um erhebliche Auswirkungen auf die ursprünglich zu erwartende Rentabilität eines Vorhabens zu verhindern, sollte die Obergrenze für Markterlöse nur für Markterlöse und nicht für die gesamten Erzeugungserlöse (einschließlich anderer potenzieller Einnahmequellen wie Einspeiseprämien) gesetzt werden. Unabhängig davon, in welcher vertraglichen Form der Stromhandel stattfindet, sollte die Obergrenze für Markterlöse nur für realisierte Markterlöse gelten. Dies ist notwendig, um Erzeugern nicht zu schaden, die von den derzeit hohen Strompreisen nicht tatsächlich profitieren, da sie ihre Erlöse gegen Preisschwankungen auf dem Stromgroßhandelsmarkt abgesichert haben. Soweit bestehende oder künftige vertragliche Verpflichtungen wie Verträge über den Bezug von erneuerbarem Strom oder andere Arten von Strombezugsverträgen oder Forward Hedges Markterlöse aus der Stromerzeugung bis zur Höhe der Obergrenze für Markterlöse einbringen, sollten diese Erlöse von dieser Verordnung nicht berührt werden. Die Maßnahme zur Einführung der Obergrenze für Markterlöse sollte Marktteilnehmer demnach nicht davon abhalten, solche vertraglichen Verpflichtungen einzugehen.

(31) Es mag zwar effizienter sein, die Obergrenze für Markterlöse zum Zeitpunkt der Abwicklung der Transaktionen anzuwenden; dies ist jedoch unter Umständen — beispielsweise aufgrund der unterschiedlichen Organisation der Stromgroßhandelsmärkte in den Mitgliedstaaten und der unterschiedlichen Zeiträume — nicht immer möglich. Um nationalen Besonderheiten Rechnung zu tragen und die Anwendung der Obergrenze für Markterlöse auf nationaler Ebene zu erleichtern, sollten die Mitgliedstaaten entscheiden können, ob sie die Obergrenze entweder bei der Abwicklung des Stromaustauschs oder danach anwenden möchten. Zudem sollte es weiterhin bei den Mitgliedstaaten liegen, ob sie Unterstützungsmaßnahmen für Stromendkunden vorfinanzieren und die Markterlöse zu einem späteren Zeitpunkt erheben. Die Kommission sollte für die Mitgliedstaaten Leitlinien für die Durchführung dieser Maßnahme herausgeben.

(32) Die Obergrenze für Markterlöse sollte für Technologien gelten, deren Grenzkosten unter der Obergrenze für Markterlöse liegen, wie beispielsweise Wind-, Solar-, Kernenergie oder Braunkohle.

(33) Die Obergrenze für Markterlöse sollte nicht für Technologien mit hohen Grenzkosten im Zusammenhang mit dem Preis der für die Stromerzeugung erforderlichen Brennstoffe wie Gas- und Steinkohlekraftwerke gelten, da deren Betriebskosten deutlich über der Obergrenze für Markterlöse liegen würden und die Anwendung dieser Obergrenze ihre wirtschaftliche Tragfähigkeit gefährden würde. Um die Anreize für eine allgemeine Senkung des Gasverbrauchs zu bewahren, sollte die Obergrenze für Markterlöse auch nicht für Technologien gelten, die in direktem Wettbewerb mit Gaskraftwerken stehen, um Flexibilität im Stromnetz zu gewährleisten und ihnen die Möglichkeit zu bieten, ihren Strom auf den Strommärkten auf Grundlage ihrer Opportunitätskosten wie Laststeuerungs- und Speicherungskosten anzubieten.

(34) Die Obergrenze für Markterlöse sollte nicht für Technologien gelten, bei denen anstatt Erdgas Ersatzbrennstoffe wie Biomethan verwendet werden, um die Umrüstung bestehender Gaskraftwerke im Einklang mit den REPowerEU-Zielen, die insbesondere in der Mitteilung der Kommission vom 18. Mai 2022 zum REPowerEU-Plan (im Folgenden „REPowerEU-Plan") gesetzt wurden, nicht zu gefährden.

(35) Um die Anreize für die Entwicklung innovativer Technologien zu bewahren, sollte die Obergrenze für Markterlöse nicht für Demonstrationsvorhaben gelten.

(36) In einigen Mitgliedstaaten sind die Erlöse einiger Erzeuger bereits durch staatliche und öffentliche Maßnahmen wie Einspeisetarife oder zweiseitige Differenzverträge begrenzt. Diese Erzeuger profitieren nicht von höheren Erlösen durch den jüngsten Anstieg der Strompreise. Daher sollten bestehende Erzeuger, die derartigen, nicht als Reaktion auf die derzeitige Energiekrise ergriffenen staatlichen Maßnahmen unterliegen, von der Anwendung der Obergrenze für Markterlöse ausgenommen werden. Ebenso sollte die Obergrenze für Markterlöse nicht für Erzeuger gelten, deren Markterlöse anderen behördlichen Regulierungsmaßnahmen unterliegen, in deren Rahmen Erlöse direkt an Verbraucher weitergegeben werden.

(37) Um eine wirksame Durchsetzung der Obergrenze für Markterlöse zu gewährleisten, sollten die Erzeuger, Vermittler und einschlägigen Marktteilnehmer den zuständigen Behörden der Mitgliedstaaten und gegebenenfalls den Netzbetreibern und nominierten Strommarktbetreibern die erforderlichen Daten zur Verfügung stellen. Da die zuständigen Behörden der Mitgliedstaaten die Durchsetzung der Obergrenze für Markterlöse für eine Vielzahl einzelner Transaktionen sicherstellen müssen, sollten diese Behörden die Möglichkeit haben, für die Berechnung der Obergrenze für Markterlöse auf angemessene Schätzungen zurückzugreifen.

(38) In Situationen, in denen sich die Anwendung der Obergrenze für Markterlöse auf die für Marktteilnehmer bestehenden Anreize zur Bereitstellung von Regelarbeit oder Redispatching und Countertrading auswirken kann, sollten die Mitgliedstaaten beschließen können, diese Obergrenze für Markterlöse aus dem Verkauf von Strom auf dem Regelarbeitsmarkt und aus dem finanziellen

Ausgleich für Redispatching und Countertrading nicht anzuwenden.

(39) Um Bedenken hinsichtlich der Versorgungssicherheit Rechnung zu tragen, sollten die Mitgliedstaaten die Möglichkeit haben, die Obergrenze für Markterlöse so festzulegen, dass die Stromerzeuger 10 % der Überschusserlöse oberhalb der Obergrenze für Markterlöse einbehalten können.

(40) Da sich der Stromerzeugungsmix und die Kostenstruktur von Erzeugungsanlagen von Mitgliedstaat zu Mitgliedstaat stark unterscheiden, sollten die Mitgliedstaaten die Möglichkeit haben, unter bestimmten Bedingungen nationale Krisenmaßnahmen beizubehalten oder einzuführen.

(41) Insbesondere sollten die Mitgliedstaaten weiterhin die Möglichkeit haben, die Erlöse der Erzeuger, für die die Obergrenze für Markterlöse gilt, weiter zu begrenzen und für Markterlöse aus dem Verkauf von aus Steinkohle erzeugtem Strom eine gesonderte Obergrenze festzulegen, da deren Preis in einigen Mitgliedstaaten deutlich unter dem Preis der marginalen Technologien liegen kann. Um Rechtssicherheit sicherzustellen, sollten die Mitgliedstaaten auch nationale Krisenmaßnahmen beibehalten oder einführen dürfen, durch die die Markterlöse von Erzeugern begrenzt werden, für die die unionsweite Obergrenze für Markterlöse nicht gilt.

(42) Um die Versorgungssicherheit sicherzustellen, sollten die Mitgliedstaaten für Erzeuger, die sonst der unionsweiten Obergrenze für Markterlöse unterliegen würden, eine höhere Obergrenze für Markterlöse festlegen können, wenn deren Investitions- und Betriebskosten über der unionsweiten Obergrenze für Markterlöse liegen.

(43) Die verstärkten gebotszonenübergreifenden Handelsströme aufgrund krisenbedingt hoher Preisunterschiede zwischen diesen Zonen haben in einigen Mitgliedstaaten zu einem erheblichen Anstieg der Engpasserlöse geführt. Engpasserlöse sollten weiterhin so zugeteilt werden, dass sie der Verwirklichung der vorrangigen Ziele gemäß Artikel 19 Absatz 2 der Verordnung (EU) 2019/943 des Europäischen Parlaments und des Rates (5) dienen. In hinreichend begründeten Ausnahmefällen und unter der Kontrolle ihrer Regulierungsbehörden sollten die Mitgliedstaaten jedoch die Möglichkeit erhalten, die übrigen Überschusserlöse direkt an die Stromendkunden zu verteilen, statt sie ausschließlich für die in Artikel 19 Absatz 3 jener Verordnung genannten Zwecke zu verwenden.

(44) Da aufgrund ihrer jeweiligen Abhängigkeit von Stromeinfuhren aus anderen Ländern nicht alle Mitgliedstaaten ihre Endkunden in gleichem Maße durch die Anwendung der Obergrenze für Markterlöse unterstützen können, müssen Mitgliedstaaten mit Nettostromeinfuhren von 100 % oder mehr Vereinbarungen schließen können, um die Überschusserlöse im Geiste der Solidarität mit dem wichtigsten Ausfuhrmitgliedstaat zu teilen. Zu derartigen Solidaritätsvereinbarungen werden die Mitgliedstaaten insbesondere ermutigt, um unausgewogenen Handelsbeziehungen Rechnung zu tragen.

(45) Die Geschäfts- und Handelspraktiken und der Rechtsrahmen im Stromsektor unterscheiden sich deutlich vom Sektor für fossile Brennstoffe. Da mit der Obergrenze für Markterlöse das Marktergebnis nachgebildet werden soll, das die Erzeuger hätten erwarten können, wenn die globalen Lieferketten seit Februar 2022 normal und ohne Störungen bei den Gaslieferungen funktionieren würden, muss die Maßnahme für Stromerzeuger auf die Erlöse aus der Stromerzeugung angewandt werden. Umgekehrt muss der befristete Solidaritätsbeitrag, da er auf die Rentabilität von im Erdöl-, Erdgas-, Kohle- und Raffineriebereich tätigen Unternehmen und Betriebsstätten der Union abzielt, die im Vergleich zu den Vorjahren erheblich zugenommen hat, auf deren Gewinne angewandt werden.

(46) Die Mitgliedstaaten sollten sicherstellen, dass die Überschusserlöse aus der Anwendung der Obergrenze für Markterlöse im Bereich der Stromerzeugung an die Stromendkunden weitergegeben werden, um die Auswirkungen außergewöhnlich hoher Strompreise abzufedern. Die Überschusserlöse sollten an die Kunden — sowohl Haushalte als auch Unternehmen — weitergegeben werden, die von den hohen Strompreisen besonders betroffen sind. Ohne die vorgeschlagenen Maßnahmen besteht die Gefahr, dass nur die wohlhabenderen Mitgliedstaaten über die Mittel zum Schutz ihrer Verbraucher verfügen und es zu erheblichen Verzerrungen auf dem Binnenmarkt kommt.

(47) Die Einnahmen aus der Obergrenze sollten Mitgliedstaaten helfen, Maßnahmen wie Einkommenstransfers, Rechnungsrabatte, Ausgleichsleistungen für Erzeuger, die unterhalb der Kosten liefern, sowie Investitionen zu finanzieren, die zu einer strukturellen Senkung des Verbrauchs führen würden, insbesondere des Verbrauchs von Strom aus fossilen Brennstoffen. Wird gewerblichen Kunden Unterstützung gewährt, so sollten diese darauf hinarbeiten, in Dekarbonisierungstechnologien wie erneuerbare Energien zu investieren, beispielsweise im Rahmen von Strombezugsverträgen oder durch Direktinvestitionen in die Erzeugung erneuerbarer Energien, oder Investitionen in die Energieeffizienz tätigen.

(48) Öffentliche Eingriffe in die Festsetzung der Stromversorgungspreise sind grundsätzlich eine marktverzerrende Maßnahme. Derartige Eingriffe dürfen daher nur als gemeinwirtschaftliche Verpflichtungen vorgenommen werden und sollten besonderen Bedingungen unterliegen. Gemäß der Richtlinie (EU) 2019/944 sind regulierte Preise derzeit für Haushalte und Kleinstunternehmen

möglich sowie — und das selbst zu Preisen unterhalb der Kosten — für von Energiearmut betroffene und schutzbedürftige Kunden. Angesichts des derzeitigen außergewöhnlichen Anstiegs der Strompreise sollte das Instrumentarium möglicher Maßnahmen der Mitgliedstaaten zur Unterstützung der Verbraucher vorübergehend erweitert werden, indem die Möglichkeit geschaffen wird, regulierte Preise auch für KMU einzuführen und regulierte Preise auch unterhalb der Kosten festzusetzen. Diese Ausweitung der Maßnahmen könnte über die Obergrenze für Markterlöse finanziert werden.

(49) Wenn sie unterhalb der Kosten liegen, dürfen regulierte Endkundenpreise zu keiner Diskriminierung von Versorgern führen oder diesen unfaire Kosten auferlegen. Unbeschadet der Anwendung der Vorschriften über staatliche Beihilfen sollten die Versorger daher angemessene Ausgleichsleistungen für die Kosten erhalten, die ihnen bei der Versorgung zu regulierten Preisen entstehen. Die Kosten für regulierte Preise unterhalb der Kosten sollten aus den Einnahmen aus der Anwendung der Obergrenze für Markterlöse finanziert werden. Um zu vermeiden, dass durch solche Maßnahmen die Nachfrage nach Strom zunimmt, und gleichzeitig den Energiebedarf der Verbraucher weiterhin zu decken, sollten die unterhalb der Kosten liegenden regulierten Preise nur eine begrenzte Menge des Verbrauchs abdecken. Regelungen über Versorger letzter Instanz und die Wahl des Versorgers letzter Instanz durch die Mitgliedstaaten sollten von dieser Verordnung unberührt bleiben.

(50) Aufgrund der plötzlichen und unvorhersehbaren Umstände des Angriffskriegs Russlands gegen die Ukraine, des geringeren Energieangebots und der steigenden Nachfrage durch die Rekordtemperaturen sind die Gewinne der Unternehmen und Betriebsstätten der Union, die mindestens 75 % ihres Umsatzes im Erdöl-, Erdgas-, Kohle- und Raffineriebereich erzielen, deutlich angestiegen, ohne dass diese ihre Kostenstruktur wesentlich verändert oder ihre Investitionen erhöht hätten.

(51) Der befristete Solidaritätsbeitrag sollte als Umverteilungsmaßnahme dienen, um sicherzustellen, dass die betreffenden Unternehmen, die infolge der unerwarteten Umstände Überschussgewinne erzielt haben, proportional zur Bewältigung der Energiekrise auf dem Binnenmarkt beitragen.

(52) Als Grundlage für die Berechnung des befristeten Solidaritätsbeitrags dienen die nach bilateralen Verträgen oder dem nationalen Steuerrecht der Mitgliedstaaten für das am oder nach dem 1. Januar 2022 und/oder 1. Januar 2023 beginnende Haushaltsjahr und während der gesamten Dauer des betreffenden Haushaltsjahrs ermittelten steuerpflichtigen Gewinne der in der Union steuerlich ansässigen Unternehmen und Betriebsstätten im Erdöl-, Erdgas-, Kohle- und Raffineriebereich. Mitgliedstaaten, die nur ausgeschüttete Unternehmensgewinne besteuern, sollten den befristeten Solidaritätsbeitrag unabhängig von deren Ausschüttung auf die berechneten Gewinne anwenden. Das Haushaltsjahr wird nach den im nationalen Recht der Mitgliedstaaten geltenden Vorschriften bestimmt.

(53) Nur Gewinne aus dem Jahr 2022 und/oder 2023, die mehr als 20 % über den durchschnittlichen steuerpflichtigen Gewinnen aus den vier am oder nach dem 1. Januar 2018 beginnenden Haushaltsjahren liegen, sollten dem Solidaritätsbeitrag unterliegen.

(54) Durch diesen Ansatz würde sichergestellt, dass der Teil der Gewinnspanne, der nicht auf die unvorhersehbaren Entwicklungen auf den Energiemärkten infolge des Angriffskriegs Russlands gegen die Ukraine zurückzuführen ist, von den betreffenden Unternehmen und Betriebsstätten der Union, einschließlich in energieintensiven Branchen, für zukünftige Investitionen oder zur Gewährleistung ihrer Finanzstabilität in der anhaltenden Energiekrise genutzt werden kann. Dieser Ansatz zur Bestimmung der Berechnungsgrundlage würde gewährleisten, dass der Solidaritätsbeitrag in den verschiedenen Mitgliedstaaten verhältnismäßig ist. Gleichzeitig sollte mit der Festlegung eines Mindestsatzes sichergestellt werden, dass der Solidaritätsbeitrag fair und verhältnismäßig ist. Es sollte den Mitgliedstaaten weiterhin freistehen, für ihren Solidaritätsbeitrag einen höheren Satz als 33 % anzuwenden. Dadurch sollten die betreffenden Mitgliedstaaten den bevorzugten Satz, den sie im Rahmen ihrer nationalen Rechtssysteme für annehmbar und angemessen halten, festlegen können.

(55) Die Mitgliedstaaten sollten die erforderlichen Maßnahmen ergreifen, um die uneingeschränkte Anwendung des in dieser Verordnung festgelegten Solidaritätsbeitrags sicherzustellen, und sollten im nationalen Recht die erforderlichen Anpassungen veranlassen, um insbesondere die rechtzeitige Erhebung des Solidaritätsbeitrags zu gewährleisten — auch auf der Grundlage von Nettoerlösen, mit denen der Solidaritätsbeitrag verrechnet werden kann —, um der Abzugsfähigkeit bzw. Nichtabzugsfähigkeit des Solidaritätsbeitrags Rechnung zu tragen oder der Behandlung von Verlusten in früheren Haushaltsjahren Rechnung zu tragen, damit die kürzeren Haushaltsjahre bei 2022 und/oder 2023 gegründeten Unternehmen oder bei Unternehmensumstrukturierungen oder -fusionen für die Zwecke der Berechnung des Solidaritätsbeitrags einheitlich behandelt werden.

(56) Der Solidaritätsbeitrag sollte eingesetzt werden für i) finanzielle Unterstützungsmaßnahmen für Endkunden und insbesondere für schutzbedürftige Haushalte zur Abfederung der Auswirkungen der hohen Energiepreise; ii) finanzielle

Unterstützungsmaßnahmen zur Senkung des Energieverbrauchs; iii) finanzielle Unterstützungsmaßnahmen für Unternehmen in energieintensiven Branchen und iv) finanzielle Unterstützungsmaßnahmen zum Ausbau der Energieautonomie der Union. Die Mitgliedstaaten sollten außerdem einen Teil der Einnahmen aus dem befristeten Solidaritätsbeitrag für die gemeinsame Finanzierung verwenden können. Diese Maßnahmen erfordern ein hohes Maß an Flexibilität, um den Haushaltsverfahren der Mitgliedstaaten Rechnung zu tragen.

(57) Die Verwendung der Einnahmen für diese Zwecke zeigt, dass der Solidaritätsbeitrag als außerordentliche und befristete Maßnahme darauf abzielt, die negativen Auswirkungen der Energiekrise für Haushalte und Unternehmen unionsweit zu vermindern und abzufedern sowie gleichzeitig den Binnenmarkt zu schützen und der Gefahr einer weiteren Fragmentierung entgegenzuwirken. Die rasant ansteigenden Energiepreise wirken sich auf alle Mitgliedstaaten aus. Angesichts der Unterschiede in ihren jeweiligen Energiemixes sind jedoch nicht alle Mitgliedstaaten gleichermaßen betroffen und nicht alle verfügen über denselben haushaltspolitischen Spielraum, um die erforderlichen Schutzmaßnahmen für schutzbedürftige Haushalte und Unternehmen zu ergreifen. Ohne eine Maßnahme der Union wie einen Solidaritätsbeitrag besteht ein hohes Risiko von Störungen auf dem Binnenmarkt und einer weiteren Fragmentierung des Binnenmarkts, die angesichts der Integration der Energiemärkte und der Wertschöpfungsketten allen Mitgliedstaaten schaden würde. Es ist auch eine Frage der Solidarität zwischen den Mitgliedstaaten, die Energiearmut und sozialen Folgen der Energiekrise zu bekämpfen, insbesondere zum Schutz der Arbeitnehmer in besonders exponierten Branchen. Für eine größtmögliche Wirkung sollten die Einnahmen aus dem Solidaritätsbeitrag koordiniert und/oder über die Finanzierungsinstrumente der Union solidarisch eingesetzt werden.

(58) Insbesondere sollten die Mitgliedstaaten die finanziellen Unterstützungsmaßnahmen gezielt auf die schutzbedürftigsten Haushalte und Unternehmen ausrichten, die von den rasant ansteigenden Energiepreisen am stärksten betroffen sind. Dadurch würde der Preisanreiz zur Senkung der Energienachfrage und für Energieeinsparungen beibehalten. Darüber hinaus würde sich eine Ausrichtung auf die schutzbedürftigsten Haushalte mit Liquiditätsengpässen angesichts der hohen Konsumneigung dieser Gruppe von Haushalten durch die Vermeidung einer übermäßigen Verdrängung der Ausgaben für nichtenergetische Güter positiv auf den Gesamtverbrauch auswirken. Außerdem sollten die Einnahmen aus dem Solidaritätsbeitrag zur Förderung der Senkung des Energieverbrauchs eingesetzt werden. Diesbezüglich sollten diese Einnahmen beispielsweise für Auktionen oder Ausschreibungen zur Nachfragesenkung verwendet werden, mit denen die Energiebezugskosten für Endkunden bei bestimmten Energieverbrauchsmengen gesenkt oder Investitionen von Endkunden — sowohl schutzbedürftigen Haushalten als auch Unternehmen — in erneuerbare Energien, Energieeffizienz oder andere Dekarbonisierungstechnologien gefördert werden. Einnahmen aus dem Solidaritätsbeitrag sollten auch zur finanziellen Unterstützung von Unternehmen in energieintensiven Branchen sowie in Regionen eingesetzt werden, die auf diese Branchen angewiesen sind. Die Kosten in energieintensiven Branchen wie der Düngemittelindustrie steigen aufgrund der rasant steigenden Energiepreise derzeit sprunghaft an. Die finanziellen Unterstützungsmaßnahmen müssen von den Investitionen in erneuerbare Energien, Energieeffizienz oder andere Dekarbonisierungstechnologien abhängig gemacht werden. Darüber hinaus sollten Maßnahmen, durch die die Union mehr Autonomie im Energiebereich erlangt, mit Investitionen gemäß den in der Mitteilung der Kommission vom 8. März 2022 mit dem Titel „REPowerEU: gemeinsames europäisches Vorgehen für erschwinglichere, sichere und nachhaltige Energie" (im Folgenden „REPowerEU: gemeinsames europäisches Vorgehen") und im REPowerEU-Plan gesetzten Zielen unterstützt werden, und zwar insbesondere in Projekte mit grenzüberschreitender Dimension.

(59) Die Mitgliedstaaten könnten auch entscheiden, einen Teil der Einnahmen aus dem Solidaritätsbeitrag für die gemeinsame Finanzierung von Maßnahmen zu verwenden, mit denen die negativen Auswirkungen der Energiekrise verringert werden sollen und die unter anderem den Beschäftigungsschutz und die Umschulung und Weiterqualifizierung der Arbeitskräfte oder die Förderung von Investitionen in Energieeffizienz und erneuerbare Energien — auch im Rahmen von grenzüberschreitenden Projekten — umfassen können. Unter die gemeinsame Finanzierung fallen sowohl die vorhabenbasierte Kostenteilung zwischen Mitgliedstaaten als auch die Mobilisierung von Mitteln über ein Unionsinstrument, bei der die Mitgliedstaaten dem Unionshaushalt solidarisch und freiwillig Mittel zuweisen.

(60) Eine regelmäßige und wirksame Überwachung und Berichterstattung an die Kommission sind von entscheidender Bedeutung, um die Fortschritte der Mitgliedstaaten bei der Umsetzung der Ziele zur Nachfragesenkung, der Umsetzung der Obergrenze für Markterlöse, der Verwendung der Überschusserlöse und der Anwendung regulierter Preise zu bewerten.

(61) Die Mitgliedstaaten sollten der Kommission über die Anwendung des Solidaritätsbeitrags in ihrem jeweiligen Hoheitsgebiet sowie über etwaige Änderungen Bericht erstatten, die sie zu

diesem Zweck am nationalen Rechtsrahmen vornehmen, einschließlich zusätzlicher Rechtsvorschriften, die für eine einheitliche Umsetzung des Solidaritätsbeitrags notwendig sein können.

(62) Sie sollten auch über die Verwendung der Einnahmen aus dem Solidaritätsbeitrag Bericht erstatten. Damit soll insbesondere sichergestellt werden, dass die Mitgliedstaaten die Einnahmen im Einklang mit der vorliegenden Verordnung einsetzen.

(63) Die Mitgliedstaaten sollten den in dieser Verordnung festgelegten Solidaritätsbeitrag in ihrem jeweiligen Hoheitsgebiet anwenden, es sei denn, sie haben gleichwertige nationale Maßnahmen erlassen. Das Ziel der nationalen Maßnahme sollte als dem Gesamtziel des nach dieser Verordnung vorgesehenen Solidaritätsbeitrags gleichwertig gelten, wenn es darin besteht, zur Erschwinglichkeit von Energie beizutragen. Eine nationale Maßnahme sollte als Maßnahme gelten, die ähnlichen Vorschriften wie der Solidaritätsbeitrag unterliegt, wenn sie sich auf Tätigkeiten im Erdöl-, Erdgas-, Kohle- und Raffineriebereich erstreckt und damit eine Bemessungsgrundlage festgelegt, ein Satz vorgesehen sowie sichergestellt wird, dass die mit der nationalen Maßnahme erzielten Einnahmen ähnlichen Zwecken dienen wie der Solidaritätsbeitrag.

(64) Der Solidaritätsbeitrag und der dafür geltende Rechtsrahmen der Union sollten befristet sein, um der dringenden Ausnahmesituation zu begegnen, die in der Union im Zusammenhang mit den rasant ansteigenden Energiepreisen entstanden ist. Der Solidaritätsbeitrag sollte auf Überschussgewinne aus dem Jahr 2022 und/oder 2023 angewandt werden, um die negativen Auswirkungen der derzeitigen Energiekrise auf Haushalte und Unternehmen zu bewältigen und abzufedern. Die Anwendung des Solidaritätsbeitrags auf das gesamte Haushaltsjahr dürfte es ermöglichen, Überschussgewinne des betreffenden Zeitraums im öffentlichen Interesse zur Abfederung der Folgen der Energiekrise zu nutzen; gleichzeitig bleibt den betreffenden Unternehmen ein angemessenes Maß an Gewinnen erhalten.

(65) Der Solidaritätsbeitrag sollte nur für das Haushaltsjahr 2022 und/oder das Haushaltsjahr 2023 gelten. Die Kommission sollte bis zum 15. Oktober 2023 und bis zum 15. Oktober 2024 die Lage überprüfen und dem Rat einen Bericht übermitteln, da die Mitgliedstaaten zu diesem Zeitpunkt einen Überblick über die Erhebung des Solidaritätsbeitrags haben werden.

(66) Sollte ein Mitgliedstaat Schwierigkeiten bei der Anwendung der vorliegenden Verordnung und insbesondere des befristeten Solidaritätsbeitrags haben, so sollte er gegebenenfalls die Europäische Kommission im Einklang mit Artikel 4 des Vertrags über die Europäische Union (EUV) konsultieren.

(67) Angesichts ihrer strukturbedingten sozialen und wirtschaftlichen Lage sowie ihrer physischen Eigenschaften können Gebiete in äußerster Randlage im Sinne des Artikels 349 AEUV nicht an die Strommärkte der Union angebunden werden. Sie sollten daher nicht verpflichtet sein, die Bestimmungen über die Senkung des Bruttostromverbrauchs zu Spitzenzeiten und über die Obergrenze für Markterlöse anzuwenden. Außerdem sollten Mitgliedstaaten die Möglichkeit haben, diese Bestimmungen nicht auf Strom anzuwenden, der in kleinen, isolierten Netzen oder kleinen Verbundnetzen im Sinne der Richtlinie (EU) 2019/944 erzeugt wird. Darüber hinaus wenden Zypern und Malta den Besitzstand der Union im Bereich des Energiebinnenmarkts aufgrund ihrer Besonderheiten nicht in vollem Umfang an. Zypern ist von den transeuropäischen Energienetzen vollständig abgeschnitten, während Malta nur begrenzt an sie angebunden ist. Da sich ein differenzierter Ansatz für diese Mitgliedstaaten nur in begrenztem Maße auf den Energiebinnenmarkt auswirken würde, sollten Zypern und Malta die Bestimmungen über die Senkung ihres Bruttostromverbrauchs in Spitzenzeiten und über die Obergrenze für Markterlöse auf freiwilliger Basis anwenden können. Sollte Zypern beschließen, die Bestimmungen über die Obergrenze für Markterlöse anzuwenden und um die Stabilität seines Elektrizitätssystems zu gewährleisten, sollte es die Obergrenze für Markterlöse zudem nicht auf Strom anwenden müssen, der aus Erdölerzeugnissen erzeugt wird.

(68) Die Schwankungen der zugrunde liegenden Gaspreise bringen Schwierigkeiten für Energieunternehmen auf den Stromterminmärkten mit sich, insbesondere beim Zugang zu geeigneten Sicherheiten. Die Kommission prüft in Zusammenarbeit mit der Europäischen Wertpapier- und Marktaufsichtsbehörde und der Europäischen Bankenaufsichtsbehörde Fragen im Zusammenhang mit der Notenbankfähigkeit von Sicherheiten und Einschusszahlungen sowie Möglichkeiten zur Begrenzung übermäßiger Tagesvolatilität.

(69) Darüber hinaus stehen die in dieser Verordnung festgelegten Maßnahmen im Einklang mit den ergänzenden und laufenden Arbeiten der Kommission zur langfristigen Marktgestaltung, wie sie in der Mitteilung der Kommission vom 18. Mai 2022 über kurzfristige Energiemarktinterventionen und langfristige Verbesserungen der Strommarktgestaltung angekündigt wurden, die zusammen mit dem REPowerEU-Plan veröffentlicht wurde.

(70) Angesichts des Ausmaßes der Energiekrise, ihrer weitreichenden sozialen, wirtschaftlichen und finanziellen Auswirkungen und der Notwendigkeit, so schnell wie möglich zu handeln, sollte diese Verordnung aus Gründen der Dringlichkeit am Tag nach ihrer Veröffentlichung im *Amtsblatt der Europäischen Union* in Kraft treten.

(71) In Anbetracht des Ausnahmecharakters der Maßnahmen der vorliegenden Verordnung und der Notwendigkeit, diese insbesondere im Winter 2022/2023 anzuwenden, sollte die vorliegende Verordnung bis zum 31. Dezember 2023 gelten.

(72) Da die Ziele dieser Verordnung, nämlich die Festlegung von Notfallmaßnahmen, um die Auswirkungen der hohen Energiepreise abzumildern, von den Mitgliedstaaten nicht ausreichend verwirklicht werden können, sondern vielmehr wegen des Umfangs und der Wirkungen der Maßnahme auf Unionsebene besser zu verwirklichen sind, kann die Union im Einklang mit dem in Artikel 5 EUV verankerten Subsidiaritätsprinzip tätig werden. Entsprechend dem in demselben Artikel genannten Grundsatz der Verhältnismäßigkeit geht diese Verordnung nicht über das für die Verwirklichung dieses Ziels erforderliche Maß hinaus —

KAPITEL I
Gegenstand und Begriffsbestimmungen

Artikel 1
Gegenstand und Anwendungsbereich

In dieser Verordnung sind Notfallmaßnahmen festgelegt, um die Auswirkungen der hohen Energiepreise durch außerordentliche, gezielte und zeitlich begrenzte Maßnahmen abzumildern. Ziel dieser Maßnahmen ist es, den Stromverbrauch zu senken, eine Obergrenze für die mit der Stromerzeugung erzielten Markterlöse bestimmter Erzeuger einzuführen und diese Erlöse gezielt an Stromendkunden weiterzuverteilen, Möglichkeiten für die Mitgliedstaaten zu schaffen, mit öffentlichen Eingriffsmaßnahmen in die Festsetzung der Stromversorgungspreise für Haushaltskunden und KMU einzugreifen und Vorschriften für einen befristeten obligatorischen Solidaritätsbeitrag von im Erdöl-, Erdgas-, Kohle- und Raffineriebereich tätigen Unternehmen und Betriebsstätten der Union einzuführen, um zu einer bezahlbaren Energieversorgung von Haushalten und Unternehmen beizutragen.

Artikel 2
Begriffsbestimmungen

Für die Zwecke dieser Verordnung gelten die in Artikel 2 der Verordnung (EU) 2019/943 und Artikel 2 der Richtlinie (EU) 2019/944 festgelegten Begriffsbestimmungen. Zudem gelten folgende Begriffsbestimmungen:

1. „kleine und mittlere Unternehmen" oder „KMU" bezeichnet Unternehmen im Sinne von Artikel 2 des Anhangs der Empfehlung 2003/361/EG der Kommission ([1]);

2. „Bruttostromverbrauch" bezeichnet die gesamte Stromversorgung für Tätigkeiten im Hoheitsgebiet eines Mitgliedstaats;

3. „Referenzzeitraum" bezeichnet die Zeiträume vom 1. November bis zum 31. März in den fünf aufeinander folgenden Jahren vor dem Tag des Inkrafttretens dieser Verordnung, beginnend mit dem Zeitraum vom 1. November 2017 bis zum 31. März 2018;

4. „Spitzenzeiten" bezeichnet die jeweiligen Tagesstunden, in denen auf der Grundlage der Prognosen von Übertragungsnetzbetreibern und gegebenenfalls nominierten Strommarktbetreibern die Day-Ahead-Stromgroßhandelspreise voraussichtlich am höchsten sind, der Bruttostromverbrauch voraussichtlich am höchsten ist oder der Bruttoverbrauch von Strom, der nicht mit Energie aus erneuerbaren Quellen im Sinne von Artikel 2 Nummer 1 der Richtlinie (EU) 2018/2001 des Europäischen Parlaments und des Rates ([2]) erzeugt wird, voraussichtlich am höchsten ist;

5. „Markterlöse" bezeichnet die realisierten Erträge, die ein Erzeuger für den Verkauf und die Lieferung von Strom in der Union erhält, unabhängig von der Vertragsform, in der dieser Austausch stattfindet, einschließlich Strombezugsverträgen und anderer Absicherungen gegen Schwankungen auf dem Stromgroßhandelsmarkt und unter Ausschluss jeglicher von Mitgliedstaaten gewährter Unterstützung;

6. „Abwicklung" bezeichnet eine zwischen Gegenparteien geleistete und empfangene Zahlung, gegebenenfalls gegen Lieferung und Erhalt von Strom, zur Erfüllung der Verpflichtungen der Gegenparteien aus einer oder mehreren Clearing-Transaktionen;

7. „zuständige Behörde" bezeichnet eine Behörde im Sinne von Artikel 2 Nummer 11 der Verordnung (EU) 2019/941 des Europäischen Parlaments und des Rates ([3]);

8. „Vermittler" bezeichnet Unternehmen, die auf isolierten, nicht mit anderen Mitgliedstaaten verbundenen Stromgroßhandelsmärkten von Mitgliedstaaten mit einheitsbasierten Geboten tätig sind und die von der Regulierungsbehörde ermächtigt wurden, im Namen des Erzeugers am Markt teilzunehmen, mit Ausnahme von Unternehmen, die die Überschusserlöse direkt an die Stromendkunden weitergeben;

9. „Überschusserlöse" bezeichnet eine positive Differenz zwischen den Markterlösen der Erzeuger je MWh Strom und der Obergrenze für Markterlöse von 180 EUR je MWh Strom gemäß Artikel 6 Absatz 1;

10. „Abfall" bezeichnet gemäß Artikel 3 Nummer 1 der Richtlinie 2008/98/EG des Europäischen Parlaments und des Rates ([4]) jeden Stoff oder Gegenstand, dessen sich sein Besitzer entledigt, entledigen will oder entledigen muss;

11. „Abhängigkeit von Nettoeinfuhren" bezeichnet die Differenz zwischen den gesamten Stromeinfuhren und den gesamten Stromausfuhren als prozentualer Anteil an der gesamten Bruttostromerzeugung in einem Mitgliedstaat, im Zeitraum vom 1. Januar 2021 bis zum 31. Dezember 2021;

12. „Haushaltsjahr" bezeichnet ein Steuerjahr, ein Kalenderjahr oder einen anderen für Steuerzwecke geeigneten Zeitraum gemäß nationalem Recht;

13. „Endkunde" bezeichnet einen Kunden, der Energie für den Eigenverbrauch bezieht;

14. „Stromendkunde" bezeichnet einen Kunden, der Strom für den Eigenverbrauch bezieht;

15. „Unternehmen der Union" bezeichnet ein in einem Mitgliedstaat niedergelassenes Unternehmen, das nach dem Steuerrecht dieses Mitgliedstaats für Steuerzwecke als in diesem Mitgliedstaat ansässig gilt und nicht gemäß einem mit einem Drittstaat geschlossenen Doppelbesteuerungsabkommen als außerhalb der Union steuerlich ansässig gilt;

16. „Betriebsstätte" bezeichnet eine feste Geschäftseinrichtung, die in einem Mitgliedstaat gelegen ist und durch die die Tätigkeit eines in einem anderen Staat niedergelassenen Unternehmens ganz oder teilweise ausgeübt wird, sofern die Gewinne dieser Geschäftseinrichtung in dem Mitgliedstaat, in dem sie gelegen ist, nach nationalem Recht steuerpflichtig sind;

17. „im Erdöl-, Erdgas-, Kohle- und Raffineriebereich tätige Unternehmen und Betriebsstätten der Union" bezeichnet Unternehmen oder Betriebsstätten der Union, die mindestens 75 % ihres Umsatzes durch die in der Verordnung (EG) Nr. 1893/2006 des Europäischen Parlaments und des Rates ([5]) genannten Wirtschaftstätigkeiten in den Bereichen Extraktion, Bergbau, Erdölraffination oder Herstellung von Kokereierzeugnissen erzielen;

18. „Überschussgewinne" bezeichnet die nach den nationalen Steuervorschriften im Haushaltsjahr 2022 und/oder im Haushaltsjahr 2023 und während der gesamten Dauer des betreffenden Haushaltsjahrs ermittelten steuerpflichtigen Gewinne aus Tätigkeiten von im Erdöl-, Erdgas-, Kohle- und Raffineriebereich tätigen Unternehmen oder Betriebsstätten der Union, die in den vier am oder nach dem 1. Januar 2018 beginnenden Haushaltsjahren mehr als 20 % über dem Durchschnitt der steuerpflichtigen Gewinne liegen;

19. „Solidaritätsbeitrag" bezeichnet eine befristete Maßnahme in Bezug auf Überschussgewinne von im Erdöl-, Erdgas-, Kohle- und Raffineriebereich tätigen Unternehmen und Betriebsstätten der Union, mit dem Ziel, außergewöhnliche Preisentwicklungen auf den Energiemärkten für Mitgliedstaaten, Verbraucher und Unternehmen abzumildern;

20. „Engpasserlösüberschüsse" bezeichnet die übrigen Einnahmen, die nach Zuteilung der Engpasserlöse im Einklang mit den in Artikel 19 Absatz 2 der Verordnung (EU) 2019/943 festgelegten vorrangigen Zielen nicht verwendet werden;

21. „erlassene gleichwertige nationale Maßnahme" bezeichnet eine von einem Mitgliedstaat bis zum 31. Dezember 2022 erlassene und veröffentlichte Rechts- oder Verwaltungsmaßnahme, die zur Erschwinglichkeit von Energie beiträgt.

---

[1] Empfehlung 2003/361/EG der Kommission vom 6. Mai 2003 betreffend die Definition der Kleinstunternehmen sowie der kleinen und mittleren Unternehmen (ABl. L 124 vom 20.5.2003, S. 36).

[2] Richtlinie (EU) 2018/2001 des Europäischen Parlaments und des Rates vom 11. Dezember 2018 zur Förderung der Nutzung von Energie aus erneuerbaren Quellen (ABl. L 328 vom 21.12.2018, S. 82).

[3] Verordnung (EU) 2019/941 des Europäischen Parlaments und des Rates vom 5. Juni 2019 über die Risikovorsorge im Elektrizitätssektor und zur Aufhebung der Richtlinie 2005/89/EG (ABl. L 158 vom 14.6.2019, S. 1).

[4] Richtlinie 2008/98/EG des Europäischen Parlaments und des Rates vom 19. November 2008 über Abfälle und zur Aufhebung bestimmter Richtlinien (ABl. L 312 vom 22.11.2008, S. 3).

[5] Verordnung (EG) Nr. 1893/2006 des Europäischen Parlaments und des Rates vom 20. Dezember 2006 zur Aufstellung der statistischen Systematik der Wirtschaftszweige NACE Revision 2 und zur Änderung der Verordnung (EWG) Nr. 3037/90 des Rates sowie einiger Verordnungen der EG über bestimmte Bereiche der Statistik (ABl. L 393 vom 30.12.2006, S. 1).

KAPITEL II

Maßnahmen in Bezug auf den Strommarkt

Abschnitt 1

Nachfragesenkung

Artikel 3

Senkung des Bruttostromverbrauchs

(1) Die Mitgliedstaaten streben die Umsetzung von Maßnahmen an, mit denen ihr monatlicher Gesamtbruttostromverbrauch gegenüber dem durchschnittlichen Bruttostromverbrauch in den entsprechenden Monaten des Referenzzeitraums um 10 % gesenkt wird.

(2) Bei der Berechnung der Mengen, um die der Bruttostromverbrauch gesenkt wurde, können die Mitgliedstaaten dem erhöhten Bruttostromverbrauch Rechnung tragen, der sich aus der Verwirklichung der angestrebten Senkung der Gasnachfrage und den allgemeinen Elektrifizierungsbemühungen zur schrittweisen Abkehr von fossilen Brennstoffen ergibt.

Artikel 4[a)]

Senkung des Bruttostromverbrauchs zu Spitzenzeiten

(1) Jeder Mitgliedstaat ermittelt Spitzenzeiten, die insgesamt mindestens 10 % aller Stunden des Zeitraums zwischen dem 1. Dezember 2022 und dem 31. März 2023 entsprechen.

(2) Jeder Mitgliedstaat senkt seinen Bruttostromverbrauch während der ermittelten Spitzenzeiten. Die Senkung während der ermittelten Spitzenzeiten beträgt durchschnittlich mindestens 5 % pro Stunde. Das Ziel für die Senkung wird als Differenz zwischen dem tatsächlichen Bruttostromverbrauch für die ermittelten Spitzenzeiten und dem Bruttostromverbrauch berechnet, den die Übertragungsnetzbetreiber gegebenenfalls in Zusammenarbeit mit der Regulierungsbehörde prognostiziert haben, ohne die Auswirkungen der Maßnahmen zu berücksichtigen, die ergriffen wurden, um das in diesem Artikel festgelegte Ziel zu erreichen. Die Prognosen der Übertragungsnetzbetreiber können historische Daten des Referenzzeitraums enthalten.

(3) Die Mitgliedstaaten können beschließen, für die Spitzenzeiten einen anderen Prozentsatz als den in Absatz 1 genannten als Ziel festzulegen, sofern er sich mindestens auf 3 % der Spitzenzeiten erstreckt und die während jener Spitzenzeiten eingesparte Energie mindestens der Energiemenge entspricht, die mit den Parametern in den Absätzen 1 und 2 eingespart würde.

[a] Gilt vom 1. Dezember 2022 bis zum 31. März 2023.

Artikel 5
Maßnahmen zur Erreichung der Nachfragesenkung

Es steht den Mitgliedstaaten frei, geeignete Maßnahmen zur Senkung des Bruttostromverbrauchs zu wählen sowie bestehende nationale Maßnahmen auszuweiten, um die in den Artikeln 3 und 4 festgelegten Ziele zu erreichen. Die Maßnahmen müssen eindeutig festgelegt, transparent, verhältnismäßig, gezielt, diskriminierungsfrei und überprüfbar sein, und sie müssen insbesondere sämtliche der folgenden Bedingungen erfüllen:

a) Wenn zusätzlich zu den Markterlösen auch ein finanzieller Ausgleich gezahlt wird, muss der Ausgleichsbetrag im Rahmen eines offenen wettbewerblichen Verfahrens festgelegt werden;

b) die Maßnahmen dürfen nur dann einen finanziellen Ausgleich umfassen, wenn dieser Ausgleich für zusätzliche Stromeinsparungen gezahlt wird, die gegenüber dem Verbrauch, der in der betreffenden Stunde ohne Ausschreibung zu erwarten gewesen wäre, erreicht wurden;

c) sie dürfen den Wettbewerb nicht unangemessen verzerren und das ordnungsgemäße Funktionieren des Strombinnenmarkts nicht unangemessen beeinträchtigen;

d) sie dürfen gemäß Artikel 17 der Richtlinie (EU) 2019/944 nicht unangemessen auf bestimmte Kunden oder Kundengruppen, einschließlich unabhängiger Aggregatoren, beschränkt sein und

e) sie dürfen den Prozess des Austauschs von Technologien, die fossile Brennstoffe nutzen, durch Technologien, die Strom nutzen, nicht unangemessen behindern.

Abschnitt 2
Obergrenze für Markterlöse und Verteilung der Überschusserlöse und der Engpasserlösüberschüsse an die Stromendkunden

Artikel 6[a]
Verbindliche Obergrenze für Markterlöse

(1) Die Markterlöse, die Erzeuger für die Stromerzeugung aus den in Artikel 7 Absatz 1 genannten Quellen erzielen, werden auf höchstens 180 EUR je MWh erzeugter Elektrizität begrenzt.

(2) Die Mitgliedstaaten stellen sicher, dass die Obergrenze für Markterlöse auf alle Markterlöse der Erzeuger und gegebenenfalls der Vermittler, die im Namen von Erzeugern an Stromgroßhandelsmärkten teilnehmen, angewandt wird, unabhängig davon, in welchem Marktzeitraum die Transaktion stattfindet und ob der Strom bilateral oder auf einem zentralen Markt gehandelt wird.

(3) Die Mitgliedstaaten treffen wirksame Maßnahmen, um eine Umgehung der Verpflichtungen der Erzeuger gemäß Absatz 2 zu verhindern. Sie stellen insbesondere sicher, dass die Obergrenze für Markterlöse wirksam angewandt wird, wenn Erzeuger unter der Kontrolle oder teilweise im Besitz von anderen Unternehmen stehen, insbesondere wenn sie Teil eines vertikal integrierten Unternehmens sind.

(4) Die Mitgliedstaaten entscheiden, ob die Obergrenze für Markterlöse zum Zeitpunkt der Abwicklung des Energieaustauschs oder danach angewandt wird.

(5) Die Kommission gibt für die Mitgliedstaaten Leitlinien für die Durchführung dieses Artikels heraus.

[a] Gilt vom 1. Dezember 2022 bis zum 30. Juni 2023.

Artikel 7[a]
Anwendung der Obergrenze für Markterlöse auf Stromerzeuger

(1) Die Obergrenze für Markterlöse gemäß Artikel 6 gilt für die mit dem Verkauf von Strom aus folgenden Quellen erzielten Markterlöse:

a) Windenergie;

b) Solarenergie (Solarthermie und Fotovoltaik);

c) Erdwärme;

d) Wasserkraft ohne Speicher;

e) Biomasse-Brennstoffe (feste oder gasförmige Biomasse-Brennstoffe) außer Biomethan;

f) Abfall;

g) Kernenergie;

h) Braunkohle;

i) Erdölerzeugnisse;

j) Torf.

(2) Die in Artikel 6 Absatz 1 vorgesehene Obergrenze für Markterlöse gilt nicht für Demonstrationsprojekte oder für Erzeuger, deren Erlöse pro MWh erzeugten Stroms bereits aufgrund von

nicht gemäß Artikel 8 erlassenen staatlichen oder öffentlichen Maßnahmen begrenzt sind.

(3) Die Mitgliedstaaten können insbesondere in Fällen, in denen die Anwendung der Obergrenze für Markterlöse gemäß Artikel 6 Absatz 1 zu einem erheblichen Verwaltungsaufwand führt, beschließen, diese Obergrenze für Markterlöse nicht auf Stromerzeuger anzuwenden, die Strom mit Anlagen mit einer installierten Kapazität von bis zu 1 MW erzeugen. Die Mitgliedstaaten können — insbesondere, wenn bei Anwendung der Obergrenze für Markterlöse gemäß Artikel 6 Absatz 1 ein Anstieg der CO_2-Emissionen und eine Verringerung der Erzeugung von Energie aus erneuerbaren Quellen droht — beschließen, diese Obergrenze für Markterlöse nicht auf in Hybridanlagen erzeugten Strom anzuwenden, in denen auch konventionelle Energiequellen zum Einsatz kommen.

(4) Die Mitgliedstaaten können beschließen, die Obergrenze für Markterlöse nicht auf die Erlöse aus dem Verkauf von Strom auf dem Regelarbeitsmarkt und aus dem Ausgleich für Redispatching und Countertrading anzuwenden.

(5) Die Mitgliedstaaten können beschließen, die Obergrenze für Markterlöse nur auf 90 % der die Obergrenze für Markterlöse gemäß Artikel 6 Absatz 1 überschreitenden Markterlöse anzuwenden.

(6) Erzeuger, Vermittler und relevante Marktteilnehmer sowie gegebenenfalls Netzbetreiber stellen den zuständigen Behörden der Mitgliedstaaten und gegebenenfalls den Netzbetreibern und nominierten Strommarktbetreibern unabhängig von dem Marktzeitraum, in dem die Transaktion stattfindet, und davon, ob der Strom bilateral, unternehmensintern oder auf einem zentralen Markt gehandelt wird, alle für die Anwendung von Artikel 6 erforderlichen Daten, auch über den erzeugten Strom und die damit verbundenen Markterlöse, zur Verfügung.

[a] Gilt vom 1. Dezember 2022 bis zum 30. Juni 2023.

Artikel 8[a)]

Nationale Krisenmaßnahmen

(1) Die Mitgliedstaaten können

a) Maßnahmen aufrechterhalten oder einführen, durch die die Markterlöse der Erzeuger, die Strom aus den in Artikel 7 Absatz 1 genannten Quellen erzeugen, weiter begrenzt werden, wobei auch zwischen Technologien unterschieden werden kann, und durch die die Markterlöse anderer Marktteilnehmer, einschließlich im Stromhandel tätiger Marktteilnehmer, weiter begrenzt werden;

b) für Erzeuger, die Strom aus den in Artikel 7 Absatz 1 genannten Quellen erzeugen, eine höhere Obergrenze für Markterlöse festlegen, wenn deren Investitions- und Betriebskosten die in Artikel 6 Absatz 1 festgelegte Obergrenze überschreiten;

c) nationale Maßnahmen zur Begrenzung der Markterlöse von Erzeugern, die Strom aus nicht in Artikel 7 Absatz 1 genannten Quellen erzeugen, beibehalten oder einführen;

d) für Markterlöse aus dem Verkauf von aus Steinkohle erzeugtem Strom eine gesonderte Obergrenze festlegen;

e) auf Wasserkraftanlagen, die durch Artikel 7 Absatz 1 Buchstabe d nicht erfasst werden, eine Obergrenze für Markterlöse anwenden, oder Maßnahmen für diese Anlagen beibehalten oder einführen, durch die deren Markterlöse weiter begrenzt werden, wobei auch zwischen Technologien unterschieden werden kann.

(2) Für die in Absatz 1 genannten Maßnahmen gilt im Einklang mit dieser Verordnung Folgendes: Sie

a) sind verhältnismäßig und diskriminierungsfrei;

b) dürfen Investitionssignale nicht gefährden;

c) stellen sicher, dass die Investitions- und Betriebskosten gedeckt sind;

d) dürfen das Funktionieren der Stromgroßhandelsmärkte nicht verzerren und insbesondere keine Auswirkungen auf die Einsatzreihenfolge (Merit Order) und die Preisbildung auf dem Großhandelsmarkt haben;

e) sind mit dem Unionsrecht vereinbar.

[a] Gilt vom 1. Dezember 2022 bis zum 30. Juni 2023.

Artikel 9

Verteilung der Engpasserlösüberschüsse aus der Zuweisung zonenübergreifender Kapazität

(1) Abweichend von den Unionsvorschriften über Engpasserlöse können die Mitgliedstaaten die Engpasserlösüberschüsse aus der Zuweisung zonenübergreifender Kapazität dazu verwenden, Maßnahmen zur Unterstützung von Stromendkunden im Sinne von Artikel 10 zu finanzieren.

(2) Die Verwendung der Engpasserlösüberschüsse gemäß Absatz 1 unterliegt der Genehmigung durch die Regulierungsbehörde des betreffenden Mitgliedstaats.

(3) Die Mitgliedstaaten informieren die Kommission über die Verwendung von Engpasserlösüberschüssen gemäß Absatz 1 innerhalb eines Monats nach dem Tag des Erlasses der einschlägigen nationalen Maßnahme.

Artikel 10

Verteilung der Überschusserlöse

(1) Die Mitgliedstaaten stellen sicher, dass alle Überschusserlöse, die sich aus der Anwendung der Obergrenze für die Markterlöse ergeben, gezielt zur Finanzierung von Maßnahmen verwendet werden, mit denen Stromendkunden unterstützt werden, um die Auswirkungen der hohen Strompreise auf diese Kunden abzumildern.

EU-VO

(2) Die in Absatz 1 genannten Maßnahmen müssen eindeutig festgelegt, transparent, verhältnismäßig, diskriminierungsfrei und überprüfbar sein und dürfen der Verpflichtung zur Senkung des Bruttostromverbrauchs gemäß den Artikeln 3 und 4 nicht entgegenwirken.

(3) Wenn die Erlöse, die direkt durch Anwendung der Obergrenze für Markterlöse im Hoheitsgebiet erzielt werden, und die Erlöse, die indirekt aus grenzüberschreitenden Vereinbarungen erzielt werden, nicht ausreichen, um die Stromendkunden angemessen zu unterstützen, können die Mitgliedstaaten zu demselben Zweck und denselben Bedingungen andere geeignete Mittel, beispielsweise Haushaltsmittel, einsetzen.

(4) Die in Absatz 1 genannten Maßnahmen können beispielsweise Folgendes umfassen:

a) Gewährung eines finanziellen Ausgleichs für Stromendkunden für die Senkung ihres Stromverbrauchs, unter anderem durch Auktionen oder Ausschreibungen zur Nachfragesenkung;

b) direkte Überweisungen an Stromendkunden, auch in Form proportionaler Senkungen der Netztarife;

c) einen Ausgleich für Versorger, die nach einem staatlichen oder öffentlichen Eingriff in die Preisfestsetzung gemäß Artikel 13 ihre Kunden zu einem Preis unterhalb der Kosten mit Strom beliefern müssen;

d) Senkung der Strombezugskosten der Stromendkunden, auch für eine begrenzte Menge des verbrauchten Stroms;

e) Förderung von Investitionen von Stromendkunden in Dekarbonisierungstechnologien, erneuerbare Energien und Energieeffizienz.

Artikel 11
Vereinbarungen zwischen Mitgliedstaaten

(1) In Fällen, in denen die Abhängigkeit eines Mitgliedstaats von Nettoeinfuhren 100 % oder mehr beträgt, schließen der Einfuhrmitgliedstaat und der wichtigste Ausfuhrmitgliedstaat bis zum 1. Dezember 2022 eine Vereinbarung über die angemessene Aufteilung der Überschusserlöse. Solche Vereinbarungen können alle Mitgliedstaaten im Geiste der Solidarität schließen, wobei sich die Vereinbarungen auch auf Einnahmen aus nationalen Krisenmaßnahmen gemäß Artikel 8, einschließlich Stromhandelstätigkeiten, erstrecken können.

(2) Die Kommission unterstützt die Mitgliedstaaten während des gesamten Verhandlungsprozesses und fördert und erleichtert den Austausch bewährter Verfahren zwischen den Mitgliedstaaten.

Abschnitt 3
Maßnahmen in Bezug auf Endkunden

Artikel 12
Vorübergehende Ausweitung öffentlicher Eingriffe in die Strompreisfestsetzung auf KMU

Abweichend von den Vorschriften der Union über öffentliche Eingriffe in die Preisfestsetzung können die Mitgliedstaaten öffentliche Eingriffe in die Festsetzung der Stromversorgungspreise für KMU vornehmen. Diese öffentlichen Eingriffe müssen

a) den Jahresverbrauch des Begünstigten in den letzten fünf Jahren berücksichtigen und einen Anreiz zur Nachfragesenkung bieten;

b) den in Artikel 5 Absätze 4 und 7 der Richtlinie (EU) 2019/944 festgelegten Bedingungen entsprechen;

c) soweit relevant, die in Artikel 13 dieser Verordnung festgelegten Bedingungen erfüllen.

Artikel 13
Vorübergehende Möglichkeit zur Festsetzung der Strompreise unterhalb der Kosten

Abweichend von den Vorschriften der Union über öffentliche Eingriffe in die Preisfestsetzung können die Mitgliedstaaten bei öffentlichen Eingriffen in die Festsetzung der Stromversorgungspreise gemäß Artikel 5 Absatz 6 der Richtlinie (EU) 2019/944 oder Artikel 12 der vorliegenden Verordnung ausnahmsweise und vorübergehend einen Preis für die Stromversorgung festsetzen, der unter den Kosten liegt, sofern sämtliche der folgenden Bedingungen erfüllt sind:

a) Die Maßnahme bezieht sich auf eine begrenzte Verbrauchsmenge und umfasst einen Anreiz zur Nachfragesenkung;

b) sie diskriminiert nicht zwischen Versorgern;

c) die Versorger erhalten einen Ausgleich für die Lieferung von Strom unterhalb der Kosten; und

d) alle Versorger können auf derselben Grundlage Angebote zum Preis für die Stromversorgung unterbreiten, der unter den Kosten liegt.

KAPITEL III
Maßnahme in Bezug auf den Erdöl-, Erdgas-, Kohle- und Raffineriebereich

Artikel 14
Unterstützung von Endkunden durch einen befristeten Solidaritätsbeitrag

(1) Sofern Mitgliedstaaten keine gleichwertigen nationalen Maßnahmen erlassen haben, unterliegen Überschussgewinne von im Erdöl-, Erdgas-, Kohle- und Raffineriebereich tätigen Unternehmen und Betriebsstätten der Union einem befristeten obligatorischen Solidaritätsbeitrag.

(2) Die Mitgliedstaaten stellen sicher, dass erlassene gleichwertige nationale Maßnahmen ähnlichen Zielen dienen und vergleichbaren Vorschriften unterliegen wie der befristete Solidaritätsbeitrag im Rahmen dieser Verordnung und dass mit ihnen mit den geschätzten Einnahmen aus dem Solidaritätsbeitrag vergleichbare oder höhere Einnahmen erzielt werden.

(3) Die Mitgliedstaaten erlassen und veröffentlichen bis zum 31. Dezember 2022 Maßnahmen zur Umsetzung des in Absatz 1 genannten befristeten obligatorischen Solidaritätsbeitrags.

Artikel 15
Bemessungsgrundlage für die Berechnung des befristeten Solidaritätsbeitrags

Der befristete Solidaritätsbeitrag für im Erdöl-, Erdgas-, Kohle- und Raffineriebereich tätige Unternehmen und Betriebsstätten der Union, einschließlich jener, die Teil einer lediglich zu Steuerzwecken konsolidierten Gruppe sind, wird auf der Grundlage der steuerpflichtigen Gewinne berechnet, die nach den nationalen Steuervorschriften im Haushaltsjahr 2022 und/oder im Haushaltsjahr 2023 und während der gesamten Dauer des betreffenden Haushaltsjahrs ermittelt wurden und mehr als 20 % über dem Durchschnitt der steuerpflichtigen Gewinne liegen, die gemäß den nationalen Steuervorschriften in den vier am oder nach dem 1. Januar 2018 beginnenden Haushaltsjahren ermittelt wurden. Ist der Durchschnitt der steuerpflichtigen Gewinne in diesen vier Haushaltsjahren negativ, so beträgt der durchschnittliche steuerpflichtige Gewinn bei der Berechnung des befristeten Solidaritätsbeitrags null.

Artikel 16
Satz für die Berechnung des befristeten Solidaritätsbeitrags

(1) Der für die Berechnung des befristeten Solidaritätsbeitrags geltende Satz beträgt mindestens 33 % der in Artikel 15 genannten Bemessungsgrundlage.

(2) Der befristete Solidaritätsbeitrag wird zusätzlich zu den nach dem nationalen Recht eines Mitgliedstaats geltenden regelmäßigen Steuern und Abgaben erhoben.

Artikel 17
Verwendung der Einnahmen aus dem befristeten Solidaritätsbeitrag

(1) Die Mitgliedstaaten verwenden die Einnahmen aus dem befristeten Solidaritätsbeitrag mit ausreichend rechtzeitiger Wirkung für folgende Zwecke:

a) gezielte finanzielle Unterstützungsmaßnahmen für Endkunden, insbesondere für schutzbedürftige Haushalte, um die Auswirkungen hoher Energiepreise abzumildern;

b) finanzielle Unterstützungsmaßnahmen zur Senkung des Energieverbrauchs, z. B. durch Auktionen oder Ausschreibungen zur Nachfragesenkung, Verringerung der Energiebezugskosten von Endkunden für bestimmte Verbrauchsmengen, Förderung von Investitionen von Endkunden in erneuerbare Energien sowie von strukturellen Investitionen in Energieeffizienz oder in andere Dekarbonisierungstechnologien;

c) finanzielle Unterstützungsmaßnahmen zur Unterstützung von Unternehmen in energieintensiven Branchen, sofern sie an die Bedingung geknüpft werden, Investitionen in erneuerbare Energien, Energieeffizienz oder andere Dekarbonisierungstechnologien zu tätigen;

d) finanzielle Unterstützungsmaßnahmen zur Weiterentwicklung der Energieautonomie, insbesondere Investitionen gemäß den Zielen des REPowerEU-Plans und des „REPowerEU: gemeinsames europäisches Vorgehen", wie Projekte mit grenzüberschreitender Dimension;

EU-VO

e) die Mitgliedstaaten können im Geiste der Solidarität zwischen den Mitgliedstaaten einen Teil der Einnahmen aus dem befristeten Solidaritätsbeitrag für die gemeinsame Finanzierung von Maßnahmen vorsehen, um die negativen Auswirkungen der Energiekrise zu verringern, einschließlich Unterstützung für den Schutz von Arbeitsplätzen und für die Umschulung und Weiterqualifizierung von Arbeitskräften, oder um Investitionen in Energieeffizienz und erneuerbare Energien, einschließlich grenzüberschreitender Projekte, sowie in den Finanzierungsmechanismus der Union für erneuerbare Energie gemäß Artikel 33 der Verordnung (EU) 2018/1999 des Europäischen Parlaments und des Rates ([6]) zu fördern.

(2) Die in Absatz 1 genannten Maßnahmen müssen eindeutig festgelegt, transparent, verhältnismäßig, diskriminierungsfrei und überprüfbar sein.

[6] Verordnung (EU) 2018/1999 des Europäischen Parlaments und des Rates vom 11. Dezember 2018 über das Governance-System für die Energieunion und für den Klimaschutz, zur Änderung der Verordnungen (EG) Nr. 663/2009 und (EG) Nr. 715/2009 des Europäischen Parlaments und des Rates, der Richtlinien 94/22/EG, 98/70/EG, 2009/31/EG, 2009/73/EG, 2010/31/EU, 2012/27/EU und 2013/30/EU des Europäischen Parlaments und des Rates, der Richtlinien 2009/119/EG und (EU) 2015/652 des Rates und zur Aufhebung der Verordnung (EU) Nr. 525/2013 des Europäischen Parlaments und des Rates (ABl. L 328 vom 21.12.2018, S. 1).

Artikel 18
Zeitliche Begrenzung des Solidaritätsbeitrags

Der von den Mitgliedstaaten gemäß dieser Verordnung anzuwendende Solidaritätsbeitrag ist zeitlich begrenzt. Er gilt nur für Überschussgewinne, die in den in Artikel 15 genannten Haushaltsjahren erwirtschaftet werden.

KAPITEL IV
Schlussbestimmungen

Artikel 19
Überwachung und Durchsetzung

(1) Die zuständige Behörde jedes Mitgliedstaats überwacht die Umsetzung der in den Artikeln 3 bis 7, 10, 12 und 13 genannten Maßnahmen in ihrem Hoheitsgebiet.

(2) Die Mitgliedstaaten erstatten der Kommission so bald wie möglich nach Inkrafttreten dieser Verordnung und bis zum 1. Dezember 2022 Bericht über die gemäß Artikel 5 geplanten Maßnahmen zur Erreichung der geforderten Nachfragesenkung und die gemäß Artikel 11 geschlossenen Vereinbarungen zwischen den Mitgliedstaaten.

(3) Bis zum 31. Januar 2023 und erneut bis zum 30. April 2023 erstatten die Mitgliedstaaten der Kommission Bericht über

a) die gemäß den Artikeln 3 und 4 erzielte Nachfragesenkung und die zur Erreichung der Senkung gemäß Artikel 5 getroffenen Maßnahmen;

b) die gemäß Artikel 6 erzielten Überschusserlöse;

c) die Maßnahmen zur Verteilung der Überschusserlöse zur Abmilderung der Auswirkungen der hohen Strompreise auf die Stromendkunden gemäß Artikel 10;

d) etwaige öffentliche Eingriffe in die Festsetzung der Stromversorgungspreise gemäß den Artikeln 12 und 13.

(4) Die Mitgliedstaaten berichten der Kommission

a) bis zum 31. Dezember 2022 über die Einführung des befristeten Solidaritätsbeitrags gemäß Artikel 14 sowie darüber, in welchem(n) Haushaltsjahr(en) sie ihn anwenden werden;

b) über jede spätere Änderung des nationalen Rechtsrahmens innerhalb eines Monats nach dem Datum der Veröffentlichung in ihren entsprechenden nationalen Amtsblättern;

c) über die Verwendung der Einnahmen gemäß Artikel 17 innerhalb eines Monats ab dem Tag, an dem die Einnahmen im Einklang mit den nationalen Rechtsvorschriften bei ihnen eingegangen sind;

d) bis zum 31. Dezember 2022 über die erlassenen gleichwertigen nationalen Maßnahmen gemäß Artikel 14; innerhalb eines Monats ab dem Tag, an dem die Einnahmen im Einklang mit den nationalen Rechtsvorschriften bei den Mitgliedstaaten eingegangen sind, legen die Mitgliedstaaten zudem eine Bewertung bezüglich der Höhe der mit diesen erlassenen gleichwertigen nationalen Maßnahmen erzielten Einnahmen und deren Verwendung vor.

Artikel 20[a)]
Überprüfung

(1) Die Kommission überprüft Kapitel II bis zum 30. April 2023 vor dem Hintergrund der allgemeinen Stromversorgungslage und der Strompreise in der Union und übermittelt dem Rat einen Bericht über die wesentlichen Ergebnisse dieser Überprüfung. Auf der Grundlage dieses Berichts kann die Kommission insbesondere vorschlagen, die Geltungsdauer dieser Verordnung zu verlängern, die Höhe der Obergrenze für Markterlöse gemäß Artikel 6 Absatz 1 und die in Artikel 7 Absatz 1 genannten Quellen der Stromerzeugung, für die diese Obergrenze gilt, zu ändern oder Kapitel II auf sonstige Weise zu ändern, wenn dies im Hinblick auf die wirtschaftlichen Umstände oder das Funktionieren des Strommarkts in der Union und in den einzelnen Mitgliedstaaten gerechtfertigt ist.

(2) Die Kommission überprüft Kapitel III bis zum 15. Oktober 2023 und erneut bis zum 15. Oktober 2024 vor dem Hintergrund der allgemeinen Lage des Sektors für fossile Brennstoffe und der erzielten Überschussgewinne und übermittelt dem Rat einen Bericht über die wesentlichen Ergebnisse dieser Überprüfung.

[a)] Artikel 20 Absatz 2 gilt bis zum 15. Oktober 2024.

Artikel 21
Ausnahmen

(1) Die Artikel 4 bis 7 gelten nicht für Gebiete in äußerster Randlage im Sinne des Artikels 349 AEUV, die nicht an den Strommarkt der Union angebunden werden können.

(2) Die Mitgliedstaaten können beschließen, die Artikel 4 bis 7 nicht auf Strom anzuwenden, der in kleinen, isolierten Netzen oder kleinen Verbundnetzen erzeugt wird.

(3) Die Artikel 4 bis 7 sind für Zypern und Malta nicht verpflichtend. Wenn Zypern beschließt, die Artikel 4 bis 7 anzuwenden, gilt Artikel 6 Absatz 1 nicht für aus Erdölerzeugnissen erzeugten Strom.

Artikel 22
Inkrafttreten und Anwendung

(1) Diese Verordnung tritt am Tag nach ihrer Veröffentlichung im *Amtsblatt der Europäischen Union* in Kraft.

(2) Unbeschadet der Verpflichtung, die Verteilung der Überschusserlöse gemäß Artikel 10 sicherzustellen und die Einnahmen aus dem befristeten Solidaritätsbeitrag gemäß Artikel 17 zu verwenden, sowie unbeschadet der in Artikel 20 Absatz 2 genannten Berichterstattungspflicht gilt diese Verordnung bis zum 31. Dezember 2023 unter den folgenden Bedingungen.

a) Artikel 4 gilt vom 1. Dezember 2022 bis zum 31. März 2023;

b) Die Artikel 5 und 10 gelten ab dem 1. Dezember 2022;

c) Die Artikel 6, 7 und 8 gelten vom 1. Dezember 2022 bis zum 30. Juni 2023;

d) Artikel 20 Absatz 2 gilt bis zum 15. Oktober 2024.

Diese Verordnung ist in allen ihren Teilen verbindlich und gilt gemäß den Verträgen unmittelbar in den Mitgliedstaaten.

46. VO (EU) 2022/2576 über mehr Solidarität durch eine bessere Koordinierung der Gasbeschaffung, zuverlässige Preis-Referenzwerte und den grenzüberschreitenden Austausch von Gas

ABl L 2022/335 idgF

DER RAT DER EUROPÄISCHEN UNION —

gestützt auf den Vertrag über die Arbeitsweise der Europäischen Union, insbesondere auf Artikel 122 Absatz 1,

auf Vorschlag der Europäischen Kommission,

in Erwägung nachstehender Gründe:

(1) Der grundlose und ungerechtfertigte Angriffskrieg der Russischen Föderation gegen die Ukraine und die beispiellose Reduzierung der Erdgaslieferungen aus der Russischen Föderation in die Mitgliedstaaten gefährden die Versorgungssicherheit der Union und ihrer Mitgliedstaaten. Gleichzeitig haben der Einsatz der Gasversorgung als Waffe und die Manipulation der Märkte durch vorsätzliche Unterbrechungen der Gasflüsse durch die Russische Föderation zu sprunghaft ansteigenden Energiepreisen in der Union geführt, was nicht nur die Wirtschaft der Union gefährdet, sondern auch die Versorgungssicherheit ernsthaft beeinträchtigt.

(2) Dies erfordert eine entschlossene und koordinierte Reaktion der Union, um ihre Bürgerinnen und Bürger und ihre Wirtschaft vor überhöhten und manipulierten Marktpreisen zu schützen und sicherzustellen, dass Gas grenzüberschreitend an alle Verbraucher fließt, die es benötigen — auch bei Gasknappheit. Um die Abhängigkeit von Erdgaslieferungen aus der Russischen Föderation zu verringern und überhöhte Preise zu senken, ist es von entscheidender Bedeutung, Gaseinkäufe bei externen Lieferanten besser zu koordinieren.

(3) Gemäß Artikel 122 Absatz 1 des Vertrags über die Arbeitsweise der Europäischen Union (AEUV) kann der Rat auf Vorschlag der Kommission und im Geiste der Solidarität zwischen den Mitgliedstaaten über die der Wirtschaftslage angemessenen Maßnahmen beschließen, insbesondere falls gravierende Schwierigkeiten in der Versorgung mit bestimmten Waren, vor allem im Energiebereich, auftreten. Das hohe Risiko einer vollständigen Einstellung der russischen Gaslieferungen und der extreme Anstieg der Energiepreise, der die Wirtschaft der Union gefährdet, stellen solche gravierenden Schwierigkeiten dar.

(4) Die Kommission hat in ihrer Mitteilung vom 18. Mai 2022 mit dem Titel „REPowerEU-Plan" angekündigt, gemeinsam mit den Mitgliedstaaten eine Energiebeschaffungsplattform der EU für die gemeinsame Beschaffung von Gas, Flüssigerdgas (LNG) und Wasserstoff einzurichten. Diese Ankündigung wurde vom Europäischen Rat auf seiner Tagung vom 30. und 31. Mai 2022 gebilligt. Im Rahmen des REPowerEU-Plans legte die Kommission auch die Strategie für das auswärtige Engagement der EU im Energiebereich vor, in der erläutert wird, wie die Union einen weltweiten gerechten Übergang zu grüner Energie unterstützt, um nachhaltige, sichere und erschwingliche Energie zu gewährleisten — auch durch Diversifizierung der Energieversorgung der Union — indem insbesondere politische Verpflichtungen mit bestehenden oder neuen Gaslieferanten ausgehandelt werden, um die Gaslieferungen nach Europa zu erhöhen und so die russischen Gaslieferungen nach Europa zu ersetzen.

(5) Die Energiebeschaffungsplattform der EU kann eine entscheidende Rolle bei der Suche nach für beide Seiten vorteilhaften Partnerschaften spielen, die zur Versorgungssicherheit beitragen, und zu niedrigeren Einfuhrpreisen für Gas aus Drittländern führen, indem das kollektive Gewicht der Union in vollem Umfang genutzt wird. Eine verstärkte internationale Kontaktaufnahme zu Gaslieferanten (sowohl von Pipelinegas als auch von LNG) sowie zu den künftigen Lieferanten von grünem Wasserstoff ist hierfür von entscheidender Bedeutung. Insbesondere eine wesentlich stärkere Koordinierung mit und zwischen den Mitgliedstaaten gegenüber Drittländern im Rahmen der Energiebeschaffungsplattform der EU würde sicherstellen, dass das kollektive Gewicht der Union mehr zum Tragen kommt.

(6) Da weiterhin gravierende Schwierigkeiten bei der Gewährleistung der Versorgungssicherheit bestehen, sollte die gemeinsame Beschaffung dazu beitragen, dass Unternehmen in allen Mitgliedstaaten einen gerechteren Zugang zu neuen oder zusätzlichen Gasquellen erhalten, und im Interesse der Endverbraucher dazu beitragen, dass die Preise für diejenigen, die das Gas einzeln über den Dienstleister kaufen, niedriger sind als dies möglicherweise ansonsten der Fall gewesen wäre.

(7) Die gemeinsame Beschaffung könnte zu einer günstigeren Behandlung oder Förderung der Versorgung mit erneuerbaren Gasen wie Biomethan und Wasserstoff führen, sofern diese sicher in das Gasnetz eingespeist werden können, sowie

zur Lieferung von Gas, das andernfalls abgelassen oder abgefackelt würde. Da es bisher keine formellen rechtlichen Anforderungen in einer relevanten Rechtsordnung gibt, werden Unternehmen, die Verträge gemäß dieser Verordnung schließen, den Berichterstattungsrahmen der Methanpartnerschaft der VN für den Öl- und Gassektor 2.0 für die Messung, Meldung und Überprüfung von Methanemissionen entlang der Lieferkette in die Union nutzen können.

(8) Der neue, im Rahmen dieser Verordnung entwickelte Mechanismus sollte zwei Stufen umfassen. In einem ersten Schritt würden Erdgasunternehmen oder gasverbrauchende Unternehmen, die in der Union niedergelassen sind, ihre Gasnachfrage über einen von der Kommission beauftragten Dienstleister bündeln. Dies würde es den Gaslieferanten ermöglichen, Angebote auf der Grundlage großer aggregierter Mengen zu unterbreiten, anstatt viele kleinere Angebote an Käufer machen zu müssen, die einzeln auf sie zukommen. In einem zweiten Schritt können Erdgasunternehmen oder gasverbrauchende Unternehmen, die in der Union niedergelassen sind, einzeln oder in koordinierter Weise zusammen mit anderen Gasbeschaffungsverträge mit Erdgaslieferanten oder -erzeugern schließen, die die aggregierte Nachfrage decken können.

(9) Da weiterhin gravierende Schwierigkeiten bei der Gewährleistung der Versorgungssicherheit bestehen, sollten die Nachfragebündelung und die gemeinsame Beschaffung dazu beitragen, dass Unternehmen in allen Mitgliedstaaten einen gerechteren Zugang zu neuen oder zusätzlichen Gasquellen erhalten, und im Interesse der Endverbraucher dazu beitragen, dass die Preise für die Unternehmen, die das Gas über den Dienstleister kaufen, niedriger sind als dies möglicherweise ansonsten der Fall gewesen wäre. Ein erster Verweis auf die Möglichkeit einer sehr begrenzten Form der gemeinsamen Beschaffung von Gas für Ausgleichszwecke ist bereits im Vorschlag der Kommission für eine Verordnung über die Binnenmärkte für erneuerbare Gase und Erdgas sowie für Wasserstoff enthalten. Der Vorschlag stammt jedoch aus der Zeit vor dem Angriffskrieg der Russischen Föderation gegen die Ukraine. Darüber hinaus enthielt der Vorschlag kein detailliertes Konzept, sondern betraf nur den sehr spezifischen Bedarf der Fernleitungsnetzbetreiber an Ausgleichsenergie. Da eine sofortige und wesentlich umfassendere Lösung für das Problem fehlender Strukturen für eine koordinierte Beschaffung von Gas erforderlich ist, ist es angemessen, ein vorübergehendes beschleunigtes Verfahren vorzuschlagen.

(10) Die Nachfragebündelung und die gemeinsame Beschaffung könnte daher die Solidarität der Union bei der Beschaffung und Verteilung von Gas stärken. Im Geiste der Solidarität sollten durch die gemeinsame Beschaffung insbesondere die Unternehmen, die zuvor ausschließlich oder hauptsächlich Gas von russischen Lieferanten bezogen haben, unterstützt werden, indem es ihnen ermöglicht wird, als Ergebnis der Nachfragebündelung und der gemeinsamen Beschaffung Lieferungen von alternativen Erdgaslieferanten oder -anbietern zu günstigen Bedingungen zu erhalten.

(11) Die Nachfragebündelung und die gemeinsame Beschaffung sollten dazu beitragen, in der derzeitigen Notlage die Gasspeicheranlagen zu befüllen, falls die meisten europäischen Gasspeicheranlagen nach dem kommenden Winter erschöpft sind. Darüber hinaus sollten diese Maßnahmen dazu beitragen, Gas im Geiste der Solidarität in besser abgestimmter Weise zu beschaffen.

(12) Daher ist eine rasche und befristete Einführung der Nachfragebündelung und der gemeinsamen Beschaffung erforderlich. Dies würde die rasche Einsetzung eines Dienstleisters erlauben, der die Bündelung der Nachfrage ermöglichen würde. Der von der Kommission beauftragte Dienstleister hätte nur einige grundlegende Funktionen, und das von ihm organisierte Verfahren würde nur verbindliche Elemente hinsichtlich der Teilnahme an der Nachfragebündelung vorsehen, würde aber noch keine obligatorische Koordinierung der Vertragsbedingungen oder eine Verpflichtung zur Abgabe verbindlicher Angebote für den Kauf von Gas über ihn beinhalten.

(13) Erdgasunternehmen oder gasverbrauchende Unternehmen sollten nicht verpflichtet werden, Gas über den Dienstleister zu kaufen, indem sie Gasliefervertäge oder Vereinbarungen mit den Gaslieferanten oder -erzeugern schließen, die die aggregierte Nachfrage decken können. Erdgasunternehmen bzw. gasverbrauchende Unternehmen werden jedoch nachdrücklich aufgefordert, Formen der Zusammenarbeit zu prüfen, die mit dem Wettbewerbsrecht vereinbar sind, und den Dienstleister in Anspruch zu nehmen, um die Vorteile der gemeinsamen Beschaffung zu nutzen. Daher könnte zwischen dem Dienstleister und den teilnehmenden Unternehmen ein Mechanismus entwickelt werden, in dem die wichtigsten Bedingungen festgelegt werden, unter denen sich die teilnehmenden Unternehmen verpflichten, das Gas, das der aggregierten Nachfrage entspricht, zu kaufen.

(14) Es ist wichtig, dass die Kommission und die Mitgliedstaaten ein klares Bild von geplanten und abgeschlossenen Gaslieferverträgen in der gesamten Union haben, um beurteilen zu können, ob die Ziele Versorgungssicherheit und Energiesolidarität erreicht werden. Daher sollten die Unternehmen oder die Behörden der Mitgliedstaaten die Kommission und die Mitgliedstaaten, in denen diese Unternehmen niedergelassen sind, über große geplante Gaseinkäufe von mehr als 5 TWh pro Jahr unterrichten. Dies sollte insbesondere für grundlegende Angaben in Bezug auf

neue oder erneuerte Verträge gelten. Die Kommission sollte Empfehlungen an die Erdgasunternehmen oder die Behörden der betreffenden Mitgliedstaaten richten können, insbesondere wenn eine weitere Koordinierung die Funktionsweise der gemeinsamen Beschaffung verbessern könnte oder wenn die Einleitung einer Ausschreibung für den Gaseinkauf oder geplante Gaseinkäufe negative Auswirkungen auf die Versorgungssicherheit, den Binnenmarkt oder die Energiesolidarität haben könnte. Die Abgabe einer Empfehlung sollte Erdgasunternehmen oder Behörden der betreffenden Mitgliedstaaten nicht daran hindern, die Verhandlungen in der Zwischenzeit fortzusetzen.

(15) Die Mitgliedstaaten sollten die Kommission bei der Bewertung unterstützen, ob die betreffenden Gaseinkäufe die Versorgungssicherheit in der Union verbessern und mit dem Grundsatz der Energiesolidarität vereinbar sind. Daher sollte ein Ad-hoc-Lenkungsausschuss eingesetzt werden, der sich aus Vertretern der Mitgliedstaaten und der Kommission zusammensetzt und zur Koordinierung dieser Bewertung beiträgt.

(16) Das Verfahren der Nachfragebündelung zum Zweck der gemeinsamen Beschaffung sollte von einem geeigneten Dienstleister durchgeführt werden. Daher sollte die Kommission im Rahmen eines Vergabeverfahrens im Einklang mit Verordnung (EU, Euratom) 2018/1046 des Europäischen Parlaments und des Rates (1) einen Dienstleister beauftragen, der ein geeignetes Informationstechnologie-Tool (im Folgenden „IT-Tool“) entwickeln und das Verfahren zur Nachfragebündelung organisieren kann. Von den Teilnehmern der gemeinsamen Beschaffung könnten Gebühren zur Deckung der Betriebskosten erhoben werden.

(17) Bei der Zuweisung von Zugangsrechten zum Angebot unter den Unternehmen, die die Nachfrage bündeln, sollte der Dienstleister Methoden anwenden, die zu keiner Diskriminierung zwischen kleineren und größeren Teilnehmern dieser Nachfragebündelung führen und die unabhängig von der von den einzelnen Unternehmen ersuchten Gasmengen gerecht sein sollten. Der Dienstleister sollte die Zugangsrechte beispielsweise proportional zu den Gasmengen zuweisen, die die einzelnen Unternehmen für einen bestimmten Lieferzeitpunkt und Bestimmungsort zu kaufen beabsichtigen. Dies könnte in Fällen von Bedeutung sein, in denen das Angebot nicht ausreicht, um die Nachfrage auf dem Unionsmarkt zu decken.

(18) Die Bündelung der Nachfrage und der Einkauf von Erdgas sind komplexe Prozesse, bei denen verschiedene Elemente berücksichtigt werden müssen, und zwar nicht nur Preise, sondern auch Mengen, Lieferorte und andere Parameter. Daher sollte der ausgewählte Dienstleister über die erforderliche Erfahrung mit der Verwaltung und Bündelung von Erdgaseinkäufen oder damit verbundenen Dienstleistungen auf Unionsebene verfügen. Darüber hinaus sind die Bündelung der Nachfrage und der Einkauf von Erdgas ein entscheidendes Element für die Gewährleistung der Gasversorgungssicherheit und für die Wahrung des Grundsatzes der Energiesolidarität in der Union.

(19) Der Schutz sensibler Geschäftsinformationen ist von größter Bedeutung, wenn der Kommission, den Mitgliedern des Ad-hoc-Lenkungsausschusses oder dem Dienstleister, der das IT-Tool für die Nachfragebündelung einrichtet und verwaltet, Informationen zur Verfügung gestellt werden. Daher sollte die Kommission wirksame Instrumente einsetzen, um diese Informationen vor unberechtigten Zugriffen und Cybersicherheitsrisiken zu schützen. Alle personenbezogenen Daten, die im Rahmen der Nachfragebündelung und der gemeinsamen Beschaffung verarbeitet werden könnten, sollten im Einklang mit Verordnung (EU) 2016/679 des Europäischen Parlaments und des Rates (2) und Verordnung (EU) 2018/1725 des Europäischen Parlaments und des Rates (3) verarbeitet werden.

(20) Die gemeinsame Beschaffung könnte in unterschiedlicher Form erfolgen. Sie könnte im Wege von Ausschreibungen oder Auktionen erfolgen, die von dem Dienstleister organisiert werden, der die Nachfrage von Erdgasunternehmen und gasverbrauchenden Unternehmen bündelt, um sie mit den Angeboten von Erdgaslieferanten oder -erzeugern abgleichen zu können, und zwar mithilfe eines IT-Tools.

(21) Eines der Ziele der Nachfragebündelung und der gemeinsamen Beschaffung ist, die Gefahr unnötiger Preisanstiege zu verringern, die dadurch entstehen, dass Unternehmen Gebote für dieselbe Tranche Gas abgeben. Die Gewährleistung, dass die Vorteile der gemeinsamen Beschaffung vollständig an die Endverbraucher weitergegeben werden, hängt letztlich von den Entscheidungen der Unternehmen selbst ab. Große Unternehmen sollten Beschränkungen unterliegen, selbst wenn sie das Gas zu höheren Preisen weiterverkaufen können. Unternehmen, die durch die gemeinsame Beschaffung von niedrigeren Gaseinkaufspreisen profitieren, sollten diese Vorteile an die Verbraucher weitergeben. Die Weitergabe niedrigerer Preise wäre ein wichtiger Indikator für den Erfolg der gemeinsamen Beschaffung, da sie für die Verbraucher von entscheidender Bedeutung ist.

(22) Die Nachfragebündelung und die gemeinsame Beschaffung sollten Erdgasunternehmen und gasverbrauchenden Unternehmen offenstehen, die in der Union niedergelassen sind. Insbesondere industriellen Verbrauchern, deren Erzeugungsprozesse gasintensiv sind — etwa Erzeuger von Düngemitteln, Stahl, Keramik und Glas —, kann

die gemeinsame Beschaffung auch zugutekommen, indem ihnen ermöglicht wird, ihre Nachfrage zu bündeln, Verträge über Gas- und LNG-Lieferungen zu schließen und die Versorgung nach ihrem jeweiligen Bedarf zu strukturieren. Für das Verfahren zur Organisation der gemeinsamen Beschaffung sollten transparente Regeln in Bezug darauf bestehen, wie die Teilnahme daran erfolgt, und sollte gewährleisten, dass sie allen offensteht.

(23) Es ist ein erklärtes Ziel der Union, die Nachfragebündelung und die gemeinsame Beschaffung auch für den Westbalkan und die drei assoziierten Länder der Östlichen Partnerschaft zu öffnen. Daher sollten Unternehmen, die in den Vertragsparteien der Energiegemeinschaft niedergelassen sind, an der Nachfragebündelung und der gemeinsamen Beschaffung nach dieser Verordnung teilnehmen können, sofern die erforderlichen Vorkehrungen getroffen werden.

(24) Die Abhängigkeit der Union von Erdgaslieferungen aus der Russischen Föderation muss verringert werden. Unternehmen, die von der Russischen Föderation oder einer russischen natürlichen oder juristischen Person kontrolliert werden, oder Unternehmen, gegen die restriktive Maßnahmen auf der Grundlage von Artikel 215 AEUV verhängt wurden, oder Unternehmen, die im Eigentum oder unter der Kontrolle einer anderen natürlichen oder juristischen Person, Organisation oder Einrichtung stehen, die solchen restriktiven Maßnahmen unterliegt, sollten daher von der Teilnahme an der gemeinsamen Beschaffung sowie von der Organisation des gemeinsamen Beschaffungsverfahrens ausgeschlossen werden.

(25) Um zu verhindern, dass das Ziel der Diversifizierung weg von Gaslieferungen aus der Russischen Föderation durch die Teilnahme an der Nachfragebündelung und der gemeinsamen Beschaffung von Unternehmen oder anderen Einrichtungen, die unter der Kontrolle von russischen natürlichen oder juristischen Personen oder in der Russischen Föderation niedergelassenen Unternehmen stehen, einem Risiko ausgesetzt oder gefährdet wird, sollte auch die Teilnahme dieser Einrichtungen ausgeschlossen werden.

(26) Darüber hinaus sollte Erdgas aus der Russischen Föderation nicht gemeinsam beschafft werden. Zu diesem Zweck sollte Erdgas, das über bestimmte Einspeisepunkte in die Mitgliedstaaten oder Vertragsparteien der Energiegemeinschaft gelangt, nicht gemeinsam beschafft werden, da über diese Einspeisepunkte wahrscheinlich Erdgas aus der Russischen Föderation in die Mitgliedstaaten oder Vertragsparteien der Energiegemeinschaft gelangt.

(27) Die Teilnehmer der gemeinsamen Beschaffung von Gas benötigen möglicherweise finanzielle Garantien für den Fall, dass eines der Unternehmen nicht in der Lage ist, die kontrahierte Endmenge zu bezahlen. Die Mitgliedstaaten oder andere Akteure könnten Teilnehmern der gemeinsamen Beschaffung finanzielle Unterstützung, einschließlich Garantien, gewähren. Die Gewährung von finanzieller Unterstützung sollte im Einklang mit den Vorschriften der Union für staatliche Beihilfen, einschließlich gegebenenfalls des durch die Kommission am 23. März 2022 angenommenen und am 28. Oktober 2022 geänderten befristeten Krisenrahmens, erfolgen.

(28) Die Befüllung der Gasspeicheranlagen ist von entscheidender Bedeutung, um die Versorgungssicherheit in der Union zu gewährleisten. Aufgrund des Rückgangs der Erdgaslieferungen aus der Russischen Föderation könnten die Mitgliedstaaten Schwierigkeiten haben, die Gasspeicheranlagen gemäß der Verordnung (EU) 2022/1032 des Europäischen Parlaments und des Rates (4) zu befüllen, um die Gasversorgungssicherheit für den Winter 2023/2024 zu gewährleisten. Die Nutzung der Möglichkeit des Dienstleisters zur Nachfragebündelung könnte den Mitgliedstaaten dabei helfen, diese Herausforderungen besser zu bewältigen. Sie könnte innerhalb der Grenzen des Wettbewerbsrechts insbesondere ein koordiniertes Befüllungs- und Speichermanagement im Hinblick auf die nächste Einspeichersaison unterstützen, um übermäßige Preisspitzen zu vermeiden, die unter anderem durch ein unkoordiniertes Befüllen der Speicher verursacht werden.

(29) Um sicherzustellen, dass die gemeinsame Beschaffung zur Befüllung von Gasspeicheranlagen im Einklang mit den in der Verordnung (EU) 2022/1032 festgelegten Zwischenzielen beiträgt, sollten die Mitgliedstaaten geeignete Maßnahmen ergreifen, um sicherzustellen, dass die ihrer Rechtshoheit unterliegenden Erdgasunternehmen und gasverbrauchende Unternehmen das vom Dienstleister organisierte Verfahren als ein mögliches Mittel nutzen, um die Befüllungsziele zu erreichen.

(30) Gemäß der Verordnung (EU) 2022/1032 müssen die Mitgliedstaaten ihre Gasspeicheranlagen bis zum 1. November 2023 zu 90 % befüllt haben. Dieses Ziel liegt über der Zielvorgabe für 1. November 2022 (80 %). Die gemeinsame Beschaffung könnte den Mitgliedstaaten dabei helfen, die neue Zielvorgabe zu erreichen. Dabei sollten die Mitgliedstaaten inländische Unternehmen dazu verpflichten, den Dienstleister zu nutzen, um eine Nachfrage nach ausreichend hohen Gasmengen zu bündeln und so das Risiko zu verringern, dass ihre Gasspeicheranlagen nicht befüllt werden können. Die Mitgliedstaaten sollten vorschreiben, dass Mengen, die mindestens 15 % ihres Speicherbefüllungszielsvolumens für das nächste Jahr entsprechen, was etwa 13,5 Milliarden Kubikmeter für die gesamte Union entspricht, von ihren Unternehmen in das Verfahren zur Nachfragebündelung einbezogen werden. Mitgliedstaaten ohne

unterirdische Gasspeicheranlagen in ihrem Hoheitsgebiet sollten sich an der Nachfragebündelung mit Mengen beteiligen, die 15 % ihrer Lastenteilungsverpflichtungen gemäß Artikel 6c der Verordnung (EU) 2017/1938 des Europäischen Parlaments und des Rates (5) entsprechen.

(31) Im Rahmen der Nachfragebündelung und der gemeinsamen Beschaffung werden keine Vorgaben hinsichtlich des Managements von Gasspeicheranlagen, einschließlich strategischer Gasspeicheranlagen, gemacht, und sie lassen die Verordnungen (EU) 2017/1938 und (EU) 2022/1032 unberührt.

(32) Um die gemeinsame Beschaffung wirksam zu nutzen und mit Lieferanten, die dem Dienstleister Gas anbieten, Gasvereinbarungen zu schließen, sollten Unternehmen die Einkaufsbedingungen wie Mengen, Gaspreis, Lieferorte und Lieferzeitpunkt innerhalb der durch das Unionsrecht gesetzten Grenzen koordinieren können. Unternehmen, die sich an einem Gasbeschaffungskonsortium beteiligen, sollten jedoch sicherstellen, dass sich die direkt oder indirekt ausgetauschten Informationen im Einklang mit Artikel 101 AEUV auf das zur Erreichung des verfolgten Ziels unbedingt erforderliche Maß beschränken. Darüber hinaus sollte durch die Transparenz- und Governance-Bestimmungen dieser Verordnung sichergestellt werden, dass durch die Verträge des Käuferkonsortiums weder die Versorgungssicherheit noch die Energiesolidarität gefährdet wird, insbesondere wenn Mitgliedstaaten direkt oder indirekt am Beschaffungsverfahren beteiligt sind.

(33) Auch wenn mehr als ein Gasbeschaffungskonsortium gebildet werden kann, wäre die wirksamste Option die Bildung eines einzigen Gasbeschaffungskonsortiums, das möglichst viele Unternehmen umfasst, um die Nachfrage über den Dienstleister zu bündeln, und so konzipiert wäre, dass es mit dem Wettbewerbsrecht der Union vereinbar ist. Darüber hinaus sollte die Bündelung der Kräfte in einem einzigen Gasbeschaffungskonsortium zu einer gestärkten Verhandlungsposition der Union auf dem Markt führen und vorteilhafte Bedingungen ermöglichen, die von kleineren Unternehmen oder im Falle eines stärker fragmentierten Vorgehens kaum erreicht werden könnten.

(34) Die Bildung und Umsetzung von Gasbeschaffungskonsortien im Rahmen dieser Verordnung sollte im Einklang mit den Wettbewerbsvorschriften der Union erfolgen, wie sie angesichts der derzeitigen außergewöhnlichen Marktbedingungen anwendbar sind. Die Kommission hat erklärt, dass sie bereit ist, Unternehmen bei der Gestaltung eines solchen Gasbeschaffungskonsortiums zu begleiten und einen Beschluss nach Artikel 10 der Verordnung (EG) Nr. 1/2003 des Rates (6) über die Nichtanwendbarkeit der Artikel 101 und 102 AEUV zu erlassen, sofern entsprechende Schutzvorkehrungen getroffen und eingehalten werden. Die Kommission hat ferner ihre Bereitschaft erklärt, informelle Orientierungshilfen zu geben, wenn die an anderen Konsortien beteiligten Unternehmen mit Unsicherheiten konfrontiert sind, was die Bewertung eines oder mehrerer Elemente ihrer Regelung für die gemeinsame Beschaffung nach dem Wettbewerbsrecht der Union betrifft.

(35) Im Einklang mit dem Grundsatz der Verhältnismäßigkeit gehen die Maßnahmen in Bezug auf die Bündelung der Nachfrage und die gemeinsame Beschaffung nicht über das zur Erreichung ihres Ziels erforderliche Maß hinaus, da diese Maßnahmen auf freiwilliger Basis umgesetzt werden, mit nur einer begrenzten Ausnahme in Bezug auf die obligatorische Teilnahme an der Nachfragebündelung zum Zweck der Befüllung von Gasspeicheranlagen, und private Unternehmen Vertragsparteien der im Rahmen der gemeinsamen Beschaffung geschlossenen Gaslieferverträge bleiben.

(36) Um die Aufnahmekapazität der LNG-Anlagen in der Union und die Nutzung von Gasspeicheranlagen zu optimieren, sind verbesserte Transparenzregelungen und ein organisierter Markt erforderlich, der den Sekundärhandel mit Gasspeicherkapazitäten und Kapazitäten von LNG-Anlagen erleichtert, ähnlich denen, die bereits für den Transport von Gas über Pipelines bestehen. Dies ist in Krisenzeiten und Zeiten, in denen sich die Gasflüsse von Pipelinegas aus der Russischen Föderation hin zu LNG verlagern, besonders wichtig. Die Vorschläge der Kommission für eine Richtlinie über gemeinsame Vorschriften für die Binnenmärkte für erneuerbare Gase und Erdgas sowie Wasserstoff sowie für eine Verordnung über die Binnenmärkte für erneuerbare Gase und Erdgas sowie für Wasserstoff enthalten entsprechende Bestimmungen. Die beschleunigte Anwendung dieser Bestimmungen als Teil der Krisenreaktion ist von entscheidender Bedeutung, um die LNG-Anlagen und Gasspeicheranlagen effizienter und mit der erforderlichen Transparenz zu nutzen. In Bezug auf europaweite Transparenzplattformen sollten die Mitgliedstaaten die bestehenden Transparenzplattformen für LNG-Anlagen und Gasspeicheranlagen in der Union nutzen können, um eine rasche Umsetzung dieser Verordnung sicherzustellen. Was die Sekundär-Buchungsplattform betrifft, sollten Betreiber von LNG-Anlagen und Gasspeicheranlagen ihre bestehenden Plattformen nutzen können, indem sie die erforderlichen Merkmale darin integrieren.

(37) In Bezug auf langfristige Buchungen von Gastransportkapazitäten sehen die bestehenden Regeln für das Engpassmanagement „Use-it-or-lose-it“-Verfahren vor. Diese Verfahren sind jedoch langwierig, da es mindestens sechs Monate

dauert, bevor sie Wirkung zeigen, und umfangreiche Verwaltungsverfahren der nationalen Regulierungsbehörden erforderlich sind. Daher sollten diese Regeln verschärft und vereinfacht werden, um den Gasnetzbetreibern Instrumente an die Hand zu geben, mit denen sie rasch auf Veränderungen der Gasflüsse reagieren und mögliche Engpässe beheben können. Insbesondere könnten die neuen Regeln die Vermarktung nicht genutzter langfristiger Kapazitäten, die ansonsten ungenutzt bleiben würden, beschleunigen, wodurch Pipelines effizienter genutzt würden.

(38) Die Fernleitungsnetzbetreiber sollten die verfügbaren Informationen über die Nutzung des Fernleitungsnetzes durch die Netznutzer analysieren und feststellen, ob die kontrahierte verbindliche Kapazität nicht ausgelastet wird. Eine solche Unterauslastung sollte definiert werden als die Situation, in der ein Netznutzer in den letzten 30 Tagen durchschnittlich weniger als 80 % der gebuchten verbindlichen Kapazität genutzt oder auf dem Markt angeboten hat. Im Falle einer Unterauslastung sollte der Fernleitungsnetzbetreiber die verfügbare Kapazität für die nächste monatliche Auktion veröffentlichen und anschließend versteigern. Alternativ sollten die nationalen Regulierungsbehörden beschließen können, stattdessen einen „Use-it-or-lose-it"-Mechanismus für verbindliche „Day-ahead"-Kapazität anzuwenden. In diesem Fall sollte der Mechanismus auf alle Netzkopplungspunkte angewandt werden, unabhängig davon, ob Engpässe bestehen.

(39) Unternehmen, die im Rahmen der gemeinsamen Beschaffung Gas kaufen oder Gaslieferungen zu vordefinierten Bestimmungsorten anbieten, sollten sicherstellen, dass sie über Kapazitäten für den Transport des Gases von den Lieferorten zu seinem Bestimmungsort verfügen. Die geltenden Binnenmarktvorschriften, einschließlich der Gasnetzkodizes, finden Anwendung, um die Gewährleistung der Transportkapazitäten zu unterstützen. Die nationalen Regulierungsbehörden, die Fernleitungsnetzbetreiber, die Betreiber von LNG-Anlagen und Gasspeicheranlagen sowie die Buchungsplattformen sollten Möglichkeiten prüfen, wie die Nutzung der Infrastruktur auf erschwingliche Weise unter Achtung der geltenden Binnenmarktvorschriften, insbesondere der Verordnung (EU) 2017/459 der Kommission (7), verbessert werden kann, indem sie die Möglichkeit sondieren, neue Transportkapazitätsprodukte zu entwickeln, mit denen Netzkopplungspunkte, LNG-Anlagen und Gasspeicheranlagen innerhalb der EU verbunden werden.

(40) Die Umstände dieser außergewöhnlichen Krise bewirken zwar Veränderungen der Flussmuster in den europäischen Gasnetzen, die an bestimmten Kopplungspunkten in der Union zu außerordentlich hohen Engpasserlösen führen, doch im Dialog mit den zuständigen Regulierungsbehörden der betroffenen Mitgliedstaaten nach den geltenden Vorschriften dürfte, gegebenenfalls mit der Kommission als Vermittlerin, ein gewisser Spielraum gefunden werden.

(41) Die Invasion in die Ukraine durch die Russische Föderation hat zu erheblichen Unsicherheiten und Störungen auf den europäischen Erdgasmärkten geführt. Infolgedessen haben sich auf diesen Märkten in den letzten Monaten diese Unsicherheit hinsichtlich der Versorgung und die daraus resultierende Markterwartung in extrem hohen und volatilen Erdgaspreisen niedergeschlagen. Dies wiederum hat die Marktteilnehmer zusätzlich unter Druck gesetzt und das reibungslose Funktionieren der Energiemärkte der Union beeinträchtigt.

(42) Die Richtlinie 2014/65/EU des Europäischen Parlaments und des Rates (8) enthält Vorschriften zur Gewährleistung des reibungslosen Funktionierens von Handelsplätzen, an denen auch energiebezogene Warenderivate gehandelt werden. Nach dieser Richtlinie müssen die Mitgliedstaaten vorschreiben, dass ein geregelter Markt über Mechanismen verfügen muss, die faire und ordnungsgemäß funktionierende Finanzmärkte gewährleisten. Solche Mechanismen sind jedoch nicht dazu gedacht, die Entwicklung der Intraday-Preise zu begrenzen, und haben die auf den Märkten für Gas- und Stromderivate beobachteten außergewöhnlichen Schwankungen nicht verhindert.

(43) Angesichts der Schwierigkeiten der Marktteilnehmer auf den Handelsplätzen, an denen energiebezogene Warenderivate gehandelt werden, und der Dringlichkeit, sicherzustellen, dass die Märkte für Energiederivate ihre Rolle bei der Deckung des Absicherungsbedarfs der Realwirtschaft weiterhin erfüllen, ist es angezeigt, Handelsplätze, an denen energiebezogene Warenderivate gehandelt werden, dazu zu verpflichten, befristete Mechanismen zur Begrenzung der Tagesvolatilität einzurichten, um übermäßige Preisbewegungen effizienter abzuschwächen. Um sicherzustellen, dass solche Mechanismen für die relevantesten Verträge gilt, sollten sie für energiebezogene Derivate gelten, deren Laufzeit 12 Monate nicht überschreitet.

(44) Handelsplätze, die energiebezogene Warenderivate anbieten, lassen häufig Energieunternehmen unterschiedlicher Art aus allen Mitgliedstaaten zur Teilnahme zu. Diese Energieunternehmen sind in hohem Maße auf die an solchen Handelsplätzen gehandelten Derivate angewiesen, um die äußerst wichtigen Lieferungen von Gas und Strom in der gesamten Union sicherzustellen. Übermäßige Preisbewegungen an Handelsplätzen, an denen energiebezogene Warenderivate gehandelt werden, wirken sich daher auf den Betrieb von Energieunternehmen in der gesamten Union und letztlich auch nachteilig auf die Endverbraucher aus. Daher sollte im Geiste der Solidarität zwischen den Mitgliedstaaten die Umsetzung und

Anwendung der Mechanismen zur Begrenzung der Tagesvolatilität koordiniert werden, um sicherzustellen, dass Betreiber, die für die Energieversorgungssicherheit in allen Mitgliedstaaten von wesentlicher Bedeutung sind, durch Maßnahmen gegen große Preisbewegungen, die der Fortführung ihrer Geschäftstätigkeit abträglich sowie von Nachteil für die Endverbraucher sind, geschützt werden.

(45) Die Mechanismen zur Begrenzung der Tagesvolatilität sollte sicherstellen, dass übermäßige Preisbewegungen innerhalb eines Handelstages verhindert werden. Diese Mechanismen sollten sich auf den in regelmäßigen Abständen beobachteten Marktpreis stützen. Angesichts der großen Vielfalt der Instrumente auf den Märkten für Energiederivate und der Besonderheiten der Handelsplätze, an denen solche Instrumente gehandelt werden, sollten die Mechanismen zur Begrenzung der Tagesvolatilität an die Besonderheiten dieser Instrumente und Märkte angepasst werden. Daher sollten die Handelsplätze Preisgrenzen festlegen und dabei die Besonderheiten jedes relevanten energiebezogenen Warenderivats, das Liquiditätsprofil des Marktes für solche Derivate und sein Volatilitätsprofil berücksichtigen.

(46) Bei der Festsetzung des Eröffnungspreises als ersten Referenzpreis eines Handelstags sollten die Handelsplätze ihre üblichen Methoden anwenden, um den Preis zu bestimmen, zu dem ein bestimmtes energiebezogenes Warenderivat zu Beginn des Handelstags zuerst gehandelt wird. Bei der Festsetzung des Eröffnungspreises nach einer im Laufe des Handelstages auftretenden Unterbrechung des Handels sollten die Handelsplätze die Methode anwenden, die sie für am besten geeignet halten, um sicherzustellen, dass der geregelte Handel wieder aufgenommen wird.

(47) Die Handelsplätze sollten den Mechanismus zur Begrenzung der Tagesvolatilität entweder durch Integration in ihre bestehenden Notfallsicherungen, die bereits gemäß der Richtlinie 2014/65/EU eingerichtet wurden, oder als zusätzlichen Mechanismus einsetzen können.

(48) Um Transparenz in Bezug auf das Funktionieren des von ihnen eingeführten Mechanismus zur Begrenzung der Tagesvolatilität zu gewährleisten, sollten die Handelsplätze ohne ungebührliche Verzögerung eine Beschreibung seiner allgemeinen Merkmale veröffentlichen, wenn sie eine Änderung vornehmen. Um jedoch einen fairen und ordnungsgemäßen Handel zu gewährleisten, sollten die Handelsplätze nicht verpflichtet werden, alle technischen Parameter des von ihnen eingerichteten Mechanismus zu veröffentlichen.

(49) Wird anhand von Informationen, die von der Europäischen Wertpapier- und Marktaufsichtsbehörde (ESMA) in Bezug auf die Umsetzung des Mechanismus zur Begrenzung der Volatilität durch Handelsplätze, an denen energiebezogene Warenderivate gehandelt werden, in der Union erhoben wurden, gezeigt, dass eine einheitlichere Umsetzung des Mechanismus erforderlich ist, um eine wirksamere Begrenzung der übermäßigen Preisvolatilität in der gesamten Union sicherzustellen, so sollte die Kommission einheitliche Bedingungen für die Umsetzung des Mechanismus zur Begrenzung der Tagesvolatilität festlegen können, beispielsweise die Häufigkeit, mit der die Preisgrenzen erneuert werden, oder die Maßnahmen, die zu ergreifen sind, wenn die Preisgrenzen über- bzw. unterschritten werden. Die Kommission sollte in der Lage sein, die Besonderheiten jedes energiebezogenen Warenderivats, das Liquiditätsprofil des Marktes für solche Derivate und sein Volatilitätsprofil zu berücksichtigen.

(50) Um Handelsplätzen ausreichend Zeit für die tragfähige Umsetzung des in dieser Verordnung festgelegten Mechanismus zur Begrenzung der Tagesvolatilität einzuräumen, sollten Handelsplätze bis zum 31. Januar 2023 Zeit für die Einrichtung dieses Mechanismus erhalten. Um sicherzustellen, dass Handelsplätze bereits vor der Einrichtung dieses Mechanismus in der Lage sind, rasch mit übermäßigen Preisbewegungen umzugehen, sollten sie über einen vorläufigen Mechanismus verfügen, mit dem weitgehend dasselbe Ziel erreicht werden kann wie mit dem Mechanismus zur Begrenzung der Tagesvolatilität.

(51) Die Verpflichtungen und Beschränkungen, die Handelsplätzen und Händlern durch die Mechanismen zur Begrenzung der Tagesvolatilität auferlegt werden, gehen nicht über das hinaus, was erforderlich ist, um es Energieunternehmen zu ermöglichen, weiterhin an den Gas- und Strommärkten teilzunehmen und ihren Absicherungsbedarf zu decken, was zur Sicherheit der Energieversorgung für Endverbraucher beiträgt.

(52) Um eine effiziente Anwendung der Mechanismen zur Begrenzung der Tagesvolatilität zu gewährleisten, sollten die zuständigen Behörden deren Umsetzung durch die Handelsplätze überwachen und der ESMA regelmäßig über diese Umsetzung Bericht erstatten. Um eine einheitliche Umsetzung der Mechanismen zur Begrenzung der Tagesvolatilität zu gewährleisten, sollten die zuständigen Behörden auch sicherstellen, dass Unterschiede bei der Umsetzung dieser Mechanismen durch die Handelsplätze hinreichend begründet werden.

(53) Um mögliche Unterschiede bei der Anwendung der Mechanismen zur Begrenzung der Tagesvolatilität zwischen den Mitgliedstaaten zu beseitigen, sollte die ESMA auf der Grundlage der von den zuständigen Behörden vorgelegten Berichte die Maßnahmen der zuständigen Behörden der Mitgliedstaaten koordinieren und alle festgestellten Unterschiede in der Art und Weise, wie Handelsplätze in der Union die Mechanismen zur Begrenzung der Tagesvolatilität umsetzen, dokumentieren.

(54) Angesichts der beispiellosen Reduzierung der Erdgaslieferungen aus der Russischen Föderation und der anhaltenden Gefahr weiterer plötzlicher Lieferunterbrechungen muss die Union dringend ihre Gaslieferungen diversifizieren. Der LNG-Markt für Europa ist jedoch noch im Entstehen begriffen, und es ist schwierig, die Genauigkeit der auf diesem Markt vorherrschenden Preise zu beurteilen. Um eine genaue, objektive und zuverlässige Bewertung des Preises für LNG-Lieferungen in die Union zu erhalten, sollte die durch die Verordnung (EU) 2019/942 des Europäischen Parlaments und des Rates (9) errichtete Agentur der Europäischen Union für die Zusammenarbeit der Energieregulierungsbehörden (ACER) alle LNG-Marktdaten erheben, die für die Erstellung einer täglichen LNG-Preisbewertung erforderlich sind.

(55) Die Preisbewertung sollte auf der Grundlage aller Transaktionen im Zusammenhang mit LNG-Lieferungen in die Union erfolgen. Die ACER sollte die Befugnis erhalten, diese Marktdaten von allen Teilnehmern zu erheben, die im Bereich LNG-Lieferungen in die Union aktiv sind. Alle diese Teilnehmer sollten verpflichtet werden, alle ihre LNG-Marktdaten der ACER so echtzeitnah wie technisch möglich zu melden, und zwar entweder nach Abschluss einer Transaktion oder nach Abgabe eines Gebots oder Angebots für den Abschluss einer Transaktion. Die Preisbewertung der ACER sollte einen möglichst vollständigen Datensatz umfassen, einschließlich der Transaktionspreise und — ab dem 31. März 2023 — der Gebots- und Angebotspreise für LNG-Lieferungen in die Union. Die tägliche Veröffentlichung dieser objektiven Preisbewertung und des im Vergleich zu anderen Referenzpreisen auf dem Markt ermittelten Spreads in Form eines LNG-Referenzwerts ebnet den Weg für seine freiwillige Aufnahme als Referenzpreis in die Verträge und Transaktionen von Marktteilnehmern. Nach ihrer Einführung könnten die LNG-Preisbewertung und der LNG-Referenzwert auch zu einer Referenz für Derivatkontrakte werden, die zur Absicherung des LNG-Preises oder der Preisdifferenz zwischen dem LNG-Preis und anderen Gaspreisen verwendet werden. Angesichts der Dringlichkeit der Einführung der LNG-Preisbewertung sollte diese erste Bewertung spätestens am 13. Januar 2023 veröffentlicht werden.

(56) Die derzeitigen Befugnisse, die der ACER durch die Verordnung (EU) Nr. 1227/2011 des Europäischen Parlaments und des Rates (10) und die Durchführungsverordnung (EU) Nr. 1348/2014 der Kommission (11) (im Folgenden zusammen „REMIT“) übertragen wurden, reichen nicht aus, um einen vollständigen und umfassenden Datensatz für alle LNG-Lieferungen in die Union zu erstellen. Ein solcher umfassender und vollständiger Datensatz für die tägliche Preisbewertung ist jedoch erforderlich, damit die Union ihre Beschaffungspolitik für internationale LNG-Einfuhren im Geiste der Solidarität durchführen kann, insbesondere in der derzeitigen Krisensituation. Relevante Daten und Informationen zu LNG-Verträgen sind auch erforderlich, um die Überwachung der Preisentwicklungen zu gewährleisten und die Datenqualitätskontrolle und -qualitätssicherung durchzuführen. Dieses Ad-hoc-Instrument sollte es der ACER ermöglichen, alle Marktdaten zu erheben, die für eine umfassende und repräsentative Bewertung des Preises von LNG-Lieferungen in die Union erforderlich sind.

(57) Auch wenn zu einem späteren Zeitpunkt im Rahmen einer umfassenderen Überarbeitung des REMIT eine tägliche LNG-Preisbewertung und ein täglicher LNG-Referenzwert dauerhaft eingerichtet werden sollten, erfordert die derzeitige Krisensituation bereits jetzt dringendes Handeln, um den aktuellen gravierenden Schwierigkeiten bei der Versorgung zu begegnen und die genaue Preisbildung bei LNG-Lieferungen in die Union vorübergehend anzugehen, bis eine solche Überarbeitung des REMIT nach dem ordentlichen Gesetzgebungsverfahren verabschiedet werden kann.

(58) Um die Preistransparenz und die Planungssicherheit auf dem Markt für LNG-Einfuhren unmittelbar zu erhöhen, sollte festgelegt werden, dass der einschlägige Datensatz sowohl Informationen über die Preise und die Mengen der abgeschlossenen LNG-Transaktionen, die Preise und die Mengen der Gebote und Angebote für LNG-Lieferungen in die Union als auch gegebenenfalls die Preisformel im langfristigen Vertrag, aus der der Preis abgeleitet wird, umfassen sollte.

(59) LNG-Marktteilnehmer, die einer Meldepflicht unterliegen, sollten all diejenigen definiert werden, die LNG-Ladungen, die zur Lieferung in die Union bestimmt sind, entweder kaufen oder verkaufen. Diese LNG-Marktteilnehmer sollten den Pflichten und Verboten unterliegen, die gemäß REMIT für Marktteilnehmer gelten.

(60) Die ACER sollte in Zusammenarbeit mit der Kommission über ein breites Mandat verfügen, um die Qualität und den Inhalt der Marktdaten festzulegen, die sie erhebt, um eine tägliche Bewertung der Preise für LNG-Lieferungen in die Union vorzunehmen. Sie sollte auch bei der Wahl ihres bevorzugten Übertragungsprotokolls über einen weiten Ermessensspielraum verfügen. Um die höchstmögliche Qualität der zu meldenden Marktdaten zu erreichen, sollte die ACER die Befugnis erhalten, alle Parameter der Marktdaten festzulegen, die ihr gemeldet werden sollten. Zu diesen Parametern sollten unter anderem die Referenzeinheiten, in denen Preisdaten gemeldet werden, die Referenzeinheiten, in denen Mengendaten gemeldet werden, die Laufzeit der Verträge oder die Angebots- und Gebotsdaten vor der Transaktion sowie die Übertragungsprotokolle, die zur

Übermittlung der vorgeschriebenen Daten an die ACER zu verwenden sind, gehören.

(61) Die ACER sollte auch die Methode festlegen, die sie verwendet, um eine tägliche LNG-Preisbewertung und tägliche LNG-Referenzwerte bereitzustellen, sowie das Verfahren für eine regelmäßige Überprüfung dieser Methode.

(62) Die gemäß dieser Verordnung veröffentlichte Preisbewertung sollte den Mitgliedstaaten und anderen Marktteilnehmern mehr Transparenz in Bezug auf den marktüblichen Preis von LNG-Einfuhren nach Europa bieten. Mehr Preistransparenz sollte es den Mitgliedstaaten und privaten Einrichtungen mit Sitz in der Union wiederum ermöglichen, bei der Beschaffung von LNG auf den Weltmärkten und insbesondere bei der Inanspruchnahme des Dienstleisters besser informiert und koordiniert zu handeln. Eine stärkere Koordinierung bei der Beschaffung von LNG sollte es den Mitgliedstaaten ermöglichen, sich nicht gegenseitig zu überbieten oder Gebotspreise zu vermeiden, die nicht dem üblichen Marktpreis entsprechen. Daher sind die gemäß dieser Verordnung veröffentlichten Preisbewertungen und Referenzwert-Spreads von entscheidender Bedeutung für mehr Solidarität zwischen den Mitgliedstaaten bei der Beschaffung eines begrenzten LNG-Angebots.

(63) Die Verpflichtung der Marktteilnehmer, der ACER Informationen über LNG-Transaktionen zur Verfügung zu stellen, ist notwendig und verhältnismäßig, um die ACER in die Lage zu versetzen, einen LNG-Referenzwert zu bestimmen, insbesondere da sie auf die im Rahmen von REMIT bestehenden Verpflichtungen der Marktteilnehmer abgestimmt ist und die ACER sensible Geschäftsinformationen vertraulich behandeln wird.

(64) Neben den Notfallsicherungen und dem LNG-Referenzwert stehen noch andere Interventionsmaßnahmen zur Verfügung, einschließlich des befristeten dynamischen Preiskorridors, den der Europäische Rat in seinen Schlussfolgerungen vom 20. und 21. Oktober 2022 gefordert hat, wobei den folgenden Sicherungsmaßnahmen Rechnung zu tragen ist: Er sollte an dem von Gasunie Transport Services B.V. betriebenen virtuellen Handelspunkt TTF (Title Transfer Facility — TTF) zur Anwendung kommen; andere Gashandelspunkte in der Union können über einen befristeten dynamischen Preiskorridor an den korrigierten TTF-Spotpreis gekoppelt werden; er lässt den außerbörslichen Gashandel unberührt, sollte die Gasversorgungssicherheit der Union nicht gefährden, sollte von den Fortschritten bei der Verwirklichung des Gaseinsparziels abhängig sein, sollte nicht zu einem Gesamtanstieg des Gasverbrauchs führen, sollte so konzipiert sein, dass marktbasierte Gasflüsse innerhalb der EU nicht verhindert werden, sollte die Stabilität und das ordnungsgemäße Funktionieren der Märkte für Energiederivate nicht beeinträchtigen und sollte den Gasmarktpreisen auf den verschiedenen organisierten Märkten in der Union Rechnung tragen.

(65) Die Verordnung (EU) 2017/1938 sieht bereits vor, dass die Mitgliedstaaten in Notfällen der Gasversorgung bestimmter kritischer Gaskraftwerke Vorrang einräumen können, da diese für die Gewährleistung der Stromversorgungssicherheit und die Vermeidung von Ungleichgewichten im Netz von großer Bedeutung sind. Die kritischen Gaskraftwerke und ihre entsprechenden Gasmengen können große Auswirkungen auf die in einer Notlage für Solidaritätsmaßnahmen zur Verfügung stehenden Gasmengen haben. In diesem Zusammenhang sollten Mitgliedstaaten abweichend von Artikel 13 Absätze 1, 3 und 8 der Verordnung (EU) 2017/1938 vorübergehend auch um Notfall-Solidaritätsmaßnahmen ersuchen können, wenn sie nicht in der Lage sind, die kritischen Gasmengen zu sichern, die erforderlich sind, um die Fortsetzung der Stromerzeugung in kritischen Gaskraftwerken sicherzustellen. Aus demselben Grund sollten Mitgliedstaaten, die Solidarität leisten, auch das Recht haben, sicherzustellen, dass Lieferungen an ihre durch Solidarität geschützten Kunden oder andere wesentliche Dienstleistungen wie Fernwärme und der Betrieb ihrer kritischen Gaskraftwerke nicht gefährdet werden, wenn sie einem anderen Mitgliedstaat Solidarität leisten.

(66) Es sollte eine Obergrenze für die kritischen Gasmengen festgelegt werden, die in jedem Mitgliedstaat zur Wahrung der Stromversorgungssicherheit benötigt werden, um unnötige oder missbräuchliche Solidaritätsersuchen oder unangemessene Beschränkungen bei der Leistung von Solidarität für einen bedürftigen Mitgliedstaaten zu verhindern. Die im Winterausblick vom Europäischen Verbund der Übertragungsnetzbetreiber (ENTSO-E) verwendete Methode bietet eine Grundlage für die Ermittlung von für die Stromversorgungssicherheit kritischen Gasmengen und für die Festlegung solcher Grenzen. Die von ENTSO-E berechneten für die Stromversorgungssicherheit kritischen Gasmengen entsprechen den Gasmengen, die unter Nutzung aller Marktressourcen unbedingt für die Gewährleistung der Angemessenheit der europaweiten Stromversorgung erforderlich sind, wobei Gas in der Einsatzreihenfolge (Merit-Order) immer an letzter Stelle steht. Die ENTSO-E-Methode basiert auf einer breiten Stichprobe von Worst-Case-Szenarien, in denen klimabedingte und störungsbedingte Nichtverfügbarkeiten simuliert werden. Der Umstand, dass bei der ENTSO-E-Methode nicht die gesamte Kraft-Wärme-Kopplung berücksichtigt wird, hindert die Mitgliedstaaten nicht daran, Fernwärmeanlagen von geschützten Kunden als geschützt im Sinne der Begriffsbestimmung der Verordnung (EU) 2017/1938 zu betrachten.

Für Mitgliedstaaten, in denen die Stromerzeugung ausschließlich auf LNG-Lieferungen ohne nennenswerte Speicherkapazitäten beruht, sollten für die Stromversorgungssicherheit kritische Gasmengen entsprechend angepasst werden. Die für die Stromversorgungssicherheit kritische Gasmenge kann unter dem historischen Niveau des für die Stromerzeugung verbrauchten Gases liegen, da die Angemessenheit der Stromversorgung auf andere Weise gewährleistet werden kann, auch indem Lieferungen zwischen den Mitgliedstaaten bereitgestellt werden.

(67) Dies schließt jedoch nicht aus, dass die tatsächlichen Mindestgasmengen, die von einem um Solidarität ersuchenden Mitgliedstaat oder einem Solidarität leistenden Mitgliedstaat verlangt werden, zur Vermeidung einer Stromversorgungskrise höher sein könnten als die von ENTSO-E modellierten Werte. In solchen Fällen sollte der um Solidarität ersuchende Mitgliedstaat oder der Solidarität leistende Mitgliedstaat die in dieser Verordnung festgelegten Höchstwerte überschreiten können, wenn er rechtfertigen kann, dass dies zur Vermeidung einer Stromversorgungskrise erforderlich ist, z. B. in Fällen, in denen Frequenzwiederherstellungsreserven und alternative Kraftstoffe in Anspruch genommen werden müssen, oder in außergewöhnlichen Szenarien, die im Winterausblick von ENTSO-E nicht berücksichtigt wurden, insbesondere angesichts der Wasserstände und unerwarteter Entwicklungen. Die für die Stromversorgungssicherheit kritische Gasmenge umfasst definitionsgemäß die gesamte Gasmenge, die für die Gewährleistung einer stabilen Stromversorgung erforderlich ist, und umfasst daher auch den Strom, der für die Erzeugung und den Transport von Gas erforderlich ist, sowie wichtige Sektoren kritischer Infrastruktur und Anlagen, die für das Funktionieren der Dienste in den Bereichen Militär, nationale Sicherheit und humanitäre Hilfe von entscheidender Bedeutung sind.

(68) Die den Marktteilnehmern durch die Ausweitung des solidarischen Schutzes auf kritische Gasmengen auferlegten Beschränkungen sind notwendig, um die Sicherheit der Gasversorgung in einer Situation zu gewährleisten, in der das Gasangebot verringert ist und die Nachfrage während der Wintersaison steigt. Diese Beschränkungen bauen auf bestehenden Maßnahmen auf, die in der Verordnung (EU) 2017/1938 bzw. der Verordnung (EU) 2022/1369 des Rates (12) festgelegt sind, um diese Maßnahmen unter den derzeitigen Umständen wirksamer zu gestalten.

(69) Diese Verordnung berührt nicht die Freiheit der Mitgliedstaaten, bei der Priorisierung in Bezug darauf, welche Nachfrage verringert oder eingeschränkt werden sollte, um einem anderen Mitgliedstaat Solidarität leisten zu können, potenzielle langfristige Schäden an Industrieanlagen zu berücksichtigen.

(70) Bestimmte Kunden, wie Privathaushalte und Kunden, die grundlegende soziale Dienste erbringen, sind besonders anfällig gegenüber den negativen Auswirkungen einer Störung der Gasversorgung. Daher wurde mit der Verordnung (EU) 2017/1938 ein Solidaritätsmechanismus zwischen den Mitgliedstaaten eingeführt, der die Auswirkungen einer schwerwiegenden Notlage in der Union abmildern und die Gasversorgung der durch Solidarität geschützten Kunden sicherstellen soll. In bestimmten Fällen könnte jedoch auch der Gasverbrauch von geschützten Kunden als nicht wesentlich betrachtet werden. Eine Reduzierung dieser Art des Verbrauchs, der eindeutig über die erforderliche Menge hinausgeht, würde die in der Verordnung (EU) 2017/1938 festgelegten Ziele nicht beeinträchtigen, insbesondere da der durch den Verbrauch für nicht wesentliche Zwecke verursachte Gasmangel zu schweren Schäden in anderen privaten oder gewerblichen Sektoren führen könnte. Die Mitgliedstaaten sollten daher die Möglichkeit haben, unter bestimmten Umständen auch durch Senkung des nicht wesentlichen Verbrauchs geschützter Kunden Gaseinsparungen zu erzielen, wenn diese Senkung ohne Beeinträchtigung wesentlicher Verwendungszwecke physisch möglich ist. Die von den Mitgliedstaaten ergriffenen Reduzierungsmaßnahmen sollten jedoch streng auf den nicht wesentlichen Verbrauch beschränkt sein und keinesfalls den Grundverbrauch geschützter Kunden verringern oder deren Möglichkeiten, ihre Wohnungen angemessen zu heizen, einschränken.

(71) Es sollte den Mitgliedstaaten und ihren zuständigen Behörden überlassen bleiben, die anwendbaren Reduzierungsmaßnahmen und die Tätigkeiten festzulegen, die dem nicht wesentlichen Verbrauch entsprechen, wie z. B. Außenheizungen, das Beheizen privater Schwimmbäder und anderer über den Grundbedarf hinausgehender privater Einrichtungen. Indem die Mitgliedstaaten die Möglichkeit haben, den nicht wesentlichen Verbrauch einzuschränken, sollten sie in der Lage sein, die Schutzvorkehrungen zu verstärken und sicherzustellen, dass Gas an andere wesentliche Sektoren, Dienstleistungen und Industrien geliefert wird, damit diese ihren Betrieb während einer Krise fortsetzen können.

(72) Jede Maßnahme zur Verringerung des nicht wesentlichen Verbrauchs geschützter Kunden sollte notwendig und verhältnismäßig sein und insbesondere bei Ausrufung einer Krise gemäß Artikel 11 Absatz 1 und Artikel 12 der Verordnung (EU) 2017/1938 oder eines Unionsalarms gemäß der Verordnung (EU) 2022/1369 angewandt werden. Trotz der Anwendung von Maßnahmen zur Verringerung des nicht wesentlichen Verbrauchs sollten geschützte Kunden weiterhin vor einer Trennung vom Netz geschützt sein. Die Mitgliedstaaten sollten — außer im Fall einer Unterbrechung der Lieferungen aus technischen Grün-

den — auch sicherstellen, dass solche Maßnahmen den Schutz der schutzbedürftigen Kunden, deren derzeitiger Verbrauch als wesentlich angesehen werden sollte, nicht einschränken.

(73) Die Mitgliedstaaten können frei darüber entscheiden, ob und wie sie zwischen wesentlichem und nicht wesentlichem Verbrauch geschützter Kunden unterscheiden. Ein um Solidarität ersuchende Mitgliedstaat, der sich gegen diese Unterscheidung entscheidet, sollte nicht zum Nachweis dazu verpflichtet werden, dass der nicht wesentliche Verbrauch vor dem Solidaritätsersuchen verringert werden konnte. Ein Solidarität leistender Mitgliedstaat sollte nicht verpflichtet werden, zwischen wesentlichen und nicht wesentlichen Kunden zu unterscheiden, um festzustellen, welche Gasmenge für Solidaritätsmaßnahmen zur Verfügung steht.

(74) Bei einem Notfall sollten die Mitgliedstaaten und die Union die Gasflüsse innerhalb des Binnenmarkts sicherstellen. Dies bedeutet, dass Maßnahmen, die auf nationaler Ebene ergriffen werden, nicht zu Problemen mit der Versorgungssicherheit in einem anderen Mitgliedstaat führen sollten, wobei der Zugang zu grenzüberschreitenden Infrastrukturen jederzeit sicher und technisch möglich sein sollte. Der derzeitige Rechtsrahmen sieht kein Verfahren vor, mit dem Konflikte zwischen zwei Mitgliedstaaten über Maßnahmen, die sich negativ auf die grenzüberschreitenden Gasflüsse auswirken, wirksam gelöst werden können. Da die Gas- und Stromnetze der Union miteinander verbunden sind, könnte dies nicht nur zu schwerwiegenden Problemen bei der Versorgungssicherheit führen, sondern auch die Einheit der Union gegenüber Drittländern beeinträchtigen. Abweichend von Artikel 12 Absatz 6 der Verordnung (EU) 2017/1938 sollte die Kommission daher die Befugnis erhalten, die ergriffenen nationalen Maßnahmen zu bewerten und erforderlichenfalls innerhalb einer angemessenen Frist zu schlichten. Zu diesem Zweck sollte die Kommission die Möglichkeit haben, eine Änderung solcher nationalen Maßnahmen zu verlangen, wenn sie Bedrohungen für die Sicherheit der Gasversorgung anderer Mitgliedstaaten oder der Union feststellt. Angesichts des Ausnahmecharakters der derzeitigen Energiekrise sollte dem Beschluss der Kommission ohne Verzögerungen, die die Gasversorgung der Union behindern könnten, nachgekommen werden. Daher sollten Vermittlungsverfahren während der Geltungsdauer dieser Verordnung ausgesetzt werden, um das Funktionieren des Binnenmarkts zu gewährleisten.

(75) Der Grundsatz der Energiesolidarität ist ein allgemeiner Grundsatz des Unionsrechts (13) und gilt für alle Mitgliedstaaten, nicht nur für benachbarte Mitgliedstaaten. Außerdem ist die effiziente Nutzung der bestehenden Infrastruktur, einschließlich grenzüberschreitender Fernleitungskapazitäten und LNG-Anlagen, wichtig, um die Gasversorgungssicherheit im Geiste der Solidarität zu gewährleisten. In Zeiten von Gasversorgungsstörungen auf Unions-, nationaler oder regionaler Ebene und einer umfangreichen Umstellung von Pipelinegas auf LNG sollten die Mitgliedstaaten, die sich in einer ernsthaften Krisensituation befinden, nicht nur Versorgungsmöglichkeiten über Pipelines aus Nachbarländern nutzen können, sondern auch Lieferungen aus Ländern, die über eine LNG-Anlage verfügen. Einige Mitgliedstaaten sollten in der Lage sein, anderen Mitgliedstaaten Solidarität zu leisten, auch wenn sie nicht direkt über eine Gasfernleitung oder über ein Drittland oder andere Mitgliedstaaten miteinander verbunden sind, sofern der um Solidarität ersuchende Mitgliedstaat alle marktbasierten Maßnahmen seines Notfallplans, einschließlich der Beschaffung von LNG auf den Weltmärkten, erschöpft hat. Es ist daher angezeigt, die Verpflichtung, Solidarität zu leisten, auf nicht verbundene Mitgliedstaaten mit LNG-Anlagen auszuweiten, wobei bei der Auferlegung von Verpflichtungen für Betreiber den Unterschieden zwischen Märkten und Infrastruktur für Pipeline-Gas und LNG, einschließlich LNG-Schiffen und -Tankern, und einem Mangel an Durchsetzungsbefugnissen in Bezug auf LNG-Vermögenswerte wie LNG-Tanker sowie den Möglichkeiten, in Abwesenheit einer LNG-Anlage im Hoheitsgebiet eines Solidarität leistenden Mitgliedstaats zwischen Erdgas und LNG zu tauschen, Rechnung zu tragen ist.

(76) Erbringt ein Mitgliedstaat mit LNG-Anlagen Solidaritätsleistungen für einen anderen Mitgliedstaat, so sollte er nicht für Engpässe oder sonstige mögliche Probleme verantwortlich gemacht werden, die außerhalb seines eigenen Hoheitsgebiets auftreten könnten oder sich aus einem Mangel an Durchsetzungsbefugnissen in Bezug auf LNG- Schiffe und -Tanker, die sich im Eigentum eines drittstaatlichen Betreibers befinden, ergeben, sofern sich solche Engpässe oder sonstigen möglichen Probleme auf den tatsächlichen Gasfluss auswirken und schließlich verhindern, dass die erforderliche Gasmenge den um Solidarität ersuchenden Mitgliedstaat erreicht. Verfügt ein Solidarität leistender Mitgliedstaat nicht über Durchsetzungsbefugnisse, so sollte er nicht dafür verantwortlich gemacht werden, wenn eine LNG-Ladung nicht gegen Erdgas getauscht wird.

(77) Zur Umsetzung des Grundsatzes der Energiesolidarität wurde mit der Verordnung (EU) 2017/1938 ein Solidaritätsmechanismus eingeführt, mit dem die Zusammenarbeit und das Vertrauen zwischen den Mitgliedstaaten im Falle einer schweren Krise gestärkt werden sollen. Um die Umsetzung des Solidaritätsmechanismus zu ermöglichen, müssen die Mitgliedstaaten gemäß Artikel 13 Absatz 10 der Verordnung (EU) 2017/1938 eine Reihe technischer, rechtlicher und finanzieller Elemente in bilateralen Regelungen vereinbaren.

(78) Trotz der rechtlichen Verpflichtung, bis zum 1. Dezember 2018 bilaterale Solidaritätsvereinbarungen zu schließen, wurden nur wenige solcher Vereinbarungen abgeschlossen, was die Umsetzung der rechtlichen Verpflichtung zur solidarischen Unterstützung bei einem Notfall gefährdet. Der Vorschlag der Kommission für eine Verordnung über die Binnenmärkte für erneuerbare Gase und Erdgas sowie für Wasserstoff enthielt ein erstes Modell für eine Mustersolidaritätsvereinbarung. Da dieses Muster jedoch vor der Invasion der Russischen Föderation in die Ukraine entwickelt wurde, und angesichts der derzeitigen Situation extremer Gasknappheit und explodierender Preise und der dringenden Notwendigkeit, bereits für den kommenden Winter über vorübergehende Standardvorschriften zu verfügen, ist es angezeigt, abweichend von Artikel 13 Absätze 1 und 2 der Verordnung (EU) 2017/1938 einen befristeten Rahmen mit Standardvorschriften für die Bereitstellung der erforderlichen Solidaritätsmaßnahmen zu schaffen, die wirksam und rasch umgesetzt werden können, nicht von langen bilateralen Verhandlungen abhängen und an die derzeitige Situation überhöhter Preise und stark volatiler Gaspreise angepasst sind. Insbesondere sollten klarere Standardvorschriften für die Entschädigung der Kosten des bereitgestellten Gases und im Geiste der Solidarität zwischen den Mitgliedstaaten für die Begrenzung etwaiger Zusatzkosten, die der Solidarität leistende Mitgliedstaat möglicherweise in Rechnung stellt, eingeführt werden. Die Vorschriften für Solidaritätsmaßnahmen gemäß Artikel 13 der Verordnung (EU) 2017/1938 sollten weiterhin gelten, sofern nicht ausdrücklich etwas anderes festgelegt wird.

(79) Solidarität sollte grundsätzlich auf der Grundlage einer angemessenen Entschädigung geleistet werden, die direkt vom um Solidarität ersuchenden Mitgliedstaat oder von den von ihm betrauten Einrichtungen gezahlt wird. Die Entschädigung sollte den Gaspreis, alle tatsächlichen oder potenziellen Speicherkosten, den grenzüberschreitenden Transport und damit verbundene Kosten abdecken. Die Entschädigung sollte sowohl für um Solidarität ersuchende als auch für Solidarität leistende Mitgliedstaaten angemessen sein.

(80) Die derzeitige Krise führt zu Preisniveaus und regelmäßigen Preisspitzen, die weit über die Situation einer möglichen Versorgungskrise zum Zeitpunkt der Annahme der Verordnung (EU) 2017/1938 hinausgehen. Die Tagesvolatilität, die derzeit den Gasmarkt infolge der vorliegenden Gaskrise kennzeichnet, sollte daher bei der Festlegung der Höhe der Entschädigung für Mitgliedstaaten, die Solidarität leisten, berücksichtigt werden. Im Hinblick auf die Solidarität und um eine Preisbildung unter extremen Marktbedingungen zu vermeiden, wäre es problematisch, den schwankenden untertägigen Marktpreis als Grundlage für den Standardpreis der Solidaritätsmaßnahme heranzuziehen. Der Gaspreis sollte den durchschnittlichen Day-Ahead-Marktpreis an dem Tag vor dem Solidaritätsersuchen an den Solidarität leistenden Mitgliedstaat widerspiegeln. Vor diesem Hintergrund basiert die Entschädigung weiterhin auf dem „Marktpreis", wie dies in der Empfehlung (EU) 2018/177 der Kommission (14) festgelegt wurde. Der durchschnittliche Day-Ahead-Marktpreis wird weniger durch die Volatilität und die sehr hohen Spotpreise in Krisensituationen beeinflusst und begrenzt damit etwaige falsche Anreize.

(81) Wie in der Empfehlung (EU) 2018/177 hervorgehoben wurde, dürfen die Kosten des Schadens der von Kürzungen betroffenen Wirtschaftszweige nur dann Gegenstand der Entschädigung sein, wenn sie nicht in den Gaspreis einbezogen sind, den der um Solidarität ersuchende Mitgliedstaat zu zahlen hat und der um Solidarität ersuchende Mitgliedstaat sollte für die gleichen Kosten nicht doppelt zahlen müssen. Unter Berücksichtigung der außergewöhnlichen Umstände, unter denen die Gaspreise ein noch nie dagewesenes Niveau erreicht haben, sollte ein Mitgliedstaat, dem Solidarität gewährt wird, nicht automatisch verpflichtet sein, sonstige Kosten wie Kosten durch Entschädigungszahlungen oder Gerichtsverfahren, die im Solidarität leistenden Mitgliedstaat entstehen, vollständig zu übernehmen, es sei denn, in einer Solidaritätsvereinbarung wird eine andere Lösung beschlossen. Die bisherigen Erfahrungen haben gezeigt, dass die Verpflichtung des Mitgliedstaats, dem Solidarität gewährt wird, das volle finanzielle Risiko für alle direkten oder indirekten Entschädigungskosten, die sich möglicherweise aus der Durchführung von Solidaritätsmaßnahmen ergeben könnten, zu tragen, ein wichtiges Hindernis für den Abschluss von Solidaritätsvereinbarungen ist. Die unbegrenzte Haftung sollte in den Standardvorschriften für Solidaritätsvereinbarungen daher abgeschwächt werden, um den Abschluss der ausstehenden Vereinbarungen so bald wie möglich zu ermöglichen, da diese Vereinbarungen ein Eckpfeiler der Verordnung (EU) 2017/1938 sind und dem Unionsgrundsatz der Energiesolidarität entsprechen. Sofern die Entschädigung für indirekte Kosten sich nicht auf mehr als 100 % des Gaspreises beläuft, gerechtfertigt ist und nicht durch den Gaspreis gedeckt ist, sollten diese Kosten von dem Mitgliedstaat getragen werden, dem Solidarität gewährt wird.

Wenn die im Antrag angegebenen Kosten sich jedoch auf mehr als 100 % des Gaspreises belaufen, sollte die Kommission nach Konsultation der betreffenden zuständigen Behörden eine angemessene Entschädigung für die Kosten festlegen und somit die Möglichkeit haben, zu überprüfen, ob eine Begrenzung der Entschädigung angemessen ist. Die Kommission sollte also in Einzelfällen — unter Berücksichtigung der jeweiligen besonderen

Umstände, einschließlich Maßnahmen zur Gaseinsparung und zur Verringerung der Gasnachfrage, sowie des Grundsatzes der Energiesolidarität — eine von der Verordnung (EU) 2017/1938 abweichende Entschädigung vorsehen können. Im Zuge der Überprüfung sollte die Kommission darauf achten, dass übermäßige indirekte Kosten durch Kürzungen bei Gaskunden oder durch deren Trennung vom Netz vermieden werden.

(82) Die Vorschriften dieser Verordnung in Bezug auf die Leistung einer Entschädigungszahlung für Solidaritätsmaßnahmen zwischen Mitgliedstaaten lassen die nach nationalem Verfassungsrecht geltenden Grundsätze des Schadenersatzes unberührt.

(83) Der Abschluss von Solidaritätsvereinbarungen mit benachbarten Mitgliedstaaten gemäß Artikel 13 Absatz 10 der Verordnung (EU) 2017/1938 ist das am besten geeignete Instrument, um die Verpflichtung zur Durchführung von Solidaritätsmaßnahmen gemäß Artikel 13 Absätze 1 und 2 der genannten Verordnung umzusetzen. Daher sollten die Mitgliedstaaten von den in der vorliegenden Verordnung festgelegten Standardvorschriften für Entschädigungen abweichen können, wenn sie in einer Solidaritätsvereinbarung andere Vorschriften beschließen. Die Mitgliedstaaten sollten insbesondere weiterhin die Möglichkeit haben, bilateral eine zusätzliche Entschädigung zu vereinbaren, die sonstige Kosten abdeckt, wie z. B. die in dem Solidarität leistenden Mitgliedstaat aus der Verpflichtung zur Zahlung von Entschädigungen erwachsenden Gesamtkosten, wie etwa Entschädigungen für von Kürzungen betroffene Wirtschaftszweige. Im Rahmen bilateraler Solidaritätsvereinbarungen können solche Kosten in die Entschädigung zusätzlich zum Gaspreis einbezogen werden, wenn im nationalen Rechtsrahmen die Verpflichtung zur Zahlung von Entschädigungen an die von Kürzungen betroffenen Wirtschaftszweige vorgesehen ist, einschließlich Entschädigungen für wirtschaftlichen Schaden.

(84) Da es sich beim Standardsolidaritätsmechanismus um ein letztes Mittel handeln sollte, kann er von einem um Solidarität ersuchenden Mitgliedstaat nur dann ausgelöst werden, wenn der Markt auch dann keine ausreichenden Gasmengen bereitstellt, um den Bedarf der durch Solidarität geschützten Kunden zu decken, wenn nicht geschützte Kunden freiwillig LNG und Gas anbieten. Gemäß der Verordnung (EU) 2017/1938 müssen die Mitgliedstaaten alle Maßnahmen ihres Notfallplans erschöpft haben, darunter auch Lieferkürzungen bis hin zu den durch Solidarität geschützten Kunden.

(85) Angesichts der Dringlichkeit und der Folgen einer möglichen Aktivierung des Solidaritätsmechanismus sollten die beteiligten Mitgliedstaaten, die Kommission und die von den Mitgliedstaaten gemäß Artikel 10 Absatz 1 Buchstabe g der Verordnung (EU) 2017/1938 benannten zuständigen Krisenmanager eng zusammenarbeiten. Das Ersuchen sollte daher allen Beteiligten rechtzeitig übermittelt werden und ein Mindestmaß an Elementen enthalten, die es den Solidarität leistenden Mitgliedstaaten ermöglichen, unverzüglich zu reagieren. Die Antwort der Solidarität leistenden Mitgliedstaaten sollte Informationen über die Gasmenge enthalten, die an den um Solidarität ersuchenden Mitgliedstaat geliefert werden könnte, einschließlich der Mengen, die freigegeben werden könnten, wenn nicht marktbasierte Maßnahmen angewandt werden. Die Mitgliedstaaten können zusätzliche technische Regelungen und Koordinierungsregelungen vereinbaren, um die zeitnahe Reaktion auf ein Solidaritätsersuchen zu erleichtern. Wenn sie Solidarität leisten, sollten die Mitgliedstaaten und ihre zuständigen Behörden die operative Sicherheit und Zuverlässigkeit des Netzes gewährleisten.

(86) Der um Solidarität ersuchende Mitgliedstaat sollte Solidarität von mehreren Mitgliedstaaten erhalten können. Der Standardsolidaritätsmechanismus sollte nur dann ausgelöst werden, wenn der Solidarität leistende Mitgliedstaat keine bilaterale Vereinbarung mit dem um Solidarität ersuchenden Mitgliedstaat geschlossen hat. Im Falle einer bilateralen Vereinbarung zwischen dem um Solidarität ersuchenden und dem Solidarität leistenden Mitgliedstaat sollte diese Vereinbarung Vorrang haben und zwischen ihnen gelten.

(87) Die Kommission sollte in der Lage sein, die Anwendung des Standardsolidaritätsmechanismus zu überwachen und, falls dies für notwendig erachtet wird, dazu beizutragen, dass den Ersuchen um Solidarität entsprochen wird. Zu diesem Zweck sollte die Kommission eine interaktive Plattform bereitstellen, die als Vorlage dienen und die kontinuierliche Einreichung von Solidaritätsersuchen in Echtzeit und ihre Verknüpfung mit den jeweiligen verfügbaren Mengen ermöglichen sollte.

(88) Die Mitgliedstaaten und die Vertragsparteien der Energiegemeinschaft können ferner freiwillige Vereinbarungen für die Anwendung von Solidaritätsmaßnahmen schließen.

(89) Zur Gewährleistung einheitlicher Bedingungen für die Durchführung dieser Verordnung sollten der Kommission Durchführungsbefugnisse übertragen werden. Diese Befugnisse sollten im Einklang mit der Verordnung (EU) Nr. 182/2011 des Europäischen Parlaments und des Rates (15)ausgeübt werden.

(90) Da das Ziel dieser Verordnung von den Mitgliedstaaten nicht ausreichend verwirklicht werden kann, sondern besser auf Unionsebene zu verwirklichen ist, kann die Union im Einklang mit dem in Artikel 5 des Vertrags über die Europäische Union verankerten Subsidiaritätsprinzip tätig werden. Entsprechend dem in jenem Artikel genannten Grundsatz der Verhältnismäßigkeit geht diese Verordnung nicht über das für die Verwirklichung dieses Ziels erforderliche Maß hinaus —

Artikel 1
Gegenstand und Anwendungsbereich

(1) Diese Verordnung enthält befristete Vorschriften, die Folgendes betreffen:

a) die beschleunigte Einrichtung eines Dienstes für die Nachfragebündelung und gemeinsame Gasbeschaffung durch Unternehmen, die in der Union niedergelassen sind,

b) eine Sekundärkapazitäts-Buchungs- und Transparenzplattform für LNG-Anlagen und Gasspeicheranlagen, sowie

c) das Engpassmanagement in Gasfernleitungsnetzen

(2) Diese Verordnung sieht befristete Mechanismen zum Schutz der Bürgerinnen und Bürger und der Wirtschaft zur Verhinderung überhöhter Preise vor, und zwar durch einen befristeten Mechanismus zur Begrenzung einer Tagesvolatilität bei übermäßigen Preisbewegungen sowie einen von der Agentur der Europäischen Union für die Zusammenarbeit der Energieregulierungsbehörden (ACER) zu entwickelnden Adhoc-Referenzwert für die LNG-Preise.

(3) Diese Verordnung legt befristet Maßnahmen fest, für den Fall eines Gasnotstands, um Gas auf gerechte Weise grenzüberschreitend zu verteilen, die Gasversorgung besonders wichtiger Kunden zu sichern und grenzüberschreitende Solidaritätsmaßnahmen sicherzustellen.

Artikel 2
Begriffsbestimmungen

Für die Zwecke dieser Verordnung gelten folgende Begriffsbestimmungen:

1. „Erdgasunternehmen" bezeichnet eine natürliche oder juristische Person, die mindestens eine der Tätigkeiten Erzeugung, Fernleitung, Verteilung, Lieferung, Kauf oder Speicherung von Erdgas, einschließlich verflüssigtem Erdgas (LNG), ausübt und für die kommerziellen, technischen oder wartungsbezogenen Aufgaben im Zusammenhang mit diesen Funktionen verantwortlich ist, mit Ausnahme von Endkunden;

2. „LNG-Anlage" bezeichnet ein Terminal zur Verflüssigung von Erdgas oder zur Einfuhr, Entladung und Wiederverdampfung von verflüssigtem Erdgas (LNG), einschließlich Hilfsdiensten und der vorübergehenden Speicherung, die für die Wiederverdampfung und die anschließende Einspeisung in das Fernleitungsnetz erforderlich sind, jedoch mit Ausnahme der zu Speicherzwecken genutzten Teile von LNG-Terminals;

3. „Gasspeicheranlage" bezeichnet eine Anlage zur Speicherung von Erdgas, die sich im Eigentum eines Erdgasunternehmens befindet oder von ihm betrieben wird, einschließlich des zu Speicherzwecken genutzten Teils von LNG-Anlagen, jedoch ohne den für Erzeugungstätigkeiten genutzten Teil und mit Ausnahme von Anlagen, die ausschließlich Fernleitungsnetzbetreibern für die Wahrnehmung ihrer Funktionen vorbehalten sind;

4. „Dienstleister" bezeichnet ein in der Union niedergelassenes Unternehmen, das von der Kommission in einem Vergabeverfahren gemäß der Verordnung (EU, Euratom) 2018/1046 beauftragt wurde, die gemeinsame Beschaffung zu organisieren und die in Artikel 7 der vorliegenden Verordnung aufgeführten Aufgaben wahrzunehmen;

5. „IT-Tool" bezeichnet ein IT-Tool, das der Dienstleister nutzt, um die Nachfrage von Erdgasunternehmen und Erdgas verbrauchenden Unternehmen zu bündeln und Angebote von Erdgaslieferanten oder -erzeugern zur Deckung dieser gebündelten Nachfrage einzuholen;

6. „LNG-Handel" bezeichnet Gebote, Angebote oder Transaktionen zum Kauf oder Verkauf von LNG,

a) die die Lieferung in der Union betreffen,

b) zur Lieferung in der Union führen oder

c) in deren Rahmen eine Gegenpartei das LNG an einem Terminal in der Union wieder in den gasförmigen Zustand überführt;

7. „LNG-Marktdaten" bezeichnet Aufzeichnungen von Geboten, Angeboten oder Transaktionen für den LNG-Handel mit den entsprechenden Informationen gemäß Artikel 21 Absatz 1;

8. „LNG-Marktteilnehmer" bezeichnet jede natürliche oder juristische Person, die LNG-Handel betreibt, unabhängig von ihrem Sitz oder Wohnsitz;

9. „LNG-Preisbewertung" bezeichnet die Bestimmung eines täglichen Referenzpreises für den LNG-Handel nach einer von der ACER festzulegenden Methode;

10. „LNG-Referenzwert" bezeichnet die Bestimmung eines Spreads zwischen der täglichen LNG-Preisbewertung und dem von ICE Endex Markets B.V. täglich bestimmten Abrechnungspreis für den nächstfälligen Gas-Terminkontrakt (Front Month Contract) der Title Transfer Facility (TTF);

11. „Handelsplatz" hat folgende Bedeutungen:

a) „geregelter Markt" im Sinne von Artikel 4 Absatz 1 Nummer 21 der Richtlinie 2014/65/EU;

b) „multilaterales Handelssystem" im Sinne von Artikel 4 Absatz 1 Nummer 22 der Richtlinie 2014/65/EU;

c) „organisiertes Handelssystem" im Sinne von Artikel 4 Absatz 1 Nummer 23 der Richtlinie 2014/65/EU;

12. „energiebezogenes Warenderivat" bezeichnet ein an einem Handelsplatz gehandeltes Warenderivat im Sinne von Artikel 2 Absatz 1 Nummer 30 der Verordnung (EU) Nr. 600/2014 des Europäischen Parlaments und des Rates (16), dessen Basiswert Strom oder Gas ist und dessen Laufzeit 12 Monate nicht überschreitet;

13. „zuständige Behörde" bezeichnet — soweit nicht anders angegeben — eine zuständige Behörde im Sinne von Artikel 4 Absatz 1 Nummer 26 der Richtlinie 2014/65/EU;

14. „für die Stromversorgungssicherheit kritische Gasmenge" bezeichnet den maximalen Gasverbrauch, der im Stromsektor erforderlich ist, um in einem Worst-Case-Szenario, das bei der Abschätzung der Angemessenheit für den Winter gemäß Artikel 9 der Verordnung (EU) 2019/941 des Europäischen Parlaments und des Rates (17) simuliert wurde, die Angemessenheit sicherzustellen;

15. „geschützter Kunde" bezeichnet einen geschützten Kunden im Sinne von Artikel 2 Nummer 5 der Verordnung (EU) 2017/1938;

16. „durch Solidarität geschützter Kunde" bezeichnet einen durch Solidarität geschützten Kunden im Sinne von Artikel 2 Nummer 6 der Verordnung (EU) 2017/1938.

Artikel 3
Transparenz und Informationsaustausch

(1) Allein im Interesse der besseren Koordinierung müssen in der Union niedergelassene Erdgasunternehmen oder gasverbrauchende Unternehmen oder Behörden von Mitgliedstaaten, die beabsichtigen, eine Ausschreibung für den Kauf von Gas zu veröffentlichen oder mit Erdgaserzeugern oder -lieferanten aus Drittländern Verhandlungen über den Kauf von Gas in einer Menge von mehr als 5 TWh pro Jahr aufzunehmen, die Kommission und gegebenenfalls den Mitgliedstaat, in dem diese Unternehmen niedergelassen sind, über den beabsichtigten Abschluss eines Gasliefervertrags oder einer Vereinbarung (Memorandum of Understanding) oder die beabsichtigte Veröffentlichung einer Ausschreibung für den Kauf von Gas unterrichten.

Die Notifizierung gemäß Unterabsatz 1 erfolgt mindestens sechs Wochen vor der beabsichtigten Veröffentlichung oder, wenn die Verhandlungen zu einem näher am Termin der Vertragsunterzeichnung liegenden Zeitpunkt aufgenommen werden sollen, innerhalb einer kürzeren Frist, aber spätestens zwei Wochen davor. Dabei sind lediglich folgende grundlegende Angaben zu übermitteln:

a) die Identität des oder der Vertragspartner(s) oder der Gegenstand der Ausschreibung für den Kauf von Gas,

b) die relevanten Mengen,

c) die relevanten Daten und

d) gegebenenfalls den Dienstleister, der diese Beschaffung oder Ausschreibung im Namen eines Mitgliedstaats organisiert.

(2) Ist die Kommission der Ansicht, dass eine weitere Koordinierung in Bezug auf die Veröffentlichung einer Ausschreibung für den Kauf von Gas oder die geplante Gasbeschaffung durch in der Union niedergelassene Erdgasunternehmen oder gasverbrauchende Unternehmen oder durch Behörden von Mitgliedstaaten zu einer verbesserten Funktionsweise der gemeinsamen Beschaffung beitragen könnte oder dass die Veröffentlichung einer Ausschreibung für den Kauf von Gas oder die geplante Gasbeschaffung negative Auswirkungen auf den Binnenmarkt, die Versorgungssicherheit oder die Energiesolidarität haben könnte, kann die Kommission den in der Union niedergelassenen Erdgasunternehmen oder gasverbrauchenden Unternehmen oder Behörden von Mitgliedstaaten empfehlen, geeignete Maßnahmen zu treffen. Die Kommission unterrichtet in einem solchen Fall gegebenenfalls den Mitgliedstaat, in dem das Unternehmen niedergelassen ist.

(3) Die Kommission unterrichtet den in Artikel 4 genannten Ad-hoc-Lenkungsausschuss, bevor sie eine Empfehlung gemäß Absatz 2 abgibt.

(4) Bei der Unterrichtung der Kommission gemäß Absatz 1 können die unterrichtenden Stellen angeben, ob ein geschäftsbezogener oder sonstiger Teil der Informationen, dessen Offenlegung den Tätigkeiten der Beteiligten schaden könnte, vertraulich zu behandeln ist und ob die übermittelten Informationen an andere Mitgliedstaaten weitergeleitet werden dürfen.

EU-VO

(5) Der Zugang der Kommission zu vertraulichen Informationen wird durch ein Ersuchen um Wahrung der Vertraulichkeit gemäß dem vorliegenden Artikel nicht eingeschränkt. Die Kommission stellt sicher, dass der Zugriff auf vertrauliche Informationen strikt auf die Kommissionsdienststellen beschränkt ist, die unbedingt auf diese Informationen zugreifen müssen. Die Vertreter der Kommission behandeln diese Informationen mit der gebotenen Vertraulichkeit.

(6) Unbeschadet des Artikels 346 AEUV werden vertrauliche Informationen nur dann mit der Kommission und anderen zuständigen Behörden ausgetauscht, wenn ein solcher Austausch für die Anwendung dieser Verordnung erforderlich ist. Die auszutauschenden Informationen werden auf den Umfang beschränkt, der für das verfolgte Ziel relevant und angemessen ist. Bei einem solchen Informationsaustausch werden die Informationen vertraulich behandelt und die Sicherheits- und Geschäftsinteressen der dieser Verordnung unterliegenden Einrichtungen geschützt sowie wirksame Instrumente zum physischen Schutz der Daten eingesetzt. Alle Server und Informationen befinden sich physisch im Gebiet der Union und werden dort gespeichert.

Artikel 4
Ad-hoc-Lenkungsausschuss

(1) Zur Unterstützung bei der Koordinierung der Nachfragebündelung und gemeinsamen Beschaffung wird ein Ad-hoc-Lenkungsausschuss eingerichtet.

(2) Der Ad-hoc-Lenkungsausschuss wird von der Kommission binnen sechs Wochen nach dem

Inkrafttreten dieser Verordnung eingerichtet. Er setzt sich aus einem Vertreter jedes Mitgliedstaats sowie einem Vertreter der Kommission zusammen. Vertreter der Vertragsparteien der Energiegemeinschaft können auf Einladung der Kommission im Ad-hoc-Lenkungsausschuss an der Erörterung aller Fragen von gemeinsamem Interesse teilnehmen. Die Kommission führt den Vorsitz in den Sitzungen des Ad-hoc-Lenkungsausschusses.

(3) Der Ad-hoc-Lenkungsausschuss gibt sich innerhalb eines Monats nach seiner Einsetzung mit qualifizierter Mehrheit eine Geschäftsordnung.

(4) Die Kommission konsultiert den Ad-hoc-Lenkungsausschuss gemäß Artikel 3 Absatz 2 zu dem von ihr verfassten Entwurf der Empfehlung, insbesondere hinsichtlich der Frage, ob die betreffende Gasbeschaffung oder Ausschreibung für den Kauf von Gas die Versorgungssicherheit in der Union verbessert und mit dem Grundsatz der Energiesolidarität vereinbar ist.

(5) Die Kommission unterrichtet den Ad-hoc-Lenkungsausschuss gegebenenfalls über die Auswirkungen der Teilnahme des Unternehmens an der vom Dienstleister organisierten gemeinsamen Beschaffung auf die Versorgungssicherheit in der Union und auf die Energiesolidarität.

(6) Wenn den Mitgliedern des Ad-hoc-Lenkungsausschusses vertrauliche Informationen im Sinne von Artikel 3 Absatz 6 weitergeleitet werden, behandeln sie diese mit der gebotenen Vertraulichkeit. Die ausgetauschten Informationen sind darauf zu beschränken, was angesichts des Gegenstands des Austauschs relevant und verhältnismäßig ist.

Artikel 5
Befristeter Dienstleistungsvertrag mit einem Dienstleister

(1) Abweichend von Artikel 176 der Verordnung (EU, Euratom) 2018/1046 gibt die Kommission die erforderlichen Dienstleistungen im Rahmen eines Vergabeverfahrens gemäß der Verordnung (EU, Euratom) 2018/1046 bei einer in der Union niedergelassenen Stelle in Auftrag, die die in Artikel 7 der vorliegenden Verordnung genannten Aufgaben als Dienstleister wahrnimmt.

(2) Der Dienstleistungsvertrag mit dem ausgewählten Dienstleister regelt das Eigentum an den vom Dienstleister erhaltenen Informationen und sieht die Möglichkeit der Übermittlung dieser Informationen an die Kommission bei Beendigung oder Auslaufen des Dienstleistungsvertrags vor.

(3) Die Kommission legt im Dienstleistungsvertrag die praktischen Aspekte der Tätigkeiten des Dienstleisters fest, einschließlich der Nutzung des IT-Tools, der Sicherheitsmaßnahmen, der Währung oder der Währungen, der Zahlungsregelungen und der Verbindlichkeiten.

(4) Im Dienstleistungsvertrag mit dem Dienstleister behält sich die Kommission das Recht vor, ihn zu überwachen und zu prüfen. Zu diesem Zweck hat die Kommission uneingeschränkten Zugang zu den Informationen, die sich im Besitz des Dienstleisters befinden.

(5) Die Kommission kann den Dienstleister auffordern, alle Informationen vorzulegen, die für die Erfüllung der in Artikel 7 genannten Aufgaben erforderlich sind, und der Kommission die Möglichkeit zu geben, zu überprüfen, ob die Erdgasunternehmen und die gasverbrauchenden Unternehmen den Verpflichtungen aus Artikel 10 nachkommen.

Artikel 6
Kriterien für die Auswahl des Dienstleisters

(1) Der Dienstleister wird von der Kommission auf der Grundlage der folgenden Zulassungskriterien ausgewählt:

a) Der Dienstleister muss im Hoheitsgebiet eines Mitgliedstaats niedergelassen sein und seinen operativen Sitz haben.

b) Der Dienstleister hat Erfahrung mit grenzüberschreitenden Transaktionen.

c) Der Dienstleister darf nicht

i) von restriktiven Maßnahmen der Union nach Artikel 215 AEUV betroffen sein, insbesondere im Rahmen von restriktiven Maßnahmen der Union angesichts der Handlungen Russlands, die die Lage in der Ukraine destabilisieren, oder angesichts von Handlungen, die die territoriale Unversehrtheit, Souveränität und Unabhängigkeit der Ukraine untergraben oder bedrohen,

ii) direkt oder indirekt im Eigentum oder unter der Kontrolle von natürlichen oder juristischen Personen, Organisationen oder Einrichtungen stehen, gegen die sich solche restriktiven Maßnahmen der Union richten, oder im Namen oder auf Anweisung solcher natürlichen oder juristischen Personen handeln, oder

iii) direkt oder indirekt im Eigentum oder unter der Kontrolle der Russischen Föderation oder von deren Regierung oder von russischen natürlichen oder juristischen Personen oder von in Russland niedergelassenen Organisationen oder Einrichtungen stehen oder in deren Namen handeln.

(2) Unbeschadet anderer Sorgfaltspflichten werden vertragliche Verpflichtungen zwischen der Kommission und dem Dienstleister eingeführt, um sicherzustellen, dass der Dienstleister bei der Ausübung seiner Tätigkeiten gemäß Artikel 7 weder direkt noch indirekt Gelder oder wirtschaftliche Ressourcen für oder zugunsten von natürliche(n) oder juristische(n) Personen, Organisationen oder Einrichtungen bereitstellt, die

a) von restriktiven Maßnahmen der Union nach Artikel 215 AEUV betroffen sind, insbesondere im Rahmen von restriktiven Maßnahmen der Union angesichts der Handlungen Russlands, die die

Lage in der Ukraine destabilisieren, oder angesichts von Handlungen, die die territoriale Unversehrtheit, Souveränität und Unabhängigkeit der Ukraine untergraben oder bedrohen,

b) direkt oder indirekt im Eigentum oder unter der Kontrolle von natürlichen oder juristischen Personen, Organisationen oder Einrichtungen stehen, gegen die sich solche restriktiven Maßnahmen der Union richten, oder im Namen oder auf Anweisung solcher natürlichen oder juristischen Personen handeln, oder

c) direkt oder indirekt im Eigentum oder unter der Kontrolle der Russischen Föderation oder von deren Regierung oder von russischen natürlichen oder juristischen Personen oder von in Russland niedergelassenen Organisationen oder Einrichtungen stehen oder in deren Namen handeln.

(3) Der Dienstleister darf nicht Teil eines vertikal integrierten Unternehmens im Sinne von Artikel 2 Nummer 20 der Richtlinie 2009/73/EG des Europäischen Parlaments und des Rates (18) sein, das in der Erdgaserzeugung oder -lieferung tätig ist, es sei denn, es handelt sich um eine entflochtene Rechtsperson im Sinne des Kapitels IV jener Richtlinie.

(4) Die Kommission legt ihre Auswahl- und Zuschlagskriterien unter anderem unter Berücksichtigung der folgenden, in der Ausschreibung anzugebenden Kriterien fest:

a) Erfahrung mit der Einrichtung und Durchführung von Ausschreibungs- oder Auktionsverfahren für Erdgas oder damit verbundene Dienstleistungen, wie z. B. Transportdienstleistungen, mithilfe spezieller IT-Tools;

b) Erfahrung mit der Anpassung von Ausschreibungs- oder Auktionsverfahren an unterschiedliche Erfordernisse z. B. hinsichtlich des geografischen Schwerpunkts oder der Zeitplanung;

c) Erfahrung mit der Entwicklung von IT-Tools zur Bündelung der Nachfrage mehrerer Teilnehmer sowie zur Abgleichung der Nachfrage mit dem Angebot;

d) Qualität der Sicherheit der Informationssysteme, insbesondere im Hinblick auf Datenschutz und Internetsicherheit, und

e) Fähigkeit zur Identifizierung und Akkreditierung der Teilnehmer, sowohl in Bezug auf den Rechtsträger als auch auf die finanzielle Leistungsfähigkeit.

Artikel 7
Aufgaben des Dienstleisters

(1) Der Dienstleister organisiert die Nachfragebündelung und die gemeinsame Beschaffung; insbesondere

a) bündelt er die Nachfrage von Erdgasunternehmen und gasverbrauchenden Unternehmen mithilfe des IT-Tools;

b) holt er Angebote von Erdgaslieferanten oder Erdgaserzeugern ein, um die gebündelte Nachfrage mithilfe des IT-Tools zu decken;

c) weist er die Rechte auf Zugang zu dem Angebot zu, wobei er darauf achtet, dass die angebotenen Gasmengen unter den an der Nachfragebündelung teilnehmenden Erdgasunternehmen und gasverbrauchenden Unternehmen zwischen kleineren und größeren Teilnehmern verhältnismäßig verteilt werden. Wenn die gebündelte Nachfrage das eingehende Lieferangebot übersteigt, erfolgt die Zuweisung der Zugangsrechte im Verhältnis zu dem Bedarf, den die teilnehmenden Unternehmen in der Nachfragebündelungsphase für einen bestimmten Lieferzeitraum und -ort angegeben haben;

d) überprüft, akkreditiert und registriert er die Nutzer des IT-Tools und

e) erbringt er für die Nutzer des IT-Tools oder für die Kommission Hilfsdienste, die für die ordnungsgemäße Ausübung der Tätigkeiten gemäß dem in Artikel 5 genannten Vertrag erforderlich sind, darunter auch Dienste, die den Abschluss von Dienstleistungsverträgen erleichtern.

(2) Die Bedingungen, die im Zusammenhang mit den Aufgaben des Dienstleisters, d. h. für die Registrierung von Nutzern, die Veröffentlichung und Berichterstattung gelten, werden in dem in Artikel 5 genannten Dienstleistungsvertrag festgelegt.

Artikel 8
Teilnahme an der Nachfragebündelung und der gemeinsamen Beschaffung

(1) Unabhängig von der angeforderten Menge steht die Teilnahme an der Nachfragebündelung und der gemeinsamen Beschaffung allen Erdgasunternehmen und gasverbrauchenden Unternehmen, die in der Union oder in den Vertragsparteien der Energiegemeinschaft niedergelassen sind, offen und ist für alle diese Unternehmen transparent. Erdgasunternehmen und gasverbrauchende Unternehmen sind von der Teilnahme an der Nachfragebündelung und der gemeinsamen Beschaffung als Lieferanten, Erzeuger oder Käufer ausgeschlossen, wenn sie

a) von restriktiven Maßnahmen der Union nach Artikel 215 AEUV betroffen sind, insbesondere im Rahmen von restriktiven Maßnahmen der Union angesichts der Handlungen Russlands, die die Lage in der Ukraine destabilisieren, oder angesichts von Handlungen, die die territoriale Unversehrtheit, Souveränität und Unabhängigkeit der Ukraine untergraben oder bedrohen,

b) direkt oder indirekt im Eigentum oder unter der Kontrolle von natürlichen oder juristischen Personen, Organisationen oder Einrichtungen stehen, gegen die sich solche restriktiven Maßnahmen der Union richten, oder im Namen oder auf

Anweisung solcher natürlichen oder juristischen Personen handeln, oder

c) direkt oder indirekt im Eigentum oder unter der Kontrolle der Russischen Föderation oder von deren Regierung oder von russischen natürlichen oder juristischen Personen oder von in Russland niedergelassenen Organisationen oder Einrichtungen stehen oder in deren Namen handeln.

(2) Es werden vertragliche Verpflichtungen eingeführt, um sicherzustellen, dass keine Gelder oder wirtschaftlichen Ressourcen, die sich aus der Teilnahme an dem vom Dienstleister organisierten Verfahren für die gemeinsame Beschaffung ergeben, direkt oder indirekt für oder zugunsten von natürliche(n) oder juristische(n) Personen, Organisationen oder Einrichtungen bereitgestellt werden, die

a) von restriktiven Maßnahmen der Union nach Artikel 215 AEUV betroffen sind, insbesondere im Rahmen von restriktiven Maßnahmen der Union angesichts der Handlungen Russlands, die die Lage in der Ukraine destabilisieren, oder angesichts von Handlungen, die die territoriale Unversehrtheit, Souveränität und Unabhängigkeit der Ukraine untergraben oder bedrohen,

b) direkt oder indirekt im Eigentum oder unter der Kontrolle von natürlichen oder juristischen Personen, Organisationen oder Einrichtungen stehen, gegen die sich solche restriktiven Maßnahmen der Union richten, oder im Namen oder auf Anweisung solcher natürlichen oder juristischen Personen handeln, oder

c) direkt oder indirekt im Eigentum oder unter der Kontrolle der Russischen Föderation oder von deren Regierung oder von russischen natürlichen oder juristischen Personen oder von in Russland niedergelassenen Organisationen oder Einrichtungen stehen oder in deren Namen handeln.

(3) Die Mitgliedstaaten oder andere Akteure können für Teilnehmer des vom Dienstleister organisierten Verfahrens zur gemeinsamen Beschaffung Liquiditätshilfen, einschließlich Garantien, bereitstellen, wobei gegebenenfalls die Vorschriften über staatliche Beihilfen einzuhalten sind. Dazu können Garantien zur Deckung des Bedarfs an Sicherheiten oder zur Deckung des Risikos zusätzlicher Kosten zählen, die sich durch eine Insolvenz anderer Einkäufer im Rahmen desselben Vertrags zur gemeinsamen Beschaffung ergeben.

(4) Erdgasunternehmen und gasverbrauchende Unternehmen, die in den Vertragsparteien der Energiegemeinschaft niedergelassen sind, können an der Nachfragebündelung und der gemeinsamen Beschaffung unter der Voraussetzung teilnehmen, dass die erforderlichen Maßnahmen und Vorkehrungen dafür getroffen wurden, dass sie an der Nachfragebündelung und der gemeinsamen Beschaffung im Sinne dieses Abschnitts teilnehmen können.

Artikel 9
Von der gemeinsamen Beschaffung ausgeschlossene Erdgaslieferungen

Erdgaslieferungen aus der Russischen Föderation dürfen nicht gemeinsam beschafft werden; dazu gehören auch Erdgaslieferungen, die über die folgenden Einspeisepunkte in die Mitgliedstaaten oder Vertragsparteien der Energiegemeinschaft gelangen:

a) Greifswald

b) Lubmin II

c) Imatra

d) Narva

e) Värska

f) Luhamaa

g) Sakiai

h) Kotlovka

i) Kondratki

j) Wysokoje

k) Tieterowka

l) Mozyr

m) Kobryn

n) Sudzha (RU)/Ukraine

o) Belgorod (RU)/Ukraine

p) Valuyki (RU)/Ukraine

q) Serebryanka (RU)/Ukraine

r) Pisarevka (RU)/Ukraine

s) Sokhranovka (RU)/Ukraine

t) Prokhorovka (RU)/Ukraine

u) Platovo (RU)/Ukraine

v) Strandzha 2 (BG)/Malkoclar (TR)

Artikel 10
Obligatorische Inanspruchnahme des Dienstleisters

(1) Die Mitgliedstaaten ergreifen geeignete Maßnahmen, um sicherzustellen, dass die ihrer Rechtshoheit unterliegenden Erdgasunternehmen und gasverbrauchenden Unternehmen als eines der möglichen Mittel zur Erreichung der in den Artikeln 6a und 20 der Verordnung (EU) 2017/1938 genannten Befüllungsziele an dem vom Dienstleister organisierten Verfahren zur Nachfragebündelung teilnehmen.

(2) Mitgliedstaaten mit unterirdischen Gasspeicheranlagen verpflichten die ihrer Rechtshoheit unterliegenden Erdgasunternehmen und gasverbrauchenden Unternehmen, an dem vom Dienstleister organisierten Verfahren zur Nachfragebündelung teilzunehmen, wobei die Mengen mindestens 15 % der Gesamtmenge entsprechen müssen,

die erforderlich ist, um die Befüllungsziele gemäß den Artikeln 6a und 20 der Verordnung (EU) 2017/1938 zu erreichen.

(3) Mitgliedstaaten ohne unterirdische Gasspeicheranlagen verpflichten die ihrer Rechtshoheit unterliegenden Erdgasunternehmen und gasverbrauchenden Unternehmen, an dem vom Dienstleister organisierten Verfahren zur Nachfragebündelung teilzunehmen, wobei die Mengen mindestens 15 % der Mengen der in den Artikeln 6c und 20 der Verordnung (EU) 2017/1938 genannten grenzüberschreitenden Befüllungsziele entsprechen müssen.

(4) Die Erdgasunternehmen und gasverbrauchenden Unternehmen, die zur Teilnahme an der Nachfragebündelung verpflichtet sind, können entscheiden, das Gas nach der Aggregierung nicht zu kaufen. Das gekaufte Gas kann für andere Zwecke als die Befüllung von Speichern verwendet werden.

Artikel 11

Gasbeschaffungskonsortium

Erdgasunternehmen und gasverbrauchende Unternehmen, die an der vom Dienstleister organisierten Nachfragebündelung teilnehmen, können auf transparenter Grundlage Elemente der Bedingungen des Kaufvertrags koordinieren oder gemeinsame Kaufverträge nutzen, um bessere Bedingungen mit ihren Lieferanten zu erzielen, sofern dies mit dem Unionsrecht, einschließlich des Wettbewerbsrechts der Union, insbesondere mit Artikel 101 und 102 AEUV, vereinbar ist, was von der Kommission gegebenenfalls in einem Beschluss nach Artikel 10 der Verordnung (EG) Nr. 1/2003 festgestellt wird, und sofern das Transparenzgebot nach Artikel 3 der vorliegenden Verordnung eingehalten wird.

Artikel 12

Sekundärkapazitäts-Buchungsplattform für die Nutzer von LNG-Anlagen und Gasspeicheranlagen

Nutzer von LNG-Anlagen und Gasspeicheranlagen, die ihre kontrahierte Kapazität auf dem Sekundärmarkt im Sinne von Artikel 2 Nummer 6 der Verordnung (EG) Nr. 715/2009 des Europäischen Parlaments und des Rates (19) weiterverkaufen möchten, sind hierzu berechtigt. Die Betreiber von LNG-Anlagen und Gasspeicheranlagen richten bis zum 28. Februar 2023 einzeln oder auf regionaler Ebene eine transparente und diskriminierungsfreie Buchungsplattform für die Nutzer von LNG-Anlagen und Gasspeicheranlagen ein, auf der diese ihre kontrahierte Kapazität auf dem Sekundärmarkt weiterverkaufen können, oder nutzen dazu eine vorhandene Plattform.

Artikel 13

Transparenzplattformen für LNG-Anlagen und Gasspeicheranlagen

(1) Die Betreiber von LNG-Anlagen und Gasspeicheranlagen stellen sicher, dass sie bis zum 28. Februar 2023 alle Informationen, die nach Artikel 19 der Verordnung (EG) Nr. 715/2009 vorgeschrieben sind, über eine europäische LNG-Transparenzplattform bzw. eine europäische Speicher-Transparenzplattform in transparenter und nutzerfreundlicher Weise veröffentlichen. Die Regulierungsbehörden können die Betreiber auffordern, zusätzliche relevante Informationen für Netznutzer zu veröffentlichen.

(2) LNG-Anlagen, denen eine Ausnahme von den Vorschriften für den Zugang Dritter gemäß Artikel 36 der Richtlinie 2009/73/EG gewährt wurde, und Gasspeicherbetreiber, die der Regelung für den Zugang Dritter auf Vertragsbasis gemäß Artikel 33 Absatz 3 jener Richtlinie unterliegen, veröffentlichen die endgültigen Infrastrukturtarife bis zum 31. Januar 2023.

Artikel 14

Effizientere Nutzung der Fernleitungskapazitäten

(1) Die Fernleitungsnetzbetreiber bieten an Netzkopplungspunkten und virtuellen Netzkopplungspunkten im Falle einer Unterauslastung kontrahierter verbindlicher Kapazität die zu wenig ausgelastete kontrahierte verbindliche Kapazität gemäß Absatz 2 für den Monat als Monats-Kapazitätsprodukt und als Tages- und untertägiges Kapazitätsprodukt an.

(2) Eine Unterauslastung kontrahierter verbindlicher Kapazität liegt vor, wenn ein Netznutzer im vorhergehenden Kalendermonat an einem Netzkopplungspunkt oder einem virtuellen Netzkopplungspunkt durchschnittlich weniger als 80 % der gebuchten verbindlichen Kapazität genutzt oder angeboten hat. Der Fernleitungsnetzbetreiber überwacht die ungenutzte Kapazität und unterrichtet den Netznutzer spätestens vor der Mitteilung der Kapazitätsmenge, die bei der nächsten rollierenden Auktion für Monatskapazität im Sinne der Verordnung (EU) 2017/459 anzubieten ist, über die Menge der an dem betreffenden Netzkopplungspunkt oder virtuellen Netzkopplungspunkt zu entziehenden Kapazität.

(3) Die Menge der anzubietenden Kapazität muss der Differenz zwischen der durchschnittlichen Auslastung im vorhergehenden Kalendermonat und 80 % der verbindlichen Kapazität, die für eine Laufzeit von mehr als einem Monat kontrahiert wurde, entsprechen.

(4) Die verfügbare Kapazität, die in einer Auktion gemäß der Verordnung (EU) 2017/459 angeboten wird, hat bei der Zuweisung von Kapazität

Vorrang vor zu wenig ausgelasteter Kapazität, die in einer Auktion gemäß Absatz 2 angeboten wird.

(5) Wird die zu wenig ausgelastete, vom Fernleitungsnetzbetreiber angebotene Kapazität verkauft, so ist sie dem ursprünglichen Inhaber der kontrahierten Kapazität zu entziehen. Der ursprüngliche Inhaber kann die entzogene verbindliche Kapazität auf unterbrechbarer Basis nutzen.

(6) Die aus dem Kapazitätsvertrag folgenden Rechte und Pflichten des Netznutzers bleiben bis zur Neuzuweisung der Kapazität durch den Fernleitungsnetzbetreiber sowie in dem Umfang, in dem die Kapazität vom Fernleitungsnetzbetreiber nicht neu zugewiesen wurde, bestehen.

(7) Bevor zu wenig ausgelastete verbindliche Kapazität im Sinne dieses Artikels angeboten wird, analysiert der Fernleitungsnetzbetreiber, wie sich dies an den einzelnen von ihnen betriebenen Netzkopplungspunkten auswirken würde, und informiert die zuständige nationale Regulierungsbehörde. Abweichend von den Absätzen 1 bis 6 dieses Artikels und unabhängig davon, ob an den betreffenden Netzkopplungspunkten Engpässe bestehen, können die nationalen Regulierungsbehörden beschließen, an allen Netzkopplungspunkten einen der folgenden Mechanismen anzuwenden:

a) einen „Use-it-or-lose-it“-Mechanismus für verbindliche „Day-ahead“-Kapazität gemäß der Verordnung (EU) 2017/459 und unter Berücksichtigung von Nummer 2.2.3 des Anhangs I der Verordnung (EG) Nr. 715/2009;

b) ein Überbuchungs- und Rückkaufsystem gemäß Nummer 2.2.2 Anhang I der Verordnung (EG) Nr. 715/2009, mit dem bezüglich der technischen Kapazität eines Kopplungspunkts mindestens 5 % zusätzliche Kapazität angeboten wird, oder

c) sie bieten zumindest ursprünglich nicht nominierte Kapazität auf „Day-ahead“- und „Withinday“-Basis an, die als unterbrechbare Kapazität zugewiesen wird.

Die Absätze 1 bis 6 dieses Artikels gelten automatisch, wenn bis zum 31. März 2023 nicht einer der alternativen Mechanismen nach Unterabsatz 1 zur Anwendung kommt.

(8) Bevor der Beschluss nach Absatz 7 gefasst wird, konsultiert die nationale Regulierungsbehörde die nationale Regulierungsbehörde des benachbarten Mitgliedstaats und trägt deren Stellungnahmen Rechnung. Wenn sich das Einspeise-/Ausspeisesystem auf mehr als einen Mitgliedstaat erstreckt, sodass nicht nur ein Fernleitungsnetzbetreiber tätig ist, entscheiden die nationalen Regulierungsbehörden der betroffenen Mitgliedstaaten gemeinsam über die Anwendung von Absatz 7.

Artikel 15
Mechanismus zur Begrenzung der Tagesvolatilität

(1) Sobald wie möglich, spätestens jedoch bis zum 31. Januar 2023 richtet jeder Handelsplatz, an dem energiebezogene Warenderivate gehandelt werden, für jedes an ihm gehandelte energiebezogene Front-Month-Warenderivat einen auf einer oberen und unteren Preisgrenze (im Folgenden „Preisgrenzen“) basierenden Mechanismus zur Begrenzung der Tagesvolatilität ein, mit dem die Preise bestimmt werden, oberhalb und unterhalb deren keine Aufträge ausgeführt werden dürfen („Mechanismus zur Begrenzung der Tagesvolatilität“). Handelsplätze müssen sicherstellen, dass der Mechanismus zur Begrenzung der Tagesvolatilität übermäßige Preisschwankungen innerhalb eines Handelstages für energiebezogene Warenderivate verhindert. Bei der Einrichtung eines Mechanismus zur Begrenzung der Tagesvolatilität müssen Handelsplätze zudem sicherstellen, dass die Durchführung dieser Maßnahmen nicht die Bildung zuverlässiger Tagesschlusspreise verhindert.

(2) Für jedes an ihnen gehandelte energiebezogene Warenderivat legen die Handelsplätze die anzuwendende Berechnungsmethode fest, mit der die Preisgrenzen in Bezug auf einen Referenzpreis bestimmt werden. Der erste Referenzpreis des Tages entspricht dem Preis, der bei Eröffnung des betreffenden Handelstags festgestellt wird. Die nachfolgenden Referenzpreise sind die letzten in regelmäßigen Abständen festgestellten Marktpreise. Bei einer Unterbrechung des Handels am Handelstag entspricht der erste Referenzpreis nach der Unterbrechung dem Eröffnungspreis bei Wiederaufnahme des Handels.

(3) Die Preisgrenzen werden entweder als absoluter Wert oder als relativer Wert in Form einer prozentualen Abweichung vom Referenzpreis angegeben. Die Handelsplätze passen diese Berechnungsmethode an die Besonderheiten jedes energiebezogenen Warenderivats, das Liquiditätsprofil des Marktes für dieses Derivat und dessen Volatilitätsprofil an. Der Handelsplatz unterrichtet die zuständige Behörde unverzüglich über die Methode.

(4) Die Handelsplätze erneuern die Preisgrenzen in regelmäßigen Abständen während der Handelszeiten auf der Grundlage des Referenzpreises.

(5) Die Handelsplätze veröffentlichen die Merkmale des von ihnen eingerichteten Mechanismus zur Begrenzung der Tagesvolatilität unverzüglich oder im Falle einer Änderung.

(6) Der Mechanismus zur Begrenzung der Tagesvolatilität ist von Handelsplätzen umzusetzen, indem er entweder in die von ihnen bereits gemäß

der Richtlinie 2014/65/EU eingerichteten, vorhandenen Notfallsicherungen integriert oder als zusätzlicher Mechanismus eingerichtet wird.

(7) Beabsichtigt ein Handelsplatz, die Berechnungsmethode für die Preisgrenzen für ein bestimmtes energiebezogenes Warenderivat zu ändern, so unterrichtet er die zuständige Behörde unverzüglich über die beabsichtigten Änderungen.

(8) Wenn die von der Europäischen Wertpapier- und Marktaufsichtsbehörde (ESMA) gemäß Artikel 16 Absatz 3 erhobenen Informationen ergeben, dass zur wirksameren Begrenzung übermäßiger Preisschwankungen in der Union eine einheitlichere Umsetzung des Mechanismus geboten ist, kann die Kommission Durchführungsrechtsakte erlassen, in denen die einheitlichen Grundsätze für die Umsetzung des Mechanismus zur Begrenzung der Tagesvolatilität unter Berücksichtigung der Besonderheiten jedes energiebezogenen Warenderivats, des Liquiditätsprofils des Marktes für solche Derivate und seines Volatilitätsprofils festgelegt werden. Um insbesondere das reibungslose Funktionieren von Handelsplätzen zu gewährleisten, die den Handel mit energiebezogenen Warenderivaten anbieten, kann die Kommission festlegen, in welchen Zeitabständen die Preisgrenzen erneuert werden oder welche Maßnahmen zu ergreifen sind, wenn diese Preisgrenzen über- bzw. unterschritten werden, einschließlich Bestimmungen zur Sicherstellung einer zuverlässigen Schlusspreisbildung. Diese Durchführungsrechtsakte werden gemäß dem in Artikel 29 genannten Prüfverfahren erlassen.

Artikel 16
Aufgaben der zuständigen Behörden

(1) Die zuständigen Behörden überwachen die Umsetzung der Mechanismen zur Begrenzung der Tagesvolatilität. Die zuständigen Behörden stellen sicher, dass Unterschiede bei der Umsetzung der Mechanismen zur Begrenzung der Tagesvolatilität durch die in ihren Mitgliedstaaten niedergelassenen Handelsplätze aufgrund der Besonderheiten der betreffenden Handelsplätze oder energiebezogenen Warenderivate ausreichend gerechtfertigt sind.

(2) Die zuständigen Behörden stellen sicher, dass die Handelsplätze geeignete vorläufige Mechanismen einführen, die sicherstellen, dass eine übermäßige Volatilität auf den Märkten für energiebezogene Warenderivate bis zur Einrichtung des in Artikel 15 Absatz 1 genannten Mechanismus zur Begrenzung der Tagesvolatilität begrenzt wird.

(3) Die zuständigen Behörden erstatten der ESMA innerhalb von drei Wochen nach dem in Artikel 15 Absatz 1 genannten Datum und danach mindestens quartalsweise über die Umsetzung des Mechanismus zur Begrenzung der Tagesvolatilität durch die von ihnen beaufsichtigten Handelsplätze Bericht.

Artikel 17
Koordinierungsfunktion der ESMA

(1) Die ESMA koordiniert und überwacht die Umsetzung der Mechanismen zur Begrenzung der Tagesvolatilität auf der Grundlage von Berichten, die ihr von den zuständigen Behörden gemäß Artikel 16 Absatz 3 übermittelt werden.

(2) Die ESMA dokumentiert auf der Grundlage der Berichte der zuständigen Behörden alle Abweichungen bei der Umsetzung der Mechanismen zur Begrenzung der Tagesvolatilität zwischen den einzelnen Ländern in der Union. Die ESMA legt der Kommission bis zum 30. Juni 2023 einen Bericht vor, in dem die Effizienz der Mechanismen zur Begrenzung der Tagesvolatilität bewertet wird. Auf der Grundlage dieses Berichts prüft die Kommission, ob sie dem Rat einen Vorschlag zur Änderung dieser Verordnung vorlegen sollte.

Artikel 18
Aufgaben und Befugnisse der ACER bei der Durchführung von Preisbewertungen und der Bestimmung von Referenzwerten

(1) Die ACER erstellt und veröffentlicht so rasch wie möglich eine tägliche Bewertung der LNG-Preise und beginnt damit spätestens am 13. Januar 2023. Für die Zwecke der LNG-Preisbewertung erhebt und verarbeitet die ACER systematisch LNG-Marktdaten über Transaktionen. Die Preisbewertung trägt gegebenenfalls regionalen Unterschieden und Marktbedingungen Rechnung.

(2) Spätestens ab dem 31. März 2023 erstellt und veröffentlicht die ACER einen LNG-Tagesreferenzwert, der durch den Spread zwischen der täglichen LNG-Preisbewertung und dem von ICE Endex Markets B.V. täglich festgestellten Abrechnungspreis für den nächstfälligen Gas-Terminkontrakt der TTF bestimmt wird. Für die Zwecke des LNG-Referenzwerts erhebt und verarbeitet die ACER systematisch alle LNG-Marktdaten.

(3) Abweichend von Artikel 3 Absatz 4 Buchstabe b der Verordnung (EU) Nr. 1227/2011 gelten für LNG-Marktteilnehmer die Verpflichtungen und Verbote für Marktteilnehmer gemäß der Verordnung (EU) Nr. 1227/2011. Die Befugnisse, über die die ACER gemäß der Verordnung (EU) Nr. 1227/2011 und der Durchführungsverordnung (EU) Nr. 1348/2014 verfügt, gelten ebenfalls in

Bezug auf LNG-Marktteilnehmer, einschließlich der Bestimmungen zur Vertraulichkeit.

Artikel 19
Veröffentlichung von LNG-Preisbewertung und -Referenzwert

(1) Die LNG-Preisbewertung wird täglich veröffentlicht, und zwar spätestens bis 18.00 Uhr MEZ für die Bewertung der endgültigen Transaktionspreise. Spätestens ab dem 31. März 2023 veröffentlicht die ACER zusätzlich zur Veröffentlichung der LNG-Preisbewertung außerdem täglich spätestens bis 19.00 Uhr MEZ oder so bald wie technisch möglich den LNG-Referenzwert.

(2) Für die Zwecke dieses Artikels kann die ACER die Dienste eines Dritten in Anspruch nehmen.

Artikel 20
Übermittlung von LNG-Marktdaten an die ACER

(1) Die LNG-Marktteilnehmer übermitteln der ACER täglich die LNG-Marktdaten gemäß Artikel 21 in einem standardisierten Format, mithilfe eines hochwertigen Übertragungsprotokolls und so echtzeitnah wie technisch möglich vor der Veröffentlichung der täglichen LNG-Preisbewertung (18.00 Uhr MEZ).

(2) Die Kommission kann Durchführungsrechtsakte zur Festlegung des Zeitpunkts erlassen, bis zu dem LNG-Marktdaten vor der täglichen Veröffentlichung der LNG-Preisbewertung gemäß Absatz 1 vorzulegen sind. Diese Durchführungsrechtsakte werden gemäß dem in Artikel 29 genannten Prüfverfahren erlassen.

(3) Bei Bedarf gibt die ACER nach Konsultation der Kommission Leitlinien für Folgendes heraus:

a) die Einzelheiten der zu meldenden Informationen zusätzlich zu den derzeit geltenden Einzelheiten der zu meldenden Transaktionen und den Fundamentaldaten gemäß der Durchführungsverordnung (EU) Nr. 1348/2014, auch für Gebote und Angebote, und

b) das Verfahren, den Standard und das elektronische Format sowie die technischen und organisatorischen Anforderungen für die Übermittlung der Daten, die bei der Übermittlung der LNG-Marktdaten einzuhalten sind.

(4) Die LNG-Marktteilnehmer übermitteln der ACER die erforderlichen LNG-Marktdaten kostenlos über die von der ACER eingerichteten Meldekanäle, möglichst mittels bereits bestehender und verfügbarer Verfahren.

Artikel 21
Qualität der LNG-Marktdaten

(1) Die LNG-Marktdaten umfassen Folgendes:

a) die Vertragsparteien, einschließlich des Kauf-/Verkauf-Indikators;

b) die meldende Partei;

c) den Transaktionspreis;

d) die vertraglichen Mengen;

e) den Wert des Vertrags;

f) das Ankunftsfenster für die LNG-Ladung;

g) die Lieferbedingungen;

h) die Lieferorte;

i) die Zeitstempel-Informationen zu allen folgenden Angaben:

i) Datum und Zeitpunkt, zu dem das Gebot oder Angebot abgegeben wurde;

ii) Transaktionsdatum und -zeitpunkt;

iii) Datum und Zeitpunkt der Meldung des Gebots, des Angebots oder der Transaktion;

iv) Eingang der LNG-Marktdaten bei der ACER.

(2) Die LNG-Marktteilnehmer übermitteln der ACER LNG-Marktdaten in den folgenden Einheiten und Währungen:

a) Transaktions-, Gebots- und Angebotseinheitspreise in der im Vertrag angegebenen Währung und in EUR/MWh sowie mit gegebenenfalls angewandten Umrechnungs- und Wechselkursen;

b) die vertraglichen Mengen in den in den Verträgen festgelegten Einheiten und in MWh;

c) Ankunftsfenster als Lieferdaten im UTC-Format;

d) als Lieferort eine gültige Kennung aus der Liste der ACER, wie in der Liste der meldepflichtigen LNG-Anlagen sowie in der Verordnung (EU) Nr. 1227/2011 und der Durchführungsverordnung (EU) Nr. 1348/2014 angegeben; die Informationen des Zeitstempels sind im UTC-Format anzugeben;

e) gegebenenfalls ist die Preisformel des langfristigen Vertrags, aus der der Preis abgeleitet wird, insgesamt anzugeben.

(3) Die ACER gibt Leitlinien zu den Kriterien heraus, nach denen auf einen einzigen Übermittler ein erheblicher Teil der innerhalb eines bestimmten Bezugszeitraums übermittelten LNG-Marktdaten entfällt, und wie dies bei ihrer täglichen LNG-Preisbewertung und bei den LNG-Referenzwerten zu berücksichtigen ist.

Artikel 22
Aufrechterhaltung des Betriebs

Die ACER überprüft, aktualisiert und veröffentlicht regelmäßig ihre Methode für die LNG-Preisbewertung und den LNG-Referenzwert sowie die Methode für die Meldung von LNG-Marktdaten und die Veröffentlichung ihrer LNG-Preisbewertungen und LNG-Referenzwerte und berücksichtigt dabei die Ansichten der Stellen, die die LNG-Marktdaten übermittelt haben.

Artikel 23
Ausweitung des solidarischen Schutzes auf für die Stromversorgungssicherheit kritische Gasmengen

(1) Abweichend von Artikel 13 Absatz 3 der Verordnung (EU) 2017/1938 findet eine Solidaritätsmaßnahme gemäß Artikel 13 Absätze 1 und 2 jener Verordnung nur Anwendung, wenn der um Solidarität ersuchende Mitgliedstaat

a) das Defizit bei der Gasversorgung seiner durch Solidarität geschützten Kunden nicht decken kann oder in dem Fall, dass ein Mitgliedstaat befristete Maßnahmen zur Senkung des nicht wesentlichen Verbrauchs geschützter Kunden gemäß Artikel 24 der vorliegenden Verordnung getroffen hat, seinen durch Solidarität geschützten Kunden die wesentlichen Gasverbrauchsmengen nicht bereitstellen kann;

b) trotz Anwendung der in Artikel 11 Absatz 3 der Verordnung (EU) 2017/1938 genannten Maßnahme nicht in der Lage ist, die für die Stromversorgungssicherheit kritischen Gasmengen bereitzustellen. Es gelten die Bedingungen nach Artikel 13 Absatz 3 Buchstaben b, c und d der Verordnung (EU) 2017/1938.

(2) Die Mitgliedstaaten, die gemäß Absatz 1 zur Solidarität verpflichtet sind, können Folgendes vom Solidaritätsangebot abziehen:

a) Lieferungen an eigene durch Solidarität geschützte Kunden in dem Umfang, in dem wesentliche Mengen betroffen sind, oder in dem Fall, dass ein Mitgliedstaat befristete Maßnahmen zur Senkung des nicht wesentlichen Verbrauchs geschützter Kunden gemäß Artikel 24 getroffen hat, die Lieferungen der wesentlichen Gasverbrauchsmengen an eigene durch Solidarität geschützte Kunden,

b) Lieferungen von für die Stromversorgungssicherheit kritischen Gasmengen,

c) Lieferungen von Gasmengen für den Strom, der für die Erzeugung und den Transport von Gas erforderlich ist, und

d) Gasmengen, die für die Tätigkeiten von für die Versorgungssicherheit kritischer Infrastruktur gemäß Anhang II sowie von anderen für funktionierende Dienste in den Bereichen Militär, nationale Sicherheit und humanitäre Hilfe kritischen Anlagen benötigt werden.

(3) Die für die Stromversorgungssicherheit kritischen Gasmengen im Sinne von Absatz 1 Buchstabe b und Absatz 2 Buchstaben b und d dürfen die in Anhang I angegebenen Mengen nicht überschreiten. Kann ein Mitgliedstaat nachweisen, dass eine größere Gasmenge erforderlich ist, um eine Stromversorgungskrise in einem Mitgliedstaat zu vermeiden, so kann die Kommission auf hinreichend begründeten Antrag beschließen, den Abzug größerer Mengen zuzulassen.

(4) Werden Mitgliedstaaten, deren Stromnetz nur mit dem Stromnetz eines Drittlandes synchronisiert ist, um Solidaritätsmaßnahmen ersucht, so können sie in dem Fall, dass das Stromnetz nicht mit dem Netz dieses Drittlandes synchronisiert ist, ausnahmsweise höhere Gasmengen abziehen, solange für den Übertragungsnetzbetreiber isolierte Stromversorgungssystemdienste oder andere Dienste erbracht werden müssen, um den sicheren und zuverlässigen Betrieb des Stromnetzes zu gewährleisten.

Artikel 24
Maßnahmen zur Nachfragesenkung bei geschützten Kunden

(1) Die Mitgliedstaaten können ausnahmsweise befristete Maßnahmen ergreifen, um den nicht wesentlichen Verbrauch geschützter Kunden im Sinne von Artikel 2 Nummer 5 der Verordnung (EU) 2017/1938 zu verringern, insbesondere wenn eine der Krisenstufen gemäß Artikel 11 Absatz 1 und Artikel 12 der Verordnung (EU) 2017/1938 oder ein Unionsalarm gemäß der Verordnung (EU) 2022/1369 ausgelöst wurde. Diese Maßnahmen müssen sich auf nicht wesentliche Verwendungszwecke von Gas beschränken und den in Artikel 6 Absatz 2 der Verordnung (EU) 2022/1369 genannten Elementen Rechnung tragen. Diese Sondermaßnahmen dürfen erst ergriffen werden, wenn die zuständigen Behörden im Sinne von Artikel 2 Nummer 7 der Verordnung (EU) 2017/1938 die Bedingungen für die Festlegung solcher nicht wesentlichen Gasmengen bewertet haben.

(2) Der Verbrauch schutzbedürftiger Kunden im Sinne der Definition der Mitgliedstaaten gemäß Artikel 3 Absatz 3 der Richtlinie 2009/73/EG darf infolge der in Absatz 1 des vorliegenden Artikels genannten Maßnahmen unter keinen Umständen verringert werden, und die Mitgliedstaaten dürfen geschützte Kunden nicht infolge der Anwendung von Absatz 1 des vorliegenden Artikels vom Netz trennen.

Artikel 25
Schutzvorkehrungen für grenzüberschreitende Gasflüsse

Bei einer Aufforderung der Kommission gemäß Artikel 12 Absatz 6 Unterabsatz 1 der Verordnung (EU) 2017/1938, unzulässige Einschränkungen grenzüberschreitender Gasflüsse oder des Zugangs zur Gasinfrastruktur oder Maßnahmen, die die Gasversorgung in einem anderen Mitgliedstaat gefährden, einzustellen, verfährt die zuständige Behörde im Sinne des Artikels 2 Nummer 7 der Verordnung (EU) 2017/1938 bzw. der in Artikel 12 Absatz 6 Unterabsatz 1 jener Verordnung genannte Mitgliedstaat nicht wie in Artikel 12

Absatz 6 Unterabsatz 2 jener Verordnung vorgesehen, sondern ändert ihre bzw. seine Maßnahme oder ergreift Maßnahmen, um die Einhaltung von Artikel 12 Absatz 5 jener Verordnung sicherzustellen.

Artikel 26
Vorübergehende Ausweitung der Solidaritätsverpflichtungen auf Mitgliedstaaten mit LNG-Anlagen

(1) Die Verpflichtung zur Durchführung von Solidaritätsmaßnahmen gemäß Artikel 13 Absatz 1 der Verordnung (EU) 2017/1938 gilt nicht nur für Mitgliedstaaten, die direkt mit dem um Solidarität ersuchenden Mitgliedstaat verbunden sind, sondern auch für Mitgliedstaaten mit LNG-Anlagen, sofern die erforderliche Kapazität in der betreffenden Infrastruktur, einschließlich LNG-Schiffen und -Tankern, zur Verfügung steht.

(2) Sofern in der vorliegenden Verordnung nichts anderes bestimmt ist, gilt für Mitgliedstaaten mit LNG-Anlagen Artikel 13 Absätze 2 bis 9 der Verordnung (EU) 2017/1938.

(3) Mitgliedstaaten mit LNG-Anlagen, die nicht direkt mit einem um Solidarität ersuchenden Mitgliedstaat verbunden sind, können mit jedem anderen Mitgliedstaat bilateral die erforderlichen technischen, rechtlichen und finanziellen Solidaritätsregelungen vereinbaren, die für die Solidaritätsleistung gelten.

(4) Die Standardvorschriften für die Durchführung von Solidaritätsmaßnahmen gemäß Artikel 27 gelten auch für die nicht verbundenen Mitgliedstaaten, wenn zum Zeitpunkt des Eingangs eines Solidaritätsersuchens keine bilaterale Vereinbarung besteht.

Artikel 27
Standardvorschriften für Solidaritätsmaßnahmen

(1) Wenn zwei Mitgliedstaaten die erforderlichen technischen, rechtlichen und finanziellen Regelungen gemäß Artikel 13 Absatz 10 der Verordnung (EU) 2017/1938 (im Folgenden „Solidaritätsvereinbarung") nicht vereinbart haben, gelten für Gaslieferungen gemäß der Verpflichtung nach Artikel 13 Absatz 1 jener Verordnung im Notfall die Bedingungen dieses Artikels.

(2) Die Entschädigung für die Solidaritätsmaßnahme darf die angemessenen Kosten nicht übersteigen, und sie umfasst abweichend von Artikel 13 Absatz 8 der Verordnung (EU) 2017/1938 in jedem Fall

a) den Gaspreis in dem Solidarität leistenden Mitgliedstaat;

b) die Kosten für die Speicherung und den Transport zum gewünschten Netzkopplungspunkt — einschließlich etwaiger durch Abweichungen bei LNG-Ladungen entstehender Gebühren;

c) Prozesskosten für damit verbundene Gerichts- oder Schiedsverfahren, an denen der Solidarität leistende Mitgliedstaat beteiligt ist.

d) sonstige indirekte Kosten, die nicht durch den Gaspreis gedeckt werden, darunter die Erstattung finanzieller oder sonstiger Schäden aufgrund der angeordneten Abschaltung von Kunden in Verbindung mit der Leistung von Solidarität, sofern sich diese indirekten Kosten nicht auf mehr als 100 % des Gaspreises belaufen.

(3) Wenn ein Mitgliedstaat eine Entschädigung für indirekte Kosten gemäß Absatz 2 Buchstabe d beantragt, die 100 % des Gaspreises übersteigen, entscheidet die Kommission nach Konsultation der zuständigen Behörden, ob unter Berücksichtigung der besonderen vertragsbedingten und nationalen Gegebenheiten des Falles und des Grundsatzes der Energiesolidarität eine höhere Entschädigung ist.

(4) Soweit der um Solidarität ersuchende Mitgliedstaat und der Solidarität leistende Mitgliedstaat keinen anderen Preis vereinbaren, entspricht der Preis für das an den um Solidarität ersuchenden Mitgliedstaat gelieferte Gas dem Day-Ahead-Marktpreis im Solidarität leistenden Mitgliedstaat am Tag vor dem Solidaritätsersuchen oder dem entsprechenden Day-Ahead-Marktpreis an der nächstliegenden Börse, am nächstliegenden virtuellen Handelspunkt oder an einem vereinbarten Hub am Tag vor dem Solidaritätsersuchen.

(5) Die Entschädigung für die im Rahmen eines Solidaritätsersuchens gemäß Artikel 28 gelieferten Gasmengen wird von dem um Solidarität ersuchenden Mitgliedstaat direkt an den Solidarität leistenden Mitgliedstaat oder die Einrichtung gezahlt, die beide Mitgliedstaaten in ihrer Antwort auf das Solidaritätsersuchen sowie in der Bestätigung der Entgegennahme und der zu entnehmenden Menge angeben.

(6) Der Mitgliedstaat, an den sich das Ersuchen um eine Solidaritätsmaßnahme richtet, trifft die Solidaritätsmaßnahme so bald wie möglich, spätestens jedoch drei Tage nach dem Ersuchen. Ein Mitgliedstaat kann die Solidaritätsleistung für einen um Solidarität ersuchenden Mitgliedstaat nur dann ablehnen, wenn er nachweist, dass

a) er nicht genug Gas hat, um die in Artikel 23 Absatz 2 angegebenen Gasmengen bereitzustellen, oder

b) er nicht über genügend Verbindungsleitungskapazitäten gemäß Artikel 13 Absatz 7 der Verordnung (EU) 2017/1938 verfügt und er nicht die Möglichkeit hat, eine ausreichende Menge an LNG bereitzustellen.

(7) Zusätzlich zu den in diesem Artikel vorgesehenen Standardvorschriften können die Mitgliedstaaten technische Regelungen vereinbaren und die Solidaritätsleistung koordinieren.

(8) Dieser Artikel berührt nicht bestehende Regelungen für den sicheren und zuverlässigen Betrieb des Gasnetzes.

Artikel 28
Verfahren für Solidaritätsmaßnahmen bei Fehlen einer Solidaritätsvereinbarung

(1) Der Mitgliedstaat, der um die Anwendung von Solidaritätsmaßnahmen ersucht, richtet ein Solidaritätsersuchen an einen anderen Mitgliedstaat, das mindestens folgende Angaben enthält:

a) Kontaktdaten der zuständigen Behörde des Mitgliedstaats,

b) Kontaktdaten des entsprechenden Fernleitungsnetzbetreibers des Mitgliedstaats (falls zutreffend),

c) Kontaktdaten des im Namen des Mitgliedstaats handelnden Dritten (falls zutreffend),

d) Lieferzeitraum, einschließlich des Zeitpunkts der ersten möglichen Lieferung und der voraussichtlichen Lieferdauer,

e) Lieferorte und Netzkopplungspunkte,

f) Gasmenge (in kWh) für jeden Netzkopplungspunkt,

g) Gasqualität.

(2) Das Solidaritätsersuchen wird gleichzeitig an die Mitgliedstaaten, die Solidaritätsmaßnahmen ergreifen könnten, an die Kommission und an die gemäß Artikel 10 Absatz 1 Buchstabe g der Verordnung (EU) 2017/1938 benannten Krisenmanager gerichtet.

(3) Die Mitgliedstaaten, die ein Solidaritätsersuchen erhalten, übermitteln eine Antwort mit der Angabe der in Absatz 1 Buchstaben a, b und c genannten Kontaktdaten und der Menge und Qualität, die zu dem Zeitpunkt gemäß Absatz 1 Buchstaben d bis g an die Netzkopplungspunkte geliefert werden kann. In der Antwort ist die Menge anzugeben, die sich aus einer möglichen Einschränkung oder — wenn es unbedingt erforderlich ist — der Freigabe strategischer Vorräte ergibt, falls die Menge, die auf der Grundlage freiwilliger Maßnahmen geliefert werden kann, nicht ausreicht.

(4) Solidaritätsersuchen sind mindestens 72 Stunden vor dem angegebenen Lieferzeitpunkt zu übermitteln. Die Antwort auf Solidaritätsersuchen erfolgt innerhalb von 24 Stunden. Die Bestätigung der Entgegennahme und der vom um Solidarität ersuchenden Mitgliedstaat zu entnehmenden Menge erfolgt innerhalb von 24 Stunden vor dem erforderlichen Lieferzeitpunkt.

(5) Das Ersuchen kann für einen Zeitraum von einem Tag oder mehreren Tagen übermittelt werden, und die Antwort muss der beantragten Dauer entsprechen.

(6) Erbringen mehrere Mitgliedstaaten Solidaritätsleistungen und bestehen bilaterale Solidaritätsvereinbarungen mit einem oder mehreren von ihnen, so haben diese bilateralen Vereinbarungen zwischen den Mitgliedstaaten, die sie geschlossen haben, Vorrang. Die in diesem Artikel vorgesehenen Standardvorschriften gelten nur in Bezug auf die anderen Solidarität leistenden Mitgliedstaaten.

(7) Die Kommission kann die Umsetzung von Solidaritätsvereinbarungen erleichtern, insbesondere durch ein auf einer gesicherten Online-Plattform zugängliches Muster, um die Echtzeit-Übermittlung der Ersuchen und Angebote zu ermöglichen.

Artikel 29
Ausschussverfahren

(1) Die Kommission wird von einem Ausschuss unterstützt. Dabei handelt es sich um einen Ausschuss im Sinne der Verordnung (EU) Nr. 182/2011.

(2) Wird auf diesen Absatz Bezug genommen, so gilt Artikel 5 der Verordnung (EU) Nr. 182/2011.

Artikel 30
Überprüfung

Bis zum 1. Oktober 2023 überprüft die Kommission diese Verordnung im Hinblick auf die allgemeine Gasversorgungslage der Union und legt dem Rat einen Bericht über die wichtigsten Ergebnisse dieser Überprüfung vor. Die Kommission kann auf der Grundlage dieses Berichts vorschlagen, die Geltungsdauer dieser Verordnung zu verlängern.

Artikel 31
Inkrafttreten und Anwendung

Diese Verordnung tritt am Tag nach ihrer Veröffentlichung im *Amtsblatt der Europäischen Union* in Kraft.

Sie gilt für einen Zeitraum von einem Jahr ab ihrem Inkrafttreten.

Artikel 14 wird ab dem 31. März 2023 wirksam.

ANHANG I

a) Maximale für die Stromversorgungssicherheit kritische Gasmengen gemäß Artikel 23 für den Zeitraum Dezember 2022 bis März 2023 (Werte in Mio. Kubikmeter) (1)

Mitgliedstaaten	Dezember 2022	Januar 2023	Februar 2023	März 2023
AT	74,24	196,83	152,20	139,35
BE	399,05	458,77	382,76	398,99
BG	61,49	71,26	61,55	63,29
CY	—	—	—	—
CZ	17,26	49,64	34,80	28,28
DE	2 090,53	2 419,56	2 090,59	1 863,77
DK	249,48	295,56	254,87	268,09
EE	5,89	5,78	5,00	1,05
EL	209,95	326,68	317,18	232,80
ES	1 378,23	1 985,66	1 597,27	1 189,29
IE	372,76	375,29	364,26	375,74
FI	28,42	39,55	44,66	12,97
FR	876,37	875,58	802,53	771,15
HR	10,95	66,01	59,99	48,85
HU	82,13	133,97	126,44	93,72
IT	2 166,46	3 304,99	3 110,79	2 774,67
LV	89,26	83,56	84,96	66,19
LT	16,13	20,22	18,81	4,21
LU	—	—	—	—
MT	32,88	34,84	31,43	33,02
NL	684,26	762,31	556,26	480,31
PL	158,14	158,64	136,97	148,64
PT	409,97	415,22	368,54	401,32
RO	130,35	179,35	162,41	159,71
SI	12,98	15,15	13,35	12,80
SK	33,99	47,26	34,80	34,76
SE	18,05	18,61	17,71	15,76

b) Maximale für die Stromversorgungssicherheit kritische Gasmengen gemäß Artikel 23 für den Zeitraum April 2023 bis Dezember 2023 (Werte in Mio. Kubikmeter):

Mitgliedstaaten	Monatlicher Wert
AT	140,66
BE	409,89
BG	64,40
CY	—
CZ	32,50
DE	2 116,11
DK	267,00
EE	4,43
EL	271,65
ES	1 537,61
IE	372,01
FI	31,40
FR	831,41
HR	46,45
HU	109,06
IT	2 839,23
LV	80,99

LT	14,84
LU	—
MT	33,03
NL	620,79
PL	150,60
PT	398,76
RO	157,96
SI	13,57
SK	37,70
SE	17,53

ANHANG II

Für die Versorgungssicherheit kritische Infrastruktur gemäß Artikel 23 Absatz 2 Buchstabe d

Sektor	Teilsektor	
I Energie	1. Strom	Infrastrukturen und Anlagen zur Stromerzeugung und -übertragung in Bezug auf die Stromversorgung
	2. Öl	Gewinnung, Raffinierung, Behandlung und Lagerung von Öl sowie Öltransport in Rohrfernleitungen
	3. Gas	Gewinnung, Raffinierung, Behandlung und Lagerung von Gas sowie Gastransport in Rohrfernleitungen LNG-Terminals
II Verkehr	4. Straßenverkehr	
	5. Schienenverkehr	
	6. Luftverkehr	

47. VO (EU) 2022/2577 zur Festlegung eines Rahmens für einen beschleunigten Ausbau der Nutzung erneuerbarer Energien

ABl L 2022/335 idgF

DER RAT DER EUROPÄISCHEN UNION —

gestützt auf den Vertrag über die Arbeitsweise der Europäischen Union, insbesondere auf Artikel 122 Absatz 1,

auf Vorschlag der Europäischen Kommission,

in Erwägung nachstehender Gründe:

(1) Der Angriffskrieg der Russischen Föderation gegen die Ukraine und die beispiellose Reduzierung der Erdgaslieferungen aus der Russischen Föderation in die Mitgliedstaaten gefährden die Versorgungssicherheit der Union und ihrer Mitgliedstaaten. Gleichzeitig haben der Einsatz der Gasversorgung als Waffe und die Manipulation der Märkte durch vorsätzliche Unterbrechungen der Gasflüsse durch die Russische Föderation zu sprunghaft ansteigenden Energiepreisen in der Union geführt, was nicht nur die Wirtschaft in der Union gefährdet, sondern auch die Versorgungssicherheit ernsthaft bedroht. Ein rascher Ausbau der Nutzung erneuerbarer Energien kann dazu beitragen, die Auswirkungen der aktuellen Energiekrise abzufedern, indem ein Schutz gegen das Vorgehen Russlands aufgebaut wird. Erneuerbare Energien können einen erheblichen Beitrag dazu leisten, dem Einsatz der Energieversorgung als Waffe durch Russland entgegenzuwirken, indem sie die Versorgungssicherheit der Union verbessern, die Marktvolatilität eindämmen und die Energiepreise verringern.

(2) In den letzten Monaten hat Russlands Vorgehen zu einer weiteren Verschärfung der Lage auf dem Markt geführt, insbesondere dadurch, dass es das Risiko erhöht hat, dass die Gaslieferungen aus Russland in die Union in naher Zukunft vollständig eingestellt werden — eine Situation, die sich auf die Versorgungssicherheit der Union ausgewirkt hat. Dies hat dazu geführt, dass sich die Volatilität der Energiepreise in der Union drastisch erhöht hat, und hat die Gas- und Strompreise im Sommer auf ein Rekordhoch ansteigen lassen, was zu steigenden Endkundenpreisen für Strom führt, die sich voraussichtlich auf die meisten Verbraucherverträge auswirken werden und die Haushalte und Unternehmen zunehmend belasten. Die verschärfte Lage an den Energiemärkten hat erheblich zur allgemeinen Inflation im Euro-Währungsgebiet beigetragen und das Wirtschaftswachstum in der gesamten Union gebremst. Dieses Risiko wird auch bei einer vorübergehenden Verringerung der Großhandelspreise fortbestehen und im nächsten Jahr sogar noch relevanter werden, wie im jüngsten Dringlichkeitsvorschlag der Kommission, der die Mitteilung der Kommission vom 18. Oktober 2022 mit dem Titel „Energienotlage — Gemeinsame Vorbereitung, gemeinsamer Einkauf und gemeinsamer Schutz der EU" begleitet hat, festgestellt wurde. Die europäischen Energieunternehmen könnten nächstes Jahr große Schwierigkeiten bei der Befüllung von Gasspeicheranlagen haben, da angesichts der derzeitigen politischen Lage höchstwahrscheinlich weniger oder gar kein Pipelinegas aus Russland mehr in der Union ankommen wird. Zudem sollen gemäß der Verordnung (EU) 2022/1032 des Europäischen Parlaments und des Rates (1) im Jahr 2023 90 % der Gasspeicherkapazitäten der Union gefüllt werden, während das Ziel in diesem Winter 80 % beträgt. Darüber hinaus könnten unvorhersehbare Ereignisse wie die Sabotage von Pipelines und andere Unterbrechungsrisiken für die Versorgungssicherheit zu zusätzlichen Spannungen auf den Gasmärkten führen. Überdies haben sich die Aussichten für die Wettbewerbsfähigkeit der europäischen Industrie im Bereich der Technologien für erneuerbare Energien eingetrübt, da in anderen Regionen der Welt kürzlich Maßnahmen zur Unterstützung und Beschleunigung des Ausbaus der gesamten Wertschöpfungskette im Bereich der Technologien für erneuerbare Energien getroffen wurden.

(3) In diesem Zusammenhang und um die Belastung der europäischen Verbraucher und Unternehmen durch hohe und volatile Preise und die dadurch verursachten wirtschaftlichen und sozialen Schwierigkeiten zu verringern, die erforderliche Senkung der Energienachfrage durch verstärkte Nutzung von Energie aus erneuerbaren Quellen als Ersatz für Erdgas zu unterstützen und die Versorgungssicherheit zu erhöhen, muss die Union in diesem Zusammenhang weitere vorübergehende Sofortmaßnahmen ergreifen, um den Ausbau der Nutzung erneuerbarer Energiequellen zu beschleunigen, insbesondere durch gezielte Maßnahmen, die eine Beschleunigung des Ausbaus der Nutzung erneuerbarer Energien in der Union kurzfristig ermöglichen.

(4) Grundlage für die Auswahl dieser Dringlichkeitsmaßnahmen waren die Art der Maßnahmen und ihr Potenzial, kurzfristig zu Lösungen in Bezug auf den Energienotstand beizutragen. Insbesondere können mehrere der in dieser Verordnung genannten Maßnahmen zur Straffung der

Verfahren zur Genehmigungserteilung für Projekte im Bereich der erneuerbaren Energien von den Mitgliedstaaten rasch umgesetzt werden, um den Ausbau der Nutzung erneuerbarer Energien kurzfristig zu beschleunigen, ohne dass es aufwendiger Änderungen der nationalen Verfahren und Rechtssysteme bedarf. Einige dieser Maßnahmen haben einen allgemeinen Anwendungsbereich, wie die Einführung der widerlegbaren Vermutung, dass Projekte im Bereich der erneuerbaren Energien für die Zwecke der einschlägigen Umweltvorschriften von überwiegendem öffentlichen Interesse sind, oder die Einführung von Klarstellungen zum Anwendungsbereich bestimmter Umweltrichtlinien sowie die Vereinfachung des Rahmens für die Genehmigungserteilung für das Repowering von Anlagen zur Erzeugung der erneuerbaren Energien durch Fokussierung auf die Auswirkungen, die sich durch die Änderungen oder Erweiterungen im Vergleich zum ursprünglichen Projekt ergeben. Andere Maßnahmen zielen auf bestimmte Technologien ab, darunter erheblich kürzere und schnellere Genehmigungserteilung für Solarenergieanlagen auf bestehenden Strukturen. Diese Notfallmaßnahmen sollten so rasch wie möglich umgesetzt und bei Bedarf genau auf die aktuellen Herausforderungen zugeschnitten werden.

(5) Es ist erforderlich, zusätzliche dringende und gezielte Maßnahmen für bestimmte Technologien und Arten von Projekten zu treffen, die das größte Potenzial für eine rasche Einführung sowie für sofortige Auswirkungen auf das Ziel der Verringerung der Preisvolatilität und der Nachfrage nach Erdgas ohne Einschränkung des Gesamtenergiebedarf aufweisen. Neben der Beschleunigung der Verfahren zur Genehmigungserteilung für Solarenergieanlagen auf künstlichen Strukturen ist es angezeigt, den Einsatz kleiner Solaranlagen — einschließlich für Eigenversorger im Bereich der erneuerbaren Energien und kollektive Eigenversorger wie lokale Energiegemeinschaften — zu fördern und zu beschleunigen, da sie die kostengünstigsten und am besten zugänglichen Optionen für eine schnelle Installation neuer Anlagen für erneuerbare Energien darstellen und die geringsten Auswirkungen auf die Umwelt und andere Bereiche haben. Darüber hinaus unterstützen diese Projekte unmittelbar Haushalte und Unternehmen, die mit hohen Energiepreisen konfrontiert sind, und bieten Verbrauchern Schutz vor Preisschwankungen. Das Repowering von Anlagen zur Erzeugung von Strom aus erneuerbaren Quellen ist eine Option, um die Energieerzeugung aus erneuerbaren Quellen rasch zu steigern, und hat die geringsten Auswirkungen auf die Netzinfrastruktur und die Umwelt, auch in den Technologiebereichen der Energieerzeugung aus erneuerbaren Quellen, in denen die Verfahren zur Genehmigungserteilung in der Regel länger sind, wie z. B. der Windkraft. Schließlich bieten auch Wärmepumpen eine direkte erneuerbare Alternative zu Erdgasheizkesseln und können den Erdgasbedarf während der Heizperiode erheblich verringern.

(6) Angesichts der akuten Ausnahmesituation im Energiebereich sollten die Mitgliedstaaten Ausnahmen von bestimmten in Rechtsvorschriften der Union im Bereich Umwelt festgelegten Prüfungspflichten für Projekte im Bereich der erneuerbaren Energien sowie für Projekte im Bereich Energiespeicherung und Stromnetze, die für die Integration erneuerbarer Energien in das Elektrizitätssystem erforderlich sind, einführen können. Zur Einführung dieser Ausnahmen müssen zwei Bedingungen erfüllt sein, nämlich, dass das Projekt in einem für erneuerbare Energien oder Stromnetze vorgesehenen Gebiet durchgeführt wird und dass dieses Gebiet einer strategischen Umweltprüfung unterzogen worden ist. Darüber hinaus sollten verhältnismäßige Minderungsmaßnahmen oder — falls diese nicht verfügbar sind — Ausgleichsmaßnahmen ergriffen werden, um den Artenschutz sicherzustellen.

(7) Diese Verordnung sollte für Verfahren zur Genehmigungserteilung gelten, deren Anfangsdatum in ihrem Anwendungszeitraum liegt. Angesichts des Ziels dieser Verordnung sowie der Notlage und des außergewöhnlichen Kontextes ihrer Annahme — insbesondere unter Berücksichtigung dessen, dass eine kurzfristige Beschleunigung des Ausbaus erneuerbarer Energien in der Union die Anwendung der Bestimmungen dieser Verordnung auf laufende Verfahren zur Genehmigungserteilung rechtfertigt, sollten die Mitgliedstaaten die Möglichkeit haben, diese Verordnung oder einige ihrer Bestimmungen auf laufende Verfahren zur Genehmigungserteilung anzuwenden, bei denen die zuständige Behörde noch keine endgültige Entscheidung getroffen hat, sofern bei der Anwendung dieser Vorschriften die bereits bestehenden Rechte Dritter und deren berechtigte Erwartungen gebührend geachtet werden. Daher sollten die Mitgliedstaaten dafür sorgen, dass die Anwendung der Verordnung auf laufende Verfahren zur Genehmigungserteilung verhältnismäßig ist und die Rechte und die berechtigten Erwartungen aller interessierten Parteien angemessen schützt.

(8) Eine der vorübergehenden Maßnahmen ist die Einführung der widerlegbaren Vermutung, dass Projekte im Bereich der erneuerbaren Energien von überwiegendem öffentlichen Interesse sind und der öffentlichen Gesundheit und Sicherheit im Sinne der einschlägigen Rechtsvorschriften der Union im Bereich Umwelt dienen, sofern keine eindeutigen Beweise dafür vorliegen, dass diese Projekte erhebliche nachteilige Umweltauswirkungen haben, die nicht abgemildert oder ausgeglichen werden können. Anlagen im Bereich der erneuerbaren Energien, einschließlich Wärmepumpen und Windkraftanlagen, sind von entscheidender Bedeutung für die Eindämmung des Klimawandels und der Umweltverschmutzung, die

Senkung der Energiepreise, die Verringerung der Abhängigkeit der Union von fossilen Brennstoffen und die Gewährleistung der Versorgungssicherheit der Union. Die Vermutung, dass Anlagen zur Erzeugung von Energie aus erneuerbaren Quellen, einschließlich Wärmepumpen, von überwiegendem öffentlichen Interesse sind und der öffentlichen Gesundheit und Sicherheit dienen, würde es mit sofortiger Wirkung ermöglichen, diese Projekte bei Bedarf einer vereinfachten Prüfung auf bestimmte Ausnahmen zu unterziehen, die insbesondere in den einschlägigen Rechtsvorschriften der Union im Bereich Umwelt vorgesehen sind. Unter Berücksichtigung ihrer nationalen Besonderheiten sollten die Mitgliedstaaten die Möglichkeit haben, die Anwendung dieser Vermutung auf bestimmte Teile ihres Hoheitsgebiets oder bestimmte Technologien oder Projekte zu beschränken. Die Mitgliedstaaten können in Betracht ziehen, dass diese Vermutung in ihren einschlägigen nationalen Rechtsvorschriften über Landschaftsgestaltung angewandt wird.

(9) Dies spiegelt die wichtige Rolle wider, die erneuerbare Energien durch die sofortige Bereitstellung von Lösungen zum Ersatz fossiler Energieträger und die Bewältigung der derzeitigen verschärften Marktlage bei der Dekarbonisierung des Energiesystems der Union spielen können. Um Engpässe im Verfahren zur Genehmigungserteilung sowie im Betrieb von Anlagen im Bereich der erneuerbaren Energien zu beseitigen, sollten im Verfahren zur Planung und Genehmigungserteilung der Bau und Betrieb von Anlagen zur Erzeugung von Energie aus erneuerbaren Quellen und der Ausbau der damit verbundenen Netzinfrastruktur bei der fallweisen Abwägung der Rechtsinteressen Priorität erhalten, zumindest bei Projekten, die als Projekte von öffentlichem Interesse anerkannt wurden. In Bezug auf den Artenschutz sollte diese Priorität nur gegeben werden, wenn und soweit geeignete Artenschutzmaßnahmen, die zur Erhaltung oder Wiederherstellung eines günstigen Erhaltungszustands der Populationen der Art beitragen, ergriffen werden und für diesen Zweck ausreichende Finanzmittel und Flächen bereitgestellt werden.

(10) Solarenergie ist eine erneuerbare Energiequelle, die bei der Beendigung der Abhängigkeit der Union von fossilen Brennstoffen aus Russland und der Umstellung auf eine klimaneutrale Wirtschaft eine entscheidende Rolle spielt. Photovoltaische Energie, eine der kostengünstigsten verfügbaren Stromquellen, und solarthermische Technologien, die Wärmeerzeugung aus erneuerbaren Quellen zu niedrigen Kosten pro Wärmeeinheit liefern, können rasch eingesetzt werden und können unmittelbare Vorteile für die Bürgerinnen und Bürgern und Unternehmen bieten. In diesem Zusammenhang wird im Einklang mit der Mitteilung der Kommission vom 18. Mai 2022 mit dem Titel „EU-Strategie für Solarenergie" die Entwicklung einer widerstandsfähigen industriellen Wertschöpfungskette für Solarenergie in der Union unterstützt, unter anderem durch die Allianz der Photovoltaikindustrie, die Ende 2022 ins Leben gerufen wird. Schnellere und verbesserte Verfahren zur Genehmigungserteilung für Projekte im Bereich der erneuerbaren Energien tragen dazu bei, die Produktionskapazitäten der Union für Technologien im Bereich sauberer Energien auszubauen. Angesichts der aktuellen Umstände und insbesondere der sehr hohen Volatilität der Energiepreise sind Sofortmaßnahmen erforderlich, um beschleunigte Verfahren zur Genehmigungserteilung sicherzustellen, um das Tempo der Installation von Solarenergieanlagen auf künstlichen Strukturen, die im Allgemeinen weniger komplex sind als Anlagen auf dem Boden und rasch zur Abmilderung der Auswirkungen der derzeitigen Energiekrise beitragen können, erheblich zu erhöhen, sofern dabei die Netzstabilität, -zuverlässigkeit und -sicherheit erhalten bleibt. Für diese Anlagen sollten somit kürzere Verfahren zur Genehmigungserteilung gelten als für andere Projekte im Bereich der erneuerbaren Energien.

(11) Diese Frist für Verfahren zur Genehmigungserteilung für die Installation von Solarenergieanlagen und der damit verbundenen, vor Ort befindlichen Speicher und Netzanschlüsse auf bestehenden oder künftigen künstlichen Strukturen vor, die für andere Zwecke als die Solarenergieerzeugung gebaut wurden, sollte höchstens drei Monate betragen. Zudem sollte für diese Anlagen eine spezielle Ausnahme von der Pflicht zur Durchführung von Umweltverträglichkeitsprüfungen gemäß der Richtlinie 2011/92/EU des Europäischen Parlaments und des Rates (2) eingeführt werden, da keine Bedenken hinsichtlich einer konkurrierenden Raumnutzung oder der Umweltauswirkungen zu erwarten sind. Investitionen in kleine dezentrale Solarenergieanlagen, die es ermöglichen, zum Eigenversorger im Bereich der erneuerbaren Energien zu werden, sind eine der effizientesten Möglichkeiten für Energieverbraucher, ihre Energiekosten zu senken und sich vor den Auswirkungen der Preisvolatilität zu schützen. Die Mitgliedstaaten sollten die Möglichkeit haben, bestimmte Gebiete oder Strukturen aus bestimmten gerechtfertigten Gründen von der Anwendung dieser kürzeren Frist und dieser Ausnahme auszuschließen.

(12) Eigenversorgungsanlagen, auch für kollektive Eigenversorger wie lokale Energiegemeinschaften, tragen ebenfalls dazu bei, die Gesamtnachfrage nach Erdgas zu senken, die Widerstandsfähigkeit des Systems zu erhöhen und die Ziele der Union im Bereich der erneuerbaren Energien zu erreichen. Die Installation von Solarenergieanlagen mit einer Kapazität von weniger als 50 kW, einschließlich Anlagen von Eigenversorgern im Bereich der erneuerbaren Energien,

dürfte keine bedeutenden nachteiligen Auswirkungen auf die Umwelt oder das Netz haben und gibt keinen Anlass zu Sicherheitsbedenken. Darüber hinaus ist für kleine Anlagen in der Regel kein Kapazitätsausbau am Netzanschlusspunkt erforderlich. Angesichts der unmittelbaren positiven Auswirkungen derartiger Anlagen für die Verbraucher und ihrer begrenzten potenziellen Umweltauswirkungen ist es angezeigt, das für sie geltende Verfahren zur Genehmigungserteilung weiter zu straffen — sofern sie die bestehende Kapazität des Anschlusses an das Verteilernetz nicht übersteigen - indem das Konzept der stillschweigenden Zustimmung der Verwaltung in die einschlägigen Verfahren zur Genehmigungserteilung aufgenommen wird, um die Errichtung dieser Anlagen zu fördern und zu beschleunigen und ihre Vorteile kurzfristig nutzen zu können. Die Mitgliedstaaten sollten aufgrund interner Sachzwänge einen niedrigeren Schwellenwert als 50 kW anwenden dürfen, sofern dieser Schwellenwert über 10,8 kW liegt. In jedem Fall können die betreffenden Behörden oder Stellen während des Verfahrens zur Genehmigungserteilung von einem Monat die für solche Anlagen eingegangenen Anträge auf der Grundlage einer hinreichend begründeten Antwort aus Gründen der Netzsicherheit, -stabilität und -zuverlässigkeit ablehnen.

(13) Das Repowering bestehender Anlagen im Bereich der erneuerbaren Energien kann einen großen Beitrag dazu leisten, die Stromerzeugung aus erneuerbaren Energiequellen rasch zu steigern und so den Gasverbrauch zu senken. Repowering ermöglicht es, Standorte mit einem erheblichen Potenzial für erneuerbare Energien weiterhin zu nutzen, sodass weniger neue Standorte für Projekte im Bereich der erneuerbaren Energien ausgewiesen werden müssen. Das Repowering einer Windkraftanlage mit effizienteren Turbinen ermöglicht es, die bestehende Kapazität aufrechtzuerhalten oder zu steigern, dabei aber weniger, größere und effizientere Turbinen zu nutzen. Repowering profitiert auch vom bereits vorhandenen Netzanschluss, einem wahrscheinlich höheren Maß an öffentlicher Akzeptanz und der Kenntnis der Umweltauswirkungen.

(14) Schätzungen zufolge wird zwischen 2021 und 2025 Onshore-Windenergiekapazität im Umfang von 38 GW das Ende ihrer normalen Betriebsdauer von 20 Jahren erreichen. Bei Stilllegung dieser Kapazitäten anstelle eines Repowering würden sich die derzeit installierten Kapazitäten für erneuerbare Energien erheblich verringern, was die Lage auf dem Energiemarkt weiter verschärfen würde. Eine unverzügliche Vereinfachung und Beschleunigung der Verfahren zur Genehmigungserteilung für das Repowering ist für die Aufrechterhaltung und den Ausbau der Kapazitäten für erneuerbare Energien in der Union von entscheidender Bedeutung. Die vorliegende Verordnung sieht zu diesem Zweck zusätzliche Maßnahmen zur weiteren Straffung der Verfahren zur Genehmigungserteilung für Repowering-Projekte im Bereich der erneuerbaren Energien vor. Insbesondere sollte die Frist für Verfahren zur Genehmigungserteilung für Repowering-Projekte im Bereich der erneuerbaren Energien von höchstens sechs Monaten alle relevanten Umweltverträglichkeitsprüfungen umfassen. Darüber hinaus sollte eine Überprüfung oder Umweltverträglichkeitsprüfungen für das Repowering einer Anlage im Bereich der erneuerbaren Energien oder einer damit verbundenen Netzinfrastruktur, die für die Integration erneuerbarer Energie in das Stromnetz erforderlich ist, stets darauf beschränkt sein, die potenziellen erheblichen Auswirkungen der Änderung oder Erweiterung im Vergleich zum ursprünglichen Projekt zu bewerten.

(15) Um das Repowering bestehender Anlagen im Bereich der erneuerbaren Energien zu fördern und zu beschleunigen, sollte mit sofortiger Wirkung ein vereinfachtes Verfahren für den Netzanschluss angewandt werden, wenn das Repowering nur mit einer begrenzten Steigerung der Gesamtkapazität gegenüber dem ursprünglichen Projekt verbunden ist.

(16) Beim Repowering einer Solaranlage können Effizienz- und Kapazitätssteigerungen ohne eine Erweiterung der Fläche erreicht werden. Nach dem Repowering hätte die Anlage somit keine anderen Umweltauswirkungen als die ursprüngliche Anlage, solange die genutzte Fläche während des Verfahrens nicht vergrößert wird und die ursprünglich erforderlichen Umweltschutzmaßnahmen weiterhin eingehalten werden.

(17) Wärmepumpentechnologie ist für die Erzeugung erneuerbarer Wärme und Kälte aus Umgebungsenergie, einschließlich Abwasserbehandlungsanlagen, sowie aus geothermischer Energie essentiell. Zudem ermöglichen Wärmepumpen die Nutzung von Abwärme und -kälte. Der rasche Ausbau der Nutzung von Wärmepumpen, mit denen noch zu wenig erschlossene erneuerbare Energiequellen wie Umgebungsenergie, geothermische Energie und Abwärme aus Industrie und dem Dienstleistungssektor, einschließlich Rechenzentren, genutzt werden können, ermöglicht es, Erdgasheizkessel und andere mit fossilen Brennstoffen betriebene Heizkessel durch eine erneuerbare Wärmequelle zu ersetzen und die Energieeffizienz zu steigern. Dies beschleunigt den Ausstieg aus der Nutzung von Gas für die Wärmeversorgung sowohl in Gebäuden als auch in der Industrie. Um die Installation und Nutzung von Wärmepumpen zu beschleunigen, ist es angezeigt, gezielte kürzere Verfahren zur Genehmigungserteilung für solche Anlagen einzuführen, einschließlich eines vereinfachten Verfahrens für den Anschluss kleinerer Wärmepumpen an das Stromnetz, sofern keine Sicherheitsbedenken bestehen, keine weiteren Arbeiten für die Netzanschlüsse erforderlich sind und keine technische Inkompatibilität der

Systemkomponenten vorliegt, und außer wenn ein solches Verfahren nach nationalem Recht nicht erforderlich ist. Mit einer schnelleren und einfacheren Installation von Wärmepumpen kann der Ausbau der Nutzung erneuerbarer Energien im Wärmesektor, auf den fast die Hälfte des Energieverbrauchs in der Union entfällt, zur Versorgungssicherheit und zur Bewältigung einer schwierigeren Marktlage beitragen.

(18) Bei der Anwendung der Fristen für die Installation von Solarenergieanlagen, das Repowering von Anlagen zur Erzeugung von Strom aus erneuerbaren Quellen und den Einsatz von Wärmepumpen sollte die Zeit für die Errichtung oder das Repowering der Anlagen, ihrer Netzanschlüsse und der damit verbundenen erforderlichen Netzinfrastruktur nicht gezählt werden, außer wenn sie mit einer behördlichen Stufe des Verfahrens zur Genehmigungserteilung zusammenfällt. Außerdem sollte auch die Dauer der erforderlichen administrativen Stufen für umfassende Modernisierungen des Netzes, die notwendig sind, um die Netzstabilität, -zuverlässigkeit und -sicherheit zu gewährleisten, nicht für die Fristen gezählt werden.

(19) Um den Ausbau erneuerbarer Energien weiter zu erleichtern, sollten den Mitgliedstaaten auch weiterhin die Möglichkeit eingeräumt werden, die Fristen für das Verfahren zur Genehmigungserteilung weiter zu verkürzen.

(20) Die Bestimmungen des Übereinkommens der Wirtschaftskommission der Vereinten Nationen für Europa (UNECE) über den Zugang zu Informationen, die Öffentlichkeitsbeteiligung an Entscheidungsverfahren und den Zugang zu Gerichten in Umweltangelegenheiten (im Folgenden „Übereinkommen von Aarhus“) in Bezug auf den Zugang zu Informationen, die Öffentlichkeitsbeteiligung an Entscheidungsverfahren und den Zugang zu Gerichten in Umweltangelegenheiten, insbesondere die Verpflichtungen der Mitgliedstaaten in Bezug auf die Öffentlichkeitsbeteiligung und den Zugang zu Gerichten, bleiben anwendbar.

(21) Der Grundsatz der Energiesolidarität ist, wie im Urteil des Europäischen Gerichtshofs vom 15. Juli 2021 in der Rechtssache C-848/19 P (3) Deutschland gegen Polen festgehalten, ein allgemeiner Grundsatz des Unionsrechts und gilt für alle Mitgliedstaaten. Durch die Umsetzung des Grundsatzes der Energiesolidarität ermöglicht die vorliegende Verordnung grenzüberschreitende Auswirkungen der Beschleunigung der Umsetzung von Projekten im Bereich der erneuerbaren Energien. Die in der vorliegenden Verordnung enthaltenen Maßnahmen richten sich an Anlagen für erneuerbare Energien in allen Mitgliedstaaten und erfassen ein breites Spektrum von Projekten, einschließlich Anlagen auf bestehenden Strukturen, neue Solarenergieanlagen und das Repowering bestehender Anlagen. Angesichts des Grads der Integration der Energiemärkte in der Union sollte jede Steigerung der Nutzung erneuerbarer Energien in einem Mitgliedstaat auch Vorteile für die Versorgungssicherheit und niedrigere Preise in anderen Mitgliedstaaten nach sich ziehen. Sie sollte dazu beitragen, dass Strom aus erneuerbaren Quellen über Grenzen hinweg dorthin fließen kann, wo er am dringendsten benötigt wird, und sicherstellen, dass günstig erzeugter Strom aus erneuerbaren Quellen in Mitgliedstaaten exportiert wird, in denen die Stromerzeugung teurer ist. Darüber hinaus werden sich die in den Mitgliedstaaten neu installierten Kapazitäten für erneuerbare Energien insgesamt auf die Senkung der Gasnachfrage in der gesamten Union auswirken.

(22) Gemäß Artikel 122 Absatz 1 des Vertrags über die Arbeitsweise der Europäischen Union kann der Rat auf Vorschlag der Kommission und im Geiste der Solidarität zwischen den Mitgliedstaaten über die der Wirtschaftslage angemessenen Maßnahmen beschließen, insbesondere falls gravierende Schwierigkeiten in der Versorgung mit bestimmten Waren, vor allem im Energiebereich, auftreten. In Anbetracht der aktuellen Ereignisse und des jüngsten Vorgehens Russlands stellen das hohe Risiko einer vollständigen Einstellung russischer Gaslieferungen in Kombination mit den ungewissen Aussichten für Alternativen eine erhebliche Gefahr einer mögliche Unterbrechung der Energieversorgung dar, die einen weiteren Anstieg der Energiepreise und dadurch gesteigerten Druck auf die Wirtschaft in der Union zur Folge haben kann. Daher sind Dringlichkeitsmaßnahmen erforderlich.

(23) Angesichts des Ausmaßes der Energiekrise, ihrer weitreichenden sozialen, wirtschaftlichen und finanziellen Auswirkungen und der Notwendigkeit, so schnell wie möglich zu handeln, sollte diese Verordnung aus Gründen der Dringlichkeit am Tag nach ihrer Veröffentlichung im *Amtsblatt der Europäischen Union* in Kraft treten. Ihre Gültigkeit ist auf 18 Monate befristet und enthält eine Überprüfungsklausel, damit die Kommission erforderlichenfalls vorschlagen kann, ihre Gültigkeit zu verlängern.

(24) Da die Ziele dieser Verordnung von den Mitgliedstaaten nicht ausreichend verwirklicht werden können, sondern vielmehr auf Unionsebene besser zu verwirklichen sind, kann die Union im Einklang mit dem in Artikel 5 des Vertrags über die Europäische Union verankerten Subsidiaritätsprinzip tätig werden. Entsprechend dem in demselben Artikel genannten Grundsatz der Verhältnismäßigkeit geht diese Verordnung nicht über das für die Verwirklichung dieser Ziele erforderliche Maß hinaus —

Artikel 1

Gegenstand und Anwendungsbereich

Mit dieser Verordnung werden vorübergehende Notfallvorschriften festgelegt, um das Verfahren zur Genehmigungserteilung für die Erzeugung von Energie aus erneuerbaren Energiequellen zu beschleunigen, wobei ein besonderer Schwerpunkt auf bestimmten Technologien für erneuerbare Energien oder bestimmten Arten von Projekten für erneuerbare Energien liegt, mit denen eine kurzfristige Beschleunigung des Ausbaus der Nutzung erneuerbarer Energien in der Union erreicht werden kann.

Diese Verordnung gilt für alle Verfahren zur Genehmigungserteilung, deren Beginn innerhalb ihrer Geltungsdauer liegt, und sie lässt nationale Bestimmungen unberührt, mit denen kürzere als die in den Artikeln 4, 5 und 7 vorgesehenen Fristen festgelegt werden.

Die Mitgliedstaaten können diese Verordnung auch auf laufende Verfahren zur Genehmigungserteilung anwenden, bei denen vor dem 30. Dezember 2022 noch keine endgültige Entscheidung ergangen ist, sofern das Verfahren zur Genehmigungserteilung damit verkürzt wird und bereits bestehende Rechte Dritter gewahrt werden.

Artikel 2

Begriffsbestimmungen

Für die Zwecke dieser Verordnung gelten die Begriffsbestimmungen des Artikels 2 der Richtlinie (EU) 2018/2001 des Europäischen Parlaments und des Rates (4). Ferner gelten folgende Begriffsbestimmungen:

(1) „Verfahren zur Genehmigungserteilung“ bezeichnet das Verfahren,

a) das alle einschlägigen behördlichen Genehmigungen für den Bau, das Repowering und den Betrieb von Anlagen zur Erzeugung von Energie aus erneuerbaren Quellen, einschließlich Wärmepumpen, der Energiespeicheranlagen am selben Standort sowie der für deren Netzanschluss erforderlichen Anlagen umfasst, einschließlich — soweit vorgeschrieben — Genehmigungen für den Netzanschluss und Umweltverträglichkeitsprüfungen, und

b) das alle behördlichen Stufen umfasst, mit der Bestätigung des Eingangs des vollständigen Antrags bei der zuständigen Behörde beginnt und mit der Mitteilung der endgültigen Entscheidung über das Ergebnis des Verfahrens durch die zuständige Behörde endet;

(2) „Solarenergieanlagen“ bezeichnet Anlagen zur Umwandlung von Sonnenenergie in thermische oder elektrische Energie, einschließlich Solarthermie- und Photovoltaik-Anlagen.

Artikel 3

Überwiegendes öffentliches Interesse

(1) Für die Zwecke des Artikels 6 Absatz 4 und des Artikels 16 Absatz 1 Buchstabe c der Richtlinie 92/43/EWG des Rates (5), des Artikels 4 Absatz 7 der Richtlinie 2000/60/EG des Europäischen Parlaments und des Rates (6) und des Artikels 9 Absatz 1 Buchstabe a der Richtlinie 2009/147/EG des Europäischen Parlaments und des Rates (7) wird bei der Abwägung rechtlicher Interessen im Einzelfall angenommen, dass die Planung, der Bau und der Betrieb von Anlagen und Einrichtungen zur Erzeugung von Energie aus erneuerbaren Quellen sowie ihr Netzanschluss, das betreffende Netz selbst und die Speicheranlagen im überwiegenden öffentlichen Interesse liegen und der öffentlichen Gesundheit und Sicherheit dienen. Die Mitgliedstaaten können die Anwendung dieser Bestimmungen im Einklang mit den Prioritäten ihrer integrierten nationalen Energie- und Klimapläne auf bestimmte Teile ihres Hoheitsgebiets sowie auf bestimmte Arten von Technologien oder Projekten mit bestimmten technischen Eigenschaften beschränken.

(2) Die Mitgliedstaaten stellen zumindest bei Projekten, die als Projekte von überwiegendem öffentlichen Interesse anerkannt wurden, sicher, dass im Verfahren zur Planung und Genehmigungserteilung der Bau und Betrieb von Anlagen und Einrichtungen zur Erzeugung von Energie aus erneuerbaren Quellen und der damit verbundene Ausbau der Netzinfrastruktur bei der fallweisen Abwägung der Rechtsinteressen Priorität erhalten. In Bezug auf den Artenschutz findet der vorstehende Satz nur Anwendung, wenn und soweit geeignete Artenschutzmaßnahmen, die zur Erhaltung oder Wiederherstellung eines günstigen Erhaltungszustands der Populationen der Art beitragen, ergriffen werden und für diesen Zweck ausreichende Finanzmittel und Flächen bereitgestellt werden.

Artikel 4

Beschleunigung des Verfahrens zur Genehmigungserteilung für die Installation von Solarenergieanlagen

(1) Das Verfahren zur Genehmigungserteilung für die Installation von Solarenergieanlagen und von Energiespeicheranlagen am selben Standort, einschließlich gebäudeintegrierter Solaranlagen und Solarenergieanlagen auf Dächern, auf bestehenden oder künftigen künstlichen Strukturen, mit Ausnahme künstlicher Wasserflächen, darf nicht länger dauern als drei Monate, wenn das Hauptziel dieser Strukturen nicht in der Erzeugung von Solarenergie besteht. Abweichend von Artikel 4 Absatz 2 der Richtlinie 2011/92/EU und Anhang II Nummer 3 Buchstaben a und b allein oder in Verbindung mit Anhang II Nummer 13 Buchstabe a der genannten Richtlinie sind diese Solarenergieanlagen von der gegebenenfalls anwendbaren Anforderung ausgenommen, zu bestimmen, ob für das Projekt eine Umweltverträglichkeitsprüfung erforderlich ist, oder eine gesonderte Umweltverträglichkeitsprüfung durchzuführen.

(2) Die Mitgliedstaaten können bestimmte Gebiete oder Strukturen aus Gründen des Schutzes kulturellen oder historischen Erbes oder aus Gründen der nationalen Verteidigung oder aus Sicherheitsgründen von den Bestimmungen des Absatzes 1 ausnehmen.

(3) Beim Verfahren zur Genehmigungserteilung für die Installation von Solarenergieanlagen, einschließlich für Eigenversorgern im Bereich der erneuerbaren Energien, mit einer Kapazität von höchstens 50 kW gilt die Genehmigung als erteilt, wenn die zuständigen Behörden oder Stellen innerhalb eines Monats nach der Antragstellung keine Antwort übermittelt haben, sofern die Kapazität der Solarenergieanlagen die bestehende Kapazität des Anschlusses an das Verteilernetz nicht übersteigt.

(4) Führt die Anwendung des in Absatz 3 genannten Schwellenwerts zur einem erheblichen Verwaltungsaufwand oder zu Einschränkungen beim Betrieb des Stromnetzes, so können die Mitgliedstaaten einen niedrigeren Schwellenwert anwenden, sofern dieser über 10,8 kW liegt.

(5) Alle Entscheidungen, die auf den in Absatz 1 genannten Verfahren zur Genehmigungserteilung beruhen, werden im Einklang mit bestehenden Verpflichtungen veröffentlicht.

Artikel 5
Repowering von Anlagen zur Erzeugung von Strom aus erneuerbaren Quellen

(1) Das Verfahren zur Genehmigungserteilung für Repowering-Projekte — darunter auch Genehmigungen für den Ausbau von Anlagen, die für den Netzanschluss erforderlich sind, wenn das Repowering zu einer Kapazitätserhöhung führt — darf nicht länger dauern als sechs Monate, einschließlich etwaiger Umweltverträglichkeitsprüfungen, die nach einschlägigen Rechtsvorschriften erforderlich sind.

(2) Führt das Repowering nicht zu einer Erhöhung der Kapazität der Anlage zur Erzeugung von Strom aus erneuerbaren Quellen um mehr als 15 %, so werden Netzanschlüsse an das Übertragungs- oder Verteilernetz unbeschadet der Notwendigkeit, potenzielle Umweltauswirkungen gemäß Absatz 3 dieses Artikels zu prüfen, innerhalb von drei Monaten nach der Antragstellung bei der betreffenden Stelle genehmigt, sofern keine begründeten Sicherheitsbedenken bestehen und keine technische Inkompatibilität mit Netzkomponenten vorliegt.

(3) Ist es für das Repowering einer Anlage zur Erzeugung von Strom aus erneuerbaren Quellen oder der Ausbau einer damit verbundenen Netzinfrastruktur, die für die Integration erneuerbarer Energien in das Stromnetz erforderlich ist, erforderlich zu bestimmen, ob für das Projekt ein Verfahren zur Umweltverträglichkeitsprüfung oder eine Umweltverträglichkeitsprüfung gemäß Artikel 4 der Richtlinie 2011/92/EU erforderlich ist, so beschränkt sich diese Ermittlung und/oder Umweltverträglichkeitsprüfung auf die potenziellen erheblichen Auswirkungen der Änderung oder Erweiterung im Vergleich zum ursprünglichen Projekt.

(4) Sind für das Repowering von Solaranlagen keine zusätzlichen Flächen erforderlich und entspricht es den geltenden Umweltschutzmaßnahmen, die für die ursprüngliche Anlage festgelegt wurden, so wird das Projekt von einer etwaigen Anforderung ausgenommen, gemäß Artikel 4 der Richtlinie 2011/92/EU zu bestimmen, ob für das Projekt eine Umweltverträglichkeitsprüfung erforderlich ist.

(5) Alle Entscheidungen, die auf den in den Absätzen 1 und 2 genannten Verfahren zur Genehmigungserteilung beruhen, werden im Einklang mit bestehenden Verpflichtungen veröffentlicht.

Artikel 6
Beschleunigung des Verfahrens zur Genehmigungserteilung für Projekte im Bereich der erneuerbaren Energien und für die damit verbundenen Netzinfrastruktur, die für die Integration erneuerbarer Energien in das System erforderlich ist

Die Mitgliedstaaten können Ausnahmen für Projekte im Bereich der erneuerbaren Energien sowie für Projekte im Bereich Energiespeicherung und Stromnetze, die für die Integration erneuerbarer Energie in das Elektrizitätssystem erforderlich sind, von der Umweltverträglichkeitsprüfung gemäß Artikel 2 Absatz 1 der Richtlinie 2011/92/EU und von den Bewertungen des Artenschutzes gemäß Artikel 12 Absatz 1 der Richtlinie 92/43/EWG und gemäß Artikel 5 der Richtlinie 2009/147/EG vorsehen, sofern das Projekt in einem für erneuerbare Energien oder Stromnetze vorgesehenen Gebiet für damit verbundene Netzinfrastruktur, die für die Integration erneuerbarer Energie in das Elektrizitätssystem erforderlich ist, durchgeführt wird, falls die Mitgliedstaaten ein solches Gebiet ausgewiesen haben, und dieses Gebiet einer strategischen Umweltprüfung gemäß der Richtlinie 2001/42/EG des Europäischen Parlaments und des Rates (8) unterzogen worden ist. Die zuständige Behörde stellt sicher, dass auf der Grundlage der vorhandenen Daten geeignete und verhältnismäßige Minderungsmaßnahmen ergriffen werden, um die Einhaltung von Artikel 12 Absatz 1 der Richtlinie 92/43/EWG und Artikel 5 der Richtlinie 2009/147/EG zu gewährleisten. Falls solche Maßnahmen nicht verfügbar sind, stellt die zuständige Behörde sicher, dass der Betreiber einen finanziellen Ausgleich für Artenschutzprogramme zahlt, damit der Erhaltungszustand der betroffenen Arten gesichert oder verbessert wird.

Artikel 7
Beschleunigung des Ausbaus der Nutzung von Wärmepumpen

(1) Das Verfahren zur Genehmigungserteilung für die Installation von Wärmepumpen mit einer elektrischen Leistung von unter 50 MW darf nicht länger als einen Monat dauern, während das Verfahren zur Genehmigungserteilung bei Erdwärmepumpen nicht länger als drei Monate dauern darf.

(2) Sofern keine begründeten Sicherheitsbedenken bestehen und keine technische Inkompatibilität der Netzkomponenten vorliegt, werden Anschlüsse an das Übertragungs- oder Verteilernetz nach Mitteilung an die zuständige Stelle für Folgendes genehmigt:

a) Wärmepumpen mit einer elektrischen Leistung von bis zu 12 kW; und

b) Wärmepumpen, die von einem Eigenversorger im Bereich der erneuerbaren Energien installiert werden und eine elektrische Leistung von bis zu 50 kW aufweisen, wenn die Kapazität der Anlage zur Erzeugung von Strom aus erneuerbaren Quellen des Eigenversorgers im Bereich erneuerbare Elektrizität mindestens 60 % der Kapazität der Wärmepumpe beträgt.

(3) Die Mitgliedstaaten können bestimmte Gebiete oder Strukturen aus Gründen des Schutzes kulturellen oder historischen Erbes oder aus Gründen der nationalen Verteidigung oder aus Sicherheitsgründen von den Bestimmungen des vorliegenden Artikels ausnehmen.

(4) Alle Entscheidungen, die auf den in den Absätzen 1 und 2 genannten Verfahren zur Genehmigungserteilung beruhen, werden im Einklang mit bestehenden Verpflichtungen veröffentlicht.

Artikel 8
Fristen für das Verfahren zur Genehmigungserteilung für die Installation von Solarenergieanlagen, das Repowering von Anlagen zur Erzeugung von Strom aus erneuerbaren Quellen und den Einsatz von Wärmepumpen

Bei der Anwendung der in den Artikeln 4, 5 und 7 genannten Fristen werden die folgenden Zeiträume nicht gezählt, es sei denn, sie fallen mit anderen behördlichen Stufen des Verfahrens zur Genehmigungserteilung zusammen:

a) die Zeit für die Errichtung oder das Repowering der Anlagen, ihrer Netzanschlüsse und — im Hinblick auf die Gewährleistung der Netzstabilität, -zuverlässigkeit und -sicherheit — der damit verbundenen erforderlichen Netzinfrastruktur und

b) die Dauer der erforderlichen behördlichen Stufen für umfassende Modernisierungen des Netzes, die notwendig sind, um die Netzstabilität, -zuverlässigkeit und -sicherheit zu gewährleisten.

Artikel 9
Überprüfung

Die Kommission überprüft diese Verordnung bis spätestens 31. Dezember 2023 im Hinblick auf die Entwicklung der Versorgungssicherheit und der Energiepreise sowie der Notwendigkeit, den Ausbau der Nutzung erneuerbarer Energien weiter zu beschleunigen. Sie legt dem Rat einen Bericht über die wichtigsten Ergebnisse dieser Überprüfung vor. Die Kommission kann auf der Grundlage dieses Berichts vorschlagen, die Geltungsdauer dieser Verordnung zu verlängern.

Artikel 10
Inkrafttreten und Anwendung

Diese Verordnung tritt am Tag nach ihrer Veröffentlichung im *Amtsblatt der Europäischen Union* in Kraft.

Sie gilt für einen Zeitraum von 18 Monaten ab ihrem Inkrafttreten.

48. VO (EU) 2022/2578 zur Einführung eines Marktkorrekturmechanismus zum Schutz der Bürgerinnen und Bürger der Union und der Wirtschaft vor überhöhten Preisen

ABl L 2022/335 idgF

DER RAT DER EUROPÄISCHEN UNION —

gestützt auf den Vertrag über die Arbeitsweise der Europäischen Union, insbesondere auf Artikel 122 Absatz 1,

auf Vorschlag der Europäischen Kommission,

nach Stellungnahme der Europäischen Zentralbank (1),

in Erwägung nachstehender Gründe:

(1) Der grundlose und ungerechtfertigte Angriffskrieg der Russischen Föderation (im Folgenden „Russland") gegen die Ukraine und die beispiellose Reduzierung der Erdgaslieferungen aus Russland in die Mitgliedstaaten gefährden die Versorgungssicherheit der Union und ihrer Mitgliedstaaten. Gleichzeitig haben der Einsatz von Gaslieferungen als Waffe und die Marktmanipulation durch Russland durch vorsätzliche Unterbrechungen der Gasflüsse zu einem sprunghaften Anstieg der Energiepreise in der Union geführt. Sich ändernde Versorgungswege, die zu Engpässen in der europäischen Gasinfrastruktur führen, die Notwendigkeit, alternative Gasversorgungsquellen zu finden, sowie Preisbildungssysteme, die nicht auf Angebotsschocks ausgerichtet sind, haben zu Preisschwankungen und -anstiegen beigetragen. Höhere Erdgaspreise gefährden die Wirtschaft der Union durch eine von höheren Strompreisen verursachte anhaltend hohe Inflation, die die Kaufkraft der Verbraucher schwächt, sowie durch steigende Herstellungskosten, insbesondere in energieintensiven Branchen, und gefährden die Versorgungssicherheit ernsthaft.

(2) Im Jahr 2022 waren die Erdgaspreise außergewöhnlich volatil, wobei einige Referenzwerte im August 2022 ein Rekordhoch erreichten. Das ungewöhnlich hohe Niveau der im August 2022 verzeichneten Erdgaspreise war auf eine Vielzahl von Faktoren zurückzuführen, darunter ein angespanntes Verhältnis zwischen Angebot und Nachfrage aufgrund der Auffüllung von Speicheranlagen und der Verringerung der Pipelineflüsse, die Angst vor weiteren Lieferunterbrechungen und Marktmanipulationen durch Russland und ein Preisbildungsmechanismus, der nicht auf solche extremen Nachfrage- und Angebotsveränderungen ausgerichtet war und den übermäßigen Preisanstieg verschärfte. Bewegten sich die Preise in den letzten zehn Jahren zwischen 5 EUR/MWh und 35 EUR/MWh, so erreichten die europäischen Erdgaspreise nun ein Niveau, das 1 000 % über den bis dato in der Union verzeichneten Durchschnittspreisen lag. Die Gas-Futures der niederländischen Title Transfer Facility (TTF) (3-Monats-/vierteljährliche Produkte), die an der ICE Endex (2) Börse gehandelt werden, wurden zu einem Preis von knapp unter 350 EUR/MWh gehandelt, und das der European Energy Exchange (EEX) gehandelte TTF-Day-Ahead-Gas erreichte einen Preis von 316 EUR/MWh. Nie zuvor haben Gaspreise ein Niveau erreicht wie im August 2022.

(3) Nach den Schäden an der Pipeline Nord Stream 1, die im September 2022 wahrscheinlich durch einen Sabotageakt verursacht wurden, besteht keine Aussicht darauf, dass die Gaslieferungen aus Russland in die Union in naher Zukunft wieder das Vorkriegsniveau erreichen. Die europäischen Verbraucher und Unternehmen sind nach wie vor dem konkreten Risiko weiterer Phasen wirtschaftlich schädlicher Gaspreisspitzen ausgesetzt. Unvorhersehbare Ereignisse wie Unfälle oder Sabotageakte an Pipelines, die die Gaslieferungen nach Europa stören oder die Nachfrage drastisch erhöhen, können die Versorgungssicherheit gefährden. Spannungen auf den Märkten, die durch die Angst vor einer plötzlichen Gasknappheit ausgelöst werden, werden wahrscheinlich über diesen Winter hinaus und bis ins nächste Jahr hinein andauern, da die Anpassung an die Angebotsschocks und der Aufbau neuer Lieferbeziehungen und Infrastrukturen voraussichtlich mindestens ein Jahr dauern werden.

(4) Auch wenn auf andere virtuelle Handelspunkte (VHP) ausgerichtete Derivate existieren, wird die TTF in den Niederlanden gemeinhin als der Standardpreisindikator auf den europäischen Gasmärkten angesehen. Dies erklärt sich aus der in der Regel hohen Liquidität, die auf mehrere Faktoren zurückzuführen ist, darunter die geografische Lage der TTF, die es ihr vor Beginn des Krieges ermöglichte, Erdgas aus mehreren Quellen zu beziehen, darunter auch erhebliche Mengen aus Russland. Daher wird der TTF-Preis häufig als Referenzpreis in Preisformeln für Gaslieferverträge sowie als Preisbasis für Sicherungs- oder Derivatgeschäfte in der gesamten Union verwendet, auch an Hubs, die nicht direkt mit der TTF verbunden sind. Marktdaten zufolge entfielen in den ersten acht Monaten des Jahres 2022 ungefähr 80 % des in der Union und im Vereinigten Königreich von Großbritannien und Nordirland

(im Folgenden „Vereinigten Königreich") gehandelten Erdgases auf den TTF-Hub.

(5) Die tiefgreifenden Veränderungen auf den Energiemärkten der Union seit Februar 2022 haben sich jedoch auf das Funktionieren und die Wirksamkeit der traditionellen Preisbildungsmechanismen auf dem Gasgroßhandelsmarkt ausgewirkt, insbesondere auf den TTF-Referenzwert. Obwohl die TTF in der Vergangenheit ein guter Indikator für die Gaspreise in anderen Regionen Europas war, hat sie sich seit April 2022 von den Preisen an anderen Hubs und Handelsplätzen in Europa sowie von den durch Preismeldestellen vorgenommenen Preisbewertungen für Einfuhren von flüssigem Erdgas („LNG") entkoppelt. Dies ist vor allem darauf zurückzuführen, dass das Gasnetz Nordwesteuropas sowohl bei der Fernleitung (West-Ost) als auch bei den LNG-Regasifizierungskapazitäten besondere infrastrukturelle Beschränkungen aufweist. Diese Beschränkungen waren teilweise die Ursache für den allgemeinen Anstieg der Gaspreise seit Beginn der Krise in Europa infolge des Einsatzes von Energie als Waffe durch Russland. Die ungewöhnlich große Spanne (Spread) zwischen der TTF und anderen regionalen Hubs im August 2022 deutet darauf hin, dass die TTF unter den derzeitigen besonderen Marktbedingungen möglicherweise kein guter Indikator für die Lage auf den Märkten außerhalb von Nordwesteuropa mit seinen Infrastrukturzwängen ist. In Phasen der Gasknappheit auf dem nordwesteuropäischen Markt könnten auf anderen regionalen Märkten außerhalb Nordwesteuropas günstigere Marktbedingungen vorliegen, und diese Märkte könnten daher durch die Vertragsindexierung an die TTF unangemessen beeinträchtigt werden. Auch wenn die TTF ihr Ziel, Angebot und Nachfrage in Nordwesteuropa auszugleichen, immer noch erfüllt, müssen Maßnahmen ergriffen werden, um die Auswirkungen von ungewöhnlichen Phasen überhöhter Preise der TTF auf andere regionale Märkte in der Union zu begrenzen. Defizite bei der Preisbildung können in geringerem Ausmaß auch an anderen Hubs bestehen.

(6) Zur Lösung der Probleme mit den derzeitigen Preisbildungsmechanismen stehen verschiedene Maßnahmen zur Verfügung. Eine Möglichkeit für europäische Unternehmen, die von den jüngsten Marktstörungen und den Defiziten des Preisbildungssystems betroffen sind, besteht darin, die bestehenden TTF-basierten Verträge nachzuverhandeln. Da an TTF-Gas-Futures gekoppelte Preisreferenzen eine andere Relevanz haben als in der Vergangenheit und nicht unbedingt repräsentativ für die Lage auf dem Gasmarkt außerhalb Nordwesteuropas sind, können bestimmte Käufer versuchen, die derzeitigen Probleme bei der Preisbildung und dem TTF-Referenzwert durch eine Neuverhandlung mit ihren Vertragspartnern entweder nach den ausdrücklichen Bedingungen des bestehenden Vertrags oder nach allgemeinen Grundsätzen des Vertragsrechts zu lösen.

(7) In diesem Sinne können Gas einführende Unternehmen oder Mitgliedstaaten, die in ihrem Namen handeln, auf internationale Partner zugehen, um bestehende Lieferverträge nachzuverhandeln oder neue Lieferverträge mit angemesseneren, an die aktuelle Volatilität angepassten Preisformeln zu vereinbaren. Eine koordinierte Beschaffung über das mit der Verordnung (EU) 2022/2576 des Rates (3) eingerichtete IT-Tool kann Möglichkeiten bieten, den Preis von Energieeinfuhren zu senken, wodurch wiederum die Notwendigkeit von Marktinterventionen verringert wird.

(8) Zudem enthält die Richtlinie 2014/65/EU des Europäischen Parlaments und des Rates (4) bereits einige Schutzvorkehrungen zur Begrenzung von Phasen extremer Volatilität, z. B. durch die Anforderung, dass geregelte Märkte im Sinne von Artikel 4 Absatz 1 Ziffer 21 der genannten Richtlinie über sogenannte kurzfristige Notfallsicherungen („circuit breakers") verfügen müssen, die extreme Preisanstiege für bestimmte Stunden begrenzen. Der mit der Verordnung (EU) 2022/2576 eingeführte, zeitlich begrenzte Mechanismus zur Begrenzung der extremen Tagesvolatilität trägt dazu bei, eine extreme Preisvolatilität an den Märkten für Energiederivate innerhalb eines Tages zu begrenzen. Solche Mechanismen funktionieren jedoch nur kurzfristig und sind nicht dazu gedacht zu verhindern, dass die Marktpreise übermäßig hohe Niveaus erreichen.

(9) Die Nachfragesenkung ist ein weiteres wichtiges Element, um das Problem extremer Preisspitzen zu bewältigen. Eine Verringerung der Nachfrage nach Gas und Strom kann sich dämpfend auf die Marktpreise auswirken und somit dazu beitragen, die Probleme mit ungewöhnlich hohen Gaspreisen abzumildern. Daher sollte diese Verordnung im Einklang mit den Schlussfolgerungen des Europäischen Rates vom 20./21. Oktober 2022 sicherstellen, dass die Aktivierung des mit dieser Verordnung eingerichteten Mechanismus nicht zu einem Gesamtanstieg des Gasverbrauchs führt.

(10) Im Sommer 2022 haben die Bemühungen staatlich subventionierter Einrichtungen, Gas für Speicherzwecke zu kaufen, ohne den Auswirkungen unkoordinierter Einkäufe auf die Preise Rechnung zu tragen, zu einem Anstieg der Preis-Referenzwerte und insbesondere der TTF-Preise geführt. Daher ist gegebenenfalls eine bessere Koordinierung zwischen den Mitgliedstaaten, die staatlich finanzierte Einrichtungen für den Einkauf von Gas zur Auffüllung unterirdischer Gasspeicheranlagen nutzen, wichtig, um künftig extreme Preisspitzen zu vermeiden. Die Anwendung des mit der Verordnung (EU) 2022/2576 eingeführten Mechanismus für die gemeinsame Beschaffung kann eine wichtige Rolle dabei spielen, Phasen überhöhter Gaspreise in diesem Kontext zu begrenzen.

(11) Es stehen zwar bereits Maßnahmen zur Verfügung, um einige der Faktoren anzugehen, die zu den Problemen bei der Preisbildung auf den Gasmärkten führen, doch gewährleisten diese bestehenden Maßnahmen keine sofortige und ausreichend sichere Lösung für die derzeitigen Probleme.

(12) Daher ist es erforderlich, als Mittel mit sofortiger Wirkung gegen Phasen überhöhter Gaspreise einen befristeten Marktkorrekturmechanismus für Erdgastransaktionen auf den wichtigsten Märkten für TTF-Derivate und mit anderen VHP verbundene Derivate mit Laufzeiten zwischen einem Monat und einem Jahr (Month-Ahead und Year-Ahead) einzurichten.

(13) In seinen Schlussfolgerungen vom 20./21. Oktober 2022 ersuchte der Europäische Rat die Kommission, dringend einen Vorschlag für einen befristeten dynamischen Preiskorridor für Erdgasgeschäfte vorzulegen, um Phasen überhöhter Gaspreise umgehend zu begrenzen, wobei die in Artikel 23 Absatz 2 des Kommissionsvorschlags für die Verordnung (EU) 2022/2576 festgelegten Sicherungsmaßnahmen zu berücksichtigen sind.

(14) Die folgenden Schutzvorkehrungen sollten einerseits bei der Gestaltung des Marktkorrekturmechanismus berücksichtigt werden und andererseits genutzt werden, um sicherzustellen, dass eine mögliche Aktivierung des Marktkorrekturmechanismus beendet wird, wenn die Bedingungen für seine Aktivierung nicht mehr gegeben sind oder wenn unbeabsichtigte Marktstörungen auftreten: Der Marktkorrekturmechanismus sollte bei Erdgastransaktionen an dem von Gasunie Transport Services B.V. betriebenen virtuellen Handelspunkt TTF zur Anwendung kommen; andere Gashandelspunkte in der Union können über einen dynamischen Preiskorridor an den korrigierten TTF-Spotpreis gekoppelt werden; er sollte den außerbörslichen (over-the-counter — OTC) Gashandel unberührt lassen, die Gasversorgungssicherheit der Union nicht gefährden, von den Fortschritten bei der Verwirklichung des Gaseinsparziels abhängen, nicht zu einem Gesamtanstieg des Gasverbrauchs führen, so konzipiert sein, dass marktbasierte Gasflüsse innerhalb der Union nicht verhindert würden, die Stabilität und das ordnungsgemäße Funktionieren der Märkte für Energiederivate nicht beeinträchtigen und den Gasmarktpreisen auf den verschiedenen organisierten Märkten in der Union Rechnung tragen.

(15) Damit erhebliche Marktstörungen und Unterbrechungen von Lieferverträgen vermieden werden, die zu schwerwiegenden Risiken für die Versorgungssicherheit führen könnten, sollte der Marktkorrekturmechanismus so konzipiert sein, dass er zwei grundlegende Kriterien erfüllt, insbesondere dass er als wirksames Instrument gegen Phasen außergewöhnlich hoher Gaspreise wirkt und nur dann aktiviert wird, wenn die Preise im Vergleich zu den Preisen auf den Weltmärkten ein außergewöhnlich hohes Niveau erreichen.

(16) Die Intervention im Rahmen des Marktkorrekturmechanismus sollte sich auf die Behebung der wichtigsten Defizite des Preisbildungssystems beschränken. Der TTF-Month-Ahead-Abrechnungspreis für Derivate ist der in der gesamten Union mit Abstand am häufigsten verwendete Referenzwert in Gaslieferverträgen, gefolgt von Laufzeiten von zwei Monaten und ein Jahr (Two-Months-Ahead und Year-Ahead). Allerdings kann die Verlagerung des Handels zu mit anderen VHP verbundenen Derivaten zu Störungen der Energie- oder Finanzmärkte der Union führen, beispielsweise durch Arbitrage seitens Marktteilnehmern zwischen korrigierten und nicht korrigierten Derivaten, was sich nachteilig auf die Konsumenten auswirkt. Mit allen Märkten der Union verbundene Derivate sollten daher grundsätzlich in den Marktkorrekturmechanismus aufgenommen werden. Allerdings ist die Anwendung des Marktkorrekturmechanismus auf mit anderen VHP verbundene Derivate komplex und erfordert zusätzliche technische Vorbereitung. Im Hinblick auf die dringende Notwendigkeit, den Marktkorrekturmechanismus für das wichtigste Derivat, das TTF-Derivat, einzuführen, sollte der Kommission die Befugnis übertragen werden, die technischen Details der Anwendung des Marktkorrekturmechanismus auf mit anderen VHP verbundene Derivate sowie die Auswahl derjenigen mit anderen VHP verbundenen Derivate, die auf Grundlage von vorfestgelegten Kriterien ausgenommen werden können, im Wege eines Durchführungsrechtsakts festzulegen.

(17) Die Einführung des Marktkorrekturmechanismus sollte ein klares Signal an den Markt aussenden, dass die Union keine überhöhten Gaspreise akzeptieren wird, die sich aus einer unvollkommenen Preisbildung ergeben. Sie sollte den Marktteilnehmern auch Gewissheit in Bezug auf verlässliche Obergrenzen für den Gashandel bieten und könnte sowohl für Unternehmen als auch für Privathaushalte, die Phasen überhöhter Energiepreise weniger stark ausgesetzt sein werden, zu erheblichen wirtschaftlichen Einsparungen führen.

(18) Mit dem Mechanismus sollte eine dynamische Sicherheitsobergrenze für den Preis von Month-Ahead- bis Year-Ahead-Derivaten eingeführt werden. Die dynamische Sicherheitsobergrenze sollte aktiviert werden, wenn der Preis der Derivate ein vorab festgelegtes Niveau erreicht und der Preisanstieg nicht einem ähnlichen Preisanstieg auf regionaler Ebene oder auf dem Weltmarkt entspricht.

(19) Eine dynamische Sicherheitsobergrenze sollte daher sicherstellen, dass Handelsaufträge, die erheblich über den LNG-Preisen in anderen Regionen der Welt liegen würden, nicht angenommen werden. Angemessene Referenzwerte

sollten verwendet werden, um einen Referenzpreis festzulegen, der die globalen Preistrends für LNG widerspiegelt. Der Referenzpreis sollte auf LNG-Preisbewertungen beruhen, die für die europäischen Marktbedingungen repräsentativ sind, und — aufgrund der besonderen Bedeutung des Vereinigten Königreichs und Asiens als Wettbewerber auf dem globalen LNG-Markt — auch auf einem angemessenen Referenzwert für die Regionen Vereinigtes Königreich und Asien. Im Gegensatz zu Pipelinegas wird LNG weltweit gehandelt. Daher spiegeln LNG-Preise die Entwicklungen der Gaspreise auf globaler Ebene besser wider und können als Referenzwert für die Beurteilung dienen, ob die Preisniveaus an kontinentalen Hubs ungewöhnlich stark von den internationalen Preisen abweichen.

(20) Die Stichproben der berücksichtigten LNG-Preise sollten groß genug sein, um auch dann aussagekräftig zu sein, wenn ein bestimmter LNG-Preis an einem bestimmten Tag nicht verfügbar ist. Im Hinblick auf die Zusammenstellung eines repräsentativen Korbs europäischer und internationaler Preise und um sicherzustellen, dass die Einrichtungen, die die Preisinformationen bereitstellen, den einschlägigen Vorschriften der Union unterliegen, sollten die Preisbewertungen von Meldestellen ausgewählt werden, die in dem mit der Verordnung (EU) 2016/1011 des Europäischen Parlaments und des Rates (5) eingerichteten Register der Administratoren und Referenzwerte aufgeführt sind. Da rechtzeitige Informationen von größter Bedeutung für den dynamischen Marktkorrekturmechanismus sind, sollten nur Preisinformationen von Einrichtungen, die Angaben zum Veröffentlichungstag bereitstellen, berücksichtigt werden. Damit die mit der Verordnung (EU) 2019/942 des Europäischen Parlaments und des Rates (6) eingerichtete Agentur der Europäischen Union für die Zusammenarbeit der Energieregulierungsbehörden („ACER") ihre Marktüberwachungsaufgaben gemäß der vorliegenden Verordnung wahrnehmen kann, und damit der Referenzpreis rechtzeitig berechnet wird, müssen die Meldestellen, die Preisbewertungen veröffentlichen, verpflichtet werden, der ACER die Bewertungen bis 21:00 Uhr MEZ bereitzustellen, sofern sie verfügbar sind, damit die ACER noch vor Ende des Tages einen Referenzpreis veröffentlichen kann. Während diese Meldepflichten nur bestehende Daten betreffen und keinen wesentlichen zusätzlichen Aufwand für die Meldestellen verursachen und außerdem in den Vorschriften über die Energie- und Finanzmärkte häufig vorkommen, sollte die ACER eine vertrauliche Behandlung der erhaltenen Informationen sicherstellen, die Rechte des geistigen Eigentums im Zusammenhang mit diesen Informationen schützen und diese Informationen ausschließlich für Regulierungszwecke nutzen. Die ACER sollte Leitlinien zu dem Format festlegen können, in dem die einschlägigen Daten bereitzustellen sind.

(21) Aufgrund ihrer hohen Volatilität ist es angebracht, auch Front-Month-Derivate im Zusammenhang mit dem National Balancing Point (im Folgenden „NBP") des Vereinigten Königreichs aufzunehmen. Die von der ACER gemäß der Verordnung (EU) 2022/2576 vorgenommene tägliche Preisbewertung sollte Teil des Korbs von LNG-Preisbewertungen sein.

(22) Auch wenn die für den Referenzpreis berücksichtigten Referenzwerte ein guter Indikator für die globalen LNG-Preistrends sind, so können sie nicht einfach an die Stelle der Preise für Derivate treten. Dies ergibt sich vor allem daraus, dass der Referenzpreis die Preise an anderen Standorten als der TTF und anderer VHP in der Union widerspiegelt. So berücksichtigen sie beispielsweise nicht die Kosten im Zusammenhang mit möglichen Infrastrukturengpässen, die entstehen, wenn das Gas vom LNG-Terminal zum Standort des TTF-Hubs verbracht wird. Die TTF-Preise sind daher in der Regel höher als die Preise, die für den Referenzpreis berücksichtigt werden. Der Unterschied betrug zwischen Juni und August 2022 durchschnittlich etwa 35 EUR/MWh. Darüber hinaus ist es von größter Bedeutung für die Versorgungssicherheit, dass der korrigierte TTF-Derivate-Preis auf einem ausreichend hohen Niveau festgesetzt wird, um LNG-Einfuhren aus anderen Regionen der Welt anzuziehen. Daher sollte für die Berechnung des korrigierten TTF-Derivate-Preises ein Aufschlag für die Versorgungssicherheit auf den Referenzpreis angerechnet werden. Die Formel für die Sicherheitsobergrenze sollte gänzlich dynamisch sein und auf einem sich dynamisch entwickelnden Preiskorb, der die Weltmarktpreise widerspiegelt, beruhen und sollte als eine gewisse Sicherheitsmarge dienen, um sicherzustellen, dass die Versorgungssicherheit nicht gefährdet wird. Die dynamische Sicherheitsobergrenze kann täglich je nach Entwicklung der im Korb enthaltenen Weltmarktpreise variieren.

(23) Die Sicherheitsobergrenze sollte nicht statisch sein. Die Sicherheitsobergrenze sollte dynamisch und täglich angepasst werden. Die Veröffentlichung eines täglichen Abrechnungspreises ermöglicht es, die Sicherheitsobergrenze im Einklang mit den Entwicklungen am LNG-Markt zu halten und den Prozess der Preisbildung an den Börsen aufrechtzuerhalten sowie mögliche Auswirkungen auf das ordnungsgemäße Funktionieren der Derivatemärkte abzumildern. Eine dynamische Gestaltung der Sicherheitsobergrenze wird außerdem die Risiken für die zentralen Gegenparteien verringern und die Auswirkungen auf die Teilnehmer an Terminmärkten, wie Clearing-Mitglieder und ihre Kunden, begrenzen. Die dynamische Sicherheitsobergrenze sollte Marktpreise, die unter einem bestimmten Grenzwert liegen, nicht korrigieren.

(24) Um jegliches Risiko zu vermeiden, dass eine dynamische Gebotsobergrenze für den Preis der Month-Ahead- bis Year-Ahead-Derivate zu einem rechtswidrigen abgestimmten Verhalten zwischen Erdgaslieferanten oder -händlern führt, sollten die Finanzregulierungsbehörden, die ACER und die Wettbewerbsbehörden die Gas- und Energiederivatemärkte während des Zeitraums, in dem der Marktkorrekturmechanismus aktiviert ist, besonders aufmerksam beobachten.

(25) Der Marktkorrekturmechanismus sollte befristet sein und nur aktiviert werden, um Phasen außergewöhnlich hoher Erdgaspreise zu begrenzen, die keinen Zusammenhang mit den Preisen an anderen Gasbörsen aufweisen. Daher sollten für die Aktivierung des Marktkorrekturmechanismus zwei kumulative Bedingungen erfüllt sein.

(26) Der Marktkorrekturmechanismus sollte nur aktiviert werden, wenn die Abrechnungspreise von TTF-Front-Month-Derivaten ein zuvor festgelegtes außergewöhnlich hohes Niveau erreichen, um sicherzustellen, dass der Mechanismus Marktdefizite korrigiert, aber keine erheblichen Auswirkungen auf Angebot und Nachfrage oder die normale Preisbildung hat. Wenn die Sicherheitsobergrenze nicht ausreichend hoch angesetzt ist, könnte sie Marktteilnehmer daran hindern, ihre Risiken wirksam abzusichern, da die Bildung zuverlässiger Preise für Produkte mit einem Liefertermin in der Zukunft und das Funktionieren der Derivatemärkte beeinträchtigt werden könnten. Sollte der Marktkorrekturmechanismus ausgelöst werden, um die Preise künstlich zu senken, anstatt Marktstörungen zu korrigieren, so hätte dies schwerwiegende negative Auswirkungen auf die Marktteilnehmer, einschließlich Energieunternehmen, die unter Umständen mit Schwierigkeiten bei der Erfüllung von Nachschussforderungen und Liquiditätsengpässen konfrontiert werden könnten, was zu Ausfällen führen könnte. Einige Marktakteure, insbesondere kleinere, könnten daran gehindert werden, ihre Positionen abzusichern, was die Volatilität an den Spotmärkten weiter verschärft und möglicherweise zu noch höheren Preisanstiegen führt. Angesichts der erheblichen Handelsvolumen würde eine solche Entwicklung ein konkretes Risiko für die Wirtschaft bedeuten, das durch die Ausgestaltung des Marktkorrekturmechanismus verhindert werden sollte. Frühere Erfahrungen, etwa der im August 2022 festgestellte außergewöhnliche Preisanstieg, sollten daher zur Festlegung der Preisniveaus, bei denen der Marktkorrekturmechanismus ausgelöst werden sollte, herangezogen werden. Aus den verfügbaren Daten geht hervor, dass die Front-Month-Preise für TTF-Derivate im August 2022 Werte von über 180 EUR/MWh erreichten. Ziel des Marktkorrekturmechanismus sollte es sein, ein ungewöhnlich hohes Preisniveau, wie es im August 2022 erreicht wurde, zu verhindern.

(27) Darüber hinaus sollte der Marktkorrekturmechanismus nur dann aktiviert werden, wenn die TTF-Preise ein Niveau erreichen, das im Vergleich zu den LNG-Preisen, die die Weltmarktentwicklung widerspiegeln, erheblich höher und ungewöhnlich hoch ist. Wenn die Preise auf den Weltmärkten im gleichen Tempo und auf das gleiche Niveau steigen wie die TTF-Preise, könnte die Aktivierung des Marktkorrekturmechanismus die Beschaffung von Lieferungen auf den Weltmärkten behindern, was zu Risiken für die Versorgungssicherheit führen kann. Daher sollte der Marktkorrekturmechanismus nur in Situationen ausgelöst werden, in denen die TTF-Preise über einen längeren Zeitraum erheblich höher sind als die Preise auf den Weltmärkten. Ebenso sollte, wenn der Unterschied zu den TTF-Preisen sich verringert oder wegfällt, der Marktkorrekturmechanismus deaktiviert werden, um jegliches Risiko für die Versorgungssicherheit zu vermeiden.

(28) Damit der Marktkorrekturmechanismus uneingeschränkt mit der Verordnung (EU) 2022/1369 des Rates (7) und den darin festgelegten Zielen für die Nachfragesenkung vereinbar ist, sollte die Kommission seine Aktivierung aussetzen können, wenn er sich negativ auf die Fortschritte bei der Umsetzung der freiwilligen Ziele der Nachfragesenkung gemäß der Verordnung (EU) 2022/1369 auswirkt oder wenn er zu einem allgemeinen Anstieg des Gasverbrauchs um 15 % in einem Monat oder um 10 % in zwei aufeinanderfolgenden Monaten gegenüber dem jeweiligen Durchschnittsverbrauch für dieselben Monate in vorangegangenen Jahren führt. Um regionale oder unionsweite Schwankungen aufgrund von Saisonabhängigkeit, Wetterveränderungen oder anderen Faktoren wie der COVID-19 Krise anzugehen, sollte der Gasverbrauch entsprechend dem Ansatz der Verordnung (EU) 2022/1369 und auf Grundlage der von den Mitgliedstaaten gemäß der genannten Verordnung übermittelten Daten über den Gasverbrauch und die Nachfragesenkung mit dem Verbrauch der fünf Jahre vor dem Inkrafttreten der vorliegenden Verordnung verglichen werden. Die dämpfende Wirkung, die der Marktkorrekturmechanismus auf die Erdgaspreise haben kann, sollte nicht zu einem künstlichen Anreiz für einen höheren Erdgasverbrauch in der Union führen, der die notwendigen Anstrengungen zur Verringerung der Erdgasnachfrage im Einklang mit den freiwilligen und verpflichtenden Nachfragereduktionszielen gemäß der Verordnung (EU) 2022/1369 und den Nachfragereduktionszielen der Verordnung (EU) 2022/1854 des Rates (8) untergräbt. Die Kommission sollte sicherstellen, dass durch die Aktivierung des Marktkorrekturmechanismus die Fortschritte der Mitgliedstaaten bei der Erreichung ihrer Energieeinsparziele nicht verlangsamt werden.

(29) Je nach Interventionsebene kann der Marktkorrekturmechanismus finanzielle, vertragliche

oder Versorgungssicherheitsrisiken mit sich bringen. Die Höhe des Risikos hängt davon ab, wie oft der Marktkorrekturmechanismus aktiviert wird und kann daher das normale Funktionieren des Marktes beeinträchtigen. Je niedriger die Interventionsschwelle, desto häufiger wird der Marktkorrekturmechanismus ausgelöst werden, und umso wahrscheinlicher tritt das betreffende Risiko ein. Daher sollten die Bedingungen für die Aktivierung des Marktkorrekturmechanismus von anormalen und außerordentlich hohen TTF-Month-Ahead-Preisen abhängig gemacht werden, während gleichzeitig sichergestellt werden sollte, dass der Marktkorrekturmechanismus ein wirksames Instrument gegen Phasen überhöhter Gaspreise ist, die nicht die internationalen Marktentwicklungen widerspiegeln.

(30) Es ist wichtig, dass der Marktkorrekturmechanismus so ausgestaltet ist, dass nicht das grundlegende vertragliche Gleichgewicht von Gaslieferverträgen verändert, sondern vielmehr auf Fälle anormalen Marktverhaltens reagiert wird. Wenn die Auslöser für die Intervention so festgelegt sind, dass bestehende Probleme bei der Preisbildung behoben werden, und nicht bezwecken, das Gleichgewicht zwischen Angebot und Nachfrage zu beeinträchtigen, kann das Risiko, dass das vertragliche Gleichgewicht bestehender Verträge durch den Marktkorrekturmechanismus oder seine Aktivierung verändert wird, minimiert werden.

(31) Um sicherzustellen, dass der Marktkorrekturmechanismus unverzüglich greift, sollte die dynamische Gebotsobergrenze sofort und automatisch aktiviert werden, ohne dass hierfür ein weiterer Beschluss der ACER oder der Kommission erforderlich ist.

(32) Damit etwaige Probleme, die sich aus der Aktivierung ergeben, frühzeitig erkannt werden, sollte die Kommission die mit der Verordnung (EU) Nr. 1095/2010 des Europäischen Parlaments und des Rates (9) eingerichtete Europäische Wertpapier- und Marktaufsichtsbehörde (im Folgenden „ESMA“) und die ACER beauftragen, einen Bericht über mögliche negative Auswirkungen des Marktkorrekturmechanismus auf die Finanz- und Energiemärkte und die Versorgungssicherheit vorzulegen.

(33) Die ACER sollte kontinuierlich überwachen, ob die Bedingungen für den Betrieb des Marktkorrekturmechanismus erfüllt sind. Die ACER eignet sich für eine solche Überwachung am besten, da die Agentur einen unionsweiten Überblick über die Gasmärkte hat, über das erforderliche Fachwissen über das Funktionieren der Gasmärkte verfügt und es nach Unionsrecht bereits ihre Aufgabe ist, den Handel mit Energiegroßhandelsprodukten zu überwachen. Die ACER sollte daher die Entwicklung des TTF-Front-Month-Abrechnungspreises überwachen und mit dem Referenzpreis vergleichen, der sich aus dem Durchschnittspreis von LNG-Preisbewertungen an europäischen Handelspunkten ergibt, um zu überprüfen, ob die Bedingungen für eine Aktivierung bzw. Deaktivierung des Marktkorrekturmechanismus erfüllt sind. Sobald die Bedingungen für die Aktivierung des Marktkorrekturmechanismus erfüllt sind, sollte die ACER auf ihrer Website unverzüglich eine Mitteilung veröffentlichen, in der sie darüber unterrichtet, dass die auslösenden Bedingungen für die Aktivierung des Marktkorrekturmechanismus erfüllt sind. Am folgenden Tag sollten Marktbetreiber keine Aufträge annehmen, die über der dynamischen Gebotsobergrenze liegen, und Teilnehmer am TTF-Derivatemarkt sollte keine derartigen Aufträge abgeben. Marktbetreiber und Teilnehmer am TTF-Derivatemarkt sollten die Website der ACER überwachen, auf der der tägliche Referenzpreis veröffentlicht werden sollte. Für mit anderen VHP verbundene Derivate sollte unter den im Durchführungsrechtsakt über die Anwendung des Marktkorrekturmechanismus auf diese Derivate festgelegten Bedingungen eine ähnliche dynamische Gebotsobergrenze gelten.

(34) Die Aktivierung des Marktkorrekturmechanismus kann unerwünschte und unvorhersehbare Auswirkungen auf die Wirtschaft haben, einschließlich Risiken für die Versorgungssicherheit und die finanzielle Stabilität. Um im Falle unbeabsichtigter Marktstörungen eine rasche Reaktion zu gewährleisten, sollten — auf der Grundlage objektiver Kriterien — wirksame Schutzvorkehrungen getroffen werden, die sicherstellen, dass der Marktkorrekturmechanismus jederzeit ausgesetzt werden kann. Im Falle unbeabsichtigter Marktstörungen auf Grundlage der ACER-Überwachung und konkreter Hinweise darauf, dass ein Marktkorrekturereignis unmittelbar bevorsteht, sollte die Kommission die Möglichkeit haben, die ESMA, die ACER und gegebenenfalls das Europäische Netz der Fernleitungsnetzbetreiber (Gas) („ENTSOG“) und die mit der Verordnung (EU) 2017/1938 des Europäischen Parlaments und des Rates (10) eingerichtete Koordinierungsgruppe „Gas“ (Gas Coordination Group — GCG) um eine Stellungnahme zu den Auswirkungen eines möglichen Marktkorrekturereignisses auf die Versorgungssicherheit, die Gasflüsse in der Union und die finanzielle Stabilität zu ersuchen, damit die Kommission die Aktivierung des Marktkorrekturmechanismus durch die ACER erforderlichenfalls im Wege eines Durchführungsrechtsakts rasch aussetzen kann.

(35) Abgesehen von der täglichen Überprüfung, ob die Anforderungen an die dynamische Gebotsobergrenze noch bestehen, sollten noch weitere Schutzvorkehrungen getroffen werden, um unbeabsichtigte Marktstörungen zu vermeiden.

(36) Die dynamische Gebotsobergrenze sollte sich nicht auf OTC-Geschäfte auswirken, da die Anwendung dieser Grenze auf OTC-Geschäfte ernste Überwachungsprobleme mit sich bringen

und auch zu Problemen bei der Versorgungssicherheit führen könnte. Es sollte jedoch ein Überprüfungsmechanismus angewandt werden, um zu bewerten, ob der Ausschluss von OTC-Geschäften zu erheblichen Verlagerungen des Handels mit TTF-Derivaten auf OTC-Märkte führen könnte, wodurch die Stabilität der Finanz- oder Energiemärkte gefährdet würde.

(37) Der Marktkorrekturmechanismus sollte automatisch deaktiviert werden, wenn die Lage auf dem Erdgasmarkt seine Anwendung nicht länger rechtfertigt. Wenn keine Marktstörungen auftreten, sollte der Marktkorrekturmechanismus erst nach einer bestimmten Frist deaktiviert werden, um häufige Aktivierungen und Deaktivierungen zu vermeiden. Der Marktkorrekturmechanismus sollte daher nach 20 Tagen automatisch deaktiviert werden, wenn die dynamische Gebotsobergrenze für einen bestimmten Zeitraum bei 180 EUR/MWh liegt. Die Deaktivierung des Marktkorrekturmechanismus sollte keine Bewertung durch die ACER oder die Kommission erfordern, sondern automatisch erfolgen, sobald die Bedingungen erfüllt sind.

(38) Sollte es zu einer erheblichen Verringerung bei Gaslieferungen kommen sowie falls die Gasversorgung nicht ausreicht, um die verbleibende Gasnachfrage zu decken, so kann die Kommission gemäß der Verordnung (EU) 2017/1938 auf Antrag eines Mitgliedstaats, der einen Notfall ausgerufen hat, einen regionalen oder unionsweiten Notfall ausrufen, und muss sie einen regionalen oder unionsweiten Notfall ausrufen, wenn zwei oder mehr Mitgliedstaaten einen Notfall ausgerufen haben. Um eine Situation zu verhindern, bei der die fortgesetzte Aktivierung des Marktkorrekturmechanismus zu Problemen bei der Versorgungssicherheit führt, sollte der Marktkorrekturmechanismus automatisch deaktiviert werden, wenn die Kommission einen regionalen oder unionsweiten Notfall ausgerufen hat.

(39) Es ist von zentraler Bedeutung, dass der Marktkorrekturmechanismus ein wirksames Instrument zur — auf objektiven Kriterien beruhenden — sofortigen und jederzeitigen Aussetzung der dynamischen Sicherheitsobergrenze umfasst für den Fall, dass die dynamische Sicherheitsobergrenze zu schwerwiegenden Marktstörungen führt, die die Versorgungssicherheit und die Gasflüsse innerhalb der Union beeinträchtigen.

(40) Da es wichtig ist, alle Schutzvorkehrungen, die bei der Bewertung einer möglichen Aussetzung des Marktkorrekturmechanismus zu berücksichtigen sind, gründlich zu bewerten, sollte der Marktkorrekturmechanismus durch einen Durchführungsbeschluss der Kommission ausgesetzt werden. Beim Erlass eines solchen Beschlusses, der unverzüglich erfolgen sollte, sollte die Kommission bewerten, ob die Anwendung der dynamischen Gebotsobergrenze die Versorgungssicherheit der Union gefährdet, mit einer ausreichenden Anstrengung zur Nachfragereduzierung einhergeht, marktbasierte Gasflüsse innerhalb der Union verhindert, sich negativ auf die Märkte für Energiederivate auswirkt, den Gasmarktpreisen an den verschiedenen organisierten Märkten in der Union Rechnung trägt oder bestehende Gaslieferverträge negativ beeinflussen könnte. In solchen Fällen sollte die Kommission den Marktkorrekturmechanismus im Wege eines Durchführungsbeschlusses aussetzen. Angesichts der Notwendigkeit, rasch zu reagieren, sollte die Kommission nicht verpflichtet sein, gemäß einem Ausschussverfahren tätig zu werden.

(41) Der Marktkorrekturmechanismus sollte die Gasversorgungssicherheit der Union nicht dadurch gefährden, dass Preissignale eingeschränkt werden, die für notwendige Gaslieferungen und für Gasflüsse innerhalb der Union wesentlich sind. Denn Gasanbieter könnten, um die Gewinne durch den Verkauf unmittelbar nach der Deaktivierung der Sicherheitsobergrenze zu maximieren, Lieferungen tatsächlich zurückhalten, wenn der Marktkorrekturmechanismus aktiviert wird. Falls der Marktkorrekturmechanismus zu solchen Risiken für die Versorgungssicherheit der Union führen würde, aber kein regionaler oder unionsweiter Notfall ausgerufen wird, sollte die Kommission den Marktkorrekturmechanismus unverzüglich aussetzen. Die bei der Bewertung der Risiken für die Versorgungssicherheit zu berücksichtigenden Elemente sollten eine möglicherweise erhebliche Abweichung eines der Bestandteile des Referenzpreises vom historischen Trend sowie einen erheblichen Rückgang der vierteljährlichen LNG-Einfuhren in die Union im Vergleich zum gleichen Quartal des Vorjahres umfassen.

(42) Da uneingeschränkte Gasflüsse innerhalb der Union ein Schlüsselelement der Versorgungssicherheit in der Union sind, sollte die Aktivierung des Marktkorrekturmechanismus ebenfalls ausgesetzt werden, wenn er Gasflüsse innerhalb der Union unangemessen einschränkt und dadurch die Versorgungssicherheit der Union gefährdet.

(43) Der Marktkorrekturmechanismus sollte nicht dazu führen, dass die Rolle, die Preissignale im Binnenmarkt der Union für Erdgas spielen, verringert wird und marktbasierte Gasflüsse innerhalb der Union verhindert werden, da Erdgas unbedingt weiterhin dorthin fließen muss, wo es am dringendsten benötigt wird.

(44) Die Marktkorrekturmechanismen sollten das kontinuierliche ordnungsgemäße Funktionieren der Energiederivatemärkte nicht unnötig gefährden. Diese Märkte spielen eine Schlüsselrolle dabei, Marktteilnehmer in die Lage zu versetzen, ihre Positionen gegen Risiken abzusichern, insbesondere im Hinblick auf die Preisvolatilität. Darüber hinaus können Preisinterventionen durch den Marktkorrekturmechanismus zu erheblichen

finanziellen Verlusten für Marktteilnehmer an den Derivatemärkten führen. Aufgrund der Größe des Gasmarkts in der Union können solche Verluste nicht nur die spezialisierten Derivatemärkte treffen, sondern auch erhebliche Folgewirkungen auf andere Finanzmärkte haben. Preisinterventionen könnten überdies zu einem schädlichen Anstieg von Nachschussforderungen aufgrund von Unsicherheit führen. Ein beträchtlicher Anstieg von Nachschussforderungen könnte für Marktteilnehmer erhebliche finanzielle Verluste und Liquiditätsverluste mit sich bringen, die wiederum zum Ausfall eines Clearing-Mitglieds oder eines Endkunden führen. Die einschlägigen Marktteilnehmer sollten in gutem Glauben handeln und keine ungebührenden Änderungen der Risikomanagementprozessen vornehmen, die zu einem Anstieg von Nachschussforderungen führen, insbesondere wenn diese nicht dem üblichen Marktverhalten entsprechen. Daher sollte die Kommission den Marktkorrekturmechanismus sofort aussetzen, wenn er das ordnungsgemäße Funktionieren des Derivatemarkts gefährdet, beispielsweise wenn er zu einem erheblichen Rückgang der TTF-Derivategeschäfte innerhalb der Union oder zu einer erheblichen Verlagerung von TTF-Derivategeschäften an Handelsplätze außerhalb der Union führt. In diesem Zusammenhang ist es wichtig, dass die Kommission das Fachwissen einschlägiger Einrichtungen der Union berücksichtigt. Die ESMA ist eine unabhängige Behörde, die zur Wahrung der Stabilität des Finanzsystems der Union beiträgt, insbesondere indem sie stabile und geordnete Finanzmärkte wie die Derivatemärkte fördert.

Die Kommission sollte daher Berichte der ESMA zu solchen Aspekten berücksichtigen. Darüber hinaus sollte die Kommission im Einklang mit Artikel 127 Absatz 4 des Vertrags über die Arbeitsweise der Europäischen Union (im Folgenden „AEUV") und Artikel 25.1 des dem AEUV angehängten Protokolls Nr. 4 über die Satzung des Europäischen Systems der Zentralbanken und der Europäischen Zentralbank (im Folgenden „Protokoll") alle Empfehlungen der Europäischen Zentralbank (EZB) zur Stabilität des Finanzsystems berücksichtigen. Aufgrund der Volatilität der Finanzmärkte und der potenziell großen Auswirkungen von Marktinterventionen in diesen Märkten ist es wichtig, sicherzustellen, dass die Kommission den Marktkorrekturmechanismus rasch aussetzen kann. Der Bericht der ESMA sollte daher spätestens 48 Stunden nach dem Ersuchen der Kommission oder in dringenden Fällen noch am selben Tag vorgelegt werden.

(45) Der Marktkorrekturmechanismus sollte so ausgestaltet sein, dass nur außergewöhnliche Erhöhungen der Gaspreise aufgrund von Defiziten im Preisbildungsmechanismus berücksichtigt werden, und er sollte sich so nicht auf die Gültigkeit bestehender Gaslieferverträge auswirken. Stellt die ACER oder die Kommission jedoch fest, dass sich die Aktivierung des Marktkorrekturmechanismus negativ auf bestehende Gaslieferverträge auswirkt, so sollte die Kommission den Marktkorrekturmechanismus aussetzen.

(46) Bei der Ausgestaltung des Marktkorrekturmechanismus und den Möglichkeiten zu seiner Aussetzung sollte berücksichtigt werden, dass Erdgashändler den Erdgashandel in Regionen außerhalb der Union verlagern können, wodurch die Wirksamkeit des Marktkorrekturmechanismus verringert wird. Dies wäre beispielsweise der Fall, wenn Händler damit begännen, OTC-Gashandelsgeschäfte zu tätigen, die weniger transparent sind, der aufsichtsrechtlichen Kontrolle weniger unterliegen und mit einem größeren Risiko dahingehend verbunden sind, dass die Beteiligten ihre Verpflichtungen nicht erfüllen. Dies wäre auch dann der Fall, wenn Händler, deren Absicherung durch den Marktkorrekturmechanismus eingeschränkt sein könnte, Absicherungen in anderen Rechtsräumen suchen, was dazu führen würde, dass die Clearing-Gegenpartei die den Derivatepositionen zugrunde liegenden Basiswerte neu austarieren müsste, um den gedeckelten Abrechnungspreis widerzuspiegeln, wodurch Nachschussforderungen ausgelöst würden.

(47) Die ACER, die ESMA, das ENTSOG und die GCG sollten die Kommission bei der Überwachung des Marktkorrekturmechanismus unterstützen.

(48) Bei der Wahrnehmung ihrer Aufgaben gemäß dieser Verordnung sollte die Kommission auch die Möglichkeit haben, die EZB zu konsultieren und deren Rat einzuholen, im Einklang mit der Aufgabe der EZB gemäß Artikel 127 Absatz 5 AEUV, um zur reibungslosen Durchführung von Maßnahmen auf dem Gebiet der Aufsicht über Kreditinstitute und der Stabilität des Finanzsystems beizutragen, und um die Kommission gemäß Artikel 25.1 des Protokolls unter anderem in Fragen des Anwendungsbereich und der Umsetzung der Rechtsvorschriften der Union hinsichtlich der Aufsicht über Kreditinstitute und der Stabilität des Finanzsystems zu beraten und von ihr konsultiert zu werden. Ein solcher Konsultationsprozess sollte so organisiert sein, dass er erforderlichenfalls eine rasche Aussetzung des Marktkorrekturmechanismus ermöglicht.

(49) Da die Probleme insbesondere bei der Preisbildung für TTF-Derivate in der Union dringend angegangen werden müssen, ist eine rasche Umsetzung des Marktkorrekturmechanismus von entscheidender Bedeutung. Die ESMA und die ACER sollten eine Bewertung der Auswirkungen des Marktkorrekturmechanismus (im Folgenden „Folgenabschätzung") durchführen, um zu analysieren, ob die rasche Umsetzung des Marktkorrekturmechanismus unbeabsichtigte negative Folgen für die Finanz- oder die Energiemärkte oder die Versorgungssicherheit haben könnte.

Die Folgenabschätzung sollte der Kommission bis zum 1. März 2023 vorgelegt werden. Darin sollten insbesondere die Elemente analysiert werden, die für den Durchführungsrechtsakt über die Einzelheiten der Modalitäten für die Erweiterung des Marktkorrekturmechanismus auf mit anderen VHP verbundene Derivate erforderlich sind, und es sollte darin geprüft werden, ob die Schlüsselelemente des Marktkorrekturmechanismus angesichts der Entwicklungen in Bezug auf den Finanz- und den Energiemarkt oder die Versorgungssicherheit noch angemessen sind. Die ESMA und ACER sollten bis zum 23. Januar 2023 einen vorläufigen Datenbericht über die Einführung des Marktkorrekturmechanismus veröffentlichen. Unter Berücksichtigung der Ergebnisse der Folgenabschätzung sollte die Kommission gegebenenfalls unverzüglich eine Änderung dieser Verordnung vorschlagen, damit die Auswahl der Produkte, die unter den Marktkorrekturmechanismus fallen, angepasst werden kann.

(50) Die Kommission kann auch auf der Grundlage der Folgenabschätzung oder nach einem Marktkorrekturereignis oder einem Aussetzungsbeschluss oder auf der Grundlage der Marktentwicklungen oder der Entwicklung der Versorgungssicherheit Änderungen dieser Verordnung vorschlagen.

(51) Um das ordnungsgemäße Funktionieren der Derivatemärkte — insbesondere in Bezug auf die Risikomanagementverfahren der zentralen Clearing-Gegenparteien — zu erhalten und die Notwendigkeit von Forderungen nach zusätzlichen Sicherheitsmargen zu minimieren, sollte es den Parteien gestattet sein, Positionen auf dem TTF-Derivatemarkt ordnungsgemäß auszugleichen oder zu verringern, wenn sie dies wünschen. Daher sollte die dynamische Gebotsobergrenze nicht für Kontrakte, die vor Inkrafttreten dieser Verordnung geschlossen wurden, und nicht für Geschäfte gelten, bei denen Marktteilnehmer Positionen aus TTF-Derivatekontrakten, die vor Inkrafttreten dieser Verordnung geschlossen wurden, ausgleichen oder verringern können.

(52) Zentrale Clearing-Gegenparteien spielen eine Schlüsselrolle bei der Gewährleistung des ordnungsgemäßen Funktionierens der Märkte für TTF-Derivate, indem sie das Gegenparteirisiko mindern. Die Tätigkeiten der zentralen Clearing-Gegenparteien, insbesondere beim Management von Ausfallpositionen, dürfen daher nicht durch den Marktkorrekturmechanismus behindert werden. Deshalb sollte die dynamische Gebotsobergrenze nicht für Geschäfte gelten, die im Rahmen eines von einer zentralen Clearing-Gegenpartei organisierten Ausfallmanagementprozesses durchgeführt werden.

(53) Der Marktkorrekturmechanismus ist notwendig und verhältnismäßig, um das Ziel der Korrektur überhöhter TTF-Gaspreise und mit anderen VHP verbundener Derivate zu erreichen. Von den indirekten Auswirkungen der Preisanstiege wie steigende Energiepreise und Inflation sind alle Mitgliedstaaten betroffen. Die Defizite im Preisbildungssystem spielen in den einzelnen Mitgliedstaaten aber eine unterschiedliche Rolle, wobei Preiserhöhungen in einigen Mitgliedstaaten (etwa in Mitteleuropa) bedeutender sind als in anderen (etwa jenen in Randlage oder mit anderen Bezugsmöglichkeiten). Um fragmentierte Maßnahmen zu vermeiden, die den integrierten Unionsmarkt für Gas spalten könnten, ist ein gemeinsames solidarisches Vorgehen erforderlich. Dies ist auch für die Sicherstellung der Versorgungssicherheit in der Union von entscheidender Bedeutung. Darüber hinaus sollten gemeinsame Schutzvorkehrungen, die in den Mitgliedstaaten ohne Bezugsalternativen möglicherweise stärker benötigt werden als in den Mitgliedstaaten mit Bezugsalternativen, für einen koordinierten Ansatz als Ausdruck der Energiesolidarität sorgen. Tatsächlich sollte der Marktkorrekturmechanismus — bei sehr unterschiedlichen finanziellen Risiken und Vorteilen für die einzelnen Mitgliedstaaten — einen solidarischen Kompromiss darstellen, bei dem alle Mitgliedstaaten bereit sind, zur Marktkorrektur beizutragen, und dieselben Preisbildungsobergrenzen akzeptieren, auch wenn sich das Ausmaß der Defizite des Preisbildungsmechanismus und die finanziellen Auswirkungen der Preise von Derivaten auf die Wirtschaft sich in einigen Mitgliedstaaten unterscheiden. Der Marktkorrekturmechanismus würde daher durch die Vermeidung überhöhter Gaspreise, die für viele Mitgliedstaaten selbst für kurze Zeit untragbar sind, die Solidarität in der Union stärken. Der Marktkorrekturmechanismus wird im Geiste der Solidarität dazu beitragen, dass Gasversorgungsunternehmen aus allen Mitgliedstaaten Gas zu angemessenen Preisen kaufen können.

(54) Zur Sicherstellung einheitlicher Bedingungen für die Durchführung dieser Verordnung sollten der Kommission Durchführungsbefugnisse zur Festlegung der technischen Einzelheiten der Anwendung des Marktkorrekturmechanismus auf mit anderen VTP verbundene Derivate übertragen werden. Diese Befugnisse sollten im Einklang mit der Verordnung (EU) Nr. 182/2011 des Europäischen Parlaments und des Rates (11) ausgeübt werden.

(55) Aufgrund der volatilen und unvorhersehbaren Lage auf dem Erdgasmarkt zu Beginn der Wintersaison muss sichergestellt werden, dass der Marktkorrekturmechanismus so bald wie möglich angewandt werden kann, wenn die Bedingungen für seine Aktivierung erfüllt sind. Diese Verordnung sollte daher ab dem 1. Februar 2023 in Kraft treten. Die dynamische Gebotsobergrenze sollte ab dem 15. Februar 2023 gelten. Die Verpflichtung der ESMA und der ACER, einen vorläufigen Datenbericht vorzulegen, sollte rückwirkend ab dem 1. Januar 2023 gelten, um die erforderlichen Informationen so bald wie möglich zu erhalten —

Artikel 1
Gegenstand und Anwendungsbereich

Mit dieser Verordnung wird ein befristeter Marktkorrekturmechanismus für Aufträge zum Handel mit TTF-Derivaten und Derivaten, die gemäß Artikel 9 mit anderen virtuellen Handelspunkten (VHP) verbunden sind, eingeführt, um Phasen überhöhter Gaspreise in der Union, die nicht die Weltmarktpreise widerspiegeln, zu begrenzen.

Artikel 2
Begriffsbestimmungen

Für die Zwecke dieser Verordnung gelten folgende Begriffsbestimmungen:

1. „TTF-Derivat“ bezeichnet ein an einem geregelten Markt gehandeltes Warenderivat im Sinne von Artikel 2 Absatz 1 Nummer 30 der Verordnung (EU) Nr. 600/2014 des Europäischen Parlaments und des Rates (12), dessen Basiswert eine Transaktion an dem von Gasunie Transport Services B.V. betriebenen virtuellen Handelspunkt Title Transfer Facility (TTF) ist;

2. „mit anderen VHP verbundene Derivate“ bezeichnet ein an einem geregelten Markt gehandeltes Warenderivat im Sinne von Artikel 2 Absatz 1 Nummer 30 der Verordnung (EU) Nr. 600/2014, deren Basiswert eine Transaktion mit Gas an einem virtuellen Handelspunkt in der Union ist;

3. „virtueller Handelspunkt“ oder ”VHP“ einen nicht-physischen Handelspunkt innerhalb eines Einspeise-/Ausspeisesystems, an dem Gas zwischen einem Verkäufer und einem Käufer ausgetauscht wird, ohne dass Fernleitungs- oder Verteilungskapazitäten gebucht werden müssen;

4. „TTF-Front-Month-Derivat“ bezeichnet ein TTF-Derivat, das unter den Derivaten mit einer Laufzeit von einem Monat, die an einem bestimmten geregelten Markt gehandelt werden, das nächstliegende Fälligkeitsdatum hat;

5. „TTF-Front-Year-Derivat“ bezeichnet ein TTF-Derivat, das unter den Derivaten mit einer Laufzeit von zwölf Monaten, die an einem bestimmten geregelten Markt gehandelt werden, das nächstliegende Fälligkeitsdatum hat;

6. „Referenzpreis“ bezeichnet, soweit verfügbar, den täglichen Durchschnittspreis

— der LNG-Preisbewertung „Northwest Europe Marker“, definiert als der Tagesdurchschnitt des von Platts Benchmark B.V., (Niederlande) verwalteten „Daily Spot Northwest Europe Marker (NWE)“ und des von Argus Benchmark Administration B.V. (Niederlande) verwalteten „Northwest Europe des — half-month 2“; mit einer Umrechnung von LNG-Preisbewertungen in US-Dollar (USD) pro Metrischer Million britischer Thermaleinheiten (MMBtu) in EUR pro MWh auf der Grundlage des Euro-Wechselkurses der Europäischen Zentralbank (EZB) und eines Umrechnungskurses von 1 MMBtu zu 0,293071 kWh;

— der LNG-Preisbewertung „Mediterranean Marker“, definiert als der Tagesdurchschnitt des von Platts Benchmark B.V. (Niederlande) verwalteten „Daily Spot Mediterranean Marker (MED)“ und des Tagesdurchschnitts der von Argus Benchmark Administration B.V. (Niederlande) verwalteten „Iberian peninsula des — half-month 2“, „Italy des — half-month 2“ und „Greece des — half-month 2“; mit einer Umrechnung von LNG-Preisbewertungen in USD pro MMBtu in EUR pro MWh auf der Grundlage des Euro-Wechselkurses der EZB und eines Umrechnungskurses von 1 MMBtu zu 0,293071 kWh;

— der LNG-Preisbewertung „Northeast Asia Marker“, definiert als der Tagesdurchschnitt des von Platts Benchmark B.V. (Niederlande) verwalteten „LNG Japan/Korea DES 2 Half-Month“ und des von Argus Benchmark Administration B.V. (Niederlande) verwalteten „Northeast Asia des (ANEA) — half-month 2“; mit einer Umrechnung von LNG-Preisbewertungen in USD pro MMBtu) in EUR pro MWh auf der Grundlage des Euro-Wechselkurses der EZB und eines Umrechnungskurses von 1 MMBtu zu 0,293071 kWh;

— des von ICE Futures Europa (Vereinigtes Königreich) veröffentlichten Abrechnungspreises für NBP-Front-Month-Derivate, mit einer Umrechnung von Sterling-Pence pro Therm in EUR pro MWh auf der Grundlage des Euro-Wechselkurses der EZB und eines Umrechnungskurses von 1 Therm zu 29,3071 kWh;

— des Preises, der aus der von der ACER gemäß Artikel 18 der Verordnung (EU) 2022/2576 durchgeführten täglichen Preisbewertung hervorgeht;

7. „geregelter Markt“ bezeichnet einen „geregelten Markt“ im Sinne von Artikel 4 Absatz 1 Nummer 21 der Richtlinie 2014/65/EU;

8. „Betreiber eines Marktes“ bezeichnet einen Marktbetreiber im Sinne von Artikel 4 Absatz 1 Nummer 18 der Richtlinie 2014/65/EU.

Artikel 3
Preisüberwachung

(1) Die ACER überwacht ständig die Entwicklung des Referenzpreises, des Abrechnungspreises für TTF-Front-Month-Derivate und des Abrechnungspreises für Front-Month-Derivate für mit anderen VHP verbundene Derivate.

(2) Zu dem Zweck nach Absatz 1 meldet Platts Benchmark B.V. (Niederlande) der ACER täglich bis spätestens 21:00 Uhr (MEZ) die täglichen LNG-Preisbewertungen für die Marker „Daily Spot Mediterranean Marker (MED)“, „Daily Spot Northwest Europe Marker (NEW)“ und „Japan Korea Marker (JKM)“.

(3) Zu dem Zweck nach Absatz 1 meldet Argus Benchmark Administration B.V. (Niederlande) der ACER täglich bis spätestens 21:00 Uhr (MEZ) die täglichen LNG-Preisbewertungen der Marker

„Northwest Europe des — half-month 2“, „Iberian peninsula des — half-month 2“, „Italy des — half-month 2“, „Greece des — half-month 2“ und „Northeast Asia des (ANEA) — half-month 2“.

(4) Die ACER berechnet täglich den täglichen Referenzpreis auf der Grundlage der gemäß Absatz 1 erhaltenen Informationen. Die ACER veröffentlicht den täglichen Referenzpreis täglich bis spätestens 23:59 Uhr MEZ auf ihrer Website.

Artikel 4
Marktkorrekturereignis

(1) Der Marktkorrekturmechanismus für den Abrechnungspreis von TTF-Front-Year-Derivaten wird durch das Eintreten eines Marktkorrekturereignis aktiviert. Ein Marktkorrekturereignis wird als eingetreten erachtet, wenn der von ICE Endex B.V. (Niederlande) veröffentlichte Abrechnungspreis für TTF-Front-Month-Derivate

a) drei Arbeitstage lang 180 EUR/MWh übersteigt und

b) während des unter Buchstabe a genannten Zeitraums 35 EUR über dem Referenzpreis liegt.

(2) Nach Erlass des in Artikel 9 Absatz 1 genannten Durchführungsrechtsakts tritt ein Marktkorrekturereignis im Zusammenhang mit mit anderen VHP verbundenen Derivaten auch unter den Bedingungen ein, die in diesem Durchführungsrechtsakt gemäß den in Artikel 9 Absatz 2 genannten Kriterien festgelegt sind.

(3) Stellt die ACER ein Marktkorrekturereignis fest, so veröffentlicht sie bis spätestens 23:59 Uhr MEZ auf ihrer Website klar und sichtbar eine Mitteilung über das Eintreten eines Marktkorrekturereignisses (im Folgenden „Marktkorrekturmitteilung“) und unterrichtet den Rat, die Kommission, die EZB und die ESMA über das Marktkorrekturereignis.

(4) Marktbetreiber auf dem TTF-Derivatemarkt und Teilnehmer am TTF-Derivatemarkt überwachen täglich die Website der ACER.

(5) Ab dem Tag nach der Veröffentlichung einer Marktkorrekturmitteilung dürfen Marktbetreiber keine Aufträge für TTF-Derivate annehmen und Teilnehmer am TTF-Derivatemarkt keine Aufträge für TTF-Derivate abgeben, die im Zeitraum zwischen dem Fälligkeitsdatum des TTF-Front-Month-Derivats und dem Fälligkeitsdatum des TTF-Front-Year-Derivats fällig werden, mit Preisen um 35 EUR über dem von der ACER am Vortag veröffentlichten Referenzpreis (im Folgenden „dynamische Gebotsobergrenze“). Liegt der Referenzpreis unter 145 EUR/MWh, bleibt die dynamische Gebotsgrenze die Summe aus 145 EUR und 35 EUR.

(6) Nach Erlass des in Artikel 9 Absatz 1 genannten Durchführungsrechtsakts gemäß gilt für mit anderen VHP verbundene Derivate unter den Bedingungen, die in diesem Durchführungsrechtsakt gemäß den in Artikel 9 Absatz 2 genannten Kriterien festgelegt sind, eine dynamische Gebotsobergrenze.

(7) Nach der Aktivierung durch die ACER gilt die dynamische Gebotsobergrenze für mindestens 20 Arbeitstage, es sei denn, sie wird von der Kommission gemäß Artikel 6 ausgesetzt oder gemäß Artikel 5 Absatz 1 deaktiviert.

(8) Damit die Kommission die Aktivierung des Marktkorrekturmechanismus durch die ACER erforderlichenfalls im Wege eines Durchführungsbeschlusses rasch aussetzen kann, ersucht die Kommission, wenn auf der Grundlage der Ergebnisse der Überwachung durch die ACER gemäß Artikel 3 Absatz 1 konkrete Hinweise darauf vorliegen, dass ein Marktkorrekturereignis gemäß Artikel 4 Absatz 1 Buchstabe b unmittelbar bevorsteht, unverzüglich die EZB, die ESMA und gegebenenfalls das Europäische Netz der Fernleitungsnetzbetreiber (im Folgenden „ENTSOG“) und die Koordinierungsgruppe „Gas“ (Gas Coordination Group — GCG) um eine Bewertung der Auswirkung eines möglichen Marktkorrekturereignisses auf die Versorgungssicherheit, die Gasströme innerhalb der Union und die Finanzstabilität. In dieser Bewertung werden die Preisentwicklungen an anderen relevanten organisierten Märkten berücksichtigt, insbesondere die Entwicklungen in Asien oder den Vereinigten Staaten, die sich im „Joint Japan Korea Marker“ oder der „Henry Hub Gas Price Assessment“, die beide von Platts Benchmark B.V. (Niederlande) verwaltet und von S&P Global Inc. (New York), veröffentlicht werden, widerspiegeln.

(9) Nach Bewertung der Auswirkung der dynamischen Gebotsobergrenze auf den Gas- und Stromverbrauch und der Fortschritte bei der Erreichung der in den Artikeln 3 und 5 der Verordnung (EU) 2022/1369 und in den Artikeln 3 und 4 der Verordnung (EU) 2022/1854 festgelegten Ziele für die Nachfragesenkung kann die Kommission auch eine Änderung der Verordnung (EU) 2022/1369 vorschlagen, um sie an die neue Situation anzupassen.

(10) Im Falle eines Marktkorrekturereignisses ersucht die Kommission die EZB unverzüglich um Beratung hinsichtlich des Risikos einer unbeabsichtigten Störung der Stabilität und des ordnungsgemäßen Funktionierens der Märkte für Energiederivate.

Artikel 5
Deaktivierung des Marktkorrekturmechanismus

(1) Die dynamische Gebotsobergrenze wird 20 Arbeitstage nach dem Eintreten des Marktkorrekturereignisses gemäß Artikel 4 Absatz 5, oder

später, wenn der Referenzpreis an drei aufeinanderfolgenden Arbeitstagen unter 145 EUR/MWh liegt, deaktiviert.

(2) Wurde von der Kommission gemäß Artikel 12 Absatz 1 der Verordnung (EU) 2017/1938 ein regionaler oder unionsweiter Notfall ausgerufen, insbesondere im Fall einer erheblichen Verschlechterung der Gasversorgungslage, die zu einer Situation führt, in der die Gasversorgung nicht ausreicht, um die verbleibende Gasnachfrage zu decken (Rationierung), so wird die dynamische Gebotsobergrenze deaktiviert.

(3) Die ACER veröffentlicht auf ihrer Website unverzüglich eine Mitteilung und unterrichtet den Rat, die Kommission, die EZB und die ESMA über das Eintreten eines Deaktivierungsereignisses nach Absatz 1 (Deaktivierungsmitteilung).

Artikel 6

Aussetzung des Marktkorrekturmechanismus

(1) Die ESMA, die ACER, ENTSOG und die GCG überwachen ständig die Auswirkungen der dynamischen Gebotsobergrenze auf die Finanz- und Energiemärkte und auf die Versorgungssicherheit bei Aktivierung des Marktkorrekturmechanismus.

(2) Auf der Grundlage der in Absatz 1 genannten Überwachung setzt die Kommission den Marktkorrekturmechanismus im Wege eines Durchführungsbeschlusses immer dann aus, wenn unbeabsichtigte Marktstörungen oder offensichtliche Risiken solcher Störungen mit negativen Auswirkungen auf die Versorgungssicherheit, die Gasströme innerhalb der Union oder die Finanzstabilität auftreten (im Folgenden „Aussetzungsbeschluss“). Bei der Bewertung berücksichtigt die Kommission, ob die Aktivierung des Marktkorrekturmechanismus

a) die Gasversorgungssicherheit der Union gefährdet; die Elemente, die bei der Bewertung der Versorgungssicherheitsrisiken zu berücksichtigen ist, sind eine potenzielle erhebliche Abweichung eines der Bestandteile des Referenzpreises vom historischen Trend und ein erheblicher Rückgang der vierteljährlichen LNG-Einfuhren in die Union im Vergleich zum gleichen Quartal des Vorjahres;

b) während eines Zeitraums erfolgt, in dem die verbindlichen Ziele für die Nachfragesenkung gemäß Artikel 5 der Verordnung (EU) 2022/1369 auf Unionsebene nicht erreicht werden, sich negativ auf die Fortschritte bei der Umsetzung des Gaseinsparziels gemäß Artikel 3 der Verordnung (EU) 2022/1369 auswirkt — unter Berücksichtigung der notwendigen Sorge dafür, dass Preissignale Anreize für eine Nachfragesenkung vermitteln — oder auf der Grundlage der von den Mitgliedstaaten gemäß Artikel 8 der Verordnung (EU) 2022/1369 übermittelten Daten über den Gasverbrauch und die Nachfragesenkung zu einem allgemeinen Anstieg des Gasverbrauchs um 15 % in einem Monat oder um 10 % in zwei aufeinanderfolgenden Monaten gegenüber dem jeweiligen Durchschnittsverbrauch für dieselben Monate in den fünf aufeinanderfolgenden Jahren vor dem 1. Februar 2023 führt;

c) gemäß den Überwachungsdaten der ACER marktbasierte Gasströme innerhalb der Union verhindert;

d) gemäß einem Bericht der ESMA über die Auswirkungen der Aktivierung des Marktkorrekturmechanismus durch ESMA und jedweder zu diesem Zweck von der Kommission angeforderten Beratung der EZB die Stabilität und das ordnungsgemäße Funktionieren der Märkte für Energiederivate beeinträchtigt, insbesondere, wenn dies innerhalb eines Monats zu einem erheblichen Anstieg von Nachschussforderungen oder zu einem erheblichen Rückgang der TTF-Derivategeschäfte innerhalb der Union gegenüber dem gleichen Monat des Vorjahres oder zu einer erheblichen Verlagerung von TTF-Derivategeschäften auf Handelsplätze außerhalb der Union führt;

e) zu erheblichen Unterschieden zwischen den Gasmarktpreisen an den verschiedenen organisierten Märkten in der Union sowie an anderen relevanten organisierten Märkten führt, z. B. den Preisen an Märkten in Asien oder den Vereinigten Staaten, die sich im „Joint Japan Korea Marker“ oder der „Henry Hub Gas Price Assessment“, die beide von Platts Benchmarks B.V. (Niederlande) verwaltet werden, widerspiegeln;

f) die Gültigkeit bestehender Gaslieferverträge, einschließlich langfristiger Gaslieferverträge, beeinträchtigt.

(3) Ein Aussetzungsbeschluss wird unverzüglich gefasst und im *Amtsblatt der Europäischen Union* veröffentlicht. Die dynamische Gebotsobergrenze wird ab dem Tag nach der Veröffentlichung eines Aussetzungsbeschlusses für den in dem Beschluss genannten Zeitraum nicht mehr angewandt.

(4) Die ACER, die ESMA, ENTSOG und die GCG unterstützen die Kommission bei den Aufgaben gemäß den Artikeln 4, 5 und 6. Der Bericht der ESMA gemäß Absatz 2 Buchstabe d des vorliegenden Artikels wird innerhalb von 48 Stunden oder in dringenden Fällen auf Ersuchen der Kommission am selben Tag erstellt.

(5) Bei der Wahrnehmung ihrer Aufgaben gemäß den Artikeln 4, 5 und 6 kann die Kommission die EZB zu allen Fragen konsultieren, die mit deren Aufgabe gemäß Artikel 127 Absatz 5 AEUV, zur reibungslosen Durchführung der Strategien auf dem Gebiet der Aufsicht über die Kreditinstitute und der Stabilität des Finanzsystems beizutragen, im Zusammenhang stehen.

Artikel 7

Berufsgeheimnis

(1) Vertrauliche Informationen, die gemäß dieser Verordnung empfangen, ausgetauscht oder

übermittelt werden, unterliegen den in diesem Artikel festgelegten Bestimmungen zum Berufsgeheimnis.

(2) Zur Wahrung des Berufsgeheimnisses verpflichtet sind alle Personen, die bei der ACER oder bei einer Behörde, einem Marktteilnehmer oder einer natürlichen oder juristischen Person beschäftigt sind oder waren, an die bzw. den die zuständige Behörde ihre Befugnisse delegiert hat, einschließlich von der zuständigen Behörde unter Vertrag genommener Prüfer und Sachverständigen.

(3) Unter das Berufsgeheimnis fallende Informationen dürfen keiner anderen Person oder Behörde gegenüber offengelegt werden, es sei denn, dies geschieht aufgrund von Unionsrecht oder nationalem Recht.

(4) Alle im Rahmen dieser Verordnung zwischen den zuständigen Behörden ausgetauschten Informationen, die Geschäfts- oder Betriebsbedingungen und andere wirtschaftliche oder persönliche Angelegenheiten betreffen, werden als vertraulich betrachtet und unterliegen den Anforderungen an das Berufsgeheimnis, es sei denn, ihre Weitergabe wird von den zuständigen Behörden zum Zeitpunkt der Mitteilung für zulässig erklärt oder ist für Gerichtsverfahren erforderlich.

Artikel 8
Folgenabschätzung

(1) Die ESMA und die ACER bewerten die Auswirkungen des Marktkorrekturmechanismus auf die Finanz- und die Energiemärkte sowie auf die Versorgungssicherheit, insbesondere um zu überprüfen, ob die Schlüsselelemente des Marktkorrekturmechanismus angesichts der Entwicklungen auf dem Finanz- und dem Energiemarkt und bei der Versorgungssicherheit noch angemessen sind.

(2) Die ESMA und die ACER führen im Rahmen der Folgenabschätzung insbesondere eine Analyse der Kriterien gemäß Artikel 9 Absatz 2 durch. Bei der Folgenabschätzung wird im Speziellen geprüft, ob die Beschränkung auf TTF-Derivate seitens der Marktteilnehmer zu Arbitrage zwischen korrigierten und nicht korrigierten Derivaten mit negativen Auswirkungen auf die Finanz- oder Energiemärkte sowie die Verbraucher geführt hat.

(3) Die ESMA und die ACER bewerten außerdem, ob

a) der Ausschluss des außerbörslichen (over-the-counter — OTC) Handels aus dem Anwendungsbereich dieser Verordnung zu erheblichen Verlagerungen des Handels mit TTF-Derivaten auf OTC-Märkte geführt hat und so die Stabilität der Finanz- oder Energiemärkte gefährdet;

b) der Marktkorrekturmechanismus zu einem erheblichen Rückgang der TTF-Derivategeschäfte innerhalb der Union oder zu einer erheblichen Verlagerung von TTF-Derivategeschäften auf Handelsplätze außerhalb der Union geführt hat.

(4) Die ESMA und die ACER bewerten zusätzlich, ob folgende Aspekte überprüft werden müssen:

a) die für den Referenzpreis berücksichtigten Elemente;

b) die Voraussetzungen nach Artikel 4 Absatz 1;

c) die dynamische Gebotsobergrenze.

(5) Die Berichte von ESMA und ACER gemäß Absatz 1 werden der Kommission bis zum 1. März 2023 übermittelt. Bis zum 23. Januar 2023 veröffentlichen die ESMA und die ACER einen vorläufigen Datenbericht über die Einführung des Marktkorrekturmechanismus.

Artikel 9
Erweiterung des Marktkorrekturmechanismus auf mit anderen VHP verbundene Derivate

(1) Auf der Grundlage der in Artikel 8 Absatz 1 genannten Folgenabschätzung legt die Kommission bis zum 31. März 2023 im Wege eines Durchführungsrechtsakts die technischen Einzelheiten der Anwendung des Marktkorrekturmechanismus auf mit anderen VHP verbundene Derivate gemäß Absatz 2 des vorliegenden Artikels fest. Dieser Durchführungsrechtsakt wird gemäß Artikel 11 Absatz 2 erlassen.

Führt die Anwendung des Marktkorrekturmechanismus mit anderen VHP verbundene Derivate gemäß den in Absatz 2 des vorliegenden Artikels genannten Kriterien zu erheblichen negativen Auswirkungen auf die Finanz- oder Gasmärkte, so schließt die Kommission bestimmte Derivate ausnahmsweise vom Anwendungsbereich des Marktkorrekturmechanismus aus.

(2) Die Kommission legt die technischen Einzelheiten der Durchführung sowie die mit anderen VHP verbundenen Derivate, die möglicherweise vom Abwendungsbereich des Marktkorrekturmechanismus ausgenommen werden, insbesondere auf der Grundlage folgender Kriterien fest:

a) die Verfügbarkeit von Informationen über die Preise von mit anderen VHP verbundenen Derivaten,

b) die Liquidität der mit anderen VHP verbundenen Derivate,

c) die Auswirkungen der Ausweitung des Marktkorrekturmechanismus von mit anderen VHP verbundenen Derivaten auf die Gasflüsse innerhalb der UNION und die Versorgungssicherheit und

d) die Auswirkungen der der Ausweitung des Marktkorrekturmechanismus auf mit anderen VHP verbundene Derivate auf die Stabilität der

Finanzmärkte unter Berücksichtigung der Auswirkungen möglicher zusätzlicher Sicherheitsmargen.

Artikel 10
Überprüfung

Die Kommission kann gegebenenfalls eine Änderung dieser Verordnung vorschlagen, um OTC-gehandelte Derivate in den Anwendungsbereich dieser Verordnung aufzunehmen, oder um die für den Referenzpreis berücksichtigten Elemente zu überprüfen, wobei sie insbesondere eine unterschiedliche Gewichtung dieser Elemente, die Bedingungen für die Aktivierung des Marktkorrekturmechanismus nach Artikel 4 Absatz 1 Buchstaben a und b und die dynamischen Gebotsobergrenze berücksichtigt. Bevor sie einen solchen Vorschlag vorlegt, sollte die Kommission die EZB, die ESMA, die ACER, ENTSOG und die GCG sowie gegebenenfalls andere einschlägige Interessenträger konsultieren.

Artikel 11
Ausschussverfahren

(1) Die Kommission wird von einem Ausschuss unterstützt. Dieser Ausschuss ist ein Ausschuss im Sinne der Verordnung (EU) Nr. 182/2011.

(2) Wird auf diesen Absatz Bezug genommen, so gilt Artikel 5 der Verordnung (EU) Nr. 182/2011.

Artikel 12
Inkrafttreten

(1) Diese Verordnung tritt am 1. Februar 2023 in Kraft. Sie gilt ab diesem Tag für einen Zeitraum von einem Jahr.

(2) Artikel 4 gilt ab dem 15. Februar 2023.

(3) Artikel 8 Absatz 2 gilt ab dem 1. Januar 2023.

(4) Diese Verordnung gilt nicht für:

a) TTF-Derivatekontrakte, die vor dem 1. Februar 2023 geschlossen wurden,

b) Kauf und Verkauf von TTF-Derivaten zum Ausgleich oder zur Verringerung von TTF-Derivatekontrakten, die vor dem 1. Februar 2023 geschlossen wurden,

c) Kauf und Verkauf von TTF-Derivaten als Teil des Ausfallmanagementprozesses einer zentralen Clearing-Gegenpartei, darunter OTC-Geschäfte, die am geregelten Markt zu Clearingzwecken registriert sind.

49. Erneuerbaren-Ausbau-Gesetz

Bundesgesetz über den Ausbau von Energie aus erneuerbaren Quellen

StF: BGBl. I Nr. 150/2021

Letzte Novellierung: BGBl. I Nr. 233/2022

Der Nationalrat hat beschlossen:

GLIEDERUNG

1. Teil
Allgemeine Bestimmungen

Kompetenzgrundlage und Vollziehung

§ 1. (Verfassungsbestimmung) Die Erlassung, Aufhebung und Vollziehung von Vorschriften, wie sie in diesem Bundesgesetz enthalten sind, sind auch in den Belangen Bundessache, hinsichtlich deren das B-VG etwas anderes bestimmt. Die in diesen Vorschriften geregelten Angelegenheiten können unmittelbar von den in diesem Bundesgesetz vorgesehenen Einrichtungen versehen werden.

Geltungsbereich

§ 2. (1) Dieses Bundesgesetz regelt

1. die Voraussetzungen für und die Förderung der Erzeugung von Strom aus erneuerbaren Quellen;
2. die Organisation und Funktionsweise von Erneuerbare-Energie-Gemeinschaften sowie deren Teilhabe an den Förderregelungen;
3. die Voraussetzungen für und die Förderung der Erzeugung und Gewinnung von Gas aus erneuerbaren Quellen;
4. die Voraussetzungen für und die Förderung der Erzeugung von Wasserstoff, der aus Energie aus erneuerbaren Energieträgern gewonnen wird;
5. Herkunftsnachweise für Energie aus erneuerbaren Quellen sowie die Anerkennung von Herkunftsnachweisen aus einem anderen EU–Mitgliedstaat, einem EWR–Vertragsstaat oder einem Drittstaat;
6. Grünzertifikate für Gas aus erneuerbaren Quellen;
7. die Erstellung eines integrierten österreichischen Netzinfrastrukturplans.

(2) Gegenstand der Förderung sind insbesondere folgende Bereiche:

1. die Erzeugung von Strom aus bestimmten erneuerbaren Quellen durch Marktprämie;
2. die Errichtung und Erweiterung von bestimmten Anlagen zur Erzeugung von Strom aus erneuerbaren Quellen durch Investitionszuschüsse;
3. die Umrüstung von bestehenden Biogasanlagen zur Erzeugung und Aufbereitung von erneuerbarem Gas entsprechend den Anforderungen der anwendbaren Regeln der Technik gemäß § 7 Abs. 1 Z 53 des Gaswirtschaftsgesetzes 2011 (GWG 2011), BGBl. I Nr. 107/2011, durch Investitionszuschüsse;
4. die Errichtung von Anlagen zur Erzeugung von erneuerbarem Gas und erneuerbarem Wasserstoff durch Investitionszuschüsse.

Umsetzung und Durchführung von Unionsrecht

§ 3. (1) Dieses Gesetz dient der Umsetzung folgender Richtlinien:

1. Richtlinie (EU) 2018/2001 zur Förderung der Nutzung von Energie aus erneuerbaren Quellen (Neufassung), ABl. Nr. L 328 vom 21.12.2018 S. 82, in der Fassung der Berichtigung ABl. Nr. L 311 vom 25.09.2020 S. 11;
2. Richtlinie (EU) 2019/944 mit gemeinsamen Vorschriften für den Elektrizitätsbinnenmarkt und zur Änderung der Richtlinie 2012/27/EU (Neufassung), ABl. Nr. L 158 vom 14.06.2019 S. 125, in der Fassung der Berichtigung ABl. Nr. L 15 vom 20.01.2020 S. 8.

(2) Zudem werden mit diesem Gesetz folgende Verordnungen durchgeführt:

1. Verordnung (EU) 2018/1999 über das Governance-System

für die Energieunion und für den Klimaschutz, zur Änderung der Verordnungen (EG) Nr. 663/2009 und (EG) Nr. 715/2009, der Richtlinien 94/22/EG, 98/70/EG, 2009/31/EG, 2009/73/EG, 2010/31/EU, 2012/27/EU und 2013/30/EU, der Richtlinien 2009/119/EG und (EU) 2015/652 und zur Aufhebung der Verordnung (EU) Nr. 525/2013, ABl. Nr. L 328 vom 21.12.2018 S. 1;
2. Verordnung (EU) 2019/943 über den Elektrizitätsbinnenmarkt (Neufassung), ABl. Nr. L 158 vom 14.06.2019 S. 54.

Ziele

§ 4. (1) Als Beitrag zur Verwirklichung der Ziele des Pariser Klimaschutzabkommens 2015 und des Ziels der Europäischen Union, den Bruttoendenergieverbrauch der Union bis 2030 zu einem Anteil von mindestens 32% durch erneuerbare Energie zu decken, sowie im Bestreben, die Klimaneutralität Österreichs bis 2040 zur erreichen, ist es das Ziel dieses Bundesgesetzes,

1. die Erzeugung von Strom und Gas aus erneuerbaren Quellen gemäß den Grundsätzen des Unionsrechts zu fördern;
2. die Erzeugung von Strom aus erneuerbaren Quellen anteils- und mengenmäßig entsprechend den in Abs. 2 und 4 angegebenen Zielwerten zu erhöhen;
3. die energieeffiziente, ressourcenschonende, marktkonforme und wettbewerbsfähige Erzeugung von Strom und Gas aus erneuerbaren Quellen sicherzustellen und die Mittel zur Förderung von Strom und Gas aus erneuerbaren Quellen effizient einzusetzen;
4. die Marktintegration und die Systemverantwortung von erneuerbaren Energien zu steigern;
5. die Investitionssicherheit für bestehende und zukünftige Anlagen zur Erzeugung von Strom aus erneuerbaren Quellen zu gewährleisten;
6. die Investitionssicherheit für bestehende und zukünftige Anlagen zur Erzeugung von erneuerbarem Gas zu gewährleisten;
7. den Anteil von national produziertem erneuerbarem Gas am österreichischen Gasabsatz bis 2030 auf 5 TWh zu erhöhen;
8. den Zusammenschluss von Bürgerinnen und Bürgern mit lokalen Behörden, kleinen und mittleren Unternehmen zu Erneuerbare-Energie-Gemeinschaften zu ermöglichen und die gemeinsame Nutzung der in der Gemeinschaft produzierten Energie zu fördern;
9. die Errichtung und Modernisierung der erforderlichen Infrastruktur durch integrierte Planung zu unterstützen;
10. die Anwendung von erneuerbarem Wasserstoff als Schlüsselelement zur Sektorkopplung und –integration zu forcieren.

(2) Die Neuerrichtung, Erweiterung und Revitalisierung von Anlagen zur Erzeugung von Strom aus erneuerbaren Quellen sind in einem solchen Ausmaß zu unterstützen, dass der Gesamtstromverbrauch ab dem Jahr 2030 zu 100% national bilanziell aus erneuerbaren Energiequellen gedeckt wird.

(3) Zur Erreichung des Ziels gemäß Abs. 2 sind ausreichende und jederzeit abrufbare Ausgleichs- und Regelenergiekapazitäten sowie, unter Berücksichtigung ökonomischer und ökologischer Möglichkeiten, netzbetriebsnotwendige Flexibilität anzustreben.

(4) Zur Erreichung des in Abs. 2 angegebenen Zielwertes für das Jahr 2030 ist ausgehend von der Produktion im Jahr 2020 die jährliche Stromerzeugung aus erneuerbaren Quellen bis zum Jahr 2030 mengenwirksam um 27 TWh zu steigern. Davon sollen 11 TWh auf Photovoltaik, 10 TWh auf Wind, 5 TWh auf Wasserkraft und 1 TWh auf Biomasse entfallen. Der Beitrag der Photovoltaik soll insbesondere durch das Ziel, eine Million Dächer mit Photovoltaik auszustatten, erreicht werden.

(5) Die für Förderungen nach dem 2. Teil dieses Bundesgesetzes und dem Ökostromgesetz 2012 (ÖSG 2012), BGBl. I Nr. 75/2011, erforderlichen jährlichen finanziellen Mittel sollen im dreijährigen Mittel eine Milliarde Euro nicht übersteigen.

(6) Maßnahmen dieses Bundesgesetzes dienen der Einhaltung des durch die Referenzwerte gemäß Art. 29 Abs. 2 der Verordnung (EU) 2018/1999 beschriebenen indikativen Zielpfads der Union.

Begriffsbestimmungen

§ 5. (1) Im Sinne dieses Bundesgesetzes bezeichnet der Ausdruck

1. „Abwärme und -kälte" unvermeidbare Wärme oder Kälte, die als Nebenprodukt in einer Industrieanlage, in einer Stromerzeugungsanlage oder im tertiären Sektor anfällt und die ungenutzt in Luft oder Wasser abgeleitet werden würde, wo kein Zugang zu einem Fernwärmesystem oder einem Fernkältesystem besteht, in dem ein Kraft–Wärme–Kopplungsprozess genutzt wird, genutzt werden wird oder in dem Kraft-Wärme-Kopplung nicht möglich ist;
2. „Agri-PV-Flächen" Grundflächen, die gleichzeitig zur Stromproduktion mittels Photovoltaik und zur landwirtschaftlichen Produktion genutzt werden;
3. „Anlage" Einrichtungen, die dem Zweck der Erzeugung oder Speicherung von Energie aus erneuerbaren Quellen dienen und in einem technisch-funktionalen Zusammenhang stehen; sofern nicht anders bestimmt, ist bei Anlagen zur Erzeugung von Strom aus erneuerbaren Quellen der technisch-funktionale Zusammenhang durch den Zählpunkt gegeben; nutzen mehrere Anlagen zur Produktion von

erneuerbaren Gasen eine Aufbereitungsanlage, so ist jede Produktionseinheit des Rohgases als eigene Anlage anzusehen;

4. „anzulegender Wert“ jenen Wert, der im Rahmen einer Ausschreibung ermittelt oder administrativ festgelegt wird und Grundlage für die Berechnung der Marktprämie ist;
5. „Ausschreibung“ ein diskriminierungsfreies und transparentes wettbewerbliches Verfahren zur Bestimmung der Empfänger einer Marktprämie und der Höhe des für die Berechnung der Marktprämie anzulegenden Wertes;
6. „Ausschreibungsvolumen“ die Summe der zu installierenden Leistung, für die eine Förderung durch Marktprämie zu einem Gebotstermin ausgeschrieben wird;
7. „Biogas“ gasförmige Kraft- und Brennstoffe, die durch Vergärung von Biomasse hergestellt werden;
8. „Biomasse“ den biologisch abbaubaren Teil von Produkten, Abfällen und Reststoffen biologischen Ursprungs der Landwirtschaft, einschließlich pflanzlicher und tierischer Stoffe, der Forstwirtschaft und damit verbundener Wirtschaftszweige, einschließlich der Fischerei und der Aquakultur, sowie den biologisch abbaubaren Teil von Abfällen, darunter auch Industrie- und Haushaltsabfälle biologischen Ursprungs;
9. „Biomasse-Brennstoffe“ gasförmige und feste Kraft- und Brennstoffe, die aus Biomasse hergestellt werden;
10. „Brennstoffnutzungsgrad“ die Summe aus Stromerzeugung und genutzter Wärmeerzeugung, geteilt durch den Energieinhalt der eingesetzten Energieträger bezogen auf ein Kalenderjahr;
11. „einheitliche Day-Ahead-Marktkopplung“ das in der Verordnung (EU) 2015/1222 zur Festlegung einer Leitlinie für die Kapazitätsvergabe und das Engpassmanagement, ABl. Nr. L 197 vom 25.07.2015 S. 24, definierte Auktionsverfahren;
12. „Eigenversorgungsanteil“ den Anteil an erzeugter Energie aus erneuerbaren Quellen, der für die Deckung des eigenen Bedarfes verwendet und nicht in das öffentliche Netz eingespeist wird;
13. „Energie aus erneuerbaren Quellen“, „Energie aus erneuerbaren Energieträgern“ oder „erneuerbare Energie“ Energie aus erneuerbaren, nichtfossilen Energiequellen, das heißt Wind, Sonne (Solarthermie und Photovoltaik), geothermische Energie, Umgebungsenergie, Gezeiten-, Wellen- und sonstige Meeresenergie, Wasserkraft und Energie aus Biomasse, Deponiegas, Klärgas, Biogas und erneuerbarem Gas;
14. „Engpassleistung“ im Bereich der Erzeugung von Strom aus erneuerbaren Quellen die durch den leistungsschwächsten Teil begrenzte, höchstmögliche elektrische Dauerleistung der gesamten Anlage mit allen Komponenten im 24–Stunden-Mittel; bei Photovoltaikanlagen gilt die Modulspitzenleistung (Leistung in kW_{peak}) als Engpassleistung;
15. „Erneuerbaren-Förderbeitrag“ jenen Beitrag, der von allen an das öffentliche Elektrizitätsnetz angeschlossenen Endverbrauchern, mit Ausnahme von Pumpspeicherkraftwerken und den Endverbrauchern gemäß § 72, zu leisten ist und der anteiligen Aufbringung der Fördermittel gemäß § 71 dient;
16. „Erneuerbaren-Förderpauschale“ jenen Beitrag in Euro pro Zählpunkt, der von allen an das öffentliche Elektrizitätsnetz angeschlossenen Endverbrauchern, mit Ausnahme von Endverbrauchern, die gemäß den §§ 23b bis 23d des Elektrizitätswirtschafts- und –organisationsgesetzes 2010 (ElWOG 2010), BGBl. I Nr. 110/2010, Netzreserve erbringen, sowie Pumpspeicherkraftwerken und den Endverbrauchern gemäß § 72, zu leisten ist und der anteiligen Aufbringung der Fördermittel gemäß § 71 dient;
17. „erneuerbarer Strom“ elektrische Energie, die ausschließlich aus erneuerbaren Quellen erzeugt wird;
18. „Erweiterung“ die Erhöhung der Engpassleistung durch eine Änderung des ursprünglichen Anlagenbestandes, sofern es sich um keine Revitalisierung handelt;
19. „Feinstaub“ Partikel, die einen größenselektierenden Lufteinlass passieren, der für einen aerodynamischen Durchmesser von 10 µm eine Abscheidewirksamkeit von 50% aufweist;
20. „flüssige Biobrennstoffe“ flüssige Brennstoffe, die aus Biomasse hergestellt werden und für den Einsatz zu energetischen Zwecken, mit Ausnahme des Transports, einschließlich Elektrizität, Wärme und Kälte, bestimmt sind;
21. „Gebotsmenge“ die zu installierende Leistung in kW, für die der Bieter ein Gebot abgibt;
22. „Gebotstermin“ den Kalendertag, an dem die Frist für die Abgabe von Geboten für eine Ausschreibung abläuft;
23. „Gebotswert“ den anzulegenden Wert in Cent pro kWh, den der Bieter in seinem Gebot angibt;
24. „Gebotszone“ das in der Verordnung (EU) 2019/943 definierte Gebiet;
25. „geothermische Energie“ Energie, die in Form von Wärme unter der festen Erdoberfläche gespeichert ist;
26. „Grüngas-Förderbeitrag“ jenen Beitrag, der von allen an das öffentliche Gasnetz angeschlossenen Endverbrauchern, mit Ausnahme der Endverbraucher gemäß § 72, zu leisten ist und der anteiligen Aufbringung der Fördermittel für Förderungen nach dem 3. Teil dieses Bundesgesetzes sowie der Abdeckung der Aufwendungen der Servicestelle für erneuerbare Gase dient;

27. „Grüngassiegel“ den Nachweis von erneuerbarer Energie, die auf das nationale Erneuerbaren-Referenzziel der Republik Österreich gemäß Art. 3 Abs. 2 der Richtlinie (EU) 2018/2001 angerechnet werden kann und dem Nachweis der Erreichung der Grün–Gas–Quote dient;
28. „Grünland“ Grundstücke, die nach dem auf sie anwendbaren Flächenwidmungsplan die Widmung oder Nutzungsart Grünland, Grünfläche, Freiland, Freifläche oder Bauerwartungsfläche aufweisen;
29. „Grünzertifikat für Gas“ ein Dokument, das die Produktion für nicht in das öffentliche Netz eingespeiste erneuerbare Gase nachweist;
30. „Herkunftsnachweis“ ein elektronisches Dokument, das ausschließlich als Nachweis gegenüber einem Endkunden dafür dient, dass ein bestimmter Anteil oder eine bestimmte Menge an Energie aus erneuerbaren Quellen produziert wird;
30a. „Mindest-Reinvestitionsgrad“ die Reinvestition im Verhältnis zur Neuinvestition einer der repowerten Anlage qualitativ gleichwertigen neuen Gesamtanlage (in Prozent);
31. „öffentliches Elektrizitätsnetz“ ein Elektrizitätsnetz mit 50 Hz-Nennfrequenz, zu dem Netzzugang gemäß den landesrechtlichen Ausführungsgesetzen zu § 15 ElWOG 2010 zu gewähren ist;
32. „Referenzmarktpreis“ den für die Bemessung der Höhe der Marktprämie heranzuziehenden Mittelwert der Stundenpreise eines gegebenen Zeitraums in einer Gebotszone in Cent pro kWh;
33. „Referenzmarktwert“ den für die Bemessung der Höhe der Marktprämie heranzuziehenden erzeugungsmengengewichteten Mittelwert der Stundenpreise einer Technologie eines gegebenen Zeitraums in einer Gebotszone in Cent pro kWh;
34. „Regelarbeitsvermögen“ die sich aus der Wassermengendauerlinie für das Regeljahr ergebende Stromerzeugungsmenge unter Berücksichtigung der technischen Randbedingungen (tatsächliche durchschnittliche Produktion der letzten fünf Betriebsjahre);
35. „Repowering“ die Investition in die Modernisierung von Kraftwerken, die erneuerbare Energie produzieren, einschließlich des vollständigen oder teilweisen Austausches von Anlagen oder Betriebssystemen und –geräten zum Austausch von Kapazität oder zur Steigerung der Effizienz oder der Kapazität der Anlage;
36. „Reststoff“ einen Stoff, der kein Endprodukt ist, dessen Produktion durch den Produktionsprozess unmittelbar angestrebt wird; er stellt nicht das primäre Ziel des Produktionsprozesses dar und der Prozess wurde nicht absichtlich geändert, um ihn zu produzieren;
37. „Reststoffe aus Landwirtschaft, Aquakultur, Fischerei und Forstwirtschaft“ Reststoffe, die unmittelbar in der Landwirtschaft, Aquakultur, Fischerei und Forstwirtschaft entstanden sind; sie umfassen keine Reststoffe aus damit verbundenen Wirtschaftszweigen oder aus der Verarbeitung;
38. „Revitalisierung“ das Repowering von Wasserkraftanlagen, welches ohne Einrechnung wasserrechtlich bewilligter Maßnahmen zum Erhalt oder zur Verbesserung des Gewässerzustandes zu einer Erhöhung der Engpassleistung oder zu einer Erhöhung des Regelarbeitsvermögens führt, wobei die Erhöhung der Engpassleistung oder des Regelarbeitsvermögens bei Wasserkraftanlagen mit einer Engpassleistung bis 1 MW (vor Revitalisierung) zumindest 5% und bei Wasserkraftanlagen mit einer Engpassleistung über 1 MW (vor Revitalisierung) zumindest 3% betragen muss. Unter Einrechnung wasserrechtlich bewilligter Maßnahmen zum Erhalt oder zur Verbesserung des Gewässerzustandes dürfen die Engpassleistung oder das Regelarbeitsvermögen nach durchgeführter Revitalisierung nicht unter den vor der Revitalisierung erreichten Werten liegen; eine Revitalisierung ist nur dann gegeben, wenn mindestens zwei der wesentlichen Anlagenteile, wie Turbine, Wasserfassung, Druckleitung, Triebwasserkanal, Krafthaus, Fischwanderhilfe oder Staumauer bzw. Wehranlagen, welche vor Baubeginn bereits bestanden haben, weiter verwendet werden;
39. „Stand der Technik“ den auf den einschlägigen wissenschaftlichen Erkenntnissen beruhenden Entwicklungsstand fortschrittlicher Verfahren, Einrichtungen oder Betriebsweisen, deren Funktionstüchtigkeit erprobt und erwiesen ist. Bei der Bestimmung des Standes der Technik sind insbesondere jene vergleichbaren Verfahren, Einrichtungen oder Betriebsweisen heranzuziehen, welche am effizientesten zur Erreichung der in § 4 enthaltenen Ziele sind;
40. „Umgebungsenergie“ natürlich vorkommende thermische Energie und in der Umwelt innerhalb eines begrenzten Gebietes angesammelte Energie, die in der Umgebungsluft, mit Ausnahme von Abluft, oder in Oberflächengewässern oder Abwässern gespeichert sein kann;
41. „Vergabevolumen“ die Summe der zu installierenden Leistung, für die eine Förderung durch Marktprämie auf Antrag gewährt wird;
42. „Volllaststunden“ den Quotienten aus erwarteter jährlicher Stromerzeugung dividiert durch die Engpassleistung einer Anlage zur Erzeugung von Strom aus erneuerbaren Quellen;
43. „Wirtschaftsdünger“ die Summe der festen und flüssigen tierischen Ausscheidungen. Wirtschaftsdünger kann auch untergeordnete Mengen an zusätzlichen Produkten, die von

den Ausscheidungen nicht ohne großen wirtschaftlichen Aufwand getrennt werden können, enthalten;

44. „Zuschlagswert" den anzulegenden Wert, zu dem ein Zuschlag in einer Ausschreibung erteilt wird; er entspricht dem Gebotswert, sofern nicht anders bestimmt.

(2) Im Übrigen gelten die Begriffsbestimmungen des ElWOG 2010 in der Fassung des Bundesgesetzes BGBl. I Nr. 150/2021 und des GWG 2011 in der Fassung des Bundesgesetzes BGBl. I Nr. 150/2021.

(3) Soweit in diesem Bundesgesetz auf Bestimmungen anderer Bundesgesetze ohne Bezugnahme auf eine bestimmte Fassung verwiesen wird, sind diese Bestimmungen in ihrer jeweils geltenden Fassung anzuwenden.

(4) Soweit sich die in diesem Bundesgesetz verwendeten Bezeichnungen auf natürliche Personen beziehen, gilt die gewählte Form für alle Geschlechter. Bei der Anwendung dieser Bezeichnungen auf bestimmte natürliche Personen ist die jeweils geschlechtsspezifische Form zu verwenden.

(5) Soweit nicht anderes bestimmt ist, ist Regulierungsbehörde im Sinne dieses Bundesgesetzes die gemäß § 2 Abs. 1 des Energie-Control-Gesetzes, BGBl. I Nr. 110/2010, eingerichtete Energie-Control Austria für die Regulierung der Elektrizitäts- und Erdgaswirtschaft (E–Control).

Nachhaltigkeitskriterien und Kriterien für Treibhausgaseinsparungen für flüssige Biobrennstoffe und Biomasse-Brennstoffe

§ 6. (1) Energie in Form von flüssigen Biobrennstoffen oder Biomasse-Brennstoffen wird für die in Z 1 und 2 genannten Zwecke nur dann berücksichtigt, wenn sie die Nachhaltigkeitsanforderungen und die Kriterien für Treibhausgaseinsparungen gemäß Abs. 2 und 3 erfüllt:

1. Anrechnung auf den Beitrag der Republik Österreich gemäß Art. 3 Abs. 2 der Richtlinie (EU) 2018/2001,
2. Erhalt von Förderungen nach diesem Bundesgesetz

für Anlagen auf Basis von flüssigen Biobrennstoffen, für Anlagen auf Basis von festen Biomasse-Brennstoffen mit einer Gesamtfeuerungswärmeleistung von 20 MW und mehr und für Anlagen auf Basis von Biogas mit einer Gesamtfeuerungswärmeleistung von 2 MW und mehr.

(2) Bei Verwendung landwirtschaftlicher Ausgangsstoffe für die Produktion von flüssigen Biobrennstoffen und Biomasse-Brennstoffen gelten die Anforderungen der Verordnung gemäß den §§ 6 Abs. 5, 22, 23 und 28 des Marktordnungsgesetzes 2007 (MOG 2007), BGBl. I Nr. 55, in der Fassung des Bundesgesetzes BGBl. I Nr. 104/2019. Bei Verwendung forstwirtschaftlicher Ausgangsstoffe für die Produktion von flüssigen Biobrennstoffen und Biomasse-Brennstoffen gelten die Anforderungen der Verordnung gemäß § 16 Abs. 2 des Holzhandelsüberwachungsgesetzes (HolzHÜG), BGBl. I Nr. 178/2013, in der Fassung des Bundesgesetzes BGBl. I Nr. 167/2021. Bei Verwendung von biologisch abbaubaren Teilen von Reststoffen und Abfällen, darunter auch Industrie- und Haushaltsabfälle biologischen Ursprungs, gelten die Anforderungen des Abfallwirtschaftsgesetzes 2002, BGBl I Nr. 102/2002, in der Fassung des Bundesgesetzes BGBl. I Nr. 8/2021, und der darauf beruhenden Verordnungen.

(3) Nähere Bestimmungen zu den Nachhaltigkeitskriterien und zu Kriterien für Treibhausgaseinsparungen von flüssigen Biobrennstoffen und Biomasse-Brennstoffen, die zur Erzeugung von erneuerbarem Strom, Wärme und Kälte oder erneuerbarem Gas eingesetzt werden, sind durch Verordnung der Bundesministerin für Klimaschutz, Umwelt, Energie, Mobilität, Innovation und Technologie im Einvernehmen mit dem Bundesminister für Land- und Forstwirtschaft, Regionen und Wasserwirtschaft festzulegen. Dabei ist auf die in Abs. 2 genannten Verordnungen Bedacht zu nehmen. Die Verordnung kann Regelungen zur Überprüfung und Kontrolle der Einhaltung von Nachhaltigkeitskriterien und Treibhausgaseinsparungen vorsehen.

Ökosoziale Kriterien

§ 6a. (1) Die Bundesministerin für Klimaschutz, Umwelt, Energie, Mobilität, Innovation und Technologie legt im Einvernehmen mit dem Bundesminister für Arbeit und Wirtschaft bis zum 30. Juni 2023 mit Verordnung Kriterien zur Förderung erhöhter sozialer und arbeitnehmerschutzrechtlicher Standards sowie zur Erhöhung regionaler Wertschöpfung fest, die Voraussetzungen für den Erhalt von Förderungen nach diesem Bundesgesetz darstellen.

(2) Zu den Kriterien gemäß Abs. 1 zählen beispielsweise:

1. Umsetzung von Maßnahmen zur Förderung der Chancengleichheit, Gleichstellung und Gleichbehandlung unter der Belegschaft;
2. Bereitstellung von besonderen arbeitsplatzbezogenen Qualitätssicherungsmaßnahmen hinsichtlich Sicherheit oder Gesundheit;
3. arbeitsrechtliche Bedingungen einschließlich kollektivvertraglicher Einstufungen;
4. regionale (europäische) Wertschöpfung bei Komponenten.

(3) Nachweise über die Einhaltung der gemäß Abs. 1 bestimmten Kriterien sind dem Gebot ge-

mäß § 20 sowie den Anträgen gemäß den §§ 45, 54, 55 und 59 anzuschließen.

Anpassung der Fördermittel

§ 7. (1) Übersteigen die für Förderungen nach dem 2. Teil dieses Bundesgesetzes und dem ÖSG 2012 erforderlichen jährlichen finanziellen Mittel im arithmetischen Mittel drei aufeinanderfolgender Kalenderjahre, wobei die Berechnung der erforderlichen finanziellen Mittel für das dritte Jahr jeweils auf einer Prognose nach dem EAG–Monitoringbericht gemäß § 90 beruht, den Betrag von einer Milliarde Euro, sind die jährlichen Ausschreibungsvolumen, Vergabevolumen bzw. Fördermittel jeder Technologie und Förderart nach dem 2. Teil dieses Bundesgesetzes bis zum Jahr 2030 in Summe um jenen Prozentsatz zu kürzen, um den das arithmetische Mittel eine Milliarde Euro übersteigt. Die Kürzung ist zu gleichen Teilen auf die Folgejahre bis 2030 zu verteilen. Beim Ausmaß der Kürzung sind Verschiebungen gemäß Abs. 2, § 31 Abs. 3, § 36 Abs. 3, § 41 Abs. 3, § 46 Abs. 4, § 56 Abs. 13, § 56a Abs. 6, § 57 Abs. 7, § 57a Abs. 7 und Kürzungen gemäß Abs. 3 sowie Kürzungen und Verschiebungen gemäß Abs. 3a entsprechend zu berücksichtigen.

(2) Wird eine Technologie nach diesem Bundesgesetz sowohl über die Gewährung von Marktprämien als auch über die Gewährung von Investitionszuschüssen gefördert, kann das jährliche Ausschreibungs- bzw. Vergabevolumen für diese Technologie im Ausmaß von maximal 30% reduziert werden, wenn die jährlich für Investitionszuschüsse zur Verfügung stehenden Fördermittel derselben Technologie im selben Ausmaß erhöht werden und umgekehrt.

(3) Wird für eine Technologie der Zielwert gemäß § 4 Abs. 4 erreicht, können für diese Technologie im Folgejahr die im 2. Teil dieses Bundesgesetzes festgelegten jährlichen Ausschreibungsvolumen, Vergabevolumen bzw. Fördermittel reduziert werden.

(3a) Um wirksame wettbewerbliche Ausschreibungen sicherzustellen, kann die Bundesministerin für Klimaschutz, Umwelt, Energie, Mobilität, Innovation und Technologie im Einvernehmen mit dem Bundesminister für Arbeit und Wirtschaft ab Veröffentlichung des integrierten Netzinfrastrukturplans gemäß § 94 mit Verordnung das im 2. Teil, 1. Hauptstück, 2. Abschnitt dieses Bundesgesetzes festgelegte jährliche Ausschreibungsvolumen einer Technologie im Ausmaß von höchstens 50% für das jeweilige Folgejahr oder nachfolgende Jahre reduzieren, wenn in dieser Technologie

1. die in einem Gebotstermin insgesamt eingereichte Gebotsmenge kleiner als das Ausschreibungsvolumen des Gebotstermins war und
2. unter Berücksichtigung der Ergebnisse des EAG–Monitoringberichts gemäß § 90, der Evaluierung gemäß § 91, der Berichte über die Ausschreibungen gemäß § 92, des Entwicklungsstands des integrierten Netzinfrastrukturplans gemäß § 94 und der Ergebnisse der vorangegangenen Gebotstermine dieser Technologie zukünftig eine Unterschreitung des Ausschreibungsvolumens zu erwarten ist.

Das Ausmaß der Reduktion ist unter Berücksichtigung der Ergebnisse des EAG–Monitoringberichts gemäß § 90 dem Ausschreibungsvolumen derselben Technologie oder anderer Technologien für das Folgejahr oder nachfolgende Jahre zuzuschlagen. Durch die Reduktion darf die Erreichung der in § 4 festgelegten Ziele nicht gefährdet werden.

(4) Für die Berechnung der Kürzung und Erhöhung der Ausschreibungs- bzw. Vergabevolumen ist für Betriebsförderungen nach dem 2. Teil, 1. Hauptstück von folgenden durchschnittlichen jährlichen Volllaststunden auszugehen:

1. Anlagen auf Basis von Biomasse .... 6 850 Volllaststunden;
2. Wasserkraftanlagen bis 1 MW Engpassleistung .... 4 000 Volllaststunden;
3. Wasserkraftanlagen über 1 MW Engpassleistung .... 5 000 Volllaststunden;
4. Windkraftanlagen ... 2 500 Volllaststunden;
5. Photovoltaikanlagen . 1 000 Volllaststunden;
6. Anlagen auf Basis von Biogas .... 7 000 Volllaststunden.

Die durchschnittlichen jährlichen Volllaststunden können unter Berücksichtigung der Ergebnisse des EAG–Monitoringberichts gemäß § 90 mit Verordnung der Bundesministerin für Klimaschutz, Umwelt, Energie, Mobilität, Innovation und Technologie im Einvernehmen mit dem Bundesminister für Arbeit und Wirtschaft angepasst werden.

(5) (**Verfassungsbestimmung**) Wenn die Kürzungen gemäß Abs. 1 die Erreichung der Ziele gemäß § 4 Abs. 4 gefährden, hat die Bundesregierung dem Nationalrat unverzüglich eine Gesetzesvorlage zuzuleiten, mit der unter Berücksichtigung der Sparsamkeit, Wirtschaftlichkeit und Zweckmäßigkeit die Zielerreichung gemäß § 4 Abs. 1 sichergestellt werden kann. Darüber hinaus hat die Bundesministerin für Klimaschutz, Umwelt, Energie, Mobilität, Innovation und Technologie im Wege des Ministerrats dem Nationalrat unverzüglich einen Bericht zu übermitteln, in dem die Kürzungen gemäß Abs. 1 samt Auswirkungen auf die Zielerreichung gemäß § 4 Abs. 4 dargestellt sind. Der Bericht hat alle relevanten Berechnungen und Prognosen sowie alle diesen zugrundeliegenden Daten und Werte zu umfassen.

(6) Verschiebungen gemäß Abs. 2 und Kürzungen gemäß Abs. 3 sind für das betreffende Kalenderjahr bis zum 22. Jänner durch Verordnung der Bundesministerin für Klimaschutz, Umwelt, Energie, Mobilität, Innovation und Technologie

im Einvernehmen mit dem Bundesminister für Arbeit und Wirtschaft festzulegen.

Auskunftspflicht

§ 8. Empfänger von Förderungen nach diesem Bundesgesetz, Elektrizitätsunternehmen und Erdgasunternehmen sind verpflichtet, der Bundesministerin für Klimaschutz, Umwelt, Energie, Mobilität, Innovation und Technologie sowie sonstigen zuständigen Behörden jederzeit Einsicht in alle Unterlagen und Aufzeichnungen zu gewähren sowie Auskünfte über alle den jeweiligen Vollzugsbereich betreffende Sachverhalte zur Erfüllung der Aufgaben nach diesem Bundesgesetz, insbesondere der Ermittlung der Höhe der Marktprämien und der Erstellung des integrierten Netzinfrastrukturplans, zu erteilen. Diese Pflicht zur Duldung der Einsichtnahme und Erteilung der Auskunft besteht ohne konkreten Anlassfall auch dann, wenn diese Unterlagen oder Auskünfte zur Klärung oder zur Vorbereitung der Klärung entscheidungsrelevanter Sachverhalte in künftig durchzuführenden Verfahren erforderlich sind.

2. Teil
Förderregelungen für die Erzeugung von Strom aus erneuerbaren Quellen

1. Hauptstück
Betriebsförderungen

1. Abschnitt
Marktprämie

Grundsätzliches

§ 9. (1) Die Erzeugung von Strom aus erneuerbaren Quellen kann nach Maßgabe der nachfolgenden Bestimmungen durch Marktprämie gefördert werden.

(2) Die Marktprämie ist darauf gerichtet, die Differenz zwischen den Produktionskosten von Strom aus erneuerbaren Quellen und dem durchschnittlichen Marktpreis für Strom gemäß § 12 und § 13 für eine bestimmte Dauer ganz oder teilweise auszugleichen. Sie wird als Zuschuss für vermarkteten und tatsächlich in das öffentliche Elektrizitätsnetz eingespeisten Strom aus erneuerbaren Quellen gewährt, für den Herkunftsnachweise ausgestellt wurden.

(3) Marktprämien werden im Rahmen einer Ausschreibung nach den Bestimmungen des 2. Abschnittes oder auf Antrag nach den Bestimmungen des 3. Abschnittes gewährt.

Allgemeine Förderungsvoraussetzungen

§ 10. (1) Durch Marktprämie förderfähig ist die Erzeugung von Strom aus

1. a) neu errichteten und erweiterten Wasserkraftanlagen mit einer Engpassleistung bis 25 MW (nach Erweiterung) sowie neu errichteten und erweiterten Wasserkraftanlagen mit einer Engpassleistung über 25 MW (nach Erweiterung) für die ersten 25 MW, und
   b) revitalisierten Wasserkraftanlagen mit einer Engpassleistung bis 1 MW (nach Revitalisierung) sowie revitalisierten Wasserkraftanlagen mit einer Engpassleistung über 1 MW (nach Revitalisierung) für maximal die ersten zusätzlichen 25 MW; erhöht sich bei einer Revitalisierung nur das Regelarbeitsvermögen, ist für die Bemessung der maximalen Förderung die aliquote Engpassleistungssteigerung maßgeblich.

   Eine Förderung wird nicht gewährt für elektrische Energie, die als Ergebnis des Pumpvorganges zum Zweck der Speicherung in Speichersystemen gewonnen wird, und für

   aa) Neubauten, Erweiterungen und Revitalisierungen, die in ökologisch wertvollen Gewässerstrecken mit sehr gutem ökologischen Zustand liegen, sowie Neubauten, Erweiterungen und Revitalisierungen, die in ökologisch wertvollen Gewässerstrecken liegen, die auf einer durchgehenden Länge von mindestens einem Kilometer einen sehr guten hydromorphologischen Zustand aufweisen;

   bb) Neubauten, Erweiterungen und Revitalisierungen, die den Erhaltungszustand von Schutzgütern der Richtlinie 92/43/EWG zur Erhaltung der natürlichen Lebensräume sowie der wildlebenden Tiere und Pflanzen (Fauna-Flora-Habitat-Richtlinie), ABl. Nr. L 206 vom 22.07.1992 S. 7, zuletzt geändert durch die Richtlinie 2013/17/EU, ABl. Nr. L 158 vom 10.06.2013 S. 193, in der Fassung der Berichtigung ABl. Nr. L 95 vom 29.03.2014 S. 70, oder der Richtlinie 2009/147/EG über die Erhaltung der wildlebenden Vogelarten (Vogelschutzrichtlinie), ABl. Nr. L 20 vom 26.01.2010 S. 7, zuletzt geändert durch die Verordnung (EU) 2019/2010, ABl. Nr. L 170 vom 25.06.2019 S. 115, verschlechtern und in Schutzgebieten (Natura 2000, Nationalpark) liegen.

   Lit. bb gilt nicht für Vorhaben, für die zum Zeitpunkt des Inkrafttretens dieses Bundesgesetzes bereits ein Vorverfahren gemäß § 4 des Umweltverträglichkeitsprüfungsgesetzes 2000 (UVP–G 2000), BGBl. Nr. 697/1993, oder ein Genehmigungsverfahren gemäß § 5 UVP–G 2000 anhängig ist, wenn die Wasserkraftanlage eine bestehende Wasserkraftanlage in einer Gewässerstrecke mit mehreren bestehenden Wasserkraftanlagen ersetzt und zu einer Reduktion der Anzahl von energetisch genutzten Querbauwerken in dieser Gewässerstrecke sowie einer Verbesserung des Erhaltungszustandes anderer Schutzgüter im Sinne der lit. bb im betroffenen Schutzgebiet führt und ein Verlust von prioritären Lebensräumen und anderen Lebensräumen gemäß Anhang I der Fauna-Flora-Habitat-Richtlinie doppelt kompensiert wird.

2. neu errichteten Windkraftanlagen sowie Erweiterungen von Windkraftanlagen.

3. neu errichteten Photovoltaikanlagen mit einer Engpassleistung von mehr als 10 kW_{peak} sowie Erweiterungen von Photovoltaikanlagen um eine Engpassleistung von mehr als 10 kW_{peak}.
4. neu errichteten und repowerten Anlagen auf Basis von Biomasse mit einer Engpassleistung bis 5 MW_{el} (nach dem Repowering) sowie neu errichteten und repowerten Anlagen auf Basis von Biomasse mit einer Engpassleistung über 5 MW_{el} (nach dem Repowering) für die ersten 5 MW_{el}, wenn die Anlage
a) einen Brennstoffnutzungsgrad von mindestens 60% erreicht,
b) dem Stand der Technik entsprechende Maßnahmen zur Vermeidung von Feinstaub aufweist,
c) über einen dem Stand der Technik entsprechenden Wärmezähler verfügt und
d) über ein Konzept der Rohstoffversorgung zumindest für die ersten fünf Betriebsjahre verfügt.
5. neu errichteten Anlagen auf Basis von Biogas mit einer Engpassleistung bis 250 kW_{el}, wenn die Anlage
a) einen Brennstoffnutzungsgrad von über 65% erreicht,
b) ausschließlich Biomasse in Form von biologisch abbaubaren Abfällen und Reststoffen, wovon mindestens 30% auf Wirtschaftsdünger und maximal 30% auf Zwischenfrüchte und Restgrünland entfallen, als Brennstoff einsetzt,
c) mehr als 10 km vom nächsten Anschlusspunkt an das Gasnetz entfernt ist,
d) über einen dem Stand der Technik entsprechenden Wärmezähler verfügt und
e) über ein Konzept der Rohstoffversorgung zumindest für die ersten fünf Betriebsjahre verfügt.
6. bestehenden Anlagen auf Basis von Biomasse nach Ablauf der Förderdauer nach den Bestimmungen des ÖSG 2012, des Ökostromgesetzes, BGBl. I Nr. 149/2002, und der auf Grundlage des Biomasseförderung-Grundsatzgesetzes, BGBl. I Nr. 43/2019, erlassenen Landesausführungsgesetze, wenn die Anlage
a) einen Brennstoffnutzungsgrad von mindestens 60% erreicht, sofern die Anlage zum Betrieb aufgrund außergewöhnlicher Naturereignisse nicht mehr als 50% Schadholz einsetzt; dieses Erfordernis gilt nicht für Holzkraftwerke mit Entnahmekondensationsturbinen, die bis zum 31. Dezember 2004 in erster Instanz genehmigt wurden und bei denen eine effiziente Stromproduktion dadurch erreicht wird, dass die Kondensation des Turbinenabdampfs im Jahresmittel bei niedrigen Temperaturen im Vakuum mit einem Abdampfdruck von höchstens 0,2 bar absolut, bei einer Engpassleistung bis 2,5 MW_{el} von höchstens 0,3 bar absolut, erfolgt,
b) dem Stand der Technik entsprechende Maßnahmen zur Vermeidung von Feinstaub aufweist,
c) über einen dem Stand der Technik entsprechenden Wärmezähler verfügt und
d) über ein Konzept der Rohstoffversorgung zumindest für die weiteren fünf Betriebsjahre verfügt.
7. bestehende Anlagen auf Basis von Biogas nach Ablauf der Förderdauer nach den Bestimmungen des ÖSG 2012 oder des Ökostromgesetzes, wenn die Anlage
a) einen Brennstoffnutzungsgrad von mehr als 60% erreicht,
b) maximal 60% aus den Kulturarten Getreide und Mais bestehende Brennstoffe einsetzt,
c) über einen dem Stand der Technik entsprechenden Wärmezähler verfügt und
d) über ein Konzept der Rohstoffversorgung zumindest für die weiteren fünf Betriebsjahre verfügt.

(2) Eine Förderung durch Marktprämie wird dem Betreiber einer Anlage nur gewährt, wenn die Anlage gemäß Abs. 1 an das österreichische öffentliche Elektrizitätsnetz angeschlossen, nach Maßgabe der technischen und organisatorischen Regeln gemäß § 22 des Energie–Control-Gesetzes ferngesteuert regelbar und mit einem Lastprofilzähler oder unterhalb der Grenze des § 17 Abs. 2 ElWOG 2010 mit einem intelligenten Messgerät gemäß § 7 Abs. 1 Z 31 ElWOG 2010 ausgestattet ist. Bei Verwendung eines intelligenten Messgerätes müssen die Energiewerte pro Viertelstunde gemessen, ausgelesen und verwendet werden.

(3) Bei Revitalisierungen, mit Ausnahme von revitalisierten Wasserkraftanlagen mit einer Engpassleistung bis 1 MW gemäß Abs. 1 Z 1 lit. b erster Fall, und Anlagenerweiterungen werden nur die aus der im Fördervertrag vereinbarten Engpassleistung der Anlagenerweiterung oder Revitalisierung resultierenden Erzeugungsmengen oder die im Fördervertrag vereinbarten aus der Erhöhung des Regelarbeitsvermögens resultierenden Erzeugungsmengen gefördert. Besteht für den Anlagenbestand ein aufrechter Vertrag über die Kontrahierung von Ökostrom mit der Ökostromabwicklungsstelle nach den Bestimmungen des ÖSG 2012 oder mit einem Biomasse-Bilanzgruppenverantwortlichen nach den Bestimmungen eines auf der Grundlage des Biomasseförderung-Grundsatzgesetzes erlassenen Landesausführungsgesetzes, ist die Anlagenerweiterung durch Marktprämie nur förderfähig, wenn die Anlagenerweiterung nicht einer Ökobilanzgruppe oder Biomassebilanzgruppe zugeordnet ist.

(4) Bei Anlagen auf Basis von Biomasse wird keine Förderung für die aus Tiermehl, Ablauge oder Klärschlamm resultierenden Erzeugungsmengen gewährt.

(5) Für neu errichtete Anlagen wird eine Förderung unabhängig davon gewährt, ob ein bestehender Zählpunkt weiterverwendet wird oder nicht.

(6) Eine Förderung durch Marktprämie ist ausgeschlossen, wenn sie keinen Anreizeffekt nach den beihilferechtlichen Regelungen der Europäischen Union hat oder die Gewährung einer Förderung gegen andere Vorgaben des unionsrechtlichen Beihilferechts verstoßen würde.

(7) Netzbetreiber gemäß § 7 Abs. 1 Z 43 GWG 2011 sind verpflichtet, der EAG-Förderabwicklungsstelle sowie Förderwerbern von Anlagen auf Basis von Biogas innerhalb einer angemessenen Frist, längstens jedoch innerhalb von drei Monaten, Auskunft über die Entfernung der Anlage bzw. der geplanten Anlage zum nächsten Anschlusspunkt an das Gasnetz zu erteilen.

Berechnung der Marktprämie

§ 11. (1) Die Höhe der Marktprämie ist in Cent pro kWh anzugeben und bestimmt sich aus der Differenz zwischen dem jeweils im Rahmen einer Ausschreibung ermittelten oder mit Verordnung zum Zeitpunkt der Antragstellung festgelegten anzulegenden Wert in Cent pro kWh und dem jeweiligen Referenzmarktwert oder Referenzmarktpreis in Cent pro kWh.

(2) Für Anlagen auf Basis von Biomasse und Biogas wird die Marktprämie für die in einem Kalenderjahr ins öffentliche Elektrizitätsnetz eingespeiste Strommenge auf Basis des Referenzmarktpreises gemäß § 12 desselben Kalenderjahres gewährt.

(3) Für Windkraftanlagen, Wasserkraftanlagen und Photovoltaikanlagen wird die Marktprämie für die in einem Monat ins öffentliche Elektrizitätsnetz eingespeiste Strommenge auf Basis des Referenzmarktwertes gemäß § 13 desselben Monats gewährt, es sei denn, es kommt Abs. 3a zur Anwendung.

(3a) Für Windkraftanlagen und Wasserkraftanlagen, die einen Zuschlag im Rahmen einer gemeinsamen Ausschreibung gemäß § 44a erhalten haben, wird die Marktprämie für die in einem Monat ins öffentliche Elektrizitätsnetz eingespeiste Strommenge auf Basis des Referenzmarktpreises gemäß § 12 desselben Monats gewährt.

(4) Die Berechnung der Marktprämie erfolgt entsprechend der von der Anlage erzeugten und in das öffentliche Elektrizitätsnetz eingespeisten Strommenge, soweit bei der Erzeugung die jeweils im Fördervertrag vereinbarte Engpassleistung nicht überschritten wurde. Im Fall von Überschreitungen der Engpassleistung sind die aus der Leistungsüberschreitung resultierenden Erzeugungsmengen in der Berechnung der Marktprämie nicht zu berücksichtigen. Die Abrechnung erfolgt auf Basis der Differenz zwischen den gemessenen Viertelstundenwerten und der Engpassleistung.

(5) Ergibt sich bei der Berechnung gemäß Abs. 1 bis 4 ein Wert kleiner null, wird die Marktprämie für Windkraftanlagen mit einer Engpassleistung unter 20 MW, Wasserkraftanlagen mit einer Engpassleistung unter 20 MW, Photovoltaikanlagen mit einer Engpassleistung unter 5 MW sowie Anlagen auf Basis von Biomasse und Biogas mit null festgesetzt.

(6) Windkraftanlagen mit einer Engpassleistung ab 20 MW, Wasserkraftanlagen mit einer Engpassleistung ab 20 MW und Photovoltaikanlagen mit einer Engpassleistung ab 5 MW haben, sofern der Referenzmarktwert bzw. der Referenzmarktpreis den anzulegenden Wert um mehr als 40% übersteigt, 66% des übersteigenden Teils der EAG–Förderabwicklungsstelle rückzuvergüten. Der an die EAG–Förderabwicklungsstelle zu leistende Betrag ist bei Auszahlung der Marktprämie gemäß § 14 in Abzug zu bringen.

EAG + V

(7) Im anzulegenden Wert ist die Umsatzsteuer nicht enthalten.

(8) Die Netzbetreiber haben der EAG–Förderabwicklungsstelle sämtliche für die Berechnung und Auszahlung der Marktprämie erforderlichen Daten, wie insbesondere die in das öffentliche Elektrizitätsnetz eingespeisten Mengen, zur Verfügung zu stellen.

Referenzmarktpreis

§ 12. (1) Für die Ermittlung des Referenzmarktpreises ist das Handelsergebnis für den Stundenpreis der einheitlichen Day-Ahead-Marktkopplung für die für Österreich relevante Gebotszone heranzuziehen. Liegt kein Ergebnis der einheitlichen Day–Ahead-Marktkopplung vor, werden stattdessen die ersatzweise veröffentlichten Day–Ahead-Stundenpreise desjenigen nominierten Strommarktbetreibers herangezogen, der für den betroffenen Tag den höchsten Handelsumsatz in der für Österreich relevanten Gebotszone ausweist.

(2) Der Referenzmarktpreis in Cent pro kWh ermittelt sich aus dem arithmetischen Mittelwert aller Stundenpreise gemäß Abs. 1 eines Kalenderjahres. Für Windkraftanlagen und Wasserkraftanlagen, die einen Zuschlag im Rahmen einer gemeinsamen Ausschreibung gemäß § 44a erhalten haben, ermittelt sich der Referenzmarktpreis in Cent pro kWh aus dem arithmetischen Mittelwert aller Stundenpreise gemäß Abs. 1 eines Monats.

(3) Die Regulierungsbehörde hat am Beginn eines jeden Kalenderjahres den Referenzmarktpreis des vergangenen Jahres gemäß § 12 Abs. 2 erster Satz und am Beginn eines jeden Monats den

Referenzmarktpreis des vergangenen Monats gemäß § 12 Abs. 2 zweiter Satz zu berechnen und zu veröffentlichen.

Referenzmarktwert

§ 13. (1) Für die Ermittlung des Referenzmarktwertes ist das Handelsergebnis für den Stundenpreis der einheitlichen Day–Ahead-Marktkopplung für die für Österreich relevante Gebotszone heranzuziehen. Liegt kein Ergebnis der einheitlichen Day–Ahead-Marktkopplung vor, werden stattdessen die ersatzweise veröffentlichten Day-Ahead-Stundenpreise desjenigen nominierten Strommarktbetreibers herangezogen, der für den betroffenen Tag den höchsten Handelsumsatz in der für Österreich relevanten Gebotszone ausweist.

(2) Der Referenzmarktwert wird gesondert für jede Technologie gemäß § 11 Abs. 3 auf Basis der in einer Stunde aus der jeweiligen Technologie erzeugten Strommenge in kWh berechnet. Dazu sind die gemäß Art. 16 der Verordnung (EU) Nr. 543/2013 über die Übermittlung und die Veröffentlichung von Daten in Strommärkten, ABl. Nr. L 163 vom 15.06.2013 S. 1, zuletzt geändert durch die Verordnung (EU) 2019/943, ABl. Nr. L 158 vom 14.06.2019 S. 54, auf der Informationstransparenzplattform des Europäischen Verbunds der Übertragungsnetzbetreiber („ENTSO–Strom") für die gesamte österreichische Regelzone veröffentlichten Daten zu verwenden. Soweit die nach diesem Absatz benötigten Daten nicht auf der Informationstransparenzplattform verfügbar sind, sind sie von der Regulierungsbehörde anzufordern und für die gesamte Regelzone zu veröffentlichen.

(3) Für jede Stunde eines Monats wird zunächst der Preis gemäß Abs. 1 mit der Menge des in dieser Stunde aus einer Technologie gemäß Abs. 2 erzeugten Stroms multipliziert. Die Summe dieser Berechnungen wird sodann durch die Menge des im gesamten Monat erzeugten Stroms aus dieser Technologie dividiert.

(4) Die Regulierungsbehörde hat am Beginn eines jeden Monats für jede Technologie gemäß § 11 Abs. 3 den Referenzmarktwert des vergangenen Monats zu berechnen und zu veröffentlichen.

Auszahlung der Marktprämie

§ 14. (1) Die Auszahlung der Marktprämie erfolgt monatlich durch die EAG–Förderabwicklungsstelle. Nähere Bestimmungen hierzu, wie insbesondere zur Rechnungslegung und zu den Zahlungsterminen, sind in den Allgemeinen Förderbedingungen (§ 17) festzulegen.

(2) Für Anlagen auf Basis von Biomasse und Biogas hat die EAG–Förderabwicklungsstelle eine monatliche Akontierung auf Grundlage des gemäß § 12 Abs. 2 erster Satz ermittelten Referenzmarktpreises des jeweils vorangegangenen Kalenderjahres zu leisten. Die Differenz zwischen der Akontierung und der tatsächlich auszubezahlenden Marktprämie ist von der EAG–Förderabwicklungsstelle mittels Aufrechnung, Rückforderung oder zusätzlicher Erstattung für ein Kalenderjahr bis zum Ende des ersten Quartals des Folgejahres auszugleichen.

(3) Für Windkraftanlagen, Wasserkraftanlagen und Photovoltaikanlagen hat die Auszahlung auf Grundlage des gemäß § 13 ermittelten Referenzmarktwertes zu erfolgen, es sei denn, es kommt Abs. 3a zur Anwendung.

(3a) Für Windkraftanlagen und Wasserkraftanlagen, die einen Zuschlag im Rahmen einer gemeinsamen Ausschreibung gemäß § 44a erhalten haben, hat die Auszahlung auf Grundlage des gemäß § 12 Abs. 2 zweiter Satz ermittelten Referenzmarktpreises zu erfolgen.

Aussetzung der Marktprämie bei negativen Preisen

§ 15. (1) Wenn der Stundenpreis in der einheitlichen Day–Ahead-Marktkopplung für das Marktgebiet Österreich bzw. bei Nichtverfügbarkeit der einheitlichen Day–Ahead-Marktkopplung der ersatzweise veröffentlichte Stundenpreis desjenigen nominierten Strommarktbetreibers, der im vorangegangenen Kalenderjahr den höchsten Handelsumsatz in der für Österreich relevanten Gebotszone aufgewiesen hat, in mindestens sechs aufeinanderfolgenden Stunden negativ ist, verringert sich die Marktprämie für den gesamten Zeitraum, in dem der Stundenpreis negativ ist, auf null.

(2) Abs. 1 gilt nicht, wenn ein durch die Regulierungsbehörde anerkannter und durch die in Österreich nominierten Strommarktbetreiber für die einheitliche Intraday-Marktkopplung veröffentlichter einheitlicher österreichischer Intraday-Preisindex in jenen mindestens sechs aufeinanderfolgenden Stunden positiv ist, die im vortägigen einheitlichen Day–Ahead-Handel gemäß Abs. 1 negativ waren.

Beginn, Dauer und Beendigung der Förderung

§ 16. Sofern nicht anders bestimmt, werden Marktprämien ab Nachweis der Inbetriebnahme der Anlage bei der EAG–Förderabwicklungsstelle, bei Erweiterungen und Revitalisierungen ab Nachweis der Inbetriebnahme der erweiterten oder revitalisierten Anlage bei der EAG–Förderabwicklungsstelle, für eine Dauer von 20 Jahren gewährt.

Allgemeine Förderbedingungen

§ 17. (1) Die EAG–Förderabwicklungsstelle hat mit Bietern, die einen Zuschlag gemäß § 23 erhalten haben und mit Förderwerbern, deren Antrag auf Förderung durch Marktprämie gemäß § 46 oder § 54 angenommen wurde, Verträge über die Förderung durch Marktprämie auf der Grundlage von Allgemeinen Förderbedingungen abzuschließen.

(2) Die Allgemeinen Förderbedingungen haben insbesondere Bestimmungen zu enthalten über:

1. Durchführung, Zeitpunkte und Methoden von Zahlungen;
2. Übermittlung von für die Förderabwicklung erforderlichen Daten und einzuhaltende Datenformate;
3. Rechte und Pflichten der Fördernehmer;
4. Störungen in der Vertragsabwicklung, Haftung und Rückabwicklung.

(3) Die Allgemeinen Förderbedingungen sind von der Bundesministerin für Klimaschutz, Umwelt, Energie, Mobilität, Innovation und Technologie mit Bescheid zu genehmigen. Die Genehmigung ist erforderlichenfalls unter Vorschreibung von Auflagen, Bedingungen und Befristungen zu erteilen.

(4) Die EAG–Förderabwicklungsstelle ist verpflichtet, über Aufforderung der Bundesministerin für Klimaschutz, Umwelt, Energie, Mobilität, Innovation und Technologie die Allgemeinen Förderbedingungen zu ändern oder neu zu erstellen.

2. Abschnitt
Ausschreibungen
1. Unterabschnitt
Allgemeine Ausschreibungsbestimmungen

Höchstpreise

§ 18. (1) Die Bundesministerin für Klimaschutz, Umwelt, Energie, Mobilität, Innovation und Technologie hat im Einvernehmen mit dem Bundesminister für Land- und Forstwirtschaft, Regionen und Wasserwirtschaft, dem Bundesminister für Arbeit und Wirtschaft und dem Bundesminister für Soziales, Gesundheit, Pflege und Konsumentenschutz durch Verordnung gesondert für jede Technologie Höchstpreise in Cent pro kWh, bis zu denen Gebote in Ausschreibungen beachtet werden, auf Basis eines oder mehrerer Gutachten festzulegen. Für gemeinsame Ausschreibungen von Windkraftanlagen und Wasserkraftanlagen gemäß § 44a ist ein eigener Höchstpreis gemäß § 44d festzulegen.

(2) Für die Festlegung der Höchstpreise sind folgende Grundsätze anzuwenden:

1. die Höchstpreise haben sich an den Kosten zu orientieren, die für den Betrieb einer kosteneffizienten, dem Stand der Technik entsprechenden Anlage erforderlich sind;
2. die Kosten haben Abschreibungen und eine angemessene Verzinsung von Eigen- und Fremdkapital für die Investition zu umfassen. Dabei ist ein Finanzierungskostensatz anzuwenden, der sich aus einem gewichteten durchschnittlichen Kapitalkostensatz für Eigen- und Fremdkapital unter Zugrundelegung einer Normkapitalstruktur sowie der Ertragsteuer bestimmt. Eine marktgerechte Risikoprämie für das Eigen- und Fremdkapital, die Rahmenbedingungen des Kapitalmarktes sowie ein risikoloser Zinssatz sind zu berücksichtigen;
3. für Anlagen auf Basis von Biomasse darf die Festlegung des Höchstpreises nicht in einer solchen Form erfolgen, dass Biomasse ihrer stofflichen Nutzung entzogen wird bzw. Nahrungs- und Futtermittel ihrem ursprünglichen Verwendungszweck entzogen werden;
4. zwischen neu errichteten und repowerten Anlagen ist zu differenzieren; für Anlagen auf Basis von Biomasse ist eine Differenzierung nach dem Rohstoffeinsatz zulässig.

(3) Die Höchstpreise sind für jedes Kalenderjahr gesondert zu bestimmen, wobei unterjährige Anpassungen zulässig sind. Bis zum Inkrafttreten einer neuen Verordnung gelten die letztgültigen Höchstpreise weiter.

Bekanntmachung der Ausschreibung

§ 19. (1) Die EAG–Förderabwicklungsstelle hat spätestens zwei Monate vor dem jeweiligen Gebotstermin die Ausschreibung auf ihrer Internetseite bekanntzumachen. Die Bekanntmachung hat jedenfalls zu enthalten:

1. den Gebotstermin (Datum und Uhrzeit);
2. die Art der erneuerbaren Energiequelle, aus der Strom erzeugt werden soll;
3. das Ausschreibungsvolumen in kW;
4. den jeweiligen Höchstpreis;
5. die Form der Gebotseinreichung;
6. die Fördervoraussetzungen und sonstigen Bedingungen, die Voraussetzung für die Berücksichtigung von Geboten darstellen.

(2) Die EAG–Förderabwicklungsstelle hat in geeigneter, leicht verständlicher Form allgemeine Hinweise zur Teilnahme an einer Ausschreibung auf ihrer Internetseite zu veröffentlichen.

Anforderungen an Gebote

§ 20. Die Gebote müssen die folgenden Angaben enthalten:

1. Name, Anschrift, Telefonnummer und E–Mail-Adresse des Bieters; bei Personengesellschaften und juristischen Personen zusätzlich den Sitz, gegebenenfalls die Firmenbuchnummer, Angaben zur Größenklasse des Unternehmens nach Anzahl der Mitarbeiter sowie den Namen einer natürlichen Person, die zur Vertretung für alle Handlungen nach diesem Gesetz bevollmächtigt ist;
2. die erneuerbare Energiequelle, für die das Gebot abgegeben wird;
3. den Standort oder geplanten Standort der Anlage unter Angabe der Katastralgemeinde und Grundstücksnummer;
4. eine Projektbeschreibung mit Angaben und Nachweisen zur Erfüllung der Fördervoraussetzungen und einem Kosten-, Zeit- und Finanzierungsplan;

5. die Gebotsmenge in kW ohne Nachkommastellen;
6. den Gebotswert in Cent pro kWh mit zwei Nachkommastellen;
7. einen Nachweis, dass für die Neuerrichtung, das Repowering, die Revitalisierung oder die Erweiterung der Anlage alle erforderlichen Genehmigungen und Bewilligungen der jeweils zuständigen Behörde erteilt wurden oder als erteilt gelten;
8. einen Nachweis über den Erlag einer allfälligen Sicherheitsleistung gemäß § 22;
9. eine Erklärung zur Bereitstellung von Messdaten in Echtzeit.

Einreichung der Gebote

§ 21. (1) Die Gebote sind bei der EAG–Förderabwicklungsstelle über das von der EAG–Förderabwicklungsstelle einzurichtende elektronische Ausschreibungssystem einzubringen.

(2) Die Gebote müssen spätestens bis zum jeweiligen Gebotstermin vollständig bei der EAG–Förderabwicklungsstelle einlangen. Die Gebote gelten als eingelangt, wenn sie in den elektronischen Verfügungsbereich der EAG–Förderabwicklungsstelle gelangt sind.

(3) Bieter sind bis zum Abschluss des Zuschlagsverfahrens gemäß § 23 an ihre Gebote gebunden.

(4) Die Zurückziehung von Geboten ist bis zum jeweiligen Gebotstermin zulässig; maßgeblich ist das Einlangen einer entsprechenden Rücknahmeerklärung bei der EAG–Förderabwicklungsstelle. Die Neueinbringung eines Gebotes ist nur nach Zurückziehung des ursprünglichen Gebotes möglich.

(5) Bieter dürfen in einer Ausschreibung mehrere Gebote für unterschiedliche Anlagen abgeben. Die Abgabe mehrerer Gebote für ein und dieselbe Anlage ist unzulässig.

(6) Die Kosten für die Erstellung und Einbringung von Geboten samt aller Vorleistungen und Nachweise trägt der Bieter.

Sicherheitsleistung

§ 22. (1) Überschreitet die Gebotsmenge eines Gebotes 100 kW, müssen Bieter bei der EAG–Förderabwicklungsstelle eine Sicherheitsleistung erlegen, durch die die Zahlung von Pönalen gemäß § 28 gesichert wird.

(2) Die Sicherheitsleistung gemäß Abs. 1 unterteilt sich in

1. eine Erstsicherheit, die bei Gebotsabgabe zu entrichten ist, und
2. eine Zweitsicherheit, die im Fall eines Zuschlags spätestens am zehnten Werktag nach der öffentlichen Bekanntgabe des Zuschlags zusätzlich zu der Erstsicherheit zu entrichten ist.

(3) Der Erlag der Sicherheitsleistung hat durch

1. Einzahlung auf ein von der EAG–Förderabwicklungsstelle bekanntzugebendes Konto oder
2. Übergabe einer entsprechenden abstrakten Bankgarantie eines Kreditinstitutes gemäß § 1 Abs. 1 des Bankwesengesetzes (BWG), BGBl. Nr. 532/1993, zugunsten der EAG–Förderabwicklungsstelle

zu erfolgen. Im Fall der Einzahlung auf das Konto der EAG–Förderabwicklungsstelle muss der Betrag der Erstsicherheit bis zum Gebotstermin und der Betrag der Zweitsicherheit spätestens bis zum Ablauf des zehnten Werktages nach der öffentlichen Bekanntgabe der Zuschlagserteilung auf dem Konto der EAG–Förderabwicklungsstelle gutgeschrieben sein.

(4) Die Sicherheitsleistung gemäß Abs. 3 Z 1 ist von der EAG–Förderabwicklungsstelle zu verwahren, bis die Voraussetzungen zur Rückgabe oder der vollständigen oder teilweisen Einbehaltung vorliegen. Eine Verzinsung zugunsten des Bieters erfolgt nicht.

Zuschlagsverfahren

§ 23. (1) Die rechtzeitig eingelangten Gebote sind nach Ablauf des Gebotstermins von der EAG–Förderabwicklungsstelle zu öffnen und im Einzelnen auf ihre Zulässigkeit nach den §§ 24 und 25 zu prüfen. Die Prüfung der Gebote ist so zu dokumentieren, dass alle für die Beurteilung der Zulässigkeit wesentlichen Umstände nachvollziehbar sind.

(2) Die EAG–Förderabwicklungsstelle hat die zulässigen Gebote nach der Höhe des Gebotswertes, beginnend mit dem niedrigsten Gebotswert, aufsteigend zu reihen. Bei gleichem Gebotswert ist dem Gebot mit der geringeren Gebotsmenge der Vorzug zu geben. Bei gleichem Gebotswert und gleicher Gebotsmenge entscheidet das Los, es sei denn, die Reihenfolge ist für die Zuschlagserteilung nicht entscheidend. Die Reihung der Gebote ist zu dokumentieren.

(3) Nach Maßgabe der Reihung gemäß Abs. 2 erteilt die EAG–Förderabwicklungsstelle allen zulässigen Geboten so lange einen Zuschlag im Umfang ihres Gebotes, als das Ausschreibungsvolumen nicht überschritten wird. Jenem Gebot, das das Ausschreibungsvolumen erstmals überschreitet, ist in der Ausschreibung noch ein Zuschlag zu erteilen, sofern zumindest 50% des zur Bedeckung des Gebotes erforderlichen Ausschreibungsvolumens noch vorhanden sind. In diesem Fall ist das Ausschreibungsvolumen der nachfolgenden Ausschreibung derselben Technologie entsprechend zu reduzieren. Die Zuschlagserteilung ist ebenfalls zu dokumentieren.

(4) Bieter, die einen Zuschlag erhalten haben, sind von der EAG–Förderabwicklungsstelle ohne Aufschub über die Zuschlagserteilung und den

Zuschlagswert zu informieren. Bieter, die nach Abs. 2 und 3 keinen Zuschlag erhalten haben, sind über diesen Umstand zu informieren.

Ausschluss von Geboten

§ 24. (1) Gebote sind vom Zuschlagsverfahren auszuscheiden, wenn

1. sie verspätet eingelangt sind,
2. die Anforderungen und Formvorgaben nach den §§ 20 und 21 nicht vollständig eingehalten wurden,
3. die für die jeweilige Energiequelle nach § 10 gestellten Anforderungen nicht erfüllt sind,
4. bis zum Gebotstermin die Erstsicherheit nicht oder nicht vollständig erlegt wurde,
5. der Gebotswert den in der Bekanntmachung angegebenen jeweiligen Höchstpreis übersteigt,
6. das Gebot Bedingungen, Befristungen oder sonstige Nebenabreden enthält,
7. mehrere Gebote für ein und dieselbe Anlage eingereicht wurden, oder
8. das dem Gebot zugrundeliegende Projekt bereits einen Zuschlag nach § 23 oder eine Förderung nach dem 3. Abschnitt oder dem 2. Hauptstück erhalten hat.

(2) Bieter, deren Gebote gemäß Abs. 1 ausgeschieden wurden, sind unter Angabe des Grundes für die Ausscheidung zu informieren.

Ausschluss von Bietern

§ 25. (1) Bieter und deren Gebote sind vom Zuschlagsverfahren auszuschließen, wenn

1. der Bieter vorsätzlich oder grob fahrlässig Gebote unter falschen Angaben oder unter Vorlage falscher Nachweise in dieser oder der vorangegangenen Ausschreibung abgegeben hat,
2. der Bieter mit anderen Bietern über den Inhalt der Gebote in dieser oder in der vorangegangenen Ausschreibung Absprachen getroffen hat, die auf eine Verzerrung des Wettbewerbs abzielen,
3. über das Vermögen des Bieters ein Insolvenzverfahren eröffnet wurde.

(2) Bieter, die bzw. deren Gebote gemäß Abs. 1 ausgeschlossen wurden, sind unter Angabe des Grundes für den Ausschluss zu informieren.

Veröffentlichung der Zuschläge

§ 26. Die EAG–Förderabwicklungsstelle hat nach erfolgter Zuschlagserteilung folgende Informationen auf ihrer Internetseite zu veröffentlichen:

1. den Gebotstermin der Ausschreibung unter Angabe des ausgeschriebenen Energieträgers bzw. der ausgeschriebenen Energieträger;
2. die insgesamt bezuschlagte Leistung;
3. den Namen der Bieter, die einen Zuschlag erhalten haben, unter Angabe des jeweils im Gebot angegebenen Standortes der Anlage;
4. den niedrigsten und höchsten Zuschlagswert sowie den mengengewichteten durchschnittlichen Zuschlagswert.

Erlöschen von Zuschlägen

§ 27. (1) Ein Zuschlag erlischt, wenn

1. die Zweitsicherheit gemäß § 22 Abs. 2 Z 2 nicht rechtzeitig oder vollständig entrichtet wurde;
2. die Anlage nicht innerhalb der jeweils geltenden Frist in Betrieb genommen wurde, wobei die Inbetriebnahme der EAG–Förderabwicklungsstelle durch eine Bestätigung des Netzbetreibers nachzuweisen ist;
3. sich nachträglich herausstellt, dass das Gebot gemäß § 24 Abs. 1 Z 8 vom Zuschlagsverfahren auszuschließen gewesen wäre oder
4. sich nachträglich herausstellt, dass der Bieter gemäß § 25 Abs. 1 vom Zuschlagsverfahren auszuschließen gewesen wäre.

(2) Das mit dem Erlöschen freiwerdende Ausschreibungsvolumen ist dem jeweiligen Ausschreibungsvolumen des nächstfolgenden Kalenderjahres zuzuschlagen.

Pönalen

§ 28. (1) Überschreitet die Gebotsmenge eines Gebotes 100 kW, müssen Bieter an die EAG–Förderabwicklungsstelle eine Pönale zahlen

1. in der Höhe der zu erlegenden Erstsicherheit, wenn der Zuschlag gemäß § 27 Abs. 1 Z 1 erlischt;
2. in der vollen Höhe der zu erlegenden Sicherheit, wenn der Zuschlag gemäß § 27 Abs. 1 Z 2 bis 4 erlischt.

(2) Überschreitet die Gebotsmenge eines Gebotes 100 kW nicht, müssen Bieter an die EAG-Förderabwicklungsstelle eine Pönale in der Höhe der Gebotsmenge multipliziert mit 50 Euro pro kW bzw. kW_{peak} zahlen, wenn der Zuschlag gemäß § 27 Abs. 1 Z 2 bis 4 erlischt.

(3) Wurde die Sicherheit durch Einzahlung auf ein Konto der EAG-Förderabwicklungsstelle erlegt, wird die Forderung gemäß Abs. 1 durch die Einbehaltung der Sicherheit erfüllt. Wurde die Sicherheit in Form einer Bankgarantie erlegt, kann sich die EAG-Förderabwicklungsstelle für ihre Forderung gemäß Abs. 1 durch den Abruf der Bankgarantie befriedigen, wenn der Bieter den entsprechenden Geldbetrag nicht umgehend ab Erlöschen des Zuschlages auf ein von der EAG-Förderabwicklungsstelle bekanntzugebendes Konto überweist.

(4) Forderungen gemäß Abs. 2 sind umgehend nach Erlöschen des Zuschlags durch Überweisung des entsprechenden Geldbetrags auf ein von der EAG-Förderabwicklungsstelle bekanntzugebendes Konto zu erfüllen.

(5) Die Pönalen fließen dem Fördermittelkonto gemäß § 77 zu.

Rückgabe von Sicherheiten

§ 29. Die EAG–Förderabwicklungsstelle hat die erlegte Sicherheit für ein Gebot unverzüglich zurückzugeben, wenn

1. der Bieter das Gebot gemäß § 21 Abs. 4 bis zum Gebotstermin zurückgezogen hat;
2. das Gebot keinen Zuschlag erhalten hat;
3. die Anlage innerhalb der jeweils geltenden Frist in Betrieb genommen und die Inbetriebnahme der EAG–Förderabwicklungsstelle durch eine Bestätigung des Netzbetreibers nachgewiesen wurde.

2. Unterabschnitt

Ausschreibung für Photovoltaikanlagen

Anwendungsbereich

§ 30. (1) Die Empfänger einer Marktprämie und die Höhe des für die Berechnung der Marktprämie anzulegenden Wertes für Photovoltaikanlagen werden durch Ausschreibung ermittelt.

(2) In Ausschreibungen gemäß Abs. 1 sind nur Gebote für Photovoltaikanlagen zulässig, die die allgemeinen Fördervoraussetzungen gemäß § 10 erfüllen.

Ausschreibungsvolumen und Gebotstermine

§ 31. (1) Das Ausschreibungsvolumen für Photovoltaikanlagen beträgt jährlich mindestens 700 000 kW_{peak}, vorbehaltlich allfälliger Kürzungen gemäß § 7 oder § 23 Abs. 3.

(2) Ausschreibungen für Photovoltaikanlagen sind von der EAG–Förderabwicklungsstelle zumindest zweimal jährlich durchzuführen. Die Bundesministerin für Klimaschutz, Umwelt, Energie, Mobilität, Innovation und Technologie hat im Einvernehmen mit dem Bundesminister für Arbeit und Wirtschaft mit Verordnung die Gebotstermine unter Angabe des für einen Gebotstermin jeweils zur Verfügung stehenden Ausschreibungsvolumens festzulegen.

(3) Wird das für einen Gebotstermin zur Verfügung stehende Ausschreibungsvolumen nicht ausgeschöpft, ist das nicht ausgeschöpfte Ausschreibungsvolumen dem Ausschreibungsvolumen nachfolgender Gebotstermine desselben Jahres zuzuschlagen, soweit keine Verschiebung des Ausschreibungsvolumens zugunsten der Fördermittel für Investitionszuschüsse oder eine Kürzung des Ausschreibungsvolumens nach § 7 erfolgt.

Sicherheitsleistung für Photovoltaikanlagen

§ 32. (1) Die Höhe der Erstsicherheit errechnet sich aus der Gebotsmenge multipliziert mit 5 Euro pro kW_{peak}.

(2) Die Höhe der Zweitsicherheit errechnet sich aus der Gebotsmenge multipliziert mit 45 Euro pro kW_{peak}.

(3) Die Sicherheitsleistung kann für mehrere Anlagen und für mehrere Gebote gemeinsam erlegt werden.

Abschlag für Freiflächenanlagen

§ 33. (1) Für Photovoltaikanlagen auf einer landwirtschaftlich genutzten Fläche oder einer Fläche im Grünland verringert sich die Höhe des Zuschlagswertes um einen Abschlag von 25%.

(2) Die Höhe des Abschlags gemäß Abs. 1 kann im Hinblick auf die Erreichung der Ausbauziele für Photovoltaik gemäß § 4 Abs. 4 und im Hinblick auf die Vermeidung der Verdrängung landwirtschaftlicher Flächen oder Grünflächen mit Verordnung der Bundesministerin für Klimaschutz, Umwelt, Energie, Mobilität, Innovation und Technologie im Einvernehmen mit dem Bundesminister für Land- und Forstwirtschaft, Regionen und Wasserwirtschaft geändert werden.

(3) Der Abschlag gemäß Abs. 1 entfällt zur Gänze oder teilweise für Anlagen, die

1. auf einer Agri-PV-Fläche errichtet werden und durch die Errichtung die hauptsächliche landwirtschaftliche Nutzung nicht oder nur geringfügig beeinträchtigt wird, oder
2. auf oder an einem Gebäude oder einer baulichen Anlage, das oder die zu einem anderen Zweck als der Erzeugung von Strom aus Photovoltaikanlagen zumindest 18 Monate vor Antragstellung auf Förderung fertiggestellt wurde, errichtet werden, oder
3. auf einem durch bauliche Eingriffe geschaffenen Wasserkörper errichtet werden, oder
4. auf einer geschlossenen oder genehmigten Deponiefläche oder einer Altlast errichtet werden, oder
5. auf einem Bergbau- oder Infrastrukturstandort errichtet werden, oder
6. auf militärischen Flächen, mit Ausnahme von militärischen Übungsgeländen, errichtet werden.

(4) Die Höhe des Abschlags für Anlagen gemäß Abs. 3 ist mit Verordnung der Bundesministerin für Klimaschutz, Umwelt, Energie, Mobilität, Innovation und Technologie im Einvernehmen mit dem Bundesminister für Land- und Forstwirtschaft, Regionen und Wasserwirtschaft festzulegen. Es sind auch die technischen, ökonomischen und ökologischen Anforderungen festzulegen. Eine Differenzierung zwischen Anlagentypen ist zulässig.

Frist zur Inbetriebnahme von Photovoltaikanlagen

§ 34. (1) Die Frist zur Inbetriebnahme beträgt

1. bei Photovoltaikanlagen mit einer Engpassleistung bis 100 kW_{peak} und Erweiterungen von Photovoltaikanlagen um eine Engpassleistung von bis zu 100 kW_{peak} sechs Monate,

2. bei Photovoltaikanlagen mit einer Engpassleistung von mehr als 100 kW_{peak} und Erweiterungen von Photovoltaikanlagen um eine Engpassleistung von mehr als 100 kW_{peak} zwölf Monate

ab Veröffentlichung des Zuschlags auf der Internetseite der EAG-Förderabwicklungsstelle.

(2) Die Frist gemäß Abs. 1 Z 1 kann von der EAG-Förderabwicklungsstelle zweimal um bis zu neun Monate, die Frist gemäß Abs. 1 Z 2 einmal um bis zu zwölf Monate verlängert werden, wenn der Bieter glaubhaft darlegt, dass die Ursachen für die nicht-fristgerechte Inbetriebnahme nicht in seinem Einflussbereich liegen.

3. Unterabschnitt
Ausschreibung für Anlagen auf Basis von Biomasse

Anwendungsbereich

§ 35. (1) Die Empfänger einer Marktprämie und die Höhe des für die Berechnung der Marktprämie anzulegenden Wertes für neu errichtete und repowerte Anlagen auf Basis von Biomasse mit einer Engpassleistung von 0,5 MW_{el} bis 5 MW_{el} sowie neu errichtete und repowerte Anlagen auf Basis von Biomasse mit einer Engpassleistung über 5 MW_{el} für die ersten 5 MW_{el} werden durch Ausschreibung ermittelt.

(2) In Ausschreibungen gemäß Abs. 1 sind nur Gebote für neu errichtete und repowerte Anlagen auf Basis von Biomasse zulässig, die die allgemeinen Fördervoraussetzungen gemäß § 10 erfüllen. Für repowerte Anlagen auf Basis von Biomasse kann die Bundesministerin für Klimaschutz, Umwelt, Energie, Mobilität, Innovation und Technologie im Einvernehmen mit dem Bundesminister für Land- und Forstwirtschaft, Regionen und Wasserwirtschaft mit Verordnung einen Mindest-Reinvestitionsgrad und ein Minimum an Betriebsjahren als zusätzliche Fördervoraussetzungen festlegen.

Ausschreibungsvolumen und Gebotstermine

§ 36. (1) Das Ausschreibungsvolumen für Anlagen auf Basis von Biomasse beträgt jährlich mindestens 7 500 kW, vorbehaltlich allfälliger Kürzungen gemäß § 7 oder § 23 Abs. 3.

(2) Ausschreibungen für Anlagen auf Basis von Biomasse sind von der EAG–Förderabwicklungsstelle zumindest einmal jährlich durchzuführen. Die Bundesministerin für Klimaschutz, Umwelt, Energie, Mobilität, Innovation und Technologie hat im Einvernehmen mit dem Bundesminister für Land- und Forstwirtschaft, Regionen und Wasserwirtschaft mit Verordnung die Gebotstermine unter Angabe des für einen Gebotstermin jeweils zur Verfügung stehenden Ausschreibungsvolumens festzulegen.

(3) Wird das für einen Gebotstermin zur Verfügung stehende Ausschreibungsvolumen nicht ausgeschöpft, ist das nicht ausgeschöpfte Ausschreibungsvolumen dem Ausschreibungsvolumen nachfolgender Gebotstermine desselben Jahres zuzuschlagen, soweit eine Kürzung des Ausschreibungsvolumens nach § 7 nicht erfolgt.

Sicherheitsleistung für Anlagen auf Basis von Biomasse

§ 37. (1) Die Höhe der Erstsicherheit errechnet sich aus der Gebotsmenge multipliziert mit 5 Euro pro kW.

(2) Die Höhe der Zweitsicherheit errechnet sich aus der Gebotsmenge multipliziert mit 55 Euro pro kW.

(3) Die Sicherheitsleistung kann für mehrere Anlagen und für mehrere Gebote gemeinsam erlegt werden.

Höchstpreis für Repowering

§ 38. Für repowerte Anlagen auf Basis von Biomasse hat die Bundesministerin für Klimaschutz, Umwelt, Energie, Mobilität, Innovation und Technologie im Einvernehmen mit dem Bundesminister für Land- und Forstwirtschaft, Regionen und Wasserwirtschaft, dem Bundesminister für Arbeit und Wirtschaft und dem Bundesminister für Soziales, Gesundheit, Pflege und Konsumentenschutz mit Verordnung einen eigenen Höchstpreis gemäß § 18 festzulegen, der um mindestens 1% unter dem Höchstpreis für neu errichtete Anlagen auf Basis von Biomasse liegen muss.

Frist zur Inbetriebnahme von Anlagen auf Basis von Biomasse

§ 39. (1) Die Frist zur Inbetriebnahme beträgt bei Anlagen auf Basis von Biomasse 36 Monate ab Veröffentlichung des Zuschlags auf der Internetseite der EAG–Förderabwicklungsstelle.

(2) Die Frist gemäß Abs. 1 kann von der EAG–Förderabwicklungsstelle einmal um bis zu zwölf Monate verlängert werden, wenn der Bieter glaubhaft darlegt, dass die Ursachen für die nicht–fristgerechte Inbetriebnahme nicht in seinem Einflussbereich liegen.

4. Unterabschnitt
Ausschreibung für Windkraftanlagen

Anwendungsbereich

§ 40. (1) Die Empfänger einer Marktprämie und die Höhe des für die Berechnung der Marktprämie anzulegenden Wertes für Windkraftanlagen werden durch Ausschreibung ermittelt.

(2) In Ausschreibungen gemäß Abs. 1 sind nur Gebote für Windkraftanlagen zulässig, die die allgemeinen Fördervoraussetzungen gemäß § 10 erfüllen.

Ausschreibungsvolumen und Gebotstermine

§ 41. (1) Das Ausschreibungsvolumen für Windkraftanlagen beträgt jährlich mindestens 390 000 kW, vorbehaltlich allfälliger Kürzungen gemäß § 7 oder § 23 Abs. 3. Für den Fall, dass in einem Kalenderjahr Marktprämien für Windkraftanlagen auf Antrag nach den Bestimmungen des 3. Abschnitts gewährt werden, kann eine Ausschreibung nach § 40 Abs. 1 durchgeführt werden, wobei sich das jährliche Ausschreibungsvolumen in diesem Fall auf höchstens 190 000 kW reduziert.

(2) Ausschreibungen für Windkraftanlagen sind von der EAG–Förderabwicklungsstelle zumindest zweimal jährlich durchzuführen. Die Bundesministerin für Klimaschutz, Umwelt, Energie, Mobilität, Innovation und Technologie hat im Einvernehmen mit dem Bundesminister für Arbeit und Wirtschaft mit Verordnung die Gebotstermine unter Angabe des für einen Gebotstermin jeweils zur Verfügung stehenden Ausschreibungsvolumens festzulegen.

(3) Wird das für einen Gebotstermin zur Verfügung stehende Ausschreibungsvolumen nicht ausgeschöpft, ist das nicht ausgeschöpfte Ausschreibungsvolumen dem Ausschreibungsvolumen nachfolgender Gebotstermine desselben Jahres zuzuschlagen, soweit keine Verschiebung des Ausschreibungsvolumens zugunsten der Fördermittel für Investitionszuschüsse oder eine Kürzung des Ausschreibungsvolumens nach § 7 erfolgt.

Sicherheitsleistung für Windkraftanlagen

§ 42. (1) Die Höhe der Erstsicherheit errechnet sich aus der Gebotsmenge multipliziert mit 5 Euro pro kW.

(2) Die Höhe der Zweitsicherheit errechnet sich aus der Gebotsmenge multipliziert mit 40 Euro pro kW.

(3) Die Sicherheitsleistung kann für mehrere Anlagen und für mehrere Gebote gemeinsam erlegt werden.

Korrektur des Zuschlagswertes

§ 43. Auf den Zuschlagswert für Windkraftanlagen kann ein Korrekturfaktor angewendet werden, der die standortbedingten unterschiedlichen Stromerträge einer Windkraftanlage widerspiegelt. Der Korrekturfaktor ist als Auf- oder Abschlag auf den anzulegenden Wert für einen Normstandort durch Verordnung der Bundesministerin für Klimaschutz, Umwelt, Energie, Mobilität, Innovation und Technologie im Einvernehmen mit dem Bundesminister für Land- und Forstwirtschaft, Regionen und Wasserwirtschaft festzulegen. Der Normstandort hat den durchschnittlichen Stromertrag einer dem Stand der Technik entsprechenden, in Österreich errichteten Windkraftanlage anhand der Jahreswindgeschwindigkeit, des Höhenprofils und der Rauhigkeitslänge widerzuspiegeln. Im Korrekturfaktor kann auch die Weiterverwendung von bereits vorhandenen Anlageteilen, bereits vorhandener Infrastruktur oder bereits vorhandener Windmessung an einem Standort berücksichtigt werden.

Besondere Bestimmungen für kleine Windkraftanlagen und Energiegemeinschaften

§ 43a. (1) Abweichend von § 23 Abs. 3 entspricht der Zuschlagswert für alle bezuschlagten Gebote für

1. Windkraftanlagen mit einer Engpassleistung von insgesamt höchstens 20 MW sowie
2. Windkraftanlagen von Erneuerbare-Energie-Gemeinschaften und Bürgerenergiegemeinschaften gemäß § 16b ElWOG 2010

dem Gebotswert des höchsten noch bezuschlagten Gebots desselben Gebotstermins.

(2) Um eine Umgehung der Engpassleistung gemäß Abs. 1 Z 1 durch die Aufsplitterung von Anlagen zu vermeiden, wird die Engpassleistung von Windkraftanlagen zusammengezählt, sofern es sich um mehrere gleichartige und in einem räumlichen Zusammenhang stehende Anlagen handelt, die in der Betriebs- und Verfügungsgewalt eines oder mehrerer Unternehmen stehen, welche direkt oder indirekt einer wechselseitigen Kontrolle unterliegen, soweit für diese Anlagen bei demselben Gebotstermin oder einem Gebotstermin innerhalb der letzten 24 Monate bereits ein Gebot eingebracht wurde oder ein Vertrag gemäß § 17 oder gemäß §§ 12 und 13 ÖSG 2012 besteht. Nähere Bestimmungen dazu können in der Verordnung gemäß § 41 Abs. 2 festgelegt werden.

Frist zur Inbetriebnahme von Windkraftanlagen

§ 44. (1) Die Frist zur Inbetriebnahme beträgt bei Windkraftanlagen 36 Monate ab Veröffentlichung des Zuschlags auf der Internetseite der EAG–Förderabwicklungsstelle.

(2) Die Frist gemäß Abs. 1 kann von der EAG–Förderabwicklungsstelle einmal um bis zu zwölf Monate verlängert werden, wenn der Bieter glaubhaft darlegt, dass die Ursachen für die nicht–fristgerechte Inbetriebnahme nicht in seinem Einflussbereich liegen.

5. Unterabschnitt
Gemeinsame Ausschreibung für Windkraftanlagen und Wasserkraftanlagen

Anwendungsbereich

§ 44a. (1) In gemeinsamen Ausschreibungen sind nur Gebote für Windkraftanlagen und Wasserkraftanlagen zulässig, die die allgemeinen Förderungsvoraussetzungen gemäß § 10 erfüllen.

(2) Sollten bestimmte Anlagenkategorien aufgrund vergleichsweise geringer Gestehungskosten einen unverhältnismäßigen Wettbewerbsvorteil haben, so können diese mit Verordnung der Bundeministerin für Klimaschutz, Umwelt, Energie, Mobilität, Innovation und Technologie im

Einvernehmen mit dem Bundesminister für Arbeit und Wirtschaft von den gemeinsamen Ausschreibungen gemäß Abs. 1 ausgeschlossen werden.

Ausschreibungsvolumen und Gebotstermine

§ 44b. (1) Das Ausschreibungsvolumen für gemeinsame Ausschreibungen gemäß § 44a beträgt jährlich mindestens 20 000 kW, vorbehaltlich allfälliger Kürzungen gemäß § 7 oder § 23 Abs. 3.

(2) Gemeinsame Ausschreibungen für Windkraftanlagen und Wasserkraftanlagen sind von der EAG–Förderabwicklungsstelle zumindest einmal jährlich durchzuführen. Die Bundesministerin für Klimaschutz, Umwelt, Energie, Mobilität, Innovation und Technologie hat im Einvernehmen mit dem Bundesminister für Arbeit und Wirtschaft mit Verordnung die Gebotstermine unter Angabe des für einen Gebotstermin jeweils zur Verfügung stehenden Ausschreibungsvolumens festzulegen.

Sicherheitsleistung

§ 44c. (1) Die Höhe der Erstsicherheit errechnet sich aus der Gebotsmenge multipliziert mit

1. 5 Euro pro kW bei Windkraftanlagen;
2. 5 Euro pro kW bei Wasserkraftanlagen.

(2) Die Höhe der Zweitsicherheit errechnet sich aus der Gebotsmenge multipliziert mit

1. 40 Euro pro kW bei Windkraftanlagen;
2. 40 Euro pro kW bei Wasserkraftanlagen.

(3) Die Sicherheitsleistung kann für mehrere Anlagen und für mehrere Gebote gemeinsam gelegt werden.

Höchstpreis

§ 44d. Die Bundesministerin für Klimaschutz, Umwelt, Energie, Mobilität, Innovation und Technologie hat im Einvernehmen mit dem Bundesminister für Land- und Forstwirtschaft, Regionen und Wasserwirtschaft, dem Bundesminister für Arbeit und Wirtschaft und dem Bundesminister für Soziales, Gesundheit, Pflege und Konsumentenschutz für gemeinsame Ausschreibungen gemäß § 44a mit Verordnung gemäß § 18 einen eigenen Höchstpreis in Cent pro kWh auf Basis eines oder mehrerer Gutachten festzulegen. Der Höchstpreis hat sich an den überschneidenden Kostenstrukturen für Windkraftanlagen und Wasserkraftanlagen zu orientieren und kann einen gutachterlich zu ermittelnden Aufschlag auf die zugrundeliegenden Stromgestehungskosten beinhalten.

Korrektur des Zuschlagswertes

§ 44e. Für Windkraftanlagen kann ein Korrekturfaktor auf den Zuschlagswert gemäß § 43 angewendet werden.

Frist zur Inbetriebnahme

§ 44f. (1) Die Frist zur Inbetriebnahme beträgt bei Windkraftanlagen und Wasserkraftanlagen 36 Monate ab Veröffentlichung des Zuschlags auf der Internetseite der EAG–Förderabwicklungsstelle.

(2) Die Frist gemäß Abs. 1 kann von der EAG–Förderabwicklungsstelle

1. bei Windkraftanlagen einmal um bis zu zwölf Monate,
2. bei Wasserkraftanlagen zweimal um bis zu zwölf Monate

verlängert werden, wenn der Bieter glaubhaft darlegt, dass die Ursachen für die nicht–fristgerechte Inbetriebnahme nicht in seinem Einflussbereich liegen.

3. Abschnitt
Antrag auf Förderung durch Marktprämie

Allgemeine Anforderungen an Förderanträge

§ 45. Anträge auf Förderung durch Marktprämie müssen die folgenden Angaben enthalten:

1. Name, Anschrift, Telefonnummer und E–Mail-Adresse des Förderwerbers; bei Personengesellschaften und juristischen Personen zusätzlich den Sitz, gegebenenfalls die Firmenbuchnummer, Angaben zur Größenklasse des Unternehmens nach Anzahl der Mitarbeiter sowie den Namen einer natürlichen Person, die zur Vertretung für alle Handlungen nach diesem Gesetz bevollmächtigt ist;
2. zum Einsatz kommende Energiequelle und installierte Leistung der Anlage sowie die erwartete Jahreserzeugungsmenge;
3. den Standort oder geplanten Standort der Anlage unter Angabe der Katastralgemeinde und Grundstücksnummer;
4. Projektbeschreibung mit Angaben und Nachweisen zur Erfüllung der Fördervoraussetzungen und einem Kosten-, Zeit- und Finanzierungsplan;
5. Nachweis, dass für die Neuerrichtung, Erweiterung oder Revitalisierung der Anlage alle erforderlichen Genehmigungen und Bewilligungen der jeweils zuständigen Behörde erteilt wurden oder als erteilt gelten.

EAG + V

Antragstellung und Vertragsabschluss

§ 46. (1) Anträge auf Förderung durch Marktprämie sind bei der EAG–Förderabwicklungsstelle über das von der EAG–Förderabwicklungsstelle einzurichtende elektronische Antragssystem einzubringen.

(2) Die Anträge sind nach dem Zeitpunkt ihres Einlangens bei der EAG–Förderabwicklungsstelle zu reihen und in der Reihenfolge ihres Einlangens zu behandeln. Unvollständige Anträge sind unter Rangverlust nicht zu berücksichtigen, wobei der Antragsteller von diesem Umstand schriftlich in Kenntnis zu setzen ist.

(3) Förderungen durch Marktprämie werden nach Maßgabe des zur Verfügung stehenden jährlichen Vergabevolumens gewährt. Jener Antrag,

der das jährliche Vergabevolumen erstmals überschreitet, ist noch zu berücksichtigen, sofern noch zumindest 50% des zur Bedeckung des Antrages erforderlichen Vergabevolumens vorhanden sind. In diesem Fall ist das Vergabevolumen des Folgejahres entsprechend zu reduzieren. Anträge, die nicht bedeckt werden können, gelten als zurückgezogen.

(4) Wird das jährliche Vergabevolumen nicht ausgeschöpft, ist das nicht ausgeschöpfte Vergabevolumen dem Vergabevolumen des Folgejahres zuzuschlagen, soweit keine Verschiebung des Vergabevolumens zugunsten der Fördermittel für Investitionszuschüsse oder eine Kürzung des Vergabevolumens nach § 7 erfolgt. Wird das Vergabevolumen in drei aufeinander folgenden Jahren nicht ausgeschöpft, kann die Bundesministerin für Klimaschutz, Umwelt, Energie, Mobilität, Innovation und Technologie im Einvernehmen mit dem Bundesminister für Land- und Forstwirtschaft, Regionen und Wasserwirtschaft das nicht ausgeschöpfte Vergabevolumen unter Berücksichtigung der Ergebnisse des EAG–Monitoringberichts gemäß § 90 durch Verordnung anderen Technologien und Förderarten zuschlagen.

(5) Hat die zu fördernde Maßnahme einen Zuschlag nach § 23 oder eine Förderung nach dem 2. Hauptstück erhalten, ist eine Förderung nach diesem Abschnitt ausgeschlossen.

Festlegung des anzulegenden Wertes

§ 47. (1) Für die Berechnung der auf Antrag gewährten Marktprämie ist die Höhe des anzulegenden Wertes in Cent pro kWh durch Verordnung der Bundesministerin für Klimaschutz, Umwelt, Energie, Mobilität, Innovation und Technologie im Einvernehmen mit dem Bundesminister für Land- und Forstwirtschaft, Regionen und Wasserwirtschaft, dem Bundesminister für Arbeit und Wirtschaft und dem Bundesminister für Soziales, Gesundheit, Pflege und Konsumentenschutz festzulegen.

(2) Der anzulegende Wert ist gesondert für jede Technologie auf Basis eines oder mehrerer Gutachten festzulegen. Sofern nicht anders bestimmt, ist der anzulegende Wert nach folgenden Grundsätzen zu bemessen:

1. der anzulegende Wert hat sich an den Kosten zu orientieren, die für den Betrieb einer kosteneffizienten, dem Stand der Technik entsprechenden Anlage erforderlich sind;
2. die Kosten haben Abschreibungen und eine angemessene Verzinsung von Eigen- und Fremdkapital für die Investition zu umfassen. Dabei ist ein Finanzierungskostensatz anzuwenden, der sich aus einem gewichteten durchschnittlichen Kapitalkostensatz für Eigen- und Fremdkapital unter Zugrundelegung einer Normkapitalstruktur sowie der Ertragsteuer bestimmt. Eine marktgerechte Risikoprämie für das Eigen- und Fremdkapital, die Rahmenbedingungen des Kapitalmarktes sowie ein risikoloser Zinssatz sind zu berücksichtigen;
3. Erlöse aus der Vermarktung von Wärme und von Herkunftsnachweisen gemäß § 83 sind zu berücksichtigen;
4. für Windkraftanlagen hat eine Differenzierung nach den standortbedingten unterschiedlichen Stromerträgen zu erfolgen;
5. für Wasserkraftanlagen ist eine Differenzierung zwischen Neuerrichtung, Neuerrichtung unter Verwendung eines Querbauwerkes, Erweiterung und Revitalisierung sowie nach Anlagentypen, der Jahresstromproduktion, der Engpassleistung und dem Grad der Revitalisierung der geförderten Anlage zulässig;
6. für Anlagen auf Basis von Biomasse darf die Festlegung nicht in einer solchen Form erfolgen, dass Biomasse ihrer stofflichen Nutzung entzogen wird bzw. Nahrungs- und Futtermittel ihrem ursprünglichen Verwendungszweck entzogen werden;
7. für Anlagen auf Basis von Biomasse ist zwischen neu errichteten und repowerten Anlagen zu differenzieren; eine Differenzierung nach dem Rohstoffeinsatz ist zulässig.

(3) Der anzulegende Wert ist für jedes Kalenderjahr gesondert zu bestimmen, wobei unterjährige Anpassungen zulässig sind. Bis zum Inkrafttreten einer neuen Verordnung gilt der letztgültige anzulegende Wert weiter.

Marktprämie für Windkraftanlagen für das Kalenderjahr 2022

§ 48. (1) Windkraftanlagen, die die allgemeinen Fördervoraussetzungen gemäß § 10 erfüllen, können im Kalenderjahr 2022 auf Antrag durch Marktprämie gefördert werden.

(2) Das Vergabevolumen für Windkraftanlagen für das Kalenderjahr 2022 beträgt 200 000 kW.

(3) Wird die Windkraftanlage nicht innerhalb von 24 Monaten nach Annahme des Förderantrages in Betrieb genommen, gilt der Antrag auf Förderung durch Marktprämie als zurückgezogen und der Fördervertrag als aufgelöst. Die Frist zur Inbetriebnahme kann von der EAG–Förderabwicklungsstelle zweimal um bis zu zwölf Monate verlängert werden, wenn der Antragsteller glaubhaft darlegt, dass die Ursachen für die nichtfristgerechte Inbetriebnahme nicht in seinem Einflussbereich liegen. Das durch die Auflösung des Vertrages freiwerdende Vergabevolumen ist dem Vergabevolumen im laufenden Kalenderjahr zuzurechnen.

Marktprämie für Wasserkraftanlagen

§ 49. (1) Wasserkraftanlagen, die die allgemeinen Fördervoraussetzungen gemäß § 10 erfüllen, können auf Antrag durch Marktprämie gefördert werden.

(2) Das Vergabevolumen für Wasserkraftanlagen beträgt jährlich mindestens 90 000 kW, vorbehaltlich allfälliger Kürzungen gemäß § 7 oder § 46 Abs. 3. Die Bundesministerin für Klimaschutz, Umwelt, Energie, Mobilität, Innovation und Technologie hat im Einvernehmen mit dem Bundesminister für Arbeit und Wirtschaft und dem Bundesminister für Land- und Forstwirtschaft, Regionen und Wasserwirtschaft mit Verordnung das in einem Kalenderjahr zur Verfügung stehende Vergabevolumen festzulegen.

(3) Wird die Wasserkraftanlage nicht innerhalb von 36 Monaten nach Annahme des Förderantrages in Betrieb genommen, gilt der Antrag auf Förderung durch Marktprämie als zurückgezogen und der Fördervertrag als aufgelöst. Die Frist zur Inbetriebnahme kann von der EAG-Förderabwicklungsstelle zweimal um bis zu zwölf Monate verlängert werden, wenn der Antragsteller glaubhaft darlegt, dass die Ursachen für die nicht–fristgerechte Inbetriebnahme nicht in seinem Einflussbereich liegen. Das durch die Auflösung des Vertrages freiwerdende Vergabevolumen ist dem Vergabevolumen im laufenden Kalenderjahr zuzurechnen.

Marktprämie für Anlagen auf Basis von Biomasse

§ 50. (1) Neu errichtete und repowerte Anlagen auf Basis von Biomasse mit einer Engpassleistung unter 0,5 MW_{el}, die die allgemeinen Fördervoraussetzungen gemäß § 10 erfüllen, können auf Antrag durch Marktprämie gefördert werden. Für repowerte Anlagen auf Basis von Biomasse kann die Bundesministerin für Klimaschutz, Umwelt, Energie, Mobilität, Innovation und Technologie im Einvernehmen mit dem Bundesminister für Land- und Forstwirtschaft, Regionen und Wasserwirtschaft mit Verordnung einen Mindest-Reinvestitionsgrad und ein Minimum an Betriebsjahren als zusätzliche Fördervoraussetzungen festlegen.

(2) Das Vergabevolumen für Anlagen gemäß Abs. 1 beträgt jährlich mindestens 7 500 kW vorbehaltlich allfälliger Kürzungen gemäß § 7 oder § 46 Abs. 3. Die Bundesministerin für Klimaschutz, Umwelt, Energie, Mobilität, Innovation und Technologie hat im Einvernehmen mit dem Bundesminister für Land- und Forstwirtschaft, Regionen und Wasserwirtschaft mit Verordnung das in einem Kalenderjahr zur Verfügung stehende Vergabevolumen festzulegen.

(3) Wird die Anlage auf Basis von Biomasse nicht innerhalb von 36 Monaten nach Annahme des Förderantrages in Betrieb genommen, gilt der Antrag auf Förderung durch Marktprämie als zurückgezogen und der Fördervertrag als aufgelöst. Die Frist zur Inbetriebnahme kann von der EAG–Förderabwicklungsstelle einmal um bis zu zwölf Monate verlängert werden, wenn der Antragsteller glaubhaft darlegt, dass die Ursachen für die nicht–fristgerechte Inbetriebnahme nicht in seinem Einflussbereich liegen. Das durch die Auflösung des Vertrages freiwerdende Vergabevolumen ist dem Vergabevolumen im laufenden Kalenderjahr zuzurechnen.

Marktprämie für Anlagen auf Basis von Biogas

§ 51. (1) Neu errichtete Anlagen auf Basis von Biogas, die die allgemeinen Fördervoraussetzungen gemäß § 10 erfüllen, können auf Antrag durch Marktprämie gefördert werden.

(2) Das Vergabevolumen für Anlagen gemäß Abs. 1 beträgt jährlich mindestens 1 500 kW_{el}, vorbehaltlich allfälliger Kürzungen gemäß § 7 oder § 46 Abs. 3. Die Bundesministerin für Klimaschutz, Umwelt, Energie, Mobilität, Innovation und Technologie hat im Einvernehmen mit dem Bundesminister für Land- und Forstwirtschaft, Regionen und Wasserwirtschaft mit Verordnung das in einem Kalenderjahr zur Verfügung stehende Vergabevolumen festzulegen.

(3) Wird die Anlage auf Basis von Biogas nicht innerhalb von 36 Monaten nach Annahme des Förderantrages in Betrieb genommen, gilt der Antrag auf Förderung durch Marktprämie als zurückgezogen und der Fördervertrag als aufgelöst. Die Frist zur Inbetriebnahme kann von der EAG–Förderabwicklungsstelle einmal um bis zu zwölf Monate verlängert werden, wenn der Antragsteller glaubhaft darlegt, dass die Ursachen für die nicht–fristgerechte Inbetriebnahme nicht in seinem Einflussbereich liegen. Das durch die Auflösung des Vertrages freiwerdende Vergabevolumen ist dem Vergabevolumen im laufenden Kalenderjahr zuzurechnen.

Nachfolgeprämie für Anlagen auf Basis von Biomasse

§ 52. (1) Bestehende Anlagen auf Basis von Biomasse, die die allgemeinen Fördervoraussetzungen gemäß § 10 erfüllen, können auf Antrag durch Marktprämie gefördert werden.

(2) Abweichend von § 16 werden Nachfolgeprämien für Anlagen auf Basis von Biomasse bis zum Ablauf des 30. Betriebsjahres der Anlage gewährt.

(3) Abweichend von § 47 Abs. 2 Z 1 und 2 hat sich der anzulegende Wert an den laufenden Kosten zu orientieren, die für den Betrieb dieser Anlagen erforderlich sind, wobei Abschreibungen und Verzinsungen für die Investition nicht zu berücksichtigen sind.

(4) Förderanträge können frühestens 24 Monate vor Ablauf der Förderdauer nach den Bestimmungen des ÖSG 2012, des Ökostromgesetzes oder der auf Grundlage des Biomasseförderung-Grundsatzgesetzes er-

lassenen Landesausführungsgesetze eingebracht werden.

Nachfolgeprämie für Anlagen auf Basis von Biogas

§ 53. (1) Bestehende Anlagen auf Basis von Biogas, die die allgemeinen Fördervoraussetzungen gemäß § 10 erfüllen, können auf Antrag durch Marktprämie gefördert werden.

(2) Abweichend von § 16 werden Nachfolgeprämien für Anlagen auf Basis von Biogas mit einer Engpassleistung über 250 kW_{el}, die nicht mehr als 10 km Leitungslänge vom nächsten Anschlusspunkt an das Gasnetz entfernt sind, für 36 Monate gewährt, wobei eine einmalige Verlängerung um weitere 24 Monate auf Antrag gewährt werden kann, wenn der Fördernehmer glaubhaft darlegt, dass die Anlage innerhalb der ursprünglichen Dauer der Nachfolgeprämie aus Gründen, die nicht in seinem Einflussbereich liegen, nicht an das Gasnetz angeschlossen werden kann. Für alle übrigen Anlagen werden Nachfolgeprämien bis zum Ablauf des 30. Betriebsjahres der Anlage gewährt.

(3) Abweichend von § 47 Abs. 2 Z 1 und 2 hat sich der anzulegende Wert an den laufenden Kosten zu orientieren, die für den Betrieb dieser Anlagen erforderlich sind, wobei Abschreibungen und Verzinsungen für die Investition nicht zu berücksichtigen sind.

(4) Förderanträge können frühestens 24 Monate vor Ablauf der Förderdauer nach den Bestimmungen des ÖSG 2012 oder des Ökostromgesetzes eingebracht werden.

4. Abschnitt
Wechselmöglichkeit für geförderte Anlagen nach dem Ökostromgesetz 2012

Wechselmöglichkeit für Photovoltaikanlagen, Windkraftanlagen, Wasserkraftanlagen, Anlagen auf Basis von Biomasse und Anlagen auf Basis von Biogas

§ 54. (1) Photovoltaikanlagen, Windkraftanlagen, Wasserkraftanlagen, Anlagen auf Basis von Biomasse und Anlagen auf Basis von Biogas, für die zum Zeitpunkt des Inkrafttretens dieses Bundesgesetzes ein aufrechter Fördervertrag auf Grundlage des § 12 ÖSG 2012 in der für die Anlage maßgeblichen Fassung besteht, können auf Antrag durch Marktprämie gefördert werden.

(2) § 10 Abs. 2 bis 6 sind auf Anlagen gemäß Abs. 1 anzuwenden. Überförderungen sind zu vermeiden.

(3) Anträge auf Förderung durch Marktprämie sind binnen zwei Jahren nach Inkrafttreten dieses Bundesgesetzes bei der EAG–Förderabwicklungsstelle über das von der EAG–Förderabwicklungsstelle einzurichtende elektronische Antragssystem einzubringen. § 45 ist auf diese Anträge mit der Maßgabe anzuwenden, dass anstelle der Projektbeschreibung mit Angaben zur Erfüllung der Fördervoraussetzungen und einem Kosten-, Zeit und Finanzierungsplan gemäß § 45 Z 4 eine Kopie des Fördervertrages sowie eine Eigenerklärung, dass der Antragsteller Betreiber der Anlage ist, beizulegen sind. Unvollständige Anträge sind nicht zu berücksichtigen, wobei der Antragsteller von diesem Umstand schriftlich in Kenntnis zu setzen ist.

(4) Die Höhe der Marktprämie bemisst sich anhand der Restlaufzeit gemäß ÖSG 2012, der maximalen Förderdauer gemäß § 16 sowie der durch die Marktprämie abzudeckenden Investitions- und Betriebskosten und allfälliger Erlöse aus der Vermarktung von Wärme. Nähere Vorgaben können durch Verordnung der Bundesministerin für Klimaschutz, Umwelt, Energie, Mobilität, Innovation und Technologie im Einvernehmen mit dem Bundesminister für Land- und Forstwirtschaft, Regionen und Wasserwirtschaft festgelegt werden.

(5) Schließt die EAG–Förderabwicklungsstelle mit dem Anlagenbetreiber einen Vertrag über die Förderung durch Marktprämie, erlischt der bestehende Fördervertrag mit der Ökostromabwicklungsstelle. Der neu abgeschlossene Fördervertrag mit der EAG–Förderabwicklungsstelle endet mit dem Ablauf des 20. Betriebsjahres der Anlage, ohne dass es einer gesonderten Auflösung bedarf.

(6) Die für Förderungen nach dieser Bestimmung aufzubringenden finanziellen Mittel haben auf die jährlichen Ausschreibungs- bzw. Vergabevolumen keinen Einfluss.

2. Hauptstück
Investitionszuschüsse für die Neuerrichtung, Revitalisierung und Erweiterung von Anlagen

Allgemeine Bestimmungen

§ 55. (1) Auf Antrag können Anlagen gemäß den §§ 56, 56a, 57 und 57a, die an das öffentliche Elektrizitätsnetz oder Bahnstromnetz angeschlossen und mit einem Lastprofilzähler oder unterhalb der Grenze des § 17 Abs. 2 ElWOG 2010 mit einem intelligenten Messgerät gemäß § 7 Abs. 1 Z 31 ElWOG 2010 ausgestattet sind, in Form eines Investitionszuschusses gefördert werden. Von dem Erfordernis des Netzanschlusses kann für bestimmte Arten von Anlagen mit Verordnung gemäß § 58 abgesehen werden.

(2) Anträge auf Gewährung von Investitionszuschüssen sind vor dem Beginn der Arbeiten für die zu fördernde Maßnahme nach Aufforderung zur Einreichung innerhalb eines befristeten Zeitfensters (Fördercall) bei der EAG–Förderabwicklungsstelle über die von der EAG–Förderabwicklungsstelle bereitzustellende elektronische Anwendung einzubringen. Für Verbraucher im Sinne des § 1 Abs. 1 Z 2 des Konsumentenschutzgesetzes (KSchG), BGBl. Nr. 140/1979, können

in der Verordnung gemäß § 58 von diesem Absatz abweichende Festlegungen getroffen werden.

(3) Dem Antrag sind die in der Verordnung gemäß § 58 vorgesehenen Unterlagen anzuschließen.

(4) Die EAG-Förderabwicklungsstelle hat jene Anträge, die gemäß den §§ 56 Abs. 6 und 56a Abs. 5 nach dem Zeitpunkt ihres Einlangens gereiht werden, in der Reihenfolge ihres Einlangens zu behandeln. Die übrigen Anträge sind nach Ablauf der jeweiligen Einreichfrist zu prüfen und nach den in den §§ 56 Abs. 6, 57 Abs. 5 und 57a Abs. 5 vorgesehenen Kriterien zu reihen.

(5) Investitionszuschüsse werden nach Maßgabe der jeweiligen Reihung und unter Voraussetzung der vorhandenen Fördermittel gewährt und ausbezahlt. Jener Antrag, der die maximalen Fördermittel eines Fördercalls, sofern die Fördermittel in Kategorien vergeben werden, einer Kategorie, erstmals überschreitet, ist in diesem Fördercall noch zu berücksichtigen, sofern noch zumindest 50% der zur Bedeckung des Antrags erforderlichen Mittel vorhanden sind. In diesem Fall sind die Fördermittel des nachfolgenden Fördercalls entsprechend zu reduzieren. Anträge, die im Rahmen eines Fördercalls nicht bedeckt werden können, gelten als zurückgezogen.

(6) Über die Gewährung des Investitionszuschusses entscheidet die Bundesministerin für Klimaschutz, Umwelt, Energie, Mobilität, Innovation und Technologie, sofern die Förderhöhe je Förderempfänger insgesamt 100 000 Euro überschreitet, unter Bedachtnahme auf die Empfehlung des Energiebeirates (§ 20 des Energie–Control-Gesetzes). Der Abschluss eines Vertrages erfolgt durch die EAG–Förderabwicklungsstelle im Namen der Bundesministerin. Ein Rechtsanspruch auf Förderung besteht nicht.

(7) Der Investitionszuschuss ist mit der Inbetriebnahme der Anlage und der erfolgten Prüfung der entsprechenden Endabrechnungsunterlagen über die Investitionshöhe durch die EAG–Förderabwicklungsstelle auszubezahlen. Vor Auszahlung sind der EAG–Förderabwicklungsstelle die Inbetriebnahme und die Registrierung in der Herkunftsnachweisdatenbank gemäß § 81 nachzuweisen. Akontierungszahlungen sind bei Vorliegen von Sicherstellungen (z. B. Bankgarantien) zulässig.

(8) Wird die Anlage nicht innerhalb der in den §§ 56 Abs. 14, 56a Abs. 7, 57 Abs. 8 und 57a Abs. 8 jeweils vorgesehenen Frist in Betrieb genommen, gilt der Antrag auf Investitionszuschuss als zurückgezogen und der Fördervertrag als aufgelöst. Die dadurch freiwerdenden Fördermittel sind dem nachfolgenden Fördercall entsprechend zuzuschlagen. Die Frist kann von der EAG–Förderabwicklungsstelle, sofern nicht anders bestimmt, einmal um bis zu sechs Monate verlängert werden, wenn der Fördernehmer glaubhaft darlegt, dass die Ursachen für die nichtfristgerechte Inbetriebnahme nicht in seinem Einflussbereich liegen.

(9) Bei der Gewährung des Investitionszuschusses ist sicherzustellen, dass die unionsrechtlichen Beihilfebestimmungen eingehalten werden. Wird für die zu fördernde Maßnahme eine Betriebsförderung nach dem 1. Hauptstück gewährt, ist die Gewährung eines Investitionszuschusses ausgeschlossen. Ob und welche sonstigen Förderungen aus öffentlichen Mitteln einschließlich EU–Mitteln den Bezug eines Investitionszuschusses ausschließen, ist durch Verordnung gemäß § 58 zu bestimmen.

Investitionszuschüsse für Photovoltaikanlagen und Stromspeicher

§ 56. (1) Die Neuerrichtung und die Erweiterung einer Photovoltaikanlage können bis zu 1 000 kW_{peak} Engpassleistung einer Anlage durch Investitionszuschuss gefördert werden.

(2) Verfügt die Anlage gemäß Abs. 1 über einen Stromspeicher von mindestens 0,5 kWh pro kW_{peak} installierter Engpassleistung, kann bis zu einer Speicherkapazität von 50 kWh pro Anlage zusätzlich ein Investitionszuschuss gewährt werden.

(3) Die jährlichen Fördermittel für Investitionszuschüsse gemäß Abs. 1 und 2 betragen mindestens 60 Millionen Euro, vorbehaltlich allfälliger Kürzungen gemäß § 7 oder § 55 Abs. 5, und werden getrennt nach folgenden Kategorien vergeben:

1. Kategorie A: Förderung bis 10 kW_{peak} mit und ohne Stromspeicher,
2. Kategorie B: Förderung $>$ 10 kW_{peak} bis 20 kW_{peak} mit und ohne Stromspeicher,
3. Kategorie C: Förderung $>$ 20 kW_{peak} bis 100 kW_{peak} mit und ohne Stromspeicher,
4. Kategorie D: Förderung $>$ 100 kW_{peak} bis 1 000 kW_{peak} mit und ohne Stromspeicher.

(4) Für die Kategorien C und D sind mit Verordnung gemäß § 58 höchstzulässige Fördersätze pro kW_{peak} festzulegen. Für Speicher sowie die Kategorien A und B sind durch Verordnung gemäß § 58 fixe Fördersätze pro kWh bzw. kW_{peak} zu bestimmen.

(5) Fördercalls haben zumindest zweimal jährlich zu erfolgen. Sie sind unter Angabe der je Kategorie und Fördercall zur Verfügung stehenden Mittel mit Verordnung gemäß § 58 festzulegen und auf der Internetseite der EAG–Förderabwicklungsstelle bekanntzumachen. Die Frist zur Einreichung der Anträge darf zwei Wochen nicht unterschreiten.

(6) In den Kategorien A und B werden die Förderanträge, die innerhalb der Einreichfrist eines Fördercalls bei der EAG–Förderabwicklungsstelle einlangen, nach dem Zeitpunkt ihres Einlangens bei der EAG–Förderabwicklungsstelle gereiht. In den übrigen Kategorien hat der Förderwerber im Förderantrag den Förderbedarf in Euro

EAG + V

pro kW_{peak} anzugeben. Diese Förderanträge werden, sofern sie innerhalb der Einreichfrist eines Fördercalls bei der EAG–Förderabwicklungsstelle einlangen, je Kategorie nach der Höhe des bei der Antragstellung angegebenen Förderbedarfs, beginnend mit dem niedrigsten Förderbedarf pro kW_{peak}, gereiht. Bei gleichem Förderbedarf pro kW_{peak} wird jener Antrag vorgereiht, der zuerst bei der EAG–Förderabwicklungsstelle eingelangt ist. Übersteigt der im Antrag angegebene Förderbedarf pro kW_{peak} den höchstzulässigen Fördersatz, ist der Antrag auszuscheiden.

(7) Die Höhe des Investitionszuschusses bestimmt sich für Photovoltaikanlagen der Kategorien C und D aus dem angegebenen Förderbedarf pro kW_{peak} und für Stromspeicher sowie Photovoltaikanlagen der Kategorien A und B aus dem durch Verordnung festgelegten fixen Fördersatz und ist mit maximal 30% des unmittelbar für die Errichtung oder Erweiterung erforderlichen Investitionsvolumens (exklusive Grundstückskosten) begrenzt.

(8) Für Photovoltaikanlagen, die auf einer landwirtschaftlich genutzten Fläche oder einer Fläche im Grünland errichtet werden, verringert sich der Investitionszuschuss um einen Abschlag von 25%.

(9) Die Höhe des Abschlags gemäß Abs. 8 kann im Hinblick auf die Erreichung der Ausbauziele für Photovoltaik gemäß § 4 Abs. 4 und im Hinblick auf die Vermeidung der Verdrängung landwirtschaftlicher Flächen oder Grünflächen mit Verordnung gemäß § 58 geändert werden.

(10) Der Abschlag gemäß Abs. 8 entfällt zur Gänze oder teilweise für Anlagen, die

1. auf einer Agri-PV-Fläche errichtet werden und durch die Errichtung die hauptsächliche landwirtschaftliche Nutzung nicht oder nur geringfügig beeinträchtigt wird, oder
2. auf oder an einem Gebäude oder einer baulichen Anlage, das oder die zu einem anderen Zweck als der Erzeugung von Strom aus Photovoltaikanlagen zumindest 18 Monate vor Antragstellung auf Förderung fertiggestellt wurde, errichtet werden, oder
3. auf einem durch bauliche Eingriffe geschaffenen Wasserkörper errichtet werden, oder
4. auf einer geschlossenen oder genehmigten Deponiefläche oder einer Altlast errichtet werden, oder
5. auf einem Bergbau- oder Infrastrukturstandort errichtet werden, oder
6. auf militärischen Flächen, mit Ausnahme von militärischen Übungsgeländen, errichtet werden.

(11) Die Höhe des Abschlags für Anlagen gemäß Abs. 10 ist mit Verordnung gemäß § 58 festzulegen. Es sind auch die technischen, ökonomischen und ökologischen Anforderungen festzulegen. Eine Differenzierung zwischen Anlagentypen ist zulässig.

(12) Für innovative Photovoltaikanlagen kann mit Verordnung gemäß § 58 ein Zuschlag von bis zu 30% vorgesehen werden. Eine Differenzierung zwischen Anlagentypen ist zulässig. In allen Fällen darf die Höhe des Investitionszuschusses nicht mehr als 45% der umweltrelevanten Mehrkosten betragen. Davon unberührt bleiben allfällige Zuschläge gemäß der Verordnung (EU) Nr. 651/2014 zur Feststellung der Vereinbarkeit bestimmter Gruppen von Beihilfen mit dem Binnenmarkt in Anwendung der Artikel 107 und 108 des Vertrages über die Arbeitsweise der Europäischen Union, ABl. Nr. L 187 vom 26.06.2014 S. 1, zuletzt geändert durch die Verordnung (EU) 2020/972, ABl. Nr. L 215 vom 07.07.2020 S. 3.

(13) Werden die für einen Fördercall zur Verfügung stehenden Fördermittel in einer Kategorie nicht ausgeschöpft, sind die verbleibenden Mittel zur Bedeckung der Förderanträge in den übrigen Kategorien, beginnend mit dem niedrigsten Förderbedarf pro kW_{peak}, zu verwenden. Bei gleichem Förderbedarf pro kW_{peak} entscheidet der Zeitpunkt des Einlangens im Sinne des Abs. 6 dritter Satz. Hiernach verbleibende Mittel sind den Fördermitteln der jeweiligen Kategorie im nachfolgenden Fördercall desselben Jahres zuzuschlagen. Nicht ausgeschöpfte Mittel am Ende eines Kalenderjahres sind den Fördermitteln des Folgejahres entsprechend zuzuschlagen, soweit keine Verschiebung der Fördermittel zugunsten des Ausschreibungsvolumens für Betriebsförderungen oder eine Kürzung der Fördermittel nach § 7 erfolgt. Werden die Fördermittel in drei aufeinanderfolgenden Jahren nicht ausgeschöpft, können die nicht ausgeschöpften Mittel unter Berücksichtigung der Ergebnisse des EAG-Monitoringberichts gemäß § 90 durch Verordnung gemäß § 58 anderen Technologien und Förderarten zugeschlagen werden.

(14) Die Anlage, sofern eine Erweiterung erfolgt, die erweiterte Anlage, ist

1. bei einer Engpassleistung bis 100 kW_{peak} oder Erweiterungen um eine Engpassleistung von bis zu 100 kW_{peak} innerhalb von sechs Monaten,
2. bei einer Engpassleistung von mehr als 100 kW_{peak} oder Erweiterungen um eine Engpassleistung von mehr als 100 kW_{peak} innerhalb von zwölf Monaten

nach Abschluss des Fördervertrages in Betrieb zu nehmen. Die Frist gemäß Z 1 kann abweichend von § 55 Abs. 8 zweimal um bis zu neun Monate, die Frist gemäß Z 2 einmal um bis zu zwölf Monate verlängert werden, wenn der Fördernehmer glaubhaft darlegt, dass die Ursachen für die nicht fristgerechte Inbetriebnahme nicht in seinem Einflussbereich liegen.

Investitionszuschüsse für Wasserkraftanlagen

§ 56a. (1) Die Neuerrichtung und Revitalisierung einer Wasserkraftanlage mit einer Engpassleistung bis 2 MW (nach Revitalisierung) kann durch Investitionszuschuss gefördert werden, mit Ausnahme von

1. Neubauten und Revitalisierungen, die in ökologisch wertvollen Gewässerstrecken mit sehr gutem ökologischen Zustand liegen, sowie Neubauten und Revitalisierungen, die in ökologisch wertvollen Gewässerstrecken liegen, die auf einer durchgehenden Länge von mindestens einem Kilometer einen sehr guten hydromorphologischen Zustand aufweisen;
2. Neubauten und Revitalisierungen, die den Erhaltungszustand von Schutzgütern der Richtlinie 92/43/EWG zur Erhaltung der natürlichen Lebensräume sowie der wildlebenden Tiere und Pflanzen (Fauna-Flora-Habitat-Richtlinie), ABl. Nr. L 206 vom 22.07.1992 S. 7, zuletzt geändert durch die Richtlinie 2013/17/EU, ABl. Nr. L 158 vom 10.06.2013 S. 193, in der Fassung der Berichtigung ABl. Nr. L 95 vom 29.03.2014 S. 70, oder der Richtlinie 2009/147/EG über die Erhaltung der wildlebenden Vogelarten (Vogelschutzrichtlinie), ABl. Nr. L 20 vom 26.01.2010 S. 7, zuletzt geändert durch die Verordnung (EU) 2019/2010, ABl. Nr. L 170 vom 25.06.2019 S. 115, verschlechtern und in Schutzgebieten (Natura 2000, Nationalpark) liegen.

Z 2 gilt nicht für Vorhaben, für die zum Zeitpunkt des Inkrafttretens dieses Bundesgesetzes bereits ein Vorverfahren gemäß § 4 UVP G 2000 oder ein Genehmigungsverfahren gemäß § 5 UVP G 2000 anhängig ist, wenn die Wasserkraftanlage eine bestehende Wasserkraftanlage in einer Gewässerstrecke mit mehreren bestehenden Wasserkraftanlagen ersetzt und zu einer Reduktion der Anzahl von energetisch genutzten Querbauwerken in dieser Gewässerstrecke sowie einer Verbesserung des Erhaltungszustandes anderer Schutzgüter im Sinne der Z 2 im betroffenen Schutzgebiet führt und ein Verlust von prioritären Lebensräumen und anderen Lebensräumen gemäß Anhang I der Fauna-Flora-Habitat-Richtlinie doppelt kompensiert wird.

(1a) Die Neuerrichtung und Revitalisierung einer Wasserkraftanlage mit einer Engpassleistung von über 2 MW (nach Revitalisierung) bis einschließlich 25 MW (nach Revitalisierung), mit Ausnahme von Neubauten und Revitalisierungen gemäß Abs. 1 Z 1 und 2, kann durch Investitionszuschuss gefördert werden, sofern nicht ausgeschöpfte Mittel nach § 27 ÖSG 2012 vorhanden sind. Die Fördermittel werden in den in Abs. 2 genannten Kategorien vergeben, sind jedoch, abweichend von Abs. 2, mit den nicht ausgeschöpften Mitteln nach § 27 ÖSG 2012 begrenzt. Abs. 4 ist mit der Maßgabe anzuwenden, dass im Kalenderjahr 2022 und, soweit ausreichende Fördermittel vorhanden sind, auch im Kalenderjahr 2023 ein Fördercall stattzufinden hat. Anträge, die mit den Fördermitteln nach dieser Bestimmung nicht mehr zur Gänze bedeckt werden können, gelten als zurückgezogen. Allfällige Restbeträge sind den Fördermitteln gemäß Abs. 2 zuzuschlagen. Abs. 3, 5 und 7 sind sinngemäß anwendbar.

(2) Die jährlichen Fördermittel für Investitionszuschüsse gemäß Abs. 1 betragen insgesamt mindestens 5 Millionen Euro, vorbehaltlich allfälliger Kürzungen gemäß § 7 oder § 55 Abs. 5, und werden getrennt nach folgenden Kategorien vergeben:

1. Kategorie A: Neuerrichtung,
2. Kategorie B: Revitalisierung.

Sofern die jährlichen Fördermittel von mindestens 5 Millionen Euro aufgrund von Kürzungen gemäß § 7 oder § 55 Abs. 5 nicht unterschritten werden, sind für Z 1 (Kategorie A) mindestens 2 Millionen Euro und für Z 2 (Kategorie B) mindestens 3 Millionen Euro bereitzustellen. Diese Aufteilung der Fördermittel kann durch Verordnung gemäß § 58 abgeändert werden.

(3) Die Höhe des Investitionszuschusses ist durch Verordnung gemäß § 58 in Fördersätzen pro kW je Kategorie festzulegen, wobei eine Differenzierung nach der Engpassleistung zulässig ist und die Förderhöhe mit 30% des unmittelbar für die Neuerrichtung oder Revitalisierung der Anlage erforderlichen Investitionsvolumens (exklusive Grundstück) begrenzt ist. In allen Fällen darf die Höhe des Investitionszuschusses nicht mehr als 45% der umweltrelevanten Mehrkosten betragen. Davon unberührt bleiben allfällige Zuschläge gemäß der Verordnung (EU) Nr. 651/2014.

(4) Fördercalls haben mindestens einmal jährlich zu erfolgen. Sie sind unter Angabe der je Kategorie und Fördercall zur Verfügung stehenden Mittel mit Verordnung gemäß § 58 festzulegen und auf der Internetseite der EAG-Förderabwicklungsstelle bekanntzumachen. Die Frist zur Einreichung der Anträge darf zwei Wochen nicht unterschreiten.

(5) Anträge, die innerhalb der Einreichfrist eines Fördercalls bei der EAG-Förderabwicklungsstelle einlangen, werden nach dem Zeitpunkt ihres Einlangens bei der EAG-Förderabwicklungsstelle gereiht.

(6) Werden die für einen Fördercall zur Verfügung stehenden Fördermittel in einer Kategorie nicht ausgeschöpft, sind die verbleibenden Mittel zur Bedeckung der Förderanträge in der anderen Kategorie zu verwenden. Hiernach verbleibende Fördermittel sind den Fördermitteln der jeweiligen Kategorie im nachfolgenden Fördercall desselben Jahres zuzuschlagen. Nicht ausgeschöpfte Mittel am Ende eines Kalenderjahres sind den Fördermitteln des Folgejahres entsprechend zuzuschlagen, soweit keine Verschiebung der Fördermittel zugunsten des Vergabevolumens für Betriebsförderungen oder eine Kürzung der

Fördermittel nach § 7 erfolgt. Werden die Fördermittel in drei aufeinanderfolgenden Jahren nicht ausgeschöpft, können die nicht ausgeschöpften Mittel unter Berücksichtigung der Ergebnisse des EAG-Monitoringberichts gemäß § 90 durch Verordnung gemäß § 58 anderen Technologien und Förderarten zugeschlagen werden.

(7) Die Anlage ist innerhalb von 36 Monaten nach Abschluss des Fördervertrages in Betrieb zu nehmen. Diese Frist kann abweichend von § 55 Abs. 8 einmal um bis zu zwölf Monate verlängert werden, wenn der Fördernehmer glaubhaft darlegt, dass die Ursachen für die nicht-fristgerechte Inbetriebnahme nicht in seinem Einflussbereich liegen.

Investitionszuschüsse für Windkraftanlagen

§ 57. (1) Die Neuerrichtung einer Windkraftanlage mit einer Engpassleistung von 20 kW bis 1 MW kann durch Investitionszuschuss gefördert werden.

(2) Die jährlichen Fördermittel für Investitionszuschüsse gemäß Abs. 1 betragen mindestens eine Million Euro, vorbehaltlich allfälliger Kürzungen gemäß § 7 oder § 55 Abs. 5.

(3) Mit Verordnung gemäß § 58 sind höchstzulässige Fördersätze pro kW festzulegen, wobei eine Differenzierung nach der Engpassleistung zulässig ist.

(4) Fördercalls haben zumindest einmal jährlich zu erfolgen. Sie sind unter Angabe der zur Verfügung stehenden Mittel mit Verordnung gemäß § 58 festzulegen und auf der Internetseite der EAG–Förderabwicklungsstelle bekanntzumachen. Die Frist zur Einreichung der Anträge darf zwei Wochen nicht unterschreiten.

(5) Der Förderwerber hat im Förderantrag den Förderbedarf in Euro pro kW anzugeben. Förderanträge, die innerhalb der Einreichfrist eines Fördercalls bei der EAG–Förderabwicklungsstelle einlangen, werden nach der Höhe des bei der Antragstellung angegebenen Förderbedarfs gereiht, beginnend mit dem niedrigsten Förderbedarf pro kW. Bei gleichem Förderbedarf pro kW wird jener Antrag vorgereiht, der zuerst bei der EAG–Förderabwicklungsstelle eingelangt ist. Übersteigt der im Antrag angegebene Förderbedarf pro kW den höchstzulässigen Fördersatz, ist der Antrag auszuscheiden.

(6) Die Höhe des Investitionszuschusses bestimmt sich aus dem angegebenen Förderbedarf pro kW und ist mit maximal 30% des unmittelbar für die Errichtung erforderlichen Investitionsvolumens (exklusive Grundstückskosten) begrenzt. In allen Fällen darf die Höhe des Investitionszuschusses nicht mehr als 45% der umweltrelevanten Mehrkosten betragen. Davon unberührt bleiben allfällige Zuschläge gemäß der Verordnung (EU) Nr. 651/2014.

(7) Werden die für einen Fördercall zur Verfügung stehenden Fördermittel nicht ausgeschöpft, sind die verbleibenden Mittel den Fördermitteln im nachfolgenden Fördercall desselben Jahres zuzuschlagen. Nicht ausgeschöpfte Mittel am Ende eines Kalenderjahres sind den Fördermitteln des Folgejahres zuzuschlagen, soweit keine Verschiebung der Fördermittel zugunsten des Vergabe- oder Ausschreibungsvolumens für Betriebsförderungen oder eine Kürzung der Fördermittel nach § 7 erfolgt. Werden die Fördermittel in drei aufeinanderfolgenden Jahren nicht ausgeschöpft, können die nicht ausgeschöpften Mittel unter Berücksichtigung der Ergebnisse des EAG-Monitoringberichts gemäß § 90 durch Verordnung gemäß § 58 anderen Technologien und Förderarten zugeschlagen werden.

(8) Die Anlage ist innerhalb von zwölf Monaten nach Abschluss des Fördervertrages in Betrieb zu nehmen.

Investitionszuschüsse für Anlagen auf Basis von Biomasse

§ 57a. (1) Die Neuerrichtung einer Anlage auf Basis von Biomasse mit einer Engpassleistung bis 50 kW_{el} und die Erweiterung einer Anlage auf Basis von Biomasse für die ersten 50 kW_{el} Engpassleistung der Erweiterung können durch Investitionszuschuss gefördert werden, wenn die Anlage

1. einen Brennstoffnutzungsgrad von mindestens 60% erreicht,
2. dem Stand der Technik entsprechende Maßnahmen zur Vermeidung von Feinstaub aufweist,
3. über einen dem Stand der Technik entsprechenden Wärmezähler verfügt und
4. über ein Konzept der Rohstoffversorgung zumindest für die ersten fünf Betriebsjahre verfügt.

(2) Die jährlichen Fördermittel für Investitionszuschüsse gemäß Abs. 1 betragen mindestens vier Millionen Euro, vorbehaltlich allfälliger Kürzungen gemäß § 7 oder § 55 Abs. 5.

(3) Mit Verordnung gemäß § 58 sind höchstzulässige Fördersätze pro kW_{el} festzulegen.

(4) Fördercalls haben zumindest einmal jährlich zu erfolgen. Sie sind unter Angabe der zur Verfügung stehenden Mittel mit Verordnung gemäß § 58 festzulegen und auf der Internetseite der EAG-Förderabwicklungsstelle bekanntzumachen. Die Frist zur Einreichung der Anträge darf zwei Wochen nicht unterschreiten.

(5) Der Förderwerber hat im Förderantrag den Förderbedarf in Euro pro kW_{el} anzugeben. Förderanträge, die innerhalb der Einreichfrist eines Fördercalls bei der EAG-Förderabwicklungsstelle einlangen, werden nach der Höhe des bei der Antragstellung angegebenen Förderbedarfs gereiht, beginnend mit dem niedrigsten Förderbedarf pro kW_{el}. Bei gleichem Förderbedarf pro

kW_{el} wird jener Antrag vorgereiht, der zuerst bei der EAG-Förderabwicklungsstelle eingelangt ist. Übersteigt der im Antrag angegebene Förderbedarf pro kW_{el} den höchstzulässigen Fördersatz, ist der Antrag auszuscheiden.

(6) Die Höhe des Investitionszuschusses bestimmt sich aus dem angegebenen Förderbedarf pro kW_{el} und ist mit maximal 30% des unmittelbar für die Errichtung oder Erweiterung erforderlichen Investitionsvolumens (exklusive Grundstückskosten) begrenzt. In allen Fällen darf die Höhe des Investitionszuschusses nicht mehr als 45% der umweltrelevanten Mehrkosten betragen. Davon unberührt bleiben allfällige Zuschläge gemäß der Verordnung (EU) Nr. 651/2014.

(7) Werden die für einen Fördercall zur Verfügung stehenden Fördermittel nicht ausgeschöpft, sind die verbleibenden Mittel den Fördermitteln im nachfolgenden Fördercall desselben Jahres zuzuschlagen. Nicht ausgeschöpfte Mittel am Ende eines Kalenderjahres sind den Fördermitteln des Folgejahres zuzuschlagen, soweit keine Verschiebung der Fördermittel zugunsten des Vergabe- oder Ausschreibungsvolumens für Betriebsförderungen oder eine Kürzung der Fördermittel nach § 7 erfolgt. Werden die Fördermittel in drei aufeinanderfolgenden Jahren nicht ausgeschöpft, können die nicht ausgeschöpften Mittel unter Berücksichtigung der Ergebnisse des EAG-Monitoringberichts gemäß § 90 durch Verordnung gemäß § 58 anderen Technologien und Förderarten zugeschlagen werden.

(8) Die Anlage, sofern eine Erweiterung erfolgt, die erweiterte Anlage, ist innerhalb von zwölf Monaten nach Abschluss des Fördervertrages in Betrieb zu nehmen.

Verordnung für die Gewährung von Investitionszuschüssen

§ 58. (1) Die Bundesministerin für Klimaschutz, Umwelt, Energie, Mobilität, Innovation und Technologie hat im Einvernehmen mit dem Bundesminister für Land- und Forstwirtschaft, Regionen und Wasserwirtschaft in Übereinstimmung mit den Zielen und Grundsätzen dieses Bundesgesetzes mit Verordnung nähere Bestimmungen zur Durchführung und Abwicklung der Investitionsförderung festzulegen, einschließlich Bestimmungen betreffend

1. Fördercalls und das Verfahren der Förderungsvergabe,
2. Fördersätze und Abschläge,
3. förderbare Investitionskosten und Ausschluss der Förderbarkeit durch den Bezug anderer staatlicher Förderungen,
4. Rechte und Pflichten der Fördernehmer,
5. persönliche und sachliche Voraussetzungen für das Erlangen von Investitionszuschüssen,
6. Auszahlung, Kontrolle, Einstellung und Rückzahlung der Förderung und
7. den Inhalt der Förderverträge.

(2) Die Bundesministerin für Klimaschutz, Umwelt, Energie, Mobilität, Innovation und Technologie wird bei der Erstellung der Verordnung vom Energiebeirat (§ 20 des Energie–Control-Gesetzes) beraten.

3. Teil
Erneuerbares Gas
1. Hauptstück
Investitionszuschüsse für die Errichtung oder Umrüstung von Anlagen
Allgemeine Bestimmungen

§ 59. (1) Auf Antrag können Anlagen gemäß § 60, die an das öffentliche Gasnetz angeschlossen sind, und Anlagen gemäß § 61 und § 62 in Form eines Investitionszuschusses gefördert werden.

(2) Anträge auf Gewährung von Investitionszuschüssen sind vor dem Beginn der Arbeiten für die zu fördernde Maßnahme nach Aufforderung zur Einreichung innerhalb eines befristeten Zeitfensters (Fördercall) bei der EAG–Förderabwicklungsstelle über die von der EAG–Förderabwicklungsstelle bereitzustellende elektronische Anwendung einzubringen.

(3) Dem Antrag sind die in der Verordnung gemäß § 63 vorgesehenen Unterlagen anzuschließen.

(4) Anträge auf Gewährung von Investitionszuschüssen sind, sofern nicht anders bestimmt, nach dem Zeitpunkt ihres Einlangens bei der EAG–Förderabwicklungsstelle zu reihen und in der Reihenfolge ihres Einlangens zu behandeln.

(5) Investitionszuschüsse sind nach Maßgabe und unter der Voraussetzung der vorhandenen Fördermittel zu gewähren und auszubezahlen. Jener Antrag, der die maximalen Fördermittel eines Fördercalls erstmals überschreitet, ist in diesem Fördercall noch zu berücksichtigen, sofern noch zumindest 50% der zur Bedeckung des Antrags erforderlichen Mittel vorhanden sind. In diesem Fall sind die Fördermittel des nachfolgenden Fördercalls entsprechend zu reduzieren. Anträge, die im Rahmen eines Fördercalls nicht bedeckt werden können, gelten als zurückgezogen.

(6) Über die Gewährung des Investitionszuschusses entscheidet die Bundesministerin für Klimaschutz, Umwelt, Energie, Mobilität, Innovation und Technologie, sofern die Förderhöhe je Förderempfänger insgesamt 100 000 Euro überschreitet unter Bedachtnahme auf die Empfehlung des Energiebeirates (§ 20 des Energie-Control-Gesetzes). Der Abschluss eines Vertrages erfolgt durch die EAG–Förderabwicklungsstelle im Namen der Bundesministerin. Ein Rechtsanspruch auf Förderung besteht nicht.

(7) Der Investitionszuschuss ist mit der Inbetriebnahme der Anlage und der erfolgten Prüfung der entsprechenden Endabrechnungsunterlagen

über die Investitionshöhe durch die EAG–Förderabwicklungsstelle auszubezahlen. Vor Auszahlung ist der EAG–Förderabwicklungsstelle die Inbetriebnahme und die Registrierung in der Herkunftsnachweisdatenbank gemäß § 81 nachzuweisen. Akontierungszahlungen sind bei Vorliegen von Sicherheiten zulässig.

(8) Wird die Anlage nicht innerhalb der in den §§ 60 Abs. 7, 61 Abs. 8 und 62 Abs. 9 jeweils vorgesehenen Frist in Betrieb genommen, gilt der Antrag auf Investitionszuschuss als zurückgezogen und der Fördervertrag als aufgelöst. Die dadurch freiwerdenden Fördermittel sind dem nachfolgenden Fördercall entsprechend zuzuschlagen. Die Frist kann von der EAG–Förderabwicklungsstelle, sofern in den nachfolgenden Bestimmungen nicht anders bestimmt, einmal um bis zu sechs Monate verlängert werden, wenn der Fördernehmer glaubhaft darlegt, dass die Ursachen für die nicht-fristgerechte Inbetriebnahme nicht in seinem Einflussbereich liegen.

(9) Bei der Gewährung des Investitionszuschusses ist sicherzustellen, dass die unionsrechtlichen Beihilfebestimmungen eingehalten werden. Ob und welche staatlichen Förderungen den Bezug eines Investitionszuschusses nach diesem Teil ausschließen, ist durch Verordnung gemäß § 63 zu bestimmen.

Investitionszuschüsse für die Umrüstung bestehender Biogasanlagen

§ 60. (1) Die Umrüstung einer bestehenden Biogasanlage zur Erzeugung und Aufbereitung von erneuerbarem Gas entsprechend den Anforderungen der anwendbaren Regeln der Technik gemäß § 7 Abs. 1 Z 53 GWG 2011 kann durch Investitionszuschuss gefördert werden, wenn

1. die eingesetzten Brennstoffe höchstens zu 50% aus den Kulturarten Getreide und Mais bestehen und
2. ein Konzept über die Rohstoffversorgung sowie zur Verwertung der anfallenden Biogasgülle (Gärrest) zumindest für die ersten fünf Betriebsjahre vorliegt.

Ein Investitionszuschuss ist ausschließlich für die Errichtung der Gasaufbereitungsanlage, für die Umrüstung der Anlage im Zusammenhang mit geändertem Rohstoffeinsatz sowie für eine allfällige Leistungserweiterung der Erzeugung im Zuge der Umrüstung zu gewähren.

(2) Förderwerber, die nach dem 31. Dezember 2024 einen Förderantrag bei der EAG–Förderabwicklungsstelle einbringen, haben abweichend von Abs. 1 Z 1 nachzuweisen, dass die eingesetzten Brennstoffe höchstens zu 30% aus der Kulturart Getreide und anderen Kulturpflanzen mit hohem Stärkegehalt, Zuckerpflanzen und Ölpflanzen bestehen. Förderwerber, die nach dem 31. Dezember 2026 einen Förderantrag bei der EAG–Förderabwicklungsstelle einbringen, haben abweichend von Abs. 1 Z 1 nachzuweisen, dass die eingesetzten Brennstoffe höchstens zu 15% aus der Kulturart Getreide und anderen Kulturpflanzen mit hohem Stärkegehalt, Zuckerpflanzen und Ölpflanzen bestehen.

(3) Die jährlichen Fördermittel für Investitionszuschüsse gemäß Abs. 1 und 2 betragen 15 Millionen Euro, vorbehaltlich allfälliger Anpassungen gemäß § 59 Abs. 5. Abweichend von § 59 Abs. 5 letzter Satz bleiben Anträge, die die maximalen Fördermittel eines Fördercalls überschreiten, nach Prüfung der Fördervoraussetzungen für nachfolgende Fördercalls gereiht (Warteliste). Förderungen für eine Leistungserweiterung der Erzeugung im Zuge der Umrüstung dürfen im Ausmaß von maximal 30% der jährlich zur Verfügung stehenden Fördermittel vergeben werden.

(4) Die Höhe des Investitionszuschusses ist durch Verordnung gemäß § 63 in Fördersätzen bis zu 45% des unmittelbar für die Errichtung der Gasaufbereitungsanlage, für die Umrüstung der Anlage im Zusammenhang mit geändertem Rohstoffeinsatz sowie für eine allfällige Leistungserweiterung der Erzeugung im Zuge der Umrüstung erforderlichen Investitionsvolumens (exklusive Grundstückskosten) festzulegen. In allen Fällen darf die Höhe des Investitionszuschusses nicht mehr als 45% der umweltrelevanten Mehrkosten betragen. Davon unberührt bleiben allfällige Zuschläge gemäß der Verordnung (EU) Nr. 651/2014.

(5) Fördercalls haben zumindest zweimal jährlich zu erfolgen. Sie sind unter Angabe der für einen Fördercall jeweils zur Verfügung stehenden Mittel mit Verordnung gemäß § 63 festzulegen und auf der Internetseite der EAG–Förderabwicklungsstelle bekanntzumachen. Die Frist zur Einreichung der Anträge darf acht Wochen nicht unterschreiten.

(6) Werden die für einen Fördercall zur Verfügung stehenden Fördermittel nicht ausgeschöpft, können die übrigbleibenden Mittel in den darauffolgenden Fördercall übertragen werden.

(7) Die umgerüstete Anlage ist innerhalb von 24 Monaten nach Abschluss des Fördervertrages in Betrieb zu nehmen. Diese Frist kann von der EAG–Förderabwicklungsstelle einmal um bis zu 24 Monate verlängert werden, wenn der Fördernehmer glaubhaft darlegt, dass die Ursachen für die nicht–fristgerechte Inbetriebnahme nicht in seinem Einflussbereich liegen.

Investitionszuschüsse für zu errichtende Anlagen zur Erzeugung von erneuerbarem Gas

§ 61. (1) Die Neuerrichtung einer Anlage zur Erzeugung und Aufbereitung von erneuerbarem Gas kann durch Investitionszuschuss gefördert werden, wenn die Anlage keine Anlage zur Umwandlung von Strom in Wasserstoff oder synthetisches Gas ist und das erneuerbare Gas ins Gasnetz eingespeist oder direkt im Endverbrauch angewendet wird und bei Einsatz von Biomasse

1. die eingesetzten Brennstoffe höchstens zu 25% aus den Kulturarten Getreide und Mais bestehen und
2. ein Konzept über die Rohstoffversorgung sowie bei anfallender Biogasgülle ein zusätzliches Konzept für deren Verwertung zumindest über die ersten fünf Betriebsjahre vorliegt.

(2) Förderwerber, die nach dem 31. Dezember 2024 einen Förderantrag bei der EAG–Förderabwicklungsstelle einbringen, haben abweichend von Abs. 1 Z 1 nachzuweisen, dass die eingesetzten Brennstoffe ausschließlich aus Biomasse in Form von biologisch abbaubaren Abfällen und/oder Reststoffen bestehen.

(3) Die jährlichen Fördermittel für Investitionszuschüsse gemäß Abs. 1 und 2 betragen 25 Millionen Euro, vorbehaltlich allfälliger Anpassungen gemäß § 59 Abs. 5.

(4) Die Höhe des Investitionszuschusses ist durch Verordnung gemäß § 63 in Fördersätzen bis zu 30% des unmittelbar für die Errichtung der Anlage erforderlichen Investitionsvolumens (exklusive Grundstück) festzulegen.

(5) In allen Fällen darf die Höhe des Investitionszuschusses nicht mehr als 45% der umweltrelevanten Mehrkosten betragen. Davon unberührt bleiben allfällige Zuschläge gemäß der Verordnung (EU) Nr. 651/2014.

(6) Fördercalls zur Einreichung der Förderanträge haben zumindest zweimal jährlich zu erfolgen. Sie sind unter Angabe der für einen Fördercall jeweils zur Verfügung stehenden Mittel durch Verordnung gemäß § 63 festzulegen und auf der Internetseite der EAG–Förderabwicklungsstelle bekanntzumachen. Die Frist zur Einreichung der Anträge darf acht Wochen nicht unterschreiten.

(7) Werden die für einen Fördercall zur Verfügung stehenden Fördermittel nicht ausgeschöpft, können die übrigbleibenden Mittel in den darauffolgenden Fördercall übertragen werden

(8) Die Anlage ist innerhalb von 36 Monaten nach Abschluss des Fördervertrages in Betrieb zu nehmen. Diese Frist kann von der EAG–Förderabwicklungsstelle einmal um bis zu 12 Monate verlängert werden, wenn der Fördernehmer glaubhaft darlegt, dass die Ursachen für die nichtfristgerechte Inbetriebnahme nicht in seinem Einflussbereich liegen.

Investitionszuschüsse für Anlagen zur Umwandlung von Strom in Wasserstoff oder synthetisches Gas

§ 62. (1) Die Errichtung einer Anlage zur Umwandlung von Strom in Wasserstoff oder synthetisches Gas mit einer Mindestleistung von 1 MW kann durch einen Investitionszuschuss gefördert werden, wenn die Anlage ausschließlich zur Produktion von erneuerbaren Gasen genutzt wird und ausschließlich erneuerbare Elektrizität bezieht. Eine Förderung von Anlagen, die gemäß § 22a ElWOG 2010 von Netzbetreibern errichtet und betrieben werden oder Wasserstoff zu Erdgas im öffentlichen Gasnetz beimengen, ist ausgeschlossen.

(2) Die jährlichen Fördermittel für Investitionszuschüsse gemäß Abs. 1 und 5 betragen 40 Millionen Euro, vorbehaltlich allfälliger Anpassungen gemäß Abs. 8 oder § 59 Abs. 5.

(3) Abweichend von § 59 Abs. 4 kann mit Verordnung gemäß § 63 eine Reihung der Anträge anhand von Kriterien in Bezug auf den Einsatzzweck des Gases oder die Höhe der Treibhausgaseinsparungen festgelegt werden.

(4) Für Anlagen gemäß Abs. 1 ist ein Investitionszuschuss durch Verordnung gemäß § 63 in Fördersätzen bis zu 45% des unmittelbar für die Errichtung der Anlage erforderlichen Investitionsvolumens (exklusive Grundstück) festzulegen. Für Anlagen, die netzdienlich betrieben werden, kann in der Verordnung ein besonderer Investitionszuschuss gewährt werden.

(5) Für Anlagen mit einer Mindestleistung von 0,5 MW und einer Höchstleistung von unter 1 MW ist ein Investitionszuschuss durch Verordnung gemäß § 63 in Fördersätzen bis zu 20% des unmittelbar für die Errichtung der Anlage erforderlichen Investitionsvolumens (exklusive Grundstück) festzulegen.

(6) In allen Fällen darf die Höhe des Investitionszuschusses nicht mehr als 45% der umweltrelevanten Mehrkosten betragen. Davon unberührt bleiben allfällige Zuschläge gemäß der Verordnung (EU) Nr. 651/2014.

(7) Fördercalls zur Einreichung der Förderanträge haben zumindest einmal jährlich zu erfolgen. Sie sind unter Angabe der für einen Fördercall jeweils zur Verfügung stehenden Mittel durch Verordnung gemäß § 63 festzulegen und auf der Internetseite der EAG–Förderabwicklungsstelle bekanntzumachen. Die Frist zur Einreichung der Anträge darf acht Wochen nicht unterschreiten.

(8) Sind für die Förderung einer Anlage mehr als 30% der im jeweiligen Jahr zur Verfügung stehenden Fördermittel erforderlich, können zur Bedeckung des Antrags bis zu 30% der jährlichen Fördermittel der Folgejahre herangezogen werden. In diesem Fall sind die jährlichen Fördermittel der Folgejahre entsprechend zu reduzieren. Werden die für einen Fördercall zur Verfügung stehenden Fördermittel nicht ausgeschöpft, sind die übrigbleibenden Mittel in den darauffolgenden Fördercall zu übertragen.

(9) Die Anlage ist innerhalb von 36 Monaten nach Abschluss des Fördervertrages in Betrieb zu nehmen. Diese Frist kann von der EAG–Förderabwicklungsstelle einmal um bis zu einem

Jahr verlängert werden, wenn der Fördernehmer glaubhaft darlegt, dass die Ursachen für die nichtfristgerechte Inbetriebnahme nicht in seinem Einflussbereich liegen.

Verordnung für die Gewährung von Investitionszuschüssen

§ 63. (1) Die Bundesministerin für Klimaschutz, Umwelt, Energie, Mobilität, Innovation und Technologie hat im Einvernehmen mit dem Bundesminister für Land- und Forstwirtschaft, Regionen und Wasserwirtschaft in Übereinstimmung mit den Zielen und Grundsätzen dieses Bundesgesetzes mit Verordnung nähere Bestimmungen zur Durchführung und Abwicklung der Investitionsförderung festzulegen, einschließlich Bestimmungen betreffend

1. Fördercalls und das Verfahren der Förderungsvergabe
2. Fördersätze (gegebenenfalls unter Berücksichtigung eines systemdienlichen Betriebs)
3. förderbare Investitionskosten und Ausschluss der Förderbarkeit durch den Bezug anderer staatlicher Förderungen,
4. Rechte und Pflichten der Fördernehmer,
5. persönliche und sachliche Voraussetzungen für das Erlangen von Investitionszuschüssen,
6. Auszahlung, Kontrolle, Einstellung und Rückzahlung der Förderung,
7. den Inhalt der Förderverträge.

(2) Die Bundesministerin wird bei der Erstellung der Verordnung vom Energiebeirat (§ 20 des Energie-Control-Gesetzes) beraten.

2. Hauptstück
Servicestelle für erneuerbare Gase

Betrauung

§ 64. (1) Um die Rahmenbedingungen für den Ausbau von erneuerbarem Gas zu schaffen, wird eine Servicestelle für erneuerbare Gase eingerichtet. Die Bundesministerin für Klimaschutz, Umwelt, Energie, Mobilität, Innovation und Technologie hat zur Besorgung der Aufgaben der Servicestelle (§ 65) mittels Vertrag eine geeignete Stelle zu betrauen.

(2) Der Vertrag mit der Servicestelle für erneuerbare Gase hat insbesondere folgende Regelungen zu enthalten:

1. die Verpflichtung der Servicestelle, die ihr übertragenen Aufgaben nach den Bestimmungen dieses Bundesgesetzes und den auf Grundlage dieses Bundesgesetzes erlassenen Verordnungen und Richtlinien durchzuführen;
2. Detailregelungen zu den Einfluss-, Einsichts- und Aufsichtsrechten der Bundesministerin für Klimaschutz, Umwelt, Energie, Mobilität, Innovation und Technologie;
4. ein angemessenes Entgelt, wobei dieses unter Berücksichtigung des tatsächlichen Aufwandes festzusetzen ist;
5. die Vertragsauflösungsgründe;
6. den Gerichtsstand.

(3) Der Vertrag gemäß Abs. 2 ist befristet auf eine Dauer von fünf Jahren abzuschließen. Eine einmalige Verlängerung des Vertrages durch die Bundesministerin für Klimaschutz, Umwelt, Energie, Mobilität, Innovation und Technologie um bis zu fünf Jahre ist zulässig. Die Verlängerung ist dem Auftragnehmer spätestens sechs Monate vor Ablauf des Vertrages mitzuteilen.

(4) Die Servicestelle für erneuerbare Gase hat ihre Aufgaben gemäß § 65 unter Bedachtnahme auf die Grundsätze der Sparsamkeit, Wirtschaftlichkeit und Zweckmäßigkeit wahrzunehmen.

Aufgaben und Kontrolle

§ 65. (1) Zu den Aufgaben der Servicestelle zählen insbesondere:

1. das Anbieten von Informationen und das Beraten von Produzenten bzw. Erzeugern erneuerbarer Gase;
2. das Einrichten einer elektronischen Plattform, die den Austausch von Angebot und Nachfrage nach Finanzdienstleistungen zwischen Produzenten bzw. Erzeugern von erneuerbaren Gasen sowie Anbietern von Finanzdienstleistungen fördert;
3. das Aufbereiten von Kriterien für Musterverträge, die den Produzenten bzw. Erzeugern von erneuerbaren Gasen für ihre Verträge über die Abnahme des erneuerbaren Gases mit den Versorgern sowie mit den Anbietern von Finanzdienstleistungen zur Verfügung zu stellen oder zugänglich zu machen sind;
4. die Beobachtung des Marktes für erneuerbare Gase und die Erarbeitung eines Marktberichtes samt Vorschlägen zur weiteren Entwicklung, welcher einmal jährlich der Bundesministerin für Klimaschutz, Umwelt, Energie, Mobilität, Innovation und Technologie vorzulegen ist;
5. das Aufzeigen von Standorten, die für weitere Investitionen im Bereich erneuerbares Gas technisch und ökonomisch geeignet sind;
6. Führung, Aktualisierung und Veröffentlichung einer Liste von verpflichteten Versorgern bei Einführung einer Grün-Gas-Quote;
7. Führung, Aktualisierung und Veröffentlichung einer Liste von den Produzenten bzw. Erzeugern von erneuerbaren Gasen.

(2) Die Regulierungsbehörde und der Verteilergebietsmanager gemäß § 17 GWG 2011 sind verpflichtet, der Servicestelle die zur Erfüllung ihrer Aufgaben gemäß Abs. 1 Z 5, 6 und 7 erforderlichen Daten auf Anfrage zu übermitteln.

(3) Das Entgelt für die Tätigkeit der Servicestelle wird aus den Mitteln gemäß § 71 Abs. 2 gedeckt.

(4) Für die Prüfung der Tätigkeit der Servicestelle nach diesem Bundesgesetz hat die Bundesministerin für Klimaschutz, Umwelt, Energie, Mobilität, Innovation und Technologie einen Wirtschaftsprüfer zu bestellen, der nicht mit dem nach den unternehmensrechtlichen Bestimmungen zu bestellenden Abschlussprüfer identisch ist. Der Wirtschaftsprüfer hat auch die Angemessenheit des jährlich festzustellenden Entgelts und die Kosten zu prüfen. Der Wirtschaftsprüfer hat das Ergebnis der Prüfung der Bundesministerin für Klimaschutz, Umwelt, Energie, Mobilität, Innovation und Technologie umgehend vorzulegen.

(5) Der Bundesministerin für Klimaschutz, Umwelt, Energie, Mobilität, Innovation und Technologie obliegt die Aufsicht über die Servicestelle. Sie ist befugt, ihr Anordnungen zu erteilen. Der Bundesministerin für Klimaschutz, Umwelt, Energie, Mobilität, Innovation und Technologie ist jederzeit Einsicht in die Unterlagen zu gewähren und von der Servicestelle Auskünfte über ihre Tätigkeiten zu erteilen sowie auf Verlangen entsprechende Berichte zu übermitteln.

(6) Die Servicestelle hat der Bundesministerin für Klimaschutz, Umwelt, Energie, Mobilität, Innovation und Technologie jährlich einen Bericht über ihre Geschäftstätigkeit zu übermitteln und zu veröffentlichen.

(7) Die Servicestelle unterliegt hinsichtlich ihrer Tätigkeit nach diesem Bundesgesetz der Kontrolle durch den Rechnungshof.

4. Teil
EAG–Förderabwicklungsstelle

Abwicklungsvertrag

§ 66. (1) Die Bundesministerin für Klimaschutz, Umwelt, Energie, Mobilität, Innovation und Technologie hat zur Besorgung der in § 67 Abs. 1 genannten Aufgaben mittels Vertrag eine Abwicklungsstelle (EAG–Förderabwicklungsstelle) zu betrauen.

(2) Der Vertrag mit der EAG–Förderabwicklungsstelle hat insbesondere folgende Regelungen zu enthalten:

1. die Verpflichtung der Abwicklungsstelle, die ihr übertragenen Aufgaben nach den Bestimmungen dieses Bundesgesetzes und den auf Grundlage dieses Bundesgesetzes erlassenen Verordnungen und Richtlinien durchzuführen;
2. die Verpflichtung der Abwicklungsstelle, für die Abwicklung der Förderungen einen gesonderten Rechnungskreis zu führen;
3. Detailregelungen zu den Einfluss-, Einsicht- und Aufsichtsrechten der Bundesministerin für Klimaschutz, Umwelt, Energie, Mobilität, Innovation und Technologie;
4. ein angemessenes Entgelt zur Abdeckung der Aufwendungen gemäß § 69 Abs. 1;
5. die Vertragsauflösungsgründe;
6. den Gerichtsstand.

(3) Die EAG–Förderabwicklungsstelle hat die ihr übertragenen Aufgaben mit der Sorgfalt eines ordentlichen Kaufmannes sparsam, wirtschaftlich und zweckmäßig zu erfüllen.

Aufgaben der EAG–Förderabwicklungsstelle

§ 67. (1) Die Aufgaben der EAG–Förderabwicklungsstelle sind jedenfalls:

1. die Vergabe, Abwicklung und Kontrolle von Förderungen nach diesem Bundesgesetz;
2. die Veröffentlichung der jährlichen Ausschreibungsvolumen, Vergabevolumen bzw. Fördermittel für jede Technologie und Förderart auf ihrer Internetseite bis zum 22. Jänner jeden Jahres;
3. die Führung der EAG–Förderdatenbank gemäß § 68.

(2) Die EAG–Förderabwicklungsstelle ist im Rahmen ihrer Möglichkeiten verpflichtet, alle Maßnahmen zur Beschaffung der erforderlichen Finanzmittel zu ergreifen, einschließlich Fremdmittel aufzunehmen. Die Aufnahme von Fremdmitteln erfordert die ausdrückliche Zustimmung der Bundesministerin für Klimaschutz, Umwelt, Energie, Mobilität, Innovation und Technologie.

(3) Die EAG–Förderabwicklungsstelle hat der Bundesministerin für Klimaschutz, Umwelt, Energie, Mobilität, Innovation und Technologie sowie der Regulierungsbehörde alle für die Erfüllung ihrer Verpflichtungen nach diesem Bundesgesetz erforderlichen Daten zur Verfügung zu stellen.

EAG–Förderdatenbank

§ 68. (1) Die EAG–Förderabwicklungsstelle ist verpflichtet, für sämtliche Anlagen, die mit der EAG–Förderabwicklungsstelle über einen Fördervertrag nach diesem Bundesgesetz verfügen oder verfügt haben, mittels automationsunterstützter Datenverarbeitung eine Datenbank zu führen (EAG–Förderdatenbank). In die EAG–Förderdatenbank sind pro Anlage mindestens folgende Daten aufzunehmen:

1. Anlagenbezeichnung und Anlagenbetreiber;
2. Art der Anlage und Engpassleistung und gegebenenfalls Speicherkapazität;
3. Art und Umfang der nach diesem Bundesgesetz erhaltenen Förderungen;
4. bei Betriebsförderungen von Anlagen zur Erzeugung von Strom aus erneuerbaren Quellen die in das öffentliche Elektrizitätsnetz abgegebenen Mengen an elektrischer Energie in kWh;
5. Art und Umfang etwaiger weiterer Förderungen;
6. Datum der Inbetriebnahme der Anlage;
7. Datum der Außerbetriebnahme der Anlage;
8. bei Rohstoffeinsatz der Anlage: Art der eingesetzten Rohstoffe.

(2) Die Anlagenbetreiber sind verpflichtet, der EAG–Förderabwicklungsstelle jede Änderung der Daten gemäß Abs. 1 Z 1 bis Z 8 unaufgefordert binnen 14 Tagen nach Änderung schriftlich oder in elektronischer Form mitzuteilen.

Abgeltung der Aufwendungen der EAG–Förderabwicklungsstelle

§ 69. (1) Der EAG–Förderabwicklungsstelle sind folgende Aufwendungen abzugelten:

1. die Aufwendungen für die Gewährung von Marktprämien und Investitionszuschüssen nach dem 2. Teil dieses Bundesgesetzes;
2. die Aufwendungen für die Gewährung von Investitionszuschüssen nach dem 3. Teil dieses Bundesgesetzes;
3. die Aufwendungen für die Technologiefördermittel der Länder gemäß § 78;
4. die mit der Erfüllung der Aufgaben der EAG–Förderabwicklungsstelle gemäß Z 1 verbundenen administrativen und finanziellen Aufwendungen;
5. die mit der Erfüllung der Aufgaben der EAG–Förderabwicklungsstelle gemäß Z 2 verbundenen administrativen und finanziellen Aufwendungen;
6. das der Servicestelle für erneuerbare Gase zu überweisende Entgelt;
7. die abzugeltenden Kosten für die Evaluierung gemäß § 91.

(2) Die Aufwendungen gemäß Abs. 1 Z 1, 3, 4 und 7 sind aus den Fördermitteln gemäß § 71 Abs. 1 zu decken. Die EAG–Förderabwicklungsstelle ist berechtigt, der Ökostromabwicklungsstelle (§§ 31 ff ÖSG 2012) nach Vorlage entsprechender Unterlagen die Differenzbeträge zwischen den in der jeweiligen Periode anfallenden Aufwendungen gemäß Abs. 1 Z 1, 3, 4 und 7 und Eingängen gemäß § 71 Abs. 1 Z 3 bis 7 sowie die zur Bedeckung von Aufwendungen gemäß § 71 Abs. 2 Z 2 benötigten Beträge vierteljährlich vorzuschreiben, erfolgswirksam abzugrenzen und als Forderung oder im Fall von Überdeckung als Verbindlichkeit in die Bilanz einzustellen. Die Ökostromabwicklungsstelle hat diese Differenzbeträge der EAG–Förderabwicklungsstelle nach Vorlage der entsprechenden Unterlagen vierteljährlich bis zum Ablauf des darauffolgenden Quartals zu bevorschussen. Innerhalb der ersten fünf Monate des Folgejahres ist eine Jahresendabrechnung für die vergangene Periode vorzunehmen und ehestmöglich auszugleichen.

(3) Die Aufwendungen gemäß Abs. 1 Z 2, 5 und 6 sind aus den Fördermitteln gemäß § 71 Abs. 2 zu decken. Allfällige Differenzbeträge, die sich in einem Kalenderjahr zwischen den Fördermitteln gemäß § 71 Abs. 2 und den Aufwendungen gemäß Abs. 1 Z 2, 5 und 6 ergeben, sind bilanztechnisch erfolgswirksam abzugrenzen und im nächsten Kalenderjahr durch eine Anpassung des Grüngas-Förderbeitrags auszugleichen. Ein ausgeglichenes Ergebnis zwischen den im Folgejahr zu erwartenden Aufwendungen sowie den in diesem Zeitraum prognostizierten Einnahmen ist anzustreben. Der verbleibende, nicht durch Einnahmen gedeckte Teil der Aufwendungen eines Geschäftsjahres ist im Jahresabschluss der EAG–Förderabwicklungsstelle als Aktivposten anzusetzen und mit den im künftigen Grüngas-Förderbeitrag abgegoltenen Mehreinnahmen zu verrechnen. Übersteigen die Einnahmen die Aufwendungen eines Kalenderjahres, so sind diese Überschüsse als Verrechnungsverbindlichkeiten in die Bilanz der EAG–Förderabwicklungsstelle einzustellen und mit den im künftigen Grüngas-Förderbeitrag in Abzug gebrachten Mehreinnahmen zu verrechnen.

(4) Die Bundesministerin für Klimaschutz, Umwelt, Energie, Mobilität, Innovation und Technologie hat im Rahmen ihrer Aufsichtsfunktion die Aufwendungen der EAG–Förderabwicklungsstelle zu prüfen.

Aufsicht und Kontrolle

§ 70. (1) Der Bundesministerin für Klimaschutz, Umwelt, Energie, Mobilität, Innovation und Technologie obliegt die Aufsicht über die EAG–Förderabwicklungsstelle.

(2) Zur Ausübung des Aufsichtsrechts ist die Bundesministerin für Klimaschutz, Umwelt, Energie, Mobilität, Innovation und Technologie zu den Sitzungen des Aufsichtsrats oder dem sonst nach Gesetz oder Satzung einzurichtenden Aufsichtsorgan der EAG–Förderabwicklungsstelle einzuladen. Sie kann sich durch Bedienstete ihres Bundesministeriums vertreten lassen. Die Bundesministerin oder die sie vertretenden Bediensteten nehmen an den Sitzungen des Aufsichtsorgans mit beratender Stimme teil.

(3) Die EAG–Förderabwicklungsstelle unterliegt, unabhängig von ihren Eigentumsverhältnissen, der Kontrolle des Rechnungshofes.

(4) Die EAG–Förderabwicklungsstelle hat der Bundesministerin für Klimaschutz, Umwelt, Energie, Mobilität, Innovation und Technologie für jedes abgelaufene Kalenderjahr einen mit dem Prüfbericht und Bestätigungsvermerk eines Wirtschaftsprüfers versehenen Jahresabschluss samt Lagebericht bis zum 30. Juni des Folgejahres vorzulegen.

5. Teil

Aufbringung und Verwaltung der Fördermittel

Aufbringung der Fördermittel

§ 71. (1) Die Fördermittel für Förderungen nach dem 2. Teil dieses Bundesgesetzes und dem ÖSG 2012 werden aufgebracht:

1. aus der Erneuerbaren-Förderpauschale gemäß § 73, abzüglich jenes Anteils, der für Förderungen nach dem 3. Teil dieses Bundesgesetzes zu verwenden ist;
2. aus dem gemäß § 75 festgelegten Erneuerbaren-Förderbeitrag, abzüglich jenes Anteils, der für Förderungen nach dem 3. Teil dieses Bundesgesetzes zu verwenden ist;
3. aus den vereinnahmten Beträgen der gemäß § 28 zu leistenden Pönalen;
4. aus den vereinnahmten Beträgen der gemäß § 98 und § 55 ÖSG 2012 verhängten Verwaltungsstrafen;
5. aus verfallenen Anzahlungen gemäß § 20 ElWOG 2010;
6. aus Zinsen der veranlagten Mittel nach diesem Absatz;
7. durch sonstige Zuwendungen.

(2) Die Fördermittel für Förderungen nach dem 3. Teil dieses Bundesgesetzes werden aufgebracht:

1. aus dem gemäß § 76 festgelegten Grüngas-Förderbeitrag;
2. für Förderungen gemäß § 62 in einem Ausmaß von 50% aus der Erneuerbaren-Förderpauschale gemäß § 73 und dem gemäß § 75 festgelegten Erneuerbaren-Förderbeitrag;
3. aus allfälligen Bundesmitteln und Unionsmitteln;
4. aus Zinsen der veranlagten Mittel nach diesem Absatz.

(3) Den Netzbetreibern sind bei der Erfüllung ihrer Verpflichtungen nach diesem Teil entstehende Kosten nach Maßgabe der Grundsätze des § 59 ElWOG 2010 im Rahmen der Kostenermittlung anzuerkennen.

Kostenbefreiung für einkommensschwache Haushalte

§ 72. (1) Für den Hauptwohnsitz einer Person, die gemäß § 3 Abs. 5 des Rundfunkgebührengesetzes (RGG), BGBl. I Nr. 159/1999, zum anspruchsberechtigten Personenkreis gehört, sind die Erneuerbaren-Förderpauschale, der Erneuerbaren-Förderbeitrag und der Grüngas-Förderbeitrag nicht zu entrichten.

(2) Für das Verfahren, die Befristung der Befreiung, die Auskunfts-, Vorlage- und Meldepflicht und das Ende der Befreiung gelten § 6 Abs. 1 RGG sowie die §§ 47 bis 50, § 51 Abs. 1 bis 4 und § 53 der Anlage zum Fernmeldegebührengesetz (Fernmeldegebührenordnung), BGBl. Nr. 170/1970, sinngemäß, wobei die GIS Gebühren Info Service GmbH der Regulierungsbehörde sowie dem jeweiligen Netzbetreiber auf Verlangen jederzeit Auskünfte zu den Umständen der Anspruchsberechtigung sowie den Antragstellern zu geben hat.

(3) Die Regulierungsbehörde kann durch Verordnung nähere Regelungen erlassen, insbesondere über

1. das zur Feststellung des Befreiungstatbestandes einzuhaltende Verfahren sowie die Geltendmachung der Befreiung durch den Begünstigten;
2. die Frist, innerhalb der die Erneuerbaren-Förderpauschale, der Erneuerbaren-Förderbeitrag und der Grüngas-Förderbeitrag gegenüber den Begünstigten nicht mehr in Rechnung gestellt werden darf und innerhalb derer der nach Eintritt des Befreiungstatbestandes bezahlte Erneuerbaren-Förderbeitrag, die nach Eintritt des Befreiungstatbestandes bezahlte Erneuerbaren-Förderpauschale bzw. der nach Eintritt des Befreiungstatbestandes bezahlte Grüngas-Förderbeitrag von den Netzbetreibern an die Begünstigten rückzuerstatten bzw. gutzuschreiben ist;
3. die Verpflichtung der Begünstigten, eine Änderung der Einkommensverhältnisse unverzüglich bekannt zu geben sowie einen ausdrücklichen Hinweis auf diese Verpflichtung der Begünstigten;
4. die bei der Antragstellung vorzulegenden und in den Formularen für die Kostenbefreiung nach dieser Bestimmung abzufragenden Daten und die Weitergabe von Daten im erforderlichen Ausmaß;
5. die Art und Weise der Veröffentlichung der Informationen und Formulare zur Kostenbefreiung nach dieser Bestimmung auf der Internetseite der GIS Gebühren Info Service GmbH;
6. eine angemessene Abgeltung der Leistungen der GIS Gebühren Info Service GmbH durch die Ökostromabwicklungsstelle.

Die Verordnung hat eine rasche, einfache und verwaltungsökonomische Abwicklung der Aufgaben der GIS Gebühren Info Service GmbH zu gewährleisten.

(4) Die Datenübermittlung der GIS Gebühren Info Service GmbH an die Regulierungsbehörde und die Netzbetreiber sowie die Datenübermittlung der Netzbetreiber an die GIS Gebühren Info Service GmbH zum Zweck dieser Bestimmung unter Inanspruchnahme von bestehenden Datenverarbeitungsprozessen (§ 19a ElWOG 2010) ist zulässig. Nähere Vorgaben hierzu können von der Regulierungsbehörde in der Verordnung gemäß Abs. 3 festgelegt werden.

(5) Der Anspruch auf eine Befreiung gemäß Abs. 1 erlischt bei Wegfall von zumindest einer der Voraussetzungen sowie bei Verletzung der Auskunfts-, Vorlage- bzw. Meldepflichten gemäß § 51 Abs. 3 Fernmeldegebührenordnung. Die GIS Gebühren Info Service GmbH hat diesen Zeitpunkt den betroffenen Personen sowie dem Netzbetreiber mitzuteilen. Zu Unrecht erlangte Vermögensvorteile sind von der GIS Gebühren Info Service GmbH zurückzufordern und, sofern es Vermögensvorteile aus dem Erneuerbaren-Förderbeitrag und der

Erneuerbaren-Förderpauschale sind, an die Ökostromabwicklungsstelle abzuführen. Zu Unrecht erlangte Vermögensvorteile aus dem Grüngas-Förderbeitrag sind von der GIS Gebühren Info Service GmbH an die EAG–Förderabwicklungsstelle abzuführen.

(6) Die GIS Gebühren Info Service GmbH ist verpflichtet, nach Inkrafttreten dieser Bestimmung mit einem postalischen oder elektronischen Schreiben über die Möglichkeit der Kostenbefreiung nach dieser Bestimmung jene Personen zu informieren, die gemäß § 3 Abs. 5 RGG von der Pflicht zur Entrichtung der Rundfunkgebühren, nicht jedoch gemäß § 46 Abs. 1 ÖSG 2012, BGBl. I Nr. 75/2011, in der Fassung vor der Novelle BGBl. I Nr. 150/2021, von der Pflicht zur Entrichtung der Ökostrompauschale oder gemäß § 49 Abs. 1 ÖSG 2012, BGBl. I Nr. 75/2011, in der Fassung vor der Novelle BGBl. I Nr. 150/2021, von der Pflicht zur Entrichtung des Ökostromförderbeitrags befreit wurden. Dem Schreiben ist das Formular für die Beantragung der Kostenbefreiung nach dieser Bestimmung beizulegen. Die Regulierungsbehörde hat in der Verordnung gemäß Abs. 3 eine angemessene Frist festzulegen, innerhalb derer die GIS Gebühren Info Service GmbH dieser Verpflichtung nachzukommen hat.

(7) Auf die Möglichkeit der Kostenbefreiung nach dieser Bestimmung ist auf den Rechnungen für die Netznutzung gesondert hinzuweisen.

Kostendeckelung für Haushalte

§ 72a. (1) Für den Hauptwohnsitz einer Person, deren Haushalts-Nettoeinkommen den gemäß § 48 Abs. 1 Fernmeldegebührenordnung festgesetzten Befreiungsrichtsatz nicht überschreitet, dürfen die Gesamtkosten für die Erneuerbaren–Förderpauschale und den Erneuerbaren–Förderbeitrag einen Betrag von 75 Euro jährlich nicht übersteigen. Bei der Berechnung des Nettoeinkommens sind § 48 Abs. 1, 3, 4 und 5 der Fernmeldegebührenordnung anzuwenden.

(2) Für das Verfahren, die Befristung der Kostendeckelung, die Auskunfts-, Vorlage- und Meldepflicht und das Ende der Kostendeckelung gelten § 6 Abs. 1 RGG, § 49 Z 1 bis 4 erster Satz, § 50 Abs. 2 bis 6, § 51 Abs. 1, Abs. 2 erster Satz, Abs. 3 und 4 sowie § 53 der Fernmeldegebührenordnung sinngemäß, wobei die GIS Gebühren Info Service GmbH der Regulierungsbehörde sowie dem jeweiligen Netzbetreiber auf Verlangen jederzeit Auskünfte zu den Umständen der Anspruchsberechtigung sowie den Antragstellern zu geben hat.

(3) Auf die Möglichkeit der Kostendeckelung nach dieser Bestimmung ist auf den Rechnungen für die Netznutzung gesondert hinzuweisen. Im Übrigen gelten die Bestimmungen des § 72 Abs. 3, 4 und 5 sinngemäß.

(4) Kosten gemäß Abs. 1, die den Betrag von 75 Euro übersteigen, sind bis zu einem Betrag von 100 Euro auf die übrigen Endverbraucher, die an die Netzebene gemäß § 63 Z 7 ElWOG 2010 angeschlossen und Verbraucher im Sinne des § 1 Abs. 1 Z 2 des Konsumentenschutzgesetzes (KSchG), BGBl. Nr. 140/1979, sind, zu verteilen. Auf diese Bestimmung sind Unternehmen im Sinne des § 1 Abs. 2 KSchG in geeigneter Weise hinzuweisen, etwa auf den Rechnungen für die Netznutzung und auf der Internetseite der Netzbetreiber. Kosten gemäß Abs. 1, die den Betrag von 100 Euro übersteigen, sind auf alle an das öffentliche Netz angeschlossenen Endverbraucher zu verteilen. Zum Nachweis der Unternehmenseigenschaft sind betroffene Endverbraucher aufzufordern, entsprechende Belege vorzulegen. Nach Vorlage der Nachweise sind Unternehmen die erhöhten Kosten von den Netzbetreibern nicht mehr in Rechnung zu stellen.

Erneuerbaren-Förderpauschale

§ 73. (1) Von allen an das öffentliche Elektrizitätsnetz angeschlossenen Endverbrauchern ist ab dem Kalenderjahr 2024 eine Erneuerbaren-Förderpauschale in Euro pro Zählpunkt zu leisten, die von den Netzbetreibern in Rechnung zu stellen und gemeinsam mit dem jeweiligen Netznutzungsentgelt von den an ihren Netzen angeschlossenen Endverbrauchern einzuheben ist. Die ausschließliche Entnahme von elektrischer Energie zur Aufrechterhaltung der Funktionsfähigkeit von Stromerzeugungsanlagen gilt nicht als Endverbrauch im Sinne dieser Bestimmung. Von der Pflicht zur Leistung der Erneuerbaren-Förderpauschale ausgenommen sind Endverbraucher, die gemäß den §§ 23b bis 23d ElWOG 2010 Netzreserve erbringen, sowie Pumpspeicherkraftwerke.

(1a) Ausnahmen oder Ermäßigungen für Anlagen zur Umwandlung von Strom in Wasserstoff oder synthetisches Gas, sofern die Anlage eine Mindestleistung von 1 MW aufweist, ausschließlich erneuerbare Elektrizität bezieht und nicht in das Gasnetz einspeist, können nach Maßgabe der beihilferechtlichen Regelungen der Europäischen Union, soweit anwendbar, in der Verordnung gemäß Abs. 7 festgelegt werden. Solange dies nicht erfolgt, können solche Ausnahmen unter den Voraussetzungen der Verordnung (EU) Nr. 1407/2013 über die Anwendung der Artikel 107 und 108 des Vertrags über die Arbeitsweise der Europäischen Union auf De-minimis-Beihilfen, ABl. Nr. L 352 vom 24.12.2013 S. 1, in der Fassung der Verordnung (EU) Nr. 2020/972, ABl. Nr. L 215 vom 7.7.2020 S. 3, als De–minimis–Förderungen gewährt werden. Die Ökostromabwicklungsstelle hat auf Ansuchen des Endverbrauchers die Erfüllung der Voraussetzungen einer Ausnahme als De-minimis-Förderung zu prüfen und das Ansuchen bei Vorliegen der Voraussetzungen zu bestätigen. Der Endverbraucher und die EAG-Förderabwicklungsstelle haben der Ökostromabwicklungsstelle die für die Beurteilung erforderlichen Unterlagen zur Verfügung zu stellen. Im Falle des Vorliegens der Voraussetzungen hat die Ökostromabwicklungsstelle dem betroffenen Netzbetreiber sowie dem Endverbraucher die Gewährung einer De-minimis-Förderung mitzuteilen.

(2) Als Berechnungsbasis für die Festsetzung der Erneuerbaren-Förderpauschale mit Verordnung gemäß Abs. 7 ist von folgenden Beträgen auszugehen:
1. für die an den Netzebenen 1 bis 3 angeschlossenen Netznutzer .... 114 438,65 Euro;
2. für die an den Netzebenen 4 angeschlossenen Netznutzer .... 114 438,65 Euro;
3. für die an die Netzebene 5 angeschlossenen Netznutzer .... 17 002,31 Euro;
4. für die an der Netzebene 6 angeschlossenen Netznutzer .... 1 046,30 Euro;
5. für die an der Netzebene 7 angeschlossenen Netznutzer .... 35,97 Euro.

(3) Divergieren Einspeise- und Bezugsleistung an einem Zählpunkt in dem Maße, dass bei alleiniger Betrachtung der Bezugsleistung der Anschluss an eine andere Netzebene als an die tatsächlich angeschlossene Netzebene erfolgen würde, ist für die Höhe der Erneuerbaren-Förderpauschale die fiktive Netzebene der Bezugsleistung ausschlaggebend.

(4) Bei einer Nutzung des Netzes von weniger als einem Kalenderjahr ist pro angefangenem Kalendermonat ein Zwölftel der jeweiligen Erneuerbaren-Förderpauschale gemäß Abs. 2 und 3 zu entrichten.

(5) Reduziert sich bei Endverbrauchern, die auf der Netzebene 5 oder 6 angeschlossen sind, die bezogene Strommenge für zumindest drei aufeinanderfolgende Monate eines Kalenderjahres um mehr als 80% der in den vergangenen sechs Monaten vor Beginn des reduzierten Bezugszeitraums durchschnittlich bezogenen Strommenge, ist der die Monate des reduzierten Strombezugs, maximal jedoch neun Monate betreffende Anteil der Erneuerbaren-Förderpauschale auf Antrag in einem Ausmaß von 80% rückzuvergüten. Der Anspruch auf Rückvergütung besteht nur, wenn die Anlage ferngesteuert regelbar ist und mit einem Lastprofilzähler oder unterhalb der Grenze des § 17 Abs. 2 ElWOG 2010 mit einem intelligenten Messgerät gemäß § 7 Abs. 1 Z 31 ElWOG 2010 ausgestattet ist. Der Antrag auf Rückvergütung ist nach Ablauf des betreffenden Kalenderjahres bis zum 31. März des Folgejahres beim Netzbetreiber einzubringen, der hiefür auf ein Antragsformular auf seiner Internetseite bereitzustellen hat. Der Netzbetreiber hat den Antrag zu prüfen und bei Vorliegen der Voraussetzungen die Rückvergütung durch die Ökostromabwicklungsstelle zu veranlassen.

(6) Bei Schließungen von Betriebsstätten gemäß § 20 des Epidemiegesetzes 1950, BGBl. Nr. 186/1950, oder gemäß einer auf Grundlage des § 3 COVID–19-Maßnahmengesetzes, BGBl. I Nr. 12/2020, erlassenen Verordnung, ist für den Zeitraum der Schließung keine Erneuerbaren-Förderpauschale zu entrichten. Der Beginn und das Ende der Betriebsschließung sind dem Netzbetreiber anzuzeigen.

(7) Die Bundesministerin für Klimaschutz, Umwelt, Energie, Mobilität, Innovation und Technologie hat im Einvernehmen mit dem Bundesminister für Arbeit und Wirtschaft die für die einzelnen Netzebenen geltenden Erneuerbaren-Förderpauschalen alle drei Jahre mit Verordnung neu festzusetzen. Dabei sind die in Abs. 2 ausgewiesenen Beträge im gleichen Verhältnis derart anzupassen, dass 38% der für Förderungen nach diesem Bundesgesetz und dem ÖSG 2012 sowie des gemäß § 71 Abs. 2 Z 2 festgelegten Anteils für Förderungen nach dem 3. Teil dieses Bundesgesetzes erforderlichen Mittel durch die aus der Verrechnung der Erneuerbaren-Förderpauschale vereinnahmten Mittel abgedeckt werden.

(8) Zur Feststellung der für die Erlassung der Verordnung gemäß Abs. 7 erforderlichen Voraussetzungen kann die Bundesministerin für Klimaschutz, Umwelt, Energie, Mobilität, Innovation und Technologie Sachverständige sowie die Regulierungsbehörde beiziehen.

Einhebung der Erneuerbaren-Förderpauschale

§ 74. (1) Die Erneuerbaren-Förderpauschale ist von den Netzbetreibern den Endverbrauchern in Rechnung zu stellen und vierteljährlich an die Ökostromabwicklungsstelle abzuführen. Die Ökostromabwicklungsstelle ist berechtigt, die Erneuerbaren-Förderpauschale vorab zu pauschalieren und vierteljährlich gegen nachträgliche Abrechnung einzuheben. Die Netzbetreiber und die mit der Verrechnung betraute Stelle haben der Ökostromabwicklungsstelle sämtliche für die Bemessung und Pauschalierung der Erneuerbaren-Förderpauschale erforderlichen Daten und sonstigen Informationen zur Verfügung zu stellen.

(2) Die Erneuerbaren-Förderpauschale ist auf den Rechnungen für die Netznutzung gesondert auszuweisen bzw. gesondert zu verrechnen.

(3) Bei Nichtbezahlung der Erneuerbaren-Förderpauschale durch Endverbraucher sind die Netzbetreiber verpflichtet, die erforderlichen Maßnahmen zur außergerichtlichen oder gerichtlichen Einbringung der Erneuerbaren-Förderpauschale zu ergreifen. In Streitigkeiten zwischen Netzbetreibern und Endverbrauchern sowie der Ökostromabwicklungsstelle und Netzbetreibern, insbesondere auf Leistung der Erneuerbaren-Förderpauschale, entscheiden die ordentlichen Gerichte.

(4) Wurde die Erneuerbaren-Förderpauschale für die Kalenderjahre 2022 oder 2023 bereits in Rechnung gestellt und bezahlt, ist diese von den Netzbetreibern bei der nächsten Rechnung gutzuschreiben. Im Falle der Beendigung des Netzzugangsvertrags ist die für die Kalenderjahre 2022 oder 2023 bereits bezahlte Erneuerbaren–Förderpauschale rückzuerstatten.

Erneuerbaren-Förderbeitrag

§ 75. (1) Zur Abdeckung der für Förderungen nach dem 2. Teil dieses Bundesgesetzes und dem ÖSG 2012 sowie der anteiligen Abdeckung der für Förderungen nach dem 3. Teil dieses Bundesgesetzes erforderlichen Mittel, abzüglich der durch die Erneuerbaren-Förderpauschale vereinnahmten Mittel, ist von allen an das öffentliche Elektrizitätsnetz angeschlossenen Endverbrauchern ein Erneuerbaren-Förderbeitrag im Verhältnis zu den jeweilig zu entrichtenden Netznutzungs- und Netzverlustentgelten zu leisten. Die ausschließliche Entnahme von elektrischer Energie zur Aufrechterhaltung der Funktionsfähigkeit von Stromerzeugungsanlagen gilt nicht als Endverbrauch im Sinne dieser Bestimmung. Von der Pflicht zur Leistung des Erneuerbaren-Förderbeitrags ausgenommen sind Pumpspeicherkraftwerke.

(1a) Ausnahmen oder Ermäßigungen für Anlagen zur Umwandlung von Strom in Wasserstoff oder synthetisches Gas, sofern die Anlage eine Mindestleistung von 1 MW aufweist, ausschließlich erneuerbare Elektrizität bezieht und nicht in das Gasnetz einspeist, können nach Maßgabe der beihilferechtlichen Regelungen der Europäischen Union, soweit anwendbar, in der Verordnung gemäß Abs. 2 festgelegt werden. Solange dies nicht erfolgt, können solche Ausnahmen unter den Voraussetzungen der Verordnung (EU) Nr. 1407/2013 über die Anwendung der Artikel 107 und 108 des Vertrags über die Arbeitsweise der Europäischen Union auf De-minimis-Beihilfen, ABl. Nr. L 352 vom 24.12.2013 S. 1, in der Fassung der Verordnung (EU) Nr. 2020/972, ABl. Nr. L 215 vom 7.7.2020 S. 3, als De–minimis–Förderungen gewährt werden. Die Ökostromabwicklungsstelle hat auf Ansuchen des Endverbrauchers die Erfüllung der Voraussetzungen einer Ausnahme als De-minimis-Förderung zu prüfen und das Ansuchen bei Vorliegen der Voraussetzungen zu bestätigen. Der Endverbraucher und die EAG-Förderabwicklungsstelle haben der Ökostromabwicklungsstelle die für die Beurteilung erforderlichen Unterlagen zur Verfügung zu stellen. Im Falle des Vorliegens der Voraussetzungen hat die Ökostromabwicklungsstelle dem betroffenen Netzbetreiber sowie dem Endverbraucher die Gewährung einer De-minimis-Förderung mitzuteilen.

(2) Die Bundesministerin für Klimaschutz, Umwelt, Energie, Mobilität, Innovation und Technologie hat im Einvernehmen mit dem Bundesminister für Arbeit und Wirtschaft jährlich im Vorhinein durch Verordnung einen Erneuerbaren-Förderbeitrag festzulegen. Auf eine bundesweit gleichförmige Belastung der Endkunden je Netzebene ist bei der Berechnung der Zuschläge Bedacht zu nehmen. Unterjährige Anpassungen sind zulässig.

(3) Der Erneuerbaren-Förderbeitrag ist von den Netzbetreibern in Rechnung zu stellen und gemeinsam mit dem jeweiligen Systemnutzungsentgelt von den an ihre Netze angeschlossenen Endverbrauchern einzuheben. Die Mittel sind in der von der Verordnung gemäß Abs. 2 festgesetzten Höhe von den Netzbetreibern monatlich an die Ökostromabwicklungsstelle abzuführen. Die Ökostromabwicklungsstelle ist berechtigt, den Erneuerbaren-Förderbeitrag vorab zu pauschalieren und monatlich gegen nachträgliche Abrechnung einzuheben. Die Netzbetreiber und die mit der Verrechnung betraute Stelle haben der Ökostromabwicklungsstelle sämtliche für die Bemessung des Erneuerbaren-Förderbeitrags erforderlichen Daten und sonstigen Informationen zur Verfügung zu stellen.

(4) Der Erneuerbaren-Förderbeitrag ist auf den Rechnungen für die Netznutzung gesondert auszuweisen bzw. gesondert zu verrechnen.

(5) Bei der Ermittlung des vom Endverbraucher zu zahlenden Erneuerbaren-Förderbeitrags bleiben innerhalb einer Erneuerbare-Energie-Gemeinschaft erzeugte und verbrauchte Mengen außer Betracht.

(6) Bei Nichtbezahlung des Erneuerbaren-Förderbeitrags durch Endverbraucher sind die Netzbetreiber verpflichtet, die erforderlichen Maßnahmen zur außergerichtlichen oder gerichtlichen Einbringung des Erneuerbaren-Förderbeitrags zu ergreifen. In Streitigkeiten zwischen Netzbetreibern und Endverbrauchern sowie der Ökostromabwicklungsstelle und Netzbetreibern, insbesondere auf Leistung des Erneuerbaren-Förderbeitrags, entscheiden die ordentlichen Gerichte.

(7) Zur Feststellung der für die Erlassung der Verordnung gemäß Abs. 2 erforderlichen Voraussetzungen kann die Bundesministerin für Klimaschutz, Umwelt, Energie, Mobilität, Innovation und Technologie Sachverständige sowie die Regulierungsbehörde beiziehen.

Grüngas-Förderbeitrag

§ 76. (1) Zur anteiligen Abdeckung der Aufwendungen der Servicestelle für erneuerbare Gase und der für Förderungen nach dem 3. Teil dieses Bundesgesetzes erforderlichen Mittel ist von allen an das öffentliche Gas-Verteilernetz angeschlossenen Endverbrauchern ein Grüngas-Förderbeitrag im

Verhältnis zum jeweilig zu entrichtenden Netznutzungsentgelt zu leisten. Auch Beiträge aus Bundesmitteln können zur Abdeckung der Aufwendungen herangezogen werden und sind bei der Bemessung des Grüngas-Förderbeitrags zu berücksichtigen. Zusätzlich können auch Unionsmittel, insbesondere auf Grundlage der Verordnung (EU) 2021/241 zur Einrichtung der Aufbau- und Resilienzfazilität, ABl. Nr. L 57 vom 18.02.2021 S. 17, in der Fassung der Berichtigung ABl. Nr. L 158 vom 06.05.2021 S. 25, herangezogen werden; diese sind bei der Bemessung des Grüngas-Förderbeitrags nicht zu berücksichtigen.

(2) Die Bundesministerin für Klimaschutz, Umwelt, Energie, Mobilität, Innovation und Technologie hat im Einvernehmen mit dem Bundesminister für Arbeit und Wirtschaft jährlich im Vorhinein durch Verordnung einen Grüngas-Förderbeitrag festzulegen. Auf eine bundesweit gleichförmige Belastung der Endverbraucher je Netzebene ist bei der Berechnung der Zuschläge Bedacht zu nehmen. Unterjährige Anpassungen sind zulässig.

(3) Der Grüngas-Förderbeitrag ist von den Netzbetreibern in Rechnung zu stellen und gemeinsam mit dem jeweiligen Systemnutzungsentgelt von den an ihren Netzen angeschlossenen Endverbrauchern einzuheben. Die Mittel sind in der von der Verordnung gemäß Abs. 2 festgesetzten Höhe von den Netzbetreibern monatlich an die EAG–Förderabwicklungsstelle abzuführen. Die EAG–Förderabwicklungsstelle ist berechtigt, den Grüngas-Förderbeitrag vorab zu pauschalieren und monatlich gegen nachträgliche Abrechnung einzuheben. Die Netzbetreiber und die mit der Verrechnung betraute Stelle haben der EAG–Förderabwicklungsstelle sämtliche für die Bemessung des Grüngas-Förderbeitrags erforderlichen Daten und sonstigen Informationen zur Verfügung zu stellen.

(4) Der Grüngas-Förderbeitrag ist auf den Rechnungen für die Netznutzung gesondert auszuweisen bzw. gesondert zu verrechnen.

(5) Bei der Ermittlung des vom Endverbraucher zu zahlenden Grüngas-Förderbeitrags bleiben innerhalb einer Erneuerbare-Energie-Gemeinschaft erzeugte und verbrauchte Mengen außer Betracht.

(6)
Bei Nichtbezahlung des Grüngas-Förderbeitrags durch Endverbraucher sind die Netzbetreiber verpflichtet, die erforderlichen Maßnahmen zur außergerichtlichen oder gerichtlichen Einbringung des Grüngas-Förderbeitrags zu ergreifen. In Streitigkeiten zwischen Netzbetreibern und Endverbrauchern sowie der EAG–Förderabwicklungsstelle und Netzbetreibern, insbesondere auf Leistung des Grüngas-Förderbeitrags, entscheiden die ordentlichen Gerichte.

(7) Zur Feststellung der für die Erlassung der Verordnung gemäß Abs. 2 erforderlichen Voraussetzungen kann die Bundesministerin für Klimaschutz, Umwelt, Energie, Mobilität, Innovation und Technologie Sachverständige sowie die Regulierungsbehörde beiziehen.

Fördermittelkonto

§ 77. (1) Zur Verwaltung der Fördermittel für Förderungen nach diesem Bundesgesetz hat die EAG–Förderabwicklungsstelle ein Konto einzurichten. Dabei sind für Fördermittel nach dem 2. Teil und nach dem 3. Teil dieses Bundesgesetzes jeweils getrennte Rechnungskreise zu führen.

(2) Die EAG–Förderabwicklungsstelle hat die Mittel zinsbringend zu veranlagen. Der Bundesministerin für Klimaschutz, Umwelt, Energie, Mobilität, Innovation und Technologie, der Regulierungsbehörde sowie den herangezogenen Sachverständigen ist jederzeit Einsicht in sämtliche Unterlagen zu gewähren.

(3) Die EAG–Förderabwicklungsstelle hat die Mittel für Tätigkeiten gemäß § 65 vierteljährlich an die Servicestelle für erneuerbare Gase zu überweisen.

Zuweisung von Technologiefördermitteln an die Länder

§ 78. (1) Den Ländern ist zur Förderung der Erzeugung von Energie aus erneuerbaren Quellen ein Betrag von acht Millionen Euro jährlich zur Verfügung zu stellen. Davon sind vier Millionen Euro nach dem Verhältnis der Abgabe von elektrischer Energie aus öffentlichen Netzen an Endverbraucher im jeweiligen Land in einem Kalenderjahr und vier Millionen Euro im Verhältnis des jährlichen Zubaus an Erzeugungsleistung von Anlagen zur Erzeugung von Strom aus erneuerbaren Quellen gegenüber dem jährlichen Gesamtzubau zu bemessen.

(2) Die Mittel gemäß Abs. 1 sind zusätzlich zu den Förderungen nach diesem Bundesgesetz so einzusetzen, dass sie zur Erreichung der Ziele gemäß § 4 beitragen. Eine weitere Eingrenzung des Verwendungszwecks kann bei mangelhafter Erreichung der Ziele gemäß § 4 durch Verordnung der Bundesministerin für Klimaschutz, Umwelt, Energie, Mobilität, Innovation und Technologie im Einvernehmen mit dem Bundesminister für Arbeit und Wirtschaft erfolgen.

(3) Über den Einsatz dieser Mittel ist von jedem Land getrennt an die Bundesministerin für Klimaschutz, Umwelt, Energie, Mobilität, Innovation und Technologie sowie an die Regulierungsbehörde bis spätestens 30. Juni des Folgejahres ein schriftlicher Bericht vorzulegen und zu veröffentlichen. In diesem Bericht sind jedenfalls die unterstützten Projekte mit ihrer Leistung, Technologie und jährlichen Erzeugungsmenge und Treibhausgaseinsparungen jeweils mit Angabe des Unterstützungsausmaßes anzugeben. Die Treibhausgaseinsparungen sind vorab von einer nach dem Akkreditierungsgesetz 2012 (AkkG 2012), BGBl. I

Nr. 28/2012, für relevante Fachgebiete zugelassenen Überwachungs-, Prüf- oder Zertifizierungsstelle zu bestätigen. Bei unvollständiger oder mangelhafter Berichterstattung hat die Auszahlung weiterer Technologiefördermittel bis zur Vorlage eines ordnungsgemäßen Berichts zu unterbleiben.

6. Teil
Erneuerbare-Energie-Gemeinschaften
Allgemeine Bestimmungen

§ 79. (1) Eine Erneuerbare-Energie-Gemeinschaft darf Energie aus erneuerbaren Quellen erzeugen, die eigenerzeugte Energie verbrauchen, speichern oder verkaufen. Weiters darf sie im Bereich der Aggregierung tätig sein und andere Energiedienstleistungen erbringen. Die für die jeweilige Tätigkeit geltenden Bestimmungen sind zu beachten. Die Rechte und Pflichten der teilnehmenden Netzbenutzer, insbesondere die freie Lieferantenwahl, bleiben dadurch unberührt.

(2) Mitglieder oder Gesellschafter einer Erneuerbare-Energie-Gemeinschaft dürfen natürliche Personen, Gemeinden, Rechtsträger von Behörden in Bezug auf lokale Dienststellen und sonstige juristische Personen des öffentlichen Rechts oder kleine und mittlere Unternehmen sein. Eine Erneuerbare-Energie-Gemeinschaft hat aus zwei oder mehreren Mitgliedern oder Gesellschaftern zu bestehen und ist als Verein, Genossenschaft, Personen- oder Kapitalgesellschaft oder ähnliche Vereinigung mit Rechtspersönlichkeit zu organisieren. Ihr Hauptzweck darf nicht im finanziellen Gewinn liegen; dies ist, soweit es sich nicht schon aus der Gesellschaftsform ergibt, in der Satzung festzuhalten. Die Erneuerbare-Energie-Gemeinschaft hat ihren Mitgliedern oder den Gebieten, in denen sie tätig ist, vorrangig ökologische, wirtschaftliche oder sozialgemeinschaftliche Vorteile zu bringen. Die Teilnahme an einer Erneuerbare–Energie–Gemeinschaft ist freiwillig und offen, im Fall von Privatunternehmen darf die Teilnahme nicht deren gewerbliche oder berufliche Haupttätigkeit sein.

(3) Die Regulierungsbehörde hat bis zum Ende des ersten Quartals 2024 eine Kosten-Nutzen-Analyse zu veröffentlichen, die auf Basis nachvollziehbarer Daten unter Berücksichtigung der Evaluierung gemäß § 91 Abs. 3 Aufschluss darüber zu geben hat, ob eine angemessene und ausgewogene Beteiligung der Erneuerbare-Energie-Gemeinschaften sowie Bürgerenergiegemeinschaften gemäß § 16b ElWOG 2010 an den Systemkosten sichergestellt ist. Dies schließt insbesondere die Kosten für Ausgleichsenergie ein, für welche die Regulierungsbehörde gegebenenfalls Vorschläge zur verursachergerechten Aufteilung zu unterbreiten hat. Netzbetreiber, Erneuerbare-Energie-Gemeinschaften und Bürgerenergiegemeinschaften gemäß § 16b ElWOG 2010 haben der Regulierungsbehörde die zu diesem Zweck notwendigen Daten zu übermitteln.

(4) Die Bestimmungen der Gewerbeordnung 1994, BGBl. Nr. 194, sind auf Erneuerbare-Energie-Gemeinschaften nicht anzuwenden.

Förderungen für Erneuerbare-Energie-Gemeinschaften

§ 80. (1) Anlagen von Erneuerbare–Energie–Gemeinschaften können unter Beachtung der geltenden Voraussetzungen nach den Bestimmungen des 2. Hauptstücks des 2. Teils und dem 3. Teil gefördert werden. Die Erneuerbare–Energie–Gemeinschaft hat für jede von ihr betriebene Anlage, gegebenenfalls samt Stromspeicher, jeweils einen Antrag gemäß § 55 in Verbindung mit § 56, § 56a, § 57 oder § 57a bzw. gemäß § 59 in Verbindung mit § 60, § 61 oder § 62 einzubringen.

(2) Innerhalb einer Erneuerbare–Energie–Gemeinschaft erzeugte, jedoch nicht verbrauchte Strommengen können unter Beachtung der geltenden Voraussetzungen nach den Bestimmungen des 1. Hauptstücks des 2. Teils bis zu einem Ausmaß von maximal 50% der innerhalb einer Erneuerbare–Energie–Gemeinschaft insgesamt erzeugten Strommenge durch Marktprämie gefördert werden. Die Berechnung der Marktprämie erfolgt auf Basis der von einer Erneuerbare–Energie–Gemeinschaft vermarkteten und in das öffentliche Elektrizitätsnetz eingespeisten Strommenge. Für die von den Mitgliedern oder Gesellschaftern verbrauchten oder diesen zugeordneten Erzeugungsmengen gebührt keine Marktprämie.

7. Teil
Herkunftsnachweise für erneuerbare Energie
1. Hauptstück
Allgemeine Bestimmungen
Herkunftsnachweisdatenbank

§ 81. (1) Für die Ausstellung, die Überwachung der Übertragung und Entwertung der Herkunftsnachweise wird die Regulierungsbehörde als zuständige Stelle benannt. Die Regulierungsbehörde hat für die Zwecke dieser Bestimmung eine automationsunterstützte Datenbank (Herkunftsnachweisdatenbank) einzurichten.

(2) Ans öffentliche Netz angeschlossene Anlagen zur Erzeugung von Energie aus erneuerbaren Quellen sind vom Anlagenbetreiber, einem Anlagenbevollmächtigten oder durch einen vom Anlagenbetreiber beauftragten Dritten bis zur Inbetriebnahme der Anlage in der Herkunftsnachweisdatenbank der Regulierungsbehörde gemäß Abs. 1 zu registrieren. Bei bestehenden Anlagen ist die Registrierung binnen drei Monaten ab Inkrafttreten dieses Bundesgesetzes vorzunehmen. Bei der Registrierung sind folgende Mindestangaben erforderlich:

1. Anlagenbetreiber und Anlagenbezeichnung;

2. Standort der Anlage;
3. die Art und Engpassleistung der Anlage;
4. die Zählpunktnummer;
5. Bezeichnung des Netzbetreibers, an dessen Netz die Anlage angeschlossen ist;
6. die Menge der erzeugten Energie;
7. die eingesetzten Energieträger;
8. Art und Umfang von Investitionsbeihilfen;
9. Art und Umfang etwaiger weiterer Förderungen;
10. Datum der Inbetriebnahme der Anlage;
11. Datum der Außerbetriebnahme der Anlage.

Die Angaben sind durch den abgeschlossenen Netzzugangsvertrag sowie weitere geeignete Nachweise zu belegen. Die Regulierungsbehörde ist berechtigt, zur Überprüfung der übermittelten Informationen entsprechende Unterlagen nachzufordern; hierzu zählen insbesondere Anlagenaudits und Anlagenbescheide. Eine indirekte Übermittlung von Daten und Informationen für Anlagen, die erneuerbares Gas produzieren, durch den Bilanzgruppenkoordinator oder durch sonstige vom Anlagenbetreiber beauftragte Dritte, ist zulässig.

(3) Der Bilanzgruppenkoordinator oder die Netzbetreiber, an deren Netze Anlagen zur Erzeugung von Energie aus erneuerbaren Quellen angeschlossen sind, haben auf Verlangen des Anlagenbetreibers durch monatliche Eingabe der in das öffentliche Netz eingespeisten Nettoerzeugungsmengen in der Herkunftsnachweisdatenbank die Ausstellung von Herkunftsnachweisen durch die Regulierungsbehörde anzufordern.

(4) Die Netzbetreiber haben Anlagenbetreiber beim Netzzutritt über deren Registrierungspflicht in der Herkunftsnachweisdatenbank zu informieren. Fehlende oder mangelhafte Eintragungen sind vom Netzbetreiber an die Regulierungsbehörde zu melden.

(5) Vorgaben für technische Spezifikationen können von der Bundesministerin für Klimaschutz, Umwelt, Energie, Mobilität, Innovation und Technologie im Einvernehmen mit dem Bundesminister für Arbeit und Wirtschaft mit Verordnung festgelegt werden.

(6) Die Anlagenbetreiber haften für die Richtigkeit ihrer Angaben über die eingesetzten Energieträger.

(7) Die EAG–Förderabwicklungsstelle, die Länder, die Netzbetreiber, der Bilanzgruppenkoordinator, die Erzeuger und die Händler sind verpflichtet, der Regulierungsbehörde die für die Administration und Abwicklung der Ausstellung, Übertragung und Entwertung von Herkunftsnachweisen notwendigen Daten, wie insbesondere Anlagen- und Betreiberdaten sowie Einspeisemengen, auf Verlangen zur Verfügung zu stellen. Diese Datenbekanntgaben können mittels automationsunterstützter Datenverarbeitung und -übermittlung erfolgen.

(8) Die Regulierungsbehörde stellt eine ordnungsgemäße Abwicklung der Datentransfers zwischen der Herkunftsnachweisdatenbank sowie der von der Umweltbundesamt GmbH betriebenen elektronischen Datenerfassung sämtlicher nachhaltiger Biokraftstoffe gemäß der Kraftstoffverordnung 2012, BGBl. II Nr. 398/2012, in der Fassung BGBl. II Nr. 630/2020, und des Bilanzgruppenkoordinators gemäß § 85 GWG 2011 sicher, um Doppelzählungen auszuschließen.

(9) Die in der Herkunftsnachweisdatenbank der Regulierungsbehörde registrierten Betreiber einer Erzeugungsanlage werden von der Regulierungsbehörde in einem Anlagenregister veröffentlicht. Dabei werden folgende Daten öffentlich zugänglich gemacht:

1. zum Einsatz kommende Energiequellen;
2. installierte Leistung der Anlage;
3. Jahreserzeugung;
4. technische Eigenschaften der Anlage und
5. Postleitzahl des Standortes der Anlage, sofern durch die Angabe der Postleitzahl die Identifizierung des Anlagenbetreibers nicht möglich ist; andernfalls ist das Bundesland anzugeben.

Eigenversorgung und die Erzeugung von Energie außerhalb des öffentlichen Netzes

§ 82. (1) Betreiber von Anlagen zur Erzeugung von Energie aus erneuerbaren Quellen, die Energie für die Eigenversorgung erzeugen oder die erzeugte Energie nicht oder nur teilweise in das öffentliche Netz einspeisen, haben ihre Anlagen in der Herkunftsnachweisdatenbank der Regulierungsbehörde gemäß § 81 Abs. 1 zu registrieren. Hinsichtlich der Registrierung gelten die Bestimmungen des § 81 Abs. 2 sinngemäß.

(2) Der Eigenversorgungsanteil ist bei Anlagen zur Erzeugung von Strom aus erneuerbaren Quellen mit einer Engpassleistung von mehr als 100 kW mit einem intelligenten Messgerät gemäß § 7 Abs. 1 Z 31 ElWOG 2010 zu messen. Anlagen zur Erzeugung von Strom aus erneuerbaren Quellen, deren Engpassleistung in Summe weniger als 0,8 kW pro Anlage eines Netzbenutzers beträgt (Kleinsterzeugungsanlagen), und Notstromaggregate sind von der Registrierungspflicht nach Abs. 1 nicht erfasst.

(3) Bei Anlagen zur Erzeugung von Gas aus erneuerbaren Quellen, das nicht in das öffentliche Netz eingespeist wird (Inselanlagen), erfolgt die Messung mittels intelligenter Messgeräte gemäß § 7 Abs. 1 Z 26 GWG 2011, Lastprofilzähler gemäß § 7 Abs. 1 Z 35 GWG 2011 oder Verbrauchsaufzeichnungsmessgeräte gemäß § 2 Z 10 Lastprofilverordnung 2018, BGBl. II Nr. 338/2018.

(4) Sind bestehende Anlagen zur Erzeugung von Strom aus erneuerbaren Quellen nicht mit einem intelligenten Messgerät oder Anlagen zur Erzeugung von Gas aus erneuerbaren Quellen nicht mit einem intelligenten Messgerät, Lastprofilzähler

oder Verbrauchsaufzeichnungsmessgerät (Abs. 3) ausgestattet, sind diese binnen sechs Monaten ab Inkrafttreten dieses Bundesgesetzes zu installieren. Der Zählerstand der in einem Kalenderjahr erzeugten und verbrauchten Energiemenge ist vom Anlagenbetreiber oder von einem vom Anlagenbetreiber beauftragten Dienstleister einmal jährlich an die Regulierungsbehörde zu melden.

Herkunftsnachweise

§ 83. (1) Für jede Einheit erzeugte Energie darf nur ein Herkunftsnachweis ausgestellt werden. Ein Herkunftsnachweis gilt standardmäßig für 1 MWh, wobei eine Untergliederung bis zur dritten Nachkommastelle zulässig ist.

(2) Herkunftsnachweise gelten zwölf Monate ab der Erzeugung der betreffenden Energieeinheit. Ein Herkunftsnachweis ist nach seiner Verwendung zu entwerten. Herkunftsnachweise, die nicht entwertet wurden, werden spätestens 18 Monate nach der Erzeugung der entsprechenden Energieeinheit in der Nachweisdatenbank mit dem Status „verfallen" versehen.

(3) Der Herkunftsnachweis gemäß Abs. 1 hat folgende Angaben zu umfassen:

1. die Menge der erzeugten Energie;
2. Angaben, ob ein Herkunftsnachweis Elektrizität oder Gas, einschließlich Wasserstoff, betrifft;
3. die Art und die Engpassleistung der Anlage;
4. den Zeitraum und den Ort der Erzeugung;
5. die eingesetzten Energieträger;
6. Art von Investitionsbeihilfen;
7. Art etwaiger weiterer Förderungen;
8. Datum der Inbetriebnahme der Anlage;
9. Ausstellungsdatum, ausstellendes Land und eindeutige Kennnummer.

(4) Die Betreiber einer Anlage zur Erzeugung von Energie aus erneuerbaren Quellen sowie Händler, die erneuerbare Energie einem anderen Händler veräußern, sind über Verlangen des Käufers verpflichtet, die der verkauften Menge entsprechenden Herkunftsnachweise (mittels automationsunterstützter Datenverarbeitung) nachweislich diesem Käufer zu überlassen.

(5) Bei automationsunterstützter Ausstellung der Herkunftsnachweise ist monatlich eine Bescheinigung auf Basis des ersten Clearings auszustellen und an die Anlagenbetreiber zu übermitteln.

(6) Bei Anlagen, die erneuerbares Gas auf Basis von erneuerbarem Strom erzeugen, sind durch den Anlagenbetreiber Herkunftsnachweise und Umweltauswirkungen der Stromerzeugung auf die Gaserzeugung zu übertragen. Dazu sind die der Stromerzeugung zugrundeliegenden Herkunftsnachweise und Umweltauswirkungen reduziert um die bei der Gaserzeugung entstehenden Umwandlungsverluste anzuführen und im Strom-Nachweissystem als Energieeinsatz für die Gaskennzeichnung zu klassifizieren. Die Umwandlungsverluste gelten als Verbrauch des Sektors Energie. Diese Bestimmung gilt sinngemäß für Anlagen, die erneuerbaren Strom auf Basis von erneuerbarem Gas erzeugen.

(7) Die Betreiber von Anlagen zur Erzeugung von Energie aus erneuerbaren Quellen, die eine Förderung nach dem 2. oder 3. Teil dieses Bundesgesetzes in Anspruch nehmen, haben die für die erneuerbare Energie generierten Herkunftsnachweise ausschließlich für die Belieferung von Kunden im Inland zu verwenden.

Anerkennung von Herkunftsnachweisen aus anderen Staaten

§ 84. (1) Herkunftsnachweise für Energie aus erneuerbaren Quellen aus Anlagen mit Standort in einem anderen EU–Mitgliedstaat oder einem EWR–Vertragsstaat gelten als Herkunftsnachweise im Sinne dieses Bundesgesetzes, wenn sie zumindest den Anforderungen des § 83 Abs. 3 entsprechen. Herkunftsnachweise für Energie aus erneuerbaren Quellen aus Anlagen mit Standort in einem Drittstaat gelten als Herkunftsnachweise im Sinne dieses Bundesgesetzes, wenn die Europäische Union mit diesem Drittstaat ein Abkommen über die gegenseitige Anerkennung von in der Union ausgestellten Herkunftsnachweisen und in diesem Drittstaat eingerichteten kompatiblen Herkunftsnachweissystemen geschlossen hat und Energie direkt ein- oder ausgeführt wird.

(2) Im Zweifelsfall hat die Regulierungsbehörde über Antrag oder von Amts wegen mit Bescheid festzustellen, ob die Voraussetzungen für die Anerkennung gemäß Abs. 1 vorliegen.

(3) Die Regulierungsbehörde kann durch Verordnung Staaten benennen, in denen Herkunftsnachweise für Energie aus erneuerbaren Quellen die Voraussetzungen gemäß Abs. 1 erfüllen.

(4) Betreffend die Anerkennbarkeit von Herkunftsnachweisen für die Zwecke der Stromkennzeichnung sind die Bedingungen in der Verordnung gemäß § 79 Abs. 11 ElWOG 2010 festzulegen. Für die Zwecke der Gaskennzeichnung sind die Bedingungen in der Verordnung gemäß § 130 Abs. 8 GWG 2011 festzulegen.

2. Hauptstück
Besondere Bestimmungen für erneuerbares Gas

Grüngassiegel

§ 85. (1) Grüngassiegel dienen dem Nachweis der Erreichung der Grün-Gas-Quote gemäß § 87.

(2) Herkunftsnachweise für erneuerbares Gas und Grünzertifikate für Gas gemäß § 86 können mit einem Grüngassiegel versehen werden. Die

Ausstellung der Grüngassiegel erfolgt durch die Regulierungsbehörde.

(3) Ein Grüngassiegel ist auszustellen, wenn erneuerbares Gas aus erneuerbarer Energie hergestellt wird, die auf das nationale Erneuerbare-Referenzziel der Republik Österreich gemäß Art. 3 Abs. 2 der Richtlinie (EU) 2018/2001 angerechnet werden kann. Wird Gas aus Energie in Form von Biomasse-Brennstoffen hergestellt, so hat sie außerdem den Nachhaltigkeitsanforderungen und den Kriterien für Treibhausgaseinsparungen gemäß § 6 Abs. 2 und 3 zu entsprechen.

Grünzertifikate für Gas, das nicht in das öffentliche Netz eingespeist wird

§ 86. (1) Grünzertifikate für Gas dienen dem Nachweis der Produktion von nicht in das öffentliche Netz eingespeistem erneuerbarem Gas, welches im Endverbrauch eingesetzt oder stofflich genutzt wird.

(2) Grünzertifikate für Gas werden in der Herkunftsnachweisdatenbank der Regulierungsbehörde generiert und gelistet. Die Ausstellung eines Grünzertifikates für Gas schließt die Ausstellung eines Herkunftsnachweises nach dem 1. Hauptstück dieses Teils aus.

(3) Grünzertifikate für Gas mit Grüngassiegel können auf die Grün-Gas-Quote gemäß § 87 angerechnet werden. Sie sind ausschließlich für den Zweck der Anrechnung auf die Grün-Gas-Quote unter den Verpflichteten handelbar.

(4) Für jede erzeugte Einheit erneuerbares Gas, die nicht in das öffentliche Netz eingespeist wurde, darf nur ein Grünzertifikat für Gas ausgestellt werden. Ein Grünzertifikat für Gas gilt standardmäßig für 1 MWh, wobei eine Untergliederung bis zur dritten Nachkommastelle zulässig ist.

(5) Grünzertifikate gelten zwölf Monate ab der Erzeugung der betreffenden Energieeinheit. Ein Grünzertifikat ist nach seiner Verwendung zu entwerten. Grünzertifikate für Gas, die nicht entwertet wurden, werden spätestens 18 Monate nach Erzeugung der entsprechenden Energieeinheit mit dem Status „verfallen" versehen.

(6) Das Grünzertifikat für Gas hat folgende Angaben zu umfassen:

1. die erzeugte Menge in MWh;
2. die Art und die Engpassleistung der Anlage;
3. den Zeitraum und den Ort der Erzeugung;
4. die eingesetzten Energieträger;
5. Art von Investitionsbeihilfen;
6. Art etwaiger weiterer Förderungen;
7. Datum der Inbetriebnahme der Anlage;
8. Ausstellungsdatum und eindeutige Kennnummer;
9. ausstellende Stelle und Land der Ausstellung;
10. etwaiges Grüngassiegel.

(7) Zusätzlich kann das Grünzertifikat für Gas noch weitere Angaben enthalten, um den Anforderungen für weitere Verwendungszwecke zu entsprechen.

(8) Bei automationsunterstützter Ausstellung der Grünzertifikate für Gas ist monatlich eine Bescheinigung auf Basis der abgelesenen Zählerstände auszustellen und an die Anlagenbetreiber zu übermitteln.

Anrechnung und Nachweis der Grün-Gas-Quote

§ 87. (1) Sofern Versorger verpflichtet werden, einen bestimmten Anteil an verkauften Gasmengen durch erneuerbares Gas zu substituieren (Grün-Gas-Quote), ist die von den Versorgern zur Erreichung der Grün-Gas-Quote beschaffte Energiemenge an erneuerbarem Gas durch Herkunftsnachweise mit Grüngassiegel oder durch Grünzertifikate für Gas mit Grüngassiegel nachzuweisen.

(2) Grünzertifikate für Gas mit Grüngassiegel können von jenen Versorgern auf die Grün-Gas-Quote gemäß Abs. 1 angerechnet werden, die

1. selbst eine Produktionsstätte für erneuerbares Gas betreiben oder
2. die Kontrolle im Sinne des § 7 Abs. 1 Z 30 GWG 2011 über den Betreiber einer Anlage für erneuerbares Gas haben oder
3. ein Grünzertifikat für Gas mit Grüngassiegel von einem Versorger nach Z 1 oder Z 2 erworben haben.

(3) Auf die Grün-Gas-Quote sind nicht anzurechnen:

1. Grünzertifikate für Gas aus Anlagen, die zum Zeitpunkt des Inkrafttretens dieses Gesetzes bereits in Betrieb sind;
2. Grünzertifikate für Gas aus Anlagen, die Biomasse in Form von biologisch abbaubaren Abfällen und/oder Reststoffen einsetzen, die am selben Standort bei anderen industriellen Produktionsprozessen angefallen sind.

(4) Unbeschadet des Abs. 2 Z 3 sind Grünzertifikate für Gas nicht auf Dritte übertragbar.

3. Hauptstück
Besondere Bestimmungen für erneuerbare Fernwärme und Fernkälte

Nachweis über den Anteil erneuerbarer Energie

§ 88. (1) Betreiber von Fernwärme- oder Fernkälteanlagen mit mehr als 250 Kunden oder 3 GWh Wärmeabsatz pro Jahr je zusammenhängendem Fernwärme- oder Fernkältenetz sind verpflichtet, am Ende jedes Geschäftsjahres eine Aufschlüsselung über die Art der von ihnen in Heizwerken und KWK–Anlagen eingesetzten Brennstoffe sowie den Anteil der in das Netz eingespeisten Abwärme oder –kälte auf ihrer Internetseite zu veröffentlichen. Die Aufschlüsselung hat zumindest in Form einer prozentmäßigen Aufschlüsselung der Primärenergieträger in erneuerbare Energie, Abwärme und -kälte, fossile Energie oder sonstige Energieträger zu erfolgen.

(2) Die Informationen gemäß Abs. 1 müssen den Kunden einmal jährlich auf oder als Anhang zur Jahresabrechnung zur Verfügung gestellt werden.

(3) Die Informationen gemäß Abs. 1 sind vorab von

1. nach dem AkkG 2012 für relevante Fachgebiete zugelassenen Überwachungs-, Prüf- oder Zertifizierungsstellen,
2. Personen, die (von den Betreibern von Fernwärmesystemen und den von diesen beauftragten Planern unabhängig) zur Qualitätsprüfung von Fernwärmesystemen im Rahmen der Förderungen gemäß dem 3. Abschnitt des Umweltförderungsgesetzes, BGBl. Nr. 185/1993, zugelassen sind,
3. Ziviltechnikern und Ingenieurbüros mit Befugnissen in Bio- und Umwelttechnik, Gas- und Feuerungstechnik oder Maschinenbau, oder
4. allgemein beeideten und gerichtlich zertifizierten Sachverständigen mit Fachgebieten in Brennstoffe oder Wärmepumpen, Wärmemaschinen, Kältemaschinen oder Gasgeräte, Heizgeräte, Feuerungsgeräte

zu bestätigen.

Preistransparenz

§ 89. (1) Abgeber im Sinne des § 2 Z 3 des Heiz- und Kältekostenabrechnungsgesetzes (HeizKG), BGBl. Nr. 827/1992, mit mehr als 30 Abnehmern gemäß § 2 Z 4 HeizKG sind verpflichtet, die gegenüber Verbrauchern im Sinne des § 1 Abs. 1 Z 2 KSchG und Kleinunternehmen für die Lieferung von Wärme und/oder Kälte zur Anwendung kommenden Tarife einmal jährlich an die Bundesministerin für Klimaschutz, Umwelt, Energie, Mobilität, Innovation und Technologie zu melden. Dabei sind die in den Tarifen enthaltenen Preiskomponenten (Arbeitspreis, Grundpreis und Messpreis), einmalige Gebühren für den Anschluss oder die Montage, für die Abschaltung und Wiederinbetriebnahme, Kosten der Verbrauchserfassung und der Erstellung von Abrechnungen sowie Mahnspesen getrennt darzustellen. Zur Anwendung kommende Preisgleitklauseln und darin bezogene Indizes sind ebenso getrennt auszuweisen.

(2) Die Datenerhebung und Datenübertragung kann in einem gängigen elektronischen Format erfolgen. Die Bundesministerin für Klimaschutz, Umwelt, Energie, Mobilität, Innovation und Technologie ist berechtigt, zur Überprüfung der übermittelten Informationen entsprechende Unterlagen nachzufordern.

(3) Die Bundesministerin für Klimaschutz, Umwelt, Energie, Mobilität, Innovation und Technologie hat die Informationen gemäß Abs. 1 getrennt für jeden Abgeber im Sinne des § 2 Z 3 HeizKG auf ihrer Internetseite zu veröffentlichen und zumindest einmal jährlich zu aktualisieren.

(4) Zur Erfüllung der Aufgaben nach dieser Bestimmung kann sich die Bundesministerin für Klimaschutz, Umwelt, Energie, Mobilität, Innovation und Technologie eines Dritten, mit Ausnahme der Regulierungsbehörde, bedienen.

8. Teil
Monitoring, Berichte und Transparenz

EAG–Monitoringbericht

§ 90. (1) Die Regulierungsbehörde hat die Erreichung der Ziele gemäß § 4 laufend zu überwachen und Entwicklungen aufzuzeigen, welche der Erreichung der Ziele hinderlich sind.

(2) Die Regulierungsbehörde hat der Bundesministerin für Klimaschutz, Umwelt, Energie, Mobilität, Innovation und Technologie, dem Nationalrat sowie dem Energiebeirat jährlich bis zum 30. September einen Bericht über die Erreichung der Ziele dieses Gesetzes und damit zusammenhängende wesentliche Aspekte vorzulegen. Der Bericht hat insbesondere zu enthalten:

1. detaillierte Informationen über die Entwicklung und den Stand des Ausbaus der erneuerbaren Energien unter Angabe des jährlichen Brutto- und Netto-Zubaus, der in das öffentliche Netz eingespeisten Strom- und Gasmenge sowie der nicht in das öffentliche Netz eingespeisten Strom- und Gasmenge, jeweils gesamt und getrennt nach Technologie und Bundesland;
2. eine Darstellung und Analyse der Strom- und Gasverbrauchsentwicklung;
3. detaillierte Angaben zu den Aufwendungen für Förderungen nach diesem Bundesgesetz und dem ÖSG 2012 getrennt nach Technologie und Förderart sowie Angaben zu den Kosten für Endverbraucher;
4. Angaben zum Grad der Zielerreichung gemäß § 4 Abs. 2;
5. Angaben zum Grad der Zielerreichung gemäß § 4 Abs. 1 Z 7;
6. Informationen zum physikalischen Strom- und Gasaustausch mit dem benachbarten Ausland (Importe und Exporte) getrennt nach Nachbarstaaten und sonstiger wesentlicher Daten aus der Betriebs- und Bestandsstatistik sowie der Statistik über erneuerbare Energieträger.

Der Bericht ist im Anschluss von der Regulierungsbehörde in geeigneter Weise zu veröffentlichen.

(3) Die Länder, die EAG–Förderabwicklungsstelle und die Servicestelle für erneuerbare Gase sind verpflichtet, der Regulierungsbehörde die für die Erstellung des Berichts erforderlichen Daten auf Verlangen zu übermitteln.

(4) Die Regulierungsbehörde hat bis zum Ende des ersten Quartals 2024 eine Kosten-Nutzen-Analyse zu § 73 Abs. 1 und 5, §§ 52 Abs. 2a, 54 Abs. 3, 4 und 6, 55 und 58a ElWOG 2010 sowie §§ 75 und 78a GWG 2011 zu veröffentlichen. Diese Analyse ist auf Basis nachvollziehbarer Daten zu erstellen und hat insbesondere Aufschluss darüber zu geben, ob die jeweiligen Ausnahmebestimmungen der Erreichung der Ziele dieses Bundesgesetzes gemäß § 4 dienlich sind. Dazu sind auch die Kosten der einzelnen Maßnahmen sowie die finanziellen Auswirkungen auf andere Netzbenutzer zu quantifizieren und zu bewerten.

Evaluierung

§ 91. (1) Die Bundesministerin für Klimaschutz, Umwelt, Energie, Mobilität, Innovation und Technologie hat das mit diesem Bundesgesetz geschaffene Fördersystem für den Ausbau erneuerbarer Energien unter Heranziehung externer Fachexperten drei Jahre nach dessen Inkrafttreten zu evaluieren und dem Nationalrat spätestens im Dezember 2024 einen Bericht über das Ergebnis der Evaluierung vorzulegen. Nach der erstmaligen Evaluierung hat eine Evaluierung und Berichterstattung über die Ergebnisse alle fünf Jahre zu erfolgen. Der Bericht über die Ergebnisse der Evaluierung ist von der Bundesministerin für Klimaschutz, Umwelt, Energie, Mobilität, Innovation und Technologie in geeigneter Weise zu veröffentlichen. Die EAG–Förderabwicklungsstelle und die Regulierungsbehörde haben der Bundesministerin für Klimaschutz, Umwelt, Energie, Mobilität, Innovation und Technologie sowie den beigezogenen Fachexperten die zu diesem Zweck notwendigen Daten zu übermitteln. Dies schließt auch Daten mit ein, die für die Erstellung des Evaluierungsplans und darin vorgesehener Zwischenberichte, zu denen sich die Republik Österreich im Verfahren gemäß Art. 108 Abs. 3 AEUV gegenüber der Europäischen Kommission verpflichtet hat, notwendig sind.

(2) Ausgehend von einer umfassenden Analyse der bisherigen Erfahrungen mit dem neuen Fördersystem hat die Evaluierung jedenfalls Aufschluss über folgende Aspekte zu geben:

1. Stand und Entwicklung der Zielerreichung;
2. Analyse der Wettbewerbsintensität, Akteursvielfalt, regionalen Verteilung der geförderten Anlagen sowie Grad der Potenzialerschließung;
3. Angemessenheit der Ausschreibungsvolumen und Mittelverteilung, Höchstpreise, Fördersätze sowie Anzahl der Ausschreibungen und Fördercalls;
4. Bieterverhalten;
5. Auswirkungen der Befreiungsregelung gemäß § 73 Abs. 5;
6. Verbesserungspotential und Anpassungsbedarf.

(3) Die Evaluierung hat auch Erneuerbare-Energie-Gemeinschaften, Bürgerenergiegemeinschaften nach § 16b ElWOG 2010 sowie gemeinschaftliche Erzeugungsanlagen nach § 16a ElWOG 2010 abzudecken. Aus der Evaluierung hat für jede der genannten Gemeinschaftsformen insbesondere hervorzugehen:

1. Stand und Entwicklung;
2. Identifizierung ungerechtfertigter Hindernisse oder Einschränkungen bei der Weiterentwicklung;
3. Verbesserungsvorschläge und Anpassungsbedarf, insbesondere im Hinblick auf die Praxistauglichkeit der gesetzlichen Vorgaben zum finanziellen Gewinn gemäß § 79 Abs. 2 und § 16b Abs. 2 ElWOG 2010.

Die Netzbetreiber, die Regulierungsbehörde, Betreiber oder teilnehmende Berechtigte einer gemeinschaftlichen Erzeugungsanlage gemäß § 16a ElWOG 2010, Bürgerenergiegemeinschaften gemäß § 16b ElWOG 2010 und Erneuerbare-Energie-Gemeinschaften haben den von der Bundesministerin für Klimaschutz, Umwelt, Energie, Mobilität, Innovation und Technologie beauftragten Fachexperten die zu diesem Zweck notwendigen Daten zu übermitteln.

EAG + V

(4) In der Evaluierung sind auch rechtliche und administrative Hindernisse für langfristige Verträge über den Bezug von erneuerbarem Strom zu bewerten.

(5) Die Kosten für die Evaluierung werden aus den Mitteln gemäß § 71 Abs. 1 gedeckt und sind von der EAG–Förderabwicklungsstelle nach Rechnungslegung auf das vom Bundesministerium für Klimaschutz, Umwelt, Energie, Mobilität, Innovation und Technologie bekanntgegebene Konto zu überweisen. Dies schließt auch Kosten für die Erstellung eines Evaluierungsplans und darin vorgesehener Zwischenberichte mit ein, zu denen sich die Republik Österreich im Verfahren gemäß Art. 108 Abs. 3 AEUV gegenüber der Europäischen Kommission verpflichtet hat.

Bericht über Ausschreibung, Antragstellung und Fördercall

§ 92. (1) Die EAG–Förderabwicklungsstelle hat der Bundesministerin für Klimaschutz, Umwelt, Energie, Mobilität, Innovation und Technologie zeitnah nach Durchführung einer jeden Ausschreibung und eines jeden Fördercalls schriftlich darüber zu berichten. Ebenso hat die EAG–Förderabwicklungsstelle am Ende eines Kalenderjahres über Anträge auf Förderung durch Marktprämie nach dem 2. Teil, 1. Hauptstück, 3. Abschnitt zu berichten.

(2) Im Bericht zu einer Ausschreibung sind jedenfalls der Gebotstermin, die jeweilige Technologie, das Ausschreibungsvolumen, der zulässige Höchstwert, die Anzahl der eingereichten Gebote,

die insgesamt eingereichte Gebotsmenge, die Anzahl der Zuschläge, die insgesamt bezuschlagte Menge, die Gebotsausschlüsse und die Gründe dafür, der niedrigste und der höchste eingereichte Gebotswert, der niedrigste und der höchste Zuschlagswert, der durchschnittliche mengengewichtete Gebotswert und Zuschlagswert sowie die bezuschlagten Gebote im Einzelnen anzuführen.

(3) Im Bericht zu einem Fördercall sind jedenfalls die Einreichfrist, die jeweilige Technologie, die ausgeschriebenen Fördermittel, die Anzahl der eingereichten Förderanträge je Kategorie, die Fördersätze und falls zutreffend die höchstzulässigen Fördersätze sowie der höchste und niedrigste angegebene Förderbedarf, der durchschnittliche mengengewichtete Förderbedarf, der höchste und niedrigste gewährte Fördersatz, der durchschnittliche mengengewichtete gewährte Fördersatz, die Ausschlüsse von Anträgen und Gründe dafür, die Anzahl der bedeckten Förderanträge insgesamt und je Kategorie, die insgesamt bedeckte Engpassleistung bzw. Speicherkapazität sowie die bedeckten Förderanträge im Einzelnen anzuführen.

(4) Im Bericht zu Anträgen auf Förderung durch Marktprämie sind jedenfalls die jeweilige Technologie, das jährliche Vergabevolumen, der anzulegende Wert, die Anzahl der eingereichten Anträge, die insgesamt bedeckte Leistung sowie die bedeckten Anträge im Einzelnen anzuführen.

(5) Die Bundesministerin für Klimaschutz, Umwelt, Energie, Mobilität, Innovation und Technologie hat den Energiebeirat (§ 20 des Energie-Control-Gesetzes) mindestens einmal jährlich zusammengefasst über die eingelangten Berichte gemäß Abs. 1 zu informieren.

Transparenz und Veröffentlichung gewährter Förderungen

§ 93. Die EAG–Förderabwicklungsstelle hat dieses Bundesgesetz, alle auf Grundlage dieses Bundesgesetzes erlassenen, die Gewährung von Förderungen betreffenden Verordnungen, sowie alle gemäß diesem Bundesgesetz gewährten Förderungen, die in ihrer Gesamtheit pro Förderempfänger über 100 000 Euro liegen, unter Anführung folgender Informationen auf ihrer Internetseite zu veröffentlichen:

1. den Namen des Anlagenbetreibers,
2. das Land, in dem sich die Anlage befindet,
3. die Form der Förderung,
4. die Höhe der Förderung in ihrer Gesamtheit,
5. das Datum des Vertragsabschlusses,
6. das Ziel der Förderung,
7. die Bewilligungsbehörde,
8. soweit es sich bei dem Anlagenbetreiber um ein Unternehmen handelt, die Art des Unternehmens und dessen Hauptwirtschaftszweig sowie
9. die Rechtsgrundlage, aufgrund derer die Förderung gewährt wurde.

Die EAG–Förderabwicklungsstelle hat die genannten Informationen in einem Tabellenkalkulationsformat zu veröffentlichen, das es ermöglicht, Daten zu suchen, zu extrahieren und problemlos im Internet zu veröffentlichen. Sie hat die veröffentlichten Informationen mindestens zehn Jahre ohne Einschränkungen öffentlich zugänglich und einsehbar zu halten.

9. Teil
Integrierter österreichischer Netzinfrastrukturplan

Integrierter Netzinfrastrukturplan (NIP)

§ 94. (1) Zur Verwirklichung der Zieldimensionen der Energieunion hat die Bundesministerin für Klimaschutz, Umwelt, Energie, Mobilität, Innovation und Technologie einen integrierten Netzinfrastrukturplan zu erstellen, der als begleitende Maßnahme nach der Verordnung (EU) 2018/1999 auszurichten und einer strategischen Umweltprüfung gemäß §§ 95 und 96 zu unterziehen ist.

(2) Der integrierte Netzinfrastrukturplan soll – unbeschadet der Kompetenzen der Länder – vor allem nach Maßgabe folgender Grundsätze ausgestaltet werden:

1. Für den langfristigen und kontinuierlichen Erhalt der Versorgungssicherheit ist eine frühzeitige und laufende Modernisierung der Energieinfrastruktur, vornehmlich durch eine verbesserte Koordinierung des Netzausbaus mit dem Ausbau von Anlagen zur Erzeugung und Speicherung von Strom und Gas aus erneuerbaren Quellen, anzustreben.
2. Durch zusammenschauende Betrachtung sollen bei der Planung, Errichtung und dem Betrieb von Infrastruktur spezifische Wechselwirkungen und Synergien zwischen Energieträgern, Erzeugungs- und Verbrauchssektoren genutzt werden.
3. Im Zuge der Planung der erforderlichen Energieinfrastruktur sollen die Umweltprüfung gemäß § 95 durchgeführt und insbesondere Aspekte des Boden-, Gewässer- und Naturschutzes, der Raumordnung und des Verkehrs verstärkt berücksichtigt werden.
4. Im Sinne der Leistbarkeit und Wettbewerbsfähigkeit für Haushalte und Unternehmen sollen die Kosten der Energieinfrastruktur in einem angemessenen Verhältnis zu ihrem Nutzen stehen.
5. Um die Akzeptanz von Maßnahmen zur Errichtung der erforderlichen Energieinfrastruktur zu erhöhen, sollen alle interessierten Personen frühzeitig in die Planung eingebunden werden und entsprechende Informationen erhalten.

(3) Der integrierte Netzinfrastrukturplan hat – unbeschadet der den Ländern zustehenden Planungsbefugnisse – mindestens folgende Inhalte und Maßnahmen zu umfassen:

1. eine Bestandsaufnahme der Energieinfrastruktur unter Aufschlüsselung der Beiträge erneuerbarer Energieträger und –technologien;
2. eine auf Z 1 aufbauende Abschätzung zukünftiger Entwicklungen der Energieinfrastruktur sowie der Energienachfrage, einschließlich erforderlicher Maßnahmen im Lichte der weitergehenden Dekarbonisierung des Energiesystems sowie der saisonalen Flexibilisierung und Speicherung von Strom aus erneuerbaren Energieträgern; die Bereitstellung der benötigten erneuerbaren Energie für die gesamte Volkswirtschaft in der entsprechenden Qualität und Form ist ein wesentliches Element der Planung;
3. eine Abschätzung der zukünftigen Netzentwicklung elektrischer Leitungsanlagen auf Ebene der Übertragungsnetze, wobei auf eine Abstimmung mit anderen Fachplanungen zur Vermeidung oder Verringerung von Nutzungskonflikten und auf den aktuellen Forschungs- und Entwicklungsstand technologischer Varianten, einschließlich Erdverkabelungen gemäß §§ 40 Abs. 1a und 40a ElWOG 2010, zu achten ist.
4. Informationen in Bezug auf Wechselwirkungen und Synergien zwischen den relevanten Energieträgern, Erzeugungs- und Verbrauchssektoren;
5. eine Darstellung von Regionen, die aus energiewirtschaftlicher Sicht ein hohes Potenzial für die Errichtung von Anlageninfrastruktur zur Erzeugung, Speicherung und Konversion sowie zum Transport von Energieträgern aufweisen.

Maßnahmen im Sinne dieses Absatzes sind insbesondere im Elektrizitätsbereich der Ausbau der Übertragungsnetzinfrastruktur sowie im Gasbereich der Ausbau der Fernleitungsnetzinfrastruktur und der Netzinfrastruktur der Netzebenen 1 bis 2.

(4) Inhalte und Maßnahmen, die in den Zuständigkeitsbereich der Länder oder Gemeinden fallen, können nach entsprechender Akkordierung in den integrierten Netzinfrastrukturplan aufgenommen werden. Inhalte von sonstigen Plänen und Programmen, welche gemäß der Richtlinie 2001/42/EG über die Prüfung der Umweltauswirkungen bestimmter Pläne und Programme, ABl. Nr. L 197 vom 21.07.2001 S. 30, einer Umweltprüfung unterzogen werden müssen, dürfen nur dann in den integrierten Netzinfrastrukturplan aufgenommen werden, wenn die Umweltprüfung bereits auf Gemeinde-, Landes- oder Bundesebene von der zuständigen Behörde durchgeführt wurde. Diese Inhalte sind keiner Umweltprüfung nach § 95 zu unterziehen.

(5) Die Bundesministerin für Klimaschutz, Umwelt, Energie, Mobilität, Innovation und Technologie hat bei Erstellung des integrierten Netzinfrastrukturplans den gemäß § 37 ElWOG 2010 erstellten Netzentwicklungsplan, den gemäß § 63 GWG 2011 erstellten koordinierten Netzentwicklungsplan und die gemäß § 22 GWG 2011 erstellte langfristige und integrierte Planung sowie die Daten über potentielle Einspeisepunkte bzw. Eignungszonen für erneuerbare Gase gemäß § 18 Abs. 1 Z 12a GWG 2011 zu berücksichtigen.

(6) Soweit dies zur Erstellung des integrierten Netzinfrastrukturplans erforderlich ist, sind der Bundesministerin für Klimaschutz, Umwelt, Energie, Mobilität, Innovation und Technologie gemäß § 8 Einsicht in alle relevanten Unterlagen und Aufzeichnungen zu gewähren sowie Auskünfte über alle einschlägigen Sachverhalte zu erteilen. Die Bundesministerin kann außerdem auf alle bei den Landesregierungen vorhandenen Daten zurückgreifen, soweit diese zur Erstellung des integrierten Netzinfrastrukturplans erforderlich sind. Dies gilt auch für Daten, die bei mit behördlichen Aufgaben beliehenen Unternehmen und Institutionen auf Grund gesetzlich vorgesehener Erhebungen vorhanden sind. Personenbezogene Daten können im integrierten Netzinfrastrukturplan und zum Zweck der durchzuführenden Umweltprüfung, Öffentlichkeitsbeteiligung und Konsultation nach §§ 95 und 96 im Einklang mit den datenschutzrechtlichen Bestimmungen verarbeitet und veröffentlicht werden.

(7) Die Bundesministerin für Klimaschutz, Umwelt, Energie, Mobilität, Innovation und Technologie kann nach den Grundsätzen der Zweckmäßigkeit und Sparsamkeit zur Erfüllung der Aufgaben gemäß §§ 94 bis 96 Sachverständige beiziehen und sich sonstiger Experten, beliehener Unternehmen und Institutionen bedienen.

(8) Der integrierte Netzinfrastrukturplan ist auf einen Planungszeitraum von zehn Jahren auszulegen, bis zum 30. Juni 2023 zu veröffentlichen, danach alle fünf Jahre zu aktualisieren und auf der Internetseite des Bundesministeriums für Klimaschutz, Umwelt, Energie, Mobilität, Innovation und Technologie zu veröffentlichen.

(9) Anhängige Genehmigungsverfahren bleiben von diesem Bundesgesetz unberührt, wenn zum Zeitpunkt des Inkrafttretens dieser Bestimmung bereits ein Vorverfahren gemäß § 4 UVP–G 2000 oder ein Genehmigungsverfahren gemäß §§ 5 ff UVP–G 2000 eingeleitet wurde und eine strategische Umweltprüfung – unter unmittelbarer Anwendung der Richtlinie 2001/42/EG über die Prüfung der Umweltauswirkungen bestimmter Pläne und Programme, ABl. Nr. L 197 vom 21.07.2001

S 30, hinsichtlich der anzuwendenden Planungsinhalte – durchgeführt wurde oder wird.

Strategische Umweltprüfung und Öffentlichkeitsbeteiligung

§ 95. (1) Die Bundesministerin für Klimaschutz, Umwelt, Energie, Mobilität, Innovation und Technologie hat eine Prüfung der erheblichen Umweltauswirkungen der geplanten Maßnahmen des integrierten Netzinfrastrukturplans durchzuführen und nach Konsultation der Umweltstellen gemäß Abs. 3 einen Umweltbericht nach **Anlage 1**, Teil 2 zu erstellen. In diesem Bericht werden die voraussichtlichen erheblichen Auswirkungen der Umsetzung des integrierten Netzinfrastrukturplans auf die Umwelt und mögliche Alternativen, welche die Ziele und den geografischen Anwendungsbereich des integrierten Netzinfrastrukturplans berücksichtigen, ermittelt, beschrieben und bewertet.

(2) Der Umweltbericht enthält Angaben gemäß **Anlage 1**, Teil 2, die vernünftigerweise verlangt werden können, und berücksichtigt den gegenwärtigen Wissensstand und aktuelle Prüfmethoden, den Inhalt und den Detaillierungsgrad des integrierten Netzinfrastrukturplans, dessen Stellung im Entscheidungsprozess sowie das Ausmaß, in dem bestimmte Aspekte zur Vermeidung von Mehrfachprüfungen auf den unterschiedlichen Ebenen dieses Prozesses am besten geprüft werden können. Vor Erstellung des Umweltberichts ist zu prüfen, welche Behörden und Stellen auf Bundes- und Landesebene in ihrem umweltbezogenen Aufgabenbereich von den durch die Durchführung des integrierten Netzinfrastrukturplans verursachten Umweltauswirkungen betroffen sind. Dazu gehören jedenfalls die gemäß Abs. 3 genannten Umweltstellen. Zur Festlegung des Umfangs und des Detaillierungsgrades des Umweltberichts zum integrierten Netzinfrastrukturplan sowie zur Identifizierung der zu berücksichtigenden Pläne für die Prüfung kumulativer Effekte wird den betroffenen Behörden und Stellen die Möglichkeit zur Abgabe einer Stellungnahme eingeräumt, wobei eine Frist von vier Wochen vorzusehen ist.

(3) Umweltstellen kommen im Zuge der Prüfung der erheblichen Umweltauswirkungen besondere Beteiligungsrechte zu und umfassen die Behörden, die in ihrem umweltbezogenen Aufgabenbereich von den durch die Durchführung des integrierten Netzinfrastrukturplans verursachten Umweltauswirkungen betroffen sind, die Umweltanwälte der betroffenen Länder gemäß § 2 Abs. 4 UVP–G 2000, anerkannte Umweltorganisationen gemäß § 19 Abs. 1 Z 7 UVP–G 2000 sowie die Standortanwälte gemäß § 2 Abs. 6 UVP–G 2000.

(4) Die Bundesministerin für Klimaschutz, Umwelt, Energie, Mobilität, Innovation und Technologie hat den Entwurf des integrierten Netzinfrastrukturplans und den Umweltbericht auf der Internetseite des Bundesministeriums für Klimaschutz, Umwelt, Energie, Mobilität, Innovation und Technologie zu veröffentlichen; dies ist in geeigneter Form und auf der Internetseite des Bundesministeriums für Klimaschutz, Umwelt, Energie, Mobilität, Innovation und Technologie bekannt zu machen. In der Bekanntmachung ist darauf hinzuweisen, dass jede Behörde, die in ihrem umweltbezogenen Aufgabenbereich von den durch die Durchführung des integrierten Netzinfrastrukturplans verursachten Umweltauswirkungen betroffen ist, jede sonstige Umweltstelle gemäß Abs. 3 sowie jede interessierte Person innerhalb von acht Wochen ab dem Zeitpunkt der Bekanntmachung beim Bundesministerium für Klimaschutz, Umwelt, Energie, Mobilität, Innovation und Technologie eine schriftliche Stellungnahme abgeben kann. Dem Energiebeirat (§ 20 des Energie-Control-Gesetzes) sind der Entwurf des integrierten Netzinfrastrukturplans und der Umweltbericht zur Stellungnahme zu übermitteln. Der Umweltbericht und die eingelangten Stellungnahmen sind bei der Erarbeitung des integrierten Netzinfrastrukturplans zu berücksichtigen.

(5) Nach der durchgeführten strategischen Umweltprüfung hat die Bundesministerin für Klimaschutz, Umwelt, Energie, Mobilität, Innovation und Technologie eine zusammenfassende Erklärung über die Prüfung der erheblichen Umweltauswirkungen sowie den Umweltbericht gemeinsam mit dem integrierten Netzinfrastrukturplan auf der Internetseite des Bundesministeriums für Klimaschutz, Umwelt, Energie, Mobilität, Innovation und Technologie zu veröffentlichen. In der zusammenfassenden Erklärung ist darzulegen,

1. wie die Umwelterwägungen in den Plan einbezogen wurden,
2. wie der Umweltbericht, die eingelangten Stellungnahmen und gegebenenfalls die Ergebnisse grenzüberschreitender Konsultationen gemäß § 96 berücksichtigt wurden,
3. aus welchen Gründen und nach Abwägung welcher geprüften Alternativen die Erstellung des Plans erfolgt ist und
4. welche Maßnahmen zur Überwachung der erheblichen Auswirkungen der Umsetzung des integrierten Netzinfrastrukturplans auf die Umwelt vorgesehen sind.

(6) Die Bundesministerin für Klimaschutz, Umwelt, Energie, Mobilität, Innovation und Technologie hat auf Grundlage der Angaben im Umweltbericht erforderliche Überwachungsmaßnahmen im Hinblick auf die erheblichen Auswirkungen der Umsetzung des integrierten Netzinfrastrukturplans festzulegen, um unter anderem frühzeitig unvorhergesehene negative Auswirkungen ermitteln zu können und erforderlichenfalls geeignete Abhilfemaßnahmen zu ergreifen. Die Ergebnisse der Überwachung sind bei der Aktualisierung des integrierten Netzinfrastrukturplans zu berücksichtigen.

(7) Werden nur geringfügige Änderungen des integrierten Netzinfrastrukturplans vorgenommen, hat unter Berücksichtigung der Kriterien der **Anlage 1**, Teil 1 eine Prüfung zu erfolgen, ob die Umsetzung dieser Änderungen voraussichtlich erhebliche Umweltauswirkungen haben wird. Sofern die Umsetzung der Änderungen voraussichtlich erhebliche Umweltauswirkungen hat, ist neuerlich eine strategische Umweltprüfung durchzuführen.

(8) Wenn keine Umweltprüfung durchgeführt wird, hat die Bundesministerin für Klimaschutz, Umwelt, Energie, Mobilität, Innovation und Technologie die Ergebnisse der Prüfung gemäß Abs. 7 einschließlich der Gründe für die Entscheidung, keine Umweltprüfung durchzuführen, auf der Internetseite des Bundesministeriums für Klimaschutz, Umwelt, Energie, Mobilität, Innovation und Technologie zu veröffentlichen.

(9) Für nach Abs. 1 bis 8 erbrachte Aufwendungen gebührt kein Kostenersatz.

Grenzüberschreitende Konsultationen bei einer strategischen Umweltprüfung

§ 96. (1) Wenn

1. die Umsetzung eines integrierten Netzinfrastrukturplans voraussichtlich erhebliche Auswirkungen (nach **Anlage 1**, Teil 1) auf die Umwelt eines anderen Staates haben wird oder
2. ein von den Auswirkungen der Durchführung eines integrierten Netzinfrastrukturplans voraussichtlich erheblich betroffener Staat ein diesbezügliches Ersuchen stellt,

hat die Bundesministerin für Klimaschutz, Umwelt, Energie, Mobilität, Innovation und Technologie diesem Staat spätestens zum jeweiligen Zeitpunkt der Bekanntmachung den Umweltbericht und den Entwurf des integrierten Netzinfrastrukturplans zu übermitteln. Dem anderen Staat ist bei der Übermittlung des Umweltberichts eine angemessene Frist für die Mitteilung, ob er an der Umweltprüfung teilnehmen will, einzuräumen.

(2) Dem anderen Staat ist eine angemessene Frist einzuräumen, damit er den in ihrem umweltbezogenen Aufgabenbereich betroffenen Behörden und der Öffentlichkeit Gelegenheit zur Stellungnahme einräumen kann. Erforderlichenfalls sind Konsultationen über die voraussichtlichen grenzüberschreitenden Auswirkungen auf die Umwelt, welche die Durchführung des integrierten Netzinfrastrukturplans hat, und über die geplanten Maßnahmen zur Verminderung oder Vermeidung solcher Auswirkungen durchzuführen. Für die Konsultationen ist ein angemessener Zeitrahmen mit dem anderen Staat zu vereinbaren. Dem anderen Staat sind der veröffentlichte integrierte Netzinfrastrukturplan und die Erklärung gemäß § 95 Abs. 5 zu übermitteln.

(3) Wird im Rahmen der Erstellung eines Plans oder Programms im Bereich der Energiewirtschaft in einem anderen Staat der Bundesministerin für Klimaschutz, Umwelt, Energie, Mobilität, Innovation und Technologie der Umweltbericht oder der Entwurf des Plans oder Programms übermittelt, so sind die Landeshauptmänner jener Bundesländer zu informieren, auf deren Umwelt die Durchführung des Plans bzw. Programms erhebliche Auswirkungen (nach **Anlage 1**, Teil 1) haben könnte. Die für die Vollziehung zuständigen Behörden haben die betroffene Öffentlichkeit im Auflageverfahren im Sinne des § 95 Abs. 4 einzubeziehen. Die eingelangten Stellungnahmen sind dem anderen Staat zu übermitteln; erforderlichenfalls sind Konsultationen mit dem anderen Staat zu führen.

(4) Unter Staat im Sinne der Abs. 1 bis 3 ist ein Mitgliedstaat der Europäischen Union oder eine Vertragspartei des Abkommens über den Europäischen Wirtschaftsraum zu verstehen.

10. Teil
Sonstige Bestimmungen

Zuweisung im Bedarfsfall für Anlagen zur Erzeugung von Strom aus erneuerbaren Quellen

§ 97. (1) Betreiber von Anlagen zur Erzeugung von Strom aus erneuerbaren Quellen, die

1. nachweisen können, dass drei Stromhändler, die diese Tätigkeit im Inland ausüben dürfen, den Abschluss eines Abnahmevertrags für Strom aus einer nach diesem Bundesgesetz geförderten Anlage zu marktüblichen Bedingungen abgelehnt haben, oder
2. eine Anlage mit einer Engpassleistung unter 500 kW betreiben,

haben gegenüber der Regulierungsbehörde den Anspruch, dass ihnen für diese Anlage ein Stromhändler zugewiesen wird.

(2) Stromhändler, die den Abschluss eines Abnahmevertrags ablehnen, haben darüber eine schriftliche Bestätigung auszustellen.

(3) Als Stromhändler darf nur ein Unternehmen zugewiesen werden, das entsprechend den einschlägigen bundes- und landesrechtlichen Bestimmungen zulässigerweise im Inland betrieben wird.

(4) Die Regulierungsbehörde hat einen Stromhändler binnen einer Woche nach sachlichen, objektiven, nichtdiskriminierenden und transparenten Kriterien auszuwählen. Nähere Bestimmungen sind in den Allgemeinen Bedingungen des Bilanzgruppenkoordinators festzulegen.

(5) Der Stromhändler, der dem Anlagenbetreiber zugewiesen wurde, ist verpflichtet, für die betreffende Anlage einen Abnahmevertrag zum Referenzmarktpreis gemäß § 12 abzuschließen.

(6) Die Laufzeit des Abnahmevertrages gemäß Abs. 5 ist auf ein Jahr beschränkt und darf pro Anlage nur einmal abgeschlossen werden.

(7) Solange ein Abnahmevertrag gemäß Abs. 5 besteht, darf derselbe Stromhändler keinem weiteren Anlagenbetreiber nach dieser Bestimmung zugewiesen werden.

Strafbestimmungen

§ 98. (1) Wer seiner Verpflichtung zur Auskunft und Gewährung der Einsichtnahme gemäß § 8 nicht nachkommt, begeht eine Verwaltungsübertretung und ist mit Geldstrafe bis zu 20 000 Euro zu bestrafen, sofern die Tat nach anderen Verwaltungsstrafbestimmungen nicht mit strengerer Strafe bedroht ist.

(2) Wer seinen Verpflichtungen gemäß § 74 Abs. 1 und 3, § 75 Abs. 3 und 6 sowie § 76 Abs. 3 und 6 nicht nachkommt, begeht eine Verwaltungsübertretung und ist mit Geldstrafe bis zu 75 000 Euro zu bestrafen, sofern die Tat nach anderen Verwaltungsstrafbestimmungen nicht mit strengerer Strafe bedroht ist.

(3) Wer

1. seiner Verpflichtung gemäß § 11 Abs. 8 nicht nachkommt;
2. nach vorangegangener Mahnung durch die Regulierungsbehörde der Verpflichtung zur Registrierung in der Herkunftsnachweisdatenbank gemäß § 81 und § 82 nicht nachkommt;
3. der Verpflichtung zur Anforderung der Ausstellung von Herkunftsnachweisen gemäß § 81 Abs. 3 nicht nachkommt;
4. der Meldepflicht nach § 82 Abs. 4 nicht nachkommt;
5. seiner Verpflichtung gemäß § 89 nicht nachkommt;

begeht eine Verwaltungsübertretung und ist mit Geldstrafe bis zu 10 000 Euro zu bestrafen, sofern die Tat nach anderen Verwaltungsstrafbestimmungen nicht mit strengerer Strafe bedroht ist.

(4) Geldstrafen, die auf Grund dieses Bundesgesetzes verhängt werden, fließen dem im Rahmen der EAG–Förderabwicklungsstelle eingerichteten Konto gemäß § 77 zu.

Austragung von Streitigkeiten

§ 99. In Streitigkeiten zwischen der EAG–Förderabwicklungsstelle und Fördernehmern, Bietern und Förderwerbern entscheiden die ordentlichen Gerichte.

11. Teil

Übergangsbestimmungen und Inkrafttreten

Allgemeine Übergangsbestimmungen

§ 100. (1) Anträge auf Kontrahierung zu festgelegten Einspeisetarifen für Windkraftanlagen, Wasserkraftanlagen, Anlagen auf Basis von Biomasse mit einer Engpassleistung unter 0,5 MW_{el} sowie Anlagen auf Basis von Biogas, die auf Grundlage des ÖSG 2012 gestellt wurden und zum Zeitpunkt des Inkrafttretens des 1. Hauptstückes des 2. Teils dieses Bundesgesetzes bei der Ökostromabwicklungsstelle gereiht sind, gelten als Anträge nach dem 2. Teil, 1. Hauptstück, 3. Abschnitt dieses Bundesgesetzes.

(2) Antragsteller von Anträgen gemäß Abs. 1 haben nach Aufforderung der EAG-Förderabwicklungsstelle die nach diesem Bundesgesetz erforderlichen Unterlagen innerhalb von zwei Monaten nachzureichen, widrigenfalls der Antrag als zurückgezogen gilt.

(3) Anträge, mit Ausnahme von Anträgen auf Kontrahierung zu festgelegten Einspeisetarifen für Windkraftanlagen, Wasserkraftanlagen, Anlagen auf Basis von Biomasse mit einer Engpassleistung unter 0,5 MW_{el} sowie Anlagen auf Basis von Biogas und Anträge auf Förderung durch Investitionszuschuss gemäß § 24 iVm § 25, § 26, § 27 oder § 27a ÖSG 2012, die zum Zeitpunkt des Inkrafttretens der nicht unter § 103 Abs. 2 fallenden Bestimmungen dieses Bundesgesetzes bei der Ökostromabwicklungsstelle gereiht sind, gelten als zurückgezogen. Anträge auf Förderung durch Investitionszuschuss gemäß § 24 iVm § 25, § 26, § 27 oder § 27a ÖSG 2012, die zum Zeitpunkt des Inkrafttretens der nicht unter § 103 Abs. 2 fallenden Bestimmungen dieses Bundesgesetzes bei der Ökostromabwicklungsstelle gereiht sind, gelten spätestens mit Ablauf des 31. Dezember 2023 als zurückgezogen.

(4) Bis zum Ablauf des 31. Dezember 2021 gilt die Verordnung der Bundesministerin für Klimaschutz, Umwelt, Energie, Mobilität, Innovation und Technologie über die Bestimmung des Ökostromförderbeitrags für das Kalenderjahr 2021, BGBl. II Nr. 623/2020, als Verordnung auf Grund des § 75 Abs. 2 weiter. Für eine Anpassung der Verordnung sind die Bestimmungen dieses Bundesgesetzes maßgeblich.

(5) Im Jahr des Inkrafttretens der unter § 103 Abs. 2 fallenden Bestimmungen reduzieren sich die jährlichen Ausschreibungsvolumen und Vergabevolumen je abgelaufenem Quartal um ein Viertel. Dies gilt nicht für das Vergabevolumen für Windkraftanlagen gemäß § 48 Abs. 2. Ausschreibungen für Photovoltaikanlagen sind abweichend von § 31 Abs. 2 zumindest einmal jährlich durchzuführen. Ausschreibungen für Windkraftanlagen können abweichend von § 41 Abs. 2 einmal jährlich durchgeführt werden.

(6) Im Jahr des Inkrafttretens der nicht unter § 103 Abs. 2 fallenden Bestimmungen dieses Bundesgesetzes reduzieren sich die jährlichen Fördermittel je abgelaufenem Quartal um ein Viertel; Fördercalls für Photovoltaikanlagen, die Umrüstung bestehender Biogasanlagen und die Errichtung von Anlagen zur Erzeugung von erneuerbarem Gas sind abweichend von den §§ 56 Abs. 5, 60 Abs. 5 und 61 Abs. 6 zumindest einmal jährlich durchzuführen.

(7) Personen, die auf Grundlage des § 46 Abs. 1 ÖSG 2012, BGBl. I Nr. 75/2011, in der Fassung vor der Novelle BGBl. I Nr. 150/2021, von der Pflicht zur Entrichtung der Ökostrompauschale oder gemäß § 49 Abs. 1 ÖSG 2012, BGBl. I Nr. 75/2011, in der Fassung vor der Novelle BGBl. I Nr. 150/2021, von der Pflicht zur Entrichtung des Ökostromförderbeitrags befreit wurden, sind für den Zeitraum der zuletzt genehmigten Befreiung von der Entrichtung der Erneuerbaren-Förderpauschale, des Erneuerbaren-Förderbeitrags und des Grüngas-Förderbeitrags befreit. Die Bestimmungen des § 72 Abs. 2 bis 5 und 8 sind auf diese Personen sinngemäß anzuwenden.

(8) Die gemäß § 27 ÖSG 2012 nicht ausgeschöpften Mittel sind den Fördermitteln für Investitionszuschüsse für Wasserkraftanlagen gemäß § 56a Abs. 1a zuzuschlagen.

Vollziehung

§ 102. Mit der Vollziehung dieses Bundesgesetzes sind betraut:

1. **(Verfassungsbestimmung)** Hinsichtlich § 1 und § 103 die Bundesregierung;
2. hinsichtlich § 6 Abs. 3, § 33 Abs. 2 und 4, § 35 Abs. 2, § 36 Abs. 2, § 43, § 46 Abs. 4, § 50 Abs. 1 und 2, § 51 Abs. 2, § 54 Abs. 4, § 58 Abs. 1 und § 63 Abs. 1 die Bundesministerin für Klimaschutz, Umwelt, Energie, Mobilität, Innovation und Technologie im Einvernehmen mit dem Bundesminister für Land- und Forstwirtschaft, Regionen und Wasserwirtschaft;
3. hinsichtlich § 6a Abs. 1, § 7 Abs. 3a, 4 und 6, § 31 Abs. 2, § 41 Abs. 2, § 43a Abs. 2, § 44a Abs. 2, § 44b Abs. 2, § 73 Abs. 1a und 7, § 75 Abs. 1a und 2, § 76 Abs. 2, § 78 Abs. 2 und § 81 Abs. 5 die Bundesministerin für Klimaschutz, Umwelt, Energie, Mobilität, Innovation und Technologie im Einvernehmen mit dem Bundesminister für Arbeit und Wirtschaft;
4. hinsichtlich § 18 Abs. 1, § 38, § 44d und § 47 Abs. 1 die Bundesministerin für Klimaschutz, Umwelt, Energie, Mobilität, Innovation und Technologie im Einvernehmen mit dem Bundesminister für Land- und Forstwirtschaft, Regionen und Wasserwirtschaft, dem Bundesminister für Arbeit und Wirtschaft und dem Bundesminister für Soziales, Gesundheit, Pflege und Konsumentenschutz;

4a. hinsichtlich § 49 Abs. 2 die Bundesministerin für Klimaschutz, Umwelt, Energie, Mobilität, Innovation und Technologie im Einvernehmen mit dem Bundesminister für Arbeit und Wirtschaft und dem Bundesminister für Land- und Forstwirtschaft, Regionen und Wasserwirtschaft;

5. im Übrigen die Bundesministerin für Klimaschutz, Umwelt, Energie, Mobilität, Innovation und Technologie.

Inkrafttreten

§ 103. (1) **(Verfassungsbestimmung)** Die Bestimmungen dieses Bundesgesetzes treten, soweit nicht anderes bestimmt wird, mit dem der Kundmachung folgenden Tag in Kraft.

(2) Die Bestimmungen des 1. Hauptstückes des 2. Teils dieses Bundesgesetzes, mit Ausnahme des § 12, sowie § 98 Abs. 3 Z 1 treten mit dem der Genehmigung oder Nichtuntersagung durch die Europäische Kommission gemäß Art. 108 Abs. 3 AEUV folgenden Monatsersten in Kraft. Die Bundesministerin für Klimaschutz, Umwelt, Energie, Mobilität, Innovation und Technologie hat diesen Zeitpunkt im Bundesgesetzblatt kundzumachen *(Anm. 1)*.

(3) **(Verfassungsbestimmung)** § 1 in der Fassung des Bundesgesetzes BGBl. I Nr. 7/2022 tritt mit dem der Kundmachung folgenden Tag in Kraft.

(4) Die Einträge im Inhaltverzeichnis zu § 37, zu § 38, zur Überschrift des 4. Unterabschnitts, zu § 43a, zum 5. Unterabschnitt und zu § 48 sowie § 5 Abs. 1 Z 30a, § 7 Abs. 1 und 3a, § 11 Abs. 3 und 3a, § 12 Abs. 2 und 3, § 14 Abs. 2, 3 und 3a, § 18 Abs. 1, § 20 Z 1 und 7, § 22 Abs. 4, § 24 Abs. 1 Z 8, § 31 Abs. 3, die Paragraphenbezeichnung des § 33, § 33 Abs. 3 Z 2, § 35 Abs. 2, § 36 Abs. 3, die Überschrift des 4. Unterabschnitts, § 40 Abs. 1, § 41 Abs. 1 und 3, § 43, § 43a samt Überschrift, §§ 44a bis 44f samt Überschriften und Überschrift des 5. Unterabschnitts, § 45 Z 1 und 5, § 46 Abs. 5, § 47 Abs. 2 Z 4, § 48 samt Überschrift, § 49 Abs. 2, § 50 Abs. 1 und 2, § 51 Abs. 2 sowie § 100 Abs. 5 in der Fassung des Bundesgesetzes BGBl. I Nr. 7/2022 treten rückwirkend mit 1. Jänner 2022 in Kraft. Der Eintrag im Inhaltsverzeichnis zu § 103a sowie § 5 Abs. 1 Z 15 und 16, § 6 Abs. 2, § 56a Abs. 1a, 3 und 4, § 57 Abs. 3, § 62 Abs. 3, § 63 Abs. 1 Z 4, § 71 Abs. 3, § 72 Abs. 2, Abs. 3 Z 6, Abs. 5 und 6, § 72a Abs. 2, 3 und 4, § 73 Abs. 1, 1a und 2, § 74 Abs. 4, § 75 Abs. 1 und 1a, § 79 Abs. 4, § 89 Abs. 1, § 91 Abs. 1, Abs. 3 Z 3 und Abs. 5, § 100 Abs. 8 und § 102 in der Fassung des Bundesgesetzes BGBl. I Nr. 7/2022 treten mit dem der Kundmachung folgenden Tag in Kraft.

(5) **(Verfassungsbestimmung)** § 1 in der Fassung des Bundesgesetzes BGBl. I Nr. 172/2022 tritt mit dem der Kundmachung folgenden Tag in Kraft.

(6) Die §§ 6a Abs. 1, 34 Abs. 2, 55 Abs. 2 und 56 Abs. 14 in der Fassung des Bundesgesetzes BGBl. I Nr. 172/2022 treten mit dem der Kundmachung folgenden Tag in Kraft. § 56 Abs. 4, 6 und 7 in der Fassung des Bundesgesetzes BGBl. I Nr. 172/2022 tritt mit 1. Jänner 2023 in Kraft.

(7) **(Verfassungsbestimmung)** § 1 in der Fassung des Bundesgesetzes BGBl. I Nr. 233/2022 tritt mit dem der Kundmachung folgenden Tag in Kraft.

(8) Die §§ 6 Abs. 1 und 3, 7 Abs. 3a, 4 und 6, 10 Abs. 7, 11 Abs. 6, 18 Abs. 1, 19 Abs. 1 Z 6, 31 Abs. 2, 33 Abs. 2 und 4, 35 Abs. 2, 36 Abs. 2, 38, 41 Abs. 2, 43, 44a Abs. 2, 44b Abs. 2, 44d, 46 Abs. 4, 47 Abs. 1 und 2 Z 5, 49 Abs. 2, 50 Abs. 1 und 2, 51 Abs. 2, 53 Abs. 2, 54 Abs. 4, 55 Abs. 4, 56 Abs. 10 Z 2, 57a Abs. 1, 6 und 8, 58 Abs. 1, 63 Abs. 1, 73 Abs. 1, 2, 7 und 8, 74 Abs. 4, 75 Abs. 2 und 7, 76 Abs. 2 und 7, 78 Abs. 2, 81 Abs. 5, 82 Abs. 1, 88 Abs. 3 und 91 Abs. 1, die Umbezeichnung des 10. Teils in 11. Teil sowie § 102 Z 2, 3, 4 und 4a in der Fassung des Bundesgesetzes BGBl. I Nr. 233/2022 treten mit dem der Kundmachung folgenden Tag in Kraft.

(__________________

Anm. 1: Die Kundmachung erfolgte mit BGBl. I Nr. 13/2022.)

Inkrafttretensbestimmung der EAG-Novelle BGBl. I Nr. 181/2021

§ 103a. (Verfassungsbestimmung) § 1 und § 71 treten mit dem der Kundmachung folgenden Tag in Kraft.

Anlage 1

Strategische Umweltprüfung

Teil 1, Erheblichkeit von Umweltauswirkungen

Kriterien für die Bestimmung der voraussichtlichen Erheblichkeit von Umweltauswirkungen sind:

1. Merkmale der Pläne und Programme, insbesondere in Bezug auf

a) das Ausmaß, in dem der Plan oder das Programm für Projekte und andere Tätigkeiten in Bezug auf Standort, Art, Größe und Betriebsbedingungen oder durch die Inanspruchnahme von Ressourcen einen Rahmen setzt;
b) das Ausmaß, in dem der Plan oder das Programm andere Pläne und Programme — einschließlich solcher in einer Planungs- oder Programmhierarchie — beeinflusst;
c) die Bedeutung des Plans oder des Programms für die Einbeziehung der Umwelterwägungen, insbesondere im Hinblick auf die Förderung der nachhaltigen Entwicklung;
d) die für den Plan oder das Programm relevanten Umweltprobleme;
e) die Bedeutung des Plans oder Programms für die Durchführung der Umweltvorschriften der Gemeinschaft (z. B. Pläne und Programme betreffend die Abfallwirtschaft oder den Gewässerschutz);

2. Merkmale der Auswirkungen und der voraussichtlich betroffenen Gebiete, insbesondere in Bezug auf

a) die Wahrscheinlichkeit, Dauer, Häufigkeit und Umkehrbarkeit der Auswirkungen;
b) den kumulativen Charakter der Auswirkungen;
c) den grenzüberschreitenden Charakter der Auswirkungen;
d) die Risiken für die menschliche Gesundheit oder die Umwelt (z. B. bei Unfällen);
e) den Umfang und die räumliche Ausdehnung der Auswirkungen (geographisches Gebiet und Anzahl der voraussichtlich betroffenen Personen);
f) die Bedeutung und die Sensibilität des voraussichtlich betroffenen Gebiets aufgrund folgender Faktoren:

aa) besondere natürliche Merkmale oder kulturelles Erbe,
bb) Überschreitung der Umweltqualitätsnormen oder der Grenzwerte,
cc) intensive Bodennutzung;

g) die Auswirkungen auf Gebiete oder Landschaften, deren Status als national, unionsrechtlich oder international geschützt anerkannt ist.

In den Umweltbericht nach § 95 sind folgende Informationen aufzunehmen:

1. eine Kurzdarstellung des Inhalts und der wichtigsten Ziele des integrierten Netzinfrastrukturplans sowie der Beziehung zu anderen relevanten Plänen und Programmen;
2. die relevanten Aspekte des derzeitigen Umweltzustands und dessen voraussichtliche Entwicklung bei Nichtdurchführung des Plans;
3. die Umweltmerkmale der Gebiete, die voraussichtlich erheblich beeinflusst werden;
4. sämtliche derzeitigen für den Plan relevanten Umweltprobleme unter besonderer Berücksichtigung der Probleme, die sich auf Gebiete mit einer speziellen Umweltrelevanz beziehen, wie etwa die gemäß der Richtlinie 2009/147/EG oder der Richtlinie 92/43/EWG ausgewiesenen Gebiete;
5. die auf internationaler Ebene oder Unionsebene oder auf der Ebene der Mitgliedstaaten festgelegten Ziele des Umweltschutzes, die für den Plan von Bedeutung sind, und die Art, wie diese Ziele und alle Umwelterwägungen bei der Ausarbeitung des Plans berücksichtigt wurden;
6. die voraussichtlichen erheblichen Umweltauswirkungen, einschließlich der Auswirkungen auf Aspekte wie die biologische Vielfalt, die Bevölkerung, die Siedlungsentwicklung, die Gesundheit des Menschen, Fauna, Flora, Boden, Wasser, Luft, klimatische Faktoren, Sachwerte, das kulturelle Erbe einschließlich der architektonisch wertvollen Bauten und der archäologischen Schätze, die Landschaft und die Wechselbeziehung zwischen den genannten Faktoren;
7. die Maßnahmen, die geplant sind, um erhebliche negative Umweltauswirkungen auf Grund der Durchführung des Plans zu verhindern, zu verringern und soweit wie möglich auszugleichen;
8. eine Kurzdarstellung der Gründe für die Wahl der geprüften Alternativen und eine Beschreibung, wie die Umweltprüfung vorgenommen wurde, einschließlich etwaiger Schwierigkeiten bei der Zusammenstellung der erforderlichen Informationen (zum Beispiel technische Lücken oder fehlende Kenntnisse);
9. eine Beschreibung der geplanten Maßnahmen zur Überwachung der Durchführung des Plans;
10. eine nichttechnische Zusammenfassung der oben beschriebenen Informationen;

EAG + V

11. eine Beschreibung und Bewertung der vernünftigen Alternativen und ihrer Umweltauswirkungen, insbesondere ein Trendszenario und mindestens zwei ebenso plausible Kontrastszenarien für die künftige Energieerzeugung, auf deren Grundlage alternative Planelemente entwickelt und geprüft werden können.

50. Biomasseenergie-Nachhaltigkeitsverordnung

Verordnung der Bundesministerin für Klimaschutz, Umwelt, Energie, Mobilität, Innovation und Technologie über Nachhaltigkeitskriterien und Kriterien für Treibhausgaseinsparungen für flüssige Biobrennstoffe und Biomasse-Brennstoffe

StF: BGBl. II Nr. 86/2023 [CELEX-Nr.: 32018L2001]

Aufgrund des § 6 Abs. 3 des Erneuerbaren-Ausbau-Gesetzes (EAG), BGBl. I Nr. 150/2021, zuletzt geändert durch das Bundesgesetz BGBl. I Nr. 233/2022, und des § 23 des Emissionszertifikategesetzes 2011 (EZG 2011), BGBl. I Nr. 118/2011, zuletzt geändert durch BGBl. I Nr. 142/2020, wird im Einvernehmen mit dem Bundesminister für Land- und Forstwirtschaft, Regionen und Wasserwirtschaft und hinsichtlich des § 10 Abs. 3 im Einvernehmen mit dem Bundesminister für Arbeit und Wirtschaft verordnet:

GLIEDERUNG

Ziele und Geltungsbereich

§ 1. (1) Diese Verordnung dient der Umsetzung der Richtlinie (EU) 2018/2001 zur Förderung der Nutzung von Energie aus erneuerbaren Quellen, ABl. Nr. L 328 vom 21.12.2018 S. 82, in der Fassung der Berichtigung ABl. Nr. L 41 vom 22.02.2022 S. 37, im Hinblick auf

1. die Minderung der Treibhausgasemissionen durch die Verwendung von flüssigen Biobrennstoffen und Biomasse-Brennstoffen bei der Elektrizitäts-, Wärme- oder Kälteerzeugung,
2. die Einhaltung von Nachhaltigkeitskriterien für Elektrizität, die aus Biomasse-Brennstoffen erzeugt wird und
3. die Überprüfung und Kontrolle der Minderung der Treibhausgasemissionen und der Einhaltung von Nachhaltigkeitskriterien durch Zertifizierungssysteme und Zertifizierungsstellen.

(2) Die in dieser Verordnung geregelten Nachhaltigkeitskriterien und Kriterien für Treibhausgaseinsparungen gelten für Anlagen auf Basis von fester Biomasse mit einer Gesamtfeuerungswärmeleistung von 20 MW oder mehr, für Anlagen auf Basis von Biogas mit einer Gesamtfeuerungswärmeleistung von 2 MW oder mehr sowie für Anlagen auf Basis von flüssigen Biobrennstoffen.

Minderung der Treibhausgasemissionen

§ 2. (1) Damit aus flüssigen Biobrennstoffen erzeugte Elektrizität, Wärme oder Kälte für die in § 6 Abs. 1 EAG genannten Zwecke berücksichtigt wird, muss die erzielte Minderung der Treibhausgasemissionen

1. bei Anlagen, die flüssigen Biobrennstoff produzieren und am 5. Oktober 2015 oder davor in Betrieb waren, mindestens 50% betragen,
2. bei Anlagen, die flüssigen Biobrennstoff produzieren und den Betrieb zwischen 6. Oktober 2015 und 31. Dezember 2020 aufgenommen haben, mindestens 60% betragen und
3. bei Anlagen, die flüssigen Biobrennstoff produzieren und den Betrieb ab dem 1. Jänner 2021 aufgenommen haben, mindestens 65% betragen.

Als Zeitpunkt der Inbetriebnahme gilt der Zeitpunkt der erstmaligen Produktion von flüssigen Biobrennstoffen.

(2) Damit aus Biomasse-Brennstoffen erzeugte Elektrizität, Wärme oder Kälte für die in § 6 Abs. 1 EAG genannten Zwecke berücksichtigt wird, muss die erzielte Minderung der Treibhausgasemissionen

1. bei Anlagen, die den Betrieb zwischen 1. Jänner 2021 und 31. Dezember 2025 aufgenommen haben oder aufnehmen, mindestens 70% betragen und
2. bei Anlagen, die den Betrieb nach dem 1. Jänner 2026 aufnehmen, mindestens 80% betragen.

Als Zeitpunkt der Inbetriebnahme gilt der Zeitpunkt der erstmaligen Erzeugung von Elektrizität, Wärme oder Kälte.

(3) Für die Zwecke der Abs. 1 und 2 ist die durch die Verwendung von flüssigen Biobrennstoffen und Biomasse-Brennstoffen erzielte Treibhausgaseinsparung gemäß den in Anhang V und An-

hang VI der Richtlinie (EU) 2018/2001 angeführten Methoden zu berechnen.

(4) Mit festen Siedlungsabfällen produzierte Elektrizität, Wärme oder Kälte unterliegt nicht den in Abs. 1 und 2 festgelegten Kriterien für Treibhausgaseinsparungen.

(5) Anlagenbetreiber haben Aufzeichnungen über ihre Berechnungen gemäß Abs. 1 und 2 zu führen. Diese Aufzeichnungen sind zumindest für die Dauer von sieben Jahren aufzubewahren.

Anlagenspezifische Nachhaltigkeitskriterien für Elektrizität aus Biomasse-Brennstoffen

§ 3. (1) Für die Zwecke des § 6 Abs. 1 EAG wird aus Biomasse-Brennstoffen erzeugte Elektrizität nur dann berücksichtigt, wenn sie zumindest eine der folgenden Anforderungen erfüllt:

1. die Elektrizität wird in Anlagen mit einer Gesamtfeuerungswärmeleistung von unter 50 MW produziert;
2. die Elektrizität wird in Anlagen mit einer Gesamtfeuerungswärmeleistung zwischen 50 und 100 MW mit hocheffizienter Kraft-Wärme-Kopplungstechnologie gemäß Anlage IV des Elektrizitätswirtschafts- und -organisationsgesetzes 2010 (ElWOG 2010), BGBl.I Nr. 110/2010, in der Fassung des Bundesgesetzes BGBl. I Nr. 234/2022, oder in ausschließlich Elektrizität erzeugenden Anlagen, welche die im Durchführungsbeschluss (EU) 2017/1442, ABl. Nr. L 212 vom 17.08.2017 S. 1, von der Europäischen Kommission definierten, mit den besten verfügbaren Techniken verbundenen Energieeffizienzwerte („BVT-assoziierten Energieeffizienzwerte") erreichen, erzeugt;
3. die Elektrizität wird in Anlagen mit einer Gesamtfeuerungswärmeleistung von über 100 MW mit hocheffizienter Kraft-Wärme-Kopplungstechnologie oder in ausschließlich Elektrizität erzeugenden Anlagen, die einen elektrischen Nettowirkungsgrad von mindestens 36% erreichen, erzeugt oder
4. die Elektrizität wird aus Biomasse unter Anwendung einer Maßnahme zur Abscheidung und Speicherung von CO_2 produziert.

(2) Ausschließlich Elektrizität erzeugende Anlagen werden für die Zwecke des § 6 Abs. 1 EAG nur dann berücksichtigt, wenn sie als Hauptbrennstoff keine fossilen Brennstoffe verwenden und es keine kosteneffiziente Möglichkeit zur Nutzung der Anlage als hocheffiziente Kraft-Wärme-Kopplungsanlage gibt.

(3) Abs. 1 und 2 gelangen bei Förderungen, die bis zum 25. Dezember 2021 genehmigt wurden, nicht zur Anwendung.

(4) Für die Zwecke des § 6 Abs. 1 Z 1 EAG gelten Abs. 1 und 2 nur für Anlagen, die nach dem 25. Dezember 2021 den Betrieb aufnehmen oder ab diesem Zeitpunkt auf die Nutzung von Biomasse-Brennstoffen umgestellt werden.

Massenbilanzsystem

§ 4. (1) Anlagenbetreiber müssen für den Zweck der einwandfreien Rückverfolgbarkeit der Wareneingänge und deren Zuordnung zur erzeugten Elektrizität, Wärme oder Kälte ein Massenbilanzsystem nutzen. Das verwendete Massenbilanzsystem muss zumindest die nachfolgenden Anforderungen erfüllen:

1. das Massenbilanzsystem erlaubt es, Lieferungen von Rohstoffen oder Brennstoffen mit unterschiedlichen Nachhaltigkeitseigenschaften und Eigenschaften in Bezug auf Treibhausgaseinsparungen zu mischen, zum Beispiel in einem Container, einer Verarbeitungs- oder Logistikeinrichtung oder einer Übertragungs- und Verteilungsinfrastruktur beziehungsweise – stätte,
2. das Massenbilanzsystem erlaubt es, Lieferungen von Rohstoffen mit unterschiedlichem Energiegehalt zur weiteren Verarbeitung zu mischen, sofern der Umfang der Lieferungen nach ihrem Energiegehalt angepasst wird,
3. das Massenbilanzsystem schreibt vor, dass dem Gemisch weiterhin Angaben über die Nachhaltigkeitseigenschaften sowie Eigenschaften in Bezug auf Treibhausgaseinsparungen und den jeweiligen Umfang der unter Z 1 genannten Lieferungen zugeordnet sind und
4. das Massenbilanzsystem sieht vor, dass die Summe sämtlicher Lieferungen, die dem Gemisch entnommen werden, dieselben Nachhaltigkeitseigenschaften in denselben Mengen hat wie die Summe sämtlicher Lieferungen, die dem Gemisch zugefügt werden, und dass diese Bilanz innerhalb des Bilanzierungszeitraums erreicht wird.

(2) Der Bilanzierungszeitraum für die Massenbilanz ist vom Betreiber des Zertifizierungssystems festzulegen.

(3) Bei aus Abfällen erzeugter Elektrizität, Wärme oder Kälte können Anlagenbetreiber ergänzend zum Massenbilanzsystem Aufzeichnungen und Meldungen gemäß § 17 und § 21 Abs. 3 Abfallwirtschaftsgesetz 2002, BGBl. I Nr. 102/2002, in der Fassung des Bundesgesetzes BGBl. I Nr. 200/2021, in Verbindung mit der Verordnung über Jahresabfallbilanzen (AbfallbilanzV), BGBl. II Nr. 497/2008, für die Erfüllung der Verpflichtung gemäß Abs. 1 heranziehen. Die Vorgaben der Durchführungsverordnung (EU) 2022/996 über Vorschriften für die Überprüfung in Bezug auf die Nachhaltigkeitskriterien und die Kriterien für Treibhausgaseinsparungen sowie die Kriterien für ein geringes Risiko indirekter Landnutzungsänderungen, ABl.

Nr. L 168 vom 27.06.2022 S. 1, bleiben hiervon unberührt.

Zertifizierungssysteme und Zertifizierungsstellen

§ 5. (1) Anlagenbetreiber haben sich zum Nachweis der Nachhaltigkeitskriterien und der Kriterien für Treibhausgaseinsparungen eines Zertifizierungssystems zu bedienen, welches von der Europäischen Kommission gemäß Art. 30 Abs. 4 der Richtlinie (EU) 2018/2001 anerkannt sein muss.

(2) Die Überprüfung der Einhaltung der Nachhaltigkeitskriterien und der Kriterien für Treibhausgaseinsparungen sowie die Ausstellung der Zertifikate an Anlagenbetreiber erfolgt durch Zertifizierungsstellen nach Maßgabe des jeweiligen Zertifizierungssystems unter unmittelbarer Anwendung der Durchführungsverordnung (EU) 2022/996.

(3) Zertifizierungsstellen haben der Umweltbundesamt GmbH jede Vor–Ort–Kontrolle so rechtzeitig anzukündigen, dass eine Begleitung durch diese möglich ist. Die Umweltbundesamt GmbH ist dazu berechtigt, die Vor–Ort–Kontrolle zu begleiten.

(4) Zertifizierungsstellen haben Kopien aller ausgestellten Zertifikate sowie die Kontrollberichte mindestens sieben Jahre aufzubewahren.

Registrierung von Zertifizierungsstellen

§ 6. (1) Zertifizierungsstellen, die Zertifikate für Anlagenbetreiber mit Sitz im Inland ausstellen, haben sich unabhängig davon, ob sie ihren Sitz im Inland, einem anderen Mitgliedstaat der Europäischen Union oder einem Drittstaat haben, bei der Umweltbundesamt GmbH zu registrieren. Die Umweltbundesamt GmbH hat Zertifizierungsstellen auf Antrag zu registrieren, wenn diese

1. eine aufrechte Vereinbarung mit einem anerkannten Zertifizierungssystem über die Zertifizierung von Anlagenbetreibern nachweisen sowie
2. eine Akkreditierung von einer nationalen Akkreditierungsstelle oder eine Anerkennung durch die Umweltbundesamt GmbH nach Maßgabe des Art. 11 Abs. 1 der Durchführungsverordnung (EU) 2022/996 nachweisen und
3. sich schriftlich dazu verpflichten, die von dieser Verordnung vorgesehenen Kontrollen und Maßnahmen zu dulden.

(2) Der Antrag auf Registrierung hat folgende Angaben zu enthalten:

1. Name und zustellfähige Anschrift der Zertifizierungsstelle,
2. Namen und Anschriften der verantwortlichen Personen und
3. alle Staaten, in denen die Zertifizierungsstelle tätig ist.

(3) Die Registrierung hat das Datum der Registrierung und eine einmalige Registriernummer zu enthalten und ist auf der Homepage der Umweltbundesamt GmbH bekannt zu geben.

(4) Die Umweltbundesamt GmbH hat die Registrierung zu widerrufen, wenn eine oder mehrere Voraussetzungen gemäß Abs. 1 nicht mehr gegeben sind.

(5) Für die Zwecke der Registrierung hat die Umweltbundesamt GmbH ein automationsunterstütztes Register einzurichten und zu betreiben. Der Bundesministerin für Klimaschutz, Umwelt, Energie, Mobilität, Innovation und Technologie sind auf Anfrage sämtliche im Register erfassten Informationen zu übermitteln.

Überwachung der Zertifizierungsstellen

§ 7. (1) Zum Zweck der Überwachung der Arbeitsweise der Zertifizierungsstellen ist die Umweltbundesamt GmbH berechtigt, während der Geschäfts- oder Betriebszeit

1. Grundstücke, Geschäfts-, Betriebs- und Lagerräume sowie Transportmittel der Zertifizierungsstelle zu betreten,
2. Einsicht in Unterlagen zu nehmen,
3. Kopien von Unterlagen in Papierform oder elektronischer Form unentgeltlich anzufordern und
4. Auskünfte zu verlangen,

soweit dies zur Überwachung der Arbeitsweise der betroffenen Zertifizierungsstelle erforderlich ist.

(2) Stellt die Umweltbundesamt GmbH bei Begleitung einer Vor–Ort–Kontrolle gemäß § 5 Abs. 3 oder bei einer Maßnahme gemäß Abs. 1 Mängel oder sonstige Unregelmäßigkeiten fest, so hat sie den Betreiber des Zertifizierungssystems und die Bundesministerin für Klimaschutz, Umwelt, Energie, Mobilität, Innovation und Technologie hierüber zu informieren. Hat die betroffene Zertifizierungsstelle ihren Sitz außerhalb des Bundesgebiets, so hat die Umweltbundesamt GmbH außerdem jene nationale Behörde zu informieren, die die betroffene Zertifizierungsstelle akkreditiert hat.

(3) Auf Anfrage der Bundesministerin für Klimaschutz, Umwelt, Energie, Mobilität, Innovation und Technologie hat die Umweltbundesamt GmbH Informationen und Unterlagen gemäß Abs. 1 an diese zu übermitteln.

Auskunftsrechte und Datenübermittlung

§ 8. (1) Die Umweltbundesamt GmbH hat im automationsunterstützen Register gemäß § 6 Abs. 5 alle von ihr registrierten Zertifizierungsstellen und betroffenen Zertifizierungssysteme sowie alle Zertifikate, Nachweise, Bescheinigungen und Berichte im Zusammenhang mit der Nachweisführung nach dieser Verordnung zu erfassen. Der Bundesministerin für Klimaschutz, Umwelt, Energie, Mobilität, Innovation und Technologie sind auf Anfrage sämtliche im Register erfassten Informationen zu übermitteln.

(2) Die Umweltbundesamt GmbH und die Bundesministerin für Klimaschutz, Umwelt, Energie, Mobilität, Innovation und Technologie können von Anlagenbetreibern, Zertifizierungsstellen und von Betreibern von Zertifizierungssystemen Auskünfte, Unterlagen und Informationen verlangen, soweit dies zur Durchführung dieser Verordnung oder zur Erfüllung der Berichtspflichten der Republik Österreich gegenüber den Organen der Europäischen Union erforderlich ist. Die Umweltbundesamt GmbH hat für jedes Kalenderjahr bis zum 31. März des folgenden Kalenderjahres einen Bericht über alle Angaben gemäß Abs. 1 elektronisch an die Bundesministerin für Klimaschutz, Umwelt, Energie, Mobilität, Innovation und Technologie zu übermitteln.

(3) Zertifizierungsstellen haben der Umweltbundesamt GmbH jährlich bis zum letzten Tag im Februar des folgenden Kalenderjahres sowie auf Anfrage folgende Informationen elektronisch zu übermitteln:

1. ein nach Zertifizierungssystemen aufgeschlüsseltes Verzeichnis (oder einen Auszug daraus) aller Anlagenbetreiber, denen sie Zertifikate ausgestellt, verweigert oder entzogen haben sowie eine Liste aller kontrollierten Anlagenbetreiber, aufgeschlüsselt nach Zertifizierungssystemen,
2. eine Liste aller bei Anlagenbetreibern im vergangenen Jahr durchgeführten Kontrollen, aufgeschlüsselt nach Zertifizierungssystemen und
3. einen Bericht über ihre Erfahrungen mit den von ihnen angewendeten Zertifizierungssystemen, insbesondere zur Einhaltung der Systemvorgaben.

(4) Soweit es zur Durchführung dieser Verordnung, zur Förderabwicklung gemäß EAG oder zur Berechnung des Anteils von Energie aus erneuerbaren Quellen am Bruttoendenergieverbrauch gemäß der Methodik und den Begriffsbestimmungen der Verordnung (EG) Nr. 1099/2008 über die Energiestatistik, ABl. Nr. L 304 vom 14.11.2008 S. 1, erforderlich ist, dürfen die Umweltbundesamt GmbH und die Bundesministerin für Klimaschutz, Umwelt, Energie, Mobilität, Innovation und Technologie sämtliche Auskünfte, Unterlagen und Informationen an die Regulierungsbehörde Energie–Control Austria (E–Control), an die EAG–Förderabwicklungsstelle und an die Bundesanstalt „Statistik Österreich" übermitteln.

(5) Betreiber von Anlagen gemäß § 1 Abs. 2 haben der Umweltbundesamt GmbH bis zum letzten Tag im Februar jeden Jahres erhaltene Zertifikate in Kopie sowie die Mengen an Elektrizität, Wärme oder Kälte, welche unter Einhaltung der Nachhaltigkeitskriterien und Kriterien für Treibhausgaseinsparungen im vorhergehenden Jahr erzeugt wurden, zu übermitteln. Werden Elektrizität, Wärme oder Kälte in Zeiträumen erzeugt, für die kein gültiges Zertifikat vorliegt, so ist dieser Umstand sowie der genaue Zeitraum unverzüglich der Umweltbundesamt GmbH und, bei Inanspruchnahme von Förderungen gemäß § 6 Abs. 1 Z 2 EAG, der EAG-Förderabwicklungsstelle bekannt zu geben.

Kostenersatz

§ 9. Die Umweltbundesamt GmbH kann für folgende Tätigkeiten einen angemessenen Kostenersatz von den Zertifizierungsstellen einheben:

1. Begleitung einer Vor–Ort–Kontrolle gemäß § 5 Abs. 3;
2. Registrierung von Zertifizierungsstellen gemäß § 6;
3. Überwachung von Zertifizierungsstellen gemäß § 7.

Inkrafttreten

§ 10. (1) Diese Verordnung tritt mit dem der Kundmachung folgenden Tag in Kraft.

(2) Die Nachhaltigkeitsanforderungen und die Kriterien für Treibhausgaseinsparungen gemäß § 6 Abs. 1 EAG gelten bis zum 29. Dezember 2023 auch dann als erfüllt, wenn die Vorgaben der Durchführungsverordnung (EU) 2022/996 durch einen Anlagenbetreiber mangels anerkannter Zertifizierungssysteme, mangels Verfügbarkeit von Zertifizierungsstellen, mangels Verfügbarkeit zugelassener Auditoren oder mangels Verfügbarkeit von Lieferanten, die eine Selbsterklärung gemäß der Verordnung auf Grundlage des § 16 Abs. 2 des Holzhandelsüberwachungsgesetzes – HolzHÜG, BGBl. I Nr. 178/2013, in der Fassung des Bundesgesetzes BGBl. I Nr. 167/2021, abgegeben haben oder zertifiziert wurden, innerhalb der Herstellungs- und Lieferkette nicht eingehalten werden können. In diesem Fall ist der Anlagenbetreiber dazu verpflichtet, ein von der Umweltbundesamt GmbH zur Verfügung gestelltes Muster als Nachweis zu verwenden. Dieser Nachweis muss bis zum 29. Dezember 2023 bei der Umweltbundesamt GmbH eingelangt sein. Diese dokumentiert die eingelangten Nachweise und prüft sie auf Plausibilität.

(3) Abs. 2 gilt sinngemäß hinsichtlich der Vorgaben in Art. 38 Abs. 5 und 6 der Durchführungsverordnung (EU) 2018/2066 über die Überwachung von und die Berichterstattung über Treibhausgasemissionen gemäß der Richtlinie 2003/87/EG und zur Änderung der Verordnung (EU) Nr. 601/2012, ABl. L Nr. 334 vom 31.12.2018 S. 1, für die Emissionsmeldung des Jahres 2023, die im Einklang mit § 9 EZG 2011 bis 31. März 2024 zu übermitteln und gemäß § 10 EZG 2011 zu überprüfen ist.

51. EAG-Marktprämienverordnung 2022

Verordnung der Bundesministerin für Klimaschutz, Umwelt, Energie, Mobilität, Innovation und Technologie zur Gewährung von Marktprämien nach dem Erneuerbaren-Ausbau-Gesetz für die Jahre 2022 und 2023

StF: BGBl. II Nr. 369/2022

Aufgrund der §§ 18 Abs. 1, 31 Abs. 2, 33 Abs. 4, 35 Abs. 2, 36 Abs. 2, 38, 41 Abs. 2, 43, 44a Abs. 2, 44b Abs. 2, 44d, 47 Abs. 1, 49 Abs. 2, 50 Abs. 1 und 2, 51 Abs. 2 sowie 54 Abs. 4 des Erneuerbaren-Ausbau-Gesetzes (EAG), BGBl. I Nr. 150/2021, in der Fassung des Bundesgesetzes BGBl. I Nr. 7/2022, wird

1. hinsichtlich der §§ 3 Abs. 3, 6, 7 und 13 dieser Verordnung sowie der §§ 5 und 12 dieser Verordnung, soweit darin Regelungen für Anlagen auf Basis von Biomasse oder Anlagen auf Basis von Biogas getroffen werden, im Einvernehmen mit dem Bundesminister für Land- und Forstwirtschaft, Regionen und Wasserwirtschaft,
2. hinsichtlich § 3 Abs. 5 dieser Verordnung sowie § 5 dieser Verordnung, soweit darin Regelungen für Photovoltaikanlagen, Windkraftanlagen oder gemeinsame Ausschreibungen von Wind- und Wasserkraftanlagen getroffen werden, im Einvernehmen mit dem Bundesminister für Arbeit und Wirtschaft,
3. hinsichtlich § 12 dieser Verordnung, soweit darin Regelungen für Wasserkraftanlagen getroffen werden, im Einvernehmen mit dem Bundesminister für Arbeit und Wirtschaft und dem Bundesminister für Land- und Forstwirtschaft, Regionen und Wasserwirtschaft und
4. hinsichtlich § 4 und der §§ 8 bis 11 dieser Verordnung im Einvernehmen mit dem Bundesminister für Land- und Forstwirtschaft, Regionen und Wasserwirtschaft, dem Bundesminister für Arbeit und Wirtschaft und dem Bundesminister für Soziales, Gesundheit, Pflege und Konsumentenschutz

verordnet:

GLIEDERUNG

1. Abschnitt
Allgemeine Bestimmungen
Anwendungsbereich

§ 1. Diese Verordnung legt nähere Bestimmungen zur Gewährung von Marktprämien nach dem 1. Hauptstück des 2. Teils des Erneuerbaren-Ausbau-Gesetzes (EAG), BGBl. I Nr. 150/2021, in der Fassung des Bundesgesetzes BGBl. I Nr. 7/2022, fest. Die Verordnung regelt insbesondere:

1. die Höchstpreise für Gebote in Ausschreibungsverfahren für Photovoltaikanlagen, Anlagen auf Basis von Biomasse und Windkraftanlagen gemäß den §§ 18 und 38 EAG sowie die Höchstpreise für Gebote für Wind- und Wasserkraftanlagen in gemeinsamen Ausschreibungen gemäß § 44d EAG,
2. die Gebotstermine und das jeweils zur Verfügung stehende Ausschreibungsvolumen gemäß den §§ 31 Abs. 2, 36 Abs. 2, 41 Abs. 2 und 44b Abs. 2 EAG,

3. die Höhe der anzulegenden Werte für die Berechnung der auf Antrag gewährten Marktprämie für Windkraftanlagen, Wasserkraftanlagen, Anlagen auf Basis von Biomasse und Anlagen auf Basis von Biogas gemäß § 47 EAG,
4. das zur Verfügung stehende Vergabevolumen für Marktprämien, welche auf Antrag vergeben werden gemäß den §§ 49 Abs. 2, 50 Abs. 2 und 51 Abs. 2 EAG,
5. die Abschläge für Photovoltaik-Freiflächenanlagen gemäß § 33 EAG und den anzuwendenden Korrekturfaktor für Windkraftanlagen gemäß § 43 EAG,
6. besondere Bestimmungen für bestimmte Anlagenkategorien gemäß § 44a Abs. 2 EAG sowie den §§ 35 Abs. 2 und 50 Abs. 1 EAG und
7. Bestimmungen zur Wechselmöglichkeit gemäß § 54 Abs. 4 EAG.

Begriffsbestimmungen

§ 2. (1) Im Sinne dieser Verordnung bezeichnet der Ausdruck

1. „Altlast“ eine Altlast im Sinne des § 2 Abs. 1 des Altlastensanierungsgesetzes, BGBl. Nr. 299/1989, in der Fassung des Bundesgesetzes BGBl. I Nr. 104/2019;
2. „bauliche Anlage“ ein Objekt, das mit dem Boden kraftschlüssig verbunden ist und dessen Herstellung ein wesentliches Maß an bautechnischen Kenntnissen erfordert;
3. „Bergbaustandort“ eine Fläche eines Bergbaubetriebes im Sinne des § 1 Z 24 des Mineralrohstoffgesetzes, BGBl. I Nr. 38/1999, in der Fassung des Bundesgesetzes BGBl. I Nr. 60/2022;
4. „Deponiefläche“ eine Fläche, auf der sich eine Deponie im Sinne des § 2 Abs. 7 Z 4 des Abfallwirtschaftsgesetzes 2002, BGBl. I Nr. 102/2002, in der Fassung des Bundesgesetzes BGBl. I Nr. 200/2021, befindet;
5. „Fußpunkthöhe“ die Seehöhe der Oberkante des Fundaments einer Windkraftanlage bezogen auf das Adria-Mittel-Null;
6. „Gebäude“ eine bauliche Anlage, bei welcher ein überdeckter, allseits oder überwiegend umschlossener Raum vorhanden ist;
7. „Gesamtfläche“ die von den mechanischen Aufbauten einer Photovoltaikanlage umgrenzte Fläche einschließlich Umrandung;
8. „Infrastrukturstandort“ eine Fläche eines bestehenden oder früheren Kraftwerkes oder einer Kläranlage, geeignete Bestandteile einer Bundesstraße im Sinne des § 3 des Bundesstraßengesetzes 1971, BGBl. Nr. 286/1971, in der Fassung des Bundesgesetzes BGBl. I Nr. 123/2022, oder einer Landesstraße, Eisenbahninfrastruktur im Sinne des § 10a des Eisenbahngesetzes 1957 (EisbG), BGBl. Nr. 60/1957, in der Fassung des Bundesgesetzes BGBl. I Nr. 231/2021, sowie Eisenbahnanlagen im Sinne des § 10 EisbG. Zu einem Kraftwerksstandort zählen alle Flächen, die eine funktionelle Einheit mit dem Kraftwerk bilden;
9. „Jahresstromproduktion“ die von der Windkraftanlage in einem Betriebsjahr erzeugte Strommenge bzw. die von der Wasserkraftanlage in einem Kalenderjahr erzeugte Strommenge;
10. „Korrekturfaktor“ den von der Standorthöhe und der rotorkreisflächenspezifischen Jahresstromproduktion abhängigen Auf- oder Abschlag in Form eines Prozentsatzes mit zwei Nachkommastellen, um den sich der anzulegende Wert für den Normstandort erhöht oder verringert;
11. „landwirtschaftlich genutzte Fläche“ eine Fläche zur Gewinnung jeglicher Art von pflanzlichen und tierischen Erzeugnissen, eine gemähte, beweidete Fläche und eine ungenutzte Fläche im Bereich der Landwirtschaft;
12. „landwirtschaftliche Produktion von pflanzlichen Erzeugnissen als Hauptnutzung“ die Gewinnung jeglicher Art von pflanzlichen Erzeugnissen, sofern diese von der Fläche abtransportiert und einem wirtschaftlichen Nutzen zugeführt werden;
13. „landwirtschaftliche Produktion von tierischen Erzeugnissen als Hauptnutzung“ einen Viehbesatz von mindestens 1 Großvieheinheit je Hektar Gesamtfläche (GVE/ha);
14. „militärische Fläche“ eine Fläche, die dem Bundesheer ständig zur Verfügung steht zur Errichtung oder Erhaltung militärischer Anlagen oder als militärischer Bereich;
15. „Mindest-Betriebsdauer“ die Anzahl an Jahren, in denen eine Anlage in Betrieb ist, gerechnet ab dem Zeitpunkt der Inbetriebnahme;
16. „Normanlage“ eine für Österreich typische, dem Stand der Technik entsprechende Windkraftanlage;
17. „Normstandort“ ein für Österreich repräsentativer Standort mittleren Windertrags mit einer Standorthöhe von 400 Meter, charakterisiert durch einen Normertrag (rotorkreisflächenspezifische Jahresstromproduktion einer Normanlage) von 694 kWh/m²;
18. „Querbauwerk“ einen bestehenden, nicht fischpassierbaren, quer oder schräg zur Fließrichtung verlaufenden künstlichen Einbau in das Gewässerbett, wie insbesondere Sohlen-, Regelungs- oder Staubauwerke (Sohlrampen, Sohlstufen, Wehre, Staudämme usw.);
19. „Revitalisierungsgrad“ die relative Erhöhung der Engpassleistung oder des Regelarbeitsvermögens (unter Einrechnung wasserrechtlich bewilligter Maßnahmen zum Erhalt oder zur Verbesserung des Gewässerzustandes) einer Wasserkraftanlage, wobei der jeweils höhere Wert heranzuziehen ist;
20. „Rotorkreisfläche“ die vom Rotor überstrichene Kreisfläche;

21. „rotorkreisflächenspezifische Jahresstromproduktion (RJ)“ die Jahresstromproduktion einer Windkraftanlage dividiert durch die Rotorkreisfläche; umfasst das Gebot bzw. der Förderantrag mehrere Anlagen, bezeichnet der Ausdruck die Summe der Jahresstromproduktionen der Anlagen dividiert durch die Summe der Rotorkreisflächen;
22. „Standorthöhe“ die Seehöhe einer Windkraftanlage definiert durch die Fußpunkthöhe; umfasst das Gebot bzw. der Förderantrag mehrere Anlagen, bezeichnet der Ausdruck den arithmetischen Mittelwert der Fußpunkthöhen aller Windkraftanlagen des Windparks;
23. „Standorthöhenanteil“ das Ergebnis der Differenz von Standorthöhe der Anlage und Standorthöhe des Normstandortes dividiert durch 1000.

(2) Im Übrigen gelten die Begriffsbestimmungen des EAG und des Elektrizitätswirtschafts- und –organisationsgesetzes 2010 (ElWOG 2010), BGBl. I Nr. 110/2010, in der Fassung des Bundesgesetzes BGBl. I Nr. 7/2022.

Förderfähigkeit

§ 3. (1) Durch Marktprämie förderfähig ist die Erzeugung von Strom aus

1. neu errichteten, erweiterten und revitalisierten Wasserkraftanlagen gemäß § 10 Abs. 1 Z 1 EAG,
2. neu errichteten und erweiterten Windkraftanlagen gemäß § 10 Abs. 1 Z 2 EAG,
3. neu errichteten und erweiterten Photovoltaikanlagen gemäß § 10 Abs. 1 Z 3 EAG,
4. neu errichteten und repowerten Anlagen auf Basis von Biomasse gemäß § 10 Abs. 1 Z 4 EAG,
5. neu errichteten Anlagen auf Basis von Biogas gemäß § 10 Abs. 1 Z 5 EAG,
6. bestehenden Anlagen auf Basis von Biomasse gemäß § 10 Abs. 1 Z 6 EAG und
7. bestehenden Anlagen auf Basis von Biogas gemäß § 10 Abs. 1 Z 7 EAG,

sofern die Anlage die allgemeinen Förderungsvoraussetzungen gemäß § 10 EAG erfüllt. Sofern örtliche Zäunungsmaßnahmen aus sicherheitstechnischen Gründen erforderlich sind, muss zudem die Querbarkeit der Zäune insbesondere für Kleinsäuger, Reptilien und Amphibien jedenfalls gewährleistet sein. Dies kann mit Absetzung der Zäunung um mindestens 20 cm vom Boden oder geeignet großen Maschenweiten des Zaunes im bodennahen Bereich, mit Ausnahme von Absturzsicherungen, umgesetzt werden; sofern Bescheidauflagen davon abweichende Vorgaben enthalten, sind diese umzusetzen.

(2) Die Gewährung einer Marktprämie für Wasserkraftanlagen erfordert neben der Erfüllung der in § 10 Abs. 1 Z 1 EAG angeführten Voraussetzungen, dass die Anlage dem Stand der Technik gemäß § 5 Abs. 1 Z 39 EAG entspricht und zumindest ausreichend Restwasser gemäß § 13 der Qualitätszielverordnung Ökologie Oberflächengewässer, BGBl. II Nr. 99/2010, in der Fassung der Verordnung BGBl. II Nr. 128/2019, abgeben muss sowie im natürlichen Fischlebensraum über eine dem Stand der Technik entsprechende Fischaufstiegshilfe verfügt.

(3) Für repowerte Anlagen auf Basis von Biomasse gelten neben den in § 10 EAG festgelegten allgemeinen Förderungsvoraussetzungen folgende zusätzliche Förderungsvoraussetzungen:

1. Anlagen mit einer Engpassleistung unter 0,5 MW_{el} müssen

a) eine Mindest-Betriebsdauer von 15 Jahren und
b) einen Mindest-Reinvestitionsgrad von 50%

aufweisen.

2. Anlagen mit einer Engpassleistung ab 0,5 MW_{el} müssen

a) eine Mindest-Betriebsdauer von 20 Jahren und
b) einen Mindest-Reinvestitionsgrad von 50%

aufweisen.

(4) Bei Photovoltaikanlagen, die auf einer landwirtschaftlich genutzten Fläche oder einer Fläche im Grünland errichtet werden, müssen folgende zusätzliche Fördervoraussetzungen erfüllt werden, die von der EAG-Förderabwicklungsstelle stichprobenartig zu überprüfen sind:

1. Sicherstellung der rückstandslosen Rückbaubarkeit der Anlage samt Anlageninfrastruktur, insbesondere der Fundamentierung und Verankerung, sodass die Nutzungsmöglichkeit nach dem Abbau der Anlage weiterhin im ursprünglichen Zustand erhalten bleibt. Kommt es beim Auf- oder Abbau der Anlage zu einer Verschlechterung der Bodenstruktur, müssen nachfolgend geeignete Maßnahmen zur Verbesserung der Bodenstruktur ergriffen werden, um den ursprünglichen Zustand soweit wie möglich wiederherzustellen;
2. Abstand der Modultischunterkante zum Boden von mindestens 80 cm und Reihenabstände, gemessen zwischen den gegenüberliegenden Modulflächen, von mindestens zwei Metern. Diese Regelung gilt nicht für Photovoltaikanlagen mit Nachführsystemen oder mit vertikal montierten Modulen oder aufgeständerten Modulen mit einer Höhe der Modultischunterkante von mindestens zwei Metern über ebenem Boden.
3. Erfüllung von mindestens fünf der im folgenden genannten Maßnahmen:

a) Erhalt von bestehenden Biotopstrukturen;
b) im Falle einer Umzäunung, Begrünung des Zaunes mit standortangepassten Pflanzen gebietseigener Herkunft;
c) Anlegen von standortangepassten Hecken oder Büschen gebietseigener Herkunft;

EAG + V

d) Errichtung von Nisthilfen für Vögel, Fledermäuse und Insekten;
e) Schaffung von Blühstreifen unter Verwendung gebietseigener Saatmischungen;
f) Bewirtschaftung der Fläche durch alternierende Mahd unter Einhaltung einer Mahdhöhe von mindestens zehn Zentimetern;
g) Bewirtschaftung der Fläche unter Einhaltung einer Mahdfrequenz von höchstens zweimal pro Jahr und einer Mahdhöhe von mindestens zehn Zentimetern;
h) Beweidung der Fläche ohne maschinelles Mähen;
i) Begrünung der Fläche mit regionalen Saatgutmischungen mit mindestens 15 Pflanzenarten und Wildkräutern.

Diese Maßnahmen gelten nicht für Anlagen, die gemäß § 6 Abs. 2 und 3 vom Abschlag befreit sind.

(5) Abweichend von Abs. 1 Z 1 sind revitalisierte Wasserkraftanlagen mit einer Engpassleistung bis 1 MW (nach Revitalisierung) und einem Revitalisierungsgrad von bis zu 60% von der Teilnahme an gemeinsamen Ausschreibungen gemäß § 44a EAG ausgeschlossen.

2. Abschnitt
Bestimmungen zum Ausschreibungsverfahren

Höchstpreise

§ 4. (1) Die Höchstpreise in Cent pro kWh, bis zu denen Gebote in Ausschreibungen beachtet werden, werden für die Kalenderjahre 2022 und 2023 gemäß den §§ 18 Abs. 1 und 2, 38 und 44d EAG wie folgt festgelegt:

1. für neu errichtete und erweiterte Photovoltaikanlagen .... 9,33 Cent/kWh;
2. für neu errichtete Anlagen auf Basis von Biomasse .... 18,22 Cent/kWh;
3. für repowerte Anlagen auf Basis von Biomasse .... 17,47 Cent/kWh;
4. für neu errichtete und erweiterte Windkraftanlagen (Normstandort) ...... 8,22 Cent/kWh;
5. für Wind- und Wasserkraftanlagen in gemeinsamen Ausschreibungen .... 8,50 Cent/kWh.

(2) Das Gebot für Windkraftanlagen gemäß Abs. 1 Z 4 muss sich auf den Normstandort beziehen.

Gebotstermine und Ausschreibungsvolumen

§ 5. (1) Für das Kalenderjahr 2022 werden die Kalendertage, an denen die Frist für die Abgabe von Geboten für eine Ausschreibung abläuft (Gebotstermine) sowie das bei einem Gebotstermin zur Verfügung stehende Ausschreibungsvolumen wie folgt festgelegt:

Technologie	Gebotstermine	Ausschreibungsvolumen
Photovoltaikanlagen	13.12.2022	700 000 kW_{peak}
Anlagen auf Basis von Biomasse	13.12.2022	7 500 kW_{el}
Windkraftanlagen	13.12.2022	190 000 kW
Gemeinsame Ausschreibung (Wind- und Wasserkraftanlagen)	06.12.2022	20 000 kW

(2) Für das Kalenderjahr 2023 werden die Kalendertage, an denen die Frist für die Abgabe von Geboten für eine Ausschreibung abläuft (Gebotstermine) sowie das bei einem Gebotstermin zur Verfügung stehende Ausschreibungsvolumen wie folgt festgelegt:

Technologie	Gebotstermine	Ausschreibungsvolumen
Photovoltaikanlagen	14.02.2023	175 000 kW_{peak}
	25.04.2023	175 000 kW_{peak}
	25.07.2023	175 000 kW_{peak}
	10.10.2023	175 000 kW_{peak}
Anlagen auf Basis von Biomasse	20.06.2023	7 500 kW_{el}
Windkraftanlagen	07.03.2023	100 000 kW
	20.06.2023	100 000 kW
	26.09.2023	100 000 kW
	14.11.2023	100 000 kW

Gemeinsame Ausschreibung (Wind- und Wasserkraftanlagen)	14.02.2023	20 000 kW

Abschläge für Photovoltaikanlagen

§ 6. (1) Für Photovoltaikanlagen, die gemäß § 33 Abs. 1 EAG auf einer landwirtschaftlich genutzten Fläche oder einer Fläche im Grünland errichtet werden, verringert sich die Höhe des Zuschlagswertes um einen Abschlag von 25%.

(2) Der Abschlag gemäß Abs. 1 entfällt für Anlagen gemäß § 33 Abs. 3 Z 2 bis 6 EAG zur Gänze, sohin für Anlagen, die

1. auf oder an einem Gebäude oder einer baulichen Anlage, das oder die zu einem anderen Zweck als der Erzeugung von Strom aus Photovoltaikanlagen zumindest 18 Monate vor Antragstellung auf Förderung fertiggestellt wurde, errichtet werden,
2. auf einem durch bauliche Eingriffe geschaffenen Wasserkörper errichtet werden,
3. auf einer geschlossenen oder genehmigten Deponiefläche oder einer Altlast errichtet werden,
4. auf einem Bergbau- oder Infrastrukturstandort errichtet werden oder
5. auf einer militärischen Fläche, mit Ausnahme von militärischen Übungsgeländen, errichtet werden.

(3) Für Anlagen gemäß § 33 Abs. 3 Z 1 EAG (Agri-Photovoltaikanlagen) entfällt der Abschlag gemäß Abs. 1 zur Gänze, sofern folgende Anforderungen erfüllt sind:

1. Vorliegen einer zwingenden landwirtschaftlichen Hauptnutzung: kombinierte Nutzung derselben Landfläche für die landwirtschaftliche Produktion von pflanzlichen oder tierischen Erzeugnissen als Hauptnutzung und Stromproduktion als Sekundärnutzung;
2. gleichmäßige Verteilung der Photovoltaikmodule auf der Gesamtfläche, es sei denn der Erhalt von bestehenden Biotopstrukturen erfordert eine andere Verteilung;
3. landwirtschaftliche Nutzung von mindestens 75% der Gesamtfläche zur Produktion von pflanzlichen oder tierischen Erzeugnissen;
4. Aufständerung: ausreichend Abstand zwischen den einzelnen Pfosten relativ zur Bewirtschaftungslinie, sodass die geplante Landnutzungsform zur Produktion von pflanzlichen oder tierischen Erzeugnissen möglich ist. Die Art der Aufständerung muss die Bearbeitbarkeit der Fläche sicherstellen;
5. Flächenverlust an der Gesamtfläche durch Aufbauten, Unterkonstruktionen sowie Anlageninfrastruktur von höchstens 7% der Gesamtfläche. Zur Anlageninfrastruktur zählen alle Veränderungen auf der Gesamtfläche, die mit der Errichtung, dem Betrieb oder der Wartung der Photovoltaikanlage in direktem Zusammenhang stehen. Die restliche Fläche muss für Maßnahmen zur Erhöhung der Biodiversität genutzt werden. Im Falle einer Schotterung muss Schotterrasen verwendet werden;
6. Sicherstellung der Bearbeitbarkeit der Fläche, sodass die gesamte landwirtschaftlich nutzbare Fläche bewirtschaftet werden kann;
7. Anpassung der Wasserverfügbarkeit an die Wachstumsbedingungen der Kultur und Biodiversitätsflächen, wobei auf eine möglichst homogene Verteilung des Niederschlagswassers auf der landwirtschaftlich genutzten Fläche zu achten ist;
8. Bodenerosion: Minimierung des Auftretens von Erosion und Verschlämmung auf Grund von Wasserabtropfkanten durch die Konstruktion der Anlage.

(4) Die Erfüllung der Anforderungen gemäß Abs. 3 ist in einem landwirtschaftlichen Nutzungskonzept festzuhalten, das nach den in den Allgemeinen Förderbedingungen gemäß § 17 EAG festgelegten Vorgaben auszugestalten ist.

EAG + V

Korrekturfaktor für Windkraftanlagen

§ 7. (1) Für Windkraftanlagen, die im Rahmen einer Ausschreibung gemäß § 40 EAG einen Zuschlag erhalten haben, ist ein Korrekturfaktor auf den Zuschlagswert gemäß § 43 EAG anzuwenden, der die standortbedingten unterschiedlichen Stromerträge der Windkraftanlage widerspiegelt und jährlich im Nachhinein auf Basis der tatsächlichen Jahresstromproduktion ermittelt wird.

(2) Der Korrekturfaktor (in Prozent) ermittelt sich aus der rotorkreisflächenspezifischen Jahresstromproduktion eines vollen Betriebsjahres.

(3) Für Windkraftanlagen mit einer Standorthöhe bis 400 Meter sind folgende Stützwerte anzuwenden, wobei zwischen den jeweils benachbarten Stützwerten eine lineare Interpolation stattfindet:

RJ (in kWh/m²)	≤ 557,0	596,50	694,0	787,1	≥ 874,5
Korrekturfaktor (in %)	+20,00	+13,30	0,00	-8,10	-14,00

(4) Für Windkraftanlagen mit einer Standorthöhe ab 1 400 Meter erhöht sich der gemäß Abs. 3 ermittelte Korrekturfaktor additiv um nachfolgende Prozentsätze, wobei zwischen den jeweils benachbarten Stützwerten eine lineare Interpolation stattfindet:

RJ (in kWh/m²)	≤ 557,0	599,1	606,8	709,0	807,2	874,5	944,6
Erhöhung des Korrekturfaktors (in %)	+7,66	+7,07	+6,84	+5,92	+5,31	+5,08	0,00

(5) Für Windkraftanlagen mit einer Standorthöhe von über 400 Meter und unter 1 400 Meter erhöht sich der gemäß Abs. 3 ermittelte Korrekturfaktor additiv um das Produkt aus dem Standorthöhenanteil und dem gemäß Abs. 4 ermittelten Erhöhungswert.

(6) Der insgesamt ermittelte Korrekturfaktor darf +27,66% als Zuschlag und -14% als Abschlag nicht über- bzw. unterschreiten.

(7) Im Fall einer Überschusseinspeisung ist die Jahresstromproduktion als Grundlage für die Berechnung des Korrekturfaktors heranzuziehen.

3. Abschnitt
Bestimmungen zum Antrag auf Marktprämie
Anzulegende Werte für Windkraftanlagen

§ 8. (1) Die Höhe des anzulegenden Wertes in Cent pro kWh für die Berechnung der auf Antrag gewährten Marktprämie für neu errichtete Windkraftanlagen sowie Erweiterungen von Windkraftanlagen wird für die Antragstellung im Kalenderjahr 2022 gemäß § 47 Abs. 1 und 2 EAG wie folgt festgelegt:

1. Normstandort .... 7,98 Cent/kWh.

(2) Auf den anzulegenden Wert gemäß Abs. 1 ist ein Korrekturfaktor nach den Vorgaben des § 7 anzuwenden, der die standortbedingten unterschiedlichen Stromerträge der Windkraftanlage widerspiegelt und jährlich im Nachhinein auf Basis der tatsächlichen Jahresstromproduktion ermittelt wird, es sei denn, es kommt Abs. 3 zur Anwendung.

(3) Für Windkraftanlagen, für die bereits ein Antrag auf Kontrahierung zu festgelegten Einspeisetarifen auf Grundlage des ÖSG 2012 gestellt wurde, der zum Zeitpunkt des Inkrafttretens des 1. Hauptstückes des 2. Teils des EAG bei der Ökostromabwicklungsstelle gereiht war, ist abweichend von Abs. 2 der gemäß Abs. 1 festgelegte Wert als anzulegender Wert heranzuziehen.

Anzulegende Werte für Wasserkraftanlagen

§ 9. (1) Die Höhe der anzulegenden Werte in Cent pro kWh für die Berechnung der auf Antrag gewährten Marktprämie für neu errichtete, erweiterte und revitalisierte Wasserkraftanlagen wird für die Antragstellung in den Kalenderjahren 2022 und 2023 gemäß § 47 Abs. 1 und 2 EAG wie folgt festgelegt:

1. für neu errichtete und erweiterte Anlagen
a) für die ersten 500 000 kWh 13,10 Cent/kWh;
b) für die nächsten 500 000 kWh .... 11,50 Cent/kWh;
c) für die nächsten 1 500 000 kWh .... 9,90 Cent/kWh;
d) für die nächsten 2 500 000 kWh .... 8,10 Cent/kWh;
e) über 5 000 000 kWh hinaus 9,50 Cent/kWh;
2. für neu errichtete Anlagen unter Verwendung eines Querbauwerkes
a) für die ersten 500 000 kWh 12,20 Cent/kWh;
b) für die nächsten 500 000 kWh .... 10,70 Cent/kWh;
c) für die nächsten 1 500 000 kWh .... 9,20 Cent/kWh;
d) für die nächsten 2 500 000 kWh .... 7,60 Cent/kWh;
e) über 5 000 000 kWh hinaus 8,80 Cent/kWh;
3. für revitalisierte Anlagen mit einer Engpassleistung bis 1 MW (nach Revitalisierung) und
a) einem Revitalisierungsgrad bis 60%
aa) für die ersten 500 000 kWh 7,70 Cent/kWh;
bb) für die nächsten 500 000 kWh .... 7,00 Cent/kWh;
cc) für die nächsten 1 500 000 kWh .... 6,10 Cent/kWh;
dd) über 2 500 000 kWh hinaus 5,00 Cent/kWh;
b) einem Revitalisierungsgrad von über 60% bis 200%
aa) für die ersten 500 000 kWh 8,30 Cent/kWh;
bb) für die nächsten 500 000 kWh .... 8,00 Cent/kWh;
cc) für die nächsten 1 500 000 kWh .... 7,70 Cent/kWh;
dd) über 2 500 000 kWh hinaus 6,50 Cent/kWh;
c) einem Revitalisierungsgrad von über 200%
aa) für die ersten 500 000 kWh 11,10 Cent/kWh;
bb) für die nächsten 500 000 kWh .... 9,90 Cent/kWh;
cc) für die nächsten 1 500 000 kWh .... 8,50 Cent/kWh;
dd) über 2 500 000 kWh hinaus 4,50 Cent/kWh;
4. für revitalisierte Anlagen mit einer Engpassleistung über 1 MW (nach Revitalisierung)
a) für die ersten 5 000 000 kWh .... 11,20 Cent/kWh;
b) für die nächsten 20 000 000 kWh .... 10,40 Cent/kWh;
c) über 25 000 000 kWh hinaus 8,00 Cent/kWh.

(2) Die anzulegenden Werte nach den Produktionsstufen gemäß Abs. 1 dienen der rückwirkenden Berechnung eines durchschnittlichen anzulegenden Wertes je Anlage und Kalenderjahr anhand der tatsächlichen Jahresstromproduktion. Für Anlagen nach Abs. 1 Z 1 bis 3 ist zur Berechnung des durchschnittlichen anzulegenden Wertes die Jahresstromproduktion heranzuziehen, bei Anlagen nach Abs. 1 Z 4 nur die aus der Revitalisierung resultierende Erzeugungsmenge. Bei angebrochenen Kalenderjahren ist die Jahresstromproduktion bzw. die aus der Revitalisierung resultierende Erzeugungsmenge zeitaliquot zu berechnen.

Anzulegende Werte für Anlagen auf Basis von Biomasse

§ 10. (1) Die Höhe der anzulegenden Werte in Cent pro kWh für die Berechnung der auf Antrag gewährten Marktprämie für neu errichtete und repowerte Anlagen auf Basis von Biomasse sowie für die Berechnung der auf Antrag gewährten Nachfolgeprämie für bereits bestehende Anlagen auf Basis von Biomasse gemäß § 52 EAG wird für die Antragstellung in den Kalenderjahren 2022 und 2023 gemäß den §§ 47 Abs. 1 und 2 sowie 52 Abs. 3 EAG wie folgt festgelegt:

1. für neu errichtete Anlagen

a) bei ausschließlicher Verwendung von Biomasse, mit Ausnahme von Einsatzstoffen gemäß lit. b,

aa) für Anlagen mit einer Engpassleistung bis 50 kW_{el} .... 24,41 Cent/kWh;

bb) für Anlagen mit einer Engpassleistung über 50 kW_{el} .... 22,91 Cent/kWh;

b) bei ausschließlicher Verwendung von Biomasse aus Abfällen gemäß § 2 des Abfallwirtschaftsgesetzes 2002, BGBl. I Nr. 102/2002, in der Fassung des Bundesgesetzes BGBl. I Nr. 200/2021, Ersatzbrennstoffprodukten gemäß § 3 Z 19 der Abfallverbrennungsverordnung, BGBl. II Nr. 389/2002, in der Fassung des Bundesgesetzes BGBl. I Nr. 127/2013, sowie Rinde, Schwarten, Spreißel, Sägemehl und Sägespänen .... 19,75 Cent/kWh;

2. für repowerte Anlagen

a) bei ausschließlicher Verwendung von Biomasse, mit Ausnahme von Einsatzstoffen gemäß lit. b, ... 21,40 Cent/kWh;

b) bei ausschließlicher Verwendung von Biomasse aus Abfällen gemäß § 2 des Abfallwirtschaftsgesetzes 2002, BGBl. I Nr. 102/2002, in der Fassung des Bundesgesetzes BGBl. I Nr. 200/2021, Ersatzbrennstoffprodukten gemäß § 3 Z 19 der Abfallverbrennungsverordnung, BGBl. II Nr. 389/2002, in der Fassung des Bundesgesetzes BGBl. I Nr. 127/2013, sowie Rinde, Schwarten, Spreißel, Sägemehl und Sägespänen .... 18,40 Cent/kWh;

3. für bestehende Anlagen (Nachfolgeprämie)

a) bei ausschließlicher Verwendung von Biomasse, mit Ausnahme von Einsatzstoffen gemäß lit. b,

aa) für Anlagen mit einer Engpassleistung bis 500 kW_{el} .... 15,37 Cent/kWh;

bb) für Anlagen mit einer Engpassleistung über 500 kW_{el} .... 10,71 Cent/kWh;

cc) für Anlagen mit einer Engpassleistung über 500 kW_{el} mit Entnahmekondensationsturbinen gemäß § 10 Abs. 1 Z 6 lit. a EAG .... 14,26 Cent/kWh;

b) bei ausschließlicher Verwendung von Biomasse aus Abfällen gemäß § 2 des Abfallwirtschaftsgesetzes 2002, BGBl. I Nr. 102/2002, in der Fassung des Bundesgesetzes BGBl. I Nr. 200/2021, Ersatzbrennstoffprodukten gemäß § 3 Z 19 der Abfallverbrennungsverordnung, BGBl. II Nr. 389/2002, in der Fassung des Bundesgesetzes BGBl. I Nr. 127/2013, sowie Rinde, Schwarten, Spreißel, Sägemehl und Sägespänen

aa) für Anlagen mit einer Engpassleistung bis 500 kW_{el} .... 12,71 Cent/kWh;

bb) für Anlagen mit einer Engpassleistung über 500 kW_{el} .... 7,85 Cent/kWh;

cc) für Anlagen mit einer Engpassleistung über 500 kW_{el} mit Entnahmekondensationsturbinen gemäß § 10 Abs. 1 Z 6 lit. a EAG .... 11,39 Cent/kWh.

(2) Bei einer Kombination der in Abs. 1 genannten Einsatzstoffe kommt ein anteiliger Wert nach den eingesetzten Brennstoffmengen, bezogen auf die Brennstoffwärmeleistung, zur Anwendung.

(3) Die anzulegenden Werte gemäß Abs. 1 gelten unabhängig davon, ob die verwendeten Rohstoffe in ihrer ursprünglichen Form eingesetzt werden oder durch vorheriges Hacken, Pressen oder andere Behandlungsschritte in ihrer Form und Dichte verändert werden.

Anzulegende Werte für Anlagen auf Basis von Biogas

§ 11. Die Höhe der anzulegenden Werte in Cent pro kWh für die Berechnung der auf Antrag gewährten Marktprämie für neu errichtete Anlagen auf Basis von Biogas sowie für die Berechnung der auf Antrag gewährten Nachfolgeprämie für bereits bestehende Anlagen auf Basis von Biogas gemäß § 53 EAG wird für die Antragstellung in den Kalenderjahren 2022 und 2023 gemäß den §§ 47 Abs. 1 und 2 sowie 53 Abs. 3 EAG wie folgt festgelegt:

1. für neu errichtete Anlagen 27,00 Cent/kWh;
2. für bestehende Anlagen (Nachfolgeprämie) .... 22,50 Cent/kWh.

Vergabevolumen

§ 12. (1) Für das Kalenderjahr 2022 wird das zur Verfügung stehende Vergabevolumen für die auf Antrag gewährte Marktprämie wie folgt festgelegt:

EAG + V

Technologie	Vergabevolumen
Windkraftanlagen	200 000 kW
Wasserkraftanlagen	90 000 kW
Anlagen auf Basis von Biomasse	7 500 kW_{el}
Anlagen auf Basis von Biogas	1 500 kW_{el}

(2) Für das Kalenderjahr 2023 wird das zur Verfügung stehende Vergabevolumen für die auf Antrag gewährte Marktprämie wie folgt festgelegt:

Technologie	Vergabevolumen
Wasserkraftanlagen	170 000 kW
Anlagen auf Basis von Biomasse	7 500 kW_{el}
Anlagen auf Basis von Biogas	1 500 kW_{el}

Besondere Bestimmungen zur Wechselmöglichkeit für geförderte Anlagen nach dem Ökostromgesetz 2012

§ 13. (1) Photovoltaikanlagen, Windkraftanlagen, Wasserkraftanlagen, Anlagen auf Basis von Biomasse und Anlagen auf Basis von Biogas, für die gemäß § 54 Abs. 1 EAG ein aufrechter Fördervertrag auf Grundlage des § 12 des Ökostromgesetzes 2012 (ÖSG 2012), BGBl. I Nr. 75/2011 in der für die Anlage maßgeblichen Fassung besteht, können auf Antrag durch Marktprämie gefördert werden.

(2) Die Berechnung der Höhe des anzulegenden Wertes erfolgt gemäß dem in **Anlage 1** festgelegten Berechnungsschema.

(3) Um Überförderungen zu vermeiden, hat sich der anzulegende Wert am Barwert des noch nicht ausbezahlten Förderbetrages gemäß dem Fördervertrag nach § 12 ÖSG 2012 zu orientieren, welcher sich anhand des festgelegten Einspeisetarifes nach dem ÖSG 2012, der bisherigen Vertragsdauer und eines gutachterlich bestimmten Marktpreises errechnet.

(4) Bei revitalisierten Wasserkraftanlagen zwischen 1 MW und 2 MW (nach Revitalisierung) ist gemäß dem in **Anlage 1** festgelegten Berechnungsschema zu berücksichtigen, dass nach § 10 Abs. 3 EAG nur die aus der Revitalisierung resultierenden Erzeugungsmengen gefördert werden. Der hierfür benötigte Revitalisierungsgrad ist aus den Förderunterlagen des bestehenden Fördervertrages nach § 12 ÖSG 2012 heranzuziehen.

(5) Bei der Ermittlung des Barwertes gemäß der **Anlage 1** sind bei Anlagen auf Basis von Biomasse die für das Kalenderjahr 2020 geltenden Nachfolgetarife gemäß § 17 ÖSG 2012 und bei Anlagen auf Basis von Biogas die für das Kalenderjahr 2017 geltenden Nachfolgetarife gemäß § 17 ÖSG 2012 zu berücksichtigen, wobei eine Kontrahierungsdauer von insgesamt 20 Jahren ab Inbetriebnahme der Anlage anzulegen ist.

(6) Bei Anlagen auf Basis von Biomasse ist bei der Ermittlung der jährlichen Marktprämie gemäß § 11 EAG für die Erzeugung von Strom aus Biomasse gemäß § 10 Abs. 1 Z 1 lit. b ein Abschlag von 15% auf den nach Abs. 2 berechneten anzulegenden Wert anzusetzen.

(7) Bei Anlagen auf Basis von Biogas sind bei der Ermittlung der jährlichen Marktprämie gemäß § 11 EAG auf den nach Abs. 2 berechneten anzulegenden Wert jene rohstoffabhängigen Abschläge anzuwenden, die sich aus der dem Fördervertrag nach § 12 ÖSG 2012 jeweils zugrundeliegenden Verordnung über die Festsetzung der Einspeisetarife für die Kontrahierung von Ökostrom gemäß § 19 ÖSG 2012 ergeben.

(8) Ergibt sich bei der Berechnung gemäß dem in **Anlage 1** festgelegten Berechnungsschema oder bei der Ermittlung nach Abs. 7 für Anlagen auf Basis von Biogas ein anzulegender Wert unter dem für Nachfolgeprämien gemäß § 11 Z 2 festgesetzten Wert, so ist abweichend von Abs. 2, 3, 5 und 7 der Wert gemäß § 11 Z 2 als anzulegender Wert heranzuziehen.

4. Abschnitt
Schlussbestimmungen
Inkrafttreten

§ 14. Diese Verordnung tritt mit dem der Kundmachung folgenden Tag in Kraft.

Anlage 1

Berechnungsschema zur Bestimmung der Höhe des anzulegenden Wertes bei Inanspruchnahme der Wechselmöglichkeit für geförderte Anlagen nach dem ÖSG 2012 gemäß § 54 EAG

Schritt 1: Bestimmung des Barwerts der Nettoförderung gemäß dem ÖSG 2012

Die Nettoförderung, ausgedrückt durch eine Nettoförderprämie, bestimmt sich aus dem Einspeisetarif nach dem ÖSG 2012 abzüglich eines (allgemein angesetzten) Referenzstrompreises. Der Einspeisetarif nach dem ÖSG 2012 ergibt sich aus dem jeweiligen Fördervertrag; bei einer Festsetzung des Einspeisetarifes gemäß dem ÖSG 2012 nach Zonentarifgrenzen (z. B. Wasserkraft bis 2 MW) erfolgt eine Umrechnung auf einen durchschnittlichen Einspeisetarif anhand des Regelarbeitsvermögens. Der Referenzstrompreis wird gemäß der gutachterlichen Empfehlung (vom Bundesministerium für Klimaschutz, Umwelt, Energie, Mobilität, Innovation und Technologie in Auftrag gegebenes Gutachten zu den Betriebs- und Investitionsförderungen) technologieübergreifend und unabhängig vom exakten Errichtungszeitraum der Bestandsanlage mit 5,66 Cent/kWh angesetzt.

Die Nettoförderung über die gesamte Restlaufzeit gemäß dem ÖSG 2012 wird diskontiert und aufsummiert, also der Barwert gebildet. Zur Diskontierung dient ein gutachterlich bestimmter Zinssatz (WACC Standard). Dieser ist für Photovoltaikanlagen, Windkraftanlagen, Anlagen auf Basis von Biomasse und Anlagen auf Basis von Biogas mit 4,39% und für Wasserkraftanlagen mit 4,71% anzusetzen.

EAG + V

Bei Anlagen auf Basis von Biomasse und Anlagen auf Basis von Biogas sind bei der Ermittlung des Barwertes Nachfolgetarife gemäß § 17 ÖSG 2012 zu berücksichtigen. Hierfür sind in der Barwertberechnung, anschließend an die Förderdauer nach dem Fördervertrag gemäß § 12 ÖSG 2012, Nachfolgetarife bis zu einer Gesamtlaufzeit von insgesamt 20 Jahren nach Inbetriebnahme der Anlage anzulegen. Für die Höhe der anzulegenden Nachfolgetarife sind für Anlagen auf Basis von Biomasse die für das Kalenderjahr 2020 geltenden Tarife heranzuziehen und für Anlagen auf Basis von Biogas die für das Kalenderjahr 2017 geltenden Tarife.

Die Formel zur Berechnung des Barwerts der Nettoförderung lautet:

$$BW_{NFP} = \sum_{i=1}^{FD_{ÖSG}-VD} \frac{(ET_i - p_{Ele,Ref})}{(1+WACC_{Standard})^i}$$

BW_{NFP} = Barwert der Nettoförderprämie (in Cent/kWh)

ET_i = Einspeisetarif (bzw. ggf. auch Nachfolgetarif bei Anlagen auf Basis von Biomasse und Biogas) gemäß ÖSG 2012 (in Cent/kWh)

$p_{Ele,Ref}$ = Referenzstrompreis – in Cent/kWh

$WACC_{Standard}$ = Kalkulatorischer Zinssatz / WACC im Standardfall (in %)

FD_{SG} = Förderdauer gemäß ÖSG 2012 (in Jahren)

VD = (Bisherige) Verweildauer ÖSG 2012 (in Jahren)

Schritt 2: Bestimmung des Annuitätenfaktors gemäß der Restlaufzeit im EAG

Der Annuitätenfaktor errechnet sich aus dem unter Schritt 1 angeführten kalkulatorischen Zinssatz, der Förderdauer gemäß dem EAG und der bisherigen Verweildauer im ÖSG 2012 nach folgender Formel:

$$AF_{EAG} = \frac{[(1+WACC_{Standard})^{FD_{EAG}-VD} * WACC_{Standard}]}{[(1+WACC_{Standard})^{FD_{EAG}-VD} - 1]}$$

AF_{EAG} = Annuitätenfaktor gemäß Restlaufzeit im EAG

$WACC_{Standard}$ = Kalkulatorischer Zinssatz / WACC im Standardfall (in %)

FD_{EAG} = Förderdauer gemäß EAG (in Jahren)

VD = (Bisherige) Verweildauer ÖSG 2012 (in Jahren)

Schritt 3: Bestimmung des anzulegenden Wertes

Die in Schritt 1 ermittelten Fördervolumina werden unter Zuhilfenahme des in Schritt 2 bestimmten Annuitätenfaktors als Annuität ausgedrückt und zur Bestimmung des anzulegenden Werts ($azW_{BESTAND}$) wiederum um den Referenzstrompreis erhöht. Die Formel lautet wie folgt:

$$azW_{BESTAND} = BW_{NFP} * AF_{EAG} + p_{Ele,Ref}$$

$azW_{BESTAND}$ = Anzulegender Wert der Bestandsanlage bei Wechsel ins EAG (in Cent/kWh)
BW_{NFP} = Barwert der Nettoförderprämie (in Cent/kWh) – (siehe Schritt 1)
AF_{EAG} = Annuitätenfaktor gemäß Restlaufzeit im EAG – (siehe Schritt 2)
$p_{Ele,Ref}$= Referenzstrompreis – in Cent/kWh

Schritt 3a: Sonderfall revitalisierte Wasserkraftanlagen über 1 MW bis 2 MW (Förderung gesamte Einspeisung nach dem ÖSG 2012, nur zusätzliche Engpassleistung/Regelarbeitsvermögen nach dem EAG)

Wenn sich die für die Förderung relevante Erzeugungsmenge zwischen dem ÖSG 2012 und dem EAG verringert, ist im Schritt 3 ein Zusatzfaktor, basierend auf dem Revitalisierungsgrad der Anlage, anzuwenden. Der formale Zusammenhang ändert sich wie folgt:

$$azW_{BESTAND} = ((RG+1)/RG) * BW_{NFP} * AF_{EAG} + p_{Ele,Ref}$$

RG = Revitalisierungsgrad Bestandsanlage (Revitalisierungsgrad gemäß der Erhöhung der Engpassleistung bzw. des Regelarbeitsvermögens nach den Förderunterlagen des bestehenden Vertrages nach dem ÖSG 2012)

52. EAG-Investitionszuschüsseverordnung-Strom

Verordnung der Bundesministerin für Klimaschutz, Umwelt, Energie, Mobilität, Innovation und Technologie zur Gewährung von Investitionszuschüssen für die Neuerrichtung, Revitalisierung und Erweiterung von Anlagen zur Erzeugung und Speicherung von Strom aus erneuerbaren Quellen

StF: BGBl. II Nr. 64/2023 [CELEX-Nr.: 32018L2001]

Aufgrund des § 58 Abs. 1 des Erneuerbaren-Ausbau-Gesetzes (EAG), BGBl. I Nr. 150/2021, in der Fassung des Bundesgesetzes BGBl. I Nr. 233/2022, wird im Einvernehmen mit dem Bundesminister für Land- und Forstwirtschaft, Regionen und Wasserwirtschaft verordnet:

GLIEDERUNG

EAG + V

Anwendungsbereich

§ 1. (1) Diese Verordnung regelt die Durchführung und Abwicklung von Investitionszuschüssen für die Neuerrichtung und Erweiterung von Photovoltaikanlagen und die damit verbundene Neuerrichtung von Stromspeichern, die Neuerrichtung und Revitalisierung von Wasserkraftanlagen, die Neuerrichtung von Windkraftanlagen sowie die Neuerrichtung und Erweiterung von Anlagen auf Basis von Biomasse gemäß den §§ 55, 56, 56a, 57 und 57a des Erneuerbaren-Ausbau-Gesetzes (EAG), BGBl. I Nr. 150/2021, in der Fassung des Bundesgesetzes BGBl. I Nr. 233/2022.

(2) Die in dieser Verordnung bestimmten Investitionszuschüsse sind nur jenen Förderverträgen zugrunde zu legen, zu deren Abschluss die EAG-Förderabwicklungsstelle nach Maßgabe des EAG ermächtigt ist.

(3) Für Investitionszuschüsse, die eine Schwelle von 15 Millionen Euro pro Unternehmen und Investitionsvorhaben überschreiten, gilt diese Verordnung mit der Maßgabe, dass aufgrund von unionsrechtlichen Beihilferegelungen für die Förderung von Einzelprojekten ein gesondertes Notifikationsverfahren (Einzelnotifikation) erforderlich ist. Die formalrechtlichen Bestimmungen des Kapitels I der Verordnung (EU) Nr. 651/2014 zur Feststellung der Vereinbarkeit bestimmter Gruppen von Beihilfen mit dem Binnenmarkt in Anwendung der Artikel 107 und 108 des Vertrages über die Arbeitsweise der Europäischen Union, ABl. Nr. L 187 vom 26.06.2014 S. 1, zuletzt geändert durch die Verordnung (EU) 2021/1237, ABl. Nr. L 270 vom 29.07.2021 S. 39 (AGVO) gelten entsprechend.

(4) Investitionszuschüsse für Verbraucher im Sinne des § 1 Abs. 1 Z 2 des Konsumentenschutzgesetzes (KSchG), BGBl. Nr. 140/1979, in der Fassung des Bundesgesetzes BGBl. I Nr. 109/2022, werden auf Grundlage der Verordnung (EU) Nr. 1407/2013 über die Anwendung der Artikel 107 und 108 des Vertrags über die Arbeitsweise der Europäischen Union auf De-minimis-Beihilfen, ABl. Nr. L 352 vom 24.12.2013 S. 1, in der Fassung der Verordnung (EU) Nr. 2020/972, ABl. Nr. L 215 vom 07.07.2020 S. 3, gewährt. Dabei darf im Sinne des Art. 3 Abs. 2 der Verordnung (EU) 1407/2013 der Gesamtbetrag der einem Förderwerber gewährten De-minimis-Beihilfen in einem Zeitraum von drei Steuerjahren 200 000 Euro nicht übersteigen.

(5) Die Verordnung des Bundesministers für Finanzen über Allgemeine Rahmenrichtlinien für die Gewährung von Förderungen aus Bundesmitteln (ARR 2014), BGBl. II Nr. 208/2014, in der Fassung der Verordnung BGBl. II Nr. 190/2018, ist subsidiär anzuwenden.

Begriffsbestimmungen

§ 2. (1) Im Sinne dieser Verordnung bezeichnet der Ausdruck

1. „Altlast“ eine Altlast im Sinne des § 2 Abs. 1 des Altlastensanierungsgesetzes, BGBl. Nr. 299/1989, in der Fassung des Bundesgesetzes BGBl. I Nr. 104/2019;

2. „bauliche Anlage" ein Objekt, das mit dem Boden kraftschlüssig verbunden ist und dessen Herstellung ein wesentliches Maß an bautechnischen Kenntnissen erfordert;
3. „befestigte Fläche" eine Fläche, die durch menschliches Einwirken so verdichtet wurde, dass die natürliche Versickerungsfähigkeit des Bodens nicht nur unerheblich verändert wurde. Umfasst sind insbesondere Flächen eines Grundstückes, deren Oberfläche mit Asphalt, Beton, Pflastersteinen, Rasenpflastersteinen etc. versehen sind, sofern diese Befestigung bereits 18 Monate vor Antragstellung vorgelegen hat;
4. „Beginn der Arbeiten" entweder den Beginn der Bauarbeiten für die Investition oder die erste rechtsverbindliche Verpflichtung zur Bestellung von Anlagenteilen oder eine andere Verpflichtung, die die Investition unumkehrbar macht, wobei der früheste dieser Zeitpunkte maßgebend ist; der Kauf von Grundstücken und Vorarbeiten wie die Einholung von Genehmigungen und die Erstellung vorläufiger Durchführbarkeitsstudien gelten nicht als Beginn der Arbeiten. Bei einer Übernahme ist der Beginn der Arbeiten der Zeitpunkt des Erwerbs der unmittelbar mit der erworbenen Betriebsstätte verbundenen Vermögenswerte;
5. „Bergbaustandort" eine Fläche eines Bergbaubetriebes im Sinne des § 1 Z 24 des Mineralrohstoffgesetzes, BGBl. I Nr. 38/1999, in der Fassung des Bundesgesetzes BGBl. I Nr. 60/2022;
6. „Deponiefläche" eine Fläche, auf der sich eine Deponie im Sinne des § 2 Abs. 7 Z 4 des Abfallwirtschaftsgesetzes 2002, BGBl. I Nr. 102/2002, in der Fassung des Bundesgesetzes BGBl. I Nr. 200/2021, befindet;
7. „Eigenleistungen" Leistungen des Förderwerbers oder von einem Unternehmen, an dem der Förderwerber überwiegend beteiligt ist oder das an dem Förderwerber überwiegend beteiligt ist;
8. „Gebäude" eine bauliche Anlage, bei welcher ein überdeckter, allseits oder überwiegend umschlossener Raum vorhanden ist;
9. „Gesamtfläche" die von den mechanischen Aufbauten einer Photovoltaikanlage umgrenzte Fläche einschließlich Umrandung;
10. „Inbetriebnahme" die erstmalige Inbetriebsetzung der Anlage nach Herstellung der technischen Betriebsbereitschaft der Anlage, was durch die Fertigstellungsmeldung an den Netzbetreiber nachzuweisen ist; bei Revitalisierung von Wasserkraftanlagen die erstmalige Inbetriebsetzung nach Durchführung sämtlicher Revitalisierungsmaßnahmen;
11. „Infrastrukturstandort" eine Fläche eines bestehenden oder früheren Kraftwerkes oder einer Kläranlage, geeignete Bestandteile einer Bundesstraße im Sinne des § 3 des Bundesstraßengesetzes 1971, BGBl. Nr. 286/1971, in der Fassung des Bundesgesetzes BGBl. I Nr. 123/2022, oder einer Landesstraße, Eisenbahninfrastruktur im Sinne des § 10a des Eisenbahngesetzes 1957 (EisbG), BGBl. I Nr. 60/1957, in der Fassung des Bundesgesetzes BGBl. I Nr. 231/2021, sowie Eisenbahnanlagen im Sinne des § 10 EisbG. Zu einem Kraftwerksstandort zählen alle Flächen, die eine funktionelle Einheit mit dem Kraftwerk bilden;
12. „Investitionen" Investitionen, die örtlich gebundene Einrichtungen betreffen und insbesondere Gebäude, Anlagen und Ausrüstungsgüter sowie Dienstleistungen wie Bauarbeiten, Montage, Gutachten und Planungskosten umfassen;
13. „landwirtschaftlich genutzte Fläche" eine Fläche zur Gewinnung jeglicher Art von pflanzlichen und tierischen Erzeugnissen, eine gemähte, beweidete Fläche und eine ungenutzte Fläche im Bereich der Landwirtschaft;
14. „landwirtschaftliche Produktion von pflanzlichen Erzeugnissen als Hauptnutzung" die Gewinnung jeglicher Art von pflanzlichen Erzeugnissen, sofern diese von der Fläche abtransportiert und einem wirtschaftlichen Nutzen zugeführt werden;
15. „landwirtschaftliche Produktion von tierischen Erzeugnissen als Hauptnutzung" eine Beweidung der Fläche mit einem Viehbesatz von mindestens 1 Großvieheinheit je Hektar Gesamtfläche (GVE/ha), sodass der Aufwuchs vollflächig genutzt wird; gegebenenfalls hat eine zusätzliche Weidepflege zu erfolgen;
16. „militärische Fläche" eine Fläche, die dem Bundesheer ständig zur Verfügung steht zur Errichtung oder Erhaltung militärischer Anlagen oder als militärischer Bereich;
17. „Stromspeicher" ein stationäres System, das elektrische Energie der Photovoltaikanlage (auf elektrochemischer Basis) in Akkumulatoren aufnehmen und in einer zeitlich verzögerten Nutzung wieder zur Verfügung stellen kann;
18. „Wasserkraftanlage" eine Anlage auf Basis der erneuerbaren Energiequelle Wasserkraft, wobei abweichend zum Anlagenbegriff gemäß § 5 Abs. 1 Z 3 EAG der Zählpunkt für die Beurteilung des technisch-funktionalen Zusammenhangs nicht maßgeblich ist.

(2) Im Übrigen gelten die Begriffsbestimmungen des EAG und des Elektrizitätswirtschafts- und –organisationsgesetzes 2010 (ElWOG 2010), BGBl. I Nr. 110/2010, in der Fassung des Bundesgesetzes BGBl. I Nr. 234/2022.

(3) Soweit sich die in dieser Verordnung verwendeten Bezeichnungen auf natürliche Personen beziehen, gilt die gewählte Form für alle Geschlechter. Bei der Anwendung dieser Bezeichnungen

auf bestimmte natürliche Personen ist die jeweils geschlechtsspezifische Form zu verwenden.

Gegenstand des Investitionszuschusses

§ 3. (1) Gegenstand des Investitionszuschusses sind Investitionen

1. zur Erzeugung elektrischer Energie durch die Neuerrichtung oder Erweiterung von Photovoltaikanlagen gemäß § 56 Abs. 1 EAG;
2. zur Speicherung von elektrischer Energie aus Photovoltaikanlagen durch die Neuerrichtung von Stromspeichern im Zusammenhang mit der Neuerrichtung oder Erweiterung von Photovoltaikanlagen gemäß § 56 Abs. 2 EAG;
3. zur Erzeugung elektrischer Energie durch die Neuerrichtung oder Revitalisierung von Wasserkraftanlagen gemäß § 56a Abs. 1 und Abs. 1a EAG;
4. zur Erzeugung elektrischer Energie durch die Neuerrichtung von Windkraftanlagen gemäß § 57 Abs. 1 EAG;
5. zur Erzeugung elektrischer Energie durch die Neuerrichtung oder Erweiterung von Anlagen auf Basis von Biomasse gemäß § 57a Abs. 1 EAG.

(2) Investitionen in Stromspeicher ohne Neuerrichtung oder Erweiterung von Photovoltaikanlagen und Stromspeicherweiterungen sind nicht Gegenstand des Investitionszuschusses.

(3) Zur Lagebestimmung der Wasserkraftanlage im Sinne des § 56a Abs. 1 Z 1 und 2 EAG ist der unmittelbare Anlagenbereich gemäß der wasserrechtlichen Bewilligung maßgeblich.

(4) Bei der Erweiterung von Photovoltaikanlagen und Anlagen auf Basis von Biomasse sowie der Revitalisierung von Wasserkraftanlagen sind nur jene Investitionen Gegenstand des Investitionszuschusses, welche im Rahmen der Erweiterung oder Revitalisierung anfallen.

(5) Werden Anlagenteile von Wasserkraftanlagen neben der Erzeugung von elektrischer Energie auch für andere Zwecke benutzt (Doppelnutzung), sind die Investitionen in diese Anlagenteile zur Gänze nicht förderfähig. Ausgenommen sind bei Trinkwasserkraftanlagen oder Speicherkraftanlagen (auch im Zusammenhang mit Beschneiungsanlagen) Investitionen in die Druckrohrleitung bis zum Krafthaus sowie Investitionen in zugehörige mehrfach genutzte elektrische Anlagenteile, welche mit 30% in die Kostenbasis einbezogen werden. Bei Wasserkraftschnecken, die auch als Fischwanderhilfen benutzt werden (Doppelnutzung), sind Investitionen in mehrfach genutzte Anlagenteile mit 55% in die Kostenbasis einzubeziehen. Sofern nach dem Umweltförderungsgesetz (UFG), BGBl. Nr. 185/1993, in der Fassung des Bundesgesetzes BGBl. I Nr. 185/2022, keine Fördermöglichkeit besteht, werden Investitionen nach dem vorstehenden Satz vollständig in die Kostenbasis einbezogen. Die Nutzung von Anlagenteilen zum Hochwasserschutz sowie der Umbau von bestehenden Regulierungsbauten (Sohlschwellen, Dämme, Wehre, etc.) zur Wasserkraftnutzung gelten nicht als Doppelnutzung im Sinne dieser Bestimmung.

(6) Für die dem Förderantrag zugrundeliegende Maßnahme darf, mit Ausnahme von Förderungen nach dem Investitionsprämiengesetz, BGBl. I Nr. 88/2020, in der Fassung des Bundesgesetzes BGBl. I Nr. 95/2021, keine Förderung aufgrund unionsrechtlicher, bundesrechtlicher, landesrechtlicher oder gemeinderechtlicher Bestimmungen in Anspruch genommen werden. Abweichend davon ist bei Photovoltaikanlagen der Kategorien A, B und C (mit und ohne Stromspeicher) sowie bei innovativen Photovoltaikanlagen gemäß § 6 Abs. 5 (mit und ohne Stromspeicher) eine Kombination mit Förderungen nach bundes-, landes- und gemeinderechtlichen Bestimmungen unter Einhaltung der beihilferechtlichen Förderhöchstgrenzen möglich. Bei Wasserkraftanlagen ist, mit Ausnahme von Investitionen, für die eine Förderung nach dem UFG in Anspruch genommen wird, eine Kombination mit Förderungen nach bundes-, landes- und gemeinderechtlichen Bestimmungen unter Einhaltung der beihilferechtlichen Förderhöchstgrenzen möglich.

(7) Der Förderwerber ist verpflichtet, die EAG-Förderabwicklungsstelle über beabsichtigte, in Behandlung stehende oder erledigte Ansuchen oder Anträge auf Förderung der Maßnahme bei anderen öffentlichen Förderträgern zu informieren und muss alle bereits bezogenen oder beantragten Förderungen der EAG-Förderabwicklungsstelle bekannt geben sowie die bei anderen Förderstellen vorgelegten Unterlagen übermitteln. § 17 Abs. 1 und 2 ARR 2014 ist anzuwenden.

Voraussetzungen für die Gewährung eines Investitionszuschusses

§ 4. (1) Die Gewährung eines Investitionszuschusses erfordert neben der Erfüllung der im EAG angeführten Voraussetzungen, dass

1. zum Zeitpunkt der Einbringung des Förderantrages alle für die Errichtung, Erweiterung oder Revitalisierung der Anlage erforderlichen Genehmigungen in erster Instanz oder erforderlichen Anzeigen vorliegen;
2. zum Zeitpunkt der erstmaligen Einbringung des Förderantrages, ausgenommen im Fall von § 8 Abs. 2, der Beginn der Arbeiten noch nicht erfolgt ist;
3. die Anlage dem Stand der Technik entspricht und sämtliche Sicherheitsanforderungen eingehalten werden. Wasserkraftanlagen müssen zumindest ausreichend Restwasser gemäß § 13 Qualitätszielverordnung Ökologie Oberflächengewässer, BGBl. II Nr. 99/2010, in der Fassung der Verordnung BGBl. II Nr. 128/2019, abgeben sowie im natürlichen

Fischlebensraum über eine dem Stand der Technik entsprechende Fischaufstiegshilfe verfügen;
4. sofern örtliche Zäunungsmaßnahmen aus sicherheitstechnischen Gründen erforderlich sind, die Querbarkeit der Zäune insbesondere für Kleinsäuger, Reptilien und Amphibien jedenfalls gewährleistet ist. Dies kann mit Absetzung der Zäunung um mindestens 20 cm vom Boden oder geeignet großen Maschenweiten des Zaunes im bodennahen Bereich, mit Ausnahme von Absturzsicherungen, umgesetzt werden. Sofern Bescheidauflagen davon abweichende Vorgaben enthalten, sind diese umzusetzen;
5. der Förderwerber die für ihn geltenden einschlägigen vergaberechtlichen Bestimmungen beachtet; unterliegt der Förderwerber keinen vergaberechtlichen Bestimmungen, kann die EAG–Förderabwicklungsstelle den Förderwerber im Bedarfsfall, soweit dies im Hinblick auf die Höhe des geschätzten Auftragswertes zweckmäßig ist, auffordern, zu Vergleichszwecken zumindest zwei Angebote einzuholen und vorzulegen;
6. die Anlage durch einen aufgrund der gewerblichen Vorschriften befugten Unternehmer fach- und normgerecht errichtet, erweitert oder revitalisiert wird;
7. die in § 18 ARR 2014 festgelegten Voraussetzungen erfüllt sind.

(2) Bei Photovoltaikanlagen, die auf einer landwirtschaftlich genutzten Fläche oder einer Fläche im Grünland errichtet werden, müssen folgende zusätzliche Fördervoraussetzungen erfüllt werden, die von der EAG-Förderabwicklungsstelle stichprobenartig zu überprüfen sind:
1. Sicherstellung der rückstandslosen Rückbaubarkeit der Anlage samt Anlageninfrastruktur, insbesondere der Fundamentierung und Verankerung, sodass die Nutzungsmöglichkeit nach dem Abbau der Anlage weiterhin im ursprünglichen Zustand erhalten bleibt. Kommt es beim Auf- oder Abbau der Anlage zu einer Verschlechterung der Bodenstruktur, müssen nachfolgend geeignete Maßnahmen zur Verbesserung der Bodenstruktur ergriffen werden, um den ursprünglichen Zustand soweit wie möglich wiederherzustellen;
2. Abstand der Modultischunterkante zum Boden von mindestens 80 cm und Reihenabstände, gemessen zwischen den gegenüberliegenden Modulflächen, von mindestens zwei Metern. Diese Regelungen gelten nicht für innovative Photovoltaikanlagen sowie für Photovoltaikanlagen mit Nachführsystemen.
3. Erfüllung von mindestens fünf der im folgenden genannten Maßnahmen:
   a) Erhalt von bestehenden Biotopstrukturen;
   b) im Falle einer Umzäunung, Begrünung des Zaunes mit standortangepassten Pflanzen gebietseigener Herkunft;
   c) Anlegen von standortangepassten Hecken oder Büschen gebietseigener Herkunft;
   d) Errichtung von Ansitzstangen sowie Nisthilfen für Vögel, Fledermäuse und Insekten;
   e) Schaffung von Blühstreifen unter Verwendung gebietseigener Saatmischungen;
   f) Bewirtschaftung der Fläche durch alternierende Mahd unter Einhaltung einer Mahdhöhe von mindestens zehn Zentimetern;
   g) Bewirtschaftung der Fläche unter Einhaltung einer Mahdfrequenz von höchstens zweimal pro Jahr und einer Mahdhöhe von mindestens zehn Zentimetern;
   h) Beweidung der Fläche ohne maschinelles Mähen;
   i) Begrünung der Fläche mit regionalen Saatgutmischungen mit mindestens 15 Pflanzenarten und Wildkräutern;
   j) Erhöhung der Strukturvielfalt durch Anlegen von Totholz- und/oder Steinhaufen.

Diese Maßnahmen gelten nicht für Anlagen, die gemäß § 6 Abs. 2 und 3 vom Abschlag befreit sind, und für innovative Anlagen gemäß § 6 Abs. 5.

(3) Investitionszuschüsse dürfen nicht an ein Unternehmen vergeben werden, das einer Rückforderungsanordnung aufgrund eines früheren Beschlusses der Europäischen Kommission zur Feststellung der Unzulässigkeit einer Beihilfe und ihrer Unvereinbarkeit mit dem Binnenmarkt nicht nachgekommen ist, sowie an Unternehmen in Schwierigkeiten im Sinne des Art. 2 Z 18 AGVO.

(4) Ist aufgrund von unionsrechtlichen Beihilferegelungen für die Förderung von Einzelprojekten ein gesondertes Notifikationsverfahren durchzuführen, so ist eine Förderung nur nach Genehmigung durch die Europäische Kommission zu gewähren. Die jeweiligen im Amtsblatt der Europäischen Union veröffentlichten Beihilferegelungen, die eine Einzelfallnotifikation und Einzelfallgenehmigung vorsehen, können bei der EAG-Förderabwicklungsstelle eingesehen werden.

(5) Die Gesamthöhe der einzelnen Förderung richtet sich nach den unionsrechtlichen Vorgaben, den gesetzlichen Bestimmungen des EAG und den Bestimmungen dieser Verordnung. Ein Rechtsanspruch auf Förderung besteht nicht.

Fördercalls, Fördermittel und Fördersätze

§ 5.

(1) Für das Jahr 2023 werden die Zeitfenster, in denen Anträge auf Förderung durch Investitionszuschuss bei der EAG-Förderabwicklungsstelle eingebracht werden können (Fördercalls), die bei einem Fördercall zur Verfügung stehenden Fördermittel und die für den jeweiligen Fördercall geltenden fixen bzw. höchstzulässigen Fördersätze wie folgt festgelegt:

Technologie	Fördercalls	Fördermittel	Fördersätze
Photovoltaikanlagen und Stromspeicher Kategorie A: bis 10 kW_{peak} Kategorie B: $>$ 10 kW_{peak} bis 20 kW_{peak} Kategorie C: $>$ 20 kW_{peak} bis 100 kW_{peak} Kategorie D: $>$ 100 kW_{peak} bis 1 000 kW_{peak}	Kategorie A und B: 23.3.2023 – 6.4.2023 Kategorie C und D: 23.3.2023 – 6.4.2023	Kategorie A: 78 Mio. Euro Kategorie B: 30 Mio. Euro Kategorie C: 30 Mio. Euro Kategorie D: 30 Mio. Euro	Kategorie A: 285 Euro/kW_{peak} Kategorie B: 250 Euro/kW_{peak} Kategorie C: 160 Euro/kW_{peak}(maximal) Kategorie D: 140 Euro/kW_{peak}(maximal) Speicher: 200 Euro/kWh
	Kategorie A und B: 14.6.2023 – 28.6.2023 Kategorie C und D: 14.6.2023 – 28.6.2023	Kategorie A: 20 Mio. Euro Kategorie B: 15 Mio. Euro Kategorie C: 5 Mio. Euro Kategorie D: 5 Mio. Euro	Kategorie A: 285 Euro/kW_{peak} Kategorie B: 250 Euro/kW_{peak} Kategorie C: 160 Euro/kW_{peak}(maximal) Kategorie D: 140 Euro/kW_{peak}(maximal) Speicher: 200 Euro/kWh
	Kategorie A und B: 23.8.2023 – 6.9.2023	Kategorie A: 45 Mio. Euro Kategorie B: 15 Mio. Euro	Kategorie A: 285 Euro/kW_{peak} Kategorie B: 250 Euro/kW_{peak} Speicher: 200 Euro/kWh
	Kategorie A und B: 9.10.2023 – 23.10.2023 Kategorie C und D: 9.10.2023 – 23.10.2023	Kategorie A: 25 Mio. Euro Kategorie B: 20 Mio. Euro Kategorie C: 5 Mio. Euro Kategorie D: 5 Mio. Euro	Kategorie A: 285 Euro/kW_{peak} Kategorie B: 250 Euro/kW_{peak} Kategorie C: 160 Euro/kW_{peak}(maximal) Kategorie D: 140 Euro/kW_{peak}(maximal) Speicher: 200 Euro/kWh
Wasserkraftanlagen gemäß § 56a Abs. 1 EAG (Engpassleistung bis 2 MW)	Kategorie A und B: 23.3.2023 – 15.6.2023	Kategorie A: 2 Mio. Euro Kategorie B: 2 Mio. Euro	Engpassleistung bis 100 kW: Kategorie A: 2.000 Euro/kW Kategorie B: 2.550 Euro/kW

			Engpassleistung über 100 kW bis 2 MW: Kategorie A: 2.000 Euro/kW bis 1.500 Euro/kW (linear interpoliert) Kategorie B: 2.550 Euro/kW bis 2.150 Euro/kW (linear interpoliert)
	Kategorie A und B: 21.6.2023 – 13.9.2023	Kategorie A: 2 Mio. Euro Kategorie B: 4 Mio. Euro	Engpassleistung bis 100 kW: Kategorie A: 2.000 Euro/kW Kategorie B: 2.550 Euro/kW
			Engpassleistung über 100 kW bis 2 MW: Kategorie A: 2.000 Euro/kW bis 1.500 Euro/kW (linear interpoliert) Kategorie B: 2.550 Euro/kW bis 2.150 Euro/kW (linear interpoliert)
	Kategorie A und B: 20.9.2023 – 13.12.2023	Kategorie A: 2 Mio. Euro Kategorie B: 2 Mio. Euro	Engpassleistung bis 100 kW: Kategorie A: 2.000 Euro/kW Kategorie B: 2.550 Euro/kW
			Engpassleistung über 100 kW bis 2 MW: Kategorie A: 2.000 Euro/kW bis 1.500 Euro/kW (linear interpoliert) Kategorie B: 2.550 Euro/kW bis 2.150 Euro/kW (linear interpoliert)
Wasserkraftanlagen gemäß § 56a Abs. 1a EAG (Engpassleistung über 2 MW bis 25 MW)	Kategorie A und B: 3.5.2023 – 15.11.2023	Kategorie A und B gesamt: 1 Mio. Euro	Kategorie A: 1.440 Euro/kW Kategorie B: 2.150 Euro/kW
Windkraftanlagen (Engpassleistung von 20 kW bis 1 MW)	3.5.2023 – 17.5.2023	1 Mio. Euro	Engpassleistung 20 kW bis 100 kW: 900 Euro/kW (maximal)

			Engpassleistung über 100 kW bis 1 MW: 680 Euro/kW (maximal)
Anlagen auf Basis von Biomasse (Engpassleistung bis 50 kW_{el})	3.5.2023 – 17.5.2023	3 Mio. Euro	2.500 Euro/kW_{el} (maximal)
	13.9.2023 – 27.9.2023	1 Mio. Euro	2.500 Euro/kW_{el} (maximal)

(2) Von den bei einem Fördercall für Photovoltaikanlagen und Stromspeicher in den Kategorien A und B zur Verfügung stehenden Fördermitteln sind maximal 20% für Anträge von Förderwerbern zu verwenden, die keine Verbraucher im Sinne des § 1 Abs. 1 Z 2 KSchG sind.

(3) Für Wasserkraftanlagen gemäß § 56a Abs. 1 EAG mit einer Engpassleistung von über 100 kW bis 2 MW (nach Revitalisierung) ist die Höhe des Fördersatzes in Euro pro kW durch lineare Interpolation zu ermitteln.

(4) Im Falle von Revitalisierungen von Wasserkraftanlagen ist für die Bemessung des höchstzulässigen Investitionszuschusses auf die Erhöhung der Engpassleistung oder auf die auf eine fiktive Engpassleistung umgerechnete Erhöhung des Regelarbeitsvermögens abzustellen, wobei der sich aus den folgenden Berechnungsmethoden ergebende höhere Wert heranzuziehen ist:

1. zusätzlich geschaffene Engpassleistung multipliziert mit dem spezifischen Fördersatz je kW nach Revitalisierung gemäß Abs. 1 (Wasserkraftanlagen Kategorie B);
2. Engpassleistung nach Revitalisierung multipliziert mit der Erhöhung des Regelarbeitsvermögens in Prozent (Erhöhung des Regelarbeitsvermögens dividiert durch das gesamte Regelarbeitsvermögen nach Revitalisierung) multipliziert mit dem spezifischen Fördersatz je kW nach Revitalisierung gemäß Abs. 1 (Wasserkraftanlagen Kategorie B).

Ab- und Zuschläge für Photovoltaikanlagen

§ 6. (1) Für Photovoltaikanlagen, die gemäß § 56 Abs. 8 EAG auf einer landwirtschaftlich genutzten Fläche oder einer Fläche im Grünland errichtet werden, verringert sich die Höhe des Investitionszuschusses um einen Abschlag von 25%.

(2) Der Abschlag gemäß Abs. 1 entfällt zur Gänze für Anlagen gemäß § 56 Abs. 10 Z 2 bis 6 EAG, sohin für Anlagen, die

1. auf oder an einem Gebäude oder einer baulichen Anlage, das oder die zu einem anderen Zweck als der Erzeugung von Strom aus Photovoltaikanlagen zumindest 18 Monate vor Antragstellung auf Förderung fertiggestellt wurde, errichtet werden,
2. auf einem durch bauliche Eingriffe geschaffenen Wasserkörper errichtet werden,
3. auf einer geschlossenen oder genehmigten Deponiefläche oder einer Altlast errichtet werden,
4. auf einem Bergbau- oder Infrastrukturstandort errichtet werden, oder
5. auf einer militärischen Fläche, mit Ausnahme von militärischen Übungsgeländen, errichtet werden.

(3) Für Anlagen gemäß § 56 Abs. 10 Z 1 EAG (Agri-Photovoltaikanlagen) entfällt der Abschlag gemäß Abs. 1 zur Gänze, sofern folgende Anforderungen erfüllt sind:

1. Vorliegen einer zwingenden landwirtschaftlichen Hauptnutzung: kombinierte Nutzung derselben Landfläche für die landwirtschaftliche Produktion von pflanzlichen oder tierischen Erzeugnissen als Hauptnutzung und Stromproduktion als Sekundärnutzung;
2. gleichmäßige Verteilung der Photovoltaikmodule auf der Gesamtfläche, es sei denn der Erhalt von bestehenden Biotopstrukturen erfordert eine andere Verteilung;
3. landwirtschaftliche Nutzung von mindestens 75% der Gesamtfläche zur Produktion von pflanzlichen oder tierischen Erzeugnissen.

(4) Für innovative Photovoltaikanlagen erhöht sich der Investitionszuschuss um einen Zuschlag von 30%. § 6 Abs. 1 und 2 gelten nicht für innovative Photovoltaikanlagen.

(5) Als innovative Photovoltaikanlagen gemäß Abs. 4 gelten folgende Anlagen:

1. Gebäudeintegrierte Photovoltaikanlagen, welche eine oder mehrere der folgenden Funktionen der Gebäudehülle aufweisen:

a) mechanische Steifigkeit oder strukturelle Integrität;
b) primärer Wetterschutz;
c) Beschattung, Tageslicht oder Wärmedämmung;
d) Brandschutz;
e) Lärmschutz;
f) Trennung zwischen Innen- und Außenbereich;
g) Schutz oder Sicherheit.

2. Schwimmende Photovoltaikanlagen, welche auf einem durch bauliche Eingriffe geschaffenen Wasserkörper errichtet werden;
3. Photovoltaikanlagen als Parkplatzüberdachung auf befestigten Flächen bei zumindest 10 Stellplätzen oder 10 Fahrradabstellplätzen;
4. Photovoltaikanlagen an Lärmschutzwänden und -wällen sowie Staumauern;
5. Agri-Photovoltaikanlagen, welche die Anforderungen gemäß Abs. 3 erfüllen, mit vertikal montierten Modulen oder aufgeständerten Modulen mit einer Höhe der Modultischunterkante von mindestens zwei Metern über ebenem Boden.

Förderwerber

§ 7. Anträge auf Förderung durch Investitionszuschuss können von natürlichen oder juristischen Personen gestellt werden, die beabsichtigen, Maßnahmen gemäß § 3 Abs. 1 zu setzen.

Einreichung

§ 8. (1) Anträge auf Förderung durch Investitionszuschuss einschließlich der in § 9 vorgesehenen Unterlagen sind vor Beginn der Arbeiten über die von der EAG–Förderabwicklungsstelle zur Verfügung zu stellende elektronische Anwendung einzubringen.

(2) Ist der Förderwerber Verbraucher im Sinne des § 1 Abs. 1 Z 2 KSchG, können Anträge auf Förderung durch Investitionszuschuss, abweichend von Abs. 1, nach Beginn der Arbeiten bei der EAG-Förderabwicklungsstelle eingebracht werden. Der Beginn der Arbeiten darf in diesem Fall nicht vor dem 21. April 2022 liegen. Der erstmalige Antrag auf Förderung durch Investitionszuschuss ist jedenfalls vor Inbetriebnahme der zu fördernden Maßnahme einzubringen.

(3) Anträge müssen innerhalb des jeweiligen Fördercalls bei der EAG–Förderabwicklungsstelle einlangen. Ein Antrag gilt als eingelangt, wenn er in den elektronischen Verfügungsbereich der EAG-Förderabwicklungsstelle gelangt ist.

(4) Werden Unterlagen gemäß § 9 nicht vollständig bei der Einbringung des Förderantrages übermittelt, hat die EAG-Förderabwicklungsstelle den Förderwerber über die formale Unvollständigkeit des Förderantrages schriftlich oder per E-Mail zu informieren und der Förderwerber binnen einer Frist von vier Wochen ab Information durch die EAG-Förderabwicklungsstelle die fehlenden Unterlagen nachzureichen. Werden die fehlenden Unterlagen fristgerecht nachgereicht, gilt der Antrag als zum ursprünglichen Einbringungszeitpunkt vollständig eingebracht. Nach ergebnislosem Verstreichen dieser Frist gelten unvollständige Förderanträge als zurückgezogen.

(5) Der Förderwerber hat die von der EAG-Förderabwicklungsstelle bereitgestellte elektronische Anwendung nur soweit und nur unter Verwendung solcher Hilfsmittel zu benützen, wie dies zur Erlangung der für ein konkretes Vorhaben benötigten Anträge und Eingaben erforderlich ist. Insbesondere dürfen keinerlei Scheinanträge und Anträge zum Ausschluss Dritter gestellt oder ähnliche Maßnahmen gesetzt werden.

(6) Die EAG-Förderabwicklungsstelle ist nach vorheriger Ankündigung auf ihrer Internetseite jederzeit berechtigt, die elektronische Anwendung insbesondere für Test- und Wartungszwecke offline zu nehmen. Der Lauf von Fristen ist für die Dauer der Nichtverfügbarkeit der elektronischen Anwendung gehemmt.

Förderanträge und Unterlagen

§ 9. (1) Anträge auf Förderung durch Investitionszuschuss müssen die folgenden Angaben enthalten:

1. Name, Anschrift, Telefonnummer, E-Mail-Adresse und Bankverbindung (IBAN, BIC bei ausländischen Bankverbindungen) des Förderwerbers; bei Personengesellschaften und juristischen Personen zusätzlich den Sitz, gegebenenfalls die Firmenbuchnummer sowie den Namen einer natürlichen Person, die zur Vertretung für alle Handlungen nach den Bestimmungen des EAG und dieser Verordnung bevollmächtigt ist;
2. Name und Größe des Unternehmens (Anzahl der Mitarbeiter), soweit relevant;
3. Beschreibung des Vorhabens mit Angabe des Beginns der Arbeiten und des Abschlusses;
4. Standort oder geplanten Standort des Vorhabens;
5. Kosten des Vorhabens;
6. Art der Beihilfe und Höhe der für das Vorhaben benötigten öffentlichen Finanzierung.

(2) Dem Antrag auf Förderung sind eine technische Projektbeschreibung, eine Bestätigung über die Möglichkeit eines Anschlusses an das Bahnstromnetz oder an das öffentliche Netz, eine Zusammenstellung der Investitionskosten und ein Nachweis über die erforderlichen Genehmigungen in erster Instanz oder Anzeigen anzuschließen. Zudem gelten anlagenspezifisch nachfolgende Besonderheiten:

1. Bei der Revitalisierung von Wasserkraftanlagen sind die Stromerzeugungsmengen der letzten fünf Betriebsjahre in der technischen Projektbeschreibung anzuführen.
2. Bei Anlagen auf Basis von Biomasse ist die Erreichung des Brennstoffnutzungsgrades bei Antragstellung durch ein Gutachten, ausgestellt von einem Ziviltechniker, einem allgemein beeideten und gerichtlich zertifizierten Sachverständigen oder einem Ingenieurbüro des einschlägigen Fachgebietes nachzuweisen. In den Folgejahren ist die Erreichung des Brennstoffnutzungsgrades von der

EAG-Förderabwicklungsstelle stichprobenartig zu überprüfen. In der technischen Projektbeschreibung sind das Konzept über die Rohstoffversorgung, die dem Stand der Technik entsprechenden Maßnahmen zur Vermeidung von Feinstaub sowie die Angaben über die Installation von Wärmezählern aufzunehmen.

3. Bei Photovoltaikanlagen ist eine Verpflichtungserklärung des Förderwerbers zur Einhaltung der Voraussetzungen gemäß § 4 Abs. 1 Z 4 und Abs. 2 anzuschließen. Im Falle einer Maßnahme gemäß § 4 Abs. 2 Z 3 lit. a ist dem Förderantrag außerdem ein Plan mit Fotos zu den Strukturelementen, die erhalten bleiben, anzuschließen.
4. Bei Agri-Photovoltaikanlagen gemäß § 6 Abs. 3 und bei innovativen Agri-Photovoltaikanlagen gemäß § 6 Abs. 5 Z 5 sind Ausführungen zur landwirtschaftlichen Tätigkeit auf den Agri-PV-Flächen in einem landwirtschaftlichen Nutzungskonzept festzuhalten, das im Rahmen der Antragstellung übermittelt werden muss. Neben allgemeinen Informationen zum Landwirtschaftsbetrieb (Betriebsnummer, Besitzverhältnisse und Betriebsgröße) muss auch ein Nutzungsplan vorgelegt werden, der detailliert beschreibt, welche Art der landwirtschaftlichen Hauptnutzung aktuell durchgeführt wird sowie in den zehn Jahren nach Inbetriebnahme der Agri-Photovoltaikanlage geplant ist. Der Nutzungsplan bezieht sich ausschließlich auf die Agri-PV-Fläche und hat Informationen zu folgenden Kriterien zu umfassen:

a) Aufständerung: Die Photovoltaikmodule der Anlage müssen gleichmäßig auf der Gesamtfläche verteilt und installiert werden, sodass die geplante landwirtschaftliche Nutzung der Fläche auf mindestens 75% der Gesamtfläche in einer für eine landwirtschaftliche Nutzung üblichen Weise möglich ist. Der Abstand zwischen den einzelnen Pfosten relativ zur Bewirtschaftungslinie muss so groß sein, dass die geplante Landnutzungsform zur Produktion von pflanzlichen oder tierischen Erzeugnissen möglich ist. Die Art der Aufständerung muss die Bearbeitbarkeit der Fläche sicherstellen.
b) Flächenverlust: Der Flächenverlust an der Gesamtfläche durch Aufbauten, Unterkonstruktionen sowie Anlageninfrastruktur darf höchstens 7% der Gesamtfläche betragen. Zur Anlageninfrastruktur zählen alle Veränderungen auf der Gesamtfläche, die mit der Errichtung, dem Betrieb oder der Wartung der Photovoltaikanlage in direktem Zusammenhang stehen. Die restliche Fläche muss für Maßnahmen zur Erhöhung der Biodiversität genutzt werden. Im Falle einer Schotterung muss Schotterrasen verwendet werden.
c) Der Förderwerber hat im Rahmen des Nutzungskonzepts eine Verpflichtungserklärung abzugeben, die folgende Inhalte zu umfassen hat:

aa) Bearbeitbarkeit: Die Bearbeitbarkeit der Fläche muss sichergestellt sein, sodass die gesamte landwirtschaftlich nutzbare Fläche bewirtschaftet werden kann;
bb) Wasserverfügbarkeit: Die Wasserverfügbarkeit muss an die Wachstumsbedingungen der Kultur und Biodiversitätsflächen angepasst sein. Dabei ist auf eine möglichst homogene Verteilung des Niederschlagswassers auf der landwirtschaftlich genutzten Fläche zu achten;
cc) Bodenerosion: Das Auftreten von Erosion und Verschlämmung auf Grund von Wasserabtropfkanten durch die Konstruktion der Anlage muss minimiert werden.

Änderungen in der Art der landwirtschaftlichen Nutzung nach Errichtung der Agri–Photovoltaikanlage sind unter Einhaltung der Vorgaben des § 14 Abs. 3 Z 4 zulässig. Die Einhaltung ist von der EAG-Förderabwicklungsstelle stichprobenartig zu überprüfen.

EAG + V

(3) Bei Bedarf sind der EAG-Förderabwicklungsstelle weitere Unterlagen für die Beurteilung des Förderantrages zu übermitteln.

(4) Soweit für einzelne Unterlagen oder Informationen für die Stellung eines Antrages von der EAG–Förderabwicklungsstelle Datenblätter zur Verfügung gestellt werden, sind diese zu verwenden.

Ermittlung der förderfähigen Kosten

§ 10. (1) Förderfähig sind ausschließlich die zur Verwirklichung der Umweltschutzziele erforderlichen Kosten der Investition gemäß § 3 Abs. 1. Förderfähig sind zudem nur jene Kosten, die unmittelbar mit der geförderten Leistung in Zusammenhang stehen.

(2) Bei Photovoltaikanlagen, Wasserkraftanlagen, Windkraftanlagen und Anlagen auf Basis von Biomasse sind die förderfähigen Kosten anhand eines Vergleichs gemäß Art. 41 Abs. 6 lit. b AGVO zwischen den Investitionskosten der Anlage und einer ähnlichen, weniger umweltfreundlichen Investition (Referenzanlage) zu ermitteln. Die Differenz zwischen den Kosten dieser beiden Investitionen entspricht den förderfähigen Kosten. Die EAG-Förderabwicklungsstelle hat die Investitionskosten der Referenzanlage zu ermitteln und inklusive der zugrunde liegenden Annahmen nachvollziehbar auf ihrer Internetseite zu veröffentlichen.

(3) Bei Stromspeichern, deren Kosten als getrennte Investition gemäß Art. 41 Abs. 6 lit. a AGVO ermittelt werden können, entsprechen die auf den Stromspeicher bezogenen Kosten den förderfähigen Kosten.

(4) Nicht förderfähig sind jedenfalls:

1. Ersatzteile und gebrauchte Anlagenteile;
2. Grundstückskosten (wie auch Pacht, Grundstücksmiete und Kosten für Dienstbarkeiten);
3. Leistungen gemäß § 3 Abs. 1, mit Ausnahme von Planungs- und Gutachtenskosten, die vor erstmaligem Einlangen des Förderantrages bei der EAG-Förderabwicklungsstelle erbracht oder bezogen worden sind; dies gilt nicht bei Anträgen von Verbrauchern gemäß § 8 Abs. 2;
4. Steuern, Verwaltungsabgaben, Gerichts- und Notariatsgebühren;
5. Kosten für Netzausbaumaßnahmen sowie Kosten für elektrische Einspeiseleitungen, welche vom Antragsteller selbst zu erstellen sind, wenn die Einspeiseleitung 1 000 Meter überschreitet;
6. Bewirtungen, Entschädigungen, Öffentlichkeitsarbeit;
7. Kosten für Straßen und Wege, mit Ausnahme von Zufahrtswegen, die ausschließlich für die umweltrelevante Maßnahme erforderlich sind;
8. Finanzierungskosten;
9. Kostenüberschreitungen;
10. Eigenleistungen gemäß § 2 Abs. 1 Z 7;
11. reine Material-Rechnungen ohne entsprechende Montage-Rechnung einer befugten Fachfirma;
12. Anlagen für Heizzwecke oder Warmwasseraufbereitung;
13. Dacheindeckung (bei Photovoltaikanlagen);
14. Skonti und Rabatte;
15. Entsorgungskosten;
16. Displays.

Ausmaß der Förderung

§ 11. (1) Das Ausmaß der Förderung richtet sich nach den Bestimmungen der §§ 56, 56a, 57 und 57a EAG, Art. 41 AGVO und dieser Verordnung sowie nach Maßgabe der verfügbaren Mittel.

(2) Die Investitionszuschüsse dürfen maximal 65% der förderfähigen Kosten (netto) für kleine Unternehmen, 55% für mittlere Unternehmen und 45% für große Unternehmen betragen. Hinsichtlich der Unternehmensgröße ist wie folgt zu unterscheiden:

1. als kleines Unternehmen gilt ein Unternehmen, das weniger als 50 Personen beschäftigt und dessen Jahresumsatz beziehungsweise Jahresbilanz 10 Millionen Euro nicht übersteigt;
2. als mittleres Unternehmen gilt ein Unternehmen, das weniger als 250 Personen beschäftigt und entweder einen Jahresumsatz von höchstens 50 Millionen Euro erzielt oder dessen Jahresbilanzsumme sich auf höchstens 43 Millionen Euro beläuft und das nicht als kleines Unternehmen unter Z 1 zu subsumieren ist;
3. als großes Unternehmen gilt jedes Unternehmen, das nicht unter Z 1 oder 2 zu subsumieren ist.

(3) Hinsichtlich sämtlicher weiterer Tatbestandselemente für die Qualifikation von Unternehmen als kleine, mittlere oder große Unternehmen gelten die Bestimmungen des Anhang I AGVO.

Fördervertrag

§ 12. (1) Der Abschluss des Fördervertrages erfolgt durch die EAG-Förderabwicklungsstelle im Namen der Bundesministerin für Klimaschutz, Umwelt, Energie, Mobilität, Innovation und Technologie. Die EAG–Förderabwicklungsstelle hat dem Förderwerber den Fördervertrag über ihre elektronische Anwendung zum selbstständigen elektronischen Abruf (Download) bereitzustellen oder per E-Mail zu übermitteln. Die EAG-Förderabwicklungsstelle hat den Förderwerber über die Bereitstellung zum Download sowie über die positive Entscheidung über den Förderantrag (Annahme) per E-Mail zu informieren. Durch den Zugang dieser E-Mail kommt der Vertrag über die Gewährung eines Investitionszuschusses zu den mit dem Förderwerber im Zuge der Förderantragstellung vereinbarten Bedingungen zustande. Im Falle einer negativen Entscheidung über den Förderantrag ist der Förderwerber unter kurzer Angabe der für die Entscheidung maßgeblichen Gründe von der EAG-Förderabwicklungsstelle schriftlich oder per E–Mail zu verständigen.

(2) Der Fördervertrag hat insbesondere zu enthalten:

1. die Bezeichnung des Fördernehmers mit insbesondere Geburtsdatum bzw. gegebenenfalls der Stammzahl gemäß § 6 Abs. 3 des E–Government-Gesetzes, BGBl. I Nr. 10/2004, in der Fassung des Bundesgesetzes BGBl. I Nr. 119/2022;
2. den Fördergegenstand;
3. das Ausmaß und die Art der Förderung sowie den Auszahlungsmodus;
4. Vereinbarung zur Sicherstellung des projektierten ökologischen Erfolgs;
5. die Frist für die Inbetriebnahme der Anlage;
6. Berichts- und Prüfungsvereinbarungen;
7. Bestimmungen zur Datenverarbeitung und zur Weiterleitung der Daten an andere Förderstellen;
8. Fristen für die Erbringung der geförderten Leistung sowie für die Berichtspflichten;
9. Kontrollrechte der EAG-Förderabwicklungsstelle;
10. Bestimmungen über die Einstellung und Rückzahlung der Förderung;
11. sonstige zu vereinbarende Vertragsbestimmungen sowie den Gerichtsstand.

(3) Darüber hinaus kann der Fördervertrag Vereinbarungen, insbesondere den Erfolg der Maßnahme sichernde sowie die Besonderheiten des Einzelfalles berücksichtigende Bedingungen und Auflagen, enthalten. Bei Nicht-Eintreten oder Nicht-Eintreten im projektierten oder vereinbarten Ausmaß des ökologischen Erfolgs gilt § 15.

(4) Die Gewährung einer Förderung ist von der EAG-Förderabwicklungsstelle von der Einhaltung folgender allgemeiner Förderbedingungen abhängig zu machen, wonach der Förderwerber insbesondere

1. die Fördermittel unter Beachtung der Grundsätze der Sparsamkeit, Wirtschaftlichkeit und Zweckmäßigkeit einsetzt und in seiner gesamten Gebarung diese Grundsätze befolgt;
2. die Fördermittel nicht zur Bildung von Rücklagen oder Rückstellungen nach dem Einkommensteuergesetz 1988 (EStG 1988), BGBl. Nr. 400/1988, in der Fassung des Bundesgesetzes BGBl. I Nr. 220/2022, oder dem Unternehmensgesetzbuch, dRGBl. S 219/1897, in der Fassung des Bundesgesetzes BGBl. I Nr. 186/2022, verwendet;
3. über den Anspruch aus einer gewährten Förderung weder durch Abtretung, Anweisung oder Verpfändung noch auf andere Weise verfügt;
4. die Rückzahlungsverpflichtung gemäß § 15 übernimmt;
5. das Gleichbehandlungsgesetz (GlBG), BGBl. I Nr. 66/2004, in der Fassung des Bundesgesetzes BGBl. I Nr. 16/2020, beachtet, sofern es sich um die Förderung eines Unternehmens handelt, und das Bundes-Behindertengleichstellungsgesetz (BGStG), BGBl. I Nr. 82/2005, in der Fassung des Bundesgesetzes BGBl. I Nr. 32/2018, sowie das Diskriminierungsverbot gemäß § 7b des Behinderteneinstellungsgesetzes (BEinstG), BGBl. Nr. 22/1970, in der Fassung des Bundesgesetzes BGBl. I Nr. 185/2022, berücksichtigt.

Endabrechnung und Auszahlung

§ 13. (1) Der Fördernehmer ist verpflichtet, spätestens sechs Monate, bei Wasserkraftanlagen spätestens 24 Monate nach Ende der Frist für die Inbetriebnahme die von ihm erstellte Abrechnung des Vorhabens mit allen zur Beurteilung erforderlichen Unterlagen, einschließlich des von der EAG–Förderabwicklungsstelle zur Verfügung zu stellenden Endabrechnungsformulars, in detaillierter und nachvollziehbarer Darstellung der EAG–Förderabwicklungsstelle vollständig und einmalig vorzulegen. Diese Frist kann von der EAG–Förderabwicklungsstelle einmal um bis zu sechs Monate und bei Wasserkraftanlagen um bis zu neun Monate verlängert werden. Bei ergebnislosem Verstreichen dieser Frist gilt der Antrag auf Investitionszuschuss als zurückgezogen, der Vertrag als aufgelöst und die Zusicherung des Investitionszuschusses als verfallen. Die EAG-Förderabwicklungsstelle hat den Fördernehmer zwei Wochen vor Ablauf dieser Frist schriftlich oder per E-Mail über die Rechtsfolgen der Fristversäumnis zu informieren. Bei fehlenden Unterlagen hat die EAG-Förderabwicklungsstelle den Fördernehmer über die formale Unvollständigkeit der Endabrechnungsunterlagen schriftlich oder per E-Mail zu informieren und den Fördernehmer zur Nachreichung der fehlenden Unterlagen binnen einer angemessenen Frist aufzufordern.

(2) Die Vorlage aller zur Beurteilung erforderlichen Unterlagen hat ausschließlich über die von der EAG-Förderabwicklungsstelle zur Verfügung zu stellende elektronische Anwendung zu erfolgen. Sofern von der EAG-Förderabwicklungsstelle für bestimmte Unterlagen allfällige Vorlagen zur Verfügung gestellt werden, sind ausschließlich diese zu verwenden.

(3) Bei Photovoltaikanlagen und Stromspeichern sind für die Endabrechnung jedenfalls folgende Unterlagen an die EAG-Förderabwicklungsstelle zu übermitteln:

1. Rechnungen;
2. Zahlungsnachweise (Barzahlungen sind ausgeschlossen);
3. Nachweis über die Inbetriebnahme;
4. Vollständiges Prüfprotokoll eines befugten Unternehmers;
5. sofern es sich um eine Photovoltaikanlage auf einer landwirtschaftlich genutzten Fläche oder einer Fläche im Grünland handelt, Fotos der Anlage sowie der Gesamtfläche zur Überprüfung der Einhaltung der Voraussetzungen gemäß § 4 Abs. 1 Z 4 und Abs. 2 sowie § 6;
6. Nachweis über den Anschluss an das öffentliche Netz oder das Bahnstromnetz.

(4) Bei Wasserkraftanlagen sind für die Endabrechnung jedenfalls folgende Unterlagen an die EAG–Förderabwicklungsstelle zu übermitteln:

1. Rechnungen;
2. Zahlungsnachweise (Barzahlungen sind ausgeschlossen);
3. Nachweis über die Inbetriebnahme;
4. bei Neuerrichtungen das Gutachten eines technischen Sachverständigen über den tatsächlichen Ausbau der Engpassleistung und des Regelarbeitsvermögens (unter Berücksichtigung der Konsensparameter und der tatsächlichen Wirkungsgrade) sowie die Übermittlung tatsächlicher Erzeugungsdaten seit Inbetriebnahme;
5. bei Revitalisierungen das Gutachten eines technischen Sachverständigen über den tatsächlichen Ausbau und über die Erhöhung der Engpassleistung und des Regelarbeitsvermögens (unter Berücksichtigung der Bestimmung des § 5 Abs. 1 Z 38 EAG, der Konsensparameter und der tatsächlichen Wirkungsgrade) sowie über den Stichtag der Fertigstellung sämtlicher fördergegenständlicher Maßnahmen;
6. Nachweis über den Anschluss an das öffentliche Netz oder das Bahnstromnetz;
7. Nachweis über die Einhaltung der ökologischen Kriterien gemäß § 56a Abs. 1 Z 1 und 2 EAG.

(5) Bei Windkraftanlagen sind für die Endabrechnung jedenfalls folgende Unterlagen an die EAG–Förderabwicklungsstelle zu übermitteln:

1. Rechnungen;
2. Zahlungsnachweise (Barzahlungen sind ausgeschlossen);
3. Nachweis über die Inbetriebnahme;
4. Bestätigung eines technischen Sachverständigen über den tatsächlichen Ausbau der Engpassleistung und des Regelarbeitsvermögens sowie die Übermittlung tatsächlicher Erzeugungsdaten seit Inbetriebnahme;
5. Nachweis über den Anschluss an das öffentliche Netz oder das Bahnstromnetz.

(6) Bei Anlagen auf Basis von Biomasse sind für die Endabrechnung jedenfalls folgende Unterlagen an die EAG–Förderabwicklungsstelle zu übermitteln:

1. Rechnungen;
2. Zahlungsnachweise (Barzahlungen sind ausgeschlossen);
3. Nachweis über die Inbetriebnahme;
4. Bestätigung eines technischen Sachverständigen über den tatsächlichen Ausbau der Engpassleistung und des Regelarbeitsvermögens und über die Erreichung des Brennstoffnutzungsgrades;
5. Nachweis über die Installation eines Wärmezählers;
6. Nachweis über den Anschluss an das öffentliche Netz oder das Bahnstromnetz.

(7) Bei Bedarf sind der EAG-Förderabwicklungsstelle weitere Unterlagen (zB Datenblatt des Herstellers, Bestätigung der Kostenabrechnung durch einen auf Kosten des Antragstellers zu beauftragenden Wirtschaftsprüfer, Steuerberater oder, sofern zulässig, Revisor) für die Beurteilung der Endabrechnung zu übermitteln.

(8) Die Rechnungen und Zahlungsbelege müssen für jedes Förderprojekt gesondert (keine Zusammenfassung mehrerer Förderprojekte auf einer Rechnung oder einem Zahlungsbeleg) übermittelt werden. Auf den Rechnungen ist der Förderwerber als Rechnungsadressat anzuführen, ausgenommen bei Leasing-Finanzierungen, Mietkauf-Finanzierungen, Contracting-Finanzierungen oder Pachtverträgen. In diesen Fällen ist der Leasing- oder Pachtgeber, der Mietkäufer oder der Contractor, sofern er nicht ohnehin Förderwerber und Rechnungsadressat ist, als Rechnungsadressat zulässig, wobei die jeweiligen Leasing-, Mietkauf-, Pacht-, oder Contracting-Verträge der EAG-Förderabwicklungsstelle vorzulegen sind.

(9) Nach Übermittlung und Prüfung der vollständigen Endabrechnungsunterlagen erfolgt die Auszahlung des Investitionszuschusses.

(10) Die Auszahlung der Fördermittel kann bei Wasserkraftanlagen nach folgendem Modus erfolgen:

1. 30% der gewährten Fördersumme mit Abschluss des Fördervertrages und durch Beibringung einer Sicherstellung mittels Bankgarantie;
2. 40% der gewährten Fördersumme mit dem Nachweis der tatsächlichen Einspeisung ins Netz und durch Beibringung einer Sicherstellung mittels Bankgarantie;
3. die restlichen 30% der gewährten Fördersumme gemäß Abs. 9.

(11) Die EAG-Förderabwicklungsstelle hat die Gewährung und Auszahlung eines Investitionszuschusses unverzüglich in die Transparenzdatenbank einzumelden.

Informationsverpflichtungen

§ 14. (1) Der Fördernehmer hat die Inbetriebnahme des Vorhabens und die Registrierung in der Herkunftsnachweisdatenbank gemäß § 81 EAG der EAG-Förderabwicklungsstelle innerhalb einer im Fördervertrag festzusetzenden Zeit bekannt zu geben. Wahlweise steht dem Fördernehmer die Registrierung in der Herkunftsnachweisdatenbank gemäß § 81 EAG durch die EAG-Förderabwicklungsstelle zur Verfügung.

(2) Bei Wasserkraftanlagen hat der Fördernehmer der EAG-Förderabwicklungsstelle eine Bestätigung der konsensgemäßen Errichtung der Anlage (zB Kollaudierungs- oder Überprüfungsbescheid) binnen 14 Tagen nach Zustellung des Bescheids vorzulegen.

(3) Der Fördernehmer ist verpflichtet,

1. der EAG-Förderabwicklungsstelle alle Ereignisse, welche die Durchführung der geförderten Leistung verzögern oder unmöglich machen, oder eine wesentliche Abänderung gegenüber dem Förderantrag oder vereinbarten Auflagen und Bedingungen erfordern würden, unverzüglich und aus eigener Initiative anzuzeigen; im Falle von wesentlichen Änderungen der geplanten Maßnahme im Zuge der Ausführung hat der Fördernehmer zusätzlich vorab die Zustimmung der EAG–Förderabwicklungsstelle einzuholen, die binnen einer Frist von vier Wochen über die Erteilung der Zustimmung zu entscheiden hat;
2. Organen oder Beauftragten des Bundes, der EAG-Förderabwicklungsstelle, des Rechnungshofes und der Europäischen Union Einsicht in seine Bücher und Belege sowie in sonstige der Überprüfung der Durchführung der Leistung dienende Unterlagen und die Besichtigung sowie Messungen an Ort und Stelle zu gestatten oder auf deren Verlangen vorzulegen, ihnen die erforderlichen Auskünfte zu erteilen oder erteilen zu lassen und hierzu eine geeignete Auskunftsperson bereitzustellen,

wobei über den jeweiligen Zusammenhang dieser Unterlagen mit der Leistung das Prüforgan entscheidet. Diese Verpflichtung gilt für die Dauer von zehn Jahren ab dem Ende des Jahres der Auszahlung der gesamten Förderung, mindestens jedoch ab der Durchführung der Leistung;
3. alle Bücher und Belege sowie sonstige in Z 2 genannten Unterlagen zehn Jahre ab dem Ende des Jahres der Auszahlung der gesamten Förderung, mindestens jedoch ab der Durchführung der Leistung sicher und geordnet aufzubewahren; sofern unionsrechtlich darüber hinausgehende Fristen gelten, kommen diese zur Anwendung. Zur Aufbewahrung sind grundsätzlich auch geeignete Bild- und Datenträger verwendbar, wenn die vollständige, geordnete, inhaltsgleiche, urschriftgetreue und überprüfbare Wiedergabe bis zum Ablauf der Aufbewahrungsfrist jederzeit gewährleistet ist; in diesem Fall ist der Fördernehmer verpflichtet, auf seine Kosten alle Hilfsmittel zur Verfügung zu stellen, die notwendig sind, um die Bücher, Belege und sonstigen Unterlagen lesbar zu machen und, soweit erforderlich, ohne Hilfsmittel lesbare dauerhafte Wiedergaben beizubringen sowie bei Erstellung von dauerhaften Wiedergaben diese auf Datenträgern zur Verfügung zu stellen;
4. Änderungen in der Art der landwirtschaftlichen Nutzung nach Errichtung der Agri-Photovoltaikanlage gemäß § 6 Abs. 3 oder der innovativen Agri-Photovoltaikanlage gemäß § 6 Abs. 5 Z 5 der EAG-Förderabwicklungsstelle unverzüglich mitzuteilen. Die Änderungen sind zulässig, wenn die EAG-Förderabwicklungsstelle ihre Zustimmung zum aktualisierten Konzept zur landwirtschaftlichen Nutzung erteilt hat.

Rückzahlungen

§ 15. (1) Der Fördernehmer ist zu verpflichten – unter Vorbehalt der Geltendmachung weitergehender gesetzlicher Ansprüche, insbesondere auch einer Rückzahlungsverpflichtung gemäß § 30b des Ausländerbeschäftigungsgesetzes (AuslBG), BGBl. Nr. 218/1975, in der Fassung des Bundesgesetzes BGBl. I Nr. 168/2022, – eine ausbezahlte Förderung über schriftliche Aufforderung der Bundesministerin für Klimaschutz, Umwelt, Energie, Mobilität, Innovation und Technologie, der EAG-Förderabwicklungsstelle oder der Europäischen Union nach Maßgabe von Abs. 2 und 3 zurückzuzahlen, wobei der Anspruch auf zugesicherte aber noch nicht ausbezahlte Förderungen erlischt und der Vertrag als aufgelöst gilt, wenn
1. Organe oder Beauftragte des Bundes, der EAG-Förderabwicklungsstelle oder der Europäischen Union vom Fördernehmer über wesentliche Umstände unrichtig oder unvollständig unterrichtet worden sind;
2. im Fördervertrag vorgesehene Verpflichtungen, Auflagen und Bedingungen vom Fördernehmer nicht eingehalten wurden;
3. vorgesehene Berichte nicht erstattet, Nachweise nicht erbracht oder erforderliche Auskünfte nicht erteilt worden sind, sofern in diesen Fällen eine schriftliche oder per E-Mail, entsprechend befristete und den ausdrücklichen Hinweis auf die Rechtsfolge der Nichtbefolgung enthaltende Mahnung erfolglos geblieben ist, sowie sonstige in dieser Verordnung vorgesehene Mitteilungen unterlassen wurden;
4. der Fördernehmer nicht aus eigener Initiative umgehend – jedenfalls noch vor einer Kontrolle oder deren Ankündigung – Ereignisse meldet, welche die Durchführung der geförderten Leistung verzögern oder unmöglich machen oder deren wesentliche Abänderung erfordern würden;
5. der Fördernehmer vorgesehene Kontrollmaßnahmen be- oder verhindert oder die Berechtigung zur Inanspruchnahme der Förderung innerhalb des für die Aufbewahrung der Unterlagen vorgesehenen Zeitraumes nicht mehr überprüfbar ist;
6. die Fördermittel ganz oder teilweise widmungswidrig verwendet worden sind;
7. die geförderte Maßnahme nicht oder nicht rechtzeitig durchgeführt werden kann oder durchgeführt worden ist und keine zulässige Verlängerung derartiger Fristen erfolgt ist;
8. die Richtigkeit der Endabrechnung innerhalb von zehn Jahren nach Abschluss der geförderten Maßnahme nicht mehr überprüfbar ist, weil die Unterlagen aus Verschulden des Fördernehmers verlorengegangen sind;
9. die Berechtigung zur Führung des Betriebes oder die tatsächlichen Voraussetzungen dafür wegfallen;
10. der projektierte oder vereinbarte ökologische Erfolg der Maßnahme nicht oder nicht im projektierten oder vereinbarten Ausmaß (für die Dauer von zehn Jahren) eintritt, sofern dies in der Sphäre des Fördernehmers liegt;
11. bei Photovoltaikanlagen die Kriterien nicht eingehalten werden, die Gegenstand der Verpflichtungserklärung gemäß § 9 Abs. 2 Z 3 sind;
12. bei Agri-Photovoltaikanlagen die im Nutzungskonzept gemäß § 9 Abs. 2 Z 4 festgelegten Kriterien nicht eingehalten werden;
13. das Unternehmen des Fördernehmers oder der Betrieb, in dem die geförderte Anlage verwendet wird, oder die geförderte Anlage selbst vor deren Inbetriebnahme oder bis zu zehn Jahren danach ohne Zustimmung gemäß § 16 auf einen anderen Rechtsträger übergeht oder sich das Verfügungsrecht an der Anlage ändert oder sich die Eigentumsverhältnisse ändern;
14. die für die geförderte Anlage notwendigen Bewilligungen nicht erlangt wurden oder nachträglich weggefallen sind;

15. vom Fördernehmer das Abtretungs-, Anweisungs-, Verpfändungs- und sonstige Verfügungsverbot gemäß § 12 Abs. 4 Z 3 nicht eingehalten wurde;
16. eine unzulässige Doppel- oder Mehrfachförderung gemäß § 3 Abs. 6 oder eine Überschreitung der beihilferechtlichen Förderhöchstgrenzen festgestellt wird;
17. die Bestimmungen des GlBG vom geförderten Unternehmen nicht beachtet wurden;
18. das BGStG oder das Diskriminierungsverbot gemäß § 7b BEinstG nicht berücksichtigt wird;
19. von Organen der Europäischen Union die Aussetzung oder Rückforderung verlangt wird.

(2) Bei Vorliegen eines Rückforderungsfalles wird der Fördernehmer vorab informiert. Die zurückzuzahlenden Beträge sind vom Tage der Auszahlung der Förderung an mit 4% pro Jahr unter Anwendung der Zinseszinsmethode zu verzinsen. Liegt dieser Zinssatz unter dem von der Europäischen Union für Rückforderungen festgelegten Zinssatz, ist der von der Europäischen Union festgelegte heranzuziehen. Die Regelungen gemäß § 25 Abs. 2, 4, 5 und 7 ARR 2014 gelten sinngemäß.

(3) Allfällige weitergehende zivilrechtliche Ansprüche bleiben hiervon unberührt.

Rechtsnachfolge

§ 16. (1) Die Vertragspartner sind grundsätzlich berechtigt, sämtliche sich aus dieser Vereinbarung ergebenden Rechte und Pflichten rechtsverbindlich auf allfällige Einzel- oder Gesamtrechtsnachfolger zu übertragen und zu überbinden. Die Rechtsnachfolge ist der EAG–Förderabwicklungsstelle umgehend unter Vorlage aller relevanten Unterlagen schriftlich oder per E-Mail bekanntzugeben.

(2) Die Übertragung der Rechte und Pflichten auf Rechtsnachfolger des Fördernehmers bedarf der Zustimmung der Bundesministerin für Klimaschutz, Umwelt, Energie, Mobilität, Innovation und Technologie, welche diese nur dann verweigern darf, wenn sich aus den vorliegenden Unterlagen Anhaltspunkte ergeben, dass der Rechtsnachfolger Anforderungen nach den relevanten Bestimmungen des EAG oder dieser Verordnung nicht erfüllt. Widerspricht die Bundesministerin für Klimaschutz, Umwelt, Energie, Mobilität, Innovation und Technologie nicht innerhalb von vier Wochen nach Zugang der Bekanntgabe gemäß Abs. 1 schriftlich oder per E-Mail, so gilt die Zustimmung als erteilt.

(3) Bei Übertragung der Rechte und Pflichten auf Rechtsnachfolger werden die ursprünglichen Parteien von ihren bis zum Zeitpunkt der Rechtsnachfolge eingegangenen wechselseitigen Verpflichtungen erst frei, wenn der Rechtsnachfolger diese Verpflichtungen zur Gänze erfüllt hat.

Veröffentlichungen

§ 17. (1) Die EAG-Förderabwicklungsstelle veröffentlicht zusätzlich zu den in § 93 EAG genannten Informationen eine Kurzbeschreibung der freigestellten Maßnahmen gemäß Art. 11 AGVO.

(2) Die Kurzbeschreibung ist in einem Tabellenkalkulationsformat zu veröffentlichen, das es ermöglicht, Daten zu suchen, zu extrahieren und problemlos im Internet zu veröffentlichen. Die Informationen sind mindestens zehn Jahre ohne Einschränkungen öffentlich zugänglich und einsehbar zu halten.

Inkrafttreten

§ 18. Diese Verordnung tritt mit dem der Kundmachung folgenden Tag in Kraft.

53. EAG-Befreiungsverordnung

Verordnung des Vorstands der E-Control über die EAG-Kostenbefreiung und Kostendeckelung für Haushalte

StF: BGBl. II Nr. 61/2022

Auf Grund von § 72 Abs. 3 und § 72a Abs. 3 des Erneuerbaren-Ausbau-Gesetzes (EAG), BGBl. I Nr. 150/2021, zuletzt geändert durch das Bundesgesetz BGBl. I Nr. 7/2022, wird verordnet:

GLIEDERUNG

Regelungsgegenstand

§ 1. (1) Diese Verordnung regelt die EAG-Kostenbefreiung für einkommensschwache Haushalte gemäß § 72 des Erneuerbaren-Ausbau-Gesetzes (EAG), BGBl. I Nr. 150/2021, zuletzt geändert durch das Bundesgesetz BGBl. I Nr. 7/2022, und die EAG-Kostendeckelung für Haushalte gemäß § 72a EAG betreffend jene Kosten, welche Haushalten durch

1. die Erneuerbaren-Förderpauschale,
2. den Erneuerbaren-Förderbeitrag und
3. den Grüngas-Förderbeitrag

entstehen.

(2) Diese Verordnung enthält insbesondere nähere Regelungen über

1. das zur Feststellung der Befreiung und Kostendeckelung einzuhaltende Verfahren sowie die Geltendmachung der Befreiung durch den Begünstigten;
2. die Fristen, innerhalb derer die Kosten gemäß Abs. 1 gegenüber den Begünstigten nicht mehr in Rechnung gestellt werden dürfen bzw. Zahlungen nach Eintritt des Befreiungstatbestandes von den Netzbetreibern an die Begünstigten rückzuerstatten bzw. gutzuschreiben sind;
3. die Verpflichtung der Begünstigten, eine Änderung der Einkommensverhältnisse unverzüglich bekannt zu geben sowie Regelungen über eine diesbezügliche Informationspflicht der GIS Gebühren Info Service GmbH (GIS);
4. die bei der Antragstellung vorzulegenden und in den Formularen für die Kostenbefreiung oder Kostendeckelung nach dieser Bestimmung abzufragenden Daten und die Weitergabe von Daten im erforderlichen Ausmaß;
5. die Art und Weise der Veröffentlichung der Informationen und Formulare zur Kostenbefreiung nach dieser Bestimmung auf der Internetseite der GIS;
6. die für die Leistungen der GIS durch die Ökostromabwicklungsstelle zu entrichtende Abgeltung.

Befreiungstatbestand für begünstigte Haushalte

§ 2. (1) Folgende Netzbetreiber dürfen nach erfolgter Beantragung und Genehmigung der Befreiung im Sinne des § 72 EAG für folgende Zählpunkte keine Kosten gemäß § 1 verrechnen:

1. Stromnetzbetreiber hinsichtlich § 1 Abs. 1 Z 1 und 2 für jene Zählpunkte,
   a) welche gemäß § 2 Z 1 der Netzbenutzerkategorien-Verordnung, BGBl. II Nr. 402/2017, in der jeweils geltenden Fassung, als Haushalte kategorisiert sind und
   b) an welchen eine Person, die gemäß § 3 Abs. 5 des Rundfunkgebührengesetzes (RGG), BGBl. I Nr. 159/1999, in der jeweils geltenden Fassung, zum anspruchsberechtigten Personenkreis gehört, ihren Hauptwohnsitz hat.
2. Gasnetzbetreiber hinsichtlich § 1 Abs. 1 Z 3 für jene Zählpunkte,
   a) welche gemäß **Anlage 1** der Gas-Marktmodell-Verordnung, BGBl. II Nr. 171/2012, in der jeweils geltenden Fassung, als Haushalte kategorisiert sind und
   b) an welchen eine Person, die gemäß § 3 Abs. 5 RGG zum anspruchsberechtigten Personenkreis gehört, ihren Hauptwohnsitz hat.

(2) Soweit eine Rechnungslegung gegenüber einer befreiten Person bereits erfolgt ist, sind die entsprechenden Beträge bei der nächsten Rechnungslegung gutzuschreiben oder, insbesondere im Falle der Beendigung des Netzzugangsvertrags mit der befreiten Person, rückzuerstatten.

(3) Die Kostenbefreiung gemäß Abs. 1 erlischt durch

1. Wegfall einer oder mehrerer Voraussetzungen gemäß Abs. 1;
2. Verzicht oder Tod des Inhabers der Kostenbefreiung;
3. Ablauf des Befreiungszeitraumes;
4. Verletzung der Auskunfts-, Vorlage- bzw. Meldepflichten gemäß § 72 Abs. 2 EAG in Verbindung mit § 51 Abs. 3 der Anlage zum Fernmeldegebührengesetz (Fernmeldegebührenordnung), BGBl. Nr. 170/1970, in der jeweils geltenden Fassung.

Deckelung für Haushalte

§ 3. (1) Stromnetzbetreiber dürfen nach erfolgter Beantragung und Genehmigung der Deckelung im Sinne des § 72a EAG für jene Zählpunkte keine den Betrag von 75 Euro pro Kalenderjahr übersteigenden Kosten gemäß § 1 Abs. 1 Z 1 und 2 verrechnen,

1. welche gemäß § 2 Z 1 der Netzbenutzerkategorien-Verordnung als Haushalte kategorisiert sind,
2. an welchen eine oder mehrere Personen ihren Hauptwohnsitz haben und
3. an deren Adresse das Haushalts-Nettoeinkommen den gemäß § 48 Abs. 1 der Fernmeldegebührenordnung festgesetzten Befreiungsrichtsatz nicht überschreitet.

(2) Befinden sich in der Anlage am Hauptwohnsitz eines Anspruchsberechtigten mehrere Zählpunkte gemäß § 3, so ist für Zwecke der Berechnung der Deckelung eine Aliquotierung der 75 Euro Grenze nach der Anzahl der Zählpunkte zulässig. Bei unterjähriger Abrechnung ist die Deckelung aliquot auf den entsprechenden Zeitraum aufzuteilen.

(3) Soweit eine den Betrag von 75 Euro pro Kalenderjahr übersteigende Rechnungslegung gegenüber einer kostengedeckelten Person bereits erfolgt ist, sind die entsprechenden Beträge bei der nächsten Rechnungslegung gutzuschreiben oder, insbesondere im Falle der Beendigung des Netzzugangsvertrags mit der befreiten Person, rückzuerstatten.

(4) Die Deckelung gemäß Abs. 1 erlischt durch

1. Wegfall einer oder mehrerer Voraussetzungen gemäß Abs. 1;
2. Verzicht oder Tod des Inhabers der Deckelung;
3. Ablauf des Befreiungszeitraumes;
4. Verletzung der Auskunfts-, Vorlage- bzw. Meldepflichten gemäß § 72a Abs. 2 EAG in Verbindung mit § 51 Abs. 3 der Fernmeldegebührenordnung.

Antragstellung und Nachweis der Genehmigungsvoraussetzungen

§ 4. (1) Die Befreiung gemäß § 2 oder die Deckelung gemäß § 3 sind vom Anspruchsberechtigten bei der GIS unter Verwendung des dafür vorgesehenen Formulars zu beantragen. Die GIS hat dieses Formular auch als Download auf ihrer Internetseite zur Verfügung zu stellen.

(2) Das Vorliegen der Befreiungs- bzw. Deckelungsvoraussetzungen ist wie folgt nachzuweisen:

1. durch den Anspruchsberechtigten gemäß § 2 dieser Verordnung durch Erfüllung der in § 50 und § 51 Abs. 1 zweiter Satz der Fernmeldegebührenordnung festgelegten Bestimmungen;
2. durch den Anspruchsberechtigten gemäß § 3 dieser Verordnung durch Erfüllung der in § 50 Abs. 2 bis Abs. 6 und § 51 Abs. 1 zweiter Satz der Fernmeldegebührenordnung festgelegten Bestimmungen.

(3) Die Identifizierung der von der Befreiung betroffenen Zählpunkte hat durch Vorlage geeigneter Unterlagen durch den Antragsteller zu erfolgen.

(4) Der Anspruchsberechtigte ist durch die GIS innerhalb von vier Wochen ab vollständiger Vorlage der Unterlagen über die Genehmigung oder Ablehnung des Antrages auf Befreiung bzw. Deckelung schriftlich zu informieren. Der Zeitraum für die Befreiung bzw. Deckelung ist in dem Schreiben anzugeben. Eine Ablehnung des Antrages ist zu begründen.

Bereitstellung von Informationen und Antragsformularen

§ 5. (1) Informationen zur Beantragung der Befreiung gemäß § 2 und der Deckelung gemäß § 3 sowie das jeweils zu verwendende Formular sind dabei von der GIS auf ihrer Internetseite leicht zugänglich zu machen und eine klare Trennung zwischen der Befreiung bzw. Deckelung nach dem EAG einerseits und anderen, von der GIS administrierten Befreiungs- oder Zuschussleistungen andererseits vorzunehmen, um Verwechslungen zu vermeiden.

(2) Die E-Control kann der GIS Vorgaben zur Gestaltung der Antragsformulare machen.

(3) Auf die Möglichkeit einer Kostenbefreiung bzw. -deckelung ist in den Rechnungen gemäß § 82 Abs. 1 ElWOG 2010 bzw. § 127 Abs. 1 GWG 2011 gesondert hinzuweisen.

Zeitraum der Befreiung bzw. Deckelung

§ 6. (1) Die Befreiung kann, abhängig von dem Befreiungszeitraum gemäß der Fernmeldegebührenordnung, für einen Zeitraum von maximal fünf

Jahren erfolgen, die Deckelung für höchstens drei Jahre.

(2) Ab dem der Genehmigung folgenden Monatsersten sind

1. bei einer Befreiung gemäß § 2 die Kosten gemäß § 1 Abs. 1 nicht mehr und
2. bei einer Deckelung gemäß § 3 die Kosten gemäß § 1 Abs. 1 Z 1 und 2 nur bis höchstens 75 Euro pro Kalenderjahr

in Rechnung zu stellen. Auf der Abrechnung über die Systemnutzungsentgelte ist auf die Befreiung bzw. Deckelung hinzuweisen.

Datenübermittlung

§ 7. (1) Die GIS hat den jeweiligen Netzbetreiber über die Genehmigung oder den Wegfall der Befreiung gemäß § 2 oder Deckelung gemäß § 3 zu informieren. Die Information hat Namen und Adresse des Netzkunden, den Befreiungszeitraum und allenfalls die Zählpunktbezeichnungen, für welche die Befreiung bzw. Deckelung in Anspruch genommen wird, zu enthalten.

(2) Die GIS hat für die Abwicklung gemäß § 4 bestehende Einrichtungen über den Datenaustausch durch Netzbetreiber (§ 19a ElWOG 2010) wie folgt zu nutzen:

1. der Verwendungszweck der GIS in Bezug auf die Einrichtung gemäß § 19a ElWOG 2010 liegt darin, den antragsgegenständlichen Haushalt und – bei Bedarf – die dazugehörigen Zählpunkte zu identifizieren oder den jeweils für die Verrechnungsänderung verantwortlichen Netzbetreiber über das Vorliegen oder das Entfallen einer Befreiung bzw. Deckelung zu informieren und die Handlungen im erforderlichen Maß zu dokumentieren;

a) das Vorliegen oder das Entfallen einer Befreiung bzw. Deckelung hat die GIS dem Netzbetreiber zumindest unter Angabe des Namens des Netzkunden, bei Bedarf auch unter Angabe der Zählpunktbezeichnung, zu melden;

b) ist die Identifikation des antragsgegenständlichen Haushalts und der dazugehörigen Zählpunkte beim Netzbetreiber anhand der bereitgestellten Daten nicht eindeutig möglich, kann sich die GIS der Zählpunkt- und Endverbraucheridentifikation und, soweit darüber hinausgehend erforderlich, der Anlagenabfrage beim Netzbetreiber gemäß dem **Anhang** zur Wechselverordnung 2014 (WVO 2014), BGBl. II Nr. 167/2014, in der jeweils geltenden Fassung sinngemäß bedienen;

2. eine Verwendung des Datenaustauschs und der dadurch durch die GIS verarbeiteten, personenbezogenen Daten für andere Zwecke ist unzulässig;
3. die personenbezogenen Daten sind binnen drei Jahren nach Ablauf der Befreiung bzw. Deckelung zu löschen.

Berichtswesen

§ 8. Die GIS hat der E-Control für das vorangegangene Kalenderjahr bis spätestens 31. März des Folgejahres einen jährlichen Bericht über die Abwicklung der Befreiung und Deckelung zu übermitteln. Der Bericht hat jedenfalls die Anzahl der Neuanträge, der Verlängerungen von auslaufenden Befreiungen sowie die Anzahl der Ablehnungen zu enthalten. Die Summe der Anzahl der bearbeiteten Anträge ist nach Deckelungen gemäß § 3 und Befreiungen gemäß § 2, diese wiederum nach den in § 47 der Fernmeldegebührenordnung genannten Kategorien der Anspruchsberechtigten, aufzuschlüsseln. Der Bericht ist auf Ersuchen der E–Control anzupassen und auf den Internetseiten der GIS und der E–Control zu veröffentlichen.

Auskunfts-, Vorlage- und Meldepflicht

§ 9. (1) Der Anspruchsberechtigte bzw. der Antragsteller hat der GIS eine Änderung der Anspruchsvoraussetzungen, insbesondere eine Änderung seiner Einkommensverhältnisse oder des Hauptwohnsitzes, unverzüglich bekannt zu geben. Die GIS hat auf diese Verpflichtung im Zuge des Antragsverfahrens ausdrücklich hinzuweisen. Ebenso hat der Netzbetreiber auf diese Verpflichtung bei der Rechnungslegung hinzuweisen.

EAG + V

(2) Der Anspruchsberechtigte bzw. der Antragsteller hat der GIS auf Verlangen jederzeit Auskünfte zu den Umständen der Anspruchsberechtigung zu geben.

Informationspflicht über den Befreiungstatbestand für begünstigte Haushalte

§ 10. Die GIS ist verpflichtet, alle Personen, die gemäß § 3 Abs. 5 RGG von der Pflicht zur Entrichtung der Rundfunkgebühren, nicht jedoch gemäß § 46 Abs. 1 und § 49 Abs. 1 ÖSG 2012, BGBl. I Nr. 75/2011, in der Fassung des Bundesgesetzes BGBl. I Nr. 12/2021, von der Pflicht zur Entrichtung der Ökostrompauschale und des Ökostromförderbeitrags befreit sind, mit postalischen oder elektronischen Schreiben über die Möglichkeit der Kostenbefreiung gemäß § 2 zu informieren. Den Schreiben ist das Formular für die Beantragung der Kostenbefreiung nach dieser Bestimmung beizulegen. Die Versendung der Schreiben hat binnen eines Monats nach Aufforderung der E-Control zu beginnen.

Abgeltung der Leistungen der GIS Gebühren Info Service GmbH

§ 11. (1) Für die Implementierung der für die Bearbeitung der Anträge erforderlichen Ablaufprozesse erhält die GIS als einmalige pauschale Abgeltung netto:

1. für die Befreiung gemäß § 2: 151 000 Euro,
2. für die Deckelung gemäß § 3: 127 000 Euro sowie

3. für die Informationspflichten gemäß § 10 samt Kommunikationsbegleitung 206 000 Euro.

(2) Pro Erledigung werden für jeden bearbeiteten Antrag gemäß § 2 Kosten in Höhe von 6,20 Euro netto und für jeden bearbeiteten Antrag gemäß § 3 Kosten in Höhe von 19,10 Euro netto ersetzt.

(3) Die Rechnungslegung der GIS an die Ökostromabwicklungsstelle über die erbrachten Leistungen erfolgt vierteljährlich.

Übergangsbestimmung

§ 12. Eine nach gemäß § 46 Abs. 1 und § 49 Abs. 1 ÖSG 2012 erteilte Genehmigung auf Befreiung von der Entrichtung der Ökostrompauschale und des Ökostromförderbeitrags gilt bis zum Ende des jeweiligen Befreiungszeitraumes als Befreiung gemäß § 2 weiter. Nach Ablauf dieses Befreiungszeitraumes ist die Befreiung bei der GIS erneut zu beantragen.

Inkrafttreten

§ 13. Diese Verordnung tritt, soweit nichts anderes bestimmt wird, mit 1. März 2022 in Kraft. Gleichzeitig tritt die Befreiungsverordnung Ökostrom, BGBl. II Nr. 237/2012, außer Kraft. Bis zur operativen Indienststellung der Einrichtung über den Datenaustausch gemäß § 7 dürfen durch die GIS die bisherigen Schnittstellenapplikationen weiterverwendet werden.

54. Erneuerbaren-Förderbeitragsverordnung 2023

Verordnung der Bundesministerin für Klimaschutz, Umwelt, Energie, Mobilität, Innovation und Technologie über die Bestimmung des Erneuerbaren-Förderbeitrags für das Kalenderjahr 2023

StF: BGBl. II Nr. 498/2022

Aufgrund des § 75 Abs. 2 des Erneuerbaren-Ausbau-Gesetzes (EAG), BGBl. I Nr. 150/2021, zuletzt geändert durch das Bundesgesetz BGBl. I Nr. 172/2022, wird im Einvernehmen mit dem Bundesminister für Arbeit und Wirtschaft verordnet:

§ 1. Der von allen an das öffentliche Elektrizitätsnetz angeschlossenen Endverbrauchern gemäß § 75 Abs. 1 des Erneuerbaren-Ausbau-Gesetzes (EAG), BGBl. I Nr. 150/2021, in der Fassung des Bundesgesetzes BGBl. I Nr. 172/2022, zu entrichtende Erneuerbaren-Förderbeitrag wird für das Kalenderjahr 2023 mit 0% des österreichweit durchschnittlichen, je Netzebene zu entrichtenden Netznutzungs- und Netzverlustentgelts gemäß der Systemnutzungsentgelte-Verordnung 2018 (SNE–V 2018), BGBl. II Nr. 398/2017, in der Fassung der Verordnung BGBl. II Nr. 466/2022, festgelegt.

§ 2. (1) Für die Netzentgeltkomponente Netznutzungsentgelt (Leistung) gelten für das Kalenderjahr 2023 folgende Beträge:

1. auf den Netzebenen 1 und 2 . 0,00 Euro/kW;
2. auf der Netzebene 3 .... 0,00 Euro/kW;
3. auf der Netzebene 4 .... 0,00 Euro/kW;
4. auf der Netzebene 5 .... 0,00 Euro/kW;
5. auf der Netzebene 6 .... 0,00 Euro/kW;
6. auf der Netzebene 7 (gemessene Leistung) .... 0,00 Euro/kW;
7. auf der Netzebene 7 (unterbrechbar) .... 0,00 Euro/kW;
8. auf der Netzebene 7 (nicht gemessene Leistung) .... 0,00 Euro/Zählpunkt.

(2) Für die Netzentgeltkomponente Netznutzungsentgelt (Arbeit) gelten für das Kalenderjahr 2023 folgende Beträge:

1. auf den Netzebenen 1 und 2 0,00 Cent/kWh;
2. auf der Netzebene 3 .... 0,00 Cent/kWh;
3. auf der Netzebene 4 .... 0,00 Cent/kWh;
4. auf der Netzebene 5 .... 0,00 Cent/kWh;
5. auf der Netzebene 6 .... 0,00 Cent/kWh;
6. auf der Netzebene 7 (gemessene Leistung) .... 0,00 Cent/kWh;
7. auf der Netzebene 7 (unterbrechbar) .... 0,00 Cent/kWh;
8. auf der Netzebene 7 (nicht gemessene Leistung) .... 0,00 Cent/kWh.

(3) Für die Netzentgeltkomponente Netzverlustentgelt gelten für das Kalenderjahr 2023 folgende Beträge:

1. auf den Netzebenen 1 und 2 0,00 Cent/kWh;
2. auf der Netzebene 3 .... 0,00 Cent/kWh;
3. auf der Netzebene 4 .... 0,00 Cent/kWh;
4. auf der Netzebene 5 .... 0,00 Cent/kWh;
5. auf der Netzebene 6 .... 0,00 Cent/kWh;
6. auf der Netzebene 7 .... 0,00 Cent/kWh.

§ 3. Diese Verordnung tritt mit 1. Jänner 2023 in Kraft; zugleich tritt mit Ablauf des 31. Dezember 2022 die Erneuerbaren-Förderbeitragsverordnung 2022, BGBl. II Nr. 600/2021, außer Kraft; sie ist auf für das Kalenderjahr 2022 zu entrichtende Erneuerbaren-Förderbeiträge weiterhin anzuwenden.

55. Ökostromgesetz 2012

Bundesgesetz über die Förderung der Elektrizitätserzeugung aus erneuerbaren Energieträgern

StF: BGBl. I Nr. 75/2011

Letzte Novellierung: BGBl. I Nr. 150/2021

Der Nationalrat hat beschlossen:

GLIEDERUNG

1. Teil
Allgemeine Bestimmungen
Kompetenzgrundlage und Vollziehung

§ 1. (Verfassungsbestimmung) Die Erlassung, Aufhebung und Vollziehung von Vorschriften, wie sie in diesem Bundesgesetz enthalten sind, sind auch in den Belangen Bundessache, hinsichtlich deren das B–VG etwas anderes bestimmt. Die in diesen Vorschriften geregelten Angelegenheiten können unmittelbar von den in diesem Bundesgesetz vorgesehenen Einrichtungen versehen werden.

Begriffsbestimmungen

§ 5. (1) Im Sinne dieses Bundesgesetzes bezeichnet der Ausdruck
1. „Abfall mit hohem biogenen Anteil" die in der Anlage 1 angeführten Abfälle, definiert durch die zugeordnete 5-stellige Schlüsselnummer gemäß Anlage 5 des Abfallverzeichnisses der Abfallverzeichnisverordnung, BGBl. II Nr. 570/2003, in der Fassung der Verordnung BGBl. II Nr. 498/2008; der biologisch abbaubare Anteil von Abfällen gemäß Anlage 1 ist hinsichtlich der Tarifeinstufung gesondert zu behandeln; der biologisch abbaubare Anteil von Abfällen, die nicht in der Anlage 1 angeführt sind, ist nicht Biomasse im Sinne dieses Bundesgesetzes;
2. „Ablauge" beim chemischen Aufschluss von Holz im Zuge der Zellstoffproduktion anfallende Reststoffe;
3. „Abnahmepreis" jenen Preis, zu dem die Stromhändler verpflichtet sind, den ihnen von der Ökostromabwicklungsstelle zugewiesenen Ökostrom abzunehmen;
4. „Altanlage" eine Ökostromanlage, die vor dem Inkrafttreten dieses Bundesgesetzes als Ökostromanlage anerkannt wurde;
5. „Anlage" eine Stromerzeugungsanlage, die zumindest teilweise aus erneuerbaren Energieträgern Ökostrom erzeugt und als Ökostromanlage, Mischfeuerungsanlage oder Hybridanlage anerkannt ist oder von der Ökostromabwicklungsstelle in das Ökostromanlagenregister gemäß § 37 Abs. 5 aufgenommen wurde; Einrichtungen, die dem Zweck der Ökostromerzeugung dienen und in einem technisch-funktionalen Zusammenhang stehen, sind auch dann als einheitliche Anlage zu behandeln, wenn sie von verschiedenen Personen betrieben werden;
6. „Biogas" jenes brennbare Gas, das durch Vergärung von Biomasse in Biogasanlagen hergestellt und zur Gewinnung von Energie verwendet wird; aus einem Gasnetz entnommenes Gas gilt als Biogas, soweit die Menge des entnommenen Gases im Wärmeäquivalent der Menge von an anderer Stelle im Geltungsbereich des Gesetzes in das Gasnetz eingespeistem Gas aus Biomasse entspricht;
7. „Biomasse" den biologisch abbaubaren Anteil von Erzeugnissen und Rückständen der Landwirtschaft mit biologischem Ursprung

(einschließlich pflanzlicher und tierischer Stoffe), der Forstwirtschaft und damit verbundener Industriezweige einschließlich der Fischerei und der Aquakultur sowie den biologisch abbaubaren Anteil von Abfällen gemäß Z 1; der biologisch abbaubare Anteil von Abfällen, die nicht in der Anlage 1 angeführt sind, ist nicht Biomasse im Sinne dieses Bundesgesetzes;

8. „Brennstoffnutzungsgrad" die Summe aus Stromerzeugung und genutzter Wärmeerzeugung, geteilt durch den Energieinhalt der eingesetzten Energieträger bezogen auf ein Kalenderjahr;
9. „Eigenbedarf" jene Energiemenge, die für den Betrieb der Anlage erforderlich ist,
10. „Eigenversorgungsanteil" der Anteil der Engpassleistung einer Anlage, für den keine Tarifförderung gemäß § 12 oder § 17 beantragt wird.
11. „Einspeisetarifvolumen" die über die Dauer der allgemeinen und besonderen Kontrahierungspflicht akkumulierten prognostizierten Aufwendungen der Ökostromabwicklungsstelle für den Kauf (die Kontrahierung) von Ökostrom zu den durch Verordnung oder Gesetz bestimmten Tarifen; aliquote Aufwendungen der Ökostromabwicklungsstelle sowie Aufwendungen der Ökostromabwicklungsstelle über den Kauf von Ökostrom zum Marktpreis abzüglich Ausgleichsenergie sind hiervon nicht umfasst;
12. „Engpassleistung" die durch den leistungsschwächsten Teil begrenzte, höchstmögliche elektrische Dauerleistung der gesamten Anlage mit allen Maschinensätzen, bei Photovoltaikanlagen gilt die Modulspitzenleistung (Leistung in kWpeak) als Engpassleistung;
13. „erneuerbare Energieträger" erneuerbare, nichtfossile Energieträger (Wind, Sonne, Erdwärme, Wellen- und Gezeitenenergie, Wasserkraft, Biomasse, Abfall mit hohem biogenen Anteil, Deponiegas, Klärgas und Biogas), einschließlich Tiermehl, Ablauge oder Klärschlamm;
14. „Feinstaub" Partikel, die einen größenselektierenden Lufteinlass passieren, der für einen aerodynamischen Durchmesser von 10 µm eine Abscheidewirksamkeit von 50% aufweist;

(Anm.: Z 15 aufgehoben durch Art. 2 Z 7, BGBl. I Nr. 150/2021)

16. „Hybridanlage" eine Anlage, die in Kombination unterschiedliche Technologien bei der Umwandlung eines oder mehrerer Primärenergieträger in elektrische Energie verwendet, soweit sie zumindest teilweise auf Basis erneuerbarer Energieträger betrieben wird;
17. „Kleinwasserkraftanlage" eine Anlage auf Basis der erneuerbaren Energiequelle Wasserkraft mit einer Engpassleistung bis einschließlich 10 MW;
18. „Mischfeuerungsanlage" eine thermische Anlage, in der Brennstoffe als Primärenergieträger eingesetzt werden, welche nur zum Teil erneuerbare Energieträger sind, sofern die Verwendung nicht erneuerbarer Primärenergieträger das für den Betrieb technisch erforderliche Ausmaß überschreitet;
19. „mittlere Wasserkraftanlage" eine Anlage auf Basis der erneuerbaren Energiequelle Wasserkraft mit einer Engpassleistung von über 10 MW bis einschließlich 20 MW;
20. „Neuanlage" eine Ökostromanlage, die nach dem Inkrafttreten dieses Bundesgesetzes als Ökostromanlage anerkannt oder von der Ökostromabwicklungsstelle in das Ökostromanlagenregister gemäß § 37 Abs. 5 aufgenommen wurde;
21. „öffentliches Netz" ein konzessioniertes Verteilernetz oder ein Übertragungsnetz, das der Versorgung Dritter dient und zu dem Anspruch auf Netzzugang besteht;
22. „Ökostrom" elektrische Energie aus erneuerbaren Energieträgern;
23. „Ökostromanlage" eine Anlage, die ausschließlich aus erneuerbaren Energieträgern Ökostrom erzeugt und als solche anerkannt ist oder von der Ökostromabwicklungsstelle in das Ökostromanlagenregister gemäß § 37 Abs. 5 aufgenommen wurde;

(Anm.: Z 24 und 25 aufgehoben durch Art. 2 Z 7, BGBl. I Nr. 150/2021)

26. „Regelarbeitsvermögen" die sich aus der Wassermengendauerlinie für das Regeljahr ergebende Stromerzeugungsmenge, unter Berücksichtigung der technischen Randbedingungen (tatsächliche durchschnittliche Produktion der letzten drei Betriebsjahre);

26a. „Revitalisierung" die Investitionen in Kleinwasserkraftanlagen, welche zu einer Erhöhung der Engpassleistung oder zu einer Erhöhung des Regelarbeitsvermögens um mindestens 15% führen. Revitalisierung ist immer dann gegeben, wenn mindestens zwei der wesentlichen Anlagenteile, wie Turbine, Wasserfassung, Druckleitung, Triebwasserkanal, Krafthaus oder Staumauer bzw. Wehranlagen, welche vor Baubeginn bereits bestandenen haben, weiter verwendet werden;

26b. „rohstoffabhängige Anlage" eine Stromerzeugungsanlage, die auf Basis von fester oder flüssiger Biomasse, Deponie- und Klärgas oder Biogas Ökostrom erzeugt;

27. „Stand der Technik" der auf den einschlägigen wissenschaftlichen Erkenntnissen beruhende Entwicklungsstand fortschrittlicher Verfahren, Einrichtungen oder Betriebsweisen, deren Funktionstüchtigkeit erprobt und erwiesen ist. Bei der Bestimmung des Standes der Technik sind insbesondere jene vergleichbaren Verfahren, Einrichtungen oder Betriebsweisen

ÖSG + V

heranzuziehen, welche am effizientesten zur Erreichung der in § 4 Abs. 2 bis Abs. 4 enthaltenen Ziele sind;

28. „Strom aus erneuerbaren Energieträgern“ elektrische Energie, die in Ökostromanlagen erzeugt wird, sowie der dem Anteil erneuerbarer Energieträger entsprechende Teil von in Hybrid- oder Mischfeuerungsanlagen erzeugter elektrischer Energie; ausgenommen ist elektrische Energie, die als Ergebnis des Pumpvorganges zum Zweck der Speicherung in Speichersystemen gewonnen wird;
29. „Unterstützungsvolumen“ die Mittel, die sich aus den Erlösen aus der Zuweisung der Herkunftsnachweise für Ökostrom gemäß § 10 Abs. 8und der Bedeckung der Mehraufwendungen gemäß § 42 pro Kalenderjahr ergeben;
30. „Volllaststunden“ den Quotienten aus erwarteter jährlicher Ökostromerzeugung dividiert durch die Engpassleistung der Ökostromanlage;
31. „Wirtschaftsdünger tierischer Herkunft“ die Summe der festen und flüssigen tierischen Ausscheidungen. Wirtschaftsdünger kann auch untergeordnete Mengen an zusätzlichen Produkten, die von den Ausscheidungen nicht ohne großen wirtschaftlichen Aufwand getrennt werden können, enthalten;
32. „zusätzliches jährliches Unterstützungsvolumen“ jenen Anteil am Unterstützungsvolumen, der für die Kontrahierung von Ökostrom auf Grundlage von im jeweiligen Kalenderjahr abgeschlossenen Verträgen der Ökostromabwicklungsstelle mit Ökostromanlagenbetreibern zur Verfügung steht.

(Anm.: Z 33 aufgehoben durch Art. 1 Z 21, BGBl. I Nr. 108/2017)

(2) Im Übrigen gelten die Definitionen des Elektrizitätswirtschafts- und organisationsgesetzes 2010 (ElWOG 2010), BGBl. I Nr. 110/2010 in der Fassung des Bundesgesetzes BGBl. I Nr. 108/2017, sowie des KWK-Gesetzes, BGBl. I Nr. 111/2008.

(3) Soweit in diesem Bundesgesetz auf Bestimmungen anderer Bundesgesetze verwiesen wird, sind diese Bestimmungen in ihrer jeweils geltenden Fassung anzuwenden.

(4) Personenbezogene Begriffe haben keine geschlechtsspezifische Bedeutung. Sie sind bei der Anwendung auf bestimmte Personen in der jeweils geschlechtsspezifischen Form anzuwenden.

2. Teil
Anlagen
Anerkennung von rohstoffabhängigen Anlagen

§ 7. (1) Nach Maßgabe der Bestimmungen der § 7 bis § 9 ist über Antrag des Betreibers einer rohstoffabhängigen Anlage, die Ökostrom erzeugt, vom Landeshauptmann des Landes, in dem sich die Anlage befindet, mit Bescheid anzuerkennen:

1. als Ökostromanlage eine Anlage zur Erzeugung elektrischer Energie, die ausschließlich auf Basis der in § 5 Abs. 1 Z 26b genannten Energieträger betrieben wird. Die Verwendung nicht erneuerbarer Primärenergieträger ist im für den Betrieb technisch erforderlichen Ausmaß zulässig;
2. als Mischfeuerungsanlage eine Anlage zur Erzeugung elektrischer Energie, die sowohl auf Basis der Energieträger gemäß Abs. 1 als auch auf Basis von Energieträgern betrieben wird, die nicht in Abs. 1 genannt sind, soweit die Verwendung nicht erneuerbarer Primärenergieträger das für den Betrieb technisch erforderliche Ausmaß übersteigt;
3. als Hybridanlage eine Anlage zur Erzeugung elektrischer Energie, die in Kombination unterschiedliche Technologien bei der Umwandlung eines oder mehrerer Energieträger gemäß Abs. 1 in elektrische Energie verwendet, soweit sie zumindest teilweise auf Basis der Energieträger gemäß Abs. 1 betrieben wird.

Bei Anlagen gemäß § 8 Abs. 3 bedarf sowohl die Biogasverstromungsanlage als auch die Biogaserzeugungsanlage einer Anerkennung.

(2) Die Anerkennung gemäß Abs. 1 Z 2 und Z 3 ist zu versagen, wenn der Anteil der eingesetzten erneuerbaren Energieträger im Beobachtungszeitraum nicht mindestens 3 vH des Primärenergieeinsatzes beträgt. Der Beobachtungszeitraum beträgt mindestens ein Kalenderjahr.

(3) Der Landeshauptmann hat über Antrag des Anlagenbetreibers nach Durchführung von Effizienzverbesserungen festzustellen, dass eine Anlage verbessert worden ist. Die durch die Verbesserung bewirkte Erhöhung des Brennstoffnutzungsgrades ist im Anerkennungsbescheid festzustellen.

(4) Der Landeshauptmann hat die Anerkennung zu widerrufen, wenn die Voraussetzungen für die Anerkennung nicht mehr vorliegen, Auflagen nicht eingehalten werden oder wenn trotz Aufforderung die geprüfte Dokumentation nicht vorgelegt wird. Der Landeshauptmann hat die E-Control, den Netzbetreiber, an dessen Netz die Anlage angeschlossen ist, und die Ökostromabwicklungsstelle unverzüglich vom Widerruf der Anerkennung zu verständigen. Mit dem Zugang des Widerrufs der Anerkennung endet die Kontrahierungspflicht der Ökostromabwicklungsstelle.

Pflichten der Antragsteller und Anlagenbetreiber von rohstoffabhängigen Anlagen

§ 8. (1) Dem Antrag gemäß § 7 sind folgende Unterlagen anzuschließen:

1. Angaben über den rechtmäßigen Betrieb der Anlage sowie deren Standort;

2. Angaben über die eingesetzten Primärenergieträger, jeweils gesondert entsprechend ihrem Anteil am Gesamteinsatz (Heizwert);
3. ein Konzept über die Rohstoffversorgung bei Anlagen, die zumindest teilweise auf Basis von Biomasse oder von Biogas betrieben werden, über zumindest die ersten fünf Betriebsjahre. Dieses Konzept hat auch Angaben über eine allfällige Abdeckung aus eigener land- und forstwirtschaftlicher Produktion zu enthalten;
4. die technischen Größen der Anlage, insbesondere die Engpassleistung;
5. die Ausführung der Anlage, insbesondere eine Beschreibung der eingesetzten Technologie;
6. die eindeutige Bezeichnung des Zählpunktes, über den die erzeugte Strommenge physikalisch in ein öffentliches Netz eingespeist wird;
7. Name und Adresse des Netzbetreibers, an dessen Netz die Anlage angeschlossen ist;
8. Art und Umfang von Investitionsbeihilfen oder etwaiger weiterer Förderungen.

Im Falle einer Anlagenerweiterung sind dem Antrag sämtliche Unterlagen über die bestehende Anlage gemäß Z 1 bis Z 8, soweit sie nicht bereits bei der erstmaligen Antragstellung eingereicht wurden, beizuschließen.

(2) Betreiber von rohstoffgeführten Anlagen haben die zum Einsatz gelangenden Brennstoffe laufend zu dokumentieren und einmal jährlich die Zusammensetzung der zum Einsatz gelangten Primärenergieträger nachzuweisen. Die Ökostromabwicklungsstelle ist berechtigt, hinsichtlich der eingesetzten Primärenergieträger ein Gutachten über deren Zusammensetzung einzufordern. Betreiber von Mischfeuerungsanlagen oder Hybridanlagen haben zusätzlich einmal jährlich den Nachweis zu erbringen, dass die zum Einsatz gelangten erneuerbaren Energieträger eines Kalenderjahres mindestens den in § 7 Abs. 2 bestimmten Anteil erreichen. Diese Nachweise sind durch die Auswertung der Dokumentation zu erbringen und bis spätestens 31. März des Folgejahres dem Landeshauptmann vorzulegen. Die dem Nachweis zugrunde liegende Aufstellung der zum Einsatz gelangten Brennstoffe ist von einem Wirtschaftsprüfer, einem Ziviltechniker oder einem allgemein beeideten und gerichtlich zertifizierten Sachverständigen oder einem technischen Büro aus den Fachgebieten Elektrotechnik, Maschinenbau, Feuerungstechnik oder Chemie zu prüfen. Der Landeshauptmann hat diese Nachweise zu prüfen und bei Vorliegen der gesetzlichen Erfordernisse der E-Control und der Ökostromabwicklungsstelle, die erforderlichenfalls die Vergütung der betroffenen Anlage anzupassen hat (§ 18 Abs. 2), umgehend mit einer Bestätigung der Richtigkeit zu übermitteln. Darüber hinaus hat der Landeshauptmann im Fall der Anerkennung der Anlage die Konzepte über die Rohstoffversorgung gemäß Abs. 1 Z 3 umgehend an die Ökostromabwicklungsstelle und die E-Control zum Zweck der Erstellung des Berichts gemäß § 52 Abs. 1 zu übermitteln.

(3) Betreiber von Anlagen, die zur Erzeugung von Ökostrom Gas aus dem Gasnetz beziehen, welches an anderer Stelle in das Gasnetz als Gas aus Biomasse eingespeist wurde, haben dies laufend zu dokumentieren. Ebenso haben Betreiber von Biogasanlagen, die Biogas in das Erdgasnetz einspeisen, die Einspeisung laufend zu dokumentieren. Die dem Nachweis zugrunde liegende Aufstellung der zum Einsatz gelangten Brennstoffe ist von einem Wirtschaftsprüfer, einem Ziviltechniker oder einem gerichtlich beeideten Sachverständigen oder einem technischen Büro aus den Fachgebieten Elektrotechnik, Maschinenbau, Feuerungstechnik oder Chemie zu prüfen. Die eingespeisten Mengen sind monatlich durch Ausstellung von Bestätigungen nachzuweisen. Die Anlagenbetreiber von Anlagen im Sinne dieses Absatzes mit einer elektrischen Engpassleistung von über 1 MW müssen vorab tägliche Fahrplanmeldungen an die Ökostromabwicklungsstelle übermitteln. Werden diese nicht eingehalten müssen die Kosten der Prognoseabweichung vom Anlagenbetreiber getragen werden. Der Landeshauptmann hat die gemäß diesem Absatz erbrachten Nachweise zu prüfen und bei Vorliegen der gesetzlichen Erfordernisse der Ökostromabwicklungsstelle zusammen mit einer Bestätigung zu übermitteln, die erforderlichenfalls die Vergütung der betroffenen Anlage anzupassen hat (§ 18 Abs. 2).

(4) Betreiber von bestehenden und neuen Anlagen sind verpflichtet, auf Ersuchen der Ökostromabwicklungsstelle alle für die Abwicklung der Ökostromförderung notwendigen Auskünfte zu erteilen und Unterlagen bereitzustellen.

ÖSG + V

Inhalt der Anerkennungsbescheide für rohstoffabhängige Anlagen

§ 9. (1) Bescheide gemäß § 7 haben jedenfalls zu enthalten:

1. die zum Einsatz gelangenden Energieträger;
2. die Engpassleistung;
3. Namen und Anschrift des Netzbetreibers, in dessen Netz eingespeist wird;
4. den Prozentsatz der einzelnen Energieträger, bezogen auf ein Kalenderjahr;
5. die genaue Bezeichnung des Zählpunktes, über den die erzeugte Strommenge tatsächlich physikalisch in ein öffentliches Netz eingespeist wird;
6. einen Hinweis auf die gemäß § 8 Abs. 2 zu erstellende Dokumentation;
7. bei Anlagen auf Basis von Biomasse oder Biogas sowie bei Mischfeuerungsanlagen und Hybridanlagen die Höhe des Brennstoffnutzungsgrades bzw. bei Geothermieanlagen die Höhe des gesamtenergetischen Nutzungsgrades sowie Angaben zum Wärmezähler;

8. bei Anlagen auf Basis von Biomasse oder Biogas Angaben über die Rohstoffversorgung zumindest für die ersten fünf Betriebsjahre;
9. bei Anlagen, die auch auf Basis von Abfällen mit hohem biogenen Anteil (§ 5 Abs. 1 Z 1) betrieben werden, die den jeweiligen Abfällen zuzuordnende 5-stellige Schlüsselnummer gemäß Anlage 5 des Abfallverzeichnisses der Abfallverzeichnisverordnung, BGBl. II Nr. 570/2003, in der Fassung der Verordnung BGBl. II Nr. 498/2008;
10. bei Anlagen, die zumindest teilweise auf Basis von fester Biomasse betrieben werden, Maßnahmen zur Vermeidung von Feinstaub;
11. bei Anlagen, die zumindest teilweise auf Basis von flüssiger Biomasse betrieben werden, Angaben darüber, ob sie den Nachhaltigkeitsanforderungen für flüssige Biobrennstoffe gemäß der Verordnung BGBl. II Nr. 250/2010 entsprechen;
12. bei Anlagen, die auch auf Basis von Tiermehl, Ablauge oder Klärschlamm betrieben werden, die gesonderte Angabe dieser Primärenergieträger entsprechend ihrem Anteil am Gesamteinsatz (Heizwert);
13. Art und Umfang von Investitionsbeihilfen oder etwaiger weiterer Förderungen.

(2) In den Bescheiden sind jedenfalls Auflagen betreffend besondere Nachweispflichten über die eingesetzten Primärenergieträger zu erteilen.

(3) Bescheiden betreffend Anlagen, in denen auch Abfälle mit hohem biogenen Anteil eingesetzt werden, ist die Anlage 1 zu diesem Bundesgesetz anzuschließen.

Herkunftsnachweise für Ökostrom

§ 10. (1) Sofern in den nachfolgenden Absätzen nicht anderes bestimmt ist, gelten für Herkunftsnachweise die Bestimmungen des Erneuerbaren-Ausbau-Gesetzes (EAG), BGBl. I Nr. 150/2021.

(Anm.: Abs. 2 bis 6 aufgehoben durch Art. 2 Z 10, BGBl. I Nr. 150/2021)(7) Die Betreiber der Ökostromanlagen sowie die Stromhändler, die elektrische Energie aus Anlagen als Ökostrom der Ökostromabwicklungsstelle veräußern, sind über Verlangen des Käufers verpflichtet, die der verkauften Menge entsprechenden Herkunftsnachweise (mittels automationsunterstützter Datenverarbeitung) nachweislich diesem Käufer zu überlassen.

(8) Abweichend von Abs. 7 hat die Ökostromabwicklungsstelle die ihr im Rahmen ihrer Kontrahierungspflicht übertragenen Herkunftsnachweise den Stromhändlern gemäß § 37 Abs. 1 Z 3 zu den von der E-Control gemäß Abs. 12 jährlich verordneten Preisen für Herkunftsnachweise zu verrechnen.

(Anm.: Abs. 9 bis 11 aufgehoben durch Art. 2 Z 10, BGBl. I Nr. 150/2021)

(12) Die E-Control hat den Preis für die von der Ökostromabwicklungsstelle den Stromhändlern gemäß § 37 Abs. 1 Z 3 zuzuweisenden Herkunftsnachweise auf Basis ihres Wertes jährlich durch Verordnung neu festzulegen. Für die Preisermittlung ist es zulässig, einen geringfügigen Anteil an Herkunftsnachweisen zu versteigern. Die Marktteilnehmer sind verpflichtet, auf Nachfrage der E–Control wahrheitsgemäße Angaben zu den Preisen von Herkunftsnachweisen zu machen.

(13) Herkunftsnachweise dürfen für elektrische Energie aus Photovoltaikanlagen mit einer Leistung bis zu 5 kW_{peak} auch ohne Vorliegen eines Anerkennungsbescheids oder einer Kontrahierung mit der Ökostromabwicklungsstelle ausgestellt werden. Zur eindeutigen Anlagenbestimmung haben die Anlagenbetreiber der E-Control die Netzzugangsverträge auf elektronischem Wege zu übermitteln.

(14) Die Ökostromabwicklungsstelle ist verpflichtet, Netzbetreibern, Stromerzeugern, Stromhändlern und der E–Control sämtliche für die Administration und Abwicklung der Ausstellung, der Übertragung und der Entwertung der Herkunftsnachweise notwendigen, ihr durch die Förderabwicklung vorliegenden Daten wie insbesondere Anlagendaten, Betreiberdaten und Einspeisemengen über deren Verlangen ohne nähere Prüfung zur Verfügung zu stellen. Diese Datenbekanntgaben können mittels automationsunterstützter Datenverarbeitung und –übermittlung erfolgen.

(Anm.: Abs. 15 aufgehoben durch Art. 2 Z 10, BGBl. I Nr. 150/2021)

3. Teil
Betriebsförderungen
1. Abschnitt
Allgemeine Kontrahierungspflicht
Kontrahierungspflicht zu festgelegten Einspeisetarifen

§ 12. (1) Die Ökostromabwicklungsstelle ist verpflichtet, nach Maßgabe der zur Verfügung stehenden Fördermittel für Ökostromanlagen, durch Abschluss von Verträgen über die Abnahme und Vergütung von Ökostrom zu den gemäß § 39 genehmigten Allgemeinen Bedingungen den ihr angebotenen Ökostrom zu den durch Verordnung gemäß § 19 bestimmten Einspeisetarifen und für die gemäß § 16 festgelegte Dauer aus folgenden Anlagen zu kontrahieren:

1. Hybrid- und Mischfeuerungsanlagen für den Anteil der eingesetzten und in Z 2 aufgelisteten erneuerbaren Energieträger, jedoch mit Ausnahme der in Abs. 2 Z 2 aufgelisteten erneuerbaren Energieträger;
2. Ökostromanlagen auf Basis von

a) Windkraft;
b) Photovoltaik;
c) fester und flüssiger Biomasse und Biogas;
d) Geothermie;
e) Kleinwasserkraft mit einer Engpassleistung von bis zu 2 MW nach Maßgabe des § 14 Abs. 7.

(2) Keine Kontrahierungspflicht gemäß Abs. 1 besteht

1. für rohstoffabhängige Anlagen, die nicht über einen Anerkennungsbescheid gemäß § 7 verfügen;
2. für Anlagen auf Basis von Tiermehl, Ablauge oder Klärschlamm;
3. für Photovoltaikanlagen mit einer Leistung bis zu 5 kW_{peak};
4. für Anlagen, die zumindest teilweise auf Basis von Geothermie, Biomasse oder von Biogas betrieben werden, sofern sie keinen Brennstoffnutzungsgrad bzw. gesamtenergetischen Nutzungsgrad von mindestens 60 vH erreichen oder keinen dem Stand der Technik entsprechenden Wärmezähler für die Zwecke der Messung der genutzten Wärme installieren;
5. für Anlagen auf Basis von Biomasse oder von Biogas, die über kein Konzept über die Rohstoffversorgung zumindest über die ersten fünf Betriebsjahre verfügen;
6. für Anlagen auf Basis von flüssiger Biomasse, die den Nachhaltigkeitsanforderungen für flüssige Biobrennstoffe gemäß der Verordnung BGBl. II Nr. 250/2010 nicht entsprechen;
7. für Anlagen auf Basis von fester Biomasse, die keine dem Stand der Technik entsprechenden Maßnahmen zur Vermeidung von Feinstaub aufweisen;
8. für Anlagen auf Basis von flüssiger Biomasse, die nicht den Bestimmungen des § 12 und § 19 der Kraftstoffverordnung 2012, BGBl. II Nr. 398/2012, in der Fassung der Verordnung BGBl. II Nr. 259/2014, sowie der Verordnung über die Verwendung von flüssigen Biobrennstoffen zur Minderung der Treibhausgasemissionen, BGBl. II Nr. 15/2015, entsprechen.

Kontrahierungspflicht zu Marktpreisen

§ 13. (1) Abgesehen von der Kontrahierungspflicht gemäß § 12 ist die Ökostromabwicklungsstelle verpflichtet, durch Abschluss von Verträgen über die Abnahme und Vergütung von Ökostrom zu den gemäß § 39 genehmigten Allgemeinen Bedingungen den ihr angebotenen Ökostrom zu den in Abs. 3 bestimmten Preisen aus Anlagen zu kontrahieren, mit Ausnahme von

1. rohstoffabhängige Anlagen, die nicht über einen Anerkennungsbescheid gemäß § 7 verfügen;
2. Anlagen, für die ein aufrechter Vertrag über die Abnahme und Vergütung von Ökostrom gemäß § 12 oder gemäß § 17 besteht, unbeschadet der Regelung in Abs. 2;
3. Wasserkraftanlagen mit mehr als 10 MW Engpassleistung;
4. Anlagen auf Basis von Tiermehl, Ablauge oder Klärschlamm;
5. Hybrid- und Mischfeuerungsanlagen für jenen Anteil der eingesetzten Energieträger, die aus Energieträgern gemäß Z 3 oder Z 4 oder aus nicht erneuerbaren Quellen stammen.

(2) Sofern ein Betreiber einer Anlage, für die eine Kontrahierungspflicht gemäß § 12 besteht, auf seinen Anspruch auf Kontrahierung von elektrischer Energie zu den Einspeisetarifen für mindestens 12 Monate verzichtet, ist die Ökostromabwicklungsstelle ebenfalls zur Kontrahierung des erzeugten Ökostroms zu den gemäß Abs. 3 festgelegten Preisen verpflichtet.

(3) Die Höhe der Preise gemäß Abs. 1 ist aus dem gemäß § 41 Abs. 1 veröffentlichten Marktpreis, abzüglich der durchschnittlichen Aufwendungen je kWh für Ausgleichsenergie der Ökostromabwicklungsstelle im jeweils letzten Kalenderjahr zu ermitteln, wobei nach Möglichkeit die durch die jeweiligen Technologien verursachten Kosten zu berücksichtigen sind, zumindest jedoch zwischen Ausgleichsenergie für Windkraft und Ausgleichsenergie für alle anderen Ökostromanlagen zu unterscheiden ist.

(4) Die Ökostromabwicklungsstelle hat den Betreibern von Anlagen gemäß § 12, hinsichtlich derer eine Kontrahierungspflicht zu den festgelegten Einspeisetarifen besteht, mindestens drei Monate vor Auslaufen des Vertrages ein Angebot zur unmittelbar fortgesetzten weiteren Kontrahierung zum Preis gemäß Abs. 3 zu unterbreiten. Bei Annahme des Angebotes durch den Ökostromanlagenbetreiber hat die Ökostromabwicklungsstelle einen entsprechenden Vertrag über die Abnahme abzuschließen.

Besondere Bestimmungen zur Kontrahierungspflicht

§ 14. (1) Die Kontrahierungspflicht der Ökostromabwicklungsstelle gemäß § 12 oder § 13 besteht nur, wenn über einen mindestens 12 Kalendermonate dauernden Zeitraum der erzeugte und in das öffentliche Netz abgegebene Ökostrom aus einer Anlage an die Ökostromabwicklungsstelle abgegeben wird.

(2) Die Ökostromabwicklungsstelle hat in Erfüllung der Kontrahierungspflicht mit dem Betreiber einer Anlage einen Vertrag über die Abnahme und Vergütung von Ökostrom zu den gemäß § 39 genehmigten Allgemeinen Bedingungen abzuschließen. Mit dem Abschluss des Vertrages wird der Betreiber der Anlage Mitglied der Ökobilanzgruppe gemäß § 38.

(3) Die Kontrahierungspflicht der Ökostromabwicklungsstelle gemäß § 12 besteht nur nach

Maßgabe der zur Verfügung stehenden Fördermittel. Für Anlagen, für die ein Antrag auf Vertragsabschluss gestellt wurde, besteht die Kontrahierungspflicht der Ökostromabwicklungsstelle gemäß § 12 nur in jenem Ausmaß, als das jeweilig zur Verfügung stehende zusätzliches jährliches Unterstützungsvolumen nicht überschritten wird.

(4) Kann mit dem zur Verfügung stehenden zusätzlichen jährlichen Unterstützungsvolumen nicht das Auslangen gefunden werden, so ist die Ökostromabwicklungsstelle zur Kontrahierung von Ökostrom nur aus jenen Anlagen verpflichtet, mit denen vor Ausschöpfung des zusätzlichen jährlichen Unterstützungsvolumens ein Vertrag über die Kontrahierung von Ökostrom abgeschlossen wurde. Die Ökostromabwicklungsstelle hat in diesem Fall den Bundesminister für Wissenschaft, Forschung und Wirtschaft unverzüglich von diesem Umstand in Kenntnis zu setzen.

(5) Kann mit den verfügbaren Finanzmitteln der Ökostromabwicklungsstelle nicht das Auslangen für die laufende Kontrahierung von Ökostrom aus jenen Anlagen gefunden werden, mit denen ein aufrechter Vertrag über die Kontrahierung von Ökostrom besteht, hat die Ökostromabwicklungsstelle die Vergütung von Ökostrom aliquot zu kürzen. In diesem Fall hat eine unverzügliche Nachzahlung durch die Ökostromabwicklungsstelle zu erfolgen, sobald die Ökostromabwicklungsstelle wieder über ausreichend Mittel verfügt. Die Ökostromabwicklungsstelle ist im Rahmen ihrer Möglichkeiten verpflichtet, alle Maßnahmen zur Beschaffung der erforderlichen Finanzmittel zu ergreifen.

(6) Für Photovoltaikanlagen über 5 kW_{peak}, für die nach dem Inkrafttreten dieses Bundesgesetzes ein Antrag auf Kontrahierung gestellt wurde, besteht die Möglichkeit, abweichend von Abs. 3 und an Stelle der in § 18 Abs. 1 bestimmten Tarife die Förderung von eingespeister elektrischer Energie in Höhe von 18 Cent/kWh über den Zeitraum von 13 Jahren zu beantragen (Netzparitäts-Tarif). Ein Wechsel auf Abnahme des Ökostroms zu den in § 18 Abs. 1 bestimmten Tarifen ist in diesem Fall unzulässig. Es gelten insbesondere § 18 Abs. 4 und § 20 Abs. 3 sinngemäß. Der Abschluss dieser Verträge hat unter Anrechnung auf das zur Verfügung stehende Unterstützungsvolumen gemäß § 23 Abs. 3 Z 5 zu erfolgen.

(7) Anstelle von Investitionszuschüssen gemäß § 26 kann für die Errichtung oder Revitalisierung von Kleinwasserkraftanlagen mit einer Engpassleistung von bis zu 2 MW, die nach Inkrafttreten dieses Bundesgesetzes einen Antrag auf Kontrahierung gestellt haben und mit deren Errichtung zu diesem Zeitpunkt noch nicht begonnen wurde, die Förderung von eingespeister elektrischer Energie in Höhe der in der Verordnung gemäß § 19 bestimmten Einspeisetarife beantragt werden.

(8) Ab dem 1.1.2018 besteht für neue Biogasanlagen nur dann eine Kontrahierungspflicht der Ökostromabwicklungsstelle zu den festgelegten Einspeisetarifen, wenn

1. die Einspeisung ferngesteuert regelbar ist,
2. die dabei eingesetzten Brennstoffe höchstens zu 30% aus den Kulturarten Getreide und Mais bestehen und
3. die Anlagen eine maximale elektrische Leistung von 150 kW erbringen und einen Brennstoffnutzungsgrad von über 67,5% erreichen oder
4. die Biogaserzeugungsanlagen das produzierte Biogas auf Erdgasqualität aufbereiten, in das öffentliche Gasnetz einspeisen, zwischen Verstromungsanlage und Biogaserzeugungsanlage eine Mindestdistanz von 5 km besteht und die Verstromung entsprechend den Anforderungen des § 21 Abs. 1 Z 2 bis 4 erfolgt.

Der Technologiebonus gemäß § 21 kommt bei Anlagen nach diesem Absatz nicht zur Anwendung.

(9) Ab dem 1.1.2018 besteht für neue Anlagen auf Basis fester oder flüssiger Biomasse nur dann eine Kontrahierungspflicht der Ökostromabwicklungsstelle zu den festgelegten Einspeisetarifen, wenn die Einspeisung ferngesteuert regelbar ist.

Antragstellung und Vertragsabschluss

§ 15. (1) Die Ökostromabwicklungsstelle hat nach Maßgabe einer bestehenden Kontrahierungspflicht den von den Anlagen erzeugten Ökostrom auf Basis von Verträgen zu kontrahieren.

(2) Der Antrag (das Anbot) auf Vertragsabschluss über die Kontrahierung von Ökostrom hat ausschließlich unter Verwendung eines von der Ökostromabwicklungsstelle zur Verfügung zu stellenden elektronischen Abwicklungssystems sowie zu den gemäß § 39 genehmigten Allgemeinen Bedingungen zu erfolgen. In den Allgemeinen Bedingungen kann unter anderem Folgendes vorgesehen werden:

1. vor der Antragstellung ist eine gesonderte Registrierung erforderlich;
2. Anträge (Anbote) bzw. Registrierungen vor der Antragstellung sind unter Zuhilfenahme automationsunterstützter Datenverarbeitung einzubringen und zu bearbeiten;
3. sonstige für die administrative Abwicklung der Antragstellung bei der Ökostromabwicklungsstelle erforderlichen Vorgaben.

Die Allgemeinen Bedingungen der Ökostromabwicklungsstelle dürfen gesetzlichen Bestimmungen nicht widersprechen.

(3) Dem Antrag sind, soweit nicht gesonderte Nachweise erforderlich sind, der auf die Anlage Bezug habende Bescheid gemäß § 7, soweit dieser erforderlich ist, die gemäß § 15a Abs. 1 geforderten Unterlagen sowie der Nachweis über alle für

die Errichtung der Anlage notwendigen Genehmigungen oder Anzeigen anzuschließen. Unvollständige Anträge sind unter Rangverlust nicht zu berücksichtigen, wobei der Antragssteller von diesem Umstand schriftlich in Kenntnis zu setzen ist. Die Ökostromabwicklungsstelle ist bei Anträgen auf Kontrahierung, die keinen Platz mehr im Kontingent finden, nicht verpflichtet, die Angaben der Betreiber inhaltlich zu prüfen.

(4) Anträge auf Vertragsabschluss gemäß § 12, deren Annahme eine Überschreitung des Unterstützungsvolumens zur Folge hätte, sind nicht anzunehmen. Überschreiten gleichzeitig einlangende Anträge insgesamt die durch das Unterstützungsvolumen vorgegebene Grenze, so entscheidet das Los.

(5) Konnte mit einem Betreiber einer Anlage gemäß Abs. 4 infolge der Erschöpfung des Unterstützungsvolumens kein Vertrag über die Abnahme von Ökostrom abgeschlossen werden, so ist mit dem Betreiber unter Berücksichtigung des sich aus dem Zeitpunkt der Antragstellung ergebenden Ranges zum nächstmöglichen Zeitpunkt ein Vertrag über die Kontrahierung von Ökostrom abzuschließen, wobei dem Vertrag die Preise und sonstigen Allgemeinen Bedingungen der Ökostromabwicklungsstelle nach Maßgabe des § 18 Abs. 1 zu Grunde zu legen sind. Dem Betreiber steht es in diesem Falle frei, seinen Antrag zurück zu ziehen. Der Antrag erlischt jedenfalls nach Ablauf des fünften Folgejahres nach Einlangen des Antrages. Nach Ablauf des vierten Folgejahres sind, abweichend von § 18 Abs. 1, dem Vertrag die letztverfügbaren Preise und Allgemeinen Bedingungen der Ökostromabwicklungsstelle zugrunde zu legen.

(6) Erbringt ein Antragsteller für eine Photovoltaikanlage nicht binnen drei Monaten nach Annahme des Antrages einen Nachweis über die Bestellung der Photovoltaikanlage, für die er den Antrag eingebracht hat, oder wird eine Photovoltaikanlage nicht innerhalb von neun Monaten, eine Kleinwasserkraftanlage oder eine rohstoffabhängige Anlage nicht innerhalb von 36 Monaten oder eine Windkraftanlage nicht innerhalb von 48 Monaten oder eine sonstige Anlage nicht innerhalb von 24 Monaten nach Annahme des Antrags in Betrieb genommen, gilt der Vertrag über die Kontrahierung von Ökostrom als aufgelöst, sofern der Antragsteller nicht glaubhaft macht, dass die Ursachen dafür nicht in seinem Einflussbereich liegen. Das aus der Auflösung dieses Vertrages frei werdende Unterstützungsvolumen ist dem Unterstützungsvolumen der jeweiligen Anlagenkategorie im laufenden Kalenderjahr zuzurechnen.

(7) Für Photovoltaikanlagen hat der Antragsteller zusätzlich eine Erklärung abzugeben, ob für die Anlage oder für Teile dieser Anlage Förderungen auf Grund des Klima- und Energiefondsgesetzes (KLI.EN-FondsG), BGBl. I Nr. 40/2007, in Anspruch genommen worden sind. Abweichend von Abs. 4 und Abs. 5 sind Anträge von Photovoltaikanlagen, die nach Inkrafttreten dieses Bundesgesetzes einen Antrag auf Kontrahierung mit der Ökostromabwicklungsstelle gestellt haben, von der Ökostromabwicklungsstelle zurückzuweisen, sofern zum Zeitpunkt ihres Einlangens das Unterstützungsvolumen bereits ausgeschöpft war; zudem können in der Verordnung gemäß § 19 anlagenbezogene Bestimmungen zur Reihung von Anträgen aufgenommen werden, wobei im Jahr 2020 und im Jahr 2021 § 4 der Verordnung BGBl. II Nr. 408/2017 mit der Maßgabe anzuwenden ist, dass die Ökostromabwicklungsstelle im Jänner 2020 und im Jänner 2021 einen Zeitraum festzulegen hat, in dem die Förderanträge bei der Ökostromabwicklungsstelle einzulangen haben.

Inhalt der Vertragsanträge

§ 15a. (1) Anlagenbetreiber, die gegenüber der Ökostromabwicklungsstelle einen Antrag auf Abschluss von Verträgen über die Abnahme und Vergütung von Ökostrom zu den gemäß § 39 genehmigten Allgemeinen Bedingungen gemäß der § 12, § 13 und § 17 stellen, haben in ihren Anträgen folgende Angaben zu machen und diese, insoweit keine Bescheide gemäß § 7 vorliegen oder diese Angaben nicht in Bescheiden gemäß § 7 enthalten sind, erforderlichenfalls auch mit entsprechenden Unterlagen zu belegen:

1. Angaben über den rechtmäßigen Betrieb der Anlage sowie deren Standort;
2. Angaben über den eingesetzten Primärenergieträger;
3. bei Anlagen, die über einen Anerkennungsbescheid gemäß § 7 verfügen, den Anerkennungsbescheid;
4. die technischen Größen der Anlage, insbesondere die Engpassleistung;
5. die Ausführung der Anlage, insbesondere eine Beschreibung der eingesetzten Technologie;
6. die eindeutige Bezeichnung des Zählpunktes;
7. Name und Adresse des Netzbetreibers, an dessen Netz die Anlage angeschlossen ist;
8. Art und Umfang von Investitionsbeihilfen oder etwaiger weiterer Förderungen.
9. Eigenversorgungsanteil

Im Falle einer Anlagenerweiterung sind dem Antrag sämtliche Unterlagen über die bestehende Anlage gemäß Z 1 bis Z 9, soweit sie nicht bereits bei der erstmaligen Antragstellung vorgelegt wurden, beizuschließen.

(2) Betreiber von bestehenden und neuen Anlagen sind verpflichtet, auf Ersuchen der Ökostromabwicklungsstelle alle für die Kontrahierung und die Abwicklung der Ökostromförderung notwendigen Auskünfte zu erteilen und Unterlagen bereitzustellen. Die Ökostromabwicklungsstelle ist auch ermächtigt, sämtliche erforderlichen technischen, wirtschaftlichen und organisatorischen

Maßnahmen, inklusive der Heranziehung von Sachverständigen, zur Kontrolle der Richtigkeit der Angaben der Betreiber im Zuge der Antragstellung und der Kontrahierung durch die Ökostromabwicklungsstelle nach dem 3. Teil dieses Bundesgesetzes zu ergreifen. Die damit verbundenen Aufwendungen sind der Ökostromabwicklungsstelle als Mehraufwendungen im Sinn des § 42 Abs. 1 Z 2 abzugelten.

Inhalt der Vertragsurkunden

§ 15b. In den Vertragsurkunden gemäß den §§ 12 und 13 sind insbesondere folgende Angaben aufzunehmen:

1. Anlagenbezeichnung und Anlagenbetreiber;
2. Rechnungsdaten;
3. die zum Einsatz gelangenden Energieträger;
4. die Engpassleistung und der allfällige Eigenversorgungsanteil;
5. die genaue Bezeichnung des Zählpunktes;
6. bei Photovoltaikanlagen die Art der Anbringung;
7. das Datum der Antragstellung.

Die Angaben sind auch in das gemäß § 37 Abs. 5 von der Ökostromabwicklungsstelle geführte Ökostromanlagenregister aufzunehmen.

Dauer der allgemeinen Kontrahierungspflicht

§ 16. (1) Die Dauer der Kontrahierungspflicht der Ökostromabwicklungsstelle gemäß § 12 beträgt

1. für Ökostromanlagen auf Basis von fester und flüssiger Biomasse oder Biogas ... 15 Jahre,
2. für alle anderen Ökostromtechnologien ....13 Jahre,

ab Kontrahierung mit der Ökostromabwicklungsstelle (Beginn der Abnahme von Ökostrom durch die Ökostromabwicklungsstelle gemäß § 12) und endet spätestens mit Ablauf des 20. Betriebsjahres der Anlage, ohne dass es einer gesonderten Auflösung des Vertrages bedarf. Die Zugehörigkeit der Ökostromanlage zum Ökostromanlagenregister (§ 37 Abs. 5) bleibt davon unberührt.

(Anm.: Abs. 2 aufgehoben durch Art. 2 Z 12, BGBl. I Nr. 150/2021)

2. Abschnitt

Besondere Kontrahierungspflicht Nachfolgetarife für rohstoffabhängige Ökostromanlagen

§ 17. (1) Abweichend von § 13 besteht für Ökostromanlagen auf Basis fester und flüssiger Biomasse oder Biogas, die in das öffentliche Netz einspeisen, nach Ablauf der Kontrahierungspflicht der Ökostromabwicklungsstelle gemäß § 12 oder nach Ablauf der Förderdauer gemäß den Bestimmungen des Ökostromgesetzes, BGBl. I Nr. 149/2002, in der Fassung BGBl. I Nr. 104/2009, eine besondere Kontrahierungspflicht der Ökostromabwicklungsstelle. Die dafür notwendigen Mittel sind, soweit sie für Biogasanlagen Verwendung finden, nicht auf das zusätzliche jährliche Unterstützungsvolumen gemäß § 23 anzurechnen, wobei diese Mittel mit 11,7 Millionen Euro pro Jahr bis zum 31. Dezember 2021 begrenzt sind. Sollten in einem Jahr die Mittel nicht zur Gänze ausgeschöpft werden, können die in diesem Jahr übrig gebliebenen Mittel in das jeweils folgende Jahr bis zum 31. Dezember 2021 übertragen werden. Sollten in einem Jahr die Mittel nicht ausreichen, um Anträge gemäß Abs. 1 zu bedecken, können zusätzlich Verträge im Ausmaß eines zweifachen Jahreskontingentes abgeschlossen werden, wobei die Mittel der Folgejahre anteilig zu reduzieren sind, sodass die durchschnittlichen jährlichen Mittel 11,7 Millionen Euro nicht übersteigen. Für die Verlängerung der Laufzeit gemäß § 17 Abs. 3 fünfter Satz werden die erforderlichen Mittel bereitgestellt. Für die übrigen Anlagen hat die Ökostromabwicklungsstelle Verträge über die weitere Abnahme von Ökostrom nur unter Anrechnung auf das zur Verfügung stehende zusätzliche jährliche Unterstützungsvolumen abzuschließen.

(2) Keine Kontrahierungspflicht gemäß Abs. 1 besteht für rohstoffabhängige Ökostromanlagen, die

1. nicht über einen Anerkennungsbescheid gemäß § 7 verfügen;
2. auf Basis von Tiermehl, Ablauge oder Klärschlamm betrieben werden;
3. keinen Brennstoffnutzungsgrad von mindestens 60 vH erreichen;

3a. zu mehr als 60% aus den Kulturarten Getreide und Mais bestehende Brennstoffe einsetzen;

4. über kein Konzept über die Rohstoffversorgung zumindest über die weiteren fünf Betriebsjahre verfügen;
5. auf Basis von fester Biomasse betrieben werden und keine dem Stand der Technik entsprechenden Maßnahmen zur Vermeidung von Feinstaub aufweisen;
6. auf Basis von flüssiger Biomasse betrieben werden und den Nachhaltigkeitsanforderungen für flüssige Biobrennstoffe gemäß der Verordnung BGBl. II Nr. 250/2010 nicht entsprechen.

(2a) Keine Kontrahierungspflicht gemäß Abs. 1 besteht überdies für Anlagen auf Basis von fester Biomasse und Abfall mit hohem biogenem Anteil, deren Förderdauer zwischen dem 1. Jänner 2017 und dem 31. Dezember 2019 abläuft.

(3) Der Abschluss von Verträgen gemäß Abs. 1 darf, ausgenommen für Biogasanlagen mit Ablauf des Einspeisetarifvertrages in den Jahren 2015, 2016 und 2017, pro Anlage nur einmal erfolgen. Anträge auf Vertragsabschluss für Biogasanlagen sind binnen 3 Monaten nach Inkrafttreten dieser

Bestimmung einzubringen und die Mittel unter Berücksichtigung der Abs. 5 bis 7 binnen 6 Monaten nach Inkrafttreten dieser Bestimmung zu vergeben. Die aufzuwendenden Mittel sind den jeweiligen Jahren anzurechnen. § 14 Abs. 1 bis 5, Abs. 8 Z 1 und Abs. 9 sowie § 15 Abs. 1 bis 5 finden auf diese Verträge sinngemäß Anwendung, wobei für Biogasanlagen der Antrag auf Vertragsabschluss nach dieser Bestimmung frühestens 60 Monate vor Ablauf der Kontrahierungspflicht gemäß § 12 eingebracht werden kann. Die nach Inkrafttreten dieser Bestimmung abgeschlossenen Verträge für Biogasanlagen sind für eine Laufzeit von 36 Monaten abzuschließen; eine einmalige Verlängerung der Laufzeit um weitere 36 Monate, längstens jedoch bis zum 31. Dezember 2022, ist unter den Voraussetzungen des § 14 Abs. 8, mit Ausnahme der maximalen elektrischen Leistung von 150 kW, auf Antrag, der frühestens 6 Monate vor Ablauf des Vertrages eingebracht werden kann, möglich. Die Kontrahierungspflicht der Ökostromabwicklungsstelle endet jedenfalls mit Ablauf von 20 Jahren ab der Inbetriebnahme der Anlage.

(4) Der Bundesminister für Wissenschaft, Forschung und Wirtschaft kann für diese Ökostromanlagen durch Verordnung Nachfolgetarife bestimmen, die sich an den laufenden Kosten orientieren, die für den Betrieb dieser Anlagen erforderlich sind, wobei Abschreibungen und Verzinsungen für die Investition nicht zu berücksichtigen sind. Im Übrigen hat der Bundesminister für Wissenschaft, Forschung und Wirtschaft bei der Bestimmung der Preise die in § 19 und § 20 angeführten Kriterien sinngemäß anzuwenden.

(5) Vor dem Abschluss von Verträgen gemäß Abs. 1 haben die Anlagenbetreiber der Ökostromabwicklungsstelle die betriebswirtschaftlichen Kalkulationsgrundlagen (insbesondere Rohstoffbezugsverträge sowie Wärmeabgabeverträge, soweit verfügbar) zu übermitteln. Ergeben sich daraus signifikante Abweichungen gegenüber den der Verordnung gemäß Abs. 4 zugrunde liegenden Kosten, hat die Ökostromabwicklungsstelle den Bundesminister für Wissenschaft, Forschung und Wirtschaft darüber zu informieren.

(6) Mit dem Antrag haben die Anlagenbetreiber

1. den Brennstoffnutzungsgrad des Kalenderjahres 2016, wobei unterjährig in Betrieb genommene Wärmenutzungen auf ein ganzes Jahr hochzurechnen sind, für Anlagen mit Ablauf des Einspeisetarifvertrages im Kalenderjahr 2015 oder 2016 jenen vor dem Auslaufen des Einspeisetarifvertrages, und
2. die Volllaststunden der Kalenderjahre 2010 bis 2016, für Anlagen mit Ablauf des Einspeisetarifvertrages im Kalenderjahr 2015 oder 2016 jene der Kalenderjahre 2010 bis 2014 bzw. 2015, bekannt zu geben.

Der Brennstoffnutzungsgrad ist durch ein Gutachten, ausgestellt von einem Wirtschaftsprüfer, einem Ziviltechniker oder einem allgemein beeideten und gerichtlich zertifizierten Sachverständigen oder einem technischen Büro aus den Fachgebieten Elektrotechnik, Maschinenbau, Feuerungstechnik oder Chemie, nachzuweisen.

(7) Die Ökostromabwicklungsstelle hat an Hand der übermittelten Werte nach Abs. 6 eine Reihung der Anlagen, wobei beide Kriterien zu jeweils 50 % in die Gewichtung einfließen, vorzunehmen.

3. Abschnitt
Einspeisetarife
Allgemeine Bestimmungen über die Tarifeinstufung und Vergütung

§ 18. (1) Die Einspeisetarife für die Kontrahierung von Ökostrom bestimmen sich für Anlagen nach den im Zeitpunkt der Antragstellung bestimmten Preisen. Davon abweichend bestimmen sich die Einspeisetarife ab Inkrafttreten der Novelle 2019, BGBl. I Nr. 97/2019, bis zum 31. Dezember 2020 nach den für das Jahr 2019 verordneten Preisen der Verordnung BGBl. II Nr. 408/2017, wobei keine Abschläge gemäß § 19 Abs. 2 zur Anwendung kommen.

Die Vergütung für die kontrahierten Ökostromanlagen erfolgt entsprechend den von der Anlage erzeugten und in das öffentliche Netz abgegebenen Ökostrommengen, soweit bei der Erzeugung die jeweils im Vertrag gemäß § 15 vereinbarte Engpassleistung, abzüglich eines allfälligen Eigenversorgungsanteils, nicht überschritten wurde. Einer solchen Abgabe ist eine kurzfristige und mit dem Regelzonenführer abzustimmende Reduktion oder Unterbrechung der Einspeisung zum Zwecke der Minimierung der Aufwendungen für Ausgleichsenergie gemäß § 37 Abs. 4 gleichzuhalten.

(1a) Bei Anlagen mit Lastprofilzählern hat die Ökostromabwicklungsstelle im Falle von Über-schreitungen der Engpassleistung, abzüglich eines allfälligen Eigenversorgungsanteils, gemäß Abs. 1 zweiter Satz die aus der Leistungsüberschreitung resultierenden Erzeugungsmengen zum Preis gemäß § 13 Abs. 3 zu vergüten. Die Abrechnung erfolgt auf Basis der Differenz zwischen den gemessenen Viertelstundenwerten und der Engpassleistung. Nähere Bestimmungen hierzu sind in den Allgemeinen Bedingungen der Ökostromabwicklungsstelle gemäß § 39 festzulegen.

(1b) Bei Anlagen ohne Lastprofilzähler ist anhand einer Plausibilitätsprüfung der gemessenen Einspeisemengen festzustellen, ob eine Leistungsüberschreitung, abzüglich eines allfälligen Eigenversorgungsanteils, vorliegt. Die dabei geltenden Kriterien sind in den Allgemeinen Bedingungen der Ökostromabwicklungsstelle gemäß § 39 festzulegen. Eine Leistungsüberschreitung ist jedenfalls dann anzunehmen, wenn die eingespeiste Energie die Engpassleistung, abzüglich eines allfälligen Eigenversorgungsanteils, multipliziert mit den jeweiligen Volllaststunden gemäß § 23 Abs. 5, um 20% überschritten hat.

(2) Ökostrom aus rohstoffabhängigen Ökostromanlagen, Hybrid- oder Mischfeuerungsanlagen ist entsprechend den in dem Anerkennungsbescheid festgesetzten Prozentsätzen zu kontrahieren und zu vergüten. Werden die in dem Anerkennungsbescheid festgesetzten Prozentsätze nach der erstellten Dokumentation nicht eingehalten, hat die Ökostromabwicklungsstelle nach Verständigung durch den Landeshauptmann die Vergütung für das vergangene Jahr aufzurollen und entsprechend der Dokumentation zu vergüten. Differenzen sind mit den nächstfolgenden Vergütungen auszugleichen. Ist ein Ausgleich nicht möglich, hat der Landeshauptmann den Betreiber mit Bescheid zur Herausgabe der Mehrerlöse zu verpflichten. Die Mehrerlöse ergeben sich aus der Differenz zwischen den festgesetzten Tarifen und dem im Zeitpunkt der Erzeugung des Ökostroms zuletzt von der E-Control veröffentlichten Marktpreis gemäß § 41 Abs. 1. Die Mehrerlöse sind auf das Konto gemäß § 50 einzubringen.

(3) Erfolgt die Abgabe elektrischer Energie in das öffentliche Netz aus mehreren Anlagen, für die verschiedene Preisansätze zur Anwendung gelangen, über nur einen Übergabepunkt (Zählpunkt), so ist von einer Zusammensetzung der Einspeisung entsprechend dem Anteil der Engpassleistung jeder Anlage an der gesamten Engpassleistung aller angeschlossenen Anlagen auszugehen, es sei denn, der Betreiber dieser Anlagen weist die Herkunft der Energie aus einer bestimmten Anlage explizit nach, beispielsweise durch Stillstandsprotokolle einzelner Anlagen oder Schaltzustände dieser Anlagen.

(4) Wurden für diese Anlagen oder für die für die Funktionsfähigkeit dieser Anlagen notwendigen Anlagenteile Fördermittel aus dem KLI.EN-FondsG in Anspruch genommen, ist dies bei der Bemessung der Förderung nach diesem Bundesgesetz im entsprechenden Umfang zu berücksichtigen. Antragssteller haben anlässlich der Antragsstellung eine entsprechende Erklärung abzugeben. Darüber hinaus kann die Ökostromabwicklungsstelle von Antragsstellern geeignete Nachweise verlangen.

(5) Wird eine Anlage erweitert, dann sind auf den erweiterten Teil die Regelungen und Preisansätze für Ökostromanlagen gemäß dieses Bundesgesetzes sinngemäß anzuwenden. Der Betreiber einer erweiterten Anlage hat insbesondere einen Antrag gemäß § 15 für den erweiterten Teil der Ökostromanlage zu stellen. Auf den ursprünglichen Anlagenbestand vor Erweiterung sind die ursprünglichen Regelungen und Preisansätze weiterhin anzuwenden und auf den erweiterten Anlagenteil ist der der Leistung der Gesamtanlage entsprechende Preisansatz zum Zeitpunkt der Antragstellung bei der Ökostromabwicklungsstelle für die erweiterte Ökostromanlage anzuwenden.

(6) Der Bundesminister für Wissenschaft, Forschung und Wirtschaft kann zur Feststellung des für die Bestimmung der Preise und Vergütungen maßgeblichen Sachverhalts insbesondere auch Sachverständige beiziehen, die dem Bundesministerium für Wissenschaft, Forschung und Wirtschaft sowie der E-Control zur Verfügung stehen.

Verordnungsermächtigung

§ 19. (1) Der Bundesminister für Wissenschaft, Forschung und Wirtschaft hat im Einvernehmen mit den Bundesministern für Land- und Forstwirtschaft, Umwelt und Wasserwirtschaft und für Arbeit, Soziales und Konsumentenschutz durch Verordnung die Einspeisetarife in Form von Preisen pro kWh für die Kontrahierung von Ökostrom, soweit eine Kontrahierungspflicht gemäß § 12 besteht, festzusetzen.

(2) Die Tarife in der Verordnung gemäß Abs. 1 sind für jedes Kalenderjahr gesondert zu bestimmen. Sofern es zweckmäßig erscheint, ist es zulässig, in der Verordnung gemäß Abs. 1 die Tarife für zwei oder mehrere Kalenderjahre im Vorhinein festzulegen, wobei in Bezug auf die jeweiligen Vorjahreswerte nach Maßgabe der Kostenentwicklung der jeweiligen Technologien ein Abschlag für die Kosten vorzusehen ist. Unterjährige Anpassungen der Tarife sind zulässig. Bis zum Inkrafttreten einer neuen Verordnung gelten die für das jeweilige Vorjahr letztgültigen Tarife mit einem Abschlag von 8% bei Anlagen auf Basis von Photovoltaik, 1% bei Windkraft und 1% bei den übrigen Ökostromtechnologien weiter.

Kriterien für die Bemessung der Einspeisetarife

§ 20. (1) Die Einspeisetarife sind entsprechend den Zielen dieses Bundesgesetzes, insbesondere in Bezug auf den effizienten Mitteleinsatz, so zu gestalten, dass kontinuierlich eine Steigerung der Produktion von Ökostrom erfolgt, wobei eine Steigerung der Produktion von Ökostrom aus rohstoffabhängigen Ökostromanlagen nur bei nachweislich gesicherter Rohstoffversorgung anzustreben ist.

(2) Nach Maßgabe des Abs. 1 sind die Einspeisetarife auf Basis folgender Kriterien festzulegen:

1. die Tarife sind unter Beachtung der unionsrechtlichen Vorgaben festzulegen;
2. die Tarife haben sich an den durchschnittlichen Produktionskosten von kosteneffizienten Anlagen, die dem Stand der Technik entsprechen, zu orientieren;

3. zwischen Anlagen ist dann zu unterscheiden, wenn unterschiedliche Kosten vorliegen oder öffentliche Förderungen gewährt wurden;
4. die Tarife sind in Abhängigkeit von den verschiedenen Primärenergieträgern festzulegen, wobei die technische und wirtschaftliche Effizienz zu berücksichtigen ist;
5. durch die Preisbestimmung ist sicherzustellen, dass sich die Förderungen an den effizientesten Standorten zu orientieren haben und die Möglichkeit einer Maximierung der Tarifhöhe durch eine Aufteilung in mehrere Anlagen ausgeschlossen ist;
6. die Tarife können weitere Differenzierungen, etwa nach der Engpassleistung, der Jahresstromproduktion (Zonentarifmodell) oder nach anderen besonderen technischen Spezifikationen, enthalten. Eine zeitliche Unterscheidung nach Tag/Nacht und Sommer/Winter im Sinne des § 51 in Verbindung mit § 52 ElWOG 2010 ist zulässig;
7. in der Verordnung können auch Mindestanforderungen hinsichtlich der zum Einsatz gelangenden Technologien vorgesehen werden, wobei die Mindestanforderungen dem Stand der Technik zu entsprechen haben;
8. in der Verordnung kann die Erreichung eines höheren Brennstoffnutzungsgrades als in § 12 Abs. 2 Z 4 zur Voraussetzung für die Gewährung von Einspeisetarifen gemacht werden, wenn dies auf Grund der Beschaffenheit des jeweiligen Anlagentyps unter Bedachtnahme auf den Stand der Technik und die optimale Nutzung der eingesetzten Primärenergie (energetischer Nutzungsgrad) wirtschaftlich zumutbar ist.

(3) Für Photovoltaikanlagen gilt ergänzend zu Abs. 2 Folgendes:

1. bei der Festlegung der Tarife für Photovoltaik ist eine Differenzierung zwischen Anlagen auf Freiflächen und Gebäuden zulässig, wobei die Gewährung einer Förderung auf gebäudeintegrierte Photovoltaikanlagen beschränkt werden kann;
2. für Photovoltaik mit einer Engpassleistung bis 20 kW_{peak} können die Tarife gemäß Abs. 1 auch lediglich einen Teil der durchschnittlichen Produktionskosten von kosteneffizienten Anlagen, die dem Stand der Technik entsprechen, abdecken;
3. in der Verordnung ist ein einheitlicher Tarif für alle Größenklassen von Photovoltaikanlagen vorzusehen, wobei eine kombinierte Förderung mittels Investitionszuschüssen und Einspeisetarifen vorgesehen werden kann und jedenfalls dem Umstand Rechnung zu tragen ist, ob das zusätzliche jährliche Unterstützungsvolumen des vorangegangenen Jahres ausgeschöpft wurde;
4. die Gewährung einer Förderung kann an eine bestimmte Höchstgröße der Anlage geknüpft werden, wobei eine Förderung einer Photovoltaikanlage von über 500 kW_{peak} jedenfalls ausgeschlossen ist.

(4) Für rohstoffabhängige Anlagen gilt ergänzend zu Abs. 2 Folgendes:

1. die Preisfestlegung darf nicht in einer solchen Form erfolgen, dass Biomasse ihrer stofflichen Nutzung entzogen wird bzw. Nahrungs- und Futtermittel ihrem ursprünglichen Verwendungszweck entzogen werden;
2. zwischen Abfall mit hohem biogenen Anteil und sonstiger fester Biomasse ist zu unterscheiden;
3. eine Differenzierung innerhalb der Anlagenkategorien auf Basis von Biogas nach Energieträgern und Substraten, innerhalb der Anlagenkategorien auf Basis von Biomasse nach Energieträgern, sowie nach anderen besonderen technischen Spezifikationen ist zulässig;
4. bei der Festlegung der Preise für Anlagen auf Basis von Biogas oder flüssiger Biomasse dürfen Rohstoffpreise (Kosten für die Energieträger) höchstens in einem solchen Ausmaß berücksichtigt werden, dass diese Kosten die Strommarkterlöse, gemessen an den gemäß § 41 Abs. 1 zuletzt veröffentlichten Marktpreisen, nicht übersteigen; für Anlagen auf Basis von fester Biomasse gilt dies dann, wenn die Leistung, über die ein Vertragsabschluss gemäß § 15 in Verbindung mit § 12 oder gemäß dem Ökostromgesetz, BGBl. I Nr. 149/2002, in der Fassung der ÖSG-Novelle 2009, BGBl. I Nr. 104/2009, erfolgt ist, 100 MW erreicht oder überschreitet;
5. zur Sicherstellung, dass Nahrungs- und Futtermittel ihrem ursprünglichen Verwendungszweck nicht entzogen werden, kann in der Verordnung vorgesehen werden, dass bei bestimmten Biogasanlagengruppen nur dann eine Kontrahierungspflicht der Ökostromabwicklungsstelle zu den festgelegten Einspeisetarifen besteht, wenn ein bestimmter Anteil an Wirtschaftsdünger tierischer Herkunft für die Erzeugung von Ökostrom eingesetzt wird.

(5) Bei der Ermittlung der durchschnittlichen Produktionskosten ist auf ein rationell geführtes Unternehmen abzustellen, welches die Anlage zu Finanzmarktbedingungen sowie unter Berücksichtigung anderer Finanzierungsoptionen finanziert. Zu berücksichtigen sind die Lebensdauer, die Investitionskosten, die Betriebskosten, die angemessene Verzinsung des eingesetzten Kapitals und die jährlich erzeugten Mengen an elektrischer Energie. Bei der Erhebung dieser Kosten sind nationale sowie internationale Erfahrungen zu berücksichtigen.

4. Abschnitt
Zuschläge zu den Einspeisetarifen
Technologie- und KWK-Bonus

§ 21. (1) Die durch die Verordnung gemäß § 19 bestimmten Tarife erhöhen sich für Anlagen gemäß § 12 um 2 Cent/kWh für jene Mengen an Ökostrom aus Gas gemäß § 8 Abs. 3, wenn

1. die in das Netz eingespeisten Gase auf Erdgasqualität aufbereitet worden sind,
2. in der Verstromungsanlage ein Mindestanteil von 50% auf Erdgasqualität aufbereitetes Biogas eingesetzt wird,
3. die Effizienzkriterien entsprechend § 8 Abs. 2 KWK-Gesetz erfüllt werden und
4. eine eindeutige Identifizierungskennung für das eingesetzte Biogas erbracht wird

(Technologiebonus). Die Gewährung des Technologiebonus ist auf 15 Jahre ab Inbetriebnahme der Biogas-Einspeiseanlage begrenzt. Der Bilanzgruppenkoordinator gemäß GWG hat für die Ökostromabwicklungsstelle und auf deren Rechnung monatlich Bestätigungen mit einer eindeutigen Identifizierungskennung über die eingespeisten Biogasmengen auszustellen. Der Biogasanlagenbetreiber hat bis zum 31. März des Folgejahres die Qualität und Menge des eingespeisten Biogases durch ein Gutachten eines technischen Sachverständigen der Ökostromabwicklungsstelle nachzuweisen. Diese Frist kann auf Antrag einmalig verlängert werden.

(2) Für Ökostrom, der in einer KWK-Anlage erzeugt wird, die ausschließlich auf Basis von Biogas oder flüssiger Biomasse betrieben wird und für die erst nach Inkrafttreten des Bundesgesetzes BGBl. I Nr. 104/2009 ein Antrag auf Abnahme von Ökostrom zu den durch Verordnung gemäß § 19 bestimmten Tarifpreisen gestellt worden ist, ist ein Zuschlag von 2 Cent/kWh vorzusehen, sofern diese Anlage das Effizienzkriterium gemäß § 8 Abs. 2 KWK-Gesetz, BGBl. I Nr. 111/2008, erfüllt (KWK-Bonus).

(3) In Abweichung von Abs. 2 ist bei Erweiterungen von bestehenden Ökostromanlagen, die ausschließlich auf Basis von Biogas oder Biomasse betrieben werden, ein Zuschlag von 1 Cent/kWh zu den durch Verordnung gemäß § 19 bestimmten Tarifpreisen auf den gesamten von dieser Anlage eingespeisten Ökostrom vorzusehen, sofern diese Anlage das Effizienzkriterium gemäß § 8 Abs. 2 KWK-Gesetz, BGBl. I Nr. 111/2008, erfüllt und die Kosten der Erweiterung mindestens 12,5% der Kosten einer Neuinvestition der Gesamtanlage betragen.

Betriebskostenzuschlag

§ 22. (1) Für Ökostromanlagen, die auf Basis von flüssiger Biomasse oder von Biogas Ökostrom erzeugen und für die zum 20. Oktober 2009 ein Vertrag über die Kontrahierung von Ökostrom durch die Ökostromabwicklungsstelle zu Einspeisetarifen bestand, werden Betriebskostenzuschläge bestimmt, soweit aufgrund von Kostensteigerungen im Vergleich zu den nominellen Betriebskosten im Jahr 2006 diese Ökostromanlagen nicht kostendeckend betrieben werden können.

(2) Die Zuschläge werden in Cent pro kWh erzeugter und in das öffentliche Netz im jeweiligen Jahr eingespeister Ökostrommenge gewährt. Die Höhe des Betriebskostenzuschlags hat 4 Cent/kWh zu betragen, soweit gemäß Abs. 5 oder Abs. 6 keine Kürzung vorzunehmen ist.

(3) Diese Zuschläge sind auf Antrag des Ökostromanlagenbetreibers zusätzlich zu den Einspeisetarifen zu gewähren und von der Ökostromabwicklungsstelle auszubezahlen. Die Anträge auf Auszahlung der Zuschläge sind innerhalb von drei Monaten nach Inkrafttreten der Bestimmung bei der Ökostromabwicklungsstelle einzureichen.

(4) Anlässlich der Antragstellung gemäß Abs. 3 sowie am Ende jedes Kalenderjahres haben die Betreiber von Ökostromanlagen auf Basis von Biogas und flüssiger Biomasse der Ökostromabwicklungsstelle eine Rohstoffbilanz sowie eine Bilanz über die sonstigen Betriebskosten vorzulegen. Die Rohstoffbilanz hat zu umfassen:

1. Art und Menge des Rohstoffs angegeben jeweils in Megajoule (MJ) Energieinhalt des im Vorjahr eingesetzten Rohstoffes (Gülle, landwirtschaftliche Stoffe präzisiert wie zum Beispiel Rohmais und Weizen, Grünschnitt, andere ebenfalls präzisiert)
2. Herkunft des jeweiligen Rohstoffs nach seinem Lieferanten: Angabe, zu welchem Prozentsatz der jeweilige Rohstoff vom Betreiber der Ökostromanlage selber erzeugt wird, zu welchem Prozentsatz der jeweilige Rohstoff von einem an der Ökostromanlage beteiligten Lieferanten erzeugt wird und zu welchem Prozentsatz der jeweilige Rohstoff von einem an der Ökostromanlage nicht beteiligten Lieferanten erzeugt wird.
3. Ergänzend zu dieser Stoffbilanz sind die im Vorjahr in der Ökostromanlage erzeugten Ökostrommengen, die mit unterstützten Preisen (Einspeisetarifen) vergüteten Ökostrommengen sowie die für den Betrieb der Ökostromanlage aufgewendeten Strommengen (inklusive einem etwaigen Fremdstrombezug) anzugeben. Ebenso sind das derzeitige Ausmaß und die Art einer Wärmenutzung anzugeben sowie der aus Stromerzeugung und Wärmenutzung ermittelte Brennstoffnutzungsgrad. Möglichkeiten und Ausmaß einer zukünftigen Wärmenutzung sind darzustellen.

Eine Kopie dieser Bilanzen ist an die E-Control zu übermitteln. Die E-Control kann zu diesem Zweck die Kriterien für die Vorlage der Betriebskostenbilanz näher bestimmen.

(5) Die Ökostromabwicklungsstelle hat durch eine Bindung der erforderlichen Mittel die Finanzierung bestmöglich zu gewährleisten. Reicht das vorhandene Unterstützungsvolumen zur Abdeckung der für den Betriebskostenzuschlag erforderlichen Fördermittel nicht aus, hat eine aliquote Kürzung durch die Ökostromabwicklungsstelle zu erfolgen. Die für die Gewährung der Betriebskostenzuschläge erforderlichen Mittel stellen die Fortschreibung der für den Rohstoffzuschlag gemäß § 11a Abs. 7 ÖSG, BGBl. I Nr. 143/2002, in der Fassung des Bundesgesetzes BGBl. I Nr. 104/2009, beanspruchten Mittel dar. Eine Anrechnung auf das Unterstützungsvolumen hat daher sinngemäß nur in jenem Ausmaß zu erfolgen als die Mittel für den Rohstoffzuschlag im Jahr 2009 überschritten werden. Für den Betriebskostenzuschlag stehen maximal 20 Mio. Euro jährlich zur Verfügung.

(6) Die Entwicklung der Betriebskosten ist laufend durch die Ökostromabwicklungsstelle und die E-Control zu dokumentieren, diese Dokumentation aufzubereiten und dem Bundesminister für Wissenschaft, Forschung und Wirtschaft jährlich vorzulegen. Bei einem betriebswirtschaftlich wirksamen Rückgang der Betriebskosten im Vergleich zu den nominellen Betriebskosten im Jahr 2006 hat der Bundesminister für Wissenschaft, Forschung und Wirtschaft durch Verordnung eine Senkung oder Aussetzung in dem erforderlichen Ausmaß zu verordnen.. Anlässlich der Auszahlung der Betriebskostenzuschläge hat die Ökostromabwicklungsstelle die Anlagenbetreiber darauf hinzuweisen, dass bei einem betriebswirtschaftlich wirksamen Rückgang der Betriebskosten der Tatbestand der Überförderung erfüllt ist und ein aliquoter Teil des empfangenen Betriebskostenzuschlags zurückgefordert werden wird.

5. Abschnitt
Unterstützungsvolumen

§ 23. (1) Für neu zu kontrahierende Anlagen kann eine Kontrahierung durch die Ökostromabwicklungsstelle gemäß §§ 12 ff nur nach Maßgabe des zusätzlichen jährlichen Unterstützungsvolumens erfolgen.

(2) Das in Form des zusätzlichen jährlichen Unterstützungsvolumens festgelegte rechnerische Kontingent für neu zu kontrahierende Ökostromanlagen beträgt 50 Millionen Euro jährlich. Dieser Betrag reduziert sich innerhalb der ersten zehn Jahre nach Inkrafttreten pro Kalenderjahr um 1 Million Euro.

(3) Von dem zusätzlichen jährlichen Unterstützungsvolumen gemäß Abs. 2 entfällt ein Betrag von

1. 8 Millionen Euro auf Photovoltaik;
2. 10 Millionen Euro auf feste und flüssige Biomasse sowie Biogas, davon 3 Millionen Euro für feste Biomasse mit einer Engpassleitung bis 500 kW und höchstens 1 Million Euro für die Kontrahierung von Biogasanlagen gemäß § 14 Abs. 8;
3. mindestens 11,5 Millionen Euro auf Windkraft;
4. mindestens 2,5 Millionen Euro auf Kleinwasserkraft sowie
5. 19 Millionen Euro auf den Resttopf (Wind-, Wasserkraft, Photovoltaik-Netzparität). Ab dem 1. Jänner 2018 entfällt auf den Resttopf ein Betrag von 12 Millionen Euro. Dieser Betrag reduziert sich innerhalb der ersten vier Jahre nach Inkrafttreten des Bundesgesetzes BGBl. I Nr. 108/2017 pro Kalenderjahr um 1 Million Euro.

(4) Für die sofortige Kontrahierung gemäß § 56 Abs. 4 von Anträgen, die auf Grundlage des Ökostromgesetzes, BGBl. I Nr. 149/2002, gestellt wurden, gilt abweichend von Abs. 3 Folgendes:

1. für Windkraft werden 80 Millionen Euro an Unterstützungsvolumen bereitgestellt, die ausschließlich für die sofortige Kontrahierung gemäß § 56 Abs. 4 Z 1 zur Verfügung stehen;
2. für Photovoltaik werden 28 Millionen Euro an Unterstützungsvolumen bereitgestellt, die ausschließlich für die sofortige Kontrahierung gemäß § 56 Abs. 4 Z 2 zur Verfügung stehen.

(5) Die Kontrahierung gemäß Abs. 1 erfolgt gesondert für jeden einzelnen Antrag. Das dafür verwendete zusätzliche jährliche Unterstützungsvolumen errechnet sich aus der Multiplikation der durch die Anlage in einem Kalenderjahr erzeugten Ökostrommengen mit der Differenz aus den Aufwendungen der Ökostromabwicklungsstelle in Höhe des jeweiligen Einspeisetarifes samt allfälligen Zuschlägen und den aliquoten Aufwendungen gemäß § 42 Abs. 4 einerseits und dem Marktpreis gemäß § 41 Abs. 3 andererseits. Die für das zusätzliche jährliche Unterstützungsvolumen maßgeblichen Mengen bestimmen sich durch Multiplikation der in dem Anerkennungsbescheid gemäß § 7 oder Vertragsantrag gemäß § 15a enthaltenen Engpassleistung, abzüglich eines allfälligen Eigenversorgungsanteils, mit der für die Ökostromanlage geltenden durchschnittlichen jährlichen Anzahl von Volllaststunden. Diese betragen:

1. für Biogasanlagen ... 7 000 Volllaststunden;
2. für Anlagen auf Basis fester oder flüssiger Biomasse .... 6 000 Volllaststunden;
3. für Windkraftanlagen 2 150 Volllaststunden;
4. für Photovoltaikanlagen 950 Volllaststunden;
5. für Kleinwasserkraftanlagen .... 4 000 Volllaststunden;
6. für andere Anlagen .. 7 250 Volllaststunden.

ÖSG + V

(6) Die Ökostromabwicklungsstelle ist verpflichtet, das noch zur Verfügung stehende zusätzliche jährliche Unterstützungsvolumen differenziert nach Anlagenkategorien gemäß Abs. 2 und Abs. 3 zu verzeichnen und laufend (tagesaktuell) zu veröffentlichen. Die Ökostromabwicklungsstelle hat ferner jene Zeitpunkte gemäß § 18 Abs. 1 unverzüglich anzugeben, die für die Bemessung der Einspeisetarife von Bedeutung sind.

(7) Zuschläge gemäß § 21 sowie Betriebskostenzuschläge gemäß § 22 sind dem zusätzlichen jährlichen Unterstützungsvolumen der jeweiligen Anlagenkategorie in jenem Kalenderjahr anzurechnen, in denen diese Zuschläge erstmals in Anspruch genommen werden.

(8) Wird das zur Verfügung stehende zusätzliche jährliche Unterstützungsvolumen im laufenden Kalenderjahr nicht ausgeschöpft, sind die verbleibenden Unterstützungsvolumina der jeweiligen Anlagenkategorie im nächsten Kalenderjahr zuzurechnen.

Zusätzliche Mittel

§ 23a. (1) Für die sofortige Kontrahierung von Windkraft gemäß § 56 Abs. 5 werden zusätzlich zu § 23 Abs. 3 für im Jahr 2017 abzuschließende Verträge 30 Millionen Euro und für im Jahr 2018 abzuschließende Verträge 15 Millionen Euro an Unterstützungsvolumen bereitgestellt. Soweit Mittel für das Jahr 2017 nicht ausgeschöpft werden, sind diese auf die zusätzlichen Mittel für das Jahr 2018 zu übertragen. Soweit Mittel für das Jahr 2018 nicht ausgeschöpft werden, fließen diese dem zusätzlichen jährlichen Unterstützungsvolumen gemäß § 23 Abs. 3 Z 3 zu.

(2) Für die sofortige Kontrahierung von Kleinwasserkraft werden zusätzlich zu § 23 Abs. 3 für im Jahr 2017 abzuschließende Verträge 2 Millionen Euro und für im Jahr 2018 abzuschließende Verträge 1,5 Millionen Euro an Unterstützungsvolumen bereitgestellt. Soweit Mittel für das Jahr 2017 nicht ausgeschöpft werden, sind diese auf die zusätzlichen Mittel für das Jahr 2018 zu übertragen.

(3) Für die übrigen Anlagen hat die Ökostromabwicklungsstelle Verträge über die weitere Abnahme von Ökostrom nur unter Anrechnung auf das zur Verfügung stehende zusätzliche jährliche Unterstützungsvolumen gemäß § 23 Abs. 3 abzuschließen.

Abbau der Wartelisten

§ 23b. (1) Für Windkraftanlagen wird das auf Windkraft gemäß § 23 Abs. 3 Z 3 und den Resttopf gemäß § 23 Abs. 3 Z 5 entfallende zusätzliche jährliche Unterstützungsvolumen für das Jahr 2021 vorgezogen und für die im Jahr 2020 abzuschließenden Verträge bereitgestellt.

(2) Für die sofortige Kontrahierung von Ökostromanlagen auf Basis fester Biomasse gemäß § 17 Abs. 1 iVm § 56 Abs. 7 werden zusätzlich zu § 23 Abs. 3 für im Jahr 2020 abzuschließende Verträge 8,7 Millionen Euro an Unterstützungsvolumen bereitgestellt.

(3) Für Anlagen, die nicht unter Abs. 2 fallen, hat die Ökostromabwicklungsstelle Verträge über die weitere Abnahme von Ökostrom nur unter Anrechnung auf das zur Verfügung stehende zusätzliche jährliche Unterstützungsvolumen gemäß § 23 Abs. 3 abzuschließen.

4. Teil
Förderungen für die Errichtung oder Revitalisierung von Anlagen

1. Abschnitt
Investitionszuschüsse

Allgemeine Bestimmungen

§ 24. (1) Auf Antrag kann eine Förderung einer Anlage gemäß § 25 bis § 27 in Form eines Investitionszuschusses erfolgen. Anträge auf Gewährung von Investitionszuschüssen sind nach dem Zeitpunkt ihres Einlangens bei der Abwicklungsstelle für Investitionszuschüsse zu reihen und in der Reihenfolge ihres Einlangens zu behandeln.

(2) Anträge auf Gewährung von Investitionszuschüssen sind vor dem Beginn der Errichtung oder Revitalisierung der Anlagen schriftlich bei der Abwicklungsstelle für Investitionszuschüsse einzubringen. Zusicherungen hinsichtlich der Gewährung von Investitionszuschüssen haben, soweit ein Anspruch auf Förderung besteht, im Einklang mit den beihilfenrechtlichen Bestimmungen des Unionsrechts zu erfolgen.

(3) Dem Antrag sind die für die Errichtung oder Revitalisierung der Anlage maßgeblichen, einer Vollziehung zugänglichen Genehmigungen oder Bewilligungen, eine Zusammenstellung der Investitionskosten sowie eine Wirtschaftlichkeitsrechnung entsprechend der dynamisierten Kapitalwertmethode anzuschließen. Die Zusammenstellung der Investitionskosten sowie die Wirtschaftlichkeitsrechnung sind von einem Wirtschaftsprüfer zu bestätigen. Dem Antrag auf Gewährung des Investitionszuschusses sind weiters alle sonstigen relevanten Daten und Unterlagen, die zur Beurteilung des Sachverhaltes erforderlich sind, beizuschließen, wobei insbesondere die in das öffentliche Netz eingespeisten Strommengen, der Zeitpunkt des Beginns der Errichtung oder Revitalisierung und der Zeitpunkt der Inbetriebnahme durch eine entsprechende Dokumentation nachzuweisen sind.

(4) Bei der Wirtschaftlichkeitsberechnung ist von einer Verzinsung des eingesetzten Kapitals in Höhe von sechs Prozent auszugehen und der für die Erreichung dieser Verzinsung erforderliche Investitionszuschuss auszuweisen. Der Ermittlung der Höhe des Förderbedarfs sind die für die Errichtung und Betriebsführung erforderlichen Aufwendungen sowie die Erlöse zugrunde zu legen,

die bei einer wirtschaftlichen Betriebsführung zu erwarten sind. Bei der Ermittlung der zu erwartenden Erlöse ist der Durchschnittswert der letztverfügbaren EEX-Forwardpreise, falls diese nicht mehr verfügbar sind, möglichst ähnliche Werte, für die folgenden drei Kalenderjahre ab Erstellung des Gutachtens heranzuziehen.

(5) Investitionszuschüsse sind nach Maßgabe und unter der Voraussetzung der vorhandenen Fördermittel zu gewähren und auszubezahlen. Bei der Gewährung des Investitionszuschusses ist sicher zu stellen, dass das nach dem Unionsrecht höchstzulässige Förderausmaß nicht überschritten wird.

(6) Bei Vorliegen der Voraussetzungen hat der Bundesminister für Wissenschaft, Forschung und Wirtschaft, sofern in § 28 vorgesehen unter Bedachtnahme auf die Empfehlung des Energiebeirates, die Gewährung des Investitionszuschusses zuzusichern. Der Abschluss eines Vertrages erfolgt durch die Abwicklungsstelle für Investitionszuschüsse im Namen des Bundesministers.

(7) Die Wirtschaftlichkeitsrechnung mit Angabe des Investitionszuschussbedarfs ist nach Vorlage der Endabrechnungsunterlagen über die Investitionshöhe zu aktualisieren, von einem auf Kosten des Antragstellers von der Abwicklungsstelle zu beauftragenden Wirtschaftsprüfer zu bestätigen, und der Abwicklungsstelle für Investitionszuschüsse schriftlich vorzulegen. Irreführende Angaben führen zu einem Verlust des Anspruchs auf einen Investitionszuschuss.

(8) Der Investitionszuschuss ist mit der Vollinbetriebnahme der Anlage und der erfolgten Prüfung der vorgelegten Endabrechnungsunterlagen durch die Abwicklungsstelle für Investitionszuschüsse auszubezahlen. Die Endabrechnung ist durch einen auf Kosten des Antragstellers von der Abwicklungsstelle zu beauftragenden Wirtschaftsprüfer zu bestätigen. Akontierungszahlungen sind bei Vorliegen von Sicherstellungen (zB Bankgarantien, Patronanzerklärungen) und der Zustimmung des Energiebeirats zulässig.

Investitionszuschüsse für Anlagen auf Basis von Ablauge

§ 25. (1) Die Errichtung einer KWK-Anlage, die auf Basis von Ablauge (Reststoffen biogenen Ursprungs aus der Zellstoff- oder Papiererzeugung) betrieben wird, kann durch Investitionszuschuss gefördert werden, wenn die Anlage

1. der Erzeugung von Prozesswärme dient,
2. eine Einsparung des Primärenergieträgereinsatzes und der CO_2-Emissionen im Vergleich zu getrennter Strom- und Wärmeerzeugung erzielt und
3. die in § 8 Abs. 2 KWK-Gesetz enthaltenen Effizienzkriterien erfüllt.

(2) Die für die Gewährung von Investitionszuschüssen durch die Ökostromabwicklungsstelle aufzubringenden Fördermittel sind für die Jahre 2009 bis 2012 mit jährlich 2,5 Millionen Euro begrenzt.

(3) Nach Maßgabe der verfügbaren Mittel sind maximal 30% des unmittelbar für die Errichtung einer Anlage gemäß Abs. 1 erforderlichen Investitionsvolumens (exklusive Grundstückskosten) als Investitionszuschuss zu gewähren, höchstens jedoch

1. bis zu einer Engpassleistung von 100 MW .... 300 Euro/kW;
2. bei einer Engpassleistung von mehr als 100 MW bis 400 MW .... 180 Euro/kW;
3. ab einer Engpassleistung von 400 MW .... 120 Euro/kW.

(4) Die Einhaltung der von der Europäischen Kommission harmonisierten Wirkungsgrad-Referenzwerte gemäß Art. 4 der Richtlinie 2004/8/EG über die Förderung einer am Nutzwärmebedarf orientierten Kraft-Wärme-Kopplung im Energiebinnenmarkt und zur Änderung der Richtlinie 92/42/EWG, ABl. Nr. L 52 vom 21.02.2004 S. 50, zuletzt geändert durch die Verordnung (EG) Nr. 219/2009, ABl. Nr. L 87 vom 31.03.2009 S. 109, ist eine weitere Voraussetzung zur Gewährung von Investitionszuschüssen.

(5) Bei der Wirtschaftlichkeitsberechnung sind auch tatsächliche Wärmeerlöse zu berücksichtigen und eine Lebensdauer der Anlage von 15 Jahren anzunehmen.

Investitionszuschüsse für Kleinwasserkraftanlagen

§ 26. (1) Die Neuerrichtung sowie die Revitalisierung einer Kleinwasserkraftanlage kann durch Investitionszuschuss gefördert werden. Revitalisierungen sind dann förderfähig, wenn die Investitionen in Kleinwasserkraftanlagen zu einer Erhöhung der Engpassleistung oder des Regelarbeitsvermögens um mindestens 15% führen.

(2) Die für die Gewährung von Investitionszuschüssen aufzubringenden Fördermittel sind ab dem Jahr 2017 mit jährlich 20 Millionen Euro begrenzt. Zusätzlich werden mit dem dem Inkrafttreten dieses Bundesgesetzes folgenden Jahr einmalig weitere 20 Millionen Euro aus den durch die Einhebung der Ökostrompauschale aufgebrachten Beträgen bereitgestellt.

(3) Für Kleinwasserkraftanlagen mit einer Engpassleistung von 500 kW ist die Höhe des Investitionszuschusses mit 35% des unmittelbar für die Errichtung oder Revitalisierung der Anlage erforderlichen Investitionsvolumens (exklusive Grundstückskosten) begrenzt, maximal jedoch mit 1 750 Euro pro kW. Für Kleinwasserkraftanlagen mit einer Engpassleistung von 2 MW ist die Höhe des Investitionszuschusses mit 25% begrenzt, maximal jedoch mit 1 250 Euro pro kW.

Für Kleinwasserkraftanlagen mit einer Engpassleistung von 10 MW ist die Höhe des Investitionszuschusses mit 15% begrenzt, maximal jedoch mit 650 Euro pro kW. Für Kleinwasserkraftanlagen mit einer Engpassleistung zwischen 500 kW und 2 MW sowie zwischen 2 MW und 10 MW ist die Höhe des Investitionszuschusses in Prozent sowie in Euro pro KW durch lineare Interpolation zu ermitteln. Im Falle von Revitalisierungen kann für die Bemessung des höchstzulässigen Investitionszuschusses wahlweise die Erhöhung der Engpassleistung oder die auf eine fiktive Engpassleistung umgerechnete Erhöhung des Regelarbeitsvermögens herangezogen werden. In allen Fällen darf die Höhe des Investitionszuschusses nicht mehr als 45% der umweltrelevanten Mehrkosten betragen. Davon unberührt bleiben allfällige Zuschläge gemäß der Verordnung (EU) Nr. 651/2014 zur Feststellung der Vereinbarkeit bestimmter Gruppen von Beihilfen mit dem Binnenmarkt in Anwendung der Artikel 107 und 108 des Vertrags über die Arbeitsweise der Europäischen Union, ABl. Nr. L 187 vom 26.06.2014, S. 1.

(4) Das Investitionsvolumen der Anlage, für die ein Investitionszuschuss beantragt wird, sowie der Förderbedarf sind durch ein Gutachten eines unabhängigen Sachverständigen nachzuweisen, der vom Landeshauptmann zu bestimmen ist. Die Bestimmungen des § 24 sind, soweit nichts Anderes vorgesehen ist, sinngemäß mit der Maßgabe anzuwenden, dass bei Kleinwasserkraftanlagen bei elektrotechnischen Anlagenteilen von einer Lebensdauer von 25 Jahren, bei den übrigen Anlagenteilen von einer Lebensdauer von 50 Jahren auszugehen ist.

(5) Wird die Anlage nicht innerhalb von 3 Jahren nach Zusicherung des Investitionszuschusses durch den Bundesminister für Wissenschaft, Forschung und Wirtschaft in Betrieb genommen, gilt der Antrag auf Investitionszuschuss als zurückgezogen und die Zusicherung des Investitionszuschusses als verfallen. Diese Frist kann von der Abwicklungsstelle für die Gewährung von Investitionszuschüssen einmal um weitere zwei Jahre verlängert werden, wenn besonders berücksichtigungswürdige Gründe vorliegen. Die Inbetriebnahme ist durch eine Bestätigung des Netzbetreibers der Abwicklungsstelle für Investitionszuschüsse nachzuweisen.

(6) Abweichend von § 24 kann die Gewährung von Investitionszuschüssen für Kleinwasserkraftanlagen unter folgenden vereinfachten Voraussetzungen erfolgen:

1. Bei Anlagen mit einer Engpassleistung bis 50 kW beträgt die Höhe des Investitionszuschusses 1 500 Euro pro kW ausgebauter Engpassleistung. Als Nachweis ist in diesem Fall lediglich ein Gutachten eines technischen Sachverständigen über den Ausbau der Engpassleistung im Rahmen der Neuerrichtung oder Revitalisierung zu erbringen.
2. Bei Anlagen mit einer Engpassleistung von 50 kW bis 100 kW ist die Höhe des Investitionszuschusses mit 30% des unmittelbar für die Errichtung oder Revitalisierung der Anlage erforderlichen Investitionsvolumens (exklusive Grundstückskosten) begrenzt, maximal jedoch mit 1 500 Euro pro kW ausgebauter Engpassleistung. Als Nachweis ist in diesem Fall ein Gutachten eines technischen Sachverständigen über den Ausbau der Engpassleistung im Rahmen der Neuerrichtung oder Revitalisierung zu erbringen; der Nachweis des für die Errichtung oder Revitalisierung der Anlage erforderlichen Investitionsvolumens erfolgt durch die Vorlage der Rechnungen an die Abwicklungsstelle für Investitionszuschüsse.
3. Bei Anlagen mit einer Engpassleistung von 100 kW bis 500 kW ist die Höhe des Investitionszuschusses mit 30% des unmittelbar für die Errichtung oder Revitalisierung der Anlage erforderlichen Investitionsvolumens (exklusive Grundstückskosten) begrenzt, maximal jedoch mit 1 500 Euro pro kW ausgebauter Engpassleistung. Als Nachweis ist in diesem Fall ein Gutachten eines technischen Sachverständigen über den Ausbau der Engpassleistung im Rahmen der Neuerrichtung oder Revitalisierung zu erbringen; das Investitionsvolumen der Anlage, für die ein Investitionszuschuss beantragt wird, ist durch ein Gutachten eines vom Anlagenbetreiber bestimmten Sachverständigen nachzuweisen.
4. Für Anlagen mit einer Engpassleistung von 500 kW bis 2 MW kann für die Ermittlung der Höhe des Förderbedarfs ein vereinfachtes Verfahren im Sinne der Z 3 in Verbindung mit Abs. 2 in den Richtlinien gemäß § 30 vorgesehen werden.

In allen Fällen darf die Höhe des Investitionszuschusses nicht mehr als 45% der umweltrelevanten Mehrkosten betragen. Davon unberührt bleiben allfällige Zuschläge gemäß der Verordnung (EU) Nr. 651/2014 zur Feststellung der Vereinbarkeit bestimmter Gruppen von Beihilfen mit dem Binnenmarkt in Anwendung der Artikel 107 und 108 des Vertrags über die Arbeitsweise der Europäischen Union, ABl. Nr. L 187 vom 26.06.2014, S. 1.

Investitionszuschüsse für mittlere Wasserkraftanlagen

§ 27. (1) Die Neuerrichtung oder Revitalisierung einer mittleren Wasserkraftanlage kann durch Investitionszuschuss gefördert werden. § 26 Abs. 3 letzter Satz gilt sinngemäß.

(2) Die für die Gewährung von Investitionszuschüssen aufzubringenden Fördermittel sind mit insgesamt 50 Millionen Euro begrenzt. Zusätzlich werden mit dem Inkrafttreten der Novelle BGBl. I Nr. 97/2019 einmalig weitere 30 Millionen aus den durch die Einhebung der Ökostrompauschale

aufgebrachten Beträgen bereitgestellt. Die Ökostromabwicklungsstelle hat die erforderlichen Mittel zu überweisen.

(3) Für eine mittlere Wasserkraftanlage ist die Höhe des Investitionszuschusses mit 15% des unmittelbar für die Errichtung der Anlage erforderlichen Investitionsvolumens (exklusive Grundstückskosten) begrenzt, maximal jedoch mit 650 Euro pro kW sowie maximal 10 Millionen Euro pro Anlage. In allen Fällen darf die Höhe des Investitionszuschusses nicht mehr als 45% der umweltrelevanten Mehrkosten betragen. Davon unberührt bleiben allfällige Zuschläge gemäß der Verordnung (EU) Nr. 651/2014 zur Feststellung der Vereinbarkeit bestimmter Gruppen von Beihilfen mit dem Binnenmarkt in Anwendung der Artikel 107 und 108 des Vertrags über die Arbeitsweise der Europäischen Union, ABl. Nr. L 187 vom 26.06.2014, S. 1.

(4) Das Investitionsvolumen der Anlage, für die ein Investitionszuschuss beantragt wird, sowie der Förderbedarf sind durch ein Gutachten eines unabhängigen Sachverständigen nachzuweisen, der vom Landeshauptmann zu bestimmen ist. Die Bestimmungen des § 24 sind, soweit nichts Anderes vorgesehen ist, sinngemäß mit der Maßgabe anzuwenden, dass bei mittleren Wasserkraftanlagen bei elektrotechnischen Anlagenteilen von einer Lebensdauer von 25 Jahren, bei den übrigen Anlagenteilen von einer Lebensdauer von 50 Jahren auszugehen ist.

(5) Wird die Anlage nicht innerhalb von 3 Jahren nach Zusicherung des Investitionszuschusses durch den Bundesminister für Wissenschaft, Forschung und Wirtschaft in Betrieb genommen, gilt der Antrag auf Investitionszuschuss als zurückgezogen und die Zusicherung des Investitionszuschusses als verfallen. Diese Frist kann von der Abwicklungsstelle für die Gewährung von Investitionszuschüssen einmal um weitere zwei Jahre verlängert werden, wenn besonders berücksichtigungswürdige Gründe vorliegen. Die Inbetriebnahme ist durch eine Bestätigung des Netzbetreibers der Abwicklungsstelle für Investitionszuschüsse nachzuweisen.

Investitionszuschüsse für Photovoltaikanlagen und Stromspeicher

§ 27a. (1) Die Errichtung und Erweiterung einer Photovoltaikanlage sowie die Erweiterung einer bestehenden Photovoltaikanlage um eine Speicherkapazität und die Erweiterung der Speicherkapazität kann durch Investitionszuschuss gefördert werden, wenn

1. die Anlage ausschließlich auf oder an einem Gebäude, einer baulichen Anlage oder auf einer Betriebsfläche (ausgenommen Grünfläche) angebracht wird bzw. ist,
2. die Anlage an das öffentliche Netz angeschlossen wird bzw. ist,
3. für die dem Förderantrag zugrunde liegende Errichtung oder Erweiterung keine Tarifförderung gemäß § 12 gewährt wird und
4. für die dem Förderantrag zugrunde liegende Errichtung oder Erweiterung keine Förderung auf Grund des Klima- und Energiefondsgesetzes, BGBl. I Nr. 40/2007, zuletzt geändert durch BGBl. I Nr. 58/2017, oder auf Grund landesrechtlicher Bestimmungen in Anspruch genommen wird. Die jeweiligen Abwicklungsstellen haben der Abwicklungsstelle für Investitionszuschüsse auf Anfrage die anlagenbezogenen Daten zu übermitteln.

(2) Die für die Gewährung von Investitionszuschüssen aufzubringenden Fördermittel sind für die Jahre 2018 und 2019 mit jährlich 15 Millionen Euro begrenzt, wovon jährlich mindestens 9 Millionen Euro für die Errichtung oder Erweiterung einer Photovoltaikanlage zu verwenden sind. Für die Jahre 2020, 2021 und 2022 werden zusätzlich jeweils 36 Millionen Euro bereitgestellt, wovon jährlich vorrangig 24 Millionen Euro für die Errichtung oder Erweiterung von einer Photovoltaikanlage zu verwenden sind. Werden die Mittel in einem Jahr nicht zur Gänze ausgeschöpft, können die übrig bleibenden Mittel in das jeweils folgende Jahr bis zum 31. Dezember 2022 übertragen werden, wobei die übertragenen Mittel vorrangig für die Errichtung oder Erweiterung von einer Photovoltaikanlage zu verwenden sind.

(3) Nach Maßgabe der verfügbaren Mittel ist die Höhe des Investitionszuschusses mit maximal 30% des unmittelbar für die Errichtung der Anlage erforderlichen Investitionsvolumens (exklusive Grundstückskosten) begrenzt, maximal jedoch

1. bis zu einer Engpassleistung von 100 kW_{peak} mit 250 Euro pro kW_{peak},
2. bei einer Engpassleistung von mehr als 100 kW_{peak} bis 500 kW_{peak} mit 200 Euro pro kW_{peak}.

(4) Verfügt die Anlage über eine Speicherkapazität im Ausmaß von mindestens 0,5 kWh pro kWpeak installierter Engpassleistung oder wird eine bestehende Anlage oder eine bestehende Speicherkapazität in diesem Ausmaß erweitert, kann zusätzlich ein Investitionszuschuss von 200 Euro pro kWh gewährt werden. Die Höhe des Investitionszuschusses ist mit maximal 30% des unmittelbar für die Errichtung erforderlichen Investitionsvolumens (exklusive Grundstückskosten) begrenzt. Es können maximal bis zu 50 kWh Speicherkapazität pro Anlage nach dieser Bestimmung gefördert werden.

(5) In allen Fällen darf die Höhe des Investitionszuschusses nicht mehr als 45 % der umweltrelevanten Mehrkosten betragen. Davon unberührt bleiben allfällige Zuschläge gemäß der Verordnung (EU) Nr. 651/2014 zur Feststellung

der Vereinbarkeit bestimmter Gruppen von Beihilfen mit dem Binnenmarkt in Anwendung der Artikel 107 und 108 des Vertrages über die Arbeitsweise der Europäischen Union, ABl. Nr. L 187 vom 26.06.2014, S. 1.

(6) Wird die Anlage bzw. die Erweiterung um Speicherkapazität nicht innerhalb von einem Jahr nach Zusicherung des Investitionszuschusses durch den Bundesminister für Wissenschaft, Forschung und Wirtschaft in Betrieb genommen, gilt der Antrag auf Investitionszuschuss als zurückgezogen und die Zusicherung des Investitionszuschusses als verfallen. Diese Frist kann von der Abwicklungsstelle für Investitionszuschüsse einmal um weitere sechs Monate verlängert werden, wenn besonders berücksichtigungswürdige Gründe vorliegen. Die Inbetriebnahme ist durch eine Bestätigung des Netzbetreibers der Abwicklungsstelle für Investitionszuschüsse nachzuweisen.

(7) Die Gewährung von Investitionszuschüssen für Photovoltaikanlagen erfolgt unter folgenden Voraussetzungen:

1. Die Antragstellung erfolgt vor Beginn der Errichtung oder Erweiterung der Anlage oder Speicherkapazität ausschließlich über das elektronische Antragssystem der Abwicklungsstelle für Investitionszuschüsse. Dem Antrag ist der Nachweis über alle für die Errichtung oder Erweiterung notwendigen Genehmigungen oder Anzeigen anzuschließen.
2. Der Nachweis des für die Errichtung oder Erweiterung erforderlichen Investitionsvolumens erfolgt durch die Vorlage der Rechnungen und Zahlungsbelege an die Abwicklungsstelle.
3. § 24 Abs. 1, Abs. 2 2. Satz, Abs. 5, 6 und 8 sind anzuwenden.

(8) Die Richtlinien für die Gewährung von Investitionszuschüssen für Photovoltaikanlagen und Stromspeicher gemäß § 30 sind abweichend von § 30 Abs. 3 erster Satz vom Bundesminister für Wissenschaft, Forschung und Wirtschaft im Einvernehmen mit dem Bundesminister für Finanzen und dem Bundesminister für Verkehr, Innovation und Technologie innerhalb von längstens sechs Monaten nach Inkrafttreten dieser Bestimmung zu erlassen. Im Übrigen gilt § 30.

2. Abschnitt
Abwicklung der Investitionszuschüsse

Beirat

§ 28. Die Beratung des Bundesministers für Wissenschaft, Forschung und Wirtschaft bei der Erstellung der Richtlinien gemäß § 30 sowie bei der Entscheidung zur Gewährung von Investitionszuschüssen gemäß § 25 bis § 27a sowie § 7 KWK-Gesetz, die je Förderempfänger insgesamt 100.000 Euro überschreiten, obliegt dem Energiebeirat (§ 20 Energie-Control-Gesetz).

Abwicklungsstelle für die Gewährung von Investitionszuschüssen

§ 29. (1) Die Abwicklung der Gewährung der Investitionszuschüsse gemäß § 25 bis § 27a ist durch die Abwicklungsstelle für Investitionszuschüsse vorzunehmen. In Entsprechung des § 13c ÖSG, BGBl. I Nr. 149/2002, hat der Bundesminister für Wissenschaft, Forschung und Wirtschaft einen Vertrag über die Tätigkeit einer mit der Abwicklung der Gewährung der Investitionszuschüsse bereits mit der OeMAG Abwicklungsstelle für Ökostrom AG abgeschlossen. Nach Beendigung dieses Vertrages hat der Bundesminister für Wissenschaft, Forschung und Wirtschaft die Tätigkeit der nach diesem Bundesgesetz betrauten Abwicklungsstelle neu auszuschreiben und unter Anwendung der Bestimmungen des Bundesvergabegesetzes 2006, BGBl. I Nr. 17/2006, in der jeweils geltenden Fassung, an den Bestbieter zu vergeben. Der Vertrag bedarf des Einvernehmens mit dem Bundesminister für Finanzen.

(2) Der Vertrag mit der Abwicklungsstelle für Investitionszuschüsse hat insbesondere zu regeln:

1. die Aufbereitung und Prüfung der Förderungsansuchen gemäß den Bestimmungen dieses Gesetzes und den jeweiligen Richtlinien;
2. die Übermittlung der aufbereiteten Förderungsansuchen an den Energiebeirat zur Beratung des Bundesministers für Wissenschaft, Forschung und Wirtschaft hinsichtlich der Förderungsentscheidung;
3. den Abschluss der Verträge im Namen des Bundesministers für Wissenschaft, Forschung und Wirtschaft mit den Förderungswerbern, die Abrechnung und die Auszahlung der Förderungsmittel sowie die Kontrolle der Einhaltung der Förderungsbedingungen;
4. die Rückforderung von gewährten Investitionszuschüssen;
5. die Aufbereitung und die Erstellung von Unterlagen für den Energiebeirat und die Durchführung der Entscheidung des Bundesministers für Wissenschaft, Forschung und Wirtschaft;
6. die jährliche Vorlage eines geprüften Rechnungsabschlusses bis spätestens 1. Mai des Folgejahres an den Bundesminister für Wissenschaft, Forschung und Wirtschaft;
7. die Vorlage eines Wirtschaftsplanes für das Folgejahr bis Ende des Geschäftsjahres an den Bundesminister für Wissenschaft, Forschung und Wirtschaft;
8. die Vorlage von Tätigkeitsberichten an den Bundesminister für Wissenschaft, Forschung und Wirtschaft;
9. die Aufsichtsrechte des Bundesministers für Wissenschaft, Forschung und Wirtschaft;
10. Vertragsauflösungsgründe;
11. den Gerichtsstand.

(3) Für die Abwicklung der Förderung ist ein angemessenes Entgelt unter Berücksichtigung der Kosten für die Abwicklung vergleichbarer Förderungen festzusetzen.

(4) Die Abwicklungsstelle hat die Geschäfte mit der Sorgfalt eines ordentlichen Unternehmers zu führen. Für die Abwicklung der Förderung ist ein gesonderter Rechnungskreis zu führen.

(5) Dem Bundesminister für Wissenschaft, Forschung und Wirtschaft ist jederzeit Einsicht, insbesondere in die Förderungsansuchen und in die deren Abwicklung betreffenden Unterlagen, zu gewähren.

(6) Dem Bundesminister für Wissenschaft, Forschung und Wirtschaft sind von der Abwicklungsstelle Auskünfte über Förderungsansuchen und deren Abwicklung zu erteilen und auf Verlangen entsprechende Berichte zu übermitteln.

(7) Für die Prüfung der Tätigkeit der Abwicklungsstelle nach diesem Bundesgesetz hat der Bundesminister für Wissenschaft, Forschung und Wirtschaft einen Wirtschaftsprüfer zu bestellen, der nicht mit dem nach handelsrechtlichen Bestimmungen zu bestellenden Abschlussprüfer ident ist. Der Wirtschaftsprüfer hat auch die Angemessenheit des jährlich festzustellenden Entgelts und die Kosten zu prüfen. Der Wirtschaftsprüfer hat das Ergebnis der Prüfung dem Bundesminister für Wirtschaft, Familie und Jugend umgehend vorzulegen.

(8) Die mit der Abwicklung der Investitionszuschüsse gemäß § 25 bis § 27a sowie dem KWK-Gesetz verbundenen Kosten sind für KWK-Anlagen, Kleinwasserkraftanlagen und mittlere Wasserkraftanlagen sowie Photovoltaikanlagen anteilsmäßig aus den Fördermitteln gemäß § 71 Abs. 1 EAG abzudecken.

(9) Die Abwicklungsstelle hat sich bei gerichtlicher Geltendmachung von Ansprüchen nach diesem Bundesgesetz im Namen des Bundesministers für Wissenschaft, Forschung und Wirtschaft gemäß den Bestimmungen des Prokuraturgesetzes, BGBl. Nr. 172/1945, von der Finanzprokuratur vertreten zu lassen.

Richtlinien für die Gewährung von Investitionszuschüssen

§ 30. (1) Der Bundesminister für Wissenschaft, Forschung und Wirtschaft hat Richtlinien für die Durchführung der Gewährung von Investitionszuschüssen zu erlassen.

(2) Die Richtlinien haben insbesondere Bestimmungen zu enthalten über

1. den Gegenstand des Investitionszuschusses;
2. förderbare Investitionskosten, wobei insbesondere Kosten für Investitionen,
   a) die neben der Gewinnung von Energie auch für andere Zwecke benutzt werden (Doppelnutzung), oder
   b) die auch durch andere Bundes- oder Landesförderprogramme gefördert werden,

   von der Förderbarkeit ausgeschlossen werden können, wenn dies einer effizienten Förderabwicklung oder der Einhaltung des Unionsrechts dient;
3. persönliche und sachliche Voraussetzungen für das Erlangen von Investitionszuschüssen;
4. den Nachweis der energiewirtschaftlichen Zweckmäßigkeit des Vorhabens;
5. das Verfahren zur Vergabe der Leistungen durch den Empfänger der Investitionszuschüsse, soweit erforderlich;
6. Ausmaß und Art der Investitionszuschüsse;
7. das Verfahren betreffend
   a) Ansuchen (Art, Inhalt und Ausstattung der Unterlagen);
   b) Auszahlungsmodus;
   c) Berichtslegung (Kontrollrechte);
   d) Einstellung und Rückforderung der gewährten Investitionszuschüsse;
8. den Gerichtsstand.

(3) Bei der Erlassung der Richtlinien ist das Einvernehmen mit dem Bundesminister für Finanzen und dem Bundesminister für Land- und Forstwirtschaft, Umwelt und Wasserwirtschaft herzustellen. Die Richtlinien sind im „Amtsblatt zur Wiener Zeitung" zu verlautbaren. Diese Verlautbarung kann durch die Bekanntgabe der Erlassung der Richtlinien unter Angabe des Ortes ihres Aufliegens im „Amtsblatt zur Wiener Zeitung" ersetzt werden.

5.Teil
Ökostromabwicklungsstelle
1. Abschnitt
Konzession und Organisation der Ökostromabwicklungsstelle
Ausübungsvoraussetzungen

§ 31. (1) Der Ankauf und Verkauf von Ökoenergie, für die gemäß § 12 und § 13 eine Kontrahierungspflicht bestimmt ist, bedarf einer Konzession. Die Konzession ist vom Bundesminister für Wissenschaft, Forschung und Wirtschaft für das gesamte Bundesgebiet zu erteilen.

(2) Die Konzession ist schriftlich zu erteilen und kann mit den zur Sicherstellung der Aufgaben der Ökostromabwicklungsstelle erforderlichen Bedingungen und Auflagen versehen werden. Die Ökostromabwicklungsstelle ist verpflichtet für jede Regelzone eine Ökobilanzgruppe zu errichten.

(3) Bei einer Neuvergabe der Konzession sind die Bestimmungen über die Ausschreibung von Dienstleistungskonzessionen anzuwenden.

Antragstellung

§ 32. Der Antragsteller hat dem Antrag auf Erteilung einer Konzession folgende Unterlagen anzuschließen:

1. Angaben über den Sitz und die Rechtsform;
2. die Satzung oder den Gesellschaftsvertrag;
3. den Geschäftsplan, aus dem der organisatorische Aufbau des Unternehmens und die internen Kontrollverfahren hervorgehen; weiters hat der Geschäftsplan eine Budgetvorschau für die ersten drei Geschäftsjahre zu enthalten;
4. eine Beschreibung der zur Verfügung stehenden technischen und organisatorischen Infrastruktur;
5. ein Nachweis von zumindest drei Jahren praktischer Erfahrung im Fahrplan- und Bilanzgruppenmanagement;
6. die Höhe des den Vorständen im Inland unbeschränkt und ohne Belastung zur freien Verfügung stehenden Anfangskapitals;
7. die Identität und die Höhe des Beteiligungsbetrages der Eigentümer, die eine qualifizierte Beteiligung am Unternehmen halten, sowie die Angabe der Konzernstruktur, sofern diese Eigentümer einem Konzern angehören;
8. die Namen der vorgesehenen Vorstände und deren Qualifikation zum Betrieb des Unternehmens.

Konzessionserteilung

§ 33. (1) Die Konzession für die Ökostromabwicklungsstelle ist vom Bundesminister für Wissenschaft, Forschung und Wirtschaft für sämtliche Regelzonen schriftlich zu erteilen und kann mit den zur Sicherstellung der Aufgaben sowie zu deren kosteneffizienten Erfüllung erforderlichen Bedingungen und Auflagen versehen werden.

(2) Eine Konzession zur Ausübung der Tätigkeit einer Ökostromabwicklungsstelle darf nur erteilt werden, wenn

1. der Konzessionswerber die ihm durch dieses Gesetz zur Besorgung zugewiesenen Aufgaben kostengünstig und sicher zu erfüllen vermag;
2. die Personen, die eine qualifizierte Beteiligung am Unternehmen halten, den im Interesse einer soliden und umsichtigen Führung des Unternehmens zu stellenden Ansprüche genügen und die in keinem unvereinbaren Interessenkonflikt mit den Zielen und Zwecken des Ökostromgesetzes stehen;
3. durch enge Verbindungen des Unternehmens mit anderen natürlichen oder juristischen Personen die Aufsichtsbehörden an der ordnungsgemäßen Erfüllung ihrer Aufsichtspflicht nicht gehindert werden;
4. das Anfangskapital mindestens fünf Millionen Euro beträgt und dieses den Vorständen unbeschränkt und ohne Belastung zur freien Verfügung steht und durch die materielle und personelle Ausstattung des Unternehmens die Leitung und Verwaltung der Gesellschaft bestmöglich gewährleistet sind;
5. bei keinem der Vorstände ein Ausschließungsgrund im Sinne des § 13 Abs. 1 bis 6 GewO 1994 vorliegt;
6. gegen keinen Vorstand eine gerichtliche Voruntersuchung wegen einer vorsätzlichen, mit mehr als einjähriger Freiheitsstrafe bedrohten Handlung eingeleitet worden ist, bis zu der Rechtskraft der Entscheidung, die das Strafverfahren beendet;
7. die Vorstände auf Grund ihrer Vorbildung fachlich geeignet sind und die für den Betrieb des Unternehmens erforderlichen Eigenschaften und Erfahrungen haben. Die fachliche Eignung eines Vorstandes setzt voraus, dass dieser in ausreichendem Maße Kenntnisse von Fördermechanismen, EU-Beihilfen- und Förderschemata und der Abrechnung von Ökostrom sowie Leitungserfahrung hat; die fachliche Eignung für die Leitung einer Abwicklungsstelle ist anzunehmen, wenn eine zumindest dreijährige leitende Tätigkeit auf dem Gebiet der Elektrizitätswirtschaft oder des Rechnungswesens nachgewiesen wird;
8. mindestens ein Vorstand den Mittelpunkt seiner Lebensinteressen in Österreich hat;
9. kein Vorstand einen anderen Hauptberuf außerhalb des Unternehmens ausübt, der geeignet ist, Interessenskonflikte hervorzurufen;
10. der Sitz und die Hauptverwaltung im Inland liegen;
11. wenn das zur Verfügung stehende Abwicklungssystem den Anforderungen eines zeitgemäßen Abrechnungssystems genügt;
12. die Neutralität, Unabhängigkeit und die Datenvertraulichkeit gegenüber Marktteilnehmern und die effiziente regionale Abwicklung gewährleistet sind und die effiziente regionale Abwicklung über zumindest eine regionale Abwicklungsstelle für die Regelzonen, in denen die Gesellschaft nicht ihren Sitz hat, gewährleistet ist.

(3) Liegen mehrere Anträge auf Konzessionserteilung vor, ist die Konzession dem Konzessionswerber zu erteilen, der den Konzessionsvoraussetzungen und dem volkswirtschaftlichen Interesse an einem funktionierenden Strommarkt und den Zwecken des Ökostromgesetzes bestmöglich entspricht.

Konzessionsrücknahme

§ 34. (1) Der Bundesminister für Wissenschaft, Forschung und Wirtschaft kann die Konzession zurücknehmen, wenn die Ökostromabwicklungsstelle ihre Tätigkeit

1. nicht innerhalb von sechs Monaten nach Konzessionserteilung aufnimmt oder
2. mehr als einen Monat lang nicht ausübt.

(2) Der Bundesminister für Wissenschaft, Forschung und Wirtschaft hat die Konzession zurückzunehmen, wenn

1. sie durch unrichtige Angaben oder durch täuschende Handlungen herbeigeführt oder sonst wie erschlichen worden ist,
2. die Ökostromabwicklungsstelle ihre Verpflichtungen gegenüber ihren Gläubigern nicht erfüllt;
3. eine Konzessionsvoraussetzung nach § 33 Abs. 2 nach Erteilung der Konzession nicht mehr vorliegt oder
4. die Ökostromabwicklungsstelle ihren Aufgaben nachhaltig nicht sachgerecht und vorschriftsgemäß nachkommt.

Erlöschen der Konzession

§ 35. (1) Die Konzession erlischt:

1. durch Zeitablauf;
2. bei Eintritt einer auflösenden Bedingung;
3. mit ihrer Zurücklegung;
4. mit der Beendigung der Abwicklung des Konzessionsträgers;
5. mit der Eröffnung des Konkursverfahrens über das Vermögen der Ökostromabwicklungsstelle.

(2) Das Erlöschen der Konzession ist vom Bundesminister für Wissenschaft, Forschung und Wirtschaft durch Bescheid festzustellen.

(3) Die Zurücklegung einer Konzession (Abs. 1 Z 3) ist nur schriftlich zulässig und nur dann, wenn zuvor die Leitung und Verwaltung der Ökostromabwicklungsstelle durch eine andere Ökostromabwicklungsstelle übernommen wurden.

Änderung der Beteiligungsverhältnisse

§ 36. (1) Jeder, der beabsichtigt, eine qualifizierte Beteiligung an einer Ökostromabwicklungsstelle direkt oder indirekt zu halten, hat dies zuvor dem Bundesminister für Wissenschaft, Forschung und Wirtschaft unter Angabe des Betrages dieser Beteiligung schriftlich anzuzeigen.

(2) Jeder, der beabsichtigt, seine qualifizierte Beteiligung an einer Ökostromabwicklungsstelle derart zu erhöhen, dass die Grenzen von 20 vH, 33 vH oder 50 vH der Stimmrechte oder des Kapitals erreicht oder überschritten werden oder dass die Ökostromabwicklungsstelle sein Tochterunternehmen wird, hat dies zuvor dem Bundesminister für Wissenschaft, Forschung und Wirtschaft schriftlich anzuzeigen.

(3) Der Bundesminister für Wissenschaft, Forschung und Wirtschaft hat innerhalb von drei Monaten nach einer Anzeige gemäß Abs. 1 oder 2 die beabsichtigte Beteiligung zu untersagen, wenn die in den § 31 oder § 32 genannten Voraussetzungen nicht vorliegen. Wird die Beteiligung nicht untersagt, so kann der Bundesminister für Wissenschaft, Forschung und Wirtschaft einen Termin vorschreiben, bis zu dem die in Abs. 4 und Abs. 5 genannten Absichten verwirklicht werden müssen.

(4) Die Anzeigepflichten gemäß Abs. 1 und 2 gelten in gleicher Weise für die beabsichtigte Aufgabe einer qualifizierten Beteiligung oder Unterschreitung der in Abs. 2 genannten Grenzen für Beteiligungen an einer Ökostromabwicklungsstelle.

(5) Die Ökostromabwicklungsstelle hat dem Bundesminister für Wissenschaft, Forschung und Wirtschaft jeden Erwerb und jede Aufgabe von Anteilen sowie jedes Erreichen und jede Über- und Unterschreitung der Beteiligungsgrenzen im Sinne der Abs. 2 und 4 unverzüglich schriftlich anzuzeigen, sobald sie davon Kenntnis erlangt. Weiters hat die Ökostromabwicklungsstelle dem Bundesminister für Wissenschaft, Forschung und Wirtschaft mindestens einmal jährlich die Namen und Anschriften der Aktionäre schriftlich anzuzeigen, die qualifizierte Beteiligungen halten.

2. Abschnitt

Ökostromabwicklung

Aufgaben der Ökostromabwicklungsstelle

§ 37. (1) Die Aufgaben der Ökostromabwicklungsstelle sind:

1. Ökostrom nach Maßgabe der § 12 und § 13 zu kontrahieren;
2. der Abschluss von Verträgen
   a) mit den übrigen Bilanzgruppenverantwortlichen, Regelzonenführern, Netzbetreibern und Elektrizitätsunternehmen (Erzeugern und Stromhändlern);
   b) mit Einrichtungen, die Indizes erstellen, zum Zwecke des Datenaustausches;
   c) mit Lieferanten (Erzeugern und Stromhändlern), Netzbetreibern und Bilanzgruppenverantwortlichen über die Weitergabe von Daten;
3. die gemäß Z 1 erworbenen Mengen an Ökostrom samt den dazugehörigen Herkunftsnachweisen gemäß den geltenden Marktregeln an Stromhändler, soweit sie Endverbraucher im Inland beliefern, zum Abnahmepreis sowie dem Preis gemäß § 10 Abs. 8 und Abs. 12 täglich zuzuweisen und zu verrechnen. Die Zuweisung erfolgt in Form von Fahrplänen an die jeweilige Bilanzgruppe, in der der Stromhändler Mitglied ist, im Verhältnis der pro Kalendermonat an Endverbraucher in der Regelzone abgegebenen Strommengen. Die Verrechnungsstellen haben die erforderlichen Daten automationsunterstützt zur Verfügung zu stellen. Für den jeweiligen Kalendermonat berechnet sich die Quote nach dem Monat, welcher

drei Monate zurückliegt. Bei neu eintretenden Stromhändlern wird der Wert des ersten vollen Monats herangezogen.

4. dafür zu sorgen, dass in jeder Ökobilanzgruppe prozentuell der gleich hohe Anteil an Ökostrom am Endverbrauch gegeben ist, wobei Mengen, die auf Grund allfälliger Zuschläge der Landeshauptleute gemäß § 30 Abs. 4 des Ökostromgesetzes, BGBl. I Nr. 149/2002, gefördert werden, in den Ausgleich nicht einzubeziehen sind;
5. die Erstellung von Prognosen über den zukünftig eingespeisten Ökostrom und daraus die Ableitung von Fahrplänen des kontrahierungspflichtigen Ökostroms (§ 12 und § 13) und dessen Zuweisung an Stromhändler, wobei auf einen möglichst geringen Anfall von Ausgleichsenergie zu achten ist;
6. die Einhaltung der Pflichten der Anlagenbetreiber laufend zu überwachen; im Falle einer Pflichtverletzung ist die Ökostromabwicklungsstelle berechtigt, die Zahlung der Einspeisetarife auszusetzen;
7. Datenabgleich mit dem KLI.EN-Fonds sowie anderen Stellen zur Vermeidung und Aufklärung von Fördermissbrauch;
8. die Einhaltung der Marktregeln;
9. die Führung des Ökostromanlagenregisters gemäß Abs. 5.

(2) Die Ökostromabwicklungsstelle hat dem Bundesminister für Wissenschaft, Forschung und Wirtschaft sowie der E-Control alle für ihre Aufsichtstätigkeit und Berichtspflichten erforderlichen Daten auf Anfrage zur Verfügung zu stellen. Im Übrigen findet die Bestimmung des § 47 ElWOG sinngemäß Anwendung. Sie hat der E-Control die für die Einrichtung einer Registerdatenbank für Herkunftsnachweise erforderlichen Daten in elektronischer Form zur Verfügung zu stellen.

(3) Die Ökostromabwicklungsstelle hat alle organisatorischen Vorkehrungen zu treffen, um ihre Aufgaben erfüllen zu können. Sie hat für jede Regelzone eine Ökobilanzgruppe einzurichten und nimmt die Funktion des Ökobilanzgruppenverantwortlichen wahr.

(4) Die Ökostromabwicklungsstelle ist verpflichtet, alle Möglichkeiten der Minimierung der Aufwendungen für die Ausgleichsenergie auszuschöpfen. Sie ist ermächtigt, alle zur Einhaltung der Fahrpläne erforderlichen Maßnahmen zu ergreifen, insbesondere auch den Ein- und Verkauf von elektrischer Energie vorzunehmen. Die Ökostromabwicklungsstelle ist insbesondere ermächtigt, Verträge mit Strombörsen, Elektrizitätsunternehmen oder Endverbrauchern, die nicht Mitglied der Ökobilanzgruppe sind, abzuschließen, mit denen diese zum Bezug oder zur Lieferung auf Anforderung der Ökostromabwicklungsstelle in Abstimmung mit dem Regelzonenführer verpflichtet werden. Sie hat eine Abschätzung der für Windkraftanlagen erforderlichen Aufwendungen für Ausgleichsenergie in der Bilanz gesondert darzustellen.

(5) Die Ökostromabwicklungsstelle ist verpflichtet, für Ökostromanlagen, Mischfeuerungsanlagen und Hybridanlagen mittels automationsunterstützter Datenverarbeitung eine Datenbank zu führen (Ökostromanlagenregister). In dieses Ökostromanlagenregister sind von der Ökostromabwicklungsstelle sämtliche Anlagen aufzunehmen, die mit der Ökostromabwicklungsstelle über einen aufrechten Vertrag nach dem 3. und 4. Teil dieses Bundesgesetzes verfügen. In dieses Ökostromlagenregister sind pro Anlage mindestens folgende Daten aufzunehmen:

1. Anlagenbezeichnung und Anlagenbetreiber;
2. Rechnungsdaten;
3. die Menge der erzeugten elektrischen Energie;
4. die Art und die Engpassleistung der Anlage;
5. den Zeitraum und den Ort der Erzeugung;
6. die eingesetzten Energieträger;
7. Art und Umfang von Investitionsbeihilfen;
8. Art und Umfang etwaiger weiterer Förderungen;
9. Datum der Inbetriebnahme der Anlage;
10. Datum der Außerbetriebnahme der Anlage.

Die Ökostromabwicklungsstelle ist verpflichtet, aus diesem Ökostromanlagenregister über deren schriftliches Ersuchen den Netzbetreibern, der E–Control, den Landeshauptleuten und dem Bundesminister für Wissenschaft, Forschung und Wirtschaft in elektronischer Form Daten zur Verfügung zu stellen. Den Anlagenbetreibern sind auf deren schriftliches Ersuchen die Daten zur Verfügung zu stellen. Diese Datenbekanntgaben können mittels automationsunterstützter Datenverarbeitung und –übermittlung erfolgen. Die Anlagenbetreiber sind verpflichtet, der Ökostromabwicklungsstelle jede Änderung der Daten gemäß Z 1 bis Z 9 unaufgefordert binnen 14 Tagen nach Änderung schriftlich oder in elektronischer Form mitzuteilen.

Ökobilanzgruppen

§ 38. (1) In der Ökobilanzgruppe in jeder Regelzone sind alle Ökostromanlagen zusammengefasst, für die eine Kontrahierungspflicht gemäß § 12 und § 13 in Anspruch genommen wird. Betreiber von Ökostromanlagen, welche die Kontrahierungspflicht gemäß § 12 und § 13 in Anspruch nehmen, sind als Mitglied in die Ökobilanzgruppe aufzunehmen.

(2) Für die Ökobilanzgruppe ist vom Bilanzgruppenkoordinator keine Clearinggebühr zu verrechnen und es sind bei den Verrechnungsstellen

keine Sicherheiten zu hinterlegen. Die Ökostromabwicklungsstelle ist von Entgelten für die Netzbenutzung oder für die Netzverluste, insbesondere bei regelzonenüberschreitenden Fahrplänen befreit.

Allgemeine Bedingungen

§ 39. (1) Die Ökostromabwicklungsstelle hat die in § 12 bis § 15 und § 37 angeführten Verträge, soweit sie die Kontrahierung und die Zuweisung von Ökostrom, einschließlich den Ausgleich gemäß § 37 Abs. 1 Z 4, betreffen, unter Zugrundelegung von Allgemeinen Bedingungen abzuschließen. Die Allgemeinen Bedingungen bedürfen der Genehmigung durch die E-Control.

(2) Die Allgemeinen Bedingungen haben insbesondere Bestimmungen zu enthalten über:

1. Durchführung, Zeitpunkte und Methoden von Zahlungen;
2. Übermittlung von Daten und einzuhaltende Datenformate;
3. Art und Umfang von Prognosen über Einspeisefahrpläne;
4. Modalitäten über den Ausgleich der Ökostrommengen und Vergütungen gemäß § 37 Abs. 1 Z 4.

(3) Die Genehmigung ist, gegebenenfalls unter Vorschreibung von Auflagen, Bedingungen und Befristungen zu erteilen, wenn die Allgemeinen Bedingungen zur Erfüllung der in den § 12 bis § 15 und § 37 bis § 38 umschriebenen Aufgaben geeignet sind.

(4) Die Ökostromabwicklungsstelle ist verpflichtet, über Aufforderung der E-Control die Allgemeinen Bedingungen zu ändern oder neu zu erstellen.

Pflichten der Stromhändler, Ökostromanlagenbetreiber und Netzbetreiber

§ 40. (1) Die Stromhändler sind verpflichtet, den ihnen gemäß § 37 Abs. 1 Z 3 zugewiesenen Ökostrom sowie die dazugehörigen Herkunftsnachweise abzunehmen und der Ökostromabwicklungsstelle das Entgelt jedenfalls in Höhe des Abnahmepreises gemäß § 41 Abs. 2 sowie des gemäß § 10 Abs. 8 und Abs. 12 festgelegten Preises monatlich zu entrichten.

(1a) Die Ökostromanlagenbetreiber haben der E–Control sowie dem Bundeministerium für Wissenschaft, Forschung und Wirtschaft auf Anfrage jederzeit Einsicht in alle Unterlagen und Aufzeichnungen zu gewähren sowie Auskünfte über alle relevanten Sachverhalte zu erteilen, die zur Bemessung von Einspeisetarifen notwendig sind. Das betrifft insbesondere projektbezogene Rechnungen aus der internen Kostenrechnung sowie Informationen über Investitionskosten oder laufende Kosten und Aufwendungen.

(2) Die Ökostromanlagenbetreiber und Netzbetreiber haben der Ökostromabwicklungsstelle die für eine optimale Fahrplanerstellung und Minimierung des Ausgleichsenergiebedarfs erforderlichen Daten, wie die Ganglinien der Stromerzeugung für vergangene Perioden sowie Prognosewerte, gestützt auf meteorologische und hydrologische Basisdaten, zur Verfügung zu stellen. Die Fahrpläne, welche über die jeweiligen Bilanzgruppenverantwortlichen abzuwickeln sind, sind unter Bedachtnahme auf die Minimierung der Kosten für Ausgleichsenergie von der Ökostromabwicklungsstelle zu erstellen und von den Bilanzgruppenverantwortlichen zu übernehmen.

(3) Die Stromhändler haben den ihnen gemäß § 37 Abs. 1 Z 3 zugewiesenen Ökostrom sowie die dazugehörigen Herkunftsnachweise ausschließlich für die Belieferung ihrer Kunden im Inland zu verwenden.

Berechnung des Strommarktpreises

§ 41. (1) Die E-Control hat am Ende eines jeden Quartals den durchschnittlichen Marktpreis elektrischer Grundlastenergie zu berechnen und zu veröffentlichen. Dieser Wert ermittelt sich als arithmetischer Durchschnitt der von der European Energy Exchange (EEX) festgelegten Preise für die nächsten vier aufeinander folgenden Grundlast-Quartalsfutures (Baseload Quarter Futures). Für die Ermittlung sind die entsprechenden Notierungen der letzten fünf Börsenhandelstage des unmittelbar vorangegangenen Quartals heranzuziehen. Sollten diese von der EEX nicht mehr veröffentlicht werden, so sind vergleichbare Notierungen der EEX oder einer anderen relevanten Strombörse heranzuziehen.

(2) Die zugewiesenen Strommengen sind entsprechend dem Stundenpreis der einheitlichen Day-Ahead-Marktkopplung für die für Österreich relevante Gebotszone zu verrechnen. Bei Nichtverfügbarkeit der einheitlichen Day–Ahead Marktkopplung ist der ersatzweise veröffentlichte Day–Ahead-Stundenpreis desjenigen nominierten Strommarktbetreibers heranzuziehen, der für den betroffenen Tag den höchsten Handelsumsatz in der für Österreich relevanten Gebotszone ausweist. Konnte kein Preis ermittelt werden, ist der jeweilige Produktpreis des Vortages zu entrichten. Sollten negative Preise ermittelt werden, ist ein Preis von 1 Cent/MWh zu entrichten.

(3) Der für die Berechnung des zusätzlichen jährlichen Unterstützungsvolumens maßgebende Marktpreis gemäß § 23 Abs. 5 wird durch den Mittelwert der im Kalenderjahr vor Vertragsabschluss gemäß Abs. 1 veröffentlichten vier Quartalswerte bestimmt.

3. Abschnitt
Kosten der Ökostromabwicklung
Abgeltung der Mehraufwendungen der Ökostromabwicklungsstelle

§ 42. (1) Der Ökostromabwicklungsstelle sind unter Berücksichtigung einer angemessenen Verzinsung des eingesetzten Kapitals im Sinne des § 33 Abs. 2 Z 4 folgende Mehraufwendungen abzugelten:

1. die Differenzbeträge, die sich aus den Aufwendungen für die Kontrahierung von Ökostrom und den Erlösen aus dem Verkauf von Ökostrom sowie der Herkunftsnachweise ergeben, wobei die von den Ländern getragenen Aufwendungen gemäß § 10a Abs. 9 des Ökostromgesetzes, BGBl. I Nr. 149/2002, in der Fassung des Bundesgesetzes BGBl. I Nr. 105/2006, abzuziehen sind;
2. die mit der Erfüllung der Aufgaben der Ökostromabwicklungsstelle verbundenen administrativen und finanziellen Aufwendungen;
3. die Aufwendungen für die Ausgleichsenergie;
4. die Aufwendungen für die Gewährung
   a) von Zuschlägen gemäß § 21 oder gemäß § 11 Abs. 1 des Ökostromgesetzes, BGBl. I Nr. 149/2002, in der Fassung des Bundesgesetzes BGBl. I Nr. 104/2009;
   b) von Zuschlägen gemäß § 22 oder gemäß § 11a des Ökostromgesetzes, BGBl. I Nr. 149/2002, in der Fassung des Bundesgesetzes BGBl. I Nr. 104/2009;
5. die Aufwendungen für die Technologiefördermittel der Länder gemäß § 43 in der Fassung des Bundesgesetzes BGBl. I Nr. 12/2021;
6. die der EAG–Förderabwicklungsstelle abzugeltenden Aufwendungen gemäß § 69 Abs. 1 Z 1, 3, 4 und 7 EAG sowie die Aufwendungen gemäß §71 Abs. 2 Z 2 EAG.

(2) Allfällige Differenzbeträge, die sich in einem Kalenderjahr zwischen den gemäß § 72 bis § 75 EAG vereinnahmten Mitteln, einschließlich Eingängen aus Verwaltungsstrafen gemäß § 55, Zinsen und sonstigen Zuwendungen, und den Mehraufwendungen gemäß Abs. 1 sowie den mit der Abwicklung der Investitionszuschüsse gemäß den §§ 25 bis 27a verbundenen Kosten ergeben, sind bilanztechnisch erfolgswirksam abzugrenzen und im nächsten Kalenderjahr durch eine Anpassung des Erneuerbaren-Förderbeitrags auszugleichen. Ein ausgeglichenes Ergebnis zwischen den im Folgejahr zu erwartenden Mehraufwendungen, sowie den in diesem Zeitraum prognostizierten Erlösen, ist anzustreben. Der verbleibende, nicht durch Erlöse gedeckte Teil der Mehraufwendungen eines Geschäftsjahres ist im Jahresabschluss der Ökostromabwicklungsstelle als Aktivposten anzusetzen und mit den im künftigen Erneuerbaren-Förderbeitrag abgegoltenen Mehreinnahmen zu verrechnen. Übersteigen die Erlöse die Mehraufwendungen eines Kalenderjahres, so sind diese Überschüsse als Verrechnungsverbindlichkeiten in die Bilanz der Ökostromabwicklungsstelle einzustellen und mit den im künftigen Erneuerbaren-Förderbeitrag in Abzug gebrachten Mehreinnahmen zu verrechnen.

(3) Der Bundesminister für Wissenschaft, Forschung und Wirtschaft hat im Rahmen seiner Aufsichtsfunktion die Mehraufwendungen der Ökostromabwicklungsstelle zu prüfen.

(4) Die aliquoten Aufwendungen gemäß Abs. 1 Z 2, Z 3 und Z 5 sind, soweit erforderlich nach Technologien getrennt, auf Basis der Vorjahreswerte jährlich durch ein Gutachten der E-Control zu bestimmen und von der Ökostromabwicklungsstelle zu veröffentlichen. Dabei sind die durch die jeweilige Technologie in den vorangegangenen Jahren verursachten Kosten angemessen zu berücksichtigen. Für die Berechnung des jährlichen Unterstützungsvolumens gemäß § 23 Abs. 5 bestimmen sich die aliquoten Aufwendungen anhand des Gutachtens für das Kalenderjahr des Vertragsabschlusses.

6. Teil
Verwaltung der Fördermittel
Fördermittelkonto

§ 50. (1) Zur Verwaltung der Fördermittel für Förderungen nach diesem Bundesgesetz hat die Ökostromabwicklungsstelle ein Konto einzurichten.

(2) Die Verwaltung des Kontos obliegt der Ökostromabwicklungsstelle. Sie hat die Mittel zinsbringend zu veranlagen. Dem Bundesminister für Wissenschaft, Forschung und Wirtschaft, der E-Control sowie den herangezogenen Sachverständigen ist jederzeit Einsicht in sämtliche Unterlagen zu gewähren.

(3) Die Ökostromabwicklungsstelle hat die Mittel für die Förderungen gemäß § 25 bis § 27a (Investitionszuschüsse für Ablauge, Kleinwasserkraft, mittlere Wasserkraft, Photovoltaikanlagen und Stromspeicher) vierteljährlich an die Abwicklungsstelle für Investitionszuschüsse zu überweisen.

7. Teil
Sonstige Bestimmungen
Überwachung

§ 51. *(Anm.: Abs. 1 aufgehoben durch Art. 2 Z 21, BGBl. I Nr. 150/2021)*

(2) Dem Bundesminister für Wissenschaft, Forschung und Wirtschaft obliegt die Aufsicht über die Ökostromabwicklungsstelle.

(3) Die Ökostromabwicklungsstelle unterliegt, unabhängig von ihren Eigentumsverhältnissen, der Kontrolle des Rechnungshofes.

(4) Die Abwicklungsstelle für Investitionszuschüsse unterliegt hinsichtlich ihrer Tätigkeit nach diesem Gesetz der Kontrolle des Rechnungshofes.

(5) Die Ökostromabwicklungsstelle ist zur Erfüllung ihrer sich aus diesem Bundesgesetz ergebenden Pflichten berechtigt, in die geschäftlichen Aufzeichnungen der Betreiber von Anlagen, die einen Vertrag gemäß § 15 oder § 29 abgeschlossen haben, Einsicht zu nehmen.

Transparenz und Veröffentlichung gewährter Förderungen

§ 51a. (1) Die Ökostromabwicklungsstelle hat ab 1. Juli 2016 dieses Bundesgesetz und alle auf Grundlage dieses Bundesgesetzes erlassenen Verordnungen sowie alle gemäß diesem Bundesgesetz gewährten Beihilfen in Form von Einspeisetarifen gemäß § 12 und § 17, die in ihrer Gesamtheit pro Förderempfänger über 500 000 Euro liegen, unter Anführung folgender Informationen auf ihrer Website zu veröffentlichen:

1. den Namen des Anlagenbetreibers;
2. das Land, in dem sich die Anlage befindet;
3. die Form der Förderung;
4. die Höhe der Förderung in ihrer Gesamtheit;
5. das Datum des Vertragsabschlusses;
6. das Ziel der Förderung;
7. die Bewilligungsbehörde;
8. soweit es sich bei dem Anlagenbetreiber um ein Unternehmen handelt, die Art des Unternehmens und dessen Hauptwirtschaftszweig sowie
9. die Rechtsgrundlage aufgrund derer die Förderung gewährt wurde.

Die Ökostromabwicklungsstelle hat die genannten Informationen in einem Tabellenkalkulationsformat zu veröffentlichen, das es ermöglicht, Daten zu suchen, zu extrahieren und problemlos im Internet zu veröffentlichen. Sie hat die veröffentlichten Informationen mindestens zehn Jahre ohne Einschränkungen öffentlich zugänglich und einsehbar zu halten.

(2) Für die Abwicklungsstelle für Investitionszuschüsse gilt Abs. 1 für Investitionszuschüsse gemäß § 25 bis § 27 sinngemäß.

Berichte

§ 52. *(Anm.: Abs. 1 bis 3 aufgehoben durch Art. 2 Z 21, BGBl. I Nr. 150/2021)*

(4) Die Ökostromabwicklungsstelle hat dem Energiebeirat jährlich umfassend über ihre Tätigkeit zu berichten.

Verfahren vor Verordnungserlassung

§ 53. (1) Der Bundesminister für Wissenschaft, Forschung und Wirtschaft kann zur Feststellung der für die Erlassung von Verordnungen erforderlichen Voraussetzungen insbesondere auch Sachverständige beiziehen, die dem Bundesministerium für Wissenschaft, Forschung und Wirtschaft sowie der E-Control zur Verfügung stehen.

(2) Vor jeder Erlassung einer Verordnung nach diesem Bundesgesetz sind die nominierten Vertreter des Energiebeirats (§ 20 Energie-Control-Gesetz) zu informieren und ist ihnen Gelegenheit zur Stellungnahme zu geben.

Auskunftspflicht

§ 54. (Verfassungsbestimmung) Elektrizitätsunternehmen sowie Unternehmen, die mit der Ausstellung von Herkunftsnachweisen befasst sind, sind verpflichtet, den zuständigen Behörden jederzeit Einsicht in alle Unterlagen und Aufzeichnungen zu gewähren sowie Auskünfte über alle, den jeweiligen Vollzugsbereich betreffende Sachverhalte zur Erfüllung der Aufgaben nach diesem Bundesgesetz zu erteilen. Diese Pflicht zur Duldung der Einsichtnahme und Erteilung der Auskunft besteht ohne konkreten Anlassfall auch dann, wenn diese Unterlagen oder Auskünfte zur Klärung oder zur Vorbereitung der Klärung entscheidungsrelevanter Sachverhalte in künftig durchzuführenden Verfahren erforderlich sind.

Allgemeine Strafbestimmungen

§ 55. (1) Sofern die Tat nicht den Tatbestand einer in die Zuständigkeit der Gerichte fallenden strafbaren Handlung bildet oder nach anderen Verwaltungsstrafbestimmungen mit strengerer Strafe bedroht ist, begeht eine Verwaltungsübertretung und ist mit Geldstrafe bis zu 20 000 Euro zu bestrafen, wer seiner Verpflichtung zur Auskunft und Gewährung der Einsichtnahme gemäß § 54 nicht nachkommt.

(2) Sofern die Tat nicht den Tatbestand einer in die Zuständigkeit der Gerichte fallenden strafbaren Handlung bildet oder nach anderen Verwaltungsstrafbestimmungen mit strengerer Strafe bedroht ist, begeht eine Verwaltungsübertretung und ist mit Geldstrafe bis zu 13 000 Euro zu bestrafen, wer

(Anm.: Z 1 aufgehoben durch Art. 2 Z 23, BGBl. I Nr. 150/2021)

2. seinen Verpflichtungen gemäß § 37 nicht nachkommt;
3. seinen Verpflichtungen gemäß § 40 nicht nachkommt.

(Anm.: Abs. 3 aufgehoben durch Art. 2 Z 23, BGBl. I Nr. 150/2021)

(4) Geldstrafen, die auf Grund dieses Bundesgesetzes verhängt werden, fließen dem im Rahmen der Ökostromabwicklungsstelle eingerichteten Fördermittelkonto gemäß § 50 zu.

8. Teil
Übergangsbestimmungen und Inkrafttreten
Allgemeine Übergangsbestimmungen

§ 56. (1) **(Verfassungsbestimmung)** Für die bestehenden Anlagen, die zum Zeitpunkt des Inkrafttretens dieses Bundesgesetzes über einen aufrechten Vertrag mit der Ökostromabwicklungsstelle verfügen, gelten, soweit nichts Gesondertes bestimmt wird, die jeweiligen bundes- oder landesgesetzlichen Vorschriften weiter. Insbesondere gelten § 7 Abs. 4, § 8 Abs. 2 bis Abs. 4, § 10, § 11, § 13, § 14 Abs. 1 und Abs. 5, § 17, § 18 Abs. 2 bis Abs. 5, § 21 Abs. 2 und Abs. 3, § 22 und § 51 Abs. 4 auch für diese Anlagen.

(2) Die bestehende Konzession der Ökostromabwicklungsstelle, wie sie aufgrund des Ökostromgesetzes, BGBl. I Nr. 149/2002, erteilt wurde, bleibt aufrecht. Sofern nichts anderes bestimmt wird, hat die Ökostromabwicklungsstelle bei der Erfüllung ihrer Aufgaben gemäß diesem Bundesgesetz die sich aufgrund von Novellen dieses Bundesgesetzes ergebenden geänderten Rechtslagen zu beachten.

(3) Die auf Grundlage des Ökostromgesetzes, BGBl. I Nr. 149/2002, erlassenen Bescheide und Verordnungen gelten, soweit nichts Gesondertes bestimmt wird, auch nach Inkrafttreten dieses Bundesgesetzes weiter.

(4) Anträge, die auf Grundlage des Ökostromgesetzes, BGBl. I Nr. 149/2002, gestellt wurden, bleiben nach Maßgabe der allgemeinen Bestimmungen dieses Gesetzes sowie folgender Bestimmungen aufrecht:

1. Für Windkraftanlagen besteht eine sofortige Kontrahierungspflicht der Ökostromabwicklungsstelle zu einem Tarif von 9,7 Cent/kWh, soweit die Anlagen zum Zeitpunkt des Inkrafttretens dieser Bestimmung im Kalenderjahr 2012 oder 2013 einen Vertrag mit der Ökostromabwicklungsstelle erhalten würden, und zu einem Tarif von 9,5 Cent/kWh, soweit die Anlagen für eine Kontrahierung im Kalenderjahr 2014 oder später gereiht sind.
2. Für Photovoltaikanlagen besteht nach Maßgabe des verfügbaren Unterstützungsvolumens gemäß § 23 Abs. 4 eine sofortige Kontrahierungspflicht der Ökostromabwicklungsstelle wie folgt:

Kontrahierung laut Warteliste im Kalenderjahr	beantragter Tarif in Höhe von 25 Cent/kWh	beantragter Tarif in Höhe von 33 Cent/kWh	beantragter Tarif in Höhe von 35 Cent/kWh	beantragter Tarif in Höhe von 38 Cent/kWh
2012	2,5% Abschlag	5% Abschlag	6% Abschlag	7,5% Abschlag
2013	7,5% Abschlag	10% Abschlag	11% Abschlag	12,5% Abschlag
2014	12,5% Abschlag	15% Abschlag	16% Abschlag	17,5% Abschlag
2015 oder später	17,5% Abschlag	20% Abschlag	21% Abschlag	22,5% Abschlag

Der Antragsteller eines Antrages, der auf Grundlage des Ökostromgesetzes, BGBl. I Nr. 149/2002, gestellt wurde, hat innerhalb von zwei Monaten ab Inkrafttreten dieser Bestimmung oder, sofern der Antrag nach dem Inkrafttreten gestellt wurde, bei Antragstellung den Antrag auf sofortige Kontrahierung bei der Ökostromabwicklungsstelle zu stellen. Im entgegengesetzten Fall erfolgt eine Kontrahierung durch die Ökostromabwicklungsstelle nach Maßgabe des für die jeweilige Anlage zum Zeitpunkt des Inkrafttretens dieser Bestimmung bestimmten Kontrahierungszeitpunktes und Einspeisetarifes. Anträge, die nach Inkrafttreten dieser Bestimmung im Jahr 2011 gestellt werden, gelten als im Jahr 2015 gereiht. § 15 Abs. 5 letzter Satz und Abs. 6 gilt sinngemäß.

(5) Für Anträge betreffend Wind- und Wasserkraftanlagen besteht nach Maßgabe der verfügbaren zusätzlichen Mittel gemäß § 23a Abs. 1 und 2 eine sofortige Kontrahierungspflicht der Ökostromabwicklungsstelle zu dem zum Zeitpunkt der Antragstellung geltenden Tarif. Für Windkraftanlagen sind auf den Tarif folgende Abschläge entsprechend dem voraussichtlichen Zeitpunkt der Kontrahierung (Reihungszeitpunkt) anzuwenden:

Reihungszeitpunkt gemäß § 15 Abs. 5	Abschlag
2018	7 %
2019	7 %
2020	8 %
2021	10 %
2022	11 %
2023 oder später	12 %

(6) Anträge auf sofortige Kontrahierung gemäß § 23a Abs. 1 und 2 sind innerhalb von drei Monaten ab Inkrafttreten dieser Bestimmung bei der Ökostromabwicklungsstelle zu stellen. Für die Berechnung der Reihung der Anträge sowie die notwendigen Mittel wird als Basis für den Marktpreis gemäß § 41 Abs. 3 das erste Halbjahr 2017 angenommen; die aliquoten Aufwendungen gemäß § 42 Abs. 4 bestimmen sich anhand des Gutachtens gemäß § 18 Abs. 6 für das Jahr 2017 jedoch sind die Aufwendungen für die Technologiefördermittel der Länder gemäß § 43 nicht zu berücksichtigen. Sofern kein Antrag auf sofortige Kontrahierung gestellt wird, erfolgt eine Kontrahierung nach Maßgabe des Vorhandenseins von Mitteln aus dem zusätzlichen jährlichen Unterstützungsvolumen nach § 23 Abs. 3.

(7) Für Anträge betreffend Anlagen auf Basis von fester Biomasse gemäß § 17 Abs. 1, ausgenommen für Anlagen gemäß § 17 Abs. 2a, besteht nach Maßgabe der verfügbaren zusätzlichen Mittel gemäß § 23b Abs. 2 eine sofortige Kontrahierungspflicht der Ökostromabwicklungsstelle zu jenen Tarifen, die sich aus der Verordnung BGBl. II Nr. 307/2012 unter Anwendung der Abschläge gemäß § 19 Abs. 2 für das Jahr 2019 ergeben. Für Ökostrom aus Abfällen mit hohem biogenem Anteil wird der Preis gemäß § 13 Abs. 3 gewährt.

(8) Anträge auf sofortige Kontrahierung gemäß Abs. 7 können nur für jene Anlagen auf Basis von fester Biomasse gestellt werden, die zum Zeitpunkt des Inkrafttretens dieser Bestimmung bereits bei der Ökostromabwicklungsstelle gereiht waren. Sie sind innerhalb von drei Monaten ab Inkrafttreten dieser Bestimmung bei der Ökostromabwicklungsstelle zu stellen. Für die Berechnung der Reihung der Anträge sowie die notwendigen Mittel werden als Basis für den Marktpreis gemäß § 41 Abs. 3 die ersten drei Quartale des Jahres 2019 angenommen; die aliquoten Aufwendungen gemäß § 42 Abs. 4 bestimmen sich anhand des Gutachtens gemäß § 18 Abs. 6 für das Jahr 2019, jedoch sind die Aufwendungen für die Technologiefördermittel der Länder gemäß § 43 nicht zu berücksichtigen. Sofern kein Antrag auf sofortige Kontrahierung gestellt wird, erfolgt eine Kontrahierung nach Maßgabe des Vorhandenseins von Mitteln aus dem zusätzlichen jährlichen Unterstützungsvolumen nach § 23 Abs. 3.

Sonderregelung im Zusammenhang mit COVID-19

§ 56a. (1) Eine am 16. März 2020 laufende Frist für die Inbetriebnahme nach §§ 15 Abs. 6, 26 Abs. 5, 27 Abs. 5 und 27a Abs. 6, die in weniger als einem Jahr endet, wird um 6 Monate verlängert. Eine in dem Zeitraum vom 16. März 2020 bis 30. Juni 2020 zu laufen beginnende Frist für die Inbetriebnahme von Photovoltaikanlagen wird um 6 Monate verlängert.

(2) Eine am 3. November 2020 laufende Frist für die Inbetriebnahme nach §§ 15 Abs. 6, 26 Abs. 5, 27 Abs. 5 und 27a Abs. 6, die in weniger als einem Jahr endet, wird um 12 Monate verlängert. Eine in dem Zeitraum vom 3. November 2020 bis 31. Dezember 2020 zu laufen beginnende Frist für die Inbetriebnahme von Photovoltaikanlagen wird um 6 Monate verlängert.

Inkrafttreten

§ 57. (Verfassungsbestimmung) (1) Die Bestimmungen dieses Bundesgesetzes treten, soweit nichts anderes bestimmt wird, mit dem nach Ablauf einer viermonatigen Frist, beginnend mit der Genehmigung oder Nichtuntersagung durch die Europäische Kommission gemäß Art. 108 Abs. 3 AEUV, folgenden Quartalsersten in Kraft. Der Bundesminister für Wirtschaft, Familie und Jugend hat diesen Zeitpunkt im Bundesgesetzblatt kundzumachen. Gleichzeitig mit dem Inkrafttreten treten die Bestimmungen des Ökostromgesetzes, BGBl. I Nr. 149/2002, in der Fassung des Bundesgesetzes BGBl. I Nr. 104/2009, soweit nichts anderes bestimmt wird, außer Kraft.

(2) § 1, § 23 Abs. 4 und § 56 Abs. 4 treten mit dem der Kundmachung dieses Bundesgesetzes folgenden Tag in Kraft.

Inkrafttretens- und Übergangsbestimmungen der ÖSG 2012–Novelle BGBl. I Nr. 108/2017

§ 57a. (1) **(Verfassungsbestimmung)** § 1 tritt mit dem der Kundmachung folgenden Tag in Kraft.

(2) Die weiteren Bestimmungen dieses Bundesgesetzes treten wie folgt in Kraft:

1. das Inhaltsverzeichnis betreffend die Einträge zu den §§ 7, 8, 9, 15a, 15b, 27a, § 5 Abs. 1 Z 5, § 5 Abs. 1 Z 17, § 5 Abs. 1 Z 19, § 5 Abs. 1 Z 20, § 5 Abs. 1 Z 23, die Überschrift zu § 7, § 7 Abs. 1 Z 1 bis Z 3 (*Anm. 1*), die Überschrift zu § 8, die Überschrift zu § 9, § 10 Abs. 2, § 10 Abs. 9, § 10 Abs. 13, § 12 Abs. 2 Z 1, § 13 Abs. 1 Z 1, § 15 Abs. 3, § 15a, § 15b, § 16 Abs. 1, § 23 Abs. 3 Z 2, Z 4 und Z 5, § 26 Abs. 5, § 27 Abs. 5, die Überschrift zu § 27a, § 27a Abs. 1 bis Abs. 7, § 37 Abs. 1 Z 9 und § 37 Abs. 5 jeweils in der Fassung des Bundesgesetzes BGBl. I Nr. 108/2017 mit 1. Jänner 2018;
2. das Inhaltsverzeichnis betreffend den Eintrag zu § 23a, § 14 Abs. 8 und 9, § 17 Abs. 1 zweiter bis fünfter Satz, Abs. 2 Z 3a und Abs. 3 sowie Abs. 5, Abs. 6 und Abs. 7, § 23a samt Überschrift, § 26 Abs. 1 und Abs. 2, § 47 Abs. 1, § 48 Abs. 3, § 50 Abs. 3 und § 56 Abs. 5 und Abs. 6 jeweils in der Fassung des Bundesgesetzes BGBl. I Nr. 108/2017 mit 1. Oktober 2017; für bis zu diesem Zeitpunkt bereits gestellte Anträge auf Vertragsabschluss über die Kontrahierung von Ökostrom gilt

§ 15 Abs. 5 in der Fassung des Bundesgesetzes BGBl. I Nr. 108/2017;

3. das Inhaltsverzeichnis betreffend den Eintrag zu § 51a, § 5 Abs. 1 Z 10, § 8 Abs. 2 fünfter und sechster Satz *(Anm.: richtig wäre: § 8 Abs. 2 sechster und siebenter Satz)*, § 18 Abs. 1a und Abs. 1b, § 26 Abs. 3 und Abs. 6, § 27 Abs. 3, § 51a samt Überschrift und § 52 Abs. 1 letzter Satz und 1a jeweils in der Fassung des Bundesgesetzes BGBl. I Nr. 108/2017 mit dem der Kundmachung folgenden Monatsersten;
4. alle übrigen Bestimmungen mit dem der Kundmachung folgenden Tag.

(3) Die für Biogasanlagen gemäß § 17 Abs. 1 in der Fassung des Bundesgesetzes BGBl. I Nr. 108/2017 zur Verfügung stehenden Mittel sind für die Kontrahierung von Ökostrom aus Biogasanlagen zu verwenden, für welche die Kontrahierungspflicht der Ökostromabwicklungsstelle gemäß § 12 oder die Förderdauer gemäß den Bestimmungen des Ökostromgesetzes, BGBl. I Nr. 149/2002, in der Fassung BGBl. I Nr. 104/2009, ab dem 1. Jänner 2015 abgelaufen ist. Eine Vergütung aus diesen Mitteln erfolgt frühestens ab dem der Kundmachung folgenden Monatsersten.

(4) Die auf Grundlage des ÖSG 2012, BGBl. I Nr. 75/2011, in der Fassung der Kundmachung, BGBl. I Nr. 11/2012, erlassenen Verordnungen bleiben aufrecht.

(5) Die Ökostromabwicklungsstelle hat bei der Erfüllung ihrer Aufgaben gemäß § 37 die sich aus diesem Bundesgesetz ergebende geänderte Rechtslage zu beachten und ihre Allgemeinen Bedingungen sinngemäß anzupassen.

Anm: 1: richtig wäre: § 7 Abs. 1, vgl. Parlamentarische Materialien (https://www.parlament.gv.at/PAKT/VHG/XXV/I/I_01519/fname_618848.pdf) zur Novelle BGBl. I Nr. 108/2017.

Inkrafttretensbestimmungen der ÖSG 2012-Novelle BGBl. I Nr. 42/2019

§ 57b. (1) **(Verfassungsbestimmung)** § 1 tritt mit dem der Kundmachung folgenden Tag in Kraft.

(2) Alle übrigen Bestimmungen dieses Bundesgesetzes treten mit dem der Kundmachung folgenden Tag in Kraft.

Inkrafttretens- und Übergangsbestimmungen der ÖSG 2012-Novelle BGBl. I Nr. 97/2019

§ 57c. (1) **(Verfassungsbestimmung)** § 1 tritt mit dem der Kundmachung folgenden Tag in Kraft.

(2) § 18 Abs. 1, § 41 Abs. 3, § 42 Abs. 4 und § 57c Abs. 4, jeweils in der Fassung des Bundesgesetzes BGBl. I Nr. 97/2019, treten mit dem der Kundmachung folgenden Tag in Kraft.

(3) Alle übrigen Bestimmungen dieses Bundesgesetzes treten mit dem der Kundmachung folgenden Monatsersten in Kraft.

(4) Die Ökostromabwicklungsstelle hat unverzüglich nach Inkrafttreten der Bestimmungen gemäß Abs. 2 das zusätzliche jährliche Unterstützungsvolumen für das Jahr 2019 gemäß § 23 Abs. 5 in Verbindung mit § 41 Abs. 3 und § 42 Abs. 4 neu zu berechnen. Ergibt die Neuberechnung, dass aus dem zusätzlichen jährlichen Unterstützungsvolumen für das Jahr 2019 weitere Verträge abgeschlossen werden können, hat die Ökostromabwicklungsstelle die entsprechenden Verträge, abweichend von § 18 Abs. 1 erster Satz, zu den für das Jahr 2019 verordneten Einspeisetarifen gemäß der Verordnung BGBl. II Nr. 408/2017 abzuschließen. Zum Zeitpunkt des Inkrafttretens der Bestimmungen gemäß Abs. 2 bereits bestehende Verträge bleiben aufrecht.

(5) Die geänderten Bedingungen gemäß § 27a Abs. 4 in der Fassung des Bundesgesetzes BGBl. I Nr. 97/2019 gelten für Anträge, die nach dem Inkrafttreten dieser Bestimmung eingebracht werden.

(6) Die Richtlinien für die Gewährung von Investitionszuschüssen sind gegebenenfalls nach Maßgabe des § 30 Abs. 3 zu verlängern bzw. anzupassen, wobei von der Verlautbarung im Amtsblatt zur Wiener Zeitung abgesehen werden kann.

Inkrafttretensbestimmung der ÖSG 2012-Novelle BGBl. I Nr. 24/2020

§ 57d. (1) **(Verfassungsbestimmung)** § 1 samt Überschrift tritt mit dem der Kundmachung folgenden Tag in Kraft.

(2) Das Inhaltsverzeichnis und § 56a samt Überschrift treten mit dem der Kundmachung folgenden Tag in Kraft.

Inkrafttretensbestimmung der ÖSG 2012-Novelle BGBl. I Nr. 12/2021

§ 57e. (1) **(Verfassungsbestimmung)** § 1 samt Überschrift tritt mit dem der Kundmachung folgenden Tag in Kraft.

(2) Das Inhaltsverzeichnis, § 15 Abs. 7 und § 56a Abs. 2, jeweils in der Fassung des Bundesgesetzes BGBl. I Nr. 12/2021, treten mit dem der Kundmachung folgenden Tag in Kraft.

Übergangsbestimmungen betreffend das Inkrafttreten des Erneuerbaren-Ausbau-Gesetzes

§ 57f. (1) Ab Inkrafttreten der nicht unter § 103 Abs. 2 fallenden Bestimmungen des Erneuerbaren-Ausbau-Gesetzes, BGBl. I Nr. 150/2021,

1. sind die §§ 24 bis 27a mit der Maßgabe anzuwenden, dass Verträge nach diesem Bundesgesetz nicht mehr abgeschlossen werden, es sei denn, eine Förderzusage wurde bereits erteilt oder frei werdende Fördermittel ermöglichen eine Förderzusage für bereits gereihte Anträge. Zusätzliche Fördermittel für neue Verträge werden nicht mehr zur Verfügung gestellt. Wird eine Anlage erweitert, sind auf den erweiterten Teil die Bestimmungen des EAG anzuwenden.
2. ist § 13 mit der Maßgabe anzuwenden, dass die Ökostromabwicklungsstelle neue Verträge nach dieser Bestimmung nur für Anlagen mit einer Engpassleistung unter 500 kW abzuschließen hat. Die Ökostromabwicklungsstelle hat die abgenommenen Ökostrommengen zu den in § 13 Abs. 3 bestimmten Preisen zu vergüten und samt den vom Anlagenbetreiber überlassenen und den abgenommenen Ökostrommengen entsprechenden Herkunftsnachweisen bestmöglich zu vermarkten. Die Ökostromabwicklungsstelle hat für die Vermarktung eine besondere Bilanzgruppe unter Beachtung des § 38 Abs. 2 zu bilden. § 37 Abs. 1 Z 3 kommt nicht zur Anwendung. Verträge nach dieser Ziffer enden spätestens mit Ablauf des 31. Dezember 2030.
3. tritt in § 6 Abs. 1 des Biomasseförderung-Grundsatzgesetzes an die Stelle der Verweisung auf § 48 ÖSG 2012 die Verweisung auf § 75 EAG; in § 6 Abs. 2 des Biomasseförderung-Grundsatzgesetzes tritt an die Stelle der Verweisung auf § 48 Abs. 3, 4 und 5 die Verweisung auf § 75 Abs. 3, 4 und 6 EAG.

(2) Bestehende Verträge gemäß § 13 ÖSG 2012, in der für die Anlage jeweils maßgeblichen Fassung, enden spätestens mit Ablauf des 31. Dezember 2030.

(3) Ab Inkrafttreten der unter § 103 Abs. 2 fallenden Bestimmungen des Erneuerbaren-Ausbau-Gesetzes, BGBl. I Nr. 150/2021,

1. sind die §§ 7 bis 9 mit der Maßgabe anzuwenden, dass Anerkennungsbescheide nach diesem Bundesgesetz nicht mehr ausgestellt werden.
2. sind die §§ 12, 14 bis 23b und § 56 Abs. 4 bis 8 mit der Maßgabe anzuwenden, dass Verträge nach diesem Bundesgesetz nicht mehr abgeschlossen werden, es sei denn, eine Förderzusage wurde bereits erteilt. Fördermittel für neue Verträge werden nicht mehr zur Verfügung gestellt. Eine Verlängerung der Laufzeit gemäß § 17 Abs. 3 gilt nicht als Abschluss eines neuen Vertrages. Wird eine Anlage erweitert, sind auf den erweiterten Teil die Bestimmungen des EAG anzuwenden. Im Fall der Erweiterung ist eine Überschreitung der Höchstgröße für Photovoltaikanlagen gemäß § 20 Abs. 3 Z 4 zulässig.

Inkrafttretensbestimmung der ÖSG 2012-Novelle BGBl. I Nr. 150/2021

§ 57g. (1) **(Verfassungsbestimmung)** § 1 samt Überschrift tritt mit dem der Kundmachung folgenden Tag in Kraft.

(2) § 5 Abs.1 Z 29, § 10 Abs. 1 und 7, § 29 Abs. 8, § 42 Abs. 1 Z 5 und 6 sowie Abs. 2, die Überschrift des 6. Teils samt Eintrag im Inhaltsverzeichnis, § 50 Abs. 1, § 55 Abs. 4, jeweils in der Fassung des Bundesgesetzes BGBl. I Nr. x/y, treten mit Inkrafttreten der nicht unter § 103 Abs. 2 fallenden Bestimmungen des Erneuerbaren-Ausbau-Gesetzes, BGBl. I Nr. x/y, in Kraft; gleichzeitig treten die §§ 2 bis 4 samt Überschriften und Einträgen im Inhaltsverzeichnis, § 5 Abs. 1 Z 15, 24 und 25, § 6 samt Überschrift und Eintrag im Inhaltsverzeichnis, § 10 Abs. 2 bis 6, 9, 10, 11 und 15, § 11 samt Überschrift und Eintrag im Inhaltsverzeichnis, § 16 Abs. 2, §§ 44 bis 49 samt Überschriften und Einträgen im Inhaltsverzeichnis, die Überschriften zum 1. und 2. Abschnitt des 6. Teils samt Einträgen im Inhaltsverzeichnis, § 51 Abs. 1, § 52 Abs. 1 bis 3, § 55 Abs. 2 Z 1 und Abs. 3, § 58 Z 5, jeweils in der Fassung des Bundesgesetzes BGBl. I Nr. 12/2021, außer Kraft.

(3) (Verfassungsbestimmung) § 54 und § 58 Z 1, jeweils in der Fassung des Bundesgesetzes BGBl. I Nr. x/y, treten mit Inkrafttreten der nicht unter § 103 Abs. 2 fallenden Bestimmungen des Erneuerbaren-Ausbau-Gesetzes, BGBl. I Nr. x/y, in Kraft; gleichzeitig tritt § 43 samt Überschrift und Eintrag im Inhaltsverzeichnis in der Fassung des Bundesgesetzes BGBl. I Nr. 12/2021 außer Kraft.

(4) Alle übrigen Bestimmungen treten mit dem der Kundmachung folgenden Tag in Kraft.

Vollziehung

§ 58. Mit der Vollziehung dieses Bundesgesetzes sind betraut:

1. **(Verfassungsbestimmung)** Hinsichtlich § 1, § 54, § 56 Abs. 1, § 57 und § 58 Z 1 die Bundesregierung;
2. hinsichtlich des § 19 der Bundesminister für Wissenschaft, Forschung und Wirtschaft im Einvernehmen mit dem Bundesminister für Land- und Forstwirtschaft, Umwelt und Wasserwirtschaft und dem Bundesminister für Soziales und Konsumentenschutz;
3. hinsichtlich des § 29 Abs. 1 der Bundesminister für Wissenschaft, Forschung und Wirtschaft im Einvernehmen mit dem Bundesminister für Finanzen;

4. hinsichtlich des § 30 Abs. 3 der Bundesminister für Wissenschaft, Forschung und Wirtschaft im Einvernehmen mit den Bundesministern für Finanzen und für Land- und Forstwirtschaft, Umwelt und Wasserwirtschaft;

(Anm.: Z 5 aufgehoben durch Art. 2 Z 27, BGBl. I Nr. 150/2021)

6. im Übrigen der Bundesminister für Wissenschaft, Forschung und Wirtschaft.

Anlage 1

Abfälle mit hohem biogenen Anteil gemäß § 5 Abs. 1 Z 1

Abfälle mit hohem biogenen Anteil sind die nachfolgend in Tabelle 1 und (mit den angegebenen Einschränkungen) in Tabelle 2 angeführten Abfallarten, definiert durch die zugeordnete fünfstellige Schlüssel-Nummer und gegebenenfalls durch die zusätzliche zweistellige Spezifizierung gemäß Anlage 5 der Abfallverzeichnisverordnung. Teilmengen von Abfallarten, die nicht in den Tabellen 1 und 2 angeführt sind, gelten nicht als Abfälle mit hohem biogenen Anteil oder als Biomasse.

Tabelle 1: Abfälle mit hohem biogenen Anteil

Schlüssel-Nummer und Spezifizierung	Abfallbezeichnung und Spezifizierung
12	Abfälle pflanzlicher und tierischer Fetterzeugnisse
123	Abfälle aus der Produktion pflanzlicher und tierischer Fette und Wachse
12301	Wachse
125	Emulsionen und Gemische mit pflanzlichen und tierischen Fettprodukten
12501	Inhalt von Fettabscheidern
12503	Öl-, Fett- und Wachsemulsionen
17	Holzabfälle
171	Holzabfälle aus der Be- und Verarbeitung
17104	Holzschleifstäube und –schlämme
17104 01	Holzschleifstäube und –schlämme – (aus) behandeltes(m) Holz
17104 02	Holzschleifstäube und –schlämme – (aus) nachweislich ausschließlich mechanisch behandeltes(m) Holz
17104 03	Holzschleifstäube und –schlämme – (aus) behandeltes(m) Holz, schadstofffrei
17114	Staub und Schlamm aus der Spanplattenherstellung
17115	Spanplattenabfälle
172	Holzabfälle aus der Anwendung
17202	Bau- und Abbruchholz [1)]
17202 01	Bau- und Abbruchholz – (aus) behandeltes(m) Holz [1)]
17202 02	Bau- und Abbruchholz – (aus) nachweislich ausschließlich mechanisch behandeltes(m) Holz
17202 03	Bau- und Abbruchholz – (aus) behandeltes(m) Holz, schadstofffrei
17207	Eisenbahnschwellen
17209	Holz (zB Pfähle und Masten), teerölimprägniert
17209 88	Holz (zB Pfähle und Masten), teerölimprägniert – ausgestuft
18	Zellulose-, Papier- und Pappeabfälle
184	Abfälle aus der Zelluloseverarbeitung
18401	Rückstände aus der Papiergewinnung (Spuckstoffe) ohne Altpapieraufbereitung
187	Papier- und Pappeabfälle
18702	Papier und Pappe, beschichtet
19	Andere Abfälle aus der Verarbeitung und Veredelung tierischer und pflanzlicher Produkte
199	Andere Abfälle aus der Verarbeitung und Veredelung tierischer und pflanzlicher Produkte
19909	Sudkesselrückstände (Seifenherstellung)
94	Abfälle aus der Wasseraufbereitung, Abwasserbehandlung und Gewässernutzung
947	Rückstände aus der Kanalisation und Abwasserbehandlung (ausgenommen Schlämme)
94705	Inhalte aus Fettfängen
949	Abfälle aus der Gewässernutzung
94902	Rechengut aus Rechenanlagen von Kraftwerken

ÖSG + V

1) Ohne salzimprägnierte Hölzer [Anmerkung: salzimprägnierte Hölzer können einen hohen Eintrag von Schwermetallen bedingen (Bleiweiß, CFA-Salze usw.), der bei der thermischen Behandlung nicht zerstört wird].

Anmerkungen zu Tabelle 1:

Der Feststoffgehalt der oben angeführten Abfälle besteht überwiegend (über 90%) aus organischem Kohlenstoff. Dabei lassen sich drei Gruppen von Abfällen unterscheiden:

Gruppe 1:

Die folgenden Abfälle leiten sich direkt oder indirekt (in Form von Zellulose oder Lignin) von Holz, welches den ältesten Biobrennstoff darstellt, ab:

17104 (gegebenenfalls mit Spezifizierung), 17114, 17115, 17202 (gegebenenfalls mit Spezifizierung), 17207, 17209 (gegebenenfalls mit Spezifizierung), 18401, 94902

Der Feststoffanteil dieser Abfälle besteht zum überwiegenden Anteil aus organisch gebundenem Kohlenstoff biologischen Ursprungs (in Form von Zellulose und Lignin). Der Heizwert der Trockensubstanz liegt dabei in der Größenordnung von 20 MJ/kg.

Gruppe 2:

Die nachfolgenden Abfälle leiten sich im Wesentlichen aus tierischen und pflanzlichen Fetten ab. Der Kohlenstoffanteil ist biologischen Ursprungs und liegt im Wesentlichen in Form von Glyceriden und Fettsäuren vor. Der Heizwert der organischen Substanz liegt damit sehr hoch (Größenordnung von 30 MJ/kg).

12301, 12501, 12503, 19909, 94705

Gruppe 3:

Die nachstehenden Abfälle stellen einen Verbund zwischen Abfällen der Gruppe 1 und synthetischen Polymeren (PE usw.) bzw. Metallen (Al) dar. Der spezifische Heizwert der nicht biologischen Anteile liegt zwar höher, als jener der biologischen Anteile, dennoch überwiegt der Heizwert der biologischen Anteile in der Mischung zu wesentlich mehr als 50% (der Heizwert von PE liegt zwar etwa doppelt so hoch wie jener von Papier, doch liegt der Kunststoffanteil in der Regel unter 25%).

18702

Tabelle 2: Abfälle mit hohem biogenen Anteil, soweit eine biologische Verwertung nicht möglich oder vorzuziehen ist

Schlüssel-Nummer und Spezifizierung	Abfallbezeichnung und Spezifizierung
11	Nahrungs- und Genussmittelabfälle
111	Abfälle aus der Nahrungsmittelproduktion
11102	überlagerte Lebensmittel
11103	Spelzen, Spelzen- und Getreidestaub
11104	Würzmittelrückstände
11110	Melasse
11111	Teig
11112	Rübenschnitzel, Rübenschwänze
114	Abfälle aus der Genussmittelproduktion
11401	überlagerte Genussmittel
11402	Tabakstaub, Tabakgrus, Tabakrippen
11404	Malztreber, Malzkeime, Malzstaub
11405	Hopfentreber
11406	Ausputz- und Schwimmgerste
11415	Trester
11416	Fabrikationsrückstände von Kaffee (zB Röstgut und Extraktionsrückstände)
11417	Fabrikationsrückstände von Tee
11418	Fabrikationsrückstände von Kakao
11419	Hefe und hefeähnliche Rückstände
11423	Rückstände und Abfälle aus der Fruchtsaftproduktion

117	Abfälle aus der Futtermittelproduktion
11701	Futtermittel
11702	überlagerte Futtermittel
12	Abfälle pflanzlicher und tierischer Fetterzeugnisse
121	Abfälle aus der Produktion pflanzlicher und tierischer Öle
12101	Ölsaatenrückstände
12102	verdorbene Pflanzenöle
123	Abfälle aus der Produktion pflanzlicher und tierischer Fette und Wachse
12302	Fette (zB Frittieröle)
127	Schlämme aus der Produktion pflanzlicher und tierischer Fette
12702	Schlamm aus der Speisefettproduktion
12703	Schlamm aus der Speiseölproduktion
12704	Zentrifugenschlamm
129	Raffinationsrückstände aus der Verarbeitung pflanzlicher und tierischer Fette
12901	Bleicherde, ölhaltig
17	Holzabfälle
171	Holzabfälle aus der Be- und Verarbeitung
17101	Rinde
17102	Schwarten, Spreißel aus naturbelassenem, sauberem, unbeschichtetem Holz
17103	Sägemehl und Sägespäne aus naturbelassenem, sauberem, unbeschichtetem Holz
172	Holzabfälle aus der Anwendung
17201	Holzemballagen und Holzabfälle, nicht verunreinigt
17201 01	Holzemballagen und Holzabfälle, nicht verunreinigt – (aus) behandeltes(m) Holz
17201 02	Holzemballagen und Holzabfälle, nicht verunreinigt – (aus) nachweislich ausschließlich mechanisch behandeltes(m) Holz
17201 03	Holzemballagen und Holzabfälle, nicht verunreinigt – (aus) behandeltes(m) Holz, schadstofffrei
17203	Holzwolle, nicht verunreinigt
18	Zellulose-, Papier- und Pappeabfälle
181	Abfälle aus der Zellstoffherstellung
18101	Rückstände aus der Zellstoffherstellung (Spuckstoffe und Äste)
19	andere Abfälle aus der Verarbeitung und Veredelung tierischer und pflanzlicher Produkte
199	andere Abfälle aus der Verarbeitung und Veredelung tierischer und pflanzlicher Produkte
19901	Stärkeschlamm
19903	Gelatineabfälle
19904	Rückstände aus der Kartoffelstärkeproduktion
19905	Rückstände aus der Maisstärkeproduktion
19906	Rückstände aus der Reisstärkeproduktion
19911	Darmabfälle aus der Verarbeitung
53	Abfälle von Pflanzenbehandlungs- und Schädlingsbekämpfungsmitteln sowie von pharmazeutischen Erzeugnissen und Desinfektionsmitteln
535	Abfälle von Arzneimittelerzeugnissen
53504	Trester von Heilpflanzen
91	Feste Siedlungsabfälle einschließlich ähnlicher Gewerbeabfälle
916	Marktabfälle
91601	Viktualienmarkt-Abfälle
917	Grünabfälle
91701	Garten- und Parkabfälle sowie sonstige biogene Abfälle, die nicht den Anforderungen der Kompostverordnung idgF entsprechen

94	Abfälle aus Wasseraufbereitung, Abwasserbehandlung und Gewässernutzung
949	Abfälle aus der Gewässernutzung
94901	Rückstände aus der Gewässerreinigung (Bachabkehr-, Abmäh- und Abfischgut)

Anmerkungen zu Tabelle 2:

Die in der Tabelle 2 genannten Abfälle sind biologischen Ursprungs (tierische und pflanzliche Produkte) und enthalten in der Festsubstanz im Wesentlichen Kohlenwasserstoffverbindungen; sie lassen sich wieder in drei Gruppen teilen:

Gruppe 1:

„Natives" biologisches Material, dh. Pflanzen, Pflanzenteile (inklusive Extraktionsrückstände) und tierische Gewebe in ihrer natürlichen Zusammensetzung. Der Feststoffanteil besteht überwiegend aus biologisch fixiertem Kohlenstoff in Form von Zellulose/Lignin (Zellwand, Speicherkörper), Protein und Glyceriden (Zellmembran, Speicherkörper). Ein „antropogener" Anteil ist gering (allenfalls als Verunreinigung aus der Sammlung).

11103, 11104, 11112, 11402, 11404, 11405, 11406, 11415, 11416, 11417, 11418, 11419,11423, 12101, 12102, 12302, 17101, 17102, 17103, 17201 (gegebenenfalls mit Spezifizierung), 17203, 18101, 19901, 19903, 19904, 19905, 19906, 19911, 53504, 91601, 91701, 94901

Gruppe 2:

Zu Nahrungsmittel verarbeitete pflanzliche und tierische Stoffe: Der Feststoffanteil dieser Abfälle ist überwiegend biologischen Ursprungs mit geringen Anteilen (anorganischer) Füllstoffe und allenfalls Verpackungsresten.

11102, 11110, 11111, 11401, 11701, 11702, 12702, 12703, 12704

Gruppe 3:

Verarbeitungsrückstände mit einem erhöhten anorganischen Anteil, deren organischer Anteil aber zur Gänze biogenen Ursprungs ist.

12901

56. Herkunftsnachweispreis-Verordnung

Verordnung des Vorstands der E-Control über den Preis von durch die Ökostromabwicklungsstelle zuzuweisenden Herkunftsnachweisen

StF: BGBl. II Nr. 472/2022

Auf Grund des § 10 Abs. 12 des Ökostromgesetzes 2012 (ÖSG 2012), BGBl. I Nr. 75/2011, zuletzt geändert durch das Bundesgesetz BGBl. I Nr. 150/2021, wird verordnet:

§ 1. Als Preis für die von der Ökostromabwicklungsstelle gemäß § 37 Abs. 1 Z 3 ÖSG 2012, BGBl. I Nr. 75/2011, zuzuweisenden Herkunftsnachweise wird festgelegt:

Für das Kalenderjahr 2023 ... 1,17 Euro/MWh.

§ 2. (1) Diese Verordnung tritt mit 1. Jänner 2023 in Kraft.

(2) Die Herkunftsnachweispreis-Verordnung 2022 (HKN-V 2022), BGBl. II Nr. 530/2021, tritt mit Ablauf des 31. Dezember 2022 außer Kraft.

57. Ökostrom-Einspeisetarifverordnung 2018

Verordnung der Bundesministerin für Wissenschaft, Forschung und Wirtschaft über die Festsetzung der Einspeisetarife für die Abnahme elektrischer Energie aus Ökostromanlagen für die Jahre 2018 und 2019

StF: BGBl. II Nr. 408/2017

Aufgrund der §§ 19 und 20 des Ökostromgesetzes 2012 (ÖSG 2012), BGBl. I Nr. 75/2011, zuletzt geändert durch das Bundesgesetz BGBl. I Nr. 108/2017, wird im Einvernehmen mit der Bundesministerin für Land- und Forstwirtschaft, Umwelt und Wasserwirtschaft und der Bundesministerin für Arbeit, Soziales und Konsumentenschutz verordnet:

GLIEDERUNG

ÖSG + V

Anwendungsbereich

§ 1. (1) Diese Verordnung setzt die Einspeisetarife für die Abnahme elektrischer Energie aus Ökostromanlagen (§ 5 Abs. 1 Z 23 des Ökostromgesetzes 2012 (ÖSG 2012), BGBl. I Nr. 75/2011, in der Fassung BGBl. I Nr. 108/2017) fest, die auf Basis der erneuerbaren Energieträger Wind, Sonne (ausgenommen Photovoltaik mit einer Peak-Leistung von bis zu 5 kW gemäß § 12 Abs. 2 Z 3 ÖSG 2012), fester, flüssiger oder gasförmiger Biomasse, Geothermie oder Kleinwasserkraft (mit einer Engpassleistung von bis zu 2 MW nach Maßgabe des § 14 Abs. 7 ÖSG 2012) betrieben werden.

(2) Die in den §§ 6 bis 13 bestimmten Einspeisetarife sind nur jenen Einspeisetarifverträgen zugrunde zu legen,

1. zu deren Abschluss die Ökostromabwicklungsstelle nach Maßgabe des ÖSG 2012 verpflichtet ist und
2. für die im Zeitraum ab dem Inkrafttreten dieser Verordnung bis 31. Dezember 2019 ein Antrag auf Kontrahierung bei der Ökostromabwicklungsstelle gestellt wurde, sofern mit der Errichtung bzw. Revitalisierung der Anlage zu diesem Zeitpunkt noch nicht begonnen wurde.

(3) Diese Verordnung gilt sinngemäß auch für neue Verträge über Anlagenerweiterungen. Für Anlagen oder Anlagenteile, für welche bereits einmal ein Vertrag mit der Ökostromabwicklungsstelle abgeschlossen wurde, gelten der Tarif und die Laufzeit gemäß den Konditionen des erstmaligen Vertragsabschlusses.

Begriffsbestimmungen

§ 2. Im Sinne dieser Verordnung bezeichnet der Ausdruck

1. „feste Biomasse“ forstliche Brennstoffe und halmgutartige Brennstoffe sowie deren Früchte (ÖNORM EN ISO 16559:2014-12);
2. „Strombojen“ Stromerzeugungsanlagen, die in Fließgewässern verankert sind und kinetische Energie von Wasser in elektrische Energie umwandeln, ohne dabei sonstige bauliche Einrichtungen (außer der Verankerung) aufzuweisen;
3. „hocheffiziente Anlagen auf Basis fester Biomasse“ Anlagen, die einen Einspeisetarif gemäß § 9 erhalten und über einen im Anerkennungsbescheid festgestellten Brennstoffnutzungsgrad von mindestens 70% verfügen.

Kontrahierungsvoraussetzungen

§ 3. (1) Bei Anlagen, die zumindest teilweise auf Basis von Geothermie, Biomasse oder von Biogas betrieben werden, ist die Erreichung des Brennstoffnutzungsgrades bzw. gesamtenergetischen Nutzungsgrades bei Antragstellung durch ein Gutachten, ausgestellt von einem Wirtschaftsprüfer, einem Ziviltechniker oder einem allgemein beeideten und gerichtlich zertifizierten Sachverständigen oder einem Ingenieurbüro des einschlägigen Fachgebietes nachzuweisen. Außerdem ist die Erreichung des Brennstoffnutzungsgrades bzw. gesamtenergetischen Nutzungsgrades für jedes abgeschlossene Kalenderjahr bis spätestens 31. März des Folgejahres der Ökostromabwicklungsstelle nachzuweisen, wobei die ersten drei Monate nach Inbetriebnahme nicht einzurechnen sind. Der Nachweis ist insbesondere durch den Einbau eines dem Stand der Technik entsprechenden Wärmemengenzählers sowie durch die messtechnische Erfassung der genutzten Wärmemenge zu erbringen.

(2) Bei Anlagen, die zumindest teilweise auf Basis von Biogas betrieben werden, sind der Ökostromabwicklungsstelle bei Antragstellung überdies die technischen Parameter der Anlage in Bezug auf die Lager- und Speicherkapazität sowie die Regelbarkeit des Fermentationsprozesses zu übermitteln.

Reihung

§ 4. (1) Bei Photovoltaikanlagen gemäß § 6 werden Förderanträge, die im Zeitraum vom 9. bis zum 16. Jänner 2018 (§ 6 Abs. 1 Z 1) bzw. im Zeitraum vom 9. bis zum 16. Jänner 2019 (§ 6 Abs. 1 Z 2) bei der Ökostromabwicklungsstelle einlangen, nach Maßgabe der Höhe des bei der Antragstellung angegebenen Eigenversorgungsanteils (§ 15a Abs. 1 Z 9 ÖSG 2012 iVm § 5 Abs. 1 Z 10 ÖSG 2012) gereiht, wobei ein höherer Eigenversorgungsanteil zu einer Vorreihung führt. Bei gleichem Rang entscheidet der Zeitpunkt der Antragstellung.

(2) Bei Anlagen gemäß § 11 werden nur jene Förderanträge gereiht, die im Zeitraum vom 9. bis zum 16. Jänner 2018 (§ 11 Abs. 1 Z 1 und 2 Z 1) bzw. im Zeitraum vom 9. bis zum 16. Jänner 2019 (§ 11 Abs. 1 Z 2 und 2 Z 2) bei der Ökostromabwicklungsstelle einlangen. Die Reihung der Anträge erfolgt nach dem Zeitpunkt der Antragstellung.

Geltungsdauer der Einspeisetarife

§ 5. Die in dieser Verordnung enthaltenen Einspeisetarife gelten gemäß § 16 Abs. 1 ÖSG 2012

1. für Anlagen gemäß den §§ 6 bis 8 sowie den §§ 12 und 13 für einen Zeitraum von 13 Jahren und
2. für Anlagen gemäß den §§ 9 bis 11 für einen Zeitraum von 15 Jahren

ab Kontrahierung mit der Ökostromabwicklungsstelle (Beginn der Abnahme von Ökostrom durch die Ökostromabwicklungsstelle gemäß § 12 ÖSG 2012) und enden spätestens mit Ablauf des 20. Betriebsjahres der Anlage.

Einspeisetarife für Ökostrom aus Photovoltaikanlagen

§ 6. (1) Die Tarife für die Abnahme elektrischer Energie aus Photovoltaikanlagen mit einer Engpassleistung von über 5 kW_{peak} bis 200 kW_{peak}, die ausschließlich an oder auf einem Gebäude angebracht sind, werden wie folgt festgesetzt:

1. bei Antragstellung und Vertragsabschluss im Jahr 2018 . . . . 7,91 Cent/kWh;
2. bei Antragstellung und Vertragsabschluss im Jahr 2019 . . . . 7,67 Cent/kWh.

Als Investitionszuschuss für die Errichtung werden zusätzlich 30% der Errichtungskosten (bezogen auf die Engpassleistung der Anlage), höchstens jedoch ein Betrag in Höhe von 250 Euro/kW_{peak} gewährt.

(2) Der erforderliche Nachweis der Investitionskosten erfolgt durch die Vorlage der Rechnungen über die für die Errichtung notwendigen Kosten an die Ökostromabwicklungsstelle längstens sechs Monate nach Inbetriebnahme.

(3) Die Gewährung eines Netzparitäts-Tarifs gemäß § 14 Abs. 6 ÖSG 2012 ist für Anlagen, die nicht gebäude- und fassadenintegriert oder die größer als 20 kW_{peak} sind, ausgeschlossen.

Einspeisetarife für Ökostrom aus Windkraftanlagen

§ 7. Die Tarife für die Abnahme elektrischer Energie aus Windkraftanlagen werden wie folgt festgesetzt:

1. bei Antragstellung im Jahr 2018 . . . . 8,20 Cent/kWh;
2. bei Antragstellung im Jahr 2019 . . . . 8,12 Cent/kWh.

Einspeisetarife für Ökostrom aus Geothermie

§ 8. Die Tarife für die Abnahme elektrischer Energie aus Geothermie werden wie folgt festgesetzt:

1. bei Antragstellung im Jahr 2018 . . . . 7,29 Cent/kWh;
2. bei Antragstellung im Jahr 2019 . . . . 7,22 Cent/kWh.

Einspeisetarife für Ökostrom aus fester Biomasse und Abfällen mit hohem biogenen Anteil sowie Festsetzung des Wärmepreises

§ 9. (1) Als Tarife für die Abnahme elektrischer Energie aus Stromerzeugungsanlagen, die unter ausschließlicher Verwendung von fester Biomasse, jedoch mit Ausnahme von Abfällen mit hohem biogenen Anteil betrieben werden, werden folgende Beträge festgesetzt:

1. bei Antragstellung im Jahr 2018

a) bei hocheffizienten Anlagen mit einer Engpassleistung bis 500 kW .. 21,78 Cent/kWh;
b) bei einer Engpassleistung bis 500 kW .... 17,33 Cent/kWh;
c) bei einer Engpassleistung von über 500 kW bis 1 MW .... 14,77 Cent/kWh;
d) bei einer Engpassleistung von über 1 MW bis 1,5 MW .... 13,30 Cent/kWh;
e) bei einer Engpassleistung von über 1,5 MW bis 2 MW .... 12,62 Cent/kWh;
f) bei einer Engpassleistung von über 2 MW bis 5 MW .... 11,86 Cent/kWh;
g) bei einer Engpassleistung von über 5 MW bis 10 MW .... 11,22 Cent/kWh;
h) bei einer Engpassleistung von über 10 MW .... 10,10 Cent/kWh;

2. bei Antragstellung im Jahr 2019

a) bei hocheffizienten Anlagen mit einer Engpassleistung bis 500 kW .. 21,56 Cent/kWh;
b) bei einer Engpassleistung bis 500 kW .... 17,16 Cent/kWh;
c) bei einer Engpassleistung von über 500 kW bis 1 MW .... 14,62 Cent/kWh;
d) bei einer Engpassleistung von über 1 MW bis 1,5 MW .... 13,17 Cent/kWh;
e) bei einer Engpassleistung von über 1,5 MW bis 2 MW .... 12,49 Cent/kWh;
f) bei einer Engpassleistung von über 2 MW bis 5 MW .... 11,74 Cent/kWh;
g) bei einer Engpassleistung von über 5 MW bis 10 MW .... 11,11 Cent/kWh;
h) bei einer Engpassleistung von über 10 MW .... 10,00 Cent/kWh;

3. soweit die gesamte installierte Leistung von Anlagen auf Basis von fester Biomasse, über die ein Vertragsabschluss gemäß § 15 ÖSG 2012 seit dem 20. Oktober 2009 erfolgt ist, 100 MW erreicht oder überschreitet:

a) bei hocheffizienten Anlagen mit einer Engpassleistung bis 500 kW .. 18,09 Cent/kWh;
b) bei einer Engpassleistung bis 500 kW .... 12,88 Cent/kWh;
c) bei einer Engpassleistung von über 500 kW bis 1 MW .... 10,61 Cent/kWh;
d) bei einer Engpassleistung von über 1 MW bis 1,5 MW .... 10,14 Cent/kWh;
e) bei einer Engpassleistung von über 1,5 MW bis 2 MW .... 9,74 Cent/kWh;
f) bei einer Engpassleistung von über 2 MW bis 5 MW .... 9,46 Cent/kWh;
g) bei einer Engpassleistung von über 5 MW bis 10 MW .... 8,62 Cent/kWh;
h) bei einer Engpassleistung von über 10 MW .... 8,22 Cent/kWh.

(2) Hinsichtlich der Tarife für die Abnahme elektrischer Energie aus Stromerzeugungsanlagen, die unter ausschließlicher Verwendung des Energieträgers Abfälle mit hohem biogenen Anteil betrieben werden, gilt Folgendes:

1. bei Verwendung von Primärenergieträgern gemäß allen fünfstelligen Schlüsselnummern der Tabelle 2 der Anlage 1 des ÖSG 2012, die mit SN 17 beginnen, werden die in Abs. 1 festgesetzten Tarife um 25% reduziert;
2. bei Verwendung von Primärenergieträgern gemäß allen fünfstelligen Schlüsselnummern der Tabelle 1 der Anlage 1 des ÖSG 2012, die mit SN 17 beginnen, werden die in Abs. 1 festgesetzten Tarife um 40% reduziert;
3. bei Verwendung von Primärenergieträgern gemäß allen anderen fünfstelligen Schlüsselnummern der Tabelle 1 und 2 der Anlage 1 des ÖSG 2012 wird der Tarif wie folgt festgesetzt:

a) bei Antragstellung im Jahr 2018 .... 4,70 Cent/kWh;
b) bei Antragstellung im Jahr 2019 .... 4,66 Cent/kWh.

(3) Hinsichtlich der Tarife für die Abnahme elektrischer Energie aus Hybrid- und Mischfeuerungsanlagen bei Zufeuerung in kalorischen Kraftwerken, die unter Einsatz der Energieträger Biomasse oder Abfälle mit hohem biogenen Anteil betrieben werden, gilt Folgendes:

1. bei ausschließlicher Verwendung von fester Biomasse wird der Tarif wie folgt festgesetzt:

a) bei Antragstellung im Jahr 2018 .... 5,76 Cent/kWh;
b) bei Antragstellung im Jahr 2019 .... 5,70 Cent/kWh;

2. bei Verwendung von Primärenergieträgern gemäß allen fünfstelligen Schlüsselnummern der Tabelle 2 der Anlage 1 des ÖSG 2012, die mit SN 17 beginnen, werden die in Z 1 festgesetzten Tarife um 20% reduziert;
3. bei Verwendung von Primärenergieträgern gemäß allen anderen fünfstelligen Schlüsselnummern der Tabellen 1 und 2 der Anlage 1 des ÖSG 2012 werden die in Z 1 festgesetzten Tarife um 30% reduziert.

(4) Bei Kombination der in Abs. 1 bis 3 genannten Einsatzstoffe kommt ein anteiliger Tarif nach den eingesetzten Brennstoffmengen, bezogen auf die Brennstoffwärmeleistung, zur Anwendung.

(5) Die Tarife gemäß Abs. 2 und 3 gelten unabhängig davon, ob die verwendeten Abfälle mit hohem biogenen Anteil in ihrer ursprünglichen Form eingesetzt werden oder aber durch vorheriges Hacken, Pressen oder andere Behandlungsschritte in ihrer Form und Dichte verändert werden.

Einspeisetarife für Ökostrom aus flüssiger Biomasse

§ 10. (1) Die Tarife für die Abnahme elektrischer Energie aus flüssiger Biomasse werden wie folgt festgesetzt:

1. bei Antragstellung im Jahr 2018 .... 5,45 Cent/kWh;
2. bei Antragstellung im Jahr 2019 .... 5,40 Cent/kWh.

ÖSG + V

(2) Für elektrische Energie, die in KWK-Anlagen erzeugt wird, die ausschließlich auf Basis von flüssiger Biomasse betrieben werden und für die in dem gemäß § 1 Abs. 2 Z 2 bestimmten Zeitraum ein Antrag gemäß § 15 ÖSG 2012 auf Abnahme von Ökostrom zu den durch diese Verordnung bestimmten Einspeisetarifen gestellt worden ist, besteht ein Zuschlag von 2 Cent/kWh, sofern diese Anlagen das Effizienzkriterium gemäß § 8 Abs. 2 des KWK-Gesetzes, BGBl. I Nr. 111/2008 in der Fassung BGBl. I Nr. 72/2014, erfüllen.

Einspeisetarife für Ökostrom aus Biogas

§ 11. (1) Als Tarife für die Abnahme elektrischer Energie aus Stromerzeugungsanlagen, die unter Verwendung des Energieträgers Biogas betrieben werden, werden folgende Beträge festgesetzt:

1. bei Antragstellung im Jahr 2018 ...... 19,14 Cent/kWh;
2. bei Antragstellung im Jahr 2019 ...... 18,97 Cent/kWh.

(2) Abweichend von Abs. 1 werden für Biogasanlagen, die elektrische Energie aus Biogas erzeugen, welches auf Erdgasqualität aufbereitet und in das öffentliche Gasnetz eingespeist worden ist, folgende Beträge festgesetzt:

1. bei Antragstellung im Jahr 2018 ...... 16,24 Cent/kWh;
2. bei Antragstellung im Jahr 2019 ..... 16,10 Cent/kWh.

(3) Für elektrische Energie, die in KWK-Anlagen erzeugt wird, die ausschließlich auf Basis von Biogas betrieben werden und für die ein Antrag gemäß § 15 ÖSG 2012 auf Abnahme von Ökostrom zu den durch diese Verordnung bestimmten Einspeisetarifen gestellt worden ist, besteht ein Zuschlag von 2 Cent/kWh, sofern diese Anlagen das Effizienzkriterium gemäß § 8 Abs. 2 des KWK-Gesetzes, BGBl. I Nr. 111/2008 in der Fassung BGBl. I Nr. 72/2014, erfüllen (KWK-Bonus).

(4) Die Tarife für die Abnahme elektrischer Energie aus Hybrid- und Mischfeuerungsanlagen, die Biogas als Energieträger verwenden, werden nach der eingesetzten Biogasmenge anteilig entsprechend Abs. 1, bezogen auf die Brennstoffwärmeleistung, festgesetzt.

Einspeisetarife für Ökostrom aus Deponie- und Klärgas

§ 12. (1) Als Tarife für die Abnahme elektrischer Energie aus Stromerzeugungsanlagen, die unter Verwendung der Energieträger Deponie- und Klärgas betrieben werden, werden folgende Beträge festgesetzt:

1. für Klärgas
   a) bei Antragstellung im Jahr 2018 .... 5,65 Cent/kWh;
   b) bei Antragstellung im Jahr 2019 .... 5,60 Cent/kWh;
2. für Deponiegas
   a) bei Antragstellung im Jahr 2018 .... 4,70 Cent/kWh;
   b) bei Antragstellung im Jahr 2019 .... 4,66 Cent/kWh.

(2) Die Tarife für die Abnahme elektrischer Energie aus Hybrid- und Mischfeuerungsanlagen, die Deponie- und Klärgas als Energieträger verwenden, werden nach der eingesetzten Gasmenge anteilig entsprechend Abs. 1, bezogen auf die Brennstoffwärmeleistung, festgesetzt.

Einspeisetarife für Ökostrom aus neuen oder revitalisierten Kleinwasserkraftanlagen

§ 13. (1) Als Tarife für die Abnahme elektrischer Energie aus neuen Kleinwasserkraftanlagen oder solchen, die gemäß § 5 Abs. 1 Z 26a ÖSG 2012 in einem Ausmaß revitalisiert wurden, dass eine Erhöhung der Engpassleistung oder des Regelarbeitsvermögens um mindestens 50% nach Durchführung der Revitalisierung erreicht wird, werden, sofern deren Engpassleistung nicht 2 MW überschreitet, folgende Beträge festgesetzt:

1. bei Antragstellung im Jahr 2018
   a) für die ersten 500 000 kWh 10,30 Cent/kWh;
   b) für die nächsten 500 000 kWh 8,44 Cent/kWh;
   c) für die nächsten 1 500 000 kWh .... 7,32 Cent/kWh;
   d) für die nächsten 2 500 000 kWh .... 4,46 Cent/kWh;
   e) für die nächsten 2 500 000 kWh .... 4,09 Cent/kWh;
   f) über 7 500 000 kWh hinaus 3,23 Cent/kWh;
   g) für Strombojen für die ersten 500 000 kWh .... 13,00 Cent/kWh;
   h) für Strombojen über 500 000 kWh hinaus .... 12,02 Cent/kWh;
2. bei Antragstellung im Jahr 2019
   a) für die ersten 500 000 kWh 10,20 Cent/kWh;
   b) für die nächsten 500 000 kWh 8,36 Cent/kWh;
   c) für die nächsten 1 500 000 kWh .... 7,25 Cent/kWh;
   d) für die nächsten 2 500 000 kWh .... 4,42 Cent/kWh;
   e) für die nächsten 2 500 000 kWh .... 4,05 Cent/kWh;
   f) über 7 500 000 kWh hinaus 3,20 Cent/kWh;
   g) für Strombojen für die ersten 500 000 kWh .... 12,87 Cent/kWh;
   h) für Strombojen über 500 000 kWh hinaus .... 11,90 Cent/kWh.

(2) Als Tarife für die Abnahme elektrischer Energie aus Kleinwasserkraftanlagen, die gemäß § 5 Abs. 1 Z 26a ÖSG 2012 in einem Ausmaß revitalisiert wurden, dass eine Erhöhung der Engpassleistung oder des Regelarbeitsvermögens um mindestens 15% nach Durchführung der Revitalisierung erreicht wird, werden, sofern deren Engpassleistung nicht 2 MW überschreitet, folgende Beträge festgesetzt:

1. bei Antragstellung im Jahr 2018
a) für die ersten 500 000 kWh . 8,60 Cent/kWh;
b) für die nächsten 500 000 kWh 6,83 Cent/kWh;
c) für die nächsten 1 500 000 kWh .... 5,83 Cent/kWh;
d) für die nächsten 2 500 000 kWh .... 3,59 Cent/kWh;
e) für die nächsten 2 500 000 kWh .... 3,31 Cent/kWh;
f) über 7 500 000 kWh hinaus 2,54 Cent/kWh;
2. bei Antragstellung im Jahr 2019
a) für die ersten 500 000 kWh . 8,51 Cent/kWh;
b) für die nächsten 500 000 kWh 6,76 Cent/kWh;
c) für die nächsten 1 500 000 kWh .... 5,77 Cent/kWh;
d) für die nächsten 2 500 000 kWh .... 3,55 Cent/kWh;
e) für die nächsten 2 500 000 kWh .... 3,28 Cent/kWh;
f) über 7 500 000 kWh hinaus . 2,51 Cent/kWh.

(3) Die in Abs. 1 und Abs. 2 festgelegten Zonentarifgrenzen beziehen sich auf ein Kalenderjahr. Eine Tarifabgeltung für die in einem angebrochenen Jahr eingespeisten Mengen ist zeitaliquot zu berechnen.

(4) Die Erhöhung des Regelarbeitsvermögens ist durch das Gutachten eines nicht an der Ausführung der Anlage beteiligten Ziviltechnikers oder Ingenieurbüros des einschlägigen Fachgebietes nachzuweisen.

(5) Die in Abs. 1 Z 1 lit. g und lit. h sowie Abs. 1 Z 2 lit. g und lit. h festgesetzten Tarife sind nur unter der Bedingung zu gewähren, dass ein Nachweis der Investitionskosten durch die Vorlage der Rechnungen über die für die Errichtung notwendigen Kosten an die Ökostromabwicklungsstelle längstens sechs Monate nach Vertragsabschluss erfolgt.

(6) Liegt ein in Abs. 1 und 2 genannter Zonentarif unter dem Marktpreis gemäß § 41 ÖSG 2012, so ist statt dem jeweiligen Zonentarif der Marktpreis anzuwenden.

Inkrafttreten

§ 14. Diese Verordnung tritt mit 1. Jänner 2018 in Kraft; zugleich tritt mit Ablauf des 31. Dezember 2017 die ÖSET-VO 2016, BGBl. II Nr. 459/2015, zuletzt geändert durch die Kundmachung BGBl. II Nr. 397/2016, außer Kraft. Sie ist auf Sachverhalte, die sich bis zum 31. Dezember 2017 ereigneten, weiterhin anwendbar.

58. Umweltförderungsgesetz

Bundesgesetz über die Förderung von Maßnahmen in den Bereichen der Wasserwirtschaft, der Umwelt, der Altlastensanierung des Flächenrecyclings, der Biodiversität und zum Schutz der Umwelt im Ausland sowie über das österreichische JI/CDM-Programm für den Klimaschutz

StF: BGBl. Nr. 185/1993

Letzte Novellierung: BGBl. I Nr. 34/2023

GLIEDERUNG

1. Abschnitt
ZIELE

§ 1. Ziele dieses Bundesgesetzes sind

1. der Schutz der Umwelt durch geordnete Abwasserentsorgung einschließlich betrieblicher Abwässer und Gewährleistung einer ausreichenden Wasserversorgung sowie durch Verbesserung des ökologischen Zustandes der Gewässer (Wasserwirtschaft),
2. der Schutz der Umwelt und der menschlichen Gesundheit durch einen effizienten Einsatz von Energie und Ressourcen, durch Steigerung des Anteils von erneuerbaren Energieträgern oder biogenen Rohstoffen sowie durch andere Maßnahmen zur Reduktion von Belastungen in Form von sonstigen Treibhausgasemissionen, umweltbelastenden Emissionen oder Abfällen (Umweltförderung im Inland),
3. der Schutz der Umwelt durch Maßnahmen im Ausland, die der Umsetzung nationaler, unionsrechtlicher oder internationaler Umwelt- und Klimaschutzziele gemäß den §§ 35 ff und dem 5a. Abschnitt dienen,
4. der Schutz der Umwelt durch Sicherung und Sanierung von Altlasten sowie durch Maßnahmen zur Nachnutzung von Standorten in Ortsgebieten (Altlastensanierung und Flächenrecycling) und
5. der Schutz der Umwelt durch Maßnahmen zum Schutz, Wiederherstellung und Erhalt der Biodiversität in Umsetzung der österreichischen Biodiversitäts-Strategie in Ergänzung zu den Maßnahmen der Gemeinsamen Agrarpolitik der Europäischen Union und des Waldfondsgesetzes, BGBl. I Nr. 91/2020, (Biodiversitätsfonds).

§ 2. (1) Die Gewährung einer Förderung soll einen größtmöglichen Effekt für den Umweltschutz sowie bezüglich der Förderungen gemäß § 6 Abs. 2f Z 1a und 1b als Beitrag zur Umsetzung des Prinzips „Energieeffizienz an erster Stelle" für eine Verbesserung der Energieeffizienz, insbesondere zur Erfüllung der Energieeffizienzziele und Energieeinsparverpflichtungen gemäß der Richtlinie 2012/27/EU, ABl. Nr. L 315 vom 14.11.2012 S. 1, in der Fassung der Richtlinie 2018/2002/EU, ABl. Nr. L 328 vom 21.12.2018 S. 210 (im Folgenden: Energieeffizienz-Richtlinie) sowie allfälliger nationaler Vorgaben bewirken. Dabei ist insbesondere nach ökologischer Prioritätensetzung vorzugehen.

(2) Das öffentliche Interesse am Umweltschutz im Sinne der in § 1 genannten Zielsetzungen, im Besonderen an der Transformation der Wirtschaft hin zur Klimaneutralität und Kreislaufwirtschaft, die technische Wirksamkeit sowie die betriebswirtschaftliche und volkswirtschaftliche Zweckmäßigkeit der Maßnahme sind zu beachten. Auf die Art und das Ausmaß der voraussichtlichen Auswirkungen der Maßnahme auf die genannten Zielsetzungen, die Verhinderung einer Verlagerung von Umweltbelastungen, den Anreiz zur Entwicklung und Verbesserung umweltschonender, rohstoff- und energiesparender Technologien sowie die Abfederung der mit dem Einsatz dieser Technologien verbundenen erhöhten Kosten ist Bedacht zu nehmen.

Allgemeine Förderungsvoraussetzungen

§ 3. (1) Die Förderung setzt voraus, daß

1. die Maßnahme den Anforderungen der jeweiligen Richtlinien (§ 13) entspricht;
2. die Finanzierung der zu fördernden Maßnahme unter Berücksichtigung der Förderung sichergestellt ist.

(2) Über zugesagte Förderungen kann weder durch Abtretung, Anweisung oder Verpfändung noch auf eine andere Weise unter Lebenden verfügt werden. Davon unberührt bleibt die vollständige Übernahme des Fördervertrages oder der Eintritt in den Fördervertrag durch eine oder mehrere Rechtspersonen. Haftungen können in geeigneten Fällen nach Maßgabe der in den Richtlinien gemäß § 6 Abs. 4 zu treffenden Regelungen abgetreten werden.

(3) Der Förderungswerber hat sich bei Stellung des Ansuchens und in der Folge über den gesamten Zeitraum der Förderungsabwicklung hin zu verpflichten, die jeweils zuständige Abwicklungsstelle über die Inanspruchnahme weiterer Förderungen zu informieren.

§ 4. Ein Rechtsanspruch auf Förderung besteht nicht.

Mitteleinsatz

§ 5. Zur Erreichung der Ziele dieses Bundesgesetzes können

1. Förderungen in Form von
   a) Finanzierungs- oder Investitionszuschüssen und
   b) sonstigen Zuschüssen für laufende Kosten im Rahmen der Umweltförderung im Inland gemäß § 24 Abs. 1 Z 8, für laufende Altlastensanierungs- oder sicherungsmaßnahmen gemäß § 30 Z 1 und 3 und für Maßnahmen im Rahmen des Biodiversitätsfonds

   gewährt,
2. Haftungen für Energie-Contracting-Projekte gemäß § 6 Abs. 4 eingegangen sowie
3. Ansprüche auf Emissionsreduktionseinheiten gemäß §§ 35 bis 47 angekauft

werden.

Nationale Mittel

§ 6. (1) Für den Einsatz nationaler Mittel gelten die in den folgenden Absätzen getroffenen Regelungen.

(1a) Die Mittel für Förderungen und Ankäufe von Ansprüchen auf Emissionsreduktionseinheiten werden aufgebracht:

1. für Zwecke der Siedlungswasserwirtschaft (§ 16ff) durch Vorwegabzüge und Kostenbeiträge nach Maßgabe des jeweiligen Finanzausgleichsgesetzes;
1a. für Zwecke der Verbesserung des ökologischen Zustandes der Gewässer (§§ 16a ff) einschließlich der Finanzierung von Maßnahmen gemäß § 12 Abs. 9 aus dem Reinvermögen des Umwelt- und Wasserwirtschaftsfonds (§ 51 Abs. 5a);
2. für Zwecke der Umweltförderung im Inland (§ 23ff) aus Bundesmitteln nach Maßgabe der für diese Zwecke im Rahmen des jeweiligen Bundesfinanzgesetzes verfügbaren Förderungsmittel;
3. für Zwecke der Altlastensanierung (§§ 29 und 30) durch Altlastenbeiträge (§ 12 des Altlastensanierungsgesetzes, BGBl. Nr. 299/1989 in der jeweils geltenden Fassung);
4. für Zwecke des österreichischen JI/CDM-Programms (§ 35ff) aus den für diese Zwecke im Rahmen des jeweiligen Bundesfinanzgesetzes verfügbaren Mitteln;
5. für Zwecke der internationalen Klimafinanzierung (§§ 48a bis 48c) aus Bundesmitteln nach Maßgabe der für diese Zwecke im Rahmen des jeweiligen Bundesfinanzgesetzes verfügbaren Mittel;
6. für Zwecke des Biodiversitätsfonds aus Bundesmitteln nach Maßgabe der für diese Zwecke im Rahmen des jeweiligen Bundesfinanzgesetzes verfügbaren Förderungsmittel, wobei die in einem Jahr nicht ausgeschöpften Mitteln in den Folgejahren eingesetzt werden können.

(1b) Die Mittel für die Abwicklung der Förderungen und Ankäufe werden aufgebracht:
1. für Zwecke der Wasserwirtschaft (§§ 16 ff) ab dem Jahr 2000 einschließlich der Finanzierung von Maßnahmen gemäß § 12 Abs. 9 aus dem Reinvermögen des Umwelt- und Wasserwirtschaftsfonds (§ 51 Abs. 5a);
2. für Zwecke der Umweltförderung im Inland (§ 23ff) aus Bundesmitteln nach Maßgabe der für diese Zwecke im Rahmen des jeweiligen Bundesfinanzgesetzes verfügbaren Förderungsmittel;
3. für Zwecke der Altlastensanierung (§§ 29 und 30) durch Altlastenbeiträge (§ 12 des Altlastensanierungsgesetzes, BGBl. Nr. 299/1989 in der jeweils geltenden Fassung);
4. für Zwecke des österreichischen JI/CDM-Programms (§ 35ff), einschließlich der Kosten der Registerstelle (§ 47), aus den für diese Zwecke im Rahmen des jeweiligen Bundesfinanzgesetzes verfügbaren Mitteln;
5. für Zwecke der internationalen Klimafinanzierung (§§ 48a bis 48c) aus Bundesmitteln nach Maßgabe der für diese Zwecke im Rahmen des jeweiligen Bundesfinanzgesetzes verfügbaren Mittel;
6. für Zwecke des Biodiversitätsfonds aus Bundesmitteln nach Maßgabe der für diese Zwecke im Rahmen des jeweiligen Bundesfinanzgesetzes verfügbaren Mittel, wobei die in einem Jahr nicht ausgeschöpften Mitteln in den Folgejahren eingesetzt werden können.

(2) Die Bundesministerin für Landwirtschaft, Regionen und Tourismus kann für Zwecke der Siedlungswasserwirtschaft (§§ 16 ff) Förderungen zusagen und Aufträge gemäß Abs. 1 erteilen, deren Ausmaß
1. in den Jahren 1993 bis 2000 jeweils einem Barwert von insgesamt 283,424 Millionen Euro,
2. im Jahr 2001 einem Barwert von insgesamt 254,355 Millionen Euro,
3. in den Jahren 2002 bis 2007 jeweils einem Barwert von insgesamt 218,019 Millionen Euro,
4. in den Jahren 2008 und 2009 jeweils einem Barwert von insgesamt 215 Millionen Euro,
5. in den Jahren 2010 bis 2013 einen Barwert von maximal 400 Millionen Euro, hievon in den Jahren 2010 und 2011 jeweils maximal 130 Millionen Euro und im Jahr 2012 maximal 95 Millionen Euro,
6. im Jahr 2014 einem Barwert von insgesamt 100 Millionen Euro,
7. in den Jahren 2015 und 2016 jeweils einen Barwert von 100 Millionen Euro und
8. ab dem Jahr 2017 bis zum Außerkrafttreten des Finanzausgleichsgesetzes 2017 – FAG 2017, BGBl. I Nr. 116/2016, jährlich jeweils einem Barwert von 80 Millionen Euro

entspricht. Bis zu 25 vH des jährlichen Höchstbetrages können als Vorgriff auf das jeweilige Folgejahr an Förderungen zugesagt oder an Aufträgen gemäß Abs. 1 erteilt werden. Zugesagte oder durch Auftragserteilungen gebundene, jedoch nicht in Anspruch genommene Förderungsmittel können bis zum Außerkrafttreten des FAG 2017 neuerlich zugesagt oder vergeben werden, sofern sie ab 1. Jänner 2011 frei werden. Der Bundesminister für Land und Forstwirtschaft, Umwelt- und Wasserwirtschaft hat nach Befassung der Kommission gemäß § 7 Z 1 im Einvernehmen mit dem Bundesminister für Finanzen für die gesamte Periode 2008 bis 2013 jenen Barwert festzulegen, der maximal für Maßnahmen der Sanierung gemäß § 17 Abs. 1 Z 4 zugesagt oder vergeben werden kann. Für Wiederinstandsetzungs- oder Ersatzmaßnahmen zur Beseitigung von Schäden auf Grund der Hochwasser im Sommer 2005 an Maßnahmen gemäß § 17 Abs. 1 Z 1 bis 3 können zu Lasten der Zusagerahmen 2005 bis 2007 bis zu insgesamt 20 Millionen Euro zugesagt oder vergeben werden.

(2a) Der Bundesminister für Land- und Forstwirtschaft, Regionen und Wasserwirtschaft kann in den Jahren 1993 bis 2024 zusätzlich zu Abs. 2 im Rahmen von Sondertranchen für Zwecke der Siedlungswasserwirtschaft (§§ 16 ff), insbesondere für Maßnahmen der Trinkwasserversorgung,

UFG

zusätzliche Förderungen zusagen und Aufträge gemäß Abs. 1 erteilen, deren Ausmaß insgesamt dem Barwert von höchstens 557,839 Millionen Euro entspricht. Zugesagte oder durch Auftragserteilungen gebundene, jedoch nicht in Anspruch genommene Förderungsmittel können neuerlich zugesagt oder vergeben werden, sofern sie ab 1. Jänner 2011 frei werden.

(2b) Die Bundesministerin für Landwirtschaft, Regionen und Tourismus kann auf Grund von Hochwasserschäden im Jahre 2002 in den Jahren 2002 bis 2004 zusätzlich zu Abs. 2 und 2a im Rahmen einer Sondertranche für Zwecke der Siedlungswasserwirtschaft (§§ 16 ff) zusätzliche Förderungen zusagen und Aufträge gemäß Abs. 1 erteilen, deren Ausmaß insgesamt einem Barwert von 50 Millionen Euro entspricht.

(Anm. : Abs. 2c aufgehoben durch Art. 8 Z 3, BGBl. I Nr. 98/2020)

(2d) Die Bundesministerin für Klimaschutz, Umwelt, Energie, Mobilität, Innovation und Technologie kann ab dem Jahr 2003 für Zwecke des österreichischen JI/CDM-Programms (§ 35ff) für Ankäufe von Ansprüchen auf Reduktionseinheiten Verpflichtungen eingehen. Im Jahr 2003 stehen mindestens 1 Million Euro, im Jahr 2004 12 Millionen Euro, im Jahr 2005 24 Millionen Euro und ab dem Jahr 2006 36 Millionen Euro zur Verfügung. Im Jahr 2007 werden zusätzlich 10 Millionen Euro, im Jahr 2008 20 Millionen Euro und ab dem Jahr 2009 jeweils zusätzlich 53 Millionen Euro zur Verfügung gestellt. Im Jahr 2012 werden darüber hinaus zusätzlich 20 Millionen Euro zur Verfügung gestellt. Soweit Verpflichtungen bis zu diesem Ausmaß nicht eingegangen oder diese Mittel nicht in vollem Ausmaß in Anspruch genommen werden, können diese Verpflichtungen in den Folgejahren zusätzlich eingegangen werden bzw. stehen diese Mittel in den Folgejahren zusätzlich zur Verfügung. Als Vorgriff auf Folgejahre können von der Bundesministerin für Klimaschutz, Umwelt, Energie, Mobilität, Innovation und Technologie jährlich Verpflichtungen im Ausmaß von höchstens 100 Millionen Euro eingegangen werden; darüber hinausgehende Vorgriffe bedürfen des Einvernehmens mit dem Bundesminister für Finanzen.

(2e) Die Bundesministerin für Landwirtschaft, Regionen und Tourismus kann in den Jahren 2007 bis 2017 für Zwecke der Verbesserung des ökologischen Zustandes der Gewässer (§§ 16a ff) Förderungen zusagen oder Maßnahmen gemäß § 12 Abs. 9 finanzieren, deren Ausmaß insgesamt dem Barwert von höchstens 140 Millionen Euro entspricht. Davon steht für die Finanzierung von Maßnahmen gemäß § 12 Abs. 9 höchstens ein Barwert von insgesamt 20 Millionen Euro zur Verfügung. In den Jahren 2020 bis 2027 können für Zwecke der Verbesserung des ökologischen Zustandes der Gewässer und unbeschadet des im 3. Nationalen Gewässerbewirtschaftungsplan festzustellenden Finanzierungsbedarfs zur Erreichung der Ziele der Wasserrahmenrichtlinie, Förderungen zugesagt oder Maßnahmen gemäß § 12 Abs. 9 finanziert werden, deren Ausmaß insgesamt jedenfalls dem Barwert von 200 Millionen Euro entsprechen. Zugesagte oder durch Auftragserteilungen gebundene, jedoch nicht in Anspruch genommene Mittel können neuerlich zugesagt oder vergeben werden.

(2f) Die Bundesministerin für Klimaschutz, Umwelt, Energie, Mobilität, Innovation und Technologie kann für Zwecke der Umweltförderung im Inland (§§ 23 ff)

1. Förderungen zusagen und Aufträge erteilen, die in den Jahren 2009 bis 2020 jeweils einen Barwert von insgesamt maximal 90,238 Millionen Euro entsprechen; im Jahr 2020 erhöht sich der Betrag um bis zu 20 Millionen Euro, wobei die Förderungen hiezu auch im Jahr 2021 zugesagt werden können; zusätzlich können die Bundesministerin für Klimaschutz, Umwelt, Energie, Mobilität, Innovation und Technologie und der Bundesminister für Finanzen für die Jahre 2009 und 2010 weitere Zusagerahmen für Förderungen im Rahmen von Konjunkturpaketen festlegen; weiters kann die Bundesministerin für Klimaschutz, Umwelt, Energie, Mobilität, Innovation und Technologie für Zwecke der thermischen Sanierung und für den Umstieg auf klimafreundliche Heizungen mit dem Bundesminister für Finanzen für die Jahre 2011 bis 2020 weitere Zusagerahmen festlegen;

1a. weitere Förderungen zusagen und Aufträge erteilen, die im Jahr 2021 einem Barwert von maximal 110,238 Millionen Euro sowie im Jahr 2022 einem Barwert von maximal 150,238 Millionen Euro sowie in den Jahren 2023 bis 2026 insgesamt einem maximalen Barwert von 600,714 Millionen Euro entsprechen, wobei Förderungen hiezu auch in den Folgejahren zugesagt und ausbezahlt werden können, sofern das Ansuchen im Jahr des jeweiligen Zusagerahmens gestellt ist; der maximale Barwert erhöht sich

a) für die Jahre 2023 bis 2030 um jenen Betrag, der zur Erfüllung insbesondere der Energieeffizienzziele und Energieeinsparverpflichtungen gemäß der Energieeffizienz-Richtlinie sowie allfälliger nationaler Vorgaben für zusätzliche Förderungen und Aufträge zur Verbesserung der Energieeffizienz erforderlich ist, wobei der daraus sich ergebende Mittelmehrbedarf zuzüglich jener aus den zusätzlichen Zusagen und Aufträgen gemäß Z 1b bis zum Jahr 2030 den Betrag von 190 Millionen Euro pro Jahr nicht unterschreiten darf; eine allfällige Reduktion des Mindestbetrags für einzelne oder mehrere Jahre ist möglich, wenn die aufgrund der Betragsreduktion nicht über Förderungen und Aufträge zu erbringenden Endenergieeinsparungen durch andere strategische Maßnahmen erzielt werden; die Reduktion des Mindestbetrages ist von der Bundesministerin für Klimaschutz, Umwelt, Energie, Mobilität, Innovation und Technologie in geeigneter Weise zu verlautbaren;

b) für das Jahr 2023 um insgesamt bis zu 20,53 Millionen Euro für Förderungen und Aufträge für Zwecke der Kreislaufwirtschaft (§ 24 Abs. 1 Z 8);

1b. für Zwecke der thermisch-energetischen Sanierung und für den Umstieg auf klimafreundliche Heizungen weitere Förderungen zusagen und Aufträge erteilen, die in den Jahren 2021 und 2022 insgesamt einem Barwert von maximal 800 Millionen Euro sowie in den Jahren 2023 bis 2026 insgesamt einem Barwert von maximal 1 935 Millionen Euro entsprechen; der maximale Barwert für die Jahre 2023 bis 2030 erhöht sich um jenen Betrag, der – unter Einrechnung der zusätzlichen Förderungen und Aufträge gemäß Z 1a lit. a – zur Erfüllung insbesondere der Energieeffizienzziele und Energieeinsparverpflichtungen gemäß der Energieeffizienz-Richtlinie sowie allfälliger nationaler Vorgaben für zusätzliche Förderungen und Aufträge zur Verbesserung der Energieeffizienz erforderlich ist;

1c. für die Unterstützung von einkommensschwachen Haushalte zur Abdeckung erhöhter Kosten infolge von thermisch-energetischen Sanierungsmaßnahmen und für den Umstieg auf klimafreundliche Heizungen den Ländern in den Jahren 2021 und 2022 insgesamt einen Barwert von maximal 140 Millionen Euro sowie in den Jahren 2023 bis 2026 insgesamt einen Barwert von maximal 570 Millionen Euro zur Verfügung stellen, wobei die Mittelbereitstellung an die Gewährung einer Förderung von Maßnahmen, die im Rahmen der Förderungen gemäß Z 1b gesetzt wurden, und von einschlägigen Förderungen durch die Länder gebunden sind; die Länder haben zudem den Nachweis zu erbringen, dass durch die Bundesmittel keine Landesmittel ersetzt werden; die Bundesministerin für Klimaschutz, Umwelt, Energie, Mobilität, Innovation und Technologie hat die näheren Bedingungen für die Bereitstellung dieser Mittel festzulegen;

Zugesagte oder durch Auftragserteilungen gebundene, jedoch nicht in Anspruch genommene Förderungsmittel können neuerlich zugesagt oder vergeben werden. Die Bundesministerin für Klimaschutz, Umwelt, Energie, Mobilität, Innovation und Technologie kann im Einvernehmen mit dem Bundesminister für Finanzen eine Erhöhung der Zusagevolumina gemäß Z 1 bis 1b sowie des Unterstützungsvolumens gemäß Z 1c sowie diese Zusage- und Unterstützungsvolumina für die Folgejahre festlegen, wenn dies zur Erreichung der nationalen und europäischen Klimaschutzziele erforderlich ist.

2. für Zwecke der Ausweitung und Dekarbonisierung von Fernwärme- und Fernkältesystemen gemäß § 24 Abs. 1 Z 1a Förderungen zusagen und Aufträge erteilen, die in den Jahren 2021 bis 2030 jährlich einem Barwert von jeweils maximal 30 Millionen Euro zuzüglich eines Barwertes in Höhe von insgesamt 251,9 Millionen Euro für den Zeitraum 2023 bis 2026 entsprechen, wobei in den Jahren 2022 bis 2024 der jährliche Barwert jedenfalls 15 Millionen Euro beträgt; nicht ausgeschöpfte Zusagerahmen eines Jahres können auch in die Folgejahre übertragen werden;
3. für Zwecke der Transformation der Industrie (§ 23 Abs. 4) Förderungen zusagen und Aufträge erteilen, die in den Jahren 2023 bis 2030 insgesamt einem Barwert von insgesamt maximal 2 975 Millionen Euro entsprechen.

(2g) Die Bundesministerin für Landwirtschaft, Regionen und Tourismus kann auf Grund von Hochwasserschäden im Mai und Juni des Jahres 2013 in den Jahren 2013 bis 2015 zusätzlich zu Abs. 2, 2a und 2b im Rahmen einer Sondertranche für Zwecke der Siedlungswasserwirtschaft (§§16 ff) zusätzliche Förderungen zusagen und Aufträge gemäß Abs. 1 erteilen, deren Ausmaß insgesamt einem Barwert von maximal 20 Millionen Euro entspricht.

(3) Der Aufwand für folgende Aufträge gemäß § 12 Abs. 8 ist ganz oder teilweise aus Mitteln gemäß Abs. 1 zu tragen:

1. Aufträge nach § 17 Abs. 1 Z 6 und § 21 unter Einrechnung in den Zusagerahmen gemäß § 6 Abs. 2 und 2a;

1a. Aufträge nach § 17a Z 6 aus dem Reinvermögen des Umwelt- und Wasserwirtschaftsfonds unter Einrechnung in den Zusagerahmen gemäß § 6 Abs. 2e;

2. Aufträge nach § 24 Abs. 1 Z 7 lit. b sowie § 27a;
3. Aufträge nach § 30 Z 3 und 4, § 30a Z 1 und 2 sowie § 33a;
4. Aufträge nach § 37 unter Einrechnung in den Zusagerahmen gemäß § 6 Abs. 2d;
5. Aufträge im Zusammenhang mit der internationalen Klimafinanzierung (§§ 48a bis 48c);
6. Aufträge zur Durchführung von Maßnahmen gemäß § 48e.

(4) Die Austria Wirtschaftsservice Gesellschaft mit beschränkter Haftung (AWS) kann ab dem Jahr 2020 im eigenen Namen und auf eigene Rechnung Haftungen für Energie-Contracting-Verträge zur Umsetzung von Investitionen zur Energiegewinnung aus erneuerbaren Energieträgern und zur Einsparung oder effizienten Bereitstellung von Endenergie eingehen. Voraussetzung für die Übernahme der Verpflichtung des Bundes ist die Zustimmung der Beauftragten bzw. des Beauftragten

(Stellvertreterin bzw. Stellvertreter). Die sonstigen Voraussetzungen und Bedingungen für die vertragliche Übernahme von Haftungen durch die AWS sind in den von der Bundesministerin für Klimaschutz, Umwelt, Energie, Mobilität, Innovation und Technologie gemäß § 13 Abs. 5 Z 1 im Einvernehmen mit dem Bundesminister für Finanzen zu erlassenden Richtlinien für die Umweltförderung im Inland „Klima-Haftungen" festzulegen. Der Bundesminister für Finanzen ist ermächtigt, sich namens des Bundes zu verpflichten, die AWS schadlos zu halten, wenn diese Zahlungen aus übernommenen Haftungen zu leisten hat, soweit diese Zahlungen nicht im Rahmen jener Mittel Bedeckung finden, die der AWS für die Zahlungen zur Erfüllung von Leistungen aus übernommenen Haftungen zur Verfügung stehen. Der Bundesminister für Finanzen darf Schadloshaltungsverpflichtungen

1. nur bis zu einem jeweils ausstehenden Gesamtbetrag von insgesamt 1 Milliarde Euro an Kapital zuzüglich Zinsen und Kosten sowie
2. im Einzelfall nur bis zu einem ausstehenden Gesamtbetrag von 5 Millionen Euro an Kapital zuzüglich Zinsen und Kosten und für eine maximale Laufzeit von 20 Jahren

übernehmen. Abweichend von § 12 Abs. 2 erfolgt die Befassung der Kommission in Angelegenheiten der Umweltförderung im Inland bezüglich der vertraglichen Übernahme von Haftungen in sinngemäßer Anwendung des § 11 Abs. 3 Z 5. Im Übrigen gelten die Verfahrensregeln gemäß § 12, soweit in diesem Gesetz nicht anderes bestimmt ist, sinngemäß. Die Befassung der Kommission in Angelegenheiten der Umweltförderung im Inland bezüglich der vertraglichen Übernahme von Haftungen erfolgt in sinngemäßer Anwendung des § 11 Abs. 3 Z 5. Der Bundesminister für Finanzen hat nach Anhörung der Bundesministerin für Klimaschutz, Umwelt, Energie, Mobilität, Innovation und Technologie zur Wahrung der Rechte und Interessen des Bundes eine Beauftragte oder einen Beauftragten und eine Stellvertreterin oder einen Stellvertreter der Beauftragten bzw. des Beauftragten zu bestellen. § 76 Abs. 9 des Bankwesengesetzes (BWG), BGBl. Nr. 532/1993, ist auf die Beauftragten bzw. deren Stellvertretung sinngemäß anzuwenden. § 3 sowie § 7 Abs. 6 bis 9 des Bundesgesetzes über besondere Förderungen von kleinen und mittleren Unternehmen (KMU-Förderungsgesetz), BGBl. Nr. 432/1996 gelten sinngemäß. Die AWS hat zum Zwecke der Risikovorsorge für Zahlungen aus den gemäß diesem Absatz übernommenen Haftungen eine eigene Rücklage zu bilden. Diese Rücklage darf nur für Zahlungen aufgrund von gemäß diesem Absatz übernommenen Haftungen verwendet werden. Diese Rücklage ist getrennt von den Rücklagen gemäß §§ 1, 11 und 14 Garantiegesetz 1977 und § 7 Abs. 1 KMU–Förderungsgesetz zu führen und im Jahresabschluss der AWS auszuweisen. Die AWS hat insbesondere Haftungsentgelte, Rückflüsse aus Haftungszahlungen, Rückflüsse aus der Betreibung von auf die AWS übergegangenen Forderungen und Rückflüsse aus der Verwertung von Sicherheiten in diese Rücklage einzustellen.

Europäische Mittel

§ 6a. Für Förderungen nach diesem Bundesgesetz kann die Bundesministerin für Klimaschutz, Umwelt, Energie, Mobilität, Innovation und Technologie, in Angelegenheiten der Wasserwirtschaft jedoch die Bundesministerin für Landwirtschaft, Regionen und Tourismus, ungeachtet des Einsatzes nationaler Mittel auch Europäische Mittel heranziehen. Dabei gilt Folgendes:

1. Für die im Österreichischen Aufbau- und Resilienzplan 2020 – 2026 (ÖARP) festgelegten Investitionen der Kreislaufwirtschaft (§ 24 Abs. 1 Z 3 und § 24 Abs. 1 Z 8) sowie Investitionen des Flächenrecylings (§ 30a) hat die Bedeckung der Förderungen und Aufträge ausschließlich aus den für diese Zwecke vorgesehenen Mittel des Europäischen Wiederaufbaufonds zu erfolgen; soweit diese Förderungen und Aufträge im Rahmen der Umweltförderung im Inland abgewickelt werden, werden diese nicht in die Zusagerahmen gemäß (§ 6 Abs. 2f Z 1a) eingerechnet.
2. Die im ÖARP festgelegten Förderungen und Aufträge von Investitionen betreffend den Umstieg auf klimafreundliche Heizungen werden in den gemäß § 6 Abs. 2f Z 1b festgelegten Zusagerahmen eingerechnet.
3. Für die sonstigen im ÖARP oder in Programmen anderer Europäischer Finanzierungsmechanismen festgelegten Investitionen gemäß dem 3. und 5b. Abschnitt hat die Bedeckung der Förderungen und Aufträge aus den für diese Zwecke vorgesehenen Mittel des Europäischen Wiederaufbaufonds oder der sonstigen Europäischen Finanzierungsmechanismen zu erfolgen, wobei keine Einrechnung in die Zusagerahmen und Unterstützungsvolumina gemäß § 6 Abs. 2f erfolgt und die Mittel gemäß § 6 Abs. 1a Z 2 nicht reduziert werden.

Die Kosten der Abwicklung der Förderungen und Aufträge gemäß Z 1 und Z 3 werden aus den Mitteln gemäß § 6 Abs. 1b Z 2, Z 3 und Z 6 bedeckt.

Kommissionen

§ 7. Zur Beratung der Bundesministerin für Klimaschutz, Umwelt, Energie, Mobilität, Innovation und Technologie, in Angelegenheiten der Wasserwirtschaft jedoch der Bundesministerin für Landwirtschaft, Regionen und Tourismus, bei der Entscheidung über Ansuchen auf Förderung oder Anbote für den Verkauf von Ansprüchen auf Emissionsreduktionseinheiten, der Erstellung der

Richtlinien (§ 13) und der Förderungs- und Ankaufsprogramme werden folgende Kommissionen eingerichtet:

1. Kommission in Angelegenheiten der Wasserwirtschaft;
2. Kommission in Angelegenheiten der Umweltförderung im Inland;
3. Kommission in Angelegenheiten der Altlastensanierung und des Flächenrecyclings;
4. Kommission in Angelegenheiten des österreichischen JI/CDM-Programms;
5. Kommission in Angelegenheiten des Biodiversitätsfonds.

§ 8. (1) Die Mitglieder und deren jeweilige Ersatzmitglieder der Kommissionen (§ 7) werden für die Dauer der Gesetzgebungsperiode von der Bundesministerin für Klimaschutz, Umwelt, Energie, Mobilität, Innovation und Technologie, in Angelegenheiten der Wasserwirtschaft jedoch von der Bundesministerin für Landwirtschaft, Regionen und Tourismus, auf Vorschlag der entsendenden Stellen bestellt. Die Ersatzmitglieder dürfen ihre Funktion nur in Abwesenheit des vertretenen Mitgliedes ausüben.

(2) Die Funktionsperiode der Mitglieder (Ersatzmitglieder) gemäß Abs. 1 endet

1. durch Zeitablauf;
2. durch Tod;
3. durch Abberufung über Vorschlag der entsendenden Stelle oder auf Wunsch des Mitgliedes (Ersatzmitgliedes);
4. durch Abberufung bei grober Pflichtverletzung oder sonstigem wichtigen Grund oder
5. durch Abberufung bei dauernder Unfähigkeit zur ordnungsgemäßen Ausübung des Amtes.

(3) Der Vorsitzende einer Kommission und seine Stellvertreter sind von der Bundesministerin für Klimaschutz, Umwelt, Energie, Mobilität, Innovation und Technologie, in Angelegenheiten der Wasserwirtschaft jedoch von der Bundesministerin für Landwirtschaft, Regionen und Tourismus, für die in Abs. 1 genannte Zeit nach Vorschlag der Kommission aus deren Mitgliedern zu bestellen.

§ 9. (1) Die Kommissionen sind zur konstituierenden Sitzung von der Bundesministerin für Klimaschutz, Umwelt, Energie, Mobilität, Innovation und Technologie, in Angelegenheiten der Wasserwirtschaft jedoch von der Bundesministerin für Landwirtschaft, Regionen und Tourismus, einzuberufen.

(2) Eine Kommission ist, ausgenommen zur konstituierenden Sitzung, vom Vorsitzenden, im Falle der Verhinderung von dessen Stellvertreter bei Bedarf einzuberufen. Die Kommissionen tagen in Sitzungen an einem vorgegebenen Ort oder in Form von Videokonferenzen. Die jeweilige Kommission kann für einzelne Kommissionsaufgaben die Herbeiführung einer Kommissionsempfehlung auch im Umlaufverfahren festlegen oder in Fällen, in denen eine Behandlung innerhalb der Kommission aufgrund der Eindeutigkeit der Förderungsfähigkeit nicht notwendig erscheint, auf eine Befassung im Vorfeld der Förderentscheidung verzichten. Zur Vorbereitung der Empfehlungen der Kommission können von dieser auch Arbeitsgruppen eingerichtet werden.

(3) Auf Verlangen der Bundesministerin für Klimaschutz, Umwelt, Energie, Mobilität, Innovation und Technologie, in Angelegenheiten der Wasserwirtschaft jedoch der Bundesministerin für Landwirtschaft, Regionen und Tourismus, oder von mindestens einem Viertel der Mitglieder einer Kommission ist eine Sitzung innerhalb von 14 Tagen nach Stellung des Begehrens einzuberufen.

(4) Empfehlungen und sonstige Beschlüsse einer Kommission können nur unter Stimmabgabe von mindestens der Hälfte der Mitglieder mit Stimmenmehrheit verabschiedet werden. Bei Stimmengleichheit entscheidet die Stimme des Vorsitzenden. Die Beratungen und Beschlußfassungen einer Kommission sind nach der auf Vorschlag der jeweiligen Kommission zu erlassenden Geschäftsordnung vorzunehmen.

§ 10. (1) Die Empfehlungen der Kommissionen für die Entscheidung über Ansuchen auf Förderung oder Anbote für den Verkauf von Ansprüchen auf Emissionsreduktionseinheiten an die Bundesministerin für Klimaschutz, Umwelt, Energie, Mobilität, Innovation und Technologie, in Angelegenheiten der Wasserwirtschaft jedoch an die Bundesministerin für Landwirtschaft, Regionen und Tourismus, sind unter Bedachtnahme auf die entsprechenden gesetzlichen Bestimmungen, die Bestimmungen der Richtlinien, der Förderungs- oder Ankaufsprogramme und der finanziellen Bedeckung zu geben.

(2) Für die Tätigkeit der Kommissionsmitglieder wird keine Entschädigung geleistet.

(3) Die Mitglieder und Ersatzmitglieder einer Kommission sind zur gewissenhaften und objektiven Ausübung ihrer Funktion verpflichtet.

(4) Die Mitglieder und Ersatzmitglieder einer Kommission dürfen Daten oder Informationen, die ihnen in dieser Eigenschaft anvertraut worden oder zugänglich geworden sind, während der Dauer ihrer Bestellung und auch nach Erlöschen ihrer Funktion nicht offenbaren oder verwerten. Dies gilt nicht für Daten oder Informationen, die aufgrund der Wahrnehmung der nach diesem Bundesgesetz übertragenen Aufgaben oder die mit Zustimmung des Förderwerbers veröffentlicht werden können.

§ 11. (1) Ungeachtet der Abwicklung der Haftungen gemäß § 6 Abs. 4 ist mit der Abwicklung der übrigen Förderungen nach diesem Bundesgesetz eine geeignete Stelle (Abwicklungsstelle) zu betrauen. Die Bundesministerin für Klimaschutz, Umwelt, Energie, Mobilität, Innovation und Technologie, in Angelegenheiten der Wasserwirtschaft jedoch die Bundesministerin für Landwirtschaft, Regionen und Tourismus, wird ermächtigt, die Abwicklungsstelle per Verordnung festzulegen und im Einvernehmen mit dem Bundesminister für Finanzen einen Vertrag über die inhaltliche Ausgestaltung der Abwicklung mit der Abwicklungsstelle abzuschließen.

(Anm.: Abs. 2 aufgehoben durch BGBl. I Nr. 96/1997)

(3) Der Vertrag hat insbesondere zu regeln

1. die Aufbereitung und Prüfung der Förderungsansuchen gemäß den Bestimmungen dieses Gesetzes und den jeweiligen Richtlinien;
2. die Übermittlung der aufbereiteten Förderungsansuchen an die entsprechende Kommission zur Beratung der Bundesministerin für Klimaschutz, Umwelt, Energie, Mobilität, Innovation und Technologie, in Angelegenheiten der Wasserwirtschaft jedoch der Bundesministerin für Landwirtschaft, Regionen und Tourismus, hinsichtlich der Förderungsentscheidung;
3. den Abschluß der Verträge im Namen und auf Rechnung der Bundesministerin für Klimaschutz, Umwelt, Energie, Mobilität, Innovation und Technologie, in Angelegenheiten der Wasserwirtschaft jedoch der Bundesministerin für Landwirtschaft, Regionen und Tourismus, mit den Förderungswerbern, die Abrechnung und die Auszahlung der Förderungsmittel sowie die Kontrolle der Einhaltung der Förderungsbedingungen;
4. die Rückforderung von gewährten Förderungsmitteln und den Kostenersatz bei den in § 33 angeführten Fällen;
5. die Aufbereitung und die Erstellung von Unterlagen für die entsprechende Kommission und die Durchführung der Entscheidung der Bundesministerin für Klimaschutz, Umwelt, Energie, Mobilität, Innovation und Technologie, in Angelegenheiten der Wasserwirtschaft jedoch der Bundesministerin für Landwirtschaft, Regionen und Tourismus, hinsichtlich der Maßnahmen nach § 12 Abs. 8;
6. die jährliche Vorlage eines geprüften Rechnungsabschlusses bis spätestens 1. Mai des Folgejahres an die Bundesministerin für Klimaschutz, Umwelt, Energie, Mobilität, Innovation und Technologie, in Angelegenheiten der Wasserwirtschaft jedoch an die Bundesministerin für Landwirtschaft, Regionen und Tourismus;
7. die Vorlage eines Wirtschaftsplanes für das Folgejahr bis Ende des Geschäftsjahres an die Bundesministerin für Klimaschutz, Umwelt, Energie, Mobilität, Innovation und Technologie, in Angelegenheiten der Wasserwirtschaft jedoch an die Bundesministerin für Landwirtschaft, Regionen und Tourismus;
8. die Vorlage von Tätigkeitsberichten an die Bundesministerin für Klimaschutz, Umwelt, Energie, Mobilität, Innovation und Technologie, in Angelegenheiten der Wasserwirtschaft jedoch an die Bundesministerin für Landwirtschaft, Regionen und Tourismus;
9. Vertragsauflösungsgründe;
10. den Gerichtsstand.

(4) Für die Abwicklung der Förderung ist ein angemessenes Entgelt festzusetzen.

(5) Die Abwicklungsstelle hat bei der Erarbeitung von Entwürfen der Bundesministerin für Klimaschutz, Umwelt, Energie, Mobilität, Innovation und Technologie, in Angelegenheiten der Wasserwirtschaft jedoch der Bundesministerin für Landwirtschaft, Regionen und Tourismus, betreffend Förderungsprogramme für einen mindestens die nächsten drei Jahre umfassenden Zeitraum mitzuwirken. Dazu ist eine Finanzvorschau von der Abwicklungsstelle vorzulegen. Darin sind die bereits in Durchführung befindlichen und die beabsichtigten Projekte, die zu künftigen Belastungen führen, darzustellen.

(6) Die Geschäfte sind mit der Sorgfalt eines ordentlichen Kaufmannes zu führen. Für die Abwicklung der Förderung ist ein gesonderter Rechnungskreis zu führen.

(7) Der Bundesministerin für Klimaschutz, Umwelt, Energie, Mobilität, Innovation und Technologie, in Angelegenheiten der Wasserwirtschaft jedoch der Bundesministerin für Landwirtschaft, Regionen und Tourismus, ist jederzeit Einsicht insbesondere in die Förderungsansuchen und in die deren Abwicklung betreffenden Unterlagen zu gewähren.

(8) Der Bundesministerin für Klimaschutz, Umwelt, Energie, Mobilität, Innovation und Technologie, in Angelegenheiten der Wasserwirtschaft jedoch der Bundesministerin für Landwirtschaft, Regionen und Tourismus, sind von der Abwicklungsstelle Auskünfte über Förderungsansuchen und deren Abwicklung zu erteilen und auf Verlangen entsprechende Berichte zu übermitteln.

(9) Für die Prüfung der Tätigkeit nach diesem Bundesgesetz hat die Bundesministerin für Klimaschutz, Umwelt, Energie, Mobilität, Innovation und Technologie, in Angelegenheit der Wasserwirtschaft jedoch die Bundesministerin für Landwirtschaft, Regionen und Tourismus, einen Wirtschaftsprüfer zu bestellen, der nicht mit dem nach handelsrechtlichen Bestimmungen zu bestellenden Abschlußprüfer ident ist. Der Wirtschaftsprüfer hat auch die Angemessenheit des jährlich festzustellenden Entgelts und die Kosten zu prüfen. Der Wirtschaftsprüfer hat das Ergebnis der Prüfung der Bundesministerin für Klimaschutz, Umwelt, Energie, Mobilität, Innovation und Technologie, in Angelegenheiten der Wasserwirtschaft jedoch der Bundesministerin für Landwirtschaft, Regionen und Tourismus, umgehend vorzulegen.

(10) Die Abwicklungsstelle unterliegt hinsichtlich ihrer Tätigkeit nach diesem Gesetz der Kontrolle durch den Rechnungshof.

(Anm.: Abs. 11 aufgehoben durch BGBl. I Nr. 96/1997)

Datenabfrage für die Abwicklung des Unterstützungsvolumens

§ 11a. Im Zuge der Abwicklung des Unterstützungsvolumen gemäß § 6 Abs. 2f Z 1c UFG sind die Länder berechtigt, folgende Daten des Förderungswerbers sowie der im gemeinsamen Haushalt lebenden Personen

1. im Zentralen Melderegister im Wege einer Verknüpfungsanfrage im Sinne des § 16a Abs. 3 Meldegesetz 1991, BGBl. Nr. 9/1992,
   a) Familien- und Vorname,
   b) Geburtsdatum,
   c) Familienstand und
   d) Wohnsitzdaten und Adressdaten sowie
2. in der Transparenzdatenbank im Sinne des § 17 und § 32 Abs. 6 des Bundesgesetzes über eine Transparenzdatenbank, BGBl. I Nr. 99/2012, und sowie in der Datenbank „Auskunftserteilung an Justiz- und Verwaltungsbehörden WEB-Anwendung" des Dachverbands der Sozialversicherungsträger:
   a) Einkommen gemäß § 2 Abs. 2 Einkommensteuergesetz 1988, BGBl Nr. 400/1988,
   b) wiederkehrende Leistungen aus der gesetzlichen Sozialversicherung und der Arbeitslosenversicherung sowie diesen vergleichbare Leistungen,
   c) Bezüge nach den bezügerechtlichen Vorschriften

abzufragen und zu verarbeiten., wenn diese Daten verfügbar sind und zur Feststellung der Förderungswürdigkeit eines Förderungswerbers oder zur Überprüfung der Voraussetzungen für die Gewährung von Förderungen aus dem Unterstützungsvolumen oder für allfällige Rückforderungen erforderlich sind.

Förderungsverfahren

§ 12. (1) Förderungsansuchen sind unter Anschluss der erforderlichen Unterlagen, soweit in anderen Bestimmungen dieses Gesetzes nichts anderes bestimmt, bei der Abwicklungsstelle (§ 11) oder bei einer von der Bundesministerin für Klimaschutz, Umwelt, Energie, Mobilität, Innovation und Technologie, in Angelegenheiten der Wasserwirtschaft jedoch von der Bundesministerin für Landwirtschaft, Regionen und Tourismus, in deren Vertretung zur Annahme von Ansuchen ermächtigten Stelle einzubringen.

(2) Die Förderungsansuchen sind gemäß den jeweiligen Bestimmungen dieses Gesetzes und den Richtlinien von der Abwicklungsstelle zu prüfen und – vorbehaltlich eines Befassungsverzichtes gemäß § 9 Abs. 2 – der entsprechenden Kommission vorzulegen. Dem Förderungswerber ist in jenen Fällen, in denen die Abwicklungsstelle zu einem vom Förderungsansuchen abweichenden Förderungsvorschlag kommt, die Möglichkeit einer ergänzenden Stellungnahme zu diesem Vorschlag der Abwicklungsstelle einzuräumen.

(3) Auf Anfrage sind dem Förderungswerber die der Beurteilung des Förderungsansuchens zugrundegelegten Unterlagen, wie Regionalstudien, Variantenuntersuchungen und generellen Projekte, bekanntzugeben.

(4) Die Bundesministerin für Klimaschutz, Umwelt, Energie, Mobilität, Innovation und Technologie, in Angelegenheiten der Wasserwirtschaft jedoch die Bundesministerin für Landwirtschaft, Regionen und Tourismus, entscheidet über das Förderungsansuchen unter Bedachtnahme auf die Empfehlung der entsprechenden Kommission.

(5) Nach stattgebender Entscheidung der Bundesministerin für Klimaschutz, Umwelt, Energie, Mobilität, Innovation und Technologie, in Angelegenheiten der Wasserwirtschaft jedoch der Bundesministerin für Landwirtschaft, Regionen und Tourismus, hat die Abwicklungsstelle einen Förderungsvertrag mit dem Förderungswerber abzuschließen.

(6) Bei Ablehnung ist der Förderungswerber von der Abwicklungsstelle unter Angabe der für die Entscheidung maßgeblichen Gründe zu verständigen, sofern der Fördernehmer dies im Rahmen der Verständigung gemäß Abs. 2 schriftlich einfordert.

(7) Im Förderungsvertrag gemäß Abs. 5 sind Bedingungen, Auflagen und Vorbehalte aufzunehmen, die insbesondere der Einhaltung der Ziele dieses Bundesgesetzes dienen.

(8) Es kann, soweit öffentliche Rücksichten dies erfordern,

1. die Bundesministerin für Landwirtschaft, Regionen und Tourismus Aufträge zur Durchführung von Maßnahmen gemäß § 17 Abs. 1 Z 6, § 17a Z 6 und § 21,
2. die Bundesministerin für Klimaschutz, Umwelt, Energie, Mobilität, Innovation und Technologie Aufträge zur Durchführung von Maßnahmen gemäß § 24 Abs. 1 Z 4, § 24 Abs. 2, § 27a, § 30 Z 3 und 4, § 30a Z 1 und 2, § 33a und § 48e sowie von themenspezifischen Aktionsprogrammen im Zusammenhang mit der Umsetzung der österreichischen Klimastrategie sowie des integrierten nationalen Energie- und Klimaplans für Österreich sowie
3. die gemäß Z 1 oder 2 jeweils zuständige Bundesministerin auch Aufträge zur Durchführung von sonstigen, im Zusammenhang mit den Förderungen oder Ankäufen nach diesem Bundesgesetz stehenden Maßnahmen, insbesondere zur Optimierung der Förderungen und Ankäufe,

erteilen. Soweit dem keine Unvereinbarkeitsgründe oder sonstige rechtliche Gründe entgegenstehen, kann die Betrauung auch an die Abwicklungsstelle erfolgen. Diese Bestimmungen sind sinngemäß auch für Aufträge im Zusammenhang mit der internationalen Klimafinanzierung (§§ 48a bis 48c) anzuwenden.

(9) Die Bundesministerin für Landwirtschaft, Regionen und Tourismus kann nach Befassung der Kommission in Angelegenheiten der Wasserwirtschaft Maßnahmen zur Verbesserung des ökologischen Zustandes der Gewässer gemäß § 17a Z 1 und 5 finanzieren,

1. wenn der Bund als Träger eines bestehenden wasserrechtlichen Konsenses verpflichtet ist, diese umzusetzen, oder
2. wenn auf Flächen des öffentlichen Wassergutes (§ 4 des Wasserrechtsgesetzes 1959 – WRG 1959, BGBl. Nr. 215/1959, in der jeweils geltenden Fassung) im öffentlichen Interesse eine einmalige Maßnahmensetzung durch den Bund als Grundeigentümer erforderlich ist, die infolge des Erlöschens des Wasserbenutzungsrechtes dem letzten Wasserberechtigten (§ 29 WRG 1959) nicht aufgetragen werden kann, weil
   a) dieser nicht mehr existent ist oder
   b) das Erlöschen ohne Vorschreibung der notwendigen Maßnahmen abschließend festgestellt wurde und nachvollziehbar dargelegt werden kann, warum Vorschreibungen letztmaliger Vorkehrungen zur Hintanhaltung einer Verletzung des öffentlichen Interesses (der Hintanhaltung einer wesentlichen Beeinträchtigung der ökologischen Funktionsfähigkeit oder des ökologischen Zustandes) als nicht erforderlich erachtet wurden.

Diese Maßnahmen müssen mit der ökologischen Prioritätenreihung des Nationalen Gewässerbewirtschaftungsplanes (§ 55c WRG 1959) in Einklang stehen.

Richtlinien

§ 13. (1) Die Bundesministerin für Klimaschutz, Umwelt, Energie, Mobilität, Innovation und Technologie, in Angelegenheiten der Wasserwirtschaft jedoch die Bundesministerin für Landwirtschaft, Regionen und Tourismus, hat Richtlinien für die Durchführung der Förderungen zu erlassen.

(2) Die Förderungsrichtlinien haben insbesondere Bestimmungen zu enthalten über

1. Gegenstand der Förderung;
2. förderbare Kosten;
3. persönliche und sachliche Voraussetzungen für das Erlangen einer Förderung;
4. – soweit erforderlich – das Verfahren zur Vergabe der Leistungen durch den Förderungsnehmer;
5. Ausmaß und Art der Förderung;
6. Verfahren
   a) Ansuchen (Art. Inhalt und Ausstattung der Unterlagen)
   b) Auszahlungsmodus
   c) Berichtslegung (Kontrollrechte)
   d) Einstellung und Rückforderung der Förderung;
7. Gerichtsstand.

(3) Die technischen Richtlinien haben insbesondere Bestimmungen zu enthalten über

1. Grundsätze der Projektierung und Vorleistungen;
2. Umfang und Art der Planungsunterlagen, insbesondere der Variantenuntersuchungen;
3. Durchführung, Kontrolle, Abrechnung und Endüberprüfung;
4. Betriebsmaßnahmen und Instandhaltungsmaßnahmen sowie die Gewährleistung der Wirksamkeit von Anlagen.

Die technischen Richtlinien sind jedenfalls für Angelegenheiten der Siedlungswasserwirtschaft zu erlassen.

(Anm.: Abs. 4 aufgehoben durch BGBl. I Nr. 98/2013)

(5) Bei der Erlassung der Richtlinien hat die jeweils zuständige Bundesministerin das Einvernehmen

1. mit dem Bundesminister für Finanzen hinsichtlich der Richtlinien nach Abs. 2,
2. mit dem Bundesminister für Arbeit und Wirtschaft hinsichtlich der Richtlinien nach Abs. 2 betreffend die Umweltförderung im Inland, ausgenommen jener gemäß § 6 Abs. 4 und
3. mit der Bundesministerin für Landwirtschaft, Regionen und Tourismus hinsichtlich der Richtlinien nach Abs. 2 betreffend den Biodiversitätsfonds zur Festlegung der Förderungsgegenstände, die überwiegend land- und forstwirtschaftliche Belange zum Inhalt haben,

herzustellen.

(6) Die von der Bundesministerin für Klimaschutz, Umwelt, Energie, Mobilität, Innovation und Technologie, in Angelegenheiten der Wasserwirtschaft jedoch von der Bundesministerin für Landwirtschaft, Regionen und Tourismus, zu erlassenden Richtlinien (Abs. 2 bis 4) sind im „Amtsblatt zur Wiener Zeitung“ zu verlautbaren. Diese Verlautbarung kann durch die Bekanntgabe der Erlassung der Richtlinien unter Angabe des Ortes ihres Aufliegens im „Amtsblatt zur Wiener Zeitung“ ersetzt werden.

§ 14. Die Bundesministerin für Klimaschutz, Umwelt, Energie, Mobilität, Innovation und Technologie, in Angelegenheiten der Wasserwirtschaft jedoch die Bundesministerin für Landwirtschaft, Regionen und Tourismus, hat die wesentlichen Effekte der Förderungen und Ankäufe in ökologischer und ökonomischer Hinsicht in regelmäßigen Abständen, spätestens jedoch alle drei Jahre, zu untersuchen und zu bewerten sowie dem Nationalrat zur Kenntnis zu bringen. Bei dieser Bewertung sind neben den Mitteln, die gemäß den Bestimmungen dieses Bundesgesetzes gewährt werden, auch weitere für die betreffenden Maßnahmen gewährte öffentliche Mittel zu berücksichtigen, soweit die entsprechenden Informationen zugänglich sind.

Abgabenbefreiungen

§ 15. (1) Die durch dieses Bundesgesetz unmittelbar veranlaßten Eingaben sind von den Stempelgebühren befreit.

(2) Die Darlehens- und Kreditverträge, für die Annuitäten- oder Zinsenzuschüsse gewährt werden, sind von den Rechtsgeschäftsgebühren befreit. Wird die Förderung aufgekündigt, so werden Darlehens- und Kreditverträge mit der Aufkündigung nach dem Gebührengesetz 1957, BGBl. Nr. 267 in der jeweils geltenden Fassung, gebührenpflichtig.

2. Abschnitt
Wasserwirtschaft

Ziele

§ 16. Ziele der Förderung von Maßnahmen zur Wasservorsorge, Wasserversorgung und Abwasserentsorgung sind

1. der Schutz des ober- und unterirdischen Wassers vor Verunreinigungen, die Versorgung der Bevölkerung mit hygienisch einwandfreiem Trinkwasser sowie die Bereitstellung von Nutz- und Feuerlöschwasser;
2. die Sicherstellung eines sparsamen Verbrauches von Wasser;
3. die Verringerung der Umweltbelastungen für Gewässer, Luft und Böden sowie die Erhaltung des natürlichen Wasserhaushaltes;
4. die Berücksichtigung der künftigen Bedarfsentwicklung neben dem bestehenden Ver- und Entsorgungsbedarf.

§ 16a. Ziel der Förderung von Maßnahmen zur Verbesserung des ökologischen Zustandes der Gewässer ist die Reduktion der hydromorphologischen Belastungen zur Erreichung der Vorgaben der EU-Wasserrahmenrichtlinie und des Wasserrechtsgesetzes 1959 in der jeweils geltenden Fassung.

Förderungsgegenstand

§ 17. (1) Im Rahmen der Siedlungswasserwirtschaft können gefördert werden

1. Maßnahmen zur Versorgung mit Trink- und Nutzwasser einschließlich der künftigen Wasserversorgung;
2. Maßnahmen zum Schutz des ober- und unterirdischen Wassers durch Ableitung und Behandlung von Abwässern und Behandlung der Rückstände aus Abwasserbehandlungsanlagen;

2a. Maßnahmen zur Strukturverbesserung im Bereich der Wasserver- und Abwasserentsorgung, die zu Effizienzsteigerungen führen;

3. Maßnahmen zur Verwertung oder Nutzung der in Anlagen anfallenden Energie;
4. Maßnahmen zur Erneuerung und Sanierung von
   a) bestehenden Wasserversorgungs-, Abwasserentsorgungs- oder Schlammbehandlungsanlagen, deren Baubeginn zumindest 40 Jahre vor Einlangen des Förderungsansuchens beim zuständigen Amt der Landesregierung zurückliegt;
   b) Wasserversorgungs-, Abwasserentsorgungs- oder Schlammbehandlungsanlagen, die noch nie gefördert wurden;
5. Maßnahmen zur Anpassung an gestiegene abwasserrechtliche, trinkwasserrechtliche oder lebensmittelrechtliche Anforderungen;
6. Grundsatzkonzepte, Untersuchungen, Studien, generelle Planungen, Bewusstseinsbildung sowie Gutachten, in Zusammenhang mit Z 1 bis 5.

(2) Weiters können Maßnahmen zur betrieblichen Abwasserentsorgung und sonstige innerbetriebliche abwasserbezogene Maßnahmen gefördert werden.

§ 17a. Im Rahmen der Verbesserung des ökologischen Zustandes der Gewässer können gefördert werden

1. Maßnahmen zur Verbesserung der Durchgängigkeit;
2. Maßnahmen zur Minderung der Auswirkungen von Ausleitungen;
3. Maßnahmen zur Minderung der Auswirkungen von Rückstau;
4. Maßnahmen zur Minderung der Auswirkungen des Schwalls;
5. Maßnahmen zur Restrukturierung morphologisch veränderter Fließgewässerstrecken, soweit diese die in § 1 Abs. 1 Z 1 lit. a oder b des Wasserbautenförderungsgesetzes 1985 (WBFG), BGBl. Nr. 148/1985, in der jeweils geltenden Fassung, angeführten Hochwasserschutz- oder Wasserhaushaltsziele nicht miterfüllen;
6. Grundsatzkonzepte, Untersuchungen, Studien, generelle Planungen, Bewusstseinsbildung sowie Gutachten, in Zusammenhang mit Z 1 bis 5.

Besondere Förderungsvoraussetzungen

§ 18. Die Förderung setzt voraus, daß

1. die Maßnahme erst nach Einbringung des Ansuchens in Angriff genommen wurde. Dies gilt nicht für Vorleistungen, für Sofortmaßnahmen gemäß § 122 Abs. 1 und § 138 Abs. 3 WRG, im Falle eines Notstandes sowie für Teile einer Anlage, die nach dem Zeitpunkt der Einbringung des Ansuchens hergestellt wurden und
2. das Ansuchen mit Ausnahme solcher nach § 17 Abs. 2 oder § 17a im Wege des Amtes der Landesregierung bei der Abwicklungsstelle

eingebracht wird und das Land die Maßnahme begutachtet hat.

Förderungswerber

§ 19. Ein Ansuchen auf Förderung kann gestellt werden von

1. Gemeinden, die im eigenen Namen und auf eigene Rechnung Wasserversorgungs-, Abwasserentsorgungs- oder Schlammbehandlungsanlagen errichten oder betreiben oder Maßnahmen gemäß § 17a setzen sowie Länder, die über ein nichtselbständiges Landesunternehmen Wasserversorgungsanlagen errichten oder betreiben;
2. Genossenschaften und Verbände, die Wasserversorgungs-, Abwasserentsorgungs- oder Schlammbehandlungsanlagen errichten oder betreiben, sofern seitens der betroffenen Gemeinden eine schriftliche Zustimmung zum Ansuchen vorliegt;
3. Gemeinden gemeinsam mit einem Dritten (zB Genossenschaften nach dem Wasserrechtsgesetz, Verbände und Unternehmen), wenn dieser zum Teil oder zur Gänze im eigenen Namen und auf eigene Rechnung Wasserversorgungs-, Abwasserentsorgungs- oder Schlammbehandlungsanlagen errichtet oder betreibt und die Kosten dafür einer oder mehreren Gemeinden in Rechnung stellt;
4. Unternehmen, Betriebe von Gebietskörperschaften und Landesgesellschaften, die im eigenen Namen und auf eigene Rechnung Wasserversorgungs-, Abwasserentsorgungs- oder Schlammbehandlungsanlagen errichten oder betreiben und Liefer- bzw. Leistungsverträge mit Trinkwasserabnehmern oder Abwasserproduzenten abgeschlossen haben;
5. physische oder juristische Personen, die im eigenen Namen und auf eigene Rechnung Einzelwasserversorgungs- oder Einzelabwasserentsorgungsanlagen für den eigenen Bedarf errichten. Ist der Förderungswerber Nutzungsberechtigter, ist die Voraussetzung für die Förderung, daß die Zustimmung des Liegenschaftseigentümers vorliegt;
6. physische oder juristische Personen für Anlagen gemäß § 17 Abs. 2 oder Maßnahmen gemäß § 17a.

Förderungsausmaß

§ 20. (1) Die Höhe der Förderung ist in den Richtlinien unter Bedachtnahme auf die Zielsetzungen dieses Bundesgesetzes in Fördersätzen bis zu 60 vH der förderbaren Kosten oder pauschaliert festzulegen. Werden Mittel aus den EU-Strukturfonds in Anspruch genommen, können diese auf die festgelegten Förderhöhen dazugeschlagen werden, soweit der Fördersatz von 60 vH beziehungsweise die Pauschalförderung um 25 vH nicht überschritten wird.

(2) Bei der Abwasserentsorgung ist insbesondere auf die spezifischen Gesamtkosten in einem Entsorgungsgebiet Bedacht zu nehmen.

(3) Für die betrieblichen Anlagen gemäß § 17 Abs. 2 kann die Höhe der Förderung auch nach dem Wirkungs- und Innovationsgrad der Anlagen festgelegt werden.

(4) Bei Einzelwasserversorgungs- oder Einzelabwasserentsorgungsanlagen kann die Höhe der Förderung mit höchstens 35 vH der förderbaren Kosten oder im Rahmen einer Pauschalierung festgelegt werden, wobei jeweils Voraussetzung ist, daß das Land eine Förderung in mindestens gleicher Höhe leistet.

Forschung und Bewusstseinsbildung

§ 21. Für Vorhaben im Bereich der Forschung und der Bewusstseinsbildung, die den Zwecken der Siedlungswasserwirtschaft oder der Verbesserung des ökologischen Zustandes der Gewässer dienen, dürfen jährlich höchstens 2 Millionen Euro zur Verfügung gestellt werden. Bei Forschungsvorhaben, sind §§ 10 bis 13 des Forschungsorganisationsgesetzes (FOG), BGBl. Nr. 341/1981 in der jeweils geltenden Fassung, anzuwenden.

Kommission

§ 22. Die gemäß § 7 Z 1 (Wasserwirtschaft) eingerichtete Kommission besteht aus 13 Mitgliedern. Elf der Mitglieder werden von der Bundesministerin für Landwirtschaft, Regionen und Tourismus nach dem Stärkeverhältnis der im Nationalrat vertretenen politischen Parteien und nach deren Anhörung bestellt. Auf jede im Hauptausschuß des Nationalrates vertretene politische Partei entfällt zumindest ein Mitglied; für die Ermittlung, wieviele der übrigen Mitglieder auf die im Nationalrat vertretene politische Partei entfallen, sind die Bestimmungen der Nationalrats-Wahlordnung 1992, BGBl. Nr. 471/1992 in der jeweils geltenden Fassung, über die Berechnung der Mandate im dritten Ermittlungsverfahren sinngemäß anzuwenden. Je ein weiterer Vertreter sind auf Vorschlag des Städtebundes und des Gemeindebundes zu bestellen.

Gemeinsamer Arbeitskreis des Bundes und der Länder

§ 22a. (1) Die Bundesministerin für Landwirtschaft, Regionen und Tourismus wird ermächtigt, einen gemeinsamen Arbeitskreis des Bundes und der Länder für die Förderungsangelegenheiten der Siedlungswasserwirtschaft und der Verbesserung des ökologischen Zustandes der Gewässer einzurichten. Dieser Arbeitskreis hat Vorschläge für die Organisation der Förderungsabwicklung zu behandeln und insbesondere bei der Erarbeitung von Richtlinien (§ 13) mitzuwirken.

(2) Diesem Arbeitskreis werden zwei Vertreter des Bundesministeriums für Landwirtschaft,

Regionen und Tourismus und je ein Vertreter der gemäß § 11 Abs. 1 mit der Förderungsabwicklung betrauten Abwicklungsstelle, eines jeden Bundeslandes sowie des österreichischen Städtebundes und des Österreichischen Gemeindebundes anzugehören haben.

(3) Den Vorsitz dieses Arbeitskreises hat ein Vertreter des Bundesministeriums für Landwirtschaft, Regionen und Tourismus zu führen.

(Anm.: Abs. 4 aufgehoben durch Art. 8 Z 31, BGBl. I Nr. 98/2020)

3. Abschnitt
UMWELTFÖRDERUNG IM INLAND
Ziele

§ 23. (1) Im Hinblick auf die Erreichung der Zielsetzung gemäß § 1 Z 2 soll mit der Umweltförderung im Inland die Verwirklichung von Maßnahmen angestrebt werden, die

1. zu einem effizienten Einsatz von Energie oder Ressourcen unter Bedachtnahme auf die Europäischen Abfallhierarchie (Kreislaufwirtschaft) führen,
2. zu einem Einsatz oder zum Umstieg auf erneuerbare Energieträger oder biogenen Rohstoffe (Bioökonomie) führen,
3. zu einer größtmöglichen Verminderung von (sonstigen) Treibhausgasemissionen oder umweltbelastenden Emissionen führen oder
4. den Ausbau und die Dekarbonisierung von Fernwärme- und Fernkältesysteme vorantreiben und damit – unter Einrechnung von Abwärme im Sinne von § 5 Abs. 1 Z 1 des Erneuerbaren-Ausbau-Gesetzes, BGBl. I Nr. 150/2021, – einen Beitrag zur Steigerung des jährlichen Anteils des Einsatzes der erneuerbaren Energieträger in der Fernwärme und -kälte im Ausmaß von mindestens 1,5 vH leisten sowie zur Erreichung der Klimaneutralität bis 2040 beitragen.

Insgesamt soll damit im Einklang mit der nationalen und unionsrechtlichen Zielsetzung der Klimaneutralität und der Kreislaufwirtschaft und für einen umfassenden Umweltschutz ein Beitrag zur nachhaltigen Dekarbonisierung des Wirtschaftssystems und zur Vermeidung und Reduktion von Umweltbelastungen („Transformation der Wirtschaft“) geleistet werden.

(2) Die gemäß § 6 Abs. 2f Z 1a und 1b für die Zwecke der Verbesserung der Energieeffizienz zulasten des Bundes zu tätigenden zusätzlichen Förderungszusagen zielen insbesondere darauf ab, dass Endenergieeinsparungen in Höhe von mindestens 250 Petajoule kumuliert bis 31. Dezember 2030 realisiert werden und zur Erfüllung insbesondere der Energieeffizienzziele und Energieeinsparverpflichtungen gemäß der Energieeffizienz-Richtlinie sowie allfälliger nationaler Vorgaben beitragen werden. Zu diesem Zwecke sollen die zu gewährenden Förderungen unter Beachtung eines effizienten und effektiven Mitteleinsatzes bestmöglich auf diese Zielsetzungen ausgerichtet werden.

(3) Im Hinblick auf die Zielsetzungen gemäß Abs. 1 Z 4 sind die Förderbedingungen in geeigneter Weise festzulegen, dass

1. die Förderung in Abstimmung mit der Förderung von Fernwärme- oder Fernkältesystemen auf Basis erneuerbarer Energieträger ausgerichtet sowie die Erreichung der langfristigen Zielsetzungen angestrebt wird;
2. unter Berücksichtigung der Versorgungssicherheit bestehende Energieeinsparpotentiale sowie der Potenziale zur Reduktion des Primärenergieträgereinsatzes zur Fernwärme- oder Fernkälteversorgung genutzt werden;
3. durch die Errichtung von Kältenetzen der Stromverbrauchszuwachs für Klimatisierung gedämpft wird;
4. die Emission von Luftschadstoffen, insbesondere in Sanierungsgebieten gemäß § 2 Abs. 8 Immissionsschutzgesetz-Luft (IG-L), BGBl. I Nr. 115/1997, in der jeweils geltenden Fassung, verringert werden;
5. der Ausbau von Fernwärme- und Fernkältesystemen in den Ballungszentren beschleunigt wird.

UFG

Die Bundesministerin für Klimaschutz, Umwelt, Energie, Mobilität, Innovation und Technologie hat im Rahmen der Evaluierung gemäß § 14 darzulegen, in welchem Umfang zur Zielerreichung durch diese Förderungen beigetragen wird. Soweit keine für die Zielsetzungen dieser Förderungen angemessenen Beiträge erzielt werden, sind die inhaltlichen Förderbedingungen in geeigneter Weise anzupassen.

(4) Im Rahmen der Förderung der Transformation der Industrie unterstützt die Umweltförderung im Inland die größtmögliche Reduktion von Treibhausgasemissionen aus der direkten Verbrennung von fossilen Energieträgern oder unmittelbar aus industriellen Produktionsprozessen, um so zur Dekarbonisierung dieser Wirtschaftsbereiche bis 2040 sowie zur Aufrechterhaltung und Stärkung des Industrie- und Wirtschaftsstandortes Österreich beizutragen. Die Bundesministerin für Klimaschutz, Umwelt, Energie, Mobilität, Innovation und Technologie hat auf Basis erster Erkenntnisse aus einer Pilotphase (2023 bis 2025) beginnend ab 2026 die Wirkungsweisen und die Kosteneffektivität der Förderungen, insbesondere im Hinblick auf die Zielsetzungen dieses Bundesgesetzes, zu evaluieren.

Förderungsgegenstand

§ 24. (1) Es können gefördert werden

1. Investitionen

a) zum effizienten Einsatz von Energie,
b) zur Erzeugung und zum effizienten Einsatz erneuerbarer Energieträger in ortsfesten oder mobilen Anlagen sowie in betrieblichen Mobilitäts- oder Verkehrsmaßnahmen,
c) zum Ausbau von Fernwärmeleitungs- und Fernkälteleitungssystemen einschließlich der damit verbundenen Infrastrukturanlagen und -leitungen, die – unter Einrechnung von industrieller Abwärme – einen Anteil von weniger als 80 vH an Fernwärme oder Fernkälte aus erneuerbaren Energien aufweisen, Kältemaschinen auf Basis erneuerbarer Energieträger oder von Abwärme im Sinne des § 23 Abs. 1 Z 4, wobei bei Kompressionskälteanlagen mindestens 50 vH der bei diesen Anlagen anfallenden Abwärme genutzt und in das Fernwärmenetz eingespeist werden, sowie Gebäudeanschlüsse,
d) zur Umstellung der Produktion auf den effizienten Einsatz von biogenen Rohstoffen und
e) zur sonstigen Vermeidung oder Verringerung von Treibhausgasemissionen,
2. Investitionen zur Vermeidung oder Verringerung der Umweltbelastungen durch sonstige Luftverunreinigungen, soweit Anlagen verbessert oder ersetzt werden,
3. Investitionen zur Steigerung der Ressourceneffizienz und der Kreislaufwirtschaft,
4. Investitionen zur Verringerung der Umweltbelastungen durch Behandlung oder stoffliche Verwertung von gefährlichen Abfällen,
5. Investionen zur Vermeidung oder Verringerung der Umweltbelastungen durch Lärm, soweit Anlagen verbessert oder ersetzt werden,
6. öko-innovative Investitionen, das sind Investitionen gemäß Z 1 bis 3, die durch den Einsatz fortschrittlichster Technologien besonders geeignet erscheinen, die Umweltbelastungen zu verringern,
7. immaterielle Leistungen, das sind
a) Planungsleistungen, Projektvorleistungen und Umweltstudien, die im Zusammenhang mit den in Z 1 bis 6 genannten Maßnahmen notwendig sind, und
b) Beratungsleistungen, die entweder im Zusammenhang mit den in Z 1 bis 5 genannten Maßnahmen notwendig sind oder die im Zusammenhang mit diesen Maßnahmen stehen und im Rahmen von regionalen Programmen abgewickelt werden, sowie Leistungen von Dienstleistern zur energetischen Optimierung oder zur Verlängerung der technischen Nutzungsdauer von elektrischen oder elektronischen Haushaltsgeräten,

und

8. laufende Kosten
a) im Zusammenhang mit öko-innovativen Investitionen gemäß Z 1, sofern die Gesamtheit der Kosten der Investition und des Betriebs nicht durch entsprechende Einnahmen erwirtschaftet werden kann, wobei für die Förderung lediglich erhöhte laufende Kosten maximal bis zu einem Zeitraum von zehn Jahren berücksichtigt werden können, oder
b) im Zusammenhang mit Investitionen gemäß Z 1 lit. d, sofern die Gesamtheit der Kosten der Investition und des Betriebs nicht durch entsprechende Einnahmen erwirtschaftet werden kann, wobei für die Förderung lediglich erhöhte laufende Kosten maximal bis zu einem Zeitraum von fünf Jahren berücksichtigt werden können.

(2) Für die Zwecke der Transformation der Industrie können Kosten von Maßnahmen bei stationären Anlagen zur größtmöglichen Reduktion von Treibhausgasemissionen aus der direkten Verbrennung von fossilen Energieträgern oder unmittelbar aus industriellen Produktionsprozessen gemäß Abs. 1 Z 1 und Abs. 1 Z 8 lit. a gefördert werden.

Besondere Förderungsvoraussetzungen

§ 25.[a)] (1) Die Förderung im Bereich der Umweltförderung im Inland setzt jedenfalls voraus, dass

1. durch die zu fördernde Maßnahme ein wesentlicher Effekt im Sinne der Zielsetzungen des Einsatzes der zur Verfügung stehenden Mittel angestrebt wird, wobei Raumordnung, Rohstoff- und Energieersparnis sowie mögliche Verlagerungen von Umweltbelastungen zu beachten sind;
1a. – soweit eine Investition gemäß § 24 Abs. 1 Z 1 lit. c gefördert werden soll –
a) das Förderungsansuchen ab dem Inkrafttreten des BGBl. I Nr. 161/2021 bei der Abwicklungsstelle eingereicht wird,
b) dem Förderungsansuchen ein Umstellungsplan (Dekarbonisierungspfad) beigelegt ist, aus dem hervorgeht, wie bei bestehenden Verteilnetzen bis 2030 – unter Einrechnung von Abwärme im Sinne des § 23 Abs. 1 Z 4 – ein Anteil von 60 vH und bis 2035 ein Anteil von 80 vH erneuerbarer Energie in der Fernwärme- oder Fernkältebereitstellung erreicht werden soll. Der Umstellungsplan hat jedenfalls Angaben zum Zielzustand des Netzes und zur Mindestreduktion der eingespeisten Wärme aus fossilen Energieträgern und des Primärenergieeinsatzes zu enthalten und
c) ab dem Zeitpunkt der Inbetriebnahmen des Investitionsvorhabens im Fernwärme- oder Fernkälteleitungssystem mindestens 50 vH erneuerbare Energien, 50 vH Abwärme, 75 vH Wärme aus Kraft-Wärme-Kopplungsanlagen oder 50 vH einer Kombination dieser Energien zur Versorgung mit Wärme oder Kälte genutzt

werden oder durch das Investitionsvorhaben ein Anschluss an ein Fernwärme- oder Fernkälteleitungssystem erfolgt, das diese Kriterien erfüllt;

d) durch das Projekt zumindest ein Endverbraucher mit Fernwärme oder Fernkälte versorgt wird, der nicht mit dem Fernwärmeunternehmen konzernmäßig im Sinne des § 189a Z 8 UGB, dRGBl. S 219/1897, in der jeweils geltenden Fassung, verbunden ist;

2. die Durchführung der Maßnahmen von dazu befugten Personen oder Unternehmen erfolgt und

3. soweit eine Förderung im Rahmen des § 6 Abs. 2f Z 1a und Z 1b zulasten der zusätzlichen Bundesmittel für die Zwecke der Verbesserungen der Energieeffizienz vergeben werden soll,

a) die Verwendung der Mittel zur Erfüllung insbesondere der Energieeffizienzziele und Energieeinsparverpflichtungen gemäß der Energieeffizienz-Richtlinie sowie allfälliger nationaler Vorgaben sichergestellt ist und

b) die Vergabe der Förderungen im Rahmen von Förderungsprogrammen erfolgt, die nach vorheriger Befassung der gemäß § 28 eingerichteten Kommission zu erstellen sind, wobei bei der Erstellung von Förderungsprogrammen, die konkrete Projekte für begünstigte Haushalte beinhalten, der Bundesminister für Soziales, Gesundheit, Pflege und Konsumentenschutz zu befassen ist,

4. soweit Maßnahmen zur Transformation der Industrie gefördert werden sollen

a) die Maßnahmen im Rahmen einer offenen, klaren, transparenten und diskriminierungsfreien Ausschreibung und auf der Grundlage objektiver, vorab festgelegter Kriterien eingereicht wurden,

b) die formalen und inhaltlichen Voraussetzungen im Sinne der Vorgaben dieses Bundesgesetzes, der Förderungsrichtlinien, der beihilfenrechtlichen Vorgaben und der Ausschreibungskriterien von der Abwicklungsstelle (Förderungsfähigkeit) geprüft wurden,

c) die Maßnahmen einer Bewertung durch eine Jury von Fachexpertinnen und Fachexperten („Jury“) im Hinblick auf die Zielsetzung dieser Förderung unterzogen wurden, wobei die Jury aus zwei unabhängigen und wissenschaftlichen Vertreterinnen und Vertretern der Klimatologie und Energiewirtschaft, zwei unabhängigen Vertreterinnen und Vertretern der Wirtschaftswissenschaft sowie zwei unabhängigen Vertreterinnen und Vertretern der technischen Wissenschaften zu bestehen hat, und die Auswahl der Mitglieder der Jury auf der Grundlage von Auswahlkriterien erfolgt, die die Bundesministerin für Klimaschutz, Umwelt, Energie, Mobilität, Innovation und Technologie im Einvernehmen mit dem Bundesminister für Finanzen und dem Bundesminister für Arbeit und Wirtschaft festzulegen hat, sowie

d) die Maßnahmen zur Reduktion von Treibhausgasemissionen gemäß § 24 Abs. 2 bei industriellen Anlagen für Tätigkeiten der im **Anhang** genannten Sektoren oder Teilsektoren führen.

Sollen ausschließlich Investitionen gemäß § 24 Abs. 1 Z 1 gefördert werden, kann die Förderung unter Einhaltung der übrigen Bestimmungen gemäß lit. a bis lit. d gewährt werden, ohne dass eine Ausschreibung erfolgt, soweit dem beihilfenrechtliche Vorgaben nicht entgegenstehen.

(2) Die Bundesministerin für Klimaschutz, Umwelt, Energie, Mobilität, Innovation und Technologie kann zusätzliche Voraussetzungen, wie insbesondere die Prüfung der Wirtschaftlichkeit der Investition, für die Gewährung einer Förderung festlegen.

(3) Die erforderlichen Nachweise für das Vorliegen der Voraussetzungen obliegen dem Förderungswerber. Die zur Prüfung erforderlichen Unterlagen sind vom Förderungswerber beizubringen.

(Anm. : Abs. 4 aufgehoben durch BGBl. I Nr. 98/2013)

[a] Tritt mit Ablauf des 31. Dezember 2023 außer Kraft.

UFG

Besondere Förderungsvoraussetzungen

§ 25.[a] (1) Die Förderung im Bereich der Umweltförderung im Inland setzt jedenfalls voraus, dass

1. durch die zu fördernde Maßnahme ein wesentlicher Effekt im Sinne der Zielsetzungen des Einsatzes der zur Verfügung stehenden Mittel angestrebt wird, wobei Raumordnung, Rohstoff- und Energieersparnis sowie mögliche Verlagerungen von Umweltbelastungen zu beachten sind;

1a. – soweit eine Investition gemäß § 24 Abs. 1 Z 1 lit. c gefördert werden soll –

a) das Förderungsansuchen ab dem Inkrafttreten des BGBl. I Nr. 161/2021 bei der Abwicklungsstelle eingereicht wird,

b) dem Förderungsansuchen ein Umstellungsplan (Dekarbonisierungspfad) beigelegt ist, aus dem hervorgeht, wie bei bestehenden Verteilnetzen bis 2030 – unter Einrechnung von Abwärme im Sinne des § 23 Abs. 1 Z 4 – ein Anteil von 60 vH und bis 2035 ein Anteil von 80 vH erneuerbarer Energie in der Fernwärme- oder Fernkältebereitstellung erreicht werden soll. Der Umstellungsplan hat jedenfalls Angaben zum Zielzustand des Netzes und zur Mindestreduktion der eingespeisten Wärme aus fossilen Energieträgern und des Primärenergieeinsatzes zu enthalten und

c) ab dem Zeitpunkt der Inbetriebnahmen des Investitionsvorhabens im Fernwärme- oder Fernkälteleitungssystem mindestens 50 vH erneuerbare Energien, 50 vH Abwärme, 75 vH Wärme aus Kraft-Wärme-Kopplungsanlagen oder 50 vH einer Kombination dieser Energien zur Versorgung mit Wärme oder Kälte genutzt werden oder durch das Investitionsvorhaben ein Anschluss an ein Fernwärme- oder Fernkälteleitungssystem erfolgt, das diese Kriterien erfüllt;
d) durch das Projekt zumindest ein Endverbraucher mit Fernwärme oder Fernkälte versorgt wird, der nicht mit dem Fernwärmeunternehmen konzernmäßig im Sinne des § 189a Z 8 UGB, dRGBl. S 219/1897, in der jeweils geltenden Fassung, verbunden ist;

2. die Durchführung der Maßnahmen von dazu befugten Personen oder Unternehmen erfolgt und
3. soweit eine Förderung im Rahmen des § 6 Abs. 2f Z 1a und Z 1b zulasten der zusätzlichen Bundesmittel für die Zwecke der Verbesserungen der Energieeffizienz vergeben werden soll,

a) die Verwendung der Mittel zur Erfüllung insbesondere der Energieeffizienzziele und Energieeinsparverpflichtungen gemäß der Energieeffizienz-Richtlinie sowie allfälliger nationaler Vorgaben sichergestellt ist und
b) die Vergabe der Förderungen im Rahmen von Förderungsprogrammen erfolgt, die nach vorheriger Befassung der gemäß § 28 eingerichteten Kommission zu erstellen sind, wobei bei der Erstellung von Förderungsprogrammen, die konkrete Projekte für begünstigte Haushalte beinhalten, der Bundesminister für Soziales, Gesundheit, Pflege und Konsumentenschutz zu befassen ist,

4. soweit Maßnahmen zur Transformation der Industrie gefördert werden sollen

a) die Maßnahmen im Rahmen einer offenen, klaren, transparenten und diskriminierungsfreien Ausschreibung und auf der Grundlage objektiver, vorab festgelegter Kriterien eingereicht wurden,
b) die formalen und inhaltlichen Voraussetzungen im Sinne der Vorgaben dieses Bundesgesetzes, der Förderungsrichtlinien, der beihilfenrechtlichen Vorgaben und der Ausschreibungskriterien von der Abwicklungsstelle (Förderungsfähigkeit) geprüft wurden,
c) die Maßnahmen einer Bewertung durch eine Jury von Fachexpertinnen und Fachexperten („Jury") im Hinblick auf die Zielsetzung dieser Förderung unterzogen wurden, wobei die Jury aus zwei unabhängigen und wissenschaftlichen Vertreterinnen und Vertretern der Klimatologie und Energiewirtschaft, zwei unabhängigen Vertreterinnen und Vertretern der Wirtschaftswissenschaft sowie zwei unabhängigen Vertreterinnen und Vertretern der technischen Wissenschaften zu bestehen hat, und die Auswahl der Mitglieder der Jury auf der Grundlage von Auswahlkriterien erfolgt, die die Bundesministerin für Klimaschutz, Umwelt, Energie, Mobilität, Innovation und Technologie im Einvernehmen mit dem Bundesminister für Finanzen und dem Bundesminister für Arbeit und Wirtschaft festzulegen hat, sowie
d) die Maßnahmen zur Reduktion von Treibhausgasemissionen gemäß § 24 Abs. 2 bei industriellen Anlagen für Tätigkeiten der im **Anhang** genannten Sektoren oder Teilsektoren führen.

(2) Die Bundesministerin für Klimaschutz, Umwelt, Energie, Mobilität, Innovation und Technologie kann zusätzliche Voraussetzungen, wie insbesondere die Prüfung der Wirtschaftlichkeit der Investition, für die Gewährung einer Förderung festlegen.

(3) Die erforderlichen Nachweise für das Vorliegen der Voraussetzungen obliegen dem Förderungswerber. Die zur Prüfung erforderlichen Unterlagen sind vom Förderungswerber beizubringen.

(Anm. : Abs. 4 aufgehoben durch BGBl. I Nr. 98/2013)

[a)] Tritt mit 1. Jänner 2024 in Kraft.

Förderungswerber

§ 26. (1) Ansuchen können gestellt werden:

1. soweit eine Förderung gemäß § 6 Abs. 2f Z 1a und Z 1b für die Zwecke der Verbesserung der Energieeffizienz zulasten des Bundes gewährt werden soll,

a) von natürlichen Personen, die Maßnahmen gemäß § 24 Abs. 1 Z 1 lit. a und Z 7 im eigenen Haushaltsbereich setzen, oder
b) von Unternehmen oder juristischen Personen, die Maßnahmen gemäß § 24 Abs. 1 Z 1 lit. a und Z 7 setzen, wobei diese Maßnahmen auch zur Verbesserung der Energieeffizienz oder zu Energieeinsparungen bei Haushalten von natürlichen Personen oder bei deren Mobilitätsverhalten führen können;

2. soweit eine Förderung für die Zwecke der Transformation der Industrie (§ 6 Abs. 2f Z 3) gewährt werden soll, von Unternehmen, die Anlagen gemäß § 25 Abs. 1 Z 4 lit. d betreiben;

3. in den übrigen Bereichen der Umweltförderung im Inland von natürlichen oder juristischen Personen.

(2) Werden Unterlagen gemäß §§ 12 und 25 nicht beigebracht, so ist das entsprechend zu begründen.

(Anm.: Abs. 3 aufgehoben durch BGBl. I Nr. 98/2013)

Förderungsausmaß

§ 27. (1) Die Höhe der Förderung kann nach dem Wirkungs- und Innovationsgrad der Investition festgelegt werden und darf die beihilfen- oder unionsrechtlichen Höchstgrenzen, oder – sofern nicht anwendbar – die umweltrelevanten Investitionskosten bzw. bei immateriellen Leistungen die umweltrelevanten Kosten der Leistung nicht übersteigen. Die Förderung von laufenden Kosten darf nicht dazu führen, dass mit der Gesamtförderung branchen- oder technologietypische Amortisationszeiten unterschritten werden.

(2) Das Förderungsausmaß für Förderungen gemäß § 24 Abs. 1 Z 1 lit. c beträgt 20 vH der umweltrelevanten Kosten der Investition. Bei Anlagen mit einer hohen Steigerung des Anteils an eingesetzten erneuerbarer Energieträgern kann das Förderungsausmaß bis zu 25 vH der umweltrelevanten Investitionskosten betragen. Wird dadurch die beihilfenrechtliche Höchstgrenze überschritten, ist das Förderungsausmaß entsprechend zu kürzen.

§ 27a. Bei Forschungsvorhaben, die den Zwecken der Umweltförderung im Inland dienen, sind §§ 10 bis 13 des Forschungsorganisationsgesetzes (FOG), BGBl. Nr. 341/1981 in der jeweils geltenden Fassung, anzuwenden.

Kommission

§ 28. Die gemäß § 7 Z 2 (Umweltförderung im Inland) eingerichtete Kommission besteht aus

1. drei Vertretern des Bundesministeriums für Klimaschutz, Umwelt, Energie, Mobilität, Innovation und Technologie;
2. zwei Vertretern des Bundesministeriums für Digitalisierung und Wirtschaftsstandort;
3. je einem Vertreter
   a) des Bundesministeriums für Finanzen;
   b) des Bundeskanzleramts;
4. je einem Vertreter
   a) der Bundeskammer der gewerblichen Wirtschaft;
   b) der Bundesarbeitskammer;
   c) der Präsidentenkonferenz der Landwirtschaftskammern Österreichs;
   d) des Österreichischen Gewerkschaftsbundes;
5. je einem Vertreter der im Hauptausschuß des Nationalrates vertretenen parlamentarischen Klubs.

4. Abschnitt
ALTLASTENSANIERUNG UND FLÄCHENRECYCLING

Ziele der Altlastensanierung

§ 29. Förderungsziele der Altlastensanierung sind

1. Sanierung von Altlasten mit dem größtmöglichen ökologischen Nutzen unter gesamtwirtschaftlich vertretbarem Kostenaufwand;
2. Sicherung von Altlasten, wenn diese unter Bedachtnahme auf die Gefährdung vertretbar ist und eine Sanierung derzeit nicht oder nur mit unverhältnismäßig hohem Aufwand durchführbar ist;
3. Entwicklung und Anwendung fortschrittlicher Technologien, die sowohl die entstehenden Emissionen als auch die am Altlaststandort verbleibenden Restkontaminationen minimieren.

Ziele des Flächenrecyclings

§ 29a. Ziel der Förderung ist die Unterstützung von Projekten zur Entwicklung und Nutzung von derzeit nicht mehr oder nicht entsprechend dem Standortpotenzial genutzten Flächen und Objekten oder Objektteilen, um dadurch den weiteren Flächenverbrauch an Ortsrändern zu verringern und zu einer Verbesserung des Umweltzustandes beizutragen.

Gegenstand der Förderung im Rahmen der Altlastensanierung

§ 30. Im Rahmen der Altlastensanierung können gefördert werden

1. Maßnahmen, die unmittelbar mit der Sanierung oder Sicherung einer Altlast zusammenhängen und zumindest dem Stand der Technik entsprechen;
2. Maßnahmen zur Errichtung, Erweiterung oder Verbesserung von Abfallbehandlungsanlagen, soweit diese zur Sanierung von Altlasten erforderlich sind und zumindest dem Stand der Technik entsprechen;
3. Sofortmaßnahmen, die dringend erforderlich sind, um von Altlasten ausgehende Gefahren für das Leben oder die Gesundheit von Menschen abzuwehren, soweit diese Maßnahmen nicht zeitgerecht dem diese Gefahren Verursachenden aufgetragen oder von diesem insbesondere aus wirtschaftlichen Gründen nicht zeitgerecht durchgeführt werden können;
4. Studien, Projekte, und deren Publikation, die im Zusammenhang mit der Altlastsanierung oder Altlastensicherung notwendig sind, einschließlich solcher zur Entwicklung von Sicherungs- und Sanierungstechnologien.

Gegenstand der Förderung im Rahmen des Flächenrecyclings

§ 30a. Im Rahmen des Flächenrecyclings kann bzw. können

1. die Erstellung von Konzepten zur Entwicklung von nicht oder gering genutzten Flächen,
2. Untersuchungen des Untergrundes und der Bausubstanz in Zusammenhang mit Z 1 und
3. flächenbezogene Zusatzmaßnahmen in Umsetzung der Konzepte gemäß Z 1

gefördert werden.

Besondere Förderungsvoraussetzungen

§ 31. Eine Förderung setzt voraus, daß

1. die zu sichernde oder zu sanierende Altlast vor dem 1. Juli 1989 durch Ablagerungen oder durch das Betreiben von Anlagen entstanden ist;
2. Maßnahmen erst nach Einbringung des Ansuchens durchgeführt werden. Dies gilt nicht für Vorleistungen und Sofortmaßnahmen zur unmittelbaren Gefahrenabwehr;
3. Variantenuntersuchungen, Konzepte, Gutachten, generelle Projekte und Detailprojekte von hiezu befugten Personen erstellt wurden;
4. bei der Förderung der Altlastensanierung auf die Prioritätenklassifizierung Bedacht genommen wird;
5. bei der Förderung der Altlastensanierung das Verursacherprinzip berücksichtigt wird.

Förderungswerber

§ 32. Ein Ansuchen auf Förderung kann gestellt werden von

1. einer Gemeinde oder einem Gemeindeverband;
2. einem Abfallverband;
3. einem Land;
4. dem Eigentümer oder Verfügungsberechtigten einer Liegenschaft, auf der sich eine Altlast befindet;
6. dem Verpflichteten gemäß §§ 79, 83 Gewerbeordnung – GewO, BGBl. Nr. 194/1994, in der geltenden Fassung, §§ 21a, 31 und 138 Wasserrechtsgesetz 1959 – WRG 1959, BGBl. Nr. 215/1959, in der geltenden Fassung oder § 32 Abfallwirtschaftsgesetz – AWG, BGBl. Nr. 325/1990, in der geltenden Fassung;
7. Institutionen oder Personen, die zur Durchführung von Studien, Projekten und deren Publikation, die im Zusammenhang mit der Altlastensanierung oder Altlastensicherung notwendig sind, einschließlich solcher zur Entwicklung von Sicherungs- und Sanierungstechnologien, befähigt sind.

Kostenersatz

§ 33. Die zur Durchführung von Sofortmaßnahmen erforderlichen Kosten sind dem Bund von dem vom Förderungswerber verschiedenen Dritten zu ersetzen. § 18 des Altlastensanierungsgesetzes, BGBl. Nr. 299/1989 in der jeweils geltenden Fassung, ist sinngemäß anzuwenden.

§ 33a. Bei Forschungsvorhaben, die den Zwecken der Altlastensanierung und –sicherung dienen, sind §§ 10 bis 13 des Forschungsorganisationsgesetzes (FOG), BGBl. Nr. 341/1981 in der jeweils geltenden Fassung, anzuwenden.

Kommission

§ 34. (1) Die gemäß § 7 Z 3 (Altlastensanierung) eingerichtete Kommission besteht aus

1. je einem Vertreter
a) des Bundesministeriums für Klimaschutz, Umwelt, Energie, Mobilität, Innovation und Technologie;
b) des Bundesministeriums für Finanzen;
(Anm.: lit. c aufgehoben durch BGBl. I Nr. 26/2000)
d) des Bundesministeriums für Digitalisierung und Wirtschaftsstandort;
e) des Bundesministeriums für Landwirtschaft, Regionen und Tourismus;
f) des Bundeskanzleramtes;
2. je einem Vertreter
a) der Bundeskammer der gewerblichen Wirtschaft;
b) der Bundesarbeitskammer;
c) der Präsidentenkonferenz der Landwirtschaftskammern Österreichs;
d) des Österreichischen Gewerkschaftsbundes;
3. je einem Vertreter jedes Landes;
4. je einem Vertreter
a) des Städtebundes;
b) des Gemeindebundes;
5. je einem Vertreter der im Hauptausschuß des Nationalrates vertretenen parlamentarischen Klubs.

(2) Die Kommission berät die Bundesministerin für Klimaschutz, Umwelt, Energie, Mobilität, Innovation und Technologie auch in Angelegenheiten der Erstellung der Prioritätenklassifizierung, der Errichtung, Erweiterung oder Verbesserung von Abfallbehandlungsanlagen sowie im Bereich des Flächenrecyclings.

5. Abschnitt

Österreichisches JI/CDM-Programm

Ziel

§ 35. Ziel dieses Programms ist es, mit der Anwendung der im Protokoll von Kyoto zum Rahmenübereinkommen der Vereinten Nationen über Klimaänderungen vorgesehenen flexiblen Mechanismen, insbesondere der projektbezogenen Mechanismen „Gemeinsame Umsetzung – Joint Implementation“ und „Mechanismus für umweltverträgliche Entwicklung – Clean Development Mechanism“ (JI- und CDMProgramm) im Rahmen der nationalen Ziele des Klimaschutzes und im Einklang mit den Zielen der Nachhaltigkeit einen Beitrag in Höhe von insgesamt höchstens 80 Millionen Emissionsreduktionseinheiten zur Erreichung des österreichischen Reduktionsziels von 13 % der Emissionen von Treibhausgasen gemäß Anhang II der Entscheidung über die Genehmigung des Protokolls von Kyoto zum Rahmenübereinkommen der Vereinten Nationen über Klimaänderungen im Namen der Europäischen Gemeinschaft sowie die gemeinsame Erfüllung der daraus erwachsenden Verpflichtungen (2002/358/EG), ABl. Nr. L 130 vom 15.05.2001 S 1, zu leisten. Voraussetzung für den Ankauf von Emissionsreduktionseinheiten gemäß Art. 17 des Protokolls von Kyoto ist, dass das Gastland glaubhaft darlegt, dass die dafür von Österreich aufgewendeten Mittel ausschließlich für die Finanzierung von Projekten und projektgestützten Klimaschutzprogrammen verwendet werden, die eine Verringerung des Ausstoßes von Treibhausgasen bewirken. Soweit Projekte in Entwicklungsländern durchgeführt werden, sind die Ziele und Prinzipien der österreichischen Entwicklungspolitik gemäß § 1 des Bundesgesetzes über die Entwicklungszusammenarbeit, BGBl. I Nr. 49/2002 in der jeweils geltenden Fassung, zu berücksichtigen.

Begriffsbestimmungen

§ 36. (1) „Gemeinsame Umsetzung" bezeichnet die gemeinsame Durchführung von emissionsreduzierenden Projekten durch zwei Vertragsparteien gemäß der Anlage I des Rahmenübereinkommens der Vereinten Nationen über Klimaänderungen, BGBl. Nr. 414/1994.

(2) „Mechanismus für umweltverträgliche Entwicklung" bezeichnet die Durchführung von Projekten in einer Vertragspartei, die nicht der Anlage I des Rahmenübereinkommens angehört.

(3) Eine Emissionsreduktionseinheit entspricht einer metrischen Tonne Kohlendioxid-Äquivalent, berechnet unter Verwendung der globalen Erwärmungspotentiale gemäß Entscheidung 2/CP.3 der Vertragsparteienkonferenz des Rahmenübereinkommens.

(4) Anbieter im Sinne dieses Gesetzes bezeichnet jede natürliche oder juristische Person, die dem österreichischen JI/CDM-Programm die Ansprüche auf Emissionsreduktionseinheiten aus einem Projekt zum Kauf anbietet.

Gegenstand des Programms

§ 37. (1) Gegenstand des Programms ist der Ankauf von Emissionsreduktionseinheiten aus Projekten, die zur Vermeidung oder Verringerung von Emissionen von Treibhausgasen im Sinne der relevanten völkerrechtlich verbindlichen Übereinkünfte führen.

(2) Die Bundesministerin für Klimaschutz, Umwelt, Energie, Mobilität, Innovation und Technologie kann Ansprüche auf Emissionsreduktionseinheiten, die aus Projekten gemäß Abs. 1 resultieren, mit Mitteln des Programms zur Erfüllung des österreichischen Reduktionsziels (§ 35) ankaufen.

(3) Immaterielle Leistungen, wie etwa Grundsatzkonzepte, Studien, Gutachten, generelle Projekte und Detailprojekte, die im Zusammenhang mit den in Abs. 1 genannten Projekten erforderlich sind, einschließlich der hierfür erforderlichen Vorleistungen und Versuche, können aus Mitteln des Programms unterstützt werden.

(4) Ansprüche auf Emissionsreduktionseinheiten aus Projekten, die Gegenstand der Förderung gemäß § 24 Z 6 lit. b sind, sind nicht Gegenstand dieses Programms.

Anerkennung als JI/CDM-Projekt

§ 38. Die Anerkennung eines Projekts als JI- oder CDM-Projekt erfolgt durch die Bundesministerin für Klimaschutz, Umwelt, Energie, Mobilität, Innovation und Technologie. Sie setzt jedenfalls voraus, dass das Projekt die in den relevanten völkerrechtlich verbindlichen Übereinkünften und in den Richtlinien gemäß § 43 festgelegten Kriterien erfüllt.

Voraussetzungen für den Ankauf von Ansprüchen auf Emissionsreduktionseinheiten

§ 39. (1) Die Zustimmung der Bundesministerin für Klimaschutz, Umwelt, Energie, Mobilität, Innovation und Technologie zum Ankauf von Ansprüchen auf Emissionsreduktionseinheiten aus einem Projekt gemäß § 37 Abs. 1 setzt voraus, dass

1. das Projekt die in den Richtlinien gemäß § 43 festgelegten Kriterien erfüllt;
2. im Fall von JI- oder CDM-Projekten die in den relevanten völkerrechtlich verbindlichen Übereinkünften festgelegten Kriterien erfüllt sind;
3. das Gastland dem Projekt und im Fall eines Projekts in einer Vertragspartei der Anlage 1 des Klimarahmenübereinkommens dem Transfer von Emissionsreduktionseinheiten verbindlich zustimmt;
4. die Emissionsreduktionseinheiten für Österreich anrechenbar sind;
5. die Finanzierung der Maßnahme unter Berücksichtigung des Ankaufs der Ansprüche auf Emissionsreduktionseinheiten sichergestellt ist und
6. die Ziele und Prinzipien der österreichischen Entwicklungspolitik berücksichtigt werden, sofern das Projekt in einem Entwicklungsland durchgeführt wird.

(2) Nähere Bestimmungen insbesondere betreffend die Projektkriterien und die bevorzugten Projekttypen sind in den Richtlinien gemäß § 43 zu regeln.

(3) Die Bundesministerin für Klimaschutz, Umwelt, Energie, Mobilität, Innovation und Technologie kann mit Mitteln des Programms Beteiligungen an Fonds (wie zB Kohlenstofffonds, Kohlenstofffazilitäten bei internationalen Finanzierungsinstitutionen wie EBRD, Weltbank ua.) zum Ankauf von Emissionsreduktionen aus Projekten gemäß § 37 Abs. 1 eingehen. Die näheren Bedingungen für die Beteiligung an derartigen Fonds sind in den Richtlinien gemäß § 43 zu regeln.

(4) Die Zustimmung der Bundesministerin für Klimaschutz, Umwelt, Energie, Mobilität, Innovation und Technologie zum Ankauf von Ansprüchen auf Reduktionseinheiten aus einem Projekt gemäß § 37 Abs. 1 bedeutet gleichzeitig die Anerkennung des Projekts als JIoder CDM-Projekt durch die Republik Österreich, sofern diese Anerkennung vom Anbieter beantragt wurde.

(5) Wird ein Projekt gemäß § 37 Abs. 1 von zwei Vertragsparteien der Anlage 1 des Klimarahmenübereinkommens als JI-Projekt anerkannt oder vom Exekutivrat des CDM als CDM-Projekt registriert, kann die Bundesministerin für Klimaschutz, Umwelt, Energie, Mobilität, Innovation und Technologie Emissionsreduktionseinheiten aus einem solchen Projekt ankaufen, sofern das Projekt nicht den Kriterien der Richtlinien gemäß § 43 widerspricht oder einem Projekttyp angehört, der gemäß den Richtlinien ausgeschlossen ist.

§ 40. Der Anbieter hat sich bei Anbotslegung und in der Folge über den gesamten Zeitraum der Abwicklung hin zu verpflichten, die gemäß § 46 betraute Abwicklungsstelle darüber zu informieren, ob für das Projekt Unterstützungsleistungen österreichischer oder ausländischer Institutionen, wie Förderungen oder Garantien, beantragt oder gewährt werden. Dies ist auch der Kommission gemäß § 45 mitzuteilen. Die Abwicklungsstelle ist verpflichtet, die mit der Abwicklung dieser finanziellen Unterstützung betrauten Institutionen über den beabsichtigten oder erfolgten Ankauf von Ansprüchen auf Emissionsreduktionseinheiten nach diesem Bundesgesetz zu benachrichtigen.

§ 41. Ein Rechtsanspruch des Anbieters auf den Ankauf von Ansprüchen auf Emissionsreduktionseinheiten aus Mitteln des JI/CDM-Programms besteht nicht.

Verfahren

§ 42. (1) Anbote für den Verkauf von Ansprüchen auf Emissionsreduktionseinheiten können von jeder natürlichen oder juristischen Person, die Projekte gemäß § 37 Abs. 1 durchführt oder die glaubhaft machen kann, dass sie berechtigt ist, über die Emissionsreduktionseinheiten zu verfügen, unter Anschluss der erforderlichen Unterlagen bei der Abwicklungsstelle vorgelegt werden.

(2) Die Bestimmungen des § 12 Abs. 2 bis 8 sind unbeschadet des Abs. 3 sinngemäß anzuwenden.

(3) Soweit der Anbieter für das Projekt gleichzeitig ein Ansuchen auf eine staatliche Garantie bei der Austria Wirtschaftsservice GmbH oder im Wege der Oesterreichischen Kontrollbank AG stellt, können die Unterlagen auch bei diesen Stellen eingereicht werden. In diesen Fällen übermittelt die Einreichstelle die Anbote gemäß diesem Programm an die Abwicklungsstelle. Diese bezieht die Prüfergebnisse der Einreichstellen hinsichtlich jener Aspekte des Anbots, die im Rahmen der Bearbeitung des Garantieansuchens von der Einreichstelle geprüft werden, in die Bewertung des Anbots ein.

Richtlinien

§ 43. (1) Die Bundesministerin für Klimaschutz, Umwelt, Energie, Mobilität, Innovation und Technologie hat Richtlinien zu erlassen über die Anerkennung von Projekten als JI oder CDM-Projekte und über den Ankauf von Emissionsreduktionseinheiten aus Projekten gemäß § 37 Abs. 1. Die Richtlinien haben insbesondere Bestimmungen zu enthalten über

1. ökologische, ökonomische, soziale und entwicklungspolitische Kriterien für die Auswahl der Projekte;
2. Bedingungen für den Ankauf von Emissionsreduktionseinheiten aus Projekten;
3. Unterstützungsmaßnahmen für die Projektvorbereitung;
4. Verfahren
   a) Anbote (Art. Inhalt und Ausstattung der Unterlagen)
   b) Berichtslegung (Kontrollrechte)
   c) Konsequenzen bei Verletzung der Vertragsvereinbarungen;
5. Gerichtsstand.

(2) Bei der Erlassung der Richtlinien ist das Einvernehmen mit dem Bundesminister für Finanzen, dem Bundesminister für europäische und internationale Angelegenheiten und der Bundesministerin für Digitalisierung und Wirtschaftsstandort herzustellen.

(3) § 13 Abs. 6 ist sinngemäß anzuwenden.

§ 44. Die Abwicklungsstelle hat in ihre Tätigkeit, insbesondere bei der Projektidentifikation und Projektauswahl, die relevanten Finanzierungs- und Garantieinstitutionen, die für die Abwicklung staatlicher Entwicklungszusammenarbeit zuständigen Stellen sowie andere Institutionen, die über Expertise im Bereich der projektbezogenen Mechanismen des Kyoto-Protokolls verfügen, einzubeziehen.

Kommission

§ 45. Die gemäß § 7 Z 4 (österreichisches JI/CDM-Programm) eingerichtete Kommission besteht aus

1. drei Vertretern des Bundesministeriums für Klimaschutz, Umwelt, Energie, Mobilität, Innovation und Technologie;
2. je einem Vertreter
a) des Bundeskanzleramtes;
b) des Bundesministeriums für europäische und internationale Angelegenheiten;
c) des Bundesministeriums für Digitalisierung und Wirtschaftsstandort;
d) des Bundesministeriums für Finanzen;

(Anm.: lit. e aufgehoben durch Art. 8 Z 45, BGBl. I Nr. 98/2020)

3. je einem Vertreter
a) der Wirtschaftskammer Österreich;
b) der Bundesarbeitskammer;
c) des Österreichischen Gewerkschaftsbundes;
d) der Präsidentenkonferenz der Landwirtschaftskammern;
e) der Industriellenvereinigung;
4. einem Vertreter der Länder,
5. je einem Vertreter der im Hauptausschuss des Nationalrates vertretenen parlamentarischen Klubs.

Abwicklungsstelle, Aufgaben

§ 46. (1) Mit der Abwicklung des Programms ist ab 1. Jänner 2004 eine geeignete Stelle (Abwicklungsstelle) zu betrauen. Die Bundesministerin für Klimaschutz, Umwelt, Energie, Mobilität, Innovation und Technologie wird ermächtigt, die Abwicklungsstelle per Verordnung festzulegen und im Einvernehmen mit dem Bundesminister für Finanzen einen Vertrag über die inhaltliche Ausgestaltung der Abwicklung mit der Abwicklungsstelle abzuschließen. Für die Auswahl der Abwicklungsstelle gilt der Grundsatz der Sparsamkeit, Wirtschaftlichkeit und Zweckmäßigkeit.

(2) Für das Jahr 2003 wird die Kommunalkredit Austria AG als Abwicklungsstelle betraut. Die Bundesministerin für Klimaschutz, Umwelt, Energie, Mobilität, Innovation und Technologie wird ermächtigt, im Einvernehmen mit dem Bundesminister für Finanzen einen Vertrag über die inhaltliche Ausgestaltung der Abwicklung mit der Kommunalkredit Austria AG abzuschließen.

(3) Die Bestimmungen des § 11 Abs. 3 bis 10 sind sinngemäß anzuwenden.

Registerstelle

§ 47. Mit der Führung des nationalen Registers ist eine geeignete Stelle (Registerstelle) zu betrauen. Die Bundesministerin für Klimaschutz, Umwelt, Energie, Mobilität, Innovation und Technologie wird ermächtigt, die Registerstelle und deren Aufgaben per Verordnung festzulegen und einen Vertrag für die inhaltliche Ausgestaltung der Tätigkeit der Registerstelle abzuschließen. Dabei gelten die Bestimmungen gemäß § 11 Abs. 2 bis 6 sinngemäß.

5a. Abschnitt
Internationale Klimafinanzierung

Ziel

§ 48a. Ziel des österreichischen Beitrags zur internationalen Klimafinanzierung für Entwicklungs- und Schwellenländer ist es, einen Beitrag zur Stabilisierung der Konzentrationen von Treibhausgasen in der Atmosphäre zu leisten, damit gefährliche oder nachteilige Auswirkungen des Klimawandels abzuwenden und hohe Kosten des Nicht-Handelns, die durch notwendige Anpassungs- und Schadensbehebungsmaßnahmen entstehen, zu vermeiden. Dieser Beitrag soll im Einklang mit der Strategie Österreichs zur internationalen Klimafinanzierung effektiv, effizient, transparent und in Kohärenz mit nationalen Maßnahmen erfüllt werden und Vereinbarungen auf internationaler Ebene und auf der Ebene der Europäischen Union umsetzen.

Abwicklungsstelle

§ 48b. Mit der Abwicklung der Beiträge aus Mitteln des Bundesministeriums für Klimaschutz, Umwelt, Energie, Mobilität, Innovation und Technologie wird die gemäß § 46 Abs. 1 festgelegte Abwicklungsstelle betraut. Beiträge anderer Stellen können gegen entsprechende Abgeltung ebenfalls von der Abwicklungsstelle abgewickelt werden. Die Bundesministerin für Klimaschutz, Umwelt, Energie, Mobilität, Innovation und Technologie kann sich für die nationale Datenerhebung sowie die Vorbereitung von Berichten zur internationalen Klimafinanzierung der Abwicklungsstelle bedienen. § 44 ist sinngemäß anzuwenden.

Richtlinien

§ 48c. Die Bundesministerin für Klimaschutz, Umwelt, Energie, Mobilität, Innovation und Technologie hat für Projekte aus Beiträgen gemäß § 48b Richtlinien im Einvernehmen mit dem Bundesminister für Finanzen und dem Bundesminister für europäische und internationale Angelegenheiten zu erlassen. Diese Richtlinien haben insbesondere Bestimmungen über ökologische, ökonomische, soziale und entwicklungspolitische Kriterien zu enthalten. Die Gültigkeit der Richtlinien wird zunächst auf die Periode 2014 bis 2020 begrenzt. Im Jahr 2018 ist eine Evaluierung der gemäß § 48b abgewickelten Projekte durchzuführen. Die ab dem Jahr 2020 festzulegenden Richtlinien haben auf die Ergebnisse dieser Evaluierung abzustellen.

5b. Abschnitt
BIODIVERSITÄTSFONDS

Ziele

§ 48d. Der Biodiversitätsfonds zielt auf den Erhalt, auf die Verbesserung und auf die Wiederherstellung der biologischen Vielfalt in Österreich durch Unterstützung von Maßnahmen zur Umsetzung der nationalen Biodiversitäts-Strategie in

Ergänzung zu den Maßnahmen im Rahmen der Gemeinsamen Agrarpolitik der Europäischen Union und des Waldfonds. Darüber hinaus soll durch die Unterstützung von Maßnahmen außerhalb Österreichs im Sinne der nationalen Biodiversitäts-Strategie ein Beitrag zur Erreichung der globalen Biodiversitätsziele geleistet werden. Insgesamt soll durch den effizienten Mitteleinsatz ein größtmöglicher Beitrag zu den Zielsetzungen der nationalen Biodiversitäts-Strategie geleistet werden.

Förderungsgegenstand

§ 48e. (1) Im Rahmen des Biodiversitätsfonds können folgende Maßnahmen gefördert werden:

1. Maßnahmen
   a) zum Erhalt der biologischen Vielfalt,
   b) zur Verbesserung und Wiederherstellung geschädigter Ökosysteme und zur Lebensraumvernetzung und
   c) zum Aufbau infrastruktureller Einrichtungen zur Wissensvermittlung für die breite Öffentlichkeit und zur Besucherlenkung,
2. der Erwerb, die Anpachtung oder die Abgeltung von Nutzungsbeschränkung von Flächen, die für den Schutz oder Verbesserung der Biodiversität in Österreich von Bedeutung sind,
3. Projektvorleistungen und Maßnahmen für den Aufbau eines Biodiversitätsmonitorings sowie der Öffentlichkeitsarbeit im Zusammenhang mit der Initiierung, Planung und Umsetzung von Maßnahmen gemäß Z 1,
4. die Durchführung des Biodiversitätsmonitorings und der Öffentlichkeitsarbeit im Zusammenhang mit der Biodiversitäts-Strategie sowie
5. Projekte zur Verbesserung der Kenntnisse und der Grundlagen zu Biodiversität und Ökosystemleistungen sowie zu den Ursachen der Gefährdung und deren Reduktion.

(2) Die Förderung nach diesem Abschnitt ist für Maßnahmen ausgeschlossen, für die aufgrund materiellgesetzlicher Vorgaben Förderungen aus Mitteln der Gemeinsamen Agrarpolitik oder des Waldfonds in einem, gemäß den unionsrechtlichen Vorgaben höchstmöglichen Ausmaß gewährt werden können. Die Förderung von Maßnahmen zur Verbesserung des ökologischen Zustands von Gewässern ist jedoch zulässig. Der Ausschluss der Förderbarkeit gilt nicht für Maßnahmen, die im Hinblick auf die nationale Biodiversitäts-Strategie von besonderer förderpolitischer Bedeutung sind. Die Festlegung der von diesen Bestimmungen umfassten Maßnahmen sowie die Bedingungen der Förderungen sind im Rahmen der Förderungsrichtlinien gemäß § 13 Abs. 2 zu treffen.

Besondere Förderungsvoraussetzungen

§ 48f. (1) Die Förderung im Rahmen des Biodiversitätsfonds setzt jedenfalls voraus, dass die geförderten Maßnahmen

1. in Einklang mit den Zielen des Biodiversitätsfonds gemäß § 48d stehen,
2. zur Erreichung der in der nationalen Biodiversitäts-Strategie vorgegebenen Ziele beitragen,
3. von hiezu befugten Personen oder Unternehmen durchgeführt werden und
4. im Inland oder im Rahmen der internationalen Zusammenarbeit im Bereich der Biodiversität gesetzt werden.

(2) Die Bundesministerin für Klimaschutz, Umwelt, Energie, Mobilität, Innovation und Technologie kann zusätzliche, den Erfolg der Förderungen sichernde Voraussetzungen, wie insbesondere die Prüfung der Wirtschaftlichkeit der Investition, für die Gewährung einer Förderung festlegen.

(3) Die erforderlichen Nachweise für das Vorliegen der Voraussetzungen obliegen dem Förderungswerber. Die zur Prüfung erforderlichen Unterlagen sind vom Förderungswerber beizubringen.

Förderungswerber

§ 48g. (1) Ansuchen im Rahmen des Biodiversitätsfonds können nach Maßgabe der zu erlassenden Richtlinien gemäß § 13 Abs. 2 von natürlichen und juristischen Personen sowie von Personengesellschaften, die Maßnahmen gemäß § 48e setzen, gestellt werden.

(2) Werden Unterlagen gemäß § 12 und § 48f nicht beigebracht, so ist das entsprechend zu begründen.

Förderungsausmaß

§ 48h. Die Höhe der Förderung darf unter Einhaltung der beihilfenrechtlichen Vorgaben die förderbaren Kosten nicht übersteigen.

Kommission

§ 48i. Die gemäß § 7 Abs. 1 Z 5 in Angelegenheiten des Biodiversitätsfonds eingerichtete Kommission („Biodiversitätsfonds-Kommission“) besteht aus

1. zwei Vertretern des Bundesministeriums für Klimaschutz, Umwelt, Energie, Mobilität, Innovation und Technologie,
2. je einem Vertreter
   a) des Bundesministeriums für Finanzen,
   b) des Bundesministeriums für Landwirtschaft, Tourismus und Regionen,
   c) des Bundesministeriums für Soziales, Gesundheit, Pflege und Konsumentenschutz und
   d) des Bundesministeriums für Digitalisierung und Wirtschaftsstandort,
3. je einem Vertreter
   a) der Bundeskammer der gewerblichen Wirtschaft,
   b) der Bundesarbeitskammer,
   c) der Präsidentenkonferenz der Landwirtschaftskammern Österreichs und
   d) des Österreichischen Gewerkschaftsbundes,

4. insgesamt drei Vertretern des Umweltdachverbands und des Ökobüros,
5. zwei Vertretern der Akademie der Wissenschaften,
6. zwei Vertretern aus Einrichtungen der anwendungsorientierten Forschung im Bereich der Biodiversität, insbesondere an der Schnittstelle zur Land- und Forstwirtschaft,
7. einem Vertreter der Nationalen Biodiversitäts-Kommission,
8. einem Vertreter der Umweltanwaltschaften Österreichs,
9. zwei Vertretern der Länder,
10. je einem Vertreter des Städtebundes und des Gemeindebundes sowie
11. je einem Vertreter der im Hauptausschuss des Nationalrates vertretenen parlamentarischen Klubs.

Übergangsbestimmung

§ 48j. Bis zum Erlass von Richtlinien gemäß § 13 Abs. 2 für die Förderungen im Rahmen des Biodiversitätsfonds können Projekte im Hinblick auf die Umsetzung des nationalen Biodiversitätsfonds auf der Grundlage der Verordnung des Bundesministers für Finanzen über Allgemeine Rahmenrichtlinien für die Gewährung von Förderungen aus Bundesmitteln (ARR 2014), BGBl. II Nr. 208/2014, zugesagt werden. Die thematischen Vorgaben zur Vergabe dieser Förderungen sind unter www.bmk.gv.at/biodiversitaetsfonds veröffentlicht. Im Hinblick auf die Umsetzung der Biodiversitätsziele werden zwischen dem 1. Jänner 2021 und dem 31. Dezember 2021 eingereichte Ansuchen oder bis 28. Februar 2022 zugesagte Förderungen im Rahmen des Biodiversitätsfonds abgewickelt. Entsprechendes gilt auch für Aufträge (§ 12 Abs. 8) in Zusammenhang mit Projektvorleistungen und Maßnahmen gemäß § 48e Abs. 1 Z 3.

6. Abschnitt
SCHLUSSBESTIMMUNGEN
Vollziehung

§ 49. Mit der Vollziehung dieses Bundesgesetzes sind betraut:

1. in Angelegenheiten der Umweltförderung im Inland, der Altlastensanierung, des Österreichischen JI/CDM–Programms, der Internationalen Klimafinanzierung und des Biodiversitätsfonds die Bundesministerin für Klimaschutz, Umwelt, Energie, Mobilität, Innovation und Technologie im Einvernehmen
   a) mit dem Bundesminister für Finanzen hinsichtlich § 11 Abs. 1 sowie der Richtlinien nach § 6 Abs. 4, § 13 Abs. 2 und § 43;
   b) mit dem Bundesminister für Arbeit und Wirtschaft hinsichtlich der Richtlinien nach § 13 Abs. 2 betreffend die Umweltförderung im Inland (§§ 23 ff), ausgenommen jener hinsichtlich § 6 Abs. 4;
   c) mit dem Bundesminister für europäische und internationale Angelegenheiten hinsichtlich der Richtlinien nach § 43;
   d) mit der Bundesministerin für Landwirtschaft, Regionen und Tourismus hinsichtlich der Richtlinien gemäß § 13 Abs. 2 betreffend den Biodiversitätsfonds zur Festlegung der Fördergegenstände, die überwiegend land- und forstwirtschaftliche Belange zum Inhalt haben;
2. in Angelegenheiten der Wasserwirtschaft die Bundesministerin für Landwirtschaft, Tourismus und Regionen im Einvernehmen mit dem Bundesminister für Finanzen hinsichtlich § 11 Abs. 1 sowie der Richtlinien nach § 13 Abs. 2;
3. der Bundesminister für Finanzen hinsichtlich § 15 sowie hinsichtlich der Übernahme der Verpflichtung des Bundes zur Schadloshaltung der AWS gemäß § 6 Abs. 4;
4. im Übrigen die Bundesministerin für Klimaschutz, Umwelt, Energie, Mobilität, Innovation und Technologie in Angelegenheiten der Umweltförderung im Inland, der Altlastensanierung, des Österreichischen JI/CDM–Programms, der Internationalen Klimafinanzierung und des Biodiversitätsfonds sowie die Bundesministerin für Landwirtschaft, Regionen und Tourismus in Angelegenheiten der Wasserwirtschaft.

UFG

Umwelt- und Wasserwirtschaftsfonds

§ 51. (1) Der Umwelt- und Wasserwirtschaftsfonds (Fonds) wird mit Inkrafttreten dieses Bundesgesetzes nur mehr als Träger der Rechte und Pflichten tätig, die auf Grund von Förderungen nach den §§ 12, 13 und 14 des Wasserbautenförderungsgesetzes, BGBl. Nr. 148/1984 in der jeweils geltenden Fassung (WBFG), rechtsverbindlich entstanden oder zugesichert worden sind. Weiterhin bleibt er als Träger von Rechten und Pflichten nach § 3 Abs. 1 Z 2 des Marchfeldkanal-Gesetzes, BGBl. Nr. 507/1985 in der jeweils geltenden Fassung, bestehen.

(2) Der Fonds wird mit Inkrafttreten dieses Bundesgesetzes von der Bundesministerin für Landwirtschaft, Regionen und Tourismus vertreten. Dabei hat sich die Bundesministerin für Landwirtschaft, Regionen und Tourismus zur Abwicklung der Geschäfte der gemäß § 11 betrauten Abwicklungsstelle als Geschäftsführung zu bedienen.

(3) Die Aufgaben der Wasserwirtschaftsfondskommission (§ 21 WBFG) werden von der Kommission in Angelegenheiten der Wasserwirtschaft (§ 7 Z 1) wahrgenommen.

(4) Der Fonds kann

a) Nachförderungen auf Grund bestehender Zusagen wegen Kostenerhöhungen oder bei Kläranlagen auch wegen Katalogsänderungen durchführen;

b) Ansuchen nach § 18 Abs. 1 bis 4 und Art. 11 WBFG erledigen, sofern sie bis 31. Dezember 1992 eingebracht wurden. In diesen Fällen dürfen die Förderungswerber bei wirtschaftlicher Betrachtungsweise nicht besser gestellt werden, als sie bei einer Neuantragstellung nach § 19 dieses Bundesgesetzes zum seinerzeitigen Zeitpunkt der Antragstellung nach § 18 WBFG gestellt gewesen wären;
c) Stundungen gewähren, Laufzeiten verlängern, Sicherheiten freigeben und Verzugszinsen nachlassen.

(5) Die nach § 6 Abs. 1 Z 1 aufgebrachten Mittel sind dem Fonds zur Erfüllung seiner Aufgaben gemäß Abs. 1 und 4 insoweit zur Verfügung zu stellen, als seine eigenen Mittel nicht ausreichen. Soweit der Fonds seine Mittel nicht mehr für die Aufgaben gemäß Abs. 1 und 4 benötigt, sind sie an den Bund zu überweisen und den Mitteln gemäß § 6 Abs. 1 Z 1 zuzuschlagen.

(5a) Der Fonds hat dem Bund aus seinem Reinvermögen jeweils Mittel in jenem Ausmaß zur Verfügung zu stellen, die erforderlich sind, um die Sondertranchen Siedlungswasserwirtschaft (§ 6 Abs. 2a, 2b und 2g) mit einem Barwert von 627,839 Millionen Euro und um die Förderungen zur Verbesserung des ökologischen Zustandes der Gewässer (§ 6 Abs. 2e) mit einem Barwert von 340 Millionen Euro zu bedecken.

(5b) Der Fonds ist ermächtigt, vorbereitende wirtschaftliche Analysen für Maßnahmen anzustellen, welche Auswirkungen auf den Finanzstatus zur Folge haben.

(5c) Nach Abschluß der vorbereitenden wirtschaftlichen Analysen ist der Fonds im Einvernehmen mit dem Bundesminister für Finanzen ermächtigt, aushaftende Darlehensforderungen gemäß WBFG zu verkaufen. Durch den Verkauf bleibt die Befreiung von den Rechtsgebühren gemäß § 8 Abs. 2 UWFG unberührt.

(5d) Soweit die Forderungen gemäß Abs. 5c nicht verkauft werden, kann der Fonds Darlehensschuldnern aushaftender Forderungen, soweit diese die noch nicht fällige Darlehensschuld durch Leistung eines einmaligen Tilgungsbetrages vorzeitig zurückzahlen, einen Nachlaß gewähren. Dabei ist der Barwert nach finanzmathematischen Methoden zu berechnen. Der Fonds hat die Vorgangsweise hinsichtlich der Tilgungen im Einvernehmen mit dem Bundesminister für Finanzen festzusetzen. Das Ansuchen auf vorzeitige Rückzahlung ist bei der Geschäftsführung des Fonds einzubringen.

(5e) Die Erlöse aus den Darlehensverkäufen gemäß Abs. 5c und 5d sind im Fonds zu belassen, sofern die Erlöse nicht zur unmittelbaren Abdeckung von fälligen Verbindlichkeiten des Fonds erforderlich sind.

(5f) Der Fonds hat dem Bund aus seinem Reinvermögen

1. in den Jahren 2003 bis 2004 jeweils Mittel im Ausmaß von 50,871 Millionen Euro und
2. in den Jahren 2005 und 2006 jeweils Mittel im Ausmaß von 100 Millionen Euro

zu überweisen, die den Mitteln gemäß § 6 Abs. 1 Z 1 zuzuschlagen sind.

(6) Der Personal- und Sachaufwand des Fonds im Abwicklungszeitraum ist, sofern seine Einnahmen nicht ausreichen, vom Bund zu ersetzen. Bezüglich dieser Mittel ist die Bestimmung gemäß § 3 Abs. 1 UWFG in bezug auf § 2 Abs. 1 Z 6 und 7 UWFG nicht anzuwenden.

(7) Alle Rechte und Pflichten des Fonds, die auf Grund des Umweltfondsgesetzes, BGBl. Nr. 567/1983 in der Fassung BGBl. Nr. 325/1990, des § 12a WBFG und der §§ 10 bis 12 des Umwelt- und Wasserwirtschaftsfondsgesetzes, BGBl. Nr. 79/1987 in der Fassung BGBl. Nr. 237/1991 (UWFG), entstanden sind, gehen mit Inkrafttreten dieses Bundesgesetzes auf den Bund über. Die Wahrnehmung dieser Aufgaben ist in dem Vertrag gemäß § 11 entsprechend zu regeln.

(7a) Die vom Fonds rückgestellten Mittel für zugesagte Zuschüsse für den Zweck der betrieblichen Umweltförderung sind dem Bund zu überweisen.

(8) Die Förderungsrichtlinien für die betrieblichen Abwassermaßnahmen (Teil C der Wasserwirtschaftsfonds-Förderungsrichtlinien 1986), die Förderungsrichtlinien 1989 (betriebliche Umweltschutzmaßnahmen), die Richtlinien für Förderungen von Umweltschutzmaßnahmen im Ausland 1991, die Förderungsrichtlinien für die Altlastensanierung und –sicherung 1991 sowie die technischen Richtlinien und die Vergaberichtlinien nach dem WBFG gelten bis zum Inkrafttreten neuer Richtlinien als Richtlinien nach § 13 für die entsprechenden Abschnitte dieses Bundesgesetzes.

(9) § 18 Abs. 5 WBFG in der bisherigen Fassung ist nur mehr auf jene Fälle anzuwenden, in denen das Ansuchen auf Ermäßigung bis längstens 31. Dezember 1992 beim Fonds eingelangt ist.

(10) Bei der Zusicherung von Förderungen nach diesem Bundesgesetz sind die Bestimmungen des WBFG, des Umweltfondsgesetzes und des UWFG nicht mehr anzuwenden. § 2 Abs. 1 Z 1 bis 5 und Z 10 bis 12 UWFG sind ab 1. Jänner 1993 nicht mehr anzuwenden.

(11) Für Anträge gemäß § 12 WBFG, die vor dem 31. Dezember 1992 beim Fonds eingelangt sind, ist in den Richtlinien gemäß § 13 dieses Bundesgesetzes ein vereinfachtes Verfahren vorzusehen. Die Höhe der Förderung ist dafür zunächst in dem voraussichtlich zu erwartenden Ausmaß abzuschätzen, sie hat jedoch mindestens 20% der förderbaren Investitionskosten zu betragen. Stellt sich bei der endgültigen Festlegung heraus,

daß die vorläufig geschätzte Förderungshöhe über oder unter der endgültigen Förderungshöhe liegt, so sind die Annuitätenzuschüsse entsprechend anzupassen und bereits ausbezahlte zu hohe Förderungsbeträge zurückzubezahlen. Werden die auf Grund dieser Richtlinie erforderlichen Unterlagen nicht bis zum 31. Dezember 1995 vorgelegt, so ist nach Setzung einer angemessenen Nachfrist das Förderungsausmaß in diesen Fällen endgültig auf 20% der förderbaren Investitionskosten festzulegen.

Verweisungen, geschlechtsneutrale Bezeichnungen

§ 52. (1) Soweit in diesem Bundesgesetz auf Bestimmungen anderer Bundesgesetze verwiesen wird, ist dies als Verweisung auf die jeweils geltende Fassung zu verstehen.

(2) Die in diesem Bundesgesetz verwendeten Funktionsbezeichnungen sind geschlechtsneutral zu verstehen.

Inkrafttreten

§ 53. (1) Dieses Bundesgesetz tritt mit 1. April 1993 in Kraft.

(2) § 6 Abs. 2a in der Fassung des Bundesgesetzes BGBl. I Nr. 96/1997 tritt mit 1. Jänner 1996 in Kraft.

(3) § 6 Abs. 2 lit. a und lit. b, § 6 Abs. 2a sowie § 37 Abs. 5a und Abs. 5f in der Fassung des Bundesgesetzes BGBl. I Nr. 108/2001 treten mit 1. Jänner 2002 in Kraft.

(4) § 11 Abs. 1 und § 37 Abs. 2 zweiter Satz, jeweils in der Fassung des Bundesgesetzes BGBl. I Nr. 96/1997, treten mit 1. Jänner 1998 in Kraft.

(5) § 11 Abs. 1 in der Fassung des Bundesgesetzes BGBl. I Nr. 47/2002 tritt mit 1. Jänner 2004 in Kraft.

(6) § 11 Abs. 2 erster Satz in der Fassung des Bundesgesetzes BGBl. Nr. 185/1993 tritt mit Ablauf des 31. Dezember 1997 außer Kraft.

(7) § 11 Abs. 2 zweiter Satz und Abs. 11 tritt mit In-Kraft-Treten des Bundesgesetzes BGBl. I Nr. 96/1997 außer Kraft.

(8) § 21 in der Fassung des Bundesgesetzes BGBl. I Nr. 47/2002 tritt mit 1. Jänner 2002 in Kraft.

(9) § 1 Einleitung und Z 3, § 5, § 6 Abs. 1, 1a, 2d und 3, § 7, § 10 Abs. 1, § 12 Abs. 8, § 13 Abs. 5 und 6, § 14 Abs. 1, § 24 Z 6 lit. b, § 25 Abs. 4, § 32 Z 4, § 35 bis § 49 sowie § 52 und 53, jeweils in der Fassung des Bundesgesetzes BGBl. I Nr. 71/2003, treten mit dem Tag nach der Kundmachung in Kraft.

(10) Für die durch das Bundesgesetz BGBl. I Nr. 136/2004 neu gefassten, eingefügten oder aufgehobenen Bestimmungen gilt folgendes:

1. § 6 Abs. 2, § 6 Abs. 2a letzter Satz, § 17 Abs. 1 Z 2a, § 35, § 39 Abs. 1, 3 bis 5, § 42 Abs. 1, § 43 Abs. 1 und 3, § 46 Abs. 3, § 51 Abs. 5f sowie § 52 treten mit 1. Jänner 2005 in Kraft.
2. § 11 Abs. 3 Z 5 tritt mit 27. März 2002 in Kraft. Zugleich tritt § 11 Abs. 2 Z 5 in der Fassung des Bundesgesetzes BGBl. I Nr. 47/2002 außer Kraft.
3. § 13 Abs. 4 bis 6, § 43 Abs. 3 und § 46 Abs. 3 treten mit 21. August 2003 in Kraft.

(11) § 24 Z 2 in der Fassung des Bundesgesetzes BGBl. I Nr. 57/2005 tritt mit 1. Juli 2005 in Kraft.

(12) Die Abschnittsüberschriften, § 6 Abs. 2d dritter Satz, § 35 Abs. 1 erster Satz sowie die Überschriften zu § 49 und zu § 50 in der Fassung des Budgetbegleitgesetzes 2007, BGBl. I Nr. 24, treten mit 1. Jänner 2007 in Kraft. Gleichzeitig treten § 28 Z 3 lit. d in der Fassung des Bundesgesetzes BGBl. I Nr. 112/2005 und die Abschnittsüberschriften vor § 50 und § 51 außer Kraft.

(13) § 6 Abs. 1, 1a, 2e und 2f, § 12 Abs. 9 in der Fassung des Bundesgesetzes BGBl. I Nr. 52/2009 treten mit 1. Jänner 2009 in Kraft.

(14) § 6 Abs. 2, 2a und 2f in der Fassung des Budgetbegleitgesetzes 2011, BGBl. I Nr. 111/2010, tritt mit 1. Jänner 2011 in Kraft.

(15) § 6 Abs. 2d und § 35 erster und zweiter Satz in der Fassung des 2. Stabilitätsgesetzes 2012, BGBl. I Nr. 35/2012, treten mit Ablauf des Tages der Kundmachung im Bundesgesetzblatt in Kraft.

(16) Die § 1 Z 3, § 6 Abs. 1 Z 4 und 5, Abs. 1a Z 4 und 5 sowie Abs. 3 Z 4 und 5, § 12 Abs. 8 und der 5a. Abschnitt in der Fassung des Budgetbegleitgesetzes 2014, BGBl. I Nr. 40/2014, treten mit Ablauf des Tages der Kundmachung im Bundesgesetzblatt in Kraft.

(17) § 6 Abs. 2 in der Fassung des Bundesgesetzes, BGBl. I Nr. 51/2015 tritt mit 1. Jänner 2015 in Kraft.

(Anm. : Abs. 18 ist mit 31.12.2021 außer Kraft getreten)

(19) § 14 in der Fassung des Verwaltungsreformgesetzes BMLFUW, BGBl. I Nr. 58/2017, tritt mit Ablauf des Tages der Kundmachung in Kraft; gleichzeitig tritt § 48 samt Überschrift außer Kraft.

(20) § 6 Abs. 2f in der Fassung des Bundesgesetzes BGBl. I Nr. 39/2018 tritt mit 1. Jänner 2018 in Kraft.

(21) § 6 Abs. 2e und § 51 Abs. 5a in der Fassung des Bundesgesetzes BGBl. I Nr. 95/2020 treten mit dem auf die Kundmachung folgenden Tag in Kraft.

(22) § 6 Abs. 1 Z 2 lit. a, Abs. 1a Z 2 lit. a, Abs. 2, 2a, 2b, 2d, 2e, 2f, 2g und 4, § 7, § 8 Abs. 1 und 3, § 9 Abs. 1 und 3, § 10 Abs. 1, § 11 Abs. 1, Abs. 3 Z 2, 3, 5, 6, 7 und 8, Abs. 5, 7, 8 und 9,

§ 12 Abs. 1, 4, 5, 8 und 9, § 13 Abs. 1, 5 und 6, § 14, § 16a, § 17 Abs. 1 Z 6, § 17a Z 5 und 6, § 20 Abs. 4, § 21 samt Überschrift, § 22, § 22a Abs. 1, 2 und 3, § 23 Abs. 2, § 25 Abs. 1 Z 3 und Abs. 2, § 28 Abs. 1 Z 1 bis 3 und Abs. 2, § 34 Abs. 1 Z 1 lit. a, d und e sowie Abs. 2, § 37 Abs. 2, § 38, § 39 Abs. 1, 3, 4 und 5, § 43 Abs. 1 und 2, § 45 Z 1 und Z 2 lit. c, § 46 Abs. 1 und 2, § 47, § 48b, § 48c, § 49, die Überschrift zu § 51 sowie § 51 Abs. 2 in der Fassung des Bundesgesetzes BGBl. I Nr. 98/2020 treten mit dem auf die Kundmachung folgenden Tag in Kraft. Gleichzeitig treten § 6 Abs. 2c, § 22a Abs. 4, § 28 Abs. 3, § 45 Z 2 lit. e und § 50 samt Überschrift außer Kraft.

(23) § 5 Z 2 und 3, § 6 Abs. 2f, § 6 Abs. 4 und 5, § 11 Abs. 1, § 13 Abs. 5 Z 2, § 23 Abs. 1 und § 49 Z 3 in der Fassung des Bundesgesetzes BGBl. I Nr. 114/2020 treten mit dem auf die Kundmachung folgenden Tag in Kraft.

(24) § 6 Abs. 2f Z 3, § 23 Abs. 1 Z 4, § 23 Abs. 3, § 24 Abs. 1 Z 1a, § 25 Abs, 1 Z 1a und § 27 in der Fassung des Bundesgesetzes BGBl. I Nr. 161/2021 treten mit dem auf die Kundmachung folgenden Tag in Kraft.

(25) § 6 Abs. 2f Z 1a bis 1c in der Fassung des Bundesgesetzes BGBl. I Nr. 202/2021 tritt mit 1. Jänner 2022 in Kraft.

(26) Der Titel, § 1 Z 1 bis 5, § 2 Abs. 2, § 3 Abs. 2 und 3, § 5, § 6 Abs. 1 samt Überschrift, § 6 Abs. 1a Z 3, 5 und 6, Abs. 1b Z 3, 5 und 6, Abs. 3 Z 2, 3, 5 und 6, Abs. 4, § 6a samt Überschrift, § 7 Z 3 bis 5, § 9 Abs. 2 und 4, § 10 Abs. 4, § 11 Abs. 1, § 11a samt Überschrift, § 12 Abs. 2 und Abs. 8 Z 2, § 13 Abs. 5 Z 1 bis 3, § 23 Abs. 1, § 24 Abs. 1, § 27 Abs. 1 und 2, die Überschrift des 4. Abschnittes, die Überschrift des § 29, § 29a samt Überschrift, § 30 samt Überschrift, § 30a samt Überschrift, § 31, § 34 Abs. 2 der 5b. Abschnitt sowie § 49 Z 1, 3 und 4 in der Fassung des Bundesgesetzes BGBl. I Nr. 26/2022 treten mit dem auf die Kundmachung folgenden Tag in Kraft.

(27) § 2 Abs. 1, § 6 Abs. 2a, § 6 Abs. 2f Z 1a bis 3 und Abs. 4, § 12 Abs. 2, § 13 Abs. 5 Z 2, § 17 Abs. 1 Z 3, § 23 Abs. 1, 2 und 4, § 24 Abs. 2, § 25 Abs. 1 Z 1, 1a, 2, 3 und 4, § 26 Abs. 1 und 2, § 49 Z 1 lit. a und b, § 51 Abs. 5a sowie der Anhang in der Fassung des Budgetbegleitgesetzes 2023, BGBl. I Nr. 185/2022, treten mit 1. Jänner 2023 in Kraft.

(28) § 6 Abs. 2f Z 2, § 6a, § 25 Abs. 1 Z 4 sowie der Anhang in der Fassung des Bundesgesetzes BGBl. I Nr. 34/2023 treten mit dem der Kundmachung folgenden Tag in Kraft.

(29) Der Schlusssatz des § 25 Abs. 1 Z 4 in der Fassung des Bundesgesetzes BGBl. I Nr. 34/2023 tritt mit dem der Kundmachung folgenden Tag in Kraft und mit Ablauf des 31. Dezember 2023 außer Kraft.

Anhang

Anlagen zur Herstellung folgender Produkte aus Sektoren, für die eine Förderung im Rahmen der Transformation der Industrie gewährt werden kann

Nr.	NACE-Code	Beschreibung
1.	0710	Eisenerzbergbau
2.	0729	Sonstiger NE-Metallerzbergbau
3.	0891	Bergbau auf chemische und Düngemittelminerale
4.	0893	Gewinnung von Salz
5.	0899	Gewinnung von Steinen und Erden a. n. g.
6.	1041	Herstellung von Ölen und Fetten (ohne Margarine u. ä. Nahrungsfette)
7.	1062	Herstellung von Stärke und Stärkeerzeugnissen
8.	1081	Herstellung von Zucker
9.	1106	Herstellung von Malz
10.	1310	Spinnstoffaufbereitung und Spinnerei
11.	1330	Veredlung von Textilien und Bekleidung
12.	1395	Herstellung von Vliesstoff und Erzeugnissen daraus (ohne Bekleidung)
13.	1411	Herstellung von Lederbekleidung
14.	1621	Herstellung von Furnier-, Sperrholz-, Holzfaser- und Holzspanplatten
15.	1711	Herstellung von Holz- und Zellstoff
16.	1712	Herstellung von Papier, Karton und Pappe
17.	2011	Herstellung von Industriegasen
18.	2012	Herstellung von Farbstoffen und Pigmenten
19.	2013	Herstellung von sonstigen anorganischen Grundstoffen und Chemikalien
20.	2014	Herstellung von sonstigen organischen Grundstoffen und Chemikalien
21.	2015	Herstellung von Düngemitteln und Stickstoffverbindungen
22.	2016	Herstellung von Kunststoffen in Primärformen
23.	2017	Herstellung von synthetischem Kautschuk in Primärformen
24.	2060	Herstellung von Chemiefasern
25.	2110	Herstellung von pharmazeutischen Grundstoffen
26.	2311	Herstellung von Flachglas
27.	2313	Herstellung von Hohlglas
28.	2314	Herstellung von Glasfasern und Waren daraus
29.	2319	Herstellung, Veredlung und Bearbeitung von sonstigem Glas einschließlich technischen Glaswaren
30.	2320	Herstellung von feuerfesten keramischen Werkstoffen und Waren
31.	2331	Herstellung von keramischen Wand- und Bodenfliesen und -platten
32.	2332	Herstellung von Ziegeln und sonstiger Baukeramik
33.	2341	Herstellung von keramischen Haushaltswaren und Ziergegenständen
34.	2342	Herstellung von Sanitärkeramik
35.	2351	Herstellung von Zement
36.	2352	Herstellung von Kalk und gebranntem Gips
37.	2399	Herstellung von sonstigen Erzeugnissen aus nichtmetallischen Mineralien a. n. g.
38.	2410	Erzeugung von Roheisen, Stahl und Ferrolegierungen
39.	2420	Herstellung von Stahlrohren, Rohrform-, Rohrverschluss- und Rohrverbindungsstücken aus Stahl
40.	2431	Herstellung von Blankstahl
41.	2442	Erzeugung und erste Bearbeitung von Aluminium
42.	2443	Erzeugung und erste Bearbeitung von Blei, Zink und Zinn
43.	2444	Erzeugung und erste Bearbeitung von Kupfer

44.	2445	Erzeugung und erste Bearbeitung von sonstigen NE-Metallen
45.	2451	Eisengießereien

	Prodcom-Code	Beschreibung
46.	81221	Kaolin und anderer kaolinhaltiger Ton und Lehm, roh oder gebrannt
47.	10311130	Verarbeitete Kartoffeln, ohne Essig oder Essigsäure zubereitet oder haltbar gemacht, gefroren (auch ganz oder teilweise in Öl gegart und dann gefroren)
48.	10311300	Mehl, Grieß, Flocken, Granulat und Pellets aus getrockneten Kartoffeln
49.	10391725	Tomatenmark, konzentriert
50.	105122	Vollmilch- und Rahmpulver
51.	105121	Magermilch- und Rahmpulver
52.	105153	Casein
53.	105154	Lactose und Lactosesirup
54.	10515530	Molke, auch modifiziert, in Form von Pulver und Granulat oder in anderer fester Form; auch konzentriert oder gesüßt
55.	10891334	Backhefen
56.	20302150	Schmelzglasuren und andere verglasbare Massen, Engoben und ähnliche Zubereitungen für die Keramik-, Emaillier- oder Glasindustrie
57.	20302170	Flüssige Glanzmittel und ähnliche Zubereitungen; Glasfritte und anderes Glas in Form von Pulver, Granalien, Schuppen oder Flocken
58.	25501134	Eisenhaltige Freiformschmiedestücke für Maschinenwellen, Kurbelwellen, Nockenwellen und Kurbeln

59. Klima- und Energiefondsgesetz

Bundesgesetz über die Errichtung des Klima- und Energiefonds – Klima- und Energiefondsgesetz
StF: BGBl. I Nr. 40/2007
Letzte Novellierung: BGBl. I Nr. 37/2018

GLIEDERUNG

1. Abschnitt
Allgemeines

Ziele

§ 1. Dieses Bundesgesetz hat die Ziele, einen Beitrag zur Verwirklichung einer nachhaltigen Energieversorgung (Steigerung der Energieeffizienz und Erhöhung des Anteils erneuerbarer Energieträger) sowie zur Reduktion der Treibhausgasemissionen und zur Unterstützung der Umsetzung der Klimastrategie, insbesondere zur

1. aufkommensneutralen Steigerung des Anteils der erneuerbaren Energieträger am Gesamtenergieverbrauch in Österreich auf mindestens 25 vH bis zum Jahr 2010 und auf 45 vH bis zum Jahr 2020,
2. Verbesserung der Energieintensität um mindestens fünf vH bis zum Jahr 2010 und 20 vH bis zum Jahr 2020,
3. Erhöhung der Versorgungssicherheit und Reduktion der Importe von fossiler Energie,
4. Stärkung der Entwicklung und Verbreitung der österreichischen Umwelt- und Energietechnologie,
5. Intensivierung der klima- und energierelevanten Forschung sowie
6. Absicherung und zum Ausbau von Technologieführerschaften

zu leisten.

2. Abschnitt
Klima- und Energiefonds

Errichtung und Fondszweck

§ 2. (1) Zum Zweck der Verwirklichung der Ziele gemäß § 1 wird ein Fonds eingerichtet. Der Fonds trägt die Bezeichnung „Klima- und Energiefonds“.

(2) Der Fonds ist ein Fonds öffentlichen Rechts mit eigener Rechtspersönlichkeit und hat seinen Sitz in Wien. Der Fonds dient ausschließlich gemeinnützigen Zwecken und ist berechtigt, das Bundeswappen zu führen.

(3) Der Fonds wird nach außen durch die Geschäftsführung vertreten. Werden zwei Geschäftsführer vom Präsidium bestellt, obliegt diesen gemeinsam die rechtsverbindliche Zeichnung für den Fonds.

(4) Das Geschäftsjahr des Fonds ist das Kalenderjahr.

(5) Der Fonds hat für den sich aus der Besorgung der Fondsgeschäfte ergebenden Aufwand (Sach- und Personalaufwand) selbst aufzukommen.

(6) Für den Fonds ist eine Geschäftsstelle einzurichten.

(7) Soweit dieses Bundesgesetz keine abweichenden Bestimmungen enthält, sind der 1. und

2. Abschnitt des Forschungsorganisationsgesetzes (FOG), BGBl. Nr. 341/1981, auch im Anwendungsbereich dieses Bundesgesetzes anzuwenden.

Aufgaben

§ 3. (1) Der Fonds erreicht die in § 1 angeführten Ziele durch die Gewährung von Fördermitteln, die Erteilung von Aufträgen und die Finanzierung von Maßnahmen bestehender einschlägiger Finanzierungsinstrumente im Rahmen der folgenden Programmlinien:

1. Forschung und Entwicklung im Bereich nachhaltiger Energietechnologien und Klimaforschung,
2. Forcierung von Projekten im Bereich des öffentlichen Personennah- und Regionalverkehrs, des umweltfreundlichen Güterverkehrs sowie von Mobilitätsmanagementprojekten und
3. Forcierung von Projekten zur Unterstützung der Marktdurchdringung von klimarelevanten und nachhaltigen Energietechnologien.

(2) Innerhalb der Programmlinien werden Maßnahmen gefördert oder beauftragt, die

1. der Steigerung der Energieeffizienz in den Bereichen Energieaufbringung, -umwandlung, -transport und -verwendung,
2. der Verbesserung der Wirkungsgrade und der Entwicklung umweltfreundlicher Techniken bei der Nutzung sämtlicher Rohstoffe,
3. der Forschung und Entwicklung im Bereich der erneuerbaren Energien zur Strom-, Wärme- und Kraftstoffgewinnung als auch von Energiespeichern sowie der Klimaforschung,
4. der wirtschaftlichen Ausreifung neuer Technologien zur nachhaltigen Energieversorgung und zur effizienten Energienutzung,
5. der Unterstützung der Verlagerung des Personen- und Güterverkehrs auf energieeffiziente Verkehrsträger sowie
6. der Aus- und Weiterbildung, Beratung und Bewusstseinsbildung zur besseren Erreichung der Ziele im Rahmen der drei Programmlinien gemäß Abs. 1

dienen.

(3) Für außerordentliche Leistungen zur Erreichung der Ziele gemäß § 1 kann jährlich ein Preis ausgelobt werden.

Aufbringung der Fondsmittel

§ 4. (1) Die zur Erfüllung der Aufgaben des Fonds erforderlichen Mittel werden aufgebracht durch:

1. Zuwendungen aus dem Bundeshaushalt
   a) im Rahmen einer bundesfinanzgesetzlichen Ermächtigung in der Höhe von 50 Millionen Euro für das Jahr 2007 und in der Höhe von 150 Millionen Euro für das Jahr 2008 sowie
   b) danach nach Maßgabe der im Bundesfinanzgesetz jeweils vorgesehenen Mittel,
2. sonstige öffentliche und private Zuwendungen,
3. Erträgnissen von veranlagten Fondsmitteln sowie
4. sonstige Einnahmen.

(2) Die Mittel gemäß Abs. 1 Z 1 sind nach Maßgabe der tatsächlich benötigten Mittel bereitzustellen. Zugesagte oder durch Auftragserteilungen gebundene Mittel im Jahr 2007 sind dem Fonds für die vorgesehenen Zwecke im Jahr 2008 zu belassen.

Organe des Fonds

§ 5. Organe des Fonds sind

1. das Präsidium (§ 6),
2. die Geschäftsführung (§ 10) und
3. sofern eingerichtet, der Expertenbeirat (§ 8).

Präsidium

§ 6. (1) Dem Präsidium gehören an

1. der Bundesminister für Land- und Forstwirtschaft, Umwelt und Wasserwirtschaft oder eine von ihm entsandte Vertretung und
2. der Bundesminister für Verkehr, Innovation und Technologie oder eine von ihm entsandte Vertretung.

(2) Den Vorsitz führt abwechselnd jeweils ein Mitglied des Präsidiums für ein Jahr.

(3) Das Präsidium tritt zumindest zweimal jährlich, erstmals spätestens ein Monat nach In-Kraft-Treten dieses Bundesgesetzes, zusammen. Das Präsidium fasst seine Beschlüsse einstimmig bei Anwesenheit aller seiner Mitglieder. Stimmenthaltung ist zulässig. Die Beschlussfassung im schriftlichen Umlauf ist zulässig, wobei der Vorsitzende den wirksam gefassten Beschluss feststellt.

Aufgaben des Präsidiums

§ 7. (1) Das Präsidium ist das oberste Organ des Fonds.

(2) Das Präsidium genehmigt und veröffentlicht die Geschäftsordnung des Fonds.

(3) Das Präsidium bestellt die Geschäftsführung und kann diese abberufen. Es beschließt über die Einrichtung der Geschäftsstelle.

(4) Das Präsidium kann einen Expertenbeirat einrichten und dessen Mitglieder und Ersatzmitglieder bestellen und abberufen.

(5) Das Präsidium beschließt und veröffentlicht das Strategische Planungsdokument, die Richtlinien und das Jahresprogramm. Vor Beschlussfassung der Richtlinien ist die Zustimmung des Bundesministers für Finanzen einzuholen.

(6) Das Präsidium kontrolliert die ordnungsgemäße Veranlagung und die widmungsgemäße Verwendung des Fondsvermögens. Es genehmigt und veröffentlicht den Jahresbericht, der den Jahresrechnungsabschluss enthält, und entlastet die Geschäftsführung.

(7) Das Präsidium kann jederzeit Auskünfte und Berichte von der Geschäftsführung und den Abwicklungsstellen anfordern sowie der Geschäftsführung Weisungen erteilen.

(8) Das Präsidium genehmigt die Verträge, die die Tätigkeiten der Abwicklungsstellen festlegen.

(9) In der Geschäftsordnung des Fonds hat das Präsidium generelle Bestimmungen über die Abwicklung der Förderansuchen, der Auftragsanbote und der Finanzierung von Maßnahmen (§ 3) durch die Geschäftsführung zu treffen.

(10) Das Präsidium entscheidet über die Gewährung einer Förderung bzw. über die Erteilung eines Auftrages und über die Gewährung von Finanzierungsmitteln für Maßnahmen gemäß § 3. In der Geschäftsordnung kann festgelegt werden, dass über bestimmte Bereiche von Förderungs- und Auftragsvergaben ein Mitglied des Präsidiums allein entscheidet.

Expertenbeirat

§ 8. (1) Der Expertenbeirat besteht aus maximal vier Mitgliedern und gleich vielen Ersatzmitgliedern, die vom Präsidium bestellt werden. Die Bestellung erfolgt jeweils auf die Dauer von vier Jahren.

(2) Der Expertenbeirat wählt aus der Reihe seiner Mitglieder einen Vorsitzenden und einen stellvertretenden Vorsitzenden.

(3) Scheidet ein Mitglied des Expertenbeirates freiwillig, durch Tod, durch Zeitablauf oder durch Abberufung durch das Präsidium aus, rückt bis zur Bestellung eines neuen Mitgliedes sein Ersatzmitglied an seine Stelle.

(4) Der Expertenbeirat fasst seine Beschlüsse mit einfacher Stimmenmehrheit bei Anwesenheit von mindestens der Hälfte seiner Mitglieder. Bei Stimmengleichheit gibt die Stimme des Vorsitzenden, ist dieser nicht anwesend, jene des stellvertretenden Vorsitzenden den Ausschlag.

(5) Den Mitgliedern des Expertenbeirats, den Ersatzmitgliedern jedoch nur für den Fall und die Dauer der Vertretung eines Mitglieds, gebührt eine angemessene Aufwandsentschädigung, deren Höhe die Geschäftsordnung festlegt.

Aufgaben des Expertenbeirates

§ 9. (1) Der Expertenbeirat berät das Präsidium hinsichtlich der Richtlinien, des Strategischen Planungsdokuments, der Programmlinien sowie des Jahresprogramms.

(2) Das Präsidium kann den Expertenbeirat mit zusätzlichen Aufgaben, wie insbesondere der Abgabe von Empfehlungen zur Förderwürdigkeit von Förderansuchen und zur Zweckmäßigkeit von Anboten und der Finanzierung von Maßnahmen (§ 3) im Hinblick auf die Ziele gemäß § 1, betrauen.

(Anm.: Abs. 3 aufgehoben durch BGBl. I Nr. 37/2009)

Geschäftsführung

§ 10. (1) Die Geschäftsführung besteht aus bis zu zwei Geschäftsführern, die vom Präsidium bestellt werden. Sie bedient sich zur Erledigung der administrativen Geschäftsführung einer Geschäftsstelle.

(2) Den Geschäftsführern obliegt gemeinsam die Geschäftsführung des Fonds, die Vertretung des Fonds nach außen sowie die rechtsverbindliche Zeichnung für den Fonds.

(3) Die Geschäftsführung hat für die ordnungsgemäße Erfüllung der Aufgaben des Fonds gemäß § 3 zu sorgen. Sie ist dem Präsidium gegenüber verantwortlich.

(4) Die Geschäftsführung hat das Präsidium hinsichtlich des Strategischen Planungsdokuments bzw. der Richtlinien zu beraten, bis spätestens drei Monate nach einem diesbezüglichen Auftrag durch das Präsidium das Strategische Planungsdokument bzw. die Richtlinien auszuarbeiten und diese dem Expertenbeirat, sofern einer eingerichtet wurde, zur Beratung sowie dem Präsidium zur Beschlussfassung vorzulegen.

(5) Die Geschäftsführung hat jährlich bis zum 31. Oktober das Jahresprogramm für das folgende Geschäftsjahr auszuarbeiten und dem Präsidium zur Genehmigung vorzulegen.

(6) Die Geschäftsführung hat jährlich bis zum 31. März den Jahresbericht, der den Jahresrechnungsabschluss enthält, für das vergangene Geschäftsjahr auszuarbeiten und dem Präsidium zur Genehmigung vorzulegen.

(7) Die Geschäftsführung hat eine Geschäftsordnung für den Fonds auszuarbeiten und dem Präsidium zur Genehmigung vorzulegen.

(8) Die Geschäftsführung hat das Fondsvermögen mit der Sorgfalt eines ordentlichen Geschäftsmannes zu verwalten und anzulegen.

Gebarungsgrundsätze

§ 11. (1) Der Fonds hat seine Mittel nach den Grundsätzen der Sparsamkeit, Wirtschaftlichkeit und Zweckmäßigkeit zu verwalten.

(2) Das Fondsvermögen ist ausschließlich im Sinne des Fondszweckes zu verwenden, wobei darunter auch die Verwaltungskosten (Sach- und Personalaufwand) des Fonds zu verstehen sind.

Verschwiegenheit

§ 12. Die Organe und Bediensteten des Fonds sowie die Mitarbeiter der Abwicklungsstellen sind über alle ihnen ausschließlich aus ihrer Tätigkeit oder Funktion bekannt gewordenen vertraulichen Tatsachen zur Verschwiegenheit verpflichtet, soweit nicht auf Grund von Auskunftspflichten im

Rahmen eines Bundesgesetzes über diese Tatsachen Auskunft zu erteilen ist. Diese Verschwiegenheitspflicht besteht auch nach dem Ausscheiden aus Organfunktionen sowie nach Beendigung der sonstigen Tätigkeit für den Fonds weiter.

Abgabenbefreiung

§ 13. Der Fonds ist von allen bundesgesetzlich geregelten Gebühren und Abgaben mit Ausnahme der Gerichts- und Justizverwaltungsgebühren befreit.

Richtlinien

§ 14. (1) Die Richtlinien enthalten die näheren Bestimmungen, unter denen Förderungen gewährt werden können, wie insbesondere über

1. den Gegenstand der Förderung,
2. die anrechenbaren Kosten,
3. die persönlichen und fachlichen Voraussetzungen der Förderwerber,
4. das Ausmaß und die Art der Förderung sowie
5. das Verfahren, insbesondere in Bezug auf

a) das Ansuchen (Art, Inhalt und Ausstattung der Unterlagen),
b) die Bewertung der Förderansuchen und die Evaluierungsgrundsätze
c) den Auszahlungsmodus,
d) die Berichtslegung (Kontrollrechte) sowie
e) die Einstellung und Rückforderung der Förderung.

(2) Die Richtlinien haben auch Bestimmungen für das Vorgehen der Abwicklungsstellen bei der Prüfung von Vorhaben vorzusehen. Soweit erforderlich und zweckdienlich kann dabei für verschiedene Abwicklungsstellen Unterschiedliches angeordnet werden.

(3) In den Richtlinien ist für die Abstimmung der Leistungen des Fonds mit der Umweltförderung nach dem 3. Abschnitt des Umweltförderungsgesetzes (UFG), BGBl. Nr. 185/1993, mit den einschlägigen Förderinstrumenten im Bereich der Forschungsförderung nach dem Forschungsförderungs-Strukturreformgesetz, BGBl. I Nr. 73/2004, sowie mit den Finanzierungs- und Förderungsinstrumenten in Bezug auf den öffentlichen Personennah- und Regionalverkehr, des umweltfreundlichen Güterverkehrs sowie von Mobilitätsmanagementprojekten vorzusorgen.

(4) Das Präsidium hat die Richtlinien zu veröffentlichen und im Internet bereitzustellen. Im „Amtsblatt zur Wiener Zeitung" hat eine Bekanntgabe der Genehmigung der Richtlinien unter der Angabe des Ortes ihres Aufliegens zu erfolgen.

(5) Nach Ausarbeitung der Richtlinien gem. § 10 Abs. 4 sind diese vor Beschlussfassung durch das Präsidium gemäß § 7 Abs. 5 der Wirtschaftskammer Österreich, der Landwirtschaftskammer Österreich (Präsidentenkonferenz der Landwirtschaftskammern Österreichs), der Bundesarbeitskammer, dem Österreichischen Gewerkschaftsbund und der Vereinigung der Österreichischen Industrie unter Einräumung einer angemessenen Frist zur Stellungnahme zu übermitteln.

Strategisches Planungsdokument und Jahresprogramm

§ 15. (1) Das Strategische Planungsdokument stellt anhand der in § 3 Abs. 1 angeführten Programmlinien die Strategie für die Tätigkeit des Fonds zur Erreichung der Ziele gemäß § 1 dar.

(2) Das Jahresprogramm legt unter Bedachtnahme auf die Ziele gemäß § 1, auf die Programmlinien gemäß § 3 sowie auf das Strategische Planungsdokument die jährlichen Schwerpunkte der Tätigkeit des Fonds sowie das ziffernmäßige Ausmaß oder den prozentuellen Anteil der im jeweils folgenden Geschäftsjahr einzusetzenden Fondsmittel und ihre Aufteilung auf die Programmlinien gemäß § 3 fest. Darüber hinaus beinhaltet das Jahresprogramm einen Wirtschafts- und Finanzplan der Geschäftsführung.

(3) Nach Ausarbeitung des Strategischen Planungsdokuments gem. § 10 Abs. 4 und des Jahresprogramms gem. § 10 Abs. 5 sind diese vor Beschlussfassung durch das Präsidium gemäß § 7 Abs. 5 dem Bundesministerium für Finanzen, der Wirtschaftskammer Österreich, der Landwirtschaftskammer Österreich (Präsidentenkonferenz der Landwirtschaftskammern Österreichs), der Bundesarbeitskammer, dem Österreichischen Gewerkschaftsbund und der Vereinigung der Österreichischen Industrie unter Einräumung einer angemessenen Frist zur Stellungnahme zu übermitteln.

Jahresbericht und Wirtschaftsprüfung

§ 16. (1) Der Jahresbericht fasst die Tätigkeit des Fonds im jeweils vergangenen Geschäftsjahr zusammen und enthält insbesondere den Jahresrechnungsabschluss.

(2) Für die Prüfung der Tätigkeit des Fonds nach diesem Bundesgesetz hat das Präsidium einen Wirtschaftsprüfer zu bestellen. Der Wirtschaftsprüfer hat auch die Angemessenheit des jährlich festzustellenden Entgelts und die Kosten der Abwicklungsstellen zu prüfen. Der Wirtschaftsprüfer hat das Ergebnis der Prüfung dem Präsidium umgehend vorzulegen.

3. Abschnitt
Leistungen des Fonds

Art der Leistung

§ 17. (1) Der Fonds kann Fördermittel gewähren, Aufträge erteilen und bestehende Finanzierungsinstrumente unterstützen (§ 3).

(2) Die Gewährung von Fördermitteln bzw. die Auftragsvergabe erfolgt im Rahmen und mit den Mitteln der Privatwirtschaftsverwaltung.

(3) Dieses Bundesgesetz begründet keinen subjektiven Rechtsanspruch auf Gewährung einer Förderung.

Voraussetzungen und Verfahren für Leistungen des Fonds

§ 18. (1) Die Gewährung einer Förderung setzt jedenfalls voraus, dass

1. die Maßnahme den Anforderungen der Richtlinien entspricht und
2. die Finanzierung der zu fördernden Maßnahme unter Berücksichtigung der Förderung sichergestellt ist.

(2) Förderungsansuchen und Anbote für Vertragsabschlüsse können von natürlichen und juristischen Personen vorgelegt werden und sind schriftlich unter Anschluss der erforderlichen Unterlagen bei der Geschäftsstelle einzubringen.

(3) Der Förderungswerber bzw. der Auftragswerber hat sich bei Stellung des Ansuchens bzw. bei Legung des Anbots über den gesamten Zeitraum der Förderungsabwicklung bzw. über den gesamten Vertragszeitraum hin zu verpflichten, die Geschäftsführung bzw. die von ihr namhaft gemachte Abwicklungsstelle über die Inanspruchnahme etwaiger weiterer Finanzierungen und Förderungen, um deren Gewährung der Förderungswerber bzw. der Auftragswerber für dieselbe Leistung, wenn auch mit verschiedener Zweckwidmung bei einem anderen anweisenden Organ des Bundes oder einem anderen Rechtsträger einschließlich anderer Gebietskörperschaften angesucht hat oder ansuchen will oder die ihm von diesen bereits gewährt oder in Aussicht gestellt wurden, und welche Förderungen aus öffentlichen Mitteln und EU-Mitteln er für Leistungen der gleichen Art innerhalb der letzten fünf Jahre vor Einbringung des Förderungsansuchens bzw. vor Legung des Anbots erhalten hat, zu informieren.

(4) Dem Förderwerber bzw. dem Auftragsnehmer obliegt die Beibringung der für die Beurteilung des Vorliegens der Voraussetzungen für eine Förderungsgewährung bzw. einer Auftragserteilung erforderlichen Nachweise und notwendigen Unterlagen.

Abwicklungsstellen und Mittelübertragung

§ 19. (1) Die Geschäftsführung bedient sich zur Erledigung der operativen Abwicklung der Fördervergabe bzw. der Auftragserteilung der Österreichischen Forschungsförderungsgesellschaft mit beschränkter Haftung (FFG) und der Kommunalkredit Public Consulting GmbH (KPC). Das Präsidium kann weitere Abwicklungsstellen festlegen.

(2) Für die Erledigung der operativen Abwicklung gemäß Abs. 1 schließt der Fonds Verträge mit der FFG, der KPC bzw. mit weiteren Abwicklungsstellen, sofern solche vom Präsidium gemäß Abs. 1 festgelegt wurden. Dabei sind die Rechte und Pflichten der Vertragspartner, insbesondere das gebührende Entgelt und die Kontrolle, unter Bedachtnahme auf in vergleichbaren Fällen bereits bestehende Verträge festzusetzen. Kommt ein solcher Vertrag binnen fünf Monaten nach In-Kraft-Treten dieses Bundesgesetzes nicht zustande, kann der Fonds nach Genehmigung durch das Präsidium die Aufgaben einer Abwicklungsstelle gemäß Abs. 1 nach den Bestimmungen des BVergG 2006, BGBl. I Nr. 17, ausschreiben und vergeben.

(3) Die Mittelübertragung an die Abwicklungsstellen erfolgt aufgrund der Ziele gemäß § 1 und der inhaltlichen Schwerpunktsetzung, wie sie im Strategischen Planungsdokument und im Jahresprogramm festgelegt ist, durch Beschluss des Präsidiums.

Rechtsgeschäfte über den Anspruch auf Förderung

§ 20. Über den Anspruch auf Förderung kann weder durch Abtretung, Anweisung oder Verpfändung noch auf eine andere Weise unter Lebenden verfügt werden.

4. Abschnitt

Schlussbestimmungen

Auflösung des Fonds

§ 21. Der Fonds kann nur durch Bundesgesetz aufgelöst werden.

Verweisungen

§ 22. Soweit in diesem Bundesgesetz auf Bestimmungen anderer Bundesgesetzes verwiesen wird, sind diese in ihrer jeweils geltenden Fassung anzuwenden.

Geschlechtsneutrale Formulierung

§ 23. Die verwendeten personenbezogenen Bezeichnungen gelten für Frauen und Männer in gleicher Weise.

Vollziehung

§ 24. Mit der Vollziehung dieses Bundesgesetzes ist hinsichtlich der § 4 Abs. 1 Z 1 und § 13 der Bundesminister für Finanzen betraut. Hinsichtlich der übrigen Bestimmungen sind mit der Vollziehung der Bundesminister für Land- und Forstwirtschaft, Umwelt und Wasserwirtschaft und der Bundesminister für Verkehr, Innovation und Technologie betraut.

§ 25. (1) Artikel 17 des Bundesgesetzes BGBl. I Nr. 58/2017 tritt mit Ablauf des Tages der Kundmachung in Kraft.

(2) § 2 Abs. 7 in der Fassung des 2. Materien-Datenschutz-Anpassungsgesetzes, BGBl. I Nr. 37/2018, tritt mit 25. Mai 2018 in Kraft.

60. Allgemeine Rahmenrichtlinien für die Gewährung von Förderungen aus Bundesmitteln

Verordnung des Bundesministers für Finanzen über Allgemeine Rahmenrichtlinien für die Gewährung von Förderungen aus Bundesmitteln

StF: BGBl. II Nr. 208/2014

Letzte Novellierung: BGBl. II Nr. 190/2018

Aufgrund des § 30 Abs. 5, § 16 Abs. 2, § 58 Abs. 1 und 2 und § 60 Abs. 6 des Bundeshaushaltsgesetzes 2013 (BHG 2013), BGBl. I Nr. 139/2009, zuletzt geändert durch das Bundesgesetz BGBl. I Nr. 62/2013, wird verordnet:

GLIEDERUNG

1. Abschnitt
Geltungsbereich, Begriffsbestimmungen, Rechtswirkung

Geltungsbereich

§ 1. Diese Verordnung gilt für die Gewährung von Förderungen des Bundes durch haushaltsführende Stellen gemäß § 7 des Bundeshaushaltsgesetzes 2013 (BHG 2013), BGBl. I Nr. 139/2009.

Förderungsbegriff und -arten

§ 2. Förderungen im Sinne dieser Verordnung sind Aufwendungen des Bundes für

1. zins- oder amortisationsbegünstigte Gelddarlehen,
2. Annuitäten-, Zinsen- und Kreditkostenzuschüsse sowie
3. sonstige Geldzuwendungen privatrechtlicher Art,

die der Bund in Ausübung der Privatwirtschaftsverwaltung (Art. 17 B-VG) einer außerhalb der Bundesverwaltung stehenden natürlichen oder juristischen Person oder einer im Firmenbuch eingetragenen Personengesellschaft auf Grundlage eines privatrechtlichen Förderungsvertrages aus Bundesmitteln für eine förderungswürdige Leistung (§ 12) gewährt, ohne dafür unmittelbar eine angemessene, geldwerte Gegenleistung zu erhalten.

Ausnahmen vom Geltungsbereich

§ 3. Vom Geltungsbereich dieser Verordnung sind insbesondere ausgenommen:

1. Finanzzuweisungen und Zuschüsse des Bundes an andere Gebietskörperschaften gemäß § 12 des Finanz-Verfassungsgesetzes 1948 (F-VG 1948), BGBl. Nr. 45;
2. Leistungen an ein Land, eine Gemeinde oder einen Gemeindeverband zur Abdeckung eines Aufwandes, den diese gemäß § 2 F-VG 1948 selbst zu tragen haben;
3. Förderungen im Bereich der Hoheitsverwaltung;
4. sondergesetzlich geregelte Förderungen im Bereich der Privatwirtschaftsverwaltung; soweit die jeweiligen sondergesetzlichen Regelungen jedoch keine oder keine abweichenden näheren Bestimmungen enthalten, sind die Bestimmungen dieser Verordnung – insbesondere auch bei der Erlassung von Förderungsrichtlinien auf Grundlage dieser sondergesetzlichen Regelungen – im Interesse einer bundeseinheitlichen Vorgangsweise insoweit anzuwenden, als dies mit der Eigenart dieser Förderungen vereinbar ist;
5. die Übernahme von Bundeshaftungen gemäß § 82 BHG 2013;
6. Zuwendungen mit Sozialleistungscharakter, die durch reine Einkommensverbesserung unmittelbar zur Befriedigung existentieller Individualbedürfnisse beitragen;
7. Realförderungen (zB Sachförderungen).

Rechtswirkung

§ 4. Ein dem Grunde oder der Höhe nach bestimmter subjektiver Rechtsanspruch auf Gewährung einer Förderung oder ein Kontrahierungszwang des Bundes wird weder durch diese Verordnung noch durch Sonderrichtlinien (§ 5) begründet.

2. Abschnitt
Strategische Förderungsausrichtung

Sonderrichtlinien zur Umsetzung von Förderungsprogrammen

§ 5. (1) Förderungen dürfen grundsätzlich nur im Rahmen von Förderungsprogrammen auf Grundlage von Sonderrichtlinien gemäß Abs. 2 gewährt werden.

(2) Zur Umsetzung eines Förderungsprogrammes sind von den Bundesministerinnen oder Bundesministern, in deren Wirkungsbereich die Gewährung einer Förderung fällt, auf Grundlage der Bestimmungen dieser Verordnung Sonderrichtlinien zu erlassen. Förderungen dürfen ausnahmsweise auch ohne Zugrundelegung von Sonderrichtlinien gewährt werden, wenn die Erlassung von Sonderrichtlinien in Hinblick auf Umfang und Häufigkeit der Förderungen unzweckmäßig ist.

(3) Sonderrichtlinien müssen zeitlich befristet sein und mit den Grundsätzen des § 2 Abs. 1 BHG 2013 in Einklang stehen. Der Förderungseffekt und der damit zusammenhängende Verwaltungsaufwand haben in einem angemessenen Verhältnis zueinander zu stehen. Sonderrichtlinien müssen insbesondere definierte Regelungsziele und Indikatoren, den Förderungsgegenstand und die förderbaren und nicht förderbaren Kosten festlegen. Als Regelungsziel ist in den Sonderrichtlinien auch die Vermeidung von unerwünschten Mehrfachförderungen und Förderungsmissbrauch vorzusehen. Bei der Festlegung förderbarer und nicht förderbarer Kosten ist auch auf den Verwaltungsaufwand bei der Kontrolle und Abrechnung der Kosten zu achten. Der Inhalt von Sonderrichtlinien hat die Mindesterfordernisse gemäß dem **Anhang** dieser Verordnung zu erfüllen.

(4) Inhaltliche Überschneidungen und Parallelitäten zwischen Sonderrichtlinien sind zu vermeiden. Bei Erlassung oder Änderung von Sonderrichtlinien haben die Bundesministerinnen und Bundesminister durch geeignete Maßnahmen und Regelungen sicherzustellen, dass unerwünschte Mehrfachförderungen vermieden werden. Dies hat insbesondere auch durch Abfrage der Leistungsangebote im Transparenzportal gemäß § 1 Abs. 1 des Transparenzdatenbankgesetzes 2012 (TDBG 2012), BGBl. I Nr. 99/2012, zu erfolgen, wobei insbesondere auch alle jene Leistungsangebote heranzuziehen sind, die in den gleichen Tätigkeitsbereich der einheitlichen Kategorie im Sinne des § 22 Abs. 2 TDBG 2012 fallen. Sonderrichtlinien, die diesen Grundsätzen nicht entsprechen, sind einzustellen.

(5) Bei Erlassung von Sonderrichtlinien können ausnahmsweise Abweichungen von den Bestimmungen dieser Verordnung vorgesehen werden, wenn dies aufgrund der Eigenart des Förderungsprogrammes jedenfalls erforderlich ist und die Gründe für die Erforderlichkeit im Rahmen der Einvernehmensherstellung (§ 6 Abs. 1) entsprechend dargelegt werden.

(6) Nach Beendigung von Förderungsprogrammen auf Grundlage von Sonderrichtlinien hat die haushaltsführende Stelle eine Evaluierung gemäß § 44 sowie eine Kontrolle des widmungsgemäßen Einsatzes der Förderungsmittel für die jeweiligen Förderungsprogramme durchzuführen. Insbesondere ist im Rahmen der Evaluierung auch darzustellen, zu welchem Ergebnis die Maßnahmen gemäß § 17 Abs. 2 und § 40 Abs. 5 geführt haben.

Haushaltsrechtliche Einvernehmensherstellung und Veröffentlichung von Sonderrichtlinien

§ 6. (1) Vor Erlassung oder Änderung von Sonderrichtlinien ist das Einvernehmen mit der Bundesministerin für Finanzen oder dem Bundesminister für Finanzen nach den Bestimmungen des § 16 Abs. 2 BHG 2013 und der Vorhabensverordnung, BGBl. II Nr. 22/2013, herzustellen. Weiters ist eine wirkungsorientierte Folgenabschätzung gemäß § 17 BHG 2013 in Verbindung mit den hierzu ergangenen Verordnungen durchzuführen.

(2) Die Bundesministerinnen und Bundesminister haben im Rahmen der Einvernehmensherstellung anzugeben, welche Maßnahmen gemäß § 5 Abs. 4, § 17 Abs. 2 und § 40 Abs. 5 getroffen wurden, um unerwünschte Mehrfachförderungen zu vermeiden, insbesondere, dass Abfragen im Transparenzportal getätigt wurden, und zu welchem Ergebnis diese Maßnahmen geführt haben.

(3) Sonderrichtlinien sind jedenfalls auf der Homepage des jeweiligen Bundesministeriums zu veröffentlichen und vor ihrer Veröffentlichung dem Rechnungshof zur Kenntnis zu bringen.

3. Abschnitt

Übertragung der Förderungsabwicklung an Abwicklungsstellen

Landeshauptfrau, Landeshauptmann

§ 7. Die Befugnis jeder Bundesministerin oder jedes Bundesministers, in deren oder dessen Wirkungsbereich die Gewährung einer Förderung fällt, die Abwicklung der Förderungen einer Landeshauptfrau oder einem Landeshauptmann und den dieser oder diesem unterstellten Behörden im Land zu übertragen, richtet sich nach Art. 104 Abs. 2 B-VG. Soweit damit vereinbar, sind die unter § 8 vorgesehenen Voraussetzungen in die jeweilige Übertragungsverordnung aufzunehmen.

Andere Rechtsträger

§ 8. (1) Jede Bundesministerin oder jeder Bundesminister, in deren oder dessen Wirkungsbereich die Gewährung einer Förderung fällt, darf mit anderen sachlich in Betracht kommenden Rechtsträgern mit Ausnahme anderer Gebietskörperschaften unter folgenden Voraussetzungen Verträge abschließen, wonach Förderungen aus Bundesmitteln durch diese Rechtsträger im Namen und für Rechnung des Bundes nach Maßgabe der Bestimmungen dieser Verordnung abgewickelt werden können:

1. die Besonderheiten bestimmter Förderungen lassen die Mitwirkung eines solchen Rechtsträgers geboten erscheinen;
2. die Einhaltung der Ziele der Haushaushaltsführung (§ 2 Abs. 1 BHG 2013) sowie der Bestimmungen dieser Verordnung ist gesichert;
3. es liegen Sonderrichtlinien (§ 5) vor;
4. dem Bund bleibt die jederzeitige Einstellung der Übertragung der Förderungsabwicklung vorbehalten und
5. die mit der Übertragung der Förderungsabwicklung verbundenen Leistungen und ihre Qualität sowie das entsprechende Entgelt werden klar und eindeutig festgelegt. Weiters ist insbesondere auszubedingen, dass diese Rechtsträger

a) eine Kontrolle der widmungsgemäßen Verwendung der Förderungsmittel durch die Förderungsnehmerin oder den Förderungsnehmer durchführen und der jeweils zuständigen Bundesministerin oder dem jeweils zuständigen Bundesminister eine Gesamtabrechnung der Förderungsmittel im Einzelnen und insgesamt vorlegen,
b) eine Evaluierung gemäß § 44 Abs. 1 durchführen und die zuständige Bundesministerin oder den zuständigen Bundesminister hievon schriftlich in Kenntnis setzen sowie an der Evaluierung gemäß § 44 Abs. 2 mitwirken,
c) der jeweils zuständigen Bundesministerin oder dem jeweils zuständigen Bundesminister alle für die Erfüllung der Pflichten der Republik Österreich nach dem Beihilfenrecht der

Europäischen Union erforderlichen Berichte, Meldungen und Auskünfte sowie die für die Förderungsdokumentation und -information notwendigen Daten fristgerecht und vollständig zur Verfügung stellen,

d) Organen oder Beauftragten des Bundes und der Europäischen Union die Überprüfung der Gebarung der Förderungsmittel und der Einhaltung des Vertrages ermöglichen, jederzeit Auskünfte über alle mit der übertragenen Aufgabe zusammenhängenden Umstände durch geeignete Auskunftspersonen erteilen und Einschau an Ort und Stelle gewähren,

e) alle Unterlagen zehn Jahre ab dem Ende des Jahres der Auszahlung der gesamten Förderung aufbewahren; sofern unionsrechtlich darüber hinausgehende Fristen gelten, kommen diese zur Anwendung, und

f) dem Bund gegenüber aus allen Gründen, die ihnen zuzurechnen sind, haften.

(1a) Im Rahmen der Verträge gemäß Abs. 1 sind Regelungen zur Verarbeitung von personenbezogenen Daten in Übereinstimmung mit der Verordnung (EU) 2016/679 zum Schutz natürlicher Personen bei der Verarbeitung personenbezogener Daten, zum freien Datenverkehr und zur Aufhebung der Richtlinie 95/46//EG (Datenschutz-Grundverordnung), ABl. Nr. L 119 vom 4.5.2016 S.1 (im Folgenden: DSGVO) und dem Bundesgesetz über den Schutz personenbezogener Daten (Datenschutzgesetz – DSG), BGBl. I Nr. 24/2018, oder einer sonstigen datenschutzrechtlichen Bestimmung aufzunehmen.

(2) Falls die Bundesministerin oder der Bundesminister beabsichtigt, die Abwicklung von Förderungen an Abwicklungsstellen zu übertragen (Abs. 1), hat sie oder er nach Möglichkeit einheitliche und gegebenenfalls ressortübergreifende Abwicklungsstellen zu betrauen, wenn dies wirtschaftlich und sachlich sinnvoll erscheint.

Haushaltsrechtliche Einvernehmensherstellung bei Übertragung der Förderungsabwicklung

§ 9. Vor Erlassung einer Verordnung gemäß § 7 und vor Abschluss eines Vertrages gemäß § 8 ist mit der Bundesministerin für Finanzen oder dem Bundesminister für Finanzen das Einvernehmen herzustellen.

4. Abschnitt
Haushaltsrechtliche Förderungsvoraussetzungen

Zuständigkeit des Bundes

§ 10. Eine Leistung darf vom Bund nur gefördert werden, wenn sie Angelegenheiten betrifft, die

1. in Gesetzgebung und Vollziehung Bundessache sind,
2. unter Art. VIII Abs. 1 lit. a und b des Bundesverfassungsgesetzes, BGBl. Nr. 215/1962, fallen, oder
3. über den Interessenbereich eines einzelnen Bundeslandes hinausgehen; diese Voraussetzung ist auch bei Vorliegen eines Förderungsprogrammes (§ 5) erfüllt.

Zulässigeit einer Förderung

§ 11. (1) Eine Förderung ist nur zulässig, wenn

1. die förderungswürdige Leistung im Einklang mit der Widmung des entsprechenden Detailbudgets (VA-Stelle) steht,
2. die Bedeckung der Mittelverwendungen im gelten-
den Bundesfinanzrahmengesetz (BFRG) sowie im geltenden Bundesfinanzgesetz (BFG) sichergestellt ist und
3. der Einsatz der Bundesmittel mit den Zielen des § 2 Abs. 1 BHG 2013 in Einklang steht.

(2) Die tatsächliche Gleichstellung von Frauen und Männern ist bei der Gewährung, Durchführung und Evaluierung von Förderungen zu berücksichtigen.

Förderungswürdige Leistung

§ 12. Eine Leistung ist förderungswürdig, wenn an ihr ein erhebliches öffentliches Interesse besteht. Ein erhebliches öffentliches Interesse liegt vor, wenn die Leistung geeignet ist, zur Sicherung oder Steigerung des Gemeinwohles, zur Hebung des zwischenstaatlichen und internationalen Ansehens der Republik Österreich, zum Fortschritt in geistiger, körperlicher, kultureller, sozialer oder wirtschaftlicher Hinsicht oder zum Umwelt- und Klimaschutz beizutragen.

Zusammenwirken mehrerer Förderungsgeber

§ 13. (1) Beabsichtigen mehrere haushaltsführende Stellen derselben Förderungswerberin oder demselben Förderungswerber für dieselbe Leistung, auch wenn mit verschiedener Zweckwidmung, Förderungen zu gewähren, haben sie oder deren Abwicklungsstellen einander vor Gewährung der Förderung zu verständigen und die beabsichtigte Vorgangsweise aufeinander abzustimmen.

(2) Sofern auch andere Rechtsträger eine Förderungswerberin oder einen Förderungswerber für dieselbe Leistung, auch wenn mit verschiedener Zweckwidmung, zu fördern beabsichtigen, haben die beteiligten Organe des Bundes auf eine abgestimmte Vorgangsweise mit diesen Rechtsträgern hinzuwirken.

Haushaltsrechtliche Einvernehmensherstellung bei Förderungen

§ 14. (1) Übersteigt der Gesamtbetrag einer Förderung den gemäß Vorhabensverordnung festgesetzten Betrag, so darf die Förderung erst nach Herstellung des Einvernehmens mit der Bundesministerin für Finanzen oder dem Bundesminister für Finanzen gewährt werden. Bilaterale Vereinbarungen gemäß Vorhabensverordnung bleiben unberührt. Die Durchführung einer wirkungsorientierten Folgenabschätzung richtet sich nach § 17 BHG 2013 in Verbindung mit den hierzu ergangenen Verordnungen.

(2) Abweichend von Abs. 1, erster Satz unterliegt die Gewährung einer Förderung auf Grundlage einer Sonderrichtlinie (§§ 5 und 6) der Einvernehmensherstellung mit der Bundesministerin für Finanzen oder dem Bundesminister für Finanzen, wenn der Gesamtbetrag der Förderung, die unter unveränderter Anwendung des Musterförderungsvertrages gemäß § 24 Abs. 4 gewährt wird, den 1,4-fachen Wert des gemäß Punkt 5.2 des Anhanges A der Vorhabensverordnung in der jeweils geltenden Fassung festgesetzten Betrages übersteigt. § 24 Abs. 4 erster Satz, zweiter Halbsatz gilt nicht.

(3) Im Rahmen der Einvernehmensherstellung hat die Bundesministerin für Finanzen oder der Bundesminister für Finanzen die Einhaltung der Bestimmungen der Vorhabensverordnung zu prüfen. Insbesondere ist auch darauf zu achten, dass die beabsichtigte Förderung den Voraussetzungen der §§ 10 bis 13 entspricht.

5. Abschnitt
Allgemeine Förderungsvoraussetzungen
Gesamtfinanzierung der Leistung, Anreizeffekt

§ 15. (1) Die Durchführung der Leistung muss unter Berücksichtigung der Förderung aus Bundesmitteln finanziell gesichert erscheinen. Die Förderungswerberin oder der Förderungswerber hat dies durch geeignete Unterlagen, insbesondere durch einen Kosten-, Zeit- und Finanzierungsplan nachzuweisen.

(2) Eine Förderung ist nur zulässig, wenn sie einen Anreizeffekt aufweist. Stellt eine Förderung eine Beihilfe im Sinne des europäischen Beihilfenkontrollrechts dar, so haben jedenfalls die notwendigen Voraussetzungen für das Vorliegen eines Anreizeffekts nach den beihilfenrechtlichen Regelungen der Europäischen Union vorzuliegen. Liegt keine Beihilfe im Sinne des europäischen Beihilfenkontrollrechts vor, erfordert der Anreizeffekt, dass die Leistung ohne Förderung aus Bundesmitteln nicht oder nicht im notwendigen Umfang durchgeführt werden kann.

Ausbedingung einer Eigenleistung

§ 16. (1) Sofern sich aus der geförderten Leistung unmittelbar ein wirtschaftlicher Vorteil für die Förderungswerberin oder den Förderungswerber ergibt, ist diese oder dieser grundsätzlich zu verpflichten, nach Maßgabe dieses Vorteiles und ihrer oder seiner wirtschaftlichen Leistungsfähigkeit einerseits sowie des an der Durchführung der Leistung bestehenden Bundesinteresses andererseits, finanziell beizutragen. Eine Eigenleistung kann auch in allen übrigen Fällen ausbedungen werden, in denen dies im Hinblick auf das allgemeine Förderungsziel der Hilfe zur Selbsthilfe zweckmäßig erscheint.

(2) Eigenleistungen der Förderungswerberin oder des Förderungswerbers sind sowohl Eigenmittel im engeren Sinn als auch eigene Sach- und Arbeitsleistungen, Kredite oder Beiträge Dritter.

(3) Von einer Eigenleistung kann insbesondere abgesehen werden, wenn

1. diese der Förderungswerberin oder dem Förderungswerber im Zeitpunkt der Gewährung der Förderung unter Ausschöpfung aller ihr oder ihm billigerweise zumutbaren sonstigen Finanzierungsmöglichkeiten im Hinblick auf die Eigenart der zu fördernden Leistung wirtschaftlich nicht zumutbar ist und
2. die Durchführung der Leistung durch die Förderung aus Bundesmitteln und allfällige Förderungen anderer Rechtsträger allein finanziell gesichert erscheint.

Erhebung der gesamten Förderungsmittel

§ 17. (1) Vor Gewährung einer Förderung aus Bundesmitteln ist von der haushaltsführenden Stelle oder der Abwicklungsstelle zu erheben:

1. welche Förderungen aus öffentlichen Mitteln einschließlich EU-Mitteln der Förderungswerberin oder dem Förderungswerber in den letzten drei Jahren vor Einbringung des Förderungsansuchens für dieselbe Leistung, auch wenn mit verschiedener Zweckwidmung, gewährt wurden, und
2. um welche derartigen Förderungen sie oder er bei einer anderen haushaltsführenden Stelle des Bundes oder einem anderen Rechtsträger einschließlich anderer Gebietskörperschaften und der Europäischen Union angesucht hat, über die Gewährung aber noch nicht entschieden wurde oder sie oder er noch ansuchen will.

(2) Die Erhebung hat insbesondere durch entsprechende Angaben der Förderungswerberin oder des Förderungswerbers zu erfolgen. Die haushaltsführenden Stellen haben – gegebenenfalls unter Mitwirkung der Abwicklungsstellen – angemessene und wirksame Methoden zur Überprüfung der Angaben der Förderungswerberin oder des Förderungswerbers vorweg festzulegen, die geeignet sind, unerwünschte Mehrfachförderungen zu vermeiden. Dabei ist jedenfalls auch eine Abfrage aus dem Transparenzportal vorzunehmen. Zu diesem Zweck besteht eine Berechtigung zur Transparenzportalabfrage gemäß § 32 Abs. 5 TDBG 2012 in die eigene und in die zugeordnete einheitliche Kategorie gemäß § 22 Abs. 1 und 2 TDBG 2012.

(3) Der Förderungswerberin oder dem Förderungswerber ist eine Mitteilungspflicht bis zum Abschluss des Förderungsvorhabens aufzuerlegen, die auch jene Förderungen umfasst, um die sie oder er nachträglich ansucht.

(4) Vor der Gewährung einer Förderung hat die haushaltsführende Stelle oder Abwicklungsstelle bei Verdacht des Vorliegens unerwünschter Mehrfachförderungen andere in Betracht kommende Förderungsgeber zu verständigen. Liegt eine unerwünschte Mehrfachförderung vor, ist keine Förderung zu gewähren. Eine Förderung kann jedoch dann gewährt werden, wenn insbesondere

1. das Förderungsansuchen derart abgeändert wird oder im Förderungsvertrag derartige Auflagen und Bedingungen vorgesehen werden, dass das Vorliegen einer unerwünschten Mehrfachförderung ausgeschlossen werden kann,
2. von einer ordnungsgemäßen Durchführung und Abrechnung der geförderten Leistung ausgegangen werden kann und
3. die sonstigen Förderungsvoraussetzungen gegeben sind.

Befähigung der Förderungswerberin oder des Förderungswerbers

§ 18. Die Gewährung einer Förderung setzt voraus, dass aufgrund der Angaben und Nachweise im Förderungsansuchen und mangels gegenteiliger Hinweise

1. von einer ordnungsgemäßen Geschäftsführung ausgegangen werden kann,
2. eine ordnungsgemäße Durchführung der geförderten Leistung zu erwarten ist, insbesondere aufgrund der vorliegenden fachlichen, wirtschaftlichen und organisatorischen Voraussetzungen,
3. kein gesetzlicher Ausschlussgrund vorliegt und
4. keine sonstigen in Sonderrichtlinien vorgesehenen Ausschlussgründe vorliegen.

Beginn der Leistung

§ 19. (1) Eine Förderung ist grundsätzlich nur zulässig, wenn vor Gewährung der Förderung mit der Leistung noch nicht oder nur mit schriftlicher Zustimmung der haushaltsführenden Stelle oder Abwicklungsstelle begonnen worden ist. Wenn es insbesondere auf Grund der Eigenart der Leistung gerechtfertigt ist, kann eine Förderung auch ohne Vorliegen dieser Voraussetzung im Nachhinein gewährt werden. In diesem Fall dürfen grundsätzlich nur jene Kosten gefördert werden, die nach Einlangen des Förderungsansuchens (§ 23 Abs. 1) entstanden sind.

(2) Stellt eine Förderung eine Beihilfe im Sinne des europäischen Beihilfenkontrollrechts dar, darf mit der Durchführung der Leistung nicht vor dem EU-beihilfenrechtlich zulässigen Zeitpunkt begonnen werden.

Förderungszeitraum

§ 20. Eine Förderung darf entsprechend der Eigenart der Leistung grundsätzlich nur zeitlich befristet gewährt werden.

6. Abschnitt
Förderungsgewährung, Förderungsvertrag
Einzelförderung, Gesamtförderung

§ 21. (1) Eine Förderung kann gewährt werden als

1. Einzelförderung für eine einzelne abgegrenzte, zeitlich und sachlich bestimmte Leistung (zB Durchführung eines Einzelprojektes) oder
2. Gesamtförderung zur Deckung des gesamten oder aliquoten Teiles des nach Abzug allfälliger Einnahmen verbleibenden Fehlbetrages für die bestimmungsgemäße Gesamttätigkeit einer Förderungswerberin oder eines Förderungswerbers innerhalb eines im Förderungsvertrag bestimmten Zeitraumes (zB die Erfüllung der satzungsgemäßen Aufgaben eines Vereines während eines Jahres durch Übernahme eines Teiles der Abgangsdeckung).

(2) Einzelförderungen ist grundsätzlich der Vorrang gegenüber Gesamtförderungen einzuräumen.

Mehrere Förderungsarten nebeneinander

§ 22. Für dieselbe Leistung können auch mehrere Förderungsarten gemäß § 2 Z 1 bis 3 nebeneinander gewährt werden.

Förderungsansuchen und -gewährung

§ 23. (1) Die Gewährung einer Förderung setzt voraus, dass die Förderungswerberin oder der Förderungswerber bei der haushaltsführenden Stelle oder Abwicklungsstelle ein schriftliches Förderungsansuchen mit einem der Eigenart der Leistung entsprechenden Leistungs-, Kosten-, Zeit- und Finanzierungsplan, der auch allfällige Eigenleistungen umfasst, und allen sonstigen auf die geförderte Leistung bezughabenden Unterlagen einbringt.

(2) Bei einer Gesamtförderung hat dieser Plan überdies alle im Förderungszeitraum zu erwartenden Einnahmen und voraussichtlichen Ausgaben, einen Organisations- und Personalplan, eine Übersicht über das Vermögen und die Schulden sowie über die voraussichtlichen Verpflichtungen zu Lasten künftiger Jahre zu umfassen. Die von der Förderungswerberin oder vom Förderungswerber für die Gewährung der Förderung zu erbringenden Leistungen sind in inhaltlicher, umfangmäßiger und zeitlicher Hinsicht klar festzulegen. Liegt eine Planbilanz oder eine Plan-Gewinn- und Verlustrechnung vor oder besteht eine Verpflichtung zur Erstellung derselben, so ist deren Vorlage zu verlangen, wenn dies zur Beurteilung des Förderungsansuchens erforderlich ist.

(3) Die im Förderungsansuchen enthaltenen Angaben und Nachweise, insbesondere für das Vorliegen der persönlichen und sachlichen Voraussetzungen, der Förderungswürdigkeit der Leistung und der Angemessenheit der Kosten, sind zu

prüfen. Die Nachweise, die von der Förderungsnehmerin oder vom Förderungsnehmer zu erbringen sind, sind der Förderungswerberin oder dem Förderungswerber bekannt zu machen. Nähere Bestimmungen zum Verfahren, insbesondere zur Prüfung des Förderungsansuchens und der Förderungsentscheidung, sind in Sonderrichtlinien gemäß § 5 zu regeln. Die Förderungswerberin oder der Förderungswerber hat eine rechtsverbindliche Erklärung abzugeben, dass ihre oder seine Angaben, insbesondere auch jene nach § 17, richtig und vollständig sind.

(4) Ist die Gewährung einer Förderung beabsichtigt, hat die haushaltsführende Stelle oder Abwicklungsstelle an die Förderungswerberin oder den Förderungswerber ein schriftliches Förderungsanbot zu richten. Mit dessen schriftlicher Annahme durch die Förderungswerberin oder den Förderungswerber kommt der Förderungsvertrag (§ 24) zustande. Die Förderungswerberin oder der Förderungswerber ist darauf hinzuweisen, dass die Annahme des Förderungsanbotes samt den damit verbundenen Auflagen und Bedingungen innerhalb einer festzulegenden, angemessenen Frist schriftlich erklärt wird, widrigenfalls das Förderungsanbot als widerrufen gilt.

(5) Einem von der Förderungswerberin oder vom Förderungswerber vorbehaltlos unterfertigten Förderungsansuchen, das bereits alle Auflagen und Bedingungen (§ 24) beinhaltet, kann von der haushaltsführenden Stelle oder Abwicklungsstelle auch direkt schriftlich zugestimmt werden, sofern diesem vollinhaltlich entsprochen wird.

(6) Die Ablehnung eines Förderungsansuchens hat schriftlich unter Mitteilung der dafür maßgeblichen Gründe zu erfolgen.

(7) Unter Berücksichtigung des mit der Dokumentation verbundenen Verwaltungsaufwandes ist die Förderungsentscheidung dem Grunde und der Höhe nach schriftlich zu dokumentieren. Die Förderungsentscheidung ist auch sämtlichen beteiligten Förderungsgebern (§ 13) bekanntzugeben.

(8) Die Einbringung des Förderungsansuchens kann auch über eine elektronische Anwendung erfolgen. Wird von der haushaltsführenden Stelle oder Abwicklungsstelle eine elektronische Anwendung bereitgestellt, ist, wenn die Einbringung nicht im Transparenzportal erfolgt, eine eindeutige elektronische Identifizierung der Person gemäß § 4 des E–Government-Gesetzes (E-GovG), BGBl. I Nr. 10/2004, vorzusehen. Bei Förderungen für Unternehmen ist – nach Maßgabe der technischen und organisatorischen Möglichkeiten der haushaltsführenden Stelle oder Abwicklungsstelle sowie der Zumutbarkeit für die Unternehmen – die Einbringung über eine gemäß § 3 Abs. 3 des Unternehmensserviceportalgesetzes, BGBl. I Nr. 52/2009, in das Unternehmensserviceportal eingebundene elektronische Anwendung verpflichtend vorzusehen und die Rollen- und Rechteverwaltung sowie die elektronische Authentifizierung/Identifikation des Unternehmensserviceportals zu nutzen. Für Unternehmen ist die Nutzung der elektronischen Anwendung insbesondere unzumutbar, wenn sie nicht über die dazu erforderliche technische Voraussetzung eines Internet-Anschlusses verfügen.

Förderungsvertrag

§ 24. (1) Eine Förderung darf nur aufgrund eines schriftlichen Förderungsvertrages gewährt werden. Der Förderungsvertrag hat insbesondere zu enthalten:

1. Bezeichnung der Rechtsgrundlage,
2. Bezeichnung der Förderungsnehmerin oder des Förderungsnehmers mit insbesondere Geburtsdatum, Firmenbuchnummer, ZVR-Zahl oder gegebenenfalls der im Ergänzungsregister vergebenen Ordnungsnummer,
3. Beginn und Dauer der Laufzeit der Förderung,
4. Art und Höhe der Förderung,
5. genaue Beschreibung der geförderten Leistung (Förderungsgegenstand),
6. förderbare und nicht förderbare Kosten,
7. Fristen für die Erbringung der geförderten Leistung sowie für die Berichtspflichten (§§ 40 bis 42),
8. Auszahlungsbedingungen,
9. Kontrolle und gegebenenfalls Mitwirkung bei der Evaluierung,
10. Bestimmungen über die Einstellung und Rückzahlung der Förderung gemäß § 25,
11. Bestimmungen zur Datenverarbeitung,
12. sonstige zu vereinbarende Vertragsbestimmungen sowie
13. besondere Förderungsbedingungen, die der Eigenart der zu fördernden Leistung entsprechen und überdies sicherstellen, dass dafür Bundesmittel nur in dem zur Erreichung des angestrebten Erfolges unumgänglich notwendigen Umfang eingesetzt werden.

(2) Die Gewährung einer Förderung ist von der haushaltsführenden Stelle oder Abwicklungsstelle von der Einhaltung folgender allgemeiner Förderungsbedingungen abhängig zu machen, wonach die Förderungswerberin oder der Förderungswerber insbesondere

1. mit der Durchführung der Leistung gemäß dem vereinbarten Zeitplan, ansonsten unverzüglich nach Gewährung der Förderung beginnt, die Leistung zügig durchführt und diese innerhalb der vereinbarten, ansonsten innerhalb einer angemessenen Frist abschließt,
2. der haushaltsführenden Stelle oder Abwicklungsstelle alle Ereignisse, welche die Durchführung der geförderten Leistung verzögern oder unmöglich machen, oder eine Abänderung gegenüber dem Förderungsansuchen oder vereinbarten Auflagen und Bedingungen erfordern würde, unverzüglich und aus eigener

Initiative anzeigt und ihren oder seinen Mitteilungspflichten jeweils unverzüglich nachkommt,

3. Organen oder Beauftragten des Bundes und der Europäischen Union Einsicht in ihre oder seine Bücher und Belege sowie in sonstige der Überprüfung der Durchführung der Leistung dienende Unterlagen bei sich selbst oder bei Dritten und die Besichtigung an Ort und Stelle gestattet oder auf deren Verlangen vorlegt, ihnen die erforderlichen Auskünfte erteilt oder erteilen lässt und hiezu eine geeignete Auskunftsperson bereitstellt, wobei über den jeweiligen Zusammenhang dieser Unterlagen mit der Leistung das Prüforgan entscheidet,
4. alle Bücher und Belege sowie sonstige in Z 3 genannten Unterlagen zehn Jahre ab dem Ende des Jahres der Auszahlung der gesamten Förderung, bei der Gewährung von Gelddarlehen ab Auszahlung des Darlehens, jedenfalls aber bis zur vollständigen Rückzahlung, in beiden Fällen mindestens jedoch ab der Durchführung der Leistung sicher und geordnet aufbewahrt; sofern unionsrechtlich darüber hinausgehende Fristen gelten, kommen diese zur Anwendung,
5. zur Aufbewahrung grundsätzlich auch geeignete Bild- und Datenträger verwenden kann, wenn die vollständige, geordnete, inhaltsgleiche, urschriftgetreue und überprüfbare Wiedergabe bis zum Ablauf der Aufbewahrungsfrist jederzeit gewährleistet ist; in diesem Fall ist die Förderungswerberin oder der Förderungswerber zu verpflichten, auf ihre oder seine Kosten alle Hilfsmittel zur Verfügung zu stellen, die notwendig sind, um die Bücher, Belege und sonstigen Unterlagen lesbar zu machen und, soweit erforderlich, ohne Hilfsmittel lesbare dauerhafte Wiedergaben beizubringen sowie bei Erstellung von dauerhaften Wiedergaben diese auf Datenträgern zur Verfügung zu stellen,
6. bei Gewährung eines Annuitäten-, Zinsen- oder Kreditkostenzuschusses die von ihr oder ihm betraute Kreditunternehmung ermächtigt, den Organen oder Beauftragten des Bundes und der Europäischen Union alle im Zusammenhang mit der betreffenden Förderung erforderlichen Auskünfte, insbesondere auch Bonitätsauskünfte, zu erteilen,
7. bei der Vergabe von Aufträgen für Lieferungen und Leistungen unbeschadet der Bestimmungen des Bundesvergabegesetzes 2006 (BVergG 2006), BGBl. I Nr. 17, zu Vergleichszwecken nachweislich mehrere Angebote einholt, soweit dies im Hinblick auf die Höhe des geschätzten Auftragswertes zweckmäßig ist,
8. Förderungsmittel des Bundes unter Beachtung der Grundsätze der Sparsamkeit, Wirtschaftlichkeit und Zweckmäßigkeit einsetzt und insbesondere bei Gesamtförderungen in ihrer oder seiner gesamten Gebarung diese Grundsätze befolgt,
9. Förderungsmittel des Bundes nicht zur Bildung
von Rücklagen oder Rückstellungen nach dem Einkommensteuergesetz 1988, (EStG 1988), BGBl. Nr. 400, oder dem Unternehmensgesetzbuch, dRGBl S 219/1897 verwendet,
10. über die Durchführung der Leistung unter Vorlage eines Verwendungsnachweises (§§ 40 bis 42) innerhalb zu vereinbarender Fristen berichtet,
11. über den Anspruch aus einer gewährten Förderung weder durch Abtretung, Anweisung oder Verpfändung noch auf andere Weise verfügt,
12. die Rückzahlungsverpflichtung gemäß § 25 übernimmt,
13. eine hinreichende Sicherstellung für die Rückzahlung eines Förderungsdarlehens und grundsätzlich auch für allfällige Rückzahlungs- und Abgeltungsverpflichtungen (§§ 25 und 30) bietet und
14. das Gleichbehandlungsgesetz, BGBl. I Nr. 66/2004, beachtet, sofern es sich um die Förderung eines Unternehmens handelt, und das Bundes-Behindertengleichstellungsgesetz, BGBl. I Nr. 82/2005, sowie das Diskriminierungsverbot gemäß § 7b des Behinderteneinstellungsgesetzes (BEinstG), BGBl. Nr. 22/1970, berücksichtigt.

(3) Im Förderungsvertrag ist zu regeln, in welcher Form die Förderungsnehmerin oder der Förderungsnehmer an der Evaluierung mitzuwirken hat und welche Informationen sie oder er bekannt zu geben hat, die zur Beurteilung der Erreichung der festgelegten Indikatoren erforderlich sind.

(4) Die Bundesministerin für Finanzen oder der Bundesminister für Finanzen kann einen Musterförderungsvertrag erarbeiten, der grundsätzlich von der haushaltsführenden Stelle oder Abwicklungsstelle anzuwenden ist, sofern nicht ausnahmsweise in Sonderrichtlinien abweichende Bestimmungen vorgesehen oder Abweichungen aufgrund der Eigenart der Leistung jedenfalls erforderlich sind. Der Musterförderungsvertrag ist im Bundesintranet des Bundesministeriums für Finanzen zu veröffentlichen.

Einstellung und Rückzahlung der Förderung

§ 25. (1) Die Förderungswerberin oder der Förderungswerber ist zu verpflichten – unter Vorbehalt der Geltendmachung weitergehender gesetzlicher Ansprüche, insbesondere auch einer Rückzahlungsverpflichtung gemäß § 30b AuslBG – die Förderung über Aufforderung der haushaltsführenden Stelle, der Abwicklungsstelle oder der Europäischen Union sofort zurückzuerstatten, wobei ein noch nicht zurückgezahltes Förderungsdarlehen sofort fällig gestellt wird und der Anspruch auf zugesicherte und noch nicht ausbezahlte Förderungsmittel erlischt, wenn insbesondere

1. Organe oder Beauftragte des Bundes oder der Europäischen Union von der Förderungswerberin oder vom Förderungswerber über wesentliche Umstände unrichtig oder unvollständig unterrichtet worden sind,
2. von der Förderungswerberin oder vom Förderungswerber vorgesehene Berichte nicht erstattet, Nachweise nicht erbracht oder erforderliche Auskünfte nicht erteilt worden sind, sofern in diesen Fällen eine schriftliche, entsprechend befristete und den ausdrücklichen Hinweis auf die Rechtsfolge der Nichtbefolgung enthaltende Mahnung erfolglos geblieben ist, sowie sonstige in dieser Verordnung vorgesehene Mitteilungen unterlassen wurden,
3. die Förderungswerberin oder der Förderungswerber nicht aus eigener Initiative unverzüglich – jedenfalls noch vor einer Kontrolle oder deren Ankündigung – Ereignisse meldet, welche die Durchführung der geförderten Leistung verzögern oder unmöglich machen oder deren Abänderung erfordern würde,
4. die Förderungswerberin oder der Förderungswerber vorgesehene Kontrollmaßnahmen be- oder verhindert oder die Berechtigung zur Inanspruchnahme der Förderung innerhalb des für die Aufbewahrung der Unterlagen vorgesehenen Zeitraumes nicht mehr überprüfbar ist,
5. die Förderungsmittel von der Förderungswerberin oder vom Förderungswerber ganz oder teilweise widmungswidrig verwendet worden sind,
6. die Leistung von der Förderungswerberin oder vom Förderungswerber nicht oder nicht rechtzeitig durchgeführt werden kann oder durchgeführt worden ist,
7. von der Förderungswerberin oder vom Förderungswerber das Abtretungs-, Anweisungs-, Verpfändungs- und sonstige Verfügungsverbot gemäß § 24 Abs. 2 Z 11 nicht eingehalten wurde,
8. die Bestimmungen des Gleichbehandlungsgesetzes von einem geförderten Unternehmen nicht beachtet wurden,
9. das Bundes-Behindertengleichstellungsgesetz oder das Diskriminierungsverbot gemäß § 7b BEinstG nicht berücksichtigt wird,
10. der Förderungswerberin oder dem Förderungswerber obliegende Publizitätsmaßnahmen gemäß § 31 nicht durchgeführt werden (nur bei EU-Förderungsmitteln),
11. von Organen der Europäischen Union die Aussetzung und/oder Rückforderung verlangt wird oder
12. sonstige Förderungsvoraussetzungen, Bedingungen oder Auflagen, insbesondere solche, die die Erreichung des Förderungszwecks sichern sollen, von der Förderungswerberin oder vom Förderungswerber nicht eingehalten wurden.

(2) Anstelle der in Abs. 1 vorgesehenen gänzlichen Rückforderung kann bei einzelnen Tatbeständen eine bloß teilweise Einstellung oder Rückzahlung der Förderung vorgesehen werden, wenn

1. die von der Förderungsnehmerin oder vom Förderungsnehmer übernommenen Verpflichtungen teilbar sind und die durchgeführte Teilleistung für sich allein förderungswürdig ist,
2. kein Verschulden der Förderungsnehmerin oder des Förderungsnehmers am Rückforderungsgrund vorliegt und
3. für den Förderungsgeber die Aufrechterhaltung des Förderungsvertrages weiterhin zumutbar ist.

(3) Es ist eine Verzinsung des Rückzahlungsbetrages vom Tag der Auszahlung der Förderung an mit 4 vH pro Jahr unter Anwendung der Zinseszinsmethode zu vereinbaren. Liegt dieser Zinssatz unter dem von der Europäischen Union für Rückforderungen festgelegten Zinssatz, ist der von der Europäischen Union festgelegte heranzuziehen.

(4) Für den Fall eines Verzuges bei der Rückzahlung der Förderung sind Verzugszinsen zu vereinbaren. Bei Verzug von Unternehmen sind diese mit 9,2 Prozentpunkten über dem jeweils geltenden Basiszinssatz pro Jahr ab Eintritt des Verzuges festzulegen, andernfalls mit 4 Prozentpunkten über dem jeweils geltenden Basiszinssatz, mindestens jedoch 4 vH. Der Basiszinssatz, der am ersten Kalendertag eines Halbjahres gilt, ist für das jeweilige Halbjahr maßgebend.

(5) Sofern die Leistung ohne Verschulden der Förderungsnehmerin oder des Förderungsnehmers nur teilweise durchgeführt werden kann oder worden ist, kann die haushaltsführende Stelle vom Erlöschen des Anspruches und von der Rückzahlung (Fälligstellung des Darlehens) der auf die durchgeführte Teilleistung entfallenden Förderungsmittel Abstand nehmen, wenn die durchgeführte Teilleistung für sich allein förderungswürdig ist.

(6) Die Gewährung einer Förderung, deren Begünstigter eine Dritte oder ein Dritter ist, ist grundsätzlich davon abhängig zu machen, dass diese oder dieser Dritte vor Abschluss des Förderungsvertrages nachweislich die Solidarhaftung (§ 891 ABGB) für die Rückzahlung der Förderung im Fall des Eintritts eines Rückzahlungsgrundes übernimmt.

(7) Mit der Förderungswerberin oder dem Förderungswerber ist weiters zu vereinbaren, dass die gewährte Förderung auf das gemäß § 15 Abs. 2 oder nach unionsrechtlichen Bestimmungen zulässige Ausmaß gekürzt werden kann,

1. wenn sie oder er nach dem Zeitpunkt des Förderungsansuchens von einem anderen Organ des Bundes oder einem anderen Rechtsträger einschließlich anderer Gebietskörperschaften eine Förderung für dieselbe Leistung, auch

wenn mit verschiedener Zweckwidmung, erhält, welche bei der Zuerkennung der Förderung nicht bekannt war, oder

2. wenn sie oder er eine höhere als die ursprünglich vereinbarte Eigenleistung erbringt oder erbringen kann,

sofern nicht eine Vertragsänderung aus Sicht der haushaltsführenden Stelle oder der Abwicklungsstelle zweckmäßig erscheint. Von einer Kürzung kann dann Abstand genommen werden, wenn die Beiträge gemäß Z 1 und 2 zur Erbringung der ursprünglich vereinbarten geförderten Leistung (§ 24 Abs. 1 Z 5) notwendig sind. Falls die Förderung bereits ausbezahlt wurde, kann eine entsprechende Rückforderung erfolgen. Die Abs. 1 und 2 bleiben unberührt und die Abs. 3 und 4 sind sinngemäß anzuwenden.

Umwandlung eines Förderungsdarlehens in eine sonstige Geldzuwendung

§ 26. (1) Ein aus Förderungsmitteln des Bundes gewährtes Gelddarlehen darf ganz oder teilweise in eine sonstige Geldzuwendung (§ 2 Z 3) umgewandelt werden, wenn der angestrebte Erfolg und Förderungszweck wegen nachfolgend ohne Verschulden der Förderungsnehmerin oder des Förderungsnehmers eingetretener Ereignisse nur so erreicht werden kann und kein Grund gemäß § 25 vorliegt.

(2) Erfolgt die Gewährung einer Förderung auf Grundlage einer Sonderrichtlinie, ist eine derartige Umwandlung bei Vorliegen der Voraussetzungen gemäß Abs. 1 nur dann zulässig, wenn in dieser Sonderrichtlinie auch eine sonstige Geldzuwendung als Förderungsart vorgesehen ist.

(3) Vor einer derartigen Umwandlung ist mit der Bundesministerin für Finanzen oder dem Bundesminister für Finanzen das Einvernehmen herzustellen, wenn diese oder dieser auch bei der Gewährung des Förderungsdarlehens mitzubefassen war oder durch diese Umwandlung eine einvernehmensherstellungspflichtige Mittelverwendungsüberschreitung bei der Voranschlagstelle für die entsprechende sonstige Geldzuwendung entstehen würde (§ 54 Abs. 4 BHG 2013 in Verbindung mit der Verordnung über das Verfahren bei Mittelverwendungsüberschreitungen, MVÜ-VO, BGBl. II Nr. 512/2012).

Datenverarbeitung

§ 27. (1) Die Förderungswerberin oder der Förderungswerber hat sowohl im Förderungsansuchen als auch im Förderungsvertrag zur Kenntnis zu nehmen, dass die haushaltsführende Stelle als Verantwortlicher oder die haushaltführende Stelle und die Abwicklungsstelle als gemeinsame Verantwortliche oder als Verantwortlicher und Auftragsverarbeiter berechtigt sind,

1. die im Zusammenhang mit der Anbahnung und Abwicklung des Vertrages anfallenden personenbezogenen Daten zu verarbeiten, wenn dies für den Abschluss und die Abwicklung des Förderungsvertrages, für Kontrollzwecke und die Wahrnehmung der der haushaltsführenden Stelle gesetzlich übertragenen Aufgaben erforderlich ist;

2. die für die Beurteilung des Vorliegens der Förderungsvoraussetzungen und zur Prüfung des Verwendungsnachweises (8. Abschnitt) erforderlichen personenbezogenen Daten über die von ihr oder ihm selbst erteilten Auskünfte hinaus auch durch Rückfragen bei den in Betracht kommenden anderen Organen des Bundes oder bei einem anderen Rechtsträger, der einschlägige Förderungen zuerkennt oder abwickelt, oder bei sonstigen Dritten zu erheben und an diese zu übermitteln, wobei diese wiederum berechtigt sind, die für die Anfrage erforderlichen personenbezogenen Daten zu verarbeiten und Auskunft zu erteilen;

3. Transparenzportalabfragen gemäß § 32 Abs. 5 TDBG 2012 durchzuführen.

(2) Der Förderungswerberin oder dem Förderungswerber ist zur Kenntnis zu bringen, dass es dazu kommen kann, dass personenbezogene Daten insbesondere an Organe und Beauftragte des Rechnungshofes (insbesondere gemäß § 3 Abs. 2, § 4 Abs. 1 und § 13 Abs. 3 des Rechnungshofgesetzes 1948, BGBl. Nr. 144), des Bundesministeriums für Finanzen (insbesondere gemäß §§ 57 bis 61 und 47 BHG 2013 sowie § 14 dieser Verordnung) und der Europäischen Union nach den EU-rechtlichen Bestimmungen übermittelt oder offengelegt werden müssen.

(3) Ist die Förderungswerberin oder der Förderungswerber eine natürliche Person, hat das Förderungsansuchen und der Förderungsvertrag eine Information zur Datenverarbeitung gemäß Art. 13 und 14 DSGVO (Datenverarbeitungsauskunft) zu enthalten. Wird das Förderungsansuchen formlos vom Förderungswerber eingebracht, ist dem Förderungswerber die Datenverarbeitungsauskunft unverzüglich nachweislich zur Kenntnis zu bringen.

(4) Der Förderwerber hat zu bestätigen, dass die Offenlegung von Daten natürlicher Personen gegenüber der haushaltsführenden Stelle oder der Abwicklungsstelle in Übereinstimmung mit den Bestimmungen der DSGVO erfolgt und die betroffenen Personen vom Förderwerber über die Datenverarbeitung der haushaltsführenden Stelle oder der Abwicklungsstelle (Datenverarbeitungsauskunft gemäß Abs. 3) informiert werden oder wurden.

Gewinnerzielung aus einer geförderten Leistung

§ 29. Sofern eine Leistung überwiegend aus Bundesmitteln gefördert wird und es im Hinblick auf die Eigenart der Leistung wirtschaftlich gerechtfertigt sowie mit dem Förderungszweck vereinbar erscheint, ist auszubedingen, dass die Förderungswerberin oder der Förderungswerber die

Höhe des unmittelbar oder mittelbar erzielten Gewinnes (Überschusses) aus der Leistung während oder innerhalb von fünf Jahren nach deren Durchführung (zB durch die gewinnbringende Auswertung einer Leistung) unverzüglich der haushaltsführenden Stelle oder der Abwicklungsstelle anzuzeigen und diese auf Verlangen bis zur Höhe der erhaltenen Förderung am Gewinn (Überschuss) zu beteiligen hat.

Wegfall oder wesentliche Änderung des Verwendungszwecks

§ 30. (1) Soll eine Sache, deren Preis (Wert) die nach den jeweils geltenden einkommensteuerrechtlichen Bestimmungen für geringwertige Wirtschaftsgüter des Anlagevermögens festgesetzte Betragsgrenze um das Vierfache übersteigt, von der Förderungswerberin oder vom Förderungswerber ausschließlich oder überwiegend aus Förderungsmitteln des Bundes angeschafft werden – dabei sind die Förderungen aller haushaltsführenden Stellen maßgeblich –, ist vorzusehen, dass die Förderungswerberin oder der Förderungswerber bei Wegfall oder wesentlicher Änderung des Verwendungszwecks die jeweilige haushaltsführende Stelle davon unverzüglich in Kenntnis setzt und auf deren Verlangen

1. eine angemessene Abgeltung leistet,
2. die betreffende Sache der jeweiligen haushaltsführenden Stelle zwecks weiterer Verwendung zur Verfügung stellt oder
3. in das Eigentum des Bundes überträgt.

(2) Als angemessene Abgeltung gemäß Abs. 1 Z 1 ist der Verkehrswert der Sache im Zeitpunkt des Wegfalls oder der Änderung des Verwendungszwecks vorzusehen und von der jeweiligen haushaltsführenden Stelle zu ermitteln. Falls die Sache nicht ausschließlich aus Förderungsmitteln des Bundes angeschafft wurde, ist die Abgeltung eines der Förderung des Bundes entsprechenden aliquoten Anteils am Verkehrswert vorzusehen.

(3) Bei einer Förderung durch mehrere haushaltsführende Stellen haben diese auf eine abgestimmte Vorgangsweise hinzuwirken (§ 13).

Publizitätsvorschriften bei Förderungen aus EU-Mitteln

§ 31. (1) Die haushaltsführenden Stellen haben bei der Gewährung von Förderungen aus EU-Mitteln die Durchführung von Informations- und Publizitätsmaßnahmen im Rahmen der jeweils geltenden unionsrechtlichen Vorschriften sicherzustellen. Dabei sind insbesondere die konkreten Informations- und Publizitätsverpflichtungen in den Förderungs- und Abwicklungsverträgen vorzusehen.

(2) Der Förderungswerberin oder dem Förderungswerber ist zur Kenntnis zu bringen, dass insbesondere der Name der Förderungsempfängerin oder des Förderungsempfängers, die Bezeichnung des Vorhabens sowie die Höhe der gewährten Förderungsmittel nach Maßgabe der jeweils geltenden unionsrechtlichen Vorschriften veröffentlicht werden können.

7. Abschnitt
Förderbare Kosten
Allgemeines

§ 32. Förderbar sind nur jene Kosten, die unmittelbar mit der geförderten Leistung in Zusammenhang stehen, und in jenem Ausmaß, als sie zur Erreichung des Förderungsziels unbedingt erforderlich sind.

Umsatzsteuer

§ 33. (1) Die auf die Kosten der förderbaren Leistung entfallende Umsatzsteuer ist keine förderbare Ausgabe. Sofern diese Umsatzsteuer aber nachweislich tatsächlich und endgültig von der Förderungsnehmerin oder vom Förderungsnehmer zu tragen ist, somit für sie oder ihn keine Vorsteuerabzugsberechtigung besteht, kann sie als förderbarer Kostenbestandteil berücksichtigt werden.

(2) Die – auf welche Weise immer – rückforderbare Umsatzsteuer ist auch dann nicht förderbar, wenn sie die Förderungsnehmerin oder der Förderungsnehmer nicht tatsächlich zurückerhält.

(3) Sollte eine Förderung vom Finanzamt wegen des Vorliegens einer nach dem Umsatzsteuergesetz 1994, BGBl. Nr. 663, steuerbaren und steuerpflichtigen Leistung der Förderungsnehmerin oder des Förderungsnehmers an den Förderungsgeber nicht als Förderung, sondern als Auftragsentgelt angesehen werden und dafür von der Förderungsnehmerin oder vom Förderungsnehmer eine Umsatzsteuer an das Finanzamt abzuführen sein, ist vorzusehen, dass dieses Auftragsentgelt als Bruttoentgelt anzusehen ist. Eine zusätzliche, gesonderte Abgeltung der Umsatzsteuer – aus welchem Rechtsgrund immer – ist somit ausgeschlossen.

Personalkosten und Reisekosten

§ 34. (1) Personalkosten und Reisekosten dürfen bei einer Gesamtförderung jedenfalls, bei einer Einzelförderung dann, wenn die Gesamtausgaben für die Leistung überwiegend aus Bundesmitteln getragen werden, nur bis zu jener Höhe als förderbare Kosten anerkannt werden, die dem Gehaltsschema des Bundes und der Reisegebührenvorschrift 1955, BGBl. Nr. 133, für vergleichbare Bundesbedienstete entspricht.

(2) Abweichend von Abs. 1 können in Sonderrichtlinien ausnahmsweise spezielle Höchstgrenzen, insbesondere nach einschlägigen gesetzlichen oder kollektivvertraglichen Bestimmungen, für Personal- und Reisekosten vorgesehen werden, sofern dadurch eine Vereinfachung bei der Abwicklung der Förderung erreicht werden kann und dabei die Grundsätze gemäß § 2 BHG 2013 eingehalten werden.

(3) Im Förderungsvertrag ist die förderbare Höchststundenanzahl je Verwendungsgruppe zu regeln, sofern dies zweckmäßig ist.

Leasingfinanzierte Investitionsgüter

§ 35. (1) Förderungswerberin oder Förderungswerber kann gemäß § 2 nur die Leasingnehmerin oder der Leasingnehmer sein, die oder der den Leasinggegenstand zur Durchführung der förderungswürdigen Leistung nutzt.

(2) Als Förderungsart kommt nur eine sonstige Geldzuwendung gemäß § 2 Z 3 zum jeweils fälligen Leasingentgelt in Betracht, wobei maximal vom Nettohandelswert des Leasinggegenstandes unter Bedachtnahme auf die Dauer der Leistung und Berücksichtigung der betriebsgewöhnlichen Nutzungsdauer des Leasinggegenstandes auszugehen ist.

Geförderte Anschaffungen

§ 36. Überschreitet die Amortisationsdauer einer Sache (§ 285 ABGB), die zur Durchführung der Leistung angeschafft wird, den Zeitraum der Leistung, darf maximal jener Kostenanteil gefördert werden, der der Abschreibung nach dem EStG 1988 für den Leistungszeitraum entspricht.

Gemeinkosten

§ 37. (1) Indirekte Kosten (Gemeinkosten) können nur dann gefördert werden, wenn sie zur Erreichung des Förderungsziels erforderlich sind.

(2) Unbeschadet des § 38 kann in Sonderrichtlinien eine Abgeltung von indirekten Kosten auf der Grundlage von Pauschalsätzen vorgesehen werden. Die Pauschalsätze müssen angemessen und nachvollziehbar sein. Die Sonderrichtlinien müssen jene Kosten, die von den Pauschalsätzen umfasst sind, und die jeweilige Zuschlagsbasis festlegen. Es ist auszuschließen, dass Kosten, die im Rahmen der Kostenpauschale abgegolten werden, auch als direkte Kosten anerkannt werden. Wird eine Pauschalierung vorgenommen, ist ein gesonderter Nachweis nicht erforderlich. Bei Senkung der der Pauschalierung zugrunde gelegten Kosten ist der Pauschalsatz entsprechend zu reduzieren.

Kostenpauschalen bei EU-kofinanzierten Förderungen

§ 38. In Sonderrichtlinien, im Rahmen derer Förderungen aus EU-Mitteln einschließlich des Anteils der nationalen Kofinanzierung gewährt werden, kann eine Abgeltung von Kosten auf Grundlage von standardisierten Einheitskosten, als Pauschalfinanzierung oder auf der Grundlage von Pauschalsätzen nach Maßgabe der unionsrechtlichen Vorschriften vorgesehen werden.

8. Abschnitt
Kontrolle und Auszahlung

Kontrolle

§ 39. Die haushaltsführenden Stellen oder Abwicklungsstellen haben eine Kontrolle der widmungsgemäßen Verwendung der Förderungsmittel sowie der Einhaltung der vertraglichen Förderungsbestimmungen, Bedingungen und Auflagen durchzuführen. Bei mehrjährigen Leistungen sind in den im Förderungsvertrag vorgesehenen Abständen, jedenfalls aber in angemessenen Zeitabständen auf Grundlage der Zwischenberichte (§ 42) Zwischenkontrollen durchzuführen, sofern dies auf Grund der Dauer der Leistungen zweckmäßig ist.

Verwendungsnachweis

§ 40. (1) Der Verwendungsnachweis hat aus einem Sachbericht und einem zahlenmäßigen Nachweis zu bestehen.

(2) Aus dem Sachbericht muss insbesondere die Verwendung der aus Bundes- und EU-Mitteln gewährten Förderung, der nachweisliche Bericht über die Durchführung der geförderten Leistung sowie der durch diese erzielte Erfolg hervorgehen.

(3) Der zahlenmäßige Nachweis muss eine durch Belege nachweisbare Aufgliederung aller mit der geförderten Leistung zusammenhängenden Einnahmen und Ausgaben umfassen. Die haushaltsführende Stelle oder Abwicklungsstelle hat sich entweder die Vorlage der Belege oder die Einsichtnahme in diese bei der Förderungsnehmerin oder beim Förderungsnehmer vorzubehalten. Für die Übermittlung von Belegen gilt § 24 Abs. 2 Z 5 sinngemäß.

(4) Die haushaltsführende Stelle oder die Abwicklungsstelle hat die Termine für die Vorlage der Verwendungsnachweise laufend zu überwachen und die Verwendungsnachweise zeitnahe zu überprüfen. Es sind insbesondere auch Leistungs- und Zahlungsnachweise zu überprüfen.

(5) Jede haushaltsführende Stelle hat vorweg angemessene und wirksame risikobasierte Kontrollverfahren festzulegen, durch die gewährleistet werden kann, dass Förderungsmissbrauch und unerwünschte Mehrfachförderungen vermieden werden. Diese Verfahren sind in Sonderrichtlinien und Förderungsverträgen umzusetzen und können beispielsweise die zumindest stichprobenartige Überprüfung der Belege, das Erfordernis gesonderter Rechnungskreise bei der Förderungsnehmerin oder beim Förderungsnehmer, die Abstimmung mit anderen in Betracht kommenden Förderungsgebern, die Einschau vor Ort sowie in einschlägige Förderdatenbanken oder die Festlegung spezifischer Anforderungen an elektronische Belege umfassen.

(6) Sofern für den Nachweis der widmungsgemäßen Verwendung der Förderungsmittel die Verwendung personenbezogener Daten erforderlich

ist, ist die Förderungswerberin oder der Förderungswerber im Förderungsvertrag zu verpflichten, die diesbezüglichen personenbezogenen Daten zu übermitteln.

(7) Hat die Förderungsnehmerin oder der Förderungsnehmer für denselben Verwendungszweck auch eigene finanzielle Mittel eingesetzt oder von einem anderen Rechtsträger finanzielle Mittel erhalten, so ist auszubedingen, dass der zahlenmäßige Nachweis auch diese umfasst.

(8) Wenn es zur Kontrolle erforderlich erscheint, können auch bei einer Einzelförderung weitere Nachweise aus der Gebarung der Förderungsnehmerin oder des Förderungsnehmers vorgesehen werden.

Zahlenmäßiger Nachweis bei einer Gesamtförderung

§ 41. Bei einer Gesamtförderung gemäß § 21 Abs. 1 Z 2 hat der zahlenmäßige Nachweis (§ 40 Abs. 3) jedenfalls alle Einnahmen und Ausgaben der Förderungsnehmerin oder des Förderungsnehmers zu umfassen. Förderungsnehmerinnen oder Förderungsnehmer, die eine doppelte Buchhaltung führen, haben jedenfalls einen Jahresabschluss samt dem Prüfbericht der Abschlussprüferin oder des Abschlussprüfers und eine Übersicht über die tatsächlich getätigten Einzahlungen und Auszahlungen vorzulegen.

Zwischenberichte

§ 42. Ist mit dem Abschluss der Leistung nicht innerhalb des Finanzjahres (Kalenderjahres) zu rechnen, in dem die Förderungsgewährung erfolgt, ist zusätzlich die Vorlage eines zumindest jährlichen Verwendungsnachweises für jedes Finanzjahr der Leistungsdauer zu vereinbaren, soweit dies die Dauer und der Umfang der Leistung zweckmäßig erscheinen lässt.

Auszahlung der Förderung

§ 43. (1) Die Auszahlung der Förderung darf nur insoweit und nicht eher vorgenommen werden, als sie zur Leistung fälliger Zahlungen durch die Förderungsnehmerin oder den Förderungsnehmer für die geförderte Leistung entsprechend dem Förderungszweck benötigt wird, und darf nur an die Förderungsnehmerin oder den Förderungsnehmer oder an andere im Förderungsvertrag ausdrücklich genannte natürliche oder juristische Personen oder Personengesellschaften erfolgen.

(2) Die Auszahlung der Förderung für eine Leistung, die sich über einen längeren Zeitraum erstreckt, kann der voraussichtlichen Bedarfslage entsprechend grundsätzlich in pauschalierten Teilbeträgen und mit der Maßgabe vorgesehen werden, dass ein weiterer Teilbetrag erst dann ausgezahlt wird, wenn ein Verwendungsnachweis über den jeweils bereits ausbezahlten Teilbetrag erbracht worden ist, wobei die Auszahlung von mindestens 10 vH des insgesamt zugesicherten Förderungsbetrages grundsätzlich erst nach erfolgter Abnahme des abschließenden Verwendungsnachweises vorzubehalten ist.

(3) Bei der Festlegung der Auszahlungstermine ist auch auf die Verfügbarkeit der erforderlichen Bundesmittel und bei von der Europäischen Union kofinanzierten Leistungen auf die Bereitstellung der entsprechenden EU-Mittel Bedacht zu nehmen.

(4) Sofern dies mit der Eigenart der Förderung vereinbar ist, ist überdies auszubedingen, dass die Auszahlung einer Förderung aufgeschoben werden kann, wenn und solange Umstände vorliegen, die die ordnungsgemäße Durchführung der Leistung nicht gewährleistet erscheinen lassen.

(5) Wurde eine Förderung wegen Nichterfüllung der für ihre Auszahlung vorgesehenen Voraussetzungen mit Ablauf des Finanzjahres, für das die Förderungszusage abgegeben wurde, zur Gänze oder teilweise nicht ausbezahlt, darf die haushaltsführende Stelle oder die Abwicklungsstelle die Wirksamkeit der Förderungszusage bis zum Ablauf des nächstfolgenden Finanzjahres verlängern, wenn die Ausführung der Leistung ohne Verschulden der Förderungsnehmerin oder des Förderungsnehmers eine Verzögerung erfahren hat und die Förderungswürdigkeit der Leistung weiterhin gegeben ist.

(6) Für den Fall, dass Förderungsmittel nicht unmittelbar nach ihrer Überweisung an die Förderungsnehmerin oder den Förderungsnehmer für fällige Zahlungen im Rahmen des Förderungszwecks verwendet werden können, ist auszubedingen, dass diese von der Förderungsnehmerin oder vom Förderungsnehmer auf einem gesonderten Konto bei einem geeigneten Kreditinstitut bestmöglich zinsbringend anzulegen und die abreifenden Zinsen auf die Förderung anzurechnen sind.

(7) Nach ordnungsgemäßer Durchführung und Abrechnung der geförderten Leistung sind nicht verbrauchte Förderungsmittel unter Verrechnung von Zinsen in der Höhe von 2 Prozentpunkten über dem jeweils geltenden Basiszinssatz pro Jahr ab dem Tag der Auszahlung der Förderung unverzüglich zurückzufordern. Im Fall des Verzuges ist § 25 Abs. 4 anzuwenden.

9. Abschnitt
Evaluierung und Organisation

Evaluierung

§ 44. (1) Die haushaltsführenden Stellen oder Abwicklungsstellen haben nach Abschluss einer geförderten Leistung eine Evaluierung, ob und inwieweit die mit der Förderungsgewährung angestrebten Vorhabensziele erreicht wurden, durchzuführen, soweit dies in Hinblick auf Höhe und Eigenart der Förderung zweckmäßig ist oder aufgrund der haushaltsrechtlichen Bestimmungen zur wirkungsorientierten Folgenabschätzung erforderlich ist. Dafür sind vor der Gewährung der Förderung geeignete Vorhabensziele und Indikatoren festzulegen. Bei mehrjährigen Leistungen sind Zwischenevaluierungen in den im Förderungsvertrag vorgesehenen Abständen, jedenfalls aber in angemessenen Abständen, durchzuführen, sofern dies auf Grund der Dauer der Leistungen zweckmäßig ist.

(2) Nach Abschluss von Förderungsprogrammen auf Grundlage von Sonderrichtlinien (§ 5) hat die haushaltsführende Stelle eine Evaluierung, ob die festgelegten Regelungsziele erreicht wurden, durchzuführen. Sofern es auf Grund ihrer Dauer zweckmäßig ist, sind Sonderrichtlinien auch in angemessenen Zeitabständen einer Zwischenevaluierung zu unterziehen, jedenfalls aber längstens nach fünf Jahren ab dem Inkrafttreten. Erforderlichenfalls sind die Sonderrichtlinien entsprechend abzuändern oder aufzuheben.

(3) Die haushaltsrechtlichen Bestimmungen zur Durchführung von internen Evaluierungen von Regelungsvorhaben und sonstigen Vorhaben bleiben unberührt.

Organisation

§ 45. Die haushaltsführenden Stellen oder Abwicklungsstellen haben über ein den Erfordernissen entsprechendes internes Kontrollsystem sowie über geeignete Datenerfassungssysteme zur Evidenz, zur Förderungskontrolle und -evaluierung, zur Berichterstattung und Analyse zu verfügen. Bei Vorliegen der technisch-organisatorischen Voraussetzungen sind die Funktionen der Kontrolle und Evaluierung von Förderungen von jener der Förderungsgewährung zu trennen.

10. Abschnitt
Übergangs- und Schlussbestimmungen

Rechtsanwendung und Verweisungen

§ 46. (1) Bei der Gewährung von Förderungen und bei der Erlassung von Sonderrichtlinien ist insbesondere das Beihilfenrecht der Europäischen Union (einschließlich der Regelungen über EU-kofinanzierte Vorhaben) zu beachten.

(2) Auf die Veranschlagung und Verrechnung von Förderungen sind die einschlägigen haushaltsrechtlichen Vorschriften anzuwenden.

In- und Außerkrafttreten und Übergangsbestimmungen

§ 47. (1) Diese Verordnung tritt mit Ablauf des Tages der Kundmachung in Kraft. Zugleich tritt die Verordnung über Allgemeine Rahmenrichtlinien für die Gewährung von Förderungen aus Bundesmitteln (ARR 2004), BGBl. II Nr. 51/2004, außer Kraft. Sie ist jedoch auf Förderungsansuchen, die vor dem Außerkrafttreten der ARR 2004 eingebracht wurden, weiterhin anzuwenden.

(2) Die vor Inkrafttreten dieser Verordnung erlassenen unbefristeten und ab 1. Juli 2014 erlassenen befristeten Sonderrichtlinien sind – soweit sie in Widerspruch zu Bestimmungen dieser Verordnung stehen – bis spätestens zwei Jahre nach Inkrafttreten dieser Verordnung an die Bestimmungen der ARR 2014 anzupassen. § 6 ist anzuwenden.

(3) Das Inhaltsverzeichnis, § 8 Abs. 1a, § 24 Abs. 1 Z 11 bis 13, § 27 sowie der Anhang in der Fassung der Verordnung BGBl. II Nr. 190/2018, treten mit 25. Mai 2018 in Kraft; gleichzeitig tritt § 28 außer Kraft.

Anhang

Gliederung/Inhalt von Sonderrichtlinien
Muster

I. Präambel

Ausgangslage und Motive des Förderungsgebers

II. Rechtsgrundlagen

Nationale und EU-rechtliche Rechtsgrundlagen

III. Ziele

Regelungsziele, (quantitative und qualitative) Indikatoren, Evaluierung

IV. Förderungsgegenstand, Förderungswerber, Förderungsart und –höhe

Beschreibung der förderbaren Leistung und der Förderungswerber, Anführung der Förderungsart, Förderungshöhe (Maximal- bzw. Minimalbeträge)

V. Allgemeine Förderungsvoraussetzungen sowie allgemeine und sonstige Förderungsbedingungen

Sicherstellung der Gesamtfinanzierung, Eigenleistung, Mitteilungspflicht über sonstige Förderungen gem. § 17, Befähigung des Förderungswerbers gem. § 18, Allgemeine Förderungsbedingungen gem. § 24 Abs. 2, besondere Förderungsbedingungen gem. § 24 Abs. 1 Z 12

VI. Förderbare Kosten

Katalog der förderbaren und nicht förderbaren Kosten, Pauschalen

VII. Ablauf der Förderungsgewährung

Allfällige Abwicklungsstelle, Prüfung des Förderansuchens, erforderliche Unterlagen (insbes. Leistungs-, Kosten-, Zeit- und Finanzierungsplan), Förderungsentscheidung und -gewährung, Förderungsangebot/Förderungsvertrag, Inhalt des Förderungsvertrages (insbes. Beschreibung der förderbaren Leistung, Melde- und Berichtspflichten des Förderungsnehmers, sonstige Auflagen und Bedingungen der Förderung, Auszahlungen, Abrechnungen, Datenverarbeitung, Rückforderungsgründe, Auskunftspflichten, Verzinsung, Gerichtsstand etc.)

VIII. Kontrolle, Auszahlung und Evaluierung

Unterlagen zum Nachweis (Belege, Sachbericht, zahlenmäßiger Nachweis), Kontrolle, Auszahlung und Evaluierung

IX. Geltungsdauer, Übergangs- und Schlussbestimmungen

Befristung

61. VO (EU) Nr. 651/2014 der Kommission vom 17. Juni 2014 zur Feststellung der Vereinbarkeit bestimmter Gruppen von Beihilfen mit dem Binnenmarkt in Anwendung der Artikel 107 und 108 des Vertrags über die Arbeitsweise der Europäischen Union

ABl L 2014/187 idgF

DIE EUROPÄISCHE KOMMISSION —

gestützt auf den Vertrag über die Arbeitsweise der Europäischen Union, insbesondere auf Artikel 108 Absatz 4,

gestützt auf die Verordnung (EG) Nr. 994/98 des Rates vom 7. Mai 1998 über die Anwendung der Artikel 92 und 93 des Vertrags zur Gründung der Europäischen Gemeinschaft auf bestimmte Gruppen horizontaler Beihilfen [1] , insbesondere auf Artikel 1 Absatz 1 Buchstaben a und b,

nach Anhörung des Beratenden Ausschusses für staatliche Beihilfen,

in Erwägung nachstehender Gründe:

(1) Staatliche Zuwendungen, die die Kriterien des Artikels 107 Absatz 1 des Vertrags über die Arbeitsweise der Europäischen Union („AEUV") erfüllen, stellen staatliche Beihilfen dar, die nach Artikel 108 Absatz 3 AEUV bei der Kommission anzumelden sind. Der Rat kann jedoch nach Artikel 109 AEUV Gruppen von Beihilfen festlegen, die von dieser Anmeldepflicht ausgenommen sind. Die Kommission kann nach Artikel 108 Absatz 4 AEUV Verordnungen zu diesen Gruppen von staatlichen Beihilfen erlassen. Durch die Verordnung (EG) Nr. 994/98 des Rates ist die Kommission ermächtigt worden, im Einklang mit Artikel 109 AEUV zu erklären, dass folgende Gruppen von Beihilfen unter bestimmten Voraussetzungen von der Anmeldepflicht freigestellt sein können: Beihilfen für kleine und mittlere Unternehmen („KMU"), Forschungs- und Entwicklungsbeihilfen, Umweltschutzbeihilfen, Beschäftigungs- und Ausbildungsbeihilfen sowie Beihilfen, die mit den von der Kommission für jeden Mitgliedstaat zur Gewährung von Regionalbeihilfen genehmigten Fördergebietskarten im Einklang stehen. Auf dieser Grundlage hat die Kommission die Verordnung (EG) Nr. 800/2008 der Kommission [2] erlassen. Die Verordnung (EG) Nr. 800/2008 sollte ursprünglich bis zum 31. Dezember 2013 gelten, wurde dann jedoch mit der Verordnung (EU) Nr. 1224/2013 der Kommission vom 29. November 2013 zur Änderung der Verordnung (EG) Nr. 800/2008 hinsichtlich ihrer Geltungsdauer [3] verlängert und tritt nun am 30. Juni 2014 außer Kraft. Am 22. Juli 2013 wurde die Verordnung (EG) Nr. 994/98 durch die Verordnung (EU) Nr. 733/2013 des Rates vom 22. Juli 2013 zur Änderung der Verordnung (EG) Nr. 994/98 über die Anwendung der Artikel 92 und 93 des Vertrags zur Gründung der Europäischen Gemeinschaft auf bestimmte Gruppen horizontaler Beihilfen [4] geändert, um die Kommission zu ermächtigen, die Gruppenfreistellung auf neue Gruppen von Beihilfen auszuweiten, für die eindeutige Voraussetzungen für die Vereinbarkeit mit dem Binnenmarkt festgelegt werden können. Unter die Gruppenfreistellung fallen nun unter anderem folgende neue Gruppen von Beihilfen: Beihilfen zur Bewältigung der Folgen bestimmter Naturkatastrophen, Sozialbeihilfen für die Beförderung von Einwohnern entlegener Gebiete, Beihilfen für Breitbandinfrastrukturen, Innovationsbeihilfen, Beihilfen für Kultur und die Erhaltung des kulturellen Erbes sowie Beihilfen für Sportinfrastrukturen und multifunktionale Freizeitinfrastrukturen. Sofern bei der Behandlung einschlägiger Fälle ausreichende Erfahrungen gesammelt werden, so dass auch für andere Gruppen von Beihilfen operative Freistellungskriterien für die Vorabprüfung ihrer Vereinbarkeit mit dem Binnenmarkt ausgearbeitet werden können, wird die Kommission den Geltungsbereich dieser Verordnung daraufhin überprüfen, ob in diesen Bereichen bestimmte Arten von Beihilfen aufgenommen werden können. Insbesondere beabsichtigt die Kommission, bis Dezember 2015 Kriterien für Hafen- und Flughafeninfrastrukturen zu entwickeln.

(2) Mit ihrer Mitteilung über die Modernisierung des EU-Beihilfenrechts (State Aid Modernisation — SAM) [5] hat die Kommission eine umfassende Überarbeitung der Beihilfevorschriften eingeleitet. Die wichtigsten Ziele dieser Modernisierung sind i) die Erzielung eines nachhaltigen, intelligenten und integrativen Wachstums in einem wettbewerbsfähigen Binnenmarkt bei gleichzeitiger Förderung der Bemühungen der Mitgliedstaaten um eine effizientere Verwendung öffentlicher Gelder, ii) die Konzentration der Ex-ante-Prüfung von Beihilfemaßnahmen durch die Kommission auf Fälle mit besonders großen Auswirkungen auf den Binnenmarkt und die Stärkung der Zusammenarbeit zwischen den Mitgliedstaaten bei der Durchsetzung des Beihilferechts sowie iii) die Straffung der Vorschriften und eine schnellere, fundiertere und robustere Beschlussfassung

auf der Grundlage klarer wirtschaftlicher Gründe, eines gemeinsamen Konzepts und klarer Verpflichtungen. Die Überarbeitung der Verordnung (EG) Nr. 800/2008 ist ein zentraler Bestandteil der Modernisierung des EU-Beihilferechts.

(3) Diese Verordnung sollte eine bessere Prioritätensetzung bei der Durchsetzung des Beihilferechts und eine stärkere Vereinfachung ermöglichen und zu mehr Transparenz, einer wirksamen Evaluierung und besseren Kontrolle der Einhaltung der Beihilfevorschriften auf nationaler und Unionsebene beitragen, gleichzeitig jedoch die institutionellen Zuständigkeiten der Kommission und der Mitgliedstaaten wahren. Im Einklang mit dem Verhältnismäßigkeitsprinzip geht diese Verordnung nicht über das für die Erreichung dieser Ziele erforderliche Maß hinaus.

(4) Dank ihrer Erfahrungen mit der Anwendung der Verordnung (EG) Nr. 800/2008 konnte die Kommission besser die Voraussetzungen festlegen, unter denen bestimmte Gruppen von Beihilfen als mit dem Binnenmarkt vereinbar angesehen werden können, und den Geltungsbereich der Gruppenfreistellungen erweitern. Zudem zeigten diese Erfahrungen, dass die Transparenz, Überwachung und ordnungsgemäße Evaluierung sehr umfangreicher Regelungen angesichts ihrer Auswirkungen auf den Wettbewerb im Binnenmarkt verstärkt werden müssen.

(5) Die allgemeinen Voraussetzungen für die Anwendung dieser Verordnung sollten anhand gemeinsamer Grundsätze festgelegt werden, die gewährleisten, dass die Beihilfen einem Zweck von gemeinsamem Interesse dienen, einen eindeutigen Anreizeffekt haben, geeignet und angemessen sind, in voller Transparenz und vorbehaltlich eines Kontrollmechanismus und einer regelmäßigen Evaluierung gewährt werden und die Handelsbedingungen nicht in einer Weise verändern, die dem gemeinsamen Interesse zuwiderläuft.

(6) Beihilfen, die sowohl die allgemeinen als auch die für die betreffende Gruppe von Beihilfen geltenden besonderen Voraussetzungen dieser Verordnung erfüllen, sollten von der Anmeldepflicht nach Artikel 108 Absatz 3 AEUV freigestellt sein.

(7) Staatliche Beihilfen im Sinne des Artikels 107 Absatz 1 AEUV, die nicht unter diese Verordnung fallen, unterliegen weiter der Anmeldepflicht nach Artikel 108 Absatz 3 AEUV. Diese Verordnung nimmt den Mitgliedstaaten nicht die Möglichkeit, Beihilfen anzumelden, deren Ziele den unter diese Verordnung fallenden Zielen entsprechen.

(8) Angesichts der größeren potenziellen Auswirkungen umfangreicher Regelungen auf Handel und Wettbewerb sollten Beihilferegelungen, deren durchschnittliche jährliche Mittelausstattung einen auf der Grundlage eines absoluten Wertes festgelegten Schwellenwert übersteigt, grundsätzlich einer beihilferechtlichen Evaluierung unterzogen werden. In der Evaluierung sollte geprüft werden, ob die Annahmen und Voraussetzungen für die Vereinbarkeit der Regelung mit dem Binnenmarkt bestätigt beziehungsweise erfüllt wurden und ob die Beihilfemaßnahme in Bezug auf die allgemeinen und spezifischen Ziele wirksam war; ferner sollten Angaben zu den Auswirkungen der Regelung auf Handel und Wettbewerb gemacht werden. Im Interesse der Gleichbehandlung sollte die beihilferechtliche Evaluierung auf der Grundlage eines von der Kommission genehmigten Evaluierungsplans vorgenommen werden. Ein solcher Plan sollte zwar in der Regel zum Zeitpunkt der Ausarbeitung der Regelung aufgestellt und rechtzeitig vor Inkrafttreten der Regelung genehmigt werden, jedoch ist dies vielleicht nicht in allen Fällen möglich. Daher wird diese Verordnung für solche Regelungen höchstens sechs Monate gelten, damit sich deren Inkrafttreten nicht verzögert. Die Kommission kann beschließen, diesen Zeitraum bis zur Genehmigung des Evaluierungsplans zu verlängern. Zu diesem Zweck sollte der Evaluierungsplan innerhalb von 20 Arbeitstagen nach Inkrafttreten der Regelung bei der Kommission angemeldet werden. Die Kommission kann auch ausnahmsweise beschließen, dass wegen der Besonderheiten des Falles keine Evaluierung notwendig ist. Sie sollte von dem Mitgliedstaat die Informationen erhalten, die für die Prüfung des Evaluierungsplans erforderlich sind, und zusätzlich benötigte Informationen unverzüglich anfordern, damit der Mitgliedstaat die fehlenden Angaben übermitteln und die Kommission einen Beschluss fassen kann. Da diese Vorgehensweise neu ist, wird die Kommission ein eigenes Papier vorlegen, in dem sie das während der Sechsmonatsfrist für die Genehmigung des Evaluierungsplans geltende Verfahren ausführlich erläutert und die Vorlagen (Templates) für die Übermittlung der Evaluierungspläne festlegt. Änderungen evaluierungspflichtiger Regelungen, bei denen es sich nicht um Änderungen handelt, die keine Auswirkungen auf die Vereinbarkeit der Beihilferegelung mit dieser Verordnung oder keine wesentlichen Auswirkungen auf den Inhalt des genehmigten Evaluierungsplans haben können, sollten unter Berücksichtigung des Ergebnisses einer solchen Evaluierung gewürdigt und daher vom Geltungsbereich dieser Verordnung ausgeschlossen werden. Rein formale Änderungen, administrative Änderungen oder Änderungen, die im Rahmen der von der Union kofinanzierten Maßnahmen vorgenommen werden, sollten grundsätzlich nicht als Änderungen angesehen werden, die wesentliche Auswirkungen auf den Inhalt des genehmigten Evaluierungsplans haben.

(9) Diese Verordnung sollte weder für Beihilfen gelten, die von der Verwendung von einheimischen anstelle von eingeführten Waren abhängig

gemacht werden, noch für Beihilfen für ausfuhrbezogene Tätigkeiten. Sie sollte insbesondere nicht für Beihilfen für die Finanzierung des Aufbaus und des Betriebs eines Vertriebsnetzes in anderen Ländern gelten. Beihilfen, die die Teilnahme an Messen, die Durchführung von Studien oder die Inanspruchnahme von Beratungsdiensten zur Einführung eines neuen oder eines bestehenden Produkts auf einem neuen Markt in einem anderen Mitgliedstaat oder einem Drittland ermöglichen sollen, stellen in der Regel keine Beihilfen für ausfuhrbezogene Tätigkeiten dar.

(10) Diese Verordnung sollte grundsätzlich für die meisten Wirtschaftszweige gelten. In einigen Wirtschaftszweigen, zum Beispiel Fischerei und Aquakultur oder die Primärerzeugung landwirtschaftlicher Erzeugnisse, sollte der Geltungsbereich jedoch beschränkt werden, da für sie besondere Vorschriften gelten.

(11) Diese Verordnung sollte unter bestimmten Voraussetzungen für die Verarbeitung und Vermarktung landwirtschaftlicher Erzeugnisse gelten. Für die Zwecke dieser Verordnung sollten als Verarbeitung oder Vermarktung weder Tätigkeiten eines landwirtschaftlichen Betriebs zur Vorbereitung eines Erzeugnisses für den Erstverkauf noch der Erstverkauf durch einen Primärerzeuger an Wiederverkäufer oder Verarbeiter noch Tätigkeiten zur Vorbereitung eines Erzeugnisses für den Erstverkauf angesehen werden.

(12) Diese Verordnung sollte nicht für Beihilfen zur Erleichterung der Stilllegung nicht wettbewerbsfähiger Steinkohlebergwerke gelten, die im Beschluss des Rates vom 10. Dezember 2010 über staatliche Beihilfen zur Erleichterung der Stilllegung nicht wettbewerbsfähiger Steinkohlebergwerke [6] behandelt werden. Diese Verordnung sollte jedoch für andere Beihilfen zugunsten des Steinkohlenbergbaus gelten, ausgenommen für Regionalbeihilfen.

(13) Die Kommission sollte sicherstellen, dass genehmigte Beihilfen die Handelsbedingungen nicht in einem Maße beeinträchtigen, das dem gemeinsamen Interesse zuwiderläuft. Diese Verordnung sollte daher nicht für Beihilfen zugunsten eines Beihilfeempfängers gelten, der einer Rückforderungsanordnung aufgrund eines früheren Beschlusses der Kommission zur Feststellung der Unzulässigkeit einer Beihilfe und ihrer Unvereinbarkeit mit dem Binnenmarkt nicht nachgekommen ist; ausgenommen sind Beihilferegelungen zur Bewältigung der Folgen bestimmter Naturkatastrophen.

(14) Beihilfen für Unternehmen in Schwierigkeiten sollten nicht unter diese Verordnung fallen, da diese Beihilfen anhand der Leitlinien der Gemeinschaft vom 1. Oktober 2004 für staatliche Beihilfen zur Rettung und Umstrukturierung von Unternehmen in Schwierigkeiten [7] , verlängert durch die Mitteilung der Kommission betreffend die Verlängerung der Anwendbarkeit der Leitlinien der Gemeinschaft vom 1. Oktober 2004 für staatliche Beihilfen zur Rettung und Umstrukturierung von Unternehmen in Schwierigkeiten [8] , beziehungsweise ihrer Folgeleitlinien gewürdigt werden sollten, um deren Umgehung zu verhindern; ausgenommen sind Beihilferegelungen zur Bewältigung der Folgen bestimmter Naturkatastrophen. Um Rechtssicherheit hinsichtlich der Frage zu schaffen, ob ein Unternehmen für die Zwecke dieser Verordnung als Unternehmen in Schwierigkeiten gilt, sollten diesbezüglich eindeutige Kriterien festgelegt werden, die auch ohne eine detaillierte Untersuchung der besonderen Lage eines Unternehmens überprüfbar sind.

(15) Die Durchsetzung des Beihilferechts ist in hohem Maße von der Mitwirkung der Mitgliedstaaten abhängig. Die Mitgliedstaaten sollten daher alle notwendigen Maßnahmen treffen, um die Einhaltung dieser Verordnung sicherzustellen, auch bei Einzelbeihilfen, die auf der Grundlage von unter eine Gruppenfreistellung fallenden Regelungen gewährt werden.

(16) Hohe Beträge einzeln oder kumulativ gewährter Beihilfen sollten wegen des hohen Risikos einer Beeinträchtigung der Handelsbedingungen nach Anmeldung der Beihilfen von der Kommission geprüft werden. Daher sollten für die unter diese Verordnung fallenden Gruppen von Beihilfen Schwellenwerte festgesetzt werden, die der betreffenden Gruppe von Beihilfen und ihren wahrscheinlichen Auswirkungen auf die Handelsbedingungen Rechnung tragen. Beihilfen, die diese Schwellenwerte übersteigen, sollten weiter der Anmeldepflicht nach Artikel 108 Absatz 3 AEUV unterliegen. Die in dieser Verordnung festgelegten Schwellenwerte sollten nicht durch eine künstliche Aufspaltung von Beihilferegelungen oder Fördervorhaben in mehrere Beihilferegelungen oder Vorhaben mit ähnlichen Merkmalen, Zielen oder Beihilfeempfängern umgangen werden.

(17) Im Interesse der Transparenz, Gleichbehandlung und wirksamen Überwachung sollte diese Verordnung nur für Beihilfen gelten, deren Bruttosubventionsäquivalent sich im Voraus genau berechnen lässt, ohne dass eine Risikobewertung erforderlich ist („transparente Beihilfen“). Für bestimmte spezifische Beihilfeinstrumente wie Kredite, Garantien, steuerliche Maßnahmen, Risikofinanzierungsmaßnahmen und insbesondere rückzahlbare Vorschüsse sollten in dieser Verordnung die Voraussetzungen festgelegt werden, unter denen sie als transparent angesehen werden können. Kapitalzuführungen sollten unbeschadet der besonderen Voraussetzungen für Risikofinanzierungs- und Anlaufbeihilfen nicht als transparente Beihilfen angesehen werden. Beihilfen in Form von Garantien sollten als transparent angesehen werden, wenn das Bruttosubventionsäquivalent auf der Grundlage einer für die

betreffende Unternehmensart festgelegten SAFE-Harbour-Prämie berechnet worden ist. Im Falle von KMU gibt die Mitteilung der Kommission über die Anwendung der Artikel 87 und 88 des EG-Vertrags auf staatliche Beihilfen in Form von Haftungsverpflichtungen und Bürgschaften [9] Aufschluss darüber, wie hoch ein jährliches Garantieentgelt mindestens sein muss (jährliche SAFE-Harbour-Prämie), damit eine staatliche Garantie nicht als Beihilfe gilt.

(18) Um sicherzustellen, dass die Beihilfe erforderlich ist und als Anreiz zur Weiterentwicklung von Tätigkeiten oder Vorhaben wirkt, sollte diese Verordnung nicht für Beihilfen für Tätigkeiten gelten, die der Beihilfeempfänger in jedem Fall, also auch ohne die Beihilfe, aufgenommen hätte. Beihilfen sollten nur dann nach dieser Verordnung von der Anmeldepflicht freigestellt werden, wenn mit den Arbeiten für das geförderte Vorhaben oder die geförderte Tätigkeit erst begonnen wird, nachdem der Beihilfeempfänger einen schriftlichen Beihilfeantrag gestellt hat.

(19) Bei unter diese Verordnung fallenden Ad-hoc-Beihilfen, die großen Unternehmen gewährt werden, sollte der Mitgliedstaat sicherstellen, dass der Beihilfeempfänger zusätzlich zur Erfüllung der für KMU geltenden Voraussetzungen in Bezug auf den Anreizeffekt in internen Unterlagen die Rentabilität des geförderten Vorhabens oder der geförderten Tätigkeit mit und ohne Beihilfe analysiert hat. Der Mitgliedstaat sollte sich vergewissern, dass aus diesen internen Unterlagen hervorgeht, dass es entweder zu einer signifikanten Erweiterung des Gegenstands des Vorhabens oder der Tätigkeit oder der Gesamtausgaben des Beihilfeempfängers für das geförderte Vorhaben oder die geförderte Tätigkeit oder zu einem signifikant beschleunigten Abschluss des betreffenden Vorhabens oder der betreffenden Tätigkeit kommt. Bei Regionalbeihilfen sollte von einem Anreizeffekt ausgegangen werden, wenn das Investitionsvorhaben in dem betreffenden Fördergebiet ohne die Beihilfe nicht durchgeführt worden wäre.

(20) Für automatische Beihilferegelungen in Form von Steuervergünstigungen sollte hinsichtlich des Anreizeffekts weiter eine besondere Voraussetzung gelten, da diese Art von Beihilfen nach anderen Verfahren gewährt wird als andere Gruppen von Beihilfen. Die Regelungen sollten bereits erlassen worden sein, bevor mit den Arbeiten für das geförderte Vorhaben oder die geförderte Tätigkeit begonnen wurde. Diese Voraussetzung sollte jedoch nicht für steuerliche Folgeregelungen gelten, sofern die Tätigkeit bereits unter die früheren steuerlichen Regelungen in Form von Steuervergünstigungen fiel. Der entscheidende Zeitpunkt für die Prüfung des Anreizeffekts solcher Regelungen ist der Zeitpunkt, zu dem die steuerliche Maßnahme zum ersten Mal in der ursprünglichen Regelung, die durch die Folgeregelung ersetzt wird, dargelegt wurde.

(21) Bei regionalen Betriebsbeihilfen, regionalen Stadtentwicklungsbeihilfen, Beihilfen zur Erschließung von KMU-Finanzierungen, Beihilfen für die Einstellung benachteiligter Arbeitnehmer, Beihilfen für die Beschäftigung von Arbeitnehmern mit Behinderungen und Beihilfen zum Ausgleich der durch die Beschäftigung von Arbeitnehmern mit Behinderungen verursachten Mehrkosten, Beihilfen in Form von Umweltsteuerermäßigungen, Beihilfen zur Bewältigung der Folgen bestimmter Naturkatastrophen, Sozialbeihilfen für die Beförderung von Einwohnern entlegener Gebiete und Beihilfen für Kultur und die Erhaltung des kulturellen Erbes kommt die Vorschrift über das Vorliegen eines Anreizeffekts nicht zur Anwendung beziehungsweise sollte als eingehalten gelten, wenn die besonderen Voraussetzungen dieser Verordnung für diese Gruppen von Beihilfen erfüllt sind.

(22) Damit sichergestellt ist, dass die Beihilfen angemessen und auf das erforderliche Maß beschränkt sind, sollten die Beihilfehöchstbeträge so weit wie möglich in Form von Beihilfeintensitäten bezogen auf die jeweils beihilfefähigen Kosten festgelegt werden. Wenn eine Beihilfeintensität nicht festgesetzt werden kann, weil die beihilfefähigen Kosten nicht bestimmt werden können, oder wenn für kleine Beträge einfachere Instrumente bereitgestellt werden sollen, sollten die Beihilfehöchstbeträge nominal festgelegt werden, um die Angemessenheit der Beihilfemaßnahmen zu gewährleisten. Die Beihilfeintensität und die Beihilfehöchstbeträge sollten nach den Erfahrungen der Kommission so festgesetzt werden, dass Wettbewerbsverfälschungen in dem geförderten Wirtschaftszweig möglichst gering gehalten werden, gleichzeitig jedoch das Marktversagen oder Kohäsionsproblem in geeigneter Weise behoben wird. Bei regionalen Investitionsbeihilfen sollte die Beihilfeintensität mit den nach den Fördergebietskarten zulässigen Beihilfeintensitäten vereinbar sein.

(23) In die Berechnung der Beihilfeintensität sollten nur beihilfefähige Kosten einfließen. Beihilfen, die infolge der Einbeziehung nicht beihilfefähiger Kosten die einschlägige Beihilfeintensität übersteigen, sind nicht nach dieser Verordnung freigestellt. Die ermittelten beihilfefähigen Kosten sollten durch klare, spezifische und aktuelle schriftliche Unterlagen belegt werden. Es sollten die Beträge vor Abzug von Steuern und sonstigen Abgaben herangezogen werden. In mehreren Tranchen gezahlte Beihilfen sollten auf ihren Wert am Tag der Gewährung abgezinst werden. Auch die beihilfefähigen Kosten sollten auf ihren Wert am Tag der Gewährung abgezinst werden. Im Falle von Beihilfen, die nicht in Form von Zuschüssen gewährt werden, sollte für die Abzinsung und die Berechnung des Beihilfebetrags der nach der Mitteilung der Kommission über die Änderung der Methode zur Festsetzung der Referenz- und Abzinsungssätze [10] am Tag der Gewährung

geltende Abzinsungs- beziehungsweise Referenzsatz zugrunde gelegt werden. Wenn Beihilfen in Form von Steuervergünstigungen gewährt werden, sollte für die Abzinsung der Beihilfetranchen der Abzinsungssatz zugrunde gelegt werden, der zu dem jeweiligen Zeitpunkt gilt, zu dem die Steuervergünstigung wirksam wird. Die Nutzung von Beihilfen in Form rückzahlbarer Vorschüsse sollte gefördert werden, da dieses Instrument der Risikoteilung einen stärkeren Anreizeffekt der Beihilfe zur Folge hat. Es ist daher angebracht festzulegen, dass die nach dieser Verordnung geltenden Beihilfeintensitäten im Falle von Beihilfen in Form rückzahlbarer Zuschüsse erhöht werden können, außer bei Regionalbeihilfen, da diese nur freigestellt werden können, wenn sie mit den genehmigten Fördergebietskarten im Einklang stehen.

(24) Im Falle von Steuervergünstigungen in Bezug auf künftige Steuern sind der geltende Abzinsungssatz und der genaue Betrag der Beihilfetranchen möglicherweise nicht im Voraus bekannt. In diesen Fällen sollten die Mitgliedstaaten im Voraus einen Höchstbetrag für den abgezinsten Wert der Beihilfe festsetzen, der mit der geltenden Beihilfeintensität im Einklang steht. Sobald der Betrag der Beihilfetranche zu einem bestimmten Zeitpunkt feststeht, kann die Abzinsung zu dem dann geltenden Abzinsungssatz vorgenommen werden. Der abgezinste Wert der einzelnen Beihilfetranchen sollte vom Gesamthöchstbetrag abgezogen werden („nach oben begrenzter Betrag“).

(25) Bei der Prüfung, ob die in dieser Verordnung festgelegten Schwellenwerte für die Anmeldung und Beihilfehöchstintensitäten eingehalten sind, sollte der Gesamtbetrag der staatlichen Beihilfen für die geförderte Tätigkeit oder das geförderte Vorhaben berücksichtigt werden. Ferner sollten in dieser Verordnung die Voraussetzungen festgelegt werden, unter denen Beihilfen verschiedener Gruppen miteinander kumuliert werden können. Mit dieser Verordnung freigestellte Beihilfen können mit anderen für mit dem Binnenmarkt vereinbar erklärten Beihilfen, die nach anderen Verordnungen freigestellt oder von der Kommission genehmigt worden sind, kumuliert werden, sofern diese Maßnahmen unterschiedliche bestimmbare beihilfefähige Kosten betreffen. Wenn Beihilfen aus unterschiedlichen Quellen dieselben — sich teilweise oder vollständig überschneidenden — bestimmbaren beihilfefähigen Kosten betreffen, sollte eine Kumulierung bis zu der höchsten nach dieser Verordnung für diese Beihilfen zulässigen Beihilfeintensität beziehungsweise dem höchsten nach dieser Verordnung für diese Beihilfen zulässigen Beihilfebetrag möglich sein. In dieser Verordnung sollten auch besondere Vorschriften für die Kumulierung von Beihilfen, bei denen sich die beihilfefähigen Kosten bestimmen lassen, mit Beihilfen, bei denen sich die beihilfefähigen Kosten nicht bestimmen lassen, für die Kumulierung mit De-minimis-Beihilfen und für die Kumulierung mit Beihilfen zugunsten von Arbeitnehmern mit Behinderungen festgelegt werden. De-minimis-Beihilfen werden häufig nicht für spezifische bestimmbare beihilfefähige Kosten gewährt und können diesen auch nicht zugeordnet werden. In einem solchen Fall sollte es möglich sein, De-minimis-Beihilfen frei mit nach dieser Verordnung freigestellten staatlichen Beihilfen zu kumulieren. Wenn De-minimis-Beihilfen jedoch für dieselben bestimmbaren beihilfefähigen Kosten gewährt werden wie nach dieser Verordnung freigestellte staatliche Beihilfen, sollte eine Kumulierung nur bis zu der in Kapitel III dieser Verordnung festgelegten Beihilfehöchstintensität zulässig sein.

(26) Unionsmittel, die von den Organen, Einrichtungen, gemeinsamen Unternehmen oder sonstigen Stellen der Union zentral verwaltet werden und nicht direkt oder indirekt der Kontrolle eines Mitgliedstaats unterstehen, stellen keine staatliche Beihilfe dar. Wenn solche Unionsmittel mit staatlichen Beihilfen kombiniert werden, sollten bei der Feststellung, ob die Anmeldeschwellen und Beihilfehöchstintensitäten eingehalten sind, nur die staatlichen Beihilfen berücksichtigt werden, sofern der Gesamtbetrag der für dieselben beihilfefähigen Kosten gewährten öffentlichen Mittel den in den einschlägigen Vorschriften des Unionsrechts festgelegten günstigsten Finanzierungssatz nicht überschreitet.

(27) Da staatliche Beihilfen im Sinne des Artikels 107 Absatz 1 AEUV grundsätzlich verboten sind, ist es wichtig, dass alle Beteiligten prüfen können, ob eine Beihilfe im Einklang mit den geltenden Vorschriften gewährt wird. Die Transparenz staatlicher Beihilfen ist daher für die korrekte Anwendung der Vertragsvorschriften unerlässlich und führt zu einer besseren Einhaltung der Vorschriften, einer stärkeren Rechenschaftspflicht, einer gegenseitigen Überprüfung und letztlich wirksameren öffentlichen Ausgaben. Im Interesse der Transparenz sollten die Mitgliedstaaten verpflichtet werden, auf regionaler oder nationaler Ebene ausführliche Websites zu staatlichen Beihilfen einzurichten, auf denen Kurzbeschreibungen der nach dieser Verordnung freigestellten Beihilfemaßnahmen veröffentlicht werden. Die Erfüllung dieser Verpflichtung sollte Voraussetzung für die Vereinbarkeit der einzelnen Beihilfe mit dem Binnenmarkt sein. Im Einklang mit der bei der Veröffentlichung von Informationen üblichen Praxis nach der Richtlinie 2013/37/EU des Europäischen Parlaments und des Rates vom 26. Juni 2013 zur Änderung der Richtlinie 2003/98/EG über die Weiterverwendung von Informationen des öffentlichen Sektors [11] sollte ein Standardformat verwendet werden, das die Möglichkeit bietet, Informationen zu suchen, herunterzuladen

und problemlos im Internet zu veröffentlichen. Die Links zu den Beihilfewebsites aller Mitgliedstaaten sollten auf der Website der Kommission veröffentlicht werden. Die Kurzbeschreibung jeder nach dieser Verordnung freigestellten Beihilfemaßnahme sollte nach Artikel 3 der Verordnung (EG) Nr. 994/98 in der Fassung der Verordnung (EU) Nr. 733/2013 auf der Website der Kommission veröffentlicht werden.

(28) Um eine wirksame Überwachung von Beihilfemaßnahmen nach der Verordnung (EG) Nr. 994/98 in der Fassung der Verordnung (EU) Nr. 733/2013 zu gewährleisten, ist es angebracht, Vorschriften für die Berichte der Mitgliedstaaten über die nach dieser Verordnung freigestellten Beihilfemaßnahmen und über die Anwendung dieser Verordnung festzulegen. Ferner ist es mit Blick auf die in Artikel 15 der Verordnung (EG) Nr. 659/1999 des Rates vom 22. März 1999 über besondere Vorschriften für die Anwendung von Artikel 93 des EG-Vertrags [12] festgelegte Frist zweckmäßig, Vorschriften für die Aufzeichnungen über die mit dieser Verordnung freigestellten Beihilfen festzulegen, die die Mitgliedstaaten aufbewahren müssen.

(29) Um die Wirksamkeit der Vereinbarkeitsvoraussetzungen dieser Verordnung zu stärken, sollte die Kommission im Falle der Nichteinhaltung dieser Vorschriften die Möglichkeit haben, den Rechtsvorteil der Gruppenfreistellung für künftige Beihilfemaßnahmen zu entziehen. Die Kommission sollte den Entzug des Rechtsvorteils der Gruppenfreistellung auf bestimmte Gruppen von Beihilfen, bestimmte Beihilfeempfänger oder Beihilfemaßnahmen bestimmter Behörden beschränken können, wenn die Nichteinhaltung dieser Verordnung nur eine begrenzte Gruppe von Maßnahmen oder bestimmte Behörden betrifft. Ein solcher gezielter Entzug des Rechtsvorteils sollte eine angemessene und direkte Abhilfe für die festgestellte Nichteinhaltung dieser Verordnung darstellen. Im Falle der Nichterfüllung der Vereinbarkeitsvoraussetzungen der Kapitel I und III fällt die gewährte Beihilfe nicht unter diese Verordnung und stellt folglich eine rechtswidrige Beihilfe dar, die von der Kommission im einschlägigen Verfahren nach der Verordnung (EG) Nr. 659/1999 geprüft wird. Im Falle der Nichteinhaltung der Vorschriften des Kapitels II ändert der Entzug des Rechtsvorteils der Gruppenfreistellung für künftige Beihilfemaßnahmen nichts daran, dass die früheren Maßnahmen, die die Voraussetzungen dieser Verordnung erfüllten, unter die Gruppenfreistellung fielen.

(30) Die in dieser Verordnung verwendete Definition der KMU sollte auf der Begriffsbestimmung in der Empfehlung 2003/361/EG der Kommission vom 6. Mai 2003 betreffend die Definition der Kleinstunternehmen sowie der kleinen und mittleren Unternehmen [13] beruhen, um Unterschiede, die zu Wettbewerbsverfälschungen führen könnten, zu beseitigen, die Koordinierung der Maßnahmen der Union und der nationalen Maßnahmen zugunsten von KMU zu erleichtern und die Transparenz in Verfahrensfragen und die Rechtssicherheit zu erhöhen.

(31) Regionalbeihilfen sollen die Nachteile strukturschwacher Gebiete ausgleichen und so den wirtschaftlichen, sozialen und territorialen Zusammenhalt in den Mitgliedstaaten und in der Union als Ganzem fördern. Zudem sollen Regionalbeihilfen durch Investitionsförderung und Schaffung von Arbeitsplätzen zur nachhaltigen Entwicklung der besonders benachteiligten Gebiete beitragen. In Fördergebieten nach Artikel 107 Absatz 3 Buchstabe a AEUV können Regionalbeihilfen gewährt werden, um die Errichtung einer neuen Betriebsstätte, den Ausbau der Kapazitäten einer bestehenden Betriebsstätte, die Diversifizierung der Produktion einer Betriebsstätte oder eine grundlegende Änderung des gesamten Produktionsprozesses einer bestehenden Betriebsstätte zu fördern. Da große Unternehmen bei Investitionen in Fördergebieten nach Artikel 107 Absatz 3 Buchstabe c AEUV weniger von regionalen Nachteilen betroffen sind als KMU, sollten Regionalbeihilfen für große Unternehmen nur bei Erstinvestitionen, die neue Wirtschaftstätigkeiten in diese Gebiete bringen, von der Anmeldepflicht freigestellt werden.

(32) Wenn eine Regionalbeihilferegelung auf eine begrenzte Zahl von Wirtschaftszweigen ausgerichtet ist, sind die Ziele und die wahrscheinlichen Auswirkungen der Regelung möglicherweise nicht horizontaler, sondern sektoraler Natur. Daher können auf bestimmte Branchen ausgerichtete Regelungen nicht von der Anmeldepflicht freigestellt werden. Die Kommission kann ihre möglichen positiven Auswirkungen jedoch nach erfolgter Anmeldung anhand der anwendbaren Leitlinien, Rahmen oder Beschlüsse prüfen. Dies gilt insbesondere für Beihilferegelungen, die Wirtschaftstätigkeiten in den Bereichen Steinkohlenbergbau, Schiffbau und Verkehr betreffen. Darüber hinaus ist bei der Stahl- und der Kunstfaserindustrie aufgrund ihrer Besonderheiten davon auszugehen, dass die negativen Auswirkungen von Regionalbeihilfen in diesen Branchen nicht durch die positiven Kohäsionswirkungen aufgewogen werden. Daher können in diesen Wirtschaftszweigen keine Regionalbeihilfen gewährt werden. Ferner spielen sowohl die Tourismus- als auch die Breitbandbranche eine wichtige volkswirtschaftliche Rolle; Tätigkeiten in diesen Wirtschaftszweigen wirken sich im Allgemeinen besonders positiv auf die Regionalentwicklung aus. Regionalbeihilferegelungen, die auf Tätigkeiten in der Tourismus- und Breitbandbranche ausgerichtet sind, sollten deshalb von der Anmeldepflicht freigestellt werden.

Auch Verarbeitung und Vermarktung landwirtschaftlicher Erzeugnisse sind eng mit der lokalen und regionalen Wirtschaft verbunden und sollten unter die Gruppenfreistellung fallen.

(33) Energieerzeugung, -verteilung und -infrastruktur unterliegen sektorspezifischen Binnenmarktvorschriften; dies kommt auch in den Kriterien zum Ausdruck, die die Vereinbarkeit der Beihilfen in diesen Bereichen mit dem Binnenmarkt und der Umwelt- und Energiepolitik der Union gewährleisten sollen. Für nach Abschnitt 1 dieser Verordnung gewährte Regionalbeihilfen, die auf wirtschaftliche Entwicklung und Kohäsion abzielen, gelten ganz andere Vereinbarkeitsvoraussetzungen. Die Bestimmungen dieser Verordnung für Regionalbeihilfen sollten daher keine Anwendung auf Maßnahmen finden, die Energieerzeugung, -verteilung oder -infrastruktur betreffen.

(34) Investitionen, die Unternehmen in die Lage versetzen, über Unionsnormen hinauszugehen oder bei Fehlen solcher Normen den Umweltschutz zu verbessern, Investitionen zur frühzeitigen Anpassung an künftige Unionsnormen, Investitionen in Energieeffizienzmaßnahmen einschließlich gebäudebezogener Energieeffizienzprojekte, Investitionen in die Sanierung schadstoffbelasteter Standorte und Beihilfen für Umweltstudien haben keinen unmittelbaren Einfluss auf das Funktionieren der Energiemärkte. Zudem können diese Investitionen sowohl den regionalpolitischen als auch den energie- und umweltpolitischen Zielen der Europäischen Union dienen. In solchen Fällen können sowohl die für Regionalbeihilfen als auch die für Umweltschutzbeihilfen geltenden Bestimmungen dieser Verordnung anwendbar sein, je nachdem, welches Hauptziel mit der betreffenden Maßnahme verfolgt wird.

(35) Damit Kapitalinvestitionen nicht gegenüber Investitionen in die Arbeitskosten bevorzugt werden, sollte es möglich sein, regionale Investitionsbeihilfen entweder auf der Grundlage der Investitionskosten oder der Lohnkosten für die direkt durch ein Investitionsvorhaben geschaffenen Arbeitsplätze zu berechnen.

(36) Regionale Investitionsbeihilfen sollten nicht von der Anmeldepflicht befreit werden, wenn sie Beihilfeempfängern gewährt werden, die dieselbe oder eine ähnliche Tätigkeit im Europäischen Wirtschaftsraum in den beiden Jahren vor der Beantragung der regionalen Investitionsbeihilfe eingestellt haben oder die zum Zeitpunkt der Antragstellung konkret planen, eine solche Tätigkeit in den beiden Jahren nach Abschluss der Erstinvestition, für die eine Beihilfe beantragt wird, in dem betreffenden Gebiet einzustellen.

(37) Die Kommission hat ausreichende Erfahrungen bei der Anwendung des Artikels 107 Absatz 3 Buchstaben a und c AEUV auf regionale Betriebsbeihilfen gesammelt, mit denen die Beförderungsmehrkosten von Waren, die in Gebieten in äußerster Randlage oder Gebieten mit geringer Bevölkerungsdichte hergestellt oder weiterverarbeitet wurden, sowie die Produktions- und Betriebsmehrkosten (nicht aber die Beförderungsmehrkosten) von Beihilfeempfängern aus Gebieten in äußerster Randlage ausgeglichen werden sollen. Da bei einer zusätzlichen Förderung im Rahmen der POSEI-Programme im Agrarsektor die Gefahr einer Überkompensation von Beförderungskosten besteht und da nicht ausgeschlossen werden kann, dass einige landwirtschaftliche Erzeugnisse nicht an anderen Standorten produziert werden, sollte der Agrarsektor von regionalen Betriebsbeihilfen nach dieser Verordnung ausgeschlossen werden, mit denen die Beförderungsmehrkosten von Waren ausgeglichen werden sollen, die in Gebieten in äußerster Randlage oder Gebieten mit geringer Bevölkerungsdichte hergestellt wurden. Regionale Betriebsbeihilfen zum Ausgleich von anderen Mehrkosten als Beförderungsmehrkosten in Gebieten in äußerster Randlage sollten nur dann als mit dem Binnenmarkt vereinbar angesehen und von der Anmeldepflicht nach Artikel 108 Absatz 3 AEUV freigestellt werden, wenn sie auf 15 % der jährlichen Bruttowertschöpfung des Beihilfeempfängers in dem betreffenden Gebiet in äußerster Randlage oder 25 % der jährlichen Arbeitskosten des Beihilfeempfängers in dem betreffenden Gebiet in äußerster Randlage oder 10 % des Jahresumsatzes des Beihilfeempfängers in dem betreffenden Gebiet in äußerster Randlage begrenzt sind. Wenn die Beihilfe den Betrag, der sich aus einer dieser zur Wahl stehenden Methoden für die Ermittlung der Betriebsmehrkosten (ohne die Beförderungsmehrkosten) ergibt, nicht überschreitet, kann sie als gerechtfertigt angesehen werden, da sie einen Beitrag zur regionalen Entwicklung leistet und in einem angemessenen Verhältnis zu den Nachteilen von Unternehmen in Gebieten in äußerster Randlage steht.

(38) Stadtentwicklungsbeihilfen leisten einen Beitrag zum wirtschaftlichen, sozialen und territorialen Zusammenhalt in den Mitgliedstaaten und in der Union als Ganzem, indem sie der starken Konzentration von wirtschaftlichen, ökologischen und sozialen Problemen in den städtischen Gebieten, die in einer Fördergebietskarte ausgewiesen sind, Rechnung tragen. Das Marktversagen, auf das mit Stadtentwicklungsbeihilfen reagiert werden soll, bezieht sich auf das Finanzierungsumfeld der Stadtentwicklung, das Fehlen eines integrierten Ansatzes für die Stadtentwicklung, ein Finanzierungsdefizit, das eine stärkere Hebelwirkung der knappen öffentlichen Mittel erfordert, und den Bedarf an einem stärker wirtschaftlich ausgerichteten Ansatz für die Erneuerung städtischer Gebiete. Deshalb sollten Stadtentwicklungsbeihilfen, mit denen die Entwicklung partizipativer, integrierter und nachhaltiger Strategien zur Bewältigung zusätzlich ermittelter Probleme in den Fördergebieten bewältigt werden soll, unter die Gruppenfreistellung fallen.

(39) Investitionen, die im Einklang mit den Prioritäten der Strategie Europa 2020 [14] in grüne Technologien und die Umstellung auf eine CO_2-arme Wirtschaft in Fördergebieten, die in der einschlägigen Fördergebietskarte ausgewiesen sind, getätigt werden, sollten mithilfe regionaler Aufschläge höhere Beihilfen erhalten können.

(40) KMU spielen eine entscheidende Rolle bei der Schaffung von Arbeitsplätzen und sind eine der Säulen sozialer Stabilität und wirtschaftlicher Entwicklung. Sie können jedoch durch Marktversagen in ihrer Entwicklung behindert werden, wodurch ihnen typische Nachteile entstehen. So haben KMU wegen der geringen Risikobereitschaft bestimmter Finanzmärkte und wegen ihrer möglicherweise begrenzten Besicherungsmöglichkeiten häufig Schwierigkeiten bei der Beschaffung von Kapital oder Krediten. Mangels Ressourcen fehlt es ihnen zum Teil auch an Informationen beispielsweise über neue Technologien oder potenzielle Märkte. Um die Entwicklung der wirtschaftlichen Tätigkeiten von KMU zu fördern, sollten daher bestimmte Gruppen von Beihilfen mit dieser Verordnung freigestellt werden, wenn die Beihilfen zugunsten von KMU gewährt werden. Zu diesen Gruppen sollten insbesondere Investitionsbeihilfen für KMU und Beihilfen für die Teilnahme von KMU an Messen zählen.

(41) Für KMU, die sich an Projekten der europäischen territorialen Zusammenarbeit (ETZ) beteiligen, die unter die Verordnung (EU) Nr. 1299/2013 des Europäischen Parlaments und des Rates vom 17. Dezember 2013 mit besonderen Bestimmungen zur Unterstützung des Ziels „Europäische territoriale Zusammenarbeit" aus dem Europäischen Fonds für regionale Entwicklung (EFRE) [15] fallen, ist es oft schwierig, die Mehrkosten zu tragen, die aus der Zusammenarbeit zwischen Partnern aus verschiedenen Gebieten und Mitgliedstaaten oder Drittländern erwachsen. Da die ETZ für die Kohäsionspolitik von großer Bedeutung ist und den Rahmen bildet, in dem nationale, regionale und lokale Akteure aus den einzelnen Mitgliedstaaten oder Drittstaaten gemeinsame Maßnahmen durchführen und sich über Strategien austauschen, sollten bestimmte Probleme, auf die ETZ-Projekte stoßen könnten, in dieser Verordnung berücksichtigt werden, um so eine bessere Einhaltung der Beihilfevorschriften bei solchen Projekten zu befördern. Hierbei geht es insbesondere um folgende Aspekte: geltende regionale Beihilfeintensität für ETZ-Projekte, Kooperationskosten von KMU in Verbindung mit ETZ-Projekten und Auflagen in Bezug auf Veröffentlichung und Information, Berichterstattung und Aufbewahrung von Aufzeichnungen für das Monitoring.

(42) Angesichts der spezifischen Nachteile und der Unterschiede zwischen KMU können unterschiedliche Beihilfeintensitäten und Aufschläge angewandt werden.

(43) Die Erfahrungen mit der Anwendung der Leitlinien der Gemeinschaft für staatliche Beihilfen zur Förderung von Risikokapitalinvestitionen in kleine und mittlere Unternehmen [16] zeigen, dass es bei bestimmten Arten von Investitionen in den verschiedenen Entwicklungsphasen von Unternehmen zu besonderen Formen von Marktversagen auf den Risikokapitalmärkten in der Union kommt. Dies ist auf eine mangelhafte Abstimmung von Angebot und Nachfrage auf den Risikokapitalmärkten zurückzuführen. Aus diesem Grund wird möglicherweise zu wenig Risikokapital am Markt angeboten, und Unternehmen finden trotz attraktiver Geschäftsideen und Wachstumsaussichten keine Investoren. Die Hauptursache für das Versagen der Risikokapitalmärkte, durch das hauptsächlich KMU der Zugang zu Kapital versperrt wird und das ein Eingreifen des Staates rechtfertigen kann, liegt in unvollständigen oder asymmetrischen Informationen. Dies wirkt sich nicht nur auf die Bereitstellung von Risikokapital aus, sondern erschwert bestimmten KMU auch den Zugang zu Kreditfinanzierungen. Folglich sollten Risikofinanzierungsmaßnahmen, mit denen privates Kapital für die Bereitstellung von Risikofinanzierungen für nicht börsennotierte KMU mit einer Finanzierungslücke mobilisiert werden soll und die gewinnorientierte Finanzierungsentscheidungen sowie eine Verwaltung der Finanzintermediäre nach wirtschaftlichen Grundsätzen sicherstellen, unter bestimmten Voraussetzungen von der Anmeldepflicht freigestellt werden.

(44) Auch Anlaufbeihilfen für kleine Unternehmen, Beihilfen für auf KMU spezialisierte alternative Handelsplattformen und Beihilfen für die Kosten der gezielten Suche (Scouting) nach geeigneten KMU sollten unter bestimmten Voraussetzungen von der Anmeldepflicht freigestellt werden.

(45) Forschungs- und Entwicklungsbeihilfen sowie Innovationsbeihilfen können zu nachhaltigem wirtschaftlichem Wachstum, größerer Wettbewerbsfähigkeit und mehr Beschäftigung beitragen. Die Erfahrungen mit der Anwendung der Verordnung (EG) Nr. 800/2008 und des Gemeinschaftsrahmens für staatliche Beihilfen für Forschung, Entwicklung und Innovation [17] zeigen, dass Marktversagen dazu führen kann, dass über den Markt nicht der optimale Nutzen erreicht wird und das Ergebnis in Bezug auf externe Effekte, öffentliche Güter/Wissensspillover, unzureichende und asymmetrische Informationen sowie mangelnde Koordinierung und Netzbildung ineffizient ist.

(46) Für KMU kann der Zugang zu neuen technologischen Entwicklungen, Wissenstransfer und hochqualifiziertem Personal schwierig sein. Beihilfen für Forschungs- und Entwicklungsvorhaben, Beihilfen für Durchführbarkeitsstudien und Innovationsbeihilfen für KMU einschließlich Beihilfen zur Deckung der Kosten für gewerbliche

Schutzrechte können zur Lösung dieser Probleme beitragen und sollten daher unter bestimmten Voraussetzungen von der Anmeldepflicht freigestellt werden.

(47) Bei Beihilfen für Forschungs- und Entwicklungsvorhaben sollte der geförderte Teil des Forschungsvorhabens vollständig in die Kategorien Grundlagenforschung, industrielle Forschung oder experimentelle Entwicklung einzuordnen sein. Wenn ein Vorhaben unterschiedliche Aufgaben umfasst, sollte jede Aufgabe einer dieser Kategorien oder aber keiner dieser Kategorien zugeordnet werden. Diese Einordnung entspricht nicht unbedingt dem chronologischen Ablauf eines Vorhabens, angefangen von der Grundlagenforschung bis hin zu marktnahen Tätigkeiten. Dementsprechend kann eine Aufgabe, die in einer späten Phase eines Vorhabens ausgeführt wird, durchaus der industriellen Forschung zugeordnet werden. Ebenso kann es sich bei einer Tätigkeit, die in einer früheren Phase des Vorhabens durchgeführt wird, um experimentelle Entwicklung handeln. Der geförderte Teil des Vorhabens kann auch Durchführbarkeitsstudien zur Vorbereitung von Forschungstätigkeiten umfassen.

(48) Für bahnbrechende Forschung und Entwicklung werden Forschungsinfrastrukturen hoher Qualität immer wichtiger, denn sie ziehen Fachleute aus der ganzen Welt an und sind insbesondere für die Unterstützung neuer Informations- und Kommunikationstechnologien wie auch Schlüsseltechnologien unabdingbar. Öffentliche Forschungsinfrastrukturen sollten ihre Partnerschaften mit der industriellen Forschung fortsetzen. Der Zugang zu aus öffentlichen Mitteln finanzierten Forschungsinfrastrukturen sollte zu transparenten und diskriminierungsfreien marktüblichen Bedingungen gewährt werden. Ist dies nicht der Fall, sollte die Beihilfe nicht von der Anmeldepflicht freigestellt werden. Forschungsinfrastrukturen können im Eigentum mehrerer Parteien stehen und von diesen betrieben und genutzt werden, und auch von öffentlichen Stellen und Unternehmen gemeinsam genutzt werden.

(49) Forschungsinfrastrukturen können sowohl wirtschaftliche als auch nichtwirtschaftliche Tätigkeiten ausüben. Damit die Finanzierung nichtwirtschaftlicher Tätigkeiten aus staatlichen Zuwendungen nicht zur Gewährung staatlicher Beihilfen für wirtschaftliche Tätigkeiten führt, sollten die Kosten und die Finanzierung wirtschaftlicher und nichtwirtschaftlicher Tätigkeiten klar voneinander getrennt werden. Wird eine Infrastruktur sowohl für wirtschaftliche als auch für nichtwirtschaftliche Tätigkeiten genutzt, so stellt eine aus staatlichen Mitteln erfolgende Finanzierung der Kosten, die mit den nichtwirtschaftlichen Tätigkeiten der Infrastruktur verbunden sind, keine staatliche Beihilfe dar. Die staatliche Finanzierung fällt nur dann unter die Beihilfevorschriften, wenn sie Kosten deckt, die mit den wirtschaftlichen Tätigkeiten verbunden sind. Bei der Prüfung, ob die einschlägigen Anmeldeschwellen und Beihilfehöchstintensitäten eingehalten wurden, sollten nur die mit den wirtschaftlichen Tätigkeiten verbundenen Kosten berücksichtigt werden. Wenn die Infrastruktur fast ausschließlich für eine nichtwirtschaftliche Tätigkeit genutzt wird, kann ihre Finanzierung ganz aus dem Anwendungsbereich des Beihilferechts herausfallen, sofern die wirtschaftliche Nutzung eine reine Nebentätigkeit darstellt, d. h. eine Tätigkeit, die mit dem Betrieb der Infrastruktur unmittelbar verbunden und dafür erforderlich ist oder die in untrennbarem Zusammenhang mit der nichtwirtschaftlichen Haupttätigkeit steht, und ihr Umfang begrenzt ist. Dies ist in der Regel der Fall, wenn für die wirtschaftlichen Tätigkeiten dieselben Inputs (wie Material, Ausrüstung, Personal und Anlagekapital) eingesetzt werden wie für die nichtwirtschaftlichen Tätigkeiten und wenn die für die betreffende wirtschaftliche Tätigkeit jährlich zugewiesene Kapazität nicht mehr als 20 % der jährlichen Gesamtkapazität der betreffenden Forschungsinfrastruktur beträgt.

(50) Beihilfen für Innovationscluster dienen dazu, ein Marktversagen zu beheben, das mit Koordinierungsproblemen zusammenhängt, durch die die Entwicklung solcher Cluster gehemmt oder die Zusammenarbeit und der Wissenstransfer innerhalb von Innovationsclustern eingeschränkt werden. Mit staatlichen Beihilfen können entweder Investitionen in offene, gemeinsam genutzte Infrastrukturen für Innovationscluster oder der Betrieb von Innovationsclustern unterstützt werden, um Zusammenarbeit, Vernetzung und Wissensbildung zu verbessern. Betriebsbeihilfen für Innovationscluster sollten jedoch nur für einen begrenzten Zeitraum von höchstens 10 Jahren gewährt werden. Der Gesamtbetrag der gewährten Beihilfen sollte sich im Gewährungszeitraum auf höchstens 50 % der beihilfefähigen Gesamtkosten belaufen.

(51) Prozess- und Betriebsinnovationen können durch Marktversagen in Form unzureichender Informationen und positiver externer Wirkungen beeinträchtigt werden, die mithilfe spezieller Maßnahmen angegangen werden sollten. Beihilfen für derartige Innovationen sind vor allem für KMU von Bedeutung, da diese häufig mit Zwängen konfrontiert sind, die ihre Fähigkeit zur Verbesserung ihrer Produktions- oder Dienstleistungsmethoden oder zur deutlichen Verbesserung ihrer Geschäftspraxis, ihrer Arbeitsabläufe und ihrer Geschäftsbeziehungen beeinträchtigen. Um große Unternehmen zu motivieren, mit KMU bei Prozess- und Betriebsinnovationsmaßnahmen zusammenzuarbeiten, sollten Beihilfen zur Förderung der Kosten, die großen Unternehmen im Rahmen dieser Tätigkeiten entstehen, unter bestimmten Voraussetzungen ebenfalls unter die Gruppenfreistellung fallen.

(52) Die Förderung der Ausbildung und Einstellung/Beschäftigung von benachteiligten Arbeitnehmern und Arbeitnehmern mit Behinderungen nimmt in der Wirtschafts- und Sozialpolitik der Union und ihrer Mitgliedstaaten eine zentrale Rolle ein.

(53) Ausbildungsmaßnahmen wirken sich im Allgemeinen zum Vorteil der gesamten Gesellschaft aus, da sie das Reservoir an qualifizierten Arbeitskräften, aus dem andere Unternehmen schöpfen können, vergrößern, die Wettbewerbsfähigkeit der europäischen Wirtschaft stärken und auch ein wichtiges Element der Beschäftigungsstrategie der Union sind. Daher sollten Beihilfen zur Ausbildungsförderung unter bestimmten Voraussetzungen von der Anmeldepflicht freigestellt werden. Angesichts der besonderen Nachteile, mit denen KMU konfrontiert sind, sowie der Tatsache, dass sie bei Ausbildungsinvestitionen relativ gesehen höhere Kosten zu tragen haben, sollten die Intensitäten der mit dieser Verordnung freigestellten Beihilfen im Falle von KMU heraufgesetzt werden. Auch bei Ausbildungsmaßnahmen zugunsten von benachteiligten Arbeitnehmern oder Arbeitnehmern mit Behinderungen sollten die Intensitäten der mit dieser Verordnung freigestellten Beihilfen erhöht werden. Die Besonderheiten der Ausbildung im Bereich des Seeverkehrs rechtfertigen eine gesonderte Behandlung dieses Bereichs.

(54) Für bestimmte Gruppen benachteiligter oder behinderter Arbeitnehmer ist es nach wie vor besonders schwierig, in den Arbeitsmarkt einzutreten und sich dort zu behaupten. Daher kann der Staat Maßnahmen anwenden, die Anreize für Unternehmen bieten, neue Arbeitsplätze für diese Gruppen von Arbeitnehmern und insbesondere für junge Menschen zu schaffen. Da Lohnkosten Teil der normalen Betriebskosten eines Unternehmens sind, sollten sich Beschäftigungsbeihilfen für benachteiligte Arbeitnehmer und Arbeitnehmer mit Behinderungen positiv auf die Beschäftigung dieser Gruppen auswirken und den Unternehmen nicht nur dazu verhelfen, Kosten einzusparen, die sie ansonsten selber tragen müssten. Solche Beihilfen sollten deshalb von der Anmeldepflicht freigestellt werden, wenn davon auszugehen ist, dass sie diesen Gruppen von Arbeitnehmern dabei helfen, in den Arbeitsmarkt einzutreten oder wieder einzutreten und sich dort zu behaupten. Wie die Kommission in ihrer Mitteilung an das Europäische Parlament, den Rat, den Europäischen Wirtschafts- und Sozialausschuss und den Ausschuss der Regionen — Europäische Strategie zugunsten von Menschen mit Behinderungen 2010-2020: Erneuertes Engagement für ein barrierefreies Europa [18] dargelegt hat, stehen die Kernpunkte der Strategie der Union für Menschen mit Behinderungen, in der Maßnahmen zur Bekämpfung von Diskriminierung, zur Förderung der Chancengleichheit und zur aktiven Inklusion zusammengefasst sind, im Einklang mit dem Übereinkommen der Vereinten Nationen über die Rechte von Menschen mit Behinderungen, zu dessen Vertragsparteien die Union und die Mehrzahl der Mitgliedstaaten gehören. Diese Verordnung sollte sich auf Beihilfen für Arbeitnehmer mit Behinderungen im Sinne des Artikels 1 des Übereinkommens beziehen.

(55) In der Mitteilung der Kommission — Europa 2020: Eine Strategie für intelligentes, nachhaltiges und integratives Wachstum [19] wird festgestellt, dass nachhaltiges Wachstum zur Förderung einer ressourceneffizienten, umweltfreundlicheren und wettbewerbsfähigeren Wirtschaft einer der Eckpfeiler der Strategie Europa 2020 für intelligentes, nachhaltiges und integratives Wachstum ist. Nachhaltige Entwicklung gründet sich unter anderem auf ein hohes Umweltschutzniveau und die Verbesserung der Umweltqualität. Im Bereich des Umweltschutzes kommt es jedoch zu Marktversagen, so dass für Unternehmen unter normalen Marktbedingungen nicht zwangsläufig ein Anreiz besteht, die von ihnen verursachte Umweltbelastung zu verringern, weil ihnen dadurch möglicherweise höhere Kosten entstehen, sie aber keinen zusätzlichen Nutzen haben. Wenn Unternehmen nicht verpflichtet sind, Umweltkosten zu internalisieren, muss die Gesellschaft als Ganzes für diese Kosten aufkommen.

(56) Mit der Einführung verbindlicher Umweltnormen kann einem solchen Marktversagen Rechnung getragen werden. Mithilfe von Investitionen, die über verbindliche Umweltnormen hinausgehen, kann das Umweltschutzniveau weiter erhöht werden. Um für Unternehmen einen Anreiz zu schaffen, das Umweltschutzniveau über die geltenden verbindlichen Unionsnormen hinaus zu verbessern, sollten die staatlichen Beihilfen in diesem Bereich unter die Gruppenfreistellung fallen. Damit Mitgliedstaaten nicht davon abgehalten werden, verbindliche nationale Normen festzulegen, die strenger sind als die entsprechenden Unionsnormen, sollten diese staatlichen Beihilfen unabhängig davon freigestellt werden, ob es verbindliche nationale Normen gibt, die strenger als die Unionsnormen sind.

(57) Für Investitionen, die getätigt werden, um bereits angenommene, aber noch nicht in Kraft getretene Unionsnormen zu erfüllen, sollten grundsätzlich keine Beihilfen gewährt werden. Staatliche Beihilfen können allerdings dazu führen, dass Unternehmen ihr Umweltverhalten verbessern, wenn sie einen Anreiz für die Unternehmen schaffen, sich schon frühzeitig an künftige Unionsnormen anzupassen, d. h., bevor diese in Kraft treten und solange diese nicht rückwirkend geltend. Da Beihilfen für Unternehmen zur frühzeitigen Anpassung an künftige Unionsnormen dazu beitragen können, dass früher als geplant ein hohes Umweltschutzniveau erreicht wird, sollten diese Beihilfen freigestellt werden.

(58) Als Teil ihrer Strategie Europa 2020 hat sich die Union das Ziel gesetzt, bis 2020 ihre Energieeffizienz um 20 % zu verbessern; zu diesem Zweck wurde die Richtlinie 2012/27/EU des Europäischen Parlaments und des Rates vom 25. Oktober 2012 zur Energieeffizienz, zur Änderung der Richtlinien 2009/125/EG und 2010/30/EU und zur Aufhebung der Richtlinien 2004/8/EG und 2006/32/EG [20] erlassen, die den gemeinsamen Rahmen für die Förderung der Energieeffizienz in der Union bildet und mit der das übergeordnete Ziel verfolgt wird, den Primärenergieverbrauch der Union um mindestens 20 % zu senken. Mit Blick auf die Verwirklichung dieser Ziele sollten Maßnahmen zur Unterstützung von Energieeffizienz, hocheffizienten Kraft-Wärme-Kopplungsanlagen sowie energieeffizienter Fernwärme und Fernkälte unter die Gruppenfreistellung fallen.

(59) Maßnahmen zur Steigerung der Energieeffizienz von Gebäuden entsprechen den Prioritäten der Strategie Europa 2020 für die Umstellung auf eine CO_2-arme Wirtschaft. Wegen des Fehlens eines integrierten Ansatzes für die Energieeffizienz von Gebäuden kann bei Investitionen in diesem Bereich häufig ein Finanzierungsdefizit auftreten, das eine stärkere Hebelwirkung der knappen öffentlichen Mittel erfordert. Daher sollten die Mitgliedstaaten die Möglichkeit haben, Investitionen in die Energieeffizienz von Gebäuden mit Beihilfen zu unterstützen, die im Einklang mit den allgemeinen Bestimmungen für Energieeffizienzmaßnahmen in Form direkter Zuschüsse an die Gebäudeeigentümer oder Mieter, aber auch nach den besonderen Bestimmungen für gebäudebezogene Energieeffizienzprojekte in Form von Krediten und Garantien über in einem transparenten Verfahren ausgewählte Finanzintermediäre gewährt werden.

(60) Um die Ziele der Union für erneuerbare Energien nach der Richtlinie 2009/28/EG des Europäischen Parlaments und des Rates vom 23. April 2009 zur Förderung der Nutzung von Energie aus erneuerbaren Quellen und zur Änderung und anschließenden Aufhebung der Richtlinien 2001/77/EG und 2003/30/EG [21] zu erreichen und in dem Maße, wie zusätzlich zu einem Rechtsrahmen wie dem Emissionshandelssystem der Union nach der Richtlinie 2003/87/EG des Europäischen Parlaments und des Rates vom 13. Oktober 2003 über ein System für den Handel mit Treibhausgasemissionszertifikaten in der Gemeinschaft und zur Änderung der Richtlinie 96/61/EG des Rates [22] eine weitere Förderung notwendig ist, sollten Beihilfen zugunsten von Investitionen zur Förderung erneuerbarer Energien unter die Gruppenfreistellung fallen.

(61) In Anbetracht der begrenzten beihilfebedingten Beeinträchtigungen von Handel und Wettbewerb sollte die Gruppenfreistellung auch für Betriebsbeihilfen für kleine Anlagen zur Erzeugung erneuerbarer Energien gelten, wenn diese ganz bestimmte Voraussetzungen erfüllen. Betriebsbeihilfen für größere Anlagen sollten nur unter die Gruppenfreistellung fallen, wenn die Wettbewerbsverfälschungen begrenzt sind. Daher können solche Betriebsbeihilfen nur dann freigestellt werden, wenn sie für neue, innovative Technologien gewährt werden, sofern die Beihilfen im Rahmen einer Ausschreibung, die zumindest für eine solche Technologie offen ist, gewährt werden und ein Mechanismus Anwendung findet, über den die Erzeuger erneuerbarer Energien dem Marktpreis ausgesetzt werden. Die auf dieser Grundlage gewährten Gesamtbeihilfen können höchstens für 5 % der geplanten neuen Kapazitäten für die Erzeugung erneuerbaren Stroms gewährt werden. Beihilfen, die im Rahmen von Ausschreibungen gewährt werden, die für alle Technologien zur Nutzung erneuerbarer Energiequellen offen sind, sollten in vollem Umfang unter die Gruppenfreistellung fallen. Betriebsbeihilferegelungen sollten grundsätzlich auch für andere EWR-Staaten und Vertragsparteien des Vertrags zur Gründung der Energiegemeinschaft geöffnet werden, um die wettbewerbsverfälschenden Auswirkungen insgesamt zu begrenzen. Die Mitgliedstaaten sind aufgefordert, die Einführung eines Mechanismus der Zusammenarbeit zu prüfen, bevor sie eine grenzübergreifende Förderung zulassen. Denn ohne einen Mechanismus der Zusammenarbeit werden die Produktionsmengen aus Anlagen in anderen Ländern nicht auf ihre nationalen Ziele für erneuerbare Energien angerechnet. In Anbetracht dieser Vorgaben sollten die Mitgliedstaaten über eine ausreichende Vorlaufzeit verfügen, um geeignete Förderregelungen ausarbeiten zu können, die anderen Ländern offenstehen. Eine solche Öffnung ist deshalb keine Bedingung für die Freistellung von der Anmeldepflicht, soweit sie nicht nach dem AEUV erforderlich ist.

(62) Bei Beihilfen für die Stromerzeugung aus Wasserkraft sind in Bezug auf deren Auswirkungen zwei Aspekte zu bedenken. Einerseits wirken sie sich aufgrund der dadurch geförderten geringen Treibhausgasemissionen positiv auf die Umwelt aus, andererseits können sie jedoch nachteilige Folgen für Wassersysteme und die biologische Vielfalt haben. Bei der Gewährung von Beihilfen für die Stromerzeugung aus Wasserkraft sollten die Mitgliedstaaten deshalb die Richtlinie 2000/60/EG des Europäischen Parlaments und des Rates vom 23. Oktober 2000 zur Schaffung eines Ordnungsrahmens für Maßnahmen der Gemeinschaft im Bereich der Wasserpolitik [23] und insbesondere ihren Artikel 4 Absatz 7 einhalten, in dem die Kriterien für die Genehmigung von neuen Änderungen der physischen Eigenschaften eines Oberflächenwasserkörpers festgelegt sind.

(63) Beihilfen sollten nur für nachhaltige Formen erneuerbarer Energien gewährt werden. Beihilfen für Biokraftstoffe sollten nur dann un-

EU-VO

ter diese Verordnung fallen, wenn sie für nachhaltige Biokraftstoffe im Sinne der Richtlinie 2009/28/EG des Europäischen Parlaments und des Rates gewährt werden. Beihilfen für Biokraftstoffe aus Nahrungsmittelpflanzen sollten jedoch nicht nach dieser Verordnung freigestellt werden, um einen Anreiz für die Umstellung auf die Herstellung fortschrittlicherer Biokraftstoffe zu schaffen. Beihilfen für Biokraftstoffe, für die eine Liefer- oder Beimischverpflichtung besteht, sollten vom Anwendungsbereich der Gruppenfreistellung ausgeschlossen werden, da eine solche rechtliche Verpflichtung möglicherweise einen ausreichenden Anreiz für Investitionen in diese Arten erneuerbarer Energien bietet.

(64) Die unter diese Verordnung fallenden Beihilfen in Form von Steuerermäßigungen nach der Richtlinie 2003/96/EG des Rates vom 27. Oktober 2003 zur Restrukturierung der gemeinschaftlichen Rahmenvorschriften zur Besteuerung von Energieerzeugnissen und elektrischem Strom [24], die zur Verbesserung des Umweltschutzes beitragen, können indirekt dem Umweltschutz dienen. Umweltsteuern sollten den sozialen Kosten der Emissionen entsprechen, Steuermäßigungen können diesem Umweltziel jedoch zuwiderlaufen. Deshalb erscheint es zweckmäßig, deren Laufzeit auf die Geltungsdauer dieser Verordnung zu begrenzen. Nach Ende dieses Zeitraums sollten die Mitgliedstaaten die Angemessenheit der betreffenden Steuerermäßigungen erneut prüfen. Um die Verfälschung des Wettbewerbs möglichst gering zu halten, sollten die Beihilfen für alle Wettbewerber, die sich in einer ähnlichen Lage befinden, in derselben Weise gewährt werden. Damit das Preissignal, das mit der Umweltsteuer für die Unternehmen gesetzt werden soll, besser erhalten bleibt, sollten die Mitgliedstaaten auch die Möglichkeit haben, die Steuerermäßigungsregelung auf einen Mechanismus für die Zahlung eines festen jährlichen Ausgleichsbetrags (Steuerrückzahlung) zu stützen.

(65) Nach dem „Verursacherprinzip" sind die Kosten für die Beseitigung von Umweltschäden von den Verursachern zu tragen. Beihilfen für die Sanierung schadstoffbelasteter Standorte sind gerechtfertigt, wenn die nach geltendem Recht für die Verschmutzung haftende Person nicht ermittelt werden kann. In diesem Falle sollten jedoch in Bezug auf die Vermeidung und Sanierung von Umweltschäden die Umwelthaftungskriterien angewandt werden, die in der Richtlinie 2004/35/EG des Europäischen Parlaments und des Rates vom 21. April 2004 über Umwelthaftung zur Vermeidung und Sanierung von Umweltschäden [25], geändert durch die Richtlinie 2006/21/EG des Europäischen Parlaments und des Rates vom 15. März 2006 über die Bewirtschaftung von Abfällen aus der mineralgewinnenden Industrie und zur Änderung der Richtlinie 2004/35/EG [26] und die Richtlinie 2009/31/EG des Europäischen Parlaments und des Rates vom 23. April 2009 über die geologische Speicherung von Kohlendioxid und zur Änderung der Richtlinie 85/337/EWG des Rates sowie der Richtlinien 2000/60/EG, 2001/80/EG, 2004/35/EG, 2006/12/EG und 2008/1/EG des Europäischen Parlaments und des Rates sowie der Verordnung (EG) Nr. 1013/2006 [27] festgelegt sind. Um die Beseitigung bestehender Umweltschäden zu erleichtern, sollte diese Art von Beihilfen daher unter bestimmten Voraussetzungen unter die Gruppenfreistellung fallen.

(66) Im Einklang mit der in der Abfallrahmenrichtlinie der Europäischen Union festgelegten Abfallhierarchie sind im 7. Umweltaktionsprogramm die Wiederverwendung und das Recycling von Abfall als zentrale Priorität der Europäischen Union genannt. Staatliche Beihilfen für diese Tätigkeiten können einen Beitrag zum Umweltschutz leisten, sofern Artikel 4 Absatz 1 der Richtlinie 2008/98/EG des Europäischen Parlaments und des Rates vom 19. November 2008 über Abfälle und zur Aufhebung bestimmter Richtlinien [28] (Abfallrahmenrichtlinie) eingehalten wird. Allerdings sollten die Verursacher durch solche Beihilfen nicht indirekt von einer Last befreit werden, die sie nach Unionsrecht tragen sollen oder die als normaler Unternehmensaufwand anzusehen ist. Beihilfen für diese Tätigkeiten sollten daher unter die Gruppenfreistellung fallen, und zwar auch dann, wenn sie Abfälle anderer Unternehmen betreffen und wenn die behandelten Stoffe andernfalls entsorgt oder in einer weniger umweltschonenden Weise behandelt würden.

(67) Die Integration des Energiemarkts und die klima- und energiepolitischen Ziele der Union können nur mit einer modernen Energieinfrastruktur erreicht werden. Durch Unterstützung der Investitionstätigkeit, der Schaffung von Arbeitsplätzen und des Funktionierens der Energiemärkte in den besonders benachteiligten Gebieten leisten vor allem der Bau und die Modernisierung von Infrastrukturen in Fördergebieten einen Beitrag zum wirtschaftlichen, sozialen und territorialen Zusammenhalt in den Mitgliedstaaten und in der Union als Ganzem. Um übermäßige Wettbewerbsverfälschungen durch Beihilfen für Infrastrukturen zu vermeiden, sollten nur solche Beihilfen freigestellt werden, die unter die Rechtsvorschriften über den Energiebinnenmarkt fallen und mit diesen im Einklang stehen.

(68) Mithilfe von Umweltstudien kann ermittelt werden, mit welchen Investitionen Verbesserungen im Umweltschutz erzielt werden können. Staatliche Beihilfen für die Durchführung von Umweltstudien, mit denen Investitionen in den Umweltschutz im Sinne dieser Verordnung unterstützt werden sollen, sollten daher unter die Gruppenfreistellung fallen. Da Energieaudits für große Unternehmen verbindlich vorgeschrieben sind, sollten sie nicht für staatliche Beihilfen in Betracht kommen.

(69) Nach Artikel 107 Absatz 2 Buchstabe b AEUV sind Beihilfen zur Beseitigung von Schäden, die durch Naturkatastrophen entstanden sind, mit dem Binnenmarkt vereinbar. Um Rechtssicherheit zu schaffen, muss definiert werden, welche Ereignisse für die Zwecke der Freistellung nach dieser Verordnung eine Naturkatastrophe darstellen können. Im Sinne dieser Verordnung sollten Erdbeben, Erdrutsche, Überschwemmungen (insbesondere Überschwemmungen infolge von über die Ufer getretenen Flüssen oder Seen), Lawinen, Wirbelstürme, Orkane, Vulkanausbrüche und Flächenbrände natürlichen Ursprungs als Naturkatastrophen angesehen werden. Schäden infolge widriger Witterungsverhältnisse wie Frost, Hagel, Eis, Regen oder Dürre, die in regelmäßigeren Abständen auftreten, sollten nicht als Naturkatastrophen im Sinne des Artikels 107 Absatz 2 Buchstabe b AEUV betrachtet werden. Um sicherzustellen, dass Beihilfen zur Bewältigung der Folgen von Naturkatastrophen tatsächlich unter die Freistellung fallen, sollten in dieser Verordnung in Anlehnung an die gängige Praxis die Voraussetzungen festgelegt werden, die erfüllt sein müssen, damit für Beihilferegelungen zur Bewältigung der Folgen von Naturkatastrophen der Rechtsvorteil der Gruppenfreistellung in Anspruch genommen werden kann. Zu diesen Voraussetzungen sollte vor allem gehören, dass die zuständigen Behörden des betreffenden Mitgliedstaats das Ereignis förmlich als Naturkatastrophe anerkannt haben und ein direkter ursächlicher Zusammenhang zwischen der Naturkatastrophe und den dem begünstigten Unternehmen (bei dem es sich auch um ein Unternehmen in Schwierigkeiten handeln kann) entstandenen Schäden besteht und eine Überkompensation vermieden wird. Die Ausgleichsleistungen sollten nicht den Betrag übersteigen, der erforderlich ist, damit für den Beihilfeempfänger wieder die Lage hergestellt wird, in der er sich vor der Naturkatastrophe befand.

(70) Bei Beihilfen im Passagierluft- und Personenseeverkehr handelt es sich um Sozialbeihilfen, wenn sie dazu dienen, die kontinuierliche Anbindung von Einwohnern entlegener Gebiete zu verbessern, indem sie zur Senkung bestimmter Beförderungskosten für diese Personen beitragen. Dies könnte bei Gebieten in äußerster Randlage, bei Malta, Zypern, Ceuta und Melilla, bei Inseln im Hoheitsgebiet eines Mitgliedstaats sowie bei Gebieten mit geringer Bevölkerungsdichte der Fall sein. Wenn ein entlegenes Gebiet über mehrere Verkehrsstrecken, einschließlich indirekter Verbindungen, mit dem Europäischen Wirtschaftsraum verbunden ist, sollten Beihilfen für alle diese Strecken sowie für alle auf diesen Strecken tätigen Verkehrsunternehmen gewährt werden können. Die Beihilfe sollte unabhängig von der Identität des Verkehrsunternehmens und der Art der Leistung, also unabhängig davon, ob es sich um einen Linien-, Charter- oder Billiganbieter handelt, gewährt werden.

(71) Breitbandanschlüsse sind für die Erreichung des mit der Strategie Europa 2020 verfolgten Ziels intelligenten, nachhaltigen und integrativen Wachstums, für Innovation sowie für den sozialen und territorialen Zusammenhalt von strategischer Bedeutung [29]. Investitionsbeihilfen für die Breitbandinfrastruktur dienen der Förderung des Ausbaus dieser Infrastruktur und der damit verbundenen Baumaßnahmen in Gebieten, in denen es noch keine solche Infrastruktur gibt und voraussichtlich auch in naher Zukunft nicht von Marktteilnehmern geschaffen werden wird. Nach den Erfahrungen der Kommission führen solche Investitionsbeihilfen nicht zu übermäßigen Beeinträchtigungen von Handel und Wettbewerb, sofern bestimmte Voraussetzungen erfüllt sind. Die Erfüllung dieser Voraussetzungen sollte insbesondere dazu dienen, Wettbewerbsverfälschungen zu begrenzen, indem die Beihilfen auf der Grundlage eines wettbewerblichen Auswahlverfahrens nach dem Grundsatz der Technologieneutralität gewährt werden und auf Vorleistungsebene Zugang zu den geförderten Netzen gewährleistet wird, wobei die dem Netzbetreiber gewährten Beihilfen zu berücksichtigen sind. Auch wenn eine virtuelle Entbündelung unter bestimmten Voraussetzungen als einer physischen Entbündelung gleichwertig gelten kann, muss, bis diesbezüglich mehr Erfahrungen gesammelt worden sind, im Einzelfall geprüft werden, ob ein bestimmtes nichtphysisches oder virtuelles Produkt für den Zugang auf Vorleistungsebene als Äquivalent für die Entbündelung des Teilnehmeranschlusses in Kupfer- oder Glasfaserleitungsnetzen angesehen werden sollte. Aus diesem Grund sollte, bis bei einer künftigen Überarbeitung auf einschlägige Erfahrungen mit einzelnen staatlichen Beihilfen oder mit der Ex-ante-Regulierung zurückgegriffen werden kann, für die Inanspruchnahme dieser Gruppenfreistellungsverordnung eine physische Entbündelung verlangt werden. Wenn die künftige Entwicklung der Kosten und Einnahmen schwer vorherzusehen ist und eine starke Informationsasymmetrie vorliegt, sollten die Mitgliedstaaten auch Finanzierungsmodelle anwenden, die Überwachungselemente und einen Rückforderungsmechanismus umfassen, um eine ausgewogene Aufteilung unvorhergesehener Gewinne zu ermöglichen. Um kleine, lokale Vorhaben nicht unverhältnismäßig stark zu belasten, sollten solche Modelle erst ab einer bestimmten Mindestschwelle vorgesehen werden.

(72) Im Bereich der Kultur und der Erhaltung des kulturellen Erbes stellen einige Maßnahmen der Mitgliedstaaten möglicherweise keine staatlichen Beihilfen dar, da sie nicht alle Tatbestandsmerkmale des Artikels 107 Absatz 1 AEUV erfüllen, beispielsweise weil keine Wirtschaftstätigkeit

vorliegt oder weil keine Auswirkungen auf den Handel zwischen Mitgliedstaaten bestehen. Soweit solche Maßnahmen jedoch unter Artikel 107 Absatz 1 AEUV fallen, kommt es bei kulturellen Einrichtungen und Vorhaben in der Regel nicht zu erheblichen Wettbewerbsverfälschungen, und die Beschlusspraxis hat gezeigt, dass solche Beihilfen nur begrenzte Auswirkungen auf den Handel haben. In Artikel 167 AEUV wird die Bedeutung der Förderung der Kultur für die Union und ihre Mitgliedstaaten anerkannt und festgelegt, dass die Union bei ihrer Tätigkeit aufgrund anderer Bestimmungen der Verträge den kulturellen Aspekten, insbesondere zur Wahrung und Förderung der Vielfalt ihrer Kulturen, Rechnung tragen sollte. Da Naturerbe häufig von entscheidender Bedeutung für die Gestaltung von künstlerischem und kulturellem Erbe ist, sollte die Erhaltung des kulturellen Erbes im Sinne dieser Verordnung auch Naturerbe umfassen, das mit kulturellem Erbe zusammenhängt oder von der zuständigen Behörde eines Mitgliedstaats förmlich anerkannt worden ist. Aufgrund des Umstands, dass die Kultur einerseits ein Wirtschaftsgut ist, das erheblich zur Schaffung von Wohlstand und Beschäftigung beiträgt, und andererseits Träger von Identitäten, Werten und Bedeutungen ist, die unsere Gesellschaften widerspiegeln und formen, sollten die Beihilfevorschriften den Besonderheiten der Kultur und der mit ihr verbundenen wirtschaftlichen Tätigkeiten Rechnung tragen. Die Vorhaben und Tätigkeiten im Kulturbereich, die unter die Verordnung fallen könnten, sollten in einer Liste zusammengestellt und die beihilfefähigen Kosten festgelegt werden. Die Gruppenfreistellung sollte sowohl für Investitions- als auch für Betriebsbeihilfen gelten, die unterhalb bestimmter Schwellen liegen, sofern eine Überkompensation ausgeschlossen ist. Sie sollte jedoch in der Regel nicht für Tätigkeiten gelten, die zwar einen kulturellen Aspekt aufweisen, jedoch ansonsten einen überwiegend kommerziellen Charakter haben, wie zum Beispiel (in gedruckter oder elektronischer Form erscheinende) Zeitungen und Zeitschriften, da sie den Wettbewerb besonders stark verfälschen können. Ferner sollten in die Liste der Vorhaben und Tätigkeiten im Kulturbereich keine kommerziellen Tätigkeiten in den Bereichen Mode, Design und Videospiele aufgenommen werden.

(73) Audiovisuelle Werke spielen eine wichtige Rolle bei der Identitätsbildung in Europa und sind ein Spiegel für die vielfältigen Traditionen in den Mitgliedstaaten und Regionen. Während ein starker Wettbewerb zwischen Filmen, die außerhalb der Union produziert werden, besteht, ist die Verbreitung europäischer Filme außerhalb ihres Produktionslandes aufgrund der Fragmentierung in nationale und regionale Märkte begrenzt. Typisch für die Filmbranche sind hohe Investitionskosten, eine als gering wahrgenommene Rentabilität aufgrund begrenzter Zuschauerzahlen und die Schwierigkeit, zusätzliches privates Kapital zu erschließen. Wegen dieser Umstände hat die Kommission spezifische Kriterien für die Würdigung der Erforderlichkeit, Angemessenheit und Geeignetheit von Beihilfen für Drehbucherstellung, Entwicklung, Produktion, Vertrieb und Promotion audiovisueller Werke ausgearbeitet. Die neuen Kriterien sind in der Mitteilung der Kommission über staatliche Beihilfen für Filme und andere audiovisuelle Werke [30] enthalten und sollten in die Gruppenfreistellungsvorschriften für Beihilferegelungen für audiovisuelle Werke einfließen. Für grenzübergreifende Produktionen und Koproduktionen sind höhere Beihilfeintensitäten gerechtfertigt, da sie eher in mehreren Mitgliedstaaten verwertet werden.

(74) Investitionsbeihilfen für Sportinfrastrukturen sollten, soweit sie staatliche Beihilfen darstellen, unter die Gruppenfreistellung fallen, sofern sie die Voraussetzungen dieser Verordnung erfüllen. Im Sportsektor stellen einige Maßnahmen der Mitgliedstaaten möglicherweise keine staatlichen Beihilfen dar, etwa weil der Begünstigte keine wirtschaftliche Tätigkeit ausübt oder keine Auswirkungen auf den Handel zwischen Mitgliedstaaten vorliegen. Dies könnte unter bestimmten Umständen bei Beihilfemaßnahmen der Fall sein, die einen rein lokalen Charakter haben oder im Bereich des Amateursports gewährt werden. In Artikel 165 AEUV wird die Bedeutung der Förderung der europäischen Dimension des Sports unter Berücksichtigung der besonderen Merkmale des Sports, dessen auf freiwilligem Engagement basierenden Strukturen sowie dessen sozialer und pädagogischer Funktion anerkannt. Beihilfen für Infrastrukturen, die mehr als einem Freizeitzweck dienen und somit multifunktional sind, sollten ebenfalls unter die Gruppenfreistellung fallen. Beihilfen für multifunktionale Tourismusinfrastruktur wie Freizeitparks und Hotels sollten hingegen nur dann freigestellt werden, wenn sie im Rahmen einer Regionalbeihilferegelung gewährt werden, die auf Tourismustätigkeiten in einem Fördergebiet ausgerichtet ist, die sich besonders positiv auf die Regionalentwicklung auswirken. Die Vereinbarkeitsvoraussetzungen für Beihilfen für Sportinfrastrukturen und multifunktionale Freizeitinfrastrukturen sollten vor allem einen offenen und diskriminierungsfreien Zugang zu der Infrastruktur gewährleisten sowie eine im Einklang mit den einschlägigen Bestimmungen des Unionsrechts und der einschlägigen Rechtsprechung der Union erfolgende faire Vergabe der Konzessionen für den Bau, die Modernisierung und/oder den Betrieb der Infrastruktur durch Dritte. Wenn die Infrastruktur von Profisportvereinen genutzt wird, sollten im Interesse von Transparenz und Gleichbehandlung der Nutzer die Nutzungspreise und -bedingungen für diese Vereine öffentlich zugänglich gemacht werden. Eine Überkompensation muss ausgeschlossen sein.

(75) Der Europäische Rat hat in seinen Schlussfolgerungen vom 17. Juni 2010 im Zusammenhang mit der Genehmigung der Strategie Europa 2020 [31] betont, dass die Anstrengungen darauf gerichtet sein sollten, die gravierendsten Hemmnisse für das Wirtschaftswachstum auf EU-Ebene anzugehen, einschließlich derjenigen, die mit dem Funktionieren des Binnenmarkts und der Infrastruktur zusammenhängen. In der Empfehlung des Rates über die Grundzüge der Wirtschaftspolitik der Mitgliedstaaten und der Union [32], die Teil der integrierten Leitlinien zu Europa 2020 ist, wird darauf hingewiesen, dass die Verfügbarkeit lokaler Infrastrukturen eine wichtige Voraussetzung für die Verbesserung der Rahmenbedingungen für Unternehmen und Verbraucher und die Modernisierung und Weiterentwicklung der industriellen Basis darstellt, die notwendig sind, um das reibungslose Funktionieren des Binnenmarkts sicherzustellen. Diese Infrastrukturen ermöglichen, wenn sie Interessenten zu offenen, transparenten und diskriminierungsfreien Bedingungen zur Verfügung gestellt werden, die Schaffung günstiger Rahmenbedingungen für private Investitionen und Wachstum und leisten damit einen positiven Beitrag zu Zielen von gemeinsamem Interesse, insbesondere den Prioritäten und Zielen der Strategie Europa 2020 [33], während die Gefahr von Verfälschungen begrenzt bleibt. Einige Maßnahmen der Mitgliedstaaten in Bezug auf lokale Infrastrukturen stellen keine staatlichen Beihilfen dar, da sie nicht alle Tatbestandsmerkmale des Artikels 107 Absatz 1 AEUV erfüllen, etwa weil der Begünstigte keine wirtschaftliche Tätigkeit ausübt, weil keine Auswirkungen auf den Handel zwischen Mitgliedstaaten vorliegen oder weil die Maßnahme als Ausgleich für die Erbringung einer Dienstleistung von allgemeinem wirtschaftlichem Interesse gewährt wird, die die Kriterien des Altmark-Urteils [34] erfüllt. Wenn jedoch die Finanzierung dieser lokalen Infrastrukturen eine staatliche Beihilfe im Sinne des Artikels 107 Absatz 1 AEUV darstellt, sollten solche Beihilfen von der Anmeldepflicht freigestellt werden, wenn die gewährten Beihilfebeträge niedrig sind.

(76) Da Beihilfen für andere Arten von Infrastrukturen möglicherweise spezifischen, gut konzipierten Kriterien unterliegen, die ihre Vereinbarkeit mit dem Binnenmarkt gewährleisten, sollten die Bestimmungen dieser Verordnung, die Beihilfen für lokale Infrastrukturen betreffen, nicht für Beihilfen für folgende Arten von Infrastrukturen gelten: Forschungsinfrastrukturen, Innovationscluster, energieeffiziente Fernwärme und Fernkälte, Energieinfrastrukturen, Recycling und Wiederverwendung von Abfall, Breitbandinfrastrukturen, Kultur und Erhaltung des kulturellen Erbes, Sportinfrastrukturen und multifunktionale Freizeitinfrastrukturen, Flughäfen und Häfen.

(77) Nach den Erfahrungen der Kommission in diesem Bereich sollte die Beihilfepolitik regelmäßig überarbeitet werden. Die Geltungsdauer dieser Verordnung sollte daher begrenzt werden. Es ist zweckmäßig, Übergangsbestimmungen festzulegen, einschließlich der Vorschriften, die am Ende der Geltungsdauer dieser Verordnung auf freigestellte Beihilferegelungen anzuwenden sind. Diese Vorschriften sollten den Mitgliedstaaten gegebenenfalls Zeit für eine Anpassung an die neue Rechtslage geben. Die Anpassungsfrist sollte jedoch weder für Regionalbeihilferegelungen einschließlich regionaler Stadtentwicklungsbeihilferegelungen, deren Freistellung am Tag des Außerkrafttretens der betreffenden genehmigten Fördergebietskarte enden muss, noch für bestimmte Risikofinanzierungsbeihilferegelungen gelten —

1 ABl. L 142 vom 14.5.1998, S. 1.
2 ABl. L 214 vom 9.8.2008, S. 3.
3 ABl. L 320 vom 30.11.2013, S. 22.
4 ABl. L 204 vom 31.7.2013, S. 11.
5 KOM(2012) 209 vom 8.5.2012.
6 ABl. L 336 vom 21.12.2010, S. 24.
7 ABl. C 244 vom 1.10.2004, S. 2.
8 ABl. C 296 vom 2.10.2012, S. 3.
9 ABl. C 155 vom 20.6.2008, S. 10.
10 ABl. C 14 vom 19.1.2008, S. 6.
11 ABl. L 175 vom 27.6.2013, S. 1.
12 ABl. L 83 vom 27.3.1999, S. 1.
13 ABl. L 124 vom 20.5.2003, S. 36.
14 EUCO 13/10 REV 1.
15 ABl. L 347 vom 20.12.2013, S. 259.
16 ABl. C 194 vom 18.8.2006, S. 2.
17 ABl. C 323 vom 30.12.2006, S. 1.
18 KOM(2010) 636 vom 15.11.2010.
19 KOM(2010) 2020 vom 3.3.2010.
20 ABl. L 315 vom 14.11.2012, S. 1.
21 ABl. L 140 vom 5.6.2009, S. 16.
22 ABl. L 275 vom 25.10.2003, S. 32.
23 ABl. L 327 vom 22.12.2000, S. 1.

[24] ABl. L 283 vom 31.10.2003, S. 51.
[25] ABl. L 143 vom 30.4.2004, S. 56.
[26] ABl. L 102 vom 11.4.2006, S. 15.
[27] ABl. L 140 vom 5.6.2009, S. 114.
[28] ABl. L 312 vom 22.11.2008, S. 3.
[29] KOM(2010) 245 vom 19.5.2010.
[30] ABl. C 332 vom 15.11.2013, S. 1.
[31] EUCO 13/10 REV 1.
[32] ABl. L 191 vom 23.7.2010, S. 28.
[33] KOM(2010) 2020 vom 3.3.2010.
[34] Urteil des Gerichtshofs vom 24. Juli 2003, Altmark Trans GmbH und Regierungspräsidium Magdeburg/Nahverkehrsgesellschaft Altmark GmbH, Beteiligter: Oberbundesanwalt beim Bundesverwaltungsgericht, C-280/00 (Slg. 2003, I-7747).

KAPITEL I
GEMEINSAME BESTIMMUNGEN
Artikel 1
Geltungsbereich

1. Diese Verordnung gilt für folgende Gruppen von Beihilfen:

a) Regionalbeihilfen;

b) Beihilfen für KMU in Form von Investitionsbeihilfen, Betriebsbeihilfen und Beihilfen zur Erschließung von KMU-Finanzierungen;

c) Umweltschutzbeihilfen;

d) Beihilfen für Forschung und Entwicklung und Innovation;

e) Ausbildungsbeihilfen;

f) Einstellungs- und Beschäftigungsbeihilfen für benachteiligte Arbeitnehmer und Arbeitnehmer mit Behinderungen;

g) Beihilfen zur Bewältigung der Folgen bestimmter Naturkatastrophen;

h) Sozialbeihilfen für die Beförderung von Einwohnern entlegener Gebiete;

i) Beihilfen für Breitbandinfrastrukturen;

j) Beihilfen für Kultur und die Erhaltung des kulturellen Erbes;

k) Beihilfen für Sportinfrastrukturen und multifunktionale Freizeitinfrastrukturen;

l) Beihilfen für lokale Infrastrukturen;

m) Beihilfen für Regionalflughäfen;

n) Hafenbeihilfen;

o) Beihilfen für Projekte der europäischen territorialen Zusammenarbeit; und

p) Beihilfen im Rahmen von aus dem Fonds „InvestEU“ unterstützten Finanzprodukten.

2. Diese Verordnung gilt nicht für

a) Regelungen, die unter Kapitel III Abschnitte 1 (ausgenommen Artikel 15), 2, 3, 4, 7 (ausgenommen Artikel 44) und 10 dieser Verordnung fallen, und Beihilfen, die in der Form von Finanzprodukten nach Kapitel III Abschnitt 16 durchgeführt werden, sofern die durchschnittliche jährliche Mittelausstattung je Mitgliedstaat 150 Mio. EUR übersteigt, nach Ablauf von sechs Monaten nach ihrem Inkrafttreten. Bei Beihilfen nach Kapitel III Abschnitt 16 dieser Verordnung werden im Rahmen der Prüfung, ob die durchschnittliche jährliche Mittelausstattung eines Mitgliedstaats für ein bestimmtes Finanzprodukt 150 Mio. EUR übersteigt, lediglich die für das jeweilige Finanzprodukt vorgesehenen Beiträge des Mitgliedstaats zu der in Artikel 9 Absatz 1 Buchstabe b der Verordnung (EU) 2021/523 des Europäischen Parlaments und des Rates ([1]) genannten Mitgliedstaaten-Komponente der EU-Garantie berücksichtigt. Die Kommission kann beschließen, dass diese Verordnung für einen längeren Zeitraum für eine solche Beihilferegelung gilt, nachdem sie den entsprechenden Evaluierungsplan, der innerhalb von 20 Arbeitstagen nach Inkrafttreten der Regelung von dem Mitgliedstaat bei der Kommission angemeldet wurde, genehmigt hat. Hat die Kommission die Geltungsdauer dieser Verordnung für eine solche Regelung bereits über den anfänglichen Zeitraum von sechs Monaten hinaus verlängert, können die Mitgliedstaaten beschließen, die jeweilige Regelung bis zum Ablauf der Geltungsdauer dieser Verordnung zu verlängern, sofern der betreffende Mitgliedstaat im Einklang mit dem von der Kommission genehmigten Evaluierungsplan einen Evaluierungsbericht vorgelegt hat. Abweichend hiervon dürfen nach dieser Verordnung gewährte Regionalbeihilfen hingegen bis zum Ablauf der Geltungsdauer der einschlägigen Fördergebietskarte verlängert werden;

b) Änderungen zu unter Buchstabe a genannten Regelungen, bei denen es sich nicht um Änderungen handelt, die keine Auswirkungen auf die Vereinbarkeit der Beihilferegelung mit dieser Verordnung oder keine wesentlichen Auswirkungen auf den Inhalt des genehmigten Evaluierungsplans haben können;

c) Beihilfen für Tätigkeiten im Zusammenhang mit Ausfuhren in Drittländer oder Mitgliedstaaten, insbesondere Beihilfen, die unmittelbar mit den ausgeführten Mengen, dem Aufbau oder dem Betrieb eines Vertriebsnetzes oder anderen laufenden Kosten in Verbindung mit der Ausfuhrtätigkeit zusammenhängen;

d) Beihilfen, die davon abhängig gemacht werden, dass einheimische Waren Vorrang vor eingeführten Waren erhalten.

3. Diese Verordnung gilt nicht für

a) Beihilfen für Fischerei und Aquakultur im Sinne der Verordnung (EU) Nr. 1379/2013 des Europäischen Parlaments und des Rates ([2]), ausgenommen Ausbildungsbeihilfen, Beihilfen zur Erschließung von KMU-Finanzierungen, Forschungs- und Entwicklungsbeihilfen, Innovationsbeihilfen für KMU, Beihilfen für benachteiligte Arbeitnehmer und Arbeitnehmer mit Behinderungen, regionale Investitionsbeihilfen für Gebiete in äußerster Randlage, regionale Betriebsbeihilferegelungen, Beihilfen für Projekte operationeller Gruppen der Europäischen Innovationspartnerschaft („EIP") „Landwirtschaftliche Produktivität und Nachhaltigkeit", Beihilfen für Projekte der von der örtlichen Bevölkerung betriebenen lokalen Entwicklung („CLLD"), Beihilfen für Projekte der europäischen territorialen Zusammenarbeit und Beihilfen im Rahmen von aus dem Fonds „InvestEU" unterstützten Finanzprodukten, mit Ausnahme der in Artikel 1 Absatz 1 der Verordnung (EU) Nr. 717/2014 der Kommission ([3]) aufgeführten Vorhaben;

b) Beihilfen für die Primärerzeugung landwirtschaftlicher Erzeugnisse, ausgenommen regionale Investitionsbeihilfen für Gebiete in äußerster Randlage, regionale Betriebsbeihilferegelungen, KMU-Beihilfen für die Inanspruchnahme von Beratungsdiensten, Risikofinanzierungsbeihilfen, Forschungs- und Entwicklungsbeihilfen, Innovationsbeihilfen für KMU, Umweltschutzbeihilfen, Ausbildungsbeihilfen, Beihilfen für benachteiligte Arbeitnehmer und Arbeitnehmer mit Behinderungen, Beihilfen für Projekte operationeller Gruppen der Europäischen Innovationspartnerschaft (EIP) „Landwirtschaftliche Produktivität und Nachhaltigkeit", Beihilfen für Projekte der von der örtlichen Bevölkerung betriebenen lokalen Entwicklung (CLLD), Beihilfen für Projekte der europäischen territorialen Zusammenarbeit und Beihilfen im Rahmen von aus dem Fonds „InvestEU" unterstützten Finanzprodukten;

c) Beihilfen für die Verarbeitung und Vermarktung landwirtschaftlicher Erzeugnisse in folgenden Fällen:

i) wenn sich der Beihilfebetrag nach dem Preis oder der Menge der bei Primärerzeugern erworbenen oder von den betreffenden Unternehmen vermarkteten Erzeugnisse richtet;

ii) wenn die Beihilfe an die Bedingung geknüpft ist, dass sie ganz oder teilweise an die Primärerzeuger weitergegeben wird;

d) Beihilfen zur Erleichterung der Stilllegung nicht wettbewerbsfähiger Steinkohlenbergwerke im Sinne des Beschlusses 2010/787/EU des Rates ([4]);

e) die in Artikel 13 genannten Gruppen von Regionalbeihilfen.

Wenn ein Unternehmen sowohl in den in Unterabsatz 1 Buchstabe a, b oder c genannten ausgeschlossenen Bereichen als auch in Bereichen tätig ist, die in den Geltungsbereich dieser Verordnung fallen, gilt diese Verordnung für Beihilfen, die für die letztgenannten Bereiche oder Tätigkeiten gewährt werden, sofern die Mitgliedstaaten durch geeignete Mittel wie die Trennung der Tätigkeiten oder die Zuweisung der Kosten sicherstellen, dass die im Einklang mit dieser Verordnung gewährten Beihilfen nicht den Tätigkeiten in den ausgeschlossenen Bereichen zugutekommen.

4. Diese Verordnung gilt nicht für

a) Beihilferegelungen, in denen nicht ausdrücklich festgelegt ist, dass einem Unternehmen, das einer Rückforderungsanordnung aufgrund eines früheren Beschlusses der Kommission zur Feststellung der Unzulässigkeit einer von demselben Mitgliedstaat gewährten Beihilfe und ihrer Unvereinbarkeit mit dem Binnenmarkt nicht nachgekommen ist, keine Einzelbeihilfen gewährt werden dürfen, ausgenommen Beihilferegelungen zur Bewältigung der Folgen bestimmter Naturkatastrophen und Beihilferegelungen, die unter Artikel 19b sowie Kapitel III Abschnitte 2a und 16 fallen;

b) Ad-hoc-Beihilfen für ein Unternehmen im Sinne des Buchstaben a;

c) Beihilfen für Unternehmen in Schwierigkeiten, ausgenommen Beihilferegelungen zur Bewältigung der Folgen bestimmter Naturkatastrophen, Beihilferegelungen für Unternehmensneugründungen, regionale Betriebsbeihilferegelungen, Beihilferegelungen, die unter Artikel 19b fallen, Beihilfen für KMU nach Artikel 56f und Beihilfen für Finanzintermediäre nach den Artikeln 16, 21, 22 und 39 sowie nach Kapitel III Abschnitt 16, sofern Unternehmen in Schwierigkeiten nicht gegenüber anderen Unternehmen begünstigt werden. Abweichend davon gilt diese Verordnung jedoch auch für Unternehmen, die am 31. Dezember 2019 keine Unternehmen in Schwierigkeiten waren, aber während des Zeitraums vom 1. Januar 2020 bis zum 31. Dezember 2021 zu Unternehmen in Schwierigkeiten wurden.

5. Diese Verordnung gilt nicht für Beihilfemaßnahmen, die als solche, durch die mit ihnen verbundenen Bedingungen oder durch ihre Finanzierungsmethode zu einem nicht abtrennbaren Verstoß gegen Unionsrecht führen, insbesondere

a) Beihilfemaßnahmen, bei denen die Gewährung der Beihilfe davon abhängig ist, dass der Beihilfeempfänger seinen Sitz in dem betreffenden Mitgliedstaat hat oder überwiegend in diesem Mitgliedstaat niedergelassen ist; es kann jedoch verlangt werden, dass der Beihilfeempfänger zum Zeitpunkt der Auszahlung der Beihilfe eine Betriebsstätte oder Niederlassung in dem die Beihilfe gewährenden Mitgliedstaat hat;

b) Beihilfemaßnahmen, bei denen die Gewährung der Beihilfe davon abhängig ist, dass der Beihilfeempfänger einheimische Waren verwendet oder einheimische Dienstleistungen in Anspruch nimmt;

c) Beihilfemaßnahmen, mit denen die Möglichkeit eingeschränkt wird, dass die Beihilfeempfänger die Ergebnisse von Forschung, Entwicklung und Innovation in anderen Mitgliedstaaten nutzen.

Artikel 2
Begriffsbestimmungen

Für die Zwecke dieser Verordnung gelten folgende Begriffsbestimmungen:

1. „Beihilfe": Maßnahme, die alle Voraussetzungen des Artikels 107 Absatz 1 AEUV erfüllt;

2. „kleine und mittlere Unternehmen" oder „KMU": Unternehmen, die die Voraussetzungen des Anhangs I erfüllen;

3. „Arbeitnehmer mit Behinderungen": Personen, die

a) nach nationalem Recht als Arbeitnehmer mit Behinderungen anerkannt sind oder

b) langfristige körperliche, seelische, geistige oder Sinnesbeeinträchtigungen haben, die sie in Wechselwirkung mit verschiedenen Barrieren an der vollen, wirksamen und gleichberechtigten Teilhabe am Arbeitsleben hindern können;

4. „benachteiligte Arbeitnehmer": Personen, die

a) in den vorangegangenen 6 Monaten keiner regulären bezahlten Beschäftigung nachgegangen sind oder

b) zwischen 15 und 24 Jahre alt sind oder

c) über keinen Abschluss der Sekundarstufe II beziehungsweise keinen Berufsabschluss verfügen (Internationale Standardklassifikation für das Bildungswesen 3) oder deren Abschluss einer Vollzeit-Bildungsmaßnahme noch keine zwei Jahre zurückliegt und die noch keine reguläre bezahlte Erstanstellung gefunden haben oder

d) älter als 50 Jahre sind oder

e) allein lebende Erwachsene mit mindestens einer unterhaltsberechtigten Person sind oder

f) in einem Mitgliedstaat in einem Wirtschaftszweig oder einem Beruf arbeiten, in dem das Ungleichgewicht zwischen Männern und Frauen mindestens 25 % höher ist als das durchschnittliche Ungleichgewicht zwischen Männern und Frauen, das in dem betreffenden Mitgliedstaat in allen Wirtschaftszweigen insgesamt verzeichnet wird, und zu der unterrepräsentierten Geschlechtsgruppe gehören oder

g) Angehörige einer ethnischen Minderheit in einem Mitgliedstaat sind und die ihre sprachlichen oder beruflichen Fertigkeiten ausbauen oder mehr Berufserfahrung sammeln müssen, damit sie bessere Aussichten auf eine dauerhafte Beschäftigung haben;

5. „Beförderung": Beförderung von Personen und Fracht im gewerblichen Luft-, See-, Straßen-, Schienen und Binnenschiffsverkehr;

6. „Beförderungskosten": die vom Beihilfeempfänger tatsächlich gezahlten Kosten der Beförderung im gewerblichen Verkehr pro Verbringung; sie umfassen

a) Frachtkosten, Umladekosten und Zwischenlagerungskosten, insoweit sich diese Kosten auf die Verbringung beziehen,

b) Frachtversicherungskosten,

c) Steuern, Zölle oder sonstige Abgaben, die sowohl am Abgangs- als auch am Bestimmungsort auf die Fracht und gegebenenfalls auf die Tragfähigkeit erhoben werden, und

d) Sicherheitskontrollkosten, Aufschläge für gestiegene Kraftstoffpreise;

7. „entlegene Gebiete": in äußerster Randlage gelegene Gebiete, Malta, Zypern, Ceuta und Melilla, Inseln im Staatsgebiet eines Mitgliedstaats und Gebiete mit geringer Bevölkerungsdichte;

8. „Vermarktung eines landwirtschaftlichen Erzeugnisses": der Besitz oder die Ausstellung eines Erzeugnisses im Hinblick auf den Verkauf, das Angebot zum Verkauf, die Lieferung oder jede andere Art des Inverkehrbringens, ausgenommen der Erstverkauf durch einen Primärerzeuger an Wiederverkäufer oder Verarbeiter sowie jede Tätigkeit zur Vorbereitung eines Erzeugnisses für diesen Erstverkauf; der Verkauf durch einen Primärerzeuger an Endverbraucher gilt als Vermarktung, wenn er in gesonderten, eigens für diesen Zweck vorgesehenen Räumlichkeiten erfolgt;

9. „landwirtschaftliche Primärproduktion": Erzeugung von in Anhang I des AEUV aufgeführten Erzeugnissen des Bodens und der Viehzucht, ohne weitere Vorgänge, die die Beschaffenheit solcher Erzeugnisse verändern;

10. „Verarbeitung eines landwirtschaftlichen Erzeugnisses": jede Einwirkung auf ein landwirtschaftliches Erzeugnis, deren Ergebnis ebenfalls ein landwirtschaftliches Erzeugnis ist, ausgenommen Tätigkeiten eines landwirtschaftlichen Betriebs zur Vorbereitung eines tierischen oder pflanzlichen Erzeugnisses für den Erstverkauf;

11. „landwirtschaftliche Erzeugnisse": die in Anhang I des AEUV aufgeführten Erzeugnisse, ausgenommen Erzeugnisse der Fischerei und Aquakultur, die in Anhang I der Verordnung (EU) Nr. 1379/2013 des Europäischen Parlaments und des Rates vom 11. Dezember 2013 aufgeführt sind;

12. „Gebiete in äußerster Randlage": die in Artikel 349 AEUV genannten Gebiete. Im Einklang mit dem Beschluss 2010/718/EU des Europäischen Rates zählt die Insel Saint-Barthélemy seit dem 1. Januar 2012 nicht mehr zu den Gebieten in äußerster Randlage. Im Einklang mit dem Beschluss 2012/419/EU des Europäischen Rates gilt

Mayotte seit dem 1. Januar 2014 als Gebiet in äußerster Randlage.

13. „Steinkohle“ oder „Kohle“: die höher und mittel inkohlten Kohlesorten sowie die niedriger inkohlten „A“- und „B“-Sorten im Sinne des internationalen Kohle-Klassifizierungssystems der UN-Wirtschaftskommission für Europa, präzisiert durch den Beschluss des Rates vom 10. Dezember 2010 über staatliche Beihilfen zur Erleichterung der Stilllegung nicht wettbewerbsfähiger Steinkohlebergwerke ([5]);

14. „Einzelbeihilfe“:

i) Ad-hoc-Beihilfen und

ii) Beihilfen, die einzelnen Empfängern auf der Grundlage einer Beihilferegelung gewährt werden;

15. „Beihilferegelung“: Regelung, nach der Unternehmen, die in der Regelung in einer allgemeinen und abstrakten Weise definiert sind, ohne nähere Durchführungsmaßnahmen Einzelbeihilfen gewährt werden können, beziehungsweise Regelung, nach der einem oder mehreren Unternehmen für unbestimmte Zeit und/oder in unbestimmter Höhe Beihilfen gewährt werden können, die nicht an ein bestimmtes Vorhaben gebunden sind;

16. „Evaluierungsplan“: Dokument mit den folgenden Mindestangaben: Ziele der zu evaluierenden Beihilferegelung, Evaluierungsfragen, Ergebnisindikatoren, vorgesehene Evaluierungsmethode, Datenerfassungskriterien, vorgesehener Zeitplan für die Evaluierung einschließlich des Termins für die Vorlage des abschließenden Berichts, Beschreibung des unabhängigen Gremiums, das die Evaluierung vornimmt, oder der für seine Auswahl herangezogenen Kriterien sowie die Modalitäten für die Bekanntmachung der Evaluierung;

17. „Ad-hoc-Beihilfe“: Beihilfe, die nicht auf der Grundlage einer Beihilferegelung gewährt wird;

18. „Unternehmen in Schwierigkeiten“: Unternehmen, auf das mindestens einer der folgenden Umstände zutrifft:

a) Im Falle von Gesellschaften mit beschränkter Haftung (ausgenommen KMU, die noch keine drei Jahre bestehen, und — in Bezug auf Risikofinanzierungsbeihilfen — KMU in den sieben Jahren nach ihrem ersten kommerziellen Verkauf, die nach einer Due-Diligence-Prüfung durch den ausgewählten Finanzintermediär für Risikofinanzierungen in Frage kommen): Mehr als die Hälfte des gezeichneten Stammkapitals ist infolge aufgelaufener Verluste verlorengegangen. Dies ist der Fall, wenn sich nach Abzug der aufgelaufenen Verluste von den Rücklagen (und allen sonstigen Elementen, die im Allgemeinen den Eigenmitteln des Unternehmens zugerechnet werden) ein negativer kumulativer Betrag ergibt, der mehr als der Hälfte des gezeichneten Stammkapitals entspricht. Für die Zwecke dieser Bestimmung bezieht sich der Begriff „Gesellschaft mit beschränkter Haftung“ insbesondere auf die in Anhang I der Richtlinie 2013/34/EU ([6]) genannten Arten von Unternehmen und der Begriff „Stammkapital“ umfasst gegebenenfalls alle Agios.

b) Im Falle von Gesellschaften, bei denen zumindest einige Gesellschafter unbeschränkt für die Schulden der Gesellschaft haften (ausgenommen KMU, die noch keine drei Jahre bestehen, und — in Bezug auf Risikofinanzierungsbeihilfen — KMU in den sieben Jahren nach ihrem ersten kommerziellen Verkauf, die nach einer Due-Diligence-Prüfung durch den ausgewählten Finanzintermediär für Risikofinanzierungen in Frage kommen): Mehr als die Hälfte der in den Geschäftsbüchern ausgewiesenen Eigenmittel ist infolge aufgelaufener Verluste verlorengegangen. Für die Zwecke dieser Bestimmung bezieht sich der Begriff „Gesellschaften, bei denen zumindest einige Gesellschafter unbeschränkt für die Schulden der Gesellschaft haften“ insbesondere auf die in Anhang II der Richtlinie 2013/34/EU genannten Arten von Unternehmen.

c) Das Unternehmen ist Gegenstand eines Insolvenzverfahrens oder erfüllt die im innerstaatlichen Recht vorgesehenen Voraussetzungen für die Eröffnung eines Insolvenzverfahrens auf Antrag seiner Gläubiger.

d) Das Unternehmen hat eine Rettungsbeihilfe erhalten und der Kredit wurde noch nicht zurückgezahlt oder die Garantie ist noch nicht erloschen beziehungsweise das Unternehmen hat eine Umstrukturierungsbeihilfe erhalten und unterliegt immer noch einem Umstrukturierungsplan.

e) Im Falle eines Unternehmens, das kein KMU ist: In den letzten beiden Jahren

1. betrug der buchwertbasierte Verschuldungsgrad des Unternehmens mehr als 7,5 und

2. das anhand des EBITDA berechnete Zinsdeckungsverhältnis des Unternehmens lag unter 1,0;

19. „Verpflichtungen zur Territorialisierung der Ausgaben“: den Beihilfeempfängern von der Bewilligungsbehörde auferlegte Verpflichtungen, einen Mindestbetrag in einem bestimmten Gebiet auszugeben oder dort Produktionstätigkeiten in einem Mindestumfang durchzuführen;

20. „angepasster Beihilfehöchstsatz“: zulässiger Beihilfehöchstsatz für ein großes Investitionsvorhaben, der anhand folgender Formel berechnet wird:

Beihilfehöchstsatz $= R \times (A + 0{,}50 \times B + 0 \times C)$

Dabei entspricht R der in dem betreffenden Gebiet am Tag der Gewährung geltenden und in einer genehmigten Fördergebietskarte festgelegten Beihilfehöchstintensität (ohne Anhebung der Beihilfeintensität für KMU); A steht für die ersten 50 Mio. EUR der beihilfefähigen Kosten, B für den zwischen 50 Mio. EUR und 100 Mio. EUR

EU-VO

liegenden Teil der beihilfefähigen Kosten und C für den über 100 Mio. EUR liegenden Teil;

21. „rückzahlbarer Vorschuss": für ein Vorhaben gewährter Kredit, das in einer oder mehreren Tranchen ausgezahlt wird und dessen Rückzahlungsbedingungen vom Ergebnis des Vorhabens abhängen;

22. „Bruttosubventionsäquivalent": Höhe der Beihilfe, wenn diese als Zuschuss für den Empfänger gewährt worden wäre, vor Abzug von Steuern und sonstigen Abgaben;

23. „Beginn der Arbeiten": entweder der Beginn der Bauarbeiten für die Investition oder die erste rechtsverbindliche Verpflichtung zur Bestellung von Ausrüstung oder eine andere Verpflichtung, die die Investition unumkehrbar macht, wobei der früheste dieser Zeitpunkte maßgebend ist; der Kauf von Grundstücken und Vorarbeiten wie die Einholung von Genehmigungen und die Erstellung vorläufiger Durchführbarkeitsstudien gelten nicht als Beginn der Arbeiten. Bei einer Übernahme ist der „Beginn der Arbeiten" der Zeitpunkt des Erwerbs der unmittelbar mit der erworbenen Betriebsstätte verbundenen Vermögenswerte;

24. „große Unternehmen": Unternehmen, die die Voraussetzungen des Anhangs I nicht erfüllen;

25. „steuerliche Folgeregelung": Regelung in Form von Steuervergünstigungen, die eine geänderte Fassung einer früher bestehenden Regelung in Form von Steuervergünstigungen darstellt und diese ersetzt;

26. „Beihilfeintensität": in Prozent der beihilfefähigen Kosten ausgedrückte Höhe der Beihilfe vor Abzug von Steuern und sonstigen Abgaben;

27. „Fördergebiete": die in Anwendung des Artikels 107 Absatz 3 Buchstaben a und c AEUV in einer genehmigten Fördergebietskarte für den Zeitraum vom 1. Juli 2014 bis zum 31. Dezember 2021 ausgewiesenen Gebiete, für die bis zum 31. Dezember 2021 Regionalbeihilfen gewährt werden können, und die in Anwendung des Artikels 107 Absatz 3 Buchstaben a und c AEUV in einer genehmigten Fördergebietskarte für den Zeitraum vom 1. Januar 2022 bis zum 31. Dezember 2027 ausgewiesenen Gebiete, für die nach dem 31. Dezember 2021 Regionalbeihilfen gewährt werden können;

28. „Tag der Gewährung der Beihilfe": der Tag, an dem der Beihilfeempfänger nach dem geltenden nationalen Recht einen Rechtsanspruch auf die Beihilfe erwirbt;

29. „materielle Vermögenswerte": Grundstücke, Gebäude und Anlagen, Maschinen und Ausrüstung;

30. „immaterielle Vermögenswerte": Vermögenswerte ohne physische oder finanzielle Verkörperung wie Patentrechte, Lizenzen, Know-how oder sonstige Rechte des geistigen Eigentums;

31. „Lohnkosten": alle Kosten, die der Beihilfeempfänger für den betreffenden Arbeitsplatz in einem bestimmten Zeitraum tatsächlich tragen muss; sie umfassen den Bruttolohn vor Steuern und Pflichtbeiträgen wie Sozialversicherung, Kosten für die Betreuung von Kindern und die Pflege von Eltern;

32. „Nettoanstieg der Beschäftigtenzahl": Nettoanstieg der Zahl der Beschäftigten in der betreffenden Betriebsstätte im Vergleich zum Durchschnitt eines bestimmten Zeitraums, wobei in diesem Zeitraum abgebaute Stellen abgezogen werden müssen und die Vollzeit-, Teilzeit- und saisonal Beschäftigten mit ihren Bruchteilen der jährlichen Arbeitseinheiten zu berücksichtigen sind;

33. „gewidmete Infrastruktur": Infrastruktur, die für im Voraus ermittelbare Unternehmen errichtet wird und auf deren Bedarf zugeschnitten ist;

34. „Finanzintermediär": Finanzinstitute ungeachtet ihrer Form und Eigentumsverhältnisse einschließlich Dachfonds, Private-Equity-Fonds und öffentlicher Investitionsfonds, Banken, Mikrofinanzierungsinstitute und Garantieversicherungsgesellschaften;

35. „Verbringung": Transport von Gütern vom Abgangsort zum Bestimmungsort einschließlich einzelner Streckenabschnitte oder Teilstrecken innerhalb oder außerhalb des betreffenden Mitgliedstaats unter Nutzung eines oder mehrerer Verkehrsträger;

36. „angemessene Kapitalrendite (fair rate of return — FRR)": die erwartete Kapitalrendite, die einem risikoberichtigtem Abzinsungssatz entspricht, der das Risiko eines Projekts sowie Art und Höhe des von privaten Investoren vorgesehenen Investitionskapitals widerspiegelt;

37. „Gesamtfinanzierung": Betrag der Gesamtinvestition in ein nach Abschnitt 3 oder Artikel 16 oder 39 dieser Verordnung beihilfefähiges Unternehmen oder Vorhaben; davon ausgenommen sind rein private Investitionen, die zu Marktbedingungen getätigt werden und nicht in den Anwendungsbereich der betreffenden staatlichen Beihilfe fallen;

38. „Ausschreibung": diskriminierungsfreies Bieterverfahren, das die Beteiligung einer ausreichend großen Zahl von Unternehmen gewährleisten soll und bei dem die Beihilfe entweder auf der Grundlage des ursprünglichen Angebots des Bieters oder eines Clearingpreises gewährt wird. Zudem ist die Mittelausstattung oder das Volumen in Verbindung mit der Ausschreibung eine verbindliche Vorgabe, so dass nicht allen Bietern eine Beihilfe gewährt werden kann;

39. „Betriebsgewinn aus der Investition": Differenz zwischen den abgezinsten Einnahmen und den abgezinsten Betriebskosten im Laufe der wirtschaftlichen Lebensdauer der Investition,

wenn die Differenz positiv ist. Zu den Betriebskosten zählen Kosten wie Personal-, Material-, Fremdleistungs-, Kommunikations-, Energie-, Wartungs-, Miet- und Verwaltungskosten, nicht aber die Abschreibungs- und Finanzierungskosten, wenn sie durch die Investitionsbeihilfe gedeckt werden. Durch Abzinsung der Einnahmen und Betriebskosten unter Verwendung eines geeigneten Abzinsungssatzes wird gewährleistet, dass ein angemessener Gewinn erzielt werden kann.

Begriffsbestimmungen für Regionalbeihilfen

40. Die Begriffsbestimmungen für Beihilfen für Breitbandinfrastrukturen (Abschnitt 10) gelten auch für die diesbezüglichen Regionalbeihilfevorschriften.

41. „Regionale Investitionsbeihilfen": Regionalbeihilfen für Erstinvestitionen beziehungsweise Erstinvestitionen in eine neue Wirtschaftstätigkeit;

42. „regionale Betriebsbeihilfen": Beihilfen zur Senkung der laufenden Ausgaben eines Unternehmens. Dazu zählen Kostenkategorien wie Personal-, Material-, Fremdleistungs-, Kommunikations-, Energie-, Wartungs-, Miet- und Verwaltungskosten, nicht aber Abschreibungs- und Finanzierungskosten, wenn diese bei Gewährung der Investitionsbeihilfe als beihilfefähige Kosten berücksichtigt wurden;

43. „Stahlindustrie": sämtliche Tätigkeiten im Zusammenhang mit der Herstellung eines oder mehrerer der folgenden Erzeugnisse:

a) Roheisen und Ferrolegierungen:

Roheisen für die Erzeugung von Stahl, Gießereiroheisen und sonstige Roheisensorten, Spiegeleisen und Hochofen-Ferromangan, nicht einbegriffen sind die übrigen Ferrolegierungen;

b) Rohfertigerzeugnisse und Halbzeug aus Eisen, Stahl oder Edelstahl:

flüssiger Stahl, gleichgültig ob in Blöcken gegossen oder nicht, darunter zu Schmiedezwecken bestimmte Blöcke, Halbzeug: vorgewalzte Blöcke (Luppen), Knüppel und Brammen, Platinen, warmgewalztes breites Bandeisen, mit Ausnahme der Erzeugung von Flüssigstahlguss für kleine und mittlere Gießereien;

c) Walzwerksfertigerzeugnisse aus Eisen, Stahl oder Edelstahl:

Schienen, Schwellen, Unterlagsplatten und Laschen, Träger, schwere Formeisen und Stabeisen von 80 mm und mehr, Stab- und Profileisen unter 80 mm sowie Flacheisen unter 150 mm, Walzdraht, Röhrenrundstahl und Röhrenvierkantstahl, warmgewalztes Bandeisen (einschließlich der Streifen zur Röhrenherstellung), warmgewalzte Bleche (mit oder ohne Überzug), Grob- und Mittelbleche von 3 mm Stärke und mehr, Universaleisen von 150 mm und mehr, mit Ausnahme von Draht und Drahtprodukten, Blankstahl und Grauguss;

d) kaltfertiggestellte Erzeugnisse:

Weißblech, verbleites Blech, Schwarzblech, verzinkte Bleche, sonstige mit Überzug versehene Bleche, kaltgewalzte Bleche, Transformatoren- und Dynamobleche, zur Herstellung von Weißblech bestimmtes Bandeisen, kaltgewalztes Blech, als Bund und als Streifen;

e) Röhren:

sämtliche nahtlosen Stahlröhren, geschweißte Stahlröhren mit einem Durchmesser von mehr als 406,4 mm;

44. „Kunstfaserindustrie":

a) die Herstellung/Texturierung aller Arten von Fasern und Garnen auf der Basis von Polyester, Polyamid, Acryl und Polypropylen, ungeachtet ihrer Zweckbestimmung, oder

b) die Polymerisation (einschließlich Polykondensation), sofern sie Bestandteil der Herstellung ist, oder

c) jedes zusätzliche industrielle Verfahren, das mit der Errichtung von Herstellungs- beziehungsweise Texturierungskapazitäten durch das begünstigte Unternehmen oder ein anderes Unternehmen desselben Konzerns einhergeht und das in der betreffenden Geschäftstätigkeit in der Regel Bestandteil der Faserherstellung beziehungsweise -texturierung ist;

45. „Verkehrssektor": Beförderung von Personen und Fracht im gewerblichen Luft-, See-, Straßen-, Schienen und Binnenschiffsverkehr; der „Verkehrssektor" umfasst insbesondere folgende Tätigkeiten im Sinne der NACE Rev. 2:

a) NACE 49: Landverkehr und Transport in Rohrfernleitungen, nicht aber Betrieb von Taxis (NACE 49.32), Umzugstransporte (NACE 49.42), Transport in Rohrfernleitungen (NACE 49.5),

b) NACE 50: Schifffahrt,

c) NACE 51: Luftfahrt, nicht aber Raumtransport (NACE 51.22);

46. „Regelung für eine begrenzte Zahl bestimmter Wirtschaftszweige": Regelung für Tätigkeiten, die unter weniger als fünf Klassen (vierstelliger numerischer Code) der Statistischen Systematik der Wirtschaftszweige NACE Rev. 2 fallen;

47. „Tourismustätigkeiten" im Sinne der NACE Rev. 2:

a) NACE 55: Beherbergung,

b) NACE 56: Gastronomie,

c) NACE 79: Reisebüros, Reiseveranstalter, Erbringung sonstiger Reservierungsdienstleistungen,

d) NACE 90: kreative, künstlerische und unterhaltende Tätigkeiten,

e) NACE 91: Bibliotheken, Archive, Museen, botanische und zoologische Gärten,

f) NACE 93: Erbringung von Dienstleistungen des Sports, der Unterhaltung und der Erholung;

48. „Gebiete mit geringer Bevölkerungsdichte": NUTS-II-Gebiete mit weniger als 8 Einwohnern pro km2 oder NUTS-III-Gebiete mit weniger als 12,5 Einwohnern pro km2 oder Gebiete, die von der Kommission in den einzelnen Beschlüssen über Fördergebietskarten der Mitgliedstaaten, die zum Zeitpunkt der Beihilfegewährung galten, als Gebiete mit geringer Bevölkerungsdichte anerkannt wurden;

48a. „Gebiete mit sehr geringer Bevölkerungsdichte": NUTS-II-Gebiete mit weniger als 8 Einwohnern pro km2 oder Gebiete, die von der Kommission in den einzelnen Beschlüssen über Fördergebietskarten der Mitgliedstaaten, die zum Zeitpunkt der Beihilfegewährung galten, als Gebiete mit sehr geringer Bevölkerungsdichte anerkannt wurden;

49. „Erstinvestition":

a) Investition in materielle und immaterielle Vermögenswerte zur Errichtung einer neuen Betriebsstätte, zum Ausbau der Kapazitäten einer bestehenden Betriebsstätte, zur Diversifizierung der Produktion einer Betriebsstätte durch vorher dort nicht hergestellte Produkte oder zu einer grundlegenden Änderung des gesamten Produktionsprozesses einer bestehenden Betriebsstätte oder

b) Erwerb der Vermögenswerte einer Betriebsstätte, sofern die Betriebsstätte geschlossen wurde oder ohne diesen Erwerb geschlossen worden wäre und sofern die Vermögenswerte von einem Investor erworben werden, der in keiner Beziehung zum Verkäufer steht; der alleinige Erwerb von Unternehmensanteilen gilt nicht als Erstinvestition;

50. „dieselbe oder eine ähnliche Tätigkeit": Tätigkeit, die unter dieselbe Klasse (vierstelliger numerischer Code) der Statistischen Systematik der Wirtschaftszweige NACE Rev. 2 fällt, die in der Verordnung (EG) Nr. 1893/2006 des Europäischen Parlaments und des Rates vom 20. Dezember 2006 zur Aufstellung der statistischen Systematik der Wirtschaftszweige NACE Revision 2 und zur Änderung der Verordnung (EWG) Nr. 3037/90 des Rates sowie einiger Verordnungen der EG über bestimmte Bereiche der Statistik ([7]) festgelegt ist;

51. „Erstinvestition in eine neue Wirtschaftstätigkeit":

a) Investition in materielle und immaterielle Vermögenswerte zur Errichtung einer neuen Betriebsstätte oder zur Diversifizierung der Tätigkeit einer Betriebsstätte, sofern die neue Tätigkeit nicht dieselbe oder eine ähnliche Tätigkeit wie die früher in der Betriebsstätte ausgeübte Tätigkeit ist;

b) Erwerb der Vermögenswerte einer Betriebsstätte, die geschlossen wurde oder ohne diesen Erwerb geschlossen worden wäre und die von einem Investor erworben wird, der in keiner Beziehung zum Verkäufer steht, sofern die neue Tätigkeit, die mit den erworbenen Vermögenswerten ausgeübt werden soll, nicht dieselbe oder eine ähnliche Tätigkeit wie die vor dem Erwerb in der Betriebsstätte ausgeübte Tätigkeit ist;

52. „großes Investitionsvorhaben": Erstinvestition mit beihilfefähigen Kosten von über 50 Mio. EUR, berechnet auf der Grundlage der zum Tag der Gewährung geltenden Preise und Wechselkurse;

53. „Bestimmungsort": Ort, an dem die Güter entladen werden;

54. „Abgangsort": Ort, an dem die Güter für die Beförderung geladen werden;

55. „für Betriebsbeihilfen infrage kommende Gebiete": Gebiete in äußerster Randlage im Sinne des Artikels 349 AEUV, Gebiete mit geringer Bevölkerungsdichte oder Gebiete mit sehr geringer Bevölkerungsdichte;

56. „Verkehrsträger": Schienenverkehr, Straßengüterverkehr, Binnenschifffahrt, Seeschifffahrt, Luftverkehr und intermodaler Verkehr;

57. „Stadtentwicklungsfonds" („SEF"): spezialisierter Investitionsfonds, der für Investitionen in Stadtentwicklungsprojekte im Rahmen einer Stadtentwicklungsbeihilfemaßnahme eingerichtet wurde. Ein SEF wird von einem Stadtentwicklungsfondsmanager verwaltet;

58. „Stadtentwicklungsfondsmanager": eine professionelle Verwaltungsgesellschaft mit Rechtspersönlichkeit, die Investitionen in beihilfefähige Stadtentwicklungsprojekte auswählt und tätigt;

59. „Stadtentwicklungsprojekt": Investitionsvorhaben, mit dem die Durchführung der in einem integrierten Plan für nachhaltige Stadtentwicklung vorgesehenen Maßnahmen gefördert und zur Verwirklichung der Ziele des Plans beigetragen werden kann; dazu zählen auch Projekte, deren Kapitalrendite möglicherweise nicht ausreicht, um Finanzierungen auf rein kommerzieller Basis zu erhalten. Ein Stadtentwicklungsprojekt kann als gesonderter Finanzierungsblock innerhalb der rechtlichen Strukturen des begünstigten privaten Investors oder als separate rechtliche Einheit (z. B. als Zweckgesellschaft) angelegt sein;

60. „integrierter Plan für nachhaltige Stadtentwicklung": eine von einer einschlägigen lokalen Behörde oder öffentlichen Stelle offiziell vorgeschlagene und bestätigte Strategie, die für ein bestimmtes städtisches Gebiet und einen bestimmten Zeitraum integrierte Maßnahmen zur Bewältigung der wirtschaftlichen, ökologischen, klimatischen, demografischen und sozialen Herausforderungen umfasst;

61. „Sachleistung": die Einbringung von Grundstücken oder Immobilien, wenn diese Teil des Stadtentwicklungsprojekts sind;

61a. „Verlagerung“: Übertragung derselben oder einer ähnlichen Tätigkeit oder eines Teils davon von einer im Gebiet einer Vertragspartei des EWR-Abkommens gelegenen Betriebsstätte (ursprüngliche Betriebsstätte) zu der im Gebiet einer anderen Vertragspartei des EWR-Abkommens gelegenen Betriebsstätte, in der die geförderte Investition getätigt wird (geförderte Betriebsstätte). Eine Übertragung liegt vor, wenn das Produkt oder die Dienstleistung in der ursprünglichen und in der geförderten Betriebsstätte zumindest teilweise denselben Zwecken dient und der Nachfrage oder dem Bedarf desselben Typs von Verbrauchern gerecht wird und in einer der im EWR gelegenen ursprünglichen Betriebsstätten des Beihilfeempfängers Arbeitsplätze im Bereich derselben oder einer ähnlichen Tätigkeit verloren gehen;

Begriffsbestimmungen für KMU-Beihilfen

62. „direkt durch ein Investitionsvorhaben geschaffene Arbeitsplätze“: Arbeitsplätze, die die Tätigkeit betreffen, auf die sich die Investition bezieht, einschließlich Arbeitsplätzen, die aufgrund einer investitionsbedingten höheren Kapazitätsauslastung entstehen;

Begriffsbestimmungen für Beihilfen für die Erschließung von KMU-Finanzierungen

66. „beteiligungsähnliche Investition“: eine zwischen Beteiligung und Kreditfinanzierung angesiedelte Finanzierungsform, die mit einem höheren Risiko als vorrangige Verbindlichkeiten und einem niedrigeren Risiko als die üblichen Beteiligungen verbunden ist, bei der sich die Rendite für den Inhaber überwiegend nach den Gewinnen oder Verlusten des Zielunternehmens bemisst und die im Falle der Zahlungsunfähigkeit des Zielunternehmens nicht gesichert ist. Beteiligungsähnliche Investitionen können als Verbindlichkeit (in der Regel ungesichert und nachrangig, einschließlich Mezzanin-Finanzierungen, und in einigen Fällen in eine Beteiligung umwandelbar) oder als Vorzugsanteile ausgestaltet sein;

67. „Garantie“: für die Zwecke der Abschnitte 1, 3 und 7 der Verordnung eine schriftliche Zusage, die Haftung für die gesamte oder einen Teil der von einem Dritten neu bereitgestellten Kreditfinanzierung (z. B. Kredit- oder Leasinginstrumente oder beteiligungskapitalähnliche Instrumente) zu übernehmen;

68. „Garantiesatz“: Prozentsatz der Verlustdeckung durch einen öffentlichen Investor für jede im Rahmen der betreffenden Beihilfe beihilfefähige Transaktion;

69. „Ausstieg“: Auflösung von Beteiligungen durch Finanzintermediäre oder Investoren; hierzu zählen die Veräußerung des Unternehmens als Ganzes oder in Teilen, Abschreibungen, die Rückzahlung von Anteilen oder Krediten sowie die Veräußerung an andere Finanzintermediäre oder Investoren, an Finanzinstitute und im Wege öffentlicher Zeichnungsangebote einschließlich Börsengang;

70. „Dotation“: rückzahlbare öffentliche Investition in einen Finanzintermediär im Rahmen einer Risikofinanzierungsmaßnahme, wobei alle Erträge an den öffentlichen Investor zurückfließen;

71. „Risikofinanzierung“: Beteiligungen oder beteiligungsähnliche Investitionen, Kredite einschließlich Leasing, Garantien oder einer Kombination dieser Instrumente zugunsten beihilfefähiger Unternehmen zwecks neuer Investitionen;

72. „unabhängiger privater Investor“: privater Investor, der kein Anteilseigner des beihilfefähigen Unternehmens ist, in das er investiert, dazu zählen auch Business Angels und Finanzinstitute, ungeachtet ihrer Eigentümer, sofern sie das volle Investitionsrisiko tragen; bei der Gründung eines neuen Unternehmens werden alle privaten Investoren, einschließlich der Gründer, als vom Unternehmen unabhängig betrachtet;

73. „natürliche Person“: für die Zwecke der Artikel 21 und 23 eine Person, bei der es sich nicht um eine juristische Person handelt und die kein Unternehmen für die Zwecke des Artikels 107 Absatz 1 AEUV ist;

74. „Beteiligung“: die Bereitstellung von Kapital für ein Unternehmen als direkte oder indirekte Investition, um das Eigentum an einem entsprechenden Anteil dieses Unternehmens zu erwerben;

75. „erster kommerzieller Verkauf“: erster Verkauf eines Unternehmens auf einem Produkt- oder Dienstleistungsmarkt, mit Ausnahme der begrenzten Zahl von Verkäufen im Rahmen der Markterprobung;

76. „nicht börsennotierte KMU“: nicht zum amtlichen Handel an einer Börse zugelassene KMU mit Ausnahme alternativer Handelsplattformen;

77. „Anschlussinvestition“: eine zusätzliche Risikofinanzierungsinvestition in ein Unternehmen nach einer oder mehreren vorangegangenen Finanzierungsrunden;

78. „Ersatzkapital“: Erwerb vorhandener Unternehmensbeteiligungen von einem früheren Investor oder Anteilseigner;

79. „betraute Einrichtung“: die Europäische Investitionsbank, der Europäische Investitionsfonds, ein internationales Finanzinstitut, an dem ein Mitgliedstaat beteiligt ist, oder ein in einem Mitgliedstaat ansässiges Finanzinstitut, das auf Ziele des öffentlichen Interesse ausgerichtet ist und unter der Kontrolle einer Behörde steht, eine Körperschaft des öffentlichen Rechts oder eine Körperschaft des privaten Rechts mit einer Gemeinwohlverpflichtung. Die betraute Einrichtung kann im Einklang mit der Richtlinie 2004/18/EG des Europäischen Parlaments und des Rates vom 31. März 2004 über die Koordinierung der Verfahren zur

Vergabe öffentlicher Bauaufträge, Lieferaufträge und Dienstleistungsaufträge ([8]) oder späterer Rechtsvorschriften, die diese Richtlinie vollständig oder teilweise ersetzen, ausgewählt oder direkt ernannt werden;

80. „innovative Unternehmen“: Unternehmen,

a) die anhand eines externen Gutachtens nachweisen können, dass sie in absehbarer Zukunft Produkte, Dienstleistungen oder Verfahren entwickeln werden, die neu oder verglichen mit dem Stand der Technik in dem jeweiligen Wirtschaftszweig wesentlich verbessert sind und die das Risiko eines technischen oder industriellen Misserfolgs in sich tragen, oder

b) deren Forschungs- und Entwicklungskosten in mindestens einem der drei Jahre vor Gewährung der Beihilfe mindestens 10 % ihrer gesamten Betriebsausgaben ausmachen; im Falle eines neugegründeten Unternehmens ohne abgeschlossenes Geschäftsjahr ist dies im Rahmen des Audits des laufenden Geschäftsjahres von einem externen Rechnungsprüfer zu testieren;

81. „alternative Handelsplattform“: multilaterales Handelssystem nach Artikel 4 Absatz 1 Ziffer 15 der Richtlinie 2004/39/EG, bei dem die für den Handel zugelassenen Finanzinstrumente mehrheitlich von KMU begeben werden;

82. „Kredit“: Vereinbarung, nach der der Kreditgeber dem Kreditnehmer einen vereinbarten Betrag über einen vereinbarten Zeitraum zur Verfügung stellen und der Kreditnehmer den Betrag innerhalb der vereinbarten Frist zurückzahlen muss. Dabei kann es sich um einen Kredit oder andere Finanzierungsinstrumente einschließlich Leasing handeln, die dem Kreditgeber in erster Linie eine Mindestrendite sichern. Die Refinanzierung bestehender Kredite ist kein beihilfefähiger Kredit.

Begriffsbestimmungen für Beihilfen für Forschung und Entwicklung und Innovation

83. „Einrichtung für Forschung und Wissensverbreitung“: Einrichtungen wie Hochschulen oder Forschungsinstitute, Technologietransfer-Einrichtungen, Innovationsmittler, forschungsorientierte physische oder virtuelle Kooperationseinrichtungen, unabhängig von ihrer Rechtsform (öffentlich-rechtlich oder privatrechtlich) oder Finanzierungsweise, deren Hauptaufgabe darin besteht, unabhängige Grundlagenforschung, industrielle Forschung oder experimentelle Entwicklung zu betreiben oder die Ergebnisse solcher Tätigkeiten durch Lehre, Veröffentlichung oder Wissenstransfer zu verbreiten. Übt eine solche Einrichtung auch wirtschaftliche Tätigkeiten aus, muss sie über deren Finanzierung, Kosten und Erlöse getrennt Buch führen. Unternehmen, die beispielsweise als Anteilseigner oder Mitglied bestimmenden Einfluss auf eine solche Einrichtung ausüben können, darf kein bevorzugter Zugang zu den von ihr erzielten Forschungsergebnissen gewährt werden;

84. „Grundlagenforschung“: experimentelle oder theoretische Arbeiten, die in erster Linie dem Erwerb neuen Grundlagenwissens ohne erkennbare direkte kommerzielle Anwendungsmöglichkeiten dienen;

85. „industrielle Forschung“: planmäßiges Forschen oder kritisches Erforschen zur Gewinnung neuer Kenntnisse und Fertigkeiten mit dem Ziel, neue Produkte, Verfahren oder Dienstleistungen zu entwickeln oder wesentliche Verbesserungen bei bestehenden Produkten, Verfahren oder Dienstleistungen herbeizuführen. Hierzu zählen auch die Entwicklung von Teilen komplexer Systeme und unter Umständen auch der Bau von Prototypen in einer Laborumgebung oder in einer Umgebung mit simulierten Schnittstellen zu bestehenden Systemen wie auch von Pilotlinien, wenn dies für die industrielle Forschung und insbesondere die Validierung von technologischen Grundlagen notwendig ist;

86. „experimentelle Entwicklung“: Erwerb, Kombination, Gestaltung und Nutzung vorhandener wissenschaftlicher, technischer, wirtschaftlicher und sonstiger einschlägiger Kenntnisse und Fertigkeiten mit dem Ziel, neue oder verbesserte Produkte, Verfahren oder Dienstleistungen zu entwickeln. Dazu zählen zum Beispiel auch Tätigkeiten zur Konzeption, Planung und Dokumentation neuer Produkte, Verfahren und Dienstleistungen.

Die experimentelle Entwicklung kann die Entwicklung von Prototypen, Demonstrationsmaßnahmen, Pilotprojekte sowie die Erprobung und Validierung neuer oder verbesserter Produkte, Verfahren und Dienstleistungen in einem für die realen Einsatzbedingungen repräsentativen Umfeld umfassen, wenn das Hauptziel dieser Maßnahmen darin besteht, im Wesentlichen noch nicht feststehende Produkte, Verfahren oder Dienstleistungen weiter zu verbessern. Die experimentelle Entwicklung kann die Entwicklung von kommerziell nutzbaren Prototypen und Pilotprojekten einschließen, wenn es sich dabei zwangsläufig um das kommerzielle Endprodukt handelt und dessen Herstellung allein für Demonstrations- und Validierungszwecke zu teuer wäre.

Die experimentelle Entwicklung umfasst keine routinemäßigen oder regelmäßigen Änderungen an bestehenden Produkten, Produktionslinien, Produktionsverfahren, Dienstleistungen oder anderen laufenden betrieblichen Prozessen, selbst wenn diese Änderungen Verbesserungen darstellen sollten;

87. „Durchführbarkeitsstudie“: Bewertung und Analyse des Potenzials eines Vorhabens mit dem Ziel, die Entscheidungsfindung durch objektive und rationale Darlegung seiner Stärken und Schwächen sowie der mit ihm verbundenen Möglichkeiten und Gefahren zu erleichtern und festzustellen, welche Ressourcen für seine Durchführung erforderlich wären und welche Erfolgsaussichten das Vorhaben hätte;

88. „Personalkosten“: Kosten für Forscher, Techniker und sonstiges Personal, soweit diese für das betreffende Vorhaben beziehungsweise die betreffende Tätigkeit eingesetzt werden;

89. „Arm’s-length-Prinzip“: Nach diesem Grundsatz dürfen sich die Bedingungen des Rechtsgeschäfts zwischen den Vertragsparteien nicht von jenen unterscheiden, die bei einem Rechtsgeschäft zwischen unabhängigen Unternehmen festgelegt werden würden, und es dürfen keine wettbewerbswidrigen Absprachen vorliegen. Wenn ein Rechtsgeschäft auf der Grundlage eines offenen, transparenten und diskriminierungsfreien Verfahrens geschlossen wird, wird davon ausgegangen, dass es dem Arm’s-length-Prinzip entspricht;

90. „wirksame Zusammenarbeit“: arbeitsteilige Zusammenarbeit von mindestens zwei unabhängigen Partnern mit Blick auf einen Wissens- oder Technologieaustausch oder auf ein gemeinsames Ziel, wobei die Partner den Gegenstand des Verbundprojekts gemeinsam festlegen, einen Beitrag zu seiner Durchführung leisten und seine Risiken und Ergebnisse teilen. Die Gesamtkosten des Vorhabens können von einem oder mehreren Partnern getragen werden, so dass andere Partner von den finanziellen Risiken des Vorhabens befreit sind. Auftragsforschung und die Erbringung von Forschungsleistungen gelten nicht als Formen der Zusammenarbeit;

91. „Forschungsinfrastruktur“: Einrichtungen, Ressourcen und damit verbundene Dienstleistungen, die von Wissenschaftlern für die Forschung auf ihrem jeweiligen Gebiet genutzt werden; unter diese Definition fallen Geräte und Instrumente für Forschungszwecke, wissensbasierte Ressourcen wie Sammlungen, Archive oder strukturierte wissenschaftliche Informationen, Infrastrukturen der Informations- und Kommunikationstechnologie wie GRID-Netze, Rechner, Software und Kommunikationssysteme sowie sonstige besondere Einrichtungen, die für die Forschung unverzichtbar sind. Solche Forschungsinfrastrukturen können nach Artikel 2 Buchstabe a der Verordnung (EG) Nr. 723/2009 des Rates vom 25. Juni 2009 über den gemeinschaftlichen Rechtsrahmen für ein Konsortium für eine europäische Forschungsinfrastruktur (ERIC) ([9]),„an einem einzigen Standort angesiedelt“ oder „verteilt“ (ein organisiertes Netz von Ressourcen) sein;

92. „Innovationscluster“: Einrichtungen oder organisierte Gruppen von unabhängigen Partnern (z. B. innovative Unternehmensneugründungen, kleine, mittlere und große Unternehmen, Einrichtungen für Forschung und Wissensverbreitung, gemeinnützige Einrichtungen sowie andere miteinander verbundene Wirtschaftsbeteiligte), die durch entsprechende Förderung, die gemeinsame Nutzung von Anlagen, den Austausch von Wissen und Know-how und durch einen wirksamen Beitrag zum Wissenstransfer, zur Vernetzung, Informationsverbreitung und Zusammenarbeit unter den Unternehmen und anderen Einrichtungen des Innovationsclusters Innovationstätigkeit anregen sollen;

93. „hochqualifiziertes Personal“: Personal mit Hochschulabschluss und mindestens fünf Jahren einschlägiger Berufserfahrung, zu der auch eine Promotion zählen kann;

94. „Innovationsberatungsdienste“: Beratung, Unterstützung und Schulung in den Bereichen Wissenstransfer, Erwerb, Schutz und Verwertung immaterieller Vermögenswerte sowie Anwendung von Normen und Vorschriften, in denen diese verankert sind;

95. „innovationsunterstützende Dienstleistungen“: Bereitstellung von Büroflächen, Datenbanken, Bibliotheken, Marktforschung, Laboratorien, Gütezeichen, Tests und Zertifizierung zum Zweck der Entwicklung effizienterer Produkte, Verfahren oder Dienstleistungen;

96. „Organisationsinnovation“: die Anwendung neuer Organisationsmethoden in den Geschäftspraktiken, den Arbeitsabläufen oder Geschäftsbeziehungen eines Unternehmens; nicht als Organisationsinnovation angesehen werden Änderungen, die auf bereits in dem Unternehmen angewandten Organisationsmethoden beruhen, Änderungen in der Managementstrategie, Fusionen und Übernahmen, die Einstellung der Anwendung eines Arbeitsablaufs, einfache Ersatz- oder Erweiterungsinvestitionen, Änderungen, die sich allein aus Veränderungen bei den Faktorpreisen ergeben, neue Kundenausrichtung, Lokalisierung, regelmäßige, saisonale oder sonstige zyklische Veränderungen sowie der Handel mit neuen oder erheblich verbesserten Produkten;

97. „Prozessinnovation“: die Anwendung einer neuen oder wesentlich verbesserten Methode für die Produktion oder die Erbringung von Leistungen (einschließlich wesentlicher Änderungen bei den Techniken, den Ausrüstungen oder der Software); nicht als Prozessinnovation angesehen werden geringfügige Änderungen oder Verbesserungen, der Ausbau der Produktions- oder Dienstleistungskapazitäten durch zusätzliche Herstellungs- oder Logistiksysteme, die den bereits verwendeten sehr ähnlich sind, die Einstellung eines Arbeitsablaufs, einfache Ersatz- oder Erweiterungsinvestitionen, Änderungen, die sich allein aus Veränderungen bei den Faktorpreisen ergeben, neue Kundenausrichtung, Lokalisierung, regelmäßige, saisonale und sonstige zyklische Veränderungen sowie der Handel mit neuen oder erheblich verbesserten Produkten;

98. „Abordnung“: die vorübergehende Beschäftigung von Personal bei einem Beihilfeempfänger, wobei das Personal das Recht hat, anschließend zu seinem vorherigen Arbeitgeber zurückzukehren.

Begriffsbestimmungen für Beihilfen für benachteiligte Arbeitnehmer und für Arbeitnehmer mit Behinderungen

99. „stark benachteiligte Arbeitnehmer“: Personen, die

a) seit mindestens 24 Monaten keiner regulären bezahlten Beschäftigung nachgehen oder

b) seit mindestens 12 Monaten keiner regulären bezahlten Beschäftigung nachgehen und zu einer der in der Definition der „benachteiligten Arbeitnehmer“ unter den Buchstaben b bis g genannten Gruppen gehören;

100. „geschütztes Beschäftigungsverhältnis“: Beschäftigungsverhältnis in einem Unternehmen, in dem mindestens 30 % der Arbeitnehmer Menschen mit Behinderungen sind.

Begriffsbestimmungen für Umweltschutzbeihilfen

101. „Umweltschutz“: jede Maßnahme, die darauf abzielt, einer Beeinträchtigung der natürlichen Umwelt oder der natürlichen Ressourcen durch die Tätigkeit eines Beihilfeempfängers abzuhelfen, vorzubeugen oder die Gefahr einer solchen Beeinträchtigung zu vermindern oder eine rationellere Nutzung der natürlichen Ressourcen einschließlich Energiesparmaßnahmen und die Nutzung erneuerbarer Energien zu fördern;

102. „Unionsnorm“:

a) verbindliche Unionsnorm für das von einzelnen Unternehmen zu erreichende Umweltschutzniveau oder

b) die in der Richtlinie 2010/75/EU des Europäischen Parlaments und des Rates ([10]) festgelegte Verpflichtung, die besten verfügbaren Techniken (BVT) einzusetzen und sicherzustellen, dass Schadstoffemissionswerte nicht über den Werten liegen, die aus dem Einsatz der BVT resultieren würden; sofern in Durchführungsrechtsakten zur Richtlinie 2010/75/EU mit den besten verfügbaren Techniken assoziierte Emissionswerte festgelegt wurden, gelten diese Werte für die Zwecke dieser Verordnung; wenn diese Werte als Bandbreiten ausgedrückt werden, ist der Grenzwert, bei dem die mit den BVT assoziierten Emissionswerte als erstes erreicht werden, anwendbar;

102a. „Ladeinfrastruktur“: feste oder mobile Infrastruktur zur Versorgung von Straßenfahrzeugen mit Strom;

102b. „Tankinfrastruktur“: feste oder mobile Infrastruktur zur Versorgung von Straßenfahrzeugen mit Wasserstoff;

102c. „erneuerbarer Wasserstoff“: Wasserstoff, der unter Einhaltung der Nachhaltigkeitsanforderungen durch Elektrolyse von Wasser (in einem mit erneuerbarem Strom betriebenen Elektrolyseur) oder durch Reformierung von Biogas oder durch biochemische Umwandlung von Biomasse erzeugt wird, sofern mit den Nachhaltigkeitskriterien des Artikels 29 der Richtlinie (EU) 2018/2001 des Europäischen Parlaments und des Rates ([11]) vereinbar.

103. „Energieeffizienz“: eingesparte Energiemenge, die durch Messung und/oder Schätzung des Verbrauchs vor und nach der Umsetzung einer Maßnahme zur Energieeffizienzverbesserung und bei gleichzeitiger Normalisierung der den Energieverbrauch beeinflussenden äußeren Bedingungen ermittelt wird;

103a. „Wohngebäude“: Ein- oder Mehrfamilienhaus, das ausschließlich zu Wohnzwecken dient;

103b. „soziale Dienstleistungen“: genau festgelegte Dienstleistungen zur Deckung des sozialen Bedarfs, besonders in Bezug auf Gesundheitsdienste und Langzeitpflege, Kinderbetreuung, Zugang zum und Wiedereingliederung in den Arbeitsmarkt, den sozialen Wohnungsbau (d. h. Wohnraum für benachteiligte Bürger oder sozial schwächere Bevölkerungsgruppen, die nicht die Mittel haben, sich auf dem freien Wohnungsmarkt eine Unterkunft zu beschaffen) sowie die Betreuung und soziale Einbindung sozial schwacher Bevölkerungsgruppen (wie in Erwägungsgrund 11 des Beschlusses 2012/21/EU der Kommission ([12]) erläutert);

103c. „Digitalisierung“: Einführung von Technologien für elektronische Geräte und/oder Systeme, die die Erweiterung von Produktfunktionen, die Entwicklung von Online-Diensten, die Modernisierung von Verfahren oder die Umstellung auf Geschäftsmodelle, die auf der Disintermediation der Produktion von Gütern oder der Erbringung von Dienstleistungen basieren, ermöglichen und schließlich Transformationen bewirken;

103d. „Intelligenzfähigkeit“: Fähigkeit von Gebäuden (oder Gebäudeteilen), ihren Betrieb an die Erfordernisse des Nutzers anzupassen, einschließlich der Optimierung der Energieeffizienz und der Gesamtleistung, und dabei auf Signale aus dem Netz zu reagieren;

103e. „kleines Unternehmen mittlerer Kapitalisierung“: Unternehmen, bei dem es sich nicht um ein KMU handelt und das auf der Grundlage einer Berechnung nach Anhang I Artikel 3 bis 6 nicht mehr als 499 Mitarbeiter beschäftigt, dessen Jahresumsatz 100 Mio. EUR nicht übersteigt oder dessen Jahresbilanzsumme 86 Mio. EUR nicht übersteigt; mehrere Einrichtungen werden als ein Unternehmen betrachtet, sofern eine der in Anhang I Artikel 3 Absatz 3 genannten Voraussetzungen erfüllt ist;

104. „Energieeffizienzprojekt“: Investitionsvorhaben zur Steigerung der Energieeffizienz eines Gebäudes;

105. „Energieeffizienzfonds (EEF)“: spezialisierter Investitionsfonds für Investitionen in Energieeffizienzprojekte zur Verbesserung der Energieeffizienz von Gebäuden im privaten und nichtprivaten Sektor; ein EEF wird von einem Energieeffizienzfondsmanager verwaltet;

106. „Energieeffizienzfondsmanager“: professionelle Verwaltungsgesellschaft mit Rechtspersönlichkeit, die Investitionen in beihilfefähige Energieeffizienzprojekte auswählt und tätigt;

107. „hocheffiziente Kraft-Wärme-Kopplung“: KWK, die die Kriterien des Artikels 2 Nummer 34 der Richtlinie 2012/27/EU des Europäischen Parlaments und des Rates vom 25. Oktober 2012 zur Energieeffizienz, zur Änderung der Richtlinien 2009/125/EG und 2010/30/EU und zur Aufhebung der Richtlinien 2004/8/EG und 2006/32/EG ([13]) erfüllt;

108. „Kraft-Wärme-Kopplung“ (KWK): in ein und demselben Prozess gleichzeitig erfolgende Erzeugung thermischer Energie und elektrischer und/oder mechanischer Energie;

109. „erneuerbare Energien“: Energie, die in Anlagen erzeugt wird, in denen ausschließlich erneuerbare Energiequellen eingesetzt werden, sowie bezogen auf den Heizwert der Anteil der Energie, der aus erneuerbaren Energien in Hybridanlagen, die auch konventionelle Energieträger einsetzen, erzeugt wird. Dies schließt Strom aus erneuerbaren Energiequellen ein, der zum Auffüllen von Speichersystemen genutzt wird, aber nicht Strom, der als Ergebnis der Speicherung in Speichersystemen gewonnen wird;

110. „erneuerbare Energiequellen“: erneuerbare nichtfossile Energiequellen, d. h. Wind, Sonne, aerothermische, geothermische und hydrothermische Energie, Meeresenergie, Wasserkraft, Biomasse, Deponiegas, Klärgas und Biogas;

111. „Biokraftstoff“: flüssiger oder gasförmiger Verkehrskraftstoff, der aus Biomasse hergestellt wird;

112. „nachhaltiger Biokraftstoff“: Biokraftstoff, der die Nachhaltigkeitskriterien des Artikels 17 der Richtlinie 2009/28/EG erfüllt;

113. „Biokraftstoffe aus Nahrungsmittelpflanzen“: aus Getreide und sonstigen Pflanzen mit hohem Stärkegehalt, Zuckerpflanzen und Ölpflanzen hergestellte Biokraftstoffe im Sinne des Vorschlags der Kommission für eine Richtlinie des Europäischen Parlaments und des Rates zur Änderung der Richtlinie 98/70/EG über die Qualität von Otto- und Dieselkraftstoffen und zur Änderung der Richtlinie 2009/28/EG zur Förderung der Nutzung von Energie aus erneuerbaren Quellen ([14]);

114. „neue und innovative Technologie“: im Vergleich zum Stand der Technik neue und unerprobte Technologie, die das Risiko eines technischen oder industriellen Misserfolgs birgt und keine Optimierung einer bestehenden Technologie oder deren Weiterentwicklung zur industriellen Reife darstellt;

115. „Bilanzausgleichsverantwortung“: Verantwortung eines Marktteilnehmers oder des von ihm gewählten Vertreters („Bilanzsausgleichsverantwortlicher“) für Ungleichgewichte (Abweichungen zwischen Erzeugung, Verbrauch und kommerziellen Transaktionen) in einem bestimmten Zeitraum („Abrechnungszeitraum“);

116. „Standardbilanzausgleichsverantwortung“: diskriminierungsfreie technologieübergreifende Bilanzausgleichsverantwortung, von der kein Erzeuger ausgenommen ist;

117. „Biomasse“: biologisch abbaubarer Teil von Erzeugnissen, Abfällen und Reststoffen der Landwirtschaft (einschließlich pflanzlicher und tierischer Stoffe), der Forstwirtschaft und damit verbundener Wirtschaftszweige einschließlich der Fischerei und der Aquakultur sowie Biogas und der biologisch abbaubare Teil von Abfällen aus Industrie und Haushalten;

118. „Stromgestehungskosten“: Stromerzeugungskosten an dem Punkt, an dem eine Verbindung zu einer Abnahmestelle oder zu einem Stromnetz besteht; darin berücksichtigt sind das Anfangskapital, der Abzinsungssatz sowie die Kosten für Dauerbetrieb, Brennstoff und Wartung;

119. „Umweltsteuer“: Steuer, deren Besteuerungsgegenstand eine eindeutig negative Auswirkung auf die Umwelt hat oder die bestimmte Tätigkeiten, Gegenstände oder Dienstleistungen belastet, damit die Umweltkosten in deren Preis einfließen und/oder damit die Hersteller und die Verbraucher zu umweltfreundlicherem Verhalten hingeführt werden;

120. „Mindeststeuerbeträge der Union“: im Unionsrecht vorgesehene Mindeststeuerbeträge; für Energieerzeugnisse und Strom gelten als Mindeststeuerbeträge der Union die Beträge in Anhang I der Richtlinie 2003/96/EG des Rates vom 27. Oktober 2003 zur Restrukturierung der gemeinschaftlichen Rahmenvorschriften zur Besteuerung von Energieerzeugnissen und elektrischem Strom ([15]);

121. „schadstoffbelasteter Standort“: Standort, an dem durch menschliches Einwirken gefährliche Stoffe nachweislich in einer solchen Konzentration vorkommen, dass von ihnen unter Berücksichtigung der gegenwärtigen und der künftigen genehmigten Nutzung des Geländes eine erhebliche Gefahr für die menschliche Gesundheit oder die Umwelt ausgeht;

122. „Verursacherprinzip“: Grundsatz, nach dem die Kosten für die Beseitigung von Umweltschäden von den Verursachern zu tragen sind;

123. „Umweltschaden“: Schaden, den der Verursacher dadurch herbeigeführt hat, dass er die Umwelt direkt oder indirekt belastet oder die Voraussetzungen für eine Belastung der natürlichen Umwelt oder der natürlichen Ressourcen geschaffen hat;

124. „energieeffiziente Fernwärme und Fernkälte“: Fernwärme- und Fernkältesysteme, die die

Kriterien für energieeffiziente Fernwärme- und Fernkältesysteme des Artikels 2 Nummern 41 und 42 der Richtlinie 2012/27/EU erfüllen. Unter diesen Begriff fallen auch die Anlagen, die Wärme beziehungsweise Kälte erzeugen, und das Netz (einschließlich der zugehörigen Einrichtungen), das für die Verteilung der Wärme beziehungsweise Kälte von den Produktionseinheiten an die Kunden benötigt wird;

125. „Verursacher": derjenige, der die Umwelt direkt oder indirekt belastet oder eine Voraussetzung für die Umweltbelastung schafft;

126. „Wiederverwendung": jedes Verfahren, bei dem Erzeugnisse oder Bestandteile, die keine Abfälle sind, wieder für denselben Zweck verwendet werden, für den sie ursprünglich bestimmt waren;

127. „Vorbereitung zur Wiederverwendung": jedes Verwertungsverfahren der Prüfung, Reinigung oder Reparatur, bei dem Erzeugnisse oder Bestandteile von Erzeugnissen, die zu Abfällen geworden sind, so vorbereitet werden, dass sie ohne weitere Vorbehandlung wiederverwendet werden können;

128. „Recycling": jedes Verwertungsverfahren, durch das Abfallmaterialien zu Erzeugnissen, Materialien oder Stoffen entweder für den ursprünglichen Zweck oder für andere Zwecke aufbereitet werden. Es schließt die Aufbereitung organischer Materialien ein, aber nicht die energetische Verwertung und die Aufbereitung zu Materialien, die für die Verwendung als Brennstoff oder zur Verfüllung bestimmt sind;

129. „Stand der Technik": Verfahren, bei dem die Wiederverwendung eines Abfallprodukts zur Herstellung eines Endprodukts wirtschaftlich rentabel ist und üblicher Praxis entspricht. Der Begriff „Stand der Technik" ist gegebenenfalls aus technologischer und binnenmarktpolitischer Sicht der Union auszulegen.

130. „Energieinfrastruktur": jede materielle Ausrüstung oder Anlage, die sich in der Union befindet oder die Union mit einem oder mehr als einem Drittland verbindet und unter die folgenden Kategorien fällt:

a) Strom:

i) Übertragungsinfrastruktur im Sinne des Artikels 2 Absatz 3 der Richtlinie 2009/72/EG vom 13. Juli 2009 über gemeinsame Vorschriften für den Elektrizitätsbinnenmarkt ([16]);

ii) Verteilungsinfrastruktur im Sinne des Artikels 2 Absatz 5 der Richtlinie 2009/72/EG;

iii) Stromspeicheranlagen, die zur dauerhaften oder vorübergehenden Stromspeicherung in überirdischen, unterirdischen Infrastrukturen oder geologischen Speicherstätten verwendet werden, sofern sie direkt an Hochspannungsübertragungsleitungen angeschlossen sind, die für eine Spannung von 110 kV oder mehr ausgelegt sind;

iv) jede Ausrüstung oder Anlage, die für den sicheren und effizienten Betrieb der unter den Buchstaben i bis iii definierten Systeme unentbehrlich ist, einschließlich der Schutz-, Überwachungs- und Steuerungssysteme auf allen Spannungsebenen und in allen Transformatorstationen;

v) intelligente Stromnetze, d. h. alle Ausrüstungen, Leitungen, Kabel oder Anlagen sowohl auf der Übertragungs- als auch auf der Nieder- und Mittelspannungsverteilerebene, die auf eine bidirektionale digitale Kommunikation in Echtzeit oder echtzeitnah und auf eine interaktive, intelligente Überwachung und Steuerung von Stromerzeugung, -übertragung, -verteilung und -verbrauch innerhalb eines Stromnetzes abzielen, um ein Netz zu entwickeln, das auf effiziente Weise das Verhalten und die Handlungen aller daran angeschlossenen Nutzer — Erzeuger, Verbraucher und Akteure, die sowohl Erzeuger als auch Verbraucher sind — integriert, damit ein wirtschaftlich effizientes, nachhaltiges Stromnetz mit geringen Verlusten, hoher Qualität, großer Versorgungssicherheit und hoher technischer Sicherheit gewährleistet wird;

b) Gas:

i) Fern- und Verteilerleitungen für den Transport von Erdgas und Biogas, die Bestandteil eines Netzes sind, ausgenommen Hochdruckrohrleitungen, die für die vorgelagerte oder lokale Verteilung von Erdgas verwendet werden,

ii) an
die unter i genannten Hochdruck-Gasleitungen angeschlossene Untergrundspeicher,

iii) Anlagen für die Übernahme, Speicherung und Rückvergasung oder Dekomprimierung von Flüssigerdgas („LNG") oder von komprimiertem Erdgas („CNG"), und

iv) alle Ausrüstungen und Anlagen, die für den ordnungsgemäßen, sicheren und effizienten Betrieb des Systems oder für die Ermöglichung der bidirektionalen Kapazität unentbehrlich sind, einschließlich Verdichterstationen;

c) Erdöl:

i) Rohrleitungen für den Transport von Rohöl,

ii) Pumpstationen und Speicheranlagen, die für den Betrieb der Rohölrohrleitungen erforderlich sind, und

iii) alle Ausrüstungen und Anlagen, die für den ordnungsgemäßen, sicheren und effizienten Betrieb des betreffenden Systems unentbehrlich sind, einschließlich der Schutz-, Überwachungs- und Steuerungssysteme;

d) CO_2: Rohrleitungsnetze, einschließlich der dazugehörigen Verdichterstationen, für den Transport von CO_2 zu den Speicherstätten, um das CO_2 zur dauerhaften Speicherung in eine geeignete unterirdische geologische Formation zu injizieren;

131. „Energiebinnenmarktvorschriften": Dazu zählen die Richtlinie 2009/72/EG des Europäischen Parlaments und des Rates vom 13. Juli 2009 über gemeinsame Vorschriften für den Elektrizitätsbinnenmarkt, die Richtlinie 2009/73/EG des Europäischen Parlaments und des Rates vom 13. Juli 2009 über gemeinsame Vorschriften für den Erdgasbinnenmarkt ([17]), die Verordnung (EG) Nr. 713/2009 des Europäischen Parlaments und des Rates vom 13. Juli 2009 zur Gründung einer Agentur für die Zusammenarbeit der Energieregulierungsbehörden ([18]), die Verordnung (EG) Nr. 714/2009 des Europäischen Parlaments und des Rates vom 13. Juli 2009 über die Netzzugangsbedingungen für den grenzüberschreitenden Stromhandel ([19]) und die Verordnung (EG) Nr. 715/2009 des Europäischen Parlaments und des Rates vom 13. Juli 2009 über die Bedingungen für den Zugang zu den Erdgasfernleitungsnetzen ([20]) sowie spätere Rechtsvorschriften, die diese Rechtsakte vollständig oder teilweise ersetzen.

Begriffsbestimmungen für Sozialbeihilfen für die Beförderung von Einwohnern entlegener Gebiete

132. „Gewöhnlicher Wohnsitz": Ort, an dem eine natürliche Person wegen persönlicher und beruflicher Bindungen mindestens 185 Tage im Kalenderjahr wohnt; bei einer Person, deren berufliche Bindungen an einem anderen Ort als ihre persönlichen Bindungen liegen und die in zwei oder mehr Mitgliedstaaten wohnt, gilt als gewöhnlicher Wohnsitz der Ort ihrer persönlichen Bindungen, sofern sie regelmäßig dorthin zurückkehrt; wenn eine Person zur Erfüllung einer bestimmten Aufgabe für einen festgelegten Zeitraum in einem anderen Mitgliedstaat lebt, gilt als gewöhnlicher Wohnsitz auch dann der Ort ihrer persönlichen Bindungen, wenn sie während ihrer Tätigkeit nicht dorthin zurückkehrt; der Besuch einer Schule oder Universität in einem anderen Mitgliedstaat hat keine Verlegung des gewöhnlichen Wohnsitzes zur Folge; ansonsten hat der Begriff „gewöhnlicher Wohnsitz" die Bedeutung, die ihm in den nationalen Rechtsvorschriften des Mitgliedstaats zugeordnet ist.

Begriffsbestimmungen für Breitbandinfrastrukturen

134. „Baumaßnahmen im Breitbandbereich": Bauarbeiten, die im Rahmen des Ausbaus eines Breitbandnetzes nötig sind, z. B. das Aufreißen einer Straße zur Verlegung von (Breitband-)Leerrohren;

135. „Leerrohre": unterirdische Leitungsrohre, Kabelkanäle oder Durchführungen zur Unterbringung von Leitungen (Glasfaser-, Kupfer- oder Koaxialkabel) eines Breitbandnetzes;

136. „physische Entbündelung": Entbündelung, die den Zugang zur Teilnehmerleitung ermöglicht und die Übertragungssysteme von Wettbewerbern in die Lage versetzt, direkt darüber zu übertragen;

137. „passives Netz": Netz ohne aktive Elemente, wie bauliche Infrastruktur, Fernleitungen, Leitungsrohre, Kontrollkammern, Einstiegsschächte, unbeschaltete Glasfaserkabel, Verteilerkästen, Netzanschlüsse, Antennenanlagen, passive Antennen, Masten, Pfähle und Türme;

139. „Zugang auf Vorleistungsebene": Zugang, der es einem Betreiber ermöglicht, die Einrichtungen eines anderen Betreibers zu nutzen. Der möglichst umfassende Zugang, der über das betreffende Netz gewährt werden soll, muss beim jetzigen Stand der Technik mindestens folgende Netzzugangsprodukte umfassen: Bei FTTH- beziehungsweise FTTB-Netzen: Zugang zu Leerrohren, Zugang zu unbeschalteten Glasfaserleitungen, entbündelter Zugang zum Teilnehmeranschluss und Bitstromzugang. Bei Kabelnetzen: Zugang zu Leerrohren und Bitstromzugang. Bei FTTC-Netzen: Zugang zu Leerrohren, entbündelter Zugang zum Kabelverzweiger und Bitstromzugang. Bei passiver Netzinfrastruktur: Zugang zu Leerrohren, Zugang zu unbeschalteten Glasfaserleitungen und/oder entbündelter Zugang zum Teilnehmeranschluss. Bei ADSL-Breitbandnetzen: entbündelter Zugang zum Teilnehmeranschluss und Bitstromzugang. Bei mobilen oder drahtlosen Netzen: Bitstromzugang, gemeinsame Nutzung der physischen Masten und Zugang zu den Backhaul-Netzen. Bei Satellitenplattformen: Bitstromzugang.

139a. „erschlossene Räumlichkeiten": Räumlichkeiten, die innerhalb kurzer Zeit gegen die normale Aktivierungsgebühr für den Endnutzer angeschlossen werden können, gleich, ob diese Räumlichkeiten an das Netz angeschlossen sind oder nicht. Ein Betreiber darf Räumlichkeiten nur dann als erschlossene Räumlichkeiten melden, wenn er sich verpflichtet, die Räumlichkeiten auf Antrag eines Endnutzers gegen eine normale Aktivierungsgebühr anzuschließen, d. h. ohne jegliche Zusatz- oder Sonderkosten und in jedem Fall zu einem Preis, der die durchschnittliche Aktivierungsgebühr in dem betreffenden Mitgliedstaat nicht übersteigt. Ferner muss der Anbieter elektronischer Kommunikationsnetze und -dienste in der Lage sein, Anschluss und Aktivierung des Dienstes für die betreffenden Räumlichkeiten innerhalb von vier Wochen nach der Antragstellung vorzunehmen;

139b. „sozioökonomische Schwerpunkte": Einrichtungen, die aufgrund ihres Auftrags, ihrer Natur oder ihres Standorts direkt oder indirekt einen großen sozioökonomischen Nutzen für Bürger, Unternehmen und Kommunen in ihrem Umfeld oder ihrem Einflussbereich erbringen können, einschließlich z. B. öffentlicher Stellen, öffentlicher oder privater Unternehmen, die betraut sind mit der Erbringung von Dienstleistungen von allgemeinem Interesse oder von Dienstleistungen von allgemeinem wirtschaftlichem Interesse im Sinne des Artikels 106 Absatz 2 AEUV, sowie stark digitalisierter Unternehmen;

139c. „5G-Korridor“: Verkehrsweg, Straße, Bahnstrecke oder Binnenwasserstraße, der bzw. die vollständig mit digitaler Vernetzungsinfrastruktur und insbesondere mit 5G-Systemen abgedeckt ist, die eine lückenlose Bereitstellung synergetischer digitaler Dienste im Sinne der Verordnung (EU) 2021/1153 des Europäischen Parlaments und des Rates ([21]) wie vernetzter und automatisierter Mobilitätsdienste, ähnlicher intelligenter Mobilitätsdienste für den Schienenverkehr oder die digitale Netzanbindung auf den Binnenwasserstraßen ermöglichen;

Begriffsbestimmungen für Beihilfen für Kultur und die Erhaltung des kulturellen Erbes

140. „Schwierige audiovisuelle Werke“: Werke, die von den Mitgliedstaaten im Rahmen der Einrichtung von Beihilferegelungen oder der Gewährung von Beihilfen anhand vorab festgelegter Kriterien ausgewiesen werden, zum Beispiel Filme, deren einzige Originalfassung in der Sprache eines Mitgliedstaats mit kleinem Staatsgebiet, geringer Bevölkerungszahl oder begrenztem Sprachraum gedreht wurde, Kurzfilme, Erst- und Zweitfilme von Regisseuren, Dokumentarfilme, Low-Budget-Produktionen oder sonstige aus kommerzieller Sicht schwierige Werke;

141. „Liste des Ausschusses für Entwicklungshilfe (DAC) der OECD“: alle Länder und Gebiete, die für öffentliche Entwicklungshilfe in Betracht kommen und in der von der Organisation für wirtschaftliche Zusammenarbeit und Entwicklung (OECD) erstellten Liste aufgeführt sind;

142. „angemessener Gewinn“: wird anhand des im betreffenden Wirtschaftszweig üblichen Gewinns bestimmt; eine Kapitalrendite, die den relevanten Swap-Satz zuzüglich eines Aufschlags von 100 Basispunkten nicht überschreitet, gilt als angemessen.

Begriffsbestimmungen für Beihilfen für Sportinfrastrukturen und multifunktionale Freizeitinfrastrukturen

143. „Profisport“: Ausübung von Sport als entgeltliche Arbeits- oder Dienstleistung (ungeachtet dessen, ob zwischen dem Profisportler/der Profisportlerin und dem betreffenden Sportverband ein formeller Arbeitsvertrag geschlossen wurde), bei der der Ausgleich höher ist als die Teilnahmekosten und einen erheblichen Teil des Einkommens des Sportlers/der Sportlerin ausmacht. Reise- und Übernachtungskosten für die Teilnahme an Sportveranstaltungen werden für die Zwecke dieser Verordnung nicht als Ausgleich betrachtet.

Begriffsbestimmungen für Beihilfen für Regionalflughäfen

144. „Flughafeninfrastruktur“: Infrastruktur und Ausrüstung für die Erbringung von Flughafendienstleistungen durch den Flughafen für Luftverkehrsgesellschaften und die verschiedenen Dienstleister; der Begriff umfasst Start- und Landebahnen, Terminals, Vorfeldflächen, Rollbahnen, zentralisierte Bodenabfertigungsinfrastruktur sowie alle anderen Einrichtungen, die die Erbringung von Flughafendienstleistungen direkt unterstützen; er umfasst nicht Infrastruktur und Ausrüstung, die in erster Linie für nicht luftverkehrsbezogene Tätigkeiten benötigt wird;

145. „Luftverkehrsgesellschaft“: Luftverkehrsgesellschaften mit gültiger, von einem Mitgliedstaat oder einem Mitglied des gemeinsamen europäischen Luftverkehrsraums nach der Verordnung (EG) Nr. 1008/2008 des Europäischen Parlaments und des Rates ([22]) erteilter Betriebsgenehmigung;

146. „Flughafen“: Einheit oder Gruppe von Einheiten, die als wirtschaftliche Tätigkeit Flughafendienstleistungen für Luftverkehrsgesellschaften erbringt;

147. „Flughafendienstleistungen“: Dienstleistungen, die ein Flughafen oder eine seiner Tochtergesellschaften für Luftverkehrsgesellschaften erbringt, um die Abfertigung von Luftfahrzeugen von der Landung bis zum Start sowie von Fluggästen und Fracht zu gewährleisten, damit Luftverkehrsgesellschaften Luftverkehrsdienstleistungen erbringen können; darunter fällt auch die Erbringung von Bodenabfertigungsdiensten und die Bereitstellung zentralisierter Bodenabfertigungsinfrastruktur;

148. „durchschnittliches jährliches Passagieraufkommen“: Berechnungsgrundlage sind die ankommenden und abfliegenden Passagiere während der beiden Geschäftsjahre, die dem Geschäftsjähr der Beihilfegewährung vorausgehen;

149. „zentralisierte Bodenabfertigungsinfrastruktur“: Infrastruktur, die in der Regel vom Flughafenbetreiber betrieben und den verschiedenen Anbietern von Bodenabfertigungsdiensten am Flughafen gegen Entgelt zur Verfügung gestellt wird, mit Ausnahme der Ausrüstung, die im Eigentum der Anbieter von Bodenabfertigungsdiensten steht oder von diesen betrieben wird;

150. „Hochgeschwindigkeitszug“: Zug, der Geschwindigkeiten von über 200 km/h erreichen kann;

151. „Bodenabfertigungsdienste“: an Flughäfen für die Flughafennutzer erbrachte Dienste im Sinne des Anhangs der Richtlinie 96/67/EG des Rates ([23]);

152. „nicht luftverkehrsbezogene Tätigkeiten“: gewerbliche Dienstleistungen für Luftverkehrsgesellschaften oder andere Nutzer des Flughafens, so zum Beispiel Nebendienstleistungen für Passagiere, Spediteure oder andere Dienstleister, die

Vermietung von Büro- und Verkaufsräumen, Parkplätze und Hotels;

153. „Regionalflughafen“: Flughafen mit einem durchschnittlichen jährlichen Passagieraufkommen von bis zu 3 Mio. Passagieren;

Begriffsbestimmungen für Beihilfen für Häfen

154. „Hafen“: Gebiet mit Land- und Wasseranteilen, bestehend aus Infrastruktur und Ausrüstung, die die Aufnahme von Wasserfahrzeugen sowie deren Beladen und Löschen, die Lagerung von Gütern, die Übernahme und die Anlieferung dieser Güter oder das Ein- und Ausschiffen von Fahrgästen, der Schiffsbesatzung und anderer Personen ermöglichen, und jeder sonstigen Infrastruktur, die Verkehrsunternehmen im Hafen benötigen;

155. „Seehafen“: Hafen, der in erster Linie zur Aufnahme von Seeschiffen bestimmt ist;

156. „Binnenhafen“: Hafen, der kein Seehafen ist, und zur Aufnahme von Binnenschiffen bestimmt ist;

157. „Hafeninfrastruktur“: Infrastruktur und Einrichtungen für die Erbringung von verkehrsbezogenen Hafendiensten, wie zum Beispiel Liegeplätze zum Festmachen von Schiffen, Kaimauern, Molen und Schwimmpontons in Tidegebieten, Hafenbecken, Aufschüttungen und Landgewinnung, Infrastruktur für alternative Kraftstoffe sowie Infrastruktur für das Sammeln von Schiffsabfällen und Ladungsrückständen;

158. „Hafensuprastruktur“: auf der Infrastruktur befindliche Anlagen (z. B. für die Lagerung) sowie feste Ausrüstungen (z. B. Lagerhäuser und Terminalgebäude) und mobile Ausrüstungen (z. B. Krananlagen), die sich in einem Hafen befinden und für die Erbringung verkehrsbezogener Hafendienste bestimmt sind;

159. „Zugangsinfrastruktur“: jede Art von Infrastruktur, die für den Zugang der Nutzer zu einem Hafen bzw. die Einfahrt der Nutzer in einen Hafen von Land, von See oder von Flüssen aus erforderlich ist, wie etwa Straßen, Schienen, Kanäle und Schleusen;

160. „Ausbaggerung“: die Beseitigung von Sedimenten vom Boden der Zugangswasserstraße zu einem Hafen oder in einem Hafen;

161. „Infrastruktur für alternative Kraftstoffe“: feste, mobile oder Offshore-Hafeninfrastruktur, die einem Hafen die Versorgung von Schiffen mit Energiequellen wie Strom, Wasserstoff oder Biokraftstoffen im Sinne des Artikels 2 Buchstabe i der Richtlinie 2009/28/EG, synthetischen und paraffinhaltigen Kraftstoffen, Erdgas einschließlich Biomethan, gasförmig (komprimiertes Erdgas (CNG)) und flüssig (Flüssigerdgas (LNG)), und Flüssiggas (LPG) ermöglicht, die zumindest teilweise als Ersatz für Erdöl als Energieträger für den Verkehrssektor dienen, zur Reduzierung der CO_2-Emissionen beitragen und die Umweltverträglichkeit des Verkehrssektors erhöhen können;

162. „Schiff“: schwimmendes Gerät mit oder ohne Eigenantrieb, das einen oder mehrere Verdrängungskörper aufweist;

163. „Seeschiff“: Schiff, das nicht ausschließlich oder vorwiegend auf Binnengewässern oder auf geschützten Gewässern oder in deren unmittelbarer Nähe verkehrt;

164. „Binnenschiff“: Schiff, das ausschließlich oder vorwiegend für den Verkehr auf Binnengewässern oder auf geschützten Gewässern oder in deren unmittelbarer Nähe bestimmt ist;

165. „Infrastruktur für das Sammeln von Schiffsabfällen und Ladungsrückständen“: feste, schwimmende oder mobile Hafeneinrichtungen, mit denen Schiffsabfälle oder Ladungsrückstände im Sinne der Richtlinie 2000/59/EG des Europäischen Parlaments und des Rates ([24]) aufgefangen werden können.

Begriffsbestimmungen für Beihilfen im Rahmen von aus dem Fonds „InvestEU“ unterstützten Finanzprodukten (Begriffe, die unter anderen Überschriften dieses Artikels bestimmt werden, haben die dort festgelegte Bedeutung, auch in Bezug auf Beihilfen im Rahmen von aus dem Fonds „InvestEU“ unterstützten Finanzprodukten)

166. ‚Fonds „InvestEU“, „EU-Garantie“, „Finanzprodukt“, „nationale Förderbanken oder -institute“ und „Durchführungspartner“ haben die in Artikel 2 der Verordnung (EU) 2021/523 festgelegte Bedeutung;

167. „Finanzintermediär“: für die Zwecke des Abschnitts 16 ein Finanzintermediär im Sinne der Nummer 34, mit Ausnahme von Durchführungspartnern;

168. „gewerblicher Finanzintermediär“: Finanzintermediär, der einen Erwerbszweck verfolgt und ohne staatliche Garantie das volle Risiko trägt, wobei nationale Förderbanken oder -institute nicht als gewerbliche Finanzintermediäre anzusehen sind;

169. „städtischer Knoten im TEN-V“: städtischer Knoten im TEN-V im Sinne des Artikels 3 Buchstabe p der Verordnung (EU) Nr. 1315/2013 des Europäischen Parlaments und des Rates ([25]);

170. „neuer Marktteilnehmer“: Eisenbahnunternehmen im Sinne des Artikels 3 Nummer 1 der Richtlinie 2012/34/EU des Europäischen Parlaments und des Rates ([26]), das die folgenden Voraussetzungen erfüllt:

a) Es hat weniger als zwanzig Jahre vor der Gewährung der Beihilfe eine Genehmigung nach Artikel 17 Absatz 3 der Richtlinie 2012/34/EU für das einschlägige Marktsegment erhalten;

b) es ist nicht im Sinne des Anhangs I Artikel 3 Absatz 3 dieser Verordnung verbunden mit einem Eisenbahnunternehmen, dem vor dem 1. Januar 2010 eine Genehmigung im Sinne des Artikels 3 Nummer 14 der Richtlinie 2012/34/EU erteilt wurde;

171. „Stadtverkehr": Verkehr innerhalb einer Stadt oder eines Ballungsgebiets und der zugehörigen Pendelgebiete;

172. „Ökosystem", „Biodiversität" und „guter Zustand eines Ökosystems" haben die in Artikel 2 der Verordnung (EU) 2020/852 des Europäischen Parlaments und des Rates ([27]) über die Einrichtung eines Rahmens zur Erleichterung nachhaltiger Investitionen angegebene Bedeutung.

Artikel 3

Freistellungsvoraussetzungen

Beihilferegelungen, Einzelbeihilfen auf der Grundlage von Beihilferegelungen und Ad-hoc-Beihilfen sind im Sinne des Artikels 107 Absatz 2 oder 3 AEUV mit dem Binnenmarkt vereinbar und von der Anmeldepflicht nach Artikel 108 Absatz 3 AEUV freigestellt, sofern diese Beihilfen alle Voraussetzungen des Kapitels I dieser Verordnung sowie die für die betreffende Gruppe von Beihilfen geltenden Voraussetzungen des Kapitels III erfüllen.

Artikel 4

Anmeldeschwellen

1. Diese Verordnung gilt nicht für Beihilfen, die die folgenden Schwellen überschreiten:

a) regionale Investitionsbeihilfen: der „angepasste Beihilfehöchstsatz", der im Einklang mit dem in Artikel 2 Nummer 20 festgelegten Mechanismus für eine Investition mit beihilfefähigen Kosten von 100 Mio. EUR errechnet wird;

b) regionale Stadtentwicklungsbeihilfen: 20 Mio. EUR nach Artikel 16 Absatz 3;

c) Investitionsbeihilfen für KMU: 7,5 Mio. EUR pro Unternehmen und Investitionsvorhaben;

d) KMU-Beihilfen für die Inanspruchnahme von Beratungsdiensten: 2 Mio. EUR pro Unternehmen und Vorhaben;

e) KMU-Beihilfen für die Teilnahme an Messen: 2 Mio. EUR pro Unternehmen und Jahr;

f) Beihilfen für Unternehmen, die an Projekten der europäischen territorialen Zusammenarbeit teilnehmen: bei Beihilfen nach Artikel 20: 2 Mio. EUR pro Unternehmen und Projekt; bei Beihilfen nach Artikel 20a: die in Artikel 20a Absatz 2 festgesetzten Beträge pro Unternehmen und Projekt;

g) Risikofinanzierungsbeihilfen: 15 Mio. EUR pro beihilfefähiges Unternehmen im Einklang mit Artikel 21 Absatz 9;

h) Beihilfen für Unternehmensneugründungen: die in Artikel 22 Absätze 3, 4 und 5 genannten Beträge pro Unternehmen;

i) Forschungs- und Entwicklungsbeihilfen:

i) Vorhaben, die überwiegend die Grundlagenforschung betreffen: 40 Mio. EUR pro Unternehmen und Vorhaben; dies ist der Fall, wenn mehr als die Hälfte der beihilfefähigen Kosten des Vorhabens aufgrund von Tätigkeiten in der Grundlagenforschung anfallen;

ii) Vorhaben, die überwiegend die industrielle Forschung betreffen: 20 Mio. EUR pro Unternehmen und Vorhaben; dies ist der Fall, wenn mehr als die Hälfte der beihilfefähigen Kosten des Vorhabens aufgrund von Tätigkeiten in der industriellen Forschung oder von Tätigkeiten in der industriellen Forschung und der Grundlagenforschung anfallen;

iii) Vorhaben, die überwiegend die experimentelle Entwicklung betreffen: 15 Mio. EUR pro Unternehmen und Vorhaben; dies ist der Fall, wenn mehr als die Hälfte der beihilfefähigen Kosten des Vorhabens aufgrund von Tätigkeiten in der experimentellen Entwicklung anfallen;

iv) bei EUREKA-Projekten oder Projekten, die von einem nach Artikel 185 oder Artikel 187 AEUV gegründeten gemeinsamen Unternehmen durchgeführt werden, werden die unter den Ziffern i bis iii genannten Beträge verdoppelt;

v) werden die Forschungs- und Entwicklungsbeihilfen in Form rückzahlbarer Vorschüsse gewährt, die mangels einer akzeptierten Methode für die Berechnung ihres Bruttosubventionsäquivalents als Prozentsatz der beihilfefähigen Kosten ausgedrückt sind, und ist in der Maßnahme vorgesehen, dass die Vorschüsse im Falle des Erfolgs des Vorhabens, der auf der Grundlage einer schlüssigen und vorsichtigen Hypothese definiert ist, zu einem Zinssatz zurückgezahlt werden, der mindestens dem zum Gewährungszeitpunkt geltenden Abzinsungssatz entspricht, so werden die unter den Ziffern i bis iv genannten Beträge um 50 % erhöht;

vi) Beihilfen für Durchführbarkeitsstudien zur Vorbereitung von Forschungstätigkeiten: 7,5 Mio. EUR pro Studie;

vii) Beihilfen für KMU für Forschungs- und Entwicklungsvorhaben, die mit einem Exzellenzsiegel ausgezeichnet wurden und nach Artikel 25a durchgeführt werden: der in Artikel 25a genannte Betrag;

viii) Beihilfen für Marie-Skłodowska-Curie-Maßnahmen und vom ERC geförderte Maßnahmen für den Konzeptnachweis, die nach Artikel 25b durchgeführt werden: die in Artikel 25b genannten Beträge;

ix) Beihilfen für kofinanzierte Forschungs- und Entwicklungsvorhaben, die nach Artikel 25c durchgeführt werden: die in Artikel 25c genannten Beträge;

x) Beihilfen für Teaming-Maßnahmen: die in Artikel 25d genannten Beträge;

j) Investitionsbeihilfen für Forschungsinfrastrukturen: 20 Mio. EUR pro Infrastruktur;

k) Beihilfen für Innovationscluster: 7,5 Mio. EUR pro Innovationscluster;

l) Innovationsbeihilfen für KMU: 5 Mio. EUR pro Unternehmen und Vorhaben;

m) Beihilfen für Prozess- und Organisationsinnovationen: 7,5 Mio. EUR pro Unternehmen und Vorhaben;

n) Ausbildungsbeihilfen: 2 Mio. EUR pro Ausbildungsvorhaben;

o) Beihilfen für die Einstellung benachteiligter Arbeitnehmer: 5 Mio. EUR pro Unternehmen und Jahr;

p) Beihilfen in Form von Lohnkostenzuschüssen für die Beschäftigung von Arbeitnehmern mit Behinderungen: 10 Mio. EUR pro Unternehmen und Jahr;

q) Beihilfen zum Ausgleich der durch die Beschäftigung von Arbeitnehmern mit Behinderungen verursachten Mehrkosten: 10 Mio. EUR pro Unternehmen und Jahr;

r) Beihilfen zum Ausgleich der Kosten für die Unterstützung benachteiligter Arbeitnehmer: 5 Mio. EUR pro Unternehmen und Jahr;

s) Investitionsbeihilfen für den Umweltschutz mit Ausnahme von Investitionsbeihilfen für öffentlich zugängliche Lade- oder Tankinfrastruktur für emissionsfreie oder emissionsarme Fahrzeuge, Investitionsbeihilfen für die Sanierung schadstoffbelasteter Standorte und von Beihilfen für das Verteilnetz energieeffizienter Fernwärme- oder Fernkälteanlagen: 15 Mio. EUR pro Unternehmen und Investitionsvorhaben, 30 Mio. EUR bei Beihilfen für Investitionen in Energieeffizienz in bestimmten Gebäuden, die unter Artikel 38 Absatz 3a fallen, und 30 Mio. EUR des Nominalbetrags der gesamten ausstehenden Finanzmittel bei Beihilfen für Investitionen in Energieeffizienz in bestimmten Gebäuden, die unter Artikel 38 Absatz 7 fallen;

sa) Investitionsbeihilfen für öffentlich zugängliche Lade- oder Tankinfrastruktur für emissionsfreie und emissionsarme Fahrzeuge: 15 Mio. EUR pro Unternehmen und Vorhaben, bei Regelungen eine durchschnittliche jährliche Mittelausstattung von bis zu 150 Mio. EUR;

t) Investitionsbeihilfen für Energieeffizienzvorhaben: die in Artikel 39 Absatz 5 festgesetzten Beträge;

u) Investitionsbeihilfen für die Sanierung schadstoffbelasteter Standorte: 20 Mio. EUR pro Unternehmen und Investitionsvorhaben;

v) Betriebsbeihilfen für die Erzeugung von Strom aus erneuerbaren Energiequellen und Betriebsbeihilfen zur Förderung erneuerbarer Energien in kleinen Anlagen: 15 Mio. EUR pro Unternehmen und Vorhaben; wenn die Beihilfe auf der Grundlage einer Ausschreibung nach Artikel 42 gewährt wird: 150 Mio. EUR pro Jahr unter Berücksichtigung der Mittel, die insgesamt für alle unter Artikel 42 fallenden Regelungen bereitgestellt werden;

w) Investitionsbeihilfen für das Fernwärme- oder Fernkälte-Verteilnetz: 20 Mio. EUR pro Unternehmen und Investitionsvorhaben;

x) Investitionsbeihilfen für Energieinfrastrukturen: 50 Mio. EUR pro Unternehmen und Investitionsvorhaben;

y) in Form eines Zuschusses gewährte Beihilfen für den Ausbau fester Breitbandnetze: 100 Mio. EUR Gesamtkosten pro Vorhaben; bei Beihilfen für feste Breitband-Infrastruktur, die in Form eines Finanzinstruments gewährt werden, darf der Nominalbetrag der Gesamtmittel, die einem Endempfänger pro Vorhaben gewährt werden, 150 Mio. EUR nicht überschreiten;

ya) in Form eines Zuschusses gewährte Beihilfen für den Ausbau von 4G- oder 5G-Mobilfunknetzen: 100 Mio. EUR Gesamtkosten pro Vorhaben; bei Beihilfen für 4G- oder 5G-Mobilfunknetze, die in Form eines Finanzinstruments gewährt werden, darf der Nominalbetrag der Gesamtmittel, die einem Endempfänger pro Vorhaben gewährt werden, 150 Mio. EUR nicht überschreiten;

yb) in Form eines Zuschusses gewährte Beihilfen für bestimmte Vorhaben von gemeinsamem Interesse im Bereich transeuropäischer digitaler Vernetzungsinfrastruktur, die nach der Verordnung (EU) 2021/1153 finanziert werden oder mit einem Exzellenzsiegel nach der genannten Verordnung ausgezeichnet wurden: 100 Mio. EUR Gesamtkosten pro Vorhaben; bei Beihilfen für bestimmte Vorhaben von gemeinsamem Interesse im Bereich transeuropäischer digitaler Vernetzungsinfrastruktur, die in Form eines Finanzinstruments gewährt werden, darf der Nominalbetrag der Gesamtmittel, die einem Endempfänger pro Vorhaben gewährt werden, 150 Mio. EUR nicht überschreiten;

yc) in Form von Konnektivitätsgutscheinen gewährte Beihilfen: die Gesamtmittelausstattung für staatliche Beihilfen für alle Konnektivitätsgutscheinregelungen darf in einem Mitgliedstaat in einem Zeitraum von 24 Monaten 50 Mio. EUR (Gesamtbetrag einschließlich nationaler und regionaler bzw. lokaler Gutscheinregelungen) nicht übersteigen;

z) Investitionsbeihilfen für Kultur und die Erhaltung des kulturellen Erbes: 150 Mio. EUR pro

Projekt; Betriebsbeihilfen für Kultur und die Erhaltung des kulturellen Erbes: 75 Mio. EUR pro Unternehmen und Jahr;

aa) Beihilferegelungen für audiovisuelle Werke: 50 Mio. EUR pro Regelung und Jahr;

bb) Investitionsbeihilfen für Sportinfrastrukturen und multifunktionale Freizeitinfrastrukturen: 30 Mio. EUR oder die Gesamtkosten über 100 Mio. EUR pro Vorhaben; Betriebsbeihilfen für Sportinfrastrukturen: 2 Mio. EUR pro Infrastruktur und Jahr;

cc) Investitionsbeihilfen für lokale Infrastrukturen: 10 Mio. EUR oder die Gesamtkosten über 20 Mio. EUR für dieselbe Infrastruktur;

dd) Beihilfen für Regionalflughäfen: die in Artikel 56a festgelegten Beihilfeintensitäten und Beihilfebeträge;

ee) Beihilfen für Seehäfen: beihilfefähige Kosten von 130 Mio. EUR pro Vorhaben (oder 150 Mio. EUR pro Vorhaben in einem Seehafen, der in dem Arbeitsplan für einen Kernnetzkorridor im Sinne des Artikels 47 der Verordnung (EU) Nr. 1315/2013 des Europäischen Parlaments und des Rates ([28]) enthalten ist); in Bezug auf die Ausbaggerung ist ein Vorhaben definiert als die gesamte innerhalb eines Kalenderjahres durchgeführte Ausbaggerung;

ff) Beihilfen für Binnenhäfen: beihilfefähige Kosten von 40 Mio. EUR pro Vorhaben (oder 50 Mio. EUR pro Vorhaben in einem Binnenhafen, der in dem Arbeitsplan für einen Kernnetzkorridor im Sinne des Artikels 47 der Verordnung (EU) Nr. 1315/2013 enthalten ist); in Bezug auf die Ausbaggerung ist ein Vorhaben definiert als die gesamte innerhalb eines Kalenderjahres durchgeführte Ausbaggerung;

gg) Beihilfen im Rahmen von aus dem Fonds „InvestEU" unterstützten Finanzprodukten: die in Kapitel III Abschnitt 16 festgesetzten Beträge;

hh) Beihilfen für KMU für Kosten aus der Teilnahme an Projekten der von der örtlichen Bevölkerung betriebenen lokalen Entwicklung („CLLD") und Projekten operationeller Gruppen der Europäischen Innovationspartnerschaft („EIP") „Landwirtschaftliche Produktivität und Nachhaltigkeit": bei Beihilfen nach Artikel 19a: 2 Mio. EUR pro Unternehmen und Projekt; bei Beihilfen nach Artikel 19b: die in Artikel 19b Absatz 2 festgesetzten Beträge pro Projekt.

2. Die in Absatz 1 dargelegten oder genannten Schwellen dürfen nicht durch eine künstliche Aufspaltung der Beihilferegelungen oder Fördervorhaben umgangen werden.

Artikel 5

Transparenz der Beihilfe

1. Diese Verordnung gilt nur für Beihilfen, deren Bruttosubventionsäquivalent sich im Voraus genau berechnen lässt, ohne dass eine Risikobewertung erforderlich ist („transparente Beihilfen").

2. Als transparent gelten folgende Gruppen von Beihilfen:

a) Beihilfen in Form von Zuschüssen und Zinszuschüssen;

b) Beihilfen in Form von Krediten, wenn das Bruttosubventionsäquivalent auf der Grundlage des zum Gewährungszeitpunkt geltenden Referenzzinssatzes berechnet wurde;

c) Beihilfen in Form von Garantien,

i) wenn das Bruttosubventionsäquivalent (BSÄ) auf der Grundlage von SAFE-Harbour-Prämien berechnet wurde, die in einer Mitteilung der Kommission festgelegt sind, oder

ii) wenn vor der Durchführung der Maßnahme die Methode für die Berechnung des BSÄ der Garantie nach einer zum Zeitpunkt der Anmeldung einschlägigen Verordnung der Kommission im Bereich der staatlichen Beihilfen angemeldet und sie auf der Grundlage der Mitteilung der Kommission über die Anwendung der Artikel 87 und 88 des EG-Vertrags auf staatliche Beihilfen in Form von Haftungsverpflichtungen und Bürgschaften ([29]) oder einer Folgemitteilung von der Kommission genehmigt wurde, und wenn sich die genehmigte Methode ausdrücklich auf die Art der Garantie und die Art der zugrunde liegenden Transaktion bezieht, um die es im Zusammenhang mit der Anwendung der vorliegenden Verordnung geht;

d) Beihilfen in Form von Steuervergünstigungen, wenn darin eine Obergrenze vorgesehen ist, damit die geltenden Schwellenwerte nicht überschritten werden;

e) regionale Stadtentwicklungsbeihilfen, sofern die Voraussetzungen des Artikels 16 erfüllt sind;

ea) Beihilfen an Unternehmen für ihre Teilnahme an Projekten der europäischen territorialen Zusammenarbeit nach Artikel 20a, wenn darin eine Obergrenze vorgesehen ist, damit der in Artikel 20a festgelegte Schwellenwert nicht überschritten wird;

f) Beihilfen in Form von Risikofinanzierungsmaßnahmen, sofern die Voraussetzungen des Artikels 21 erfüllt sind;

g) Beihilfen für Unternehmensneugründungen, sofern die Voraussetzungen des Artikels 22 erfüllt sind;

h) Beihilfen für Energieeffizienzprojekte, sofern die Voraussetzungen des Artikels 39 erfüllt sind;

i) Beihilfen in Form von zusätzlich zum Marktpreis gezahlten Prämien, sofern die Voraussetzungen des Artikels 42 erfüllt sind;

j) Beihilfen in Form rückzahlbarer Vorschüsse, sofern der nominale Gesamtbetrag des rückzahlbaren Vorschusses die nach dieser Verordnung geltenden Schwellenwerte nicht übersteigt oder sofern vor der Durchführung der Maßnahme die Methode für die Berechnung des Bruttosubventionsäquivalents des rückzahlbaren Vorschusses bei der Kommission angemeldet und von ihr genehmigt wurde;

k) Beihilfen in Form eines Verkaufs oder einer Vermietung materieller Vermögenswerte unter dem Marktpreis, sofern der Wert entweder durch das Gutachten eines unabhängigen Sachverständigen vor dem Verkauf beziehungsweise der Vermietung oder anhand einer öffentlich zugänglichen, regelmäßig aktualisierten und allgemein anerkannten Benchmark ermittelt wird;

l) Beihilfen im Rahmen von aus dem Fonds „InvestEU" unterstützten Finanzprodukten, sofern die Voraussetzungen des Kapitels III Abschnitt 16 erfüllt sind.

Artikel 6
Anreizeffekt

1. Diese Verordnung gilt nur für Beihilfen, die einen Anreizeffekt haben.

2. Beihilfen gelten als Beihilfen mit Anreizeffekt, wenn der Beihilfeempfänger vor Beginn der Arbeiten für das Vorhaben oder die Tätigkeit einen schriftlichen Beihilfeantrag in dem betreffenden Mitgliedstaat gestellt hat. Der Beihilfeantrag muss mindestens die folgenden Angaben enthalten:

a) Name und Größe des Unternehmens,

b) Beschreibung des Vorhabens mit Angabe des Beginns und des Abschlusses,

c) Standort des Vorhabens,

d) die Kosten des Vorhabens,

e) Art der Beihilfe (z. B. Zuschuss, Kredit, Garantie, rückzahlbarer Vorschuss oder Kapitalzuführung) und Höhe der für das Vorhaben benötigten öffentlichen Finanzierung;

3. Ad-hoc-Beihilfen für große Unternehmen gelten als Beihilfen mit Anreizeffekt, wenn die Voraussetzung von Absatz 2 erfüllt ist und sich der Mitgliedstaat zudem vor der Gewährung der betreffenden Beihilfe anhand der Unterlagen des Beihilfeempfängers vergewissert hat, dass die Beihilfe Folgendes ermöglicht:

a) Im Falle regionaler Investitionsbeihilfen: Durchführung eines Vorhabens, das ohne die Beihilfe in dem betreffenden Gebiet nicht durchgeführt worden wäre oder für den Beihilfeempfänger in dem betreffenden Gebiet nicht rentabel genug gewesen wäre.

b) In allen anderen Fällen muss Folgendes belegt werden:

— eine signifikante Erweiterung des Gegenstands des Vorhabens oder der Tätigkeit aufgrund der Beihilfe oder

— eine signifikante Zunahme der Gesamtausgaben des Beihilfeempfängers für das Vorhaben oder die Tätigkeit aufgrund der Beihilfe oder

— ein signifikant beschleunigter Abschluss des betreffenden Vorhabens oder der betreffenden Tätigkeit.

4. Abweichend von den Absätzen 2 und 3 gelten Maßnahmen in Form von Steuervergünstigungen als Beihilfen mit Anreizeffekt, sofern folgende Voraussetzungen erfüllt sind:

a) Die Maßnahme begründet einen auf objektiven Kriterien beruhenden Anspruch auf die Beihilfe, ohne dass es zusätzlich einer Ermessensentscheidung des Mitgliedstaats bedarf, und

b) die Maßnahme ist vor Beginn der Arbeiten für das geförderte Vorhaben oder die geförderte Tätigkeit eingeführt worden und in Kraft getreten; dies gilt jedoch nicht für steuerliche Folgeregelungen, wenn die Tätigkeit bereits unter Vorläuferregelungen in Form von Steuervergünstigungen fiel.

5. Abweichend von den Absätzen 2, 3 und 4 wird für die folgenden Gruppen von Beihilfen kein Anreizeffekt verlangt beziehungsweise wird von einem Anreizeffekt ausgegangen:

a) regionale Betriebsbeihilfen und regionale Stadtentwicklungsbeihilfen, sofern die einschlägigen Voraussetzungen der Artikel 15 und 16 erfüllt sind;

b) Beihilfen zur Erschließung von KMU-Finanzierungen, sofern die einschlägigen Voraussetzungen der Artikel 21 und 22 erfüllt sind;

c) Beihilfen in Form von Lohnkostenzuschüssen für die Einstellung benachteiligter Arbeitnehmer und Beihilfen in Form von Lohnkostenzuschüssen für die Beschäftigung von Arbeitnehmern mit Behinderungen, sofern die einschlägigen Voraussetzungen der Artikel 32 und 33 erfüllt sind;

d) Beihilfen zum Ausgleich der durch die Beschäftigung von Arbeitnehmern mit Behinderungen verursachten Mehrkosten und Beihilfen zum Ausgleich der Kosten für die Unterstützung benachteiligter Arbeitnehmer, sofern die einschlägigen Voraussetzungen der Artikel 34 und 35 erfüllt sind;

e) Beihilfen in Form von Umweltsteuerermäßigungen nach der Richtlinie 2003/96/EG, sofern die Voraussetzungen des Artikels 44 dieser Verordnung erfüllt sind;

f) Beihilfen zur Bewältigung der Folgen bestimmter Naturkatastrophen, sofern die Voraussetzungen des Artikels 50 erfüllt sind;

g) Sozialbeihilfen für die Beförderung von Einwohnern entlegener Gebiete, sofern die Voraussetzungen des Artikels 51 erfüllt sind;

h) Beihilfen für Kultur und die Erhaltung des kulturellen Erbes, sofern die Voraussetzungen des Artikels 53 erfüllt sind;

i) Beihilfen für Unternehmen, die an Projekten der europäischen territorialen Zusammenarbeit teilnehmen, sofern die einschlägigen Voraussetzungen des Artikels 20 oder des Artikels 20a erfüllt sind;

j) Beihilfen für mit einem Exzellenzsiegel ausgezeichnete Forschungs- und Entwicklungsvorhaben, Marie-Skłodowska-Curie-Maßnahmen und vom ERC geförderte Maßnahmen für den Konzeptnachweis, die mit einem Exzellenzsiegel ausgezeichnet wurden, Beihilfen im Rahmen von kofinanzierten Vorhaben und kofinanzierten Teaming-Maßnahmen, sofern die einschlägigen Voraussetzungen des Artikels 25a, des Artikels 25b, des Artikels 25c oder des Artikels 25d erfüllt sind;

k) Beihilfen im Rahmen von aus dem Fonds „InvestEU" unterstützten Finanzprodukten, sofern die Voraussetzungen des Kapitels III Abschnitt 16 erfüllt sind;

l) Beihilfen für KMU, die an Projekten der von der örtlichen Bevölkerung betriebenen lokalen Entwicklung („CLLD") und Projekten operationeller Gruppen der Europäischen Innovationspartnerschaft („EIP") „Landwirtschaftliche Produktivität und Nachhaltigkeit" teilnehmen oder davon profitieren, sofern die einschlägigen Voraussetzungen des Artikels 19a oder des Artikels 19b erfüllt sind.

Artikel 7
Beihilfeintensität und beihilfefähige Kosten

1. Für die Berechnung der Beihilfeintensität und der beihilfefähigen Kosten werden die Beträge vor Abzug von Steuern und sonstigen Abgaben herangezogen. Die beihilfefähigen Kosten sind durch schriftliche Unterlagen zu belegen, die klar, spezifisch und aktuell sein müssen. Die beihilfefähigen Kosten können anhand der in der Verordnung (EU) Nr. 1303/2013 des Europäischen Parlaments und des Rates ([30]) aufgeführten vereinfachten Kostenoptionen bzw. anhand der Verordnung (EU) 2021/1060 des Europäischen Parlaments und des Rates ([31]) ermittelt werden, sofern das Vorhaben zumindest teilweise aus einem Unionsfonds finanziert wird, bei dem die Anwendung dieser vereinfachten Kostenoptionen zulässig ist, und die Kostenposition nach der entsprechenden Freistellungsbestimmung beihilfefähig ist.

2. Werden Beihilfen nicht in Form von Zuschüssen gewährt, so entspricht der Beihilfebetrag ihrem Bruttosubventionsäquivalent.

3. Zukünftig zu zahlende Beihilfen, u. a. in mehreren Tranchen zu zahlende Beihilfen, werden auf ihren Wert zum Gewährungszeitpunkt abgezinst. Die beihilfefähigen Kosten werden auf ihren Wert zum Gewährungszeitpunkt abgezinst. Für die Abzinsung wird der zum Gewährungszeitpunkt geltende Abzinsungssatz zugrunde gelegt.

5. Werden Beihilfen in Form rückzahlbarer Vorschüsse gewährt, die mangels einer akzeptierten Methode für die Berechnung ihres Bruttosubventionsäquivalents als Prozentsatz der beihilfefähigen Kosten ausgedrückt sind, und ist in der Maßnahme vorgesehen, dass die Vorschüsse im Falle des Erfolgs des Vorhabens, der auf der Grundlage einer schlüssigen und vorsichtigen Hypothese definiert ist, zu einem Zinssatz zurückgezahlt werden, der mindestens dem zum Gewährungszeitpunkt geltenden Abzinsungssatz entspricht, so können die in Kapitel III festgelegten Beihilfehöchstintensitäten um 10 Prozentpunkte angehoben werden.

6. Werden Regionalbeihilfen in Form rückzahlbarer Zuschüsse gewährt, so dürfen die Beihilfehöchstintensitäten, die in der zum Gewährungszeitpunkt geltenden Fördergebietskarte festgelegt sind, nicht angehoben werden.

Artikel 8
Kumulierung

1. Bei der Prüfung, ob die in Artikel 4 festgelegten Anmeldeschwellen und die in Kapitel III festgelegten Beihilfehöchstintensitäten eingehalten sind, werden die für die geförderte Tätigkeit, das geförderte Vorhaben oder das geförderte Unternehmen insgesamt gewährten staatlichen Beihilfen berücksichtigt.

2. Werden Unionsmittel, die von den Organen, Einrichtungen, gemeinsamen Unternehmen oder sonstigen Stellen der Union zentral verwaltet werden und nicht direkt oder indirekt der Kontrolle der Mitgliedstaaten unterstehen, mit staatlichen Beihilfen kombiniert, so werden bei der Feststellung, ob die Anmeldeschwellen und Beihilfehöchstintensitäten oder Beihilfehöchstbeträge eingehalten sind, nur die staatlichen Beihilfen berücksichtigt, sofern der Gesamtbetrag der für dieselben beihilfefähigen Kosten gewährten öffentlichen Mittel den in den einschlägigen Vorschriften des Unionsrechts festgelegten günstigsten Finanzierungssatz nicht überschreitet.

3. Nach dieser Verordnung freigestellte Beihilfen, bei denen sich die beihilfefähigen Kosten bestimmen lassen, können kumuliert werden mit

a) anderen staatlichen Beihilfen, sofern diese Maßnahmen unterschiedliche bestimmbare beihilfefähige Kosten betreffen;

b) anderen staatlichen Beihilfen für dieselben, sich teilweise oder vollständig überschneidenden beihilfefähigen Kosten, jedoch nur, wenn durch diese Kumulierung die höchste nach dieser Verordnung für diese Beihilfen geltende Beihilfeintensität bzw. der höchste nach dieser Verordnung für diese Beihilfen geltende Beihilfebetrag nicht überschritten wird.

Finanzierungen, die den Endempfängern im Rahmen der Unterstützung aus dem Fonds „InvestEU" im Einklang mit Kapitel III Abschnitt 16 gewährt werden, und die durch diese Finanzierungen gedeckten Kosten werden bei der Prüfung der Einhaltung der in Satz 1 dieses Buchstabens festgelegten Kumulierungsvorschriften nicht berücksichtigt. Stattdessen wird der für die Einhaltung der in Satz 1 dieses Buchstabens festgelegten Kumulierungsvorschriften relevante Betrag wie folgt berechnet. Zunächst wird der Nominalbetrag der aus dem Fonds „InvestEU" unterstützten Finanzierung von den gesamten beihilfefähigen Projektkosten abgezogen, wodurch sich die gesamten verbleibenden beihilfefähigen Kosten ergeben; anschließend wird zur Berechnung des Beihilfehöchstbetrags die einschlägige Beihilfehöchstintensität bzw. der einschlägige Beihilfehöchstbetrag ausschließlich auf die gesamten verbleibenden beihilfefähigen Kosten angewendet.

Auch in Fällen von Artikeln, in denen die Anmeldeschwelle als Beihilfehöchstbetrag ausgedrückt ist, wird der Nominalbetrag der den Endempfängern im Rahmen der Unterstützung aus dem Fonds „InvestEU" bereitgestellten Finanzierungen bei der Prüfung, ob die Anmeldeschwelle in Artikel 4 eingehalten wird, nicht berücksichtigt.

Alternativ kann bei vorrangigen Darlehen oder Garantien für vorrangige Darlehen, die aus dem Fonds „InvestEU" im Einklang mit Kapitel III Abschnitt 16 unterstützt werden, das Bruttosubventionsäquivalent der in solchen Darlehen oder Garantien enthaltenen Beihilfe für die Endempfänger auch nach Artikel 5 Absatz 2 Buchstabe b bzw. c berechnet werden. Anhand des Bruttosubventionsäquivalents der Beihilfe kann sichergestellt werden, dass die Kumulierung mit anderen Beihilfen für dieselben bestimmbaren beihilfefähigen Kosten im Einklang mit Satz 1 dieses Buchstabens nicht zu einer Überschreitung der Beihilfehöchstintensität oder des Beihilfehöchstbetrags für die Beihilfe nach dieser Verordnung oder zur Überschreitung der einschlägigen Anmeldeschwelle nach dieser Verordnung führt.

4. Nach Artikel 19b, Artikel 20a, Artikel 21, Artikel 22, Artikel 23, Artikel 56e Absatz 5 Buchstabe a Ziffer ii oder iii, Artikel 56e Absatz 8 Buchstabe d, Artikel 56e Absatz 10 und Artikel 56f freigestellte Beihilfen, bei denen sich die beihilfefähigen Kosten nicht bestimmen lassen, können mit jeglichen anderen staatlichen Beihilfen, bei denen sich die beihilfefähigen Kosten bestimmen lassen, kumuliert werden. Beihilfen, bei denen sich die beihilfefähigen Kosten nicht bestimmen lassen, können mit jeglichen anderen staatlichen Beihilfen, bei denen sich die beihilfefähigen Kosten nicht bestimmen lassen, kumuliert werden, und zwar bis zu der für den jeweiligen Sachverhalt einschlägigen Obergrenze für die Gesamtfinanzierung, die im Einzelfall in dieser oder einer anderen Gruppenfreistellungsverordnung oder in einem Beschluss der Kommission festlegt ist. Nach Artikel 56e Absatz 5 Buchstabe a Ziffer ii oder iii, Artikel 56e Absatz 8 Buchstabe d, Artikel 56e Absatz 10 und Artikel 56f freigestellte Beihilfen, bei denen sich die beihilfefähigen Kosten nicht bestimmen lassen, können mit anderen Beihilfen, bei denen sich die beihilfefähigen Kosten nicht bestimmen lassen und die nach diesen Artikeln freigestellt sind, kumuliert werden.

5. Nach dieser Verordnung freigestellte staatliche Beihilfen dürfen nicht mit De-minimis-Beihilfen für dieselben beihilfefähigen Kosten kumuliert werden, wenn durch diese Kumulierung die in Kapitel III festgelegten Beihilfeintensitäten oder Beihilfehöchstbeträge überschritten werden.

6. Abweichend von Absatz 3 Buchstabe b können die in den Artikeln 33 und 34 vorgesehenen Beihilfen zugunsten von Arbeitnehmern mit Behinderungen mit anderen nach dieser Verordnung freigestellten Beihilfen für dieselben beihilfefähigen Kosten über die höchste nach dieser Verordnung geltende Obergrenze hinaus kumuliert werden, solange diese Kumulierung nicht zur einer Beihilfeintensität führt, die 100 % der einschlägigen, während der Beschäftigung der betreffenden Arbeitnehmer anfallenden Kosten übersteigt.

7. Abweichend von den Absätzen 1 bis 6 werden bei der Prüfung, ob die in Artikel 15 Absatz 4 festgesetzten Obergrenzen für regionale Betriebsbeihilfen für Gebiete in äußerster Randlage eingehalten werden, nur die im Rahmen dieser Verordnung durchgeführten regionalen Betriebsbeihilfen für Gebiete in äußerster Randlage berücksichtigt.

Artikel 9

Veröffentlichung und Information

1. Der betreffende Mitgliedstaat stellt sicher, dass folgende Informationen auf nationaler oder regionaler Ebene auf einer ausführlichen Beihilfe-Website veröffentlicht werden:

EU-VO

a) die in Artikel 11 genannten Kurzbeschreibungen in dem in Anhang II festgelegten Standardformat oder ein Link, der Zugang dazu bietet;

b) der in Artikel 11 verlangte volle Wortlaut jeder Beihilfemaßnahme oder ein Link, der Zugang dazu bietet;

c) die in Anhang III genannten Informationen über jede Einzelbeihilfe von über 500 000 EUR bzw. bei in der Primärerzeugung landwirtschaftlicher Erzeugnisse tätigen Empfängern, die nicht unter Abschnitt 2a fallen, jede Einzelbeihilfe für die genannte Primärerzeugung von mehr als 60 000 EUR, und bei in der Fischerei und Aquakultur tätigen Empfängern, die nicht unter Abschnitt 2a fallen, jede Einzelbeihilfe von mehr als 30 000 EUR.

Bei Beihilfen für Projekte der europäischen territorialen Zusammenarbeit nach Artikel 20 sind die in diesem Absatz genannten Informationen auf der Website des Mitgliedstaats zu veröffentlichen, in dem die zuständige Verwaltungsbehörde im Sinne des Artikels 21 der Verordnung (EU) Nr. 1299/2013 des Europäischen Parlaments und des Rates ([32]) bzw. des Artikels 45 der Verordnung (EU) 2021/1059 des Europäischen Parlaments und des Rates ([33]) ihren Sitz hat. Alternativ können die teilnehmenden Mitgliedstaaten beschließen, dass jeder Mitgliedstaat die Informationen über die Beihilfemaßnahmen in seinem Gebiet auf seiner einschlägigen Website bereitstellt.

Die in Unterabsatz 1 festgelegten Veröffentlichungspflichten gelten weder für Beihilfen für Projekte der europäischen territorialen Zusammenarbeit nach Artikel 20a noch für Projekte operationeller Gruppen der Europäischen Innovationspartnerschaft („EIP") „Landwirtschaftliche Produktivität und Nachhaltigkeit" oder Projekte der von der örtlichen Bevölkerung betriebenen lokalen Entwicklung („CLLD") nach Artikel 19b.

2. Bei Regelungen in Form von Steuervergünstigungen und bei Regelungen, die unter Artikel 16 und 21 ([34]) fallen, gelten die Voraussetzungen nach Absatz 1 Unterabsatz 1 Buchstabe c dieses Artikels als erfüllt, wenn der Mitgliedstaat die erforderlichen Informationen über die einzelnen Beihilfebeträge in den folgenden Spannen (in Mio. EUR) veröffentlicht:

0,03-0,5 (nur für Fischerei und Aquakultur),0,06-0,5 (nur für Primärerzeugung landwirtschaftlicher Erzeugnisse),0,5-1,1-2,2-5,5-10,10-30 und30 und mehr.

3. Bei Regelungen, die unter Artikel 51 dieser Verordnung fallen, gelten die in diesem Artikel dargelegten Veröffentlichungspflichten nicht für Endverbraucher.

3a. Wurde ein Finanzprodukt von einem Mitgliedstaat im Rahmen der Mitgliedstaaten-Komponente des Fonds „InvestEU" oder von einer nationalen Förderbank in ihrer Rolle als Durchführungspartner oder als Finanzintermediär im Rahmen des Fonds „InvestEU" durchgeführt, ist der Mitgliedstaat dennoch verpflichtet, die Veröffentlichung von Informationen im Einklang mit Absatz 1 Unterabsatz 1 Buchstabe c zu gewährleisten. Diese Verpflichtung gilt jedoch als erfüllt, wenn der Durchführungspartner der Kommission spätestens am 30. Juni des Jahres, das auf das Geschäftsjahr folgt, in dem die Beihilfe gewährt wurde, die Informationen nach Absatz 1 Unterabsatz 1 Buchstabe c übermittelt und wenn in der von der Kommission und dem Durchführungspartner unterzeichneten Garantievereinbarung die Anforderung festgelegt ist, der Kommission die Informationen nach Absatz 1 Unterabsatz 1 Buchstabe c zu übermitteln.

4. Die in Absatz 1 Buchstabe c dieses Artikels genannten Informationen müssen wie in Anhang III beschrieben in standardisierter Form strukturiert und zugänglich gemacht werden und mit effizienten Such- und Downloadfunktionen abgerufen werden können. Die in Absatz 1 genannten Informationen sind innerhalb von sechs Monaten nach dem Tag der Gewährung der Beihilfe beziehungsweise für Beihilfen in Form von Steuervergünstigungen innerhalb eines Jahres nach dem Abgabetermin für die Steuererklärung zu veröffentlichen und müssen mindestens 10 Jahre ab dem Tag der Gewährung der Beihilfe zur Verfügung stehen.

5. Die Kommission veröffentlicht auf ihrer Website

a) die Links zu den in Absatz 1 genannten Beihilfe-Websites,

b) die in Artikel 11 genannten Kurzbeschreibungen.

6. Die Mitgliedstaaten kommen den Bestimmungen dieses Artikels spätestens zwei Jahre nach Inkrafttreten dieser Verordnung nach.

KAPITEL II
MONITORING

Artikel 10
Entzug des Rechtsvorteils der Gruppenfreistellung

Gewährt ein Mitgliedstaat angeblich nach dieser Verordnung von der Anmeldepflicht befreite Beihilfen, ohne dass die Voraussetzungen der Kapitel I bis III erfüllt sind, so kann die Kommission, nachdem sie dem Mitgliedstaat Gelegenheit zur Stellungnahme gegeben hat, einen Beschluss erlassen, nach dem alle oder einige der künftigen Beihilfemaßnahmen des betreffenden Mitgliedstaats, die ansonsten die Voraussetzungen dieser Verordnung erfüllen würden, nach Artikel 108 Absatz 3 AEUV bei der Kommission anzumelden sind. Die anzumeldenden Maßnahmen können auf Maßnahmen, bei denen bestimmte Arten von Beihilfen gewährt werden, auf Maßnahmen zugunsten bestimmter Beihilfeempfänger oder auf Beihilfemaßnahmen bestimmter Behörden des betreffenden Mitgliedstaats beschränkt werden.

Artikel 11
Berichterstattung

1. Die Mitgliedstaaten bzw. im Falle von Beihilfen für Projekte der europäischen territorialen Zusammenarbeit nach Artikel 20 der Mitgliedstaat, in dem die Verwaltungsbehörde im Sinne des Artikels 21 der Verordnung (EU) Nr. 1299/2013 bzw. Artikel 45 der Verordnung (EU) 2021/1059 ihren Sitz hat, übermitteln der Kommission

a) über das elektronische Anmeldesystem der Kommission die Kurzbeschreibung jeder auf der Grundlage der vorliegenden Verordnung freigestellten Maßnahme in dem in Anhang II festgelegten Standardformat zusammen mit einem Link, der Zugang zum vollen Wortlaut der Beihilfemaßnahme einschließlich Änderungen bietet, und zwar innerhalb von 20 Arbeitstagen nach deren Inkrafttreten, und

b) im Einklang mit der Verordnung (EG) Nr. 794/2004 der Kommission ([35]) einen Jahresbericht in elektronischer Form über die Anwendung der vorliegenden Verordnung mit den nach der genannten Verordnung für jedes volle Jahr oder jeden Teil eines Jahres, in dem die vorliegende Verordnung gilt, anzugebenden Informationen. Für Finanzprodukte, die von einem Mitgliedstaat im Rahmen der Mitgliedstaaten-Komponente des Fonds „InvestEU" oder von einer nationalen Förderbank in ihrer Rolle als Durchführungspartner oder als Finanzintermediär im Rahmen des Fonds „InvestEU" durchgeführt werden, gilt diese Pflicht des Mitgliedstaats als erfüllt, wenn der Durchführungspartner der Kommission die Jahresberichte im Einklang mit den einschlägigen, in der von der Kommission und dem Durchführungspartner unterzeichneten Garantievereinbarung festgelegten Berichtspflichten übermittelt.

Unterabsatz 1 gilt weder für Beihilfen für Projekte der europäischen territorialen Zusammenarbeit nach Artikel 20a noch für Projekte operationeller Gruppen der Europäischen Innovationspartnerschaft („EIP") „Landwirtschaftliche Produktivität und Nachhaltigkeit" oder Projekte der von der örtlichen Bevölkerung betriebenen lokalen Entwicklung („CLLD") nach Artikel 19b.

2. Wenn ein Mitgliedstaat aufgrund der Verlängerung der Geltungsdauer dieser Verordnung bis zum 31. Dezember 2023 durch die Verordnung (EU) 2020/972 ([36]) Maßnahmen verlängern möchte, zu denen der Kommission im Einklang mit Absatz 1 eine Kurzbeschreibung übermittelt wurde, aktualisiert er die Kurzbeschreibung in Bezug auf die Verlängerung dieser Maßnahmen und übermittelt der Kommission die Aktualisierung innerhalb von 20 Arbeitstagen nach Inkrafttreten des Akts, mit dem er die betreffende Maßnahme verlängert hat.

Artikel 12
Monitoring

1. Damit die Kommission die nach dieser Verordnung von der Anmeldepflicht freigestellten Beihilfen prüfen kann, führen die Mitgliedstaaten bzw. im Falle von Beihilfen für Projekte der europäischen territorialen Zusammenarbeit nach Artikel 20 der Mitgliedstaat, in dem die Verwaltungsbehörde ihren Sitz hat, ausführliche Aufzeichnungen mit den Informationen und einschlägigen Unterlagen, die notwendig sind, um feststellen zu können, dass alle Voraussetzungen dieser Verordnung erfüllt sind. Diese Aufzeichnungen werden ab dem Tag, an dem die Ad-hoc-Beihilfe oder die letzte Beihilfe auf der Grundlage der Regelung gewährt wurde, 10 Jahre lang aufbewahrt.

Unterabsatz 1 gilt weder für Beihilfen für Projekte der europäischen territorialen Zusammenarbeit nach Artikel 20a noch für Projekte operationeller Gruppen der Europäischen Innovationspartnerschaft „Landwirtschaftliche Produktivität und Nachhaltigkeit" oder Projekte der von der örtlichen Bevölkerung betriebenen lokalen Entwicklung („CLLD") nach Artikel 19b.

2. Im Falle von Beihilferegelungen, nach denen steuerliche Beihilfen, z. B. auf der Grundlage der Steuererklärungen der Beihilfeempfänger, automatisch gewährt werden und bei denen nicht *ex ante* geprüft wird, ob bei jedem Beihilfeempfänger alle Vereinbarkeitsvoraussetzungen erfüllt sind, prüfen die Mitgliedstaaten regelmäßig zumindest *ex post* und anhand einer Stichprobe, ob alle Vereinbarkeitsvoraussetzungen erfüllt sind, und ziehen die notwendigen Schlussfolgerungen. Die Mitgliedstaaten führen ausführliche Aufzeichnungen über die Prüfungen und bewahren sie ab dem Tag der Kontrollen mindestens 10 Jahre lang auf.

3. Die Kommission kann jeden Mitgliedstaat um alle Informationen und einschlägigen Unterlagen ersuchen, die sie als notwendig ansieht, um die Anwendung dieser Verordnung prüfen zu können, so zum Beispiel die in den Absätzen 1 und 2 genannten Informationen. Der betreffende Mitgliedstaat übermittelt der Kommission die angeforderten Informationen und einschlägigen Unterlagen innerhalb von 20 Arbeitstagen nach Eingang des Auskunftsersuchens oder innerhalb eines in dem Auskunftsersuchen festgesetzten längeren Zeitraums.

KAPITEL III
BESONDERE BESTIMMUNGEN FÜR EINZELNE BEIHILFEGRUPPEN

ABSCHNITT 1
Regionalbeihilfen

Unterabschnitt A
Regionale Investitionsbeihilfen und regionale Betriebsbeihilfen

Artikel 13
Anwendungsbereich der Regionalbeihilfen

Dieser Abschnitt gilt nicht für

a) Beihilfen zur Förderung von Tätigkeiten in der Stahlindustrie, im Steinkohlenbergbau, im Schiffbau oder in der Kunstfaserindustrie;

b) Beihilfen für den Verkehrssektor und für damit verbundene Infrastrukturen sowie für die Erzeugung und Verteilung von Energie und für Energieinfrastrukturen, mit Ausnahme von regionalen Investitionsbeihilfen für Gebiete in äußerster Randlage und regionalen Betriebsbeihilferegelungen;

c) Regionalbeihilfen in Form von Regelungen, die auf eine begrenzte Zahl bestimmter Wirtschaftszweige ausgerichtet sind; Regelungen, die auf Tourismustätigkeiten, Breitbandinfrastrukturen oder die Verarbeitung und Vermarktung landwirtschaftlicher Erzeugnisse ausgerichtet sind, gelten nicht als auf bestimmte Wirtschaftszweige ausgerichtet;

d) regionale Betriebsbeihilfen zugunsten von Unternehmen, deren Haupttätigkeit unter Abschnitt K „Erbringung von Finanz- und Versicherungsdienstleistungen" der NACE Rev. 2 fällt, oder zugunsten von Unternehmen, die konzerninterne Tätigkeiten ausüben und deren Haupttätigkeit unter die Klasse 70.10 „Verwaltung und Führung von Unternehmen und Betrieben" oder die Klasse 70.22 „Unternehmensberatung" der NACE Rev. 2 fällt.

Artikel 14
Regionale Investitionsbeihilfen

1. Regionale Investitionsbeihilfen sind im Sinne des Artikels 107 Absatz 3 AEUV mit dem Binnenmarkt vereinbar und von der Anmeldepflicht nach Artikel 108 Absatz 3 AEUV freigestellt, sofern die in diesem Artikel und in Kapitel I festgelegten Voraussetzungen erfüllt sind.

2. Die Beihilfen werden in Fördergebieten gewährt.

3. In Fördergebieten nach Artikel 107 Absatz 3 Buchstabe a AEUV können Beihilfen für Erstinvestitionen unabhängig von der Größe des Beihilfeempfängers gewährt werden. In Fördergebieten nach Artikel 107 Absatz 3 Buchstabe c AEUV können KMU Beihilfen für Erstinvestitionen jeder Art gewährt werden. Großen Unternehmen können nur für Erstinvestitionen in eine neue Wirtschaftstätigkeit in dem betreffenden Gebiet Beihilfen gewährt werden.

4. Beihilfefähige Kosten sind

a) die Kosten einer Investition in materielle und immaterielle Vermögenswerte,

b) die für einen Zeitraum von zwei Jahren berechneten voraussichtlichen Lohnkosten für die durch eine Erstinvestition geschaffenen Arbeitsplätze oder

c) eine Kombination der Buchstaben a und b, wobei der höhere der nach a und b in Betracht kommenden Beträge nicht überschritten werden darf.

5. Die Investition muss in dem betreffenden Fördergebiet mindestens fünf Jahre — bei KMU mindestens drei Jahre — nach Abschluss der Investition erhalten bleiben. Anlagen und Ausrüstungen, die innerhalb des betreffenden Zeitraums veralten oder defekt werden, können jedoch ersetzt werden, sofern die betreffende Wirtschaftstätigkeit während des einschlägigen Mindestzeitraums in der Region aufrechterhalten wird.

6. Außer bei KMU oder im Falle des Erwerbs einer Betriebsstätte müssen die erworbenen Vermögenswerte neu sein. Kosten im Zusammenhang mit dem Leasing materieller Vermögenswerte können unter folgenden Umständen berücksichtigt werden:

a) Leasingverträge für Grundstücke oder Gebäude müssen nach dem voraussichtlichen Abschluss des Investitionsvorhabens bei großen Unternehmen noch mindestens fünf Jahre, bei KMU mindestens drei Jahre weiterlaufen,

b) Leasingverträge für Betriebsstätten oder Maschinen müssen die Form eines Finanzierungsleasings haben und die Verpflichtung enthalten, dass der Beihilfeempfänger den Vermögenswert am Ende der Laufzeit erwirbt.

Im Falle des Erwerbs der Vermögenswerte einer Betriebsstätte im Sinne des Artikels 2 Nummer 49 oder Nummer 51 werden nur die Kosten für den Erwerb der Vermögenswerte von Dritten, die in keiner Beziehung zum Käufer stehen, berücksichtigt. Das Rechtsgeschäft muss zu Marktbedingungen erfolgen. Wenn bereits vor dem Kauf Beihilfen für den Erwerb von Vermögenswerten gewährt wurden, werden die Kosten dieser Vermögenswerte von den beihilfefähigen Kosten für den Erwerb einer Betriebsstätte abgezogen. Bei der Übernahme eines kleinen Unternehmens durch Familienmitglieder ursprünglicher Eigentümer oder ehemalige Beschäftigte entfällt die Voraussetzung, dass die Vermögenswerte von Dritten, die in keiner Beziehung zum Käufer stehen, erworben werden müssen. Die Übernahme von Unternehmensanteilen gilt nicht als Erstinvestition.

7. Bei großen Unternehmen gewährten Beihilfen für grundlegende Änderungen des Produktionsprozesses müssen die beihilfefähigen Kosten höher sein als die in den drei vorangegangenen Geschäftsjahren erfolgten Abschreibungen für die mit der zu modernisierenden Tätigkeit verbundenen Vermögenswerte. Bei Beihilfen für die Diversifizierung der Produktion einer bestehenden Betriebsstätte müssen die beihilfefähigen Kosten mindestens 200 % über dem Buchwert liegen, der in dem Geschäftsjahr vor Beginn der Arbeiten für die wiederverwendeten Vermögenswerte verbucht wurde.

8. Immaterielle Vermögenswerte können bei der Berechnung der Investitionskosten berücksichtigt werden, wenn sie folgende Voraussetzungen erfüllen:

a) Sie dürfen nur in der Betriebsstätte genutzt werden, die die Beihilfe erhält;

b) sie müssen abschreibungsfähig sein;

c) sie müssen von Dritten, die in keiner Beziehung zum Käufer stehen, zu Marktbedingungen erworben werden, und

d) sie müssen auf der Aktivseite des Unternehmens, das die Beihilfe erhält, bilanziert werden und mindestens fünf Jahre lang (bei KMU drei Jahre) mit dem Vorhaben, für das die Beihilfe gewährt wurde, verbunden verbleiben.

Bei großen Unternehmen werden die Kosten immaterieller Vermögenswerte nur bis zu einer Obergrenze von 50 % der gesamten beihilfefähigen Investitionskosten der Erstinvestition berücksichtigt.

9. Werden die beihilfefähigen Kosten nach Absatz 4 Buchstabe b auf der Grundlage der prognostizierten Lohnkosten berechnet, müssen folgende Voraussetzungen erfüllt sein:

a) das Investitionsvorhaben muss in der betreffenden Betriebsstätte im Vergleich zum Durchschnitt der vorangegangenen 12 Monate einen Nettoanstieg der Beschäftigtenzahl zur Folge haben; folglich muss jeder verlorene Arbeitsplatz von den in diesem Zeitraum geschaffenen Arbeitsplätzen abgezogen werden,

b) jede Stelle wird binnen drei Jahren nach Abschluss der Arbeiten besetzt und

c) jede durch die Investition geschaffene Stelle verbleibt ab dem Zeitpunkt ihrer Besetzung mindestens fünf Jahre (drei Jahre bei KMU) in dem betreffenden Gebiet, es sei denn, die Stelle geht im Zeitraum vom 1. Januar 2020 bis zum 30. Juni 2021 verloren.

10. Regionalbeihilfen für den Ausbau der Breitbandversorgung müssen die folgenden Voraussetzungen erfüllen:

a) Die Beihilfen werden nur in Gebieten gewährt, in denen kein Netz derselben Kategorie (entweder Breitbandgrundversorgung oder NGA) vorhanden ist und ein solches in den drei auf den Gewährungsbeschluss folgenden Jahren voraussichtlich auch nicht auf kommerzieller Grundlage aufgebaut wird,

b) der geförderte Netzbetreiber muss auf Vorleistungsebene zu fairen und diskriminierungsfreien Bedingungen Zugang zu den aktiven und passiven Infrastrukturen einschließlich einer physischen Entbündelung im Falle von NGA-Netzen gewähren, und

c) die Beihilfen werden auf der Grundlage eines wettbewerblichen Auswahlverfahrens gewährt.

11. Regionalbeihilfen für Forschungsinfrastrukturen werden nur gewährt, wenn die Beihilfen an die Bedingung geknüpft sind, dass zu transparenten und diskriminierungsfreien Bedingungen Zugang zu den geförderten Infrastrukturen gewährt wird.

12. Die als Bruttosubventionsäquivalent ausgedrückte Beihilfeintensität darf die Beihilfehöchstintensität, die in der zum Gewährungszeitpunkt für das betreffende Fördergebiet geltenden Fördergebietskarte festgelegt ist, nicht überschreiten. Wenn die Beihilfeintensität auf der Grundlage des Absatzes 4 Buchstabe c berechnet wird, darf die Beihilfehöchstintensität den günstigsten Betrag, der sich aus der Anwendung dieser Intensität auf der Grundlage der Investitions- oder der Lohnkosten ergibt, nicht überschreiten. Bei großen Investitionsvorhaben darf die Beihilfe nicht über den angepassten Beihilfehöchstsatz hinausgehen, der nach dem in Artikel 2 Nummer 20 definierten Mechanismus berechnet wird.

13. Eine Erstinvestition desselben Beihilfeempfängers (auf Unternehmensgruppen-Ebene) in einem Zeitraum von drei Jahren ab Beginn der Arbeiten an einer anderen durch eine Beihilfe geförderten Investition in derselben NUTS-3-Region gilt als Teil einer Einzelinvestition. Wenn es sich bei der betreffenden Einzelinvestition um ein großes Investitionsvorhaben handelt, darf die insgesamt für die Einzelinvestition gewährte Beihilfe nicht über dem angepassten Beihilfehöchstsatz für große Investitionsvorhaben liegen.

14. Der Beihilfeempfänger muss entweder aus eigenen oder aus fremden Mitteln einen Eigenbeitrag von mindestens 25 % der beihilfefähigen Kosten leisten; dieser Eigenbetrag darf keinerlei öffentliche Förderung enthalten. Für Investitionen von KMU in Gebieten in äußerster Randlage können Beihilfen mit einer Höchstintensität von mehr als 75 % gewährt werden, wobei der Restbetrag vom Beihilfeempfänger zu tragen ist.

15. Bei Erstinvestitionen im Zusammenhang mit Projekten der europäischen territorialen Zusammenarbeit, die unter die Verordnung (EU) Nr. 1299/2013 oder die Verordnung (EU) 2021/1059 fallen, gilt für alle an dem Projekt beteiligten Beihilfeempfänger die Beihilfeintensität für das Gebiet, in dem die Erstinvestition angesiedelt ist. Wenn die Erstinvestition in zwei oder mehreren Fördergebieten angesiedelt ist, gilt die Beihilfehöchstintensität, die in dem Fördergebiet anzuwenden ist, in dem die meisten beihilfefähigen Kosten anfallen. In Fördergebieten nach Artikel 107 Absatz 3 Buchstabe c AEUV gilt diese Bestimmung für große Unternehmen nur dann, wenn die Erstinvestition eine neue wirtschaftliche Tätigkeit betrifft.

16. Der Beihilfeempfänger bestätigt, dass er in den beiden Jahren vor der Beantragung der Beihilfe keine Verlagerung hin zu der Betriebsstätte vorgenommen hat, in der die Erstinvestition, für die die Beihilfe beantragt wird, getätigt werden soll, und verpflichtet sich, dies auch in den beiden Jahren nach Abschluss der Erstinvestition, für die die Beihilfe beantragt wird, nicht zu tun. In Bezug auf vor dem 31. Dezember 2019 eingegangene Verpflichtungen werden zwischen dem 1. Januar 2020 und dem 30. Juni 2021 eingetretene Arbeitsplatzverluste in derselben oder einer ähnlichen Tätigkeit in einer ursprünglichen Betriebsstätte des Beihilfeempfängers im EWR nicht als Übertragung im Sinne des Artikels 2 Nummer 61a erachtet.

17. In der Fischerei und Aquakultur werden für Unternehmen, die einen oder mehrere der in Artikel 10 Absatz 1 Buchstaben a bis d und Artikel 10 Absatz 3 der Verordnung (EU) Nr. 508/2014 des Europäischen Parlaments und des Rates ([37]) genannten Verstöße begangen haben, und für in Ar-

tikel 11 der genannten Verordnung aufgeführte Vorhaben keine Beihilfen gewährt.

Artikel 15
Regionale Betriebsbeihilfen

1. Regionale Betriebsbeihilferegelungen in Gebieten in äußerster Randlage, Gebieten mit geringer Bevölkerungsdichte und Gebieten mit sehr geringer Bevölkerungsdichte sind im Sinne des Artikels 107 Absatz 3 AEUV mit dem Binnenmarkt vereinbar und von der Anmeldepflicht nach Artikel 108 Absatz 3 AEUV freigestellt, sofern die in diesem Artikel und in Kapitel I festgelegten Voraussetzungen erfüllt sind.

2. In Gebieten mit geringer Bevölkerungsdichte bieten regionale Betriebsbeihilferegelungen einen Ausgleich für die Beförderungsmehrkosten von Waren, die in für Betriebsbeihilfen infrage kommenden Gebieten hergestellt oder weiterverarbeitet werden, wenn folgende Voraussetzungen erfüllt sind:

a) Die Beihilfe kann vorab auf der Grundlage eines Festbetrags oder nach Tonnenkilometern oder einer anderen relevanten Einheit objektiv quantifiziert werden;

b) die Beförderungsmehrkosten werden auf der Grundlage der Verbringung der Waren im Gebiet des betreffenden Mitgliedstaats mit dem für den Beihilfeempfänger kostengünstigsten Verkehrsmittel berechnet.

Die Beihilfeintensität darf 100 % der in diesem Absatz festgelegten Beförderungsmehrkosten nicht überschreiten.

3. In Gebieten mit sehr geringer Bevölkerungsdichte dienen Betriebsbeihilferegelungen unter folgenden Voraussetzungen der Verhinderung oder Verringerung der Abwanderung:

a) Die Beihilfeempfänger sind in dem betreffenden Gebiet wirtschaftlich tätig;

b) der jährliche Beihilfebetrag pro Empfänger aus allen Betriebsbeihilferegelungen liegt nicht über 20 % der jährlichen Arbeitskosten des Beihilfeempfängers in dem betreffenden Gebiet.

4. In Gebieten in äußerster Randlage bieten Betriebsbeihilferegelungen einen Ausgleich für Betriebsmehrkosten, die in diesen Gebieten als direkte Folge eines oder mehrerer der in Artikel 349 AEUV genannten dauerhaften Nachteile erwachsen, sofern die Beihilfeempfänger in einem Gebiet in äußerster Randlage wirtschaftlich tätig sind und der jährliche Beihilfebetrag pro Empfänger aus allen auf der Grundlage dieser Verordnung durchgeführten Betriebsbeihilferegelungen nicht über einem der folgenden Fördersätze liegt:

a) 35 % der durch den Beihilfeempfänger in dem betreffenden Gebiet in äußerster Randlage geschaffenen jährlichen Bruttowertschöpfung;

b) 40 % der jährlichen Arbeitskosten des Beihilfeempfängers in dem betreffenden Gebiet in äußerster Randlage;

c) 30 % des Jahresumsatzes des Beihilfeempfängers in dem betreffenden Gebiet in äußerster Randlage.

Unterabschnitt B
Stadtentwicklungsbeihilfen

Artikel 16
Regionale Stadtentwicklungsbeihilfen

1. Regionale Stadtentwicklungsbeihilfen sind im Sinne des Artikels 107 Absatz 3 AEUV mit dem Binnenmarkt vereinbar und von der Anmeldepflicht nach Artikel 108 Absatz 3 AEUV freigestellt, sofern die in diesem Artikel und in Kapitel I festgelegten Voraussetzungen erfüllt sind.

2. Stadtentwicklungsprojekte müssen die folgenden Kriterien erfüllen:

a) Sie werden über Stadtentwicklungsfonds in Fördergebieten durchgeführt;

b) sie werden aus den Europäischen Struktur- und Investitionsfonds kofinanziert;

c) sie fördern die Umsetzung einer „integrierten Strategie für nachhaltige Stadtentwicklung".

3. Die Gesamtinvestition in ein Stadtentwicklungsprojekt im Rahmen einer Stadtentwicklungsbeihilfe darf nicht mehr als 20 Mio. EUR betragen.

4. Die beihilfefähigen Kosten sind die Gesamtkosten des Stadtentwicklungsprojekts, soweit sie die Kriterien der Artikel 37 und 65 der Verordnung (EU) Nr. 1303/2013 bzw. der Artikel 67 und 68 der Verordnung (EU) 2021/1060 erfüllen.

5. Beihilfen eines Stadtentwicklungsfonds für beihilfefähige Stadtentwicklungsprojekte können in Form von Beteiligungen, beteiligungsähnlichen Instrumenten, Krediten, Garantien oder einer Kombination daraus gewährt werden.

6. Die Stadtentwicklungsbeihilfen müssen zusätzliche Investitionen privater Investoren auf Ebene der Stadtentwicklungsfonds oder der Stadtentwicklungsprojekte mobilisieren, so dass ein Gesamtbetrag von mindestens 30 % der Gesamtfinanzierung eines Stadtentwicklungsprojekts gesichert ist.

7. Private und öffentliche Investoren können für die Durchführung des Stadtentwicklungsprojekts Geld- oder Sachbeiträge oder beides leisten. Bei Sachleistungen wird der Marktwert zugrunde gelegt, der von einem unabhängigen qualifizierten Sachverständigen oder einer ordnungsgemäß zugelassenen amtlichen Stelle zu testieren ist.

8. Stadtentwicklungsmaßnahmen müssen die folgenden Kriterien erfüllen:

a) Die Stadtentwicklungsfondsmanager werden im Rahmen einer offenen, transparenten und diskriminierungsfreien Ausschreibung im Einklang mit dem geltenden Unionsrecht und nationalen Recht ausgewählt. Die Stadtentwicklungsfondsmanager dürfen nicht aufgrund ihres Sitzes oder ihrer Eintragung im Handelsregister eines Mitgliedstaats unterschiedlich behandelt werden.

Stadtentwicklungsfondsmanager müssen gegebenenfalls durch die Art der Investition objektiv gerechtfertigte, vorab festgelegte Kriterien erfüllen;

b) die unabhängigen privaten Investoren werden im Rahmen einer offenen, transparenten und diskriminierungsfreien Ausschreibung ausgewählt, die mit dem geltenden Unionsrecht und nationalen Recht in Einklang steht und mit Blick auf den Abschluss geeigneter Vereinbarungen über die Risiko-Nutzen-Teilung durchgeführt wird; dabei wird bei Investitionen, die keine Garantien sind, einer asymmetrischen Gewinnverteilung der Vorzug vor einer Absicherung nach unten gegeben. Wenn die privaten Investoren nicht im Rahmen einer solchen Ausschreibung ausgewählt werden, wird die angemessene Rendite der privaten Investoren durch einen unabhängigen Sachverständigen bestimmt, der im Zuge einer offenen, transparenten und diskriminierungsfreien Ausschreibung ausgewählt wird;

c) bei einer asymmetrischen Verlustteilung zwischen öffentlichen und privaten Investoren ist der Erstverlust, den der öffentliche Investor übernimmt, auf 25 % der Gesamtinvestition zu begrenzen;

d) im Falle von Garantien für private Investitionen in Stadtentwicklungsprojekte wird der Garantiesatz auf 80 % und der vom Mitgliedstaat übernommene Gesamtverlust auf höchstens 25 % des zugrunde liegenden garantierten Portfolios begrenzt;

e) die Investoren dürfen in den Leitungsgremien des Stadtentwicklungsfonds (z. B. Aufsichtsrat oder Beirat) vertreten sein;

f) der Stadtentwicklungsfonds wird im Einklang mit den geltenden Rechtsvorschriften eingerichtet. Die Mitgliedstaaten tragen für eine Due-Diligence-Prüfung Sorge, um eine solide Anlagestrategie für die Zwecke der Durchführung der Stadtentwicklungsbeihilfe sicherzustellen.

9. Stadtentwicklungsfonds werden nach wirtschaftlichen Grundsätzen verwaltet und gewährleisten gewinnorientierte Finanzierungsentscheidungen. Diese Voraussetzung gilt als erfüllt, wenn die Manager der Stadtentwicklungsfonds die folgenden Voraussetzungen erfüllen:

a) Die Manager von Stadtentwicklungsfonds sind gesetzlich oder vertraglich verpflichtet, mit der Sorgfalt eines professionellen Managers und in gutem Glauben zu handeln und dabei Interessenkonflikte zu vermeiden. Sie haben bewährte Verfahren anzuwenden und unterliegen der Aufsicht der Regulierungsbehörden;

b) die Stadtentwicklungsfondsmanager erhalten eine marktübliche Vergütung. Diese Voraussetzung gilt als erfüllt, wenn der Manager im Rahmen eines offenen, transparenten und diskriminierungsfreien Verfahrens anhand objektiver Kriterien in Bezug auf Erfahrung, Fachwissen sowie operative und finanzielle Leistungsfähigkeit ausgewählt wird;

c) die Manager von Stadtentwicklungsfonds erhalten eine leistungsbezogene Vergütung oder tragen einen Teil des Investitionsrisikos, indem sie sich mit eigenen Mittel an der Investition beteiligen, so dass sichergestellt ist, dass ihre Interessen ständig mit den Interessen der öffentlichen Investoren im Einklang stehen;

d) die Manager von Stadtentwicklungsfonds legen eine Investmentstrategie sowie Kriterien und einen Zeitplan für die Investitionen in Stadtentwicklungsprojekte fest und ermitteln vorab die finanzielle Tragfähigkeit und die voraussichtlichen Auswirkungen der Investitionen auf die Stadtentwicklung;

e) für jede Beteiligungsinvestition und beteiligungsähnliche Investition gibt es eine klare und realistische Ausstiegsstrategie.

10. Wenn durch einen Stadtentwicklungsfonds Kredite oder Garantien für Stadtentwicklungsprojekte bereitgestellt werden, müssen folgende Voraussetzungen erfüllt sein:

a) Bei Krediten wird der Nennwert des Kredits bei der Berechnung des Höchstbetrags der Investition für die Zwecke des Absatzes 3 dieses Artikels berücksichtigt;

b) bei Garantien wird der Nennwert des zugrunde liegenden Kredits bei der Berechnung des Höchstbetrags der Investition für die Zwecke des Absatzes 3 dieses Artikels berücksichtigt.

11. Der Mitgliedstaat kann die Durchführung der Stadtentwicklungsbeihilfe einer betrauten Einrichtung übertragen.

ABSCHNITT 2

Beihilfen für kleine und mittlere Unternehmen (KMU)

Artikel 17

Investitionsbeihilfen für KMU

1. Investitionsbeihilfen für in oder außerhalb der Union tätige KMU sind im Sinne des Artikels 107 Absatz 3 AEUV mit dem Binnenmarkt vereinbar und von der Anmeldepflicht nach Artikel 108 Absatz 3 AEUV freigestellt, sofern die in diesem Artikel und in Kapitel I festgelegten Voraussetzungen erfüllt sind.

2. Beihilfefähige Kosten sind

a) die Kosten einer Investition in materielle und immaterielle Vermögenswerte und/oder

b) die über einen Zeitraum von zwei Jahren berechneten voraussichtlichen Lohnkosten für direkt durch das Investitionsvorhaben geschaffene Arbeitsplätze.

3. Als beihilfefähige Kosten im Sinne dieses Artikels gelten folgende Investitionen:

a) Eine Investition in materielle und/oder immaterielle Vermögenswerte zur Errichtung einer neuen Betriebsstätte, zur Erweiterung einer bestehenden Betriebsstätte, zur Diversifizierung der Produktion einer Betriebsstätte durch neue, zusätzliche Produkte oder zu einer grundlegenden Änderung des gesamten Produktionsprozesses einer bestehenden Betriebsstätte oder

b) der Erwerb der Vermögenswerte einer Betriebsstätte, sofern folgende Voraussetzungen erfüllt sind:

— die Betriebsstätte wurde geschlossen oder wäre ohne diesen Erwerb geschlossen worden;

— die Vermögenswerte werden von Dritten, die in keiner Beziehung zum Käufer stehen, erworben;

— das Rechtsgeschäft erfolgt zu Marktbedingungen.

Bei der Übernahme eines kleinen Unternehmens durch Familienmitglieder der ursprünglichen Eigentümer oder durch ehemalige Beschäftigte entfällt die Voraussetzung, dass die Vermögenswerte von Dritten, die in keiner Beziehung zum Käufer stehen, erworben werden müssen. Die alleinige Übernahme von Unternehmensanteilen gilt nicht als Investition.

4. Immaterielle Vermögenswerte müssen alle folgenden Voraussetzungen erfüllen:

a) Sie dürfen nur in der Betriebsstätte genutzt werden, die die Beihilfe erhält;

b) sie müssen abschreibungsfähig sein;

c) sie müssen von Dritten, die in keiner Beziehung zum Käufer stehen, zu Marktbedingungen erworben werden;

d) sie müssen mindestens drei Jahre auf der Aktivseite des Unternehmens bilanziert werden.

5. Bei direkt durch ein Investitionsvorhaben geschaffenen Arbeitsplätzen müssen folgende Voraussetzungen vorliegen:

a) sie müssen innerhalb von drei Jahren nach Abschluss der Investition geschaffen werden;

b) in der betreffenden Betriebsstätte muss ein Nettoanstieg der Beschäftigtenzahl im Vergleich zum Durchschnitt der vorangegangenen 12 Monate erfolgen;

c) die geschaffenen Arbeitsplätze müssen mindestens drei Jahre ab dem Zeitpunkt ihrer Besetzung bestehen bleiben.

6. Die Beihilfeintensität darf folgende Sätze nicht überschreiten:

a) 20 % der beihilfefähigen Kosten bei kleinen Unternehmen,

b) 10 % der beihilfefähigen Kosten bei mittleren Unternehmen.

Artikel 18
KMU-Beihilfen für die Inanspruchnahme von Beratungsdiensten

1. Beihilfen zugunsten von KMU für die Inanspruchnahme von Beratungsdiensten sind im Sinne des Artikels 107 Absatz 3 AEUV mit dem Binnenmarkt vereinbar und von der Anmeldepflicht des Artikels 108 Absatz 3 AEUV freigestellt, sofern die in diesem Artikel und in Kapitel I festgelegten Voraussetzungen erfüllt sind.

2. Die Beihilfeintensität darf 50 % der beihilfefähigen Kosten nicht überschreiten.

3. Beihilfefähig sind die Kosten für Beratungsleistungen externer Berater.

4. Bei den betreffenden Dienstleistungen darf es sich nicht um Dienstleistungen handeln, die fortlaufend oder in regelmäßigen Abständen in Anspruch genommen werden oder die zu den gewöhnlichen Betriebskosten des Unternehmens gehören wie laufende Steuerberatung, regelmäßige Rechtsberatung oder Werbung.

Artikel 19
KMU-Beihilfen für die Teilnahme an Messen

1. Beihilfen für die Teilnahme von KMU an Messen sind im Sinne des Artikels 107 Absatz 3 AEUV mit dem Binnenmarkt vereinbar und von der Anmeldepflicht des nach Artikel 108 Absatz 3 AEUV freigestellt, sofern die in diesem Artikel und in Kapitel I festgelegten Voraussetzungen erfüllt sind.

2. Beihilfefähig sind die Kosten für Miete, Aufbau und Betrieb eines Stands bei Teilnahme eines Unternehmens an einer bestimmten Messe oder Ausstellung.

3. Die Beihilfeintensität darf 50 % der beihilfefähigen Kosten nicht überschreiten.

Artikel 19a
Beihilfen für Kosten von KMU, die an Projekten der von der örtlichen Bevölkerung betriebenen lokalen Entwicklung („CLLD“) bzw. Projekten operationeller Gruppen der Europäischen Innovationspartnerschaft („EIP“) „Landwirtschaftliche Produktivität und Nachhaltigkeit“ teilnehmen

1. Beihilfen für Kosten von KMU, die teilnehmen an CLLD-Projekten, die im Rahmen des Europäischen Landwirtschaftsfonds für die Entwicklung des ländlichen Raums als „lokale Entwicklung LEADER“ bezeichnet werden und unter die Verordnung (EU) Nr. 1303/2013 oder die Verordnung (EU) 2021/1060 fallen, sowie Beihilfen für Projekte operationeller Gruppen der EIP, die unter Artikel 35 der Verordnung (EU) Nr. 1305/2013 fallen, sind im Sinne des Artikels 107 Absatz 3 AEUV mit dem Binnenmarkt vereinbar und von der Anmeldepflicht nach Artikel 108 Absatz 3 AEUV freigestellt, sofern die Voraussetzungen des vorliegenden Artikels und des Kapitels I erfüllt sind.

2. Nachstehende, in Artikel 35 Absatz 1 der Verordnung (EU) Nr. 1303/2013 bzw. Artikel 34 Absatz 1 der Verordnung (EU) 2021/1060 aufgeführte Kosten sind bei CLLD-Projekten und

Projekten operationeller Gruppen der EIP beihilfefähig:

a) Kosten für vorbereitende Unterstützung, Kapazitätsaufbau, Schulung und Vernetzung im Hinblick auf die Vorbereitung und Umsetzung einer CLLD-Strategie oder eines Projekts operationeller Gruppen der EIP;

b) Umsetzung genehmigter Vorhaben;

c) Vorbereitung und Durchführung von Kooperationsmaßnahmen der Gruppe;

d) mit der Verwaltung der Durchführung der CLLD-Strategie oder des Projekts operationeller Gruppen der EIP verbundene laufende Kosten;

e) Aktivierung der EIP-Akteure bzw. Sensibilisierung für eine CLLD-Strategie, damit der Austausch zwischen den Beteiligten im Hinblick auf die Bereitstellung von Informationen und die Förderung der Strategie und der Projekte erleichtert wird und damit potenzielle Beihilfeempfänger im Hinblick auf die Entwicklung von Vorhaben und die Stellung von Anträgen unterstützt werden.

3. Die Beihilfeintensität darf die in den fondsspezifischen Verordnungen zur Förderung von CLLD-Projekten und Projekten operationeller Gruppen der EIP festgelegten Höchstsätze für die Kofinanzierung nicht überschreiten.

Artikel 19b

Begrenzte Beihilfebeträge für KMU, die von Projekten der von der örtlichen Bevölkerung betriebenen lokalen Entwicklung („CLLD“) und Projekten operationeller Gruppen der Europäischen Innovationspartnerschaft („EIP“) „Landwirtschaftliche Produktivität und Nachhaltigkeit“ profitieren

1. Beihilfen für Unternehmen, die an CLLD-Projekten oder Projekten operationeller Gruppen der EIP nach Artikel 19a Absatz 1 teilnehmen oder davon profitieren, sind im Sinne des Artikels 107 Absatz 3 AEUV mit dem Binnenmarkt vereinbar und von der Anmeldepflicht nach Artikel 108 Absatz 3 AEUV freigestellt, sofern die Voraussetzungen des vorliegenden Artikels und des Kapitels I erfüllt sind.

2. Der nach diesem Artikel pro Projekt gewährte Gesamtbeihilfebetrag darf bei CLLD-Projekten 200 000 EUR und bei Projekten operationeller Gruppen der EIP 350 000 EUR nicht überschreiten.

ABSCHNITT 2A

Beihilfen für die europäische territoriale Zusammenarbeit

Artikel 20

Beihilfen für Kosten von Unternehmen, die an Projekten der europäischen territorialen Zusammenarbeit teilnehmen

1. Beihilfen für Kosten von Unternehmen, die an unter die Verordnung (EU) Nr. 1299/2013 oder die Verordnung (EU) 2021/1059 fallenden Projekten der europäischen territorialen Zusammenarbeit teilnehmen, sind im Sinne des Artikels 107 Absatz 3 AEUV mit dem Binnenmarkt vereinbar und von der Anmeldepflicht nach Artikel 108 Absatz 3 AEUV freigestellt, sofern die Voraussetzungen des vorliegenden Artikels und des Kapitels I erfüllt sind.

2. Soweit sie mit dem Kooperationsprojekt in Zusammenhang stehen, sind die folgenden Kosten im Sinne der Delegierten Verordnung (EU) Nr. 481/2014 der Kommission ([38]) bzw. der Artikel 38 bis 44 der Verordnung (EU) 2021/1059 beihilfefähig:

a) Personalkosten,

b) Büro- und Verwaltungskosten,

c) Reise- und Unterbringungskosten,

d) Kosten für externe Expertise und Dienstleistungen,

e) Ausrüstungskosten,

f) Kosten für Infrastruktur und Bauarbeiten.

3. Die Beihilfeintensität darf die in der Verordnung (EU) Nr. 1303/2013 oder der Verordnung (EU) 2021/1060 und/oder der Verordnung (EU) 2021/1059 festgelegten Höchstsätze für die Kofinanzierung nicht überschreiten.

Artikel 20a

Geringe Beihilfen für Unternehmen zur Teilnahme an Projekten der europäischen territorialen Zusammenarbeit

1. Beihilfen für Unternehmen für ihre Teilnahme an unter die Verordnung (EU) Nr. 1299/2013 oder die Verordnung (EU) 2021/1059 fallenden Projekten der europäischen territorialen Zusammenarbeit sind im Sinne des Artikels 107 Absatz 3 AEUV mit dem Binnenmarkt vereinbar und von der Anmeldepflicht nach Artikel 108 Absatz 3 AEUV freigestellt, sofern die Voraussetzungen des vorliegenden Artikels und des Kapitels I erfüllt sind.

2. Der Gesamtbetrag der einem Unternehmen im Rahmen dieses Artikels pro Projekt gewährten Beihilfe darf 20 000 EUR nicht überschreiten.

ABSCHNITT 3

Beihilfen zur Erschließung von KMU-Finanzierungen

Artikel 21

Risikofinanzierungsbeihilfen

1. Risikofinanzierungsbeihilferegelungen zugunsten von KMU sind im Sinne des Artikels 107 Absatz 3 AEUV mit dem Binnenmarkt vereinbar und von der Anmeldepflicht nach Artikel 108 Absatz 3 AEUV freigestellt, sofern die in diesem Artikel und in Kapitel I festgelegten Voraussetzungen erfüllt sind.

EU-VO

2. Auf Ebene der Finanzintermediäre können unabhängigen privaten Investoren folgende Formen von Risikofinanzierungsbeihilfen gewährt werden:

a) Beteiligungen, beteiligungsähnliche Investitionen oder Dotationen zur unmittelbaren oder mittelbaren Bereitstellung von Risikofinanzierungen für beihilfefähige Unternehmen;

b) Kredite zur direkten oder indirekten Bereitstellung von Risikofinanzierungen für beihilfefähige Unternehmen;

c) Garantien zur Deckung von Verlusten aus direkten oder indirekten Risikofinanzierungen für beihilfefähige Unternehmen.

3. Auf Ebene der unabhängigen privaten Investoren können Risikofinanzierungsbeihilfen in den in Absatz 2 dieses Artikels genannten Formen oder in Form von Steueranreizen für private Investoren gewährt werden, die natürliche Personen sind und Risikofinanzierungen für beihilfefähige Unternehmen direkt oder indirekt bereitstellen.

4. Auf Ebene der beihilfefähigen Unternehmen können Risikofinanzierungsbeihilfen in Form von Beteiligungen, beteiligungsähnlichen Investitionen, Krediten, Garantien oder einer Kombination davon gewährt werden.

5. Beihilfefähige Unternehmen sind Unternehmen, die zu Beginn der Bereitstellung einer Risikofinanzierung nicht börsennotiert sind und mindestens eines der folgenden Kriterien erfüllen:

a) Sie sind noch auf keinem Markt tätig;

b) sie sind seit ihrem ersten kommerziellen Verkauf noch keine 7 Jahre gewerblich tätig;

c) sie benötigen eine erste Risikofinanzierung, die ausgehend von einem mit Blick auf den Eintritt in einen neuen sachlich oder räumlich relevanten Markt erstellten Geschäftsplan mehr als 50 % ihres durchschnittlichen Jahresumsatzes in den vorangegangenen fünf Jahren beträgt.

6. Ferner kann sich die Risikofinanzierungsmaßnahme auf Anschlussinvestitionen in beihilfefähige Unternahmen beziehen, auch wenn diese nach dem in Absatz 5 Buchstabe b genannten Siebenjahreszeitraum getätigt werden, sofern alle folgenden Kriterien erfüllt sind:

a) Der in Absatz 9 genannte Gesamtbetrag der Risikofinanzierung wird nicht überschritten;

b) die Möglichkeit von Anschlussinvestitionen war im ursprünglichen Geschäftsplan vorgesehen;

c) das Unternehmen, in das Anschlussinvestitionen getätigt werden, ist kein verbundenes Unternehmen im Sinne des Anhangs I Artikel 3 Absatz 3 eines anderen Unternehmens geworden, bei dem es sich nicht um den Finanzintermediär oder den unabhängigen privaten Investor handelt, der im Rahmen der Maßnahme eine Risikofinanzierung bereitstellt, es sei denn, die neue Einheit erfüllt die Voraussetzungen der KMU-Definition.

7. Bei Beteiligungen und beteiligungsähnlichen Investitionen in beihilfefähige Unternehmen darf die Risikofinanzierungsmaßnahme die Bereitstellung von Ersatzkapital nur fördern, wenn dem beihilfefähigen Unternehmen auch frisches Kapital zugeführt wird, das mindestens 50 % jeder Investitionsrunde entspricht.

8. Bei den in Absatz 2 Buchstabe a genannten Beteiligungen und beteiligungsähnlichen Investitionen dürfen höchstens 30 % des insgesamt eingebrachten Kapitals und des noch nicht eingeforderten zugesagten Kapitals des Finanzintermediärs für die Liquiditätssteuerung genutzt werden.

9. Der Gesamtbetrag der in Absatz 4 genannten Risikofinanzierungen darf bei keiner Risikofinanzierungsmaßnahme über 15 Mio. EUR pro beihilfefähiges Unternehmen liegen.

10. Bei Risikofinanzierungsmaßnahmen in Form von Beteiligungen, beteiligungsähnlichen Investitionen oder Krediten zugunsten von beihilfefähigen Unternehmen muss die Risikofinanzierungsmaßnahme auf Ebene der Finanzintermediäre oder der beihilfefähigen Unternehmen zusätzliche Finanzmittel von unabhängigen privaten Investoren mobilisieren, so dass die private Beteiligung insgesamt mindestens einen der folgenden Sätze erreicht:

a) 10 % der Risikofinanzierung, die für beihilfefähige Unternehmen vor ihrem ersten kommerziellen Verkauf bereitgestellt wird;

b) 40 % der Risikofinanzierung, die für beihilfefähige Unternehmen im Sinne des Absatzes 5 Buchstabe b bereitgestellt wird;

c) 60 % der Risikofinanzierung für Investitionen in beihilfefähige Unternehmen im Sinne des Absatzes 5 Buchstabe c und für Anschlussinvestitionen, die für beihilfefähige Unternehmen nach Ablauf des in Absatz 5 Buchstabe b genannten Siebenjahreszeitraums bereitgestellt wird.

11. Wenn eine über einen Finanzintermediär durchgeführte Risikofinanzierungsmaßnahme für beihilfefähige Zielunternehmen in den in Absatz 10 genannten Entwicklungsphasen keine private Kapitalbeteiligung auf Ebene der beihilfefähigen Unternehmen umfasst, muss der Finanzintermediär für eine private Beteiligung sorgen, die mindestens dem gewichteten Durchschnitt entspricht, der sich aus dem Umfang der einzelnen Investitionen in dem zugrunde liegenden Portfolio und der Anwendung der in Absatz 10 für solche Investitionen genannten Mindestsätze ergibt.

12. Eine Risikofinanzierungsmaßnahme darf keine unterschiedliche Behandlung der Finanzintermediäre aufgrund ihres Sitzes oder ihrer Eintragung im Handelsregister eines Mitgliedstaats vorsehen. Finanzintermediäre müssen gegebenenfalls durch die Art der Investition objektiv gerechtfertigte, vorab festgelegte Kriterien erfüllen.

13. Eine Risikofinanzierungsmaßnahme muss folgende Voraussetzungen erfüllen:

a) Sie muss von einem oder mehreren Finanzintermediären durchgeführt werden, es sei denn, es handelt sich um Steueranreize für direkte Investitionen privater Investoren in beihilfefähige Unternehmen;

b) Finanzintermediäre, Investoren und Fondsmanager werden im Rahmen einer offenen, transparenten und diskriminierungsfreien Ausschreibung ausgewählt, die mit dem geltenden Unionsrecht und nationalen Recht in Einklang steht und mit Blick auf den Abschluss geeigneter Vereinbarungen über die Risiko-Nutzen-Teilung durchgeführt wird; dabei wird bei Investitionen, die keine Garantien sind, einer asymmetrischen Gewinnverteilung der Vorzug vor einer Absicherung nach unten gegeben;

c) bei einer asymmetrischen Verlustteilung zwischen öffentlichen und privaten Investoren ist der Erstverlust, den der öffentliche Investor übernimmt, auf 25 % der Gesamtinvestition zu begrenzen;

d) im Falle von Garantien nach Absatz 2 Buchstabe c ist der Garantiesatz auf 80 % und der vom Mitgliedstaat übernommene Gesamtverlust auf höchstens 25 % des zugrunde liegenden garantierten Portfolios zu begrenzen. Nur Garantien zur Deckung erwarteter Verluste des zugrunde liegenden garantierten Portfolios können unentgeltlich gestellt werden. Wenn eine Garantie auch unerwartete Verluste deckt, zahlt der Finanzintermediär für den Teil der Garantie, der die unerwarteten Verluste deckt, ein marktübliches Garantieentgelt.

14. Risikofinanzierungsmaßnahmen müssen gewinnorientierte Finanzierungsentscheidungen sicherstellen. Diese Voraussetzung gilt als erfüllt, wenn alle der folgenden Voraussetzungen erfüllt sind:

a) Die Finanzintermediäre werden nach Maßgabe der anwendbaren Rechtsvorschriften eingerichtet.

b) Der Mitgliedstaat oder die mit der Durchführung der Maßnahme betraute Einrichtung trägt für eine Due-Diligence-Prüfung Sorge, um eine solide Anlagestrategie für die Zwecke der Durchführung der Risikofinanzierungsmaßnahme sicherzustellen, einschließlich einer geeigneten Risikodiversifizierungsstrategie, die in Bezug auf Umfang und geografische Verteilung der Investitionen sowohl auf Rentabilität als auch auf Effizienzgewinne abzielt;

c) die für beihilfefähige Unternehmen bereitgestellten Risikofinanzierungen stützen sich auf tragfähige Geschäftspläne, die detaillierte Angaben zur Produkt-, Absatz- und Rentabilitätsentwicklung enthalten und vorab die wirtschaftliche Tragfähigkeit belegen;

d) für jede Beteiligung und beteiligungsähnliche Investition gibt es eine klare und realistische Ausstiegsstrategie.

15. Die Finanzintermediäre müssen nach wirtschaftlichen Grundsätzen verwaltet werden. Diese Anforderung gilt als erfüllt, wenn der Finanzintermediär und, je nach Art der Risikofinanzierungsmaßnahme, der Fondsmanager folgende Voraussetzungen erfüllen:

a) Sie sind gesetzlich oder vertraglich verpflichtet, mit der Sorgfalt eines professionellen Managers und in gutem Glauben zu handeln und dabei Interessenkonflikte zu vermeiden. Sie haben bewährte Verfahren anzuwenden und unterliegen der Aufsicht der Regulierungsbehörden;

b) sie erhalten eine marktübliche Vergütung; diese Voraussetzung gilt als erfüllt, wenn der Manager oder der Finanzintermediär im Rahmen eines offenen, transparenten und diskriminierungsfreien Verfahrens anhand objektiver Kriterien in Bezug auf Erfahrung, Fachwissen sowie operative und finanzielle Leistungsfähigkeit ausgewählt wird;

c) sie erhalten eine leistungsbezogene Vergütung oder tragen einen Teil des Investitionsrisikos, indem sie sich mit eigenen Mittel an der Investition beteiligen, so dass sichergestellt ist, dass ihre Interessen stets mit den Interessen der öffentlichen Investoren im Einklang stehen;

d) sie stellen eine Investmentstrategie sowie Kriterien und einen Zeitplan für die Investitionen auf;

e) die Investoren dürfen in den Leitungsgremien des Investitionsfonds (z. B. Aufsichtsrat oder Beirat) vertreten sein.

16. Eine Risikofinanzierungsmaßnahme, mit der Garantien oder Kredite für beihilfefähige Unternehmen oder als Verbindlichkeit ausgestaltete beteiligungsähnliche Investitionen in beihilfefähige Unternehmen bereitgestellt werden, muss folgende Voraussetzungen erfüllen:

a) Die Maßnahme muss bewirken, dass der Finanzintermediär Investitionen tätigt, die er ohne die Beihilfe nicht oder nicht in demselben Umfang oder derselben Art getätigt hätte. Der Finanzintermediär muss nachweisen können, dass er anhand eines Mechanismus sicherstellt, dass alle Vorteile — in Form umfangreicherer Finanzierungen, riskanterer Portfolios, geringerer Besicherungsanforderungen, niedrigerer Garantieentgelte oder niedrigerer Zinssätze — so weit wie möglich an die Endempfänger weitergegeben werden;

b) bei Krediten und als Verbindlichkeit ausgestalteten beteiligungsähnlichen Investitionen wird der Nennwert des Instruments bei der Berechnung des Höchstbetrags der Investition für die Zwecke des Absatzes 9 berücksichtigt;

c) bei Garantien wird der Nennwert des zugrunde liegenden Kredits bei der Berechnung des Höchstbetrags der Investition für die Zwecke des Absatzes 9 berücksichtigt; die Garantie darf nicht über 80 % des zugrunde liegenden Kredits hinausgehen.

17. Der Mitgliedstaat kann die Durchführung der Risikofinanzierungsmaßnahme einer betrauten Einrichtung übertragen.

18. Risikofinanzierungsbeihilfen für KMU, die nicht die Voraussetzungen des Absatzes 5 erfüllen, sind mit dem Binnenmarkt nach Artikel 107 Absatz 3 AEUV vereinbar und werden von der Anmeldepflicht nach Artikel 108 Absatz 3 AEUV freigestellt, wenn

a) die Beihilfe auf Ebene der KMU die Voraussetzungen der Verordnung (EU) Nr. 1407/2013 erfüllt,

b) alle Voraussetzungen dieses Artikels mit Ausnahme der in den Absätzen 5, 6, 9, 10 und 11 genannten Voraussetzungen erfüllt sind und

c) Risikofinanzierungsmaßnahmen in Form von Beteiligungen, beteiligungsähnlichen Investitionen oder Investitionskrediten zugunsten von beihilfefähigen Unternehmen auf Ebene der Finanzintermediäre oder der KMU zusätzliche Finanzmittel von unabhängigen privaten Investoren mobilisieren, so dass die private Beteiligung insgesamt mindestens 60 % der für die KMU bereitgestellten Risikofinanzierungen entspricht.

Artikel 22
Beihilfen für Unternehmensneugründungen

1. Beihilfen für Unternehmensneugründungen sind im Sinne des Artikels 107 Absatz 3 AEUV mit dem Binnenmarkt vereinbar und von der Anmeldepflicht nach Artikel 108 Absatz 3 AEUV freigestellt, sofern die in diesem Artikel und in Kapitel I festgelegten Voraussetzungen erfüllt sind.

2. Beihilfefähig sind nicht börsennotierte kleine Unternehmen, deren Eintragung ins Handelsregister höchstens fünf Jahre zurückliegt und die die folgenden Voraussetzungen erfüllen:

a) Sie haben nicht die Tätigkeit eines anderen Unternehmens übernommen;

b) sie haben noch keine Gewinne ausgeschüttet;

c) sie wurden nicht durch einen Zusammenschluss gegründet.

Bei beihilfefähigen Unternehmen, die nicht zur Eintragung in das Handelsregister verpflichtet sind, kann entweder der Zeitpunkt, zu dem das Unternehmen seine Wirtschaftstätigkeit aufnimmt, oder der Zeitpunkt, zu dem es für seine Tätigkeit steuerpflichtig wird, als Beginn des beihilfefähigen Fünfjahreszeitraums erachtet werden.

Abweichend von Unterabsatz 1 Buchstabe c werden Unternehmen, die durch einen Zusammenschluss von nach diesem Artikel beihilfefähigen Unternehmen gegründet wurden, bis fünf Jahre nach dem Datum der Registrierung des an dem Zusammenschluss beteiligten ältesten Unternehmens ebenfalls als beihilfefähige Unternehmen erachtet.

3. Anlaufbeihilfen können gewährt werden

a) als Kredit zu nicht marktüblichen Zinssätzen, mit einer Laufzeit von zehn Jahren und einem Nennbetrag von höchstens 1 Mio. EUR beziehungsweise 1,5 Mio. EUR bei Unternehmen mit Sitz in einem Fördergebiet nach Artikel 107 Absatz 3 Buchstabe c AEUV beziehungsweise 2 Mio. EUR bei Unternehmen mit Sitz in einem Fördergebiet nach Artikel 107 Absatz 3 Buchstabe a AEUV. Bei Krediten mit einer Laufzeit zwischen fünf und zehn Jahren können die Höchstbeträge durch Multiplikation der obengenannten Beträge mit dem Faktor angepasst werden, der dem Verhältnis zwischen einer Laufzeit von zehn Jahren und der tatsächlichen Laufzeit des Kredits entspricht. Bei Krediten mit einer Laufzeit unter fünf Jahren gilt derselbe Höchstbetrag wie bei Krediten mit einer Laufzeit von fünf Jahren;

b) als Garantien mit nicht marktüblichen Entgelten, einer Laufzeit von zehn Jahren und einer Garantiesumme von höchstens 1,5 Mio. EUR beziehungsweise 2,25 Mio. EUR bei Unternehmen mit Sitz in einem Fördergebiet nach Artikel 107 Absatz 3 Buchstabe c AEUV beziehungsweise 3 Mio. EUR bei Unternehmen mit Sitz in einem Fördergebiet nach Artikel 107 Absatz 3 Buchstabe a AEUV. Bei Garantien mit einer Laufzeit zwischen fünf und zehn Jahren können die Höchstbeträge für die Garantiesummen durch Multiplikation der obengenannten Beträge mit dem Faktor angepasst werden, der dem Verhältnis zwischen einer Laufzeit von zehn Jahren und der tatsächlichen Laufzeit der Garantie entspricht. Bei Garantien mit einer Laufzeit unter fünf Jahren gilt derselbe Höchstbetrag wie bei Garantien mit einer Laufzeit von fünf Jahren. Die Garantie darf nicht über 80 % des zugrunde liegenden Kredits hinausgehen;

c) als Zuschüsse, einschließlich Beteiligungen oder beteiligungsähnlicher Investitionen, Zinssenkungen oder Verringerungen der Garantieentgelts von bis zu 0,4 Mio. EUR BSÄ beziehungsweise 0,6 Mio. EUR BSÄ für Unternehmen mit Sitz in einem Fördergebiet nach Artikel 107 Absatz 3 Buchstabe c AEUV beziehungsweise 0,8 Mio. EUR BSÄ für Unternehmen mit Sitz in einem Fördergebiet nach Artikel 107 Absatz 3 Buchstabe a AEUV.

4. Ein Beihilfeempfänger kann durch eine Kombination der in Absatz 3 dieses Artikels genannten Beihilfeinstrumente Unterstützung erhalten, wenn der Anteil der durch ein Beihilfeinstrument gewährten Unterstützung, der auf der Grundlage des für des betreffenden Instruments zulässigen Beihilfehöchstbetrags berechnet wird, bei der Ermittlung des restlichen Anteils an dem für die anderen in einer solchen Kombination enthaltenen Beihilfeinstrumente zulässigen Beihilfehöchstbetrag berücksichtigt wird.

5. Bei kleinen und innovativen Unternehmen dürfen die in Absatz 3 genannten Höchstbeträge verdoppelt werden.

Artikel 23
Beihilfen für auf KMU spezialisierte alternative Handelsplattformen

1. Beihilfen für auf KMU spezialisierte alternative Handelsplattformen sind im Sinne des Artikels 107 Absatz 3 AEUV mit dem Binnenmarkt vereinbar und von der Anmeldepflicht nach Artikel 108 Absatz 3 AEUV freigestellt, sofern die in diesem Artikel und in Kapitel I festgelegten Voraussetzungen erfüllt sind.

2. Wenn der Plattformbetreiber ein kleines Unternehmen ist, können die Beihilfen unter Berücksichtigung der in Artikel 22 genannten Voraussetzungen als Anlaufbeihilfen für den Plattformbetreiber gewährt werden.

Die Beihilfen können in Form steuerlicher Anreize für unabhängige private Investoren gewährt werden, die in Bezug auf die Risikofinanzierungsinvestitionen, die sie über alternative Handelsplattformen in nach Artikel 21 beihilfefähige Unternehmen tätigen, als natürliche Personen betrachtet werden.

Artikel 24
Beihilfen für Scouting-Kosten

1. Beihilfen für Scouting-Kosten sind im Sinne des Artikels 107 Absatz 3 AEUV mit dem Binnenmarkt vereinbar und von der Anmeldepflicht nach Artikel 108 Absatz 3 AEUV freigestellt, sofern die in diesem Artikel und in Kapitel I festgelegten Voraussetzungen erfüllt sind.

2. Beihilfefähige Kosten sind die Kosten einer ersten gezielten Suche und einer förmlichen Due-Diligence-Prüfung, die von Fondsmanagern, Finanzintermediären oder Investoren vorgenommen werden, um beihilfefähige Unternehmen im Sinne der Artikel 21 und 22 zu finden.

3. Die Beihilfeintensität darf 50 % der beihilfefähigen Kosten nicht überschreiten.

ABSCHNITT 4
Beihilfen für Forschung und Entwicklung und Innovation

Artikel 25
Beihilfen für Forschungs- und Entwicklungsvorhaben

1. Beihilfen für Forschungs- und Entwicklungsvorhaben, einschließlich Forschungs- und Entwicklungsvorhaben, die im Rahmen des Programms Horizont 2020 oder des Programms Horizont Europa mit einem Exzellenzsiegel ausgezeichnet wurden, kofinanzierte Forschungs- und Entwicklungsvorhaben sowie gegebenenfalls Beihilfen für kofinanzierte Teaming-Maßnahmen sind im Sinne des Artikels 107 Absatz 3 AEUV mit dem Binnenmarkt vereinbar und von der Anmeldepflicht nach Artikel 108 Absatz 3 AEUV freigestellt, sofern die Voraussetzungen des vorliegenden Artikels und des Kapitels I erfüllt sind.

2. Der geförderte Teil des Forschungs- und Entwicklungsvorhabens muss vollständig einer oder mehreren der folgenden Kategorien zuzuordnen sein:

a) Grundlagenforschung,

b) industrielle Forschung,

c) experimentelle Entwicklung,

d) Durchführbarkeitsstudien.

3. Die beihilfefähigen Kosten von Forschungs- und Entwicklungsvorhaben sind einer dieser Forschungs- und Entwicklungskategorien zuzuordnen. Dabei handelt es sich um

a) Personalkosten: Kosten für Forscher, Techniker und sonstiges Personal, soweit diese für das Vorhaben eingesetzt werden;

b) Kosten für Instrumente und Ausrüstung, soweit und solange sie für das Vorhaben genutzt werden. Wenn diese Instrumente und Ausrüstungen nicht während ihrer gesamten Lebensdauer für das Vorhaben verwendet werden, gilt nur die nach den Grundsätzen ordnungsgemäßer Buchführung ermittelte Wertminderung während der Dauer des Vorhabens als beihilfefähig;

c) Kosten für Gebäude und Grundstücke, soweit und solange sie für das Vorhaben genutzt werden. Bei Gebäuden gilt nur die nach den Grundsätzen ordnungsgemäßer Buchführung ermittelte Wertminderung während der Dauer des Vorhabens als beihilfefähig. Bei Grundstücken sind die Kosten des wirtschaftlichen Übergangs oder die tatsächlich entstandenen Kapitalkosten beihilfefähig;

d) Kosten für Auftragsforschung, Wissen und für unter Einhaltung des Arm's-length-Prinzips von Dritten direkt oder in Lizenz erworbene Patente sowie Kosten für Beratung und gleichwertige Dienstleistungen, die ausschließlich für das Vorhaben genutzt werden;

e) zusätzliche Gemeinkosten und sonstige Betriebskosten (unter anderem für Material, Bedarfsartikel und dergleichen), die unmittelbar durch das Vorhaben entstehen.

4. Die beihilfefähigen Kosten von Durchführbarkeitsstudien sind die Kosten der Studie.

5. Die Beihilfeintensität pro Beihilfeempfänger darf folgende Sätze nicht überschreiten:

a) 100 % der beihilfefähigen Kosten für Grundlagenforschung,

b) 50 % der beihilfefähigen Kosten für industrielle Forschung,

c) 25 % der beihilfefähigen Kosten für experimentelle Entwicklung,

d) 50 % der beihilfefähigen Kosten für Durchführbarkeitsstudien.

6. Die Beihilfeintensitäten für industrielle Forschung und experimentelle Entwicklung können

wie folgt auf maximal 80 % der beihilfefähigen Kosten erhöht werden:

a) um 10 Prozentpunkte bei mittleren Unternehmen und um 20 Prozentpunkte bei kleinen Unternehmen;

b) um 15 Prozentpunkte, wenn eine der folgenden Voraussetzungen erfüllt ist:

i) das Vorhaben beinhaltet die wirksame Zusammenarbeit

— zwischen Unternehmen, von denen mindestens eines ein KMU ist, oder wird in mindestens zwei Mitgliedstaaten oder einem Mitgliedstaat und einer Vertragspartei des EWR-Abkommens durchgeführt, wobei kein einzelnes Unternehmen mehr als 70 % der beihilfefähigen Kosten bestreitet, oder

— zwischen einem Unternehmen und einer oder mehreren Einrichtungen für Forschung und Wissensverbreitung, die mindestens 10 % der beihilfefähigen Kosten tragen und das Recht haben, ihre eigenen Forschungsergebnisse zu veröffentlichen;

ii) die Ergebnisse des Vorhabens finden durch Konferenzen, Veröffentlichung, Open-Access-Repositorien oder durch gebührenfreie Software beziehungsweise Open-Source-Software weite Verbreitung.

7. Die Beihilfeintensität für Durchführbarkeitsstudien kann bei mittleren Unternehmen um 10 Prozentpunkte und bei kleinen Unternehmen um 20 Prozentpunkte erhöht werden.

Artikel 25a
Beihilfen für mit einem Exzellenzsiegel ausgezeichnete Vorhaben

1. Beihilfen für KMU für Forschungs- und Entwicklungsvorhaben oder für Durchführbarkeitsstudien, die im Rahmen des Programms Horizont 2020 oder des Programms Horizont Europa mit einem Exzellenzsiegel ausgezeichnet wurden, sind im Sinne des Artikels 107 Absatz 3 AEUV mit dem Binnenmarkt vereinbar und von der Anmeldepflicht nach Artikel 108 Absatz 3 AEUV freigestellt, sofern die Voraussetzungen des vorliegenden Artikels und des Kapitels I erfüllt sind.

2. Die beihilfefähigen Tätigkeiten der geförderten Forschungs- und Entwicklungsvorhaben oder Durchführbarkeitsstudien entsprechen denjenigen, die gemäß den Vorschriften für das Programm Horizont 2020 oder das Programm Horizont Europa beihilfefähig sind, umfassen jedoch keine Tätigkeiten, die über den Rahmen der experimentellen Entwicklung hinausgehen.

3. Die Kategorien, Höchstbeträge und Methoden zur Berechnung der beihilfefähigen Kosten der geförderten Forschungs- und Entwicklungsvorhaben oder Durchführbarkeitsstudien entsprechen denjenigen, die gemäß den Vorschriften für das Programm Horizont 2020 oder das Programm Horizont Europa beihilfefähig sind.

4. Der Beihilfehöchstbetrag darf 2,5 Mio. EUR je KMU und je Forschungs- und Entwicklungsvorhaben bzw. Durchführbarkeitsstudie nicht überschreiten.

5. Der Gesamtbetrag der je Forschungs- und Entwicklungsvorhaben oder Durchführbarkeitsstudie gewährten öffentlichen Mittel darf den gemäß den Vorschriften für das Programm Horizont 2020 oder das Programm Horizont Europa für das jeweilige Vorhaben oder die jeweilige Studie geltenden Finanzierungssatz nicht überschreiten.

Artikel 25b
Beihilfen für Marie-Skłodowska-Curie-Maßnahmen und vom ERC geförderte Maßnahmen für den Konzeptnachweis

1. Beihilfen für Marie-Skłodowska-Curie-Maßnahmen und für vom ERC geförderte Maßnahmen für den Konzeptnachweis, die im Rahmen des Programms Horizont 2020 oder des Programms Horizont Europa mit einem Exzellenzsiegel ausgezeichnet wurden, sind im Sinne des Artikels 107 Absatz 3 AEUV mit dem Binnenmarkt vereinbar und von der Anmeldepflicht nach Artikel 108 Absatz 3 AEUV freigestellt, sofern die Voraussetzungen des vorliegenden Artikels und des Kapitels I erfüllt sind.

2. Die beihilfefähigen Tätigkeiten der geförderten Maßnahme entsprechen denjenigen, die gemäß den Vorschriften für das Programm Horizont 2020 oder das Programm Horizont Europa beihilfefähig sind.

3. Die Kategorien, Höchstbeträge und Methoden zur Berechnung der beihilfefähigen Kosten der geförderten Maßnahme entsprechen denjenigen, die gemäß den Vorschriften für das Programm Horizont 2020 oder das Programm Horizont Europa beihilfefähig sind.

4. Der Gesamtbetrag der je geförderten Maßnahme gewährten öffentlichen Mittel darf den Höchstbetrag für die Förderung der jeweiligen Maßnahme im Rahmen des Programms Horizont 2020 oder des Programms Horizont Europa nicht überschreiten.

Artikel 25c
Beihilfen im Rahmen von kofinanzierten Forschungs- und Entwicklungsvorhaben

1. Beihilfen für kofinanzierte Forschungs- und Entwicklungsvorhaben oder für Durchführbarkeitsstudien (einschließlich Forschungs- und Entwicklungsvorhaben, die im Rahmen einer institutionellen europäischen Partnerschaft auf der Grundlage des Artikels 185 oder des Artikels 187 AEUV oder im Rahmen einer Kofinanzierungsmaßnahme im Sinne der Vorschriften für das Programm Horizont Europa durchgeführt werden), die von mindestens drei Mitgliedstaaten oder alternativ von zwei Mitgliedstaaten und mindestens einem assoziierten Staat durchgeführt und

die im Anschluss an länderübergreifende Aufforderungen zur Einreichung von Vorschlägen auf der Grundlage der von unabhängigen Sachverständigen nach den Vorschriften für das Programm Horizont 2020 oder das Programm Horizont Europa erstellten Bewertung und Rangliste ausgewählt werden, sind im Sinne des Artikels 107 Absatz 3 AEUV mit dem Binnenmarkt vereinbar und von der Anmeldepflicht nach Artikel 108 Absatz 3 AEUV freigestellt, sofern die Voraussetzungen des vorliegenden Artikels und des Kapitels I erfüllt sind.

2. Die beihilfefähigen Tätigkeiten der geförderten Forschungs- und Entwicklungsvorhaben oder Durchführbarkeitsstudien entsprechen denjenigen, die gemäß den Vorschriften für das Programm Horizont 2020 oder das Programm Horizont Europa beihilfefähig sind, umfassen jedoch keine Tätigkeiten, die über den Rahmen der experimentellen Entwicklung hinausgehen.

3. Die Kategorien, Höchstbeträge und Methoden zur Berechnung der beihilfefähigen Kosten entsprechen denjenigen, die gemäß den Vorschriften für das Programm Horizont 2020 oder das Programm Horizont Europa beihilfefähig sind.

4. Der Gesamtbetrag der gewährten öffentlichen Mittel darf den Finanzierungssatz, der für das Forschungs- und Entwicklungsvorhaben oder die Durchführbarkeitsstudie nach der Auswahl, Erstellung einer Rangliste und Bewertung gemäß den Vorschriften für das Programm Horizont 2020 oder das Programm Horizont Europa gilt, nicht überschreiten.

5. Die im Rahmen des Programms Horizont 2020 oder Horizont Europa bereitgestellten Mittel decken mindestens 30 % der gesamten beihilfefähigen Kosten einer Forschungs- und Innovationsmaßnahme oder einer Innovationsmaßnahme im Sinne des Programms Horizont 2020 oder Horizont Europa.

Artikel 25d
Beihilfen für Teaming-Maßnahmen

1. Beihilfen für kofinanzierte Teaming-Maßnahmen, an denen mindestens zwei Mitgliedstaaten beteiligt sind und die im Anschluss an länderübergreifende Aufforderungen zur Einreichung von Vorschlägen auf der Grundlage der von unabhängigen Sachverständigen nach den Vorschriften für das Programm Horizont 2020 oder das Programm Horizont Europa erstellten Bewertung und Rangliste ausgewählt werden, sind im Sinne des Artikels 107 Absatz 3 AEUV mit dem Binnenmarkt vereinbar und von der Anmeldepflicht nach Artikel 108 Absatz 3 AEUV freigestellt, sofern die Voraussetzungen des vorliegenden Artikels und des Kapitels I erfüllt sind.

2. Die beihilfefähigen Tätigkeiten der kofinanzierten Teaming-Maßnahme entsprechen denjenigen, die gemäß den Vorschriften für das Programm Horizont 2020 oder das Programm Horizont Europa beihilfefähig sind. Ausgeschlossen sind Tätigkeiten, die über den Rahmen der experimentellen Entwicklung hinausgehen.

3. Die Kategorien, Höchstbeträge und Methoden zur Berechnung der beihilfefähigen Kosten entsprechen denjenigen, die gemäß den Vorschriften für das Programm Horizont 2020 oder das Programm Horizont Europa beihilfefähig sind. Darüber hinaus sind die Kosten für Investitionen in projektbezogene materielle und immaterielle Vermögenswerte beihilfefähig.

4. Der Gesamtbetrag der gewährten öffentlichen Mittel darf den Finanzierungssatz, der für die Teaming-Maßnahme nach der Auswahl, Erstellung einer Rangliste und Bewertung gemäß den Vorschriften für das Programm Horizont 2020 oder das Programm Horizont Europa gilt, nicht überschreiten. Zudem darf die Beihilfe bei Investitionen in projektbezogene materielle und immaterielle Vermögenswerte 70 % der Investitionskosten nicht überschreiten.

5. Für Investitionsbeihilfen für Infrastruktur im Rahmen einer Teaming-Maßnahme gelten zudem folgende Voraussetzungen:

a) Wenn die Infrastruktur sowohl wirtschaftliche als auch nichtwirtschaftliche Tätigkeiten ausübt, müssen für die Finanzierung, Kosten und Erlöse für jede Art der Tätigkeit getrennte Bücher nach einheitlich angewandten und sachlich zu rechtfertigenden Kostenrechnungsgrundsätzen geführt werden;

b) der für den Betrieb oder die Nutzung der Infrastruktur berechnete Preis muss dem Marktpreis entsprechen;

c) die Infrastruktur muss mehreren Nutzern offenstehen und der Zugang zu transparenten und diskriminierungsfreien Bedingungen gewährt werden. Unternehmen, die mindestens 10 % der Investitionskosten der Infrastruktur finanziert haben, können einen bevorzugten Zugang zu günstigeren Bedingungen erhalten. Um Überkompensationen zu verhindern, muss der Zugang in einem angemessenen Verhältnis zum Investitionsbeitrag des Unternehmens stehen; ferner werden die Vorzugsbedingungen öffentlich zugänglich gemacht;

d) wenn die Infrastruktur sowohl für wirtschaftliche als auch für nichtwirtschaftliche Tätigkeiten öffentliche Mittel erhält, richtet der Mitgliedstaat einen Monitoring- und Rückforderungsmechanismus ein, um sicherzustellen, dass die zulässige Beihilfeintensität nicht überschritten wird, weil der Anteil der wirtschaftlichen Tätigkeiten höher ist als zum Zeitpunkt der Gewährung der Beihilfe geplant.

Artikel 26
Investitionsbeihilfen für Forschungsinfrastrukturen

1. Beihilfen für den Bau oder Ausbau von Forschungsinfrastrukturen, die wirtschaftliche Tätigkeiten ausüben, sind im Sinne des Artikels 107 Absatz 3 AEUV mit dem Binnenmarkt vereinbar und von der Anmeldepflicht nach Artikel 108 Absatz 3 AEUV freigestellt, sofern die in diesem Artikel und in Kapitel I festgelegten Voraussetzungen erfüllt sind.

2. Wenn eine Forschungsinfrastruktur sowohl wirtschaftliche als auch nichtwirtschaftliche Tätigkeiten ausübt, muss sie für die Finanzierung, Kosten und Erlöse für jede Art der Tätigkeit getrennte Bücher nach einheitlich angewandten und sachlich zu rechtfertigenden Kostenrechnungsgrundsätzen führen.

3. Der für den Betrieb oder die Nutzung der Infrastruktur berechnete Preis muss dem Marktpreis entsprechen.

4. Die Infrastruktur muss mehreren Nutzern offenstehen und der Zugang zu transparenten und diskriminierungsfreien Bedingungen gewährt werden. Unternehmen, die mindestens 10 % der Investitionskosten der Infrastruktur finanziert haben, können einen bevorzugten Zugang zu günstigeren Bedingungen erhalten. Um Überkompensationen zu verhindern, muss der Zugang in einem angemessenen Verhältnis zum Investitionsbeitrag des Unternehmens stehen; ferner werden die Vorzugsbedingungen öffentlich zugänglich gemacht.

5. Beihilfefähige Kosten sind die Kosten der Investitionen in materielle und immaterielle Vermögenswerte.

6. Die Beihilfeintensität darf 50 % der beihilfefähigen Kosten nicht überschreiten.

7. Wenn eine Forschungsinfrastruktur sowohl für wirtschaftliche als auch für nichtwirtschaftliche Tätigkeiten öffentliche Mittel erhält, richtet der Mitgliedstaat einen Monitoring- und Rückforderungsmechanismus ein, um sicherzustellen, dass die zulässige Beihilfeintensität nicht überschritten wird, weil der Anteil der wirtschaftlichen Tätigkeiten höher ist als zum Zeitpunkt der Gewährung der Beihilfe geplant.

Artikel 27
Beihilfen für Innovationscluster

1. Beihilfen für Innovationscluster sind im Sinne des Artikels 107 Absatz 3 AEUV mit dem Binnenmarkt vereinbar und von der Anmeldepflicht nach Artikel 108 Absatz 3 AEUV freigestellt, sofern die in diesem Artikel und in Kapitel I festgelegten Voraussetzungen erfüllt sind.

2. Beihilfen für Innovationscluster dürfen ausschließlich der juristischen Person gewährt werden, die den Innovationscluster betreibt (Clusterorganisation).

3. Die Räumlichkeiten, Anlagen und Tätigkeiten des Clusters müssen mehreren Nutzern offenstehen und der Zugang muss zu transparenten und diskriminierungsfreien Bedingungen gewährt werden. Unternehmen, die mindestens 10 % der Investitionskosten des Innovationsclusters finanziert haben, können einen bevorzugten Zugang zu günstigeren Bedingungen erhalten. Um Überkompensationen zu verhindern, muss der Zugang in einem angemessenen Verhältnis zum Investitionsbeitrag des Unternehmens stehen; ferner werden die Vorzugsbedingungen öffentlich zugänglich gemacht.

4. Entgelte für die Nutzung der Anlagen und die Beteiligung an Tätigkeiten des Innovationsclusters müssen dem Marktpreis entsprechen beziehungsweise die Kosten widerspiegeln.

5. Investitionsbeihilfen können für den Auf- oder Ausbau des Innovationsclusters gewährt werden. Beihilfefähige Kosten sind die Kosten der Investitionen in materielle und immaterielle Vermögenswerte.

6. Die Beihilfeintensität von Investitionsbeihilfen für Innovationscluster darf höchstens 50 % der beihilfefähigen Kosten betragen. Die Beihilfeintensität kann bei Innovationsclustern in Fördergebieten nach Artikel 107 Absatz 3 Buchstabe a AEUV um 15 % und bei Innovationsclustern in Fördergebieten nach Artikel 107 Absatz 3 Buchstabe c AEUV um 5 % erhöht werden.

7. Für den Betrieb von Innovationsclustern können Betriebsbeihilfen gewährt werden. Dies ist für einen Zeitraum von bis zu zehn Jahren möglich.

8. Beihilfefähige Kosten von Betriebsbeihilfen für Innovationscluster sind die Kosten für Personal und Verwaltung (einschließlich Gemeinkosten) für

a) die Betreuung des Innovationsclusters zwecks Erleichterung der Zusammenarbeit, des Informationsaustauschs und der Erbringung und Weiterleitung von spezialisierten und maßgeschneiderten Unterstützungsdienstleistungen für Unternehmen;

b) Werbemaßnahmen, die darauf abzielen, neue Unternehmen oder Einrichtungen zur Beteiligung am Innovationscluster zu bewegen und die Sichtbarkeit des Innovationsclusters zu erhöhen;

c) die Verwaltung der Einrichtungen des Innovationsclusters, die Organisation von Aus- und Weiterbildungsmaßnahmen, Workshops und Konferenzen zur Förderung des Wissensaustauschs, die Vernetzung und die transnationale Zusammenarbeit.

9. Die Beihilfeintensität von Betriebsbeihilfen darf im Gewährungszeitraum höchstens 50 % der beihilfefähigen Gesamtkosten betragen.

Artikel 28
Innovationsbeihilfen für KMU

1. Innovationsbeihilfen für KMU sind im Sinne des Artikels 107 Absatz 3 AEUV mit dem Binnenmarkt vereinbar und von der Anmeldepflicht nach Artikel 108 Absatz 3 AEUV freigestellt, sofern die in diesem Artikel und in Kapitel I festgelegten Voraussetzungen erfüllt sind.

2. Beihilfefähige Kosten sind:

a) Kosten für die Erlangung, die Validierung und Verteidigung von Patenten und anderen immateriellen Vermögenswerten;

b) Kosten für die Abordnung hochqualifizierten Personals einer Einrichtung für Forschung und Wissensverbreitung oder eines großen Unternehmens für Tätigkeiten im Bereich Forschung, Entwicklung oder Innovation in einer neu geschaffenen Funktion innerhalb des begünstigten KMU, wodurch jedoch kein anderes Personal ersetzt wird;

c) Kosten für Innovationsberatungsdienste und innovationsunterstützende Dienstleistungen.

3. Die Beihilfeintensität darf 50 % der beihilfefähigen Kosten nicht überschreiten.

4. In dem besonderen Fall von Beihilfen für Innovationsberatungsdienste und innovationsunterstützende Dienstleistungen kann die Beihilfeintensität auf bis zu 100 % der beihilfefähigen Kosten erhöht werden, sofern der Gesamtbetrag der Beihilfe für Innovationsberatungsdienste und innovationsunterstützende Dienstleistungen innerhalb von drei Jahren nicht mehr als 200 000 EUR pro Unternehmen beträgt.

Artikel 29
Beihilfen für Prozess- und Organisationsinnovationen

1. Beihilfen für Prozess- und Organisationsinnovationen sind im Sinne des Artikels 107 Absatz 3 AEUV mit dem Binnenmarkt vereinbar und von der Anmeldepflicht nach Artikel 108 Absatz 3 AEUV freigestellt, sofern die in diesem Artikel und in Kapitel I festgelegten Voraussetzungen erfüllt sind.

2. Beihilfen für große Unternehmen sind nur mit dem Binnenmarkt vereinbar, wenn diese bei der geförderten Tätigkeit tatsächlich mit KMU zusammenarbeiten und die beteiligten KMU mindestens 30 % der gesamten beihilfefähigen Kosten tragen.

3. Beihilfefähige Kosten sind:

a) Personalkosten,

b) Kosten für Instrumente, Ausrüstung, Gebäude und Grundstücke, soweit und solange sie für das Vorhaben genutzt werden,

c) Kosten für Auftragsforschung, Wissen und unter Einhaltung des Arm's-length-Prinzips von Dritten direkt oder in Lizenz erworbene Patente,

d) zusätzliche Gemeinkosten und sonstige Betriebskosten (unter anderem für Material, Bedarfsartikel und dergleichen), die unmittelbar durch das Vorhaben entstehen.

4. Die Beihilfeintensität darf bei großen Unternehmen höchstens 15 % und bei KMU höchstens 50 % der beihilfefähigen Kosten betragen.

Artikel 30
Forschungs- und Entwicklungsbeihilfen für Fischerei und Aquakultur

1. Forschungs- und Entwicklungsbeihilfen für Fischerei und Aquakultur sind im Sinne des Artikels 107 Absatz 3 AEUV mit dem Binnenmarkt vereinbar und von der Anmeldepflicht nach Artikel 108 Absatz 3 AEUV freigestellt, sofern die in diesem Artikel und in Kapitel I festgelegten Voraussetzungen erfüllt sind.

2. Das geförderte Vorhaben muss für alle Wirtschaftsbeteiligten in dem betreffenden Wirtschaftszweig oder Teilsektor von Interesse sein.

3. Vor Beginn des geförderten Vorhabens sind folgende Informationen im Internet zu veröffentlichen:

a) die Tatsache, dass das geförderte Vorhaben durchgeführt wird;

b) die Ziele des geförderten Vorhaben;

c) der voraussichtliche Termin und Ort der Veröffentlichung der von dem geförderten Vorhaben erwarteten Ergebnisse im Internet;

d) der Hinweis darauf, dass die Ergebnisse des geförderten Vorhabens allen in dem betreffenden Wirtschaftszweig oder Teilsektor tätigen Unternehmen unentgeltlich zur Verfügung stehen.

4. Die Ergebnisse des geförderten Vorhabens werden ab dem Tag, an dem das Vorhaben endet, oder an dem Tag, an dem Mitglieder einer Einrichtung über diese Ergebnisse informiert werden, im Internet zur Verfügung gestellt, wobei der frühere der beiden Zeitpunkte maßgeblich ist. Die Ergebnisse bleiben mindesten 5 Jahre ab dem Abschluss des geförderten Vorhabens im Internet verfügbar.

5. Die Beihilfen werden der Einrichtung für Forschung und Wissensverbreitung direkt gewährt; die direkte Gewährung nichtforschungsbezogener Beihilfen an ein Unternehmen, das landwirtschaftliche Erzeugnisse produziert, verarbeitet oder vermarktet, ist dabei nicht zulässig.

6. Beihilfefähige Kosten sind die in Artikel 25 Absatz 3 genannten Kosten.

7. Die Beihilfeintensität darf 100 % der beihilfefähigen Kosten nicht überschreiten.

ABSCHNITT 5
Ausbildungsbeihilfen

Artikel 31

Ausbildungsbeihilfen

1. Ausbildungsbeihilfen sind im Sinne des Artikels 107 Absatz 3 AEUV mit dem Binnenmarkt vereinbar und von der Anmeldepflicht nach Artikel 108 Absatz 3 AEUV freigestellt, sofern die in diesem Artikel und in Kapitel I festgelegten Voraussetzungen erfüllt sind.

2. Für Ausbildungsmaßnahmen von Unternehmen zur Einhaltung verbindlicher Ausbildungsnormen der Mitgliedstaaten dürfen keine Beihilfen gewährt werden.

3. Beihilfefähige Kosten sind:

a) die Personalkosten für Ausbilder, die für die Stunden anfallen, in denen sie die Ausbildungsmaßnahme durchführen;

b) die direkt mit der Ausbildungsmaßnahme verbundenen Aufwendungen von Ausbildern und Ausbildungsteilnehmern, zum Beispiel direkt mit der Maßnahme zusammenhängende Reisekosten, Unterbringungskosten, Materialien und Bedarfsartikel sowie die Abschreibung von Werkzeugen und Ausrüstungsgegenständen, soweit sie ausschließlich für die Ausbildungsmaßnahme verwendet werden;

c) Kosten für Beratungsdienste, die mit der Ausbildungsmaßnahme zusammenhängen;

d) die Personalkosten für Ausbildungsteilnehmer und allgemeine indirekte Kosten (Verwaltungskosten, Miete, Gemeinkosten), die für die Stunden anfallen, in denen die Ausbildungsteilnehmer an der Ausbildungsmaßnahme teilnehmen.

4. Die Beihilfeintensität darf 50 % der beihilfefähigen Kosten nicht überschreiten. Sie kann jedoch wie folgt auf maximal 70 % der beihilfefähigen Kosten erhöht werden:

a) um 10 Prozentpunkte bei Ausbildungsmaßnahmen für Arbeitnehmer mit Behinderungen oder benachteiligte Arbeitnehmer;

b) um 10 Prozentpunkte bei Beihilfen für mittlere Unternehmen und um 20 Prozentpunkte bei Beihilfen für kleine Unternehmen.

5. Für den Seeverkehr kann die Beihilfeintensität bis auf 100 % der beihilfefähigen Kosten erhöht werden, wenn folgende Voraussetzungen erfüllt sind:

a) Die Auszubildenden sind keine aktiven, sondern zusätzliche Besatzungsmitglieder und

b) die Ausbildung wird an Bord von im Unionsregister eingetragenen Schiffen durchgeführt.

ABSCHNITT 6
Beihilfen für benachteiligte Arbeitnehmer und Arbeitnehmer mit Behinderungen

Artikel 32

Beihilfen in Form von Lohnkostenzuschüssen für die Einstellung benachteiligter Arbeitnehmer

1. Beihilferegelungen für die Einstellung benachteiligter Arbeitnehmer sind im Sinne des Artikels 107 Absatz 3 AEUV mit dem Binnenmarkt vereinbar und von der Anmeldepflicht nach Artikel 108 Absatz 3 AEUV freigestellt, sofern die in diesem Artikel und in Kapitel I festgelegten Voraussetzungen erfüllt sind.

2. Die beihilfefähigen Kosten sind die Lohnkosten über einen Zeitraum von höchstens 12 Monaten nach der Einstellung eines benachteiligten Arbeitnehmers. Bei stark benachteiligten Arbeitnehmern sind die Lohnkosten über einen Zeitraum von bis zu 24 Monaten nach Einstellung des betreffenden Arbeitnehmers beihilfefähig.

3. Wenn die Einstellung im Vergleich zum Durchschnitt der vorangegangenen 12 Monate keinen Nettoanstieg der Zahl der in dem betreffenden Unternehmen beschäftigten Arbeitnehmer darstellt, muss die Stelle infolge des freiwilligen Ausscheidens, der Invalidisierung, des Eintritts in den Ruhestand aus Altersgründen, der freiwilligen Reduzierung der Arbeitszeit oder der rechtmäßigen Entlassung eines Mitarbeiters wegen Fehlverhaltens und nicht infolge des Abbaus von Arbeitsplätzen frei geworden sein.

4. Außer bei rechtmäßiger Entlassung wegen Fehlverhaltens hat der benachteiligte Arbeitnehmer Anspruch auf eine kontinuierliche Beschäftigung während des Mindestzeitraums, der in den betreffenden nationalen Rechtsvorschriften oder in für Beschäftigungsverträge maßgeblichen Tarifvereinbarungen niedergelegt ist.

5. Ist der Beschäftigungszeitraum kürzer als 12 Monate beziehungsweise bei stark benachteiligten Arbeitnehmern kürzer als 24 Monate, wird die Beihilfe anteilig gekürzt.

6. Die Beihilfeintensität darf 50 % der beihilfefähigen Kosten nicht überschreiten.

Artikel 33

Beihilfen in Form von Lohnkostenzuschüssen für die Beschäftigung von Arbeitnehmern mit Behinderungen

1. Beihilfen für die Beschäftigung von Arbeitnehmern mit Behinderungen sind im Sinne des Artikels 107 Absatz 3 AEUV mit dem Binnenmarkt vereinbar und von der Anmeldepflicht nach Artikel 108 Absatz 3 AEUV freigestellt, sofern die in diesem Artikel und in Kapitel I festgelegten Voraussetzungen erfüllt sind.

2. Die beihilfefähigen Kosten sind die Lohnkosten, die während der Beschäftigung des Arbeitnehmers mit Behinderungen anfallen.

3. Wenn die Einstellung im Vergleich zum Durchschnitt der vorangegangenen 12 Monate keinen Nettoanstieg der Zahl der in dem betreffenden Unternehmen beschäftigten Arbeitnehmer darstellt, muss die Stelle infolge des freiwilligen Ausscheidens, der Invalidisierung, des Eintritts in den Ruhestand aus Altersgründen, der freiwilligen Reduzierung der Arbeitszeit oder der rechtmäßigen Entlassung eines Mitarbeiters wegen Fehlverhaltens und nicht infolge des Abbaus von Arbeitsplätzen frei geworden sein.

4. Außer bei rechtmäßiger Entlassung wegen Fehlverhaltens haben die Arbeitnehmer mit Behinderungen Anspruch auf eine kontinuierliche Beschäftigung während des Mindestzeitraums, der in den betreffenden nationalen Rechtsvorschriften oder in für das Unternehmen rechtsverbindlichen Tarifvereinbarungen niedergelegt ist, die für Beschäftigungsverträge maßgeblich sind.

5. Die Beihilfeintensität darf 75 % der beihilfefähigen Kosten nicht überschreiten.

Artikel 34

Beihilfen zum Ausgleich der durch die Beschäftigung von Arbeitnehmern mit Behinderungen verursachten Mehrkosten

1. Beihilfen zum Ausgleich der durch die Beschäftigung von Arbeitnehmern mit Behinderungen verursachten Mehrkosten sind im Sinne des Artikels 107 Absatz 3 AEUV mit dem Binnenmarkt vereinbar und von der Anmeldepflicht nach Artikel 108 Absatz 3 AEUV freigestellt, sofern die in diesem Artikel und in Kapitel I festgelegten Voraussetzungen erfüllt sind.

2. Beihilfefähige Kosten sind:

a) Kosten für eine behindertengerechte Umgestaltung der Räumlichkeiten;

b) Kosten für die Beschäftigung von Personal ausschließlich für die für die Unterstützung der Arbeitnehmer mit Behinderungen aufgewandte Zeit sowie Kosten für die Ausbildung dieses Personals zur Unterstützung von Arbeitnehmern mit Behinderungen;

c) Kosten für die Anschaffung behindertengerechter Ausrüstung beziehungsweise für die Umrüstung der Ausrüstung oder Kosten für die Anschaffung und Validierung von Software für die Nutzung durch Arbeitnehmer mit Behinderungen einschließlich adaptierter oder unterstützender Technologien; hierbei handelt es sich um Mehrkosten, die zu den Kosten hinzukommen, die dem Unternehmen bei Beschäftigung von Arbeitnehmern ohne Behinderungen entstehen würden;

d) Kosten, die direkt mit der Beförderung von Arbeitnehmern mit Behinderungen zum Arbeitsplatz und für arbeitsbezogene Tätigkeiten verbunden sind;

e) Lohnkosten für die Stunden, die ein Arbeitnehmer mit Behinderungen für Rehabilitation verwendet;

f) bei Beihilfeempfängern, die geschützte Beschäftigungsverhältnisse anbieten: die Kosten für den Bau, die Ausstattung oder die Modernisierung der Produktionseinheiten des betreffenden Unternehmens sowie die Verwaltungs- und Beförderungskosten, wenn diese Kosten direkt aus der Beschäftigung von Arbeitnehmern mit Behinderungen erwachsen.

3. Die Beihilfeintensität darf 100 % der beihilfefähigen Kosten nicht überschreiten.

Artikel 35

Beihilfen zum Ausgleich der Kosten für die Unterstützung benachteiligter Arbeitnehmer

1. Beihilfen zum Ausgleich der Kosten für die Unterstützung benachteiligter Arbeitnehmer sind im Sinne des Artikels 107 Absatz 3 AEUV mit dem Binnenmarkt vereinbar und von der Anmeldepflicht nach Artikel 108 Absatz 3 AEUV freigestellt, sofern die in diesem Artikel und in Kapitel I festgelegten Voraussetzungen erfüllt sind.

2. Beihilfefähige Kosten sind die Kosten für:

a) die Beschäftigung von Personal ausschließlich für die für die Unterstützung benachteiligter Arbeitnehmer aufgewandte Zeit; dies gilt für einen Zeitraum von bis zu 12 Monaten nach der Einstellung eines benachteiligten Arbeitnehmers beziehungsweise 24 Monaten nach der Einstellung eines stark benachteiligten Arbeitnehmers;

b) die Ausbildung dieses Personals für die Unterstützung benachteiligter Arbeitnehmer.

3. Die Unterstützung umfasst Maßnahmen zur Förderung der Autonomie des benachteiligten Arbeitnehmers und zu dessen Anpassung an das Arbeitsumfeld, die Begleitung des Arbeitnehmers bei sozialen Maßnahmen und Verwaltungsverfahren, die Erleichterung der Kommunikation mit dem Unternehmer und Konfliktmanagement.

4. Die Beihilfeintensität darf 50 % der beihilfefähigen Kosten nicht überschreiten.

ABSCHNITT 7

Umweltschutzbeihilfen

Artikel 36

Investitionsbeihilfen, die Unternehmen in die Lage versetzen, über die Unionsnormen für den Umweltschutz hinauszugehen oder bei Fehlen solcher Normen den Umweltschutz zu verbessern

1. Investitionsbeihilfen, die Unternehmen in die Lage versetzen, über die Unionsnormen für den Umweltschutz hinauszugehen oder bei Fehlen solcher Normen den Umweltschutz zu verbessern, sind im Sinne des Artikels 107 Absatz 3 AEUV mit dem Binnenmarkt vereinbar und von der Anmeldepflicht nach Artikel 108 Absatz 3 AEUV

freigestellt, sofern die in diesem Artikel und in Kapitel I festgelegten Voraussetzungen erfüllt sind.

2. Die Investition muss eine der beiden nachstehenden Voraussetzungen erfüllen:

a) Sie ermöglicht dem Beihilfeempfänger, unabhängig von verbindlichen nationalen Normen, die strenger als die Unionsnormen sind, im Rahmen seiner Tätigkeit über die geltenden Unionsnormen hinauszugehen und dadurch den Umweltschutz zu verbessern.

b) Sie ermöglicht dem Beihilfeempfänger, im Rahmen seiner Tätigkeit den Umweltschutz zu verbessern, ohne hierzu durch entsprechende Unionsnormen verpflichtet zu sein.

3. Für Investitionen, die sicherstellen sollen, dass Unternehmen bereits angenommene, aber noch nicht in Kraft getretene Unionsnormen erfüllen, dürfen keine Beihilfen gewährt werden.

4. Abweichend von Absatz 3 können Beihilfen gewährt werden, um

a) neue Fahrzeuge für den Straßen-, Schienen-, Binnenschifffahrts- und Seeverkehr zu erwerben, die den angenommenen Unionsnormen entsprechen, sofern die Fahrzeuge vor dem Inkrafttreten dieser Normen angeschafft wurden und diese Normen, sobald sie verbindlich sind, nicht für bereits vor diesem Zeitpunkt erworbene Fahrzeuge gelten;

b) vorhandene Fahrzeuge für den Straßen-, Schienen-, Binnenschifffahrts- und Seeverkehr umzurüsten, sofern die Unionsnormen zum Zeitpunkt der Inbetriebnahme dieser Fahrzeuge noch nicht in Kraft waren und, sobald sie verbindlich sind, nicht rückwirkend für diese Fahrzeuge gelten.

5. Beihilfefähig sind die Investitionsmehrkosten, die erforderlich sind, um über das in den Unionsnormen vorgeschriebene Umweltschutzniveau hinauszugehen oder bei Fehlen solcher Normen den Umweltschutz zu verbessern. Die beihilfefähigen Kosten werden wie folgt ermittelt:

a) Wenn bei den Gesamtinvestitionskosten die Kosten einer Investition in den Umweltschutz als getrennte Investition ermittelt werden können, dann sind diese umweltschutzbezogenen Kosten die beihilfefähigen Kosten;

b) in allen anderen Fällen werden die Kosten einer Investition in den Umweltschutz anhand eines Vergleichs mit einer ähnlichen weniger umweltfreundlichen Investition, die ohne Beihilfe durchaus hätte durchgeführt werden können, ermittelt. Die Differenz zwischen den Kosten dieser beiden Investitionen sind die umweltschutzbezogenen Kosten und somit beihilfefähigen Kosten.

Nicht direkt mit der Verbesserung des Umweltschutzes zusammenhängende Kosten sind nicht beihilfefähig.

6. Die Beihilfeintensität darf 40 % der beihilfefähigen Kosten nicht überschreiten.

7. Bei Beihilfen für mittlere Unternehmen kann die Intensität um 10 Prozentpunkte, bei Beihilfen für kleine Unternehmen um 20 Prozentpunkte erhöht werden.

8. Die Beihilfeintensität kann bei Investitionen in Fördergebieten nach Artikel 107 Absatz 3 Buchstabe a AEUV um 15 Prozentpunkte und bei Investitionen in Fördergebieten nach Artikel 107 Absatz 3 Buchstabe c AEUV um 5 Prozentpunkte erhöht werden.

Artikel 36a

Investitionsbeihilfen für öffentlich zugängliche Lade- oder Tankinfrastruktur für emissionsfreie und emissionsarme Straßenfahrzeuge

1. Beihilfen für den Aufbau der Lade- oder Tankinfrastruktur für die Energieversorgung von emissionsfreien und emissionsarmen Straßenfahrzeugen für Verkehrszwecke sind im Sinne des Artikels 107 Absatz 3 AEUV mit dem Binnenmarkt vereinbar und von der Anmeldepflicht nach Artikel 108 Absatz 3 AEUV freigestellt, sofern die Voraussetzungen des vorliegenden Artikels und des Kapitels I erfüllt sind.

2. Dieser Artikel gilt ausschließlich für Beihilfen für den Aufbau von Lade- oder Tankinfrastruktur zur Versorgung von Fahrzeugen mit Strom oder erneuerbarem Wasserstoff für Verkehrszwecke. Die Mitgliedstaaten stellen sicher, dass die Anforderung, dass erneuerbarer Wasserstoff bereitgestellt wird, während der gesamten wirtschaftlichen Lebensdauer der Infrastruktur erfüllt wird.

3. Die beihilfefähigen Kosten sind die Kosten für den Bau, die Installation oder die Modernisierung der Lade- oder Tankinfrastruktur. Dazu können die Kosten für die Lade- oder Tankinfrastruktur selbst, die Kosten für die Installation oder Modernisierung elektrischer oder anderer Komponenten, einschließlich des Transformators, die erforderlich sind, um die Lade- oder Tankinfrastruktur ans Netz oder an eine lokale Anlage zur Erzeugung oder Speicherung von Strom oder Wasserstoff anzuschließen, sowie die Kosten für einschlägige technische Ausrüstung, Baumaßnahmen, Anpassungen von Grundflächen oder Straßen sowie die einschlägigen Installationskosten und die Kosten für die Einholung einschlägiger Genehmigungen gehören. Die Kosten für lokale Anlagen zur Stromerzeugung oder -speicherung und die Kosten für lokale Anlagen zur Wasserstofferzeugung sind nicht beihilfefähig.

4. Beihilfen nach diesem Artikel werden im Rahmen einer Ausschreibung anhand eindeutiger, transparenter und diskriminierungsfreier Kriterien gewährt; die Beihilfeintensität kann bis zu 100 % der beihilfefähigen Kosten betragen.

5. Beihilfen für denselben Empfänger dürfen 40 % der Gesamtmittelausstattung der betreffenden Beihilferegelung nicht überschreiten.

6. Beihilfen nach diesem Artikel werden ausschließlich für den Bau, die Installation oder die Modernisierung öffentlich zugänglicher Lade- oder Tankinfrastruktur gewährt, die den Nutzern einen diskriminierungsfreien Zugang bietet, auch in Bezug auf die Gebühren, die Authentifizierungs- und Zahlungsmethoden sowie die sonstigen Nutzungsbedingungen.

7. Die Erforderlichkeit einer Beihilfe als Anreiz für den Aufbau von Lade- oder Tankinfrastruktur derselben Kategorie (bei Ladeinfrastruktur beispielsweise Normal- oder Schnellladeinfrastruktur) wird im Rahmen einer vorab durchgeführten öffentlichen Konsultation oder einer unabhängigen Marktstudie überprüft. Insbesondere muss überprüft werden, dass innerhalb von drei Jahren nach Veröffentlichung der Beihilfemaßnahme zu Marktbedingungen voraussichtlich keine solche Infrastruktur aufgebaut würde.

8. Abweichend von Absatz 7 kann die Erforderlichkeit von Beihilfen für Lade- oder Tankinfrastruktur angenommen werden, wenn entweder batteriebetriebene Elektrofahrzeuge (für Ladeinfrastruktur) oder wasserstoffbetriebene Fahrzeuge (für Tankinfrastruktur) jeweils weniger als 2 % der in den betreffenden Mitgliedstaaten insgesamt gemeldeten Fahrzeuge der jeweiligen Kategorie ausmachen. Für die Zwecke dieses Absatzes gehören Pkw und leichte Nutzfahrzeuge derselben Fahrzeugkategorie an.

9. Werden Dritte mittels Konzession oder Betrauung mit dem Betrieb der geförderten Lade- oder Tankinfrastruktur beauftragt, so erfolgt dies auf der Grundlage eines offenen, transparenten und diskriminierungsfreien Verfahrens unter Einhaltung der geltenden Vergabevorschriften.

Artikel 37
Investitionsbeihilfen zur frühzeitigen Anpassung an künftige Unionsnormen

1. Beihilfen, die Unternehmen zur Einhaltung neuer, noch nicht in Kraft getretener Unionsnormen, die einen besseren Umweltschutz gewährleisten, veranlassen sollen, sind im Sinne des Artikels 107 Absatz 3 AEUV mit dem Binnenmarkt vereinbar und von der Anmeldepflicht nach Artikel 108 Absatz 3 AEUV freigestellt, sofern die in diesem Artikel und in Kapitel I festgelegten Voraussetzungen erfüllt sind.

2. Die Unionsnormen müssen bereits angenommen worden sein und die Investition muss spätestens ein Jahr vor dem Inkrafttreten der betreffenden Norm durchgeführt und abgeschlossen werden.

3. Beihilfefähig sind die Investitionskosten, die erforderlich sind, um über die geltenden Unionsnormen hinauszugehen. Die beihilfefähigen Kosten werden wie folgt ermittelt:

a) Wenn bei den Gesamtinvestitionskosten die Kosten einer Investition in den Umweltschutz als getrennte Investition ermittelt werden können, dann sind diese umweltschutzbezogenen Kosten die beihilfefähigen Kosten;

b) in allen anderen Fällen werden die Kosten einer Investition in den Umweltschutz anhand eines Vergleichs mit einer ähnlichen, weniger umweltfreundlichen Investition ermittelt, die ohne Beihilfe durchaus hätte durchgeführt werden können. Die Differenz zwischen den Kosten dieser beiden Investitionen sind die umweltschutzbezogenen Kosten und somit die beihilfenfähigen Kosten.

Nicht direkt mit der Verbesserung des Umweltschutzes zusammenhängende Kosten sind nicht beihilfefähig.

4. Die Beihilfeintensität darf folgende Sätze nicht überschreiten:

a) bei kleinen Unternehmen 20 %, bei mittleren Unternehmen 15 % und bei großen Unternehmen 10 % der beihilfefähigen Kosten, wenn die Investition mehr als drei Jahre vor dem Inkrafttreten der neuen Unionsnorm durchgeführt und abgeschlossen wird;

b) bei kleinen Unternehmen 15 %, bei mittleren Unternehmen 10 % und bei großen Unternehmen 5 % der beihilfefähigen Kosten, wenn die Investition ein bis drei Jahre vor dem Inkrafttreten der neuen Unionsnorm durchgeführt und abgeschlossen wird.

5. Die Beihilfeintensität kann bei Investitionen in Fördergebieten nach Artikel 107 Absatz 3 Buchstabe a AEUV um 15 Prozentpunkte und bei Investitionen in Fördergebieten nach Artikel 107 Absatz 3 Buchstabe c AEUV um 5 Prozentpunkte erhöht werden.

Artikel 38
Investitionsbeihilfen für Energieeffizienzmaßnahmen

1. Investitionsbeihilfen, die Unternehmen Energieeffizienzgewinne ermöglichen, sind im Sinne des Artikels 107 Absatz 3 AEUV mit dem Binnenmarkt vereinbar und von der Anmeldepflicht nach Artikel 108 Absatz 3 AEUV freigestellt, sofern die in diesem Artikel und in Kapitel I festgelegten Voraussetzungen erfüllt sind.

2. Für Verbesserungen, die sicherstellen sollen, dass Unternehmen bereits angenommene Unionsnormen erfüllen, werden keine Beihilfen gewährt; dies gilt auch, wenn die Unionsnormen noch nicht in Kraft getreten sind.

3. Die beihilfefähigen Kosten sind die Investitionsmehrkosten, die für die Verbesserung der Energieeffizienz erforderlich sind. Die beihilfefähigen Kosten werden wie folgt ermittelt:

a) Wenn bei den gesamten Investitionskosten die Kosten einer Investition in die Energieeffizienz als getrennte Investition ermittelt werden können, dann sind diese Energieeffizienzkosten die beihilfefähigen Kosten;

b) bezieht sich die Investition auf die Verbesserung der Energieeffizienz von i) Wohngebäuden, ii) Gebäuden, die für die Erbringung von Bildungsleistungen oder sozialen Leistung bestimmt sind, iii) Gebäuden, die für Tätigkeiten im Zusammenhang mit der öffentlichen Verwaltung oder für Justiz-, Polizei- oder Feuerwehrdienste bestimmt sind, oder iv) von unter Ziffer i, ii oder iii genannten Gebäuden, in denen weniger als 35 % der Nettofläche für andere als die unter diesen Ziffern genannten Tätigkeiten genutzt werden, dann sind die beihilfefähigen Kosten die gesamten Investitionskosten, die erforderlich sind, um die Energieeffizienz zu verbessern, sofern die Verbesserungen der Energieeffizienz im Falle der Renovierung zu einer Verringerung des Primärenergiebedarfs um mindestens 20 % und im Falle neuer Gebäude zu Primärenergieeinsparungen von mindestens 10 % gegenüber dem Schwellenwert für die Anforderungen an Niedrigstenergiegebäude bei nationalen Maßnahmen zur Durchführung der Richtlinie 2010/31/EU des Europäischen Parlaments und des Rates ([39]) führen. Der anfängliche Primärenergiebedarf und die geschätzte Verbesserung werden unter Bezug auf einen Ausweis über die Gesamtenergieeffizienz nach Artikel 2 Nummer 12 der Richtlinie 2010/31/EU ermittelt;

c) in allen anderen Fällen werden die Kosten einer Investition in die Energieeffizienz anhand eines Vergleichs mit einer ähnlichen, zu einer geringeren Energieeffizienz führenden Investition ermittelt, die ohne Beihilfe glaubhaft hätte durchgeführt werden können. Die Differenz zwischen den Kosten dieser beiden Investitionen sind die Energieeffizienzkosten und somit die beihilfefähigen Kosten.

Nicht direkt mit der Verbesserung der Energieeffizienz zusammenhängende Kosten sind nicht beihilfefähig.

3a. Bei den in Absatz 3 Buchstabe b genannten Gebäuden dürfen die Investitionen zur Verbesserung der Energieeffizienz des Gebäudes kombiniert werden mit

a) Investitionen in Anlagen am Standort des Gebäudes zur Erzeugung erneuerbarer Energie und/oder Wärme;

b) Investitionen in Ausrüstung zur Speicherung der Energie, die von der am Standort des Gebäudes befindlichen Anlage zur Erzeugung erneuerbarer Energie erzeugt wird;

c) Investitionen in in das Gebäude eingebaute Ausrüstung und damit zusammenhängende Infrastruktur für das Laden von Elektrofahrzeugen der Gebäudenutzer;

d) Investitionen in die Digitalisierung des Gebäudes, insbesondere zur Steigerung seiner Intelligenzfähigkeit. Beihilfefähig können auch Investitionen sein, die sich auf die passive gebäudeinterne Verkabelung oder die strukturierte Verkabelung für Datennetze beschränken, erforderlichenfalls einschließlich des zugehörigen Teils des passiven Netzes auf dem Privatgrundstück außerhalb des Gebäudes. Für Datennetze bestimmte Verkabelungen außerhalb des Privatgrundstücks sind nicht beihilfefähig.

Bei solchen kombinierten Bauarbeiten nach Unterabsatz 1 Buchstaben a bis d sind die gesamten Investitionskosten für die verschiedenen Ausrüstungsteile die beihilfefähigen Kosten.

Abhängig davon, wer die Bauarbeiten zur Verbesserung der Energieeffizienz in Auftrag gibt, können die Beihilfen entweder dem bzw. den Gebäudeeigentümern oder dem bzw. den Mietern gewährt werden.

4. Die Beihilfeintensität darf 30 % der beihilfefähigen Kosten nicht überschreiten.

5. Bei Beihilfen für kleine Unternehmen kann die Intensität um 20 Prozentpunkte, bei Beihilfen für mittlere Unternehmen um 10 Prozentpunkte erhöht werden.

6. Die Beihilfeintensität kann bei Investitionen in Fördergebieten nach Artikel 107 Absatz 3 Buchstabe a AEUV um 15 Prozentpunkte und bei Investitionen in Fördergebieten nach Artikel 107 Absatz 3 Buchstabe c AEUV um 5 Prozentpunkte erhöht werden.

7. Beihilfen für Maßnahmen, die die Energieeffizienz von Gebäuden verbessern, können unter den folgenden kumulativen Voraussetzungen auch die Begünstigung von Energieleistungsverträgen zum Gegenstand haben:

a) Die Förderung erfolgt in Form eines Kredits oder einer Garantie für den Anbieter der Maßnahmen zur Energieeffizienzverbesserung im Rahmen eines Energieleistungsvertrags oder in Form eines Finanzprodukts zur Refinanzierung des jeweiligen Anbieters (z. B. Factoring, Forfaitierung),

b) der Nominalbetrag der gesamten ausstehenden Finanzmittel, die nach diesem Absatz pro Empfänger gewährt werden, überschreitet 30 Mio. EUR nicht,

c) die Förderung wird KMU oder kleinen Unternehmen mittlerer Kapitalisierung gewährt,

d) die Förderung wird für Energieleistungsverträge im Sinne des Artikels 2 Nummer 27 der Richtlinie 2012/27/EU gewährt,

e) die Energieleistungsverträge beziehen sich auf ein in Absatz 3 Buchstabe b aufgeführtes Gebäude.

Artikel 39

Investitionsbeihilfen für gebäudebezogene Energieeffizienzprojekte in Form von Finanzinstrumenten

1. Investitionsbeihilfen für gebäudebezogene Energieeffizienzprojekte sind im Sinne des Artikels 107 Absatz 3 AEUV mit dem Binnenmarkt

vereinbar und von der Anmeldepflicht nach Artikel 108 Absatz 3 AEUV freigestellt, sofern die in diesem Artikel und in Kapitel I festgelegten Voraussetzungen erfüllt sind.

2. Nach diesem Artikel sind gebäudebezogene Energieeffizienzprojekte beihilfefähig.

2a. Bezieht sich die Investition auf die Verbesserung der Energieeffizienz von i) Wohngebäuden, ii) Gebäuden, die für die Erbringung von Bildungsleistungen oder sozialen Leistungen bestimmt sind, iii) Gebäuden, die für Tätigkeiten im Zusammenhang mit der öffentlichen Verwaltung oder für Justiz-, Polizei- oder Feuerwehrdienste bestimmt sind, oder iv) von unter Ziffer i, ii oder iii genannten Gebäuden, in denen weniger als 35 % der Nettofläche für andere als die unter diesen Ziffern genannten Tätigkeiten genutzt werden, so dürfen Energieeffizienzprojekte nach diesem Artikel auch mit folgenden Investitionen kombiniert werden:

a) Investitionen in Anlagen am Standort des Gebäudes zur Erzeugung erneuerbarer Energie und/oder Wärme;

b) Investitionen in Ausrüstung zur Speicherung der Energie, die von der am Standort des Gebäudes befindlichen Anlage zur Erzeugung erneuerbarer Energie erzeugt wird;

c) Investitionen in in das Gebäude eingebaute Ausrüstung und damit zusammenhängende Infrastruktur für das Laden von Elektrofahrzeugen der Gebäudenutzer;

d) Investitionen in die Digitalisierung des Gebäudes, insbesondere zur Steigerung seiner Intelligenzfähigkeit. Beihilfefähig können auch Investitionen sein, die sich auf die passive gebäudeinterne Verkabelung oder die strukturierte Verkabelung für Datennetze beschränken, erforderlichenfalls einschließlich des zugehörigen Teils des passiven Netzes auf dem Privatgrundstück außerhalb des Gebäudes. Für Datennetze bestimmte Verkabelungen außerhalb des Privatgrundstücks sind nicht beihilfefähig.

3. Beihilfefähig sind die Gesamtkosten des Energieeffizienzprojekts, außer für die in Absatz 2a genannten Gebäude, bei denen die beihilfefähigen Kosten die Gesamtkosten des Energieeffizienzprojekts und die Investitionskosten für die verschiedenen in Absatz 2a aufgeführten Ausrüstungsteile umfassen.

4. Die Beihilfe wird in Form einer Dotation, Beteiligung, Garantie oder eines Kredits für einen Energieeffizienzfonds oder einen anderen Finanzintermediär gewährt, der sie in Form umfangreicherer Finanzierungen, geringerer Besicherungsanforderungen, niedrigerer Garantieentgelte oder niedrigerer Zinssätze so weit wie möglich an die Endempfänger, d. h. die Gebäudeeigentümer oder Mieter, weitergibt.

5. Bei den über einen Energieeffizienzfonds oder einen anderen Finanzintermediär gewährten Beihilfen für beihilfefähige Energieeffizienzprojekte kann es sich um Kredite oder Garantien handeln. Der Nennwert des Kredits bzw. die Garantiesumme darf auf Ebene der Endempfänger höchstens 15 Mio. EUR pro Projekt betragen; abweichend hiervon gilt bei der Kombination von in Absatz 2a genannten Investitionen ein Höchstwert von 30 Mio. EUR. Die Garantie darf nicht über 80 % des zugrunde liegenden Kredits hinausgehen.

6. Die von den Gebäudeeigentümern an den Energieeffizienzfonds beziehungsweise einen anderen Finanzintermediär geleisteten Rückzahlungen dürfen nicht unter dem Nennwert des Kredits liegen.

7. Die Energieeffizienzbeihilfe muss zusätzliche Investitionen privater Investoren mobilisieren, damit mindestens 30 % der Gesamtfinanzierung eines Energieeffizienzprojekts gewährleistet sind. Wird die Beihilfe von einem Energieeffizienzfonds gewährt, so kann die Mobilisierung privater Investitionen auf der Ebene des Energieeffizienzfonds und/oder auf der Ebene der Energieeffizienzprojekte erfolgen, wobei ein Gesamtbetrag von mindestens 30 % der Gesamtfinanzierung eines Energieeffizienzprojekts erreicht werden muss.

8. Für die Gewährung von Energieeffizienzbeihilfen können die Mitgliedstaaten Energieeffizienzfonds einrichten und/oder sich auf Finanzintermediäre stützen. Dabei müssen die folgenden Voraussetzungen erfüllt sein:

a) Die Manager von Finanzintermediären und von Energieeffizienzfonds werden im Rahmen eines offenen, transparenten und diskriminierungsfreien Verfahrens im Einklang mit dem anzuwendenden Unionsrecht und nationalen Recht ausgewählt. Dabei darf es keine unterschiedliche Behandlung auf der Grundlage ihres Sitzes oder ihrer Eintragung im Handelsregister eines Mitgliedstaats geben. Die Finanzintermediäre und Manager der Energieeffizienzfonds müssen gegebenenfalls durch die Art der jeweiligen Investitionen objektiv gerechtfertigte, vorab festgelegte Kriterien erfüllen.

b) Die unabhängigen privaten Investoren werden im Rahmen eines offenen, transparenten und diskriminierungsfreien Verfahrens ausgewählt, das mit dem geltenden Unionsrecht und nationalen Recht in Einklang steht und mit Blick auf den Abschluss geeigneter Vereinbarungen über die Risiko-Nutzen-Teilung durchgeführt wird; dabei wird bei Investitionen, die keine Garantien sind, einer asymmetrischen Gewinnverteilung der Vorzug vor einer Absicherung nach unten gegeben. Wenn die privaten Investoren nicht im Rahmen eines solchen Verfahrens ausgewählt werden, wird die angemessene Rendite der privaten Investoren durch einen unabhängigen Sachverständigen bestimmt, der im Zuge eines offenen, transparenten und diskriminierungsfreien Verfahrens ausgewählt wird.

c) Bei einer asymmetrischen Verlustteilung zwischen öffentlichen und privaten Investoren ist der Erstverlust, den der öffentliche Investor übernimmt, auf 25 % der Gesamtinvestition zu begrenzen.

d) Bei Garantien wird der Garantiesatz auf 80 % und der vom Mitgliedstaat übernommene Gesamtverlust auf 25 % des zugrunde liegenden garantierten Portfolios begrenzt. Nur Garantien zur Deckung der erwarteten Verluste des zugrunde liegenden garantierten Portfolios können unentgeltlich gestellt werden. Wenn eine Garantie auch unerwartete Verluste deckt, zahlt der Finanzintermediär für den Teil der Garantie, der die unerwarteten Verluste deckt, ein marktübliches Garantieentgelt.

e) Die Investoren dürfen in den Leitungsgremien des Energieeffizienzfonds oder Finanzintermediärs (z. B. Aufsichtsrat oder Beirat) vertreten sein.

f) Der Energieeffizienzfonds beziehungsweise der Finanzintermediär wird im Einklang mit den anwendbaren Rechtsvorschriften gegründet und der Mitgliedstaat trägt für ein Due-diligence-Verfahren Sorge, um die Solidität der Anlagestrategie für die Durchführung der Energieeffizienzbeihilfe sicherzustellen.

9. Finanzintermediäre einschließlich Energieeffizienzfonds werden nach wirtschaftlichen Grundsätzen verwaltet und gewährleisten gewinnorientierte Finanzierungsentscheidungen. Diese Voraussetzung gilt als erfüllt, wenn der Finanzintermediär und gegebenenfalls die Manager des Energieeffizienzfonds die folgenden Voraussetzungen erfüllen:

a) Sie sind gesetzlich oder vertraglich verpflichtet, mit der Sorgfalt eines professionellen Managers in gutem Glauben zu handeln und dabei Interessenkonflikte zu vermeiden. Sie haben bewährte Verfahren anzuwenden und unterliegen der Aufsicht der Regulierungsbehörden.

b) Sie erhalten eine marktübliche Vergütung. Diese Voraussetzung gilt als erfüllt, wenn der Manager im Rahmen eines offenen, transparenten und diskriminierungsfreien Verfahrens anhand objektiver Kriterien in Bezug auf Erfahrung, Fachwissen sowie operative und finanzielle Leistungsfähigkeit ausgewählt wird.

c) Sie erhalten eine leistungsbezogene Vergütung oder tragen einen Teil des Investitionsrisikos, indem sie sich mit eigenen Mittel an der Investition beteiligen, so dass sichergestellt ist, dass ihre Interessen stets mit den Interessen der öffentlichen Investoren im Einklang stehen.

d) Sie legen eine Investmentstrategie sowie Kriterien und einen Zeitplan für die Investitionen in Energieeffizienzprojekte fest und ermitteln vorab die finanzielle Tragfähigkeit und die voraussichtlichen Auswirkungen der Investitionen auf die Energieeffizienz.

e) Für die in den Energieeffizienzfonds investierten oder dem Finanzintermediär gewährten öffentlichen Mittel gibt es eine klare und realistische Ausstiegsstrategie, so dass Energieeffizienzprojekte über den Markt finanziert werden können, wenn der Markt dazu in der Lage ist.

10. Verbesserungen der Energieeffizienz, die sicherstellen sollen, dass der Beihilfeempfänger bereits angenommene Unionsnormen erfüllt, sind nach diesem Artikel nicht von der Anmeldepflicht freigestellt.

Artikel 40
Investitionsbeihilfen für hocheffiziente Kraft-Wärme-Kopplung

1. Investitionsbeihilfen für hocheffiziente Kraft-Wärme-Kopplung sind im Sinne des Artikels 107 Absatz 3 AEUV mit dem Binnenmarkt vereinbar und von der Anmeldepflicht Artikels 108 Absatz 3 AEUV freigestellt, sofern die in diesem Artikel und in Kapitel I festgelegten Voraussetzungen erfüllt sind.

2. Investitionsbeihilfen werden nur für neu installierte oder modernisierte Kapazitäten gewährt.

3. Nach der Richtlinie 2012/27/EU des Europäischen Parlaments und des Rates vom 25. Oktober 2012 zur Energieeffizienz, zur Änderung der Richtlinien 2009/125/EG und 2010/30/EU und zur Aufhebung der Richtlinien 2004/8/EG und 2006/32/EG ([40]) muss ein neuer Kraft-Wärme-Kopplung-Block (im Folgenden „KWK-Block") im Vergleich zur getrennten Erzeugung Primärenergieeinsparungen erbringen. Die Verbesserung eines vorhandenen KWK-Blocks oder die Umrüstung eines vorhandenen Kraftwerks in einen KWK-Block muss im Vergleich zur Ausgangssituation zu Primärenergieeinsparungen führen.

4. Die beihilfefähigen Kosten sind die im Vergleich zu einem herkömmlichen Kraftwerk oder Heizsystem mit derselben Kapazität zusätzlich anfallenden Investitionskosten für die Ausrüstung, die für die Anlage benötigt wird, damit sie als hocheffiziente Kraft-Wärme-Kopplungsanlage betrieben werden kann, oder die zusätzlich anfallenden Investitionskosten, damit eine bereits als hocheffizient einzustufende Anlage einen höheren Effizienzgrad erreicht.

5. Die Beihilfeintensität darf 45 % der beihilfefähigen Kosten nicht überschreiten. Bei Beihilfen für kleine Unternehmen kann die Intensität um 20 Prozentpunkte, bei Beihilfen für mittlere Unternehmen um 10 Prozentpunkte erhöht werden.

6. Die Beihilfeintensität kann bei Investitionen in Fördergebieten nach Artikel 107 Absatz 3 Buchstabe a AEUV um 15 Prozentpunkte und bei Investitionen in Fördergebieten nach Artikel 107

Absatz 3 Buchstabe c AEUV um 5 Prozentpunkte erhöht werden.

Artikel 41
Investitionsbeihilfen zur Förderung erneuerbarer Energien

1. Investitionsbeihilfen zur Förderung erneuerbarer Energien sind im Sinne des Artikels 107 Absatz 3 AEUV mit dem Binnenmarkt vereinbar und von der Anmeldepflicht des Artikels 108 Absatz 3 AEUV freigestellt, sofern die in diesem Artikel und in Kapitel I festgelegten Voraussetzungen erfüllt sind.

2. Investitionsbeihilfen für die Herstellung von Biokraftstoffen sind nur dann von der Anmeldepflicht freigestellt, wenn die geförderten Investitionen der Produktion nachhaltiger Biokraftstoffe dienen, die nicht aus Nahrungsmittelpflanzen gewonnen werden. Investitionsbeihilfen für die Umrüstung bestehender Anlagen zur Herstellung von Biokraftstoff aus Nahrungsmittelpflanzen in Anlagen zur Herstellung fortschrittlicher Biokraftstoffe sind jedoch nach diesem Artikel freigestellt, sofern die Erzeugung von Biokraftstoffen aus Nahrungsmittelpflanzen proportional zur neuen Kapazität zurückgefahren wird.

3. Für Biokraftstoffe, für die eine Liefer- oder Beimischverpflichtung besteht, werden keine Beihilfen gewährt.

4. Für Wasserkraftwerke, die nicht der Richtlinie 2000/60/EG des Europäischen Parlaments entsprechen, werden keine Beihilfen gewährt.

5. Investitionsbeihilfen werden nur für neue Anlagen gewährt. Nachdem die Anlage den Betrieb aufgenommen hat, werden keine Beihilfen gewährt oder ausgezahlt; die Beihilfen sind unabhängig von der Produktionsleistung.

6. Beihilfefähig sind die Investitionsmehrkosten, die für die Förderung der Erzeugung von Energie aus erneuerbaren Quellen erforderlich sind. Die beihilfefähigen Kosten werden wie folgt ermittelt:

a) Wenn bei den Gesamtinvestitionskosten die Kosten einer Investition in die Erzeugung von Energie aus erneuerbaren Quellen als getrennte Investition ermittelt werden können (die z. B. ohne weiteres als zusätzliche Komponente einer bereits existierenden Anlage erkennbar ist), sind diese auf die erneuerbaren Energien bezogenen Kosten die beihilfefähigen Kosten.

b) Wenn die Kosten einer Investition in die Erzeugung von Energie aus erneuerbaren Quellen anhand eines Vergleichs mit einer ähnlichen, weniger umweltfreundlichen Investition ermittelt werden können, die ohne Beihilfe durchaus hätte durchgeführt werden können, entspricht die Differenz zwischen den Kosten dieser beiden Investitionen den Kosten für die Förderung erneuerbarer Energien und somit den beihilfefähigen Kosten.

c) Bei bestimmten kleinen Anlagen, bei denen keine weniger umweltfreundliche Investition ermittelt werden kann, weil es keine kleinen Anlagen gibt, entsprechen die beihilfefähigen Kosten den Gesamtinvestitionskosten für die Verbesserung des Umweltschutzes.

Nicht direkt mit der Verbesserung des Umweltschutzes zusammenhängende Kosten sind nicht beihilfefähig.

7. Die Beihilfeintensität darf folgende Sätze nicht überschreiten:

a) 45 % der beihilfefähigen Kosten, wenn die beihilfefähigen Kosten auf der Grundlage des Absatzes 6 Buchstabe a oder b berechnet werden;

b) 30 % der beihilfefähigen Kosten, wenn die beihilfefähigen Kosten auf der Grundlage des Absatzes 6 Buchstabe c berechnet werden.

8. Bei Beihilfen für kleine Unternehmen kann die Intensität um 20 Prozentpunkte, bei Beihilfen für mittlere Unternehmen um 10 Prozentpunkte erhöht werden.

9. Die Beihilfeintensität kann bei Investitionen in Fördergebieten nach Artikel 107 Absatz 3 Buchstabe a AEUV um 15 % und bei Investitionen in Fördergebieten nach Artikel 107 Absatz 3 Buchstabe c AEUV um 5 Prozentpunkte erhöht werden.

10. Wenn die Beihilfe im Rahmen einer Ausschreibung anhand eindeutiger, transparenter und diskriminierungsfreier Kriterien gewährt wird, kann die Beihilfeintensität bis zu 100 % der beihilfefähigen Kosten betragen. Die Ausschreibung muss diskriminierungsfrei sein; alle interessierten Unternehmen müssen daran teilnehmen können. Die Mittelausstattung der Ausschreibung ist eine verbindliche Vorgabe, was bedeutet, dass nicht alle Bieter eine Beihilfe erhalten können; die Beihilfe wird auf der Grundlage des ursprünglichen Angebots des Bieters gewährt, so dass anschließende Verhandlungen ausgeschlossen sind.

Artikel 42
Betriebsbeihilfen zur Förderung von Strom aus erneuerbaren Energien

1. Betriebsbeihilfen zur Förderung von Strom aus erneuerbaren Energien sind im Sinne des Artikels 107 Absatz 3 AEUV mit dem Binnenmarkt vereinbar und von der Anmeldepflicht nach Artikel 108 Absatz 3 AEUV freigestellt, sofern die in diesem Artikel und in Kapitel I festgelegten Voraussetzungen erfüllt sind.

2. Die Beihilfen werden anhand eindeutiger, transparenter und diskriminierungsfreier Kriterien im Rahmen einer Ausschreibung gewährt, an der alle Erzeuger von Strom aus erneuerbaren Energien zu diskriminierungsfreien Bedingungen teilnehmen können.

3. Die Ausschreibung kann auf bestimmte Technologien beschränkt werden, wenn eine allen Erzeugern offenstehende Ausschreibung zu einem

suboptimalen Ergebnis führen würde, das selbst durch die Ausgestaltung des offenen Verfahrens vor allem aus folgenden Gründen nicht verbessert werden könnte:

i) längerfristiges Potenzial einer bestimmten neuen, innovativen Technologie oder

ii) Notwendigkeit einer Diversifizierung oder

iii) spezifische Gegebenheiten des Netzes und Netzstabilität oder

iv) System(integrations)kosten oder

v) Notwendigkeit, durch Biomasseförderung bedingte Wettbewerbsverfälschungen auf den Rohstoffmärkten zu vermeiden.

Die Mitgliedstaaten prüfen eingehend, ob solche Umstände vorliegen, und teilen der Kommission in der in Artikel 11 Buchstabe a beschriebenen Form ihre Erkenntnisse mit.

4. Die Beihilfen werden für neue und innovative Technologien zur Nutzung erneuerbarer Energiequellen im Rahmen einer Ausschreibung, die zumindest für eine dieser Technologien offen ist, anhand eindeutiger, transparenter und diskriminierungsfreier Kriterien gewährt. Solche Beihilfen werden jährlich höchstens für insgesamt 5 % der geplanten neuen Kapazitäten für die Erzeugung erneuerbaren Stroms gewährt.

5. Die Beihilfe wird als Prämie zusätzlich zu dem Marktpreis, zu dem die Stromerzeuger ihren Strom direkt auf dem Markt verkaufen, gewährt.

6. Die Beihilfeempfänger unterliegen einer Standardbilanzausgleichsverantwortung. Die Empfänger können die Bilanzausgleichsverantwortung von anderen Unternehmen, z. B. Aggregatoren, in ihrem Namen wahrnehmen lassen.

7. Bei negativen Preisen werden keine Beihilfen gewährt.

8. Für Anlagen mit einer installierten Erzeugungskapazität von weniger als 1 MW erneuerbaren Stroms können Beihilfen ohne eine Ausschreibung nach Absatz 2 gewährt werden; im Falle von Windkraftanlagen können für Anlagen mit einer installierten Stromerzeugungskapazität von weniger als 6 MW oder für Anlagen mit weniger als 6 Erzeugungseinheiten Beihilfen ohne eine Ausschreibung nach Absatz 2 gewährt werden. Unbeschadet des Absatzes 9 müssen bei Beihilfen, die nicht im Rahmen einer Ausschreibung gewährt werden, die Voraussetzungen der Absätze 5, 6 und 7 erfüllt sein. Zudem sind bei Beihilfen, die nicht im Rahmen einer Ausschreibung gewährt werden, die Voraussetzungen des Artikels 43 Absätze 5, 6 und 7 einzuhalten.

9. Die in den Absätzen 5, 6 und 7 genannten Voraussetzungen gelten nicht für Betriebsbeihilfen, die für Anlagen zur Erzeugung von Strom aus allen erneuerbaren Quellen mit einer installierten Kapazität von weniger als 500 kW gewährt werden; lediglich bei Windkraftanlagen gelten diese Voraussetzungen nicht für Betriebsbeihilfen, die für Anlagen mit einer installierten Kapazität von weniger als 3 MW oder für Anlagen mit weniger als 3 Erzeugungseinheiten gewährt werden.

10. Für die Zwecke der Berechnung der in den Absätzen 8 und 9 genannten Höchstkapazitäten werden Anlagen mit einem gemeinsamen Anschlusspunkt an das Stromnetz als eine Anlage betrachtet.

11. Beihilfen dürfen nur so lange gewährt werden, bis die Anlage, die den erneuerbaren Strom erzeugt, nach allgemein anerkannten Buchführungsgrundsätzen vollständig abgeschrieben ist. Bereits erhaltene Investitionsbeihilfen sind von der Betriebsbeihilfe abzuziehen.

Artikel 43

Betriebsbeihilfen zur Förderung der Erzeugung erneuerbarer Energien in kleinen Anlagen

1. Betriebsbeihilfen zur Förderung der Erzeugung erneuerbarer Energien in kleinen Anlagen sind im Sinne des Artikels 107 Absatz 3 AEUV mit dem Binnenmarkt vereinbar und von der Anmeldepflicht nach Artikel 108 Absatz 3 AEUV freigestellt, sofern die in diesem Artikel und in Kapitel I festgelegten Voraussetzungen erfüllt sind.

2. Beihilfen werden nur für Anlagen zur Erzeugung erneuerbarer Energien mit einer installierten Kapazität von weniger als 500 kW gewährt; Windkraftanlagen können jedoch bis zu einer installierten Kapazität von weniger als 3 MW oder weniger als 3 Erzeugungseinheiten und Anlagen für die Erzeugung von Biokraftstoff bis zu einer installierten Kapazität von weniger als 50 000 t/Jahr Beihilfen erhalten. Bei der Berechnung dieser Höchstkapazitäten werden kleine Anlagen mit einem gemeinsamen Anschlusspunkt an das Stromnetz als eine Anlage betrachtet.

3. Beihilfen werden nur für Anlagen gewährt, in denen nachhaltige, nicht aus Nahrungsmittelpflanzen gewonnene Biokraftstoffe erzeugt werden. Betriebsbeihilfen für Anlagen zur Erzeugung von Biokraftstoffen aus Nahrungsmittelpflanzen sind nach diesem Artikel — allerdings höchstens bis 2020 — freigestellt, wenn die Anlage vor dem 31. Dezember 2013 den Betrieb aufgenommen hat und noch nicht vollständig abgeschrieben ist.

4. Für Biokraftstoffe, für die eine Liefer- oder Beimischverpflichtung besteht, werden keine Beihilfen gewährt.

5. Die Beihilfe pro Energieeinheit darf nicht höher sein als die Differenz zwischen den Gesamtgestehungskosten der Energie aus der jeweiligen erneuerbaren Quelle und dem Marktpreis der jeweiligen Energieform. Die Stromgestehungskosten werden regelmäßig und mindestens einmal pro Jahr aktualisiert.

6. Die bei der Berechnung der Stromgestehungskosten zugrunde gelegte maximale Kapitalrendite darf den anwendbaren Swap-Satz zuzüglich einer Prämie von 100 Basispunkten nicht überschreiten. Der anwendbare Swap-Satz ist der Swap-Satz der Währung, in der die Beihilfe gewährt wird, für eine Laufzeit, die dem Abschreibungszeitraum der geförderten Anlagen entspricht.

7. Beihilfen dürfen nur so lange gewährt werden, bis die Anlage nach allgemein anerkannten Buchführungsgrundsätzen vollständig abgeschrieben ist. Alle gewährten Investitionsbeihilfen sind von der Betriebsbeihilfe abzuziehen.

Artikel 44
Beihilfen in Form von Umweltsteuerermäßigungen nach der Richtlinie 2003/96/EG

1. Beihilferegelungen in Form von Umweltsteuerermäßigungen nach der Richtlinie 2003/96/EG des Rates vom 27. Oktober 2003 zur Restrukturierung der gemeinschaftlichen Rahmenvorschriften zur Besteuerung von Energieerzeugnissen und elektrischem Strom ([41]) sind im Sinne des Artikels 107 Absatz 3 AEUV mit dem Binnenmarkt vereinbar und von der Anmeldepflicht nach Artikel 108 Absatz 3 AEUV freigestellt, sofern die in diesem Artikel und in Kapitel I festgelegten Voraussetzungen erfüllt sind.

2. Die Begünstigten der betreffenden Steuerermäßigung werden anhand transparenter und objektiver Kriterien ausgewählt und entrichten mindestens die in der Richtlinie 2003/96/EG festgelegten Mindeststeuerbeträge der Union.

3. Beihilferegelungen in Form von Steuerermäßigungen basieren auf einer Senkung des anwendbaren Umweltsteuersatzes oder der Zahlung eines festen Ausgleichsbetrags oder einer Kombination solcher Mechanismen.

4. Für Biokraftstoffe, für die eine Liefer- oder Beimischverpflichtung besteht, werden keine Beihilfen gewährt.

Artikel 45
Investitionsbeihilfen für die Sanierung schadstoffbelasteter Standorte

1. Investitionsbeihilfen für Unternehmen, die Umweltschäden beseitigen, indem sie schadstoffbelastete Standorte sanieren, sind im Sinne des Artikels 107 Absatz 3 AEUV mit dem Binnenmarkt vereinbar und von der Anmeldepflicht nach Artikel 108 Absatz 3 AEUV freigestellt, sofern die in diesem Artikel und in Kapitel I festgelegten Voraussetzungen erfüllt sind.

2. Die Investition muss zu einer Beseitigung von Umweltschäden führen, zu denen auch die Beeinträchtigung der Qualität des Bodens, des Oberflächen- oder des Grundwassers zählt.

3. Wenn die juristische oder natürliche Person bekannt ist, die unbeschadet des einschlägigen Unionsrechts — insbesondere der Richtlinie 2004/35/EG des Europäischen Parlaments und des Rates vom 21. April 2004 über Umwelthaftung zur Vermeidung und Sanierung von Umweltschäden ([42]), geändert durch Richtlinie 2006/21/EG des Europäischen Parlaments und des Rates vom 15. März 2006 über die Bewirtschaftung von Abfällen aus der mineralgewinnenden Industrie ([43]), der Richtlinie 2009/31/EG des Europäischen Parlaments und des Rates vom 23. April 2009 über die geologische Speicherung von Kohlendioxid und zur Änderung der Richtlinie 85/337/EWG des Rates sowie der Richtlinien 2000/60/EG, 2001/80/EG, 2004/35/EG, 2006/12/EG und 2008/1/EG des Europäischen Parlaments und des Rates sowie der Verordnung (EG) Nr. 1013/2006 ([44]) und der Richtlinie 2013/30/EU des Europäischen Parlaments und des Rates vom 12. Juni 2013 über die Sicherheit von Offshore-Erdöl- und -Erdgasaktivitäten und zur Änderung der Richtlinie 2004/35/EG ([45]) — nach den in jedem Mitgliedstaat anwendbaren Rechtsvorschriften haftet, muss diese nach dem Verursacherprinzip die Sanierungskosten tragen; in diesem Fall darf keine staatliche Beihilfe gewährt werden. Wenn die nach mitgliedstaatlichem Recht haftende Person nicht bekannt ist oder nicht zur Übernahme der Kosten herangezogen werden kann, darf die für die Sanierungs- oder Dekontaminierungsarbeiten verantwortliche Person staatliche Beihilfen erhalten.

4. Die beihilfefähigen Kosten entsprechen den Kosten der Sanierungsarbeiten abzüglich der daraus erwachsenden Wertsteigerung des Grundstücks. Alle Ausgaben eines Unternehmens für die Sanierung seines Standorts gelten als beihilfefähige Investitionen zur Sanierung eines schadstoffbelasteten Standorts, und zwar unabhängig davon, ob sie in der Bilanz als Anlagevermögen ausgewiesen werden können.

5. Gutachten zur Wertsteigerung eines Grundstücks infolge einer Sanierung sind von einem unabhängigen Sachverständigen zu erstellen.

6. Die Beihilfeintensität darf 100 % der beihilfefähigen Kosten nicht überschreiten.

Artikel 46
Investitionsbeihilfen für energieeffiziente Fernwärme und Fernkälte

1. Investitionsbeihilfen für die Installation energieeffizienter Fernwärme- und Fernkältesysteme sind im Sinne des Artikels 107 Absatz 3 AEUV mit dem Binnenmarkt vereinbar und von der Anmeldepflicht nach Artikel 108 Absatz 3 AEUV freigestellt, sofern die in diesem Artikel und in Kapitel I festgelegten Voraussetzungen erfüllt sind.

2. Die beihilfefähigen Kosten für die Erzeugungsanlage sind die im Vergleich zu einer konventionellen Erzeugungsanlage zusätzlich erforderlichen Kosten für den Bau, die Erweiterung und die Modernisierung von einer oder mehreren Erzeugungseinheiten, damit diese als energieeffizientes Fernwärme- und Fernkältesystem betrieben werden können. Die Investition ist Bestandteil des energieeffizienten Fernwärme- und Fernkältesystems.

3. Die Beihilfeintensität für die Erzeugungsanlage darf 45 % der beihilfefähigen Kosten nicht überschreiten. Bei Beihilfen für kleine Unternehmen kann die Intensität um 20 Prozentpunkte, bei Beihilfen für mittlere Unternehmen um 10 Prozentpunkte erhöht werden.

4. Die Beihilfeintensität für die Erzeugungsanlage kann bei Investitionen in Fördergebieten nach Artikel 107 Absatz 3 Buchstabe a AEUV um 15 Prozentpunkte und bei Investitionen in Fördergebieten nach Artikel 107 Absatz 3 Buchstabe c AEUV um 5 Prozentpunkte erhöht werden.

5. Die beihilfefähigen Kosten für das Verteilnetz sind die Investitionskosten.

6. Der Beihilfebetrag für das Verteilnetz darf nicht höher sein als die Differenz zwischen den beihilfefähigen Kosten und dem Betriebsgewinn. Der Betriebsgewinn wird vorab oder über einen Rückforderungsmechanismus von den beihilfefähigen Kosten abgezogen.

Artikel 47
Investitionsbeihilfen für das Recycling und die Wiederverwendung von Abfall

1. Investitionsbeihilfen für das Recycling und die Wiederverwendung von Abfall sind im Sinne des Artikels 107 Absatz 3 AEUV mit dem Binnenmarkt vereinbar und von der Anmeldepflicht nach Artikel 108 Absatz 3 AEUV freigestellt, sofern die in diesem Artikel und in Kapitel I festgelegten Voraussetzungen erfüllt sind.

2. Investitionsbeihilfen werden für das Recycling und die Wiederverwendung des Abfalls anderer Unternehmen gewährt.

3. Die recycelten oder wiederverwendeten Stoffe würden andernfalls entsorgt oder in einer weniger umweltschonenden Weise behandelt. Beihilfen für andere Verwertungsverfahren als das Recycling sind nicht nach diesem Artikel freigestellt.

4. Durch die Beihilfe dürfen Verursacher nicht indirekt von einer Last befreit werden, die sie nach Unionsrecht tragen müssen oder die als normaler Unternehmensaufwand anzusehen ist.

5. Die Investition darf nicht dazu führen, dass sich lediglich die Nachfrage nach recycelten Stoffen erhöht, ohne dass für eine umfassendere Einsammlung dieser Stoffe gesorgt wird.

6. Die Investition muss über den Stand der Technik hinausgehen.

7. Beihilfefähig sind die Investitionsmehrkosten für die Durchführung einer Investition, die zu besseren oder effizienteren Recycling- oder Wiederverwendungstätigkeiten führt, im Vergleich zu konventionellen Recycling- oder Wiederverwendungstätigkeiten mit derselben Kapazität, die ohne die Beihilfe geschaffen würde.

8. Die Beihilfeintensität darf 35 % der beihilfefähigen Kosten nicht überschreiten. Bei Beihilfen für kleine Unternehmen kann die Intensität um 20 Prozentpunkte, bei Beihilfen für mittlere Unternehmen um 10 Prozentpunkte erhöht werden.

9. Die Beihilfeintensität kann bei Investitionen in Fördergebieten nach Artikel 107 Absatz 3 Buchstabe a AEUV um 15 Prozentpunkte und bei Investitionen in Fördergebieten nach Artikel 107 Absatz 3 Buchstabe c AEUV um 5 Prozentpunkte erhöht werden.

10. Beihilfen für Investitionen in das Recycling und die Wiederverwendung des eigenen Abfalls des Beihilfeempfängers sind nicht nach diesem Artikel von der Anmeldepflicht freigestellt.

Artikel 48
Investitionsbeihilfen für Energieinfrastrukturen

1. Investitionsbeihilfen für den Bau oder Ausbau von Energieinfrastrukturen sind im Sinne des Artikels 107 Absatz 3 AEUV mit dem Binnenmarkt vereinbar und von der Anmeldepflicht nach Artikel 108 Absatz 3 AEUV freigestellt, sofern die in diesem Artikel und in Kapitel I festgelegten Voraussetzungen erfüllt sind.

2. Die Beihilfen müssen für Energieinfrastrukturen in Fördergebieten gewährt werden.

3. Die Energieinfrastruktur unterliegt uneingeschränkt einer Tarif- und Zugangsregulierung im Einklang mit den Energiebinnenmarktvorschriften.

4. Als beihilfefähige Kosten gelten die Investitionskosten.

5. Der Beihilfebetrag darf nicht höher sein als die Differenz zwischen den beihilfefähigen Kosten und dem Betriebsgewinn der Investition. Der Betriebsgewinn wird vorab oder über einen Rückforderungsmechanismus von den beihilfefähigen Kosten abgezogen.

6. Beihilfen für Investitionen in Vorhaben zur Strom- oder Gasspeicherung oder in Ölinfrastrukturen sind nicht nach diesem Artikel von der Anmeldepflicht freigestellt.

Artikel 49
Beihilfen für Umweltstudien

1. Beihilfen für Studien, einschließlich Energieaudits, die sich unmittelbar auf in diesem Abschnitt genannte Investitionen beziehen, sind im Sinne des Artikels 107 Absatz 3 AEUV mit dem

Binnenmarkt vereinbar und von der Anmeldepflicht nach Artikel 108 Absatz 3 AEUV freigestellt, sofern die in diesem Artikel und in Kapitel I festgelegten Voraussetzungen erfüllt sind.

2. Beihilfefähig sind die Kosten der in Absatz 1 genannten Studien.

3. Die Beihilfeintensität darf 50 % der beihilfefähigen Kosten nicht überschreiten.

4. Bei Studien im Auftrag kleiner Unternehmen kann die Beihilfeintensität um 20 Prozentpunkte, bei Studien im Auftrag mittlerer Unternehmen um 10 Prozentpunkte erhöht werden.

5. Großen Unternehmen werden keine Beihilfen für nach Artikel 8 Absatz 4 der Richtlinie 2012/27/EU durchgeführte Energieaudits gewährt, es sei denn, das Energieaudit wird zusätzlich zu dem mit der Richtlinie verbindlich vorgeschriebenen Energieaudit durchgeführt.

ABSCHNITT 8

Beihilfen zur Bewältigung der Folgen bestimmter Naturkatastrophen

Artikel 50

Beihilferegelungen zur Bewältigung der Folgen bestimmter Naturkatastrophen

1. Beihilferegelungen zur Bewältigung der Folgen von Erdbeben, Lawinen, Erdrutschen, Überschwemmungen, Wirbelstürmen, Orkanen, Vulkanausbrüchen und Flächenbränden natürlichen Ursprungs sind im Sinne des Artikels 107 Absatz 2 Buchstabe b AEUV mit dem Binnenmarkt vereinbar und von der Anmeldepflicht nach Artikel 108 Absatz 3 AEUV freigestellt, sofern die in diesem Artikel und in Kapitel I festgelegten Voraussetzungen erfüllt sind.

2. Beihilfen werden unter folgenden Voraussetzungen gewährt:

a) die zuständigen Behörden eines Mitgliedstaats haben das Ereignis förmlich als Naturkatastrophe anerkannt, und

b) es besteht ein direkter ursächlicher Zusammenhang zwischen der Naturkatastrophe und den Schäden, die dem betroffenen Unternehmen entstanden sind.

3. Beihilferegelungen, die sich auf eine bestimmte Naturkatastrophe beziehen, müssen innerhalb von drei Jahren nach dem Ereignis eingeführt werden. Beihilfen auf der Grundlage dieser Beihilferegelungen müssen innerhalb von vier Jahren nach dem Ereignis gewährt werden.

4. Die beihilfefähigen Kosten sind die Kosten, die durch die als direkte Folge der Naturkatastrophe entstandenen Schäden verursacht und von einem von der zuständigen nationalen Behörde anerkannten unabhängigen Sachverständigen oder von einem Versicherungsunternehmen geschätzt wurden. Diese Schäden können Sachschäden an Vermögenswerten wie Gebäuden, Ausrüstungen, Maschinen oder Lagerbeständen sowie Einkommenseinbußen aufgrund einer vollständigen oder teilweisen Unterbrechung der Geschäftstätigkeit während eines Zeitraums von höchstens sechs Monaten nach der Naturkatastrophe umfassen. Der Sachschaden wird auf der Grundlage der Reparaturkosten oder des wirtschaftlichen Wertes des betroffenen Vermögenswerts vor der Naturkatastrophe berechnet. Er darf nicht höher sein als die Reparaturkosten oder die durch die Katastrophe verursachte Minderung des Marktwerts, d. h. die Differenz zwischen dem Wert des Vermögenswerts unmittelbar vor der Naturkatastrophe und seinem Wert unmittelbar danach. Die Einkommenseinbuße wird auf der Grundlage der Finanzdaten des betroffenen Unternehmens (Gewinn vor Zinsen und Steuern (EBIT), Abschreibungs- und Arbeitskosten ausschließlich in Bezug auf die von der Naturkatastrophe betroffene Betriebsstätte) berechnet, indem die Finanzdaten für die sechs Monate unmittelbar nach der Naturkatastrophe mit dem Durchschnitt von drei Jahren verglichen werden, die unter den fünf Jahren vor der Naturkatastrophe (unter Ausschluss des Jahres mit dem besten und des Jahres mit dem schlechtesten Finanzergebnis) ausgewählt werden; die Einkommenseinbuße wird für denselben Sechsmonatszeitraum des Jahres berechnet. Die Schäden werden auf der Ebene des einzelnen Beihilfeempfängers berechnet.

5. Die Beihilfe und sonstige Ausgleichszahlungen für die Schäden, einschließlich Versicherungsleistungen, dürfen zusammen 100 % der beihilfefähigen Kosten nicht überschreiten.

EU-VO

ABSCHNITT 9

Sozialbeihilfen für die Beförderung von Einwohnern entlegener Gebiete

Artikel 51

Sozialbeihilfen für die Beförderung von Einwohnern entlegener Gebiete

1. Beihilfen für die Personenbeförderung per Flugzeug und Schiff sind im Sinne des Artikels 107 Absatz 2 Buchstabe a AEUV mit dem Binnenmarkt vereinbar und von der Anmeldepflicht nach Artikel 108 Absatz 3 AEUV freigestellt, sofern die in diesem Artikel und in Kapitel I festgelegten Voraussetzungen erfüllt sind.

2. Die gesamte Beihilfe muss Endverbrauchern zugutekommen, die ihren gewöhnlichen Wohnsitz in entlegenen Gebieten haben.

3. Die Beihilfe muss für den Personenverkehr auf einer Strecke gewährt werden, die einen Hafen oder Flughafen in einem entlegenen Gebiet mit einem anderen Hafen oder Flughafen im Europäischen Wirtschaftsraum verbindet.

4. Die Beihilfe muss unabhängig von der Identität des Verkehrsunternehmens und der Art der Leistung und ohne Einschränkungen im Hinblick auf die genaue Reiseroute von dem beziehungsweise in das entlegene Gebiet gewährt werden.

5. Die beihilfefähigen Kosten sind der dem Verbraucher von dem Verkehrsunternehmen in Rechnung gestellte Preis für die Hin- und Rückreise aus dem beziehungsweise in das entlegene Gebiet einschließlich aller Steuern und Gebühren.

6. Die Beihilfeintensität darf 100 % der beihilfefähigen Kosten nicht überschreiten.

ABSCHNITT 10
Beihilfen für Breitbandinfrastrukturen
Artikel 52
Beihilfen für feste Breitbandnetze

1. Beihilfen für den Ausbau fester Breitbandnetze sind im Sinne des Artikels 107 Absatz 3 AEUV mit dem Binnenmarkt vereinbar und von der Anmeldepflicht nach Artikel 108 Absatz 3 AEUV freigestellt, sofern die Voraussetzungen des vorliegenden Artikels und des Kapitels I erfüllt sind.

2. Beihilfefähig sind alle Kosten für Bau, Verwaltung und Betrieb eines festen Breitbandnetzes. Der Beihilfehöchstbetrag für ein Vorhaben wird auf der Grundlage eines wettbewerblichen Auswahlverfahrens nach Absatz 6 Buchstabe a festgesetzt. Erfolgt eine Investition nach Absatz 6 Buchstabe b ohne wettbewerbliches Auswahlverfahren, darf der Beihilfebetrag nicht höher sein als die Differenz zwischen den beihilfefähigen Kosten und dem Betriebsgewinn aus der Investition. Der auf der Grundlage realistischer Projektionen ermittelte Betriebsgewinn wird im Voraus von den beihilfefähigen Kosten abgezogen und im Nachhinein über einen Rückforderungsmechanismus überprüft.

3. Beihilfefähig sind die folgenden alternativen Arten von Investitionen:

a) Ausbau eines festen Breitbandnetzes, um Haushalte und sozioökonomische Schwerpunkte in Gebieten anzuschließen, in denen kein Netz vorhanden ist, das zuverlässig eine Download-Geschwindigkeit von mindestens 30 Mbit/s (Schwellengeschwindigkeit) bieten kann, und in denen auch nicht glaubhaft geplant ist, innerhalb von drei Jahren nach der Veröffentlichung der geplanten Beihilfemaßnahme oder innerhalb des — mindestens zwei Jahre langen — Zeitraums, in dem der geförderte Netzausbau erfolgen soll, ein solches Netz auszubauen. Dies wird durch Kartierung und öffentliche Konsultation nach Absatz 4 überprüft. Gebiete, in denen mindestens ein Netz vorhanden oder glaubhaft geplant ist, das zuverlässig eine Download-Geschwindigkeit von mindestens 30 Mbit/s bieten kann, sind nicht beihilfefähig. Das geförderte Netz muss eine mindestens doppelt so hohe Download- und Upload-Geschwindigkeit wie die vorhandenen oder glaubhaft geplanten Netze gewährleisten und zuverlässig eine Download-Geschwindigkeit von mindestens 30 Mbit/s (Zielgeschwindigkeit) bieten können.

b) Ausbau eines festen Breitbandnetzes, um Haushalte und sozioökonomische Schwerpunkte in Gebieten anzuschließen, in denen kein Netz vorhanden ist, das zuverlässig eine Download-Geschwindigkeit von mindestens 100 Mbit/s (Schwellengeschwindigkeit) bieten kann, und in denen auch nicht glaubhaft geplant ist, innerhalb von drei Jahren nach der Veröffentlichung der geplanten Beihilfemaßnahme oder innerhalb des — mindestens zwei Jahre langen — Zeitraums, in dem der geförderte Netzausbau erfolgen soll, ein solches Netz auszubauen. Dies wird durch Kartierung und öffentliche Konsultation nach Absatz 4 überprüft. Gebiete, in denen mindestens ein Netz vorhanden oder glaubhaft geplant ist, das zuverlässig eine Download-Geschwindigkeit von mindestens 100 Mbit/s bieten kann, sind nicht beihilfefähig. Das geförderte Netz muss eine mindestens doppelt so hohe Download- und Upload-Geschwindigkeit wie die vorhandenen oder glaubhaft geplanten Netze gewährleisten und zuverlässig eine Download-Geschwindigkeit von mindestens 300 Mbit/s und eine Upload-Geschwindigkeit von 100 Mbit/s (Zielgeschwindigkeiten) bieten können.

c) Ausbau eines festen Breitbandnetzes, um ausschließlich sozioökonomische Schwerpunkte in Gebieten anzuschließen, in denen nur ein Netz vorhanden ist, das zuverlässig eine Download-Geschwindigkeit von mindestens 100 Mbit/s, aber unter 300 Mbit/s (Schwellengeschwindigkeiten) bieten kann, und in denen auch nicht glaubhaft geplant ist, innerhalb von drei Jahren nach der Veröffentlichung der geplanten Beihilfemaßnahme oder innerhalb des — mindestens zwei Jahre langen — Zeitraums, in dem der geförderte Netzausbau erfolgen soll, ein solches Netz auszubauen. Dies wird durch Kartierung und öffentliche Konsultation nach Absatz 4 überprüft. Gebiete, in denen mindestens ein Netz vorhanden oder glaubhaft geplant ist, das zuverlässig eine Download-Geschwindigkeit von mindestens 300 Mbit/s bieten kann, sind nicht beihilfefähig. Gebiete, in denen mindestens zwei Netze vorhanden oder glaubhaft geplant sind, die zuverlässig eine Download-Geschwindigkeit von mindestens 100 Mbit/s bieten können, sind ebenfalls nicht beihilfefähig. Das geförderte Netz muss eine mindestens doppelt so hohe Download- und Upload-Geschwindigkeit wie die vorhandenen oder glaubhaft geplanten Netze gewährleisten und zuverlässig eine Download-Geschwindigkeit von mindestens 1 Gbit/s (Zielgeschwindigkeit) bieten können.

4. Kartierung und öffentliche Konsultation nach Absatz 3 müssen alle folgenden Voraussetzungen erfüllen.

a) Aus der Karte ergeben sich die Zielgebiete, die durch die staatliche Maßnahme abgedeckt werden sollen, und alle vorhandenen öffentlichen und privaten Netze, die zuverlässig die für die jeweilige Art von Investition in Absatz 3 genannten Schwellengeschwindigkeiten bieten können. Die Kartierung erfolgt: i) bei reinen festen Netzen auf Adressebene auf der Grundlage der erschlossenen Räumlichkeiten und ii) bei festen drahtlosen Zugangsnetzen auf Adressebene auf der Grundlage der erschlossenen Räumlichkeiten oder auf der Grundlage eines Rasters von maximal 100 × 100 m. Bei Ziffern i und ii wird die Kartierung stets im Rahmen einer öffentlichen Konsultation überprüft.

b) Die öffentliche Konsultation wird von der zuständigen Behörde durch Veröffentlichung der Hauptmerkmale der geplanten Maßnahme und eines Verzeichnisses der bei der Kartierung festgelegten Zielgebiete nach Buchstabe a auf einer geeigneten Website (auch auf nationaler Ebene) durchgeführt. Bei der öffentlichen Konsultation werden die Interessenträger aufgefordert, zu der Maßnahme Stellung zu nehmen und fundierte Informationen nach Buchstabe a zu ihren Netzen vorzulegen, die im Zielgebiet zuverlässig die in Absatz 3 genannten Schwellengeschwindigkeiten bieten können und bereits vorhanden sind oder deren Ausbau innerhalb von drei Jahren nach Veröffentlichung der geplanten Beihilfemaßnahme glaubhaft geplant ist. Setzt die Bewilligungsbehörde für den Ausbau der geförderten Infrastruktur einen Zeitraum an, der kürzer oder länger ist als drei Jahre, so muss derselbe Zeitraum, der jedoch nicht kürzer sein darf als zwei Jahre, auch herangezogen werden, um zu beurteilen, ob der Ausbau der im vorstehenden Satz genannten Netze glaubhaft geplant ist. Die öffentliche Konsultation muss mindestens dreißig Tage dauern.

5. Das geförderte Vorhaben führt zu einer wesentlichen Verbesserung gegenüber vorhandenen Netzen oder Netzen, deren Ausbau innerhalb von drei Jahren nach der Veröffentlichung der geplanten Beihilfemaßnahme oder innerhalb des — nach Absatz 4 mindestens zwei Jahre langen — Zeitraums, in dem der geförderte Netzausbau erfolgen soll, glaubhaft geplant ist. Eine wesentliche Verbesserung ist gegeben, wenn die geförderte Maßnahme bewirkt, dass eine erhebliche neue Investition in das Breitbandnetz erfolgt und das geförderte Netz gegenüber dem vorhandenen bzw. glaubhaft geplanten Netz zu erheblichen Verbesserungen in Bezug auf Verfügbarkeit, Kapazitäten, Geschwindigkeiten und Wettbewerb im Bereich der Breitband-Internetzugangsdienste führt. Das Vorhaben muss eine erhebliche Investition in passive Infrastruktur umfassen, die über eine marginale Investition hinausgeht, welche lediglich der Modernisierung aktiver Netzelemente dient.

6. Die Beihilfe wird wie folgt gewährt:

a) Die Beihilfe wird Anbietern elektronischer Kommunikationsnetze und -dienste auf der Grundlage eines offenen, transparenten und diskriminierungsfreien wettbewerblichen Auswahlverfahrens unter Wahrung der Grundsätze der Vergabevorschriften und des Grundsatzes der Technologieneutralität, unbeschadet der geltenden Vergabevorschriften, gewährt, wobei das wirtschaftlich günstigste Angebot den Zuschlag erhält. Für die Zwecke des wettbewerblichen Auswahlverfahrens legt die Bewilligungsbehörde im Voraus objektive, transparente und diskriminierungsfreie qualitative Zuschlagskriterien fest, die gegen den beantragten Beihilfebetrag abzuwägen sind. Bei vergleichbarer Qualität erhält der Bieter, der den niedrigsten Beihilfebetrag beantragt hat, die Beihilfe.

b) Wird die Beihilfe ohne wettbewerbliches Auswahlverfahren einer Behörde gewährt, damit diese direkt oder über eine interne Einheit ein festes Breitbandnetz ausbaut und verwaltet, so erbringt die Behörde bzw. die interne Einheit ausschließlich Vorleistungsdienste über das geförderte Netz. Die Behörde gewährleistet eine getrennte Buchführung, bei der die Mittel für den Netzbetrieb von anderen Mitteln, die der Behörde zur Verfügung stehen, getrennt verwaltet werden. Die Erteilung von Konzessionen oder anderen Aufträgen für Bau oder Betrieb des Netzes an Dritte erfolgt über ein offenes, transparentes und diskriminierungsfreies wettbewerbliches Auswahlverfahren im Einklang mit den Grundsätzen der Vergabevorschriften und mit dem Grundsatz der Technologieneutralität, unbeschadet der geltenden Vergabevorschriften, wobei das wirtschaftlich günstigste Angebot den Zuschlag erhält.

7. Der Betrieb des geförderten Netzes gewährleistet zu fairen und diskriminierungsfreien Bedingungen einen möglichst umfassenden aktiven und passiven Zugang auf Vorleistungsebene nach Artikel 2 Nummer 139 einschließlich physischer Entbündelung. Ein Vorhaben kann anstelle einer physischen Entbündelung eine virtuelle Entbündelung vorsehen, wenn das virtuelle Zugangsprodukt von der nationalen Regulierungsbehörde als der physischen Entbündelung gleichwertig erklärt wird. Aktiver Zugang auf Vorleistungsebene wird für mindestens sieben Jahre und Zugang auf Vorleistungsebene zur physischen Infrastruktur, einschließlich Leerrohren und Masten, wird ohne zeitliche Begrenzung gewährt. Für das gesamte geförderte Netz gelten dieselben Zugangsbedingungen, auch für die Teile des Netzes, in denen bestehende Infrastruktur genutzt wurde. Die Verpflichtungen zur Zugangsgewährung werden unabhängig von Veränderungen bei den Eigentumsverhältnissen, der Verwaltung oder dem Betrieb des geförderten Netzes durchgesetzt. Bei Beihilfen für den Bau von Leerrohren sind diese groß genug für mindestens drei Kabelnetze und unterschiedliche Netztopologien.

8. Der Preis für den Zugang auf Vorleistungsebene beruht auf einer der folgenden Benchmarks:

i) die veröffentlichten durchschnittlichen Vorleistungspreise, die in anderen vergleichbaren, wettbewerbsintensiveren Gebieten des Mitgliedstaats oder der Union gelten, oder ii) in Ermangelung solcher veröffentlichten Preise die regulierten Preise, die von der nationalen Regulierungsbehörde für die betreffenden Märkte und Dienste bereits festgelegt oder genehmigt wurden, oder iii) in Ermangelung solcher veröffentlichten oder regulierten Preise werden die Preise im Einklang mit den Grundsätzen der Kostenorientierung und nach der Methode festgelegt, die der sektorale Rechtsrahmen vorgibt. Unbeschadet der Zuständigkeiten der nationalen Regulierungsbehörde gemäß dem Rechtsrahmen wird die nationale Regulierungsbehörde zu den Zugangsbedingungen, so u. a. zu den Preisen, und zu Streitigkeiten im Zusammenhang mit der Anwendung dieses Artikels konsultiert.

9. Die Mitgliedstaaten richten einen Monitoring- und Rückforderungsmechanismus ein, wenn der für ein Vorhaben gewährte Beihilfebetrag 10 Mio. EUR überschreitet.

Artikel 52a
Beihilfen für 4G- und 5G-Mobilfunknetze

1. Beihilfen für den Ausbau von 4G- und 5G-Mobilfunknetzen sind im Sinne des Artikels 107 Absatz 3 AEUV mit dem Binnenmarkt vereinbar und von der Anmeldepflicht nach Artikel 108 Absatz 3 AEUV freigestellt, sofern die Voraussetzungen des vorliegenden Artikels und des Kapitels I erfüllt sind.

2. Beihilfefähig sind alle Kosten für Bau, Verwaltung und Betrieb eines passiven Mobilfunknetzes. Der Beihilfehöchstbetrag für ein Vorhaben wird auf der Grundlage eines wettbewerblichen Auswahlverfahrens nach Absatz 7 Buchstabe a festgesetzt. Erfolgt eine Investition nach Absatz 7 Buchstabe b ohne wettbewerbliches Auswahlverfahren, darf der Beihilfebetrag nicht höher sein als die Differenz zwischen den beihilfefähigen Kosten und dem Betriebsgewinn der Investition. Der auf der Grundlage realistischer Projektionen ermittelte Betriebsgewinn wird im Voraus von den beihilfefähigen Kosten abgezogen und im Nachhinein über einen Rückforderungsmechanismus überprüft.

3. 5G-Investitionen erfolgen in Gebieten, in denen bisher keine Mobilfunknetze ausgebaut wurden, oder in Gebieten, in denen lediglich Mobilfunknetze verfügbar sind, die maximal 3G-Mobilfunkdienste ermöglichen, in denen weder ein 4G- noch ein 5G-Mobilfunknetz vorhanden ist und in denen auch nicht glaubhaft geplant ist, innerhalb von drei Jahren nach der Veröffentlichung der geplanten Beihilfemaßnahme oder innerhalb des — mindestens zwei Jahre langen — Zeitraums, in dem der geförderte Netzausbau erfolgen soll, ein solches Netz auszubauen. Dies wird durch Kartierung und öffentliche Konsultation gemäß Absatz 4 überprüft. 4G-Investitionen erfolgen in Gebieten, in denen bisher keine Mobilfunknetze ausgebaut wurden, oder in Gebieten, in denen lediglich Mobilfunknetze verfügbar sind, die maximal 2G-Mobilfunkdienste ermöglichen, in denen weder ein 3G- noch ein 4G oder ein 5G-Mobilfunknetz vorhanden ist und in denen auch nicht glaubhaft geplant ist, innerhalb von drei Jahren nach der Veröffentlichung der geplanten Beihilfemaßnahme oder innerhalb des — mindestens zwei Jahre langen — Zeitraums, in dem der geförderte Netzausbau erfolgen soll, ein solches Netz auszubauen. Dies wird durch Kartierung und öffentliche Konsultation gemäß Absatz 4 überprüft.

4. Kartierung und öffentliche Konsultation nach Absatz 3 müssen alle folgenden Voraussetzungen erfüllen:

a) Aus der Karte ergeben sich klar die Zielgebiete, die durch den staatlichen Eingriff abgedeckt werden sollen, und alle vorhandenen Mobilfunknetze, je nach Art der Investition. Die Kartierung erfolgt auf der Grundlage eines Rasters von max. 100 × 100 m. Die Karte wird stets über eine öffentliche Konsultation überprüft.

b) Die öffentliche Konsultation wird von der zuständigen Behörde durch Veröffentlichung der Hauptmerkmale der geplanten Maßnahme und eines Verzeichnisses der bei der Kartierung festgelegten Zielgebiete nach Buchstabe a auf einer geeigneten Website (auch auf nationaler Ebene) durchgeführt. Bei der öffentlichen Konsultation werden die Interessenträger aufgefordert, zu der Maßnahme Stellung zu nehmen und fundierte Informationen nach Buchstabe a zu ihren Mobilfunknetzen vorzulegen, die im Zielgebiet bereits vorhanden sind oder deren Ausbau innerhalb von drei Jahren nach Veröffentlichung der geplanten Beihilfemaßnahme glaubhaft geplant ist. Setzt die Bewilligungsbehörde für den Ausbau der geförderten Infrastruktur einen Zeitraum an, der kürzer oder länger ist als drei Jahre, so muss derselbe Zeitraum, der jedoch nicht kürzer sein darf als zwei Jahre, auch herangezogen werden, um zu beurteilen, ob der Ausbau der im vorstehenden Satz genannten Netze glaubhaft geplant ist. Die öffentliche Konsultation muss mindestens dreißig Tage dauern.

5. Die geförderte Infrastruktur wird nicht zum Nachweis der Erfüllung von Versorgungsauflagen berücksichtigt, die sich für die Mobilfunknetzbetreiber aus den an die Zuweisung von 4G- und 5G-Frequenznutzungsrechten geknüpften Bedingungen ergeben.

6. Das geförderte Vorhaben führt zu einer wesentlichen Verbesserung gegenüber vorhandenen Mobilfunknetzen oder Netzen, deren Ausbau innerhalb von drei Jahren nach der Veröffentlichung der geplanten Beihilfemaßnahme oder innerhalb des — nach Absatz 4 mindestens zwei Jahre langen — Zeitraums, in dem der geförderte Netzausbau erfolgen soll, glaubhaft geplant ist. Eine

wesentliche Verbesserung ist gegeben, wenn die geförderte Maßnahme bewirkt, dass eine erhebliche neue Investition in das Mobilfunknetz erfolgt und das geförderte Netz gegenüber dem vorhandenen bzw. glaubhaft geplanten Netz zu erheblichen Verbesserungen in Bezug auf Verfügbarkeit, Kapazitäten, Geschwindigkeiten und Wettbewerb im Mobilfunkbereich führt. Das Vorhaben muss eine erhebliche Investition in passive Infrastruktur umfassen, die über eine marginale Investition hinausgeht, welche lediglich der Modernisierung aktiver Netzelemente dient.

7. Die Beihilfe wird wie folgt gewährt:

a) Die Beihilfe wird Anbietern elektronischer Kommunikationsnetze und -dienste auf der Grundlage eines offenen, transparenten und diskriminierungsfreien wettbewerblichen Auswahlverfahrens im Einklang mit den Grundsätzen der Vergabevorschriften und mit dem Grundsatz der Technologieneutralität, unbeschadet der geltenden Vergabevorschriften gewährt, wobei das wirtschaftlich günstigste Angebot den Zuschlag erhält. Für die Zwecke des wettbewerblichen Auswahlverfahrens legt die Bewilligungsbehörde im Voraus objektive, transparente und diskriminierungsfreie qualitative Zuschlagskriterien fest, die gegen den beantragten Beihilfebetrag abzuwägen sind. Bei vergleichbarer Qualität erhält der Bieter, der den niedrigsten Beihilfebetrag beantragt hat, die Beihilfe.

b) Wird die Beihilfe ohne wettbewerbliches Auswahlverfahren einer Behörde gewährt, damit diese direkt oder über eine interne Einheit ein passives Mobilfunknetz ausbaut und verwaltet, so erbringt die Behörde bzw. die interne Einheit ausschließlich Vorleistungsdienste über das geförderte Netz. Die Behörde gewährleistet eine getrennte Buchführung, bei der die Mittel für den Netzbetrieb von anderen Mitteln, die der Behörde zur Verfügung stehen, getrennt verwaltet werden. Die Erteilung von Konzessionen oder anderen Aufträgen für Bau oder Betrieb des Netzes an Dritte erfolgt über ein offenes, transparentes und diskriminierungsfreies wettbewerbliches Auswahlverfahren im Einklang mit den Grundsätzen der Vergabevorschriften und mit dem Grundsatz der Technologieneutralität, unbeschadet der geltenden Vergabevorschriften, wobei das wirtschaftlich günstigste Angebot den Zuschlag erhält.

8. Der Betrieb des geförderten Netzes gewährleistet zu fairen und diskriminierungsfreien Bedingungen einen möglichst umfassenden aktiven und passiven Zugang auf Vorleistungsebene nach Artikel 2 Nummer 139. Aktiver Zugang auf Vorleistungsebene wird für mindestens sieben Jahre und Zugang auf Vorleistungsebene zur physischen Infrastruktur, einschließlich Leerrohren und Masten, wird ohne zeitliche Begrenzung gewährt. Im gesamten geförderten Netz gelten dieselben Zugangsbedingungen, auch in den Teilen des Netzes, in denen bestehende Infrastruktur genutzt wurde. Die Verpflichtungen zur Zugangsgewährung werden unabhängig von Veränderungen bei den Eigentumsverhältnissen, der Verwaltung oder dem Betrieb des geförderten Netzes durchgesetzt. Bei Beihilfen für den Bau von Leerrohren sind diese groß genug, um mindestens die Betreiber aller vorhandenen Mobilfunknetze zu bedienen.

9. Der Preis für den Zugang auf Vorleistungsebene beruht auf einer der folgenden Benchmarks: i) die veröffentlichten durchschnittlichen Vorleistungspreise, die in anderen vergleichbaren, wettbewerbsintensiveren Gebieten des Mitgliedstaats oder der Union gelten, oder ii) in Ermangelung solcher veröffentlichten Preise die regulierten Preise, die von der nationalen Regulierungsbehörde für die betreffenden Märkte und Dienste bereits festgelegt oder genehmigt wurden, oder iii) in Ermangelung solcher veröffentlichten oder regulierten Preise werden die Preise im Einklang mit den Grundsätzen der Kostenorientierung und nach der Methode festgelegt, die der sektorale Rechtsrahmen vorgibt. Unbeschadet der Zuständigkeiten der nationalen Regulierungsbehörde gemäß dem Rechtsrahmen wird die nationale Regulierungsbehörde zu den Zugangsbedingungen, so u. a. zu den Preisen, und zu Streitigkeiten im Zusammenhang mit der Anwendung dieses Artikels konsultiert.

10. Die Mitgliedstaaten richten einen Monitoring- und Rückforderungsmechanismus ein, wenn der für ein Vorhaben gewährte Beihilfebetrag 10 Mio. EUR überschreitet.

11. Die Nutzung des öffentlich geförderten 4G- oder 5G-Netzes zur Erbringung fester drahtloser Zugangsdienste ist nur unter folgenden Voraussetzungen gestattet.

a) In Gebieten, in denen kein Netz vorhanden ist, das zuverlässig eine Download-Geschwindigkeit von mindestens 30 Mbit/s bieten kann, und in denen auch nicht glaubhaft geplant ist, innerhalb von drei Jahren nach der Veröffentlichung der geplanten Beihilfemaßnahme oder innerhalb des — mindestens zwei Jahre langen — Zeitraums, in dem der geförderte Netzausbau erfolgen soll, ein solches Netz auszubauen, wenn die folgenden kumulativen Voraussetzungen erfüllt sind: i) bei der Kartierung und öffentlichen Konsultation werden auch die nach Artikel 52 Absatz 4 ermittelten vorhandenen oder glaubhaft geplanten festen Breitbandnetze berücksichtigt; ii) die geförderte feste drahtlose 4G- oder 5G-Zugangslösung kann zuverlässig eine Download-Geschwindigkeit von mindestens 30 Mbit/s sowie eine mindestens doppelt so hohe Download- und Upload-Geschwindigkeit bieten wie die in diesen Gebieten vorhandenen oder glaubhaft geplanten festen Netze.

b) In Gebieten, in denen kein Netz vorhanden ist, das zuverlässig eine Download-Geschwindigkeit von mindestens 100 Mbit/s bieten kann, und in denen auch nicht glaubhaft geplant ist, innerhalb von drei Jahren nach der Veröffentlichung der geplanten Beihilfemaßnahme oder innerhalb des — mindestens zwei Jahre langen — Zeitraums, in dem der geförderte Netzausbau erfolgen soll, ein solches Netz auszubauen, wenn die folgenden kumulativen Voraussetzungen erfüllt sind: i) bei der Kartierung und öffentlichen Konsultation werden auch die nach Artikel 52 Absatz 4 ermittelten vorhandenen oder glaubhaft geplanten festen Breitbandnetze berücksichtigt; ii) die geförderte feste drahtlose 4G- oder 5G-Zugangslösung kann zuverlässig eine Download-Geschwindigkeit von mindestens 300 Mbit/s und eine Upload-Geschwindigkeit von mindestens 100 Mbit/s sowie eine mindestens doppelt so hohe Download- und Upload-Geschwindigkeit bieten wie die in diesen Gebieten vorhandenen oder glaubhaft geplanten festen Netze.

Artikel 52b
Beihilfen für Vorhaben von gemeinsamem Interesse im Bereich transeuropäischer digitaler Vernetzungsinfrastruktur

1. Beihilfen für Vorhaben von gemeinsamem Interesse im Bereich digitaler Vernetzungsinfrastruktur, die nach der Verordnung (EU) 2021/1153 finanziert werden oder mit einem Exzellenzsiegel nach der genannten Verordnung ausgezeichnet wurden, sind im Sinne des Artikels 107 Absatz 3 AEUV mit dem Binnenmarkt vereinbar und von der Anmeldepflicht nach Artikel 108 Absatz 3 AEUV freigestellt, sofern die Voraussetzungen des vorliegenden Artikels und des Kapitels I erfüllt sind.

2. Die Vorhaben müssen die in Absatz 3 festgelegten kumulativen Voraussetzungen für die Vereinbarkeit erfüllen. Darüber hinaus müssen sie zu einer der in Absatz 4 festgelegten Gruppen von beihilfefähigen Vorhaben gehören und alle besonderen Vereinbarkeitsvoraussetzungen für die jeweilige Gruppe nach Absatz 4 erfüllen. Unter die Freistellung nach Absatz 1 fallen nur Vorhaben, die sich ausschließlich auf die Elemente und Einrichtungen beziehen, welche unter den jeweiligen Kategorien in Absatz 4 aufgeführt sind.

3. Die allgemeinen kumulativen Vereinbarkeitsvoraussetzungen sind wie folgt:

a) Der Empfänger muss aus eigenen oder aus Fremdmitteln einen Eigenbeitrag von mindestens 25 % der beihilfefähigen Kosten leisten, der keinerlei öffentliche Förderung enthält. Wird der Eigenbeitrag des Empfängers in Höhe von 25 % aus Fremdmitteln über eine Investitionsplattform gewährt, die verschiedene Finanzierungsquellen kombiniert, wird die im vorausgegangenen Satz festgelegte Voraussetzung, dass Fremdmittel keinerlei öffentliche Förderung umfassen dürfen, dadurch ersetzt, dass bei einer solchen Plattform mindestens 30 % private Investitionen gegeben sein müssen.

b) Beihilfefähig sind ausschließlich nach der Verordnung (EU) 2021/1153 beihilfefähige Investitionskosten für den Ausbau der Infrastruktur.

c) Das Vorhaben muss im Einklang mit der Verordnung (EU) 2021/1153 ausgewählt werden von

i) einem unabhängigen Finanzintermediär, der von der Kommission auf der Grundlage gemeinsam vereinbarter Investitionsleitlinien bestellt wurde,

ii) der Kommission im Rahmen einer Ausschreibung, die auf eindeutigen, transparenten und diskriminierungsfreien Kriterien beruht, oder

iii) unabhängigen Sachverständigen, die von der Kommission bestellt wurden.

d) Das Vorhaben muss Vernetzungsmöglichkeiten eröffnen, die über die Anforderungen im Rahmen bestehender rechtlicher Verpflichtungen, beispielsweise solche, die an ein Frequenznutzungsrecht geknüpft sind, hinausgehen.

e) Das Vorhaben muss gemäß Artikel 52 Absätze 7 und 8 bzw. Artikel 52a Absätze 8 und 9 zu fairen, angemessenen und diskriminierungsfreien Bedingungen einen offenen Zugang auf Vorleistungsebene für Dritte einschließlich Entbündelung bieten.

4. Die Kategorien beihilfefähiger Vorhaben und die für sie geltenden besonderen kumulativen Vereinbarkeitsvoraussetzungen sind wie folgt.

a) Investitionen in den Ausbau eines grenzüberschreitenden Abschnitts eines 5G-Korridors entlang eines in den Leitlinien für den Ausbau eines transeuropäischen Verkehrsnetzes im Sinne der Verordnung (EU) Nr. 1315/2013 aufgeführten Verkehrskorridors (TEN-V-Korridore), die die folgenden besonderen kumulativen Voraussetzungen erfüllen:

i) Das Vorhaben betrifft einen grenzüberschreitenden Abschnitt eines 5G-Korridors, der die Grenze zwischen zwei oder mehr Mitgliedstaaten überschreitet oder der die Grenze zwischen mindestens einem Mitgliedstaat und mindestens einem Land des Europäischen Wirtschaftsraums überschreitet,

ii) die sich in einem Mitgliedstaat befindlichen grenzüberschreitenden Abschnitte von 5G-Korridoren machen zusammen nicht mehr als 15 % der Gesamtlänge der 5G-Korridore entlang des transeuropäischen Kernverkehrsnetzes in dem jeweiligen Mitgliedstaat aus, für die keine bestehenden rechtlichen Verpflichtungen, beispielsweise solche, die an ein Frequenznutzungsrecht geknüpft sind, gelten. In Ausnahmefällen, wenn ein Mitgliedstaat den Ausbau von grenzüberschreitenden 5G-Korridoren entlang seines transeuropäischen Gesamtverkehrsnetzes fördert, dürfen die sich in dem jeweiligen Mitgliedstaat befindlichen grenzüberschreitenden Abschnitte von 5G-Korridoren zusammen nicht mehr als 15 % der Gesamtlänge der 5G-Korridore entlang des transeuropäischen Gesamtverkehrsnetzes in dem jeweiligen Mitgliedstaat ausmachen, für die keine bestehenden rechtlichen Verpflichtungen, beispielsweise solche, die an ein Frequenznutzungsrecht geknüpft sind, gelten,

iii) das Vorhaben gewährleistet eine erhebliche neue Investition in das für vernetzte und automatisierte Mobilitätsdienste geeignete 5G-Mobilfunknetz, die über marginale Investitionen hinausgeht, welche lediglich der Modernisierung der aktiven Netzelemente dienen,

iv) das Vorhaben fördert den Ausbau neuer passiver Infrastruktur nur dann, wenn bestehende passive Infrastruktur nicht wiederverwendet werden kann.

b) Investitionen in den Ausbau eines grenzüberschreitenden Abschnitts eines europaweiten Terabit-Haupttrassen-Netzes, das die Ziele des Gemeinsamen Unternehmens für europäisches Hochleistungsrechnen durch Zusammenschaltung bestimmter Rechenanlagen, Hochleistungsrechenanlagen und Dateninfrastrukturen unterstützt, die die folgenden besonderen kumulativen Voraussetzungen erfüllen:

i) Im Rahmen des Vorhabens werden vernetzungsspezifische Vermögenswerte (einschließlich unentziehbarer Nutzungsrechte, unbeschalteter Glasfaserleitungen und Ausrüstung) für den Bau eines grenzüberschreitenden Abschnitts eines gesamteuropäischen Haupttrassen-Netzes ausgebaut oder erworben, der die Zusammenschaltung — mit freier durchgehender Vernetzung von mindestens 1 Tbit/s — von mindestens zwei Rechenanlagen, Hochleistungsrechenanlagen oder Dateninfrastrukturen fördert, 1) bei denen es sich um Aufnahmeeinrichtungen des gemäß der Verordnung (EU) 2018/1488 des Rates ([46]) gegründeten Gemeinsamen Unternehmens für europäisches Hochleistungsrechnen oder um Forschungsinfrastrukturen und andere Rechen- und Dateninfrastrukturen zur Unterstützung von Forschungsleitprogrammen und Aufträgen im Sinne der Verordnung (EU) 2021/695 des Europäischen Parlaments und des Rates ([47]) und der Verordnung (EG) Nr. 723/2009 des Rates handelt, die zu den Zielen des Gemeinsamen Unternehmens für europäisches Hochleistungsrechnen beitragen, und die sich 2) in mindestens zwei EU-Mitgliedstaaten oder mindestens einem EU-Mitgliedstaat und mindestens einem Mitglied des Europäischen Forschungsraums befinden,

ii) das Vorhaben gewährleistet eine erhebliche neue Investition in das Haupttrassen-Netz, die über eine marginale Investition, wie eine Investition für reine Software-Aktualisierungen oder -lizenzen, hinausgeht,

iii) der Erwerb von vernetzungsspezifischen Vermögenswerten erfolgt durch Vergabe öffentlicher Aufträge,

iv) das Vorhaben fördert den Ausbau neuer passiver Infrastruktur nur dann, wenn bestehende passive Infrastruktur nicht wiederverwendet werden kann.

c) Investitionen in den Ausbau eines grenzüberschreitenden Abschnitts eines die Zusammenschaltung von Cloud-Infrastrukturen bestimmter sozioökonomischer Schwerpunkte gewährleistenden Haupttrassen-Netzes, die die folgenden besonderen kumulativen Voraussetzungen erfüllen:

i) Das Vorhaben bindet Cloud-Infrastrukturen von sozioökonomischen Schwerpunkten an, bei denen es sich um öffentliche Verwaltungen oder um öffentliche oder private Einrichtungen handelt, die mit der Erbringung von Dienstleistungen von allgemeinem Interesse oder von Dienstleistungen von allgemeinem wirtschaftlichem Interesse im Sinne des Artikels 106 Absatz 2 AEUV betraut sind,

ii) das Vorhaben betrifft einen grenzüberschreitenden Abschnitt des Ausbaus neuer oder eine erhebliche Modernisierung bestehender grenzüberschreitender Haupttrassen-Netze, der 1) die Grenze zwischen zwei oder mehr Mitgliedstaaten überschreitet, oder 2) die Grenze zwischen mindestens einem Mitgliedstaat und mindestens einem Land des Europäischen Wirtschaftsraums überschreitet,

iii) das Vorhaben betrifft mindestens zwei beihilfefähige sozioökonomische Schwerpunkte nach Ziffer i, die jeweils in verschiedenen Mitgliedstaaten oder in einem Mitgliedstaat und einem Land des Europäischen Wirtschaftsraums tätig sind,

iv) das Vorhaben gewährleistet eine erhebliche neue Investition in ein Haupttrassen-Netz, die über eine marginale Investition, wie eine Investition für reine Software-Aktualisierungen oder -lizenzen, hinausgeht. Das Vorhaben kann zuverlässig symmetrische Download- und Upload-Geschwindigkeiten von mindestens Vielfachen von 10 Gbit/s bieten,

v) das Vorhaben fördert den Ausbau neuer passiver Infrastruktur nur dann, wenn bestehende passive Infrastruktur nicht wiederverwendet werden kann.

d) Investitionen in den Ausbau eines Tiefseekabelnetzes, die die folgenden besonderen kumulativen Voraussetzungen erfüllen:

i) Das Vorhaben betrifft einen grenzüberschreitenden Abschnitt eines Tiefseekabelnetzes, der 1) die Grenze zwischen zwei oder mehr Mitgliedstaaten überschreitet oder 2) die Grenze zwischen mindestens einem Mitgliedstaat und mindestens einem Land des Europäischen Wirtschaftsraums überschreitet. Alternativ gewährleistet die Einheit, die eine Beihilfe erhält, ausschließlich die Bereitstellung von Vorleistungsdiensten, und die geförderte Infrastruktur verbessert die Vernetzung von europäischen Gebieten in äußerster Randlage, überseeischen Gebieten oder Inselregionen, auch wenn sich das Netz nur auf einen Mitgliedstaat erstreckt,

ii) das Vorhaben darf keine Strecken betreffen, die bereits von mindestens zwei bestehenden oder glaubhaft geplanten Haupttrassen-Infrastrukturen bedient werden,

iii) das Vorhaben gewährleistet eine erhebliche neue Investition in das Tiefseekabelnetz, die in der Verlegung eines neuen Tiefseekabels oder in der Anbindung an ein bestehendes Tiefseekabel besteht, wobei die Redundanzproblematik berücksichtigt wird und die Investition über eine marginale Investition hinausgeht. Das Vorhaben kann zuverlässig symmetrische Download- und Upload-Geschwindigkeiten von mindestens 1 Gbit/s bieten,

iv) das Vorhaben fördert den Ausbau neuer passiver Infrastruktur nur dann, wenn bestehende passive Infrastruktur nicht wiederverwendet werden kann.

Artikel 52c
Konnektivitätsgutscheine

1. Beihilfen
in Form einer Konnektivitätsgutschein-Regelung für Verbraucher zur Erleichterung von Telearbeit, allgemeinen und beruflichen Bildungsleistungen sowie für KMU sind im Sinne des Artikels 107 Absatz 3 AEUV mit dem Binnenmarkt vereinbar und von der Anmeldepflicht nach Artikel 108 Absatz 3 AEUV freigestellt, sofern die Voraussetzungen des vorliegenden Artikels und des Kapitels I erfüllt sind.

2. Die Laufzeit einer Gutscheinregelung beträgt höchstens 24 Monate.

3. Folgende Kategorien von Gutscheinregelungen sind förderfähig:

a) Gutscheinregelungen für Verbraucher, mit denen diese einen neuen Breitbandinternetzugangsdienst abonnieren oder ihr derzeitiges Abonnement auf einen Dienst mit einer Download-Geschwindigkeit von mindestens 30 Mbit/s aufstocken können, sofern alle Anbieter elektronischer Kommunikationsdienste, die zuverlässig eine Download-Geschwindigkeit von mindestens 30 Mbit/s bieten können, im Rahmen der Gutscheinregelung förderfähig sind; dabei dürfen Gutscheine nicht für einen Wechsel zu Anbietern, die dieselbe Geschwindigkeit bieten, oder für die Aufstockung eines bestehenden Abonnements mit einer Download-Geschwindigkeit von mindestens 30 Mbit/s gewährt werden;

b) Gutscheinregelungen für KMU, mit denen diese einen neuen Breitbandinternetzugangsdienst abonnieren oder ihr derzeitiges Abonnement auf einen Dienst mit einer Download-Geschwindigkeit von mindestens 100 Mbit/s aufstocken können, sofern alle Anbieter, die zuverlässig eine Download-Geschwindigkeit von mindestens 100 Mbit/s bieten können, im Rahmen der Gutscheinregelung förderfähig sind; dabei dürfen Gutscheine nicht für einen Wechsel zu Anbietern, die dieselbe Geschwindigkeit bieten, oder für die Aufstockung eines bestehenden Abonnements mit einer Download-Geschwindigkeit von mindestens 100 Mbit/s gewährt werden.

4. Die Gutscheine decken bis zu 50 % der gesamten Einrichtungskosten und der monatlichen Gebühr für das Abonnement eines Breitbandinternetzugangsdienstes mit den in Absatz 3 genannten Geschwindigkeiten ab, unabhängig davon, ob der Dienst einzeln oder als Teil eines Dienstepakets angeboten wird, das mindestens die erforderlichen Endgeräte (Modem/Router) für einen Internetzugang mit der in Absatz 3 angegebenen Geschwindigkeit umfasst. Der Gutscheinbetrag wird von den Behörden direkt an die Endnutzer oder direkt an den von den Endnutzern gewählten Diensteanbieter ausgezahlt; in letzterem Fall wird der Betrag des Gutscheins von der Rechnung des Endnutzers abgezogen.

5. Die Gutscheine stehen Verbrauchern oder KMU ausschließlich in Gebieten zur Verfügung, in denen mindestens ein Netz vorhanden ist, das die in Absatz 3 genannten Geschwindigkeiten zuverlässig bieten kann, was durch Kartierung und öffentliche Konsultation überprüft wird. Bei der Kartierung und der öffentlichen Konsultation werden die geografischen Zielgebiete, die von mindestens einem Netz abgedeckt werden, das die in Absatz 3 genannte Geschwindigkeit während der Laufzeit der Gutscheinregelung zuverlässig bieten kann, sowie die in dem Gebiet tätigen infrage kommenden Anbieter ermittelt, und es werden Informationen zur Berechnung ihres Marktanteils erhoben. Die Kartierung erfolgt i) bei drahtgebundenen festen Netzen auf Adressebene auf der Grundlage der erschlossenen Räumlichkeiten und ii) bei festen drahtlosen Zugangsnetzen oder mobilen Netzen auf Adressebene auf der Grundlage der erschlossenen Räumlichkeiten oder auf der Grundlage eines Rasters von maximal 100 × 100 m. Die Karte wird stets über eine öffentliche Konsultation überprüft. Die öffentliche Konsultation wird von der zuständigen Behörde durch Veröffentlichung der Hauptmerkmale der geplanten Maßnahme und eines Verzeichnisses der bei der Kartierung festgelegten Zielgebiete auf einer geeigneten Website, auch auf nationaler Ebene, durchgeführt. Im Rahmen der öffentlichen Konsultation werden Interessenträger aufgefordert, zu dem Maßnahmenentwurf Stellung zu nehmen und fundierte Informationen über ihre bestehenden Netze zu übermitteln, die die in Absatz 3 genannte Geschwindigkeit zuverlässig bieten können. Die öffentliche Konsultation muss mindestens dreißig Tage dauern.

6. Die Gutscheinregelung muss dem Grundsatz der Technologieneutralität insofern entsprechen, als es möglich sein muss, die Gutscheine unabhängig von den verwendeten Technologien für

das Abonnieren von Diensten aller Betreiber zu nutzen, die die in Absatz 3 genannten Geschwindigkeiten über ein bestehendes Breitbandnetz zuverlässig bereitstellen können. Um den Verbrauchern bzw. den KMU die Auswahl zu erleichtern, wird die Liste der in Betracht kommenden Anbieter für jedes geografische Zielgebiet online veröffentlicht; jeder interessierte Anbieter kann die Aufnahme in die Liste auf der Grundlage offener, transparenter und diskriminierungsfreier Kriterien beantragen.

7. Wenn der Anbieter des Breitbandinternetzugangsdienstes vertikal integriert ist und sein Anteil am Endkundenmarkt über 25 % liegt, so muss er auf dem entsprechenden Vorleistungsmarkt jedem Anbieter elektronischer Kommunikationsdienste mindestens ein Vorleistungsprodukt anbieten, mit dem sichergestellt werden kann, dass der Zugangsinteressent unter offenen, transparenten und diskriminierungsfreien Bedingungen zuverlässig einen Endkunden-Dienst mit der in Absatz 3 genannten Geschwindigkeit bieten kann. Der Preis für den Zugang auf Vorleistungsebene wird auf der Grundlage einer der folgenden Benchmarks festgesetzt: i) die veröffentlichten durchschnittlichen Vorleistungspreise, die in anderen vergleichbaren, wettbewerbsintensiveren Gebieten des Mitgliedstaats oder der Union gelten, oder ii) in Ermangelung solcher veröffentlichten Preise die regulierten Preise, die von der nationalen Regulierungsbehörde für die betreffenden Märkte und Dienste bereits festgelegt oder genehmigt wurden, oder iii) in Ermangelung solcher veröffentlichten oder regulierten Preise werden die Preise im Einklang mit den Grundsätzen der Kostenorientierung und nach der Methode festgelegt, die der sektorale Rechtsrahmen vorgibt. Unbeschadet der Zuständigkeiten der nationalen Regulierungsbehörde gemäß dem Rechtsrahmen wird die nationale Regulierungsbehörde zu den Zugangsbedingungen, so u. a. zu den Preisen, und zu Streitigkeiten im Zusammenhang mit der Anwendung dieses Artikels konsultiert.

ABSCHNITT 11
Beihilfen für Kultur und die Erhaltung des kulturellen Erbes

Artikel 53
Beihilfen für Kultur und die Erhaltung des kulturellen Erbes

1. Beihilfen für Kultur und die Erhaltung des kulturellen Erbes sind im Sinne des Artikels 107 Absatz 3 AEUV mit dem Binnenmarkt vereinbar und von der Anmeldepflicht nach Artikel 108 Absatz 3 AEUV freigestellt, sofern die in diesem Artikel und in Kapitel I festgelegten Voraussetzungen erfüllt sind.

2. Beihilfen können für die folgenden kulturellen Zwecke und Aktivitäten gewährt werden:

a) Museen, Archive, Bibliotheken, Kunst- und Kulturzentren oder -stätten, Theater, Kinos, Opernhäuser, Konzerthäuser, sonstige Einrichtungen für Live-Aufführungen, Einrichtungen zur Erhaltung und zum Schutz des Filmerbes und ähnliche Infrastrukturen, Organisationen und Einrichtungen im Bereich Kunst und Kultur;

b) materielles Kulturerbe einschließlich aller Formen beweglichen oder unbeweglichen kulturellen Erbes und archäologischer Stätten, Denkmäler, historische Stätten und Gebäude; Naturerbe, das mit Kulturerbe zusammenhängt oder von der zuständigen Behörde eines Mitgliedstaats förmlich als Kultur- oder Naturerbe anerkannt ist;

c) immaterielles Kulturerbe in jeder Form einschließlich Brauchtum und Handwerk;

d) Veranstaltungen und Aufführungen im Bereich Kunst und Kultur, Festivals, Ausstellungen und ähnliche kulturelle Aktivitäten;

e) Tätigkeiten im Bereich der kulturellen und künstlerischen Bildung sowie Förderung des Verständnisses für die Bedeutung des Schutzes und der Förderung der Vielfalt kultureller Ausdrucksformen durch Bildungsprogramme und Programme zur Sensibilisierung der Öffentlichkeit, unter anderem unter Einsatz neuer Technologien;

f) Verfassung, Bearbeitung, Produktion, Vertrieb, Digitalisierung und Veröffentlichung von Musik- oder Literaturwerken einschließlich Übersetzungen.

3. Die Beihilfen können in folgender Form gewährt werden:

EU-VO

a) Investitionsbeihilfen einschließlich Beihilfen für den Bau oder die Modernisierung von Kulturinfrastruktur;

b) Betriebsbeihilfen.

4. Bei Investitionsbeihilfen sind die Kosten von Investitionen in materielle und immaterielle Vermögenswerte beihilfefähig, und zwar unter anderem

a) die Kosten für den Bau, die Modernisierung, den Erwerb, die Erhaltung oder die Verbesserung von Infrastruktur, wenn jährlich mindestens 80 % der verfügbaren Nutzungszeiten oder Räumlichkeiten für kulturelle Zwecke genutzt werden;

b) die Kosten für den Erwerb, einschließlich Leasing, Besitzübertragung und Verlegung von kulturellem Erbe;

c) die Kosten für den Schutz, die Bewahrung, die Restaurierung oder die Sanierung von materiellem und immateriellem Kulturerbe, einschließlich zusätzlicher Kosten für die Lagerung unter geeigneten Bedingungen, Spezialwerkzeuge und Materialien sowie der Kosten für Dokumentation, Forschung, Digitalisierung und Veröffentlichung;

d) die Kosten für die Verbesserung des Zugangs der Öffentlichkeit zum Kulturerbe, einschließlich der für die Digitalisierung und andere neue

Technologien anfallenden Kosten und der Kosten für die Verbesserung des Zugangs von Personen mit besonderen Bedürfnissen (insbesondere Rampen und Aufzüge für Menschen mit Behinderungen, Hinweise in Brailleschrift und Hands-on-Exponate in Museen) und für die Förderung der kulturellen Vielfalt in Bezug auf Präsentationen, Programme und Besucher;

e) die Kosten für Kulturprojekte und kulturelle Aktivitäten, Kooperations- und Austauschprogramme sowie Stipendien einschließlich der Kosten für das Auswahlverfahren und für Werbemaßnahmen sowie der unmittelbar durch das Projekt entstehenden Kosten.

5. Bei Betriebsbeihilfen sind folgende Kosten beihilfefähig:

a) die Kosten der kulturellen Einrichtungen oder Kulturerbestätten für fortlaufende oder regelmäßige Aktivitäten wie Ausstellungen, Aufführungen, Veranstaltungen oder vergleichbare kulturelle Aktivitäten im normalen Betrieb;

b) die Kosten für Tätigkeiten im Bereich der kulturellen und künstlerischen Bildung sowie für die Förderung des Verständnisses für die Bedeutung des Schutzes und der Förderung der Vielfalt kultureller Ausdrucksformen durch Bildungsprogramme und Programme zur Sensibilisierung der Öffentlichkeit, unter anderem unter Einsatz neuer Technologien;

c) die Kosten für die Verbesserung des Zugangs der Öffentlichkeit zu kulturellen Einrichtungen oder Kulturerbestätten, einschließlich der Kosten für die Digitalisierung und den Einsatz neuer Technologien sowie der Kosten für die Verbesserung des Zugangs von Personen mit Behinderungen;

d) die Betriebskosten, die unmittelbar mit dem Kulturprojekt beziehungsweise der kulturellen Aktivität zusammenhängen, wie unmittelbar mit dem Kulturprojekt beziehungsweise der kulturellen Aktivität verbundene Miet- oder Leasingkosten für Immobilien und Kulturstätten, Reisekosten oder Kosten für Materialien und Ausstattung, Gerüste für Ausstellungen und Bühnenbilder, Leihe, Leasing und Wertverlust von Werkzeugen, Software und Ausrüstung, Kosten für den Zugang zu urheberrechtlich und durch andere Immaterialgüterrechte geschützten Inhalten, Werbekosten und sonstige Kosten, die unmittelbar durch das Projekt beziehungsweise die Aktivität entstehen; die Abschreibungs- und Finanzierungskosten sind nur dann beihilfefähig, wenn sie nicht Gegenstand einer Investitionsbeihilfe sind;

e) die Kosten für Personal, das für die kulturelle Einrichtung, die Kulturerbestätte oder ein Kulturprojekt arbeitet;

f) Kosten für Beratungs- und Unterstützungsdienstleistungen externer Beratungs- und Dienstleistungsunternehmen, die unmittelbar mit dem Projekt in Verbindung stehen.

6. Bei Investitionsbeihilfen darf der Beihilfebetrag nicht höher sein als die Differenz zwischen den beihilfefähigen Kosten und dem Betriebsgewinn der Investition. Der Betriebsgewinn wird vorab, auf der Grundlage realistischer Projektionen, oder über einen Rückforderungsmechanismus von den beihilfefähigen Kosten abgezogen. Der Betreiber der Infrastruktur darf einen angemessenen Gewinn für den betreffenden Zeitraum einbehalten.

7. Bei Betriebsbeihilfen darf der Beihilfebetrag nicht höher sein als der Betrag, der erforderlich ist, um Betriebsverluste und einen angemessenen Gewinn für den betreffenden Zeitraum zu decken. Dies ist vorab, auf der Grundlage realistischer Projektionen, oder über einen Rückforderungsmechanismus zu gewährleisten.

8. Bei Beihilfen von nicht mehr als 2 Mio. EUR kann der Beihilfehöchstbetrag alternativ zur Anwendung der in den Absätzen 6 und 7 genannten Methode auf 80 % der beihilfefähigen Kosten festgesetzt werden.

9. Bei den in Absatz 2 Buchstabe f festgelegten Tätigkeiten darf der Beihilfehöchstbetrag nicht höher sein als entweder die Differenz zwischen den beihilfefähigen Kosten und den abgezinsten Einnahmen des Projekts oder 70 % der beihilfefähigen Kosten. Die Einnahmen werden vorab oder über einen Rückforderungsmechanismus von den beihilfefähigen Kosten abgezogen. Die beihilfefähigen Kosten sind die Kosten für die Veröffentlichung der Musik- oder Literaturwerke, einschließlich Urheberrechtsgebühren, Übersetzervergütungen, Redaktionsgebühren, sonstigen Redaktionskosten (zum Beispiel für Korrekturlesen, Berichtigung und Überprüfung), Layout- und Druckvorstufenkosten sowie Kosten für Druck oder elektronische Veröffentlichung.

10. Beihilfen für Zeitungen und Zeitschriften kommen unabhängig davon, ob diese in gedruckter oder elektronischer Form erscheinen, nicht für eine Freistellung nach diesem Artikel in Frage.

Artikel 54

Beihilferegelungen für audiovisuelle Werke

1. Beihilferegelungen zur Förderung der Drehbucherstellung sowie der Entwicklung, Produktion, des Vertriebs und der Promotion audiovisueller Werke sind im Sinne des Artikels 107 Absatz 3 AEUV mit dem Binnenmarkt vereinbar und von der Anmeldepflicht nach Artikel 108 Absatz 3 AEUV freigestellt, sofern die in diesem Artikel und in Kapitel I festgelegten Voraussetzungen erfüllt sind.

2. Mit der Beihilfe muss ein kulturelles Projekt gefördert werden. Zur Vermeidung offensichtlicher Fehler bei der Einstufung eines Produkts als kulturell legt jeder Mitgliedstaat wirksame Verfahren fest, etwa die Auswahl der Vorschläge durch eine oder mehrere Personen, die mit der

Auswahl oder der Überprüfung anhand einer vorab festgelegten Liste kultureller Kriterien betraut sind.

3. Die Beihilfen können in folgender Form gewährt werden:

a) Beihilfen für die Produktion audiovisueller Werke,

b) Beihilfen für die Vorbereitung der Produktion und

c) Vertriebsbeihilfen.

4. Wenn der Mitgliedstaat die Beihilfe mit Verpflichtungen zur Territorialisierung der Ausgaben verknüpft, kann die Beihilferegelung zur Förderung der Produktion audiovisueller Werke vorsehen,

a) dass bis zu 160 % der für die Produktion des betreffenden audiovisuellen Werks gewährten Beihilfe im Gebiet des die Beihilfe gewährenden Mitgliedstaats ausgegeben werden müssen oder

b) dass die Höhe der für die Produktion des betreffenden audiovisuellen Werks gewährten Beihilfe als prozentualer Anteil an den Produktionsausgaben in dem die Beihilfe gewährenden Mitgliedstaat berechnet wird; dies ist in der Regel bei Beihilferegelungen in Form von Steueranreizen der Fall.

In beiden Fällen dürfen die Ausgaben, die der Verpflichtung zur Territorialisierung der Ausgaben unterliegen, in keinem Fall über 80 % des gesamten Produktionsbudgets liegen.

Ein Mitgliedstaat kann die Beihilfefähigkeit von Projekten auch davon abhängig machen, dass ein Mindestprozentsatz der Produktionstätigkeiten in dem betreffenden Gebiet erfolgt, doch darf dieser Prozentsatz nicht über 50 % des gesamten Produktionsbudgets liegen.

5. Die beihilfefähigen Kosten sind

a) bei Produktionsbeihilfen: die Gesamtkosten der Produktion audiovisueller Werke einschließlich der Kosten für die Verbesserung des Zugangs von Personen mit Behinderungen;

b) bei Beihilfen für die Vorbereitung der Produktion: die Kosten der Drehbucherstellung und der Entwicklung audiovisueller Werke;

c) bei Vertriebsbeihilfen: die Kosten des Vertriebs und der Promotion audiovisueller Werke.

6. Die Beihilfeintensität von Beihilfen für die Produktion audiovisueller Werke darf 50 % der beihilfefähigen Kosten nicht überschreiten.

7. Die Beihilfeintensität kann wie folgt erhöht werden:

a) auf 60 % der beihilfefähigen Kosten in Fällen grenzübergreifender Produktionen, die von mehr als einem Mitgliedstaat finanziert werden und an denen Produzenten aus mehr als einem Mitgliedstaat beteiligt sind;

b) auf 100 % der beihilfefähigen Kosten in Fällen schwieriger audiovisueller Werke und Koproduktionen, an denen Länder der Liste des Ausschusses für Entwicklungshilfe (DAC) der OECD beteiligt sind.

8. Die Beihilfeintensität von Beihilfen für die Vorbereitung der Produktion darf 100 % der beihilfefähigen Kosten nicht überschreiten. Wird das Drehbuch oder Vorhaben verfilmt beziehungsweise realisiert, so werden die Kosten für die Vorbereitung der Produktion in das Gesamtbudget aufgenommen und bei der Berechnung der Beihilfeintensität für das betreffende audiovisuelle Werk berücksichtigt. Die Beihilfeintensität von Vertriebsbeihilfen entspricht der Beihilfeintensität von Produktionsbeihilfen.

9. Beihilfen dürfen nicht für bestimmte Produktionstätigkeiten oder einzelne Teile der Wertschöpfungskette der Produktion ausgewiesen werden. Beihilfen für Filmstudioinfrastrukturen kommen nicht für eine Freistellung nach diesem Artikel in Frage.

10. Beihilfen dürfen nicht ausschließlich Inländern gewährt werden, und es darf nicht verlangt werden, dass der Beihilfeempfänger ein nach nationalem Handelsrecht im Inland niedergelassenes Unternehmen ist.

ABSCHNITT 12

Beihilfen für Sportinfrastrukturen und multifunktionale Freizeitinfrastrukturen

Artikel 55

Beihilfen für Sportinfrastrukturen und multifunktionale Freizeitinfrastrukturen

1. Beihilfen für Sportinfrastrukturen und multifunktionale Freizeitinfrastrukturen sind im Sinne des Artikels 107 Absatz 3 AEUV mit dem Binnenmarkt vereinbar und von der Anmeldepflicht nach Artikel 108 Absatz 3 AEUV freigestellt, sofern die in diesem Artikel und in Kapitel I festgelegten Voraussetzungen erfüllt sind.

2. Die Sportinfrastruktur darf nicht ausschließlich von einem einzigen Profisportnutzer genutzt werden. Auf die Nutzung der Sportinfrastruktur durch andere Profi- oder Amateursportnutzer müssen jährlich mindestens 20 % der verfügbaren Nutzungszeiten entfallen. Wird die Infrastruktur von mehreren Nutzern gleichzeitig genutzt, so sind die entsprechenden Anteile an den verfügbaren Nutzungszeiten zu berechnen.

3. Multifunktionale Freizeitinfrastrukturen umfassen Freizeiteinrichtungen mit multifunktionalem Charakter, die insbesondere Kultur- und Freizeitdienstleistungen anbieten; ausgenommen sind Freizeitparks und Hotels.

4. Die Sportinfrastruktur beziehungsweise multifunktionale Freizeitinfrastruktur muss mehreren Nutzern zu transparenten und diskriminierungsfreien Bedingungen offenstehen. Unternehmen,

die mindestens 30 % der Investitionskosten der Infrastruktur finanziert haben, können einen bevorzugten Zugang zu günstigeren Bedingungen erhalten, sofern diese Bedingungen öffentlich bekanntgemacht worden sind.

5. Wenn eine Sportinfrastruktur von Profisportvereinen genutzt wird, stellen die Mitgliedstaaten sicher, dass die Nutzungspreise und -bedingungen öffentlich bekanntgemacht werden.

6. Die Erteilung von Konzessionen oder Aufträgen für den Bau, die Modernisierung und/oder den Betrieb einer Sportinfrastruktur oder einer multifunktionalen Freizeitinfrastruktur durch Dritte muss zu offenen, transparenten und diskriminierungsfreien Bedingungen und unter Einhaltung der geltenden Vergabevorschriften erfolgen.

7. Die Beihilfen können in folgender Form gewährt werden:

a) Investitionsbeihilfen einschließlich Beihilfen für den Bau oder die Modernisierung von Sportinfrastrukturen und multifunktionalen Freizeitinfrastrukturen;

b) Betriebsbeihilfen für Sportinfrastrukturen.

8. Bei Investitionsbeihilfen für Sportinfrastrukturen und multifunktionale Freizeitinfrastrukturen sind die Kosten der Investitionen in materielle und immaterielle Vermögenswerte beihilfefähig.

9. Bei Betriebsbeihilfen für Sportinfrastrukturen sind die Betriebskosten für die Erbringung der Dienstleistungen durch die Infrastruktur beihilfefähig. Zu diesen Betriebskosten zählen Kosten wie Personal-, Material-, Fremdleistungs-, Kommunikations-, Energie-, Wartungs-, Miet- und Verwaltungskosten, nicht aber die Abschreibungs- und Finanzierungskosten, wenn sie Gegenstand einer Investitionsbeihilfe waren.

10. Bei Investitionsbeihilfen für Sportinfrastrukturen und multifunktionale Freizeitinfrastrukturen darf der Beihilfebetrag nicht höher sein als die Differenz zwischen den beihilfefähigen Kosten und dem Betriebsgewinn der Investition. Der Betriebsgewinn wird vorab, auf der Grundlage realistischer Projektionen, oder über einen Rückforderungsmechanismus von den beihilfefähigen Kosten abgezogen.

11. Bei Betriebsbeihilfen für Sportinfrastrukturen darf der Beihilfebetrag nicht höher sein als die Betriebsverluste in dem betreffenden Zeitraum. Dies ist vorab, auf der Grundlage realistischer Projektionen, oder über einen Rückforderungsmechanismus zu gewährleisten.

12. Bei Beihilfen von nicht mehr als 2 Mio. EUR kann der Beihilfehöchstbetrag alternativ zur Anwendung der in den Absätzen 10 und 11 genannten Methode auf 80 % der beihilfefähigen Kosten festgesetzt werden.

ABSCHNITT 13

Beihilfen für lokale Infrastrukturen

Artikel 56

Investitionsbeihilfen für lokale Infrastrukturen

1. Für den Bau oder die Modernisierung lokaler Infrastrukturen bestimmte Finanzierungen für Infrastrukturen, die auf lokaler Ebene einen Beitrag zur Verbesserung der Rahmenbedingungen für Unternehmen und Verbraucher und zur Modernisierung und Weiterentwicklung der industriellen Basis leisten, sind im Sinne des Artikels 107 Absatz 3 AEUV mit dem Binnenmarkt vereinbar und von der Anmeldepflicht nach Artikel 108 Absatz 3 AEUV freigestellt, sofern die in diesem Artikel und in Kapitel I festgelegten Voraussetzungen erfüllt sind.

2. Dieser Artikel gilt nicht für Beihilfen für Infrastrukturen, die unter andere Abschnitte des Kapitels III (ausgenommen Abschnitt 1 — Regionalbeihilfen) fallen. Dieser Artikel gilt zudem weder für Flughafen- noch für Hafeninfrastrukturen.

3. Die Infrastruktur muss interessierten Nutzern zu offenen, transparenten und diskriminierungsfreien Bedingungen zur Verfügung gestellt werden. Der für die Nutzung oder den Verkauf der Infrastruktur in Rechnung gestellte Preis muss dem Marktpreis entsprechen.

4. Die Erteilung von Konzessionen oder Aufträgen für den Betrieb der Infrastruktur durch Dritte muss zu offenen, transparenten und diskriminierungsfreien Bedingungen und unter Einhaltung der geltenden Vergabevorschriften erfolgen.

5. Die beihilfefähigen Kosten sind die Kosten der Investitionen in materielle und immaterielle Vermögenswerte.

6. Der Beihilfebetrag darf nicht höher sein als die Differenz zwischen den beihilfefähigen Kosten und dem Betriebsgewinn der Investition. Der Betriebsgewinn wird vorab, auf der Grundlage realistischer Projektionen, oder über einen Rückforderungsmechanismus von den beihilfefähigen Kosten abgezogen.

7. Gewidmete Infrastruktur ist nicht nach diesem Artikel von der Anmeldepflicht freigestellt.

ABSCHNITT 14

Beihilfen für Regionalflughäfen

Artikel 56a

Beihilfen für Regionalflughäfen

1. Investitionsbeihilfen für Flughäfen sind im Sinne des Artikels 107 Absatz 3 AEUV mit dem Binnenmarkt vereinbar und von der Anmeldepflicht nach Artikel 108 Absatz 3 AEUV freigestellt, sofern die in den Absätzen 3 bis 14 dieses Artikels und die in Kapitel I festgelegten Voraussetzungen erfüllt sind.

2. Betriebsbeihilfen für Flughäfen sind im Sinne des Artikels 107 Absatz 3 AEUV mit dem Binnenmarkt vereinbar und von der Anmeldepflicht nach Artikel 108 Absatz 3 AEUV freigestellt, sofern die in den Absätzen 3, 4, 10 und 15 bis 18 dieses Artikels und die in Kapitel I festgelegten Voraussetzungen erfüllt sind.

3. Der Flughafen muss allen potenziellen Nutzern offenstehen. Im Falle materieller Kapazitätsgrenzen erfolgt die Zuteilung nach geeigneten, objektiven, transparenten und diskriminierungsfreien Kriterien.

4. Die Beihilfen werden nicht für die Verlegung bestehender Flughäfen oder die Einrichtung neuer Passagierflughäfen (einschließlich der Umwandlung bestehender Flugplätze in Passagierflughäfen) gewährt.

5. Die betreffende Investition darf nicht über das für die Aufnahme des erwarteten mittelfristigen Verkehrsaufkommens erforderliche Maß hinausgehen, das auf der Grundlage realistischer Prognosen ermittelt wurde.

6. Die Investitionsbeihilfen dürfen nicht für Flughäfen gewährt werden, die sich im Umkreis von 100 Kilometern oder 60 Minuten Fahrzeit mit dem Pkw, Bus, Zug oder Hochgeschwindigkeitszug um einen bestehenden Flughafen befinden, vom dem aus ein Linienflugverkehr im Sinne des Artikels 2 Absatz 16 der Verordnung (EG) Nr. 1008/2008 betrieben wird.

7. Die Absätze 5 und 6 sind nicht auf Flughäfen anwendbar, deren durchschnittliches jährliches Passagieraufkommen in den beiden Geschäftsjahren vor der tatsächlichen Beihilfegewährung bis zu 200 000 Passagiere betrug, sofern die Investitionsbeihilfe voraussichtlich nicht dazu führen wird, dass sich das durchschnittliche jährliche Passagieraufkommen des Flughafens in den beiden Geschäftsjahren nach der Beihilfegewährung auf mehr als 200 000 Passagiere erhöht. Die derartigen Flughäfen gewährten Investitionsbeihilfen müssen entweder mit Absatz 11 oder mit den Absätzen 13 und 14 im Einklang stehen.

8. Absatz 6 ist nicht auf Fälle anwendbar, in denen die Investitionsbeihilfe für einen Flughafen gewährt wird, der sich im Umkreis von 100 Kilometern um bestehende Flughäfen befindet, von denen aus ein Linienflugverkehr im Sinne des Artikels 2 Absatz 16 der Verordnung (EG) Nr. 1008/2008 betrieben wird, sofern die Strecke zwischen jedem dieser anderen bestehenden Flughäfen und dem Flughafen, der die Beihilfe erhält, zwangsläufig per Seeverkehr in einer Gesamtreisezeit von mindestens 90 Minuten oder per Luftverkehr zurückzulegen ist.

9. Die Investitionsbeihilfen dürfen nicht für Flughäfen gewährt werden, deren durchschnittliches jährliches Passagieraufkommen in den beiden Geschäftsjahren vor der tatsächlichen Beihilfegewährung mehr als drei Millionen Passagiere betrug. Sie dürfen nicht voraussichtlich dazu führen, dass sich das durchschnittliche jährliche Passagieraufkommen in den beiden Geschäftsjahren nach der Beihilfegewährung auf mehr als drei Millionen Passagiere erhöht.

10. Die Beihilfen dürfen nicht für Flughäfen gewährt werden, deren durchschnittliches jährliches Frachtaufkommen in den beiden Geschäftsjahren vor der tatsächlichen Beihilfegewährung mehr als 200 000 Tonnen betrug. Die Beihilfen dürfen nicht voraussichtlich dazu führen, dass sich das durchschnittliche jährliche Frachtaufkommen in den beiden Geschäftsjahren nach der Beihilfegewährung auf mehr als 200 000 Tonnen erhöht.

11. Der Betrag einer Investitionsbeihilfe darf die Differenz zwischen den beihilfefähigen Kosten und dem mit der Investition erzielten Betriebsgewinn nicht übersteigen. Der Betriebsgewinn wird vorab, auf der Grundlage realistischer Projektionen, oder über einen Rückforderungsmechanismus von den beihilfefähigen Kosten abgezogen.

12. Beihilfefähige Kosten sind die Kosten (einschließlich Planungskosten) für Investitionen in Flughafeninfrastruktur.

13. Der Betrag einer Investitionsbeihilfe darf nicht höher sein als

a) 50 % der beihilfefähigen Kosten bei Flughäfen, deren durchschnittliches jährliches Passagieraufkommen in den beiden Geschäftsjahren vor der tatsächlichen Beihilfegewährung eine Million bis drei Millionen Passagiere betrug;

b) 75 % der beihilfefähigen Kosten bei Flughäfen, deren durchschnittliches jährliches Passagieraufkommen in den beiden Geschäftsjahren vor der tatsächlichen Beihilfegewährung bis zu eine Million Passagiere betrug.

14. Die in Absatz 13 genannten Beihilfehöchstintensitäten dürfen bei Flughäfen in abgelegenen Gebieten um bis zu 20 Prozentpunkte erhöht werden.

15. Betriebsbeihilfen dürfen nicht für Flughäfen gewährt werden, deren durchschnittliches jährliches Passagieraufkommen in den beiden Geschäftsjahren vor der tatsächlichen Beihilfegewährung mehr als 200 000 Passagiere betrug.

16. Der Betrag einer Betriebsbeihilfe darf nicht höher sein als der Betrag, der erforderlich ist, um die Betriebsverluste und einen angemessenen Gewinn für den betreffenden Zeitraum zu decken. Die Beihilfegewährung erfolgt entweder in Form von vorab festgesetzten regelmäßigen Tranchen, die während des Gewährungszeitraums nicht erhöht werden, oder in Form von Beträgen, die auf der Grundlage der ermittelten Betriebsverluste nachträglich festgesetzt werden.

17. Betriebsbeihilfen dürfen nicht für Kalenderjahre ausgezahlt werden, in denen das jährliche Passagieraufkommen des Flughafens mehr als 200 000 Passagiere beträgt.

18. Die Gewährung einer Betriebsbeihilfe darf nicht an die Voraussetzung gebunden sein, dass

mit bestimmten Luftverkehrsgesellschaften Vereinbarungen über Flughafenentgelte, Marketingzahlungen oder andere finanzielle Aspekte der Tätigkeiten der Luftverkehrsgesellschaften an dem jeweiligen Flughafen geschlossen werden.

ABSCHNITT 15
Beihilfen für Häfen

Artikel 56b
Beihilfen für Seehäfen

1. Beihilfen für Seehäfen sind im Sinne des Artikels 107 Absatz 3 AEUV mit dem Binnenmarkt vereinbar und von der Anmeldepflicht nach Artikel 108 Absatz 3 AEUV freigestellt, sofern die in diesem Artikel und in Kapitel I festgelegten Voraussetzungen erfüllt sind.

2. Beihilfefähige Kosten sind die Kosten (einschließlich Planungskosten) für

a) Investitionen in Bau, Ersatz oder Modernisierung von Hafeninfrastrukturen;

b) Investitionen in Bau, Ersatz oder Modernisierung von Zugangsinfrastruktur;

c) Ausbaggerung.

3. Kosten für nicht die Beförderung betreffende Tätigkeiten (zum Beispiel für in einem Hafen befindliche industrielle Produktionsanlagen, Büros oder Geschäfte) sowie für Hafensuprastrukturen sind nicht beihilfefähig.

4. Der Beihilfebetrag darf die Differenz zwischen den beihilfefähigen Kosten und dem mit der Investition oder der Ausbaggerung erzielten Betriebsgewinn nicht übersteigen. Der Betriebsgewinn wird vorab, auf der Grundlage realistischer Projektionen, oder über einen Rückforderungsmechanismus von den beihilfefähigen Kosten abgezogen.

5. Die Beihilfeintensität darf bei jeder der in Absatz 2 Buchstabe a genannten Investitionen nicht höher sein als

a) 100 % der beihilfefähigen Kosten, wenn die gesamten beihilfefähigen Kosten des Vorhabens bis zu 20 Mio. EUR betragen;

b) 80 % der beihilfefähigen Kosten, wenn die gesamten beihilfefähigen Kosten des Vorhabens über 20 Mio. EUR und bis zu 50 Mio. EUR betragen;

c) 60 % der beihilfefähigen Kosten, wenn die gesamten beihilfefähigen Kosten des Vorhabens über 50 Mio. EUR und bis zu dem in Artikel 4 Absatz 1 Buchstabe ee festgesetzten Betrag betragen.

Die Beihilfeintensität darf nicht höher sein als 100 % der in Absatz 2 Buchstabe b und Absatz 2 Buchstabe c genannten beihilfefähigen Kosten und den in Artikel 4 Absatz 1 Buchstabe ee festgesetzten Betrag nicht übersteigen.

6. Die in Absatz 5 Unterabsatz 1 Buchstaben b und c festgesetzten Beihilfeintensitäten können bei Investitionen in Fördergebieten nach Artikel 107 Absatz 3 Buchstabe a AEUV um 10 Prozentpunkte und bei Investitionen in Fördergebieten nach Artikel 107 Absatz 3 Buchstabe c AEUV um 5 Prozentpunkte erhöht werden.

7. Die Erteilung von Konzessionen oder Aufträgen für den Bau, die Modernisierung, den Betrieb oder die Anmietung einer durch eine Beihilfe geförderten Hafeninfrastruktur durch Dritte erfolgt zu wettbewerblichen, transparenten, diskriminierungsfreien und auflagenfreien Bedingungen.

8. Die durch eine Beihilfe geförderte Hafeninfrastruktur muss interessierten Nutzern gleichberechtigt und diskriminierungsfrei zu Marktbedingungen zur Verfügung gestellt werden.

9. Bei Beihilfen von nicht mehr als 5 Mio. EUR kann der Beihilfehöchstbetrag alternativ zur Anwendung der in den Absätzen 4, 5 und 6 genannten Methode auf 80 % der beihilfefähigen Kosten festgesetzt werden.

Artikel 56c
Beihilfen für Binnenhäfen

1. Beihilfen für Binnenhäfen sind im Sinne des Artikels 107 Absatz 3 AEUV mit dem Binnenmarkt vereinbar und von der Anmeldepflicht nach Artikel 108 Absatz 3 AEUV freigestellt, sofern die in diesem Artikel und in Kapitel I festgelegten Voraussetzungen erfüllt sind.

2. Beihilfefähige Kosten sind die Kosten (einschließlich Planungskosten) für

a) Investitionen in Bau, Ersatz oder Modernisierung von Hafeninfrastrukturen;

b) Investitionen in Bau, Ersatz oder Modernisierung von Zugangsinfrastruktur;

c) Ausbaggerung.

3. Kosten für nicht die Beförderung betreffende Tätigkeiten (zum Beispiel für in einem Hafen befindliche industrielle Produktionsanlagen, Büros oder Geschäfte) sowie für Hafensuprastrukturen sind nicht beihilfefähig.

4. Der Beihilfebetrag darf die Differenz zwischen den beihilfefähigen Kosten und dem mit der Investition oder der Ausbaggerung erzielten Betriebsgewinn nicht übersteigen. Der Betriebsgewinn wird vorab, auf der Grundlage realistischer Projektionen, oder über einen Rückforderungsmechanismus von den beihilfefähigen Kosten abgezogen.

5. Die Beihilfeintensität darf nicht höher sein als 100 % der beihilfefähigen Kosten und den in Artikel 4 Absatz 1 Buchstabe ff. festgesetzten Betrag nicht übersteigen.

6. Die Erteilung von Konzessionen oder Aufträgen für den Bau, die Modernisierung, den Betrieb oder die Anmietung einer durch eine Beihilfe geförderten Hafeninfrastruktur durch Dritte erfolgt zu wettbewerblichen, transparenten, diskriminierungsfreien und auflagenfreien Bedingungen.

7. Die durch eine Beihilfe geförderte Hafeninfrastruktur muss interessierten Nutzern gleichberechtigt und diskriminierungsfrei zu Marktbedingungen zur Verfügung gestellt werden.

8. Bei Beihilfen von nicht mehr als 2 Mio. EUR kann der Beihilfehöchstbetrag alternativ zur Anwendung der in den Absätzen 4 und 5 genannten Methode auf 80 % der beihilfefähigen Kosten festgesetzt werden.

ABSCHNITT 16
Beihilfen im Rahmen von aus dem Fonds „InvestEU" unterstützten Finanzprodukten

Artikel 56d
Gegenstand und allgemeine Voraussetzungen

1. Dieser Abschnitt findet Anwendung auf Beihilfen im Rahmen von aus dem Fonds „InvestEU" unterstützten Finanzprodukten, mit denen Durchführungspartnern, Finanzintermediären oder Endempfängern Beihilfen gewährt werden.

2. Die Beihilfen sind im Sinne des Artikels 107 Absatz 3 AEUV mit dem Binnenmarkt vereinbar und von der Anmeldepflicht nach Artikel 108 Absatz 3 AEUV freigestellt, sofern die Voraussetzungen des Kapitels I, des vorliegenden Artikels und entweder des Artikels 56e oder des Artikels 56f erfüllt sind.

3. Die Beihilfe muss alle anwendbaren Voraussetzungen der Verordnung (EU) 2021/523 und der InvestEU-Investitionsleitlinien im Anhang der Delegierten Verordnung (EU) 2021/1078 der Kommission (48) erfüllen.

4. Die in den Artikeln 56e und 56f festgelegten Höchstbeträge gelten für die gesamten ausstehenden Finanzmittel — soweit sie Beihilfen enthalten —, die im Rahmen von aus dem Fonds „InvestEU" unterstützten Finanzprodukten bereitgestellt werden. Die Höchstbeträge gelten

a) pro Vorhaben bei Beihilfen, die unter Artikel 56e Absätze 2 und 4, Artikel 56e Absatz 5 Buchstabe a Ziffer i, Artikel 56e Absätze 6 und 7, Artikel 56e Absatz 8 Buchstaben a und b sowie Artikel 56e Absatz 9 fallen;

b) pro Endempfänger bei Beihilfen, die unter Artikel 56e Absatz 5 Buchstabe a Ziffern ii und iii, Artikel 56e Absatz 8 Buchstabe d, Artikel 56e Absatz 10 sowie Artikel 56f fallen.

5. Die Beihilfen werden nicht in Form von Refinanzierungen oder Garantien für bestehende Portfolios von Finanzintermediären gewährt.

Artikel 56e
Voraussetzungen für Beihilfen im Rahmen von aus dem Fonds „InvestEU" unterstützten Finanzprodukten

1. Beihilfen, die dem Endempfänger im Rahmen eines aus dem Fonds „InvestEU" unterstützten Finanzprodukts gewährt werden, müssen

a) die in einem der Absätze 2 bis 9 genannten Voraussetzungen erfüllen und

b) bei Gewährung der Finanzmittel in Form von Darlehen an den Endempfänger einen Zinssatz aufweisen, der mindestens dem Basissatz des zum Zeitpunkt der Darlehensgewährung geltenden Referenzzinssatzes entspricht.

2. Beihilfen für Vorhaben von gemeinsamem Interesse im Bereich transeuropäischer digitaler Vernetzungsinfrastruktur, die nach der Verordnung (EU) 2021/1153 finanziert werden oder mit einem Exzellenzsiegel nach der genannten Verordnung ausgezeichnet wurden, werden ausschließlich für Vorhaben gewährt, die alle allgemeinen und besonderen Vereinbarkeitsvoraussetzungen nach Artikel 52b erfüllen. Der Nominalbetrag der Gesamtmittel, die einem Endempfänger pro Vorhaben im Rahmen der Unterstützung aus dem Fonds „InvestEU" gewährt werden, darf 150 Mio. EUR nicht überschreiten.

3. Beihilfen für Investitionen in feste Breitbandnetze, um ausschließlich bestimmte beihilfefähige sozioökonomische Schwerpunkte anzubinden, müssen die folgenden Voraussetzungen erfüllen:

a) Beihilfen werden ausschließlich für Vorhaben gewährt, die alle Vereinbarkeitsvoraussetzungen nach Artikel 52 erfüllen, soweit in den Buchstaben c und d dieses Absatzes nicht etwas anderes festgelegt ist.

b) Der Nominalbetrag der Gesamtmittel, die einem Endempfänger pro Vorhaben im Rahmen der Unterstützung aus dem Fonds „InvestEU" gewährt werden, darf 150 Mio. EUR nicht überschreiten.

c) Das Vorhaben bindet ausschließlich sozioökonomische Schwerpunkte an, bei denen es sich um öffentliche Verwaltungen oder um öffentliche oder private Einrichtungen handelt, die mit der Erbringung von Dienstleistungen von allgemeinem Interesse oder von Dienstleistungen von allgemeinem wirtschaftlichem Interesse im Sinne des Artikels 106 Absatz 2 AEUV betraut sind. Vorhaben, die andere Elemente oder Einrichtungen als die in diesem Buchstaben aufgeführten umfassen, sind nicht beihilfefähig.

d) Abweichend von Artikel 52 Absatz 4 muss das festgestellte Marktversagen entweder anhand einer verfügbaren geeigneten Breitbandkarte oder, mangels einer solchen Karte, anhand einer öffentlichen Konsultation wie folgt überprüft werden:

i) Eine Breitbandkarte kann als geeignet betrachtet werden, wenn sie nicht älter ist als 18 Monate und alle Netze ausweist, durch die die Räumlichkeiten eines unter Buchstabe c genannten beihilfefähigen sozioökonomischen Schwerpunkts erschlossen werden und die zuverlässig eine Download-Geschwindigkeit von mindestens 100 Mbp/s, aber unter 300 Mbp/s (Schwellengeschwindigkeiten) bieten können. Diese Kartierung muss durch die zuständige Behörde erfolgen

EU-VO

und alle Netze umfassen, die die Schwellengeschwindigkeiten zuverlässig bieten können und die bereits vorhanden oder innerhalb der nächsten drei Jahre oder innerhalb des Zeitraums der geplanten geförderten Maßnahme, der jedoch nicht kürzer sein darf als zwei Jahre, glaubhaft geplant sind; die Kartierung muss 1) bei reinen festen Netzen auf Adressebene auf der Grundlage der erschlossenen Räumlichkeiten und 2) bei festen drahtlosen Zugangsnetzen auf Adressebene auf der Grundlage der erschlossenen Räumlichkeiten oder auf der Grundlage eines Rasters von maximal 100 × 100 m durchgeführt werden.

ii) Die öffentliche Konsultation muss im Wege der Veröffentlichung auf einer geeigneten Website erfolgen, mit der Interessenträger dazu aufgefordert werden, zu dem Maßnahmenentwurf Stellung zu nehmen und fundierte Informationen zu Netzen vorzulegen, die bereits vorhanden oder innerhalb der nächsten drei Jahre oder innerhalb des Zeitraums der geplanten geförderten Maßnahme, der jedoch nicht unter zwei Jahren betragen darf, glaubhaft geplant sind, die zuverlässig eine Download-Geschwindigkeit von mindestens 100 Mbp/s, aber unter 300 Mbp/s (Schwellengeschwindigkeit) bieten können und die die Räumlichkeiten eines unter Buchstabe c genannten beihilfefähigen sozioökonomischen Schwerpunkts erschließen, wobei die Angaben 1) bei reinen festen Netzen auf Adressebene auf der Grundlage der erschlossenen Räumlichkeiten und 2) bei festen drahtlosen Zugangsnetzen auf Adressebene auf der Grundlage der erschlossenen Räumlichkeiten oder auf der Grundlage eines Rasters von maximal 100 × 100 m zu machen sind. Die öffentliche Konsultation muss mindestens dreißig Tage dauern.

4. Beihilfen für Energieerzeugung und Energieinfrastruktur müssen die folgenden Voraussetzungen erfüllen:

a) Die Beihilfen werden ausschließlich für Investitionen in Gas- und Strominfrastruktur, die nach den Rechtsvorschriften über den Energiebinnenmarkt nicht von den Vorschriften für den Netzzugang Dritter, die Entgeltregulierung und die Entbündelung ausgenommen sind, für die folgenden Kategorien von Vorhaben gewährt:

i) im Bereich der Gasinfrastruktur: Vorhaben, die in der jeweils geltenden Unionsliste der Vorhaben von gemeinsamem Interesse in Anhang VII der Verordnung (EU) Nr. 347/2013 des Europäischen Parlaments und des Rates ([49]) aufgeführt sind;

ii) im Bereich der Strominfrastruktur:

1. intelligente Stromnetze, einschließlich Investitionen in die Entwicklung, intelligentere Gestaltung und Modernisierung der Infrastruktur für Stromübertragung und -verteilung;

2. sonstige Vorhaben,

— die eines der Kriterien des Artikels 4 Absatz 1 Buchstabe c der Verordnung (EU) Nr. 347/2013 erfüllen oder

— die in der jeweils geltenden Unionsliste der Vorhaben von gemeinsamem Interesse in Anhang VII der Verordnung (EU) Nr. 347/2013 aufgeführt sind;

3. sonstige Vorhaben, mit Ausnahme der Stromspeicherung, in Fördergebieten;

iii) Stromspeichervorhaben, die auf neuer und innovativer Technologie basieren, unabhängig vom Spannungspegel der Netzanbindung.

b) Investitionsbeihilfen für die Erzeugung von Energie aus erneuerbaren Energieträgern müssen die folgenden Voraussetzungen erfüllen:

i) Die Beihilfen werden ausschließlich für neue Anlagen gewährt, die anhand wettbewerblicher, transparenter, objektiver und diskriminierungsfreier Kriterien ausgewählt werden.

ii) Die Beihilfen können für neue Anlagen gewährt werden, auch in Verbindung mit Speichereinrichtungen oder Wasserstoff-Elektrolyseuren, sofern sowohl die Strom- oder Wasserstoff-Speichereinrichtungen als auch die Wasserstoff-Elektrolyseure ausschließlich die von einer oder mehreren Anlagen zur Erzeugung erneuerbarer Energie produzierte Energie nutzen.

iii) Die Beihilfen dürfen nicht für Wasserkraftwerke gewährt werden, die nicht den Voraussetzungen der Richtlinie 2000/60/EG entsprechen.

iv) Die Beihilfen dürfen nur für solche Biokraftstoff erzeugende Anlagen gewährt werden, in denen nachhaltige, nicht aus Nahrungsmittelpflanzen gewonnene Biokraftstoffe erzeugt werden.

c) Der Nominalbetrag der Gesamtmittel, die einem Endempfänger pro Vorhaben, das unter Buchstabe a fällt, im Rahmen der Unterstützung aus dem Fonds „InvestEU" gewährt werden, darf 150 Mio. EUR nicht überschreiten. Der Nominalbetrag der Gesamtmittel, die einem Endempfänger pro Vorhaben, das unter Buchstabe b fällt, im Rahmen der Unterstützung aus dem Fonds „InvestEU" gewährt werden, darf 75 Mio. EUR nicht überschreiten.

5. Beihilfen für soziale, bildungsbezogene, kulturelle und naturerbebezogene Infrastrukturen und Aktivitäten müssen die folgenden Voraussetzungen erfüllen:

a) Der Nominalbetrag der Gesamtmittel, die einem Endempfänger im Rahmen der Unterstützung aus dem Fonds „InvestEU" gewährt werden, darf folgende Beträge nicht überschreiten:

i) 100 Mio. EUR pro Vorhaben für Investitionen in Infrastruktur, die für die Erbringung sozialer Dienstleistungen und für Bildung genutzt wird; 150 Mio. EUR pro Vorhaben für die in Artikel 53 Absatz 2 genannten Zwecke und Tätigkeiten in den Bereichen Kultur und Erhaltung des kulturellen Erbes, einschließlich Naturerbe,

ii) 30 Mio. EUR für Tätigkeiten im Zusammenhang mit sozialen Dienstleistungen,

iii) 75 Mio. EUR für Tätigkeiten im Zusammenhang mit Kultur und Erhaltung des kulturellen Erbes und

iv) 5 Mio. EUR für allgemeine und berufliche Bildung.

b) Für Ausbildungsmaßnahmen zur Einhaltung verbindlicher nationaler Ausbildungsnormen werden keine Beihilfen gewährt.

6. Beihilfen für Verkehr und Verkehrsinfrastruktur müssen die folgenden Voraussetzungen erfüllen:

a) Beihilfen für Infrastruktur, ausgenommen Häfen, werden nur für folgende Vorhaben gewährt:

i) Vorhaben von gemeinsamem Interesse im Sinne des Artikels 3 Buchstabe a der Verordnung (EU) Nr. 1315/2013, mit Ausnahme von Vorhaben, die Hafen- oder Flughafeninfrastruktur betreffen;

ii) Anbindungen an städtische Knoten des transeuropäischen Verkehrsnetzes;

iii) Rollmaterial, das ausschließlich für die Erbringung von Schienenverkehrsdiensten bestimmt ist, welche nicht unter einen öffentlichen Dienstleistungsauftrag im Sinne der Verordnung (EG) Nr. 1370/2007 des Europäischen Parlaments und des Rates ([50]) fallen, sofern es sich bei dem Empfänger um einen neuen Marktteilnehmer handelt;

iv) Stadtverkehr;

v) Lade- oder Tankinfrastruktur zur Versorgung von Fahrzeugen mit Strom oder erneuerbarem Wasserstoff.

b) Beihilfen für Hafeninfrastrukturvorhaben müssen die folgenden Voraussetzungen erfüllen:

i) Die Beihilfen dürfen nur für Investitionen in Zugangs- und Hafeninfrastruktur gewährt werden, die interessierten Nutzern zu gleichen und diskriminierungsfreien Marktbedingungen zur Verfügung gestellt wird.

ii) Die Erteilung von Konzessionen oder anderen Aufträgen für den Bau, die Modernisierung, den Betrieb oder die Anmietung einer durch eine Beihilfe geförderten Hafeninfrastruktur durch Dritte erfolgt in einem wettbewerblichen, transparenten sowie diskriminierungs- und auflagenfreien Verfahren.

iii) Für Investitionen in Hafen-Suprastruktur werden keine Beihilfen gewährt.

c) Der Nominalbetrag der Gesamtmittel, die einem Endempfänger nach dem Buchstaben a oder b pro Vorhaben im Rahmen der Unterstützung aus dem Fonds „InvestEU" gewährt werden, darf 150 Mio. EUR nicht überschreiten.

7. Beihilfen für andere Infrastrukturen müssen die folgenden Voraussetzungen erfüllen:

a) Nur für folgende Vorhaben werden Beihilfen gewährt:

i) Investitionen in Wasser- und Abwasserinfrastruktur für die Öffentlichkeit;

ii) Investitionen in das Recycling und die Vorbereitung zur Wiederverwendung von Abfall gemäß Artikel 47 Absätze 1 bis 6, soweit sie der Bewirtschaftung des Abfalls anderer Unternehmen dienen;

iii) Investitionen in Forschungsinfrastruktur;

iv) Investitionen in den Auf- oder Ausbau von Innovationscluster-Einrichtungen.

b) Der Nominalbetrag der Gesamtmittel, die einem Endempfänger pro Vorhaben im Rahmen der Unterstützung aus dem Fonds „InvestEU" gewährt werden, darf 100 Mio. EUR nicht überschreiten.

8. Beihilfen für den Umweltschutz, einschließlich Klimaschutz, müssen die folgenden Voraussetzungen erfüllen:

a) Nur für folgende Vorhaben werden Beihilfen gewährt:

i) Investitionen, die Unternehmen in die Lage versetzen, einer durch die Tätigkeiten eines Beihilfeempfängers selbst verursachten Beeinträchtigung der natürlichen Umwelt (einschließlich Klimawandel) oder der natürlichen Ressourcen abzuhelfen oder vorzubeugen, soweit die Investition über die Unionsnormen für Umweltschutz hinausgeht oder bei Fehlen solcher Normen den Umweltschutz verbessert oder eine frühzeitige Anpassung an künftige Unionsnormen für den Umweltschutz ermöglicht;

ii) Maßnahmen zur Verbesserung der Energieeffizienz eines Unternehmens, soweit die Verbesserungen der Energieeffizienz nicht vorgenommen werden, um sicherzustellen, dass das Unternehmen bereits angenommene Unionsnormen erfüllt; dies gilt auch, wenn die Unionsnormen noch nicht in Kraft getreten sind;

iii) Sanierung schadstoffbelasteter Standorte, soweit nach dem in Artikel 45 Absatz 3 genannten „Verursacherprinzip" keine juristische oder natürliche Person bekannt ist, die nach dem anwendbaren Recht für den Umweltschaden haftet;

iv) Umweltstudien;

v) Verbesserung und Wiederherstellung von Biodiversität und Ökosystemen, wenn dies dazu beiträgt, die Biodiversität zu schützen, zu erhalten oder wiederherzustellen und Ökosysteme in einen guten Zustand zu versetzen oder Ökosysteme, die bereits in gutem Zustand sind, zu schützen.

b) Unbeschadet des Buchstaben a können Beihilfen, wenn sich die Beihilfemaßnahme auf die Verbesserung der Energieeffizienz i) von Wohngebäuden, ii) von Gebäuden, die für die Erbringung von Bildungsleistungen oder sozialen Leistungen oder für Justiz-, Polizei- oder Feuerwehrdienste genutzt werden, iii) von Gebäuden, die für Tätigkeiten im Zusammenhang mit der öffentlichen

Verwaltung genutzt werden, oder iv) von unter Ziffer i), ii) oder iii) genannten Gebäuden, in denen weniger als 35 % der Nettofläche für andere als die unter Ziffer i), ii) oder iii) genannten Tätigkeiten genutzt werden, bezieht, auch für Maßnahmen gewährt werden, die sowohl die Energieeffizienz der genannten Gebäude verbessern als auch eine oder mehrere der folgenden Investitionen umfassen:

i) Investitionen in integrierte Anlagen, die am Standort des von der Energieeffizienz-Beihilfemaßnahme betroffenen Gebäudes erneuerbare Energien erzeugen. Mit der am Standort des Gebäudes befindlichen integrierten Anlage zur Erzeugung erneuerbarer Energie wird Strom und/oder Wärme erzeugt. Die Anlage darf mit Ausrüstung zur Speicherung der am Standort des Gebäudes erzeugten erneuerbaren Energie verbunden sein;

ii) am Standort des Gebäudes befindliche Speicheranlagen;

iii) Investitionen in in das Gebäude eingebaute Ausrüstung und damit zusammenhängende Infrastruktur für das Laden von Elektrofahrzeugen der Gebäudenutzer;

iv) Investitionen in die Digitalisierung des Gebäudes, insbesondere zur Steigerung seiner Intelligenzfähigkeit. Die Investitionen in die Digitalisierung des Gebäudes können Maßnahmen umfassen, die sich auf die passive gebäudeinterne Verkabelung oder die strukturierte Verkabelung für Datennetze beschränken, erforderlichenfalls einschließlich des zugehörigen Teils des passiven Netzes auf dem Privatgrundstück außerhalb des Gebäudes. Für Datennetze bestimmte Verkabelungen außerhalb des Privatgrundstücks sind nicht beihilfefähig.

Beim Endempfänger der Beihilfe kann es sich abhängig davon, wer die Finanzmittel für das Vorhaben erhält, entweder um den bzw. die Gebäudeeigentümer oder den bzw. die Mieter handeln.

c) Der Nominalbetrag der Gesamtmittel, die einem Endempfänger pro Vorhaben, das unter Buchstabe a dieses Absatzes fällt, im Rahmen der Unterstützung aus dem Fonds „InvestEU" gewährt werden, darf 50 Mio. EUR nicht überschreiten.

d) Der Nominalbetrag der Gesamtmittel, die pro Vorhaben, das unter Buchstabe b fällt, im Rahmen der Unterstützung aus dem Fonds „InvestEU" gewährt werden, darf 50 Mio. EUR pro Endempfänger und Gebäude nicht überschreiten.

e) Beihilfen für Maßnahmen, die die Energieeffizienz von unter Buchstabe b genannten Gebäuden verbessern, können unter folgenden Voraussetzungen auch die Begünstigung von Energieleistungsverträgen zum Gegenstand haben:

i) Die Förderung erfolgt in Form eines Kredits oder einer Garantie für den Anbieter der Maßnahmen zur Energieeffizienzverbesserung im Rahmen eines Energieleistungsvertrags oder in Form eines Finanzprodukts zur Refinanzierung des jeweiligen Anbieters (z. B. Factoring, Forfaitierung).

ii) Der Nominalbetrag der Gesamtmittel, die im Rahmen der Unterstützung aus dem Fonds „InvestEU" gewährt werden, überschreitet nicht 30 Mio. EUR.

iii) Die Förderung wird KMU oder kleinen Unternehmen mittlerer Kapitalisierung gewährt.

iv) Die Förderung wird für Energieleistungsverträge im Sinne des Artikels 2 Nummer 27 der Richtlinie 2012/27/EU gewährt.

v) Die Energieleistungsverträge beziehen sich auf ein in Absatz 8 Buchstabe b aufgeführtes Gebäude.

9. Beihilfen für Forschung, Entwicklung, Innovation und Digitalisierung müssen die folgenden Voraussetzungen erfüllen:

a) Die Beihilfen können gewährt werden für:

i) Grundlagenforschung,

ii) industrielle Forschung,

iii) experimentelle Entwicklung,

iv) Prozessinnovation oder Betriebsinnovationen für KMU,

v) Innovationsberatungsdienste und innovationsunterstützende Dienste für KMU,

vi) Digitalisierung für KMU.

b) Bei Vorhaben, die unter Buchstabe a Ziffern i, ii und iii fallen, darf der Nominalbetrag der Gesamtmittel, die einem Endempfänger pro Vorhaben im Rahmen der Unterstützung aus dem Fonds „InvestEU" gewährt werden, 75 Mio. EUR nicht überschreiten. Bei Vorhaben, die unter Buchstabe a Ziffern iv, v und vi fallen, darf der Nominalbetrag der Gesamtmittel, die einem Endempfänger pro Vorhaben im Rahmen der Unterstützung aus dem Fonds „InvestEU" gewährt werden, 30 Mio. EUR nicht überschreiten.

10. KMU oder gegebenenfalls kleine Unternehmen mittlerer Kapitalisierung können neben den in den Absätzen 2 bis 9 genannten Gruppen von Beihilfen auch Beihilfen in Form einer Förderung aus Mitteln des Fonds „InvestEU" erhalten, sofern eine der folgenden Voraussetzungen erfüllt ist:

a) der Nominalbetrag der Gesamtmittel, die einem Endempfänger im Rahmen der Unterstützung aus dem Fonds „InvestEU" gewährt werden, überschreitet nicht 15 Mio. EUR und wird einem Unternehmen aus einer der folgenden Unternehmenskategorien gewährt:

i) nicht börsennotierte KMU, die noch auf keinem Markt tätig sind oder die seit ihrem ersten kommerziellen Verkauf noch keine 7 Jahre gewerblich tätig sind,

ii) nicht börsennotierte KMU, die in einen neuen sachlich oder räumlich relevanten Markt eintreten, wenn die Erstinvestition für den Eintritt in einen neuen sachlich oder räumlich relevanten

Markt 50 % des durchschnittlichen Jahresumsatzes in den vorangegangenen 5 Jahren überschreiten muss,

iii) KMU und kleine Unternehmen mittlerer Kapitalisierung, bei denen es sich um innovative Unternehmen im Sinne des Artikels 2 Nummer 80 handelt,

b) der Nominalbetrag der Gesamtmittel, die einem Endempfänger im Rahmen der Unterstützung aus dem Fonds „InvestEU" gewährt werden, überschreitet nicht 15 Mio. EUR und es handelt sich bei dem Endempfänger um ein KMU oder ein kleines Unternehmen mittlerer Kapitalisierung, dessen Haupttätigkeit in Fördergebieten liegt, sofern die Finanzierung nicht für die Verlagerung von Tätigkeiten im Sinne des Artikels 2 Nummer 61a verwendet wird,

c) der Nominalbetrag der Gesamtmittel, die einem Endempfänger im Rahmen der Unterstützung aus dem Fonds „InvestEU" gewährt werden, überschreitet nicht 2 Mio. EUR, und es handelt sich bei dem Endempfänger um ein KMU oder ein kleines Unternehmen mittlerer Kapitalisierung.

Artikel 56f

Voraussetzungen für Beihilfen im Rahmen von aus dem Fonds „InvestEU" unterstützten kommerziellen Finanzprodukten mit zwischengeschalteten Finanzintermediären

1. Die Finanzierungen für die Endempfänger werden durch gewerbliche Finanzintermediäre bereitgestellt, die anhand objektiver Kriterien in einem offenen, transparenten und diskriminierungsfreien Verfahren ausgewählt werden.

2. Der gewerbliche Finanzintermediär, der die Finanzierung für den Endempfänger bereitstellt, trägt bei jeder finanziellen Transaktion ein Mindestrisiko von 20 %.

3. Der Nominalbetrag der Gesamtmittel, die für jeden Endempfänger über den gewerblichen Finanzintermediär bereitgestellt werden, darf 7,5 Mio. EUR nicht überschreiten.

KAPITEL IV

SCHLUSSBESTIMMUNGEN

Artikel 57

Aufhebung

Die Verordnung (EG) Nr. 800/2008 wird aufgehoben.

Artikel 58

Übergangsbestimmungen

1. Diese Verordnung gilt für Einzelbeihilfen, die vor Inkrafttreten der einschlägigen Bestimmungen dieser Verordnung gewährt wurden, sofern die Beihilfe alle Voraussetzungen dieser Verordnung, ausgenommen Artikel 9, erfüllt.

2. Beihilfen, die nicht nach dieser Verordnung oder früher geltenden, nach Artikel 1 der Verordnung (EG) Nr. 994/98 erlassenen Verordnungen von der Anmeldepflicht nach Artikel 108 Absatz 3 AEUV freigestellt sind, werden von der Kommission anhand der einschlägigen Rahmen, Leitlinien, Mitteilungen und Bekanntmachungen geprüft.

3. Einzelbeihilfen, die vor dem 1. Januar 2015 im Einklang mit den zum Zeitpunkt ihrer Gewährung geltenden, nach Artikel 1 der Verordnung (EG) Nr. 994/98 erlassenen Verordnungen gewährt wurden, sind mit dem Binnenmarkt vereinbar und von der Anmeldepflicht nach Artikel 108 Absatz 3 AEUV freigestellt; dies gilt nicht für Regionalbeihilfen. Risikokapitalbeihilferegelungen zugunsten von KMU, die vor dem 1. Juli 2014 eingeführt wurden und nach der Verordnung (EG) Nr. 800/2008 von der Anmeldepflicht nach Artikel 108 Absatz 3 AEUV freigestellt sind, bleiben bis zum Außerkrafttreten der Finanzierungsvereinbarung freigestellt und mit dem Binnenmarkt vereinbar, sofern die Bindung der öffentlichen Mittel für den geförderten Private-Equity-Fonds vor dem 1. Januar 2015 auf der Grundlage einer solchen Vereinbarung erfolgte und die anderen Freistellungsvoraussetzungen weiterhin erfüllt sind.

3a. Einzelbeihilfen, die in der Zeit vom 1. Juli 2014 bis zum 2. August 2021 im Einklang mit den zum Zeitpunkt ihrer Gewährung geltenden Bestimmungen dieser Verordnung gewährt wurden, sind mit dem Binnenmarkt vereinbar und von der Anmeldepflicht nach Artikel 108 Absatz 3 AEUV freigestellt. Einzelbeihilfen, die vor dem 1. Juli 2014 entweder im Einklang mit den vor oder nach dem 10. Juli 2017 oder im Einklang mit den vor oder nach dem 3. August 2021 geltenden Bestimmungen dieser Verordnung, ausgenommen Artikel 9, gewährt wurden, sind mit dem Binnenmarkt vereinbar und von der Anmeldepflicht nach Artikel 108 Absatz 3 AEUV freigestellt.

4. Nach Ablauf der Geltungsdauer dieser Verordnung bleiben nach dieser Verordnung freigestellte Beihilferegelungen noch während einer Anpassungsfrist von sechs Monaten freigestellt; dies gilt nicht für Regionalbeihilferegelungen. Die Freistellung von Regionalbeihilferegelungen endet am Tag des Außerkrafttretens der betreffenden genehmigten Fördergebietskarte. Die Freistellung von Risikofinanzierungsbeihilfen nach Artikel 21 Absatz 2 Buchstabe a endet mit Ablauf der in der Finanzierungsvereinbarung vorgesehenen Frist, sofern die Bindung der öffentlichen Mittel für den geförderten Private-Equity-Fonds innerhalb von 6 Monaten nach Ablauf der Geltungsdauer dieser Verordnung auf der Grundlage einer solchen Vereinbarung erfolgte und alle anderen Freistellungsvoraussetzungen weiterhin erfüllt sind.

5. Nach der Änderung dieser Verordnung bleiben Beihilferegelungen, die nach den zum Zeitpunkt des Inkrafttretens der Regelung geltenden Bestimmungen dieser Verordnung freigestellt

sind, noch während einer Anpassungsfrist von sechs Monaten freigestellt.

Artikel 59

Diese Verordnung tritt am 1. Juli 2014 in Kraft.

Sie gilt bis zum 31. Dezember 2023.

Diese Verordnung ist in allen ihren Teilen verbindlich und gilt unmittelbar in jedem Mitgliedstaat.

ANHANG II
INFORMATIONEN ÜBER NACH DIESER VERORDNUNG FREIGESTELLTE STAATLICHE BEIHILFEN

TEIL I

Übermittlung über die IT-Anwendung der Kommission nach Artikel 11

Beihilfenummer	*(wird von der Kommission ausgefüllt)*	
Mitgliedstaat	....	
Referenznummer des Mitgliedstaats	....	
Region	**Name der Region(en) (*NUTS* ([1]))**	**Förderstatus ([2])** ....
Bewilligungsbehörde	**Name**	....
	Postanschrift **Internetadresse**	....
Titel der Beihilfemaßnahme	....	
Nationale Rechtsgrundlage (Fundstelle der amtlichen Veröffentlichung im Mitgliedstaat)	....	
Weblink zum vollen Wortlaut der Beihilfemaßnahme	....	
Art der Maßnahme	☐ **Regelung**	
	☐ ***Ad-hoc-Beihilfe***	**Name des Beihilfeempfängers und der Unternehmensgruppe ([3]), der er angehört** ....
Änderung einer bestehenden Beihilferegelung oder *Ad-hoc-Beihilfe*		**Beihilfenummer der Kommission**
	☐ **Verlängerung**	....
	☐ **Änderung**	....
Laufzeit ([4])	☐ **Regelung**	TT/MM/JJJJ **bis** TT/MM/JJJJ
Tag der Gewährung ([5])	☐ ***Ad-hoc-Beihilfe***	TT/MM/JJJJ
Betroffene Wirtschaftszweige	☐ **Alle für Beihilfen in Frage kommenden Wirtschaftszweige**	
	☐ **Beschränkt auf bestimmte Wirtschaftszweige: Bitte auf Ebene der NACE-Gruppe angeben ([6])**	....

EU-VO

Art des Beihilfeempfängers	☐ KMU		
	☐ Große Unternehmen		
Mittelausstattung	Jährliche Gesamtmittelausstattung der Regelung ([7])	.... Landeswährung (in voller Höhe)	
	Gesamtbetrag der dem Unternehmen gewährten Ad-hoc-Beihilfen ([8])	.... Landeswährung (in voller Höhe)	
	☐ Bei Garantien ([9])	.... Landeswährung (in voller Höhe)	
Beihilfeinstrument	☐ Zuschuss/Zinszuschuss		
	☐ Kredite/Rückzahlbare Vorschüsse		
	☐ Garantie (ggf. Verweis auf den Beschluss der Kommission ([10]))		
	☐ Steuerermäßigung oder Steuerbefreiung		
	☐ Bereitstellung einer Risikofinanzierung		
	☐ Sonstiges (bitte angeben) .... Bitte angeben, zu welcher Hauptkategorie das Beihilfeinstrument aufgrund seiner Wirkung/Funktion am besten passt: ☐ Zuschuss ☐ Kredit ☐ Garantie ☐ Steuervergünstigung ☐ Bereitstellung einer Risikofinanzierung		
☐ Bei Kofinanzierung durch EU-Fonds	Name des/der EU-Fonds:	Höhe des Beitrags (pro EU-Fonds)	.... Landeswährung (in voller Höhe ....

([1]) NUTS: Klassifikation der Gebietseinheiten für die Statistik. Die Region ist in der Regel auf Ebene 2 anzugeben.
([2]) Artikel 107 Absatz 3 Buchstabe a AEUV (Förderstatus „A"), Artikel 107 Absatz 3 Buchstabe c AEUV (Förderstatus „C"), nicht geförderte Gebiete, d. h. nicht für Regionalbeihilfen in Frage kommende Gebiete (Förderstatus „N").
([3]) Der Begriff des Unternehmens bezeichnet nach den Wettbewerbsvorschriften des AEUV und für die Zwecke dieser Verordnung jede eine wirtschaftliche Tätigkeit ausübende Einheit, unabhängig von ihrer Rechtsform und der Art ihrer Finanzierung. Der Gerichtshof hat festgestellt, dass Einheiten, die (de jure oder de facto) von ein und derselben Einheit kontrolliert werden, als ein einziges Unternehmen anzusehen sind.
([4]) Zeitraum, in dem die Bewilligungsbehörde sich zur Gewährung von Beihilfen verpflichten kann.
([5]) Zu bestimmen im Einklang mit Artikel 2 Nummer 27 der Verordnung.
([6]) NACE Rev. 2: Statistische Systematik der Wirtschaftszweige in der Europäischen Gemeinschaft. Der Wirtschaftszweig ist in der Regel auf der Ebene der Unternehmensgruppe anzugeben.
([7]) Bei Beihilferegelungen bitte die nach der Regelung vorgesehene jährliche Gesamtmittelausstattung oder den voraussichtlichen jährlichen Steuerausfall für alle unter die Regelung fallenden Beihilfeinstrumente angeben.
([8]) Bei Ad-hoc-Beihilfen bitte den Gesamtbetrag der Beihilfe/des Steuerausfalls angeben.
([9]) Bei Garantien bitte den (Höchst-)Betrag der gesicherten Kredite angeben.
([10]) Gegebenenfalls Verweis auf den Beschluss der Kommission nach Artikel 5 Absatz 2 Buchstabe c der Verordnung, mit dem die Methode für die Berechnung des Bruttosubventionsäquivalents genehmigt wurde.

TEIL II

Übermittlung über das elektronische Anmeldesystem der Kommission nach Artikel 11

Geben Sie bitte an, nach welcher Bestimmung der Allgemeinen Gruppenfreistellungsverordnung die Beihilfemaßnahme durchgeführt wird.

Hauptziel — Allgemeine Ziele (Liste)	Ziele (Liste)	Beihilfehöchstintensität in % oder jährlicher Beihilfehöchstbetrag in Landeswährung (in voller Höhe)	KMU-Aufschläge in %
Regionalbeihilfen — Investitionsbeihilfen ([1]) (Art. 14)	☐ Regelung	… %	… %
	☐ Ad-hoc-Beihilfe	… %	… %
Regionalbeihilfen — Betriebsbeihilfen (Art. 15)	☐ In Gebieten mit geringer Bevölkerungsdichte (Art. 15 Abs. 2)	… %	… %
	☐ In Gebieten mit sehr geringer Bevölkerungsdichte (Art. 15 Abs. 3)	… %	… %
	☐ In Gebieten in äußerster Randlage (Art. 15 Abs. 4)	… %	… %
☐ Regionale Stadtentwicklungsbeihilfen (Art. 16)		…. Landeswährung	… %
KMU-Beihilfen (Art. 17-19b)	☐ Investitionsbeihilfen für KMU (Art. 17)	… %	… %
	☐ KMU-Beihilfen für die Inanspruchnahme von Beratungsdiensten (Art. 18)	… %	… %
	☐ KMU-Beihilfen für die Teilnahme an Messen (Art. 19)	… %	… %
	☐ Beihilfen für Kosten von KMU, die an Projekten der von der örtlichen Bevölkerung betriebenen lokalen Entwicklung („CLLD") bzw. Projekten operationeller Gruppen der Europäischen Innovationspartnerschaft („EIP") „Landwirtschaftliche Produktivität und Nachhaltigkeit" teilnehmen (Art. 19a)	… %	… %
	☐ Begrenzte Beihilfebeträge für KMU, denen Projekte der von der örtlichen Bevölkerung betriebenen lokalen Entwicklung („CLLD") bzw. Projekte operationeller Gruppen der Europäischen Innovationspartnerschaft („EIP") „Landwirtschaftliche Produktivität und Nachhaltigkeit" zugutekommen (Art. 19b) ([2])	... Landeswährung	… %
Beihilfen für die europäische territoriale Zusammenarbeit (Art. 20-20a)	☐ Beihilfen für Kosten von Unternehmen, die an Projekten der europäischen territorialen Zusammenarbeit teilnehmen (Art. 20)	… %	… %

EU-VO

		☐ Geringe Beihilfen für Unternehmen zur Teilnahme an Projekten der europäischen territorialen Zusammenarbeit (Art. 20a) ([3])	... Landeswährung	... %
KMU-Beihilfen — Erschließung von KMU-Finanzierungen (Art. 21-22)		☐ Risikofinanzierungsbeihilfen (Art. 21)	... Landeswährung	... %
		☐ Beihilfen für Unternehmensneugründungen (Art. 22)	... Landeswährung	... %
☐ KMU-Beihilfen — Beihilfen für auf KMU spezialisierte alternative Handelsplattformen (Art. 23)			... %; falls als Anlaufbeihilfe gewährt: ... Landeswährung	... %
☐ KMU-Beihilfen — Beihilfen für Scouting-Kosten (Art. 24)			... %	... %
Beihilfen für Forschung und Entwicklung und Innovation (Art. 25-30)	Beihilfen für Forschungs- und Entwicklungsvorhaben (Art. 25)	☐ Grundlagenforschung (Art. 25 Abs. 2 Buchst. a)	... %	... %
		☐ Industrielle Forschung (Art. 25 Abs. 2 Buchst. b)	... %	... %
		☐ Experimentelle Entwicklung (Art. 25 Abs. 2 Buchst. c)	... %	... %
		☐ Durchführbarkeitsstudien (Art. 25 Abs. 2 Buchst. d)	... %	... %
	☐ Beihilfen für mit einem Exzellenzsiegel ausgezeichnete Vorhaben (Art. 25a)		... Landeswährung	... %
	☐ Beihilfen für Marie-Skłodowska-Curie-Maßnahmen und vom Europäischen Forschungsrat (ERC) geförderte Maßnahmen für den Konzeptnachweis (Art. 25b)		... Landeswährung	... %
	☐ Beihilfen im Rahmen von kofinanzierten Forschungs- und Entwicklungsvorhaben (Art. 25c)		... %	... %
	☐ Beihilfen für Teaming-Maßnahmen (Art. 25d)		... %	... %
	☐ Investitionsbeihilfen für Forschungsinfrastrukturen (Art. 26)		... %	... %
	☐ Beihilfen für Innovationscluster (Art. 27)		... %	... %
	☐ Innovationsbeihilfen für KMU (Art. 28)		... %	... %
	☐ Beihilfen für Prozess- und Organisationsinnovationen (Art. 29)		... %	... %
	☐ Forschungs- und Entwicklungsbeihilfen für Fischerei und Aquakultur (Art. 30)		... %	... %
☐ Ausbildungsbeihilfen (Art. 31)			... %	... %

Beihilfen für benachteiligte Arbeitnehmer und Arbeitnehmer mit Behinderungen (Art. 32-35)	☐ Beihilfen in Form von Lohnkostenzuschüssen für die Einstellung benachteiligter Arbeitnehmer (Art. 32)	... %	... %
	☐ Beihilfen in Form von Lohnkostenzuschüssen für die Beschäftigung von Arbeitnehmern mit Behinderungen (Art. 33)	... %	... %
	☐ Beihilfen zum Ausgleich der durch die Beschäftigung von Arbeitnehmern mit Behinderungen verursachten Mehrkosten (Art. 34)	... %	... %
	☐ Beihilfen zum Ausgleich der Kosten für die Unterstützung benachteiligter Arbeitnehmer (Art. 35)	... %	... %
Umweltschutzbeihilfen (Art. 36-49)	☐ Investitionsbeihilfen, die Unternehmen in die Lage versetzen, über die Unionsnormen für den Umweltschutz hinauszugehen oder bei Fehlen solcher Normen den Umweltschutz zu verbessern (Art. 36)	... %	... %
	☐ Investitionsbeihilfen für öffentlich zugängliche Lade- oder Tankinfrastruktur für emissionsfreie und emissionsarme Straßenfahrzeuge (Art. 36a)	... %	... %
	☐ Investitionsbeihilfen zur frühzeitigen Anpassung an künftige Unionsnormen (Art. 37)	... %	... %
	☐ Investitionsbeihilfen für Energieeffizienzmaßnahmen (Art. 38)	... %	... %
	☐ Investitionsbeihilfen für gebäudebezogene Energieeffizienzprojekte in Form von Finanzinstrumenten (Art. 39)	... Landeswährung	... %
	☐ Investitionsbeihilfen für hocheffiziente Kraft-Wärme-Kopplung (Art. 40)	... %	... %
	☐ Investitionsbeihilfen zur Förderung erneuerbarer Energien (Art. 41)	... %	... %
	☐ Betriebsbeihilfen zur Förderung von Strom aus erneuerbaren Energien (Art. 42)	... %	... %
	☐ Betriebsbeihilfen zur Förderung der Erzeugung erneuerbarer Energien in kleinen Anlagen (Art. 43)	... %	... %
	☐ Beihilfen in Form von Umweltsteuerermäßigungen nach der Richtlinie 2003/96/EG des Rates (Art. 44 der vorliegenden Verordnung)	... %	... %
	☐ Investitionsbeihilfen für die Sanierung schadstoffbelasteter Standorte (Art. 45)	... %	... %
	☐ Investitionsbeihilfen für energieeffiziente Fernwärme und Fernkälte (Art. 46)	... %	... %
	☐ Investitionsbeihilfen für das Recycling und die Wiederverwendung von Abfall (Art. 47)	... %	... %
	☐ Investitionsbeihilfen für Energieinfrastrukturen (Art. 48)	... %	... %
	☐ Beihilfen für Umweltstudien (Art. 49)	... %	... %

EU-VO

☐ Beihilferegelungen zur Bewältigung der Folgen bestimmter Naturkatastrophen (Art. 50)	Beihilfehöchstintensität		… %	… %
	Art der Naturkatastrophe		☐ Erdbeben ☐ Lawine ☐ Erdrutsch ☐ Überschwemmung ☐ Orkan ☐ Wirbelsturm ☐ Vulkanausbruch ☐ Flächenbrand	
	Zeitraum der Naturkatastrophe		TT/MM/JJJJ bis TT/MM/JJJJ	
☐ Sozialbeihilfen für die Beförderung von Einwohnern entlegener Gebiete (Art. 51)			… %	… %
☐ Beihilfen für feste Breitbandnetze (Art. 52)			... Landeswährung	… %
☐ Beihilfen für 4G- und 5G-Mobilfunknetze (Art. 52a)			... Landeswährung	… %
☐ Beihilfen für Vorhaben von gemeinsamem Interesse im Bereich transeuropäischer digitaler Vernetzungsinfrastruktur (Art. 52b)			... Landeswährung	… %
☐ Konnektivitätsgutscheine (Art. 52c)			… %	… %
☐ Beihilfen für Kultur und die Erhaltung des kulturellen Erbes (Art. 53)			… %	… %
☐ Beihilferegelungen für audiovisuelle Werke (Art. 54)				
			… %	… %
☐ Beihilfen für Sportinfrastrukturen und multifunktionale Freizeitinfrastrukturen (Art. 55)			… %	… %
☐ Investitionsbeihilfen für lokale Infrastrukturen (Art. 56)			… %	… %
☐ Beihilfen für Regionalflughäfen (Art. 56a)			… %	… %
☐ Beihilfen für Seehäfen (Art. 56b)			… %	… %
☐ Beihilfen für Binnenhäfen (Art. 56c)			… %	… %
Beihilfen im Rahmen von aus dem Fonds „InvestEU“ unterstützten Finanzprodukten (Art. 56d-56f)	Art. 56e	☐ Beihilfen für Vorhaben von gemeinsamem Interesse im Bereich transeuropäischer digitaler Vernetzungsinfrastruktur, die nach der Verordnung (EU) 2021/1153 finanziert werden oder mit einem Exzellenzsiegel nach der genannten Verordnung ausgezeichnet wurden (Art. 56e Abs. 2)	... Landeswährung	… %
		☐ Beihilfen für Investitionen in feste Breitbandnetze, um ausschließlich bestimmte beihilfefähige sozioökonomische Schwerpunkte anzubinden (Art. 56e Abs. 3)	... Landeswährung	… %

		☐ Beihilfen für Energieerzeugung und Energieinfrastruktur (Art. 56e Abs. 4)	... Landeswährung	... %
		☐ Beihilfen für soziale, bildungsbezogene, kulturelle und naturbezogene Infrastrukturen und Aktivitäten (Art. 56e Abs. 5)	... Landeswährung	... %
		☐ Beihilfen für Verkehr und Verkehrsinfrastruktur (Art. 56e Abs. 6)	... Landeswährung	... %
		☐ Beihilfen für andere Infrastrukturen (Art. 56e Abs. 7)	... Landeswährung	... %
		☐ Beihilfen für den Umweltschutz, einschließlich Klimaschutz (Art. 56e Abs. 8)	... Landeswährung	... %
		☐ Beihilfen für Forschung, Entwicklung, Innovation und Digitalisierung (Art. 56e Abs. 9)	... Landeswährung	... %
		☐ Beihilfen in Form einer Förderung aus Mitteln des Fonds „InvestEU" für KMU oder kleine Midcap-Unternehmen (Art. 56e Abs. 10)	... Landeswährung	... %
	☐ Beihilfen im Rahmen von aus dem Fonds „InvestEU" unterstützten kommerziellen Finanzprodukten mit zwischengeschalteten Finanzintermediären (Art. 56f)		... Landeswährung	... %

(1)
Bei Ad-hoc-Regionalbeihilfen, mit denen auf der Grundlage von Beihilferegelungen gewährte Beihilfen ergänzt werden, bitte sowohl die Beihilfeintensität für die nach der Regelung gewährten Beihilfen als auch die Beihilfeintensität für die Ad-hoc-Beihilfe angeben.

(2)
Nach Artikel 11 Absatz 1 gelten die Berichtspflichten nicht für nach Artikel 19b gewährte Beihilfen. Die Berichterstattung über solche Beihilfen ist folglich freiwillig.

(3)
Nach Artikel 11 Absatz 1 gelten die Berichtspflichten nicht für nach Artikel 20a gewährte Beihilfen. Die Berichterstattung über solche Beihilfen ist folglich freiwillig.

ANHANG III

Bestimmungen für die Veröffentlichung der Informationen nach Artikel 9 Absatz 1

Die Mitgliedstaaten bauen ihre ausführlichen Beihilfewebsites, auf denen die in Artikel 9 Absatz 1 festgelegten Informationen veröffentlicht werden, so auf, dass die Informationen leicht zugänglich sind. Die Informationen werden in einem Tabellenkalkulationsformat (z. B. CSV oder XML) veröffentlicht, das es ermöglicht, Daten zu suchen, zu extrahieren und problemlos im Internet zu veröffentlichen. Der Zugang zur Website wird jedem Interessierten ohne Einschränkungen gewährt. Eine vorherige Anmeldung als Nutzer ist für den Zugang zur Website nicht erforderlich.

Nach Artikel 9 Absatz 1 Buchstabe c sind folgende Informationen über Einzelbeihilfen zu veröffentlichen:

— Name des Empfängers

— Identifikator des Empfängers

— Art des Unternehmens (KMU/großes Unternehmen) zum Zeitpunkt der Gewährung

— Region, in der der Beihilfeempfänger seinen Standort hat, auf NUTS-II-Ebene ([51])

— Wirtschaftszweig auf Ebene der NACE-Gruppe ([52])

— Beihilfeelement, in voller Höhe, in Landeswährung ([53])

— Beihilfeinstrument ([54]) (Zuschuss/Zinszuschuss, Kredit/rückzahlbare Vorschüsse/rückzahlbarer Zuschuss, Garantie, Steuerermäßigung oder Steuerbefreiung, Risikofinanzierung, Sonstiges (bitte nähere Angaben)

— Tag der Gewährung

— Ziel der Beihilfe

— Bewilligungsbehörde

— bei Regelungen, die unter Artikel 16 oder Artikel 21 fallen, der Name der betrauten Einrichtung und die Namen der ausgewählten Finanzintermediäre

— Nummer der Beihilfemaßnahme ([55])

---

[1] Verordnung (EU) 2021/523 des Europäischen Parlaments und des Rates vom 24. März 2021 zur Einrichtung des Programms „InvestEU“ und zur Änderung der Verordnung (EU) 2015/1017 (ABl. L 107 vom 26.3.2021, S. 30).

[2] Verordnung (EU) Nr. 1379/2013 des Europäischen Parlaments und des Rates vom 11. Dezember 2013 über die gemeinsame Marktorganisation für Erzeugnisse der Fischerei und der Aquakultur, zur Änderung der Verordnungen (EG) Nr. 1184/2006 und (EG) Nr. 1224/2009 des Rates und zur Aufhebung der Verordnung (EG) Nr. 104/2000 des Rates (ABl. L 354 vom 28.12.2013, S. 1).

[3] Verordnung (EU) Nr. 717/2014 der Kommission vom 27. Juni 2014 über die Anwendung der Artikel 107 und 108 des Vertrags über die Arbeitsweise der Europäischen Union auf De-minimis-Beihilfen im Fischerei- und Aquakultursektor (ABl. L 190 vom 28.6.2014, S. 45).

[4] Beschluss 2010/787/EU des Rates vom 10. Dezember 2010 über staatliche Beihilfen zur Erleichterung der Stilllegung nicht wettbewerbsfähiger Steinkohlebergwerke (ABl. L 336 vom 21.12.2010, S. 24).

[5] ABl. L 336 vom 21.12.2010, S. 24.

[6] Richtlinie 2013/34/EU des Europäischen Parlaments und des Rates vom 26. Juni 2013 über den Jahresabschluss, den konsolidierten Abschluss und damit verbundene Berichte von Unternehmen bestimmter Rechtsformen und zur Änderung der Richtlinie 2006/43/EG des Europäischen Parlaments und des Rates und zur Aufhebung der Richtlinien 78/660/EWG und 83/349/EWG des Rates.

[7] ABl. L 393 vom 30.12.2006, S. 1.

[8] ABl. L 134 vom 30.4.2004, S. 114.

[9] ABl. L 206 vom 8.8.2009, S. 1.

[10] ABl. L 24 vom 29.1.2008, S. 8.

[11] Richtlinie (EU) 2018/2001 des Europäischen Parlaments und des Rates vom 11. Dezember 2018 zur Förderung der Nutzung von Energie aus erneuerbaren Quellen (ABl. L 328 vom 21.12.2018, S. 82).

[12] Beschluss 2012/21/EU der Kommission vom 20. Dezember 2011 über die Anwendung von Artikel 106 Absatz 2 des Vertrags über die Arbeitsweise der Europäischen Union auf staatliche Beihilfen in Form von Ausgleichsleistungen zugunsten bestimmter Unternehmen, die mit der Erbringung von Dienstleistungen von allgemeinem wirtschaftlichem Interesse betraut sind (ABl. L 7 vom 11.1.2012, S. 3).

[13] ABl. L 315 vom 14.11.2012, S. 1.

[14] KOM(2012) 595 vom 17.10.2012.

[15] ABl. L 283 vom 31.10.2003, S. 51.

[16] ABl. L 211 vom 14.8.2009, S. 55.

[17] ABl. L 211 vom 14.8.2009, S. 94.

[18] ABl. L 211 vom 14.8.2009, S. 1.

[19] ABl. L 211 vom 14.8.2009, S. 15.

[20] ABl. L 211 vom 14.8.2009, S. 36.

[21] Verordnung (EU) 2021/1153 des Europäischen Parlaments und des Rates vom 7. Juli 2021 zur Schaffung der Fazilität

„Connecting Europe“ und zur Aufhebung der Verordnungen (EU) Nr. 1316/2013 und (EU) Nr. 283/2014 (ABl. L 249 vom 14.7.2021, S. 38).

[22] Verordnung (EG) Nr. 1008/2008 des Europäischen Parlaments und des Rates vom 24. September 2008 über gemeinsame Vorschriften für die Durchführung von Luftverkehrsdiensten in der Gemeinschaft (ABl. L 293 vom 31.10.2008, S. 3).

[23] Richtlinie 96/67/EG des Rates vom 15. Oktober 1996 über den Zugang zum Markt der Bodenabfertigungsdienste auf den Flughäfen der Gemeinschaft (ABl. L 272 vom 25.10.1996, S. 36).

[24] Richtlinie 2000/59/EG des Europäischen Parlaments und des Rates vom 27. November 2000 über Hafenauffangeinrichtungen für Schiffsabfälle und Ladungsrückstände (ABl. L 332 vom 28.12.2000, S. 81).

[25] Verordnung (EU) Nr. 1315/2013 des Europäischen Parlaments und des Rates vom 11. Dezember 2013 über Leitlinien der Union für den Aufbau eines transeuropäischen Verkehrsnetzes und zur Aufhebung des Beschlusses Nr. 661/2010/EU (ABl. L 348 vom 20.12.2013, S. 1).

[26] Richtlinie 2012/34/EU des Europäischen Parlaments und des Rates vom 21. November 2012 zur Schaffung eines einheitlichen europäischen Eisenbahnraums (ABl. L 343 vom 14.12.2012, S. 32).

[27] Verordnung (EU) 2020/852 des Europäischen Parlaments und des Rates vom 18 Juni 2020 über die Einrichtung eines Rahmens zur Erleichterung nachhaltiger Investitionen und zur Änderung der Verordnung (EU) 2019/2088 (ABl. L 198 vom 22.6.2020, S. 13).

[28] Verordnung (EU) Nr. 1315/2013 des Europäischen Parlaments und des Rates vom 11. Dezember 2013 über Leitlinien der Union für den Aufbau eines transeuropäischen Verkehrsnetzes und zur Aufhebung des Beschlusses Nr. 661/2010/EU (ABl. L 348 vom 20.12.2013, S. 1).

[29] ABl. C 155 vom 20.6.2008, S. 10.

[30] Verordnung (EU) Nr. 1303/2013 des Europäischen Parlaments und des Rates vom 17. Dezember 2013 mit gemeinsamen Bestimmungen über den Europäischen Fonds für regionale Entwicklung, den Europäischen Sozialfonds, den Kohäsionsfonds, den Europäischen Landwirtschaftsfonds für die Entwicklung des ländlichen Raums und den Europäischen Meeres- und Fischereifonds sowie mit allgemeinen Bestimmungen über den Europäischen Fonds für regionale Entwicklung, den Europäischen Sozialfonds, den Kohäsionsfonds und den Europäischen Meeres- und Fischereifonds und zur Aufhebung der Verordnung (EG) Nr. 1083/2006 des Rates (ABl. L 347 vom 20.12.2013, S. 320).

[31] Verordnung (EU) 2021/1060 des Europäischen Parlaments und des Rates vom 24. Juni 2021 mit gemeinsamen Bestimmungen für den Europäischen Fonds für regionale Entwicklung, den Europäischen Sozialfonds Plus, den Kohäsionsfonds, den Fonds für einen gerechten Übergang und den Europäischen Meeres-, Fischerei- und Aquakulturfonds sowie mit Haushaltsvorschriften für diese Fonds und für den Asyl-, Migrations- und Integrationsfonds, den Fonds für die innere Sicherheit und das Instrument für finanzielle Hilfe im Bereich Grenzverwaltung und Visumpolitik (ABl. L 231 vom 30.6.2021, S. 159).

[32] Verordnung (EU) Nr. 1299/2013 des Europäischen Parlaments und des Rates vom 17. Dezember 2013 mit besonderen Bestimmungen zur Unterstützung des Ziels „Europäische territoriale Zusammenarbeit“ aus dem Europäischen Fonds für regionale Entwicklung (EFRE) (ABl. L 347 vom 20.12.2013, S. 259).

[33] Verordnung (EU) 2021/1059 des Europäischen Parlaments und des Rates vom 24. Juni 2021 über besondere Bestimmungen für das aus dem Europäischen Fonds für regionale Entwicklung sowie aus Finanzierungsinstrumenten für das auswärtige Handeln unterstützte Ziel „Europäische territoriale Zusammenarbeit“ (Interreg) (ABl. L 231 vom 30.6.2021, S. 94).

[34] Bei Regelungen nach Artikel 16 und 21 dieser Verordnung kann bei KMU, die noch keinen kommerziellen Verkauf getätigt haben, auf die Pflicht zur Veröffentlichung von Informationen über jede Einzelbeihilfe von mehr als 500 000 EUR verzichtet werden.

[35] Verordnung (EG) Nr. 794/2004 der Kommission vom 21. April 2004 zur Durchführung der Verordnung (EU) 2015/1589 des Rates über besondere Vorschriften für die Anwendung von Artikel 108 des Vertrags über die Arbeitsweise der Europäischen Union (ABl. L 140 vom 30.4.2004, S. 1).

[36] Verordnung (EU) 2020/972 der Kommission vom 2. Juli 2020 zur Änderung der Verordnung (EU) Nr. 1407/2013 hinsichtlich ihrer Verlängerung und zur Änderung der Verordnung (EU) Nr. 651/2014 hinsichtlich ihrer Verlängerung und relevanter Anpassungen (ABl. L 215 vom 7.7.2020, S. 3).

[37] Verordnung (EU) Nr. 508/2014 des Europäischen Parlaments und des Rates vom 15. Mai 2014 über den Europäischen Meeres- und Fischereifonds und zur Aufhebung der Verordnungen (EG) Nr. 2328/2003, (EG) Nr. 861/2006, (EG) Nr. 1198/2006 und (EG) Nr. 791/2007 des Rates und der Verordnung (EU) Nr. 1255/2011 des Europäischen Parlaments und des Rates (ABl. L 149 vom 20.5.2014, S. 1).

[38] Delegierte Verordnung (EU) Nr. 481/2014 der Kommission vom 4. März 2014 zur Ergänzung der Verordnung (EU) Nr. 1299/2013 des Europäischen Parlaments und des Rates im Hinblick auf besondere Regeln für die Förderfähigkeit von Ausgaben für Kooperationsprogramme (ABl. L 138 vom 13.5.2014, S. 45).

[39] Richtlinie 2010/31/EU des Europäischen Parlaments und des Rates vom 19. Mai 2010 über die Gesamtenergieeffizienz von Gebäuden (ABl. L 153 vom 18.6.2010, S. 13).

[40] ABl. L 315 vom 14.11.2012, S. 1.

[41] ABl. L 283 vom 31.10.2003, S. 51.

[42] ABl. L 143 vom 30.4.2004, S. 56.

[43] ABl. L 102 vom 11.4.2006, S. 1.

[44] ABl. L 140 vom 5.6.2009, S. 114.

[45] ABl. L 178 vom 28.6.2013, S. 66.

[46] Verordnung (EU) 2018/1488 des Rates vom 28. September 2018 zur Gründung des Gemeinsamen Unternehmens für europäisches Hochleistungsrechnen (ABl. L 252 vom 8.10.2018, S. 1).

[47] Verordnung (EU) 2021/695 des Europäischen Parlaments und des Rates vom 28. April 2021 zur Einrichtung von „Horizont Europa“, dem Rahmenprogramm für Forschung und Innovation, sowie über dessen Regeln für die Beteiligung und die Verbreitung der Ergebnisse und zur Aufhebung der Verordnungen (EU) Nr. 1290/2013 und (EU) Nr. 1291/2013 (ABl. L 170 vom 12.5.2021, S. 1).

[48] Delegierte Verordnung (EU) 2021/1078 der Kommission vom 14. April 2021 zur Ergänzung der Verordnung (EU) 2021/523

des Europäischen Parlaments und des Rates und zur Festlegung der Investitionsleitlinien für den InvestEU-Fonds (ABl. L 234 vom 2.7.2021, S. 18).

[49] Verordnung (EU) Nr. 347/2013 des Europäischen Parlaments und des Rates vom 17. April 2013 zu Leitlinien für die transeuropäische Energieinfrastruktur und zur Aufhebung der Entscheidung Nr. 1364/2006/EG und zur Änderung der Verordnungen (EG) Nr. 713/2009, (EG) Nr. 714/2009 und (EG) Nr. 715/2009 (ABl. L 115 vom 25.4.2013, S. 39).

[50] Verordnung (EG) Nr. 1370/2007 des Europäischen Parlaments und des Rates vom 23. Oktober 2007 über öffentliche Personenverkehrsdienste auf Schiene und Straße und zur Aufhebung der Verordnungen (EWG) Nr. 1191/69 und (EWG) Nr. 1107/70 des Rates (ABl. L 315 vom 3.12.2007, S. 1).

[51] NUTS — Klassifikation der Gebietseinheiten für die Statistik. Die Region ist in der Regel auf Ebene 2 anzugeben.

[52] Verordnung (EG) Nr. 1893/2006 des Europäischen Parlaments und des Rates vom 20. Dezember 2006 zur Aufstellung der statistischen Systematik der Wirtschaftszweige NACE Revision 2 und zur Änderung der Verordnung (EWG) Nr. 3037/90 des Rates sowie einiger Verordnungen der EG über bestimmte Bereiche der Statistik (ABl. L 393 vom 30.12.2006, S. 1).

[53] Bruttosubventionsäquivalent bzw. bei Maßnahmen nach den Artikeln 16, 21, 22 oder 39 dieser Verordnung der Investitionsbetrag. Bei Betriebsbeihilfen kann der jährliche Beihilfebetrag pro Empfänger angegeben werden. Bei steuerlichen Regelungen und Regelungen, die unter Artikel 16 (regionale Stadtentwicklungsbeihilfen) oder Artikel 21 (Risikofinanzierungsbeihilfen) fallen, kann dieser Betrag in den in Artikel 9 Absatz 2 dieser Verordnung angegebenen Spannen angegeben werden.

[54] Falls die Beihilfe mithilfe mehrerer Beihilfeinstrumente gewährt wird, bitte den Beihilfebetrag für jedes Instrument angeben.

[55] Diese wird von der Kommission im Rahmen des in Artikel 11 genannten elektronischen Verfahrens vergeben.

62. VO (EU) 1407/2013 über die Anwendung der Artikel 107 und 108 AEUV auf De-minimis-Beihilfen

ABl L 2013/352 idgF

DIE EUROPÄISCHE KOMMISSION —

gestützt auf den Vertrag über die Arbeitsweise der Europäischen Union, insbesondere auf Artikel 108 Absatz 4,

gestützt auf die Verordnung (EG) Nr. 994/98 des Rates vom 7. Mai 1998 über die Anwendung der Artikel 107 und 108 des Vertrags über die Arbeitsweise der Europäischen Union auf bestimmte Gruppen horizontaler Beihilfen [1],

nach Veröffentlichung des Entwurfs dieser Verordnung [2],

nach Anhörung des Beratenden Ausschusses für staatliche Beihilfen,

in Erwägung nachstehender Gründe:

(1) Staatliche Zuwendungen, die die Voraussetzungen des Artikels 107 Absatz 1 des Vertrags über die Arbeitsweise der Europäischen Union („AEUV") erfüllen, stellen staatliche Beihilfen dar, die nach Artikel 108 Absatz 3 AEUV bei der Kommission anzumelden sind. Der Rat kann jedoch nach Artikel 109 AEUV Arten von Beihilfen festlegen, die von dieser Anmeldepflicht ausgenommen sind. Die Kommission kann nach Artikel 108 Absatz 4 AEUV Verordnungen zu diesen Arten von staatlichen Beihilfen erlassen. Mit der Verordnung (EG) Nr. 994/98 hat der Rat auf der Grundlage des Artikels 109 AEUV festgelegt, dass De-minimis-Beihilfen eine solche Art von Beihilfen darstellen können. Auf dieser Grundlage werden De-minimis-Beihilfen — d. h. Beihilfen bis zu einem bestimmten Höchstbetrag, die einem einzigen Unternehmen über einen bestimmten Zeitraum gewährt werden — als Maßnahmen angesehen, die nicht alle Tatbestandsmerkmale des Artikels 107 Absatz 1 AEUV erfüllen und daher nicht dem Anmeldeverfahren unterliegen.

(2) Die Kommission hat den Begriff der Beihilfe im Sinne des Artikels 107 Absatz 1 AEUV in zahlreichen Entscheidungen und Beschlüssen näher ausgeführt. Sie hat ferner ihren Standpunkt zu dem De-minimis-Höchstbetrag, bis zu dem Artikel 107 Absatz 1 AEUV als nicht anwendbar angesehen werden kann, erläutert: zunächst in ihrer Mitteilung über De-minimis-Beihilfen [3] und anschließend in der Verordnung (EG) Nr. 69/2001 der Kommission [4] und der Verordnung (EG) Nr. 1998/2006 der Kommission [5]. Aufgrund der Erfahrungen bei der Anwendung der Verordnung (EG) Nr. 1998/2006 ist es angebracht, diese Verordnung in einigen Punkten zu überarbeiten und durch eine neue Verordnung zu ersetzen.

(3) Der auf 200 000 EUR festgesetzte De-minimis-Beihilfen-Höchstbetrag, den ein einziges Unternehmen in einem Zeitraum von drei Jahren pro Mitgliedstaat erhalten darf, sollte beibehalten werden. Dieser Höchstbetrag ist nach wie vor notwendig, damit davon ausgegangen werden kann, dass die einzelnen unter diese Verordnung fallenden Maßnahmen weder Auswirkungen auf den Handel zwischen Mitgliedstaaten haben noch den Wettbewerb verfälschen oder zu verfälschen drohen.

(4) Der Begriff des Unternehmens bezeichnet im Bereich der Wettbewerbsvorschriften des AEUV jede eine wirtschaftliche Tätigkeit ausübende Einheit, unabhängig von ihrer Rechtsform und der Art ihrer Finanzierung [6]. Der Gerichtshof der Europäischen Union hat festgestellt, dass alle Einheiten, die (rechtlich oder de facto) von ein und derselben Einheit kontrolliert werden, als ein einziges Unternehmen angesehen werden sollten [7]. Im Interesse der Rechtssicherheit und der Verringerung des Verwaltungsaufwands sollte diese Verordnung eine erschöpfende Liste eindeutiger Kriterien enthalten, anhand deren geprüft werden kann, ob zwei oder mehr Unternehmen innerhalb eines Mitgliedstaats als ein einziges Unternehmen anzusehen sind. Die Kommission hat unter den bewährten Kriterien für die Bestimmung des Begriffs „verbundene Unternehmen" in der Definition der kleinen und mittleren Unternehmen (KMU) in der Empfehlung 2003/361/EG der Kommission [8] und in Anhang I der Verordnung (EG) Nr. 800/2008 der Kommission [9] diejenigen Kriterien ausgewählt, die für die Zwecke der vorliegenden Verordnung geeignet sind. Diese Kriterien, mit denen die Behörden bereits vertraut sind, sollten in Anbetracht des Geltungsbereichs der vorliegenden Verordnung sowohl für KMU als auch für große Unternehmen gelten. Durch diese Kriterien sollte gewährleistet sein, dass eine Gruppe verbundener Unternehmen für die Zwecke der Anwendung der De-minimis-Regel als ein einziges Unternehmen angesehen wird, während Unternehmen, deren einzige Beziehung darin besteht, dass jedes von ihnen eine direkte Verbindung zu derselben bzw. denselben öffentlichen Einrichtungen aufweist, nicht als miteinander verbunden eingestuft

werden. So wird der besonderen Situation von Unternehmen Rechnung getragen, die der Kontrolle derselben öffentlichen Einrichtung bzw. Einrichtungen unterliegen und die möglicherweise über unabhängige Entscheidungsbefugnisse verfügen.

(5) In Anbetracht der im Durchschnitt geringen Größe von Straßengüterverkehrsunternehmen sollte der Höchstbetrag für Unternehmen, die im gewerblichen Straßengüterverkehr tätig sind, bei 100 000 EUR belassen werden. Die Erbringung einer umfassenden Dienstleistung, bei der die Beförderung nur ein Bestandteil ist, wie beispielsweise bei Umzugsdiensten, Post- und Kurierdiensten oder Abfallsammlungs- und -behandlungsdiensten, sollte nicht als Verkehrsdienstleistung gelten. Vor dem Hintergrund der Überkapazitäten im Straßengüterverkehrssektor sowie der verkehrspolitischen Zielsetzungen in Bezug auf die Verkehrsstauproblematik und den Güterverkehr sollten Beihilfen für den Erwerb von Fahrzeugen für den Straßengüterverkehr durch Unternehmen des gewerblichen Straßengüterverkehrs vom Geltungsbereich dieser Verordnung ausgenommen werden. In Anbetracht der Entwicklung des Personenkraftverkehrssektors sollte für diesen Bereich kein niedrigerer Höchstbetrag mehr gelten.

(6) Da in den Bereichen Primärerzeugung landwirtschaftlicher Erzeugnisse, Fischerei und Aquakultur besondere Vorschriften gelten und die Gefahr besteht, dass unterhalb des in dieser Verordnung festgesetzten Höchstbetrags liegende Beihilfen dennoch die Tatbestandsmerkmale des Artikels 107 Absatz 1 AEUV erfüllen, sollte diese Verordnung nicht für die genannten Bereiche gelten.

(7) Aufgrund der Ähnlichkeiten zwischen der Verarbeitung und Vermarktung landwirtschaftlicher und nichtlandwirtschaftlicher Erzeugnisse sollte diese Verordnung unter bestimmten Voraussetzungen auch für die Verarbeitung und Vermarktung landwirtschaftlicher Erzeugnisse gelten. Als Verarbeitung oder Vermarktung sollten in diesem Zusammenhang weder Tätigkeiten eines landwirtschaftlichen Betriebs zur Vorbereitung eines Erzeugnisses für den Erstverkauf wie das Ernten, Mähen und Dreschen von Getreide oder das Verpacken von Eiern noch der Erstverkauf an Wiederverkäufer oder Verarbeiter angesehen werden.

(8) Sobald die Union eine Regelung über die Errichtung einer gemeinsamen Marktorganisation für einen bestimmten Agrarsektor erlassen hat, sind die Mitgliedstaaten nach der Rechtsprechung des Gerichtshofs der Europäischen Union verpflichtet, sich aller Maßnahmen zu enthalten, die diese Regelung unterlaufen oder Ausnahmen von ihr schaffen [10] . Deshalb sollten Beihilfen, deren Höhe sich nach dem Preis oder der Menge der erworbenen oder vermarkteten Erzeugnisse richtet, vom Geltungsbereich dieser Verordnung ausgenommen werden. Ebenfalls ausgenommen werden sollten Fördermaßnahmen, die an die Verpflichtung gebunden sind, die Beihilfe mit den Primärerzeugern zu teilen.

(9) Diese Verordnung sollte weder für Ausfuhrbeihilfen gelten noch für Beihilfen, die von der Verwendung von einheimischen anstelle von eingeführten Waren abhängig gemacht werden. Die Verordnung sollte insbesondere nicht für Beihilfen zur Finanzierung des Aufbaus und des Betriebs eines Vertriebsnetzes in anderen Mitgliedstaaten oder in Drittstaaten gelten. Beihilfen für die Teilnahme an Messen oder für die Durchführung von Studien oder die Inanspruchnahme von Beratungsdiensten im Hinblick auf die Einführung eines neuen oder eines bestehenden Produkts auf einem neuen Markt in einem anderen Mitgliedstaat oder einem Drittstaat stellen in der Regel keine Ausfuhrbeihilfen dar.

(10) Der für die Zwecke dieser Verordnung zugrunde zu legende Zeitraum von drei Jahren sollte fließend sein, d. h., bei jeder Neubewilligung einer De-minimis-Beihilfe sollte die Gesamtsumme der im laufenden Steuerjahr und in den vorangegangenen zwei Steuerjahren gewährten De-minimis-Beihilfen herangezogen werden.

(11) Im Falle eines Unternehmens, das sowohl in vom Geltungsbereich dieser Verordnung ausgenommenen Bereichen als auch in anderen Bereichen tätig ist oder andere Tätigkeiten ausübt, sollte diese Verordnung für diese anderen Bereiche oder Tätigkeiten gelten, sofern der betreffende Mitgliedstaat durch geeignete Mittel wie die Trennung der Tätigkeiten oder die Unterscheidung der Kosten sicherstellen, dass die gewährten De-minimis-Beihilfen nicht den Tätigkeiten in den von dieser Verordnung ausgenommenen Bereichen zugutekommen. Der gleiche Grundsatz sollte für ein Unternehmen gelten, das in Bereichen tätig ist, für die niedrigere De-minimis-Höchstbeträge gelten. Wenn nicht gewährleistet werden kann, dass die De-minimis-Beihilfen für die Tätigkeiten in Bereichen, für die niedrigere De-minimis-Höchstbeträge gelten, diesen niedrigeren Höchstbetrag nicht übersteigen, sollte für alle Tätigkeiten des betreffenden Unternehmens der niedrigste Höchstbetrag gelten.

(12) Diese Verordnung sollte Vorschriften enthalten, die verhindern, dass die in spezifischen Verordnungen oder Kommissionsbeschlüssen festgesetzten Beihilfehöchstintensitäten umgangen werden können. Zudem sollte sie klare Kumulierungsvorschriften enthalten, die einfach anzuwenden sind.

(13) Diese Verordnung schließt die Möglichkeit nicht aus, dass eine Maßnahme aus anderen als den in dieser Verordnung dargelegten Gründen nicht als Beihilfe im Sinne des Artikels 107 Absatz 1 AEUV angesehen wird, etwa wenn die

Maßnahme dem Grundsatz des marktwirtschaftlich handelnden Kapitalgebers genügt oder keine Übertragung staatlicher Mittel erfolgt. Insbesondere stellen Unionsmittel, die zentral von der Kommission verwaltet werden und nicht der mittelbaren oder unmittelbaren Kontrolle des Mitgliedstaats unterliegen, keine staatliche Beihilfe dar und sollten daher bei der Prüfung der Einhaltung der einschlägigen Höchstbeträge nicht berücksichtigt werden.

(14) Aus Gründen der Transparenz, Gleichbehandlung und wirksamen Überwachung sollte diese Verordnung nur für De-minimis-Beihilfen gelten, deren Bruttosubventionsäquivalent im Voraus genau berechnet werden kann, ohne dass eine Risikobewertung erforderlich ist („transparente Beihilfen"). Eine solche präzise Berechnung ist beispielsweise bei Zuschüssen, Zinszuschüssen und begrenzten Steuerbefreiungen oder bei sonstigen Beihilfeformen möglich, bei denen eine Obergrenze gewährleistet, dass der einschlägige Höchstbetrag nicht überschritten wird. Ist eine Obergrenze vorgesehen, so muss der Mitgliedstaat, solange der genaue Beihilfebetrag nicht bekannt ist, davon ausgehen, dass die Beihilfe der Obergrenze entspricht, um zu gewährleisten, dass mehrere Beihilfemaßnahmen zusammengenommen den Höchstbetrag nach dieser Verordnung nicht überschreiten und die Kumulierungsvorschriften eingehalten werden.

(15) Aus Gründen der Transparenz, Gleichbehandlung und korrekten Anwendung des De-minimis-Höchstbetrags sollten alle Mitgliedstaaten dieselbe Berechnungsmethode anwenden. Um die Berechnung zu vereinfachen, sollten Beihilfen, die nicht in Form eines Barzuschusses gewährt werden, in ihr Bruttosubventionsäquivalent umgerechnet werden. Die Berechnung des Bruttosubventionsäquivalents anderer transparenter Beihilfeformen als einer in Form eines Zuschusses oder in mehreren Tranchen gewährten Beihilfe sollte auf der Grundlage der zum Bewilligungszeitpunkt geltenden marktüblichen Zinssätze erfolgen. Im Sinne einer einheitlichen, transparenten und einfachen Anwendung der Beihilfevorschriften sollten für die Zwecke dieser Verordnung die Referenzzinssätze, die der Mitteilung der Kommission über die Änderung der Methode zur Festsetzung der Referenz- und Abzinsungssätze [11] zu entnehmen sind, als marktübliche Zinssätze herangezogen werden.

(16) Beihilfen in Form von Darlehen, einschließlich De-minimis-Risikofinanzierungsbeihilfen in Form von Darlehen, sollten als transparente De-minimis-Beihilfen angesehen werden, wenn das Bruttosubventionsäquivalent auf der Grundlage der zum Bewilligungszeitpunkt geltenden marktüblichen Zinssätze berechnet worden ist. Zur Vereinfachung der Behandlung von Kleindarlehen mit kurzer Laufzeit sollte diese Verordnung eine eindeutige Vorschrift enthalten, die einfach anzuwenden ist und sowohl der Höhe als auch der Laufzeit des Darlehens Rechnung trägt. Nach den Erfahrungen der Kommission kann bei Darlehen, die durch Sicherheiten unterlegt sind, die sich auf mindestens 50 % des Darlehensbetrags belaufen, und die einen Darlehensbetrag von 1 000 000 EUR und eine Laufzeit von fünf Jahren oder einen Darlehensbetrag von 500 000 EUR und eine Laufzeit von zehn Jahren nicht überschreiten, davon ausgegangen werden, dass das Bruttosubventionsäquivalent den De-minimis-Höchstbetrag nicht überschreitet. In Anbetracht der Schwierigkeiten bei der Festlegung des Bruttosubventionsäquivalents von Beihilfen an Unternehmen, die möglicherweise nicht in der Lage sein werden, das Darlehen zurückzuzahlen, sollte diese Regel nicht für solche Unternehmen gelten.

(17) Beihilfen in Form von Kapitalzuführungen sollten nicht als transparente De-minimis-Beihilfen angesehen werden, außer wenn der Gesamtbetrag der zugeführten öffentlichen Mittel den De-minimis-Höchstbetrag nicht übersteigt. Beihilfen im Rahmen von Risikofinanzierungsmaßnahmen, die in Form von Beteiligungen oder beteiligungsähnlichen Finanzierungsinstrumenten im Sinne der Risikofinanzierungsleitlinien [12] bereitgestellt werden, sollten nicht als transparente De-minimis-Beihilfen angesehen werden, außer wenn gewährleistet ist, dass die im Rahmen der betreffenden Maßnahme gewährten Kapitalzuführungen den De-minimis-Höchstbetrag nicht übersteigen.

EU-VO

(18) Beihilfen in Form von Garantien, einschließlich De-minimis-Risikofinanzierungsbeihilfen in Form von Garantien, sollten als transparent angesehen werden, wenn das Bruttosubventionsäquivalent auf der Grundlage der in einer Kommissionsmitteilung für die betreffende Unternehmensart festgelegten SAFE-Harbour-Prämie berechnet worden ist [13]. Zur Vereinfachung der Behandlung von Garantien mit kurzer Laufzeit, mit denen ein Anteil von höchstens 80 % eines relativ geringen Darlehensbetrags besichert wird, sollte diese Verordnung eine eindeutige Vorschrift enthalten, die einfach anzuwenden ist und sowohl den Betrag des zugrunde liegenden Darlehens als auch die Garantielaufzeit erfasst. Diese Vorschrift sollte nicht für Garantien gelten, mit denen nicht Darlehen, sondern beispielsweise Beteiligungsgeschäfte besichert werden. Bei Garantien, die sich auf einen Anteil von höchstens 80 % des zugrunde liegenden Darlehens beziehen und die einen Betrag von 1 500 000 EUR und eine Laufzeit von fünf Jahren nicht überschreiten, kann davon ausgegangen werden, dass das Bruttosubventionsäquivalent den De-minimis-Höchstbetrag nicht überschreitet. Gleiches gilt für Garantien, die sich auf einen Anteil von höchstens 80 % des zugrunde liegenden Darlehens beziehen und die einen Betrag

von 750 000 EUR und eine Laufzeit von zehn Jahren nicht überschreiten. Darüber hinaus können die Mitgliedstaaten eine Methode zur Berechnung des Bruttosubventionsäquivalents von Garantien anwenden, die bei der Kommission nach einer anderen zu diesem Zeitpunkt geltenden Verordnung der Kommission im Bereich der staatlichen Beihilfen angemeldet wurde und die von der Kommission aufgrund ihrer Vereinbarkeit mit der Garantiemitteilung oder einer Nachfolgermitteilung akzeptiert wurde, sofern sich die akzeptierte Methode ausdrücklich auf die Art der Garantie und die Art der zugrunde liegenden Transaktion bezieht, um die es im Zusammenhang mit der Anwendung der vorliegenden Verordnung geht. In Anbetracht der Schwierigkeiten bei der Festlegung des Bruttosubventionsäquivalents von Beihilfen an Unternehmen, die möglicherweise nicht in der Lage sein werden, das Darlehen zurückzuzahlen, sollte diese Regel nicht für solche Unternehmen gelten.

(19) Wenn eine De-minimis-Beihilferegelung über Finanzintermediäre durchgeführt wird, ist dafür zu sorgen, dass die Finanzintermediäre keine staatlichen Beihilfen erhalten. Dies kann z. B. sichergestellt werden, indem Finanzintermediäre, denen eine staatliche Garantie zugutekommt, verpflichtet werden, ein marktübliches Entgelt zu zahlen oder den Vorteil vollständig an den Endbegünstigten weiterzugeben, oder indem der De-minimis-Höchstbetrag und die anderen Voraussetzungen dieser Verordnung auch auf Ebene der Finanzintermediäre eingehalten werden.

(20) Nach erfolgter Anmeldung durch einen Mitgliedstaat kann die Kommission prüfen, ob eine Beihilfemaßnahme, bei der es sich nicht um einen Zuschuss, ein Darlehen, eine Garantie, eine Kapitalzuführung oder eine Risikofinanzierungsmaßnahme handelt, die in Form einer Beteiligung oder eines beteiligungsähnlichen Finanzierungsinstruments bereitgestellt wird, zu einem Bruttosubventionsäquivalent führt, das den De-minimis-Höchstbetrag nicht übersteigt und daher unter diese Verordnung fallen könnte.

(21) Die Kommission hat die Aufgabe zu gewährleisten, dass die Beihilfevorschriften eingehalten werden, und nach dem in Artikel 4 Absatz 3 des Vertrags über die Europäische Union verankerten Grundsatz der Zusammenarbeit sind die Mitgliedstaaten gehalten, der Kommission die Erfüllung dieser Aufgabe zu erleichtern, indem sie durch geeignete Vorkehrungen sicherstellen, dass der Gesamtbetrag der De-minimis-Beihilfen, die einem einzigen Unternehmen nach den De-minimis-Vorschriften gewährt werden, den insgesamt zulässigen Höchstbetrag nicht übersteigt. Hierzu sollten die Mitgliedstaaten bei Gewährung einer De-minimis-Beihilfe dem betreffenden Unternehmen unter ausdrücklichem Verweis auf diese Verordnung den Betrag der gewährten De-minimis-Beihilfen mitteilen und es darauf hinweisen, dass es sich um eine De-minimis-Beihilfe handelt. Mitgliedstaaten sollten verpflichtet sein, die gewährten Beihilfen zu überprüfen, um zu gewährleisten, dass die einschlägigen Höchstbeträge nicht überschritten werden und die Regeln zur Kumulierung eingehalten werden. Um diese Verpflichtung einzuhalten, sollte der betreffende Mitgliedstaat die Beihilfe erst gewähren, nachdem er eine Erklärung des Unternehmens über andere unter diese Verordnung oder andere De-minimis-Verordnungen fallende De-minimis-Beihilfen, die dem Unternehmen im betreffenden Steuerjahr oder in den vorangegangenen zwei Steuerjahren gewährt wurden, erhalten hat. Die Mitgliedstaaten sollten ihre Überwachungspflicht stattdessen auch dadurch erfüllen können, dass sie ein Zentralregister einrichten, das vollständige Informationen über die gewährten De-minimis-Beihilfen enthält, und sie überprüfen, dass eine neue Beihilfengewährung den einschlägigen Höchstbetrag einhält.

(22) Jeder Mitgliedstaat sollte sich vor der Gewährung einer De-minimis-Beihilfe vergewissern, dass der De-minimis-Höchstbetrag durch die neue De-minimis-Beihilfe in seinem Hoheitsgebiet nicht überschritten wird und auch die übrigen Voraussetzungen dieser Verordnung erfüllt sind.

(23) Aufgrund der bisherigen Erfahrungen der Kommission und insbesondere der Tatsache, dass die Beihilfepolitik grundsätzlich in regelmäßigen Abständen überprüft werden muss, sollte die Geltungsdauer dieser Verordnung begrenzt werden. Für den Fall, dass diese Verordnung bis zum Ablauf ihrer Geltungsdauer nicht verlängert wird, sollte den Mitgliedstaaten für alle unter diese Verordnung fallenden De-minimis-Beihilfen eine sechsmonatige Anpassungsfrist eingeräumt werden —

[1] ABl. L 142 vom 14.5.1998, S. 1.

[2] ABl. C 229 vom 8.8.2013, S. 1.

[3] Mitteilung der Kommission über De-minimis-Beihilfen (ABl. C 68 vom 6.3.1996, S. 9).

[4] Verordnung (EG) Nr. 69/2001 der Kommission vom 12. Januar 2001 über die Anwendung der Artikel 87 und 88 EG-Vertrag auf De-minimis-Beihilfen (ABl. L 10 vom 13.1.2001, S. 30).

[5] Verordnung (EG) Nr. 1998/2006 der Kommission vom 15. Dezember 2006 über die Anwendung der Artikel 87 und 88 EG-Vertrag auf De-minimis-Beihilfen (ABl. L 379 vom 28.12.2006, S. 5).

[6] Urteil des Gerichtshofs vom 10. Januar 2006, Ministero dell'Economia e delle Finanze/Cassa di Risparmio di Firenze SpA u. a., C-222/04, Slg. 2006, I-289.

[7] Urteil des Gerichtshofs vom 13. Juni 2002, Niederlande/Kommission, C-382/99, Slg. 2002, I-5163.

[8] Empfehlung 2003/361/EG der Kommission vom 6. Mai 2003 betreffend die Definition der Kleinstunternehmen sowie der

kleinen und mittleren Unternehmen (ABl. L 124 vom 20.5.2003, S. 36).

[9] Verordnung (EG) Nr. 800/2008 der Kommission vom 6. August 2008 zur Erklärung der Vereinbarkeit bestimmter Gruppen von Beihilfen mit dem Gemeinsamen Markt in Anwendung der Artikel 87 und 88 EG-Vertrag (ABl. L 214 vom 9.8.2008, S. 3).

[10] Urteil des Gerichtshofs vom 12. Dezember 2002, Frankreich/Kommission, C-456/00, Slg. 2002, I-11949.

[11] Mitteilung der Kommission über die Änderung der Methode zur Berechnung der Referenz- und Abzinsungssätze (ABl. C 14 vom 19.1.2008, S. 6).

[12] Leitlinien der Gemeinschaft für staatliche Beihilfen zur Förderung von Risikokapitalinvestitionen in kleine und mittlere Unternehmen (ABl. C 194 vom 18.8.2006, S. 2).

[13] Zum Beispiel Mitteilung der Kommission über die Anwendung der Artikel 87 und 88 EG-Vertrag auf staatliche Beihilfen in Form von Haftungsverpflichtungen und Bürgschaften (ABl. C 155 vom 20.6.2008, S. 10).

Artikel 1
Geltungsbereich

(1) Diese Verordnung gilt für Beihilfen an Unternehmen aller Wirtschaftszweige mit folgenden Ausnahmen:

a) Beihilfen an Unternehmen, die in der Fischerei oder der Aquakultur im Sinne der Verordnung (EG) Nr. 104/2000 des Rates ([1]) tätig sind;

b) Beihilfen an Unternehmen, die in der Primärerzeugung landwirtschaftlicher Erzeugnisse tätig sind;

c) Beihilfen an Unternehmen, die in der Verarbeitung und Vermarktung landwirtschaftlicher Erzeugnisse tätig sind,

i) wenn sich der Beihilfebetrag nach dem Preis oder der Menge der bei Primärerzeugern erworbenen oder von den betreffenden Unternehmen vermarkteten Erzeugnisse richtet;

ii) wenn die Beihilfe davon abhängig ist, dass sie ganz oder teilweise an die Primärerzeuger weitergegeben wird;

d) Beihilfen für exportbezogene Tätigkeiten, die auf Mitgliedstaaten oder Drittländer ausgerichtet sind, d. h. Beihilfen, die unmittelbar mit den ausgeführten Mengen, mit der Errichtung und dem Betrieb eines Vertriebsnetzes oder mit anderen laufenden exportbezogenen Ausgaben in Zusammenhang stehen;

e) Beihilfen, die davon abhängig sind, dass heimische Waren Vorrang vor eingeführten Waren erhalten.

(2) Wenn ein Unternehmen sowohl in den in Absatz 1 Buchstabe a, b oder c genannten Bereichen als auch in einem oder mehreren Bereichen tätig ist oder andere Tätigkeiten ausübt, die in den Geltungsbereich dieser Verordnung fallen, so gilt diese Verordnung für Beihilfen, die für letztere Bereiche oder Tätigkeiten gewährt werden, sofern der betreffende Mitgliedstaat durch geeignete Mittel wie die Trennung der Tätigkeiten oder die Unterscheidung der Kosten sicherstellt, dass die im Einklang mit dieser Verordnung gewährten De-minimis-Beihilfen nicht den Tätigkeiten in den vom Geltungsbereich dieser Verordnung ausgenommenen Bereichen zugutekommen.

Artikel 2
Begriffsbestimmungen

(1) Für die Zwecke dieser Verordnung bezeichnet der Ausdruck:

a) „landwirtschaftliche Erzeugnisse" die in Anhang I des AEUV aufgeführten Erzeugnisse mit Ausnahme der Fischerei- und Aquakulturerzeugnisse, die unter die Verordnung (EG) Nr. 104/2000 fallen;

b) „Verarbeitung eines landwirtschaftlichen Erzeugnisses" jede Einwirkung auf ein landwirtschaftliches Erzeugnis, deren Ergebnis ebenfalls ein landwirtschaftliches Erzeugnis ist, ausgenommen Tätigkeiten eines landwirtschaftlichen Betriebs zur Vorbereitung eines tierischen oder pflanzlichen Erzeugnisses für den Erstverkauf;

c) „Vermarktung eines landwirtschaftlichen Erzeugnisses" den Besitz oder die Ausstellung eines Produkts im Hinblick auf den Verkauf, das Angebot zum Verkauf, die Lieferung oder jede andere Art des Inverkehrbringens, ausgenommen der Erstverkauf durch einen Primärerzeuger an Wiederverkäufer und Verarbeiter sowie jede Tätigkeit zur Vorbereitung eines Erzeugnisses für diesen Erstverkauf; der Verkauf durch einen Primärerzeuger an Endverbraucher gilt als Vermarktung, wenn er in gesonderten, eigens für diesen Zweck vorgesehenen Räumlichkeiten erfolgt.

(2) Der Begriff „ein einziges Unternehmen" bezieht für die Zwecke dieser Verordnung alle Unternehmen mit ein, die zueinander in mindestens einer der folgenden Beziehungen stehen:

a) Ein Unternehmen hält die Mehrheit der Stimmrechte der Anteilseigner oder Gesellschafter eines anderen Unternehmens;

b) ein Unternehmen ist berechtigt, die Mehrheit der Mitglieder des Verwaltungs-, Leitungs- oder Aufsichtsgremiums eines anderen Unternehmens zu bestellen oder abzuberufen;

c) ein Unternehmen ist gemäß einem mit einem anderen Unternehmen geschlossenen Vertrag oder aufgrund einer Klausel in dessen Satzung berechtigt, einen beherrschenden Einfluss auf dieses Unternehmen auszuüben;

d) ein Unternehmen, das Anteilseigner oder Gesellschafter eines anderen Unternehmens ist, übt gemäß einer mit anderen Anteilseignern oder Gesellschaftern dieses anderen Unternehmens getroffenen Vereinbarung die alleinige Kontrolle über die Mehrheit der Stimmrechte von dessen Anteilseignern oder Gesellschaftern aus.

Auch Unternehmen, die über ein anderes Unternehmen oder mehrere andere Unternehmen zueinander in einer der Beziehungen gemäß Unterabsatz 1 Buchstaben a bis d stehen, werden als ein einziges Unternehmen betrachtet.

Artikel 3
De-minimis-Beihilfen

(1) Beihilfemaßnahmen, die die Voraussetzungen dieser Verordnung erfüllen, werden als Maßnahmen angesehen, die nicht alle Tatbestandsmerkmale des Artikels 107 Absatz 1 AEUV erfüllen, und sind daher von der Anmeldepflicht nach Artikel 108 Absatz 3 AEUV ausgenommen.

(2) Der Gesamtbetrag der einem einzigen Unternehmen von einem Mitgliedstaat gewährten De-minimis-Beihilfen darf in einem Zeitraum von drei Steuerjahren 200 000 EUR nicht übersteigen.

Der Gesamtbetrag der De-minimis-Beihilfen, die einem einzigen Unternehmen, das im gewerblichen Straßengüterverkehr tätig ist, von einem Mitgliedstaat gewährt werden, darf in einem Zeitraum von drei Steuerjahren 100 000 EUR nicht übersteigen. Diese De-minimis-Beihilfen dürfen nicht für den Erwerb von Fahrzeugen für den Straßengüterverkehr verwendet werden.

(3) Ist ein Unternehmen sowohl im gewerblichen Straßengüterverkehr als auch in anderen Bereichen tätig, für die der Höchstbetrag von 200 000 EUR gilt, so gilt für das Unternehmen der Höchstbetrag von 200 000 EUR, sofern der betreffende Mitgliedstaat durch geeignete Mittel wie die Trennung der Tätigkeiten oder die Unterscheidung der Kosten sicherstellt, dass die Förderung der Straßengüterverkehrstätigkeit 100 000 EUR nicht übersteigt und dass keine De-minimis-Beihilfen für den Erwerb von Fahrzeugen für den Straßengüterverkehr verwendet werden.

(4) Als Bewilligungszeitpunkt einer De-minimis-Beihilfe gilt der Zeitpunkt, zu dem das Unternehmen nach dem geltenden nationalen Recht einen Rechtsanspruch auf die Beihilfe erwirbt, und zwar unabhängig davon, wann die De-minimis-Beihilfe tatsächlich an das Unternehmen ausgezahlt wird.

(5) Die in Absatz 2 genannten Höchstbeträge gelten für De-minimis-Beihilfen gleich welcher Art und Zielsetzung und unabhängig davon, ob die von dem Mitgliedstaat gewährte Beihilfe ganz oder teilweise aus Unionsmitteln finanziert wird. Der zugrunde zu legende Zeitraum von drei Steuerjahren bestimmt sich nach den Steuerjahren, die für das Unternehmen in dem betreffenden Mitgliedstaat maßgebend sind.

(6) Für die Zwecke der in Absatz 2 genannten Höchstbeträge wird die Beihilfe als Barzuschuss ausgedrückt. Bei den eingesetzten Beträgen sind Bruttobeträge, d. h. die Beträge vor Abzug von Steuern und sonstigen Abgaben, zugrunde zu legen. Bei Beihilfen, die nicht in Form von Zuschüssen gewährt werden, entspricht der Beihilfebetrag ihrem Bruttosubventionsäquivalent.

In mehreren Tranchen zahlbare Beihilfen werden zum Bewilligungszeitpunkt abgezinst. Für die Abzinsung wird der zum Bewilligungszeitpunkt geltende Abzinsungssatz zugrunde gelegt.

(7) Wenn der einschlägige Höchstbetrag nach Absatz 2 durch die Gewährung neuer De-minimis-Beihilfen überschritten würde, darf diese Verordnung für keine der neuen Beihilfen in Anspruch genommen werden.

(8) Im Falle einer Fusion oder Übernahme müssen alle De-minimis-Beihilfen, die den beteiligten Unternehmen zuvor gewährt wurden, herangezogen werden, um zu ermitteln, ob eine neue De-minimis-Beihilfe für das neue bzw. das übernehmende Unternehmen zu einer Überschreitung des einschlägigen Höchstbetrags führt. Die Rechtmäßigkeit von vor der Fusion bzw. Übernahme rechtmäßig gewährten De-minimis-Beihilfen wird dadurch nicht in Frage gestellt.

(9) Wird ein Unternehmen in zwei oder mehr separate Unternehmen aufgespalten, so werden die De-minimis-Beihilfen, die dem Unternehmen vor der Aufspaltung gewährt wurden, demjenigen Unternehmen zugewiesen, dem die Beihilfen zugutekommen, also grundsätzlich dem Unternehmen, das die Geschäftsbereiche übernimmt, für die die De-minimis-Beihilfen verwendet wurden. Ist eine solche Zuweisung nicht möglich, so werden die De-minimis-Beihilfen den neuen Unternehmen auf der Grundlage des Buchwerts ihres Eigenkapitals zum Zeitpunkt der tatsächlichen Aufspaltung anteilig zugewiesen.

Artikel 4
Berechnung des Bruttosubventionsäquivalents

(1) Diese Verordnung gilt nur für Beihilfen, deren Bruttosubventionsäquivalent im Voraus genau berechnet werden kann, ohne dass eine Risikobewertung erforderlich ist („transparente Beihilfen").

(2) Beihilfen in Form von Zuschüssen oder Zinszuschüssen werden als transparente De-minimis-Beihilfen angesehen.

(3) Beihilfen in Form von Darlehen gelten als transparente De-minimis-Beihilfen, wenn

a) sich der Beihilfenbegünstigte weder in einem Insolvenzverfahren befindet noch die im nationalen Recht vorgesehenen Voraussetzungen für die Eröffnung eines Insolvenzverfahrens auf Antrag seiner Gläubiger erfüllt. Im Falle eines großen Unternehmens muss sich der Beihilfebegünstigte in einer Situation befinden, die einer Bewertung mit einem Rating von mindestens B- entspricht, und

b) das Darlehen durch Sicherheiten unterlegt ist, die sich auf mindestens 50 % des Darlehensbetrags belaufen, und einen Betrag von 1 000 000 EUR (bzw. 500 000 EUR bei Straßengüterverkehrsunternehmen) und eine Laufzeit von fünf Jahren oder einen Betrag von 500 000 EUR (bzw. 250 000 EUR bei Straßengüterverkehrsunternehmen) und eine Laufzeit von zehn Jahren aufweist; bei Darlehen mit einem geringeren Darlehensbetrag und/oder einer kürzeren Laufzeit als fünf bzw. zehn Jahre wird das Bruttosubventionsäquivalent als entsprechender Anteil des einschlägigen Höchstbetrags nach Artikel 3 Absatz 2 berechnet; oder

c) das Bruttosubventionsäquivalent auf der Grundlage des zum Bewilligungszeitpunkt geltenden Referenzzinssatzes berechnet wurde.

(4) Beihilfen in Form von Kapitalzuführungen gelten nur dann als transparente De-minimis-Beihilfen, wenn der Gesamtbetrag der zugeführten öffentlichen Mittel den De-minimis-Höchstbetrag nicht übersteigt.

(5) Beihilfen im Rahmen von Risikofinanzierungsmaßnahmen, die in Form von Beteiligungen oder beteiligungsähnlichen Finanzierungsinstrumentengewährt werden, gelten nur dann als transparente De-minimis-Beihilfen, wenn das einem einzigen Unternehmen bereitgestellte Kapital den De-minimis-Höchstbetrag nicht übersteigt.

(6) Beihilfen in Form von Garantien gelten als transparente De-minimis-Beihilfen, wenn

a) sich der Beihilfenbegünstigte weder in einem Insolvenzverfahren befindet noch die im nationalen Recht vorgesehenen Voraussetzungen für die Eröffnung eines Insolvenzverfahrens auf Antrag seiner Gläubiger erfüllt. Im Falle eines großen Unternehmens muss sich der Beihilfebegünstigte in einer Situation befinden, die einer Bewertung mit einem Rating von mindestens B- entspricht, und

b) sich die Garantie auf einen Anteil von höchstens 80 % des zugrunde liegenden Darlehens bezieht und einen Betrag von 1 500 000 EUR (bzw. 750 000 EUR bei Straßengüterverkehrsunternehmen) und eine Laufzeit von fünf Jahren oder einen Betrag von 750 000 EUR (bzw. 375 000 EUR bei Straßengüterverkehrsunternehmen) und eine Laufzeit von zehn Jahren aufweist; bei Garantien mit einem geringeren Betrag und/oder einer kürzeren Laufzeit als fünf bzw. zehn Jahre wird das Bruttosubventionsäquivalent dieser Garantie als entsprechender Anteil des einschlägigen Höchstbetrags nach Artikel 3 Absatz 2 berechnet, oder

c) das Bruttosubventionsäquivalent auf der Grundlage von in einer Mitteilung der Kommission festgelegten SAFE-Harbour-Prämien berechnet wurde; oder

d) vor der Durchführung

i) die Methode für die Berechnung des Bruttosubventionsäquivalents der Garantie bei der Kommission nach einer anderen zu diesem Zeitpunkt geltenden Verordnung der Kommission im Bereich der staatlichen Beihilfen angemeldet und von der Kommission aufgrund ihrer Vereinbarkeit mit der Garantiemitteilung oder einer Nachfolgermitteilung akzeptiert wurde und

ii) sich die akzeptierte Methode ausdrücklich auf die Art der Garantie und die Art der zugrunde liegenden Transaktion bezieht, um die es im Zusammenhang mit der Anwendung der vorliegenden Verordnung geht.

(7) Beihilfen in anderer Form gelten als transparente De-minimis-Beihilfen, wenn die Beihilfebestimmungen eine Obergrenze vorsehen, die gewährleistet, dass der einschlägige Höchstbetrag nicht überschritten wird.

Artikel 5
Kumulierung

(1) Im Einklang mit der vorliegenden Verordnung gewährte De-minimis-Beihilfen dürfen bis zu dem in der Verordnung (EU) Nr. 360/2012 der Kommission ([2]) festgelegten Höchstbetrag mit De-minimis-Beihilfen nach letztgenannter Verordnung kumuliert werden. Im Einklang mit der vorliegenden Verordnung gewährte De-minimis-Beihilfen dürfen bis zu dem in Artikel 3 Absatz 2 dieser Verordnung festgelegten einschlägigen Höchstbetrag mit De-minimis-Beihilfen nach anderen De-minimis-Verordnungen kumuliert werden.

(2) De-minimis-Beihilfen dürfen weder mit staatlichen Beihilfen für dieselben beihilfefähigen Kosten noch mit staatlichen Beihilfen für dieselbe Risikofinanzierungsmaßnahme kumuliert werden, wenn die Kumulierung dazu führen würde, dass die höchste einschlägige Beihilfeintensität oder der höchste einschlägige Beihilfebetrag, die bzw. der im Einzelfall in einer Gruppenfreistellungsverordnung oder einem Beschluss der Kommission festgelegt ist, überschritten wird. De-minimis-Beihilfen, die nicht in Bezug auf bestimmte beihilfefähige Kosten gewährt werden und keinen solchen Kosten zugewiesen werden können, dürfen mit anderen staatlichen Beihilfen kumuliert werden, die auf der Grundlage einer Gruppenfreistellungsverordnung oder eines Beschlusses der Kommission gewährt wurden.

Artikel 6
Überwachung

(1) Beabsichtigt ein Mitgliedstaat, einem Unternehmen im Einklang mit dieser Verordnung eine De-minimis-Beihilfe zu bewilligen, so teilt er diesem Unternehmen schriftlich die voraussichtliche Höhe der Beihilfe (ausgedrückt als Bruttosubventionsäquivalent) mit und weist es unter ausdrücklichem Verweis auf diese Verordnung mit Angabe ihres Titels und der Fundstelle im *Amtsblatt*

der Europäischen Union darauf hin, dass es sich um eine De-minimis-Beihilfe handelt. Wird eine De-minimis-Beihilfe im Einklang mit dieser Verordnung auf der Grundlage einer Regelung verschiedenen Unternehmen gewährt, die Einzelbeihilfen in unterschiedlicher Höhe erhalten, so kann der betreffende Mitgliedstaat seine Informationspflicht dadurch erfüllen, dass er den Unternehmen einen Festbetrag mitteilt, der dem auf der Grundlage der Regelung zulässigen Beihilfehöchstbetrag entspricht. In diesem Fall ist für die Feststellung, ob der einschlägige Höchstbetrag nach Artikel 3 Absatz 2 erreicht ist, dieser Festbetrag maßgebend. Der Mitgliedstaat gewährt die Beihilfe erst, nachdem er von dem betreffenden Unternehmen eine Erklärung in schriftlicher oder elektronischer Form erhalten hat, in der dieses alle anderen ihm in den beiden vorangegangenen Steuerjahren sowie im laufenden Steuerjahr gewährten De-minimis-Beihilfen angibt, für die die vorliegende oder andere De-minimis-Verordnungen gelten.

(2) Verfügt ein Mitgliedstaat über ein Zentralregister für De-minimis-Beihilfen mit vollständigen Informationen über alle von Behörden in diesem Mitgliedstaat gewährten De-minimis-Beihilfen, so wird Absatz 1 von dem Zeitpunkt an, zu dem das Register einen Zeitraum von drei Steuerjahren erfasst, nicht mehr angewandt.

(3) Der Mitgliedstaat gewährt die neue De-minimis-Beihilfe nach dieser Verordnung erst, nachdem er sich vergewissert hat, dass dadurch der Betrag der dem betreffenden Unternehmen insgesamt gewährten De-minimis-Beihilfen nicht den einschlägigen Höchstbetrag nach Artikel 3 Absatz 2 übersteigt und sämtliche Voraussetzungen dieser Verordnung erfüllt sind.

(4) Die Mitgliedstaaten zeichnen sämtliche die Anwendung dieser Verordnung betreffenden Informationen auf und stellen sie zusammen. Diese Aufzeichnungen müssen alle Informationen enthalten, die für den Nachweis benötigt werden, dass die Voraussetzungen dieser Verordnung erfüllt sind. Die Aufzeichnungen über De-minimis-Einzelbeihilfen sind 10 Steuerjahre ab dem Zeitpunkt aufzubewahren, zu dem die Beihilfe gewährt wurde. Die Aufzeichnungen über De-minimis-Beihilferegelungen sind 10 Steuerjahre ab dem Zeitpunkt aufzubewahren, zu dem die letzte Einzelbeihilfe nach der betreffenden Regelung gewährt wurde.

(5) Der betreffende Mitgliedstaat übermittelt der Kommission auf schriftliches Ersuchen, innerhalb von 20 Arbeitstagen oder einer in dem Ersuchen gesetzten längeren Frist, alle Informationen, die die Kommission benötigt, um prüfen zu können, ob die Voraussetzungen dieser Verordnung erfüllt sind, und insbesondere den Gesamtbetrag der De-minimis-Beihilfen im Sinne dieser Verordnung oder anderer De-minimis-Verordnungen, die ein Unternehmen erhalten hat.

Artikel 7

Übergangsbestimmungen

(1) Diese Verordnung gilt für Beihilfen, die vor ihrem Inkrafttreten gewährt wurden, sofern diese Beihilfen sämtliche Voraussetzungen dieser Verordnung erfüllen. Beihilfen, die diese Voraussetzungen nicht erfüllen, werden von der Kommission nach den einschlägigen Rahmenbestimmungen, Leitlinien, Mitteilungen und Bekanntmachungen geprüft.

(2) De-minimis-Einzelbeihilfen, die zwischen dem 2. Februar 2001 und dem 30. Juni 2007 gewährt wurden und die Voraussetzungen der Verordnung (EG) Nr. 69/2001 erfüllen, werden als Maßnahmen angesehen, die nicht alle Tatbestandsmerkmale des Artikels 107 Absatz 1 AEUV erfüllen, und sind daher von der Anmeldepflicht nach Artikel 108 Absatz 3 AEUV ausgenommen.

(3) De-minimis-Einzelbeihilfen, die zwischen dem 1. Januar 2007 und dem 30. Juni 2014 gewährt wurden bzw. werden und die Voraussetzungen der Verordnung (EG) Nr. 1998/2006 erfüllen, werden als Maßnahmen angesehen, die nicht alle Tatbestandsmerkmale des Artikels 107 Absatz 1 AEUV erfüllen, und sind daher von der Anmeldepflicht nach Artikel 108 Absatz 3 AEUV ausgenommen.

(4) Nach Ablauf der Geltungsdauer dieser Verordnung sind De-minimis-Beihilferegelungen, die die Voraussetzungen dieser Verordnung erfüllen, noch sechs Monate durch diese Verordnung gedeckt.

Artikel 8

Inkrafttreten und Geltungsdauer

Diese Verordnung tritt am 1. Januar 2014 in Kraft.

Sie gilt bis zum 31. Dezember 2023.

Diese Verordnung ist in allen ihren Teilen verbindlich und gilt unmittelbar in jedem Mitgliedstaat.

---

[1] Verordnung (EG) Nr. 104/2000 des Rates vom 17. Dezember 1999 über die gemeinsame Marktorganisation für Erzeugnisse der Fischerei und der Aquakultur (ABl. L 17 vom 21.1.2000, S. 22).

[2] Verordnung (EU) Nr. 360/2012 der Kommission vom 25. April 2012 über die Anwendung der Artikel 107 und 108 des Vertrags über die Arbeitsweise der Europäischen Union auf De-minimis-Beihilfen an Unternehmen, die Dienstleistungen von allgemeinem wirtschaftlichem Interesse erbringen (ABl. L 114 vom 26.4.2012, S. 8).

63. Leitlinien für staatliche Klima-, Umweltschutz- und Energiebeihilfen 2022

ABl L 2022/080 idgF

Leitlinien für staatliche Klima-, Umweltschutz- und Energiebeihilfen 2022
(2022/C 80/01)

1. EINLEITUNG

1. Die Kommission hat den europäischen Grünen Deal zu einer ihrer wichtigsten politischen Prioritäten erklärt. Mithilfe dieser Strategie soll die Union, ohne jemanden dabei zurückzulassen, zu einer fairen und wohlhabenden Gesellschaft mit einer modernen, ressourceneffizienten und wettbewerbsfähigen Wirtschaft werden, in der im Jahr 2050 keine Netto-Treibhausgasemissionen mehr freigesetzt werden und das Wirtschaftswachstum von der Ressourcennutzung abgekoppelt ist. In der Mitteilung über den europäischen Grünen Deal (1) hat sich die Kommission 2019 ein ehrgeiziges Klimaziel gesetzt: Bis 2050 sollen die Netto-Treibhausgasemissionen auf null gesenkt werden. Mit Blick auf eine faire, ökologische und prosperierende Wirtschaft und Gesellschaft, die bis 2050 klimaneutral werden soll, hat die Kommission zudem vorgeschlagen, die Netto-Treibhausgasemissionen bis 2030 um mindestens 55 % gegenüber den Werten von 1990 zu senken (2). Diese ehrgeizigen — Ziele wurden im europäischen Klimagesetz (3) verankert.

2. Das Legislativpaket „Fit für 55" (4) unterstützt die Verwirklichung dieser Ziele und bringt die Union auf den Weg zur bis 2050 angestrebten Klimaneutralität.

3. Zur Verwirklichung dieser Ziele — Klimaneutralität, Anpassung an den Klimawandel, Ressourcen- und Energieeffizienz, Umsetzung des Grundsatzes „Energieeffizienz an erster Stelle", Kreislaufwirtschaft, Null-Schadstoff-Ziel und Wiederherstellung der biologischen Vielfalt — sowie zur Flankierung des ökologischen Wandels werden erhebliche Anstrengungen und eine angemessene Unterstützung nötig sein. Um die in der Mitteilung über den europäischen Grünen Deal dargelegten ehrgeizigen Ziele zu erreichen, müssen hohe Investitionen, u. a. in erneuerbare Energiequellen, getätigt werden. Laut Schätzungen der Kommission werden im Vergleich zu den Investitionen in den Jahren 2011 bis 2020 zusätzliche jährliche Investitionen von 390 Mrd. EUR erforderlich sein, um die unlängst heraufgesetzten Klima-, Energie- und Verkehrsziele für 2030 zu erreichen (5); für die anderen Umweltziele dürften im Vergleich zu früheren Schätzungen zusätzliche jährliche Investitionen von 130 Mrd. EUR benötigt werden. (6) Um diese enorme Herausforderung zu meistern, müssen kosteneffizient private und öffentliche Mittel für Investitionen mobilisiert werden. Alle Wirtschaftszweige und damit die gesamte Wirtschaft der Union werden betroffen sein.

4. Die Wettbewerbspolitik und insbesondere die Vorschriften für staatliche Beihilfen spielen eine wichtige Rolle, wenn es darum geht, die Union in die Lage zu versetzen und dabei zu unterstützen, die Ziele ihres Grünen Deals zu erreichen. In der Mitteilung über den europäischen Grünen Deal wird ausdrücklich darauf hingewiesen, dass die Beihilfevorschriften überarbeitet werden sollen, um diese politischen Ziele zu berücksichtigen, einen kostenwirksamen und gerechten Übergang zur Klimaneutralität zu unterstützen und den Ausstieg aus fossilen Brennstoffen zu erleichtern, dabei aber faire Wettbewerbsbedingungen auf dem Binnenmarkt zu gewährleisten. Die vorliegenden Leitlinien tragen dieser Überarbeitung Rechnung.

5. Staatliche Beihilfen sind nach Artikel 107 Absatz 1 des Vertrags über die Arbeitsweise der Europäischen Union grundsätzlich verboten, um (drohende) Verfälschungen des Wettbewerbs im Binnenmarkt und Beeinträchtigungen des Handels zwischen Mitgliedstaaten zu verhindern. In bestimmten Fällen können staatliche Beihilfen jedoch auf der Grundlage des Artikels 107 Absätze 2 oder 3 AEUV mit dem Binnenmarkt vereinbar sein.

6. Die Mitgliedstaaten müssen staatliche Beihilfen nach Artikel 108 Absatz 3 AEUV anmelden, es sei denn, die Beihilfen erfüllen die Voraussetzungen einer Gruppenfreistellungsverordnung, die von der Kommission nach Artikel 1 der Verordnung (EU) 2015/1588 des Rates (7) erlassen wurde.

7. Die vorliegenden Leitlinien geben Aufschluss darüber, wie die Kommission prüfen wird, ob Beihilfemaßnahmen zur Förderung des Umweltschutzes (einschließlich des Klimaschutzes) und des Energiesektors, die nach Artikel 107 Absatz 3 Buchstabe c AEUV anmeldepflichtig sind, mit dem Binnenmarkt vereinbar sind. Jede Bezugnahme auf „Umweltschutz" in diesen Leitlinien ist als Bezugnahme auf Umweltschutz einschließlich Klimaschutz zu verstehen.

8. Nach Artikel 107 Absatz 3 Buchstabe c AEUV kann eine Beihilfemaßnahme für mit dem

Binnenmarkt vereinbar erklärt werden, wenn zwei Voraussetzungen — eine positive und eine negative — erfüllt sind. Die positive Voraussetzung besagt, dass die Beihilfe die Entwicklung eines Wirtschaftszweigs fördern muss. Die negative Voraussetzung lautet, dass die Beihilfe die Handelsbedingungen nicht in einer Weise verändern darf, die dem gemeinsamen Interesse zuwiderläuft.

9. Es ist allgemein anerkannt, dass wettbewerbsbestimmte Märkte in der Regel effiziente Ergebnisse in Bezug auf Preise, Produktion und Ressourcennutzung hervorbringen. Gleichwohl können staatliche Eingriffe erforderlich sein, um die Entwicklung bestimmter Wirtschaftszweige zu fördern, die sich ohne Beihilfen nicht bzw. nicht mit derselben Geschwindigkeit oder unter denselben Bedingungen entwickeln würden. Ein solcher Eingriff trägt somit zu intelligentem, nachhaltigem und integrativem Wachstum bei.

10. Im Zusammenhang mit dem Umweltschutz können externe Umwelteffekte, Informationsmängel und Koordinierungsdefizite trotz regulatorischer Eingriffe dazu führen, dass Kosten und Nutzen einer Wirtschaftstätigkeit von den Marktteilnehmern bei Verbrauchs-, Investitions- und Produktionsentscheidungen nicht in vollem Umfang berücksichtigt werden. Diese Arten von Marktversagen — d. h. Situationen, in denen nicht damit zu rechnen ist, dass der Markt allein effiziente Ergebnisse hervorbringen wird — führen nicht zur optimalen Wohlfahrt der Verbraucher und der gesamten Gesellschaft, sodass bei den betreffenden wirtschaftlichen Tätigkeiten ohne staatliche Unterstützung kein hinreichender Umweltschutz gewährleistet ist.

11. Die Mitgliedstaaten sollten sicherstellen, dass die Beihilfemaßnahmen, die damit verknüpften Bedingungen, die Gewährungsverfahren und die geförderte Tätigkeit nicht gegen das Umweltrecht der Union verstoßen. Sie sollten ferner dafür Sorge tragen, dass der betroffene Personenkreis Gelegenheit zur Stellungnahme erhält, wenn über Beihilfen entschieden wird. Außerdem sollten Einzelpersonen und Organisationen die Möglichkeit haben, die Beihilfen oder die Maßnahmen zur Durchführung der Beihilfen bei nationalen Gerichten anzufechten, wenn sie nachweisen können, dass gegen das Umweltrecht der Union verstoßen wurde (8).

2. ANWENDUNGSBEREICH UND BEGRIFFSBESTIMMUNGEN

2.1 Anwendungsbereich

12. Diese Leitlinien gelten für staatliche Beihilfen, die gewährt werden, um wirtschaftliche Tätigkeiten in einer Weise zu fördern, die den Umweltschutz verbessert, sowie für Beihilfen zur Förderung wirtschaftlicher Tätigkeiten im Energiesektor, die durch den AEUV geregelt sind, soweit diese Beihilfen unter Abschnitt 2.2 dieser Leitlinien fallen. Somit sind diese Leitlinien auch auf Bereiche anwendbar, für die spezifische Beihilfevorschriften der Union gelten, außer wenn diese spezifischen Vorschriften nichts anderes bestimmen oder auf die betreffende Maßnahme anwendbare Bestimmungen über Umweltschutz- oder Energiebeihilfen enthalten, die gegebenenfalls Vorrang haben. Bei Umweltbeihilfemaßnahmen zugunsten von großen Flughäfen mit einem jährlichen Passagieraufkommen von mehr als 5 Millionen haben die vorliegenden Leitlinien Vorrang vor Randnummer 17 Buchstabe b der Luftverkehrsleitlinien (9).

13. Diese Leitlinien finden keine Anwendung aufa) staatliche Beihilfen für die Entwicklung und Herstellung umweltfreundlicher Produkte, Maschinen, Anlagen, Geräte und Beförderungsmittel, die mit einem geringeren Einsatz natürlicher Ressourcen betrieben werden sollen, sowie Maßnahmen in Produktionsbetrieben oder anderen Produktionseinheiten zur Verbesserung der Sicherheit oder der Hygiene (10);

b) staatliche Beihilfen für Forschung, Entwicklung und Innovation, die im Unionsrahmen für staatliche Beihilfen für Forschung, Entwicklung und Innovation (11) geregelt sind;

c) staatliche Beihilfen, die unter die Vorschriften über staatliche Beihilfen im Agrar- und Forstsektor (12) oder im Fischerei- und Aquakultursektor (13) fallen;

d) staatliche Beihilfen für Kernenergie.

14. Unternehmen in Schwierigkeiten im Sinne der Leitlinien der Kommission für staatliche Beihilfen zur Rettung und Umstrukturierung nichtfinanzieller Unternehmen in Schwierigkeiten (14) dürfen keine Umwelt- und Energiebeihilfen erhalten.

15. Bei der Prüfung von Beihilfen zugunsten von Unternehmen, die einer Rückforderungsanordnung aufgrund eines früheren Beschlusses der Kommission zur Feststellung der Unzulässigkeit einer Beihilfe und ihrer Unvereinbarkeit mit dem Binnenmarkt nicht nachgekommen sind, wird die Kommission den ausstehenden Rückforderungsbetrag berücksichtigen (15).

2.2 Unter diese Leitlinien fallende Beihilfemaßnahmen

16. Die Kommission hat einige Gruppen von Umweltschutz- und Energiemaßnahmen ermittelt, deren Förderung durch staatliche Beihilfen unter bestimmten Voraussetzungen mit Artikel 107 Absatz 3 Buchstabe c AEUV vereinbar sein kann:a) Beihilfen zur Verringerung und zum Abbau von Treibhausgasemissionen, u. a. durch die Förderung von erneuerbaren Energien und von Energieeffizienz,

b) Beihilfen zur Verbesserung der Gesamtenergieeffizienz und der Umweltbilanz von Gebäuden,

c) Beihilfen für den Erwerb oder das Leasing von sauberen Fahrzeugen (für den Luft-, Straßen-, Schienen-, Binnenschiffs- und Seeverkehr) und von sauberen mobilen Service-Geräten sowie für die Nachrüstung von Fahrzeugen und mobilen Service-Geräten,

d) Beihilfen für den Aufbau der Lade- und Tankinfrastruktur für saubere Fahrzeuge,

e) Beihilfen für Ressourceneffizienz und zur Unterstützung des Übergangs zu einer Kreislaufwirtschaft,

f) Beihilfen zur Vermeidung oder Verringerung von nicht durch Treibhausgase bedingter Umweltverschmutzung,

g) Beihilfen für die Sanierung von Umweltschäden, die Rehabilitierung natürlicher Lebensräume und Ökosysteme, den Schutz bzw. die Wiederherstellung der Biodiversität und die Umsetzung naturbasierter Lösungen für die Anpassung an den Klimawandel und den Klimaschutz,

h) Beihilfen in Form einer Ermäßigung von Steuern oder steuerähnlichen Abgaben,

i) Beihilfen zur Gewährleistung der Stromversorgungssicherheit,

j) Beihilfen für Energieinfrastruktur,

k) Beihilfen für Fernwärme und Fernkälte,

l) Beihilfen in Form einer Ermäßigung der Stromverbrauchsabgaben für energieintensive Unternehmen,

m) Beihilfen für die Stilllegung von Kohle-, Torf- oder Ölschieferkraftwerken und die Beendigung des Abbaus von Kohle, Torf oder Ölschiefer,

n) Beihilfen für Studien oder Beratungsleistungen zu Klima-, Umweltschutz- und Energiefragen.

2.3 Struktur der Leitlinien

17. Kapitel 3 enthält die allgemeinen Vereinbarkeitskriterien für die unter diese Leitlinien fallenden Gruppen von Beihilfen. Die in Abschnitt 3.2.1.3.1 dargelegten Kumulierungsvorschriften finden auf alle unter diese Leitlinien fallenden Gruppen von Beihilfen Anwendung. In Kapitel 4 werden die spezifischen Vereinbarkeitskriterien für die in den verschiedenen Abschnitten des Kapitels behandelten Beihilfemaßnahmen dargelegt. Die in Kapitel 3 festgelegten Vereinbarkeitskriterien finden Anwendung, sofern in den spezifischen Abschnitten des Kapitels 4 keine präziseren Bestimmungen enthalten sind.

18. Die in diesen Leitlinien festgelegten Voraussetzungen gelten, wenn nicht anders festgelegt, für Beihilferegelungen und auf der Grundlage einer Beihilferegelung oder ad hoc gewährte Einzelbeihilfen.

2.4 Begriffsbestimmungen

19. Für die Zwecke dieser Leitlinien gelten folgende Begriffsbestimmungen: 1) „Ad-hoc-Beihilfe“: Beihilfe, die nicht auf der Grundlage einer Beihilferegelung gewährt wird;

2) „Beihilfeintensität“: die in Prozent der beihilfefähigen Kosten ausgedrückte Höhe der Bruttobeihilfe vor Abzug von Steuern und sonstigen Abgaben. Werden Beihilfen nicht in Form von Zuschüssen gewährt, bestimmt sich die Höhe der Beihilfe nach ihrem Bruttosubventionsäquivalent. In mehreren Tranchen gezahlte Beihilfen werden nach dem zum Zeitpunkt ihrer Gewährung geltenden Wert berechnet. Im Falle zinsvergünstigter Darlehen (16) wird für die Abzinsung und Berechnung des Beihilfebetrags der zum Zeitpunkt der Gewährung geltende Referenzzinssatz zugrunde gelegt. Die Beihilfeintensität wird für jeden Empfänger einzeln berechnet;

3) „Fördergebiete“: Gebiete, die zum Zeitpunkt der Gewährung der Beihilfe in Anwendung des Artikels 107 Absatz 3 Buchstaben a oder c AEUV in einer genehmigten Fördergebietskarte ausgewiesen sind;

4) „Systemausgleich“: im Zusammenhang mit Strom: Systemausgleich im Sinne des Artikels 2 Nummer 10 der Verordnung (EU) 2019/943 des Europäischen Parlaments und des Rates (17);

5) „Bilanzkreisverantwortlicher (BKV)“: Bilanzkreisverantwortlicher im Sinne des Artikels 2 Nummer 14 der Verordnung (EU) 2019/943;

6) „Biodiversität“: Biodiversität im Sinne des Artikels 2 Nummer 15 der Verordnung (EU) 2020/852 des Europäischen Parlaments und des Rates (18);

7) „Biokraftstoffe“: Biokraftstoffe im Sinne des Artikels 2 Nummer 33 der Richtlinie (EU) 2018/2001 des Europäischen Parlaments und des Rates (19);

8) „Biogas“: Biogas im Sinne des Artikels 2 Nummer 28 der Richtlinie (EU) 2018/2001;

9) „flüssige Biobrennstoffe“: flüssige Biobrennstoffe im Sinne des Artikels 2 Nummer 32 der Richtlinie (EU) 2018/2001;

10) „Biomasse“: biologisch abbaubarer Teil von Produkten, Abfällen und Reststoffen biologischen Ursprungs im Sinne des Artikels 2 Nummer 24 der Richtlinie (EU) 2018/2001;

11) „Biomasse-Brennstoffe“: Biomasse-Brennstoffe im Sinne des Artikels 2 Nummer 27 der Richtlinie (EU) 2018/2001;

12) „Kapazitätsmechanismus“: Kapazitätsmechanismus im Sinne des Artikels 2 Nummer 22 der Verordnung (EU) 2019/943;

13) „CO_2-Abscheidung und -Speicherung“ oder „CCS“ (carbon capture and storage): Technologien, mit denen Kohlendioxid (CO_2) aus den Emissionen von Industrieanlagen (einschließlich prozessinhärenter Emissionen) oder direkt aus der Umgebungsluft abgeschieden, zu einer Speicherstätte transportiert und zur dauerhaften Speicherung in eine geeignete unterirdische geologische Formation injiziert werden kann;

14) „CO_2-Abscheidung und -Nutzung“ oder „CCU“ (carbon capture and use): Technologien,

mit denen CO_2 aus den Emissionen von Industrieanlagen (einschließlich prozessinhärenter Emissionen) oder direkt aus der Umgebungsluft abgeschieden und an einen Ort transportiert werden kann, an dem das CO_2 vollständig verbraucht bzw. genutzt wird;

15) „CO_2-Abbau“: Tätigkeiten des Menschen, um CO_2 aus der Atmosphäre zu entfernen und dauerhaft in geologischen Speichern, an Land, im Ozean oder in Produkten einzulagern; dazu zählen bestehende oder mögliche menschliche Tätigkeiten zur Verbesserung biologischer oder geochemischer Senken und die CO_2-Abscheidung aus der Luft samt Speicherung, nicht aber die natürliche CO_2-Aufnahme, die nicht direkt auf menschliche Tätigkeiten zurückzuführen ist;

16) „Lieferantenverpflichtungsregelung“: eine Regelung, in deren Rahmen für die Bereitstellung von Gütern oder Dienstleistungen Wert geschaffen wird, indem für diese Güter oder Dienstleistungen Zertifikate vergeben und Lieferanten oder Verbraucher verpflichtet werden, Zertifikate zu kaufen;

17) „saubere mobile Bodenabfertigungsgeräte“: mobile Geräte für Dienstleistungen im Bereich des Luft- oder Seeverkehrs, die keine direkten CO_2-Auspuffemissionen verursachen;

18) „saubere mobile Service-Geräte“: saubere mobile Terminalgeräte und saubere mobile Bodenabfertigungsgeräte;

19) „saubere mobile Terminalgeräte“: für das Be-, Ent- und Umladen von Gütern und intermodalen Ladeeinheiten sowie für Frachtbewegungen im Terminalbereich genutzte mobile Geräte, die keine direkten CO_2-Auspuffemissionen oder — wenn es keine Alternativen ohne direkte CO_2-Auspuffemissionen gibt — erheblich geringere direkte CO_2-Auspuffemissionen als konventionelle Terminalgeräte verursachen;

20) „sauberes Fahrzeug“:

a) in Bezug auf zwei- oder dreirädrige und vierrädrige Fahrzeuge:

i) ein unter die Verordnung (EU) Nr. 168/2013 fallendes Fahrzeug, für das eine gemäß den in Artikel 24 und Anhang V der genannten Verordnung festgelegten Anforderungen durchgeführte Emissionsprüfung keine CO_2-Auspuffemissionen ergeben hat;

b) in Bezug auf leichte Nutzfahrzeuge:

i) ein Fahrzeug der Klasse M1, M2 oder N1, für das eine gemäß der Verordnung (EU) 2017/1151 der Kommission (20) durchgeführte Emissionsprüfung keine CO_2-Auspuffemissionen ergeben hat;

ii) ein sauberes Fahrzeug im Sinne des Artikels 4 Nummer 4 Buchstabe a der Richtlinie 2009/33/EG des Europäischen Parlaments und des Rates (21);

c) in Bezug auf schwere Nutzfahrzeuge:

i) ein emissionsfreies schweres Nutzfahrzeug im Sinne des Artikels 4 Nummer 5 der Richtlinie 2009/33/EG;

ii) bis zum 31. Dezember 2025: ein emissionsarmes schweres Nutzfahrzeug im Sinne des Artikels 3 Nummer 12 der Verordnung (EU) 2019/1242 des Europäischen Parlaments und des Rates (22);

iii) bis zum 31. Dezember 2025: ein sauberes Fahrzeug im Sinne des Artikels 4 Nummer 4 Buchstabe b der Richtlinie 2009/33/EG, das nicht in den Anwendungsbereich der Verordnung (EU) 2019/1242 fällt;

d) in Bezug auf Binnenschiffe:

i) ein Binnenschiff für den Personen- oder Güterverkehr, das keine direkten CO_2-(Auspuff-/Abgas-)Emissionen verursacht;

ii) ein Binnenschiff für den Personenverkehr mit Hybrid- oder Zweistoffmotor, das im Normalbetrieb mindestens 50 % seiner Energie aus Kraftstoffen, die keine direkten CO_2-Auspuffemissionen verursachen, oder Batteriestrom bezieht;

iii) ein Binnenschiff für den Güterverkehr, dessen direkte CO_2-Auspuffemissionen pro Tonnenkilometer (g CO_2/tkm), berechnet (bzw. bei neuen Schiffen geschätzt) anhand des Energieeffizienz-Betriebsindikators (EEOI) der Internationalen Seeschifffahrtsorganisation, 50 % unter dem durchschnittlichen Bezugswert für CO_2-Emissionen schwerer Nutzfahrzeuge (Fahrzeuguntergruppe 5-LH) nach Artikel 11 der Verordnung (EU) 2019/1242 liegen.

Bei der Prüfung, ob ein Schiff als sauberes Fahrzeug einzustufen ist, wird die Kommission die Entwicklungen in dem betreffenden Wirtschaftszweig berücksichtigen und zum Beispiel die technischen Bewertungskriterien heranziehen, die in einem nach der Verordnung (EU) 2020/852 erlassenen delegierten Rechtsakt festgelegt wurden und darüber Aufschluss geben, ob eine Tätigkeit einen wesentlichen Beitrag zum Klimaschutz leistet;

e) in Bezug auf Seeschiffe:

i) ein für den Personen- oder Güterverkehr, den Hafenbetrieb oder Hilfstätigkeiten eingesetztes See- oder Küstenschiff, das keine direkten CO_2-Auspuffemissionen verursacht, oder

ii) ein für den Personen- und Güterverkehr, den Hafenbetrieb oder Hilfstätigkeiten eingesetztes See- und Küstenschiff mit Hybrid- oder Zweistoffmotor, das im Normalbetrieb auf See oder im Hafen mindestens 25 % seiner Energie aus Kraftstoffen, die keine direkten CO_2-Auspuffemissionen verursachen, oder Batteriestrom bezieht, oder dessen Wert im Energieeffizienzindex (Energy Efficiency Design Index, EEDI) der Internationalen Seeschifffahrtsorganisation 10 % unter den am 1. April 2022 geltenden EEDI-Anforderungen liegt und das mit Kraftstoffen betrieben werden kann, die keine direkten CO_2-Auspuffemissionen bewirken oder aus erneuerbaren Energiequellen erzeugt werden, oder

iii) ein See- oder Küstenschiff für den Frachtverkehr, das ausschließlich für Küsten- und Kurzstreckenseeverkehrsdienste eingesetzt wird, die eine Verlagerung derzeitigen Güterverkehrs vom Landweg auf den Seeweg ermöglichen, und dessen direkte CO_2-Auspuffemissionen, berechnet anhand des EEDI, 50 % unter dem durchschnittlichen Bezugswert für CO_2-Emissionen schwerer Nutzfahrzeuge (Fahrzeuguntergruppe 5-LH) nach Artikel 11 der Verordnung (EU) 2019/1242 liegen.

Bei der Prüfung, ob ein Schiff als sauberes Fahrzeug einzustufen ist, wird die Kommission die Entwicklungen in dem betreffenden Wirtschaftszweig berücksichtigen und zum Beispiel die technischen Bewertungskriterien heranziehen, die in einem nach der Verordnung (EU) 2020/852 erlassenen delegierten Rechtsakt festgelegt wurden und darüber Aufschluss geben, ob eine Tätigkeit einen wesentlichen Beitrag zum Klimaschutz leistet;

f) in Bezug auf Schienenfahrzeuge:

i) Schienenfahrzeuge, die keine direkten CO_2-Auspuffemissionen verursachen;

ii) Schienenfahrzeuge, die keine direkten CO_2-Auspuffemissionen verursachen, wenn sie auf Schienen mit der erforderlichen Infrastruktur betrieben werden, und die einen herkömmlichen Motor einsetzen, wenn eine solche Infrastruktur nicht verfügbar ist (Zweikrafttriebwagen);

g) in Bezug auf Luftfahrzeuge:

i) ein Luftfahrzeug, das keine direkten CO_2-Auspuffemissionen verursacht;

ii) ein Luftfahrzeug, dessen Umweltbilanz erheblich besser ist als die eines Luftfahrzeugs mit derselben Startmasse, das eine auf dem Markt weithin verfügbare Alternative darstellt;

21) „Kraft-Wärme-Kopplung" (KWK): Kraft-Wärme-Kopplung im Sinne des Artikels 2 Nummer 30 der Richtlinie 2012/27/EU des Europäischen Parlaments und des Rates (23);

22) „schadstoffbelasteter Standort": Standort, an dem durch menschliches Einwirken Materialien oder Stoffe nachweislich in einer solchen Konzentration vorkommen, dass von ihnen unter Berücksichtigung der gegenwärtigen und der künftigen genehmigten Nutzung von Boden, Meeresgrund oder Flüssen eine erhebliche Gefahr für die menschliche Gesundheit oder die Umwelt ausgeht;

23) „Demonstrationsvorhaben": Demonstrationsvorhaben im Sinne des Artikels 2 Nummer 24 der Verordnung (EU) 2019/943;

24) „Digitalisierung": Einführung von Technologien für elektronische Geräte und/oder Systeme, die die Erweiterung von Produktfunktionen, die Entwicklung von Online-Diensten, die Modernisierung von Verfahren oder die Umstellung auf Geschäftsmodelle, die auf der Disintermediation im Bereich der Produktion von Gütern oder der Erbringung von Dienstleistungen basieren, ermöglichen und schließlich Transformationen bewirken;

25) „Beseitigung": Beseitigung im Sinne des Artikels 3 Nummer 19 der Richtlinie 2008/98/EG des Europäischen Parlaments und des Rates (24);

26) „Verteilernetzbetreiber" (VNB): Verteilernetzbetreiber im Sinne des Artikels 2 Nummer 29 der Richtlinie (EU) 2019/944 des Europäischen Parlaments und des Rates (25);

27) „Fernwärme" oder „Fernkälte": Fernwärme oder Fernkälte im Sinne des Artikels 2 Nummer 19 der Richtlinie 2010/31/EU des Europäischen Parlaments und des Rates (26);

28) „Fernwärme- und/oder Fernkältesysteme": Wärme- und/oder Kälteerzeugungsanlagen, Wärme-/Kältespeicher und ein Verteilnetz, das sowohl ein Primär- (Transport-) als auch ein Sekundärnetz von Rohrleitungen umfasst, für die Wärme- oder Kälteversorgung von Verbrauchern; Bezugnahmen auf „Fernwärme" sind als Bezugnahmen auf Fernwärme- bzw. Fernkältesysteme zu verstehen, je nachdem, ob über die Netze sowohl Wärme als auch Kälte bereitgestellt werden oder nur eines von beiden bereitgestellt wird;

29) „Öko-Innovation": jede Form der Innovation (einschließlich neuer Produktionsverfahren, neuer Produkte oder Dienstleistungen sowie neuer Management- und Geschäftsmethoden), die eine deutliche Verbesserung des Umweltschutzes bewirkt oder bezweckt und die Auswirkungen von Umweltverschmutzung erheblich reduziert; für die Zwecke dieser Begriffsbestimmung gilt Folgendes nicht als Innovation:

a) Tätigkeiten, mit denen lediglich geringfügige Veränderungen oder Verbesserungen des Umweltschutzes bewirkt werden,

b) eine Steigerung der Produktions- oder Dienstleistungskapazitäten durch zusätzliche Produktions- oder Logistiksysteme, die den bereits verwendeten sehr ähnlich sind,

c) Änderungen der Geschäftspraktiken, der Arbeitsabläufe oder Geschäftsbeziehungen, die auf bereits in dem Unternehmen angewandten Organisationsmethoden beruhen,

d) Änderungen der Geschäftsstrategie,

e) Fusionen und Übernahmen,

f) die Einstellung der Anwendung eines Verfahrens,

g) einfache Ersatz- oder Erweiterungsinvestitionen,

h) Änderungen, die sich allein aus Veränderungen der Faktorpreise ergeben, neue Kundenausrichtung, regelmäßige saisonale oder sonstige zyklische Veränderungen,

i) der Handel mit neuen oder erheblich verbesserten Produkten;

30) „Ökosystem“: Ökosystem im Sinne des Artikels 2 Nummer 13 der Verordnung (EU) 2020/852;

31) „Energieeffizienz“: Energieeffizienz im Sinne des Artikels 2 Nummer 4 der Richtlinie 2012/27/EU;

32) „Energiespeicherung“: Energiespeicherung im Sinne des Artikels 2 Nummer 59 der Richtlinie (EU) 2019/944;

33) „Energiespeicheranlage“: Energiespeicheranlage im Sinne des Artikels 2 Nummer 60 der Richtlinie (EU) 2019/944;

34) „effiziente Fernwärme- und Fernkälteversorgung“: effiziente Fernwärme- und Fernkälteversorgung im Sinne des Artikels 2 Nummer 41 der Richtlinie 2012/27/EU des Europäischen Parlaments und des Rates;

35) „Energie aus erneuerbaren Quellen“: Energie aus erneuerbaren Quellen im Sinne des Artikels 2 Nummer 1 der Richtlinie (EU) 2018/2001, die in Anlagen erzeugt wird, in denen ausschließlich erneuerbare Energiequellen eingesetzt werden, sowie bezogen auf den Heizwert der Anteil der Energie, der aus erneuerbaren Energiequellen in Hybridanlagen, die auch konventionelle Energiequellen einsetzen, erzeugt wird; dies schließt erneuerbaren Strom ein, der zum Auffüllen von nach dem Zähler angeschlossenen (mit der Anlage zur Erzeugung erneuerbarer Energien oder zusätzlich dazu installierten) Speichersystemen genutzt wird, aber nicht den Strom, der als Ergebnis der Speicherung in Speichersystemen gewonnen wird;

36) „Energieinfrastruktur“ (27): jede materielle Ausrüstung oder Anlage, die sich in der Union befindet oder die die Union mit einem Drittland oder mehreren Drittländern verbindet und unter eine der folgenden Kategorien fällt:

a) in Bezug auf Strom:

i) Übertragungs- und Verteilernetze, wobei „Übertragung“ den Transport (Onshore und Offshore) von elektrischer Energie über ein Höchstspannungs- und Hochspannungsverbundnetz zur Belieferung von Endkunden oder Verteilern, jedoch mit Ausnahme der Versorgung bezeichnet, während „Verteilung“ den Transport (Onshore und Offshore) von elektrischer Energie mit Hoch-, Mittel- oder Niederspannung über Verteilernetze zur Belieferung von Kunden, jedoch mit Ausnahme der Versorgung bezeichnet;

ii) jede Ausrüstung oder Anlage, die für den sicheren und effizienten Betrieb der unter Ziffer i genannten Netze unentbehrlich ist, einschließlich der Schutz-, Überwachungs- und Steuerungssysteme auf allen Spannungsebenen und in allen Umspannwerken;

iii) vollständig integrierte Netzkomponenten im Sinne des Artikels 2 Nummer 51 der Richtlinie (EU) 2019/944,

iv) intelligente Stromnetze, d. h. Systeme und Komponenten für die Integration von Informations- und Kommunikationstechnologien über operative digitale Plattformen, Steuerungssysteme und Sensortechnologien sowohl auf Übertragungs- als auch auf Verteilerebene für ein sichereres, effizienteres und intelligenteres Stromübertragungs- und -verteilernetz, höhere Kapazität für die Integration neuer Erzeugungs-, Speicher- und Verbrauchsformen und die Förderung neuer Geschäftsmodelle und Marktstrukturen;

v) Offshore-Stromnetze, d. h. alle Ausrüstungen oder Anlagen einer Stromübertragungs- oder Stromverteilungsinfrastruktur im Sinne der Ziffer i, die zwei Zwecken dienen: dem Verbund und der Übertragung oder Verteilung von erneuerbarem Offshore-Strom aus den Offshore-Erzeugungsanlagen in mindestens zwei Länder; dies schließt intelligente Netze sowie küstennahe Offshore-Ausrüstungen oder -Anlagen ein, die für den sicheren und effizienten Betrieb unentbehrlich sind, z. B. Schutz-, Überwachungs- und Steuerungssysteme und erforderliche Umspannwerke, sofern sie auch die technologische Interoperabilität, etwa die Interoperabilität der Schnittstellen verschiedener Technologien, gewährleisten;

b) in Bezug auf Gas (Erdgas, Biogas — einschließlich Biomethan — und/oder erneuerbares Gas nicht biogenen Ursprungs):

i) Fern- und Verteilerleitungen für den Transport von Gas, die Bestandteil eines Netzes sind, ausgenommen Hochdruckrohrleitungen, die für die vorgelagerte Verteilung von Erdgas verwendet werden,

ii) an die unter Ziffer i genannten Hochdruck-Gasleitungen angeschlossene Untergrundspeicher;

iii) Anlagen für die Übernahme, Speicherung und Rückvergasung oder Dekomprimierung von verflüssigtem oder komprimiertem Gas;

iv) alle Ausrüstungen oder Anlagen, die für den sicheren und effizienten Betrieb des Systems oder für die Ermöglichung der bidirektionalen Kapazität unentbehrlich sind, einschließlich Verdichterstationen;

v) intelligente Gasnetze, d. h. jede der folgenden Ausrüstungen oder Anlagen, mit denen die Integration erneuerbarer und CO_2-armer Gase (z. B. Wasserstoff oder Gase nicht biogenen Ursprungs) in das Netz ermöglicht und erleichtert werden soll: digitale Systeme und Komponenten für die Integration von Informations- und Kommunikationstechnologien, Steuerungssystemen und Sensortechnologien, die die interaktive und intelligente Überwachung, Messung, Qualitätssteuerung und Verwaltung der Gaserzeugung, -fernleitung, und

-verteilung sowie des Gasverbrauchs innerhalb eines Gasnetzes ermöglichen; intelligente Netze können auch Ausrüstung umfassen, die Umkehrflüsse von der Verteilerebene bis zur Fernleitungsebene und die dafür erforderlichen Modernisierungen des bestehenden Netzes ermöglicht;

c) in Bezug auf Wasserstoff: (28)

i) Hochdruckfernleitungen für den Wasserstofftransport sowie Verteilerleitungen für die lokale Verteilung von Wasserstoff, die zahlreichen Netznutzern transparent und diskriminierungsfrei Zugang ermöglichen;

ii) Speicheranlagen, d. h. Anlagen, die zur Speicherung von hochreinem Wasserstoff genutzt werden; diese umfassen den für die Speicherung (nicht aber den für die Produktion) genutzten Teil eines Wasserstoffterminals sowie Anlagen, die ausschließlich den Betreibern von Wasserstoffnetzen für die Ausübung ihrer Tätigkeiten vorbehalten sind. Zu den Wasserstoffspeicheranlagen zählen auch an die unter Ziffer i genannten Hochdruckfern- und Verteilerleitungen für Wasserstoff angeschlossene Untergrundspeicher;

iii) Anlagen für die Einspeisung, Übernahme, Rückvergasung oder Dekomprimierung von Wasserstoff oder in anderen chemischen Stoffen gebundenem Wasserstoff, um ihn in das Gas- oder Wasserstoffnetz einzuspeisen;

iv) Terminals, d. h. Anlagen, in denen flüssiger Wasserstoff in gasförmigen Wasserstoff umgewandelt wird, um ihn in das Wasserstoffnetz einzuspeisen. Terminals umfassen die Zusatzeinrichtungen und die vorübergehende Speicherung, die für den Umwandlungsprozess und die anschließende Einspeisung in das Wasserstoffnetz erforderlich sind, nicht aber die für die Speicherung genutzten Teile des Terminals;

v) Verbindungsleitungen, d. h. ein Wasserstoffnetz (oder ein Teil davon), das (der) eine Grenze zwischen Mitgliedstaaten quert oder überspannt, oder ein Wasserstoffnetz zwischen einem Mitgliedstaat und einem Drittland bis zum Hoheitsgebiet der Mitgliedstaaten oder zum Küstenmeer dieses Mitgliedstaats;

vi) alle Ausrüstungen oder Anlagen, die für den sicheren und effizienten Betrieb eines Wasserstoffnetzes und bidirektionale Kapazität unentbehrlich sind, einschließlich Verdichterstationen;

d) in Bezug auf Kohlendioxid: (29)

i) Rohrleitungen (mit Ausnahme vorgelagerter Rohrleitungsnetze), die verwendet werden, um Kohlendioxid aus mehr als einer Quelle — d. h. von Industrieanlagen (einschließlich Kraftwerken), in denen durch Verbrennung oder andere chemische Reaktionen, an denen fossile oder nichtfossile kohlenstoffhaltige Komponenten beteiligt sind, Kohlendioxidgas erzeugt wird — für die dauerhafte geologische Speicherung von Kohlendioxid im Sinne des Artikels 3 der Richtlinie 2009/31/EG des Europäischen Parlaments und des Rates (30) oder für die Nutzung von Kohlendioxid als Rohstoff oder für die Steigerung der Erträge biologischer Prozesse zu transportieren;

ii) Anlagen für die Verflüssigung und Speicherung von Kohlendioxid im Hinblick auf dessen Transport oder Speicherung,

iii) Infrastruktur innerhalb einer geologischen Formation, die für die dauerhafte geologische Speicherung von Kohlendioxid im Sinne des Artikels 3 der Richtlinie 2009/31/EG verwendet wird, sowie damit zusammenhängende Flächen und Injektionsanlagen,

iv) alle Ausrüstungen und Anlagen, die für den ordnungsgemäßen, sicheren und effizienten Betrieb des betreffenden Systems unentbehrlich sind, einschließlich der Schutz-, Überwachungs- und Steuerungssysteme; dies kann spezifische mobile Ausrüstungen und Anlagen für den Transport oder die Speicherung von Kohlendioxid umfassen, sofern diese der Definition eines sauberen Fahrzeugs entsprechen;

e) Infrastruktur für die Übertragung und Verteilung von thermischer Energie in Form von Dampf, heißem Wasser oder kalten Flüssigkeiten von zahlreichen Erzeugern/Nutzern unter Nutzung erneuerbarer Energie oder industrieller Abwärme;

f) Vorhaben von gemeinsamem Interesse im Sinne des Artikels 2 Nummer 4 der Verordnung (EU) Nr. 347/2013 des Europäischen Parlaments und des Rates (31) und Vorhaben von gegenseitigem Interesse im Sinne des Artikels 171 AEUV;

g) andere Infrastrukturkategorien, unter die Infrastruktur fällt, die eine physische oder drahtlose Übertragung von erneuerbarer oder ohne CO_2-Emissionen erzeugter Energie zwischen Erzeugern und Nutzern über zahlreiche Einspeise- und Ausspeisepunkte ermöglicht und zu der Dritte Zugang haben, die nicht zu den Unternehmen des Eigentümers oder Verwalters der Infrastruktur gehören;

37) „Gesamtenergieeffizienz“: Gesamtenergieeffizienz eines Gebäudes im Sinne des Artikels 2 Nummer 4 der Richtlinie 2010/31/EU;

38) „Energieeinsparungen“: Energieeinsparungen im Sinne des Artikels 2 Nummer 5 der Richtlinie 2012/27/EU;

39) „Umweltschutz“: jede Maßnahme oder Aktivität, die darauf abzielt, eine Umweltverschmutzung, negative Auswirkung auf die Umwelt oder sonstige Beeinträchtigung der physischen Umgebung (einschließlich Luft, Wasser und Boden), von Ökosystemen oder natürlichen Ressourcen durch menschliche Tätigkeiten zu verringern oder einer solchen vorzubeugen, das Risiko einer solchen Beeinträchtigung zu vermindern, die Biodiversität zu schützen oder wiederherzustellen oder eine effizientere Nutzung natürlicher Ressourcen (z. B. durch Energiesparmaßnahmen, die Nutzung

erneuerbarer Energiequellen und andere Techniken zur Verringerung der Treibhausgasemissionen und anderer Schadstoffe) sowie den Übergang zu Modellen der Kreislaufwirtschaft mit Blick auf eine geringere Inanspruchnahme von Primärrohstoffen und höhere Effizienz zu fördern; dies schließt auch Klimaschutzmaßnahmen und Maßnahmen ein, die es ermöglichen, sich besser an Auswirkungen des Klimawandels anzupassen und dagegen zu wappnen;

40) „Umweltsteuer oder umweltsteuerähnliche Abgabe“: Steuer oder Abgabe, deren Gegenstand — Produkte oder Dienstleistungen — eine eindeutig negative Auswirkung auf die Umwelt hat oder die bestimmte Tätigkeiten, Waren oder Dienstleistungen belasten soll, damit die Umweltkosten in deren Preis einfließen und/oder damit die Hersteller und die Verbraucher zu umweltfreundlicherem Verhalten angeregt werden;

41) „Evaluierungsplan“: Dokument zu einer oder mehreren Beihilferegelungen mit den folgenden Mindestangaben:

a) zu evaluierende Ziele,

b) Evaluierungsfragen,

c) Ergebnisindikatoren,

d) vorgesehene Evaluierungsmethode,

e) Datenerfassungskriterien,

f) vorgesehener Zeitplan für die Evaluierung einschließlich des Termins für die Vorlage des Zwischen- und des Abschlussberichts,

g) Beschreibung des unabhängigen Gremiums, das die Evaluierung durchführen wird, oder der für seine Auswahl herangezogenen Kriterien sowie die Modalitäten für die Bekanntmachung der Evaluierung;

42) „erweiterte Herstellerverantwortung“: erweiterte Herstellerverantwortung im Sinne des Artikels 2 Nummer 21 der Richtlinie 2008/98/EG;

43) „Stromerzeuger“: Unternehmen, das Strom für kommerzielle Zwecke erzeugt;

44) „Treibhausgas“: jedes Gas, das durch Absorption von Wärmestrahlung zum Treibhauseffekt beiträgt, z. B. Kohlendioxid, Methan, Distickstoffoxid und fluorierte Gase wie Fluorkohlenwasserstoff;

45) „hocheffiziente Kraft-Wärme-Kopplung“: hocheffiziente Kraft-Wärme-Kopplung im Sinne des Artikels 2 Nummer 34 der Richtlinie 2012/27/EU;

46) „Wasserstoffnetzbetreiber“: natürliche oder juristische Person, die die Aufgabe des Netztransports von Wasserstoff übernimmt und für den Betrieb, die Wartung und erforderlichenfalls den Ausbau des Wasserstoffnetzes in einem bestimmten Gebiet und, sofern vorhanden, der Verbindungsleitungen zu anderen Wasserstoffnetzen sowie für die Sicherstellung der langfristigen Fähigkeit des Netzes, eine angemessene Nachfrage nach dem Transport von Wasserstoff zu decken;

47) „Bilanzkreisabweichung“: Bilanzkreisabweichung im Sinne des Artikels 2 Nummer 8 der Verordnung (EU) 2017/2195 der Kommission (32);

48) „Abrechnung von Bilanzkreisabweichungen“: Abrechnung von Bilanzkreisabweichungen im Sinne des Artikels 2 Nummer 9 der Verordnung (EU) 2017/2195;

49) „Bilanzkreisabrechnungszeitintervall“: Bilanzkreisabrechnungszeitintervall im Sinne des Artikels 2 Nummer 15 der Verordnung (EU) 2019/943;

50) „Einzelbeihilfen“: Ad-hoc-Beihilfen sowie auf der Grundlage einer Beihilferegelung gewährte anmeldepflichtige Beihilfen;

51) „Abschaltregelung“: auf die Sicherheit der Stromversorgung ausgerichtete Maßnahme, mit der eine stabile Netzfrequenz gewährleistet und kurzfristige Versorgungssicherheitsprobleme unter anderem durch die Abschaltung von Lasten gelöst werden sollen;

52) „Kleinstunternehmen“: Unternehmen, das die Kriterien für Kleinstunternehmen der Empfehlung 2003/361/EG der Kommission betreffend die Definition der Kleinstunternehmen sowie der kleinen und mittleren Unternehmen (33) erfüllt;

53) „naturbasierte Lösung“: von der Natur inspirierte und darauf aufbauende Lösung, die kosteneffizient ist und gleichzeitig ökologische, soziale und wirtschaftliche Vorteile bietet sowie zum Resilienzaufbau beiträgt, und die durch lokal angepasste, ressourceneffiziente und systembezogene Eingriffe mehr und vielfältigere Natur sowie natürliche Merkmale und Prozesse in Städten, terrestrischen und marinen Landschaften mit sich bringt;

54) „Netzengpassmaßnahme“: auf die Sicherheit der Stromversorgung ausgerichtete Maßnahme, mit der Defizite des Übertragungs- oder Verteilernetzes ausgeglichen werden sollen;

55) „Schadstoff“: Schadstoff im Sinne des Artikels 2 Nummer 10 der Verordnung (EU) 2020/852;

56) „Verursacher“: Verursacher im Sinne der Nummer 3 des Anhangs der Empfehlung 75/436/Euratom, EGKS, EWG des Rates (34);

57) „Umweltverschmutzung“: Umweltverschmutzung im Sinne des Artikels 3 Nummer 2 der Richtlinie 2010/75/EU des Europäischen Parlaments und des Rates (35);

58) „Verursacherprinzip“: Grundsatz, nach dem die Kosten für die Bewältigung von Umweltverschmutzung von den Verursachern zu tragen sind;

59) „Vorbereitung zur Wiederverwendung“: Vorbereitung zur Wiederverwendung im Sinne des Artikels 3 Nummer 16 der Richtlinie 2008/98/EG;

60) „Ladeinfrastruktur": feste oder mobile Infrastruktur zur Versorgung von sauberen Fahrzeugen oder sauberen mobilen Service-Geräten mit Strom;

61) „Verwertung": Verwertung im Sinne des Artikels 3 Nummer 15 der Richtlinie 2008/98/EG;

62) „Recycling": Recycling im Sinne des Artikels 3 Nummer 17 der Richtlinie 2008/98/EG;

63) „Referenzvorhaben": Beispielvorhaben, das für das durchschnittliche Vorhaben in einer für eine Beihilferegelung in Betracht kommenden Empfängerkategorie repräsentativ ist;

64) „Tankinfrastruktur": feste oder mobile Infrastruktur zur Bereitstellung von Wasserstoff, Erdgas in gasförmiger (komprimiertes Erdgas (CNG)) oder flüssiger Form (Flüssigerdgas (LNG)), Biogas und Biokraftstoffen einschließlich fortschrittlicher Biokraftstoffe sowie synthetischer Kraftstoffe aus erneuerbarer oder CO_2-armer Energie;

65) „Rehabilitierung": Umweltmanagementmaßnahmen zur Wiederherstellung eines Grads des Funktionierens von Ökosystemen an geschädigten Standorten, die nicht auf die Biodiversität und die Integrität eines bestimmten natürlichen oder halbnatürlichen Referenzökosystems abzielen, sondern auf erneute und dauerhafte Ökosystemdienstleistungen;

66) „Sanierung": Umweltmanagementmaßnahmen wie die Entgiftung, Entfernung von Schadstoffbelastungen oder überschüssigen Nährstoffen aus Boden und Wasser, um Ursachen einer Schädigung zu beseitigen;

67) „erneuerbarer Strom": Strom aus erneuerbaren Energiequellen im Sinne des Artikels 2 Nummer 1 der Richtlinie (EU) 2018/2001;

68) „Erneuerbare-Energie-Gemeinschaft": Erneuerbare-Energie-Gemeinschaft im Sinne des Artikels 2 Nummer 16 der Richtlinie (EU) 2018/2001;

69) „erneuerbare Energie": Energie aus erneuerbaren Quellen oder erneuerbare Energie im Sinne des Artikels 2 Nummer 1 der Richtlinie (EU) 2018/2001;

70) „erneuerbarer Wasserstoff": Wasserstoff, der — im Einklang mit den in der Richtlinie (EU) 2018/2001 dargelegten Methoden für flüssige oder gasförmige erneuerbare Kraftstoffe (für den Verkehr) nicht biogenen Ursprungs — aus erneuerbaren Energien gewonnen wurde;

71) „flüssige oder gasförmige erneuerbare Kraftstoffe nicht biogenen Ursprungs": flüssige oder gasförmige erneuerbare Kraftstoffe für den Verkehr nicht biogenen Ursprungs im Sinne des Artikels 2 Nummer 36 der Richtlinie (EU) 2018/2001;

72) „Angemessenheit der Ressourcen": erzeugte Kapazitäten, die als angemessen erachtet werden, um in einem bestimmten Zeitraum die Nachfrage in einer Gebotszone zu decken; dabei wird ein konventioneller statistischer Indikator zugrunde gelegt, der von Organisationen verwendet wird, die von der Union als Institutionen mit maßgeblicher Bedeutung für die Schaffung des Elektrizitätsbinnenmarkts anerkannt sind (z. B. das Europäische Netz der Übertragungsnetzbetreiber (Strom) (ENTSO-E));

73) „Ressourceneffizienz": Verringerung der Menge des für eine Produktionseinheit benötigten Inputs oder Ersatz der Primärinputs durch Sekundärinputs;

74) „Wiederherstellung": Prozess der Unterstützung der Erholung eines Ökosystems als Mittel zur Erhaltung der Biodiversität und zur Stärkung der Resilienz eines Ökosystems insbesondere gegen den Klimawandel. Die Wiederherstellung von Ökosystemen umfasst Maßnahmen, um den Zustand eines Ökosystems zu verbessern, um ein Ökosystem, das nicht mehr in gutem Zustand ist, neu aufzubauen und wiederherzustellen, und um die Resilienz eines Ökosystems und die Anpassung an den Klimawandel zu verbessern;

75) „Wiederverwendung": Wiederverwendung im Sinne des Artikels 3 Nummer 13 der Richtlinie 2008/98/EG; dies schließt jedes Verfahren ein, bei dem Erzeugnisse oder Bestandteile, die keine Abfälle sind, wieder für denselben Zweck verwendet werden, für den sie ursprünglich bestimmt waren;

76) „kleine Unternehmen": Unternehmen, die die Kriterien für kleine Unternehmen der Empfehlung der Kommission betreffend die Definition der Kleinstunternehmen sowie der kleinen und mittleren Unternehmen erfüllen;

77) „kleine und mittlere Unternehmen" (KMU): Unternehmen, die die Kriterien der Empfehlung der Kommission betreffend die Definition der Kleinstunternehmen sowie der kleinen und mittleren Unternehmen erfüllen;

78) „kleines Unternehmen mittlerer Kapitalisierung": Unternehmen, bei dem es sich nicht um ein KMU handelt und das auf der Grundlage einer Berechnung nach Anhang I Artikel 3 bis 6 der Verordnung (EU) Nr. 651/2014 der Kommission (36) nicht mehr als 499 Mitarbeiter beschäftigt, dessen Jahresumsatz 100 Mio. EUR nicht übersteigt oder dessen Jahresbilanzsumme 86 Mio. EUR nicht übersteigt. Mehrere Unternehmen werden als ein Unternehmen angesehen, wenn eine der in Anhang I Artikel 3 Absatz 3 der Verordnung (EU) Nr. 651/2014 genannten Voraussetzungen erfüllt ist;

79) „intelligentes Laden": Ladevorgang, bei dem die Stärke des an die Batterie abgegebenen Stroms anhand elektronisch übermittelter Informationen in Echtzeit angepasst wird;

80) „Intelligenzfähigkeit": Fähigkeit von Gebäuden oder Gebäudeteilen, ihren Betrieb an die

Erfordernisse des Nutzers anzupassen, einschließlich der Optimierung der Energieeffizienz und der Gesamtleistung, und beim Betrieb auf Signale aus dem Netz zu reagieren;

81) „Standardbilanzkreisverantwortung“: diskriminierungsfreie, technologieübergreifende Bilanzkreisverantwortung, von der nach Artikel 5 der Verordnung (EU) 2019/943 kein Erzeuger ausgenommen ist;

82) „Beginn der Arbeiten“: die erste feste Verpflichtung (z. B. Bestellung von Ausrüstung oder Beginn der Bauarbeiten), die eine Investition unumkehrbar macht. Der Kauf von Grundstücken oder Vorarbeiten wie die Einholung von Genehmigungen oder die im Vorfeld erfolgende Erstellung von Durchführbarkeitsstudien gelten nicht als Beginn der Arbeiten. Bei Übernahmen ist der „Beginn der Arbeiten“ der Zeitpunkt des Erwerbs der unmittelbar mit der erworbenen Betriebsstätte verbundenen Vermögenswerte;

83) „strategische Reserve“: Kapazitätsmechanismus, bei dem Stromkapazität (etwa zur Erzeugung, Speicherung oder Laststeuerung) außerhalb des Strommarkts vorgehalten und nur unter bestimmten Umständen eingesetzt wird;

84) „Gesamtbetriebskosten“: Gesamtkosten des Erwerbs und Besitzes eines Fahrzeugs während dessen Lebensdauer einschließlich der Kosten für Erwerb oder Leasing des Fahrzeugs, Kraftstoff, Wartung und Reparaturen, Versicherung, Finanzierung und Steuern;

85) „Übertragungsnetzbetreiber“ (ÜNB): Übertragungsnetzbetreiber im Sinne des Artikels 2 Nummer 35 der Richtlinie (EU) 2019/944;

86) „Fahrzeug“: jede der folgenden Fahrzeugarten:

a) ein Straßenfahrzeug der Klasse M1, M2, N1, M3, N2, N3 oder L,

b) ein für den Personen- oder Güterverkehr eingesetztes Binnen-, See- oder Küstenschiff,

c) ein Schienenfahrzeug,

d) ein Luftfahrzeug;

87) „Behandlung“: Behandlung im Sinne des Artikels 3 Nummer 14 der Richtlinie 2008/98/EG;

88) „Mindeststeuerbeträge der Union“: die im Unionsrecht vorgesehenen Mindeststeuerbeträge; für Energieerzeugnisse und Strom gelten als Mindeststeuerbeträge der Union die Beträge in Anhang I der Richtlinie 2003/96/EG des Rates (37);

89) „Unionsnorm“:

a) verbindliche Unionsnorm für das von einzelnen Unternehmen zu erreichende Umweltschutzniveau, nicht jedoch auf Ebene der Union geltende Normen oder festgelegte Ziele, die für Mitgliedstaaten, aber nicht für einzelne Unternehmen verbindlich sind;

b) die Verpflichtung, die besten verfügbaren Techniken (BVT) im Sinne der Richtlinie 2010/75/EU einzusetzen und sicherzustellen, dass die Emissionswerte nicht über den Werten liegen, die aus dem Einsatz der BVT resultieren würden; sofern in Durchführungsrechtsakten zur Richtlinie 2010/75/EU oder zu anderen anwendbaren Richtlinien mit den BVT assoziierte Emissionswerte (38) festgelegt wurden, gelten diese Werte für die Zwecke dieser Leitlinien; wenn diese Werte als Bandbreiten ausgedrückt werden, ist der Wert, bei dem die mit den BVT assoziierten Emissionswerte für das betreffende Unternehmen zuerst erreicht werden, anwendbar;

90) „Abfall“: Abfall im Sinne des Artikels 3 Nummer 1 der Richtlinie 2008/98/EG;

91) „Abwärme“: Abwärme im Sinne des Artikels 2 Nummer 9 der Richtlinie (EU) 2018/2001.

3. PRÜFUNG DER VEREINBARKEIT NACH ARTIKEL 107 ABSATZ 3 BUCHSTABE C AEUV

20. Diese Leitlinien enthalten die Vereinbarkeitskriterien für Umweltschutz- (einschließlich Klimaschutz-) und Energiebeihilfen, die unter Artikel 107 Absatz 3 Buchstabe c AEUV fallen und der Anmeldepflicht nach Artikel 108 Absatz 3 AEUV unterliegen.

21. Auf der Grundlage des Artikels 107 Absatz 3 Buchstabe c AEUV kann die Kommission Beihilfen zur Förderung bestimmter Wirtschaftszweige in der Union (positive Voraussetzung), soweit diese die Handelsbedingungen nicht in einer Weise verändern, die dem gemeinsamen Interesse zuwiderläuft (negative Voraussetzung), als mit dem Binnenmarkt vereinbar ansehen.

22. Bei der Prüfung, ob Umweltschutz- oder Energiebeihilfen als nach Artikel 107 Absatz 3 Buchstabe c AEUV mit dem Binnenmarkt vereinbar angesehen werden können, analysiert die Kommission die folgenden Aspekte:a) hinsichtlich der ersten (positiven) Voraussetzung, dass die Beihilfe die Entwicklung eines Wirtschaftszweigs fördert:

i) Ermittlung des Wirtschaftszweigs, der durch die Maßnahme gefördert wird, der positiven Auswirkungen der Maßnahme auf die Gesellschaft allgemein und ggf. ihrer Relevanz für spezifische Politikbereiche der Union (Abschnitt 3.1.1),

ii) Anreizeffekt der Beihilfe (Abschnitt 3.1.2),

iii) kein Verstoß gegen relevante Bestimmungen des Unionsrechts (Abschnitt 3.1.3);

b) hinsichtlich der zweiten (negativen) Voraussetzung, dass die Beihilfe die Handelsbedingungen nicht in einer Weise verändert, die dem gemeinsamen Interesse zuwiderläuft:

i) Erforderlichkeit staatlicher Maßnahmen (Abschnitt 3.2.1.1),

ii) Geeignetheit der Beihilfe (Abschnitt 3.2.1.2),

iii) Angemessenheit der Beihilfe (Beschränkung auf das zur Verwirklichung des Ziels erforderliche Minimum) einschließlich Kumulierung (Abschnitt 3.2.1.3),

iv) Transparenz der Beihilfe (Abschnitt 3.2.1.4),

v) Vermeidung übermäßiger negativer Auswirkungen der Beihilfe auf Wettbewerb und Handel (Abschnitt 3.2.2),

vi) Abwägung der positiven und der negativen Auswirkungen der Beihilfe (Abschnitt 3.3).

3.1 Positive Voraussetzung: Die Beihilfe muss die Entwicklung eines Wirtschaftszweigs fördern

3.1.1 ***Ermittlung des Wirtschaftszweigs, der durch die Maßnahme gefördert wird, der positiven Auswirkungen der Maßnahme auf die Gesellschaft allgemein und ggf. ihrer Relevanz für spezifische Politikbereiche der Union***

23. Bei der Anmeldung einer Beihilfe müssen die Mitgliedstaaten angeben, welche Wirtschaftszweige durch die Beihilfe gefördert werden und wie diese Förderung erfolgen soll.

24. Beihilfen zur Vermeidung oder Verringerung negativer Auswirkungen wirtschaftlicher Tätigkeiten auf das Klima oder die Umwelt können die Entwicklung von Wirtschaftszweigen fördern, indem sie die Nachhaltigkeit des betreffenden Wirtschaftszweigs erhöhen. Ferner können Beihilfen gewährleisten, dass die geförderte Tätigkeit auch in Zukunft fortgesetzt werden kann, ohne unverhältnismäßige Umweltschäden zu verursachen, und sie können die Einführung neuer wirtschaftlicher Tätigkeiten und Dienstleistungen unterstützen (Förderung der Entwicklung der sogenannten „grünen Wirtschaft").

25. Die Mitgliedstaaten müssen zudem darlegen, ob und wie die Beihilfe zu den klima-, umwelt- und energiepolitischen Zielen der Union beitragen wird und insbesondere inwieweit die Beihilfe einen wesentlichen Beitrag zum Umweltschutz einschließlich des Klimaschutzes oder zum reibungslosen Funktionieren des Energiebinnenmarkts leisten wird.

3.1.2 ***Anreizeffekt***

26. Bei Beihilfen kann nur dann davon ausgegangen werden, dass sie einen Wirtschaftszweig fördern, wenn sie einen Anreizeffekt haben. Ein Anreizeffekt ist gegeben, wenn die Beihilfe dazu führt, dass der Beihilfeempfänger sein Verhalten ändert und zusätzliche wirtschaftliche Tätigkeiten oder umweltfreundlichere Tätigkeiten aufnimmt, die er ohne die Beihilfe nicht, nur in geringerem Umfang oder auf andere Weise ausüben würde.

27. Die Beihilfe darf den Empfänger weder von Kosten einer Tätigkeit entlasten, die er ohnehin durchführen würde, noch das übliche Geschäftsrisiko einer Wirtschaftstätigkeit ausgleichen (39).

28. Zum Nachweis eines Anreizeffekts müssen der Sachverhalt und das wahrscheinliche kontrafaktische Szenario ohne die Beihilfe ermittelt werden (40). Die Kommission wird dies anhand der in Abschnitt 3.2.1.3 dargelegten Quantifizierung prüfen.

29. Die Kommission schließt einen Anreizeffekt für den Beihilfeempfänger aus, wenn der Beginn der Arbeiten an dem Vorhaben oder der Tätigkeit erfolgte, bevor der Beihilfeempfänger einen schriftlichen Beihilfeantrag bei den nationalen Behörden stellte. Wenn der potenzielle Beihilfeempfänger vor der Stellung des Beihilfeantrags mit der Durchführung des Vorhabens begonnen hat, werden etwaige für dieses Vorhaben gewährte Beihilfen grundsätzlich nicht als mit dem Binnenmarkt vereinbar angesehen.

30. Der Beihilfeantrag kann in verschiedener Form gestellt werden, auch in Form eines Angebots im Rahmen einer Ausschreibung. Jeder Antrag muss mindestens den Namen des Antragstellers, eine Beschreibung des Vorhabens oder der Tätigkeit einschließlich des Standorts und den für die Durchführung erforderlichen Beihilfebetrag enthalten.

31. In bestimmten Ausnahmefällen können Beihilfen auch dann einen Anreizeffekt haben, wenn mit dem Vorhaben vor der Stellung des Beihilfeantrags begonnen wurde. Von einem Anreizeffekt einer Beihilfe wird insbesondere in folgenden Fällen ausgegangen:a) Die Beihilfe wird automatisch nach objektiven und nichtdiskriminierenden Kriterien und ohne weitere Ermessensausübung durch den Mitgliedstaat gewährt und die Maßnahme wurde vor Beginn der Arbeiten an dem geförderten Vorhaben oder der geförderten Tätigkeit eingeführt und ist vorher in Kraft getreten; dies gilt jedoch nicht für steuerliche Folgeregelungen, wenn die Tätigkeit bereits unter Vorläuferregelungen in Form von Steuervergünstigungen fiel.

b) Die nationalen Behörden haben vor Beginn der Arbeiten öffentlich bekannt gegeben, dass sie beabsichtigen, die geplante Beihilfemaßnahme vorbehaltlich der nach Artikel 108 Absatz 3 erforderlichen Genehmigung durch die Kommission einzuführen. Diese Bekanntmachung muss auf einer öffentlichen Website oder über andere öffentlich zugängliche Medien mit einem vergleichsweise breiten und einfachen Zugang verfügbar sein und klare Angaben zur Art der Vorhaben enthalten, die der Mitgliedstaat als beihilfefähig anzusehen beabsichtigt, sowie zu dem Zeitpunkt, ab dem der Mitgliedstaat solche Vorhaben voraussichtlich als beihilfefähig ansehen wird. Die geplante Beihilfefähigkeit darf nicht übermäßig begrenzt werden. Der Beihilfeempfänger muss die Bewilligungsbehörde vor Beginn der Arbeiten informiert haben, dass die geplante Beihilfe als Voraussetzung für die getroffenen Investitionsentscheidungen erachtet wurde. Wenn sich der

Nachweis des Anreizeffekts auf eine solche Bekanntmachung stützt, muss der Mitgliedstaat im Rahmen der Anmeldung eine Kopie der Bekanntmachung sowie einen Link zu der Website, auf der sie veröffentlicht wurde, oder einen entsprechenden Nachweis dafür, dass sie öffentlich zugänglich war bzw. ist, übermitteln.

c) Für bestehende umweltfreundliche Produktionsanlagen werden Betriebsbeihilfen gewährt, aber es gibt keinen „Beginn der Arbeiten", weil keine signifikante neue Investition getätigt wurde. In diesen Fällen kann der Anreizeffekt dadurch nachgewiesen werden, dass auf ein umweltfreundlicheres Verfahren umgestellt wurde, statt an einer günstigeren, aber weniger umweltfreundlichen Betriebsart festzuhalten.

32. Die Kommission ist der Auffassung, dass Beihilfen, die lediglich gewährt werden, um die Kosten der Anpassung an Unionsnormen zu decken, grundsätzlich keinen Anreizeffekt haben. Generell können nur Beihilfen, die dazu dienen, über Unionsnormen hinauszugehen, einen Anreizeffekt haben. Wenn die betreffende Unionsnorm jedoch bereits erlassen wurde, aber noch nicht in Kraft ist, kann eine Beihilfe — sofern in den Abschnitten 4.1 bis 4.13 nicht anders festgelegt — einen Anreizeffekt haben, wenn sie einen Anreiz dafür schafft, die Investition mindestens 18 Monate vor Inkrafttreten der Norm durchzuführen und abzuschließen. Damit die Mitgliedstaaten nicht davon abgehalten werden, verbindliche nationale Normen festzulegen, die strenger oder ehrgeiziger sind als die entsprechenden Unionsnormen, können Beihilfen unabhängig davon, ob es solche nationalen Normen gibt, einen Anreizeffekt haben. Gleiches gilt, wenn bei Gewährung einer Beihilfe bereits verbindliche nationale Normen, aber keine entsprechenden Unionsnormen vorliegen.

3.1.3 ***Kein Verstoß gegen relevante Bestimmungen des Unionsrechts***

33. Führen die geförderte Tätigkeit, die Beihilfemaßnahme oder die mit ihr verbundenen Bedingungen (einschließlich der Finanzierungsmethode, wenn diese Bestandteil der Maßnahme ist) zu einem Verstoß gegen Unionsrecht, so kann die Beihilfe nicht für mit dem Binnenmarkt vereinbar erklärt werden. Dies kann beispielsweise dann der Fall sein, wenn die Beihilfe durch entsprechende Klauseln direkt oder indirekt vom Ursprung der Produkte oder Ausrüstungen abhängig gemacht wird, indem z. B. vom Beihilfeempfänger verlangt wird, dass er inländische Produkte erwirbt.

3.2 Negative Voraussetzung: Die Beihilfemaßnahme darf die Handelsbeziehungen nicht in einer Weise verändern, die dem gemeinsamen Interesse zuwiderläuft

3.2.1 ***Minimierung der Verzerrungen von Wettbewerb und Handel***

3.2.1.1 Erforderlichkeit der Beihilfe

34. Die geplante staatliche Beihilfe muss auf eine Situation ausgerichtet sein, in der sie eine wesentliche Verbesserung bewirken kann, die der Markt allein nicht herbeiführen kann. Dies könnte z. B. erfolgen, indem die Beihilfe ein hinsichtlich der geförderten Vorhaben oder Tätigkeiten bestehendes Marktversagen behebt. Wenngleich allgemein anerkannt ist, dass wettbewerblich organisierte Märkte in der Regel effiziente Ergebnisse in Bezug auf die Entwicklung von Wirtschaftszweigen, Preise, Produktion und Ressourcennutzung hervorbringen, kann im Fall von Marktversagen staatliches Eingreifen durch Beihilfen die Effizienz von Märkten steigern und so zur Entwicklung eines Wirtschaftszweigs beitragen, sofern der Markt allein kein effizientes Ergebnis liefert. Der Mitgliedstaat sollte darlegen, welche Arten von Marktversagen hinreichenden Umweltschutz oder einen effizienten Energiebinnenmarkt verhindern. Bei den wichtigsten Arten von Marktversagen, die im Hinblick auf Umwelt- und Energieziele ein optimales Ergebnis verhindern und zu ineffizienten Ergebnissen führen, handelt es sich um:a) Negative externe Effekte: Sie treten im Zusammenhang mit Umweltbeihilfemaßnahmen am häufigsten auf und entstehen dann, wenn Umweltverschmutzung nicht angemessen bepreist wird, weil das betreffende Unternehmen nicht die Gesamtkosten der Umweltverschmutzung trägt. In diesem Fall besteht für Unternehmen, die in ihrem eigenen Interesse handeln, möglicherweise kein hinreichender Anreiz, bei der Wahl einer bestimmten Technologie oder der Entscheidung über Produktionsmengen die negativen externen Effekte ihrer wirtschaftlichen Tätigkeit zu berücksichtigen. Dann sind die von den Unternehmen getragenen Kosten geringer als die Kosten, die den Verbrauchern und der Gesellschaft insgesamt entstehen. Daher besteht für die Unternehmen in der Regel kein ausreichender Anreiz, die von ihnen verursachte Umweltverschmutzung zu reduzieren oder gezielte Umweltschutzmaßnahmen zu ergreifen.

b) Positive externe Effekte: Die Tatsache, dass ein Teil der mit einer Investition erzielten Gewinne nicht nur dem Investor, sondern auch anderen Marktteilnehmern zugutekommt, kann dazu führen, dass Unternehmen nicht genügend investieren. Positive externe Effekte können z. B. bei Investitionen in Öko-Innovationen, Systemstabilität, neue und innovative Technologien zur Nutzung erneuerbarer Energiequellen, innovative Laststeuerungsmaßnahmen oder bei Maßnahmen zugunsten von Energieinfrastruktur oder der Stromversorgungssicherheit auftreten, die für viele Mitgliedstaaten oder eine größere Zahl von Verbrauchern von Nutzen sein können.

c) Informationsasymmetrie: Sie ist in der Regel auf Märkten festzustellen, auf denen eine Diskrepanz zwischen den für die eine und den für die andere Seite des Marktes verfügbaren Informationen besteht. Dazu kann es beispielsweise kommen, wenn externen Finanzinvestoren keine ausreichenden Informationen über die voraussichtliche Rendite und die Risiken eines Vorhabens vorliegen. Auch bei einer grenzübergreifenden Zusammenarbeit im Infrastrukturbereich kann eine solche Asymmetrie auftreten, wenn ein Kooperationspartner schlechter informiert ist als der andere. Wenngleich Risiken oder Ungewissheit an sich kein Marktversagen bewirken, so besteht doch ein Zusammenhang zwischen dem Problem der Informationsasymmetrie und dem Umfang solcher Risiken sowie dem Grad der Ungewissheit. Sowohl das Risiko als auch die Ungewissheit sind bei Umweltinvestitionen, die in der Regel längere Amortisierungszeiträume aufweisen, häufig höher. Dadurch könnte sich der Fokus auf kurzfristige Investitionen verschieben, und dieser Effekt könnte sich durch die Finanzierungsbedingungen für solche Investitionen insbesondere bei KMU noch verstärken.

d) Koordinierungsdefizite: Solche Defizite können die konzeptionelle Entwicklung eines Vorhabens oder seine effiziente Ausgestaltung aufgrund unterschiedlicher Interessenlagen und Anreize für die Investoren (sogenannte divergierende Anreize), der Kontrahierungskosten oder der Haftpflichtversicherungsregelungen sowie der Ungewissheit hinsichtlich des gemeinsamen Ergebnisses und der Netzeffekte (z. B. Kontinuität der Stromversorgung) verhindern. Koordinierungsdefizite können beispielsweise in der Beziehung zwischen Wohnungsvermietern und Mietern in Bezug auf energieeffiziente Lösungen auftreten. Koordinierungsdefizite können durch Informationsmängel, insbesondere im Falle von Informationsasymmetrie, verschärft werden. Sie können auch darauf zurückzuführen sein, dass erst eine bestimmte kritische Masse erreicht sein muss, bis der Beginn eines Vorhabens geschäftlich interessant ist; dies kann bei (grenzübergreifenden) Infrastrukturvorhaben besonders relevant sein.

35. Das Vorliegen eines bestimmten Marktversagens allein reicht jedoch nicht, um die Erforderlichkeit staatlicher Beihilfen nachzuweisen. Denn es könnte zur Behebung einiger Fälle von Marktversagen schon andere Strategien oder Maßnahmen geben, beispielsweise Vorschriften für bestimmte Branchen, verbindliche Unionsnormen in Bezug auf Umweltverschmutzung, Lieferverpflichtungen, Preismechanismen wie das Emissionshandelssystem („EHS") der Union oder CO_2-Abgaben. Zusätzliche Maßnahmen einschließlich staatlicher Beihilfen dürfen deshalb nur auf die Behebung des verbleibenden Marktversagens ausgerichtet sein, d. h. auf die Fälle, die durch die anderen Strategien und Maßnahmen nicht behoben wurden. Ferner muss dargelegt werden, wie die staatlichen Beihilfen andere Strategien und Maßnahmen verstärken, die bereits auf die Behebung desselben Marktversagens ausgerichtet sind. Die Erforderlichkeit einer Beihilfe ist schwerer aufzuzeigen, wenn sie die Wirksamkeit anderer Strategien mindert, die auf dasselbe Marktversagen ausgerichtet sind. Der Mitgliedstaat sollte deshalb zunächst ermitteln, durch welche Strategien und Maßnahmen den festgestellten regulatorischen Mängeln bzw. dem Marktversagen möglicherweise bereits begegnet wird.

36. Die Kommission wird eine Beihilfe als erforderlich ansehen, wenn der Mitgliedstaat nachweist, dass diese tatsächlich auf ein verbleibendes Marktversagen ausgerichtet ist, und dabei auch etwaige andere Strategien und Maßnahmen berücksichtigt, mit denen bestimmten Fällen von Marktversagen bereits begegnet wird.

37. Wird eine staatliche Beihilfe für Vorhaben oder Tätigkeiten gewährt, die in Bezug auf technologischen Gehalt, Risiko und Umfang mit den in der Union bereits zu Marktbedingungen durchgeführten Vorhaben oder Tätigkeiten vergleichbar sind, so wird die Kommission grundsätzlich davon ausgehen, dass kein Marktversagen vorliegt, und weitere Nachweise für die Erforderlichkeit einer staatlichen Beihilfe verlangen.

38. Mit Blick auf die Erforderlichkeit der Beihilfe muss der Mitgliedstaat nachweisen, dass das Vorhaben — bei Beihilferegelungen das Referenzvorhaben — ohne die Beihilfe nicht durchgeführt würde. Die Kommission wird dies anhand einer Quantifizierung (siehe Abschnitt 3.2.1.3) oder einer vom Mitgliedstaat vorgelegten, auf Nachweise gestützten Analyse prüfen.

3.2.1.2 Geeignetheit

39. Die geplante Beihilfemaßnahme muss ein geeignetes Instrument für die Verwirklichung des mit der Beihilfe angestrebten Ziels sein, d. h., es darf kein Politik- und Beihilfeinstrument geben, mit dem dieselben Ergebnisse erzielt werden könnten, aber geringere Verzerrungen bewirkt würden.

3.2.1.2.1 Geeignetheit im Vergleich zu alternativen Instrumenten

40. Staatliche Beihilfen sind nicht das einzige Instrument, mit dem die Mitgliedstaaten den Umweltschutz verbessern oder einen effizienten Energiebinnenmarkt gewährleisten können. Die Mitgliedstaaten verfügen möglicherweise über weitere, besser geeignete Instrumente, z. B. marktbasierte Instrumente oder nachfrageseitige Maßnahmen, bei denen Regulierung, die Einhaltung des Grundsatzes „Energieeffizienz an erster Stelle" (41), öffentliche Auftragsvergabe oder Normung zum Tragen kommen; sie können mehr Mittel für öffentliche Infrastruktur bereitstellen und allgemeine steuerliche Maßnahmen durchführen.

Auch sogenannte „weiche Instrumente“ wie freiwillige Umweltzeichen und die Verbreitung umweltfreundlicher Technologien können eine wichtige Rolle für die Verbesserung des Umweltschutzes spielen (42).

41. Unterschiedliche Maßnahmen zur Behebung ein und desselben Marktversagens können einander entgegenwirken. Dies tritt ein, wenn ein wirksamer marktbasierter Mechanismus geschaffen wurde, der — wie z. B. das EHS der Union — auf die Behebung des Problems der externen Effekte ausgerichtet ist. In solch einem Fall kann eine zusätzliche Fördermaßnahme zur Behebung desselben Marktversagens die Wirksamkeit eines derartigen marktbasierten Mechanismus untergraben. Daher muss eine auf die Behebung eines verbleibenden Marktversagens ausgerichtete Beihilferegelung so konzipiert sein, dass sie die Wirksamkeit des marktbasierten Mechanismus nicht untergräbt.

42. Das im Umweltrecht verankerte Verursacherprinzip soll sicherstellen, dass ein mit negativen externen Effekten zusammenhängendes Marktversagen korrigiert wird. Staatliche Beihilfen sind deshalb kein geeignetes Instrument und dürfen nicht gewährt werden, wenn der Beihilfeempfänger nach geltendem Unionsrecht oder nationalem Recht für die Umweltverschmutzung haftbar gemacht werden könnte.

3.2.1.2.2 Geeignetheit im Vergleich zu anderen Beihilfeinstrumenten

43. Umweltschutz- und Energiebeihilfen können in verschiedenen Formen gewährt werden. Die Mitgliedstaaten sollten jedoch dafür Sorge tragen, dass Beihilfen in der Form gewährt werden, die den Wettbewerb und den Handel am wenigsten beeinträchtigt.

44. Daher muss der Mitgliedstaat darlegen, warum andere, möglicherweise geringere Verzerrungen verursachende Beihilfeformen — z. B. rückzahlbare Vorschüsse statt direkter Zuschüsse, Steuergutschriften statt Steuervergünstigungen oder auf Finanzinstrumenten basierende Beihilfeformen, etwa Fremdkapitalinstrumente statt Eigenkapitalinstrumenten (z. B. zinsgünstige Darlehen oder Zinszuschüsse, staatliche Garantien oder andere Formen der Bereitstellung finanzieller Mittel zu günstigen Bedingungen) — in dem jeweiligen Fall weniger gut geeignet sind.

45. Er sollte das Beihilfeinstrument wählen, das geeignet ist, um das Marktversagen, auf das die Beihilfe ausgerichtet ist, zu beheben. Wenn die tatsächlichen Einnahmen wie etwa im Falle von Energieeinsparungen ungewiss sind, könnte ein rückzahlbarer Vorschuss das am besten geeignete Instrument sein.

46. Der Mitgliedstaat muss nachweisen, dass die Beihilfe und ihre Ausgestaltung geeignet sind, um das Ziel der Maßnahme zu erreichen.

3.2.1.3 Angemessenheit

47. Beihilfen werden als angemessen erachtet, wenn der Beihilfebetrag pro Beihilfeempfänger auf das Minimum beschränkt ist, das für die Durchführung des geförderten Vorhabens bzw. der geförderten Tätigkeit erforderlich ist.

48. In der Regel wird eine Beihilfe als auf das für die Durchführung des geförderten Vorhabens bzw. der geförderten Tätigkeit erforderliche Minimum beschränkt angesehen, wenn sie den zur Verwirklichung des Ziels der Beihilfemaßnahme erforderlichen zusätzlichen Nettokosten (Finanzierungslücke) entspricht, die im Vergleich zum kontrafaktischen Szenario, bei dem keine Beihilfe gewährt wird, anfallen. Diese Nettomehrkosten bestimmen sich anhand eines Vergleichs der Differenz zwischen den erwirtschafteten Einnahmen und den Kosten (einschließlich Investitionen und Betrieb) des unterstützten Vorhabens und der entsprechenden Differenz bei dem Vorhaben, das der Beihilfeempfänger aller Wahrscheinlichkeit nach ohne Beihilfe durchführen würde.

49. Eine detaillierte Prüfung dieser Nettomehrkosten ist nicht erforderlich, wenn die Beihilfebeträge durch eine Ausschreibung bestimmt werden, weil diese zuverlässig darüber Aufschluss gibt, wie hoch die Beihilfe für die potenziellen Empfänger mindestens sein muss (43). Daher ist die Angemessenheit der Beihilfe nach Auffassung der Kommission gewährleistet, wenn folgende Voraussetzungen erfüllt sind:a) Die Ausschreibung ist ein wettbewerbliches Verfahren, d. h., sie ist offen, klar, transparent und diskriminierungsfrei und beruht auf objektiven Kriterien, die vorab im Einklang mit dem Ziel der Maßnahme und unter Minimierung des Risikos strategischer Angebote festgelegt wurden.

b) Diese Kriterien werden lange genug vor Ablauf der Antragsfrist veröffentlicht, sodass ein wirksamer Wettbewerb möglich ist (44).

c) Die Mittelausstattung oder das Volumen der Ausschreibung ist eine wirksame Beschränkung, sodass voraussichtlich nicht allen Bietern eine Beihilfe gewährt werden kann; die erwartete Zahl der Bieter ist groß genug, um wirksamen Wettbewerb sicherzustellen, und die Ausgestaltung von Ausschreibungen, bei denen das Ausschreibungsvolumen während der Durchführung einer Beihilferegelung nicht erreicht wurde, wird korrigiert, um bei den folgenden Ausschreibungen oder, falls dies nicht gelingt, so bald wie möglich einen wirksamen Wettbewerb wiederherzustellen.

d) Nachträgliche Anpassungen der Ausschreibungsergebnisse (anschließende Verhandlungen über die Ergebnisse oder Rationierung) werden vermieden, da sie effizienten Ergebnissen im Wege stehen könnten.

50. Die für die Erstellung der Rangfolge der Gebote und letztlich die Gewährung der Beihilfen zugrunde gelegten Auswahlkriterien der Ausschreibung sollten in der Regel den Beitrag zu

den Hauptzielen der Maßnahme in eine direkte oder indirekte Relation zur Höhe der beantragten Beihilfe setzen. Dies kann z. B. durch die Angabe der Höhe der Beihilfe pro Umweltschutz- oder Energieeinheit erfolgen (45). Es kann auch sinnvoll sein, andere Auswahlkriterien aufzunehmen, die keinen direkten oder indirekten Bezug zu den Hauptzielen der Maßnahme haben. Dann dürfen diese anderen Kriterien mit höchstens 30 % der Gesamtbewertung aller Auswahlkriterien gewichtet werden. Der Mitgliedstaat muss den gewählten Ansatz begründen und sicherstellen, dass er im Hinblick auf die verfolgten Ziele geeignet ist.

51. Wenn die Beihilfe nicht im Rahmen einer Ausschreibung gewährt wird, müssen die Nettomehrkosten anhand eines Vergleichs zwischen der Rentabilität des tatsächlichen und des kontrafaktischen Szenarios ermittelt werden. In solchen Fällen muss der Mitgliedstaat zur Ermittlung der Finanzierungslücke für das tatsächliche Szenario und für ein plausibles kontrafaktisches Szenario eine Quantifizierung vorlegen, in der alle wesentlichen Kosten und Einnahmen, die geschätzten gewichteten durchschnittlichen Kapitalkosten (weighted average cost of capital — „WACC") der Beihilfeempfänger zur Abzinsung künftiger Zahlungsströme sowie der Kapitalwert (net present value — „NPV") während der Lebensdauer des Vorhabens erfasst werden. Die Kommission prüft dann, ob dieses kontrafaktische Szenario realistisch ist (46). Der Mitgliedstaat muss die jedem Aspekt der Quantifizierung zugrunde liegenden Annahmen begründen und die angewandten Methoden erläutern und rechtfertigen. Die typischen Nettomehrkosten können als Differenz zwischen dem NPV beim tatsächlichen Szenario und dem NPV bei dem kontrafaktischen Szenario während der Lebensdauer des Referenzvorhabens geschätzt werden.

52. Ein kontrafaktisches Szenario kann darin bestehen, dass der Beihilfeempfänger eine Tätigkeit oder Investition nicht durchführt oder seine Geschäftstätigkeit unverändert fortsetzt. Wenn dies nachweislich das wahrscheinlichste kontrafaktische Szenario ist, kann für die Nettomehrkosten ein Näherungswert ermittelt werden, der dem negativen NPV des Vorhabens beim tatsächlichen Szenario ohne die Beihilfe während der Lebensdauer des Vorhabens entspricht (wobei implizit angenommen wird, dass der NPV beim kontrafaktischen Szenario null ist) (47). Dies kann insbesondere bei Infrastrukturvorhaben der Fall sein.

53. Bei Einzelbeihilfen und Beihilferegelungen mit einer sehr begrenzten Zahl von Empfängern müssen die unter Randnummer 51 genannten Berechnungen und Projektionen anhand des detaillierten Geschäftsplans für das Vorhaben bzw. bei Beihilferegelungen anhand eines oder mehrerer Referenzvorhaben dargelegt werden. Wenn Randnummer 52 Anwendung findet, muss dies bei Einzelbeihilfen anhand des detaillierten Geschäftsplans für das Vorhaben, bei Beihilferegelungen anhand eines oder mehrerer Referenzvorhaben nachgewiesen werden.

54. Unter bestimmten Umständen kann es schwierig sein, Nutzen und Kosten des Beihilfeempfängers vollständig zu ermitteln und den NPV beim tatsächlichen und beim kontrafaktischen Szenario zu bestimmen. In solchen Fällen können, wie in Kapitel 4 für bestimmte Beihilfearten ausgeführt, andere Ansätze gewählt werden. So können Beihilfen als angemessen erachtet werden, deren Höhe nicht über die Beihilfehöchstintensität hinausgeht.

55. Wenn keine Ausschreibung erfolgt, die Entwicklung der Kosten und Einnahmen sehr ungewiss ist und eine starke Informationsasymmetrie besteht, muss der Mitgliedstaat möglicherweise einen Mechanismus zur Festlegung der Höhe des Ausgleichs vorsehen, der nicht auf einem reinen Ex-ante-Ansatz beruht. Stattdessen muss er möglicherweise eine Mischung aus einem Ex-ante- und einem Ex-post-Ansatz zugrunde legen oder Mechanismen für eine nachträgliche Rückforderung oder die Überwachung der Kosten einführen. Zudem müssen für die Empfänger weiterhin Anreize bestehen, ihre Kosten möglichst niedrig zu halten und ihre Geschäftstätigkeit im Laufe der Zeit effizienter zu gestalten.

3.2.1.3.1 Kumulierung

56. Beihilfen können auf der Grundlage mehrerer Beihilferegelungen gleichzeitig gewährt oder mit Ad-hoc- oder De-minimis-Beihilfen für dieselben beihilfefähigen Kosten kumuliert werden, sofern der Gesamtbetrag der staatlichen Beihilfen für ein Vorhaben oder eine Tätigkeit weder zu einer Überkompensation führt noch die nach diesen Leitlinien zulässigen Höchstbeträge übersteigt. Wenn der Mitgliedstaat die Kumulierung von Beihilfen erlaubt, die auf der Grundlage verschiedener Maßnahmen gewährt werden, muss er bei jeder Maßnahme angeben, nach welcher Methode die Einhaltung der unter dieser Randnummer dargelegten Voraussetzungen sichergestellt wird.

57. Zentral verwaltete Unionsmittel, die nicht direkt oder indirekt der Kontrolle des Mitgliedstaats unterliegen, stellen keine staatliche Beihilfe dar. Werden solche Unionsmittel mit staatlichen Beihilfen kombiniert, so muss dafür Sorge getragen werden, dass der Gesamtbetrag der für dieselben beihilfefähigen Kosten gewährten öffentlichen Mittel nicht zu einer Überkompensation führt.

3.2.1.4 Transparenz

58. Um negative Auswirkungen der Beihilfen dadurch zu verringern, dass Wettbewerber Zugang zu relevanten Informationen über geförderte

Tätigkeiten erhalten, muss der betreffende Mitgliedstaat sicherstellen, dass Folgendes in der Beihilfentransparenzdatenbank (48) der Kommission oder auf einer umfassenden nationalen oder regionalen Beihilfewebsite veröffentlicht wird:(a) der volle Wortlaut der genehmigten Beihilferegelung oder des Beschlusses zur Gewährung der Einzelbeihilfe und seiner Durchführungsbestimmungen oder ein Link dazu,

(b) Informationen über jede auf der Grundlage dieser Leitlinien gewährte Einzelbeihilfe von mehr als 100 000 EUR (49).

59. Die Mitgliedstaaten müssen ihre umfassenden Beihilfewebsites, auf denen die in diesem Abschnitt festgelegten Informationen veröffentlicht werden, so gestalten, dass die Informationen leicht zugänglich sind. Die Informationen müssen in einem nicht-proprietären Tabellenkalkulationsformat (z. B. CSV oder XML) veröffentlicht werden, das es ermöglicht, auf einfache Weise Daten zu suchen, zu extrahieren, herunterzuladen und problemlos über das Internet bereitzustellen. Die Öffentlichkeit muss uneingeschränkten Zugang zu der Website haben. Der Zugang zu der Website darf nicht von einer vorherigen Anmeldung als Nutzer abhängig gemacht werden.

60. Bei Beihilferegelungen in Form von Vergünstigungen bei Steuern oder steuerähnlichen Abgaben gelten die unter Randnummer 58 Buchstabe b dargelegten Voraussetzungen als erfüllt, wenn der Mitgliedstaat die erforderlichen Informationen über die Höhe der Einzelbeihilfen in den folgenden Spannen (in Mio. EUR) veröffentlicht: 0,1-0,5

0,5-1

1-2

2-5

5-10

10-30

30-60

60-100

100-250

250 und mehr.

61. Die unter Randnummer 58 Buchstabe b genannten Informationen müssen innerhalb von sechs Monaten nach dem Tag der Gewährung der Beihilfe beziehungsweise bei Beihilfen in Form von Steuervergünstigungen innerhalb eines Jahres nach Ablauf der Frist für die Einreichung der Steuererklärung (50) veröffentlicht werden. Im Falle rechtswidriger Beihilfen, die jedoch mit dem Binnenmarkt vereinbar sind, müssen die Mitgliedstaaten die Informationen innerhalb von sechs Monaten ab dem Tag des Genehmigungsbeschlusses der Kommission nachträglich veröffentlichen. Mit Blick auf die Durchsetzung der Beihilfevorschriften auf der Grundlage des AEUV müssen die Informationen ab dem Tag der Gewährung der Beihilfe für eine Dauer von mindestens 10 Jahren zur Verfügung stehen.

62. Die Kommission veröffentlicht auf ihrer Website die Links zu den unter Randnummer 59 genannten Beihilfewebsites.

3.2.2 *Vermeidung übermäßiger negativer Auswirkungen auf Wettbewerb und Handel*

63. Nach Artikel 107 Absatz 3 Buchstabe c AEUV kann die Kommission Beihilfen zur Förderung der Entwicklung bestimmter Wirtschaftszweige oder Wirtschaftsgebiete als mit dem Binnenmarkt vereinbar ansehen, allerdings nur „soweit sie die Handelsbedingungen nicht in einer Weise verändern, die dem gemeinsamen Interesse zuwiderläuft".

64. Zur Anwendung dieser negativen Voraussetzung muss zunächst geprüft werden, inwiefern die in Rede stehende Beihilfe die Handelsbedingungen verzerrt. Da Beihilfemaßnahmen die Wettbewerbsposition der Beihilfeempfänger stärken, verfälschen sie naturgemäß den Wettbewerb oder drohen ihn zu verfälschen und wirken sich auf den Handel zwischen Mitgliedstaaten aus — selbst wenn sie erforderlich, geeignet, angemessen und transparent sind.

65. Umweltbeihilfen werden naturgemäß häufig umweltfreundliche Produkte und Technologien gegenüber Alternativen, die die Umwelt stärker belasten, begünstigen; diese Auswirkung der Beihilfen wird jedoch in der Regel nicht als unangemessene Verfälschung des Wettbewerbs betrachtet, da damit ja ein Marktversagen behoben wird, das die Beihilfe erforderlich machte. Außerdem trägt die Förderung klimafreundlicher Produkte und Technologien zur Verwirklichung der Zielvorgaben des europäischen Klimagesetzes für 2030 und 2050 bei. Bei Umweltschutzmaßnahmen wird die Kommission deshalb insbesondere berücksichtigen, inwiefern Wettbewerber, die ebenfalls umweltfreundlich arbeiten, aber nicht durch Beihilfen unterstützt werden, von Wettbewerbsverfälschungen betroffen sind.

66. Nach Auffassung der Kommission verfälschen Beihilferegelungen, bei denen der Kreis der potenziellen Beihilfeempfänger weiter gefasst ist, den Wettbewerb wahrscheinlich weniger stark als eine auf eine begrenzte Zahl bestimmter Empfänger ausgerichtete Förderung. Dies gilt insbesondere, wenn die Maßnahme allen Wettbewerbern offensteht, die dieselbe Dienstleistung, dasselbe Produkt oder denselben Nutzen bereitstellen wollen.

67. Staatliche Beihilfen zur Förderung von Umwelt- und Energiezielen können unbeabsichtigt einer Belohnung der effizientesten, innovativsten Hersteller/Erzeuger durch den Markt entgegenwirken oder bei jenen mit der geringsten Effizienz Anreize für Verbesserungen, Umstrukturierungen oder den Marktaustritt mindern. Ferner können sie ineffiziente Markteintrittsschranken

für effiziente oder innovative potenzielle Wettbewerber bewirken. Langfristig können solche Verzerrungen Innovation, Effizienz und die Einführung sauberer Technologien hemmen. Die Verzerrungen können besonders stark sein, wenn die Beihilfen für Vorhaben gewährt werden, die vorübergehend einen begrenzten Nutzen bringen, aber längerfristig sauberere Technologien wie jene, die zur Verwirklichung der mittel- und langfristigen Ziele des europäischen Klimagesetzes erforderlich sind, ausschließen. Dies kann z. B. bei der Förderung bestimmter Tätigkeiten, für die fossile Brennstoffe genutzt werden, der Fall sein, die zwar eine unmittelbare Verringerung der Treibhausgasemissionen bewirken, aber langfristig zu einer langsameren Emissionssenkung führen. Je geringer der zeitliche Abstand zwischen der geförderten Investition und dem relevanten Zieldatum ist, desto wahrscheinlicher ist es bei sonst gleichen Bedingungen, dass ihr vorübergehender Nutzen durch mögliche negative Anreize für sauberere Technologien aufgewogen wird. Die Kommission wird deshalb diese möglichen kurz- und langfristigen negativen Auswirkungen auf Wettbewerb und Handel bei ihrer Prüfung berücksichtigen.

68. Beihilfen können auch durch Stärkung bzw. Wahrung erheblicher Marktmacht des Beihilfeempfängers den Wettbewerb verfälschen. Selbst wenn Beihilfen eine erhebliche Marktmacht nicht direkt stärken, kann dies indirekt geschehen, indem die Expansion eines Wettbewerbers erschwert, ein Wettbewerber vom Markt verdrängt oder der Markteintritt eines potenziellen neuen Wettbewerbers blockiert wird. Dieser Aspekt ist insbesondere zu berücksichtigen, wenn die Fördermaßnahme auf eine begrenzte Zahl bestimmter Empfänger ausgerichtet ist oder etablierte Unternehmen vor der Liberalisierung des Marktes Marktmacht erlangt haben, was z. B. auf Energiemärkten manchmal der Fall ist. Er ist auch bei Ausschreibungen auf entstehenden Märkten zu berücksichtigen, wenn das Risiko besteht, dass ein Teilnehmer mit einer starken Marktposition den Zuschlag bei den meisten Geboten erhält und verhindert, dass in erheblichem Maße neue Teilnehmer in den Markt eintreten.

69. Neben Verzerrungen auf den Produktmärkten können Beihilfen auch negative Auswirkungen auf den Handel und die Standortwahl haben. Diese Verzerrungen können über die Grenzen von Mitgliedstaaten hinausgehen, wenn Unternehmen entweder grenzübergreifend miteinander im Wettbewerb stehen oder mehrere Standorte für Investitionen in Betracht ziehen. Beihilfen, die darauf abzielen, eine wirtschaftliche Tätigkeit in einer Region zu halten oder eine wirtschaftliche Tätigkeit aus einer Region innerhalb des Binnenmarkts für eine andere zu gewinnen, können eine Verlagerung von Tätigkeiten oder Investitionen aus einer Region in eine andere bewirken, ohne dass damit ein konkreter ökologischer Nutzen verbunden wäre. Die Kommission wird deshalb prüfen, ob die Beihilfe eindeutig negative Auswirkungen auf Wettbewerb und Handel hat. So wird sie z. B. Umwelt- und Energiebeihilfen, die lediglich zu einer Verlagerung des Standorts der wirtschaftlichen Tätigkeit führen, ohne dass sich dadurch der Umweltschutz in den Mitgliedstaaten verbessert, nicht als mit dem Binnenmarkt vereinbar ansehen.

70. Die Kommission genehmigt auf der Grundlage dieser Leitlinien Maßnahmen für eine Dauer von höchstens 10 Jahren. In einigen Fällen (siehe Randnummer 76) kann die Genehmigung auf eine kürzere Dauer begrenzt sein. Wenn ein Mitgliedstaat eine Maßnahme über diese Höchstdauer hinaus verlängern möchte, kann er sie erneut anmelden. Somit könnten Beihilfen auf der Grundlage genehmigter Maßnahmen für eine Dauer von 10 Jahren ab dem Tag der Bekanntgabe des Beschlusses gewährt werden, mit dem die Kommission die Beihilfe für mit dem Binnenmarkt vereinbar erklärt.

3.3 Abwägung der positiven Auswirkungen der Beihilfe gegen die negativen Auswirkungen auf Wettbewerb und Handel

71. Als letzten Schritt wird die Kommission die ermittelten negativen Auswirkungen der geplanten Beihilfemaßnahme auf die Wettbewerbs- und Handelsbedingungen gegen ihre positiven Auswirkungen auf den geförderten Wirtschaftszweig abwägen. Dabei wird sie den Beitrag der Maßnahme zu den Umwelt- und Energiezielen und insbesondere ihren Beitrag zum Übergang zu ökologisch nachhaltigen Tätigkeiten und zur Erreichung der rechtsverbindlichen Zielvorgaben des europäischen Klimagesetzes und der Energie- und Klimaziele der Union für 2030 berücksichtigen.

72. Besonderes Augenmerk wird die Kommission bei dieser Abwägung auf Artikel 3 der Verordnung (EU) 2020/852 einschließlich des Grundsatzes der Vermeidung erheblicher Beeinträchtigungen (51) oder andere vergleichbare Methoden legen. Zudem wird die Kommission im Rahmen der Prüfung der negativen Auswirkungen auf Wettbewerb und Handel etwaige negative externe Effekte der geförderten Tätigkeit — insbesondere solche, die die Verwirklichung der im Unionsrecht verankerten Klimaziele behindern können — berücksichtigen, wenn Marktineffizienzen hervorgerufen oder verstärkt werden und diese externen Effekte den Wettbewerb und den Handel zwischen Mitgliedstaaten in einem Maße beeinträchtigen, das dem gemeinsamen Interesse zuwiderläuft (52).

73. Die Kommission wird eine solche Beihilfemaßnahme nur dann als mit dem Binnenmarkt vereinbar betrachten, wenn die positiven Auswirkungen die negativen überwiegen. Wenn die geplante Beihilfemaßnahme nicht in geeigneter und angemessener Weise einem genau ermittelten Marktversagen begegnet (z. B. weil der Nutzen lediglich

vorübergehend ist, die Beihilfe aber langfristig den Wettbewerb verfälscht — siehe Randnummer 67), werden die negativen Auswirkungen auf den Wettbewerb in der Regel die positiven Auswirkungen der Maßnahme überwiegen. In solchen Fällen wird die Kommission wahrscheinlich zu dem Schluss kommen, dass die geplante Beihilfe mit dem Binnenmarkt unvereinbar ist.

74. Maßnahmen, mit denen auch fossile Brennstoffe und insbesondere die umweltschädlichsten fossilen Brennstoffe direkt oder indirekt gefördert werden, dürften in der Regel keine positiven Auswirkungen auf die Umwelt haben, sondern gehen oft mit starken negativen Auswirkungen einher, da sie die negativen externen Umwelteffekte auf dem Markt verstärken können. Dasselbe gilt für Maßnahmen, in deren Rahmen neue Investitionen in Erdgas erfolgen, außer wenn nachgewiesen wird, dass keine Festlegung (Lock-in) eintritt (53). Daher wird die Abwägung bei solchen Maßnahmen in der Regel nicht zu einem positiven Ergebnis führen (siehe Kapitel 4).

75. Die Kommission wird die Merkmale von Maßnahmen, die von den Mitgliedstaaten zur Erleichterung der Teilnahme von KMU und ggf. von Erneuerbare-Energie-Gemeinschaften an Ausschreibungen vorgeschlagen werden, im Allgemeinen positiv bewerten, sofern die positiven Auswirkungen in Form der Sicherstellung von Teilnahme und Akzeptanz die möglichen negativen Auswirkungen in Form von Wettbewerbsverfälschungen überwiegen.

76. Das Ergebnis der Gesamtabwägung kann bei bestimmten Gruppen von Beihilfen auch von folgenden Faktoren abhängen:a) der Vorgabe, dass eine Ex-post-Evaluierung durchgeführt wird (siehe Kapitel 5); in solchen Fällen kann die Kommission die Laufzeit der betreffenden Beihilferegelungen (in der Regel auf höchstens vier Jahre) begrenzen und vorsehen, dass Verlängerungen der Beihilferegelungen neu angemeldet werden können;

b) der Vorgabe, dass Unterstützungsvorhaben, die eine bestimmte Größe oder bestimmte Merkmale aufweisen, einzeln angemeldet werden müssen, falls keine Ausschreibung erfolgt;

c) der Vorgabe, dass die Beihilfemaßnahmen befristet werden.

4. GRUPPEN VON BEIHILFEN

4.1 Beihilfen zur Verringerung und zum Abbau von Treibhausgasemissionen, u. a. durch die Förderung von erneuerbaren Energien und von Energieeffizienz

4.1.1 *Begründung*

77. Im Europäischen Klimagesetz hat die Union rechtsverbindliche und ehrgeizige Ziele für die Verringerung der Treibhausgasemissionen bis 2030 bzw. 2050 festgelegt. In der Verordnung (EU) 2018/1999 hat sie die energie- und klimapolitischen Ziele der Union für 2030 festgelegt. In der Energieeffizienzrichtlinie folgten verbindliche Energieeffizienz-Ziele für 2030. Zur Verwirklichung dieser Unionsziele und der damit verbundenen nationalen Beiträge können staatliche Beihilfen erforderlich sein.

4.1.2 *Anwendungsbereich und geförderte Tätigkeiten*

78. Abschnitt 4.1 enthält die Vorschriften für die Vereinbarkeit von Maßnahmen zur Förderung von Energie aus erneuerbaren Quellen, einschließlich Beihilfen für die Erzeugung erneuerbarer Energie oder synthetischer Kraftstoffe, die unter Einsatz erneuerbarer Energie erzeugt werden. Ferner beinhaltet der Abschnitt die Vereinbarkeitsvorschriften für Beihilfemaßnahmen zur Förderung eines breiten Spektrums an weiteren Technologien, die in erster Linie auf die Verringerung der Treibhausgasemissionen abzielen (54).

4.1.2.1 Beihilfen für erneuerbare Energien

79. In diesem Abschnitt werden die Vorschriften für die Vereinbarkeit von Maßnahmen zur Förderung aller Arten von erneuerbaren Energien festgelegt.

80. Die Förderung von Biokraftstoffen, flüssigen Biobrennstoffen, Biogas (einschließlich Biomethan) und Biomasse-Brennstoffen kann nur insoweit genehmigt werden, als die geförderten Brennstoffe den Nachhaltigkeitskriterien und den Kriterien für Treibhausgaseinsparungen entsprechen, die in der Richtlinie (EU) 2018/2001 und den zugehörigen Durchführungsrechtsakten bzw. delegierten Rechtsakten festgelegt sind.

81. Beihilfen für die Energiegewinnung aus Abfall können auf der Grundlage dieses Abschnitts als mit dem Binnenmarkt vereinbar erklärt werden, soweit sie sich auf Abfall beschränken, der unter die Definition des Begriffs „erneuerbare Energiequellen" fällt.

82. Beihilfen für die Erzeugung von erneuerbarem Wasserstoff (55) können auf der Grundlage dieses Abschnitts geprüft werden.

4.1.2.2 Sonstige Beihilfen zur Verringerung und zum Abbau von Treibhausgasemissionen und Förderung der Energieeffizienz

83. Grundsätzlich sind alle Technologien, die zur Verringerung der Treibhausgasemissionen beitragen, beihilfefähig, so unter anderem Beihilfen für die Erzeugung CO_2-armer Energie oder synthetischer Kraftstoffe, die unter Einsatz CO_2-armer Energie erzeugt werden, Energieeffizienzbeihilfen einschließlich hocheffizienter Kraft-Wärme-Kopplung, Beihilfen für CCS/CCU, Beihilfen für Laststeuerung und Energiespeicherung, soweit dies die Emissionen verringert, sowie Beihilfen zur Verringerung bzw. Vermeidung von Emissionen, die durch Industrieprozesse, einschließlich der Rohstoffverarbeitung, entstehen. Gegenstand dieses Abschnitts ist auch die Förderung des Abbaus von Treibhausgasen in der Umwelt. Maßnahmen, deren Hauptziel nicht in der

Verringerung oder dem Abbau von Treibhausgasemissionen besteht, fallen nicht unter diesen Abschnitt. Trägt eine Maßnahme sowohl zur Verringerung der Treibhausgasemissionen als auch zur Vermeidung oder Verringerung von nicht durch Treibhausgase bedingter Umweltverschmutzung bei, so wird die Vereinbarkeit der Maßnahme auf der Grundlage dieses Abschnitts oder auf der Grundlage des Abschnitts 4.5 geprüft, je nachdem, welches der beiden Ziele vorrangig ist.

84. Dieser Abschnitt bezieht sich auch auf gewidmete Infrastrukturvorhaben (u. a. für Wasserstoff, andere CO_2-arme Gase und für die Speicherung/Nutzung von Kohlendioxid), die nicht unter die Definition des Begriffs „Energieinfrastruktur" fallen, sowie auf Vorhaben, die gewidmete Infrastruktur oder Energieinfrastruktur oder beides umfassen und entweder mit Erzeugung oder mit Verbrauch/Nutzung verbunden sind.

85. Dieser Abschnitt erstreckt sich auch auf Beihilfen zur Begünstigung von Energieleistungsverträgen im Sinne des Artikels 2 Nummer 27 der Richtlinie 2012/27/EU für KMU und kleine Unternehmen mittlerer Kapitalisierung, die auf die Verbesserung der Energieeffizienz abzielende Maßnahmen anbieten, soweit die genannten Beihilfen Investitionen zur Verbesserung der Energieeffizienz von Industrietätigkeiten erleichtern.

86. Beihilfen für die Energiegewinnung aus Abfall können auf der Grundlage dieses Abschnitts für mit dem Binnenmarkt vereinbar erklärt werden, soweit sie sich auf Abfall beschränken, der für den Betrieb von Anlagen verwendet wird, welche unter die Definition des Begriffs „hocheffiziente Kraft-Wärme-Kopplung" fallen.

87. Beihilfen für die Erzeugung von CO_2-armem Wasserstoff können auf der Grundlage dieses Abschnitts geprüft werden.

88. Auch Beihilfen zur Förderung der Elektrifizierung durch Einsatz von erneuerbarem Strom und/oder CO_2-armem Strom können auf der Grundlage dieses Abschnitts geprüft werden, einschließlich Beihilfen für Heizung und Industrieprozesse.

4.1.3 *Minimierung der Verzerrungen von Wettbewerb und Handel*

4.1.3.1 Erforderlichkeit der Beihilfe

89. Die Randnummern 34 bis 37 gelten nicht für Maßnahmen zur Verringerung von Treibhausgasemissionen. Der Mitgliedstaat muss ermitteln, welche politischen Maßnahmen es bereits zur Verringerung von Treibhausgasemissionen gibt. Durch das EHS der Union und diesbezüglichen Strategien und Maßnahmen werden die Kosten von Treibhausgasemissionen zwar zum Teil, aber möglicherweise noch nicht vollständig internalisiert.

90. Der Mitgliedstaat sollte, wie unter Randnummer 38 verlangt, nachweisen, dass für die geplanten Tätigkeiten Beihilfen erforderlich sind, wobei das kontrafaktische Szenario (56) sowie die relevanten Kosten und Einnahmen, einschließlich derjenigen, die mit dem EHS und den nach Randnummer 89 ermittelten Strategien und Maßnahmen im Zusammenhang stehen, zu berücksichtigen sind. Besteht erhebliche Unsicherheit hinsichtlich künftiger Marktentwicklungen in Bezug auf einen Großteil des Geschäftsszenarios (wie es beispielsweise bei Investitionen in erneuerbare Energien, bei denen die Stromeinnahmen nicht an die Inputkosten gekoppelt sind, der Fall sein kann), so kann eine Unterstützung in Form einer bestimmten garantierten Vergütung zur Begrenzung des mit negativen Szenarien verbundenen Risikos unter Umständen als notwendig erachtet werden, um sicherzustellen, dass die private Investition getätigt wird. Zur Gewährleistung der Angemessenheit können in solchen Fällen Beschränkungen der Rentabilität und/oder Rückforderungen im Zusammenhang mit möglichen positiven Szenarien erforderlich sein.

91. Weist der Mitgliedstaat gemäß Randnummer 90 nach, dass eine Beihilfe erforderlich ist, geht die Kommission, wenn ihr keine gegenteiligen Beweise vorliegen, davon aus, dass ein gewisses Marktversagen verbleibt, das mithilfe von Beihilfen zur Förderung der Dekarbonisierung behoben werden kann.

92. Bei Beihilferegelungen mit einer Laufzeit von mehr als drei Jahren muss der Mitgliedstaat bestätigen, dass er seine Analyse der relevanten Kosten und Einnahmen mindestens alle drei Jahre bzw. bei Beihilferegelungen, bei denen seltener Beihilfen gewährt werden, jeweils vor der Gewährung von Beihilfen aktualisiert, um sicherzustellen, dass für die einzelnen Gruppen potenzieller Empfänger nach wie vor Beihilfen erforderlich sind. Sind für eine Gruppe von Beihilfeempfängern keine Beihilfen mehr erforderlich, so sollte die jeweilige Gruppe gestrichen werden, bevor weitere Beihilfen gewährt werden (57).

4.1.3.2 Geeignetheit

93. Abschnitt 3.2.1.2 gilt nicht für Maßnahmen zur Verringerung von Treibhausgasemissionen. Die Kommission geht davon aus, dass staatliche Beihilfen, sofern alle anderen Voraussetzungen für deren Vereinbarkeit mit dem Binnenmarkt erfüllt sind, grundsätzlich eine geeignete Maßnahme zur Verwirklichung der Dekarbonisierungsziele darstellen können, da andere politische Instrumente normalerweise nicht ausreichen, um diese Ziele zu erreichen. Angesichts des Umfangs und der Dringlichkeit der Herausforderungen im Zusammenhang mit der Dekarbonisierung können verschiedene Instrumente, einschließlich direkter Zuschüsse, eingesetzt werden.

94. Beihilfen zur Begünstigung von Energieleistungsverträgen nach Randnummer 85 dürfen ausschließlich in einer der folgenden Formen gewährt werden:a) in Form eines Darlehens oder

einer Garantie für den Anbieter der Maßnahmen zur Verbesserung der Energieeffizienz im Rahmen eines Energieleistungsvertrags,

b) in Form eines Finanzprodukts zur Refinanzierung des jeweiligen Anbieters (z. B. Factoring oder Forfaitierung).

4.1.3.3 Beihilfefähigkeit

95. Dekarbonisierungsmaßnahmen, die auf bestimmte Tätigkeiten ausgerichtet sind, welche mit anderen, nicht subventionierten Tätigkeiten im Wettbewerb stehen, dürften zu größeren Wettbewerbsverzerrungen führen als Maßnahmen, die allen miteinander im Wettbewerb stehenden Tätigkeiten offenstehen. Daher sollte der Mitgliedstaat Maßnahmen begründen, die sich nicht auf alle miteinander im Wettbewerb stehenden Technologien und Vorhaben erstrecken — beispielsweise auf alle sich auf den Strommarkt beziehenden Vorhaben oder auf alle Unternehmen, die substituierbare Produkte herstellen und technisch in der Lage sind, wirksam zur Verringerung der Treibhausgasemissionen beizutragen (58). Diese Begründung sollte auf objektiven Erwägungen beruhen, die z. B. die Wirksamkeit oder die Kosten oder andere relevante Umständen betreffen. Eine solche Begründung kann sich gegebenenfalls auf Nachweise stützen, die im Rahmen der in Abschnitt 4.1.3.4 genannten öffentlichen Konsultation eingegangen sind.

96. Die Kommission wird die gegebene Begründung prüfen und beispielsweise davon ausgehen, dass eine stärkere Begrenzung der Beihilfefähigkeit den Wettbewerb nicht übermäßig verzerrt, wenna) eine Maßnahme auf ein im Unionsrecht verankertes sektor- oder technologiespezifisches Ziel (59) ausgerichtet ist, wie etwa eine Beihilferegelung im Bereich erneuerbare Energien oder Energieeffizienz (60);

b) eine Maßnahme speziell auf die Förderung von Demonstrationsvorhaben abzielt;

c) eine Maßnahme nicht nur auf die Dekarbonisierung, sondern auch auf die Luftqualität oder andere Arten der Umweltverschmutzung ausgerichtet ist;

d) ein Mitgliedstaat Gründe für seine Annahme darlegt, dass beihilfefähige Wirtschaftszweige oder innovative Technologien das Potenzial haben, längerfristig einen wichtigen und kosteneffizienten Beitrag zum Umweltschutz und zu einer umfassenden Dekarbonisierung zu leisten;

e) eine Maßnahme notwendig ist, um die Diversifizierung zu erreichen, die erforderlich ist, um eine Verschärfung von Problemen im Zusammenhang mit der Netzstabilität zu vermeiden; (61)

f) davon ausgegangen werden kann, dass ein selektiverer Ansatz zu niedrigeren Umweltschutzkosten führt (zum Beispiel durch verringerte Systemintegrationskosten infolge einer Diversifizierung, auch zwischen erneuerbaren Energien, was auch Laststeuerung und/oder Speicherung beinhalten könnte) und/oder den Wettbewerb nicht so stark verzerrt;

g) ein Vorhaben im Anschluss an ein offenes Verfahren ausgewählt wurde, um Teil eines großen integrierten grenzüberschreitenden Vorhabens zu werden, das von mehreren Mitgliedstaaten gemeinsam konzipiert wurde und im gemeinsamen Interesse der Union einen wichtigen Beitrag zum Umweltschutz leisten soll, und im Rahmen des Vorhabens entweder eine innovative Technologie angewendet wird, die sich aus einer Forschungs-, Entwicklungs- und Innovations-Tätigkeit (FuEuI-Tätigkeit) des Beihilfeempfängers — oder einer anderen Einrichtung, sofern der Beihilfeempfänger die Rechte zur Nutzung der Ergebnisse der FuEuI-Tätigkeit erwirbt — ergibt, oder aber der Beihilfeempfänger mit dem Vorhaben zu den frühen Anwendern einer innovativen Technologie in seinem Wirtschaftszweig zählt.

97. Die Mitgliedstaaten müssen die Vorschriften für die Beihilfefähigkeit und alle damit verbundenen Vorschriften regelmäßig überprüfen, um sicherzustellen, dass die für eine stärkere Begrenzung der Beihilfefähigkeit gegebene Begründung während der Laufzeit der jeweiligen Beihilferegelung stichhaltig bleibt, d. h., dass etwaige Begrenzungen der Beihilfefähigkeit auch dann noch gerechtfertigt sind, wenn neue Technologien oder Ansätze entwickelt werden oder weitere Daten verfügbar werden.

4.1.3.4 Öffentliche Konsultation

98. Abschnitt 4.1.3.4 gilt ab dem 1. Juli 2023.

99. Vor der Anmeldung von Beihilfen müssen die Mitgliedstaaten — außer in hinreichend begründeten Ausnahmefällen — öffentliche Konsultationen zur Angemessenheit und zu den Auswirkungen der nach diesem Abschnitt anzumeldenden Maßnahmen auf den Wettbewerb durchführen. Die Konsultationspflicht gilt nicht für Änderungen bereits genehmigter Maßnahmen, die Anwendungsbereich und Beihilfefähigkeit unberührt lassen und die Laufzeit nicht um mehr als 10 Jahre über die Bekanntgabe des ursprünglichen Kommissionsbeschlusses, mit dem die Beihilfe für mit dem Binnenmarkt vereinbar erklärt wurde, hinaus verlängern, und sie gilt auch nicht für die unter Randnummer 100 genannten Fälle. Um festzustellen, ob eine Maßnahme nach den Kriterien dieser Leitlinien gerechtfertigt ist, muss folgende öffentliche Konsultation durchgeführt werden (62):a) bei Maßnahmen, bei denen der geschätzte durchschnittliche Beihilfebetrag 150 Mio. EUR pro Jahr oder mehr beträgt, eine öffentliche Konsultation, die mindestens sechs Wochen läuft und folgende Aspekte umfasst:

i) Beihilfefähigkeit,

ii) Methode und Schätzung der Subvention pro vermiedener Tonne Emissionen in CO_2-Äquivalenten (63) (pro Vorhaben oder Referenzvorhaben),

iii) vorgesehene Nutzung und vorgesehener Umfang von Ausschreibungen sowie etwaige vorgesehene Ausnahmen,

iv) wichtigste Parameter des Verfahrens zur Bewilligung der Beihilfen (64), auch im Hinblick auf die Ermöglichung von Wettbewerb zwischen verschiedenen Arten von Beihilfeempfängern (65),

v) die wichtigsten Annahmen, auf die sich die Quantifizierung stützt, anhand deren Anreizeffekt, Erforderlichkeit und Angemessenheit nachgewiesen werden,

vi) falls neue Investitionen in Stromerzeugung oder Industrieproduktion auf Erdgasbasis gefördert werden können: geplante Vorkehrungen zur Gewährleistung der Übereinstimmung mit den Klimazielen der Union (siehe Randnummer 129),

b) bei Maßnahmen, bei denen sich der geschätzte durchschnittliche Beihilfebetrag auf weniger als 150 Mio. EUR pro Jahr beläuft, eine öffentliche Konsultation, die sich über mindestens vier Wochen erstreckt und folgende Aspekte umfasst:

i) Beihilfefähigkeit,

ii) vorgesehene Nutzung und vorgesehener Umfang von Ausschreibungen sowie etwaige vorgesehene Ausnahmen,

iii) falls neue Investitionen in Stromerzeugung oder Industrieproduktion auf Erdgasbasis gefördert werden können: geplante Vorkehrungen zur Gewährleistung der Übereinstimmung mit den Klimazielen der Union (siehe Randnummer 129).

100. Bei Maßnahmen nach Randnummer 99 Buchstabe b ist keine öffentliche Konsultation erforderlich, sofern eine Ausschreibung durchgeführt wird und im Rahmen der Maßnahme keine Investitionen in die Energieerzeugung, Produktion oder sonstige Tätigkeiten auf Basis fossiler Brennstoffe gefördert werden.

101. Fragebogen für Konsultationen müssen auf eine öffentliche Website gestellt werden. Die Mitgliedstaaten müssen eine Auswertung der Konsultation veröffentlichen, in der sie die eingegangenen Beiträge zusammenfassen und darauf eingehen. Dabei sollten sie auch darlegen, wie etwaige negative Auswirkungen auf den Wettbewerb durch den Anwendungsbereich der geplanten Maßnahme oder die in ihrem Rahmen geltende Beihilfefähigkeit minimiert wurden. Die Mitgliedstaaten müssen im Rahmen der Anmeldung von Beihilfemaßnahmen nach dem vorliegenden Abschnitt einen Link zu ihrer Auswertung der Konsultation bereitstellen.

102. In hinreichend begründeten Ausnahmefällen kann die Kommission alternative Konsultationsverfahren akzeptieren, sofern die Standpunkte der Beteiligten bei der (weiteren) Durchführung der Beihilfe berücksichtigt werden. In solchen Fällen müssen die alternativen Verfahren möglicherweise mit Abhilfemaßnahmen kombiniert werden, um etwaige verzerrende Auswirkungen der Maßnahme zu minimieren.

4.1.3.5 Angemessenheit

103. Beihilfen zur Verringerung von Treibhausgasemissionen sollten in der Regel im Wege einer Ausschreibung nach den Randnummern 49 und 50 gewährt werden, damit die Ziele der Maßnahme (66) in angemessener Weise bei gleichzeitiger Minimierung der Verzerrungen von Wettbewerb und Handel erreicht werden können. Die Mittelausstattung bzw. das Volumen der Ausschreibung ist eine wirksame Beschränkung, sodass voraussichtlich nicht allen Bietern eine Beihilfe gewährt werden kann; die erwartete Zahl der Bieter ist groß genug, um wirksamen Wettbewerb sicherzustellen, und die Ausgestaltung von Ausschreibungen, bei denen das Ausschreibungsvolumen während der Durchführung einer Regelung nicht erreicht wurde, wird korrigiert, um bei den folgenden Ausschreibungen oder, falls dies nicht gelingt, so bald wie möglich einen wirksamen Wettbewerb wiederherzustellen (67).

104. Ausschreibungen sollten grundsätzlich allen beihilfefähigen Unternehmen offenstehen, um eine kosteneffiziente Beihilfegewährung zu ermöglichen und Verzerrungen des Wettbewerbs möglichst gering zu halten. Ausschreibungen können jedoch auf eine oder mehrere spezifische Gruppen von Beihilfeempfängern beschränkt werden, wenn Nachweise, einschließlich der im Rahmen der öffentlichen Konsultation erhaltenen Nachweise, vorgelegt werden, aus denen sich beispielsweise ergibt, dassa) eine einzige Ausschreibung, die allen beihilfefähigen Unternehmen offensteht, zu einem suboptimalen Ergebnis führen bzw. die Erreichung der Ziele der Maßnahme nicht ermöglichen würde; diese Begründung kann sich auf die unter Randnummer 96 genannten Kriterien beziehen;

b) sich die Höhe der Gebote, die verschiedene Gruppen beihilfefähiger Unternehmen voraussichtlich machen werden, erheblich unterscheidet (in der Regel wäre dies der Fall, wenn sich die Höhe der erwarteten Gebote — ermittelt auf der Grundlage der nach Randnummer 90 erforderlichen Analyse — um mehr als 10 % voneinander unterscheidet); in diesem Fall können getrennte Ausschreibungen durchgeführt werden, bei denen jeweils Gruppen beihilfefähiger Unternehmen mit vergleichbaren Kosten miteinander konkurrieren.

105. Stützt sich ein Mitgliedstaat bei einer Regelung mit einer Laufzeit von mehr als drei Jahren auf die Ausnahmen nach Randnummer 104 Buchstabe b, so sollte im Rahmen der nach Randnummer 92 verlangten Analyse auch geprüft werden, ob die jeweiligen Ausnahmen noch geltend gemacht werden können. Insbesondere müssen

die Mitgliedstaaten bestätigen, dass solche Beihilferegelungen im Laufe der Zeit angepasst werden, um sicherzustellen, dass Technologien, bei denen sich die Höhe der Gebote voraussichtlich um nicht mehr als 10 % voneinander unterscheidet, Gegenstand ein und derselben Ausschreibung sind. Ebenso kann der Mitgliedstaat beschließen, separate Ausschreibungen durchzuführen, wenn die aktualisierte Analyse nach Randnummer 92 zeigt, dass die Kosten sich so stark auseinanderentwickelt haben, dass sich die Höhe der Gebote um mehr als 10 % unterscheidet.

106. Ergibt sich aus der nach Randnummer 90 erforderlichen Analyse, dass sich die Höhe der Gebote, die verschiedene Gruppen beihilfefähiger Unternehmen voraussichtlich machen werden, in erheblichem Maße unterscheiden kann, so sollten die Mitgliedstaaten der Gefahr einer Überkompensation preisgünstigerer Technologien Rechnung tragen. Auch die Kommission wird dies bei ihrer Prüfung berücksichtigen. Gegebenenfalls können Gebotsobergrenzen erforderlich sein, um das Höchstgebot einzelner Bieter in bestimmten Gruppen zu begrenzen. Etwaige Gebotsobergrenzen sollten unter Bezugnahme auf die Quantifizierung für die unter den Randnummern 51, 52 und 53 genannten Referenzvorhaben begründet werden.

107. Ausnahmen von der Verpflichtung, die Beihilfen auf der Grundlage einer Ausschreibung zu gewähren und ihre Höhe im Wege einer Ausschreibung zu bestimmen, können gerechtfertigt sein, wenn Nachweise, einschließlich der im Rahmen der öffentlichen Konsultation erlangten Nachweise, dafür vorgelegt werden, dass einer der folgenden Umstände vorliegt:a) Das potenzielle Angebot oder die Zahl potenzieller Bieter reicht nicht aus, um Wettbewerb zu gewährleisten; in diesem Fall muss der Mitgliedstaat nachweisen, dass es nicht möglich ist, den Wettbewerb durch Verringerung der Mittelausstattung bzw. durch Erleichterung der Teilnahme an der Ausschreibung (z. B. durch Ermittlung zusätzlicher Flächen für die Erschließung oder durch Anpassung der Vorauswahlanforderungen) zu stärken.

b) Bei den Beihilfeempfängern handelt es sich um kleine Vorhaben im Sinne folgender Begriffsbestimmung:

i) bei Vorhaben im Bereich der Stromerzeugung oder -speicherung: Vorhaben mit einer installierten Kapazität von bis zu 1 MW,

ii) bei Vorhaben im Bereich des Stromverbrauchs: Vorhaben mit einer Höchstabnahme von bis zu 1 MW,

iii) bei Vorhaben im Bereich von Wärme- und Gaserzeugungstechnologien: Vorhaben mit einer installierten Kapazität von bis zu 1 MW oder einer gleichwertigen Kapazität,

iv) bei Vorhaben, die zu 100 % KMU oder Erneuerbare-Energie-Gemeinschaften zuzurechnen sind: Vorhaben mit einer installierten Kapazität oder einer Höchstabnahme von bis zu 6 MW,

v) bei Vorhaben, die zu 100 % kleinen und Kleinstunternehmen oder Erneuerbare-Energie-Gemeinschaften zuzurechnen sind und ausschließlich der Windenergieerzeugung dienen: Vorhaben mit einer installierten Kapazität von bis zu 18 MW,

vi) bei Energieeffizienzmaßnahmen ohne Energieerzeugung zugunsten von KMU: Vorhaben, bei denen die Beihilfeempfänger weniger als 300 000 EUR pro Vorhaben erhalten.

c) Die Einzelvorhaben erfüllen die beiden folgenden Voraussetzungen:

i) Das Vorhaben wurde im Anschluss an ein offenes Verfahren ausgewählt, um Teil eines großen integrierten grenzüberschreitenden Vorhabens zu werden, das von mehreren Mitgliedstaaten gemeinsam konzipiert wurde und im gemeinsamen Interesse der Union einen wichtigen Beitrag zum Umweltschutz leisten soll.

ii) Im Rahmen des Vorhabens wird entweder eine innovative Technologie angewendet, die sich aus einer FuEuI-Tätigkeit des Beihilfeempfängers — oder einer anderen Einrichtung, sofern der Beihilfeempfänger die Rechte zur Nutzung der Ergebnisse der FuEuI-Tätigkeit erwirbt — ergibt, oder aber der Beihilfeempfänger zählt mit dem Vorhaben zu den frühen Anwendern einer innovativen Technologie in seinem Wirtschaftszweig.

108. Die Mitgliedstaaten können auch wettbewerbsorientierte Zertifikateregelungen oder Lieferantenverpflichtungsregelungen anwenden, um den Beihilfebetrag festzulegen und die Beihilfe zu gewähren, soferna) die Nachfrage im Rahmen der Regelung geringer angesetzt wird als das potenzielle Angebot;

b) der Buyout- bzw. Strafpreis, den ein Verbraucher/Lieferant, der nicht die erforderliche Anzahl von Zertifikaten gekauft hat, entrichten muss (also der Preis, der dem den Beihilfeempfängern gezahlten Höchstbetrag entspricht), auf einem ausreichend hohen Niveau festgesetzt ist, um einen Anreiz für die Einhaltung der Verpflichtung zu bieten. Um zu vermeiden, dass ein übermäßig hohes Niveau zu einer Überkompensation führt, sollte der Strafpreis jedoch auf der unter den Randnummern 51, 52 und 53 genannten Quantifizierung basieren;

c) die Mitgliedstaaten bei Regelungen, die eine Förderung von Biokraftstoffen, flüssigen Biobrennstoffen und Biomasse-Brennstoffen vorsehen, die Informationen über bereits gewährte Förderung, die in der Dokumentation zum Massenbilanzsystem nach Artikel 30 der Richtlinie (EU) 2018/2001 enthalten sind, berücksichtigen müssen, um eine Überkompensation zu vermeiden.

109. Die Mitgliedstaaten können auch auf die Dekarbonisierung oder Energieeffizienz abzielende Beihilferegelungen konzipieren, bei denen die Förderung in Form einer Ermäßigung von Steuern oder steuerähnlichen Abgaben, etwa Abgaben zur

Finanzierung umweltpolitischer Ziele, gewährt wird. Eine Ausschreibung ist für solche Regelungen nicht zwingend vorgeschrieben. Solche Beihilfen müssen jedoch grundsätzlich für alle beihilfefähigen Unternehmen, die in demselben Wirtschaftszweig tätig sind und sich hinsichtlich der Ziele bzw. Zwecke der Beihilfemaßnahme in der gleichen oder einer ähnlichen Lage befinden, in derselben Weise gewährt werden. Der anmeldende Mitgliedstaat muss einen Mechanismus für eine jährliche Überwachung einrichten, um zu überprüfen, dass die Beihilfe weiterhin erforderlich ist. Dieser Abschnitt bezieht sich nicht auf Ermäßigungen von Steuern oder Abgaben, die die wesentlichen Kosten der Bereitstellung von Energie oder von damit verbundenen Dienstleistungen widerspiegeln. So sind beispielsweise Ermäßigungen von Netzentgelten oder Entgelten zur Finanzierung von Kapazitätsmechanismen vom Anwendungsbereich dieses Abschnitts ausgenommen.

110. Werden die laufenden Betriebskosten durch eine Steuerermäßigung oder durch die Ermäßigung einer steuerähnlichen Abgabe gesenkt, so darf der Beihilfebetrag die Differenz zwischen den Kosten des umweltfreundlichen Vorhabens bzw. der umweltfreundlichen Tätigkeit und dem weniger umweltfreundlichen kontrafaktischen Szenario nicht übersteigen. Kann das umweltfreundlichere Vorhaben oder die umweltfreundlichere Tätigkeit zu Kosteneinsparungen oder zusätzlichen Einnahmen führen, so müssen diese bei der Prüfung der Angemessenheit der Beihilfe berücksichtigt werden.

111. Bei der Ausgestaltung von Beihilferegelungen müssen die Mitgliedstaaten die Informationen über bereits gewährte Förderung berücksichtigen, die in der Dokumentation zum Massenbilanzsystem nach Artikel 30 der Richtlinie (EU) 2018/2001 enthalten sind.

112. Werden im Rahmen von Beihilfemaßnahmen Konzessionen oder sonstige Vorteile — wie etwa das Recht zur Nutzung von Boden, Meeresgrund oder Flüssen oder das Recht auf eine Infrastrukturanbindung — gewährt, so müssen die Mitgliedstaaten sicherstellen, dass die Konzessionen auf der Grundlage objektiver und transparenter Kriterien, die mit den Zielen der jeweiligen Maßnahme in Zusammenhang stehen, vergeben werden (siehe Randnummer 50).

113. Wird eine Beihilfe in Form eines vorrangigen Darlehens für den Anbieter von Maßnahmen zur Verbesserung der Energieeffizienz im Rahmen eines Energieleistungsvertrags gewährt, so sollte bei den Darlehensinstrumenten eine erhebliche Koinvestitionsrate seitens gewerblicher Fremdkapitalgeber gewährleistet sein. Es wird davon ausgegangen, dass dies der Fall ist, wenn die Koinvestitionsrate 30 % des Werts des zugrunde liegenden Energieleistungsvertragsportfolios des Anbieters oder mehr ausmacht. Die vom Anbieter der Maßnahmen zur Verbesserung der Energieeffizienz geleistete Tilgung muss mindestens dem Nennwert des Darlehens entsprechen. Wird die Beihilfe in Form einer Garantie gewährt, so darf die staatliche Garantie 80 % des Betrags des zugrunde liegenden Darlehens nicht übersteigen, und Verluste müssen vom Kreditinstitut und vom Staat anteilig und zu gleichen Bedingungen getragen werden. Der von der Garantie abgedeckte Betrag muss anteilig sinken, damit die Garantie zu keinem Zeitpunkt mehr als 80 % des ausstehenden Darlehens deckt. Die Laufzeit des staatlichen Darlehens bzw. der staatlichen Garantie für den Anbieter der Maßnahmen zur Verbesserung der Energieeffizienz darf höchstens 10 Jahre betragen.

4.1.4 *Vermeidung übermäßiger negativer Auswirkungen auf Wettbewerb und Handel sowie Abwägungsprüfung*

114. Mit Ausnahme der Randnummer 70 gelten die Abschnitte 3.2.2 und 3.3 nicht für Maßnahmen zur Verringerung von Treibhausgasemissionen.

115. Diese Randnummer gilt ab dem 1. Juli 2023. Die Subvention pro vermiedener Tonne Emissionen in CO_2-Äquivalenten muss für jedes Vorhaben oder, im Falle von Beihilferegelungen, für jedes Referenzvorhaben geschätzt werden, und es sind die bei der Berechnung zugrunde gelegten Annahmen und Methoden anzugeben. Soweit möglich sollten bei dieser Schätzung die Nettoemissionen aus der Tätigkeit unter Berücksichtigung der erzeugten oder verminderten Lebenszyklusemissionen bestimmt werden. Ferner sollten kurz- und langfristige Wechselwirkungen mit anderen einschlägigen Strategien oder Maßnahmen, unter anderem mit dem EHS der Union, berücksichtigt werden. Um einen Vergleich der Kosten verschiedener Umweltschutzmaßnahmen zu ermöglichen, sollte die Methode grundsätzlich für alle von einem Mitgliedstaat geförderten Maßnahmen ähnlich sein (68).

116. Damit mit der Dekarbonisierung positive Auswirkungen auf die Umwelt erzielt werden, darf die Beihilfe nicht nur zur Verlagerung der Emissionen von einem Wirtschaftszweig auf einen anderen führen, sondern muss insgesamt eine Verringerung der Treibhausgasemissionen bewirken.

117. Um die Gefahr von Mehrfachsubventionen zu vermeiden und die Überprüfung der Verringerung der Treibhausgasemissionen zu ermöglichen, müssen Beihilfen für die Dekarbonisierung von Industrietätigkeiten die Verringerung der direkt aus der jeweiligen Industrietätigkeit resultierenden Emissionen ermöglichen. Beihilfen zur Verbesserung der Energieeffizienz von Industrietätigkeiten müssen die Energieeffizienz der Tätigkeiten der Beihilfeempfänger verbessern.

118. Abweichend von der im letzten Satz der Randnummer 117 dargelegten Anforderung können Verbesserungen der Energieeffizienz von Industrietätigkeiten durch Beihilfen zur Begünstigung von Energieleistungsverträgen gefördert werden.

119. Werden Beihilfen zur Begünstigung von Energieleistungsverträgen nicht im Rahmen einer Ausschreibung gewährt, so müssen staatliche Beihilfen grundsätzlich für alle beihilfefähigen Unternehmen, die in demselben Wirtschaftszweig tätig sind und sich hinsichtlich der Ziele bzw. Zwecke der Beihilfemaßnahme in der gleichen oder einer ähnlichen Lage befinden, in derselben Weise gewährt werden.

120. Um zu vermeiden, dass Mittel Vorhaben zugewiesen werden, die nicht durchgeführt werden, was den Markteintritt neuer Marktteilnehmer behindern könnte, müssen die Mitgliedstaaten nachweisen, dass angemessene Maßnahmen ergriffen werden, um sicherzustellen, dass die geförderten Vorhaben tatsächlich durchgeführt werden; zu diesem Zweck könnten sie z. B. klare Fristen für den Abschluss der Vorhaben festlegen, die Durchführbarkeit der Vorhaben im Rahmen der Vorauswahl für die Beihilfegewährung prüfen, von den Teilnehmern Sicherheiten verlangen oder die Durchführung und die Baufortschritte der Vorhaben überwachen. Die Mitgliedstaaten können hinsichtlich der Vorauswahlanforderungen für Vorhaben, die von KMU oder Erneuerbare-Energie-Gemeinschaften entwickelt werden und ihnen zu 100 % zuzurechnen sind, jedoch mehr Flexibilität zugestehen, um Hindernisse, die der Teilnahme von KMU bzw. Erneuerbare-Energie-Gemeinschaften entgegenstehen, abzubauen (69).

121. Beihilfen für die Dekarbonisierung können zahlreiche Formen annehmen, darunter vorab gewährte Zuschüsse und Verträge für laufende Beihilfezahlungen wie etwa Differenzverträge (70). Beihilfen, die hauptsächlich mit dem Betrieb und nicht mit Investitionen verbundene Kosten decken, sollten nur dann gewährt werden, wenn der Mitgliedstaat nachweist, dass dies umweltfreundlichere Betriebsentscheidungen bewirkt.

122. Werden Beihilfen in erster Linie zur Deckung kurzfristiger Kosten benötigt, die variabel sein können, wie etwa Kosten für Biomasse-Brennstoffe oder Strominputkosten, und über Zeiträume von mehr als einem Jahr ausgezahlt, so sollten die Mitgliedstaaten bestätigen, dass die dem Beihilfebetrag zugrunde liegenden Produktionskosten überwacht werden und der Beihilfebetrag mindestens einmal pro Jahr aktualisiert wird.

123. Die Beihilfe muss so gestaltet sein, dass eine übermäßige Verzerrung des effizienten Funktionierens des Marktes verhindert wird und insbesondere wirksame Betriebsanreize und Preissignale erhalten bleiben. Beispielsweise sollten die Beihilfeempfänger weiterhin Preisschwankungen und Marktrisiken ausgesetzt sein, es sei denn, dies steht der Verwirklichung des Ziels der Beihilfe entgegen. Insbesondere sollten die Beihilfeempfänger keinen Anreiz erhalten, ihre Produktion unterhalb ihrer Grenzkosten anzubieten, und sie dürfen in Zeiten, in denen der Marktwert ihrer Produktion negativ ist, keine Beihilfe dafür erhalten (71).

124. Die Kommission wird eine Einzelfallprüfung für Maßnahmen durchführen, die gewidmete Infrastrukturvorhaben betreffen. Bei ihrer Prüfung wird die Kommission unter anderem Folgendes berücksichtigen: die Größe der Infrastruktur im Verhältnis zum relevanten Markt, die Auswirkungen auf die Wahrscheinlichkeit zusätzlicher marktbasierter Investitionen, das Maß, in dem die Infrastruktur zunächst für einen einzelnen Nutzer oder eine einzelne Nutzergruppe bestimmt ist, und die Frage, ob ein plausibler Plan oder eine feste Zusage zur Anbindung an ein größeres Netz besteht, die Dauer etwaiger Ausnahmen oder Freistellungen von der Anwendung von Binnenmarktvorschriften, die Struktur des relevanten Marktes sowie die Stellung der Beihilfeempfänger auf dem relevanten Markt.

125. Bindet die Infrastruktur zunächst beispielsweise nur eine begrenzte Anzahl von Nutzern an, so kann die verzerrende Wirkung auf der Grundlage der folgenden Kriterien abgemildert werden, wenn die Infrastruktur Teil eines Plans zur Entwicklung eines größeren Unionsnetzes ist:a) Die Rechnungslegung für die Infrastruktur sollte von der Rechnungslegung für alle anderen Tätigkeiten getrennt erfolgen, und die Kosten für den Zugang zur Infrastruktur und die Nutzung der Infrastruktur sollten transparent sein.

b) Die Beihilfe sollte von Zusagen abhängig gemacht werden, die Infrastruktur (72) Dritten zu fairen, angemessenen und diskriminierungsfreien Bedingungen zugänglich zu machen (einschließlich öffentlicher Aufforderungen zur Beantragung eines Anschlusses zu gleichwertigen Bedingungen), es sei denn, dies steht der Verwirklichung des Ziels der Beihilfe entgegen.

c) Der Vorteil, den die Beihilfeempfänger bis zu einer solchen umfassenderen Entwicklung genießen, muss möglicherweise ausgeglichen werden, beispielsweise durch einen Beitrag zum weiteren Ausbau des Netzes.

d) Der Vorteil, den die Nutzer, für die die Infrastruktur bestimmt ist, genießen, muss möglicherweise begrenzt und/oder mit anderen Akteuren geteilt werden.

126. Um das Ziel der Maßnahme bzw. andere Umweltschutzziele der Union nicht zu untergraben, dürfen keine Anreize für die Erzeugung von Energie geschaffen werden, die weniger umweltschädliche Energieformen verdrängen würde. Wird beispielsweise eine nicht auf erneuerbaren Energiequellen basierende Kraft-Wärme-Kopplung oder wird die Energieerzeugung aus

Biomasse gefördert, so dürfen nach Möglichkeit keine Anreize geschaffen werden, Strom oder Wärme zu Zeiten zu erzeugen, zu denen dies zu einer Einschränkung luftverschmutzungsfreier erneuerbarer Energiequellen führen würde.

127. Beihilfen für die Dekarbonisierung können den Wettbewerb übermäßig verzerren, wenn sie Investitionen in sauberere Alternativen verdrängen, die bereits auf dem Markt verfügbar sind, oder wenn sie eine Festlegung auf bestimmte Technologien bewirken und damit die umfassendere Entwicklung eines Marktes für sauberere Lösungen und deren Nutzung behindern. Die Kommission wird daher auch überprüfen, dass die Beihilfemaßnahme nicht etwa den Verbrauch fossiler Brennstoffe und Energie (73) ankurbelt oder verlängert und dadurch die Entwicklung saubererer Alternativen behindert und den allgemeinen Nutzen der Investition für die Umwelt erheblich verringert. Die Mitgliedstaaten sollten erläutern, wie sie dieses Risiko — z. B. durch verbindliche Zusagen, hauptsächlich erneuerbare oder CO_2-arme Kraftstoffe zu verwenden oder schrittweise auf fossile Brennstoffquellen zu verzichten — vermeiden wollen.

128. Die Kommission ist der Auffassung, dass bestimmte Beihilfemaßnahmen negative Auswirkungen auf Wettbewerb und Handel haben, die wahrscheinlich nicht ausgeglichen werden. So können bestimmte Beihilfemaßnahmen Fälle von Marktversagen verschärfen und Ineffizienzen zulasten der Verbraucher und des sozialen Wohlergehens nach sich ziehen. Beispielsweise verstärken Maßnahmen, die Anreize für neue Investitionen in die Energieerzeugung oder Industrieproduktion auf Basis der umweltschädlichsten fossilen Brennstoffe wie Steinkohle, Diesel, Braunkohle, Öl, Torf und Ölschiefer schaffen, die negativen externen Umwelteffekte auf dem Markt. Aufgrund der Unvereinbarkeit dieser Kraftstoffe mit den Klimazielen der Union wird nicht davon ausgegangen, dass sie positive Auswirkungen auf die Umwelt haben.

129. Desgleichen können Maßnahmen, die Anreize für neue Investitionen in die Energieerzeugung oder Industrieproduktion auf Erdgasbasis schaffen, die Treibhausgasemissionen und andere Schadstoffe zwar kurzfristig verringern, doch längerfristig bewirken sie stärkere negative externe Umwelteffekte als alternative Investitionen. Damit Investitionen in Erdgas als positiv für die Umwelt angesehen werden können, müssen die Mitgliedstaaten darlegen, wie sie sicherstellen werden, dass die jeweilige Investition zur Verwirklichung des Klimaziels der Union für 2030 und des Ziels der Klimaneutralität bis 2050 beiträgt. Insbesondere müssen die Mitgliedstaaten erläutern, wie eine Festlegung auf diese gasbasierte Energieerzeugung oder diese gasbetriebenen Erzeugungsanlagen vermieden werden soll. Solche Vorkehrungen könnten beispielsweise auf einem nationalen Dekarbonisierungsplan mit verbindlichen Zielen basieren und/oder verbindliche Zusagen des Beihilfeempfängers beinhalten, Dekarbonisierungstechnologien wie CCS/CCU einzusetzen, Erdgas durch erneuerbares oder CO_2-armes Gas zu ersetzen oder die Anlage innerhalb eines Zeitrahmens, der mit den Klimazielen der Union im Einklang steht, stillzulegen. Die Zusagen sollten eines oder mehrere glaubwürdige Etappenziele für die Emissionsreduktion auf dem Weg zur Klimaneutralität bis 2050 umfassen.

130. Die Produktion von Biokraftstoffen aus Nahrungs- und Futtermittelpflanzen kann eine zusätzliche Nachfrage nach Land bewirken und dazu führen, dass landwirtschaftliche Nutzflächen auf Gebiete mit hohem Kohlenstoffbestand, wie Wälder, Feuchtgebiete und Torfmoorflächen, ausgedehnt werden, wodurch zusätzliche Treibhausgasemissionen entstehen. Deshalb begrenzt die Richtlinie (EU) 2018/2001 die Menge der aus Nahrungs- und Futtermittelpflanzen produzierten Biokraftstoffe, flüssigen Biobrennstoffe und Biomasse-Brennstoffe, die auf die Ziele für erneuerbare Energien angerechnet werden. Die Kommission ist der Auffassung, dass bestimmte Beihilfemaßnahmen die indirekten negativen externen Effekte verstärken können. Daher wird sie grundsätzlich davon ausgehen, dass staatliche Beihilfen für Biokraftstoffe, flüssige Biobrennstoffe, Biogas und Biomasse-Brennstoffe, die über die Obergrenzen hinausgehen, welche für ihre Berücksichtigung bei der Berechnung des Bruttoendverbrauchs von Energie aus erneuerbaren Quellen in dem betreffenden Mitgliedstaat nach Artikel 26 der Richtlinie (EU) 2018/2001 gelten, wahrscheinlich keine positiven Auswirkungen haben, die die negativen Auswirkungen der Maßnahme überwiegen könnten.

131. Besteht die Gefahr zusätzlicher Wettbewerbsverzerrungen oder sind die Maßnahmen besonders neuartig oder komplex, kann die Kommission die unter Randnummer 76 aufgeführten Vorgaben auferlegen.

132. Wenn im Rahmen einer Einzelbeihilfe oder einer Beihilferegelung eine sehr begrenzte Zahl von Beihilfeempfängern oder ein etabliertes Unternehmen unterstützt werden soll, sollten die Mitgliedstaaten außerdem nachweisen, dass die geplante Beihilfe keine Wettbewerbsverzerrungen, etwa durch Stärkung der Marktmacht, bewirken wird. Selbst wenn Beihilfen die Marktmacht nicht direkt stärken, kann dies indirekt geschehen, indem die Expansion von Wettbewerbern erschwert, Wettbewerber vom Markt verdrängt oder der Markteintritt potenzieller neuer Wettbewerber verhindert wird. Bei der Prüfung der negativen Auswirkungen dieser Beihilfemaßnahmen konzentriert sich die Kommission auf die vorhersehbaren Auswirkungen der Beihilfe auf den Wettbewerb zwischen Unternehmen, die auf

dem betreffenden Produktmarkt und gegebenenfalls auf vor- oder nachgelagerten Märkten tätig sind, sowie auf das Risiko von Überkapazitäten. Die Kommission prüft das Vorhaben ferner auf mögliche negative Auswirkungen auf den Handel und das Risiko eines Subventionswettlaufs zwischen den Mitgliedstaaten, das sich insbesondere im Hinblick auf die Auswahl eines Standorts ergeben kann.

133. Wird die Beihilfe ohne Ausschreibung gewährt und kommt die Maßnahme einer sehr begrenzten Zahl von Beihilfeempfängern oder einem etablierten Unternehmen zugute, so kann die Kommission den Mitgliedstaat auffordern, dafür Sorge zu tragen, dass der Beihilfeempfänger das durch das geförderte Vorhaben erworbene Know-how verbreitet, damit die Einführung der erfolgreich demonstrierten Technologien beschleunigt wird.

134. Sofern alle anderen Voraussetzungen für die Vereinbarkeit erfüllt sind und keine offensichtlichen Hinweise auf einen Verstoß gegen den Grundsatz der Vermeidung erheblicher Beeinträchtigungen (74) vorliegen, wird die Kommission im Allgemeinen feststellen, dass das Ergebnis der Abwägungsprüfung für Dekarbonisierungsmaßnahmen positiv ausfällt (das heißt, dass die positiven Auswirkungen die Verzerrungen auf dem Binnenmarkt überwiegen), da die Maßnahmen zum Klimaschutz beitragen, der in der Verordnung (EU) 2020/852 als Umweltziel definiert ist, und/oder da sie einen Beitrag zur Erfüllung der Energie- und Klimaziele der Union leisten. Gilt diese Annahme nicht, wird die Kommission prüfen, ob die positiven Auswirkungen (einschließlich der Einhaltung der Randnummern in Abschnitt 4.1.4 und etwaiger Zusagen im Zusammenhang mit Randnummer 129) die negativen Auswirkungen auf den Binnenmarkt insgesamt überwiegen.

4.2 Beihilfen zur Verbesserung der Gesamtenergieeffizienz und der Umweltbilanz von Gebäuden

4.2.1 *Begründung der Beihilfe*

135. Maßnahmen zur Verbesserung der Gesamtenergieeffizienz und der Umweltbilanz von Gebäuden richten sich gegen negative externe Effekte, indem sie individuelle Anreize zur Verwirklichung von Zielen in den Bereichen Energieeinsparung und Reduzierung der Treibhausgas- und Luftschadstoffemissionen schaffen. Neben den in Kapitel 3 genannten allgemeinen Fällen von Marktversagen können im Bereich der Gesamtenergieeffizienz und der Umweltbilanz von Gebäuden spezifische Fälle von Marktversagen auftreten. Im Falle von Renovierungsarbeiten an Gebäuden beispielsweise profitieren von den Maßnahmen zur Verbesserung der Gesamtenergieeffizienz und der Umweltbilanz im Allgemeinen nicht nur die Gebäudeeigentümer, die in der Regel die Renovierungskosten tragen, sondern auch die Mieter. Nach Auffassung der Kommission können daher staatliche Beihilfen erforderlich sein, um Investitionen zur Verbesserung der Gesamtenergieeffizienz und der Umweltbilanz von Gebäuden zu fördern.

4.2.2 *Anwendungsbereich und geförderte Tätigkeiten*

136. Für die Verbesserung der Energieeffizienz von Gebäuden können Beihilfen gewährt werden.

137. Diese Beihilfen können mit Beihilfen für eine oder mehrere der folgenden Maßnahmen kombiniert werden:a) Installation von am Standort des Gebäudes befindlichen integrierten Anlagen zur Erzeugung von Strom bzw. Wärme oder Kälte aus erneuerbaren Energiequellen,

b) Installation von Geräten zur Speicherung der erneuerbaren Energie, die von den am Standort des Gebäudes befindlichen Anlagen erzeugt wird,

c) Bau und Installation von Ladeinfrastruktur zum Gebrauch für die Gebäudenutzer und von damit zusammenhängender Infrastruktur wie Rohrleitungen, wenn sich die Parkplätze innerhalb des Gebäudes befinden oder an dieses angrenzen,

d) Installation von Geräten für die Digitalisierung von Umwelt- und Energiemanagement und -kontrolle des Gebäudes, insbesondere zur Steigerung seiner Intelligenzfähigkeit, einschließlich passiver gebäudeinterner Verkabelung oder strukturierter Verkabelung für Datennetze und des zugehörigen Teils des passiven Netzes auf der Liegenschaft, zu der das Gebäude gehört, mit Ausnahme der für Datennetze bestimmten Verkabelung außerhalb der Liegenschaft,

e) sonstige Investitionen, die die Gesamtenergieeffizienz oder Umweltbilanz des Gebäudes verbessern, einschließlich Investitionen in Gründächer und Geräte für die Regenwasserrückgewinnung.

138. Beihilfen können auch für die Verbesserung der Gesamtenergieeffizienz der im Gebäude befindlichen Anlagen zur Wärme- oder Kälteerzeugung gewährt werden. Beihilfen für direkt mit Fernwärme- und Fernkältesystemen verbundene Anlagen zur Wärme- oder Kälteerzeugung werden nach den in Abschnitt 4.10 genannten Voraussetzungen für Beihilfen für Fernwärme oder Fernkälte geprüft. Beihilfen für die Verbesserung der Energieeffizienz von Produktionsprozessen und für Anlagen zur Erzeugung von Energie für den Antrieb von Maschinen werden nach den in Abschnitt 4.1 genannten Voraussetzungen für Beihilfen zur Verringerung und zum Abbau von Treibhausgasemissionen geprüft.

139. Die Beihilfe muss Folgendes bewirken:a) im Falle der Renovierung bestehender Gebäude: Verbesserungen der Gesamtenergieeffizienz, die zu einer Verringerung des Primärenergiebedarfs um mindestens 20 % gegenüber der Situation vor der Investition führen, oder, wenn die Verbesserungen Teil einer schrittweisen Renovierung sind,

eine Verringerung des Primärenergiebedarfs um mindestens 30 % gegenüber der Situation vor der Investition über einen Zeitraum von fünf Jahren,

b) im Falle von Renovierungsmaßnahmen, die die Installation oder den Austausch nur einer Art von Gebäudekomponente (75) im Sinne des Artikels 2 Nummer 9 der Richtlinie 2010/31/EU betreffen: eine Verringerung des Primärenergiebedarfs um mindestens 10 % gegenüber der Situation vor der Investition, sofern der Mitgliedstaat nachweist, dass die Maßnahme auf Ebene der Beihilferegelung insgesamt zu einer erheblichen Verringerung des Primärenergiebedarfs führt,

c) im Falle neuer Gebäude: Verbesserungen der Gesamtenergieeffizienz, die zu einer Verringerung des Primärenergiebedarfs um mindestens 10 % gegenüber dem Schwellenwert für die in nationalen Maßnahmen zur Umsetzung der Richtlinie 2010/31/EU festgelegten Anforderungen an Niedrigstenergiegebäude führen.

140. Beihilfen zur Verbesserung der Gesamtenergieeffizienz von Gebäuden können auch KMU und kleinen Unternehmen mittlerer Kapitalisierung gewährt werden, die auf die Verbesserung der Gesamtenergieeffizienz abzielende Maßnahmen zur Begünstigung von Energieleistungsverträgen im Sinne des Artikels 2 Ziffer 27 der Richtlinie 2012/27/EU anbieten.

4.2.3 ***Anreizeffekt***

141. Die Vorschriften der Randnummern 142 und 143 gelten zusätzlich zu den Vorgaben des Abschnitts 3.1.2.

142. Nach Auffassung der Kommission haben Beihilfen für Vorhaben mit einer Amortisationsdauer (76) von weniger als fünf Jahren grundsätzlich keinen Anreizeffekt. Der Mitgliedstaat kann jedoch nachweisen, dass eine Beihilfe erforderlich ist, um eine Verhaltensänderung herbeizuführen, selbst wenn es sich um Vorhaben mit kürzerer Amortisationsdauer handelt.

143. Schreibt das Unionsrecht Unternehmen Mindestnormen für die Gesamtenergieeffizienz vor, die als Unionsnormen gelten, so wird davon ausgegangen, dass Beihilfen für alle Investitionen, die erforderlich sind, um die Unternehmen in die Lage zu versetzen, diese Normen zu erfüllen, einen Anreizeffekt haben, sofern die Beihilfen gewährt werden, bevor die Anforderungen für das betreffende Unternehmen verbindlich werden (77). Der Mitgliedstaat muss sicherstellen, dass die Beihilfeempfänger einen detaillierten Sanierungsplan und einen detaillierten Zeitplan vorlegen, aus denen hervorgeht, dass die geförderte Sanierung mindestens ausreicht, um zu bewirken, dass das Gebäude diese Mindestnormen für die Gesamtenergieeffizienz erfüllt.

4.2.4. ***Minimierung der Verzerrungen von Wettbewerb und Handel***

4.2.4.1 Geeignetheit

144. Die Vorschrift der Randnummer 145 gilt zusätzlich zu den Vorgaben des Abschnitts 3.2.1.2.

145. Beihilfen zur Begünstigung von Energieleistungsverträgen können in Form eines Darlehens oder einer Garantie für den Anbieter der Maßnahmen zur Verbesserung der Gesamtenergieeffizienz im Rahmen eines Energieleistungsvertrags oder in Form eines Finanzprodukts zur Finanzierung des Anbieters (zum Beispiel Factoring oder Forfaitierung) gewährt werden.

4.2.4.2 Angemessenheit

146. Die beihilfefähigen Kosten sind die Investitionskosten, die unmittelbar mit der Erzielung einer besseren Gesamtenergieeffizienz oder Umweltbilanz verbunden sind.

147. Bei den unter Randnummer 139 Buchstaben a und c genannten Maßnahmen darf die Beihilfeintensität höchstens 30 % der beihilfefähigen Kosten betragen. Bei den unter Randnummer 139 Buchstabe b genannten Maßnahmen darf die Beihilfeintensität höchstens 25 % betragen. Werden Beihilfen für Investitionen, die Unternehmen in die Lage versetzen, Mindestnormen für die Gesamtenergieeffizienz, die als Unionsnormen gelten, zu erfüllen, weniger als 18 Monate vor Inkrafttreten der Unionsnormen gewährt, so darf die Beihilfeintensität bei den unter Randnummer 139 Buchstaben a und c genannten Maßnahmen höchstens 20 % der beihilfefähigen Kosten und bei den unter Randnummer 139 Buchstabe b genannten Maßnahmen höchstens 15 % der beihilfefähigen Kosten betragen.

148. Bei Beihilfen zur Verbesserung der Gesamtenergieeffizienz bestehender Gebäude kann die Beihilfeintensität um 15 Prozentpunkte erhöht werden, wenn die Verbesserungen der Gesamtenergieeffizienz zu einer Verringerung des Primärenergiebedarfs um mindestens 40 % führen. Diese Erhöhung der Beihilfeintensität findet jedoch keine Anwendung, wenn das Vorhaben zwar eine Verringerung des Primärenergiebedarfs um 40 % oder mehr bewirkt, aber die Gesamtenergieeffizienz des Gebäudes nicht über das Niveau hinaus verbessert, das aufgrund von Mindestnormen für die Gesamtenergieeffizienz, die als Unionsnormen gelten und in weniger als 18 Monaten in Kraft treten, vorgeschrieben ist.

149. Bei Beihilfen für kleine Unternehmen kann die Beihilfeintensität um 20 Prozentpunkte, bei Beihilfen für mittlere Unternehmen um 10 Prozentpunkte erhöht werden.

150. Die Beihilfeintensität kann bei Investitionen in Fördergebieten nach Artikel 107 Absatz 3 Buchstabe a AEUV um 15 Prozentpunkte bzw. bei Investitionen in Fördergebieten nach Artikel 107 Absatz 3 Buchstabe c AEUV um 5 Prozentpunkte erhöht werden.

151. In Abhängigkeit von den besonderen Merkmalen der Maßnahme kann der Mitgliedstaat auf

der Grundlage einer Analyse der Finanzierungslücke (siehe die Randnummern 48, 51 und 52) auch nachweisen, dass ein höherer Beihilfebetrag erforderlich ist. Der Beihilfebetrag darf die Finanzierungslücke nach den Randnummern 51 und 52 nicht übersteigen. Werden Beihilfen für Investitionen, die Unternehmen in die Lage versetzen, Mindestnormen für die Gesamtenergieeffizienz, die als Unionsnormen gelten, zu erfüllen, weniger als 18 Monate vor Inkrafttreten der Unionsnormen gewährt, so darf der Beihilfehöchstbetrag 70 % der Finanzierungslücke nicht überschreiten.

152. Wird die Beihilfe im Wege einer Ausschreibung gewährt, die im Einklang mit den unter den Randnummern 49 und 50 genannten Kriterien durchgeführt wird, so gilt der Beihilfebetrag als angemessen. Werden Beihilfen für Investitionen, die Unternehmen in die Lage versetzen, Mindestnormen für die Gesamtenergieeffizienz, die als Unionsnormen gelten, zu erfüllen, weniger als 18 Monate vor Inkrafttreten der Unionsnormen gewährt, so muss der Mitgliedstaat sicherstellen, dass das Risiko einer Überkompensation in angemessener Weise, beispielsweise durch Festsetzung von Gebotsobergrenzen, angegangen wird.

153. Die unter den Randnummern 147 bis 151 genannten Beihilfehöchstintensitäten gelten nicht für Beihilfen, die in Form von Finanzinstrumenten gewährt werden. Wird die Beihilfe in Form einer Garantie gewährt, so sollte die Garantie 80 % des zugrunde liegenden Darlehens nicht übersteigen. Wird die Beihilfe in Form eines Darlehens gewährt, so muss die vom bzw. von den Gebäudeeigentümer(n) an den Energieeffizienzfonds, den Fonds für erneuerbare Energien oder einen anderen Finanzintermediär geleistete Rückzahlung mindestens dem Nennwert des Darlehens entsprechen.

4.2.4.3 Vermeidung übermäßiger negativer Auswirkungen auf Wettbewerb und Handel sowie Abwägungsprüfung

154. Die Vorschriften der Randnummern 155 bis 157 gelten zusätzlich zu den Vorgaben des Abschnitts 3.2.2.

155. Beihilfen für Investitionen in erdgasbetriebene Anlagen, mit denen die Energieeffizienz von Gebäuden verbessert werden soll, können den Energieverbrauch zwar kurzfristig verringern, doch längerfristig bewirken sie stärkere negative externe Umwelteffekte als alternative Investitionen. Beihilfen für die Installation von erdgasbetriebenen Anlagen können den Wettbewerb übermäßig verzerren, wenn sie Investitionen in sauberere Alternativen verdrängen, die bereits auf dem Markt verfügbar sind, oder wenn sie eine Festlegung auf bestimmte Technologien bewirken und damit die Entwicklung eines Marktes für sauberere Technologien und deren Nutzung behindern. Es ist unwahrscheinlich, dass die positiven Auswirkungen von Maßnahmen, die eine solche Verdrängung oder Festlegung bewirken, ihre negativen Auswirkungen auf den Wettbewerb überwiegen. Bei ihrer Würdigung wird die Kommission berücksichtigen, ob die erdgasbetriebene Anlage an die Stelle einer Energieerzeugungsanlage tritt, die die umweltschädlichsten fossilen Brennstoffe wie Erdöl und Kohle verwendet.

156. Alternativen zu Energieerzeugungsanlagen, die mit umweltschädlichen fossilen Brennstoffen wie Öl und Kohle betrieben werden, sind bereits auf dem Markt verfügbar. In diesem Zusammenhang wird nicht davon ausgegangen, dass Beihilfen für die Installation energieeffizienter Energieerzeugungsanlagen, die mit solchen Brennstoffen betrieben werden, die gleichen positiven Auswirkungen haben wie Beihilfen für die Installation von Anlagen zur Erzeugung saubererer Energie. Erstens wird die marginale Verbesserung in Bezug auf die Verringerung des Energieverbrauchs durch die mit der Nutzung fossiler Brennstoffe verbundenen höheren CO_2-Emissionen aufgewogen. Zweitens birgt die Gewährung von Beihilfen für die Installation von Energieerzeugungsanlagen, die mit festen oder flüssigen fossilen Brennstoffen betrieben wird, ein erhebliches Risiko, dass eine Festlegung auf Technologien für die Nutzung fossiler Brennstoffe entsteht und Investitionen in auf dem Markt verfügbare saubere re und innovativere Alternativen verdrängt werden, indem die Nachfrage von Energieerzeugungsanlagen, die keine festen oder flüssigen fossilen Brennstoffe verwenden, abgelenkt wird. Dies würde auch der weiteren Entwicklung des Marktes für Technologien für die Nutzung nichtfossiler Brennstoffe entgegenwirken. Die Kommission ist daher der Auffassung, dass die negativen Auswirkungen von Beihilfen für Energieerzeugungsanlagen, die mit festen oder flüssigen fossilen Brennstoffen betrieben wird, auf den Wettbewerb wahrscheinlich nicht ausgeglichen werden.

157. Wird eine Beihilfe in Form einer Dotation, Beteiligung, Garantie oder eines Darlehens für einen Energieeffizienzfonds, einen Fonds für erneuerbare Energien oder einen anderen Finanzintermediär gewährt, so prüft die Kommission, ob die Voraussetzungen erfüllt sind, um sicherzustellen, dass der Energieeffizienzfonds, der Fonds für erneuerbare Energien oder der andere Finanzintermediär keinen ungerechtfertigten Vorteil erhält und eine wirtschaftlich solide Investitionsstrategie für die Durchführung der Beihilfemaßnahme zur Förderung der Gesamtenergieeffizienz anwendet. Es müssen insbesondere die folgenden Voraussetzungen erfüllt sein:a) Finanzintermediäre oder Fondsverwalter müssen im Rahmen eines offenen, transparenten und diskriminierungsfreien Verfahrens ausgewählt werden, das im Einklang mit den geltenden Rechtsvorschriften der Union und der Mitgliedstaaten durchgeführt wird.

b) Durch Bedingungen wird sichergestellt, dass Finanzintermediäre, einschließlich Energieeffizienzfonds bzw. Fonds für erneuerbare Energien, nach kaufmännischen Grundsätzen verwaltet werden und gewinnorientierte Finanzierungsentscheidungen treffen.

c) Die Verwalter des Energieeffizienzfonds oder des Fonds für erneuerbare Energien oder anderer Finanzintermediäre geben den Vorteil in Form umfangreicherer Finanzierungen, geringerer Besicherungsanforderungen, niedrigerer Garantieentgelte oder niedrigerer Zinssätze so weit wie möglich an die Endempfänger (Gebäudeeigentümer oder Mieter) weiter.

4.3 Beihilfen für saubere Mobilität

158. In den Abschnitten 4.3.1 und 4.3.2 sind die Voraussetzungen festgelegt, unter denen staatliche Beihilfen für bestimmte Investitionen zur Verringerung oder zur Vermeidung der Emission von CO_2 und sonstigen Schadstoffen im Bereich des Luft-, Straßen-, Schienen-, Schiffs- und Seeverkehrs die Entwicklung eines Wirtschaftszweigs in umweltfreundlicher Weise fördern können, ohne die Handelsbedingungen in einer Weise zu beeinträchtigen, die dem gemeinsamen Interesse der Union zuwiderläuft.

159. Beihilfen für Investitionen in leichte und schwere Nutzfahrzeuge, die mit Gas (insbesondere LNG, CNG und Biogas) betrieben werden, sowie in die entsprechende Gasbetankungsinfrastruktur für den Straßenverkehr, mit Ausnahme von LNG-Infrastruktur, die ausschließlich für das Betanken schwerer Nutzfahrzeuge bestimmt ist, fallen nicht in den Anwendungsbereich dieser Leitlinien. Nach dem derzeitigen Stand der Marktentwicklung dürften diese Technologien ein deutlich geringeres Potenzial haben, zum Klimaschutz und zur Verringerung der Luftverschmutzung beizutragen, als sauberere und innovativere Alternativen, sodass davon ausgegangen wird, dass sie den Wettbewerb übermäßig verzerren, indem sie Investitionen in diese saubereren Alternativen verdrängen und eine Festlegung auf Mobilitätslösungen bewirken, die nicht mit den Zielen für 2030 und 2050 im Einklang stehen.

4.3.1 *Beihilfen für den Erwerb oder das Leasing von sauberen Fahrzeugen und sauberen mobilen Service-Geräten sowie für die Nachrüstung von Fahrzeugen und mobilen Service-Geräten*

4.3.1.1 Begründung der Beihilfe

160. Um das rechtsverbindliche Unionsziel der Klimaneutralität bis 2050 zu erreichen, wurde in der Mitteilung über den europäischen Grünen Deal das Ziel festgelegt, die verkehrsbedingten Emissionen bis 2050 um mindestens 90 % gegenüber dem Stand von 1990 zu senken. In der Mitteilung über eine Strategie für nachhaltige und intelligente Mobilität (78) wird aufgezeigt, wie dieses Ziel durch die Dekarbonisierung sowohl der einzelnen Verkehrsträger als auch der gesamten Verkehrskette erreicht werden kann (79).

161. Zwar bieten bestehende Strategien unter Umständen Anreize für die Nutzung sauberer Fahrzeuge, indem verbindliche CO_2-Emissionsziele für die neue Straßenverkehrsflotte der Hersteller festgelegt (80), die externen Klima- und Umwelteffekte internalisiert (81) oder die Nachfrage nach Fahrzeugen durch Vergabe öffentlicher Aufträge gefördert wird (82), aber diese Anreize reichen möglicherweise nicht aus, um die Fälle von Marktversagen in dem betreffenden Wirtschaftszweig vollständig zu beseitigen. Trotz der bestehenden Strategien werden bestimmte Markthindernisse und Fälle von Marktversagen möglicherweise nicht angegangen, unter anderem die Bezahlbarkeit sauberer Fahrzeuge im Vergleich zu konventionellen Fahrzeugen, die begrenzte Verfügbarkeit von Lade- bzw. Tankinfrastruktur und das Bestehen externer Umwelteffekte. Die Mitgliedstaaten können daher Beihilfen zur Behebung dieser verbleibenden Fälle von Marktversagen gewähren und die Entwicklung der sauberen Mobilität unterstützen.

4.3.1.2 Anwendungsbereich und geförderte Tätigkeiten

162. Beihilfen können für den Erwerb und das Leasing neuer oder gebrauchter sauberer Fahrzeuge sowie für den Erwerb und das Leasing sauberer mobiler Service-Geräte gewährt werden.

163. In folgenden Fällen können Beihilfen auch für die Nachrüstung, Umrüstung und Anpassung von Fahrzeugen oder mobilen Service-Geräten gewährt werden:(a) wenn durch die Beihilfe eine Einstufung als sauberes Fahrzeug bzw. sauberes mobiles Service-Gerät möglich ist oder

(b) wenn die Beihilfe erforderlich ist, damit Schiffe und Luftfahrzeuge Biokraftstoffe und synthetische Kraftstoffe, einschließlich flüssiger oder gasförmiger erneuerbarer Kraftstoffe nicht biogenen Ursprungs, zusätzlich zu oder als Alternative zu fossilen Brennstoffen überhaupt verwenden bzw. in größerem Umfang verwenden können, oder

(c) wenn die Beihilfe erforderlich ist, um Schiffen die Nutzung von Windantrieb zu ermöglichen.

4.3.1.3 Anreizeffekt

164. Die Vorschriften der Randnummern 165 bis 169 gelten zusätzlich zu den Vorgaben des Abschnitts 3.1.2.

165. Der Mitgliedstaat muss ein plausibles kontrafaktisches Szenario vorlegen, bei dem von der Nichtgewährung der Beihilfe ausgegangen wird. Ein kontrafaktisches Szenario entspricht einer Investition mit derselben Kapazität, derselben Lebensdauer und gegebenenfalls weiteren relevanten technischen Merkmalen der umweltfreundlichen Investition. Betrifft die Investition den Erwerb oder das Leasing sauberer Fahrzeuge oder sauberer mobiler Service-Geräte, so besteht das kontrafaktische Szenario in der Regel im Erwerb oder im Leasing von Fahrzeugen oder mobilen

Service-Geräten derselben Klasse bzw. Kategorie und derselben Kapazität, die etwaige geltende Unionsnormen mindestens erfüllen und ohne die Beihilfe erworben oder geleast würden.

166. Das kontrafaktische Szenario könnte darin bestehen, dass das bereits vorhandene Fahrzeug bzw. das bereits vorhandene mobile Service-Gerät während eines Zeitraums in Betrieb gehalten wird, der der Lebensdauer der umweltfreundlichen Investition entspricht. In diesem Fall sollten die abgezinsten Wartungs-, Reparatur- und Modernisierungskosten in diesem Zeitraum berücksichtigt werden.

167. In anderen Fällen kann das kontrafaktische Szenario in einem späteren Austausch des Fahrzeugs oder des mobilen Service-Geräts bestehen; dann sollte der abgezinste Wert des Fahrzeugs oder des mobilen Service-Geräts berücksichtigt und der Unterschied in der jeweiligen wirtschaftlichen Lebensdauer ausgeglichen werden. Dieser Ansatz kann bei Fahrzeugen mit einer längeren wirtschaftlichen Lebensdauer, etwa bei Schiffen sowie bei Schienen- und Luftfahrzeugen, besonders relevant sein.

168. Bei Fahrzeugen oder mobilen Service-Geräten, die Leasingvereinbarungen unterliegen, sollte der abgezinste Wert des Leasings des sauberen Fahrzeugs bzw. des sauberen mobilen Service-Geräts mit dem abgezinsten Wert des Leasings des weniger umweltfreundlichen Fahrzeugs bzw. mobilen Service-Geräts, das ohne die Beihilfe genutzt würde, verglichen werden.

169. Besteht die Investition darin, dass einem bereits vorhandenen Fahrzeug oder mobilen Service-Gerät weitere Ausrüstung hinzugefügt wird, um seine Umweltbilanz zu verbessern (z. B. Nachrüstung mit Emissionsminderungssystemen), kann es sich bei den beihilfefähigen Kosten um die gesamten Investitionskosten handeln.

4.3.1.4 Minimierung der Verzerrungen von Wettbewerb und Handel

4.3.1.4.1 Geeignetheit

170. Die Vorschriften der Randnummer 171 gelten zusätzlich zu den Vorgaben des Abschnitts 3.2.1.2.

171. Bei der Prüfung der Geeignetheit im Vergleich zu alternativen politischen Instrumenten sollten die Möglichkeit, die Entwicklung des Marktes für saubere Mobilität durch andere Arten von Maßnahmen als Beihilfen zu fördern, und die erwarteten Auswirkungen dieser Initiativen im Vergleich zu denen der vorgeschlagenen Maßnahme berücksichtigt werden. Bei solchen anderen Arten von Maßnahmen kann es sich auch um die Einführung allgemeiner Maßnahmen zur Förderung des Erwerbs sauberer Fahrzeuge handeln, wie Umwelt- oder Abwrackprämien oder die Schaffung von Umweltzonen in dem betreffenden Mitgliedstaat.

4.3.1.4.2 Angemessenheit

172. Die Beihilfe darf nicht über die Kosten hinausgehen, die erforderlich sind, um die Entwicklung des betreffenden Wirtschaftszweigs in einer Weise zu fördern, die (durch den Übergang von konventionellen zu sauberen Fahrzeugen und sauberen mobilen Service-Geräten) den Umweltschutz im Vergleich zum kontrafaktischen Szenario ohne Beihilfe verbessert. Staatliche Beihilfen können als angemessen angesehen werden, wenn die Voraussetzungen der Randnummern 173 bis 181 erfüllt sind.

173. In der Regel muss die Beihilfe im Wege einer Ausschreibung gewährt werden, die im Einklang mit den Kriterien der Randnummern 49 und 50 durchgeführt wird.

174. Kommen im Rahmen des Ausschreibungsverfahrens abgesehen von dem vom Antragsteller beantragten Beihilfebetrag weitere Kriterien zur Anwendung, so gilt Randnummer 50. Die Auswahlkriterien können sich beispielsweise auf den erwarteten Umweltnutzen der Investition in Bezug auf die Verringerung von CO_2-Äquivalenten oder anderen Schadstoffen während der gesamten Lebensdauer der Investition beziehen. Um die Ermittlung des Umweltnutzens zu erleichtern, kann der Mitgliedstaat von den Antragstellern verlangen, dass sie in ihren Geboten das erwartete Niveau der Emissionsverringerungen angeben, das sich im Vergleich zum Emissionsniveau eines den etwaigen geltenden Unionsnormen entsprechenden vergleichbaren Fahrzeugs aus der Investition ergibt. Umweltkriterien, die bei der Ausschreibung zugrunde gelegt werden, können auch Lebenszyklusaspekte wie die Umweltauswirkungen des End-of-Life-Managements für das Produkt umfassen.

175. Bei der Ausgestaltung des Ausschreibungsverfahrens muss sichergestellt werden, dass weiterhin genügend Anreize für Antragsteller bestehen, Gebote für Vorhaben abzugeben, die den Erwerb emissionsfreier Fahrzeuge betreffen, welche in der Regel teurer sind als weniger umweltfreundliche Alternativen, sofern diese für den jeweiligen Verkehrsträger verfügbar sind. Dazu muss unter anderem gewährleistet werden, dass die Anwendung der Auswahlkriterien nicht dazu führt, dass solche Vorhaben gegenüber anderen sauberen Fahrzeugen, bei denen es sich nicht um emissionsfreie Fahrzeuge handelt, benachteiligt werden. So kann beispielsweise vorgesehen werden, dass die Erfüllung von Umweltkriterien Aufschläge ermöglicht, durch die Vorhaben mit einem Umweltnutzen, der größer ist als der Umweltnutzen, der sich aus den Fördervoraussetzungen oder dem vorrangigen Ziel der Maßnahme ergibt, eine höhere Punktzahl zugewiesen werden kann. Gegebenenfalls können Gebotsobergrenzen erforderlich sein, um das Höchstgebot einzelner Bieter in bestimmten Gruppen zu begrenzen. Etwaige Gebotsobergrenzen sollten unter Bezugnahme auf

die Quantifizierung für die unter den Randnummern 51, 52 und 53 genannten Referenzvorhaben begründet werden.

176. Abweichend von den Randnummern 173 bis 175 können Beihilfen in folgenden Fällen ohne Ausschreibung gewährt werden:a) wenn die erwartete Teilnehmerzahl nicht ausreicht, um wirksamen Wettbewerb zu gewährleisten bzw. strategisches Bietverhalten zu vermeiden,

b) wenn der Mitgliedstaat in Abhängigkeit von den Merkmalen der jeweiligen Maßnahme, Wirtschaftszweige oder Verkehrsträger angemessen begründet, dass eine Ausschreibung, wie unter den Randnummern 49 und 50 beschrieben, nicht geeignet ist, um die Angemessenheit der Beihilfe zu gewährleisten, und dass die alternativen Methoden unter den Randnummern 177 bis 180 die Gefahr übermäßiger Wettbewerbsverzerrungen (83) nicht erhöhen würde, oder

c) wenn die Beihilfen für den Erwerb oder das Leasing von Fahrzeugen gewährt werden, die für die Nutzung durch Unternehmen bestimmt sind, die im öffentlichen Personenverkehr auf dem Land-, Schienen- oder Wasserweg tätig sind.

177. In den unter Randnummer 176 genannten Fällen kann die Beihilfe als angemessen angesehen werden, wenn sie 40 % der beihilfefähigen Kosten nicht übersteigt. Bei emissionsfreien Fahrzeugen kann die Beihilfeintensität um 10 Prozentpunkte erhöht werden; bei mittleren Unternehmen ist eine Erhöhung um 10 Prozentpunkte und bei kleinen Unternehmen um 20 Prozentpunkte möglich.

178. Die beihilfefähigen Kosten sind die Nettomehrkosten der Investition. Diese werden als Differenz zwischen den Gesamtbetriebskosten der sauberen Fahrzeuge, die mithilfe der Beihilfe erworben oder geleast werden sollen, einerseits und der Beihilfe und den Gesamtbetriebskosten im kontrafaktischen Szenario andererseits berechnet. Nicht direkt mit der Verbesserung des Umweltschutzes zusammenhängende Kosten sind nicht beihilfefähig.

179. Bei der Nachrüstung von Fahrzeugen oder mobilen Service-Geräten können die beihilfefähigen Kosten nach Randnummer 169 die Gesamtkosten für die Nachrüstung sein, sofern die Fahrzeuge bzw. die mobilen Service-Geräte im kontrafaktischen Szenario auch ohne die Nachrüstung dieselbe wirtschaftliche Lebensdauer hätten.

180. In Abhängigkeit von den besonderen Merkmalen der Maßnahme kann der Mitgliedstaat auf der Grundlage einer Analyse der Finanzierungslücke (siehe die Randnummern 48, 51 und 52) auch nachweisen, dass ein höherer Beihilfebetrag erforderlich ist. In einem solchen Fall muss der Mitgliedstaat nach Randnummer 55 eine Ex-post-Überwachung durchführen, um die zugrunde gelegten Annahmen bezüglich der Höhe der erforderlichen Beihilfe zu überprüfen, und einen Rückforderungsmechanismus einrichten. Der Beihilfebetrag darf die Finanzierungslücke nach den Randnummern 51 und 52 nicht übersteigen.

181. Bei Einzelbeihilfen muss der Beihilfebetrag auf der Grundlage einer Analyse der Finanzierungslücke festgelegt werden (siehe die Randnummern 48, 51 und 52). In solchen Fällen muss der Mitgliedstaat nach Randnummer 55 eine Ex-post-Überwachung durchführen, um die zugrunde gelegten Annahmen bezüglich der Höhe der erforderlichen Beihilfe zu überprüfen, und einen Rückforderungsmechanismus einrichten.

4.3.1.5 Vermeidung übermäßiger negativer Auswirkungen auf Wettbewerb und Handel sowie Abwägungsprüfung

182. Die Vorschriften der Randnummern 183 bis 189 gelten zusätzlich zu den Vorgaben des Abschnitts 3.2.2.

183. Nach Auffassung der Kommission können Beihilfen für Investitionen in Fahrzeuge und mobile Service-Geräte, die mit Erdgas betrieben werden, die Emissionen von Treibhausgasen und sonstigen Schadstoffen zwar kurzfristig verringern, doch längerfristig bewirken sie stärkere negative externe Umwelteffekte als alternative Investitionen. Beihilfen für den Erwerb von Fahrzeugen und mobilen Service-Geräten, die mit Erdgas betrieben werden, können den Wettbewerb übermäßig verzerren, wenn sie Investitionen in sauberere Alternativen verdrängen, die bereits auf dem Markt verfügbar sind, oder wenn sie eine Festlegung auf bestimmte Technologien bewirken und damit die Entwicklung eines Marktes für sauberere Technologien und deren Nutzung behindern. In diesen Fällen ist die Kommission der Auffassung, dass die negativen Auswirkungen von Beihilfen für Fahrzeuge und mobile Service-Geräte, die mit Erdgas betrieben werden, auf den Wettbewerb wahrscheinlich nicht ausgeglichen werden.

184. Bei Beihilfen für den Erwerb oder das Leasing von CNG- und LNG-Fahrzeugen für den Schiffsverkehr und von mobilen CNG- und LNG-Service-Geräten kann jedoch davon ausgegangen werden, dass sie keine langfristige Festlegung bewirken bzw. keine Investitionen in sauberere Technologien verdrängen, wenn der Mitgliedstaat nachweist, dass sauberere Alternativen auf dem Markt nicht ohne Weiteres verfügbar sind und voraussichtlich kurzfristig nicht verfügbar sein dürften (84).

185. Alternativen zu Fahrzeugen, die mit den umweltschädlichsten fossilen Kraftstoffen wie Diesel, Benzin oder Flüssiggas (LPG) betrieben werden, sind für die Nutzung im Straßenverkehr, im Schiffsverkehr sowie im Schienenverkehr bereits auf dem Markt verfügbar. Die Gewährung von Beihilfen für solche Fahrzeuge birgt ein erhebliches Risiko, dass eine Festlegung auf konventionelle Technologien entsteht und Investitionen

in auf dem Markt verfügbare sauberere Alternativen verdrängt werden, indem die Nachfrage von umweltfreundlicheren Fahrzeugen abgelenkt wird. Dies würde auch der weiteren Entwicklung des Marktes für Technologien für die Nutzung nichtfossiler Brennstoffe entgegenwirken. Vor diesem Hintergrund wird davon ausgegangen, dass Beihilfen für den Erwerb oder das Leasing solcher Fahrzeuge, auch wenn diese einer neuen Fahrzeuggeneration angehören und etwaige geltende Unionsnormen übertreffen, nicht dieselben positiven Auswirkungen haben wie Beihilfen für den Erwerb oder das Leasing sauberer Fahrzeuge mit geringeren direkten CO_2-(Auspuff-/Abgas-)Emissionen. Die Kommission ist daher der Auffassung, dass die negativen Auswirkungen von Beihilfen für Fahrzeuge, die mit den umweltschädlichsten fossilen Kraftstoffen wie Diesel, Benzin oder LPG betrieben werden, auf den Wettbewerb wahrscheinlich nicht ausgeglichen werden.

186. Davon, dass emissionsfreie Luftfahrzeuge, ob elektrisch oder mit Wasserstoff betrieben, kurzfristig auf dem Markt verfügbar werden, ist nicht auszugehen. Vor diesem Hintergrund ist die Kommission der Auffassung, dass die negativen Auswirkungen staatlicher Beihilfen für saubere Luftfahrzeuge, bei denen es sich nicht um emissionsfreie Luftfahrzeuge handelt, durch ihre positiven Auswirkungen aufgewogen werden können, wenn sie zur Markteinführung oder beschleunigten Einführung neuer, effizienterer und wesentlich umweltfreundlicherer Luftfahrzeuge beitragen, die im Einklang mit einem Übergang zur Klimaneutralität steht, ohne eine Festlegung auf bestimmte Technologien zu bewirken und Investitionen in sauberere Alternativen zu verdrängen.

187. Was den Luftverkehr betrifft, kann die Kommission verlangen, dass der Beihilfeempfänger eine entsprechende Anzahl von weniger umweltfreundlichen Luftfahrzeugen mit einer Startmasse, die der Startmasse der mithilfe von Beihilfen erworbenen oder geleasten Luftfahrzeuge vergleichbar ist, stillegt, sofern dies geeignet ist, um — auch unter Berücksichtigung der Marktposition des Beihilfeempfängers — besonders wettbewerbsverzerrende Auswirkungen der Beihilfe abzumildern oder um die positiven Auswirkungen der Maßnahmen zu verstärken.

188. Bei der Prüfung der durch Beihilfen für den Erwerb oder das Leasing von Fahrzeugen oder mobilen Service-Geräten verursachten Wettbewerbsverzerrungen wird die Kommission untersuchen, ob die Inbetriebnahme neuer Fahrzeuge in dem betreffenden Wirtschaftszweig Fälle von Marktversagen, wie etwa eine Überkapazität, bewirken bzw. bereits bestehende Fälle von Marktversagen verstärken würde.

189. Um den stärkeren wettbewerbsverzerrenden Auswirkungen von Maßnahmen zu begegnen, bei denen einem einzelnen Beihilfeempfänger oder einer begrenzten Zahl bestimmter Beihilfeempfänger (85) ohne Ausschreibung gezielte Unterstützung gewährt wird, müssen die Mitgliedstaaten die Ausgestaltung der jeweiligen Maßnahme angemessen begründen und nachweisen, dass dem erhöhten Risiko einer Wettbewerbsverzerrung hinreichend Rechnung getragen wird (86).

4.3.2 *Beihilfen für den Aufbau von Lade- oder Tankinfrastruktur*

4.3.2.1 Begründung der Beihilfe

190. Ein umfassendes Netz von Lade- und Tankinfrastruktur ist notwendig, um eine breite Nutzung sauberer Fahrzeuge und den Übergang zu einer emissionsfreien Mobilität zu ermöglichen. Ein besonders schwerwiegendes Hindernis für die Marktakzeptanz sauberer Fahrzeuge ist die begrenzte Verfügbarkeit von Infrastruktur für das Laden oder Betanken solcher Fahrzeuge. Darüber hinaus ist die Verfügbarkeit von Lade- und Tankinfrastruktur in den einzelnen Mitgliedstaaten unterschiedlich. Solange der Anteil sauberer Fahrzeuge niedrig bleibt, wird der Markt die erforderliche Lade- und Tankinfrastruktur möglicherweise nicht aus eigener Kraft bereitstellen.

191. Die Richtlinie 2014/94/EU des Europäischen Parlaments und des Rates (87) schafft einen gemeinsamen Rahmen für Maßnahmen zum Aufbau der Infrastruktur für alternative Kraftstoffe für den Verkehr in der Union und legt einen Rahmen für gemeinsame Maßnahmen für den Aufbau dieser Infrastruktur fest. Darüber hinaus können andere Strategien zur Förderung der Nutzung sauberer Fahrzeuge bereits Investitionssignale für den Aufbau von Lade- und Tankinfrastruktur liefern. Diese Strategien allein reichen jedoch möglicherweise nicht aus, um die festgestellten Fälle von Marktversagen vollständig zu beheben. Die Mitgliedstaaten können daher Beihilfen zur Behebung dieser verbleibenden Fälle von Marktversagen gewähren und den Aufbau von Lade- und Tankinfrastruktur fördern.

4.3.2.2 Anwendungsbereich und geförderte Tätigkeiten

192. Beihilfen können für den Bau, die Installation, die Modernisierung oder die Erweiterung von Lade- oder Tankinfrastruktur gewährt werden.

193. Die Vorhaben können auch Anlagen für intelligente Ladevorgänge und Anlagen für die am Standort der Infrastruktur erfolgende Erzeugung von erneuerbarem Strom oder von erneuerbarem oder CO_2-armem Wasserstoff umfassen, die direkt mit der Lade- oder Tankinfrastruktur verbunden sind, sowie am Standort der Infrastruktur befindliche Anlagen zur Speicherung von Strom oder von erneuerbarem oder CO_2-armem Wasserstoff, die als Kraftstoff bereitgestellt werden sollen. Die nominale Produktionskapazität der am Standort der Infrastruktur befindlichen Anlage zur Erzeugung von Strom oder Wasserstoff sollte

in einem angemessenen Verhältnis zur Nennleistung oder zur Lade- bzw. Betankungskapazität der Lade- bzw. Tankinfrastruktur stehen, an die sie angeschlossen ist.

4.3.2.3 Minimierung der Verzerrungen von Wettbewerb und Handel

4.3.2.3.1 Erforderlichkeit der Beihilfe

194. Der Mitgliedstaat muss anhand einer vorab durchgeführten öffentlichen Konsultation, anhand einer unabhängigen Marktstudie oder auf der Grundlage eines anderen geeigneten Nachweises nach Abschnitt 3.2.1.1 prüfen, ob Beihilfen erforderlich sind, um Anreize für den Aufbau von Lade- oder Tankinfrastruktur der Art, wie sie mit der staatlichen Beihilfe aufgebaut werden soll, (88) zu schaffen. Insbesondere muss der Mitgliedstaat nachweisen, dass eine vergleichbare Infrastruktur zu Marktbedingungen kurzfristig wahrscheinlich nicht aufgebaut würde, (89) und gegebenenfalls die Auswirkungen eines EHS berücksichtigen.

195. Bei der Prüfung der Erforderlichkeit von Beihilfen für den Aufbau einer Lade- und Tankinfrastruktur, die anderen Nutzern als den Beihilfeempfängern offensteht, einschließlich einer öffentlich zugänglichen Lade- oder Tankinfrastruktur, können der Grad der Marktdurchdringung der sauberen Fahrzeuge, die diese Infrastruktur nutzen könnten, und das Verkehrsaufkommen in der betreffenden Region bzw. den betreffenden Regionen berücksichtigt werden.

4.3.2.3.2 Geeignetheit

196. Die Vorschrift der Randnummer 197 gilt zusätzlich zu den Vorgaben des Abschnitts 3.2.1.2.

197. Bei der Prüfung der Geeignetheit alternativer politischer Instrumente sollten die Möglichkeit, den Übergang zu sauberer Mobilität mit neuen Regulierungsmaßnahmen zu fördern, sowie die erwarteten Auswirkungen dieser Initiativen im Vergleich zu denen der geplanten Maßnahme berücksichtigt werden.

4.3.2.3.3 Angemessenheit

198. Die Beihilfe darf nicht über die Kosten hinausgehen, die erforderlich sind, um die Entwicklung des betreffenden Wirtschaftszweigs in einer Weise zu fördern, die den Umweltschutz verbessert. Die Beihilfe kann als angemessen angesehen werden, wenn die Voraussetzungen der Randnummern 199 bis 204 erfüllt sind.

199. Die Beihilfe muss im Wege einer Ausschreibung gewährt werden, die im Einklang mit den Kriterien der Randnummern 49 und 50 durchgeführt wird. Bei der Ausgestaltung der Ausschreibung muss sichergestellt werden, dass weiterhin genügend Anreize für Antragsteller bestehen, Gebote für Vorhaben abzugeben, die eine Lade- oder Tankinfrastruktur betreffen, welche ausschließlich erneuerbaren Strom oder erneuerbaren Wasserstoff bereitstellt. Die Anwendung der Zuschlagskriterien darf nicht dazu führen, dass Vorhaben für Lade- oder Tankinfrastruktur, die ausschließlich erneuerbaren Strom oder erneuerbaren Wasserstoff bereitstellt, gegenüber Vorhaben für Lade- oder Tankinfrastruktur benachteiligt werden, die auch Strom oder Wasserstoff bereitstellen, der im Vergleich zu erneuerbarem Strom oder erneuerbarem Wasserstoff CO_2-intensiver ist oder der nicht erneuerbar ist. Gegebenenfalls können Gebotsobergrenzen erforderlich sein, um das Höchstgebot einzelner Bieter in bestimmten Gruppen zu begrenzen. Etwaige Gebotsobergrenzen sollten unter Bezugnahme auf die Quantifizierung für die unter den Randnummern 51, 52 und 53 genannten Referenzvorhaben begründet werden.

200. Abweichend von Randnummer 199 muss die Beihilfegewährung in folgenden Fällen nicht im Wege einer Ausschreibung erfolgen:a) wenn die erwartete Teilnehmerzahl nicht ausreicht, um wirksamen Wettbewerb zu gewährleisten bzw. strategisches Bietverhalten zu vermeiden,

b) wenn eine Ausschreibung nach den Randnummern 49 und 50 nicht durchgeführt werden kann,

c) wenn die Beihilfe für Lade- oder Tankinfrastruktur gewährt wird, die ausschließlich oder hauptsächlich für die Nutzung durch Unternehmen bestimmt ist, welche im öffentlichen Personenverkehr auf dem Land-, Schienen- oder Wasserweg tätig sind, (90)

d) wenn die Beihilfe für Lade- oder Tankinfrastruktur gewährt wird, die ausschließlich oder hauptsächlich für die Nutzung durch den Beihilfeempfänger bestimmt ist und der Öffentlichkeit nicht zugänglich ist, (91) sofern der betreffende Mitgliedstaat dies angemessen begründet, oder

e) wenn die Beihilfe für Lade- oder Tankinfrastruktur gewährt wird, die für die Nutzung durch bestimmte Fahrzeugtypen bestimmt ist, deren Marktdurchdringungsgrad (je betreffendem Fahrzeugtyp) in dem betreffenden Mitgliedstaat oder deren Verkehrsaufkommen in der betreffenden Region bzw. den betreffenden Regionen sehr gering ist (92).

201. In den unter Randnummer 200 genannten Fällen kann der Beihilfebetrag auf der Grundlage einer Analyse der Finanzierungslücke festgelegt werden (siehe die Randnummern 48, 51 und 52). Der Mitgliedstaat muss nach Randnummer 55 eine Ex-post-Überwachung durchführen, um die zugrunde gelegten Annahmen bezüglich der Höhe der erforderlichen Beihilfe zu überprüfen, und einen Rückforderungsmechanismus einrichten.

202. Alternativ zu Randnummer 201 kann die Beihilfe als angemessen betrachtet werden, wenn sie höchstens 30 % der beihilfefähigen Kosten bzw., wenn die Lade- oder Tankinfrastruktur ausschließlich erneuerbaren Strom bzw. erneuerbaren Wasserstoff bereitstellt, 40 % der beihilfefähigen

Kosten beträgt. Die Beihilfeintensität kann bei mittleren Unternehmen um 10 Prozentpunkte und bei kleinen Unternehmen um 20 Prozentpunkte erhöht werden. Die Beihilfeintensität kann bei Investitionen in Fördergebieten nach Artikel 107 Absatz 3 Buchstabe a AEUV um 15 Prozentpunkte bzw. bei Investitionen in Fördergebieten nach Artikel 107 Absatz 3 Buchstabe c AEUV um 5 Prozentpunkte erhöht werden.

203. In solchen Fällen sind die gesamten Investitionskosten für den Bau, die Installation, die Modernisierung oder die Erweiterung der Lade- oder Tankinfrastruktur beihilfefähig. Sie können zum Beispiel Folgendes umfassen:a) die Kosten für die Lade- oder Tankinfrastruktur selbst sowie die Kosten für die einschlägige technische Ausrüstung,

b) die Kosten für die Installation oder Modernisierung elektrischer oder anderer Komponenten, einschließlich Stromkabeln und Transformatoren, die erforderlich sind, um die Lade- oder Tankinfrastruktur ans Netz oder an eine lokale Anlage zur Erzeugung oder Speicherung von Strom oder Wasserstoff anzuschließen, und um die Intelligenzfähigkeit der Ladeinfrastruktur zu gewährleisten,

c) die Kosten für Baumaßnahmen, Anpassungen von Grundflächen oder Straßen sowie die einschlägigen Installationskosten und die Kosten für die Einholung einschlägiger Genehmigungen.

204. Beinhaltet ein Vorhaben die am Standort der Infrastruktur erfolgende Erzeugung von erneuerbarem Strom oder von erneuerbarem oder CO_2-armem Wasserstoff oder die am Standort der Infrastruktur erfolgende Speicherung von Strom oder von erneuerbarem oder CO_2-armem Wasserstoff, können die beihilfefähigen Kosten auch die Investitionskosten für die Produktionseinheiten oder Speicheranlagen umfassen.

4.3.2.4 Vermeidung übermäßiger negativer Auswirkungen auf Wettbewerb und Handel sowie Abwägungsprüfung

205. Die Vorschriften der Randnummern 206 bis 216 gelten zusätzlich zu den Vorgaben des Abschnitts 3.2.2.

206. Neue Ladeinfrastruktur, die eine Übertragung von Strom mit einer Ladeleistung von bis zu 22 kW ermöglicht, muss in der Lage sein, intelligente Ladefunktionen zu unterstützen. Dadurch würde sichergestellt, dass die Ladevorgänge optimiert und so gesteuert werden, dass kein Engpass entsteht, und dass die Vorteile der Verfügbarkeit von erneuerbarem Strom und niedriger Strompreise im Netz in vollem Umfang genutzt werden.

207. Um eine Duplizierung von Infrastruktur zu vermeiden und damit Vermögenswerte genutzt werden, die das Ende ihrer wirtschaftlichen Lebensdauer noch nicht erreicht haben, muss der Mitgliedstaat im Falle von Tankinfrastruktur für den Schiffs- und Luftverkehr, die synthetische Kraftstoffe, einschließlich flüssiger oder gasförmiger erneuerbarer Kraftstoffe nicht biogenen Ursprungs, oder Biokraftstoffe (93) bereitstellt, unter Berücksichtigung der technischen Merkmale des Kraftstoffs bzw. der Kraftstoffe, der bzw. die über diese Infrastruktur bereitgestellt werden soll(en), begründen, warum neue Infrastruktur erforderlich ist. Bei synthetischen Drop-in-Kraftstoffen (94) und bei Biokraftstoffen muss der Mitgliedstaat berücksichtigen, inwieweit bestehende Infrastruktur für die Bereitstellung von synthetischen Drop-in-Kraftstoffen oder Biokraftstoffen genutzt werden kann.

208. Beihilfen für den Bau, die Installation, die Modernisierung oder die Erweiterung von Tankinfrastruktur können den Wettbewerb übermäßig verzerren, wenn sie Investitionen in sauberere Alternativen verdrängen, die bereits auf dem Markt verfügbar sind, oder wenn sie eine Festlegung auf bestimmte Technologien bewirken und damit die Entwicklung eines Marktes für sauberere Technologien und deren Nutzung behindern. In diesen Fällen ist die Kommission der Auffassung, dass die negativen Auswirkungen von Beihilfen für Tankinfrastruktur, die Kraftstoffe auf Basis von Erdgas bereitstellt, auf den Wettbewerb wahrscheinlich nicht ausgeglichen werden.

209. Angesichts des derzeitigen Entwicklungsstands des Marktes für Technologien für saubere Mobilität im Schiffsverkehr kann bei Beihilfen für den Bau, die Installation, die Modernisierung oder die Erweiterung von für den Schiffsverkehr bestimmter CNG- und LNG-Tankinfrastruktur davon ausgegangen werden, dass sie keine langfristige Festlegung bewirken und keine Investitionen in sauberere Technologien verdrängen, wenn der Mitgliedstaat nachweist, dass sauberere Alternativen auf dem Markt nicht ohne Weiteres verfügbar sind und kurzfristig nicht verfügbar sein dürften (95) und sofern die Infrastruktur genutzt würde, um den Übergang zu CO_2-armen Kraftstoffen anzustoßen. Bei der Prüfung dieser Beihilfen wird die Kommission berücksichtigen, ob die Investition Bestandteil einer glaubwürdigen Überleitung zur Dekarbonisierung ist und die Beihilfe dazu beiträgt, in den Rechtsvorschriften der Union für den Ausbau der Infrastruktur für alternative Kraftstoffe festgelegte Ziele zu erreichen.

210. Im Bereich des Straßenverkehrs sind emissionsfreie Fahrzeuge bereits eine realistische Option, insbesondere was leichte Nutzfahrzeuge betrifft. Schwere Nutzfahrzeuge dürften in naher Zukunft in größerem Umfang auf dem Markt verfügbar werden. Daher dürften nach 2025 gewährte Beihilfen für LNG-Tankinfrastruktur für schwere Nutzfahrzeuge negative Auswirkungen auf den Wettbewerb haben, die wahrscheinlich nicht durch positive Auswirkungen aufgewogen werden. Bei der Prüfung von Beihilfen für Tankinfrastruktur für schwere Nutzfahrzeuge wird die Kommission berücksichtigen, ob sie zur Verwirklichung der

Ziele beitragen, die in den Rechtsvorschriften der Union für den Aufbau der Infrastruktur für alternative Kraftstoffe festgelegt sind.

211. Alternativen zu fossilen Kraftstoffen sind für die Nutzung im Straßenverkehr, in bestimmten Segmenten des Schiffsverkehrs und im Schienenverkehr bereits auf dem Markt verfügbar. Vor diesem Hintergrund wird davon ausgegangen, dass Beihilfen für den Aufbau von Tankinfrastruktur, die Kraftstoffe bereitstellt, die auf der Grundlage fossiler Quellen oder Energie erzeugt wurden, einschließlich fossilem Wasserstoff (96), nicht dieselben positiven Auswirkungen haben wie Beihilfen für den Aufbau einer Tankinfrastruktur, die nichtfossile oder CO_2-arme Kraftstoffe bereitstellt. Erstens werden die im Verkehrssektor erzielten Verringerungen der CO_2-Emissionen durch die mit der Erzeugung und Nutzung fossiler Kraftstoffe verbundenen weiteren CO_2-Emissionen wahrscheinlich aufgewogen, insbesondere wenn diese Emissionen nicht wirksam abgeschieden und gespeichert werden. Zweitens kann die Gewährung von Beihilfen für Tankinfrastruktur, die nicht CO_2-arme fossile Brennstoffe bereitstellt, das Risiko bergen, dass eine Festlegung auf bestimmte Produktionstechnologien entsteht und Investitionen in sauberere Alternativen verdrängt werden, indem die Nachfrage von Produktionsprozessen, bei denen keine fossilen Quellen oder fossile Energie zum Einsatz kommt oder bei denen es sich um CO_2-arme Produktionsprozesse handelt, abgelenkt wird. Dies würde auch der Entwicklung des Marktes für saubere, nichtfossile Technologien für emissionsfreie Mobilität und für die Erzeugung nichtfossiler Brennstoffe und Energie entgegenwirken. Die Kommission ist daher der Auffassung, dass die negativen Auswirkungen von Beihilfen für Tankinfrastruktur, die fossile Kraftstoffe — einschließlich fossilem Wasserstoff, bei dem die im Rahmen der Wasserstoffproduktion erzeugten Treibhausgasemissionen nicht wirksam abgeschieden werden — bereitstellt, auf den Wettbewerb wahrscheinlich nicht ausgeglichen werden, solange nicht mittelfristig ein realistischer Weg hin zur Bereitstellung und Nutzung erneuerbarer oder CO_2-armer Kraftstoffe besteht.

212.
Bei Beihilfen für Wasserstoff-Tankinfrastruktur, die nicht ausschließlich erneuerbaren Wasserstoff oder CO_2-armen Wasserstoff bereitstellt, kann daher davon ausgegangen werden, dass sie keine langfristige Festlegung bewirkt bzw. keine Investitionen in sauberere Technologien verdrängt, sofern der Mitgliedstaat nachweist, dass bis spätestens 2035 ein realistischer Weg existiert, die Versorgung der Tankinfrastruktur mit nicht erneuerbarem Wasserstoff oder nicht CO_2-armem Wasserstoff schrittweise auslaufen zu lassen.

213. Werden keine geeigneten Vorkehrungen getroffen, kann die Beihilfe zur Schaffung bzw. Stärkung von Marktmacht führen, was einen wirksamen Wettbewerb auf neu entstehenden oder sich entwickelnden Märkten verhindern oder beeinträchtigen kann. Der Mitgliedstaat muss daher sicherstellen, dass die Beihilfemaßnahme so konzipiert ist, dass sie geeignete Vorkehrungen zur Abwendung dieser Gefahr vorsieht. Solche Vorkehrungen können beispielsweise darin bestehen, dass festgelegt wird, wie viel Prozent der für die Maßnahme insgesamt vorgesehenen Mittel je Unternehmen höchstens zugewiesen werden können.

214. Gegebenenfalls wird die Kommission prüfen, ob ausreichende Vorkehrungen getroffen wurden, um sicherzustellen, dass Betreiber von Lade- oder Tankinfrastruktur, die in Bezug auf ihre Infrastruktur vertragsbasierte Zahlungen anbieten oder zulassen, nicht manche Anbieter von Mobilitätsdiensten unangemessen bevorzugen bzw. benachteiligen, beispielsweise durch ungerechtfertigte Gewährung von Vorzugsbedingungen für den Zugang oder durch ungerechtfertigte Preisdifferenzierung. Wurden solche Vorkehrungen nicht getroffen, ist die Kommission der Auffassung, dass die Maßnahme auf dem Markt für Mobilitätsdienste zu übermäßigen negativen Auswirkungen auf den Wettbewerb führen dürfte.

215. Werden Dritte mittels Konzession oder Betrauung mit dem Betrieb der Lade- oder Tankinfrastruktur beauftragt, so muss dies auf der Grundlage eines offenen, transparenten und diskriminierungsfreien Verfahrens unter Einhaltung der Vergabevorschriften der Union, sofern diese anwendbar sind, erfolgen.

216. Werden Beihilfen für den Bau, die Installation, die Modernisierung oder die Erweiterung von Lade- oder Tankinfrastruktur gewährt, die anderen Nutzern als den Beihilfeempfängern offensteht, einschließlich öffentlich zugänglicher Lade- oder Tankinfrastruktur, so muss die Infrastruktur öffentlich zugänglich sein und den Nutzern einen diskriminierungsfreien Zugang bieten, gegebenenfalls auch in Bezug auf die Gebühren, die Authentifizierungs- und Zahlungsmethoden sowie die sonstigen Nutzungsbedingungen. Darüber hinaus müssen die Mitgliedstaaten sicherstellen, dass die Gebühren, die von anderen Nutzern als den Beihilfeempfängern für die Nutzung der Lade- oder Tankinfrastruktur erhoben werden, den Marktpreisen entsprechen.

4.4 Beihilfen für Ressourceneffizienz und zur Unterstützung des Übergangs zu einer Kreislaufwirtschaft

4.4.1 ***Begründung der Beihilfe***

217. Der Aktionsplan für die Kreislaufwirtschaft (97) bietet eine zukunftsorientierte Agenda, mit der der Übergang der Union zu einer Kreislaufwirtschaft im Rahmen des tiefgreifenden Wandels, der in der Mitteilung über den europäischen Grünen Deal gefordert wird, beschleunigt werden

soll. Der Aktionsplan unterstützt kreislauforientierte Wirtschaftsprozesse, ruft zu nachhaltigem Verbrauch und nachhaltiger Produktion auf und zielt darauf ab, dass Abfall vermieden wird und genutzte Ressourcen so lange wie möglich in der Wirtschaft der Union verbleiben. Diese Ziele sind auch eine Voraussetzung für die bis 2050 angestrebte Klimaneutralität der Union sowie eine saubere und nachhaltigere Wirtschaft.

218. In dem Aktionsplan wird ausdrücklich erklärt, dass sich die Ziele im Zusammenhang mit der Kreislaufwirtschaft in der Überarbeitung der Leitlinien für staatliche Beihilfen in den Bereichen Umwelt und Energie niederschlagen müssen. Finanzielle Unterstützung in Form staatlicher Beihilfen, für die umfassende, klare und kohärente Regeln gelten, kann eine Schlüsselrolle bei der Förderung der Kreislaufwirtschaft in Produktionsprozessen als Teil eines umfassenderen Wandels der Industrie in der Union hin zu Klimaneutralität und langfristiger Wettbewerbsfähigkeit spielen. Zudem kann sie einen entscheidenden Beitrag zu einem gut funktionierenden Unionsmarkt für Sekundärrohstoffe leisten, der den Druck auf die natürlichen Ressourcen verringert, nachhaltiges Wachstum und Arbeitsplätze schafft und die Resilienz stärkt.

219. Im Aktionsplan für die Kreislaufwirtschaft wird die zunehmende Bedeutung biologischer Ressourcen als wichtiger Input in die Wirtschaft in der EU anerkannt. Im Einklang mit der EU-Bioökonomie-Strategie (98) unterstützt die Bioökonomie die Ziele des europäischen Grünen Deals, da sie zu einer CO_2-neutralen Wirtschaft beiträgt, die ökologische, wirtschaftliche und soziale Nachhaltigkeit verbessert und das grüne Wachstum fördert. Finanzielle Unterstützung in Form staatlicher Beihilfen kann bei der Förderung der Einführung nachhaltiger bioökonomischer Verfahren eine wichtige Rolle spielen, so z. B. die Unterstützung für nachhaltig produzierte biobasierte Stoffe und Produkte, die zum Erreichen der Klimaneutralität beitragen können und zu deren Einführung der Markt Marktkräfte allein nicht ausreichen würden.

4.4.2 ***Anwendungsbereich und geförderte Tätigkeiten***

220. Beihilfen im Rahmen dieses Abschnitts können für folgende Arten von Investitionen gewährt werden:a) Investitionen zur Verbesserung der Ressourceneffizienz durch eine der folgenden Möglichkeiten:

i) Nettoreduzierung des Ressourcenverbrauchs bei der Produktion derselben Menge (99),

ii) Ersetzung primärer Roh- oder Ausgangsstoffe durch sekundäre (wiederverwendete oder recycelte) oder verwertete Roh- oder Ausgangsstoffe oder

iii) Ersetzung fossiler Roh- oder Ausgangsstoffe durch biobasierte Roh- oder Ausgangsstoffe,

b) Investitionen zur Reduzierung, Vermeidung, Vorbereitung zur Wiederverwendung, stofflichen Verwertung, Dekontamination und zum Recycling von Abfall, der vom Beihilfeempfänger erzeugt wird (100),

c) Investitionen in die Vorbereitung zur Wiederverwendung, stofflichen Verwertung, Dekontamination und zum Recycling von Abfall, der von Dritten erzeugt wird und andernfalls beseitigt, auf einer niedrigeren Stufe der Abfallhierarchie (101) oder weniger ressourceneffizient behandelt oder weniger hochwertig recycelt würde.

d) Investitionen zur Reduzierung, Vermeidung, Vorbereitung zur Wiederverwendung, stofflichen Verwertung, Dekontamination, Wiederverwendung und zum Recycling anderer vom Beihilfeempfänger oder von Dritten erzeugter Produkte, Materialien oder Stoffe (102), die nicht unbedingt als Abfall eingestuft werden und andernfalls nicht verwendet, beseitigt oder weniger ressourceneffizient verwertet würden, mangels Wiederverwendung Abfall darstellen oder weniger hochwertig recycelt würden,

e) Investitionen zur getrennten Sammlung (103) und Sortierung von Abfall oder anderen Produkten, Materialien oder Stoffen im Hinblick auf die Vorbereitung zur Wiederverwendung oder das Recycling.

221. Unter bestimmten Voraussetzungen können Beihilfen zur Deckung von Betriebskosten für die getrennte Sammlung und Sortierung von Abfall für bestimmte Abfallströme oder Abfallarten gewährt werden (siehe Randnummer 247).

222. Beihilfen für die Nutzung von Abwärme aus Produktionsprozessen oder Beihilfen zur Förderung von CCU werden nach den in Abschnitt 4.1 dargelegten Kriterien für Beihilfen zur Verringerung von Treibhausgasemissionen geprüft.

223. Beihilfen für die Produktion von Biokraftstoffen, flüssigen Biobrennstoffen, Biogas und Biomasse-Brennstoffen aus Abfall werden nach den in Abschnitt 4.1 dargelegten Kriterien für Beihilfen zur Verringerung von Treibhausgasemissionen geprüft.

224. Beihilfen für die Energieerzeugung aus Abfall werden nach den in Abschnitt 4.1 dargelegten Kriterien für Beihilfen zur Verringerung von Treibhausgasemissionen geprüft. Sofern diese Beihilfen mit Investitionen in Fernwärme- oder Fernkältesysteme oder deren Betrieb zusammenhängen, werden Beihilfen für die Energie- oder Wärmeerzeugung aus Abfall nach den in Abschnitt 4.10 dargelegten Kriterien für Beihilfen für Fernwärme oder Fernkälte geprüft.

4.4.3 ***Anreizeffekt***

225. Die Vorschriften der Randnummern 226 bis 233 gelten zusätzlich zu den Vorgaben des Abschnitts 3.1.2.

226. Was die unter Randnummer 28 dargelegte Anforderung betrifft, dass der Mitgliedstaat

ein plausibles kontrafaktisches Szenario ermitteln muss, so entspricht das kontrafaktische Szenario in der Regel einer Investition mit derselben Kapazität, derselben Lebensdauer und ggf. denselben weiteren relevanten technischen Merkmalen wie die umweltfreundliche Investition.

227. Das kontrafaktische Szenario kann auch darin bestehen, dass bestehende Anlagen oder Ausrüstung während eines Zeitraums in Betrieb gehalten oder weiter verwendet werden, der der Lebensdauer der umweltfreundlichen Investition entspricht. In diesem Fall sollten die abgezinsten Wartungs-, Reparatur- und Modernisierungskosten in diesem Zeitraum berücksichtigt werden.

228. In bestimmten Fällen kann das kontrafaktische Szenario in einer späteren Ersetzung der Anlagen oder Ausrüstung bestehen; in diesem Fall sollte der abgezinste Wert der Anlagen und Ausrüstung berücksichtigt und der Unterschied in der jeweiligen wirtschaftlichen Lebensdauer der Anlagen oder Ausrüstung ausgeglichen werden.

229. Bei Ausrüstung, für die Leasingvereinbarungen gelten, sollte der abgezinste Wert des Leasings der umweltfreundlichen Ausrüstung mit dem abgezinsten Wert des Leasings der weniger umweltfreundlichen Ausrüstung, die ohne die Beihilfe genutzt würde, verglichen werden.

230. Besteht die Investition in der Hinzufügung von Anlagen oder Ausrüstung zu bereits bestehenden Einrichtungen, Anlagen oder Ausrüstung, so umfassen die beihilfefähigen Kosten die gesamten Investitionskosten.

231. Nach Auffassung der Kommission haben Beihilfen für Vorhaben mit einer Amortisationsdauer von weniger als fünf Jahren grundsätzlich keinen Anreizeffekt. Der Mitgliedstaat kann jedoch nachweisen, dass eine Beihilfe erforderlich ist, um eine Verhaltensänderung herbeizuführen, selbst wenn es sich um Vorhaben mit kürzerer Amortisationsdauer handelt.

232. Bei Investitionsbeihilfen, die es Unternehmen ermöglichen, lediglich bereits geltende verbindliche Unionsnormen einzuhalten, wird nicht von einem Anreizeffekt ausgegangen (siehe Randnummer 32). Wie unter Randnummer 32 dargelegt, ist davon auszugehen, dass eine Beihilfe einen Anreizeffekt hat, wenn sie es einem Unternehmen ermöglicht, den Umweltschutz im Einklang mit verbindlichen nationalen Normen zu verbessern, die strenger als die Unionsnormen sind oder die mangels Unionsnormen erlassen werden.

233. Bei Beihilfen für die Anpassung an bereits angenommene, aber noch nicht in Kraft getretene Unionsnormen wird von einem Anreizeffekt ausgegangen, wenn die Investition spätestens 18 Monate vor Inkrafttreten der Unionsnorm durchgeführt und abgeschlossen wird.

4.4.4 ***Minimierung der Verzerrungen von Wettbewerb und Handel***

4.4.4.1 Erforderlichkeit der Beihilfe

234. Die Vorschriften der Randnummern 235 und 236 gelten zusätzlich zu den Vorgaben des Abschnitts 3.2.1.1.

235. Die Investition muss über etablierte Geschäftspraktiken hinausgehen, die unionsweit und technologienübergreifend allgemein angewandt werden (104).

236. Bei Beihilfen für die getrennte Sammlung und Sortierung von Abfall oder anderen Produkten, Materialien oder Stoffen muss der Mitgliedstaat nachweisen, dass diese getrennte Sammlung und Sortierung in dem betreffenden Mitgliedstaat nicht ausreichend entwickelt ist (105). Bei Beihilfen zur Deckung von Betriebskosten muss der Mitgliedstaat nachweisen, dass diese Beihilfen während eines Übergangszeitraums erforderlich sind, um die Entwicklung von Tätigkeiten im Zusammenhang mit der getrennten Sammlung und Sortierung von Abfall zu fördern. Der Mitgliedstaat muss etwaige Verpflichtungen von Unternehmen im Rahmen von Regelungen der erweiterten Herstellerverantwortung berücksichtigen, die er nach Artikel 8 der Richtlinie 2008/98/EG eingeführt haben könnte.

4.4.4.2 Geeignetheit

237. Die Vorschriften der Randnummer 238 gelten zusätzlich zu den Vorgaben des Abschnitts 3.2.1.2.

238. Nach dem Verursacherprinzip (106) sollten Unternehmen, die Abfall erzeugen, nicht von den Kosten der Abfallbehandlung entlastet werden. Somit sollten Unternehmen, die Abfall erzeugen, nicht durch Beihilfen von Kosten oder Verpflichtungen im Zusammenhang mit der Abfallbehandlung entlastet werden, die sie nach Unionsrecht oder nationalem Recht einschließlich Regelungen der erweiterten Herstellerverantwortung tragen bzw. erfüllen müssen. Darüber hinaus sollten Unternehmen nicht durch Beihilfen von Kosten entlastet werden, die als normale Kosten eines Unternehmens anzusehen sind.

4.4.4.3 Angemessenheit

239. Beihilfefähig sind die Investitionsmehrkosten, die sich aus einem Vergleich der Gesamtinvestitionskosten des Vorhabens mit denen eines weniger umweltfreundlichen Vorhabens oder einer weniger umweltfreundlichen Tätigkeit ergeben, bei dem bzw. der es sich um Folgendes handeln kann:a) eine vergleichbare Investition (siehe Randnummer 226), die realistisch ohne Beihilfe durchgeführt würde, mit der aber nicht dasselbe Maß an Ressourceneffizienz erreicht würde,

b) Abfallbehandlung auf einer niedrigeren Stufe der Abfallhierarchie oder mit geringerer Ressourceneffizienz,

c) den herkömmlichen Produktionsprozess in Bezug auf den Primärrohstoff oder das Primärprodukt, wenn das wiederverwendete oder recycelte (Sekundär-)Produkt technisch und wirtschaftlich durch den Primärrohstoff oder das Primärprodukt substituierbar ist,

d) jedes andere kontrafaktische Szenario, das auf hinreichend begründeten Annahmen beruht.

240. Wenn das Produkt, der Stoff oder das Material mangels Wiederverwendung Abfall darstellen würden und keine rechtliche Verpflichtung zur Beseitigung oder einer anderen Behandlung des Produkts, Stoffes oder Materials besteht, können die beihilfefähigen Kosten der Investition entsprechen, die zur Verwertung des Produkts, Stoffes oder Materials erforderlich ist.

241. Die Beihilfeintensität darf höchstens 40 % der beihilfefähigen Kosten betragen.

242. Die Beihilfeintensität kann bei mittleren Unternehmen um 10 Prozentpunkte und bei kleinen Unternehmen um 20 Prozentpunkte erhöht werden.

243. Die Beihilfeintensität kann bei Investitionen in Fördergebieten nach Artikel 107 Absatz 3 Buchstabe a AEUV um 15 Prozentpunkte bzw. bei Investitionen in Fördergebieten nach Artikel 107 Absatz 3 Buchstabe c AEUV um 5 Prozentpunkte erhöht werden.

244. Die Beihilfeintensität kann bei ökoinnovativen Tätigkeiten um 10 Prozentpunkte erhöht werden, wenn die nachstehenden kumulativen Voraussetzungen erfüllt sind:a) Die ökoinnovative Tätigkeit muss gemessen am Stand der Technik in dem betreffenden Wirtschaftszweig der Union eine Neuheit sein oder eine wesentliche Verbesserung darstellen (107).

b) Der erwartete Nutzen für die Umwelt muss deutlich höher sein als die Verbesserung, die sich aus der allgemeinen Entwicklung des Stands der Technik bei vergleichbaren Tätigkeiten ergibt (108).

c) Mit dem innovativen Charakter der Tätigkeit muss ein eindeutiges Risiko in technologischer, marktbezogener oder finanzieller Hinsicht verbunden sein, das höher ist als das Risiko, das in der Regel mit vergleichbaren nicht innovativen Tätigkeiten verbunden ist (109).

245. Abweichend von den Randnummern 241 bis 244 kann der Mitgliedstaat auf der Grundlage einer Analyse der Finanzierungslücke (siehe die Randnummern 48, 51 und 52) nachweisen, dass eine höhere Beihilfeintensität erforderlich ist. In einem solchen Fall muss der Mitgliedstaat nach Randnummer 55 eine Ex-post-Überwachung durchführen, um die zugrunde gelegten Annahmen bezüglich der Höhe der erforderlichen Beihilfe zu überprüfen, und einen Rückforderungsmechanismus einrichten. Der Beihilfebetrag darf die Finanzierungslücke nach den Randnummern 51 und 52 nicht übersteigen.

246. Wird die Beihilfe im Wege einer Ausschreibung gewährt, die im Einklang mit den unter den Randnummern 49 und 50 genannten Kriterien durchgeführt wird, so gilt der Beihilfebetrag als angemessen.

247. Die Beihilfen können für Betriebskosten gewährt werden, wenn sie sich auf die getrennte Sammlung und Sortierung von Abfall oder anderen Produkten, Materialien oder Stoffen für bestimmte Abfallströme oder Abfallarten im Hinblick auf die Vorbereitung zur Wiederverwendung oder das Recycling beziehen. Dann müssen die folgenden Voraussetzungen erfüllt sein:a) Die Beihilfen müssen im Wege einer Ausschreibung gewährt werden, die gemäß den unter den Randnummern 49 und 50 dargelegten Kriterien durchgeführt wurde und allen Anbietern von Dienstleistungen für die getrennte Sammlung und Sortierung diskriminierungsfrei offensteht.

b) Bei großer Unsicherheit über die künftige Entwicklung der Betriebskosten während der Laufzeit der Maßnahme kann die Ausschreibung Regeln für die Begrenzung der Beihilfen unter bestimmten genau definierten Umständen vorsehen, wenn diese Regeln und Umstände vorab festgelegt werden.

c) Investitionsbeihilfen für eine Anlage zur getrennten Sammlung und Sortierung von Abfall für bestimmte Abfallströme oder Abfallarten müssen von Betriebsbeihilfen für dieselbe Anlage abgezogen werden, wenn sich die beiden Beihilfeformen auf dieselben beihilfefähigen Kosten beziehen.

d) Die Beihilfen dürfen für einen Zeitraum von höchstens fünf Jahren gewährt werden.

4.4.5 *Vermeidung übermäßiger negativer Auswirkungen auf Wettbewerb und Handel*

248. Die Vorschriften der Randnummern 249 bis 252 gelten zusätzlich zu den Vorgaben des Abschnitts 3.2.2.

249. Die Beihilfen dürfen keinen Anreiz für die Erzeugung von Abfall oder einen höheren Ressourcenverbrauch bieten.

250. Die Beihilfen dürfen nicht lediglich eine höhere Nachfrage nach Abfall oder anderen für die Wiederverwendung, das Recycling oder die Verwertung bestimmten Materialien und Ressourcen bewirken, ohne zu einer verstärkten Sammlung dieser Materialien zu führen.

251. Bei der Prüfung der Auswirkungen der Beihilfen auf den Markt wird die Kommission die potenziellen Auswirkungen der Beihilfe auf das Funktionieren der Märkte für Primär- und Sekundärstoffe für die betreffenden Produkte berücksichtigen.

252. Bei Beihilfen zur Deckung der Betriebskosten für die getrennte Sammlung und Sortierung von Abfall oder anderen Produkten, Materialien oder Stoffen für bestimmte Abfallströme oder Abfallarten im Hinblick auf die Vorbereitung zur Wiederverwendung oder das Recycling wird die Kommission im Rahmen der Prüfung der Auswirkungen auf den Markt insbesondere

mögliche Wechselwirkungen mit den Regelungen der erweiterten Herstellerverantwortung in dem betreffenden Mitgliedstaat berücksichtigen.

4.5 Beihilfen zur Vermeidung oder Verringerung von nicht durch Treibhausgase bedingter Umweltverschmutzung

4.5.1 ***Begründung der Beihilfe***

253. Das in der Mitteilung über den europäischen Grünen Deal genannte Null-Schadstoff-Ziel für eine schadstofffreie Umwelt sollte gewährleisten, dass die Umweltverschmutzung bis 2050 im Einklang mit der Agenda 2030 der Vereinten Nationen für nachhaltige Entwicklung (110) und den langfristigen Zielen des 8. Umweltaktionsprogramms (111) auf ein Maß reduziert wird, das für den Menschen und die natürlichen Ökosysteme nicht mehr schädlich ist und die Belastungsgrenzen unseres Planeten nicht überschreitet, sodass eine schadstofffreie Umwelt entsteht. Die Union hat spezifische Ziele für die Verringerung der Umweltverschmutzung festgelegt, beispielsweise für sauberere Luft (112) und die Null-Verschmutzung von Wasserkörpern (113), weniger Lärm, die Reduzierung der Verwendung und Freisetzung bedenklicher Stoffe auf ein Minimum, Kunststoffabfälle, Umweltverschmutzung durch Mikroplastik und Abfall (114) sowie Ziele für übermäßigen Nährstoffeintrag und Düngemittel, gefährliche Pestizide und Stoffe, die antimikrobielle Resistenzen verursachen (115).

254. Finanzielle Unterstützung durch staatliche Beihilfen kann einen erheblichen Beitrag zum Umweltziel der Verringerung von nicht durch Treibhausgase bedingter Umweltverschmutzung leisten.

4.5.2 ***Anwendungsbereich und geförderte Tätigkeiten***

255. Beihilfen zur Vermeidung oder Verringerung von nicht durch Treibhausgase bedingter Umweltverschmutzung können für Investitionen gewährt werden, die Unternehmen in die Lage versetzen, über Umweltschutznormen der Union hinauszugehen, den Umweltschutz mangels Unionsnormen zu verbessern oder angenommene, jedoch noch nicht in Kraft getretene Unionsnormen einzuhalten.

256. Werden Beihilfen in Form handelbarer Zertifikate (116) gewährt, muss die Beihilfemaßnahme so konzipiert sein, dass Umweltverschmutzung in einem Umfang vermieden oder verringert wird, der über das in den verbindlichen Unionsnormen für die betreffenden Unternehmen vorgeschriebene Niveau hinausgeht.

257. Beihilfen müssen auf die Vermeidung oder Verringerung der Umweltverschmutzung abzielen, die in unmittelbarem Zusammenhang mit den Tätigkeiten des Beihilfeempfängers steht.

258. Beihilfen dürfen Umweltverschmutzung nicht einfach von einem Sektor auf einen anderen oder von einem Umweltmedium auf ein anderes (z. B. von Luft auf Wasser) verlagern. Sind Beihilfen auf die Verringerung der Umweltverschmutzung ausgerichtet, muss die Umweltverschmutzung insgesamt verringert werden.

259. Abschnitt 4.5 gilt nicht für Beihilfemaßnahmen, die in den Anwendungsbereich des Abschnitts 4.1 fallen. Trägt eine Maßnahme sowohl zur Vermeidung oder Verringerung der Treibhausgasemissionen als auch zur Vermeidung oder Verringerung von nicht durch Treibhausgase bedingter Umweltverschmutzung bei, so wird die Vereinbarkeit der Maßnahme entweder auf der Grundlage des Abschnitts 4.1 oder auf der Grundlage dieses Abschnitts geprüft, je nachdem, welches der beiden Ziele vorrangig ist (117).

4.5.3 ***Anreizeffekt***

260. Die Vorschriften der Randnummern 261 und 262 gelten zusätzlich zu den Vorgaben des Abschnitts 3.1.2.

261. Es wird davon ausgegangen, dass eine Beihilfe einen Anreizeffekt hat, wenn sie es einem Unternehmen in Fällen, in denen es keine Unionsnormen gibt oder in denen das Unternehmen über das in den bereits geltenden Unionsnormen vorgeschriebene Niveau hinausgeht, ermöglicht, Umweltverschmutzung zu verhindern oder zu verringern. Wie unter Randnummer 32 bereits dargelegt, kann auch dann davon ausgegangen werden, dass eine Beihilfe einen Anreizeffekt hat, wenn sie es einem Unternehmen ermöglicht, Umweltverschmutzung im Einklang mit verbindlichen nationalen Normen zu vermeiden oder zu verringern, die strenger als die Unionsnormen sind oder die mangels Unionsnormen erlassen werden.

262. Bei Beihilfen für die Anpassung an bereits angenommene, aber noch nicht in Kraft getretene Unionsnormen wird von einem Anreizeffekt ausgegangen, wenn die Investition spätestens 18 Monate vor Inkrafttreten der Unionsnorm durchgeführt und abgeschlossen wird.

4.5.4 ***Minimierung der Verzerrungen von Wettbewerb und Handel***

4.5.4.1 Erforderlichkeit der Beihilfe

263. Die Vorschriften der Randnummer 264 gelten zusätzlich zu den Vorgaben des Abschnitts 3.2.1.1.

264. Bei Beihilfen in Form handelbarer Zertifikate (118) muss der Mitgliedstaat nachweisen, dass die nachstehenden kumulativen Voraussetzungen erfüllt sind:a) Eine vollständige Versteigerung hat einen erheblichen Anstieg der Produktionskosten in dem betreffenden Wirtschaftszweig bzw. in der betreffenden Gruppe von Beihilfeempfängern zur Folge.

b) Der erhebliche Anstieg der Produktionskosten kann nicht an die Abnehmer weitergegeben werden, ohne dass es zu deutlichen Absatzeinbußen kommt (119).

c) Einzelne Unternehmen in dem betreffenden Wirtschaftszweig haben nicht die Möglichkeit, den Schadstoffausstoß so zu verringern, dass die Kosten der Zertifikate auf ein für sie tragbares Niveau zurückgehen. Dass sich der Verbrauch nicht senken lässt, kann durch Vergleich der Emissionswerte mit den Werten, die sich beim Einsatz der wirksamsten Technik im Europäischen Wirtschaftsraum erzielen lassen, nachgewiesen werden. Einem Unternehmen, das die wirksamste Technik anwendet, können im Rahmen des Zertifikathandelssystems maximal die Verschmutzungsrechte im Wert der Produktionsmehrkosten zugeteilt werden, die nicht an die Abnehmer weitergegeben werden können. Unternehmen mit einer schlechteren Umweltbilanz erhalten Verschmutzungsrechte, die im Verhältnis zu ihrer Umweltbilanz stehen.

4.5.4.2 Angemessenheit

265. Die beihilfefähigen Kosten sind die Investitionsmehrkosten, die unmittelbar mit einer Verbesserung des Umweltschutzes verbunden sind.

266. Die Investitionsmehrkosten entsprechen der Differenz zwischen den beihilfefähigen Investitionskosten und den Investitionskosten im kontrafaktischen Szenario nach den Randnummern 226 bis 230. Besteht das Vorhaben in der frühzeitigen Anpassung an noch nicht geltende Unionsnormen, sollte als kontrafaktisches Szenario grundsätzlich das unter Randnummer 228beschriebene Szenario herangezogen werden.

267. Die Beihilfeintensität darf höchstens 40 % der beihilfefähigen Kosten betragen.

268. Die Beihilfeintensität kann bei mittleren Unternehmen um 10 Prozentpunkte und bei kleinen Unternehmen um 20 Prozentpunkte erhöht werden.

269. Die Beihilfeintensität kann bei Investitionen in Fördergebieten nach Artikel 107 Absatz 3 Buchstabe a AEUV um 15 Prozentpunkte bzw. bei Investitionen in Fördergebieten nach Artikel 107 Absatz 3 Buchstabe c AEUV um 5 Prozentpunkte erhöht werden.

270. Die Beihilfeintensität kann bei ökoinnovativen Tätigkeiten unter den Voraussetzungen nach Randnummer 244 Buchstaben a bis c um 10 Prozentpunkte erhöht werden.

271. Abweichend von den Randnummern 267 bis 270 kann der Mitgliedstaat auf der Grundlage einer Analyse der Finanzierungslücke (siehe die Randnummern 48, 51 und 52) nachweisen, dass ein höherer Beihilfebetrag erforderlich ist. In einem solchen Fall muss der Mitgliedstaat nach Randnummer 55 eine Ex-post-Überwachung durchführen, um die zugrunde gelegten Annahmen bezüglich der Höhe der erforderlichen Beihilfe zu überprüfen, und einen Rückforderungsmechanismus einrichten. Der Beihilfebetrag darf die Finanzierungslücke nach den Randnummern 51 und 52 nicht übersteigen.

272. Wird die Beihilfe im Wege einer Ausschreibung gewährt, die im Einklang mit den unter den Randnummern 49 und 50 genannten Kriterien durchgeführt wird, so gilt der Beihilfebetrag als angemessen.

273. Bei Beihilfen in Form handelbarer Zertifikate wird die Kommission außerdem überprüfen, dassa) die Zuteilung in transparenter Weise auf der Grundlage objektiver Kriterien und bestmöglicher Datenquellen erfolgt und

b) die Gesamtzahl der handelbaren Zertifikate und Verschmutzungsrechte, die einem Unternehmen zu einem Preis unter ihrem Marktwert zugeteilt werden, nicht höher ist als der Bedarf, den das Unternehmen voraussichtlich ohne das Handelssystem hätte.

4.5.5 *Vermeidung übermäßiger negativer Auswirkungen auf Wettbewerb und Handel*

274. Die Vorschriften der Randnummer 275 gelten zusätzlich zu den Vorgaben des Abschnitts 3.2.2.

275. Bei Beihilfen in Form handelbarer Zertifikate wird die Kommission außerdem überprüfen, dassa) die Beihilfeempfänger anhand objektiver und transparenter Kriterien ausgewählt und die Beihilfen grundsätzlich für alle Wettbewerber desselben Wirtschaftszweigs in derselben Weise gewährt werden, wenn sie sich in einer ähnlichen Lage befinden,

b) die Zuteilungsmethode nicht bestimmte Unternehmen (120) oder Wirtschaftszweige begünstigt, es sei denn, dies ist durch die dem System innewohnende Logik gerechtfertigt oder für die Übereinstimmung mit anderen umweltpolitischen Strategien notwendig,

c) Zertifikate und Verschmutzungsrechte neuen Anbietern nicht zu günstigeren Bedingungen zugeteilt werden als den bereits auf dem Markt vertretenen Unternehmen,

d) bei höheren Zuteilungen an bereits bestehende Anlagen als an neue Marktteilnehmer der Marktzugang nicht unangemessen beschränkt wird.

4.6 Beihilfen für die Sanierung von Umweltschäden, die Rehabilitierung natürlicher Lebensräume und Ökosysteme, den Schutz bzw. die Wiederherstellung der Biodiversität und die Umsetzung naturbasierter Lösungen für die Anpassung an den Klimawandel und den Klimaschutz

4.6.1 *Begründung der Beihilfe*

276. Durch die Biodiversitätsstrategie für 2030 (121) soll sichergestellt werden, dass spätestens 2030 bestimmte Ziele im Bereich des Naturschutzes und eine Umkehrung der Schädigung der Ökosysteme erreicht werden und dass sich die Biodiversität in der Union auf dem Weg der Erholung befindet. Die Strategie bildet ein Kernstück der Mitteilung über den europäischen Grünen Deal,

und es werden darin ehrgeizige Ziele und Verpflichtungen für 2030 festgelegt, um gesunde und widerstandsfähige Ökosysteme zu schaffen.

277. Finanzielle Unterstützung durch staatliche Beihilfen kann auf verschiedene Weise einen erheblichen Beitrag zum Umweltziel des Schutzes bzw. der Wiederherstellung von Biodiversität und Ökosystemen leisten, unter anderem über Anreize für die Sanierung schadstoffbelasteter Standorte, über die Rehabilitierung von geschädigten natürlichen Lebensräumen und Ökosystemen oder über Investitionen zum Schutz von Ökosystemen.

278. Die EU-Strategie für die Anpassung an den Klimawandel (122) zielt darauf ab, Investitionen in naturbasierte Anpassungslösungen zu mobilisieren (123), da deren großflächige Umsetzung die Klimaresilienz erhöhen und zu mehreren Zielen des europäischen Grünen Deals beitragen würde.

4.6.2 ***Anwendungsbereich und geförderte Tätigkeiten***

279. In diesem Abschnitt werden Vorschriften für die Vereinbarkeit von Beihilfemaßnahmen für die Sanierung von Umweltschäden, die Rehabilitierung natürlicher Lebensräume und Ökosysteme, den Schutz bzw. die Wiederherstellung der Biodiversität und die Umsetzung naturbasierter Lösungen für die Anpassung an den Klimawandel und den Klimaschutz mit dem Binnenmarkt festgelegt.

280. Dieser Abschnitt gilt nicht füra) Beihilfen für die Sanierung oder Rehabilitierung nach der Stilllegung von Kraftwerken und der Einstellung von Bergbau- oder Fördertätigkeiten, soweit die betreffenden Beihilfen unter Abschnitt 4.12 fallen, (124)

b) Beihilfen zur Bewältigung der Folgen bestimmter Naturkatastrophen wie Erdbeben, Lawinen, Erdrutsche, Überschwemmungen, Wirbelstürme, Orkane, Vulkanausbrüche und Flächenbrände natürlichen Ursprungs.

281. Beihilfen im Rahmen dieses Abschnitts können für folgende Tätigkeiten gewährt werden:a) Sanierung von Umweltschäden, einschließlich der Beeinträchtigung der Qualität des Bodens, des Oberflächen- oder des Grundwassers oder der Meeresumwelt,

b) Rehabilitierung von geschädigten natürlichen Lebensräumen und Ökosystemen,

c) Schutz bzw. Wiederherstellung von Biodiversität oder Ökosystemen, um dazu beizutragen, Ökosysteme in einen guten Zustand zu versetzen oder Ökosysteme, die bereits in gutem Zustand sind, zu schützen,

d) Umsetzung naturbasierter Lösungen für die Anpassung an den Klimawandel und den Klimaschutz.

282. Beihilfemaßnahmen, die in den Anwendungsbereich des Abschnitts 4.1 fallen, sind nicht Gegenstand dieses Abschnitts. Trägt eine Maßnahme sowohl zur Vermeidung oder Verringerung der Treibhausgasemissionen als auch zur Sanierung von Umweltschäden, der Rehabilitierung natürlicher Lebensräume und Ökosysteme, dem Schutz bzw. der Wiederherstellung der Biodiversität und der Umsetzung naturbasierter Lösungen für die Anpassung an den Klimawandel und den Klimaschutz bei, so wird die Vereinbarkeit der Maßnahme entweder auf der Grundlage des Abschnitts 4.1 oder auf der Grundlage dieses Abschnitts geprüft, je nachdem, welches der beiden Ziele vorrangig ist (125).

4.6.3 ***Anreizeffekt***

283. Die Vorschriften der Randnummern 284 bis 287 gelten zusätzlich zu den Vorgaben des Abschnitts 3.1.2.

284. Unbeschadet der Richtlinie 2004/35/EG des Europäischen Parlaments und des Rates oder anderer einschlägiger Unionsvorschriften (126) ist bei Beihilfen für die Sanierung von Umweltschäden, die Rehabilitierung natürlicher Lebensräume und Ökosysteme, den Schutz bzw. die Wiederherstellung der Biodiversität und die Umsetzung naturbasierter Lösungen für die Anpassung an den Klimawandel und den Klimaschutz nur dann davon auszugehen, dass sie einen Anreizeffekt haben, wenn die Einheit oder das Unternehmen, die bzw. das den Umweltschaden verursacht hat, nicht ermittelt werden kann oder nicht nach dem Verursacherprinzip für die Finanzierung der Arbeiten, die zur Vermeidung und Behebung des Umweltschadens erforderlich sind, haftbar gemacht werden kann.

285. Der Mitgliedstaat muss nachweisen, dass alle erforderlichen Maßnahmen, einschließlich rechtlicher Schritte, ergriffen wurden, um die haftbare Einheit bzw. das haftbare Unternehmen, die bzw. das den Umweltschaden verursacht hat, zu ermitteln und diese Einheit bzw. dieses Unternehmen zur Deckung der entsprechenden Kosten heranzuziehen. Kann die Einheit bzw. das Unternehmen, die bzw. das nach geltendem Recht haftbar ist, nicht ermittelt werden oder nicht zur Deckung der Kosten herangezogen werden, so kann eine staatliche Beihilfe für die gesamten Sanierungs- oder Rehabilitierungsarbeiten gewährt werden, bei der davon auszugehen ist, dass sie einen Anreizeffekt hat. Wenn ein Unternehmen nicht mehr besteht und kein anderes Unternehmen als rechtlicher oder wirtschaftlicher Nachfolger angesehen werden kann (127) oder wenn keine hinreichende finanzielle Sicherheit für die Deckung der Sanierungskosten besteht, kann die Kommission davon ausgehen, dass das Unternehmen nicht zur Deckung der Kosten für die Sanierung des von ihm verursachten Umweltschadens herangezogen werden kann.

286. Beihilfen, die für die Durchführung von Ausgleichsmaßnahmen nach Artikel 6 Absatz 4 der Richtlinie 92/43/EWG des Rates (128) gewährt werden, haben keinen Anreizeffekt. Beihilfen zur Deckung der Mehrkosten, die erforderlich sind, um Umfang oder Ziele dieser Maßnahmen über die rechtlichen Verpflichtungen nach Artikel 6 Absatz 4 der genannten Richtlinie hinaus auszuweiten, können einen Anreizeffekt haben.

287. Bei Beihilfen für die Sanierung von Umweltschäden und die Rehabilitierung natürlicher Lebensräume und Ökosysteme wird von einem Anreizeffekt ausgegangen, wenn die Sanierungs- oder Rehabilitierungskosten den Grundstückswertzuwachs übersteigen (siehe Randnummer 288).

4.6.4 ***Angemessenheit***

288. Bei Investitionen in die Sanierung von Umweltschäden oder die Rehabilitierung natürlicher Lebensräume und Ökosysteme sind die für die Sanierungs- oder Rehabilitierungsarbeiten anfallenden Kosten abzüglich des Wertzuwachses des Grundstücks oder der Liegenschaft beihilfefähig. Gutachten über den Wertzuwachs eines Grundstücks oder einer Liegenschaft infolge der Sanierung oder Rehabilitierung sind von einem unabhängigen qualifizierten Sachverständigen zu erstellen.

289. Bei Investitionen in den Schutz bzw. die Wiederherstellung der Biodiversität und in die Umsetzung naturbasierter Lösungen für die Anpassung an den Klimawandel und den Klimaschutz sind die Gesamtkosten der Arbeiten beihilfefähig, die zum Schutz bzw. zur Wiederherstellung der Biodiversität oder zur Umsetzung naturbasierter Lösungen für die Anpassung an den Klimawandel und den Klimaschutz beitragen.

290. Wird eine Beihilfe für die Umsetzung naturbasierter Lösungen in Gebäuden, für die ein Ausweis über die Gesamtenergieeffizienz ausgestellt wurde, gewährt, so müssen die Mitgliedstaaten aufzeigen, dass diese Investitionen nicht verhindern, dass die in dem Ausweis empfohlenen Energieeffizienzmaßnahmen umgesetzt werden.

291. Die Beihilfeintensität kann bis zu 100 % der beihilfefähigen Kosten betragen.

4.7 Beihilfen in Form einer Ermäßigung von Steuern oder steuerähnlichen Abgaben

292. Abschnitt 4.7 gilt für Umweltschutzbeihilfen in Form einer Ermäßigung von Steuern oder steuerähnlichen Abgaben. Er ist in zwei Unterabschnitte gegliedert, von denen jeder einer eigenen Logik folgt. So befasst sich Abschnitt 4.7.1 mit Steuern und Abgaben, die zur Sanktionierung umweltschädlichen Verhaltens erhoben werden und somit Unternehmen und Verbraucher zu umweltfreundlicheren Entscheidungen veranlassen sollen. Abschnitt 4.7.2 hingegen bietet den Mitgliedstaaten die Möglichkeit, Unternehmen über gezielte Ermäßigungen von Steuern oder Abgaben dazu anzuhalten, ihr Verhalten so zu ändern oder anzupassen, dass sie umweltfreundlichere Vorhaben oder Tätigkeiten durchführen.

4.7.1 ***Beihilfen in Form einer Ermäßigung von Umweltsteuern oder umweltsteuerähnlichen Abgaben***

4.7.1.1 Begründung der Beihilfe

293. Durch Umweltsteuern oder umweltsteuerähnliche Abgaben sollen die externen Kosten umweltschädlichen Verhaltens internalisiert werden, um solchem Verhalten durch einen dafür zu zahlenden Preis entgegenzuwirken und somit den Umweltschutz zu verbessern. Grundsätzlich sollten Umweltsteuern und umweltsteuerähnliche Abgaben die der Gesellschaft insgesamt entstehenden Kosten (externe Kosten) widerspiegeln, sodass der zu entrichtende Steuer- oder Abgabenbetrag pro Emissions- oder Schadstoffeinheit oder pro Einheit einer verbrauchten Ressource für alle Unternehmen, die für das umweltschädliche Verhalten verantwortlich sind, gleich hoch sein sollte. Während Ermäßigungen von Umweltsteuern oder umweltsteuerähnlichen Abgaben diesem Umweltschutzziel möglicherweise zuwiderlaufen, können sie sich in einigen Fällen dennoch als erforderlich erweisen, um zu vermeiden, dass den Beihilfeempfängern ein derart großer Wettbewerbsnachteil entsteht, dass die Einführung einer Umweltsteuer oder umweltsteuerähnlichen Abgabe von vornherein nicht möglich wäre.

294. Wenn Umweltsteuern oder umweltsteuerähnliche Abgaben nicht durchgesetzt werden könnten, ohne die wirtschaftlichen Tätigkeiten bestimmter Unternehmen zu gefährden, kann durch steuerliche Begünstigung einiger Unternehmen unter Umständen insgesamt höhere Einnahmen aus Umweltsteuern erreicht werden. Entsprechend können Ermäßigungen von Umweltsteuern oder umweltsteuerähnlichen Abgaben unter bestimmten Umständen indirekt zu einem besseren Umweltschutz beitragen. Allerdings darf das übergeordnete Ziel einer Umweltsteuer oder umweltsteuerähnlichen Abgabe — das darin besteht, umweltschädlichem Verhalten entgegenzuwirken und/oder die Kosten solchen Verhaltens zu erhöhen, wenn keine zufriedenstellenden Alternativen verfügbar sind — durch Ermäßigungen nicht untergraben werden.

4.7.1.2 Anwendungsbereich und geförderte Tätigkeiten

295. Die Kommission wird davon ausgehen, dass Beihilfen in Form von Steuer- oder Abgabenermäßigungen gewährt werden dürfen, sofern der Mitgliedstaat nachweisen kann, dass beide nachstehenden Voraussetzungen erfüllt sind:a) Die Ermäßigungen sind auf die von der Umweltsteuer oder umweltsteuerähnlichen Abgabe am stärksten betroffenen Unternehmen ausgerichtet, die ihre wirtschaftlichen Tätigkeiten ohne die Ermäßigung nicht nachhaltig fortführen könnten.

b) Das durch die Gewährung der Ermäßigungen tatsächlich erreichte Umweltschutzniveau ist höher als ohne die Gewährung der Ermäßigungen.

296. Um aufzuzeigen, dass die beiden in Randnummer 295 genannten Voraussetzungen erfüllt sind, muss der Mitgliedstaat der Kommission die folgenden Informationen übermitteln:a) eine Beschreibung der Wirtschaftszweige oder Gruppen von Beihilfeempfängern, die für die Ermäßigungen infrage kommen,

b) eine Liste der größten Beihilfeempfänger in jedem betroffenen Wirtschaftszweig, ihren Umsatz, ihre Marktanteile, die Höhe der Bemessungsgrundlage und den Anteil, den die Umweltsteuer bzw. umweltsteuerähnliche Abgabe an ihrem Vorsteuergewinn mit und ohne die Ermäßigung ausmachen würde,

c) eine Beschreibung der Lage dieser Beihilfeempfänger, aus der hervorgeht, wieso der Normalsatz der Umweltsteuer oder umweltsteuerähnlichen Abgabe von ihnen nicht entrichtet werden könnte,

d) eine Erläuterung dazu, wie die ermäßigte Steuer oder Abgabe zu einem — gegenüber der Situation ohne Ermäßigungen — höheren Umweltschutzniveau beitragen würde (z. B. durch einen Vergleich des Normalsatzes, der bei Gewährung von Ermäßigungen gelten würde, mit dem Normalsatz, der ohne Gewährung von Ermäßigungen gelten würde, oder durch Angabe der Zahl der Unternehmen, die der Steuer oder Abgabe insgesamt unterliegen würden, oder anderer Indikatoren für tatsächliche Änderungen in Bezug auf umweltschädliches Verhalten).

4.7.1.3 Minimierung der Verzerrungen von Wettbewerb und Handel

297. Im Falle harmonisierter Umweltsteuern darf die Kommission einen vereinfachten Ansatz für die Prüfung der Erforderlichkeit und Angemessenheit der Beihilfe anwenden. Im Zusammenhang mit der Richtlinie 2003/96/EG darf die Kommission einen vereinfachten Ansatz für Steuerermäßigungen anwenden, bei dem die unter den Randnummern 298 und 299 festgelegten Mindeststeuerbeträge der Union eingehalten werden.

298. Die Kommission wird Beihilfen in Form von Ermäßigungen harmonisierter Steuern als erforderlich und angemessen betrachten, sofern die nachstehenden kumulativen Voraussetzungen erfüllt sind:a) Die Beihilfeempfänger entrichten mindestens die in der einschlägigen Richtlinie vorgeschriebenen Mindeststeuerbeträge der Union.

b) Die Beihilfeempfänger werden anhand objektiver und transparenter Kriterien ausgewählt.

c) Die Beihilfen werden grundsätzlich allen Unternehmen eines Wirtschaftszweigs in derselben Weise gewährt, sofern sie sich in einer ähnlichen Lage befinden.

d) Der Mitgliedstaat prüft die Erforderlichkeit von Beihilfen, die indirekt zu einem höheren Umweltschutzniveau beitragen sollen, im Wege einer vorab durchgeführten öffentlichen Konsultation, in deren Rahmen die Wirtschaftszweige, die für die Ermäßigungen infrage kommen, ordnungsgemäß beschrieben werden und eine Liste der größten Beihilfeempfänger für jeden Wirtschaftszweig vorgelegt wird.

299. Mitgliedstaaten können Beihilfen in Form einer Ermäßigung des Steuersatzes oder in Form eines festen jährlichen Ausgleichsbetrags (Steuererstattung) oder als Kombination aus beiden Formen gewähren. Der Vorteil des Erstattungsansatzes besteht darin, dass die Unternehmen weiterhin das von der Umweltsteuer gesetzte Preissignal empfangen. Der Betrag der Erstattung sollte anhand historischer Daten errechnet werden, d. h. anhand der Zahlen zu Produktion, Verbrauch oder Umweltverschmutzung, die für das betreffende Unternehmen für ein bestimmtes Basisjahr vorliegen. Die Höhe der Erstattung darf den andernfalls fälligen Mindeststeuerbetrag der Union für das betreffende Basisjahr nicht überschreiten.

300. Sind Umweltsteuern nicht harmonisiert oder zahlen die Beihilfeempfänger — sofern nach der geltenden Richtlinie zulässig — weniger als den für die harmonisierte Steuer festgelegten Mindeststeuerbetrag der Union, so ist eine eingehende Prüfung der Erforderlichkeit und Angemessenheit der Beihilfe erforderlich, wie in den Abschnitten 4.7.1.3.1 bis 4.7.1.3.3 dargelegt.

4.7.1.3.1 Erforderlichkeit

301. Die Vorschriften der Randnummern 302 und 303 gelten zusätzlich zu den Vorgaben des Abschnitts 3.2.1.1.

302. Die Kommission wird die Beihilfe als erforderlich ansehen, wenn die nachstehenden kumulativen Voraussetzungen erfüllt sind:a) Die Auswahl der Beihilfeempfänger erfolgt auf der Grundlage objektiver und transparenter Kriterien, und die Beihilfen werden für alle beihilfefähigen Unternehmen, die in demselben Wirtschaftszweig tätig sind und sich hinsichtlich der Ziele bzw. Zwecke der Beihilfemaßnahme in der gleichen oder einer ähnlichen Lage befinden, in derselben Weise gewährt.

b) Die Umweltsteuer oder umweltsteuerähnliche Abgabe hätte ohne die Ermäßigung einen erheblichen Anstieg der Produktionskosten gemessen in Prozent der Bruttowertschöpfung in jedem betroffenen Wirtschaftszweig bzw. in jeder betroffenen Gruppe von Beihilfeempfängern zur Folge.

c) Der erhebliche Anstieg der Produktionskosten könnte nicht an die Kunden weitergegeben werden, ohne dass es zu deutlichen Absatzeinbußen käme.

303. Bei Steuerermäßigungen für Biokraftstoffe, flüssige Biobrennstoffe und Biomasse-Brennstoffe muss der Mitgliedstaat einen Mechanismus einrichten, mit dem überprüft wird, ob die betreffende Maßnahme weiterhin erforderlich ist, wobei die in Abschnitt 4.1.3.1 genannten Voraussetzungen für die Erforderlichkeit gelten, und geeignete Maßnahmen ergreifen, also z. B. die Befreiung abschaffen oder die Höhe der Förderung senken.

4.7.1.3.2 Geeignetheit

304. Die Vorschriften der Randnummern 305 und 306 gelten zusätzlich zu den Vorgaben des Abschnitts 3.2.1.2.

305. Die Kommission wird Beihilferegelungen für einen Zeitraum von bis zu 10 Jahren genehmigen; nach Ablauf dieses Zeitraums kann ein Mitgliedstaat die Maßnahme neu anmelden, nachdem er die Geeignetheit der Beihilfemaßnahme erneut geprüft hat.

306. Wird eine Beihilfe als Steuererstattung gewährt, sollte der Erstattungsbetrag anhand historischer Daten errechnet werden, d. h. anhand der Zahlen zu Produktion, Verbrauch oder Umweltverschmutzung, die für das betreffende Unternehmen für ein bestimmtes Basisjahr vorliegen.

4.7.1.3.3 Angemessenheit

307. Abschnitt 3.2.1.3 gilt nicht für Beihilfen in Form einer Ermäßigung von Umweltsteuern oder umweltsteuerähnlichen Abgaben.

308. Die Kommission wird die Beihilfen als angemessen ansehen, wenn mindestens eine der folgenden Voraussetzungen erfüllt ist:a) Jeder Beihilfeempfänger entrichtet mindestens 20 % des Nominalbetrags der Umweltsteuer oder umweltsteuerähnlichen Abgabe, die ohne die Ermäßigung für ihn gelten würde.

b) Die Steuer- oder Abgabenermäßigung übersteigt nicht 100 % der nationalen Umweltsteuer oder umweltsteuerähnlichen Abgabe und ist an die Bedingung geknüpft, dass der Mitgliedstaat und die Beihilfeempfänger bzw. die Vereinigungen der Beihilfeempfänger Vereinbarungen schließen, in denen sich die Beihilfeempfänger bzw. deren Vereinigungen zur Erreichung von Umweltschutzzielen verpflichten, die dieselbe Wirkung haben, wie wenn die Beihilfeempfänger bzw. deren Vereinigungen mindestens 20 % der nationalen Umweltsteuer oder umweltsteuerähnlichen Abgabe zahlen würden. Diese Vereinbarungen oder Zusagen können unter anderem eine Verringerung des Energieverbrauchs, der Emissionen und anderer Schadstoffe oder andere Umweltschutzmaßnahmen zum Gegenstand haben.

309. Solche Vereinbarungen müssen die nachstehenden kumulativen Voraussetzungen erfüllen:a) Der Inhalt der Vereinbarungen wird von dem Mitgliedstaat ausgehandelt und enthält die Ziele und einen Zeitplan für die Erreichung dieser Ziele.

b) Der Mitgliedstaat stellt eine unabhängige und regelmäßige Überwachung der in den Vereinbarungen festgehaltenen Zusagen sicher.

c) Die Vereinbarungen werden regelmäßig dem Stand der technologischen und sonstigen Entwicklung angepasst und sehen für den Fall, dass die Zusagen nicht eingehalten werden, wirksame Sanktionen vor.

4.7.2 *Umweltschutzbeihilfen in Form einer Ermäßigung von Steuern oder steuerähnlichen Abgaben*

4.7.2.1 Begründung der Beihilfe

310. Die Mitgliedstaaten können in Betracht ziehen, Anreize dafür zu schaffen, dass Unternehmen Vorhaben oder Tätigkeiten aufnehmen, die den Umweltschutz verbessern, indem sie Steuern oder steuerähnliche Abgaben ermäßigen. Sollen solche Ermäßigungen Anreize für die Beihilfeempfänger schaffen, Vorhaben oder Tätigkeiten durchzuführen, die zu geringerer Umweltverschmutzung oder geringerem Ressourcenverbrauch führen, so prüft die Kommission die Maßnahmen im Lichte der in Abschnitt 4.7.2 dargelegten Anforderungen.

4.7.2.2 Anwendungsbereich und geförderte Tätigkeiten

311. Dieser Abschnitt gilt für Beihilfen für umweltfreundliche Vorhaben und Tätigkeiten, die in den Anwendungsbereich der Abschnitte 4.2 bis 4.6 fallen und in Form der Ermäßigung von Steuern oder steuerähnlichen Abgaben gewährt werden.

312. Wenn mit der Ermäßigung einer Steuer oder Abgabe in erster Linie ein Dekarbonisierungsziel verfolgt wird, findet Abschnitt 4.1 Anwendung.

313. Dieser Abschnitt bezieht sich nicht auf Ermäßigungen von Steuern oder Abgaben, die die wesentlichen Kosten der Bereitstellung von Energie oder damit verbundenen Dienstleistungen widerspiegeln. Beispielsweise sind Ermäßigungen von Netzentgelten oder Entgelten, mit denen Kapazitätsmechanismen finanziert werden, vom Geltungsbereich des Abschnitts 4.7.2 ausgenommen. Dieser Abschnitt gilt nicht für Ermäßigungen von Stromverbrauchsabgaben, mit denen ein energiepolitisches Ziel finanziert wird.

4.7.2.3 Anreizeffekt

314. Die Vorschriften der Randnummern 315 und 316 gelten zusätzlich zu den Vorgaben des Abschnitts 3.1.2.

315. Für jedes beihilfefähige Vorhaben oder Referenzvorhaben für eine Gruppe von Beihilfeempfängern muss der Mitgliedstaat zur Bewertung durch die Kommission eine Quantifizierung nach Randnummer 51 oder gleichwertige Daten übermitteln, worin die Rentabilität des Referenzvorhabens oder der Referenztätigkeit mit und ohne Ermäßigung der Steuer oder steuerähnlichen Abgabe verglichen wird und worin aufgezeigt wird,

dass die Ermäßigung einen Anreiz für die Verwirklichung des umweltfreundlichen Vorhabens oder der umweltfreundlichen Tätigkeit schafft.

316. Bei Beihilfen für Vorhaben, die vor Einreichung des Beihilfeantrags beginnen, wird von einem Anreizeffekt ausgegangen, wenn die nachstehenden kumulativen Voraussetzungen erfüllt sind:a) Die Maßnahme begründet einen auf objektiven, diskriminierungsfreien Kriterien beruhenden Anspruch auf die Beihilfe, ohne dass es zusätzlich einer Ermessensentscheidung des Mitgliedstaats bedarf.

b) Die Maßnahme ist vor Beginn der Arbeiten an dem geförderten Vorhaben oder der geförderten Tätigkeit angenommen worden und in Kraft getreten; dies gilt jedoch nicht für steuerliche Folgeregelungen, wenn die Tätigkeit bereits unter Vorläuferregelungen in Form von Vergünstigungen bei Steuern oder steuerähnliche Abgaben fiel.

4.7.2.4 Angemessenheit

317. Abschnitt 3.2.1.3 gilt nicht für Umweltschutzbeihilfen in Form einer Ermäßigung von Steuern oder steuerähnlichen Abgaben.

318. Die Beihilfe darf den normalen Steuer- oder Abgabensatz bzw. den normalen Steuer- oder Abgabenbetrag, der andernfalls gelten würde bzw. zu zahlen wäre, nicht überschreiten.

319. Steht die Ermäßigung der Steuer oder steuerähnlichen Abgabe mit Investitionskosten in Zusammenhang, so wird die Beihilfe als angemessen betrachtet, sofern sie die Beihilfeintensitäten und Beihilfehöchstbeträge nach den Abschnitten 4.2 bis 4.6 nicht übersteigt. Ist nach diesen Abschnitten eine Ausschreibung erforderlich, gilt diese Anforderung nicht für Beihilfen, die in Form der Ermäßigung von Steuern oder steuerähnlichen Abgaben gewährt werden.

320. Nehmen durch die Ermäßigung der Steuer oder steuerähnlichen Abgabe die laufenden Betriebskosten ab, so darf der Beihilfebetrag die Differenz zwischen den Betriebskosten des umweltfreundlichen Vorhabens oder der umweltfreundlichen Tätigkeit und den Betriebskosten im weniger umweltfreundlichen kontrafaktischen Szenario nicht übersteigen. Wenn das umweltfreundlichere Vorhaben oder die umweltfreundlichere Tätigkeit zu potenziellen Kosteneinsparungen oder zusätzlichen Einnahmen führen kann, müssen diese bei der Prüfung der Angemessenheit der Beihilfe berücksichtigt werden.

4.7.2.5 Vermeidung übermäßiger negativer Auswirkungen auf Wettbewerb und Handel

321. Die Vorschriften der Randnummern 322 bis 324 gelten zusätzlich zu den Vorgaben des Abschnitts 3.2.2.

322. Staatliche Beihilfen müssen für alle beihilfefähigen Unternehmen, die in demselben Wirtschaftszweig tätig sind und sich hinsichtlich der Ziele bzw. Zwecke der Beihilfemaßnahme in der gleichen oder einer ähnlichen Lage befinden, in derselben Weise gewährt werden.

323. Der Mitgliedstaat muss sicherstellen, dass die Beihilfen während der Laufzeit von Beihilferegelungen, die länger als drei Jahre gelten, erforderlich bleiben, und die Beihilferegelungen mindestens alle drei Jahre evaluieren.

324. Betrifft die Ermäßigung der Steuer oder steuerähnlichen Abgabe Vorhaben, diea) in den Anwendungsbereich des Abschnitts 4.2 fallen, finden die Randnummern 154 bis 156 Anwendung;

b) in den Anwendungsbereich des Abschnitts 4.3.1 fallen, finden die Randnummern 183 bis 188 Anwendung;

c) in den Anwendungsbereich des Abschnitts 4.3.2 fallen, finden die Randnummern 206 bis 216 Anwendung.

4.8 Beihilfen zur Gewährleistung der Stromversorgungssicherheit

4.8.1 *Begründung der Beihilfe*

325. Marktversagen und regulatorische Mängel können bedeuten, dass Preissignale keine wirksamen Investitionsanreize entstehen lassen, was beispielsweise zu unangemessenen Ergebnissen in Bezug auf Stromressourcenmix, Kapazitäten, Flexibilität oder Standort führt. Darüber hinaus bringen die aus dem technologischen Wandel und den Herausforderungen des Klimawandels resultierenden erheblichen Umstellungen im Elektrizitätssektor neue Herausforderungen in Bezug auf die Stromversorgungssicherheit mit sich. Wenngleich ein zunehmend integrierter Strommarkt in der Regel den EU-weiten Stromaustausch ermöglicht und so Probleme der nationalen Versorgungssicherheit mindert, kann es vorkommen, dass selbst in gekoppelten Märkten die Versorgungssicherheit in einigen Mitgliedstaaten oder Regionen möglicherweise nicht jederzeit gewährleistet ist. Vor diesem Hintergrund können die Mitgliedstaaten die Einführung bestimmter Maßnahmen in Erwägung ziehen, um ein gewisses Maß an Stromversorgungssicherheit zu gewährleisten.

4.8.2 *Anwendungsbereich und geförderte Tätigkeiten*

326. In diesem Abschnitt werden die Vereinbarkeitskriterien für Beihilfemaßnahmen zur Erhöhung der Stromversorgungssicherheit dargelegt. Beispiele für solche Maßnahmen sind Kapazitätsmechanismen und alle anderen Maßnahmen zur Bewältigung lang- und kurzfristiger Schwierigkeiten hinsichtlich der Versorgungssicherheit, die durch ein Marktversagen verursacht werden, das ausreichende Investitionen in Stromerzeugungskapazitäten, Speicherung, Laststeuerung oder Verbindungsleitungen verhindert, oder Netzengpassmaßnahmen, mit denen Defiziten der Stromübertragungs- oder -verteilernetze entgegengewirkt werden soll (129).

327. Solche Maßnahmen können auch auf die Förderung von Umweltschutzzielen ausgerichtet werden, etwa durch den Ausschluss umweltschädlicherer Kapazitäten oder durch Maßnahmen, durch die umweltfreundlichere Kapazitäten im Auswahlprozess begünstigt werden.

328. Im Rahmen ihrer Anmeldung sollten die Mitgliedstaaten angeben, welche wirtschaftlichen Tätigkeiten durch die Beihilfe in ihrer Entwicklung gefördert werden sollen. Beihilfen zur Erhöhung der Stromversorgungssicherheit fördern direkt die Entwicklung wirtschaftlicher Tätigkeiten, die mit der Stromerzeugung, der Stromspeicherung und der Laststeuerung im Zusammenhang stehen, beispielsweise durch neue Investitionen oder die effiziente Modernisierung und Wartung bestehender Anlagen. Außerdem können sie indirekt eine breite Palette wirtschaftlicher Tätigkeiten fördern, die auf Strom angewiesen sind, etwa die Elektrifizierung von Wärme sowie des Verkehrs.

4.8.3 ***Anreizeffekt***

329. Es gelten die unter den Randnummern 29, 30, 31 und 32 aufgeführten Bestimmungen zum Anreizeffekt.

4.8.4 ***Minimierung der Verzerrungen von Wettbewerb und Handel***

4.8.4.1 Erforderlichkeit

330. Abschnitt 3.2.1.1 gilt nicht für Maßnahmen zur Gewährleistung der Stromversorgungssicherheit.

331. Art und Ursachen der Schwierigkeiten in Bezug auf die Stromversorgungssicherheit und der deshalb erforderlichen staatlichen Beihilfen zur Gewährleistung dieser Stromversorgungssicherheit müssen angemessen analysiert und quantifiziert werden; dabei ist gegebenenfalls unter Bezugnahme auf den Zuverlässigkeitsstandard gemäß Artikel 25 der Verordnung (EU) 2019/943 auch zu ermitteln, wann und wo das Problem voraussichtlich auftreten wird. Bei Netzengpassmaßnahmen sollte der Mitgliedstaat (nach Konsultation und unter Berücksichtigung der Auffassung der zuständigen nationalen Regulierungsbehörde) eine Analyse vorlegen, in der er mittels einer Kosten-Nutzen-Analyse das mit der vorgeschlagenen Maßnahme angestrebte Maß an Stromversorgungssicherheit ermittelt und begründet. Ferner sollten für alle Maßnahmen zur Gewährleistung der Versorgungssicherheit unter Verweis auf einschlägige Anforderungen sektoraler Rechtsvorschriften die Maßeinheit für die Quantifizierung sowie die entsprechende Berechnungsmethode dargelegt werden.

332. Die Feststellung eines Problems im Zusammenhang mit der Stromversorgungssicherheit sollte gegebenenfalls mit der neuesten verfügbaren Analyse des Europäischen Netzes der Übertragungsnetzbetreiber (Strom) (ENTSO-E) im Einklang stehen, die nach den Vorschriften zum Energiebinnenmarkt vorgenommen wurde. Dies ista) bei Maßnahmen, die auf die Angemessenheit der Ressourcen abzielen, die Abschätzung der Angemessenheit der Ressourcen auf europäischer Ebene gemäß Artikel 23 der Verordnung (EU) 2019/943,

b) bei Netzengpassmaßnahmen der Bericht über strukturelle Engpässe und andere erhebliche physikalische Engpässe zwischen und in Gebotszonen gemäß Artikel 14 Absatz 2 der Verordnung (EU) 2019/943.

333. Die Mitgliedstaaten können sich zum Nachweis der Erforderlichkeit von Kapazitätsmechanismen auch auf nationale Abschätzungen der Ressourcenangemessenheit stützen, soweit dies nach Artikel 24 der Verordnung (EU) 2019/943 zulässig ist. Bei anderen Maßnahmen zur Gewährleistung der Versorgungssicherheit, einschließlich Netzengpassmaßnahmen, können sich die Mitgliedstaaten auch auf eine nationale Abschätzung der Erforderlichkeit der vorgeschlagenen Maßnahme stützen. Die unter dieser Randnummer genannten nationalen Abschätzungen sollten von der zuständigen nationalen Regulierungsbehörde entweder genehmigt oder überprüft werden.

334. Maßnahmen im Zusammenhang mit dem Risiko von Stromversorgungskrisen sollten im nationalen Risikovorsorgeplan gemäß Artikel 11 der Verordnung (EU) 2019/941 (130) festgelegt werden.

335. Mitgliedstaaten, die die Einführung mehrerer Maßnahmen zur Gewährleistung der Stromversorgungssicherheit vorschlagen, müssen klar darlegen, wie diese Maßnahmen im Hinblick auf die Gewährleistung der Kosteneffizienz der kombinierten Maßnahmen zur Gewährleistung der Stromversorgungssicherheit insgesamt zusammenwirken, z. B. müssen sie bei Kapazitätsmechanismen erläutern, wie diese den unter Randnummer 331 genannten Zuverlässigkeitsstandard erreichen (aber nicht darüber hinausgehen).

336. Es muss ermittelt werden, welche regulatorischen Mängel, Fälle von Marktversagen oder sonstigen Probleme ohne ein Eingreifen des Staates einer hinreichenden Sicherheit der Stromversorgung (und gegebenenfalls des Umweltschutzes) entgegenstehen würden.

337. Außerdem muss angegeben werden, welche Maßnahmen gegebenenfalls bereits eingeführt wurden, um die unter Randnummer 336 festgestellten Fälle von Marktversagen, regulatorischen Mängel oder sonstigen Probleme anzugehen.

338. Die Mitgliedstaaten müssen unter Berücksichtigung der von dem jeweiligen Mitgliedstaat geplanten Marktreformen und Verbesserungen sowie der Technologieentwicklungen aufzeigen, weshalb nicht davon auszugehen ist, dass der Markt die Stromversorgungssicherheit ohne staatliche Beihilfen gewährleisten kann.

339. Die Kommission wird bei ihrer Prüfung die folgenden Elemente berücksichtigen, die von den Mitgliedstaaten übermittelt werden müssen:a) eine Bewertung der Auswirkungen der Stromerzeugung aus variablen Energiequellen, auch aus benachbarten Systemen;

b) eine Bewertung der Auswirkungen einer Teilnahme von Nachfragesteuerung und Speicherung am Markt, einschließlich einer Beschreibung von Maßnahmen zur Förderung der Nachfragesteuerung;

c) eine Bewertung des tatsächlichen oder potenziellen Bestands an Verbindungsleitungen und wesentlicher interner Übertragungsnetzinfrastruktur einschließlich einer Beschreibung der laufenden und geplanten Vorhaben;

d) eine Bewertung weiterer Aspekte, die zu Problemen im Zusammenhang mit der Stromversorgungssicherheit führen oder diese noch verstärken könnten, z. B. eine Plafonierung der Stromgroßhandelspreise oder andere regulatorische Mängel oder Fälle von Marktversagen. Falls nach der Verordnung (EU) 2019/943 erforderlich, muss vor der Beihilfegewährung eine Stellungnahme der Kommission zu dem in Artikel 20 Absatz 3 dieser Verordnung genannten Umsetzungsplan eingeholt werden. Der Umsetzungsplan und die Stellungnahme werden im Rahmen der Bewertung der Erforderlichkeit berücksichtigt;

e) alle relevanten Inhalte eines Aktionsplans gemäß Artikel 15 der Verordnung (EU) 2019/943.

4.8.4.2 Geeignetheit

340. Abschnitt 3.2.1.2 gilt nicht für Maßnahmen zur Gewährleistung der Stromversorgungssicherheit.

341. Die Mitgliedstaaten sollten vorrangig andere Ansätze zur Gewährleistung der Stromversorgungssicherheit prüfen, insbesondere Möglichkeiten zur effizienteren Gestaltung des Strommarkts, durch die Fälle von Marktversagen, die die Stromversorgungssicherheit untergraben, abgemildert werden können. Beispiele dafür sind: Verbesserung der Funktionsweise der Abrechnung strombezogener Bilanzkreisabweichungen, bessere Integration variabler Stromerzeugung, Schaffung von Anreizen und Integration von Laststeuerung und Speicherung, Ermöglichung effizienter Preissignale, Beseitigung von Hindernissen für den grenzüberschreitenden Handel sowie Verbesserung der Infrastruktur einschließlich Verbindungsleitungen. Beihilfen im Rahmen von Maßnahmen zur Gewährleistung der Versorgungssicherheit können als geeignet angesehen werden, wenn trotz geplanter oder bereits umgesetzter geeigneter und angemessener Verbesserungen der Marktgestaltung (131) und Investitionen in Netzvermögenswerte weiterhin Bedenken hinsichtlich der Versorgungssicherheit bestehen.

342. Bei Netzengpassmaßnahmen sollten die Mitgliedstaaten darüber hinaus erläutern, wie die Effizienz von Redispatch-Maßnahmen im Einklang mit Artikel 13 der Verordnung (EU) 2019/943 verbessert wird.

4.8.4.3 Beihilfefähigkeit

343. Die Beihilfemaßnahme sollte allen Empfängern bzw. Vorhaben offenstehen, die technisch in der Lage sind, einen wirksamen Beitrag zur Erreichung des Ziels der Versorgungssicherheit zu leisten. Dies schließt die Bereiche Erzeugung, Speicherung und Laststeuerung sowie die Zusammenführung kleiner Einheiten dieser Kapazitätsformen zu größeren Blöcken ein.

344. Beschränkungen der Beteiligung an bzw. Einbindung in Maßnahmen zur Gewährleistung der Versorgungssicherheit, mit denen sichergestellt werden soll, dass die Maßnahmen nicht dem Umweltschutz zuwiderlaufen, werden als geeignet erachtet (siehe die Randnummern 368 und 369).

345. Die Kommission begrüßt es, wenn die Mitgliedstaaten zusätzliche Kriterien oder Merkmale in ihre Maßnahmen zur Gewährleistung der Versorgungssicherheit aufnehmen, um die Einbindung umweltfreundlicherer Technologien zu fördern (bzw. die Einbindung umweltschädlicher Technologien zu verringern), die für die Verwirklichung der Umweltschutzziele der Union erforderlich sind. Diese zusätzlichen Kriterien oder Merkmale müssen in Bezug auf klar festgelegte Umweltschutzziele objektiv, transparent und diskriminierungsfrei sein und dürfen nicht zu einer Überkompensation der Beihilfeempfänger führen.

346. Soweit technisch machbar, müssen die Maßnahmen zur Gewährleistung der Stromversorgungssicherheit offen für die direkte grenzüberschreitende Beteiligung von in einem anderen Mitgliedstaat ansässigen Kapazitätsanbietern sein (132). Die Mitgliedstaaten müssen dafür sorgen, dass ausländische Kapazitäten, die die gleiche technische Leistung erbringen können wie inländische Kapazitäten, die Möglichkeit haben, am gleichen Wettbewerbsverfahren teilzunehmen wie die inländischen Kapazitäten. Die Mitgliedstaaten können vorschreiben, dass sich die ausländische Kapazität in einem Mitgliedstaat mit direkter Netzverbindung zu dem Mitgliedstaat befindet, der die Maßnahme durchführt. Gegebenenfalls müssen die einschlägigen Vorschriften des Artikels 26 der Verordnung (EU) 2019/943 ebenfalls eingehalten werden.

4.8.4.4 Öffentliche Konsultation

347. Abschnitt 4.8.4.4 gilt ab dem 1. Juli 2023.

348. Vor der Anmeldung von Beihilfen müssen die Mitgliedstaaten — außer in hinreichend begründeten Ausnahmefällen — öffentliche Konsultationen zur Angemessenheit und zu den Auswirkungen der nach diesem Abschnitt anzumeldenden Maßnahmen auf den Wettbewerb durchführen.

Die Konsultationspflicht gilt nicht für Änderungen bereits genehmigter Maßnahmen, die Anwendungsbereich und Beihilfefähigkeit unberührt lassen und die Laufzeit nicht um mehr als 10 Jahre über das Datum des ursprünglichen Kommissionsbeschlusses hinaus verlängern, und sie gilt auch nicht für die unter Randnummer 349 genannten Fälle. Um festzustellen, ob eine Maßnahme nach den Kriterien dieser Leitlinien gerechtfertigt ist, muss folgende öffentliche Konsultation durchgeführt werden (133):a) bei Maßnahmen, bei denen der geschätzte durchschnittliche Beihilfebetrag 100 Mio. EUR pro Jahr oder mehr beträgt, eine öffentliche Konsultation, die mindestens sechs Wochen läuft und folgende Aspekte umfasst:

i) Beihilfefähigkeit,

ii) vorgesehene Nutzung und vorgesehener Umfang von Ausschreibungen sowie etwaige vorgesehene Ausnahmen,

iii) wichtigste Parameter des Verfahrens zur Bewilligung der Beihilfen (134), auch im Hinblick auf die Ermöglichung von Wettbewerb zwischen verschiedenen Arten von Beihilfeempfängern (135),

iv) die Methode, um die Kosten der Maßnahme den Verbrauchern zuzuweisen,

v) falls keine Ausschreibung durchgeführt wird: die Annahmen und Daten, auf die sich die Quantifizierung stützt, anhand deren die Angemessenheit der Beihilfe nachgewiesen wird, einschließlich Kosten, Einnahmen, Betriebsannahmen und Lebensdauer sowie der gewichteten durchschnittlichen Kapitalkosten (WACC), und

vi) falls neue Investitionen in die Stromerzeugung aus Erdgas gefördert werden können: geplante Vorkehrungen zur Gewährleistung der Übereinstimmung mit den Klimazielen der Union,

b) bei Maßnahmen, bei denen sich der geschätzte durchschnittliche Beihilfebetrag auf weniger als 100 Mio. EUR pro Jahr beläuft, eine Konsultation, die sich über mindestens vier Wochen erstreckt und folgende Aspekte umfasst:

i) Beihilfefähigkeit,

ii) vorgesehene Nutzung und vorgesehener Umfang von Ausschreibungen sowie etwaige vorgesehene Ausnahmen,

iii) die Methode, um die Kosten der Maßnahme den Verbrauchern zuzuweisen, und

iv) falls neue Investitionen in die Stromerzeugung aus Erdgas gefördert werden können: geplante Vorkehrungen zur Gewährleistung der Übereinstimmung mit den Klimazielen der Union.

349. Bei Maßnahmen nach Randnummer 348 Buchstabe b ist keine öffentliche Konsultation erforderlich, sofern eine Ausschreibung durchgeführt wird und im Rahmen der Maßnahme keine Investitionen in die Energieerzeugung aus fossilen Brennstoffen gefördert werden.

350. Fragebogen für Konsultationen müssen auf eine öffentliche Website gestellt werden. Die Mitgliedstaaten müssen eine Auswertung der Konsultation veröffentlichen, in der sie die eingegangenen Beiträge zusammenfassen und darauf eingehen. Dabei sollten sie auch darlegen, wie etwaige Auswirkungen auf den Wettbewerb durch den Anwendungsbereich der geplanten Maßnahme oder die in ihrem Rahmen geltende Beihilfefähigkeit minimiert wurden. Die Mitgliedstaaten müssen im Rahmen der Anmeldung von Beihilfemaßnahmen nach dem vorliegenden Abschnitt einen Link zu ihrer Auswertung der Konsultation bereitstellen.

351. In hinreichend begründeten Ausnahmefällen kann die Kommission alternative Konsultationsverfahren akzeptieren, sofern die Standpunkte der Beteiligten bei der (weiteren) Durchführung der Beihilfe berücksichtigt werden. In solchen Fällen muss die Konsultation möglicherweise mit Abhilfemaßnahmen kombiniert werden, um etwaige verzerrende Auswirkungen der Maßnahme zu minimieren.

4.8.4.5 Angemessenheit

352. Die Vorschriften der Randnummern 353, 354, 355, 356 und 357 gelten zusätzlich zu den Vorgaben der Randnummern 49, 50, 51, 52, 53 und 55.

353. Der Bedarf an Maßnahmen zur Gewährleistung der Versorgungssicherheit sollte anhand des Zuverlässigkeitsstandards oder der Kosten-Nutzen-Analyse gemäß Randnummer 331 und auf der Grundlage einer gemäß den Randnummern 332, 333 und 334 durchgeführten Analyse der Ressourcen ermittelt werden, die erforderlich sind, um ein angemessenes Maß an Versorgungssicherheit zu gewährleisten. Die Bedarfsanalyse darf zum Zeitpunkt der Festlegung der Höhe des Bedarfs höchstens zwölf Monate alt sein.

354. Der Zeitraum zwischen der Beihilfebewilligung und dem Ende der Frist für den Abschluss des Vorhabens sollte einen wirksamen Wettbewerb zwischen den verschiedenen beihilfefähigen Vorhaben ermöglichen.

355. Ausnahmen von der Verpflichtung, die Beihilfen auf der Grundlage einer Ausschreibung zu gewähren und ihre Höhe im Wege einer Ausschreibung zu bestimmen, können nur dann gerechtfertigt sein,a) wenn Nachweise, einschließlich gegebenenfalls im Rahmen der öffentlichen Konsultation erlangter Nachweise, dafür vorgelegt werden, dass die potenzielle Beteiligung an der Ausschreibung wahrscheinlich nicht für die Gewährleistung von Wettbewerb ausreichen würde, oder

b) wenn bei Netzengpassmaßnahmen der Mitgliedstaat (nach Konsultation und unter Berücksichtigung der Auffassung der zuständigen nationalen Regulierungsbehörde) auf der Grundlage von Nachweisen, einschließlich der im Rahmen der öffentlichen Konsultation erlangten Nachweise, aufzeigt, dass eine Ausschreibung z. B. aufgrund strategischer Gebote oder von Marktverzerrungen weniger kosteneffizient wäre.

356. Die Begünstigten von Maßnahmen zur Gewährleistung der Versorgungssicherheit sollten wirksame Anreize haben, während des Lieferzeitraums zur Versorgungssicherheit beizutragen. Diese Anreize sollten in der Regel mit dem Wert der Zahlungsbereitschaft für die Beibehaltung der Stromversorgung (Value of Lost Load — VoLL) (136) in Zusammenhang stehen. Wenn beispielsweise ein Beihilfeempfänger nicht zur Verfügung steht, sollte er mit einer Sanktion belegt werden, die mit dem VoLL in Zusammenhang steht. In anderen Fällen als bei Netzengpassmaßnahmen sollte diese Sanktion in der Regel die Preise für die Abrechnung strombezogener Bilanzkreisabweichungen widerspiegeln, um Verzerrungen auf dem Markt zu vermeiden.

357. Die Mitgliedstaaten können auch wettbewerbsorientierte Zertifikateregelungen/Lieferantenverpflichtungsregelungen anwenden, soferna) die Nachfrage im Rahmen der Regelung geringer angesetzt wird als das potenzielle Angebot und

b) der Buyout- bzw. Strafpreis, den ein Verbraucher/Lieferant, der nicht die erforderliche Anzahl von Zertifikaten gekauft hat, entrichten muss (also der Preis, der dem den Beihilfeempfängern gezahlten Höchstbetrag entspricht), auf einem Niveau festgesetzt ist, das eine Überkompensation der Beihilfeempfänger ausschließt.

4.8.5 ***Vermeidung übermäßiger negativer Auswirkungen auf Wettbewerb und Handel sowie Abwägungsprüfung***

358. Mit Ausnahme von Randnummer 70 gilt Abschnitt 3.2.2 nicht für Maßnahmen zur Gewährleistung der Stromversorgungssicherheit.

359. Die Beihilfe muss so gestaltet sein, dass das effiziente Funktionieren des Marktes gewährleistet bleibt und Anreize für einen effizienten Betrieb und wirksame Preissignale erhalten bleiben.

360. Es dürfen keine Anreize für eine Energieerzeugung geschaffen werden, durch die weniger umweltschädliche Energieformen verdrängt würden.

361. Die Anforderungen der Randnummern 359 und 360 sind in der Regel erfüllt, wenn sich die Vergütung im Rahmen einer Maßnahme nach der Kapazität (Euro pro Megawatt (MW)) und nicht nach der erzeugten Strommenge (EUR/MWh) richtet. Bei Vergütung je MWh muss zusätzlich darauf geachtet werden, dass negative Auswirkungen auf den Markt vermieden und weniger umweltschädliche Erzeugungsquellen nicht verdrängt werden.

362. Maßnahmen zur Gewährleistung der Versorgungssicherheit müssen alle anwendbaren Gestaltungsgrundsätze nach Artikel 22 der Verordnung (EU) 2019/943 erfüllen (137).

363. Um sicherzustellen, dass die Marktpreisbildung nicht verzerrt wird, gelten für strategische Reserven und andere Maßnahmen, die auf die Angemessenheit der Ressourcen abzielen, wie Abschaltregelungen, bei denen Kapazitäten außerhalb des Marktes vorgehalten werden, die folgenden zusätzlichen kumulativen Anforderungen:a) Die Ressourcen der Maßnahme dürfen nur dann eingesetzt werden, wenn damit zu rechnen ist, dass die Übertragungsnetzbetreiber ihre Ressourcen zum Systemausgleich ausschöpfen werden, um ein Gleichgewicht zwischen Angebot und Nachfrage herzustellen (138).

b) Während Bilanzkreisabrechnungszeitintervallen, in denen es zum Einsatz von Ressourcen der Maßnahme kommt, werden Bilanzkreisabweichungen auf dem Markt mindestens zum VoLL oder zu einem Wert oberhalb der technischen Preisgrenze für den Intraday-Handel (139) abgerechnet, wobei jeweils der höhere Wert herangezogen wird.

c) Der Output der Maßnahme nach dem Einsatz wird den Bilanzkreisverantwortlichen über den Mechanismus zur Abrechnung von Bilanzkreisabweichungen zugerechnet.

d) Die Ressourcen werden weder vom Stromgroßhandelsmarkt noch von den Regelreservemärkten vergütet.

e) Die Ressourcen der Maßnahme müssen mindestens während der Vertragslaufzeit außerhalb der Energiemärkte vorgehalten werden.

364. Bei Netzengpassmaßnahmen, bei denen Ressourcen außerhalb des Marktes vorgehalten werden, können diese Ressourcen weder vom Stromgroßhandelsmarkt noch den Regelreservemärkten vergütet werden und müssen mindestens während der Vertragslaufzeit außerhalb der Energiemärkte vorgehalten werden.

365. Bei Kapazitätsmechanismen abgesehen von strategischen Reserven müssen die Mitgliedstaaten sicherstellen, dass die Maßnahmea) so gestaltet ist, dass sichergestellt wird, dass der für die Verfügbarkeit gezahlte Preis automatisch gegen null geht, wenn davon auszugehen ist, dass der Kapazitätsbedarf mit der bereitgestellten Kapazität gedeckt werden kann,

b) die beteiligten Ressourcen nur für ihre Verfügbarkeit vergütet und Entscheidungen des Kapazitätsanbieters über die Erzeugung nicht durch die Vergütung beeinflusst werden und

c) vorsieht, dass die Kapazitätsverpflichtungen zwischen den berechtigten Kapazitätsanbietern übertragbar sind.

366. Für Maßnahmen zur Gewährleistung der Stromversorgungssicherheit gelten folgende Vorgaben:a) Sie sollten weder unnötige Marktverzerrungen herbeiführen noch den zonenübergreifenden Handel beschränken.

b) Sie sollten nicht dazu führen, dass die Anreize, in Verbindungskapazität zu investieren, abnehmen, beispielsweise durch Verringerung der Engpasserlöse für bestehende oder neue Verbindungsleitungen.

c) Sie sollten nicht die Marktkopplung (einschließlich der Intraday-Märkte und der Regelreservemärkte) erschweren.

d) Sie sollten keine vor der Maßnahme gefassten kapazitätsbezogenen Investitionsentscheidungen untergraben.

367. Um zu vermeiden, dass die Anreize für Laststeuerung untergraben werden und dadurch das Marktversagen, das die Maßnahmen zur Gewährleistung der Versorgungssicherheit erst erforderlich macht, weiter verschärft wird, und um sicherzustellen, dass der Eingriff im Bereich der Versorgungssicherheit so geringfügig wie möglich ausfällt, sollten die Kosten der Versorgungssicherheitsmaßnahmen von denjenigen Marktteilnehmern getragen werden, die dazu beitragen, dass diese Maßnahmen erforderlich werden. Dies kann beispielsweise dadurch erreicht werden, dass die Kosten einer Maßnahme zur Gewährleistung der Versorgungssicherheit in Spitzenlastzeiten den Stromverbrauchern zugewiesen werden oder dass die Kosten einer Netzengpassmaßnahme den Verbrauchern in der Region zugewiesen werden, die zu den Zeiten, in denen die Kapazität im Rahmen der Maßnahme bereitgestellt wird, von Knappheit betroffen sind. Eine solche Kostenzuweisung ist jedoch unter Umständen nicht erforderlich, wenn der Mitgliedstaat anhand von Nachweisen, einschließlich der im Rahmen der öffentlichen Konsultation erlangten Nachweise, aufzeigt, dass eine solche Kostenzuweisung die Kosteneffizienz der Maßnahme untergraben oder zu schwerwiegenden Wettbewerbsverzerrungen führen würde, die den potenziellen Nutzen einer solchen Kostenzuweisung eindeutig untergraben.

368. Die Kommission ist der Auffassung, dass bestimmte Beihilfemaßnahmen negative Auswirkungen auf Wettbewerb und Handel haben, die wahrscheinlich nicht ausgeglichen werden. So können bestimmte Beihilfemaßnahmen Marktversagen verschärfen und Ineffizienzen zulasten der Verbraucher und des Gemeinwohls nach sich ziehen. Maßnahmen — einschließlich Netzengpassmaßnahmen und Abschaltregelungen —, die den Emissionsgrenzwert für Kapazitätsmechanismen nach Artikel 22 der Verordnung (EU) 2019/943 nicht einhalten und möglicherweise Anreize für neue energiebezogene Investitionen auf Basis der umweltschädlichsten fossilen Brennstoffe wie Steinkohle, Diesel, Braunkohle, Öl, Torf oder Ölschiefer schaffen, verstärken beispielsweise die negativen externen Umwelteffekte auf dem Markt.

369. Maßnahmen, die Anreize für neue Investitionen in die Energieerzeugung aus Erdgas schaffen, können zwar der Stromversorgungssicherheit förderlich sein, bewirken längerfristig jedoch stärkere negative externe Umwelteffekte als alternative Investitionen in emissionsfreie Technologien. Damit die Kommission im Rahmen einer Abwägungsprüfung ermitteln kann, ob die negativen Auswirkungen solcher Maßnahmen durch positive Auswirkungen ausgeglichen werden können, sollten die Mitgliedstaaten erläutern, wie sie sicherstellen werden, dass die jeweilige Investition zur Erreichung des Klimaziels der Union für 2030 und des Unionsziels der Klimaneutralität bis 2050 beiträgt. Insbesondere müssen die Mitgliedstaaten erläutern, wie eine Festlegung auf diese gasbasierte Energieerzeugung vermieden werden soll. Beispiele für solche Vorkehrungen wären verbindliche Verpflichtungen des Beihilfeempfängers, Dekarbonisierungstechnologien wie CCS/CCU umzusetzen, Erdgas durch erneuerbares oder CO_2-armes Gas zu ersetzen oder die Anlage innerhalb eines Zeitrahmens, der mit den Klimazielen der Union im Einklang steht, stillzulegen.

370. Wenn im Rahmen einer Einzelbeihilfe oder einer Beihilferegelung nur eine sehr begrenzte Zahl von Beihilfeempfängern oder ein etabliertes Unternehmen unterstützt werden soll, sollten die Mitgliedstaaten außerdem nachweisen, dass die geplante Beihilfe keine Stärkung der Marktmacht bewirken wird.

4.9 Beihilfen für Energieinfrastruktur

4.9.1 *Begründung der Beihilfe*

371. Um die Klimaziele der Union zu erreichen, bedarf es erheblicher Investitionen und einer Modernisierung der Energieinfrastruktur. Eine moderne Energieinfrastruktur ist von entscheidender Bedeutung für einen integrierten Energiemarkt, der zur Erfüllung der Klimaziele beiträgt und gleichzeitig die Versorgungssicherheit in der Union gewährleistet. Eine angemessene Energieinfrastruktur ist eine Grundvoraussetzung für einen effizienten Energiemarkt. Durch die Verbesserung der Energieinfrastruktur verbessert sich die Systemstabilität, die Angemessenheit der Ressourcen, die Integration unterschiedlicher Energiequellen und die Energieversorgung in schlecht ausgebauten Netzen.

372. Wenn die Marktteilnehmer die erforderliche Infrastruktur nicht bereitstellen können, sind möglicherweise staatliche Beihilfen erforderlich, um dieses Marktversagen zu beheben und sicherzustellen, dass der erhebliche Infrastrukturbedarf der Union gedeckt wird. Eines der Marktversagen, die im Bereich der Energieinfrastruktur auftreten können, hängt mit Koordinierungsproblemen zusammen. Die unterschiedlichen Interessen der Investoren, Ungewissheit hinsichtlich des gemeinsamen Ergebnisses und der Netzeffekte können die Entwicklung eines Vorhabens bzw. dessen wirksame Ausgestaltung verhindern. Gleichzeitig kann die Energieinfrastruktur erhebliche positive externe Effekte bewirken, wobei sich die Kosten und

der Nutzen der Infrastruktur asymmetrisch auf die verschiedenen Marktteilnehmer und Mitgliedstaaten verteilen können. Die Kommission vertritt deshalb die Auffassung, dass Beihilfen für Energieinfrastruktur insoweit für den Binnenmarkt von Vorteil sein können, als sie zur Behebung dieser Fälle von Marktversagen beitragen. Dies gilt insbesondere für Infrastrukturvorhaben mit grenzübergreifenden Auswirkungen wie Vorhaben von gemeinsamem Interesse im Sinne des Artikels 2 Nummer 4 der Verordnung (EU) Nr. 347/2013.

373. Nach der Bekanntmachung zum Begriff der staatlichen Beihilfe (140) unterliegt die Förderung von Energieinfrastruktur im Rahmen eines rechtlichen Monopols nicht den Beihilfevorschriften. In der Energiebranche gilt dies insbesondere für diejenigen Mitgliedstaaten, in denen der Bau und Betrieb bestimmter Infrastrukturen von Rechts wegen ausschließlich dem ÜNB oder dem VNB vorbehalten sind.

374. Nach Auffassung der Kommission liegt ein rechtliches Monopol, das Wettbewerbsverzerrungen ausschließt, vor, wenn die folgenden Voraussetzungen kumulativ erfüllt sind:a) Bau und Betrieb der Infrastruktur unterliegen einem rechtlichen Monopol, das im Einklang mit dem Unionsrecht eingerichtet wurde; dies ist der Fall, wenn von Rechts wegen nur der ÜNB/VNB berechtigt ist, eine bestimmte Art von Investition zu tätigen oder eine bestimmte Art von Tätigkeit durchzuführen, und keine andere Einheit ein alternatives Netz betreiben darf (141).

b) Das rechtliche Monopol schließt nicht nur den Wettbewerb auf dem Markt, sondern auch den Wettbewerb um den Markt aus, indem es jeglichen möglichen Wettbewerb um die Stellung als alleiniger Betreiber der fraglichen Infrastruktur ausschließt.

c) Die Dienstleistung konkurriert nicht mit anderen Dienstleistungen.

d) Wenn der Betreiber der Energieinfrastruktur auf einem anderen (räumlich oder sachlich relevanten) Markt tätig ist, der dem Wettbewerb offensteht, wird eine Quersubventionierung ausgeschlossen; dies setzt voraus, dass getrennte Bücher geführt werden, Kosten und Einnahmen ordnungsgemäß zugewiesen werden und die staatlichen Mittel für die einem rechtlichen Monopol unterliegende Dienstleistung nicht für andere Tätigkeiten verwendet werden können. Bei Strom- und Gasinfrastruktur dürfte diese Anforderung aller Wahrscheinlichkeit nach erfüllt sein, da nach Artikel 56 der Richtlinie (EU) 2019/944 und Artikel 31 der Richtlinie 2009/73/EG des Europäischen Parlaments und des Rates (142) vertikal integrierte Einheiten verpflichtet sind, für jede ihrer Tätigkeiten getrennte Bücher zu führen.

375. Analog dazu enthalten Investitionen nach Auffassung der Kommission keine staatliche Beihilfe, wenn die betreffende Energieinfrastruktur im Rahmen eines „natürlichen Monopols" betrieben wird; ein solches liegt ihrer Ansicht nach vor, wenn die folgenden kumulativen Voraussetzungen erfüllt sind:a) Eine Energieinfrastruktur ist keinem direkten Wettbewerb ausgesetzt; dies ist der Fall, wenn sie nicht wirtschaftlich repliziert werden kann und somit außer dem ÜNB/VNB keine anderen Betreiber beteiligt sind.

b) Die zusätzlich zur Netzfinanzierung zur Verfügung stehenden alternativen Finanzmittel für die Netzinfrastruktur sind in der betreffenden Branche und dem betreffenden Mitgliedstaat unerheblich.

c) Die Infrastruktur ist nicht darauf ausgelegt, ein bestimmtes Unternehmen oder einen bestimmten Wirtschaftszweig selektiv zu begünstigen, sondern bietet Vorteile für die gesamte Gesellschaft.

d) Außerdem müssen die Mitgliedstaaten sicherstellen, dass die für den Bau und/oder den Betrieb der Energieinfrastruktur bereitgestellten Mittel nicht zur Quersubventionierung oder indirekten Subventionierung anderer Wirtschaftstätigkeiten verwendet werden können. Für Strom- und Gasinfrastruktur siehe Randnummer 374.

4.9.2 *Anwendungsbereich und geförderte Tätigkeiten*

376. Dieser Abschnitt 4.9 gilt für Beihilfen für den Bau oder die Modernisierung von Energieinfrastruktur im Sinne der Begriffsbestimmung unter Randnummer 19 Nummer 36 (143). Zu den beihilfefähigen Investitionen können u. a. Investitionen in Digitalisierung und intelligentere Energieinfrastruktur, z. B. zur Ermöglichung der Integration erneuerbarer oder CO_2-armer Energie, sowie Investitionen in die Modernisierung zum Zwecke der Klimaresilienz gehören. Die Betriebskosten sollten in der Regel von den Netznutzern getragen werden, weshalb Beihilfen zur Deckung dieser Kosten in der Regel nicht erforderlich sein sollten. Wenn ein Mitgliedstaat unter außergewöhnlichen Umständen nachweist, dass die Betriebskosten nicht von den Netznutzern gedeckt werden können, und wenn die Betriebsbeihilfe nicht mit verlorenen Kosten in Zusammenhang steht, sondern zu einer Verhaltensänderung führt, die die Gewährleistung der Versorgungssicherheit oder die Erreichung von Umweltschutzzielen ermöglicht, so kann die Betriebsbeihilfe für Infrastruktur als mit dem Binnenmarkt vereinbar angesehen werden. Sofern ein Vorhaben nicht von der Beihilfenkontrolle ausgenommen ist (siehe Randnummern 374 und 375), wird die Kommission es gemäß den Ausführungen in diesem Abschnitt prüfen.

377. Dieser Abschnitt 4.9 gilt bis zum 31. Dezember 2023 auch für an Übertragungs- oder Verteilungsleitungen angeschlossene Energiespeicheranlagen (eigenständige Stromspeicher (144)), unabhängig von der Spannungsebene (145).

4.9.3 *Minimierung der Verzerrungen von Wettbewerb und Handel*

4.9.3.1 Erforderlichkeit und Geeignetheit

378. Die Abschnitte 3.2.1.1 und 3.2.1.2 gelten nicht für Beihilfen für Energieinfrastruktur.

379. Energieinfrastruktur wird in der Regel durch Nutzertarife finanziert. Bei vielen Infrastrukturkategorien unterliegen diese Tarife regulatorischen Vorgaben, die dazu dienen, das erforderliche Investitionsniveau bei gleichzeitiger Wahrung der Nutzerrechte und Kostenorientierung zu gewährleisten, und werden ohne Eingriff des Staates festgelegt,

380. Die Gewährung staatlicher Beihilfen ist eine Möglichkeit zur Behebung von Marktversagen, die durch obligatorische Nutzertarife nicht vollständig behoben werden können. Vor diesem Hintergrund gelten für den Nachweis der Erforderlichkeit staatlicher Beihilfen die folgenden Grundsätze:a) Die Kommission vertritt die Auffassung, dass bei Vorhaben von gemeinsamem Interesse im Sinne des Artikels 2 Nummer 4 der Verordnung (EU) Nr. 347/2013, die in vollem Umfang den Rechtsvorschriften zum Energiebinnenmarkt unterliegen, Marktversagen im Zusammenhang mit Koordinierungsproblemen derart gelagert sind, dass eine Finanzierung durch Tarife möglicherweise nicht ausreicht, sodass staatliche Beihilfen gewährt werden dürfen.

b) Bei Vorhaben von gemeinsamem Interesse, die ganz oder teilweise von den Rechtsvorschriften zum Energiebinnenmarkt ausgenommen sind, sowie bei anderen Infrastrukturkategorien wird die Kommission die Erforderlichkeit staatlicher Beihilfen im Einzelfall prüfen. Dabei wird die Kommission berücksichtigen, i) inwieweit ein Marktversagen zu einer suboptimalen Versorgung mit der erforderlichen Infrastruktur führt, ii) inwieweit Dritte Zugang zu der Infrastruktur haben und inwieweit die Infrastruktur einer Tarifregulierung unterliegt und iii) inwieweit das Vorhaben einen Beitrag zur Gewährleistung der Energieversorgungssicherheit der Union oder zur Erreichung des Ziels der Klimaneutralität der Union leistet. Ist ein Vorhaben, das Infrastruktur zwischen der Union und einem Drittland betrifft, nicht in der Liste der Vorhaben von gegenseitigem Interesse aufgeführt, so können bei der Beurteilung der Vereinbarkeit mit den Binnenmarktvorschriften auch andere Faktoren berücksichtigt werden (146).

c) Bei Stromspeicheranlagen kann die Kommission verlangen, dass der Mitgliedstaat ein spezifisches Marktversagen im Bereich der Entwicklung von Anlagen zur Erbringung ähnlicher Dienstleistungen nachweist.

4.9.3.2 Angemessenheit der Beihilfe

381. Die Angemessenheit der Beihilfe wird anhand des Grundsatzes der Finanzierungslücke gemäß den Randnummern 48, 51 und 52 bewertet. Bei Infrastrukturbeihilfen besteht, wie unter Randnummer 52 dargelegt, das kontrafaktische Szenario darin, dass das Vorhaben nicht durchgeführt würde. Wenn ein erhebliches Risiko unerwarteter Gewinne besteht, beispielsweise wenn die Beihilfe fast die zulässige Obergrenze erreicht, kann es erforderlich sein, einen Überwachungs- und Rückforderungsmechanismus einzuführen, wobei jedoch Anreize für die Beihilfeempfänger bestehen bleiben sollten, ihre Kosten möglichst niedrig zu halten und ihre Geschäftstätigkeit im Laufe der Zeit effizienter zu gestalten.

4.9.4 *Vermeidung übermäßiger negativer Auswirkungen auf Wettbewerb und Handel sowie Abwägungsprüfung*

382. Abschnitt 3.2.2 gilt nicht für Energieinfrastruktur. Zur Ermittlung der Auswirkungen staatlicher Beihilfen für Energieinfrastruktur auf den Wettbewerb wird die Kommission dem nachstehend dargelegten Ansatz folgen:a) In Anbetracht der in den Rechtsvorschriften zum Energiebinnenmarkt verankerten Voraussetzungen, die den Wettbewerb stärken sollen, wird die Kommission in der Regel davon ausgehen, dass Beihilfen für Energieinfrastruktur, die in vollem Umfang der Binnenmarktregulierung unterliegen, keine übermäßigen verzerrenden Auswirkungen haben (147).

b) Bei Infrastrukturvorhaben, die ganz oder teilweise von den Rechtsvorschriften zum Energiebinnenmarkt ausgenommen sind, wird die Kommission die potenziellen Wettbewerbsverzerrungen jeweils im Einzelfall prüfen; dabei wird sie insbesondere die Zugangsmöglichkeiten für Dritte zu der geförderten Infrastruktur, den Zugang zu alternativer Infrastruktur, die Verdrängung privater Investitionen und die Wettbewerbsposition des bzw. der Beihilfeempfänger berücksichtigen. Bei Infrastruktur, die vollständig von den Rechtsvorschriften zum Energiebinnenmarkt ausgenommen ist, werden die negativen verzerrenden Auswirkungen als besonders schwerwiegend angesehen.

c) Neben dem unter den Buchstaben a und b dargelegten Ansatz ist die Kommission der Auffassung, dass die Mitgliedstaaten bei Investitionen in Erdgasinfrastruktur die folgenden positiven Auswirkungen auf den Wettbewerb nachweisen müssen, die geeignet sind, die negativen Auswirkungen auszugleichen. So müssen sie darlegen, i) ob die Infrastruktur für die Nutzung von Wasserstoff bereit ist und zu einer verstärkten Nutzung erneuerbarer Gase führt, oder alternativ begründen, weshalb es nicht möglich ist, das Vorhaben so zu gestalten, dass es für die Nutzung von Wasserstoff bereit ist, und weshalb das Vorhaben nicht zu einer Festlegung auf die Nutzung von Erdgas führt, und ii) inwieweit die Investition zur Erreichung des Klimaziels der Union für 2030 und des Unionsziels der Klimaneutralität bis 2050 beiträgt.

d) Bei der Förderung von Stromspeicheranlagen — und anderen Infrastrukturen im Rahmen von

Vorhaben von gemeinsamem Interesse oder Vorhaben von gegenseitigem Interesse, die nicht den Binnenmarktvorschriften unterliegen — wird die Kommission insbesondere die Gefahr von Wettbewerbsverzerrungen auf verbundenen Dienstleistungsmärkten und anderen Energiemärkten prüfen.

4.10 Beihilfen für Fernwärme und Fernkälte

4.10.1 ***Begründung der Beihilfe***

383. Aufbau und Modernisierung von Fernwärme- und Fernkältesystemen können einen positiven Beitrag zum Umweltschutz leisten, indem Energieeffizienz und Nachhaltigkeit des geförderten Systems verbessert werden. Die sektorspezifischen Rechtsvorschriften über die Förderung von Energie aus erneuerbaren Quellen (Richtlinie (EU) 2018/2001) verpflichten die Mitgliedstaaten ausdrücklich dazu, die notwendigen Schritte zur Entwicklung effizienter Fernwärme- und -kälteinfrastruktur zu unternehmen, um die Wärme- und Kälteerzeugung aus erneuerbaren Energiequellen zu fördern (148).

384. Die externen Umwelteffekte des Betriebs von Fernwärme- und Fernkältesystemen können jedoch zu ineffizientem Investitionsmangel im Bereich des Aufbaus und der Modernisierung von Fernwärme- und Fernkältesystemen führen. Staatliche Beihilfen können zur Behebung dieses Marktversagens beitragen, indem sie zusätzliche effiziente Investitionen anstoßen oder zur Deckung außergewöhnlicher Betriebskosten beitragen, die angesichts der Notwendigkeit anfallen, den ökologischen Zweck von Fernwärmesystemen zu fördern.

4.10.2 ***Anwendungsbereich und geförderte Tätigkeiten***

385. Unterstützung, die sich auf Fernwärmenetze beschränkt, kann unter bestimmten Umständen als Infrastrukturmaßnahme, die Wettbewerb und Handel nicht beeinträchtigt, von der Beihilfenkontrolle ausgenommen werden. Dies könnte insbesondere dann der Fall sein, wenn Fernwärmenetze durch Trennung von der Wärmeerzeugung, Netzzugang Dritter und regulierte Tarifen genau wie andere Energieinfrastrukturen betrieben werden.

386. Unter solchen Umständen gelten, wenn die Fernwärmenetze im Rahmen eines natürlichen und/oder rechtlichen Monopols betrieben werden, dieselben Voraussetzungen wie unter den Randnummern 374 und 375 dargelegt (149).

387. Sofern ein Vorhaben nicht von der Beihilfenkontrolle ausgenommen ist (siehe Randnummer 385 (150)), wird die Kommission es gemäß den Ausführungen in diesem Abschnitt prüfen.

388. Dieser Abschnitt gilt für Beihilfen für den Bau, die Modernisierung oder den Betrieb von Wärme- oder Kälteerzeugungs- und -speicheranlagen oder von Verteilnetzen oder für beides.

389. Entsprechende Beihilfemaßnahmen betreffen in der Regel den Bau, die Modernisierung und den Betrieb der Erzeugungseinheit zur Nutzung von erneuerbarer Energie (151), Abwärme oder hocheffizienter Kraft-Wärme-Kopplung einschließlich Wärmespeicherlösungen oder die Modernisierung des Verteilnetzes zwecks Verringerung der Verluste und Steigerung der Effizienz, einschließlich intelligenter und digitaler Lösungen (152). Beihilfen für die Energiegewinnung aus Abfall können auf der Grundlage dieses Abschnitts als mit dem Binnenmarkt vereinbar angesehen werden, soweit sich die Energiegewinnung auf Abfall beschränkt, der unter die Definition des Begriffs „erneuerbare Energiequellen" fällt, oder auf Abfall, der für den Betrieb von Anlagen verwendet wird, welche der Definition des Begriffs „hocheffiziente Kraft-Wärme-Kopplung" entsprechen.

390. Wenn eine Beihilfe für die Modernisierung eines Fernwärme- oder Fernkältesystems gewährt wird, ohne dass zu dem Zeitpunkt der Standard für effiziente Wärme- und Kälteversorgung (153) erfüllt wird, muss der Mitgliedstaat zusagen, dass er sicherstellen wird, dass der Beihilfeempfänger innerhalb von drei Jahren nach den Modernisierungsarbeiten mit den Arbeiten zur Erreichung dieses Standards beginnt.

4.10.3 ***Erforderlichkeit und Geeignetheit***

391. Die Abschnitte 3.2.1.1 und 3.2.1.2 gelten nicht für Beihilfen für Fernwärme oder Fernkälte. Die Kommission ist der Auffassung, dass staatliche Beihilfen zur Behebung von Marktversagen beitragen können, indem sie die für die Schaffung, Erweiterung oder Modernisierung energieeffizienter Fernwärme- und Fernkältesysteme erforderlichen Investitionen anstoßen.

392. Die Betriebskosten sollten in der Regel von den Wärmeverbrauchern getragen werden, weshalb Beihilfen zur Deckung dieser Kosten in der Regel nicht erforderlich sein sollten. Weist ein Mitgliedstaat jedoch nach, dass die Betriebskosten nicht ohne Beeinträchtigung des Umweltschutzes an die Wärmeverbraucher weitergegeben werden können, so können Betriebsbeihilfen für die Wärmeerzeugung als mit dem Binnenmarkt vereinbar angesehen werden, sofern die (im Vergleich zu einem kontrafaktischen Szenario anfallenden) Nettobetriebsmehrkosten zur Verbesserung des Umweltschutzes beitragen (z. B. Verringerung der Emissionen von CO_2 und sonstigen Schadstoffen im Vergleich zu alternativen Heizlösungen (154)). Dies wäre beispielsweise der Fall, wenn Beweise dafür vorliegen, dass private Wärmeverbraucher (oder andere Einheiten, die keine wirtschaftliche Tätigkeit ausüben) ohne die Betriebsbeihilfen zu umweltschädlicheren Wärmequellen wechseln würden (155) oder dass ohne Beihilfen die langfristige Rentabilität des Fernwärmesystems zum Vorteil umweltschädlicherer

Heizlösungen gefährdet wäre. Für Betriebsbeihilfen für Fernwärmeerzeugungsanlagen gelten die Randnummern 122 und 126.

393. Außerdem können staatliche Beihilfen für effiziente Fernwärme- und Fernkältesysteme, die Abfall als Energiequelle nutzen, einen positiven Beitrag zum Umweltschutz leisten, sofern dabei der Grundsatz der Abfallhierarchie (156) nicht umgangen wird.

4.10.4 ***Angemessenheit der Beihilfemaßnahme***

394. Die Angemessenheit der Beihilfe wird anhand des Grundsatzes der Finanzierungslücke gemäß den Randnummern 48, 51 und 52 bewertet.

395. Im Bereich des Aufbaus, der Modernisierung und des Betriebs von Verteilnetzen besteht das kontrafaktische Szenario, wie unter Randnummer 52 dargelegt, darin, dass das Vorhaben nicht durchgeführt würde.

4.10.5 ***Vermeidung übermäßiger negativer Auswirkungen auf Wettbewerb und Handel sowie Abwägungsprüfung***

396. Abschnitt 3.2.2 gilt nicht für Beihilfen für Fernwärme oder Fernkälte. Die Kommission ist der Auffassung, dass Fördermaßnahmen für die Modernisierung, den Aufbau oder den Betrieb von Fernwärme- und Fernkältesystemen, die auf den umweltschädlichsten fossilen Brennstoffen wie Steinkohle, Braunkohle, Öl und Diesel beruhen, negative Auswirkungen auf Wettbewerb und Handel haben, die wahrscheinlich nicht ausgeglichen werden können, außer wenn die folgenden kumulativen Voraussetzungen erfüllt sind:a) Die Beihilfe ist auf Investitionen in das Verteilnetz beschränkt.

b) Das Verteilnetz ist bereits für den Transport von Wärme oder Kälte aus erneuerbaren Energiequellen, Abwärme oder CO_2-neutralen Quellen geeignet.

c) Die Beihilfe führt nicht zu einem Anstieg der Energieerzeugung aus den umweltschädlichsten fossilen Brennstoffen (z. B. durch den Anschluss weiterer Kunden) (157).

d) Mit Blick auf das Klimaziel der Union für 2030 und das Unionsziel der Klimaneutralität bis 2050 gibt es einen klaren Zeitplan mit festen Zusagen für die Abkehr von den umweltschädlichsten fossilen Brennstoffen (158).

397. Was den Bau, die Modernisierung oder den Betrieb von Fernwärmeerzeugungsanlagen betrifft, so können Maßnahmen, die Anreize für neue Investitionen in erdgasbasierte Energieerzeugungsanlagen oder für deren Betrieb schaffen, zwar kurzfristig die Treibhausgasemissionen senken, bewirken längerfristig jedoch stärkere negative externe Umwelteffekte als alternative Investitionen oder kontrafaktische Szenarien. Solche Investitionen in erdgasbasierte Erzeugungsanlagen oder der Betrieb solcher Anlagen können nur dann als positiv für die Umwelt angesehen werden, wenn die Mitgliedstaaten erläutern, wie sie sicherstellen werden, dass die Beihilfe zur Erreichung des Klimaziels der Union für 2030 und des Unionsziels der Klimaneutralität bis 2050 beiträgt, und dabei insbesondere darlegen, wie eine Festlegung auf die Energieerzeugung aus Erdgas und eine Verdrängung von Investitionen in sauberere Alternativen, die bereits auf dem Markt verfügbar sind, vermieden werden, damit die Entwicklung sauberer Technologien und deren Nutzung nicht behindert werden. Beispiele für solche Vorkehrungen wären verbindliche Zusagen des Beihilfeempfängers, CCS/CCU umzusetzen, Erdgas durch erneuerbares oder CO_2-armes Gas zu ersetzen oder die Anlage innerhalb eines Zeitrahmens, der mit den Klimazielen der Union im Einklang steht, stillzulegen.

398. Bei der Analyse der Auswirkungen staatlicher Beihilfen für Fernwärme- und Fernkältesysteme auf den Wettbewerb wird die Kommission eine Abwägungsprüfung vornehmen, bei der die Vorteile des Vorhabens in Bezug auf Energieeffizienz und Nachhaltigkeit (159) gegen die negativen Auswirkungen auf den Wettbewerb und insbesondere die möglichen negativen Auswirkungen auf alternative Technologien oder Anbieter von Wärme- und Kältediensten und -netzen abgewogen werden. In diesem Zusammenhang wird die Kommission berücksichtigen, ob das Fernwärmesystem für Dritte zugänglich (160) ist oder sein kann und ob nachhaltige alternative Lösungen für die Wärmeversorgung (161) möglich sind.

4.11 Beihilfen in Form einer Ermäßigung der Stromabgaben für energieintensive Unternehmen

4.11.1 ***Begründung der Beihilfe***

399. Der Wandel der Wirtschaft der Union im Einklang mit der Mitteilung über den europäischen Grünen Deal wird teilweise durch Abgaben auf den Stromverbrauch finanziert. Zur Verwirklichung des Grünen Deals müssen die Mitgliedstaaten ehrgeizige Dekarbonisierungsstrategien einführen, damit die Treibhausgasemissionen der Union bis 2030 erheblich sinken und bis 2050 die Klimaneutralität erreicht wird. In diesem Zusammenhang ist davon auszugehen, dass die Mitgliedstaaten solche Strategien weiterhin über Abgaben finanzieren werden, die daher steigen könnten. Die Finanzierung der Dekarbonisierungsförderung über Abgaben ist als solche nicht gegen negative externe Effekte gerichtet. Daher handelt es sich bei diesen Abgaben nicht um Umweltabgaben im Sinne dieser Leitlinien, und Abschnitt 4.7.1 findet daher auf diese Abgaben keine Anwendung.

400. Wenn Unternehmen bestimmter Wirtschaftszweige, die besonders stark dem internationalen Handel ausgesetzt und für ihre Wertschöpfung in hohem Maße auf Strom angewiesen sind, Stromverbrauchsabgaben, mit denen energie- und

umweltpolitische Ziele finanziert werden, in voller Höhe zahlen müssten, könnte das Risiko steigen, dass Tätigkeiten in diesen Wirtschaftszweigen an Standorte außerhalb der Union verlagert werden, an denen es keine Umweltstandards gibt oder diese weniger anspruchsvoll sind. Darüber hinaus erhöhen solche Abgaben die Stromkosten im Vergleich zu den Kosten direkter Emissionen, die sich aus dem Rückgriff auf andere Energiequellen ergeben, und können daher Unternehmen veranlassen, von der Elektrifizierung von Produktionsprozessen abzusehen, obschon diese Elektrifizierung für die erfolgreiche Dekarbonisierung der Wirtschaft der Union von zentraler Bedeutung ist. Um diese Risiken und negative Auswirkungen auf die Umwelt zu mindern, können die Mitgliedstaaten diese Abgaben für Unternehmen, die in den betreffenden Wirtschaftszweigen tätig sind, ermäßigen.

401. In diesem Abschnitt werden die Kriterien erläutert, die die Kommission zugrunde legen wird, wenn sie die Entwicklung einer Wirtschaftstätigkeit, den Anreizeffekt, die Erforderlichkeit, Geeignetheit und Angemessenheit sowie die Auswirkungen von Ermäßigungen der Stromabgaben für bestimmte energieintensive Unternehmen auf den Wettbewerb prüft. Die in Kapitel 3 festgelegten Vereinbarkeitskriterien gelten nur, soweit in Abschnitt 4.11 keine spezifischen Vorschriften vorgesehen sind.

402. Die Kommission hat anhand geeigneter Maßnahmen die Wirtschaftszweige ermittelt, bei denen die unter Randnummer 400 genannten Risiken besonders groß sind, und Anforderungen in Bezug auf die Angemessenheit eingeführt; dabei hat sie berücksichtigt, dass die Abgabenermäßigungen weder zu hoch angesetzt noch einer zu großen Zahl von Stromverbrauchern gewährt werden dürfen, da andernfalls die Finanzierung der Förderung erneuerbarer Energien insgesamt gefährdet werden und besonders starke Verzerrungen von Wettbewerb und Handel auftreten könnten.

4.11.2 ***Anwendungsbereich: Für die Gewährung von Ermäßigungen infrage kommende Abgaben***

403. Die Mitgliedstaaten können Ermäßigungen der Stromverbrauchsabgaben gewähren, mit denen energie- und umweltpolitische Ziele finanziert werden. Dazu gehören Abgaben, mit denen die Förderung erneuerbarer Energiequellen oder von Kraft-Wärme-Kopplung finanziert wird, sowie Abgaben, mit denen Sozialtarife oder Energiepreise für abgelegene Regionen finanziert werden. Abschnitt 4.11 bezieht sich nicht auf Abgaben, die einen Teil der Kosten für die Stromversorgung der betreffenden Beihilfeempfänger ausmachen. So fallen beispielsweise Befreiungen von Netzentgelten oder von Entgelten zur Finanzierung von Kapazitätsmechanismen nicht unter diesen Abschnitt. Auch Abgaben, die auf den Verbrauch von Energie in anderer Form, insbesondere von Erdgas, erhoben werden, fallen nicht unter diesen Abschnitt.

404. Die Standortentscheidungen von Unternehmen und die damit verbundenen negativen Umweltauswirkungen hängen von der finanziellen Gesamtwirkung der Abgaben ab, für die Ermäßigungen gewährt werden können. Daher müssen Mitgliedstaaten, die eine auf der Grundlage dieses Abschnitts zu prüfende Maßnahme einführen wollen, alle derartigen Ermäßigungen in eine einzige Beihilferegelung aufnehmen und die Kommission im Rahmen der Anmeldung über die Gesamtwirkung aller beihilfefähigen Abgaben und aller geplanten Ermäßigungen unterrichten. Sollte ein Mitgliedstaat zu einem späteren Zeitpunkt beschließen, zusätzliche Ermäßigungen in Bezug auf unter diesen Abschnitt fallende Abgaben einzuführen, muss er eine Änderung der bestehenden Beihilferegelung anmelden.

4.11.3 ***Minimierung der Verzerrungen von Wettbewerb und Handel***

4.11.3.1 Beihilfefähigkeit

405. Bei Abgaben, die unter Abschnitt 4.11.2 fallen, hängt das Risiko, dass Tätigkeiten in bestimmten Wirtschaftszweigen an Standorte außerhalb der Europäischen Union verlagert werden, an denen es keine Umweltstandards gibt oder diese weniger anspruchsvoll sind, weitgehend von der Stromintensität des betreffenden Wirtschaftszweigs und dessen Öffnung für den internationalen Handel ab. Somit können Beihilfen nur Unternehmen aus folgenden Wirtschaftszweigen gewährt werden:a) Wirtschaftszweige mit erheblichem Verlagerungsrisiko, bei denen die Multiplikation der Handels- mit der Stromintensität auf Unionsebene mindestens 2 % ergibt und deren Handels- und Stromintensität auf Unionsebene jeweils mindestens 5 % beträgt,

b) Wirtschaftszweige mit Verlagerungsrisiko, bei denen die Multiplikation der Handels- mit der Stromintensität auf Unionsebene mindestens 0,6 % ergibt und deren Handels- und Stromintensität auf Unionsebene jeweils mindestens 4 % bzw. 5 % beträgt.

Die Wirtschaftszweige, die diese Förderkriterien erfüllen, sind in Anhang I aufgeführt.

406. Ein Sektor oder Teilsektor (162), der nicht in Anhang I aufgeführt ist, gilt ebenfalls als beihilfefähig, wenn er die Beihilfefähigkeitskriterien unter Randnummer 405 erfüllt und die Mitgliedstaaten dies anhand von Daten nachweisen, die für den Sektor oder Teilsektor auf Unionsebene repräsentativ sind (163), von einem unabhängigen Sachverständigen überprüft wurden und sich auf einen Zeitraum von mindestens drei aufeinanderfolgenden Jahren beziehen, der frühestens 2013 beginnt.

407. Wenn ein Mitgliedstaat nur bestimmte beihilfefähige Unternehmen unterstützt oder beihilfefähigen Unternehmen derselben, unter Randnummer 405 Buchstabe a oder b genannten Gruppe unterschiedlich hohe Ermäßigungen gewährt, muss er nachweisen, dass diese Entscheidung jeweils auf objektiven, diskriminierungsfreien und transparenten Kriterien beruht und die Beihilfen grundsätzlich für alle beihilfefähigen Unternehmen eines Wirtschaftszweigs in derselben Weise gewährt werden, sofern sie sich in einer ähnlichen Lage befinden.

4.11.3.2 Angemessenheit der Beihilfemaßnahme

408. Die Kommission wird eine Beihilfe als angemessen betrachten, wenn die Beihilfeempfänger aus den unter Randnummer 405 Buchstaben a und b genannten Wirtschaftszweigen mindestens 15 % bzw. 25 % der Kosten aus den Stromabgaben, die der Mitgliedstaat in seine Beihilferegelung aufgenommen hat, selbst tragen müssen. Darüber hinaus ist die Kommission der Auffassung, dass eine Beihilfe nur dann angemessen ist, wenn die Ermäßigungen nicht dazu führen, dass die betreffende Abgabe unter 0,5 EUR/MWh sinkt.

409. Ein Eigenbeitrag im Einklang mit Randnummer 408 könnte jedoch über das Maß hinausgehen, das für besonders stark betroffene Unternehmen tragbar ist. Daher können die Mitgliedstaaten die aus den Stromabgaben resultierenden Zusatzkosten stattdessen auf 0,5 % der Bruttowertschöpfung (BWS) der Unternehmen aus den unter Randnummer 405 Buchstabe a genannten Sektoren und auf 1 % der BWS der Unternehmen aus den unter Randnummer 405 Buchstabe b genannten Sektoren beschränken. Darüber hinaus ist die Kommission der Auffassung, dass eine Beihilfe nur dann angemessen ist, wenn die Ermäßigungen nicht dazu führen, dass die betreffende Abgabe unter 0,5 EUR/MWh sinkt.

410. Die Kommission wird die Beihilfe als angemessen betrachten, wenn die Anwendung der höheren Beihilfeintensitäten gemäß den Randnummern 408 und 409 auf die Unternehmen der unter Randnummer 405 Buchstabe b genannten Sektoren ausgeweitet wird, sofern die betreffenden Unternehmen den CO_2-Fußabdruck ihres Stromverbrauchs verringern. Zu diesem Zweck müssen die Beihilfeempfänger mindestens 50 % ihres Strombedarfs aus CO_2-freien Energiequellen decken, wovon entweder mindestens 10 % durch ein Termininstrument wie einen Strombezugsvertrag oder mindestens 5 % durch vor Ort oder in der Nähe des Standorts erzeugten Strom gedeckt werden müssen.

411. Für die Zwecke der Randnummer 409 ist unter der BWS eines Unternehmens die Bruttowertschöpfung zu Faktorkosten zu verstehen, d. h. die BWS zu Marktpreisen abzüglich indirekter Steuern und zuzüglich Subventionen. Die Bruttowertschöpfung zu Faktorkosten kann berechnet werden aus dem Umsatz plus selbsterstellte Sachanlagen plus andere betriebliche Erträge plus oder minus Vorratsveränderungen, minus Käufe von Waren und Dienstleistungen (164), minus andere Steuern auf Produkte, die mit dem Umsatz verbunden, aber nicht absetzbar sind, minus mit der Produktion verbundene Zölle und Steuern. Alternativ kann die Bruttowertschöpfung zu Faktorkosten durch Addition des Bruttobetriebsüberschusses und der Personalkosten berechnet werden. Einnahmen und Ausgaben, die in den Unternehmensabschlüssen als finanziell oder außerordentlich eingestuft werden, fließen nicht in die Wertschöpfung ein. Die Bruttowertschöpfung zu Faktorkosten wird in Bruttozahlen berechnet, da Wertanpassungen (etwa aufgrund von Abschreibung) nicht abgezogen werden (165).

412. Für die Zwecke der Randnummer 411 wird der arithmetische Mittelwert der letzten 3 Jahre verwendet, für die BWS-Daten verfügbar sind.

4.11.3.3 Form der staatlichen Beihilfe

413. Die Mitgliedstaaten können die Beihilfe in Form einer Ermäßigung der Abgaben, in Form eines festen jährlichen Ausgleichsbetrags (Erstattung) oder als Kombination der beiden Formen gewähren (166). Wird die Beihilfe in Form einer Abgabenermäßigung gewährt, so muss ein Ex-post-Überwachungsmechanismus eingerichtet werden, der gewährleistet, dass eine etwaige Überkompensation bis zum 1. Juli des Folgejahres zurückgezahlt wird. Wird die Beihilfe in Form einer Erstattung gewährt, so muss diese anhand des festgestellten Stromverbrauchs und gegebenenfalls der Bruttowertschöpfung während des Zeitraums berechnet werden, in dem die beihilfefähigen Abgaben erhoben wurden.

4.11.3.4 Energieaudits und Energiemanagementsysteme

414. Bei Beihilfen, die auf der Grundlage des Abschnitts 4.11 gewährt werden, müssen sich die Mitgliedstaaten verpflichten zu überprüfen, dass die Empfänger ihrer Pflicht nachkommen, ein Energieaudit im Sinne des Artikels 8 der Richtlinie 2012/27/EU durchzuführen. Das Energieaudit kann entweder in Form eines eigenständigen Energieaudits oder im Rahmen eines zertifizierten Energiemanagement- oder Umweltmanagementsystems im Sinne des Artikels 8 der Energieeffizienzrichtlinie durchgeführt werden.

415. Zudem müssen die Mitgliedstaaten zusagen zu überwachen, dass alle Beihilfeempfänger, die nach Artikel 8 Absatz 4 der Richtlinie 2012/27/EU verpflichtet sind, ein Energieaudit durchzuführen, mindestens eine der folgenden Maßnahmen ergreifen:a) die Empfehlungen im Audit-Bericht umsetzen, soweit die Amortisationszeit für die einschlägigen Investitionen 3 Jahre

nicht übersteigt und die Kosten für ihre Investitionen angemessen sind,

b) den CO_2-Fußabdruck ihres Stromverbrauchs verringern, sodass sie mindestens 30 % ihres Strombedarfs aus CO_2-freien Energiequellen decken,

c) einen erheblichen Anteil von mindestens 50 % des Beihilfebetrags in Vorhaben investieren, die zu einer erheblichen Verringerung der Treibhausgasemissionen der Anlage führen; gegebenenfalls sollte diese Investition zu Reduktionen deutlich unter den entsprechenden Richtwert führen, der für die kostenlose Zuteilung im Emissionshandelssystem der Union verwendet wird.

4.11.3.5 Übergangsvorschriften

416. Um problematische Änderungen bei der Abgabenbelastung einzelner Unternehmen, die die Beihilfefähigkeitskriterien des Abschnitts 4.11 nicht erfüllen, zu vermeiden, können die Mitgliedstaaten für diese Unternehmen einen Übergangsplan erstellen. Der Übergangsplan wird nur für die Unternehmen erstellt, die die beiden folgenden kumulativen Kriterien erfüllen:a) Sie haben in mindestens einem der zwei Jahre vor der Anpassung gemäß Randnummer 468 Buchstabe a eine Beihilfe in Form ermäßigter Abgaben im Rahmen einer nationalen Beihilferegelung erhalten, die auf der Grundlage des Abschnitts 3.7.2 der Leitlinien für staatliche Umweltschutz- und Energiebeihilfen 2014-2020 (167) für mit dem Binnenmarkt vereinbar erklärt wurden.

b) Zum Zeitpunkt der Gewährung der Beihilfe gemäß Randnummer 416 Buchstabe a erfüllten sie die in Abschnitt 3.7.2 der Leitlinien für staatliche Umweltschutz- und Energiebeihilfen 2014-2020 festgelegten Beihilfefähigkeitskriterien.

417. Der Übergangsplan sieht eine schrittweise und vollständige Angleichung an die Voraussetzungen vor, die sich aus der Anwendung der in Abschnitt 4.11 genannten Kriterien für die Beihilfefähigkeit und Angemessenheit ergeben; die Angleichung muss bis 2028 abgeschlossen werden und nach folgendem Zeitplan erfolgen:a) Für die in den Jahren bis 2026 anfallenden Abgaben tragen die betreffenden Unternehmen mindestens 35 % der Kosten aus den Stromabgaben, die der Mitgliedstaat in seine Beihilferegelung aufgenommen hat, oder sie zahlen einen Betrag, der 1,5 % ihrer BWS entspricht.

b) Für die im Jahr 2027 anfallenden Abgaben tragen die betreffenden Unternehmen mindestens 55 % der Kosten aus den Stromabgaben, die der Mitgliedstaat in seine Beihilferegelung aufgenommen hat, oder sie zahlen einen Betrag, der 2,5 % ihrer BWS entspricht.

c) Für die im Jahr 2028 anfallenden Abgaben tragen die betreffenden Unternehmen mindestens 80 % der Kosten aus den Stromabgaben, die der Mitgliedstaat in seine Beihilferegelung aufgenommen hat, oder sie zahlen einen Betrag, der 3,5 % ihrer BWS entspricht.

418. Der Übergangsplan kann gestatten, dass die unter Randnummer 417 Buchstabe a genannten Beihilfeintensitäten während des gesamten Übergangszeitraums angewandt werden, sofern die betreffenden Unternehmen den CO_2-Fußabdruck ihres Stromverbrauchs verringern. Zu diesem Zweck müssen die Beihilfeempfänger mindestens 50 % ihres Strombedarfs aus CO_2-freien Energiequellen decken, wovon entweder mindestens 10 % durch ein Termininstrument wie einen Strombezugsvertrag oder mindestens 5 % durch vor Ort oder in der Nähe des Standorts erzeugten Strom gedeckt werden müssen.

419. Die Kommission ist der Auffassung, dass nicht angemeldete Beihilfen, die in Form ermäßigter Stromabgaben für energieintensive Unternehmen in der Zeit vor der Veröffentlichung dieser Leitlinien gewährt wurden, für mit dem Binnenmarkt vereinbar erklärt werden können, wenn die folgenden kumulativen Voraussetzungen erfüllt sind:a) Die Beihilfe war für die Entwicklung der von den Empfängern ausgeübten wirtschaftlichen Tätigkeiten erforderlich.

b) Übermäßige Wettbewerbsverzerrungen wurden vermieden.

4.12 Beihilfen für die Stilllegung von Kohle-, Torf- oder Ölschieferkraftwerken und die Beendigung des Abbaus von Kohle, Torf oder Ölschiefer

420. Die Beendigung der Stromerzeugung auf Basis von Kohle, Torf oder Ölschiefer gehört zu den wichtigsten Triebkräften für die Dekarbonisierung im Stromsektor der Union. Die Abschnitte 4.12.1 und 4.12.2 enthalten die Vereinbarkeitsregeln für zwei Arten von Maßnahmen, die die Mitgliedstaaten ergreifen können, um die Stilllegung von Kraftwerken, in denen Kohle (Stein- und Braunkohle), Torf oder Ölschiefer verbrannt wird, und die Beendigung des Abbaus dieser Brennstoffe (zusammen im Folgenden „Kohle-, Torf- und Ölschiefertätigkeiten") zu fördern.

421. In den Abschnitten 4.12.1 und 4.12.2 werden die Kriterien erläutert, die die Kommission bei der Bewertung des Anreizeffekts, der Erforderlichkeit, Geeignetheit und Angemessenheit sowie der Auswirkungen auf Wettbewerb und Handel zugrunde legen wird. Die in Kapitel 3 festgelegten Vereinbarkeitskriterien gelten nur für diejenigen Kriterien, für die die Abschnitte 4.12.1 und 4.12.2 keine spezifischen Vorschriften vorsehen.

422. Die Beschleunigung der Energiewende in Mitgliedstaaten mit sehr niedrigem Pro-Kopf-Einkommen stellt eine besondere Herausforderung dar. Um den ökologischen Wandel in den am stärksten betroffenen Regionen durch Abkehr von

den umweltschädlichsten Energiequellen zu unterstützen, müssen die Mitgliedstaaten die Einstellung von Kohle-, Torf- und Ölschiefertätigkeiten möglicherweise mit einer gleichzeitigen Investition in eine umweltfreundlichere Energieerzeugung z. B. aus Erdgas kombinieren. Die Kommission kann ihre Bewertung solcher Investitionen in Mitgliedstaaten, deren reales Pro-Kopf-BIP zu Marktpreisen in Euro bis zu 35 % des Unionsdurchschnitts im Jahr 2019 entspricht, ausnahmsweise bis zum 31. Dezember 2023 auf Kriterien stützen, die von diesen Leitlinien abweichen. Unter diese Randnummer fallende Vorhaben müssena) eine gleichzeitige Stilllegung von Kraftwerken bis spätestens 2026 vorsehen, die Kohle, Torf oder Ölschiefer nutzen und über mindestens die gleiche Kapazität wie das neue, von der Investition betroffene Kraftwerk verfügen,

b) Mitgliedstaaten betreffen, die über keinen Kapazitätsmechanismus verfügen und zusagen, die erforderlichen Marktreformen durchzuführen, damit die Stromversorgungssicherheit in Zukunft ohne Rückgriff auf Einzelfördermaßnahmen gewährleistet werden kann, und

c) mit Blick auf die Zielvorgaben für 2030 und 2050 (siehe Randnummer 129) Teil einer glaubwürdigen und ehrgeizigen Dekarbonisierungsstrategie sein, die auch die Vermeidung verlorener Vermögenswerte einschließt.

4.12.1 *Beihilfen für die vorzeitige Einstellung rentabler Kohle-, Torf- und Ölschiefertätigkeiten*

4.12.1.1 Begründung der Beihilfe

423. Die Abkehr von Kohle-, Torf- oder Ölschiefertätigkeiten wird vor allem durch Regulierung, Marktkräfte wie die Auswirkungen der CO_2-Preise und den Wettbewerb durch erneuerbare Energiequellen mit niedrigen Grenzkosten angetrieben.

424. Die Mitgliedstaaten können jedoch beschließen, diesen marktgetriebenen Wandel zu beschleunigen, indem sie die Erzeugung von Strom auf Basis dieser Brennstoffe ab einem bestimmten Zeitpunkt verbieten. Durch solche Verbote kann es dazu kommen, dass rentable Kohle-, Torf- oder Ölschiefertätigkeiten vor dem Ende ihrer wirtschaftlichen Lebensdauer eingestellt werden müssen, sodass den Unternehmen Gewinne entgehen. Die Mitgliedstaaten möchten unter Umständen außerhalb von Gerichtsverfahren einen Ausgleich gewähren, um für Rechtssicherheit und Vorhersehbarkeit sorgen und so den ökologischen Wandel zu begünstigen.

4.12.1.2 Anwendungsbereich und geförderte Tätigkeiten

425. In diesem Abschnitt wird dargelegt, welche Vereinbarkeitskriterien Maßnahmen erfüllen müssen, die zur Beschleunigung der Einstellung rentabler Kohle-, Torf- und Ölschiefertätigkeiten und zur Gewährung eines Ausgleichs für die betroffenen Unternehmen ergriffen werden. Ein solcher Ausgleich würde in der Regel auf der Grundlage der Gewinne berechnet, die den betreffenden Unternehmen aufgrund der vorzeitigen Einstellung entgangen sind. Er kann auch zusätzliche Kosten abdecken, die den Unternehmen entstehen, z. B. im Zusammenhang mit zusätzlichen sozialen und Umweltkosten, wenn diese Kosten unmittelbar durch die vorzeitige Einstellung der rentablen Tätigkeiten verursacht werden. Die zusätzlichen Kosten dürfen keine Kosten beinhalten, die auch im kontrafaktischen Szenario angefallen wären.

426. Mit den unter diesen Abschnitt fallenden Maßnahmen kann die Entwicklung bestimmter Wirtschaftszweige oder Gebiete gefördert werden. Solche Maßnahmen können beispielsweise Raum für die Entwicklung anderer Stromerzeugungstätigkeiten im Einklang mit dem Gründen Deal schaffen, um die durch die vorzeitige Einstellung verursachte Verringerung der Stromerzeugungskapazität auszugleichen. Es muss gewährleistet sein, dass diese Entwicklung ohne die Maßnahme nicht in gleichem Maße stattfinden würde. Darüber hinaus können die dank solcher Maßnahmen größere Vorhersehbarkeit und Rechtssicherheit dazu beitragen, die vorgegebene Einstellung von Kohle-, Torf- und Ölschiefertätigkeiten zu erleichtern.

4.12.1.3 Anreizeffekt

427. Die Maßnahme muss dazu führen, dass die Betreiber ihr wirtschaftliches Verhalten dahin gehend ändern, dass sie ihre Kohle-, Torf- oder Ölschiefertätigkeiten vor dem Ende der wirtschaftlichen Lebensdauer einstellen. Um festzustellen, ob dies der Fall ist, wird die Kommission das faktische Szenario (d. h. die Auswirkungen der Maßnahme) mit einem kontrafaktischen Szenario (d. h. der Situation ohne die Maßnahme) vergleichen. Die Maßnahme sollte nicht zu einer Umgehung der Vorschriften für Maßnahmen zur Gewährleistung der Versorgungssicherheit führen.

4.12.1.4 Erforderlichkeit und Geeignetheit

428. Die Kommission ist der Auffassung, dass eine Maßnahme erforderlich ist, wenn der Mitgliedstaat nachweisen kann, dass die Maßnahme auf eine Situation ausgerichtet ist, in der sie wesentliche Verbesserungen bewirken kann, die der Markt allein nicht herbeiführen kann. Zum Beispiel wäre dies der Fall, wenn die Maßnahme die Einstellung der Stromerzeugung auf Basis von Kohle, Torf oder Ölschiefer ermöglicht und damit einen Beitrag zur Entwicklung der wirtschaftlichen Tätigkeit der Stromerzeugung aus alternativen Quellen leistet, die ohne die Maßnahme nicht in gleichem Maße erfolgen würde. In diesem Zusammenhang kann die Kommission auch prüfen, ob der Markt allein ohne die Maßnahme eine ähnliche Verringerung der CO_2-Emissionen erreicht

hätte oder ob die Maßnahme erheblich dazu beiträgt, Rechtssicherheit und Vorhersehbarkeit zu schaffen, die ohne die Maßnahme nicht bestanden hätten, und so den ökologischen Wandel erleichtert.

429. Darüber hinaus sollte der Mitgliedstaat nachweisen, dass die Maßnahme ein geeignetes Instrument für die Verwirklichung des mit der Beihilfe angestrebten Ziels ist, d. h., es darf kein Politik- und Beihilfeinstrument geben, mit dem dieselben Ergebnisse erzielt werden könnten, aber geringere Verzerrungen bewirkt würden. Zum Beispiel könnte eine Maßnahme gezielt darauf ausgerichtet sein, einen Beitrag zur Entwicklung der Stromerzeugung aus alternativen Quellen zu leisten, und gleichzeitig die Auswirkungen auf das Funktionieren des Strommarkts und die Beschäftigung abfedern, bzw. die Einstellung der betreffenden Tätigkeit vorhersehbar machen und gleichzeitig zur Erreichung der Zielvorgaben für die Verringerung der CO_2-Emissionen beitragen.

4.12.1.5 Angemessenheit

430. Die Beihilfen müssen im Einklang mit Abschnitt 3.2.1.3 grundsätzlich im Rahmen einer Ausschreibung anhand eindeutiger, transparenter und diskriminierungsfreier Kriterien gewährt werden (168). Diese Anforderung gilt nicht, wenn der Mitgliedstaat nachweist, dass im Rahmen einer Ausschreibung aus objektiven Gründen wahrscheinlich kein hinreichender Wettbewerb herrschen würde. Dies kann beispielsweise dann der Fall sein, wenn die Zahl der möglichen Teilnehmer begrenzt ist, sofern dies nicht auf diskriminierende Teilnahmekriterien zurückzuführen ist.

431. Wird die Beihilfe im Rahmen einer Ausschreibung gewährt, so geht die Kommission davon aus, dass die Beihilfe angemessen und auf das erforderliche Minimum beschränkt ist.

432. Wenn keine Ausschreibung durchgeführt wird, prüft die Kommission die Angemessenheit, d. h. ob die Beihilfe auf das erforderliche Minimum beschränkt ist, auf Einzelfallbasis. In diesem Zusammenhang wird die Kommission die Annahmen, die der Mitgliedstaat bei der Ermittlung der entgangenen Gewinne und zusätzlichen Kosten, auf deren Grundlage der Ausgleich für die vorzeitige Einstellung berechnet wurde, im Detail analysieren, indem sie die erwartete Rentabilität beim faktischen und beim kontrafaktischen Szenario miteinander vergleicht. Das kontrafaktische Szenario sollte auf hinreichend begründeten Annahmen und realistischen Marktentwicklungen beruhen und die voraussichtlichen Einnahmen und Kosten jeder einzelnen Einheit widerspiegeln, wobei mögliche direkte funktionale Verbindungen zwischen Einheiten zu berücksichtigen sind.

433. Wenn die Einstellung der Kohle-, Torf- oder Ölschiefertätigkeiten mehr als drei Jahre nach der Gewährung des Ausgleichs erfolgt, muss der Mitgliedstaat einen Mechanismus einführen, anhand dessen die Berechnung des Ausgleichs auf der Grundlage der jüngsten Annahmen aktualisiert wird, außer wenn er darlegen kann, warum ein solcher Mechanismus im vorliegenden Fall aufgrund außergewöhnlicher Umstände nicht gerechtfertigt wäre.

4.12.1.6 Vermeidung übermäßiger negativer Auswirkungen auf Wettbewerb und Handel

434. Der Mitgliedstaat muss den erwarteten Umweltnutzen der Maßnahme bestimmen und quantifizieren, möglichst unter Angabe der Höhe der Beihilfe pro vermiedener Tonne Emissionen in CO_2-Äquivalenten. Darüber hinaus wird die Kommission es positiv bewerten, wenn Maßnahmen eine freiwillige Löschung von CO_2-Emissionszertifikaten auf nationaler Ebene vorsehen.

435. Ferner sollte die Maßnahme so strukturiert sein, dass jegliche Wettbewerbsverzerrung am Markt auf ein Minimum beschränkt ist. Wird die Beihilfe im Rahmen einer Ausschreibung gewährt, die allen Unternehmen, die Kohle-, Torf- oder Ölschiefertätigkeiten ausüben, diskriminierungsfrei offensteht, so geht die Kommission davon aus, dass die Beihilfe nur geringfügige Verzerrungen von Wettbewerb und Handel hervorruft. Wenn keine solche Ausschreibung durchgeführt wird, prüft die Kommission die Auswirkungen der Beihilfe auf Wettbewerb und Handel auf der Grundlage der Ausgestaltung der Maßnahme und ihrer Auswirkungen auf den relevanten Markt.

4.12.2 *Beihilfen für außergewöhnliche Kosten im Zusammenhang mit der Einstellung nicht wettbewerbsfähiger Kohle-, Torf- und Ölschiefertätigkeiten*

4.12.2.1 Begründung der Beihilfe

436. Die Einstellung nicht wettbewerbsfähiger Kohle-, Torf- oder Ölschiefertätigkeiten kann erhebliche soziale und Umweltkosten auf Ebene der Kraftwerke bzw. des Abbaus verursachen. Die Mitgliedstaaten können beschließen, solche außergewöhnlichen Kosten zu decken, um die sozialen und regionalen Folgen der Einstellung abzumildern.

4.12.2.2 Anwendungsbereich und geförderte Tätigkeiten

437. In diesem Abschnitt wird dargelegt, welche Vereinbarkeitskriterien Maßnahmen zur Deckung außergewöhnlicher Kosten im Zusammenhang mit der Einstellung nicht wettbewerbsfähiger Kohle-, Torf- und Ölschiefertätigkeiten erfüllen müssen.

438. Mit den unter diesen Abschnitt fallenden Maßnahmen kann der soziale, ökologische und sicherheitsbezogene Wandel in dem betreffenden Gebiet gefördert werden.

439. Dieser Abschnitt gilt insoweit, als die betreffende Maßnahme nicht unter den Beschluss 2010/787/EU des Rates (169) fällt.

4.12.2.3 Erforderlichkeit und Geeignetheit

440. Die Kommission wird Beihilfen zur Deckung außergewöhnlicher Kosten als erforderlich und geeignet ansehen, soweit sie dazu beitragen können, die sozialen und ökologischen Auswirkungen der Einstellung nicht wettbewerbsfähiger Kohle-, Torf- und Ölschiefertätigkeiten in der betreffenden Region und in dem betreffenden Mitgliedstaat abzufedern.

4.12.2.4 Anreizeffekt und Angemessenheit

441. Staatliche Beihilfen für außergewöhnliche Kosten dürfen ausschließlich zur Deckung der Kosten verwendet werden, die aus der Einstellung nicht wettbewerbsfähiger Kohle-, Torf- und Ölschiefertätigkeiten resultieren.

442. Welche Kategorien von Kosten beihilfefähig sind, ist Anhang II zu entnehmen. Für Kosten, die aus der Nichteinhaltung von Umweltvorschriften entstehen, und für Kosten im Zusammenhang mit der laufenden Produktion dürfen keine Beihilfen gewährt werden.

443. Unbeschadet der Richtlinie 2004/35/EG oder anderer einschlägiger Unionsvorschriften (170) ist bei Beihilfen zur Deckung außergewöhnlicher Umweltkosten nur dann davon auszugehen, dass sie einen Anreizeffekt haben, wenn die Einheit oder das Unternehmen, die bzw. das den Umweltschaden verursacht hat, nicht ermittelt werden kann oder nicht nach dem Verursacherprinzip für die Finanzierung der Arbeiten, die zur Vermeidung und Behebung des Umweltschadens erforderlich sind, haftbar gemacht werden kann.

444. Der Mitgliedstaat muss nachweisen, dass alle erforderlichen Maßnahmen, einschließlich rechtlicher Schritte, ergriffen wurden, um die haftbare Einheit bzw. das haftbare Unternehmen, die bzw. das den Umweltschaden verursacht hat, zu ermitteln und diese Einheit bzw. dieses Unternehmen zur Deckung der entsprechenden Kosten heranzuziehen. Kann die Einheit bzw. das Unternehmen, die bzw. das nach geltendem Recht haftbar ist, nicht ermittelt werden oder nicht zur Deckung der Kosten herangezogen werden, so kann eine staatliche Beihilfe für die gesamten Sanierungs- oder Rehabilitierungsarbeiten gewährt werden, bei der davon auszugehen ist, dass sie einen Anreizeffekt hat. Wenn ein Unternehmen nicht mehr besteht und kein anderes Unternehmen als rechtlicher oder wirtschaftlicher Nachfolger angesehen werden kann (171) oder wenn keine hinreichende finanzielle Sicherheit für die Deckung der Sanierungskosten besteht, kann die Kommission davon ausgehen, dass das Unternehmen nicht zur Deckung der Kosten für die Sanierung des von ihm verursachten Umweltschadens herangezogen werden kann.

445. Die Höhe der Beihilfe muss sich auf den Betrag zur Deckung der außergewöhnlichen Kosten des Beihilfeempfängers beschränken und darf nicht über die tatsächlich entstandenen Kosten hinausgehen. Die Mitgliedstaaten müssen den Beihilfebetrag für jede der in Anhang II aufgeführten Kategorien beihilfefähiger Kosten gegenüber der Kommission klar und getrennt ausweisen. Wenn der Mitgliedstaat diese Kosten auf der Grundlage von Schätzungen deckt, bevor sie dem Beihilfeempfänger tatsächlich entstanden sind, so muss der Mitgliedstaat die angefallenen Kosten anhand ausführlicher Aufstellungen, die der Beihilfeempfänger bei der Bewilligungsbehörde einreicht, einschließlich Rechnungen oder Bescheinigungen, mit denen die entstandenen außergewöhnlichen Kosten nachgewiesen werden, im Nachhinein überprüfen und die gewährten Beträge entsprechend anpassen.

4.12.2.5 Vermeidung übermäßiger negativer Auswirkungen auf Wettbewerb und Handel

446. Beihilfen, die auf die Deckung außergewöhnlicher Kosten des Beihilfeempfängers beschränkt sind, rufen nach Auffassung der Kommission allenfalls geringfügige Verzerrungen von Wettbewerb und Handel hervor.

447. Die erhaltenen Beihilfen zur Deckung außergewöhnlicher Kosten sollten in der Gewinn- und Verlustrechnung des Beihilfeempfängers als vom Umsatz getrennter Ertragsposten ausgewiesen werden. Wenn der Beihilfeempfänger nach der Einstellung relevanter Kohle-, Torf- und Ölschiefertätigkeiten weiterhin Handel treibt oder sonstige Geschäftstätigkeiten ausübt, muss er über diese Tätigkeiten genau und getrennt Buch führen. Die gewährten Beihilfen müssen so verwaltet werden, dass sie unter keinen Umständen auf andere wirtschaftliche Tätigkeiten desselben Unternehmens übertragen werden können.

4.13 Beihilfen für Studien oder Beratungsleistungen zu Klima-, Umweltschutz- und Energiefragen

4.13.1 *Anwendungsbereich und geförderte Tätigkeiten*

448. Dieser Abschnitt gilt für Beihilfen für Studien oder Beratungsleistungen, die in unmittelbarem Zusammenhang mit unter diese Leitlinien fallenden Vorhaben oder Tätigkeiten zu Klima-, Umweltschutz- und Energiefragen stehen. Beihilfen können unabhängig davon gewährt werden, ob auf die Studie oder Beratungsleistung eine unter diese Leitlinien fallende Investition folgt.

449. Bei der Studie oder Beratungsleistung darf es sich nicht um eine Leistung handeln, die fortlaufend oder in regelmäßigen Abständen in Anspruch genommen wird oder die zu den gewöhnlichen Betriebskosten des Unternehmens gehört.

4.13.2 *Anreizeffekt*

450. Die Vorschrift der Randnummer 451 gilt zusätzlich zu den Vorgaben des Abschnitts 3.1.2.

451. Bei Beihilfen für nach der Richtlinie 2012/27/EU vorgeschriebene Energieaudits kann nur insoweit ein Anreizeffekt vorliegen, als das Energieaudit zusätzlich zu dem nach dieser Richtlinie vorgeschriebenen Energieaudit durchgeführt wird.

4.13.3 ***Angemessenheit***

452. Beihilfefähig sind die Kosten von Studien oder Beratungsleistungen, die mit unter diese Leitlinien fallenden Vorhaben oder Tätigkeiten im Zusammenhang stehen. Betrifft nur ein Teil einer Studie oder Beratungsleistung Investitionen, die unter diese Leitlinien fallen, so sind nur die Kosten der mit diesen Investitionen zusammenhängenden Teile der Studie oder Beratungsleistung beihilfefähig.

453. Die Beihilfeintensität darf höchstens 60 % der beihilfefähigen Kosten betragen.

454. Bei Studien oder Beratungsleistungen, die im Auftrag kleiner Unternehmen durchgeführt bzw. erbracht werden, kann die Beihilfeintensität um 20 Prozentpunkte und bei Studien oder Beratungsleistungen, die im Auftrag mittlerer Unternehmen durchgeführt bzw. erbracht werden, um 10 Prozentpunkte erhöht werden.

5. EVALUIERUNG

455. Um die Verzerrungen von Wettbewerb und Handel zu begrenzen, kann die Kommission verlangen, dass anmeldepflichtige Beihilferegelungen einer Ex-post-Evaluierung unterzogen werden. Evaluiert werden sollten Beihilferegelungen, die besonders starke Verzerrungen von Wettbewerb und Handel hervorrufen könnten, d. h. Regelungen, bei denen erhebliche Beschränkungen oder Verzerrungen des Wettbewerbs zu befürchten sind, wenn ihre Durchführung nicht zu gegebener Zeit überprüft wird.

456. Bei Beihilferegelungen mit hoher Mittelausstattung oder neuartigen Merkmalen oder wenn wesentliche marktbezogene, technische oder rechtliche Veränderungen vorgesehen sind, ist eine Ex-post-Evaluierung vorgeschrieben. Bei Beihilferegelungen, deren Mittelausstattung oder verbuchte Ausgaben 150 Mio. EUR in einem Jahr oder 750 Mio. EUR während der Gesamtlaufzeit der Regelung übersteigen, muss in jedem Fall eine Ex-post-Evaluierung vorgenommen werden. Die Gesamtlaufzeit einer Beihilferegelung umfasst die Laufzeit der Regelung und etwaiger Vorläuferregelungen ab dem 1. Januar 2022, die sich auf ein ähnliches Ziel und ein ähnliches geografisches Gebiet beziehen. In Anbetracht der Evaluierungsziele sowie zur Vermeidung eines unverhältnismäßigen Aufwands für die Mitgliedstaaten und bei kleineren Beihilfevorhaben ist eine Ex-post-Evaluierung nur bei Beihilferegelungen erforderlich, die frühestens seit dem 1. Januar 2022 anwendbar sind und deren Gesamtlaufzeit mehr als drei Jahre beträgt.

457. Von einer Ex-post-Evaluierung kann abgesehen werden bei Beihilferegelungen, die unmittelbar an eine Regelung mit ähnlichem Ziel für ein ähnliches geografisches Gebiet anschließen, sofern diese Regelung einer Evaluierung unterzogen wurde, die zu einem abschließenden Evaluierungsbericht geführt hat, der mit dem von der Kommission genehmigten Evaluierungsplan im Einklang steht, und die Evaluierung keinen Anlass zu negativen Feststellungen gegeben hat. Beihilferegelungen, bei denen der abschließende Evaluierungsbericht nicht mit dem genehmigten Evaluierungsplan im Einklang steht, müssen mit sofortiger Wirkung ausgesetzt werden.

458. In der Ex-post-Evaluierung sollte festgestellt werden, ob die Annahmen und Voraussetzungen für die Vereinbarkeit der Beihilferegelung mit dem Binnenmarkt bestätigt bzw. erfüllt wurden — insbesondere die Erforderlichkeit und die Wirksamkeit der Beihilfemaßnahme in Bezug auf die allgemeinen und spezifischen Ziele; ferner sollten Angaben zu den Auswirkungen der Beihilferegelung auf Handel und Wettbewerb gemacht werden.

459. Der Mitgliedstaat muss den Entwurf des Evaluierungsplans, der fester Bestandteil der Prüfung der Beihilferegelung durch die Kommission ist, gemäß folgenden Vorgaben anmelden:a) zusammen mit der Beihilferegelung, wenn ihre Mittelausstattung 150 Mio. EUR in einem Jahr oder 750 Mio. EUR während ihrer Gesamtlaufzeit übersteigt, oder

b) innerhalb von 30 Arbeitstagen nach einer wesentlichen Änderung, mit der die Mittelausstattung der Beihilferegelung auf mehr als 150 Mio. EUR in einem Jahr oder mehr als 750 Mio. EUR während der Gesamtlaufzeit der Regelung erhöht wird, oder

c) bei Beihilferegelungen, die weder unter Buchstabe a noch unter Buchstabe b fallen, innerhalb von 30 Arbeitstagen, nachdem in der amtlichen Buchführung Ausgaben von mehr als 150 Mio. EUR im Vorjahr verzeichnet wurden.

460. Der Entwurf des Evaluierungsplans muss den von der Kommission vorgegebenen gemeinsamen methodischen Grundsätzen (172) entsprechen. Der von der Kommission genehmigte Evaluierungsplan muss veröffentlicht werden.

461. Die Ex-post-Evaluierung muss von einem Sachverständigen, der von der Bewilligungsbehörde unabhängig ist, auf der Grundlage des Evaluierungsplans durchgeführt werden. Jede Evaluierung muss mindestens einen Zwischenbericht und einen abschließenden Bericht umfassen. Beide Berichte müssen veröffentlicht werden.

462. Die Kommission beurteilt die Vereinbarkeit von Beihilferegelungen, die lediglich aufgrund ihrer umfangreichen Mittelausstattung

nicht in den Anwendungsbereich der Gruppenfreistellungsverordnung fallen, ausschließlich auf der Grundlage des Evaluierungsplans.

463. Der abschließende Evaluierungsbericht muss der Kommission rechtzeitig für die Prüfung einer etwaigen Verlängerung der Beihilferegelung, spätestens aber neun Monate vor dem Ende ihrer Laufzeit vorgelegt werden. Diese Frist kann bei Beihilferegelungen, die die Evaluierungspflicht in den letzten zwei Jahren ihrer Durchführung auslösen, verkürzt werden. Der genaue Gegenstand der Evaluierung und die Vorgaben für ihre Durchführung werden jeweils im Beschluss zur Genehmigung der Beihilferegelung dargelegt. Bei späteren Beihilfemaßnahmen mit ähnlichem Ziel muss dargelegt werden, wie die Ergebnisse der Evaluierung berücksichtigt wurden.

6. BERICHTERSTATTUNG UND ÜBERWACHUNG

464. Nach der Verordnung (EU) 2015/1589 des Rates (173) und der Verordnung (EG) Nr. 794/2004 der Kommission (174) müssen die Mitgliedstaaten der Kommission Jahresberichte vorlegen.

465. Die Mitgliedstaaten müssen detaillierte Aufzeichnungen über alle Beihilfemaßnahmen führen. Diese Aufzeichnungen müssen alle Informationen enthalten, die erforderlich sind, um festzustellen, dass die Voraussetzungen bezüglich der beihilfefähigen Kosten und der Beihilfehöchstintensität erfüllt sind. Die Aufzeichnungen müssen 10 Jahre ab dem Tag der Bewilligung der Beihilfe aufbewahrt und der Kommission auf Anfrage vorgelegt werden.

7. ANWENDBARKEIT

466. Die Kommission wird die Vereinbarkeitsprüfung für alle anmeldepflichtigen Klima-, Umweltschutz- und Energiebeihilfen, die ab dem 27. Januar 2022 gewährt werden oder gewährt werden sollen, anhand dieser Leitlinien vornehmen. Rechtswidrige Beihilfen werden im Einklang mit den Vorschriften geprüft, die am Tag ihrer Gewährung galten.

467. Diese Leitlinien ersetzen die Leitlinien für staatliche Umweltschutz- und Energiebeihilfen 2014-2020 (175).

468. Die Kommission schlägt den Mitgliedstaaten gemäß Artikel 108 Absatz 1 AEUV die folgenden zweckdienlichen Maßnahmen vor:a) Die Mitgliedstaaten ändern bestehende Umweltschutz- und Energiebeihilferegelungen, wo erforderlich, um sie spätestens bis zum 31. Dezember 2023 mit diesen Leitlinien in Einklang zu bringen.

b) Die Mitgliedstaaten erteilen binnen zwei Monaten nach Veröffentlichung dieser Leitlinien im *Amtsblatt der Europäischen Union* ihre ausdrückliche, uneingeschränkte Zustimmung zu den unter Randnummer 468 Buchstabe a vorgeschlagenen zweckdienlichen Maßnahmen. Bleibt eine Antwort aus, so geht die Kommission davon aus, dass der betreffende Mitgliedstaat den vorgeschlagenen Maßnahmen nicht zustimmt.

8. ÜBERARBEITUNG

469. Die Kommission beabsichtigt, diese Leitlinien ab dem 31. Dezember 2027 einer Bewertung zu unterziehen, um ihre Wirksamkeit, Effizienz, Relevanz, Kohärenz und ihren Mehrwert zu prüfen.

470. Die Kommission kann jederzeit beschließen, diese Leitlinien zu überprüfen oder zu ändern, wenn sich dies aus wettbewerbspolitischen Gründen, aufgrund anderer Politikbereiche und internationaler Verpflichtungen der Union oder aus sonstigen stichhaltigen Gründen als erforderlich erweist.

([1]) Mitteilung der Kommission an das Europäische Parlament, den Europäischen Rat, den Rat, den Europäischen Wirtschafts- und Sozialausschuss und den Ausschuss der Regionen — Der europäische Grüne Deal (COM(2019) 640 final).

([2]) Mitteilung der Kommission an das Europäische Parlament, den Rat, den Europäischen Wirtschafts- und Sozialausschuss und den Ausschuss der Regionen — Mehr Ehrgeiz für das Klimaziel Europas bis 2030 — In eine klimaneutrale Zukunft zum Wohl der Menschen investieren (COM(2020) 562 final).

([3]) Verordnung (EU) 2021/1119 des Europäischen Parlaments und des Rates vom 30. Juni 2021 zur Schaffung des Rahmens für die Verwirklichung der Klimaneutralität und zur Änderung der Verordnungen (EG) Nr. 401/2009 und (EU) 2018/1999 (ABl. L 243 vom 9.7.2021, S. 1).

([4]) Mitteilung der Kommission an das Europäische Parlament, den Rat, den Europäischen Wirtschafts- und Sozialausschuss und den Ausschuss der Regionen — „Fit für 55“: auf dem Weg zur Klimaneutralität — Umsetzung des EU-Klimaziels für 2030 (COM(2021) 550 final).

([5]) https://ec.europa.eu/info/sites/default/files/amendment-renewable-energy-directive-2030-climate-target-with-annexes_en.pdf

([6]) Mitteilung der Kommission an das Europäische Parlament, den Rat, die Europäische Zentralbank, den Europäischen Wirtschafts- und Sozialausschuss und den Ausschuss der Regionen — Die EU-Wirtschaft nach COVID-19: Auswirkungen auf die wirtschaftspolitische Steuerung (COM(2021) 662 final).

([7]) Verordnung (EU) 2015/1588 des Rates vom 13. Juli 2015 über die Anwendung der Artikel 107 und 108 des Vertrags über die Arbeitsweise der Europäischen Union auf bestimmte Gruppen horizontaler Beihilfen (ABl. L 248 vom 24.9.2015, S. 1).

(8) Siehe Mitteilung der Kommission über den Zugang zu Gerichten in Umweltangelegenheiten (ABl. C 275 vom 18.8.2017, S. 1) hinsichtlich der Umsetzung des Århus-Übereinkommens über den Zugang zu Informationen, die Öffentlichkeitsbeteiligung an Entscheidungsverfahren und den Zugang zu Gerichten in Umweltangelegenheiten.

(9) Mitteilung der Kommission — Leitlinien für staatliche Beihilfe für Flughäfen und Luftverkehrsgesellschaften (ABl. C 99 vom 4.4.2014, S. 3.)

(10) Umweltschutzbeihilfen verursachen im Allgemeinen geringere Verzerrungen und erzielen eine größere Wirkung, wenn sie den Verbrauchern/Nutzern umweltfreundlicher Produkte und nicht den Erzeugern/Herstellern dieser Produkte gewährt werden. Dies lässt die Möglichkeit der Mitgliedstaaten unberührt, Unternehmen Umweltschutzbeihilfen zu gewähren, um das Umweltschutzniveau ihrer Produktionstätigkeiten zu verbessern.

(11) Mitteilung der Kommission — Unionsrahmen für staatliche Beihilfen zur Förderung von Forschung, Entwicklung und Innovation (ABl. C 198 vom 27.6.2014, S. 1).

(12) Rahmenregelung der Europäischen Union für staatliche Beihilfen im Agrar- und Forstsektor und in ländlichen Gebieten 2014-2020 (ABl. C 204 vom 1.7.2014, S. 1).

(13) Mitteilung der Kommission — Leitlinien für die Prüfung staatlicher Beihilfen im Fischerei- und Aquakultursektor (ABl. C 217 vom 2.7.2015, S. 1.)

(14) Mitteilung der Kommission — Leitlinien für staatliche Beihilfen zur Rettung und Umstrukturierung nichtfinanzieller Unternehmen in Schwierigkeiten (ABl. C 249 vom 31.7.2014, S. 1).

(15) Siehe Urteil des Gerichts vom 13. September 1995, TWD/Kommission, T-244/93 und T-486/93, ECLI:EU:C:1995:160, Rn. 56. Siehe auch Mitteilung der Kommission — Bekanntmachung der Kommission über die Rückforderung rechtswidriger und mit dem Binnenmarkt unvereinbarer staatlicher Beihilfen (ABl. C 247 vom 23.7.2019, S. 1).

(16) Ein Darlehen unter dem Marktzinssatz.

(17) Verordnung (EU) 2019/943 des Europäischen Parlaments und des Rates vom 5. Juni 2019 über den Elektrizitätsbinnenmarkt (ABl. L 158 vom 14.6.2019, S. 54).

(18) Verordnung (EU) 2020/852 des Europäischen Parlaments und des Rates vom 18. Juni 2020 über die Einrichtung eines Rahmens zur Erleichterung nachhaltiger Investitionen und zur Änderung der Verordnung (EU) 2019/2088 (ABl. L 198 vom 22.6.2020, S. 13).

(19) Richtlinie (EU) 2018/2001 des Europäischen Parlaments und des Rates vom 11. Dezember 2018 zur Förderung der Nutzung von Energie aus erneuerbaren Quellen (ABl. L 328 vom 21.12.2018, S. 82).

(20) Verordnung (EU) 2017/1151 der Kommission vom 1. Juni 2017 zur Ergänzung der Verordnung (EG) Nr. 715/2007 des Europäischen Parlaments und des Rates über die Typgenehmigung von Kraftfahrzeugen hinsichtlich der Emissionen von leichten Personenkraftwagen und Nutzfahrzeugen (Euro 5 und Euro 6) und über den Zugang zu Fahrzeugreparatur- und -wartungsinformationen (ABl. L 175 vom 7.7.2017, S. 1).

(21) Richtlinie 2009/33/EG des Europäischen Parlaments und des Rates vom 23. April 2009 über die Förderung sauberer Straßenfahrzeuge zur Unterstützung einer emissionsarmen Mobilität (ABl. L 120 vom 15.5.2009, S. 5).

(22) Verordnung (EU) 2019/1242 des Europäischen Parlaments und des Rates vom 20. Juni 2019 zur Festlegung von CO_2-Emissionsnormen für neue schwere Nutzfahrzeuge und zur Änderung der Verordnungen (EG) Nr. 595/2009 und (EU) 2018/956 des Europäischen Parlaments und des Rates sowie der Richtlinie 96/53/EG des Rates (ABl. L 198 vom 25.7.2019, S. 202).

(23) Richtlinie 2012/27/EU des Europäischen Parlaments und des Rates vom 25. Oktober 2012 zur Energieeffizienz, zur Änderung der Richtlinien 2009/125/EG und 2010/30/EU und zur Aufhebung der Richtlinien 2004/8/EG und 2006/32/EG (ABl. L 315 vom 14.11.2012, S. 1).

(24) Richtlinie 2008/98/EG des Europäischen Parlaments und des Rates vom 19. November 2008 über Abfälle und zur Aufhebung bestimmter Richtlinien (ABl. L 312 vom 22.11.2008, S. 3).

(25) Richtlinie (EU) 2019/944 des Europäischen Parlaments und des Rates vom 5. Juni 2019 mit gemeinsamen Vorschriften für den Elektrizitätsbinnenmarkt und zur Änderung der Richtlinie 2012/27/EU (ABl. L 158 vom 14.6.2019, S. 125).

(26) Richtlinie 2010/31/EU des Europäischen Parlaments und des Rates vom 19. Mai 2010 über die Gesamtenergieeffizienz von Gebäuden (ABl. L 153 vom 18.6.2010, S. 13).

(27) Für eine kleine Gruppe vorab festgelegter Nutzer errichtete und auf deren Bedarf zugeschnittene Vorhaben („gewidmete Infrastruktur"), sind nicht als Energieinfrastruktur einzustufen.

(28) Bei all den unter den Ziffern i bis vi aufgeführten Wasserstoffausrüstungen und -anlagen kann es sich entweder um neu gebaute oder um von Erdgas auf Wasserstoff umgerüstete („umgenutzte") Ausrüstungen und Anlagen oder um eine Kombination aus beiden handeln. Unter den Ziffern i bis vi aufgeführte Wasserstoffausrüstungen

und -anlagen, zu denen Dritte Zugang haben, sind als Energieinfrastruktur einzustufen.

([29]) Unter den Ziffern i bis iv aufgeführte CO_2-Ausrüstungen und -anlagen, zu denen Dritte Zugang haben, sind als Energieinfrastruktur einzustufen.

([30]) Richtlinie 2009/31/EG des Europäischen Parlaments und des Rates vom 23. April 2009 über die geologische Speicherung von Kohlendioxid und zur Änderung der Richtlinie 85/337/EWG des Rates sowie der Richtlinien 2000/60/EG, 2001/80/EG, 2004/35/EG, 2006/12/EG und 2008/1/EG des Europäischen Parlaments und des Rates sowie der Verordnung (EG) Nr. 1013/2006 (ABl. L 140 vom 5.6.2009, S. 114).

([31]) Verordnung (EU) Nr. 347/2013 des Europäischen Parlaments und des Rates vom 17. April 2013 zu Leitlinien für die transeuropäische Energieinfrastruktur und zur Aufhebung der Entscheidung Nr. 1364/2006/EG und zur Änderung der Verordnungen (EG) Nr. 713/2009, (EG) Nr. 714/2009 und (EG) Nr. 715/2009 (ABl. L 115 vom 25.4.2013, S. 39).

([32]) Verordnung (EU) 2017/2195 der Kommission vom 23. November 2017 zur Festlegung einer Leitlinie über den Systemausgleich im Elektrizitätsversorgungssystem (ABl. L 312 vom 28.11.2017, S. 6).

([33]) Empfehlung 2003/361/EG der Kommission vom 6. Mai 2003 betreffend die Definition der Kleinstunternehmen sowie der kleinen und mittleren Unternehmen (ABl. L 124 vom 20.5.2003, S. 36).

([34]) Empfehlung des Rates vom 3. März 1975 über die Kostenzurechnung und die Intervention der öffentlichen Hand bei Umweltschutzmaßnahmen (ABl. L 194 vom 25.7.1975, S. 1).

([35]) Richtlinie 2010/75/EU des Europäischen Parlaments und des Rates vom 24. November 2010 über Industrieemissionen (integrierte Vermeidung und Verminderung der Umweltverschmutzung) (ABl. L 334 vom 17.12.2010, S. 17).

([36]) Verordnung (EU) Nr. 651/2014 der Kommission vom 17. Juni 2014 zur Feststellung der Vereinbarkeit bestimmter Gruppen von Beihilfen mit dem Binnenmarkt in Anwendung der Artikel 107 und 108 des Vertrags über die Arbeitsweise der Europäischen Union (ABl. L 187 vom 26.6.2014, S. 1).

([37]) Richtlinie 2003/96/EG des Rates vom 27. Oktober 2003 zur Restrukturierung der gemeinschaftlichen Rahmenvorschriften zur Besteuerung von Energieerzeugnissen und elektrischem Strom (ABl. L 283 vom 31.10.2003, S. 51).

([38]) Dazu können assoziierte Emissionswerte, assoziierte Energieeffizienzwerte oder assoziierte Umweltleistungswerte zählen.

([39]) Siehe Urteil des Gerichtshofs vom 13. Juni 2013, HGA u. a./Kommission, C-630/11 P bis C-633/11 P, ECLI:EU:C:2013:387, Rn. 104.

([40]) Dieses Szenario muss plausibel sein und die Faktoren unverfälscht wiedergeben, die zum Zeitpunkt der Investitionsentscheidung des Beihilfeempfängers maßgeblich waren. Die Mitgliedstaaten sollten offizielle Unterlagen der Leitungsorgane, Risikobewertungen, Finanzberichte, interne Geschäftspläne, Sachverständigengutachten und Studien zu dem zu bewertenden Vorhaben heranziehen. Die Mitgliedstaaten können den Anreizeffekt anhand von Unterlagen, die Angaben zu Nachfrage-, Kosten- und Finanzprognosen enthalten, einem Investitionsausschuss vorgelegten Unterlagen, in denen Investitions-/Betriebsszenarien untersucht werden, sowie den Finanzinstituten vorgelegten Unterlagen nachweisen. Diese Unterlagen müssen aus der Zeit stammen, in der die Entscheidung über die Investition oder den Betrieb getroffen wurde.

([41]) Gemäß diesem Grundsatz müssen die Mitgliedstaaten alternative kosteneffiziente Energieeffizienzmaßnahmen für eine effizientere Energienachfrage und Energieversorgung, insbesondere durch kosteneffiziente Einsparungen beim Energieendverbrauch, Initiativen für eine Laststeuerung und eine effizientere Umwandlung, Übertragung und Verteilung von Energie bei allen Planungs-, Strategie- und Investitionsentscheidungen im Energiebereich in möglichst großem Maße berücksichtigen und gleichzeitig die Ziele dieser Entscheidungen erreichen. Siehe Verordnung (EU) 2018/1999 des Europäischen Parlaments und des Rates vom 11. Dezember 2018 über das Governance-System für die Energieunion und für den Klimaschutz, zur Änderung der Verordnungen (EG) Nr. 663/2009 und (EG) Nr. 715/2009 des Europäischen Parlaments und des Rates, der Richtlinien 94/22/EG, 98/70/EG, 2009/31/EG, 2009/73/EG, 2010/31/EU, 2012/27/EU und 2013/30/EU des Europäischen Parlaments und des Rates, der Richtlinien 2009/119/EG und (EU) 2015/652 des Rates und zur Aufhebung der Verordnung (EU) Nr. 525/2013 des Europäischen Parlaments und des Rates (ABl. L 328 vom 21.12.2018, S. 1).

([42]) Die Verwendung von Umweltzeichen und Umweltangaben kann ein weiteres Mittel sein, das den Verbrauchern/Nutzern fundierte Kaufentscheidungen ermöglichen und die Nachfrage nach umweltfreundlichen Produkten steigern kann. Gut konzipierte, anerkannte, verstandene, vertrauenswürdige und von den relevanten Verbrauchern wahrgenommene stabile Umweltzeichen und wahrheitsgemäße Umweltaussagen können ein überaus wirksames Mittel sein, um das

(Verbraucher-)Verhalten zu lenken und zu prägen, damit umweltfreundlichere Entscheidungen getroffen werden. Die Nutzung einer anerkannten Kennzeichnungs- bzw. Zertifizierungsregelung, die auf klaren Kriterien beruht und externe Kontrollen (durch Dritte) vorsieht, wird eines der wirksamsten Instrumente sein, um gegenüber Verbrauchern und Interessenträgern nachzuweisen, dass die betreffenden Unternehmen hohe Umweltschutzstandards erfüllen. Daher nimmt die Kommission keine spezifischen Vorschriften zu Beihilfen für die Entwicklung und Herstellung umweltfreundlicher Produkte in den Anwendungsbereich dieser Leitlinien auf.

([43]) Wenn jedoch die Möglichkeit besteht, dass Gebote eingereicht werden, bei denen keine Subventionen erforderlich wären, sollten die Mitgliedstaaten erläutern, wie die Angemessenheit sichergestellt wird. Subventionsfreie Gebote sind beispielsweise möglich, wenn die Markteinnahmen voraussichtlich im Laufe der Zeit steigen werden und/oder die Bieter, die den Zuschlag erhalten, Konzessionen oder andere Vorteile erhalten und von einer Preisstützung profitieren. Preisober- oder Preisuntergrenzen, die das wettbewerbliche Verfahren einschränken und die Angemessenheit untergraben, sollten, selbst wenn sie bei null liegen, vermieden werden.

([44]) In der Regel ist ein Zeitraum von sechs Wochen ausreichend. Bei besonders komplexen oder neuen Verfahren kann eine längere Vorlaufzeit erforderlich sein. In begründeten Fällen, z. B. bei einfachen oder regelmäßigen/wiederholten Verfahren, kann dagegen eine kürzere Vorlaufzeit angemessen sein.

([45]) Bei der Prüfung der Umweltschutzeinheiten können die Mitgliedstaaten beispielsweise eine Methode entwickeln, bei der Emissionen oder andere Umweltbelastungen in unterschiedlichen Phasen der geförderten Wirtschaftstätigkeit, die Dauer der Durchführung des Vorhabens oder Systemintegrationskosten berücksichtigt werden. Wenn die Mitgliedstaaten den Beitrag zu den Hauptzielen mit der Höhe der beantragten Beihilfe in Relation setzen, können sie beispielsweise die verschiedenen objektiven Kriterien gewichten und die Auswahl auf der Grundlage des Beihilfebetrags pro Einheit des gewichteten Mittels der objektiven Kriterien treffen oder unter einer begrenzten Zahl von Geboten mit dem geringsten Beihilfebetrag pro Einheit der objektiven Kriterien die Gebote mit den höchsten Werten in Bezug auf die objektiven Kriterien auswählen. Die Parameter eines solchen Ansatzes müssen kalibriert werden, damit sichergestellt ist, dass die Ausschreibung ein diskriminierungsfreies Verfahren mit wirksamem Wettbewerb bleibt und den wirtschaftlichen Wert widerspiegelt.

([46]) Ein kontrafaktisches Szenario, das die langfristige Fortsetzung nicht ökologisch nachhaltiger Tätigkeiten als Alternative für die Investition oder den Betrieb vorsieht, wird nicht als realistisch angesehen.

([47]) Wenn es kein alternatives Vorhaben gibt, versichert sich die Kommission, dass die Höhe der Beihilfe auf das Minimum begrenzt ist, das erforderlich ist, um eine hinreichende Rentabilität des geförderten Vorhabens zu gewährleisten, sodass beispielsweise der interne Zinsfuß die branchen- oder unternehmensspezifische Benchmark oder Hurdle-Rate erreicht. Normale Renditesätze, die der Beihilfeempfänger im Rahmen anderer ähnlicher Vorhaben erreichen muss, seine Gesamtkapitalkosten oder in der jeweiligen Branche übliche Renditen können ebenfalls für diese Zwecke verwendet werden. Alle relevanten erwarteten Kosten und Gewinne müssen für die gesamte Lebensdauer des Vorhabens berücksichtigt werden.

([48]) „Öffentliche Suche in der Beihilfentransparenzdatenbank“,
verfügbar über https://webgate.ec.europa.eu/competition/transparency/public?lang=en

([49]) Auf diese Anforderung kann auf einen ordnungsgemäß begründeten Antrag eines Mitgliedstaats hin verzichtet werden, wenn dies den Wettbewerb in anschließenden Verfahren zur Beihilfegewährung untergraben würde, weil dann beispielsweise strategische Angebote abgegeben werden könnten.

([50]) Besteht keine förmliche Verpflichtung zur Abgabe einer jährlichen Erklärung, gilt zu Eingabezwecken der 31. Dezember des Jahres, für das die Beihilfe gewährt wird, als Tag der Gewährung.

([51]) Bei Maßnahmen, die mit Maßnahmen im Rahmen der vom Rat genehmigten Aufbau- und Resilienzpläne identisch sind, gilt die Einhaltung des Grundsatzes der Vermeidung erheblicher Beeinträchtigungen als erfüllt, da dies bereits geprüft wurde.

([52]) Dies könnte auch der Fall sein, wenn die Beihilfe die Wirksamkeit der wirtschaftlichen Instrumente beeinträchtigt, die zur Internalisierung negativer externer Effekte eingeführt wurden (z. B. wenn sie durch das Emissionshandelssystem der Union oder ein ähnliches Instrument gesetzte Preissignale beeinträchtigt).

([53]) Dies kann z. B. anhand eines nationalen Dekarbonisierungsplans mit verbindlichen Zielen und/oder verbindlicher Verpflichtungen des Beihilfeempfängers, Dekarbonisierungstechnologien wie CCS/CCU einzusetzen oder Erdgas durch erneuerbares oder CO_2-armes Gas zu ersetzen oder die Anlage nach einem den Klimazielen der Union entsprechenden Zeitplan stillzulegen, nachgewiesen werden. Der Einsatz aller fossilen Brennstoffe einschließlich Erdgas muss deutlich verringert werden, damit die Klimaziele der Union für 2030 und 2050 erreicht werden können. Laut der Folgenabschätzung, die die Kommission für den Klimazielplan für 2030 vorgenommen hat, wird bis 2050 „die unverminderte Nutzung von Erdgas mit dem Ziel der Klimaneutralität unvereinbar werden und diese Nutzung gegenüber 2015 um 66 % bis 71 % verringert werden [müssen]" (SWD(2020) 176 final).

([54]) Abgedeckt werden sowohl Brownfield- als auch Greenfield-Investments.

([55]) Dies umfasst netzgebundene Elektrolyseure, die mit erneuerbaren Strom erzeugenden Wirtschaftsbeteiligten Vereinbarungen über den Bezug von erneuerbarem Strom geschlossen haben, welche die Voraussetzungen in der nach Artikel 27 Absatz 3 der Richtlinie (EU) 2018/2001 erlassenen Delegierten Verordnung der Kommission erfüllen.

([56]) Das kontrafaktische Szenario ist die Tätigkeit, die der Beihilfeempfänger ohne die Beihilfe ausgeübt hätte. Im Bereich der Dekarbonisierung kann es sich dabei in bestimmten Fällen um eine Investition in eine weniger umweltfreundliche Alternative handeln. In anderen Fällen kann das kontrafaktische Szenario darin bestehen, dass überhaupt keine Investition getätigt wird oder dass eine Investition erst später erfolgt, es kann aber beispielsweise Betriebsentscheidungen umfassen, die einen geringeren Nutzen für die Umwelt hätten, wie die Fortsetzung des Betriebs bestehender Anlagen vor Ort und/oder den Erwerb von Energie.

([57]) Dies berührt nicht den Anspruch auf Beihilfen, die (z. B. im Rahmen eines 10-Jahres-Vertrags) bereits bewilligt wurden.

([58]) Die Kommission wird im Allgemeinen nicht verlangen, dass Maßnahmen grenzübergreifend geöffnet werden, obwohl dies dazu beitragen kann, wettbewerbsrechtliche Bedenken zu mindern.

([59]) Wie etwa gegebenenfalls für erneuerbaren Wasserstoff.

([60]) In einem solchen Fall sollte die Beihilfefähigkeit nur im Einklang mit den einschlägigen Begriffsbestimmungen begrenzt werden, die möglicherweise in den sektoralen Rechtsvorschriften enthalten sind. So sollte beispielsweise eine Beihilferegelung, die auf die Erfüllung des Kernziels der Union für erneuerbare Energien abzielt, allen Technologien offenstehen, die der Definition des Begriffs „erneuerbare Energiequellen" in der Richtlinie (EU) 2018/2001 des Europäischen Parlaments und des Rates vom 11. Dezember 2018 zur Förderung der Nutzung von Energie aus erneuerbaren Quellen (ABl. L 328 vom 21.12.2018, S. 8) entsprechen, während eine Beihilferegelung, die auf die Erfüllung eines Teilziels der Union ausgerichtet ist, allen Technologien offenstehen sollte, die zur Erfüllung des jeweiligen Teilziels beitragen können. Die Mitgliedstaaten können den Anwendungsbereich ihrer Fördermaßnahmen jedoch auch auf der Grundlage anderer objektiver Kriterien wie der unter den Randnummern 96 Buchstaben b bis g aufgeführten Kriterien weiter einschränken — so auch auf bestimmte Arten erneuerbarer Energiequellen.

([61]) Im Falle von Regionalbeihilfen sollte der Mitgliedstaat gemäß der Verordnung (EU) 2019/943 und der Richtlinie (EU) 2019/944 nachweisen, dass Systemdienstleistungen und Redispatch-Vorschriften ggf. eine effiziente Teilnahme von erneuerbarer Energie, Speicherung und Laststeuerung erlauben und standort- und technologiespezifische Entscheidungen, die die Netzstabilität begünstigen, honorieren. Stellt der Mitgliedstaat ein örtlich begrenztes Problem für die Versorgungssicherheit fest, das mittelfristig (d. h. innerhalb von 5 bis 10 Jahren) nicht durch Verbesserungen der Marktgestaltung oder durch einen ausreichenden Netzausbau gelöst werden kann, sollte eine Maßnahme zur Behebung dieses Problems nach Abschnitt 4.8 konzipiert und geprüft werden.

([62]) Die Mitgliedstaaten können sich in Bezug auf diese Anforderungen auf bestehende nationale Konsultationsverfahren stützen. Sofern die Konsultation die in diesen Leitlinien aufgeführten Punkte abdeckt und so lange läuft wie erforderlich, ist keine gesonderte Konsultation erforderlich. Auch in den unter Randnummer 96 Buchstabe g genannten Fällen ist eine gesonderte Konsultation unter Umständen nicht erforderlich.

([63]) Ein CO_2-Äquivalent (CO_2-Äq) ist eine metrische Maßeinheit, die verwendet wird, um Emissionen von verschiedenen Arten von Treibhausgasen auf der Grundlage ihres Treibhauspotenzials zu vergleichen; dazu werden die Mengen anderer Gase in den äquivalenten Wert für Kohlendioxid mit dem gleichen Treibhauspotenzial umgerechnet.

([64]) Zum Beispiel der Zeitraum zwischen der Ausschreibung und dem Ende der Frist für den Abschluss des Vorhabens, Vorschriften für Gebote/Angebote, Preisregeln.

([65]) Wenn es beispielsweise unterschiedliche Vertragslaufzeiten, unterschiedliche Methoden zur Berechnung der beihilfefähigen Kapazität/Leistung verschiedener Technologien oder unterschiedliche Methoden für die Berechnung oder Auszahlung von Subventionen gibt.

([66]) Zum Beispiel die Erreichung der Dekarbonisierungsziele des Mitgliedstaats.

([67]) Eine solche wirksame Beschränkung kann durch eine Reihe einander ergänzender Maßnahmen erreicht werden, so etwa Maßnahmen zur Abschwächung etwaiger Beschränkungen auf der Angebotsseite, Anpassung des Volumens an das voraussichtlich verfügbare Angebot zu einem bestimmten Zeitpunkt und/oder Änderung weiterer Merkmale der Ausgestaltung der Ausschreibung (z. B. Teilnahmekriterien); damit soll die Zielsetzung der Maßnahme (z. B. die Dekarbonisierungsziele des Mitgliedstaats) in angemessener Weise bei gleichzeitiger Minimierung der Verzerrungen von Wettbewerb und Handel erreicht werden. Bei Wahrung der Angemessenheit und des wettbewerblichen Charakters können die Mitgliedstaaten auch berechtigte Erwartungen von Investoren berücksichtigen.

([68]) Die für den EU-Innovationsfonds verwendeten Grundsätze für die Berechnung der Verringerung der Treibhausgasemissionen, die unter folgender Internetadresse abrufbar sind, bieten einen nützlichen Anhaltspunkt: https://ec.europa.eu/info/funding-tenders/opportunities/docs/2021-2027/innovfund/wp-call/2021/call-annex_c_innovfund-lsc-2021_en.pdf. In Fällen, in denen Strom als Input verwendet wird, muss die verwendete Methode jedoch den Emissionen aus der Erzeugung dieses Stroms Rechnung tragen. Die Mitgliedstaaten können die Höhe der Subvention pro vermiedener Tonne Emissionen in CO_2-Äquivalenten bei ihren Beihilfemaßnahmen als Auswahlkriterium verwenden, sind dazu aber nicht verpflichtet.

([69]) Darüber hinaus wird die Kommission, wie unter Randnummer 75 festgestellt, andere von den Mitgliedstaaten vorgeschlagene Merkmale zur Erleichterung der Teilnahme von KMU und Erneuerbare-Energie-Gemeinschaften an Ausschreibungen in der Regel positiv bewerten, sofern die positiven Auswirkungen in Form der Sicherstellung von Teilnahme und Akzeptanz die möglichen negativen Auswirkungen in Form von Wettbewerbsverzerrungen überwiegen.

([70]) Ein Differenzvertrag verleiht dem Begünstigten Anspruch auf eine Zahlung in Höhe der Differenz zwischen einem festen „Ausübungspreis" und einem Referenzpreis — z. B. einem Marktpreis pro Produktionseinheit. Differenzverträge wurden in den letzten Jahren bei Stromerzeugungsmaßnahmen verwendet, könnten aber auch einen mit dem EHS verknüpften Referenzpreis beinhalten — d. h. „CO_2-Differenzverträge". Solche CO_2-Differenzverträge können ein nützliches Instrument sein, um bahnbrechende Technologien auf den Markt zu bringen, die für die Verwirklichung der Dekarbonisierung der Industrie unter Umständen erforderlich sein können. Differenzverträge können auch Rückzahlungen der Begünstigten an Steuerzahler oder Verbraucher für Zeiträume vorsehen, in denen der Referenzpreis über dem Ausübungspreis liegt.

([71]) Kleine Anlagen zur Erzeugung erneuerbaren Stroms können im Einklang mit der Ausnahme nach Artikel 4 Absatz 3 der Richtlinie (EU) 2018/2001 eine direkte Preisstützung erhalten, die die vollen Betriebskosten deckt und ihre Betreiber nicht verpflichtet, ihren Strom auf dem Markt zu verkaufen. Anlagen gelten als kleine Anlagen, wenn ihre Kapazität unter dem in Artikel 5 der Verordnung (EU) 2019/943 festgelegten Schwellenwert liegt.

([72]) Dies bezieht sich auf die unter Randnummer 19 Ziffer 36 aufgeführten Ausrüstungen und Anlagen.

([73]) Einschließlich CO_2-armer Kraftstoffe aus nicht erneuerbaren Quellen und Energieträgern, die nicht zu Auspuffemissionen führen, aber in einem CO_2-intensiven Prozess hergestellt werden.

([74]) Bei Maßnahmen, die mit Maßnahmen im Rahmen der vom Rat genehmigten Aufbau- und Resilienzpläne identisch sind, gilt die Einhaltung des Grundsatzes der Vermeidung erheblicher Beeinträchtigungen als erfüllt, da dies bereits geprüft wurde.

([75]) Solche Investitionen könnten beispielsweise darauf abzielen, Fenster oder Heizkessel im Gebäude auszutauschen, oder auf die Dämmung von Außenwänden abstellen.

([76]) Die Amortisationsdauer ist der Zeitraum, der zur Deckung der Kosten einer Investition (ohne Beihilfe) benötigt wird.

([77]) Dies gilt in allen Fällen, in denen Beihilfen gewährt werden, um Unternehmen in die Lage zu versetzen, Mindestnormen für die Gesamtenergieeffizienz, die als Unionsnormen gelten, zu erfüllen, bevor sie für das betreffende Unternehmen verbindlich werden, und zwar unabhängig davon, ob es bereits geltende frühere Unionsnormen gibt.

([78]) Mitteilung der Kommission an das Europäische Parlament, den Rat, den Europäischen Wirtschafts- und Sozialausschuss und den Ausschuss der Regionen — Strategie für nachhaltige und intelligente Mobilität: Den Verkehr in Europa auf Zukunftskurs bringen (COM(2020) 789 final).

([79]) Die Mitteilung beinhaltet beispielsweise das Ziel, dass es bis 2030 mindestens 30 Millionen emissionsfreie Pkw und 80 000 emissionsfreie Lkw geben soll, und dass bis 2050 fast alle Pkw, Lieferwagen, Busse und neuen schweren Nutzfahrzeuge emissionsfrei sein sollen.

([80]) Verordnung (EU) 2019/1242 und Verordnung (EU) 2019/631 des Europäischen Parlaments und des Rates vom 17. April 2019 zur Festsetzung von CO_2-Emissionsnormen für neue Personenkraftwagen und für neue leichte Nutzfahrzeuge und zur Aufhebung der Verordnungen (EG) Nr. 443/2009 und (EU) Nr. 510/2011 (ABl. L 111 vom 25.4.2019, S. 13).

([81]) Beispielsweise
über die Richtlinie 1999/62/EG des Europäischen

Parlaments und des Rates vom 17. Juni 1999 über die Erhebung von Gebühren für die Benutzung bestimmter Verkehrswege durch schwere Nutzfahrzeuge (ABl. L 187 vom 20.7.1999, S. 42) und das EHS der Union.

([82]) Beispielsweise über die Richtlinie 2009/33/EG.

([83]) Dies kann dadurch aufgezeigt werden, dass sichergestellt wird, dass die Beihilfe in transparenter und diskriminierungsfreier Weise gewährt wird und dass potenzielle interessierte Parteien ausreichend über den Anwendungsbereich der Maßnahme und die potenziellen Beihilfevoraussetzungen informiert sind.

([84]) Bei einer solchen Prüfung berücksichtigt die Kommission in Abhängigkeit von den jeweiligen Wirtschaftszweigen und Verkehrsträgern in der Regel einen Zeitraum von zwei bis fünf Jahren nach der Anmeldung oder der Durchführung der Beihilfemaßnahme. Sie stützt ihre Prüfung auf vom Mitgliedstaat vorgelegte unabhängige Marktstudien oder auf andere geeignete Nachweise.

([85]) Siehe Randnummer 66.

([86]) Dazu kann unter anderem gehören, dass eine Überkompensation ausgeschlossen wird, indem durch einen Vergleich der Finanzierungslücke im faktischen und kontrafaktischen Szenario überprüft wird, dass die Beihilfe die Nettomehrkosten nicht übersteigt, und dass der Mitgliedstaat einen Ex-post-Überwachungsmechanismus zur Überprüfung der Annahmen hinsichtlich der Höhe der erforderlichen Beihilfe sowie einen Rückforderungsmechanismus einführt.

([87]) Richtlinie 2014/94/EU des Europäischen Parlaments und des Rates vom 22. Oktober 2014 über den Aufbau der Infrastruktur für alternative Kraftstoffe (ABl. L 307 vom 28.10.2014, S. 1).

([88]) Bei Ladeinfrastruktur z. B. Normal- oder Schnellladeinfrastruktur.

([89]) Bei einer solchen Prüfung wird die Kommission in der Regel untersuchen, ob der Aufbau der Lade- oder Tankinfrastruktur innerhalb eines in Anbetracht der Laufzeit der Maßnahme relevanten Zeitraums zu Marktbedingungen zu erwarten ist. Sie stützt ihre Prüfung auf die Ergebnisse der vorab durchgeführten öffentlichen Konsultation, auf eine vom Mitgliedstaat vorgelegte unabhängige Marktstudie oder auf einen anderen geeigneten Nachweis.

([90]) Lade- oder Tankinfrastruktur, die hauptsächlich für die Nutzung durch Unternehmen bestimmt ist, die im öffentlichen Personenverkehr auf dem Land-, Schienen- oder Wasserweg tätig sind, kann ergänzend auch Mitarbeitern, externen Auftragnehmern oder Zulieferern der jeweiligen Unternehmen offenstehen.

([91]) Lade- oder Tankinfrastruktur, die hauptsächlich für die Nutzung durch den Beihilfeempfänger bestimmt ist, kann ergänzend auch Mitarbeitern, externen Auftragnehmern oder Zulieferern des Beihilfeempfängers offenstehen.

([92]) Zum Beispiel eine Maßnahme, in deren Rahmen Beihilfen für Investitionen in Wasserstofftankstellen für schwere Nutzfahrzeuge in Güterterminals und Logistikparks in einem Mitgliedstaat gewährt werden, in dem der Marktanteil von wasserstoffbetriebenen schweren Nutzfahrzeugen unter 2 % liegt.

([93]) Dazu zählen auch nachhaltige Flugkraftstoffe.

([94]) Drop-in-Kraftstoffe sind Kraftstoffe, die den derzeit genutzten fossilen Kraftstoffen funktional gleichwertig sind und die mit der Verteilungsinfrastruktur sowie den fahrzeugseitigen Maschinen und Motoren voll kompatibel sind.

([95]) Bei einer solchen Prüfung berücksichtigt die Kommission in der Regel einen Zeitraum von zwei bis fünf Jahren nach der Anmeldung oder der Durchführung der Beihilfemaßnahme. Sie stützt ihre Prüfung auf vom Mitgliedstaat vorgelegte unabhängige Marktstudien oder auf andere geeignete Nachweise.

([96]) Siehe die Mitteilung der Kommission an das Europäische Parlament, den Rat, den Europäischen Wirtschafts- und Sozialausschuss und den Ausschuss der Regionen — Eine Wasserstoffstrategie für ein klimaneutrales Europa (COM(2020) 301 final), S. 3.

([97]) Mitteilung der Kommission an das Europäische Parlament, den Rat, den Europäischen Wirtschafts- und Sozialausschuss und den Ausschuss der Regionen „Ein neuer Aktionsplan für die Kreislaufwirtschaft Für ein saubereres und wettbewerbsfähigeres Europa" (COM(2020) 98 final).

([98]) Mitteilung der Kommission an das Europäische Parlament, den Rat, den Europäischen Wirtschafts- und Sozialausschuss und den Ausschuss der Regionen „Eine nachhaltige Bioökonomie für Europa: Stärkung der Verbindungen zwischen Wirtschaft, Gesellschaft und Umwelt" (COM(2018) 673 final und SWD(2018) 431).

([99]) Die verbrauchten Ressourcen können alle verbrauchten materiellen Ressourcen außer Energie umfassen. Die Reduzierung kann durch Messung oder Schätzung des Verbrauchs vor und nach der Durchführung der Beihilfemaßnahme ermittelt werden, wobei externe Bedingungen, die den Ressourcenverbrauch beeinflussen, ggf. durch Anpassungen zu berücksichtigen sind.

([100]) Siehe die Begriffsbestimmungen für Wiederverwendung, Verwertung, Vorbereitung zur Wiederverwendung, Recycling und Abfall unter Randnummer 19 Nummern 59, 61, 62, 75 und 90.

([101]) Die Abfallhierarchie umfasst die Stufen a) Vermeidung, b) Vorbereitung zur Wiederverwendung, c) Recycling, d) sonstige Verwertung (z. B. energetische Verwertung) und e) Beseitigung. Siehe Artikel 4 Absatz 1 der Richtlinie 2008/98/EG.

([102]) Andere Produkte, Materialien oder Stoffe können beispielsweise Nebenprodukte (im Sinne des Artikels 5 der Richtlinie 2008/98/EG), Rückstände aus Landwirtschaft, Aquakultur, Fischerei und Forstwirtschaft, Abwasser, Regenwasser und Ablaufwasser, Mineralien, Bergbauabfälle, Nährstoffe, Restgase aus Produktionsprozessen, überflüssige Produkte, Teile und Materialien sein. Überflüssige Produkte, Teile und Materialien sind solche, die nicht mehr benötigt werden oder für ihren Besitzer nicht mehr von Nutzen sind, sich aber für die Wiederverwendung eignen.

([103]) Siehe Bestimmung des Begriffs „getrennte Sammlung" in Artikel 3 Nummer 11 der Richtlinie 2008/98/EG.

([104]) Hinsichtlich der Technologie sollte die Investition im Vergleich zur üblichen Praxis zu einer besseren Recyclingfähigkeit oder zu einer höheren Qualität des Recyclingmaterials führen.

([105]) Sofern von dem Mitgliedstaat hinreichend nachgewiesen, kann auch die spezifische Situation auf Ebene der betreffenden Region bzw. Regionen berücksichtigt werden.

([106]) Siehe die Begriffsbestimmung unter Randnummer 19 Nummer 58.

([107]) Die Mitgliedstaaten können die Neuheit z. B. anhand einer genauen Beschreibung der Innovation und der Marktbedingungen für die Einführung oder Verbreitung der Innovation nachweisen, bei der diese mit dem Stand der Verfahren oder betrieblichen Techniken verglichen wird, die von anderen Unternehmen der Branche allgemein angewandt werden.

([108]) Können beim Vergleich öko-innovativer Tätigkeiten mit konventionellen, nicht innovativen Tätigkeiten quantitative Parameter herangezogen werden, bedeutet „deutlich höher", dass die von den öko-innovativen Tätigkeiten erwartete marginale Verbesserung in Form einer geringeren Umweltgefährdung oder Umweltverschmutzung oder einer effizienteren Energie- oder Ressourcennutzung mindestens doppelt so hoch sein sollte wie die marginale Verbesserung, die die allgemeine Entwicklung vergleichbarer nicht innovativer Tätigkeiten erwarten lässt. Ist der vorgeschlagene Ansatz in einem bestimmten Fall nicht geeignet oder ist ein quantitativer Vergleich nicht möglich, sollte der Anmeldung der betreffenden Beihilfe eine ausführliche Beschreibung der Methode beigefügt werden, nach der dieses Kriterium beurteilt wurde, wobei diese Methode vergleichbaren Anforderungen genügen muss wie die vorgeschlagene Vorgehensweise.

([109]) Die Mitgliedstaaten können dieses Risiko z. B. anhand des Verhältnisses der Kosten zum Umsatz des Unternehmens, des Zeitaufwands für die Entwicklung, der erwarteten Gewinne aus der öko-innovativen Tätigkeit im Vergleich zu den Kosten sowie der Wahrscheinlichkeit eines Fehlschlags nachweisen.

([110]) Die Agenda 2030 der Vereinten Nationen für nachhaltige Entwicklung kann hier abgerufen werden: https://sustainabledevelopment.un.org/content/documents/21252030%20Agenda%20for%20Sustainable%20Development%20web.pdf.

([111]) Vorschlag für einen Beschluss des Europäischen Parlaments und des Rates über ein allgemeines Umweltaktionsprogramm der Union für die Zeit bis 2030 (COM(2020) 652 final).

([112]) Mitteilung der Kommission an das Europäische Parlament, den Rat, den Europäischen Wirtschafts- und Sozialausschuss und den Ausschuss der Regionen über ein Programm „Saubere Luft für Europa" (COM(2013) 918 final). Siehe auch Richtlinie 2004/107/EG des Europäischen Parlaments und des Rates vom 15. Dezember 2004 über Arsen, Kadmium, Quecksilber, Nickel und polyzyklische aromatische Kohlenwasserstoffe in der Luft (ABl. L 23 vom 26.1.2005, S. 3) und Richtlinie 2008/50/EG des Europäischen Parlaments und des Rates vom 21. Mai 2008 über Luftqualität und saubere Luft für Europa (ABl. L 152 vom 11.6.2008, S. 1) für bodennahes Ozon, Partikel, Stickstoffoxide, gefährliche Schwermetalle und eine Reihe anderer Schadstoffe. Siehe auch Richtlinie (EU) 2016/2284 des Europäischen Parlaments und des Rates vom 14. Dezember 2016 über die Reduktion der nationalen Emissionen bestimmter Luftschadstoffe, zur Änderung der Richtlinie 2003/35/EG und zur Aufhebung der Richtlinie 2001/81/EG (ABl. L 344 vom 17.12.2016, S. 1) für die wichtigsten grenzüberschreitenden Luftschadstoffe: Schwefeldioxide, Stickstoffoxide, Ammoniak, flüchtige organische Verbindungen außer Methan und Feinstaub.

([113]) Die Richtlinie 2000/60/EG des Europäischen Parlaments und des Rates vom 23. Oktober 2000 zur Schaffung eines Ordnungsrahmens für Maßnahmen der Gemeinschaft im Bereich der Wasserpolitik (ABl. L 327 vom 22.12.2000, S. 1) schreibt, sofern keine Ausnahmen gelten, für alle Oberflächen- und Grundwasserkörper einen guten ökologischen Zustand vor.

([114]) Mitteilung der Kommission an das Europäische Parlament, den Rat, den Europäischen Wirtschafts- und Sozialausschuss und den Ausschuss der Regionen: Auf dem Weg zu einem gesunden Planeten für alle — EU-Aktionsplan: „Schadstofffreiheit von Luft, Wasser und Boden" (COM(2021) 400 final).

([115]) Mitteilung der Kommission an das Europäische Parlament, den Rat, den Europäischen Wirtschafts- und Sozialausschuss und den Ausschuss der Regionen — „Vom Hof auf den Tisch" — eine Strategie für ein faires, gesundes und umweltfreundliches Lebensmittelsystem (COM(2020) 381 final).

([116]) Handelbare Zertifikate können staatliche Beihilfen beinhalten, insbesondere wenn Mitgliedstaaten Zertifikate und Verschmutzungsrechte unter deren Marktwert ausgeben.

([117]) Um festzustellen, welches der beiden Ziele vorrangig ist, kann die Kommission von dem Mitgliedstaat verlangen, die erwarteten Ergebnisse der Maßnahme in Bezug auf die Vermeidung oder Verringerung von Treibhausgasemissionen den erwarteten Ergebnissen der Maßnahme in Bezug auf die Vermeidung oder Verringerung anderer Schadstoffe gegenüberzustellen, wobei plausible und detaillierte Quantifizierungen zugrunde gelegt werden, und diese Gegenüberstellung der Kommission vorzulegen.

([118]) Handelbare Zertifikate können staatliche Beihilfen beinhalten, insbesondere wenn Mitgliedstaaten Zertifikate und Verschmutzungsrechte unter deren Marktwert ausgeben.

([119]) Für die entsprechende Analyse können Schätzungen zur Preiselastizität in dem betreffenden Wirtschaftszweig und anderen Faktoren sowie die geschätzten Absatzeinbußen und deren voraussichtliche Auswirkungen auf die Rentabilität des Beihilfeempfängers herangezogen werden.

([120]) Zum Beispiel neue Marktteilnehmer oder aber bestehende Unternehmen oder Anlagen.

([121]) Mitteilung der Kommission an das Europäische Parlament, den Rat, den Europäischen Wirtschafts- und Sozialausschuss und den Ausschuss der Regionen — EU-Biodiversitätsstrategie für 2030 — Mehr Raum für die Natur in unserem Leben (COM(2020) 380 final).

([122]) Mitteilung der Kommission an das Europäische Parlament, den Rat, den Europäischen Wirtschafts- und Sozialausschuss und den Ausschuss der Regionen — „Ein klimaresilientes Europa aufbauen — die neue EU-Strategie für die Anpassung an den Klimawandel" (COM(2021) 82 final).

([123]) https://www.eea.europa.eu/publications/nature-based-solutions-in-europe/.

([124]) So können z. B. Beihilfen für die Wiederbefeuchtung von Torfmoorflächen, die nicht mit Beihilfen für die vorzeitige Beendigung des Torfabbaus oder mit Beihilfen für außergewöhnliche Kosten im Zusammenhang mit solchen Tätigkeiten verbunden sind, unter Abschnitt 4.6 fallen.

([125]) Um festzustellen, welches der beiden Ziele vorrangig ist, kann die Kommission von dem Mitgliedstaat verlangen, die erwarteten Ergebnisse der Maßnahme in Bezug auf die Vermeidung oder Verringerung von Treibhausgasemissionen den erwarteten Ergebnissen der Maßnahme in Bezug auf die Sanierung von Umweltschäden, die Rehabilitierung natürlicher Lebensräume und Ökosysteme, den Schutz bzw. die Wiederherstellung der Biodiversität und die Umsetzung naturbasierter Lösungen für die Anpassung an den Klimawandel und den Klimaschutz gegenüberzustellen, wobei ggf. plausible und detaillierte Quantifizierungen zugrunde gelegt werden, und diese Gegenüberstellung der Kommission vorzulegen.

([126]) Richtlinie 2004/35/EG des Europäischen Parlaments und des Rates vom 21. April 2004 über Umwelthaftung zur Vermeidung und Sanierung von Umweltschäden (ABl. L 143 vom 30.4.2004, S. 56). Siehe auch die Bekanntmachung der Kommission — Leitlinien für eine einheitliche Auslegung des Begriffs „Umweltschaden" im Sinne von Artikel 2 der Richtlinie 2004/35/EG des Europäischen Parlaments und des Rates über Umwelthaftung zur Vermeidung und Sanierung von Umweltschäden (ABl. C 118 vom 7.4.2021, S. 1).

([127]) Siehe Beschluss C(2012) 558 final der Kommission vom 17. Oktober 2012 in der Sache SA.33496 (2011/N) — Österreich — Einzelfall, Altlast, DECON Umwelttechnik GmbH, Erwägungsgründe 65-69 (ABl. C 14 vom 17.1.2013, S. 1).

([128]) Richtlinie 92/43/EWG des Rates vom 21. Mai 1992 zur Erhaltung der natürlichen Lebensräume sowie der wildlebenden Tiere und Pflanzen (ABl. L 206 vom 22.7.1992, S. 7).

([129]) Dieser Abschnitt gilt nicht für Systemdienstleistungen einschließlich Maßnahmen im Rahmen von Systemschutzplänen gemäß der Verordnung (EU) 2017/2196 der Kommission, die das Ziel haben, die Betriebssicherheit zu gewährleisten, und die von ÜNB oder VNB im Rahmen einer diskriminierungsfreien Ausschreibung beschafft werden, das allen Ressourcen offen steht, die zur Erreichung der angestrebten Betriebssicherheit beitragen können, ohne dass der Staat an der Beschaffung oder Finanzierung der Dienstleistungen beteiligt wäre.

([130]) Verordnung (EU) 2019/941 des Europäischen Parlaments und des Rates vom 5. Juni 2019 über die Risikovorsorge im Elektrizitätssektor (Risikovorsorgeverordnung) (ABl. L 158 vom 14.6.2019, S. 1).

([131]) Unter Berücksichtigung der Verordnung (EU) 2019/943 und der Richtlinie (EU) 2019/944.

([132]) Bei Kapazitätsmechanismen, für die nach der Verordnung (EU) 2019/943 eine grenzüberschreitende Beteiligung erforderlich ist, wird die technische Machbarkeit vorausgesetzt.

([133]) Die Mitgliedstaaten können sich in Bezug auf diese Anforderungen auf bestehende nationale Konsultationsverfahren stützen. Sofern die Konsultation die hier aufgeführten Punkte abdeckt, ist keine gesonderte Konsultation erforderlich.

([134]) Zum Beispiel der Zeitraum zwischen der Ausschreibung und dem Ende der Frist für den Abschluss des Vorhabens, Vorschriften für Gebote/Angebote, Preisregeln.

([135]) Wenn es beispielsweise unterschiedliche Vertragslaufzeiten, unterschiedliche Methoden zur Berechnung der beihilfefähigen Kapazität/Leistung verschiedener Technologien oder unterschiedliche Methoden für die Berechnung oder Auszahlung von Subventionen gibt.

([136]) Ermittelt gemäß Artikel 11 der Verordnung (EU) 2019/943.

([137]) Zu den Maßnahmen, die der in der Verordnung (EU) 2019/941 genannte Risikovorsorgeplan umfassen muss, siehe auch Artikel 12 Absatz 1 der Verordnung.

([138]) Diese Anforderung gilt unbeschadet der Aktivierung von Ressourcen vor dem tatsächlichen Einsatz, um den Zwängen der Ressourcen im Bereich der Gradientensteuerung („Ramping") und ihren betrieblichen Anforderungen Rechnung zu tragen. Der Output der strategischen Reserve während der Aktivierung darf weder über Großhandelsmärkte Bilanzkreisen zugerechnet werden noch eine Änderung entsprechender Ungleichgewichte bewirken.

([139]) Gemäß Artikel 10 Absatz 1 der Verordnung (EU) 2019/943.

([140]) Siehe die Bekanntmachung der Kommission zum Begriff der staatlichen Beihilfe im Sinne des Artikels 107 Absatz 1 des Vertrags über die Arbeitsweise der Europäischen Union (ABl. C 262 vom 19.7.2016, S. 1). Da der Begriff der staatlichen Beihilfe ein objektiver Rechtsbegriff ist, der direkt im AEUV definiert ist (Urteil des Gerichtshofs vom 22. Dezember 2008, British Aggregates/Kommission, C-487/06 P, ECLI:EU:C:2008:757, Rn. 111), gelten die Ausführungen unter den Randnummern 373 bis 375 unbeschadet der Auslegung des Begriffs der staatlichen Beihilfe durch die Unionsgerichte (Urteil des Gerichtshofs vom 21. Juli 2011, Alcoa Trasformazioni/Kommission, C-194/09 P, ECLI:EU:C:2011:497, Rn. 125); der primäre Bezugspunkt für die Auslegung des AEUV ist stets die Rechtsprechung der Unionsgerichte.

([141]) Ein rechtliches Monopol ist dann gegeben, wenn eine bestimmte Dienstleistung per Gesetz oder Regulierungsmaßnahme in einem bestimmten geografischen Gebiet (auch innerhalb eines Mitgliedstaats) einem einzigen Dienstleister vorbehalten wird und allen anderen Betreibern die Erbringung dieser Dienstleistung (sogar zur Deckung einer etwaigen Restnachfrage bei bestimmten Kundengruppen) klar untersagt wird. Die einfache Betrauung eines bestimmten Unternehmens mit einer öffentlichen Dienstleistung bedeutet hingegen nicht, dass dieses Unternehmen ein rechtliches Monopol innehat.

([142]) Richtlinie 2009/73/EG des Europäischen Parlaments und des Rates vom 13. Juli 2009 über gemeinsame Vorschriften für den Erdgasbinnenmarkt und zur Aufhebung der Richtlinie 2003/55/EG (ABl. L 211 vom 14.8.2009, S. 94).

([143]) Dieser Abschnitt gilt nicht für Vorhaben mit gewidmeter Infrastruktur und/oder anderer Energieinfrastruktur in Verbindung mit Erzeugungs- und/oder Verbrauchstätigkeiten.

([144]) Diese sind von Speicheranlagen „nach dem Zähler" zu unterscheiden.

([145]) Fördermaßnahmen für die Energiespeicherung können gegebenenfalls auch nach den Abschnitten 4.1, 4.2, 4.3 und 4.8 geprüft werden. Speicheranlagen, die im Einklang mit der geltenden TEN-E-Verordnung als Vorhaben von gemeinsamem Interesse ausgewählt wurden, gelten als Energieinfrastruktur nach diesem Abschnitt, und die Förderung solcher Vorhaben wird nach Abschnitt 4.9 geprüft. Die Förderung von Speicheranlagen, die im Einklang mit den Artikeln 36 und/oder 54 der Richtlinie (EU) 2019/944 „im Eigentum oder unter der Kontrolle" der VNB oder der ÜNB stehen, ist ebenfalls Gegenstand von Abschnitt 4.9.

([146]) Insbesondere wird die Kommission prüfen, ob das beteiligte Drittland bzw. die beteiligten Drittländer ein hohes Maß an regulatorischer Angleichung aufweisen und die allgemeinen politischen Ziele der Union unterstützen, insbesondere in Bezug auf einen gut funktionierenden Energiebinnenmarkt, die Sicherheit der Energieversorgung auf der Grundlage von Zusammenarbeit und Solidarität, ein Energiesystem auf dem Weg zur Dekarbonisierung im Einklang mit dem Übereinkommen von Paris und den Klimazielen der Union sowie die Vermeidung der Verlagerung von CO_2-Emissionen.

([147]) Für Infrastrukturen zwischen einem Mitgliedstaat und einem oder mehreren Drittländern gilt Folgendes: — Der im Hoheitsgebiet der Union gelegene Teil des Vorhabens muss mit der Richtlinie 2009/73/EG und der Richtlinie (EU) 2019/944 im Einklang stehen. — Was das beteiligte Drittland bzw. die beteiligten Drittländer angeht, so müssen die Vorhaben ein hohes Maß an regulatorischer Angleichung aufweisen und die allgemeinen politischen Ziele der Union unterstützen, insbesondere um einen gut funktionierenden Energiebinnenmarkt, die Sicherheit der Energieversorgung auf der Grundlage von Zusammenarbeit und Solidarität und ein Energiesystem auf dem

Weg zur Dekarbonisierung im Einklang mit dem Übereinkommen von Paris und den Klimazielen der Union und vor allem die Vermeidung der Verlagerung von CO_2-Emissionen zu gewährleisten.

([148]) So heißt es in Artikel 20 der Richtlinie (EU) 2018/2001, dass „die Mitgliedstaaten gegebenenfalls die notwendigen Schritte zur Entwicklung einer Fernwärme- und -kälteinfrastruktur [unternehmen], mit der der Ausbau der Wärme- und Kälteerzeugung aus großen Biomasse-, Solarenergie-, Umgebungsenergie- und Geothermieenergieanlagen sowie aus Abwärme und -kälte möglich ist".

([149]) Um sicherzustellen, dass das Verteilnetz tatsächlich als eine den Nutzern offenstehende Einrichtung im Einklang mit der Mitteilung über den Investitionsplan für ein zukunftsfähiges Europa betrieben wird (siehe Abschnitt 4.3.3. der Mitteilung der Kommission über den Investitionsplan für ein zukunftsfähiges Europa — Investitionsplan für den europäischen Grünen Deal vom 14.1.2020 (COM(2020) 21 final)), müssen in der Regel — analog zu den Binnenmarktvorschriften für den Energiesektor, insbesondere für Gas oder Strom — spezifische Vorschriften gelten (die den Zugang Dritter, die Entflechtung und die regulierten Tarife regeln), die über die reine Führung getrennter Bücher hinausgehen.

([150]) Während im Fall eines natürlichen und/oder rechtlichen Monopols die Förderung von Fernwärmeverteilinfrastruktur (unter bestimmten Voraussetzungen) nicht unter die Vorschriften für staatliche Beihilfen fällt, unterliegt jede Förderung von Tätigkeiten zur Erzeugung von Fernwärme auch weiterhin den Beihilfevorschriften.

([151]) Die Menge der durch Wärmepumpen gebundenen, als erneuerbare Energie zu betrachtenden Energie ist nach Anhang VII der Richtlinie (EU) 2018/2001 zu berechnen. Darüber hinaus kann der genutzte Strom analog zu den in der Richtlinie (EU) 2018/2001 — und delegierten Rechtsakten — beschriebenen Methoden sowie analog zu anderen gleichwertigen Methoden, die gewährleisten, dass der gesamte tatsächlich genutzte Strom aus erneuerbaren Quellen stammt, als uneingeschränkt erneuerbar angesehen werden, sofern eine Doppelzählung der erneuerbaren Energie und eine Überkompensation vermieden werden. Die Förderung neuer Investitionen oder der Modernisierung — sowie des Betriebs — darf sich in keinem Fall auf Mitverbrennungsanlagen beziehen, die auch andere Brennstoffe als Brennstoffe aus erneuerbaren Quellen oder Abwärme verwenden.

([152]) Heiz- oder Kühlanlagen, einschließlich Wärmespeichern, in Räumlichkeiten der Kunden nach Randnummer 138 können ebenfalls darunter fallen, wenn sie mit Fernwärme- oder Fernkältesystemen verbunden sind.

([153]) Siehe Artikel 2 Nummer 41 der Richtlinie 2012/27/EU.

([154]) In diesem Zusammenhang müssen die Mitgliedstaaten insbesondere nachweisen, dass die geförderten Fernwärmesysteme die erforderlichen Maßnahmen ergriffen haben, um die Effizienz zu steigern und die Emissionen von CO_2 und sonstigen Schadstoffen sowie Netzverluste zu verringern.

([155]) Wärmeverbraucher, bei denen es sich um Unternehmen handelt, die eine wirtschaftliche Tätigkeit ausüben, müssen in jedem Fall ihren vollen Anteil an den Heizkosten entrichten, und dieser muss mindestens den Kosten ihrer kostengünstigsten alternativen Heizquelle entsprechen, um Wettbewerbsverzerrungen auf anderen Märkten zu vermeiden.

([156]) Die Abfallhierarchie umfasst die Stufen a) Vermeidung, b) Vorbereitung zur Wiederverwendung, c) Recycling, d) sonstige Verwertung (z. B. energetische Verwertung) und e) Beseitigung. Siehe Artikel 4 Absatz 1 der Richtlinie 2008/98/EG.

([157]) Im Falle des Anschlusses weiterer Kunden müssen die Mitgliedstaaten nachweisen, dass Maßnahmen ergriffen wurden, um das System um nachhaltige Wärmequellen zu ergänzen.

([158]) Die Mitgliedstaaten sollten beispielsweise nachweisen, dass die betreffenden Fernwärmesysteme entweder Teil eines nationalen oder lokalen Dekarbonisierungsplans oder Teil der integrierten nationalen Energie- und Klimapläne gemäß Anhang I der Verordnung (EU) 2018/1999 über den Bedarf an der Errichtung neuer Infrastruktur für Fernwärme und -kälte aus erneuerbaren Energiequellen sind, um das in Artikel 3 Absatz 1 der Richtlinie (EU) 2018/2001 festgelegte Ziel der Union zu erreichen, und zusagen, in Abkehr von fossilen Brennstoffen Zwischenziele und endgültige Ziele auf dem Weg zur Klimaneutralität bis 2050 zu verfolgen.

([159]) In Anbetracht ihres Beitrags zum Klimaschutz, der in der Verordnung (EU) 2020/852 als Umweltziel definiert ist, sofern keine offensichtlichen Hinweise auf eine Nichteinhaltung des Grundsatzes der Vermeidung erheblicher Beeinträchtigungen vorliegen.

([160]) Siehe auch Artikel 24 der Richtlinie (EU) 2018/2001.

([161]) Siehe auch Artikel 18 Absatz 5 und Artikel 24 der Richtlinie (EU) 2018/2001.

([162]) Nach der statistischen Systematik der Wirtschaftszweige in der Europäischen Union (NACE Rev. 2) bis zu einer Aufschlüsselungsebene von höchstens acht Stellen („PRODCOM"-Ebene).

([163]) Beispielsweise Daten, die einen erheblichen Anteil der Bruttowertschöpfung des betreffenden Sektors oder Teilsektors auf EU-Ebene abdecken.

([164]) „Waren und Dienstleistungen" enthalten keine Personalkosten.

([165]) Code 12 15 0 innerhalb des mit der Verordnung (EG, Euratom) Nr. 58/97 des Rates vom 20. Dezember 1996 über die strukturelle Unternehmensstatistik geschaffenen Rechtsrahmens (ABl. L 14 vom 17.1.1997, S. 1).

([166]) Feste jährliche Ausgleichsbeträge (Erstattungen) haben den Vorteil, dass die Stromgrenzkosten für die Unternehmen, die die Beihilfe erhalten, genauso stark steigen (d. h., der Anstieg der Stromkosten durch jede zusätzlich verbrauchte Megawattstunde ist genauso hoch), sodass etwaige Wettbewerbsverzerrungen innerhalb des Wirtschaftszweigs begrenzt werden.

([167]) Mitteilung der Kommission — Leitlinien für staatliche Umweltschutz- und Energiebeihilfen 2014-2020 (ABl. C 200 vom 28.6.2014, S. 1).

([168]) Für Ausschreibungen nach Abschnitt 4.12 gilt die 30 %-Vorgabe nach Randnummer 50 nicht. Die Mitgliedstaaten können die Verwendung zusätzlicher Kriterien, wie etwa andere zu erreichende Umweltziele, in Erwägung ziehen.

([169]) Beschluss 2010/787/EU des Rates vom 10. Dezember 2010 über staatliche Beihilfen zur Erleichterung der Stilllegung nicht wettbewerbsfähiger Steinkohlebergwerke (ABl. L 336 vom 21.12.2010, S. 24).

([170]) Siehe auch die Bekanntmachung der Kommission — Leitlinien für eine einheitliche Auslegung des Begriffs „Umweltschaden" im Sinne von Artikel 2 der Richtlinie 2004/35/EG des Europäischen Parlaments und des Rates über Umwelthaftung zur Vermeidung und Sanierung von Umweltschäden (ABl. C 118 vom 7.4.2021, S. 1).

([171]) Siehe Beschluss C(2012) 558 final der Kommission vom 17. Oktober 2012 in der Sache SA.33496 (2011/N) — Österreich — Einzelfall, Altlast, DECON Umwelttechnik GmbH, Erwägungsgründe 65-69 (ABl. C 14 vom 17.1.2013, S. 1).

([172]) Arbeitsunterlage der Kommissionsdienststellen „Gemeinsame Methodik für die Evaluierung staatlicher Beihilfen", 28.5.2014 (SWD(2014) 179 final).

([173]) Verordnung (EU) 2015/1589 des Rates vom 13. Juli 2015 über besondere Vorschriften für die Anwendung von Artikel 108 über die Arbeitsweise der Europäischen Union (ABl. L 248 vom 24.9.2015, S. 9).

([174]) Verordnung (EG) Nr. 794/2004 der Kommission vom 21. April 2004 zur Durchführung der Verordnung (EG) Nr. 659/1999 des Rates über besondere Vorschriften für die Anwendung von Artikel 93 des EG-Vertrags (ABl. L 140 vom 30.4.2004, S. 1).

([175]) Mitteilung der Kommission — Leitlinien für staatliche Umweltschutz- und Energiebeihilfen 2014-2020 (ABl. C 200 vom 28.6.2014, S. 1).

ANHANG 1

Liste der nach Abschnitt 4.11 beihilfefähigen Wirtschaftszweige

Wirtschaftszweige mit einem erheblichen Risiko im Sinne des Abschnitts 4.11.3.1

NACE-Code	Beschreibung
0510	Steinkohlenbergbau
0620	Gewinnung von Erdgas
0710	Eisenerzbergbau
0729	Sonstiger NE-Metallerzbergbau
0811	Gewinnung von Naturwerksteinen und Natursteinen, Kalk- und Gipsstein, Kreide und Schiefer
0891	Bergbau auf chemische und Düngemittelminerale
0893	Gewinnung von Salz
0899	Gewinnung von Steinen und Erden a. n. g.
1020	Fischverarbeitung
1031	Kartoffelverarbeitung
1032	Herstellung von Frucht- und Gemüsesäften
1039	Sonstige Verarbeitung von Obst und Gemüse
1041	Herstellung von Ölen und Fetten (ohne Margarine und ähnliche Nahrungsfette)
1062	Herstellung von Stärke und Stärkeerzeugnissen
1081	Herstellung von Zucker
1086	Herstellung von homogenisierten und diätetischen Nahrungsmitteln
1104	Herstellung von Wermutwein und sonstigen aromatisierten Weinen
1106	Herstellung von Malz
1310	Spinnstoffaufbereitung und Spinnerei
1320	Weberei
1330	Veredlung von Textilien und Bekleidung
1391	Herstellung von gewirktem und gestricktem Stoff
1393	Herstellung von Teppichen
1394	Herstellung von Seilerwaren
1395	Herstellung von Vliesstoff und Erzeugnissen daraus (ohne Bekleidung)
1396	Herstellung von technischen Textilien
1411	Herstellung von Lederbekleidung
1431	Herstellung von Strumpfwaren
1511	Herstellung von Leder und Lederfaserstoff; Zurichtung und Färben von Fellen
1610	Säge-, Hobel- und Holzimprägnierwerke
1621	Herstellung von Furnier-, Sperrholz-, Holzfaser- und Holzspanplatten
1622	Herstellung von Parketttafeln
1629	Herstellung von Holzwaren a. n. g, Kork-, Flecht- und Korbwaren (ohne Möbel)
1711	Herstellung von Holz- und Zellstoff
1712	Herstellung von Papier, Karton und Pappe
1722	Herstellung von Haushalts-, Hygiene- und Toilettenartikeln aus Zellstoff, Papier und Pappe
1724	Herstellung von Tapeten
1920	Mineralölverarbeitung
2011	Herstellung von Industriegasen
2012	Herstellung von Farbstoffen und Pigmenten
2013	Herstellung von sonstigen anorganischen Grundstoffen und Chemikalien
2014	Herstellung von sonstigen organischen Grundstoffen und Chemikalien

2015	Herstellung von Düngemitteln und Stickstoffverbindungen
2016	Herstellung von Kunststoffen in Primärformen
2017	Herstellung von synthetischem Kautschuk in Primärformen
2059	Herstellung von sonstigen chemischen Erzeugnissen a. n. g.
2060	Herstellung von Chemiefasern
2110	Herstellung von pharmazeutischen Grundstoffen
2211	Herstellung und Runderneuerung von Bereifungen
2219	Herstellung von sonstigen Gummiwaren
2221	Herstellung von Platten, Folien, Schläuchen und Profilen aus Kunststoffen
2222	Herstellung von Verpackungsmitteln aus Kunststoffen
2229	Herstellung von sonstigen Kunststoffwaren
2311	Herstellung von Flachglas
2312	Veredlung und Bearbeitung von Flachglas
2313	Herstellung von Hohlglas
2314	Herstellung von Glasfasern und Waren daraus
2319	Herstellung, Veredlung und Bearbeitung von sonstigem Glas einschließlich technischen Glaswaren
2320	Herstellung von feuerfesten keramischen Werkstoffen und Waren
2331	Herstellung von keramischen Wand- und Bodenfliesen und -platten
2342	Herstellung von Sanitärkeramik
2343	Herstellung von Isolatoren und Isolierteilen aus Keramik
2344	Herstellung von keramischen Erzeugnissen für sonstige technische Zwecke
2349	Herstellung von sonstigen keramischen Erzeugnissen
2351	Herstellung von Zement
2391	Herstellung von Schleifkörpern und Schleifmitteln auf Unterlage
2399	Herstellung von sonstigen Erzeugnissen aus nichtmetallischen Mineralien a. n. g.
2410	Erzeugung von Roheisen, Stahl und Ferrolegierungen
2420	Herstellung von Stahlrohren, Rohrform-, Rohrverschluss- und Rohrverbindungsstücken aus Stahl
2431	Herstellung von Blankstahl
2432	Herstellung von Kaltband mit einer Breite von weniger als 600 mm
2434	Herstellung von kaltgezogenem Draht
2442	Erzeugung und erste Bearbeitung von Aluminium
2443	Erzeugung und erste Bearbeitung von Blei, Zink und Zinn
2444	Erzeugung und erste Bearbeitung von Kupfer
2445	Erzeugung und erste Bearbeitung von sonstigen NE-Metallen
2446	Aufbereitung von Kernbrennstoffen
2451	Eisengießereien
2550	Herstellung von Schmiede-, Press-, Zieh- und Stanzteilen, gewalzten Ringen und pulvermetallurgischen Erzeugnissen
2561	Oberflächenveredlung und Wärmebehandlung
2571	Herstellung von Schneidwaren und Bestecken aus unedlen Metallen
2593	Herstellung von Drahtwaren, Ketten und Federn
2594	Herstellung von Schrauben und Nieten
2611	Herstellung von elektronischen Bauelementen
2720	Herstellung von Batterien und Akkumulatoren
2731	Herstellung von Glasfaserkabeln

2732	Herstellung von sonstigen elektronischen und elektrischen Drähten und Kabeln
2790	Herstellung von sonstigen elektrischen Ausrüstungen und Geräten a. n. g.
2815	Herstellung von Lagern, Getrieben, Zahnrädern und Antriebselementen
3091	Herstellung von Krafträdern
3099	Herstellung von sonstigen Fahrzeugen a. n. g.

Wirtschaftszweige mit einem Risiko im Sinne des Abschnitts 4.11.3.1

NACE-Code	Beschreibung
1011	Schlachten (ohne Schlachten von Geflügel)
1012	Schlachten von Geflügel
1042	Herstellung von Margarine u. ä. Nahrungsfetten
1051	Milchverarbeitung (ohne Herstellung von Speiseeis)
1061	Mahl- und Schälmühlen
1072	Herstellung von Dauerbackwaren
1073	Herstellung von Teigwaren
1082	Herstellung von Süßwaren (ohne Dauerbackwaren)
1085	Herstellung von Fertiggerichten
1089	Herstellung von sonstigen Nahrungsmitteln a. n. g.
1091	Herstellung von Futtermitteln für Nutztiere
1092	Herstellung von Futtermitteln für sonstige Tiere
1107	Herstellung von Erfrischungsgetränken; Gewinnung natürlicher Mineralwässer
1723	Herstellung von Schreibwaren und Bürobedarf aus Papier, Karton und Pappe
1729	Herstellung von sonstigen Waren aus Papier, Karton und Pappe
2051	Herstellung von pyrotechnischen Erzeugnissen
2052	Herstellung von Klebstoffen
2332	Herstellung von Ziegeln und sonstiger Baukeramik
2352	Herstellung von Kalk und gebranntem Gips
2365	Herstellung von Faserzementwaren
2452	Stahlgießereien
2453	Leichtmetallgießereien
2591	Herstellung von Fässern, Trommeln, Dosen, Eimern u. ä. Behältern aus Metall
2592	Herstellung von Verpackungen und Verschlüssen aus Eisen, Stahl und NE-Metall
2932	Herstellung von sonstigen Teilen und sonstigem Zubehör für Kraftwagen

ANHANG 2

Definition der in Abschnitt 4.12.2 genannten Kosten

1. Kosten von Unternehmen, die Kohle-, Torf- oder Ölschieferaktivitäten eingestellt haben oder einstellen

Beihilfefähig sind ausschließlich die folgenden Kategorien von Kosten, sofern sie durch die Einstellung von Kohle-, Torf- oder Ölschiefertätigkeiten entstehen:

a) Kosten aufgrund der Entrichtung von Sozialleistungen, soweit sie auf die vor Erreichung des gesetzlichen Rentenalters erfolgende Versetzung von Arbeitnehmern in den Ruhestand zurückzuführen sind;

b) andere außergewöhnliche Aufwendungen für Arbeitnehmer, die ihren Arbeitsplatz verloren haben oder verlieren;

c) Renten- und Abfindungszahlungen außerhalb der gesetzlichen Versicherung an Arbeitnehmer, die ihren Arbeitsplatz verloren haben oder verlieren, und an Arbeitnehmer, die vor der Einstellung der Tätigkeit Ansprüche auf solche Zahlungen erworben haben;

d) Aufwendungen der Unternehmen für die Umschulung von Arbeitnehmern, die diesen die Suche nach einem neuen Arbeitsplatz außerhalb der Kohle-, Torf- und Ölschieferindustrie erleichtern soll, insbesondere Aufwendungen für Ausbildung;

e) Lieferung von Deputatkohle, -torf und -ölschiefer (bzw. Auszahlung des monetären Gegenwerts) an Arbeitnehmer, die ihren Arbeitsplatz verloren haben oder verlieren, und an Arbeitnehmer, die vor der Einstellung der Tätigkeit Anspruch auf solche Lieferungen hatten;

f) verbleibende Kosten aufgrund behördlicher, gesetzlicher oder steuerlicher, speziell die Kohle-, Torf- und Ölschieferindustrie betreffender Bestimmungen;

g) zusätzliche Sicherheitsarbeiten unter Tage, die nach der Einstellung von Kohle-, Torf- oder Ölschiefertätigkeiten erforderlich sind;

h) Bergschäden, sofern sie auf Kohle-, Torf- oder Ölschiefertätigkeiten zurückzuführen sind, die eingestellt worden sind oder eingestellt werden;

i) alle hinreichend begründeten Kosten für die Sanierung ehemaliger Kraftwerke und Bergbautätigkeiten, darunter

— verbleibende Kosten aufgrund von Beiträgen zu Zweckverbänden für Wasserversorgung und Abwasserentsorgung;

— sonstige verbleibende Kosten für die Wasserversorgung und Abwasserentsorgung;

j) verbleibende Kosten für die Krankenversorgung ehemaliger Bergarbeiter;

k) Kosten für die Stornierung oder Modifizierung laufender Aufträge (höchstens im Wert der Produktion von sechs Monaten);

l) außerordentliche Substanzverluste, soweit sie durch die Einstellung von Kohle-, Torf- oder Ölschiefertätigkeiten verursacht wurden;

m) Kosten der Oberflächenrekultivierung.

Der Grundstückswertzuwachs ist im Falle von Kosten nach den Buchstaben g, h, i und m von den beihilfefähigen Kosten abzuziehen.

2. Kosten, die mehreren Unternehmen entstehen

Beihilfefähig sind ausschließlich die folgenden Kategorien von Kosten:

a) Erhöhung der Beiträge zur Deckung der Soziallasten außerhalb des gesetzlichen Systems, soweit diese Erhöhung auf eine Verminderung der Anzahl der Beitragspflichtigen infolge einer Einstellung von Kohle-, Torf- oder Ölschiefertätigkeiten zurückzuführen ist;

b) Aufwendungen für die Wasserversorgung und Abwasserentsorgung, die durch die Einstellung von Kohle-, Torf- oder Ölschiefertätigkeiten bedingt sind;

c) Erhöhung der Beiträge zu Zweckverbänden für die Wasserversorgung und Abwasserentsorgung, soweit diese Erhöhung auf einem durch die Einstellung von Kohle-, Torf- oder Ölschiefertätigkeiten bedingten Rückgang der beitragspflichtigen Produktion beruht.

64. Bundes-Energieeffizienzgesetz

Bundesgesetz über die Verbesserung der Energieeffizienz bei Haushalten, Unternehmen und dem Bund sowie Energieverbrauchserfassung und Monitoring

StF: BGBl. I Nr. 72/2014

Letzte Novellierung: BGBl. I Nr. 59/2023

GLIEDERUNG

1. Teil
Kompetenzdeckung
Verfassungsbestimmung

§ 1. (Verfassungsbestimmung) Die Erlassung, Änderung, Aufhebung und Vollziehung von Vorschriften, wie sie in diesem Bundesgesetz enthalten sind, sind auch in den Belangen Bundessache, hinsichtlich derer das B-VG etwas anderes bestimmt. Die in diesen Vorschriften geregelten Angelegenheiten können in unmittelbarer Bundesverwaltung besorgt werden.

2. Teil
Bestimmungen bis Ende 2020
Nationaler Energieeffizienz-Aktionsplan und Energieeffizienz-Aktionsplan des Bundes

§ 6. (Verfassungsbestimmung) (1) Der Bundesminister für Wissenschaft, Forschung und Wirtschaft hat bis 1. April 2017 und danach alle drei Jahre einen mit den Ländern akkordierten nationalen Energieeffizienz-Aktionsplan zu erstellen und der Europäischen Kommission den erstellten nationalen Energieeffizienz-Aktionsplan bis 30. April 2017 und danach alle drei Jahre vorzulegen. Der nationale Energieeffizienz-Aktionsplan hat insbesondere die zur Erreichung der nationalen Ziele und Richtwerte vorgesehenen Energieeffizienzmaßnahmen und die aufgrund dieser Energieeffizienzmaßnahmen errechneten Energieeinsparungen zu enthalten.

(2) Der nationale Energieeffizienz-Aktionsplan setzt sich zusammen aus dem Energieeffizienz-Aktionsplan des Bundes und den Energieeffizienz-Aktionsplänen der Länder. Zur Abstimmung der jeweiligen Energieeffizienz-Aktionspläne hat der Bundesminister für Wissenschaft, Forschung und Wirtschaft den Landesregierungen den Energieeffizienz-Aktionsplan des Bundes, und die Landesregierungen haben dem Bundesminister für Wissenschaft, Forschung und Wirtschaft die Energieeffizienz-Aktionspläne der Länder jeweils bis 1. Jänner 2017 und danach alle drei Jahre bekannt zu geben.

(3) Die nationale Energieeffizienz-Monitoringstelle hat bis 1. Jänner 2017 und danach alle drei Jahre einen mit den Bundesstellen gemäß Anhang II akkordierten Energieeffizienz-Aktionsplan des Bundes in dem gemäß Abs. 4 festgelegten, einheitlichen Berichtsformat zu erstellen. Abs. 5 gilt sinngemäß. Die Aufsicht über die Erstellung und Durchführung des Energieeffizienz-Aktionsplans des Bundes, über die Messung der Energieeinsparungen aufgrund der getroffenen Energieeffizienzmaßnahmen sowie die Überprüfung der jeweiligen Beiträge zur Erreichung des festgelegten Energieeffizienzrichtwertes nach § 4 obliegt dem Bundesminister für Wissenschaft, Forschung und Wirtschaft.

(4) Die Energieeffizienz-Aktionspläne des Bundes und der Länder sind in einem einheitlichen Berichtsformat zu erstellen und so aufeinander abzustimmen, dass die Erreichung des in § 4 festgelegten Energieeffizienzrichtwertes bei Anwendung der gemäß § 27 Abs. 2 festgelegten Messmethoden realistisch erscheint.

(5) Bei der Ausgestaltung des nationalen Energieeffizienz-Aktionsplans ist jedenfalls auf verbindliche nationale und europäische Zielsetzungen Bedacht zu nehmen, die Auswirkungen auf das Ausmaß der Energieeffizienz haben. Der nationale Energieeffizienz-Aktionsplan hat insbesondere

1. eine sorgfältige Analyse und Bewertung des vorangegangenen Aktionsplans zu enthalten;
2. eine Aufstellung der Endergebnisse bezüglich des Erreichens der in § 4 genannten Energieeinsparziele zu enthalten;
3. Pläne für zusätzliche Maßnahmen, mit denen einer feststehenden oder erwarteten Nichterfüllung der Zielvorgabe begegnet wird, und Angaben über die erwarteten Auswirkungen solcher Maßnahmen zu enthalten;
4. gemäß Art. 22 Abs. 2 der Richtlinie 2012/27/EU über Endenergieeffizienz und Energiedienstleistungen harmonisierte Effizienz-Indikatoren und -Benchmarks sowohl bei der Bewertung bisheriger Maßnahmen als auch bei der Schätzung der Auswirkungen geplanter künftiger Maßnahmen zu verwenden;
5. auf verfügbaren Daten, die durch Schätzwerte ergänzt werden, zu beruhen.

Überprüfung und Planung der Klima- und Energieziele

§ 7. (Verfassungsbestimmung) (1) Der Bundesminister für Wissenschaft, Forschung und Wirtschaft und der Bundesminister für Land- und

Forstwirtschaft, Umwelt und Wasserwirtschaft haben spätestens bis 31. Oktober 2017 und danach jährlich einen gemeinsamen Evaluierungs- und Monitoringreport über die Erreichung der unionsrechtlich verbindlichen Klima- und Energieziele und die wechselseitigen Auswirkungen der Maßnahmen dem Nationalrat zu übermitteln. Darin ist auch zu bewerten, ob sich Österreich auf dem Pfad zur Erreichung der Ziele gemäß § 4 Abs. 1 Z 1 und Z 3 befindet, und sind Ursachen für eine allfällige Abweichung zu identifizieren und zu begründen und Maßnahmen zur Rückkehr auf den Zielpfad vorzuschlagen. Die Kosten für die Erstellung des Berichts sind jeweils zur Hälfte vom Bundesminister für Wissenschaft, Forschung und Wirtschaft und vom Bundesminister für Land- und Forstwirtschaft, Umwelt und Wasserwirtschaft zu tragen. Die betroffenen Abwicklungs- und Monitoringstellen haben die hiefür notwendigen Unterlagen zur Verfügung zu stellen.

(2) Bei der Erstellung aller nationalen Pläne und Programme gemäß unionsrechtlichen Bestimmungen ist in Bezug auf Energie- und Klimaziele auf eine effiziente und kosteneffektive Mittelverwendung unter Berücksichtigung von größtmöglichen Synergiepotenzialen Bedacht zu nehmen.

Energiemanagement bei Unternehmen

§ 9. (Verfassungsbestimmung) (1) Unternehmen in Österreich haben für die Jahre 2015 bis 2020, abhängig von ihrer Größe Maßnahmen zur Verbesserung der Energieeffizienz gemäß Abs. 2 zu setzen, zu dokumentieren und der Monitoringstelle zu melden.

(2) Große Unternehmen haben

1. entweder

a) in regelmäßigen Abständen, zumindest alle vier Jahre, ein externes Energieaudit gemäß § 17 und § 18 durchzuführen

b) oder

aa) ein zertifiziertes Energiemanagementsystem in Übereinstimmung mit der Norm EN 16001 oder der ISO 50001 oder entsprechenden Nachfolgenormen oder

bb) ein zertifiziertes Umweltmanagementsystem gemäß ISO 14000 oder entsprechenden Nachfolgenormen oder gemäß Art. 13 der Verordnung (EG) Nr. 1221/2009 über die freiwillige Teilnahme von Organisationen an einem Gemeinschaftssystem für Umweltmanagement und Umweltbetriebsprüfung oder

cc) ein einem Energiemanagement- oder Umweltmanagementsystem gleichwertiges, innerstaatlich anerkanntes Managementsystem

einzuführen, das auch ein regelmäßiges internes oder externes Energieaudit gemäß § 17 und § 18 umfassen muss. Die Einführung des Managementsystems ist zu dokumentieren und aufrechtzuerhalten;

2. den Anwendungsbereich und die Grenzen ihres Managementsystems festzulegen und zu dokumentieren oder die Durchführung und Ergebnisse des Energieaudits zu dokumentieren;
3. die Einführung des Managementsystems oder die Durchführung des Energieaudits, deren Inhalte und gewonnenen Erkenntnisse unverzüglich der nationalen Energieeffizienz-Monitoringstelle zu melden oder melden zu lassen.

(3) Kleine und mittlere Unternehmen können nach Möglichkeit:

1. eine Energieberatung durchführen und die Durchführung einer Energieberatung in regelmäßigen Abständen, zumindest alle vier Jahre, wiederholen;
2. deren Durchführung und Ergebnisse dokumentieren;
3. die Durchführung der Energieberatung, deren Inhalte und gewonnenen Erkenntnisse der nationalen Energieeffizienz-Monitoringstelle melden lassen.

Energieeffizienz bei Energielieferanten

§ 10. (Verfassungsbestimmung) (1) Energielieferanten, die Endenergieverbraucher in Österreich im Vorjahr entgeltlich beliefert haben und nicht mittels Branchenverpflichtung gemäß § 11 zur Durchführung von Energieeffizienzmaßnahmen verpflichtet sind, haben für die Jahre 2015 bis 2020 in jedem Kalenderjahr individuell die Durchführung von Endenergieeffizienzmaßnahmen bei sich selbst, ihren eigenen Endkunden oder anderen Endenergieverbrauchern im Umfang der in Abs. 2 festgelegten Zielwerte nachzuweisen. Dazu haben sie jährlich anrechenbare Energieeffizienzmaßnahmen gemäß § 27 nachzuweisen, die mindestens dem in Abs. 2 festgelegten prozentuellen Anteil der von ihnen an ihre Endkunden und in Österreich abgesetzten Energie entsprechen, wobei eine Quote von zumindest 40% der Energieeffizienzmaßnahmen bei Haushalten im Sinne des im Wohnraum getätigten Energieeinsatzes zu erreichen ist, und bei Energielieferanten, die Endverbraucher im Mobilitätsbereich beliefern, für diese Lieferungen eine Quote von zumindest 40% bei Haushalten im Sinne des im Wohnraum oder Mobilitätsbereich getätigten Energieeinsatzes oder im Bereich des öffentlichen Verkehrs wirksam werden muss. Bei gemischt genutzten Objekten sind die das gesamte Objekt betreffenden Maßnahmen dem Wohnraum zuzuordnen, wenn dort die überwiegende Nutzung liegt. Die Monitoringstelle hat festzustellen, welche Energieeffizienzmaßnahmen und in welchem Ausmaß diese auf die Quoten anzurechnen sind.

(2) Gemäß Abs. 1 verpflichtete Energielieferanten haben jährlich Energieeffizienzmaßnahmen nachzuweisen, die mindestens 0,6% ihrer Energieabsätze an ihre Endkunden in Österreich im Vorjahr, kumuliert 159 PJ bis 2020, entsprechen.

In Abweichung von dieser Vorschrift kann der Bundesminister für Wissenschaft, Forschung und Wirtschaft durch Verordnung für die dem Kalenderjahr 2015 folgenden Jahre, festsetzen, wie hoch der von Energielieferanten jährlich zu erbringende Anteil sein muss, um das Ziel von 159 PJ zu erfüllen. Der zeitliche Geltungsbereich der Verordnung hat mit dem nach Ablauf einer Frist von drei Monaten nach ihrer Kundmachung folgenden Jahresersten zu beginnen und sich dabei auf mindestens zwei Jahre zu erstrecken.

(3) Die Maßnahmen gemäß Abs. 1 und 2 sind von den Energielieferanten zu dokumentieren und für jedes Jahr bis zum 14. Februar des Folgejahres der nationalen Energieeffizienz-Monitoringstelle zu melden. Können die Maßnahmen im jeweiligen Verpflichtungszeitraum nicht gesetzt werden, sind sie innerhalb einer Nachfrist von drei Monaten nachzumelden.

(4) An Stelle des Setzens oder der Beschaffung von verpflichtenden Maßnahmen gemäß Abs. 1 können Energielieferanten ihre Pflicht zur Durchführung von Energieeffizienzmaßnahmen für das jeweilige Jahr durch Ausschreibung gemäß § 20 im entsprechenden Ausmaß erfüllen. Die bei Ausschreibungen vom Auftragnehmer gesetzten Maßnahmen sind dem jeweiligen Lieferanten zuzurechnen.

(5) Unbeschadet der Bestimmungen des ElWOG 2010 und GWG 2011 haben Energielieferanten, die mehr als 49 Beschäftigte und einen Umsatz von über 10 Millionen Euro oder eine Bilanzsumme von über 10 Millionen Euro aufweisen, eine Anlauf- und Beratungsstelle für ihre Kunden für Fragen zu den Themen Energieeffizienz, Energieverbrauch, Energiekosten und Energiearmut einzurichten.

(6) Energielieferanten haben die an ihre Endkunden in Österreich im Vorjahr abgesetzten Energiemengen bis zum 14. Februar des Folgejahres der Monitoringstelle bekanntzugeben.

(7) Energielieferanten, die im jeweiligen Vorjahr weniger als 25 GWh an Energie an ihre Endkunden in Österreich abgesetzt haben und nicht zu mehr als 50% im Eigentum eines anderen Unternehmens stehen, sind für das jeweilige Jahr von den Verpflichtungen gemäß Abs. 1 bis Abs. 6 ausgenommen. Energielieferanten, die zu mehr als 50% im Eigentum eines anderen Unternehmens stehen, sind für das jeweilige Jahr von den Verpflichtungen gemäß Abs. 1 bis Abs. 6 ausgenommen, sofern in allen miteinander über einen Eigentumsanteil von mehr als 50% verbundenen Unternehmen zusammen im jeweiligen Vorjahr weniger als 25 GWh an Energie an Endkunden in Österreich abgesetzt wurde. In Abweichung von dieser Vorschrift kann der Bundesminister für Wissenschaft, Forschung und Wirtschaft durch Verordnung für die dem Kalenderjahr 2015 folgenden Jahre festsetzen, wie hoch die Größenschwelle für die Ausnahme von kleinen Energielieferanten sein muss, um im Zusammenspiel mit der Verordnung gemäß Abs. 2 das Ziel von 159 PJ zu erfüllen. Der zeitliche Geltungsbereich der Verordnung hat mit dem nach Ablauf einer Frist von drei Monaten nach ihrer Kundmachung folgenden Jahresersten zu beginnen und sich dabei auf mindestens zwei Jahre zu erstrecken.

Verwaltungsstrafbestimmungen

§ 31. (Verfassungsbestimmung) (1) Sofern die Tat nicht den Tatbestand einer in die Zuständigkeit der Gerichte fallenden strafbaren Handlung oder nach anderen Verwaltungsstrafbestimmungen mit strengerer Strafe bedroht ist, begeht eine Verwaltungsübertretung und ist je nach Betriebsgröße (Umsatz, Bilanzsumme) von der Bezirksverwaltungsbehörde

1. mit Geldstrafe bis zu 50 000 Euro zu bestrafen, wer

a) seiner in § 10 Abs. 5 festgelegten Pflicht zur Einrichtung einer Anlaufstelle nicht nachkommt;

b) falsche Angaben gemäß § 10 in Verbindung mit § 27 macht;

c) eine Tätigkeit als Energiedienstleister ausübt, ohne hiefür gemäß § 17 geeignet oder registriert zu sein;

2. mit Geldstrafe bis zu 20 000 Euro zu bestrafen, wer

a) falsche Angaben gemäß § 9, § 29 Abs. 2 oder § 32 macht;

b) seinen Verpflichtungen gemäß § 22 nicht nachkommt;

c) seiner Verpflichtung gemäß § 32 Abs. 4 nicht nachkommt;

3. mit Geldstrafe bis zu 10 000 Euro zu bestrafen, wer

a) den in § 9 oder § 32 Abs. 1 festgelegten Verpflichtungen nicht nachkommt;

b) die Meldepflichten gegenüber der Monitoringstelle gemäß § 10 nicht einhält oder

c) der Monitoringstelle die Einsicht oder Auskunft gemäß § 20, § 21, § 24 Abs. 3 oder § 29 Abs. 2 verweigert, oder

d) seiner Berichtspflicht gemäß § 30 Abs. 4 nicht nachkommt;

e) als Auftragnehmer gemäß § 20 die Effizienzmaßnahmen trotz Beauftragung nicht erbringt;

4. mit Geldstrafe bis zu 100 000 Euro zu bestrafen, wer

a) seinen in § 10 festgelegten individuellen Einsparverpflichtungen nicht nachkommt und die anstelle auszuschreibende Effizienzmaßnahme gemäß § 20 nicht oder nicht fristgerecht in die Wege geleitet hat;

b) seinen in § 10 festgelegten individuellen Einsparverpflichtungen nicht nachkommt und den anstelle zu entrichtenden Ausgleichsbeitrag gemäß § 21 nicht oder nicht fristgerecht entrichtet hat.

(2) Verwaltungsstrafen gemäß Abs. 1 sind von der gemäß § 27 VStG zuständigen Bezirksverwaltungsbehörde zu verhängen. Die Einnahmen fließen dem Bundeshaushalt zu. Die Verjährungsfrist (§ 31 Abs. 2 VStG) für Verwaltungsübertretungen gemäß Abs. 1 beträgt zwei Jahre.

(3) Die Zuständigkeit der Bezirksverwaltungsbehörde richtet sich nach dem Geschäftssitz des Lieferanten. Befindet sich dieser im Ausland, ist die für den Sitz der Monitoringstelle örtlich zuständige Bezirksverwaltungsbehörde Verwaltungsstrafbehörde.

Inkrafttreten

§ 33. (Verfassungsbestimmung) (1) § 1 bis § 8, § 11, § 19 bis § 34 treten mit dem der Kundmachung dieses Bundesgesetzes folgenden Tag in Kraft.

(2) § 12 bis § 16 treten mit 1. Jänner 2014 in Kraft.

(3) § 9, § 10, § 17 und § 18 treten mit 1. Jänner 2015 in Kraft.

Inkrafttreten einfachgesetzlicher Bestimmungen

§ 34. § 15 Abs. 1 und 2 in der Fassung des Bundesgesetzes BGBl. I Nr. 68/2020 tritt mit dem der Kundmachung folgenden Tag in Kraft.

3. Teil
Bestimmungen ab 2023
1. Abschnitt
Allgemeine Bestimmungen
Zielbestimmung

§ 35. Ziel dieses Bundesgesetzes ist es,

1. die Energieeffizienz zu verbessern und den Endenergieverbrauch zu senken;
2. das Prinzip „Energieeffizienz an erster Stelle“ zu stärken;
3. die Bestimmungen zur Richtlinie (EU) 2018/2002 zur Änderung der Richtlinie 2012/27/EU, ABl. Nr. L 328 vom 21.12.2018 S. 210, die in den Geltungsbereich dieses Bundesgesetzes fallen, wirksam umzusetzen und damit zu den übergeordneten unionsweiten Energieeffizienzzielen den erforderlichen Beitrag zu leisten;
4. innovative und energieeffiziente Technologien zu stärken;
5. die Bewertung und Anrechenbarkeit von Energieeffizienzmaßnahmen festzulegen;
6. einheitliche Rahmenbedingungen und Qualitätsstandards für Energiedienstleistungen vorzugeben;
7. notwendige und systematisierte Vorgaben für Energieaudits und Managementsysteme festzulegen und deren Anwendungsbereich auszudehnen;
8. die Vorbildfunktion des Bundes zu stärken und über die Energieeffizienz die Dekarbonisierung des Bundes voranzutreiben;
9. die Energieeffizienz durch eine individuelle und fernablesbare Verbrauchserfassung zu verbessern;
10. den Umstieg auf eine nachhaltige, energieeffiziente und ressourcenschonende Wirtschaft voranzutreiben und damit den Wirtschaftsstandort Österreich zukunftsorientiert zu gestalten;
11. Haushalte, insbesondere einkommensschwache und energiearme Haushalte, bei der Reduktion des Endenergieverbrauchs angemessen zu unterstützen;
12. über die Energieeffizienz zu den Zielen der

a) nationalen Klimaneutralität 2040;
b) unionsweiten Klimaneutralität 2050;
c) Forcierung der Erneuerbaren Energien und
d) Reduktion von Treibhausgasen

beizutragen und

13. die Stärkung der Energieeffizienz als wesentlichen Grundpfeiler des staatlichen Handelns im Energie- und Klimabereich, um volkswirtschaftliche und budgetäre Nachteile zu vermeiden, die ansonsten nur mit unverhältnismäßig großem Aufwand oder überhaupt nicht mehr zu beheben sind (Vermeidung von negativen Lock-in-Effekten).

Umsetzung von Unionsrecht

§ 36. Durch dieses Bundesgesetz wird die Richtlinie 2012/27/EU zur Energieeffizienz, zur Änderung der Richtlinien 2009/125/EG und 2010/30/EU und zur Aufhebung der Richtlinien 2004/8/EG und 2006/32/EG, ABl. Nr. L 315 vom 14.11.2012 S. 1, in der Fassung der

1. Richtlinie (EU) 2018/2002 zur Änderung der Richtlinie 2012/27/EU, ABl. Nr. L 328 vom 21.12.2018 S. 210, und
2. Verordnung (EU) 2018/1999 über das Governance-System für die Energieunion und für den Klimaschutz, zur Änderung der Verordnungen (EG) Nr. 663/2009 und (EG) Nr. 715/2009, der Richtlinien 94/22/EG, 98/70/EG, 2009/31/EG, 2009/73/EG, 2010/31/EU, 2012/27/EU und 2013/30/EU, der Richtlinien 2009/119/EG und 2015/652/EU und zur Aufhebung der Verordnung (EU) Nr. 525/2013, ABl. Nr. L 328 vom 21.12.2018 S. 1,

umgesetzt.

Begriffsbestimmungen

§ 37. Im Sinne dieses Gesetzes bezeichnet der Ausdruck

1. „alternative strategische Maßnahmen“ die anrechenbaren Energieeffizienzmaßnahmen zur Schaffung eines unterstützenden Rahmens, die

in Form von förmlich eingerichteten und verwirklichten Regulierungs-, Finanz-, Fiskal-, Fakultativ- oder Informationsinstrumenten von den Gebietskörperschaften gesetzt werden, oder Auflagen oder Anreize für Marktteilnehmerinnen und Marktteilnehmer, damit sie Energiedienstleistungen erbringen und kaufen und weitere energieeffizienzverbessernde Maßnahmen ergreifen;

2. „anrechenbare Energieeffizienzmaßnahme" eine gesetzte Maßnahme, die in Österreich zu überprüfbaren Endenergieeffizienzverbesserungen führt und den Bestimmungen des § 62 entspricht;
3. „begünstigter Haushalt" einen einkommensschwachen oder energiearmen Haushalt, der nach diesem oder anderen Bundesgesetzen besonders unterstützt wird; jedenfalls ein begünstigter Haushalt ist ein Haushalt, der
   a) eine Zuschussleistung gemäß Fernsprechentgeltzuschussgesetz (FeZG), BGBl. Nr. I 142/2000, erhält;
   b) eine Befreiung gemäß Anlage zum Fernmeldegebührengesetz (Fernmeldegebührenordnung), BGBl. Nr. 170/1970, erhält;
   c) eine Befreiung gemäß Erneuerbaren-Ausbau-Gesetz (EAG), BGBl. Nr. I 150/2021, erhält;
   d) eine Ausgleichszulage gemäß Allgemeines Sozialversicherungsgesetz (ASVG), BGBl. Nr. 189/1955, erhält;
   e) die Voraussetzung zum Erhalt von Mitteln aus dem Unterstützungsvolumen gemäß Umweltförderungsgesetz (UFG), BGBl. Nr. 185/1993, erfüllt oder
   f) einem Insolvenz- oder Schuldenregulierungsverfahren gemäß Insolvenzordnung (IO), RGBl. Nr. 337/1914, für natürliche Personen unterliegt, für die Dauer des Schuldenregulierungsverfahrens oder der Zahlungsfrist bei Sanierungs- oder Zahlungsplan oder des Abschöpfungsverfahrens;
4. „Bemessungsjahr" das Kalenderjahr, dem der jeweilige Energieabsatz zur Bemessung der Verpflichtung zugrunde liegt;
5. „Bundesstelle" eine Stelle, die in der Liste der zentralen öffentlichen Auftraggeber gemäß Anhang III zum Bundesvergabegesetz 2018 (BVergG 2018), BGBl. Nr. I 65/2018, aufgezählt ist;
6. „elektronische Meldeplattform" die Anwendung, die für die Zwecke dieses Bundesgesetzes eingerichtet ist, samt der damit verknüpften Datenbank;
7. „Endenergieeinsparung" die eingesparte Menge an Endenergie, die durch das Umsetzen einer Energieeffizienzmaßnahme ausgelöst wird und sich aus der Differenz des normalisierten Endenergieverbrauchs vor und nach Umsetzen der Energieeffizienzmaßnahme ergibt;
8. „Endenergieverbrauch" den Energieverbrauch mit Ausnahme jener Energiemengen, die gemäß Anhang A der Verordnung (EG) 2008/1099, ABl. Nr. L 304 vom 14.11.2008 S. 1 (im Folgenden: Energiestatistik-Verordnung), entweder dem Versorgungs- oder Umwandlungssektor oder dem Energiesektor zugerechnet werden;
9. „Endverbraucherin bzw. Endverbraucher" eine natürliche oder juristische Person oder eingetragene Personengesellschaft, die Endenergie für den eigenen Endverbrauch kauft oder sonst verbraucht;
10. „Energieabsatz" die jährliche Menge der entgeltlich an Endverbraucherinnen und Endverbraucher abgegebenen Energieträger, bewertet nach dem Energiegehalt;
11. „Energieaudit" eine regelmäßige Überprüfung gemäß § 42 Abs. 1 Z 1 in Verbindung mit den Bestimmungen des **Anhangs 1 zu § 42** zur Erlangung ausreichender Informationen über das bestehende Energieverbrauchsprofil eines Gebäudes oder einer Gebäudegruppe, eines Betriebsablaufs oder einer industriellen oder gewerblichen Anlage in der Industrie oder im Gewerbe oder privater oder öffentlicher Dienstleistungen, zur Ermittlung und Quantifizierung der Möglichkeiten für kostenwirksame Energieeinsparungen und zur Erfassung der Ergebnisse in einem Bericht;
12. „Energieauditbericht" ein schriftlicher und detaillierter Langbericht, der
    a) die Ergebnisse eines Energieaudits dokumentiert,
    b) die Angaben des standardisierten Kurzberichts gemäß § 43 ausführlich darlegt und
    c) ein zuverlässiges Bild über die Gesamtenergieeffizienz abgibt sowie verhältnismäßige Verbesserungsmöglichkeiten

    aufzeigt;
13. „Energieauditorin bzw. Energieauditor" eine natürliche Person, die fachlich qualifiziert ist und Energieaudits durchführt; eine natürliche Person, die die Voraussetzungen gemäß § 44 erfüllt, ist jedenfalls fachlich qualifiziert;
14. „Energieberaterin bzw. Energieberater" eine natürliche Person, die fachlich qualifiziert ist und Energieberatungen durchführt; eine natürliche Person, die die Voraussetzungen gemäß § 44 erfüllt, ist jedenfalls fachlich qualifiziert;
15. „Energieberatung" die Vermittlung ausreichender Informationen über das bestehende Energieverbrauchsprofil einer Endverbraucherin oder eines Endverbrauchers zur Ermittlung und Quantifizierung der Möglichkeiten für wirksame Energieeinsparungen;
16. „Energiedienstleistung" eine Dienstleistung mit dem Zweck, eine überprüfbare
    a) Energieeffizienzverbesserung oder
    b) End- oder Primärenergieeinsparung

herbeizuführen;

17. „Energieeffizienz“ das Verhältnis von Ertrag an Leistung, Dienstleistungen, Waren oder Energie zu Energieeinsatz;
18. „Energieeffizienzverbesserung“ die Steigerung der Energieeffizienz als Ergebnis technischer, verhaltensbezogener oder wirtschaftlicher Änderungen, welche nach den Bestimmungen dieses Bundesgesetzes oder durch unionsrechtliche Vorgaben näher festgelegt ist;
19. „Energieleistungsvertrag“ eine vertragliche Vereinbarung zwischen der bzw. dem Begünstigten und der Erbringerin bzw. dem Erbringer einer Maßnahme zur Energieeffizienzverbesserung, die während der gesamten Vertragslaufzeit einer Überprüfung und Überwachung unterliegt und in deren Rahmen Investitionen, Arbeiten, Lieferungen oder Dienstleistungen, für die betreffende Maßnahme zur Energieeffizienzverbesserung getätigt werden; im Rahmen dieser Vereinbarung wird ein vertraglich vereinbarter Umfang an Energieeffizienzverbesserungen oder ein anderes vereinbartes Energieleistungskriterium, wie finanzielle Einsparungen, festgelegt („Einspar-Contracting“);
20. „Energielieferantin bzw. Energielieferant“ eine natürliche oder juristische Person oder eingetragene Personengesellschaft, die unabhängig von ihrem Geschäftssitz und von der Art ihres Endverbrauches, entgeltlich Endenergie an Endverbraucherinnen und Endverbraucher in Österreich absetzt;
21. „Energieträger“ alle handelsüblichen Energieformen, wie beispielsweise feste, flüssige und gasförmige Brenn-, Treib- oder Kraftstoffe fossilen, synthetischen oder biogenen Ursprungs, einschließlich Abfälle, sowie Elektrizität, Wärme und Kälte;
22. „Energieverbrauch“ die Menge der Energieträger, bewertet nach dem Energiegehalt, die entweder von juristischen Personen, natürlichen Personen oder eingetragenen Personengesellschaften verbraucht wird; nicht als Energieverbrauch einzustufen sind Energiemengen, die nicht energetisch genutzt werden;
23. „europäische Norm“ eine Norm, die vom Europäischen Komitee für Normung, dem Europäischen Komitee für elektrotechnische Normung oder dem Europäischen Institut für Telekommunikationsnormen verabschiedet und zur öffentlichen Verwendung bereitgestellt wurde;
24. „Gebäudebestand des Bundes“ die beheizte oder gekühlte Gebäudefläche in Österreich, die sich im Eigentum des Bundes befindet und vom Bund genutzt wird;
25. „große Unternehmen“ Unternehmen, die nicht kleine (Z 29) oder mittlere Unternehmen (Z 31) sind;
26. „Haushalt“ die Bewohnerinnen und Bewohner einer
   a) Wohnung oder sonstigen Unterkunft („Privathaushalt“) gemäß § 2 Z 5 Registerzählungsgesetz, BGBl. I Nr. 33/2006, oder
   b) Einrichtung, die überwiegend der Unterbringung und Versorgung von bestimmten Personengruppen dient („Anstaltshaushalt“) gemäß § 2 Z 4 Registerzählungsgesetz;
27. „individueller Verbrauchszähler“ für die Zwecke des 5. Abschnitts des 3. Teils ein Messgerät gemäß § 18 Z 4 Maß- und Eichgesetz (MEG), BGBl. Nr. 152/1950, in Verbindung mit der Messgeräteverordnung 2016, BGBl. II Nr. 31/2016, zur Messung des Wärme-, Kälte- und Trinkwarmwasserverbrauchs;
28. „internationale Norm“ eine Norm, die von der Internationalen Normungsorganisation (ISO) verabschiedet und für die Öffentlichkeit bereitgestellt wurde;
29. „kleine Unternehmen“ Unternehmen mit höchstens 49 Beschäftigten und mit einem Umsatz von höchstens zehn Millionen Euro oder einer Bilanzsumme von höchstens zehn Millionen Euro;
30. „Managementsystem“ ein nach nationalen, europäischen oder internationalen Normen anerkanntes regelgebundenes Energie- oder Umweltmanagementsystem gemäß § 42 Abs. 1 Z 2, das
   a) die Energieflüsse in einem Unternehmen erfasst, abbildet und bewertet,
   b) Einsparmaßnahmen vorschlägt,
   c) einer externen Kontrolle unterliegt und
   d) laufend Verbesserungen und Qualitätssicherungen gewährleistet;
31. „mittlere Unternehmen“ Unternehmen mit höchstens 249 Beschäftigten und mit einem Umsatz von höchstens 50 Millionen Euro oder einer Bilanzsumme von höchstens 43 Millionen Euro, sofern sie nicht kleine Unternehmen (Z 29) sind;
32. „NEKP“ den integrierten nationalen Energie- und Klimaplan für Österreich gemäß Art. 3 der Verordnung (EU) 2018/1999;
33. „Sanierungskonzept“ eine erweiterte Energieberatung, die
   a) von befugten Personen vor Ort durchgeführt wird;
   b) der energetischen Bewertung des Gebäudes dient;
   c) dem Stand der Technik entspricht;
   d) die technisch richtige Reihenfolge zur Umsetzung der Maßnahmen enthält und
   e) eine Abschätzung der Vollkosten und der Fördermöglichkeiten enthält;
34. „Unternehmen“ jede auf Dauer angelegte Organisation selbstständiger wirtschaftlicher Tätigkeit;
35. „wesentlicher Energieverbrauchsbereich“ den Energieverbrauch in den Bereichen

a) „Gebäude“ als Summe aller energieverbrauchenden Geräte und Geräteteile einer Konstruktion mit Dach und Wänden, deren Innenraumklima unter Einsatz von Energie konditioniert wird, und die Geräte und Geräteteile nicht den Bereichen gemäß lit. b und c zuzuordnen sind;
b) „Produktionsprozess“ als Summe aller für die Herstellung von Gütern und Objekten erforderlichen Geräte und Geräteteile und
c) „Transport“ als Summe aller für die Beförderung von Personen oder Gütern eingesetzten Fahrzeuge und Fahrzeugteile,

wenn der Verbrauch mindestens 10 % Anteil am gesamten Energieverbrauch des Unternehmens hat; die Berechnung der Energieverbrauchsbereiche kann auch auf Einzelunternehmensebene durchgeführt werden, wenn dies zweckmäßig erscheint.

Gesamtstaatliche Energieeffizienzziele

§ 38. (1) Die Republik Österreich hat die Energieeffizienz so zu verbessern, dass

1. das indikative Energieeffizienzziel zu den übergeordneten Energieeffizienzzielen der Europäischen Union und zur Erreichung der Klimaneutralität 2040 beiträgt, indem der absolute Endenergieverbrauch
a) bis zum Kalenderjahr 2030, ausgehend vom Anfangswert im Kalenderjahr 2021, der dem durchschnittlichen Endenergieverbrauch der Kalenderjahre 2017, 2018 und 2019 entspricht, einen linearen Zielpfad einhält und im Kalenderjahr 2030 der auf ein Regeljahr bezogene Endenergieverbrauch in Höhe von 920 Petajoule als Zielwert nicht überschritten wird und
b) nach dem Kalenderjahr 2030 soweit bundesgesetzlich nichts anderes festgelegt wird, dem Zielwert gemäß lit. a abzüglich 20 % entspricht;
2. die kumulierten Endenergieeinsparungen
a) von 1. Jänner 2021 bis 31. Dezember 2030 unter Beachtung der Berechnungsgrundsätze gemäß Abs. 4 in Höhe von mindestens 650 Petajoule erreicht werden, wobei
aa) mindestens 250 Petajoule kumuliert über den Zeitraum ab Kundmachung dieses Bundesgesetzes bis 31. Dezember 2030 insbesondere durch Bundesmittel gemäß § 6 Abs. 2f Z 1a lit. a und Z 1b Umweltförderungsgesetz (UFG), BGBl. 185/1993, und
bb) mindestens 400 Petajoule kumuliert über den Zeitraum von 1. Jänner 2021 bis 31. Dezember 2030 durch weitere alternative strategische Maßnahmen unter Berücksichtigung der Einsparungen des Bundes und der Bundesimmobiliengesellschaft m.b.H. („BIG“) gemäß § 50 zu betragen haben und
b) nach dem Kalenderjahr 2030 bis 31. Dezember 2040, soweit bundesgesetzlich nichts anderes festgelegt wird, die Endenergieeinsparungen mindestens in Höhe des Wertes gemäß lit. a erreicht werden.

(2) Die für die Anrechnung auf die kumulierten Endenergieeinsparungsziele bestimmten Bundesmittel sind so einzusetzen, dass die Erreichung der Zielwerte gemäß Abs. 1 Z 2 gemäß § 6 Abs. 2f Z 1a lit. a und Z 1b Umweltförderungsgesetz (UFG), BGBl. 185/1993, angestrebt wird. Die Verwendung der Bundesmittel ist laufend zu evaluieren; die Zweckmäßigkeit der gesetzten Energieeffizienzmaßnahmen ist im Bericht gemäß § 70 Abs. 1 zu dokumentieren.

(3) Einem Regeljahr sind folgende Faktoren und Annahmen zugrunde zu legen:

1. BIP real +1,5 % p.a.;
2. Bevölkerungszahl +0,5 % p.a. und
3. Heizgradtage 3 183 Kd.

(4) Im Zeitraum von 1. Jänner 2021 bis 31. Dezember 2030 sind die kumulierten Endenergieeinsparungen so zu setzen, dass neue jährliche Einsparungen in Höhe von durchschnittlich 1,05 % des Endenergieverbrauches, gemittelt über den jüngsten Dreijahreszeitraum, vor dem 1. Jänner 2019 erreicht werden.

(5) Bund und Länder erarbeiten spätestens bis zum Ende des Kalenderjahres 2024 eine Strategie, um die Durchführung des Prinzips „Energieeffizienz an erster Stelle“ in ihren jeweiligen Zuständigkeitsbereichen zu dokumentieren. Im Rahmen der integrierten Fortschrittsberichte zum NEKP ist diese Strategie zweijährlich zu aktualisieren und zu veröffentlichen.

(6) Der Bund ist zur Erreichung der gesamtstaatlichen Energieeffizienzziele wie folgt verantwortlich:

1. 80 % zum absoluten Endenergieverbrauch gemäß Abs. 1 Z 1;
2. 100 % zur kumulierten Endenergieeinsparung gemäß Abs. 1 Z 2 bezogen auf 250 Petajoule und
3. 80 % zur kumulierten Endenergieeinsparung gemäß Abs. 1 Z 2 bezogen auf 400 Petajoule.

Die Beiträge der Länder werden anhand von Richtwerten gemäß § 70 Abs. 1 und **Anhang 2 zu § 70** dokumentiert. Sofern Gemeinden anrechenbare Energieeffizienzmaßnahmen in ihrem Wirkungsbereich setzen, können sie bei den Richtwerten der Länder gemäß **Anhang 2 zu § 70** berücksichtigt werden.

2. Abschnitt
Energieeinsparungen bei Haushalten und begünstigten Haushalten
Beratungsstellen für Haushalte

§ 39. (1) Energielieferantinnen und Energielieferanten, die auf Grundlage eines Dauerschuldverhältnisses
1. elektrische Energie gemäß § 80 ElWOG 2010, BGBl. I Nr. 110/2010;
2. Erdgas gemäß § 125 GWG 2011, BGBl. I Nr. 107/2011 oder
3. Fernwärme bzw. Fernkälte oder Wärme bzw. Kälte

von mehr als 25 GWh an Endverbraucherinnen und Endverbraucher in Österreich im Bemessungsjahr an Endenergie abgesetzt haben und Haushalte oder begünstigte Haushalte beliefern, haben kostenlose Beratungen zu wesentlichen Energieeffizienzinformationen wie Energieverbrauch, -einsparung, -kosten und –preisentwicklungen durch telefonische Kontaktmöglichkeiten zu üblichen Geschäftszeiten anzubieten.

(2) Energielieferantinnen und Energielieferanten, die auf Grundlage eines Dauerschuldverhältnisses
1. elektrische Energie gemäß § 80 ElWOG 2010;
2. Erdgas gemäß § 125 GWG 2011 oder
3. Fernwärme bzw. Fernkälte oder Wärme bzw. Kälte

von mehr als 35 GWh an Endverbraucherinnen und Endverbraucher in Österreich im Bemessungsjahr an Endenergie abgesetzt haben und Haushalte oder begünstigte Haushalte beliefern, haben zusätzlich zu den telefonischen Kontaktmöglichkeiten gemäß Abs. 1 eine Beratungsstelle so einzurichten, dass eine kostenlose Beratung zu wesentlichen Energieeffizienzinformationen wie Energieverbrauch, -einsparung, -kosten und -preisentwicklungen durch eine geeignete Ansprechperson und zumindest eine geeignete Stellvertretung gewährleistet wird. Beratungsstellen haben individuelle Beratungsleistungen unter besonderer Berücksichtigung der Bedürfnisse und Möglichkeiten für begünstigte Haushalte zu erbringen.

(3) Begünstigte Haushalte können in Österreich anerkannte und geeignete soziale Einrichtungen zu den Beratungen hinzuziehen oder sich von diesen vertreten lassen.

(4) Eine Auslagerung der Beratungstelle ist zulässig, wenn die ordnungsgemäße Erfüllung der gesetzlichen Aufgaben gewährleistet ist; die Verantwortung für die ordnungsgemäße Erfüllung der gesetzlichen Aufgaben verbleibt bei der verpflichteten Energielieferantin bzw. dem verpflichteten Energielieferanten.

(5) Verpflichtete Energielieferantinnen und verpflichtete Energielieferanten gemäß Abs. 2 haben auf ihrer Website
1. wesentliche Energieeffizienzinformationen, insbesondere zu Energieverbrauch, -einsparung und –kosten, in leicht auffindbarer Weise zu veröffentlichen;
2. die Ansprechpersonen und deren Stellvertretung zu benennen und
3. die Möglichkeiten, Beratungsleistungen gemäß Abs. 1 und 2 in Anspruch zu nehmen, darzutun.

(6) Energielieferantinnen und Energielieferanten, die an Endverbraucherinnen und Endverbraucher in Österreich ausschließlich Treib-, Brenn- oder Kraftstoffe sowie Strom zum Antrieb von Kraftfahrzeugen absetzen, haben auf Ebene der gesetzlichen Interessenvertretung oder einer sonstigen Vertreterin bzw. eines sonstigen Vertreters geeignete Informationen zu veröffentlichen und laufend aktuell zu halten, um die Energieeffizienz der verwendeten Energieträger unter Beachtung der Bestimmungen über die Anrechenbarkeit von Maßnahmen zu verbessern. Diese Informationen sind auf der Website der namhaft gemachten Vertreterin bzw. des namhaft gemachten Vertreters zu veröffentlichen.

(7) Der Energieabsatz von gemäß Abs. 1, 2 und 6 verpflichteten Energielieferantinnen und Energielieferanten, die zu mehr als 50 % im Eigentum eines anderen Unternehmens stehen oder zu mehr als 50 % Eigentum an anderen Unternehmen halten, ist konzernweise zusammenzurechnen.

(8) Das Bestehen eines beherrschenden Einflusses gemäß § 244 Abs. 2 Z 3 Unternehmensgesetzbuch (UGB), dRGBl. S. 219/1897, hat zur Folge, dass innerhalb der konzernweisen Zusammenrechnung gemäß Abs. 7 diese Unternehmen gleich zu behandeln sind wie jene Unternehmen, die zu mehr als 50 % im Eigentum eines anderen Unternehmens stehen.

Unterstützung von Haushalten und Koordinierungsstelle zur Bekämpfung von Energiearmut

§ 40. (1) Der Bund hat geeignete Maßnahmen so zu setzen, dass bezogen auf die kumulierten Endenergieeinsparungen von mindestens 570 Petajoule die Einsparungen bei Haushalten mindestens 34 % und zusätzlich bei begünstigten Haushalten mindestens 3 % zu betragen haben.

(2) Es wird eine Koordinierungsstelle zur Bekämpfung von Energiearmut („Koordinierungsstelle") eingerichtet. Die Führung der Geschäfte der Koordinierungsstelle erfolgt im Rahmen einer Geschäftsstelle durch den Klima- und Energiefonds. Für die Erfüllung der Aufgaben der Koordinierungsstelle werden der Geschäftsstelle bis zum Jahr 2030 1 Million Euro pro Kalenderjahr aus der Untergliederung 43 des Bundesministeriums für Klimaschutz, Umwelt, Energie, Mobilität, Innovation und Technologie bereitgestellt.

(3) Aufgabe der Koordinierungsstelle ist die Bekämpfung von Energiearmut, insbesondere durch

1. die Kooperation mit und die Vernetzung von Vertreterinnen und Vertretern von Gebietskörperschaften, Behörden, Energielieferantinnen und Energielieferanten und Energieberaterinnen und Energieberatern sowie anerkannten sozialen Einrichtungen;
2. die Entwicklung von Maßnahmen und die Abgabe von Empfehlungen zur Bekämpfung von Energiearmut sowie die Koordinierung von Maßnahmen in diesem Bereich;
3. die Unterstützung der Beratungsstellen gemäß § 39, insbesondere im Hinblick auf die fachliche Qualifikation der nominierten Personen;
4. die Bündelung von Fachexpertise und Forschungsergebnissen sowie einschlägigen nationalen und unionsrechtlichen Gesetzesvorhaben;
5. die Bereitstellung von Informationen für Haushalte, Energielieferantinnen und Energielieferanten, Gebietskörperschaften und einschlägige Einrichtungen oder Organisationen;
6. die Beauftragung und Veröffentlichung einschlägiger Studien oder Gutachten und
7. die Erstellung periodischer Berichte über
a) den jeweils aktuellen Stand der Energiearmut inklusive Monitoring von vorhandenen Maßnahmen, Entwicklungen und Verbesserungspotenzialen zur Bekämpfung von Energiearmut,
b) die relevanten Indikatoren für Energiearmut und
c) die durchgeführten Tätigkeiten der Koordinierungsstelle einschließlich des dafür aufgewendeten budgetären Aufwandes.

(4) Die Koordinierungsstelle kann für die Zwecke der Analyse und Bewertung des § 39 dafür notwendige Auskünfte von den verpflichteten Energielieferantinnen und Energielieferanten und der E-Control verlangen.

(5) Bei der Koordinierungsstelle wird eine Kommission gemäß § 8 Bundesministeriengesetz 1986 (BMG), BGBl. Nr. 76/1986, eingerichtet, dem jeweils eine zu nominierende Vertreterin oder ein zu nominierender Vertreter

a) des Bundesministeriums für Klimaschutz, Umwelt, Energie, Mobilität, Innovation und Technologie,
b) des Bundesministeriums für Gesundheit, Soziales, Pflege und Konsumentenschutz,
c) des Bundesministeriums für Finanzen,
d) der Arbeiterkammer,
e) der Wirtschaftskammer,
f) der Länder,
g) des Städte- und Gemeindebundes,
h) der Armutskonferenz,
i) der E-Control,
j) der Österreichischen Energieagentur und
k) von Österreichs E-Wirtschaft

angehören. Die Koordinierungsstelle kann externe Expertinnen und Experten zu Sitzungen einladen oder für die Ausarbeitung von Empfehlungen hinzuziehen.

(6) Der Vorsitz wird von der Bundesministerin für Klimaschutz, Umwelt, Energie, Mobilität, Innovation und Technologie oder einer oder einem von ihr nominierten Vertreterin oder Vertreter geführt. Die Vertreterinnen und Vertreter der in Abs. 5 angeführten Bundesministerien werden von der zuständigen Bundesministerin oder dem zuständigen Bundesminister ernannt. Alle übrigen Vertreterinnen und Vertreter werden von der Bundesministerin für Klimaschutz, Umwelt, Energie, Mobilität, Innovation und Technologie auf Vorschlag der entsendungsberechtigten Stellen ernannt.

(7) Die Koordinierungsstelle hat ihre Berichte gemäß Abs. 3 Z 7 auf der Website des Klima- und Energiefonds zu veröffentlichen und dem Nationalrat im Wege der Bundesministerin für Klimaschutz, Umwelt, Energie, Mobilität, Innovation und Technologie zu übermitteln.

3. Abschnitt

Energieaudits, Managementsysteme und Energiedienstleistungen

Anwendungsbereich

§ 41. (1) Unternehmen mit Sitz in Österreich sind zur Erstellung eines Energieaudits oder zur Einrichtung eines anerkannten Managementsystems verpflichtet („verpflichtete Unternehmen"), wenn sie

1. große Unternehmen sind;
2. die Schwellenwerte gemäß § 37 Z 31 im vorangegangenen Kalenderjahr überschritten haben oder
3. innerhalb einer Unternehmenszusammenrechnung zu mehr als 50 % im Eigentum eines anderen Unternehmens stehen oder mehr als 50 % Eigentum an anderen Unternehmen halten und in allen zu mehr als 50 % verbundenen Unternehmen zusammen die Schwellenwerte gemäß § 37 Z 31 im vorangegangen Kalenderjahr überschritten haben.

(2) Unternehmen, die zu mehr als 50 % im Eigentum eines anderen Unternehmens stehen oder zu mehr als 50 % Eigentum an anderen Unternehmen halten, sind konzernweise zusammenzurechnen.

(3) Das Bestehen eines beherrschenden Einflusses gemäß § 244 Abs. 2 Z 3 UGB hat zur Folge, dass innerhalb der konzernweisen Zusammenrechnung gemäß Abs. 2 diese Unternehmen gleich zu behandeln sind, wie Unternehmen, die zu mehr als 50 % im Eigentum eines anderen Unternehmens stehen.

(4) Kleine und mittlere Unternehmen können Energiedienstleistungen in Anspruch nehmen und

die Erkenntnisse daraus, insbesondere zu Energieverbrauch und Einsparpotenzial, an die E-Control melden oder melden lassen.

Energieaudits und Managementsysteme bei Unternehmen

§ 42. (1) Verpflichtete Unternehmen haben

1. in regelmäßigen Abständen, zumindest alle vier Jahre, ein Energieaudit durch eine Energieauditorin bzw. einen Energieauditor durchzuführen oder
2. eines der folgenden anerkannten Managementsysteme einzurichten:

a) ein von einer akkreditierten Stelle zertifiziertes Energiemanagementsystem, das auf anerkannten einschlägigen europäischen, internationalen oder übernommenen Normen beruht oder

b) ein

von einer akkreditierten Stelle zertifiziertes Umweltmanagementsystem, das auf anerkannten einschlägigen europäischen, internationalen oder übernommenen Normen beruht oder ein validiertes Umweltmanagementsystem gemäß EMAS-Verordnung (EG) Nr. 1221/2009, ABl. Nr. L 342 vom 22.12.2009 S. 1.

(2) Ein Energieaudit gemäß Abs. 1 Z 1 oder ein anerkanntes Managementsystem gemäß Abs. 1 Z 2 hat die Mindestvorgaben gemäß **Anhang 1 zu § 42** einzuhalten.

(3) Verpflichtete Unternehmen, die die Verpflichtung gemäß Abs. 1 Z 1 durch ein Energieaudit erfüllen, haben

1. den Energieauditbericht von der Energieauditorin bzw. vom Energieauditor unterschreiben zu lassen;
2. Vereinbarungen mit Energieauditorinnen und Energieauditoren schriftlich so zu gestalten, dass eine Weitergabe der Ergebnisse aus den Energieaudits an Energieauditorinnen und Energieauditoren oder Energieberaterinnen und Energieberater nicht verhindert wird und
3. dieses unabhängig vom auditierenden Unternehmensbereich durchzuführen.

(4) Verpflichtete Unternehmen, die die Verpflichtung gemäß Abs. 1 durch ein anerkanntes Managementsystem erfüllen, haben einen Schwerpunkt auf den Energieeffizienzbereich so zu legen, dass die Vorgaben zu den wesentlichen Energieverbrauchsbereichen Gebäude, Produktionsprozesse und Transport gemäß **Anhang 1 zu § 42** dauerhaft gewährleistet sind.

(5) Verpflichtete Unternehmen können die Verpflichtung gemäß Abs. 1 durch Kombination von Energieaudit und anerkanntem Managementsystem erfüllen.

Standardisiertes Berichtswesen

§ 43. (1) Bei Energieaudits und Managementsystemen ist die Einhaltung der Mindestvorgaben gemäß **Anhang 1 zu § 42** mittels standardisierter Kurzberichte zumindest alle vier Jahre zu dokumentieren. Bei Energieaudits ist überdies zumindest alle vier Jahre ein Energieauditbericht zu dokumentieren.

(2) Standardisierte Kurzberichte haben folgende Informationen zu enthalten:

1. allgemeine Unternehmensdaten;
2. Angaben zum Energieverbrauch für alle eingesetzten Energieträger und zu den Abwärmepotenzialen;
3. Angaben zu den hauptenergieverbrauchenden Faktoren und den wesentlichen Energieverbrauchsbereichen;
4. Benennung relevanter Maßnahmen zur Steigerung der Energieeffizienz unter Angabe des jährlichen Einsparpotentials je Maßnahme in kWh, der Investitionskosten und der jährlichen Energiekosteneinsparung in den wesentlichen Energieverbrauchsbereichen;
5. Darlegung, ob ein dynamisches Wirtschaftlichkeitsberechnungsverfahren angewendet wurde;
6. Angaben zu den umgesetzten Energieeffizienzmaßnahmen der letzten vier Jahre;
7. Angaben zu den ausgewiesenen Energieleistungskennzahlen und deren Entwicklung in den letzten vier Jahren;
8. bei Energieaudits: Angaben

a) zur Person der Energieauditorin bzw. des Energieauditors und

b) zu den fachlichen Qualifizierungen und Requalifizierungen gemäß § 44 und

9. bei anerkannten Managementsystemen: Angaben

a) zur Person, die für das Managementsystem verantwortlich ist und

b) zu den jeweiligen Zertifikaten oder Registriernummern sowie zu deren Gültigkeit.

(3) Die E-Control hat mit Verordnung nähere Bestimmungen über das Format, die Struktur und die Gliederung der standardisierten Kurzberichte festzulegen.

(4) Energieauditberichte haben zusätzlich zu Abs. 2 folgende Voraussetzungen zu erfüllen:

1. sie sind gemäß § 44 von einer fachlich qualifizierten Energieauditorin oder einem fachlich qualifizierten Energieauditor zu erstellen;
2. sie haben zu dokumentieren, welche Empfehlungen aus einem vorangegangenen Energieauditbericht umgesetzt worden sind und zu begründen, wenn Empfehlungen aus einem vorangegangenen Energieauditbericht nicht umgesetzt wurden;
3. sie sind vom geschäftsführenden Organ des verpflichteten Unternehmens zu unterzeichnen und

4. das geschäftsführende Organ des verpflichteten Unternehmens hat dem Aufsichts- oder Kontrollorgan den Energieauditbericht vorzulegen und über die Empfehlungen zu berichten; falls ein vorangegangener Energieauditbericht vorhanden ist, ist über die Umsetzung von Empfehlungen zu berichten und, sofern Empfehlungen nicht umgesetzt wurden, sind diese zu begründen; die Erfüllung dieser Verpflichtung ist zu dokumentieren.

(5) Die Daten, Informationen oder Unterlagen, die den standardisierten Kurzberichten, Energieauditberichten oder Managementsystemen zugrunde liegen, sind gemäß der Aufbewahrungspflicht und -frist des § 212 UGB sieben Jahre lang geordnet aufzubewahren.

Qualitätsstandards

§ 44. (1) Energieauditorinnen und Energieauditoren sowie Energieberaterinnen und Energieberater haben folgende Voraussetzungen an die fachliche Qualifizierung bzw. Requalifizierung für zumindest einen der wesentlichen Energieverbrauchsbereiche Gebäude, Produktionsprozesse oder Transport zu erfüllen:

1. die für die der Tätigkeit zugrundeliegende Berufsausübung notwendigen berufsrechtlichen Anforderungen;
2. die für die Tätigkeit erforderliche Fachkenntnis durch Ausbildung und
3. eine praktische Erfahrung im Rahmen einer mindestens einjährigen Tätigkeit im Bereich der Energieeffizienz während der letzten fünf Jahre.

Für die Vornahme von Energieaudits erhöhen sich die Voraussetzungen gemäß Z 3 bezogen auf die Voraussetzung der einjährigen Tätigkeit um zwei weitere Jahre.

(2) Das Vorliegen der fachlichen Qualifizierung bzw. Requalifizierung ist durch folgende Nachweise zu belegen:

1. Berufsberechtigung;
2. absolvierte Ausbildungen;
3. Referenzprojekte und
4. Dienstzeugnisse bei unselbständigen Tätigkeiten bzw. Auszug aus dem Firmenbuch oder Gewerberegister bei selbständigen Tätigkeiten.

(3) Die E-Control hat mit Verordnung festzulegen:

1. die Voraussetzungen gemäß Abs. 1 für Energieauditorinnen und Energieauditoren sowie Energieberaterinnen und Energieberater, wie die
a) anrechenbaren Ausbildungen und
b) Mindestanforderungen an Referenzprojekte;
2. die Voraussetzungen für den Nachweis der fachlichen Qualifizierung bzw. Requalifizierung gemäß Abs. 2 für Energieauditorinnen und Energieauditoren sowie Energieberaterinnen und Energieberater;
3. ein für die wesentlichen Energieverbrauchsbereiche Gebäude, Produktionsprozesse und Transport nachvollziehbares Punkteschema für die Bewertung der
a) absolvierten Ausbildungen, getrennt nach Grundausbildung und energiespezifischer Zusatzausbildung und
b) Referenzprojekte;
4. die erforderlichen Punkte innerhalb des Punkteschemas gemäß Z 3, die wie folgt nachzuweisen sind:
a) mindestens 30 % durch Ausbildungen;
b) mindestens 30 % durch Referenzprojekte und
c) der verbleibende Rest wahlweise durch Ausbildungen oder Referenzprojekte;
5. die Anforderungen an die fachliche Qualifizierung von Energieberaterinnen und Energieberatern, die in einem angemessenen Verhältnis zu den Anforderungen für Energieauditorinnen und Energieauditoren zu stehen und mindestens 60 % der erforderlichen Punkte zu betragen hat; Energieberaterinnen und Energieberater, die ausschließlich Haushalte beraten, haben ihre Referenzprojekte im wesentlichen Energieverbrauchsbereich Gebäude nachzuweisen und
6. die Voraussetzungen der fachlichen Requalifizierung für Energieauditorinnen und Energieauditoren sowie Energieberaterinnen und Energieberater, die in einem angemessenen Verhältnis zur Ersteintragung zu stehen und mindestens 50 % der für die Ersteintragung erforderlichen Punkte zu betragen haben.

Elektronische Liste

§ 45. (1) Die E-Control hat eine aktuelle elektronische Liste jener Energieauditorinnen und Energieauditoren sowie Energieberaterinnen und Energieberater, die die Anforderungen an die fachliche Qualifizierung und Requalifizierung gemäß § 44 erfüllen und dies gemäß § 66 Abs. 1 oder 3 ordnungsgemäß mitgeteilt haben, zum Zweck der Offenlegung der eingetragenen Informationen zu führen.

(2) Die elektronische Liste hat folgende Angaben zu enthalten:

1. den Vor- und Familiennamen;
2. die gültige Zustelladresse, sofern vorhanden auch die E-Mailadresse und
3. die Art der Berufsberechtigung.

(3) Die elektronische Liste hat bei Energieauditorinnen und Energieauditoren zusätzlich zu Abs. 2 folgende Angaben zu enthalten:

1. die wesentlichen Energieverbrauchsbereiche Gebäude, Produktionsprozesse oder Transport, für die eine besondere fachliche Qualifizierung vorliegt und
2. die Anzahl der gemeldeten Energieaudits pro wesentlichem Energieverbrauchsbereich Gebäude, Produktionsprozesse oder Transport.

(4) Die in der elektronischen Liste geführten Energieauditorinnen und Energieauditoren sowie Energieberaterinnen und Energieberater haben der E-Control jede Änderung der in der elektronischen Liste enthaltenen Informationen bekanntzugeben. Die E-Control hat Aktualisierungen durchzuführen. Schreib- und Übertragungsfehler sowie andere offenbare Unrichtigkeiten können jederzeit von Amts wegen berichtigt werden.

4. Abschnitt
Energieeffizienzverpflichtungen des Bundes
Vorbildfunktion des Bundes

§ 46. Zur Erreichung der nationalen Energieeffizienzzielverpflichtungen gemäß § 38 Abs. 1 nimmt der Bund eine Vorbildfunktion, insbesondere durch die Erfüllung der Verpflichtungen nach diesem Abschnitt, wahr.

Energieexpertinnen und Energieexperten des Bundes

§ 47. (1) Der Bund hat für jede Bundesstelle eine fachlich geeignete Person als Energieexpertin bzw. Energieexperten des Bundes und eine fachliche geeignete Person als Stellvertretung zu bestellen. Die Stellvertretung hat bei Abwesenheit der Energieexpertin bzw. des Energieexperten des Bundes die Aufgaben eigenverantwortlich zu erfüllen. Die Auslagerung der Funktion der Energieexpertin bzw. des Energieexperten des Bundes samt Stellvertretung ist zulässig. Eine Energieexpertin bzw. ein Energieexperte des Bundes oder die Stellvertretung kann für maximal drei Bundesstellen gleichzeitig bestellt werden. Die Verantwortlichkeit für die ordnungsgemäße Erfüllung der Aufgaben verbleibt im Falle der Auslagerung bei der auslagernden Stelle.

(2) Die fachliche Eignung gemäß Abs. 1 ist gegeben, wenn der erfolgreiche Abschluss einer Ausbildung, insbesondere technischer oder wirtschaftlicher Natur, vorliegt, die vertiefende Kenntnisse auf dem Gebiet der Energieeffizienz vermittelt; dies ist nachweislich zu dokumentieren.

(3) Den Energieexpertinnen und Energieexperten des Bundes obliegen bei der Erfüllung des Energiemanagements des Bundes insbesondere die jährlich zu erfüllenden Aufgaben gemäß Abs. 4 und die nach Bedarf zu erfüllenden Aufgaben gemäß Abs. 5. Den Anordnungen der Energieberaterinnen und Energieberater des Bundes ist tunlichst Folge zu leisten.

(4) Jährliche Aufgaben sind:

1. die Befüllung oder die Veranlassung der Befüllung von Erhebungsunterlagen der Energieberaterinnen und Energieberater des Bundes zur Erfassung des Energieeinsatzes im jeweiligen Zuständigkeitsbereich für die Zwecke der Energiestatistik des Bundes und die Übermittlung der befüllten Erhebungsunterlagen an die Energieberaterinnen und Energieberater des Bundes;
2. die Kennzeichnung der Gebäude, die im Eigentum des Bundes stehen und vom Bund genutzt werden, im Adress-, Gebäude- und Wohnungsregister („AGWR II") als Bundesgebäude und die vollständige Erfassung oder Aktualisierung folgender Gebäudedaten:
   a) Eigentümerin bzw. Eigentümer, Nutzerin bzw. Nutzer, Verwalterin bzw. Verwalter des Gebäudes;
   b) Flächenangaben des Gebäudes;
   c) Gebäudenutzung;
   d) Angaben zum Denkmalschutz;
   e) Eigentümerin bzw. Eigentümer, Nutzerin bzw. Nutzer, Verwalterin bzw. Verwalter aller im Gebäude befindlichen Nutzungseinheiten;
   f) Flächenangaben aller Nutzungseinheiten;
   g) Angabe je Nutzungseinheit, ob die Vorschriften der jeweils aktuellen OIB-Richtlinie 6 erfüllt sind und
   h) Angaben zur Beheizung und Warmwasseraufbereitung.

   Werden Gebäude von mehreren Bundesstellen genutzt, hat die Bundesstelle mit der größten Bruttogrundfläche die Koordination der Eintragungen wahrzunehmen;
3. die Übermittlung der erforderlichen Daten an die Energieberaterinnen und Energieberater des Bundes, die Bundesministerin für Klimaschutz, Umwelt, Energie, Mobilität, Innovation und Technologie und die E-Control, die zur
   a) Erstellung der Berichtsinformationen gemäß § 70 Abs. 1 Z 2 oder
   b) Prüfung der Erfüllung der gemäß den Maßnahmenplänen nach § 51 Abs. 3 Z 1 zu setzenden Maßnahmen und deren Einsparungen notwendig sind;
4. die Teilnahme an den Schulungen der Energieberaterinnen und Energieberater des Bundes und
5. die Wahrnehmung von Aufgaben zur Verbesserung der Energieeffizienz im Rahmen der klimaneutralen Verwaltung, wie
   a) die Meldungen über im Eigentum des Bundes stehende und vom Bund genutzte Gebäude bezüglich der Erfüllung der Vereinbarung gemäß Art. 15a B-VG zwischen dem Bund und den Ländern über Maßnahmen im Gebäudesektor zum Zweck der Reduktion des Ausstoßes an Treibhausgasen, BGBl. II Nr. 251/2009, in der Fassung BGBl. II Nr. 213/2017, und

b) sonstige wesentliche Aufgaben, wie sie in anderen Bundesgesetzen oder europäischen Vorgaben festgelegt sind.

(5) Unbeschadet von Abs. 4 sind nach Bedarf zu erfüllende Aufgaben:

1. die Erhebung der erforderlichen zweijährlichen Daten für die Bundesministerin für Klimaschutz, Umwelt, Energie, Mobilität, Innovation und Technologie, die zur Erstellung der Berichtsinformationen und für die E-Control gemäß § 70 Abs. 2 in Verbindung mit den Fortschrittsberichten zum NEKP gemäß Art. 21 Verordnung (EU) 2018/1999 und Art. 5 der Richtlinie 2012/27/EU erforderlich sind;
2. die Erhebung der notwendigen Daten für die Bundesministerin für Klimaschutz, Umwelt, Energie, Mobilität, Innovation und Technologie, die zur Erfüllung nationaler und internationaler Berichtspflichten oder der langfristigen Renovierungsstrategie (LTRS) für Bundesgebäude gemäß den Vorgaben der Verordnung (EU) 2018/1999, insbesondere gemäß Art. 3 und 21 erforderlich sind;
3. die Mitwirkung an der Erstellung einer Strategie der Bundesministerin für Klimaschutz, Umwelt, Energie, Mobilität, Innovation und Technologie für Bundesgebäude zur Verbesserung der Energieeffizienz und der damit verbundenen Dekarbonisierung samt konkreten Vorschlägen hinsichtlich der zu setzenden Maßnahmen gemeinsam mit den Energieberaterinnen und Energieberatern des Bundes und
4. sonstige wesentliche Aufgaben, wie sie in anderen Bundesgesetzen oder europäischen Vorgaben festgelegt sind.

(6) Die Namen der Energieexpertinnen und Energieexperten des Bundes und deren Stellvertretung sind auf der Website der jeweiligen Bundesstelle zu veröffentlichen und laufend aktuell zu halten.

Energieberaterinnen und Energieberater des Bundes

§ 48. (1) Den beim Bundesamt für Eich- und Vermessungswesen eingerichteten Energieberaterinnen und Energieberatern des Bundes obliegt die Wahrnehmung einer Schnittstellenfunktion zwischen den jeweiligen Energieexpertinnen und -experten des Bundes, der Bundesministerin für Klimaschutz, Umwelt, Energie, Mobilität, Innovation und Technologie und der E-Control. Die Energieberaterinnen und Energieberater des Bundes haben die Anforderungen an die fachliche Qualifizierung gemäß § 44 Abs. 1 zu erfüllen. Zur Erfüllung der Aufgaben ist ab Inkrafttreten dieses Bundesgesetzes ein ausreichendes Vollbeschäftigungsäquivalent bereitzustellen und dauerhaft zu gewährleisten.

(2) Den Energieberaterinnen und Energieberatern des Bundes obliegen bei der Erfüllung des Energiemanagements des Bundes insbesondere die jährlich zu erfüllenden Aufgaben gemäß Abs. 3 und die nach Bedarf zu erfüllenden Aufgaben gemäß Abs. 4.

(3) Jährliche Aufgaben sind:

1. die Führung der Energiestatistik des Bundes samt der dazugehörigen Energieverbrauchsbuchhaltung des Bundes zu Controllingzwecken („Energiemonitoring"); darunter fallen insbesondere:

a) die Erstellung von Erhebungsunterlagen zur Erfassung des Energieeinsatzes im Zuständigkeitsbereich der Energieexpertinnen und Energieexperten des Bundes;
b) die Plausibilitätsprüfung der in den Erhebungsunterlagen eingetragenen energierelevanten Daten;
c) die Erfassung der Eingabedaten in das Energiedatenbankmodul eGISY oder dessen Nachfolgeprogramm und die Auswertung der Daten durch Grob- oder Feinanalysen;
d) die Dokumentation der relevanten Energieverbrauchsdaten und die Kontrolle des Energieaufwandes durch Vergleiche sowie die Dokumentation der Veränderung des Energieverbrauches bezogen auf das jeweilige Vorjahr unter Berücksichtigung der Raum- und Klimadaten;
e) die Erstellung eines Energieberichtes des Bundes samt Energiestatistik des Bundes und Übermittlung an die Energieexpertinnen und Energieexperten des Bundes, die Bundesministerin für Klimaschutz, Umwelt, Energie, Mobilität, Innovation und Technologie und die E-Control;

2. Energieberatungen für Bundesstellen;
3. die Erfüllung von Aufgaben im Bereich des Bundescontractings, wie insbesondere die

a) Erstellung eines Contractingberichtes je Contracting-Pool;
b) fachtechnische Betreuung der Contracting-Verträge während der Vertragslaufzeit samt jährlicher Abrechnungskontrolle und
c) Vorbereitung und Abwicklung der Contracting-Pools, wobei die rechtliche Betreuung von Contracting-Verträgen von Bund und BIG gemeinsam durchgeführt wird;

4. die Schulung der Energieexpertinnen und Energieexperten des Bundes und deren Stellvertretung oder der sonst von Bundesstellen entsandten Dienstnehmerinnen und Dienstnehmer;
5. die stichprobenartige Prüfung der Erfüllung der Aufgaben der Energieexpertinnen und Energieexperten gemäß § 47 Abs. 4 Z 1 bis 3 und Z 5 samt Dokumentation;

6. die Beratung und Unterstützung der Energieexpertinnen und Energieexperten des Bundes samt Stellvertretung bei den Aufgaben gemäß § 47 Abs. 4 Z 1 bis 3 und Z 5;
7. die Führung einer laufend aktuellen Liste der Energieexpertinnen und Energieexperten des Bundes und deren Stellvertretung;
8. die Dokumentation der Einhaltung der Maßnahmenpläne des Bundes auf Grundlage der Meldungen der Energieexpertinnen und Energieexperten des Bundes gemäß § 47 Abs. 4 Z 3 lit. b;
9. die Koordinierung der Energieexpertinnen und Energieexperten des Bundes im Rahmen des Energiemanagements des Bundes;
10. Aufgaben zur Verbesserung der Energieeffizienz im Rahmen der klimaneutralen Verwaltung, wie
a) die Sammlung und Plausibilisierung der Meldungen gemäß § 47 Abs. 4 Z 5 lit. a über im Eigentum des Bundes stehende und vom Bund genutzte Gebäude bezüglich der Erfüllung der Vereinbarung gemäß Art. 15a B-VG zwischen dem Bund und den Ländern über Maßnahmen im Gebäudesektor zum Zweck der Reduktion des Ausstoßes an Treibhausgasen und
b) sonstige wesentliche Aufgaben, wie sie in anderen Bundesgesetzen oder unionsrechtlichen Vorgaben festgelegt sind.

(4) Unbeschadet von Abs. 3 sind nach Bedarf zu erfüllende Aufgaben:

1. die Sammlung und Prüfung der Daten gemäß § 47 Abs. 5 Z 1 und Z 2 und die Übermittlung an die Bundesministerin für Klimaschutz, Umwelt, Energie, Mobilität, Innovation und Technologie;
2. die Mitwirkung an der Erstellung, Aktualisierung und Evaluierung einer Strategie der Bundesministerin für Klimaschutz, Umwelt, Energie, Mobilität, Innovation und Technologie für Bundesgebäude zur Verbesserung der Energieeffizienz und der damit verbundenen Dekarbonisierung samt konkreten Vorschlägen über die zu setzenden Maßnahmen gemeinsam mit den Energieexpertinnen und Energieexperten des Bundes und
3. sonstige wesentliche Aufgaben, wie sie in anderen Bundesgesetzen oder europäischen Vorgaben festgelegt sind.

(5) Das Bundesamt für Eich- und Vermessungswesen hat dem Bundesminister für Arbeit und Wirtschaft und der Bundesministerin für Klimaschutz, Umwelt, Energie, Mobilität, Innovation und Technologie spätestens bis 31. März des Folgejahres einen Jahresbericht zu übermitteln und die durchgeführten Aufgaben der Energieberaterinnen und Energieberater des Bundes wie folgt darzulegen („Leistungsnachweis"):

1. die Anzahl der geprüften Contracting-Abrechnungen je Vertragsjahr;
2. die Art und Anzahl der durchgeführten wesentlichen Beratungsleistungen;
3. die Ausbildungsmaßnahmen zur fachlichen Qualifikation der Energieberaterinnen und Energieberater des Bundes;
4. die Art und Anzahl der durchgeführten Schulungen samt Dokumentation der teilnehmenden Personen;
5. die sonst erbrachten Leistungen gemäß Abs. 3 und 4 sowie § 52 Abs. 1 und
6. die im Kalenderjahr des Jahresberichtes als Energieberaterinnen und Energieberater des Bundes tätigen Vollbeschäftigungsäquivalente.

(6) Basierend auf dem gemäß Abs. 5 zu erstellenden Jahresbericht hat das Bundesamt für Eich- und Vermessungswesen in Abstimmung mit dem Bundesminister für Arbeit und Wirtschaft spätestens bis zum folgenden 30. Juni einen Arbeitsplan unter Einbindung der Bundesministerin für Klimaschutz, Umwelt, Energie, Mobilität, Innovation und Technologie zu erstellen, in dem die jährlichen und die nach Bedarf zu erfüllenden Aufgaben für die nächsten zwei Jahre in Form von schwerpunktmäßigen Zielsetzungen im Vorhinein festgelegt sind.

(7) Die Namen der Energieberaterinnen und Energieberater des Bundes sind auf der Website des Bundesamtes für Eich- und Vermessungswesen zu veröffentlichen und laufend aktuell zu halten.

Erwerb und Miete des Bundes von unbeweglichem Vermögen

§ 49. (1) Die Bundesstellen haben als Träger von Privatrechten beim Erwerb oder der Miete von unbeweglichem Vermögen in Österreich mögliche Auswirkungen auf die Energieeffizienz zu beachten. Soweit dies mit

1. dem Prinzip „Energieeffizienz an erster Stelle";
2. dem Aspekt der Kostenwirksamkeit;
3. der wirtschaftlichen Durchführbarkeit;
4. der Nachhaltigkeit im weiteren Sinne;
5. der technischen Eignung und
6. einem ausreichenden Wettbewerb

vereinbar ist, sind Gebäude oder Gebäudeteile mit hoher Energieeffizienz anzumieten oder zu erwerben.

(2) Es sind nur solche Objekte gemäß Abs. 1 anzumieten oder zu erwerben, die die jeweiligen landesgesetzlich festgelegten Mindestanforderungen an die Gesamtenergieeffizienz nach Art. 4 Abs. 1 der Richtlinie 2010/31/EU erfüllen, es sei denn, die Anmietung oder der Erwerb dient einem nachstehend genannten Zweck:

1. Vornahme einer umfassenden Renovierung oder eines Abbruchs;
2. Weiterverkauf des Gebäudes ohne dessen Nutzung für die Zwecke der Bundesstellen oder

3. Erhaltung als Gebäude, das als Teil eines ausgewiesenen Umfelds oder aufgrund seines besonderen architektonischen oder historischen Werts offiziell geschützt ist.

Als wirtschaftlich durchführbar gemäß Abs. 1 Z 3 sind insbesondere Maßnahmen anzusehen, die sich innerhalb der technischen Nutzungsdauer amortisieren. Erfüllen mehrere Objekte die genannten Anforderungen, ist jenem Objekt der Vorzug zu geben, das über geringere Energiebedarfswerte und effizientere Energiebereitstellungssysteme verfügt. Der Auswahlprozess und die Berücksichtigung des Prinzips „Energieeffizienz an erster Stelle" ist zu dokumentieren.

(3) Die Verpflichtungen nach Abs. 1 und 2 gelten nicht für den Erwerb oder die Anmietung von Gebäuden oder Gebäudeteilen, die für die Zwecke der Landesverteidigung genutzt werden, sofern die Anwendung der Verpflichtungen diesen Zwecken entgegensteht.

Energieeinsparungen des Bundes und der BIG

§ 50. (1) Der Bund hat in seinem Gebäudebestand anrechenbare Energieeffizienzmaßnahmen zu setzen, um seine Energieeinsparverpflichtung gemäß Abs. 2 zu gewährleisten. Anrechenbare Energieeffizienzmaßnahmen für die Zwecke dieser Bestimmung sind insbesondere

1. Energieeinspar-Contracting;
2. Energiemanagementmaßnahmen;
3. Sanierungsmaßnahmen;
4. Energieeffizienzmaßnahmen, die der Erfüllung der jeweiligen landesgesetzlich festgelegten Mindestanforderungen an die Gesamtenergieeffizienz nach Art. 4 Abs. 1 der Richtlinie 2010/31/EU dienen;
5. Energieberatungen, sofern daraus nachweisbare Endenergieeinsparungen erzielt werden und
6. sonstige Maßnahmen, die gemäß § 30 anrechenbar sind.

(2) Die Energieeinsparverpflichtung des Bundes beträgt

1. für 1. Jänner 2021 bis 31. Dezember 2030 390 Terajoule und
2. ab 1. Jänner 2031 – soweit bundesgesetzlich nichts anderes festgelegt wird – den Wert gemäß Z 1.

Die Einsparverpflichtung des Bundes entspricht einer jährlichen Renovierungsquote von 3 %.

(3) Über die Energieeinsparverpflichtung gemäß Abs. 1 und 2 hinaus hat der Bund gemeinsam mit der BIG Energieeffizienzmaßnahmen im Gebäudebestand, der sich im Eigentum der BIG befindet und von einer Bundesstelle genutzt wird, durchzuführen. Die Energieeinsparverpflichtung des Bundes gemeinsam mit der BIG beträgt

1. für 1. Jänner 2021 bis 31. Dezember 2030 930 Terajoule und
2. ab 1. Jänner 2031 – soweit bundesgesetzlich nichts anderes festgelegt wird – den Wert gemäß Z 1.

(4) Anrechenbare Energieeffizienzmaßnahmen der BIG für die Energieeinsparverpflichtung gemäß Abs. 3 sind Maßnahmen gemäß Abs. 1 Z 1 bis 6.

(5) Ausgenommen von der Energieeinsparverpflichtung gemäß Abs. 2 und 3 sind:

1. Gebäude, die als Teil eines ausgewiesenen Umfelds oder aufgrund ihres besonderen architektonischen oder historischen Werts offiziell geschützt sind, soweit die Einhaltung bestimmter Mindestanforderungen an die Gesamtenergieeffizienz eine unannehmbare Veränderung ihrer Eigenart oder ihrer äußeren Erscheinung bedeutet;
2. Gebäude, die sich im Eigentum des Bundes befinden und Zwecken der Landesverteidigung dienen, außer Einzelunterkünfte oder Bürogebäude des Bundesheeres und anderer Bediensteter der Landesverteidigung;
3. Gebäude, die für den Gottesdienst oder sonstige religiöse Zwecke genutzt werden, und
4. Bundesgebäude mit einer Gesamtnutzfläche von 250 m² oder weniger.

Werden an diesen Gebäuden dennoch Energieeffizienzmaßnahmen vorgenommen, sind diese, soweit sie den Vorgaben über die Anrechenbarkeit entsprechen, auf die Energieeinsparverpflichtung gemäß Abs. 2 und 3 anrechenbar.

(6) Scheidet ein Gebäude, das unter die Energieeinsparverpflichtung des Bundes und der BIG fällt, beispielsweise durch Abriss, Verkauf oder Außerdienststellen aus dem Gebäudebestand des Bundes aus und wird es in einem der zwei darauffolgenden Jahre durch ein neues Gebäude oder durch die intensivere Nutzung anderer Gebäude ersetzt, so ist diese Maßnahme auf die Energieeinsparverpflichtung des Bundes anzurechnen.

(7) Von den Bundesstellen und der BIG in einem bestimmten Jahr durch Renovierungen oder anrechenbare Effizienzmaßnahmen erzielte Überschüsse können auf die jährliche Einsparverpflichtung angerechnet werden. Die Anrechnung kann auf die jährliche Einsparverpflichtung der drei vorangegangenen oder der drei darauffolgenden Kalenderjahre erfolgen.

Sonstige Energieeffizienzverpflichtungen des Bundes und der BIG

§ 51. (1) Der Bund hat bei der Planung und Errichtung von Gebäuden und Gebäudeteilen das Prinzip „Energieeffizienz an erster Stelle" durch den Einsatz von kosteneffizienten Energieeffizienzmaßnahmen und energieeffizienten Energiebereitstellungssystemen zu berücksichtigen, soweit dies technisch und rechtlich möglich ist. Die Berücksichtigung des Prinzips „Energieeffizienz an erster Stelle" ist nachweislich zu dokumentieren.

Dies gilt auch für gebäudebezogene Vorhaben des Bundes, die gemeinsam mit der BIG durchgeführt werden.

(2) Der Bund hat für Gebäude oder Gebäudeteile, die im Eigentum des Bundes stehen und vom Bund genutzt werden, im Falle einer größeren Renovierung jene Gebäude oder Gebäudeteile vorrangig zu sanieren, die die schlechteste Gesamtenergieeffizienz aufweisen, und hocheffiziente alternative Energiesysteme einzusetzen, sofern dies technisch machbar und kosteneffizient durchführbar ist. Diese Energieeffizienzmaßnahmen sind im Ausmaß der erreichten Energieeinsparungen auf die Energieeinsparverpflichtung gemäß § 50 Abs. 2 und 3 anrechenbar.

(3) Die Bundesstellen haben zur Erfüllung der Berichtspflichten gemäß Art. 21 der Verordnung (EU) 2018/1999 für

1. Gebäude, die sich im Eigentum des Bundes befinden und vom Bund genutzt werden;
2. denkmalgeschützte Gebäude, die sich im Eigentum des Bundes befinden und vom Bund genutzt werden, und
3. weitere vom Bund genutzte Gebäude, die im Eigentum der BIG stehen,

jeweils einen Maßnahmenplan zu erstellen, der die erforderlichen Energieeffizienzmaßnahmen festlegt. Der Maßnahmenplan für die in Z 3 genannten Gebäude ist gemeinsam mit der BIG zu erstellen. Die Maßnahmenpläne haben die Energieeffizienzmaßnahmen gemäß § 50 Abs. 1 Z 1 bis 6 gesondert darzustellen.

(4) Der Bund hat Gebäude, die neu errichtet werden und im Eigentum des Bundes stehen und vom Bund genutzt werden, mit Photovoltaikanlagen oder vergleichbaren innovativen Technologien auszustatten; es sind hocheffiziente alternative Energiesysteme einzusetzen, soweit dies technisch machbar und kosteneffizient durchführbar ist.

(5) Der Bund hat für Gebäude, die im Eigentum des Bundes stehen und vom Bund genutzt werden, die notwendigen Vorkehrungen zu treffen, dass überall dort, wo die technische Machbarkeit gegeben ist, spätestens bis zum Ablauf des Kalenderjahres 2027 die Raumwärme- und Warmwasserbereitung durch Fernwärme oder erneuerbare Energieträger erfolgt; technische Vorkehrungen zur Spitzenlastabdeckung und Notkessel sind davon ausgenommen. Nutzt der Bund Gebäude, die sich im Eigentum der BIG befinden, haben Bund und die BIG gemeinsam diese Verpflichtung zu erfüllen.

(6) Der Bund hat für Gebäude, die im Eigentum des Bundes stehen und eine Gebäudefläche ab 250 m² aufweisen, über einen gültigen Energieausweis gemäß § 2 Z 3 Energieausweis-Vorlage-Gesetz 2012 (EAVG 2012), BGBl. I Nr. 27/2012, zu verfügen. Den im Energie- oder Renovierungsausweis oder Sanierungskonzept enthaltenen Empfehlungen ist, soweit dies technisch machbar und kosteneffizient durchführbar ist, unter besonderer Beachtung der Steigerung der Energieeffizienz nachzukommen. Wird Empfehlungen nicht nachgekommen, ist dies nachweislich zu begründen.

Nutzung von Registern

§ 52. (1) Die Bundesstellen sind berechtigt, das gemäß Bundesgesetz über das Gebäude- und Wohnungsregister (GWR-Gesetz), BGBl. I Nr. 9/2004, von der Bundesanstalt „Statistik Österreich" eingerichtete und geführte Gebäude- und Wohnungsregister, einschließlich der Energieausweisdatenbank, für Zwecke des bundeseigenen Energiemanagements und zur Erfüllung der Aufgaben im Bereich der Energieeffizienz unentgeltlich zu nutzen. Die Bundesstellen und die Energieexpertinnen und Energieexperten des Bundes sind berechtigt, die im Eigentum des Bundes stehenden oder von ihm genutzten Gebäude und Räumlichkeiten oder sonstige Nutzungseinheiten als Bundesgebäude im Gebäude- und Wohnungsregister (GWR) zu kennzeichnen und die Gebäudedaten zu aktualisieren und fehlende Gebäudedaten nachzutragen. Die Energieberaterinnen und Energieberater des Bundes sind berechtigt, Energieausweise gemäß § 2 Z 3 EAVG 2012 für die im Eigentum des Bundes stehenden und von ihm genutzten Gebäude und Nutzungsobjekte zu erstellen. Energieberaterinnen und Energieberater des Bundes haben dafür Sorge zu tragen, dass die von ihnen ausgestellten Energieausweise in die jeweilige Landesenergieausweisdatenbank eingetragen werden oder, sofern eine Landesenergieausweisdatenbank nicht vorhanden ist, ein Eintrag in die Bundesenergieausweisdatenbank erfolgt.

(2) Die Bundesanstalt „Statistik Österreich" hat den Bundesstellen, den Energieexpertinnen und Energieexperten des Bundes sowie den Energieberaterinnen und Energieberatern des Bundes und der E–Control zur Erfüllung der in Abs. 1 genannten Berechtigungen unentgeltlich Zugriff auf die Applikation „Adress-GWR-Online" einzuräumen. Der Bundesanstalt „Statistik Österreich" sind vom Bund die gemäß Abs. 1 erfassten Daten auf elektronischem Wege unentgeltlich zu übermitteln.

(3) Die BIG ist zur unentgeltlichen Nutzung der Register gemäß Abs. 1 und der Applikation gemäß Abs. 2 berechtigt.

5. Abschnitt
Einzelverbrauchserfassung
Allgemeine Voraussetzungen

§ 53. (1) Endverbraucherinnen und Endverbraucher sind unter den Voraussetzungen dieses Abschnitts berechtigt, individuelle Verbrauchszähler, die ihren tatsächlichen Energieverbrauch präzise widerspiegeln, zu wettbewerbsfähigen Preisen zu erhalten.

(2) Wird ein bestehendes oder neues Gebäude aus einer zentralen Anlage, die mehrere Gebäude versorgt, oder über ein Fernwärme- oder Fernkältesystem mit Wärme, Kälte oder Trinkwarmwasser versorgt, ist am Wärmetauscher oder an der Übergabestelle ein Zähler zu installieren.

Individuelle Verbrauchszähler und Heizkostenverteiler

§ 54. (1) In bestehenden und neuen Gebäuden mit mehreren Wohnungen oder in Mehrzweckgebäuden, die über eine zentrale Anlage zur Wärme- oder Kälteerzeugung verfügen oder über ein Fernwärme- oder Fernkältesystem versorgt werden, sind individuelle Verbrauchszähler zu installieren, um den Wärme- und Kälteverbrauch der einzelnen Einheiten zu messen, wenn dies unter Berücksichtigung der Verhältnismäßigkeit gemessen an den potenziellen Energieeinsparungen technisch machbar und kosteneffizient durchführbar ist.

(2) In bestehenden Gebäuden mit mehreren Wohnungen oder Mehrzweckgebäuden, die über eine zentrale Anlage zur Wärmeerzeugung für Trinkwarmwasser verfügen oder über Fernwärme versorgt werden, sind individuelle Verbrauchszähler zu installieren, um den Trinkwarmwasserverbrauch der einzelnen Einheiten zu messen, wenn dies unter Berücksichtigung der Verhältnismäßigkeit gemessen an den potenziellen Energieeinsparungen technisch machbar und kosteneffizient durchführbar ist.

(3) In neuen Gebäuden mit mehreren Wohnungen und im Wohnbereich neuer Mehrzweckgebäude, die mit einer zentralen Anlage zur Wärmeerzeugung für Trinkwarmwasser ausgestattet sind oder über Fernwärmesysteme versorgt werden, sind individuelle Trinkwarmwasserverbrauchszähler zu installieren.

(4) Wenn bei der Messung des Wärmeverbrauchs der Einsatz individueller Verbrauchszähler unter Berücksichtigung der Verhältnismäßigkeit technisch nicht machbar oder nicht kosteneffizient durchführbar ist, sind an den einzelnen Heizkörpern Heizkostenverteiler zu installieren, es sei denn, die Installation von Heizkostenverteilern ist nicht kosteneffizient durchführbar.

(5) Die Eigentümerin bzw. der Eigentümer hat die technischen Spezifikationen der eingesetzten individuellen Verbrauchszähler oder Heizkostenverteiler der Abgeberin bzw. dem Abgeber oder einem sonst beauftragten Dienstleistungsunternehmen auf Verlangen bekannt zu geben.

(6) Die E-Control hat mit Verordnung die technische Machbarkeit gemäß Abs. 1, 2 und 3 zu konkretisieren und dabei insbesondere zu achten auf

1. die gebäude- und bautechnischen Voraussetzungen;
2. die vorhandenen Heiz- und Kühlsysteme und
3. den Stand der Technik.

Änderungen in der technischen Machbarkeit sind zumindest alle zwei Jahre zu prüfen und notwendige Anpassungen an den aktuellen Stand der Technik mit Verordnung vorzunehmen.

(7) Die kosteneffiziente Durchführbarkeit ist gegeben, wenn der zu erwartende finanzielle Nutzen aus den Einsparungen höher ist als die Kosten für die individuelle Verbrauchserfassung. Die E-Control hat mit Verordnung konkrete Details zur kosteneffizienten Durchführbarkeit gemäß Abs. 1, 2, 3 und 4 festzulegen und dabei zu beachten, dass

1. bei der Bestimmung der Kosten die Maximalanforderungen von individuellen Verbrauchszählern und Heizkostenverteilern nicht überschritten werden;
2. sämtliche zusätzlichen Kosten zu berücksichtigen sind, die im Rahmen der individuellen Verbrauchserfassung („IVE“) oder der unterjährigen Verbrauchsinformation („UVI“) entstehen; dazu zählen neben den Investitionskosten und Installationskosten auch die laufenden Kosten des Betriebes und der Abrechnung und
3. bei der Beurteilung der Kosten der jeweilige Stand der Technik maßgeblich ist.

Die E-Control kann mit Verordnung die technischen Spezifikationen von individuellen Verbrauchszählern oder Heizkostenverteilern festlegen, sofern dies für die Durchführung von Z 3 notwendig ist.

(8) Bei Neubauten sind die notwendigen Vorkehrungen für eine spätere Ausstattung mit individuellen Verbrauchszählern zu treffen und durch regelmäßige Überprüfungen ist die kosteneffiziente Durchführbarkeit gemäß Abs. 1 bis 4 zu gewährleisten.

(9) Die Eigentümerin bzw. der Eigentümer hat Personen, die ein rechtliches oder wirtschaftliches Interesse glaubhaft machen, über die Beurteilung der kosteneffizienten Durchführbarkeit und technischen Machbarkeit zu informieren.

Fernableseanforderungen und Datenschutz

§ 55. (1) Installierte individuelle Verbrauchszähler und Heizkostenverteiler haben fernablesbar zu sein, wenn dies gemäß § 54 Abs. 6 technisch machbar und gemäß § 54 Abs. 7 kosteneffizient durchführbar ist.

(2) Bis 1. Jänner 2027 sind installierte und nicht fernablesbare individuelle Verbrauchszähler und Heizkostenverteiler auf Fernablesbarkeit nachzurüsten oder durch fernablesbare Geräte zu ersetzen, wenn dies gemäß § 54 Abs. 7 kosteneffizient durchführbar ist.

(3) Fernablesbare individuelle Trinkwarmwasserverbrauchszähler haben das jeweils aktuelle Wasservolumen anzuzeigen und zu übertragen oder zu speichern. Fernablesbare individuelle Wärme- oder Kälteverbrauchszähler haben die Energiemenge oder die Durchflussmenge und die Vorlauf- und Rücklauftemperatur zu speichern.

Fernablesbare Heizkostenverteiler haben die jeweiligen Einheiten zu speichern. Die Speicherung von zusätzlichen Daten ist zulässig, wenn sie für die Aufrechterhaltung der Betriebsfunktion notwendig ist.

(4) Sofern aus den Daten gemäß Abs. 3 pro Kalendermonat ein Monatswert oder ein vergleichbarer Stichtagswert ermittelt wird, ist dieser für maximal achtundzwanzig Monate für die Zwecke der Verrechnung, Kundeninformation, Energieeffizienz und der Aufrechterhaltung eines sicheren Betriebes von der für die Abrechnung durchführenden Stelle als Verantwortlichem gemäß Art. 4 der Verordnung (EU) 2016/679 zum Schutz natürlicher Personen bei der Verarbeitung personenbezogener Daten, zum freien Datenverkehr und zur Aufhebung der Richtlinie 95/46/EG (Datenschutz-Grundverordnung), ABl. Nr. L 119 vom 04.05.2016 S. 1 (im Folgenden: „DSGVO") zu speichern. Der Monatswert ist von der Kommunikationsschnittstelle an ein nachgelagertes Auslesesystem zu übertragen. Die Ermittlung von Wochen-, Tages-, Stunden- oder Sekundenwerten samt der dazu notwendigen Übermittlung von Daten in korrespondierenden Intervallen ist durch ausdrückliche Zustimmung der Endverbraucherin bzw. des Endverbrauchers zulässig.

(5) Werden fernablesbare individuelle Verbrauchszähler technisch so ausgestattet, dass sie dadurch als intelligente Messgeräte zu qualifizieren sind, haben die Unternehmen, die solche fernablesbaren individuellen Verbrauchszähler installieren oder in Verkehr bringen, als Verantwortliche gemäß Art. 4 Abs. 7 DSGVO eine Datenschutz-Folgenabschätzung gemäß Art. 35 DSGVO sowie der Verordnung über Verarbeitungsvorgänge, für die eine Datenschutz-Folgenabschätzung durchzuführen ist – DSFA-V, BGBl. II Nr. 278/2018 durchzuführen.

(6) Der Betrieb von fernablesbaren individuellen Verbrauchszählern und fernablesbaren Heizkostenverteilern sowie deren Kommunikation zu externen Geräten oder nachgelagerten Auslesesystemen sind gemäß den Vorschriften des Art. 40 DSGVO abzusichern, um Unberechtigten den Zugriff nicht zu ermöglichen. Der Verantwortliche gemäß Abs. 4 kann die Daten an die vertraglich festgelegten Energielieferantinnen und Energielieferanten weitergeben. Der Betrieb hat den eich- und datenschutzrechtlichen Bestimmungen sowie dem anerkannten Stand der Technik zu entsprechen.

(7) Die Daten sind unverzüglich zu löschen, sobald sie für die Erfüllung des Zwecks nicht mehr benötigt werden, spätestens jedoch nach Ablauf von sieben Jahren.

(8) Sofern es für die Ermittlung von Daten technisch oder für die Gewährleistung des Datenschutzes und der Datensicherheit im Zusammenhang mit dem Betrieb von fernablesbaren individuellen Verbrauchszählern und fernablesbaren Heizkostenverteilern notwendig ist, kann die E-Control unter Bedachtnahme auf die technische und kosteneffiziente Umsetzbarkeit nähere Bestimmungen zum jeweils aktuellen Stand der Technik festlegen, denen fernablesbare individuelle Verbrauchszähler und fernablesbare Heizkostenverteiler zu entsprechen haben. Dabei sind insbesondere eichrechtliche Bestimmungen und anerkannte nationale und internationale Sicherheitsstandards zu berücksichtigen.

6. Abschnitt
Behörde und Verfahren
Behörde

§ 56. (1) Sofern im Einzelfall nichts anderes bestimmt wird, ist die E-Control die zuständige Behörde und hat die in diesem Bundesgesetz festgelegten Aufgaben und Befugnisse wahrzunehmen.

(2) Die Bescheide der E-Control sind schriftlich auszufertigen.

(3) Das Bundesverwaltungsgericht erkennt über Beschwerden gegen Bescheide der E-Control nach diesem Bundesgesetz.

Aufgaben und Befugnisse

§ 57. (1) Die E-Control hat insbesondere die

1. Verordnungen gemäß den Bestimmungen dieses Bundesgesetzes zu erlassen sowie Entwürfe gemäß Abs. 5 in Verbindung mit § 62 Abs. 3 bis 5 vorzubereiten;
2. unionsrechtlichen Aufgaben und Vorgaben zu beachten;
3. ordnungsgemäße Einrichtung von Beratungsstellen für Haushalte gemäß § 39 zu überwachen;
4. Erstellung von Energieaudits und die Einrichtung von anerkannten Managementsystemen gemäß § 42 zu überwachen;
5. standardisierten Kurzberichte, Energieaudits und anerkannten Managementsysteme gemäß § 43 und § 65 zu überprüfen;
6. fachliche Qualifizierung und Requalifizierung von Energiedienstleisterinnen und Energiedienstleistern gemäß § 44 und § 66 zu überprüfen;
7. elektronische Liste der Energiedienstleisterinnen und Energiedienstleister gemäß § 45 und § 66 zu führen;
8. elektronische Meldeplattform gemäß § 59 zu führen;
9. anrechenbaren Energieeffizienzmaßnahmen gemäß § 64 zu überprüfen;
10. alternativen strategischen Maßnahmen gemäß § 63 zu messen, kontrollieren und überprüfen;
11. Amtsparteistellung in Verwaltungsstrafverfahren gemäß § 68 Abs. 3 wahrzunehmen;
12. ausgeglichene Finanzierung und Budgetierung gemäß § 69 zu erwirken;

13. Berichtsinformationen gemäß § 70 zu erstellen und
14. Marktinformationen gemäß § 72 bereitzustellen.

(2) In Erfüllung ihrer Aufgaben kann die E-Control mit Bescheid die Herstellung des rechtmäßigen Zustandes innerhalb angemessener Frist auftragen. Die E-Control wirkt in jedem Stadium des Verfahrens auf ein Einvernehmen mit den Betroffenen hin.

(3) Die E-Control ist bei der Erfüllung ihrer Aufgaben nach diesem Bundesgesetz befugt, in alle Unterlagen von verpflichteten Unternehmen Einsicht zu nehmen und über alle auf ihre Tätigkeit Bezug habenden Umstände Auskunft zu verlangen. Die Auskunftspflicht umfasst insbesondere auch die laufende Bekanntgabe von Daten zur Evidenzhaltung von Unterlagen, die der Erfüllung der Aufgaben dienen. Wird dieser Verpflichtung trotz Aufforderung nicht nachgekommen, kann die E-Control ihrer Beurteilung eine Schätzung zugrunde legen.

(4) Die E-Control hat für Entwürfe von Verordnungen, die von der E-Control zu erlassen sind, ein öffentliches Begutachtungsverfahren durchzuführen, um interessierten Personen Gelegenheit zur Stellungnahme zu geben. Die E-Control hat den Zeitpunkt des Beginns und der Beendigung des Begutachtungsverfahrens auf ihrer Website zu veröffentlichen und dabei die Frist zur Stellungnahme jeweils so festzulegen, dass sie in einem angemessenen Verhältnis zu Regelungsgegenstand, Regelungsumfang und Dringlichkeit der geplanten Verordnung steht. Diese Bestimmung ist auf Verfahren für die Erlassung von Verordnungen gemäß Abs. 5 in Verbindung mit § 62 Abs. 3 bis 5 nicht anzuwenden.

(5) Die E-Control hat zur Vorbereitung des Verfahrens zur Erlassung der Verordnung gemäß § 62 Abs. 3 bis 5 einen Entwurf an die Bundesministerin für Klimaschutz, Umwelt, Energie, Mobilität, Innovation und Technologie zu übermitteln. Die E-Control und die Bundesministerin für Klimaschutz, Umwelt, Energie, Mobilität, Innovation und Technologie können Sachverständige beiziehen.

(6) Die E-Control hat die von ihr erlassenen Bescheide, sofern keine Verfahren zu diesem Zeitpunkt mehr anhängig sind, und sonstige Unterlagen zehn Jahre aufzubewahren. Die Frist beginnt mit Ablauf des Kalenderjahres, in dem

1. bei Dauerrechtsverhältnissen das Rechtsverhältnis geendet hat und
2. in den übrigen Fällen die E-Control letztmalig in der betreffenden Angelegenheit tätig gewesen ist.

Nach Ablauf der Aufbewahrungsfrist sind die Unterlagen zu löschen.

Sachverständige und Verfahrenskosten

§ 58. (1) Die Heranziehung von nicht amtlichen Sachverständigen ist auch ohne das Vorliegen der Voraussetzungen des § 52 Abs. 2 und 3 Allgemeines Verwaltungsverfahrensgesetz 1991 (AVG), BGBl. Nr. 51/1991, zulässig. Es können auch fachlich einschlägige Anstalten, Institute oder Unternehmen als Sachverständige bestellt werden.

(2) Kosten, die der E-Control bei der Durchführung von Verfahren erwachsen, wie Gebühren oder Honorare für Sachverständige, sind von der Antragstellerin bzw. dem Antragsteller zu tragen. Die E–Control kann der Antragstellerin bzw. dem Antragsteller mit Bescheid auftragen, diese Kosten nach Prüfung der sachlichen und rechnerischen Richtigkeit durch die E-Control, direkt zu bezahlen.

Elektronische Meldeplattform

§ 59.[a)] *(Anm.: Abs. 1 tritt mit 15.8.2024 in Kraft)*

(2) Die E-Control hat dafür Sorge zu tragen, dass die angemessene elektronische Verfügbarkeit der Daten gewährleistet bleibt. Sie hat geeignete Vorkehrungen dafür zu treffen, dass sich die meldepflichtigen Personen oder ihre Einbringungsverantwortlichen während eines angemessenen Zeitraums im System über die Richtigkeit und Vollständigkeit der von ihnen oder ihren Einbringungsverantwortlichen erstatteten Meldedaten vergewissern können.

(3) Die E-Control ist datenschutzrechtlicher Verantwortlicher gemäß DSGVO und hat die elektronische Meldeplattform in ihrer rechtlichen und finanziellen Verantwortung zu betreiben.

(4) Die E-Control ist zur Verarbeitung nachstehender Daten ermächtigt, soweit deren Verwendung für die Erfüllung ihrer Aufgaben eine wesentliche Voraussetzung ist:

1. Kontaktdaten von Ansprechpersonen und vertretungsbefugten Organen der gemäß § 39 und § 58 Abs. 2 verpflichteten Energielieferantinnen und Energielieferanten sowie der gemäß § 41 verpflichteten Unternehmen;
2. Daten der Ansprechpersonen samt Stellvertretung von Beratungsstellen für Haushalte gemäß § 39 Abs. 2 und der nominierten Vertretung gemäß § 39 Abs. 6;
3. Daten der Energieauditorinnen und Energieauditoren oder Energieberaterinnen und Energieberater zur Eintragung in die elektronische Liste gemäß § 45;
4. Daten zur Ermittlung der Energieauditverpflichtung großer Unternehmen gemäß § 42;
5. Daten zur Ermittlung des Energieabsatzes gemäß § 60 Abs. 2 bis 4;
6. Kontaktdaten von Ansprechpersonen und Haushalten im Rahmen des Mess-, Kontroll- und Prüfsystems gemäß § 63 und

7. Daten im Rahmen des standardisierten Kurzberichts gemäß § 43 in Verbindung mit **Anhang 1 zu § 42**, wie Energieverbrauch je Energieträger, Energieexport und Energieverbrauchsbereiche und Angaben zu Abwärmepotenzialen.

(5) Der Zugang zur elektronischen Meldeplattform erfolgt über die Anmeldung zum Unternehmensserviceportal („USP"). Die Vornahme von Meldungen hat über die elektronische Meldeplattform und ausschließlich von meldepflichtigen Personen oder den von diesen bevollmächtigten Einbringungsverantwortlichen gemäß Abs. 2 zu erfolgen. Die nach diesem Bundesgesetz verpflichteten Personen sind für die inhaltliche Richtigkeit der Daten verantwortlich.

(6) Unbeschadet der Verantwortung der verpflichteten oder berechtigten Personen gemäß Abs. 5 für die Richtigkeit der Daten, kann im Interesse der Zweckmäßigkeit, Einfachheit, Raschheit oder Kostenersparnis die E-Control ihr zur Kenntnis gekommene Mängel oder inhaltliche Unrichtigkeiten der betroffenen Person mit schriftlicher Begründung vorhalten und eine angemessene Frist zur Klärung oder Berichtigung einräumen. Werden die Daten nach wiederholter schriftlicher Aufforderung innerhalb der neuerlich vorgegebenen Frist nicht berichtigt, kann die E-Control die Berichtigung von Amts wegen veranlassen und hat die betroffene Person hievon nachweislich zu verständigen; auf Antrag der betroffenen Person ist darüber bescheidförmig abzusprechen.

(7) Personenbezogene Daten sind zu löschen, wenn sie nicht mehr zur Erfüllung der gesetzmäßigen Aufgaben benötigt werden, spätestens nach Ablauf von zehn Jahren.

(8) Soweit die Bundesrechenzentrum GmbH (im Folgenden: „BRZ GmbH") von der E-Control mit der Errichtung, dem Betrieb und der Wartung einer Datenbank zur Erfassung, Verwaltung, Verarbeitung und Analyse von Daten, die gemäß den Bestimmungen dieses Bundesgesetzes zu übermitteln sind, betraut wird, besteht hinsichtlich dieser von der BRZ GmbH zu erbringenden Leistungen Betriebspflicht.

[a] Tritt mit Ablauf des 14. August 2024 außer Kraft.

Elektronische Meldeplattform

§ 59.[a] (1) Anbringen sind der E-Control, soweit in diesem Bundesgesetz nichts anderes normiert wird, über die elektronische Meldeplattform zu übermitteln; sofern dies aus technischen Gründen nicht möglich ist, kann die Übermittlung von Anbringen auf postalischem Weg erfolgen. Ein Anbringen, das im Wege der elektronischen Meldeplattform an die E-Control übermittelt wird, gilt mit Einlangen der Daten im elektronischen Verfügungsbereich der E-Control als eingebracht.

(2) Die E-Control hat dafür Sorge zu tragen, dass die angemessene elektronische Verfügbarkeit der Daten gewährleistet bleibt. Sie hat geeignete Vorkehrungen dafür zu treffen, dass sich die meldepflichtigen Personen oder ihre Einbringungsverantwortlichen während eines angemessenen Zeitraums im System über die Richtigkeit und Vollständigkeit der von ihnen oder ihren Einbringungsverantwortlichen erstatteten Meldedaten vergewissern können.

(3) Die E-Control ist datenschutzrechtlicher Verantwortlicher gemäß DSGVO und hat die elektronische Meldeplattform in ihrer rechtlichen und finanziellen Verantwortung zu betreiben.

(4) Die E-Control ist zur Verarbeitung nachstehender Daten ermächtigt, soweit deren Verwendung für die Erfüllung ihrer Aufgaben eine wesentliche Voraussetzung ist:

1. Kontaktdaten von Ansprechpersonen und vertretungsbefugten Organen der gemäß § 39 und § 58 Abs. 2 verpflichteten Energielieferantinnen und Energielieferanten sowie der gemäß § 41 verpflichteten Unternehmen;
2. Daten der Ansprechpersonen samt Stellvertretung von Beratungsstellen für Haushalte gemäß § 39 Abs. 2 und der nominierten Vertretung gemäß § 39 Abs. 6;
3. Daten der Energieauditorinnen und Energieauditoren oder Energieberaterinnen und Energieberater zur Eintragung in die elektronische Liste gemäß § 45;
4. Daten zur Ermittlung der Energieauditverpflichtung großer Unternehmen gemäß § 42;
5. Daten zur Ermittlung des Energieabsatzes gemäß § 60 Abs. 2 bis 4;
6. Kontaktdaten von Ansprechpersonen und Haushalten im Rahmen des Mess-, Kontroll- und Prüfsystems gemäß § 63 und
7. Daten im Rahmen des standardisierten Kurzberichts gemäß § 43 in Verbindung mit **Anhang 1 zu § 42**, wie Energieverbrauch je Energieträger, Energieexport und Energieverbrauchsbereiche und Angaben zu Abwärmepotenzialen.

(5) Der Zugang zur elektronischen Meldeplattform erfolgt über die Anmeldung zum Unternehmensserviceportal („USP"). Die Vornahme von Meldungen hat über die elektronische Meldeplattform und ausschließlich von meldepflichtigen Personen oder den von diesen bevollmächtigten Einbringungsverantwortlichen gemäß Abs. 2 zu erfolgen. Die nach diesem Bundesgesetz verpflichteten Personen sind für die inhaltliche Richtigkeit der Daten verantwortlich.

(6) Unbeschadet der Verantwortung der verpflichteten oder berechtigten Personen gemäß Abs. 5 für die Richtigkeit der Daten, kann

im Interesse der Zweckmäßigkeit, Einfachheit, Raschheit oder Kostenersparnis die E-Control ihr zur Kenntnis gekommene Mängel oder inhaltliche Unrichtigkeiten der betroffenen Person mit schriftlicher Begründung vorhalten und eine angemessene Frist zur Klärung oder Berichtigung einräumen. Werden die Daten nach wiederholter schriftlicher Aufforderung innerhalb der neuerlich vorgegebenen Frist nicht berichtigt, kann die E-Control die Berichtigung von Amts wegen veranlassen und hat die betroffene Person hievon nachweislich zu verständigen; auf Antrag der betroffenen Person ist darüber bescheidförmig abzusprechen.

(7) Personenbezogene Daten sind zu löschen, wenn sie nicht mehr zur Erfüllung der gesetzmäßigen Aufgaben benötigt werden, spätestens nach Ablauf von zehn Jahren.

(8) Soweit die Bundesrechenzentrum GmbH (im Folgenden: „BRZ GmbH") von der E-Control mit der Errichtung, dem Betrieb und der Wartung einer Datenbank zur Erfassung, Verwaltung, Verarbeitung und Analyse von Daten, die gemäß den Bestimmungen dieses Bundesgesetzes zu übermittelt sind, betraut wird, besteht hinsichtlich dieser von der BRZ GmbH zu erbringenden Leistungen Betriebspflicht.

[a] Tritt mit 15. August 2024 in Kraft.

Meldepflichten

§ 60. (1) Der E-Control sind insbesondere zu melden:

1. die Einrichtung der Beratungsstelle durch geeignete Ansprechpersonen samt Stellvertretung gemäß § 39 Abs. 2;
2. die Einrichtung der Beratungsstelle auf Ebene der gesetzlichen Interessenvertretung oder eines sonst normierten Vertreters gemäß § 39 Abs. 6;
3. die standardisierten Kurzberichte gemäß § 43 in Verbindung mit § 75 Abs. 1 und 2; verpflichtete Unternehmen, die ein anerkanntes Managementsystem eingerichtet haben, haben zusätzlich das gültige Zertifikat oder eine gültige Registrierungsnummer zu melden;
4. die Änderung der in der elektronischen Liste enthaltenen Informationen gemäß § 45 Abs. 2;
5. alternative strategische Maßnahmen durch die jeweils verantwortlichen Stellen gemäß § 63;
6. die Über- oder Unterschreitung der Schwellenwerte gemäß § 65 Abs. 1 und
7. die Zuständigkeiten innerhalb der konzernweisen Zusammenrechnung gemäß § 65 Abs. 7.

(2) Energielieferantinnen und Energielieferanten, die mehr als 25 GWh an Endverbraucherinnen und Endverbraucher in Österreich im Bemessungsjahr an Endenergie abgesetzt haben, haben der E-Control die abgesetzte Menge zum 30. Juni des Folgejahres zu melden. Die an Haushalte abgesetzte Menge an Endenergie ist gesondert anzugeben, soweit diese Daten technisch oder wirtschaftlich machbar erhoben werden können.

(3) Bei der Ermittlung des Schwellenwertes gemäß Abs. 2 ist der Energieabsatz von Energielieferantinnen und Energielieferanten, die zu mehr als 50 % im Eigentum eines anderen Unternehmens stehen oder zu mehr als 50 % Eigentum an anderen Unternehmen halten, konzernweise zusammenzurechnen.

(4) Das Bestehen eines beherrschenden Einflusses gemäß § 244 Abs. 2 Z 3 UGB hat zur Folge, dass innerhalb der konzernweisen Zusammenrechnung gemäß Abs. 3 diese Unternehmen gleich zu behandeln sind wie Unternehmen, die zu mehr als 50 % im Eigentum eines anderen Unternehmens stehen.

Überprüfungen vor Ort

§ 61. (1) Soweit dies für die Vollziehung der konkreten Aufgabe erforderlich ist, sind die E-Control, ihre Organe und die von ihr herangezogenen Sachverständigen berechtigt, vor Ort die Unterlagen von verpflichteten Unternehmen oder Personen einzusehen sowie Liegenschaften, Gebäude und Anlagen zu betreten, besichtigen und überprüfen. Zu diesem Zweck ist von den verpflichteten Unternehmen oder Personen vorab die schriftliche Zustimmung der Eigentümerin bzw. des Eigentümers der Liegenschaft oder des Gebäudes oder der Anlagenbetreiberin bzw. des Anlagenbetreibers einzuholen und der E-Control auf Verlangen vorzulegen.

(2) Verpflichtete Unternehmen oder Personen haben den Organen der E-Control und der bzw. dem von diesen herangezogenen Sachverständigen die für die Überprüfung gemäß Abs. 1 erforderlichen Unterlagen zur Verfügung zu stellen und das Betreten, Besichtigen und Überprüfen gemäß Abs. 1 zu dulden. Sie haben den Organen der E-Control und den von diesen herangezogenen Sachverständigen innerhalb der üblichen Geschäfts- und Arbeitszeit Zutritt zu den Geschäfts- und Arbeitsräumen zu gewähren und, sofern vorhanden, geeignete Räumlichkeiten und Hilfsmittel zur Verfügung zu stellen.

(3) Die Überprüfung vor Ort ist mindestens eine Woche vor Beginn anzukündigen, sofern dadurch der Zweck der Überprüfung nicht vereitelt wird. Die Organe der E-Control sind mit einem schriftlichen Prüfungsauftrag auszustatten und haben sich vor Beginn der Prüfung unaufgefordert auszuweisen sowie den Prüfungsauftrag vorzuweisen. Der Prüfungsauftrag hat den Gegenstand der Prüfung zu umschreiben. Die Eigentümerin bzw. der Eigentümer der Liegenschaft oder des Gebäudes, die Betreiberin bzw. der Betreiber der Anlage oder deren gesetzliche Vertreterinnen bzw. gesetzliche Vertreter sind spätestens beim Betreten der Liegenschaft, des Gebäudes oder der Anlage vom

Beginn der Prüfung zu verständigen. Störungen und Behinderungen des Betriebes sind dabei möglichst zu vermeiden.

(4) Die in der Prüfung hervorgekommenen Sachverhaltsfeststellungen sind von der E-Control in einer Niederschrift nach § 14 AVG in möglichster Kürze und mit der Maßgabe festzuhalten, dass sie den in Abs. 1 geprüften verpflichteten Unternehmen oder Personen oder deren gesetzlicher Vertretung die Gelegenheit zu geben hat, sich in einem Zusatz zur Niederschrift zu äußern.

(5) Im Interesse der Zweckmäßigkeit, Einfachheit, Raschheit oder Kostenersparnis kann die E-Control mit der Durchführung der in Abs. 1 bis 4 angeführten Amtshandlungen auch Organe bestellen, die nicht dem Personalstand der E-Control angehören. Ihnen ist von der E-Control eine angemessene Vergütung zu leisten, die in einem angemessenen Verhältnis zu der mit der Überprüfung verbundenen Arbeit und den Aufwendungen steht. Wurde eine nicht amtliche Sachverständige bzw. ein nicht amtlicher Sachverständiger gemäß § 58 bestellt, kann diese bzw. dieser mit der selbstständigen Vornahme von Amtshandlungen gemäß Abs. 1 bis Abs. 4 beauftragt werden.

Bewertung und Anrechenbarkeit von Energieeffizienzmaßnahmen

§ 62. (1) Energieeffizienzmaßnahmen haben folgende Voraussetzungen zu erfüllen:

1. Energieeffizienzmaßnahmen sind anrechenbar, wenn sie
a) Energieeffizienzverbesserungen bewirken und
b) über technische oder rechtliche Mindestbestimmungen hinausgehen („Zusätzlichkeit“);

bei der Renovierung bestehender Gebäude kann die Zusätzlichkeit entfallen;

2. der Anreiz, der dazu führt, dass eine Energieeffizienzmaßnahme gesetzt wird, hat wesentlich und einer Maßnahmensetzung konkret zurechenbar zu sein;
3. die Energieeffizienzmaßnahme wurde nachweislich nach dem 31. Dezember 2020 gesetzt;
4. die aus der Energieeffizienzverbesserung resultierenden Endenergieeinsparungen haben aufgrund einer verallgemeinerten Methode oder einer individuellen Bewertung ermittelt zu werden; die Verwendung einer verallgemeinerten Methode als Basis für eine individuelle Bewertung ist zulässig, sofern die verwendeten Werte nachgewiesen werden und konkret begründet sind;
5. Endenergieeinsparungen sind aus dem normierten und normalisierten Endenergieverbrauch vor Setzen einer Energieeffizienzmaßnahme (Referenzendenergieverbrauch) minus dem normierten und normalisierten Endenergieverbrauch nach Setzen einer Energieeffizienzmaßnahme zu ermitteln; wenn mehrere verallgemeinerte Methoden anwendbar sind, ist die speziellere Methode heranzuziehen;
6. Übertragungen von Energieeffizienzmaßnahmen sind gemäß den Bedingungen der Z 7 zulässig; je Energieeffizienzmaßnahme sind höchstens 50 Übertragungen zulässig;
7. Endenergieeinsparungen aus Energieeffizienzmaßnahmen, die in einem Jahr gesetzt wurden, können so angerechnet werden, als ob sie in einem der drei darauffolgenden Kalenderjahre erreicht worden wären, sofern der jeweilige Zeitraum zwischen dem 1. Jänner 2021 und dem 31. Dezember 2030 liegt;
8. geht eine in einem Kalenderjahr angerechnete Endenergieeinsparung über den jährlichen Zielpfad gemäß § 38 Abs. 1 Z 2 hinaus („Übererfüllung“), kann diese auf das folgende Kalenderjahr angerechnet werden; die Anrechnung der Übererfüllung aus einem Kalenderjahr ist maximal für drei nachfolgende Kalenderjahre zulässig, sofern der jeweilige Zeitraum zwischen dem 1. Jänner 2021 und dem 31. Dezember 2030 liegt;
9. Energieeffizienzmaßnahmen sind teilbar, sofern die Teile größer als 20 MWh sind; für geteilte Energieeffizienzmaßnahmen gelten dieselben Regeln wie für ungeteilte Energieeffizienzmaßnahmen; die Teilung der Energieeffizienzmaßnahmen hat über die elektronische Meldeplattform zu erfolgen;
10. Endenergieeinsparungen aus dem Einbau oder dem Austausch von energieverbrauchenden Geräten oder Geräteteilen oder aus der Anschaffung von energieverbrauchenden Fahrzeugen oder Fahrzeugteilen, die auf Basis fossiler Energieträger betrieben werden, sind nicht als Energieeffizienzmaßnahme anrechenbar;
11. Endenergieeinsparungen aus dem Einbau von energieverbrauchenden Geräten oder Geräteteilen, die bestehende Geräte oder Geräteteile ersetzen und auf Basis fossiler Energieträger betrieben werden, sind auf Grundlage einer individuellen Bewertung bei Unternehmen anrechenbar, wenn bezogen auf die der Endenergieeinsparung zugrundeliegenden Energieeffizienzmaßnahme
a) die Amortisationszeit dieser Energieeffizienzmaßnahme höchstens fünfzehn Jahre beträgt und
b) diese nicht in den Bereichen Transport und Gebäude (Raumwärme, -kälte oder Warmwasser) gesetzt wird;
12. der bloße Wechsel von Brenn-, Treib- oder Kraftstoffen auf andere Brenn-, Treib- oder Kraftstoffe ist nicht als Energieeffizienzmaßnahme anrechenbar; dasselbe gilt für Zusätze zu Brenn-, Treib- oder Kraftstoffen und
13. die doppelte Anrechnung von Endenergieeinsparungen ist unzulässig.

(2) Eine anrechenbare Energieeffizienzmaßnahme kann nur dann als gesetzt gemeldet werden, wenn die Endenergieeinsparung, die aus der Energieeffizienzmaßnahme resultiert, zum Zeitpunkt des Setzens tatsächlich in Österreich wirksam ist und nachgewiesen werden kann. Wirkt die Maßnahme nicht bis 31. Dezember 2030, ist die Endenergieeinsparung anteilsmäßig zu reduzieren.

(3) Die Bundesministerin für Klimaschutz, Umwelt, Energie, Mobilität, Innovation und Technologie hat im Einvernehmen mit dem Bundesminister für Arbeit und Wirtschaft und dem Bundesminister für Finanzen zur Konkretisierung der Bewertung und Anrechenbarkeit von Energieeffizienzmaßnahmen nach Vorschlag der E-Control eine Verordnung zu erlassen und dabei auf die Einhaltung der kumulierten Endenergieeinsparungen gemäß § 38 Abs. 1 Z 2 zu achten. Die Verordnung hat zu enthalten:

1. die Aufzählung der verallgemeinerten Methoden, insbesondere für Haushalte oder begünstigte Haushalte;
2. die detaillierten Vorgaben samt Dokumentationserfordernissen für die verallgemeinerten Methoden, wie insbesondere die Festlegung von Datenquellen, Messmethoden, Berechnungsmethoden, und die Ermittlung der Referenzendenergieverbräuche;
3. die Bedingungen für die Teilbarkeit und die Übertragungen von Energieeffizienzmaßnahmen;
4. die Festlegung von Anreizen, die zur Setzung von Energieeffizienzmaßnahmen führen;
5. die Aufgaben der Energieberaterinnen und Energieberater im Rahmen der verallgemeinerten Methoden;
6. die Trennung der Voraussetzungen nach verallgemeinerten Methoden und individueller Bewertung und
7. die Festlegung der Faktoren für die Umrechnung von physikalischen Einheiten in Energieeinheiten („Umrechnungsfaktoren“).

(4) Die Verordnung kann insbesondere enthalten:

1. weitere Energieeffizienzmaßnahmen, die gemäß § 50 Abs. 1 und 4 für Bund und BIG anrechenbar sind;
2. Konkretisierungen der Dokumentationserfordernisse für alternative strategische Maßnahmen;
3. sonstige Konkretisierungen zur Dokumentation von anrechenbaren Energieeffizienzmaßnahmen, sofern sie nicht von § 64 erfasst sind;
4. besondere Teilungs-, Melde- und Dokumentationsbedingungen für gemeinsame Anreizsetzungen;
5. besondere Melde-, Übertragungs-, Teilungs- oder Dokumentationsbedingungen für alternative strategische Maßnahmen und
6. besondere Melde-, Übertragungs-, Teilungs- oder Dokumentationsbedingungen von Energieeffizienzmaßnahmen durch Unternehmen, Personen oder Stellen.

(5) Die Verordnung ist zumindest zweijährlich von der E-Control dahingehend zu prüfen, ob die Energieeffizienzmaßnahmen dem Stand der Technik entsprechen und für die Erreichung der Energieeffizienzzielverpflichtung zweckdienlich sind. Bei Bedarf ist die Verordnung durch die Bundesministerin für Klimaschutz, Umwelt, Energie, Mobilität, Innovation und Technologie im Einvernehmen mit dem Bundesminister für Arbeit und Wirtschaft und dem Bundesminister für Finanzen nach Vorschlag der E-Control anzupassen.

Mess-, Kontroll- und Prüfsystem

§ 63. (1) Mit Ausnahme der fiskalpolitischen Maßnahmen hat die E-Control für die gemeldeten alternativen strategischen Maßnahmen ein Mess-, Kontroll- und Prüfsystem einzurichten und dabei zumindest bei einem statistisch signifikanten Anteil eine repräsentative Stichprobe mittels dokumentierter Prüfung durchzuführen. Die Messung, Kontrolle und Überprüfung hat unabhängig von den teilnehmenden, beauftragten oder sonst verantwortlichen Stellen zu erfolgen.

(2) Ergibt das Mess-, Kontroll- und Prüfsystem, dass eine alternative strategische Maßnahme nicht anrechenbar ist, so ist der jeweiligen Stelle Gelegenheit zur Stellungnahme zu geben und das Ergebnis in den Berichtsinformationen gemäß § 70 Abs. 1 Z 1, 8, 9 und § 70 Abs. 2 zu dokumentieren.

(3) Die teilnehmenden, beauftragten oder sonst verantwortlichen Stellen haben der E-Control alle Auskünfte zu erteilen, die für die Beurteilung, Prüfung und Kontrolle der Anrechenbarkeit von anrechenbaren Energieeffizienzmaßnahmen und damit zusammenhängend für die Berichtsinformationen gemäß § 70 Abs. 1 Z 1, 8 und 9 und § 70 Abs. 2 notwendig sind.

Dokumentation von Energieeffizienzmaßnahmen

§ 64. (1) Die Dokumentation einer Energieeffizienzmaßnahme hat folgende Angaben und Nachweise zu umfassen:

1. die Art der Energieeffizienzmaßnahme, die Art des Energieträgers vor und nach Setzen der Energieeffizienzmaßnahme;
2. Angaben, ob und in welchem Ausmaß die Energieeffizienzmaßnahme bei Haushalten oder begünstigten Haushalten gesetzt wurde;
3. den Nachweis, dass die Energieeffizienzmaßnahme tatsächlich gesetzt wurde;
4. die genaue Bezeichnung der juristischen oder natürlichen Person, die die Maßnahme gesetzt hat; wenn die Energieeffizienzmaßnahme von

einer dritten Person gesetzt wurde, den Nachweis der Zustimmung zur Überprüfung vor Ort;
5. die genaue Bezeichnung der Unternehmen, Personen oder Stellen, denen die Energieeffizienzmaßnahme zuzurechnen ist;
6. den Zeitpunkt und den Ort des Setzens der Energieeffizienzmaßnahme;
7. die Wirkungsdauer und das Ausmaß der Energieeinsparung sowie die Art ihrer Berechnung;
8. Art und Umfang von erhaltenen Förderungen für die Energieeffizienzmaßnahme sowie die Angabe des Anreizes, der Aufwendungen, Investitionen oder sonstigen Maßnahmen, die für das Setzen der Effizienzmaßnahme erforderlich waren;
9. das Datum der Dokumentation;
10. im Falle einer geteilten Energieeffizienzmaßnahme: Ausweis des Anteils der Endenergieeinsparung, der jeweils einem Unternehmen, einer Person oder einer Stelle zuzurechnen ist;
11. im Falle einer übertragenen Energieeffizienzmaßnahme: den Nachweis der Übertragungen und der jeweiligen vertraglichen Grundlagen und
12. Angaben, welche Behörden sonst mit der Energieeffizienzmaßnahme befasst sind und ob die erforderlichen Genehmigungen für die zulässige Realisierung der Maßnahme vorliegen.

(2) Zur Dokumentation von individuell bewerteten Energieeffizienzmaßnahmen ist zusätzlich zu den gemäß Abs. 1 erforderlichen Nachweisen insbesondere ein von einer befugten Fachperson erstelltes Gutachten unter Namhaftmachung der Verfasserin bzw. des Verfassers zu folgenden Mindestangaben als Nachweis in der Datenbank zu erfassen:
1. eine technische Beschreibung der gesetzten Maßnahme;
2. der berechnete jährliche Energieeinsparungswert und
3. eine detaillierte Beschreibung der verwendeten Werte, Datenquellen, Messmethoden, Berechnungsmethoden und Herleitungen sowie die Ermittlung der Referenzendenergieverbräuche.

Verfahren zur Prüfung von Energieaudits und Managementsystemen

§ 65. (1) Unternehmen haben der E-Control jeweils bis spätestens 30. November des laufenden Kalenderjahres zu melden, wenn sie im Kalendervorjahr die Schwellenwerte für verpflichtete Unternehmen gemäß § 41 Abs. 1 überschritten haben und bis zum 30. November des folgenden Kalenderjahres einen standardisierten Kurzbericht gemäß § 43 zu melden.

(2) Verpflichtete Unternehmen haben der E-Control den standardisierten Kurzbericht gemäß § 43 Abs. 1 nach dessen Dokumentation bis spätestens 30. November des Folgejahres zu melden. Erfolgt die Meldung des standardisierten Kurzberichts nicht fristgerecht, wird das fristgerechte Meldedatum als Grundlage für die Berechnung der nächsten Meldung herangezogen. Als Grundlage für die Berechnung der Meldefristen ist jeweils das Kalenderjahr heranzuziehen.

(3) Die E-Control hat von den gemeldeten standardisierten Kurzberichten jährlich mindestens einen statistisch signifikanten Anteil unter Beachtung des Zufallsprinzips zu prüfen (Stichprobe). Bei Managementsystemen hat die E-Control überdies zu prüfen, ob die Energieeffizienz anhand der unternehmerischen Kennzahlen verbessert wurde.

(4) Ergibt die Stichprobe, dass der standardisierte Kurzbericht mangelhaft ist, ist auf Verlangen der E–Control der Energieauditbericht vorzulegen oder das Managementsystem zu prüfen. Bei Feststellung von Mängeln im Energieauditbericht oder beim Managementsystem hat die E-Control den gesetzmäßigen Zustand zu veranlassen.

(5) Ergibt ein Stichproben- oder Ermittlungsverfahren, dass im Falle von Energieaudits der standardisierte Kurzbericht und der Energieauditbericht von einer nicht in der Liste eingetragenen Energieauditorin bzw. einem nicht in der Liste eingetragenen Energieauditor erstellt wurde, hat die E–Control zu prüfen, ob die Voraussetzungen an die fachliche Qualifizierung vorliegen. Liegen diese Voraussetzungen nicht vor, hat die E-Control den gesetzmäßigen Zustand zu veranlassen.

(6) Das verpflichtete Unternehmen ist für die fristgerechte Übermittlung des standardisierten Kurzberichts verantwortlich; es kann jedoch eine Energieauditorin bzw. einen Energieauditor beauftragen, Meldungen in der elektronischen Meldeplattform für das verpflichtete Unternehmen vorzunehmen. Die Folgen einer verspäteten oder nicht ordnungsgemäß durchgeführten Meldung treffen das verpflichtete Unternehmen.

(7) Innerhalb einer konzernweisen Zusammenrechnung gemäß § 41 Abs. 2 und 3 kann die Meldung des standardisierten Kurzberichts von einem dazu bestimmten Unternehmen mit Sitz in Österreich für andere Unternehmen durchgeführt werden. Wer innerhalb der konzernweisen Zusammenrechnung für die Vornahme von Meldungen zuständig ist, ist der E-Control rechtzeitig im Vorhinein zu melden. Die Feststellung der wesentlichen Energieverbrauchsbereiche Gebäude, Produktionsprozesse und Transport kann innerhalb der konzernweisen Zusammenrechnung für ein Einzelunternehmen, für mehrere oder alle der Zusammenrechnung zugehörigen Unternehmen erfolgen.

(8) Bestehen begründete Zweifel, ob ein Unternehmen in den Anwendungsbereich des § 41 fällt,

hat die E-Control auf Antrag einen Feststellungsbescheid zu erlassen.

Verfahren zur Eintragung in die elektronische Liste

§ 66. (1) Sofern eine Energieauditorin bzw. ein Energieauditor oder eine Energieberaterin bzw. ein Energieberater die Anforderungen an die fachliche Qualifizierung gemäß § 44 Abs. 1 erfüllt, kann sie bzw. er dies der E-Control unter Anschluss aller erforderlichen Belege und Nachweise zum Zweck der Aufnahme in die elektronische Liste mitteilen („Erstmitteilung").

(2) Genügen die der Erstmitteilung angeschlossenen Unterlagen für den Nachweis der Erfüllung der Anforderungen an die fachliche Qualifizierung, hat die E–Control die Energieauditorin bzw. den Energieauditor oder die Energieberaterin bzw. den Energieberater innerhalb von drei Monaten in die elektronische Liste aufzunehmen und diese bzw. diesen vom Zeitpunkt der Aufnahme zu verständigen.

(3) Sofern eine Energieauditorin bzw. ein Energieauditor oder eine Energieberaterin bzw. ein Energieberater die Anforderungen an die fachliche Requalifizierung gemäß § 44 Abs. 3 Z 6 erfüllt, kann dies der E-Control unter Anschluss aller erforderlichen Belege und Nachweise zum Zweck des Verbleibs in der elektronischen Liste mitgeteilt werden („Folgemitteilung").

(4) Der Verbleib in der elektronischen Liste als Energieauditorin bzw. Energieauditor nach Ablauf der Frist von fünf Jahren setzt voraus, dass die E-Control in der Vorperiode nicht mehr als drei Energieauditberichte aufgrund inhaltlicher Mängel abgelehnt hat.

(5) Wird aufgrund der Eintragungen der elektronischen Liste eine dort angeführte Energieauditorin bzw. ein dort angeführter Energieauditor mit der Durchführung eines Energieaudits beauftragt, gilt die Vermutung der fachlichen Eignung der Energieauditorin bzw. des Energieauditors.

(6) Die Folgemitteilung gemäß Abs. 3 hat frühestens sechs Monate und spätestens zwei Monate vor Ablauf der jeweiligen Frist zu erfolgen. Die Energieauditorin bzw. der Energieauditor oder die Energieberaterin bzw. der Energieberater bleibt über den Fristablauf hinaus in der Liste, bis die E-Control ihr bzw. ihm mitteilt, ob sie bzw. er aufgrund der Erfüllung der Anforderungen an die fachliche Requalifizierung gemäß § 44 Abs. 3 Z 6 für weitere fünf Jahre auf der Liste verbleibt.

(7) Genügen die der Mitteilung angeschlossenen Unterlagen für den Nachweis der Erfüllung der Anforderungen gemäß Abs. 3 nicht, ist die Energieauditorin bzw. der Energieauditor oder die Energieberaterin bzw. der Energieberater von der Liste zu streichen. Eine erneute Aufnahme in die elektronische Liste ist unter Beachtung der Vorschriften für eine Erstmitteilung zulässig.

(8) Beurteilt die E-Control die Anforderungen an die fachliche Qualifizierung oder Requalifizierung als nicht oder nicht mehr erfüllt, hat die E-Control der Energieauditorin bzw. dem Energieauditor oder der Energieberaterin bzw. dem Energieberater die Streichung aus der Liste schriftlich mitzuteilen und zu begründen. Auf Antrag der Energieauditorin bzw. des Energieauditors oder der Energieberaterin bzw. des Energieberaters hat die E-Control über die Eintragung in die elektronische Liste oder den Verbleib in selbiger mit Bescheid zu entscheiden.

Besondere Vorschriften für begünstigte Haushalte

§ 67. Die E-Control hat zumindest jährlich eine Liste der Ansprechpersonen von Beratungsstellen für Haushalte gemäß § 39 Abs. 5 Z 2 auf ihrer Website zu veröffentlichen.

Verwaltungsstrafen und Zuständigkeiten

§ 68. (1) Verwaltungsstrafen nach diesem Bundesgesetz sind von der gemäß § 26 Verwaltungsstrafgesetz 1991 (VStG), BGBl. Nr. 52/1991, zuständigen Bezirksverwaltungsbehörde zu verhängen.

(2) Die örtliche Zuständigkeit der Verwaltungsstrafbehörde richtet sich nach dem Geschäftssitz oder dem Sitz der Niederlassung der betroffenen Energielieferantin bzw. des betroffenen Energielieferanten oder Unternehmens. Befindet sich dieser im Ausland, ist die für den Sitz der E-Control örtlich zuständige Bezirksverwaltungsbehörde die Verwaltungsstrafbehörde.

(3) Die E-Control hat in Verwaltungsstrafverfahren gemäß Abs. 1 Parteistellung. Sie ist berechtigt, die Einhaltung von Rechtsvorschriften nach diesem Bundesgesetz geltend zu machen und Beschwerde an das Verwaltungsgericht des Landes zu erheben.

(4) Sofern die Tat nicht nach anderen Verwaltungsstrafbestimmungen mit strengerer Strafe bedroht ist, begeht eine Verwaltungsübertretung und ist

1. mit Geldstrafe bis zu 100 000 Euro zu bestrafen, wer Angaben zur konzernweisen Zusammenrechnung gemäß § 41 Abs. 2 und 3 falsch, nicht oder nicht ordnungsgemäß macht;
2. mit Geldstrafe bis zu 50 000 Euro zu bestrafen, wer

a) ihrer bzw. seiner in § 39 Abs. 1 und 2 festgelegten Pflicht zur Einrichtung einer Beratungsstelle oder Nominierung von Ansprechpersonen und
b) ihrer bzw. seiner Verpflichtung gemäß § 42 Abs. 1 und 2 nicht oder nicht ordnungsgemäß nachkommt;

3. mit Geldstrafe bis zu 20 000 Euro zu bestrafen, wer

a) die Meldepflichten gegenüber der E-Control gemäß § 60 nicht oder nicht ordnungsgemäß einhält;
b) Angaben gemäß § 43 Abs. 2 falsch, nicht oder nicht ordnungsgemäß macht;
c) die Verpflichtungen gemäß § 39 Abs. 4, 5 und 6 oder § 43 Abs. 1, 2 und 4 verletzt;
d) als Verpflichtete bzw. Verpflichteter Energieaudits beauftragt, ohne dass die beauftragte Person die hiefür erforderlichen fachlichen Voraussetzungen gemäß § 44 besitzt;
e) als Eigentümerin ihren bzw. als Eigentümer seinen Verpflichtungen gemäß § 53 Abs. 2, § 54 Abs. 1, 2, 3, 4 und 5 oder § 55 Abs. 1 und 2 nicht nachkommt;

4. mit Geldstrafe bis zu 10 000 Euro zu bestrafen, wer der E-Control die Einsicht oder Auskunft gemäß § 57 Abs. 3 verweigert.

(5) Die Einnahmen aus den Verwaltungsstrafen gemäß Abs. 4 fließen dem Bund zu.

(6) Die E-Control kann, ausgenommen Abs. 4 Z 3 lit. e, Verpflichtete, die Bestimmungen nach diesem Bundesgesetz verletzen, darauf hinweisen und ihnen auftragen, den gesetzmäßigen Zustand innerhalb einer von ihr festgelegten angemessenen Frist herzustellen, wenn Gründe zur Annahme bestehen, dass auch ohne Straferkenntnis ein rechtskonformes Verhalten erfolgen wird. Dabei hat sie auf die mit einer solchen Aufforderung verbundenen Rechtsfolgen hinzuweisen. Verpflichtete sind nicht zu bestrafen, wenn sie den gesetzmäßigen Zustand innerhalb der von der E-Control gesetzten Frist herstellen.

(7) Die E-Control hat in anonymisierter Form eine jährlich aktualisierte Aufstellung über eingeleitete Strafverfahren wegen Verwaltungsübertretungen nach diesem Bundesgesetz, deren Ausgang und die Dokumentation der Wahrung ihrer Parteistellung gemäß Abs. 3 zu führen.

Finanzierung und Kostenvorschreibungen

§ 69. (1) Die Aufgabenbereiche der E-Control nach diesem Bundesgesetz sind in zwei Subrechnungskreise zu unterteilen. Diese sind

1. Subrechnungskreis 1 für die administrativen Gesamtkosten der Aufgaben gemäß den Bestimmungen des 3. Abschnitts des 3. Teils und
2. Subrechnungskreis 2 für alle nicht unter Z 1 fallenden Aufgaben im öffentlichen Interesse, wie insbesondere die Kosten für die Einzelverbrauchserfassung gemäß den Bestimmungen des 5. Abschnitts des 3. Teils und die Berichtspflichten der E-Control gemäß § 70.

(2) Der Bund leistet der E-Control für die von ihr nach diesem Bundesgesetz zu erfüllenden Aufgaben pro Geschäftsjahr ab Kundmachung dieses Bundesgesetzes mit Wirksamkeit ab dem Geschäftsjahr 2023 einen Beitrag von 900 000 Euro. Der Beitrag ist zumindest in zwei Teilen jeweils am 1. Jänner des Geschäftsjahres und 30. Juni des Geschäftsjahres an die E-Control zu überweisen, wobei der erste Teil 70 % des Gesamtbetrags zu betragen hat. Ein allenfalls verbleibender Betrag zur Finanzierung des Subrechnungskreises 1 ist auf das folgende Geschäftsjahr zu übertragen.

(3) Die E-Control hat organisatorische Vorkehrungen zu treffen, um eine getrennte Erfassung der Aufwendungen und Erträge der jeweiligen Subrechnungskreise von den übrigen Tätigkeitsbereichen (Elektrizität und Erdgas) sowie der von ihr im allgemeinen öffentlichen Interesse sonst zu erledigenden Aufgaben zu gewährleisten (Kostenrechnung). Kosten, die nicht direkt den einzelnen Subrechnungskreisen zugeordnet werden können, können von der E-Control unter Verwendung angemessener Umlageschlüssel zugeordnet werden.

(4) Im Jahresabschluss der E-Control gemäß § 31 E-ControlG, BGBl. I Nr. 110/2010, sind sämtliche Aufwendungen und Erträge für die Subrechnungskreise 1 und 2 gesondert unter dem Titel „Energieeffizienz" auszuweisen. Allfällige Überschüsse aus Pauschalbeiträgen gemäß Abs. 4 sind auf die Kostenvorschreibungen des Folgejahres anzurechnen. Der Personalaufwand ist gesondert darzulegen.

(5) Im Budget der E-Control gemäß § 30 Abs. 1 und 2 E-ControlG sind Personal- und Sachaufwendungen sowie Erträge getrennt nach Subrechnungskreisen 1 und 2 entsprechend zu berücksichtigen. Die E-Control hat im Rahmen der Budgeterstellung sicherzustellen, dass eine für die Wahrnehmung ihrer Aufgaben angemessene personelle und finanzielle Ressourcenausstattung sichergestellt wird.

(6) Zusätzlich zu Abs. 2 kann der Bund nach Maßgabe der für die im jährlichen Bundesfinanzgesetz für diesen Zweck vorgesehenen Mittel einen weiteren Kostenbeitrag leisten, wenn dies trotz wirtschaftlicher, sparsamer und zweckmäßiger Gebarung der E-Control zur Abdeckung notwendiger Aufsichtskosten erforderlich ist.

Berichts- und Informationspflichten

§ 70. (1) Die E-Control hat jährlich insbesondere zu berichten

1. über die gesamtstaatlichen Energieeffizienzziele gemäß § 38 Abs. 1 Z 1 und 2 und Abs. 2 wie folgt:

a) inwieweit die Ziele für das vorangehende Kalenderjahr eingehalten wurden; die Nichteinhaltung von Zielen ist umfassend darzustellen;
b) die Einhaltung des absoluten Endenergieverbrauchs gemäß § 38 Abs. 1 Z 1, welcher so zu überwachen ist, dass der Endenergieverbrauch bezogen auf das Regeljahr unter Berücksichtigung der relevanten energieverbrauchstreibenden Faktoren berechnet und dem Endenergieverbrauch gemäß linearem Zielpfad gegenübergestellt wird und

c) das Ausmaß und die Ursache der Energieverbrauchsentwicklung sowie sonstige wesentliche Informationen, die insbesondere für die Reduktion des Energieverbrauchs relevant sind, samt einer detaillierten Analyse und
d) die Gesamteinsparungen durch anrechenbare Energieeffizienzmaßnahmen des Bundes und der Länder in absoluten Zahlen und Prozent, wobei die Einhaltung oder Abweichung von den Richtwerten der Länder gemäß **Anhang 2 zu § 70** zu dokumentieren ist;

2. über die Einsparungen des Bundes gemäß den Bestimmungen des 4. Abschnitts des 3. Teils unter Berücksichtigung der Maßnahmenpläne des Bundes, insbesondere die Informationen zu Maßnahmen gemäß Anhang IX Teil 2 Buchstaben f und g der Verordnung (EU) 2018/1999;
3. über die anrechenbaren Energieeffizienzmaßnahmen gemäß § 62, kategorisiert in Maßnahmenarten;
4. über relevante Energieeffizienzindikatoren, die die Veränderungen im Vergleich zu den vorangegangenen Kalenderjahren belegen, wobei die Berechnungen und deren statistische Grundlagen darzutun sind und folgende Informationen zu den Sektoren Dienstleistungen, Haushalte, Industrie, Landwirtschaft, und Verkehr abzudecken sind:

a) der Endenergieverbrauch und der klimabereinigte Endenergieverbrauch;
b) die Aktivitätsentwicklung und
c) die Energieintensität;

5. über relevante österreichische Energieeffizienzindikatoren im Vergleich zu europäischen und internationalen Energieeffizienzindikatoren und die zugrundeliegenden Kennzahlen;
6. welche Auswirkungen die Bestimmungen des 2., 3. und 5. Abschnitts des 3. Teils auf verpflichtete Unternehmen und Personen haben;
7. über die gesetzten Energieeffizienzmaßnahmen bei Haushalten und bei begünstigten Haushalten und deren Wirksamkeit;
8. über die eingesetzten Mittel, die erzielten Effekte durch Förderungen der Energieeffizienz bei alternativen strategischen Maßnahmen des Bundes und der Länder; Angaben zu alternativen strategischen Maßnahmen des Bundes haben Informationen zur Wirkungsorientierung bezüglich der Reduktion von Treibhausgasemissionen in Sektoren innerhalb und außerhalb des Europäischen Emissionshandels zu enthalten, soweit dies möglich oder zweckdienlich ist, und
9. über die gesetzten Energieeffizienzmaßnahmen gemäß § 38 Abs. 2.

Die E-Control hat den jährlichen Bericht der Bundesministerin für Klimaschutz, Umwelt, Energie, Mobilität, Innovation und Technologie und dem Nationalrat vorzulegen. Der Bericht ist auf Basis der verfügbaren Daten per 30. Juni des laufenden Kalenderjahres bis spätestens 31. Oktober des laufenden Kalenderjahres zu erstellen und auf der Website der E-Control zu veröffentlichen. Im Bericht des Folgejahres sind die Informationen, sofern im Kalendervorjahr vorläufige Daten verwendet wurden, auf Basis der endgültigen Daten zu prüfen und entweder zu bestätigen oder im Ausmaß der Abweichungen zu den vorläufigen Daten zu berichtigen.

(2) Die E-Control hat nach Aufforderung durch die Bundesministerin für Klimaschutz, Umwelt, Energie, Mobilität, Innovation und Technologie die jeweils notwendigen Energie- oder Gebäudeeffizienzinformationen für

1. den NEKP gemäß Kapitel 2 der Verordnung (EU) 2018/1999 samt bezughabenden Anhängen;
2. die zweijährlichen Fortschrittsberichte zum NEKP, insbesondere bezogen auf Art. 21 der Verordnung (EU) 2018/1999 und Art. 5 der Richtlinie 2012/27/EU und
3. die Aktualisierung des NEKP gemäß Art. 14 der Verordnung (EU) 2018/1999

an die Bundesministerin für Klimaschutz, Umwelt, Energie, Mobilität, Innovation und Technologie und den Bundesminister für Finanzen zu übermitteln.

(3) Die E-Control kann relevante Energieeffizienzindikatoren gemäß Abs. 1 Z 5 im Rahmen der europäischen oder internationalen Zusammenarbeit direkt an europäische oder internationale Organisationen weitergeben.

(4) Die E-Control ist im Rahmen ihres gesetzlichen Wirkungsbereiches zur Amtshilfe an den Bundesminister für Finanzen zum Zweck der Vollziehung dieses Bundesgesetzes verpflichtet.

Aufsicht

§ 71. (1) Die Bundesministerin für Klimaschutz, Umwelt, Energie, Mobilität, Innovation und Technologie hat die Aufsicht über die Tätigkeit der E-Control dahin auszuüben, dass die E-Control die ihr gesetzlich obliegenden Aufgaben erfüllt, bei Besorgung ihrer Aufgaben die Gesetze und Verordnungen nicht verletzt und ihren Aufgabenbereich nicht überschreitet.

(2) Die Bundesministerin für Klimaschutz, Umwelt, Energie, Mobilität, Innovation und Technologie ist berechtigt, zu dem in Abs. 1 genannten Zweck Auskünfte bei der E-Control über alle Angelegenheiten des Energieeffizienzmonitorings einzuholen. Die E-Control hat unaufgefordert und unverzüglich Meldung an die zuständige Bundesministerin zu erstatten, wenn die ordentliche Überwachung der Aufgaben nicht mehr gewährleistet werden kann.

(3) Die E-Control hat der Bundesministerin für Klimaschutz, Umwelt, Energie, Mobilität, Innovation und Technologie alle notwendigen Daten zur Erfüllung von nationalen, europäischen und internationalen Aufgaben auf begründete Anfrage zur Verfügung zu stellen.

7. Abschnitt
Energieeffizienzinformationen
Marktinformationen

§ 72. (1) Die E-Control hat einschlägige Marktteilnehmerinnen und Marktteilnehmer auf ihrer Website über relevante Energieeffizienzinstrumente und -mechanismen sowie Finanz- und Rechtsrahmen zur Verbesserung der Energieeffizienz zu informieren.

(2) Die E-Control hat verfügbare Energiedienstleistungsverträge und Klauseln, die in solchen Verträgen aufgenommen werden sollen, zur Verfügung zu stellen oder zugänglich zu machen.

Energieeffizienzstatistik

§ 73. (1) Die E-Control kann auf Anfrage der Bundesanstalt „Statistik Österreich" folgende Einzeldaten, die der E-Control von Unternehmen gemäß § 42 mittels standardisiertem Kurzbericht gemeldet wurden, elektronisch und unentgeltlich übermitteln:

1. gebäudebezogene Informationen zu Art und Größe der Nutzfläche in m²;
2. Gebäudekategorie;
3. Baujahr;
4. Energieverbrauch und Energieexport gesamt, je Nutzungskategorie und je Energieträger oder
5. im Transportbereich Kraftfahrzeugklasse und Transportenergieverbrauch.

(2) Die Weitergabe von Einzeldaten gemäß Abs. 1 kann nur erfolgen, wenn dies zur Erfüllung der Aufgaben der Bundesanstalt „Statistik Österreich" im Rahmen der Bundesstatistik gemäß Bundesgesetz über die Bundesstatistik (Bundesstatistikgesetz 2000), BGBl. I Nr. 163/1999, notwendig ist und die Einzeldaten nicht auf anderem Weg ermittelt werden können.

(3) Auf begründete Anfrage der Bundesanstalt „Statistik Österreich" kann die E-Control die unternehmensbezogenen Ansprechpersonen übermitteln, die der E-Control im Rahmen der standardisierten Kurzberichte gemeldet wurden. Die Unternehmen sind nicht zur Auskunftserteilung an die Bundesanstalt „Statistik Österreich" verpflichtet.

(4) Die Bestimmungen des Bundesstatistikgesetzes 2000 über das Statistikgeheimnis sind bei der Erfüllung der Aufgaben nach Abs. 1 bis 3 von der Bundesanstalt „Statistik Österreich" anzuwenden.

8. Abschnitt
Übergangsbestimmungen
Allgemeine Übergangsbestimmungen

§ 74. (1) Das Kalenderjahr der letzten Meldungen gemäß § 41 Abs. 2 Z 3 ist als Grundlage für die Berechnung der nächsten Meldungen gemäß Art. 8 Abs. 4 der Richtlinie 2012/27/EU heranzuziehen.

(2) Die Strafbarkeit von Verwaltungsübertretungen gemäß § 31, die vor der Kundmachung dieses Bundesgesetzes BGBl. I Nr. 59/2023 begangen worden sind, ist nach dem zur Zeit der Tat geltenden Recht zu beurteilen. War die Strafverfolgung zum Zeitpunkt des Inkrafttretens dieses Bundesgesetzes BGBl. I Nr. 59/2023 bereits eingeleitet, ist das Verfahren nach bisherigem Recht fortzusetzen.

(3) Die Verpflichtung für juristische Personen des öffentlichen Rechts gemäß § 42 in Verbindung mit § 37 Z 34, deren vorrangiger Zweck auf wirtschaftliche Tätigkeit ausgerichtet ist, beginnt mit 1. Jänner 2025.

Übergangsbestimmungen für die Kalenderjahre 2021, 2022 und 2023

§ 75. (1) Fällt die Meldepflicht gemäß § 74 Abs. 1 auf einen Zeitraum vor Inkrafttreten dieses Bundesgesetzes oder bis zum Ende des Kalenderjahres 2023, hat die Meldung spätestens bis 30. November des dem Inkrafttreten folgenden Kalenderjahres zu erfolgen. Verpflichtete Unternehmen können für den Zeitraum vor Inkrafttreten dieses Bundesgesetzes ordnungsgemäß durchgeführte Energieaudits oder Managementsysteme gemäß §§ 9, 17 und 18 und Anhang II in der Fassung des Bundesgesetzes BGBl. I Nr. 68/2020 melden. Für die Berechnung der nächsten Meldung ist bei diesen Unternehmen das Kalenderjahr 2023 heranzuziehen.

(2) Der jährliche Bericht gemäß § 70 bezogen auf die Kalenderjahre 2021 und 2022 ist spätestens acht Monate nach Inkrafttreten dieses Bundesgesetzes von der E-Control der Bundesministerin für Klimaschutz, Umwelt, Energie, Mobilität, Innovation und Technologie und dem Nationalrat vorzulegen und auf der Website der E-Control zu veröffentlichen.

(3) Meldungen an die Europäische Kommission zu den Energieeffizienzzielen, -verpflichtungen und -werten per 31. Dezember 2020 sind auf der Grundlage von § 4 Abs. 1 Z 1, 2 und 3 sowie § 16 Abs. 1 in der Fassung des Bundesgesetzes BGBl. I Nr. 68/2020 vorzunehmen.

(4) Anträge, die die Voraussetzungen gemäß § 17 Abs. 3 in der Fassung des Bundesgesetzes BGBl. I Nr. 68/2020, erfüllen, können bis Ende des Kalenderjahres 2023 bei der E-Control eingebracht werden.

(5) Ab Kundmachung dieses Bundesgesetzes tritt die E-Control als Rechtsnachfolger des Bundes, vertreten durch die Bundesministerin für Klimaschutz, Umwelt, Energie, Mobilität, Innovation und Technologie, in bestehende Verträge ein, die für die Errichtung, Sicherung oder Betreibung der Anwendung „Energieeffizienz-Monitoring“ mit der BRZ GmbH abgeschlossen wurden. Allfällige vertragliche Kündigungsrechte bleiben davon unberührt. Die Rechtsnachfolge bewirkt, dass Daten der Anwendung „Energieeffizienz-Monitoring“ Daten der elektronischen Meldeplattform sind. Bestehende Zugänge und Anmeldungen bleiben nach der Rechtsnachfolge aufrecht.

(6) Der Bund leistet der E-Control zur Vorbereitung der für die von ihr nach diesem Bundesgesetz zu erfüllenden Aufgaben den notwendigen Beitrag, der von der E-Control schriftlich darzulegen ist. Der Beitrag ist nach Kundmachung dieses Bundesgesetzes und nach Prüfung der sachlichen und rechnerischen Richtigkeit zu leisten.

(7) Um die ordnungsgemäße Abwicklung des aufgrund § 25 in der Fassung des Bundesgesetzes BGBl. I Nr. 68/2020 abgeschlossenen Vertrags und die Einstellung des Geschäftsbetriebes der Monitoring-Stelle sicherzustellen, kann die Bundesministerin für Klimaschutz, Umwelt, Energie, Mobilität, Innovation und Technologie notwendige Anordnungen gemäß § 26 in der Fassung des Bundesgesetzes BGBl. I Nr. 68/2020 erteilen. Zu diesem Zweck hat die Energieeffizienz-Monitoringstelle gemäß § 26 in der Fassung des Bundesgesetzes BGBl. I Nr. 68/2020 jederzeit Einsicht, insbesondere in die das Monitoring betreffenden Unterlagen, zu gewähren, Auskünfte über ihre Tätigkeiten zu erteilen sowie auf Verlangen entsprechende Berichte zu übermitteln.

(8) Bis zur Kundmachung dieses Bundesgesetzes installierte fernablesbare Geräte, die bezogen auf die Fernablesbarkeit zum Zeitpunkt der Installation dem jeweiligen aktuellsten Stand der Technik entsprochen haben, erfüllen die Anforderungen des § 55 Abs. 4 und 6.

(9) Bis zum Inkrafttreten des § 59 Abs. 1 sind sämtliche Meldungen und sonstige Anbringen an die E-Control unter Verwendung der von der E-Control vorgegebenen Formate elektronisch zu übermitteln.

Übergangsbestimmungen für Energiedienstleisterinnen und Energiedienstleister

§ 76. (1) Die E-Control hat die im Register der nationalen Energieeffizienz-Monitoringstelle gemäß § 17 Abs. 3 in der Fassung des Bundesgesetzes BGBl. I Nr. 68/2020 eingetragenen Energiedienstleisterinnen und Energiedienstleister in die elektronische Liste gemäß § 13 zu übernehmen.

(2) Gemäß § 17 in der Fassung des Bundesgesetzes BGBl. I Nr. 68/2020 zugelassene Energiedienstleisterinnen und Energiedienstleister haben die erforderlichen Nachweise ihrer fachlicher Requalifizierung wie folgt zu erbringen: Bei erstmaliger Zulassung in den Kalenderjahren

1. 2015 bis 2016 bis 31. Dezember 2024;
2. 2017 bis 2018 bis 31. Dezember 2026 und
3. 2019 bis 2021 bis 31. Dezember 2028.

9. Abschnitt
Schlussbestimmungen

Verweisungen

§ 77. (1) Soweit in diesem Bundesgesetz auf folgende Gesetze und Verordnungen verwiesen wird, sind diese, soweit nicht ausdrücklich anderes angeordnet wird, in ihrer jeweils geltenden Fassung anzuwenden:

1. Allgemeines Sozialversicherungsgesetz (ASVG), BGBl. Nr. 189/1955;
2. Allgemeines Verwaltungsverfahrensgesetz 1991 (AVG), BGBl. Nr. 51/1991;
3. Anlage zum Fernmeldegebührengesetz (Fernmeldegebührenordnung), BGBl. Nr. 170/1970;
4. Bundesministeriengesetz 1986 (BMG), BGBl. Nr. 76/1986;
5. Bundesgesetz über das Gebäude- und Wohnungsregister (GWR-Gesetz), BGBl. I Nr. 9/2004;
6. Bundesstatistikgesetz 2000, BGBl. I Nr. 163/1999;
7. Bundes-Verfassungsgesetz (B-VG), BGBl. Nr. 1/1930;
8. Bundesvergabegesetz 2018 (BVergG 2018), BGBl. I Nr. 65/2018;
9. Elektrizitätswirtschafts- und -organisationsgesetz (ElWOG 2010), BGBl. I Nr. 110/2010;
10. Energieausweis-Vorlage-Gesetz 2012 (EAVG 2012), BGBl. I Nr. 27/2012;
11. Energie-Control-Gesetz (E-ControlG), BGBl. I Nr. 110/2010;
12. Erneuerbaren-Ausbau-Gesetz (EAG), BGBl. I Nr. 150/2021;
13. Fernsprechentgeltzuschussgesetz (FeZG), BGBl. I Nr. 142/2000;
14. Gaswirtschaftsgesetz 2011 (GWG 2011), BGBl. I Nr. 107/2011;
15. Insolvenzordnung (IO), RGBl. Nr. 337/1914;
16. Maß- und Eichgesetz (MEG), BGBl. Nr. 152/1950;
17. Registerzählungsgesetz, BGBl. I Nr. 33/2006;
18. Umweltförderungsgesetz (UFG), BGBl. Nr. 185/1993;
19. Unternehmensgesetzbuch (UGB), dRGBl. S. 219/1897 und
20. Verwaltungsstrafgesetz 1991 (VStG), BGBl. Nr. 52/1991.

(2) Soweit in diesem Bundesgesetz auf Verordnungen der Europäischen Union verwiesen wird, sind diese, soweit nicht ausdrücklich anderes angeordnet wird, in ihrer jeweils geltenden Fassung anzuwenden:

1. Verordnung (EG) Nr. 1099/2008 über die Energiestatistik, ABl. Nr. L 304 vom 14.11.2008 S. 1 („Energiestatistik-Verordnung“);
2. Verordnung (EG) Nr. 1221/2009 über die freiwillige Teilnahme von Organisationen an einem Gemeinschaftssystem für Umweltmanagement und Umweltbetriebsprüfung und zur Aufhebung der Verordnung (EG) Nr. 761/2001, sowie der Beschlüsse der Kommission 2001/681/EG und 2006/193/EG, ABl. Nr. L 342 vom 22.12.2009 S. 1 („EMAS-Verordnung“);
3. Verordnung (EU) 2016/679 zum Schutz natürlicher Personen bei der Verarbeitung personenbezogener Daten, zum freien Datenverkehr und zur Aufhebung der Richtlinie 95/46/EG (Datenschutz-Grundverordnung), ABl. Nr. L 119 vom 04.05.2016 S. 1 („DSGVO“), und
4. Verordnung (EU) 2018/1999 über das Governance-System für die Energieunion und für den Klimaschutz, zur Änderung der Verordnungen (EG) Nr. 663/2009 und (EG) Nr. 715/2009, der Richtlinien 94/22/EG, 98/70/EG, 2009/31/EG, 2009/73/EG, 2010/31/EU, 2012/27/EU und 2013/30/EU, der Richtlinien 2009/119/EG und (EU) 2015/652 und zur Aufhebung der Verordnung (EU) Nr. 525/2013, ABl. Nr. L 328 vom 21.12.2018 S. 1 („Governance-Verordnung“).

(3) Soweit in diesem Bundesgesetz auf Richtlinien der Europäischen Union Bezug genommen wird, sind diese, soweit nicht ausdrücklich anderes angeordnet wird, in der nachfolgend genannten Fassung maßgeblich:

1. Richtlinie 2010/31/EU über die Gesamtenergieeffizienz von Gebäuden, ABl. Nr. L 153 vom 18.06.2010 S. 13, in der Fassung der Richtlinie 2018/844/EU zur Änderung der Richtlinie 2010/31/EU und der Richtlinie 2012/27/EU, ABl. Nr. L 156 vom 19.06.2018 S. 75 und
2. Richtlinie 2012/27/EU zur Energieeffizienz, zur Änderung der Richtlinien 2009/125/EG und 2010/30/EU und zur Aufhebung der Richtlinien 2004/8/EG und 2006/32/EG, ABl. Nr. L 315 vom 14.11.2012 S. 1, in der Fassung der Richtlinie 2019/944/EU, ABl. Nr. L 158 vom 14.06.2019 S. 125.

Sprachliche Gleichbehandlung

§ 78. Soweit in diesem Bundesgesetz personenbezogene Bezeichnungen in männlicher oder weiblicher Form angeführt sind, beziehen sie sich auf alle Geschlechter.

In- und Außerkrafttreten

§ 79. Für das In- und Außerkrafttreten der durch das Bundesgesetz BGBl. I Nr. 59/2023 erlassenen, geänderten und aufgehobenen Bestimmungen gilt Folgendes:

1. Das Inhaltsverzeichnis, die Überschrift des 1. Teils, Bezeichnung und Überschrift des 2. Teils, die Bezeichnung des § 34, der 3. Teil mit Ausnahme des § 59 Abs. 1 sowie die Anhänge 1 und 2 in der Fassung des genannten Bundesgesetzes treten mit dem auf die Kundmachung folgenden Tag in Kraft. Gleichzeitig treten die §§ 2 bis 5 und 8 samt Überschriften, Bezeichnung und Überschrift des 2. Teils, der 3. bis 7. Teil, Bezeichnung und Überschrift des 8. Teils, die §§ 29, 30, 32 und 34 samt Überschriften und die Anhänge I bis V in der Fassung vor dem genannten Bundesgesetz sowie die Verordnung über die Richtlinien für die Tätigkeit der nationalen Energieeffizienz-Monitoringstelle (Energieeffzienz-Richtlinienverordnung), BGBl. II Nr. 394/2015, in der Fassung der Verordnung BGBl. II Nr. 172/2016 und der Kundmachung BGBl. II Nr. 83/2019, außer Kraft.
2. § 59 Abs. 1 in der Fassung des genannten Bundesgesetzes tritt 14 Monate nach dem auf die Kundmachung folgenden Tag in Kraft.
3. § 74 Abs. 1 und 2, § 75 und § 76 Abs. 1 in der Fassung des genannten Bundesgesetzes treten mit Ablauf des 31. Dezember 2026 außer Kraft

Erlassung von Verordnungen

§ 80. Verordnungen auf Grund dieses Bundesgesetzes in seiner jeweiligen Fassung dürfen bereits ab dem auf die Kundmachung der durchzuführenden Gesetzesbestimmung folgenden Tag erlassen werden. Sie dürfen jedoch nicht früher als die betreffende Gesetzesbestimmung in Kraft treten.

Vollziehung

§ 81. Mit der Vollziehung dieses Bundesgesetzes sind betraut:

1. hinsichtlich § 1 und § 38 die Bundesregierung;
2. hinsichtlich der Bestimmungen des 4. Abschnitts des 3. Teils die jeweils zuständige Bundesministerin bzw. der jeweils zuständige Bundesminister;
3. hinsichtlich der übrigen Bestimmungen des 3. Teils die Bundesministerin für Klimaschutz, Umwelt, Energie, Mobilität, Innovation und Technologie.

Anhang 1 zu § 42

Mindestvorgaben für Energieaudits und Managementsysteme

1. Abschnitt
Allgemeines

Energieaudits und Managementsysteme haben

1. eine allgemeine Unternehmens- und Tätigkeitsbeschreibung zu beinhalten;
2. den einschlägigen europäischen, internationalen oder übernommenen Normen zu entsprechen;
3. auf aktuellen, gemessenen und belegbaren Daten zum Energieverbrauch für alle eingesetzten Energieträger zu basieren, wobei die ausgewiesenen Mengen in energetische Einheiten umzurechnen sind und auf Lastprofilen oder Zähleinrichtungen zu basieren haben;
4. die wesentlichen Energieverbrauchsbereiche aufzuzeigen, wobei pro wesentlichem Energieverbrauchsbereich eine Vor-Ort-Begehung durchzuführen ist, und Folgendes zu identifizieren und analysieren:
   a) hauptenergieverbrauchende Faktoren und Energieumwandlungsanlagen auf Basis von Energie–, Treib- oder Kraftstoffrechnungen, Subzählern, Berechnungen oder Messungen (Energiebilanz);
   b) relevante Einflüsse auf den Energieverbrauch, insbesondere auf die hauptenergieverbrauchenden Faktoren und Energieumwandlungsanlagen;
   c) relevante Energieleistungskennzahlen einschließlich deren Entwicklung und
   d) Abwärmepotenziale;
5. auf dynamischen Wirtschaftlichkeitsberechnungen zu basieren, um langfristige Einsparungen und Investitionen sowie Restwerte unter Berücksichtigung von Zins- und Preisentwicklungen zu betrachten; ist eine dynamische Wirtschaftlichkeitsberechnung nicht möglich oder nicht im erforderlichen Ausmaß durchführbar, kann eine statische Wirtschaftlichkeitsberechnung durchgeführt werden, wobei die Gründe dafür anzugeben und nachvollziehbar zu dokumentieren sind;
6. verhältnismäßig und repräsentativ zu sein, sodass ein zuverlässiges Bild der Gesamtenergieeffizienz und die wichtigsten Verbesserungsmöglichkeiten darstellbar sind;
7. für das jeweilige Unternehmen relevante Maßnahmen zur
   a) Reduktion des Energieverbrauchs;
   b) Verbesserung der Energieeffizienz und
   c) Forcierung des Einsatzes von erneuerbaren Energieträgern

zu identifizieren, analysieren und empfehlen sowie die Wechselwirkungen der relevanten Maßnahmen zu berücksichtigen;

8. Maßnahmen zur Einführung oder Verbesserung des Monitoringsystems zu prüfen und
9. detaillierte und validierte Berechnungen für empfohlene Maßnahmen zu beinhalten und klare Informationen über potenzielle Einsparungen zu liefern.

2. Abschnitt
Wesentliche Energieverbrauchsbereiche

Energieaudits und Managementsysteme haben für die wesentlichen Energieverbrauchsbereiche gemäß Z 1 bis 3 zusätzlich folgende Informationen zu enthalten:

1. **Gebäude:**
   a) Darstellung der Eigentumsverhältnisse und Nutzungsvereinbarungen, um Einflussmöglichkeiten auf den Energieverbrauch aufzuzeigen;
   b) Art der Gebäudenutzung;
   c) Identifikation und Analyse des aktuellen Zustands der thermischen Gebäudehülle, um relevante Maßnahmen gemäß **Anhang 1**, 1. Abschnitt Z 7 identifizieren, analysieren und empfehlen zu können;
   d) Identifikation und Analyse der wesentlichen energierelevanten Teile der technischen Ausstattung von Gebäuden, um relevante Maßnahmen gemäß **Anhang 1**, 1. Abschnitt Z 7 identifizieren, analysieren und empfehlen zu können;
   e) Darstellung besonderer klimatischer Anforderungen im Inneren des Gebäudes und
   f) Analyse des Nutzerinnen- und Nutzerverhaltens.
2. **Produktionsprozesse:**
   a) Erfassung und Analyse von wesentlichen energierelevanten Produktions- und Betriebsmittelprozessen;
   b) Prüfung von Austausch, Änderung oder Aufstockung der Ausstattung;
   c) Prüfung von unternehmensspezifischen Maßnahmen, die einen effizienteren Betrieb, eine fortlaufende Optimierung und eine verbesserte Instandhaltung gewährleisten.

3. **Transport:**

a) Erhebung

aa) der genutzten Kraftfahrzeugklassen;
bb) des gesamten Energieverbrauchs;
cc) der eingesetzten Energieträger und
dd) der Fahrleistung und technischen Hauptmerkmale jedes Kraftfahrzeugs.

b) Prüfung von unternehmensspezifischen Verbesserungsmaßnahmen bei

aa) Tourenoptimierungen oder Fahrtroutenplanungen;
bb) effizienterem Betrieb von Kraftfahrzeugen;
cc) energie- und CO_2-relevanten Vorgaben für die Anschaffung für Kraftfahrzeuge;
dd) Instandhaltungsprogrammen und
ee) alternativem Dienstreise-, Mitarbeitermobilitäts- oder Kundenmobilitätsmanagement.

Anhang 2 zu § 70

Richtwerte der Länder zu Endenergieeinsparungen

Bundesland	Kalenderjahr 2020 (Startwert in Terajoule)	Beitrag zu Gesamteinsparungen (in %)
Burgenland	35 158	3
Kärnten	86 612	8
Niederösterreich	256 161	24
Oberösterreich	238 589	22
Salzburg	66 311	6
Steiermark	188 235	17
Tirol	87 670	7
Vorarlberg	41 963	3
Wien	134 640	10

65. Starkstromwegegesetz 1968

Bundesgesetz vom 6. Feber 1968 über elektrische Leitungsanlagen, die sich auf zwei oder mehrere Bundesländer erstrecken

StF: BGBl. Nr. 70/1968

Letzte Novellierung: BGBl. I Nr. 150/2021

GLIEDERUNG

§ 1. Anwendungsbereich

(1) Den Vorschriften dieses Bundesgesetzes unterliegen elektrische Leitungsanlagen für Starkstrom, die sich auf zwei oder mehrere Bundesländer erstrecken.

(2) Dieses Bundesgesetz gilt nicht für elektrische Leitungsanlagen für Starkstrom, die sich innerhalb des dem Eigentümer dieser elektrischen Leitungsanlage gehörenden Geländes befinden oder ausschließlich dem ganzen oder teilweisen Betrieb von Eisenbahnen sowie dem Betrieb des Bergbaues, der Luftfahrt, der Schiffahrt, den technischen Einrichtungen der Post, der Landesverteidigung oder Fernmeldezwecken dienen.

§ 2. Begriffsbestimmungen

(1) Elektrische Leitungsanlagen im Sinne dieses Bundesgesetzes sind elektrische Anlagen (§ 1 Abs. 2 des Elektrotechnikgesetzes vom 17. März 1965, BGBl. Nr. 57), die der Fortleitung elektrischer Energie dienen; hiezu zählen insbesondere auch Umspann-, Umform- und Schaltanlagen.

(2) Elektrische Leitungsanlagen für Starkstrom, die sich auf zwei oder mehrere Bundesländer erstrecken, sind solche, die auf dem Weg von der Stromerzeugungsstelle oder dem Anschluß an eine bereits bestehende elektrische Leitungsanlage bis zu den Verbrauchs- oder Speisepunkten, bei denen sie nach dem Projekt enden, die gemeinsame Grenze zweier Bundesländer überqueren.

(3) Starkstrom im Sinne dieses Bundesgesetzes ist elektrischer Strom mit einer Spannung über 42 Volt oder einer Leistung von mehr als 100 Watt.

StWG

§ 3. Bewilligung elektrischer Leitungsanlagen

(1) Die Errichtung und Inbetriebnahme von elektrischen Leitungsanlagen bedarf nach Maßgabe der folgenden Bestimmungen der Bewilligung durch die Behörde. Das gleiche gilt für Änderungen und Erweiterungen elektrischer Leitungsanlagen, soweit diese über den Rahmen der hiefür erteilten Bewilligung hinausgehen.

(2) Sofern keine Zwangsrechte gemäß § 11 oder § 18 in Anspruch genommen werden, sind von der Bewilligungspflicht folgende Leitungsanlagen ausgenommen:

1. elektrische Leitungsanlagen bis 45 000 Volt, nicht jedoch Freileitungen über 1 000 Volt;
2. unabhängig von der Betriebsspannung zu Eigenkraftanlagen gehörige elektrische Leitungsanlagen;
3. Kabelauf- und -abführungen sowie dazugehörige Freileitungstragwerke einschließlich je-

ner Freileitungen bis 45 000 Volt, die für die Anbindung eines Freileitungstragwerkes mit Kabelauf- oder -abführungen notwendig sind und ausschließlich dem Zweck der Anbindung dienen.

(3) Falls bei Leitungsanlagen nach Abs. 2 die Einräumung von Zwangsrechten gemäß § 11 oder § 18 erforderlich ist, besteht ein Antragsrecht des Projektwerbers auf Einleitung, Durchführung und Entscheidung des Bewilligungsverfahrens.

(4) Die vom Netzbetreiber evident zu haltende Leitungsdokumentation von bestehenden elektrischen Leitungsanlagen unterliegt den Auskunfts- und Einsichtsrechten nach § 10 ElWOG 2010.

§ 4. Vorprüfungsverfahren

(1) Die Behörde kann über Antrag oder von Amts wegen ein Vorprüfungsverfahren anordnen, wenn ein Ansuchen um Bewilligung der Inanspruchnahme fremden Gutes zur Vornahme von Vorarbeiten (§ 5) oder um Bewilligung zur Errichtung und Inbetriebnahme elektrischer Leitungsanlagen (§ 6) vorliegt und zu befürchten ist, daß durch diese elektrischen Leitungsanlagen öffentliche Interessen nach § 7 Abs. 1 wesentlich beeinträchtigt werden. In diesem sind der Behörde durch den Bewilligungswerber über Aufforderung folgende Unterlagen vorzulegen:

a) ein Bericht über die technische Konzeption der geplanten Leitungsanlage,
b) ein Übersichtsplan im Maßstab 1:50.000 mit der vorläufig beabsichtigten Trasse und den offenkundig berührten, öffentlichen Interessen dienenden Anlagen.

(2) Im Rahmen eines Vorprüfungsverfahrens sind sämtliche Behörden und öffentlich-rechtliche Körperschaften, welche die durch die geplante elektrische Leitungsanlage berührten öffentlichen Interessen (§ 7 Abs. 1) vertreten, zu hören.

(3) Nach Abschluß des Vorprüfungsverfahrens ist mit Bescheid festzustellen, ob und unter welchen Bedingungen die geplante elektrische Leitungsanlage den berührten öffentlichen Interessen nicht widerspricht.

§ 5. Vorarbeiten

(1) Auf Ansuchen ist für eine von der Behörde festzusetzende Frist die Inanspruchnahme fremden Gutes zur Vornahme von Vorarbeiten für die Errichtung einer elektrischen Leitungsanlage durch Bescheid der Behörde unter Berücksichtigung etwaiger Belange der Landesverteidigung zu bewilligen. Diese Frist kann verlängert werden, wenn die Vorbereitung des Bauentwurfes dies erfordert und vor Ablauf der Frist darum angesucht wird.

(2) Diese Bewilligung gibt das Recht, fremde Grundstücke zu betreten und auf ihnen die zur Vorbereitung des Bauentwurfes erforderlichen Bodenuntersuchungen und sonstigen technischen Arbeiten mit tunlichster Schonung und Ermöglichung des bestimmungsgemäßen Gebrauches der betroffenen Grundstücke vorzunehmen.

(3) Die Bewilligung ist von der Behörde in der Gemeinde, in deren Bereich Vorarbeiten durchgeführt werden sollen, spätestens eine Woche vor Aufnahme der Vorarbeiten durch Anschlag kundzumachen. Eine Übersichtskarte mit der vorläufig beabsichtigten Trassenführung ist zur allgemeinen Einsichtnahme im Gemeindeamt aufzulegen.

(4) Der zur Vornahme von Vorarbeiten Berechtigte hat den Grundstückseigentümer und die an den Grundstücken dinglich Berechtigten für alle mit den Vorarbeiten unmittelbar verbundenen Beschränkungen ihrer zum Zeitpunkt der Bewilligung ausgeübten Rechte angemessen zu entschädigen. Für das Verfahren gilt § 20 lit. a bis d sinngemäß.

§ 6. Bewilligungsansuchen

(1) Wer eine elektrische Leitungsanlage errichten und in Betrieb nehmen sowie Änderungen oder Erweiterungen nach § 3 vornehmen will, hat bei der Behörde um eine Bewilligung anzusuchen.

(2) Dem Ansuchen sind folgende Beilagen anzuschließen:

a) ein technischer Bericht mit Angaben über Zweck, Umfang, Betriebsweise und technische Ausführungen der geplanten elektrischen Leitungsanlage;
b) eine Kopie der Katastralmappe, aus welcher die Trassenführung und die betroffenen Grundstücke mit ihren Parzellennummern ersichtlich sind;
c) ein Verzeichnis der betroffenen Grundstücke mit Katastral- und Grundbuchsbezeichnung, Namen und Anschriften der Eigentümer sowie des beanspruchten öffentlichen Gutes unter Angabe der zuständigen Verwaltungen;
d) für den Fall, daß voraussichtlich Zwangsrechte gemäß §§ 11 oder 18 in Anspruch genommen werden, überdies ein Verzeichnis der davon betroffenen Grundstücke und zusätzlich Namen und Anschriften der sonstigen dinglich Berechtigten mit Ausnahme der Hypothekargläubiger;
e) ein Verzeichnis der offenkundig berührten fremden Anlagen mit Namen und Anschriften der Eigentümer oder der zuständigen Verwaltungen.

(3) Die Behörde kann bei Ansuchen um Änderungen oder Erweiterungen gemäß Abs. 1 von der Beibringung einzelner in Abs. 2 angeführter Angaben und Unterlagen absehen, sofern diese für das Bewilligungsverfahren nicht erforderlich sind.

(4) Soll in der technischen Ausführung der geplanten elektrischen Leitungsanlage von den Vorschriften über die Normalisierung und Typisierung elektrischer Anlagen (§ 2 des Elektrotechnikgesetzes) oder von den allgemeinverbindlichen elektrotechnischen Sicherheitsvorschriften (§ 3

des Elektrotechnikgesetzes) abgewichen werden, so ist dem Bewilligungsansuchen ein technisch begründetes Ansuchen um Ausnahmebewilligung für die geplanten Abweichungen beizufügen.

§ 7. Bau- und Betriebsbewilligung

(1) Die Behörde hat die Bau- und Betriebsbewilligung zu erteilen, wenn die elektrische Leitungsanlage dem öffentlichen Interesse an der Versorgung der Bevölkerung oder eines Teiles derselben mit elektrischer Energie nicht widerspricht. In dieser Bewilligung hat die Behörde durch Auflagen zu bewirken, daß die elektrischen Leitungsanlagen diesen Voraussetzungen entsprechen. Dabei hat eine Abstimmung mit den bereits vorhandenen oder bewilligten anderen Energieversorgungseinrichtungen und mit den Erfordernissen der Landeskultur, des Forstwesens, der Wildbach- und Lawinenverbauung, der Raumplanung, des Natur- und Denkmalschutzes, der Wasserwirtschaft und des Wasserrechtes, des öffentlichen Verkehrs, der sonstigen öffentlichen Versorgung, der Landesverteidigung, der Sicherheit des Luftraumes und des Dienstnehmerschutzes zu erfolgen. Die zur Wahrung dieser Interessen berufenen Behörden und öffentlich-rechtlichen Körperschaften sind im Ermittlungsverfahren zu hören.

(2) Die Behörde kann bei Auflagen, deren Einhaltung aus Sicherheitsgründen vor Inbetriebnahme einer Überprüfung bedarf, zunächst nur die Baubewilligung erteilen und sich die Erteilung der Betriebsbewilligung vorbehalten.

§ 8. Baubeginn

Unbeschadet einer im Bewilligungsbescheid auferlegten Verpflichtung zur Verständigung von der Inangriffnahme von Bauarbeiten ist der voraussichtliche Beginn der Bauarbeiten spätestens eine Woche vorher vom Inhaber der Baubewilligung durch Anschlag in der Gemeinde kundzumachen.

§ 9. Betriebsbeginn und Betriebsende

(1) Der Bewilligungsinhaber hat die Fertigstellung der elektrischen Leitungsanlage oder ihrer wesentlichen Teile der Behörde anzuzeigen. Wenn die Betriebsbewilligung bereits erteilt wurde (§ 7 Abs. 1), ist er nach der Anzeige über die Fertigstellung berechtigt, mit dem regelmäßigen Betrieb zu beginnen.

(2) Wurde die Erteilung der Betriebsbewilligung vorbehalten (§ 7 Abs. 2), ist nach der Fertigstellungsanzeige die sofortige Aufnahme des regelmäßigen Betriebes zu bewilligen, sofern die Auflagen der Baubewilligung erfüllt wurden.

(3) Sofern vor Erteilung der Betriebsbewilligung (Abs. 2) eine mündliche Verhandlung stattfindet, sind hiezu der Inhaber der Baubewilligung und Sachverständige zu laden.

(4) Der Bewilligungsinhaber hat die dauernde Außerbetriebnahme einer bewilligten elektrischen Leitungsanlage der Behörde anzuzeigen.

§ 10. Erlöschen der Bewilligung

(1) Die Baubewilligung erlischt, wenn

a) mit dem Bau nicht innerhalb von drei Jahren ab Rechtskraft der Baubewilligung begonnen wird oder
b) die Fertigstellungsanzeige (§ 9 Abs. 1) nicht innerhalb von fünf Jahren ab Rechtskraft der Baubewilligung erfolgt.

(2) Die Betriebsbewilligung erlischt, wenn

a) der regelmäßige Betrieb nicht innerhalb eines Jahres ab Fertigstellungsanzeige, in den Fällen der Erteilung einer Betriebsbewilligung gemäß § 9 Abs. 2 ab Rechtskraft derselben, aufgenommen wird,
b) der Bewilligungsinhaber anzeigt, daß die elektrische Leitungsanlage dauernd außer Betrieb genommen wird, oder
c) der Betrieb der elektrischen Leitungsanlage nach Feststellung der Behörde unbegründet durch mehr als drei Jahre unterbrochen wurde.

(3) Die Fristen nach Abs. 1 und Abs. 2 lit. a können von der Behörde verlängert werden, wenn die Planungs- oder Bauarbeiten dies erfordern und darum vor Fristablauf angesucht wird.

(4) Nach Erlöschen der Bau- oder Betriebsbewilligung hat der letzte Bewilligungsinhaber die elektrische Leitungsanlage über nachweisliche Aufforderung des Grundstückseigentümers umgehend abzutragen und den früheren Zustand nach Möglichkeit wiederherzustellen, es sei denn, daß dies durch privatrechtliche Vereinbarungen über das Belassen der elektrischen Leitungsanlage ausgeschlossen wurde. Hiebei ist mit tunlichster Schonung und Ermöglichung des bestimmungsgemäßen Gebrauches der betroffenen Grundstücke vorzugehen.

§ 11. Leitungsrechte

(1) Jedem, der eine elektrische Leitungsanlage betreiben will, sind von der Behörde auf Antrag an Grundstücken einschließlich der Privatgewässer, der öffentlichen Straßen und Wege sowie des sonstigen öffentlichen Gutes Leitungsrechte einzuräumen, wenn und soweit dies durch die Bewilligung der Errichtung, Änderung oder Erweiterung einer elektrischen Leitungsanlage notwendig wird.

(2) Dem Antrag ist nicht zu entsprechen, wenn

a) der dauernde Bestand der elektrischen Leitungsanlage an einem bestimmten Ort aus zwingenden technischen Gründen oder mit Rücksicht auf die unverhältnismäßigen Kosten ihrer Verlegung die Enteignung erfordert (§ 18),
b) ihm öffentliche Interessen (§ 7 Abs. 1) entgegenstehen oder
c) über die Grundbenützung schon privatrechtliche Vereinbarungen vorliegen.

§ 12. Inhalt der Leitungsrechte

(1) Die Leitungsrechte umfassen das Recht

a) auf Errichtung und Erhaltung sowie auf Betrieb von Leitungsstützpunkten, Schalt- und Umspannanlagen, sonstigen Leitungsobjekten und anderem Zubehör,
b) auf Führung mit Erhaltung sowie auf Betrieb von Leitungsanlagen im Luftraum oder unter der Erde,
c) auf Ausästung, worunter auch die Beseitigung von hinderlichen Baumpflanzungen und das Fällen einzelner Bäume zu verstehen ist, sowie auf Vornahme von Durchschlägen durch Waldungen, wenn sich keine andere wirtschaftliche Möglichkeit der Leitungsführung ergibt und die Erhaltung und forstgemäße Bewirtschaftung des Waldes dadurch nicht gefährdet wird,
d) auf den Zugang und die Zufahrt vom öffentlichen Wegenetz zu der auf einem Grundstück ausgeführten Anlage.

(2) Der Inhalt des jeweiligen Leitungsrechts ergibt sich aus dem Bewilligungsbescheid.

§ 13. Ausästung und Durchschläge

(1) Die Ausästung und Durchschläge (§ 12 Abs. 1 lit. c) können nur in dem für die Errichtung und Instandhaltung der elektrischen Leitungsanlagen und zur Verhinderung von Betriebsstörungen unumgänglich notwendigen Umfang beansprucht werden.

(2) Der Leitungsberechtigte hat vorerst den durch das Leitungsrecht Belasteten nachweislich aufzufordern, die Ausästungen oder Durchschläge vorzunehmen; gleichzeitig hat er den Belasteten auf allenfalls zu beachtende elektrotechnische Sicherheitsvorschriften hinzuweisen. Besteht Gefahr im Verzuge oder kommt der Belastete der Aufforderung innerhalb eines Monats nach Empfang nicht nach, so kann der Leitungsberechtigte nach vorheriger Anzeige an diesen Belasteten selbst die Ausästung oder den Durchschlag vornehmen. Einschlägige forstrechtliche Bestimmungen sind dabei zu berücksichtigen.

(3) Die Kosten der Ausästung und der Vornahme von Durchschlägen sind vom Leitungsberechtigten zu tragen, es sei denn, daß sie bei der Einräumung des Leitungsrechts bereits entsprechend abgegolten wurden.

§ 14. Ausübung der Leitungsrechte

(1) Bei der Ausübung von Leitungsrechten ist mit tunlichster Schonung der benützten Grundstücke und der Rechte Dritter vorzugehen. Insbesondere hat der Leitungsberechtigte während der Ausführung der Arbeiten auf seine Kosten für die tunlichste Ermöglichung des widmungsgemäßen Gebrauchs des benutzten Grundstückes zu sorgen. Nach Beendigung der Arbeiten hat er einen Zustand herzustellen, der keinen Anlaß zu begründeten Beschwerden gibt. In Streitfällen entscheidet die Behörde.

(2) Durch die Leitungsrechte darf der widmungsgemäße Gebrauch der zu benutzenden Grundstücke nur unwesentlich behindert werden. Die Behörde hat auf Antrag des durch das Leitungsrecht Belasteten dem Leitungsberechtigten die Leitungsrechte zu entziehen, wenn dieser Belastete nachweist, daß die auf seinem Grundstück befindlichen elektrischen Leitungsanlagen oder Teile derselben die von ihm beabsichtigte zweckmäßige Nutzung des Grundstückes entweder erheblich erschweren oder überhaupt unmöglich machen.

(3) Sofern die für die Entziehung des Leitungsrechts geltend gemachte Benützung nicht innerhalb von achtzehn Monaten ab Rechtskraft des Entziehungsbescheides erfolgt, ist dem bisherigen Leitungsberechtigten vom bisherigen durch das Leitungsrecht Belasteten für den erlittenen Schaden Vergütung zu leisten. § 5 Abs. 4 gilt sinngemäß.

§ 15. Auswirkung der Leitungsrechte

(1) Die Leitungsrechte gehen samt den mit ihnen verbundenen Verpflichtungen auf jeden Erwerber der elektrischen Leitungsanlage, für die sie eingeräumt worden sind, über.

(2) Sie sind gegen jeden Eigentümer des in Anspruch genommenen Grundstücks und sonstige hieran dinglich Berechtigte wirksam. Auch steht ein Wechsel eines Eigentümers oder sonstigen dinglich Berechtigten nach ordnungsgemäßer Ladung zur mündlichen Verhandlung der Wirksamkeit des ein Leitungsrecht einräumenden Bescheides nicht im Wege.

(3) Die Leitungsrechte bilden keinen Gegenstand grundbücherlicher Eintragung. Sie können weder durch Ersitzung erworben noch durch Verjährung aufgehoben werden. Die Leitungsrechte verlieren ihre Wirksamkeit gleichzeitig mit dem Erlöschen der Bewilligung der elektrischen Leitungsanlage.

§ 16. Einräumung von Leitungsrechten

(1) In den Anträgen auf behördliche Einräumung von Leitungsrechten sind die betroffenen Grundstücke mit ihrer Katastral- und Grundbuchsbezeichnung sowie deren Eigentümer und sonstige dinglich Berechtigte mit Ausnahme der Hypothekargläubiger nebst Inhalt (§ 12) der beanspruchten Rechte anzuführen.

(2) Leitungsrechte (§ 11) sind durch Bescheid einzuräumen.

(3) Anträge gemäß Abs. 1 können auch nach Einbringung des Ansuchens um Bewilligung der elektrischen Leitungsanlage (§ 6) gestellt werden.

§ 17. Entschädigung für die Einräumung von Leitungsrechten

Der Leitungsberechtigte hat den Grundstückseigentümer und die an den Grundstücken dinglich Berechtigten für alle mit dem Bau, der Erhaltung, dem Betrieb, der Änderung und der Beseitigung der elektrischen Leitungsanlagen unmittelbar verbundenen Beschränkungen ihrer zum Zeitpunkt der Bewilligung ausgeübten Rechte angemessen zu entschädigen. Für das Verfahren gilt § 20 lit. a bis d sinngemäß.

§ 18. Enteignung

Wenn der dauernde Bestand der elektrischen Leitungsanlage an einem bestimmten Ort aus zwingenden technischen Gründen oder mit Rücksicht auf die unverhältnismäßigen Kosten ihrer Verlegung die Enteignung erfordert, sodaß mit den Leitungsrechten nach §§ 11 ff. das Auslangen nicht gefunden werden kann, ist von der Behörde über Antrag die Enteignung für elektrische Leitungsanlagen samt Zubehör einschließlich der Umspann-, Umform- und Schaltanlagen auszusprechen.

§ 19. Gegenstand der Enteignung

(1) Die Enteignung umfaßt:

a) die Bestellung von Dienstbarkeiten an unbeweglichen Sachen,
b) die Abtretung von Eigentum an Grundstücken,
c) die Abtretung, Einschränkung oder Aufhebung anderer dinglicher Rechte an unbeweglichen Sachen und solcher Rechte, deren Ausübung an einen bestimmten Ort gebunden ist.

(2) Von Abs. 1 lit. b darf nur Gebrauch gemacht werden, wenn die übrigen in Abs. 1 angeführten Maßnahmen nicht ausreichen.

(3) Der Enteignungsgegner kann im Zuge eines Enteignungsverfahrens die Einlösung der durch Dienstbarkeiten oder andere dingliche Rechte gemäß Abs. 1 in Anspruch zu nehmenden unverbauten Grundstücke oder Teile von solchen gegen Entschädigung verlangen, wenn diese durch diese Belastung die zweckmäßige Benützbarkeit verlieren würden. Würde durch die Enteignung eines Grundstückteiles dieses Grundstück für den Eigentümer die zweckmäßige Benutzbarkeit verlieren, so ist auf dessen Verlangen das ganze Grundstück einzulösen.

§ 20. Durchführung von Enteignungen

Auf das Enteignungsverfahren und die behördliche Ermittlung der Entschädigung sind die Bestimmungen des Eisenbahnenenteignungsgesetzes 1954, BGBl. Nr. 71, sinngemäß mit nachstehenden Abweichungen anzuwenden:

a) Über den Inhalt, den Gegenstand und den Umfang der Enteignung sowie über die Entschädigung entscheidet die Behörde.
b) Die Höhe der Entschädigung ist auf Grund der Schätzung wenigstens eines beeideten Sachverständigen im Enteignungsbescheid oder in einem gesonderten Bescheid zu bestimmen; im letzteren Fall ist ohne weitere Erhebungen im Enteignungsbescheid ein vorläufiger Sicherstellungsbetrag festzulegen.
c) Jede der beiden Parteien kann binnen drei Monaten ab Erlassung des die Entschädigung bestimmenden Bescheides (lit. b) die Feststellung des Entschädigungsbetrages bei jenem Landesgericht begehren, in dessen Sprengel sich der Gegenstand der Enteignung befindet. Der Bescheid der Behörde tritt hinsichtlich des Ausspruchs über die Entschädigung mit Anrufung des Gerichtes außer Kraft. Der Antrag an das Gericht auf Feststellung der Entschädigung kann nur mit Zustimmung des Antraggegners zurückgezogen werden.
d) Ein erlassener Enteignungsbescheid ist erst vollstreckbar, sobald der im Enteignungsbescheid oder in einem gesonderten Bescheid bestimmte Entschädigungsbetrag oder der im Enteignungsbescheid festgelegte vorläufige Sicherstellungsbetrag (lit. b) gerichtlich hinterlegt oder an den Enteigneten ausbezahlt ist.
e) Auf Antrag des Enteigneten kann an die Stelle einer Geldentschädigung eine Entschädigung in Form einer gleichartigen und gleichwertigen Naturalleistung treten, wenn diese dem Enteignungswerber unter Abwägung des Einzelfalles wirtschaftlich zugemutet werden kann. Hierüber entscheidet die Behörde in einem gesonderten Bescheid gemäß lit. b.
f) Die Einleitung eines Enteignungsverfahrens, das sich auf verbücherte Liegenschaften oder verbücherte Rechte bezieht, ist durch die Behörde dem zuständigen Grundbuchsgericht bekanntzugeben. Das Grundbuchsgericht hat die Einleitung des Enteignungsverfahrens anzumerken. Die Anmerkung hat zur Folge, daß der Enteignungsbescheid gegen jedermann rechtswirksam wird, zu dessen Gunsten im Range nach der Anmerkung ein bücherliches Recht eingetragen wird. Auf Grund eines rechtskräftigen Bescheides, mit dem das Enteignungsverfahren ganz oder hinsichtlich der in Anspruch genommenen Liegenschaft oder hinsichtlich des verbücherten Rechtes eingestellt wurde, ist die Anmerkung jedoch zu löschen. Die Behörde hat das Grundbuchsgericht von der Einstellung des Enteignungsverfahrens zu verständigen.
g) Vom Erlöschen der elektrizitätsrechtlichen Bewilligung einer elektrischen Leitungsanlage (§ 10) ist der Eigentümer des belasteten Gutes zu verständigen. Er kann die ausdrückliche Aufhebung der für diese Leitungsanlage im Wege der Enteignung eingeräumten Dienstbarkeiten bei der Behörde beantragen. Die Behörde hat über seinen Antrag die für die elektrische Leitungsanlage im Enteignungswege eingeräumten Dienstbarkeiten unter Vorschreibung einer der geleisteten Entschädigung angemessenen Rückvergütung durch Bescheid aufzuheben.

h) Hat zufolge eines Enteignungsbescheides die Übertragung des Eigentums an einem Grundstück für Zwecke einer elektrischen Leitungsanlage stattgefunden, so hat die Behörde über binnen einem Jahr ab Abtragung der elektrischen Leitungsanlage gestellten Antrag des früheren Eigentümers oder seines Rechtsnachfolgers zu dessen Gunsten die Rückübereignung gegen angemessene Entschädigung auszusprechen. Für die Feststellung dieser Entschädigung gilt lit. c.

§ 20a. Sachverständige und Verfahrenskosten

(1) Die Beiziehung von nicht amtlichen Sachverständigen in Verfahren nach diesem Bundesgesetz ist auch ohne das Vorliegen der Voraussetzungen des § 52 Abs. 2 und 3 AVG zulässig. Es können auch fachlich einschlägige Anstalten, Institute oder Unternehmen als Sachverständige bestellt werden.

(2) Kosten, die der Behörde bei der Durchführung der Verfahren nach diesem Bundesgesetz erwachsen, wie beispielsweise Gebühren oder Honorare für Sachverständige, sind vom Projektwerber zu tragen. Die Behörde kann dem Projektwerber durch Bescheid auftragen, diese Kosten nach Prüfung der sachlichen und rechnerischen Richtigkeit durch die Behörde direkt zu bezahlen.

§ 21. Schadenersatz

Der zur Vornahme von Vorarbeiten Berechtigte (§ 5) sowie der zum Bau und zum Betrieb einer elektrischen Leitungsanlage Berechtigte (§§ 7 und 11) haben dem Grundstückseigentümer sowie den an den Grundstücken dinglich Berechtigten für alle Schäden Schadenersatz zu leisten, die ihnen bei Vorarbeiten sowie bei dem der Erhaltung, dem Betrieb, der Änderung der Beseitigung der elektrischen Leitungsanlage an den Grundstücken oder den sich darauf beziehenden dinglichen Rechten erwachsen, es sei denn, daß der Schaden vom Geschädigten schuldhaft verursacht worden ist. Der Schadenersatz ist im ordentlichen Rechtsweg geltend zu machen.

§ 22. Zugehörigkeit elektrischer Leitungsanlagen

(1) Elektrische Leitungsanlagen fallen dadurch, daß sie mit einer unbeweglichen Sache in Verbindung gebracht werden (§ 297 ABGB.), nicht in das Eigentum des Grundstückseigentümers.

(2) Auf diese Anlagen und das zur Instandhaltung und zum Betrieb derselben gehörende Material findet eine abgesonderte Exekution nicht statt.

(3) Leitungsrechte und verbücherte Dienstbarkeiten sind im Falle einer Zwangsversteigerung des belasteten Gutes vom Ersteher ohne Anrechnung auf das Meistbot zu übernehmen.

§ 23. Grundbuchsrechtlicher Urkundencharakter der Bescheide

(1) Die im Zuge eines elektrizitätsrechtlichen Verfahrens getroffenen Übereinkommen sind von der Behörde zu beurkunden.

(2) Die auf Grund dieses Bundesgesetzes vorgenommenen Beurkundungen (Abs. 1) und erlassenen Bescheide sind Urkunden im Sinne des § 33 Abs. 1 lit. d des Allgemeinen Grundbuchgesetzes 1955, BGBl. Nr. 39. Hängt nach einem solchen Bescheid die Erwerbung oder die Belastung, Beschränkung oder Aufhebung eines bücherlichen Rechtes von dem Eintritt bestimmter Voraussetzungen ab, so hat die Behörde auf Antrag auszusprechen, ob diese Voraussetzungen gegeben sind. Der Ausspruch ist für das Gericht bindend.

§ 24. Behörde

Behörde im Sinne dieses Bundesgesetzes ist – soweit § 25 nichts anderes bestimmt – die Bundesministerin für Klimaschutz, Umwelt, Energie, Mobilität, Innovation und Technologie.

§ 25. Delegierung

Die Bundesministerin für Klimaschutz, Umwelt, Energie, Mobilität, Innovation und Technologie kann im Einzelfall die örtlich zuständigen Landeshauptmänner zur Vornahme von Amtshandlungen, insbesondere auch zur Erlassung von Bescheiden, ganz oder zum Teil ermächtigen, sofern dies im Interesse der Zweckmäßigkeit, Raschheit, Einfachheit und Kostenersparnis gelegen ist. Die Landeshauptmänner treten für den betreffenden Fall vollständig an die Stelle der Bundesministerin für Klimaschutz, Umwelt, Energie, Mobilität, Innovation und Technologie.

§ 26. Strafbestimmungen

(1) Wer vorsätzlich oder grobfahrlässig der Bestimmung des § 3 zuwiderhandelt, begeht, sofern die Tat nicht nach anderen Vorschriften einer strengeren Strafe unterliegt, eine Verwaltungsübertretung. Diese ist von der Bezirksverwaltungsbehörde mit einer Geldstrafe bis 2 180 € oder mit Arrest bis zu sechs Wochen zu ahnden.

(2) Wer vorsätzlich oder grobfahrlässig den Bestimmungen der §§ 8 und 9 Abs. 1 und 4 sowie des auf Grund des § 7 ergangenen Bescheides zuwiderhandelt, begeht, sofern die Tat nicht nach anderen Vorschriften einer strengeren Strafe unterliegt, eine Verwaltungsübertretung. Diese ist von der Bezirksverwaltungsbehörde mit einer Geldstrafe bis zu 726 € oder mit Arrest bis zu zwei Wochen zu ahnden.

(3) Wurde eine elektrische Leitungsanlage, deren Errichtung, Änderung oder Erweiterung bewilligungspflichtig ist, ohne Bewilligung errichtet,

geändert oder erweitert, so beginnt die Verjährung erst nach Beseitigung des gesetzwidrigen Zustandes.

§ 27. Wiederherstellung des gesetzmäßigen Zustandes

Unabhängig von Bestrafung und Schadenersatzpflicht ist derjenige, der die Bestimmungen dieses Bundesgesetzes übertreten hat, von der Behörde zu verhalten, den gesetzmäßigen Zustand binnen angemessener Frist wiederherzustellen.

§ 28. Übergangsbestimmungen

(1) Nach den bisher geltenden gesetzlichen Bestimmungen rechtmäßig bestehende elektrische Leitungsanlagen werden durch die Bestimmungen dieses Bundesgesetzes nicht berührt.

(2) Die nach den früheren gesetzlichen Bestimmungen erworbenen Rechte für diese Leitungsanlagen bleiben ebenso wie die damit verbundenen Verpflichtungen aufrecht.

(3) Am Tage des Inkrafttretens dieses Bundesgesetzes anhängige Verfahren sind nach den bisher geltenden Bestimmungen zu beenden.

(4) § 22 gilt auch für bei Inkrafttreten dieses Bundesgesetzes bereits bestehende elektrische Leitungsanlagen und bereits eingeräumte Leitungsrechte und verbücherte Dienstbarkeiten.

(5) Am Tage des Inkrafttretens dieses Bundesgesetzes in der Fassung BGBl. I Nr. 150/2021 anhängige Verfahren sind nach den bisher geltenden Bestimmungen zu beenden.

§ 29. Schlußbestimmungen

(1) Die Bestimmungen dieses Bundesgesetzes treten am 1. März 1968 in Kraft. Gleichzeitig damit treten unbeschadet des § 28 alle bisherigen Bestimmungen, welche in diesem Bundesgesetz behandelte Angelegenheiten des Starkstromwegerechtes regeln, außer Kraft, und zwar insbesondere

a) das Gesetz zur Förderung der Energiewirtschaft vom 13. Dezember 1935, GBl. f. d. L. Ö. Nr. 156/1939,
b) die dritte Verordnung zur Durchführung des Gesetzes zur Förderung der Energiewirtschaft vom 8. November 1938, GBl. f. d. L. Ö. Nr. 156/1939,
c) die Ausführungsbestimmungen des Reichswirtschaftsministeriums zu § 2 der dritten Verordnung zur Durchführung des Energiewirtschaftsgesetzes vom 24. November 1938, Reichsanzeiger Nr. 276,
d) die Verordnung über die Einführung des Energiewirtschaftsrechtes im Lande Österreich vom 26. Jänner 1939, GBl. f. d. L. Ö. Nr. 156,
e) die Verordnung über die Vereinfachung des Verfahrens nach § 4 des Energiewirtschaftsgesetzes vom 27. September 1939, GBl. f. d. L. Ö. Nr. 1381,
f) die II. Verordnung über die Einführung des Energiewirtschaftsrechts in der Ostmark vom 17. Jänner 1940, GBl. f. d. L. Ö. Nr. 18,
g) die Anordnung des Reichswirtschaftsministers betreffend die Mitteilungspflicht der Energieversorgungsunternehmen in den Reichsgauen der Ostmark vom 17. Juni 1940, Reichsanzeiger Nr. 143,

soweit sie elektrische Leitungsanlagen für Starkstrom betreffen.

(2) Soweit § 1a des Reichshaftpflichtgesetzes vom 7. Juni 1871, (deutsches) RGBl. S. 207, in der Fassung des Eisenbahn- und Kraftfahrzeughaftpflichtgesetzes, BGBl. Nr. 48/1959, die Haftung anders als § 21 regelt, gelten die Bestimmungen des Reichshaftpflichtgesetzes.

(3) § 3 Abs. 2 und § 30 in der Fassung des Bundesgesetzes BGBl. I Nr. 144/1998 tritt mit 19. Februar 1999 in Kraft.

(4) § 26 Abs. 1 und 2 in der Fassung des Bundesgesetzes BGBl. I Nr. 136/2001 tritt mit 1. Jänner 2002 in Kraft.

§ 30. Vollzugsklausel

§ 30. Mit der Vollziehung dieses Bundesgesetzes sind betraut:

1. hinsichtlich des § 5 Abs. 4, § 17, § 20 lit. c und d, § 21, § 23 Abs. 2 sowie § 29 Abs. 2 die Bundesministerin für Klimaschutz, Umwelt, Energie, Mobilität, Innovation und Technologie im Einvernehmen mit der Bundesministerin für Justiz;
2. im übrigen die Bundesministerin für Klimaschutz, Umwelt, Energie, Mobilität, Innovation und Technologie.

66. Energie-Infrastrukturgesetz

Bundesgesetz zur Durchführung der Verordnung (EU) Nr. 347/2013 zu Leitlinien für die europäische Infrastruktur

StF: BGBl. I Nr. 4/2016

GLIEDERUNG

1. Teil
Allgemeine Bestimmungen

Bezugnahme auf Unionsrecht

§ 1. Durch dieses Bundesgesetz werden begleitende Bestimmungen zur Verordnung (EU) Nr. 347/2013 zu Leitlinien für die transeuropäische Energieinfrastruktur und zur Aufhebung der Entscheidung Nr. 1364/2006/EG und zur Änderung der Verordnungen (EG) Nr. 713/2009, (EG) Nr. 714/2009 und (EG) Nr. 715/2009, ABl. Nr. L 115 vom 25.4.2013 S. 39, (TEN-E-VO) erlassen.

Anwendungsbereich

§ 2. (1) Diesem Bundesgesetz unterliegen die das Bundesgebiet betreffenden Vorhaben, die nach Art. 2 Z 4 der TEN-E-VO Vorhaben von gemeinsamem Interesse (PCI) sind.

(2) § 1 bis § 8 und § 14 bis § 18 sind auf alle Vorhaben von gemeinsamem Interesse (PCI) anzuwenden.

(3) § 9 bis § 13 sind auf PCI nicht anzuwenden, die der UVP-Pflicht nach dem Umweltverträglichkeitsprüfungsgesetz 2000 (UVP-G 2000), BGBl. Nr. 697/1993, in der jeweils geltenden Fassung, unterliegen.

Ziele des Gesetzes

§ 3. Ziel dieses Bundesgesetzes ist die Erlassung begleitender Regelungen zur TEN-E-VO, wodurch

1. die Energieinfrastruktur in der Europäischen Union aufgerüstet werden soll, um technisch bedingten Ausfällen oder Ausfällen aufgrund von natürlichen oder von Menschen verursachten Katastrophen vorzubeugen;
2. Infrastrukturvorhaben erleichtert und beschleunigt werden sollen, die die Energienetze der Europäischen Union mit Drittlandsnetzen verbinden;
3. das europäische Stromnetz unter den sich ändernden Bedingungen, die durch den stärkeren Umfang eingespeister Energie aus variablen erneuerbaren Energiequellen verursacht werden, stabil bleiben soll;
4. der Innovations- und Technologiestandort Österreich gestärkt werden soll;
5. über eine schnellere Modernisierung vorhandener und eine schnellere Realisierung neuer Energieinfrastrukturen entscheidend dafür gesorgt werden soll, dass die Ziele der Energie- und Klimapolitik der Europäischen Union erreicht werden, insbesondere

a) die Vollendung des Energiebinnenmarkts,
b) die Gewährleistung der Versorgungssicherheit,
c) die Verringerung der Treibhausgasemissionen,
d) die Steigerung des Anteils erneuerbarer Energien am Endenergieverbrauch und
e) die Verbesserung der Energieeffizienz,

womit ein Beitrag zur Verwirklichung einer kostenoptimierten, nachhaltigen und gesicherten Energieversorgung geleistet wird. Dazu werden das Genehmigungsverfahren für Vorhaben von gemeinsamem Interesse (§ 4 Abs. 1 Z 4) und die Öffentlichkeitsbeteiligung näher geregelt.

Begriffsbestimmungen

§ 4. (1) Im Sinne dieses Bundesgesetzes bezeichnet der Ausdruck

1. „Energie-Infrastrukturbehörde“: jene Bundesbehörde, die gemäß Art. 8 der TEN-E-VO für die Erleichterung und Koordinierung des Genehmigungsverfahrens für Vorhaben von gemeinsamem Interesse verantwortlich ist (§ 6);
2. „Regulierungsbehörde“: die gemäß dem Energie-Control-Gesetz, BGBl. I Nr. 110/2010, eingerichtete Energie-Control Austria;
3. „Vorhaben“: eine oder mehrere Leitungen, Rohrleitungen, Einrichtungen, Ausrüstungen oder Anlagen, die unter die Infrastrukturkategorien (Anhang II der TEN-E-VO) fallen;
4. „Vorhaben von gemeinsamem Interesse“, „PCI“: ein Vorhaben, das für die Realisierung der in Anhang I der TEN-E-VO angeführten vorrangigen Energieinfrastrukturkorridore und –gebiete erforderlich und das Bestandteil der in Art. 3 TEN-E-VO genannten Unionsliste der Vorhaben von gemeinsamem Interesse ist;
5. „Vorhabenträger“:

a) einen Übertragungs- bzw. Fernleitungsnetzbetreiber oder Verteilernetzbetreiber oder sonstigen Betreiber oder Investor, der ein Vorhaben von gemeinsamem Interesse entwickelt oder
b) im Falle mehrerer Übertragungs- bzw. Fernleitungsnetzbetreiber, Verteilernetzbetreiber, sonstiger Betreiber, Investoren oder einer Gruppe dieser Akteure, diejenige Einrichtung mit Rechtspersönlichkeit, die durch eine vertragliche Vereinbarung zwischen ihnen benannt wurde und die befugt ist, im Namen der Parteien der vertraglichen Vereinbarung rechtliche Verpflichtungen einzugehen und für sie die finanzielle Haftung zu übernehmen;

6. „Genehmigungsbehörden“: die nach den Materiengesetzen für die Genehmigung eines Vorhabens zuständigen Behörden;
7. „UVP-Behörde“: die nach dem UVP–G 2000 für die Genehmigung eines UVP-pflichtigen Vorhabens zuständige Behörde;
8. „Zeitplan“: den von den zuständigen Genehmigungsbehörden gemeinsam mit der Energie-Infrastrukturbehörde festzulegenden Ablaufplan für das Genehmigungsverfahren;
9. „Regionale Gruppen“: die Regionalen Gruppen im Sinne des Art. 3 TEN-E-VO.

(2) Die in diesem Bundesgesetz verwendeten Bezeichnungen sind geschlechtsneutral zu verstehen.

Abgrenzung von anderen Rechtsvorschriften

§ 5. Soweit dieses Bundesgesetz keine Regelungen enthält, gelten für die Genehmigung und Sicherung von Vorhaben einschließlich der Möglichkeit der Einräumung von Zwangsrechten die sie betreffenden Verwaltungsvorschriften unverändert weiter. Die Bewilligungspflicht von Anlagen und Anlagenteilen richtet sich ebenso wie der Umgang mit Projektsänderungen nach den anzuwendenden Materiengesetzen.

Zuständige Energie-Infrastrukturbehörde

§ 6. Zuständige nationale Behörde (Energie-Infrastrukturbehörde) gemäß Art. 8 der TEN-E-VO ist der Bundesminister für Wissenschaft, Forschung und Wirtschaft.

Aufgaben der Energie-Infrastrukturbehörde und Verfahrenskoordinierung

§ 7. (1) Die Aufgaben der Energie-Infrastrukturbehörde sind:

1. die Wahrnehmung der in der TEN-E-VO der Energie-Infrastrukturbehörde nach dem Behördenschema des Art. 8 Abs. 3 lit. c TEN-E-VO übertragenen Pflichten, insbesondere

a) die Durchführung des Vorantragsabschnitts für PCI, die nicht der UVP-Pflicht unterliegen,
b) die Koordinierung der Genehmigungsverfahren für PCI, die nicht der UVP-Pflicht unterliegen,
c) die Koordinierung der UVP-Verfahren für PCI, die der UVP-Pflicht unterliegen und für deren Genehmigung mehrere UVP-Behörden zuständig sind;

2. die Erstattung von Berichten an die Europäische Kommission und die Regionalen Gruppen;
3. die Vertretung Österreichs in den Regionalen Gruppen;

(2) Die Wahrnehmung des in der TEN-E-VO der Energie-Infrastrukturbehörde übertragenen Ermessens hat unter Beachtung der Grundsätze der Einfachheit, Raschheit und Kostenersparnis zu erfolgen.

Transparenz des PCI-Auswahlprozesses

§ 8. Vorhaben, die sich auf das Staatsgebiet Österreichs erstrecken und die einer Regionalen Gruppe für die Auswahl als Vorhaben von gemeinsamem Interesse vorgeschlagen wurden, sind auf der Internetseite der Energie-Infrastrukturbehörde mit der Möglichkeit zu veröffentlichen, zu den vorgeschlagenen Vorhaben Stellung zu nehmen. Die Veröffentlichung hat die in Anhang III, Kapitel 2 Z 1 zur TEN-E-VO genannten Angaben mit Ausnahme wirtschaftlich sensibler Informationen zu enthalten. Die entsprechenden Informationen sind der Energie-Infrastrukturbehörde vom Vorhabenträger in elektronischer, veröffentlichungsfähiger Form zur Verfügung zu stellen.

Grenzüberschreitende Auswirkungen eines Vorhabens

§ 9. Bei Vorhaben, die nicht der UVP-Pflicht unterliegen und die erhebliche grenzüberschreitende Auswirkungen im Sinne von Anhang IV Z 1 TEN-E-VO haben, hat die Energie-Infrastrukturbehörde den betroffenen Staat so früh wie möglich, jedenfalls bereits im Vorantragsabschnitt und spätestens, wenn die Öffentlichkeit informiert wird, über das Vorhaben, über den Ablauf des Genehmigungsverfahrens und die Art der möglichen Entscheidung zu informieren. Dem betroffenen Staat ist unter Einräumung einer angemessenen Frist die Möglichkeit zur Stellungnahme zu geben, wobei diese Frist so zu bemessen ist, dass es dem Staat auch ermöglicht wird, die Antragsunterlagen der Öffentlichkeit zugänglich zu machen und ihr Gelegenheit zur Stellungnahme zu geben.

2. Teil
Verfahren

Vorantragsabschnitt

§ 10. (1) Der Vorhabenträger hat für Vorhaben von gemeinsamem Interesse, die nicht der UVP-Pflicht unterliegen, bei der Energie-Infrastrukturbehörde die Durchführung des Vorantragsabschnitts nach Art. 10 TEN-E-VO zu beantragen.

(2) Diesem Antrag sind insbesondere beizulegen:

1. ein Bericht über die Grundzüge und die technische Konzeption des Vorhabens;
2. bei Leitungsanlagen ein Übersichtsplan mit der vorläufig berührten Trasse und den offenkundig berührten, öffentlichen Interessen dienenden Anlagen;
3. eine Übersicht über die wichtigsten anderen vom Vorhabenträger geprüften Lösungsmöglichkeiten und eine Begründung für die Wahl der vorläufig beabsichtigten Leitungstrasse bzw. des Standortes;
4. ein Konzept für die Beteiligung der Öffentlichkeit, einschließlich eines Berichts über allenfalls bereits erfolgte Anhörungen der Öffentlichkeit.

(3) Die Energie-Infrastrukturbehörde hat den Antrag und die Projektunterlagen den weiteren voraussichtlich für die Genehmigung des Vorhabens zuständigen Behörden zu übermitteln und die Gelegenheit einzuräumen, dazu Stellung zu nehmen, insbesondere zur Frage, ob die vorgelegten Unterlagen reif für den Beginn des Vorantragsabschnittes sind. Spätestens drei Monate nach Eingang des Antrags bestätigt die Energie-Infrastrukturbehörde, den Antrag oder begründet, dass offensichtliche Mängel des Vorhabens oder der Unterlagen bestehen, die einen Beginn des Vorantragsabschnitts nicht erlauben. Dabei sind die eingelangten Stellungnahmen zu berücksichtigen. Mit der schriftlichen Bestätigung des Antrags beginnen die Verfahrensfristen zu laufen. Sind zwei oder mehr Mitgliedstaaten betroffen, tritt diese Rechtsfolge mit der letzten Bestätigung in einem Mitgliedstaat ein.

(4) Im Rahmen des Vorantragsabschnitts sind die betroffenen Kreise im Sinne des Anhang VI Z 3 lit. a TEN-E-VO anzuhören.

(5) Die Energie-Infrastrukturbehörde hat eine öffentliche Erörterung nach § 44c Abs. 1 und 2 des Allgemeinen Verwaltungsverfahrensgesetzes 1991 – AVG, BGBl. Nr. 51/1991, in der jeweils geltenden Fassung, unter Beiziehung aller Behörden, Legalparteien und Amtsstellen, die nach den in den Genehmigungsverfahren anzuwendenden Verwaltungsvorschriften zu beteiligen sind, in jedem vom Vorhaben berührten Bundesland durchzuführen. Dabei hat der Vorhabenträger die Grundzüge des Vorhabens und die wichtigsten anderen geprüften Lösungsmöglichkeiten darzulegen und die Wahl des beantragten Vorhabens zu begründen. Die Energie-Infrastrukturbehörde hat die Unterlagen gemäß Abs. 2 spätestens drei Wochen vor der öffentlichen Erörterung im Internet zu veröffentlichen. In der öffentlichen Erörterung ist jedermann berechtigt, Fragen an den Vorhabenträger, die Energie-Infrastrukturbehörde und die weiteren zuständigen Behörden zu stellen und Stellungnahmen zum Projekt abzugeben. Die Energie-Infrastrukturbehörde hat eine Niederschrift über die öffentliche Erörterung aufzunehmen und diese auf ihrer Internetseite zu veröffentlichen. Weiters ist den vom Vorhaben berührten Gemeinden eine Ausfertigung der Niederschrift zu übermitteln.

(6) Nach Durchführung der öffentlichen Erörterung hat die Energie-Infrastrukturbehörde ehestmöglich, spätestens aber binnen sechs Monaten ab dem Antrag gemäß Abs. 1, unter Berücksichtigung der Stellungnahmen der zuständigen Behörden und allenfalls auch Dritter gegenüber dem Vorhabenträger zu den Unterlagen gemäß Abs. 1 und 2 Stellung zu nehmen. Dabei sind insbesondere offensichtliche Mängel des Vorhabens aufzuzeigen und voraussichtlich zusätzlich erforderliche Angaben in den Genehmigungsanträgen anzuführen. Materiengesetzlich erforderliche Bewilligungen werden durch diese Mitteilung nicht vorweggenommen. Zeitgleich teilt die Energie-Infrastrukturbehörde dem Vorhabenträger mit, welche Unterlagen den Genehmigungsanträgen beizulegen sind und übermittelt einen mit den weiteren für die Genehmigung des Vorhabens zuständigen Behörden abgestimmten Ablauf- und Zeitplan für die Genehmigungsverfahren.

(7) Spätestens neun Monate nach der Mitteilung gemäß Abs. 6 hat der Vorhabenträger

die materiengesetzlichen Genehmigungen, Bewilligungen und Nichtuntersagungen zur Errichtung und zum Betrieb des Vorhabens unter Vorlage der erforderlichen Unterlagen bei der Energie-Infrastrukturbehörde zu beantragen. Sofern Gründe, welche nicht vom Vorhabenträger beeinflussbar sind, vorliegen, kann die Energie-Infrastrukturbehörde einem Antrag des Vorhabenträgers auf Fristverlängerung stattgeben. Die Anträge werden anschließend – soweit die Energie-Infrastrukturbehörde nicht selbst Genehmigungsbehörde ist – ohne unnötigen Aufschub von der Energie-Infrastrukturbehörde an die jeweiligen Genehmigungsbehörden weiter geleitet. In diesem Zusammenhang ist den Genehmigungsbehörden die Möglichkeit einzuräumen, sich binnen angemessener Frist dahingehend zu äußern, ob das jeweilige Vorhaben aus der Sicht der von der jeweiligen Genehmigungsbehörde anzuwendenden Genehmigungsvorschriften reif für den Beginn des formalen Genehmigungsabschnitts ist und welche vom Vorhabenträger vorzulegenden Informationen noch fehlen. Innerhalb von drei Monaten nach Einlangen der vollständigen Anträge werden diese von der Energie-Infrastrukturbehörde unter Berücksichtigung der Stellungnahmen der Genehmigungsbehörden entweder bestätigt oder abgelehnt.

Formaler Genehmigungsabschnitt

§ 11. (1) Die Energie-Infrastrukturbehörde – soweit die Energie-Infrastrukturbehörde nicht selbst Genehmigungsbehörde ist – koordiniert die für die Genehmigung des Vorhabens zu führenden Verfahren.

(2) Alle betroffenen Behörden behandeln die Genehmigungsanträge für PCI nach Möglichkeit prioritär und sorgen für eine effiziente Durchführung der Verfahren. Sämtliche Behörden haben die Entscheidungen über die Anträge gemäß § 10 Abs. 7 ohne unnötigen Aufschub, spätestens innerhalb der Entscheidungsfrist gemäß § 73 AVG ab Bestätigung der Anträge gemäß § 10 Abs. 7 zu treffen.

(3) Die betroffenen Behörden können das Ermittlungsverfahren bei Entscheidungsreife für geschlossen erklären. Diese Erklärung bewirkt, dass keine neuen Tatsachen und Beweismittel mehr vorgebracht werden können. § 45 Abs. 3 AVG bleibt unberührt.

(4) Die Energie-Infrastrukturbehörde kann den Vorhabenträger auf dessen Anfrage durch die Übermittlung von Informationen, über die die Energie-Infrastrukturbehörde verfügt und die der Vorhabenträger für die Vorbereitung der Einreichunterlagen benötigt, unterstützen. Auf die Wahrung von Betriebs- und Geschäftsgeheimnissen ist Bedacht zu nehmen. Im Falle der kostenlosen Bereitstellung dürfen die Informationen nur für die Realisierung des Vorhabens verwendet werden. Die für die Genehmigungsverfahren voraussichtlich wesentlichen Themen und Fragestellungen können im Rahmen dieses Investorenservice zur Vorhabensvorbereitung von der Energie-Infrastrukturbehörde bekannt gegeben werden.

Verfahrenskoordinierung durch die Energie-Infrastrukturbehörde

§ 12. (1) Zur Koordinierung kann sich die Energie-Infrastrukturbehörde folgender Instrumente bedienen:

1. Unterstützung der sonstigen Genehmigungsbehörden in den von ihnen durchzuführenden Verfahren;
2. Abstimmung mit den sonstigen Genehmigungsbehörden zur Koordination der effizienten Verfahrensabwicklung;
3. Erstellung abgestimmter, einen straffen Verfahrensablauf vorsehender Zeitpläne für den Vorantragsabschnitt und die Genehmigungsverfahren (§ 4 Abs. 1 Z 8), gemeinsam mit den beteiligten Behörden, wobei für den Vorantragsabschnitt längstens zwei Jahre und für das Genehmigungsverfahren bis zur Entscheidung längstens ein Jahr und sechs Monate vorzusehen sind;

(2) Der Vorhabenträger hat die Energie-Infrastrukturbehörde über Verzögerungen bei der Erstellung der Einreichunterlagen zu informieren.

(3) Sofern nach den Verwaltungsvorschriften für ein PCI verschiedene Bewilligungen, Genehmigungen oder bescheidmäßige Feststellungen erforderlich sind, sind die dafür erarbeiteten Projektunterlagen nach Möglichkeit gemeinsam bei den berührten Standortgemeinden aufzulegen und nach Maßgabe der technischen Möglichkeiten auf der Internetseite der Energie-Infrastrukturbehörde zu veröffentlichen. Jedenfalls zu veröffentlichen sind neben den in Anhang VI Z 6 TEN-E-VO vorgesehenen Unterlagen ein Bericht über die technische Konzeption des Vorhabens, bei Leitungsanlagen ein Übersichtsplan mit der vorgesehenen Trasse, möglichen Alternativen und den offenkundig berührten, öffentlichen Interessen dienenden Anlagen sowie eine Begründung für die Wahl der vorläufig beabsichtigten Leitungstrasse bzw. des Standortes. Die entsprechenden Unterlagen sind der Energie-Infrastrukturbehörde vom Vorhabenträger in elektronischer, veröffentlichungsfähiger Form zur Verfügung zu stellen.

(4) Sofern nach den Verwaltungsvorschriften für ein PCI verschiedene Bewilligungen, Genehmigungen oder bescheidmäßige Feststellungen erforderlich sind, sind die Verfahren nach Möglichkeit aufeinander abzustimmen und durch die Energie-Infrastrukturbehörde zu koordinieren. Eine getrennte Verhandlungsführung ist zulässig, wenn

diese im Interesse der Zweckmäßigkeit, Raschheit, Einfachheit und Kostenersparnis gelegen ist.

Sachverständige, Verfahrenskosten

§ 13. (1) Sofern die Energie-Infrastrukturbehörde zur Erfüllung ihrer Aufgaben Sachverständige heranziehen muss, ist die Beiziehung von nicht amtlichen Sachverständigen auch ohne das Vorliegen der Voraussetzungen des § 52 Abs. 2 und 3 AVG zulässig. Es können auch fachlich einschlägige Anstalten, Institute oder Unternehmen als Sachverständige bestellt werden.

(2) Kosten, die der Behörde bei der Durchführung der Verfahren nach diesem Bundesgesetz erwachsen, wie Gebühren oder Honorare für Sachverständige oder Mediatoren, sind vom Vorhabenträger zu tragen. Die Behörde kann dem Vorhabenträger durch Bescheid auftragen, diese Kosten nach Prüfung der sachlichen und rechnerischen Richtigkeit durch die Behörde direkt zu bezahlen.

Sicherung des Ausbaus von Leitungsanlagen

§ 14. (1) Um die Freihaltung der für die Errichtung von PCI, die elektrische Leitungsanlagen sind und sich auf zwei oder mehrere Bundesländer erstrecken, notwendigen Grundflächen sowie der sicherheitstechnisch erforderlichen Schutzbereiche der Leitungsanlagen zu sichern, kann die Energie-Infrastrukturbehörde nach Konsultation des betroffenen Landes für das in einem Lageplan dargestellte Gebiet, das für eine spätere Führung der elektrischen Leitungsanlage in Betracht kommt (Trassenplanungsgebiet), durch Verordnung bestimmen, dass für einen Zeitraum von fünf Jahren Neu-, Zu-, Auf-, Um- und Einbauten und Anlagen in einem bestimmten begrenzten Gebiet ohne Zustimmung der Energie-Infrastrukturbehörde nicht errichtet werden dürfen oder dass deren Errichtung an bestimmte, von der Energie-Infrastrukturbehörde zu stellende Bedingungen zur Sicherung der Herstellung der Leitungsanlage geknüpft wird.

(2) Eine Verordnung gemäß Abs. 1 darf nur erlassen werden, wenn

1. der Vorantragsabschnitt gemäß § 10 oder gemäß § 31 UVP-G 2000 beantragt wurde und die öffentliche Erörterung durchgeführt wurde;
2. zu befürchten ist, dass durch bauliche Veränderungen in diesem Gebiet der geplante Bau der elektrischen Leitungsanlage erheblich erschwert oder wesentlich verteuert wird;
3. der Projektwerber die erforderlichen Planungsunterlagen einschließlich einer Abschätzung der Auswirkungen der Verwirklichung des Leitungsbaus auf die nach dem Starkstromwegerecht zu berücksichtigenden öffentlichen Interessen vorlegt.

(3) Die fünfjährige Frist kann um fünf Jahre verlängert werden, wenn der formale Genehmigungsabschnitt beantragt wurde. Eine Verordnung gemäß Abs. 1 ist vor Ablauf ihrer Geltungsdauer aufzuheben, sobald der Grund für ihre Erlassung weggefallen ist.

(4) Vor Erlassung der Verordnung sind die Unterlagen gemäß Abs. 2 Z 3 sechs Wochen lang in den berührten Gemeinden zur öffentlichen Einsicht aufzulegen. Zeit und Ort der Auflage sind durch Anschlag an der Amtstafel der Gemeinde kundzumachen. Innerhalb der Auflagefrist können von den Eigentümern des von der Leitungsstrasse betroffenen Gebiets sowie von den betroffenen Bundesländern und Gemeinden schriftliche Stellungnahmen bei der Energie-Infrastrukturbehörde eingebracht werden. Diese hat die abgegebenen Stellungnahmen angemessen zu prüfen.

(5) Die Verordnung gemäß Abs. 1 ist auch in den betreffenden Gemeinden ortsüblich zu verlautbaren.

(6) Für die durch die Einschränkungen gemäß Abs. 1 den Betroffenen erwachsenden Nachteile wird keine Entschädigung geleistet.

(7) Bauvorhaben, die länger als zwei Jahre vor dem Inkrafttreten einer Verordnung gemäß Abs. 1 rechtskräftig bewilligt worden sind, mit deren Ausführung aber noch nicht begonnen worden ist, dürfen während der Geltungsdauer der Verordnung gemäß Abs. 1 und 3 nur nach Maßgabe der Bestimmungen der Verordnung gemäß Abs. 1 ausgeführt werden.

(8) Die Zustimmung der Energie-Infrastrukturbehörde zu beabsichtigten Neu-, Zu-, Auf-, Um- und Einbauten und Anlagen innerhalb des Trassenplanungsgebiets ist zu erteilen, wenn nicht zu befürchten ist, dass durch die beabsichtigten baulichen Veränderungen der geplante Leitungsbau erheblich erschwert oder wesentlich verteuert wird oder wenn diese beabsichtigten baulichen Veränderungen zum Schutze des Lebens und der Gesundheit von Personen notwendig sind.

3. Teil
Übergangs- und Schlussbestimmungen

Verwaltungsstrafbestimmungen

§ 15. Sofern die Tat nicht in den Tatbestand einer in die Zuständigkeit der Gerichte fallenden strafbaren Handlung bildet oder nach anderen Verwaltungsstrafbestimmungen mit strengerer Strafe bedroht ist, begeht eine Verwaltungsübertretung und ist mit Geldstrafe bis zu 10 000 Euro zu bestrafen, wer trotz Aufforderung durch die Energie-Infrastrukturbehörde oder die Regulierungsbehörde

1. entgegen Art. 5 Abs. 1 TEN-E-VO keinen Durchführungsplan erstellt oder diesen entgegen Art. 5 Abs. 4 lit. c TEN-E-VO nicht adaptiert;
2. entgegen Art. 5 Abs. 4 TEN-E-VO seinen Jahresberichtspflichten nicht rechtzeitig nachkommt;
3. entgegen Art. 5 Abs. 7 lit. e TEN-E-VO keine oder nicht die erforderlichen Informationen zur Verfügung stellt;
4. entgegen Art. 9 Abs. 3 2. Unterabsatz TEN-E-VO seiner Informationsverpflichtung nicht nachkommt;
5. als Vorhabenträger entgegen Art. 9 Abs. 7 TEN-E-VO keine Website einrichtet oder aktualisiert.

Übergangsbestimmungen

§ 16. (1) Die Bestimmungen dieses Bundesgesetzes gelten nicht für Vorhaben, für die ein Vorhabenträger vor dem 16. November 2013 die Antragsunterlagen eingereicht hat.

(2) Die Bestimmungen dieses Bundesgesetzes sind auf Vorhaben nicht anzuwenden, für die ein Genehmigungsverfahren unter direkter Anwendung des Art. 10 TEN-E-VO vor Inkrafttreten dieses Bundesgesetzes eingeleitet wurde.

Inkrafttreten

§ 17. Die Bestimmungen dieses Bundesgesetzes treten mit dem der Kundmachung folgenden Tag in Kraft.

Vollziehung

§ 18. Mit der Vollziehung sind betraut:

1. hinsichtlich des § 5, soweit die Vollziehung dem Bund zukommt, der jeweils zuständige Bundesminister;
2. hinsichtlich der übrigen Bestimmungen der Bundesminister für Wissenschaft, Forschung und Wirtschaft.

67. Bundesgesetz zur Festlegung einheitlicher Standards beim Infrastrukturaufbau für alternative Kraftstoffe

Bundesgesetz zur Festlegung einheitlicher Standards beim Infrastrukturaufbau für alternative Kraftstoffe

StF: BGBl. I Nr. 38/2018

Letzte Novellierung: BGBl. I Nr. 150/2021

Der Nationalrat hat beschlossen:

GLIEDERUNG

Kompetenzgrundlage und Vollziehung

§ 1. (**Verfassungsbestimmung**) Die Erlassung, Aufhebung und Vollziehung von Vorschriften, wie sie in § 3 Abs. 5, § 4a und § 5 Abs. 2 enthalten sind, sind auch in den Belangen Bundessache, hinsichtlich deren das B–VG etwas anderes bestimmt. Die in diesen Vorschriften geregelten Angelegenheiten können in unmittelbarer Bundesverwaltung besorgt werden

Umsetzung von Unionsrecht

§ 1a. Durch dieses Bundesgesetz wird die Richtlinie 2014/94/EU über den Aufbau der Infrastruktur für alternative Kraftstoffe, ABl. Nr. L 307 vom 28.10.2014 S. 1, umgesetzt.

Begriffsbestimmungen

§ 2. Im Sinne dieses Bundesgesetzes gelten als

1. „Alternative Kraftstoffe“: Kraftstoffe oder Energiequellen, die zumindest teilweise als Ersatz für Erdöl als Energieträger für den Verkehrssektor dienen und die zur Reduzierung der CO_2-Emissionen beitragen und die Umweltverträglichkeit des Verkehrssektors erhöhen können. Hierzu zählen insbesondere:
   a) Elektrizität,
   b) Wasserstoff,
   c) Biokraftstoffe, das sind flüssige oder gasförmige Kraftstoffe für den Verkehr, die aus Biomasse hergestellt werden,
   d) synthetische und paraffinhaltige Kraftstoffe,
   e) Erdgas, einschließlich Biomethan, gasförmig (komprimiertes Erdgas – CNG) und flüssig (Flüssigerdgas – LNG), und
   f) Flüssiggas (LPG);
2. „Elektrofahrzeug“: ein Kraftfahrzeug mit einem Antriebsstrang, der mindestens einen nichtperipheren elektrischen Motor als Energiewandler mit einem elektrisch aufladbaren Energiespeichersystem, das extern aufgeladen werden kann, enthält;
3. „Ladepunkt“: eine Schnittstelle, mit der zur selben Zeit entweder nur ein Elektrofahrzeug aufgeladen oder nur eine Batterie eines Elektrofahrzeugs ausgetauscht werden kann;
4. „Normalladepunkt“: ein Ladepunkt, an dem Strom mit einer Ladeleistung von höchstens 22 kW an ein Elektrofahrzeug übertragen werden kann, mit Ausnahme von Vorrichtungen mit einer Ladeleistung von höchstens 3,7 kW, die in Privathaushalten installiert sind oder deren Hauptzweck nicht das Aufladen von Elektrofahrzeugen ist und die nicht öffentlich zugänglich sind;
5. „Schnellladepunkt“: ein Ladepunkt, an dem Strom mit einer Ladeleistung von mehr als 22 kW an ein Elektrofahrzeug übertragen werden kann;
6. „Öffentlich zugänglicher Ladepunkt oder öffentlich zugängliche Tankstelle“: das ist ein Ladepunkt oder eine Tankstelle, an der ein alternativer Kraftstoff angeboten wird und zu der alle Nutzer aus der Union nichtdiskriminierend Zugang haben. Der nichtdiskriminierende Zugang kann verschiedene Arten der Authentifizierung, Nutzung und Bezahlung umfassen;
7. „Tankstelle“: eine Tankanlage zur Abgabe eines Kraftstoffs – mit Ausnahme von LNG – über eine ortsfeste oder mobile Vorrichtung;
8. „LNG-Tankstelle“: eine Tankanlage für die Abgabe von LNG, die aus einer ortsfesten oder mobilen Anlage, einer Offshore-Anlage oder einem anderen System besteht.

Rechte und Pflichten von Betreibern von Ladepunkten

§ 3. (1) Die Betreiber von Ladepunkten dürfen den Kunden Leistungen zum Aufladen von Elektrofahrzeugen auch im Namen und Auftrag anderer Dienstleister erbringen.

(2) Ein Ladepunkt ist insbesondere dann als öffentlich zugänglich zu betreiben, wenn

1. er sich auf öffentlichem Grund oder einer öffentlichen Verkehrsfläche befindet,
2. er sich an einem Standort befindet, der die kombinierte Nutzung öffentlicher Verkehrsmittel und umweltfreundlicher Fahrzeuge ermöglicht, insbesondere an Haltestationen der öffentlichen Verkehrsmittel oder Parkplätzen, an Bahnhöfen oder an Flughäfen oder
3. er sich an einer Rastanlage im hochrangigen Straßennetz befindet oder
4. er sich an einer Tankstelle oder auf einem Tankstellenareal befindet.

(3) Abs. 2 gilt nicht für Ladepunkte, bei denen eine Einschränkung des Nutzerkreises aufgrund zwingender betrieblicher Erfordernisse nötig ist.

(4) Betreiber von öffentlich zugänglichen Ladepunkten müssen Nutzern von Elektrofahrzeugen auch das punktuelle Aufladen ermöglichen, ohne dass ein Dauerschuldverhältnis mit dem Betreiber abgeschlossen werden muss, und gängige Zahlungsarten anbieten.

(5) Betreiber von öffentlich zugänglichen Ladepunkten haben Angaben zu ihren öffentlich zugänglichen Ladepunkten in das Ladestellenverzeichnis gemäß § 4a Abs. 1 und 3 einzutragen und diese laufend aktuell zu halten. Die Einstellung des Betriebes eines öffentlich zugänglichen Ladepunktes ist innerhalb von zwei Wochen über das Ladestellenverzeichnis an die E–Control zu melden.

Technische Spezifikationen für öffentlich zugängliche Ladepunkte und Tankstellen

§ 4. (1) Öffentlich zugängliche Normal- und Schnellladepunkte für Elektrofahrzeuge, die seit 18. November 2017 errichtet oder erneuert worden sind, müssen mindestens den technischen Spezifikationen gemäß Anhang II Nummer 1.1 (Normalladepunkte) und 1.2 (Schnellladepunkte) der Richtlinie 2014/94/EU entsprechen. Kabellos oder induktiv betriebene Ladepunkte sind davon ausgenommen.

(2) Öffentlich zugängliche Wasserstofftankstellen, die seit 18. November 2017 errichtet oder erneuert worden sind, müssen den technischen Spezifikationen gemäß Anhang II Nummer 2 der Richtlinie 2014/94/EU entsprechen.

(3) Öffentlich zugängliche CNG-Tankstellen für Kraftfahrzeuge, die seit 18. November 2017 errichtet oder erneuert worden sind, müssen den technischen Spezifikationen gemäß Anhang II Nummer 3.4 der Richtlinie 2014/94/EU entsprechen.

(4) Die Bundesministerin für Digitalisierung und Wirtschaftsstandort hat mit Verordnung die technischen Spezifikationen für öffentlich zugängliche Normalladepunkte und Schnellladepunkte, für öffentlich zugängliche Wasserstofftankstellen sowie für öffentlich zugängliche CNG-Tankstellen für den Verkehr unter Berücksichtigung der technischen Vorgaben des Anhanges II der Richtlinie 2014/94/EU festzulegen.

Ladestellenverzeichnis

§ 4a. (1) Die E–Control hat ein öffentliches Ladestellenverzeichnis zu führen, das Angaben über öffentlich zugängliche Ladepunkte enthält und allen Nutzern in offener und nichtdiskriminierender Weise zugänglich zu machen ist.

(2) Zur eindeutigen Identifikation kann die E–Control an Betreiber von öffentlich zugänglichen Ladepunkten und andere Dienstleister, die Ladeleistungen von Elektrofahrzeugen an diesen erbringen, alphanumerische Identifikationszeichen vergeben und diese in das Ladestellenverzeichnis gemäß Abs. 1 aufnehmen.

(3) Die Bundesministerin für Klimaschutz, Umwelt, Energie, Mobilität, Innovation und Technologie hat die von Betreibern öffentlich zugänglicher Ladepunkte zu meldenden Angaben gemäß Abs. 1 sowie Form und Umfang der Meldungen durch Verordnung näher festzulegen. Die Verordnung hat insbesondere die Bekanntgabe von Ortsangaben, Angaben zur technischen Ausstattung von öffentlich zugänglichen Ladepunkten und die Bekanntgabe des verrechneten Preises für das punktuelle Aufladen eines Elektrofahrzeuges gemäß § 3 Abs. 4 und weitere für die Nutzung des Ladestellenverzeichnisses relevante Informationen zu regeln. Die Verordnung kann zudem Vorgaben für die Ermittlung von Daten in Echtzeit treffen sowie nähere Anforderungen an das Datenformat und die Art der Übermittlung definieren.

(4) Die E–Control hat die Bundesministerin für Klimaschutz, Umwelt, Energie, Mobilität, Innovation und Technologie über die in das Ladestellenverzeichnis eingemeldeten Daten sowie ihre Tätigkeiten nach Abs. 2 in einem vierteljährlichen Bericht zu informieren und diesen zu veröffentlichen.

Maßnahmen zur Verbesserung der Transparenz

§ 4b. Die E–Control hat wirksame Maßnahmen zur Verbesserung der Vergleichbarkeit der Preise, die an öffentlich zugänglichen Ladepunkten für Elektrofahrzeuge verrechnet werden, zu ergreifen, um die Transparenz und Nutzerfreundlichkeit der Ladepunkte zu erhöhen. Dazu kann die E–Control auch gemäß § 4a Abs. 3 erhobene Daten heranziehen.

Verwaltungsstrafbestimmungen

§ 5. (1) Wer die Pflichten gemäß § 3 Abs. 2 bis 4 und die technischen Spezifikationen gemäß § 4 nicht erfüllt, begeht eine Verwaltungsübertretung und ist mit Geldstrafe bis zu 1 000 Euro, im Wiederholungsfall mit Geldstrafe bis zu 2 000 Euro zu bestrafen.

(2) Wer die Pflichten gemäß § 3 Abs. 5 nicht erfüllt, begeht eine Verwaltungsübertretung und ist mit Geldstrafe bis zu 1 000 Euro, im Wiederholungsfall mit Geldstrafe bis zu 2 000 Euro zu bestrafen.

Übergangsbestimmung

§ 6. Die technischen Spezifikationen gemäß § 4 gelten für Anlagen, die zwischen dem 18. November 2017 und dem Inkrafttreten dieses Bundesgesetzes errichtet oder erneuert worden sind, erst nach Ablauf einer Übergangsfrist von sechs Monaten ab Inkrafttreten der jeweiligen Verordnung gemäß § 4 Abs. 4.

Vollziehung

§ 7. Mit der Vollziehung dieses Bundesgesetzes sind betraut:

1. hinsichtlich des § 3 Abs. 1 bis 4 und des § 4 die Bundesministerin für Digitalisierung und Wirtschaftsstandort,
2. im Übrigen die Bundesministerin für Klimaschutz, Umwelt, Energie, Mobilität, Innovation und Technologie.

68. Bundesgesetz über elektrische Leitungsanlagen, die sich nicht auf zwei oder mehrere Bundesländer erstrecken

Bundesgesetz vom 6. Feber 1968 über elektrische Leitungsanlagen, die sich nicht auf zwei oder mehrere Bundesländer erstrecken

StF: BGBl. Nr. 71/1968

Letzte Novellierung: BGBl. I Nr. 150/2021

GLIEDERUNG

TEIL I
Grundsätzliche Bestimmungen in Angelegenheiten des Starkstromwegerechtes, soweit es nicht unter Art. 10 des Bundes-Verfassungsgesetzes in der Fassung von 1929 fällt (Art. 12 Abs. 1 Z 7 des Bundes-Verfassungsgesetzes in der Fassung von 1929)

§ 1. Anwendungsbereich

(1) Dieses Bundesgesetz gilt für elektrische Leitungsanlagen für Starkstrom, die sich nicht auf zwei oder mehrere Bundesländer erstrecken.

(2) Dieses Bundesgesetz gilt jedoch nicht für elektrische Leitungsanlagen für Starkstrom, die sich innerhalb des dem Eigentümer dieser elektrischen Leitungsanlage gehörenden Geländes befinden oder ausschließlich dem ganzen oder teilweisen Betrieb von Eisenbahnen sowie dem Betrieb des Bergbaues, der Luftfahrt, der Schiffahrt, den technischen Einrichtungen der Post, der Landesverteidigung oder Fernmeldezwecken dienen.

§ 2. Begriffsbestimmungen

(1) Elektrische Leitungsanlagen im Sinne dieses Bundesgesetzes sind elektrische Anlagen (§ 1 Abs. 2 des Elektrotechnikgesetzes vom 17. März 1965, BGBl. Nr. 57), die der Fortleitung elektrischer Energie dienen; hiezu zählen insbesondere auch Umspann-, Umform- und Schaltanlagen.

(2) Starkstrom im Sinne dieses Bundesgesetzes ist elektrischer Strom mit einer Spannung über 42 Volt oder einer Leistung von mehr als 100 Watt.

§ 3. Bewilligung elektrischer Leitungsanlagen

(1) Die Errichtung und Inbetriebnahme von elektrischen Leitungsanlagen bedarf der Bewilligung durch die Behörde. Das gleiche gilt für Änderungen und Erweiterungen, soweit diese über den Rahmen der hiefür erteilten Bewilligung hinausgehen.

(2) Sofern keine Zwangsrechte gemäß § 9 oder § 10 in Anspruch genommen werden, sind von der Bewilligungspflicht folgende Leitungsanlagen ausgenommen:

1. elektrische Leitungsanlagen bis 45 000 Volt, nicht jedoch Freileitungen über 1 000 Volt;

2. unabhängig von der Betriebsspannung zu Eigenkraftanlagen gehörige elektrische Leitungsanlagen;
3. Kabelauf- und -abführungen sowie dazugehörige Freileitungstragwerke einschließlich jener Freileitungen bis 45 000 Volt, die für die Anbindung eines Freileitungstragwerkes mit Kabelauf- oder -abführungen notwendig sind und ausschließlich dem Zweck der Anbindung dienen.

(3) Falls bei Leitungsanlagen nach Abs. 2 die Einräumung von Zwangsrechten gemäß § 9 oder § 10 erforderlich ist, besteht ein Antragsrecht des Projektwerbers auf Einleitung, Durchführung und Entscheidung des Bewilligungsverfahrens.

(4) Die vom Netzbetreiber evident zu haltende Leitungsdokumentation von bestehenden elektrischen Leitungsanlagen unterliegt den Auskunfts- und Einsichtsrechten nach § 10 ElWOG 2010.

§ 4. Vorprüfungsverfahren

(1) Die Behörde ist zu ermächtigen, bei Vorliegen eines Ansuchens um eine Bewilligung gemäß § 5 oder gemäß § 6 über Antrag oder von Amts wegen ein Vorprüfungsverfahren anzuordnen, wenn eine wesentliche Beeinträchtigung des öffentlichen Interesses nach § 7 Abs. 1 zu befürchten ist.

(2) Hiebei ist vorzusehen, daß sämtliche Behörden und öffentlich-rechtliche Körperschaften, welche die durch die geplante elektrische Leitungsanlage berührten öffentlichen Interessen (§ 7 Abs. 1) vertreten, gehört werden und festgestellt wird, ob und unter welchen Bedingungen die geplante elektrische Leitungsanlage den berührten öffentlichen Interessen nicht widerspricht.

§ 5. Bewilligung von Vorarbeiten

(1) Die Behörde ist zu ermächtigen, eine vorübergehende Inanspruchnahme fremden Gutes zur Vornahme von Vorarbeiten für die Errichtung einer elektrischen Leitungsanlage zu bewilligen. Dabei ist auf etwaige Rechte der Landesverteidigung Rücksicht zu nehmen.

(2) Die Vorarbeiten sind unter tunlichster Schonung und Ermöglichung des bestimmungsgemäßen Gebrauches der betroffenen Grundstücke vorzunehmen.

§ 6. Bewilligungsansuchen

(1) Die Landesgesetzgebung hat für das Ansuchen um Bewilligung zur Errichtung, Änderung oder Erweiterung einer elektrischen Leitungsanlage die erforderlichen Unterlagen, wie zum Beispiel einen technischen Bericht, einen Lageplan, ein Grundstücksverzeichnis, ein Verzeichnis der durch das Projekt berührten fremden Anlagen und eine Beschreibung der in Anspruch zu nehmenden Zwangsrechte, vorzusehen.

(2) Die Behörde ist zu ermächtigen, von der Beibringung einzelner der in Abs. 1 genannten Unterlagen abzusehen.

§ 7. Bau- und Betriebsbewilligung

(1) Für elektrische Leitungsanlagen, welche dem öffentlichen Interesse an der Versorgung der Bevölkerung oder eines Teiles derselben mit elektrischer Energie nicht widersprechen, ist die Bau- und Betriebsbewilligung vorzusehen. Die Landesgesetzgebung hat hiebei eine Abstimmung mit den bereits vorhandenen oder bewilligten anderen Energieversorgungseinrichtungen und den Erfordernissen der Landeskultur, des Forstwesens, der Wildbach- und Lawinenverbauung, der Raumplanung, des Natur- und Denkmalschutzes, der Wasserwirtschaft und des Wasserrechtes, des öffentlichen Verkehrs, der sonstigen öffentlichen Versorgung, der Landesverteidigung, der Sicherheit des Luftraumes und des Dienstnehmerschutzes sowie die Anhörung der zur Wahrung dieser Interessen berufenen Behörden und öffentlich-rechtlichen Körperschaften vorzusehen.

(2) Die Behörde ist zu ermächtigen, bei Auflagen, deren Einhaltung aus Sicherheitsgründen vor Inbetriebnahme einer Überprüfung bedarf, zunächst nur die Baubewilligung zu erteilen und sich die Erteilung der Betriebsbewilligung vorzubehalten.

§ 8. Erlöschen der Bewilligung

Die Landesgesetzgebung hat Fristen für das Erlöschen der Bewilligung nach § 7 festzusetzen.

§ 9. Leitungsrechte

(1) Die Landesgesetzgebung kann für elektrische Leitungsanlagen, sofern nicht zur Sicherung des dauernden Bestandes derselben an einem bestimmten Ort die Enteignung (§ 10) erforderlich ist, die bescheidmäßige Einräumung von Leitungsrechten an Grundstücken einschließlich der Privatgewässer, der öffentlichen Straßen und Wege sowie des sonstigen öffentlichen Gutes vorzusehen.

(2) Die Leitungsrechte haben das Recht auf Einrichtung, Erhaltung und Betrieb der elektrischen Leitungsanlagen einschließlich der Ausästung der Leitungstrassen und der Vornahme von Walddurchschlägen sowie von Zugang und Zufahrt vom öffentlichen Wegenetz zu erhalten.

(3) Die Landesgesetzgebung hat festzusetzen, daß die benutzten Grundstücke und die Rechte Dritter hieran tunlichst geschont, der widmungsgemäße Gebrauch der betroffenen Grundstücke nur unwesentlich behindert und eine zweckmäßige Nutzung nicht unmöglich gemacht werden.

(4) Die Leitungsrechte sind an das Eigentum an der Leitungsanlage zu binden und gegen jeden

Eigentümer der betroffenen Grundstücke und jeden daran dinglich Berechtigten als wirksam zu erklären.

§ 10. Enteignung

Zur Sicherung des aus zwingenden technischen Gründen oder mit Rücksicht auf die unverhältnismäßigen Kosten der Verlegung gebotenen dauernden Bestandes der elektrischen Leitungsanlage zu einem bestimmten Ort ist die Enteignung vorzusehen.

§ 11. Gegenstand der Enteignung

(1) Die Enteignung kann umfassen:

a) die Bestellung von Dienstbarkeiten an unbeweglichen Sachen,
b) die Abtretung von Eigentum an Grundstücken,
c) die Abtretung, Einschränkung oder Aufhebung anderer dinglicher Rechte an unbeweglichen Sachen und solcher Rechte, deren Ausübung an einen bestimmten Ort gebunden ist.

(2) Es ist vorzusehen, daß von einer Enteignung gemäß Abs. 1 lit. b nur Gebrauch gemacht werden darf, wenn die übrigen in Abs. 1 angeführten Maßnahmen nicht ausreichen.

§ 12. Durchführung von Enteignungen

(1) Für die Durchführung der Enteignung und die behördliche Ermittlung der Entschädigung ist die sinngemäße Anwendung der Bestimmungen des Eisenbahnenteignungsgesetzes 1954, BGBl. Nr. 71, mit nachstehenden Abweichungen vorzusehen:

a) Über den Inhalt, den Gegenstand und den Umfang der Enteignung sowie über die Entschädigung entscheidet die Behörde.
b) Die Höhe der Entschädigung ist auf Grund der Schätzung wenigstens eines beeideten Sachverständigen im Enteignungsbescheid oder in einem gesonderten Bescheid zu bestimmen; letzterenfalls ist ohne weitere Erhebungen im Enteignungsbescheid ein vorläufiger Sicherstellungsbetrag festzulegen.
c) Jede der beiden Parteien kann binnen drei Monaten ab Erlassung des die Entschädigung bestimmenden Bescheides (lit. b) die Feststellung des Entschädigungsbetrages bei jenem Landesgericht begehren, in dessen Sprengel sich der Gegenstand der Enteignung befindet. Der Bescheid der Behörde tritt hinsichtlich des Ausspruchs über die Entschädigung mit Anrufung des Gerichts außer Kraft. Der Antrag an das Gericht auf Feststellung der Entschädigung kann nur mit Zustimmung des Antraggegners zurückgezogen werden.
d) Ein erlassener Enteignungsbescheid ist erst vollstreckbar, sobald der im Enteignungsbescheid oder in einem gesonderten Bescheid bestimmte Entschädigungsbetrag oder der im Enteignungsbescheid festgelegte vorläufige Sicherstellungsbetrag (lit. b) gerichtlich hinterlegt oder an den Enteigneten ausbezahlt ist.
e) Auf Antrag des Enteigneten kann an die Stelle einer Geldentschädigung eine Entschädigung in Form einer gleichartigen und gleichwertigen Naturalleistung treten, wenn diese dem Enteignungswerber unter Abwägung des Einzelfalles wirtschaftlich zugemutet werden kann. Hierüber entscheidet die Behörde in einem gesonderten Bescheid gemäß lit. b.
f) Vom Erlöschen der elektrizitätsrechtlichen Bewilligung einer elektrischen Leitungsanlage ist der Eigentümer des belasteten Gutes zu verständigen. Er kann die ausdrückliche Aufhebung der für diese Leitungsanlage im Wege der Enteignung eingeräumten Dienstbarkeiten bei der Behörde beantragen. Die Behörde hat über seinen Antrag die für die elektrische Leitungsanlage im Enteignungswege eingeräumten Dienstbarkeiten unter Vorschreibung einer der geleisteten Entschädigung angemessenen Rückvergütung durch Bescheid aufzuheben.
g) Hat zufolge eines Enteignungsbescheides die Übertragung des Eigentums an einem Grundstück für Zwecke einer elektrischen Leitungsanlage stattgefunden, so hat die Behörde über binnen einem Jahr ab Abtragung der elektrischen Leitungsanlage gestellten Antrag des früheren Eigentümers oder seines Rechtsnachfolgers zu dessen Gunsten die Rückübereignung gegen angemessene Entschädigung auszusprechen. Für die Feststellung dieser Entschädigung gilt lit. c.

(2) Die Einleitung und die Einstellung eines Enteignungsverfahrens, das sich auf verbücherte Liegenschaften oder verbücherte Rechte bezieht, sind durch die Behörde dem Grundbuchsgericht bekanntzugeben.

§ 12a. Sachverständige und Verfahrenskosten

(1) Die Ausführungsgesetze können vorsehen, dass die Beiziehung von nicht amtlichen Sachverständigen in Verfahren nach diesem Bundesgesetz auch ohne das Vorliegen der Voraussetzungen des § 52 Abs. 2 und 3 AVG zulässig ist. Es können auch fachlich einschlägige Anstalten, Institute oder Unternehmen als Sachverständige bestellt werden.

(2) Die Ausführungsgesetze können außerdem vorsehen, dass Kosten, die der Behörde bei der Durchführung der Verfahren erwachsen, wie beispielsweise Gebühren oder Honorare für Sachverständige, vom Projektwerber zu tragen sind. Die Behörde kann dem Projektwerber durch Bescheid auftragen, diese Kosten nach Prüfung der sachlichen und rechnerischen Richtigkeit durch die Behörde direkt zu bezahlen.

§ 13. Beurkundung der Bescheide

Die Beurkundung der im Zuge eines elektrizitätsrechtlichen Verfahrens getroffenen Übereinkommen durch die Behörde ist vorzusehen.

§ 14. Entschädigung für vermögensrechtliche Nachteile

(1) Der zur Vornahme von Vorarbeiten Berechtigte (§ 5) hat den Grundstückseigentümer und die an dem Grundstück dinglich Berechtigten für alle mit den Vorarbeiten unmittelbar verbundenen Beschränkungen ihrer zum Zeitpunkt der Bewilligung ausgeübten Rechte angemessen zu entschädigen. Für das Verfahren gilt § 12 Abs. 1 lit. a bis d sinngemäß.

(2) Der Leitungsberechtigte (§ 9) hat den Grundstückseigentümer und die an dem Grundstück dinglich Berechtigten für alle mit dem Bau, der Erhaltung, dem Betrieb, der Änderung und der Beseitigung der elektrischen Leitungsanlagen unmittelbar verbundenen Beschränkung ausgeübten Rechte angemessen zu entschädigen. Für das Verfahren gilt § 12 Abs. 1 lit. a bis d sinngemäß.

§ 15. Behörde

Die Landesgesetzgebung hat mit der Durchführung der auf Grund dieses Bundesgesetzes zu erlassenden Ausführungsgesetze – mit Ausnahme der Strafbestimmungen – die Landesregierung zu betrauen.

§ 16. Strafbestimmungen

Die Landesgesetzgebung hat Verwaltungsstrafbestimmungen für die Übertretung der auf Grund dieses Bundesgesetzes erlassenen Ausführungsgesetze festzulegen.

TEIL II

Unmittelbar anwendbares Bundesrecht

§ 17. Schadenersatz

Der zur Vornahme von Vorarbeiten Berechtigte (§ 5) sowie der zum Bau und Betrieb einer elektrischen Leitungsanlage Berechtigte (§§ 7 und 9) haben dem Grundstückseigentümer sowie den an den Grundstücken dinglich Berechtigten für alle Schäden Schadenersatz zu leisten, die ihnen bei dem Bau, der Erhaltung, dem Betrieb, der Änderung oder der Beseitigung der elektrischen Leitungsanlage an den Grundstücken oder den sich darauf beziehenden dinglichen Rechten erwachsen, es sei denn, daß der Schaden vom Geschädigten schuldhaft verursacht worden ist. Der Schadenersatz ist im ordentlichen Rechtswege geltend zu machen.

§ 18. Ausschließung der Verjährung und Ersitzung

Die Verjährung und Ersitzung von Leitungsrechten ist ausgeschlossen.

§ 19. Grundbuchsrechtliche Bestimmungen

(1) Das Grundbuchsrecht hat die Einleitung des Enteignungsverfahrens anzumerken. Die Anmerkung hat zur Folge, daß der Enteignungsbescheid gegen jedermann rechtswirksam wird, zu dessen Gunsten im Range nach der Anmerkung ein bücherliches Recht eingetragen wird. Auf Grund eines rechtskräftigen Bescheides, mit dem das Enteignungsverfahren ganz oder hinsichtlich der in Anspruch genommenen Liegenschaft oder hinsichtlich des verbücherten Rechtes eingestellt wurde, ist die Anmerkung jedoch zu löschen.

(2) Die im Zuge eines elektrizitätsrechtlichen Verfahrens vorgenommenen Beurkundungen (§ 13) und erlassenen Bescheide sind Urkunden im Sinne des § 33 Abs. 1 lit. d des Allgemeinen Grundbuchsgesetzes 1955, BGBl. Nr. 39.

§ 20. Zugehörigkeit elektrischer Leitungsanlagen

(1) Elektrische Leitungsanlagen fallen dadurch, daß sie mit einer unbeweglichen Sache in Verbindung gebracht werden (§ 297 ABGB.), nicht in das Eigentum des Grundstückseigentümers.

(2) Auf diese Anlagen und das zur Instandhaltung und zum Betrieb derselben gehörende Material findet eine abgesonderte Exekution nicht statt.

(3) Leitungsrechte und verbücherte Dienstbarkeiten sind im Falle einer Zwangsversteigerung des belasteten Gutes vom Ersteher ohne Anrechnung auf das Meistbot zu übernehmen.

TEIL III

Schlußbestimmungen

§ 21. Erlassung der Ausführungsgesetze

(1) Die Ausführungsgesetze der Bundesländer sind innerhalb eines Jahres ab Inkrafttreten dieses Bundesgesetzes zu erlassen (Art. 15 Abs. 6 des Bundes-Verfassungsgesetzes in der Fassung von 1929).

(2) Die Länder haben die Ausführungsgesetze zu § 3 Abs. 2 in der Fassung des Bundesgesetzes BGBl. I Nr. 144/1998 innerhalb von sechs Monaten vom Tag der Kundmachung dieses Bundesgesetzes an zu erlassen und spätestens mit 19. Februar 1999 in Kraft zu setzen. Diese Ausführungsgesetze finden auf Anlagen, die vor Inkrafttreten der jeweiligen Ausführungsgesetze der Länder bereits bestanden haben, keine Anwendung.

(3) Die Länder haben die Ausführungsgesetze zu § 3 Abs. 2 bis 4 und § 12a in der Fassung des Bundesgesetzes BGBl. I Nr. 150/2021 innerhalb von sechs Monaten vom Tag der Kundmachung dieses Bundesgesetzes zu erlassen. Diese Ausführungsgesetze finden auf Verfahren, die vor Inkrafttreten der jeweiligen Ausführungsgesetze anhängig waren, keine Anwendung; diese Verfahren sind nach den bis dahin geltenden Vorschriften zu beenden.

§ 22. Wahrnehmung der Rechte des Bundes

§ 22. Mit der Wahrnehmung der Rechte des Bundes gemäß Art. 15 Abs. 8 B-VG ist hinsichtlich der im Teil I dieses Bundesgesetzes enthaltenen Grundsatzbestimmungen die Bundesministerin für Klimaschutz, Umwelt, Energie, Mobilität, Innovation und Technologie betraut.

§ 23. Anwendbarkeit des Reichshaftpflichtgesetzes

Soweit § 1a des Reichshaftpflichtgesetzes vom 7. Juli 1871 (deutsches) RGBl. S. 207, in der Fassung des Eisenbahn- und Kraftfahrzeughaftpflichtgesetzes, BGBl. Nr. 48/1959, die Haftung anders als § 17 regelt, gelten die Bestimmungen des Reichshaftpflichtgesetzes.

§ 24. Vollzugsklausel.

§ 24. Mit der Vollziehung sind betraut:

1. hinsichtlich der §§ 17, 18, 19, 20 und 23 die Bundesministerin für Justiz;
2. hinsichtlich des § 22 die Bundesministerin für Klimaschutz, Umwelt, Energie, Mobilität, Innovation und Technologie.

69. Bgld. Starkstromwegegesetz

Gesetz vom 4. Dezember 1970 über elektrische Leitungsanlagen

StF: LGBl. Nr. 10/1971

Letzte Novellierung: LGBl. Nr. 23/2022

Der Landtag hat in Ausführung des Bundesgesetzes vom 6. Februar 1968, BGBl. Nr. 71, über elektrische Leitungsanlagen, die sich nicht auf zwei oder mehrere Bundesländer erstrecken, beschlossen:

GLIEDERUNG

§ 1
Anwendungsbereich

(1) Dieses Gesetz gilt für elektrische Leitungsanlagen für Starkstrom, die sich nur auf den Bereich des Bundeslandes Burgenland erstrecken.

(2) Ausgenommen vom Anwendungsbereich dieses Gesetzes sind elektrische Leitungsanlagen für Starkstrom, die sich innerhalb des dem Eigentümer dieser elektrischen Anlage gehörenden Geländes befinden oder ausschließlich dem ganzen oder teilweisen Betrieb von Eisenbahnen sowie dem Betrieb des Bergbaues, der Luftfahrt, der Schiffahrt, den technischen Einrichtungen der Post, der Landesverteidigung oder Fernmeldezwecken dienen.

§ 2
Begriffsbestimmungen

(1) Elektrische Leitungsanlagen im Sinne dieses Gesetzes sind elektrische Anlagen (§ 1 Abs. 2 des Elektrotechnikgesetzes vom 17.3.1965, BGBl. Nr. 57), die der Fortleitung elektrischer Energie dienen; hiezu zählen insbesondere auch Umspann-, Umform- und Schaltanlagen.

(2) Starkstrom im Sinne dieses Gesetze ist elektrischer Strom mit einer Spannung über 42 Volt oder einer Leistung von mehr als 100 Watt.

§ 3
Bewilligung elektrischer Leitungsanlagen

(1) Unbeschadet der nach anderen Vorschriften erforderlichen Genehmigungen oder Bewilligungen bedürfen die Errichtung und Inbetriebnahme von elektrischen Leitungsanlagen der Bewilligung nach den Bestimmungen dieses Gesetzes. Das gleiche gilt für Änderungen oder Erweiterungen elektrischer Leitungsanlagen, soweit diese über den Rahmen der hiefür erteilten Bewilligung hinausgehen.

(2) Sofern keine Zwangsrechte gemäß §§ 11 oder 18 in Anspruch genommen werden, sind von der Bewilligungspflicht folgende Leitungsanlagen ausgenommen:

1. elektrische Leitungsanlagen bis 45 000 Volt, nicht jedoch Freileitungen über 1 000 Volt;
2. unabhängig von der Betriebsspannung zu Eigenkraftanlagen gehörige elektrische Leitungsanlagen;
3. Kabelauf- und -abführungen sowie dazugehörige Freileitungstragwerke einschließlich jener Freileitungen bis 45 000 Volt, die für die Anbindung eines Freileitungstragwerkes mit Kabelauf- oder -abführungen notwendig sind und ausschließlich dem Zweck der Anbindung dienen.

(3) Falls bei Leitungsanlagen nach Abs. 2 die Einräumung von Zwangsrechten gemäß §§ 11 oder 18 erforderlich ist, besteht ein Antragsrecht des Projektwerbers auf Einleitung, Durchführung und Entscheidung des Bewilligungsverfahrens.

(4) Die vom Netzbetreiber evident zu haltende Leitungsdokumentation von bestehenden elektrischen Leitungsanlagen unterliegt den Auskunfts- und Einsichtsrechten nach § 10 Elektrizitätswirtschafts- und -organisationsgesetz 2010 - ElWOG 2020, BGBl. I Nr. 110/2010, in der Fassung des Bundesgesetzes BGBl. I Nr. 150/2021.

§ 4

Vorprüfungsverfahren

(1) Die Behörde kann über Antrag oder von Amts wegen ein Vorprüfungsverfahren anordnen, wenn ein Ansuchen um Bewilligung der Inanspruchnahme fremden Gutes zur Vornahme von Vorarbeiten (§ 5) oder um Bewilligung zur Errichtung und Inbetriebnahme elektrischer Leitungsanlagen (§ 6) vorliegt und zu befürchten ist, daß durch diese elektrischen Leitungsanlagen öffentliche Interessen nach § 7 Abs. 1 wesentlich beeinträchtigt werden. In diesem sind der Behörde durch den Bewilligungswerber über Aufforderung folgende Unterlagen vorzulegen:

a) ein Bericht über die technische Konzeption der geplanten Leitungsanlage;
b) ein Übersichtsplan im Maßstab 1:50.000 mit der vorläufig beabsichtigten Trasse und den offenkundig berührten, öffentlichen Interessen dienenden Leitungsanlagen.

(2) Im Rahmen des Vorprüfungsverfahrens sind sämtliche Behörden und öffentlich-rechtliche Körperschaften, welche die durch die geplante elektrische Leitungsanlage berührten öffentlichen Interessen (§ 7 Abs. 1) vertreten, zu hören.

(3) Nach Abschluß des Vorprüfungsverfahrens ist mit Bescheid festzustellen, ob und unter welchen Bedingungen die geplante elektrische Leitungsanlage den berührten öffentlichen Interessen nicht widerspricht.

§ 5

Vorarbeiten

(1) Auf Ansuchen ist für eine von der Behörde festzusetzende Frist eine vorübergehende Inanspruchnahme fremden Grundes zur Vornahme von Vorarbeiten für die Errichtung einer elektrischen Leitungsanlage mit Bescheid der Behörde zu bewilligen, wobei auf etwaige Belange der Landesverteidigung Rücksicht zu nehmen ist. Diese Frist kann verlängert werden, wenn die Vorbereitung des Bauentwurfes dies erfordert und vor Ablauf der Frist darum angesucht wird.

(2) Diese Bewilligung gibt das Recht, fremde Grundstücke zu betreten und auf ihnen die zur Vorbereitung des Bauentwurfes erforderlichen Bodenuntersuchungen und sonstigen technischen Arbeiten mit tunlichster Schonung und Ermöglichung des bestimmungsgemäßen Gebrauches der betroffenen Grundstücke vorzunehmen.

(3) Die Bewilligung ist in der Gemeinde, in deren Bereich Vorarbeiten durchgeführt werden sollen, spätestens eine Woche vor Aufnahme der Vorarbeiten durch Anschlag kundzumachen. Eine Übersichtskarte mit der vorläufig beabsichtigten Trassenführung ist zur allgemeinen Einsichtnahme im Gemeindeamt aufzulegen.

(4) Der zur Vornahme von Vorarbeiten Berechtigte hat den Grundstückseigentümer und die an den Grundstücken dinglich Berechtigten für alle mit den Vorarbeiten unmittelbar verbundenen Beschränkungen ihrer zum Zeitpunkt der Bewilligung ausgeübten Rechte angemessen zu entschädigen. Für das Verfahren gilt § 20 lit. a bis d sinngemäß.

§ 6

Bewilligungsansuchen

(1) Wer eine elektrische Leitungsanlage errichten und in Betrieb nehmen sowie Änderungen oder Erweiterungen nach § 3 vornehmen will, hat bei der Behörde um eine Bewilligung anzusuchen.

(2) Dem Ansuchen sind folgende Beilagen in dreifacher Ausfertigung anzuschließen:

a) ein technischer Bericht mit Angaben über Zweck, Umfang, Betriebsweise und technische Ausführung der geplanten elektrischen Leitungsanlage;
b) eine Kopie der Katastralmappe, aus der die Trassenführung und die betroffenen Grundstücke mit ihren Grundstücksnummern sowie die bereits bestehenden elektrischen Leitungsanlagen ersichtlich sind;
c) Masttypenzeichnungen - außer bei Holzmasten;
d) bei Umspann-, Umform- und Schaltanlagen entsprechende Bau- und Schaltpläne;
e) ein dem Leitungsverlauf entsprechendes Verzeichnis der betroffenen Grundstücke samt Namen und Anschrift der Grundeigentümer;
f) ein Verzeichnis der betroffenen fremden Anlagen (Kreuzungsverzeichnis) unter Angabe der Namen und Anschriften der Eigentümer oder der zuständigen Verwaltungen;
g) bei elektrischen Leitungsanlagen mit einer Spannung über 30.000 Volt ein Lageplan im Maßstab 1:50.000;
h) für den Fall, daß voraussichtlich Zwangsrechte gemäß §§ 11 oder 18 in Anspruch genommen werden, überdies ein Verzeichnis der davon betroffenen Grundstücke mit Namen und Anschriften der Eigentümer sowie der sonstigen dinglich Berechtigten mit Ausnahme der Hypothekargläubiger.

(3) Werden durch die elektrischen Leitungsanlagen Gebiete mehrerer Gemeinden betroffen, ist für jede Gemeinde zusätzlich eine Ausfertigung der im Abs. 2 unter lit. b und lit. d bis f bezeichneten Unterlagen beizufügen, die sich auf das Gebiet der jeweiligen Gemeinde beschränken können.

(4) Wenn die eingereichten Unterlagen eine Beurteilung hinsichtlich der technischen Ausführung der Projektes nicht zulassen, ist der Bauwerber zur Beibringung eines Längenprofiles der elektrischen Leitungsanlage und eines statischen Nachweises für die Maste zu verhalten.

(5) Die Behörde kann von der Beibringung einzelner der im Abs. 2 genannten Angaben und Unterlagen absehen, wenn die übrigen Unterlagen zur einwandfreien Beurteilung der geplanten Leitungsanlage ausreichen.

§ 7

Bewilligung zur Errichtung und zum Betrieb

(1) Die Behörde hat die Bewilligung zur Errichtung und zum Betrieb zu erteilen, wenn die elektrische Leitungsanlage dem öffentlichen Interesse an der Versorgung der Bevölkerung oder eines Teiles derselben mit elektrischer Energie nicht widerspricht. In dieser Bewilligung hat die Behörde durch Auflagen zu bewirken, daß die elektrischen Leitungsanlagen diesen Voraussetzungen entsprechen. Dabei hat eine Abstimmung mit den bereits vorhandenen oder bewilligten anderen Energieversorgungseinrichtungen und mit den Erfordernissen der Landeskultur, des Forstwesens, der Wildbach- und Lawinenverbauung, der Raumplanung, des Natur- und Denkmalschutzes, der Wasserwirtschaft und des Wasserrechtes, des öffentlichen Verkehrs, der sonstigen öffentlichen Versorgung, der Landesverteidigung, der Sicherheit des Luftraumes und des Dienstnehmerschutzes zu erfolgen. Die zur Wahrung dieser Interessen berufenen Behörden und öffentlich-rechtlichen Körperschaften sind, soweit sie betroffen werden, im Ermittlungsverfahren zu hören.

(2) Die Behörde hat bei Auflagen, deren Einhaltung aus Sicherheitsgründen vor Inbetriebnahme einer Überprüfung bedarf, zunächst nur die Bewilligung zur Errichtung zu erteilen und sich die Erteilung der Bewilligung zum Betriebe vorzubehalten.

(3) In den Verfahren nach den Abs. 1 sind bei allen elektrischen Leitungsanlagen neben den starkstromwegerechtlichen Bestimmungen auch die Genehmigungsvoraussetzungen des Gesetzes vom November 1990 über den Schutz und die Pflege der Natur und Landschaft im Burgenland (Burgenländisches Naturschutz- und Landschaftspflegegesetz - NG 1990) sowie der auf Basis dieses Gesetzes erlassenen Verordnungen anzuwenden (mitanzuwendende Vorschriften), vorausgesetzt, dass dem Ansuchen um Bewilligung auch die nach dem Burgenländischen Naturschutz- und Landschaftspflegegesetz erforderlichen Unterlagen angeschlossen sind. Sind Auflagen, Bedingungen oder Befristungen notwendig oder hat die Versagung einer Bewilligung nach diesem Gesetz zu erfolgen, kommt weder für die starkstromrechtliche Bewilligung noch für die mitanzuwendenden Vorschriften die Bewilligungsfiktion im Sinne des Abs. 3 zur Anwendung.

§ 8

Beginn der Errichtung

Der Inhaber einer Bewilligung zur Errichtung einer elektrischen Leitungsanlage hat unbeschadet einer im Bewilligungsbescheid auferlegten Verpflichtung zur Verständigung von der Inangriffnahme von Bauarbeiten den voraussichtlichen Beginn der Bauarbeiten spätestens eine Woche vorher den betroffenen Gemeinden anzuzeigen. Die Anzeige ist in den Gemeinden kundzumachen.

§ 9

Betriebsbeginn und Betriebsende

(1) Der Inhaber der Bewilligung zur Errichtung einer elektrischen Leitungsanlage hat ihre Fertigstellung oder die Fertigstellung ihrer wesentlichen Teile der Behörde anzuzeigen. Wenn die Bewilligung zum Betrieb bereits erteilt wurde (§ 7 Abs. 1), ist er nach der Anzeige über die Fertigstellung berechtigt, mit dem regelmäßigen Betrieb zu beginnen.

(2) Wurde die Erteilung der Bewilligung zum Betrieb vorbehalten (§ 7 Abs. 2), ist nach der Anzeige der Fertigstellung die sofortige Aufnahme des regelmäßigen Betriebes zu bewilligen, sofern die ausgeführte Anlage dem Bescheid, mit dem die Bewilligung zur Errichtung erteilt wurde, entspricht und die Auflagen dieses Bescheides erfüllt wurden.

(3) Sofern vor Erteilung der Bewilligung zum Betrieb (Abs. 2) eine mündliche Verhandlung stattfindet, sind hiezu der Inhaber der Bewilligung zur Errichtung und Sachverständige zu laden.

(4) Der Inhaber der Bewilligung zum Betrieb hat die dauernde Außerbetriebnahme einer bewilligten elektrischen Leitungsanlage der Behörde anzuzeigen.

§ 10

Erlöschen der Bewilligung

(1) Die Bewilligung zur Errichtung erlischt, wenn

a) mit dem Bau nicht innerhalb von drei Jahren ab Rechtskraft der Bewilligung zur Errichtung begonnen wird oder
b) die Fertigstellungsanzeige (§ 9 Abs. 1) nicht innerhalb von fünf Jahren ab Rechtskraft der Bewilligung zur Errichtung erfolgt.

(2) Die Bewilligung zum Betrieb erlischt, wenn

a) der regelmäßige Betrieb nicht innerhalb eines Jahres ab Fertigstellungsanzeige, in den Fällen der Erteilung einer Bewilligung zum Betrieb gemäß § 9 Abs. 2 ab Rechtskraft derselben, aufgenommen wird,
b) der Inhaber der Bewilligung anzeigt, daß die elektrische Leitungsanlage dauernd außer Betrieb genommen wird oder
c) der Betrieb der elektrischen Leitungsanlage nach Feststellung der Behörde unbegründet durch mehr als drei Jahre unterbrochen wurde.

(3) Die Fristen nach Abs. 1 und Abs. 2 lit. a können von der Behörde verlängert werden, wenn die Planungs- oder Bauarbeiten dies erfordern und darum vor Fristablauf angesucht wird.

(4) Den Fall des Erlöschens der Bewilligung zur Errichtung oder zum Betrieb hat die Behörde bescheidmäßig festzustellen.

(5) Nach Erlöschen der Bewilligung zur Errichtung oder zum Betrieb hat der letzte Inhaber der Bewilligung die elektrische Leitungsanlage über nachweisliche Aufforderung des Grundstückseigentümers umgehend abzutragen und den früheren Zustand nach Möglichkeit wiederherzustellen, es sei denn, daß dies durch privatrechtliche Vereinbarungen über das Belassen der elektrischen Anlagen ausgeschlossen wurde. Hiebei ist mit tunlichster Schonung und Ermöglichung des bestimmungsgemäßen Gebrauches der betroffenen Grundstücke vorzugehen.

§ 11
Leitungsrechte

(1) Jedem, der eine elektrische Leitungsanlage betreiben will, sind von der Behörde auf Antrag an Grundstücken, einschließlich der Privatgewässer, der öffentlichen Straßen und Wege sowie des sonstigen öffentlichen Gutes Leitungsrechte einzuräumen, wenn und soweit dies durch die Bewilligung zur Errichtung, Änderung oder Erweiterung einer elektrischen Leitungsanlage notwendig wird.

(2) Dem Antrag ist nicht zu entsprechen, wenn

a) der dauernde Bestand der elektrischen Leitungsanlage an einem bestimmten Ort aus zwingenden technischen Gründen oder mit Rücksicht auf die unverhältnismäßigen Kosten ihrer Verlegung die Enteignung erfordert (§ 18),
b) ihm öffentliche Interessen (§ 7 Abs. 1) entgegenstehen oder
c) über die Grundbenützung schon privatrechtliche Vereinbarungen

vorliegen.

§ 12
Inhalt der Leitungsrechte

(1) Die Leitungsrechte umfassen das Recht

a) auf Errichtung und Erhaltung sowie auf Betrieb von Leitungsstützpunkten, Schalt- und Umspannanlagen, sonstigen Leitungsobjekten und anderem Zubehör,
b) auf Führung und Erhaltung sowie auf Betrieb von Leitungsanlagen im Luftraum oder unter der Erde,
c) auf Ausästung, worunter auch die Beseitigung von hinderlichen Baumpflanzungen und das Fällen einzelner Bäume zu verstehen ist, sowie auf Vornahme von Durchschlägen durch Waldungen, wenn sich keine andere wirtschaftliche Möglichkeit der Leitungsführung ergibt und die Erhaltung und forstgemäße Bewirtschaftung des Waldes dadurch nicht gefährdet wird,
d) auf den Zugang und die Zufahrt vom öffentlichen Wegenetz.

(2) Der Inhalt des jeweiligen Leitungsrechtes ist im Bewilligungsbescheid festzulegen.

§ 13
Ausästung und Durchschläge

(1) Die Ausästungen und Durchschläge (§ 12 Abs. 1 lit. c) können nur in dem für die Errichtung und Instandhaltung der elektrischen Leitungsanlagen und zur Verhinderung von Betriebsstörungen unumgänglich notwendigen Umfang beansprucht werden.

(2) Der Leitungsberechtigte hat vorerst den durch das Leitungsrecht Belasteten nachweislich aufzufordern, die Ausästungen oder Durchschläge vorzunehmen; gleichzeitig hat er den Belasteten auf allenfalls zu beachtende elektrotechnische Sicherheitsvorschriften hinzuweisen. Besteht Gefahr im Verzuge oder kommt der Belastete der Aufforderung innerhalb eines Monats nach Empfang nicht nach, so kann der Leitungsberechtigte nach vorherige Anzeige an diesen Belasteten selbst die Ausästung oder den Durchschlag vornehmen. Einschlägige forstrechtliche Bestimmungen sind dabei zu berücksichtigten.

(3) Die Kosten der Ausästung und der Vornahme von Durchschlägen sind vom Leitungsberechtigten zu tragen, es sei denn, daß sie bei der Einräumung des Leitungsrechtes bereits entsprechend abgegolten wurden.

§ 14
Ausübung der Leitungsrechte

(1) Bei der Ausübung von Leitungsrechten ist mit tunlichster Schonung der benützten Grundstücke und der Rechte Dritter vorzugehen. Insbesondere hat der Leitungsberechtigte während der Ausführung der Arbeiten auf seine Kosten für die tunlichste Ermöglichung des widmungsgemäßen Gebrauches des benutzten Grundstückes zu sorgen. Nach Beendigung der Arbeiten hat er einen Zustand herzustellen, der keinen Anlaß zu begründeten Beschwerden gibt. In Streitfällen entscheidet die Behörde.

(2) Durch die Leitungsrechte darf der widmungsgemäße Gebrauch der zu benutzenden Grundstücke nur unwesentlich behindert werden. Die Behörde hat auf Antrag des durch das Leitungsrecht Belasteten dem Leitungsberechtigten die Leitungsrechte zu entziehen, wenn dieser Belastete nachweist, daß die auf seinem Grundstück befindlichen elektrischen Leitungsanlagen oder Teile derselben die von ihm beabsichtigte zweckmäßige Nutzung des Grundstückes entweder erheblich erschweren oder überhaupt unmöglich machen.

(3) Sofern die für die Entziehung des Leitungsrechtes geltend gemachte Benützung nicht innerhalb von achtzehn Monaten ab Rechtskraft des Entziehungsbescheides erfolgt, ist dem bisherigen Leitungsberechtigten vom bisherigen durch das Leitungsrecht Belasteten für den erlittenen Schaden Vergütung zu leisten. § 5 Abs. 4 gilt sinngemäß.

§ 15
Auswirkung der Leitungsrechte

(1) Die Leitungsrechte gehen samt den mit ihnen verbundenen Verpflichtungen auf jeden Erwerber der elektrischen Leitungsanlage, für die sie eingeräumt worden sind, über.

(2) Sie sind gegen jeden Eigentümer des in Anspruch genommenen Grundstücks und sonstige hieran dinglich Berechtigte wirksam. Auch steht ein Wechsel eines Eigentümers oder sonstigen dinglich Berechtigten nach ordnungsgemäßer Ladung zur mündlichen Verhandlung der Wirksamkeit des ein Leitungsrecht einräumenden Bescheides nicht im Wege.

(3) Die Leitungsrechte verlieren ihre Wirksamkeit gleichzeitig mit dem Erlöschen der Bewilligung der elektrischen Leitungsanlage.

§ 16
Einräumung von Leitungsrechten

(1) In den Anträgen auf behördliche Einräumung von Leitungsrechten sind die betroffenen Grundstücke mit ihrer Katastral- und Grundbuchsbezeichnung sowie deren Eigentümer und sonstige dinglich Berechtigte mit Ausnahme der Hypothekargläubiger nebst Inhalt (§ 12) der beanspruchten Rechte anzuführen.

(2) Leitungsrechte (§ 11) sind durch Bescheid einzuräumen.

(3) Anträge gemäß Abs. 1 können auch nach Einbringung des Ansuchens um Bewilligung der elektrischen Leitungsanlage (§ 6) gestellt werden.

§ 17
Entschädigung für die Einräumung von Leitungsrechten

Der Leitungsberechtigte hat den Grundstückseigentümer und die an den Grundstücken dinglich Berechtigten für alle mit der Errichtung, der Erhaltung, dem Betrieb, der Änderung und der Beseitigung der elektrischen Leitungsanlagen unmittelbar verbundenen Beschränkungen ihrer zum Zeitpunkt der Bewilligung ausgeübten Rechte, angemessen zu entschädigen. Für das Verfahren gilt § 20 lit. a bis d sinngemäß.

§ 18
Enteignung

Wenn der dauernde Bestand der elektrischen Leitungsanlage an einem bestimmten Ort aus zwingenden technischen Gründen oder mit Rücksicht auf die unverhältnismäßigen Kosten ihrer Verlegung die Enteignung erfordert, sodaß mit den Leitungsrechten nach §§ 11 ff. das Auslangen nicht gefunden werden kann, ist von der Behörde über Antrag die Enteignung für elektrische Leitungsanlagen samt Zubehör einschließlich der Umspann-, Umform- und Schaltanlagen auszusprechen.

§ 19
Gegenstand der Enteignung

(1) Die Enteignung kann umfassen:

a) die Bestellung von Dienstbarkeiten an unbeweglichen Sachen;
b) die Abtretung von Eigentum an Grundstücken;
c) die Abtretung, Einschränkung oder Aufhebung anderer dinglicher Rechte an unbeweglichen Sachen und solcher Rechte, deren Ausübung an einen bestimmten Ort gebunden ist.

(2) Von Abs. 1 lit. b darf nur Gebrauch gemacht werden, wenn die übrigen in Abs. 1 angeführten Maßnahmen nicht ausreichen.

(3) Würde durch die Enteignung eines Teiles eines Grundstückes dieses für den Eigentümer die zweckmäßige Benutzbarkeit verlieren, ist auf dessen Verlangen das ganze Grundstück abzulösen.

§ 20
Durchführung von Enteignungen

Auf das Enteignungsverfahren und die behördliche Ermittlung der Entschädigung ist das Eisenbahn-Enteignungsentschädigungsgesetz-EisbEG, BGBl. Nr. 71/1954, in der Fassung des Gesetzes BGBl. I Nr. 111/2010, sinngemäß mit nachstehenden Abweichungen anzuwenden:

a) Über den Inhalt, den Gegenstand und den Umfang der Enteignung sowie über die Entschädigung entscheidet die Behörde.
b) Die Höhe der Entschädigung ist auf Grund der Schätzung wenigstens eines beeideten Sachverständigen im Enteignungsbescheid oder in einem gesonderten Bescheid zu bestimmen; im letzteren Fall ist ohne weitere Erhebungen im Enteignungsbescheid ein vorläufiger Sicherstellungsbetrag festzulegen.

c) Jede der beiden Parteien kann binnen drei Monaten ab Erlassung des die Entschädigung bestimmenden Bescheides (lit. b) die Feststellung des Entschädigungsbetrages beim Landesverwaltungsgericht begehren. Der Bescheid der Behörde tritt hinsichtlich des Ausspruches über die Entschädigung mit Anrufung des Gerichtes außer Kraft. Der Antrag an das Gericht auf Feststellung der Entschädigung kann nur mit Zustimmung des Antraggegners zurückgezogen werden.
d) Ein erlassener Enteignungsbescheid ist erst vollstreckbar, sobald der im Enteignungsbescheid oder in einer gesonderten Entscheidung bestimmte Entschädigungsbetrag oder der im Enteignungsbescheid festgelegte vorläufige Sicherstellungsbetrag (lit. b) gerichtlich hinterlegt oder an den Enteigneten ausbezahlt ist.
e) Auf Antrag des Enteigneten kann an die Stelle einer Geldentschädigung eine Entschädigung in Form einer gleichartigen und gleichwertigen Naturalleistung treten, wenn diese dem Enteignungswerber unter Abwägung des Einzelfalles wirtschaftlich zugemutet werden kann. Hierüber entscheidet die Behörde in einem gesonderten Bescheid gemäß lit. b.
f) Die Einleitung eines Enteignungsverfahrens, das sich auf verbücherte Liegenschaften oder verbücherte Rechte bezieht, ist durch die Behörde auch dem zuständigen Grundbuchsgericht bekanntzugeben. Die Behörde hat das Grundbuchsgericht von der Einstellung des Enteignungsverfahrens zu verständigen.
g) Vom Erlöschen der elektrizitätsrechtlichen Bewilligung einer elektrischen Leitungsanlage (§ 10) ist der Eigentümer des belasteten Gutes zu verständigen. Er kann die ausdrückliche Aufhebung der für diese Leitungsanlage im Wege der Enteignung eingeräumten Dienstbarkeiten bei der Behörde beantragen. Die Behörde hat über seinen Antrag die für die elektrische Leitungsanlage im Enteignungswege eingeräumten Dienstbarkeiten unter Vorschreibung einer der geleisteten Entschädigung angemessenen Rückvergütung durch Bescheid aufzuheben.
h) Hat zufolge eines Enteignungsbescheides die Übertragung des Eigentums an einem Grundstück für Zwecke einer elektrischen Leitungsanlage stattgefunden, so hat die Behörde über binnen einem Jahr ab Abtragung der elektrischen Leitungsanlage gestellten Antrag des früheren Eigentümers oder seines Rechtsnachfolgers zu dessen Gunsten die Rückübereignung gegen angemessene Entschädigung auszusprechen. Für die Feststellung dieser Entschädigung gelten die Bestimmungen der lit. c.
i) Am 31. Dezember 2013 beim ordentlichen Gericht anhängige Entschädigungsverfahren nach den §§ 18 bis 20 sind nach den Vorschriften vor LGBl. Nr. 79/2013 zu beenden.

§ 20a
Sachverständige und Verfahrenskosten

(1) Die Beiziehung von nicht amtlichen Sachverständigen in Verfahren nach diesem Gesetz ist auch ohne das Vorliegen der Voraussetzungen des § 52 Abs. 2 und 3 AVG zulässig. Es können auch fachlich einschlägige Anstalten, Institute oder Unternehmen als Sachverständige bestellt werden.

(2) Kosten, die der Behörde bei der Durchführung der Verfahren erwachsen, wie beispielsweise Gebühren oder Honorare für Sachverständige, sind vom Projektwerber zu tragen. Die Behörde kann dem Projektwerber durch Bescheid auftragen, diese Kosten nach Prüfung der sachlichen und rechnerischen Richtigkeit durch die Behörde direkt zu bezahlen.

§ 21
Beurkundung von Übereinkommen

Die im Zuge eines elektrizitätsrechtlichen Verfahrens getroffenen Übereinkommen sind von der Behörde zu beurkunden.

§ 22
Behörden

Behörde im Sinne dieses Gesetzes ist die Landesregierung. Die Durchführung von Strafverfahren obliegt den Bezirksverwaltungsbehörden.

§ 23
Strafbestimmungen

(1) Eine Verwaltungsübertretung begeht,
a) wer eine nach § 3 dieses Gesetzes bewilligungspflichtige elektrische Leitungsanlage ohne Bewilligung errichtet, ändert, erweitert oder betreibt;
b) wer Auflagen in Entscheidungen, die nach diesem Gesetze erlassen werden, nicht erfüllt;
c) wer die Anzeige der dauernden Außerbetriebnahme einer bewilligten elektrischen Leitungsanlage unterläßt (§ 9 Abs. 4);
d) wer die Abtragungspflicht nach § 10 Abs. 5 nicht erfüllt.

(2) Verwaltungsübertretungen nach Abs. 1 lit. a und b sind mit Geldstrafe bis zu 2.200 Euro, im Falle der Uneinbringlichkeit mit Arrest bis zu sechs Wochen, Verwaltungsübertretungen nach Abs. 1 lit. c und d mit Geldstrafen bis zu 730 Euro, im Falle der Uneinbringlichkeit mit Arrest bis zu zwei Wochen von der Bezirksverwaltungsbehörde zu bestrafen.

(3) Wurde eine elektrische Leitungsanlage, deren Errichtung, Änderung oder Erweiterung bewilligungspflichtig ist, ohne Bewilligung errichtet, geändert oder erweitert, so beginnt die Verjährung erst nach Beseitigung des gesetzwidrigen Zustandes.

§ 24

Wiederherstellung des gesetzmäßigen Zustandes

Unabhängig von Bestrafung und Schadenersatzpflicht ist derjenige, der die Bestimmungen dieses Gesetzes übertreten hat, von der Behörde zu verhalten, den gesetzmäßigen Zustand binnen angemessener Frist wiederherzustellen.

§ 25

Übergangsbestimmungen

(1) Nach den bisher geltenden gesetzlichen Bestimmungen rechtmäßig bestehende elektrische Leitungsanlagen werden durch die Bestimmungen dieses Gesetzes nicht berührt.

(2) Die nach den früheren gesetzlichen Bestimmungen erworbenen Rechte für diese Leitungsanlagen bleiben ebenso wie die damit verbundenen Verpflichtungen aufrecht.

(3) Am Tage des Inkrafttretens dieses Gesetzes anhängige Verfahren sind nach den bisher geltenden Bestimmungen zu beenden.

(4) § 3 Abs. 2 bis 4 und § 20a in der Fassung des Gesetzes LGBl. Nr. 23/2022 sind auf im Zeitpunkt des Inkrafttretens des Gesetzes LGBl. Nr. 23/2022 anhängige Verfahren nicht anzuwenden; diese Verfahren sind nach den bis dahin geltenden Vorschriften zu beenden.

§ 26

Schlußbestimmungen

Mit dem Inkrafttreten dieses Gesetzes verlieren - unbeschadet des § 25 - nachstehende Bestimmungen des vorläufigen Elektrizitätslandesgesetzes 1961, LGBl. Nr. 4/1962, soweit sie elektrische Leitungsanlagen betreffen, ihre Wirksamkeit: § 1 Abs. 1, § 3, § 9, § 10 Z 2, §§ 11 - 17 sowie §§ 19 - 20.

§ 27

Inkrafttreten

(1) §§ 20, 22 und 23 Abs. 1 in der Fassung des Gesetzes LGBl. Nr. 79/2013 treten mit 1. Jänner 2014 in Kraft.

(2) § 7 Abs. 3 und 4 treten mit dem der Kundmachung folgenden Tag in Kraft.

(3) § 10 Abs. 6 und 7 in der Fassung des Gesetzes LGBl. Nr. 25/2020 tritt mit dem der Kundmachung folgenden Tag in Kraft und mit Ablauf des 31. Dezember 2020 außer Kraft.

(4) § 10 Abs. 6 und 7 in der Fassung des Gesetzes LGBl. Nr. 83/2020 tritt mit 1. Jänner 2021 in Kraft und mit Ablauf des 31. Dezember 2021 außer Kraft.

(5) § 3 Abs. 2, 3 und 4, § 7 Abs. 3 und 4, § 12 Abs. 1 lit. d, § 20a Abs. 1 und 2 und § 25 Abs. 4 in der Fassung des Gesetzes LGBl. Nr. 23/2022 treten mit dem der Kundmachung folgenden Tag in Kraft.

70. Kärntner Elektrizitätsgesetz

Gesetz vom 1. Juli 1969 über elektrische Leitungs- und Stromerzeugungsanlagen

StF: LGBl Nr 47/1969

Letzte Novellierung: LGBl Nr 87/2022

GLIEDERUNG

§ 1
Anwendungsbereich

(1) Dieses Gesetz gilt für elektrische Leitungsanlagen für Starkstrom, die sich auf das Bundesland Kärnten erstrecken.

(2) (entfällt)

(3) Dieses Gesetz gilt jedoch nicht für elektrische Leitungsanlagen für Starkstrom, die sich innerhalb des dem Eigentümer dieser elektrischen Anlage gehörenden Geländes befinden und von denen keine Belästigungen von Nachbarn durch Lärm, Erschütterung, Schwingungen und dergleichen ausgehen oder ausschließlich dem ganzen oder teilweisen Betrieb von Eisenbahnen, mineralrohstoffrechtlichen Anlagen sowie Anlagen der Luft- oder Schifffahrt, der Telekommunikation oder der Landesverteidigung dienen.

§ 2
Begriffsbestimmungen

(1) Elektrische Leitungsanlagen im Sinne dieses Gesetzes sind Anlagen (§ 1 Abs 2 des Elektrotechnikgesetzes 1992), die der Fortleitung elektrischer Energie dienen; hiezu zählen insbesondere auch Umspann-, Umform- und Schaltanlagen.

(2) Starkstrom im Sinne dieses Gesetzes ist elektrischer Strom mit einer Spannung von über 42 Volt oder einer Leistung von mehr als 100 Watt.

§ 3
Bewilligung elektrischer Leitungsanlagen

(1) Unbeschadet der nach anderen Vorschriften erforderlichen Genehmigungen oder Bewilligungen bedürfen die Errichtung und die regelmäßige Inbetriebnahme von elektrischen Leitungsanlagen der Bewilligung nach den Bestimmungen dieses Gesetzes. Das Gleiche gilt für wesentliche Änderungen von Leitungsanlagen.

(2) Der Austausch oder die Erneuerung von Leiterseilen oder Erdkabeln, Isolatoren und Zubehörteilen sind jedenfalls keine wesentlichen Änderungen gemäß Abs. 1 letzter Satz. Dies gilt nicht, soweit dadurch eine weitergehende Inanspruchnahme von Grundstücken notwendig wird.

(3) Sofern keine Zwangsrechte gemäß den §§ 11 bis 20 in Anspruch genommen werden, sind von der Bewilligungspflicht gemäß Abs. 1 ausgenommen:

1. elektrische Leitungsanlagen bis 45 000 Volt, nicht jedoch Freileitungen über 1000 Volt,
2. zu Eigenkraftanlagen gehörige elektrische Leitungsanlagen, unabhängig von der Betriebsspannung,
3. Kabelauf- und -abführungen sowie dazugehörige Freileitungstragwerke einschließlich jener Freileitungen bis 45 000 Volt, die für die

Anbindung eines Freileitungstragwerkes mit Kabelauf- oder -abführungen notwendig sind und ausschließlich dem Zweck der Anbindung dienen, und

4. elektrische Leitungsanlagen, die ausschließlich zur Ableitung der in Anlagen nach § 7 Abs. 1 Z 1 Ökostromgesetz 2012 erzeugten Elektrizität dienen.

(4) Ist in den Fällen des Abs. 2 die Einräumung von Zwangsrechten gemäß §§ 11 bis 20 erforderlich, hat der Projektwerber ein Antragsrecht hinsichtlich der Einleitung, Durchführung und Entscheidung im Bewilligungsverfahren.

(5) Die Leitungsdokumentation von bestehenden elektrischen Leitungsanlagen ist vom Netzbetreiber evident zu halten und unterliegt den Auskunfts- und Einsichtsrechten gemäß § 10 des Elektrizitätswirtschafts- und -organisationsgesetzes 2010.

(6) Für andere elektrische Leitungsanlagen hat die Dokumentation entsprechend den elektrotechnischen Sicherheitsvorschriften zu erfolgen. Der Behörde, den Verteilernetzbetreibern und Körperschaften öffentlichen Rechts, die Aufgaben von allgemeinem wirtschaftlichen Interesse erfüllen, sind Auskünfte zu erteilen und ist erforderlichenfalls Einsicht in die Dokumentation zu gewähren.

§ 4

Vorprüfungsverfahren

(1) Die Behörde kann über Antrag oder von Amts wegen ein Vorprüfungsverfahren anordnen, wenn ein Ansuchen um Bewilligung der Inanspruchnahme fremden Gutes zur Vornahme von Vorarbeiten (§ 5) oder um Bewilligung zur Errichtung und Inbetriebnahme elektrischer Leitungsanlagen (§ 6) vorliegt und zu befürchten ist, daß durch diese Anlagen öffentliche Interessen nach § 7 Abs. 1 wesentlich beeinträchtigt werden. In diesem sind der Behörde durch den Bewilligungswerber über Aufforderung folgende Unterlagen vorzulegen:

a) ein Bericht über die technische Konzeption der geplanten Anlage einschließlich der technischen Voraussetzungen für eine gänzliche oder teilweise Erdverkabelung der geplanten Anlage, insbesondere im Schutzbereich elektrischer Leitungsanlagen (§ 14a Abs. 1 erster Satz);

b) ein Übersichtsplan im Maßstab 1:50.000 mit der vorläufig beabsichtigten Trasse und den offenkundig berührten öffentlichen Interessen dienende Anlagen einschließlich der im Nahebereich der Trasse vorhandenen oder bewilligten Leitungsanlagen.

(2) Im Rahmen des Vorprüfungsverfahrens sind sämtliche Behörden und öffentlich-rechtliche Körperschaften, welche die durch die geplante elektrische Leitungsanlage berührten öffentlichen Interessen (§ 7 Abs. 1) vertreten, zu hören.

(3) Nach Abschluß des Vorprüfungsverfahrens ist mit Bescheid festzustellen, ob und unter welchen Bedingungen die geplante elektrische Leitungsanlage den berührten öffentlichen Interessen nicht widerspricht.

§ 4a

Sicherung des Ausbaus von Leitungsanlagen

(1) Um die Freihaltung der für die Errichtung von elektrischen Leitungsanlagen notwendigen Grundflächen sowie der gemäß § 14a Abs. 2 und 3 erforderlichen Schutzbereiche der Leitungsanlagen zu sichern, kann die Landesregierung vor Bewilligung der Leitungsanlage gemäß § 7 für das in einem Lageplan dargestellte Gebiet, das für eine spätere Führung der Leitungsanlage in Betracht kommt, durch Verordnung bestimmen, dass für einen Zeitraum von fünf Jahren Neu-, Zu-, Auf-, Um- und Einbauten sowie sonstige einer behördlichen Bewilligung nach landesrechtlichen Vorschriften unterliegenden Anlagen in einem bestimmten begrenzten Gebiet ohne Zustimmung der Landesregierung nicht errichtet werden dürfen oder dass deren Errichtung an bestimmte von der Landesregierung zu stellende Bedingungen zur Sicherung der Herstellung der Leitungsanlage geknüpft wird.

(2) Eine Verordnung gemäß Abs. 1 darf nur erlassen werden, wenn

a) die Voraussetzungen für die Anordnung eines Vorprüfungsverfahrens gemäß § 4 Abs. 1 vorliegen;

b) zu befürchten ist, dass durch bauliche Veränderungen in diesem Gebiet der geplante Leitungsbau erheblich erschwert oder wesentlich verteuert wird;

c) der Projektwerber die erforderlichen Planungsunterlagen einschließlich einer Abschätzung der Auswirkungen der Verwirklichung des Leitungsbaus auf die gemäß § 7 Abs. 1 zu berücksichtigenden öffentlichen Interessen vorlegt.

(3) Die fünfjährige Frist kann bei Vorliegen eines Bewilligungsansuchens um höchstens fünf Jahre verlängert werden. Eine Verordnung gemäß Abs. 1 ist vor Ablauf ihrer Geltungsdauer aufzuheben, sobald der Grund für ihre Erlassung weggefallen ist.

(4) Vor Erlassung der Verordnung sind die Unterlagen gemäß Abs. 2 lit. c durch sechs Wochen in den berührten Gemeinden zur öffentlichen Einsicht aufzulegen. Zeit und Ort der Auflage sind durch Anschlag an der Amtstafel der Gemeinde kundzumachen. Innerhalb der Auflagefrist können von den Eigentümern des von der Leitungstrasse betroffenen Gebiets schriftliche Äußerungen beim Amt der Landesregierung eingebracht werden. Dieses hat die Äußerungen angemessen zu prüfen.

(5) Die Verordnung gemäß Abs. 1 ist auch in den betreffenden Gemeinden ortsüblich zu verlautbaren.

(6) Für die durch die Einschränkungen gemäß Abs. 1 den Betroffenen erwachsenen Nachteile wird keine Entschädigung geleistet.

(7) Bauvorhaben, die länger als zwei Jahre vor dem Inkrafttreten einer Verordnung gemäß Abs. 1 nach den Bestimmungen der Kärntner Bauordnung 1996 rechtskräftig bewilligt worden sind, mit deren Ausführung aber noch nicht begonnen worden ist, dürfen während der Geltungsdauer der Verordnung gemäß Abs. 1 und 3 nur nach Maßgabe der Bestimmungen der Verordnung gemäß Abs. 1 ausgeführt werden.

§ 5

Vorarbeiten

(1) Die Behörde hat auf Ansuchen für eine bestimmte aus triftigen Gründen verlängerbare Frist eine vorübergehende Inanspruchnahme fremden Gutes zur Vornahme von Vorarbeiten für die Errichtung einer elektrischen Leitungsanlage zu bewilligen, wobei auf etwaige Belange der Landesverteidigung Rücksicht zu nehmen ist.

(2) Diese Bewilligung gibt das Recht, fremde Grundstücke zu betreten und auf ihnen die zur Vorbereitung des Bauentwurfes erforderlichen Bodenuntersuchungen und sonstigen technischen Arbeiten mit tunlichster Schonung und Ermöglichung des bestimmungsgemäßen Gebrauches der betroffenen Grundstücke vorzunehmen.

(3) Die Bewilligung ist von der Behörde in der Gemeinde, in deren Bereich Vorarbeiten durchgeführt werden sollen, spätestens eine Woche vor Aufnahme der Vorarbeiten kundzumachen. Eine Übersichtskarte mit der vorläufig beabsichtigten Trassenführung ist zur allgemeinen Einsichtnahme im Gemeindeamt aufzulegen.

(4) Der zur Vornahme von Vorarbeiten Berechtigte hat den Grundeigentümer und die an den Grundstücken dinglich Berechtigten für alle mit den Vorarbeiten unmittelbar verbundenen Beschränkungen ihrer zum Zeitpunkte der Bewilligung ausgeübten Rechte angemessen zu entschädigen. Für das Verfahren gilt § 20 lit a bis d sinngemäß.

§ 6

Bewilligungsansuchen

(1) Dem Ansuchen um Bewilligung (§ 3 Abs. 1) sind in dreifacher Ausfertigung beizufügen:

a) ein technischer Bericht mit Angaben über Zweck, Umfang, Betriebsweise und technische Ausführung der geplanten elektrischen Leitungsanlage,
b) ein Trassenplan im Katastermaßstab,
c) Masttypenzeichnungen,
d) bei Umspann-, Umform- und Schaltanlagen entsprechende Bau- und Schaltpläne,
e) ein dem Leitungsverlauf entsprechendes Verzeichnis der betroffenen Grundstücke,
f) ein Verzeichnis der Eigentümer der betroffenen Grundstücke,
g) ein Verzeichnis der betroffenen fremden Anlagen (Kreuzungsverzeichnis) unter Angabe der zuständigen Verwaltungen sowie im Falle elektrischer Leitungsanlagen der im Nahbereich der Trasse vorhandenen oder bewilligten parallelen Leitungsanlagen,
h) bei elektrischen Leitungsanlagen mit einer Spannung über 45.000 Volt ein Lageplan im Maßstab 1:50.000, der auch die in lit. g genannten eigenen Leitungsanlagen zu berücksichtigen hat,
i) eine Beschreibung der in Anspruch zu nehmenden Zwangsrechte,
j) ein Lageplan der Leitungsanlage, aus dem der Schutzbereich gemäß § 14a ersichtlich ist.

(2) Werden durch die elektrischen Leitungsanlagen Gebiete mehrerer Gemeinden betroffen, ist für jede Gemeinde eine Ausfertigung der im Abs. 1 lit. a bis e bezeichneten Unterlagen beizufügen.

(3) Wenn die eingereichten Unterlagen eine Beurteilung hinsichtlich der technischen Ausführung wegen der Eigenart des Projekts nicht zulassen, hat die Behörde dem Bewilligungswerber die Beibringung der zur Beurteilung der elektrischen Leitungsanlagen zusätzlich erforderlichen Unterlagen aufzutragen.

(4) Die Behörde kann von der Beibringung einzelner der im Abs. 1 genannten Unterlagen absehen, wenn die Beurteilung auch ohne diese Unterlagen möglich ist.

§ 7

Bewilligung zur Errichtung und zum Betrieb

(1) Die Behörde hat die Bewilligung zur Errichtung und zum Betrieb zu erteilen, wenn die elektrische Leitungsanlage dem öffentlichen Interesse an der Versorgung der Bevölkerung oder eines Teiles derselben mit elektrischer Energie nicht widerspricht. In der Bewilligung zur Errichtung hat die Behörde durch Auflagen zu bewirken, daß die elektrischen Leitungsanlagen diesen Voraussetzungen entsprechen. Dabei hat eine Abstimmung mit

1. den bereits vorhandenen oder bewilligten anderen Energieversorgungseinrichtungen, insbesondere auch elektrischen Leitungsanlagen im Sinne des § 7a, und
2. den Erfordernissen

a) der Landwirtschaft und des Forstwesens,
b) der Wildbach- und Lawinenverbauung,
c) der Raumplanung,
d) des Natur- und Landschaftsschutzes,
e) des Denkmal- und des Ortsbildschutzes,
f) der Wasserwirtschaft und des Wasserrechts,
g) des öffentlichen Verkehrs,
h) der sonstigen öffentlichen Versorgung,
i) der Landesverteidigung,
j) der Sicherheit des Luftraumes und
k) des Arbeitnehmerschutzes

zu erfolgen. Die zur Wahrung dieser Interessen berufenen Behörden und öffentlich-rechtlichen Körperschaften sind, soweit sie betroffen werden, im Ermittlungsverfahren zu hören.

(1a) Parteien im Errichtungs- und Betriebsbewilligungsverfahren sind außer dem Antragsteller die Eigentümer der von der Leitungsanlage unter Berücksichtigung der erforderlichen Sicherheitsmaßnahmen sowie der Schutzbereiche der Leitungsanlagen gemäß § 14a Abs. 2 und 3 berührten Gründstücke, Anlagen und Bauwerke.

(2) Die Behörde hat bei Auflagen, deren Einhaltung aus Sicherheitsgründen vor Inbetriebnahme einer Überprüfung bedarf, zunächst nur die Bewilligung zur Errichtung zu erteilen und sich die Erteilung der Bewilligung zum Betrieb vorzubehalten.

(3) Die Bewilligung zur Errichtung und zum Betriebe von Eigenanlagen darf aus elektrizitätswirtschaftlichen Erwägungen nicht verweigert werden.

§ 7a
Abstimmung mit Leitungsanlagen

Im Rahmen der Abstimmung mit bereits vorhandenen Leitungsanlagen im Sinne des § 7 Abs. 1 Z 1 ist zu prüfen, ob bei geplanten parallel verlaufenden Leitungen die gemeinsame Nutzung bestehender Leitungsanlagen, insbesondere der Mastenstandorte, technisch und ohne Nutzungskonflikte im Sinne des § 2 Abs. 2 Z 5 Kärntner Raumordnungsgesetz 2021 möglich ist.

§ 7b
(entfällt)

§ 7c
(entfällt)

§ 8
Beginn der Errichtung

Der Inhaber einer Bewilligung zur Errichtung einer elektrischen Leitungsanlage hat den betroffenen Gemeinden die Inangriffnahme von Bauarbeiten mindestens eine Woche vorher anzuzeigen. Die Anzeige ist von der Gemeinde kundzumachen.

§ 9
Betriebsbeginn und Betriebsende

(1) Der Inhaber der Bewilligung zur Errichtung einer elektrischen Leitungsanlage hat ihre Fertigstellung oder die Fertigstellung ihrer wesentlichen Teile der Behörde anzuzeigen. Wenn die Bewilligung zum Betrieb bereits erteilt worden ist (§ 7 Abs 1), ist er nach der Anzeige über die Fertigstellung berechtigt, mit dem regelmäßigen Betrieb zu beginnen.

(2) Wurde die Erteilung der Bewilligung zum Betrieb vorbehalten (§ 7 Abs 2), ist nach der Anzeige der Fertigstellung die sofortige Aufnahme des regelmäßigen Betriebes zu bewilligen, wenn die Auflagen der Bewilligung zur Errichtung erfüllt worden sind.

(3) Zu einer allfälligen mündlichen Verhandlung sind der Inhaber der Bewilligung zur Errichtung und Sachverständige zu laden.

(4) Der Inhaber der Bewilligung zum Betrieb hat die dauernde Außerbetriebnahme einer bewilligten elektrischen Leitungsanlage der Behörde anzuzeigen.

§ 10
Erlöschen der Bewilligung

(1) Die Bewilligung zur Errichtung erlischt, wenn nach ihrer Rechtskraft

a) mit dem Bau nicht innerhalb von drei Jahren begonnen wird oder
b) die Anzeige der Fertigstellung (§ 9 Abs 1) nicht innerhalb von fünf Jahren erfolgt.

(2) Die Bewilligung zum Betrieb erlischt, wenn

a) der regelmäßige Betrieb nicht innerhalb eines Jahres nach der Anzeige der Fertigstellung, in den Fällen der Erteilung einer Bewilligung nach § 9 Abs 2 nach deren Rechtskraft, aufgenommen wird,
b) der Inhaber der Bewilligung anzeigt, daß die elektrische Leitungsanlage dauernd außer Betrieb genommen wird oder
c) der Betrieb der elektrischen Leitungsanlage nach Feststellung der Behörde unbegründet durch mehr als drei Jahre unterbrochen wurde.

(3) Die Fristen können auf Antrag verlängert werden, wenn triftige Gründe wie Planung oder Bauarbeiten es erfordern.

(4) Nach Erlöschen der Bewilligung zur Errichtung oder zum Betrieb hat der letzte Bewilligungsinhaber die elektrische Leitungsanlage unter möglichster Schonung von Rechten Dritter umgehend abzutragen und den früheren Zustand soweit als möglich wieder herzustellen, wenn die elektrische Leitungsanlage auf fremdem Grund errichtet und mit dem Grundeigentümer nicht anderes vereinbart worden ist.

§ 11
Leitungsrechte

Dem Bewerber um eine Bewilligung nach § 3 Abs 1 sind von der Behörde auf Antrag an Grundstücken einschließlich der Privatgewässer, der öffentlichen Straßen und Wege sowie des sonstigen öffentlichen Gutes Leitungsrechte einzuräumen, wenn

a) der dauernde Bestand der elektrischen Leitungsanlage an einem bestimmten Ort aus zwingenden technischen Gründen oder mit Rücksicht auf die unverhältnismäßigen Kosten ihrer Verlegung nicht die Enteignung erfordert (§ 18),
b) öffentliche Interessen (§ 7 Abs 1) nicht entgegenstehen oder
c) über die Grundbenützung nicht schon privatrechtliche Vereinbarungen vorliegen.

§ 12
Umfang der Leitungsrechte

(1) Die Leitungsrechte umfassen das Recht

a) auf Errichtung und Erhaltung sowie auf den Betrieb von Leitungsstützpunkten, Schalt- und Umspannanlagen und sonstigen Leitungsobjekten,
b) auf Führung und Erhaltung sowie auf den Betrieb von Leitungsanlagen im Luftraum und unter der Erde,
c) auf Ausästung, die Beseitigung von hinderlichen Baumpflanzen und das Fällen einzelner Bäume sowie auf Vornahme von Durchschlägen durch Waldungen, wenn sich keine andere wirtschaftliche Möglichkeit der Leitungsführung ergibt,
d) auf den Zugang und die Zufahrt vom öffentlichen Wegenetz zu der auf einem Grunstück errichteten Anlage,
e) auf Freihaltung des Schutzbereiches von elektrischen Leitungsanlagen von Gebäuden und baulichen Anlagen, die der Wohnnutzung dienen.

(2) Der Umfang des jeweiligen Leitungsrechtes ist in der Bewilligung zur Errichtung festzulegen.

§ 13
Ausästung und Durchschläge

(1) Die Vornahme von Ausästungen und Durchschlägen (§ 12 Abs 1 lit c) darf nur in dem für die Errichtung und Instandhaltung der elektrischen Leitungsanlagen und zur Verhinderung von Betriebsstörungen unumgänglich notwendigen Umfang erfolgen.

(2) Der Leitungsberechtigte hat nach vorheriger Verständigung des durch das Leitungsrecht Belasteten die Ausästung oder den Durchschlag vorzunehmen.

(3) Die Kosten der Vornahme von Ausästungen und von Durchschlägen sind vom Leitungsberechtigten zu tragen.

§ 14
Ausübung der Leitungsrechte

(1) Bei der Ausübung von Leitungsrechten ist mit tunlichster Schonung der benützten Grundstücke und der Rechte Dritter vorzugehen.

(2) Die Behörde hat auf Antrag des durch das Leitungsrecht Belasteten dem Leitungsberechtigten die Leitungsrechte zu entziehen, wenn der Belastete nachweist, daß die auf seinem Grundstück befindlichen elektrischen Leitungsanlagen oder Teile derselben die widmungsgemäße Nutzung des Grundstückes erheblich erschweren oder unmöglich machen.

§ 14a
Freihaltung

(1) Innerhalb des Schutzbereichs elektrischer Leitungsanlagen (Abs. 2 und 3) ist die Neuerrichtung von Aufenthaltsräumen in Gebäuden und baulichen Anlagen, die der Wohnnutzung oder einer Nutzung als Kinderbetreuungseinrichtung, Schule, Krankenhaus, Altersheim und dergleichen dienen, nicht zulässig. Zu-, Auf-, Um- und Einbauten von bestehenden Wohngebäuden sowie sonstige einer behördlichen Bewilligung nach landesgesetzlichen Vorschriften unterliegende Anlagen dürfen im Schutzbereich ohne Zustimmung der Landesregierung nicht errichtet werden. Die Landesregierung kann deren Errichtung oder Änderung an bestimmte, von der Landesregierung zu stellende Bedingungen und Auflagen zur Sicherung des Bestands der Leitungsanlage knüpfen.

(2) Der Schutzbereich der Leitungsanlage beträgt bei Freileitungen von der Achse der Leitungsanlage bis zum Gebäude oder zur baulichen Anlage gemäß Abs. 1 bei Leitungsanlagen mit einer Netzspannung

a) über 36 kV bis einschließlich 110 kV: 20 m;
b) über 110 kV bis einschließlich 220 kV: 30 m;
c) über 220 kV: 70 m.

(3) Der Schutzbereich der Leitungsanlage beträgt bei Erdkabelleitungen ausgehend vom äußersten nächstgelegenen Leiter bis zum Gebäude oder zur baulichen Anlage gemäß Abs. 1 bei Leitungsanlagen mit einer Netzspannung

a) über 36 kV bis einschließlich 110 kV: 10 m;
b) über 110 kV: 15 m.

(4) Entgegen den Bestimmungen des Abs. 1 erster Satz erlassene Bescheide sind mit Nichtigkeit bedroht. Die Nichtigkeit ist im baubehördlichen Verfahren wahrzunehmen.

§ 15
Auswirkung der Leitungsrechte

(1) Die Leitungsrechte und die mit ihnen verbundenen Verpflichtungen gehen auf jeden Erwerber der elektrischen Leitungsanlage über.

(2) Sie sind gegen den Eigentümer des in Anspruch genommenen Grundstückes sowie gegen dingliche Berechtigte, deren Rechte durch das Vorhaben beeinträchtigt werden, wirksam.

(3) Die Leitungsrechte verlieren ihre Wirksamkeit gleichzeitig mit dem Erlöschen der Bewilligung der elektrischen Leitungsanlage.

§ 16
Einräumung von Leitungsrechten

(1) In den Anträgen auf behördliche Einräumung von Leitungsrechten sind die betroffenen Grundstücke mit ihrer Katastral- und Grundbuchsbezeichnung sowie deren Eigentümer und sonstige dingliche Berechtigte mit Ausnahme der Hypothekargläubiger und dem Umfang (§ 12) der beanspruchten Rechte anzuführen.

(2) Leitungsrechte (§ 11) sind in dem Bescheid einzuräumen, in dem die Bewilligung zur Errichtung der elektrischen Leitungsanlage erteilt worden ist.

§ 17

Entschädigungen für die Einräumung von Leitungsrechten

Der Leitungsberechtigte hat die Grundeigentümer und die an den Grundstücken dinglich Berechtigten für alle mit der Errichtung, der Erhaltung, dem Betrieb, der Änderung und der Beseitigung der elektrischen Leitungsanlagen unmittelbar verbundenen Beschränkungen ihrer zum Zeitpunkte der Bewilligung ausgeübten Rechte angemessen zu entschädigen, wenn den Belasteten ein vermögensrechtlicher Nachteil erwächst. Für das Verfahren gilt § 20 lit a bis d sinngemäß.

§ 18

Enteignung

Wenn der dauernde Bestand der elektrischen Leitungsanlagen an einem bestimmten Ort aus zwingenden technischen Gründen oder mit Rücksicht auf die unverhältnismäßigen Kosten ihrer Verlegung die Enteignung erfordert, so daß mit den Leitungsrechten nach § 11 ff. das Auslangen nicht gefunden werden kann, ist von der Behörde über Antrag die Enteignung für elektrische Leitungsanlagen einschließlich Zubehör wie der Umspann-, Umform- und Schaltanlagen auszusprechen.

§ 19

Gegenstand der Enteignung

(1) Die Enteignung umfaßt

a) die Bestellung von Dienstbarkeiten an unbeweglichen Sachen,
b) die Abtretung von Eigentum an Grundstücken,
c) die Abtretung, Einschränkung oder Aufhebung anderer dinglicher Rechte an unbeweglichen Sachen und solcher Rechte, deren Ausübung an einen bestimmten Ort gebunden ist.

(2) Von Abs 1 lit b darf nur Gebrauch gemacht werden, wenn die übrigen in Abs 1 angeführten Maßnahmen nicht ausreichen.

(3) Würde durch die Enteignung eines Teiles eines Grundstückes dieses für den Eigentümer die zweckmäßige Benützbarkeit verlieren, ist auf dessen Verlangen das ganze Grundstück abzulösen.

§ 20

Durchführung von Enteignungen

Auf das Enteignungsverfahren und die behördliche Ermittlung der Entschädigung sind die Bestimmungen des Eisenbahn-Enteignungsentschädigungsgesetzes sinngemäß mit nachstehenden Abweichungen anzuwenden:

a) über den Inhalt, den Gegenstand und den Umfang der Enteignung sowie über die Entschädigung entscheidet die Behörde;
b) die Höhe der Entschädigung ist auf Grund der Schätzung wenigstens eines beeideten Sachverständigen im Enteignungsbescheid oder in einem gesonderten Bescheid zu bestimmen. Im letzteren Fall ist ohne weitere Erhebungen im Enteignungsbescheid ein vorläufiger Sicherstellungsbetrag festzulegen;
c) (entfällt);
d) eine Entscheidung über die Enteignung ist erst vollstreckbar, sobald der im Enteignungsbescheid oder in einem gesonderten Bescheid bestimmte Entschädigungsbetrag oder der im Enteignungsbescheid festgelegte vorläufige Sicherstellungsbetrag (lit. b) bei einem ordentlichen Gericht hinterlegt oder an den Enteigneten ausbezahlt ist;
e) auf Antrag des Enteigneten kann an die Stelle einer Geldentschädigung eine Entschädigung in Form einer gleichartigen und gleichwertigen Naturalleistung treten, wenn diese dem Enteignungswerber unter Abwägung des Einzelfalles wirtschaftlich zugemutet werden kann. Hierüber entscheidet die Behörde in einem gesonderten Bescheid gemäß lit. b;
f) (entfällt);
g) vom Erlöschen der elektrizitätsrechtlichen Bewilligung einer elektrischen Leitungsanlage (§ 10) ist der Eigentümer des belasteten Gutes zu verständigen. Er kann die ausdrückliche Aufhebung der für diese Leitungsanlage im Wege der Enteignung eingeräumten Dienstbarkeiten bei der Behörde beantragen. Die Behörde hat über seinen Antrag die für die elektrische Leitungsanlage im Enteignungsweg eingeräumten Dienstbarkeiten unter Vorschreibung einer der geleisteten Entschädigung angemessenen Rückvergütung durch Bescheid aufzuheben;
h) hat zufolge einer Entscheidung über die Enteignung die Übertragung des Eigentums an einem Grundstück für Zwecke einer elektrischen Leitungsanlage stattgefunden, so hat die Behörde über binnen einem Jahre ab Abtragung der elektrischen Leitungsanlage gestellten Antrag des früheren Eigentümers oder seines Rechtsnachfolgers zu dessen Gunsten die Rückübereignung gegen angemessene Entschädigung auszusprechen.

§ 20a

Beurkundung von Übereinkommen

Im Zuge eines elektrizitätsrechtlichen Verfahrens getroffene Übereinkommen sind durch die Behörde zu beurkunden.

§ 21

Behörden

(1) Behörde im Sinne dieses Gesetzes ist die Landesregierung. Die Ahndung von Verwaltungsübertretungen obliegt der Bezirksverwaltungsbehörde.

(2) Abweichend von Abs. 1 ist die Vollziehung des § 14a Abs. 4 eine Aufgabe des eigenen Wirkungsbereichs der Gemeinde.

§ 22

Strafbestimmungen

(1) Wer der Bestimmung des § 3 zuwiderhandelt, begeht, sofern die Tat nicht nach anderen

Vorschriften einer strengeren Strafe unterliegt, eine Verwaltungsübertretung. Diese ist von der Bezirksverwaltungsbehörde mit einer Geldstrafe bis 2500 Euro zu ahnden.

(2) Wer den Bestimmungen der §§ 8 und 9 Abs. 1 und 4 sowie den auf Grund des § 7 ergangenen Entscheidungen zuwiderhandelt, begeht, sofern die Tat nicht nach anderen Vorschriften mit strengerer Strafe bedroht ist, eine Verwaltungsübertretung. Diese ist von der Bezirksverwaltungsbehörde mit einer Geldstrafe bis 1000 Euro zu ahnden.

(3) Wurde eine elektrische Leitungsanlage, deren Errichtung, Änderung oder Erweiterung bewilligungspflichtig ist, ohne Bewilligung errichtet, geändert oder erweitert, so beginnt die Verjährung erst nach Beseitigung des gesetzwidrigen Zustandes.

§ 23

Wiederherstellung des gesetzmäßigen Zustandes

Unabhängig von der Bestrafung ist derjenige, der die Bestimmungen dieses Gesetzes übertreten hat, von der Behörde zu verhalten, den gesetzmäßigen Zustand binnen angemessen festzusetzender Frist wieder herzustellen.

§ 24

Übergangsbestimmungen

(1) Nach den bisher geltenden gesetzlichen Bestimmungen rechtmäßig bestehende elektrische Leitungsanlagen werden durch die Bestimmungen dieses Gesetzes nicht berührt.

(2) Die nach den früheren gesetzlichen Bestimmungen erworbenen Rechte für diese Leitungsanlagen bleiben ebenso wie die damit verbundenen Verpflichtungen aufrecht.

(3) Am Tage des Inkrafttretens dieses Gesetzes anhängige Verfahren sind nach den bisher geltenden Bestimmungen zu beenden.

§ 24a

Verweisungen

(1) Soweit in diesem Gesetz auf Bundesgesetze verwiesen wird, sind diese in der nachstehenden Fassung anzuwenden:

a) Eisenbahn-Enteignungsentschädigungsgesetz (EisbEG), BGBl Nr 71/1954, zuletzt geändert durch BGBl I Nr 111/2010;
b) Elektrotechnikgesetz 1992 (ETG 1992), BGBl Nr 106/1993, zuletzt geändert durch BGBl I Nr 27/2017;
c) Ökostromgesetz 2012 – ÖSG 2012, BGBl. I Nr 75/2011, in der Fassung der Kundmachung BGBl. I Nr. 150/2022;
d) Elektrizitätswirtschafts- und -organisationsgesetz 2010 – ElWOG 2010, BGBl. I Nr. 110/ 2010, zuletzt geändert durch BGBl. I Nr. 7/2021.

(2) Soweit in diesem Gesetz auf Landesgesetze verwiesen wird, gelten diese Verweisungen als solche auf die betreffenden Landesgesetze in ihrer jeweils geltenden Fassung.

§ 25

Schlußbestimmung

Mit dem Inkrafttreten dieses Gesetzes treten die Bestimmungen des Elektrizitätsgesetzes 1952, LGBl Nr 7/1953, mit Ausnahme der §§ 2, 3, 4, 5, 6, 7, 8, 29 und 30 außer Kraft.

71. NÖ Starkstromwegegesetz

NÖ Starkstromwegegesetz

StF: LGBl. 7810-0

Letzte Novellierung: LGBl. Nr. 68/2021

Der Landtag von Niederösterreich hat am 21. Oktober 2021 in Ausführung des Elektrizitätswirtschafts- und -organisationsgesetzes 2010, BGBl. I Nr. 110/2010 in der Fassung BGBl. I Nr. 150/2021, und des Bundesgesetzes vom 6. Feber 1968 über elektrische Leitungsanlagen, die sich nicht auf zwei oder mehrere Bundesländer erstrecken, BGBl. Nr. 71/1968 in der Fassung BGBl. I Nr. 150/2021, beschlossen:

GLIEDERUNG

Anwendungsbereich

§ 1

(1) Dieses Gesetz gilt für elektrische Leitungsanlagen für Starkstrom, die sich nur auf das Gebiet des Bundeslandes Niederösterreich erstrecken.

(2) Dieses Gesetz gilt jedoch nicht für elektrische Leitungsanlagen für Starkstrom, die sich innerhalb des dem Eigentümer dieser elektrischen Leitungsanlagen gehörenden Geländes befinden oder ausschließlich dem ganzen oder teilweisen Betrieb von Eisenbahnen sowie dem Betrieb des Bergbaues, der Luftfahrt, der Schiffahrt, den technischen Einrichtungen der Post, der Landesverteidigung oder Fernmeldezwecken dienen.

Begriffsbestimmungen

§ 2

(1) Elektrische Leitungsanlagen im Sinne dieses Gesetzes sind Anlagen (§ 1 Abs. 2 des Elektrotechnikgesetzes 1992, BGBl. Nr. 106/1993 in der Fassung BGBl. I Nr. 136/2001), die der Fortleitung elektrischer Energie dienen; hiezu zählen insbesondere auch Umspann-, Umform- und Schaltanlagen.

(2) Elektrische Leitungsanlagen für Starkstrom, die sich nur auf das Gebiet des Bundeslandes Niederösterreich erstrecken, sind solche, die auf dem Weg von der Stromerzeugungsstelle oder dem Anschluß an eine bereits bestehende elektrische Leitungsanlage bis zu den Verbrauchs- oder Speisepunkten, bei denen sie nach dem Projekt enden, die Grenze des Bundeslandes Niederösterreich nicht überqueren.

(3) Starkstrom im Sinne des § 1 ist elektrischer Strom mit einer Spannung über 42 Volt oder einer Leistung von mehr als 100 Watt.

Landesgesetz

Bewilligung elektrischer Leitungsanlagen

§ 3

(1) Die Errichtung und Inbetriebnahme von elektrischen Leitungsanlagen bedarf unbeschadet der nach anderen Vorschriften erforderlichen Genehmigungen oder Bewilligungen nach Maßgabe der folgenden Bestimmungen der Bewilligung durch die Behörde. Das gleiche gilt für Änderungen oder Erweiterungen elektrischer Leitungsanlagen, soweit diese über den Rahmen der hiefür erteilten Bewilligung hinausgehen. Änderungen, die der Instandhaltung, dem Funktionserhalt oder der Ertüchtigung der Leitungsanlage im Hinblick auf den Stand der Technik dienen, gehen jedenfalls nicht über den Rahmen der erteilten Bewilligung

hinaus, wenn durch sie fremde Rechte nicht beeinträchtigt werden.

(2) Sofern keine Zwangsrechte gemäß § 11 oder § 18 in Anspruch genommen werden, sind von der Bewilligungspflicht folgende Leitungsanlagen ausgenommen:

1. elektrische Leitungsanlagen bis 45 000 Volt, nicht jedoch Freileitungen über 1 000 Volt;
2. unabhängig von der Betriebsspannung zu Eigenkraftanlagen gehörige elektrische Leitungsanlagen;
3. Kabelauf- und -abführungen sowie dazugehörige Freileitungstragwerke einschließlich jener Freileitungen bis 45 000 Volt, die für die Anbindung eines Freileitungstragwerkes mit Kabelauf- oder -abführungen notwendig sind und ausschließlich dem Zweck der Anbindung dienen.

(3) Falls bei Leitungsanlagen nach Abs. 2 die Einräumung von Zwangsrechten gemäß § 11 oder § 18 erforderlich ist, besteht ein Antragsrecht des Projektwerbers auf Einleitung, Durchführung und Entscheidung des Bewilligungsverfahrens.

(4) Die vom Netzbetreiber evident zu haltende Leitungsdokumentation von bestehenden elektrischen Leitungsanlagen unterliegt den Auskunfts- und Einsichtsrechten nach § 10 Elektrizitätswirtschafts- und -organisationsgesetz 2010 (BGBl. I Nr. 110/2010 in der Fassung BGBl. I Nr. 150/2021).

Vorprüfungsverfahren

§ 4

(1) Bei Vorliegen eines Ansuchens um eine Bewilligung von Vorarbeiten (§ 5) oder um eine Bau- und Betriebsbewilligung (§ 6) kann die Behörde über Antrag oder von Amts wegen ein Vorprüfungsverfahren anordnen, wenn eine wesentliche Beeinträchtigung von öffentlichen Interessen nach § 7 Abs. 1 zu befürchten ist.

(2) In diesem Verfahren sind der Behörde durch den Bewilligungswerber über Aufforderung folgende Unterlagen vorzulegen:

a) ein Bericht über die technische Konzeption der geplanten Leitungsanlage,
b) ein Übersichtsplan im Maßstab 1 : 50.000 mit der vorläufig beabsichtigten Trasse,
c) ein Verzeichnis der offenkundig berührten öffentlichen Interessen dienenden Anlagen.

(3) Im Rahmen eines Vorprüfungsverfahrens sind sämtliche Behörden und öffentlich-rechtliche Körperschaften, welche die durch die geplante elektrische Leitungsanlage berührten öffentlichen Interessen (§ 7 Abs. 1) vertreten, zu hören.

(4) Nach Abschluß des Vorprüfungsverfahrens ist festzustellen, ob und unter welchen Auflagen die geplante elektrische Leitungsanlage den berührten öffentlichen Interessen nicht widerspricht.

Bewilligung von Vorarbeiten

§ 5

(1) Auf Ansuchen ist für eine von der Behörde festzusetzende Frist die Inanspruchnahme fremden Gutes zur Vornahme von Vorarbeiten für die Errichtung einer elektrischen Leitungsanlage unter Berücksichtigung etwaiger Belange der Landesverteidigung zu bewilligen. Diese Frist kann verlängert werden, wenn die Vorbereitung des Bauentwurfes dies erfordert und vor Ablauf der Frist darum angesucht wird.

(2) Diese Bewilligung gibt das Recht, fremde Grundstücke zu betreten und auf ihnen die zur Vorbereitung des Bauentwurfes erforderlichen Bodenuntersuchungen und sonstigen technischen Arbeiten mit tunlichster Schonung und Ermöglichung des bestimmungsgemäßen Gebrauches der betroffenen Grundstücke vorzunehmen.

(3) Die Bewilligung ist von der Behörde in der Gemeinde, in deren Bereich Vorarbeiten durchgeführt werden sollen, spätestens zwei Wochen vor Aufnahme der Vorarbeiten durch Anschlag kundzumachen. Eine Übersichtskarte mit der vorläufig beabsichtigten Trassenführung ist zur allgemeinen Einsichtnahme im Gemeindeamt aufzulegen.

(4) Der zur Vornahme von Vorarbeiten Berechtigte hat den Grundstückseigentümer und die an den Grundstücken dinglich Berechtigten für alle mit den Vorarbeiten unmittelbar verbundenen Beschränkungen ihrer zum Zeitpunkt der Bewilligung ausgeübten Rechte angemessen zu entschädigen. Für das Verfahren gilt § 20 lit.a bis d sinngemäß.

Bewilligungsansuchen

§ 6

(1) Wer eine elektrische Leitungsanlage errichten und in Betrieb nehmen sowie Änderungen oder Erweiterungen nach § 3 vornehmen will, hat bei der Behörde um eine Bewilligung anzusuchen.

(2) Dem Ansuchen sind folgende Beilagen in zweifacher Ausfertigung anzuschließen:

a) ein technischer Bericht mit Angaben über Zweck, Umfang, Betriebsweise und technische Ausführungen der geplanten elektrischen Leitungsanlage;
b) eine Kopie der Katastralmappe, aus welcher die Trassenführung und die betroffenen Grundstücke mit ihren Parzellennummern ersichtlich sind;
c) ein Verzeichnis der betroffenen Grundstücke mit Katastral- und Grundbuchsbezeichnung, Namen und Anschriften der Eigentümer sowie des beanspruchten öffentlichen Gutes unter Angabe der zuständigen Verwaltungen; bei einem im Wohnungseigentum stehenden Grundstück, Namen und Anschrift des bestellten

Verwalters (§§ 19 ff Wohnungseigentumsgesetz 2002 – WEG 2002, BGBl. I Nr. 70/2002 in der Fassung BGBl. I Nr. 124/2006);

d) ein Verzeichnis der offenkundig berührten fremden Anlagen mit Namen und Anschriften der Eigentümer oder der zuständigen Verwaltungen (Kreuzungsverzeichnis).

(3) Im Einzelfalle kann die Behörde die Vorlage weiterer Unterlagen, wie z. B. von Grundbuchsauszügen, Detailplänen bzw. -zeichnungen, Längenprofilen, statischen Nachweisen anordnen, soferne diese für eine ausreichende Beurteilung der geplanten elektrischen Leitungsanlage nötig sind.

(4) Wird durch die geplante elektrische Leitungsanlage das Gebiet mehr als einer Gemeinde berührt, so ist für jede weitere Gemeinde eine weitere Ausfertigung der Unterlagen vorzulegen, wobei jedoch eine Beschränkung auf die für die jeweils in Betracht kommende Gemeinde bedeutungsvollen Unterlagen (z. B. Planausschnitte, Teilverzeichnisse) vorzunehmen ist.

(5) Die Behörde kann bei Ansuchen um Änderungen oder Erweiterungen gemäß Abs. 1 von der Beibringung einzelner in Abs. 2 angeführten Angaben und Unterlagen absehen, sofern diese für das Bewilligungsverfahren nicht erforderlich sind.

(6) Die Vorlage von Urkunden nach Abs. 3 entfällt, wenn die zu beweisenden Tatsachen und Rechtsverhältnisse durch Einsicht in die der Behörde zur Verfügung stehenden Register, insbesondere durch Abfrage des Grundbuchs (§ 6 des Grundbuchsumstellungsgesetzes – GUG, BGBl. Nr. 550/1980), festgestellt werden können.

Bau- und Betriebsbewilligung

§ 7

(1) Die Bau- und Betriebsbewilligung ist zu erteilen, wenn die elektrische Leitungsanlage dem öffentlichen Interesse an der Versorgung der Bevölkerung oder eines Teiles derselben mit elektrischer Energie nicht widerspricht. In dieser Bewilligung hat die Behörde erforderlichenfalls durch Auflagen zu bewirken, daß die elektrischen Leitungsanlagen diesen Voraussetzungen entsprechen. Dabei hat eine Abstimmung mit den bereits vorhandenen oder bewilligten anderen Energieversorgungseinrichtungen und mit den Erfordernissen der Landeskultur, des Forstwesens, der Wildbach- und Lawinenverbauung, der Raumordnung, des Natur- und Denkmalschutzes, der Wasserwirtschaft und des Wasserrechtes, des öffentlichen Verkehrs, der sonstigen öffentlichen Versorgung, der Landesverteidigung, der Sicherheit des Luftraumes und des Dienstnehmerschutzes zu erfolgen. Die zur Wahrung dieser Interessen berufenen Behörden und die öffentlich-rechtlichen Körperschaften sind im Ermittlungsverfahren zu hören, soweit sie durch die Leitungsanlage betroffen werden.

(2) Die Behörde kann bei Auflagen, deren Einhaltung aus Sicherheitsgründen vor Inbetriebnahme einer Überprüfung bedarf, zunächst nur die Baubewilligung erteilen und sich die Erteilung der Betriebsbewilligung vorbehalten.

(3) Soll in der technischen Ausführung der geplanten elektrischen Leitungsanlage von den Vorschriften über die Normalisierung und Typisierung elektrischer Anlagen (§ 2 des Elektrotechnikgesetzes) oder von den allgemeinverbindlichen elektrotechnischen Sicherheitsvorschriften (§ 3 des Elektrotechnikgesetzes) abgewichen werden, so ist die Bau- und Betriebsbewilligung nur unter der Auflage zu erteilen, daß eine entsprechende Ausnahmebewilligung des Bundesministeriums für Bauten und Technik für die geplante Abweichung erlangt wird.

Baubeginn

§ 8

Unbeschadet einer in der Bewilligung auferlegten Verpflichtung zur Verständigung von der Ingriffnahme von Bauarbeiten ist der voraussichtliche Beginn der Bauarbeiten spätestens zwei Wochen vorher vom Inhaber der Baubewilligung dem Bürgermeister der Gemeinde, in deren Bereich die Anlage errichtet werden soll, zwecks ortsüblicher Bekanntmachung mitzuteilen.

Betriebsbeginn und Betriebsende

§ 9

(1) Der Bewilligungsinhaber hat die Fertigstellung der elektrischen Leitungsanlage oder ihrer wesentlichen Teile der Behörde anzuzeigen. Wenn die Betriebsbewilligung bereits erteilt wurde (§ 7 Abs. 1), ist er nach der Anzeige über die Fertigstellung berechtigt, mit dem regelmäßigen Betrieb zu beginnen. Die Fertigstellungsanzeige hat auch eine Aussage über die projektgemäße Ausführung und die Erfüllung der vorgeschriebenen Auflagen zu enthalten.

(2) Wurde die Erteilung der Betriebsbewilligung vorbehalten (§ 7 Abs. 2), ist nach der Fertigstellungsanzeige die sofortige Aufnahme des regelmäßigen Betriebes zu bewilligen, sofern die Auflagen der Baubewilligung erfüllt wurden.

(3) Sofern vor Erteilung der Betriebsbewilligung (Abs. 2) eine mündliche Verhandlung stattfindet, sind hiezu der Inhaber der Baubewilligung und Sachverständige zu laden.

(4) Der Bewilligungsinhaber hat die dauernde Außerbetriebnahme einer bewilligten elektrischen Leitungsanlage der Behörde anzuzeigen.

Erlöschen der Bewilligung

§ 10

(1) Die Bau- und Betriebsbewilligung erlischt, wenn

a) die Fertigstellung bei der Behörde nicht innerhalb von fünf Jahren nach rechtskräftiger Erteilung aller erforderlichen Bewilligungen und Genehmigungen angezeigt wird,
b) der Betrieb nicht innerhalb eines Jahres nach Anzeige der Fertigstellung oder nach Rechtskraft der Betriebsbewilligung aufgenommen wird,
c) der Betrieb der gesamten elektrischen Leitungsanlage durch mehr als fünf Jahre unterbrochen ist oder
d) der Bewilligungsinhaber anzeigt, dass die elektrische Leitungsanlage dauernd außer Betrieb genommen wird.

(2) Die Behörde hat die Fristen gemäß Abs. 1 lit. a, b und c auf Grund eines vor Ablauf der Fristen gestellten Antrages angemessen zu verlängern, wenn es Art und Umfang des Vorhabens erfordert oder die Fertigstellung oder die Inbetriebnahme des Vorhabens unvorhergesehenen Schwierigkeiten begegnet. Durch den Antrag wird der Ablauf der Frist bis zur Entscheidung gehemmt.

(3) Nach Erlöschen der Bau- oder Betriebsbewilligung hat der letzte Bewilligungsinhaber die elektrische Leitungsanlage über nachweisliche Aufforderung des Grundstückseigentümers umgehend abzutragen und den früheren Zustand nach Möglichkeit wiederherzustellen oder eine angemessene Entschädigung zu leisten, es sei denn, daß dies durch privatrechtliche Vereinbarungen über das Belassen der elektrischen Leitungsanlage ausgeschlossen wurde. Hiebei ist mit tunlichster Schonung und Ermöglichung des bestimmungsgemäßen Gebrauches der betroffenen Grundstücke vorzugehen.

Leitungsrechte

§ 11

(1) Jedem, der eine elektrische Leitungsanlage betreiben will, sind von der Behörde auf Antrag an Grundstücken einschließlich der Privatgewässer, der öffentlichen Straßen und Wege sowie des sonstigen öffentlichen Gutes Leitungsrechte einzuräumen, wenn und soweit dies durch die Bewilligung der Errichtung, Änderung oder Erweiterung einer elektrischen Leitungsanlage notwendig wird.

(2) Dem Antrag ist nicht zu entsprechen, wenn
a) der dauernde Bestand der elektrischen Leitungsanlage an einem bestimmten Ort aus zwingenden technischen Gründen oder mit Rücksicht auf die unverhältnismäßigen Kosten ihrer Verlegung die Enteignung erfordert (§ 18),
b) ihm öffentliche Interessen (§ 7 Abs. 1) entgegenstehen oder
c) Leitungsrechte bereits auf Grund einer privatrechtlichen Vereinbarung bestehen.

Inhalt der Leitungsrechte

§ 12

(1) Die Leitungsrechte umfassen das Recht
a) auf Errichtung und Erhaltung sowie auf Betrieb von Leitungsstützpunkten, Schalt- und Umspannanlagen, sonstigen Leitungsobjekten und anderem Zubehör,
b) auf Führung und Erhaltung sowie auf Betrieb von Leitungsanlagen im Luftraum oder unter der Erde,
c) auf Ausästung, worunter auch die Beseitigung von hinderlichen Baumpflanzungen und das Fällen einzelner Bäume zu verstehen ist, sowie auf Vornahme von Durchschlägen durch Waldungen, wenn sich keine andere wirtschaftliche Möglichkeit der Leitungsführung ergibt und die Erhaltung und forstgemäße Bewirtschaftung des Waldes dadurch nicht gefährdet wird,
d) auf den Zugang und die Zufahrt vom öffentlichen Wegenetz.

(2) Der Inhalt des jeweiligen Leitungsrechts ergibt sich aus der Bewilligung.

Ausästung und Durchschläge

§ 13

(1) Die Ausästung und Durchschläge (§ 12 Abs. 1 lit.c) können nur in dem für die Errichtung und Instandhaltung der elektrischen Leitungsanlagen und zur Verhinderung von Betriebsstörungen unumgänglich notwendigen Umfang beansprucht werden.

(2) Der Leitungsberechtigte hat vorerst den durch das Leitungsrecht Belasteten nachweislich aufzufordern, die Ausästungen oder Durchschläge vorzunehmen; gleichzeitig hat er den Belasteten auf allenfalls zu beachtende elektrotechnische Sicherheitsvorschriften hinzuweisen. Besteht Gefahr im Verzuge oder kommt der Belastete der Aufforderung innerhalb von zwei Monaten nach Empfang nicht nach, so kann der Leitungsberechtigte nach vorheriger Anzeige an diesen Belasteten selbst die Ausästung oder den Durchschlag vornehmen. Einschlägige forstrechtliche Bestimmungen sind dabei zu berücksichtigen.

(3) Die Kosten der Ausästung und der Vornahme von Durchschlägen sind vom Leitungsberechtigten zu tragen, es sei denn, daß sie bei der Einräumung des Leitungsrechts bereits entsprechend abgegolten wurden.

Ausübung der Leitungsrechte

§ 14

(1) Bei der Ausübung von Leitungsrechten ist mit tunlichster Schonung der benützten Grundstücke und der Rechte Dritter vorzugehen. Insbesondere hat der Leitungsberechtigte während der Ausführung der Arbeiten auf seine Kosten für die tunlichste Ermöglichung des widmungsgemäßen Gebrauches des benutzten Grundstückes

zu sorgen. Nach Beendigung der Arbeiten hat er einen Zustand herzustellen, der keinen Anlaß zu begründeten Beschwerden gibt. In Streitfällen entscheidet die Behörde.

(2) Durch die Leitungsrechte darf der widmungsgemäße Gebrauch der zu benutzenden Grundstücke nur unwesentlich behindert werden. Die Behörde hat auf Antrag des durch das Leitungsrecht Belasteten dem Leitungsberechtigten die Leitungsrechte zu entziehen, wenn dieser Belastete nachweist, daß die auf seinem Grundstück befindlichen elektrischen Leitungsanlagen oder Teile derselben die von ihm beabsichtigte zweckmäßige Nutzung des Grundstückes entweder erheblich erschweren oder überhaupt unmöglich machen.

(3) Sofern die für die Entziehung des Leitungsrechts geltend gemachte Benützung nicht innerhalb von achtzehn Monaten ab der Entscheidung gemäß Abs. 2 erfolgt, ist dem bisherigen Leitungsberechtigten vom bisherigen durch das Leitungsrecht Belasteten für den erlittenen Schaden Vergütung zu leisten. § 5 Abs. 4 gilt sinngemäß.

Auswirkung der Leitungsrechte
§ 15

(1) Die Leitungsrechte gehen samt den mit ihnen verbundenen Verpflichtungen auf jeden Erwerber der elektrischen Leitungsanlage, für die sie eingeräumt worden sind, über.

(2) Sie sind gegen jeden Eigentümer des in Anspruch genommenen Grundstücks und sonstige hieran dinglich Berechtigte wirksam. Auch steht ein Wechsel eines Eigentümers oder sonstigen dinglich Berechtigten nach ordnungsgemäßer Ladung zur mündlichen Verhandlung der Wirksamkeit der ein Leitungsrecht einräumenden Entscheidung nicht im Wege.

(3) Die Leitungsrechte verlieren ihre Wirksamkeit gleichzeitig mit dem Erlöschen der Bewilligung der elektrischen Leitungsanlage.

Einräumung von Leitungsrechten
§ 16

(1) In den Anträgen auf behördliche Einräumung von Leitungsrechten sind die betroffenen Grundstücke mit ihrer Katastral- und Grundbuchsbezeichnung sowie deren Eigentümer und sonstige dinglich Berechtigte mit Ausnahme der Hypothekargläubiger nebst Inhalt (§ 12) der beanspruchten Rechte anzuführen. Die Behörde kann die Vorlage von Grundbuchsauszügen verlangen, wenn im Zuge des Verfahrens Bedenken über den Bestand an dinglichen Rechten auftauchen.

(2) Leitungsrechte (§ 11) sind schriftlich einzuräumen.

(3) Anträge gemäß Abs. 1 können auch nach Einbringung des Ansuchens um Bewilligung der elektrischen Leitungsanlage (§ 6) gestellt werden.

(4) Die Vorlage von Urkunden nach Abs. 1 entfällt, wenn die zu beweisenden Tatsachen und Rechtsverhältnisse durch Einsicht in die der Behörde zur Verfügung stehenden Register, insbesondere durch Abfrage des Grundbuchs (§ 6 des Grundbuchsumstellungsgesetzes – GUG, BGBl. Nr. 550/1980), festgestellt werden können.

Entschädigung für die Einräumung von Leitungsrechten
§ 17

Der Leitungsberechtigte hat den Grundstückseigentümer und die an den Grundstücken dinglich Berechtigten für alle mit dem Bau, der Erhaltung, dem Betrieb, der Änderung und der Beseitigung der elektrischen Leitungsanlagen unmittelbar verbundenen Beschränkungen ihrer zum Zeitpunkte der Bewilligung ausgeübten Rechte angemessen zu entschädigen. Für das Verfahren gilt § 20 lit.a bis d sinngemäß.

Enteignung
§ 18

(1) Wenn der dauernde Bestand der elektrischen Leitungsanlage an einem bestimmten Ort aus zwingenden technischen Gründen oder mit Rücksicht auf die unverhältnismäßigen Kosten ihrer Verlegung die Enteignung erfordert, so daß mit den Leitungsrechten nach §§ 11 ff das Auslangen nicht gefunden werden kann, ist von der Behörde über Antrag die Enteignung für elektrische Leitungsanlagen samt Zubehör einschließlich der Umspann-, Umform- und Schaltanlagen auszusprechen.

(2) In den Anträgen auf Ausspruch der Enteignung sind die betroffenen Grundstücke mit ihrer Katastral- und Grundbuchsbezeichnung sowie deren Eigentümer und sonstige dinglich Berechtigte mit Ausnahme der Hypothekargläubiger nebst Inhalt (§ 19) der beanspruchten Rechte anzuführen.

Gegenstand der Enteignung
§ 19

(1) Die Enteignung umfaßt:

a) die Bestellung von Dienstbarkeiten an unbeweglichen Sachen,
b) die Abtretung von Eigentum an Grundstücken,
c) die Abtretung, Einschränkung oder Aufhebung anderer dinglicher Rechte an unbeweglichen Sachen und solcher Rechte, deren Ausübung an einen bestimmten Ort gebunden ist.

(2) Von Abs. 1 lit. b darf nur Gebrauch gemacht werden, wenn die übrigen in Abs. 1 angeführten Maßnahmen nicht ausreichen.

(3) Der Enteignungsgegner kann im Zuge eines Enteignungsverfahrens die Einlösung der durch Dienstbarkeiten oder andere dingliche Rechte gemäß Abs. 1 in Anspruch zu nehmenden unverbauten Grundstücke oder Teile von solchen gegen Entschädigung verlangen, wenn diese durch diese

Belastung die zweckmäßige Benützbarkeit verlieren würden. Würde durch die Enteignung eines Grundstückteiles dieses Grundstück für den Eigentümer die zweckmäßige Benützbarkeit verlieren, so ist auf dessen Verlangen das ganze Grundstück einzulösen.

Durchführung von Enteignungen

§ 20

Auf das Enteignungsverfahren und die behördliche Ermittlung der Entschädigung sind die Bestimmungen des Eisenbahn-Enteignungsentschädigungsgesetzes – EisbEG, BGBl.Nr. 71/1954 in der Fassung BGBl. I Nr. 112/2003 mit Ausnahme von § 13 Abs. 2 und 3, sinngemäß mit nachstehenden Abweichungen anzuwenden:

a) Über den Inhalt, den Gegenstand und den Umfang der Enteignung sowie über die Entschädigung entscheidet die Behörde nach Anhörung der für den Enteignungsgegenstand zuständigen gesetzlichen Interessenvertretung.

b) Die Höhe der Entschädigung ist auf Grund der Schätzung wenigstens eines allgemein beeideten und gerichtlich zertifizierten Sachverständigen im Enteignungsbescheid oder in einem gesonderten Bescheid zu bestimmen; im letzteren Fall ist ohne weitere Erhebungen im Enteignungsbescheid ein vorläufiger Sicherstellungsbetrag festzulegen.

c) Jede der beiden Parteien kann binnen drei Monaten ab Erlassung des die Entschädigung bestimmenden Bescheides (lit.b) die Feststellung des Entschädigungsbetrages bei jenem mit der Ausübung der Gerichtsbarkeit in bürgerlichen Rechtssachen betraute Landesgericht begehren, in dessen Sprengel sich der Gegenstand der Enteignung befindet. Der Bescheid der Behörde tritt hinsichtlich des Ausspruches über die Entschädigung mit Anrufung des Gerichtes außer Kraft. Der Antrag an das Gericht auf Feststellung der Entschädigung kann nur mit Zustimmung des Antragsgegners zurückgezogen werden.

d) Ein erlassener Enteignungsbescheid ist erst vollstreckbar, sobald der im Enteignungsbescheid oder in einem gesonderten Bescheid bestimmte Entschädigungsbetrag oder der im Enteignungsbescheid festgelegte vorläufige Sicherstellungsbetrag (lit.b) gerichtlich hinterlegt oder an den Enteigneten ausbezahlt ist.

e) Auf Antrag des Enteigneten kann an die Stelle einer Geldentschädigung eine Entschädigung in Form einer gleichartigen und gleichwertigen Naturalleistung treten, wenn diese dem Enteignungswerber unter Abwägung des Einzelfalles wirtschaftlich zugemutet werden kann. Hierüber entscheidet die Behörde in einem gesonderten Bescheid gemäß lit.b.

f) Vom Erlöschen der elektrizitätsrechtlichen Bewilligung einer elektrischen Leitungsanlage (§ 10) ist der Eigentümer des belasteten Gutes zu verständigen. Er kann die ausdrückliche Aufhebung der für diese Leitungsanlage im Wege der Enteignung eingeräumten Dienstbarkeiten bei der Behörde beantragen. Die Behörde hat über seinen Antrag die für die elektrische Leitungsanlage im Enteignungswege eingeräumten Dienstbarkeiten unter Vorschreibung einer der geleisteten Entschädigung angemessenen Rückvergütung durch Bescheid aufzuheben.

g) Hat zufolge eines Enteignungsbescheides die Übertragung des Eigentums an einem Grundstück für Zwecke einer elektrischen Leitungsanlage stattgefunden, so hat die Behörde über binnen einem Jahr ab Abtragung der elektrischen Leitungsanlage gestellten Antrag des früheren Eigentümers oder seines Rechtsnachfolgers zu dessen Gunsten die Rückübereignung gegen angemessene Entschädigung auszusprechen. Für die Feststellung dieser Entschädigung gilt lit.c.

Sachverständige und Verfahrenskosten

§ 20a

(1) Die Beiziehung von nicht amtlichen Sachverständigen in Verfahren nach diesem Gesetz ist auch ohne das Vorliegen der Voraussetzungen des § 52 Abs. 2 und 3 Allgemeines Verwaltungsverfahrensgesetz 1991, BGBl. Nr. 51/1991 in der Fassung BGBl. I Nr. 58/2018, zulässig. Es können auch fachlich einschlägige Anstalten, Institute oder Unternehmen als Sachverständige bestellt werden.

(2) Kosten, die der Behörde bei der Durchführung der Verfahren erwachsen, wie beispielsweise Gebühren oder Honorare für Sachverständige, sind vom Projektwerber zu tragen. Die Behörde kann dem Projektwerber durch Bescheid auftragen, diese Kosten nach Prüfung der sachlichen und rechnerischen Richtigkeit durch die Behörde direkt zu bezahlen.

Beurkundung von Übereinkommen

§ 21

(1) Die im Zuge eines elektrizitätsrechtlichen Verfahrens getroffenen Übereinkommen sind von der Behörde zu beurkunden.

(2) Hängt nach einem solchen Übereinkommen die Erwerbung oder die Belastung, Beschränkung oder Aufhebung eines bücherlichen Rechtes von dem Eintritt bestimmter Voraussetzungen ab, so hat die Behörde auf Antrag auszusprechen, ob diese Voraussetzungen gegeben sind. Der Ausspruch ist für das Gericht bindend.

Behörde

§ 22

Behörde im Sinne dieses Gesetzes ist die Landesregierung.

Strafbestimmungen

§ 23

(1) Wer vorsätzlich oder grobfahrlässig der Bestimmung des § 3 zuwiderhandelt, begeht, soferne die Tat nicht nach anderen Vorschriften einer strengeren Strafe unterliegt, eine Verwaltungsübertretung. Diese ist von der Bezirksverwaltungsbehörde mit einer Geldstrafe bis € 2.200,– zu ahnden.

(2) Wer vorsätzlich oder grobfahrlässig den Bestimmungen der §§ 8 und 9 Abs. 1 und 4 sowie der auf Grund des § 7 ergangenen Bewilligung zuwiderhandelt, begeht, sofern die Tat nicht nach anderen Vorschriften einer strengeren Strafe unterliegt, eine Verwaltungsübertretung. Diese ist von der Bezirksverwaltungsbehörde mit einer Geldstrafe bis zu € 730,– zu ahnden.

(3) Wurde eine elektrische Leitungsanlage, deren Errichtung, Änderung oder Erweiterung bewilligungspflichtig ist, ohne Bewilligung errichtet, geändert oder erweitert, so beginnt die Verjährung erst nach Beseitigung des gesetzwidrigen Zustandes.

Wiederherstellung des gesetzmäßigen Zustandes

§ 24

Unabhängig von Bestrafung und Schadenersatzpflicht ist derjenige, der die Bestimmungen dieses Gesetzes übertreten hat, von der Behörde zu verhalten, den gesetzmäßigen Zustand binnen angemessener Frist wiederherzustellen.

Übergangsbestimmungen

§ 25

(1) Nach den bisher geltenden gesetzlichen Bestimmungen rechtmäßig bestehende elektrische Leitungsanlagen werden durch die Bestimmungen dieses Gesetzes nicht berührt.

(2) Rechte und Pflichten, die nach bisherigem Recht begründet worden sind, bleiben im bisherigen Umfang wirksam, ihre Ausübung, Änderung und ihr Erlöschen richten sich nach den Bestimmungen dieses Gesetzes.

(3) Am Tage des Inkrafttretens dieses Gesetzes anhängige Verfahren sind nach den bisher geltenden Bestimmungen zu beenden.

(4) Mit dem Tage des Inkrafttretens dieses Gesetzes verlieren Art. I §§ 9, 14, 15, 16, 17 und 20, sowie Art. III Abs. 1 des Gesetzes betreffend einstweilige Regelung auf dem Gebiete des Elektrizitätswesens in Niederösterreich vom 14. November 1957, LGBl. Nr. 133, in der Fassung der Gesetze vom 21. Dezember 1960, LGBl.Nr. 275, und vom 25. November 1965, LGBl.Nr. 374, insoweit ihre Geltung, als sie in diesem Starkstromwegegesetz behandelte Angelegenheiten regeln.

(5) Auf Anlagen, die vor dem 19. Februar 1999 bereits bestanden haben, findet § 3 Abs. 2 Z 2 keine Anwendung.

(6) § 3 Abs. 2 bis 4 und § 20a in der Fassung des Landesgesetzes LGBl. Nr. 68/2021 sind auf im Zeitpunkt des Inkrafttretens des Landesgesetzes LGBl. Nr. 68/2021 anhängige Verfahren nicht anzuwenden; diese Verfahren sind nach den bis dahin geltenden Vorschriften zu beenden.

(7) § 3 Abs. 2 bis 4 in der Fassung des Landesgesetzes LGBl. Nr. 68/2021 treten mit 1.1.2022 in Kraft.

72. Oö. Starkstromwegegesetz 1970

Gesetz vom 9. November 1970 über elektrische Leitungsanlagen
StF: LGBl.Nr. 1/1971
Letzte Novellierung: LGBl.Nr. 111/2022

GLIEDERUNG

§ 1
Anwendungsbereich

(1) Dieses Gesetz gilt für elektrische Leitungsanlagen für Starkstrom, die sich nicht auf zwei oder mehrere Bundesländer erstrecken.

(2) Dieses Gesetz gilt jedoch nicht für elektrische Leitungsanlagen für Starkstrom, die sich innerhalb des dem Eigentümer dieser elektrischen Leitungsanlage gehörenden Geländes befinden oder ausschließlich dem ganzen oder teilweisen Betrieb von Eisenbahnen sowie dem Betrieb des Bergbaues, der Luftfahrt, der Schiffahrt, den technischen Einrichtungen der Post, der Landesverteidigung oder Fernmeldezwecken dienen.

§ 2
Begriffsbestimmungen

(1) Elektrische Leitungsanlagen im Sinne dieses Gesetzes sind elektrische Anlagen im Sinn der elektrotechnischen Bestimmungen, die der Fortleitung elektrischer Energie dienen; hiezu zählen insbesondere auch Umspann-, Umform- und Schaltanlagen. *(Anm: LGBl.Nr. 36/2022)*

(2) Elektrische Leitungsanlagen für Starkstrom, die sich auf zwei oder mehrere Bundesländer erstrecken, sind solche, die auf dem Weg von der Stromerzeugungsstelle oder dem Anschluß an eine bereits bestehende elektrische Leitungsanlage bis zu den Verbrauchs- oder Speisepunkten, bei denen sie nach dem Projekt enden, die oberösterreichische Landesgrenze und die Grenze eines anderen Bundeslandes überqueren.

(3) Starkstrom im Sinne dieses Gesetzes ist elektrischer Strom mit einer Spannung über 42 Volt oder einer Leistung von mehr als 100 Watt.

§ 3
Bewilligung elektrischer Leitungsanlagen

(1) Die Errichtung und Inbetriebnahme von elektrischen Leitungsanlagen bedarf nach Maßgabe der folgenden Bestimmungen der Bewilligung durch die Behörde. Das gleiche gilt für Änderungen oder Erweiterungen elektrischer Leitungsanlagen, soweit diese über den Rahmen der hiefür erteilten Bewilligung hinausgehen.

Landesgesetz

(2) Sofern keine Zwangsrechte gemäß den §§ 11 oder 17 in Anspruch genommen werden, sind von der Bewilligungspflicht folgende Leitungsanlagen ausgenommen:

1. elektrische Leitungsanlagen bis 45.000 Volt, nicht jedoch Freileitungen über 1.000 Volt;
2. unabhängig von der Betriebsspannung zu Eigenkraftanlagen gehörige elektrische Leitungsanlagen;
3. Kabelauf- und -abführungen sowie dazugehörige Freileitungstragwerke einschließlich jener Freileitungen bis 45.000 Volt, die für die Anbindung eines Freileitungstragwerks mit Kabelauf- oder -abführungen notwendig sind

und ausschließlich dem Zweck der Anbindung dienen.

(Anm: LGBl.Nr. 20/1999, 72/2008, 36/2022)

(3) Falls bei Leitungsanlagen nach Abs. 2 die Einräumung von Zwangsrechten gemäß den §§ 11 oder 17 erforderlich ist, besteht ein Antragsrecht des Projektwerbers auf Einleitung, Durchführung und Entscheidung des Bewilligungsverfahrens. *(Anm: LGBl.Nr. 36/2022)*

(4) Die vom Netzbetreiber evident zu haltende Leitungsdokumentation von bestehenden elektrischen Leitungsanlagen unterliegt den Auskunfts- und Einsichtsrechten nach § 10 Elektrizitätswirtschafts- und –organisationsgesetz 2010 (ElWOG 2010), BGBl. I Nr. 110/2010, in der Fassung des Bundesgesetzes BGBl. I Nr. 150/2021. *(Anm: LGBl.Nr. 36/2022)*

§ 4

Vorprüfungsverfahren

(1) Die Behörde kann über Antrag oder von Amts wegen ein Vorprüfungsverfahren anordnen, wenn ein Ansuchen um Bewilligung der Inanspruchnahme fremden Gutes zur Vornahme von Vorarbeiten (§ 5) oder um Bewilligung zur Errichtung und Inbetriebnahme elektrischer Leitungsanlagen (§ 6) vorliegt und zu befürchten ist, daß durch diese elektrischen Leitungsanlagen öffentliche Interessen nach § 7 Abs. 1 wesentlich beeinträchtigt werden. Zur Durchführung des Vorprüfungsverfahrens sind der Behörde durch den Bewilligungswerber über Aufforderung folgende Unterlagen vorzulegen:

a) ein Bericht über die technische Konzeption der geplanten Leitungsanlage,
b) ein Übersichtsplan im Maßstab 1 : 50.000 mit der vorläufig beabsichtigten Trasse und den offenkundig berührten, öffentlichen Interessen dienenden Anlagen.

(2) Im Rahmen eines Vorprüfungsverfahrens sind sämtliche Behörden und öffentlich-rechtliche Körperschaften, welche die durch die geplante elektrische Leitungsanlage berührten öffentlichen Interessen (§ 7 Abs. 1) vertreten, zu hören.

(3) Sind öffentliche Interessen gemäß Abs. 2 von der Gemeinde im eigenen Wirkungsbereich zu vertreten, so ist die Abgabe der Äußerung der Gemeinde eine Angelegenheit des eigenen Wirkungsbereiches.

(4) Nach Abschluß des Vorprüfungsverfahrens ist mit Bescheid festzustellen, ob und unter welchen Bedingungen die geplante elektrische Leitungsanlage den berührten öffentlichen Interessen nicht widerspricht.

§ 5

Vorarbeiten

(1) Auf Ansuchen ist für eine von der Behörde festzusetzende Frist die Inanspruchnahme fremden Gutes zur Vornahme von Vorarbeiten für die Errichtung einer elektrischen Leitungsanlage durch Bescheid der Behörde unter Berücksichtigung etwaiger Belange der Landesverteidigung zu bewilligen. Diese Frist kann verlängert werden, wenn die Vorbereitung des Bauentwurfes dies erfordert und vor Ablauf der Frist darum angesucht wird.

(2) Diese Bewilligung gibt das Recht, fremde Grundstücke zu betreten und auf ihnen die zur Vorbereitung des Bauentwurfes erforderlichen Bodenuntersuchungen und sonstigen technischen Arbeiten mit tunlichster Schonung und Ermöglichung des bestimmungsgemäßen Gebrauches der betroffenen Grundstücke vorzunehmen.

(3) Die Bewilligung ist von der Behörde in der Gemeinde, in deren Bereich Vorarbeiten durchgeführt werden sollen, spätestens eine Woche vor Aufnahme der Vorarbeiten kundzumachen; eine Übersichtskarte mit der vorläufig beabsichtigten Trassenführung ist anzuschließen. *(Anm: LGBl.Nr. 111/2022)*

§ 6

Bewilligungsansuchen

(1) Wer eine elektrische Leitungsanlage errichten und in Betrieb nehmen oder wer Änderungen oder Erweiterungen nach § 3 vornehmen will, hat bei der Behörde um die Bewilligung anzusuchen.

(2) Dem Ansuchen sind folgende Beilagen anzuschließen:

a) ein technischer Bericht mit Angaben über Zweck, Umfang, Betriebsweise und technische Ausführungen der geplanten elektrischen Leitungsanlage;
b) eine Kopie der Katastralmappe, aus welcher die Trassenführung und die betroffenen Grundstücke mit ihren Parzellennummern sowie bei forstwirtschaftlich genutzten Grundstücken die Breite eines erforderlichen Walddurchschlages ersichtlich sind;
c) ein Verzeichnis der betroffenen Grundstücke mit Katastral- und Grundbuchsbezeichnung, Namen und Anschriften der Eigentümer sowie des beanspruchten öffentlichen Gutes unter Angabe der zuständigen Verwaltungen;
d) für den Fall, daß voraussichtlich Zwangsrechte gemäß §§ 11 oder 17 in Anspruch genommen werden, überdies ein Verzeichnis der davon betroffenen Grundstücke mit ihrer Katastral- und Grundbuchsbezeichnung sowie zusätzlich Namen und Anschriften der sonstigen dinglich Berechtigten mit Ausnahme der Hypothekargläubiger;
e) ein Verzeichnis der offenkundig berührten fremden Anlagen mit Namen und Anschriften der Eigentümer oder der zuständigen Verwaltungen.

(3) Die Behörde kann bei Ansuchen um Änderungen oder Erweiterungen gemäß Abs. 1 von der Beibringung einzelner in Abs. 2 angeführter Angaben und Unterlagen absehen, sofern diese für das Bewilligungsverfahren nicht erforderlich sind.

(4) Ansuchen, Pläne, Beschreibungen und Unterlagen gemäß Abs. 1 bis 3 können der Behörde entweder physisch (in Papier) oder elektronisch übermittelt werden. Je nach dem gilt:

1. Im Fall einer physischen Einbringung kann die Behörde je nach Erforderlichkeit innerhalb von zwei Wochen auch die Vorlage weiterer Ausfertigungen oder, sofern technisch möglich, auch die Übermittlung einer elektronischen Ausfertigung verlangen.
2. Im Fall der elektronischen Einbringung ist der jeweiligen Behörde von der antragstellenden Person mit der Antragstellung mitzuteilen, ob sie im Teilnehmerverzeichnis registriert ist und an der elektronischen Zustellung mit Zustellnachweis oder am Elektronischen Rechtsverkehr teilnimmt; erfolgt eine solche Mitteilung nicht, kann die Behörde je nach Erforderlichkeit innerhalb von zwei Wochen auch die Vorlage weiterer physischer Ausfertigungen verlangen; dasselbe gilt sinngemäß, wenn sich trotz ursprünglich gegenteiliger Mitteilung erst während des Verfahrens herausstellt, dass die antragstellende Person an der elektronischen Zustellung mit Zustellnachweis nicht teilnimmt.

(Anm: LGBl.Nr. 111/2022)

(5) Mit einem elektronischen Ansuchen gemäß Abs. 4 Z 2 vorgelegte Beilagen, die keine inhaltliche Einheit bilden, sind als getrennte Anhänge zu übermitteln. Beilagen sind mit einer Bezeichnung zu versehen, die ihren Inhalt zum Ausdruck bringt. Ansuchen und Beilagen dürfen nur dann in gescannter Form eingebracht werden, wenn diese nicht in originär elektronischer Form zur Verfügung stehen. *(Anm: LGBl.Nr. 111/2022)*

(6) Das Ansuchen gilt nur dann als vollständig eingebracht, wenn allfällige von der Behörde gemäß Abs. 4 Z 1 oder 2 rechtzeitig verlangte Ausfertigungen übermittelt werden. *(Anm: LGBl.Nr. 111/2022)*

§ 7

Bau- und Betriebsbewilligung

(1) Die Behörde hat die Bau- und Betriebsbewilligung zu erteilen, wenn die elektrische Leitungsanlage dem öffentlichen Interesse an der Versorgung der Bevölkerung oder eines Teiles derselben mit elektrischer Energie nicht widerspricht. In dieser Bewilligung hat die Behörde durch Auflagen zu bewirken, daß die elektrischen Leitungsanlagen diesen Voraussetzungen entsprechen. Dabei hat eine Abstimmung mit den bereits vorhandenen oder bewilligten anderen Energieversorgungseinrichtungen und mit den Erfordernissen der Landeskultur, des Forstwesens, der Wildbach- und Lawinenverbauung, der Raumplanung, des Natur- und Denkmalschutzes, der Wasserwirtschaft und des Wasserrechtes, des öffentlichen Verkehrs, der sonstigen öffentlichen Versorgung, der Landesverteidigung, der Sicherheit des Luftraumes und des Dienstnehmerschutzes zu erfolgen. Die zur Wahrung dieser Interessen berufenen Behörden und öffentlich-rechtlichen Körperschaften sind im Ermittlungsverfahren zu hören. § 4 Abs. 3 gilt sinngemäß.

(2) Die Behörde kann bei Auflagen, deren Einhaltung aus Sicherheitsgründen vor Inbetriebnahme einer Überprüfung bedarf, zunächst nur die Baubewilligung erteilen und sich die Erteilung der Betriebsbewilligung vorbehalten.

(3) Im Verfahren zur Erteilung der Bau- und Betriebsbewilligung hat jedenfalls auch die Oö. Umweltanwaltschaft Parteistellung nach Maßgabe des § 5 Abs. 1 des Oö. Umweltschutzgesetzes 1996. *(Anm: LGBl.Nr. 20/1999)*

§ 8

Baubeginn

Unbeschadet einer im Bewilligungsbescheid auferlegten Verpflichtung zur Verständigung von der Inangriffnahme von Bauarbeiten ist der voraussichtliche Beginn der Bauarbeiten spätestens zwei Wochen vorher vom Inhaber der Baubewilligung an der Amtstafel der Gemeinde kundzumachen. *(Anm: LGBl.Nr. 111/2022)*

§ 9

Betriebsbeginn und Betriebsende

(1) Der Bewilligungsinhaber hat die Fertigstellung der elektrischen Leitungsanlage oder ihrer wesentlichen Teile der Behörde anzuzeigen. Wenn die Betriebsbewilligung bereits erteilt wurde (§ 7 Abs. 1), ist er nach der Anzeige über die Fertigstellung berechtigt, mit dem regelmäßigen Betrieb zu beginnen.

(2) Wurde die Erteilung der Betriebsbewilligung vorbehalten (§ 7 Abs. 2), so ist nach der Fertigstellungsanzeige die sofortige Aufnahme des regelmäßigen Betriebes zu bewilligen, sofern die Auflagen der Baubewilligung erfüllt wurden.

Landesgesetz

(3) Sofern vor Erteilung der Betriebsbewilligung (Abs. 2) eine mündliche Verhandlung stattfindet, sind hiezu der Inhaber der Baubewilligung und Sachverständige zu laden.

(4) Der Bewilligungsinhaber hat die dauernde Außerbetriebnahme einer bewilligten elektrischen Leitungsanlage der Behörde anzuzeigen.

§ 10

Erlöschen der Bewilligung

(1) Die Baubewilligung erlischt, wenn

a) mit dem Bau nicht innerhalb von drei Jahren ab Rechtskraft der Baubewilligung begonnen wird oder

b) die Fertigstellungsanzeige (§ 9 Abs. 1) nicht innerhalb von fünf Jahren ab Rechtskraft der Baubewilligung erfolgt.

(2) Die Betriebsbewilligung erlischt, wenn

a) der regelmäßige Betrieb nicht innerhalb eines Jahres ab Fertigstellungsanzeige, in den Fällen der Erteilung einer Betriebsbewilligung gemäß § 9 Abs. 2 ab Rechtskraft derselben, aufgenommen wird,
b) der Bewilligungsinhaber anzeigt, daß die elektrische Leitungsanlage dauernd außer Betrieb genommen wird, oder
c) der Betrieb der elektrischen Leitungsanlage nach Feststellung der Behörde unbegründet durch mehr als drei Jahre unterbrochen wurde.

(3) Die Fristen nach Abs. 1 und Abs. 2 lit. a können von der Behörde verlängert werden, wenn die Planungs- oder Bauarbeiten dies erfordern und darum vor Fristablauf angesucht wird.

(4) Nach Erlöschen der Bau- oder Betriebsbewilligung hat der letzte Bewilligungsinhaber die elektrische Leitungsanlage über nachweisliche Aufforderung des Grundstückseigentümers umgehend abzutragen und den früheren Zustand nach Möglichkeit wiederherzustellen, es sei denn, daß dies durch privatrechtliche Vereinbarungen über das Belassen der elektrischen Leitungsanlage ausgeschlossen wurde. Hiebei ist mit tunlichster Schonung und Ermöglichung des bestimmungsgemäßen Gebrauches der betroffenen Grundstücke vorzugehen.

§ 11
Leitungsrechte

(1) Jedem, der eine elektrische Leitungsanlage betreiben will, sind von der Behörde auf Antrag an Grundstücken einschließlich der Privatgewässer, der öffentlichen Straßen und Wege sowie des sonstigen öffentlichen Gutes Leitungsrechte einzuräumen, wenn und soweit dies durch die Bewilligung der Errichtung, Änderung oder Erweiterung einer elektrischen Leitungsanlage notwendig wird.

(2) Dem Antrag ist nicht zu entsprechen, wenn

a) der dauernde Bestand der elektrischen Leitungsanlage an einem bestimmten Ort aus zwingenden technischen Gründen oder mit Rücksicht auf die unverhältnismäßigen Kosten ihrer Verlegung die Enteignung erfordert (§ 17),
b) ihm öffentliche Interessen (§ 7 Abs. 1) entgegenstehen oder
c) über die Grundbenützung schon privatrechtliche Vereinbarungen vorliegen.

§ 12
Inhalt der Leitungsrechte

(1) Die Leitungsrechte umfassen das Recht

a) auf Errichtung und Erhaltung sowie auf Betrieb von Leitungsstützpunkten, Schalt- und Umspannanlagen, sonstigen Leitungsobjekten und anderem Zubehör,
b) auf Führung mit Erhaltung sowie auf Betrieb von Leitungsanlagen im Luftraum oder unter der Erde,
c) auf Ausästung, worunter auch die Beseitigung von hinderlichen Baumpflanzungen und das Fällen einzelner Bäume zu verstehen ist, sowie auf Vornahme von Durchschlägen durch Waldungen, wenn sich keine andere wirtschaftliche Möglichkeit der Leitungsführung ergibt und die Erhaltung und forstgemäße Bewirtschaftung des Waldes dadurch nicht gefährdet wird,
d) auf den Zugang und die Zufahrt vom öffentlichen Wegenetz zu der auf einem Grundstück ausgeführten Anlage.

(2) Der Inhalt des jeweiligen Leitungsrechtes ergibt sich aus dem Bewilligungsbescheid.

§ 13
Ausästung und Durchschläge

(1) Das Recht auf Ausästung und auf Vornahme von Durchschlägen (§ 12 Abs. 1 lit. c) kann nur in dem für die Errichtung und Instandhaltung der elektrischen Leitungsanlagen und zur Verhinderung von Betriebsstörungen unumgänglich notwendigen Umfang beansprucht werden.

(2) Der Leitungsberechtigte hat vorerst den durch das Leitungsrecht Belasteten nachweislich aufzufordern, die Ausästungen oder Durchschläge vorzunehmen; gleichzeitig hat er den Belasteten auf allenfalls zu beachtende elektrotechnische Sicherheitsvorschriften hinzuweisen. Besteht Gefahr im Verzuge oder kommt der Belastete der Aufforderung innerhalb eines Monats nach Empfang nicht nach, so kann der Leitungsberechtigte nach vorheriger Anzeige an diesen Belasteten selbst die Ausästung oder den Durchschlag vornehmen. Einschlägige forstrechtliche Bestimmungen sind dabei zu berücksichtigen.

(3) Die Kosten der Ausästung und der Vornahme von Durchschlägen sind vom Leitungsberechtigten zu tragen, es sei denn, daß sie bei der Einräumung des Leitungsrechtes bereits entsprechend abgegolten wurden.

§ 14
Ausübung der Leitungsrechte

(1) Bei der Ausübung von Leitungsrechten ist mit tunlichster Schonung der benützten Grundstücke und der Rechte Dritter vorzugehen. Insbesondere hat der Leitungsberechtigte während der Ausführung der Arbeiten auf seine Kosten für die tunlichste Ermöglichung des widmungsgemäßen Gebrauches des benutzten Grundstückes zu sorgen. Nach Beendigung der Arbeiten hat er einen Zustand herzustellen, der keinen Anlaß zu begründeten Beschwerden gibt. In Streitfällen entscheidet die Behörde.

(2) Durch die Leitungsrechte darf der widmungsgemäße Gebrauch der zu benutzenden Grundstücke nur unwesentlich behindert werden. Die Behörde hat auf Antrag des durch das Leitungsrecht Belasteten dem Leitungsberechtigten die Leitungsrechte zu entziehen, wenn dieser Belastete nachweist, daß die auf seinem Grundstück befindlichen elektrischen Leitungsanlagen oder Teile derselben die von ihm beabsichtigte zweckmäßige Nutzung des Grundstückes entweder erheblich erschweren oder überhaupt unmöglich machen.

(3) Sofern die für die Entziehung des Leitungsrechtes geltend gemachte Benützung nicht innerhalb von achtzehn Monaten ab Rechtskraft des Entziehungsbescheides erfolgt, ist dem bisherigen Leitungsberechtigten vom bisherigen durch das Leitungsrecht Belasteten für den erlittenen Schaden Vergütung zu leisten. § 21 Abs. 1 gilt sinngemäß.

§ 15
Auswirkung der Leitungsrechte

(1) Die Leitungsrechte gehen samt den mit ihnen verbundenen Verpflichtungen auf jeden Erwerber der elektrischen Leitungsanlage, für die sie eingeräumt worden sind, über.

(2) Sie sind gegen jeden Eigentümer des in Anspruch genommenen Grundstückes und sonstige hieran dinglich Berechtigte wirksam. Auch steht ein Wechsel eines Eigentümers oder sonstigen dinglich Berechtigten nach ordnungsgemäßer Ladung zur mündlichen Verhandlung der Wirksamkeit des ein Leitungsrecht einräumenden Bescheides nicht im Wege.

(3) Die Leitungsrechte verlieren ihre Wirksamkeit gleichzeitig mit dem Erlöschen der Bewilligung der elektrischen Leitungsanlage.

§ 16
Einräumung von Leitungsrechten

(1) In den Anträgen auf behördliche Einräumung von Leitungsrechten sind die betroffenen Grundstücke mit ihrer Katastral- und Grundbuchsbezeichnung sowie deren Eigentümer und sonstige dinglich Berechtigte mit Ausnahme der Hypothekargläubiger nebst Inhalt (§ 12) der beanspruchten Rechte anzuführen.

(2) Leitungsrechte (§ 11) sind durch Bescheid einzuräumen.

(3) Anträge gemäß Abs. 1 können auch nach Einbringung des Ansuchens um Bewilligung der elektrischen Leitungsanlage (§ 6) gestellt werden.

§ 17
Enteignung

Wenn der dauernde Bestand der elektrischen Leitungsanlage an einem bestimmten Ort aus zwingenden technischen Gründen oder mit Rücksicht auf die unverhältnismäßigen Kosten ihrer Verlegung die Enteignung erfordert, so daß mit den Leitungsrechten nach den §§ 11 ff. das Auslangen nicht gefunden werden kann, hat die Behörde über Antrag die Enteignung für elektrische Leitungsanlagen samt Zubehör einschließlich der Umspann-, Umform- und Schaltanlagen auszusprechen.

§ 18
Gegenstand der Enteignung

(1) Die Enteignung kann umfassen:

a) die Bestellung von Dienstbarkeiten an unbeweglichen Sachen,
b) die Abtretung von Eigentum an Grundstücken,
c) die Abtretung, Einschränkung oder Aufhebung anderer dinglicher Rechte an unbeweglichen Sachen und solcher Rechte, deren Ausübung an einen bestimmten Ort gebunden ist.

(2) Von Abs. 1 lit. b darf nur Gebrauch gemacht werden, wenn die übrigen in Abs. 1 angeführten Maßnahmen nicht ausreichen.

(3) Der Enteignungsgegner kann im Zuge eines Enteignungsverfahrens die Einlösung der durch Dienstbarkeiten oder andere dingliche Rechte gemäß Abs. 1 in Anspruch zu nehmenden unverbauten Grundstücke oder Teile von solchen gegen Entschädigung verlangen, wenn diese durch diese Belastung die zweckmäßige Benützbarkeit verlieren würden. Würde durch die Enteignung eines Grundstückteiles dieses Grundstück für den Eigentümer die zweckmäßige Benützbarkeit verlieren, so ist auf dessen Verlangen das ganze Grundstück einzulösen.

§ 19
Durchführung von Enteignungen

(1) Auf das Enteignungsverfahren und die behördliche Ermittlung der Entschädigung sind die Bestimmungen des Eisenbahn-Enteignungsentschädigungsgesetzes, BGBl. Nr. 71/1954, in der Fassung des Bundesgesetzes BGBl. I Nr. 111/2010, sinngemäß mit nachstehenden Abweichungen anzuwenden:

a) Über den Inhalt, den Gegenstand und den Umfang der Enteignung sowie über die Entschädigung entscheidet die Behörde.
b) Die Höhe der Entschädigung ist auf Grund der Schätzung wenigstens eines beeideten Sachverständigen im Enteignungsbescheid oder in einem gesonderten Bescheid zu bestimmen; im letzteren Fall ist ohne weitere Erhebungen im Enteignungsbescheid ein vorläufiger Sicherstellungsbetrag festzulegen.
c) Jede der beiden Parteien kann binnen drei Monaten ab Erlassung des die Entschädigung bestimmenden Bescheides (lit. b) die Feststellung des Entschädigungsbetrages bei jenem Landesgericht begehren, in dessen Sprengel sich der Gegenstand der Enteignung befindet. Der Bescheid der Behörde tritt hinsichtlich des

Ausspruchs über die Entschädigung mit Anrufung des Gerichtes außer Kraft. Der Antrag an das Gericht auf Feststellung der Entschädigung kann nur mit Zustimmung des Antragsgegners zurückgezogen werden; in diesem Falle haben, sofern keine andere Vereinbarung getroffen wurde, die im Bescheid der Verwaltungsbehörde enthaltenen Entschädigungsbeträge als vereinbart zu gelten.

d) Ein erlassener Enteignungsbescheid ist erst vollstreckbar, sobald der im Enteignungsbescheid oder in einem gesonderten Bescheid bestimmte Entschädigungsbetrag oder der im Enteignungsbescheid festgelegte vorläufige Sicherstellungsbetrag (lit. b) gerichtlich hinterlegt oder an den Enteigneten ausbezahlt ist.

e) Auf Antrag des Enteigneten kann an die Stelle einer Geldentschädigung eine Entschädigung in Form einer gleichartigen und gleichwertigen Naturalleistung treten, wenn diese dem Enteignungswerber unter Abwägung des Einzelfalles wirtschaftlich zugemutet werden kann. Hierüber entscheidet die Behörde in einem gesonderten Bescheid gemäß lit. b.

f) Vom Erlöschen der elektrizitätsrechtlichen Bewilligung einer elektrischen Leitungsanlage (§ 10) ist der Eigentümer des belasteten Gutes zu verständigen. Er kann die ausdrückliche Aufhebung der für diese Leitungsanlage im Wege der Enteignung eingeräumten Dienstbarkeiten bei der Behörde beantragen. Die Behörde hat über seinen Antrag die für die elektrische Leitungsanlage im Enteignungswege eingeräumten Dienstbarkeiten unter Vorschreibung einer der geleisteten Entschädigung angemessenen Rückvergütung durch Bescheid aufzuheben.

g) Hat zufolge eines Enteignungsbescheides die Übertragung des Eigentums an einem Grundstück für Zwecke einer elektrischen Leitungsanlage stattgefunden, so hat die Behörde über binnen einem Jahr ab Abtragung der elektrischen Leitungsanlage gestellten Antrag des früheren Eigentümers oder seines Rechtsnachfolgers zu dessen Gunsten die Rückübereignung gegen angemessene Entschädigung auszusprechen. Für die Feststellung dieser Entschädigung gilt lit. c.

(Anm: LGBl.Nr. 72/2008, 36/2022)

(2) Die Einleitung und die Einstellung eines Enteignungsverfahrens, das sich auf verbücherte Liegenschaften oder verbücherte Rechte bezieht, sind durch die Behörde dem Grundbuchsgericht bekanntzugeben.

§ 19a
Sachverständige und Verfahrenskosten

(1) Die Beiziehung von nicht amtlichen Sachverständigen in Verfahren nach diesem Landesgesetz ist auch ohne das Vorliegen der Voraussetzungen des § 52 Abs. 2 und 3 AVG zulässig. Es können auch fachlich einschlägige Anstalten, Institute oder Unternehmen als Sachverständige bestellt werden.

(2) Die Kosten, die der Behörde bei Durchführung der Verfahren erwachsen, wie beispielsweise Gebühren oder Honorare für Sachverständige, sind vom Antragsteller zu tragen. Die Behörde kann dem Antragsteller durch Bescheid auftragen, diese Kosten nach Prüfung der sachlichen und rechnerischen Richtigkeit durch die Behörde direkt zu bezahlen.

(Anm: LGBl.Nr. 36/2022)

§ 20
Beurkundung von Übereinkommen

Die im Zuge eines elektrizitätsrechtlichen Verfahrens getroffenen Übereinkommen sind von der Behörde zu beurkunden.

§ 21
Entschädigung für vermögensrechtliche Nachteile

(1) Der zur Vornahme von Vorarbeiten Berechtigte (§ 5) hat den Grundstückseigentümer und die an dem Grundstück dinglich Berechtigten für alle mit den Vorarbeiten unmittelbar verbundenen Beschränkungen ihrer zum Zeitpunkt der Bewilligung ausgeübten Rechte angemessen zu entschädigen. Für das Verfahren gilt § 19 Abs. 1 lit. a bis d sinngemäß.

(2) Der Leitungsberechtigte (§ 11) hat den Grundstückseigentümer und die an dem Grundstück dinglich Berechtigten für alle mit dem Bau, der Erhaltung, dem Betrieb, der Änderung und der Beseitigung der elektrischen Leitungsanlagen unmittelbar verbundenen Beschränkungen ihrer zum Zeitpunkt der Bewilligung ausgeübten Rechte angemessen zu entschädigen. Für das Verfahren gilt § 19 Abs. 1 lit. a bis d sinngemäß.

§ 21a
Automationsunterstützte Datenverarbeitung

(1) Die Behörde ist zum Zweck der Vorbereitung und Durchführung eines Verfahrens nach diesem Landesgesetz, insbesondere zur Beurteilung des Antrags und zum Erheben der Grundstücke und der betroffenen Grundeigentümerinnen und Grundeigentümer und anders dinglich oder obligatorisch berechtigter Personen mit Ausnahme der Hypothekargläubigerinnen und Hypothekargläubiger, zur Abfrage folgender Register mittels automationsunterstützter Datenverarbeitung und zur weiteren Verarbeitung befugt:

1. Zentrales Melderegister: Familienname, Vorname, Geburtsdatum, Geburtsort, Geschlecht, Staatsangehörigkeit und Wohnsitz; die Berechtigung zur Abfrage des Zentralen Melderegisters umfasst auch Verknüpfungsabfragen nach dem Kriterium Wohnsitz nach § 16a Abs. 3 Meldegesetz 1991,

2. Insolvenzdatei: Familienname, Vorname, Adresse, Geburtsdatum, Firmenbuchnummer über Insolvenzverfahren,
3. Grundbuch: Familienname, Vorname, Geburtsdatum, Grundstücksnummer, Grundbuchs- und Einlagezahl,
4. Digitale Katastralmappe und Grundstücksverzeichnisse: Grundstücksnummer, Grundbuchs- und Einlagezahl,
5. Firmenbuch, Zentrales Vereinsregister, Ergänzungsregister und Unternehmensregister: die Stammdaten, Kennziffern und Identifikationsmerkmale sowie die vertretungs- und zeichnungsbefugten Personen,

soweit vorhanden jeweils einschließlich der Verarbeitung der verschlüsselten bereichsspezifischen Personenkennzeichen (bPK) nach § 9 E–Government-Gesetz, wobei Näheres durch Verordnung der Landesregierung festgelegt werden kann.

(2) Die automationsunterstützte Datenverarbeitung kann im Weg der jeweiligen Schnittstellen der registerführenden Stellen zum Register- und Systemverbund nach § 1 Abs. 3 Z 2 in Verbindung mit § 6 Abs. 2 des Unternehmensserviceportalgesetzes erfolgen.

(Anm: LGBl.Nr. 111/2022)

§ 22
Behörde

(1) Behörde im Sinne dieses Gesetzes ist die Landesregierung.

(2) Die Landesregierung kann im Einzelfall die örtlich zuständige Bezirksverwaltungsbehörde zur Vornahme von Amtshandlungen ganz oder teilweise ermächtigen, insbesondere auch zur Erlassung von Bescheiden, sofern dies im Interesse der Zweckmäßigkeit, Raschheit, Einfachheit und Kostenersparnis gelegen ist. Die Bezirksverwaltungsbehörde wird in diesen Fällen im Namen der Landesregierung tätig.

§ 23
Strafbestimmungen

(1) Wer eine elektrische Leitungsanlage, deren Errichtung, Änderung oder Erweiterung gemäß § 3 bewilligungspflichtig ist, ohne Bewilligung errichtet, ändert oder erweitert oder wer eine elektrische Leitungsanlage, deren Inbetriebnahme gemäß § 3 bewilligungspflichtig ist, ohne eine solche Bewilligung betreibt, begeht, eine Verwaltungsübertretung. Diese ist von der Bezirksverwaltungsbehörde mit einer Geldstrafe bis zu 2.200 Euro oder mit Arrest bis zu sechs Wochen zu ahnden. *(Anm: LGBl.Nr. 90/2001, 90/2013)*

(2) Wer den Bestimmungen des § 3 Abs. 4, des § 8, des § 9 Abs. 1 erster Satz oder Abs. 4 oder eines auf Grund des § 7 ergangenen Bescheides zuwiderhandelt, begeht, eine Verwaltungsübertretung. Diese ist von der Bezirksverwaltungsbehörde mit einer Geldstrafe bis zu 720 Euro oder mit Arrest bis zu zwei Wochen zu ahnden. *(Anm: LGBl.Nr. 90/2001, 90/2013, 36/2022)*

§ 24
Wiederherstellung des gesetzmäßigen Zustandes

Unabhängig von einer Bestrafung oder einer Schadenersatzpflicht ist derjenige, der die Bestimmungen dieses Gesetzes übertreten hat, von der Behörde zu verhalten, den gesetzmäßigen Zustand binnen angemessener Frist wiederherzustellen.

§ 25
Übergangsbestimmungen

(1) Nach den bisher geltenden gesetzlichen Bestimmungen rechtmäßig bestehende elektrische Leitungsanlagen werden durch die Bestimmungen dieses Gesetzes nicht berührt.

(2) Die nach den früheren gesetzlichen Bestimmungen erworbenen Rechte für diese Leitungsanlagen bleiben ebenso wie die damit verbundenen Verpflichtungen aufrecht.

(3) Am Tage des Inkrafttretens dieses Gesetzes anhängige Verfahren sind nach den bisher geltenden Bestimmungen zu beenden.

§ 26
Schlußbestimmungen

(1) Dieses Gesetz tritt mit Ablauf des Tages seiner Kundmachung im Landesgesetzblatt für Oberösterreich in Kraft.

(2) Gleichzeitig treten unbeschadet der Bestimmungen des § 25

a) das Gesetz über die einstweilige Regelung des Elektrizitätswesens in Oberösterreich, LGBl. Nr. 47/1950, und
b) die mit dem Gesetz LGBl. Nr. 47/1950 wieder in Wirksamkeit gesetzten Rechtsvorschriften

außer Kraft, soweit sie die in diesem Gesetz geregelten Angelegenheiten zum Inhalt haben.

73. Steiermärkisches Starkstromwegegesetz 1971

Gesetz vom 10. November 1970 über elektrische Leitungsanlagen, die sich auf den Bereich des Bundeslandes Steiermark erstrecken

Stammfassung: LGBl. Nr. 14/1971

Letzte Novellierung: LGBl. Nr. 24/2022

GLIEDERUNG

§ 1
Anwendungsbereich

(1) Dieses Gesetz gilt für elektrische Leitungsanlagen für Starkstrom, die sich auf den Bereich des Landes Steiermark erstrecken.

(2) Dieses Gesetz gilt jedoch nicht für elektrische Leitungsanlagen für Starkstrom, die sich innerhalb des dem Eigentümer dieser elektrischen Leitungsanlage gehörenden Geländes befinden oder ausschließlich dem ganzen oder teilweisen Betrieb von Eisenbahnen sowie dem Betrieb des Bergbaues, der Luftfahrt, der Schiffahrt, den technischen Einrichtungen der Post, der Landesverteidigung oder Fernmeldezwecken dienen.

§ 2
Begriffsbestimmungen

(1) Elektrische Leitungsanlagen im Sinne dieses Gesetzes sind elektrische Anlagen (§ 1 Abs. 2 des Elektrotechnikgesetzes vom 17. März 1965, BGBl. Nr. 57), die der Fortleitung elektrischer Energie dienen; hiezu zählen insbesondere auch Umspann-, Umform– und Schaltanlagen.

(2) Starkstrom im Sinne dieses Gesetzes ist elektrischer Strom mit einer Spannung über 42 Volt oder einer Leistung von mehr als 100 Watt.

§ 3
Bewilligung elektrischer Leitungsanlagen

(1) Unbeschadet der nach anderen Vorschriften erforderlichen Genehmigungen oder Bewilligungen bedürfen die Errichtung und Inbetriebnahme von elektrischen Leitungsanlagen der Bewilligung nach den Bestimmungen dieses Gesetzes. Das gleiche gilt für Änderungen und Erweiterungen, soweit diese über den Rahmen der hiefür erteilten Bewilligung hinausgehen.

(2) Ausgenommen von der Bewilligungspflicht sind, sofern keine Zwangsrechte gemäß § 10 oder § 17 in Anspruch genommen werden, folgende Leitungsanlagen:

1. elektrische Leitungsanlagen bis 45.000 Volt, nicht jedoch Freileitungen über 1 000 Volt;
2. unabhängig von der Betriebsspannung zu Eigenkraftanlagen gehörige elektrische Leitungsanlagen;
3. Kabelauf- und -abführungen sowie dazugehörige Freileitungstragwerke einschließlich jener Freileitungen bis 45 000 Volt, die für die Anbindung eines Freileitungstragwerkes mit Kabelauf- oder -abführungen notwendig sind und ausschließlich dem Zweck der Anbindung dienen.

(3) Falls bei Leitungsanlagen nach Abs. 2 die Einräumung von Zwangsrechten gemäß § 10 oder § 17 erforderlich ist, hat die Projektwerberin/der Projektwerber das Recht, die Einleitung, Durchführung und Entscheidung des Bewilligungsverfahrens zu beantragen.

(4) Leitungsanlagen sind von der Netzbetreiberin/vom Netzbetreiber ausreichend zu dokumentieren, insbesondere hinsichtlich ihrer technischen Ausführung
und des Leitungsverlaufes; die Dokumentation ist evident zu halten. Die Leitungsdokumentation unterliegt den Auskunfts- und Einsichtsrechten nach § 10 des Elektrizitätswirtschafts- und -organisationsgesetzes 2010 (ElWOG 2010).

Anm.: in der Fassung LGBl. Nr. 7/2002, LGBl. Nr. 24/2022

§ 4

Vorprüfungsverfahren

(1) Die Behörde kann auf Antrag oder von Amts wegen ein Vorprüfungsverfahren anordnen, wenn ein Ansuchen um Bewilligung der Inanspruchnahme fremden Gutes zur Vornahme von Vorarbeiten (§ 5) oder um Bewilligung zur Errichtung und Inbetriebnahme elektrischer Leitungsanlagen (§ 6) vorliegt und zu befürchten ist, daß durch diese elektrischen Leitungsanlagen öffentliche Interessen nach § 7 Abs. 1 wesentlich beeinträchtigt werden. In diesem sind der Behörde durch den Bewilligungswerber auf Aufforderung folgende Unterlagen vorzulegen:

a) ein Bericht über die technische Konzeption der geplanten Anlage,
b) ein Übersichtsplan im Maßstab 1 : 50.000 mit der vorläufig beabsichtigten Trasse und den offenkundig berührten, öffentlichen Interessen dienenden Anlagen.

(2) Im Rahmen des Vorprüfungsverfahrens sind sämtliche Behörden und öffentlich–rechtliche Körperschaften, welche die durch die geplante elektrische Leitungsanlage berührten öffentlichen Interessen (§ 7 Abs. 1) vertreten, zu hören.

(3) Nach Abschluß des Vorprüfungsverfahrens ist mit Bescheid festzustellen, ob und unter welchen Bedingungen die geplante elektrische Leitungsanlage den berührten öffentlichen Interessen nicht widerspricht.

§ 5

Vorarbeiten

(1) Auf Ansuchen ist für eine von der Behörde festzusetzende Frist, die 3 Jahre nicht überschreiten darf, die Inanspruchnahme fremden Gutes zur Vornahme von Vorarbeiten für die Errichtung einer elektrischen Leitungsanlage durch Bescheid der Behörde unter Berücksichtigung etwaiger Belange der Landesverteidigung zu bewilligen. Diese Frist kann um ein weiteres Jahr verlängert werden, wenn die Vorbereitung des Bauentwurfes dies erfordert und vor Ablauf der Frist darum angesucht wird.

(2) Diese Bewilligung gibt das Recht, fremde Grundstücke zu betreten und auf ihnen die zur Vorbereitung des Bauentwurfes erforderlichen Bodenuntersuchungen und sonstigen technischen Arbeiten mit tunlichster Schonung und Ermöglichung des bestimmungsgemäßen Gebrauches der betroffenen Grundstücke vorzunehmen.

(3) Die Bewilligung ist von der Behörde in der Gemeinde, in deren Bereich Vorarbeiten durchgeführt werden sollen, spätestens vier Wochen vor Aufnahme der Vorarbeiten durch Anschlag kundzumachen. Der Bewilligungswerber hat spätestens vier Wochen vor Aufnahme der Vorarbeiten die Grundeigentümer nachweislich schriftlich von der Erteilung der Bewilligung in Kenntnis zu setzen.

(4) Der zur Vornahme von Vorarbeiten Berechtigte hat den Grundstückseigentümer und die an den Grundstücken dinglich Berechtigten für alle mit den Vorarbeiten unmittelbar verbundenen Beschränkungen ihrer zum Zeitpunkt der Bewilligung ausgeübten Rechte angemessen zu entschädigen. Für das Verfahren gilt § 19 lit. a bis d sinngemäß.

§ 6

Bewilligungsansuchen

(1) Wer eine elektrische Leitungsanlage errichten und in Betrieb nehmen oder Änderungen oder Erweiterungen nach § 3 vornehmen will, hat bei der Behörde um eine Bewilligung anzusuchen.

(2) Den Ansuchen sind folgende Beilagen in dreifacher Ausfertigung beizufügen:

a) ein technischer Bericht mit Angaben über Zweck, Umfang, Betriebsweise und technische Ausführung der geplanten elektrischen Leitungsanlage;
b) eine Kopie der Katastralmappe, aus welcher die Trassenführung und die betroffenen Grundstücke mit ihrer Bezeichnung ersichtlich sind;
c) ein Verzeichnis der betroffenen Grundstücke mit Katastral- und Grundbuchsbezeichnung, Namen und Anschriften der grundbücherlichen Eigentümer sowie des beanspruchten öffentlichen Gutes unter Angabe der zuständigen Verwaltungen;
d) für den Fall, daß voraussichtlich Zwangsrechte gemäß §§ 10 oder 17 in Anspruch genommen werden, überdies ein Verzeichnis der davon betroffenen Grundstücke und zusätzlich Namen und Anschriften der sonstigen dinglichen Berechtigten mit Ausnahme der Hypothekargläubiger;
e) ein Verzeichnis der offenkundig berührten fremden Anlagen mit Namen und Anschriften der Eigentümer oder der zuständigen Verwaltungen;

f) bei elektrischen Leitungsanlagen mit einer Spannung über 30.000 Volt oder ohne Rücksicht auf die Spannung, wenn die Anlage nur im Rahmen einer Gesamtplanung beurteilt werden kann, ein Übersichtsplan im Maßstab 1 : 50.000;
g) Mastbildskizzen der zur Verwendung vorgesehenen Trag–, Winkel– und Abspannmasttype, außer bei Holzmasten;
h) Schaltbilder und Installationspläne der Umspann–, Umform– und Schaltanlagen.

(3) Die Behörde kann von der Beibringung einzelner im Abs. 2 angeführten Angaben und Unterlagen absehen, sofern diese für das Bewilligungsverfahren nicht erforderlich sind.

§ 7

Bau– und Betriebsbewilligung

(1) Die Behörde hat die Bau– und Betriebsbewilligung zu erteilen, wenn die elektrische Leitungsanlage dem öffentlichen Interesse an der Versorgung der Bevölkerung oder eines Teiles derselben mit elektrischer Energie nicht widerspricht. In dieser Bewilligung hat die Behörde durch Auflagen zu bewirken, daß die elektrischen Anlagen diesen Voraussetzungen entsprechen. Dabei hat eine Abstimmung mit den bereits vorhandenen oder bewilligten anderen Energieversorgungseinrichtungen und mit den Erfordernissen der Landeskultur, des Forstwesens, der Wildbach- und Lawinenverbauung, der Raumplanung, des Natur– und Denkmalschutzes, der Wasserwirtschaft und des Wasserrechtes, des öffentlichen Verkehrs, der sonstigen öffentlichen Versorgung, der Landesverteidigung, der Sicherheit des Luftraumes und des Dienstnehmerschutzes zu erfolgen. Die zur Wahrung dieser Interessen berufenen Behörden und öffentlich–rechtlichen Körperschaften sind, soweit sie betroffen werden, im Ermittlungsverfahren zu hören.

(2) Die Behörde hat bei Auflagen, deren Einhaltung aus Sicherheitsgründen vor Inbetriebnahme einer Überprüfung bedarf, zunächst nur die Baubewilligung zu erteilen und sich die Erteilung der Betriebsbewilligung vorzubehalten.

§ 8

Betriebsbeginn und Betriebsende

(1) Der Bewilligungsinhaber hat die Fertigstellung der elektrischen Leitungsanlage oder ihrer wesentlichen Teile der Behörde anzuzeigen. Wenn die Betriebsbewilligung bereits erteilt wurde (§ 7 Abs. 1), ist er nach der Anzeige über die Fertigstellung berechtigt, mit dem regelmäßigen Betrieb zu beginnen.

(2) Wurde die Erteilung der Betriebsbewilligung vorbehalten (§ 7 Abs. 2), ist nach der Fertigstellungsanzeige die sofortige Aufnahme des regelmäßigen Betriebes zu bewilligen, sofern die Auflagen der Baubewilligung erfüllt wurden.

(3) Sofern vor Erteilung der Betriebsbewilligung (Abs. 2) eine mündliche. Verhandlung stattfindet sind hiezu der Inhaber der Baubewilligung und Sachverständige zu laden.

(4) Der Bewilligungsinhaber hat die dauernde Außerbetriebnahme einer bewilligten elektrischen Leitungsanlage der Behörde anzuzeigen.

§ 9

Erlöschen der Bewilligung

(1) Die Baubewilligung erlischt, wenn
a) mit dem Bau nicht innerhalb von drei Jahren vom Eintritt der Rechtskraft der Baubewilligung an begonnen wird oder
b) die Fertigstellungsanzeige (§ 8 Abs. 11 nicht innerhalb von fünf Jahren vom Eintritt der Rechtskraft der Baubewilligung an erfolgt.

(2) Die Betriebsbewilligung erlischt, wenn
a) der regelmäßige Betrieb nicht innerhalb eines Jahres ab Fertigstellungsanzeige, in den Fällen der Erteilung einer Betriebsbewilligung gemäß § 8 Abs. 2 ab Rechtskraft derselben, aufgenommen wird,
b) der Bewilligungsinhaber anzeigt, daß die elektrische Leitungsanlage dauernd außer Betrieb genommen wird, oder
c) der Betrieb der elektrischen Leitungsanlage nach Feststellung der Behörde unbegründet durch mehr als drei Jahre unterbrochen wurde.

(3) Die Fristen nach Abs. 1 und Abs. 2 lit. a können von der Behörde höchstens um ein Jahr verlängert werden, wenn die Planungs– und Bauarbeiten oder energiewirtschaftliche Gründe dies erfordern und vor Fristablauf darum angesucht wurde,

(4) Nach Erlöschen der Bau– und Betriebsbewilligung hat der letzte Bewilligungsinhaber die elektrische Leitungsanlage umgehend abzutragen und den früheren Zustand nach Möglichkeit wiederherzustellen, es sei denn, daß dies durch privatrechtliche Vereinbarungen über das Belassen der elektrischen Leitungsanlage ausgeschlossen wurde. Hiebei ist mit tunlichster Schonung und Ermöglichung des bestimmungsgemäßen Gebrauches der betroffenen Grundstücke vorzugehen.

§ 10

Leitungsrechte

(1) Jedem, der eine elektrische Leitungsanlage betreiben will, sind von der Behörde auf Antrag an Grundstücken einschließlich der Privatgewässer, der öffentlichen Straßen und Wege sowie des sonstigen öffentlichen Gutes Leitungsrechte einzuräumen, wenn und soweit dies durch die Bewilligung der Errichtung, Änderung oder Erweiterung einer elektrischen Leitungsanlage notwendig wird.

(2) Dem Antrag ist nicht zu entsprechen, wenn
a) der dauernde Bestand der elektrischen Leitungsanlage an einem bestimmten Ort aus zwingenden technischen Gründen oder mit

Rücksicht auf die unverhältnismäßigen Kosten ihrer Verlegung die Enteignung erfordert (§ 17),

b) ihm öffentliche Interessen (§ 7 Abs. 1) entgegenstehen oder

c) über die Grundbenützung schon privatrechtliche Vereinbarungen vorliegen.

§ 11
Inhalt der Leitungsrechte

(1) Die Leitungsrechte umfassen das Recht

a) auf Errichtung und Erhaltung sowie auf Betrieb von Leitungsstützpunkten, Schalt– und Umspannanlagen, sonstigen Leitungsobjekten und anderem Zubehör,

b) auf Führung und Erhaltung sowie auf Betrieb von Leitungsanlagen im Luftraum oder unter der Erde,

c) auf Ausästung, worunter auch die Beseitigung von hinderlichen Baumpflanzungen und das Fällen einzelner Bäume zu verstehen ist, sowie auf Vornahme von Durchschlägen durch Waldungen, wenn sich keine andere wirtschaftliche Möglichkeit der Leitungsführung ergibt und die Erhaltung und forstgemäße Bewirtschaftung des Waldes dadurch nicht gefährdet wird,

d) auf den Zugang und die Zufahrt vom öffentlichen Wegenetz zu der auf einem Grundstück ausgeführten Anlage.

(2) Der Inhalt des jeweiligen Leitungsrechtes ergibt sich aus dem Bewilligungsbescheid.

§ 12
Ausästung und Durchschläge

(1) Die Ausästung und Durchschläge (§ 11 Abs. 1 lit. c) können nur in dem für die Errichtung und Instandhaltung der elektrischen Leitungsanlagen und zur Verhinderung von Betriebsstörungen unumgänglich notwendigen Umfang beansprucht werden.

(2) Der Leitungsberechtigte hat vorerst den durch das Leitungsrecht Belasteten nachweislich aufzufordern, die Ausästung oder Durchschläge vorzunehmen; gleichzeitig hat er den Belasteten auf allenfalls zu beachtende elektrotechnische Sicherheitsvorschriften hinzuweisen. Besteht Gefahr im Verzuge oder kommt der Belastete der Aufforderung innerhalb eines Monats nach Empfang nicht nach, so kann der Leitungsberechtigte nach vorheriger Anzeige an den Belasteten selbst die Ausästung oder den Durchschlag vornehmen. Einschlägige forstrechtliche Bestimmungen sind dabei zu berücksichtigen.

(3) Die Kosten der Ausästung und der Vornahme von Durchschlägen sind vom Leitungsberechtigten zu tragen, es sei denn, daß sie bei der Einräumung des Leitungsrechtes bereits entsprechend abgegolten wurden.

§ 13
Ausübung der Leitungsrechte

(1) Bei der Ausübung von Leitungsrechten ist mit tunlichster Schonung der benützten Grundstücke und der Rechte Dritter vorzugehen. Insbesondere hat der Leitungsberechtigte während der Ausführung der Arbeiten auf seine Kosten für die tunlichste Ermöglichung des widmungsgemäßen Gebrauches des benutzten Grundstückes zu sorgen. Nach Beendigung der Arbeiten hat er einen Zustand herzustellen, der keinen Anlaß zu begründeten Beschwerden gibt. In Streitfällen entscheidet die Behörde.

(2) Durch die Leitungsrechte darf der widmungsgemäße Gebrauch der zu benutzenden Grundstücke nur unwesentlich behindert werden. Die Behörde hat auf Antrag des durch das Leitungsrecht Belasteten dem Leitungsberechtigten die Leitungsrechte zu entziehen, wenn der Belastete nachweist, daß die auf seinem Grundstück, befindlichen elektrischen Leitungsanlagen oder Teile derselben die von ihm beabsichtigte zweckmäßige Nutzung des Grundstückes entweder erheblich erschweren oder überhaupt unmöglich machen.

§ 14
Auswirkung der Leitungsrechte

(1) Die Leitungsrechte gehen samt den mit ihnen verbundenen Verpflichtungen auf jeden Erwerber der elektrischen Leitungsanlage, für die sie eingeräumt worden sind, über.

(2) Sie sind gegen jeden Eigentümer des in Anspruch genommenen Grundstückes und sonstige hieran dinglich Berechtigte wirksam. Auch steht ein Wechsel eines Eigentümers oder sonstigen dinglich Berechtigten nach ordnungsgemäßer Ladung zur mündlichen Verhandlung der Wirksamkeit des ein Leitungsrecht einräumenden Bescheides nicht im Wege.

(3) Die Leitungsrechte verlieren ihre Wirksamkeit gleichzeitig mit dem Erlöschen der Bewilligung der elektrischen Leitungsanlage.

§ 15
Einräumung von Leitungsrechten

(1) In den Anträgen auf behördliche Einräumung von Leitungsrechten sind die betroffenen Grundstücke mit ihrer Katastral– und Grundbuchsbezeichnung sowie deren Eigentümer und sonstige dinglich Berechtigte, mit Ausnahme der Hypothekargläubiger, nebst Inhalt (§ 11) der beanspruchten Rechte anzuführen.

(2) Leitungsrechte (§ 10) sind durch Bescheid einzuräumen.

(3) Anträge gemäß Abs. 1 können auch nach Einbringung des Ansuchens um Bewilligung der elektrischen Leitungsanlage (§ 6) gestellt werden.

§ 16
Entschädigung für die Einräumung von Leitungsrechten

Der Leitungsberechtigte hat den Grundstückseigentümer und die an den Grundstücken dinglich Berechtigten für alle mit dem Bau, der Erhaltung, dem Betrieb, der Änderung und der Beseitigung der elektrischen Leitungsanlagen unmittelbar verbundenen Beschränkungen ihrer zum Zeitpunkt der Bewilligung ausgeübten Rechte angemessen zu entschädigen. Für das Verfahren gilt § 19 lit. a bis d sinngemäß.

§ 17
Enteignung

Wenn der dauernde Bestand der elektrischen Leitungsanlage an einem bestimmten Ort aus zwingenden technischen Gründen oder mit Rücksicht auf die unverhältnismäßigen Kosten ihrer Verlegung die Enteignung erfordert, so daß mit den Leitungsrechten nach §§ 10ff. das Auslangen nicht gefunden werden kann, ist von der Behörde auf Antrag die Enteignung für elektrische Leitungsanlagen samt Zubehör einschließlich der Umspann–, Umform– und Schaltanlagen auszusprechen.

§ 18
Gegenstand der Enteignung

(1) Die Enteignung umfaßt:

a) die Bestellung von Dienstbarkeiten an unbeweglichen Sachen,
b) die Abtretung von Eigentum in Grundstücken,
c) die Abtretung, Einschränkung oder Aufhebung anderer dinglicher Rechte an unbeweglichen Sachen und solcher Rechte, deren Ausübung an einen bestimmten Ort gebunden ist.

(2) Von einer Enteignung gemäß Abs. 1 lit. b darf nur Gebrauch gemacht werden, wenn die übrigen in Abs. 1 angeführten Maßnahmen nicht ausreichen.

(3) Der Enteignungsgegner kann im Zuge eines Enteignungsverfahrens die Einlösung der durch Dienstbarkeiten oder andere dingliche Rechte gemäß Abs. 1 in Anspruch zu nehmenden unverbauten Grundstücke oder Teile von solchen gegen Entschädigung verlangen, wenn diese durch eine solche Belastung die zweckmäßige Benützbarkeit verlieren wurden. Würde durch die Enteignung eines Teiles eines Grundstückes dieses für den Eigentümer die zweckmäßige Benutzbarkeit verlieren, ist auf dessen Verlangen das ganze Grundstück abzulösen.

§ 19
Durchführung von Enteignungen

Auf das Enteignungsverfahren und die behördliche Ermittlung der Entschädigung sind die Bestimmungen des Eisenbahnenteignungsgesetzes 1954, BGBl. Nr. 71, sinngemäß mit nachstehenden Abweichungen anzuwenden:

a) Über den Inhalt, den Gegenstand und den Umfang der Enteignung sowie über die Entschädigung entscheidet die Behörde.
b) Die Höhe der Entschädigung ist auf Grund der Schätzung wenigstens eines beeideten Sachverständigen im Enteignungsbescheid oder in einem gesonderten Bescheid zu bestimmen; im letzteren Fall ist ohne weitere Erhebungen im, Enteignungsbescheid ein vorläufiger Sicherstellungsbetrag festzulegen.
c) Jede der beiden Parteien kann binnen drei Monaten ab Erlassung des die Entschädigung bestimmenden Bescheides (lit. b) die Feststellung des Entschädigungsbetrages bei jenem Landesgericht begehren, in dessen Sprengel sich der Gegenstand der Enteignung befindet. Der Bescheid der Behörde tritt hinsichtlich des Ausspruches über die Entschädigung mit Anrufung des Gerichtes außer Kraft. Der Antrag an das Gericht auf Feststellung der Entschädigung kann nur mit Zustimmung des Antragsgegners zurückgezogen werden.
d) Ein erlassener Enteignungsbescheid ist erst vollstreckbar, sobald der im Enteignungsbescheid oder in einem gesonderten Bescheid bestimmte Entschädigungsbetrag oder der im Enteignungsbescheid festgelegte vorläufige Sicherstellungsbetrag (lit. b) gerichtlich hinterlegt oder an den Enteigneten ausbezahlt ist.
e) Auf Antrag des Enteigneten kann an die Stelle einer Geldentschädigung eine Entschädigung in Form einer gleichartigen und gleichwertigen Naturalleistung treten, wenn diese dem Enteignungswerber unter Abwägung des Einzelfalles wirtschaft lich zugemutet werden kann. Hierüber entscheidet die Behörde in einem gesonderten Bescheid gemäß lit. b.
f) Die Einleitung eines Enteignungsverfahrens, das sich auf verbücherte Liegenschaften oder verbücherte Rechte bezieht, ist durch die Behörde dem zuständigen Grundbuchsgericht zur Anmerkung bekanntzugeben. In gleicher Weise hat die Behörde das Grundbuchsgericht von der Einstellung des Enteignungsverfahrens zu verständigen.
g) Vom Erlöschen der elektrizitätsrechtlichen Bewilligung einer elektrischen Leitungsanlage (§ 9) ist der Eigentümer des belasteten Gutes zu verständigen. Die Behörde hat auf seinen Antrag die für diese elektrische Leitungsanlage im Enteignungswege eingeräumten Dienstbarkeiten unter Vorschreibung einer der geleisteten Entschädigung angemessenen Rückvergütung durch Bescheid aufzuheben.
h) Hat zufolge eines Enteignungsbescheides die Übertragung des Eigentums an einem Grundstück für Zwecke einer elektrischen Leitungsanlage stattgefunden, so hat die Behörde auf binnen einem Jahr ab Abtragung der elektrischen Leitungsanlage gestellten Antrag des

früheren Eigentümers oder seines Rechtsnachfolgers zu dessen Gunsten die Rückübereignung gegen angemessene Entschädigung auszusprechen. Für die Feststellung dieser Entschädigung gilt lit. c.

Anm.: in der Fassung LGBl. Nr. 25/2007

§ 19a

Sachverständige und Verfahrenskosten

(1) Die Behörde kann auch ohne Vorliegen der Voraussetzungen des § 52 Abs. 2 und 3 AVG in Verfahren nach diesem Gesetz nichtamtliche Sachverständige beiziehen. Als Sachverständige können auch fachlich einschlägige Anstalten, Institute oder Unternehmen bestellt werden.

(2) Kosten, die der Behörde bei Durchführung der Verfahren erwachsen, wie Gebühren oder Honorare für Sachverständige, sind von der Projektwerberin/dem Projektwerber zu tragen. Die Behörde kann der Projektwerberin/dem Projektwerber durch Bescheid auftragen, diese Kosten nach Prüfung der sachlichen und rechnerischen Richtigkeit durch die Behörde direkt zu bezahlen.

Anm.: in der Fassung LGBl. Nr. 24/2022

§ 20

Beurkundung der Bescheide

Die im Zuge eines elektrizitätsrechtlichen Verfahrens getroffenen Übereinkommen sind im Bescheid zu beurkunden.

§ 20a

Verweise

Verweise auf das Elektrizitätswirtschafts- und -organisationsgesetz 2010 – ElWOG 2010, BGBl. I Nr. 110/2010, sind als Verweis auf die Fassung BGBl. I Nr. 150/2021 zu verstehen.

Anm.: in der Fassung LGBl. Nr. 24/2022

§ 21

Behörde

Behörde im Sinne dieses Gesetzes ist die Landesregierung.

§ 22

Strafbestimmungen

(1) Wer vorsätzlich oder grobfahrlässig der Bestimmung des § 3 zuwiderhandelt, begeht, sofern die Tat nicht nach anderen Vorschriften einer strengeren Strafe unterliegt, eine Verwaltungsübertretung. Diese ist von der Bezirksverwaltungsbehörde mit einer Geldstrafe bis EUR 2.180,– oder mit Arrest bis zu sechs Wochen zu ahnden.

(2) Wer vorsätzlich oder grobfahrlässig den Bestimmungen des § 8 Abs. 1 und 4 sowie eines auf Grund des § 7 ergangenen Bescheides zuwiderhandelt, begeht, sofern die Tat nicht nach anderen Vorschriften einer strengeren Strafe unterliegt, eine Verwaltungsübertretung. Diese ist von der Bezirksverwaltungsbehörde mit einer Geldstrafe bis zu EUR 727,– oder mit Arrest bis zu zwei Wochen zu ahnden.

(3) Wurde eine elektrische Leitungsanlage, deren Errichtung, Änderung oder Erweiterung bewilligungspflichtig ist, ohne Bewilligung errichtet, geändert oder erweitert, so beginnt die Verjährung erst nach Beseitigung des gesetzwidrigen Zustandes.

Anm.: in der Fassung LGBl. Nr. 7/2002

§ 23

Wiederherstellung des gesetzmäßigen Zustandes

Unabhängig von der Bestrafung und Schadenersatzpflicht ist derjenige, der die Bestimmungen dieses Gesetzes übertreten hat, von der Behörde zu verhalten, den gesetzmäßigen Zustand wiederherzustellen. Bei der Bemessung der hiebei zu bestimmenden Frist ist einerseits auf das Interesse an der Wiederherstellung des gesetzlichen Zustandes und andererseits auf die wirtschaftlichen Möglichkeiten des hiezu Verpflichteten Bedacht zu nehmen

§ 24

Übergangsbestimmungen

(1) Nach den bisher geltenden gesetzlichen Bestimmungen rechtmäßig bestehende elektrische Leitungsanlagen werden durch die Bestimmungen dieses Gesetzes nicht berührt.

(2) Die nach den früheren gesetzlichen Bestimmungen erworbenen Rechte für diese Leitungsanlagen bleiben ebenso wie die damit verbundenen Verpflichtungen aufrecht.

(3) Am Tage des Inkrafttretens dieses Gesetzes anhängige Verfahren sind nach den bisher geltenden Bestimmungen zu beenden.

§ 24a

Übergangsbestimmungen zur Novelle LGBl. Nr. 32/2000

(1) § 3 Abs. 2 in der Fassung der Novelle LGBl. Nr. 32/2000 findet auf Anlagen, die vor Inkrafttreten dieser Novelle bereits bestanden haben, keine Anwendung.

(2) Die im Zeitpunkt des Inkrafttretens dieses Gesetzes anhängigen Verfahren sind nach den bisher geltenden Bestimmungen zu beenden.

Anm.: in der Fassung LGBl. Nr. 32/2000

§ 24b

Übergangsbestimmung zur Novelle LGBl. Nr. 24/2022

Die im Zeitpunkt des Inkrafttretens der Novelle LGBl. Nr. 24/2022 anhängigen Verfahren sind nach den bisher geltenden Bestimmungen zu beenden.

Anm.: in der Fassung LGBl. Nr. 24/2022

§ 25
Schlußbestimmungen

(1) Dieses Gesetz tritt mit dem Tage seiner Kundmachung in Kraft.

(2) Mit dem Inkrafttreten dieses Gesetzes verlieren die Bestimmungen des Gesetzes vom 11. Juli 1949, LGBl. Nr. 49, über die einstweilige Regelung des Elektrizitätsrechtes im Lande Steiermark, soweit sie elektrische Leitungsanlagen für Starkstrom betreffen (§ 2), ihre Wirksamkeit.

§ 25a
Inkrafttreten von Novellen

(1) Die Neufassung der §§ 3 Abs. 2 und 24 a durch die Novelle LGBl. Nr. 32/2000 tritt mit 19. Februar 1999 in Kraft.

(2) Die Neufassung des § 22 Abs. 1 und 2 durch die Novelle LGBl. Nr. 7/2001 tritt mit 1. Jänner 2002 in Kraft.

(3) Die Änderung in § 19 lit. c durch die Novelle LGBl. Nr. 25/2007 tritt mit dem der Kundmachung folgenden Tag, das ist der 21. April 2007, in Kraft.

(4) In der Fassung des Gesetzes LGBl. Nr. 24/2022 treten § 3 Abs. 2, 3 und 4, § 19a, § 20a und § 24b mit dem der Kundmachung folgenden Tag, das ist der **12. März 2022**, in Kraft.

Anm.: in der Fassung LGBl. Nr. 32/2000, LGBl. Nr. 7/2002, LGBl. Nr. 25/2007, LGBl. Nr. 24/2022

74. Tiroler Starkstromwegegesetz 1969

Gesetz vom 28. November 1969 über elektrische Leitungsanlagen, die sich auf das Land Tirol erstrecken

StF: LGBl. Nr. 11/1970

Letzte Novellierung: LGBl. Nr. 191/2021

Der Landtag hat beschlossen:

GLIEDERUNG

§ 1
Anwendungsbereich

(1) Dieses Gesetz gilt für elektrische Leitungsanlagen für Starkstrom, die sich auf das Bundesland Tirol, nicht aber auf zwei oder mehrere Bundesländer erstrecken.

(2) Dieses Gesetz gilt nicht für elektrische Leitungsanlagen für Starkstrom, die sich innerhalb des dem Eigentümer dieser elektrischen Leitungsanlage gehörenden Geländes befinden oder ausschließlich dem Betrieb von Eisenbahnen oder Bergbauanlagen sowie der Luftfahrt, der Schiffahrt, den technischen Einrichtungen der Post, der Landesverteidigung oder Fernmeldezwecken dienen.

§ 2
Begriffsbestimmungen

(1) Elektrische Leitungsanlagen im Sinn dieses Gesetzes sind elektrische Anlagen nach § 1 Abs. 2 des Elektrotechnikgesetzes 1992, die der Fortleitung elektrischer Energie dienen; hiezu zählen auch Umspann-, Umform- und Schaltanlagen.

(2) Starkstrom im Sinne dieses Gesetzes ist elektrischer Strom mit einer Spannung über 42 Volt oder einer Leistung von mehr als 100 Watt.

§ 3
Bewilligung elektrischer Leitungsanlagen

(1) Der Bau und die Inbetriebnahme einer elektrischen Leitungsanlage bedarf - unbeschadet der nach anderen Vorschriften erforderlichen Genehmigungen - der Bewilligung durch die Behörde. Das gleiche gilt für Änderungen oder Erweiterungen, soweit diese über den Rahmen der hiefür erteilten Bewilligung hinausgehen.

(2) Sofern keine Zwangsrechte nach § 10 oder § 16 in Anspruch genommen werden, sind von der Bewilligungspflicht folgende Leitungsanlagen ausgenommen:

a) elektrische Leitungsanlagen bis 45.000 Volt, nicht jedoch Freileitungen über 1.000 Volt,
b) unabhängig von der Betriebsspannung zu Eigenkraftanlagen gehörige elektrische Leitungsanlagen und
c) Kabelauf- und -abführungen sowie dazugehörige Freileitungstragwerke einschließlich jener Freileitungen bis 45.000 Volt, die für die Anbindung eines Freileitungstragwerkes mit Kabelauf- oder -abführungen notwendig sind und ausschließlich dem Zweck der Anbindung dienen.

(3) Falls bei Leitungsanlagen nach Abs. 2 die Einräumung von Zwangsrechten nach § 10 oder § 16 erforderlich ist, besteht ein Antragsrecht des

Bewilligungswerbers auf Einleitung, Durchführung und Entscheidung des Bewilligungsverfahrens.

(4) Die vom Netzbetreiber evident zu haltende Leitungsdokumentation von bestehenden elektrischen Leitungsanlagen unterliegt den Auskunfts- und Einsichtsrechten nach § 10 Elektrizitätswirtschafts- und -organisationsgesetz 2010.

§ 4
Vorprüfungsverfahren

(1) Die Behörde kann über Antrag oder von Amts wegen ein Vorprüfungsverfahren anordnen, wenn ein Ansuchen um Bewilligung der Inanspruchnahme fremden Gutes zur Vornahme von Vorarbeiten (§ 5) oder um Bewilligung zum Bau und zur Inbetriebnahme elektrischer Leitungsanlagen (§ 6) vorliegt und zu befürchten ist, daß durch diese elektrischen Leitungsanlagen öffentliche Interessen (§ 7 Abs. 1) wesentlich beeinträchtigt werden.

(2) Für die Durchführung des Vorprüfungsverfahrens sind der Behörde vom Bewilligungswerber folgende Unterlagen vorzulegen:

a) ein Bericht über die technische Konzeption der geplanten elektrischen Leitungsanlage,
b) ein Übersichtsplan im Maßstab 1:50.000, in dem das bereits vorhandene Leitungsnetz, die vorläufig beabsichtigte Trasse sowie die offenkundig berührten, öffentlichen Interessen dienenden Anlagen eingezeichnet sind.

(3) Im Rahmen des Vorprüfungsverfahrens sind sämtliche Behörden bzw. Dienststellen und öffentlich-rechtliche Körperschaften, welche die durch die geplante elektrische Leitungsanlage berührten öffentlichen Interessen (§ 7 Abs. 1) vertreten, zu hören. Die Gemeinden sind hiebei insbesondere auch hinsichtlich der Belange der örtlichen Raumplanung zu hören.

(4) Nach Abschluß des Vorprüfungsverfahrens ist mit Bescheid festzustellen, ob und unter welchen Bedingungen die geplante elektrische Leitungsanlage den berührten öffentlichen Interessen nicht widerspricht.

§ 5
Vorarbeiten

(1) Die Behörde hat auf Ansuchen eine vorübergehende Inanspruchnahme fremder Liegenschaften zur Vornahme von Vorarbeiten für die Errichtung einer elektrischen Leitungsanlage zu bewilligen. Hiebei ist auf etwaige Belange der Landesverteidigung Rücksicht zu nehmen. Die Bewilligung ist höchstens für die Dauer eines Jahres zu erteilen. Diese Frist ist nur dann zu verlängern, wenn wichtige technische Gründe eine Verlängerung der Vorbereitung des Bauentwurfes bedingen und um diese Verlängerung vor Ablauf der Frist angesucht wurde.

(2) In der Bewilligung nach Abs. 1 ist dem Antragsteller das Recht einzuräumen, fremde Liegenschaften zu betreten und auf ihnen die zur Vorbereitung der geplanten elektrischen Leitungsanlage erforderlichen Grunduntersuchungen und sonstigen zur Trassierung notwendigen technischen Arbeiten vorzunehmen. Bei der Durchführung der Vorarbeiten hat der Berechtigte mit möglichster Schonung bestehender Rechte vorzugehen und darauf Bedacht zu nehmen, daß der bisherige Gebrauch der betroffenen Liegenschaft nach Möglichkeit erhalten bleibt.

(3) Die Bewilligung ist von der Behörde in den Gemeinden, in deren Bereich die bewilligten Vorarbeiten durchgeführt werden sollen, für die Dauer einer Woche kundzumachen. Mit den bewilligten Vorarbeiten darf erst nach Ablauf der Kundmachungsfrist begonnen werden.

(4) Die vom Berechtigten mit der Durchführung der Vorarbeiten beauftragten Personen haben sich den Liegenschaftseigentümern und Nutzungsberechtigten gegenüber mit einer Ausfertigung der Bewilligung zur Vornahme von Vorarbeiten sowie durch einen Auftrag des Berechtigten auszuweisen.

(5) Der zur Vornahme von Vorarbeiten Berechtigte hat den Eigentümern der betroffenen Liegenschaften sowie den an diesen Liegenschaften dinglich Berechtigten für alle mit den Vorarbeiten unmittelbar verbundenen Beschränkungen ihrer zum Zeitpunkt der Bewilligung ausgeübten Rechte eine angemessene Entschädigung zu leisten. Für das Entschädigungsverfahren gilt § 18 lit. a bis d sinngemäß.

§ 6
Bewilligungsansuchen

(1) Dem Ansuchen um Erteilung der Bau- und Betriebsbewilligung sind in dreifacher Ausfertigung beizufügen:

a) ein technischer Bericht mit Angaben über Zweck, Umfang, Betriebsweise und Ausführung der geplanten elektrischen Leitungsanlage,
b) eine Kopie der Katastralmappe, aus der die Trassenführung und die betroffenen Grundstücke mit ihren Grundstücksnummern sowie die bereits bestehenden elektrischen Leitungsanlagen ersichtlich sind,
c) bei Anlagen, die der Fortleitung elektrischer Energie über eine Entfernung von mehr als 5 km dienen, ein Lageplan auf einem Landkartenausschnitt im Maßstab von 1:50.000, in dem die bereits bestehenden Leitungsanlagen eingezeichnet sind,
d) Angaben über die Masttypen sowie Mastbildskizzen,
e) bei Umspann-, Umform- und Schaltanlagen die Bau- und Schaltpläne,

f) ein dem Leitungsverlauf entsprechendes Verzeichnis der betroffenen Grundstücke samt Verzeichnis der Grundeigentümer,
g) ein Verzeichnis der von der elektrischen Leitungsanlage offenkundig berührten fremden Anlagen (Kreuzungsverzeichnis) unter Angabe der Namen und Anschriften der Eigentümer oder der zuständigen Verwaltungen.

(2) Werden durch die elektrische Leitungsanlage Gebiete mehrerer Gemeinden betroffen, ist für jede Gemeinde eine Ausfertigung der in Abs. 1 unter lit. a, b und f bezeichneten Unterlagen beizufügen.

(3) Wenn die eingereichten Unterlagen eine Beurteilung hinsichtlich der technischen Ausführung des Projektes nicht zulassen, ist der Bewilligungswerber zur Beibringung eines Längenprofils der elektrischen Leitungsanlage und eines statischen Nachweises für die Maste zu verhalten.

(4) Die Behörde kann von der Beibringung einzelner der im Abs. 1 genannten Unterlagen absehen, sofern diese für das Bewilligungsverfahren nicht erforderlich sind.

§ 7
Bau- und Betriebsbewilligung

(1) Die Bewilligung zum Bau und zum Betrieb einer elektrischen Leitungsanlage ist zu erteilen, wenn die Leitungsanlage dem öffentlichen Interesse an der Versorgung der Bevölkerung oder eines Teiles derselben mit elektrischer Energie nicht widerspricht. Ein Widerspruch mit diesem Interesse liegt auch dann vor, wenn die dauernde ungestörte Versorgung der Bevölkerung mit elektrischer Energie wegen der Nichtbeachtung sicherheitstechnischer Grundsätze in der Planung der Leitungsanlage nicht gewährleistet ist. Vor Erteilung der Bewilligung hat eine Abstimmung mit den bereits vorhandenen oder bewilligten anderen Energieversorgungseinrichtungen und mit den Erfordernissen der Landeskultur, des Forstwesens, der Wildbach- und Lawinenverbauung, der Raumplanung, des Natur- und Denkmalschutzes, der Wasserwirtschaft und des Wasserrechtes, des öffentlichen Verkehrs, des Fremdenverkehrs, der sonstigen öffentlichen Versorgung, der Landesverteidigung, der Sicherheit des Luftraumes und des Dienstnehmerschutzes zu erfolgen. Die zur Wahrung dieser Interessen berufenen Behörden bzw. Dienststellen und öffentlich-rechtlichen Körperschaften sind, soweit sie betroffen werden, im Ermittlungsverfahren zu hören.

(2) Die durch die geplante elektrische Leitungsanlage berührten Grundeigentümer können Abänderungen und Ergänzungen der geplanten elektrischen Leitungsanlage verlangen, durch die das Bauvorhaben nicht wesentlich erschwert oder eingeschränkt wird.

(3) Die Behörde kann bei Auflagen, deren Einhaltung aus Sicherheitsgründen vor Inbetriebnahme einer Überprüfung bedarf, zunächst nur die Baubewilligung erteilen und sich die Erteilung der Betriebsbewilligung vorbehalten.

§ 8
Betriebsbeginn und Betriebsende

(1) Der Bewilligungsinhaber hat die Fertigstellung der elektrischen Leitungsanlage oder ihrer wesentlichen Teile der Behörde anzuzeigen. Wenn die Betriebsbewilligung bereits mit der Baubewilligung erteilt wurde (§ 7 Abs. 1), ist der Bewilligungsinhaber nach der Anzeige über die Fertigstellung berechtigt, mit dem Betrieb zu beginnen.

(2) Wurde die Erteilung der Betriebsbewilligung vorbehalten (§ 7 Abs. 3), so ist nach der Fertigstellungsanzeige die sofortige Aufnahme des regelmäßigen Betriebs zu bewilligen, sofern die ausgeführte Anlage der Baubewilligung entspricht und deren Auflagen erfüllt wurden.

(3) Sofern vor Erteilung der Betriebsbewilligung (Abs. 2) eine mündliche Verhandlung stattfindet, sind hiezu der Bewilligungswerber und die erforderlichen Sachverständigen zu laden.

(4) Der Bewilligungsinhaber hat die dauernde Außerbetriebnahme einer bewilligten elektrischen Leitungsanlage der Behörde anzuzeigen.

§ 9
Erlöschen der Bewilligungen

(1) Die Baubewilligung erlischt, wenn
a) mit dem Bau nicht innerhalb von drei Jahren ab Eintritt der Rechtskraft der Baubewilligung begonnen wird oder
b) die Fertigstellungsanzeige (§ 8 Abs. 1) nicht spätestens innerhalb von fünf Jahren ab Eintritt der Rechtskraft der Baubewilligung erfolgt.

(2) Die Betriebsbewilligung erlischt, wenn
a) der regelmäßige Betrieb nicht innerhalb eines Jahres nach Anzeige der Fertigstellung, in den Fällen der Erteilung einer Betriebsbewilligung gemäß § 8 Abs. 2 ab Eintritt der Rechtskraft derselben aufgenommen wird,
b) der Bewilligungswerber anzeigt (§ 8 Abs. 4), daß die elektrische Leitungsanlage dauernd außer Betrieb genommen wird oder
c) der Betrieb der elektrischen Leitungsanlage durch mehr als drei Jahre unterbrochen wurde, ohne daß hiezu eine technische Notwendigkeit bestanden hat.

(3) Die Fristen nach Abs. 1 können von der Behörde verlängert werden, wenn die Planungs- oder Bauarbeiten dies erfordern und darum vor Fristablauf angesucht wird. Die Frist nach Abs. 2 lit. a kann von der Behörde verlängert werden, wenn betriebstechnische Gründe dies erfordern.

(4) Den Fall des Erlöschens der Bau- oder Betriebsbewilligung hat die Behörde bescheidmäßig festzustellen.

(5) Nach Erlöschen der Bau- oder Betriebsbewilligung hat der letzte Betriebsbewilligungsinhaber

die elektrische Leitungsanlage umgehend abzutragen und den früheren Zustand nach Möglichkeit wiederherzustellen. Hiebei ist mit tunlichster Schonung und Ermöglichung des bestimmungsgemäßen Gebrauches der betroffenen Grundstücke vorzugehen.

§ 10
Leitungsrechte

(1) Jedem, der eine elektrische Leitungsanlage betreiben will, sind von der Behörde auf Antrag an Grundstücken einschließlich der Privatgewässer, der öffentlichen Straßen und Wege sowie des sonstigen öffentlichen Gutes mit Bescheid Leitungsrechte einzuräumen, wenn und soweit dies durch die Bewilligung zur Errichtung, Änderung oder Erweiterung einer elektrischen Leitungsanlage notwendig wird.

(2) In dem Antrag auf Einräumung von Leitungsrechten sind die betroffenen Grundstücke mit ihren Grundstücksnummern sowie deren Eigentümer und sonstige dinglich Berechtigte, mit Ausnahme der Hypothekargläubiger, anzuführen.

(3) Dem Antrag ist nicht zu entsprechen, wenn

a) der dauernde Bestand der elektrischen Leitungsanlage an einem bestimmten Ort aus zwingenden technischen Gründen oder mit Rücksicht auf die unverhältnismäßigen Kosten ihrer Verlegung die Enteignung erfordert,
b) der Einräumung des Leitungsrechtes öffentliche Interessen (§ 7 Abs. 1) entgegenstehen oder
c) über die Grundbenützung bereits privatrechtliche Vereinbarungen vorliegen.

§ 11
Inhalt der Leitungsrechte

(1) Die Leitungsrechte können folgende Rechte umfassen:

a) das Recht auf die Errichtung und Erhaltung sowie auf den Betrieb von Leitungsstützpunkten, Schalt- und Umspannanlagen sowie sonstigen Leitungsobjekten;
b) das Recht auf die Führung und die Erhaltung sowie auf den Betrieb von elektrischen Leitungsanlagen im Luftraum oder unter der Erde;
c) das Recht auf Ausästung sowie auf Vornahme von Durchschlägen durch Waldungen, wenn sich keine andere technisch mögliche und wirtschaftlich vertretbare Leitungsführung ergibt und die Erhaltung und forstgemäße Bewirtschaftung des Waldes dadurch nicht gefährdet wird;
d) das Recht auf den Zugang und die Zufahrt vom öffentlichen Wegenetz zu Leitungsobjekten.

(2) Der Inhalt des jeweiligen Leitungsrechtes ist im Bewilligungsbescheid festzulegen.

§ 12
Ausästungen und Durchschläge

(1) Die Ausästungen und die Durchschläge dürfen nur in dem für die Errichtung, die Instandhaltung und den Betrieb der elektrischen Leitungsanlage unumgänglich notwendigen Umfang vorgenommen werden. Unter Ausästung ist hiebei auch die Beseitigung von hinderlichen Baumbepflanzungen und das Fällen einzelner Bäume zu verstehen.

(2) Der Leitungsberechtigte hat vorerst den durch das Leitungsrecht Belasteten nachweislich aufzufordern, die Ausästungen oder die Durchschläge vorzunehmen. Besteht Gefahr im Verzuge oder kommt der Belastete der Aufforderung innerhalb eines Monats nicht nach, so kann der Leitungsberechtigte nach vorheriger Anzeige an den Belasteten selbst die Ausästung oder den Durchschlag vornehmen.

(3) Die Kosten der Ausästungen und der Vornahme von Durchschlägen sind vom Leitungsberechtigten zu tragen, soweit diese Kosten nicht bei der Einräumung des Leitungsrechtes bereits abgegolten wurden.

§ 13
Ausübung der Leitungsrechte

(1) Bei der Ausübung von Leitungsrechten ist mit tunlichster Schonung der benutzten Grundstücke und der Rechte Dritter vorzugehen. Insbesondere hat der Leitungsberechtigte auch dafür zu sorgen, daß während der Ausführung der Bauarbeiten der widmungsgemäße Gebrauch des benutzten Grundstückes nach Möglichkeit erhalten bleibt. Nach Beendigung der Arbeiten hat er einen Zustand herzustellen, der keinen Anlaß zu begründeten Beschwerden gibt. In Zweifelsfällen entscheidet die Behörde.

(2) Durch die Leitungsrechte darf der widmungsgemäße Gebrauch der zu benutzenden Grundstücke nur unwesentlich behindert werden. Die Behörde hat auf Antrag des durch das Leitungsrecht Belasteten dem Leitungsberechtigten die Leitungsrechte zu entziehen, wenn der Belastete nachweist, daß die auf seinem Grundstück befindlichen elektrischen Leitungsanlagen oder Teile derselben die von ihm beabsichtigte zweckmäßige Nutzung des Grundstückes entweder erheblich erschweren oder überhaupt unmöglich machen.

(3) Sofern die für die Entziehung des Leitungsrechtes geltend gemachte Benützung nicht innerhalb von achtzehn Monaten ab Eintritt der Rechtskraft der Entziehungsentscheidung erfolgt, ist dem bisherigen Leitungsberechtigten vom bisherigen durch das Leitungsrecht Belasteten für den erlittenen Schaden Vergütung zu leisten. Für

die Festlegung der Vergütung gilt § 18 lit. a bis d sinngemäß.

§ 14
Auswirkung der Leitungsrechte

(1) Die Leitungsrechte gehen samt den mit ihnen verbundenen Verpflichtungen auf jeden Erwerber der elektrischen Leitungsanlage, für die sie eingeräumt worden sind, über.

(2) Die Leitungsrechte sind gegen jeden Eigentümer des in Anspruch genommenen Grundstückes und sonstige an den Grundstücken dinglich Berechtigte wirksam.

(3) Mit dem Erlöschen der Bau- oder Betriebsbewilligung erlöschen gleichzeitig die Leitungsrechte.

§ 15
Entschädigung für die Einräumung von Leitungsrechten

Der Leitungsberechtigte hat den Grundstückseigentümer und die an den Grundstücken dinglich Berechtigten für alle mit dem Bau, der Erhaltung, dem Betrieb, der Änderung und der Beseitigung der elektrischen Leitungsanlage unmittelbar verbundenen Beschränkungen ihrer zum Zeitpunkt der Bewilligung ausgeübten Rechte angemessen zu entschädigen. Für das Verfahren gilt § 18 lit. a bis d sinngemäß.

§ 16
Enteignung

Wenn der dauernde Bestand einer elektrischen Leitungsanlage an einem bestimmten Ort aus zwingenden technischen Gründen oder mit Rücksicht auf die unverhältnismäßigen Kosten ihrer Verlegung die Enteignung erfordert, so daß mit den Leitungsrechten nach §§ 10 ff. das Auslangen nicht gefunden werden kann, sind von der Behörde über Antrag die notwendigen Enteignungen für den Bau und den Betrieb der elektrischen Leitungsanlage auszusprechen.

§ 17
Gegenstand und Umfang der Enteignung

(1) Die Enteignung umfaßt:

a) die Einräumung von Dienstbarkeiten an unbeweglichen Sachen;
b) die Abtretung des Eigentums an Grundstücken;
c) die Abtretung, Einschränkung oder Aufhebung anderer dinglicher Rechte an unbeweglichen Sachen und solcher Rechte, deren Ausübung an einen bestimmten Ort gebunden ist.

(2) Von der Enteignung nach Abs. 1 lit. b ist von der Behörde nur Gebrauch zu machen, wenn die übrigen in Abs. 1 angeführten Maßnahmen nicht ausreichen.

(3) Verliert durch die Enteignung eines Teiles eines Grundstückes dieses die zweckmäßige Benutzbarkeit, ist auf Verlangen des Eigentümers das ganze Grundstück abzulösen.

§ 18
Durchführung der Enteignungen

Auf das Enteignungsverfahren und die behördliche Ermittlung der Entschädigungen sind die Bestimmungen des Eisenbahn-Enteignungsentschädigungsgesetzes, mit nachstehenden Abweichungen sinngemäß anzuwenden:

a) Über den Inhalt, den Gegenstand und den Umfang der Enteignung sowie über die Entschädigung hat die Behörde zu entscheiden.
b) Die Höhe der Entschädigung ist auf Grund der Schätzung wenigstens eines beeideten Sachverständigen im Enteignungsbescheid oder in einem gesonderten Bescheid zu bestimmen; im letzten Fall ist ohne weitere Erhebungen im Enteignungsbescheid ein vorläufiger Sicherstellungsbetrag festzulegen.
c) Jede der beiden Parteien kann binnen drei Monaten ab der Erlassung des die Entschädigung bestimmenden Bescheides (lit. b) die Festsetzung des Entschädigungsbetrages beim Landesgericht Innsbruck begehren. Der Bescheid der Behörde tritt hinsichtlich des Ausspruches über die Entschädigung mit der Anrufung des Landesgerichtes außer Kraft. Der Antrag an das Landesgericht auf Festsetzung der Entschädigung kann nur mit Zustimmung des Antraggegners zurückgezogen werden.
d) Ein Enteignungsbescheid ist erst vollstreckbar, wenn der im Enteignungsbescheid oder in einem gesonderten Bescheid bestimmte Entschädigungsbetrag oder der im Enteignungsbescheid festgelegte vorläufige Sicherstellungsbetrag (lit. b) an den Enteigneten ausbezahlt oder gerichtlich hinterlegt ist.
e) Auf Antrag des Enteigneten kann an die Stelle einer Geldentschädigung eine Entschädigung in Form einer gleichartigen und gleichwertigen Naturalleistung treten, wenn diese dem Enteignungswerber unter Abwägung des Einzelfalles wirtschaftlich zugemutet werden kann. Hierüber entscheidet die Behörde in einem gesonderten Bescheid gemäß lit. b.
f) Die Einleitung eines Enteignungsverfahrens, das sich auf verbücherte Liegenschaften oder verbücherte Rechte bezieht, ist durch die Behörde dem zuständigen Grundbuchsgericht durch Übersendung einer Ausfertigung der Verständigung über die Anberaumung der mündlichen Verhandlung gemäß § 11 des Eisenbahn-Enteignungsentschädigungsgesetzes bekanntzugeben. Das Grundbuchsgericht ist auch von der Einstellung des Enteignungsverfahrens zu verständigen.

g) Vom Erlöschen der elektrizitätsrechtlichen Bewilligung einer elektrischen Leitungsanlage ist der Eigentümer der belasteten Liegenschaft zu verständigen. Er kann die ausdrückliche Aufhebung der für diese Leitungsanlage im Wege der Enteignung eingeräumten Dienstbarkeiten bei der Behörde beantragen. Die Behörde hat über seinen Antrag die für die elektrische Leitungsanlage im Enteignungswege eingeräumten Dienstbarkeiten unter Vorschreibung einer der geleisteten Entschädigung angemessenen Rückvergütung durch Bescheid aufzuheben.

h) Hat zufolge eines Enteignungsbescheides die Übertragung des Eigentums an einem Grundstück für Zwecke einer elektrischen Leitungsanlage stattgefunden, so hat die Behörde im Falle der Abtragung der elektrischen Leitungsanlage über Antrag des früheren Eigentümers oder seines Rechtsnachfolgers zu dessen Gunsten die Rückübereignung gegen angemessene Entschädigung auszusprechen. Dieser Antrag muß innerhalb eines Jahres ab Abtragung der elektrischen Leitungsanlage gestellt werden. Für die Feststellung dieser Entschädigung gelten die Bestimmungen der lit. c sinngemäß.

§ 19

Beurkundung von Übereinkommen

Die im Zuge eines elektrizitätsrechtlichen Verfahrens getroffenen Übereinkommen sind von der Behörde zu beurkunden.

§ 19a

Sachverständige und Verfahrenskosten

(1) Die Beiziehung von nichtamtlichen Sachverständigen ist auch ohne das Vorliegen der Voraussetzungen des § 52 Abs. 2 und 3 AVG zulässig. Es können auch fachlich einschlägige Anstalten, Institute oder Unternehmen als Sachverständige bestellt werden.

(2) Die Kosten, die der Behörde bei der Durchführung der Verfahren erwachsen, wie beispielsweise Gebühren oder Honorare für Sachverständige, sind vom Bewilligungswerber zu tragen. Die Behörde kann dem Bewilligungswerber mit Bescheid auftragen, diese Kosten nach Prüfung der sachlichen und rechnerischen Richtigkeit durch die Behörde direkt zu bezahlen.

§ 20

Behörden

Die Durchführung von Verwaltungsstrafverfahren nach diesem Gesetz obliegt den Bezirksverwaltungsbehörden. Im Übrigen ist die Landesregierung Behörde im Sinn dieses Gesetzes.

§ 21

Strafbestimmungen

(1) Eine Verwaltungsübertretung begeht,

a) wer eine nach § 3 dieses Gesetzes bewilligungspflichtige elektrische Leitungsanlage ohne Bewilligung errichtet, ändert, erweitert oder betreibt;

b) wer Auflagen in Entscheidungen, die nach diesem Gesetz erlassen werden, nicht erfüllt;

c) wer die Anzeige der dauernden Außerbetriebnahme einer bewilligten elektrischen Leitungsanlage unterläßt (§ 8 Abs. 4);

d) wer die Abtragungspflicht nach § 9 Abs. 5 nicht erfüllt.

(2) Verwaltungsübertretungen nach Abs. 1 lit. a und b sind mit Geldstrafe bis zu 3.000,– Euro und Verwaltungsübertretungen nach Abs. 1 lit. c und d sind mit Geldstrafe bis zu 1.000,– Euro von der Bezirksverwaltungsbehörde zu bestrafen.

(3) Wurde eine elektrische Leitungsanlage, deren Errichtung, Änderung oder Erweiterung bewilligungspflichtig ist, ohne Bewilligung errichtet, geändert oder erweitert, so beginnt die Verjährung erst nach Beseitigung des gesetzwidrigen Zustandes.

§ 22

Wiederherstellung des gesetzmäßigen Zustandes

Unabhängig von der Bestrafung ist derjenige, der die Bestimmungen dieses Gesetzes übertreten hat, von der Behörde zu verhalten, den gesetzmäßigen Zustand binnen angemessener Frist wiederherzustellen.

§ 23

Verarbeitung personenbezogener Daten

(1) Das Amt der Tiroler Landesregierung ist Verantwortlicher nach Art. 4 Z 7 der Verordnung (EU) 2016/679 des Europäischen Parlaments und des Rates zum Schutz natürlicher Personen bei der Verarbeitung personenbezogener Daten, zum freien Datenverkehr und zur Aufhebung der Richtlinie 95/46/EG (Datenschutz-Grundverordnung), ABl. 2016 Nr. L 119, S. 1, in den in die Zuständigkeit der Landesregierung fallenden Angelegenheiten.

(2) Das Amt der Tiroler Landesregierung und die Bezirksverwaltungsbehörden sind gemeinsam Verantwortliche nach Art. 26 der Datenschutz-Grundverordnung in den in die Zuständigkeit der Bezirksverwaltungsbehörde fallenden Angelegenheiten.

(3) Die nach den Abs. 1 und 2 Verantwortlichen dürfen folgende Daten verarbeiten, sofern diese für Verfahren betreffend der Bau- bzw. Betriebsbewilligung einer elektrischen Leitungsanlage, der dazu notwendigen Inanspruchnahme fremder Grundstücke, der Erlöschung einer Bewilligung, Enteignungen und Rückübereignungen sowie von Strafverfahren jeweils erforderlich sind:

a) vom Bewilligungswerber: Identifikationsdaten, Erreichbarkeitsdaten, Technischer Bericht, Grundbuchdaten,

b) von Eigentümern betroffener Grundstücke: Identifikationsdaten, Erreichbarkeitsdaten, Daten der betroffenen Grundstücke, Dienstbarkeits- und Gestattungsverträge, Zustimmungserklärungen, Daten des gesetzlichen Vertreters bzw. Rechtsnachfolgers (z. B. Verlassenschaftskurator),
c) von zu enteignenden Personen oder solchen, die von einer Rückübereignung betroffen sind: Identifikationsdaten, Erreichbarkeitsdaten, Grundstücksdaten, Daten des gesetzlichen Vertreters bzw. Rechtsnachfolgers (z. B. Verlassenschaftskurator),
d) von Eigentümern oder Verwaltungen fremder Anlagen: Identifikationsdaten, Erreichbarkeitsdaten, Grundstücksdaten, Daten der fremden Anlage (Kreuzungsverzeichnis),
e) von Inhabern bestehender Rechte (§ 5 Abs. 2): Identifikationsdaten, Erreichbarkeitsdaten.

(4) Personenbezogene Daten nach Abs. 3 sind zehn Jahre nach Auflassung der Leitungsanlage (bzw. Teilen davon) zu löschen, soweit sie nicht in anhängigen Verfahren weiter benötigt werden.

(5) Als Identifikationsdaten gelten:

a) bei natürlichen Personen der Familien- und der Vorname, das Geschlecht, das Geburtsdatum, allfällige akademische Grade, Standesbezeichnungen und Titel,
b) bei juristischen Personen und Personengesellschaften die gesetzliche, satzungsmäßige oder firmenmäßige Bezeichnung und hinsichtlich der vertretungsbefugten Organe die Daten nach lit. a sowie die Firmenbuchnummer, die Vereinsregisterzahl, die Umsatzsteuer-Identifikationsnummer und die Ordnungsnummer im Ergänzungsregister.

(6) Als Erreichbarkeitsdaten gelten Wohnsitzdaten und sonstige Adressdaten, die Telefonnummer, elektronische Kontaktdaten, wie insbesondere die E-Mail-Adresse und Telefax-Nummer, oder Verfügbarkeitsdaten.

(7) Als Grundbuchdaten gelten alle im Grundbuch vorhandenen Daten.

§ 24

Übergangsbestimmungen

(1) Die nach den bisher geltenden gesetzlichen Bestimmungen rechtmäßig bestehenden elektrischen Leitungsanlagen gelten als nach diesem Gesetz bewilligt.

(2) Die nach den bisher geltenden gesetzlichen Bestimmungen erworbenen Rechte für elektrische Leitungsanlagen bleiben ebenso wie die damit verbundenen Verpflichtungen aufrecht.

(3) Verfahren, die am Tage des Inkrafttretens dieses Gesetzes noch nicht rechtskräftig abgeschlossen sind, sind nach den bisher geltenden gesetzlichen Bestimmungen zu beenden.

(4) § 3 Abs. 2 lit. c in der Fassung vor Inkrafttreten des Gesetzes LGBl. Nr. 191/2021 ist auf Anlagen, die vor dem 1. Jänner 2008 bereits bestanden haben, nicht anzuwenden.

(5) Die am 1. Jänner 2008 vor den Bezirksgerichten anhängigen Verfahren nach § 18 lit. c sind von diesen weiterzuführen.

(6) Auf Verfahren, die vor Inkrafttreten des Gesetzes LGBl. Nr. 191/2021 anhängig waren, ist Abs. 3 sinngemäß anzuwenden.

§ 24a

Verweisungen

Soweit in diesem Gesetz nichts anderes bestimmt ist, beziehen sich Verweisungen auf Bundesgesetze auf die im Folgenden jeweils angeführte Fassung:

1. Eisenbahn-Enteignungsentschädigungsgesetz – EisbEG, BGBl. Nr. 71/1954, zuletzt geändert durch das Gesetz BGBl. I Nr. 111/2020,
2. Elektrizitätswirtschafts- und -organisationsgesetz 2010, BGBl. I Nr. 110/2010, zuletzt geändert durch das Gesetz BGBl. I Nr. 150/2021,
3. Elektrotechnikgesetz 1992 – ETG 1992, BGBl. Nr. 106/1993, zuletzt geändert durch das Gesetz BGBl. I Nr. 27/2017.

§ 25

Schlußbestimmung

Dieses Gesetz tritt mit 1. September 1969 in Kraft. Gleichzeitig treten alle Bestimmungen des Gesetzes vom 26. September 1957 über die einstweilige Regelung des Elektrizitätswesens in Tirol, LGBl. Nr. 45, soweit sie elektrische Leitungsanlagen für Starkstrom betreffen, außer Kraft.

75. Vbg. Starkstromwegegesetz

Gesetz über die Errichtung und den Betrieb elektrischer Leistungsanlagen

StF: LGBl.Nr. 22/1978

Letzte Novellierung: LGBl.Nr. 15/2022

GLIEDERUNG

1. Abschnitt
Allgemeine Bestimmungen

§ 1
Geltungsbereich

(1) Leitungsanlagen für Starkstrom sind nach den Bestimmungen dieses Gesetzes zu errichten und zu betreiben.

(2) Die Bestimmungen dieses Gesetzes finden keine Anwendung auf

a) Leitungsanlagen, die sich auf zwei oder mehrere Bundesländer erstrecken;
b) Leitungsanlagen, die sich innerhalb des dem Eigentümer dieser Leitungsanlage gehörenden Geländes befinden;
c) Leitungsanlagen, die ausschließlich dem Betrieb von Eisenbahnen oder Bergbauanlagen sowie der Luftfahrt, der Schifffahrt, den technischen Einrichtungen der Post, der militärischen Landesverteidigung oder Fernmeldezwecken dienen.

(3) Die Bestimmungen dieses Gesetzes gelten auch für den Bodensee, soweit dort Hoheitsrechte des Landes ausgeübt werden können.

§ 2
Begriffe

(1) Leitungsanlagen im Sinne dieses Gesetzes sind elektrische Anlagen, die der Fortleitung von Starkstrom dienen. Hiezu zählen auch Umspann-, Umform- und Schaltanlagen.

(2) Starkstrom im Sinne dieses Gesetzes ist elektrischer Strom mit einer Spannung über 42 Volt oder einer Leistung von mehr als 100 Watt.

§ 2a*)
Leitungsdokumentation, Auskunfts- und Einsichtsrechte

Leitungsanlagen im Sinne dieses Gesetzes sind vom Netzbetreiber ausreichend zu dokumentieren, insbesondere hinsichtlich ihrer technischen Ausführung und des Leitungsverlaufes; die Dokumentation ist evident zu halten. Die Leitungsdokumentation unterliegt den Auskunfts- und Einsichtsrechten nach § 10 des Elektrizitätswirtschafts- und -organisationsgesetzes 2010 (ElWOG 2010).

*) Fassung LGBl.Nr. 15/2022

2. Abschnitt
Elektrizitätsrechtliche Bewilligung

§ 3*)
Bewilligungspflichtige Leitungsanlagen

(1) Die Errichtung und der Betrieb einer Leitungsanlage bedarf – unbeschadet der nach anderen Vorschriften erforderlichen Bewilligungen – der elektrizitätsrechtlichen Bewilligung. Das gleiche gilt für wesentliche Änderungen von Leitungsanlagen.

(2) Der Austausch oder die Erneuerung von Leiterseilen, Erdungen, Isolatoren und Zubehörteilen ist jedenfalls keine wesentliche Änderung nach Abs. 1 letzter Satz; dies gilt nicht, soweit dadurch eine weitergehende Inanspruchnahme von Grundstücken notwendig wird.

(3) Ausgenommen von der Bewilligungspflicht nach Abs. 1 und 2 sind folgende Leitungsanlagen, sofern hiefür keine Zwangsrechte gemäß den §§ 11 oder 17 in Anspruch genommen werden:

a) Leitungsanlagen bis 45.000 Volt, nicht jedoch Freileitungen über 1000 Volt;
b) zu Eigenanlagen gehörige Leitungsanlagen, unabhängig von der Betriebsspannung;
c) Kabelauf- und -abführungen sowie dazugehörige Freileitungstragwerke einschließlich jener Freileitungen bis 45.000 Volt, die für die Anbindung eines Freileitungstragwerkes mit Kabelauf- oder -abführungen notwendig sind und ausschließlich dem Zweck der Anbindung dienen.

*) Fassung LGBl.Nr. 7/1999, 44/2013, 78/2017, 15/2022

§ 4
Vorprüfungsverfahren

(1) Die Behörde kann auf Antrag oder von Amts wegen ein Vorprüfungsverfahren durchführen, wenn ein Ansuchen um Bewilligung gemäß §§ 5 oder 6 vorliegt und zu befürchten ist, dass durch die geplante Leitungsanlage öffentliche Interessen (§ 7 Abs. 1 und 2) wesentlich beeinträchtigt werden.

(2) Zur Durchführung des Vorprüfungsverfahrens hat der Bewilligungswerber der Behörde über Aufforderung die zur Beurteilung des Vorhabens erforderlichen Pläne, Berechnungen und Beschreibungen vorzulegen.

(3) Im Rahmen des Vorprüfungsverfahrens sind sämtliche Behörden, sonstigen Dienststellen und öffentlich-rechtlichen Körperschaften, welche die durch die geplante Leitungsanlage berührten öffentlichen Interessen (§ 7 Abs. 1 und 2) vertreten, zu hören.

(4) Das Vorprüfungsverfahren ist mit Bescheid abzuschließen, in welchem festgestellt wird, ob und unter welchen Bedingungen die geplante Leitungsanlage den berührten öffentlichen Interessen (§ 7 Abs. 1 und 2) nicht widerspricht.

§ 5*)
Vorarbeiten

(1) Zur Vornahme von Vorarbeiten für die Errichtung einer Leitungsanlage hat die Behörde über Antrag die vorübergehende Inanspruchnahme fremden Gutes durch Bescheid zu bewilligen.

(2) Im Antrag ist die Art und Dauer der beabsichtigten Vorarbeiten anzugeben. Weiters ist dem Antrag eine Übersichtskarte im Maßstab 1:20.000 beizuschließen, in welcher die vorläufig beabsichtigte Trassenführung ersichtlich zu machen ist.

(3) In der Bewilligung ist dem Antragsteller das Recht einzuräumen, fremde Grundstücke zu betreten und auf diesen die zur Vorbereitung des Bauentwurfs der Leitungsanlage erforderlichen Bodenuntersuchungen und sonstigen technischen Arbeiten vorzunehmen. Bei der Erteilung der Bewilligung ist auf etwaige Belange der Land- und Forstwirtschaft, des Natur- und Landschaftsschutzes sowie der Landesverteidigung durch Vorschreibung von Auflagen Rücksicht zu nehmen.

(4) Bei der Durchführung der Vorarbeiten hat der Berechtigte mit möglichster Schonung bestehender Rechte vorzugehen und darauf Bedacht zu nehmen, dass der bestimmungsgemäße Gebrauch der betroffenen Liegenschaft nach Möglichkeit nicht behindert wird.

(5) Die Bewilligung ist zu befristen. Die Frist ist unter Bedachtnahme auf die Art und den Umfang sowie die geländemäßigen Voraussetzungen der Vorarbeiten festzusetzen. Sie kann verlängert werden, soweit die Vorbereitung des Bauentwurfs dies erfordert und vor ihrem Ablauf darum angesucht wird.

(6) Den Gemeinden, in welchen die Vorarbeiten durchgeführt werden sollen, hat die Behörde eine Ausfertigung der Bewilligung zuzustellen, die unverzüglich auf dem Veröffentlichungsportal im Internet zu veröffentlichen ist (§ 32e des Gemeindegesetzes). Die Veröffentlichungsfrist beträgt zwei Wochen. Mit den Vorarbeiten darf erst nach Ablauf der Veröffentlichungsfrist begonnen werden.

(7) Sofern Vorarbeiten vorgenommen werden sollen, mit welchen erhebliche Beschädigungen der Oberfläche oder des Bewuchses eines Grundstückes oder der darauf befindlichen Anlagen verbunden sind, wie bei Erdbohrungen oder Ausästungen, hat der zur Vornahme der Vorarbeiten Berechtigte, unbeschadet der Bestimmungen des Abs. 6, den Eigentümer oder den Nutzungsberechtigten der betroffenen Liegenschaft mindestens zwei Wochen vorher vom beabsichtigten Beginn der Vorarbeiten in Kenntnis zu setzen.

(8) Der zur Vornahme von Vorarbeiten Berechtigte hat die Eigentümer der betroffenen Liegenschaften sowie die an diesen Liegenschaften dinglich Berechtigten mit Ausnahme der Hypothekargläubiger für alle mit den Vorarbeiten unmittelbar verbundenen Beschränkungen ihrer zum Zeitpunkt der Bewilligung ausgeübten Rechte angemessen zu entschädigen. Soweit hierüber keine Vereinbarung zustande kommt, ist die Entschädigung über Antrag durch die Behörde festzusetzen. Für das Entschädigtungsverfahren gilt § 19 lit. a bis d sinngemäß.

*) Fassung LGBl.Nr. 4/2022

§ 6*)
Antrag auf Erteilung der elektrizitätsrechtlichen Bewilligung

(1) Die Erteilung der elektrizitätsrechtlichen Bewilligung ist bei der Behörde schriftlich zu beantragen.

(2) Dem Antrag sind folgende Beilagen anzuschließen:

a) ein technischer Bericht mit Angaben über Zweck, Umfang, Betriebsweise und Ausführung der geplanten Leitungsanlage,
b) eine Kopie der Katastralmappe, aus der die Trassenführung und die betroffenen Grundstücke mit ihren Parzellennummern sowie die Kreuzungen und Näherungen mit bereits bestehenden Leitungsanlagen ersichtlich sind,
c) bei Leitungsanlagen mit einer Länge von mehr als 5 km ein Lageplan auf einem Landkartenausschnitt im Maßstab 1:20.000, in dem die bereits bestehenden Leitungsanlagen für mehr als 30.000 Volt eingezeichnet sind,
d) Angaben über die Masttypen sowie Mastbildskizzen,
e) bei Umspann-, Umform- und Schaltanlagen die Bau- und Schaltpläne,
f) ein dem Leitungsverlauf entsprechendes Verzeichnis der betroffenen Grundstücke mit Namen und Anschriften der Eigentümer sowie des beanspruchten öffentlichen Gutes unter Angabe der zuständigen Verwaltungen,
g) ein Verzeichnis der von der Leitungsanlage offenkundig berührten fremden Anlagen mit Namen und Anschriften der Eigentümer oder der zuständigen Verwaltungen,
h) die Zustimmungserklärungen der in der lit. f angeführten Eigentümer und Verwaltungen.

(3) Wenn die im Abs. 2 angeführten Unterlagen eine ausreichende Beurteilung des Projektes nicht zulassen, kann die Behörde die Vorlage weiterer Unterlagen verlangen. Die Behörde kann von der Beibringung einzelner im Abs. 2 angeführter Unterlagen absehen, sofern diese für das Bewilligungsverfahren entbehrlich sind.

(4) Antrag und Unterlagen nach Abs. 2 und 3 können der Behörde entweder physisch (in Papier) oder elektronisch übermittelt werden. Je nach dem gilt:

a) Im Falle einer physischen Einbringung kann die Behörde je nach Erforderlichkeit innerhalb von zwei Wochen auch die Vorlage weiterer Ausfertigungen oder, sofern elektronisch verfügbar, auch die Übermittlung einer elektronischen Ausfertigung verlangen.
b) Im Falle der elektronischen Einbringung ist der Behörde von der antragstellenden Person mit der Antragstellung mitzuteilen, ob sie im Teilnehmerverzeichnis registriert ist und an der elektronischen Zustellung mit Zustellnachweis nach dem Zustellgesetz teilnimmt; erfolgt eine solche Mitteilung nicht, kann die Behörde je nach Erforderlichkeit innerhalb von zwei Wochen auch die Vorlage weiterer physischer Ausfertigungen verlangen; dasselbe gilt sinngemäß, wenn sich trotz ursprünglich gegenteiliger Mitteilung erst während des Verfahrens herausstellt, dass die antragstellende Person an der elektronischen Zustellung mit Zustellnachweis nicht teilnimmt.

(5) Der Antrag gilt nur dann als vollständig eingebracht, wenn allfällige von der Behörde gemäß Abs. 4 lit. a oder b rechtzeitig verlangte Ausfertigungen übermittelt werden.

(6) Die Landesregierung kann durch Verordnung nähere Bestimmungen über die zur Beurteilung eines Vorhabens erforderlichen Pläne und Unterlagen sowie allfällige Anforderungen an Datenträger, Datenübermittlung und Datensicherheit erlassen.

*) Fassung LGBl.Nr. 78/2017, 4/2022

§ 7*)
Erteilung der elektrizitätsrechtlichen Bewilligung

(1) Die elektrizitätsrechtliche Bewilligung ist, erforderlichenfalls unter Vorschreibung von Auflagen, zu erteilen, wenn die Leitungsanlage dem öffentlichen Interesse an der Versorgung der Bevölkerung oder eines Teiles derselben mit elektrischer Energie nicht widerspricht.

(2) In der elektrizitätsrechtlichen Bewilligung hat eine Abstimmung mit den bereits vorhandenen oder bewilligten anderen Energieversorgungseinrichtungen und mit den Erfordernissen der Landwirtschaft, des Forstwesens, der Wildbach- und Lawinenverbauung, der Raumplanung, des Natur- und Denkmalschutzes, der Wasserwirtschaft und des Wasserrechtes, des öffentlichen Verkehrs, der sonstigen öffentlichen Versorgung, der Landesverteidigung, der Sicherheit des Luftraumes und des Dienstnehmerschutzes zu erfolgen. Sofern dadurch die Beeinträchtigung von Grundstücken verringert und das Bauvorhaben nicht wesentlich erschwert wird, hat in der elektrizitätsrechtlichen Bewilligung durch die Vorschreibung von Änderungen oder Ergänzungen der geplanten Leitungsanlage oder von sonstigen Auflagen eine Abstimmung mit den durch die Leitungsanlage berührten privaten Interessen zu erfolgen, es sei denn, dass

der betroffene Grundeigentümer der Inanspruchnahme seines Grundstückes bereits schriftlich zugestimmt hat.

(3) Die zur Wahrung der im Abs. 2 angeführten Interessen zuständigen Behörden, sonstigen Dienststellen und öffentlich-rechtlichen Körperschaften sind, soweit sie betroffen werden, im Ermittlungsverfahren zu hören. Soweit dieses Anhörungsrecht der Gemeinde zukommt, ist es eine Aufgabe ihres eigenen Wirkungsbereiches.

(4) Das Verfahren zur Erteilung der elektrizitätsrechtlichen Bewilligung ist, sofern das Vorhaben auch einer Bewilligung nach dem Gesetz über Naturschutz und Landschaftsentwicklung bedarf, nach Möglichkeit mit diesem Verfahren zu verbinden.

(5) Die Behörde kann in der elektrizitätsrechtlichen Bewilligung anordnen, dass die Leitungsanlage erst auf Grund einer besonderen Bewilligung in Betrieb genommen werden darf (Betriebsbewilligung), wenn die Einhaltung von Auflagen aus Sicherheitsgründen einer Überprüfung bedarf. Sie ist nach Einlangen der Anzeige der Betriebsfertigstellung (§ 9 Abs. 1) zu erteilen, wenn die Überprüfung ergibt, dass diesen Auflagen entsprochen worden ist.

(6) Die sich aus der elektrizitätsrechtlichen Bewilligung ergebenden Rechte und Pflichten gehen auf jeden Erwerber der Leitungsanlage über. Der Rechtsübergang ist der Behörde unverzüglich anzuzeigen.

*) Fassung LGBl.Nr. 78/2017, 15/2022

§ 8*)

*) aufgehoben durch LGBl.Nr. 78/2017

§ 9*)

Beginn, Unterbrechung und Ende des Betriebes

(1) Der Bewilligungsinhaber hat die Betriebsfertigstellung der Leitungsanlage oder von Teilstücken, die gesondert in Betrieb genommen werden sollen, der Behörde anzuzeigen. Mit dieser Anzeige erhält er, sofern nicht die Erteilung einer Betriebsbewilligung gemäß § 7 Abs. 5 vorbehalten worden ist, das Recht, mit dem Betrieb zu beginnen.

(2) Der Bewilligungsinhaber hat die dauernde Außerbetriebnahme einer bewilligten Leitungsanlage oder eines Teilstückes derselben sowie jede mehr als ein Jahr dauernde Betriebsunterbrechung und die darauf folgende Wiederinbetriebnahme der Behörde anzuzeigen.

*) Fassung LGBl.Nr. 78/2017

§ 10

Erlöschen der elektrizitätsrechtlichen Bewilligung

(1) Die elektrizitätsrechtliche Bewilligung erlischt, wenn

a) mit dem Bau nicht innerhalb von drei Jahren ab Eintritt der Rechtskraft der Bewilligung begonnen wird,
b) die Betriebsfertigstellung nicht innerhalb von fünf Jahren ab Eintritt der Rechtskraft der Bewilligung erfolgt,
c) der Betrieb nicht innerhalb eines Jahres nach Anzeige der Betriebsfertigstellung, in den Fällen der Erteilung einer Betriebsbewilligung gemäß § 7 Abs. 5 ab Eintritt der Rechtskraft derselben, aufgenommen wird,
d) der Bewilligungsinhaber gemäß § 9 Abs. 2 anzeigt, dass die Leitungsanlage dauernd außer Betrieb genommen wird, oder
e) der Betrieb der Leitungsanlage durch mehr als drei Jahre unterbrochen wurde.

(2) Die Fristen nach Abs. 1 lit. a bis c können von der Behörde verlängert werden, wenn die Planungs- oder Bauarbeiten oder betriebstechnische Gründe dies erfordern. Die Frist nach Abs. 1 lit. e kann verlängert werden, wenn die Leitungsanlage betriebsbereit ist und energiewirtschaftliche Gründe für ihren weiteren Bestand sprechen. Eine Fristverlängerung ist nur möglich, wenn vor Ablauf der Frist darum angesucht wird.

(3) Das Erlöschen der elektrizitätsrechtlichen Bewilligung ist bescheidmäßig festzustellen. Gleichzeitig hat die Behörde, sofern es sich nicht um Erdkabel handelt, wenn und soweit es im öffentlichen Interesse gelegen ist oder von einem Grundeigentümer beantragt wird, dem über die Leitungsanlage Verfügungsberechtigten die Beseitigung der Leitungsanlage binnen angemessener Frist aufzutragen. Soweit dies wirtschaftlich zumutbar ist und privatrechtliche Vereinbarungen nicht entgegenstehen, kann auch die Wiederherstellung des früheren Zustandes aufgetragen werden.

3. Abschnitt

Leitungsrechte

§ 11

Allgemeines

(1) Wenn und insoweit es zur Errichtung und Erhaltung sowie zum Betrieb einer Leitungsanlage erforderlich ist, hat die Behörde auf Antrag an Grundstücken einschließlich der Privatgewässer, der öffentlichen Straßen sowie des sonstigen öffentlichen Gutes mit Bescheid Leitungsrechte einzuräumen.

(2) Im Antrag auf Einräumung von Leitungsrechten sind die betroffenen Grundstücke und die Namen und Anschriften der Eigentümer und sonstigen dinglich Berechtigten mit Ausnahme der Hypothekargläubiger sowie der Inhalt der beanspruchten Leitungsrechte (§ 12) anzuführen.

(3) Der Antrag ist abzuweisen, wenn

a) der dauernde Bestand der Leitungsanlage an einem bestimmten Ort aus zwingenden technischen Gründen oder mit Rücksicht auf die unverhältnismäßigen Kosten ihrer Verlegung die Enteignung erfordert,

b) der Bestand der Leitungsanlage nicht im öffentlichen Interesse liegt,

c) durch die Leitungsrechte der bestimmungsgemäße Gebrauch der zu benützenden Grundstücke wesentlich behindert würde,

d) über die Grundbenützung bereits privatrechtliche Vereinbarungen vorliegen.

§ 12
Inhalt der Leitungsrechte

(1) Die Leitungsrechte umfassen folgende Rechte:

a) das Recht auf die Errichtung und Erhaltung sowie auf den Betrieb von Leitungsanlagen,

b) das Recht auf Ausästung, wozu auch die Beseitigung von hinderlichen Baumpflanzungen und das Fällen einzelner Bäume zählt, sowie auf Vornahme von Durchschlägen durch Waldungen,

c) das Recht auf den Zugang und die Zufahrt vom öffentlichen Wegenetz zu Leitungsobjekten.

(2) Der Inhalt des jeweiligen Leitungsrechtes ist im Bescheid über die Einräumung des Leitungsrechtes festzulegen.

§ 13
Ausästung und Durchschläge

(1) Das Recht auf Ausästung und auf die Vornahme von Durchschlägen kann nur in dem für die Errichtung und Instandhaltung der Leitungsanlage und zur Hintanhaltung von Betriebsstörungen unumgänglich notwendigen Umfang beansprucht werden.

(2) Der Leitungsberechtigte ist berechtigt, nach vorheriger Verständigung des durch das Leitungsrecht Belasteten die Ausästung oder den Durchschlag vorzunehmen. Sofern zwischen dem Leitungsberechtigten und dem Belasteten nichts anderes vereinbart worden ist, ist das dabei anfallende Holz auf Kosten des Leitungsberechtigten von diesem aufzuarbeiten und dem Belasteten zur kostenlosen Übernahme anzubieten. Übernimmt der Belastete das Holz nicht, so ist es von der Liegenschaft zu entfernen, es sei denn, dass dies wirtschaftlich unzumutbar wäre.

§ 14
Ausübung der Leitungsrechte

(1) Bei der Ausübung von Leitungsrechten ist mit möglichster Schonung der betroffenen Grundstücke und der Rechte Dritter vorzugehen. Insbesondere hat der Leitungsberechtigte auch auf seine Kosten dafür zu sorgen, dass während der Ausführung der Arbeiten der bestimmungsgemäße Gebrauch des benutzten Grundstückes nach Möglichkeit erhalten bleibt. Nach Beendigung der Arbeiten hat der Leitungsberechtigte den früheren Zustand soweit als möglich wiederherzustellen.

(2) Durch die Leitungsrechte darf der nach den Raumplanungsvorschriften zulässige Gebrauch eines Grundstückes nur unwesentlich behindert werden. Ist ein solcher Gebrauch eines Grundstückes in zweckmäßiger Weise nur möglich, wenn die Leitungsanlage beseitigt, geändert oder abgesichert wird, so hat der Leitungsberechtigte über eine diesbezügliche Anzeige des durch das Leitungsrecht Belasteten innerhalb von zwei Monaten die erforderlichen Vorkehrungen zu treffen. Diese Frist kann von der Behörde über Antrag des Leitungsberechtigten auf höchstens sechs Monate verlängert werden, wenn triftige Gründe hiefür vorliegen und vor ihrem Ablauf angesucht wird. Ist der Leitungsberechtigte der Auffassung, dass die Voraussetzungen des zweiten Satzes nicht vorliegen, so hat er die Streitfrage binnen zwei Wochen nach Einlangen der Anzeige bei der Behörde im Sinne des Abs. 4 anhängig zu machen. In diesem Fall finden die Bestimmungen über die Frist zur Durchführung der vom Belasteten geforderten Vorkehrungen keine Anwendung.

(3) Wenn die angezeigte Nutzung des Grundstückes nicht innerhalb von zwei Jahren nach der Beseitigung, Änderung oder Absicherung der Leitungsanlage gemäß Abs. 2 erfolgt, hat der bisher durch das Leitungsrecht Belastete den entstandenen Schaden zu ersetzen. Für die Festlegung der Vergütung gilt § 19 lit. a bis d sinngemäß.

(4) In Streitfällen über die Ausübung von Leitungsrechten hat die Behörde zu entscheiden. Streitfälle im Sinne des Abs. 2 hat die Behörde innerhalb von drei Monaten zu entscheiden; findet die Behörde, dass die in Streit gezogene Forderung des Belasteten zu Recht besteht, so hat sie im Bescheid eine angemessene Erfüllungsfrist festzusetzen, die nicht mehr als drei Monate betragen darf.

§ 15*)
Wirkung der Leitungsrechte

(1) Die Leitungsrechte gehen samt den mit ihnen verbundenen Verpflichtungen auf jeden Erwerber der Leitungsanlage, für die sie eingeräumt worden sind, über.

(2) Die Leitungsrechte sind gegen jeden Eigentümer des in Anspruch genommenen Grundstückes und sonstige am Grundstück dinglich Berechtigte wirksam. Ein Wechsel eines Eigentümers oder sonstigen dinglich Berechtigten nach ordnungsgemäßer Ladung zur mündlichen Verhandlung steht der Wirksamkeit der Entscheidung, mit der ein Leitungsrecht eingeräumt wird, nicht entgegen.

(3) Leitungsrechte erlöschen gleichzeitig mit dem Erlöschen der elektrizitätsrechtlichen Bewilligung der Leitungsanlage.

*) Fassung LGBl.Nr. 44/2013

§ 16

Entschädigung für die Einräumung von Leitungsrechten

Der Leitungsberechtigte hat den Grundstückseigentümer und die am Grundstück dinglich Berechtigten für alle mit dem Bau, der Erhaltung, dem Betrieb, der Änderung und der Beseitigung der Leitungsanlage unmittelbar verbundenen Beschränkungen ihrer Rechte angemessen zu entschädigen. Für das Entschädigungsverfahren gilt § 19 lit. a bis d sinngemäß.

4. Abschnitt

Enteignung

§ 17

Allgemeines

Wenn es der dauernde Bestand einer Leitungsanlage an einem bestimmten Ort aus zwingenden technischen Gründen oder mit Rücksicht auf die unverhältnismäßigen Kosten ihrer Verlegung erfordert und der Bestand der Leitungsanlage im öffentlichen Interesse liegt, hat die Behörde über Antrag die für die Errichtung und den Betrieb der Leitungsanlage notwendigen Enteignungen auszusprechen.

§ 18

Umfang der Enteignung

(1) Die Enteignung kann umfassen

a) die Einräumung von Dienstbarkeiten an unbeweglichen Sachen,
b) die Abtretung des Eigentums an Grundstücken,
c) die Abtretung, Einschränkung oder Aufhebung anderer dinglicher Rechte an unbeweglichen Sachen und solcher Rechte, deren Ausübung an einen bestimmten Ort gebunden ist.

(2) Von der Enteignung nach Abs. 1 lit. b ist von der Behörde nur Gebrauch zu machen, wenn die übrigen im Abs. 1 angeführten Maßnahmen nicht ausreichen.

(3) Der Enteignete kann im Zuge des Verfahrens die Einlösung der durch Dienstbarkeiten oder andere dingliche Rechte gemäß Abs. 1 in Anspruch genommen unverbauten Grundstücke oder Teile von solchen gegen Entschädigung verlangen, wenn diese durch die Belastung die zweckmäßige Benützbarkeit verlieren. Verliert ein Grundstück durch die Enteignung eines Teiles desselben für den Eigentümer die zweckmäßige Benützbarkeit, so ist auf Verlangen des Eigentümers das ganze Grundstück einzulösen.

§ 19*)

Durchführung von Enteignungen

Auf das Enteignungsverfahren und die behördliche Ermittlung der Entschädigungen sind die Bestimmungen des Eisenbahn-Enteignungsentschädigungsgesetz mit nachstehenden Abweichungen sinngemäß anzuwenden:

a) Über den Inhalt, den Gegenstand und den Umfang der Enteignung sowie über die Entschädigung hat die Behörde zu entscheiden.
b) Die Höhe der Entschädigung ist auf Grund der Schätzung wenigstens eines beeideten Sachverständigen im Enteignungsbescheid oder in einem gesonderten Bescheid zu bestimmen; im letzten Fall ist ohne weitere Erhebungen im Enteignungsbescheid ein vorläufiger Sicherstellungsbetrag festzulegen.
c) Jede der beiden Parteien kann binnen dreier Monate ab Erlassung des die Entschädigung bestimmenden Bescheides die Feststellung des Entschädigungsbetrages beim Landesgericht Feldkirch begehren. Der Bescheid der Behörde tritt hinsichtlich des Ausspruches über die Entschädigung mit der Anrufung des Gerichtes außer Kraft. Der Antrag an das Gericht kann nur mit Zustimmung des Antragsgegners zurückgezogen werden.
d) Ein Enteignungsbescheid ist erst vollstreckbar, wenn der im Enteignungsbescheid oder in einem gesonderten Bescheid bestimmte Entschädigungsbetrag oder der im Enteignungsbescheid festgelegte vorläufige Sicherstellungsbetrag an den Enteigneten ausbezahlt oder gerichtlich hinterlegt ist.
e) Auf Antrag des Enteigneten kann an die Stelle einer Geldentschädigung eine Entschädigung in Form einer gleichartigen und gleichwertigen Naturalleistung treten, wenn diese dem Enteignungswerber unter Abwägung des Einzelfalles wirtschaftlich zugemutet werden kann. Hierüber hat die Behörde in einem gesonderten Bescheid gemäß lit. b zu entscheiden.
f) Die Behörde hat dem Grundbuchsgericht die Einleitung und die Einstellung eines Enteignungsverfahrens, das sich auf verbücherte Grundstücke oder verbücherte Rechte bezieht, bekannt zu geben.
g) Vom Erlöschen der elektrizitätsrechtlichen Bewilligung einer Leitungsanlage ist der Eigentümer des belasteten Gutes zu verständigen. Er kann die ausdrückliche Aufhebung der für diese Leitungsanlage im Wege der Enteignung eingeräumten Dienstbarkeiten bei der Behörde beantragen. Die Behörde hat über seinen Antrag die für die Leitungsanlage im Enteignungswege eingeräumten Dienstbarkeiten unter Vorschreibung einer der geleisteten Entschädigung angemessenen Rückvergütung durch Bescheid aufzuheben.
h) Hat zufolge eines Enteignungsbescheides die Übertragung des Eigentums an einem Grundstück für Zwecke einer Leitungsanlage stattgefunden, so hat die Behörde im Falle der Abtragung der elektrischen Leitungsanlage über Antrag des früheren Eigentümers oder seines Rechtsnachfolgers zu dessen Gunsten die Rückübereignung gegen angemessene

Entschädigung auszusprechen. Dieser Antrag muss innerhalb eines Jahres ab Abtragung der Leitungsanlage gestellt werden. Für die Feststellung dieser Entschädigung gelten die Bestimmungen der lit. c sinngemäß.

*) Fassung LGBl.Nr. 45/2007

5. Abschnitt
Gemeinsame Bestimmungen

§ 20
Rechtsansprüche

Folgende Bestimmungen dieses Gesetzes räumen Rechtsansprüche ein

a) den Grundeigentümern:

1. § 7 Abs. 2 hinsichtlich der Abstimmung der elektrizitätsrechtlichen Bewilligung mit den privaten Interessen,
2. § 10 Abs. 3, soweit es sich nicht um die Berücksichtigung öffentlicher Interessen handelt,

b) den Grundeigentümern und sonstigen dinglich Berechtigten:

1. § 11 Abs. 3 lit. b,
2. § 11 Abs. 3 lit. c,
3. § 14 Abs. 1,
4. § 14 Abs. 2,
5. § 16,
6. § 17 hinsichtlich des Vorliegens der Enteignungsvoraussetzung des öffentlichen Interesses am Bestand der Leitungsanlage,
7. § 18,

c) den Eigentümern der fremden Anlagen:

§ 7 Abs. 1 und 2.

§ 21
Beurkundung von Übereinkommen

Die im Zuge eines elektrizitätsrechtlichen Verfahrens getroffenen Übereinkommen sind von der Behörde zu beurkunden.

§ 22
Behörden

(1) Behörde im Sinne des Gesetzes ist

a) die Bezirkshauptmannschaft, soweit es sich um die Durchführung von Strafverfahren handelt,
b) die Landesregierung in allen übrigen Fällen.

(2) Wenn es im Interesse der Zweckmäßigkeit, Einfachheit und Raschheit gelegen ist, kann die Landesregierung die örtlich zuständige Bezirkshauptmannschaft allgemein oder fallweise mit der Durchführung der Verfahren nach Abs. 1 lit. b betrauen und sie auch ermächtigen, im Namen der Landesregierung zu entscheiden.

§ 23*)
Strafbestimmungen

(1) Eine Übertretung begeht, wer

a) der Dokumentationspflicht nach § 2a erster Satz nicht nachkommt;
b) eine nach § 3 dieses Gesetzes bewilligungspflichtige Leitungsanlage ohne Bewilligung errichtet, ändert, erweitert oder betreibt,
c) mit der Durchführung von Vorarbeiten vor Ablauf der Kundmachungsfrist gemäß § 5 Abs. 6 beginnt,
d) die Grundeigentümer oder Nutzungsberechtigten nicht oder nicht rechtzeitig über den Beginn der Vorarbeiten in Kenntnis setzt (§ 5 Abs. 7),
e) die Anzeige des Rechtsüberganges nach § 7 Abs. 5 unterlässt,
f) mit dem Betrieb der Leitungsanlage vor der Anzeige der Betriebsfertigstellung beginnt (§ 9 Abs. 1),
g) die Anzeige der dauernden Außerbetriebnahme, einer mehr als ein Jahr dauernden Betriebsunterbrechung oder der darauf folgenden Wiederinbetriebnahme einer bewilligten Leitungsanlage unterlässt (§ 9 Abs. 2),
h) die gemäß § 14 Abs. 2 erforderlichen Vorkehrungen nicht innerhalb der hiefür festgesetzten Frist trifft,
i) den in Verordnungen und Entscheidungen, welche auf Grund dieses Gesetzes erlassen wurden, enthaltenen Geboten und Verboten zuwiderhandelt.

(2) Übertretungen nach Abs. 1 sind mit einer Geldstrafe bis zu 2.000 Euro, bei besonders erschwerenden Umständen mit einer Geldstrafe bis zu 7.000 Euro zu bestrafen.

(3) Der Versuch ist strafbar.

*) Fassung LGBl.Nr. 58/2001, 44/2013, 78/2017, 15/2022

§ 24
Wiederherstellung des rechtmäßigen Zustandes

Unabhängig von einer allfälligen Bestrafung oder Schadenersatzpflicht ist der Verfügungsberechtigte über eine Anlage, mit deren Errichtung oder Änderung die Bestimmungen dieses Gesetzes übertreten worden sind, verpflichtet, über bescheidmäßige Aufforderung durch die Behörde den rechtmäßigen Zustand wiederherzustellen.

§ 25*)
Übergangsbestimmungen

(1) Die nach den bisher geltenden gesetzlichen Bestimmungen rechtmäßig bestehenden Leitungsanlage gelten als nach diesem Gesetz bewilligt.

(2) Die nach den bisher geltenden gesetzlichen Bestimmungen erworbenen Rechte für Leitungsanlagen bleiben ebenso wie die damit verbundenen Verpflichtungen aufrecht.

(3) Am Tage des Inkrafttretens dieses Gesetzes anhängige Verfahren sind nach den bisher geltenden Bestimmungen zu beenden.

(4) Das Gesetz über eine Änderung des Starkstromwegegesetzes, LGBl.Nr. 7/1999, findet auf

Leitungsanlagen, die vor Inkrafttreten dieses Gesetzes bereits bestanden haben, keine Anwendung.

(5) Änderungen im Sinne des § 3 Abs. 2 in der Fassung LGBl.Nr. 78/2017, die vor dem Inkrafttreten des Art. XXI des Gesetzes zur Deregulierung und Verwaltungsvereinfachung 2017 – Sammelgesetz, LGBl.Nr. 78/2017, erfolgt sind, gelten als nicht bewilligungspflichtig.

*) Fassung LGBl.Nr. 7/1999, 78/2017

§ 26*)

Inkrafttreten, Außerkrafttreten von Vorschriften

(1) Dieses Gesetz tritt am 1. Jänner 1978 in Kraft.

(2) Mit dem Inkrafttreten dieses Gesetzes tritt das Elektrizitätslandesgesetz, LGBl.Nr. 34/1933, in der Fassung LGBl.Nr. 4/1937 und Nr. 48/1949, insoweit außer Kraft, als es Angelegenheiten betrifft, die in diesem Gesetz geregelt sind.

(3) Art. LXXIV des Landesverwaltungsgerichts-Anpassungsgesetzes – Sammelnovelle, LGBl.Nr. 44/2013, tritt am 1. Jänner 2014 in Kraft.

(4) Art. XXI des Gesetzes zur Deregulierung und Verwaltungsvereinfachung 2017 – Sammelgesetz, LGBl.Nr. 78/2017, tritt am 1. Jänner 2018 in Kraft.

*) Fassung LGBl.Nr. 44/2013, 78/2017

§ 27

Inkrafttretens- und Übergangsbestimmungen zur Novelle LGBl.Nr. 4/2022

(1) Art. LXIII des Gesetzes über Neuerungen im Zusammenhang mit Digitalisierung – Sammelnovelle, LGBl.Nr. 4/2022, ausgenommen die Änderungen betreffend den § 6 Abs. 4 bis 6, tritt am 1. Juli 2022 in Kraft.

(2) Die Änderungen betreffend den § 6 Abs. 4 bis 6 durch LGBl.Nr. 4/2022 treten am 1. Juli 2023 in Kraft.

(3) Kundmachungen nach § 5 Abs. 6 in der Fassung vor LGBl.Nr. 4/2022, die vor dem 1. Juli 2022 begonnen wurden, sind nach den Bestimmungen in der Fassung vor LGBl.Nr. 4/2022 zu beenden.

§ 28*)

Inkrafttretens- und Übergangsbestimmungen zur Novelle LGBl.Nr. 15/2022

(1) Das Gesetz über eine Änderung des Starkstromwegegesetzes, LGBl.Nr. 15/2022, tritt an dem der Kundmachung des Gesetzes folgenden Tag in Kraft.

(2) Verfahren, die bereits vor dem Inkrafttreten des Gesetzes über eine Änderung des Starkstromwegegesetzes, LGBl.Nr. 15/2022, eingeleitet wurden, sind nach den vor LGBl.Nr. 15/2022 geltenden Vorschriften zu beenden.

*) Fassung LGBl.Nr. 15/2022

76. Wiener Starkstromwegegesetz 1969

Gesetz, mit dem Bestimmungen über elektrische Leitungsanlagen, die sich auf den Bereich des Bundeslandes Wien erstrecken, erlassen werden

StF.: LGBl. Nr. 20/1970

Letzte Novellierung: LGBl. Nr. 33/2022 CELEX-Nrn.: 32018L2001 und 32019L0944

Der Wiener Landtag hat in Ausführung des I. Teiles des Bundesgesetzes vom 6. Februar 1968 über elektrische Leitungsanlagen, die sich nicht auf zwei oder mehrere Bundesländer erstrecken, BGBl. Nr. 71/1968, beschlossen:

GLIEDERUNG

Anwendungsbereich

§ 1. (1) Dieses Landesgesetz gilt für elektrische Leitungsanlagen für Starkstrom, die sich nur auf den Bereich des Bundeslandes Wien erstrecken.

(2) Ausgenommen vom Geltungsbereich dieses Gesetzes sind Anlagen, die sich innerhalb des dem Eigentümer dieser elektrischen Leitungsanlage gehörenden Geländes befinden oder ausschließlich dem ganzen oder teilweisen Betrieb von Eisenbahnen sowie dem Betrieb des Bergbaues, der Luftfahrt, der Schiffahrt, den technischen Einrichtungen der Post, der Landesverteidigung oder Fernmeldezwecken dienen.

Begriffsbestimmungen

§ 2. (1) Elektrische Leitungsanlagen im Sinne dieses Landesgesetzes sind elektrische Anlagen (§ 1 Abs. 2 des Elektrotechnikgesetzes 1992, BGBl. Nr. 106/1993 in der Fassung BGBl. I Nr. 136/2001) für Starkstrom, die der Fortleitung elektrischer Energie dienen; hiezu zählen insbesondere auch Umspann-, Umform- und Schaltanlagen.

(2) Starkstrom im Sinne dieses Landesgesetzes ist elektrischer Strom mit einer Spannung über 42 Volt oder einer Leistung von mehr als 100 Watt.

Bewilligung elektrischer Leitungsanlagen

§ 3. (1) Unbeschadet der nach anderen gesetzlichen Vorschriften erforderlichen Genehmigungen bedarf die Errichtung und Inbetriebnahme von elektrischen Leitungsanlagen nach Maßgabe der folgenden Bestimmungen der Bewilligung durch die Behörde. Das gleiche gilt für Änderungen und Erweiterungen, soweit diese über den Rahmen der hiefür erteilten Bewilligung hinausgehen, unabhängig davon, ob die Änderung oder Erweiterung während der Errichtung der Leitungsanlage oder später erfolgt. Änderungen, die der Instandhaltung oder der Ertüchtigung der Leitungsanlage im Hinblick auf den Stand der Technik dienen, gehen nicht über den Rahmen der erteilten Bewilligung hinaus.

(2) Sofern keine Zwangsrechte gemäß § 10 in Anspruch genommen werden, sind von der Bewilligungspflicht folgende Leitungsanlagen ausgenommen:

1. elektrische Leitungsanlagen bis 45 000 Volt, nicht jedoch Freileitungen über 1 000 Volt;
2. unabhängig von der Betriebsspannung zu Eigenkraftanlagen gehörige elektrische Leitungsanlagen;
3. Kabelauf- und abführungen sowie dazugehörige Freileitungstragwerke einschließlich jener Freileitungen bis 45 000 Volt, die für die Anbindung eines Freileitungstragwerkes mit Kabelauf- oder abführungen notwendig sind und ausschließlich dem Zweck der Anbindung dienen.

Landesgesetz

(3) Falls bei Leitungsanlagen nach Abs. 2 die Einräumung von Zwangsrechten gemäß § 10 erforderlich ist, besteht ein Antragsrecht der Projektwerberin oder des Projektwerbers auf Einleitung, Durchführung und Entscheidung des Bewilligungsverfahrens.

(4) In den Fällen des Abs. 2 Z 1 besteht auch dann ein Recht der Projektwerberin oder des Projektwerbers auf Einleitung, Durchführung und Entscheidung des Bewilligungsverfahrens, wenn die Einräumung von Zwangsrechten gemäß § 10 nicht erforderlich ist und es sich um eine Anlage handelt, deren kundenseitige Teile zumindest teilweise auf oder in einem nicht im physischen Besitz der jeweiligen Kundin oder des jeweiligen Kunden stehenden Grundstückes errichtet werden sollen.

(5) Die von der Netzbetreiberin oder vom Netzbetreiber evident zu haltende Leitungsdokumentation von bestehenden elektrischen Leitungsanlagen unterliegt den Auskunfts- und Einsichtsrechten nach § 10 ElWOG 2010, BGBl. I Nr. 110/2010 in der Fassung BGBl. I Nr. 150/2021.

Vorprüfungsverfahren

§ 4. (1) Die Behörde kann bei Vorliegen eines Ansuchens gemäß §§ 5 oder 6 über Antrag oder von Amts wegen ein Vorprüfungsverfahren durchführen, wenn zu befürchten ist, daß das Projekt öffentliche Interessen im Sinne des § 7 Abs. 1 wesentlich beeinträchtigt.

(2) In dem Verfahren sind der Behörde durch den Bewilligungswerber über Aufforderung folgende Unterlagen in mindestens 3facher Ausfertigung vorzulegen:

a) ein Bericht über die technische Konzeption der geplanten Leitungsanlage,
b) ein Übersichtsplan im Maßstab 1 : 50.000 mit der vorläufig beabsichtigten Trasse und den offenkundig berührten öffentlichen Interessen dienenden Anlagen.

(3) Im Rahmen eines Vorprüfungsverfahrens sind sämtliche Behörden und öffentlich-rechtliche Körperschaften, welche die durch die geplante elektrische Leitungsanlage berührten öffentlichen Interessen (§ 7 Abs. 1) vertreten, zu hören.

(4) Nach Abschluß des Vorprüfungsverfahrens hat die Behörde mit Bescheid festzustellen, ob und gegebenenfalls unter welchen Vorschreibungen die geplante elektrische Leitungsanlage den berührten öffentlichen Interessen nicht widerspricht.

Bewilligung von Vorarbeiten

§ 5. (1) Die Behörde hat über Antrag die vorübergehende Inanspruchnahme fremden Gutes zur Vornahme von Vorarbeiten für die Errichtung einer elektrischen Leitungsanlage zu bewilligen.

(2) Die erteilte Bewilligung gibt das Recht zur vorübergehenden Inanspruchnahme fremden Gutes zur Vornahme von Vorarbeiten für die Errichtung einer elektrischen Leitungsanlage. Darunter werden insbesondere das Betreten von Grundstücken und Gebäuden, die zur Vorbereitung des Bauentwurfes erforderlichen Bodenuntersuchungen, die zeitweilige Beseitigung von Hindernissen und die Anbringung oder Setzung von Vermarkungszeichen verstanden. Diese Vorarbeiten sind zu dulden, soweit nicht andere gesetzliche Bestimmungen entgegenstehen. Die Vorarbeiten sind unter tunlichster Schonung und Ermöglichung des bestimmungsgemäßen Gebrauches der betroffenen Grundstücke vorzunehmen.

(3) Die mit diesen Vorarbeiten beauftragten Personen haben sich gegenüber dem Grundeigentümer, dem dinglich Berechtigten, dessen Rechte durch das Vorhaben berührt werden, oder ihren Bevollmächtigten mit einem Identitätsnachweis, einer Ausfertigung oder einer behördlich beglaubigten Abschrift der nach Abs. 1 erteilten Bewilligung und einem Auftragsnachweis des in Betracht kommenden Projektswerbers auszuweisen. Werden gegen eine solche Inanspruchnahme des Grundes oder Gebäudes Einwendungen erhoben, so entscheidet auf Antrag eines der Beteiligten über die Notwendigkeit und Zulässigkeit der beabsichtigten Handlung die Behörde. Dem Antrag ist ein allgemeiner Grundbuchsauszug neuesten Standes der betroffenen Liegenschaft beizuschließen. Vor der Entscheidung der Behörde darf mit den Vorarbeiten nicht begonnen werden.

(4) Die Behörde hat bei ihrer Entscheidung auf etwaige Belange der Landesverteidigung Bedacht zu nehmen.

(5) Schäden, die durch Wiederherstellung des früheren Zustandes beseitigt werden können, sind nach Abschluß der Vorarbeiten sofort zu beheben. Wegen Anbringung oder Setzung von Vermarkungszeichen, welche die bisherige Benützung des Grundes oder Gebäudes nicht behindern, besteht kein Entschädigungsanspruch. Für sonstige, mit den Vorarbeiten unmittelbar verbundene Beschränkungen im Zeitpunkt der Bewilligung ausgeübter Rechte sind der Grundstückseigentümer und die an dem Grundstück dinglich Berechtigten angemessen zu entschädigen. Für das Verfahren gilt § 11 Abs. 1 lit. a bis d sinngemäß.

Bewilligungsansuchen

§ 6. (1) Dem Ansuchen um Errichtung, Änderung oder Erweiterung einer elektrischen Leitungsanlage (§ 2 Abs. 1) sind beizulegen:

a) ein Verzeichnis der beanspruchten Liegenschaften samt Namen und Adressen der Eigentümer und der sonstigen dinglich Berechtigten, sofern deren Rechte durch das Vorhaben berührt werden;
b) allgemeine Grundbuchsauszüge neuesten Standes der betroffenen Liegenschaften;

c) Angaben über die Form der Inanspruchnahme und die schriftliche Zustimmung der betroffenen Grundeigentümer und der sonstigen dinglich Berechtigten, sofern deren Rechte durch das Vorhaben berührt werden, oder die Angabe, daß die Zustimmung nicht erwirkt werden konnte und daher Zwangsrechte beansprucht werden, ferner die Angabe über Art und Umfang des beanspruchten Zwangsrechtes;
d) Baupläne über das beabsichtigte Projekt in mindestens 3facher Ausfertigung, und zwar:
1. ein Lageplan in einem zur Beurteilung des Vorhabens ausreichenden Maßstab; dieser muß bei Hochspannungsfreileitungen ab 1000 Volt die Lage der Masten, die Unter- oder Überkreuzung anderer elektrischer Leitungsanlagen sowie die Situierung bereits bestehender Anlagen auf den betroffenen Liegenschaften samt Angabe der Grundstücksnummer, der Einlagezahl und der Katastralgemeinde der letzteren enthalten;
2. ein technischer Bericht, der den Zweck, die Art und den Umfang der Leitung übersichtlich erläutert;

ferner bei Freileitungen:

3. ein Kreuzungsverzeichnis mit Leitungen oder Anlagen öffentlichen Zweckes, ferner Name und Anschrift desjenigen, der über die gekreuzte Leitung oder Anlage öffentlichen Zweckes verfügungsberechtigt ist;
4. ein Mastenverzeichnis mit Angabe über Art und Ausführung der Masten, ferner die statischen Festigkeitsnachweise für Fundament und Mastbeanspruchung.

(2) Die Erfordernisse nach lit. d Ziffer 1, 2, 3 und 4 können in einer einzigen Unterlage vereinigt werden, sofern dadurch die Übersichtlichkeit nicht beeinträchtigt wird.

(3) Bei elektrischen Leitungsanlagen, bei denen die Leitungsführung auf Grundstücken erfolgt, die im physischen Besitz der Stadt Wien stehen, ist, sofern keine Zwangsrechte beansprucht werden, die Beibringung der Unterlagen nach Abs. 1 lit. b und c und, sofern die Leitungsführung als Freileitung erfolgt, überdies nach lit. d Ziffer 3 entbehrlich.

(4) Die Behörde kann von der Beibringung weiterer Unterlagen nach Abs. 1 absehen, soweit sie diese für entbehrlich hält.

Bau- und Betriebsbewilligung

§ 7. (1) Die Behörde hat für die Errichtung, die Änderung, die Erweiterung und den Betrieb einer Leitungsanlage, welche dem öffentlichen Interesse an der Versorgung der Bevölkerung Wiens oder eines Teiles derselben mit elektrischer Energie nicht widerspricht, die Bewilligung zu erteilen, wobei durch die Vorschreibung von Bedingungen, Befristungen oder Auflagen eine Abstimmung mit bereits vorhandenen oder bewilligten anderen Energieversorgungseinrichtungen und den Erfordernissen der Landeskultur, des Forstwesens, der Wildbach- und Lawinenverbauung, der Raumplanung, des Natur- und Denkmalschutzes, der Wasserwirtschaft und des Wasserrechtes, des öffentlichen Verkehrs, der sonstigen öffentlichen Versorgung, der Landesverteidigung, der Sicherheit des Luftraumes und des Dienstnehmerschutzes vorzunehmen ist. Die zur Wahrung dieser Interessen berufenen Behörden und öffentlich-rechtlichen Körperschaften sind im Ermittlungsverfahren zu hören.

(2) Die Behörde ist berechtigt, zunächst nur die Baubewilligung zu erteilen, wenn sich Vorschreibungen als notwendig erweisen, deren Einhaltung aus Sicherheitsgründen vor Inbetriebnahme einer Überprüfung bedarf. Die Betriebsbewilligung ist in einem solchen Fall erst zu erteilen, wenn eine Überprüfung der fertiggestellten Anlage ergeben hat, daß gegen deren Bestand und Betrieb aus Sicherheitsgründen keine Bedenken bestehen.

(3) Ohne Bewilligung errichtete Leitungsanlagen oder Abweichungen vom genehmigten Konsensplan sind unverzüglich zu beseitigen, sofern nicht die nachträgliche Bewilligung erwirkt worden ist.

Bauanzeige und Betriebsbeginnsanzeige

§ 8. Der Bauführer, der die Leitungsanlage herstellt oder abändert, hat der Behörde spätestens eine Woche vor Beginn der Arbeiten eine schriftliche Baubeginnsanzeige zu erstatten. Der über die Leitungsanlage Verfügungsberechtigte hat der Behörde den Betriebsbeginn spätestens eine Woche vorher anzuzeigen; im Falle einer Überprüfung der Anlage nach Fertigstellung (§ 7 Abs. 2) darf die Betriebsbeginnsanzeige erst nach Vornahme der Überprüfung erfolgen.

Erlöschen der Bewilligung

§ 9. (1) Die Baubewilligung erlischt, wenn
a) mit dem Bau nicht innerhalb von drei Jahren ab Rechtskraft der Baubewilligung begonnen wird oder
b) die Fertigstellungsanzeige nicht innerhalb von fünf Jahren ab Rechtskraft der Baubewilligung erfolgt.

(2) Die Betriebsbewilligung erlischt, wenn
a) der regelmäßige Betrieb nicht innerhalb eines Jahres ab Fertigstellungsanzeige, in den Fällen der Erteilung einer Betriebsbewilligung nach § 7 Abs. 2 ab Rechtskraft derselben, aufgenommen wird,
b) der Bewilligungsinhaber anzeigt, daß die elektrische Leitungsanlage dauernd außer Betrieb genommen wird, oder
c) der Betrieb der elektrischen Leitungsanlage nach Feststellung der Behörde unbegründet durch mehr als drei Jahre unterbrochen wurde.

(3) Die Fristen nach Abs. 1 und Abs. 2 lit. a können von der Behörde verlängert werden, wenn die Planungs- oder Bauarbeiten dies erfordern und darum vor Fristablauf angesucht wird.

(4) Nach Erlöschen der Bau- oder Betriebsbewilligung hat der über die Leitungsanlage Verfügungsberechtigte diese unverzüglich abzutragen, sofern nicht an deren Weiterbestand aus Gründen der Versorgung der Bevölkerung Wiens oder eines Teiles derselben mit elektrischer Energie ein öffentliches Interesse besteht und nicht andere öffentliche Interessen (§ 7 Abs. 1) überwiegen.

Enteignung

§ 10. (1) Zur Sicherung des aus zwingenden technischen Gründen oder mit Rücksicht auf die unverhältnismäßigen Kosten der Verlegung gebotenen dauernden Bestandes der elektrischen Leitungsanlage an einem bestimmten Ort ist die Enteignung zulässig. Das Enteignungsrecht umfaßt:

a) die Bestellung von Dienstbarkeiten an unbeweglichen Sachen,
b) die Abtretung von Eigentum an Grundstücken,
c) die Abtretung, Einschränkung oder Aufhebung anderer dinglicher Rechte an unbeweglichen Sachen und solcher Rechte, deren Ausübung an einen bestimmten Ort gebunden ist.

(2) Von einer Enteignung nach Abs. 1 lit. b darf nur Gebrauch gemacht werden, wenn die übrigen in Abs. 1 aufgezählten Maßnahmen nicht ausreichen.

(3) Der Enteignungsgegner kann im Zuge eines Enteignungsverfahrens die Einlösung der durch Dienstbarkeiten oder andere dingliche Rechte gemäß Abs. 1 in Anspruch zu nehmenden unverbauten Grundstücke oder Teile von solchen gegen Entschädigung verlangen, wenn diese durch diese Belastung die zweckmäßige Benützbarkeit verlieren würden. Würde durch die Enteignung eines Grundstückteiles dieses Grundstück für den Eigentümer die zweckmäßige Benützbarkeit verlieren, so ist auf dessen Verlangen das ganze Grundstück einzulösen.

Enteignungsverfahren

§ 11. (1) Für die Durchführung der Enteignung und die behördliche Ermittlung der Entschädigung sind die Bestimmungen des Eisenbahn-Enteignungsentschädigungsgesetzes, BGBl. Nr. 71/1954 in der Fassung BGBl. I Nr. 112/2003, mit nachstehenden Abweichungen anzuwenden:

a) Über den Inhalt, den Gegenstand und den Umfang der Enteignung sowie über die Entschädigung entscheidet die Behörde.
b) Die Höhe der Entschädigung ist auf Grund der Schätzung wenigstens eines allgemein beeideten und gerichtlich zertifizierten Sachverständigen im Enteignungsbescheid oder in einem gesonderten Bescheid zu bestimmen; letzterenfalls ist ohne weitere Erhebungen im Enteignungsbescheid ein vorläufiger Sicherstellungsbetrag festzulegen.
c) Jede der beiden Parteien kann binnen drei Monaten ab Erlassung des die Entschädigung bestimmenden Bescheides (lit. b) die Feststellung des Entschädigungsbetrages bei jenem mit der Ausübung der Gerichtsbarkeit in bürgerlichen Rechtssachen betrauten Landesgericht begehren, in dessen Sprengel sich der Gegenstand der Enteignung befindet. Der Bescheid der Behörde tritt hinsichtlich des Ausspruches über die Entschädigung mit Anrufung des Gerichtes außer Kraft. Der Antrag an das Gericht auf Feststellung der Entschädigung kann nur mit Zustimmung des Antragsgegners zurückgezogen werden.
d) Auf Antrag des Enteigneten kann an die Stelle einer Geldentschädigung eine Entschädigung in Form einer gleichartigen und gleichwertigen Naturalleistung treten, wenn diese dem Enteignungswerber unter Abwägung des Einzelfalles wirtschaftlich zugemutet werden kann. Hierüber entscheidet die Behörde in einem gesonderten Bescheid gemäß lit. b.
e) Vom Erlöschen der elektrizitätsrechtlichen Bewilligung einer elektrischen Leitungsanlage ist der Eigentümer des belasteten Gutes zu verständigen. Er kann die ausdrückliche Aufhebung der für diese Leitungsanlage im Wege der Enteignung eingeräumten Dienstbarkeiten bei der Behörde beantragen. Die Behörde hat über seinen Antrag die für die elektrische Leitungsanlage im Enteignungswege eingeräumten Dienstbarkeiten unter Vorschreibung einer der geleisteten Entschädigung angemessenen Rückvergütung durch Bescheid aufzuheben.
f) Hat zufolge eines Enteignungsbescheides die Übertragung des Eigentums an einem Grundstück für Zwecke einer elektrischen Leitungsanlage stattgefunden, so hat die Behörde über binnen einem Jahr ab Abtragung der elektrischen Leitungsanlage gestellten Antrag des früheren Eigentümers oder seines Rechtsnachfolgers zu dessen Gunsten die Rückübereignung gegen angemessene Entschädigung auszusprechen. Für die Feststellung dieser Entschädigung gilt lit. c.
g) § 14b ist mit der Maßgabe anzuwenden, dass die behördlichen Befugnisse auch gegenüber den Eigentümern der von der Enteignung betroffenen Grundstücke gelten.

Sachverständige und Verfahrenskosten

§ 11a. (1) Die Beiziehung von nicht amtlichen Sachverständigen in Verfahren nach diesem Gesetz ist auch ohne das Vorliegen der Voraussetzungen des § 52 Abs. 2 und 3 AVG zulässig. Es können auch fachlich einschlägige Anstalten, Institute oder Unternehmen als Sachverständige bestellt werden.

(2) Kosten, die der Behörde bei der Durchführung der Verfahren erwachsen, wie beispielsweise Gebühren oder Honorare für Sachverständige, sind von der Projektwerberin oder vom Projektwerber zu tragen. Die Behörde kann der Projektwerberin oder dem Projektwerber durch Bescheid auftragen, diese Kosten nach Prüfung der sachlichen und rechnerischen Richtigkeit durch die Behörde direkt zu bezahlen.

Beurkundung von Übereinkommen; grundbuchsrechtlicher Urkundencharakter der Bescheide

§ 12. (1) Die im Zuge eines elektrizitätsrechtlichen Verfahrens getroffenen Übereinkommen sind von der Behörde zu beurkunden.

(2) Hängt nach einem auf Grund dieses Landesgesetzes erlassenen Bescheid die Erwerbung oder die Belastung, Beschränkung oder Aufhebung eines bücherlichen Rechtes von dem Eintritt bestimmter Voraussetzungen ab, so hat die Behörde auf Antrag auszusprechen, ob diese Voraussetzungen gegeben sind. Der Ausspruch ist für das Gericht bindend.

Parteien

§ 13. (1) Partei im Sinne dieses Gesetzes sind unbeschadet der Bestimmungen der §§ 15 und 16:

a) im Verfahren nach § 4, § 5 Abs. 1 und 2 und § 7 Abs. 2 letzter Satz der Projektswerber;
b) im Verfahren nach § 5 Abs. 3 und 5, § 7 Abs. 1 sowie nach § 11 der Projektswerber, der Grundeigentümer sowie an den betroffenen Grundstücken dinglich Berechtigte, soweit deren Rechte durch das Vorhaben berührt werden;
c) im Verfahren nach § 7 Abs. 3 derjenige, auf dessen Rechnung und Gefahr die Leitungsanlage errichtet wurde, sowie der Bauführer;
d) im Verfahren nach § 9 Abs. 4 derjenige, auf dessen Rechnung und Gefahr die Leitungsanlage errichtet oder betrieben wurde.

(2) Der Projektswerber hat der Behörde alle Parteien im Sinne des Abs. 1 lit. a und b bekanntzugeben.

Behörde

§ 14. (1) Behörde im Sinne dieses Landesgesetzes ist die Landesregierung.

(2) Die Durchführung von Verwaltungsstrafverfahren obliegt der Bezirksverwaltungsbehörde.

(3) Gegen auf Grund dieses Gesetzes ergehende Bescheide steht den Parteien das Recht zu, eine Beschwerde beim Verwaltungsgericht Wien zu erheben.

Verarbeitung personenbezogener Daten

§ 14a. (1) Die Behörde kann personenbezogene Daten wie den Familiennamen, den Vornamen, den Titel, das Geburtsdatum, die Kontaktdaten (Wohnsitz, Telefonnummer, E-Mailadresse etc.), die Zustelladresse, die geografische Lage der Anlage, die Zählpunktnummer, die Verbrauchsdaten oder die Betriebsdaten der bisherigen und aktuellen Betreiber sowie der in § 13 Abs. 1 genannten Personen, der Parteien im Enteignungsverfahren, der Netzbetreiberin oder des Netzbetreibers, der technischen Betriebsleiterin oder des technischen Betriebsleiters gemäß § 35 WElWG 2005, der Geschäftsführerin oder des Geschäftsführers gemäß § 59 WElWG 2005, der Pächterin oder des Pächters gemäß § 60 WElWG 2005 sowie der von den Genannten bevöllmächtigten Personen insoweit verarbeiten, als diese Daten für die Durchführung von Verfahren nach diesem Gesetz, zur Erfüllung der Aufsichtstätigkeit der Behörde benötigt werden oder der Behörde aufgrund von Vorschriften dieses Gesetzes zur Kenntnis zu bringen oder für die Beurteilung oder Überprüfung der elektrischen Leitungsanlagen erforderlich sind.

(2) Die Behörde kann die nach Absatz 1 verarbeiteten Daten übermitteln an:

1. die Beteiligten an den in Absatz 1 genannten Verfahren,
2. Sachverständige, die einem in Absatz 1 genannten Verfahren beigezogen werden,
3. ersuchte oder beauftragte Behörden (§ 55 AVG), soweit diese Daten von den Genannten für die Besorgung ihrer Aufgaben im Rahmen des jeweiligen Verfahrens benötigt werden,
4. Gerichte und
5. die für das Elektrizitätswesen zuständige Bundesministerin oder den für das Elektrizitätswesen zuständigen Bundesminister..

Behördliche Befugnisse

§ 14b. (1) Soweit es zur Vollziehung der Vorschriften dieses Gesetzes oder der auf Grund dieses Gesetzes erlassenen Verordnungen unbedingt erforderlich ist, sind die Organe der zur Vollziehung dieser Vorschriften zuständigen Behörde sowie die von dieser Behörde herangezogenen Sachverständigen berechtigt – auch ohne vorhergehende Ankündigung – die den Betrieb einer elektrischen Leitungsanlage für Starkstrom betreffenden Grundstücke und Gebäude zu betreten und zu besichtigen und Kontrollen des Bestandes vorzunehmen. Die Betreiberin oder der Betreiber oder in ihrer oder seiner Abwesenheit deren oder dessen Stellvertreterin oder deren oder dessen Stellvertreter sind spätestens beim Betreten der Grundstücke oder Gebäude zu verständigen.

Landesgesetz

(2) Soweit dies zur Vollziehung der Vorschriften dieses Gesetzes oder der auf Grund dieses Gesetzes erlassenen Verordnungen unbedingt erforderlich ist, hat die Betreiberin oder der Betreiber oder in ihrer oder seiner Abwesenheit deren oder dessen Stellvertreterin oder deren oder dessen Stellvertreter, die Betriebsleiterin oder den Betriebsleiter, die Eigentümerin oder den Eigentümer der Anlage oder die Person, die den Betrieb tatsächlich vornimmt, den in Abs. 1 genannten

Organen und den von dieser Behörde herangezogenen Sachverständigen das Betreten und die Besichtigung der den Betrieb der elektrischen Leitungsanlage betreffenden Grundstücke und Gebäude zu ermöglichen. Den Organen der Behörde und den von der Behörde herangezogenen Sachverständigen sind die notwendigen Auskünfte zu erteilen und auf Verlangen die mit dem Betrieb der elektrischen Leitungsanlage nach diesem Gesetz erforderlichen Unterlagen vorzulegen.

(3) Die Organe der Behörde und die herangezogenen Sachverständigen haben bei den Amtshandlungen gemäß Abs. 1 und Abs. 2 jeden nicht unbedingt erforderlichen Eingriff in die Rechte der Betreiberin oder des Betreibers und in die Rechte Dritter zu vermeiden.

Strafbestimmungen

§ 15. (1) Wer gegen ein in diesem Gesetz ausdrücklich normiertes Gebot oder Verbot verstößt, begeht eine Verwaltungsübertretung und ist von der Behörde (§ 14 Abs. 2) mit Geld bis zu 2 100 Euro, im Falle der Uneinbringlichkeit mit Arrest bis zu sechs Wochen zu bestrafen. Bei erschwerenden Umständen ist die gleichzeitige Verhängung einer Geld- und Arreststrafe zulässig. Der Versuch ist strafbar.

(2) Mit der Strafe kann auch gleichzeitig der Verfall von Materialien, Werkzeugen und Einrichtungen ausgesprochen werden, durch die die Verwaltungsübertretung begangen oder durch deren Zuhilfenahme die Ausführung der Verwaltungsübertretung ermöglicht oder erleichtert wurde.

(3) § 33a Verwaltungsstrafgesetz 1991 – VStG, BGBl. Nr. 52/1991, in der Fassung BGBl. I Nr. 57/2018, findet auf sämtliche Übertretungen nach diesem Gesetz keine Anwendung.

Wiederherstellung des gesetzmäßigen Zustandes

§ 16. Unabhängig von Bestrafung und Schadenersatzpflicht ist derjenige, der die Bestimmungen dieses Landesgesetzes übertreten hat, von der Behörde zu verhalten, den gesetzmäßigen Zustand binnen angemessener Frist wiederherzustellen.

Übergangsbestimmungen

§ 17. (1) Nach den bisher geltenden gesetzlichen Bestimmungen rechtmäßig bestehende elektrische Leitungsanlagen werden durch die Bestimmungen dieses Landesgesetzes nicht berührt.

(2) Die nach den früheren gesetzlichen Bestimmungen erworbenen Rechte für diese Leitungsanlagen bleiben ebenso wie die damit verbundenen Verpflichtungen aufrecht.

(3) Am Tage des Inkrafttretens dieses Landesgesetzes anhängige Verfahren sind nach den bisher geltenden Bestimmungen zu beenden.

(4) Verfahren, die vor dem Inkrafttreten der Novelle LGBl. für Wien Nr. 33/2022 anhängig waren, sind nach den bis dahin geltenden Vorschriften dieses Gesetzes zu beenden.

Schlußbestimmungen

§ 18. Dieses Gesetz tritt einen Monat nach seiner Kundmachung in Kraft. Gleichzeitig damit treten für den Bereich des Bundeslandes Wien alle gesetzlichen Bestimmungen, welche in diesem Gesetz behandelte Angelegenheiten des Elektrizitätswesens (Art. 12 Abs. 1 Ziffer 7 B-VG) regeln, außer Kraft, insbesondere

a) das Gesetz zur Förderung der Energiewirtschaft vom 13. Dezember 1935, GBl. f. d. L. Ö. Nr. 156/1939,
b) die dritte Verordnung zur Durchführung des Gesetzes zur Förderung der Energiewirtschaft vom 8. November 1938, GBl. f. d. L. Ö. Nr. 156/1939,
c) die Ausführungsbestimmungen des Reichswirtschaftsministeriums zu § 2 der dritten Verordnung zur Durchführung des Energiewirtschaftsgesetzes vom 24. November 1938, Reichsanzeiger Nr. 276,
d) die Verordnung über die Einführung des Energiewirtschaftsrechtes im Lande Österreich vom 26. Jänner 1939, GBl. f. d. L. Ö. Nr. 156,
e) die Verordnung über die Vereinfachung des Verfahrens nach § 4 des Energiewirtschaftsgesetzes vom 27. September 1939, GBl. f. d. L. Ö. Nr. 1381,
f) die II. Verordnung über die Einführung des Energiewirtschaftsrechtes in der Ostmark vom 17. Jänner 1940, GBl. f. d. L. Ö. Nr. 18,
g) die Anordnung des Reichswirtschaftsministers betreffend die Mitteilungspflicht der Energieversorgungsunternehmen in den Reichsgauen der Ostmark vom 17. Juni 1940, Reichsanzeiger Nr. 143,
h) die fünfte Verordnung zur Durchführung des Energiewirtschaftsgesetzes vom 21. Oktober 1940, DRGBl. I, S. 1391,
i) das Landesgesetz vom 10. Februar 1956, betreffend die Weitergeltung elektrizitätsrechtlicher Vorschriften im Lande Wien, LGBl. für Wien Nr. 7/1956,

soweit sie elektrische Leitungsanlagen für Starkstrom betreffen.

Vollzugsklausel

§ 19. Mit der Vollziehung dieses Landesgesetzes ist die Landesregierung betraut.

77. VO (EU) 347/2013 zu Leitlinien für die transeuropäische Energieinfrastruktur

ABl L 2013/115 idgF

DAS EUROPÄISCHE PARLAMENT UND DER RAT DER EUROPÄISCHEN UNION —

gestützt auf den Vertrag über die Arbeitsweise der Europäischen Union, insbesondere auf Artikel 172,

auf Vorschlag der Europäischen Kommission,

nach Zuleitung des Entwurfs des Gesetzgebungsakts an die nationalen Parlamente,

nach Stellungnahme des Europäischen Wirtschafts- und Sozialausschusses [1],

nach Stellungnahme des Ausschusses der Regionen [2],

gemäß dem ordentlichen Gesetzgebungsverfahren [3],

in Erwägung nachstehender Gründe:

(1) Am 26. März 2010 billigte der Europäische Rat den Vorschlag der Kommission, eine neue Strategie „Europa 2020“ anzustoßen. Eine der Prioritäten der Strategie Europa 2020 ist nachhaltiges Wachstum, das durch die Förderung einer ressourceneffizienteren, umweltverträglicheren, nachhaltigeren und wettbewerbsfähigeren Wirtschaft erreicht werden soll. In der Strategie wurden die Energieinfrastrukturen als Teil der Leitinitiative „Ressourceneffizientes Europa“ in den Vordergrund gerückt, wobei auf den dringenden Modernisierungsbedarf der europäischen Netze hingewiesen wurde, die auf dem gesamten Kontinent miteinander verbunden werden sollen, um insbesondere erneuerbare Energiequellen einzubinden.

(2) Das von allen Mitgliedstaaten auf der Tagung des Europäischen Rats vom März 2002 in Barcelona vereinbarte Ziel für den Stromverbundgrad, wonach Verbindungsleitungen für mindestens 10 % der vorhandenen Erzeugungskapazität herzustellen waren, wurde bislang nicht erreicht.

(3) In der Mitteilung der Kommission mit dem Titel „Energieinfrastrukturprioritäten bis 2020 und danach — ein Konzept für ein integriertes europäisches Energienetz“, auf die die Schlussfolgerungen des Rates vom 28. Februar 2011 und die Entschließung des Europäischen Parlaments [4] folgten, wurde eine neue Energieinfrastrukturpolitik gefordert, um die Netzentwicklung auf europäischer Ebene für den Zeitraum bis 2020 und danach zu optimieren, damit die Union ihre energiepolitischen Kernziele — Wettbewerbsfähigkeit, Nachhaltigkeit und Versorgungssicherheit — erreichen kann.

(4) Auf der Tagung des Europäischen Rates vom 4. Februar 2011 wurde auf die Notwendigkeit hingewiesen, die Energieinfrastruktur Europas zu modernisieren und auszubauen und über die Grenzen hinweg einen Verbund der Netze zu schaffen, damit die Solidarität zwischen den Mitgliedstaaten in der Praxis funktionieren kann, alternative Versorgungs- bzw. Transitrouten und Energiequellen erschlossen werden und sich erneuerbare Energiequellen entwickeln und mit herkömmlichen Quellen in Wettbewerb treten. Mit Nachdruck wurde verlangt, dass nach 2015 kein Mitgliedstaat mehr von den europäischen Gas- und Stromnetzen abgekoppelt oder mit dem Problem konfrontiert sein sollte, dass seine Energieversorgungssicherheit durch einen Mangel an angemessenen Verbindungen gefährdet ist.

(5) In der Entscheidung Nr. 1364/2006/EG des Europäischen Parlaments und des Rates [5] sind Leitlinien für transeuropäische Energienetze (TEN-E) festgelegt. Ziel dieser Leitlinien ist es, die Vollendung des Energiebinnenmarkts der Union zu unterstützen und gleichzeitig die rationelle Erzeugung, den Transport, die Verteilung und Nutzung von Energie zu fördern, die Isolation benachteiligter Gebiete und Inselregionen zu vermindern, die Energieversorgung, die Energiequellen und die Versorgungswege der Union u. a. durch die Zusammenarbeit mit Drittländern zu sichern und zu diversifizieren und einen Beitrag zur nachhaltigen Entwicklung und zum Umweltschutz zu leisten.

(6) Die Evaluierung des aktuellen TEN-E-Rahmens hat eindeutig gezeigt, dass dieser Rahmen zwar einen positiven Beitrag zu ausgewählten Vorhaben leistet, indem sie diese politisch sichtbar macht, dass es ihr jedoch an Vision, Fokussierung und Flexibilität fehlt, um die festgestellten Infrastrukturlücken zu schließen. Die Union sollte daher ihre Anstrengungen verstärken, um künftige Herausforderungen in diesem Bereich bewältigen zu können; besonders zu berücksichtigen ist hierbei, wie ermittelt werden kann, welche Lücken sich in Zukunft bei der Energienachfrage und -versorgung ergeben.

(7) Eine schnellere Modernisierung der vorhandenen Energieinfrastruktur und eine schnellere

Realisierung neuer Energieinfrastruktur sind entscheidend dafür, dass die Ziele der Energie- und Klimapolitik der Union erreicht werden, insbesondere die Vollendung des Energiebinnenmarkts, die Gewährleistung der Versorgungssicherheit, vor allem bei Gas und Erdöl, die Verringerung der Treibhausgasemissionen um 20 % (30 % unter den richtigen Voraussetzungen), die Steigerung des Anteils erneuerbarer Energien am Endenergieverbrauch auf 20 % [6] und eine Verbesserung der Energieeffizienz um 20 % bis 2020, wobei Fortschritte bei der Energieeffizienz dazu beitragen können, dass weniger neue Infrastrukturen errichtet werden müssen. Gleichzeitig muss die Union ihre Infrastruktur längerfristig auf eine weitere Dekarbonisierung des Energiesystems der Union bis 2050 vorbereiten. Mit dieser Verordnung sollte daher auch künftigen Zielen der Energie- und Klimapolitik der Union Rechnung getragen werden.

(8) Obwohl ein Energiebinnenmarkt in der Richtlinie 2009/72/EG des Europäischen Parlaments und des Rates vom 13. Juli 2009 über gemeinsame Vorschriften für den Elektrizitätsbinnenmarkt [7] und in der Richtlinie 2009/73/EG des Europäischen Parlaments und des Rates vom 13. Juli 2009 über gemeinsame Vorschriften für den Erdgasbinnenmarkt [8] vorgesehen ist, ist der Markt weiterhin zersplittert, weil es keine ausreichenden Verbindungsleitungen zwischen den nationalen Energienetzen gibt und die bestehende Energieinfrastruktur nicht optimal genutzt wird. Unionsweit integrierte Netze und der Ausbau intelligenter Netze sind jedoch von entscheidender Bedeutung, um einen vom Wettbewerb geprägten und ordnungsgemäß funktionierenden integrierten Markt zu gewährleisten, eine optimale Nutzung der vorhandenen Energieinfrastruktur zu erreichen, die Energieeffizienz und die Integration dezentraler erneuerbarer Energieträger zu verbessern und Wachstum, Beschäftigung und nachhaltige Entwicklung zu fördern.

(9) Die Energieinfrastruktur der Union sollte aufgerüstet werden, um technisch bedingten Ausfällen vorzubeugen und die Belastbarkeit der Infrastruktur gegenüber solchen Ausfällen, natürlichen oder von Menschen verursachte Katastrophen, negativen Auswirkungen des Klimawandels und Bedrohungen für ihre Sicherheit zu stärken, was vor allem europäische kritische Infrastrukturen im Sinne der Richtlinie 2008/114/EG des Rates vom 8. Dezember 2008 über die Ermittlung und Ausweisung europäischer kritischer Infrastrukturen und die Bewertung der Notwendigkeit, ihren Schutz zu verbessern [9], betrifft.

(10) Fernleitungen, durch die Erdöl über Land anstatt über den Seeweg transportiert wird, können erheblich dazu beitragen, dass die mit dem Erdöltransport verbundenen Umweltrisiken gemindert werden.

(11) Die Bedeutung intelligenter Netze für das Erreichen der energiepolitischen Ziele der Union wurde in der Mitteilung der Kommission „Intelligente Stromnetze: Von der Innovation zur Realisierung“ vom 12. April 2011 anerkannt.

(12) Energiespeicher sowie Anlagen für die Übernahme, Speicherung und Rückvergasung oder Dekomprimierung von Flüssigerdgas (LNG) und von komprimiertem Erdgas (CNG) spielen im Zusammenhang mit der europäischen Energieinfrastruktur eine immer bedeutendere Rolle. Der Ausbau solcher Energieinfrastrukturanlagen ist ein wichtiger Bestandteil einer gut funktionierenden Netzinfrastruktur.

(13) In der Mitteilung der Kommission „Die EU-Energiepolitik: Entwicklung der Beziehungen zu Partnern außerhalb der EU“ vom 7. September 2011 wurde deutlich gemacht, dass die Union die Förderung der Energieinfrastrukturenwicklung in ihre Außenbeziehungen einbeziehen muss, um die sozioökonomische Entwicklung außerhalb der Union zu unterstützen. Die Union sollte Infrastrukturvorhaben erleichtern, die die Energienetze der Union mit Drittlandsnetzen verbinden, insbesondere mit Nachbarländern und mit Ländern, mit denen die Union eine spezifische Zusammenarbeit im Energiebereich etabliert hat.

(14) Um die Spannungs- und Frequenzstabilität sicherzustellen, sollte insbesondere darauf geachtet werden, dass das europäische Stromnetz unter den sich ändernden Bedingungen stabil bleibt, die durch den stärkeren Umfang eingespeister Energie aus erneuerbaren Energiequellen, die variabel sind, verursacht werden.

(15) Der Investitionsbedarf für die Stromübertragungs- und Gasfernleitungsinfrastruktur von europäischer Bedeutung bis 2020 wurde auf etwa 200 Mrd. EUR geschätzt. Die erhebliche Steigerung des Investitionsvolumens gegenüber vergangenen Trends und die Dringlichkeit der Umsetzung der Energieinfrastrukturprioritäten erfordern einen neuen Ansatz in Bezug auf die Art und Weise, in der vor allem grenzüberschreitende Energieinfrastrukturen reguliert und finanziert werden.

(16) Im Arbeitspapier der Kommissionsdienststellen an den Rat mit dem Titel „Energieinfrastruktur: Investitionsbedarf und -lücken“ vom 10. Juni 2011 wurde hervorgehoben, dass bei ungefähr der Hälfte der für den Zeitraum bis 2020 benötigten gesamten Investitionen die Gefahr besteht, dass sie wegen Hindernissen im Zusammenhang mit der Genehmigungserteilung, Regulierung und Finanzierung überhaupt nicht oder nicht rechtzeitig getätigt werden.

(17) In dieser Verordnung werden Regeln für die rechtzeitige Entwicklung und Interoperabilität der transeuropäischen Energienetze festgelegt, um die energiepolitischen Ziele des Vertrags über die Arbeitsweise der Europäischen Union (AEUV)

zu erreichen, damit das Funktionieren des Energiebinnenmarkts und die Versorgungssicherheit der Union gewährleistet und Energieeffizienz, Energieeinsparungen sowie die Entwicklung neuer und erneuerbarer Energieformen und der Verbund der Energienetze gefördert werden. Mit dem Verfolgen dieser Ziele leistet diese Verordnung einen Beitrag zu intelligentem, nachhaltigem und integrativem Wachstum und bringt in Bezug auf die Wettbewerbsfähigkeit sowie wirtschaftliche, soziale und territoriale Kohäsion Vorteile für die gesamte Union mit sich.

(18) Für die Entwicklung der transeuropäischen Netze und ihre effektive Interoperabilität ist es von entscheidender Bedeutung, die operative Koordinierung der Übertragungsnetzbetreiber sicherzustellen. Um in diesem Zusammenhang einheitliche Bedingungen für die Umsetzung der einschlägigen Bestimmungen der Verordnung (EG) Nr. 714/2009 des Europäischen Parlaments und des Rates vom 13. Juli 2009 über die Netzzugangsbedingungen für den grenzüberschreitenden Stromhandel [10] zu gewährleisten, sollten der Kommission Durchführungsbefugnisse übertragen werden. Diese Befugnisse sollten im Einklang mit der Verordnung (EU) Nr. 182/2011 des Europäischen Parlaments und des Rates vom 16. Februar 2011 zur Festlegung der allgemeinen Regeln und Grundsätze, nach denen die Mitgliedstaaten die Wahrnehmung der Durchführungsbefugnisse durch die Kommission kontrollieren [11], ausgeübt werden. Das Prüfverfahren sollte für den Erlass von Leitlinien für die Umsetzung der operativen Koordinierung der Übertragungsnetzbetreiber auf Unionsebene angewandt werden, weil diese Leitlinien generell für alle Übertragungsnetzbetreiber gelten werden.

(19) Der Agentur für die Zusammenarbeit der Energieregulierungsbehörden (im Folgenden „Agentur“), die durch die Verordnung (EG) Nr. 713/2009 des Europäischen Parlaments und des Rates [12] gegründet wurde, werden wichtige zusätzliche Aufgaben zugewiesen, und ihr sollte das Recht eingeräumt werden, für einige dieser zusätzlichen Aufgaben Gebühren zu erheben.

(20) Nach engen Konsultationen mit allen Mitgliedstaaten und den betroffenen Kreisen hat die Kommission 12 strategische transeuropäische Energieinfrastrukturprioritäten ermittelt, deren Umsetzung bis 2020 für das Erreichen der Energie- und Klimapolitikziele der Union unerlässlich ist. Diese Prioritäten umfassen verschiedene geografische Regionen oder thematische Gebiete im Bereich der Stromübertragungs-, Stromspeicher-, Gasfernleitungs-, Gasspeicher- und Flüssiggas- oder Druckgasinfrastruktur, intelligenter Netze, Stromautobahnen, der Kohlendioxidtransportinfrastruktur und der Erdölinfrastruktur.

(21) Vorhaben von gemeinsamem Interesse sollten mit Blick auf deren Beitrag zu den energiepolitischen Zielen gemeinsame, transparente und objektive Kriterien erfüllen. Hinsichtlich Strom und Gas sollten Vorhaben Teil des letzten verfügbaren Zehnjahresnetzentwicklungsplans sein, damit sie in die zweite und die folgenden Unionslisten aufgenommen werden können. Dieser Plan sollte insbesondere die Schlussfolgerungen der Tagung des Europäischen Rates vom 4. Februar 2011 dahingehend berücksichtigen, dass periphere Energiemärkte integriert werden müssen.

(22) Es sollten regionale Gruppen eingerichtet werden, die Vorhaben von gemeinsamem Interesse vorschlagen und überprüfen, sodass anschließend regionale Listen der Vorhaben von gemeinsamem Interesse erstellt werden können. Um einen breiten Konsens sicherzustellen, sollten diese regionalen Gruppen für eine enge Zusammenarbeit zwischen den Mitgliedstaaten, nationalen Regulierungsbehörden, Vorhabenträgern und maßgeblichen betroffenen Kreisen sorgen. Die Zusammenarbeit sollte soweit wie möglich auf den vorhandenen Strukturen zur regionalen Zusammenarbeit der nationalen Regulierungsbehörden und der Übertragungs- bzw. Fernleitungsnetzbetreiber sowie auf anderen von den Mitgliedstaaten und der Kommission geschaffenen Strukturen beruhen. Bei dieser Zusammenarbeit sollten die nationalen Regulierungsbehörden erforderlichenfalls die regionalen Gruppen beraten, unter anderem im Hinblick auf die Durchführbarkeit der regulatorischen Aspekte der vorgeschlagenen Vorhaben und die Durchführbarkeit der vorgeschlagenen Zeitpläne für die Genehmigungen durch die Regulierungsbehörden.

(23) Um sicherzustellen, dass die Unionsliste der Vorhaben von gemeinsamem Interesse (im Folgenden „Unionsliste“) auf Vorhaben beschränkt ist, die den größten Beitrag zur Realisierung der vorrangigen strategischen Energieinfrastrukturkorridore und -gebiete leisten, sollte die Befugnis zur Festlegung und Überprüfung der Unionsliste der Kommission gemäß Artikel 290 AEUV übertragen werden, wobei das Recht der Mitgliedstaaten gewahrt wird, Vorhaben von gemeinsamem Interesse, die ihr Hoheitsgebiet betreffen, zu genehmigen. Aus der Analyse der Folgenabschätzung, die dem Vorschlag, der zu dieser Verordnung geführt hat, beigefügt war, geht hervor, dass die Zahl solcher Vorhaben im Stromsektor auf etwa 100 und im Gassektor auf 50 geschätzt wird. Angesichts dieser Schätzung und der Notwendigkeit, das Erreichen der Ziele dieser Verordnung zu gewährleisten, sollte die Gesamtzahl der Vorhaben von gemeinsamem Interesse überschaubar bleiben und zu bewältigen sein und nicht erheblich über 220 liegen. Bei der Vorbereitung und Ausarbeitung delegierter Rechtsakte sollte die Kommission gewährleisten, dass die

einschlägigen Dokumente dem Europäischen Parlament und dem Rat gleichzeitig, rechtzeitig und auf angemessene Weise übermittelt werden.

(24) Alle zwei Jahre sollte eine neue Unionsliste festgelegt werden. Vorhaben von gemeinsamem Interesse, die abgeschlossen sind oder nicht mehr die in dieser Liste vorgesehenen einschlägigen Kriterien und Anforderungen erfüllen, sollten in der nächsten Unionsliste nicht mehr aufgeführt werden. Daher sollten die bestehenden Vorhaben von gemeinsamem Interesse, die in die nächste Unionsliste aufgenommen werden sollen, dem gleichen Auswahlverfahren für die Erstellung regionaler Listen und für die Erstellung der Unionsliste unterliegen wie vorgeschlagene Vorhaben; zu beachten ist jedoch, dass sich der dadurch bedingte Verwaltungsaufwand nach Möglichkeit auf ein Mindestmaß beschränkt, indem z. B. die bereits früher übermittelten Informationen soweit wie möglich ausgewertet und die Jahresberichte der Vorhabenträger herangezogen werden.

(25) Vorhaben von gemeinsamem Interesse sollten so schnell wie möglich realisiert und sorgfältig überwacht und evaluiert werden, wobei der Verwaltungsaufwand für die Vorhabenträger auf ein Mindestmaß zu beschränken ist. Die Kommission sollte für Vorhaben von gemeinsamem Interesse, bei denen es besondere Schwierigkeiten gibt, europäische Koordinatoren benennen.

(26) Die Genehmigungsverfahren sollten weder zu Verwaltungsaufwand führen, der gemessen an der Größe oder der Komplexität eines Vorhabens unverhältnismäßig ist, noch Hindernisse für die Entwicklung der transeuropäischen Netze und den Marktzugang schaffen. In den Schlussfolgerungen der Tagung des Rates vom 19. Februar 2009 wurde hervorgehoben, dass Investitionshindernisse ermittelt und beseitigt werden müssen, auch durch die Straffung der Planungs- und Anhörungsverfahren. Diese Schlussfolgerungen erhielten zusätzliches Gewicht durch die Schlussfolgerungen des Europäischen Rates vom 4. Februar 2011, in denen erneut auf die Bedeutung der Straffung und der Verbesserung der Genehmigungsverfahren unter Beachtung der nationalen Zuständigkeiten hingewiesen wurde.

(27) Die Planung und Umsetzung von Infrastrukturvorhaben der Union von gemeinsamem Interesse in den Bereichen Energie, Verkehr und Telekommunikation sollte koordiniert werden, um dort Synergien zu erzeugen, wo dies insgesamt in wirtschaftlicher, technischer, umweltpolitischer und raumplanerischer Hinsicht sowie unter angemessener Berücksichtigung der relevanten Sicherheitsaspekte sinnvoll ist. Auf diese Weise könnte bei der Planung der verschiedenen europäischen Netze der Integration von Verkehrs-, Kommunikations- und Energienetzen Vorrang eingeräumt werden, damit ein möglichst geringer Flächenverbrauch sichergestellt und nach Möglichkeit stets auf die Wiederverwendung bereits bestehender und/oder stillgelegter Trassen zurückgegriffen wird, um sozioökonomische, ökologische und finanzielle Belastungen auf ein Mindestmaß zu beschränken.

(28) Vorhaben von gemeinsamem Interesse sollten auf nationaler Ebene einen „Vorrangstatus“ erhalten, um eine rasche verwaltungstechnische Bearbeitung sicherzustellen. Vorhaben von gemeinsamem Interesse sollten von den zuständigen Behörden als Vorhaben betrachtet werden, die im öffentlichen Interesse sind. Für Vorhaben mit negativen Auswirkungen auf die Umwelt sollte eine Genehmigung aus Gründen des überwiegenden öffentlichen Interesses erteilt werden, wenn alle Voraussetzungen gemäß der Richtlinie 92/43/EWG des Rates vom 21. Mai 1992 zur Erhaltung der natürlichen Lebensräume sowie der wildlebenden Tiere und Pflanzen [13] und der Richtlinie 2000/60/EG des Europäischen Parlaments und des Rates vom 23. Oktober 2000 zur Schaffung eines Ordnungsrahmens für Maßnahmen der Gemeinschaft im Bereich der Wasserpolitik [14] erfüllt sind.

(29) Die Schaffung einer oder mehrerer zuständiger Behörden, die alle Genehmigungsverfahren zusammenführen oder koordinieren (im Folgenden „einzige Anlaufstellen“), sollte die Komplexität mindern, die Effizienz und Transparenz verbessern und zu einer besseren Zusammenarbeit zwischen den Mitgliedstaaten beitragen. Nach ihrer Benennung sollten die zuständigen Behörden so rasch wie möglich ihre Tätigkeit aufnehmen.

(30) Obwohl es etablierte Standards für die Beteiligung der Öffentlichkeit an ökologischen Entscheidungsfindungsverfahren gibt, sind zusätzliche Maßnahmen erforderlich, um für alle relevanten Angelegenheiten im Genehmigungsverfahren für Vorhaben von gemeinsamem Interesse die höchstmöglichen Standards in Bezug auf Transparenz und die Beteiligung der Öffentlichkeit sicherzustellen.

(31) Für die Harmonisierung der wichtigsten Grundsätze für die Umweltverträglichkeitsprüfung, auch in einem grenzüberschreitenden Rahmen, sollte dadurch gesorgt werden, dass die Richtlinie 2011/92/EU des Europäischen Parlaments und des Rates vom 13. Dezember 2011 über die Umweltverträglichkeitsprüfung bei bestimmten öffentlichen und privaten Projekten [15], gegebenenfalls die Richtlinie 2001/42/EG des Europäischen Parlaments und des Rates vom 27. Juni 2001 über die Prüfung der Umweltauswirkungen bestimmter Pläne und Programme [16], das Übereinkommen über den Zugang zu Informationen, die Öffentlichkeitsbeteiligung an Entscheidungsverfahren und den Zugang zu Gerichten in Umweltangelegenheiten, unterzeichnet in Aarhus am 25. Juni 1998 [17] (im Folgenden „Übereinkommen von Aarhus“) und das Übereinkommen von

Espoo über die Umweltverträglichkeitsprüfung im grenzüberschreitenden Rahmen (im Folgenden „Übereinkommen von Espoo") korrekt und koordiniert durchgeführt werden. Die Mitgliedstaaten sollten bei Vorhaben von gemeinsamem Interesse ihre Prüfungen abstimmen und, soweit möglich, gemeinsame Prüfungen vorsehen. Die Mitgliedstaaten sollten ermutigt werden, sich über bewährte Verfahren und den Aufbau von Verwaltungskapazitäten im Bereich Genehmigungsverfahren auszutauschen.

(32) Wichtig ist, dass die Genehmigungsverfahren gestrafft und verbessert werden, wobei die nationalen Zuständigkeiten und Verfahren im Zusammenhang mit dem Bau neuer Infrastrukturen so weit wie möglich berücksichtigt werden sollten, um dem Subsidiaritätsprinzip gebührend Rechnung zu tragen. Angesichts der Dringlichkeit, die hinsichtlich der Entwicklung der Energieinfrastrukturen geboten ist, sollte die Vereinfachung der Genehmigungsverfahren mit einer eindeutigen Frist für die Entscheidung der jeweiligen Behörden über den Bau des Vorhabens einhergehen. Diese Frist sollte zu einer effizienteren Festlegung und Handhabung der Verfahren und in keinem Fall zu Abstrichen bei den hohen Standards für den Umweltschutz und die Beteiligung der Öffentlichkeit führen. Was die in dieser Verordnung festgelegten Höchstfristen anbelangt, können die Mitgliedstaaten gleichwohl eine weitere Verkürzung dieser Fristen anstreben, sofern dies durchführbar ist. Die zuständigen Behörden sollten die Einhaltung der Fristen sicherstellen, und die Mitgliedstaaten sollten dafür Sorge tragen, dass Rechtsmittel gegen die materiellrechtliche oder verfahrensrechtliche Rechtmäßigkeit einer umfassenden Entscheidung so effizient wie möglich behandelt werden.

(33) Soweit die Mitgliedstaaten es für angebracht halten, können sie Entscheidungen in die umfassende Entscheidung aufnehmen, die in den folgenden Fällen getroffen wurden: Verhandlungen mit Grundeigentümern über die Gewährung von Zugang zu Grundstücken, die eigentumsrechtliche Übertragung von Grundstücken und die Gewährung des Rechts auf Nutzung von Grundstücken; Raumplanung, in deren Rahmen die allgemeine Flächennutzung in einem bestimmten Gebiet festgelegt wird, die andere Vorhaben wie Autobahnen, Eisenbahnstrecken, Gebäude und Naturschutzgebiete umfasst und die nicht für die spezifischen Zwecke des geplanten Vorhabens durchgeführt wird; Erteilung von Betriebsgenehmigungen. Im Rahmen der Genehmigungsverfahren können bei einem Vorhaben von gemeinsamem Interesse dazugehörige Infrastrukturen insoweit einbezogen werden, als sie für den Bau und das Funktionieren dieses Vorhabens wesentlich sind.

(34) Diese Verordnung, insbesondere die Bestimmungen über die Genehmigungserteilung, die Beteiligung der Öffentlichkeit und die Durchführung von Vorhaben von gemeinsamem Interesse, sollte unbeschadet des Völker- und Unionsrechts, einschließlich der Bestimmungen zum Schutz der Umwelt und der menschlichen Gesundheit sowie der im Rahmen der Gemeinsamen Fischerei- und Meerespolitik erlassenen Bestimmungen, gelten.

(35) Die Kosten für die Entwicklung, den Bau, den Betrieb oder die Instandhaltung eines Vorhabens von gemeinsamem Interesse sollten generell vollständig von den Nutzern der Infrastruktur getragen werden. Vorhaben von gemeinsamem Interesse sollten für eine grenzüberschreitende Kostenaufteilung in Betracht kommen, wenn eine Bewertung der Marktnachfrage oder der erwarteten Auswirkungen auf die Tarife ergibt, dass die Kosten voraussichtlich nicht durch die von den Nutzern der Infrastruktur entrichteten Tarife gedeckt werden können.

(36) Als Grundlage für die Erörterung der angemessenen Kostenaufteilung sollte die Kosten-Nutzen-Analyse eines Infrastrukturvorhabens herangezogen werden, und zwar auf der Basis einer harmonisierten Methode für eine energiesystemweite Analyse im Rahmen der Zehnjahresnetzentwicklungspläne, die vom Europäischen Verbund der Übertragungsnetzbetreiber und vom Europäischen Verbund der Fernleitungsnetzbetreiber gemäß der Verordnung (EG) Nr. 714/2009 und der Verordnung (EG) Nr. 715/2009 des Europäischen Parlaments und des Rates vom 13. Juli 2009 über die Bedingungen für den Zugang zu den Erdgasfernleitungsnetzen [18] erstellt und von der Agentur überprüft werden. Bei dieser Analyse könnten Indikatoren und entsprechende Referenzwerte für einen Vergleich der Investitionskosten pro Einheit berücksichtigt werden.

(37) In einem zunehmend integrierten Energiebinnenmarkt sind klare und transparente Regeln für die grenzüberschreitende Kostenaufteilung erforderlich, um die Investitionen in grenzüberschreitende Infrastrukturen zu beschleunigen. Auf der Tagung des Europäischen Rates vom 4. Februar 2011 wurde erneut daran erinnert, dass ein Regulierungsrahmen gefördert werden muss, der Investitionen in die Netze attraktiv macht, wobei die Tarife entsprechend dem Finanzierungsbedarf und der angemessenen Kostenaufteilung bei grenzüberschreitenden Investitionen festgelegt und gleichzeitig der Wettbewerb und die Wettbewerbsfähigkeit gesteigert werden und den Auswirkungen auf die Verbraucher Rechnung getragen wird. Bei den Entscheidungen über die grenzüberschreitende Kostenaufteilung sollten die nationalen Regulierungsbehörden dafür sorgen, dass die Verbraucher durch deren Auswirkungen auf die nationalen Tarife nicht unverhältnismäßig belastet werden. Zudem sollten die nationalen Regulierungsbehörden die Gefahr der doppelten Förderung von Vorhaben vermeiden, indem sie die tatsächlichen oder die veranschlagten Entgelte und

Erlöse berücksichtigen. Diese Entgelte und Erlöse sollten nur insoweit berücksichtigt werden, als sie der Deckung der betreffenden Kosten dienen, und so weit wie möglich mit den Vorhaben in Verbindung stehen. Werden bei einem Investitionsantrag die Vorteile, die außerhalb der Grenzen der betreffenden Mitgliedstaaten eintreten, berücksichtigt, sollten die nationalen Regulierungsbehörden die betreffenden Übertragungs- bzw. Fernleitungsnetzbetreiber zu den Ergebnissen der vorhabensspezifischen Kosten-Nutzen-Analyse anhören.

(38) Das bestehende Recht für den Energiebinnenmarkt schreibt vor, dass Tarife für den Zugang zu Gas- und Stromnetzen angemessene Investitionsanreize bieten. Bei der Anwendung des Rechts für den Energiebinnenmarkt sollten die nationalen Regulierungsbehörden für einen stabilen und berechenbaren Regulierungsrahmen mit Anreizen für Vorhaben von gemeinsamem Interesse sorgen, einschließlich langfristiger Anreize, die dem besonderen Risikograd des jeweiligen Vorhabens entsprechen. Dies gilt insbesondere für innovative Stromübertragungstechnologien, die eine in großem Maßstab erfolgende Integration erneuerbarer Energien, dezentraler Energieressourcen oder der Laststeuerung in miteinander verbundenen Netzen ermöglichen, und im Gassektor für die Gasfernleitungsinfrastruktur, die dem Markt eine größere Kapazität oder zusätzliche Flexibilität für den kurzfristigen Handel oder die Reserveversorgung bei Versorgungsunterbrechungen zur Verfügung stellt.

(39) Diese Verordnung gilt nur für die Erteilung von Genehmigungen für Vorhaben von gemeinsamem Interesse im Sinne dieser Verordnung, die Beteiligung der Öffentlichkeit an diesen Vorhaben und deren Regulierung. Die Mitgliedstaaten können unbeschadet dessen im Rahmen des Geltungsbereichs dieser Verordnung in ihrem nationalen Recht gleiche oder ähnliche Regelungen für Vorhaben vorsehen, die keine Vorhaben von gemeinsamem Interesse sind. Im Zusammenhang mit den Regulierungsanreizen können Mitgliedstaaten in ihrem nationalen Recht gleiche oder ähnliche Regelungen für Vorhaben von gemeinsamem Interesse vorsehen, die unter die Kategorie Stromspeicheranlagen fallen.

(40) Mitgliedstaaten, die im Rahmen von Genehmigungsverfahren zurzeit keinen national höchstmöglichen Status für Energieinfrastrukturvorhaben vorsehen, sollten die Einführung eines solchen Status in Betracht ziehen und dabei insbesondere prüfen, ob hierdurch eine Beschleunigung der Genehmigungsverfahren bewirkt würde.

(41) Das durch die Verordnung (EG) Nr. 663/2009 des Europäischen Parlaments und des Rates [19] geschaffene Europäische Programm zur Konjunkturbelebung (EEPR) hat gezeigt, dass die Mobilisierung privater Mittel durch eine erhebliche finanzielle Unterstützung der Union zu einem Mehrwert führt und die Durchführung von Vorhaben von europäischer Bedeutung ermöglicht. Auf der Tagung des Europäischen Rates vom 4. Februar 2011 wurde anerkannt, dass für einige Energieinfrastrukturvorhaben in beschränktem Ausmaß eine Finanzierung aus öffentlichen Mitteln erforderlich sein kann, damit auch private Mittel mobilisiert werden. Vor dem Hintergrund der Wirtschafts- und Finanzkrise und der Haushaltszwänge sollte im Wege des nächsten mehrjährigen Finanzrahmens eine gezielte Unterstützung durch Finanzhilfen und Finanzierungsinstrumente konzipiert werden, die neue Investoren für Investitionen in die vorrangigen Energieinfrastrukturkorridore und -gebiete anzieht und gleichzeitig den Haushaltsbeitrag der Union auf ein Minimum beschränkt. Bei den einschlägigen Maßnahmen sollte auf Erfahrungen aus der Pilotphase der Projektbonds zur Finanzierung von Infrastrukturvorhaben zurückgegriffen werden.

(42) Vorhaben von gemeinsamem Interesse in den Bereichen Strom, Gas und Kohlendioxid sollten für eine finanzielle Unterstützung der Union in Form von Finanzhilfen oder in Form von innovativen Finanzierungsinstrumenten gemäß der einschlägigen Verordnung zur Schaffung der Fazilität „Connecting Europe“ für Studien und unter bestimmten Voraussetzungen für Arbeiten zur Auswahl stehen, sobald die entsprechenden Mittel zur Verfügung stehen. Dadurch wird sichergestellt, dass eine maßgeschneiderte Unterstützung für jene Vorhaben von gemeinsamem Interesse bereitgestellt werden kann, die mit dem bestehenden Regulierungsrahmen und unter den gegebenen Marktbedingungen nicht tragfähig sind. Es ist wichtig, jede Wettbewerbsverzerrung zu vermeiden, insbesondere zwischen Vorhaben, die der Verwirklichung ein und desselben vorrangigen Korridors der Union dienen. Durch eine solche finanzielle Unterstützung sollten die erforderlichen Synergien mit den Strukturfonds sichergestellt werden, mit denen intelligente Energieverteilernetze von lokaler oder regionaler Bedeutung finanziert werden. Für Investitionen in Vorhaben von gemeinsamem Interesse gilt ein dreistufiger Ansatz. Erstens: Marktinvestitionen sollten Vorrang haben. Zweitens: Werden die Investitionen nicht über den Markt getätigt, sollten Regulierungsmaßnahmen geprüft werden, erforderlichenfalls sollte der einschlägige Regulierungsrahmen angepasst und die ordnungsgemäße Anwendung des einschlägigen Regulierungsrahmens sichergestellt werden. Drittens: Reichen die ersten beiden Schritte nicht aus, um die erforderlichen Investitionen für Vorhaben von gemeinsamem Interesse bereitzustellen, kann finanzielle Unterstützung der Union gewährt werden, wenn das Vorhaben von gemeinsamem Interesse die anzuwendenden Auswahlkriterien erfüllt.

(43) Da das Ziel dieser Verordnung, nämlich die Entwicklung und die Interoperabilität transeuropäischer Energienetze und die Anbindung an solche Netze, auf Ebene der Mitgliedstaaten nicht ausreichend verwirklicht werden kann und daher besser auf Unionsebene zu verwirklichen ist, kann die Union im Einklang mit dem in Artikel 5 des Vertrags über die Europäische Union niedergelegten Subsidiaritätsprinzip tätig werden. Entsprechend dem in demselben Artikel genannten Grundsatz der Verhältnismäßigkeit geht diese Verordnung nicht über das für die Erreichung dieses Ziels erforderliche Maß hinaus.

(44) Die Verordnungen (EG) Nr. 713/2009, (EG) Nr. 714/2009 und (EG) Nr. 715/2009 sollten daher entsprechend geändert werden.

(45) Die Entscheidung Nr. 1364/2006/EG ist daher aufzuheben —

[1] ABl. C 143 vom 22.5.2012, S. 125.
[2] ABl. C 277 vom 13.9.2012, S. 137.
[3] Standpunkt des Europäischen Parlaments vom 12. März 2013 (noch nicht im Amtsblatt veröffentlicht) und Beschluss des Rates vom 21. März 2013.
[4] Entschließung des Europäischen Parlaments vom 5. Juli 2011 zu dem Thema „Energieinfrastrukturprioritäten bis 2020 und danach" (ABl. C 33 vom 5.2.2013, S. 46.)
[5] ABl. L 262 vom 22.9.2006, S. 1.
[6] Richtlinie 2009/28/EG des Europäischen Parlaments und des Rates vom 23. April 2009 zur Förderung der Nutzung von Energie aus erneuerbaren Quellen (ABl. L 140 vom 5.6.2009, S. 16).
[7] ABl. L 211 vom 14.8.2009, S. 55.
[8] ABl. L 211 vom 14.8.2009, S. 94.
[9] ABl. L 345 vom 23.12.2008, S. 75.
[10] ABl. L 211 vom 14.8.2009, S. 15.
[11] ABl. L 55 vom 28.2.2011, S. 13.
[12] ABl. L 211 vom 14.8.2009, S. 1.
[13] ABl. L 206 vom 22.7.1992, S. 7.
[14] ABl. L 327 vom 22.12.2000, S. 1.
[15] ABl. L 26 vom 28.1.2012, S. 1.
[16] ABl. L 197 vom 21.7.2001, S. 30.
[17] ABl. L 124 vom 17.5.2005, S. 4.
[18] ABl. L 211 vom 14.8.2009, S. 36.
[19] ABl. L 200 vom 31.7.2009, S. 31.

KAPITEL I
ALLGEMEINE BESTIMMUNGEN

Artikel 1
Gegenstand und Anwendungsbereich

(1) In dieser Verordnung werden Leitlinien für die rechtzeitige Entwicklung und Interoperabilität vorrangiger transeuropäischer Energieinfrastrukturkorridore und -gebiete, die in Anhang I aufgeführt sind, festgelegt (im Folgenden „vorrangige Energieinfrastrukturkorridore und -gebiete").

(2) Diese Verordnung:

a) behandelt die Identifizierung von Vorhaben von gemeinsamem Interesse, die für die Realisierung von vorrangigen Korridoren und Gebieten erforderlich sind und unter die in Anhang II aufgeführten Energieinfrastrukturkategorien für Strom, Gas, Erdöl und Kohlendioxid fallen (im Folgenden „Energieinfrastrukturkategorien");

b) erleichtert die rechtzeitige Durchführung von Vorhaben von gemeinsamem Interesse durch die Straffung, engere Koordinierung und Beschleunigung der Genehmigungsverfahren und durch eine größere Beteiligung der Öffentlichkeit;

c) sieht Regeln und Leitfäden für die grenzüberschreitende Kostenaufteilung und für risikobezogene Anreize für Vorhaben von gemeinsamem Interesse vor;

d) legt die Bedingungen dafür, dass Vorhaben von gemeinsamem Interesse für eine finanzielle Unterstützung durch die Union in Betracht kommen, fest.

Artikel 2
Begriffsbestimmungen

Für die Zwecke dieser Verordnung gelten zusätzlich zu den Begriffsbestimmungen in den Richtlinien 2009/28/EG, 2009/72/EG und 2009/73/EG, den Verordnungen (EG) Nr. 713/2009, (EG) Nr. 714/2009 und (EG) Nr. 715/2009 die folgenden Begriffsbestimmungen:

1. „Energieinfrastruktur" bezeichnet jede materielle Ausrüstung oder Anlage, die unter die Energieinfrastrukturkategorien fällt und sich in der Union befindet oder die Union mit einem oder mehr als einem Drittland verbindet;

2. „umfassende Entscheidung" bezeichnet die von einer Behörde oder mehreren Behörden eines Mitgliedstaats — außer Gerichten — getroffene Entscheidung oder Reihe von Entscheidungen darüber, ob einem Vorhabenträger die Genehmigung für den Bau der Energieinfrastruktur für ein Vorhaben erteilt wird, unbeschadet etwaiger Entscheidungen, die in einem Rechtsbehelfsverfahren vor Verwaltungsbehörden getroffen werden;

3. „Vorhaben" bezeichnet eine oder mehrere Leitungen, Rohrleitungen, Einrichtungen, Ausrüstungen oder Anlagen, die unter die Infrastrukturkategorien fallen;

4. „Vorhaben von gemeinsamem Interesse" bezeichnet ein Vorhaben, das für die Realisierung der in Anhang I aufgeführten vorrangigen Energieinfrastrukturkorridore und -gebiete erforderlich ist und das Bestandteil der in Artikel 3 genannten Unionsliste der Vorhaben von gemeinsamem Interesse ist;

5. „Energieinfrastrukturengpass" bezeichnet die Beeinträchtigung der Lastflüsse in einem Energiesystem aufgrund unzureichender Übertragungskapazitäten, die unter anderem auf nicht vorhandene Infrastrukturen zurückzuführen sind;

6. „Vorhabenträger" bezeichnet

a) einen Übertragungs- bzw. Fernleitungsnetzbetreiber oder Verteilernetzbetreiber oder sonstigen Betreiber oder Investor, der ein Vorhaben von gemeinsamem Interesse entwickelt oder

b) im Falle mehrerer Übertragungs- bzw. Fernleitungsnetzbetreiber, Verteilernetzbetreiber, sonstiger Betreiber, Investoren oder einer Gruppe dieser Akteure, diejenige Einrichtung mit Rechtspersönlichkeit nach dem geltendem nationalen Recht, die durch eine vertragliche Vereinbarung zwischen ihnen benannt wurde und die befugt ist, im Namen der Parteien der vertraglichen Vereinbarung rechtliche Verpflichtungen einzugehen und für sie die finanzielle Haftung zu übernehmen;

7. „intelligentes Stromnetz" bezeichnet ein Stromnetz, das auf kosteneffiziente Weise das Verhalten und die Handlungen aller daran angeschlossenen Nutzer — einschließlich Erzeuger, Verbraucher und Akteure, die sowohl Erzeuger als auch Verbraucher sind — integrieren kann, damit ein wirtschaftlich effizientes und nachhaltiges Stromnetz mit geringen Verlusten, hoher Qualität, großer Versorgungssicherheit und hoher technischer Sicherheit gewährleistet wird;

8. „Arbeiten" bezeichnet den Erwerb, die Lieferung und den Einsatz von Komponenten, Systemen und Dienstleistungen, einschließlich Software, die Durchführung der ein Vorhaben betreffenden Entwicklungs-, Bau- und Herstellungstätigkeiten, die Bauabnahme und die Inbetriebnahme eines Vorhabens;

9. „Studien" bezeichnen die zur Vorbereitung der Durchführung eines Vorhabens erforderlichen Tätigkeiten, wie Vorstudien, Durchführbarkeits-, Evaluierungs-, Prüf- und Validierungsstudien, einschließlich Software, und jede andere technische Unterstützungsmaßnahme, einschließlich der Vorarbeiten zur Festlegung und Entwicklung eines Vorhabens und für die Entscheidungen über die Finanzierung, wie etwa Erkundung der betreffenden Standorte und Vorbereitung des Finanzierungspakets;

10. „nationale Regulierungsbehörde" bezeichnet eine nationale Regulierungsbehörde, die gemäß Artikel 35 Absatz 1 der Richtlinie 2009/72/EG oder gemäß Artikel 39 Absatz 1 der Richtlinie 2009/73/EG benannt wird;

11. „Inbetriebnahme" bezeichnet den Vorgang, bei dem ein Vorhaben nach seiner Fertigstellung in Betrieb genommen wird.

KAPITEL II
VORHABEN VON GEMEINSAMEM INTERESSE

Artikel 3
Unionsliste der Vorhaben von gemeinsamem Interesse

(1) In dieser Verordnung werden zwölf regionale Gruppen (im Folgenden „Gruppen") im Sinne von Anhang III Nummer 1 festgelegt. Die Mitgliedschaft in jeder Gruppe beruht auf dem jeweiligen vorrangigen Korridor, dem jeweiligen vorrangigen Gebiet und dem jeweils dazugehörigen geografischen Gebiet gemäß Anhang I. In den Gruppen verfügen nur die Mitgliedstaaten und die Kommission über Entscheidungsbefugnisse und werden als Entscheidungsgremium der Gruppen bezeichnet.

(2) Jede Gruppe erlässt unter Beachtung der in Anhang III festgelegten Bedingungen ihre eigene Geschäftsordnung.

(3) Das Entscheidungsgremium jeder Gruppe beschließt eine regionale Liste der vorgeschlagenen Vorhaben von gemeinsamem Interesse, die gemäß dem in Anhang III Nummer 2 beschriebenen Verfahren anhand des Beitrags eines jeden Vorhabens zur Realisierung der vorrangigen Energieinfrastrukturkorridore und -gebiete und anhand deren Einhaltung der in Artikel 4 festgelegten Kriterien erstellt wird.

Wenn eine Gruppe ihre regionale Liste erstellt,

a) bedarf jeder einzelne Vorschlag für ein Vorhaben von gemeinsamem Interesse der Genehmigung durch die Mitgliedstaaten, deren Hoheitsgebiet das Vorhaben betrifft; beschließt ein Mitgliedstaat, diese Genehmigung nicht zu erteilen, legt er der betreffenden Gruppe eine angemessene Begründung hierfür vor;

b) berücksichtigt sie die Empfehlungen der Kommission, die darauf abzielen, dass die Gesamtzahl an Vorhaben von gemeinsamem Interesse überschaubar bleibt und bewältigt werden kann.

(4) Vorbehaltlich des Artikels 172 Absatz 2 AEUV wird der Kommission die Befugnis übertragen, gemäß Artikel 16 in Bezug auf die Erstellung einer Unionsliste der Vorhaben von gemeinsamem Interesse (im Folgenden „Unionsliste"), delegierte Rechtsakte zu erlassen. Die Unionsliste wird dieser Verordnung in Form eines Anhangs beigefügt.

Bei der Ausübung ihrer Befugnisse stellt die Kommission sicher, dass die Unionsliste alle zwei Jahre auf der Grundlage der von den Entscheidungsgremien der Gruppen gemäß Anhang III Nummer 1 Absatz 2 beschlossenen regionalen Listen und nach dem in Absatz 3 dieses Artikels festgelegten Verfahrens erstellt wird.

Die erste Unionsliste wird bis zum 30. September 2013 verabschiedet.

(5) Bei der Annahme der Unionsliste auf der Grundlage der regionalen Listen

a) stellt die Kommission sicher, dass nur solche Vorhaben aufgenommen werden, die die Kriterien gemäß Artikel 4 erfüllen;

b) stellt die Kommission die überregionale Kohärenz sicher und berücksichtigt dabei die Stellungnahme der Agentur gemäß Anhang III Nummer 2 Absatz 12;

c) berücksichtigt die Kommission die Stellungnahmen der Mitgliedstaaten gemäß Anhang III Nummer 2 Absatz 9 und

d) ist die Kommission bestrebt, dass die Gesamtzahl an Vorhaben von gemeinsamem Interesse auf der Unionsliste überschaubar bleibt und bewältigt werden kann.

(6) Vorhaben von gemeinsamem Interesse, die in die Unionsliste gemäß Absatz 4 dieses Artikels aufgenommen sind, werden zu einem festen Bestandteil der entsprechenden regionalen Investitionspläne nach Artikel 12 der Verordnungen (EG) Nr. 714/2009 und (EG) Nr. 715/2009 sowie der entsprechenden nationalen Zehnjahresnetzentwicklungspläne nach Artikel 22 der Richtlinien 2009/72/EG und 2009/73/EG und gegebenenfalls anderer betroffener nationaler Infrastrukturpläne. Diese Vorhaben erhalten innerhalb dieser Pläne die höchstmögliche Priorität.

Artikel 4
Kriterien für Vorhaben von gemeinsamem Interesse

(1) Vorhaben von gemeinsamem Interesse erfüllen die folgenden allgemeinen Kriterien:

a) Das Vorhaben ist für mindestens einen bzw. eines der vorrangigen Energieinfrastrukturkorridore und -gebiete erforderlich;

b) der potenzielle Gesamtnutzen des anhand der in Absatz 2 aufgeführten jeweiligen spezifischen Kriterien bewerteten Vorhabens übersteigt, auch langfristig, seine Kosten und

c) das Vorhaben erfüllt eines der nachfolgenden Kriterien:

i) es sind mindestens zwei Mitgliedstaaten dadurch beteiligt, dass es die Grenze zweier oder mehrerer Mitgliedstaaten direkt quert,

ii) es befindet sich im Hoheitsgebiet eines Mitgliedstaats und hat erhebliche grenzüberschreitende Auswirkungen im Sinne von Anhang IV Nummer 1,

iii) es quert die Grenze von mindestens einem Mitgliedstaat und einem Staat des Europäischen Wirtschaftsraums.

(2) Für Vorhaben von gemeinsamem Interesse innerhalb von spezifischen Energieinfrastrukturkategorien gelten die folgenden spezifischen Kriterien:

a) bei Stromübertragungs- und -speichervorhaben, die unter die in Anhang II Nummer 1 Buchstaben a bis d genannten Energieinfrastrukturkategorien fallen, trägt das Vorhaben erheblich zu mindestens einem der folgenden spezifischen Kriterien bei:

i) Marktintegration, unter anderem durch die Beseitigung der Isolation mindestens eines Mitgliedstaats und die Verringerung der Energieinfrastrukturengpässe; Wettbewerb und Systemflexibilität,

ii) Nachhaltigkeit, unter anderem durch die Einspeisung erneuerbarer Energie in das Netz und die Übertragung von erneuerbar erzeugtem Strom zu großen Verbrauchszentren und Speicheranlagen,

iii) Versorgungssicherheit, unter anderem durch Interoperabilität, angemessene Verbindungen und einen sicheren und zuverlässigen Netzbetrieb;

b) bei Gasvorhaben, die unter die in Anhang II Nummer 2 genannten Energieinfrastrukturkategorien fallen, trägt das Vorhaben erheblich zu mindestens einem der folgenden spezifischen Kriterien bei:

i) Marktintegration, unter anderem durch die Beseitigung der Isolation mindestens eines Mitgliedstaats und die Verringerung der Energieinfrastrukturengpässe, Interoperabilität und Systemflexibilität,

ii) Versorgungssicherheit, unter anderem durch angemessene Verbindungen und die Diversifizierung der Versorgungsquellen, Lieferanten und Versorgungswege,

iii) Wettbewerb, unter anderem durch die Diversifizierung der Versorgungsquellen, Lieferanten und Versorgungswege,

iv) Nachhaltigkeit, unter anderem durch die Reduzierung von Emissionen, die Förderung der Erzeugung ungleichmäßig zur Verfügung stehender Energie aus erneuerbaren Quellen und die verstärkte Nutzung von Gas aus erneuerbaren Quellen;

c) bei Vorhaben für intelligente Stromnetze, die unter die in Anhang II Nummer 1 Buchstabe e genannten Energieinfrastrukturkategorien fallen, trägt das Vorhaben erheblich zu allen der folgenden spezifischen Kriterien bei:

i) Einbeziehung und Beteiligung von Netznutzern mit neuen technischen Anforderungen an ihre Stromversorgung und Stromnachfrage,

ii) Effizienz und Interoperabilität der Stromübertragung und -verteilung im täglichen Netzbetrieb,

iii) Netzsicherheit, Systemsteuerung und Qualität der Versorgung,

iv) optimierte Planung künftiger kosteneffizienter Netzinvestitionen,

v) Funktionieren des Markts und Kundenbetreuung,

vi) Beteiligung der Nutzer an der Steuerung ihrer Energienutzung;

d) bei Erdöltransportvorhaben, die unter die in Anhang II Nummer 3 genannten Energieinfrastrukturkategorien fallen, trägt das Vorhaben erheblich zu allen der folgenden spezifischen Kriterien bei:

i) Versorgungssicherheit zur Verringerung der Abhängigkeit von einer einzigen Versorgungsquelle oder Versorgungsroute,

ii) effiziente und nachhaltige Nutzung von Ressourcen durch die Verminderung von Umweltrisiken,

iii) Interoperabilität;

e) bei Kohlendioxidtransportvorhaben, die unter die in Anhang II Nummer 4 genannten Energieinfrastrukturkategorien fallen, trägt das Vorhaben erheblich zu allen der folgenden spezifischen Kriterien bei:

i) Vermeidung von Kohlendioxidemissionen unter Aufrechterhaltung der Energieversorgungssicherheit,

ii) Stärkung der Belastbarkeit und der Sicherheit des Kohlendioxidtransports,

iii) effiziente Ressourcennutzung dadurch, dass die Verbindung vieler Kohlendioxidquellen und -speicheranlagen über eine gemeinsame Infrastruktur ermöglicht wird sowie die Umweltbelastung und Umweltrisiken minimiert werden.

(3) Bei Vorhaben, die unter die in Anhang II Nummern 1 bis 3 genannten Energieinfrastrukturkategorien fallen, werden die in diesem Artikel aufgeführten Kriterien nach den Indikatoren in Anhang IV Nummern 2 bis 5 bewertet.

(4) Um die Prüfung aller Vorhaben zu ermöglichen, die als Vorhaben von gemeinsamem Interesse in Betracht kommen und in eine regionale Liste aufgenommen werden könnten, bewertet jede Gruppe den Beitrag des Vorhabens zur Umsetzung desselben vorrangigen Korridors oder Gebiets in transparenter und objektiver Weise. Jede Gruppe bestimmt ihre Bewertungsmethode auf der Grundlage des aggregierten Beitrags zu den Kriterien gemäß Absatz 2; bei dieser Bewertung werden die Vorhaben für den internen Gebrauch der Gruppe in eine Rangfolge gebracht. Weder enthalten die regionale Liste noch die Unionsliste eine Rangfolge noch darf die Rangfolge anschließend für andere Zwecke verwendet werden, außer in den in Anhang III Nummer 2 Absatz 14 beschriebenen Fällen.

Bei der Bewertung von Vorhaben berücksichtigt jede Gruppe außerdem gebührend folgende Aspekte:

a) die Dringlichkeit eines jeden vorgeschlagenen Vorhabens im Hinblick auf die Erfüllung der energiepolitischen Unionsziele der Marktintegration, unter anderem durch die Beseitigung der Isolation mindestens eines Mitgliedstaats, und des Wettbewerbs, der Nachhaltigkeit und der Versorgungssicherheit;

b) die Zahl der von jedem Vorhaben betroffenen Mitgliedstaaten, wobei gleiche Chancen für Vorhaben, die Mitgliedstaaten in Randlage betreffen, sicherzustellen sind:

c) den Beitrag jedes Vorhabens zur territorialen Kohäsion und

d) die Frage, inwieweit das Vorhaben andere vorgeschlagene Vorhaben ergänzt.

Bei Vorhaben im Bereich der intelligenten Netze, die unter die in Anhang II Nummer 1 Buchstabe e genannte Energieinfrastrukturkategorie fallen, wird jeweils eine Rangfolge für die Vorhaben vorgenommen, die dieselben beiden Mitgliedstaaten betreffen; außerdem sind die Zahl der vom Vorhaben betroffenen Nutzer, der jährliche Energieverbrauch und der Anteil der Erzeugung aus nichtregelbaren Energiequellen in dem von diesen Nutzern erfassten Gebiet angemessen zu berücksichtigen.

Artikel 5
Durchführung und Überwachung

(1) Vorhabenträger erstellen einen Durchführungsplan für Vorhaben von gemeinsamem Interesse, der einen Zeitplan für jeden der folgenden Punkte enthält:

a) Machbarkeits- und Auslegungsstudien,

b) die Genehmigung durch die nationale Regulierungsbehörde oder jede andere betroffene Behörde,

c) den Bau und die Inbetriebnahme,

d) den Genehmigungsplan gemäß Artikel 10 Absatz 4 Buchstabe b.

(2) Übertragungsnetzbetreiber, Fernleitungsnetzbetreiber, Verteilernetzbetreiber und sonstige Betreiber arbeiten zusammen, um die Entwicklung von Vorhaben von gemeinsamem Interesse in ihrem Gebiet zu ermöglichen.

(3) Die Agentur und die betreffenden Gruppen überwachen die bei der Durchführung der Vorhaben von gemeinsamem Interesse erzielten Fortschritte und geben erforderlichenfalls Empfehlungen ab, um die Durchführung der Vorhaben von gemeinsamem Interesse zu erleichtern. Die Gruppen können die Bereitstellung zusätzlicher Informationen gemäß den Absätzen 4, 5 und 6 anfordern, Sitzungen mit den relevanten Parteien einberufen und die Kommission ersuchen, die

bereitgestellten Informationen vor Ort zu überprüfen.

(4) Bis zum 31. März jedes Jahres, das dem Jahr, in dem ein Vorhaben von gemeinsamem Interesse gemäß Artikel 3 in die Unionsliste aufgenommen wurde, folgt, legen die Vorhabenträger für jedes Vorhaben, das unter die in Anhang II Nummern 1 und 2 genannten Kategorien fällt, der in Artikel 8 genannten zuständigen Behörde und entweder der Agentur, oder für Vorhaben, die unter die in Anhang II Nummern 3 bis 4 genannten Kategorien fallen, der jeweiligen Gruppe einen Jahresbericht vor. Anzugeben sind in diesem Bericht

a) die Fortschritte, die bei der Entwicklung, dem Bau und der Inbetriebnahme des Vorhabens erzielt wurden, insbesondere hinsichtlich der Genehmigungs- und Anhörungsverfahren;

b) gegebenenfalls Verzögerungen gegenüber dem Durchführungsplan, deren Gründe und die Einzelheiten der sonstigen aufgetretenen Schwierigkeiten;

c) gegebenenfalls ein überarbeiteter Plan, der die Bewältigung der Verzögerungen zum Ziel hat.

(5) Innerhalb von drei Monaten nach Erhalt der in Absatz 4 dieses Artikels genannten Jahresberichte übermittelt die Agentur den Gruppen einen konsolidierten Bericht für die Vorhaben von gemeinsamem Interesse, die unter die in Anhang II Nummern 1 und 2 genannten Kategorien fallen, in dem die erzielten Fortschritte bewertet und gegebenenfalls Empfehlungen für die Bewältigung der aufgetretenen Verzögerungen und Schwierigkeiten gegeben werden. In diesem konsolidierten Bericht wird gemäß Artikel 6 Absätze 8 und 9 der Verordnung (EG) Nr. 713/2009 auch die konsequente Umsetzung der unionsweiten Netzentwicklungspläne im Hinblick auf die vorrangigen Energieinfrastrukturkorridore und -gebiete bewertet.

(6) Die betroffenen zuständigen Behörden gemäß Artikel 8 erstatten jedes Jahr der jeweiligen Gruppe Bericht über Fortschritte und gegebenenfalls über Verzögerungen bei der Durchführung von Vorhaben von gemeinsamem Interesse in ihrem jeweiligen Hoheitsgebiet in Bezug auf die Genehmigungsverfahren und über die Gründe für diese Verzögerungen.

(7) Tritt bei der Inbetriebnahme eines Vorhabens von gemeinsamem Interesse eine Verzögerung gegenüber dem Durchführungsplan auf, die nicht auf zwingenden Gründen außerhalb des Einflusses des Vorhabenträgers beruht,

a) stellen die nationalen Regulierungsbehörden sicher, dass die Investition durchgeführt wird, falls die Maßnahmen nach Artikel 22 Absatz 7 Buchstabe a, b oder c der Richtlinien 2009/72/EG und 2009/73/EG gemäß dem jeweiligen einschlägigen nationalen Recht anwendbar sind;

b) wählt der Vorhabenträger des betreffenden Vorhabens eine dritte Partei aus, die das Vorhaben gänzlich oder teilweise finanziert oder baut, falls die Maßnahmen der nationalen Regulierungsbehörden gemäß Buchstabe a nicht anwendbar sind; der Vorhabenträger trifft diese Wahl, bevor die Verzögerung, gemessen an dem im Durchführungsplan festgelegten Datum der Inbetriebnahme, zwei Jahre überschreitet;

c) kann der Mitgliedstaat oder — sofern er das so vorgesehen hat — die nationale Regulierungsbehörde innerhalb von zwei Monaten nach dem Auslaufen der in Buchstabe b genannten Frist zur Finanzierung oder zum Bau des Vorhabens eine dritte Partei, die der Vorhabenträger akzeptieren muss, benennen, falls keine dritte Partei gemäß Buchstabe b gewählt wird;

d) kann die Kommission vorbehaltlich der Zustimmung der betroffenen Mitgliedstaaten und im vollständigen Einvernehmen mit diesen eine Aufforderung zur Einreichung von Vorschlägen veröffentlichen, die jedem Dritten, der in der Lage ist, als Vorhabenträger tätig zu werden, offensteht, um das Vorhaben nach einem vereinbarten Zeitplan zu bauen, falls die Verzögerung, gemessen an dem im Umsetzungsplan festgelegten Datum der Inbetriebnahme, zwei Jahre und zwei Monate überschreitet;

e) stellt der Netzbetreiber, in dessen Gebiet die Investition angesiedelt ist, falls Buchstabe c oder d zur Anwendung kommen, den realisierenden Betreibern oder Investoren oder der dritten Partei alle für die Realisierung der Investition erforderlichen Informationen zur Verfügung, verbindet neue Anlagen mit dem Übertragungs- bzw. Fernleitungsnetz und bemüht sich nach besten Kräften, die Durchführung der Investition zu unterstützen sowie für Sicherheit, Zuverlässigkeit und Effizienz beim Betrieb und bei der Instandhaltung des Vorhabens von gemeinsamem Interesse zu sorgen.

(8) Ein Vorhaben von gemeinsamem Interesse kann von der Unionsliste nach dem in Artikel 3 Absatz 4 festgelegten Verfahren entfernt werden, wenn seine Aufnahme in diese Liste auf fehlerhaften Informationen beruhte, die ein ausschlaggebender Faktor für diese Aufnahme waren, oder das Vorhaben nicht mit dem Unionsrecht in Einklang steht.

(9) Vorhaben, die sich nicht mehr auf der Unionsliste befinden, verlieren alle Rechte und Pflichten, die mit dem Status als Vorhaben von gemeinsamem Interesse verbunden sind und sich aus dieser Verordnung ergeben.

Allerdings bleiben bei einem Vorhaben, das zwar nicht mehr länger in der Unionsliste aufgeführt ist, für das aber ein Genehmigungsantrag von der zuständigen Behörde zur Prüfung angenommen wurde, die Rechte und Pflichten nach Kapitel III bestehen, es sei denn, das Vorhaben befindet sich aus den in Absatz 8 genannten Gründen nicht mehr auf der Liste.

(10) Dieser Artikel berührt nicht etwaige finanzielle Unterstützung der Union, die einem Vorhaben von gemeinsamem Interesse vor der Entscheidung über seine Entfernung von der Unionsliste gewährt wurde.

Artikel 6

Europäische Koordinatoren

(1) Treten bei einem Vorhaben von gemeinsamem Interesse erhebliche Durchführungsschwierigkeiten auf, kann die Kommission im Einvernehmen mit den betroffenen Mitgliedstaaten für einen Zeitraum von bis zu einem Jahr, der zweimal verlängerbar ist, einen europäischen Koordinator benennen.

(2) Der europäische Koordinator

a) fördert die Vorhaben, für die er zum europäischen Koordinator bestellt wurde, sowie den grenzüberschreitenden Dialog zwischen den Vorhabenträgern und allen betroffenen Kreisen;

b) unterstützt soweit erforderlich alle Parteien bei der Anhörung der betroffenen Kreise und beim Erhalt der für die Vorhaben erforderlichen Genehmigungen;

c) berät gegebenenfalls die Vorhabenträger bei der Finanzierung des Vorhabens;

d) stellt eine angemessene Unterstützung und strategische Leitung durch die betroffenen Mitgliedstaaten für die Vorbereitung und Durchführung der Vorhaben sicher;

e) legt jährlich und gegebenenfalls nach Ablauf seiner Amtszeit einen Bericht an die Kommission über die Fortschritte bei den Vorhaben und über etwaige Schwierigkeiten und Hindernisse, die voraussichtlich zu einer erheblichen Verzögerung bei der Inbetriebnahme des Vorhabens bzw. der Vorhaben führen, vor. Die Kommission leitet den Bericht an das Europäische Parlament und an die betroffenen Gruppen weiter.

(3) Der europäische Koordinator wird aufgrund seiner Erfahrung mit den spezifischen Aufgaben, mit denen er im Zusammenhang mit den jeweiligen Vorhaben betraut wird, ausgewählt.

(4) In dem Beschluss zur Benennung des europäischen Koordinators werden das Mandat mit Angabe der Mandatsdauer, die spezifischen Aufgaben und die entsprechenden Fristen sowie die einzuhaltende Methode festgelegt. Der Koordinierungsaufwand entspricht der Komplexität und den geschätzten Kosten des Vorhabens bzw. der Vorhaben.

(5) Die betroffenen Mitgliedstaaten arbeiten in vollem Umfang mit dem europäischen Koordinator bei der Wahrnehmung der in den Absätzen 2 und 4 genannten Aufgaben zusammen.

KAPITEL III

ERTEILUNG VON GENEHMIGUNGEN UND BETEILIGUNG DER ÖFFENTLICHKEIT

Artikel 7

„Vorrangstatus“ von Vorhaben von gemeinsamem Interesse

(1) Die Annahme der Unionsliste begründet für Entscheidungen im Rahmen der Genehmigungsverfahren die Erforderlichkeit dieser Vorhaben in energiepolitischer Hinsicht, unbeschadet des genauen Standorts, der Trassenführung oder der Technologie des Vorhabens.

(2) Um eine effiziente Bearbeitung der mit den Vorhaben von gemeinsamem Interesse verbundenen Antragsunterlagen durch die Verwaltung zu gewährleisten, stellen die Vorhabenträger und alle betroffenen Behörden sicher, dass diese Unterlagen so zügig bearbeitet werden, wie es rechtlich möglich ist.

(3) Ist ein solcher Status im nationalen Recht vorgesehen, erhalten Vorhaben von gemeinsamem Interesse den national höchstmöglichen Status und werden in den Genehmigungsverfahren und — falls dies im nationalen Recht so vorgesehen ist — in Raumordnungsverfahren, einschließlich der Verfahren zur Prüfung der Umweltverträglichkeit, entsprechend behandelt, sofern und soweit eine solche Behandlung in dem für die jeweilige Energieinfrastrukturkategorie geltenden nationalen Recht vorgesehen ist.

(4) Bis zum 16. August 2013 veröffentlicht die Kommission unverbindliche Leitlinien, um die Mitgliedstaaten bei der Festlegung angemessener legislativer und nichtlegislativer Maßnahmen zur Straffung der Umweltverträglichkeitsprüfungen zu unterstützen und dafür zu sorgen, dass die nach Unionsrecht über Vorhaben von gemeinsamem Interesse vorgeschriebenen Umweltverträglichkeitsprüfungen kohärent durchgeführt werden.

(5) Die Mitgliedstaaten überprüfen unter gebührender Berücksichtigung der in Absatz 4 genannten Leitlinien, welche Maßnahmen möglich sind, um die Umweltverträglichkeitsprüfungen zu straffen und ihre kohärente Durchführung sicherzustellen, und unterrichten die Kommission über die entsprechenden Ergebnisse.

(6) Neun Monate nach Veröffentlichung der in Absatz 4 genannten Leitlinien ergreifen die Mitgliedstaaten die nichtlegislativen Maßnahmen, die sie gemäß Absatz 5 ermittelt haben.

(7) 24 Monate nach Veröffentlichung der in Absatz 4 genannten Leitlinien nehmen die Mitgliedstaaten die Änderungen der gesetzgeberischen Maßnahmen vor, die sie gemäß Absatz 5 ermittelt haben. Diese Maßnahmen berühren nicht die aus dem Unionsrecht resultierenden Verpflichtungen.

(8) Hinsichtlich der in Artikel 6 Absatz 4 der Richtlinie 92/43/EWG und in Artikel 4 Absatz 7

der Richtlinie 2000/60/EG angesprochenen Umweltauswirkungen gelten Vorhaben von gemeinsamem Interesse als Vorhaben, die in energiepolitischer Hinsicht von öffentlichem Interesse sind; diese Vorhaben können als Vorhaben von überwiegendem öffentlichen Interesse betrachtet werden, sofern alle in diesen Richtlinien vorgesehenen Voraussetzungen erfüllt sind.

Falls die Stellungnahme der Kommission gemäß der Richtlinie 92/43/EWG erforderlich ist, tragen die Kommission und die in Artikel 9 dieser Verordnung genannte zuständige Behörde dafür Sorge, dass die Entscheidung hinsichtlich des „überwiegenden öffentlichen Interesses" eines Vorhabens innerhalb der Frist gemäß Artikel 10 Absatz 1 dieser Verordnung getroffen wird.

Artikel 8
Organisation des Genehmigungsverfahrens

(1) Bis zum 16. November 2013 benennt jeder Mitgliedstaat eine zuständige nationale Behörde, die für die Erleichterung und Koordinierung des Genehmigungsverfahrens für Vorhaben von gemeinsamem Interesse verantwortlich ist.

(2) Die Verantwortung der in Absatz 1 genannten zuständigen Behörde und/oder die damit zusammenhängenden Aufgaben können — für ein Vorhaben von gemeinsamem Interesse oder für eine bestimmte Kategorie von Vorhaben von gemeinsamem Interesse — einer anderen Behörde übertragen bzw. von einer anderen Behörde wahrgenommen werden, sofern:

a) die zuständige Behörde die Kommission über diese Übertragung in Kenntnis setzt und die darin enthaltenen Informationen entweder von der zuständigen Behörde oder von dem Vorhabenträger auf der in Artikel 9 Absatz 7 genannten Website veröffentlicht werden;

b) je Vorhaben von gemeinsamem Interesse jeweils nur eine Behörde zuständig ist, in dem Verfahren zur Annahme einer umfassenden Entscheidung zu dem betreffenden Vorhaben als einziger Ansprechpartner des Vorhabenträgers fungiert und die Einreichung der einschlägigen Unterlagen und Angaben koordiniert.

Die zuständige Behörde kann weiter für die Festlegung der Fristen zuständig bleiben; die nach Artikel 10 festgelegten Fristen bleiben davon jedoch unberührt.

(3) Unbeschadet einschlägiger Anforderungen des Völkerrechts sowie des Unionsrechts trifft die zuständige Behörde Maßnahmen, damit die umfassende Entscheidung getroffen werden kann. Die umfassende Entscheidung wird innerhalb der in Artikel 10 Absätze 1 und 2 genannten Frist nach einem der nachfolgenden Schemata getroffen:

a) Integriertes Schema : Die umfassende Entscheidung wird von der zuständigen Behörde erlassen und ist die einzige rechtsverbindliche Entscheidung, die aus dem formalen Genehmigungsabschnitt resultiert. Sind andere Behörden von dem Vorhaben betroffen, so können diese im Einklang mit dem nationalen Recht ihre Stellungnahme in das Verfahren einbringen; die Stellungnahme wird von der zuständigen Behörde berücksichtigt.

b) Koordiniertes Schema : Die umfassende Entscheidung umfasst mehrere rechtsverbindliche Einzelentscheidungen anderer betroffener Behörden, die von der zuständigen Behörde koordiniert werden. Die zuständige Behörde kann zur Erstellung eines Genehmigungsplans nach Artikel 10 Absatz 4 Buchstabe b und zur Überwachung und Koordinierung der Umsetzung dieses Plans eine Arbeitsgruppe einsetzen, in der alle betroffenen Behörden vertreten sind. Die zuständige Behörde kann — sofern einschlägig im Einklang mit dem nationalen Recht und unbeschadet der nach Artikel 10 festgelegten Fristen — in Absprache mit den anderen betroffenen Behörden von Fall zu Fall eine angemessene Frist für die einzelnen Entscheidungen festlegen. Die zuständige Behörde kann eine Einzelentscheidung für eine andere betroffene nationale Behörde treffen, wenn die Entscheidung dieser Behörde nicht fristgerecht getroffen wird und die Verzögerung nicht angemessen begründet werden kann, oder die zuständige nationale Behörde kann, sofern dies im nationalen Recht so vorgesehen ist, in dem Maße, in dem dies mit dem Unionsrecht vereinbar ist, davon ausgehen, dass das Vorhaben durch eine andere betroffene nationale Behörde genehmigt oder abgelehnt wurde, wenn die Entscheidung dieser Behörde nicht fristgerecht erlassen wird. Sofern dies im nationalen Recht so vorgesehen ist, kann die zuständige Behörde die Einzelentscheidung einer anderen betroffenen nationalen Behörde außer Acht lassen, wenn sie der Ansicht ist, dass die Entscheidung hinsichtlich der von der betroffenen nationalen Behörde vorgelegten zugrunde gelegten Erkenntnisse nicht hinreichend begründet ist; dabei trägt die zuständige Behörde dafür Sorge, dass die relevanten Anforderungen des Völker- und Unionsrechts eingehalten werden, und begründet ihre Entscheidung ordnungsgemäß.

c) Kooperationsschema : Die umfassende Entscheidung wird von der zuständigen Behörde koordiniert. Die zuständige Behörde kann — gegebenenfalls im Einklang mit dem nationalen Recht und unbeschadet der nach Artikel 10 festgelegten Fristen — in Absprache mit den anderen betroffenen Behörden im Einzelfall eine angemessene Frist für die einzelnen Entscheidungen festlegen. Sie überwacht die Einhaltung der Fristen durch die betroffenen Behörden.

Wenn zu erwarten ist, dass eine Einzelentscheidung einer betroffenen Behörde nicht fristgerecht erlassen wird, teilt diese Behörde dies der zuständigen Behörde einschließlich einer Begründung für die Verzögerung unverzüglich mit. Anschließend legt die zuständige Behörde die Frist, binnen derer die betreffende Einzelentscheidung zu erlassen ist, neu fest, wobei den gemäß Artikel 10 festgelegten Gesamtfristen Rechnung getragen wird.

Damit die nationalen Besonderheiten bei den Planungsverfahren und Genehmigungsverfahren berücksichtigt werden können, können die Mitgliedstaaten eines der drei in Buchstabe a, b und c des ersten Unterabsatzes genannten Schemata zur Erleichterung und Koordinierung der Verfahren wählen und sorgen dann für die Umsetzung des ausgewählten wirksamsten Schemas. Entscheidet sich ein Mitgliedstaat für das Kooperationsschema, setzt er die Kommission von den Gründen hierfür in Kenntnis. Die Wirksamkeit der Schematas wird von der Kommission in dem Bericht nach Artikel 17 bewertet.

(4) Bei Onshore- und Offshore-Vorhaben von gemeinsamem Interesse können die Mitgliedstaaten unterschiedliche Schemata gemäß Absatz 3 anwenden.

(5) Sind für ein Vorhaben von gemeinsamem Interesse Entscheidungen in zwei oder mehr Mitgliedstaaten erforderlich, ergreifen die zuständigen Behörden alle für eine effiziente und effektive Zusammenarbeit und Koordinierung untereinander erforderlichen Schritte, auch in Bezug auf die Bestimmungen des Artikels 10 Absatz 4. Die Mitgliedstaaten bemühen sich, gemeinsame Verfahren vorzusehen, vor allem für die Umweltverträglichkeitsprüfung.

Artikel 9
Transparenz und Beteiligung der Öffentlichkeit

(1) Bis zum 16. Mai 2014 veröffentlicht der Mitgliedstaat oder die zuständige Behörde, gegebenenfalls in Zusammenarbeit mit anderen betroffenen Behörden, ein Verfahrenshandbuch für das für Vorhaben von gemeinsamem Interesse geltende Genehmigungsverfahren. Das Handbuch wird nach Bedarf aktualisiert und der Öffentlichkeit zur Verfügung gestellt. Das Handbuch enthält mindestens die in Anhang VI Nummer 1 angegebenen Informationen. Das Handbuch ist nicht rechtsverbindlich, in ihm wird jedoch gegebenenfalls auf die einschlägigen Rechtsvorschriften Bezug genommen oder daraus zitiert.

(2) Unbeschadet etwaiger Anforderungen der Übereinkommen von Aarhus und Espoo und des einschlägigen Unionsrechts befolgen alle am Genehmigungsverfahren beteiligten Parteien die in Anhang VI Nummer 3 aufgeführten Grundsätze für die Beteiligung der Öffentlichkeit.

(3) Innerhalb einer indikativen Frist von drei Monaten nach dem Beginn des Genehmigungsverfahrens nach Artikel 10 Absatz 1 Buchstabe a erstellt der Vorhabenträger ein Konzept für die Beteiligung der Öffentlichkeit, das dem im Handbuch gemäß Absatz 1 vorgegebenen Verfahren und den in Anhang VI festgelegten Leitlinien entspricht, und übermittelt es der zuständigen Behörde. Innerhalb von drei Monaten verlangt die zuständige Behörde Änderungen oder genehmigt das Konzept für die Beteiligung der Öffentlichkeit; dabei berücksichtigt die zuständige Behörde jegliche Art der Beteiligung und Anhörung der Öffentlichkeit, die vor Beginn des Genehmigungsverfahrens stattgefunden hat, sofern die betreffende Beteiligung und Anhörung der Öffentlichkeit den Bestimmungen dieses Artikels entspricht.

Wenn der Vorhabenträger wesentliche Änderungen an einem genehmigten Konzept plant, setzt er die zuständige Behörde davon in Kenntnis. In diesem Fall kann die zuständige Behörde Änderungen verlangen.

(4) Vor der Einreichung der endgültigen und vollständigen Antragsunterlagen bei der zuständigen Behörde nach Artikel 10 Absatz 1 Buchstabe a wird mindestens eine Anhörung der Öffentlichkeit durch den Vorhabenträger oder, falls dies im nationalen Recht so festgelegt ist, von der zuständigen Behörde durchgeführt. Anhörungen der Öffentlichkeit, die gemäß Artikel 6 Absatz 2 der Richtlinie 2011/92/EU nach Einreichung des Genehmigungsantrags stattfinden müssen, werden davon nicht berührt. Im Zuge der Anhörung der Öffentlichkeit werden die in Anhang VI Nummer 3 Buchstabe a genannten betroffenen Kreise frühzeitig über das Vorhaben informiert, und die Anhörungen tragen dazu bei, den am besten geeigneten Standort oder die am besten geeignete Trasse und die in den Antragsunterlagen zu behandelnden relevanten Themen festzustellen. Die Mindestanforderungen, die auf diese Anhörung der Öffentlichkeit anwendbar sind, sind in Anhang VI Nummer 5 angegeben.

Der Vorhabenträger erstellt einen Bericht mit einer Zusammenfassung der Ergebnisse der Aktivitäten, die die Beteiligung der Öffentlichkeit vor der Einreichung der Antragsunterlagen betreffen, einschließlich der vor Beginn des Genehmigungsverfahrens erfolgten Aktivitäten. Der Vorhabenträger übermittelt diesen Bericht zusammen mit den Antragsunterlagen der zuständigen Behörde. Die betreffenden Ergebnisse werden bei der umfassenden Entscheidung gebührend berücksichtigt.

(5) Bei Vorhaben, die die Grenze von zwei oder mehr Mitgliedstaaten queren, finden die Anhörungen der Öffentlichkeit gemäß Absatz 4 in jedem der betroffenen Mitgliedstaaten innerhalb von maximal zwei Monaten nach dem Beginn der ersten Anhörung der Öffentlichkeit statt.

(6) Bei Vorhaben, die voraussichtlich erhebliche negative grenzüberschreitende Auswirkungen in einem oder in mehreren Nachbarmitgliedstaaten haben, in denen Artikel 7 der Richtlinie

2011/92/EU und das Übereinkommen von Espoo gelten, werden die relevanten Informationen der zuständigen Behörde der Nachbarmitgliedstaaten zur Verfügung gestellt. Die zuständige Behörde der Nachbarmitgliedstaaten teilt gegebenenfalls im Rahmen des Mitteilungsverfahrens mit, ob sie oder eine andere betroffene Behörde sich an den relevanten öffentlichen Anhörungsverfahren beteiligen will.

(7) Der Vorhabenträger oder, falls dies im nationalen Recht so festgelegt ist, die nationale Behörde richtet eine Website mit relevanten Informationen über das Vorhaben von allgemeinem Interesse ein und aktualisiert diese regelmäßig, um relevante Informationen über das Vorhaben zu veröffentlichen; die Website wird mit der Website der Kommission verlinkt und erfüllt die in Anhang VI Nummer 6 genannten Anforderungen. Die Vertraulichkeit wirtschaftlich sensibler Informationen wird gewahrt.

Die Vorhabenträger veröffentlichen auch relevante Informationen über andere geeignete Informationskanäle, die der Öffentlichkeit offenstehen.

Artikel 10
Dauer und Durchführung des Genehmigungsverfahrens

(1) Das Genehmigungsverfahren umfasst zwei Abschnitte:

a) Der Vorantragsabschnitt, der sich auf den Zeitraum zwischen dem Beginn des Genehmigungsverfahrens und der Annahme der eingereichten Antragsunterlagen durch die zuständige Behörde erstreckt, findet binnen einer indikativen Frist von zwei Jahren statt.

Dieser Abschnitt umfasst die Ausarbeitung etwaiger Umweltberichte durch die Vorhabenträger.

Zur Festlegung des Beginns des Genehmigungsverfahrens teilen die Vorhabenträger den jeweils zuständigen Behörden der betroffenen Mitgliedstaaten das Vorhaben zusammen mit einer ausführlichen Vorhabenbeschreibung schriftlich mit. Spätestens drei Monate nach Erhalt der Mitteilung wird diese von der zuständigen Behörde, auch im Namen anderer betroffener Behörden, in schriftlicher Form bestätigt oder, wenn sie der Ansicht ist, dass das Vorhaben noch nicht reif für den Beginn des Genehmigungsverfahrens ist, abgelehnt. Im Fall einer Ablehnung begründet die zuständige Behörde ihre Entscheidung auch im Namen anderer betroffener Behörden. Das Datum der Unterschrift der Bestätigung der Mitteilung durch die zuständige Behörde markiert den Beginn des Genehmigungsverfahrens. Sind zwei oder mehr Mitgliedstaaten betroffen, markiert das Datum der Annahme der letzten Mitteilung durch die betroffene zuständige Behörde den Beginn des Genehmigungsverfahrens.

b) Der formale Genehmigungsabschnitt, der sich auf den Zeitraum ab dem Datum der Annahme der eingereichten Antragsunterlagen bis zum Erlass einer umfassenden Entscheidung erstreckt, dauert maximal ein Jahr und sechs Monate. Die Mitgliedstaaten können eine kürzere Frist festsetzen, wenn sie dies für zweckmäßig erachten.

(2) Die Gesamtdauer der beiden in Absatz 1 genannten Abschnitte beträgt maximal drei Jahre und sechs Monate. Wenn die zuständige Behörde jedoch zu dem Schluss gelangt, dass einer der beiden oder beide Abschnitte des Genehmigungsverfahrens nicht innerhalb der in Absatz 1 genannten Fristen abgeschlossen sein werden, kann sie die Frist einer oder beider Abschnitte im Einzelfall und vor Fristablauf um höchstens neun Monate für beide Abschnitte insgesamt verlängern.

In diesem Fall setzt die zuständige Behörde die betroffene Gruppe davon in Kenntnis und legt ihr die Maßnahmen vor, die getroffen wurden oder zu treffen sind, damit das Genehmigungsverfahren mit möglichst geringer Verzögerung abgeschlossen werden kann. Die Gruppe kann die zuständige Behörde ersuchen, regelmäßig über die diesbezüglich erzielten Fortschritte Bericht zu erstatten.

(3) In Mitgliedstaaten, in denen die Festlegung des Verlaufs einer Trasse oder eines Standorts, die ausschließlich durch das geplante Vorhaben — einschließlich der Planung bestimmter Korridore für die Netzinfrastruktur — bedingt sind, nicht im Rahmen des Verfahrens zum Erlass einer umfassenden Entscheidung berücksichtigt werden kann, wird die betreffende Entscheidung innerhalb einer gesonderten Frist von sechs Monaten getroffen, die am Datum der Einreichung der endgültigen und vollständigen Antragsunterlagen durch den Vorhabenträger beginnt.

Die in Absatz 2 genannte Fristverlängerung verringert sich in diesem Fall auf sechs Monate — einschließlich in Bezug auf das im vorliegenden Absatz genannte Verfahren.

(4) Der Vorantragsabschnitt umfasst die folgenden Stufen:

a) Bei Bestätigung der Mitteilung nach Absatz 1 Buchstabe a legt die zuständige Behörde in enger Zusammenarbeit mit den anderen betroffenen Behörden sowie gegebenenfalls auf der Grundlage eines Vorschlags des Vorhabenträgers den Umfang des Materials und den Detailgrad der Informationen fest, die vom Vorhabenträger als Teil der Antragsunterlagen für die Beantragung der umfassenden Entscheidung einzureichen sind. Die in Anhang VI Nummer 1 Buchstabe e angegebene Checkliste dient als Grundlage für diese Festlegung.

b) Die zuständige Behörde erstellt in enger Zusammenarbeit mit dem Vorhabenträger und mit anderen betroffenen Behörden unter Berücksichtigung der Ergebnisse der Tätigkeiten gemäß Buchstabe a und im Einklang mit den Leitlinien nach

Anhang VI Nummer 2 einen detaillierten Plan für das Genehmigungsverfahren.

Bei Vorhaben, die die Grenze von zwei oder mehr Mitgliedstaaten queren, arbeiten die zuständigen Behörden der betroffenen Mitgliedstaaten einen gemeinsamen Plan aus, wobei sie bestrebt sind, ihre Zeitpläne zu harmonisieren.

c) Bei Erhalt der Antragsunterlagen stellt die zuständige Behörde bei Bedarf, auch im Namen anderer betroffener Behörden, weitere Auskunftsersuchen zu fehlenden, vom Vorhabenträger vorzulegenden Informationen, in denen nur die in Buchstabe a angegebenen Themen behandelt werden dürfen. Innerhalb von drei Monaten nach Übermittlung der fehlenden Informationen wird der Antrag von der zuständigen Behörde schriftlich zur Prüfung akzeptiert. Ersuchen um zusätzliche Informationen können nur gestellt werden, wenn sie aufgrund neuer Gegebenheiten gerechtfertigt sind.

(5) Der Vorhabenträger trägt für die Vollständigkeit und angemessene Qualität der Antragsunterlagen Sorge und holt hierzu so früh wie möglich während des Vorantragsabschnitts die Stellungnahme der zuständigen Behörde ein. Der Vorhabenträger arbeitet in jeder Hinsicht mit der zuständigen Behörde zusammen, um die Fristen und den detaillierten Plan gemäß Absatz 4 Buchstabe b einzuhalten.

(6) Die in diesem Artikel vorgesehenen Fristen berühren weder die aus Völker- und Unionsrecht resultierenden Verpflichtungen noch die Rechtsbehelfsverfahren vor Verwaltungsbehörden und die für ein Verfahren vor einem Gericht vorgesehenen Rechtsbehelfe.

KAPITEL IV
REGULIERUNG
Artikel 11
Energiesystemweite Kosten-Nutzen-Analyse

(1) Bis zum 16. November 2013 veröffentlichen der Europäische Verbund der Übertragungsnetzbetreiber für Strom (ENTSO-Strom) und der Europäische Verbund der Fernleitungsnetzbetreiber für Gas (ENTSO-Gas) für Vorhaben von gemeinsamem Interesse, die unter die in Anhang II Nummer 1 Buchstaben a bis d und Anhang II Nummer 2 genannten Kategorien fallen, ihre jeweilige Methode, einschließlich für die Netz- und Marktmodellierung, für eine harmonisierte energiesystemweite Kosten-Nutzen-Analyse auf Unionsebene und übermitteln sie den Mitgliedstaaten, der Kommission und der Agentur. Diese Methoden kommen bei der Ausarbeitung aller späteren Zehnjahresnetzentwicklungspläne für Strom oder für Gas zur Anwendung, die vom ENTSO-Strom bzw. dem ENTSO-Gas nach Artikel 8 der Verordnung (EG) Nr. 714/2009 und Artikel 8 der Verordnung (EG) Nr. 715/2009 erstellt werden. Die Methoden werden gemäß den in Anhang V festgelegten Grundsätzen entwickelt und stehen mit den in Anhang IV festgelegten Regeln und Indikatoren im Einklang.

Bevor der ENTSO-Strom und der ENTSO-Gas ihre jeweiligen Methoden übermitteln, führen sie einen umfassenden Konsultationsprozess durch, an dem sich zumindest die Organisationen, die alle relevanten betroffenen Kreise vertreten — und, falls dies als zweckdienlich erachtet wird, die betroffenen Kreise selbst —, die nationalen Regulierungsbehörden und andere nationale Behörden beteiligen.

(2) Innerhalb von drei Monaten nach Erhalt der Methoden übermittelt die Agentur den Mitgliedstaaten und der Kommission eine Stellungnahme zu den Methoden und veröffentlicht diese Stellungnahme.

(3) Innerhalb von drei Monaten nach Erhalt der Stellungnahme der Agentur nimmt die Kommission zu den Methoden Stellung; die Mitgliedstaaten können zu den Methoden Stellung nehmen. Die Stellungnahmen werden dem ENTSO-Strom bzw. dem ENTSO-Gas übermittelt.

(4) Innerhalb von drei Monaten nach Erhalt der letzten gemäß Absatz 3 eingegangenen Stellungnahme passen der ENTSO-Strom und der ENTSO-Gas ihre Methoden unter gebührender Berücksichtigung der Stellungnahmen der Mitgliedstaaten, der Stellungnahme der Kommission und der Stellungnahme der Agentur und der Stellungnahmen, die sie erhalten haben, an und übermitteln sie der Kommission zur Genehmigung.

(5) Innerhalb von zwei Wochen nach der Genehmigung durch die Kommission veröffentlichen der ENTSO-Strom und der ENTSO-Gas ihre jeweiligen Methoden auf ihrer Website. Sie übermitteln der Kommission und der Agentur auf Anforderung die entsprechenden in Anhang V Nummer 1 festgelegten Input-Datensätze und andere relevante Netz-, Lastfluss- und Marktdaten in ausreichend genauer Form nach Maßgabe des nationalen Rechts und relevanten Vertraulichkeitsvereinbarungen. Die Daten sind zum Zeitpunkt der Anforderung aktuell. Die Kommission und die Agentur gewährleisten, dass sie und jedwede Partei, die für sie auf der Grundlage dieser Daten analytische Arbeiten durchführt, die übermittelten Daten vertraulich behandeln.

(6) Die Methoden werden nach dem in den Absätzen 1 bis 5 festgelegten Verfahren regelmäßig aktualisiert und verbessert. Die Agentur kann auf eigene Initiative oder aufgrund eines entsprechenden begründeten Antrags nationaler Regulierungsbehörden oder betroffener Kreise und nach einer förmlichen Anhörung der Organisationen, die alle relevanten betroffenen Kreise vertreten, sowie der Kommission solche Aktualisierungen und Verbesserungen mit einer angemessenen Begründung und mit angemessenen Zeitplänen anfordern. Die

Agentur veröffentlicht die Anträge nationaler Regulierungsbehörden oder betroffener Kreise und alle einschlägigen wirtschaftlich nicht sensiblen Unterlagen im Zusammenhang mit einer von der Agentur angeforderten Aktualisierung oder Verbesserung.

(7) Bis zum 16. Mai 2015 legen die im Rahmen der Agentur zusammenarbeitenden nationalen Regulierungsbehörden eine Reihe von Indikatoren und entsprechende Referenzwerte für einen Vergleich der Investitionskosten pro Einheit bei vergleichbaren, unter die Infrastrukturkategorien in Anhang II Nummern 1 und 2 fallenden Vorhaben fest und veröffentlichen diese. Die Referenzwerte können von dem ENTSO-Strom und dem ENTSO-Gas für die für spätere Zehnjahresnetzentwicklungspläne durchgeführten Kosten-Nutzen-Analysen verwendet werden.

(8) Der ENTSO-Strom und der ENTSO-Gas übermitteln der Kommission und der Agentur gemeinsam bis zum 31. Dezember 2016 ein schlüssiges Strom- und Gasmarkt- sowie -verbundnetzmodell, das sowohl die Stromübertragungs- und Gasfernleitungsinfrastruktur als auch Speicher- und LNG-Anlagen einschließt, die vorrangigen Energieinfrastrukturkorridore und -gebiete abdeckt und nach den in Anhang V festgelegten Grundsätzen erstellt wurde. Nach der Genehmigung dieses Modells durch die Kommission nach dem in den Absätzen 2 bis 4 dargelegten Verfahren wird es in die Methoden aufgenommen.

Artikel 12
Ermöglichung von Investitionen mit grenzüberschreitenden Auswirkungen

(1) Die auf effiziente Weise angefallenen Investitionskosten ohne Berücksichtigung von Instandhaltungskosten im Zusammenhang mit einem Vorhaben von gemeinsamem Interesse, das unter die in Anhang II Nummer 1 Buchstaben a, b und d und Anhang II Nummer 2 genannten Kategorien fällt, werden von den betreffenden Übertragungs- oder Fernleitungsnetzbetreibern oder den Vorhabenträgern der Übertragungs- oder Fernleitungsinfrastruktur der Mitgliedstaaten getragen, für die das Vorhaben eine positive Nettoauswirkung hat, und werden in dem Umfang, der nicht von Engpasserlösen oder anderen Entgelten gedeckt wird, durch die Netzzugangsentgelte in diesen Mitgliedstaaten von den Netznutzern gezahlt.

(2) Für ein Vorhaben von gemeinsamem Interesse, das unter die in Anhang II Nummer 1 Buchstaben a, b und d und Anhang II Nummer 2 genannten Kategorien fällt, gilt Absatz 1 nur, wenn mindestens ein Vorhabenträger bei den zuständigen nationalen Behörden die Anwendung dieses Artikels auf alle oder einen Teil der Kosten des Vorhabens beantragt. Absatz 1 gilt für ein Vorhaben von gemeinsamem Interesse, das unter die in Anhang II Nummer 2 genannten Kategorien fällt nur, wenn bereits eine Bewertung der Nachfrage am Markt durchgeführt wurde, die ergeben hat, dass die auf effiziente Weise angefallenen Investitionskosten voraussichtlich nicht von den Entgelten getragen werden.

Im Fall mehrerer Vorhabenträger fordern die zuständigen nationalen Regulierungsbehörden unverzüglich alle Vorhabenträger auf, den Investitionsantrag gemäß Absatz 3 gemeinsam zu stellen.

(3) Wenn ein Vorhaben von gemeinsamem Interesse unter Absatz 1 fällt, halten der bzw. die Vorhabenträger alle betroffenen nationalen Regulierungsbehörden regelmäßig, mindestens einmal im Jahr, über die Fortschritte dieses Vorhabens sowie über die mit ihm verbundenen ermittelten Kosten und Auswirkungen auf dem Laufenden bis das Vorhaben in Betrieb geht.

Sobald ein solches Vorhaben ausreichend ausgereift ist und nach Anhörung der Übertragungs- oder Fernleitungsnetzbetreiber der Mitgliedstaaten, für den bzw. die das Vorhaben eine positive Nettoauswirkung hat, übermittelt bzw. übermitteln der bzw. die Vorhabenträger den relevanten nationalen Regulierungsbehörden einen Investitionsantrag. Der Investitionsantrag umfasst einen Antrag auf grenzüberschreitende Kostenaufteilung und wird allen betroffenen nationalen Regulierungsbehörden zusammen mit Folgendem übermittelt:

a) einer vorhabenspezifischen Kosten-Nutzen-Analyse gemäß der nach Artikel 11 entwickelten Methode und unter Berücksichtigung der grenzüberschreitenden Vorteile der betroffenen Mitgliedstaaten,

b) einem Geschäftsplan, in dem die finanzielle Tragfähigkeit des Vorhabens, einschließlich der gewählten Finanzierungslösung, und bei einem Vorhaben von gemeinsamem Interesse, das unter die in Anhang II Nummer 2 genannte Kategorie fällt, die Ergebnisse der Marktprüfung bewertet werden und

c) einem stichhaltigen Vorschlag für die grenzüberschreitende Kostenaufteilung, falls die Vorhabenträger diesbezüglich zu einer Einigung gelangen.

Wird ein Vorhaben von mehreren Vorhabenträgern oder Investoren entwickelt, so reichen sie ihren Investitionsantrag gemeinsam ein.

Bei Vorhaben, die in die erste Unionsliste aufgenommen sind, reichen die Vorhabenträger den Investitionsantrag bis zum 31. Oktober 2013 ein.

Eine Kopie eines jeden Investitionsantrags wird der Agentur von den nationalen Regulierungsbehörden unverzüglich nach Erhalt des Antrags zur Information übermittelt.

Die nationalen Regulierungsbehörden und die Agentur behandeln wirtschaftlich sensible Informationen vertraulich.

(4) Innerhalb von sechs Monaten nach Eingang des letzten Antrags bei den betroffenen nationalen Regulierungsbehörden treffen die nationalen Regulierungsbehörden nach Anhörung der betroffenen Vorhabenträger koordinierte Entscheidungen über die Aufteilung der von jedem Netzbetreiber für das jeweilige Vorhaben zu tragenden Investitionskosten sowie über ihre Einbeziehung in die Nutzungsentgelte. Die nationalen Regulierungsbehörden können beschließen, nur einen Teil der Kosten aufzuteilen oder die Kosten auf ein Paket mehrerer Vorhaben von gemeinsamem Interesse aufzuteilen.

Bei der Kostenaufteilung berücksichtigen die nationalen Regulierungsbehörden die tatsächlichen oder die veranschlagten

— Engpasserlöse oder sonstigen Entgelte,

— Einnahmen im Rahmen des nach Artikel 13 der Verordnung (EG) Nr. 714/2009 eingeführten Ausgleichsmechanismus zwischen Übertragungsnetzbetreibern.

Bei der Entscheidung über die grenzüberschreitende Kostenaufteilung werden die wirtschaftlichen, sozialen und ökologischen Kosten und Nutzeffekte des Vorhabens bzw. der Vorhaben in den betroffenen Mitgliedstaaten und die möglicherweise erforderliche finanzielle Unterstützung berücksichtigt.

Bei Entscheidungen über die grenzüberschreitende Kostenaufteilung bemühen sich die zuständigen nationalen Regulierungsbehörden nach Anhörung der betroffenen Übertragungsnetzbetreiber um eine einvernehmliche Vereinbarung, die, ohne darauf beschränkt zu sein, auf den in Absatz 3 Buchstaben a und b angegebenen Informationen beruht.

Wenn durch ein Vorhaben von gemeinsamem Interesse negative externe Effekte wie Ringflüsse begrenzt werden und das betreffende Vorhaben von gemeinsamem Interesse in dem Mitgliedstaat verwirklicht wird, auf den die negativen externen Effekte zurückzuführen sind, wird die Begrenzung der negativen Auswirkungen nicht als grenzübergreifender Nutzen gewertet und zieht demnach keine Kostenzuteilung an den Übertragungs- oder Fernleitungsnetzbetreiber der von den negativen externen Effekten betroffenen Mitgliedstaaten nach sich.

(5) Die nationalen Regulierungsbehörden berücksichtigen ausgehend von der grenzüberschreitenden Kostenaufteilung im Sinne des Absatzes 4 dieses Artikels bei der Festlegung oder der Genehmigung von Tarifen gemäß Artikel 37 Absatz 1 Buchstabe a der Richtlinie 2009/72/EG und nach Artikel 41 Absatz 1 Buchstabe a der Richtlinie 2009/73/EG die Kosten, die einem Übertragungs- oder Fernleitungsnetzbetreiber oder sonstigem Vorhabenträger infolge der Investitionen tatsächlich angefallen sind, sofern diese Kosten denen eines effizienten und strukturell vergleichbaren Betreibers entsprechen.

Die nationalen Regulierungsbehörden übermitteln der Agentur die Kostenaufteilungsentscheidung unverzüglich zusammen mit allen für die Entscheidung relevanten Informationen. Die Informationen enthalten insbesondere detaillierte Gründe für die Basis, auf der die Kosten auf die Mitgliedstaaten aufgeteilt wurden, wie die folgenden:

a) eine Bewertung der ermittelten Auswirkungen, auch hinsichtlich der Netztarife, auf jeden der betroffenen Mitgliedstaaten,

b) eine Bewertung des in Absatz 3 Buchstabe b genannten Geschäftsplans,

c) regionale oder unionsweite positive externe Effekte, die das Vorhaben hervorbringen würde,

d) das Ergebnis der Anhörung der betroffenen Vorhabenträger.

Die Kostenaufteilungsentscheidung wird veröffentlicht.

(6) Erzielen die betroffenen nationalen Regulierungsbehörden innerhalb von sechs Monaten nach Eingang des Antrags bei der letzten betroffenen nationalen Regulierungsbehörde keine Einigung hinsichtlich des Investitionsantrags, so setzen sie die Agentur hiervon unverzüglich in Kenntnis.

In diesem Fall oder nach einer gemeinsamen Aufforderung der betroffenen nationalen Regulierungsbehörden entscheidet die Agentur innerhalb von drei Monaten nach ihrer Befassung über den Investitionsantrag einschließlich der grenzüberschreitenden Kostenaufteilung gemäß Absatz 3 sowie darüber, in welcher Weise sich die Investitionskosten in den Netzzugangsentgelten widerspiegeln.

Vor einer solchen Entscheidung hört die Agentur die betroffenen nationalen Regulierungsbehörden und die Vorhabenträger an. Die in Unterabsatz 2 genannte Frist von drei Monaten kann um weitere zwei Monate verlängert werden, wenn die Agentur zusätzliche Informationen anfordert. Diese zusätzliche Frist beginnt am Tag nach dem Eingang der vollständigen Informationen.

Die Kostenaufteilungsentscheidung wird veröffentlicht. Es gelten Artikel 19 und 20 der Verordnung (EG) Nr. 713/2009.

(7) Die Agentur übermittelt der Kommission unverzüglich eine Kopie aller Kostenaufteilungsentscheidungen zusammen mit allen relevanten Informationen zu jeder Entscheidung. Diese Informationen können in zusammengefasster Form übermittelt werden. Die Kommission behandelt wirtschaftlich sensible Informationen vertraulich.

(8) Von dieser Kostenaufteilungsentscheidung wird weder das Recht der Übertragungs- und Fernleitungsnetzbetreiber auf die Anwendung von Netzzugangsentgelten gemäß Artikel 32 der Richtlinie 2009/72/EG und der Richtlinie 2009/73/EG

sowie gemäß Artikel 14 der Verordnung (EG) Nr. 714/2009 und gemäß Artikel 13 der Verordnung (EG) Nr. 715/2009 noch das Recht der nationalen Regulierungsbehörden auf die Genehmigung von Netzzugangsentgelten nach den genannten Bestimmungen berührt.

(9) Dieser Artikel gilt nicht für Vorhaben von gemeinsamem Interesse, für die eine der folgenden Ausnahmen gilt:

a) eine Ausnahme von Artikel 32, 33, 34 und Artikel 41 Absätze 6, 8 und 10 der Richtlinie 2009/73/EG gemäß Artikel 36 der Richtlinie 2009/73/EG;

b) eine Ausnahme von Artikel 16 Absatz 6 der Verordnung (EG) Nr. 714/2009 oder eine Ausnahme von Artikel 32 und Artikel 37 Absätze 6 und 10 der Richtlinie 2009/72/EG gemäß Artikel 17 der Verordnung (EG) Nr. 714/2009;

c) eine Ausnahme gemäß Artikel 22 der Richtlinie 2003/55/EG ([1]) oder

d) eine Ausnahme gemäß Artikel 7 der Verordnung (EG) Nr. 1228/2003 ([2]).

Artikel 13
Anreize

(1) Geht ein Vorhabenträger im Vergleich zu den normalerweise mit einem vergleichbaren Infrastrukturvorhaben verbundenen Risiken mit der Entwicklung, dem Bau, dem Betrieb oder der Instandhaltung eines Vorhabens von gemeinsamem Interesse, das unter die in Anhang II Nummer 1 Buchstaben a, b und d und Anhang II Nummer 2 genannten Kategorien fällt, höhere Risiken ein, sorgen die Mitgliedstaaten und die nationalen Regulierungsbehörden dafür, dass für das Vorhaben gemäß Artikel 37 Absatz 8 der Richtlinie 2009/72/EG, gemäß Artikel 41 Absatz 8 der Richtlinie 2009/73/EG, gemäß Artikel 14 der Verordnung (EG) Nr. 714/2009 und gemäß Artikel 13 der Verordnung (EG) Nr. 715/2009 angemessene Anreize gewährt werden.

Unterabsatz 1 gilt nicht, wenn für das Vorhaben von gemeinsamem Interesse eine der folgenden Ausnahmen gilt:

a) eine Ausnahme von Artikel 32, 33, 34 und Artikel 41 Absätze 6, 8 und 10 der Richtlinie 2009/73/EG gemäß Artikel 36 der Richtlinie 2009/73/EG,

b) eine Ausnahme von Artikel 16 Absatz 6 der Verordnung (EG) Nr. 714/2009 oder eine Ausnahme von Artikel 32 und Artikel 37 Absätze 6 und 10 der Richtlinie 2009/72/EG gemäß Artikel 17 der Verordnung (EG) Nr. 714/2009,

c) eine Ausnahme gemäß Artikel 22 der Richtlinie 2003/55/EG oder

d) eine Ausnahme gemäß Artikel 7 der Verordnung (EG) Nr. 1228/2003.

(2) Bei der Entscheidung der nationalen Regulierungsbehörden, die Anreize gemäß Absatz 1 zu gewähren, werden die Ergebnisse der Kosten-Nutzen-Analyse auf der Grundlage der nach Artikel 11 entwickelten Methode und insbesondere die regionalen oder unionsweiten positiven externen Effekte, die das Vorhaben hervorbringt, berücksichtigt. Die nationalen Regulierungsbehörden analysieren außerdem die von den Vorhabenträgern eingegangenen spezifischen Risiken, die getroffenen Maßnahmen zur Risikobegrenzung und die Begründung dieses Risikoprofils im Hinblick auf die positive Nettoauswirkung des Vorhabens im Vergleich zu einer risikoärmeren Alternative. Zu den zulässigen Risiken gehören insbesondere Risiken im Zusammenhang mit neuen Übertragungs- bzw. Fernleitungstechnologien sowohl an Land als auch im Meer, Risiken im Zusammenhang mit der Kostenunterdeckung und Entwicklungsrisiken.

(3) Der durch die Entscheidung gewährte Anreiz berücksichtigt den speziellen Charakter des eingegangen Risikos und kann unter anderem Folgendes umfassen:

a) die Regeln für vorgezogene Investitionen oder

b) die Regeln für die Anerkennung von auf effiziente Weise vor der Inbetriebnahme des Vorhabens angefallenen Kosten oder

c) die Regeln für eine zusätzliche Rendite für das in das Vorhaben investierte Kapital oder

d) jede sonstige für erforderlich und zweckmäßig erachtete Maßnahme.

(4) Bis zum 31. Juli 2013 übermittelt jede nationale Regulierungsbehörde der Agentur sofern verfügbar ihre Methode und die Kriterien, die für die Bewertung von Investitionen in Strom- und Gasinfrastrukturvorhaben und der bei ihnen eingegangenen höheren Risiken verwendet werden.

(5) Bis zum 31. Dezember 2013 schafft die Agentur unter gebührender Berücksichtigung der nach Absatz 4 dieses Artikels bereitgestellten Informationen die Voraussetzungen dafür, dass gemäß Artikel 7 Absatz 2 der Verordnung (EG) Nr. 713/2009 bewährte Verfahren und Empfehlungen zu den folgenden Sachverhalten weitergegeben werden können:

a) zu den Anreizen gemäß Absatz 1 ausgehend von einem von den nationalen Regulierungsbehörden vorgenommenen Benchmarking der bewährten Verfahren;

b) zu einer gemeinsamen Methode für die Bewertung der bei Investitionen in Strom- und Gasinfrastrukturvorhaben eingegangenen höheren Risiken.

(6) Bis zum 31. März 2014 veröffentlicht jede nationale Regulierungsbehörde ihre Methode und die Kriterien, die für die Bewertung von Investitionen in Strom- und Gasinfrastrukturvorhaben und der bei ihnen eingegangenen höheren Risiken verwendet werden.

(7) Wenn die in den Absätzen 5 und 6 genannten Maßnahmen nicht ausreichen, um eine rechtzeitige Durchführung von Vorhaben von gemeinsamem Interesse sicherzustellen, kann die Kommission Leitlinien für die in diesem Artikel festgelegten Anreize erlassen.

KAPITEL V
FINANZIERUNG
Artikel 14
Für eine finanzielle Unterstützung der Union in Betracht kommende Vorhaben

(1) Vorhaben von gemeinsamem Interesse, die unter die in Anhang II Nummern 1, 2 und 4 genannten Kategorien fallen, kommen für eine finanzielle Unterstützung der Union in Form von Finanzhilfen für Studien und von Finanzierungsinstrumenten in Betracht.

(2) Mit Ausnahme von Pumpspeicherkraftwerksvorhaben kommen Vorhaben von gemeinsamem Interesse, die unter die in Anhang II Nummer 1 Buchstaben a bis d und Nummer 2 genannten Kategorien fallen, auch für eine finanzielle Unterstützung der Union in Form von Finanzhilfen für Arbeiten in Betracht, wenn sie sämtliche der folgenden Kriterien erfüllen:

a) die vorhabenspezifische Kosten-Nutzen-Analyse nach Artikel 12 Absatz 3 Buchstabe a liefert Erkenntnisse dafür, dass erhebliche positive externe Effekte wie Versorgungssicherheit, Solidarität oder Innovation gegeben sind;

b) für das Vorhaben gibt es eine Entscheidung über die grenzüberschreitende Kostenaufteilung gemäß Artikel 12 oder sofern es sich um ein Vorhaben von gemeinsamem Interesse handelt, das unter die in Anhang II Nummer 1 Buchstabe c genannte Kategorie fällt und folglich nicht für eine Entscheidung über die grenzüberschreitende Kostenaufteilung in Frage kommt, muss das Vorhaben auf die Erbringung grenzüberschreitender Dienstleistungen, technologische Innovation und die Gewährleistung eines sicheren grenzüberschreitenden Netzbetriebs ausgerichtet sein;

c) das Vorhaben ist nach dem Geschäftsplan und anderen, insbesondere von potenziellen Investoren oder Gläubigern oder von der nationalen Regulierungsbehörde durchgeführten Bewertungen kommerziell nicht tragfähig. Die Entscheidung über Anreize und ihre Begründung gemäß Artikel 13 Absatz 2 werden bei der Bewertung der kommerziellen Tragfähigkeit des Vorhabens berücksichtigt.

(3) Vorhaben von gemeinsamem Interesse, die nach dem Verfahren in Artikel 5 Absatz 7 Buchstabe d durchgeführt werden, kommen ebenfalls für eine finanzielle Unterstützung der Union in Form von Finanzhilfen für Arbeiten in Betracht, wenn sie die in Absatz 2 dieses Artikels genannten Kriterien erfüllen.

(4) Vorhaben von gemeinsamem Interesse, die unter die in Anhang II Nummer 1 Buchstabe e und Nummer 4 genannten Kategorien fallen, kommen auch für eine finanzielle Unterstützung der Union in Form von Finanzhilfen für Arbeiten in Betracht, wenn die betroffenen Vorhabenträger anhand des Geschäftsplans und anderer Bewertungen — insbesondere von Bewertungen, die von potenziellen Investoren oder Gläubigern oder gegebenenfalls von einer nationalen Regulierungsbehörde durchgeführt wurden — die von den Vorhaben hervorgebrachten erheblichen positiven externen Effekte und ihre mangelnde kommerzielle Tragfähigkeit klar belegen können.

Artikel 15
Anleitung bezüglich der Kriterien für die Gewährung einer finanziellen Unterstützung der Union

Die in Artikel 4 Absatz 2 genannten konkreten Kriterien und die in Artikel 4 Absatz 4 genannten Parameter dienen auch als Richtwerte bei der Festlegung von Kriterien für die Gewährung der finanziellen Unterstützung der Union, die in der einschlägigen Verordnung zur Schaffung der Fazilität „Connecting Europe" vorgesehen ist.

Artikel 16
Ausübung der Befugnisübertragung

(1) Die Befugnis zum Erlass delegierter Rechtsakte wird der Kommission unter den in diesem Artikel festgelegten Bedingungen übertragen.

(2) Die Befugnis zum Erlass delegierter Rechtsakte gemäß Artikel 3 wird der Kommission für einen Zeitraum von vier Jahren ab dem 15. Mai 2013 übertragen. Die Kommission erstellt spätestens neun Monate vor Ablauf dieses Zeitraums einen Bericht über die Befugnisübertragung. Die Befugnisübertragung verlängert sich stillschweigend um Zeiträume gleicher Länge, es sei denn, das Europäische Parlament oder der Rat widersprechen einer solchen Verlängerung spätestens drei Monate vor Ablauf des jeweiligen Zeitraums.

(3) Die Befugnisübertragung gemäß Artikel 3 kann vom Europäischen Parlament oder vom Rat jederzeit widerrufen werden. Der Beschluss über den Widerruf beendet die Übertragung der in diesem Beschluss angegebenen Befugnis. Er wird am Tag nach seiner Veröffentlichung im *Amtsblatt der Europäischen Union* oder zu einem im Beschluss über den Widerruf angegebenen späteren Zeitpunkt wirksam. Die Gültigkeit von delegierten Rechtsakten, die bereits in Kraft sind, wird von dem Beschluss über den Widerruf nicht berührt.

(4) Sobald die Kommission einen delegierten Rechtsakt erlässt, übermittelt sie ihn gleichzeitig dem Europäischen Parlament und dem Rat.

(5) Ein delegierter Rechtsakt, der gemäß Artikel 3 erlassen wurde, tritt nur in Kraft, wenn

weder das Europäische Parlament noch der Rat innerhalb einer Frist von zwei Monaten nach Übermittlung dieses Rechtsakts an das Europäische Parlament und den Rat Einwände erhoben haben oder wenn vor Ablauf dieser Frist das Europäische Parlament und der Rat beide der Kommission mitgeteilt haben, dass sie keine Einwände erheben werden. Diese Frist wird auf Initiative des Europäischen Parlaments oder des Rates um zwei Monate verlängert.

KAPITEL VI
SCHLUSSBESTIMMUNGEN

Artikel 17
Berichterstattung und Bewertung

Die Kommission veröffentlicht spätestens 2017 einen Bericht über die Durchführung von Vorhaben von gemeinsamem Interesse und übermittelt ihn dem Europäischen Parlament und dem Rat. Dieser Bericht enthält eine Bewertung

a) der Fortschritte, die bei Planung, Entwicklung, Bau und Inbetriebnahme der nach Artikel 3 ausgewählten Vorhaben von gemeinsamem Interesse erzielt wurden, und, sofern relevant, der Verzögerungen bei der Durchführung sowie sonstiger aufgetretener Schwierigkeiten;

b) der von der Union für Vorhaben von gemeinsamem Interesse gebundenen und aufgewandten Mittel im Vergleich zum Gesamtwert der finanzierten Vorhaben von gemeinsamem Interesse;

c) für den Strom- und Gassektor: der Entwicklung des Verbundgrads zwischen den Mitgliedstaaten, der entsprechenden Entwicklung der Energiepreise sowie der Zahl der Netzausfälle, ihrer Ursachen und der damit verbundenen wirtschaftlichen Kosten;

d) der Genehmigungserteilung und der Beteiligung der Öffentlichkeit, insbesondere:

i) der durchschnittlichen und maximalen Gesamtdauer der Genehmigungsverfahren für Vorhaben von gemeinsamem Interesse, einschließlich der Dauer der einzelnen Stufen des Vorantragsabschnitts im Vergleich zu dem in den ursprünglichen wichtigsten Meilensteinen gemäß Artikel 10 Absatz 4 vorgesehenen Zeitplan,

ii) des Ausmaßes des Widerstands gegen Vorhaben von gemeinsamem Interesse (insbesondere Zahl der schriftlichen Einwände während der Anhörung der Öffentlichkeit, Zahl der Rechtsmittelverfahren),

iii) einer Übersicht bewährter und innovativer Verfahren bezüglich der Beteiligung von betroffenen Kreisen und der Begrenzung der Umweltauswirkungen im Zuge der Genehmigungsverfahren und der Durchführung der Vorhaben,

iv) der Wirksamkeit der nach Artikel 8 Absatz 3 vorgesehenen Schemata in Bezug auf die Einhaltung der in Artikel 10 festgelegten Fristen;

e) der Regulierung, insbesondere:

i) der Zahl der Vorhaben von gemeinsamem Interesse, für die eine Entscheidung über die grenzüberschreitende Kostenaufteilung gemäß Artikel 12 vorliegt und

ii) der Zahl und Art von Vorhaben von gemeinsamem Interesse, für die spezifische Anreize gemäß Artikel 13 gewährt wurden;

f) der Wirksamkeit des Beitrags dieser Verordnung zu den für 2014 und 2015 angestrebten Zielsetzungen bezüglich der Marktintegration, zu den für 2020 angestrebten klima- und energiepolitischen Zielen sowie — langfristig — zum Übergang zu einer kohlenstoffarmen Wirtschaft bis 2050.

Artikel 18
Informationen und Publizität

Die Kommission richtet spätestens sechs Monate nach Annahme der ersten Unionsliste eine für die Öffentlichkeit auch über das Internet leicht zugängliche Infrastruktur-Transparenzplattform ein. Diese Plattform enthält die folgenden Informationen:

a) allgemeine, aktualisierte Informationen, darunter geografische Informationen, über jedes Vorhaben von gemeinsamem Interesse;

b) den Durchführungsplan gemäß Artikel 5 Absatz 1 für jedes Vorhaben von gemeinsamem Interesse;

c) die Hauptergebnisse der Kosten-Nutzen-Analyse auf der Grundlage der für die betroffenen Vorhaben von gemeinsamem Interesse nach Artikel 11 entwickelten Methode mit Ausnahme aller wirtschaftlich sensiblen Informationen;

d) die Unionsliste;

e) die von der Union für die einzelnen Vorhaben von gemeinsamem Interesse gebundenen und aufgewandten Mittel.

Artikel 19
Übergangsbestimmungen

Diese Verordnung berührt nicht die Gewährung, Fortführung oder Änderung einer finanziellen Unterstützung, die von der Kommission auf der Grundlage von Aufforderungen zur Einreichung von Vorschlägen im Rahmen der Verordnung (EG) Nr. 680/2007 des Europäischen Parlaments und des Rates vom 20. Juni 2007 über die Grundregeln für die Gewährung von Gemeinschaftszuschüssen für transeuropäische Verkehrs- und Energienetze ([3]) für in den Anhängen I und III der Entscheidung Nr. 1364/2006/EG aufgeführte Vorhaben oder im Hinblick auf die Zielvorgaben gewährt wurde, die auf den in der Verordnung (EG) Nr. 1083/2006 des Rates vom 11. Juli 2006 mit allgemeinen Bestimmungen über den Europäischen Fonds für regionale Entwicklung, den Europäischen Sozialfonds und den Kohäsionsfonds ([4]) festgelegten, für TEN-E relevanten Ausgabenkategorien beruhen.

Die Bestimmungen nach Kapitel III gelten nicht für Vorhaben von gemeinsamem Interesse im Genehmigungsverfahren, für die ein Vorhabenträger vor dem 16. November 2013 Antragsunterlagen eingereicht hat.

Artikel 22

Änderungen der Verordnung (EG) Nr. 715/2009

Die Verordnung (EG) Nr. 715/2009 wird wie folgt geändert:

1. Artikel 8 Absatz 10 Buchstabe a erhält folgende Fassung:

„a) auf den nationalen Investitionsplänen unter Berücksichtigung der in Artikel 12 Absatz 1 genannten regionalen Investitionspläne und gegebenenfalls der unionsbezogenen Aspekte der Netzplanung gemäß der Verordnung (EU) Nr. 347/2013 des Europäischen Parlaments und des Rates vom 17. April 2013 zu Leitlinien für die transeuropäische Energieinfrastruktur ([*1]) aufbauen; er ist Gegenstand einer Kosten-Nutzen-Analyse nach der Methode gemäß Artikel 11 der genannten Verordnung.

2. Artikel 11 erhält folgende Fassung:

„Artikel 11

Kosten

Die Kosten im Zusammenhang mit den in den Artikeln 4 bis 12 dieser Verordnung und in Artikel 11 der Verordnung (EU) Nr. 347/2013 genannten Tätigkeiten des ENTSO (Gas) werden von den Fernleitungsnetzbetreibern getragen und bei der Tarifberechnung berücksichtigt. Die Regulierungsbehörden genehmigen diese Kosten nur dann, wenn sie angemessen und sachbezogen sind.“

Artikel 23

Aufhebung

Die Entscheidung Nr. 1364/2006/EG wird zum 1. Januar 2014 aufgehoben. Für in den Anhängen I und III der Entscheidung Nr. 1364/2006/EG aufgeführte Vorhaben entstehen aus dieser Verordnung keine Rechte.

Artikel 24

Inkrafttreten

Diese Verordnung tritt am zwanzigsten Tag nach ihrer Veröffentlichung im *Amtsblatt der Europäischen Union* in Kraft.

Sie gilt ab dem 1. Juni 2013, mit Ausnahme der Artikel 14 und 15, die ab dem Geltungsbeginn der einschlägigen Verordnung zur Schaffung der Fazilität „Connecting Europe“ gelten.

Diese Verordnung ist in allen ihren Teilen verbindlich und gilt unmittelbar in jedem Mitgliedstaat.

---

[1] Richtlinie 2003/55/EG des Europäischen Parlaments und des Rates vom 26. Juni 2003 über gemeinsame Vorschriften für den Erdgasbinnenmarkt (ABl. L 176 vom 15.7.2003, S. 57).

[2] Verordnung (EG) Nr. 1228/2003 des Europäischen Parlaments und des Rates vom 26. Juni 2003 über die Netzzugangsbedingungen für den grenzüberschreitenden Stromhandel (ABl. L 176 vom 15.7.2003, S. 1).

[3] ABl. L 162 vom 22.6.2007, S. 1.

[4] ABl. L 210 vom 31.7.2006, S. 25.

[*1] ABl L 115 vom 25.4.2013, S. 39.“

78. Elektrizitätsstatistikverordnung 2016

Verordnung des Bundesministers für Wissenschaft, Forschung und Wirtschaft über statistische Erhebungen für den Bereich der Elektrizitätswirtschaft

StF: BGBl. II Nr. 17/2016

Auf Grund des § 92 des Elektrizitätswirtschafts- und -organisationsgesetzes 2010 (ElWOG 2010), BGBl. I Nr. 110/2010, zuletzt geändert durch das Bundesgesetz BGBl. I Nr. 174/2013, wird verordnet:

GLIEDERUNG

1. Hauptstück

Allgemeine Bestimmungen

Gegenstand der Elektrizitätsstatistik

§ 1. (1) Im Bereich der Elektrizitätswirtschaft sind statistische Erhebungen durchzuführen, Statistiken zu erstellen und gemäß § 17 zu veröffentlichen.

(2) Folgende Statistiken sind zu erstellen:

1. Tages-, Monats- und Jahresstatistiken über die Belastung der Netze, die Aufbringung und den Verbrauch an elektrischer Energie (Betriebsstatistik);
2. Statistik über den Anlagenbestand der Netzbetreiber und Erzeuger (Bestandsstatistik);
3. Statistik über das Marktgeschehen (Marktstatistik);
4. Statistik über die erneuerbaren Energieträger (Statistik über erneuerbare Energieträger);
5. Statistik über die Förderung von erneuerbaren Energieträgern (Ökostromförderstatistik) gemäß dem Ökostromgesetz 2012, BGBl. I Nr. 75/2011, zuletzt geändert durch die Kundmachung BGBl. I Nr. 11/2012 (ÖSG 2012);
6. Statistiken über die Versorgungsqualität (Ausfall- und Störungsstatistik sowie Statistik über die Spannungsqualität);
7. Statistik über die Nichtverfügbarkeit von Kraftwerken (Nichtverfügbarkeitsstatistik).

Begriffsbestimmungen

§ 2. (1) Im Sinne dieser Verordnung bezeichnet der Ausdruck

1. „Abgabe an Endverbraucher“ die Summe des gemessenen bzw. per standardisiertem Lastprofil ermittelten, aus dem öffentlichen Netz bezogenen Verbrauchs der Endverbraucher;
2. „Abgabe für Pumpspeicherung“ die Summe der ermittelten (gemessenen bzw. per standardisiertem Lastprofil ermittelten) Abgabe an Speicherkraftwerke zum Betrieb von Speicherpumpen. Die Abgabe zum Betrieb von Pumpen bei anderen Kraftwerkstypen als Speicherkraftwerken wird nicht dem Pumpstrom zugezählt;

Daten/Sta.

3. „Abmeldungen" die Beendigung des Energieliefervertrages und des Netznutzungsvertrages;
4. „Arbeitsvermögen" die in einem Zeitraum aus dem nutzbaren Wasserdargebot eines Wasserkraftwerks, unter der Annahme der vollen Verfügbarkeit, erzeugbare elektrische Arbeit, bei Laufkraftwerken die in einem bestimmten Zeitraum aus dem (energiewirtschaftlich) nutzbaren Zufluss erzeugbare elektrische Arbeit;
5. „Brutto-Engpassleistung" die Engpassleistung bezogen auf die Generatorklemme bzw. die höchste Dauerleistung einer energietechnischen Einrichtung, für die sie bemessen ist;
6. „Brutto-Stromerzeugung" die an den Generatorklemmen abgegebene (gemessene) elektrische Energie;
7. „Eigenerzeuger" ein Unternehmen, das neben seiner (wirtschaftlichen) Haupttätigkeit elektrische Energie zur vollständigen (auch ohne Inanspruchnahme des öffentlichen Netzes) oder teilweisen Deckung seines eigenen Bedarfes erzeugt und welches diesen Anteil nicht über das öffentliche Netz transportiert. Kraftwerke von öffentlichen Erzeugern, die ohne Inanspruchnahme des öffentlichen Netzes Eigenerzeuger oder Endverbraucher beliefern, gelten im Sinne dieser Verordnung als Eigenerzeuger und sind dem jeweiligen Standort des Eigenerzeugers zuzurechnen bzw. als eigener Eigenerzeuger am Standort des Endverbrauchers zu definieren;
8. „Eigenverbrauch" die elektrische Energie, die für die Erzeugung und Verteilung in Kraftwerken, Umspannwerken und Schaltwerken einschließlich der für Verwaltungszwecke bestimmten Objekte und insbesondere für Hilfsantrieb, Beleuchtung oder Heizung eingesetzt wird. Bei Kraftwerken ist davon auch die eingesetzte Energie bei Stillstand der Anlage zuzüglich der Aufspannverluste umfasst;
9. „Eingespeiste Erzeugung" die Menge der von Kraftwerken in das öffentliche Netz eingespeisten elektrischen Energie (Netto-Stromerzeugung);
10. „Engpassleistung" die durch den leistungsschwächsten Teil begrenzte, höchstmögliche Dauerleistung der gesamten Erzeugungsanlage mit allen Maschinensätzen;
11. „Erhebungsperiode" jenen Zeitraum, über den zu meldende Daten zu aggregieren sind;
12. „Erhebungsstichtag" den Tag und „Erhebungszeitpunkt" den Zeitpunkt, auf den sich die Erhebung zu beziehen hat;
13. „gesicherte Leistung" die elektrische Leistung einer Wasserkraftanlage, die je nach Anlagentyp unter festgelegten Bedingungen bzw. mit einer bestimmten, vorzugebenden Wahrscheinlichkeit verfügbar ist:
    a) bei Laufkraftwerken jene Leistung, die dem Q95 des nutzbaren Zuflusses im Regeljahr entspricht,
    b) bei Laufkraftwerken mit Schwellbetrieb jene Leistung, die dem doppelten nutzbaren Zufluss Q95 im Regeljahr entspricht,
    c) bei Tages- und Wochenspeichern jene Leistung, die dem dreifachen nutzbaren Zufluss Q95 im Regeljahr entspricht.

    Als Q95 wird jener Zufluss bezeichnet, der im Regeljahr an 95 % der Tage überschritten wird;
14. „Größenklasse des Bezugs" jene auf den Bezug aus dem öffentlichen Netz im letzten Kalenderjahr bezogenen Werte in kWh, welche für Einstufungen von Endverbrauchern herangezogen werden;
15. „Kraft-Wärme-Kopplung (KWK)" die gleichzeitige Erzeugung thermischer, elektrischer und / oder mechanischer Energie in einem Prozess;
16. „Kraft-Wärme-Kälte-Kopplung (KWKK)" eine Erweiterung der KWK, die auch der Kälteerzeugung dient. Die Bestimmungen dieser Verordnung, die KWK-Anlagen betreffen, sind auch auf KWKK-Anlagen anzuwenden;
17. „Lastverlauf" die in einem konstanten Zeitraster durchgeführte Darstellung der in einem definierten Netz von Endverbrauchern (Kunden) beanspruchte Leistung;
18. „maximale Netto-Heizleistung" die dem Wärmenetz oder Fernwärmenetz von einem Wärmekraftwerk mit KWK zugeführte Wärme des Wärmeträgers;
19. „Netto-Engpassleistung" die höchste Dauerleistung einer energietechnischen Einrichtung, die in das öffentliche Netz eingespeist werden kann;
20. „Neuanmeldung" den Abschluss eines Energieliefervertrages im Zusammenhang mit einem neuen Netzzugangsvertrag;
21. „öffentlicher Erzeuger" alle Erzeuger elektrischer Energie mit Ausnahme der Eigenerzeuger.
22. „öffentliches Netz" ein Elektrizitätsnetz mit 50 Hz Nennfrequenz, zu dem Netzzugang gemäß den landesrechtlichen Ausführungsgesetzen gemäß § 15 ElWOG 2010 zu gewähren ist;
23. „Regelarbeitsvermögen" das Arbeitsvermögen im Regeljahr;
24. „Standort" ein oder mehrere zusammenhängende, im Eigentum oder in der Verfügungsgewalt eines Endverbrauchers stehende/s Betriebsgelände, soweit es/sie hinsichtlich der wirtschaftlichen Tätigkeit eine Einheit bildet/n und für das/die der Endverbraucher elektrische Energie bezieht oder selbst zur vollständigen oder teilweisen Deckung seines eigenen Bedarfs erzeugt und gegebenenfalls über ein eigenes Netz zu Selbstkosten verteilt;

25. „Verbrauch für Pumpspeicherung“ die elektrische Arbeit, die zum Antrieb von Pumpen zur Förderung des Speicherwassers eingesetzt wird, gemessen an der Pumpe;
26. „Versorgungsunterbrechung“ jenen Zustand, in dem die Spannung an der Übergabestelle über einen Zeitraum von zumindest einer Sekunde weniger als 5 % der Nennspannung bzw. der vereinbarten Spannung beträgt.

(2) „Komponenten der Verwendung oder der Abgabe“ im Sinne dieser Verordnung sind:

1. Endverbraucher (Verbraucher) nach den beiden Verbraucherkategorien:
a) „Haushalte“, das sind Endverbraucher, die elektrische Energie vorwiegend für private Zwecke verwenden;
b) “Nicht-Haushalte“, das sind Endverbraucher, die elektrische Energie vorwiegend für Zwecke der eigenen wirtschaftlichen Tätigkeit verwenden.

Die beiden Verbraucherkategorien sind jeweils nach Größenklassen des Bezugs zu untergliedern. Die Zuteilung oder Nichtzuteilung eines Standardlastprofils ist für Zwecke dieser Verordnung keine zwingende Bedingung, einer der beiden Verbraucherkategorien zugeordnet zu werden;

2. Eigenverbrauch für Erzeugung einschließlich Transformatorverluste;
3. Netzverluste (Leitungs- und Transformatorverluste);
4. Eigenverbrauch im Netz;
5. Abgabe und Verbrauch für Pumpspeicherung.

(3) „Kraftwerkstypen“ im Sinne dieser Verordnung sind:

1. Wasserkraftwerke:
a) Laufkraftwerke mit und ohne Schwellbetrieb,
b) Speicherkraftwerke, untergliedert in Tages-, Wochen- und Jahresspeicherkraftwerke, jeweils mit und ohne Pumpspeicherung;
2. Wärmekraftwerke:
a) mit KWK, untergliedert nach Technologien gemäß Anlage II zum ElWOG 2010,
b) ohne KWK,

darüber hinaus sind jeweils rohstoffabhängige Ökoanlagen zu unterscheiden;

3. Photovoltaik-Anlagen;
4. Windkraftwerke;
5. geothermische Anlagen.

(4) Für alle anderen Begriffe gelten die Begriffsbestimmungen des § 7 Abs. 1 ElWOG 2010.

(5) Der physikalische Lastfluss ist getrennt nach Bezug und Abgabe (Lieferung), nicht saldiert zu erfassen. Dies trifft insbesondere für den physikalischen Stromaustausch mit dem benachbarten Ausland (Importe bzw. Exporte), mit anderen Regelzonen (Bezüge bzw. Abgaben) sowie für den physikalischen Stromaustausch mit dem öffentlichen Netz (Bezüge bzw. Abgaben) zu.

2. Hauptstück
Statistiken
1. Abschnitt
Betriebsstatistik
Viertelstundenwerte

§ 3. (1) Die Bilanzgruppenkoordinatoren haben für die Erhebungsperiode vom Monatsersten 0.00 Uhr bis zum Monatsletzten 24.00 Uhr als viertelstündliche Energiemengen jeweils getrennt nach Netzbetreibern für die jeweilige Regelzone zu melden:

1. die gesamte Abgabe an Endverbraucher;
2. die gesamte Abgabe an Endverbraucher außerhalb des österreichischen Bundesgebiets;
3. die gesamte Abgabe für Pumpspeicherung;
4. die Netzverluste (Abgabe an die Bilanzgruppen Netzverluste);
5. die Netzverluste außerhalb des österreichischen Bundesgebiets;
6. die gesamte eingespeiste Erzeugung;
7. die gesamte eingespeiste Erzeugung außerhalb des österreichischen Bundesgebiets.

Korrekturen aufgrund des 2. Clearings sind unverzüglich zu melden. Die Netzbetreiber haben die Daten entsprechend den Z 2, 5 und 7, sofern diese den Bilanzgruppenkoordinatoren nicht zur Verfügung stehen, direkt der E-Control zu melden.

(2) Die Netzbetreiber haben für die Erhebungsperiode vom Monatsersten 0.00 Uhr bis zum Monatsletzten 24.00 Uhr als viertelstündliche Energiemengen zu melden:

1. die eingespeiste Erzeugung von Kraftwerken, die direkt an den Netzebenen gemäß § 63 Z 1 bis 3 ElWOG 2010 angeschlossen sind oder die eine Brutto-Engpassleistung von zumindest 25 MW haben, jeweils getrennt nach Kraftwerken;
2. für Windkraftwerke die gesamte eingespeiste Erzeugung;
3. den physikalischen Stromaustausch mit dem benachbarten Ausland (Importe bzw. Exporte) über Leitungen der Netzebenen gemäß § 63 Z 1 bis 3 ElWOG 2010, getrennt nach Leitungen.

Die Erzeuger haben gegebenenfalls dem Netzbetreiber die Daten rechtzeitig und in der erforderlichen Qualität bereit zu stellen.

(3) Die Erzeuger haben für die Erhebungsperiode vom Monatsersten 0.00 Uhr bis zum Monatsletzten 24.00 Uhr als viertelstündliche Energiemengen zu melden:

1. die direkt in ausländische Regelzonen eingespeiste Erzeugung sowie den direkten Bezug aus ausländischen Regelzonen für Pumpspeicherung und Eigenbedarf jeweils getrennt nach Kraftwerken;

2. den physikalischen Stromaustausch mit dem benachbarten Ausland (Importe bzw. Exporte) über Leitungen der Netzebenen gemäß § 63 Z 1 bis 3 ElWOG 2010, jeweils getrennt nach Leitungen.

(4) Die Eigenerzeuger haben für jeden dritten Mittwoch eines Kalendermonats für die Erhebungsperiode von 0.00 Uhr bis 24.00 Uhr als viertelstündliche Energiemengen zu melden:

1. jeweils je Standort mit zumindest einem Kraftwerk, das direkt an den Netzebenen gemäß § 63 Z 1 bis 3 ElWOG 2010 angeschlossen ist oder das eine Brutto-Engpassleistung von zumindest 25 MW hat:
   a) für alle Kraftwerke des Standorts die Brutto-Stromerzeugung getrennt nach Kraftwerkstypen,
   b) die eingespeiste Erzeugung sowie den Bezug aus dem öffentlichen Netz,
   c) den direkten Bezug aus fremden Kraftwerken getrennt nach Kraftwerkstypen,
   d) den Verbrauch für Pumpspeicherung;
2. unabhängig von anderen Erhebungsgrenzen den Summenwert des physikalischen Stromaustauschs mit dem benachbarten Ausland (Importe bzw. Exporte) getrennt nach Nachbarstaaten.

(5) Die öffentlichen Erzeuger haben gegebenenfalls den Eigenerzeugern für Kraftwerke, die direkt (ohne Inanspruchnahme des öffentlichen Netzes) Eigenerzeuger oder Endverbraucher beliefern, Daten gemäß Abs. 4 rechtzeitig und in der erforderlichen Qualität bereit zu stellen. Für den Fall, dass der belieferte Endverbraucher kein Eigenerzeuger ist, hat der öffentliche Erzeuger für diesen Standort entsprechend § 2 Abs. 1 Z 7 zweiter Satz eine eigene, von der Meldung als öffentlicher Erzeuger getrennte Meldung zu erstellen.

Wochenwerte

§ 4. Die öffentlichen Erzeuger haben für jeden Mittwoch für den Erhebungszeitpunkt 24.00 Uhr zu melden:

1. den jeweils auf die Hauptstufe bezogenen Energieinhalt von Speichern, deren Wasser in Kraftwerken, die direkt an den Netzebenen gemäß § 63 Z 1 bis 3 ElWOG 2010 angeschlossen sind oder die eine Brutto-Engpassleistung von zumindest 25 MW haben, abgearbeitet werden kann, getrennt nach Speichern;
2. den Lagerstand der für die Erzeugung elektrischer Energie und Wärme bestimmten fossilen Primärenergieträger für Wärmekraftwerke, die direkt an den Netzebenen gemäß § 63 Z 1 bis 3 ElWOG 2010 angeschlossen sind oder die eine Brutto-Engpassleistung von zumindest 25 MW haben, unter Angabe von Art und Menge, getrennt nach Kraftwerken bzw. Standorten.

Monatswerte

§ 5. (1) Die Netzbetreiber haben für die Erhebungsperiode jeweils eines Kalendermonats zu melden:

1. die gesamte Abgabe an Endverbraucher unter Angabe der Netzverluste und der gesamten Abgabe für Pumpspeicherung;
2. die gesamte Abgabe an Netzgebiete in der eigenen Regelzone außerhalb des österreichischen Bundesgebiets;
3. darüber hinaus die gesamte eingespeiste Erzeugung;
4. den physikalischen Stromaustausch mit dem benachbarten Ausland (Importe bzw. Exporte) unabhängig von der jeweiligen Netzebene, jeweils getrennt nach Nachbarstaaten.

(2) Für Netzbetreiber mit einer Abgabe an Endverbraucher im letzten Kalenderjahr von weniger als 50 000 000 kWh kann die Meldung gemäß Abs. 1 Z 1 und 3 unterbleiben.

(3) Die Erzeuger, die im Berichtsmonat zumindest ein Kraftwerk betreiben, das direkt an den Netzebenen gemäß § 63 Z 1 bis 3 ElWOG 2010 angeschlossen ist oder das eine Brutto-Engpassleistung von zumindest 10 MW hat, haben für alle ihre Kraftwerke für die Erhebungsperiode jeweils eines Kalendermonats zu melden:

1. bei Wasserkraftwerken die gesamte Brutto-Stromerzeugung getrennt nach Kraftwerkstypen;
2. bei Laufkraftwerken darüber hinaus das Regelarbeitsvermögen und das Arbeitsvermögen;
3. bei Speicherkraftwerken darüber hinaus den gesamten Verbrauch für Pumpspeicherung unter Angabe der entsprechenden Bezüge aus dem öffentlichen Netz;
4. bei Wärmekraftwerken die Brutto-Stromerzeugung, die Wärmeerzeugung und -abgabe und die Art und Menge der für die Erzeugung elektrischer Energie und Wärme verbrauchten Primärenergieträger jeweils getrennt nach Kraftwerksblock und Primärenergieträgern sowie den Eigenverbrauch für Erzeugung einschließlich Transformatorverluste unter Angabe der entsprechenden Bezüge aus dem öffentlichen Netz jeweils getrennt nach Standort;
5. bei Windkraftwerken (Windparks), Photovoltaik-Anlagen und geothermischen Anlagen die Stromerzeugung (eingespeiste Erzeugung) getrennt nach Kraftwerkstypen;
6. den Bezug aus dem öffentlichen Netz, den direkten Bezug aus Fremdkraftwerken und die Einspeisung in das öffentliche Netz.

Für anerkannte Ökostromanlagen sind über die Daten gemäß Z 1, 4 und 5 hinaus die gemeldeten Kraftwerke zu benennen und die zugehörigen Zählpunkte anzugeben.

(4) Die Erzeuger haben, unabhängig von anderen Erhebungsgrenzen, für die Erhebungsperiode jeweils eines Kalendermonats den Summenwert des physikalischen Stromaustauschs mit dem benachbarten Ausland (Importe bzw. Exporte) getrennt nach Nachbarstaaten zu melden.

(5) Die öffentlichen Erzeuger haben gegebenenfalls den Eigenerzeugern für Kraftwerke, die direkt (ohne Inanspruchnahme des öffentlichen Netzes) Eigenerzeuger oder Endverbraucher beliefern, Daten gemäß Abs. 3 rechtzeitig und in der erforderlichen Qualität bereit zu stellen. Für den Fall, dass der belieferte Endverbraucher kein Eigenerzeuger ist, hat der öffentliche Erzeuger für diesen Standort entsprechend § 2 Abs. 1 Z 7 zweiter Satz eine eigene, von der Meldung als öffentlicher Erzeuger getrennte Meldung zu erstellen.

Jahreswerte

§ 6. (1) Die Netzbetreiber haben für die Erhebungsperiode jeweils eines Kalenderjahres zu melden:

1. die Jahreswerte gemäß § 5 Abs. 1;
2. die Abgabe an Endverbraucher getrennt nach Netzebenen gem. § 63 ElWOG 2010 sowie nach Verbraucherkategorien und Größenklassen des Bezugs;
3. die Abgabe an Endverbraucher getrennt nach Bundesländern.

(2) Die Netzbetreiber haben jeweils für den Erhebungsstichtag 31. Dezember 24.00 Uhr zu melden:

1. die Anzahl der Endverbraucher jeweils getrennt nach Netzebenen gem. § 63 ElWOG 2010 sowie nach Verbraucherkategorien und Größenklassen des Bezugs;
2. die gesamte Anzahl der Endverbraucher getrennt nach Bundesländern.

(3) Die Erzeuger, die zum 31. Dezember zumindest ein Kraftwerk mit einer Brutto-Engpassleistung von zumindest 1 MW betreiben, haben für die Erhebungsperiode jeweils eines Kalenderjahres für alle ihre Kraftwerke, bei Wärmekraftwerken jeweils bezogen auf einzelne Kraftwerksblöcke, bei allen anderen Kraftwerkstypen jeweils getrennt nach Kraftwerken zu melden:

1. Jahreswerte gemäß § 5 Abs. 3 und 4, wobei als Erhebungsstichtag der 31. Dezember 24.00 Uhr gilt;
2. für alle Kraftwerke darüber hinaus den Eigenverbrauch unter Angabe des entsprechenden Bezugs aus dem öffentlichen Netz;
3. bei Wärmekraftwerken darüber hinaus den mittleren Heizwert getrennt nach Kraftwerksblock und eingesetztem Primärenergieträger;
4. für Speicherkraftwerke darüber hinaus die Erzeugung aus Pumpspeicherung.

Für Eigenerzeuger sind die Angaben je Standort zu melden. Für Kraftwerke, die vor dem 31. Dezember 24.00 Uhr außer Betrieb genommen wurden, sind die Daten für den Zeitraum bis zur Stilllegung zu melden.

(4) Die öffentlichen Erzeuger haben gegebenenfalls den Eigenerzeugern für Kraftwerke, die direkt (ohne Inanspruchnahme des öffentlichen Netzes) Eigenerzeuger oder Endverbraucher beliefern, Daten gemäß Abs. 3 rechtzeitig und in der erforderlichen Qualität bereit zu stellen. Für den Fall, dass der belieferte Endverbraucher kein Eigenerzeuger ist, hat der öffentliche Erzeuger für diesen Standort entsprechend § 2 Abs. 1 Z 6 zweiter Satz eine eigene, von der Meldung als öffentlicher Erzeuger getrennte Meldung zu erstellen.

2. Abschnitt
Bestandsstatistik

§ 7. (1) Alle Netzbetreiber sowie jene Erzeuger, die zum 31. Dezember 24.00 Uhr zumindest ein Kraftwerk mit einer Brutto-Engpassleistung von zumindest 1 MW betreiben, haben für den jeweiligen Erhebungsstichtag 31. Dezember 24.00 Uhr zu melden:

1. die Trassen- und Systemlängen von Anlagen zur Übertragung und Verteilung elektrischer Energie, getrennt für die Netzebenen gemäß § 63 ElWOG 2010, jeweils gegliedert nach der Art der Anlagen (Freileitung, Kabel);
2. Anzahl, Art und Kenngrößen der Umspannanlagen und Transformatoren, getrennt für die Netzebenen gemäß § 63 ElWOG 2010, jeweils gegliedert nach Spannungsebenen sowie nach Anlagentyp (Umspannwerke, Umspannstationen, Transformatorstationen);
3. Anzahl sowie maximal mögliche Einspeiseleistung der in ihrem Netz jeweils angeschlossenen Windkraftwerke und Photovoltaik-Anlagen.

(2) Die Erzeuger, die zum 31. Dezember 24.00 Uhr zumindest ein Kraftwerk mit einer Brutto-Engpassleistung von zumindest 1 MW betreiben, haben zum jeweiligen Erhebungsstichtag 31. Dezember 24.00 Uhr für alle ihre Kraftwerke, bei Wärmekraftwerken jeweils getrennt nach Kraftwerksblöcken, bei allen anderen Kraftwerkstypen getrennt nach Kraftwerken, zu melden:

1. die Brutto- und Netto-Engpassleistung sowie das Datum der Inbetriebnahme und des letzten Umbaus;
2. bei Speicherkraftwerken darüber hinaus die installierte Pumpleistung;
3. bei Speichern den Nennenergieinhalt, jeweils bezogen auf die Hauptstufe und getrennt nach Speichern;
4. bei Wärmekraftwerken darüber hinaus die maximale Netto-Heizleistung getrennt nach Kraftwerksblöcken und die maximale Lagerkapazität von Primärenergieträgern, jeweils getrennt nach Primärenergieträgern.

Für anerkannte Ökostromanlagen sind die gemeldeten Kraftwerke zu benennen und die zugehörigen Zählpunkte anzugeben.

(3) Die öffentlichen Erzeuger haben gegebenenfalls den Eigenerzeugern für Kraftwerke, die direkt (ohne Inanspruchnahme des öffentlichen Netzes) Eigenerzeuger oder Endverbraucher beliefern, Daten gemäß Abs. 2 rechtzeitig und in der erforderlichen Qualität bereit zu stellen. Für den Fall, dass der belieferte Endverbraucher kein Eigenerzeuger ist, hat der öffentliche Erzeuger für diesen Standort entsprechend § 2 Abs. 1 Z 7 zweiter Satz eine eigene, von der Meldung als öffentlicher Erzeuger getrennte Meldung zu erstellen.

3. Abschnitt
Marktstatistik

§ 8. (1) Die Lieferanten, die inländische Endverbraucher beliefern, haben jeweils je Verbraucherkategorie und Größenklasse des Bezugs zu melden:

1. jeweils für die Erhebungsperioden Jänner bis Juni und Juli bis Dezember die mengengewichteten durchschnittlichen Preiskomponenten in Eurocent/kWh:

a) den reinen Energiepreis ohne Steuern und Abgaben,

b) die auf den Energiepreis erhobenen Steuern, Abgaben, Gebühren, sonstigen staatlich verursachten Belastungen und Entgelte, jeweils getrennt nach deren Zweck bzw. Bindung wie insbesondere die Förderung der Elektrizitätserzeugung aus erneuerbaren Energieträgern bzw. in hocheffizienten Kraft-Wärme-Kopplungsanlagen, die Steigerung der Energieeffizienz, die Sicherheit und Funktionsfähigkeit der Versorgung, die Verbesserung bzw. Erhaltung der Luftqualität, des Klima oder der Umwelt,

c) die Umsatzsteuer;

2. für die Erhebungsperiode jeweils eines Kalenderjahres:

a) die Abgabe an Endverbraucher,

b) die Anzahl der Endverbraucher, die unter Berufung auf die Grundversorgung versorgt werden, zu melden;

3. zum jeweiligen Erhebungsstichtag 31. Dezember 24.00 Uhr die Anzahl der Endverbraucher.

(2) Die Netzbetreiber haben zu melden:

1. jeweils für die Erhebungsperiode eines Kalendermonats die durchgeführten Versorgerwechsel jeweils je Verbraucherkategorie und Größenklasse des Bezugs;

2. jeweils für die Erhebungsperioden Jänner bis Juni und Juli bis Dezember die mengengewichteten durchschnittlichen Erlöskomponenten in Eurocent/kWh jeweils je Verbraucherkategorie und Größenklasse des Bezugs:

a) die Systemnutzungsentgelte ohne Steuern und Abgaben,

b) die auf die Systemnutzungsentgelte erhobenen Steuern, Abgaben, Gebühren, sonstige staatlich verursachte Belastungen und Entgelte, jeweils getrennt nach deren Zweck bzw. Bindung wie insbesondere die Förderung der Elektrizitätserzeugung aus erneuerbaren Energieträgern bzw. in hocheffizienten Kraft-Wärme-Kopplungsanlagen, die Steigerung der Energieeffizienz, die Sicherheit und Funktionsfähigkeit der Versorgung, die Verbesserung bzw. Erhaltung der Luftqualität, des Klima oder der Umwelt,

c) die Umsatzsteuer;

3. jeweils für die Erhebungsperiode eines Kalenderjahres:

a) die eingeleiteten und durchgeführten (Zugänge und Abgänge jeweils getrennt) Versorgerwechsel jeweils getrennt nach Lieferanten,

b) die Neuanmeldungen und Abmeldungen jeweils getrennt nach Lieferanten,

c) die Anzahl der Abschaltungen und der Wiederaufnahmen der Belieferung nach erfolgter Abschaltung, wobei Abschaltungen wegen Zahlungsverzug und Wiederaufnahmen der Belieferung nach erfolgter Abschaltung wegen Zahlungsverzug jeweils getrennt anzugeben sind,

d) die Anzahl der letzten Mahnungen mit eingeschriebenem Brief gemäß § 82 Abs. 3 ElWOG 2010;

4. zum jeweiligen Erhebungsstichtag 31. Dezember 24.00 Uhr die Anzahl der Zählpunkte jeweils getrennt nach Lieferanten.

Für Netzbetreiber mit einer Abgabe an Endverbraucher im letzten Kalenderjahr von weniger als 50 000 000 kWh kann die Meldung gemäß Z 2 unterbleiben.

(3) Die Bilanzgruppenkoordinatoren haben für die Erhebungsperiode jeweils einer Viertelstunde vom Monatsersten 00.00 Uhr bis zum Monatsletzten 24.00 Uhr je Regelzone zu melden:

1. die Menge der Ausgleichsenergie gesamt;
2. die Preise der Ausgleichsenergie.

Korrekturen aufgrund des 2. Clearings sind unverzüglich zu melden.

(4) Die Bilanzgruppenkoordinatoren haben für die Erhebungsperiode jeweils eines Kalendermonats je Regelzone die Zusammensetzung der von den Regelzonenführern verrechneten Kosten und Erlöse für Regelenergie in Euro zu melden.

4. Abschnitt
Statistik über erneuerbare Energieträger

§ 9. (1) Für die Erstellung der Statistik über erneuerbare Energieträger hat die E-Control zusätzlich zu den gemäß § 5 Abs. 3 und 4 (Monatswerte) und § 6 Abs. 2 (Jahreswerte) erhobenen Daten die für die Herkunftsnachweise gemäß § 10 Abs. 6 ÖSG 2012, BGBl. I Nr. 75/2011, erfassten Daten zu verwenden.

(2) Für die Erstellung der Statistik über erneuerbare Energieträger haben die Betreiber rohstoffabhängiger Ökostromanlagen für die Erhebungsperiode jeweils eines Kalendermonats die genutzten bzw. abgegebenen Wärmemengen, jeweils gegliedert nach Eigenverbrauch und Abgabe an Dritte zu melden.

5. Abschnitt
Ökostromförderstatistik

§ 10. Für die Statistik über die Förderung von erneuerbaren Energieträgern gemäß ÖSG 2012 haben zu melden:

1. die Ökostromabwicklungsstelle
   a) vierteljährlich die von der Ökostromabwicklungsstelle übernommenen Mengen an elektrischer Energie,
   b) vierteljährlich die gesamte Menge des an die Stromhändler zugewiesenen Ökostroms sowie die dafür eingenommenen Entgelte,
   c) vierteljährlich die Menge der und den Aufwand für Ausgleichsenergie, aufgegliedert im Sinne des § 37 Abs. 4 ÖSG 2012,
   d) die Anzahl der zu Jahresbeginn und zu Jahresende unter Vertrag stehenden Ökostromanlagen sowie die Anzahl der im Jahresverlauf aus dem Fördersystem ausgeschiedenen und neu hinzugekommenen Ökostromanlagen,
   e) die gesamte Engpassleistung der zu Jahresbeginn und zu Jahresende unter Vertrag stehenden Ökostromanlagen,
   f) jährlich die gesamten zur Verfügung stehenden Fördermittel und vierteljährlich die gemäß den Einspeisetarifen ausbezahlten Fördermittel,
   g) jährlich die von den Ländern gemäß § 18 Abs. 5 des ÖSG 2012 zur Verfügung gestellten Mittel;
2. der Landeshauptmann die Bescheide gemäß § 7 ÖSG 2012 für genehmigte Ökostromanlagen jeweils getrennt je Anlage unter Angabe folgender Informationen:
   a) technische Kennzahlen der Anlage wie insbesondere Technologie und Engpassleistung,
   b) alle Landes- und, soweit bekannt, kommunalen und sonstigen Förderungen und
   c) den Ökostrombescheid in einem elektronisch verwertbaren Format.
3. die Anlagenbetreiber unmittelbar nach erfolgter Inbetriebnahme bzw. nach erfolgtem Umbau einer genehmigten Ökostromanlage die Investitionskosten für diese Anlage.

6. Abschnitt
Statistiken über die Versorgungsqualität
Ausfall- und Störungsstatistik

§ 11. Für die Erstellung der Ausfall- und Störungsstatistik hat die E-Control zusätzlich zu den gemäß § 6 Abs. 1 Z 2 und Abs. 2 Z 1 sowie § 7 Abs. 1 Z 1 erhobenen Daten die von ihr gemäß § 15
Abs. 4 der Elektrizitäts-Energielenkungsdaten-Verordnung 2014 (E-EnLD-VO 2014), BGBl. II Nr. 152/2014, erhobenen Daten zu verwenden. .

Statistik über die Spannungsqualität

§ 12. Für die Erstellung der Statistik über die Spannungsqualität hat die E-Control die von ihr gemäß § 14 Abs. 3 der NetzdienstleistungsVO Strom 2012 (END-VO 2012), BGBl. II Nr. 477/2012, zuletzt geändert durch die Verordnung BGBl. II Nr. 192/2013, erhobenen Daten zu verwenden.

7. Abschnitt
Nichtverfügbarkeitsstatistik

§ 13. Für die Erstellung der Nichtverfügbarkeitsstatistik hat die E-Control die von ihr gemäß § 15 Abs. 3 der E-EnLD-VO 2014, BGBl. II Nr. 152/2014, erhobenen Daten zu verwenden. .

3. Hauptstück
Durchführung der Erhebungen und Auswertungen und Publikationen
Durchführung der Erhebungen

§ 14. (1) Erhebungen im Rahmen der Elektrizitätsstatistik erfolgen durch

1. die Heranziehung von Verwaltungs- und sonstigen Daten der E-Control, insbesondere von Daten aus der automatisationsunterstützten Datenbank gemäß § 10 Abs. 1 ÖSG 2012, von Daten der Netzbetreiber, der Bilanzgruppenkoordinatoren sowie der Bilanzgruppen, der Ökostromabwicklungsstelle und der Regelzonenführer;
2. periodische Meldungen der meldepflichtigen Unternehmen.

(2) Die Durchführung der statistischen Erhebungen und sonstigen statistischen Arbeiten erfolgt durch die E-Control. Die Daten sind zu anonymisieren, sobald ein Personenbezug für die statistische Arbeit nicht mehr erforderlich ist.

(3) Die E-Control hat der Bundesanstalt Statistik Österreich auf deren Verlangen Einzeldaten, die aufgrund dieser Verordnung erhoben wurden, unentgeltlich elektronisch zu übermitteln, soweit diese Daten für die Erstellung der Konjunkturstatistik im produzierenden Bereich, von Leistungs-

und Strukturstatistiken, von Gütereinsatzstatistiken, für Statistiken nach dem Handelsstatistikgesetz sowie für Gesamtrechnungen und Energiebilanzen erforderlich sind.

Meldepflicht

§ 15. (1) Meldepflichtig ist der Inhaber oder verantwortliche Leiter eines meldepflichtigen Unternehmens.

(2) Meldepflichtige Unternehmen im Sinne dieser Verordnung sind Betreiber von Übertragungsnetzen, Betreiber von Verteilernetzen, Bilanzgruppenkoordinatoren (Clearingstellen), Bilanzgruppenverantwortliche, öffentliche Erzeuger, Eigenerzeuger, Regelzonenführer, Stromlieferanten sowie die Abwicklungsstelle für Ökostrom.

(3) Daten, die Endverbraucher betreffen – das sind insbesondere die Mengen elektrischer Energie, elektrische Leistungswerte, die Zuordnung von Endverbrauchern zu Netzebenen gem. § 63 ElWOG 2010, zu den Verbraucherkategorien oder den Größenklassen des Bezugs – sind vom Netzbetreiber, an dessen Netz der Endverbraucher angeschlossen ist, festzustellen und im Rahmen bzw. für Zwecke der Elektrizitätsstatistik der E-Control sowie insbesondere den Lieferanten zur Erfüllung ihrer Meldepflichten bekannt zu geben.

(4) Die den Gegenstand der Meldepflicht bildenden Daten sind in elektronischer Form unter Verwendung der von der E-Control vorgegebenen Formate auf elektronischem Wege (E-Mail oder andere von der E-Control definierte Schnittstellen) der E-Control zu übermitteln.

Meldetermine

§ 16. (1) Die Angaben gemäß § 4 (Betriebsstatistik – Wochenwerte) sind von den Meldepflichtigen bis spätestens 16.00 Uhr des dem Erhebungsstichtag folgenden Werktages der E-Control zu übermitteln.

(2) Die Angaben gemäß § 6 (Betriebsstatistik – Jahreswerte), § 7 (Bestandsstatistik), § 8 Abs. 1 Z 2 und 3 und § 8 Abs. 2 Z 3 und 4 (Marktstatistik – Jahreswerte) und § 10 Z 1 lit. d bis g (Ökostromförderstatistik – Jahreswerte) sind von den Meldepflichtigen jeweils bis zum 15. Februar des dem Erhebungszeitraum bzw. dem Erhebungsstichtag folgenden Jahres an die E-Control zu übermitteln.

(3) Die Angaben gemäß § 10 Z 2 und 3 (Ökostromförderstatistik – Anlagendaten) sind spätestens 90 Kalendertage nach Inbetriebnahme an die E-Control zu übermitteln.

(4) Für die Angaben gemäß §§ 11 und 13 gelten die entsprechenden Meldetermine gemäß E-EnLD-VO 2014.

(5) Für die Angaben gemäß § 12 gelten die entsprechenden Meldetermine gemäß END-VO 2012 idF Novelle 2013.

(6) Alle anderen Angaben sind vom Auskunftspflichtigen bis zum 20. Kalendertag des dem Berichtsmonat bzw. dem Erhebungsstichtag folgenden Monats der E-Control zu übermitteln.

(7) Sollte ein Meldetermin gem. Abs. 2 bis 6 auf ein Wochenende oder einen Feiertag fallen, so sind die Angaben vom Auskunftspflichtigen bis zum nächsten Werktag der E-Control zu übermitteln.

Auswertung und Publikationen

§ 17. (1) Die im Rahmen dieser Verordnung erhobenen Daten werden

1. zur Erfüllung nationaler und internationaler statistischer Verpflichtungen und
2. für Publikationen und Vorschauen

verwendet.

(2) Folgende Publikationen sind von der E-Control jährlich zu erstellen und im Internet bis spätestens Ende September des Folgejahres in geeigneter Form (insbesondere Tabellen, Grafiken und langjährige Zeitreihen) zu veröffentlichen:

1. Betriebsstatistik, diese hat zu umfassen:
a) den täglichen Lastverlauf im öffentlichen Netz sowie die gesamte Leistungsbilanz jeweils am dritten Mittwoch eines jeden Monats,
b) die Monats- und Jahreswerte der Komponenten der Verwendung,
c) die Monats- und Jahreswerte der erzeugten elektri-
schen Energie (Brutto-Stromerzeugung), getrennt nach Kraftwerkstypen und Primärenergieträgern, für Wärmekraftwerke darüber hinaus den Primärenergieeinsatz für Erzeugung elektrischer Energie und Wärme als Jahreswert,
d) die Monats- und Jahreswerte der physikalischen Importe und Exporte, getrennt nach Staaten,
e) den monatlichen Erzeugungskoeffizient der Laufkraftwerke,
f) den Speicherinhalt und den Lagerstand an Primärenergieträgern an Mittwochen sowie zum Monatsletzten;

Für unterjährig erfasste Daten sind entsprechende Publikationen von der E-Control zumindest quartalsweise zu erstellen und im Internet in geeigneter Form (insbesondere Tabellen und Grafiken) zu veröffentlichen;

2. Bestandsstatistik, diese hat zu umfassen:
a) den Bestand an Anlagen zur Fortleitung und Verteilung elektrischer Energie, getrennt nach Netzebenen gemäß § 63 ElWOG 2010, jeweils gegliedert nach Art der Anlagen,
b) den Bestand an Kraftwerken, gegliedert nach Kraftwerkstypen und Engpassleistungsklassen,
c) die Monats- und Jahreswerte des Regelarbeitsvermögens der Laufkraftwerke,

d) den Nennenergieinhalt von Speichern, bezogen auf die jeweilige Hauptstufe,
e) die maximale Netto-Heizleistung und maximale Lagerkapazität von Primärenergieträgern bei Wärmekraftwerken, jeweils getrennt nach Primärenergieträgern;

3. Marktstatistik, diese hat zu umfassen:
a) die gewichtete Preisentwicklung, gegliedert nach Verbraucherkategorien und nach Größenklassen des Bezugs,
b) die saisonale und regionale Entwicklung der Versorgerwechsel, untergliedert einerseits nach Netzbereichen sowie andererseits nach Verbraucherkategorien und nach Größenklassen des Bezugs,
c) die saisonale und regionale Entwicklung der Anzahl der Endverbraucher, die unter Berufung auf die Grundversorgung versorgt werden, der Anzahl der letzten Mahnungen sowie der Anzahl von Abschaltungen und der Wiederaufnahme der Belieferung nach Abschaltung, untergliedert nach Verbraucherkategorien,
d) die Marktanteile der Lieferanten, jeweils untergliedert nach Verbraucherkategorien und Größenklassen des Bezugs,
e) die Jahreswerte der Komponenten der Abgabe (Verbraucherstruktur im öffentlichen Netz) sowie die Anzahl der Endverbraucher zum Jahresende, jeweils getrennt nach Verbraucherkategorien und Größenklassen des Bezugs sowie nach Netzbereichen und Netzebenen gem. § 63 ElWOG 2010;

4. Statistik über erneuerbare Energieträger, diese hat zu umfassen:
a) die Monatswerte (bei lastganggemessenen anerkannten Anlagen) und Jahreswerte (bei nicht lastganggemessenen anerkannten Anlagen) der insgesamt erzeugten sowie der aus anerkannten Ökostromanlagen (§ 5 Abs. 1 Z 23 in Verbindung mit § 7 ÖSG 2012) eingespeisten Erzeugung, jeweils aufgegliedert nach Kraftwerkstypen bzw. Primärenergieträgern,
b) die Monatswerte (bei lastganggemessenen anerkannten Anlagen) und Jahreswerte (bei nicht lastganggemessenen anerkannten Anlagen) der von Kleinwasserkraftwerken (bis 10 MW Engpassleistung) eingespeisten Erzeugung,
c) die Monats- und Jahreswerte der insgesamt in Wärmekraftwerken mit KWK erzeugten elektrischen Energie und Wärme unter Angabe der thermischen Leistung und der Engpassleistung, des Primärenergieeinsatzes sowie technischer Kennwerte (Wirkungsgrade);

5. Ökostromförderstatistik, diese hat zu umfassen:
a) die Monats- und Jahreswerte der aus anerkannten Ökostromanlagen eingespeisten Erzeugung,
b) die Anzahl der Ökostromanlagen im Jahresverlauf,
c) die Entwicklung der finanziellen Gebarung der Ökostromförderung einschließlich Aufwendungen für Ausgleichsenergie;

6. Ausfall- und Störungsstatistik, diese hat getrennt nach Netz- und Spannungsebenen sowie nach regionalen Gesichtspunkten zu umfassen:
a) die betroffenen Netzbetreiber,
b) die durchschnittliche und längste Dauer von Versorgungsunterbrechungen,
c) die Anzahl der betroffenen Netzbenutzer,
d) die Ursache der Versorgungsunterbrechung (des Ausfalls),
e) die geschätzte Menge der von der Versorgungsunterbrechung (vom Ausfall) betroffenen elektrischen Energie,
f) Zuverlässigkeitskennzahlen,
g) die durchschnittliche Dauer der Wiederherstellung der Versorgung;

7. Statistik über die Spannungsqualität, diese hat getrennt nach Netzebenen sowie nach regionalen Gesichtspunkten zu umfassen:
a) die beteiligten Netzbetreiber,
b) die Anzahl der durchgeführten Messungen und Messorte,
c) die Zeitdauer der Messungen,
d) die Ergebnisse der Messungen über die Merkmale der Spannung in öffentlichen Elektrizitätsversorgungsnetzen gemäß den vertraglich (zB in den Allgemeinen Bedingungen) beschriebenen Merkmalen;

8. Nichtverfügbarkeitsstatistik, diese hat zu umfassen:
a) bei Wärme- und Speicherkraftwerken die Leistungs-, Arbeits- und Zeitkennzahlen der Nichtverfügbarkeit, gegliedert nach Kraftwerkstypen sowie nach Alters- und Leistungsklassen,
b) bei Laufkraftwerken das monatliche Regelarbeitsvermögen, die gesicherte Leistung sowie Erwartungswerte der Erzeugung anhand langjähriger Zeitreihen der viertelstündlichen Erzeugung,
c) bei Windkraftwerken die Verfügbarkeitskennzahlen anhand langjähriger Zeitreihen der viertelstündlichen Einspeisung.

(3) Informations- und Beratungstätigkeiten, die über die Publikationen gemäß Abs. 2 hinausgehen, sind gegen Entrichtung einer angemessenen Vergütung vertraglich zu vereinbaren. Es besteht kein Rechtsanspruch auf die Erbringung von Informations- und Beratungstätigkeiten. Diese Tätigkeiten können nur nach Maßgabe der Personal- und Sachressourcen der E-Control erbracht werden. Die Höhe der Entgelte und Kostenersätze sind auf Grundlage einer transparenten anerkannten betriebswirtschaftlichen Grundsätzen entsprechenden, internen Kostenrechnung unter

Zugrundelegung der Prinzipien der Sparsamkeit, Wirtschaftlichkeit und Zweckmäßigkeit nach dem Grundsatz der Kostendeckung festzulegen.

(4) Bei Auswertungen und Analysen gemäß Abs. 3 ist durch Datensicherheitsmaßnahmen Vorsorge zu treffen, dass eine Ermittlung von personenbezogenen Daten mit Mitteln, die vernünftigerweise angewendet werden können, und eine Abspeicherung von personenbezogenen statistischen Daten auf externe Datenträger nicht möglich ist.

(5) Die Verwendung von personenbezogenen Statistikdaten ist auch für wissenschaftliche Zwecke unzulässig.

4. Hauptstück

Übergangs- und Schlussbestimmungen

§ 18. (1) Diese Verordnung tritt mit dem der Kundmachung folgenden Tag in Kraft.

(2) Mit Inkrafttreten dieser Verordnung tritt die Elektrizitätsstatistikverordnung 2007, BGBl. II Nr. 284/2007 außer Kraft. Sie ist jedoch auf anhängige statistische Arbeiten für den Zeitraum vom 1. Jänner 2015 bis 31. Dezember 2015 weiterhin anzuwenden.

(3) Die Netzbetreiber haben für den Tag des Inkrafttretens dieser Verordnung zusätzlich die Anzahl der Zählpunkte entsprechend § 8 Abs. 2 Z 4 zu melden.

79. Gasstatistikverordnung 2017

Verordnung des Vorstands der E-Control betreffend die Anordnung statistischer Erhebungen über gasförmige Energieträger jeder Art

StF: BGBl. II Nr. 417/2016

Aufgrund § 147 Gaswirtschaftsgesetz 2011 (GWG 2011), BGBl. I Nr. 107/2011, zuletzt geändert durch BGBl. II Nr. 226/2015, iVm § 7 Abs. 1 Energie-Control-Gesetz – E-ControlG, BGBl. I Nr. 110/2010, zuletzt geändert durch BGBl. I Nr. 174/2013, wird verordnet:

GLIEDERUNG

1. Teil
Allgemeine Bestimmungen
Gegenstand der Erdgasstatistik

§ 1. (1) Im Bereich der Erdgaswirtschaft sind statistische Erhebungen durchzuführen, Statistiken zu erstellen und gemäß § 15 Abs. 2 zu veröffentlichen.

(2) Die Erhebungen und Statistiken beziehen sich auf gasförmige Energieträger jeder Art, die in ursprünglicher oder umgewandelter Form durch Verbrennen für Zwecke der Energiegewinnung verwendet werden können.

(3) Folgende Statistiken sind zu erstellen:

1. Tages-, Monats- und Jahresstatistiken über die Belastung der Netze, die Aufbringung und den Verbrauch an gasförmigen Energieträgern (Betriebsstatistik);
2. Statistik über den Anlagenbestand der Netzbetreiber, Speicherunternehmen und Produzenten (Bestandsstatistik);
3. Statistik über das Marktgeschehen (Marktstatistik).

Begriffsbestimmungen

§ 2. (1) Im Sinne dieser Verordnung bezeichnet der Ausdruck

1. „Abgabe an Endverbraucher" jene Mengen gasförmiger Energieträger, die ein Endverbraucher für den eigenen Bedarf aus einem Fernleitungs- oder Verteilernetz bezieht;
2. „Abmeldungen" die Beendigung des Energieliefervertrages und des Netznutzungsvertrages;
3. „Anmeldung" den Abschluss eines Energieliefervertrages im Zusammenhang mit einem neuen Netzzugangsvertrag;
4. "Arbeitsgasvolumen" jener Teil des Speichervolumens, der von Speicherunternehmen vermarktet wird;
5. „Betreiber von Produktionsanlagen" eine natürliche oder juristische Person oder eingetragene Personengesellschaft, die für den technischen Betrieb und die Wartung einer Produktionsanlage verantwortlich ist;
6. „Betreiber von Speichern" eine natürliche oder juristische Person oder eingetragene Personengesellschaft, die für den technischen Betrieb und die Wartung eines Speichers (Speicheranlage bzw. Speicherstation) verantwortlich ist;
7. „bilanzielle Ausgleichsenergie" die jeweilige Differenz je Bilanzgruppe zwischen allen nominierten bzw. per Fahrplan angemeldeten Gasmengen, die vom Marktgebietsmanager ermittelt wird, sowie die Differenz je Bilanzgruppe zwischen der tatsächlichen Endverbraucherabgabe und den dafür angemeldeten

Endverbraucherfahrplänen, die vom Bilanzgruppenkoordinator ermittelt wird;

8. „biogene Gase" die auf Erdgasqualität aufbereiteten biogenen Gase, die auch in das Erdgasnetz eingespeist werden;
9. „Eigenerzeuger" ein Unternehmen, das neben seiner (wirtschaftlichen) Haupttätigkeit elektrische Energie zur vollständigen (auch ohne Inanspruchnahme des öffentlichen Netzes) oder teilweisen Deckung seines eigenen Bedarfes erzeugt und welches diesen Anteil nicht über das öffentliche Netz transportiert. Kraftwerke von öffentlichen Erzeugern, die ohne Inanspruchnahme des öffentlichen Netzes Eigenerzeuger oder Endverbraucher beliefern, gelten im Sinne dieser Verordnung als Eigenerzeuger und sind dem jeweiligen Standort des Eigenerzeugers zuzurechnen bzw. als eigener Eigenerzeuger am Standort des Endverbrauchers zu definieren;
10. „Eigenverbrauch" jene Mengen gasförmiger Energieträger, die
   a) ein Netzbetreiber benötigt, um die Fern- und Verteilerleitungen störungsfrei betreiben zu können (einschließlich Verdichterbetrieb),
   b) ein Produzent benötigt, um die Produktion störungsfrei betreiben zu können,
   c) ein Speicherunternehmen benötigt, um den Speicherbetrieb störungsfrei aufrechterhalten zu können,

   Netzverluste einschließlich der Messdifferenzen sind gesondert vom Eigenverbrauch anzugeben;
11. „Ein- und Ausspeicherkapazität (-rate) eines Speichers" jene maximal mögliche Menge pro Zeiteinheit, die in den Speicher eingebracht beziehungsweise aus diesem entnommen werden kann;
12. „Erhebungsperiode" jenen Zeitraum, über den zu meldende Daten zu aggregieren sind;
13. „Erhebungsstichtag" den Tag und „Erhebungszeitpunkt" den Zeitpunkt, auf den sich die Erhebung zu beziehen hat;
14. „Exporte" jene Mengen gasförmiger Energieträger, welche grenzüberschreitend ins Ausland verbracht werden;
15. „gasförmige Energieträger" Erdgas sowie biogene Gase;
16. „Gastag" den Zeitraum, der um 6 Uhr eines Kalendertages beginnt und um 6 Uhr des darauf folgenden Kalendertages endet;
17. „Grenzkopplungspunkt" einen Netzkopplungspunkt an der Marktgebietsgrenze zu einem anderen Marktgebiet;
18. „Größenklasse des Bezugs" jene auf den Bezug aus einem Fernleitungs- oder Verteilernetz im letzten Kalenderjahr bezogenen Mengen gasförmiger Energieträger, welche für Einstufungen von Endverbrauchern herangezogen werden;
19. „Importe" jene Mengen gasförmiger Energieträger, welche grenzüberschreitend nach Österreich eingebracht werden;
20. „Lastverlauf" bzw. „Lastfluss" die in einem konstanten Zeitraster durchgeführte Darstellung der in einem definierten Netz von Endverbrauchern (Kunden) beanspruchte Leistung;
21. „Messwert" einen Wert, der angibt, in welchem Umfang Leistung/Menge als gemessener Leistungs- oder Mengenmittelwert in einem konstanten Zeitraster (Messperiode) an bestimmten Zählpunkten im Netz eingespeist, entnommen oder weitergeleitet wurde;
22. „Netzzutrittsantrag" ein vom Endverbraucher an den Verteilernetzbetreiber gerichtetes förmliches Ansuchen auf Netzzutritt, das zumindest die in Anlage 1 der Gas-Marktmodell-Verordnung 2012 – GMMO-VO 2012 angeführten Mindestinhalte enthält;
23. „Normzustand" den durch die Zustandsgrößen absoluter Druck von 1013,25 mbar und Temperatur von 0 Grad Celsius gekennzeichneten Zustand eines gasförmigen Energieträgers;
24. „öffentlicher Erzeuger" alle Erzeuger elektrischer Energie mit Ausnahme der Eigenerzeuger;
25. „Polstergas" jenen Teil der im Speicher enthaltenen gasförmigen Energieträger, der nicht zur regulären Speichernutzung, sondern zur Aufrechterhaltung des Speicherbetriebes dient. Verschiebungen zwischen Polstergas und Arbeitsgas sind als Teil der Speicherbewegung getrennt anzugeben;
26. „Produktion" alle auf dem Bundesgebiet geförderten trockenen vermarktbaren (nach Reinigung und Extraktion von Erdgaskondensaten und Schwefel) Mengen;
27. „Produktionskapazität (-rate)" jene maximal mögliche Menge pro Zeiteinheit, die aus einer Produktionsanlage entnommen werden kann;
28. „Speicher" eine, einem Erdgasunternehmen gehörende und/oder von ihm betriebene Anlage zur Speicherung von Erdgas;
29. „Speicherbewegung" jene Menge gasförmiger Energieträger, die im Berichtszeitraum in einen Speicher eingepresst (Einspeicherung) oder aus einem Speicher entnommen wird (Speicherentnahme);
30. „Speicherinhalt" jene Menge gasförmiger Energieträger, die sich zum Erhebungszeitpunkt in einem Speicher befindet, wobei das Polstergas abzuziehen ist;
31. „Speicherstandskorrektur" jene rechnerisch ermittelten Gasmengen, die dem Ausgleich der monatlichen Speicherbilanz dienen (Differenz zwischen dem aus dem Speicherstand zum Beginn der Erhebungsperiode und der Speicherbewegung ermittelten Speicherstand einerseits und dem tatsächlichen Speicherstand zum Ende der Erhebungsperiode andererseits). Die

Umwandlung von Arbeits- in Polstergas bzw. von Polster- in Arbeitsgas ist getrennt anzugeben;

32. „Speichervolumen" jene Menge gasförmiger Energieträger, die maximal in einen Speicher eingebracht werden kann, wobei das Polstergas abzuziehen ist;
33. „Versorgerwechsel" jede Neuzuordnung eines Zählpunktes vom aktuellen zu einem neuen Versorger.

(2) Verbraucherkategorien im Sinne dieser Verordnung sind:

1. „Haushalte", das sind Endverbraucher, die gasförmige Energieträger vorwiegend für private Zwecke verwenden,
2. "Nicht-Haushalte", das sind Endverbraucher, die gasförmige Energieträger vorwiegend für Zwecke der eigenen wirtschaftlichen Tätigkeit verwenden.

Die beiden Verbraucherkategorien sind jeweils nach Größenklassen des Bezugs zu untergliedern. Die Kraftwerke von öffentlichen Erzeugern, die eine vertraglich vereinbarte Höchstleistung von mehr als 50 000 kWh/h haben, sind jeweils getrennt anzugeben. Die Zuteilung oder Nichtzuteilung eines Standardlastprofils ist für Zwecke dieser Verordnung keine zwingende Bedingung, einer der beiden Verbraucherkategorien zugeordnet zu werden.

(3) Für alle anderen Begriffe gelten die Begriffsbestimmungen des GWG 2011.

(4) Soweit in dieser Verordnung auf Bestimmungen anderer Verordnungen der E-Control verwiesen wird, sind die Bestimmungen in ihrer jeweils geltenden Fassung anzuwenden.

(5) Bezug und Abgabe (Lieferung) sind für jeden Übergabepunkt getrennt, nicht saldiert über alle Übergabepunkte zu melden. Dies trifft insbesondere für die Importe und Exporte, die Einspeicherung und Speicherentnahme sowie für den Austausch mit dem Gasnetz (Bezüge bzw. Abgaben) zu.

(6) Die im Rahmen dieser Verordnung für gasförmige Energieträger erhobenen bzw. gemeldeten stündlichen Leistungs- und Energiemengenangaben (Messwerte) sind auf den jeweiligen gemessenen Brennwert zu beziehen. Alle anderen Leistungs- und Mengenangaben (Messwerte), die im Rahmen dieser Verordnung für gasförmige Energieträger erhoben bzw. gemeldet werden, sind auf den Normzustand zu beziehen und unter Anwendung des in § 2 Abs. 1 Z 13 Gas-Systemnutzungsentgelte-Verordnung 2013 – GSNE-VO 2013 festgelegten Verrechnungsbrennwert in kWh umzurechnen. Den von den Bilanzgruppenkoordinatoren zu meldenden Mengenangaben ist der für das Clearing verwendete Brennwert zu Grunde zu legen.

2. Teil
Erhebungen
1. Hauptstück
Betriebsstatistik
Stundenwerte

§ 3. (1) Jeweils für die Erhebungsperiode vom Monatsersten des Berichtsmonats 6 Uhr bis zum Monatsersten des dem Berichtsmonat folgenden Monats 6 Uhr sind als stündliche Energiemengen zu melden:

1. von den Bilanzgruppenkoordinatoren jeweils getrennt nach Netzbetreibern:

a) die Abgabe an Endverbraucher,
b) die Netzverluste (Abgabe an die Bilanzgruppe Netzverluste).

Korrekturen insbesondere aufgrund des 2. Clearings sind unverzüglich zu melden;

2. vom Verteilergebietsmanager:

a) die in das Verteilergebiet eingespeiste Produktion,
b) die in das Verteilergebiet eingespeisten bzw. daraus bezogenen Speichermengen,
c) die Gesamtlast (gesamte Abgabe an Endverbraucher im Verteilergebiet).

Die Daten gemäß lit. b und lit. c können, soweit eine Trennung nicht möglich ist, als Summenwert für Produktion und Speicher gemeldet werden;

3. von den Netzbetreibern die Importe und Exporte je Grenzkopplungspunkt sowie die Einspeisung biogener Gase;
4. von den Produzenten bzw. den Betreibern von Produktionsanlagen die Importe und Exporte über Leitungen, die Teil der Produktionsanlage sind, jeweils je Produktionsanlage;
5. von den Speicherunternehmen bzw. den Betreibern von Speichern die Importe und Exporte über Leitungen, die Teil der Speicher bzw. Produktionsanlagen sind, jeweils je Speicher.

(2) Daten gemäß Abs. 1 sind jeweils spätestens bis zum 20. Kalendertag nach jedem Monatsletzten des Berichtsmonats als vollständiger Datensatz für den gesamten Berichtsmonat zu übermitteln.

Monatswerte

§ 4. (1) Die Netzbetreiber haben jeweils für den Erhebungszeitraum vom Monatsersten des Berichtsmonats 6 Uhr bis zum Monatsersten des Folgemonats 6 Uhr zu melden:

1. die Abgabe an Endverbraucher;
2. den Eigenverbrauch getrennt nach Fernleitungs- und Verteilernetzen;
3. die Netzverluste einschließlich Messdifferenzen;
4. die Importe und Exporte jeweils getrennt nach Grenzkopplungspunkten;
5. die Einspeisung biogener Gase.

(2) Die Speicherunternehmen bzw. Betreiber von Speichern haben jeweils für den Erhebungszeitraum vom Monatsersten des Berichtsmonats 6 Uhr bis zum Monatsersten des Folgemonats 6 Uhr jeweils getrennt für sämtliche auf dem Bundesgebiet befindlichen Speicher zu melden:

1. die Speicherbewegung sowie eventuelle Speicherstandskorrekturen;
2. den Eigenverbrauch für den Speicherbetrieb.

(3) Die Produzenten bzw. Betreiber von Produktionsanlagen haben jeweils für den Erhebungszeitraum vom Monatsersten des Berichtsmonats 6 Uhr bis zum Monatsersten des Folgemonats 6 Uhr für sämtliche auf dem Bundesgebiet befindlichen Produktionsanlagen jeweils getrennt nach Produktionsanlage zu melden:

1. die Produktion;
2. den Eigenverbrauch für die Produktion.

(4) Die Betreiber von Speichern sowie die Betreiber von Produktionsanlagen haben jeweils für den Erhebungszeitraum vom Monatsersten des Berichtsmonats 6 Uhr bis zum Monatsersten des Folgemonats 6 Uhr die Importe und Exporte über Leitungen, die Teil einer Speicher- bzw. Produktionsanlage sind, jeweils je Speicher- bzw. Produktionsanlage zu melden.

Jahreswerte

§ 5. Jeweils für die Erhebungsperiode eines Kalenderjahres haben die Netzbetreiber zu melden:

1. die Abgabe an Endverbraucher getrennt nach Verbraucherkategorien und Größenklassen des Bezugs,
2. die Abgabe an Endverbraucher getrennt nach Versorgern,
3. die Abgabe an Endverbraucher untergliedert nach Bundesländern.

2. Hauptstück
Bestandsstatistik

§ 6. (1) Die Netzbetreiber haben für den jeweiligen Erhebungszeitpunkt 31. Dezember 24 Uhr zu melden:

1. die gesamten Leitungslängen gegliedert nach Netzebenen und getrennt nach Durchmesser;
2. die technisch verfügbare Kapazität je Ein- und Ausspeiserichtung pro Grenzkopplungspunkt. Unterjährige Änderungen sind unmittelbar unter Angabe des Änderungsdatums bekannt zu geben.

(2) Die Produzenten bzw. Betreiber von Produktionsanlagen haben für den jeweiligen Erhebungszeitpunkt 31. Dezember 24 Uhr für sämtliche auf dem Bundesgebiet befindlichen Produktionsanlagen zu melden:

1. die maximale Produktionsrate;
2. die Übergabekapazität je Ein- und Ausspeiserichtung je Grenzübergabepunkt zum Ausland.

Unterjährige Änderungen sind unmittelbar unter Angabe des Änderungsdatums bekannt zu geben.

(3) Die Speicherunternehmen bzw. Betreiber von Speichern haben für den jeweiligen Erhebungszeitpunkt 31. Dezember 24 Uhr für sämtliche auf dem Bundesgebiet befindliche Speicher zu melden:

1. das Speichervolumen;
2. die Ein- und Ausspeicherkapazität;
3. die Übergabekapazität je Ein- und Ausspeiserichtung je Grenzübergabepunkt zum Ausland jeweils je Speicher- bzw. Produktionsanlage.

Unterjährige Änderungen sind unmittelbar unter Angabe des Änderungsdatums bekannt zu geben.

3. Hauptstück
Marktstatistik
Stundenwerte

§ 7. (1) Die Bilanzgruppenkoordinatoren haben je Marktgebiet für die Erhebungsperiode vom Monatsersten des Berichtsmonats 6 Uhr bis zum Monatsersten des Folgemonats 6 Uhr als stündliche Werte je Marktgebiet zu melden:

1. die physikalische Ausgleichsenergiebeschaffung über den Virtuellen Handelspunkt (Erdgasbörse);
2. die physikalische Ausgleichsenergiebeschaffung über die Merit Order List;
3. die Clearingpreise in Eurocent/kWh;
4. die bilanzielle Ausgleichsenergie über alle Bilanzgruppen, getrennt nach Bezug und Lieferung;
5. die Ausgleichsenergiemengen der besonderen Bilanzgruppen gemäß § 24 GMMO-VO 2012 im Verteilergebiet, getrennt nach Bezug und Lieferung;
6. die Netzübergabemengen je Netzbetreiber.

Die Angaben zu Z 1 bis Z 3 sind jeweils nach Kauf und Verkauf zu gliedern.

(2) Der Marktgebietsmanager hat jeweils für die Erhebungsperiode vom Monatsersten des Berichtsmonats 6 Uhr bis zum Monatsersten des dem Berichtsmonat folgenden Monats 6 Uhr für jeden Gastag zu melden:

1. die Ausgleichsenergiebeschaffung über den Virtuellen Handelspunkt (Erdgasbörse) getrennt nach Kauf und Verkauf;
2. die bilanzielle Ausgleichsenergie über alle Bilanzgruppen getrennt nach Bezug und Lieferung.

Tageswerte

§ 8. Jeweils für jeden Gastag ist von den Speicherunternehmen bzw. den Betreibern von Speichern zum Ende des jeweiligen Gastags der Speicherinhalt zu melden.

Monatswerte

§ 9. Die Netzbetreiber haben jeweils für die Erhebungsperiode eines Kalendermonats die durchgeführten Versorgerwechsel getrennt nach Verbraucherkategorien und Größenklassen des Bezugs zu melden.

Halbjahreswerte

§ 10. Jeweils für die Erhebungsperioden Jänner bis Juni und Juli bis Dezember haben zu melden:

1. die Netzbetreiber die mengengewichteten durchschnittlichen Erlöskomponenten in Eurocent/kWh jeweils getrennt nach Verbraucherkategorien sowie getrennt nach Verbraucherkategorien und Größenklassen des Bezugs:
a) die Systemnutzungsentgelte ohne Steuern und Abgaben,
b) die auf die Systemnutzungsentgelte erhobenen Steuern, Abgaben, Gebühren, sonstigen staatlich verursachten Belastungen und Entgelte, jeweils getrennt nach deren Zweck bzw. Bindung wie insbesondere die Förderung der Elektrizitätserzeugung aus erneuerbaren Energieträgern bzw. in hocheffizienten Kraft-Wärme-Kopplungsanlagen, die Steigerung der Energieeffizienz, die Sicherheit und Funktionsfähigkeit der Versorgung, die Luftqualität, des Klimas oder der Umwelt, die Verteilung,
c) die Umsatzsteuer;
2. die Versorger die mengengewichteten durchschnittlichen Preiskomponenten in Eurocent/kWh jeweils getrennt nach Verbraucherkategorien sowie getrennt nach Verbraucherkategorien und Größenklassen des Bezugs:
a) den Energiepreis ohne Steuern und Abgaben,
b) die auf den Energiepreis erhobenen Steuern, Abgaben, Gebühren, sonstigen staatlich verursachten Belastungen und Entgelte, jeweils getrennt nach deren Zweck bzw. Bindung wie insbesondere die Förderung der Elektrizitätserzeugung aus erneuerbaren Energieträgern bzw. in hocheffizienten Kraft-Wärme-Kopplungsanlagen, die Steigerung der Energieeffizienz, die Sicherheit und Funktionsfähigkeit der Versorgung, die Luftqualität, des Klimas oder der Umwelt, die Verteilung,
c) die Umsatzsteuer.

Die mengengewichteten durchschnittlichen Preiskomponenten sind von den Versorgern jeweils für von ihnen versorgte Endverbraucher, deren Zählpunkte ihnen zugeordnet sind sowie für von ihnen versorgte Endverbraucher, deren Zählpunkte ihnen nicht zugeordnet sind, getrennt anzugeben.

Jahreswerte

§ 11. (1) Jeweils für die Erhebungsperiode eines Kalenderjahrs haben zu melden:

1. die Netzbetreiber über die Jahreswerte gemäß § 5 hinaus:
a) die Anzahl der Anmeldungen getrennt nach neuerrichteten und bestehenden Anschlüssen, der Abmeldungen sowie der eingeleiteten und durchgeführten Versorgerwechsel, jeweils getrennt nach Versorgern,
b) die Anzahl der Abschaltungen wegen Verletzung vertraglicher Pflichten, getrennt für Aussetzung der Vertragsabwicklung und für Vertragsauflösung, sowie die Anzahl der Wiederaufnahmen der Belieferung nach Abschaltung von Zählpunkten, jeweils getrennt nach Verbraucherkategorien,
c) die Anzahl der letzten Mahnungen mit eingeschriebenem Brief gemäß § 127 Abs. 3 GWG 2011 getrennt nach Verbraucherkategorien;
2. die Versorger:
a) die Abgabe an versorgte Endverbraucher, deren Zählpunkte dem jeweiligen Versorger zugeordnet sind, getrennt nach Verbraucherkategorien und Größenklassen des Bezugs,
b) die Abgabe an versorgte Endverbraucher, deren Zählpunkte dem jeweiligen Versorger nicht zugeordnet sind, getrennt nach Verbraucherkategorien und Größenklassen des Bezugs,
c) die Anzahl der Zugänge und Abgänge von Zählpunkten jeweils getrennt nach Verbraucherkategorien. Versorgerwechsel sind jeweils getrennt anzugeben,
d) die Anzahl der letzten Mahnungen mit eingeschriebenem Brief gemäß § 127 Abs. 3 GWG 2011 getrennt nach Verbraucherkategorien,
e) die Anzahl der Endverbraucher, bei denen beim selben Versorger ein Produktwechsel (Vertragsänderung) auf Kundenwunsch stattgefunden hat, getrennt nach Verbraucherkategorien.

(2) Zum jeweiligen Erhebungszeitpunkt 31. Dezember 24 Uhr haben zu melden:

1. die Netzbetreiber:
a) die Anzahl der Endverbraucher sowie der Zählpunkte jeweils getrennt nach Verbraucherkategorien und Größenklassen des Bezugs, Versorgern sowie Bundesländern,
b) die Anzahl der aktiven Prepaymentzähler getrennt nach Verbraucherkategorien,
c) die Anzahl der Endverbraucher unter Berufung auf Grundversorgung jeweils getrennt nach Verbraucherkategorien;
2. die Versorger:
a) die Anzahl der versorgten Endverbraucher und Zählpunkte jeweils getrennt nach Verbraucherkategorien und Größenklassen des Bezugs,
b) die Anzahl der Endverbraucher unter Berufung auf Grundversorgung getrennt nach Verbraucherkategorien.

3. Teil
Durchführung der Erhebungen, Auswertungen und Publikationen
Durchführung der Erhebungen

§ 12. (1) Die Erhebungen im Rahmen dieser Verordnung erfolgen durch

1. Heranziehung von Verwaltungsdaten der E-Control;
2. Heranziehung von Verwaltungsdaten der Bilanzgruppenkoordinatoren bzw. Verrechnungsstellen (Clearingstellen), der Marktgebietsmanager und der Verteilergebietsmanager;
3. periodische Meldungen der meldepflichtigen Unternehmen.

(2) Aus Gründen der Einfachheit und Zweckmäßigkeit ist die Meldung von Daten, die dem Betreiber des Virtuellen Handelspunktes, den Bilanzgruppenkoordinatoren, dem Marktgebietsmanager und dem Verteilergebietsmanager im Rahmen der Erfüllung ihrer Aufgaben zur Verfügung stehen, direkt von diesen unter Einhaltung insbesondere der Qualität, der Meldetermine sowie der Datenformate an die E- Control durchzuführen. In diesem Fall sind die jeweils Meldepflichtigen von ihrer Meldepflicht entbunden.

(3) Die Durchführung der statistischen Erhebungen und sonstigen statistischen Arbeiten erfolgt durch die E-Control. Die Daten sind zu anonymisieren, sobald ein Personenbezug für die statistische Arbeit nicht mehr erforderlich ist.

(4) Die E-Control hat der Bundesanstalt Statistik Österreich auf deren Verlangen Einzeldaten, die aufgrund dieser Verordnung erhoben wurden, unentgeltlich elektronisch zu übermitteln, soweit diese Daten für die Erstellung der Konjunkturstatistik im produzierenden Bereich, von Leistungs- und Strukturstatistiken, Gütereinsatzstatistiken sowie für Gesamtrechnungen und Energiebilanzen erforderlich sind.

Meldepflicht

§ 13. (1) Meldepflichtig ist der Inhaber oder das nach außen vertretungsbefugte Organ eines meldepflichtigen Unternehmens.

(2) Meldepflichtige Unternehmen im Sinne dieser Verordnung sind der Betreiber des Virtuellen Handelspunkts, die Bilanzgruppenkoordinatoren bzw. Verrechnungsstellen (Clearingstellen), der Marktgebietsmanager, die Netzbetreiber, die Produzenten und Betreiber von Produktionsanlagen, die Speicherunternehmen und Betreiber von Speichern, die Versorger, der Verteilergebietsmanager.

(3) Daten, die Endverbraucher betreffen – das sind insbesondere die Mengen des Bezugs gasförmiger Energieträger oder die Zuordnung von Endverbrauchern zu den Verbraucherkategorien und den Größenklassen des Bezugs – sind vom Netzbetreiber, an dessen Netz der Endverbraucher angeschlossen ist, festzustellen und im Rahmen bzw. für Zwecke dieser Statistik der E-Control sowie den Versorgern zur Erfüllung ihrer Meldepflichten bekannt zu geben.

(4) Die den Gegenstand der Meldepflicht bildenden Daten sind in elektronischer Form unter Verwendung der von der E-Control vorgegebenen Formate und auf elektronischem Wege (etwa E-Mail oder andere von der E-Control definierte Schnittstellen) der E-Control zu übermitteln.

Meldetermine

§ 14. (1) Die Daten gemäß § 3, § 4, § 7, § 8, § 9 und § 10 sind von den Meldepflichtigen spätestens bis zum 20. Kalendertag des dem Erhebungszeitraum beziehungsweise dem Erhebungsstichtag folgenden Monats an die E-Control zu übermitteln. Korrekturen insbesondere auf Grund des zweiten Clearings sind unverzüglich zu melden.

(2) Alle anderen Daten sind von den Auskunftspflichtigen spätestens bis zum 15. Februar des dem Erhebungszeitraum beziehungsweise dem Erhebungsstichtag folgenden Jahres an die E-Control zu übermitteln.

Auswertung und Publikationen

§ 15. (1) Die im Rahmen dieser Verordnung erhobenen Daten werden

1. zur Erfüllung nationaler und internationaler statistischer Verpflichtungen und
2. für Publikationen und Vorschauen verwendet.

(2) Folgende Publikationen sind von der E-Control jährlich zu erstellen und im Internet bis spätestens Ende September des dem Berichtsjahr folgenden Jahres in geeigneter Form (insbesondere Tabellen, Grafiken und langjährige Zeitreihen) zu veröffentlichen:

1. Betriebsstatistik; diese hat insbesondere zu umfassen:

a) den täglichen Lastverlauf und seine Deckung (Leistungsbilanz),
b) die Monats- und Jahreswerte der Aufbringung und Verwendung von gasförmigen Energieträgern (Mengenbilanz), auf Jahresbasis die Verwendung zusätzlich getrennt nach Bundesländern,
c) die Monats- und Jahreswerte der Produktion,
d) die Monats- und Jahreswerte der Speicherbewirtschaftung sowie den täglichen Speicherstand,
e) die Monats- und Jahreswerte der Importe und Exporte, getrennt nach Nachbarstaaten.

Für unterjährig erfasste Daten sind entsprechende Publikationen von der E-Control zumindest quartalsweise zu erstellen und im Internet in geeigneter Form (insbesondere Tabellen und Grafiken) zu veröffentlichen;

2. Bestandsstatistik, diese hat insbesondere zu umfassen:

a) den Bestand an Anlagen zur Fernleitung und Verteilung von gasförmigen Energieträgern unter Angabe technischer Kennzahlen, jeweils getrennt nach Netzebenen und technischen Kenngrößen,
b) den Bestand an Produktionsanlagen unter Angabe technischer Kennzahlen,
c) den Bestand an Speichern unter Angabe technischer Kennzahlen,
d) die Übergabekapazität je Ein- und Ausspeiserichtung getrennt nach Nachbarstaaten;

3. Marktstatistik, diese hat insbesondere zu umfassen:

a) die Abgabe an Endverbraucher im Berichtsjahr sowie die Anzahl der Endverbraucher zum Jahresende, jeweils getrennt nach Verbraucherkategorien und Größenklassen des Bezugs sowie nach Bundesländern,
b) die gewichteten Preise, gegliedert nach Verbraucherkategorien und nach Größenklassen des Bezugs,
c) die saisonale Entwicklung der Versorgerwechsel, untergliedert einerseits nach Bundesländern und nach Verbraucherkategorien sowie andererseits nach Verbraucherkategorien und nach Größenklassen des Bezugs,
d) die Anzahl der Produktwechsel getrennt nach Verbraucherkategorien,
e) Konzentrationszahlen der Versorger je Verbraucherkategorie,
c) die Anzahl der Endverbraucher, die unter Berufung auf die Grundversorgung versorgt werden, die Anzahl der letzten Mahnungen, die Anzahl von Abschaltungen und der Wiederaufnahmen der Belieferung nach Abschaltung sowie die Anzahl der aktiven Prepaymentzähler, jeweils untergliedert nach Verbraucherkategorien,
f) die zeitliche Entwicklung der Speicherinhalte sowie der Produktionsmengen,
g) die saisonale Entwicklung der Preise für Ausgleichsenergie bei Marktgebietsmanager und Bilanzgruppenkoordinator pro Marktgebiet auf Basis von Stunden- bzw. Tageswerten sowie der Durchschnittspreise, der Grenzpreise, der Auf- und Abschläge, des Strukturierungsbeitrages und der Umlage;
h) die saisonale Entwicklung der Menge an Ausgleichsenergie bei Marktgebietsmanager und Bilanzgruppenkoordinator pro Marktgebiet auf Basis von Stunden- und Tageswerten.

(3) Informations- und Beratungstätigkeiten, die über die Publikationen gemäß Abs. 2 hinausgehen, sind gegen Entrichtung einer angemessenen Vergütung vertraglich zu vereinbaren. Es besteht kein Rechtsanspruch auf die Erbringung von Informations- und Beratungstätigkeiten. Diese Tätigkeiten können nur nach Maßgabe der Personal- und Sachressourcen der E-Control erbracht werden. Die Höhe der Entgelte und Kostenersätze sind auf Grundlage einer transparenten, anerkannten betriebswirtschaftlichen Grundsätzen entsprechenden, internen Kostenrechnung unter Zugrundelegung der Prinzipien der Sparsamkeit, Wirtschaftlichkeit und Zweckmäßigkeit nach dem Grundsatz der Kostendeckung festzulegen.

(4) Bei Auswertungen und Analysen gemäß Abs. 3 ist durch Datensicherheitsmaßnahmen Vorsorge zu treffen, dass eine Ermittlung von personenbezogenen Daten mit Mitteln, die vernünftigerweise angewendet werden können, und eine Abspeicherung von personenbezogenen statistischen Daten auf externe Datenträger nicht möglich ist.

(5) Die Verwendung von personenbezogenen Statistikdaten ist auch für wissenschaftliche Zwecke unzulässig.

4. Teil
Schlussbestimmungen

§ 16. (1) Diese Verordnung tritt mit 1. Jänner 2017 in Kraft.

(2) Die Daten gemäß § 3Abs. 1 Z 2 bis Z 5 für den Berichtszeitraum 1. Jänner 2017, 6 Uhr, bis 1. April 2017, 6 Uhr, sind spätestens bis 15. April 2017 einmalig als vollständiger Datensatz zu übermitteln.

(3) Mit Inkrafttreten dieser Verordnung tritt die Gasstatistikverordnung 2012, G-Stat-VO 2012, BGBl. II Nr. 475/2012, außer Kraft. Sie ist jedoch auf anhängige Meldepflichten für den Zeitraum vom 1. Jänner 2016 bis 31. Dezember 2016 weiterhin anzuwenden.

80. Großhandelsdatenverordnung

Verordnung des Vorstands der E-Control über die Melde-, Aufbewahrungs- und Übermittlungspflichten von Daten zu Energiegroßhandelsprodukten

StF: BGBl. II Nr. 245/2017

Auf Grund von

1. § 88 Abs. 4 Elektrizitätswirtschafts- und -organisationsgesetz 2010 (ElWOG 2010), BGBl. I Nr. 110/2010 in der Fassung des BGBl. I Nr. 108/2017,
2. § 131 Abs. 3 Gaswirtschaftsgesetz 2011 (GWG 2011), BGBl. I Nr.107/2011 in der Fassung des BGBl. I Nr. 19/2017, und
3. §§ 25a Abs. 2 und 24 Abs. 1 Z 4 iVm § 7 Abs. 1 Energie-Control-Gesetz (E-ControlG), BGBl. I Nr. 110/2010 in der Fassung des BGBl. I Nr. 108/2017, wird verordnet:

GLIEDERUNG

Gegenstand und Anwendungsbereich

§ 1. (1) Diese Verordnung regelt die Überwachung des Handels mit Energiegroßhandelsprodukten auf nationaler Ebene in Übereinstimmung mit Art. 7 Abs. 2 der Verordnung (EU) Nr. 1227/2011 über die Integrität und Transparenz des Energiegroßhandelsmarkts, ABl. Nr. L 326 vom 08.12.2011 S. 1, und legt die Meldepflichtigen, die Häufigkeit, den Umfang und das Format der Meldepflichten fest, die die Regulierungsbehörde zur Erfüllung ihrer durch § 24 Abs. 1 Z 4 E-ControlG übertragenen Aufgaben benötigt.

(2) Diese Verordnung bestimmt jene Daten über Transaktionen von Strom- bzw. Erdgashändlern im Energiegroßhandel, welche für eine Dauer von fünf Jahren aufzubewahren und der E-Control, der Bundeswettbewerbsbehörde sowie der Europäischen Kommission zur Erfüllung ihrer Aufgaben bei Bedarf jederzeit zur Verfügung zu stellen sind. Zusätzlich wird die Form, in der diese bei Bedarf zu übermitteln sind, bestimmt.

Begriffsbestimmungen

§ 2. (1) Im Sinne dieser Verordnung bezeichnet der Begriff

1. „Energiegroßhandelsprodukte“
   a) Verträge im Sinne von Artikel 2 Abs. 4 der Verordnung (EU) Nr. 1227/2011, die Strom oder Erdgas betreffen insoweit deren Lieferort oder Transport in Österreich liegt oder liegen kann,
   b) Derivate im Sinne von Artikel 2 Abs. 4 der Verordnung (EU) Nr. 1227/2011, die Strom oder Erdgas und deren Produktion, Transport, Handel oder Lieferung in Österreich betreffen,
2. „Regelreserveprodukte“ die vom Regelzonenführer für Zwecke der Primär-, Sekundär- und Tertiärregelung im Sinne von § 7 Abs. 1 Z 58, 62 und 67 ElWOG 2010 beschaffte positive und negative Regelleistung und -energie;
3. „Unique Market Participant Code“ einen der bei der Registrierung bei der Regulierungsbehörde nach Art. 9 der Verordnung (EU) Nr. 1227/2011 verwendeten Kennzahlen zur eindeutigen Identifizierung des Marktteilnehmers

(2) Im Übrigen gelten die Begriffsbestimmungen des ElWOG 2010 und des GWG 2011.

(3) Personenbezogene Begriffe haben keine geschlechtsspezifische Bedeutung. Sie sind bei der Anwendung auf bestimmte Personen in der jeweils geschlechtsspezifischen Form anzuwenden.

Meldepflichten

§ 3. (1) Meldepflichtige gemäß Abs. 2 und 3 haben der Regulierungsbehörde die erforderlichen Daten gemäß dem Anhang zu melden.

(2) Regelzonenführer haben die meldepflichtigen Daten zur Regelreserve (Tabelle 2) unter Berücksichtigung der technischen Abläufe unverzüglich zu melden.

(3) Regelzonenführer und Bilanzgruppenkoordinator haben meldepflichtige Daten zu Energiegroßhandelsprodukten im Zusammenhang mit der Nominierung und Allokation von Strom (Tabelle 1) nach einem von der E-Control vorgegebenen zeitlichen Programm zu melden.

(4) Der Betreiber des Virtuellen Handelspunktes hat am jeweils folgenden Gastag die finalen Allokationsdaten bestehend aus der Summe der Käufe und Verkäufe sowie die daraus resultierende Nettoposition für alle am virtuellen Handels-

punkt tätigen Bilanzgruppenverantwortlichen an die E-Control zu melden.

(5) Die erforderlichen Daten sind verschlüsselt unter Verwendung der von der Regulierungsbehörde vorgegebenen Formate und Übermittlungswege zu übermitteln.

(6) Die Meldepflichtigen haben sich bei der Übermittlung durch den bei der Registrierung gemäß Art. 9 der Verordnung (EU) Nr. 1227/2011 erhaltenen ACER Registrierungscode oder einen durch den Meldepflichtigen übermittelten Unique Market Participant Code zu identifizieren.

Aufbewahrungspflichten

§ 4. Strom- und Erdgashändler haben für eine Dauer von fünf Jahren die folgenden Daten über Merkmale und Produktspezifikationen für jede finanzielle und physische Transaktion mit Energiegroßhandelsprodukten mit anderen Strom- bzw. Erdgashändlern sowie Übertragungs- bzw. Fernleitungsnetzbetreibern aufzubewahren:

1. Identität von Käufer und Verkäufer;
2. Energiebörse oder anderer Handelsplatz, an dem die Transaktion getätigt wurde;
3. Zeitpunkt des Abschlusses der Transaktion (Handelstag und -zeit);
4. Kontraktspezifikationen (Identifikation des dem Geschäft zugrunde liegenden Kontrakts durch Produktcode der Handelsplattform, bei Nichtvorliegen eines Produktcodes: Merkmale des Kontrakts);
5. Transaktionsspezifikationen (Kauf-/Verkauf-Indikator und Transaktionsreferenznummer);
6. Handelseigenschaft;
7. Transaktionspreis sowie gegebenenfalls Preisanpassungsklauseln, bei Gastransaktionen zusätzlich Speicher- und Ausgleichsenergiepreis (als Teil des Energiepreises);
8. Transaktionsmenge einschließlich Art der Mengenangabe;
9. Vertragsdauer;
10. Lieferort.

Übermittlungspflichten

§ 5. (1) Strom- und Erdgashändler haben die gemäß § 4 aufbewahrten Daten auf ausdrückliches schriftliches Verlangen der in § 1 Abs. 2 genannten Behörden an diese zu übermitteln.

(2) Eine Übermittlung dieser verlangten Transaktionsdaten kann im Auftrag des Übermittlungspflichtigen auch durch eine Strom- oder Gasbörse, über deren Systeme die Geschäfte abgewickelt wurden, oder einen geeigneten Dritten erfolgen.

(3) Alle Daten sind in elektronischer Form in der jeweils gesetzten, angemessenen Frist zu übermitteln oder direkt auf einer eingerichteten elektronischen Eingabeplattform einzugeben.

(4) Die Übermittlungsfrist, die Formate sowie die Eingabeplattform werden in dem ausdrücklichen schriftlichen Verlangen auf Übermittlung der Transaktionsdaten bestimmt. Informationen über anzuwendende Formate bzw. Eingabeplattformen können auch im Internet zur Verfügung gestellt werden.

Inkrafttreten und Außerkrafttreten

§ 6. (1) Diese Verordnung tritt mit 1. Oktober 2017 in Kraft.

(2) Die Verordnung des Vorstands der E-Control über die Pflicht zur Aufbewahrung und Übermittlung von Transaktionsdaten im Energiegroßhandel durch Strom- und Gashändler (Energiegroßhandels-Transaktionsdaten-Aufbewahrungsverordnung – ETA-VO), BGBl. II Nr. 337/2012, sowie die Verordnung des Vorstands der E-Control über die Meldepflichten zur Durchführung der Überwachung des Handels mit Energiegroßhandelsprodukten auf nationaler Ebene

(Energiegroßhandelsdatenverordnung – EGHD-VO), BGBl. II Nr. 13/2015, treten mit Ablauf des 30. September 2017 außer Kraft.

Anlage 1

Einzelheiten zu meldender Daten
Tabelle 1
Meldepflichtige Einzelheiten von Energiegroßhandelsprodukten im Zusammenhang mit der Nominierung und Allokation von Strom

Feld Nr.	Feldinhalt	Beschreibung
		Belegkopf des Fahrplans
1.	Dokumentenkennung	Eindeutige Kennung des Dokuments, für das die Zeitreihendaten übermittelt werden.
2.	Version des Dokuments	Version des übermittelten Dokuments. Ein Dokument kann mehrere Male übermittelt werden, wobei jede Übermittlung – beginnend mit 1 – schrittweise ansteigend als neue Version des Dokuments gekennzeichnet wird.
3.	Art des Dokuments	Code der übermittelten Dokumentenart.
4.	Art des Prozesses	Die Art des Prozesses auf welchen das Dokument verweist. Mögliche Werte sind: A01 – Day-Ahead Fahrplan A02 – Intraday Fahrplan etc. anhängig davon, ob die Übermittlung in einer einzigen Übermittlung durchgeführt wird (Day-Ahead, Intraday am Ende des Tages) oder mittels mehrerer Übermittlungen die den Tag abdecken.
5.	Art der Fahrplan-Klassifizierung	Klassifizierung des Fahrplans nach Aggregation und Klassifizierungstyp.
6.	Identität des Absenders	Kennung der Partei, die das Dokument versandt hat und für dessen Inhalt verantwortlich ist (EIC-Code).
7.	Rolle des Absenders	Angabe der Rolle des Absenders (TSO, sonstige meldende Stelle).
8.	Identität des Empfängers	Kennung der Partei, die das Dokument erhält.
9.	Rolle des Empfängers	Angabe der Rolle des Empfängers.
10.	Datum und Uhrzeit der Erstellung	Datum und Uhrzeit der Übertragung der Fahrplandaten (ISO 8601).
11.	Fahrplan-Zeitraum	Anfangs- und Enddatum und –uhrzeit des Zeitintervalls welches vom Dokument, das den Fahrplan beinhaltet, umfasst wird.
12.	Bereich	Von dem Fahrplan-Dokument abgedeckter Bereich.
13.	Subjektpartei (falls anwendbar)	Die Partei die dem Fahrplan-Dokument unterliegt.
14.	Subjektrolle (falls anwendbar)	Angabe der Rolle des Subjekts.
15.	Abstimmung-Zeitraum (falls anwendbar)	Anfangs- und Enddatum und –zeit des Zeitraums welcher im Fahrplan abgestimmt wird.
		Fahrplan-Zeitreihe

16.	Absender Zeitreihen-Identifikation	Vom Absender zu vergebende Bezeichnung der Zeitreihe. Diese muss einmalig das gesamte Dokument sein und die Vermeidung einer Duplikation des Produkts, der Art des Geschäftes, der Aggregationsebene des angegebenen Objektes, des Liefergebiets, des Herkunftsgebiets, der Zählpunktbezeichnung, der importierenden Bilanzgruppe, der exportierenden Bilanzgruppe, der Art der Kapazitätsreservierung und der Identifikation der Kapazitätsreservierung garantieren.
17.	Absender Zeitreihen-Version	Die Zeitreihen-Version wird nur geändert, wenn sich eine Zeitreihe ändert. Die Zeitreihen-Version muss die gleiche sein, wie die Version des Dokuments in welcher diese hinzugefügt oder geändert wurde. Wenn ein Dokument zurückgesandt wird, müssen alle Zeitreihen, unabhängig davon, ob diese geändert wurden oder nicht, noch einmal übermittelt werden. Im Falle der Löschung einer Zeitreihe, wird diese für alle Zeiträume mit Nullen ausgefüllt und zurückgesandt.
18.	Art des Geschäfts	Genauere Bezeichnung der Art des Geschäfts, für das ein Fahrplan abgegeben wird. z. B. Erzeugungsfahrplan, interner oder externer Handel
19.	Produkt	Identifizierung eines Energieproduktes wie Leistung, Energie, Blindleistung, Übertragungskapazität, etc. Mögliches Codes beinhalten z. B. (nicht abschließend): 8716867000016 – Wirkleistung
20.	Aggregationsebene des angegebenen Objekts	Identifikation der Aggregationsebene eines Fahrplans; z. B. Aggregation je Regelzone oder (virtueller) Zählpunkt (z. B. Übergabestelle).
21.	Liefergebiet (falls anwendbar)	Gebiet (Zone) in welches das Produkt geliefert wird. Kein Übertragungsnetzbetreiber.
22.	Herkunftsgebiet (falls anwendbar)	Gebiet (Zone) aus welchem das Produkt geliefert wird. Kein Übertragungsnetzbetreiber.
23.	Zählpunktbezeichnung (falls anwendbar)	Die Kennung des Ortes an dem ein oder mehrere Produkte gemessen werden.
24.	Importierende Bilanzgruppe (falls anwendbar)	Energie aufnehmende Bilanzgruppe.
25.	Exportierende Bilanzgruppe (falls anwendbar)	Energie abgebende Bilanzgruppe.
26.	Art der Kapazitätsreservierung (falls anwendbar)	Bezeichnet wie eine bestimmte Kapazitätsreservierung ausgehandelt wurde; z. B. tägliche Auktion, wöchentliche Auktion.
27.	Identifikation der Kapazitätsreservierung (falls anwendbar)	Verweis auf eine bestimmte Kapazitätsreservierung, die einem Fahrplan zugrunde liegt.
28.	Maßeinheit	Die Maßeinheit die zum Ausdruck der Menge in der Zeitreihe verwendet wird.
29.	Kurvenart (falls anwendbar)	Codierte Darstellung der beschriebenen Kurvenart.
		Ursache (falls anwendbar)

30.	Ursachencode (falls anwendbar)	Code zur Angabe, dass die Begründung für eine Änderung im Ursachentext, wörtlich erfolgt.
31.	Ursachentext (falls anwendbar)	Wörtliche Begründung einer Änderung.
		Zeitraum
32.	Zeitintervall	Anfangs- und Enddatum und -uhrzeit des Zeitintervalls des betreffenden Zeitraums (ISO 8601).
33.	Auflösung	Auflösung, d. h. Anzahl der Zeiträume, in die sich das Zeitintervall gliedert (ISO 8601).
		Intervall, Wiederholende Felder
34.	Position	Relative Position eines Zeitraums innerhalb eines Zeitintervalls.
35.	Menge	Die geplante Menge des Produkts für die Position im Zeitintervall.

Tabelle 2

Meldepflichtige Einzelheiten im Zusammenhang mit Regelreserveprodukte Strom

A. Ausschreibungen für die Vorhaltung von Regelleistung, alle Angebote

Feld Nr.	Feld	Beschreibung
1.	Ausschreibung	Bezeichnung der Ausschreibung. Format: <Regelreservetyp>_JJJJ_KWXX_(Zusatz) Werte Regelreservetyp: PRL .... Primärregelleistung SRL .... Sekundärregelleistung TRL ..... Ausfallsreserve- und Tertiärregelleistung JJJJ .... Jahr KW .... Kalenderwoche XX .... Nummer der Kalenderwoche Zusatz: z. B. für Second Call, Last Call
2.	Zeitpunkt des Angebots	Format: dd.mm.yyyy hh:mm
3.	Angebotsnummer	Eindeutige, einmalige Nummer zur Identifikation des Angebots.
4.	Regelreserveanbieter	Eindeutige Bezeichnung des Anbieters.
5.	Produkt Alias	Bezeichnung des Regelreserveprodukts.
6.	Lieferzeitraum von	Beginn des Vorhaltezeitraums des Regelreserveprodukts. Format: dd.mm.yyyy
7.	Lieferzeitraum bis	Ende des Vorhaltezeitraums des Regelreserveprodukts. Format: dd.mm.yyyy
8.	Stunden	Zeitdauer, für die Regelreserveleistung vorgehalten wird (in Stunden).
9.	Leistung angeboten	Regelreserveleistung, die angeboten wird.
10.	Einheit von 9	Typischerweise MW.
11.	Leistung akzeptiert	Teilmenge von 9, die einen Zuschlag erhalten hat.
12.	Einheit von 11	Typischerweise MW.
13.	Leistungspreis	Preis für die Vorhaltung von Regelreserve.
14.	Einheit von 13	Euro/MW und Stunde der Vorhaltung oder Euro/MW.
15.	Energiepreis	Preis für aktivierte positive oder negative Regelreserve.
16.	Einheit von 15	Typischerweise Euro/MWh.

17.	Angebotswert	Wert der Leistungsvorhaltung akzeptierter Angebote.
18.	Einheit von 17	Typischerweise Euro.
19.	Rang	Rang des Angebots innerhalb der Merit Order List für die Erteilung des Zuschlags.
20.	Produkt ID	Eindeutige, einmalige Nummer zur Kennzeichnung des Produkts (Feld 5).
21.	Kennzeichnung Blockgebote	Falls anwendbar.

B. Ausschreibungen für Regelenergiegebote (Anpassung der Energiepreise von Sekundär- und Tertiärregelreservegeboten soweit vorgesehen, kurzfristige Ausschreibungen Tertiäregelenergiegebote), alle Angebote

Feld Nr.	Feld	Beschreibung
1.	Ausschreibung	Bezeichnung der Ausschreibung. Format: <Regelreservetyp>_JJJJ_MM_DD Werte Regelreservetyp: SRL_DA .... Sekundärregelleistung TRL_DA . Ausfallsreserve- und Tertiärregelleistung JJJJ .... Jahr MM .... Monat XX .... Tag
2.	Zeitpunkt des Angebots	Format: dd.mm.yyyy hh:mm
3.	Angebotsnummer	Eindeutige, einmalige Nummer zur Identifikation des Angebots.
4.	Regelreserveanbieter	Eindeutige Bezeichnung des Anbieters.
5.	Produkt Alias	Bezeichnung des Regelreserveprodukts.
6.	Lieferzeitraum von	Beginn des Vorhaltezeitraums des Regelreserveprodukts. Format: dd.mm.yyyy
7.	Lieferzeitraum bis	Ende des Vorhaltezeitraums des Regelreserveprodukts. Format: dd.mm.yyyy
8.	Stunden	Zeitdauer, für die Regelreserveleistung vorgehalten wird (in Stunden).
9.	Leistung angeboten	Regelreserveleistung, die angeboten wird.
10.	Einheit von 9	Typischerweise MW.
11.	Leistung akzeptiert	Teilmenge von 9, die einen Zuschlag erhalten hat (Feld kann leer sein bei Tertiärregelenergiegeboten, die nicht von Market Makern kommen).
12.	Einheit von 11	Typischerweise MW.
13.	Leistungspreis	Preis für die Vorhaltung von Regelreserve (Feld kann leer sein bei Tertiärregelenergiegeboten, die nicht von Market Makern kommen).
14.	Einheit von 13	Euro/MW und Stunde der Vorhaltung.
15.	Energiepreis	Preis für aktivierte positive oder negative Regelreserve.
16.	Einheit von 15	Typischerweise Euro/MWh.
17.	Angebotswert	Wert der Leistungsvorhaltung akzeptierter Angebote.
18.	Einheit von 17	Typischerweise Euro.

19.	Angebotsnummer Leistungsangebot	Nur bei Anpassungen der Energiepreise. Verweis auf die Angebotsnummer des ursprünglichen Gebots. (Feld kann leer sein bei Tertiärregelenergiegeboten, die nicht von Marktet Makern kommen).
20.	Aktivierte Energie	Volumen tatsächlich aktivierter Regelreserve, das einem bestimmten Angebot zugeordnet ist.
21.	Einheit von 20	Typischerweise MWh.
22.	Rang	Rang des Angebots innerhalb der Merit Order List für Energieabrufe.
23.	Produkt ID	Eindeutige, einmalige Nummer zur Kennzeichnung des Produkts (Feld 5).

C. Aktivierte Regelreserve (Zeitreihen im Viertelstundenraster)

Feld Nr.	Feld	Beschreibung
1.	Zeitstempel	Beginn der Viertelstunde. Format: dd.mm.yyyy hh:mm
2.	SRL+ Menge	Volumen aktivierter Sekundärregelenergie (ohne Ausfallsreserve 24).
3.	Einheit von 2	Typischerweise MWh.
4.	SRL- Menge	Volumen aktivierter negativer Sekundärregelenergie.
5.	Einheit von 5	Typischerweise MWh.
6.	INC+ Menge	Austausch von Sekundärregelenergie mit benachbarten Regelzonen im Rahmen der Imbalance Netting Cooperation. Richtung: Import
7.	Einheit von 6	Typischerweise MWh.
8.	INC- Menge	Austausch von Sekundärregelenergie mit benachbarten Regelzonen im Rahmen der Imbalance Netting Cooperation. Richtung: Export
9.	Einheit von 8	Typischerweise MWh.
10.	Settlementpreis INC	Verrechnungspreis für 6 und 8.
11.	Einheit von 10	Typischerweise Euro/MWh.
12.	SRL+ Durchschnittspreis	Mengengewichteter Durchschnittspreis aller Abrufe von 2 in einer Viertelstunde.
13.	Einheit von 12	Typischerweise Euro/MWh.
14.	SRL- Durchschnittspreis	Mengengewichteter Durchschnittspreis aller Abrufe von 4 in einer Viertelstunde.
15.	Einheit von 14	Typischerweise Euro/MWh.
16.	TRL+ Menge	Volumen aktivierter positiver Tertiäregelenergie (beinhalte auch Mengen, die als Ausfallsreserve 26 zu verrechnen sind).
17.	Einheit von 16	Typischerweise MWh.
18.	TRL- Menge	Volumen aktivierter negativer Tertiärregelenergie.
19.	Einheit von 18	Typischerweise MWh.
20.	TRL+ Durchschnittspreis	Mengengewichteter Durchschnittspreis aller Abrufe von 16 in einer Viertelstunde.
21.	Einheit von 20	Typischerweise Euro/MWh.
22.	TRL- Durchschnittspreis	Mengengewichteter Durchschnittspreis aller Abrufe von 18 in einer Viertelstunde.

23.	Einheit von 22	Typischerweise Euro/MWh.
24.	ARE Menge	Volumen aktivierter Ausfallsreserve, die von 20 abzuziehen und 2 zuzuschlagen ist.
25.	Einheit von 24	Typischerweise MWh.
26.	ARE Durchschnittspreis	Mengengewichteter Durchschnittspreis aller Abrufe von 24 in einer Viertelstunde.
27.	Einheit von 26	Typischerweise Euro/MWh.
28.	UA Menge	Volumen Rücklieferung für ungewollten Austausch.
29.	Einheit von 28	Typischerweise MWh.
30.	UA Durchschnittspreis	Preis Rücklieferung für ungewollten Austausch (EXAA Börsenpreis).
31.	Einheit von 30	Typischerweise Euro/MWh.
32.	IGCC+ Menge	Austausch von Sekundärregelenergie mit benachbarten Regelzonen im Rahmen der International Grid Control Cooperation. Richtung: Import
33.	Einheit von 32	Typischerweise MWh.
34.	IGCC- Menge	Austausch von Sekundärregelenergie mit benachbarten Regelzonen im Rahmen der International Grid Control Cooperation. Richtung: Export
35.	Einheit von 34	Typischerweise MWh.
36.	Settlementpreis IGCC	Verrechnungspreis für 32 und 34.
37.	Einheit von 36	Typischerweise Euro/MWh.

D. Informationen über die Ausschreibungen und deren Ergebnisse

Feld Nr.	Feld	Beschreibung
1.	Ausschreibung	Siehe oben Tabellen A und B, Feld 1.
2.	Regelreservetyp	Werte Regelreservetyp: PCR .... Primärregelleistung SCR .... Sekundärregelleistung TCR ..... Ausfallsreserve- und Tertiärregelleistung SCE.......Sekundärregelenergie TCE......Ausfallsreserve- und Tertiärregelenergie
3.	Subtyp	Werte: First Call Second Call Last Call Emergency Call Intraday Emergency Call
4.	Geplante Öffnung	Format: dd.mm.yyyy hh:mm
5.	Geplante Schließung	Format: dd.mm.yyyy hh:mm
6.	Lieferung von	Beginn des Vorhaltezeitraums des Regelreserveprodukts. Format: dd.mm.yyyy
7.	Lieferung bis	Ende des Vorhaltezeitraums des Regelreserveprodukts. Format: dd.mm.yyyy
8.	Veröffentlichungsdatum	Format: dd.mm.yyyy hh:mm
9.	Ausschreibungseröffnung	Format: dd.mm.yyyy hh:mm

10.	Ausschreibungsschließung	Format: dd.mm.yyyy hh:mm
11.	Produkt Alias	Bezeichnung des Regelreserveprodukts.
12.	Stunden	Zeitdauer, für die Regelreserveleistung vorgehalten wird (in Stunden).
13.	Ausgeschriebene Menge	Regelreserveleistung, die in der Ausschreibung beschafft werden soll.
14.	Einheit von 13	Typischerweise MW.
15.	Angebotene Menge	Summe der angebotenen Regelreserveleistungen.
16.	Einheit von 15	Typischerweise MW.
17.	Akzeptierte Menge	Summe der angebotenen Regelreserveleistungen, die einen Zuschlag erhalten haben.
18.	Einheit von 17	Typischerweise MW.
19.	Durchschnittspreis	Mengengewichteter Durchschnittspreis für ein Regelreserveprodukt.
20.	Einheit von 19	Euro/MW und Stunde der Vorhaltung oder Euro/MW.
21.	Teilnehmer	Anzahl der Anbieter, die an der Ausschreibung teilnehmen.
22.	Teilnehmer mit Zuschlag	Anzahl der Anbieter mit bezuschlagten Angeboten.

81. Energie-Control-Gesetz

Bundesgesetz über die Regulierungsbehörde in der Elektrizitäts- und Erdgaswirtschaft
StF: BGBl. I Nr. 110/2010
Letzte Novellierung: BGBl. I Nr. 7/2022

GLIEDERUNG

Kompetenzgrundlage und Vollziehung; Umsetzung von Unionsrecht

§ 1. (1) **(Verfassungsbestimmung)** Die Erlassung, Aufhebung sowie die Vollziehung von Vorschriften, wie sie in diesem Bundesgesetz enthalten sind, sind auch in den Belangen Bundessache, hinsichtlich deren das B–VG etwas anderes bestimmt. Die in diesem Bundesgesetz geregelten Angelegenheiten können unmittelbar von den in diesen Vorschriften vorgesehenen Einrichtungen besorgt werden.

(2) Durch dieses Bundesgesetz werden umgesetzt:

1. die Richtlinie 2009/72/EG über gemeinsame Vorschriften für den Elektrizitätsbinnenmarkt und zur Aufhebung der Richtlinie 2003/54/EG, ABl. Nr. L 211 vom 14.08.2009 S. 55;
2. die Richtlinie 2009/73/EG über gemeinsame Vorschriften für den Erdgasbinnenmarkt und zur Aufhebung der Richtlinie 2003/55/EG, ABl. Nr. L 211 vom 14.08.2009 S. 94, zuletzt geändert durch die Richtlinie (EU) 2019/692, ABl. Nr. L 117 vom 03.05.2019 S. 1;

3. die Verordnung (EU) Nr. 1227/2011 über die Integrität und Transparenz des Energiegroßhandelsmarkts ABl. Nr. L 326 vom 08.12.2011, S. 1;
4. die Verordnung (EU) Nr. 347/2013 des Europäischen Parlaments und des Rates zu Leitlinien für die transeuropäische Energieinfrastruktur und zur Aufhebung der Entscheidung Nr. 1364/2006/EG und zur Änderung der Verordnungen (EG) Nr. 713/2009, (EG) Nr. 714/2009 und (EG) Nr. 715/2009, ABl. Nr. L 115 vom 25.4.2013, S. 39 (TEN-E-VO).

(Anm.: Z 5 aufgehoben durch Art. 6 Z 3, BGBl. I Nr. 150/2021)

Errichtung der Regulierungsbehörde

§ 2. (1) Zur Besorgung der Regulierungsaufgaben im Bereich der Elektrizitäts- und Erdgaswirtschaft wird unter der Bezeichnung „Energie-Control Austria für die Regulierung der Elektrizitäts- und Erdgaswirtschaft (E-Control)" eine Anstalt öffentlichen Rechts mit eigener Rechtspersönlichkeit eingerichtet.

(2) Sitz dieser Anstalt ist Wien. Ihr Wirkungsbereich erstreckt sich auf das gesamte Bundesgebiet. Sie ist berechtigt, das Bundeswappen zu führen. Sie ist ein Unternehmen im Sinn des Unternehmensgesetzbuches – UGB, dRGBl. S 219/1897, und ist im Firmenbuch beim Handelsgericht Wien zu protokollieren.

Begriffsbestimmungen

§ 3. Im Sinne dieses Bundesgesetzes bezeichnet der Ausdruck

1. „Agentur" die durch die Verordnung (EG) Nr. 713/2009 des Europäischen Parlaments und des Rates zur Gründung einer Agentur für die Zusammenarbeit der Energieregulierungsbehörden, ABl. Nr. L 211 vom 14.08.2009 S. 1, errichtete Agentur für die Zusammenarbeit der Energieregulierungsbehörden;

(Anm.: Z 1a aufgehoben durch Art. 6 Z 4, BGBl. I Nr. 150/2021)

2. „Verordnung (EG) Nr. 713/2009" die Verordnung (EG) Nr. 713/2009 des Europäischen Parlaments und des Rates zur Gründung einer Agentur für die Zusammenarbeit der Energieregulierungsbehörden, ABl. Nr. L 211 vom 14.08.2009 S. 1;
3. „Verordnung (EG) Nr. 714/2009" die Verordnung (EG) Nr. 714/2009 des Europäischen Parlaments und des Rates über die Netzzugangsbedingungen für den grenzüberschreitenden Stromhandel und zur Aufhebung der Verordnung (EG) Nr. 1228/2003, ABl. Nr. L 211 vom 14.08.2009 S. 15;
4. „Verordnung (EG) Nr. 715/2009" die Verordnung (EG) Nr. 715/2009 des Europäischen Parlaments und des Rates über die Bedingungen für den Zugang zu den Erdgasfernleitungsnetzen und zur Aufhebung der Verordnung (EG) Nr. 1775/2005, ABl. Nr. L 211/36 vom 14.08.2009 S. 36;
5. „Richtlinie 2009/72/EG" die Richtlinie 2009/72/EG des Europäischen Parlaments und des Rates vom 13. Juli 2009 über gemeinsame Vorschriften für den Elektrizitätsbinnenmarkt und zur Aufhebung der Richtlinie 2003/54/EG, ABl. Nr. L 211 vom 14.08.2009 S. 55;
6. „Richtlinie 2009/73/EG" die Richtlinie 2009/73/EG des Europäischen Parlaments und des Rates vom 13. Juli 2009 über gemeinsame Vorschriften für den Erdgasbinnenmarkt und zur Aufhebung der Richtlinie 2003/55/EG, ABl. Nr. L 211 vom 14.08.2009 S. 94, zuletzt geändert durch die Richtlinie (EU) 2019/692, ABl. Nr. L 117 vom 03.05.2019 S. 1;
7. „Verordnung (EU) Nr. 1227/2011" die Verordnung (EU) Nr. 1227/2011 über die Integrität und Transparenz des Energiegroßhandelsmarkts, ABl. L 326 vom 08.12.2011 S. 1;
8. „Verordnung (EU) Nr. 347/2013" die Verordnung (EU) Nr. 347/2013 des Europäischen Parlaments und des Rates zu Leitlinien für die transeuropäische Energieinfrastruktur und zur Aufhebung der Entscheidung Nr. 1364/2006/EG und zur Änderung der Verordnungen (EG) Nr. 713/2009, (EG) Nr. 714/2009 und (EG) Nr. 715/2009, ABl. Nr. L 115 vom 25.4.2013, S. 39.

(Anm.: Z 9 aufgehoben durch Art. 6 Z 4, BGBl. I Nr. 150/2021)

Allgemeine Ziele

§ 4. Bei Wahrnehmung der Regulierungsaufgaben trifft die E-Control im Rahmen ihrer Aufgaben und Befugnisse, gegebenenfalls in Zusammenarbeit mit anderen einschlägigen nationalen Behörden, insbesondere den Wettbewerbsbehörden, und unbeschadet deren Zuständigkeiten sowie unbeschadet der Zuständigkeit der Bundesministerin für Klimaschutz, Umwelt, Energie, Mobilität, Innovation und Technologie in Fragen der obersten Energiepolitik alle angemessenen Maßnahmen zur Erreichung folgender Ziele:

1. Förderung – in enger Zusammenarbeit mit der Agentur, den Regulierungsbehörden der Mitgliedstaaten und der Europäischen Kommission – eines wettbewerbsbestimmten, sicheren und ökologisch nachhaltigen Elektrizitäts- und Erdgasbinnenmarktes in der Gemeinschaft und effektive Öffnung des Marktes für alle Kunden und Lieferanten in der Gemeinschaft, sowie Gewährleistung geeigneter Bedingungen, damit Elektrizitäts- und Gasnetze unter Berücksichtigung der langfristigen Ziele wirkungsvoll und zuverlässig betrieben werden;

2. Entwicklung wettbewerbsbestimmter und funktionierender Regionalmärkte in der Gemeinschaft zur Verwirklichung der unter Z 1 genannten Ziele;
3. Aufhebung der bestehenden Beschränkungen des Elektrizitäts- und Erdgashandels zwischen den Mitgliedstaaten, einschließlich des Aufbaus geeigneter grenzüberschreitender Übertragungskapazitäten im Hinblick auf die Befriedigung der Nachfrage und die Förderung der Integration der nationalen Märkte zur Erleichterung der Elektrizitäts- und Erdgasflüsse innerhalb der Gemeinschaft;
4. Beiträge zur möglichst kostengünstigen und raschen Verwirklichung der Transformation des Energiesystems im Sinne des Pariser Klimaschutzabkommens 2015 unter Sicherstellung der angestrebten Entwicklung verbraucherorientierter, sicherer, zuverlässiger und effizienter nichtdiskriminierender Systeme sowie Förderung der Angemessenheit der Systeme und, im Einklang mit den allgemeinen Zielen der Energiepolitik, der Energieeffizienz sowie der Einbindung von Strom und Gas aus erneuerbaren Energiequellen und dezentraler Erzeugung im kleinen und großen Maßstab sowohl in Übertragungs- bzw. Fernleitungsnetze als auch in Verteilernetze;
5. Erleichterung des Anschlusses neuer Erzeugungs- und Gewinnungsanlagen an das Netz, insbesondere durch Beseitigung von Hindernissen, die den Zugang neuer Marktteilnehmer, insbesondere von Erneuerbare-Energie-Gemeinschaften gemäß § 79 Erneuerbaren–Ausbau–Gesetz (EAG), BGBl. I Nr. 150/2021, und Bürgerenergiegemeinschaften gemäß § 16b ElWOG 2010, und die Einspeisung von Strom oder Erdgas aus erneuerbaren Energiequellen verhindern könnten;
6. Sicherstellung, dass für Netzbetreiber und Netznutzer kurzfristig wie langfristig angemessene Anreize bestehen, Effizienzsteigerungen bei der Netzleistung zu gewährleisten und die Marktintegration zu fördern;
7. Maßnahmen, die bewirken, dass die Kunden Vorteile aus dem effizienten Funktionieren des nationalen Marktes ziehen, Förderung eines effektiven Wettbewerbs und Beiträge zur Gewährleistung des Verbraucherschutzes;
8. Beiträge zur Verwirklichung hoher Standards bei der Gewährleistung der Grundversorgung und der Erfüllung gemeinwirtschaftlicher Verpflichtungen im Bereich der Strom- und Erdgasversorgung, zum Schutz benachteiligter Kunden und im Interesse der Kompatibilität der beim Anbieterwechsel von Kunden erforderlichen Datenaustauschverfahren.
9. Sicherstellung der Integrität und Transparenz des Energiegroßhandelsmarktes.

Organe

§ 5. (1) Organe der E-Control sind:

1. der Vorstand,
2. die Regulierungskommission,
3. der Aufsichtsrat.

(2) Die Organe der E-Control und ihre Mitglieder sind mit Ausnahme der Angelegenheiten des Abs. 4 in Ausübung ihres Amtes an keine Weisungen gebunden und handeln unabhängig von Marktinteressen. Insbesondere dürfen sie keine Funktionen ausüben, die ihre Unabhängigkeit gefährden. Den Organen der E-Control dürfen Mitglieder der Bundesregierung, einer Landesregierung, eines allgemeinen Vertretungskörpers oder des Europäischen Parlaments nicht angehören.

(3) Die Bundesministerin für Klimaschutz, Umwelt, Energie, Mobilität, Innovation und Technologie hat das Recht, sich jederzeit über alle Gegenstände der Geschäftsführung und Aufgabenerfüllung zu unterrichten. Alle Organe der E-Control haben der Bundesministerin für Klimaschutz, Umwelt, Energie, Mobilität, Innovation und Technologie unverzüglich und auf Verlangen schriftlich alle diesbezüglichen Anfragen zu beantworten, soweit dies nicht der Unabhängigkeit der Regulierungsbehörde im Sinne von Art. 35 Abs. 4 Richtlinie 2009/72/EG und Art. 39 Abs. 4 Richtlinie 2009/73 widerspricht.

(4) Die im ÖSG, mit Ausnahme des § 6 und § 9, im ÖSG 2012, im EAG, mit Ausnahme des § 81 Abs. 1 und § 84, im Preistransparenzgesetz, im Bundes–Energieeffizienzgesetz, im Energielenkungsgesetz 2012, mit Ausnahme des § 15 Abs. 2 und § 27 Abs. 2, im KWK-Gesetz, in § 69 ElWOG, BGBl. I Nr. 143/1998, in der Fassung des Bundesgesetzes BGBl. I Nr. 112/2008, in § 92 ElWOG 2010, in § 147 GWG 2011 sowie in im Bundesgesetz zur Festlegung einheitlicher Standards beim Infrastrukturaufbau für alternative Kraftstoffe, BGBl. I Nr. 38/2018, in der Fassung des Bundesgesetzes BGBl. I Nr. 150/2021 der E–Control übertragenen Aufgaben werden von der E–Control unter der Leitung und nach den Weisungen der Bundesministerin für Klimaschutz, Umwelt, Energie, Mobilität, Innovation und Technologie besorgt.

Vorstand

§ 6. (1) Der Vorstand der E-Control besteht aus zwei Mitgliedern.

(2) Die Mitglieder des Vorstands werden von der Bundesministerin für Klimaschutz, Umwelt, Energie, Mobilität, Innovation und Technologie bestellt; die einmalige Wiederbestellung ist zulässig. Die Funktionsperiode beträgt fünf Jahre.

(3) Die Mitglieder des Vorstands müssen im Energiebereich fachkundige Personen sein, die das Wahlrecht zum Nationalrat besitzen. Zum Vorstand kann ernannt werden, wer

1. persönlich und fachlich zur Ausübung des Amtes geeignet ist,
2. ein rechtswissenschaftliches, wirtschaftswissenschaftliches oder technisches Studium abgeschlossen hat und
3. eine mindestens fünfjährige Berufserfahrung auf dem Gebiet der Energiewirtschaft hat.

(4) Der Vorstand darf für die Dauer seiner Funktion keine weitere Tätigkeit ausüben, die ihn an der Erfüllung seiner Aufgaben behindert oder geeignet ist, seine volle Unbefangenheit in Zweifel zu ziehen, oder sonstige wesentliche Interessen seiner Funktion gefährdet; dies gilt insbesondere für die in § 4 Unvereinbarkeitsgesetz 1983, BGBl. Nr. 330/1983, umschriebenen Tätigkeiten.

(5) Vor der Bestellung hat die Bundesministerin für Klimaschutz, Umwelt, Energie, Mobilität, Innovation und Technologie eine Ausschreibung zu veranlassen; das Stellenbesetzungsgesetz 1998, BGBl. I Nr. 26/1998, ist anzuwenden. Den Dienstvertrag mit dem bestellten Vorstand schließt für die E-Control der Aufsichtsrat ab.

(6) **(Verfassungsbestimmung)** Vor der Bestellung durch die Bundesministerin findet eine Anhörung im zuständigen Ausschuss des Nationalrates statt.

Aufgaben des Vorstandes

§ 7. (1) Der Vorstand leitet den Dienstbetrieb und führt die Geschäfte der E-Control. Er ist zur Besorgung aller der E-Control übertragenen Aufgaben zuständig, die nicht bundesgesetzlich der Regulierungskommission oder dem Aufsichtsrat zugewiesen sind. Der Vorstand vertritt die E-Control nach außen.

(2) Der Vorstand hat eine Geschäftsordnung zu erlassen. In der Geschäftsordnung ist Vorsorge zu treffen, dass die Aufgaben der E-Control in gesetzmäßiger, zweckmäßiger, wirtschaftlicher und sparsamer Weise besorgt werden. In der Geschäftsordnung ist insbesondere zu regeln, unter welchen Voraussetzungen sich der Vorstand unbeschadet seiner eigenen Verantwortlichkeit durch Bedienstete der E-Control vertreten lassen kann. In der Geschäftsordnung ist außerdem zu regeln, wie ein Beschluss des Vorstands im Falle einer Stimmengleichheit zustande kommt. Die Geschäftsordnung ist auf der Homepage der E-Control zu veröffentlichen.

(3) Der Vorstand hat alle notwendigen organisatorischen Vorkehrungen zu treffen, um den Organen der E-Control die Erfüllung ihrer Aufgaben zu ermöglichen.

(4) Der Vorstand berichtet dem Aufsichtsrat regelmäßig über die Entwicklung der Energiemärkte, die Tätigkeitsschwerpunkte und den Gang der Geschäfte der E-Control sowie über wesentliche Abweichungen vom Budget. Über außergewöhnliche Ereignisse berichtet der Vorstand dem Vorsitzenden des Aufsichtsrates unverzüglich.

Funktionsdauer des Vorstandes

§ 8. (1) Die Funktion eines Mitglieds des Vorstandes der E-Control endet

1. mit Ablauf der Funktionsperiode,
2. mit Zurücklegung der Funktion nach Erörterung und Abstimmung mit dem Aufsichtsrat,
3. mit der Abberufung durch die Bundesministerin für Klimaschutz, Umwelt, Energie, Mobilität, Innovation und Technologie gemäß Abs. 3.

(2) Die Zurücklegung der Funktion als Mitglied des Vorstands ist dem Aufsichtsrat und der Bundesministerin für Klimaschutz, Umwelt, Energie, Mobilität, Innovation und Technologie schriftlich bekannt zu geben. Die Bundesministerin für Klimaschutz, Umwelt, Energie, Mobilität, Innovation und Technologie veranlasst die Bestellung eines neuen Mitglieds des Vorstands.

(3) Die Bundesministerin für Klimaschutz, Umwelt, Energie, Mobilität, Innovation und Technologie hat ein Mitglied des Vorstands aus wichtigem Grund abzuberufen, wenn

1. nachträglich hervorkommt, dass eine Bestellungsvoraussetzung nicht gegeben war oder weggefallen ist,
2. dauernde Unfähigkeit zur Ausübung der Funktion eintritt oder wenn der Vorstand infolge Krankheit, Unfalls oder eines Gebrechens länger als ein halbes Jahr vom Dienst abwesend ist ,
3. eine Verurteilung durch ein inländisches Gericht wegen einer oder mehrerer mit Vorsatz begangener strafbarer Handlungen zu einer Freiheitsstrafe vorliegt, wenn die verhängte Freiheitsstrafe ein Jahr übersteigt, oder die nicht bedingt nachgesehene Freiheitsstrafe sechs Monate übersteigt oder
4. eine grobe Pflichtverletzung vorliegt.

Rechtsschutz

§ 9. (1) Die E-Control kann gegen verwaltungsgerichtliche Entscheidungen, die eine Amtshandlung der E-Control zum Gegenstand haben, Revision wegen Rechtswidrigkeit an den Verwaltungsgerichtshof erheben.

(2) Beschwerden gegen Entscheidungen des Vorstands der E-Control in Angelegenheiten der Feststellung der Kostenbasis gemäß § 48 Abs. 1 ElWOG 2010, § 24 Abs. 1 GWG 2011 und § 69 Abs. 1 GWG 2011 sowie Entscheidungen über die Methode gemäß § 69 Abs. 2 GWG 2011 haben keine aufschiebende Wirkung.

Regulierungskommission

§ 10. (1) Die Regulierungskommission der E-Control besteht aus fünf von der Bundesregierung ernannten Mitgliedern. Ein Mitglied der Kommission hat dem Richterstand anzugehören. Bei seiner Bestellung hat die Bundesregierung auf einen Dreiervorschlag des Präsidenten des Obersten Gerichtshofes Bedacht zu nehmen. Die Bestellung der anderen Mitglieder erfolgt auf Vorschlag der Bundesministerin für Klimaschutz, Umwelt, Energie, Mobilität, Innovation und Technologie. Dabei ist darauf Bedacht zu nehmen, dass mindestens ein Mitglied über technische, die anderen Mitglieder über juristische und/oder ökonomische Kenntnisse verfügen. Die Funktionsperiode der Mitglieder der Regulierungskommission beträgt fünf Jahre. Eine einmalige Wiederbestellung ist zulässig.

(2) Für jedes Mitglied bestellt die Bundesregierung ein Ersatzmitglied. Das Ersatzmitglied tritt bei Verhinderung des Mitglieds an dessen Stelle.

(3) Zum Mitglied der Regulierungskommission der E-Control darf nur bestellt werden, wer das Wahlrecht zum Nationalrat besitzt.

(4) Ein Mitglied der Regulierungskommission darf für die Dauer seiner Funktion keine weitere Tätigkeit ausüben, die ihn an der Erfüllung seiner Aufgaben behindert oder geeignet ist, seine volle Unbefangenheit in Zweifel zu ziehen, oder sonstige wesentliche Interessen seiner Funktion gefährdet; dies gilt insbesondere für die in § 4 Unvereinbarkeitsgesetz 1983, BGBl. Nr. 330/1983, umschriebenen Tätigkeiten.

(5) Die Funktion als Mitglied der Regulierungskommission der E-Control endet

1. mit Ablauf der Funktionsperiode,
2. mit Zurücklegung der Funktion, die der Bundesregierung schriftlich zuhanden des Bundeskanzlers mitzuteilen ist,
3. mit der Abberufung durch die Bundesregierung gemäß Abs. 6.

(6) Die Bundesregierung hat das betreffende Mitglied der Regulierungskommission der E-Control aus wichtigem Grund abzuberufen, wenn

1. nachträglich hervorkommt, dass eine Bestellungsvoraussetzung nicht gegeben war oder weggefallen ist,
2. dauernde Unfähigkeit zur Ausübung der Funktion eintritt oder wenn das betreffende Mitglied infolge Krankheit, Unfalls oder eines Gebrechens länger als ein halbes Jahr vom Dienst abwesend ist,
3. eine Verurteilung durch ein inländisches Gericht wegen einer oder mehrerer mit Vorsatz begangener strafbarer Handlungen zu einer Freiheitsstrafe vorliegt, wenn die verhängte Freiheitsstrafe ein Jahr übersteigt, oder die nicht bedingt nachgesehene Freiheitsstrafe sechs Monate übersteigt oder
4. eine grobe Pflichtverletzung vorliegt.

(7) Die Abs. 1, 3, 4, 5 und 6 sind auf Ersatzmitglieder sinngemäß anzuwenden.

(8) Scheidet ein Mitglied vorzeitig aus, so wird das betreffende Ersatzmitglied Mitglied der Regulierungskommission. Für die Zeit bis zum Ablauf der Funktionsperiode des ausgeschiedenen Mitgliedes ist unter Anwendung der Abs. 1, 2 und 3 unverzüglich ein neues Ersatzmitglied zu bestellen.

(9) Die Mitglieder der Regulierungskommission haben Anspruch auf Ersatz der angemessenen Reisekosten und Barauslagen sowie auf ein Sitzungsgeld, das von der Bundesministerin für Klimaschutz, Umwelt, Energie, Mobilität, Innovation und Technologie im Einvernehmen mit dem Bundesminister für Finanzen durch Verordnung unter Bedachtnahme auf die Bedeutung und den Umfang der von der Regulierungskommission als Organ der E-Control zu besorgenden Aufgaben festzusetzen ist.

(10) Im Rahmen ihrer Tätigkeit für die Regulierungskommission ist das Personal der E-Control an die Weisungen des Vorsitzenden oder des in der Geschäftsordnung bezeichneten Mitgliedes gebunden.

Arbeitsweise der Regulierungskommission

§ 11. (1) Das richterliche Mitglied führt in der Regulierungskommission den Vorsitz.

(2) Die Regulierungskommission beschließt mit einfacher Mehrheit der Stimmen; Stimmenthaltung ist unzulässig.

Aufgaben der Regulierungskommission

§ 12. (1) **(Verfassungsbestimmung)** Die Regulierungskommission der E-Control ist zur bescheidmäßigen Erledigung folgender Aufgaben zuständig:

1. die Entscheidungen über Netzzugangsverweigerung im Verfahren gemäß § 21 Abs. 2 ElWOG 2010 iVm § 22 Abs. 1 ElWOG 2010 sowie § 33 Abs. 4 GWG 2011 iVm § 132 Abs. 1 Z 1 GWG 2011;
2. die Schlichtung von sonstigen Streitigkeiten gemäß § 22 Abs. 2 ElWOG 2010 sowie § 132 Abs. 2 GWG 2011;
3. die Schlichtung von Streitigkeiten in Angelegenheiten des § 30 Abs. 3 Z 2 ElWOG 2010 sowie gemäß § 114 Abs. 3 Z 2 GWG 2011;
4. die Untersagung der Anwendung von Allgemeine Geschäftsbedingungen für die Belieferung mit elektrischer Energie und Erdgas gemäß § 80 ElWOG 2010 und § 125 GWG 2011, die gegen ein gesetzliches Verbot oder gegen die guten Sitten verstoßen;
5. die Entscheidung von Streitigkeiten zwischen Versorgern gemäß § 40 Abs. 3 GWG 2011 iVm § 132 Abs. 1 Z 3;
6. die Entscheidungen über Speicherzugangsverweigerung im Verfahren gemäß § 97 Abs. 4 iVm § 132 Abs. 1 Z 2 GWG 2011;
7. die Bestimmung von Speichernutzungsentgelten gemäß § 99 Abs. 2;
8. Erteilung von Ausnahmen gemäß § 58a ElWOG 2010 und § 78a GWG 2011.

(2) **(Verfassungsbestimmung)** Die Regulierungskommission der E-Control ist in folgenden Angelegenheiten zur Erlassung von Verordnungen zuständig:

1. die Bestimmung von Systemnutzungsentgelten mit Verordnung gemäß § 49 ElWOG 2010 sowie § 24 Abs. 2 und § 70 GWG 2011;
2. die Erlassung von Verordnungen gemäß § 59 Abs. 6 Z 6 ElWOG 2010 und § 79 Abs. 6 Z 4 GWG 2011.

(3) Die Regulierungskommission hat in den Fällen des Abs. 1 Z 2, 3 und 4 den Bescheid innerhalb von zwei Monaten ab Antragstellung zu erlassen. Diese Frist verlängert sich um zwei Monate, wenn die Behörde zusätzliche Informationen anfordert. Mit Zustimmung aller am Verfahren beteiligten Parteien ist eine weitere Fristverlängerung zulässig.

(4) Die Partei, die sich mit Entscheidungen gemäß Abs. 1 Z 2 und 3 nicht zufrieden gibt, kann die Sache innerhalb von vier Wochen nach Zustellung des Bescheides bei dem zuständigen ordentlichen Gericht anhängig machen. Die Entscheidung über einen Antrag auf Bewilligung der Wiedereinsetzung gegen den Ablauf der Anrufungsfrist obliegt dem Gericht; der Wiedereinsetzungsantrag ist unmittelbar bei Gericht einzubringen.

Aufsichtsrat

§ 13. (1) Der Aufsichtsrat besteht aus dem Vorsitzenden, dem Stellvertreter des Vorsitzenden und zwei weiteren Mitgliedern. Die Mitglieder sind von der Bundesregierung auf Vorschlag der Bundesministerin für Klimaschutz, Umwelt, Energie, Mobilität, Innovation und Technologie zu bestellen. Zu Mitgliedern des Aufsichtsrates dürfen nur Personen bestellt werden, die persönlich und fachlich geeignet sind und über besondere volkswirtschaftliche, betriebswirtschaftliche, technologische oder wirtschafts- und konsumentenschutzrechtliche Kenntnisse und Erfahrungen im Energiebereich verfügen. § 110 des Arbeitsverfassungsgesetzes, BGBl. Nr. 22/1974, ist sinngemäß anzuwenden.

(2) Die Dauer der Funktionsperiode der Mitglieder des Aufsichtsrates beträgt fünf Jahre; die Wiederbestellung ist zulässig.

(3) Ein Mitglied des Aufsichtrats darf für die Dauer seiner Funktion keine weitere Tätigkeit ausüben, die ihn an der Erfüllung seiner Aufgaben behindert oder geeignet ist, seine volle Unbefangenheit in Zweifel zu ziehen, oder sonstige wesentliche Interessen seiner Funktion gefährdet; dies gilt insbesondere für die in § 4 Unvereinbarkeitsgesetz 1983, BGBl. Nr. 330/1983, umschriebenen Tätigkeiten.

(4) Die Funktion eines Mitgliedes des Aufsichtsrates endet:

1. mit Ablauf der Funktionsperiode,
2. durch Zurücklegung der Funktion,
3. durch Abberufung gemäß Abs. 5.

Im Fall der Z 2 und 3 ist unverzüglich für die Dauer der restlichen Funktionsperiode des ausgeschiedenen Mitgliedes ein neues Mitglied zu bestellen.

(5) Die Bundesregierung hat Mitglieder des Aufsichtsrates auf Vorschlag der Bundesministerin für Klimaschutz, Umwelt, Energie, Mobilität, Innovation und Technologie abzuberufen, wenn

1. eine Voraussetzung für die Bestellung wegfällt,
2. nachträglich hervorkommt, dass eine Bestellungsvoraussetzung nicht gegeben war,
3. dauernde Unfähigkeit zur Ausübung der Funktion eintritt oder
4. eine Verurteilung durch ein inländisches Gericht wegen einer oder mehrerer mit Vorsatz begangener strafbarer Handlungen zu einer Freiheitsstrafe vorliegt, wenn die verhängte Freiheitsstrafe ein Jahr übersteigt, oder die nicht bedingt nachgesehene Freiheitsstrafe sechs Monate übersteigt.

Arbeitsweise des Aufsichtsrates

§ 14. (1) Der Aufsichtsrat gibt sich eine Geschäftsordnung.

(2) Der Vorsitzende des Aufsichtsrates (Stellvertreter) hat unter Angabe der Tagesordnung mindestens einmal in jedem Kalendervierteljahr sowie aus wichtigem Anlass unverzüglich eine Sitzung des Aufsichtsrates einzuberufen. Die Sitzung muss binnen zwei Wochen nach der Einberufung stattfinden.

(3) Jedes Mitglied des Aufsichtsrates und der Vorstand können aus wichtigem Anlass die unverzügliche Einberufung des Aufsichtsrates verlangen.

(4) Der Aufsichtsrat ist beschlussfähig, wenn mindestens drei Mitglieder, darunter der Vorsitzende oder dessen Stellvertreter, anwesend sind. Der Aufsichtsrat fasst seine Beschlüsse mit einfacher Stimmenmehrheit. Bei Gleichheit der abgegebenen Stimmen entscheidet die Stimme des Vorsitzführenden; Stimmenthaltung ist unzulässig.

(5) Über die Sitzungen des Aufsichtsrates ist ein Protokoll zu führen. Dieses ist vom Vorsitzführenden zu unterzeichnen; nähere Anordnungen sind in der Geschäftsordnung des Aufsichtsrates zu treffen.

(6) Umlaufbeschlüsse sind nur zulässig, sofern kein Mitglied des Aufsichtsrates widerspricht. Umlaufbeschlüsse können nur mit der Stimmenmehrheit aller Mitglieder gefasst werden; Stimmenthaltung ist unzulässig. Umlaufbeschlüsse sind vom Vorsitzenden (Stellvertreter) schriftlich festzuhalten; über das Ergebnis der Beschlussfassung ist in der nächsten Sitzung des Aufsichtsrates Bericht zu erstatten.

(7) Den Mitgliedern des Aufsichtsrates gebührt eine angemessene Vergütung aus Mitteln der E-Control, deren Höhe von der Bundesministerin

für Klimaschutz, Umwelt, Energie, Mobilität, Innovation und Technologie festzusetzen ist.

Aufgaben des Aufsichtsrates

§ 15. (1) Der Aufsichtsrat überwacht die Geschäftsführung der E-Control.

(2) Aufgaben der Geschäftsführung der E-Control können dem Aufsichtsrat nicht übertragen werden. Der Genehmigung des Aufsichtsrates bedürfen jedoch:

1. das vom Vorstand zu erstellende Doppelbudget für zwei aufeinanderfolgende Geschäftsjahre;
2. Investitionen, die 150 000 Euro überschreiten, nicht durch die jeweilige Investitionsplanung genehmigt sind und nicht zu einer Budgetabweichung führen;
3. Investitionen, die zu einer Budgetabweichung führen;
4. der Erwerb, die Veräußerung und die Belastung von Liegenschaften;
5. der vom Vorstand zu erstellende Jahresabschluss;
6. die Geschäftsordnung gemäß § 7 Abs. 2 sowie deren Änderung;
7. der Abschluss von Dienstverträgen mit leitenden Angestellten sowie die Beendigung des Dienstverhältnisses und die Festlegung von Grundsätzen über die Gewährung von Bonifikationen und Pensionszusagen an leitende Angestellte;
8. die Aufnahme von Anleihen, Darlehen und Krediten, die einen bestimmten vom Aufsichtsrat festzusetzenden Betrag im einzelnen und insgesamt in einem Geschäftsjahr übersteigen;
9. der Jahresplan für die Öffentlichkeitsarbeit.

(3) Der Aufsichtsrat bestellt den Abschlussprüfer und entlastet die Mitglieder des Vorstandes im Zusammenhang mit der Genehmigung des Jahresabschlusses (§ 31).

Aufgaben des Aufsichtsrates in Hinblick auf den Vorstand

§ 16. (1) Wird dem Aufsichtsrat ein Grund gemäß § 8 Abs. 3 bekannt, teilt er dies der Bundesministerin für Klimaschutz, Umwelt, Energie, Mobilität, Innovation und Technologie unverzüglich mit, sofern nicht nach Abs. 2 vorzugehen ist.

(2) Verletzt ein Mitglied des Vorstands Bestimmungen dieses Bundesgesetzes, eines gemäß § 21 der E-Control zur Vollziehung übertragenen Bundesgesetzes oder der Geschäftsordnung, ohne dass bereits eine grobe Pflichtverletzung gemäß § 8 Abs. 3 Z 4 vorliegt, so fordert der Aufsichtsrat das Mitglied des Vorstands schriftlich auf, unverzüglich den rechtmäßigen Zustand herzustellen und künftig Pflichtverletzungen zu unterlassen. Im Wiederholungs- oder Fortsetzungsfall hat der Aufsichtsrat die Bundesministerin für Klimaschutz, Umwelt, Energie, Mobilität, Innovation und Technologie im Hinblick auf § 8 Abs. 3 zu verständigen, es sei denn, dass dies nach Art und Schwere des Vergehens unangemessen wäre.

Gebarungskontrolle

§ 17. Die Gebarung der E-Control unterliegt der Überprüfung durch den Rechnungshof.

Parlamentarische Kontrolle

§ 18. Die zuständigen Ausschüsse des Nationalrates und des Bundesrates können die Anwesenheit eines Vorstandsmitglieds oder des gesamten Vorstands der E-Control in Sitzungen der Ausschüsse verlangen und diese über alle Gegenstände der Geschäftsführung befragen.

Regulierungsbeirat

§ 19. (1) Zur Beratung in Angelegenheiten, die von der Regulierungsbehörde zu vollziehen sind, wird bei der Regulierungsbehörde ein Beirat eingerichtet.

(2) Dem Beirat obliegen insbesondere:

1. die Erörterung der zu bestimmenden Systemnutzungsentgelte und der zugrundeliegenden Kostenbasis, der Harmonisierung von Allgemeinen Bedingungen des Netzzugangs, insbesondere im Hinblick auf die bestmögliche Handhabung des Netzzugangs im österreichischen Wirtschaftsgebiet, sowie die Wahrung der Interessen des Konsumentenschutzes;
2. die Begutachtung von sonstigen Verordnungen, die von der Regulierungsbehörde aufgrund dieses Bundesgesetzes, des GWG 2011 und des ElWOG 2010 erlassen werden.

(3) Dem Beirat haben neben dem Vorsitzenden anzugehören:

1. je zwei Vertreter der Bundesministerien für Klimaschutz, Umwelt, Energie, Mobilität, Innovation und Technologie und für Soziales, Gesundheit, Pflege und Konsumentenschutz;
2. ein Vertreter des Bundesministeriums für Finanzen;
3. je ein Vertreter der Wirtschaftskammer Österreich, der Landwirtschaftskammer Österreich, der Bundesarbeitskammer und des Österreichischen Gewerkschaftsbundes;
4. je ein Vertreter der Industriellenvereinigung und des Vereins für Konsumenteninformation sowie
5. zwei Vertreter der Bundesländer.

Für jedes Mitglied ist ein Ersatzmitglied zu bestellen.

(4) Der Vorstand der Regulierungsbehörde hat den Vorsitz zu führen. Die Vertreter der in Abs. 3 Z 1 und 2 angeführten Bundesministerien werden von den zuständigen Bundesministern und alle übrigen Mitglieder auf Vorschlag der entsendenden Stellen vom Vorstand der Regulierungsbehörde ernannt.

(5) Die Mitglieder des Beirats sowie die Ersatzmitglieder sind, soweit sie nicht beamtete Vertreter sind, vom Vorsitzenden des Beirats zur gewissenhaften Erfüllung ihrer Obliegenheiten zu verpflichten und unterliegen in Ausübung ihrer Tätigkeit der Amtsverschwiegenheit. Die Tätigkeit der Mitglieder des Beirats ist eine ehrenamtliche.

(6) Der Vorstand hat eine Geschäftsordnung für den Regulierungsbeirat zu erlassen, die mehrheitlich vom Regulierungsbeirat zu beschließen ist. In der Geschäftsordnung ist insbesondere zu regeln, unter welchen Voraussetzungen eine Beschlussfassung im Beirat und wie die Einberufung des Regulierungsbeirates erfolgt. Kommt die Regulierungsbehörde einer mit Mehrheitsbeschluss gefassten Empfehlung des Regulierungsbeirates nicht nach, so ist dies durch die Regulierungsbehörde gegenüber dem Regulierungsbeirat schriftlich zu begründen.

(7) Mitglieder der Regulierungskommission, des Vorstandes sowie unmittelbar mit zu beratenden Sachthemen befasste Bedienstete der Regulierungsbehörde sind berechtigt, an den Sitzungen des Regulierungsbeirates ohne Stimmrecht teilzunehmen. Sonstige Experten dürfen nach mehrheitlicher Zustimmung der Beiratsmitglieder beigezogen werden.

Energiebeirat

§ 20. (1) Zur Beratung der Bundesministerin für Klimaschutz, Umwelt, Energie, Mobilität, Innovation und Technologie und der E-Control in allgemeinen und grundsätzlichen Angelegenheiten der Energiepolitik sowie in Angelegenheiten der Förderpolitik und des Ökostroms wird ein Energiebeirat eingerichtet.

(2) Dem Beirat obliegen im Sinn des Abs. 1 insbesondere:

1. die Beratung über die Gewährung von Förderungen mittels Investitionszuschüssen gemäß EAG, ÖSG 2012, Wärme- und Kälteleitungsausbaugesetz und KWK-Gesetz;
2. die Begutachtung von Verordnungen, die vom Bundesminister für Wirtschaft, Familie und Jugend auf Grund dieses Bundesgesetzes, des ElWOG 2010, des EAG, des ÖSG 2012, des KWK-Gesetzes und des GWG 2011 erlassen werden.

(3) Dem Beirat haben neben dem Vorsitzenden anzugehören:

1. zwei Vertreter des Bundesministeriums für Klimaschutz, Umwelt, Energie, Mobilität, Innovation und Technologie;
2. je ein Vertreter der Bundesministerien für Finanzen, für Digitalisierung und Wirtschaftsstandort, für Landwirtschaft, Regionen und Tourismus sowie für Soziales, Gesundheit, Pflege und Konsumentenschutz;
3. ein Vertreter jedes Bundeslandes und je ein Vertreter des Österreichischen Städtebundes, des Österreichischen Gemeindebundes, des Vereins Erneuerbare Energie Österreich, des Vereins „ÖKOBÜRO – Allianz der Umweltbewegung“ und der Industriellenvereinigung sowie
4. je ein Vertreter der Wirtschaftskammer Österreich, der Landwirtschaftskammer Österreich, der Bundesarbeitskammer und des Österreichischen Gewerkschaftsbundes.

Für jedes Mitglied ist ein Ersatzmitglied zu bestellen.

(4) Der Vorsitzende wird von der Bundesministerin für Klimaschutz, Umwelt, Energie, Mobilität, Innovation und Technologie, die Vertreter der in Abs. 3 Z 1 und 2 angeführten Bundesministerien werden von den zuständigen Bundesministern und alle übrigen Mitglieder werden auf Vorschlag der entsendenden Stellen von der Bundesministerin für Klimaschutz, Umwelt, Energie, Mobilität, Innovation und Technologie ernannt. Im Verhinderungsfall wird der Vorsitzende durch ein Beiratsmitglied des Bundesministeriums für Klimaschutz, Umwelt, Energie, Mobilität, Innovation und Technologie vertreten.

(5) Mitglieder des Beirates sowie die Ersatzmitglieder sind, soweit sie nicht beamtete Vertreter sind, vom Vorsitzenden des Beirats zur gewissenhaften Erfüllung ihrer Obliegenheiten zu verpflichten und unterliegen in Ausübung ihrer Tätigkeit der Amtsverschwiegenheit. Die Tätigkeit der Mitglieder des Beirates ist eine ehrenamtliche.

(6) Für den Energiebeirat ist eine Geschäftsordnung zu erlassen, die mehrheitlich vom Energiebeirat zu beschließen ist. In der Geschäftsordnung ist insbesondere zu regeln, unter welchen Voraussetzungen eine Beschlussfassung im Beirat und wie die Einberufung des Energiebeirates erfolgt. Insbesondere ist in der Geschäftsordnung vorzusehen, dass Beschlüsse auch mittels Umlaufbeschlüssen gefasst werden können.

(7) Der Vorstand sowie unmittelbar mit zu beratenden Sachthemen befasste Bedienstete der Regulierungsbehörde sind berechtigt, an den Sitzungen des Energiebeirates ohne Stimmrecht teilzunehmen. Sonstige Experten dürfen nach mehrheitlicher Zustimmung der Beiratsmitglieder beigezogen werden.

(8) Bei den Beratungen über die Gewährung von Förderungen mittels Investitionszuschüssen gemäß EAG, ÖSG 2012, Wärme- und Kälteleitungsausbaugesetz und KWK-Gesetz gemäß *(Anm. 1)* Abs. 2 Z 1 hat weiters je ein Vertreter der im Hauptausschuss des Nationalrates vertretenen parlamentarischen Klubs dem Beirat anzugehören. Auf diese Vertreter finden Abs. 3 bis 5 sinngemäß Anwendung.

(________________________

Anm. 1: BGBl. I Nr. 150/2021 Art. 6 Z 24 lautet: „In … § 20 Abs. 8 wird jeweils nach dem Wort „gemäß“ die Wortfolge „EAG“ … eingefügt“. Diese Anweisung wurde sinngemäß nur einmal durchgeführt.)

Aufgaben der Regulierungsbehörde

§ 21. (1) **(Verfassungsbestimmung)** Die E-Control ist für die Besorgung der Aufgaben, die ihr durch dieses Bundesgesetz sowie insbesondere durch folgende Gesetze, die darauf basierenden Verordnungen sowie das EU-Recht übertragen sind, zuständig:

1. Bundesgesetz, mit dem die Organisation auf dem Gebiet der Elektrizitätswirtschaft neu geregelt wird (Elektrizitätswirtschafts- und -organisationsgesetz 2010 – ElWOG 2010), BGBl. I Nr. 143/1998;
2. Bundesgesetz, mit dem die Ausübungsvoraussetzungen, die Aufgaben und die Befugnisse der Verrechnungsstellen für Transaktionen und Preisbildung für die Ausgleichsenergie geregelt werden, BGBl. I Nr. 121/2000;
3. Bundesgesetz, mit dem Neuregelungen auf dem Gebiet der Erdgaswirtschaft erlassen werden (Gaswirtschaftsgesetz 2011 – GWG 2011), BGBl. I Nr. 107/2011;
4. Bundesgesetz über Lenkungsmaßnahmen zur Sicherung der Energieversorgung (Energielenkungsgesetz 2012 – EnLG 2012), BGBl. I Nr. 41/2013;
5. Bundesgesetz, mit dem Neuregelungen auf dem Gebiet der Elektrizitätserzeugung aus erneuerbaren Energieträgern und auf dem Gebiet der Kraft-Wärme-Kopplung erlassen werden (Ökostromgesetz – ÖSG), BGBl. I Nr. 149/2002;
6. Bundesgesetz, mit dem Bestimmungen auf dem Gebiet der Kraft-Wärme-Kopplung neu erlassen werden (KWK-Gesetz), BGBl. I Nr. 111/2008;
7. Verordnung (EG) Nr. 713/2009 und die auf Basis dieser Verordnung erlassenen Leitlinien;
8. Verordnung (EG) Nr. 714/2009 und die auf Basis dieser Verordnung erlassenen Leitlinien und Netzkodizes;
9. Verordnung (EG) Nr. 715/2009 und die auf Basis dieser Verordnung erlassenen Leitlinien und Netzkodizes;
10. Leitlinien auf Basis der Richtlinie 2009/72/EG;
11. Leitlinien auf Basis der Richtlinie 2009/73/EG;
12. Verordnung (EU) Nr. 1227/2011 und die auf Basis dieser Verordnung erlassenen Leitlinien, delegierten Rechtsakte und Durchführungsrechtsakte;
13. Verordnung (EU) Nr. 347/2013 und die auf Basis dieser Verordnung erlassenen Leitlinien und delegierten Rechtsakte.

(1a) Soweit die Verordnung (EU) Nr. 2016/631 zur Festlegung eines Netzkodex mit Netzanschlussbestimmungen für Stromerzeuger, ABl. L 112 vom 27.4.2016, S. 1, und die Verordnung (EU) Nr. 2016/1388 zur Festlegung eines Netzkodex für den Lastanschluss, ABl. L 223 vom 18.8.2016, S. 10, bestimmen, dass anstatt der Regulierungsbehörde auch andere innerstaatliche Behörden oder Stellen zu ihrer Durchführung ermächtigt werden können, gilt die Regulierungsbehörde als zuständige Behörde. Vor einer Entscheidung gemäß den in diesem Absatz genannten Verordnungen ist die Bundesministerin für Klimaschutz, Umwelt, Energie, Mobilität, Innovation und Technologie zu befassen.

(2) Die E-Control macht Untersuchungen und erstattet Gutachten und Stellungnahmen über die Markt- und Wettbewerbsverhältnisse im Elektrizitäts- und Erdgasbereich.

(3) Die E-Control nimmt die den Regulatoren durch das Bundesgesetz gegen Kartelle und andere Wettbewerbsbeschränkungen (Kartellgesetz 2005 – KartG 2005), BGBl. I Nr. 61/2005, eingeräumten Antrags- und Stellungnahmerechte wahr.

(4) Im Rahmen der Sachgebiete, die von den in Abs. 1 genannten Gesetzen abgedeckt werden, können sowohl die E-Control als auch Angehörige ihres Personalstandes als unabhängige Sachverständige in Gerichts- und Verwaltungsverfahren beigezogen werden. Für diese Tätigkeit ist der E-Control ein angemessenes Entgelt zu erstatten.

(5) In Verfahren zur Gewährung von Ausnahmen für neue Infrastrukturen (§ 42 GWG 2011 oder Art. 17 der Verordnung (EG) Nr. 714/2009), sofern die Agentur nicht zuständig ist, sowie in Verfahren gemäß § 34 bis § 35 ElWOG 2010 oder § 119 bis § 120 GWG 2011 hat die E-Control der Europäischen Kommission einen begründeten Entscheidungsentwurf mit allen bedeutsamen Informationen zu übermitteln.

(6) Die E-Control kommt allen einschlägigen rechtsverbindlichen Entscheidungen der Agentur und der Europäischen Kommission nach und führt sie durch.

(7) Die Regulierungsbehörde entscheidet mit Bescheid über Investitionsanträge gemäß Art. 12 der TEN–E–VO. Investitionsanträge sind unter Auflagen, Bedingungen oder Befristungen zu genehmigen, soweit diese zur Erfüllung der Zielsetzungen dieses Gesetzes oder der TEN–E–VO erforderlich sind. Der Bescheid beruht auf dem gemäß Art. 12 Abs. 4 der TEN–E–VO hergestellten Einvernehmen mit den übrigen betroffenen Regulierungsbehörden und ergeht an die betroffenen österreichischen Übertragungsnetz- oder Fernleitungsnetzbetreiber. Entscheidungen über die grenzüberschreitende Kostenaufteilung sind bei der Feststellung der Kostenbasis gemäß § 48

ElWOG 2010 bzw. § 82 GWG 2011 zu berücksichtigen.

Rahmenbedingungen

§ 22. Im Zuge der Erledigung ihrer Regulierungsaufgaben hat die E-Control

1. in Zusammenarbeit mit den Marktteilnehmern sonstige Marktregeln zu erstellen und in geeigneter Weise zu veröffentlichen,
2. in Zusammenarbeit mit den Betreibern von Stromnetzen technische und organisatorische Regeln für Betreiber und Benutzer von Netzen zu erarbeiten und diesen zur Verfügung zu stellen,
3. Strom- bzw. Erdgaspreisvergleiche für Endverbraucher zu erstellen und zu veröffentlichen (Tarifkalkulator),
4. jene Vorkehrungen zu treffen, die zur Erfüllung der unmittelbar anwendbaren Vorgaben der Europäischen Union erforderlich sind und zur Weiterentwicklung des Europäischen Energiebinnenmarktes beitragen,
5. in geeigneter Weise allgemeine Informationen über ihren Tätigkeitsbereich zu veröffentlichen,
6. als zentrale Informationsstelle Verbraucher über deren Rechte, das geltende Recht und Streitbeilegungsverfahren, die im Streitfall zur Verfügung stehen, laufend zu informieren,
7. die Kompatibilität auf regionaler Ebene, aller für Marktprozesse relevanten Datenaustauschverfahren, in Zusammenarbeit mit den Marktteilnehmern, sicherzustellen,
8. jährlich Empfehlungen zur Übereinstimmung der Energiepreise mit Art. 3 der Richtlinien 2009/72/EG und 2009/73/EG abzugeben.

Regulierungssystem für europaweite regionale und grenzüberschreitende Aspekte

§ 23. (1) Die E-Control arbeitet an der Weiterentwicklung des europäischen Energiebinnenmarktes, einschließlich der regionalen Märkte, mit. Sie konsultiert die Regulierungsbehörden anderer Mitgliedstaaten, die zuständigen Behörden von Drittstaaten sowie die Agentur, arbeitet eng mit ihnen und den Mitgliedstaaten zusammen und übermittelt ihnen sämtliche für die Erfüllung ihrer Aufgaben gemäß der Richtlinien 2009/72/EG und 2009/73/EG sowie der Verordnungen 713/2009, 714/2009 und 715/2009 erforderlichen Informationen. Hinsichtlich des Informationsaustauschs ist die E-Control an den gleichen Grad an Vertraulichkeit gebunden wie die Auskunft erteilende Behörde.

(1a) Bei Fragen der Gasinfrastruktur, die in einen Drittstaat hinein- oder aus einem Drittstaat herausführt, kann die Regulierungsbehörde, wenn der erste Kopplungspunkt im Hoheitsgebiet Österreichs liegt, mit den zuständigen Behörden des betroffenen Drittstaates nach Maßgabe des Verfahrens nach Art. 41 Abs. 1 der Richtlinie 2009/73/EG zusammenarbeiten. Die Regulierungsbehörde hat auch das Verfahren nach Art. 42 Abs. 6 der Richtlinie 2009/73/EG zu beachten.

(2) Der E-Control kommen dabei insbesondere folgende Aufgaben zu, um damit die Schaffung eines Wettbewerbsbinnenmarkts für Elektrizität und Erdgas sowie eines hohen Grades an Versorgungssicherheit zu gewährleisten:

1. Förderung der Kohärenz der Rechtsvorschriften, des Regulierungsrahmens und des technischen Rahmens;
2. Erstellung bzw. Förderung einheitlicher Regelungen, die ein optimales Netzmanagement und die effiziente Vergabe von begrenzten Übertragungskapazitäten – gegebenenfalls unter Einbeziehung von Strom- bzw. Gasbörsen – ermöglichen;
3. Schaffung der Rahmenbedingungen für ausreichende Verbindungskapazitäten innerhalb von und zwischen Regionen;
4. Förderung der Zusammenarbeit der Übertragungsnetzbetreiber bzw. Fernleitungsnetzbetreiber;
5. die Ausarbeitung aller Netzkodizes für die betroffenen Übertragungs- und Fernleitungsnetzbetreiber und andere Marktteilnehmer regional und überregional zu koordinieren und
6. die Ausarbeitung von Regeln für das Engpassmanagement zu koordinieren, um eine möglichst einheitliche Festlegung zu bewirken.

(3) Die in Abs. 2 genannten Maßnahmen werden gegebenenfalls in Abstimmung mit anderen einschlägigen nationalen Behörden und unbeschadet deren eigener Zuständigkeiten durchgeführt.

(4) Die E-Control kooperiert mit Regulierungsbehörden anderer Mitgliedstaaten.

(5) Der Vorstand kann Mitarbeiter der E-Control zu Aus- oder Fortbildungszwecken, als Nationale Experten oder für ihre weitere dienstliche Verwendung zu einer Regulierungsbehörde eines anderen Mitgliedsstaates der Europäischen Union, zur Agentur oder zur Europäischen Kommission entsenden.

Überwachungs- und Aufsichtsfunktion

§ 24. (1) Der E-Control sind im Rahmen der Elektrizitäts- bzw. Erdgasaufsicht, unbeschadet der Zuständigkeiten der allgemeinen Wettbewerbsbehörden, nachstehende Aufsichts- und Überwachungsaufgaben zugewiesen:

1. Überwachung der Einhaltung aller den Marktteilnehmern durch das ElWOG 2010, GWG 2011, das Bundesgesetz, mit dem die Ausübungsvoraussetzungen, die Aufgaben und die Befugnisse der Verrechnungsstellen für Transaktionen und Preisbildung für die Ausgleichsenergie geregelt werden, BGBl. I Nr. 121/2000, und den auf Grund

dieses Gesetzes erlassenen Verordnungen sowie durch unmittelbar anwendbares EU-Recht übertragenen Pflichten;
2. Wettbewerbsaufsicht über die Marktteilnehmer, insbesondere Netzbetreiber, hinsichtlich Gleichbehandlung;
3. Überwachung der Entflechtung.
4. Überwachung des Handels mit Energiegroßhandelsprodukten auf nationaler Ebene sowie die Überwachung der Einhaltung aller durch die Verordnung (EU) Nr. 1227/2011 auferlegten Pflichten und Verbote.

(2) In Erfüllung ihrer Aufgaben gemäß Abs. 1 kann die E-Control mit Bescheid die Herstellung des rechtmäßigen Zustandes innerhalb angemessener Frist auftragen. Die E-Control wirkt in jedem Stadium des Verfahrens auf ein Einvernehmen mit den Betroffenen hin.

Besondere Überwachungs- und Aufsichtsfunktionen in Bezug auf Übertragungsnetz- bzw. Fernleitungsnetzbetreiber

§ 25. (1) Der E-Control sind im Bereich der Entflechtung der Übertragungs- bzw. Fernleitungsnetzbetreiber überdies folgende Aufsichts- und Überwachungsaufgaben zugewiesen:

1. Wenn gemäß § 25 ElWOG 2010 bzw. § 109 GWG 2011 ein unabhängiger Netzbetreiber benannt wurde:
a) Überwachung der Kommunikation und der vertraglichen Beziehungen zwischen dem unabhängigen Netzbetreiber und dem Eigentümer des Übertragungs- bzw. Fernleitungsnetzes, um sicherzustellen, dass der unabhängige Netzbetreiber seinen Verpflichtungen nachkommt;
b) Genehmigung der Verträge zwischen dem unabhängigen Netzbetreiber und dem Eigentümer des Übertragungs- bzw. Fernleitungsnetzes, wenn die Verträge nicht § 25 bis § 27 ElWOG 2010 bzw. § 109 bis § 111 GWG 2011 widersprechen.
2. Wenn gemäß § 28 ElWOG 2010 bzw. § 112 GWG 2011 ein unabhängiger Übertragungs- bzw. Fernleitungsnetzbetreiber oder Übertragungs- bzw. Fernleitungsnetzbetreiber gemäß § 33 ElWOG 2010 bzw. § 117 GWG 2011 benannt wurde:
a) Überprüfung des Schriftverkehrs zwischen dem vertikal integrierten Elektrizitäts- bzw. Erdgasunternehmen und dem Übertragungs- bzw. Fernleitungsnetzbetreiber, um sicherzustellen, dass dieser seinen Verpflichtungen nachkommt;
b) fortlaufende Kontrolle der geschäftlichen und finanziellen Beziehungen, einschließlich Darlehen, sowie Genehmigung der betreffenden Vereinbarungen zwischen dem vertikal integrierten Elektrizitäts- bzw. Erdgasunternehmen und dem Übertragungs- bzw. Fernleitungsnetzbetreiber;
c) Übertragung der Aufgaben des unabhängigen Übertragungsnetzbetreibers bzw. unabhängigen Fernleitungsnetzbetreibers oder Übertragungs- bzw. Fernleitungsnetzbetreiber gemäß § 33 ElWOG 2010 bzw. § 117 GWG 2011 an einen benannten unabhängigen Netzbetreiber gemäß § 25 ElWOG 2010 bzw. § 109 GWG 2011, sofern der unabhängige Übertragungsnetzbetreiber bzw. unabhängige Fernleitungsnetzbetreiber wiederholt gegen § 28 bis § 32 ElWOG 2010 bzw. § 112 bis § 116 GWG 2011 verstößt.

(2) Das Kartellgericht hat, wenn dies zur Erlangung von Informationen aus geschäftlichen Unterlagen erforderlich ist, auf Antrag der E-Control bei Vorliegen des begründeten Verdachts einer Zuwiderhandlung gegen die Entflechtungsregelungen gemäß § 24 bis § 33 ElWOG 2010 bzw. § 108 bis § 117 GWG 2011 eine Hausdurchsuchung anzuordnen.

(3) Die Hausdurchsuchung ist vom Senatsvorsitzenden im Verfahren außer Streitsachen mit Beschluss anzuordnen. Gegen den Beschluss steht ausschließlich das Rechtsmittel des Rekurses offen; dieses hat keine aufschiebende Wirkung. Mit der Durchführung der Hausdurchsuchung ist die E-Control zu beauftragen, die den Hausdurchsuchungsbefehl den Inhabern der Unternehmen und deren Vertreter, bei juristischen Personen und teilrechtsfähigen Personengesellschaften die nach Gesetz oder Satzung zur Vertretung berufenen Personen sogleich oder doch innerhalb von vierundzwanzig Stunden zuzustellen hat.

(4) § 121 Abs. 2 StPO, BGBl. Nr. 631/1975, gilt sinngemäß. Der E-Control kommt bei Hausdurchsuchungen die Befugnis zu,

1. geschäftliche Unterlagen, unabhängig davon, in welcher Form diese vorliegen, einzusehen und zu prüfen oder durch geeignete Sachverständige einsehen und prüfen zu lassen und Abschriften und Auszüge der Unterlagen anzufertigen;
2. vor Ort alle für die Durchführung von Ermittlungshandlungen erforderlichen Auskünfte zu verlangen.

(5) Unmittelbar vor einer auf Grund von Abs. 1 angeordneten Hausdurchsuchung ist derjenige, bei dem die Hausdurchsuchung vorgenommen werden soll, zu den Voraussetzungen der Hausdurchsuchung zu befragen, es sei denn, dies würde den Ermittlungserfolg wegen Gefahr im Verzug gefährden. Will der Inhaber von geschäftlichen Unterlagen deren Durchsuchung oder Einsichtnahme bei den eben genannten Hausdurchsuchungen

nicht gestatten, so sind diese Unterlagen auf geeignete Art und Weise gegen unbefugte Einsichtnahme oder Veränderung zu sichern und dem Kartellgericht vorzulegen; zuvor dürfen sie nicht durchsucht oder eingesehen werden. Das Kartellgericht hat die Unterlagen zu sichten und mit Beschluss des Senatsvorsitzenden zu entscheiden, ob und in welchem Umfang sie durchsucht, eingesehen und Abschriften und Auszüge daraus angefertigt werden dürfen oder sie dem Inhaber zurückzustellen sind. Gegen diesen Beschluss steht ausschließlich das Rechtsmittel des Rekurses offen. Dieses hat keine aufschiebende Wirkung.

(6) Die Organe des öffentlichen Sicherheitsdienstes haben der E-Control über deren Ersuchen zur Sicherung der Hausdurchsuchung im Rahmen ihres gesetzmäßigen Wirkungsbereiches Hilfe zu leisten.

Untersuchung und Überwachung des Funktionierens der Energiegroßhandelsmärkte

§ 25a. (1) Unbeschadet der Zuständigkeit der ordentlichen Gerichte, der Strafverfolgungsbehörden, der Bundeswettbewerbsbehörde, der Finanzmarktaufsicht und der Bundesministerin für Klimaschutz, Umwelt, Energie, Mobilität, Innovation und Technologie sind der E-Control zur Sicherstellung der Einhaltung der in den Art. 3 und Art. 5 der Verordnung (EU) Nr. 1227/2011 festgelegten Verbote sowie der in Art. 4 der Verordnung (EU) Nr. 1227/2011 festgelegten Verpflichtung Untersuchungs- und Überwachungsbefugnisse zugewiesen. Für diese Zwecke ist sie unter Wahrung des Maßstabs der Verhältnismäßigkeit gemäß Art. 13 Abs. 1 der Verordnung (EU) Nr. 1227/2011 berechtigt:

1. relevante Unterlagen aller Art einzusehen und Kopien von ihnen zu erhalten;
2. von jeder relevanten Person Auskünfte anzufordern, auch von Personen, die an der Übermittlung von Aufträgen oder an der Ausführung der betreffenden Handlungen nacheinander beteiligt sind, sowie von deren Auftraggebern, und falls notwendig, solche Personen oder Auftraggeber vorzuladen und zu vernehmen; beim Verdacht des Missbrauchs einer Insider-Information (§ 108a ElWOG 2010 bzw. § 168a GWG 2011) hat die E-Control das Recht, bei den Ermittlungsmaßnahmen der Strafverfolgungsbehörden nach dem 10. Abschnitt des 8. Hauptstücks der StPO anwesend zu sein und Fragen zu stellen; die E-Control ist von diesen Terminen zu verständigen;
3. Ermittlungen vor Ort durchzuführen und alle für die Durchführung von Ermittlungshandlungen erforderlichen Auskünfte zu verlangen sowie von allen Vertretern oder Beschäftigten des Unternehmens oder der Unternehmensvereinigung Erläuterungen zu Sachverhalten oder Unterlagen zu verlangen, die mit Gegenstand und Zweck der Ermittlungen in Zusammenhang stehen;
4. bereits zum Akt genommene Ergebnisse der Auskunft über Daten einer Nachrichtenübermittlung und der Überwachung von Nachrichten (§ 134 Z 5 und § 145 StPO) einzusehen und Kopien von ihnen zu erhalten (§ 140 Abs. 3 StPO);
5. bei der zuständigen Staatsanwaltschaft eine Sicherstellung gemäß § 110 StPO anzuregen;
6. bei Verdacht der Marktmanipulation für die Dauer des Verfahrens ein vorübergehendes Verbot der Ausübung der Berufstätigkeit des Beschuldigten bei jener Behörde, die die Genehmigung zur Ausübung der Tätigkeit des Unternehmens oder die Ausübung der Berufstätigkeit des Beschuldigten erteilt oder zur Kenntnis genommen hat, zu beantragen, sofern der Beschuldigte dringend tatverdächtig ist, diese Berufstätigkeit mit dem betroffenen Delikt in Zusammenhang steht und, wenn die Gefahr besteht, der Beschuldigte könnte sonst die Tat wiederholen. In diesem Verfahren kommt der E-Control Parteistellung zu.

(2) Die E-Control erhebt und sammelt die Daten und Informationen, die sie zur Erfüllung ihrer durch Verordnung (EU) Nr. 1227/2011 und § 24 Abs. 1 Z 4 übertragenen Aufgaben benötigt. Die E-Control hat die Meldepflichtigen, die Häufigkeit, den Umfang sowie das Format der Meldepflichten durch Verordnung zu bestimmen. Zur Vermeidung von Doppelmeldungen sind die Meldepflichten der Meldeverpflichteten gegenüber anderen zuständigen nationalen Behörden sowie die von der Europäischen Kommission gemäß Art. 8 Abs. 2 und 6 der Verordnung (EU) Nr. 1227/2011 festzulegenden Meldepflichten zu berücksichtigen.

(3) Börseunternehmen sowie sonstige Personen, die beruflich Transaktionen für den österreichischen Markt arrangieren, haben der E-Control alle zur Wahrnehmung ihrer Aufgaben erforderlichen Informationen zu erteilen und die E-Control bei der Durchführung ihrer Untersuchungen zu unterstützen. Besteht der Verdacht, dass sowohl in den Aufgabenbereich des Börseunternehmens fallende Vorschriften, insbesondere die Handelsregeln, als auch in die Zuständigkeit der E-Control fallende Vorschriften verletzt wurden, so arbeiten beide Stellen zusammen und erteilen einander die erforderlichen Auskünfte. Die E-Control ist berechtigt, dem Börseunternehmen sowie sonstigen Personen, die beruflich Transaktionen für den österreichischen Markt arrangieren, die Unterlassung von Untersuchungen oder sonstigen Maßnahmen aufzutragen, wenn dadurch die Ermittlung eines Sachverhalts gemäß Art. 3 oder Art. 5 der Verordnung (EU) Nr. 1227/2011 erschwert oder vereitelt würde.

(4) Die E-Control, die Finanzmarktaufsicht, die Bundeswettbewerbsbehörde und die Börsekommissäre gemäß § 98 Börsegesetz 2018 haben einander Beobachtungen und Feststellungen einschließlich personenbezogener Daten mitzuteilen, die für die Erfüllung ihrer Aufgaben im Sinne der Verordnung (EU) Nr. 1227/2011 erforderlich sind. Die Vertraulichkeit, die Integrität und der Schutz der eingehenden Informationen ist sicherzustellen.

(5) Die E-Control ist ermächtigt, Datenaustauschabkommen mit Regulierungsbehörden in anderen EU- und EFTA-Staaten abzuschließen und hierdurch gewonnene Daten zur Erfüllung ihrer durch die Verordnung (EU) Nr. 1227/2011 und § 24 Abs. 1 Z 4 übertragenen Aufgaben zu verwenden. Die Vertraulichkeit, die Integrität und der Schutz der eingehenden Daten ist sicherzustellen.

(6) Die E-Control ist ermächtigt, rechtskräftige Entscheidungen der zuständigen Strafbehörden, die wegen Verstößen gegen die Verordnung (EU) Nr. 1227/2011 verhängt wurden, in sinngemäßer Anwendung des § 36 Abs. 4 unter Angabe der Beteiligten und des wesentlichen Inhalts der Entscheidung einschließlich der verhängten Sanktionen öffentlich bekanntzugeben, es sei denn, diese Bekanntgabe würde einen unverhältnismäßigen Schaden bei den Beteiligten zur Folge haben.

(7) Die Bestimmungen des Allgemeinen Verwaltungsverfahrensgesetzes 1991 gelten sinngemäß.

Sonderbestimmungen in Bezug auf die Untersuchungs- und Überwachungsbefugnisse im Dienste der Strafrechtspflege bei Verdacht auf Missbrauch einer Insider-Information

§ 25b. Im Ermittlungsverfahren zur Aufklärung des Verdachts des Missbrauchs einer Insider-Information (§ 108a ElWOG 2010 und § 168a GWG 2011) ist die E-Control verpflichtet, mit den Strafverfolgungsbehörden zusammenzuarbeiten und ihre bisher im Rahmen der in § 25a Abs. 1 vorgesehenen Befugnisse gewonnenen Erkenntnisse und Beweismittel den Strafverfolgungsbehörden zur Verfügung zu stellen. Im Rahmen dieser Zusammenarbeit hat die E-Control auf Ersuchen der Staatsanwaltschaft Analysen und Auswertungen sichergestellter Unterlagen und auf Datenträger gespeicherter Informationen vorzunehmen.

Schlichtung von Streitigkeiten

§ 26. (1) Unbeschadet der Zuständigkeit der Regulierungskommission gemäß § 12 sowie der ordentlichen Gerichte kann jeder Betroffene, einschließlich Netzbenutzern, Lieferanten, Netzbetreibern, sonstigen Elektrizitäts- und Erdgasunternehmen oder Interessenvertretungen Streit- oder Beschwerdefälle, insbesondere betreffend Schlichtung von Streitigkeiten zwischen Elektrizitäts- bzw. Erdgasunternehmen und Marktteilnehmern, von Streitigkeiten aus der Abrechnung von Elektrizitäts- und Erdgaslieferungen sowie von Systemnutzungsentgelten, der E-Control vorlegen. Die E-Control hat sich zu bemühen, innerhalb von sechs Wochen eine einvernehmliche Lösung herbeizuführen. In Streitschlichtungsfällen, die Verbraucher im Sinn des Konsumentenschutzgesetzes, BGBl. Nr. 140/1979, betrifft, ist verpflichtend die Bundesarbeitskammer einzubinden. Die Elektrizitäts- bzw. Erdgasunternehmen sind verpflichtet, an der Streitschlichtung mitzuwirken, alle zur Beurteilung der Sachlage erforderlichen Auskünfte zu erteilen und gegebenenfalls einen Lösungsvorschlag zu unterbreiten.

(2) Die E-Control kann bei Schlichtung von Streitigkeiten Sachverständige beiziehen. Sie kann diese ihrem Personalstand entnehmen.

(3) Wird die E-Control als Schlichtungsstelle angerufen, so wird ab diesem Zeitpunkt die Fälligkeit des in Rechnung gestellten Betrages bis zur Streitbeilegung aufgeschoben. Unabhängig davon kann aber ein Betrag, der dem Durchschnitt der letzten drei Rechnungsbeträge entspricht, auch sofort fällig gestellt werden. Zuviel eingehobene Beträge sind samt den gesetzlichen Zinsen ab Inkassotag zu erstatten.

(4) Die E-Control hat über die anhängig gemachten Schlichtungsfälle dem Bundesministerium für Klimaschutz, Umwelt, Energie, Mobilität, Innovation und Technologie, dem Bundesministerium für Soziales, Gesundheit, Pflege und Konsumentenschutz sowie dem Regulierungsbeirat jährlich einen Bericht vorzulegen.

(5) Im Rahmen der Streitschlichtung findet das AVG keine Anwendung. Die E-Control hat zur näheren Bestimmung des Ablaufs Verfahrensrichtlinien für die Streitschlichtung zu erstellen und im Internet zu veröffentlichen.

Einhaltung der Leitlinien

§ 27. (1) Die E-Control ist zur Einhaltung der gemäß der Richtlinie 2009/72/EG, der Richtlinie 2009/73/EG, der Verordnung 714/2009/EG und der Verordnung 715/2009/EG erlassenen Leitlinien verpflichtet. Sie kann die Agentur um eine Stellungnahme dazu ersuchen, ob eine von ihr getroffene Entscheidung im Einklang mit den erlassenen Leitlinien steht. Das Verfahren richtet sich nach Art. 39 Richtlinie 2009/72/EG bzw. Art. 43 der Richtlinie 2009/73/EG.

(2) Die E-Control hat innerhalb von zwei Monaten nach Einlangen des Widerrufs der Entscheidung durch die Europäische Kommission gemäß Art. 39 Abs. 8 der Richtlinie 2009/72/EG bzw. gemäß Art. 43 Abs. 8 der Richtlinie 2009/73/EG ihre Entscheidung aufzuheben oder abzuändern und die Europäische Kommission davon in Kenntnis zu setzen.

(3) Ist die E-Control der Auffassung, dass eine den grenzüberschreitenden Handel betreffende Entscheidung einer anderen Regulierungsbehörde nicht im Einklang mit den gemäß der Richtlinie 2009/72/EG oder der Verordnung 714/2009/EG erlassenen Leitlinien steht, ist sie befugt, die Europäische Kommission davon in Kenntnis setzen.

Berichtspflichten

§ 28. (1) Die E-Control hat jährlich einen Tätigkeitsbericht zu erstellen und diesen der Bundesministerin für Klimaschutz, Umwelt, Energie, Mobilität, Innovation und Technologie zu übermitteln. In diesem Bericht sind insbesondere die angefallenen und erledigten Geschäftsfälle, die Personalentwicklung und die aufgewendeten Finanzmittel darzustellen. Der Bericht ist in geeigneter Weise zu veröffentlichen. Der Bericht ist von der Bundesministerin für Klimaschutz, Umwelt, Energie, Mobilität, Innovation und Technologie dem Nationalrat vorzulegen.

(2) Die E-Control hat jährlich einen Marktbericht zu erstellen und diesen der Bundesministerin für Klimaschutz, Umwelt, Energie, Mobilität, Innovation und Technologie, der Agentur sowie der Europäischen Kommission zu übermitteln. In dem Bericht ist darzulegen, welche Maßnahmen zur Erreichung der in § 4 genannten Ziele getroffen und welche Ergebnisse erzielt wurden. Im Rahmen dieses Berichts ist auch auf die Wirksamkeit der Maßnahmen zum Schutz der Kunden, insbesondere der Maßnahmen für die schutzbedürftigen Kunden, die Abschaltung von Kunden sowie das voranzugehende Mahnverfahren und die Inanspruchnahme einer Grundversorgung, Bezug zu nehmen. Der Bericht ist in geeigneter Weise zu veröffentlichen.

(3) Die E-Control hat jährlich jeweils bis 31. Juli einen Bericht über das Ergebnis ihres Monitorings der Versorgungssicherheit gemäß § 20i und § 20j Energielenkungsgesetz 1982 zu erstellen und in geeigneter Weise zu veröffentlichen und der Europäischen Kommission zu übermitteln. Bei der Erstellung dieses Berichtes können die Ergebnisse des Netzentwicklungsplans und der langfristigen und integrierten Planung (§ 22 GWG 2011, § 37 ElWOG 2010) herangezogen werden.

(4) Zur Beratung der Regulierungsbehörde in allgemeinen konsumentenschutzrechtlichen Fragen sowie bei Erstellung des Berichts gemäß Abs. 2 in Bezug auf Maßnahmen zum Schutz der Kunden, insbesondere der Maßnahmen für die schutzbedürftigen Kunden, die Abschaltung von Kunden sowie das voranzugehende Mahnverfahren und die Inanspruchnahme einer Grundversorgung, wird eine Taskforce bei der Regulierungsbehörde eingerichtet. Ihr haben ua. auch Vertreter des Bundesministeriums für Soziales, Gesundheit, Pflege und Konsumentenschutz, der Bundesarbeitskammer sowie des Österreichischen Gewerkschaftsbundes anzugehören.

Personal

§ 29. (1) Der Vorstand ist berechtigt, Arbeitnehmer in der erforderlichen Anzahl durch Dienstvertrag einzustellen. Auf das Dienstverhältnis der Arbeitnehmer sind das Bundesgesetz vom 11. Mai 1921 über den Dienstvertrag der Privatangestellten (Angestelltengesetz), BGBl. Nr. 292/1921, und die für Arbeitnehmer in der privaten Wirtschaft geltenden sonstigen Rechtsvorschriften anzuwenden.

(2) Die Arbeitnehmer der E-Control sowie die von ihnen beauftragten Gutachter und sonstige Sachverständigen sind über alle ihnen ausschließlich aus ihrer dienstlichen Tätigkeit bekannt gewordenen Tatsachen, deren Geheimhaltung im Interesse der Aufrechterhaltung der öffentlichen Ruhe, Ordnung und Sicherheit, der umfassenden Landesverteidigung, der auswärtigen Beziehungen, im wirtschaftlichen Interesse einer Körperschaft des öffentlichen Rechts, zur Vorbereitung einer Entscheidung oder im überwiegenden Interesse der Parteien geboten ist, gegenüber jedermann, dem sie über solche Tatsachen nicht eine behördliche Mitteilung zu machen haben, zur Verschwiegenheit verpflichtet. Die Entbindung von Arbeitnehmern der E-Control von der Verschwiegenheitspflicht obliegt dem Vorstand; § 46 Abs. 2, 3 und 4 des Beamten-Dienstrechtsgesetzes 1979, BGBl. Nr. 333, sind anzuwenden.

(3) Die E-Control ist als Dienstgeber für ihre Arbeitnehmer kollektivvertragsfähig.

Budget

§ 30. (1) Der Vorstand erstellt alle zwei Jahre ein Budget einschließlich der Planergebnisrechnungen, Planbilanzen, Plangeldflussrechnungen, des Finanzmittelbedarfs, der Investitionsplanungen und der Personalplanungen für zwei aufeinanderfolgende Geschäftsjahre. Das Budget ist dem Aufsichtsrat bis zum 31. August des jeweils für die Budgeterstellung maßgebenden Geschäftsjahres vorzulegen. Der Aufsichtsrat hat über das Budget möglichst bis zum 31. Oktober dieses Geschäftsjahres zu befinden.

(2) Das Budget hat eine für die Wahrnehmung der Aufgaben der Regulierungsbehörde angemessene personelle und finanzielle Ressourcenausstattung sicherzustellen.

(3) Der Vorstand hat dem Aufsichtsrat vierteljährlich über die Einhaltung des Budgets zu berichten. Sind Budgetüberschreitungen zu erwarten, ist der Vorsitzende des Aufsichtsrates unverzüglich zu informieren.

(4) Befindet der Aufsichtrat bis zum 31. Oktober des für die Budgeterstellung maßgebenden Geschäftsjahres nicht über das Budget, so wird das zuletzt beschlossene Budget vorläufig – erhöht

um die Steigerung des Netzbetreiberpreisindex – weitergeführt und den Vorschreibungen gemäß § 33 zu Grunde gelegt. Das Budgetprovisorium endet mit der Genehmigung des Budgets durch den Aufsichtsrat, jedoch jedenfalls mit dem nächsten 30. Juni.

(5) Die E-Control hat organisatorische Vorkehrungen zu treffen, um eine getrennte Erfassung der Aufwendungen und Erträge der jeweiligen Tätigkeitsbereiche (Elektrizität bzw. Erdgas) sowie der von ihr im allgemeinen öffentlichen Interesse sonst zu erledigenden Aufgaben (§ 5 Abs. 4) zu gewährleisten (Kostenabrechnung). Kosten, die nicht direkt zugeordnet werden können, sind unter Verwendung angemessener Umlageschlüssel zuzuordnen.

Jahresabschluss

§ 31. (1) Das Geschäftsjahr der E-Control ist das Kalenderjahr.

(2) Die E-Control hat den Jahresabschluss für das vergangene Geschäftsjahr in Form der Jahresbilanz und der Gewinn- und Verlustrechnung unter Beachtung der Fristen des Abs. 3 aufzustellen. Die Bestimmungen des dritten Buches des Unternehmensgesetzbuches – UGB, dRGBl. S 219/1897, sind auf den Jahresabschluss anzuwenden, sofern in diesem Bundesgesetz nichts anderes bestimmt ist.

(3) Der Jahresabschluss ist von einem Wirtschaftsprüfer oder einer Wirtschaftsprüfungsgesellschaft zu prüfen.

(4) Der geprüfte Jahresabschluss samt Kostenabrechnung gemäß § 30 Abs. 5 ist vom Vorstand dem Aufsichtsrat innerhalb von fünf Monaten nach Ablauf des vorangegangenen Geschäftsjahres zur Genehmigung vorzulegen. Der Aufsichtsrat hat über den Jahresabschluss samt Kostenabrechnung so rechtzeitig zu befinden, dass der Vorstand der Bundesministerin für Klimaschutz, Umwelt, Energie, Mobilität, Innovation und Technologie innerhalb von sechs Monaten nach Ablauf des vorangegangenen Geschäftsjahres über das Ergebnis berichten kann. Der Vorstand hat unverzüglich den geprüften und vom Aufsichtsrat genehmigten Jahresabschluss auf der Homepage der E-Control zu veröffentlichen und eine Hinweisbekanntmachung mit Angabe der Internet-Adresse der E-Control in der Wiener Zeitung oder einem anderen im gesamten Bundesgebiet erhältlichen Bekanntmachungsblatt zu veranlassen. Der Jahresabschluss ist jeweils bis zur Veröffentlichung des nächstfolgenden Jahresabschlusses auf der Homepage der E-Control bereit zu halten.

(5) Der Aufsichtsrat hat nach Ablauf jedes Geschäftsjahrs über die Entlastung des Vorstandes zu befinden.

Kosten der Regulierung

§ 32. (1) Die E-Control ist berechtigt, zur Finanzierung ihrer den Elektrizitätsmarkt betreffenden Aufgaben den Betreibern der Höchstspannungsnetze (Netzebene 1 gemäß § 63 Z 1 ElWOG 2010) sowie zur Erfüllung ihrer den Erdgasmarkt betreffenden Aufgaben den Marktgebietsmanagern bzw. für Marktgebiete ohne Fernleitungen den Verteilergebietsmanagern ein die jeweiligen Kosten ihrer Tätigkeit (§ 30 Abs. 5) deckendes Finanzierungsentgelt in vier gleichen Teilbeträgen jeweils zu Beginn jedes Quartals des Geschäftsjahres in Rechnung zu stellen und individuell mit Bescheid vorzuschreiben. Diese Regelung gilt nicht für Kosten zur Wahrnehmung von Aufgaben im allgemeinen öffentlichen Interesse (§ 5 Abs. 4).

(2) Die Gesamthöhe des Finanzierungsentgelts bemisst sich nach dem vom Aufsichtsrat genehmigten Budget. Überschüsse oder Fehlbeträge aus Vorjahren sind im Budget zu berücksichtigen.

(3) Der Anteil eines Betreibers eines Höchstspannungsnetzes (Netzebene 1) an der Gesamthöhe des Finanzierungsentgelts bemisst sich nach dem Verhältnis zwischen der bundesweiten Gesamtabgabe an Endverbraucher und der Abgabe an Endverbraucher seines Netzes und aller untergelagerten Netzebenen bzw. der von Marktgebietsmanagern verwalteten Netze und ist von der E-Control mit Bescheid vorzuschreiben. Der Anteil eines Marktgebietsmanagers bzw. für Marktgebiete ohne Fernleitungen eines Verteilergebietsmanagers an der Gesamthöhe des Finanzierungsentgelts bemisst sich nach dem Verhältnis zwischen der bundesweiten Gesamtabgabe an Endverbraucher und der Abgabe an Endverbraucher seines Marktgebietes und ist von der E-Control mit Bescheid vorzuschreiben.

(4) Eine Verringerung der Teilbeträge kann vorgenommen werden, wenn geringere Aufwendungen als im Budget zu erwarten sind. Eine Erhöhung der Teilbeträge kann nur nach Genehmigung eines neuen Budgets durch den Aufsichtsrat erfolgen.

(5) Die Betreiber der Höchstspannungsnetze sind berechtigt, das von der E-Control in Rechnung gestellte Finanzierungsentgelt als Kosten der Höchstspannungsebene im Verhältnis der Gesamtabgabe an die Endverbraucher in allen jeweils unterlagerten Netzebenen nach der elektrischen Arbeit (kWh) den Betreibern der unterlagerten Netze weiterzuverrechnen. Die Marktgebietsmanager sind berechtigt, das von der E-Control in Rechnung gestellte Finanzierungsentgelt den Fernleitungsnetzbetreibern im Ausmaß der transportierten Menge (kWh) weiterzuverrechnen. Die Verteilergebietsmanager sind berechtigt, das von der E-Control in Rechnung gestellte Finanzierungsentgelt den Verteilernetzbetreibern entsprechend der Verordnung gemäß § 24 GWG 2011 weiterzuverrechnen. Die Betreiber der Höchstspannungsnetze sowie die Marktgebietsmanager bzw. Verteilergebietsmanager können die Kosten, die aus der Verrechnung, aus einem verspäteten oder aus

einem verringerten Ersatz des Finanzierungsentgelts entstehen, bei der Kostenermittlung ihren Netzkosten zurechnen.

(6) Der Bund leistet der E-Control für die von ihr im allgemeinen öffentlichen Interesse zu erfüllenden Aufgaben (§ 5 Abs. 4) pro Geschäftsjahr einen Beitrag. Dieser Beitrag ist von den Gesamtkosten der E-Control abzuziehen. Zusätzlich kann der Bund nach Maßgabe der im jährlichen Bundesfinanzgesetz für diesen Zweck vorgesehenen Mittel einen weiteren Kostenbeitrag leisten, wenn dies trotz wirtschaftlicher, sparsamer und zweckmäßiger Gebarung der E-Control zur Abdeckung notwendiger Aufsichtskosten erforderlich ist.

Rücklage für unvorhergesehene Belastungen

§ 33. (1) Die E-Control hat im Budget für die Bedeckung unvorhergesehener Belastungen eine Rücklage zu bilden, die nur für unvorhergesehene Belastungen verwendet werden darf.

(2) Die Dotierung der Rücklage darf je Geschäftsjahr im Ausmaß von höchstens 1 vH der Gesamtkosten der E-Control auf Basis des zuletzt festgestellten Jahresabschlusses so lange und insoweit zu erfolgen, als die Rücklage insgesamt ein Ausmaß von 3 vH der jeweils im letzten Jahresabschluss festgestellten Gesamtkosten nicht erreicht hat.

(3) Die Rücklage ist im Jahresabschluss auszuweisen.

Auskunfts- und Einsichtsrechte

§ 34. Die E-Control ist bei Erfüllung ihrer Aufgaben befugt, in alle Unterlagen von Marktteilnehmern, Netzbetreibern, Speicherunternehmen, Bilanzgruppenverantwortlichen sowie Bilanzgruppenkoordinatoren Einsicht zu nehmen und über alle auf ihre Tätigkeit Bezug habenden Umstände Auskunft zu verlangen. Die Auskunftspflicht umfasst insbesondere auch die laufende Bekanntgabe von Daten zur Evidenzhaltung von Unterlagen, die der Erfüllung der Aufsichtstätigkeit dienen.

Amtshilfe

§ 35. (1) Alle Organe des Bundes, der Länder und der Gemeinden einschließlich der Bundeswettbewerbsbehörde und der Finanzmarktaufsichtsbehörde sind im Rahmen ihres gesetzlichen Wirkungsbereiches zur Hilfeleistung an die E-Control verpflichtet.

(2) Die Organe des öffentlichen Sicherheitsdienstes haben der E-Control über deren Ersuchen zur Sicherung der Aufsichtsbefugnisse im Rahmen ihres gesetzlichen Wirkungsbereiches Hilfe zu leisten, wenn ansonsten die Vereitelung der angeordneten Maßnahmen droht.

Verfahren

§ 36. (1) Die E-Control hat bei der Durchführung von Verfahren das Allgemeine Verwaltungsverfahrensgesetz 1991 anzuwenden, soweit nicht ausdrücklich anderes bestimmt ist.

(2) Ist die Aufnahme von Beweisen durch Sachverständige erforderlich, hat die E-Control die ihr beigegebenen Sachverständigen beizuziehen oder auch andere Personen als Sachverständige heranzuziehen (§ 52 AVG).

(3) Verordnungen der E-Control sind im Bundesgesetzblatt kundzumachen. Ist eine Kundmachung im Bundesgesetzblatt nicht oder nicht zeitgerecht möglich bzw. auf Grund des Umfanges der Verordnung nicht tunlich, so sind die Verordnungen in anderer geeigneter Weise – insbesondere durch Rundfunk, Internet oder Veröffentlichung in einem oder mehreren periodischen Medienwerken, die Anzeigen veröffentlichen, insbesondere in Tageszeitungen – kundzumachen.

(4) Die von der Regulierungsbehörde getroffenen Entscheidungen sind unter Wahrung der Vertraulichkeit wirtschaftlich sensibler Informationen auf der Homepage der Regulierungsbehörde zu veröffentlichen.

Gebühren- und Abgaben aus der laufenden Tätigkeit

§ 37. (1) Die E-Control ist von den Stempel- und Rechtsgebühren, den Bundesverwaltungsabgaben und den Gerichts- und Justizverwaltungsgebühren befreit. Für Zwecke der Umsatzsteuer gilt sie als Unternehmer.

(2) Die E-Control ist hinsichtlich ihrer Dienstnehmer nicht kommunalsteuerpflichtig.

(3) Die E-Control ist von der Körperschaftsteuer befreit.

Haftung für die Tätigkeit der E-Control

§ 38. (1) Für die von Organen und Bediensteten der E-Control in Vollziehung der in § 21 genannten Bundesgesetze zugefügten Schäden haftet der Bund nach den Bestimmungen des Amtshaftungsgesetzes – AHG, BGBl. Nr. 20/1949. Schäden im Sinn dieser Bestimmung sind solche, die Rechtsträgern unmittelbar zugefügt wurden, die der behördlichen Tätigkeit nach diesem Bundesgesetz unterliegen. Die E-Control sowie deren Bedienstete und Organe haften dem Geschädigten nicht.

(2) Hat der Bund einem Geschädigten den Schaden gemäß Abs. 1 ersetzt, so kann er von den Organen oder Bediensteten der E-Control Rückersatz nach den Bestimmungen des AHG begehren.

(3)

Die E-Control hat den Bund im Amtshaftungs- und Rückersatzverfahren nach den Abs. 1 und 2 in jeder zweckdienlichen Weise zu unterstützen. Sie hat insbesondere alle Informationen und Unterlagen, die das Amtshaftungs- oder Rückersatzverfahren betreffen, zur Verfügung zu stellen sowie dafür zu sorgen, dass der Bund das Wissen und die Kenntnisse der Organe und Bediensteten der

E-Control über die verfahrensgegenständlichen Aufsichtsmaßnahmen in Anspruch nehmen kann.

Verweise

§ 39. Soweit in diesem Bundesgesetz auf Bestimmungen anderer Bundesgesetze verwiesen wird, sind diese in ihrer jeweils geltenden Fassung anzuwenden.

Arbeitsverfassungsgesetz

§ 40. Die E-Control ist Betrieb im Sinn des § 34 des Arbeitsverfassungsgesetzes BGBl. Nr. 22/1974, auf den dieses Gesetz, insbesondere auch der II. Teil des Arbeitsverfassungsgesetzes, anzuwenden ist.

Sprachliche Gleichbehandlung

§ 41. Soweit in diesem Bundesgesetz personenbezogene Bezeichnungen nur in männlicher Form angeführt sind, beziehen sie sich auf Frauen und Männer in gleicher Weise. Bei der Anwendung auf bestimmte Personen ist die jeweils geschlechtsspezifische Form zu verwenden.

Inkrafttreten

§ 42. (1) **(Verfassungsbestimmung)** Die Bestimmungen der § 1, § 6 Abs. 6, § 12 Abs. 1, 2 und 4 sowie § 21 Abs. 1 dieses Bundesgesetzes treten mit 3. März 2011 in Kraft. Gleichzeitig tritt das Energie-Regulierungsbehördengesetz, BGBl. I Nr. 121/2000, außer Kraft. § 1 samt Überschrift, § 21 Abs. 1 Z 8, 9 und 13 in der Fassung des Bundesgesetzes BGBl. I Nr. 108/2017 treten mit Ablauf des Tages der Kundmachung in Kraft.

(2) Die übrigen Bestimmungen dieses Bundesgesetzes treten mit 3. März 2011 in Kraft.

(3) § 2, § 3 Z 7, § 4 Z 9, § 21 Abs. 1 Z 12, § 24 Abs. 1 Z 4, § 25a und § 25b in der Fassung des Bundesgesetzes BGBl. I Nr. 174/2013 treten mit dem, der Kundmachung folgenden Monatsersten in Kraft. § 9 und § 12 Abs. 4, in der Fassung des Bundesgesetzes BGBl. I Nr. 174/2013, treten mit 1. Jänner 2014 in Kraft.

(4) § 25a Abs. 4 in der Fassung des Bundesgesetzes BGBl. I Nr. 107/2017 tritt mit 3. Jänner 2018 in Kraft.

(4) § 1 Abs. 2, § 3 Z 1a, 8 und 9, § 5 Abs. 3 und 4, § 15 Abs. 3, § 21 Abs. 1a und 7, § 22a samt Überschrift, § 26 Abs. 1 erster Satz und § 44 Abs. 2 in der Fassung des Bundesgesetzes BGBl. I Nr. 108/2017 treten mit Ablauf des Tages der Kundmachung in Kraft.

Umwandlung und bestehende Verträge, Gebührenbefreiung

§ 43. (1) Mit Ablauf des 2. März 2011 wird die Energie-Control Österreichische Gesellschaft für die Regulierung in der Elektrizitäts- und Erdgaswirtschaft mit beschränkter Haftung, FN 206078 g, im Wege der Gesamtrechtsnachfolge in die Anstalt öffentlichen Rechts „Energie-Control Austria für die Regulierung der Elektrizitäts- und Erdgaswirtschaft (E-Control)“ umgewandelt und besteht von da an als diese weiter.

(2) Die E-Control ist vom Vorstand bis zum 31. März 2011 zur Eintragung in das Firmenbuch anzumelden.

(3) Die Umwandlung ist von allen bundesgesetzlich geregelten Gebühren, Steuern und Abgaben befreit und führt zu keiner Korrektur von Vorsteuern gemäß § 12 Abs. 10 oder 11 UStG 1994, BGBl. Nr. 663/1994.

(4) Die Geschäftsanteile an der Energie-Control Österreichische Gesellschaft für die Regulierung in der Elektrizitäts- und Erdgaswirtschaft mit beschränkter Haftung, FN 206078 g, gehen mit 31. Dezember 2011 unter.

Übergangsbestimmungen

§ 44. (1) Die Zuständigkeit zur Weiterführung der mit Ablauf des 2. März 2011 bei der Energie-Control GmbH und der Energie-Control Kommission anhängigen Verfahren geht auf die Energie-Control Austria für die Regulierung der Elektrizitäts- und Erdgaswirtschaft über.

(2) Bei der dem Inkrafttreten der Novelle BGBl. I Nr. 108/2017 folgenden Bestellung der Mitglieder der Regulierungskommission beträgt die Funktionsperiode einmalig sechs Jahre.

Vollziehung

§ 45. Mit der Vollziehung sind betraut:

1. hinsichtlich § 1, § 6 Abs. 6, § 12 Abs. 1, 2 und 4, § 21 Abs. 1 sowie § 42 Abs. 1 die Bundesregierung;
2. hinsichtlich § 10 Abs. 9 sowie § 43 Abs. 3 der Bundesminister für Finanzen;
3. hinsichtlich § 10 Abs. 1 zweiter Satz die Bundesministerin für Justiz;
4. hinsichtlich der übrigen Bestimmungen die Bundesministerin für Klimaschutz, Umwelt, Energie, Mobilität, Innovation und Technologie.

82. Wechselverordnung 2014

Verordnung der E-Control über den Wechsel, die Anmeldung, die Abmeldung und den Widerspruch

StF: BGBl. II Nr. 167/2014

Auf Grund des § 76 Abs. 7 Elektrizitätswirtschafts- und -organisationsgesetz 2010 (ElWOG 2010), BGBl. I Nr. 110/2010 idF BGBl. I Nr. 174/2013 sowie des § 123 Abs. 7 Gaswirtschaftsgesetz 2011 (GWG 2011), BGBl. I Nr. 107/2011 idF BGBl. I Nr. 174/2013 iVm § 7 Abs. 1 Energie-Control-Gesetz (E-ControlG), BGBl. I Nr. 110/2010 idF BGBl. I Nr. 174/2013, wird verordnet:

GLIEDERUNG

Anwendungsbereich

§ 1. Diese Verordnung regelt den Lieferanten- bzw. Versorgerwechsel, die An- und Abmeldung sowie den Widerspruch.

Begriffsbestimmungen

§ 2. Im Sinne dieser Verordnung bedeutet

1. „Abmeldung“ die Beendigung des Energieliefervertrages und/oder des Netznutzungsvertrages;
2. „automatisiert“ jede durch Einsatz eines gesteuerten technischen Verfahrens selbstständig ablaufende Datenverarbeitung;
3. „Wechsel im eigentlichen Sinn “ sämtliche Verfahrensschritte nach der optionalen Zählpunkt- und Endverbraucheridentifikation und/oder der optionalen Abfrage der Bindungs- und Kündigungsfristen, die zur Zuordnung eines Zählpunkts zu einem neuen Lieferanten führen;
4. „Lieferant“ Versorger gemäß § 7 Abs. 1 Z 68 GWG 2011 und Lieferant gemäß § 7 Abs. 1 Z 45 ElWOG 2010;
5. „Lieferantenwechsel“ die Zählpunkt- und Endverbraucheridentifikation sowie die Bindungs- und Kündigungsfristenabfrage und den Wechsel im eigentlichen Sinn;
6. „Anmeldung“ den Abschluss eines Energieliefervertrages im Zusammenhang mit einem neuen Netznutzungsvertrag;
7. „Online-Bevollmächtigung“ eine gemäß § 76 Abs. 3 Satz 1 ElWOG 2010 sowie § 123 Abs. 3 Satz 1 GWG 2011 durch den Endverbraucher an den neuen Lieferanten erteilte Bevollmächtigung;
8. „Verfahren“ den Ablauf des Lieferantenwechsels, der Anmeldung, der Abmeldung und des Widerspruchs gemäß § 80 Abs. 2 ElWOG 2010 sowie § 125 Abs. 2 GWG 2011;
9. „Verfahrensschritte“ die innerhalb der Verfahren vorzunehmenden einzelnen Prozessschritte;
10. „Wechselplattform“ ein von der Verrechnungsstelle zu betreibendes informationstechnologisch unterstütztes Kommunikationssystem, welches die in dieser Verordnung sowie im Anhang zu dieser Verordnung enthaltenen Mindestanforderungen zu erfüllen hat;
11. „Wechseltermin“ der Tag des Lieferbeginns durch den neuen Lieferanten.

Dauer, Einleitung und Durchführung der Verfahren

§ 3. (1) Die Dauer des für den Lieferantenwechsel maßgeblichen Verfahrens darf, unbeschadet weiterer bestehender zivilrechtlicher Verpflichtungen, höchstens drei Wochen, gerechnet ab Kenntnisnahme des Lieferantenwechsels durch den Netzbetreiber, in Anspruch nehmen.

(2) Die Einleitung der Verfahren kann an jedem Arbeitstag beantragt werden.

(3) Sämtliche Verfahren sind automatisiert über die Wechselplattform durchzuführen, sofern nicht im Anhang zu dieser Verordnung anderes vorgesehen ist. Ist eine automatisierte abschließende Bearbeitung nicht möglich, ist der jeweilige Verfahrensschritt durch eine nicht automatisierte Bearbeitung, die bei Bedarf auch eine Kontaktierung des Endverbrauchers einschließen kann, innerhalb der vorgesehenen Höchstfrist durchzuführen und abzuschließen.

(4) Der Wechseltermin kann auf jeden Tag fallen.

Willenserklärungen

§ 4. (1) Voraussetzung für die Einleitung und Durchführung der Verfahren ist eine entsprechende Willenserklärung des Endverbrauchers.

(2) Gibt der Endverbraucher gegenüber dem Lieferanten Willenserklärungen in elektronischer

Form ab, so hat die Weiterleitung dieser Willenserklärungen über die Wechselplattform zu erfolgen.

(3) Die Bevollmächtigung für das Verfahren ist durch den neuen Lieferanten im Wege der Wechselplattform glaubhaft zu machen.

Verweigerung der Durchführung der Verfahren

§ 5. (1) Die Durchführung der Verfahren darf vom Netzbetreiber aus den folgenden Gründen verweigert werden:

1. bei begründetem Verdacht, dass die zu wechselnde Zählpunktbezeichnung einem anderen Endverbraucher zugeordnet ist;
2. bei bestehenden Verfahrensüberschneidungen;
3. bei einem Wechseltermin, der außerhalb der festgelegten Höchstfrist für die Durchführung des Wechsels im eigentlichen Sinn liegt.

(2) Die Durchführung der Verfahren darf durch den aktuellen Lieferanten insbesondere aus folgenden Gründen nicht verweigert werden:

1. bei bestehender Mindestvertragsdauer des Energieliefervertrages;
2. innerhalb einer vom Endverbraucher einzuhaltenden Frist für die Kündigung des bestehenden Energieliefervertrages.

Verrechnungsstelle

§ 6. Die Verrechnungsstelle hat die Vorkehrungen dafür zu treffen, um die ihr gesetzlich übertragenen Aufgaben zu erfüllen und zu gewährleisten, dass die in dieser Verordnung vorgesehenen Verfahren nach dem Stand der Technik im Wege der Wechselplattform durchgeführt werden können.

Inkrafttreten und Außerkrafttreten

§ 7. (1) Diese Verordnung tritt, soweit Abs. 2 nichts anderes bestimmt, mit 3. November 2014 in Kraft.

(2) Die Bestimmungen des Anhangs der Verordnung in den Punkten 2., 4., 5., 6. sowie die Wortfolgen „bzw. Vorliegen eines intelligenten Messgerätes oder eines Lastprofilzählers“ sowie „Bei Endverbrauchern mit Lastprofilzählern die Information, ob die Bilanzierung auf Stunden- oder Tagesbasis erfolgt und das Datum der letztmaligen Umstellung der Bilanzierungsmethode“ in den Punkten 3.2.3. und 3.3.2., jeweils den Gasbereich betreffend, treten mit 1. Juni 2015 in Kraft.

(3) Die Verordnung der E-Control über den Lieferantenwechsel, die Neuanmeldung und die Abmeldung (Wechselverordnung Strom 2012), BGBl. II Nr. 197/2012 sowie die Verordnung der E-Control über den Versorgerwechsel, die Neuanmeldung und die Abmeldung (Wechselverordnung Gas 2012), BGBl. II Nr. 196/2012, treten mit Ablauf des 2. November 2014 außer Kraft, soweit Abs. 4 nichts anderes bestimmt.

(4) Die Bestimmungen in Punkt 2., 4. sowie 5. des Anhangs der Verordnung der E-Control über den Lieferantenwechsel, die Neuanmeldung und die Abmeldung (Wechselverordnung Strom 2012), BGBl. II Nr. 197/2012 sowie des Anhangs der Verordnung der E-Control über den Versorgerwechsel, die Neuanmeldung und die Abmeldung (Wechselverordnung Gas 2012), BGBl. II Nr. 196/2012 treten mit Ablauf des 31. Mai 2015 außer Kraft.

Anhang
Ablauf der Verfahren

(Anm.: der Anhang wurde als PDF dokumentiert)

Anhang

Ablauf der Verfahren

Inhaltsverzeichnis

1. Gemeinsame Bestimmungen für den Lieferantenwechsel, die An- und Abmeldung sowie den Widerspruch

1.1 Fristenlauf und Bearbeitungsdauer

Der Netzbetreiber, der aktuelle und der neue Lieferant haben die von ihnen vorzunehmenden Verfahrensschritte innerhalb der jeweils vorgesehenen Höchstfristen vorzunehmen.

Die beim Lieferantenwechsel, bei der Anmeldung sowie der Abmeldung vorgesehenen Höchstfristen gelten für die Bearbeitungsdauer je Einzeldatensatz eines Endverbrauchers gemäß Punkt 6.4.

Langt ein Datensatz beim Empfänger an Arbeitstagen zwischen einer Zeit von 9 bis 17 Uhr (Zeitrahmen) ein, beginnt der Fristenlauf mit dem Zeitpunkt des Einlangens des Datensatzes und endet am entsprechenden Arbeitstag nach Ablauf der Frist. Langt ein Datensatz außerhalb dieses Zeitrahmens ein, beginnt der Fristenlauf am Beginn des nächsten Zeitrahmens. Samstage, Sonntage und Feiertage unterbrechen den Fristenlauf.

1.2 Vollmacht

Jede Willenserklärung, einschließlich der Bevollmächtigung, kann vom Endverbraucher formfrei abgegeben werden.

Der neue Lieferant hat im Wege der Wechselplattform elektronisch mitzuteilen, dass er über die notwendige (etwa schriftliche oder online abgegebene, etc) Bevollmächtigung des Endverbrauchers zur Vornahme der erforderlichen Verfahrensschritte verfügt. Die Bevollmächtigung ist Netzbetreibern und anderen Lieferanten glaubhaft zu machen.

Zeitgleich mit der Übermittlung der Bevollmächtigung hat der neue Lieferant auch die Methode zur Sicherstellung der Identifikation und Authentizität des Endverbrauchers in standardisierter Weise anzugeben.

Ein Abbruch des Verfahrens ist mit einer standardisierten Meldung „Bevollmächtigung nicht rechtsgültig" vom Netzbetreiber oder aktuellen Lieferanten durchzuführen, wenn die übermittelte Bevollmächtigung nicht rechtsgültig ist.

1.3 Stornierung

Die Möglichkeit einer Stornierung des eigentlichen Wechsels ist bis spätestens zwei Arbeitstage vor dem Wechseltermin möglich.

Der Netzbetreiber hat unverzüglich nach Einlangen und Bearbeitung der Stornierung den aktuellen und neuen Lieferanten über die Stornierung in Kenntnis zu setzen.

1.4 Information des Endverbrauchers über den aktuellen Stand des Verfahrens

Bei allen Verfahrensschritten, insbesondere bei einer nicht eindeutigen Identifikation im Rahmen der Endverbraucheridentifikation, die zu einer nicht erfolgreichen Erledigung führen, ist der Endverbraucher durch den neuen Lieferanten unverzüglich in geeigneter Form zu kontaktieren und über den aktuellen Verfahrensstand und die weitere Vorgehensweise zu informieren.

2. Lieferantenwechsel

2.1 Vorgelagerter Datenabgleich

Der neue Lieferant kann eine dem Wechsel im eigentlichen Sinn vorgelagerte Zählpunkt- und Endverbraucheridentifikation sowie die Bindungs- und Kündigungsfristenabfrage optional anstoßen. Ein Abschluss der Verfahrensschritte ist für die Einleitung und Durchführung des Wechsels im eigentlichen Sinn nicht erforderlich.

2.1.1 Zählpunkt- und Endverbraucheridentifikation beim Netzbetreiber

Der Netzbetreiber hat zu gewährleisten, dass er folgende durch den neuen Lieferanten zu übermittelnde Daten für eine Suchabfrage verarbeiten kann:

- Zählpunktbezeichnung
- Nachname bzw. Firmenname
- Vorname
- Postleitzahl
- Ort
- Straßenbezeichnung
- Hausnummer
- Stiege
- Stock
- Türnummer
- Zählernummer
- Kundennummer beim Netzbetreiber

Für die Durchführung einer Suchabfrage durch den Netzbetreiber sind folgende Mindestangaben durch den neuen Lieferanten erforderlich:

- Variante 1:
  - Zählpunktbezeichnung
  - Nachname bzw. Firmenname oder Postleitzahl

oder

- Variante 2:
  - Nachname bzw. Firmenname
  - Postleitzahl
  - Ort
  - Straßenbezeichnung
  - Hausnummer

Der neue Lieferant kann zu diesen Mindestangaben weitere Daten des Endverbrauchers angeben: Zählpunktbezeichnung, Zählernummer, Kundennummer beim Netzbetreiber, Nachname bzw. Firmenname, Vorname, Postleitzahl, Ort, Straßenbezeichnung, Hausnummer, Stiege, Stock, Türnummer.

In Variante 1 kann der neue Lieferant überdies zusätzlich bekanntgeben, ob der Netzbetreiber dem neuen Lieferanten allenfalls vorhandene weitere Zählpunktbezeichnungen zur Anlagenadresse übermitteln soll.

Nach Übermittlung der obenstehenden Daten durch den neuen Lieferanten hat der Netzbetreiber für die Durchführung der Suchabfrage eine standardisierte Prüflogik vorzusehen. Hierfür ist die Kölner Phonetik anzuwenden. Davon unberührt bleibt die folgende Prüflogik:

Variante 1:
Der Netzbetreiber hat zunächst zu prüfen, ob die durch den neuen Lieferanten übermittelten Mindestdaten mit den ihm vorliegenden Daten des Endverbrauchers übereinstimmen. Ergibt die Prüfung der Mindestdaten keine Übereinstimmung oder wurden diese Mindestdaten nicht übermittelt, ist zu prüfen, ob die Mindestdaten gemäß Variante 2 übermittelt wurden.

Variante 2:
Bei Überprüfung der Mindestdaten müssen jedenfalls der Nachname bzw. der Firmenname, die Straßenbezeichnung, Hausnummer sowie die Postleitzahl oder der Ort mit den beim Netzbetreiber vorliegenden Daten übereinstimmen. Ist das Ergebnis der ersten Überprüfung auf Basis der Hausnummer nicht eindeutig, sind die Angaben zur Stiege, Stock und Tür in die Suche miteinzubeziehen, sofern diese Daten vom Lieferanten übermittelt wurden. Liefert eine automatisierte Suche in dieser Variante kein eindeutiges Ergebnis, so ist eine nicht automatisierte Bearbeitung innerhalb der festgelegten Höchstfrist im zulässig.

Bei Übereinstimmung von Mindestdaten gemäß Variante 1 oder gemäß Variante 2 mit den beim Netzbetreiber vorliegenden Daten des Endverbrauchers, hat der Netzbetreiber dem neuen Lieferanten die folgenden Daten zu übermitteln:

- Aktueller Lieferant
- Zählertyp
- Sämtliche zur Zählpunktbezeichnung des Endverbrauchers gehörige Daten, die auch bei der Suchabfrage durch den neuen Lieferanten angegeben werden konnten, mit Ausnahme von Kundennummer und Zählernummer
- ***Im Strombereich***: Das Standardlastprofil gemäß Kapitel 6 der Sonstigen Marktregeln Strom
- ***Im Gasbereich***: Den Lastprofiltyp gemäß Lastprofilverordnung 2006 idgF

Allfällige zusätzlich gemeinsam mit den Mindestangaben gesendete Daten sind nicht zu prüfen.

Wurde in Variante 1 durch den neuen Lieferanten bekanntgegeben, dass zur angegebenen Zählpunktbezeichnung allfällig vorhandene weitere Zählpunktbezeichnungen rückübermittelt werden sollen, sind diese zu übermitteln. Ist keine Bekanntgabe erfolgt, so ist keine weitere Zählpunktbezeichnungen zu übermitteln.

Mit Angabe von Mindestdaten gemäß Variante 2 hat der Netzbetreiber dem neuen Lieferanten sämtliche allenfalls vorhandene, weitere zur Anlagenadresse gehörende Zählpunktbezeichnungen zu übermitteln.

Ergibt die Prüfung der Mindestangaben keine eindeutige Übereinstimmung mit den beim Netzbetreiber vorliegenden Daten des Endverbrauchers, hat der Netzbetreiber anhand der durch den neuen Lieferanten zusätzlich angegebenen Daten eine Identifikation zu versuchen. Einzelne zusätzlich angegebene, jedoch nicht übereinstimmende Daten dürfen nicht zu einem Abbruch führen, wenn eine eindeutige Identifikation anhand einer oder mehrerer zusätzlich angegebener Daten möglich ist.

Ist eine Identifikation nicht oder nicht eindeutig möglich oder wurden keine zusätzlichen Daten durch den neuen Lieferanten übermittelt, hat der Netzbetreiber dem neuen Lieferanten die standardisierte Meldung „Endverbraucher nicht identifiziert" oder „Endverbraucher nicht eindeutig identifiziert" zu übermitteln.

E-ControlG +

Der Netzbetreiber hat die durch den neuen Lieferanten gestellte Anfrage zur Übermittlung von Daten innerhalb von 24 Stunden nach Einlangen der Anfrage zu beantworten.

2.1.2 Bindungs- und Kündigungsfristenabfrage beim aktuellen Lieferanten

Der neue Lieferant kann beim aktuellen Lieferanten die Bindungs- und Kündigungsfristen sowie die Kündigungstermine mittels Angabe der Zählpunktbezeichnung gemeinsam mit dem Nachnamen bzw. Firmennamen abfragen.

Der aktuelle Lieferant hat automatisiert zu prüfen, ob die ihm übermittelten Daten des Endverbrauchers mit den bei ihm vorliegenden Daten übereinstimmen. Liefert eine automatisierte Suchabfrage kein eindeutiges Ergebnis, so ist eine nicht automatisierte Bearbeitung innerhalb der festgelegten Höchstfrist im Ausnahmefall zulässig.

Bei Nichtübereinstimmung der Daten hat der aktuelle Lieferant dem neuen Lieferanten eine standardisierte Meldung „Endverbraucher nicht identifiziert" zu übermitteln.

Bei Übereinstimmung der Daten und Nichtbestehen einer vertraglichen Bindung hat der aktuelle Lieferant dem neuen Lieferanten eine standardisierte Meldung „Keine Bindung vorhanden" zu übermitteln. Bei bestehender vertraglicher Bindung hat der aktuelle Lieferant dem neuen Lieferanten die standardisierte Meldung „Bindung bis JJJJMMTT" zu übermitteln.

Bei bestehenden Kündigungsterminen hat der aktuelle Lieferant dem neuen Lieferanten die standardisierten Meldungen „Kündigungstermin täglich" bzw. „Kündigungstermin zum Monatsletzten" bzw. „Kündigungstermin zum JJJJMMTT" zu übermitteln.

Bei bestehenden Kündigungsfristen hat der aktuelle Lieferant dem neuen Lieferanten die standardisierten Meldungen „Kündigungsfrist: XX Wochen" bzw. bei einer Kündigungsfrist im Ausmaß von Tagen „Kündigungsfrist: XX Tage" zu übermitteln.

Der aktuelle Lieferant hat die Anfrage des neuen Lieferanten zur Übermittlung von Daten innerhalb von 24 Stunden nach Einlangen der Anfrage zu beantworten.

2.2 Wechsel im eigentlichen Sinn

2.2.1 Einleitung

Der neue Lieferant hat den vom Netzbetreiber durchzuführenden Wechsel im eigentlichen Sinn frühestens 12 Arbeitstage und spätestens 10 Arbeitstage vor dem beabsichtigten Wechseltermin beim Netzbetreiber einzuleiten.

Wird der Endverbraucher erfolgreich identifiziert und sind etwaige Bindungs- und Kündigungsfristenabfragen abgeschlossen, hat der Lieferant den Wechsel im eigentlichen Sinn unverzüglich einzuleiten. Eine spätere Einleitung des Wechsels im eigentlichen Sinn ist bei ausdrücklichem Kundenwunsch, einschließlich bestehender zivilrechtlicher Vereinbarungen, zulässig.

Der neue Lieferant hat dem Netzbetreiber folgende Daten für die Einleitung des Wechsels im eigentlichen Sinn zu übermitteln:

- Zählpunktbezeichnung
- Nachname bzw. Firmenname
- beabsichtigter Wechseltermin
- Netzrechnungsempfänger

2.2.2 Prüfung durch den Netzbetreiber

Liegt der gewünschte Wechseltermin außerhalb der für den Wechsel im eigentlichen Sinn gemäß Punkt 2.2.1. vorgesehenen Frist von frühestens 12 und spätestens 10 Arbeitstagen, hat der Netzbetreiber den Wechsel im eigentlichen Sinn mittels standardisierter Meldung abzubrechen.

Der Netzbetreiber hat zu prüfen, ob die durch den neuen Lieferanten angegebene Zählpunktbezeichnung sowie der Nachnamen bzw. Firmennamen mit den bei ihm vorliegenden Daten übereinstimmen. Liefert eine automatisierte Prüfung kein eindeutiges Ergebnis, so ist eine nicht automatisierte Bearbeitung innerhalb der festgelegten Höchstfrist zulässig.

Bei Nichtübereinstimmung der Daten hat der Netzbetreiber den Wechsel im eigentlichen Sinn mittels einer standardisierten Meldung "Endverbraucher nicht identifiziert" an den neuen Lieferanten abzubrechen.

Bei Übereinstimmung der Daten hat der Netzbetreiber zu prüfen, ob sich der Wechsel im eigentlichen Sinn mit anderen Verfahren überschneidet (Anmeldung, Abmeldung, Wechsel im eigentlichen Sinn). Ist durch eine Überschneidung der Wechsel im eigentlichen Sinn nicht möglich, hat der Netzbetreiber den Wechsel im eigentlichen Sinn mittels standardisierter Meldung abzubrechen.

Der Netzbetreiber hat diese Prüfungen innerhalb von 72 Stunden nach Einlangen der Anfrage vorzunehmen.

2.2.3 Übermittlung der Wechselinformation

Wurden alle genannten Prüfungen durch den Netzbetreiber gemäß Punkt 2.2.2. vorgenommen, hat der Netzbetreiber bei Übereinstimmung der Daten und Nichtvorliegen von Verfahrensüberschneidungen, die den Wechsel im eigentlichen Sinn verhindern, an den aktuellen sowie den neuen Lieferanten unverzüglich eine Wechselinformation zu senden. Diese Information hat die Zählpunktbezeichnung, den Nachnamen bzw. Firmennamen sowie den beabsichtigten Wechseltermin zu enthalten.

Im Strombereich hat der Netzbetreiber dem neuen Lieferanten gemeinsam mit der Übermittlung der Wechselinformation folgende Daten zu übermitteln:

- Bei Endverbrauchern mit Standardlastprofil Jahresverbrauchswert unter Angabe des letzten Abrechnungszeitraumes
- Bei Endverbrauchern ohne Standardlastprofil das gemessene Lastprofil der letzten vollen 12 Monate vor dem Wechseltermin
- Standardlastprofil gemäß Kapitel 6 der Sonstigen Marktregeln Strom
- Netzebene Netznutzung
- Netzebene Netzverluste
- Monat der Ablesung
- Prognostizierter Jahresverbrauchswert

Allfällige Messwerte von intelligenten Messgeräten sowie von Lastprofilzählern von Endverbrauchern können auch außerhalb der Wechselplattform übermittelt werden.

Im Gasbereich hat der Netzbetreiber gemeinsam mit der Übermittlung der Wechselinformation dem neuen Lieferanten folgende Daten zu übermitteln:

- Bei Endverbrauchern mit Standardlastprofil der Jahresverbrauchswert der letzten Abrechnungsperiode gemäß § 70 Abs. 1 GWG 2011 idgF erlassenen GSNE-VO, unter Angabe des Abrechnungszeitraumes
- Bei Endverbrauchern mit intelligenten Messgeräten oder Lastprofilzählern das gemessene Lastprofil der letzten 24 vollen Kalendermonate vor dem Wechseltermin

- o Standardlastprofil gemäß Lastprofilverordnung 2006 idgF bzw. Vorliegen eines intelligenten Messgerätes oder eines Lastprofilzählers
- o Netzebene
- o Monat der Ablesung
- o Prognostizierter Jahresverbrauch in kWh gemäß Netzzugangsvertrag
- o Höchstleistung in kWh/h gemäß Netzzugangsvertrag
- o Bei Endverbrauchern mit Lastprofilzählern die Information, ob die Bilanzierung auf Stunden- oder Tagesbasis erfolgt und das Datum der letztmaligen Umstellung der Bilanzierungsmethode

Gemessene Lastprofilwerte können auch außerhalb der Wechselplattform übermittelt werden.

2.2.4 Erhebung eines Einwands aus zivilrechtlichen Gründen

Ist der aktuelle Lieferant nach Einlangen der Wechselinformation der Ansicht, dass das zwischen ihm und dem Endverbraucher bestehende Vertragsverhältnis auch nach dem bekanntgegebenen Wechseltermin aufrecht ist, so steht es ihm frei, innerhalb von 48 Stunden nach Einlangen der Wechselinformation einen Einwand gegen den Wechsel im eigentlichen Sinn zu erheben.

Der aktuelle Lieferant hat die Information, aus welchem Grund ein Einwand erhoben wird, gleichzeitige an den neuen Lieferanten und den Netzbetreiber mittels standardisierter Meldung zu übermitteln.

Wurde ein Einwand durch den aktuellen Lieferanten erhoben, kann der neue Lieferant auf den beabsichtigen Wechseltermin weiterhin beharren. Er hat diesfalls innerhalb von 72 Stunden nach Einlangen der Information über den Einwand an den aktuellen Lieferanten und den Netzbetreiber eine Bestätigung des Wechseltermins zu übermitteln.

Erhält der Netzbetreiber nach Ablauf der 72 Stunden keine Bestätigung des Wechseltermins oder wurde durch den neuen Lieferanten die standardisierte Meldung „keine Beharrung" übermittelt, hat er den Wechsel im eigentlichen Sinn abzubrechen. Der Netzbetreiber hat dem aktuellen und neuen Lieferanten innerhalb von 24 Stunden (vgl dazu Punkt 2.2.5.) eine Information über den Abbruch zu übermitteln.

Der neue Lieferant hat den Endverbraucher umgehend über den Grund des Abbruchs zu informieren.

2.2.5 Abschluss des Wechsels im eigentlichen Sinn

Wird durch den aktuellen Lieferanten innerhalb der vorgegebenen Frist gemäß Punkt 2.2.4 kein Einwand übermittelt oder beharrt der neue Lieferant trotz Einwands auf den Wechseltermin gemäß Punkt 2.2.4, hat der Netzbetreiber diesen Wechseltermin innerhalb von 24 Stunden zu bestätigen. Der Netzbetreiber hat dem aktuellen und dem neuen Lieferanten gleichzeitig eine standardisierte Meldung über die erfolgte Bestätigung des Wechseltermins sowie einen Arbeitstag vor dem Wechseltermin eine standardisierte Meldung über die Festlegung des Wechseltermins gleichzeitig zu übermitteln.

Der neue Lieferant hat den Endverbraucher umgehend über den Wechseltermin zu informieren. Weiters hat der neue Lieferant dem Endverbraucher seine Kontaktdaten bekanntzugeben und über die Berechtigung zur Bekanntgabe des Zählerstands an den Netzbetreiber oder den Lieferanten frühestens 5 Arbeitstage vor dem Wechseltermin bzw. innerhalb von 5 Arbeitstagen nach dem Wechseltermin zu informieren.

Gibt der Endverbraucher den Zählerstand dem Lieferanten bekannt, hat dieser den Zählerstand umgehend, längstens jedoch innerhalb von 2 Arbeitstagen über die Wechselplattform dem Netzbetreiber zu übermitteln.

2.2.6 Ermittlung sowie Übermittlung von Verbrauchsdaten nach Abschluss des Wechsels im eigentlichen Sinn

Der Netzbetreiber hat dem alten Lieferanten innerhalb von 15 Arbeitstagen nach dem Wechseltermin über die oder außerhalb der Wechselplattform die für die Endabrechnung erforderlichen Verbrauchsdaten bis zum Wechseltermin zu übermitteln.

Liegt ein abgelesener Zählerstand vor, hat der Netzbetreiber binnen gleicher Frist diesen Zählerstand sowie den entsprechenden Verbrauchswert, sofern er plausibel erscheint, heranzuziehen und dem aktuellen und neuen Lieferanten weiterzuleiten. Liegt kein abgelesener Zählerstand vor, hat die Ermittlung des Verbrauchs zum Wechseltermin für nicht mittels Lastprofilzähler gemessene Endverbraucher aufgrund der Standardlastprofile zu erfolgen.

3. Anmeldung

3.1 Identifikation der Endverbraucheranlage

Im Falle einer Anmeldung kann die Identifikation der Endverbraucheranlage im Wege eines vorgelagerten Datenabgleichs optional erfolgen.

Der Netzbetreiber hat dabei dem neuen Lieferanten eine Zählpunkt- und Endverbraucheridentifikation gemäß Punkt 2.1.1. Variante 2 zu ermöglichen und auch Abfragen unter bloßer Angabe der Anlagenadresse zuzulassen. Die Abfrage hat eine Identifikation der Anlagenadresse und der Zählpunktbezeichnung zu ermöglichen.

Der Netzbetreiber hat die Suchabfrage in einem ersten Schritt jedenfalls automatisiert vorzunehmen. Der Netzbetreiber hat dem neuen Lieferanten unverzüglich sämtliche identifizierbaren Daten automatisiert zu übermitteln.

Liefert die Suchabfrage keine eindeutige Zuordnung, können weitere Ergebnisse, unter Einhaltung der datenschutzrechtlichen Bestimmungen, dennoch unter zusätzlicher Angabe der Zählernummern dem Lieferanten zurückgemeldet werden.

Diese automatisierten Verfahrensschritte sind innerhalb von 24 Stunden abzuschließen.

Bei nicht identifizierbaren Daten hat der Netzbetreiber zeitgleich eine standardisierter Meldung „manuelle Prüfung aufgrund nicht identifizierbarer Daten erforderlich" zu übermitteln und anschließend zumindest einmalig unter Einbeziehung aller vorhandenen Daten eine manuelle Suchabfrage innerhalb von 72 Stunden vorzunehmen. Sind nach dieser manuellen Überprüfung die Daten weiterhin nicht identifizierbar, hat dies der Netzbetreiber unverzüglich dem neuen Lieferanten mit standardisierter Meldung „nicht identifizierbare Daten nach manueller Prüfung" automatisiert mitzuteilen.

Alle Verfahrensschritte sind dabei insgesamt innerhalb von 96 Stunden abzuschließen, wobei die Frist von 24 Stunden für die automatisierte Suchabfrage in diese Frist einzurechnen ist

3.2 Anlage ist in Betrieb

3.2.1 Fehlende Anmeldung bei Anlagen mit Standardlastprofil

Ist eine Anlage mit Standardlastprofil ohne zugeordnetem Energieliefervertrag in Betrieb und erlangt der Netzbetreiber davon Kenntnis, hat der Netzbetreiber den Endverbraucher in geeigneter und neutraler Form über die freie Wahl eines Lieferanten zu informieren. Unverzüglich, längstens jedoch bis zum Ende des darauffolgenden Arbeitstages nach Kenntnisnahme durch den Netzbetreiber, hat der Endverbraucher dem Netzbetreiber einen Lieferanten bekanntzugeben. Der Netzbetreiber hat die Einleitung der Anmeldung gemäß Punkt 3.2.3. vorzunehmen.

3.2.2 Einleitung durch den Lieferanten

Bei Durchführung der Anmeldung durch den Lieferanten hat dieser folgende Daten des Endverbrauchers an den Netzbetreiber mit Einleitung der Anmeldung zu übermitteln:

- Vor- und Nachname bzw. Firma
- Postleitzahl
- Ort
- Straßenbezeichnung

- Hausnummer
- Stiege
- Stock
- Türnummer
- Zählernummer (optional)
- Zählpunktbezeichnungen (optional)
- Zählerstand und Ablesedatum (optional)
- Beabsichtigter Beginn für die Belieferung mit Energie
- Netzrechnungsempfänger

Wurde ein Energieliefervertrag über die Grundversorgung abgeschlossen, hat der Lieferant zeitgleich mit der Übermittlung den Netzbetreiber mit standardisierter Meldung „Grundversorgungsvertrag" zu benachrichtigen.

Nach Übermittlung der obenstehenden Daten durch den neuen Lieferanten hat der Netzbetreiber für die Durchführung der Suchabfrage die standardisierte Prüflogik gemäß Punkt 2.1.1 Variante 1 und Variante 2 vorzusehen.

Der Netzbetreiber hat die durch den neuen Lieferanten angegebenen Daten auf Übereinstimmung mit den ihm vorliegenden Daten auf Vollständigkeit und Verfahrensüberschneidungen zu überprüfen und den neuen Lieferanten mit standardisierter Meldung innerhalb von 24 Stunden bei automatisierter und weiteren 72 Stunden optionaler manueller Identifikation nach Einleitung der Anmeldung durch den Lieferanten zu informieren.

Standardisierte Meldung	**Anmerkungen**
Anlagenadresse nicht eindeutig identifiziert	Die Anlagenadresse ist nicht auffindbar
Aufrechter Energieliefervertrag an der Anlagenadresse vorhanden	Ein anderer Endverbraucher als derjenige der die Anmeldung eingeleitet hat, verfügt über einen aufrechten Energieliefervertrag
Endverbraucher bereits angemeldet	Derselbe Endverbraucher, der die Anmeldung eingeleitet hat, verfügt bereits über einen aufrechten Energieliefervertrag
Endverbraucher bereits in Anmeldung	
Zählpunkt bereits im Wechsel	
Endverbraucher nicht identifiziert	
manuelle Prüfung aufgrund nicht identifizierbarer Daten erforderlich	
nicht identifizierbare Daten nach manueller Prüfung	

Liegt der zwischen dem Endverbraucher und dem Lieferanten vereinbarte Liefertermin vor der Einleitung der Anmeldung, so hat der Lieferant den Netzbetreiber darüber im Wege der Wechselplattform in Kenntnis zu setzen.

Im Strombereich hat der Netzbetreiber bei Übereinstimmung, Vollständigkeit der Daten und Nichtvorliegen von Verfahrensüberschneidungen, die eine Anmeldung verhindern, dem neuen Lieferanten innerhalb von 96 Stunden nach Einleitung der Anmeldung zu übermitteln:

E-ControlG +

- Voraussichtliches Einzugsdatum
- Zählpunktbezeichnung
- Anlagenadresse
- Energierichtung

Der Netzbetreiber hat bis 5 Arbeitstage (bei lastprofilegemessenen Endverbraucher) bzw. bis 10 Arbeitstage (bei Standardlastprofil-Kunden) nach Inbetriebnahme der Anlage die finale Anmeldebestätigung zu übermitteln:

- Eine Bestätigung über die Anmeldung mit dem Beginn für die Belieferung mit Energie
- Vor- und Nachnamen bzw. Firma
- Postleitzahl
- Ort
- Straßenbezeichnung
- Hausnummer
- Stiege
- Stock
- Türnummer
- Zählpunktbezeichnung
- Standardlastprofil gemäß Kapitel 6 der Sonstigen Marktregeln Strom
- Netzebene Netznutzung
- Netzebene Netzverluste
- Monat der Ablesung
- Prognostizierter Jahresverbrauch

Im Gasbereich hat der Netzbetreiber bei Übereinstimmung, Vollständigkeit der Daten und Nichtvorliegen von Verfahrensüberschneidungen, die eine Neuanmeldung verhindern, dem neuen Lieferanten innerhalb von 96 Stunden nach Einleitung der Anmeldung zu übermitteln:

- Voraussichtliches Einzugsdatum
- Zählpunktbezeichnung
- Anlagenadresse
- Energierichtung

Der Netzbetreiber hat bis 5 Arbeitstage (bei lastprofilegemessenen Endverbraucher) bzw. bis 10 Arbeitstage (bei Standardlastprofil-Kunden) nach Inbetriebnahme der Anlage die finale Anmeldebestätigung zu übermitteln:

- Eine Bestätigung über die Anmeldung mit dem Beginn der Belieferung mit Energie
- Vor- und Nachnamen bzw. Firma
- Postleitzahl
- Ort
- Straßenbezeichnung
- Hausnummer
- Stiege
- Stock
- Türnummer
- Zählpunktbezeichnung
- Standardlastprofil gemäß Lastprofilverordnung 2006 idgF bzw. Vorliegen eines intelligenten Messgerätes oder eines Lastprofilzählers
- Netzebene
- Monat der Ablesung
- Prognostizierter Jahresverbrauch in kWh gemäß Netzzugangsvertrag
- Höchstleistung in kWh/h gemäß Netzzugangsvertrag
- Bei Endverbrauchern mit Lastprofilzählern die Information, ob die Bilanzierung auf Stunden- oder Tagesbasis erfolgt und das Datum der letztmaligen Umstellung der Bilanzierungsmethode

Sowohl für den ***Strom-*** als auch ***Gasbereich*** hat bei erfolgreicher Durchführung der Anmeldung durch den Lieferanten, dieser den Endverbraucher über die Durchführung der Anmeldung zu informieren.

3.2.3 Einleitung durch den Netzbetreiber

Im Strombereich gilt Folgendes: Gibt der Endverbraucher dem Netzbetreiber den Wunsch bekannt, von einem neuen Lieferanten beliefert zu werden, hat der Netzbetreiber den neuen Lieferanten unverzüglich, längstens jedoch innerhalb von einem Arbeitstag von diesem Belieferungswunsch zu verständigen. Der Netzbetreiber hat mit dieser Verständigung dem neuen Lieferanten zeitgleich zumindest folgende Informationen, sofern vorhanden, zu übermitteln:

- Vor- und Nachname bzw. Firma
- Postleitzahl
- Ort
- Straßenbezeichnung
- Hausnummer
- Stiege
- Stock
- Türnummer
- Zählpunktbezeichnung
- Standardlastprofil gemäß Kapitel 6 der Sonstigen Marktregeln Strom
- Energierichtung
- Kontaktdaten des Endverbrauchers (Telefonnummer und/oder E-Mail Adresse)
- Gewünschter Beginn der Belieferung
- Bei Kenntnisnahme einer Anlage mit Standardlastprofil ohne zugeordnetem Energieliefervertrag in Betrieb (gemäß Punkt 3.2.1.): Zeitpunkt der Kenntnisnahme

Im Gasbereich gilt Folgendes: Gibt der Endverbraucher dem Netzbetreiber den Wunsch bekannt, von einem neuen Lieferanten beliefert zu werden, hat der Netzbetreiber den neuen Lieferanten unverzüglich, längstens jedoch innerhalb von einem Arbeitstag von diesem Belieferungswunsch zu verständigen. Der Netzbetreiber hat mit dieser Verständigung dem neuen Lieferanten zeitgleich zumindest folgende Informationen, sofern vorhanden, zu übermitteln:

- Vor- und Nachnamen bzw. Firma
- Postleitzahl
- Ort
- Straßenbezeichnung
- Hausnummer
- Stiege
- Stock
- Türnummer
- Zählpunktbezeichnung
- Standardlastprofil gemäß Lastprofilverordnung 2006 idgF bzw. Vorliegen eines intelligenten Messgerätes oder eines Lastprofilzählers
- Netzebene
- Monat der Ablesung
- Prognostizierter Jahresverbrauch in kWh gemäß Netzzugangsvertrag
- Höchstleistung in kWh/h gemäß Netzzugangsvertrag
- Bei Endverbrauchern mit Lastprofilzählern die Information, ob die Bilanzierung auf Stunden- oder Tagesbasis erfolgt und das Datum der letztmaligen Umstellung der Bilanzierungsmethode
- Kontaktdaten des Endverbrauchers (Telefonnummer und/oder E-Mail Adresse)
- Gewünschter Beginn der Belieferung
- Bei Kenntnisnahme einer Anlage mit Standardlastprofil ohne zugeordnetem Energieliefervertrag in Betrieb (gemäß Punkt 3.2.1.): Zeitpunkt der Kenntnisnahme

Sowohl im ***Strom-*** als auch ***Gasbereich*** hat der neue Lieferant nach Einlangen dieser Informationen innerhalb von 8 Arbeitstagen dem Netzbetreiber die Belieferung im Wege des Verfahrens der Anmeldung zu bestätigen und den Endverbraucher darüber zu informieren. Langt keine Bestätigung innerhalb dieser Frist ein, ist dieser Verfahrensschritt durch den Netzbetreiber abzubrechen. Der Netzbetreiber hat den Endverbraucher unverzüglich über den Abbruch zu informieren. Wenn der Endverbraucher später, als der in Punkt 3.2.1. vorgegebenen Frist (unverzüglich, längstens jedoch bis zum Ende des darauffolgenden Arbeitstages), den Lieferanten dem Netzbetreiber bekanntgibt, verkürzt sich die Frist von 8 Arbeitstagen entsprechend.

3.3 Anlage ist außer Betrieb

3.3.1 Einleitung durch den Lieferanten

Eine Anlage ist ***im Strombereich*** außer Betrieb, wenn sie nicht unter elektrischer Spannung steht oder eine Messeinrichtung nicht vorhanden ist.
Eine Anlage ist ***im Gasbereich*** außer Betrieb, wenn die Messeinrichtung drucklos und/oder abgesperrt ist oder nicht vorhanden ist.

Das Verfahren der Anmeldung hat unbeschadet der Erfüllung der technischen Voraussetzungen für die Inbetriebnahme zu erfolgen.

Bei Durchführung der Anmeldung durch den Lieferanten hat dieser folgende Daten des Endverbrauchers an den Netzbetreiber mit Einleitung der Anmeldung zu übermitteln:

- Vor- und Nachname bzw. Firma
- Postleitzahl
- Ort
- Straßenbezeichnung
- Hausnummer
- Stiege
- Stock
- Türnummer
- Zählernummer (optional)
- Zählpunktbezeichnungen (optional)
- Zählerstand und Ablesedatum (optional)
- Beabsichtigter Beginn für die Belieferung mit Energie
- Netzrechnungsempfänger

Wurde ein Energieliefervertrag über die Grundversorgung abgeschlossen, hat der Lieferant zeitgleich mit der Übermittlung den Netzbetreiber mit standardisierter Meldung „Grundversorgungsvertrag“ zu benachrichtigen.

Nach Übermittlung der obenstehenden Daten durch den neuen Lieferanten hat der Netzbetreiber für die Durchführung der Suchabfrage die standardisierte Prüflogik gemäß Punkt 2.1.1 Variante 1 und Variante 2 vorzusehen.

Der Netzbetreiber hat die durch den neuen Lieferanten angegebenen Daten auf Übereinstimmung mit den ihm vorliegenden Daten auf Vollständigkeit und Verfahrensüberschneidungen zu überprüfen und den neuen Lieferanten mit standardisierter Meldung innerhalb von 24 Stunden bei automatisierter und weiteren 72 Stunden optionaler manueller Identifikation nach Einleitung der Anmeldung durch den Lieferanten zu informieren:

Standardisierte Meldung	Anmerkungen
Anlagenadresse nicht eindeutig identifiziert	Die Anlagenadresse ist nicht auffindbar
Aufrechter Energieliefervertrag an der Anlagenadresse vorhanden	Ein anderer Endverbraucher als derjenige der die Anmeldung eingeleitet hat, verfügt über einen aufrechten Energieliefervertrag
Endverbraucher bereits angemeldet	Derselbe Endverbraucher, der die Anmeldung eingeleitet hat, verfügt bereits über einen aufrechten Energieliefervertrag
Endverbraucher bereits in Anmeldung	
Zählpunkt bereits im Wechsel	
Endverbraucher nicht identifiziert	

Ändert sich der tatsächliche Beginn für die Belieferung mit Energie nach Übermittlung der Bestätigung über die Anmeldung, ist eine entsprechende Information über die Wechselplattform zu übermitteln.

Im Strombereich gilt Folgendes: Bei Übereinstimmung, Vollständigkeit der Daten und Nichtvorliegen von Verfahrensüberschneidungen, die eine Anmeldung verhindern, hat der Netzbetreiber dem neuen Lieferanten innerhalb von 48 Stunden nach Einleitung der Anmeldung zu übermitteln:

- Voraussichtliches Einzugsdatum
- Zählpunktbezeichnung
- Anlagenadresse
- Energierichtung

Der Netzbetreiber hat bis 5 Arbeitstage (bei lastprofilegemessenen Endverbraucher) bzw. bis 10 Arbeitstage (bei Standardlastprofil-Kunden) nach Inbetriebnahme der Anlage die finale Anmeldebestätigung zu übermitteln:

- Bestätigung über die Anmeldung mit dem Beginn für die Belieferung mit Energie
- Vor- und Nachnamen bzw. Firma
- Postleitzahl
- Ort
- Straßenbezeichnung
- Hausnummer
- Stiege
- Stock
- Türnummer
- Zählpunktbezeichnung
- Standardlastprofil gemäß Kapitel 6 der Sonstigen Marktregeln Strom
- Netzebene Netznutzung
- Netzebene Netzverluste
- Monat der Ablesung
- Prognostizierter Jahresverbrauch

Im Gasbereich gilt Folgendes: Bei Übereinstimmung, Vollständigkeit der Daten und Nichtvorliegen von Verfahrensüberschneidungen, die eine Neuanmeldung verhindern, hat der Netzbetreiber dem neuen Lieferanten innerhalb von 48 Stunden – bei Endverbrauchern mit Lastprofilzähler innerhalb von 96 Stunden – nach Einleitung der Neuanmeldung, zu übermitteln:

- Voraussichtliches Einzugsdatum
- Zählpunktbezeichnung

- o Anlagenadresse
- o Energierichtung

Der Netzbetreiber hat bis 5 Arbeitstage (bei lastprofilegemessenen Endverbraucher) bzw. bis 10 Arbeitstage (bei Standardlastprofil-Kunden) nach Inbetriebnahme der Anlage die finale Anmeldebestätigung zu übermitteln:

- o Bestätigung über die Anmeldung mit dem Beginn der Belieferung mit Energie,
- o Vor- und Nachnamen bzw. Firmennamen,
- o Postleitzahl
- o Ort
- o Straßenbezeichnung
- o Hausnummer
- o Stiege
- o Stock
- o Türnummer
- o Zählpunktbezeichnung,
- o Standardlastprofil gemäß Lastprofilverordnung 2006 idgF bzw. Vorliegen eines intelligenten Messgerätes oder eines Lastprofilzählers
- o Netzebene
- o Monat der Ablesung
- o Prognostizierter Jahresverbrauch in kWh gemäß Netzzugangsvertrag
- o Höchstleistung in kWh/h gemäß Netzzugangsvertrag
- o Bei Endverbrauchern mit Lastprofilzählern die Information, ob die Bilanzierung auf Stunden- oder Tagesbasis erfolgt und das Datum der letztmaligen Umstellung der Bilanzierungsmethode

Sowohl für den ***Strom-*** als auch ***Gasbereich*** hat bei Durchführung der Anmeldung durch den Lieferanten dieser den Endverbraucher über die Durchführung bzw. bei Fehlern über den Status der Anmeldung zu informieren.

3.3.2 Einleitung der Anmeldung durch den Netzbetreiber

Im Strombereich gilt Folgendes: Gibt der Endverbraucher dem Netzbetreiber den Wunsch bekannt, von einem neuen Lieferanten beliefert zu werden, hat der Netzbetreiber den neuen Lieferanten unverzüglich, jedoch längstens innerhalb von einem Arbeitstag von diesem Belieferungswunsch zu verständigen. Der Netzbetreiber hat mit dieser Verständigung dem neuen Lieferanten zeitgleich zumindest folgende Informationen zu übermitteln:

- o Vor- und Nachname bzw. Firma
- o Postleitzahl
- o Ort
- o Straßenbezeichnung
- o Hausnummer
- o Stiege
- o Stock
- o Türnummer
- o Zählpunktbezeichnung
- o Standardlastprofil gemäß Kapitel 6 der Sonstigen Marktregeln Strom
- o Energierichtung
- o Kontaktdaten des Endverbrauchers (Telefonnummer und/oder E-Mail Adresse)
- o Gewünschter Beginn der Belieferung

Im Gasbereich gilt Folgendes: Gibt der Endverbraucher dem Netzbetreiber den Wunsch bekannt, von einem neuen Lieferanten beliefert zu werden, hat der Netzbetreiber den neuen Lieferanten unverzüglich, jedoch längstens innerhalb von einem Arbeitstag von diesem Belieferungswunsch zu verständigen. Der Netzbetreiber hat mit dieser Verständigung dem neuen Lieferanten zeitgleich zumindest folgende Informationen zu übermitteln:

- Vor- und Nachnamen bzw. Firma
- Postleitzahl
- Ort
- Straßenbezeichnung
- Hausnummer
- Stiege
- Stock
- Türnummer
- Zählpunktbezeichnung
- Standardlastprofil gemäß Lastprofilverordnung 2006 idgF bzw. Vorliegen eines intelligenten Messgerätes oder eines Lastprofilzählers
- Netzebene
- Monat der Ablesung
- Prognostizierter Jahresverbrauch in kWh gemäß Netzzugangsvertrag
- Höchstleistung in kWh/h gemäß Netzzugangsvertrag
- Bei Endverbrauchern mit Lastprofilzählern die Information, ob die Bilanzierung auf Stunden- oder Tagesbasis erfolgt und das Datum der letztmaligen Umstellung der Bilanzierungsmethode
- Kontaktdaten des Endverbrauchers (Telefonnummer und/oder E-Mail Adresse)
- Gewünschter Beginn der Belieferung

Sowohl für den ***Strom-*** als auch ***Gasbereich*** hat der neue Lieferant dem Netzbetreiber innerhalb von 8 Arbeitstagen nach Einlangen dieser Informationen die Belieferung im Wege des Verfahrens der Anmeldung zu bestätigen und den Endverbraucher darüber zu informieren. Langt keine Bestätigung durch den Lieferanten im Wege der Wechselplattform innerhalb dieser Frist ein, ist das Verfahren der Anmeldung durch den Netzbetreiber abzubrechen. Der Netzbetreiber hat den Endverbraucher in geeigneter Weise unverzüglich über die Nichtbelieferung zu informieren.

3.3.3 Inbetriebnahme der Anlage

Im Strombereich gilt Folgendes: Sofern eine Messeinrichtung vorhanden ist, hat der Netzbetreiber die Anlage innerhalb von 2 Arbeitstagen nach Abschluss der Anmeldung, in Betrieb zu nehmen. Ist noch keine Messeinrichtung vorhanden, hat der Netzbetreiber die Anlage bei Endverbrauchern mit Standardlastprofil innerhalb von 3 Arbeitstagen bzw. bei Endverbrauchern, die mit Lastprofilzähler zu messen sind, innerhalb von 8 Arbeitstagen nach Abschluss der Anmeldung die Anlage in Betrieb zu nehmen. Ausgenommen davon sind Fälle, die nicht im Einflussbereich des Netzbetreibers liegen. Ist für die Belieferung mit Energie ein späterer Zeitpunkt vorgesehen, als jener, an dem die Inbetriebnahme frühestmöglich erfolgen könnte, hat diese Inbetriebnahme zu diesem vorgesehenen Zeitpunkt zu erfolgen.

Im Gasbereich gelten die Fristen gemäß § 5 Abs. 4 und Abs. 5 der Gasnetzdienstleistungsqualitätsverordnung idgF. Ist für die Belieferung mit Energie ein späterer Zeitpunkt vorgesehen, als jener, an dem die Inbetriebnahme frühestmöglich erfolgen könnte, hat diese Inbetriebnahme zu diesem vorgesehenen Zeitpunkt zu erfolgen.

3.3.4 Netzzugangsprüfung im Gasbereich für Anlagen in und außer Betrieb

E-ControlG +

Mit Einleitung der Anmeldung wird ***im Gasbereich*** sowohl für Anlagen in Betrieb als auch außer Betrieb auch die Prüfung des Netzzugangs durch den Netzbetreiber gestartet. Der Netzbetreiber hat die Netzzugangsprüfung mit dem Verteilergebietsmanager abzustimmen. Fällt die Prüfung des Netzzugangs negativ aus, ist die Anmeldung abzubrechen und eine entsprechende standardisierte Meldung an alle Beteiligten zu senden. Nach Beseitigung der Gründe für die Verweigerung des Netzzugangs gemäß § 33 Abs. 1 GWG 2011 kann die Anmeldung neu gestartet werden.

Für eine Netzzugangsprüfung gemäß § 28 Abs 3 Z 9 GWG 2011 gilt für bereits hergestellte Netzanschlüsse bei automatisierter Prüfung eine Frist von höchstens 24 Stunden und optional weiteren 72 Stunden bei Notwendigkeit einer manuellen Prüfung.

4. Abmeldung

4.1 Einleitung

Wird der Netznutzungsvertrag und/oder der Energieliefervertrag beendet, so hat die Abmeldung unter Einhaltung der folgenden Verfahrensschritte zu erfolgen.

Eine Automatisierung der Verfahrensschritte ist nicht zwingend erforderlich.

4.2 Beendigung des Energieliefervertrages und des Netznutzungsvertrages aufgrund Auszug des Endverbrauchers

Informiert der Endverbraucher den aktuellen Lieferanten über den Auszug, so hat der aktuelle Lieferant den Netzbetreiber mit einer standardisierten Meldung „Vertragsende aufgrund Auszug" ehestmöglich zu benachrichtigen.

Mit dieser Benachrichtigung sind folgende Daten des Endverbrauchers durch den aktuellen Lieferanten an den Netzbetreiber zu übermitteln:

- Vor- und Nachname bzw. Firma
- Zählpunktbezeichnung
- Postleitzahl
- Ort
- Straßenbezeichnung
- Hausnummer
- Stiege (optional)
- Stock (optional)
- Türnummer (optional)
- voraussichtlicher Abmeldezeitpunkt
- Zählerstand (optional)

Der Netzbetreiber hat zu prüfen, ob die übermittelten Daten mit den bei ihm vorliegenden Daten übereinstimmen und ob Verfahrensüberschneidungen vorliegen. Bei Vollständigkeit und Übereinstimmung der Daten und Nichtvorliegen von Verfahrensüberschneidungen, die eine Abmeldung verhindern, hat der Netzbetreiber dem aktuellen Lieferanten eine Bestätigung über die Abmeldung mit dem Abmeldungszeitpunkt, dem Vor- und Nachnamen bzw. Firmennamen, der Anlagenadresse sowie der Zählpunktbezeichnung innerhalb von 120 Stunden nach Übermittlung der Daten durch den aktuellen Lieferanten zu senden.

Bei Nichtübereinstimmung oder Unvollständigkeit der Daten oder Verfahrensüberschneidungen, die eine Abmeldung verhindern, hat der Netzbetreiber dem aktuellen Lieferanten eine standardisierte Meldung innerhalb von 120 Stunden nach Übermittlung der Daten durch den aktuellen Lieferanten zu senden.

Standardisierte Meldung	Anmerkungen
Endverbraucher nicht eindeutig identifiziert	
Endverbraucher nicht identifiziert	
Zählpunkt bereits abgemeldet	
Zählpunkt in Abmeldung	Zählpunkt befindet sich bereits im Abmeldeverfahren wurde aber noch nicht abgemeldet
Abmeldedatum nicht richtig	

Der Netzbetreiber hat nach Durchführung der Abmeldung weiters die für die Endabrechnung erforderlichen bis zum Abmeldezeitpunkt vorliegenden Verbrauchsdaten innerhalb von 3 Wochen nach dem Abmeldezeitpunkt zu senden. Lastprofilwerte von Endverbrauchern können auch außerhalb der Wechselplattform übermittelt werden.

Bei direkter durch den Endverbraucher erfolgender Information über den Auszug bei dem Netzbetreiber hat der Netzbetreiber die Richtigkeit der Daten zu prüfen und die Abmeldung innerhalb von 120 Stunden nach erfolgter Information durchzuführen. Der Netzbetreiber hat den aktuellen Lieferanten nach Durchführung der Abmeldung unverzüglich über den tatsächlichen Abmeldezeitpunkt, den Vor- und Nachnamen bzw. Firmennamen, die Anlagenadresse sowie die Zählpunktbezeichnung zu informieren und hat ihm die bis zum Abmeldezeitpunkt vorliegenden Verbrauchsdaten innerhalb von 3 Wochen nach dem Abmeldezeitpunkt zu senden. Lastprofilwerte von Endverbrauchern können auch außerhalb der Wechselplattform übermittelt werden.

Ändert sich der tatsächliche Abmeldezeitpunkt nach Übermittlung der Bestätigung über die Abmeldung, ist eine entsprechende Information über die Wechselplattform zu übermitteln.

4.3 Beendigung des Energieliefervertrages oder des Netznutzungsvertrages aus anderen Gründen

Wird der Energieliefervertrag aus anderen Gründen als einen Auszug des Endverbrauchers durch den Endverbraucher oder aktuellen Lieferanten beendet, hat der aktuelle Lieferant den Netzbetreiber mit standardisierter Meldung bis 12 Tage vor dem Ende des Energieliefervertrages zu informieren.

Für diese Information sind folgende Daten des Endverbrauchers zu übermitteln:

- Vor- und Nachname bzw. Firma
- Zählpunktbezeichnung
- Postleitzahl
- Ort
- Straßenbezeichnung
- Hausnummer
- Stiege (optional)
- Stock (optional)
- Türnummer (optional)
- voraussichtlicher Abmeldezeitpunkt
- Zählerstand (optional)

Übermittelt der aktuelle Lieferant dem Netzbetreiber die angeführten Daten, hat dieser zu prüfen, ob diese Daten mit den bei ihm vorliegenden Daten übereinstimmen und ob Verfahrensüberschneidungen vorliegen. Bei Vollständigkeit und Übereinstimmung der Daten und Nichtvorliegen von Verfahrensüberschneidungen, die eine Abmeldung verhindern, hat der Netzbetreiber dem aktuellen Lieferanten eine Bestätigung über die Abmeldung mit dem Abmeldungszeitpunkt, den Vor- und Nachnamen bzw. Firmennamen, der Anlagenadresse sowie der Zählpunktbezeichnung innerhalb von 120 Stunden nach

Übermittlung der Daten durch den aktuellen Lieferanten zu senden. Zeitgleich hat der Netzbetreiber den Endverbraucher über Konsequenzen eines fehlenden Energieliefervertrages zu informieren.

Der Netzbetreiber hat nach Durchführung der Abmeldung weiters die für die Endabrechnung erforderlichen bis zum Abmeldezeitpunkt vorliegenden Verbrauchsdaten innerhalb von 3 Wochen nach dem Abmeldezeitpunkt zu senden. Lastprofilwerte von Endverbrauchern können auch außerhalb der Wechselplattform übermittelt werden.

Bei Nichtübereinstimmung oder Unvollständigkeit der Daten oder Verfahrensüberschneidungen, die eine Abmeldung verhindern, hat der Netzbetreiber dem aktuellen Lieferanten eine standardisierte Meldung innerhalb von 120 Stunden nach Übermittlung der Daten durch den aktuellen Lieferanten zu senden.

Standardisierte Meldung	**Anmerkungen**
Endverbraucher nicht eindeutig identifiziert	
Endverbraucher nicht identifiziert	
Zählpunkt bereits abgemeldet	
Zählpunkt in Abmeldung	Zählpunkt befindet sich bereits im Abmeldeverfahren wurde aber noch nicht abgemeldet
Abmeldedatum nicht richtig	

Wird der Zählpunkt identifiziert, kann der Netzbetreiber gleichzeitig mit dieser standardisierten Meldung auch bei Bedarf weitere Daten an den aktuellen Lieferanten übermitteln.

Wird der Netznutzungsvertrag durch den Netzbetreiber aus anderen Gründen als einem Auszug beendet, hat der Netzbetreiber den aktuellen Lieferanten nach Durchführung der Abmeldung unverzüglich über den tatsächlichen Abmeldezeitpunkt, den Vor- und Nachnamen bzw. Firmennamen, die Anlagenadresse sowie die Zählpunktbezeichnung zu informieren und hat ihm die bis zum Abmeldezeitpunkt vorliegenden Verbrauchsdaten innerhalb von 3 Wochen nach dem Abmeldezeitpunkt zu senden. Lastprofilwerte von Endverbrauchern können auch außerhalb der Wechselplattform übermittelt werden.

Ändert sich der tatsächliche Abmeldezeitpunkt nach Übermittlung der Bestätigung über die Abmeldung, ist eine entsprechende Information über die Wechselplattform zu übermitteln.

E-ControlG +

5. Widerspruch gemäß § 80 Abs. 2 ElWOG 2010 sowie § 125 Abs. 2 GWG 2011

Endet ein Vertragsverhältnis gemäß § 80 Abs. 2 ElWOG 2010 sowie § 125 Abs. 2 GWG 2011, ist für die Belieferung durch einen neuen Lieferanten das Verfahren einer Anmeldung durchzuführen.

6. Anforderungen an die Wechselplattform und die daran angebundenen Systeme

6.1 Anbindung an die Wechselplattform

Die Anbindung der Lieferanten und Netzbetreiber an die Wechselplattform hat über eine standardisierte Schnittstelle zu erfolgen.

6.2 Normierte Schreibweise

Bei jeder Suchabfrage gemäß den im Anhang beschriebenen Verfahren ist, sofern dies Zeichenketten betrifft, eine Vereinheitlichung der Schreibweise der angegebenen Buchstaben durchzuführen. Dabei ist eine Kleinschreibung der gesamten Zeichenkette vorzusehen. Sonderzeichen sind zu entfernen. Umlaute sind durch eine entsprechende zweibuchstabige Schreibweise zu ersetzen. Ein scharfes „s“ ist durch ein „Doppel-s“ zu ersetzen. Eine Abkürzung von Straßennamen ist unzulässig. Hierfür ist die Kölner Phonetik anzuwenden.

6.3 Technische Antwortzeit

Der Zeitraum zwischen der Absendung und dem Empfang eines Datensatzes über die Wechselplattform hat durchschnittlich 5 Sekunden, längstens jedoch 15 Minuten zu betragen.
Die automatisierte Verarbeitung des Datensatzes durch Netzbetreiber oder Lieferanten hat durchschnittlich binnen 5 Sekunden, längstens jedoch binnen 15 Minuten zu erfolgen.

6.4 Datensätze

Jede Datenübermittlung hat in Form von Einzeldatensätzen zu erfolgen. Der Einzeldatensatz ist für eine Zählpunktbezeichnung vorzusehen und hat die für die jeweiligen erforderlichen Verfahrensschritte notwendigen Informationen, insbesondere die Angabe des Empfängers des zu übermittelnden Einzeldatensatzes sowie die Nennung des konkret erfolgenden Verfahrensschrittes zu enthalten. Je nach Abfolge der Verfahrensschritte wird der Einzeldatensatz mit unterschiedlichen Informationen befüllt.

Für die Zählpunkt- und Endverbraucheridentifikation mit Namen und Anlagenadresse und Einleitung der Anmeldung ist zunächst für die Suchabfrage ein Einzeldatensatz ohne Zählpunktbezeichnung vorzusehen. Bei einer Rückübermittlung der vollständigen Daten durch den Netzbetreiber ist, wenn die Anlagenadresse mehrere Zählpunkte hat, jede Zählpunktbezeichnung als Einzeldatensatz zu übermitteln.

Je Einzeldatensatz sind zumindest zwei durch die Wechselplattform zu definierende Identifikationsnummern vorzusehen. Für jede Datenübermittlung von einem Absender an einen Empfänger sind eine Transaktions-Identifikationsnummer sowie eine Anlagen-Identifikationsnummer je Anlagenadresse vorzusehen. Die Anlagen-Identifikationsnummer hat für sämtliche Zählpunktbezeichnungen dieser Anlagenadresse unverändert zu bleiben. Zusätzlich ist eine Fall-Identifikationsnummer je Zählpunktbezeichnung anzugeben, sofern eine Zählpunktbezeichnung bekannt ist. Die Anlagen-Identifikationsnummer sowie die Fall-Identifikationsnummer haben für sämtliche Verfahrensschritte und Transaktionen eines Verfahrens unverändert zu bleiben.

Zusätzlich zu den zwingend erforderlichen Identifikationsnummern ist vorzusehen, dass weitere Identifikationsnummern durch Lieferanten und Netzbetreiber angegeben werden können. Werden zusätzliche Identifikationsnummern angegeben, sind diese bei sämtlichen Verfahrensschritten eines Verfahrens mitanzuführen.

6.5 Sicherheit

Bei sämtlichen außerhalb oder über die Wechselplattform erfolgenden Datenübermittlungen ist sicherzustellen, dass die Übermittlung nach dem aktuellen Stand der Technik verschlüsselt erfolgt.

6.6 Format für schriftlich abgegebene Willenserklärungen

Liegen schriftliche Willenserklärungen vor, sind sie in PDF gemäß ISO-Norm 19005-2:2011 zur Verfügung zu stellen.

6.7 Technische Verfügbarkeit

Die technische Verfügbarkeit der Wechselplattform und der über die standardisierte Schnittstelle an die Wechselplattform angebundenen Systeme der Lieferanten und Netzbetreiber umfasst die Zeit innerhalb der die Wechselplattform und die daran angebundenen Systeme verfügbar sein müssen, um die in diesem Anhang beschriebenen Verfahrensschritte durchführen zu können.

Die Wechselplattform hat an Arbeitstagen von Montag bis Freitag zwischen 7 Uhr und 20 Uhr eine Verfügbarkeit von mindestens 99% aufzuweisen. Alle an die Wechselplattform über die standardisierte Schnittstelle angebundenen Systeme haben an Arbeitstagen von Montag bis Freitag zwischen 7 Uhr und 20 Uhr die Verfügbarkeit von mindestens 90% aufzuweisen. Außerhalb dieser Zeit haben die Wechselplattform und die daran angebundenen Systeme eine Verfügbarkeit von mindestens 50 % aufzuweisen.

Ist eine Übermittlung von standardisierten Meldungen an den vorgesehenen Empfänger im Ausnahmefall nicht möglich, hat die Verrechnungsstelle technische Vorkehrungen zu treffen, um eine Übermittlung unmittelbar nach Wegfall des Hindernisses sicherzustellen. Zu diesem Zweck kann die Verrechnungsstelle die dafür notwendigen Informationen unter Berücksichtigung der datenschutzrechtlichen Bestimmungen temporär speichern. Die in dieser Verordnung festgelegten Verfügbarkeitszeiten und Fristen bleiben davon unberührt.

83. Kartellgesetz 2005 (Auszug)

Bundesgesetz gegen Kartelle und andere Wettbewerbsbeschränkungen
StF: BGBl. I Nr. 61/2005
Letzte Novellierung: BGBl. I Nr. 176/2021

GLIEDERUNG

I. Hauptstück

Wettbewerbsbeschränkungen

1. Abschnitt

Kartelle

Kartellverbot

§ 1. (1) Verboten sind alle Vereinbarungen zwischen Unternehmern, Beschlüsse von Unternehmervereinigungen und aufeinander abgestimmte Verhaltensweisen, die eine Verhinderung, Einschränkung oder Verfälschung des Wettbewerbs bezwecken oder bewirken (Kartelle).

(2) Nach Abs. 1 sind insbesondere verboten

1. die unmittelbare oder mittelbare Festsetzung der An- oder Verkaufspreise oder sonstiger Geschäftsbedingungen;
2. die Einschränkung oder Kontrolle der Erzeugung, des Absatzes, der technischen Entwicklung oder der Investitionen;
3. die Aufteilung der Märkte oder Versorgungsquellen;
4. die Anwendung unterschiedlicher Bedingungen bei gleichwertigen Leistungen gegenüber Handelspartnern, wodurch diese im Wettbewerb benachteiligt werden;
5. die an den Abschluss von Verträgen geknüpfte Bedingung, dass die Vertragspartner zusätzliche Leistungen annehmen, die weder sachlich noch nach Handelsbrauch in Beziehung zum Vertragsgegenstand stehen.

(3) Die nach Abs. 1 verbotenen Vereinbarungen und Beschlüsse sind nichtig.

(4) Einem Kartell im Sinn des Abs. 1 stehen Empfehlungen zur Einhaltung bestimmter Preise, Preisgrenzen, Kalkulationsrichtlinien, Handelsspannen oder Rabatte gleich, durch die eine Beschränkung des Wettbewerbs bezweckt oder bewirkt wird (Empfehlungskartelle). Ausgenommen sind Empfehlungen, in denen ausdrücklich auf ihre Unverbindlichkeit hingewiesen wird und zu deren Durchsetzung wirtschaftlicher oder gesellschaftlicher Druck weder ausgeübt werden soll noch ausgeübt wird.

Ausnahmen

§ 2. (1) Vom Verbot nach § 1 sind Kartelle ausgenommen, die unter angemessener Beteiligung der Verbraucher an dem entstehenden Gewinn zur Verbesserung der Warenerzeugung oder -verteilung oder zur Förderung des technischen oder wirtschaftlichen Fortschritts beitragen, ohne dass den beteiligten Unternehmern

a) Beschränkungen auferlegt werden, die für die Verwirklichung dieser Ziele nicht unerlässlich sind, oder

b) Möglichkeiten eröffnet werden, für einen wesentlichen Teil der betreffenden Waren den Wettbewerb auszuschalten.

Die Verbraucher sind auch dann angemessen beteiligt, wenn der Gewinn, der aus der Verbesserung der Warenerzeugung oder -verteilung oder der Förderung des technischen oder wirtschaftlichen Fortschritts entsteht, zu einer ökologisch nachhaltigen oder klimaneutralen Wirtschaft wesentlich beiträgt.

(2) Jedenfalls vom Verbot nach § 1 ausgenommen sind die folgenden Kartelle:

1. Kartelle, an denen Unternehmer beteiligt sind, die zueinander im Wettbewerb stehen und gemeinsam am relevanten Markt einen Anteil von nicht mehr als 10 % haben, oder Kartelle, an denen Unternehmer beteiligt sind, die nicht miteinander im Wettbewerb stehen und die jeweils am relevanten Markt einen Anteil von nicht mehr als 15 % haben, sofern sie in beiden Fällen weder die Festsetzung der Verkaufspreise, die Einschränkung der Erzeugung oder des Absatzes noch die Aufteilung der Märkte bezwecken (Bagatellkartelle);
2. Vereinbarungen über die Bindung des Letztverkäufers im Handel mit Büchern, Kunstdrucken, Musikalien, Zeitschriften und Zeitungen an den vom Verleger festgesetzten Verkaufspreis, sowie Vereinbarungen zwischen Zeitungs- und Zeitschriftenverlagen einerseits und Unternehmen, die Zeitschriften oder Zeitungen mit Remissionsrecht beziehen und mit einem solchen an Letztverkäufer verkaufen (Pressegrossisten), andererseits, soweit diese Vereinbarungen für den flächendeckenden und diskriminierungsfreien Vertrieb von Zeitungs- und Zeitschriftensortimenten im stationären Einzelhandel erforderlich sind;
3. Wettbewerbsbeschränkungen zwischen Genossenschaftsmitgliedern sowie zwischen diesen und der Genossenschaft, soweit diese Wettbewerbsbeschränkungen durch die Erfüllung des Förderungsauftrags von Genossenschaften (§ 1 des Gesetzes über Erwerbs- und Wirtschaftsgenossenschaften, RGBl. Nr. 70/1873) berechtigt sind;

(Anm.: Z 4 aufgehoben durch BGBl. I Nr. 13/2013)

5. Vereinbarungen, Beschlüsse und Verhaltensweisen von landwirtschaftlichen Erzeugerbetrieben, Vereinigungen von landwirtschaftlichen Erzeugerbetrieben oder Vereinigungen von solchen Erzeugervereinigungen über

a) die Erzeugung oder den Absatz landwirtschaftlicher Erzeugnisse oder
b) die Benutzung gemeinschaftlicher Einrichtungen für die Lagerung, Be- oder Verarbeitung landwirtschaftlicher Erzeugnisse,

sofern sie keine Preisbindung enthalten und den Wettbewerb nicht ausschließen. Als landwirtschaftliche Erzeugerbetriebe gelten auch Pflanzen- und Tierzuchtbetriebe und die auf der Stufe dieser Betriebe tätigen Unternehmen. Landwirtschaftliche Erzeugnisse sind die in Anhang II des Vertrages zur Gründung der Europäischen Gemeinschaft angeführten Erzeugnisse sowie die durch Be- oder Verarbeitung dieser Erzeugnisse gewonnenen Waren, deren Be- oder Verarbeitung durch landwirtschaftliche Erzeugerbetriebe oder ihre Vereinigungen üblicherweise durchgeführt werden.

Freistellungsverordnungen

§ 3. (1) Der Bundesminister für Justiz kann im Einvernehmen mit dem Bundesminister für Wirtschaft, Familie und Jugend durch Verordnung feststellen, dass bestimmte Gruppen von Kartellen nach § 2 Abs. 1 vom Kartellverbot ausgenommen sind. In solchen Verordnungen kann auf die jeweils geltende Fassung einer Verordnung nach Art. 101 Abs. 3 AEUV verwiesen werden.

(2) Soweit eine Verordnung nach Abs. 1 besondere Bestimmungen für Kreditinstitute, Unternehmen der Vertragsversicherung oder Pensionskassen enthält, ist sie auch im Einvernehmen mit dem Bundesminister für Finanzen zu erlassen.

2. Abschnitt
Marktbeherrschung
Begriffsbestimmung

§ 4. (1) Marktbeherrschend im Sinn dieses Bundesgesetzes ist ein Unternehmer, der als Anbieter oder Nachfrager

1. keinem oder nur unwesentlichem Wettbewerb ausgesetzt ist oder
2. eine im Verhältnis zu den anderen Wettbewerbern überragende Marktstellung hat; dabei sind insbesondere die Finanzkraft, die Beziehungen zu anderen Unternehmern, die Zugangsmöglichkeiten zu den Beschaffungs- und Absatzmärkten, die Bedeutung seiner Vermittlungsleistungen für den Zugang anderer Unternehmer zu Beschaffungs- und Absatzmärkten, der Zugang zu wettbewerblich relevanten Daten, der aus Netzwerkeffekten gezogene Nutzen sowie die Umstände zu berücksichtigen, die den Marktzutritt für andere Unternehmer beschränken.

(1a) Zwei oder mehr Unternehmer sind marktbeherrschend, wenn zwischen ihnen ein wesentlicher Wettbewerb nicht besteht und sie in ihrer Gesamtheit die Voraussetzungen des Abs. 1 erfüllen.

(2) Wenn ein Unternehmer als Anbieter oder Nachfrager am relevanten Markt

1. einen Anteil von mindestens 30% hat oder
2. einen Anteil von mehr als 5% hat und dem Wettbewerb von höchstens zwei Unternehmern ausgesetzt ist oder

3. einen Anteil von mehr als 5% hat und zu den vier größten Unternehmern auf diesem Markt gehört, die zusammen einen Anteil von mindestens 80% haben, dann trifft ihn die Beweislast, dass die Voraussetzungen nach Abs. 1 nicht vorliegen.

(2a) Wenn eine Gesamtheit von Unternehmern als Anbieter oder Nachfrager am relevanten Markt zusammen

1. einen Anteil von mindestens 50 % hat und aus drei oder weniger Unternehmern besteht oder
2. einen Anteil von mindestens zwei Dritteln hat und aus fünf oder weniger Unternehmern besteht,

dann trifft die beteiligten Unternehmer die Beweislast, dass die Voraussetzungen nach Abs. 1a nicht bestehen.

(Anm.: Abs, 3 aufgehoben durch BGBl. I Nr. 176/2021)

Relative Marktmacht

§ 4a. Als marktbeherrschend gilt auch ein Unternehmer, der eine im Verhältnis zu seinen Abnehmern oder Lieferanten überragende Marktstellung hat; eine solche liegt insbesondere vor, wenn diese zur Vermeidung schwerwiegender betriebswirtschaftlicher Nachteile auf die Aufrechterhaltung der Geschäftsbeziehung angewiesen sind. Ein Unternehmer, der als Vermittler auf einem mehrseitigen digitalen Markt tätig ist, gilt auch als marktbeherrschend, wenn die Nachfrager seiner Vermittlungsleistungen auf die Begründung einer Geschäftsbeziehung zur Vermeidung schwerwiegender betriebswirtschaftlicher Nachteile angewiesen sind.

Missbrauchsverbot

§ 5. (1) Der Missbrauch einer marktbeherrschenden Stellung ist verboten. Dieser Missbrauch kann insbesondere in Folgendem bestehen:

1. der Forderung nach Einkaufs- oder Verkaufspreisen oder nach sonstigen Geschäftsbedingungen, die von denjenigen abweichen, die sich bei wirksamem Wettbewerb mit hoher Wahrscheinlichkeit ergeben würden, wobei insbesondere die Verhaltensweisen von Unternehmern auf vergleichbaren Märkten mit wirksamem Wettbewerb zu berücksichtigen sind,
2. der Einschränkung der Erzeugung, des Absatzes oder der technischen Entwicklung zum Schaden der Verbraucher,
3. der Benachteiligung von Vertragspartnern im Wettbewerb durch Anwendung unterschiedlicher Bedingungen bei gleichwertigen Leistungen,
4. der an die Vertragsschließung geknüpften Bedingung, dass die Vertragspartner zusätzliche Leistungen annehmen, die weder sachlich noch nach Handelsbrauch in Beziehung zum Vertragsgegenstand stehen,
5. dem sachlich nicht gerechtfertigten Verkauf von Waren unter dem Einstandspreis.

(2) Im Fall des Abs. 1 Z 5 trifft den marktbeherrschenden Unternehmer die Beweislast für die Widerlegung des Anscheins eines Verkaufs unter dem Einstandspreis sowie für die sachliche Rechtfertigung eines solchen Verkaufs.

Verbot von Vergeltungsmaßnahmen

§ 6. Ein Verfahren zur Abstellung des Missbrauchs einer marktbeherrschenden Stellung (§ 26) oder eine darauf gerichtete Beschwerde an eine Amtspartei (§ 40) darf vom marktbeherrschenden Unternehmer nicht zum Anlass genommen werden, den durch den Missbrauch unmittelbar betroffenen Unternehmer von einer weiteren Belieferung oder Abnahme zu angemessenen Bedingungen auszuschließen.

3. Abschnitt
Zusammenschlüsse

Begriffsbestimmung

§ 7. (1) Als Zusammenschluss im Sinn dieses Bundesgesetzes gelten

1. der Erwerb eines Unternehmens, ganz oder zu einem wesentlichen Teil, durch einen Unternehmer, insbesondere durch Verschmelzung oder Umwandlung,
2. der Erwerb eines Rechts durch einen Unternehmer an der Betriebsstätte eines anderen Unternehmers durch Betriebsüberlassungs- oder Betriebsführungsverträge,
3. der unmittelbare oder mittelbare Erwerb von Anteilen an einer Gesellschaft, die Unternehmer ist, durch einen anderen Unternehmer sowohl dann, wenn dadurch ein Beteiligungsgrad von 25%, als auch dann, wenn dadurch ein solcher von 50% erreicht oder überschritten wird,
4. das Herbeiführen der Personengleichheit von mindestens der Hälfte der Mitglieder der zur Geschäftsführung berufenen Organe oder der Aufsichtsräte von zwei oder mehreren Gesellschaften, die Unternehmer sind,
5. jede sonstige Verbindung von Unternehmen, auf Grund deren ein Unternehmer unmittelbar oder mittelbar einen beherrschenden Einfluss auf ein anderes Unternehmen ausüben kann.

(2) Als Zusammenschluss gilt auch die Gründung eines Gemeinschaftsunternehmens, das auf Dauer alle Funktionen einer selbständigen wirtschaftlichen Einheit erfüllt.

(Anm.: Abs. 3 aufgehoben durch BGBl. I Nr. 13/2013)

(4) Gehören alle beteiligten Unternehmen einem Konzern (§ 15 Aktiengesetz 1965, BGBl. Nr. 98,

§ 115 des Gesetzes über Gesellschaften mit beschränkter Haftung, RGBl. Nr. 58/1906) an, so liegt kein Zusammenschluss vor.

Medienzusammenschlüsse

§ 8. (1) Ein Zusammenschluss ist ein Medienzusammenschluss, wenn mindestens zwei der beteiligten Unternehmer beziehungsweise Unternehmen zu einer der folgenden Gruppen gehören:

1. Medienunternehmen oder Mediendienste (§ 1 Abs. 1 Z 6 und 7 Mediengesetz, BGBl. Nr. 314/1981),
2. Medienhilfsunternehmen (Abs. 2) oder
3. Unternehmen, die an einem Medienunternehmen, Mediendienst oder Medienhilfsunternehmen einzeln oder gemeinsam mittelbar oder unmittelbar zu mindestens 25% beteiligt sind.

(2) Als Medienhilfsunternehmen im Sinn dieses Bundesgesetzes gelten

1. Verlage, sofern sie nicht Medienunternehmen sind,
2. Druckereien und Unternehmen der Druckvorstufe (Repro- und Satzanstalten),
3. Unternehmen, die Werbeaufträge beschaffen oder vermitteln,
4. Unternehmen, die den Vertrieb von Medienstücken im großen besorgen,
5. Filmverleihunternehmen.

(3) Ein Zusammenschluss ist ein Medienzusammenschluss auch dann, wenn nur eines der beteiligten Unternehmen zu den im Abs. 1 Z 1 bis 3 aufgezählten Unternehmen gehört und an mindestens einem weiteren am Zusammenschluss beteiligten Unternehmen ein oder mehrere Medienunternehmen, Mediendienste oder Medienhilfsunternehmen mittelbar oder unmittelbar insgesamt zu mindestens 25% beteiligt sind.

Anmeldebedürftige Zusammenschlüsse

§ 9. (1) Zusammenschlüsse bedürfen der Anmeldung bei der Bundeswettbewerbsbehörde, wenn die beteiligten Unternehmen im letzten Geschäftsjahr vor dem Zusammenschluss die folgenden Umsatzerlöse erzielten:

1. weltweit insgesamt mehr als 300 Millionen Euro,
2. im Inland insgesamt mehr als 30 Millionen Euro, davon mindestens zwei Unternehmen jeweils mehr als eine Million Euro, und
3. mindestens zwei Unternehmen weltweit jeweils mehr als fünf Millionen Euro.

(2) Ausgenommen von Abs. 1 sind Zusammenschlüsse, wenn die beteiligten Unternehmen im letzten Geschäftsjahr vor dem Zusammenschluss die folgenden Umsatzerlöse erzielten:

1. nur eines der beteiligten Unternehmen im Inland mehr als fünf Millionen Euro und
2. die übrigen beteiligten Unternehmen weltweit insgesamt nicht mehr als 30 Millionen Euro.

(3) Bei der Anwendung der Abs. 1 Z 1 und 2 und des Abs. 2 Z 2 auf Medienzusammenschlüsse (§ 8) sind die Umsatzerlöse von Medienunternehmen und Mediendiensten mit 200, die Umsatzerlöse von Medienhilfsunternehmen mit 20 zu multiplizieren.

(4) Zusammenschlüsse, auf die Abs. 1 nicht anwendbar ist, bedürfen auch der Anmeldung bei der Bundeswettbewerbsbehörde, wenn

1. die beteiligten Unternehmen im letzten Geschäftsjahr vor dem Zusammenschluss Umsatzerlöse von weltweit insgesamt mehr als 300 Millionen Euro erzielten,
2. die beteiligten Unternehmen im letzten Geschäftsjahr vor dem Zusammenschluss im Inland Umsatzerlöse von insgesamt mehr als 15 Millionen Euro erzielten,
3. der Wert der Gegenleistung für den Zusammenschluss mehr als 200 Millionen Euro beträgt und
4. das zu erwerbende Unternehmen in erheblichem Umfang im Inland tätig ist.

Anmeldung

§ 10. (1) Zur Anmeldung ist jeder am Zusammenschluss beteiligte Unternehmer berechtigt. Sofern die Anmeldung nicht elektronisch eingebracht wird, ist sie mit den Beilagen in vier Gleichschriften einzubringen. Die Anmeldung hat zu enthalten:

1. genaue und erschöpfende Angaben zu den Umständen, durch die eine marktbeherrschende Stellung entsteht oder verstärkt werden kann oder sonst wirksamer Wettbewerb erheblich behindert werden kann, vor allem
   a) zur Unternehmensstruktur, und zwar insbesondere für jedes beteiligte Unternehmen die Angabe
      – der Eigentumsverhältnisse einschließlich von Unternehmensverbindungen im Sinn des § 7,
      – der im letzten Geschäftsjahr vor dem Zusammenschluss erzielten Umsätze (Menge und Erlöse) getrennt nach bestimmten Waren und Dienstleistungen im Sinn des § 23,
   b) für jedes beteiligte Unternehmen die Angabe der Marktanteile bei den in lit. a angeführten Waren und Dienstleistungen,
   c) zur allgemeinen Marktstruktur;
2. wenn es sich um einen Medienzusammenschluss handelt, auch genaue und erschöpfende Angaben zu den Umständen, durch die die Medienvielfalt überdies beeinträchtigt werden kann.

(2) Der Bundesminister für Justiz kann im Einvernehmen mit dem Bundesminister für Wirtschaft und Arbeit durch Verordnung nähere Bestimmungen über Form und Inhalt von Anmeldungen erlassen.

(3) Unverzüglich nach dem Einlangen der Anmeldung hat die Bundeswettbewerbsbehörde

1. die Anmeldung und ihre Beilagen an den Bundeskartellanwalt weiterzuleiten;
2. die Anmeldung öffentlich bekanntzumachen. Die Bekanntmachung hat den Namen der Beteiligten und in kurzer Form die Art des Zusammenschlusses, die betroffenen Geschäftszweige sowie alle sonstigen für die rechtmäßige Durchführung des Zusammenschlusses maßgeblichen Umstände anzugeben. Ebenso ist jede Änderung der Anmeldung, die bekannt zu machende Tatsachen betrifft, bekannt zu machen.

(4) Jeder Unternehmer, dessen rechtliche oder wirtschaftliche Interessen durch den Zusammenschluss berührt werden, kann binnen 14 Tagen ab der Bekanntmachung nach Abs. 3 gegenüber der Bundeswettbewerbsbehörde und dem Bundeskartellanwalt eine schriftliche Äußerung abgeben; darauf ist in der Bekanntmachung hinzuweisen. Der Einschreiter hat kein Recht auf eine bestimmte Behandlung der Äußerung. Die Amtspartei (§ 40), bei der eine solche Äußerung einlangt, hat die andere Amtspartei hievon unverzüglich zu verständigen.

Prüfungsantrag

§ 11. (1) Binnen vier Wochen nach dem Einlangen der dem § 10a WettbG entsprechenden Anmeldung bei der Bundeswettbewerbsbehörde können die Amtsparteien (§ 40) beim Kartellgericht die Prüfung des Zusammenschlusses beantragen.

(1a) Die Frist nach Abs. 1 verlängert sich auf sechs Wochen, wenn dies der Anmelder innerhalb der vierwöchigen Frist gegenüber der Bundeswettbewerbsbehörde begehrt. Die Bundeswettbewerbsbehörde hat das Begehren unverzüglich an den Bundeskartellanwalt weiterzuleiten. In einem Prüfungsantrag ist auf die Fristverlängerung unter Anschluss des Begehrens hinzuweisen.

(2) Wenn ein Prüfungsantrag gestellt worden ist, hat die Bundeswettbewerbsbehörde dies unverzüglich öffentlich bekannt zu machen.

(3) Jeder Unternehmer, dessen rechtliche oder wirtschaftliche Interessen durch den Zusammenschluss berührt werden, kann im Prüfungsverfahren gegenüber dem Kartellgericht schriftliche Äußerungen abgeben; darauf ist in der Bekanntmachung hinzuweisen. Der Einschreiter erlangt hiedurch keine Parteistellung.

(4) Vor Ablauf der Frist können die Amtsparteien gegenüber dem Anmelder auf die Stellung eines Prüfungsantrags verzichten. Haben sie auf die Stellung eines Prüfungsantrags zwar nicht verzichtet, innerhalb der Antragsfrist aber keinen Prüfungsantrag gestellt, dann haben sie dies dem Anmelder unverzüglich mitzuteilen.

Prüfung

§ 12. (1) Wenn die Prüfung des Zusammenschlusses beantragt worden ist, hat das Kartellgericht

1. den Antrag zurückzuweisen, wenn kein anmeldebedürftiger Zusammenschluss vorliegt;
2. den Zusammenschluss zu untersagen, wenn zu erwarten ist, dass
   a. durch den Zusammenschluss eine marktbeherrschende Stellung (§ 4) entsteht oder verstärkt wird oder
   b. wirksamer Wettbewerb sonst erheblich behindert wird;

oder, wenn dies nicht der Fall ist,

3. auszusprechen, dass der Zusammenschluss nicht untersagt wird.

(2) Trotz Vorliegens der Untersagungsvoraussetzungen nach Abs. 1 hat das Kartellgericht auszusprechen, dass der Zusammenschluss nicht untersagt wird, wenn

1. zu erwarten ist, dass durch den Zusammenschluss auch Verbesserungen der Wettbewerbsbedingungen eintreten, die die Nachteile des Zusammenschlusses überwiegen,
2. der Zusammenschluss zur Erhaltung oder Verbesserung der internationalen Wettbewerbsfähigkeit der beteiligten Unternehmen notwendig und volkswirtschaftlich gerechtfertigt ist, oder
3. die volkswirtschaftlichen Vorteile die Nachteile des Zusammenschlusses erheblich überwiegen.

(3) Wenn die Voraussetzungen sonst nicht gegeben sind, kann das Kartellgericht den Ausspruch, dass der Zusammenschluss nicht untersagt wird, mit entsprechenden Beschränkungen oder Auflagen verbinden. Wenn sich nach diesem Ausspruch die maßgeblichen Umstände ändern, kann das Kartellgericht auf Antrag eines am Zusammenschluss beteiligten Unternehmers erteilte Beschränkungen oder Auflagen ändern oder aufheben.

Prüfung von Medienzusammenschlüssen

§ 13. (1) Ein Medienzusammenschluss ist nach § 12 auch dann zu untersagen, wenn zu erwarten ist, dass durch den Zusammenschluss die Medienvielfalt beeinträchtigt wird. § 12 Abs. 2 Z 2 gilt auch für diesen Fall.

(2) Unter Medienvielfalt ist eine Vielfalt von selbständigen Medienunternehmen zu verstehen, die nicht im Sinne des § 7 miteinander verbunden sind und durch die eine Berichterstattung unter Berücksichtigung unterschiedlicher Meinungen gewährleistet wird.

Entscheidungsfristen

§ 14. (1) Das Kartellgericht darf den Zusammenschluss nur binnen fünf Monaten nach dem Einlangen des Prüfungsantrags bzw. des ersten von zwei Prüfungsanträgen untersagen. Diese Frist verlängert sich auf sechs Monate, wenn dies der Anmelder innerhalb der fünfmonatigen Frist gegenüber dem Kartellgericht begehrt. Nach Ablauf dieser Fristen und nach Zurückziehung des oder

der Prüfungsanträge hat das Kartellgericht das Prüfungsverfahren einzustellen.

(2) Über Rekurse gegen die Entscheidung des Kartellgerichts hat das Kartellobergericht binnen zwei Monaten nach dem Einlangen der Akten zu entscheiden.

Bekanntmachung von Entscheidungen

§ 15. Die Bundeswettbewerbsbehörde hat den Spruch von Entscheidungen, mit denen ein Zusammenschluss mit Beschränkungen oder Auflagen im Sinn des § 12 Abs. 3 nicht untersagt wird, nach deren Rechtskraft öffentlich bekanntzumachen.

Nachträgliche Maßnahmen

§ 16. Nach der zulässigen Durchführung eines anmeldebedürftigen Zusammenschlusses kann das Kartellgericht den am Zusammenschluss beteiligten Unternehmern unter Beachtung des Grundsatzes der Verhältnismäßigkeit nachträglich Maßnahmen auftragen, durch die die Wirkungen des Zusammenschlusses abgeschwächt oder beseitigt werden, wenn

1. die Nichtuntersagung des Zusammenschlusses bzw. der Verzicht auf einen Prüfungsantrag, die Unterlassung eines Prüfungsantrags oder die Zurückziehung eines Prüfungsantrags auf unrichtigen oder unvollständigen Angaben beruht, die von einem der beteiligten Unternehmen zu vertreten sind, oder
2. einer mit der Nichtuntersagung verbundenen Auflage zuwidergehandelt wird.

Durchführungsverbot

§ 17. (1) Ein anmeldebedürftiger Zusammenschluss darf erst durchgeführt werden, wenn die Amtsparteien auf die Stellung eines Prüfungsantrags verzichtet oder innerhalb der Antragsfrist keinen Prüfungsantrag gestellt haben. Wenn ein Prüfungsantrag gestellt worden ist, dürfen sie erst nach Einstellung des Prüfungsverfahrens oder nach Rechtskraft der Entscheidung durchgeführt werden, womit das Kartellgericht den Antrag zurückgewiesen oder den Zusammenschluss nicht untersagt hat.

(2) Wenn ein Zusammenschluss mit Beschränkungen oder Auflagen im Sinn des § 12 Abs. 3 nicht untersagt worden ist, ist die Durchführung des Zusammenschlusses anders als mit diesen Beschränkungen oder Auflagen verboten. Gleiches gilt, wenn sich die am Zusammenschluss beteiligten Unternehmer gegenüber einer Amtspartei (§ 40) zur Einhaltung von Beschränkungen oder Auflagen verpflichtet haben, um die Unterlassung oder Zurückziehung eines Prüfungsantrags zu erreichen.

(3) Verträge sind unwirksam, soweit sie dem Durchführungsverbot widersprechen.

Verordnungsermächtigung

§ 18. (1) Die Bundesministerin für Justiz kann nach Anhörung der Wettbewerbskommission im Einvernehmen mit dem Bundesminister für Wirtschaft, Familie und Jugend durch Verordnung anordnen, dass bei der Anwendung des § 9 Abs. 1 und 2 die Umsatzerlöse, die auf einem bestimmten Markt (§ 23) erzielt werden, mit einem bestimmten Faktor zu multiplizieren sind.

(2) Eine Verordnung nach Abs. 1 kann erlassen werden, wenn wegen der Besonderheiten des betroffenen Marktes auch Zusammenschlüsse umsatzschwächerer Unternehmen zu schwerwiegenden Beeinträchtigungen des Wettbewerbs auf diesem Markt führen können und diese Beeinträchtigungen nicht durch andere wettbewerbs- oder handelspolitische Maßnahmen verhindert werden können. Hiebei sind insbesondere die folgenden Umstände zu berücksichtigen:

1. der Umfang der auf dem betroffenen Markt insgesamt erzielten Umsatzerlöse,
2. Umstände, die den Marktzutritt für andere Unternehmer beschränken,
3. die Verflechtung des betroffenen Marktes mit den ausländischen Märkten.

Ausnahmen

§ 19. (1) Die §§ 7 bis 18 gelten nicht für den Erwerb von Anteilen an einer Gesellschaft, die Unternehmer ist,

1. wenn ein Kreditinstitut die Anteile zum Zweck der Veräußerung erwirbt;
2. wenn ein Kreditinstitut die Anteile zum Zweck der Sanierung einer notleidenden Gesellschaft oder der Sicherung von Forderungen gegen die Gesellschaft erwirbt;
3. wenn die Anteile in Ausübung des Beteiligungsfonds- oder des Kapitalfinanzierungsgeschäftes (§ 1 Abs. 1 Z 14 und 15 BWG) oder sonst durch eine Gesellschaft erworben werden, deren einziger Zweck darin besteht, Beteiligungen an anderen Unternehmen zu erwerben sowie die Verwaltung und Verwertung dieser Beteiligungen wahrzunehmen.

(2) Wenn der Anteilserwerb ohne die Ausnahme nach Abs. 1 ein anmeldebedürftiger Zusammenschluss wäre, gelten für den Erwerber der Anteile die folgenden Beschränkungen:

1. Der Erwerber darf die mit den Anteilen verbundenen Stimmrechte nicht ausüben, um das Wettbewerbsverhalten des Unternehmens zu bestimmen; die Stimmrechte dürfen jedoch ausgeübt werden, um den vollen Wert der Investition zu erhalten sowie um eine Veräußerung der Gesamtheit oder von Teilen des Unternehmens oder seiner Vermögenswerte oder die Veräußerung der Anteile vorzubereiten;

2. er muss die Anteile im Fall des Abs. 1 Z 1 binnen einem Jahr, im Fall des Abs. 1 Z 2 nach Beendigung des Sanierungsbeziehungsweise Sicherungszweckes wiederveräußern.

(3) Das Kartellgericht hat dem Erwerber der Anteile aufzutragen, ein gegen Abs. 2 verstoßendes Verhalten abzustellen. Das Kartellgericht hat hiebei die Einjahresfrist nach Abs. 2 Z 2 zu verlängern, wenn die Veräußerung innerhalb der Frist unzumutbar ist.

4. Abschnitt
Gemeinsame Bestimmungen
Wirtschaftliche Betrachtungsweise

§ 20. Für die Beurteilung eines Sachverhalts nach diesem Bundesgesetz ist in wirtschaftlicher Betrachtungsweise der wahre wirtschaftliche Gehalt und nicht die äußere Erscheinungsform des Sachverhalts maßgebend.

Berechnung von Marktanteilen

§ 21. Bei der Anwendung dieses Bundesgesetzes sind Marktanteile nach den folgenden Grundsätzen zu berechnen:

1. es ist auf eine bestimmte Ware oder Leistung (§ 23) abzustellen;
2. Unternehmen, die in der im § 7 beschriebenen Form miteinander verbunden sind, gelten als ein einziges Unternehmen;
3. bei der Berechnung von Anteilen auf dem inländischen Markt sind auch die inländischen Marktanteile ausländischer Unternehmer zu berücksichtigen.

Berechnung des Umsatzerlöses

§ 22. Bei der Anwendung dieses Bundesgesetzes sind Umsatzerlöse nach den folgenden Grundsätzen zu berechnen:

1. Unternehmen, die in der im § 7 beschriebenen Form miteinander verbunden sind, gelten als ein einziges Unternehmen; Umsätze aus Lieferungen und Leistungen zwischen diesen Unternehmen (Innenumsätze) sind in die Berechnung nicht einzubeziehen;
2. bei Kreditinstituten tritt an die Stelle der Umsatzerlöse die Summe der folgenden Ertragsposten:

a) Zinserträge und ähnliche Erträge,
b) Erträge aus Aktien, anderen Anteilsrechten und nicht festverzinslichen Wertpapieren, Erträge aus Beteiligungen und Erträge aus Anteilen an verbundenen Unternehmen,
c) Provisionserträge,
d) Nettoerträge aus Finanzgeschäften und
e) sonstige betriebliche Erträge;

3. bei Versicherungsunternehmungen treten an die Stelle der Umsatzerlöse die Prämieneinnahmen.

Bestimmte Ware oder Leistung

§ 23. Als bestimmte Ware (Leistung) im Sinn dieses Bundesgesetzes gelten alle Waren (Leistungen), die unter den gegebenen Marktverhältnissen der Deckung desselben Bedarfes dienen.

Anwendungsbereich

§ 24. *(Anm.: Abs. 1 aufgehoben durch BGBl. I Nr. 51/2012)*

(2) Dieses Bundesgesetz ist nur anzuwenden, soweit sich ein Sachverhalt auf den inländischen Markt auswirkt, unabhängig davon, ob er im Inland oder im Ausland verwirklicht worden ist.

(3) Dieses Bundesgesetz ist nicht anzuwenden

1. auf einen Sachverhalt der auf Grund gesetzlicher Bestimmungen der Aufsicht der Finanzmarktaufsichtsbehörde über Kreditinstitute, Bausparkassen oder private Versicherungsunternehmungen oder des Bundesministers für Verkehr, Innovation und Technologie über Verkehrsunternehmen unterliegt; dies gilt jedoch nicht für Prämienbeträge des Unternehmenstarifs in der Kraftfahrzeug-Haftpflichtversicherung,
2. auf staatliche Monopolunternehmen, soweit sie in Ausübung der ihnen gesetzlich übertragenen Monopolbefugnisse tätig werden.

Verhältnis zu anderen Rechtsvorschriften

§ 25. Rechtsvorschriften, die Preise, Preisgrenzen oder Kalkulationsrichtlinien festsetzen oder zu ihrer Festsetzung ermächtigen, werden durch dieses Bundesgesetz nicht berührt.

4. Abschnitt
Gemeinsame Bestimmungen
Antragsprinzip

§ 36. (1) Das Kartellgericht entscheidet grundsätzlich nur auf Antrag.

(1a) Ein Antrag auf Verhängung von Geldbußen hat ein bestimmtes Begehren zu enthalten, das die Bezeichnung der belangten Unternehmer oder Unternehmervereinigungen sowie Angaben über die näheren Umstände des Verstoßes enthält. Ferner sind im Antrag die Ergebnisse des von der antragstellenden Amtspartei durchgeführten Ermittlungsverfahrens zusammenzufassen und die Beweise anzuführen, die vom Kartellgericht aufgenommen werden sollen. Wird eine Geldbuße in bestimmter Höhe beantragt, so ist auch dies zu begründen.

(2) Zum Antrag auf Prüfung von Zusammenschlüssen, auf nachträgliche Maßnahmen nach § 16 Z 1, auf eine Feststellung nach § 28 Abs. 1a Z 1 sowie auf Verhängung von Geldbußen und Zwangsgeldern sind nur die Bundeswettbewerbsbehörde und der Bundeskartellanwalt berechtigt. Das Kartellgericht darf keine höhere Geldbuße und kein höheres Zwangsgeld verhängen als beantragt.

(2a) Zum Antrag auf eine Feststellung nach § 28a sind nur die Bundeswettbewerbsbehörde, der Bundeskartellanwalt und die durch bundesgesetzliche Vorschriften zur Regulierung bestimmter Wirtschaftszweige eingerichteten Behörden (Regulatoren) berechtigt.

(3) Hat die Bundeswettbewerbsbehörde den Bundeskartellanwalt benachrichtigt, dass sie gegen einen Unternehmer oder eine Unternehmervereinigung im Sinn des § 11b Abs. 1 und 2 WettbG vorgeht, dann entfällt die Berechtigung des Bundeskartellanwaltes wegen der gegenständlichen Zuwiderhandlung einen Antrag auf Verhängung einer Geldbuße zu stellen.

(4) In allen anderen Fällen sind zum Antrag berechtigt:

1. die Bundeswettbewerbsbehörde und der Bundeskartellanwalt,
2. durch bundesgesetzliche Vorschriften zur Regulierung bestimmter Wirtschaftszweige eingerichtete Behörden (Regulatoren),
3. die Wirtschaftskammer Österreich, die Bundeskammer für Arbeiter und Angestellte und die Präsidentenkonferenz der Landwirtschaftskammern Österreichs,
4. jeder Unternehmer und jede Unternehmervereinigung, der oder die ein rechtliches oder wirtschaftliches Interesse an der Entscheidung hat.

(5) Der Antrag kann bis zur Entscheidung des Kartellgerichts zurückgenommen werden; das Verfahren ist damit jedoch nur dann beendet, wenn keine der Amtsparteien (§ 40) binnen 14 Tagen nach Zustellung der Zurücknahmeerklärung die Fortsetzung des Verfahrens beantragt. Wurde ein zulässiger Rekurs erhoben, so kann der Antrag, soweit er Gegenstand des Rekursverfahrens ist, noch bis zur Entscheidung des Kartellobergerichts, allerdings nur mit Zustimmung des Antragsgegners und der Amtsparteien zurückgenommen werden.

84. VO (EU) 2019/942 zur Gründung einer Agentur der Europäischen Union für die Zusammenarbeit der Energieregulierungsbehörden

ABl L 2019/158 idgF

DAS EUROPÄISCHE PARLAMENT UND DER RAT DER EUROPÄISCHEN UNION —

gestützt auf den Vertrag über die Arbeitsweise der Europäischen Union, insbesondere auf Artikel 194 Absatz 2,

auf Vorschlag der Europäischen Kommission,

nach Zuleitung des Entwurfs des Gesetzgebungsakts an die nationalen Parlamente,

nach Stellungnahme des Europäischen Wirtschafts- und Sozialausschusses [1],

nach Stellungnahme des Ausschusses der Regionen [2],

gemäß dem ordentlichen Gesetzgebungsverfahren [3],

in Erwägung nachstehender Gründe:

(1) Die Verordnung (EG) Nr. 713/2009 des Europäischen Parlaments und des Rates [4], mit der die Agentur für die Zusammenarbeit der Energieregulierungsbehörden (ACER — Agency for the Cooperation of Energy Regulators) eingerichtet wurde, ist in wesentlichen Punkten geändert worden [5]. Aus Gründen der Klarheit empfiehlt es sich, im Rahmen der anstehenden Änderungen die genannte Verordnung neu zu fassen.

(2) Durch die Errichtung von ACER wurde die Koordinierung zwischen den Regulierungsbehörden in grenzüberschreitenden Fragen deutlich verbessert. Seit ihrer Errichtung hat ACER wichtige neue Aufgaben erhalten, die die Überwachung der Großhandelsmärkte im Rahmen der Verordnung (EU) Nr. 1227/2011 des Europäischen Parlaments und des Rates [6] sowie die Bereiche der grenzüberschreitenden Energieinfrastrukturen gemäß der Verordnung (EU) Nr. 347/2013 des Europäischen Parlaments und des Rates [7] und der sicheren Gasversorgung nach der Verordnung (EU) 2017/1938 des Europäischen Parlaments und des Rates [8] betreffen.

(3) Es wird erwartet, dass der Bedarf, nationale Regulierungsmaßnahmen aufeinander zu koordinieren, in den kommenden Jahren weiter steigen wird. Das Energiesystem der Union durchläuft gerade die tiefgreifendsten Veränderungen seit Jahrzehnten. Eine größere Marktintegration und der Wandel hin zu einer variableren Stromerzeugung erfordern verstärkte Anstrengungen zur Koordinierung der nationalen energiepolitischen Maßnahmen mit denen der Nachbarstaaten und zur Nutzung der Möglichkeiten des grenzüberschreitenden Stromhandels.

(4) Die Erfahrungen mit der Umsetzung des Binnenmarktes haben gezeigt, dass unkoordinierte nationale Maßnahmen schwerwiegende Probleme für den Markt verursachen können, insbesondere in eng miteinander verbundenen Gebieten, in denen Entscheidungen der Mitgliedstaaten häufig konkrete Auswirkungen auf ihre Nachbarn haben. Die Mitgliedstaaten, insbesondere ihre unabhängigen Regulierungsbehörden müssen bei regulatorischen Maßnahmen mit grenzüberschreitender Wirkung zusammenarbeiten, damit sich der Elektrizitätsbinnenmarkt positiv auf das Wohl der Verbraucher, die Versorgungssicherheit und die Dekarbonisierung auswirken kann.

(5) Fragmentierte nationale staatliche Eingriffe in die Energiemärkte gefährden zunehmend das reibungslose Funktionieren der grenzüberschreitenden Strommärkte. ACER sollte daher eine Rolle bei der Entwicklung einer koordinierten Abschätzung der Angemessenheit der Ressourcen auf europäischer Ebene, in enger Zusammenarbeit mit dem Europäischen Verbund der Übertragungsnetzbetreiber (Strom) (ENTSO (Strom)) zukommen, um die Probleme zu vermeiden, die sich aus fragmentierten nationalen Bewertungen ergeben, bei denen unterschiedliche unkoordinierte Methoden zugrunde gelegt werden und die Situation der Nachbarländer nicht ausreichend berücksichtigt wird. ACER sollte auch die von ENTSO (Strom) entwickelten technischen Parameter für eine effiziente Einbeziehung grenzüberschreitender Kapazitäten und andere technische Merkmale von Kapazitätsmechanismen überwachen.

(6) Trotz erheblicher Fortschritte bei der Integration und Vernetzung des Elektrizitätsbinnenmarktes sind einige Mitgliedstaaten oder Regionen noch isoliert oder nicht ausreichend verbunden; insbesondere trifft dies auf Mitgliedstaaten, die Inseln sind, und Mitgliedstaaten in Randlage der Union zu. Bei ihrer Arbeit sollte ACER der besonderen Situation dieser Mitgliedstaaten oder Regionen angemessen Rechnung tragen.

(7) Zur Gewährleistung der Stromversorgungssicherheit ist ein koordinierter Ansatz erforderlich, um auf unerwartete Versorgungskrisen vorbereitet zu sein. Daher sollte ACER auf Risikovorsorge ausgerichtete nationale Maßnahmen gemäß der Verordnung (EU) 2019/941 des Europäischen Parlaments und des Rates [9] koordinieren.

(8) Aufgrund der engen Verknüpfung innerhalb des Stromnetzes der Union und der zunehmenden Notwendigkeit der Koordinierung mit den Nachbarländern, um die Netzstabilität aufrechterhalten und große Mengen an erneuerbarer Energie einspeisen zu können, werden regionale Koordinierungszentren eine wichtige Rolle bei der Koordinierung der Übertragungsnetzbetreiber spielen. ACER sollte, sofern erforderlich, eine regulatorische Aufsicht über die regionalen Koordinierungszentren gewährleisten.

(9) Da ein Großteil der neuen Stromerzeugungskapazität auf lokaler Ebene angeschlossen sein wird, sollen die Verteilernetzbetreiber eine wichtige Rolle dabei spielen, das Stromsystem der Union flexibel und effizient zu gestalten.

(10) Die Mitgliedstaaten sollten zum Erreichen der Ziele der Energiepolitik der Union eng zusammenarbeiten und die Hemmnisse für den grenzüberschreitenden Austausch von Elektrizität und Erdgas aus dem Weg räumen. ACER wurde eingerichtet, um die Regulierungslücke auf Unionsebene zu füllen und zu einem wirksamen Funktionieren des Elektrizitäts- und Erdgasbinnenmarkts beizutragen. ACER versetzt die nationalen Regulierungsbehörden in die Lage, ihre Zusammenarbeit auf Unionsebene zu verstärken und auf der Grundlage der Gegenseitigkeit an der Ausübung unionsbezogener Aufgaben teilzunehmen.

(11) ACER sollte gewährleisten, dass die Regulierungsaufgaben, die gemäß der Richtlinie (EU) 2019/944 des Europäischen Parlaments und des Rates [10] und der Richtlinie 2009/73/EG des Europäischen Parlaments und des Rates [11] von den nationalen Regulierungsbehörden wahrgenommen werden, gut koordiniert und — soweit erforderlich — auf Unionsebene ergänzt werden. Daher besteht die Notwendigkeit, die Unabhängigkeit von ACER von öffentlichen wie auch privaten Elektrizitäts- und Gaserzeugern, Übertragungs-/Fernleitungsnetzbetreibern und Verteilernetzbetreibern sowie den Verbrauchern sicherzustellen und dafür zu sorgen, dass ACER im Einklang mit dem Unionsrecht handelt, über die erforderlichen technischen Kapazitäten und Regulierungskapazitäten verfügt sowie transparent, unter demokratischer Kontrolle, einschließlich durch die Rechenschaftspflicht gegenüber dem Europäischen Parlament, und effizient arbeitet.

(12) ACER sollte die regionale Zusammenarbeit zwischen den Übertragungs-/Fernleitungsnetzbetreibern im Elektrizitäts- und im Gassektor sowie die Ausführung der Aufgaben von ENTSO (Strom) sowie des Europäischen Verbunds der Fernleitungsnetzbetreiber (ENTSO (Gas)) beobachten. Zudem sollte ACER auch die Erfüllung der Aufgaben anderer Stellen beobachten, deren Funktionsweisen reguliert und von unionsweiter Dimension sind, wie zum Beispiel Energiebörsen. Die Beteiligung von ACER ist unabdingbar für die Gewährleistung von Effizienz und Transparenz bei der Zusammenarbeit zwischen Übertragungs-/Fernleitungsnetzbetreibern, und bei der Arbeit anderer Stellen mit unionsweiten Funktionen, zum Nutzen des Elektrizitäts- und des Erdgasbinnenmarkts.

(13) Die Regulierungsbehörden sollten sich bei der Wahrnehmung ihrer Aufgaben untereinander abstimmen, damit sichergestellt wird, dass ENTSO (Strom), die Europäische Organisation der Verteilernetzbetreiber (im Folgenden „EU-VNBO") und die regionalen Koordinierungszentren ihren Verpflichtungen aus dem Regelungsrahmen des Energiebinnenmarkts nachkommen und den Entscheidungen von ACER Folge leisten. Aufgrund der Erweiterung der operativen Zuständigkeiten von ENTSO (Strom), der EU-VNBO und der regionalen Koordinierungszentren muss die Aufsicht über diese Einrichtungen, die auf regionaler Ebene oder auf Unionsebene tätig sind, verbessert werden. Durch das in dieser Verordnung festgelegte Verfahren wird sichergestellt, dass ACER die Regulierungsbehörden bei der Wahrnehmung dieser Funktionen im Einklang mit der Richtlinie (EU) 2019/944 unterstützt.

(14) Um sicherzustellen, dass ACER über die für sie zur Wahrnehmung ihrer Aufgaben notwendigen Informationen verfügt, sollte sie solche Informationen von den nationalen Regulierungsbehörden, von ENTSO (Strom), von ENTSO (Gas), den regionalen Koordinierungszentren, der EU-VNBO, den Übertragungs-/Fernleitungsnetzbetreibern und den nominierten Strommarktbetreibern anfordern und erhalten können.

(15) ACER sollte in Zusammenarbeit mit der Kommission, den Mitgliedstaaten und den maßgeblichen nationalen Behörden den Elektrizitäts- und den Erdgasbinnenmarkt beobachten und das Europäische Parlament, die Kommission und die nationalen Behörden gegebenenfalls über ihre Feststellungen informieren. Die Beobachtungsfunktion von ACER sollte nicht zusätzlich zur Beobachtung durch die Kommission oder die nationalen Behörden, insbesondere die nationalen Wettbewerbsbehörden, erfolgen, noch sollte sie diese behindern.

(16) ACER bietet einen integrierten Rahmen für die Beteiligung und Zusammenarbeit der Regulierungsbehörden. Dieser Rahmen erleichtert die einheitliche Anwendung der Rechtsvorschriften zum Elektrizitäts- und zum Erdgasbinnenmarkt in der ganzen Union. In Fällen, in denen mehr als ein Mitgliedstaat betroffen ist, hat ACER die Befugnis erhalten, Einzelfallentscheidungen zu treffen. Diese Befugnis sollte sich unter genau festgelegten Bedingungen auf technische und Regulierungsfragen erstrecken, die eine regionale Koordinierung erfordern, insbesondere im Hinblick

auf die Umsetzung der Netzkodizes und Leitlinien, die Zusammenarbeit zwischen den regionalen Koordinierungszentren, die zur wirksamen Überwachung der Integrität und Transparenz des Energiegroßhandelsmarkts erforderlichen Regulierungsentscheidungen, die Entscheidungen in Bezug auf Elektrizitäts- und Erdgasinfrastrukturen, die mindestens zwei Mitgliedstaaten verbinden oder verbinden könnten, sowie als letztes Mittel auf Ausnahmen von den Binnenmarktvorschriften für neue Elektrizitäts-Verbindungsleitungen und für neue Erdgasinfrastrukturen, die in mehr als einem Mitgliedstaat gelegen sind.

(17) Überarbeitung von Netzkodizes und Leitlinien umfasst die Änderungen, die notwendig sind, um der Entwicklung des Marktes Rechnung zu tragen, ohne dabei diese Netzkodizes und Leitlinien substanziell zu ändern oder neue Zuständigkeiten von ACER zu schaffen.

(18) ACER kommt bei der Ausarbeitung der nicht bindenden Rahmenleitlinien eine bedeutende Rolle zu. Die Netzkodizes sollten diesen Rahmenleitlinien entsprechen. ACER sollte entsprechend ihrer Zweckbestimmung ferner an der Prüfung und Änderung der Entwürfe für Netzkodizes beteiligt werden, um zu gewährleisten, dass die Netzkodizes den Rahmenleitlinien entsprechen und für das erforderliche Maß an Harmonisierung sorgen, bevor sie diese der Kommission zur Annahme vorlegt.

(19) Mit der Annahme einer Reihe von Netzkodizes und Leitlinien, die eine schrittweise Umsetzung und eine weitere Präzisierung der gemeinsamen regionalen und EU-weiten Vorschriften vorsehen, wurde die Rolle von ACER hinsichtlich der Beobachtung der und des Beitragens zur Umsetzung der Netzkodizes und Leitlinien gestärkt. Die wirksame Beobachtung von Netzkodizes und Leitlinien ist eine der Hauptaufgaben von ACER und von entscheidender Bedeutung für die Umsetzung der Binnenmarktvorschriften.

(20) Bei der Umsetzung von Netzkodizes und Leitlinien hat sich gezeigt, dass es sinnvoll wäre, die Verfahren für die regulatorische Genehmigung regionaler oder unionsweiter, im Rahmen der Netzkodizes und Leitlinien entwickelter, Modalitäten und Bedingungen oder Methoden zu straffen, indem solche Modalitäten und Bedingungen oder Methoden direkt an ACER übermittelt werden, sodass die im Regulierungsrat vertretenen Regulierungsbehörden über sie entscheiden können.

(21) Da die schrittweise Harmonisierung der Energiemärkte der Union regelmäßig auch die Suche nach regionalen, als Zwischenschritt dienenden, Lösungen umfasst und viele Modalitäten und Bedingungen und Methoden von einer begrenzten Anzahl an Regulierungsbehörden für eine spezifische Region genehmigt werden müssen, ist es angemessen, der regionalen Dimension des Binnenmarktes in dieser Verordnung Rechnung zu tragen und für ein geeignetes Governance-System zu sorgen. Entscheidungen über Vorschläge für gemeinsame regionale Modalitäten und Bedingungen oder Methoden sollten daher von den für die betroffene Region zuständigen Regulierungsbehörden getroffen werden, sofern diese Entscheidungen keine konkreten Auswirkungen auf den Energiebinnenmarkt haben.

(22) Da ACER einen Überblick über die Regulierungsbehörden hat, sollte sie auch eine Beratungsfunktion gegenüber der Kommission, anderen Organen der Union und Regulierungsbehörden in Fragen im Zusammenhang mit den Zwecken, für die sie eingerichtet wurde, wahrnehmen. Sie sollte ferner verpflichtet sein, die Kommission zu unterrichten, wenn sie feststellt, dass die Zusammenarbeit zwischen Übertragungs-/Fernleitungsnetzbetreibern nicht die erforderlichen Ergebnisse liefert oder dass eine Regulierungsbehörde, deren Entscheidung gegen die Netzkodizes und Leitlinien verstößt, die Stellungnahme, Empfehlung oder Entscheidung von ACER nicht angemessen umsetzt hat.

(23) Ferner sollte ACER die Möglichkeit haben, Empfehlungen auszusprechen, um die Regulierungsbehörden und Marktteilnehmer beim Austausch geeigneter Praktiken zu unterstützen.

(24) ENTSO (Strom), ENTSO (Gas), die EU-VNBO, die Übertragungs-/Fernleitungsnetzbetreiber, die regionalen Koordinierungszentren und die nominierten Strommarktbetreiber sollten den gemäß dieser Verordnung an sie gerichteten Stellungnahmen und Empfehlungen von ACER umfassend berücksichtigen.

(25) ACER sollte gegebenenfalls die Betroffenen konsultieren und ihnen eine angemessene Möglichkeit geben, zu den vorgeschlagenen Maßnahmen, wie Netzkodizes und -regeln, Stellung zu nehmen.

(26) ACER sollte zur Anwendung der Leitlinien für die transeuropäischen Energienetze gemäß der Verordnung (EU) Nr. 347/2013 beitragen, namentlich im Zusammenhang mit der Vorlage ihrer Stellungnahme zu den nicht bindenden unionsweiten zehnjährigen Netzentwicklungsplänen (im Folgenden „unionsweite Netzentwicklungspläne").

(27) ACER sollte zu den Bemühungen zur Verbesserung der Energieversorgungssicherheit beitragen.

(28) Die Tätigkeiten von ACER sollten mit den Zielen und Zielvorgaben der Energieunion übereinstimmen, die die in Artikel 1 der Verordnung (EU) 2018/1999 des Europäischen Parlaments und des Rates [12] aufgeführten fünf eng miteinander verzahnte und sich gegenseitig verstärkende Dimensionen hat, einschließlich der Dekarbonisierung.

(29) Gemäß dem Subsidiaritätsprinzip sollte ACER nur unter genau festgelegten Umständen, zu Fragen, die sich streng auf die Zwecke, für die sie geschaffen wurde, beziehen, Einzelfallentscheidungen treffen.

(30) Um dafür zu sorgen, dass der Rahmen von ACER effizient und mit dem anderer dezentraler Agenturen kohärent ist, sollten die für ACER geltenden Bestimmungen an das zwischen Europäischem Parlament, dem Rat der EU und der Europäischen Kommission vereinbarte gemeinsame Konzept zu den dezentralen Agenturen [13] (im Folgenden „Gemeinsames Konzept") angeglichen werden. Soweit erforderlich sollte die Struktur von ACER jedoch an die spezifischen Bedürfnisse der Regulierung im Energiebereich angepasst sein. Insbesondere muss der spezifischen Rolle der Regulierungsbehörden in vollem Umfang Rechnung getragen und ihre Unabhängigkeit sichergestellt werden.

(31) Um diese Verordnung voll und ganz mit dem Gemeinsamen Konzept in Einklang zu bringen, können zusätzliche Änderungen an ihr für die Zukunft ins Auge gefasst werden. Aufgrund des aktuellen Regulierungsbedarfs im Energiebereich sind jedoch Abweichungen vom Gemeinsamen Konzept erforderlich. Die Kommission sollte eine Bewertung durchführen, um die Leistung von ACER im Verhältnis zu den Zielen, dem Mandat und den Aufgaben von ACER zu beurteilen, und die Kommission sollte nach dieser Bewertung in der Lage sein, Änderungen dieser Verordnung vorzuschlagen.

(32) Der Verwaltungsrat sollte die notwendigen Befugnisse zur Aufstellung des Haushaltsplans, zur Kontrolle seiner Ausführung, zur Erstellung der Geschäftsordnung, zum Erlass der Finanzregelung und zur Ernennung eines Direktors erhalten. Für die Ersetzung der vom Rat ernannten Mitglieder des Verwaltungsrates sollte ein Rotationssystem verwendet werden, damit langfristig eine ausgewogene Beteiligung der Mitgliedstaaten gewährleistet ist. Der Verwaltungsrat sollte unabhängig und in objektiver Weise im Allgemeininteresse handeln und sollte keine politischen Weisungen einholen oder befolgen.

(33) ACER sollte über die erforderlichen Befugnisse verfügen, um ihre Regulierungsaufgaben effizient, transparent, auf tragfähige Gründe gestützt und vor allem unabhängig zu erfüllen. Die Unabhängigkeit von ACER gegenüber den Elektrizitäts- und Gaserzeugern sowie den Übertragungs-/Fernleitungsnetzbetreibern und den Verteilernetzbetreibern sowie gegenüber sonstigen Privat- und Unternehmensinteressen ist nicht nur ein zentrales Prinzip einer guten Verwaltungspraxis, sondern auch die grundlegende Voraussetzung für die Gewährleistung des Marktvertrauens. Unbeschadet dessen, dass seine Mitglieder im Namen ihrer jeweiligen nationalen Behörde handeln, sollte der Regulierungsrat daher unabhängig von Marktinteressen handeln, Interessenkonflikte vermeiden und weder Weisungen von Regierungen der Mitgliedstaaten, Organen der Union oder anderen öffentlichen oder privaten Stellen oder Personen einholen oder befolgen noch Empfehlungen von ihnen annehmen. Gleichzeitig sollten die Entscheidungen des Regulierungsrats im Einklang mit dem Unionsrecht auf den Gebieten der Energie, wie dem Energiebinnenmarkt, der Umwelt und dem Wettbewerb stehen. Der Regulierungsrat sollte den Organen der Union über seine Stellungnahmen, Empfehlungen und Entscheidungen Bericht erstatten.

(34) In Bezug auf die Entscheidungsbefugnisse von ACER sollten die Betroffenen im Interesse eines reibungslosen Verfahrensablaufs das Recht erhalten, einen Beschwerdeausschuss anzurufen, der Teil von ACER sein sollte, aber von der Verwaltungs- und Regulierungsstruktur von ACER unabhängig sein sollte. Um das reibungslose Funktionieren und die vollständige Unabhängigkeit des Beschwerdeausschusses sicherzustellen, sollte er im Haushaltplan von ACER über eine separate Haushaltslinie verfügen. Im Interesse der Kontinuität sollte der Beschwerdeausschuss bei einer Ernennung von Mitgliedern bzw. der Verlängerung ihres Mandats auch teilweise neu besetzt werden können. Die Entscheidungen des Beschwerdeausschusses können vor dem Gerichtshof der Europäischen Union (im Folgenden „Gerichtshof") angefochten werden.

(35) ACER sollte ihre Entscheidungsbefugnisse im Einklang mit den Grundsätzen einer fairen, transparenten und angemessenen Entscheidungsfindung ausüben. Die Verfahrensvorschriften von ACER sollten in ihrer Geschäftsordnung festgelegt werden.

(36) Der Direktor sollte dafür zuständig sein, Dokumente mit Stellungnahmen, Empfehlungen und Entscheidungen auszuarbeiten und anzunehmen. Vor der Annahme von bestimmten Stellungnahmen, Empfehlungen und Entscheidungen sollte gemäß Artikel 22 Absatz 5 Buchstabe a und Artikel 24 Absatz 2 die befürwortende Stellungnahme des Regulierungsrates erforderlich sein. Der Regulierungsrat sollte in der Lage sein zu den Textvorschlägen des Direktors Stellungnahmen und gegebenenfalls Anmerkungen und Änderungen vorzulegen, denen der Direktor Rechnung tragen sollte. Wenn der Direktor von den durch den Regulierungsrat vorgelegten Anmerkungen und Änderungen abweicht oder diese zurückweist, sollte er eine hinreichende schriftliche Begründung bereitstellen, um einen konstruktiven Dialog zu ermöglichen. Sollte der Regulierungsrat für einen erneut vorgelegten Text keine befürwortende Stellungnahme abgeben, sollte der Direktor die Möglichkeit haben, den Text entsprechend den

durch den Regulierungsrat vorgeschlagenen Änderungen und Anmerkungen weiter zu überarbeiten, um dessen befürwortende Stellungnahme zu erhalten. Der Direktor sollte, wenn er mit den vom Regulierungsrat vorgelegten Änderungen nicht einverstanden ist, die Möglichkeit haben, die vorgelegten Entwürfe von Stellungnahmen, Empfehlungen und Entscheidungen zurückzuziehen und nach in Artikel 22 Absatz 5 Buchstabe a und Artikel 24 Absatz 2 genannten bestimmten Verfahren einen neuen Text vorzulegen. Der Direktor sollte die Möglichkeit haben, in jeder Phase des Verfahrens die befürwortende Stellungnahme des Regulierungsrats zu einem neuen oder überarbeiteten Textentwurf einzuholen.

(37) ACER sollte für die Wahrnehmung ihrer Aufgaben mit angemessenen Mitteln ausgestattet werden. ACER sollte in erster Linie aus dem Gesamthaushaltsplan der Europäischen Union finanziert werden. Gebühren verbessern die Finanzierung von ACER und sollten ihre Kosten in Hinblick auf Dienstleistungen decken, die Marktteilnehmern oder in ihrem Auftrag handelnden Stellen erbracht werden, um sie in die Lage zu versetzen, Daten gemäß Artikel 8 der Verordnung (EU) Nr. 1227/2011 effizient, wirksam und sicher zu melden. Die derzeit von den Regulierungsbehörden für die Zusammenarbeit auf Unionsebene bereitgestellten Ressourcen sollten weiterhin für ACER zur Verfügung stehen. Das Haushaltsverfahren der Union sollte insoweit gelten, als Zuschüsse aus dem Gesamthaushaltsplan der Union betroffen sind. Die Rechnungsprüfung sollte gemäß Artikel 107 der Delegierten Verordnung (EU) Nr. 1271/2013 der Kommission [14] von einem unabhängigen externen Rechnungsprüfer durchgeführt werden.

(38) Der Haushalt von ACER sollte von der Haushaltsbehörde kontinuierlich mit Blick auf die Arbeitsbelastung und Leistung von ACER sowie auf die Ziele von ACER der Verwirklichung eines Energiebinnenmarkts und des Beitrags zur Energieversorgungssicherheit zugunsten der Verbraucher in der Union bewertet werden. Die Haushaltsbehörde sollte Sorge dafür tragen, dass die höchsten Effizienznormen erfüllt werden.

(39) Das Übersetzungszentrum für die Einrichtungen der Europäischen Union (im Folgenden „Übersetzungszentrum“) sollte die Übersetzung für die Agenturen der Union bereitstellen. Falls ACER besondere Schwierigkeiten in Verbindung mit den Dienstleistungen des Übersetzungszentrums hat, sollte es ihr möglich sein, sich auf den in Verordnung (EG) Nr. 2965/94 des Rates [15] festgelegten Rückgriffmechanismus zu berufen, der letztendlich dazu führen könnte, dass über das Übersetzungszentrum ein Rückgriff auf andere Dienstleister erfolgt.

(40) Das Personal von ACER sollte hohen fachlichen Anforderungen genügen. Insbesondere sollte ACER von der Kompetenz und Erfahrung der von den Regulierungsbehörden, der Kommission und den Mitgliedstaaten abgestellten Mitarbeiter profitieren. Für das Personal von ACER sollten das Statut der Beamten der Europäischen Gemeinschaften (im Folgenden „Statut“) und die Beschäftigungsbedingungen für die sonstigen Bediensteten der Europäischen Gemeinschaften (im Folgenden „Beschäftigungsbedingungen“), festgelegt durch die Verordnung (EWG, Euratom, EGKS) Nr. 259/68 des Rates [16], sowie die von den Organen der Union einvernehmlich erlassenen Regelungen für die Anwendung dieser Bestimmungen gelten. Der Verwaltungsrat sollte im Einvernehmen mit der Kommission geeignete Durchführungsbestimmungen erlassen.

(41) Der Direktor und der Regulierungsrat sollten die Möglichkeit haben, bei der in dieser Verordnung festgelegten Regulierungstätigkeit von Arbeitsgruppen unterstützt zu werden.

(42) ACER sollte die allgemeinen Regeln über den Zugang der Öffentlichkeit zu Dokumenten im Besitz der Unionseinrichtungen anwenden. Der Verwaltungsrat sollte die praktischen Maßnahmen zum Schutz wirtschaftlich sensibler Daten sowie personenbezogener Daten festlegen.

(43) Durch die Zusammenarbeit der Regulierungsbehörden im Rahmen von ACER liegt es auf der Hand, dass Mehrheitsentscheidungen eine entscheidende Voraussetzung dafür sind, Fortschritte bei Fragen in Bezug auf den Energiebinnenmarkt zu erzielen, die erhebliche wirtschaftliche Auswirkungen in mehreren Mitgliedstaaten haben. Die Regulierungsbehörden sollten daher im Regulierungsrat weiterhin mit Zweidrittelmehrheit abstimmen. ACER sollte gegebenenfalls dem Europäischen Parlament, dem Rat und der Kommission gegenüber rechenschaftspflichtig sein.

(44) Länder, die nicht der Union angehören, sollten sich an den Arbeiten von ACER im Einklang mit den entsprechenden von der Union zu schließenden Vereinbarungen beteiligen können.

(45) Da die Ziele dieser Verordnung, nämlich die Zusammenarbeit der Regulierungsbehörden auf Unionsebene und ihre Teilnahme an der Ausübung unionsbezogener Aufgaben, von den Mitgliedstaaten nicht ausreichend verwirklicht werden können, sondern vielmehr auf Unionsebene besser zu verwirklichen sind, kann die Union im Einklang mit dem in Artikel 5 des Vertrags über die Europäische Union (EUV) verankerten Subsidiaritätsprinzip tätig werden. Entsprechend dem in demselben Artikel genannten Grundsatz der Verhältnismäßigkeit geht diese Verordnung nicht über das für die Verwirklichung dieser Ziele erforderliche Maß hinaus.

(46)

Nach Maßgabe des Beschlusses 2009/913/EU [17]

hat ACER ihren Sitz in Ljubljana. Der Sitz von ACER ist das Zentrum der Tätigkeiten und der satzungsgemäßen Aufgaben von ACER.

(47) Der Sitzmitgliedstaat von ACER sollte gemäß dieser Verordnung die bestmöglichen Voraussetzungen für das reibungslose und effiziente Funktionieren von ACER gewährleisten, einschließlich eines mehrsprachigen und europäisch ausgerichteten schulischen Angebots und geeigneter Verkehrsverbindungen. Das Sitzabkommen zwischen der Regierung der Republik Slowenien und von ACER, das diese Anforderungen zusammen mit seinen Durchführungsvorschriften umfasst, wurde am 26. November 2010 geschlossen und ist am 10. Januar 2011 in Kraft getreten —

[1] ABl. C 288 vom 31.8.2017, S. 91.
[2] ABl. C 342 vom 12.10.2017, S. 79.
[3] Standpunkt des Europäischen Parlaments vom 26. März 2019 (noch nicht im Amtsblatt veröffentlicht) und Beschluss des Rates vom 22. Mai 2019.
[4] Verordnung (EG) Nr. 713/2009 des Europäischen Parlaments und des Rates vom 13. Juli 2009 zur Gründung einer Agentur für die Zusammenarbeit der Energieregulierungsbehörden (ABl. L 211 vom 14.8.2009, S. 1).
[5] Siehe Anhang I.
[6] Verordnung (EU) Nr. 1227/2011 des Europäischen Parlaments und des Rates vom 25. Oktober 2011 über die Integrität und Transparenz des Energiegroßhandelsmarkts (ABl. L 326 vom 8.12.2011, S. 1).
[7] Verordnung (EU) Nr. 347/2013 des Europäischen Parlaments und des Rates vom 17. April 2013 zu Leitlinien für die transeuropäische Energieinfrastruktur und zur Aufhebung der Entscheidung Nr. 1364/2006/EG und zur Änderung der Verordnungen (EG) Nr. 713/2009, (EG) Nr. 714/2009 und (EG) Nr. 715/2009 (ABl. L 115 vom 25.4.2013, S. 39).
[8] Verordnung (EU) 2017/1938 des Europäischen Parlaments und des Rates vom 25. Oktober 2017 über Maßnahmen zur Gewährleistung der sicheren Gasversorgung und zur Aufhebung der Verordnung (EU) Nr. 994/2010 (ABl. L 280 vom 28.10.2017, S. 1).
[9] Verordnung (EU) 2019/941 des Europäischen Parlaments und des Rates vom 5. Juni 2019 über die Risikovorsorge im Elektrizitätssektor und zur Aufhebung der Richtlinie 2005/89/EG (siehe Seite 1 dieses Amtsblatts).
[10] Richtlinie (EU) 2019/944 des Europäischen Parlaments und des Rates vom 5. Juni 2019 mit gemeinsamen Vorschriften für den Elektrizitätsbinnenmarkt und zur Änderung der Richtlinie 2012/27/EU (siehe Seite 125 dieses Amtsblatts).
[11] Richtlinie 2009/73/EG des Europäischen Parlaments und des Rates vom 13. Juli 2009 über gemeinsame Vorschriften für den Erdgasbinnenmarkt und zur Aufhebung der Richtlinie 2003/55/EG (ABl. L 211 vom 14.8.2009, S. 94).
[12] Verordnung (EU) 2018/1999 des Europäischen Parlaments und des Rates vom 11. Dezember 2018 über das Governance-System für die Energieunion und für den Klimaschutz, zur Änderung der Verordnungen (EG) Nr. 663/2009 und (EG) Nr. 715/2009 des Europäischen Parlaments und des Rates, der Richtlinien 94/22/EG, 98/70/EG, 2009/31/EG, 2009/73/EG, 2010/31/EU, 2012/27/EU und 2013/30/EU des Europäischen Parlaments und des Rates, der Richtlinien 2009/119/EG und (EU) 2015/652 des Rates und zur Aufhebung der Verordnung (EU) Nr. 525/2013 des Europäischen Parlaments und des Rates (ABl. L 328 vom 21.12.2018, S. 1).
[13] Gemeinsame Erklärung des Europäischen Parlaments, des Rates der EU und der Europäischen Kommission zu den dezentralen Agenturen vom 19.7.2012.
[14] Delegierte Verordnung (EU) Nr. 1271/2013 der Kommission vom 30. September 2013 über die Rahmenfinanzregelung für Einrichtungen gemäß Artikel 208 der Verordnung (EU, Euratom) Nr. 966/2012 des Europäischen Parlaments und des Rates (ABl. L 328 vom 7.12.2013, S. 42).
[15] Verordnung (EG) Nr. 2965/94 des Rates vom 28. November 1994 zur Errichtung eines Übersetzungszentrums für die Einrichtungen der Europäischen Union (ABl. L 314 vom 7.12.1994, S. 1).
[16] Verordnung (EWG, Euratom, EGKS) Nr. 259/68 des Rates vom 29. Februar 1968 zur Festlegung des Statuts der Beamten der Europäischen Gemeinschaften und der Beschäftigungsbedingungen für die sonstigen Bediensteten dieser Gemeinschaften sowie zur Einführung von Sondermaßnahmen, die vorübergehend auf die Beamten der Kommission anwendbar sind (ABl. L 56 vom 4.3.1968, S. 1).
[17] Im gegenseitigen Einvernehmen gefasster Beschluss der Vertreter der Regierungen der Mitgliedstaaten vom 7. Dezember 2009 über den Sitz der Agentur für die Zusammenarbeit der Energieregulierungsbehörden (ABl. L 322 vom 9.12.2009, S. 39).

Kapitel I
Ziele und Aufgaben
Artikel 1
Gründung und Ziele

(1) Es wird eine Agentur der Europäischen Union für die Zusammenarbeit der Energieregulierungsbehörden gegründet (ACER).

(2) Zweck von ACER ist, die in Artikel 57 der Richtlinie (EU) 2019/944 und Artikel 39 der Richtlinie 2009/73/EG genannten Regulierungsbehörden dabei zu unterstützen, die in den Mitgliedstaaten wahrgenommenen Regulierungsaufgaben auf Unionsebene zu erfüllen und — soweit erforderlich — die Maßnahmen dieser Behörden zu koordinieren und gemäß Artikel 6 Absatz 10 dieser Verordnung in Meinungsverschiedenheiten zwischen ihnen zu vermitteln und diese beizulegen. Ferner leistet ACER einen Beitrag zur Festlegung gemeinsamer Regulierungs- und Aufsichtsverfahren von hoher Qualität, mit denen zu einer konsequenten, effizienten und wirksamen Anwendung des Unionsrechts beigetragen wird, damit die Klimaschutz- und Energieziele der EU erreicht werden.

(3) Bei der Wahrnehmung ihrer Aufgaben handelt ACER unabhängig, objektiv und im Interesse der Union. ACER trifft unabhängig von Privat-

und Unternehmensinteressen selbständige Entscheidungen.

Artikel 2
Tätigkeiten von ACER

ACER

a) gibt Stellungnahmen und Empfehlungen ab, die an die Übertragungs-/Fernleitungsnetzbetreiber, ENTSO (Strom), ENTSO (Gas), die EU-VNBO, die regionalen Koordinierungszentren und die nominierten Strommarktbetreiber gerichtet sind;

b) gibt Stellungnahmen und Empfehlungen ab, die an die Regulierungsbehörden gerichtet sind;

c) gibt Stellungnahmen und Empfehlungen ab, die an das Europäische Parlament, den Rat oder die Kommission gerichtet sind;

d) trifft Einzelfallentscheidungen betreffend die Bereitstellung von Informationen gemäß Artikel 3 Absatz 2, Artikel 7 Absatz 2 Buchstabe b und Artikel 8 Buchstabe c; betreffend die Genehmigung der Methoden, Modalitäten und Bedingungen gemäß Artikel 4 Absatz 4, Artikel 5 Absatz 2, 3 und 4; betreffend die Überprüfung der Gebotszonen nach Maßgabe von Artikel 5 Absatz 7; betreffend technische Fragen nach Maßgabe von Artikel 6 Absatz 1; betreffend die Schlichtung zwischen Regulierungsbehörden gemäß Artikel 6 Absatz 10; im Zusammenhang mit regionalen Koordinierungszentren nach Maßgabe von Artikel 7 Absatz 2 Buchstabe a; betreffend die Genehmigung und Änderung der Methoden und Berechnungen und technischen Spezifikationen nach Maßgabe von Artikel 9 Absatz 1; betreffend die Genehmigung und Änderung der Methoden nach Maßgabe von Artikel 9 Absatz 3; betreffend Ausnahmen nach Maßgabe von Artikel 10; betreffend Infrastruktur nach Maßgabe von Artikel 11 Buchstabe d; und betreffend Angelegenheiten im Zusammenhang mit der Integrität und Transparenz des Großhandelsmarkts gemäß Artikel 12;

e) legt der Kommission nicht bindende Rahmenleitlinien gemäß Artikel 59 der Verordnung (EU) 2019/943 des Europäischen Parlaments und des Rates ([1]) und Artikel 6 der Verordnung (EG) Nr. 715/2009 des Europäischen Parlaments und des Rates ([2]) vor.

Artikel 3
Allgemeine Aufgaben

(1) ACER kann auf Verlangen des Europäischen Parlaments, des Rates oder der Kommission oder von sich aus Stellungnahmen oder Empfehlungen zu allen Fragen im Zusammenhang mit den Aufgaben, für die sie eingerichtet wurde, an das Europäische Parlament, den Rat und die Kommission richten.

(2) Auf Antrag von ACER stellen die Regulierungsbehörden, ENTSO (Strom), ENTSO (Gas), die regionalen Koordinierungszentren, die EU-VNBO, die Übertragungs-/Fernleitungsnetzbetreiber und die nominierten Strommarktbetreiber ACER die Informationen bereit, die zum Zweck der Wahrnehmung der Aufgaben von ACER gemäß dieser Verordnung notwendig sind, es sei denn, ACER hat diese Informationen bereits beantragt und erhalten.

ACER hat die Befugnis, Entscheidungen zu dem Zweck von Informationsanträgen gemäß Unterabsatz 1 zu treffen. In ihren Entscheidungen legt ACER den Zweck ihres Antrags dar, verweist auf die Rechtsgrundlage, gemäß der die Informationen angefordert werden, und gibt die Frist an, innerhalb der die Informationen bereitgestellt werden müssen. Diese Frist muss gegenüber dem Antrag verhältnismäßig sein.

ACER verwendet gemäß dieser Verordnung erhaltene vertrauliche Informationen nur für den Zweck der Ausführung der Aufgaben, die ihr in dieser Verordnung zugewiesen wurden. ACER sorgt für einen angemessenen Datenschutz hinsichtlich der Informationen gemäß Artikel 41.

Artikel 4
Aufgaben von ACER im Zusammenhang mit der Zusammenarbeit zwischen Übertragungs-/Fernleitungsnetzbetreibern und Verteilernetzbetreibern

(1) ACER unterbreitet der Kommission eine Stellungnahme zum Entwurf der Satzung, zur Liste der Mitglieder und zum Entwurf der Geschäftsordnung von ENTSO (Strom) gemäß Artikel 29 Absatz 2 der Verordnung (EU) 2019/943 und zum Entwurf der Satzung, zur Liste der Mitglieder und zum Entwurf der Geschäftsordnung von ENTSO (Gas) gemäß Artikel 5 Absatz 2 der Verordnung (EG) Nr. 715/2009 sowie zum Entwurf der Satzung, zur Liste der Mitglieder und zum Entwurf der Geschäftsordnung der EU-VNBO gemäß Artikel 53 Absatz 3 der Verordnung (EU) 2019/943.

(2) ACER beobachtet die Ausführung der Aufgaben von ENTSO (Strom) gemäß Artikel 32 der Verordnung (EU) 2019/943 und von ENTSO (Gas) gemäß Artikel 9 der Verordnung (EG) Nr. 715/2009 sowie der EU-VNBO gemäß Artikel 55 der Verordnung (EU) 2019/943.

(3) ACER kann folgende Stellungnahmen unterbreiten:

a) gemäß Artikel 30 Absatz 1 Buchstabe a der Verordnung (EU) 2019/943 ENTSO (Strom) und gemäß Artikel 8 Absatz 2 der Verordnung (EG) Nr. 715/2009 ENTSO (Gas) zum Entwurf der Netzkodizes

b) gemäß Artikel 32 Absatz 2 Unterabsatz 1 der Verordnung (EU) 2019/943 ENTSO (Strom) und gemäß Artikel 9 Absatz 2 Unterabsatz 1 der Verordnung (EG) Nr. 715/2009 ENTSO (Gas) zum Entwurf des Jahresarbeitsprogramms, zum Entwurf des unionsweiten Netzentwicklungsplans und zu anderen einschlägigen Dokumenten gemäß Artikel 30 Absatz 1 der Verordnung (EU) 2019/943 und Artikel 8 Absatz 3 der Verordnung (EG) Nr. 715/2009 unter Berücksichtigung der Ziele der Nichtdiskriminierung, des wirksamen Wettbewerbs und des effizienten und sicheren Funktionierens des Elektrizitäts- und des Erdgasbinnenmarkts;

c) gemäß Artikel 55 Absatz 2 der Verordnung (EU) 2019/943 der EU-VNBO zum Entwurf des Jahresarbeitsprogramms und zu anderen einschlägigen Dokumenten unter Berücksichtigung der Ziele der Nichtdiskriminierung, des wirksamen Wettbewerbs und des effizienten und sicheren Funktionierens des Elektrizitätsbinnenmarkts.

(4) ACER, genehmigt, gegebenenfalls nach der Anforderung von Aktualisierungen der von den Übertragungsnetzbetreibern übermittelten Entwürfe, die Methode zur Verwendung der Einnahmen aus Engpasserlösen gemäß Artikel 19 Absatz 4 der Verordnung (EU) 2019/943.

(5) ACER richtet, gestützt auf tatsächliche Umstände, eine ordnungsgemäß begründete Stellungnahme sowie Empfehlungen an ENTSO (Strom), ENTSO (Gas), das Europäische Parlament, den Rat und die Kommission, wenn sie der Auffassung ist, dass der Entwurf des Jahresarbeitsprogramms oder des unionsweiten Netzentwicklungsplans, die ihr gemäß Artikel 32 Absatz 2 Unterabsatz 2 der Verordnung (EU) 2019/943 und Artikel 9 Absatz 2 Unterabsatz 2 der Verordnung (EG) Nr. 715/2009 vorgelegt werden, keinen ausreichenden Beitrag zur Nichtdiskriminierung, zu einem wirksamen Wettbewerb und dem effizienten Funktionieren des Marktes oder einem ausreichenden Maß an grenzüberschreitenden Verbindungsleitungen, die Dritten offen stehen, leisten oder nicht mit den einschlägigen Bestimmungen der Verordnung (EU) 2019/943 und der Richtlinie (EU) 2019/944 oder der Verordnung (EG) Nr. 715/2009 und der Richtlinie 2009/73/EG im Einklang stehen.

(6) Die maßgeblichen Regulierungsbehörden koordinieren sich, um gemeinsam festzustellen, ob die EU-VNBO, ENTSO (Strom) oder die regionalen Koordinierungszentren ihre Verpflichtungen im Rahmen des Unionsrechts EU-VNBO nicht eingehalten haben, und ergreifen gemäß Artikel 59 Absatz 1 Buchstabe c und Artikel 62 Absatz 1 Buchstabe f der Richtlinie (EU) 2019/944 geeignete Maßnahmen.

ACER gibt auf Verlangen einer oder mehrerer Regulierungsbehörden oder von sich aus eine begründete Stellungnahme sowie eine Empfehlung an ENTSO (Strom), die EU-VNBO oder die regionalen Koordinierungszentren bezüglich der Einhaltung ihrer Verpflichtungen ab.

(7) Wenn eine begründete Stellungnahme von ACER einen Fall feststellt, in dem ENTSO (Strom), die EU-VNBO oder ein regionales Koordinierungszentrum ihre jeweiligen Verpflichtungen möglicherweise nicht einhält, einigen sich die betroffenen Regulierungsbehörden einstimmig auf koordinierte Entscheidungen zur Festlegung, ob die maßgeblichen Verpflichtungen eingehalten wurden, und bestimmen gegebenenfalls die von ENTSO (Strom), der EU-VNBO oder dem regionalen Koordinierungszentrum zu ergreifenden Maßnahmen, um diese Nichteinhaltung zu beheben. Wenn die Regulierungsbehörden sich nicht innerhalb von vier Monaten nach Erhalt der begründeten Stellungnahme von ACER, einstimmig auf solche koordinierten Entscheidungen einigen, wird die Angelegenheit gemäß Artikel 6 Absatz 10 an ACER zur Entscheidung weitergeleitet.

(8) Wenn eine nach Maßgabe von Absatz 6 oder 7 dieses Artikels festgestellte Nichteinhaltung durch ENTSO (Strom), die EU-VNBO oder ein regionales Koordinierungszentrum nicht innerhalb von drei Monaten behoben wurde, oder wenn die Regulierungsbehörde in dem Mitgliedstaat, in dem die Organisation ihren Sitz hat, keine Maßnahmen zur Sicherstellung der Einhaltung ergriffen hat, so gibt ACER eine Empfehlung an die Regulierungsbehörde ab, Maßnahmen gemäß Artikel 59 Absatz 1 Buchstabe c und Artikel 62 Absatz 1 Buchstabe f der Richtlinie (EU) 2019/944 zu ergreifen, um zu gewährleisten, dass ENTSO (Strom), die EU-VNBO oder das regionale Koordinierungszentrum ihre Verpflichtungen einhalten, und unterrichtet die Kommission.

Artikel 5

Aufgaben von ACER im Zusammenhang mit der Entwicklung und Umsetzung von Netzkodizes und Leitlinien

(1) Gemäß Artikel 59 der Verordnung (EU) 2019/943 und Artikel 6 der Verordnung (EG) Nr. 715/2009 wirkt ACER bei der Entwicklung von Netzkodizes und nach Maßgabe von Artikel 61 Absatz 6 der Verordnung (EU) 2019/943 bei der Entwicklung von Leitlinien mit. ACER

a) legt der Kommission nicht bindende Rahmenleitlinien vor, wenn sie gemäß Artikel 59 Absatz 4 der Verordnung (EU) 2019/943 oder Artikel 6 Absatz 2 der Verordnung (EG) Nr. 715/2009 dazu aufgefordert wird. ACER überarbeitet die Rahmenleitlinien und legt sie erneut der Kommission vor, wenn sie gemäß Artikel 59 Absatz 7 der Verordnung (EU) 2019/943 oder Artikel 6 Absatz 4 der Verordnung (EG) Nr. 715/2009 dazu aufgefordert wird;

b) richtet gemäß Artikel 6 Absatz 7 der Verordnung (EG) Nr. 715/2009 eine begründete Stellungnahme zu dem Netzkodex an ENTSO (Gas);

c) überarbeitet den Netzkodex gemäß Artikel 59 Absatz 11 der Verordnung (EU) 2019/943 und Artikel 6 Absatz 9 der Verordnung (EG) Nr. 715/2009. ACER trägt in ihrer Überarbeitung den Auffassungen der Akteure Rechnung, die an der von ENTSO (Strom), von ENTSO (Gas) oder von der EU-VNBO geleiteten Ausarbeitung dieses überarbeiteten Netzkodex beteiligt waren, und führt zu der bei der Kommission einzureichenden Fassung eine förmliche Konsultation der maßgeblichen Interessenträger durch. Zu diesem Zweck kann ACER gegebenenfalls den nach den Netzkodizes eingesetzten Ausschuss heranziehen. ACER berichtet der Kommission über das Ergebnis der Konsultationen. Anschließend legt ACER gemäß Artikel 59 Absatz 11 der Verordnung (EU) 2019/943 und Artikel 6 Absatz 9 der Verordnung (EG) Nr. 715/2009 der Kommission den überarbeiteten Netzkodex vor. Waren ENTSO (Strom), ENTSO (Gas) oder die EU-VNBO nicht in der Lage, einen Netzkodex auszuarbeiten, so arbeitet ACER den Entwurf eines Netzkodex aus und legt ihn der Kommission vor, wenn sie gemäß Artikel 59 Absatz 12 der Verordnung (EU) 2019/943 oder Artikel 6 Absatz 10 der Verordnung (EG) Nr. 715/2009 dazu aufgefordert wird;

d) richtet gemäß Artikel 32 Absatz 1 der Verordnung (EU) 2019/943 oder Artikel 9 Absatz 1 der Verordnung (EG) Nr. 715/2009 eine ordnungsgemäß begründete Stellungnahme an die Kommission, wenn ENTSO (Strom), ENTSO (Gas) oder der EU-VNBO einen gemäß Artikel 30 Absatz 1 Buchstabe a der Verordnung (EU) 2019/943 oder Artikel 8 Absatz 2 der Verordnung (EG) Nr. 715/2009 ausgearbeiteten Netzkodex oder einen Netzkodex, der nach Artikel 59 Absätze 3 bis 12 der Verordnung (EU) 2019/943 und Artikel 6 Absätze 1 bis 10 der Verordnung (EG) Nr. 715/2009 erstellt wurde, aber nicht von der Kommission nach Artikel 59 Absatz 13 der Verordnung (EU) 2019/943 und nach Artikel 6 Absatz 11 der Verordnung (EG) Nr. 715/2009 angenommen wurde, nicht umgesetzt hat;

e) beobachtet und analysiert die Umsetzung der von der Kommission gemäß Artikel 59 der Verordnung (EU) 2019/943 und Artikel 6 der Verordnung (EG) Nr. 715/2009 erlassenen Netzkodizes und der gemäß Artikel 61 der Verordnung (EU) 2019/943 erlassenen Leitlinien, und ihre Auswirkungen auf die Harmonisierung der geltenden Regeln zur Förderung der Marktintegration sowie auf Nichtdiskriminierung, wirksamen Wettbewerb und das effiziente Funktionieren des Marktes und erstattet der Kommission Bericht.

(2) Wenn einer der folgenden Rechtsakte die Erarbeitung von Vorschlägen für gemeinsame Modalitäten und Bedingungen oder Methoden für die Umsetzung von Netzkodizes und Leitlinien vorsieht, die eine Genehmigung aller Regulierungsbehörden erfordern, werden diese Vorschläge für gemeinsame Modalitäten und Bedingungen oder Methoden ACER zur Überarbeitung und Genehmigung vorgelegt:

a) ein im Wege des ordentlichen Gesetzgebungsverfahrens erlassener Gesetzgebungsakt der Union,

b) Netzkodizes und Leitlinien, die vor dem 4. Juli 2019 erlassen wurden, und spätere Überarbeitungen dieser Netzkodizes und Leitlinien, oder

c) Netzkodizes und Leitlinien, die als Durchführungsrechtsakte gemäß Artikel 5 der Verordnung (EU) Nr. 182/2011 des Europäischen Parlaments und des Rates ([3]) erlassen wurden.

(3) Wenn einer der folgenden Rechtsakte die Erarbeitung von Vorschlägen für gemeinsame Modalitäten und Bedingungen oder Methoden für die Umsetzung von Netzkodizes und Leitlinien vorsieht, die die Genehmigung aller Regulierungsbehörden der betroffenen Region erfordern, einigen sich diese Regulierungsbehörden einstimmig auf die gemeinsamen Modalitäten und Bedingungen oder Methoden, die von jeder dieser Regulierungsbehörde genehmigt werden:

a) ein im Wege des ordentlichen Gesetzgebungsverfahrens erlassener Gesetzgebungsakt der Union,

b) Netzkodizes und Leitlinien, die vor dem 4. Juli 2019 erlassen wurden, und spätere Überarbeitungen dieser Netzkodizes und Leitlinien, oder

c) Netzkodizes und Leitlinien, die als Durchführungsrechtsakte gemäß Artikel 5 der Verordnung (EU) Nr. 182/2011 erlassen wurden.

Die in Unterabsatz 1 genannten Vorschläge werden ACER innerhalb einer Woche nach ihrer Vorlage bei diesen Regulierungsbehörden mitgeteilt. Die Regulierungsbehörden können den Vorschlag ACER zur Genehmigung gemäß Artikel 6 Absatz 10 Unterabsatz 2 Buchstabe b vorlegen und müssen dies gemäß Artikel 6 Absatz 10 Unterabsatz 2 Buchstabe a tun, wenn keine einstimmige Einigung nach Maßgabe von Unterabsatz 1 erreicht werden kann.

Der Direktor oder der Regulierungsrat, auf eigene Initiative oder auf Vorschlag eines oder mehrerer seiner Mitglieder, kann die Regulierungsbehörden der betroffenen Region auffordern, den Vorschlag ACER zur Genehmigung vorzulegen. Eine solche Aufforderung ist auf die Fälle begrenzt, in denen sich ein auf regionaler Ebene vereinbarter Vorschlag spürbar auf den Energiebinnenmarkt oder auf die Versorgungssicherheit über die Region hinaus auswirken würde.

(4) Unbeschadet der Absätze 2 und 3 ist ACER befugt, eine Entscheidung gemäß Artikel 6 Absatz 10 zu fassen, wenn sich die zuständigen Regulierungsbehörden nicht über die Modalitäten und Bedingungen oder Methoden für die Umsetzung neuer, nach dem 4. Juli 2019 als delegierte Rechtsakte angenommener Netzkodizes und Leitlinien einigen können, wenn diese Modalitäten und Bedingungen oder Methoden die Genehmigung aller

Regulierungsbehörden oder aller Regulierungsbehörden der betroffenen Region erfordern.

(5) Die Kommission legt dem Europäischen Parlament und dem Rat bis zum 31. Oktober 2023 und danach alle drei Jahre einen Bericht über die Beteiligung von ACER an der Ausarbeitung und Annahme der Modalitäten und Bedingungen oder Methoden für die Umsetzung von Netzkodizes und Leitlinien vor, die nach dem 4. Juli 2019 als delegierte Rechtsakte angenommen wurden. Gegebenenfalls wird dem Bericht ein Legislativvorschlag beigefügt, um die erforderlichen Befugnisse auf ACER zu übertragen oder zu ändern.

(6) Vor der Genehmigung werden die in den Absätzen 2 und 3 genannten Modalitäten und Bedingungen oder Methoden gegebenenfalls von den Regulierungsbehörden oder — sofern sie dafür zuständig ist — von ACER nach Konsultation mit ENTSO (Strom), ENTSO (Gas) oder der EU-VNBO überarbeitet, um sicherzustellen, dass sie mit dem Zweck des Netzkodex oder der Leitlinie im Einklang stehen und zur Marktintegration, zur Nichtdiskriminierung, zum wirksamen Wettbewerb und zum ordnungsgemäßen Funktionieren des Marktes beitragen. ACER trifft eine Entscheidung über die Genehmigung innerhalb des Zeitraums, der in den einschlägigen Netzkodizes und Leitlinien angegeben ist. Dieser Zeitraum beginnt an dem Tag nach dem Tag, an dem der Vorschlag an ACER weitergeleitet wurde.

(7) ACER nimmt ihre Aufgaben im Zusammenhang mit der Überprüfung der Gebotszonen gemäß Artikel 14 Absatz 5 der Verordnung (EU) 2019/943 wahr.

(8) ACER beobachtet die regionale Zusammenarbeit der Übertragungs-/Fernleitungsnetzbetreiber gemäß Artikel 34 der Verordnung (EU) 2019/943 und Artikel 12 der Verordnung (EG) Nr. 715/2009 und berücksichtigt das Ergebnis dieser Zusammenarbeit bei der Ausarbeitung ihrer Stellungnahmen, Empfehlungen und Entscheidungen.

Artikel 6
Aufgaben von ACER im Zusammenhang mit den Regulierungsbehörden

(1) ACER trifft Einzelfallentscheidungen in technischen Fragen, soweit dies in der Verordnung (EU) 2019/943, der Verordnung (EG) Nr. 715/2009, der Richtlinie (EU) 2019/944 oder der Richtlinie 2009/73/EG vorgesehen ist.

(2) ACER kann nach Maßgabe ihres Arbeitsprogramms auf Verlangen der Kommission oder auf eigene Initiative Empfehlungen aussprechen, um Regulierungsbehörden und Marktteilnehmer beim Austausch geeigneter Praktiken zu unterstützen.

(3) Bis zum 5. Juli 2022 und danach alle vier Jahre legt die Kommission dem Europäischen Parlament und dem Rat gemäß Artikel 57 Absatz 7 der Richtlinie (EU) 2019/944 einen Bericht über die Unabhängigkeit der Regulierungsbehörden vor.

(4) ACER schafft einen Rahmen für die Zusammenarbeit der Regulierungsbehörden, um für eine effiziente Entscheidungsfindung bei Sachverhalten mit grenzüberschreitender Bedeutung zu sorgen. Sie fördert die Zusammenarbeit zwischen den Regulierungsbehörden und zwischen den Regulierungsbehörden auf regionaler und auf Unionsebene und berücksichtigt das Ergebnis dieser Zusammenarbeit bei der Ausarbeitung ihrer Stellungnahmen, Empfehlungen und Entscheidungen. Ist ACER der Auffassung, dass verbindliche Regeln für eine derartige Zusammenarbeit erforderlich sind, so richtet sie entsprechende Empfehlungen an die Kommission.

(5) ACER gibt auf Antrag einer oder mehrerer Regulierungsbehörden oder der Kommission eine faktenbasierte Stellungnahme zu der Frage ab, ob eine von einer Regulierungsbehörde getroffene Entscheidung den gemäß der Verordnung (EU) 2019/943, der Verordnung (EG) Nr. 715/2009, der Richtlinie (EU) 2019/944 oder der Richtlinie 2009/73/EG festgelegten Netzkodizes und Leitlinien oder anderen einschlägigen Bestimmungen dieser Richtlinien oder Verordnungen entspricht.

(6) Kommt eine Regulierungsbehörde der gemäß Absatz 5 vorgelegten Stellungnahme von ACER nicht innerhalb von vier Monaten nach dem Datum des Eingangs der Stellungnahme nach, so unterrichtet ACER die Kommission und den betreffenden Mitgliedstaat entsprechend.

(7) Bereitet einer Regulierungsbehörde die Anwendung der in der Verordnung (EU) 2019/943, der Verordnung (EG) Nr. 715/2009, der Richtlinie (EU) 2019/944 oder der Richtlinie 2009/73/EG genannten Netzkodizes und Leitlinien in einem bestimmten Fall Schwierigkeiten, so kann sie bei ACER die Abgabe einer Stellungnahme beantragen. ACER gibt ihre Stellungnahme nach Konsultation der Kommission innerhalb von drei Monaten nach dem Tag des Eingangs eines solchen Antrags ab.

(8) Auf Anfrage einer Regulierungsbehörde kann ACER dieser Regulierungsbehörde operative Unterstützung bei Untersuchungen gemäß der Verordnung (EU) Nr. 1227/2011 leisten.

(9) ACER legt der maßgeblichen Regulierungsbehörde und der Kommission nach Maßgabe von Artikel 16 Absatz 3 der Verordnung (EU) 2019/943 Stellungnahmen vor.

(10) ACER ist befugt, Einzelfallentscheidungen zu Regulierungsfragen zu treffen, die sich auf den grenzüberschreitenden Handel oder die grenzüberschreitende Systemsicherheit auswirken und die eine gemeinsame Entscheidung von mindestens zwei Regulierungsbehörden erfordern, sofern den Regulierungsbehörden eine solche Befugnis

nach einem der folgenden Rechtsakte übertragen wurde:

a) einem Gesetzgebungsakt der Union, der im Wege des ordentlichen Gesetzgebungsverfahrens erlassen wurde,

b) den Netzkodizes und Leitlinien, die vor dem 4. Juli 2019 erlassen wurden, und spätere Überarbeitungen dieser Netzkodizes und Leitlinien, oder

c) den Netzkodizes und Leitlinien, die als Durchführungsrechtsakte gemäß Artikel 5 der Verordnung (EU) Nr. 182/2011 erlassen wurden.

In den folgenden Situationen ist ACER befugt, die in Unterabsatz 1 genannten Einzelfallentscheidungen zu treffen:

a) wenn die zuständigen Regulierungsbehörden innerhalb von sechs Monaten ab dem Tag, an dem die letzte dieser Regulierungsbehörden mit der Angelegenheit befasst wurde, oder innerhalb von vier Monaten in Fällen nach Artikel 4 Absatz 7 dieser Verordnung oder nach Artikel 59 Absatz 1 Buchstabe c oder Artikel 62 Absatz 1 Buchstabe f der Richtlinie (EU) 2019/944 keine Einigung erzielen konnten, oder

b) auf gemeinsamen Antrag der zuständigen Regulierungsbehörden.

Die zuständigen Regulierungsbehörden können gemeinsam beantragen, dass die unter Unterabsatz 2 Buchstabe a dieses Absatzes genannte Frist um bis zu sechs Monate verlängert wird, es sei denn, es handelt sich um Fälle nach Artikel 4 Absatz 7 dieser Verordnung oder nach Artikel 59 Absatz 1 Buchstabe c oder Artikel 62 Absatz 1 Buchstabe f der Richtlinie (EU) 2019/944.

Wenn die Befugnis zur Entscheidung bei grenzüberschreitenden Fragen gemäß Unterabsatz 1 im Rahmen neuer Netzkodizes oder Leitlinien, die nach dem 4. Juli 2019 als delegierte Rechtsakte angenommen wurden, an die Regulierungsbehörden übertragen wurde, ist ACER nur auf freiwilliger Basis nach Maßgabe von Unterabsatz 2 Buchstabe b dieses Absatzes zuständig, wenn mindestens 60 % der zuständigen Regulierungsbehörden dies beantragen. Falls nur zwei Regulierungsbehörden beteiligt sind, kann eine der beiden Regulierungsbehörden den Fall an ACER verweisen.

Die Kommission legt dem Europäischen Parlament und dem Rat bis zum 31. Oktober 2023 und danach alle drei Jahre einen Bericht über die mögliche Notwendigkeit vor, die Beteiligung von ACER bei der Beilegung von Fällen von Meinungsunterschieden zwischen Regulierungsbehörden weiter zu stärken, wenn es um gemeinsame Entscheidungen bei Fragen geht, für die diesen Regulierungsbehörden nach dem 4. Juli 2019 im Wege eines delegierten Rechtsakts die Befugnis übertragen wurde. Gegebenenfalls wird dem Bericht ein Legislativvorschlag beigefügt, um solche Befugnisse zu ändern oder auf ACER zu übertragen.

(11) Bei der Vorbereitung ihrer Entscheidung gemäß Absatz 10 konsultiert ACER die Regulierungsbehörden und betroffene Übertragungs-/Fernleitungsnetzbetreiber, und sie wird über die Vorschläge und Bemerkungen aller betroffenen Übertragungs-/Fernleitungsnetzbetreiber informiert.

(12) Wird ACER nach Absatz 10 mit einem Fall befasst, so

a) trifft ACER eine Entscheidung innerhalb von sechs Monaten ab dem Datum der Befassung oder innerhalb von vier Monaten danach in Fällen nach Maßgabe von Artikel 4 Absatz 7 dieser Verordnung oder nach Maßgabe von Artikel 59 Absatz 1 Buchstabe c oder Artikel 62 Absatz 1 Buchstabe f der Richtlinie (EU) 2019/944 und

b) kann sie falls erforderlich eine Zwischenentscheidung erlassen, damit die Versorgungssicherheit oder die Betriebssicherheit sichergestellt ist.

(13) Schließen die in Absatz 10 genannten Regulierungsangelegenheiten Ausnahmen im Sinne von Artikel 63 der Verordnung (EU) 2019/943, oder Artikel 36 der Richtlinie 2009/73/EG ein, so werden die in dieser Verordnung festgelegten Fristen nicht mit den in jenen Vorschriften genannten Fristen kumuliert.

Artikel 7
Aufgaben von ACER im Zusammenhang mit regionalen Koordinierungszentren

(1) ACER wird in enger Zusammenarbeit mit den Regulierungsbehörden und ENTSO (Strom) sowie unter Berücksichtigung der in Artikel 46 Absatz 3 der Verordnung (EU) 2019/943 vorgesehenen Berichte die Leistung der regionalen Koordinierungszentren beobachten und analysieren.

(2) Um die in Absatz 1 genannten Aufgaben effizient und zügig ausführen zu können, wird ACER insbesondere

a) über die Festlegung von Netzbetriebsregionen gemäß Artikel 36 Absatz 3 und 4 entscheiden und Genehmigungen gemäß Artikel 37 Absatz 2 der Verordnung (EU) 2019/943 erteilen;

b) sofern erforderlich gemäß Artikel 46 der Verordnung (EU) 2019/943 Informationen von regionalen Koordinierungszentren anfordern;

c) Stellungnahmen und Empfehlungen abgeben, die an das Europäische Parlament, den Rat und die Kommission gerichtet sind;

d) Stellungnahmen und Empfehlungen abgeben, die an die regionalen Koordinierungszentren gerichtet sind.

Artikel 8
Aufgaben von ACER im Zusammenhang mit nominierten Strommarktbetreibern

Um sicherzustellen, dass die nominierten Strommarktbetreiber ihren Aufgaben gemäß der Verordnung (EU) 2019/943 und der Verordnung (EU)

2015/1222 der Kommission ([4]) nachkommen, wird ACER

a) die Fortschritte der nominierten Strommarktbetreiber bei der Festlegung der Aufgaben im Rahmen der Verordnung (EU) 2015/1222 beobachten,

b) der Kommission gemäß Artikel 7 Absatz 5 der Verordnung (EU) 2015/1222 Empfehlungen unterbreiten,

c) sofern erforderlich Informationen von den nominierten Strommarktbetreibern anfordern.

Artikel 9

Aufgaben von ACER im Zusammenhang mit der Angemessenheit der Stromerzeugung und der Risikovorsorge

(1) Gegebenenfalls genehmigt und ändert ACER

a) die Vorschläge für Methoden und Berechnungen im Zusammenhang mit der Abschätzung der Angemessenheit der Ressourcen auf europäischer Ebene gemäß Artikel 23 Absätze 3, 4, 6 und 7 der Verordnung (EU) 2019/943,

b) die Vorschläge zu technischen Spezifikationen für die grenzüberschreitende Teilnahme an Kapazitätsmechanismen gemäß Artikel 26 Absatz 11 der Verordnung (EU) 2019/943.

(2) ACER gibt nach Maßgabe von Artikel 24 Absatz 3 der Verordnung (EU) 2019/941 eine Stellungnahme darüber ab, ob die Unterschiede zwischen der Abschätzung der Angemessenheit der Ressourcen auf nationaler und auf europäischer Ebene gerechtfertigt sind.

(3) Gegebenenfalls genehmigt und ändert ACER die Methoden

a) zur Ermittlung von Szenarien für Stromversorgungskrisen auf regionaler Ebene gemäß Artikel 5 der Verordnung (EU) 2019/941,

b) zur kurzfristigen und saisonalen Abschätzung der Angemessenheit gemäß Artikel 8 der Verordnung (EU) 2019/941.

(4) Mit Blick auf die Sicherheit der Erdgasversorgung ist ACER in der Koordinierungsgruppe „Erdgas" gemäß Artikel 4 der Verordnung (EU) 2017/1938 vertreten und nimmt ihre Verpflichtungen im Zusammenhang mit den nach Anhang III der Verordnung (EU) 2017/1938 festgelegten permanenten bidirektionalen Kapazitäten von Verbindungsleitungen für Gas wahr.

Artikel 10

Aufgaben von ACER im Zusammenhang mit Ausnahmen

ACER entscheidet über Ausnahmen gemäß Artikel 63 Absatz 5 der Verordnung (EU) 2019/943. Darüber hinaus entscheidet sie über Ausnahmen gemäß Artikel 36 Absatz 4 der Richtlinie 2009/73/EG, wenn sich die betreffende Infrastruktur im Hoheitsgebiet von mehr als einem Mitgliedstaat befindet.

Artikel 11

Aufgaben von ACER im Zusammenhang mit der Infrastruktur

In Bezug auf die transeuropäische Energieinfrastruktur wird ACER in enger Zusammenarbeit mit den Regulierungsbehörden und ENTSO (Strom) und ENTSO (Gas)

a) beobachten, wie die Durchführung der Projekte zur Schaffung neuer Verbindungsleitungskapazitäten voranschreitet;

b) die Umsetzung der unionsweiten Netzentwicklungspläne beobachten. Stellt ACER Widersprüche zwischen diesen Plänen und deren Durchführung fest, so erforscht sie die Gründe dieser Widersprüche und gibt den betreffenden Übertragungs-/Fernleitungsnetzbetreibern, Regulierungsbehörden bzw. anderen zuständigen Einrichtungen Empfehlungen zur Durchführung der Investitionen im Einklang mit den unionsweiten Netzentwicklungsplänen;

c) den in Artikel 5, Artikel 11 Absatz 3, Artikel 11 Absätze 6 bis 9, in den Artikeln 12 und 13 und 17 und Anhang III Abschnitt 2 Nummer 12 der Verordnung (EU) 2022/869 des Europäischen Parlaments und des Rates ([5]) festgelegten Verpflichtungen nachkommen;

d) Entscheidungen über Investitionsanträge einschließlich der grenzüberschreitenden Kostenaufteilung gemäß Artikel 16 Absatz 7 der Verordnung (EU) 2022/869 treffen.

Artikel 12

Aufgaben von ACER im Zusammenhang mit der Integrität und Transparenz des Großhandelsmarkts

Um die Integrität und Transparenz des Großhandelsmarkts wirksam zu überwachen, wird ACER in enger Zusammenarbeit mit den Regulierungsbehörden und anderen nationalen Behörden

a) gemäß den Artikeln 7 bis 12 der Verordnung (EU) Nr. 1227/2011 Großhandelsmärkte überwachen, Daten erheben und austauschen und ein europäisches Register von Marktteilnehmern einrichten;

b) der Kommission gemäß Artikel 7 der Verordnung (EU) Nr. 1227/2011 Empfehlungen unterbreiten;

c) Untersuchungen gemäß Artikel 16 Absatz 4 der Verordnung (EU) Nr. 1227/2011 koordinieren.

Artikel 13

Beauftragung von ACER mit neuen Aufgaben

ACER kann unter Voraussetzungen, die von der Kommission in nach Maßgabe von Artikel 59 der

Verordnung (EU) 2019/943 angenommenen Netzkodizes und in nach Maßgabe von Artikel 61 der genannten Verordnung oder Artikel 23 der Verordnung (EG) Nr. 715/2009 angenommenen Leitlinien klar festgelegt werden, und zu Fragen im Zusammenhang mit den Zwecken, für die sie geschaffen wurde, mit zusätzlichen Aufgaben, die keine Entscheidungsbefugnisse umfassen, betraut werden.

Artikel 14
Konsultationen, Transparenz und Verfahrensgarantien

(1) Bei der Wahrnehmung ihrer Aufgaben, insbesondere bei der Ausarbeitung der Rahmenleitlinien gemäß Artikel 59 der Verordnung (EU) 2019/943 oder Artikel 6 der Verordnung (EG) Nr. 715/2009 sowie bei der Vorlage von Vorschlägen von Änderungen der Netzkodizes gemäß Artikel 60 der Verordnung (EU) 2019/943 oder Artikel 7 der Verordnung (EG) Nr. 715/2009, konsultiert ACER ausführlich und frühzeitig sowie auf offene und transparente Art und Weise die Marktteilnehmer, die Übertragungs-/Fernleitungsnetzbetreiber, die Verbraucher, die Endnutzer und gegebenenfalls die Wettbewerbsbehörden, und zwar unbeschadet ihrer jeweiligen Zuständigkeit, insbesondere wenn ihre Aufgaben die Übertragungs-/Fernleitungsnetzbetreiber betreffen.

(2) ACER stellt sicher, dass die Öffentlichkeit sowie sämtliche interessierten Parteien objektive, zuverlässige und leicht zugängliche Informationen, insbesondere über die Ergebnisse der Arbeit von ACER, erhalten, sofern dies angezeigt ist.

Alle Dokumente und Protokolle von Konsultationssitzungen, die im Rahmen der Ausarbeitung der Rahmenleitlinien gemäß Artikel 59 der Verordnung (EU) 2019/943 oder Artikel 6 der Verordnung (EG) Nr. 715/2009 oder im Rahmen der in Absatz 1 genannten Änderung von Netzkodizes durchgeführt werden, werden veröffentlicht.

(3) Vor der Annahme der Rahmenleitlinien oder vor der Unterbreitung von Vorschlägen zur Änderung von Netzkodizes gemäß Absatz 1 gibt ACER an, wie den bei den Konsultationen gewonnenen Beobachtungen Rechnung getragen wurde, und gibt eine Begründung ab, wenn diese Beobachtungen nicht berücksichtigt wurden.

(4) ACER veröffentlicht auf ihrer Internetseite mindestens die Tagesordnung, die Hintergrund-Dokumente sowie gegebenenfalls die Protokolle der Sitzungen des Verwaltungsrates, des Regulierungsrates und des Beschwerdeausschusses.

(5) ACER erlässt und veröffentlicht gemäß dem in Artikel 19 Absatz 1 Buchstabe t festgelegten Verfahren eine geeignete und verhältnismäßige Geschäftsordnung. Diese Geschäftsordnung muss Bestimmungen enthalten, mit denen ein transparentes und angemessenes Entscheidungsfindungsverfahren sichergestellt wird, bei dem die auf der Rechtsstaatlichkeit beruhenden grundlegenden Verfahrensrechte — insbesondere der Anspruch auf rechtliches Gehör — garantiert sind, sowie Bestimmungen über die Akteneinsicht und die in den Absätzen 6, 7 und 8 spezifizierten Standards.

(6) Bevor ACER eine in dieser Verordnung vorgesehene Einzelfallentscheidung trifft, teilt sie allen betroffenen Parteien ihre Absicht mit, diese Entscheidung zu treffen, und setzt eine Frist fest, innerhalb welcher die betroffenen Parteien zu der Angelegenheit Stellung nehmen können, mit der der Dringlichkeit, der Komplexität und den möglichen Folgen der Angelegenheit in vollem Umfang Rechnung getragen wird.

(7) In den Einzelfallentscheidungen von ACER sind die Gründe angegeben, auf die sie sich stützen, damit in der Sache Beschwerde erhoben werden kann.

(8) Die von Einzelfallentscheidungen betroffenen Parteien werden über die im Rahmen dieser Verordnung zur Verfügung stehenden Rechtsbehelfe belehrt.

Artikel 15
Beobachtung des Elektrizitäts- und Erdgassektors und entsprechende Berichterstattung

(1) ACER beobachtet in enger Zusammenarbeit mit der Kommission, den Mitgliedstaaten und den maßgeblichen nationalen Behörden einschließlich der Regulierungsbehörden und unbeschadet der Zuständigkeiten der Wettbewerbsbehörden die Großhandelsmärkte und Endkundenmärkte für Strom und Erdgas, insbesondere die Endkundenpreise von Strom und Erdgas, die Einhaltung der in der Richtlinie (EU) 2019/944 und der Richtlinie 2009/73/EG festgelegten Verbraucherrechte, die Auswirkungen der Marktentwicklungen auf Haushaltskunden, den Zugang zu den Netzen, einschließlich des Zugangs für den Strom aus erneuerbaren Energiequellen, den Fortschritt bei den Verbindungsleitungen, mögliche Hemmnisse für den grenzüberschreitenden Handel, regulatorische Hindernisse für neue und kleinere Marktteilnehmer, darunter Bürgerenergiegemeinschaften, staatliche Eingriffe, wie die in Artikel 10 Absatz 4 der Verordnung (EU) 2019/943 vorgesehenen, die Preise daran hindern, die tatsächliche Knappheit widerzuspiegeln, die Maßnahmen der Mitgliedstaaten im Bereich der Stromversorgungssicherheit basierend auf den Ergebnissen der in Artikel 23 derselben Verordnung genannten Abschätzung der Angemessenheit der Ressourcen auf europäische Ebene, insbesondere der in Artikel 17 der Verordnung (EU) 2019/941 genannten nachträglichen Analyse.

(2) ACER veröffentlicht jährlich einen Bericht über die Ergebnisse ihrer Beobachtung gemäß Absatz 1. In diesem Bericht legt sie auch die Hemmnisse für die Vollendung des Elektrizitäts- und des Erdgasbinnenmarktes dar.

(3) Bei der Veröffentlichung dieses Jahresberichts kann ACER dem Europäischen Parlament und der Kommission eine Stellungnahme zu möglichen Maßnahmen zum Abbau der in Absatz 2 genannten Hemmnisse vorlegen.

(4) ACER gibt einen Bericht über bewährte Verfahren zu Übertragungs- und Verteilernetzentgelten gemäß Artikel 18 Absatz 9 der Verordnung (EU) 2019/943 heraus.

Kapitel II
Organisation von ACER

Artikel 16
Rechtsstellung

(1) ACER ist eine Einrichtung der Union mit eigener Rechtspersönlichkeit.

(2) ACER verfügt in allen Mitgliedstaaten über die weitestreichende Rechtsfähigkeit, die juristischen Personen nach dem jeweiligen nationalen Recht zuerkannt wird. Sie kann insbesondere bewegliches und unbewegliches Vermögen erwerben und veräußern und ist vor Gericht parteifähig.

(3) ACER wird von ihrem Direktor vertreten.

(4) Sitz von ACER ist Ljubljana, Slowenien.

Artikel 17
Verwaltungs- und Leitungsstruktur

ACER besteht aus

a) einem Verwaltungsrat, der die in Artikel 19 vorgesehenen Aufgaben wahrnimmt,

b) einem Regulierungsrat, der die in Artikel 22 vorgesehenen Aufgaben wahrnimmt,

c) einem Direktor, der die in Artikel 24 vorgesehenen Aufgaben wahrnimmt und

d) einem Beschwerdeausschuss, der die in Artikel 28 vorgesehenen Aufgaben wahrnimmt.

Artikel 18
Zusammensetzung des Verwaltungsrates

(1) Der Verwaltungsrat besteht aus neun Mitgliedern. Jedes Mitglied hat einen Stellvertreter. Zwei Mitglieder und ihre Stellvertreter werden von der Kommission, zwei Mitglieder und ihre Stellvertreter werden vom Europäischen Parlament und fünf Mitglieder und ihre Stellvertreter werden vom Rat ernannt. Kein Mitglied des Europäischen Parlaments darf gleichzeitig Mitglied des Verwaltungsrates sein. Ein Mitglied des Verwaltungsrates kann nicht zugleich Mitglied des Regulierungsrates sein.

(2) Die Amtszeit der Mitglieder des Verwaltungsrates sowie ihrer Stellvertreter beträgt vier Jahre und kann einmal verlängert werden. Für die Hälfte der Mitglieder des Verwaltungsrates und ihre Stellvertreter beträgt die erste Amtszeit sechs Jahre.

(3) Der Verwaltungsrat wählt mit einer Zweidrittelmehrheit aus dem Kreis seiner Mitglieder einen Vorsitzenden und einen stellvertretenden Vorsitzenden. Der stellvertretende Vorsitzende vertritt automatisch den Vorsitzenden, wenn dieser seine Aufgaben nicht wahrnehmen kann. Die Amtszeit des Vorsitzenden und des stellvertretenden Vorsitzenden beträgt zwei Jahre und kann einmal verlängert werden. Die Amtszeit des Vorsitzenden und des stellvertretenden Vorsitzenden endet, sobald sie dem Verwaltungsrat nicht mehr als Mitglieder angehören.

(4) Der Vorsitzende beruft die Sitzungen des Verwaltungsrates ein. Der Vorsitzende des Regulierungsrates oder der designierte Vertreter aus dem Regulierungsrat und der Direktor nehmen, sofern der Verwaltungsrat bezüglich des Direktors nicht anders entscheidet, ohne Stimmrecht an den Beratungen teil. Der Verwaltungsrat tritt mindestens zweimal jährlich zu einer ordentlichen Sitzung zusammen. Darüber hinaus tritt er auf Initiative seines Vorsitzenden, auf Wunsch der Kommission oder auf Antrag von mindestens einem Drittel seiner Mitglieder zusammen. Der Verwaltungsrat kann Personen, deren Auffassung möglicherweise relevant ist, als Beobachter zu seinen Sitzungen einladen. Die Mitglieder des Verwaltungsrates können vorbehaltlich seiner Geschäftsordnung von Beratern oder Sachverständigen unterstützt werden. Die Sekretariatsgeschäfte des Verwaltungsrates werden von ACER wahrgenommen.

(5) Die Beschlüsse des Verwaltungsrates werden, soweit in dieser Verordnung nicht anders geregelt, mit einer Zweidrittelmehrheit der anwesenden Mitglieder angenommen. Jedes Mitglied des Verwaltungsrates bzw. sein Stellvertreter hat eine Stimme.

(6) Die Geschäftsordnung legt Folgendes im Einzelnen fest:

a) die Abstimmungsregeln, insbesondere die Bedingungen, unter denen ein Mitglied im Namen eines anderen Mitglieds abstimmen kann, sowie gegebenenfalls die Bestimmungen über das Quorum und

b) die Regelungen über das Rotationssystem für die Ersetzung der vom Rat ernannten Mitglieder des Verwaltungsrates, damit langfristig eine ausgewogene Beteiligung der Mitgliedstaaten gewährleistet ist.

(7) Die Mitglieder des Verwaltungsrates verpflichten sich unbeschadet der Rolle der von der Kommission ernannten Mitglieder, im Interesse der Union in ihrer Gesamtheit unabhängig und objektiv zu handeln und keine Weisungen von Organen, Einrichtungen oder sonstigen Stellen der Union, von Regierungen von Mitgliedstaaten oder von sonstigen öffentlichen oder privaten Einrichtungen einzuholen oder zu befolgen. Hierzu gibt jedes Mitglied eine schriftliche Verpflichtungserklärung sowie eine schriftliche Interessenerklärung ab, aus der entweder hervorgeht, dass keinerlei Interessen bestehen, die als seine Unabhängigkeit beeinträchtigend angesehen werden könnten,

oder dass unmittelbare oder mittelbare Interessen vorhanden sind, die als seine Unabhängigkeit beeinträchtigend angesehen werden könnten. ACER macht diese Erklärungen jedes Jahr öffentlich bekannt.

Artikel 19
Aufgaben des Verwaltungsrates

(1) Der Verwaltungsrat

a) ernennt nach Konsultation des Regulierungsrates und nach dessen befürwortender Stellungnahme gemäß Artikel 22 Absatz 5 Buchstabe c den Direktor gemäß Artikel 23 Absatz 2 und kann gegebenenfalls seine Amtszeit verlängern oder ihn seines Amtes entheben;

b) ernennt förmlich die gemäß Artikel 21 Absatz 1 ernannten Mitglieder des Regulierungsrates;

c) ernennt förmlich die Mitglieder des Beschwerdeausschusses gemäß Artikel 25 Absatz 2;

d) gewährleistet, dass ACER ihren Auftrag erfüllt und die ihr zugewiesenen Aufgaben im Einklang mit dieser Verordnung wahrnimmt;

e) verabschiedet mit einer Zweidrittelmehrheit seiner Mitglieder das in Artikel 20 Absatz 1 genannte Programmplanungsdokument und ändert es gegebenenfalls gemäß Artikel 20 Absatz 3 ab;

f) nimmt den jährlichen Haushaltsplan von ACER an und übt seine sonstigen Haushaltsbefugnisse in Übereinstimmung mit den Artikeln 31 bis 35 aus;

g) beschließt, nachdem er die Zustimmung der Kommission eingeholt hat, über die Annahme von Legaten, Schenkungen oder Zuschüssen aus anderen Quellen der Union oder etwaigen freiwillig geleisteten Beiträgen der Mitgliedstaaten oder der Regulierungsbehörden. Der Verwaltungsrat geht in seiner Stellungnahme gemäß Artikel 35 Absatz 4 ausdrücklich auf die in diesem Absatz genannten Finanzierungsquellen ein;

h) übt nach Konsultation des Regulierungsrats die Disziplinargewalt über den Direktor aus. Übt des Weiteren im Einklang mit Absatz 2 in Bezug auf das Personal von ACER die Befugnisse aus, die der Anstellungsbehörde im Statut und der zum Abschluss von Dienstverträgen ermächtigten Behörde in den Beschäftigungsbedingungen übertragen werden;

i) legt die Durchführungsbestimmungen von ACER zum Statut und die Beschäftigungsbedingungen im Einklang mit Artikel 110 des Statuts gemäß Artikel 39 Absatz 2 fest;

j) erlässt gemäß Artikel 41 die praktischen Maßnahmen zum Recht auf Zugang zu den Dokumenten von ACER;

k) nimmt auf der Grundlage des Entwurfs des Jahresberichts gemäß Artikel 24 Absatz 1 Buchstabe i den Jahresbericht über die Tätigkeiten von ACER an, veröffentlicht diesen und legt ihn bis zum 1. Juli eines jeden Jahres dem Europäischen Parlament, dem Rat, der Kommission und dem Rechnungshof vor; dieser Jahresbericht über die Tätigkeiten von ACER enthält einen separaten, vom Regulierungsrat genehmigten Teil über die Regulierungstätigkeit von ACER im Berichtsjahr;

l) gibt sich eine Geschäftsordnung und veröffentlicht diese;

m) erlässt gemäß Artikel 36 die für ACER geltende Finanzregelung;

n) beschließt eine Betrugsbekämpfungsstrategie, die in einem angemessenen Verhältnis zu dem Betrugsrisiko steht und die Kosten und die Nutzen der durchzuführenden Maßnahmen berücksichtigt;

o) beschließt Bestimmungen zur Vermeidung und Bewältigung von Interessenkonflikten seiner Mitglieder sowie der Mitglieder des Beschwerdeausschusses;

p) beschließt und aktualisiert regelmäßig die in Artikel 41 genannten Kommunikations- und Verbreitungspläne;

q) ernennt einen Rechnungsführer, der dem Statut der Beamten oder den Beschäftigungsbedingungen unterliegt und in der Wahrnehmung seiner Aufgaben völlig unabhängig ist;

r) ergreift geeignete Folgemaßnahmen zu den Ergebnissen und Empfehlungen von Berichten über interne oder externe Prüfungen und von internen oder externen Evaluierungen sowie von Untersuchungen des Europäischen Amtes für Betrugsbekämpfung (OLAF);

s) genehmigt den Abschluss von Arbeitsvereinbarungen gemäß Artikel 43;

t) verabschiedet und veröffentlicht auf der Grundlage eines Vorschlags des Direktors gemäß Artikel 24 Absatz 1 Buchstabe b und nach Konsultation des Regulierungsrates und dessen befürwortender Stellungnahme gemäß Artikel 22 Absatz 5 Buchstabe f die in Artikel 14 Absatz 5 genannte Geschäftsordnung.

(2) Der Verwaltungsrat erlässt gemäß Artikel 110 des Statuts der Beamten einen Beschluss auf der Grundlage von Artikel 2 Absatz 1 des Statuts der Beamten und Artikel 6 der Beschäftigungsbedingungen, mit dem er dem Direktor die maßgeblichen Befugnisse der Anstellungsbehörde überträgt und die Bedingungen festlegt, unter denen die Befugnisübertragung ausgesetzt werden kann. Der Direktor kann diese Befugnisse weiter übertragen.

(3) Bei Vorliegen außergewöhnlicher Umstände kann der Verwaltungsrat die Übertragung von Befugnissen der Anstellungsbehörde auf den Direktor sowie die von diesem weiterübertragenen Befugnisse durch einen Beschluss vorübergehend aussetzen und die Befugnisse selbst ausüben oder sie einem seiner Mitglieder oder einem anderen

Bediensteten als dem Direktor übertragen. Die außergewöhnlichen Umstände sind, unbeschadet der uneingeschränkten Unabhängigkeit des Direktors in Hinblick auf seine Aufgaben nach Maßgabe von Artikel 24 Absatz 1 Buchstabe c, streng auf Verwaltungs-, Haushalts- und Leitungsangelegenheiten beschränkt.

Artikel 20
Jährliche und mehrjährige Programmplanung

(1) Der Direktor erstellt jedes Jahr einen Entwurf des Programmplanungsdokuments mit der jährlichen und der Mehrjahresprogrammplanung und legt den Entwurf des Programmplanungsdokuments dem Verwaltungsrat und dem Regulierungsrat vor.

Nach einer befürwortenden Stellungnahme des Regulierungsrates verabschiedet der Verwaltungsrat den Entwurf des Programmplanungsdokuments und legt den Entwurf des Programmplanungsdokuments spätestens bis zum 31. Januar dem Europäischen Parlament, dem Rat und der Kommission vor.

Der Entwurf des Programmplanungsdokuments steht im Einklang mit dem gemäß Artikel 33 Absätze 1, 2 und 3 erstellten vorläufigen Entwurf des Voranschlags.

Der Verwaltungsrat verabschiedet das Programmplanungsdokument unter Berücksichtigung der Stellungnahme der Kommission, nach Eingang der befürwortenden Stellungnahme des Regulierungsrates und nachdem der Direktor es dem Europäischen Parlament vorgelegt hat. Der Verwaltungsrat übermittelt das Programmplanungsdokument bis zum 31. Dezember dem Europäischen Parlament, dem Rat und der Kommission.

Das Programmplanungsdokument wird unbeschadet des jährlichen Haushaltsverfahrens festgelegt und veröffentlicht.

Das Programmplanungsdokument wird nach der endgültigen Feststellung des Gesamthaushaltsplans endgültig und ist, falls notwendig, entsprechend anzupassen.

(2) Die jährliche Programmplanung im Programmplanungsdokument umfasst die detaillierten Ziele und die erwarteten Ergebnisse sowie die Leistungsindikatoren. Es enthält zudem eine Beschreibung der zu finanzierenden Maßnahmen sowie Angaben zur Höhe der für die einzelnen Maßnahmen vorgesehenen finanziellen und personellen Ressourcen — einschließlich eines Verweises auf die Arbeitsgruppen von ACER, die beauftragt wurden, zur Erstellung der betreffenden Dokumente beizutragen — gemäß den Grundsätzen der maßnahmenbezogenen Budgetierung und des maßnahmenbezogenen Managements. Die jährliche Programmplanung steht mit der mehrjährigen Programmplanung nach Absatz 4 in Einklang. Darin ist klar anzugeben, welche Aufgaben im Vergleich zum vorangegangenen Haushaltsjahr hinzugefügt, verändert oder gestrichen wurden.

(3) Der Verwaltungsrat ändert das verabschiedete Programmplanungsdokument, wenn ACER eine neue Aufgabe übertragen wird.

Wesentliche Änderungen am Programmplanungsdokument werden nach dem Verfahren für die Verabschiedung des ursprünglichen Programmplanungsdokuments beschlossen. Der Verwaltungsrat kann die Befugnis zur Vornahme nicht wesentlicher Änderungen am Programmplanungsdokument dem Direktor übertragen.

(4) Die mehrjährige Programmplanung im Programmplanungsdokument enthält die strategische Gesamtplanung mit Zielen, erwarteten Ergebnissen und Leistungsindikatoren. Es umfasst auch die Ressourcenplanung, einschließlich der Mehrjahreshaushalts- und -personalplanung.

Die Ressourcenplanung wird jährlich aktualisiert. Die strategische Programmplanung wird bei Bedarf aktualisiert, insbesondere um dem Ergebnis der in Artikel 45 genannten Bewertung Rechnung zu tragen.

Artikel 21
Zusammensetzung des Regulierungsrates

(1) Der Regulierungsrat setzt sich zusammen aus

a) ranghohen Vertretern der Regulierungsbehörden gemäß Artikel 57 Absatz 1 der Richtlinie (EU) 2019/944 und Artikel 39 Absatz 1 der Richtlinie 2009/73/EG und einem Stellvertreter pro Mitgliedstaat, die aus den derzeitigen Führungskräften dieser Behörden ausgewählt und jeweils von den Regulierungsbehörden ernannt werden,

b) und einem nicht stimmberechtigten Vertreter der Kommission.

Pro Mitgliedstaat wird nur ein Vertreter der Regulierungsbehörde im Regulierungsrat zugelassen.

(2) Der Regulierungsrat wählt aus dem Kreis seiner Mitglieder einen Vorsitzenden und einen stellvertretenden Vorsitzenden. Der stellvertretende Vorsitzende vertritt den Vorsitzenden, wenn dieser seine Pflichten nicht wahrnehmen kann. Die Amtszeit des Vorsitzenden und des stellvertretenden Vorsitzenden beträgt zweieinhalb Jahre und kann verlängert werden. Die Amtszeit des Vorsitzenden und des stellvertretenden Vorsitzenden endet jedoch, sobald sie dem Regulierungsrat nicht mehr als Mitglieder angehören.

Artikel 22
Aufgaben des Regulierungsrates

(1) Der Regulierungsrat beschließt mit einer Zweidrittelmehrheit der anwesenden Mitglieder, wobei jedes Mitglied eine Stimme hat.

(2) Der Regulierungsrat erlässt und veröffentlicht seine Geschäftsordnung, die die Abstimmungsmodalitäten im Einzelnen festlegt, insbesondere die Bedingungen, unter denen ein Mitglied im Namen eines anderen Mitglieds abstimmen kann, sowie gegebenenfalls die Bestimmungen über das Quorum. Die Geschäftsordnung kann spezifische Arbeitsmethoden zur Erörterung von Fragen im Rahmen regionaler Initiativen für Zusammenarbeit vorsehen.

(3) Bei der Wahrnehmung der ihm durch diese Verordnung übertragenen Regulierungsaufgaben und unbeschadet dessen, dass seine Mitglieder im Namen ihrer jeweiligen Regulierungsbehörde handeln, handelt der Regulierungsrat unabhängig und holt keine Weisungen von der Regierung eines Mitgliedstaats, von der Kommission oder von einer anderen öffentlichen oder privaten Stelle ein noch befolgt er solche.

(4) Die Sekretariatsgeschäfte des Regulierungsrates werden von ACER wahrgenommen.

(5) Der Regulierungsrat

a) unterbreitet Stellungnahmen und gegebenenfalls Anmerkungen zu und Änderungen an den Texten der Vorschlagsentwürfe des Direktors von Stellungnahmen, Empfehlungen und Entscheidungen gemäß Artikel 3 Absatz 1, Artikel 4 bis 8, Artikel 9 Absätze 1 und 3, Artikel 10, Artikel 11 Buchstabe c, Artikel 13, Artikel 15 Absatz 4 und den Artikeln 30 und 43, deren Annahme in Erwägung gezogen wird;

b) leitet innerhalb seines Zuständigkeitsbereichs den Direktor bei der Wahrnehmung seiner Aufgaben an, mit Ausnahme der Tätigkeiten von ACER nach der Verordnung (EU) Nr. 1227/2011, und leitet die Arbeitsgruppen von ACER, die gemäß Artikel 30 eingesetzt wurden, an;

c) unterbreitet dem Verwaltungsrat eine Stellungnahme zu dem Bewerber, der gemäß Artikel 19 Absatz 1 Buchstabe a und Artikel 23 Absatz 2 zum Direktor ernannt werden soll;

d) genehmigt nach Artikel 20 Absatz 1 das Programmplanungsdokument;

e) genehmigt den die Regulierungstätigkeit betreffenden separaten Teil des Jahresberichts gemäß Artikel 19 Absatz 1 Buchstabe k und Artikel 24 Absatz 1 Buchstabe i;

f) unterbreitet dem Verwaltungsrat eine Stellungnahme zur Geschäftsordnung gemäß Artikel 14 Absatz 5 und Artikel 30 Absatz 3;

g) unterbreitet dem Verwaltungsrat eine Stellungnahme zu den in Artikel 41 vorgesehenen Kommunikations- und Verbreitungsplänen;

h) unterbreitet dem Verwaltungsrat eine Stellungnahme zu den Verfahrensvorschriften für die Beziehungen zu Drittländern oder internationalen Organisationen gemäß Artikel 43;

(6) Das Europäische Parlament wird über den Entwurf der Tagesordnung für bevorstehende Sitzungen des Regulierungsrates spätestens zwei Wochen zuvor in Kenntnis gesetzt. Der Entwurf des Protokolls wird dem Europäischen Parlament innerhalb von zwei Wochen nach diesen Sitzungen übermittelt. Das Europäische Parlament kann den Vorsitzenden des Regulierungsrats oder den stellvertretenden Vorsitzenden unter uneingeschränkter Achtung seiner Unabhängigkeit dazu einladen, vor dem zuständigen Ausschuss des Europäischen Parlaments eine Erklärung abzugeben und Fragen der Mitglieder des Ausschusses zu beantworten.

Artikel 23
Direktor

(1) ACER wird von ihrem Direktor geleitet, der sein Amt im Einklang mit der Anleitung gemäß Artikel 22 Absatz 5 Buchstabe b und — sofern in dieser Verordnung vorgesehen — den Stellungnahmen des Regulierungsrates ausübt. Unbeschadet der jeweiligen Befugnisse des Verwaltungsrates und des Regulierungsrates in Bezug auf die Aufgaben des Direktors holt der Direktor weder Weisungen von Regierungen, von Organen der Union oder von anderen öffentlichen oder privaten Stellen oder Personen ein noch befolgt er solche. Der Direktor ist gegenüber dem Verwaltungsrat im Hinblick auf Verwaltungs-, Haushalts- und Leitungsangelegenheiten rechenschaftspflichtig, bleibt jedoch in Hinblick auf seine Aufgaben nach Artikel 24 Absatz 1 Buchstabe c völlig unabhängig. Der Direktor kann als Beobachter an den Sitzungen des Regulierungsrates teilnehmen.

(2) Der Direktor wird vom Verwaltungsrat nach einer befürwortenden Stellungnahme des Regulierungsrates aus einer Liste von mindestens drei Bewerbern ernannt, die von der Kommission im Anschluss an ein offenes und transparentes Auswahlverfahren vorgeschlagen werden; Kriterien sind die erworbenen Verdienste sowie Qualifikation und Erfahrung von Relevanz für den Energiesektor. Vor der Ernennung äußert sich der vom Verwaltungsrat ausgewählte Bewerber vor dem zuständigen Ausschuss des Europäischen Parlaments und beantwortet Fragen der Mitglieder des Ausschusses. Beim Abschluss des Vertrags mit dem Direktor wird ACER durch den Vorsitzenden des Verwaltungsrats vertreten.

(3) Die Amtszeit des Direktors beträgt fünf Jahre. In den letzten neun Monaten vor Ablauf dieses Zeitraums nimmt die Kommission eine Bewertung vor. In dieser Beurteilung bewertet die Kommission insbesondere

a) die Leistung des Direktors

b) und die Aufgaben und Erfordernisse von ACER in den folgenden Jahren.

(4) Der Verwaltungsrat kann auf Vorschlag der Kommission nach Konsultation des Regulierungsrats und unter umfassender Berücksichtigung der

Bewertung und Stellungnahme des Regulierungsrates, und nur, wenn dies auf Grundlage der Aufgaben und Erfordernisse von ACER zu rechtfertigen ist, die Amtszeit des Direktors einmalig um höchstens fünf Jahre verlängern. Ein Direktor, dessen Amtszeit verlängert wurde, darf am Ende des verlängerten Zeitraums nicht an einem anderen Auswahlverfahren für dieselbe Stelle teilnehmen.

(5) Der Verwaltungsrat unterrichtet das Europäische Parlament über seine Absicht, die Amtszeit des Direktors zu verlängern. Innerhalb eines Monats vor der Verlängerung seiner Amtszeit kann der Direktor aufgefordert werden, sich vor dem zuständigen Ausschuss des Europäischen Parlaments zu äußern und Fragen der Mitglieder dieses Ausschusses zu beantworten.

(6) Wird die Amtszeit nicht verlängert, so bleibt der Direktor bis zur Ernennung seines Nachfolgers im Amt.

(7) Der Direktor kann seines Amtes nur aufgrund eines Beschlusses des Verwaltungsrates nach einer befürwortenden Stellungnahme des Regulierungsrates enthoben werden. Für die Beschlussfassung ist eine Mehrheit von zwei Dritteln der Mitglieder des Verwaltungsrates erforderlich.

(8) Das Europäische Parlament und der Rat können den Direktor auffordern, einen Bericht über die Wahrnehmung seiner Aufgaben vorzulegen. Das Europäische Parlament kann den Direktor auch auffordern, eine Erklärung vor dem zuständigen Ausschuss des Europäischen Parlaments abzugeben und Fragen der Mitglieder des Ausschusses zu beantworten.

Artikel 24
Aufgaben des Direktors

(1) Der Direktor

a) ist der gesetzliche Vertreter von ACER und mit ihrer täglichen Verwaltung beauftragt;

b) bereitet die Arbeiten des Verwaltungsrates vor, nimmt an den Arbeiten des Verwaltungsrates teil, besitzt jedoch kein Stimmrecht, und ist für die Umsetzung der Beschlüsse des Verwaltungsrates verantwortlich;

c) entwirft, konsultiert bezüglich, nimmt an und veröffentlicht Stellungnahmen, Empfehlungen und Entscheidungen;

d) ist für die Durchführung des Jahresarbeitsprogramms von ACER verantwortlich, wobei der Regulierungsrat eine Beratungs- und Lenkungsfunktion übernimmt und der Verwaltungsrat die administrative Kontrolle ausübt;

e) trifft die erforderlichen Maßnahmen, insbesondere im Hinblick auf den Erlass interner Verwaltungsanweisungen und die Veröffentlichung von Mitteilungen, um die ordnungsgemäße Arbeitsweise von ACER gemäß dieser Verordnung zu gewährleisten;

f) erstellt jedes Jahr den Entwurf des Arbeitsprogramms von ACER für das darauf folgende Jahr und unterbreitet diesen nach seiner Annahme durch den Verwaltungsrat bis zum 31. Januar eines jeden Jahres dem Regulierungsrat, dem Europäischen Parlament und der Kommission;

g) ist dafür verantwortlich, das Programmplanungsdokument umzusetzen und dem Verwaltungsrat über seine Umsetzung Bericht zu erstatten;

h) erstellt einen vorläufigen Entwurf des Voranschlags von ACER gemäß Artikel 33 Absatz 1 und führt den Haushaltsplan von ACER im Einklang mit den Artikeln 34 und 35 aus;

i) erstellt jedes Jahr den Entwurf des Jahresberichts, der einen separaten Teil über die Regulierungstätigkeiten von ACER und einen Teil über finanzielle und administrative Angelegenheiten enthält, und unterbreitet diesen dem Verwaltungsrat;

j) arbeitet einen Aktionsplan aus, der den Schlussfolgerungen der internen oder externen Prüfberichte und Bewertungen sowie den Untersuchungen des OLAF Rechnung trägt, und erstattet der Kommission zweimal jährlich und dem Verwaltungsrat regelmäßig über die Fortschritte Bericht;

k) entscheidet darüber, ob es erforderlich ist, einen oder mehrere Bedienstete in einen oder mehrere Mitgliedstaaten zu entsenden, damit ACER ihre Aufgaben in effizienter und wirksamer Weise wahrnehmen kann.

Für die Zwecke von Unterabsatz 1 Buchstabe k, bevor die Einrichtung einer Außenstelle beschlossen wird, holt der Direktor die Stellungnahme der betroffenen Mitgliedstaaten, einschließlich des Mitgliedstaats, in dem ACER ihren Sitz hat, sowie die Zustimmung der Kommission und des Verwaltungsrats ein. In dem Beschluss, der sich auf eine angemessene Kosten-Nutzen-Analyse stützt, wird der Umfang der in dieser Außenstelle durchzuführenden Tätigkeiten so festgelegt, dass unnötige Kosten und eine Überschneidung der Verwaltungsfunktionen mit denen von ACER vermieden werden.

(2) Für die Zwecke von Absatz 1 Buchstabe c dieses Artikels werden die Stellungnahmen, Empfehlungen und Entscheidungen gemäß Artikel 3 Absatz 1, den Artikeln 4 bis 8, Artikel 9 Absätze 1 und 3, Artikel 10, Artikel 11 Buchstabe c, Artikel 13, Artikel 15 Absatz 4 sowie den Artikeln 30 und 43 nur nach einer befürwortenden Stellungnahme des Regulierungsrates angenommen.

Bevor Entwürfe von Stellungnahmen, Empfehlungen oder Entscheidungen dem Regulierungsrat zur Abstimmung vorgelegt werden, übermittelt der Direktor Vorschläge für die Entwürfe von Stellungnahmen, Empfehlungen oder Entscheidungen rechtzeitig der maßgeblichen Arbeitsgruppe zur Konsultation.

Der Direktor

a) berücksichtigt die Bemerkungen und Änderungsvorschläge des Regulierungsrates und übermittelt den Entwurf einer Stellungnahme, einer Empfehlung oder einer Entscheidung in seiner überarbeiteten Fassung erneut dem Regulierungsrat, damit dieser eine befürwortende Stellungnahme abgibt;

b) kann die vorgelegten Entwürfe von Stellungnahmen, Empfehlungen oder Entscheidungen zurückziehen, wenn der Direktor den vom Regulierungsrat vorgelegten Änderungen nicht zustimmt, und muss in diesem Fall eine hinreichend begründete schriftliche Erklärung vorlegen;

In dem Fall, dass er Entwürfe von Stellungnahmen, Empfehlungen und Entscheidungen zurückzieht, kann der Direktor gemäß dem in Artikel 22 Absatz 5 Buchstabe a und in Unterabsatz 2 dieses Absatzes vorgesehenen Verfahren neue Entwürfe von Stellungnahmen, Empfehlungen und Entscheidungen vorlegen. Weicht der Direktor von den durch den Regulierungsrat vorgelegten Anmerkungen und Änderungen ab oder weist diese zurück, muss er für die Zwecke von Unterabsatz 3 Buchstabe a dieses Absatzes auch eine hinreichend begründete schriftliche Erklärung vorlegen.

Sollte der Regulierungsrat für den erneut vorgelegten Text der Entwürfe von Stellungnahmen, Empfehlungen oder Entscheidungen keine befürwortende Stellungnahme abgeben, weil seinen Anmerkungen und Änderungen in dem erneut vorgelegten Text der Entwürfe von Stellungnahmen, Empfehlungen oder Entscheidungen nicht ausreichend Rechnung getragen wurde, kann der Direktor den Text der Entwürfe von Stellungnahmen, Empfehlungen oder Entscheidungen entsprechend den vom Regulierungsrat vorgeschlagenen Änderungen und Anmerkungen weiter überarbeiten, um dessen befürwortende Stellungnahme zu erhalten, ohne die maßgebliche Arbeitsgruppe erneut konsultieren oder eine zusätzliche schriftliche Begründung vorlegen zu müssen;

Artikel 25
Einrichtung und Zusammensetzung des Beschwerdeausschusses

(1) ACER richtet einen Beschwerdeausschuss ein.

(2) Der Beschwerdeausschuss setzt sich aus sechs Mitgliedern und sechs stellvertretenden Mitgliedern zusammen, die aus dem Kreis der derzeitigen oder früheren leitenden Mitarbeiter der Regulierungsbehörden, Wettbewerbsbehörden oder anderer Einrichtungen der Union oder nationaler Einrichtungen mit einschlägiger Erfahrung im Energiesektor ausgewählt werden. Der Beschwerdeausschuss ernennt seinen Vorsitzenden.

Die Mitglieder des Beschwerdeausschusses werden auf Vorschlag der Kommission im Anschluss an einen öffentlichen Aufruf zur Interessenbekundung und nach Konsultation des Regulierungsrates vom Verwaltungsrat förmlich ernannt.

(3) Der Beschwerdeausschuss gibt sich eine Geschäftsordnung und veröffentlicht diese. In dieser Geschäftsordnung werden die Bestimmungen für die Organisation und die Funktionsweise des Beschwerdeausschusses und die gemäß Artikel 28 auf Beschwerden vor dem Ausschuss anwendbaren Regeln im Einzelnen festgelegt. Der Beschwerdeausschuss setzt die Kommission über den Entwurf seiner Geschäftsordnung und erhebliche Änderungen der Bestimmungen in Kenntnis. Die Kommission kann innerhalb von drei Monaten ab dem Tag des Eingangs der Benachrichtigung eine Stellungnahme dazu abgeben.

Der Haushaltsplan von ACER umfasst eine separate Haushaltslinie für die Finanzierung der Geschäftsstelle des Beschwerdeausschusses.

(4) Die Beschlüsse des Beschwerdeausschusses werden mit einer Mehrheit von mindestens vier von sechs Mitgliedern gefasst. Der Beschwerdeausschuss wird bei Bedarf einberufen.

Artikel 26
Mitglieder des Beschwerdeausschusses

(1) Die Amtszeit der Mitglieder des Beschwerdeausschusses beträgt fünf Jahre. Sie kann einmalig verlängert werden.

(2) Die Mitglieder des Beschwerdeausschusses sind in ihrer Beschlussfassung unabhängig. Sie sind an keinerlei Weisungen gebunden. Sie dürfen keine anderen Aufgaben innerhalb von ACER, in deren Verwaltungsrat, deren Regulierungsrat oder in einer Arbeitsgruppe von ACER wahrnehmen. Ein Mitglied des Beschwerdeausschusses kann während der Laufzeit seines Mandats nur dann seines Amtes enthoben werden, wenn es sich eines schweren Fehlverhaltens schuldig gemacht hat und wenn der Verwaltungsrat nach Konsultation des Regulierungsrates einen entsprechenden Beschluss gefasst hat.

Artikel 27
Ausschluss und Ablehnung von Mitgliedern des Beschwerdeausschusses

(1) Die Mitglieder des Beschwerdeausschusses dürfen nicht an einem Beschwerdeverfahren mitwirken, wenn dieses Verfahren ihre persönlichen Interessen berührt, wenn sie vorher als Vertreter eines Verfahrensbeteiligten tätig gewesen sind oder wenn sie an der Entscheidung mitgewirkt haben, gegen die Beschwerde eingelegt wurde.

(2) Ist ein Mitglied des Beschwerdeausschusses aus einem der in Absatz 1 genannten Gründe oder aus einem sonstigen Grund der Ansicht, dass ein anderes Mitglied nicht an einem Beschwerdeverfahren mitwirken sollte, so teilt es dies dem Beschwerdeausschuss mit. Jeder am Beschwerdeverfahren Beteiligte kann die Mitwirkung eines

Mitglieds des Beschwerdeausschusses aus einem der in Absatz 1genannten Gründe oder wegen des Verdachts der Befangenheit ablehnen. Eine solche Ablehnung ist unzulässig, wenn sie auf die Staatsangehörigkeit eines Mitglieds gestützt wird oder wenn der am Beschwerdeverfahren Beteiligte eine andere Verfahrenshandlung als die Ablehnung der Zusammensetzung des Beschwerdeausschusses vorgenommen hat, obwohl er einen Ablehnungsgrund kannte.

(3) Der Beschwerdeausschuss entscheidet über das Vorgehen in den in den Absätzen 1 und 2 genannten Fällen ohne Mitwirkung des betroffenen Mitglieds. Das betroffene Mitglied wird bei dieser Entscheidung durch seinen Stellvertreter im Beschwerdeausschuss ersetzt. Wenn sich der Stellvertreter in einer ähnlichen Situation befindet wie das Mitglied, benennt der Vorsitzende eine Person aus dem Kreis der verfügbaren Stellvertreter.

(4) Die Mitglieder des Beschwerdeausschusses verpflichten sich, unabhängig und im öffentlichen Interesse zu handeln. Zu diesem Zweck geben sie eine schriftliche Verpflichtungserklärung sowie eine schriftliche Interessenerklärung ab, aus der entweder hervorgeht, dass keinerlei Interessen bestehen, die als ihre Unabhängigkeit beeinträchtigend angesehen werden könnten, oder dass unmittelbare oder mittelbare Interessen vorhanden sind, die als ihre Unabhängigkeit beeinträchtigend angesehen werden könnten. Diese Erklärungen werden jedes Jahr öffentlich bekannt gemacht.

Artikel 28

Anfechtung von Entscheidungen

(1) Jede natürliche oder juristische Person einschließlich der Regulierungsbehörden kann gegen eine Entscheidung gemäß Artikel 2 Buchstabe d, die an sie gerichtet ist, sowie gegen eine Entscheidung, die an eine andere Person gerichtet ist, sie aber unmittelbar und individuell betrifft, Beschwerde einlegen.

(2) Die Beschwerde, einschließlich der Beschwerdebegründung, ist innerhalb von zwei Monaten ab Bekanntgabe der Entscheidung an die betreffende Person oder, sofern eine solche Bekanntgabe nicht erfolgt ist, innerhalb von zwei Monaten ab dem Tag, an dem ACER ihre Entscheidung bekannt gegeben hat, schriftlich bei ACER einzulegen. Der Beschwerdeausschuss entscheidet über Beschwerden innerhalb von vier Monaten nach deren Einreichung.

(3) Eine Beschwerde nach Absatz 1 hat keine aufschiebende Wirkung. Der Beschwerdeausschuss kann jedoch, wenn die Umstände dies nach seiner Auffassung erfordern, den Vollzug der angefochtenen Entscheidung aussetzen.

(4) Ist die Beschwerde zulässig, so prüft der Beschwerdeausschuss, ob sie begründet ist. Er fordert die am Beschwerdeverfahren Beteiligten so oft wie erforderlich auf, innerhalb bestimmter Fristen eine Stellungnahme zu seinen Bescheiden oder zu den Schriftsätzen der anderen am Beschwerdeverfahren Beteiligten einzureichen. Die am Beschwerdeverfahren Beteiligten haben das Recht, eine mündliche Erklärung abzugeben.

(5) Der Beschwerdeausschuss bestätigt entweder die Entscheidung oder verweist die Angelegenheit an die zuständige Stelle von ACER zurück. Diese ist an die Entscheidung des Beschwerdeausschusses gebunden.

(6) ACER veröffentlicht die Entscheidungen des Beschwerdeausschusses.

Artikel 29

Klage beim Gerichtshof

Klagen auf Aufhebung einer Entscheidung, die von ACER im Einklang mit dieser Verordnung getroffen wurde, und Klagen wegen Untätigkeit innerhalb der festgelegten Fristen können erst dann beim Gerichtshof eingereicht werden, wenn das Beschwerdeverfahren gemäß Artikel 28 erschöpft ist. ACER ergreift alle erforderlichen Maßnahmen, um dem Urteil des Gerichtshofs nachzukommen.

Artikel 30

Arbeitsgruppen

(1) Der Verwaltungsrat setzt auf der Grundlage eines gemeinsamen Vorschlags des Direktors und des Regulierungsrates in begründeten Fällen und insbesondere, um den Direktor und den Regulierungsrat bei ihren Tätigkeiten zu unterstützen und für den Zweck der Erstellung Stellungnahmen, Empfehlungen und Entscheidungen gemäß Artikel 3 Absatz 1, den Artikeln 4 bis 8, Artikel 9 Absätze 1 und 3, Artikel 10, Artikel 11 Buchstabe c, Artikel 13, Artikel 15 Absatz 4 und den Artikeln 30 und 43 Arbeitsgruppen ein oder löst sie auf.

Die Einsetzung und die Auflösung einer Arbeitsgruppe setzen eine befürwortende Stellungnahme des Regulierungsrates voraus.

(2) Die Arbeitsgruppen setzen sich aus Experten aus dem Personal von ACER und der Regulierungsbehörden zusammen. Experten der Kommission können als Beobachter an den Arbeitsgruppen teilnehmen. ACER ist nicht für die Kosten der Mitarbeit von Experten aus dem Personal der Regulierungsbehörden in den Arbeitsgruppen von ACER verantwortlich. Die Arbeitsgruppen berücksichtigen die Standpunkte der Experten von anderen maßgeblichen nationalen Behörden, sofern diese Behörden zuständig sind.

(3) Der Verwaltungsrat nimmt die interne Geschäftsordnung für die Funktionsweise der Arbeitsgruppen an und veröffentlicht diese auf der Grundlage eines Vorschlags des Direktors, nach einer Konsultation des Regulierungsrates und dessen befürwortender Stellungnahme.

(4) Die Arbeitsgruppen von ACER üben die Tätigkeiten aus, die ihnen laut dem gemäß Artikel 20 angenommene Programmplanungsdokument übertragen wurden, und ebenso alle Tätigkeiten, mit denen sie der Regulierungsrat und der Direktor beauftragt.

Kapitel III
Aufstellung und Gliederung des Haushaltsplans

Artikel 31
Gliederung des Haushaltsplans

(1) Unbeschadet anderer Ressourcen bestehen die Einnahmen von ACER aus

a) einem Beitrag der Union,

b) von ACER gemäß Artikel 32 erhobenen Gebühren,

c) etwaigen freiwillig geleisteten Beiträgen der Mitgliedstaaten oder der Regulierungsbehörden gemäß Artikel 19 Absatz 1 Buchstabe g

d) und Legaten, Schenkungen oder Zuschüssen gemäß Artikel 19 Absatz 1 Buchstabe g.

(2) Die Ausgaben von ACER umfassen die Ausgaben für Personal-, Verwaltungs-, Infrastruktur- und Betriebsaufwendungen.

(3) Die Einnahmen und Ausgaben von ACER müssen ausgeglichen sein.

(4) Für jedes Haushaltsjahr — wobei ein Haushaltsjahr einem Kalenderjahr entspricht — sind sämtliche Einnahmen und Ausgaben von ACER zu veranschlagen und in den Haushaltsplan einzustellen.

(5) Die Einnahmen, die ACER erzielt, dürfen ihre Neutralität, Unabhängigkeit und Objektivität nicht beeinträchtigen.

Artikel 32
Gebühren

(1) Für folgende Tätigkeiten sind Gebühren an ACER zu entrichten:

a) Beantragung einer Ausnahmeentscheidung nach Maßgabe von Artikel 10 dieser Verordnung und Entscheidungen zur grenzüberschreitenden Kostenaufteilung, die ACER nach Artikel 12 der Verordnung (EU) Nr. 347/2013 trifft,

b) Erhebung, Bearbeitung, Verarbeitung und Analyse von Informationen, die Marktteilnehmer oder in ihrem Namen meldende Stellen gemäß Artikel 8 der Verordnung (EU) Nr. 1227/2011 übermittelt haben.

(2) Die Höhe der Gebühren nach Absatz 1 und die Art und Weise, wie sie zu zahlen sind, werden von der Kommission nach Durchführung einer öffentlichen Konsultation und nach Anhörung des Verwaltungsrates und des Regulierungsrates festgesetzt. Die Gebühren müssen zu den Kosten der maßgeblichen kostenwirksam erbrachten Dienste in einem angemessenen Verhältnis stehen und ausreichen, um diese Kosten zu decken. Die Höhe dieser Gebühren wird so bemessen, dass sichergestellt wird, dass sie nicht diskriminierend sind und eine ungebührliche finanzielle oder administrative Belastung der Marktteilnehmer oder der in ihrem Auftrag handelnden Stellen vermieden wird.

Die Kommission überprüft die Höhe dieser Gebühren regelmäßig auf der Grundlage einer Bewertung und nimmt erforderlichenfalls eine Anpassung der Höhe dieser Gebühren und der Art und Weise, wie sie zu zahlen sind, vor.

Artikel 33
Aufstellung des Haushaltsplans

(1) Der Direktor erstellt alljährlich einen vorläufigen Entwurf des Voranschlags mit den Betriebsaufwendungen sowie dem Arbeitsprogramm für das folgende Haushaltsjahr und legt diesen vorläufigen Entwurf des Voranschlags zusammen mit einem vorläufigen Stellenplan dem Verwaltungsrat vor.

(2) Der vorläufige Entwurf des Voranschlags basiert auf den im Programmplanungsdokument gemäß Artikel 20 Absatz 1 niedergelegten Zielen und beabsichtigten Ergebnissen und trägt den finanziellen Ressourcen, die für die Verwirklichung dieser Ziele und beabsichtigten Ergebnisse benötigt werden, Rechnung.

(3) Auf der Grundlage des vom Direktor erstellten vorläufigen Entwurfs des Voranschlags nimmt der Verwaltungsrat jährlich den vorläufigen Entwurf des Voranschlags der Einnahmen und Ausgaben von ACER für das folgende Haushaltsjahr an.

(4) Der vorläufige Entwurf des Voranschlags, der auch einen Entwurf des Stellenplans umfasst, wird der Kommission bis zum 31. Januar eines jeden Jahres vom Verwaltungsrat zugeleitet. Vor Annahme des Voranschlags wird der vom Direktor erstellte Entwurf dem Regulierungsrat übermittelt, der dazu eine begründete Stellungnahme abgeben kann.

(5) Die Kommission übermittelt den in Absatz 3 genannten Voranschlag zusammen mit dem Entwurf des Gesamthaushaltsplans der Union dem Europäischen Parlament und dem Rat.

(6) Auf der Grundlage des Entwurfs des Voranschlags stellt die Kommission die mit Blick auf den Stellenplan für erforderlich erachteten Mittel und den Betrag des aus dem Gesamthaushaltsplan der Union gemäß den Artikeln 313 bis 316 des Vertrags über die Arbeitsweise der Europäischen Union (AEUV) zu zahlenden Zuschusses in den Entwurf des Gesamthaushaltsplans der Union ein.

(7) In seiner Funktion als Haushaltsbehörde nimmt der Rat den Stellenplan von ACER an.

(8) Der Haushaltsplan von ACER wird vom Verwaltungsrat angenommen. Er wird endgültig,

wenn der Gesamthaushaltsplan der Union endgültig angenommen ist. Gegebenenfalls wird er entsprechend angepasst.

(9) Alle Änderungen am Haushaltsplan einschließlich des Stellenplans unterliegen demselben Verfahren.

(10) Bis zum 5. Juli 2020 beurteilt die Kommission, ob ACER über ausreichende Finanzmittel und ausreichend Personal verfügt, um ihrer Aufgabe nach dieser Verordnung gerecht zu werden, an der Verwirklichung eines Energiebinnenmarktes mitzuwirken und zum Wohle der Verbraucher in der Union zur Energieversorgungssicherheit beizutragen.

(11) Der Verwaltungsrat unterrichtet die Haushaltsbehörde unverzüglich über alle von ihm geplanten Vorhaben, die erhebliche finanzielle Auswirkungen auf die Finanzierung des Haushaltsplans von ACER haben könnten, was insbesondere für Immobilienvorhaben gilt. Der Verwaltungsrat informiert auch die Kommission über seine Vorhaben. Beabsichtigt ein Teil der Haushaltsbehörde, eine Stellungnahme abzugeben, so teilt er dies ACER innerhalb von zwei Wochen ab Erhalt der Information über das Vorhaben mit. Bleibt eine Antwort aus, so kann ACER das geplante Vorhaben weiterführen.

Artikel 34
Ausführung und Kontrolle des Haushaltsplans

(1) Der Direktor führt als Anweisungsbefugter den Haushaltsplan von ACER aus.

(2) Nach Abschluss eines jeden Haushaltsjahres legt der Rechnungsführer von ACER dem Rechnungsführer der Kommission und dem Rechnungshof bis zum 1. März den vorläufigen Jahresabschluss und den Bericht über die Haushaltsführung und das Finanzmanagement für das abgeschlossene Haushaltsjahr vor. Der Rechnungsführer von ACER legt den Bericht über die Haushaltsführung und das Finanzmanagement außerdem bis zum 31. März des folgenden Jahres dem Europäischen Parlament und dem Rat vor. Der Rechnungsführer der Kommission konsolidiert anschließend den vorläufigen Jahresabschluss der Organe und dezentralisierten Einrichtungen gemäß Artikel 245 der Verordnung (EU, Euratom) 2018/1046 des Europäischen Parlaments und des Rates ([6]) („Haushaltsordnung“).

Artikel 35
Rechnungslegung und Entlastung

(1) Der Rechnungsführer von ACER übermittelt dem Rechnungsführer der Kommission und dem Rechnungshof die vorläufigen Jahresabschlüsse für das Haushaltsjahr („Jahr N“) bis zum 1. März des folgenden Haushaltsjahrs („Jahr N+1“).

(2) Spätestens zum 31. März des Jahres N+1 übermittelt ACER dem Europäischen Parlament, dem Rat, der Kommission und dem Rechnungshof einen Bericht über die Haushaltsführung und das Finanzmanagement für das Jahr N.

Bis zum 31. März des Jahres N+1 übermittelt der Rechnungsführer der Kommission dem Rechnungshof den vorläufigen Jahresabschluss von ACER. Die Kommission legt auch den Bericht über die Haushaltsführung und das Finanzmanagement für das Haushaltsjahr dem Europäischen Parlament und dem Rat vor.

(3) Nach Übermittlung der Anmerkungen des Rechnungshofs zu den vorläufigen Rechnungen von ACER für das Jahr N gemäß Artikel 246 der Haushaltsordnung erstellt der Rechnungsführer in eigener Verantwortung den endgültigen Jahresabschluss von ACER für dieses Jahr. Der Direktor legt diesen dem Verwaltungsrat zur Stellungnahme vor.

(4) Der Verwaltungsrat gibt eine Stellungnahme zum endgültigen Jahresabschluss von ACER für das Jahr N ab.

(5) Der Rechnungsführer von ACER übermittelt den endgültigen Jahresabschluss für das Jahr N zusammen mit der Stellungnahme des Verwaltungsrates bis zum 1. Juli des Jahres N+1 dem Europäischen Parlament, dem Rat, der Kommission und dem Rechnungshof.

(6) Der endgültige Jahresabschluss wird bis zum 15. November des Jahres N+1 im *Amtsblatt der Europäischen Union* veröffentlicht.

(7) Der Direktor übermittelt dem Rechnungshof bis zum 30. September des Jahres N+1 eine Antwort auf seine Bemerkungen. Dem Verwaltungsrat und der Kommission übermittelt der Direktor eine Kopie der Antwort.

(8) Der Direktor unterbreitet dem Europäischen Parlament auf dessen Anfrage gemäß Artikel 109 Absatz 3 der Delegierten Verordnung (EU) Nr. 1271/2013 alle Informationen, die für die ordnungsgemäße Durchführung des Entlastungsverfahrens für das Jahr N erforderlich sind.

(9) Auf Empfehlung des Rates, der mit qualifizierter Mehrheit beschließt, erteilt das Europäische Parlament dem Direktor vor dem 15. Mai des Jahres N+2 Entlastung für die Ausführung des Haushaltsplans für das Haushaltsjahr N.

Artikel 36
Finanzregelung

Der Verwaltungsrat erlässt nach Anhörung der Kommission die für ACER geltende Finanzregelung. Diese Regelung darf von der Delegierten Verordnung (EU) Nr. 1271/2013 dann abweichen, wenn die besonderen Erfordernisse der Arbeitsweise von ACER dies verlangen und sofern die Kommission zuvor ihre Zustimmung erteilt hat.

Artikel 37
Betrugsbekämpfung

(1) Zur Erleichterung der Bekämpfung von Betrug, Korruption und sonstigen rechtswidrigen

Handlungen nach der Verordnung (EU, Euratom) Nr. 883/2013 des Europäischen Parlaments und des Rates ([7]) tritt ACER der Interinstitutionellen Vereinbarung vom 25. Mai 1999 über interne Untersuchungen des Europäischen Amtes für Betrugsbekämpfung (OLAF) ([8]) bei und verabschiedet nach dem Muster in der Anlage zu der Vereinbarung geeignete Bestimmungen, die für sämtliche Mitarbeiter von ACER gelten.

(2) Der Rechnungshof ist befugt, bei allen Finanzhilfeempfängern, Auftragnehmern und Unterauftragnehmern, die von ACER Unionsmittel erhalten haben, vor Ort und anhand von Unterlagen Rechnungsprüfungen vorzunehmen.

(3) Das OLAF kann gemäß den Vorschriften und Verfahren der Verordnung (EU, Euratom) Nr. 883/2013 und der Verordnung (Euratom, EG) Nr. 2185/96 ([9]) des Rates Untersuchungen einschließlich Kontrollen und Überprüfungen vor Ort durchführen, um festzustellen, ob im Zusammenhang mit von ACER gewährten Finanzhilfen oder Verträgen ein Betrugs- oder Korruptionsdelikt oder eine sonstige rechtswidrige Handlung zum Nachteil der finanziellen Interessen der Union vorliegt.

(4) Unbeschadet der Absätze 1, 2 und 3 müssen Kooperationsabkommen mit Drittländern und internationalen Organisationen, Verträge, Finanzhilfevereinbarungen und Finanzhilfebeschlüsse von ACER Bestimmungen enthalten, die den Europäischen Rechnungshof und das OLAF ausdrücklich ermächtigen, die in diesem Artikel genannten Rechnungsprüfungen und Untersuchungen im Rahmen ihrer jeweiligen Zuständigkeiten vorzunehmen.

Kapitel IV
Allgemeine Bestimmungen und Schlussbestimmungen

Artikel 38
Vorrechte und Befreiungen und Sitzabkommen

(1) Auf ACER und ihr Personal findet das dem EUV und dem AEUV beigefügte Protokoll Nr. 7 über die Vorrechte und Befreiungen der Europäischen Union Anwendung.

(2) Die notwendigen Regelungen über die Unterbringung von ACER im Sitzmitgliedstaat und die von diesem Mitgliedstaat zu erbringenden Leistungen sowie die besonderen Vorschriften, die im Sitzmitgliedstaat für den Direktor, die Mitglieder des Verwaltungsrats, das Personal von ACER und dessen Familienangehörige gelten, werden in einem Abkommen festgelegt, das zwischen ACER und dem Sitzmitgliedstaat geschlossen wird. Dieses Abkommen wird nach Zustimmung des Verwaltungsrates geschlossen.

Artikel 39
Personal

(1) Für das Personal von ACER, einschließlich ihres Direktors, gelten das Statut und die Beschäftigungsbedingungen sowie die von den Organen der Union einvernehmlich erlassenen Regelungen für die Anwendung des Statuts und der Beschäftigungsbedingungen.

(2) Der Verwaltungsrat beschließt im Einvernehmen mit der Kommission und im Einklang mit Artikel 110 des Statuts geeignete Durchführungsbestimmungen.

(3) In Bezug auf ihr Personal übt ACER die Befugnisse aus, die der Anstellungsbehörde durch das Statut und der vertragsschließenden Behörde durch die Beschäftigungsbedingungen übertragen wurden.

(4) Der Verwaltungsrat kann Vorschriften erlassen, nach denen nationale Sachverständige aus den Mitgliedstaaten als Beschäftigte von ACER abgeordnet werden können.

Artikel 40
Haftung von ACER

(1) Die vertragliche Haftung von ACER bestimmt sich nach dem Recht, das auf den betreffenden Vertrag anzuwenden ist.

Für Entscheidungen aufgrund einer Schiedsklausel in einem von ACER geschlossenen Vertrag ist der Gerichtshof zuständig.

(2) Im Bereich der außervertraglichen Haftung ersetzt ACER den durch sie oder ihre Bediensteten in Ausübung ihrer Amtstätigkeit verursachten Schaden nach den allgemeinen Rechtsgrundsätzen, die den Rechtsordnungen der Mitgliedstaaten gemeinsam sind.

(3) Der Gerichtshof ist für Streitfälle über die Entschädigung für die in Absatz 2 genannten Schäden zuständig.

(4) Für die persönliche finanzielle und disziplinarische Haftung des Personals von ACER gegenüber ACER gelten die einschlägigen Vorschriften für das Personal von ACER.

Artikel 41
Transparenz und Kommunikation

(1) Für die Dokumente von ACER gilt die Verordnung (EG) Nr. 1049/2001 des Europäischen Parlaments und des Rates ([10]).

(2) Der Verwaltungsrat erlässt praktische Maßnahmen zur Anwendung der Verordnung (EG) Nr. 1049/2001.

(3) Gegen die Entscheidungen von ACER gemäß Artikel 8 der Verordnung (EG) Nr. 1049/2001 kann beim Bürgerbeauftragten Beschwerde eingelegt oder nach

Maßgabe von Artikel 228 bzw. Artikel 263 des AEUV beim Gerichtshof Klage erhoben werden.

(4) Die Verarbeitung personenbezogener Daten durch ACER unterliegt der Verordnung (EU) 2018/1725 des Europäischen Parlaments und des Rates ([11]). Der Verwaltungsrat trifft Maßnahmen für die Anwendung der Verordnung (EU) 2018/1725 durch ACER, einschließlich Maßnahmen für die Bestellung eines Datenschutzbeauftragten von ACER. Diese Maßnahmen werden nach Konsultation des Europäischen Datenschutzbeauftragten festgelegt.

(5) ACER kann von sich aus Kommunikationstätigkeiten in ihren Zuständigkeitsbereichen durchführen. Die Zuweisung von Mitteln für Kommunikationstätigkeiten darf sich nicht nachteilig auf die wirksame Erfüllung der in den Artikeln 3 bis 13 genannten Aufgaben auswirken. Die Kommunikationstätigkeiten müssen mit den maßgeblichen vom Verwaltungsrat angenommenen Kommunikations- und Verbreitungsplänen im Einklang stehen.

Artikel 42
Schutz von Verschlusssachen und nicht als Verschlusssache eingestuften sensiblen Informationen

(1) ACER erlässt eigene Sicherheitsvorschriften, die den in den Beschlüssen (EU, Euratom) 2015/443 ([12]) und (EU, Euratom) 2015/444 ([13]) der Kommission festgelegten Sicherheitsvorschriften der Kommission zum Schutz von EU-Verschlusssachen und nicht als Verschlusssache eingestuften sensiblen Informationen gleichwertig sind, einschließlich Bestimmungen über den Austausch, die Verarbeitung und die Speicherung solcher Informationen.

(2) ACER kann auch beschließen, die in Absatz 1 genannten Beschlüsse der Kommission entsprechend anzuwenden. Die Sicherheitsvorschriften von ACER umfassen unter anderem Bestimmungen über den Austausch, die Verarbeitung und die Speicherung von EU-Verschlusssachen und nicht als Verschlusssache eingestuften sensiblen Informationen.

Artikel 43
Kooperationsabkommen

(1) An ACER können sich auch Drittländer beteiligen, die mit der Union Abkommen geschlossen haben und die die einschlägigen Vorschriften des Unionsrechts im Bereich Energie — einschließlich insbesondere der Vorschriften über unabhängige Regulierungsbehörden, Zugang Dritter zur Infrastruktur und Entflechtung, Energiehandel und Netzbetrieb sowie Einbeziehung und Schutz der Verbraucher — sowie die einschlägigen Vorschriften in den Bereichen Umwelt und Wettbewerb übernommen haben und anwenden.

(2) Vorbehaltlich des Abschlusses eines Abkommens zu diesem Zweck zwischen der Union und Drittländern gemäß Absatz 1 kann ACER ihre Aufgaben nach den Artikeln 3 bis 13 auch in Bezug auf Drittländer ausüben, vorausgesetzt, dass diese Länder die einschlägigen Vorschriften gemäß Absatz 1 übernommen haben und anwenden und ACER beauftragt haben, die Tätigkeiten ihrer Regulierungsbehörden mit den Tätigkeiten der Regulierungsbehörden der Mitgliedstaaten zu koordinieren. Nur in solchen Fällen betreffen die Verweise auf Fragen grenzüberschreitenden Charakters Grenzen zwischen der Union und Drittländern und nicht die Grenzen zwischen zwei Mitgliedstaaten.

(3) Die in Absatz 1 genannten Abkommen sehen Regelungen vor, die Modalitäten festlegen, insbesondere was Art, Umfang und Verfahrensaspekte der Beteiligung dieser Länder an der Arbeit von ACER anbelangt, einschließlich Bestimmungen betreffend Finanzbeiträge und Personal.

(4) Der Verwaltungsrat erlässt nach Erhalt einer befürwortenden Stellungnahme des Regulierungsrates Verfahrensregeln für die in Absatz 1 genannten Beziehungen zu Drittländern. Die Kommission stellt durch den Abschluss einer entsprechenden Arbeitsvereinbarung mit dem Direktor von ACER sicher, dass ACER im Rahmen ihres Mandats und des bestehenden institutionellen Rahmens handelt.

Artikel 44
Sprachenregelung

(1) Für ACER gelten die Bestimmungen der Verordnung Nr. 1 des Rates ([14]).

(2) Der Verwaltungsrat entscheidet über die interne Sprachenregelung von ACER.

(3) Die für die Arbeit von ACER erforderlichen Übersetzungsdienste werden vom Übersetzungszentrum für die Einrichtungen der Europäischen Union erbracht.

Artikel 45
Bewertung

(1) Bis zum 5. Juli 2024 und danach alle fünf Jahre nimmt die Kommission mit Unterstützung eines unabhängigen externen Experten eine Bewertung vor, in deren Rahmen die Leistung von ACER im Verhältnis zu ihren Zielen, ihrem Mandat und ihren Aufgaben beurteilt wird. Im Rahmen der Bewertung wird insbesondere geprüft, ob das Mandat von ACER möglicherweise geändert werden muss und welche finanziellen Auswirkungen eine solche Änderung hätte.

(2) Kommt die Kommission zu dem Schluss, dass Ziele, Mandat und Aufgaben von ACER deren Fortbestehen nicht länger rechtfertigen, kann sie nach angemessener Konsultation der Interessenträger und des Regulierungsrates eine entsprechende Änderung oder die Aufhebung dieser Verordnung vorschlagen.

(3) Die Kommission übermittelt die Ergebnisse der in Absatz 1 genannten Bewertung zusammen mit ihren Schlussfolgerungen dem Europäischen Parlament, dem Rat und dem Regulierungsrat von ACER. Die Ergebnisse der Bewertung sollten veröffentlicht werden.

(4) Die Kommission legt dem Europäischen Parlament und dem Rat bis zum 31. Oktober 2025 und danach mindestens alle fünf Jahre eine Bewertung dieser Verordnung und insbesondere der Aufgaben von ACER im Hinblick auf Einzelfallentscheidungen vor. In diesen Bericht sollten gegebenenfalls die Ergebnisse der in Artikel 69 Absatz 1 der Verordnung (EU) 2019/943 vorgesehenen Bewertung einfließen.

Die Kommission fügt dieser Bewertung gegebenenfalls einen Legislativvorschlag bei.

Artikel 46
Aufhebung

Die Verordnung (EG) Nr. 713/2009 wird aufgehoben.

Bezugnahmen auf die aufgehobene Verordnung gelten als Bezugnahmen auf die vorliegende Verordnung und sind nach Maßgabe der Entsprechungstabelle in Anhang II zu lesen.

Artikel 47
Inkrafttreten

Diese Verordnung tritt am zwanzigsten Tag nach ihrer Veröffentlichung im *Amtsblatt der Europäischen Union* in Kraft.

Diese Verordnung ist in allen ihren Teilen verbindlich und gilt unmittelbar in jedem Mitgliedstaat.

---

[1] Verordnung (EU) 2019/943 des Europäischen Parlaments und des Rates vom 5. Juni 2019 über den Elektrizitätsbinnenmarkt (siehe Seite 54 dieses Amtsblatts).

[2] Verordnung (EG) Nr. 715/2009 des Europäischen Parlaments und des Rates vom 13. Juli 2009 über die Bedingungen für den Zugang zu den Erdgasfernleitungsnetzen und zur Aufhebung der Verordnung (EG) Nr. 1775/2005 (ABl. L 211 vom 14.8.2009, S. 36).

[3] Verordnung (EU) Nr. 182/2011 des Europäischen Parlaments und des Rates vom 16. Februar 2011 zur Festlegung der allgemeinen Regeln und Grundsätze, nach denen die Mitgliedstaaten die Wahrnehmung der Durchführungsbefugnisse durch die Kommission kontrollieren (ABl. L 55 vom 28.2.2011, S. 13).

[4] Verordnung (EU) 2015/1222 der Kommission vom 24. Juli 2015 zur Festlegung einer Leitlinie für die Kapazitätsvergabe und das Engpassmanagement (ABl. L 197 vom 25.7.2015, S. 24).

[5] Verordnung (EU) 2022/869 des Europäischen Parlaments und des Rates vom 30. Mai 2022 zu Leitlinien für die transeuropäische Energieinfrastruktur, zur Änderung der Verordnungen (EG) Nr. 715/2009, (EU) 2019/942 und (EU) 2019/943 und der Richtlinien 2009/73/EG und (EU) 2019/944 und zur Aufhebung der Verordnung (EU) Nr. 347/2013 (ABl. L 152 vom 3.6.2022, S. 45).

[6] Verordnung (EU, Euratom) 2018/1046 des Europäischen Parlaments und des Rates vom 18. Juli 2018 über die Haushaltsordnung für den Gesamthaushaltsplan der Union, zur Änderung der Verordnungen (EU) Nr. 1296/2013, (EU) Nr. 1301/2013, (EU) Nr. 1303/2013, (EU) Nr. 1304/2013, (EU) Nr. 1309/2013, (EU) Nr. 1316/2013, (EU) Nr. 223/2014, (EU) Nr. 283/2014 und des Beschlusses Nr. 541/2014/EU sowie zur Aufhebung der Verordnung (EU, Euratom) Nr. 966/2012 (ABl. L 193 vom 30.7.2018, S. 1).

[7] Verordnung (EU, Euratom) Nr. 883/2013 des Europäischen Parlaments und des Rates vom 11. September 2013 über die Untersuchungen des Europäischen Amtes für Betrugsbekämpfung (OLAF) und zur Aufhebung der Verordnung (EG) Nr. 1073/1999 des Europäischen Parlaments und des Rates und der Verordnung (Euratom) Nr. 1074/1999 des Rates (ABl. L 248 vom 18.9.2013, S. 1.).

[8] ABl. L 136 vom 31.5.1999, S. 15.

[9] Verordnung (Euratom, EG) Nr. 2185/96 des Rates vom 11. November 1996 betreffend die Kontrollen und Überprüfungen vor Ort durch die Kommission zum Schutz der finanziellen Interessen der Europäischen Gemeinschaften vor Betrug und anderen Unregelmäßigkeiten (ABl. L 292 vom 15.11.1996, S. 2).

[10] Verordnung (EG) Nr. 1049/2001 des Europäischen Parlaments und des Rates vom 30. Mai 2001 über den Zugang der Öffentlichkeit zu Dokumenten des Europäischen Parlaments, des Rates und der Kommission (ABl. L 145 vom 31.5.2001, S. 43).

[11] Verordnung (EU) 2018/1725 des Europäischen Parlaments und des Rates vom 23. Oktober 2018 zum Schutz natürlicher Personen bei der Verarbeitung personenbezogener Daten durch die Organe, Einrichtungen und sonstigen Stellen der Union, zum freien Datenverkehr und zur Aufhebung der Verordnung (EG) Nr. 45/2001 und des Beschlusses Nr. 1247/2002/EG (ABl. L 295 vom 21.11.2018, S. 39).

[12] Beschluss (EU, Euratom) 2015/443 der Kommission vom 13. März 2015 über Sicherheit in der Kommission (ABl. L 72 vom 17.3.2015, S. 41).

[13] Beschluss (EU, Euratom) 2015/444 der Kommission vom 13. März 2015 über die Sicherheitsvorschriften für den Schutz von EU-Verschlusssachen (ABl. L 72 vom 17.3.2015, S. 53).

[14] Verordnung Nr. 1 des Rates vom 15. April 1958 zur Regelung der Sprachenfrage für die Europäische Wirtschaftsgemeinschaft (ABl. 17 vom 6.10.1958, S. 385).

85. VO (EU) 1227/2011 über die Integrität und Transparenz des Energiegroßhandelsmarkts

ABl L 2011/326 idgF

DAS EUROPÄISCHE PARLAMENT UND DER RAT DER EUROPÄISCHEN UNION —

gestützt auf den Vertrag über die Arbeitsweise der Europäischen Union, insbesondere auf Artikel 194 Absatz 2,

auf Vorschlag der Europäischen Kommission,

nach Zuleitung des Entwurfs des Gesetzgebungsakts an die nationalen Parlamente,

nach Stellungnahme des Europäischen Wirtschafts- und Sozialausschusses [1],

nach Anhörung des Ausschusses der Regionen,

gemäß dem ordentlichen Gesetzgebungsverfahren [2],

in Erwägung nachstehender Gründe:

(1) Es muss gewährleistet werden, dass Verbraucher und andere Marktteilnehmer Vertrauen in die Integrität der Strom- und Gasmärkte haben können, dass die auf den Energiegroßhandelsmärkten gebildeten Preise ein faires und auf Wettbewerb beruhendes Zusammenspiel zwischen Angebot und Nachfrage widerspiegeln und dass aus dem Marktmissbrauch keine unrechtmäßigen Gewinne gezogen werden können.

(2) Der Zweck von stärker integrierten und transparenteren Energiemärkten sollte darin liegen, einen offenen und fairen Wettbewerb auf den Energiegroßhandelsmärkten zum Nutzen der Endverbraucher von Energie zu fördern.

(3) Der Ausschuss der europäischen Wertpapierregulierungsbehörden und die Gruppe der europäischen Regulierungsbehörden für Elektrizität und Erdgas haben in ihrem Gutachten bestätigt, dass der Geltungsbereich der bestehenden Rechtsvorschriften möglicherweise nicht in angemessener Weise auf Fragen der Integrität auf den Strom- und Gasmärkten abstellt, und dazu geraten, einen geeigneten Rechtsrahmen für den Energiesektor ins Auge zu fassen, mit dem Marktmissbrauch verhindert wird und in den sektorspezifische Bedingungen aufgenommen werden, die durch andere Richtlinien und Verordnungen nicht abgedeckt sind.

(4) Die Energiegroßhandelsmärkte sind zunehmend unionsweit miteinander verflochten. Marktmissbrauch in einem Mitgliedstaat wirkt sich oft über die nationalen Grenzen hinweg sowohl auf die Strom- und Erdgasgroßhandelspreise als auch auf die von den Verbrauchern und den Kleinstunternehmen zu zahlenden Endkundenpreise aus. Daher kann die Sorge um die Gewährleistung der Marktintegrität nicht nur eine Angelegenheit einzelner Mitgliedstaaten sein. Eine strenge grenzübergreifende Marktüberwachung ist von entscheidender Bedeutung für die Vollendung eines voll funktionsfähigen, als Verbund organisierten und integrierten Energiebinnenmarkts.

(5) Die Energiegroßhandelsmärkte umfassen sowohl Warenmärkte als auch Derivatemärkte, die von wesentlicher Bedeutung für den Energie- und den Finanzmarkt sind, wobei es bei der Preisbildung Querverbindungen zwischen beiden Sektoren gibt. Dazu gehören unter anderem geregelte Märkte, multilaterale Handelssysteme und außerbörsliche Transaktionen (OTC) und bilaterale Verträge, die direkt oder über Broker abgewickelt werden.

(6) Bislang waren die Marktüberwachungspraktiken mitgliedstaats- und sektorspezifisch. In Abhängigkeit von dem allgemeinen Marktrahmen und der Regulierungssituation kann dies dazu führen, dass Handelsaktivitäten vielen Zuständigkeitsbereichen unterliegen und eine Überwachung durch mehrere verschiedene Behörden erfolgt, die sich unter Umständen in verschiedenen Mitgliedstaaten befinden. Dies kann zu Unklarheiten hinsichtlich der Frage, wo die Verantwortung liegt, führen und sogar dazu, dass keine derartige Überwachung gegeben ist.

(7) Verhaltensweisen, die die Integrität des Energiemarkts untergraben, sind derzeit auf einigen der wichtigsten Energiemärkte nicht eindeutig verboten. Um die Endverbraucher zu schützen und für die europäischen Bürger erschwingliche Energiepreise zu gewährleisten, ist es unbedingt notwendig, solche Verhaltensweisen zu verbieten.

(8) Auf Energiegroßhandelsmärkten werden der Derivatehandel, der physisch oder finanziell abgewickelt werden kann, und der Warenhandel zusammen verwendet. Daher ist es wichtig, dass die Definitionen des Insider-Handels und der Marktmanipulation, die Marktmissbrauch darstellen, sowohl mit dem Derivatemarkt als auch mit dem Warenmarkt kompatibel sind. Diese Verordnung sollte prinzipiell für alle getätigten Transaktionen gelten, jedoch gleichzeitig den spezifischen Merkmalen der Energiegroßhandelsmärkte Rechnung tragen.

(9) Einzelhandelsverträge, in denen die Lieferung von Strom oder Erdgas an die Endverbraucher geregelt ist, sind nicht in gleicher Weise

Marktmanipulationen ausgesetzt wie Großhandelsverträge, die ohne Schwierigkeiten ge- und verkauft werden können. Dennoch können Energieverbrauchsentscheidungen der größten Energienutzer die Preise auf den Großhandelsmärkten beeinflussen, was sich über nationale Grenzen hinweg auswirkt. Daher ist es sinnvoll, die Lieferverträge solcher Großnutzer zu prüfen, um die Integrität der Großhandelsmärkte zu gewährleisten.

(10) Unter Berücksichtigung der Ergebnisse der in der Mitteilung der Kommission vom 21. Dezember 2010 mit dem Titel „Verstärkte Marktaufsicht für das EU-Emissionshandelssystem" vorgesehenen Analyse sollte die Kommission die Möglichkeit prüfen, einen Legislativvorschlag vorzulegen, mit dem die ermittelten Mängel in Bezug auf die Transparenz, Integrität und Aufsicht des europäischen CO_2-Marktes innerhalb eines angemessenen Zeitraums behoben werden können.

(11) In der Verordnung (EG) Nr. 714/2009 des Europäischen Parlaments und des Rates vom 13. Juli 2009 über die Netzzugangsbedingungen für den grenzüberschreitenden Stromhandel [3] und der Verordnung (EG) Nr. 715/2009 des Europäischen Parlaments und des Rates vom 13. Juli 2009 über die Bedingungen für den Zugang zu den Erdgasfernleitungsnetzen [4] wird anerkannt, dass ein gleicher Zugang zu Informationen über den physischen Zustand und die Effizienz des Netzes erforderlich ist, damit alle Marktteilnehmer die gesamte Angebots- und Nachfragesituation bewerten und die Gründe für Schwankungen des Großhandelspreises nachvollziehen können.

(12) Die Nutzung und die versuchte Nutzung von Insider-Informationen für den Handel für eigene oder für fremde Rechnung sollten eindeutig verboten werden. Die Nutzung von Insider-Informationen kann auch dann vorliegen, wenn Personen, die wissen oder wissen müssten, dass die Informationen, über die sie verfügen, Insider-Informationen sind, mit Energiegroßhandelsprodukten handeln. Informationen, die die eigenen Pläne des Marktteilnehmers und seine Handelsstrategien betreffen, sollten nicht als Insider-Informationen gelten. Informationen, die gemäß der Verordnung (EG) Nr. 714/2009 oder der Verordnung (EG) Nr. 715/2009, einschließlich der nach diesen Verordnungen zu verabschiedenden Leitlinien und Netzkodizes, öffentlich bekannt zu machen sind, können den Marktteilnehmern beim Abschluss von Transaktionen für Energiegroßhandelsprodukte als Entscheidungsgrundlage dienen, wenn es sich um preissensible Informationen handelt, und können daher bis zum Zeitpunkt ihrer Veröffentlichung als Insider-Informationen gelten.

(13) Eine Manipulation auf den Energiegroßhandelsmärkten bedeutet, dass Maßnahmen von Personen getroffen werden, mit denen künstlich für ein Preisniveau gesorgt wird, das durch die Marktkräfte von Angebot und Nachfrage, einschließlich tatsächlicher Verfügbarkeit der Produktions-, Speicherungs- oder Transportkapazität und -nachfrage, nicht gerechtfertigt ist. Zu Marktmanipulationen zählen die Erteilung oder Zurückziehung falscher Aufträge; die Verbreitung falscher oder irreführender Informationen oder Gerüchten über die Medien einschließlich Internet oder auf anderem Wege; die vorsätzliche Übermittlung falscher Informationen an Unternehmen, die Preisbewertungen oder Marktberichte enthalten, mit der Folge, dass Marktteilnehmer, die aufgrund dieser Bewertungen und Berichte tätig werden, irregeführt werden; und das vorsätzliche Erwecken des Anscheins, dass die verfügbare Stromerzeugungskapazität oder die verfügbare Erdgaskapazität oder die verfügbare Transportkapazität eine andere als die tatsächlich technisch verfügbare Kapazität ist, wenn solche Informationen die Preise für Großhandelsenergieprodukte beeinflussen oder wahrscheinlich beeinflussen werden. Die Marktmanipulationen und ihre Auswirkungen können über Grenzen hinweg, zwischen Strom- und Gasmärkten und auf Finanz- und Warenmärkten einschließlich der Märkte für Emissionszertifikate auftreten.

(14) Marktmanipulationen und Versuche der Marktmanipulation liegen z. B. dann vor, wenn sich eine Person oder mehrere in Absprache handelnde Personen eine bestimmende Stellung in Bezug auf das Angebot eines Energiegroßhandelsprodukts oder die Nachfrage danach sichern mit der Folge oder der möglichen Folge einer direkten oder indirekten Festsetzung des Preises oder anderer unlauterer Handelsbedingungen, oder wenn Energiegroßhandelsprodukte mit dem Ziel, der Absicht oder der Folge angeboten, gekauft oder verkauft werden, dass Marktteilnehmer, die aufgrund des Referenzpreises tätig werden, irregeführt werden. Die zulässige Marktpraxis, die z. B. im Bereich der Finanzdienstleistungen gilt und in Artikel 1 Absatz 5 der Richtlinie 2003/6/EG des Europäischen Parlaments und des Rates vom 28. Januar 2003 über Insider-Geschäfte und Marktmanipulation (Marktmissbrauch) [5] definiert ist, und die gegebenenfalls angepasst werden muss, falls diese Richtlinie geändert wird, kann ein legitimes Mittel für Marktteilnehmer sein, um sich einen günstigen Preis für ein Energiegroßhandelsprodukt zu sichern.

(15) Die Verbreitung von Insider-Informationen über ein Energiegroßhandelsprodukt durch Journalisten, die in Ausübung ihres Berufes handeln, sollte unter Berücksichtigung der für ihren Berufsstand geltenden Regeln und der für die Pressefreiheit geltenden Vorschriften beurteilt werde, es sei denn, dass diese Personen aus der Verbreitung der betreffenden Informationen direkt oder indirekt einen Nutzen ziehen oder Gewinne schöpfen oder diese Verbreitung mit der Absicht erfolgt,

den Markt in Bezug auf das Angebot von Energiegroßhandelsprodukten, die Nachfrage danach oder ihren Preis irrezuführen.

(16) Da sich die Finanzmärkte weiterentwickeln, werden die auf diese Märkte anwendbaren Konzepte des Marktmissbrauchs entsprechend angepasst werden. Zur Gewährleistung der notwendigen Flexibilität bei der Reaktion auf diese Entwicklungen sollte daher der Kommission gemäß Artikel 290 des Vertrags über die Arbeitsweise der Europäischen Union die Befugnis übertragen werden, Rechtsakte in Bezug auf die technische Aktualisierung der Begriffsbestimmungen von Insider-Informationen und Marktmanipulation zu erlassen, damit die Kohärenz mit anderen einschlägigen Vorschriften der Union in den Bereichen Finanzdienstleistungen und Energie sichergestellt wird. Es ist von besonderer Bedeutung, dass die Kommission im Zuge ihrer Vorbereitungsarbeit angemessene Konsultationen, auch auf der Ebene von Sachverständigen, durchführt. Bei der Vorbereitung und Ausarbeitung delegierter Rechtsakte sollte die Kommission gewährleisten, dass die einschlägigen Dokumente dem Europäischen Parlament und dem Rat gleichzeitig, rechtzeitig und auf angemessene Weise übermittelt werden.

(17) Eine effiziente Marktüberwachung auf Unionsebene ist von entscheidender Bedeutung, um Marktmissbrauch auf den Energiegroßhandelsmärkten aufzudecken und davon abzuschrecken. Die durch die Verordnung (EG) Nr. 713/2009 des Europäischen Parlaments und des Rates [6] gegründete Agentur für die Zusammenarbeit der Energieregulierungsbehörden (im Folgenden „Agentur") ist am besten in der Lage, eine solche Überwachung zu leisten, da sie sowohl über einen unionsweiten Überblick über die Strom- und Gasmärkte als auch über die erforderliche Sachkompetenz hinsichtlich des Funktionierens der Strom- und Gasmärkte und -systeme in der Union verfügt. Da die nationalen Regulierungsbehörden ein umfassendes Verständnis der Entwicklungen auf den Energiemärkten in ihrem jeweiligen Mitgliedstaat mitbringen, sollten sie eine wichtige Rolle bei der Gewährleistung einer effizienten Marktüberwachung auf nationaler Ebene spielen. Zur Gewährleistung der ordnungsgemäßen Überwachung und Transparenz der Energiemärkte ist eine enge Zusammenarbeit und Abstimmung zwischen der Agentur und den nationalen Behörden notwendig. Die Erfassung von Daten durch die Agentur berührt in keiner Weise das Recht der nationalen Behörden, im nationalen Interesse zusätzliche Daten zu erfassen.

(18) Die effiziente Marktüberwachung setzt einen regelmäßigen und rechtzeitigen Zugang zu den Transaktionsaufzeichnungen sowie den Zugriff auf strukturelle Informationen über die Kapazität und Auslastung der Anlagen zur Erzeugung und Speicherung, zum Verbrauch oder zur Übertragung/Fernleitung von Strom oder Erdgas voraus. Daher sollten Marktteilnehmer, einschließlich Übertragungs-/Fernleitungsnetzbetreiber, Lieferanten, Händler, Erzeuger, Broker und Großnutzer, die mit Energiegroßhandelsprodukten handeln, dazu verpflichtet werden, der Agentur diese Informationen zu übermitteln. Die Agentur kann ihrerseits enge Verbindungen mit den wesentlichen organisierten Handelsplätzen aufbauen.

(19) Zur Gewährleistung einheitlicher Bedingungen für die Durchführung der Vorschriften zur Datenerhebung sollten der Kommission Durchführungsbefugnisse übertragen werden. Diese Befugnisse sollten gemäß der Verordnung (EU) Nr. 182/2011 des Europäischen Parlaments und des Rates vom 16. Februar 2011 zur Festlegung der allgemeinen Regeln und Grundsätze, nach denen die Mitgliedstaaten die Wahrnehmung der Durchführungsbefugnisse durch die Kommission kontrollieren [7] , wahrgenommen werden. Die Meldepflichten sollten auf ein Mindestmaß beschränkt werden und dürfen nicht zu unnötigen Kosten und unnötigem Verwaltungsaufwand für die Marktteilnehmer führen. Die einheitlichen Vorschriften über die zu meldenden Informationen sollten daher einer vorherigen Kosten-Nutzen-Analyse unterzogen werden, sollten doppelte Meldungen verhindern und sollten die in anderen einschlägigen Vorschriften festgelegten Rahmen für die Meldepflicht berücksichtigen. Außerdem sollten nach Möglichkeit die angeforderten Informationen ganz oder teilweise von anderen Personen und mithilfe bestehender Quellen erfasst werden. Ist ein Marktteilnehmer oder ein Dritter in dessen Namen, ein Meldesystem, ein organisierter Markt, ein System zur Zusammenführung von Kaufs- und Verkaufsaufträgen („trade matching system") oder eine andere Person, die beruflich Transaktionen arrangiert gemäß der Richtlinie 2004/39/EG des Europäischen Parlaments und des Rates vom 21. April 2004 über Märkte für Finanzinstrumente [8] oder der anwendbaren Rechtsvorschriften der Union im Bereich von Transaktionen mit Derivaten, zentrale Gegenparteien und Transaktionsregister seinen/ihren Meldepflichten nachgekommen, so sollten auch seine/ihre Meldepflichten aufgrund dieser Verordnung als erfüllt gelten, allerdings nur insoweit, als alle aufgrund dieser Verordnung erforderlichen Informationen übermittelt wurden.

(20) Es ist wichtig, dass die Kommission und die Agentur bei der Umsetzung dieser Verordnung eng zusammenarbeiten und die europäischen Netze der Übertragungs- bzw. Fernleitungsnetzbetreiber im Bereich Elektrizität und Gas und die durch die Verordnung (EU) Nr. 1095/2010 des Europäischen Parlaments und des Rates [9] errichtete Europäische Wertpapier- und Marktaufsichtsbehörde (ESMA), die nationalen Regulierungsbehörden, die zuständigen Finanzbehörden und andere Behörden in den Mitgliedstaaten wie die

nationalen Wettbewerbsbehörden sowie betroffene Akteure wie organisierte Handelsplätze (z. B. Energiebörsen) und Marktteilnehmer angemessen konsultieren.

(21) Ein europäisches Verzeichnis der Marktteilnehmer, das auf nationalen Verzeichnissen beruht, sollte eingerichtet werden, um die Transparenz und Integrität der Energiegroßhandelsmärkte insgesamt zu verbessern. Ein Jahr nach Einrichtung dieses Verzeichnisses sollte die Kommission in Zusammenarbeit mit der Agentur auf der Grundlage der ihr durch die Agentur übermittelten Berichte und mit den nationalen Regulierungsbehörden die Funktionsweise und die Nützlichkeit des Europäischen Verzeichnisses der Marktteilnehmer bewerten. Falls es aufgrund dieser Bewertung als zweckmäßig erachtet wird, sollte die Kommission die Einführung weiterer Instrumente in Betracht ziehen, um die Transparenz und Integrität der Energiegroßhandelsmärkte insgesamt zu verbessern und für unionsweit gleiche Wettbewerbsbedingungen für Marktteilnehmer zu sorgen.

(22) Um die effiziente Überwachung aller Aspekte des Handels mit Energiegroßhandelsprodukten zu erleichtern, sollte die Agentur Mechanismen festlegen, damit andere relevante Behörden Zugang zu den von ihr erhaltenen Informationen über Transaktionen auf den Energiegroßhandelsmärkten bekommen, insbesondere ESMA, die nationalen Regulierungsbehörden, die zuständigen Finanzbehörden der Mitgliedstaaten, die nationalen Wettbewerbsbehörden und sonstige relevante Behörden.

(23) Die Agentur sollte die betriebstechnische Sicherheit der von ihr erhaltenen Daten und deren Schutz gewährleisten, den nicht autorisierten Zugang zu den von der Agentur aufbewahrten Informationen verhindern und Verfahren festlegen, um sicherzustellen, dass die von ihr erhobenen Daten nicht von Personen mit autorisiertem Zugang zu diesen Daten missbräuchlich verwendet werden. Die Agentur sollte ferner ermitteln, ob die Behörden, die Zugang zu den bei der Agentur vorhandenen Daten haben, in der Lage sind, ein ebenso hohes Sicherheitsniveau aufrecht zu halten, und dass sie an entsprechende Vertraulichkeitsregelungen gebunden sind. Die Betriebssicherheit der für die Verarbeitung und Übermittlung von Informationen eingesetzten IT-Systeme muss daher auch sichergestellt werden. Bezüglich der Einrichtung eines IT-Systems, das ein höchstmögliches Niveau an Datensicherheit garantiert, sollte die Agentur ermutigt werden, eng mit der Europäischen Agentur für Netz- und Informationssicherheit (ENISA) zusammenzuarbeiten. Diese Regelungen sollten auch für andere Behörden gelten, die für Zwecke dieser Verordnung das Recht auf Zugang zu den Daten haben.

(24) Diese Richtlinie achtet die Grundrechte und hält die Grundsätze ein, die insbesondere mit der Charta der Grundrechte der Europäischen Union, wie in Artikel 6 des Vertrags über die Arbeitsweise der Europäischen Union dargelegt, und durch die verfassungsrechtlichen Traditionen in den Mitgliedstaaten anerkannt wurden, und die in Einklang mit dem Recht auf Meinungs- und Informationsfreiheit, das in Artikel 11 dieser Charta verankert ist, angewandt werden sollen.

(25) Falls Informationen in handels- oder sicherheitsrelevanter Hinsicht nicht oder nicht mehr sensibel sind, sollte die Agentur in der Lage sein, diese den Marktteilnehmern und einer breiteren Öffentlichkeit zur Verfügung zu stellen, um zu einer besseren Marktkenntnis beizutragen. Eine solche Transparenz wird dazu beitragen, Vertrauen in den Markt aufzubauen, und das Wissen über das Funktionieren von Energiegroßhandelsmärkten fördern. Die Agentur sollte Regelungen einführen und öffentlich bekannt machen, nach denen diese Informationen in fairer und transparenter Weise zugänglich gemacht werden.

(26) Die nationalen Regulierungsbehörden sollten für die Durchsetzung dieser Verordnung in den Mitgliedstaaten verantwortlich sein. Zu diesem Zweck sollten sie über die notwendigen Untersuchungsbefugnisse verfügen, um diese Aufgabe effizient ausführen zu können. Diese Befugnisse sollten in Einklang mit den nationalen Vorschriften ausgeübt werden und können einer angemessenen Kontrolle unterliegen.

(27) Die Agentur sollte sicherstellen, dass diese Verordnung in der gesamten Union koordiniert und in Übereinstimmung mit der Anwendung der Richtlinie 2003/6/EG angewendet wird. Hierfür sollte die Agentur gegebenenfalls unverbindliche Leitlinien zur Anwendung der in dieser Verordnung aufgeführten Begriffsbestimmungen veröffentlichen. Diese Leitlinien sollten sich u. a. mit dem Thema der zulässigen Marktpraxis befassen. Da Marktmissbrauch auf Energiegroßhandelsmärkten häufig mehr als einen Mitgliedstaat betrifft, sollte die Agentur außerdem bei der Gewährleistung einer effizienten und kohärenten Durchführung von Untersuchungen eine wichtige Rolle spielen. Um dies zu erreichen, sollte die Agentur in der Lage sein, Zusammenarbeit zu verlangen und die Arbeit von Untersuchungsgruppen zu koordinieren, die sich aus Vertretern der betroffenen nationalen Regulierungsbehörden und ggf. anderer Behörden, einschließlich der nationalen Wettbewerbsbehörden, zusammensetzen.

(28) Die Agentur sollte mit entsprechenden finanziellen Mitteln und Humanressourcen ausgestattet werden, damit sie die im Rahmen dieser Verordnung zugewiesenen zusätzlichen Aufgaben angemessen erfüllen kann. Zu diesem Zweck sollten bei dem in den Artikeln 23 und 24 der Verordnung (EG) Nr. 713/2009 vorgesehenen Verfahren für die Aufstellung, Ausführung und Kontrolle ihres Haushaltsplans diese Aufgaben gebührend berücksichtigt werden. Die Haushaltsbehörde sollte

Sorge dafür tragen, dass die höchsten Effizienznormen erfüllt werden.

(29) Die nationalen Regulierungsbehörden, die zuständigen Finanzbehörden der Mitgliedstaaten und ggf. die nationalen Wettbewerbsbehörden sollten zusammenarbeiten, um eine koordinierte Vorgehensweise bei der Bekämpfung von Marktmissbrauch auf den Energiegroßhandelsmärkten, die sowohl Warenmärkte als auch Derivatemärkte umfassen, sicherzustellen. Diese Zusammenarbeit sollte den Austausch von Informationen über verdächtige Handlungen umfassen, die möglicherweise einen Verstoß gegen diese Verordnung, die Richtlinie 2003/6/EG oder das Wettbewerbsrecht darstellen und auf den Energiegroßhandelsmärkten vorgenommen werden oder wurden. Außerdem sollte diese Zusammenarbeit einen Beitrag zu einem kohärenten und einheitlichen Ansatz bei den Untersuchungen und Gerichtsverfahren leisten.

(30) Wichtig ist, dass die Geheimhaltungspflicht für jene gilt, die vertrauliche Informationen gemäß dieser Verordnung erhalten. Die Agentur, die nationalen Regulierungsbehörden, die zuständigen Finanzbehörden der Mitgliedstaaten und die nationalen Wettbewerbsbehörden sollten die Vertraulichkeit, die Integrität und den Schutz der bei ihnen eingehenden Informationen sicherstellen.

(31) Es ist wichtig, dass die Sanktionen bei Verstößen gegen diese Verordnung verhältnismäßig, wirksam und abschreckend sind und der Schwere der Verstöße, dem Schaden für die Verbraucher sowie den potenziellen Gewinnen infolge des Handels aufgrund von Insider-Informationen und Marktmanipulation Rechnung tragen. Die Anwendung dieser Sanktionen sollte in Einklang mit den nationalen Vorschriften erfolgen. In Anbetracht der Wechselwirkungen zwischen dem Handel mit Strom- und Erdgasderivaten und dem Handel mit echtem Strom und Erdgas sollten die Sanktionen für Verstöße gegen diese Verordnung mit den von den Mitgliedstaaten im Rahmen der Durchführung der Richtlinie 2003/6/EG verabschiedeten Sanktionen in Einklang stehen. Unter Berücksichtigung der Konsultation zu der Mitteilung der Kommission vom 12. Dezember 2010 mit dem Titel „Stärkung der Sanktionsregelungen im Finanzdienstleistungssektor" sollte die Kommission erwägen, Vorschläge für die Harmonisierung der Mindeststandards für die Sanktionssysteme der Mitgliedstaaten innerhalb eines angemessenen Zeitraums vorzulegen. Diese Verordnung berührt weder die nationalen Rechtsvorschriften über das Beweismaß noch die Verpflichtung der nationalen Regulierungsbehörden und Gerichte der Mitgliedstaaten, zur Aufklärung rechtserheblicher Sachverhalte beizutragen, sofern diese Rechtsvorschriften und Anforderungen im Einklang mit den allgemeinen Grundsätzen des Unionsrechts stehen.

(32) Da das Ziel dieser Verordnung, nämlich die Schaffung eines harmonisierten Rahmens zur Gewährleistung der Transparenz und Integrität des Energiegroßhandelsmarkts, auf der Ebene der Mitgliedstaaten nicht ausreichend verwirklicht werden kann und daher besser auf Unionsebene zu erreichen ist, kann die Union Maßnahmen nach dem in Artikel 5 des Vertrags über die Europäische Union verankerten Subsidiaritätsprinzip beschließen. Entsprechend dem im selben Artikel genannten Verhältnismäßigkeitsprinzip geht diese Verordnung nicht über das für die Erreichung dieses Ziels erforderliche Maß hinaus —

[1] ABl. C 132 vom 3.5.2011, S. 108.
[2] Standpunkt des Europäischen Parlaments vom 14. September 2011 (noch nicht im Amtsblatt veröffentlicht) und Beschluss des Rates vom 10. Oktober 2011.
[3] ABl. L 211 vom 14.8.2009, S. 15.
[4] ABl. L 211 vom 14.8.2009, S. 36.
[5] ABl. L 96 vom 12.4.2003, S. 16.
[6] ABl. L 211 vom 14.8.2009, S. 1.
[7] ABl. L 55 vom 28.2.2011, S. 13.
[8] ABl. L 145 vom 30.4.2004, S. 13.
[9] ABl. L 331 vom 15.12.2010, S. 84.

HABEN FOLGENDE VERORDNUNG ERLASSEN:

Artikel 1
Gegenstand, Geltungsbereich und Verhältnis zu anderen Rechtsvorschriften der Union

(1) In dieser Verordnung werden Regeln für das Verbot missbräuchlicher Praktiken, die die Energiegroßhandelsmärkten beeinträchtigen, festgelegt, die mit den für Finanzmärkte geltenden Regeln und mit dem ordnungsgemäßen Funktionieren dieser Energiegroßhandelsmärkte kohärent sind, wobei sie den besonderen Merkmalen dieser Märkte Rechnung tragen. Sie sieht die Überwachung der Energiegroßhandelsmärkte durch die Agentur für die Zusammenarbeit der Energieregulierungsbehörden („die Agentur") in enger Abstimmung mit den nationalen Regulierungsbehörden und unter Berücksichtigung der Wechselwirkungen zwischen dem Emissionshandelssystem und den Energiegroßhandelsmärkten vor.

(2) Die Verordnung gilt für den Handel mit Energiegroßhandelsprodukten. Artikel 3 und Artikel 5 dieser Verordnung gelten nicht für Energiegroßhandelsprodukte, die Finanzinstrumente sind und

für die Artikel 9 der Richtlinie 2003/6/EG gilt. Die Richtlinien 2003/6/EG und 2004/39/EG sowie die Anwendung des europäischen Wettbewerbsrechts auf die von dieser Verordnung erfassten Praktiken werden durch diese Verordnung nicht berührt.

(3) Die Agentur, die nationalen Regulierungsbehörden, die ESMA, die zuständigen Finanzbehörden der Mitgliedstaaten und gegebenenfalls die nationalen Wettbewerbsbehörden arbeiten zusammen, um sicherzustellen, dass eine koordinierte Vorgehensweise bei der Durchsetzung der relevanten Rechtsvorschriften verfolgt wird, wenn Maßnahmen ein oder mehrere Finanzinstrumente, für die Artikel 9 der Richtlinie 2003/6/EG gilt, und auch ein oder mehrere Energiegroßhandelsprodukte, für die die Artikel 3, 4 und 5 dieser Verordnung gelten, betreffen.

(4) Der Verwaltungsrat der Agentur stellt sicher, dass die Agentur die ihr im Rahmen dieser Verordnung zugewiesenen Aufgaben in Einklang mit dieser Verordnung und der Verordnung (EG) Nr. 713/2009 ausführt.

(5) Der Direktor der Agentur konsultiert den Regulierungsrat der Agentur bei allen Aspekten der Umsetzung dieser Verordnung und berücksichtigt gebührend dessen Ratschläge und Stellungnahmen.

Artikel 2
Begriffsbestimmungen

Für die Zwecke dieser Verordnung gelten die folgenden Begriffsbestimmungen:

1. „Insider-Information" ist eine nicht öffentlich bekannte präzise Information, die direkt oder indirekt ein oder mehrere Energiegroßhandelsprodukte betrifft und die, wenn sie öffentlich bekannt würde, die Preise dieser Energiegroßhandelsprodukte wahrscheinlich erheblich beeinflussen würde.

Für die Anwendung dieser Begriffsbestimmung ist „Information",

a) eine Information, die gemäß den Verordnungen (EG) Nr. 714/2009 und (EG) Nr. 715/2009 öffentlich bekannt zu machen ist, einschließlich der nach diesen Verordnungen zu verabschiedenden Leitlinien und Netzkodizes;

b) eine Information, die die Kapazität und die Nutzung von Anlagen zur Erzeugung und Speicherung, zum Verbrauch oder zur Übertragung/Fernleitung von Strom oder Erdgas bzw. die Kapazität und die Auslastung von Flüssiggasanlagen, einschließlich der geplanten oder ungeplanten Nichtverfügbarkeit dieser Anlagen, betrifft;

c) eine Information, die aufgrund von Rechts- und Verwaltungsvorschriften auf Unionsebene oder nationaler Ebene, Marktvorschriften, Verträgen oder Gebräuchen auf dem relevanten Energiegroßhandelsmarkt bekannt gegeben werden muss, soweit sie die Preise von Energiegroßhandelsprodukten erheblich beeinflussen könnte, und

d) eine andere Information, die ein vernünftiger Marktteilnehmer wahrscheinlich als Teil seiner Entscheidungsgrundlage für den Abschluss einer Transaktion oder das Erteilen eines Handelsauftrags im Zusammenhang mit einem Energiegroßhandelsprodukt nutzen würde.

Eine Information ist dann als präzise anzusehen, wenn damit eine Reihe von Umständen gemeint ist, die bereits existieren oder bei denen man mit hinreichender Wahrscheinlichkeit davon ausgehen kann, dass sie in Zukunft existieren werden, oder ein Ereignis, das bereits eingetreten ist oder mit hinreichender Wahrscheinlichkeit in Zukunft eintreten wird, und diese Information darüber hinaus spezifisch genug ist, dass sie einen Schluss auf die mögliche Auswirkung dieser Reihe von Umständen oder dieses Ereignisses auf die Preise von Energiegroßhandelsprodukten zulässt;

2. „Marktmanipulation" ist

a) der Abschluss einer Transaktion oder das Erteilen eines Handelsauftrags für Energiegroßhandelsprodukte, der bzw. die

i) falsche oder irreführende Signale für das Angebot von Energiegroßhandelsprodukten, die Nachfrage danach oder ihren Preis gibt oder geben könnte,

ii) den Preis eines oder mehrerer Energiegroßhandelsprodukte durch eine Person oder mehrere in Absprache handelnde Personen in der Weise beeinflusst oder zu beeinflussen versucht, dass ein künstliches Preisniveau erzielt wird, es sei denn, die Person, welche die Transaktion abgeschlossen oder den Handelsauftrag erteilt hat, weist nach, dass sie legitime Gründe dafür hatte und dass diese Transaktion oder dieser Handelsauftrag nicht gegen die zulässige Marktpraxis auf dem betreffenden Energiegroßhandelsmarkt verstößt, oder

iii) unter Vorspiegelung oder versuchter Vorspiegelung falscher Tatsachen oder unter Verwendung oder versuchter Verwendung sonstiger Kunstgriffe oder Formen der Täuschung erfolgt, die falsche oder irreführende Signale für das Angebot von Energiegroßhandelsprodukten, die Nachfrage danach oder ihren Preis geben oder geben könnten;

oder

b) die Verbreitung von Informationen über die Medien einschließlich dem Internet oder auf anderem Wege, die falsche oder irreführende Signale für das Angebot von Energiegroßhandelsprodukten, die Nachfrage danach oder ihren Preis geben oder geben könnten, u. a. durch Verbreitung von Gerüchten sowie falscher oder irreführender Nachrichten, wenn die diese Informationen verbreitende Person wusste oder hätte wissen müssen, dass sie falsch oder irreführend waren.

Werden solche Informationen zu journalistischen oder künstlerischen Zwecken verbreitet, ist eine solche Verbreitung von Informationen unter Berücksichtigung der in Bezug auf die Pressefreiheit und die freie Meinungsäußerung in anderen

Medien geltenden Regeln zu beurteilen, es sei denn, dass

i) die betreffenden Personen aus der Verbreitung der betreffenden Informationen direkt oder indirekt einen Nutzen ziehen oder Gewinne schöpfen oder

ii) die Bereitstellung oder Verbreitung mit der Absicht erfolgt, den Markt in Bezug auf das Angebot von Energiegroßhandelsprodukten, die Nachfrage danach oder ihren Preis irrezuführen;

3. „Versuch der Marktmanipulation" ist

a) der Abschluss einer Transaktion, das Erteilen eines Handelsauftrags oder das Vornehmen sonstiger Handlungen im Zusammenhang mit einem Energiegroßhandelsprodukt mit der Absicht,

i) falsche oder irreführende Signale für das Angebot von Energiegroßhandelsprodukten, die Nachfrage danach oder ihren Preis zu geben,

ii) den Preis eines oder mehrerer Energiegroßhandelsprodukte auf einem künstlichen Preisniveau zu halten, es sei denn, die Person, welche die Transaktion abgeschlossen oder den Handelsauftrag erteilt hat, weist nach, dass sie legitime Gründe dafür hatte und dass diese Transaktion oder dieser Handelsauftrag nicht gegen die zulässige Marktpraxis auf dem betreffenden Energiegroßhandelsmarkt verstößt, oder

iii) falsche Tatsachen vorzuspiegeln oder sonstige Kunstgriffe oder Formen der Täuschung zu verwenden, die falsche oder irreführende Signale für das Angebot von Energiegroßhandelsprodukten, die Nachfrage danach oder ihren Preis geben oder geben könnten;

oder

b) Informationen über die Medien einschließlich Internet oder auf anderem Wege zu verbreiten mit der Absicht, falsche oder irreführende Signale für das Angebot von Energiegroßhandelsprodukten, die Nachfrage danach oder ihren Preis zu geben;

4. „Energiegroßhandelsprodukte" sind die folgenden Verträge und Derivate unabhängig davon, wo und wie sie gehandelt werden:

a) Verträge für die Versorgung mit Strom oder Erdgas, deren Lieferung in der Union erfolgt;

b) Derivate, die Strom oder Erdgas betreffen, das/der in der Union erzeugt, gehandelt oder geliefert wurde;

c) Verträge, die den Transport von Strom oder Erdgas in der Union betreffen;

d) Derivate, die den Transport von Strom oder Erdgas in der Union betreffen.

Verträge über die Lieferung und die Verteilung von Strom oder Erdgas zur Nutzung durch Endverbraucher sind keine Energiegroßhandelsprodukte. Verträge über die Lieferung und die Verteilung von Strom oder Erdgas an Endverbraucher mit einer höheren Verbrauchskapazität als dem in Nummer 5 Absatz 2 aufgeführten Schwellenwert gelten jedoch als Energiegroßhandelsprodukte;

5. „Verbrauchskapazität" ist der Verbrauch eines Endverbrauchers in Bezug auf Strom oder Erdgas bei voller Ausschöpfung der Produktionskapazität dieses Verbrauchers. Dies umfasst den gesamten Verbrauch dieses Verbrauchers als Wirtschaftseinheit, soweit der Verbrauch auf Märkten mit miteinander verknüpften Großhandelspreisen erfolgt.

Für die Zwecke dieser Begriffsbestimmung wird der Verbrauch in einzelnen Anlagen mit einer Verbrauchskapazität von weniger als 600 GWh pro Jahr, die sich unter der Kontrolle einer Wirtschaftseinheit befinden, insoweit nicht berücksichtigt, als diese Anlagen keinen kumulierten Einfluss auf die Preise auf den Energiegroßhandelsmärkten ausüben, da sie sich räumlich gesehen in verschiedenen relevanten Märkten befinden;

6. „Energiegroßhandelsmarkt" ist jeder Markt in der Union, auf dem Energiegroßhandelsprodukte gehandelt werden;

7. „Marktteilnehmer" ist jede Person, einschließlich eines Übertragungs- bzw. Fernleitungsnetzbetreibers, die/der an einem oder mehreren Energiegroßhandelsmärkten Transaktionen abschließt oder einen Handelsauftrag erteilt;

8. „Person" ist eine natürliche oder eine juristische Person;

9. „zuständige Finanzbehörde" ist eine zuständige Behörde, die gemäß dem Verfahren in Artikel 11 der Richtlinie 2003/6/EG benannt wird;

10. „nationale Regulierungsbehörde" ist eine nationale Regulierungsbehörde, die gemäß Artikel 35 Absatz 1 der Richtlinie 2009/72/EG des Europäischen Parlaments und des Rates vom 13. Juli 2009 über gemeinsame Vorschriften für den Elektrizitätsbinnenmarkt [10] oder gemäß Artikel 39 Absatz 1 der Richtlinie 2009/73/EG des Europäischen Parlaments und des Rates vom 13. Juli 2009 über gemeinsame Vorschriften für den Erdgasbinnenmarkt [11] benannt wird;

11. „Übertragungsnetzbetreiber/Fernleitungsnetzbetreiber" ist im Sinne von Artikel 2 Nummer 4 der Richtlinie 2009/72/EG und Artikel 2 Nummer 4 der Richtlinie 2009/73/EG zu verstehen;

12. „Mutterunternehmen" ist ein Mutterunternehmen im Sinne der Artikel 1 und 2 der Siebten Richtlinie 83/349/EWG des Rates vom 13. Juni 1983 aufgrund von Artikel 54 Absatz 3 Buchstabe g des Vertrags über den konsolidierten Abschluss [12];

13. „verbundenes Unternehmen" ist ein Tochterunternehmen oder ein anderes Unternehmen, an dem eine Beteiligung gehalten wird, oder ein Unternehmen, das mit einem anderen durch eine Beziehung im Sinne des Artikels 12 Absatz 1 der Richtlinie 83/349/EWG verbunden ist;

14. „Verteilung von Erdgas" ist im Sinne von Artikel 2 Nummer 5 der Richtlinie 2009/73/EG zu verstehen;

15. „Verteilung von Strom" ist im Sinne von Artikel 2 Nummer 5 der Richtlinie 2009/72/EG zu verstehen.

Artikel 3
Verbot von Insider-Handel

(1) Personen, die über Insider-Informationen in Bezug auf ein Energiegroßhandelsprodukt verfügen, ist es untersagt,

a) diese Informationen im Wege des Erwerbs oder der Veräußerung von Energiegroßhandelsprodukten, auf die sich die Information bezieht, für eigene oder fremde Rechnung direkt oder indirekt zu nutzen, oder dies zu versuchen;

b) diese Informationen an Dritte weiterzugeben, soweit dies nicht im normalen Rahmen der Ausübung ihrer Arbeit oder ihres Berufes oder der Erfüllung ihrer Aufgaben geschieht;

c) auf der Grundlage von Insider-Informationen anderen Personen zu empfehlen oder andere Personen dazu zu verleiten, Energiegroßhandelsprodukte, auf die sich die Information bezieht, zu erwerben oder zu veräußern.

(2) Das Verbot nach Absatz 1 gilt für folgende Personen, die über Insider-Informationen in Bezug auf ein Energiegroßhandelsprodukt verfügen:

a)
Mitglieder der Verwaltungs-, Geschäftsführungs- und Aufsichtsorgane eines Unternehmens,

b) Personen mit Beteiligung am Kapital eines Unternehmens,

c) Personen, die im Rahmen der Ausübung ihrer Arbeit oder ihres Berufes oder der Erfüllung ihrer Aufgaben Zugang zu der Information haben,

d) Personen, die sich diese Informationen auf kriminelle Weise beschafft haben,

e) Personen, die wissen oder wissen müssten, dass es sich um Insider-Informationen handelt.

(3) Absatz 1 Buchstaben a und c finden keine Anwendung, wenn Übertragungs-/Fernleitungsnetzbetreiber Strom oder Erdgas kaufen, um den sicheren Netzbetrieb gemäß ihren Verpflichtungen nach Artikel 12 Buchstaben d und e der Richtlinie 2009/72/EG oder Artikel 13 Absatz 1 Buchstaben a und c der Richtlinie 2009/73/EG zu gewährleisten.

(4) Dieser Artikel gilt nicht für

a) Transaktionen, durch die einer fällig gewordenen Verpflichtung zum Erwerb oder zur Veräußerung von Energiegroßhandelsprodukten nachgekommen werden soll, wenn diese Verpflichtung auf einer Vereinbarung oder einem Handelsauftrag beruht, die geschlossen bzw. der erteilt wurde, bevor die betreffende Person in den Besitz der Insider-Information gelangt ist;

b) Transaktionen von Stromerzeugern und Erdgasproduzenten, Betreibern von Erdgasspeicheranlagen oder Betreibern von Flüssiggaseinfuhranlagen, die ausschließlich der Deckung direkter physischer Verluste infolge unvorhergesehener Ausfälle dienen, wenn die Marktteilnehmer andernfalls nicht in der Lage wären, die geltenden Vertragsverpflichtungen zu erfüllen, oder wenn dies im Einvernehmen mit dem/den betroffenen Übertragungs-/Fernleitungsnetzbetreiber(n) erfolgt, um den sicheren Netzbetrieb zu gewährleisten. In einem solchen Fall werden die einschlägigen Informationen über die Transaktionen der Agentur und der nationalen Regulierungsbehörde übermittelt. Diese Meldepflicht gilt unbeschadet der in Artikel 4 Absatz 1 enthaltenen Verpflichtung;

c) Marktteilnehmer, die unter nationalen Notfallvorschriften handeln, wenn nationale Behörden eingegriffen haben, um die Versorgung mit Strom oder Erdgas zu gewährleisten, und die Marktmechanismen in einem Mitgliedstaat oder Teilen davon ausgesetzt worden sind. In diesem Fall gewährleistet die für die Notfallplanung zuständige Behörde die Veröffentlichung im Einklang mit Artikel 4.

(5) Sofern es sich bei den Personen, die über Insider-Informationen über ein Energiegroßhandelsprodukt verfügen, um juristische Personen handelt, gelten die Verbote nach Absatz 1 auch für die natürlichen Personen, die an dem Beschluss beteiligt sind, die Transaktion für Rechnung der betreffenden juristischen Person zu tätigen.

(6) Werden Informationen zu journalistischen oder künstlerischen Zwecken verbreitet, wird eine solche Verbreitung von Informationen unter Berücksichtigung der in Bezug auf die Pressefreiheit und die freie Meinungsäußerung in anderen Medien geltenden Regeln beurteilt, es sei denn, dass

a) die betreffenden Personen aus der Verbreitung der betreffenden Informationen direkt oder indirekt einen Nutzen ziehen oder Gewinne schöpfen, oder

b) die Bereitstellung oder Verbreitung mit der Absicht erfolgt, den Markt in Bezug auf das Angebot von Energiegroßhandelsprodukten, die Nachfrage danach oder ihren Preis irrezuführen.

Artikel 4
Verpflichtung zur Veröffentlichung von Insider-Informationen

(1) Die Marktteilnehmer geben die ihnen vorliegenden Insider-Informationen in Bezug auf das Unternehmen oder auf Anlagen, die sich im Eigentum des betreffenden Marktteilnehmers oder seines Mutterunternehmens oder eines verbundenen Unternehmens befinden oder von diesem kontrolliert werden oder für deren betriebliche Angelegenheiten dieser Marktteilnehmer oder dieses Unternehmen ganz oder teilweise verantwortlich

ist, effektiv und rechtzeitig bekannt. Zu den bekanntgegebenen Informationen zählen Informationen über die Kapazität und die Nutzung von Anlagen zur Erzeugung und Speicherung, zum Verbrauch oder zur Übertragung/Fernleitung von Strom oder Erdgas bzw. Informationen, die die Kapazität und die Nutzung von Flüssiggasanlagen, einschließlich der geplanten oder ungeplanten Nichtverfügbarkeit dieser Anlagen, betreffen.

(2) Ein Marktteilnehmer darf die Bekanntgabe von Insider-Informationen auf eigene Verantwortung ausnahmsweise aufschieben, wenn diese Bekanntgabe seinen berechtigten Interessen schaden könnte, sofern diese Unterlassung nicht geeignet ist, die Öffentlichkeit irrezuführen, und der Marktteilnehmer in der Lage ist, die Vertraulichkeit der Information zu gewährleisten und er auf der Grundlage dieser Informationen keine den Handel mit Energiegroßhandelsprodukten betreffenden Entscheidungen trifft. In einem solchen Fall übermittelt der Marktteilnehmer diese Information zusammen mit einer Begründung für den Aufschub der Bekanntgabe unverzüglich an die Agentur und die betreffende nationale Regulierungsbehörde unter Beachtung von Artikel 8 Absatz 5.

(3) Gibt ein Marktteilnehmer oder eine Person, die bei einem Marktteilnehmer beschäftigt ist oder in seinem Namen handelt, Informationen über ein Energiegroßhandelsprodukt im normalen Rahmen der Ausübung seiner/ihrer Arbeit oder seines/ihres Berufes oder der Erfüllung seiner/ihrer Aufgaben, wie in Artikel 3 Absatz 1 Buchstabe b dargelegt, bekannt, stellt dieser Marktteilnehmer oder diese Person die zeitgleiche, vollständige und tatsächliche Bekanntgabe dieser Information sicher. Im Fall einer nicht absichtlichen Weitergabe sorgt der Marktteilnehmer dafür, dass die Informationen so rasch wie möglich nach der nicht absichtlichen Weitergabe vollständig und tatsächlich bekannt gegeben werden. Dieser Absatz findet keine Anwendung, wenn die Person, an die die Informationen weitergegeben werden, zur Vertraulichkeit verpflichtet ist, unabhängig davon, ob sich diese Verpflichtung aus Rechts- oder Verwaltungsvorschriften, einer Satzung oder einem Vertrag ergibt.

(4) Die Veröffentlichung von Insider-Informationen, auch in aggregierter Form, gemäß der Verordnung (EG) Nr. 714/2009 oder der Verordnung (EG) Nr. 715/2009 oder nach diesen Verordnungen zu verabschiedenden Leitlinien und Netzkodizes gilt als eine zeitgleiche, vollständige und tatsächliche Bekanntgabe.

(5) Wurde einem Übertragungsnetzbetreiber/Fernleitungsnetzbetreiber entsprechend der Verordnung (EG) Nr. 714/2009 oder der Verordnung (EG) Nr. 715/2009 eine Befreiung von der Pflicht zur Veröffentlichung bestimmter Daten gewährt, ist dieser Betreiber damit auch von der Verpflichtung gemäß Absatz 1 dieses Artikels in Bezug auf diese Daten befreit.

(6) Die Absätze 1 und 2 gelten unbeschadet der Verpflichtungen der Marktteilnehmer gemäß den Richtlinien 2009/72/EG und 2009/73/EG und den Verordnungen (EG) Nr. 714/2009 und (EG) Nr. 715/2009 einschließlich der gemäß diesen Richtlinien und Verordnungen verabschiedeten Leitlinien und Netzkodizes, insbesondere betreffend den Zeitpunkt und die Art und Weise der Veröffentlichung von Informationen.

(7) Die Absätze 1 und 2 lassen das Recht der Marktteilnehmer unberührt, die Bekanntgabe sensibler Informationen über den Schutz kritischer Infrastrukturen gemäß Artikel 2 Buchstabe d der Richtlinie 2008/114/EG des Rates vom 8. Dezember 2008 über die Ermittlung und Ausweisung europäischer kritischer Infrastrukturen und die Bewertung der Notwendigkeit, ihren Schutz zu verbessern [13], aufzuschieben, wenn sie in ihren Ländern als Verschlusssache eingestuft werden.

Artikel 5
Verbot der Marktmanipulation

Die Vornahme oder der Versuch der Vornahme von Marktmanipulation auf den Energiegroßhandelsmärkten ist untersagt.

Artikel 6
Technische Aktualisierung der Begriffsbestimmungen von Insider-Informationen und Marktmanipulation

(1) Der Kommission wird die Befugnis übertragen, gemäß Artikel 20 delegierte Rechtsakte zu erlassen, um

a) die Begriffsbestimmungen in Artikel 2 Nummern 1, 2, 3 und 5 anzupassen, damit die Kohärenz mit sonstigen einschlägigen Rechtsvorschriften der Union in den Bereichen Finanzdienstleistungen und Energie sichergestellt wird, und

b) diese Begriffsbestimmungen allein zu dem Zweck zu aktualisieren, dass künftigen Entwicklungen auf den Energiegroßhandelsmärkten Rechnung getragen wird.

(2) In den delegierten Rechtsakten nach Absatz 1 werden mindestens berücksichtigt:

a) die spezifische Funktionsweise der Energiegroßhandelsmärkte, einschließlich der Besonderheiten der Elektrizitäts- und der Gasmärkte, und die Interaktion zwischen Warenmärkten und Derivatemärkten,

b) die Möglichkeit von Manipulationen über Grenzen hinweg, zwischen Strom- und Gasmärkten und auf Waren- und Derivatemärkten,

c) die potenziellen Auswirkungen der tatsächlichen oder geplanten Produktion, des tatsächlichen oder geplanten Verbrauchs und der tatsächlichen oder geplanten Nutzung von Übertragungs-

/Fernleitungs- oder Speicherkapazitäten auf die Energiegroßhandelsmarktpreise und

d) in Einklang mit den Verordnungen (EG) Nr. 714/2009 und (EG) Nr. 715/2009 angenommene Netzkodizes und Rahmenleitlinien.

Artikel 7
Marktüberwachung

(1) Die Agentur überwacht den Handel mit Energiegroßhandelsprodukten, um auf Insider-Informationen und Marktmanipulation basierenden Handel aufzudecken und zu verhindern. Sie erhebt die Daten zur Bewertung und Überwachung der Energiegroßhandelsmärkte wie in Artikel 8 vorgesehen.

(2) Die nationalen Regulierungsbehörden arbeiten bei der Überwachung der Energiegroßhandelsmärkte nach Absatz 1 auf regionaler Ebene und mit der Agentur zusammen. Zu diesem Zweck haben die nationalen Regulierungsbehörden Zugang zu einschlägigen Informationen, die die Agentur nach Absatz 1 erhoben hat; dies gilt vorbehaltlich des Artikels 10 Absatz 2. Die nationalen Regulierungsbehörden können auch den Handel mit Energiegroßhandelsprodukten auf nationaler Ebene überwachen.

Die Mitgliedstaaten können für ihre nationale Wettbewerbsbehörde oder eine in dieser Behörde angesiedelte Marktüberwachungsstelle vorsehen, dass sie zusammen mit der nationalen Regulierungsbehörde den Markt überwacht. Bei der Marktüberwachung hat die nationale Wettbewerbsbehörde oder Marktüberwachungsstelle dieselben Rechte und Pflichten wie die nationale Regulierungsbehörde gemäß Unterabsatz 1, Absatz 3 Unterabsatz 2 zweiter Satz, Artikel 4 Absatz 2 zweiter Satz, Artikel 8 Absatz 5 erster Satz und Artikel 16.

(3) Die Agentur legt mindestens einmal jährlich der Kommission einen Bericht über ihre Tätigkeit im Rahmen dieser Verordnung vor und macht ihn öffentlich zugänglich. In diesen Berichten bewertet die Agentur die Funktionsweise und Transparenz verschiedener Kategorien von Marktplätzen und verschiedener Handelsarten und kann der Kommission Empfehlungen in Bezug auf Marktregeln, Normen und Verfahren unterbreiten, mit denen die Integrität des Marktes und das Funktionieren des Binnenmarktes verbessert werden könnten. Sie kann auch prüfen, ob Mindestanforderungen für organisierte Märkte zur Erhöhung der Markttransparenz beitragen könnten. Die Berichte können mit dem in Artikel 11 Absatz 2 der Verordnung (EG) Nr. 713/2009 genannten Bericht kombiniert werden.

Die Agentur kann der Kommission Empfehlungen unterbreiten zu den Aufzeichnungen der Transaktionen einschließlich der Handelsaufträge, die ihrer Ansicht nach für eine wirksame und effiziente Überwachung der Energiegroßhandelsmärkte notwendig sind. Vor der Abgabe solcher Empfehlungen konsultiert die Agentur die interessierten Parteien, vor allem die nationalen Regulierungsbehörden, die zuständigen Finanzbehörden der Mitgliedstaaten, die nationalen Wettbewerbsbehörden und ESMA.

Sämtliche Empfehlungen sollten dem Europäischen Parlament, dem Rat, der Kommission und der Öffentlichkeit zugänglich gemacht werden.

Artikel 8
Datenerhebung

(1) Marktteilnehmer oder eine in Absatz 4 Buchstabe b bis f genannte und in ihrem Namen handelnde Person oder Behörde übermitteln der Agentur Aufzeichnungen der Transaktionen am Energiegroßhandelsmarkt einschließlich der Handelsaufträge. Die gemeldeten Informationen umfassen genaue Angaben über die erworbenen und veräußerten Energiegroßhandelsprodukte, die vereinbarten Preise und Mengen, die Tage und Uhrzeiten der Ausführung, die Parteien und Begünstigten der Transaktionen und sonstige einschlägige Informationen. Obgleich die Gesamtverantwortung bei den Marktteilnehmern liegt, gilt die Meldepflicht des betreffenden Marktteilnehmers als erfüllt, wenn die angeforderten Informationen von einer in Absatz 4 Buchstaben b bis f genannten Person oder Behörde übermittelt wurden.

(2) Im Wege von Durchführungsrechtsakten

a) erstellt die Kommission eine Liste der Verträge und Derivate einschließlich der Handelsaufträge, die gemäß Absatz 1 zu melden sind und legt gegebenenfalls angemessene Bagatellgrenzen für die Meldung von Transaktionen fest;

b) erlässt sie einheitliche Vorschriften über die Meldung der gemäß Absatz 1 bereitzustellenden Informationen;

c) legt sie den Zeitpunkt und die Form für die Meldung dieser Informationen fest.

Diese Durchführungsrechtsakte werden nach dem in Artikel 21 Absatz 2 genannten Prüfverfahren erlassen. Sie berücksichtigen die bestehenden Meldesysteme.

(3) In Absatz 4 Buchstaben a bis d genannte Personen, die Transaktionen gemäß der Richtlinie 2004/39/EG oder gemäß der anwendbaren Rechtsvorschriften der Union über Transaktionen mit Derivaten, zentrale Gegenparteien und Transaktionsregister gemeldet haben, unterliegen keiner doppelten Meldepflicht in Bezug auf diese Transaktionen.

Unbeschadet Unterabsatz 1 kann durch die in Absatz 2 genannten Durchführungsrechtsakte ermöglicht werden, dass organisierte Märkte, Systeme zur Zusammenführung von Kaufs- und Verkaufsaufträgen oder Meldesysteme der Agentur Aufzeichnungen der Energiegroßhandelstransaktionen übermitteln.

(4) Für die Zwecke des Absatzes 1 werden Informationen bereitgestellt durch

a) den Marktteilnehmer,

b) einen Dritten im Namen des Marktteilnehmers,

c) ein Meldesystem,

d) einen organisierten Markt, ein System zur Zusammenführung von Kaufs- und Verkaufsaufträgen („trade matching system") oder andere Personen, die beruflich Transaktionen arrangieren,

e) ein gemäß den anwendbaren Rechtsvorschriften der Union über Transaktionen mit Derivaten, zentrale Gegenparteien und Transaktionsregister registriertes oder anerkanntes Transaktionsregister, oder

f) eine zuständige Behörde, bei der diese Informationen gemäß Artikel 25 Absatz 3 der Richtlinie 2004/39/EG eingegangen sind, oder die ESMA, bei der diese Informationen gemäß den anwendbaren Rechtsvorschriften der Union über Transaktionen mit Derivaten, zentrale Gegenparteien und Transaktionsregister eingegangen sind.

(5) Die Marktteilnehmer übermitteln der Agentur und den nationalen Regulierungsbehörden Informationen über die Kapazität und Nutzung von Anlagen zur Erzeugung und Speicherung, zum Verbrauch oder zur Übertragung/Fernleitung von Strom oder Erdgas oder über die Kapazität und Nutzung von Flüssiggasanlagen, einschließlich der geplanten oder ungeplanten Nichtverfügbarkeit dieser Anlagen, zum Zweck der Überwachung der Energiegroßhandelsmärkte. Die Meldepflichten der Marktteilnehmer sind dadurch auf ein Mindestmaß zu beschränken, dass die erforderlichen Informationen nach Möglichkeit ganz oder teilweise mithilfe bestehender Quellen erfasst werden.

(6) Im Wege von Durchführungsrechtsakten

a) erlässt die Kommission einheitliche Vorschriften über die Meldung der Informationen, die gemäß Absatz 5 bereitzustellen sind und gegebenenfalls über angemessene Bagatellgrenzen für diese Meldung;

b) legt sie den Zeitpunkt und die Form für die Meldung dieser Informationen fest.

Diese Durchführungsrechtsakte werden nach dem in Artikel 21 Absatz 2 genannten Prüfverfahren erlassen. In ihnen werden die geltenden Meldepflichten gemäß den Verordnungen (EG) Nr. 714/2009 und (EG) Nr. 715/2009 berücksichtigt.

Artikel 9
Registrierung der Marktteilnehmer

(1) Marktteilnehmer, die Transaktionen abschließen, die gemäß Artikel 8 Absatz 1 der Agentur zu melden sind, müssen sich bei der nationalen Regulierungsbehörde in dem Mitgliedstaat, in dem sie ihren Sitz haben oder ansässig sind, oder, falls sie nicht in der Union ihren Sitz haben oder ansässig sind, in dem Mitgliedstaat in dem sie tätig sind, registrieren lassen.

Ein Marktteilnehmer darf sich nur bei einer nationalen Regulierungsbehörde registrieren lassen. Mitgliedstaaten dürfen von einem Marktteilnehmer, der bereits in einem anderen Mitgliedstaat registriert ist, nicht verlangen, dass er sich erneut registrieren lässt.

Die Registrierung von Marktteilnehmern berührt nicht die Verpflichtung, die anwendbaren Handels-, Regel- und Ausgleichsvorschriften einzuhalten.

(2) Spätestens drei Monate nach dem Erlass der Durchführungsrechtsakte gemäß Artikel 8 Absatz 2 durch die Kommission, richten die nationalen Regulierungsbehörden nationale Verzeichnisse der Marktteilnehmer ein, die sie auf dem jeweils neuesten Stand halten. Im Verzeichnis ist jedem Marktteilnehmer eine eigene Kennung zugewiesen und sind hinreichende Informationen enthalten, um den Marktteilnehmer identifizieren zu können, so u. a. zweckdienliche Angaben zu seiner Mehrwertsteuernummer, seines Sitzes, den für die betrieblichen und handelsbezogenen Entscheidungen verantwortlichen Personen und dem letzten Controller oder Begünstigten der Handelstätigkeiten des Marktteilnehmers.

(3) Die nationalen Regulierungsbehörden übermitteln der Agentur die Informationen aus ihren nationalen Verzeichnissen in einem von der Agentur festgelegten Format. Die Agentur legt in Zusammenarbeit mit diesen Behörden dieses Format fest und gibt es bis zum 29. Juni 2012 bekannt. Auf der Grundlage der von den nationalen Regulierungsbehörden bereitgestellten Informationen erstellt die Agentur ein europäisches Verzeichnis der Marktteilnehmer. Die nationalen Regulierungsbehörden und andere zuständigen Behörden haben Zugang zum europäischen Verzeichnis. Vorbehaltlich des Artikels 17 kann die Agentur beschließen, das europäische Verzeichnis oder Auszüge daraus öffentlich zugänglich zu machen, vorausgesetzt, es werden keine wirtschaftlich sensiblen Daten über einzelne Marktteilnehmer offen gelegt.

(4) Die in Absatz 1 genannten Marktteilnehmer übermitteln der nationalen Regulierungsbehörde das Registrierungsformblatt bevor sie eine Transaktion abschließen, die gemäß Artikel 8 Absatz 1 der Agentur gemeldet werden muss.

EU-VO

(5) Die in Absatz 1 genannten Marktteilnehmer teilen der nationalen Regulierungsbehörde unverzüglich jede Änderung mit, die sich hinsichtlich der im Registrierungsformblatt angegebenen Informationen ergeben hat.

Artikel 10
Informationsaustausch zwischen der Agentur und anderen Behörden

(1) Die Agentur richtet Verfahren ein für den Austausch der bei ihr nach Artikel 7 Absatz 1 und Artikel 8 eingehenden Informationen mit den nationalen Regulierungsbehörden, den zuständigen Finanzbehörden der Mitgliedstaaten, den nationalen Wettbewerbsbehörden, der ESMA und anderen relevanten Behörden. Bevor die Agentur solche Verfahren einrichtet, konsultiert sie die genannten Behörden.

(2) Die Agentur gewährt nur denjenigen Behörden Zugang zu den Verfahren nach Absatz 1, die Systeme eingerichtet haben, die es der Agentur ermöglichen, die Anforderungen gemäß Artikel 12 Absatz 1 zu erfüllen.

(3) Gemäß den anwendbaren Rechtsvorschriften der Union über Transaktionen mit Derivaten, zentrale Gegenparteien und Transaktionsregister registrierte oder anerkannte Transaktionsregister stellen der Agentur alle von ihnen erhobenen einschlägigen Informationen über Energiegroßhandelsprodukte und Derivate von Emissionszertifikaten zur Verfügung.

Die ESMA übermittelt der Agentur Meldungen über Transaktionen mit Energiegroßhandelsprodukten, die gemäß Artikel 25 Absatz 3 der Richtlinie 2004/39/EG und den anwendbaren Rechtsvorschriften der Union über Transaktionen mit Derivaten, zentrale Gegenparteien und Transaktionsregister eingegangen sind. Die zuständigen Behörden, die Meldungen über Transaktionen mit Energiegroßhandelsprodukten erhalten, die gemäß Artikel 25 Absatz 3 der Richtlinie 2004/39/EG eingegangen sind, übermitteln diese Meldungen der Agentur.

Die Agentur und die für die Überwachung des Handels mit Emissionszertifikaten und damit zusammenhängenden Derivaten zuständigen Behörden kooperieren miteinander und führen ein angemessenes Verfahren ein, durch das die Agentur Zugang zu Aufzeichnungen über Transaktionen mit solchen Zertifikaten und Derivaten erhält, wenn diese Behörden Informationen über solche Transaktionen erfassen.

Artikel 11
Datenschutz

Diese Verordnung berührt weder die aus der Richtlinie 95/46/EG des Europäischen Parlaments und des Rates vom 24. Oktober 1995 zum Schutz natürlicher Personen bei der Verarbeitung personenbezogener Daten und zum freien Datenverkehr [14] erwachsenden Verpflichtungen der Mitgliedstaaten hinsichtlich der Verarbeitung personenbezogener Daten noch die aus der Verordnung (EG) Nr. 45/2001 des Europäischen Parlaments und des Rates vom 18. Dezember 2000 zum Schutz natürlicher Personen bei der Verarbeitung personenbezogener Daten durch die Organe und Einrichtungen der Gemeinschaft und zum freien Datenverkehr [15] erwachsenden Verpflichtungen der Agentur hinsichtlich der Verarbeitung personenbezogener Daten bei der Erfüllung ihrer Aufgaben.

Artikel 12
Operationelle Zuverlässigkeit

(1) Die Agentur gewährleistet Vertraulichkeit, Integrität und Schutz der gemäß Artikel 4 Absatz 2 sowie gemäß den Artikeln 8 und 10 eingegangenen Informationen. Die Agentur ergreift alle erforderlichen Maßnahmen, um den Missbrauch der in ihren Systemen verwalteten Informationen und den nicht autorisierten Zugang zu ihnen zu verhindern.

Die nationalen Regulierungsbehörden, die zuständigen Finanzbehörden der Mitgliedstaaten, die nationalen Wettbewerbsbehörden, die ESMA und andere relevante Behörden gewährleisten Vertraulichkeit, Integrität und Schutz der gemäß Artikel 4 Absatz 2, Artikel 7 Absatz 2, Artikel 8 Absatz 5 oder Artikel 10 bei ihnen eingegangenen Informationen und treffen Maßnahmen, um jeden Missbrauch solcher Informationen zu verhindern.

Die Agentur ermittelt Quellen betriebstechnischer Risiken und minimiert diese Risiken durch Entwicklung geeigneter Systeme, Kontrollen und Verfahren.

(2) Vorbehaltlich des Artikels 17 kann die Agentur beschließen, Teile der Informationen, über die sie verfügt, öffentlich zugänglich zu machen, vorausgesetzt, dass keine wirtschaftlich sensiblen Daten über einzelne Marktteilnehmer oder einzelne Transaktionen oder einzelne Handelsplätze offen gelegt werden und dahingehend auch keine Rückschlüsse gezogen werden können.

Die Agentur macht unter Berücksichtigung etwaiger Vertraulichkeitserfordernisse ihre Bestände wirtschaftlich nicht sensibler Handelsdaten für wissenschaftliche Zwecke zugänglich.

Die Informationen werden veröffentlicht oder zugänglich gemacht, um die Transparenz auf den Energiegroßhandelsmärkten zu erhöhen, sofern dies höchstwahrscheinlich keine Störung des Wettbewerbs auf diesen Energiemärkten mit sich bringt.

Die Agentur verbreitet Informationen in fairer Weise gemäß transparenter Vorschriften, die sie verfasst und öffentlich zugänglich macht.

Artikel 13
Umsetzung der Marktmissbrauchsverbote

(1) Die nationalen Regulierungsbehörden stellen sicher, dass die in den Artikeln 3 und 5 festgelegten Verbote und die in Artikel 4 festgelegte Verpflichtung angewendet werden.

Jeder Mitgliedstaat stellt sicher, dass seine nationalen Regulierungsbehörden bis zum 29. Juni 2013 mit den für die Ausübung dieser Funktion notwendigen Untersuchungs- und Durchsetzungsbefugnissen ausgestattet sind. Diese Befugnisse werden in verhältnismäßiger Weise ausgeübt.

Diese Befugnisse können

a) direkt,

b) in Zusammenarbeit mit anderen Behörden oder

c) durch Antrag bei den zuständigen Justizbehörden

ausgeübt werden.

Die nationalen Regulierungsbehörden können gegebenenfalls ihre Untersuchungsbefugnisse in Zusammenarbeit mit organisierten Märkten, Systemen zur Zusammenführung von Kaufs- und Verkaufsaufträgen („trade matching system") oder den anderen in Artikel 8 Absatz 4 Buchstabe d genannten Personen, die beruflich Transaktionen arrangieren, ausüben.

(2) Die Untersuchungs- und Durchsetzungsbefugnisse nach Absatz 1 beschränken sich auf den Zweck der Untersuchung. Sie werden im Einklang mit dem innerstaatlichen Recht ausgeübt und umfassen das Recht

a) relevante Unterlagen aller Art einzusehen und Kopien von ihnen zu erhalten,

b) von jeder relevanten Person Auskünfte anzufordern, auch von Personen, die an der Übermittlung von Aufträgen oder an der Ausführung der betreffenden Handlungen nacheinander beteiligt sind, sowie von deren Auftraggebern, und, falls notwendig, das Recht, solche Personen oder Auftraggeber vorzuladen und zu vernehmen,

c) Ermittlungen vor Ort durchzuführen,

d) bereits existierende Aufzeichnungen von Telefongesprächen und Datenübermittlungen anzufordern,

e) die Einstellung von Praktiken zu verlangen, die gegen die Bestimmungen dieser Verordnung oder der auf ihrer Grundlage erlassenen delegierten Rechtsakte oder Durchführungsrechtsakte verstoßen,

f) bei einem Gericht das Einfrieren oder die Beschlagnahme von Vermögenswerten zu beantragen,

g) bei einem Gericht oder einer zuständigen Behörde ein vorübergehendes Verbot der Ausübung der Berufstätigkeit zu beantragen.

Artikel 14

Recht auf Erhebung eines Einspruchs

Die Mitgliedstaaten stellen sicher, dass auf nationaler Ebene geeignete Verfahren bestehen, die einer betroffenen Partei das Recht geben, gegen eine Entscheidung einer Regulierungsbehörde bei einer von den beteiligen Parteien und von Regierungsstellen unabhängigen Stelle Einspruch zu erheben.

Artikel 15

Verpflichtungen für Personen, die beruflich Transaktionen arrangieren

Personen, die beruflich Transaktionen mit Energiegroßhandelsprodukten arrangieren, informieren unverzüglich die nationale Regulierungsbehörde, wenn sie den begründeten Verdacht haben, dass eine Transaktion gegen die Bestimmungen der Artikel 3 oder 5 verstoßen könnte.

Personen, die beruflich Transaktionen mit Energiegroßhandelsprodukten arrangieren, müssen wirksame Vorkehrungen und Verfahren einführen und beibehalten, mit denen Verstöße gegen die Artikel 3 oder 5 festgestellt werden können.

Artikel 16

Zusammenarbeit auf Unionsebene und auf nationaler Ebene

(1) Die Agentur wirkt darauf hin, sicherzustellen, dass die nationalen Regulierungsbehörden ihre Aufgaben gemäß dieser Verordnung in koordinierter und einheitlicher Weise erfüllen.

Die Agentur veröffentlicht gegebenenfalls unverbindliche Leitlinien zur Anwendung der Begriffsbestimmungen in Artikel 2.

Die nationalen Regulierungsbehörden arbeiten bei der Erfüllung ihrer Pflichten gemäß dieser Verordnung mit der Agentur und miteinander auch auf regionaler Ebene zusammen.

Die nationalen Regulierungsbehörden, die zuständigen Finanzbehörden und die nationale Wettbewerbsbehörde in einem Mitgliedstaat können angemessene Formen der Zusammenarbeit einrichten, damit wirksame und effiziente Untersuchungen und Durchsetzungsmaßnahmen gewährleistet werden und ein Beitrag zu einem kohärenten und einheitlichen Ansatz bei Untersuchungen und Gerichtsverfahren und zur Durchsetzung dieser Verordnung und einschlägiger Finanz- und Wettbewerbsvorschriften geleistet wird.

(2) Haben die nationalen Regulierungsbehörden begründeten Anlass zu der Vermutung, dass in ihrem Mitgliedstaat oder in einem anderen Mitgliedstaat gegen die Verordnung verstoßen wird oder wurde, so unterrichten sie unverzüglich die Agentur so genau wie möglich davon.

Hat eine nationale Regulierungsbehörde den Verdacht, dass in einem anderen Mitgliedstaat Handlungen vorgenommen werden, die die Energiegroßhandelsmärkte oder den Preis von Energiegroßhandelsprodukten in ihrem Mitgliedstaat beeinflussen, so kann sie die Agentur ersuchen, Maßnahmen nach Absatz 4 dieses Artikels und, falls die Handlungen Finanzinstrumente betreffen, die Artikel 9 der Richtlinie 2003/6/EG unterliegen, nach Absatz 3 dieses Artikels zu ergreifen.

(3) Um einen koordinierten und einheitlichen Ansatz gegenüber Marktmissbrauch auf den Energiegroßhandelsmärkten sicherzustellen,

a) unterrichten die nationalen Regulierungsbehörden die zuständige Finanzbehörde ihres Mitgliedstaats und die Agentur, wenn sie begründeten Anlass zu der Vermutung haben, dass auf Energiegroßhandelsmärkten Handlungen vorgenommen werden oder wurden, die einen Marktmissbrauch im Sinne der Richtlinie 2003/6/EG darstellen und sich auf Finanzinstrumente auswirken, die Artikel 9 jener Richtlinie unterliegen, wobei die nationalen Regulierungsbehörden zu diesem Zweck angemessene Formen der Zusammenarbeit mit der zuständigen Finanzbehörde in ihrem Mitgliedstaat einrichten können,

b) unterrichtet die Agentur die ESMA und die zuständige Finanzbehörde, wenn sie begründeten Anlass zu der Vermutung hat, dass auf Energiegroßhandelsmärkten Handlungen vorgenommen werden oder wurden, die einen Marktmissbrauch im Sinne der Richtlinie 2003/6/EG darstellen und sich auf Finanzinstrumente auswirken, die Artikel 9 jener Richtlinie unterliegen,

c) unterrichtet die zuständige Finanzbehörde eines Mitgliedstaats die ESMA und die Agentur, wenn sie begründeten Anlass zu der Vermutung hat, dass auf Energiegroßhandelsmärkten in einem anderen Mitgliedstaat Handlungen unter Verstoß gegen die Artikel 3 und 5 vorgenommen werden oder wurden,

d) unterrichten die nationalen Regulierungsbehörden die nationale Wettbewerbsbehörde ihres Mitgliedstaats, die Kommission und die Agentur, wenn sie begründeten Anlass zu der Vermutung haben, dass auf Energiegroßhandelsmärkten Handlungen vorgenommen werden oder wurden, die höchstwahrscheinlich einen Verstoß gegen das Wettbewerbsrecht darstellen.

(4) Hat die Agentur u. a. auf der Grundlage von Anfangsbewertungen oder -analysen den Verdacht, dass ein Verstoß gegen diese Verordnung vorliegt, ist sie zur Erfüllung ihrer Aufgaben gemäß Absatz 1 befugt,

a) eine oder mehrere nationale Regulierungsbehörden aufzufordern, alle den mutmaßlichen Verstoß betreffenden Auskünfte zu erteilen,

b) eine oder mehrere nationale Regulierungsbehörden aufzufordern, eine Untersuchung des mutmaßlichen Verstoßes einzuleiten und geeignete Maßnahmen zur Abhilfe jedes ermittelten Verstoßes zu treffen. Die betroffenen nationalen Regulierungsbehörden sind für die Beschlüsse hinsichtlich angemessener Maßnahmen zur Abhilfe jedes aufgedeckten Verstoßes zuständig,

c) wenn ihrer Ansicht nach der mögliche Verstoß grenzüberschreitende Auswirkungen hat oder hatte, eine Untersuchungsgruppe aus Vertretern der betreffenden nationalen Regulierungsbehörden einzusetzen und zu koordinieren, die prüft, ob gegen diese Verordnung verstoßen wurde und in welchem Mitgliedstaat dieser Verstoß begangen wurde. Gegebenenfalls kann die Agentur auch die Beteiligung von Vertretern der zuständigen Finanzbehörde oder einer anderen relevanten Behörde eines oder mehrerer Mitgliedstaaten an der Untersuchungsgruppe fordern.

(5) Eine nationale Regulierungsbehörde, bei der ein Auskunftsersuchen gemäß Absatz 4 Buchstabe a oder eine Aufforderung zur Einleitung der Untersuchung eines mutmaßlichen Verstoßes gemäß Absatz 4 Buchstabe b eingeht, ergreift unverzüglich die notwendigen Maßnahmen, um dieser Aufforderung nachzukommen. Ist die betreffende nationale Regulierungsbehörde nicht in der Lage, die geforderte Auskunft sofort zu erteilen, so teilt sie der Agentur unverzüglich die Gründe hierfür mit.

Abweichend von Unterabsatz 1 kann eine nationale Regulierungsbehörde es ablehnen, einer Aufforderung nachzukommen,

a) wenn dadurch die Souveränität oder die Sicherheit des ersuchten Mitgliedstaats beeinträchtigt werden könnte,

b) wenn aufgrund derselben Handlungen und gegen dieselben Personen bereits ein Verfahren vor einem Gericht des ersuchten Mitgliedstaats anhängig ist, oder

c) wenn gegen diese Personen aufgrund derselben Tat bereits ein rechtskräftiges Urteil in dem ersuchten Mitgliedstaat ergangen ist.

In diesem Fall teilt die nationale Regulierungsbehörde dies der Agentur entsprechend mit und übermittelt ihr möglichst genaue Informationen über diese Verfahren bzw. das betreffende Urteil.

Die nationalen Regulierungsbehörden nehmen an einer gemäß Absatz 4 Buchstabe c zusammengestellten Untersuchungsgruppe teil und leisten jegliche notwendige Unterstützung. Die Untersuchungsgruppe wird von der Agentur koordiniert.

(6) Der letzte Satz von Artikel 15 Absatz 1 der Verordnung (EG) Nr. 713/2009 gilt nicht, wenn die Agentur ihre Aufgaben gemäß dieser Verordnung erfüllt.

Artikel 17
Berufsgeheimnis

(1) Vertrauliche Informationen, die gemäß dieser Verordnung empfangen, ausgetauscht oder übermittelt werden, unterliegen den Vorschriften der Absätze 2, 3 und 4 über das Berufsgeheimnis.

(2) Zur Wahrung des Berufsgeheimnisses verpflichtet sind:

a) Personen, die für die Agentur arbeiten oder gearbeitet haben,

b) von der Agentur beauftragte Wirtschaftsprüfer und Sachverständige,

c) Personen, die für die nationalen Regulierungsbehörden oder für sonstige zuständige Behörden arbeiten oder gearbeitet haben,

d) von nationalen Regulierungsbehörden oder sonstigen zuständigen Behörden beauftragte Wirtschaftsprüfer und Sachverständige, die gemäß dieser Verordnung vertrauliche Informationen erhalten.

(3) Vertrauliche Informationen, die die in Absatz 2 genannten Personen im Rahmen der Erfüllung ihrer Pflichten erhalten, dürfen an keine andere Person oder Behörde weitergegeben werden, es sei denn in zusammengefasster oder allgemeiner Form, so dass die einzelnen Marktteilnehmer oder Marktplätze nicht zu erkennen sind; davon unberührt bleiben Fälle, die unter das Strafrecht, andere Bestimmungen dieser Verordnung oder andere einschlägige Unionsvorschriften fallen.

(4) Unbeschadet der Fälle, die unter das Strafrecht fallen, dürfen die Agentur, die nationalen Regulierungsbehörden, die zuständigen Finanzbehörden der Mitgliedstaaten, die ESMA, Stellen oder Personen vertrauliche Informationen, die sie gemäß dieser Verordnung erhalten, nur zur Erfüllung ihrer Pflichten und zur Wahrnehmung ihrer Aufgaben verwenden. Andere Behörden, Stellen oder Personen können diese Informationen zu dem Zweck, zu dem sie ihnen übermittelt wurden, oder im Rahmen von speziell mit der Wahrnehmung dieser Aufgaben zusammenhängenden Verwaltungs- und Gerichtsverfahren verwenden. Die Behörde, die die Information erhält, darf diese für andere Zwecke verwenden, vorausgesetzt die Agentur, die nationalen Regulierungsbehörden, die zuständigen Finanzbehörden der Mitgliedstaaten, die ESMA, Stellen oder Personen, die die Information übermitteln, geben ihre Zustimmung.

(5) Dieser Artikel hindert eine Behörde in einem Mitgliedstaat nicht daran, in Einklang mit den nationalen Rechtsvorschriften vertrauliche Informationen auszutauschen oder zu übermitteln, vorausgesetzt, dass sie diese nicht von einer Behörde eines anderen Mitgliedstaats oder der Agentur im Rahmen dieser Verordnung erhalten hat.

Artikel 18
Sanktionen

Die Mitgliedstaaten legen fest, welche Sanktionen bei einem Verstoß gegen diese Verordnung zu verhängen sind, und treffen die zu deren Durchsetzung erforderlichen Maßnahmen. Die vorgesehenen Sanktionen müssen wirksam, abschreckend und verhältnismäßig sein und der Begehensweise, Dauer und Schwere der Verstöße, dem Schaden für die Verbraucher und den potenziellen Gewinnen infolge des Handels aufgrund von Insider-Informationen und Marktmanipulation Rechnung tragen.

Die Mitgliedstaaten teilen der Kommission diese Vorschriften bis spätestens 29. Juni 2013 mit und melden ihr spätere Änderungen unverzüglich.

Die Mitgliedstaaten sehen vor, dass die nationale Regulierungsbehörde Maßnahmen oder Sanktionen, die wegen Verstößen gegen diese Verordnung ergriffen bzw. verhängt werden, öffentlich bekannt geben kann, es sei denn, diese Bekanntgabe würde einen unverhältnismäßigen Schaden bei den Beteiligten zur Folge haben.

Artikel 19
Internationale Beziehungen

Soweit es zur Verwirklichung der in dieser Verordnung festgelegten Ziele erforderlich ist, kann die Agentur unbeschadet der jeweiligen Zuständigkeiten der Mitgliedstaaten und der Organe der Union einschließlich des Europäischen Auswärtigen Dienstes mit Aufsichtsbehörden, internationalen Organisationen und Behörden von Drittstaaten in Kontakt treten und mit ihnen Verwaltungsvereinbarungen schließen, insbesondere mit denjenigen, die Einfluss auf den Energiegroßhandelsmarkt der Union ausüben, um die Harmonisierung des Regelungsrahmens voranzubringen. Diese Verein-barungen bringen für die Union und ihre Mitgliedstaaten keine rechtlichen Verpflichtungen mit sich und hindern die Mitgliedstaaten und ihre zuständigen Behörden nicht daran, bilaterale oder multilaterale Vereinbarungen mit diesen Aufsichtsbehörden, internationalen Organisationen und Behörden von Drittstaaten zu schließen.

Artikel 20
Ausübung der Befugnisübertragung

(1) Die Befugnis zum Erlass delegierter Rechtsakte wird der Kommission unter den in diesem Artikel festgelegten Bedingungen übertragen.

(2) Die Befugnis zum Erlass delegierter Rechtsakte gemäß Artikel 6 wird der Kommission für einen Zeitraum von fünf Jahren ab dem 28. Dezember 2011 übertragen. Die Kommission erstellt spätestens neun Monate vor Ablauf des Zeitraums von fünf Jahren einen Bericht über die Befugnisübertragung. Die Befugnisübertragung verlängert sich stillschweigend um Zeiträume gleicher Länge, es sei denn, das Europäische Parlament oder der Rat widersprechen einer solchen Verlängerung spätestens drei Monate vor Ablauf des jeweiligen Zeitraums.

(3) Die Befugnisübertragung gemäß Artikel 6 kann vom Europäischen Parlament oder vom Rat jederzeit widerrufen werden. Der Beschluss über den Widerruf beendet die Übertragung der in diesem Beschluss angegebenen Befugnis. Er wird am Tag nach seiner Veröffentlichung im *Amtsblatt der Europäischen Union* oder zu einem im Beschluss über den Widerruf angegebenen späteren Zeitpunkt wirksam. Die Gültigkeit von delegierten Rechtsakten, die bereits in Kraft sind, wird davon nicht berührt.

(4) Sobald die Kommission einen delegierten Rechtsakt erlässt, übermittelt sie ihn gleichzeitig dem Europäischen Parlament und dem Rat.

(5) Ein delegierter Rechtsakt, der gemäß Artikel 6 erlassen wurde, tritt nur in Kraft, wenn weder das Europäische Parlament noch der Rat innerhalb einer Frist von zwei Monaten nach Übermittlung dieses Rechtsakts an das Europäische Parlament und den Rat Einwände erhoben haben oder wenn vor Ablauf dieser Frist das Europäische Parlament und der Rat beide der Kommission mitgeteilt haben, dass sie keine Einwände erheben werden. Auf Initiative des Europäischen Parlaments oder des Rates wird diese Frist um zwei Monate verlängert.

Artikel 21
Ausschussverfahren

(1) Die Kommission wird von einem Ausschuss unterstützt. Es handelt sich dabei um einen Ausschuss im Sinne der Verordnung (EU) Nr. 182/2011.

(2) Wird auf diesen Absatz Bezug genommen, gilt Artikel 5 der Verordnung (EU) Nr. 182/2011.

Artikel 22
Inkrafttreten

Diese Verordnung tritt am zwanzigsten Tag nach ihrer Veröffentlichung im *Amtsblatt der Europäischen Union* in Kraft.

Artikel 8 Absatz 1, Absatz 3 Unterabsatz 1, Absatz 4 und Absatz 5 gelten mit Wirkung von sechs Monaten ab dem Datum, an dem die Kommission die in Artikel 8 Absätze 2 und 6 genannten einschlägigen Durchführungsrechtsakte erlässt.

Diese Verordnung ist in allen ihren Teilen verbindlich und gilt unmittelbar in jedem Mitgliedstaat.

Geschehen zu Straßburg am 25. Oktober 2011.

Im Namen des Europäischen Parlaments

Der Präsident

J. BUZEK

In Namen des Rates

Der Präsident

M. DOWGIELEWICZ

ERKLÄRUNG DER KOMMISSION

Nach Ansicht der Kommission können die Schwellenwerte für die Meldung von Transaktionen im Sinne von Artikel 8 Absatz 2 Buchstabe a und Informationen im Sinne von Artikel 8 Absatz 6 Buchstabe a nicht im Wege von Durchführungsrechtsakten festgelegt werden.

Die Kommission wird gegebenenfalls einen Legislativvorschlag zur Festlegung solcher Schwellenwerte vorlegen.

ERKLÄRUNG DES RATES

Der EU-Gesetzgeber hat der Kommission gemäß Artikel 291 AEUV Durchführungsbefugnisse in Bezug auf die in Artikel 8 vorgesehenen Maßnahmen übertragen. Dies ist für die Kommission trotz der Erklärung, die sie zu Artikel 8 Absatz 2 Buchstabe a und Absatz 6 Buchstabe a abgegeben hat, rechtsverbindlich.

---

[10] ABl. L 211 vom 14.8.2009, S. 55.
[11] ABl. L 211 vom 14.8.2009, S. 94.
[12] ABl. L 193 vom 18.7.1983, S. 1.
[13] ABl. L 345 vom 23.12.2008, S. 75.
[14] ABl. L 281 vom 23.11.1995, S. 31.
[15] ABl. L 8 vom 12.1.2001, S. 1.

86. Elektrizitätsabgabegesetz

Bundesgesetz, mit dem eine Abgabe auf die Lieferung und den Verbrauch elektrischer Energie eingeführt wird

StF: BGBl. Nr. 201/1996

Letzte Novellierung: BGBl. I Nr. 64/2023

GLIEDERUNG

Steuerbare Vorgänge, Steuergebiet

§ 1. (1) Der Elektrizitätsabgabe unterliegen

1. die Lieferung von elektrischer Energie im Steuergebiet, ausgenommen an Elektrizitätsunternehmen im Sinne des § 7 Abs. 1 Z 11 des Elektrizitätswirtschafts- und-organisationsgesetzes 2010 – ElWOG 2010, BGBl. I Nr. 110/2010, und an sonstige Wiederverkäufer, soweit die elektrische Energie zur Weiterlieferung bestimmt ist,
2. der Verbrauch von elektrischer Energie durch Elektrizitätsunternehmen sowie der Verbrauch von selbst hergestellter oder in das Steuergebiet verbrachter elektrischer Energie im Steuergebiet.

(2) Die Lieferung im Sinne des Abs. 1 Z 1 erfolgt an dem Ort, an dem der Empfänger über die elektrische Energie verfügen kann.

(3) Steuergebiet im Sinne dieses Bundesgesetzes ist das Bundesgebiet, ausgenommen das Gebiet der Ortsgemeinden Jungholz (Tirol) und Mittelberg (Vorarlberg).

Steuerbefreiungen

§ 2. (1) Von der Abgabe sind befreit:

1. elektrische Energie, soweit sie für die Erzeugung und Fortleitung von elektrischer Energie, Erdgas oder Mineralöl verwendet wird;
2. elektrische Energie, soweit sie für nichtenergetische Zwecke verwendet wird;
3. von Elektrizitätserzeugern selbst erzeugte elektrische Energie, wenn deren Menge, die nicht in das Netz eingespeist, sondern von diesen Elektrizitätserzeugern selbst verbraucht wird, nicht größer als 5 000 kWh pro Jahr ist;
4. aus erneuerbaren Energieträgern von Elektrizitätserzeugern, einschließlich gemeinschaftlicher Erzeugungsanlagen nach § 7 Abs. 1 Z 23a und § 16a ElWOG 2010 sowie Erneuerbare-Energie-Gemeinschaften nach § 79 des Erneuerbaren-Ausbau-Gesetzes, BGBl. I Nr. 150/2021, und § 7 Abs. 1 Z 15a und § 16c ElWOG 2010, selbst erzeugte elektrische Energie, soweit sie nicht in das Netz eingespeist, sondern von diesen Elektrizitätserzeugern, ihren teilnehmenden Berechtigten, Mitgliedern oder Gesellschaftern selbst verbraucht wird, für die jährlich bilanziell nachweisbar selbst verbrauchte elektrische Energie;
5. aus erneuerbaren Energieträgern von Eisenbahnunternehmen selbst erzeugter Bahnstrom, soweit dieser nachweislich von ihnen selbst oder von anderen Eisenbahnunternehmen zum Antrieb und Betrieb von Schienenfahrzeugen verwendet wird. Eisenbahnunternehmen im Sinne dieses Bundesgesetzes sind Betreiber von öffentlichen Eisenbahnen nach § 1 Z 1 des Eisenbahngesetzes 1957, BGBl. Nr. 60/1957, einschließlich Eisenbahnunternehmen, die Eisenbahnverkehrsdienste auf solchen Bahnen erbringen. Bahnstrom ist elektrische Energie, soweit diese von Eisenbahnunternehmen zum Antrieb und Betrieb von Schienenfahrzeugen verwendet wird. Als selbst erzeugt gelten auch jene Mengen von Bahnstrom, die innerhalb eines Unternehmens im Sinne des § 3 Abs. 4 des Kommunalsteuergesetzes 1993, BGBl. Nr. 819/1993, oder eines vergleichbaren Unternehmens erzeugt und an andere Konzerngesellschaften geliefert werden.

(2) Die Befreiung nach Abs. 1 Z 2 erfolgt im Wege einer Vergütung an denjenigen, der die elektrische Energie verwendet. Die Befreiung nach Abs. 1 Z 1 kann auf Antrag im Wege einer Vergütung an denjenigen, der die elektrische Energie verwendet, gewährt werden.

(3) Der Bundesminister für Finanzen wird ermächtigt, durch Verordnung im Einvernehmen mit der Bundesministerin für Klimaschutz, Umwelt, Energie, Mobilität, Innovation und Technologie das Verfahren für die Inanspruchnahme der Steuerbefreiung nach Abs. 1 Z 4 näher zu regeln.

Abgabenschuldner

§ 3. (1) Abgabenschuldner ist

1. im Falle des § 1 Abs. 1 Z 1 der Lieferer der elektrischen Energie,
2. im Falle des § 1 Abs. 1 Z 2 derjenige, der die elektrische Energie verbraucht.

(2) Wird bei der Lieferung von elektrischer Energie im Steuergebiet (§ 1 Abs. 1 Z 1), beim Verbrauch von selbst hergestellter elektrischer Energie oder bei der Verbringung der elektrischen Energie in das Steuergebiet (§ 1 Abs. 1 Z 2) das Leitungsnetz eines oder mehrerer Netzbetreiber im Sinne des § 7 Abs. 1 Z 51 ElWOG 2010 gegen Entgelt verwendet, so hat jener Netzbetreiber, aus dessen Leitungsnetz die elektrische Energie vom Empfänger der Lieferung oder vom Verbraucher entnommen wird, die auf diese Lieferung bzw. den Verbrauch entfallende Elektrizitätsabgabe als Haftender für Rechnung des Abgabenschuldners zu entrichten.

Bemessungsgrundlage und Höhe der Abgabe

§ 4. (1) Bemessungsgrundlage der Elektrizitätsabgabe ist

1. im Falle des § 1 Abs. 1 Z 1 die gelieferte elektrische Energie,
2. im Falle des § 1 Abs. 1 Z 2 die verbrauchte elektrische Energie in kWh.

(2) Die Abgabe beträgt 0,015 Euro je kWh *(Anm. 1)*.

(3) Die Abgabe auf Bahnstrom aus anderen als erneuerbaren Energieträgern und auf Bahnstrom, der nicht von Eisenbahnunternehmen selbst erzeugt wurde, beträgt 0,0018 Euro je kWh. Auf Antrag des Eisenbahnunternehmens, das nicht selbst erzeugten nachweislich zum Steuersatz nach Abs. 2 versteuerten Bahnstrom zum Antrieb und Betrieb von Schienenfahrzeugen verwendet hat, kommt eine Vergütung in Höhe von 0,0132 Euro je kWh zur Anwendung.

*(Anm.: Abs. 4 aufgehoben durch Art. 12 Z 3, BGBl. I Nr. 108/2022)(*___________________

Anm. 1: gemäß § 7 Abs. 11 und 12:

Abweichend von Abs. 2 und Abs. 3 erster Satz beträgt die Abgabe 0,001 Euro je kWh für Vorgänge nach dem 30. April 2022 und vor dem 1. Juli 2023.

Für Vorgänge nach dem 30. April 2022 und vor dem 1. Juli 2023 besteht kein Vergütungsanspruch nach Abs. 3 zweiter Satz. Für Vorgänge vor diesem Zeitraum bleibt der Vergütungsanspruch nach Abs. 3 zweiter Satz für zum Steuersatz nach Abs. 2 versteuerten Bahnstrom aufrecht.)

Erhebung der Abgabe

§ 5. (1) Der Abgabenschuldner gemäß § 3 Abs. 1 sowie der Netzbetreiber gemäß § 3 Abs. 2 hat bis zum 15. des auf den Kalendermonat zweitfolgenden Monates (Fälligkeitstag) die Abgabe für die im Kalendermonat gelieferte oder verbrauchte bzw. weitergeleitete Menge elektrischer Energie selbst zu berechnen und zu entrichten. Soweit die tatsächlich gelieferte oder verbrauchte bzw. weitergeleitete Menge elektrischer Energie nicht bis zum Fälligkeitstag festgestellt wird, ist der Abgabenschuldner bzw. der Netzbetreiber (§ 3 Abs. 2) verpflichtet, die Abgabe für ein Zwölftel der voraussichtlich in diesem Jahr gelieferten oder verbrauchten bzw. weitergeleiteten Menge elektrischer Energie bis zum Fälligkeitstag selbst zu berechnen und zu entrichten.

(2) Zum letzten Fälligkeitstag für jedes Kalenderjahr sind Abweichungen von der tatsächlichen Jahresabgabenschuld auszugleichen. Abgabenschuldner sowie Netzbetreiber, die den Gewinn gemäß § 2 Abs. 5 des Einkommensteuergesetzes 1988 oder gemäß § 7 Abs. 5 des Körperschaftsteuergesetzes 1988 nach einem vom Kalenderjahr abweichenden Wirtschaftsjahr ermitteln, können den Ausgleich am ersten auf den Bilanzstichtag folgenden Fälligkeitstag vornehmen. Der Netzbetreiber kann jene Elektrizitätsabgabe, die er als Haftender abgeführt hat und die ihm trotz Geltendmachung der ihm zumutbaren Schritte nicht ersetzt wurde, bei Ermittlung der Jahresabgabenschuld abziehen.

(3) Wird die Abgabe nicht oder in offensichtlich unrichtiger Höhe entrichtet, dann hat das Finanzamt die Abgabe festzusetzen. Die festgesetzte Abgabe hat die im Abs. 1 genannte Fälligkeit.

(4) Der Abgabenschuldner sowie der Netzbetreiber werden nach Ablauf des Kalenderjahres (Wirtschaftsjahres) zur Abgabe veranlagt. Bis zum 31. März eines jeden Jahres hat der Abgabenschuldner bzw. der Netzbetreiber dem Finanzamt eine Jahresabgabenerklärung für das vorangegangene Jahr zu übermitteln. In diese sind die Gesamtmenge der im vergangenen Jahr gelieferten oder verbrauchten bzw. weitergeleiteten Menge elektrischer Energie aufzunehmen.

(5) Die Erhebung der Abgabe obliegt dem für die Erhebung der Umsatzsteuer des Abgabenschuldners zuständigen Finanzamt. Abweichend davon obliegt sie

1. in jenen Fällen, in denen der Netzbetreiber die Abgabe entrichtet, dem für die Erhebung der Umsatzsteuer des Netzbetreibers zuständigen Finanzamt;
2. in den Fällen des § 2 Abs. 1 Z 1 und 2 dem für die Erhebung der Umsatzsteuer des Verwenders der elektrischen Energie zuständigen Finanzamt;
3. in den Fällen des § 4 Abs. 3 zweiter Satz dem für die Erhebung der Umsatzsteuer des Eisenbahnunternehmens zuständigen Finanzamt.

(6) Beträgt die monatliche Steuerschuld nicht mehr als 50 Euro, so ist sie jahresweise nur einmal für das gesamte Jahr zu entrichten.

(7) Ist die gesamte Steuerschuld eines Jahres nicht höher als 50 Euro, so wird die Abgabe nicht erhoben.

(8) Anträge auf Vergütung nach § 2 Abs. 1 Z 1 und 2 sowie § 4 Abs. 3 sind nur für volle Kalendermonate zulässig und bei sonstigem Verlust des Anspruchs bis zum Ablauf des auf die Verwendung folgenden Kalenderjahrs bei dem nach Abs. 5 zuständigen Finanzamt zu stellen.

(9) Der Bundesminister für Finanzen wird ermächtigt, durch Verordnung das Verfahren für die Inanspruchnahme der Steuerbegünstigungen nach § 2 Abs. 1 Z 1, Z 2, Z 3 und Z 5 sowie nach § 4 Abs. 3 insbesondere betreffend Antragstellung und Nachweise näher zu regeln.

Aufzeichnungspflichten und Rechnungslegungspflichten

§ 6. (1) Der Abgabenschuldner gemäß § 3 Abs. 1 sowie der Netzbetreiber gemäß § 3 Abs. 2 sind verpflichtet, Aufzeichnungen zu führen, aus denen sich die gelieferte oder verbrauchte bzw. weitergeleitete Menge elektrischer Energie ergibt.

(2) Der Abgabenschuldner sowie der Netzbetreiber sind verpflichtet, im Falle der Lieferung bzw. Weiterleitung elektrischer Energie dem Empfänger spätestens in der Jahresabrechung die Elektrizitätsabgabe offen auszuweisen.

(3) Der Empfänger der Lieferung der elektrischen Energie hat dem Abgabenschuldner sowie dem Netzbetreiber die weiterverrechnete Elektrizitätsabgabe zu ersetzen. Zahlt der Empfänger der elektrischen Energie an den Netzbetreiber das Netznutzungsentgelt und die Elektrizitätsabgabe, so gelten die Zahlungen als im entsprechenden Verhältnis geleistet. Für nicht vollständig gezahlte Elektrizitätsabgabe besteht keine Haftung des Netzbetreibers, wenn dieser die ihm zumutbaren Schritte zur Geltendmachung seines Anspruches unternommen hat.

(Anm.: Abs. 4 aufgehoben durch BGBl. I Nr. 71/2003)

§ 6a. Soweit in diesem Bundesgesetz auf Bestimmungen anderer Bundesgesetze verwiesen und nicht anderes bestimmt wird, sind diese Bestimmungen in ihrer jeweils geltenden Fassung anzuwenden.

Inkrafttreten

§ 7. (1) Dieses Bundesgesetz ist auf Vorgänge nach dem 31. Mai 1996 anzuwenden.

(2) § 5 Abs. 1 in der Fassung des Bundesgesetzes BGBl. Nr. 797/1996 ist auf Fälligkeiten nach dem 31. Dezember 1996 anzuwenden.

(3) § 2 in der Fassung des Bundesgesetzes BGBl. I Nr. 106/1999 ist erstmalig bei der Veranlagung für das Kalenderjahr 1999 anzuwenden; § 3, § 5 und § 6, jeweils in der Fassung des Bundesgesetzes BGBl. I Nr. 106/1999, sind auf Vorgänge nach dem 31. Juli 1999 anzuwenden.

(4) § 4 Abs. 2 in der Fassung des Bundesgesetzes BGBl. I Nr. 26/2000 ist auf Vorgänge nach dem 31. Mai 2000 anzuwenden.

(5) § 6 in der Fassung des Bundesgesetzes BGBl. I Nr. 71/2003 tritt mit Ablauf des 31. Dezember 2003 in Kraft.

(6) § 2 Z 1 lit. a in der Fassung des Bundesgesetzes BGBl. I Nr. 64/2014 ist auf Vorgänge nach dem 30. Juni 2014 anzuwenden. § 2 Z 1 lit. b in der Fassung des Bundesgesetzes BGBl. I Nr. 64/2014 ist erstmalig bei der Veranlagung für das Kalenderjahr 2014 anzuwenden.

(7) § 5 Abs. 6 in der Fassung des Bundesgesetzes BGBl. I Nr. 64/2014 ist auf Vorgänge nach dem 30. Juni 2014 anzuwenden. § 5 Abs. 7 in der Fassung des Bundesgesetzes BGBl. I Nr. 64/2014 ist erstmalig bei der Veranlagung für das Kalenderjahr 2014 anzuwenden.

(8) § 2 Z 3 und 4 in der Fassung des Bundesgesetzes BGBl. I Nr. 103/2019 ist vorbehaltlich der zeitgerechten Erfüllung allfälliger EU-rechtlicher, insbesondere beihilfenrechtlicher Verpflichtungen auf Vorgänge nach dem 31. Dezember 2019 anzuwenden.
Der Bundesminister für Finanzen hat eine Verschiebung dieses Zeitpunktes im Bundesgesetzblatt kund zu machen. In diesem Fall ist die genannte Bestimmung am ersten Tag des zweitfolgenden Monats nach der Erfüllung EU-rechtlicher Verpflichtungen anzuwenden und auch dieser Zeitpunkt durch den Bundesminister für Finanzen im Bundesgesetzblatt kund zu machen.

(9) § 2 Z 4 und 5 und § 4 Abs. 3 und 4, jeweils in der Fassung des Bundesgesetzes BGBl. I Nr. 18/2021, sind vorbehaltlich der zeitgerechten Erfüllung allfälliger EU-rechtlicher, insbesondere beihilfenrechtlicher Verpflichtungen auf Vorgänge nach dem 30. Juni 2021 anzuwenden. Abs. 8 zweiter und dritter Satz gilt sinngemäß.

(10) § 2 in der Fassung des Bundesgesetzes BGBl. I Nr. 10/2022 ist auf Vorgänge nach dem 30. Juni 2022 anzuwenden. Für die Bestimmungen des § 2 Abs. 1 Z 4 in der Fassung des Bundesgesetzes BGBl. I Nr. 10/2022 gilt dies vorbehaltlich der zeitgerechten Erfüllung allfälliger EU-rechtlicher, insbesondere beihilfenrechtlicher Verpflichtungen. Abs. 8 zweiter und dritter Satz gilt sinngemäß. § 2 Z 1 lit. b in der Fassung des Bundesgesetzes BGBl. I Nr. 18/2021 ist weiterhin auf Vorgänge vor dem 1. Juli 2022 anzuwenden. Der Bundesminister für Finanzen wird ermächtigt, Verordnungen auf Grund von § 2 Abs. 3 und § 4 Abs. 4 auch rückwirkend in Kraft zu setzen.

(11) Abweichend von § 4 Abs. 2 und Abs. 3 erster Satz, jeweils in der Fassung des Bundesgesetzes BGBl. I Nr. 10/2022, beträgt die Abga-

be 0,001 Euro je kWh für Vorgänge nach dem 30. April 2022 und vor dem 1. Jänner 2024.

(12) Für Vorgänge nach dem 30. April 2022 und vor dem 1. Jänner 2024 besteht kein Vergütungsanspruch nach § 4 Abs. 3 zweiter Satz. Für Vorgänge vor diesem Zeitraum bleibt der Vergütungsanspruch nach § 4 Abs. 3 zweiter Satz für zum Steuersatz nach § 4 Abs. 2 in der Fassung des Bundesgesetzes BGBl. I Nr. 10/2022 versteuerten Bahnstrom aufrecht.

(13) § 2 Abs. 1 Z 5 und § 4 Abs. 3 in der Fassung des Bundesgesetzes BGBl. I Nr. 108/2022 sind vorbehaltlich der zeitgerechten Erfüllung allfälliger EU–rechtlicher, insbesondere beihilfenrechtlicher Verpflichtungen und unter Berücksichtigung der Regelungen nach Abs. 11 und 12 auf Vorgänge nach dem 30. Juni 2022 anzuwenden. Abs. 8 zweiter und dritter Satz gilt sinngemäß.

(14) Vorbehaltlich der zeitgerechten Erfüllung allfälliger EU–rechtlicher, insbesondere beihilfenrechtlicher Verpflichtungen und unter Berücksichtigung der Regelungen nach Abs. 11 und 12 kann die Steuerbefreiung nach § 2 Abs. 1 Z 5 in der Fassung des Bundesgesetzes BGBl. I Nr. 108/2022 sowie eine Steuerbegünstigung nach § 4 Abs. 3 bereits für Zeiträume nach dem 31. Dezember 2021 in Anspruch genommen werden

1. von Eisenbahnunternehmen, auf die nach § 2 Abs. 1 Z 5 in der Fassung des Bundesgesetzes BGBl. I Nr. 108/2022, nicht jedoch nach § 2 Abs. 1 Z 5 in der Fassung des Bundesgesetzes BGBl. I Nr. 18/2021, eine Befreiung von der Elektrizitätsabgabe oder der ermäßigte Steuersatz nach § 4 Abs. 3 in der Fassung des Bundesgesetzes BGBl. I Nr. 18/2021 (auch in Vergütungsfällen) Anwendung findet, sowie
2. für Mengen an Bahnstrom nach § 2 Abs. 1 Z 5 3. Satz in der Fassung des Bundesgesetzes BGBl. I Nr. 108/2022, die nach § 2 Abs. 1 Z 5 erster Halbsatz in der Fassung des Bundesgesetzes BGBl. I Nr. 18/2021 nicht erfasst werden.

Soweit für nach § 2 Abs. 1 Z 5 in der Fassung des Bundesgesetzes BGBl. I Nr. 108/2022 befreiten Bahnstrom die Abgabe bereits entrichtet wurde, erfolgt die Befreiung im Wege einer Vergütung an das Eisenbahnunternehmen unter Anwendung der für sonstige Vergütungsfälle vorgesehenen Verfahren. Abs. 8 zweiter und dritter Satz gilt sinngemäß.

Vollziehung

§ 8. Mit der Vollziehung dieses Bundesgesetzes ist der Bundesminister für Finanzen, hinsichtlich des § 6 Abs. 2 und 3 der Bundesminister für Finanzen im Einvernehmen mit dem Bundesminister für Justiz betraut.

87. Erdgasabgabegesetz

Bundesgesetz, mit dem eine Abgabe auf die Lieferung und den Verbrauch von Erdgas eingeführt wird

StF: BGBl. Nr. 201/1996

Letzte Novellierung: BGBl. I Nr. 110/2023

GLIEDERUNG

Steuerbare Vorgänge, Steuergebiet

§ 1. (1) Der Erdgasabgabe unterliegen

1. Die Lieferung von Erdgas im Steuergebiet, ausgenommen an Erdgasunternehmen im Sinne des § 7 Abs. 1 Z 16 des Gaswirtschaftsgesetzes 2011, BGBl. I Nr. 107/2011 (GWG 2011), und an sonstige Wiederverkäufer, soweit das Erdgas zur Weiterlieferung bestimmt ist.
2. Der Verbrauch von Erdgas durch Erdgasunternehmen sowie der Verbrauch von selbst hergestelltem oder in das Steuergebiet verbrachtem Erdgas im Steuergebiet.

(2) Die Lieferung im Sinne des Abs. 1 Z 1 erfolgt an dem Ort, an dem der Empfänger über das Erdgas verfügen kann.

(3) Steuergebiet im Sinne dieses Bundesgesetzes ist das Bundesgebiet, ausgenommen das Gebiet der Ortsgemeinden Jungholz (Tirol) und Mittelberg (Vorarlberg).

Steuergegenstand

§ 2. (1) Erdgas im Sinne dieses Bundesgesetzes sind

1. Waren der Unterposition 2711 21 00 der Kombinierten Nomenklatur,
2. Biogas (ausgenommen Waren der Unterposition 2711 19 00 der Kombinierten Nomenklatur),
3. Wasserstoff.

(2) Kombinierte Nomenklatur im Sinne dieses Bundesgesetzes ist die Warennomenklatur nach Art. 1 der Verordnung (EWG) Nr. 2658/87 über die zolltarifliche und statistische Nomenklatur sowie den Gemeinsamen Zolltarif, ABl. Nr. L 256 vom 07.09.1987 S. 1, in der Fassung des Anhangs der Durchführungsverordnung (EU) 2017/1925 zur Änderung von Anhang I der Verordnung (EWG) Nr. 2658/87, ABl. Nr. L 282 vom 31.10.2017 S. 1 und die dazu erlassenen Rechtsvorschriften.

(3) Werden den Steuergegenstand bestimmende Untergliederungen der Kombinierten Nomenklatur geändert, ohne dass dies Auswirkungen auf den Steuergegenstand hat, beispielsweise durch Einführung zusätzlicher Untergliederungen, oder im Falle einer Entscheidung über Aktualisierungen von Positionen der Kombinierten Nomenklatur nach Artikel 2 Abs. 5 der Richtlinie 2003/96/EG zur Restrukturierung der gemeinschaftlichen Rahmenvorschriften zur Besteuerung von Energieerzeugnissen und elektrischem Strom (ABl. Nr. L 283 vom 31.10.2003 S. 51), so hat der Bundesminister für Finanzen die dadurch bewirkten Änderungen der Bezeichnung des Steuergegenstandes durch Aufnahme in den Gebrauchszolltarif (§ 51 Abs. 1 des Zollrechts-Durchführungsgesetzes, BGBl. Nr. 659/1994) in Wirksamkeit zu setzen. Der Gebrauchszolltarif ist insoweit verbindlich.

Steuerbefreiungen

§ 3. (1) Von der Erdgasabgabe ist befreit

1. Erdgas, das zur Herstellung, für den Transport oder für die Speicherung von Erdgas verwendet wird,
2. Erdgas, das für den Transport und für die Verarbeitung von Mineralöl verbraucht wird.

(2) Eine Steuerbefreiung im Wege einer Vergütung kann in Anspruch nehmen, wer

1. nachweislich versteuertes Erdgas zu anderen Zwecken als zur Verwendung als Treibstoff oder zur Herstellung von Treibstoffen oder zum Verheizen oder zur Herstellung einer Ware zum Verheizen verwendet,
2. nachweislich versteuertes Erdgas zur Erzeugung von elektrischer Energie verwendet,
3. nachweislich versteuerten Wasserstoff zu anderen Zwecken als zur Verwendung als Treibstoff oder zur Herstellung von Treibstoffen verwendet.

Abgabenschuldner

§ 4. (1) Abgabenschuldner ist

1. im Falle des § 1 Abs. 1 Z 1 der Lieferer des Erdgases,
2. im Falle des § 1 Abs. 1 Z 2 derjenige, der das Erdgas verbraucht.

(2) Wird bei der Lieferung von Erdgas im Steuergebiet (§ 1 Abs. 1 Z 1) oder der Verbringung von Erdgas in das Steuergebiet (§ 1 Abs. 1 Z 2) das Leitungsnetz eines oder mehrerer Netzbetreiber im Sinne des § 7 Abs. 1 Z 43 GWG 2011 gegen Entgelt verwendet, so hat jener Netzbetreiber, aus dessen Leitungsnetz das Erdgas vom Empfänger der Lieferung oder vom Verbraucher entnommen wird, die auf diese Lieferung bzw. den Verbrauch entfallende Erdgasabgabe als Haftender für Rechnung des Abgabenschuldners zu entrichten.

Bemessungsgrundlage und Höhe der Abgabe

§ 5. (1) Bemessungsgrundlage der Erdgasabgabe ist

1. im Falle des § 1 Abs. 1 Z 1 die gelieferte Menge Erdgas in m^3,
2. im Falle des § 1 Abs. 1 Z 2 die verbrauchte Menge Erdgas in m^3.

(2) Die Abgabe beträgt 0,066 Euro je m^3*(Anm. 1)*.

(3) Kubikmeter (m^3) im Sinne dieses Bundesgesetzes ist der Kubikmeter (m^3) bei einer Temperatur von 0 °C und einem Druck von 1,01325 bar.

(4) Für Wasserstoff beträgt die Abgabe 0,021 Euro je m^3*(Anm. 2)*.

(____________________

gemäß § 8 Abs. 6 für Vorgänge nach dem 30. April 2022 und vor dem 1. Juli 2023:

Anm. 1: 0,01196 Euro je m^3

Anm. 2: 0,0038 Euro je m^3*)*

Erhebung der Abgabe

§ 6. (1) Der Abgabenschuldner gemäß § 4 Abs. 1 sowie der Netzbetreiber gemäß § 4 Abs. 2 hat bis zum 15. des auf den Kalendermonat zweitfolgenden Monates (Fälligkeitstag) die Abgabe für die im Kalendermonat gelieferte oder verbrauchte bzw. weitergeleitete Menge Erdgas selbst zu berechnen und zu entrichten. Soweit die tatsächlich gelieferte oder verbrauchte bzw. weitergeleitete Menge Erdgas nicht bis zum Fälligkeitstag festgestellt wird, ist der Abgabenschuldner bzw. der Netzbetreiber (§ 4 Abs. 2) verpflichtet, die Abgabe für ein Zwölftel der voraussichtlich in diesem Jahr gelieferten oder verbrauchten bzw. weitergeleiteten Menge Erdgas bis zum Fälligkeitstag selbst zu berechnen und zu entrichten.

(2) Zum letzten Fälligkeitstag für jedes Kalenderjahr sind Abweichungen von der tatsächlichen Jahresabgabenschuld auszugleichen. Abgabenschuldner sowie Netzbetreiber, die den Gewinn gemäß § 2 Abs. 5 des Einkommensteuergesetzes 1988 oder gemäß § 7 Abs. 5 des Körperschaftsteuergesetzes 1988 nach einem vom Kalenderjahr abweichenden Wirtschaftsjahr ermitteln, können den Ausgleich am ersten auf den Bilanzstichtag folgenden Fälligkeitstag vornehmen. Der Netzbetreiber kann jene Erdgasabgabe, die er als Haftender abgeführt hat und die ihm trotz Geltendmachung der ihm zumutbaren Schritte nicht ersetzt wurde, bei Ermittlung der Jahresabgabenschuld abziehen.

(3) Wird die Abgabe nicht oder in offensichtlich unrichtiger Höhe entrichtet, dann hat das Finanzamt die Abgabe festzusetzen. Die festgesetzte Abgabe hat die im Abs. 1 genannte Fälligkeit.

(4) Der Abgabenschuldner sowie der Netzbetreiber werden nach Ablauf des Kalenderjahres (Wirtschaftsjahres) zur Abgabe veranlagt. Bis zum 31. März eines jeden Jahres hat der Abgabenschuldner bzw. der Netzbetreiber dem Finanzamt eine Jahresabgabenerklärung für das vorangegangene Jahr zu übermitteln. In diese sind die Gesamtmenge der im vergangenen Jahr gelieferten oder verbrauchten bzw. weitergeleiteten Menge Erdgas aufzunehmen.

(5) Die Erhebung der Abgabe obliegt dem für die Erhebung der Umsatzsteuer des Abgabenschuldners zuständigen Finanzamt. Abweichend davon obliegt sie

1. in jenen Fällen, in denen der Netzbetreiber die Abgabe entrichtet, dem für die Erhebung der Umsatzsteuer des Netzbetreibers zuständigen Finanzamt;
2. in den Fällen des § 3 Abs. 2 dem für die Erhebung der Umsatzsteuer des Verwenders des Erdgases zuständigen Finanzamt.

(6) Anträge auf Vergütung oder Erstattung nach § 3 Abs. 2 und 3 sind nur für volle Kalendermonate zulässig und bei sonstigem Verlust des Anspruchs bis zum Ablauf des auf die Verwendung folgenden Kalenderjahrs bei dem nach Abs. 5 zuständigen Finanzamt zu stellen.

(7) Der Bundesminister für Finanzen wird ermächtigt, durch Verordnung das Verfahren für die Inanspruchnahme der Steuerbegünstigungen nach § 3 Abs. 1 und 2 insbesondere betreffend Antragstellung und Nachweise näher zu regeln.

Aufzeichnungspflichten und Rechnungslegungspflichten

§ 7. (1) Der Abgabenschuldner gemäß § 4 Abs. 1 sowie der Netzbetreiber gemäß § 4 Abs. 2 sind verpflichtet, Aufzeichnungen zu führen, aus denen sich die gelieferte oder verbrauchte bzw. weitergeleitete Menge Erdgas ergibt.

(2) Der Abgabenschuldner sowie der Netzbetreiber sind verpflichtet, im Falle der Lieferung bzw. Weiterleitung von Erdgas dem Empfänger spätestens in der Jahresabrechung die Erdgasabgabe offen auszuweisen.

(3) Der Empfänger der Lieferung des Erdgases hat dem Abgabenschuldner sowie dem Netzbetreiber die weiterverrechnete Erdgasabgabe zu ersetzen. Zahlt der Empfänger des Erdgases an den Netzbetreiber das Netznutzungsentgelt und die Erdgasabgabe, so gelten die Zahlungen als im entsprechenden Verhältnis geleistet. Für nicht vollständig gezahlte Erdgasabgabe besteht keine Haftung des Netzbetreibers, wenn dieser die ihm zumutbaren Schritte zur Geltendmachung seines Anspruches unternommen hat. Der Empfänger einer Wärmelieferung, die durch Erdgas bewirkt wird, hat dem Lieferer die durch die Erdgasabgabe bewirkte Kostenerhöhung zu ersetzen.

(Anm.: Abs. 4 aufgehoben durch BGBl. I Nr. 71/2003)

Inkrafttreten

§ 8. (1) Dieses Bundesgesetz ist auf Vorgänge nach dem 31. Mai 1996 anzuwenden.

(2) § 6 Abs. 1 in der Fassung des Bundesgesetzes BGBl. Nr. 797/1996 ist auf Fälligkeiten nach dem 31. Dezember 1996 anzuwenden.

(3) § 5 Abs. 2 in der Fassung des Bundesgesetzes BGBl. I Nr. 59/2001 ist auf Vorgänge nach dem 31. Dezember 2001 anzuwenden.

(4) § 5 Abs. 2 in der Fassung des Bundesgesetzes BGBl. I Nr. 71/2003 ist auf Vorgänge nach dem 31. Dezember 2003 anzuwenden.

§ 7 in der Fassung des Bundesgesetzes BGBl. I Nr. 71/2003 tritt mit Ablauf des 31. Dezember 2003 in Kraft.

(5) § 2 Abs. 1, § 3 Abs. 2 Z 2 bis 4 und letzter Satz sowie § 5 Abs. 4 jeweils in der Fassung des Bundesgesetzes BGBl. I Nr. 103/2019 sind vorbehaltlich der zeitgerechten Erfüllung allfälliger beihilferechtlicher Verpflichtungen auf Vorgänge nach dem 31. Dezember 2019 anzuwenden. *(Anm. 1)* Der Bundesminister für Finanzen hat eine Verschiebung dieses Zeitpunktes im Bundesgesetzblatt kund zu machen. In diesem Fall sind die genannten Bestimmungen am ersten Tag des zweitfolgenden Monats nach der Erfüllung EU-rechtlicher Verpflichtungen anzuwenden und auch dieser Zeitpunkt durch den Bundesminister für Finanzen im Bundesgesetzblatt kund zu machen.

(6) Abweichend von § 5 Abs. 2 und 4, jeweils in der Fassung des Bundesgesetzes BGBl. I Nr. 103/2019, beträgt für Vorgänge nach dem 30. April 2022 und vor dem 1. Jänner 2024 die Abgabe nach § 5 Abs. 2 0,01196 Euro anstelle von 0,066 Euro je m^3 und nach § 5 Abs. 4 0,0038 Euro anstelle von 0,021 Euro je m^3.

(7) § 1 Abs. 1 Z 1, § 2 Abs. 2 und 3, § 3 Abs. 2, § 4 Abs. 2, § 6 Abs. 5 bis 7 sowie § 9 samt der Überschrift, jeweils in der Fassung des Bundesgesetzes BGBl. I Nr. 110/2023, treten mit dem der Kundmachung im Bundesgesetzblatt folgenden Tag in Kraft.

(8) § 2 Abs. 1 Z 2 bis 4, § 3 Abs. 3 und § 6 Abs. 8, jeweils in der Fassung des Bundesgesetzes BGBl. I Nr. 110/2023, treten am ersten Tag des zweitfolgenden Monats nach der Erfüllung EU–rechtlicher, insbesondere beihilfenrechtlicher Verpflichtungen in Kraft. Der Zeitpunkt des Inkrafttretens ist durch den Bundesminister für Finanzen im Bundesgesetzblatt kundzumachen.

(____________________

Anm. 1: Der Zeitpunkt der Anwendung von § 2 Abs. 1 und § 3 Abs. 2 Z 3 in der Fassung des Steuerreformgesetzes 2020, BGBl. I Nr. 103/2019, wird bis zur Erfüllung EU-rechtlicher, insbesondere beihilfenrechtlicher Verpflichtungen, verschoben (vgl. BGBl. II Nr. 440/2020)).

Schlussbestimmungen

§ 9. (1) Soweit in diesem Bundesgesetz auf Bestimmungen anderer Bundesgesetze verwiesen und nicht anderes bestimmt wird, sind diese Bestimmungen in ihrer jeweils geltenden Fassung anzuwenden.

(2) Verordnungen auf Grund dieses Bundesgesetzes dürfen auch rückwirkend in Kraft gesetzt werden.

(3) Mit der Vollziehung dieses Bundesgesetzes ist der Bundesminister für Finanzen, hinsichtlich des § 7 Abs. 2 und 3 der Bundesminister für Finanzen im Einvernehmen mit der Bundesministerin für Justiz betraut.

88. Kohleabgabegesetz

Kohleabgabegesetz
StF: BGBl. I Nr. 71/2003
Letzte Novellierung: BGBl. I Nr. 91/2004

GLIEDERUNG

Steuerbare Vorgänge, Steuergebiet

§ 1. (1) Der Kohleabgabe unterliegen
1. Die Lieferung von Kohle im Steuergebiet, ausgenommen die Lieferung an Kohlehändler zur Weiterlieferung.
2. Der Verbrauch von Kohle durch Kohlehändler oder Kohleerzeuger und der Verbrauch von selbst in das Steuergebiet verbrachter Kohle im Steuergebiet.

(2) Die Lieferung im Sinne des Abs. 1 Z 1 erfolgt an dem Ort, an dem der Empfänger über die Kohle verfügen kann.

(3) Steuergebiet im Sinne dieses Bundesgesetzes ist das Bundesgebiet mit Ausnahme der Ortsgemeinden Jungholz (Tirol) und Mittelberg (Vorarlberg).

Steuergegenstand

§ 2. (1) Kohle im Sinne dieses Bundesgesetzes sind Waren der Positionen
- 2701 (Steinkohle; Steinkohlenbriketts und ähnlich aus Steinkohle gewonnene feste Brennstoffe),
- 2702 (Braunkohle, auch agglomeriert, ausgenommen Gagat)
- 2704 (Koks und Schwelkoks, aus Steinkohle, Braunkohle oder Torf, auch agglomeriert; Retortenkohle)
- 2713 (Petrolkoks, Bitumen aus Erdöl und andere Rückstände aus Erdöl oder Öl aus bituminösen Mineralien) und
- 2714 (Naturbitumen und Naturasphalt; bituminöse oder ölhaltige Schiefer und Sande; Asphaltite und Asphaltgestein) der Kombinierten Nomenklatur.

(2) Kombinierte Nomenklatur im Sinne dieses Bundesgesetzes ist die Warennomenklatur nach Art. 1 der Verordnung (EWG) Nr. 2658/87 des Rates vom 23. Juli 1987 (ABl. EG Nr. L 256 S 1) in der jeweils geltenden Fassung.

Steuerbefreiungen

§ 3. (1) Von der Kohleabgabe befreit ist
1. Kohle, soweit sie zur Erzeugung von Koks verwendet wird.
2. Kohle, soweit sie zur Erzeugung elektrischer Energie verwendet wird.
3. Kohle, die nicht zum Verheizen oder zur Herstellung einer Ware zum Verheizen oder als Treibstoff oder zur Herstellung von Treibstoffen verwendet wird.

(2) Die Befreiungen gemäß Abs. 1 Z 2 und 3 erfolgen im Wege einer Vergütung an denjenigen, der die Kohle verwendet. Für das Vergütungsverfahren sind die Regelungen des Energieabgabenvergütungsgesetzes sinngemäß anzuwenden, wobei die Vergütung auch monatlich erfolgen kann.

Abgabenschuldner

§ 4. (1) Abgabenschuldner ist
1. im Falle des § 1 Abs. 1 Z 1 der Lieferer der Kohle,
2. im Falle des § 1 Abs. 1 Z 2 derjenige, der die Kohle verbraucht.

(2) Wird die Kohle von einem ausländischen Lieferer direkt an einen inländischen Empfänger geliefert, dann haftet der inländische Empfänger für die Entrichtung der Kohleabgabe.

Bemessungsgrundlage und Höhe der Abgabe

§ 5. (1) Bemessungsgrundlage der Kohleabgabe ist
1. im Falle des § 1 Abs. 1 Z 1 die gelieferte Menge an Kohle in kg,
2. im Falle des § 1 Abs. 1 Z 2 die verbrauchte Menge an Kohle in kg.

(2) Die Abgabe beträgt 0,05 Euro je kg.

Erhebung der Abgabe

§ 6. (1) Der Abgabenschuldner gemäß § 4 hat bis zum 15. des auf den Kalendermonat zweitfolgenden Monats (Fälligkeitstag) die Abgabe für die im Kalendermonat gelieferte oder verbrauchte Menge an Kohle selbst zu berechnen und zu entrichten. Beträge unter 50 Euro sind nicht zu entrichten.

(2) Zum letzten Fälligkeitstag für jedes Kalenderjahr sind Abweichungen der selbst berechneten bzw. entrichteten Beträge von der tatsächlichen Jahresabgabenschuld auszugleichen. Abgabenschuldner, die den Gewinn gemäß § 2 Abs. 5 des Einkommensteuergesetzes 1988 oder gemäß § 7 Abs. 5 des Körperschaftsteuergesetzes 1988 nach einem vom Kalenderjahr abweichenden Wirtschaftsjahr ermitteln, können den Ausgleich am ersten auf den Bilanzstichtag folgenden Fälligkeitstag vornehmen.

(3) Wird die Abgabe nicht oder in offensichtlich unrichtiger Höhe entrichtet, dann hat das Finanzamt die Abgabe festzusetzen. Die festgesetzte Abgabe hat die in Abs. 1 genannte Fälligkeit.

(4) Der Abgabenschuldner wird nach Ablauf des Kalenderjahres (Wirtschaftsjahres) zur Abgabe veranlagt. Bis zum 31. März eines jeden Jahres hat der Abgabenschuldner dem Finanzamt eine Jahresabgabenerklärung für das vorangegangene Jahr zu übermitteln. In diese sind die Gesamtmenge der im vergangenen Jahr gelieferten bzw. verbrauchten Menge an Kohle aufzunehmen.

(5) Die Erhebung der Abgabe obliegt dem für die Erhebung der Umsatzsteuer des Abgabenschuldners zuständigen Finanzamt.

Aufzeichnungspflichten und Rechnungslegungspflichten

§ 7. Der Abgabenschuldner gemäß § 4 ist verpflichtet, Aufzeichnungen zu führen, aus denen sich die gelieferte bzw. verbrauchte Menge an Kohle ergibt.

In-Kraft-Treten

§ 8. Dieses Bundesgesetz ist auf Vorgänge nach dem 31. Dezember 2003 anzuwenden.

Vollziehung

§ 9. Mit der Vollziehung dieses Bundesgesetzes ist der Bundesminister für Finanzen betraut.

89. Energieabgabenvergütungsgesetz

Bundesgesetz über die Vergütung von Energieabgaben

StF: BGBl. Nr. 201/1996

Letzte Novellierung: BGBl. I Nr. 46/2022

§ 1. (1) Die entrichteten Energieabgaben auf die in Abs. 3 genannten Energieträger sind für ein Kalenderjahr (Wirtschaftsjahr) auf Antrag insoweit zu vergüten, als sie (insgesamt) 0,5 % des Unterschiedsbetrages zwischen

1. Umsätzen im Sinne des § 1 Abs. 1 Z 1 und 2 des Umsatzsteuergesetzes 1994 und
2. Umsätzen im Sinne des § 1 Abs. 1 Z 1 und 2 des Umsatzsteuergesetzes 1994, die an das Unternehmen erbracht werden,

übersteigen (Nettoproduktionswert).

(2) 1. Als Umsätze im Sinne von Abs. 1 Z 2 gelten auch Umsätze, die, wären sie im Inland erbracht worden, Umsätze im Sinne des § 1 Abs. 1 Z 1 und 2 des Umsatzsteuergesetzes 1994 wären und im Zusammenhang mit steuerbaren Umsätzen stehen.

2. Nicht als Umsätze im Sinne von Abs. 1 Z 2 gelten Umsätze aus der Gestellung von Arbeitskräften.

(3) In die Energieabgabenvergütung sind folgende Energieträger einzubeziehen:

1. elektrische Energie im Sinne des Elektrizitätsabgabegesetzes (Position 2716 der Kombinierten Nomenklatur);
2. Erdgas nach § 2 Abs. 1 Z 1 des Erdgasabgabegesetzes (Unterposition 2711 21 00 der Kombinierten Nomenklatur);
3. Kohle im Sinne des Kohleabgabegesetzes (Positionen 2701, 2702, 2704, 2713 und 2714 der Kombinierten Nomenklatur);
4. Mineralöle im Sinne des Mineralölsteuergesetzes 1995

a) Heizöl Extraleicht (gekennzeichnetes Gasöl Unterpositionen 2710 19 43 bis 2710 19 48 und 2710 20 11 bis 2710 20 19 der Kombinierten Nomenklatur)

b) Heizöl leicht, mittel, schwer (Unterpositionen 2710 19 62 bis 2710 19 68 und 2710 20 31 bis 2710 20 39 der Kombinierten Nomenklatur)

c) Flüssiggas (Unterpositionen 2711 12, 2711 13, 2711 14, 2711 19 der Kombinierten Nomenklatur).

(4) Kombinierte Nomenklatur im Sinne dieses Bundesgesetzes ist die Warennomenklatur nach Art. 1 der Verordnung (EWG) Nr. 2658/87 des Rates vom 23. Juli 1987 (ABl. EG Nr. L 256 S. 1) in der jeweils geltenden Fassung.

§ 2. (1) Ein Anspruch auf Vergütung besteht nur für Betriebe, deren Schwerpunkt nachweislich in der Herstellung körperlicher Wirtschaftsgüter besteht und soweit sie nicht die in § 1 Abs. 3 genannten Energieträger oder Wärme (Dampf oder Warmwasser), die aus den in § 1 Abs. 3 genannten Energieträgern erzeugt wurde, liefern.

(2) 1. Über Antrag des Vergütungsberechtigten wird je Kalenderjahr (Wirtschftsjahr *(Anm.: richtig: Wirtschaftsjahr)*) der Betrag vergütet, der den in § 1 genannten Anteil am Nettoproduktionswert übersteigt. Der Antrag hat die im Betrieb verbrauchte Menge an den in § 1 Abs. 3 genannten Energieträgern und die in § 1 genannten Beträge zu enthalten. Er ist spätestens bis zum Ablauf von fünf Jahren ab Vorliegen der Voraussetzungen für die Vergütung zu stellen. Der Antrag gilt als Steuererklärung. Der Antrag ist mit Bescheid zu erledigen und hat den Vergütungsbetrag in einer Summe auszuweisen.

2. Bei der Berechnung des Vergütungsbetrages gilt entweder die Grenze von 0,5 % des Nettoproduktionswertes oder die folgenden Selbstbehalte, wobei der niedrigere Betrag gutgeschrieben wird:

a) für elektrische Energie nach § 1 Abs. 3 Z 1 0,0005 €/kWh;

b) für Erdgas nach § 1 Abs. 3 Z 2 0,00598 €/Normkubikmeter;

c) für Kohle nach § 1 Abs. 3 Z 3 0,15 €/Gigajoule;

d) für Heizöl Extraleicht nach § 1 Abs. 3 Z 4 lit. a (21 €/1000 Liter;

e) für Heizöl leicht, mittel, schwer nach § 1 Abs. 3 Z 4 lit. b 15 €/1000 kg;

f) für Flüssiggas nach § 1 Abs. 3 Z 4 lit. c 7,5 €/1000 kg.

Der Vergütungsbetrag wird abzüglich eines allgemeinen Selbstbehaltes von 400 € gutgeschrieben.

3. Betriebe, die für das vorangegangene Kalenderjahr (Wirtschaftsjahr) Anspruch auf Energieabgabenvergütung haben, können für das auf dieses folgende Kalenderjahr (Wirtschaftsjahr) einen Antrag auf Vorausvergütung in der Höhe von 5 % der Vergütungssumme des vorangegangenen Kalenderjahres (Wirtschaftsjahres) stellen. Für jedes Kalenderjahr (Wirtschaftsjahr) darf nur ein Antrag auf Vorausvergütung eingebracht werden. Der Antrag auf Vorausvergütung darf frühestens gemeinsam mit dem Antrag auf Energieabgabenvergütung für das vorangegangene Kalenderjahr (Wirtschaftsjahr) eingebracht werden und ist mit Bescheid zu erledigen. Die Entscheidung über

den Antrag auf Vorausvergütung setzt das Vorliegen eines Bescheids nach Z 1 für das vorangegangene Kalenderjahr (Wirtschaftsjahr) voraus. Der Betrag der Vorausvergütung wird bei der Vergütung für das gesamte Kalenderjahr (Wirtschaftsjahr) abgezogen.

(3) Ein Anspruch auf Vergütung besteht auch insoweit, als für einen Produktionsprozess Wärme (bzw. Dampf oder Warmwasser) bezogen wird und die Erzeugung dieser Wärme (bzw. des Dampfes oder des Warmwassers) aus den in § 1 Abs. 3 genannten Energieträgern erfolgt und die verwendete Menge an den in § 1 Abs. 3 genannten Energieträgern vom Lieferer der Wärme (bzw. des Dampfes oder des Warmwassers) dem Empfänger mitgeteilt wird.

(4) Die Vergütung obliegt dem für die Erhebung der Umsatzsteuer des Vergütungsberechtigten zuständigen Finanzamt.

§ 3. Kein Anspruch auf Vergütung besteht:

1. insoweit die in § 1 Abs. 3 genannten Energieträger für die Erzeugung von Wärme, Dampf oder Warmwasser verwendet werden, ausgenommen unmittelbar für einen Produktionsprozess;
2. insoweit Anspruch auf Vergütung der Erdgasabgabe gemäß § 3 Abs. 2 des Erdgasabgabegesetzes, auf Vergütung der Kohleabgabe gemäß § 3 Abs. 2 des Kohleabgabegesetzes oder auf Vergütung der Mineralölsteuer nach dem Mineralölsteuergesetz 1995 besteht oder der Energieträger als Treibstoff verwendet wird.

§ 4. (1) Dieses Bundesgesetz tritt mit dem Inkrafttreten des Erdgasabgabegesetzes und des Elektrizitätsabgabegesetzes in Kraft.

§ 2 Abs. 2 in der Fassung des Bundesgesetzes BGBl. I Nr. 59/2001 tritt mit 1. Jänner 2002 in Kraft. § 2 Abs. 1 und § 3 Z 1 in der Fassung des BGBl. I Nr. 158/2002 ist auf Sachverhalte anzuwenden, die nach dem 31. Dezember 2001 und vor dem 1. Jänner 2003 stattfinden.

(2) Mit der Vollziehung ist der Bundesminister für Finanzen betraut.

(3) Das Energieabgabenvergütungsgesetz in der Fassung vor dem BGBl. I Nr. 71/2003 ist auf Sachverhalte anzuwenden, die vor dem 1. Jänner 2004 stattfinden.

(4) Das Energieabgabenvergütungsgesetz in der Fassung des BGBl. I Nr. 92/2004 ist mit Ausnahme von § 4 Abs. 5 und 6 und § 2 Abs. 2 Z 3 auf Sachverhalte anzuwenden, die nach dem 31. Dezember 2003 stattfinden. § 2 Abs. 2 Z 3 tritt mit Ablauf des 31. Dezember 2004 in Kraft. Der Vergütungsbetrag setzt sich im selben Verhältnis zusammen wie die eingesetzten Energieträger.

(5) Für Betriebe, deren Schwerpunkt nicht in der Herstellung körperlicher Wirtschaftsgüter besteht, gilt für das Jahr 2003 folgende Regelung:

Neben dem Selbstbehalt gemäß § 2 Abs. 2 wird ein Anteil von 0,00872 €/m^3 verbrauchtes Erdgas bzw. von 0,003 €/kWh verbrauchte elektrische Energie nicht vergütet.

(6) Für Betriebe, deren Schwerpunkt in der Herstellung körperlicher Wirtschaftsgüter besteht, gilt für die Jahre 2002 und 2003 folgende Regelung:

Neben dem Selbstbehalt gemäß § 2 Abs. 2 wird ein Anteil von 0,00717 €/m^3 verbrauchtes Erdgas bzw. von 0,0006 €/kWh verbrauchte elektrische Energie nicht vergütet.

(7) Die §§ 2 und 3, jeweils in der Fassung des Budgetbegleitgesetzes 2011, BGBl. I Nr. 111/2010, sind vorbehaltlich der Genehmigung durch die Europäische Kommission auf Vergütungsanträge anzuwenden, die sich auf einen Zeitraum nach dem 31. Dezember 2010 beziehen.

(8) § 1 Abs. 3 Z 2 und § 2 Abs. 2 Z 2 lit. b, jeweils in der Fassung des Bundesgesetzes BGBl. I Nr. 103/2019, finden ab dem Zeitpunkt Anwendung, zu dem § 2 Abs. 1 Z 1 Erdgasabgabegesetz in der Fassung des Bundesgesetzes BGBl. I Nr. 103/2019 anwendbar ist. *(Anm. 1)* Der Bundesminister für Finanzen hat eine Verschiebung dieses Zeitpunktes im Bundesgesetzblatt kund zu machen. In diesem Fall sind die genannten Bestimmungen am ersten Tag des zweitfolgenden Monats nach der Erfüllung EU-rechtlicher Verpflichtungen anzuwenden und auch dieser Zeitpunkt durch den Bundesminister für Finanzen im Bundesgesetzblatt kund zu machen.

(9) § 2 Abs. 2 Z 3 und § 2 Abs. 4, jeweils in der Fassung des Bundesgesetzes BGBl. I Nr. 46/2022, treten mit dem der Kundmachung im Bundesgesetzblatt folgenden Tag in Kraft. § 2 Abs. 2 Z 3 in der Fassung des Bundesgesetzes BGBl. I Nr. 46/2022 ist frühestens auf Anträge auf Vorausvergütung für das Kalenderjahr 2022 und abweichende Wirtschaftsjahre, die im Jahr 2022 beginnen oder enden, anwendbar, wobei für Anträge auf Vorausvergütung für die Kalenderjahre 2022 bis 2023 und abweichende Wirtschaftsjahre, die in diesen Kalenderjahren beginnen oder enden, eine Vorausvergütung in der Höhe von bis zu 25 % der Vergütungssumme des vorangegangenen Kalenderjahres (Wirtschaftsjahres) beantragt werden kann. Auf Anträge auf Vorausvergütung, die sich auf vor diesen Zeiträumen gelegene Sachverhalte beziehen, findet § 2 Abs. 2 Z 3 in der Fassung des Bundesgesetzes BGBl. I Nr. 103/2019 weiterhin Anwendung.

(____________________

Anm. 1: Der Zeitpunkt der Anwendung von § 1 Abs. 3 Z 2 und § 2 Abs. 2 Z 2 lit. b in der Fassung des Steuerreformgesetzes 2020, BGBl. I Nr. 103/2019, wird infolge der Verschiebung der Anwendbarkeit von § 2 Abs. 1 Z 1 Erdgasabgabegesetz verschoben. Die Erdgas betreffenden Regelungen in § 1 Abs. 3 und § 2 Abs. 2 Z 2 jeweils in der Fassung des Bundesgesetzes BGBl. I Nr. 136/2017, bleiben vorerst anwendbar, (vgl. BGBl. II Nr. 440/2019).)

90. Elektrizitätsabgabegesetz-Umsetzungsverordnung

Verordnung des Bundesministers für Finanzen zur Umsetzung des Elektrizitätsabgabegesetzes im Bereich mittels Photovoltaik erzeugter elektrischer Energie

StF: BGBl. II Nr. 82/2021

Letzte Novellierung: BGBl. II Nr. 464/2021

Auf Grund des § 2 Z 4 des Elektrizitätsabgabegesetzes, BGBl. Nr. 201/1996, zuletzt geändert durch BGBl. I Nr. 18/2021, wird im Einvernehmen mit der Bundesministerin für Klimaschutz, Umwelt, Energie, Mobilität, Innovation und Technologie verordnet:

GLIEDERUNG

Allgemeines

§ 1. (1) Gegenstand dieser Verordnung ist die nähere Regelung der Inanspruchnahme der Befreiung von der Elektrizitätsabgabe nach § 2 Z 4 des Elektrizitätsabgabegesetzes für mittels Photovoltaik erzeugte elektrische Energie.

(2) Personenbezogene Begriffe haben keine geschlechtsspezifische Bedeutung. Sie sind bei der Anwendung auf bestimmte Personen in der jeweils geschlechtsspezifischen Form anzuwenden.

Begünstigte Elektrizitätserzeuger

§ 2. (1) Die Befreiung können Einzelelektrizitätserzeuger, Erzeugergemeinschaften und ihre Mitglieder in Anspruch nehmen, die mittels einer Photovoltaikanlage selbst erzeugte elektrische Energie ohne Einspeisung in das öffentliche Netz jährlich bilanziell selbst verbrauchen. Bei Erneuerbare-Energie-Gemeinschaften gemäß Abs. 3 gilt jene Menge an eingespeister Elektrizität, die dem Verbrauch eines Mitglieds jährlich bilanziell zugeordnet werden kann, nicht als Einspeisung in das öffentliche Netz.

(2) Einzelelektrizitätserzeuger im Sinne dieser Verordnung sind juristische oder natürliche Personen oder eingetragene Personengesellschaften, die Elektrizität mittels Photovoltaik selbst erzeugen.

(3) Erzeugergemeinschaften sind

1. Gemeinschaftliche Erzeugungsanlagen nach § 16a des Elektrizitätswirtschafts- und –organisationsgesetzes 2010, BGBl. I Nr. 110 (ElWOG 2010) und
2. „Erneuerbare-Energie-Gemeinschaften" nach Art. 2 Z 16 der Richtlinie (EU) 2018/2001 zur Förderung der Nutzung von Energie aus erneuerbaren Quellen, ABl. Nr. L 328 vom 21.12.2018 S. 82.

(Anm.: Abs. 4 mit Ablauf des 31. Dezember 2021 außer Kraft getreten)

Weitere Befreiungsvoraussetzungen

§ 3. (1) Soll die mittels der Photovoltaikanlage erzeugte elektrische Energie nicht nur gänzlich durch einen Einzelelektrizitätserzeuger selbst verbraucht werden, ist unbeschadet von Messeinrichtungen nach § 7 Abs. 1 Z 31 des ElWOG 2010 sicherzustellen, dass von der Befreiung nur die einem Mitglied einer Erzeugergemeinschaft jährlich bilanziell zuzuordnende Menge erfasst wird.

(2) Die Aufnahme des Betriebs einer Photovoltaikanlage, für die eine Befreiung nach § 2 Z 4 des Elektrizitätsabgabegesetzes in Anspruch genommen werden soll, ist dem Finanzamt (§ 5 Abs. 5 des Elektrizitätsabgabegesetzes) binnen vier Wochen schriftlich oder auf elektronischem Weg anzuzeigen. Dies gilt auch in Fällen, in denen für eine bereits bestehende Anlage eine Steuerbefreiung in Anspruch genommen werden soll. Dabei beginnt die Anzeigefrist zu dem Zeitpunkt, ab dem die Steuerbefreiung gelten soll.

(3) Erzeugergemeinschaften haben dem in Abs. 2 genannten Finanzamt zudem Folgendes bekanntzugeben:

1. eine Ansprechperson;
2. nähere Angaben über die Erfüllung der Aufzeichnungspflichten (§ 4 Abs. 1);
3. Angaben zu den Mitgliedern (Name und Anschrift);
4. Angaben zur geplanten Stromerzeugung und wie die voraussichtliche Zuordnung der eingespeisten Elektrizität zu den Mitgliedern sein wird sowie
5. Angaben über die Entrichtung einer allfällig entstehenden Elektrizitätsabgabe.

Erzeugergemeinschaften ohne eigene Rechtspersönlichkeit haben einen gemeinsamen Bevollmächtigten gegenüber der Abgabenbehörde als vertretungsbefugte Person namhaft zu machen (§ 81 der Bundesabgabenordnung, BGBl. Nr. 194/1961), der auch als Zustellungsbevollmächtigter für die Erzeugergemeinschaft und ihre Mitglieder in Sachen der Erzeugergemeinschaft gilt und für die Erzeugergemeinschaft die Jahresabgabenerklärung nach § 4 Abs. 2 abgibt.

(4) Die Befreiung kann auch für elektrische Energie in Anspruch genommen werden,

1. die vorerst gespeichert bzw. innerhalb einer Erzeugergemeinschaft gespeichert und erst später verbraucht wird oder
2. die vorerst in das öffentliche Netz eingespeist und erst später, jedenfalls aber innerhalb desselben Kalenderjahres, durch den Einzelelektrizitätserzeuger oder ein Mitglied der Erzeugergemeinschaft wieder entnommen und verbraucht wird.

(5) Die Befreiung gilt nicht für Mengen an elektrischer Energie, die von begünstigten Elektrizitätserzeugern an einem anderen Ort verbraucht werden oder nicht einem Mitglied einer Erneuerbare-Energie-Gemeinschaft zugeordnet werden können.

(6) Unternehmen, die einer Rückforderungsanordnung aufgrund eines früheren förmlichen Beschlusses der Europäischen Kommission zur Feststellung der Unzulässigkeit einer Beihilfe und ihrer Unvereinbarkeit mit dem Binnenmarkt nicht nachgekommen sind, sowie Unternehmen in Schwierigkeiten nach Art. 2 Z 18 der Verordnung (EU) Nr. 651/2014 zur Feststellung der Vereinbarkeit bestimmter Gruppen von Beihilfen mit dem Binnenmarkt in Anwendung der Artikel 107 und 108 des Vertrags über die Arbeitsweise der Europäischen Union, ABl. Nr. L 187 vom 26.6.2014 S. 1, zuletzt geändert durch Verordnung (EU) Nr. 2020/972, ABl. Nr. L 215 vom 7.7. 2020 S. 3 (AGVO), können die Befreiung nicht in Anspruch nehmen.

(7) Unternehmen haben in der Anzeige nach Abs. 2 das Nichtvorliegen der Ausschlussgründe nach Abs. 6 zu bestätigen und auf Anforderung des im Abs. 2 genannten Finanzamts nachzuweisen. Nachträgliche Änderungen sind dem Finanzamt unverzüglich bekannt zu geben. Unternehmen haben Unterlagen betreffend die Inanspruchnahme der Befreiung zehn Jahre aufzubewahren.

(8) Sobald der Gesamtbetrag der von einem Unternehmen nach § 2 Z 4 des Elektrizitätsabgabegesetzes in Anspruch genommenen Steuervorteile den Höchstbetrag von 500 000 Euro erreicht, hat das Unternehmen das im Abs. 2 genannte Finanzamt davon zu verständigen. Der Bundesminister für Finanzen stellt eine Veröffentlichung derartiger Steuervergünstigungen nach Art. 9 der AGVO sowie die Berichterstattung an die Europäische Kommission nach Art. 11 der AGVO sicher.

Verfahren

§ 4. (1) Begünstigte Elektrizitätserzeuger haben Aufzeichnungen zu führen über

1. die erzeugten Mengen an elektrischer Energie;
2. den Selbstverbrauch, wobei im Falle von Erzeugergemeinschaften auch der Teilnehmer aufzuzeichnen ist, der die elektrische Energie verbraucht, sowie die von ihm verbrauchte Menge;
3. die ins öffentliche Netz eingespeisten Mengen;
4. nach § 3 Abs. 4 befreite Mengen.

(2) Jahresabgabenerklärungen sind nach § 5 Abs. 4 des Elektrizitätsabgabegesetzes auch dann abzugeben, wenn für die gesamte erzeugte Menge an elektrischer Energie eine Befreiung in Anspruch genommen wird.

(3) Eine Veranlagung nach § 5 Abs. 4 des Elektrizitätsabgabegesetzes unterbleibt, wenn die gesamte Abgabenschuld eines Jahres nicht höher als 50 Euro ist.

(4) Auf Anforderung des in § 3 Abs. 2 genannten Finanzamts sind Angaben nach Abs. 1 durch Vorlage der Jahresabrechnung des betreffenden Netzbetreibers nachzuweisen. Soweit Steuerbelange dadurch nicht beeinträchtigt werden, kann das Finanzamt zur Vermeidung unnötigen Verwaltungsaufwands auf einzelne dieser Angaben oder den Anschluss bestimmter Beilagen verzichten.

Nachversteuerung bei Nichteinhaltung der Befreiungsvoraussetzungen

§ 5. Wird elektrische Energie, für die eine Befreiung nach § 2 Z 4 des Elektrizitätsabgabegesetzes in Anspruch genommen wurde, nicht vom begünstigten Elektrizitätserzeuger oder innerhalb einer Erzeugergemeinschaft selbst verbraucht, ist für die Mengen, die zu anderen Zwecken eingesetzt wurden, die Elektrizitätsabgabe zu entrichten (Nachversteuerung). § 5 des Elektrizitätsabgabegesetzes gilt sinngemäß. Abgabenschuldner ist bzw. sind der begünstigte Elektrizitätserzeuger, im Falle von Erzeugergemeinschaften ohne eigene Rechtspersönlichkeit die Mitglieder nach Maßgabe ihrer Anteile. Der Bevollmächtigte nach § 3 Abs. 3 hat in einem derartigen Fall das in § 3 Abs. 2 genannte Finanzamt bei der Nachversteuerung zu unterstützen und, soweit möglich, den von den einzelnen Mitgliedern zu entrichtenden Betrag gesammelt an das Finanzamt weiter zu leiten.

Schlussbestimmungen

§ 6. Soweit in dieser Verordnung auf Bundesgesetze verwiesen wird, sind diese in ihrer jeweils geltenden Fassung anzuwenden.

§ 7. (1) Diese Verordnung tritt am 1. Jänner 2020 in Kraft.

(2) Sie ist auf Vorgänge anzuwenden, auf die § 2 Z 4 des Elektrizitätsabgabegesetzes in der Fassung des Steuerreformgesetzes 2020, BGBl. I Nr. 103/2019, anzuwenden ist.

(3) Das in § 3 Abs. 2 genannte Finanzamt lässt für bereits bestehende Anlagen, für die ab 1. Jänner 2020 eine Steuerbefreiung in Anspruch genommen werden soll, bis zum 31. März 2021 eine nachträgliche Erfüllung von Verpflichtungen nach § 3 zu.

(4) Unternehmen, die für Zeiträume vor dem 1. April 2020 die Befreiung in Anspruch nehmen wollen, haben zudem unverzüglich, spätestens bis zum 31. März 2021, dem in § 3 Abs. 2 genannten Finanzamt Angaben über die Erfüllung der Voraussetzungen der Verordnung (EU) Nr. 1407/2013 über die Anwendung der Artikel 107 und 108 des Vertrags über die Arbeitsweise der Europäischen Union auf De-minimis-Beihilfen, ABl. Nr. L 352 vom 24.12.2013 S. 1, zuletzt geändert durch Verordnung (EU) Nr. 2020/972, ABl. Nr. L 215 vom 7.7.2020 S. 3, zu machen, insbesondere über in den vergangenen drei Steuerjahren bereits in Anspruch genommene Förderungen, die dieser EU-Verordnung unterliegen. Sobald der Gesamtbetrag der einem Unternehmen gewährten Förderungen in einem Zeitraum von drei Steuerjahren den Höchstbetrag von 200 000 Euro erreicht oder eine der Voraussetzungen der genannten Verordnung nicht mehr erfüllt wird, kann dieses Unternehmen keine weitere Steuerbefreiung nach dieser Verordnung in Anspruch nehmen. Für bereits verbrauchte Elektrizitätsmengen, durch deren Befreiung der Höchstbetrag überschritten wird, gilt § 5.

91. Umsatzsteuerbetrugsbekämpfungsverordnung

Verordnung der Bundesministerin für Finanzen betreffend Umsätze, für welche die Steuerschuld zur Bekämpfung des Umsatzsteuerbetrugs auf den Leistungsempfänger übergeht

StF: BGBl. II Nr. 369/2013

Letzte Novellierung: BGBl. II Nr. 120/2014

Aufgrund des § 19 Abs. 1d des Umsatzsteuergesetzes 1994, BGBl. Nr. 663/1994, zuletzt geändert durch das Bundesgesetz BGBl. I Nr. 63/2013, wird verordnet:

§ 1. Bei den in § 2 angeführten Umsätzen wird die Umsatzsteuer vom Leistungsempfänger geschuldet, wenn dieser Unternehmer ist. Der leistende Unternehmer haftet für diese Steuer.

§ 2. Dies gilt für folgende Umsätze:

1. Lieferungen von Videospielkonsolen (aus Position 9504 der Kombinierten Nomenklatur), Laptops und Tablet-Computern (aus Unterposition 8471 30 00 der Kombinierten Nomenklatur), wenn das in der Rechnung ausgewiesene Entgelt mindestens 5 000 Euro beträgt.
2. Lieferungen von Gas und Elektrizität an einen Unternehmer, dessen Haupttätigkeit in Bezug auf den Erwerb dieser Gegenstände in deren Weiterlieferung besteht und dessen eigener Verbrauch dieser Gegenstände von untergeordneter Bedeutung ist.
3. Übertragungen von Gas- und Elektrizitätszertifikaten.
4. a) Lieferungen von Metallen aus Kapitel 71 und aus Abschnitt XV der Kombinierten Nomenklatur. Ausgenommen hiervon sind:
   - Die Lieferungen von Metallen aus den Positionen 7113 bis 7118, Kapitel 73, Positionen 7411 bis 7419, 7507, 7508, 7608, Unterposition 7609 00 00 bis Position 7616, Unterpositionen 7806 00, 7907 00 00, 8007 00 80, 8101 99 90, 8102 99 00, 8103 90 90, 8104 90 00, 8105 90 00, 8106 00 90, 8107 90 00, 8108 90 60, 8108 90 90, 8109 90 00, 8110 90 00, 8111 00 90, 8112 19 00, 8112 29 00, 8112 59 00, 8112 99, Unterposition 8113 00 90, Kapitel 82 und 83 der Kombinierten Nomenklatur.
   - Die Lieferungen von Metallen, die unter die Schrott-Umsatzsteuerverordnung, BGBl. II Nr. 129/2007 fallen.
   - Die Lieferungen von Metallen, für die die Differenzbesteuerung nach § 24 UStG 1994 angewendet wird.

   b) Beträgt das in der Rechnung ausgewiesene Entgelt weniger als 5 000 Euro, kann der liefernde Unternehmer auf die Anwendung des § 1 in Verbindung mit § 2 Z 4 lit. a verzichten. Steuerschuldner ist in diesen Fällen der liefernde Unternehmer.
5. Steuerpflichtige Lieferungen von Anlagegold im Sinne des § 24a Abs. 5 und Abs. 6 UStG 1994.

§ 3. (1) Die Verordnung ist auf Umsätze anzuwenden, die nach dem 31. Dezember 2013 ausgeführt werden.

(2) § 2 Z 4 in der Fassung der Verordnung BGBl. II Nr. 120/2014 ist auf Umsätze anzuwenden, die nach dem 31. Dezember 2013 ausgeführt werden.

92. Preistransparenzgesetz

Bundesgesetz über die Transparenz von Preisen für Erdöl, Mineralölerzeugnisse, Gas, Strom und Arzneimittel sowie der Preisauszeichnungsvorschriften

StF: BGBl. Nr. 761/1992

Letzte Novellierung: BGBl. I Nr. 107/2011

GLIEDERUNG

Artikel I
(Verfassungsbestimmung)

(1) Die Erlassung, Aufhebung und Vollziehung von Vorschriften, wie sie in Art. II dieses Bundesgesetzes enthalten sind, sind auch in den Belangen Bundessache, hinsichtlich derer das Bundes-Verfassungsgesetz etwas anderes bestimmt. Die in diesen Vorschriften geregelten Angelegenheiten können unmittelbar von Bundesbehörden besorgt werden.

(2) Mit der Vollziehung des Abs. 1 ist die Bundesregierung betraut.

Artikel II
Transparenz von Preisen für Erdöl und Mineralölerzeugnisse

§ 1. (1) Der Bundesminister für Wirtschaft, Familie und Jugend hat der Europäischen Kommission über die Kosten der Versorgung mit Rohöl und die Verbraucherpreise für Mineralölerzeugnisse sowie über die im Zusammenhang damit vorzulegenden sonstigen Angaben alle Informationen mitzuteilen, zu denen die Republik Österreich auf Grund

1. der Entscheidung des Rates 1999/280/EG vom 22. April 1999 [ABl. Nr. L 110 vom 28. April 1999, S 8 (im Folgenden: Entscheidung 1999/280/EG)] und
2. der Entscheidung der Kommission 1999/566/EG vom 26. Juli 1999 [ABl. Nr. L 216 vom 14. August 1999, S 8 (im Folgenden: Entscheidung 1999/566/EG)]

verpflichtet ist.

(2) Der Fachverband der Mineralölindustrie und der Fachverband des Mineralöl- und Brennstoffhandels haben dem Bundesministerium für Wirtschaft, Familie und Jugend jene Informationen zu übermitteln, die zur Erfüllung der Verpflichtungen gemäß Abs. 1 erforderlich sind. Die für die Ermittlung dieser Informationen angewandten Methoden sind dem Bundesministerium für Wirtschaft, Familie und Jugend bekannt zu geben. Die Kostentragung hat durch den Fachverband der Mineralölindustrie und den Fachverband des Mineralöl- und Brennstoffhandels zu erfolgen.

(3) Die nähere Regelung über die, vom Fachverband der Mineralölindustrie und dem Fachverband des Mineralöl- und Brennstoffhandels gemäß Abs. 2 mitzuteilenden Informationen hat durch Verordnung des Bundesministers für Wirtschaft und Arbeit zu erfolgen. Diese Verordnung hat insbesondere auch den Inhalt und die Form der Informationen sowie den Zeitpunkt, zu dem sie zu erfolgen haben, zu enthalten. Die Verordnung hat weiters Bestimmungen über das Verfahren zu enthalten, das im Fall eines Ersuchens der Europäischen Kommission um ergänzende Informationen anzuwenden ist.

§ 1a. (1) Der Bundesminister für Wirtschaft, Familie und Jugend kann Betreiber von Tankstellen, die auch Verbrauchern (§ 1 KSchG) Treibstoffe gewerbsmäßig anbieten, durch Verordnung verpflichten, die an ihrem Tankstellenareal ausgezeichneten Treibstoffpreise in die Preistransparenzdatenbank der E-Control in elektronischer Form einzumelden. In dieser Verordnung können insbesondere Regelungen über die Voraussetzungen für die Meldepflicht im Zusammenhang mit den technischen Ausstattungen und der Betriebsgröße der Tankstellenbetreiber, die Art der erfassten Produkte nach Häufigkeit der Verwendung, Inhalt, Form und Umfang der Meldepflicht sowie der dabei einzuhaltenden Fristen und über Inhalt und Form der Veröffentlichung erfolgen. Die Ausgestaltung der Meldepflicht hat sowohl für die Tankstellenbetreiber als auch für den Betrieb

Abgabe/Pr.

der Datenbank einfach und kostensparend zu sein. Ziel dieser Datenbank ist es, dem Verbraucher zu ermöglichen, die jeweils günstigsten aktuellen Treibstoffpreise in seinem Umkreis feststellen zu können. Schadenersatzansprüche, die nicht auf einer grob fahrlässigen oder vorsätzlichen Falscheintragung durch den Meldepflichtigen beruhen, können nicht geltend gemacht werden.

(2) Die E-Control hat die Preistransparenzdatenbank nach den Weisungen des Bundesministers für Wirtschaft, Familie und Jugend im Sinne der Vorgaben des Abs. 1 und der darauf erlassenen Verordnungen zu betreiben und im Internet zu veröffentlichen. Der E-Control ist dafür der notwendige Kostenersatz zu leisten.

Transparenz von Gas- und Strompreisen

§ 2. (1) Der Bundesminister für Wirtschaft, Familie und Jugend hat dem Statistischen Amt der Europäischen Gemeinschaften (EUROSTAT) über die Gas- und Strompreise der Erdgas- und Elektrizitätsunternehmen, die industrielle oder gewerbliche Endverbraucher im Inland beliefern, sowie über die im Zusammenhang damit mitzuteilenden sonstigen Angaben alle Mitteilungen zu machen, zu denen die Republik Österreich auf Grund der Richtlinie 90/377/EWG zur Einführung eines gemeinschaftlichen Verfahrens zur Gewährleistung der Transparenz der vom industriellen Endverbraucher zu zahlenden Gas- und Strompreise, ABl. Nr. L 185 vom 17.07.1990 S. 16 (im Folgenden: Richtlinie 90/377/EWG), in der Fassung des Beschlusses 2007/394/EG zur Änderung der Richtlinie 90/377/EWG, ABl. Nr. L 148 vom 09.06.2007 S. 11, verpflichtet ist. Der Bundesminister für Wirtschaft, Familie und Jugend hat durch Verordnung die näheren Regelungen dieser Mitteilungspflicht, insbesondere hinsichtlich der dabei einzuhaltenden Fristen, der erfassten Produkte, Geschäftsbedingungen, Preissysteme, Verbraucherstrukturen, Abgabemengen sowie Inhalt und Form der zugrundeliegenden Meldungen der meldepflichtigen Unternehmen, zu treffen.

(2) Die Ermittlung und Verarbeitung der erforderlichen Daten obliegt der Bundesanstalt Statistik Österreich im Auftrag des Fachverbandes der Gas- und Wärmeversorgungsunternehmen und Österreichs E-Wirtschaft nach Maßgabe einer von diesen abzuschließenden Vereinbarung. Sofern binnen zwei Monaten nach Inkrafttreten dieses Bundesgesetzes keine Vereinbarung zwischen der Bundesanstalt Statistik Österreich und dem Fachverband der Gas- und Wärmeversorgungsunternehmungen sowie Österreichs E-Wirtschaft abgeschlossen wird, kann der Bundesminister für Wirtschaft, Familie und Jugend durch Verordnung die E-Control mit der Durchführung der Ermittlung und Verarbeitung der Daten beauftragen. Die E-Control tritt in diesem Fall an die Stelle der Bundesanstalt Statistik Österreich.

(3) Elektrizitäts- und Erdgasunternehmen, die industrielle oder gewerbliche Endverbraucher im Inland beliefern, sind verpflichtet, der gemäß Abs. 2 beauftragten Stelle jene Daten zu melden, die zur Erfüllung der Verpflichtungen gemäß Abs. 1 erforderlich sind.

(4) Die gemäß Abs. 2 beauftragte Stelle hat die ihr von den Erdgasunternehmen und von den Elektrizitätsunternehmen zu übermittelnden Daten, Mitteilungen und sonstigen Angaben zusammenzufassen und entsprechend der vom Bundesminister für Wirtschaft, Familie und Jugend gemäß Abs. 1 zu erlassenden Verordnung aufzubereiten. Die Ergebnisse sind dem Bundesministerium für Wirtschaft, Familie und Jugend zu übermitteln. Allfällige Kosten der Verarbeitung durch die gemäß Abs. 2 beauftragte Stelle sind vom Fachverband der Gas- und Wärmeversorgungsunternehmungen und Österreichs E-Wirtschaft zu tragen.

(5) Sofern nur jeweils ein Erdgasunternehmen oder Elektrizitätsunternehmen gemäß Abs. 3 oder nur ein Unternehmen mit Sitz im Ausland meldepflichtig ist, hat dieses Unternehmen dem EUROSTAT unmittelbar alle Mitteilungen im Sinne des Abs. 1 zu machen. Das entsprechende Unternehmen hat weiters dem Bundesminister für Wirtschaft, Familie und Jugend eine Ausfertigung sämtlicher Mitteilungen im Sinne des Abs. 1 unverzüglich zu übermitteln.

(6) Zum Zwecke der Erfüllung der Aufgaben gemäß § 21 Abs. 2 und 3 und § 24 Abs. 1 des Energie-Control-Gesetzes, BGBl. I Nr. 110/2010, hat die Bundesanstalt Statistik Österreich der E-Control spätestens zum 15. März für die vergangenen Monate Juli bis Dezember und zum 15. September für die vergangenen Monate Jänner bis Juni folgende Daten aus der Erhebung der österreichischen Durchschnittspreise zu übermitteln:

1. die durchschnittliche monatliche Abgabemenge je Lieferant für Strom in folgenden Kategorien:

Industrielle Endverbraucher	Jährlicher Stromverbrauch (MWh)	
	niedrigster Wert	höchster Wert
Gruppe IA		< 20
Gruppe IB	20	< 500
Gruppe IC	500	< 2 000
Gruppe ID	2 000	< 20 000
Gruppe IE	20 000	< 70 000

Gruppe IF	70 000	≤ 150 000

2. die durchschnittliche monatliche Abgabemenge je Lieferant für Gas in folgenden Kategorien:

Industrielle Endverbraucher	Jährlicher Gasverbrauch (GJ)	
	niedrigster Wert	höchster Wert
Gruppe I1		< 1 000
Gruppe I2	1 000	< 10 000
Gruppe I3	10 000	< 100 000
Gruppe I4	100 000	< 1 000 000
Gruppe I5	1 000 000	≤ 4 000 000

Transparenz von Maßnahmen zur Regelung der Preisfestsetzung bei Arzneimitteln für den menschlichen Gebrauch

§ 3. (1) Anträge auf Preiserhöhung für Arzneimittel für den menschlichen Gebrauch, die auf Grund des Preisgesetzes 1992, BGBl. Nr. 145, von Inhabern einer Genehmigung für das Inverkehrbringen von Arzneimitteln gestellt werden, sind zu begründen, wobei insbesondere Einzelheiten über jene Ereignisse anzuführen sind, die nach der letzten Preisbestimmung für das Arzneimittel eingetreten sind und nach Ansicht des Antragstellers die beantragte Preiserhöhung rechtfertigen. Ist der Antrag für eine Entscheidung ausreichend begründet, so hat die Behörde über den Antrag innerhalb von neunzig Tagen ab seinem Einlangen einen Bescheid zu erlassen. Anderenfalls hat sie dem Antragsteller unverzüglich mitzuteilen, welche zusätzlichen Einzelangaben erforderlich sind, und innerhalb von neunzig Tagen nach Erhalt dieser zusätzlichen Einzelangaben einen Bescheid zu erlassen.

(2) Ist während der im Abs. 1 genannten Fristen für die Entscheidung über einen Antrag bei der Behörde, wenn auch nur kurze Zeit, eine wesentlich höhere Anzahl von Preiserhöhungsanträgen anhängig als dies für gewöhnlich der Fall ist, so verlängern sich die im Abs. 1 genannten Fristen für die Entscheidung über diesen Antrag um sechzig Tage. Die Verlängerung ist dem Antragsteller vor Ablauf der Frist mitzuteilen.

(3) Ergeht innerhalb der im Abs. 1 und 2 genannten Fristen keine Entscheidung, so ist der Antragsteller berechtigt, die beantragte Preiserhöhung vorzunehmen.

(4) Die Behörde hat wenigstens einmal jährlich im Internet auf der Homepage des für das Gesundheitswesen zuständigen Bundesministeriums eine Liste der Arzneimittel für den menschlichen Gebrauch, für die während des Berichtszeitraums die Preise von der Behörde erhöht wurden, zusammen mit den neuen Preisen die für die betreffenden Arzneimittel verlangt werden können, bekanntzumachen.

§ 4. (1) Behörde im Sinne des § 3 ist der Bundesminister für soziale Sicherheit und Generationen.

(2) Soweit § 3 für die Bestimmung von Preisen für Arzneimittel auf Grund von Anträgen nach dem Preisgesetz 1992 nicht eine abweichende Regelung trifft, gelten hiefür das Preisgesetz 1992 und das Allgemeine Verwaltungsverfahrensgesetz 1991, BGBl. Nr. 51.

§ 5. (1) Der Bundesminister für Wirtschaft, Familie und Jugend hat der Kommission über die Preise für Arzneimittel und über die Rechtsvorschriften betreffend Preisfestsetzung für Arzneimittel für den menschlichen Gebrauch alle Mitteilungen zu machen, zu denen die Republik Österreich auf Grund der Richtlinie 89/105/EWG des Rates vom 21. Dezember 1988 (ABl. L 40/8 vom 11. 2. 1989 (im folgenden Richtlinie 89/105/EWG)) verpflichtet ist.

(2) Der Bundesminister für soziale Sicherheit und Generationen hat dem Bundesministerium für Wirtschaft, Familie und Jugend alle für die Erfüllung der Mitteilungspflicht gemäß Abs. 1 erforderlichen Informationen und Unterlagen rechtzeitig zu übermitteln.

Transparenz der Preisauszeichnungsvorschriften

§ 6. Der Bundesminister für Wirtschaft, Familie und Jugend hat der Kommission die auf dem Gebiet der Preisauszeichnung für Sachgüter und Leistungen erlassenen innerstaatlichen Rechtsvorschriften mitzuteilen, zu deren Mitteilung die Republik Österreich auf Grund der Richtlinie 89/105/EWG und der Richtlinie 90/377/EWG in der Fassung des Anhanges I/XII Energie/4. der Beitrittsakte verpflichtet ist.

Aufzeichnungen der Unternehmen

§ 7. (1) Unternehmen haben über die Daten oder Informationen, die sie auf Grund einer Verordnung nach diesem Bundesgesetz zu melden oder mitzuteilen haben, übersichtliche und leicht überprüfbare Aufzeichnungen zu führen und gehörig legitimierten Organen der mit der Vollziehung dieses Bundesgesetzes betrauten Behörden während der Geschäftszeit die Einsichtnahme in diese Aufzeichnungen zu gewähren. Die Aufzeichnungen müssen vollständig sein und der Wahrheit entsprechen. Der Bundesminister für Wirtschaft, Familie und Jugend kann Inhalt und Form dieser Aufzeichnungen durch Verordnung näher regeln, soweit dies zur Durchführung dieses Bundesgesetzes erforderlich ist. Diese Aufzeichnungspflicht gilt nicht für Meldungen gemäß § 1a.

(2) Soweit dies zur Erfüllung der Verpflichtungen der Republik Österreich auf Grund der Entscheidungen 1999/280/EG und 1999/566/EG, der Richtlinie 89/105/EWG und der Richtlinie 90/377/EWG erforderlich ist, sind die Unternehmen zur Auskunft an die mit der Vollziehung dieses Bundesgesetzes betrauten Einrichtungen verpflichtet.

Verbot der Verwendung der Daten für andere Zwecke

§ 8. (1) Die nach diesem Bundesgesetz zu meldenden und zu übermittelnden Daten dürfen – unbeschadet des Abs. 3 – für andere Zwecke als die Vollziehung dieses Bundesgesetzes nur mit Zustimmung der betroffenen Unternehmen verwendet werden.

(2) Die Einsichtnahme in die Aufzeichnungen (§ 7 Abs. 1) darf nur für Zwecke gemäß diesem Bundesgesetz erfolgen. Die dabei gewonnenen Daten und sonstigen Kenntnisse dürfen nur im Rahmen der Vollziehung dieses Bundesgesetzes verwendet werden.

(3) Soweit dies zur Erfüllung ihrer Aufgaben gemäß § 2 WettbG, BGBl I Nr. 62/2002, in der jeweils geltenden Fassung, erforderlich ist, ist die Bundeswettbewerbsbehörde zur Einsichtnahme in die Datenbank iSd § 1a und der aufgrund dieser Bestimmung erlassenen Verordnungen befugt.

Automationsunterstützter Datenverkehr

§ 9. Daten und Informationen, die auf Grund dieses Bundesgesetzes einer zwischenstaatlichen Organisation oder der E–Control zwecks Eingabe in die Preistransparenzdatenbank mitzuteilen oder auf Grund einer nach diesem Bundesgesetz erlassenen Verordnung zu melden oder mitzuteilen sind, dürfen, soweit dies zur Durchführung dieses Bundesgesetzes und der auf seiner Grundlage erlassenen Verordnungen erforderlich ist, automationsunterstützt ermittelt, verarbeitet und übermittelt werden.

Strafbestimmungen

§ 10. Wer

1. einer auf Grund des § 1 Abs. 3, § 1a, des § 2 Abs. 2 oder des § 7 Abs. 1 erlassenen Verordnung,
2. den Bestimmungen des § 7 Abs. 1 über die Pflicht zur Führung von Aufzeichnungen und zur Gewährung der Einsichtnahme in diese oder
3. der Auskunftspflicht gemäß § 7 Abs. 2

zuwiderhandelt, begeht, sofern die Tat nicht den Tatbestand einer in die Zuständigkeit der Gerichte fallenden strafbaren Handlung erfüllt, eine Verwaltungsübertretung und ist hiefür von der Bezirksverwaltungsbehörde mit Geldstrafe bis zu 2 180 €, im Wiederholungsfall mit Geldstrafe bis zu 7 260 € zu bestrafen.

Schlußbestimmungen

§ 11. Soweit in diesem Bundesgesetz auf das Abkommen über den Europäischen Wirtschaftsraum (EWR-Abkommen) und auf Bestimmungen anderer Bundesgesetze verwiesen wird, sind diese Rechtsvorschriften in ihrer jeweils geltenden Fassung anzuwenden.

§ 12. (1) Dieses Bundesgesetz tritt hinsichtlich

1. des § 2, des § 7 Abs. 2 und des § 10 Z 3 mit 15. Dezember 1992 und
2. der übrigen Bestimmungen gleichzeitig mit dem Inkrafttreten des Abkommens über den Europäischen Wirtschaftsraum (EWR-Abkommen) *) in Kraft.

(1a) § 10 in der Fassung des Bundesgesetzes BGBl. I Nr. 136/2001 tritt mit 1. Jänner 2002 in Kraft.

(1b) Die §§ 1, 2, 4 Abs. 1 und 5 Abs. 2, die §§ 6, 7, 9, 10 Z 1 und 12 Abs. 3 Z 1 in der Fassung des Bundesgesetzes BGBl. I Nr. 72/2002 treten mit dem der Kundmachung folgenden Tag in Kraft. Soweit in den, nicht durch das Bundesgesetz BGBl. I Nr. 72/2002, geänderten Bestimmungen des Preistransparenzgesetzes, BGBl. Nr. 761/1992, zuletzt geändert durch das Bundesgesetz BGBl. I Nr. 136/2001, noch die Wortfolge „wirtschaftliche Angelegenheiten“ enthalten ist, wird diese durch die Wortfolge „Wirtschaft und Arbeit“ ersetzt.

(1c) Die §§ 2, 3 Abs. 4 und 7 Abs. 2 in der Fassung des Bundesgesetzes BGBl. I Nr. 107/2011 treten mit dem der Kundmachung folgenden Tag in Kraft.

(2) Verordnungen auf Grund dieses Bundesgesetzes können bereits von dem seiner Kundmachung folgenden Tag an erlassen werden. Diese Verordnungen dürfen frühestens mit dem im Abs. 1 Z 2 bezeichneten Zeitpunkt in Kraft gesetzt werden.

(3) Mit der Vollziehung dieses Bundesgesetzes sind betraut:

1. hinsichtlich der §§ 3, 4 und 5 Abs. 2 der Bundesminister für soziale Sicherheit und Generationen und
2. hinsichtlich der übrigen Bestimmungen der Bundesminister für Wirtschaft, Familie und Jugend.

*) Die Kundmachung des Abkommens und seines Inkrafttretens wird zu einem späteren Zeitpunkt erfolgen.

93. Preistransparenzverordnung – Öl 2006

Verordnung des Bundesministers für Wirtschaft und Arbeit betreffend Mitteilung und Meldung von Preisen für Erdöl und Mineralölerzeugnisse und zugehöriger sonstiger Angaben nach dem Preistransparenzgesetz

StF: BGBl. II Nr. 7/2007

Auf Grund der §§ 1 und 12 Abs. 2 des Preistransparenzgesetzes, BGBl. Nr. 761/1992, zuletzt in der Fassung des Bundesgesetzes BGBl. I Nr. 72/2002, wird verordnet:

GLIEDERUNG

Mitteilungspflicht

§ 1. (1) Die Mitteilung der Kosten der Versorgung mit Rohöl und die Verbraucherpreise für Mineralölerzeugnisse sowie der zugehörigen sonstigen Angaben durch den Bundesminister für Wirtschaft und Arbeit an die Kommission gemäß § 1 Abs. 1 erster Satz des Preistransparenzgesetzes hat nach Maßgabe der §§ 2 und 3 dieser Verordnung zu erfolgen.

(2) Durch diese Verordnung wird die Entscheidung der Kommission vom 26. Juli 1999 zur Durchführung der Entscheidung 1999/280/EG des Rates über ein gemeinschaftliches Verfahren zur Unterrichtung und Konsultation über die Kosten der Versorgung mit Rohöl und die Verbraucherpreise für Mineralölerzeugnisse, 1999/566/EG, ABl. Nr. L 216 vom 14.08.1999 S. 8, durchgeführt.

Inhalt und Form der Mitteilungen

§ 2. (1) Die Mitteilungen haben schriftlich oder auf elektronischem Weg zu erfolgen.

(2) Stellt die Kommission bei den gemäß § 1 mitgeteilten Daten Unstimmigkeiten oder Widersprüche fest, so hat der Bundesminister für Wirtschaft und Arbeit auf Ersuchen die zweckdienlichen nicht zusammengefassten Daten der Unternehmen sowie die Berechnungs- und Bewertungsverfahren, auf denen die zusammengefassten Daten beruhen, mitzuteilen.

(3) Die Mitteilungen betreffend die Kosten der Versorgung mit Rohöl sind als vertraulich zu kennzeichnen. Weiters hat der Bundesminister für Wirtschaft und Arbeit in der Mitteilung auf zusammengefasste Daten, die weniger als drei Unternehmen umfassen, ausdrücklich hinzuweisen.

Zeitpunkt der Mitteilungen

§ 3. (1) Die Mitteilung der monatlichen Kosten der Versorgung mit Rohöl zu cif-Preisen hat in dem auf den laufenden Monat folgenden Monat zu erfolgen.

(2) Die zum 15. jedes Monats geltenden Verbraucherpreise für Mineralölerzeugnisse ohne Abgaben und Steuern bzw. einschließlich aller Steuern sind binnen 30 Tagen nach dem 15. des betreffenden Monats zu melden.

(3) Die jeweils montags geltenden Verbraucherpreise für Mineralölerzeugnisse ohne Abgaben und Steuern sind am gleichen Tage, jedoch spätestens bis 12.00 Uhr des folgenden Tages zu melden.

Meldepflicht

§ 4. (1) Die meldepflichtigen Unternehmen haben dem Fachverband der Mineralölindustrie sowie bei Meldungen, die den Brennstoff Heizöl Extra Leicht betreffen, dem Fachverband des Energiehandels zwecks Erfüllung der, der Republik Österreich gemäß § 1 des Preistransparenzgesetzes obliegenden Mitteilungspflicht ihre Kosten der Versorgung mit Rohöl und die Verbraucherpreise für Mineralölerzeugnisse sowie die zugehörigen sonstigen Daten nach Maßgabe der §§ 5 und 6 dieser Verordnung zu melden.

(2) Zur Meldung der Kosten der Versorgung mit Rohöl sind jene Unternehmen verpflichtet, die in einer österreichischen Raffinerie Rohöl verarbeiten oder verarbeiten lassen.

(3) Die Daten für die Meldung der durchschnittlich gewichteten Verbraucherpreise für Mineralölerzeugnisse sind vom Fachverband der Mineralölindustrie, für jene Meldung den Brennstoff Heizöl Extra Leicht betreffend vom Fachverband des Energiehandels zu evaluieren.

Inhalt und Form der Meldungen

§ 5. (1) Die Meldungen gemäß § 4 Abs. 1 haben den in der Anlage festgelegten Spezifikationen der Brenn- und Treibstoffe sowie dem Inhalt der vom Bundesministerium für Wirtschaft und Arbeit amtlich aufzulegenden Formularen, bezogen auf das jeweilige meldepflichtige Unternehmen, zu entsprechen.

(2) Die vom Fachverband der Mineralölindustrie sowie vom Fachverband des Energiehandels zu erstattenden Meldungen (§ 7 Abs. 1) haben den in der Anlage festgelegten Spezifikationen der Brenn- und Treibstoffe sowie dem Inhalt der vom Bundesministerium für Wirtschaft und Arbeit amtlich aufzulegenden Formularen zu entsprechen.

Zeitpunkt der Meldungen

§ 6. Die meldepflichtigen Unternehmen haben die Meldungen gemäß § 1 dieser Verordnung an den Fachverband der Mineralölindustrie sowie für den Brennstoff Heizöl Extra Leicht an den Fachverband des Energiehandels so zeitgerecht zu erstatten, dass diese beim Bundesministerium für Wirtschaft und Arbeit zu einem Zeitpunkt einlangen, welcher die Einhaltung der unter § 3 genannten Termine gewährleistet.

Zusammenfassung der Meldungen

§ 7. (1) Der Fachverband der Mineralölindustrie und der Fachverband des Energiehandels haben die ihnen von den meldepflichtigen Unternehmen gemeldeten Daten zusammenzufassen und in dieser Fassung so zeitgerecht dem Bundesministerium für Wirtschaft und Arbeit zu übermitteln, dass dieses der Mitteilungspflicht der Republik Österreich gegenüber der Kommission zu den gemäß § 3 festgelegten Terminen nachkommen kann.

(2) Stellt die Kommission bei dem vom Bundesminister für Wirtschaft und Arbeit gemäß § 1 übermittelten Daten Unstimmigkeiten oder Widersprüche fest, so haben der Fachverband der Mineralölindustrie und der Fachverband des Energiehandels unbeschadet des § 7 des Preistransparenzgesetzes dem Bundesminister für Wirtschaft und Arbeit auf dessen Ersuchen die zweckdienlichen Auskünfte sowie die Berechnungs- und Bewertungsverfahren, auf denen die zusammengefassten Daten beruhen, zwecks Kenntnisnahme durch die Kommission mitzuteilen.

(3) Bei der Übermittlung von Daten an das Bundesministerium für Wirtschaft und Arbeit gemäß Abs. 1 und 2 haben der Fachverband der Mineralölindustrie und der Fachverband des Energiehandels auf Daten, die weniger als drei Unternehmen umfassen, ausdrücklich hinzuweisen.

Schlussbestimmungen

§ 8. (1) Diese Verordnung tritt mit 1. Jänner 2007 in Kraft.

(2) Gleichzeitig mit dem In-Kraft-Treten dieser Verordnung tritt die Verordnung des Bundesministers für wirtschaftliche Angelegenheiten betreffend Mitteilung und Meldung von Preisen für Erdöl und Mineralölerzeugnisse und zugehöriger sonstiger Angaben nach dem Preistransparenzgesetz, BGBl. Nr. 956/1993, in der Fassung der Verordnung BGBl. Nr. 449/1996, außer Kraft.

Anlage zu § 5 Abs. 1 und 2

Spezifikation der gemäß § 5 Abs. 1 und 2 zu meldenden Rohöle, Brennstoffe und Mineralölerzeugnisse

Zu meldende Rohöle, Brennstoffe und Mineralölerzeugnisse:	KN-Position
Super Plus, darunter fällt:	
– Super Plus nach Ö-Norm EN 228 ohne Anteil biogenem Kraftstoff	2710 11 49
– Super Plus nach Ö-Norm EN 228 mit beigemengtem biogenen Kraftstoff	2710 11 49
Eurosuper, darunter fällt:	
– Eurosuper nach Ö-Norm EN 228 ohne Anteil biogenem Kraftstoff	2710 11 45
– Eurosuper nach Ö-Norm EN 228 mit beigemengtem biogenen Kraftstoff	2710 11 45
Normalbenzin, darunter fällt:	
– Normalbenzin nach Ö-Norm EN 228 ohne Anteil biogenem Kraftstoff	2710 11 41
– Normalbenzin nach Ö-Norm EN 228 mit beigemengtem biogenen Kraftstoff	2710 11 41
Dieselkraftstoff, darunter fällt:	
– Dieselkraftstoff ohne Anteil biogenem Kraftstoff	2710 19 41
– Dieselkraftstoff mit beigemengtem Biokraftstoff	2710 19 41
Gasöl für Heizzwecke, darunter fällt:	
– Gasöl für Heizzwecke	2710 19 45
Heizöl mit S-Gehalt 1% oder weniger, darunter fällt:	
– Heizöl Leicht	2710 19 61
– Heizöl Mittel	2710 19 61
– Heizöl Schwer (S-Gehalt 1% oder weniger)	2710 19 61
Heizöl mit S-Gehalt über 1%, darunter fällt:	
– Heizöl Schwer (S-Gehalt größer 1% bis einschließlich 2%)	2710 19 63
– Heizöl Schwer (S-Gehalt größer 2% bis einschließlich 2,8%)	2710 19 65
– Heizöl Schwer (S-Gehalt größer 2,8%)	2710 19 69
Rohöl, darunter fällt:	
– Rohöl (Reinöl)	2709 00 90

KN-Positionen geltend gemäß Verordnung (EG) Nr. 1832/2002 der Kommission vom 1. August 2002 zur Änderung des Anhangs I der Verordnung (EWG) Nr. 2658/87 des Rates über die zolltarifliche und statistische Nomenklatur sowie den gemeinsamen Zolltarif, ABl. Nr. L 290 vom 28.10.2002, S. 1.

94. Preistransparenzverordnung – Gas und Strom 2012

Verordnung des Bundesministers für Wirtschaft, Familie und Jugend betreffend Mitteilung und Meldung von Preisen für Gas und Strom für die industriellen Endverbraucher und zugehöriger sonstiger Angaben nach dem Preistransparenzgesetz

StF: BGBl. II Nr. 140/2012

Auf Grund des § 2 des Preistransparenzgesetzes, BGBl. Nr. 761/1992, zuletzt geändert durch das Bundesgesetz BGBl. I Nr. 107/2011, wird verordnet:

GLIEDERUNG

1. Abschnitt
Mitteilungspflicht

§ 1. Die Mitteilung der Gas- und Strompreise, die von den Gas- und Elektrizitätsunternehmen den industriellen und gewerblichen Endverbrauchern in Rechnung gestellt werden, sowie der zugehörigen sonstigen Angaben durch den Bundesminister für Wirtschaft, Familie und Jugend an das Statistische Amt der Europäischen Gemeinschaften (EUROSTAT) gemäß § 2 Abs. 1 erster Satz des Preistransparenzgesetzes, BGBl. Nr. 761/1992, in der Fassung des Bundesgesetzes BGBl. I Nr. 107/2011, sowie die Erhebung, Verarbeitung und Übermittlung der Daten hat nach Maßgabe der folgenden Bestimmungen zu erfolgen.

2. Abschnitt
Gaspreise

§ 2. Gas im Sinne dieser Verordnung ist Erdgas.

§ 3. (1) Als Endverbraucher gelten alle industriellen Verbraucher und gewerblichen Verbraucher im Inland, die Gas über Rohrleitungen für den Eigenverbrauch beziehen, soweit Abs. 2 nichts anderes bestimmt.

(2) Folgende Endverbraucher sind vom Geltungsbereich dieser Verordnung ausgenommen:

1. Endverbraucher, die Gas zur Stromerzeugung in Kraftwerken oder Kraft-Wärme-Kopplungsanlagen einsetzen;
2. Endverbraucher, die Gas für nichtenergetische Zwecke (zB chemische Industrie) einsetzen;
3. Endverbraucher von Gas mit einem Verbrauch von über 4 000 000 GJ pro Kalenderjahr.

§ 4. Die Gaspreise sind für folgende Gruppen von Endverbrauchern zu erfassen:

Endverbraucher	Jährlicher Gasverbrauch (GJ)	
	Niedrigster Wert	Höchster Wert
Gruppe I1		$< 1\,000$
Gruppe I2	1 000	$< 10\,000$
Gruppe I3	10 000	$< 100\,000$
Gruppe I4	100 000	$< 1\,000\,000$
Gruppe I5	1 000 000	$\leq 4\,000\,000$

§ 5. (1) Die Grundlage für die Mitteilungen und sonstigen Angaben im Sinne des § 1 bilden jene Preise, die den Endverbrauchern für das Gas verrechnet werden, das sie über Rohrleitungen für den Eigenverbrauch beziehen. Die Preise sind in Euro pro Gigajoule anzugeben. Die verwendete Energieeinheit wird anhand des Brennwertes (oberer Heizwert) bestimmt.

(2) Die Preise sind als nationale Durchschnittspreise anzugeben, wobei alle industriellen Gasverbrauchsarten zu erfassen sind. Die Preise müssen alle anfallenden Entgelte enthalten: Netzentgelte und Energieverbrauch (Preis pro Energieeinheit), abzüglich etwaiger Rabatte oder Prämien, zuzüglich sonstiger Entgelte (Zählermiete, Grundgebühren etc.). Einmalige Anschlussgebühren sind nicht

zu berücksichtigen.

(3) Die Preise sind wie folgt anzugeben:

1. Preise ohne Steuern, Abgaben und sonstige staatlich verursachte Belastungen,
2. Preise ohne Umsatzsteuer und sonstige erstattungsfähige Steuern,
3. Preise einschließlich aller Steuern, Abgaben, sonstigen staatlich verursachten Belastungen und Umsatzsteuer.

(4) Für die Berechnung der Preise gelten folgende Grundsätze:

1. Die Preise sind als gewichtete Durchschnittspreise anzugeben, wobei die Marktanteile der erfassten Gasunternehmen als Gewichtungsfaktoren zu verwenden sind. Wenn keine gewichteten Werte berechnet werden können, sind arithmetische Durchschnittspreise anzugeben.
2. Die Marktanteile ergeben sich aus der Gasmenge, die den industriellen und gewerblichen Endverbrauchern von den Gasunternehmen in Rechnung gestellt wird. Falls möglich, sind die Marktanteile für jede Verbrauchergruppe getrennt zu berechnen.
3. Um die Vertraulichkeit zu wahren, sind die die Preise betreffenden Daten von der gemäß § 2 Abs. 2 des Preistransparenzgesetzes beauftragten Stelle nur dann mitzuteilen, wenn österreichweit mindestens drei Endverbraucher in den im § 4 vorgesehenen einzelnen Kategorien vorhanden sind.

§ 6. Erdgasunternehmen, die Gas an Endverbraucher verkaufen, haben jeweils zum 1. Jänner und zum 1. Juli eines jeden Jahres die den Endverbrauchern gem. § 3 Abs. 1 während der sechs vorherigen Monate gelieferten Mengen und die daraus erzielten Erlöse entsprechend den in den §§ 3 bis 5 festgelegten Vorgaben zu erfassen und diese Daten der gemäß § 2 Abs. 2 des Preistransparenzgesetzes beauftragten Stelle jeweils zum folgenden 31. Jänner bzw. 31. Juli zu übermitteln. Die erste Mitteilung von Preisdaten an das EUROSTAT betrifft den Stand zum 1. Jänner 2008.

§ 7. (1) Mit der Preismeldung mit Stand 1. Jänner sind auch Angaben zu den wichtigsten durchschnittlichen Merkmalen und Faktoren, welche die für jede Verbrauchergruppe gemeldeten Preise beeinflussen, zu übermitteln. Zu diesen Angaben zählen

1. die durchschnittlichen Auslastungsgrade für Endverbraucher zu jeder Verbrauchergruppe auf der Basis des Gesamtenergieverbrauchs und der durchschnittlichen Höchstabnahme,
2. eine Beschreibung der Nachlässe für unterbrechbare Lieferverträge und
3. eine Beschreibung der Grundgebühren, Zählermieten oder sonstigen Entgelte, die auf nationaler Ebene von Bedeutung sind.

(2) Mit der Preismeldung mit Stand 1. Jänner sind auch die Berechnungssätze und -methoden sowie eine Beschreibung der auf Gasverkäufe an Endverbraucher erhobenen Steuern zu übermitteln. Darin sind auch alle nichtsteuerlichen Belastungen sowie gemeinwirtschaftlichen Verpflichtungen anzuführen. Die Angaben zu den Steuern, Abgaben und sonstigen staatlich verursachten Belastungen sind in drei Abschnitte zu gliedern:

1. Preise ohne Steuern, Abgaben und sonstige staatlich verursachte Belastungen: Steuern, Abgaben, nichtsteuerliche Belastungen, Entgelte, Gebühren und sonstige Finanzabgaben, die auf der Rechnung für den Endverbraucher nicht ausgewiesen sind;
2. Preise ohne Umsatzsteuer und sonstige erstattungsfähige Steuern: Steuern, Abgaben und sonstige staatlich verursachte Belastungen, die auf der Rechnung für den Endverbraucher ausgewiesen und für diesen nicht erstattungsfähig sind;
3. Preise einschließlich aller Steuern, Abgaben, sonstigen staatlich verursachten Belastungen und Umsatzsteuer: Umsatzsteuer und sonstige erstattungsfähige Steuern, die auf der Rechnung für den Endverbraucher ausgewiesen sind.

(3) Zu den Steuern, Abgaben, nichtsteuerlichen Belastungen, Entgelten, Gebühren und sonstigen Finanzabgaben im Sinne des Abs. 2 gehören insbesondere:

1. Umsatzsteuer;
2. Konzessionsabgaben: darunter fallen insbesondere Lizenzen und Gebühren für die Nutzung von Staats- oder Privatbesitz für das Netz oder andere Gasversorgungseinrichtungen;
3. Umweltsteuern, -abgaben oder -belastungen: darunter fallen insbesondere die Beiträge zur Förderung erneuerbarer Energiequellen oder der Kraft-Wärme-Kopplung oder Abgaben auf CO_2, SO_2- oder andere Emissionen, die mit dem Klimawandel in Zusammenhang stehen;
4. andere Steuern, Abgaben oder sonstige staatlich verursachte Belastungen im Energiesektor: darunter fallen insbesondere Abgaben zur Erfüllung gemeinwirtschaftlicher Verpflichtungen oder Gebühren zur Finanzierung von Energieregulierungsbehörden;
5. andere Steuern oder Abgaben, die nicht mit dem Energiesektor verknüpft sind: darunter fallen insbesondere nationale, lokale oder regionale Steuern auf den Energieverbrauch sowie Steuern auf die Gasverteilung;

(4) Einkommensteuern, Grundsteuern, Verbrauchssteuern auf Ölerzeugnisse, Straßenbenutzungsgebühren, Steuern auf Telekommunikations- und Funkgenehmigungen, Werbung, Lizenzgebühren, Abfallsteuern werden nicht erfasst.

§ 8. Alle zwei Jahre sind zusammen mit der Preismeldung mit Stand 1. Jänner auch Informationen über das angewandte Aufbereitungssystem zu übermitteln. Sie umfassen insbesondere eine Beschreibung der Erhebung und ihres Erfassungsbereichs (Anzahl der erfassten Gasversorgungsunternehmen, der gesamte damit repräsentierte Marktanteil etc.), die zur Berechnung der gewichteten Durchschnittspreise angewandten Kriterien sowie den Verbrauch der einzelnen Verbrauchergruppen. Die erste Mitteilung zum Aufbereitungssystem betrifft den Stand zum 1. Jänner 2008.

§ 9. Hegen der Bundesminister für Wirtschaft, Familie und Jugend oder die gemäß § 2 Abs. 2 des Preistransparenzgesetzes beauftragte Stelle Zweifel an der Richtigkeit oder Vollständigkeit der Daten oder stellt EUROSTAT bei den mitgeteilten Daten statistisch bedeutsame Auffälligkeiten oder Unstimmigkeiten fest, so haben die meldepflichtigen Unternehmen auf Verlangen weitere, zur Erfüllung der Verpflichtungen gemäß § 2 Abs. 1 des Preistransparenzgesetzes notwendige Daten, Mitteilungen oder Angaben unverzüglich nachzureichen. Der Bundesminister für Wirtschaft, Familie und Jugend hat diese Informationen, Daten, Mitteilungen oder Angaben unverzüglich an EUROSTAT zu übermitteln.

3. Abschnitt
Strompreise

§ 10. Als Endverbraucher gelten alle industriellen Verbraucher und gewerblichen Verbraucher im Inland, die Strom aus dem öffentlichen Netz für den Eigenverbrauch beziehen.

§ 11. Die Strompreise sind für folgende Gruppen von Endverbrauchern zu erfassen:

Endverbraucher	jährlicher Stromverbrauch (MWh)	
	niedrigster Wert	höchster Wert
Gruppe IA		< 20
Gruppe IB	20	< 500
Gruppe IC	500	$< 2\,000$
Gruppe ID	2 000	$< 20\,000$
Gruppe IE	20 000	$< 70\,000$
Gruppe IF	70 000	$\leq 150\,000$

§ 12. (1) Die Grundlage für die Mitteilungen und sonstigen Angaben im Sinne des § 1 bilden jene Preise, die den Endverbrauchern für den Strom verrechnet werden, den sie aus dem öffentlichen Netz für den Eigenverbrauch beziehen. Die Preise sind in Euro pro kWh anzugeben.

(2) Die Preise sind als nationale Durchschnittspreise anzugeben, wobei alle industriellen Stromverbrauchsarten zu erfassen sind. Die Preise müssen alle anfallenden Entgelte enthalten: Netzentgelte und Energieverbrauch (Preis pro Energieeinheit), abzüglich etwaiger Rabatte oder Prämien, zuzüglich sonstiger Entgelte (Betriebsbereitschaftsentgelte, Vermarktungskosten, Zählermiete etc.). Einmalige Anschlussgebühren sind nicht zu berücksichtigen.

(3) Die Preise sind wie folgt anzugeben:

1. Preise ohne Steuern, Abgaben und sonstige staatlich verursachte Belastungen,
2. Preise ohne Umsatzsteuer und sonstige erstattungsfähige Steuern,
3. Preise einschließlich aller Steuern, Abgaben, sonstigen staatlich verursachten Belastungen und Umsatzsteuer.

(4) Für die Berechnung der Preise gelten folgende Grundsätze:

1. Die Preise sind als gewichtete Durchschnittspreise anzugeben, wobei die Marktanteile der erfassten Elektrizitätsunternehmen als Gewichtungsfaktoren zu verwenden sind. Wenn keine gewichteten Werte berechnet werden können, sind arithmetische Durchschnittspreise anzugeben.
2. Die Marktanteile ergeben sich aus der Strommenge, die den industriellen Endverbrauchern gewerblichen Verbrauchern von den Elektrizitätsunternehmen in Rechnung gestellt wird. Falls möglich, sind die Marktanteile für jede Verbrauchergruppe getrennt zu berechnen.
3. Um die Vertraulichkeit zu wahren, sind die die Preise betreffenden Daten von der gemäß § 2 Abs. 2 des Preistransparenzgesetzes beauftragten Stelle nur dann mitzuteilen, wenn österreichweit mindestens drei Endverbraucher in den im § 11 vorgesehenen einzelnen Kategorien vorhanden sind.

§ 13. Elektrizitätsunternehmen, die Strom an Endverbraucher gemäß § 10 verkaufen, haben jeweils zum 1. Jänner und 1. Juli eines jeden Jahres die den Endverbrauchern während der sechs vorherigen Monate gelieferten Mengen und die daraus erzielten Erlöse entsprechend den in den §§ 10 bis 12 festgelegten Vorgaben zu erfassen und diese Daten der gemäß § 2 Abs. 2 des Preistransparenzgesetzes beauftragten Stelle jeweils zum folgenden 31. Jänner bzw. 31. Juli zu übermitteln. Die erste Mitteilung von Preisdaten an das EUROSTAT betrifft den Stand zum 1. Jänner 2008.

§ 14. (1) Mit der Preismeldung mit Stand 1. Jänner sind auch Angaben zu den wichtigsten durchschnittlichen Merkmalen und Faktoren, welche die für jede Verbrauchergruppe gemeldeten Preise beeinflussen, zu übermitteln. Zu diesen Angaben zählen

1. die durchschnittlichen Auslastungsgrade für Endverbraucher zu jeder Verbrauchergruppe auf der Basis des Gesamtenergieverbrauchs und der durchschnittlichen Höchstabnahme,
2. eine Tabelle mit den Spannungsebenen pro Land und
3. eine Beschreibung der Grundgebühren, Zählermieten oder sonstige Entgelte, die auf nationaler Ebene von Bedeutung sind.

(2) Mit der Preismeldung mit Stand 1. Jänner sind auch die Berechnungssätze und -methoden sowie eine Beschreibung der auf Stromverkäufe an Endverbraucher erhobenen Steuern zu übermitteln. Darin sind auch alle nichtsteuerlichen Belastungen sowie gemeinwirtschaftlichen Verpflichtungen anzuführen. Die Angaben zu den Steuern, Abgaben und sonstigen staatlich verursachten Belastungen sind in drei Abschnitte zu gliedern:

1. Preise ohne Steuern, Abgaben und sonstige staatlich verursachte Belastungen: Steuern, Abgaben, nichtsteuerliche Belastungen, Entgelte, Gebühren und sonstige Finanzabgaben, die auf der Rechnung für den Endverbraucher nicht ausgewiesen sind;
2. Preise ohne Umsatzsteuer und sonstige erstattungsfähige Steuern: Steuern, Abgaben und sonstige staatlich verursachte Belastungen, die auf der Rechnung für den Endverbraucher ausgewiesen und für diesen nicht erstattungsfähig sind;
3. Preise einschließlich aller Steuern, Abgaben, sonstigen staatlich verursachten Belastungen und Umsatzsteuer: Umsatzsteuer und sonstige erstattungsfähige Steuern, die auf der Rechnung für den Endverbraucher ausgewiesen sind.

(3) Zu den Steuern, Abgaben, nichtsteuerlichen Belastungen, Entgelten, Gebühren und sonstigen Finanzabgaben im Sinne des Abs. 2 gehören insbesondere:

1. Umsatzsteuer;
2. Konzessionsabgaben: darunter fallen insbesondere Lizenzen und Gebühren für die Nutzung von Land-, Staats- oder Privatbesitz für das Stromnetz oder andere Stromversorgungseinrichtungen;
3. Umweltsteuern, -abgaben oder -belastungen: darunter fallen insbesondere die Beiträge zur Förderung erneuerbarer Energiequellen oder der Kraft-Wärme-Kopplung oder Abgaben auf CO_2 -, SO_2- oder andere Emissionen, die mit dem Klimawandel in Zusammenhang stehen;
4. Kernkraftsteuer und sonstige Aufsichtsabgaben - dies betrifft unter anderem Stilllegungsgebühren für Kernkraftwerke;
5. Aufsichtsabgaben und Gebühren für Kernkraftanlagen;
6. andere Steuern, Abgaben oder sonstige staatlich verursachte Belastungen im Energiesektor: darunter fallen insbesondere Abgaben zur Erfüllung gemeinwirtschaftlicher Verpflichtungen oder Gebühren zur Finanzierung von Energieregulierungsbehörden;
7. andere Steuern oder Abgaben, die nicht mit dem Energiesektor verknüpft sind: darunter fallen insbesondere nationale, lokale oder regionale Steuern auf den Energieverbrauch oder Steuern auf die Stromverteilung.

(4) Einkommensteuern, Grundsteuern, Verbrauchssteuern auf Ölerzeugnisse und Kraftstoffe für andere Zwecke als zur Stromerzeugung, Straßenbenutzungsgebühren, Steuern auf Telekommunikations- und Funkgenehmigungen, Werbung, Lizenzgebühren und Abfallsteuern werden nicht erfasst.

§ 15. (1) Mit der Preismeldung mit Stand 1. Jänner ist auch eine Aufschlüsselung der Strompreise in ihre Hauptkomponenten zu übermitteln. Dabei ist zu beachten, dass der Gesamtstrompreis pro Verbrauchergruppe als Summe der „Netzpreise“, der „Preise für Energie und Versorgung“ (dh. von der Erzeugung bis zur Vermarktung mit Ausnahme des Stromnetzes) sowie aller Steuern, Abgaben und sonstigen staatlich verursachten Belastungen zu betrachten ist.

(2) Der „Netzpreis“ entspricht dem Verhältnis zwischen den Einnahmen aus den Übertragungs- und Verteilungstarifen und (wenn möglich) der entsprechenden kWh-Menge pro Verbrauchergruppe. Stehen separate Angaben zur kWh-Menge pro Verbrauchergruppe nicht zur Verfügung, sind Schätzungen vorzunehmen. Der „Preis für Energie und Versorgung“ ergibt sich aus dem Gesamtpreis abzüglich des „Netzpreises“ und aller Steuern, Abgaben und sonstigen staatlich verursachten Belastungen. Steuern, Abgaben und sonstige staatlich verursachte Belastungen sind folgendermaßen aufzuschlüsseln:

1. Steuern, Abgaben und sonstige staatlich verursachte Belastungen auf „Netzpreise“,
2. Steuern, Abgaben und sonstige staatlich verursachte Belastungen auf „Preise für Energie und Versorgung“,
3. Umsatzsteuer und sonstige erstattungsfähige Steuern.

(3) Werden Zusatzdienstleistungen, die nicht unter Abs. 2 fallen, getrennt ausgewiesen, können sie einer der drei Hauptkomponenten wie folgt zugeordnet werden:

a) „Netzpreise“ umfassen folgende Kosten: Übertragungs- und Verteilungstarife, Übertragungs- und Verteilungsverluste, Netzkosten, Kundendienstkosten, Systembetreuungskosten und Zählermieten;
b) „Preise für Energie und Versorgung“ umfassen folgende Kosten: Erzeugung, Speicherung,

Ausgleichsenergie, Kosten der gelieferten Energie, Kundendienstleistungen, Kundendienstverwaltung, Ablesekosten und sonstige Versorgungskosten;

c) „sonstige spezifische Kosten“ umfassen folgende Kosten: Kosten, bei denen es sich nicht um Netzkosten, Kosten für Energie und Versorgung oder um Steuern handelt. Solche Kosten sind, falls vorhanden, getrennt anzugeben.

§ 16. Alle zwei Jahre sind zusammen mit der Preismeldung mit Stand 1. Jänner auch Informationen über das angewandte Aufbereitungssystem zu übermitteln. Sie umfassen insbesondere eine Beschreibung der Erhebung und ihres Erfassungsbereichs (Anzahl der erfassten Elektrizitätsunternehmen, ihr jeweiliger gesamter Marktanteil etc.), die zur Berechnung der gewichteten Durchschnittspreise angewandten Kriterien sowie den Verbrauch der einzelnen Verbrauchergruppen. Die erste Mitteilung zum Aufbereitungssystem betrifft den Stand zum 1. Jänner 2008.

§ 17. Hegen der Bundesminister für Wirtschaft, Familie und Jugend oder gemäß § 2 Abs. 2 des Preistransparenzgesetzes beauftragten Stelle an der Richtigkeit, Vollständigkeit oder Übereinstimmung mit den vorstehenden Bestimmungen Zweifel oder stellt EUROSTAT bei den mitgeteilten Daten statistisch bedeutsame Auffälligkeiten oder Unstimmigkeiten fest, so haben die meldepflichtigen Unternehmen auf Verlangen weitere, zur Erfüllung der Verpflichtungen gemäß § 2 Abs. 1 des Preistransparenzgesetzes notwendigen Daten, Mitteilungen oder Angaben unverzüglich nachzureichen. Der Bundesminister für Wirtschaft, Familie und Jugend hat diese Informationen, Daten, Mitteilungen oder Angaben unverzüglich an EUROSTAT zu übermitteln.

4. Abschnitt
Inkrafttreten; Außerkrafttreten

§ 18. Diese Verordnung tritt mit dem der Kundmachung folgenden Tag in Kraft. Gleichzeitig tritt die Verordnung des Bundesministers für wirtschaftliche Angelegenheiten betreffend Mitteilung und Meldung der Gas- und Strompreise der Gas- und Elektrizitätsversorgungsunternehmen der industriellen Endverbraucher und zugehöriger sonstiger Angaben nach dem Preistransparenzgesetz, BGBl. Nr. 231/1995, außer Kraft.

95. Preistransparenzverordnung Treibstoffpreise 2011

Verordnung des Bundesministers für Wirtschaft, Familie und Jugend betreffend Mitteilung und Meldung von Treibstoffpreisen an die Preistransparenzdatenbank nach dem Preistransparenzgesetz

StF: BGBl. II Nr. 246/2011

Letzte Novellierung: BGBl. II Nr. 492/2022

Auf Grund des § 1a des Preistransparenzgesetzes, BGBl. Nr. 761/1992, zuletzt geändert durch das Bundesgesetz BGBl. I Nr. 54/2011, wird verordnet:

§ 1. (1) Betreiber von Tankstellen, die auch Verbrauchern (§ 1 KSchG) Treibstoffe gewerbsmäßig anbieten, haben jeweils die an ihrem Tankstellenareal ausgezeichneten Preise für Dieselkraftstoff und Superbenzin 95 Oktan spätestens innerhalb einer halben Stunde nach der jeweiligen Preisänderung an die Preistransparenzdatenbank der E-Control in elektronischer Form zu melden. Wird um 12.00 Uhr ein neuer Treibstoffpreis festgesetzt, so ist dieser unverzüglich zu melden. Die Preismeldungen haben über eine von der E-Control zur Verfügung gestellte elektronische Plattform oder über ein automatisiertes Short Message Service – SMS – zu erfolgen. Die E-Control hat den Tankstellenbetreibern die durchgeführte Meldung zu bestätigen. Die Tankstellenbetreiber haben der E-Control zur Veröffentlichung an die Datenbank auch die Öffnungszeiten der jeweiligen Tankstelle, die Art der Betriebsform, die möglichen Zahlungsarten, Zugangsmodalitäten zu melden.

(2) Die E-Control hat den Tankstellenbetreibern zum Zweck der Preismeldung einen authentifizierten Zugang für die Dateneingabe über die elektronische Plattform und für die Dateneingabe per SMS zur Verfügung zu stellen. Die Tankstellenbetreiber haben sich dazu bei der E-Control registrieren zu lassen.

§ 2. (1) Die E-Control hat standortbezogene Abfragen durch Verbraucher vorzusehen und wettbewerbskonform die günstigsten Preise im näheren Umkreis bekanntzugeben. Um die mögliche Unzweckmäßigkeit von weiten Anfahrtswegen und deren Umweltauswirkungen zu vermeiden, sind auch die sonstigen Tankstellen im näheren Umkreis ohne Preisangabe anzuführen, welche nicht die günstigsten Preise aufweisen.

(2) Im Sinne der möglichst breiten Information der Verbraucher über die aktuelle Preissituation kann die E-Control unter Vorgabe von Verwendungsbestimmungen Autofahrerklubs die aktuell günstigsten Preise zur Verfügung stellen. Sofern die Autofahrerklubs Abfragen nach der günstigsten Tankstelle entlang einer Hauptreiseroute den Verbrauchern anbieten, werden ihnen die entsprechenden Daten für die jeweils konkrete Abfrage zur Verfügung gestellt. Die Verwendungsbestimmungen können insbesondere Regelungen über die nicht kommerzielle Verwertung dieser Informationen und die Darstellungsform der Weiterverwendung enthalten.

§ 3. Die E-Control ist verpflichtet, die übermittelten Daten für die Dauer von mindestens einem Jahr aufzubewahren. Sie hat quartalsweise die gemeldeten Daten in einem zusammenfassenden Bericht an den Bundesminister für Wirtschaft, Familie und Jugend aufzubereiten, wobei insbesondere Preisentwicklungen und Häufigkeit der Preisänderungen sowie der Abfragen darzustellen sind. Dieser Bericht der E-Control ist auch dem Verein für Konsumenteninformation und der Bundesarbeitskammer unter Übermittlung der elektronischen Datengrundlagen zur Verfügung zu stellen.

§ 4. § 1 Abs. 2 dieser Verordnung tritt mit Ablauf des Tages ihrer Kundmachung in Kraft und die übrigen Bestimmungen treten sieben Tage nach ihrer Kundmachung in Kraft. Die Datenbank wird bis zum 15. August 2011 als Probebetrieb geführt. Eine Strafbarkeit von Verstößen gegen die Bestimmungen dieser Verordnung besteht ab dem 16. August 2011. Die Verordnung tritt mit Ablauf des 31. Dezember 2025 außer Kraft.

96. Bundes-Verfassungsgesetz (Auszug)

Bundes-Verfassungsgesetz
StF: BGBl. Nr. 1/1930
Letzte Novellierung: BGBl. I Nr. 222/2022

Artikel 10. (1) Bundessache ist die Gesetzgebung und die Vollziehung in folgenden Angelegenheiten:

1. Bundesverfassung, insbesondere Wahlen zum Nationalrat, und Volksbegehren, Volksabstimmungen und Volksbefragungen auf Grund der Bundesverfassung; Verfassungsgerichtsbarkeit; Verwaltungsgerichtsbarkeit mit Ausnahme der Organisation der Verwaltungsgerichte der Länder;

1a. Wahlen zum Europäischen Parlament; Europäische Bürgerinitiativen;

2. äußere Angelegenheiten mit Einschluss der politischen und wirtschaftlichen Vertretung gegenüber dem Ausland, insbesondere Abschluss von Staatsverträgen, unbeschadet der Zuständigkeit der Länder nach Art. 16 Abs. 1; Grenzvermarkung; Waren- und Viehverkehr mit dem Ausland; Zollwesen;

3. Regelung und Überwachung des Eintrittes in das Bundesgebiet und des Austrittes aus ihm; Ein- und Auswanderungswesen einschließlich des Aufenthaltsrechtes aus berücksichtigungswürdigen Gründen; Passwesen; Aufenthaltsverbot, Ausweisung und Abschiebung; Asyl; Auslieferung;

4. Bundesfinanzen, insbesondere öffentliche Abgaben, die ausschließlich oder teilweise für den Bund einzuheben sind; Monopolwesen;

5. Geld-, Kredit-, Börse- und Bankwesen; Maß- und Gewichts-, Normen- und Punzierungswesen;

6. Zivilrechtswesen einschließlich des wirtschaftlichen Assoziationswesens, jedoch mit Ausschluss von Regelungen, die den Grundstücksverkehr für Ausländer und den Verkehr mit bebauten oder zur Bebauung bestimmten Grundstücken verwaltungsbehördlichen Beschränkungen unterwerfen, einschließlich des Rechtserwerbes von Todes wegen durch Personen, die nicht zum Kreis der gesetzlichen Erben gehören; Privatstiftungswesen; Strafrechtswesen mit Ausschluss des Verwaltungsstrafrechtes und des Verwaltungsstrafverfahrens in Angelegenheiten, die in den selbständigen Wirkungsbereich der Länder fallen; Justizpflege; Einrichtungen zum Schutz der Gesellschaft gegen verbrecherische oder sonstige gefährliche Personen; Urheberrecht; Pressewesen; Enteignung, soweit sie nicht Angelegenheiten betrifft, die in den selbständigen Wirkungsbereich der Länder fallen; Angelegenheiten der Notare, der Rechtsanwälte und verwandter Berufe; außergerichtliche Vermittlung von Streitigkeiten in den Angelegenheiten des Zivilrechtswesens und des Strafrechtswesens;

7. Aufrechterhaltung der öffentlichen Ruhe, Ordnung und Sicherheit einschließlich der ersten allgemeinen Hilfeleistung, jedoch mit Ausnahme der örtlichen Sicherheitspolizei; Vereins- und Versammlungsrecht; Personenstandsangelegenheiten einschließlich des Matrikenwesens und der Namensänderung; Fremdenpolizei und Meldewesen; Waffen-, Munitions- und Sprengmittelwesen, Schießwesen;

8. Angelegenheiten des Gewerbes und der Industrie; öffentliche Agentien und Privatgeschäftsvermittlungen; Bekämpfung des unlauteren Wettbewerbes; Kartellrecht; Patentwesen sowie Schutz von Mustern, Marken und anderen Warenbezeichnungen; Angelegenheiten der Patentanwälte; Ingenieur- und Ziviltechnikerwesen; Kammern für Handel, Gewerbe und Industrie; Einrichtung beruflicher Vertretungen, soweit sie sich auf das ganze Bundesgebiet erstrecken, mit Ausnahme solcher auf land- und forstwirtschaftlichem Gebiet;

9. Verkehrswesen bezüglich der Eisenbahnen und der Luftfahrt sowie der Schifffahrt, soweit diese nicht unter Art. 11 fällt; Kraftfahrwesen; Angelegenheiten der wegen ihrer Bedeutung für den Durchzugsverkehr durch Bundesgesetz als Bundesstraßen erklärten Straßenzüge außer der Straßenpolizei; Strom- und Schifffahrtspolizei, soweit sie nicht unter Art. 11 fällt; Post- und Fernmeldewesen; Umweltverträglichkeitsprüfung für Bundesstraßen und Eisenbahn-Hochleistungsstrecken, bei denen mit erheblichen Auswirkungen auf die Umwelt zu rechnen ist;

10. Bergwesen; Forstwesen einschließlich des Triftwesens; Wasserrecht; Regulierung und Instandhaltung der Gewässer zum Zweck der unschädlichen Ableitung der Hochfluten oder zum Zweck der Schifffahrt und Flößerei; Wildbachverbauung; Bau und Instandhaltung von Wasserstraßen; Normalisierung und Typisierung elektrischer Anlagen und Einrichtungen, Sicherheitsmaßnahmen auf diesem Gebiet; Starkstromwegerecht, soweit sich die Leitungsanlage auf zwei oder mehrere Länder erstreckt; Dampfkessel- und Kraftmaschinenwesen; Vermessungswesen;

11. Arbeitsrecht, soweit es nicht unter Art. 11 fällt, jedoch einschließlich des Arbeiterrechtes sowie des Arbeiter- und Angestelltenschutzes der Dienstnehmer in Sägen, Harzverarbeitungsstätten, Mühlen und Molkereien, die von land- und forstwirtschaftlichen Erwerbs- und Wirtschaftsgenossenschaften betrieben werden, sofern in diesen eine bundesgesetzlich zu bestimmende Anzahl von Dienstnehmern dauernd beschäftigt ist; für diese Dienstnehmer gelten die für die Dienstnehmer in gewerblichen Betrieben bestehenden Rechtsvorschriften; Sozial- und Vertragsversicherungswesen; Pflegegeldwesen; Sozialentschädigungsrecht; Ausbildungspflicht für Jugendliche; Kammern für Arbeiter und Angestellte, mit Ausnahme solcher auf land- und forstwirtschaftlichem Gebiet, jedoch auch für die Dienstnehmer in Sägen, Harzverarbeitungsstätten, Mühlen und Molkereien, die von land- und forstwirtschaftlichen Erwerbs- und Wirtschaftsgenossenschaften betrieben werden, sofern in diesen eine bundesgesetzlich zu bestimmende Anzahl von Dienstnehmern dauernd beschäftigt ist;
12. Gesundheitswesen mit Ausnahme des Leichen- und Bestattungswesens sowie des Gemeindesanitätsdienstes und Rettungswesens, hinsichtlich der Heil- und Pflegeanstalten, des Kurortewesens und der natürlichen Heilvorkommen jedoch nur die sanitäre Aufsicht; Maßnahmen zur Abwehr von gefährlichen Belastungen der Umwelt, die durch Überschreitung von Immissionsgrenzwerten entstehen; Luftreinhaltung, unbeschadet der Zuständigkeit der Länder für Heizungsanlagen; Abfallwirtschaft hinsichtlich gefährlicher Abfälle, hinsichtlich anderer Abfälle nur soweit ein Bedürfnis nach Erlassung einheitlicher Vorschriften vorhanden ist; Veterinärwesen; Ernährungswesen einschließlich der Nahrungsmittelkontrolle; Regelung des geschäftlichen Verkehrs mit Saat- und Pflanzgut, Futter-, Dünge- und Pflanzenschutzmitteln sowie mit Pflanzenschutzgeräten, einschließlich der Zulassung und bei Saat- und Pflanzgut auch der Anerkennung;

12a. Universitäts- und Hochschulwesen sowie das Erziehungswesen betreffend Studentenheime in diesen Angelegenheiten;
13. wissenschaftlicher und fachtechnischer Archiv- und Bibliotheksdienst; Angelegenheiten der künstlerischen und wissenschaftlichen Sammlungen und Einrichtungen des Bundes; Angelegenheiten der Bundestheater mit Ausnahme der Bauangelegenheiten; Denkmalschutz; Angelegenheiten des Kultus; Volkszählungswesen sowie – unter Wahrung der Rechte der Länder, im eigenen Land jegliche Statistik zu betreiben – sonstige Statistik, soweit sie nicht nur den Interessen eines einzelnen Landes dient; allgemeine Angelegenheiten des Schutzes personenbezogener Daten; Stiftungs- und Fondswesen, soweit es sich um Stiftungen und Fonds handelt, die nach ihren Zwecken über den Interessenbereich eines Landes hinausgehen und nicht schon bisher von den Ländern autonom verwaltet wurden;
14. Organisation und Führung der Bundespolizei; Regelung der Errichtung und der Organisierung sonstiger Wachkörper mit Ausnahme der Gemeindewachkörper; Regelung der Bewaffnung der Wachkörper und des Rechtes zum Waffengebrauch;
15. militärische Angelegenheiten; Angelegenheiten des Zivildienstes; Kriegsschadenangelegenheiten; Fürsorge für Kriegsgräber; aus Anlass eines Krieges oder im Gefolge eines solchen zur Sicherung der einheitlichen Führung der Wirtschaft notwendig erscheinende Maßnahmen, insbesondere auch hinsichtlich der Versorgung der Bevölkerung mit Bedarfsgegenständen;
16. Einrichtung der Bundesbehörden und sonstigen Bundesämter; Dienstrecht und Personalvertretungsrecht der Bundesbediensteten;
17. Bevölkerungspolitik.

(Anm.: Z 18 aufgehoben durch BGBl. I Nr. 12/2012)

(2) In Bundesgesetzen über das bäuerliche Anerbenrecht sowie in den nach Abs. 1 Z 10 ergehenden Bundesgesetzen kann die Landesgesetzgebung ermächtigt werden, zu genau zu bezeichnenden einzelnen Bestimmungen Ausführungsbestimmungen zu erlassen. Für diese Landesgesetze sind die Bestimmungen des Art. 15 Abs. 6 sinngemäß anzuwenden. Die Vollziehung der in solchen Fällen ergehenden Ausführungsgesetze steht dem Bund zu, doch bedürfen die Durchführungsverordnungen, soweit sie sich auf die Ausführungsbestimmungen des Landesgesetzes beziehen, des vorherigen Einvernehmens mit der betreffenden Landesregierung.

(3) Bevor der Bund Staatsverträge, die Durchführungsmaßnahmen im Sinne des Art. 16 erforderlich machen oder die den selbständigen Wirkungsbereich der Länder in anderer Weise berühren, abschließt, hat er den Ländern Gelegenheit zur Stellungnahme zu geben. Liegt dem Bund eine einheitliche Stellungnahme der Länder vor, so ist der Bund beim Abschluss des Staatsvertrages an diese Stellungnahme gebunden. Der Bund darf davon nur aus zwingenden außenpolitischen Gründen abweichen; er hat diese Gründe den Ländern unverzüglich mitzuteilen.

(Anm.: Abs. 4 bis 6 aufgehoben durch BGBl. Nr. 1013/1994)

Artikel 11. (1) Bundessache ist die Gesetzgebung, Landessache die Vollziehung in folgenden Angelegenheiten:

1. Staatsbürgerschaft;

2. berufliche Vertretungen, soweit sie nicht unter Art. 10 fallen, jedoch mit Ausnahme jener auf land- und forstwirtschaftlichem Gebiet sowie auf dem Gebiet des Berg- und Schiführerwesens und des in den selbständigen Wirkungsbereich der Länder fallenden Sportunterrichtswesens;
3. Volkswohnungswesen mit Ausnahme der Förderung des Wohnbaus und der Wohnhaussanierung;
4. Straßenpolizei;
5. Assanierung;
6. Binnenschifffahrt hinsichtlich der Schifffahrtskonzessionen, Schifffahrtsanlagen und Zwangsrechte an solchen Anlagen, soweit sie sich nicht auf die Donau, den Bodensee, den Neusiedlersee und auf Grenzstrecken sonstiger Grenzgewässer bezieht; Strom- und Schifffahrtspolizei auf Binnengewässern mit Ausnahme der Donau, des Bodensees, des Neusiedlersees und der Grenzstrecken sonstiger Grenzgewässer;
7. Umweltverträglichkeitsprüfung für Vorhaben, bei denen mit erheblichen Auswirkungen auf die Umwelt zu rechnen ist; soweit ein Bedürfnis nach Erlassung einheitlicher Vorschriften als vorhanden erachtet wird, Genehmigung solcher Vorhaben;
8. Tierschutz, soweit er nicht nach anderen Bestimmungen in Gesetzgebung Bundessache ist, jedoch mit Ausnahme der Ausübung der Jagd oder der Fischerei;
9. Arbeiterrecht sowie Arbeiter- und Angestelltenschutz, soweit es sich um land- und forstwirtschaftliche Arbeiter und Angestellte handelt.

(2) Soweit ein Bedürfnis nach Erlassung einheitlicher Vorschriften als vorhanden erachtet wird, werden das Verwaltungsverfahren, die allgemeinen Bestimmungen des Verwaltungsstrafrechtes, das Verwaltungsstrafverfahren und die Verwaltungsvollstreckung auch in den Angelegenheiten, in denen die Gesetzgebung den Ländern zusteht, durch Bundesgesetz geregelt; abweichende Regelungen können in den die einzelnen Gebiete der Verwaltung regelnden Bundes- oder Landesgesetzen nur dann getroffen werden, wenn sie zur Regelung des Gegenstandes erforderlich sind.

(3) Die Durchführungsverordnungen zu den nach den Abs. 1 und 2 ergehenden Bundesgesetzen sind, soweit in diesen Gesetzen nicht anderes bestimmt ist, vom Bund zu erlassen. Die Art der Kundmachung von Durchführungsverordnungen, zu deren Erlassung die Länder in den Angelegenheiten des Abs. 1 Z 4 und 6 bundesgesetzlich ermächtigt werden, kann durch Bundesgesetz geregelt werden.

(4) Die Handhabung der gemäß Abs. 2 ergehenden Gesetze und der hiezu erlassenen Durchführungsverordnungen steht dem Bund oder den Ländern zu, je nachdem, ob die den Gegenstand des Verfahrens bildende Angelegenheit der Vollziehung nach Bundes- oder Landessache ist.

(5) Soweit ein Bedürfnis nach Erlassung einheitlicher Vorschriften vorhanden ist, können durch Bundesgesetz einheitliche Emissionsgrenzwerte für Luftschadstoffe festgelegt werden. Diese dürfen in den die einzelnen Gebiete der Verwaltung regelnden Bundes- und Landesvorschriften nicht überschritten werden.

(6) Soweit ein Bedürfnis nach Erlassung einheitlicher Vorschriften als vorhanden erachtet wird, werden auch das Bürgerbeteiligungsverfahren für bundesgesetzlich zu bestimmende Vorhaben, die Beteiligung an den einem Bürgerbeteiligungsverfahren nachfolgenden Verwaltungsverfahren und die Berücksichtigung der Ergebnisse des Bürgerbeteiligungsverfahrens bei der Erteilung der für die betroffenen Vorhaben erforderlichen Genehmigungen sowie die Genehmigung der in Art. 10 Abs. 1 Z 9 genannten Vorhaben durch Bundesgesetz geregelt. Für die Vollziehung dieser Vorschriften gilt Abs. 4.

(7) In den in Abs. 1 Z 7 und 8 genannten Angelegenheiten stehen der Bundesregierung und den einzelnen Bundesministern gegenüber der Landesregierung die folgenden Befugnisse zu:

1. die Befugnis, durch Bundesorgane in die Akten der Landesbehörden Einsicht zu nehmen;
2. die Befugnis, die Übermittlung von Berichten über die Vollziehung der vom Bund erlassenen Gesetze und Verordnungen zu verlangen;
3. die Befugnis, alle für die Vorbereitung der Erlassung von Gesetzen und Verordnungen durch den Bund notwendigen Auskünfte über die Vollziehung zu verlangen;
4. die Befugnis, in bestimmten Fällen Auskünfte und die Vorlage von Akten zu verlangen, soweit dies zur Ausübung anderer Befugnisse notwendig ist.

Artikel 12. (1) Bundessache ist die Gesetzgebung über die Grundsätze, Landessache die Erlassung von Ausführungsgesetzen und die Vollziehung in folgenden Angelegenheiten:

1. Armenwesen; Heil- und Pflegeanstalten;
2. Elektrizitätswesen, soweit es nicht unter Art. 10 fällt.

(2) Grundsatzgesetze und Grundsatzbestimmungen in Bundesgesetzen sind als solche ausdrücklich zu bezeichnen.

Artikel 13. (1) Die Zuständigkeiten des Bundes und der Länder auf dem Gebiet des Abgabenwesens werden durch ein eigenes Bundesverfassungsgesetz („Finanz-Verfassungsgesetz") geregelt.

(2) Bund, Länder und Gemeinden haben bei ihrer Haushaltsführung die Sicherstellung des gesamtwirtschaftlichen Gleichgewichtes und nachhaltig geordnete Haushalte anzustreben. Sie haben ihre Haushaltsführung in Hinblick auf diese Ziele zu koordinieren.

(3) Bund, Länder und Gemeinden haben bei der Haushaltsführung die tatsächliche Gleichstellung von Frauen und Männern anzustreben.

Artikel 15. (1) Soweit eine Angelegenheit nicht ausdrücklich durch die Bundesverfassung der Gesetzgebung oder auch der Vollziehung des Bundes übertragen ist, verbleibt sie im selbständigen Wirkungsbereich der Länder.

(2) In den Angelegenheiten der örtlichen Sicherheitspolizei, das ist des Teiles der Sicherheitspolizei, der im ausschließlichen oder überwiegenden Interesse der in der Gemeinde verkörperten örtlichen Gemeinschaft gelegen und geeignet ist, durch die Gemeinschaft innerhalb ihrer örtlichen Grenzen besorgt zu werden, wie die Wahrung des öffentlichen Anstandes und die Abwehr ungebührlicherweise hervorgerufenen störenden Lärmes, steht dem Bund die Befugnis zu, die Führung dieser Angelegenheiten durch die Gemeinde zu beaufsichtigen und wahrgenommene Mängel durch Weisungen an den Landeshauptmann (Art. 103) abzustellen. Zu diesem Zweck können auch Inspektionsorgane des Bundes in die Gemeinde entsendet werden; hievon ist in jedem einzelnen Fall der Landeshauptmann zu verständigen.

(3) Die landesgesetzlichen Bestimmungen in den Angelegenheiten des Theater- und Kinowesens sowie der öffentlichen Schaustellungen, Darbietungen und Belustigungen haben für das Gebiet einer Gemeinde, in dem die Landespolizeidirektion zugleich Sicherheitsbehörde erster Instanz ist, der Landespolizeidirektion wenigstens die Überwachung der Veranstaltungen, soweit sie sich nicht auf betriebstechnische, bau- und feuerpolizeiliche Rücksichten erstreckt, und die Mitwirkung in erster Instanz bei Verleihung von Berechtigungen, die in solchen Gesetzen vorgesehen werden, zu übertragen.

(4) Inwieweit in den Angelegenheiten der Straßenpolizei mit Ausnahme der örtlichen Straßenpolizei (Art. 118 Abs. 3 Z 4) und der Strom- und Schifffahrtspolizei auf Binnengewässern mit Ausnahme der Donau, des Bodensees, des Neusiedlersees und der Grenzstrecken sonstiger Grenzgewässer für das Gebiet einer Gemeinde, in dem die Landespolizeidirektion zugleich Sicherheitsbehörde erster Instanz ist, der Landespolizeidirektion die Vollziehung übertragen wird, wird durch übereinstimmende Gesetze des Bundes und des betreffenden Landes geregelt.

(Anm.: Abs. 5 aufgehoben durch BGBl. I Nr. 51/2012)

(6) Soweit dem Bund bloß die Gesetzgebung über die Grundsätze vorbehalten ist, obliegt innerhalb des bundesgesetzlich festgelegten Rahmens die nähere Ausführung der Landesgesetzgebung. Das Bundesgesetz kann für die Erlassung der Ausführungsgesetze eine Frist bestimmen, die ohne Zustimmung des Bundesrates nicht kürzer als sechs Monate und nicht länger als ein Jahr sein darf. Wird diese Frist von einem Land nicht eingehalten, so geht die Zuständigkeit zur Erlassung des Ausführungsgesetzes für dieses Land auf den Bund über. Sobald das Land das Ausführungsgesetz erlassen hat, tritt das Ausführungsgesetz des Bundes außer Kraft. Sind vom Bund keine Grundsätze aufgestellt, so kann die Landesgesetzgebung solche Angelegenheiten frei regeln. Sobald der Bund Grundsätze aufgestellt hat, sind die landesgesetzlichen Bestimmungen binnen der bundesgesetzlich zu bestimmenden Frist dem Grundsatzgesetz anzupassen.

(7) Die Kundmachung der im Landesgesetzblatt zu verlautbarenden Rechtsvorschriften (Art. 97 Abs. 1) sowie der Rechtsvorschriften der Gemeinden, der Gemeindeverbände und der sonstigen im Bereich der Vollziehung der Länder eingerichteten Behörden kann im Rahmen des Rechtsinformationssystems des Bundes erfolgen.

(8) In den Angelegenheiten, die nach Art. 11 und 12 der Bundesgesetzgebung vorbehalten sind, steht dem Bund das Recht zu, die Einhaltung der von ihm erlassenen Vorschriften wahrzunehmen.

(9) Die Länder sind im Bereich ihrer Gesetzgebung befugt, die zur Regelung des Gegenstandes erforderlichen Bestimmungen auch auf dem Gebiet des Straf- und Zivilrechtes zu treffen.

(10) In Landesgesetzen, durch die die bestehende Organisation der Behörden der allgemeinen staatlichen Verwaltung in den Ländern geändert oder neu geregelt wird, kann eine sprengelübergreifende Zusammenarbeit von Bezirksverwaltungsbehörden einschließlich der Organe der Städte mit eigenem Statut (Art. 116 Abs. 3), insbesondere auch die Übertragung behördlicher Zuständigkeiten, vorgesehen werden.

(11) Die Sprengel der politischen Bezirke sind durch Verordnung der Landesregierung festzulegen.

Artikel 15a. (1) Bund und Länder können untereinander Vereinbarungen über Angelegenheiten ihres jeweiligen Wirkungsbereiches schließen. Der Abschluss solcher Vereinbarungen namens des Bundes obliegt je nach dem Gegenstand der Bundesregierung oder den Bundesministern. Vereinbarungen, die auch die Organe der Bundesgesetzgebung binden sollen, dürfen nur von der Bundesregierung mit Genehmigung des Nationalrates abgeschlossen werden, wobei Art. 50 Abs. 3 auf solche Beschlüsse des Nationalrates sinngemäß anzuwenden ist; sie sind im Bundesgesetzblatt kundzumachen.

(2) Vereinbarungen der Länder untereinander können nur über Angelegenheiten ihres selbständigen Wirkungsbereiches getroffen werden und sind der Bundesregierung unverzüglich zur Kenntnis zu bringen.

(3) Die Grundsätze des völkerrechtlichen Vertragsrechtes sind auf Vereinbarungen im Sinne des Abs. 1 anzuwenden. Das Gleiche gilt auch für

Vereinbarungen im Sinne des Abs. 2, soweit nicht durch übereinstimmende Verfassungsgesetze der betreffenden Länder anderes bestimmt ist.

Artikel 17. Durch die Bestimmungen der Art. 10 bis 15 über die Zuständigkeit in Gesetzgebung und Vollziehung wird die Stellung des Bundes und der Länder als Träger von Privatrechten in keiner Weise berührt.

Artikel 18. (1) Die gesamte staatliche Verwaltung darf nur auf Grund der Gesetze ausgeübt werden.

(2) Jede Verwaltungsbehörde kann auf Grund der Gesetze innerhalb ihres Wirkungsbereiches Verordnungen erlassen.

(3) Wenn die sofortige Erlassung von Maßnahmen, die verfassungsgemäß einer Beschlussfassung des Nationalrates bedürfen, zur Abwehr eines offenkundigen, nicht wieder gutzumachenden Schadens für die Allgemeinheit zu einer Zeit notwendig wird, in der der Nationalrat nicht versammelt ist, nicht rechtzeitig zusammentreten kann oder in seiner Tätigkeit durch höhere Gewalt behindert ist, kann der Bundespräsident auf Vorschlag der Bundesregierung unter seiner und deren Verantwortlichkeit diese Maßnahmen durch vorläufige gesetzändernde Verordnungen treffen. Die Bundesregierung hat ihren Vorschlag im Einvernehmen mit dem vom Hauptausschuss des Nationalrates einzusetzenden ständigen Unterausschuss (Art. 55 Abs. 3) zu erstatten. Eine solche Verordnung bedarf der Gegenzeichnung der Bundesregierung.

(4) Jede nach Abs. 3 erlassene Verordnung ist von der Bundesregierung unverzüglich dem Nationalrat vorzulegen, den der Bundespräsident, falls der Nationalrat in diesem Zeitpunkt keine Tagung hat, während der Tagung aber der Präsident des Nationalrates für einen der der Vorlage folgenden acht Tage einzuberufen hat. Binnen vier Wochen nach der Vorlage hat der Nationalrat entweder an Stelle der Verordnung ein entsprechendes Bundesgesetz zu beschließen oder durch Beschluss das Verlangen zu stellen, dass die Verordnung von der Bundesregierung sofort außer Kraft gesetzt wird. Im letzterwähnten Fall muss die Bundesregierung diesem Verlangen sofort entsprechen. Zum Zweck der rechtzeitigen Beschlussfassung des Nationalrates hat der Präsident die Vorlage spätestens am vorletzten Tag der vierwöchigen Frist zur Abstimmung zu stellen; die näheren Bestimmungen trifft das Bundesgesetz über die Geschäftsordnung des Nationalrates. Wird die Verordnung nach den vorhergehenden Bestimmungen von der Bundesregierung aufgehoben, treten mit dem Tag des Inkrafttretens der Aufhebung die gesetzlichen Bestimmungen wieder in Kraft, die durch die Verordnung aufgehoben worden waren.

(5) Die im Abs. 3 bezeichneten Verordnungen dürfen nicht eine Abänderung bundesverfassungsgesetzlicher Bestimmungen bedeuten und weder eine dauernde finanzielle Belastung des Bundes, noch eine finanzielle Belastung der Länder oder Gemeinden, noch finanzielle Verpflichtungen der Staatsbürger, noch eine Veräußerung von Bundesvermögen, noch Maßnahmen in den im Art. 10 Abs. 1 Z 11 bezeichneten Angelegenheiten, noch endlich solche auf dem Gebiet des Koalitionsrechtes oder des Mieterschutzes zum Gegenstand haben.

Artikel 101. (1) Die Vollziehung jedes Landes übt eine vom Landtag zu wählende Landesregierung aus.

(2) Die Mitglieder der Landesregierung müssen nicht dem Landtag angehören, aber zum Landtag wählbar sein.

(3) Die Landesregierung besteht aus dem Landeshauptmann, der erforderlichen Zahl von Stellvertretern und weiteren Mitgliedern.

(4) Der Landeshauptmann wird vom Bundespräsidenten, die anderen Mitglieder der Landesregierung werden vom Landeshauptmann vor Antritt des Amtes auf die Bundesverfassung angelobt. Die Beifügung einer religiösen Beteuerung ist zulässig.

Artikel 102. (1) Im Bereich der Länder üben die Vollziehung des Bundes, soweit nicht eigene Bundesbehörden bestehen (unmittelbare Bundesverwaltung), der Landeshauptmann und die ihm unterstellten Landesbehörden aus (mittelbare Bundesverwaltung). Soweit in Angelegenheiten, die in mittelbarer Bundesverwaltung besorgt werden, Bundesbehörden mit der Vollziehung betraut sind, unterstehen diese Bundesbehörden in den betreffenden Angelegenheiten dem Landeshauptmann und sind an dessen Weisungen (Art. 20 Abs. 1) gebunden; ob und inwieweit solche Bundesbehörden mit Akten der Vollziehung betraut werden, bestimmen die Bundesgesetze; sie dürfen, soweit es sich nicht um die Betrauung mit der Vollziehung von im Abs. 2 angeführten Angelegenheiten handelt, nur mit Zustimmung der beteiligten Länder kundgemacht werden.

(2) Folgende Angelegenheiten können im Rahmen des verfassungsmäßig festgestellten Wirkungsbereiches unmittelbar von Bundesbehörden besorgt werden:

Grenzvermarkung; Waren- und Viehverkehr mit dem Ausland; Zollwesen; Regelung und Überwachung des Eintrittes in das Bundesgebiet und des Austrittes aus ihm; Aufenthaltsrecht aus berücksichtigungswürdigen Gründen; Passwesen; Aufenthaltsverbot, Ausweisung und Abschiebung; Asyl; Auslieferung; Bundesfinanzen; Monopolwesen; Geld-, Kredit-, Börse- und Bankwesen; Maß- und Gewichts-, Normen- und Punzierungswesen; Justizwesen; Pressewesen; Aufrechterhaltung der öffentlichen Ruhe, Ordnung und Sicherheit einschließlich der ersten allgemeinen Hilfeleistung, jedoch mit Ausnahme der örtlichen

Sicherheitspolizei; Vereins- und Versammlungsrecht; Fremdenpolizei und Meldewesen; Waffen-, Munitions- und Sprengmittelwesen, Schießwesen; Kartellrecht; Patentwesen sowie Schutz von Mustern, Marken und anderen Warenbezeichnungen; Verkehrswesen; Strom- und Schifffahrtspolizei; Post- und Fernmeldewesen; Bergwesen; Regulierung und Instandhaltung der Donau; Wildbachverbauung; Bau und Instandhaltung von Wasserstraßen; Vermessungswesen; Arbeitsrecht; Sozial- und Vertragsversicherungswesen; Pflegegeldwesen; Sozialentschädigungsrecht; geschäftlicher Verkehr mit Saat- und Pflanzgut, Futter-, Dünge- und Pflanzenschutzmitteln sowie mit Pflanzenschutzgeräten, einschließlich der Zulassung und bei Saat- und Pflanzgut auch der Anerkennung; Denkmalschutz; allgemeine Angelegenheiten des Schutzes personenbezogener Daten; Organisation und Führung der Bundespolizei; militärische Angelegenheiten; Angelegenheiten des Zivildienstes; Bevölkerungspolitik; land- und forstwirtschaftliches Schul- und Erziehungswesen in den Angelegenheiten des Art. 14a Abs. 2 sowie Zentrallehranstalten; Universitäts- und Hochschulwesen sowie das Erziehungswesen betreffend Studentenheime in diesen Angelegenheiten; Ausbildungspflicht für Jugendliche; öffentliches Auftragswesen.

(3) Dem Bund bleibt es vorbehalten, auch in den im Abs. 2 aufgezählten Angelegenheiten den Landeshauptmann mit der Vollziehung des Bundes zu beauftragen.

(4) Die Errichtung von eigenen Bundesbehörden für andere als die im Abs. 2 bezeichneten Angelegenheiten kann nur mit Zustimmung der beteiligten Länder erfolgen.

(5) Wenn in einem Land in Angelegenheiten der unmittelbaren Bundesverwaltung die sofortige Erlassung von Maßnahmen zur Abwehr eines offenkundigen, nicht wieder gutzumachenden Schadens für die Allgemeinheit zu einer Zeit notwendig wird, zu der die obersten Organe der Verwaltung des Bundes wegen höherer Gewalt dazu nicht in der Lage sind, hat der Landeshauptmann an deren Stelle die Maßnahmen zu treffen.

Artikel 103. (1) In den Angelegenheiten der mittelbaren Bundesverwaltung ist der Landeshauptmann an die Weisungen der Bundesregierung sowie der einzelnen Bundesminister gebunden (Art. 20) und verpflichtet, um die Durchführung solcher Weisungen zu bewirken, auch die ihm in seiner Eigenschaft als Organ des selbständigen Wirkungsbereiches des Landes zu Gebote stehenden Mittel anzuwenden.

(2) Die Landesregierung kann bei Aufstellung ihrer Geschäftsordnung beschließen, dass einzelne Gruppen von Angelegenheiten der mittelbaren Bundesverwaltung wegen ihres sachlichen Zusammenhanges mit Angelegenheiten des selbständigen Wirkungsbereiches des Landes im Namen des Landeshauptmannes von Mitgliedern der Landesregierung zu führen sind. In diesen Angelegenheiten sind die betreffenden Mitglieder der Landesregierung an die Weisungen des Landeshauptmannes ebenso gebunden (Art. 20) wie dieser an die Weisungen der Bundesregierung oder der einzelnen Bundesminister.

(3) Nach Abs. 1 ergehende Weisungen der Bundesregierung oder der einzelnen Bundesminister sind auch in Fällen des Abs. 2 an den Landeshauptmann zu richten. Dieser ist, wenn er die bezügliche Angelegenheit der mittelbaren Bundesverwaltung nicht selbst führt, unter seiner Verantwortlichkeit (Art. 142 Abs. 2 lit. e) verpflichtet, die Weisung an das in Betracht kommende Mitglied der Landesregierung unverzüglich und unverändert auf schriftlichem Wege weiterzugeben und ihre Durchführung zu überwachen. Wird die Weisung nicht befolgt, trotzdem der Landeshauptmann die erforderlichen Vorkehrungen getroffen hat, so ist auch das betreffende Mitglied der Landesregierung gemäß Art. 142 der Bundesregierung verantwortlich.

(Anm.: Abs. 4 aufgehoben durch BGBl. I Nr. 51/2012)

Artikel 104. (1) Die Bestimmungen des Art. 102 sind auf Einrichtungen zur Besorgung der im Art. 17 bezeichneten Geschäfte des Bundes nicht anzuwenden.

(2) Die mit der Verwaltung des Bundesvermögens betrauten Bundesminister können jedoch die Besorgung solcher Geschäfte dem Landeshauptmann und den ihm unterstellten Behörden im Land übertragen. Eine solche Übertragung kann jederzeit ganz oder teilweise widerrufen werden. Inwieweit in besonderen Ausnahmefällen für die bei Besorgung solcher Geschäfte aufgelaufenen Kosten vom Bund ein Ersatz geleistet wird, wird durch Bundesgesetz bestimmt. Art. 103 Abs. 2 und 3 gilt sinngemäß.

97. Bundesverfassungsgesetz, mit dem die Eigentumsverhältnisse an den Unternehmen der österreichischen Elektrizitätswirtschaft geregelt werden

Bundesverfassungsgesetz, mit dem die Eigentumsverhältnisse an den Unternehmen der österreichischen Elektrizitätswirtschaft geregelt werden

StF: BGBl. I Nr. 143/1998

§ 1. (1) Vom Aktienkapital der Österreichischen Elektrizitätswirtschafts-Aktiengesellschaft (Verbundgesellschaft) muß mindestens 51 vH im Eigentum des Bundes stehen. Mit Ausnahme von Gebietskörperschaften und Unternehmungen, an denen Gebietskörperschaften mit mindestens 51 vH beteiligt sind, ist das Stimmrecht jedes Aktionärs in der Hauptversammlung mit 5 vH des Grundkapitals beschränkt.

(2) Von den Anteilsrechten an den in der Anlage 1 angeführten Sondergesellschaften müssen mindestens 51 vH, an den in der Anlage 2 angeführten Sondergesellschaften müssen mindestens 50 vH im Eigentum des Bundes oder der Verbundgesellschaft stehen.

§ 2. Von den Anteilsrechten an den in Anlage 3 angeführten Landesgesellschaften müssen mindestens 51 vH im Eigentum von Gebietskörperschaften oder von Unternehmungen stehen, an denen Gebietskörperschaften mit mindestens 51 vH beteiligt sind.

§ 3. Mit der Vollziehung dieses Bundesverfassungsgesetzes ist die Bundesregierung betraut.

§ 4. (1) Dieses Bundesverfassungsgesetz tritt mit 19. Februar 1999 in Kraft.

(2) Mit dem Inkrafttreten dieses Bundesverfassungsgesetzes tritt das 2. Verstaatlichungsgesetz, BGBl. Nr. 81/1947, zuletzt geändert durch das Bundesgesetz, BGBl. Nr. 762/1992, außer Kraft.

Anlage 1
(zu § 1 Abs. 2)
Unternehmen, die zumindest zu 51 vH im Eigentum des Bundes oder der Verbundgesellschaft stehen müssen, sind

a) die Österreichische Donaukraftwerke Aktiengesellschaft, Wien;
b) die Österreichische Draukraftwerke Aktiengesellschaft, Klagenfurt;
c) die Osttiroler Kraftwerke Gesellschaft m. b. H., Innsbruck;
d) die Tauernkraftwerke Aktiengesellschaft, Salzburg;
e) die Verbundkraft Elektrizitätswerke Gesellschaft m. b. H., Wien.

Anlage 2
(zu § 1 Abs. 2)
Unternehmen, die zumindest zu 50 vH im Eigentum des Bundes oder der Verbundgesellschaft stehen müssen sind

a) die Donaukraftwerk Jochenstein Aktiengesellschaft, Passau;
b) die Ennskraftwerke Aktiengesellschaft, Steyr;
c) die Österreichisch-Bayerische Kraftwerke Aktiengesellschaft, Simbach/Inn.

Anlage 3
(zu § 2)
Landesgesellschaften im Sinne dieses Bundesverfassungsgesetzes sind:

a) die Burgenländische Elektrizitätswirtschafts – Aktiengesellschaft für das Bundesland Burgenland;
b) die Kärntner Elektrizitäts-Aktiengesellschaft für das Bundesland Kärnten;
c) die EVN Energieversorgung Niederösterreich Aktiengesellschaft für das Bundesland Niederösterreich;
d) die Oberösterreichische Kraftwerke Aktiengesellschaft für das Bundesland Oberösterreich;
e) die Salzburger Aktiengesellschaft für Energiewirtschaft für das Bundesland Salzburg;
f) die Steirische Wasserkraft- und Elektrizitäts-Aktiengesellschaft für das Bundesland Steiermark;
g) die Tiroler Wasserkraftwerke Aktiengesellschaft für das Bundesland Tirol;
h) die Vorarlberger Kraftwerke Aktiengesellschaft für das Bundesland Vorarlberg;
i) die Wiener Stadtwerke Elektrizitätswerke Wienstrom für das Bundesland Wien.